DROIT ET PRATIQUE DES PROCÉDURES COLLECTIVES

Les références à la loi de modernisation
de la justice du XXIe siècle
renvoient au texte n° 824
adopté définitivement
par l'Assemblée nationale
le 12 octobre 2016.

Sommaire

TABLE DES MATIÈRES .... p. XV

Numéro des paragraphes

LIVRE 000 LES SOURCES – INTRODUCTION GÉNÉRALE

Titre 010 Textes applicables .... 010.00 à 011.51
Chapitre 011 Textes officiels applicables .... 011.00 à 011.51

Titre 020 Jurisprudence .... 020.00 à 021.21
Chapitre 021 Sources de jurisprudence .... 021.00 à 021.21

Titre 030 Bibliographie .... 030.00 à 031.31
Chapitre 031 Bibliographie générale .... 031.00 à 031.31

Titre 040 Évolution de la législation .... 040.00 à 042.95
Chapitre 041 Évolution sémantique et statistique .... 041.00 à 041.21
Chapitre 042 Évolution historique .... 042.00 à 042.95

Titre 050 Législation du 26 juillet 2005 .... 050.00 à 053.75
Chapitre 051 Présentation générale de la législation de sauvegarde des entreprises du 26 juillet 2005 .... 051.00 à 051.14
Chapitre 052 Réforme de la prévention et remplacement de la procédure de règlement amiable par la procédure de conciliation .... 052.00 à 052.12
Chapitre 053 Réforme des procédures collectives .... 053.00 à 053.75

Titre 060 Réformes de la loi du 26 juillet 2005 de sauvegarde des entreprises .... 060.00 à 063.12
Chapitre 061 Principaux apports de l'ordonnance de réforme du 18 décembre 2008 .... 061.00 à 061.18
Chapitre 062 Appréciations sur la réforme .... 062.00 à 062.15
Chapitre 063 Ordonnance de réforme du 12 mars 2014 .... 063.00 à 063.12

Titre 070 Application de la loi dans le temps .... 070.00 à 076.21
Chapitre 071 Survie de la loi ancienne pour les procédures ouvertes avant l'entrée en vigueur de la loi du 25 janvier 1985 .... 071.00 à 071.21
Chapitre 072 Application dans le temps de la loi du 10 juin 1994 .... 072.00 à 072.14
Chapitre 073 Application dans le temps de la loi du 26 juillet 2005 .... 073.00 à 073.41
Chapitre 074 Application dans le temps de l'ordonnance du 18 décembre 2008 .... 074.00 à 074.61

Chapitre 075 Application dans le temps des législations postérieures à l'ordonnance du 18 décembre 2008 et antérieures à l'ordonnance du 12 mars 2014 modifiant la loi de sauvegarde des entreprises ..... 075.00 à 075.31

Chapitre 076 Application dans le temps de l'ordonnance du 12 mars 2014 ..... 076.00 à 076.21

Titre 080 Application de la loi dans l'espace ..... 080.00 à 085.12

Chapitre 081 Règles générales relatives à l'application de la loi dans l'espace ..... 081.00 à 081.17

Chapitre 082 Dérogations à l'application de la loi dans l'espace – Règles spéciales à l'Alsace-Moselle ..... 082.00 à 082.21

Chapitre 083 Dérogations à l'application de la loi du 26 juillet 2005 – Règles spéciales aux DOM-PTOM ..... 083.00 à 083.41

Chapitre 084 Dérogations à l'application de l'ordonnance du 18 décembre 2008 – Règles spéciales aux DOM-PTOM ..... 084.00 à 084.15

Chapitre 085 Dérogations à l'application de l'ordonnance du 12 mars 2014 et des textes subséquents – Règles spéciales aux DOM-PTOM ..... 085.00 à 085.12

Titre 090 Droit international privé de la faillite ..... 090.00 à 094.71

Chapitre 091 Conventions internationales ..... 091.00 à 091.11

Chapitre 092 Règlement communautaire insolvabilité (REI) du 29 mai 2000 ..... 092.00 à 092.62

Chapitre 093 Application du droit commun en dehors de conventions internationales ..... 093.00 à 093.22

Chapitre 094 Règlement européen insolvabilité (REI) 2015/848 du 20 mai 2015 ..... 094.00 à 094.71

LIVRE 100 LES INTERVENTIONS PUBLIQUES – LA PRÉVENTION, LE RÈGLEMENT AMIABLE ET LA CONCILIATION

Titre 110 Interventions publiques ..... 110.00 à 112.41

Chapitre 111 Notion d'entreprise en difficulté ..... 111.00 à 111.11

Chapitre 112 Interventionnisme public ..... 112.00 à 112.41

Titre 120 Prévention ..... 120.00 à 123.17

Chapitre 121 Prévention par l'information comptable ..... 121.00 à 121.14

Chapitre 122 Procédures d'alerte ..... 122.00 à 122.61

Chapitre 123 Prévention par la négociation : mandat *ad hoc* ..... 123.00 à 123.17

Titre 130 Règlement amiable agricole ..... 130.00 à 136.21

Chapitre 131 Ouverture du règlement amiable agricole ..... 131.00 à 131.44

Chapitre 132 Voies de recours sur les décisions rendues en matière de règlement amiable agricole ..... 132.00 à 132.11

Chapitre 133 Suspension provisoire des poursuites ..... 133.00 à 133.61

Chapitre 134 Liaison et homologation de l'accord ..... 134.00 à 134.34

Chapitre 135 Effets de l'accord de règlement amiable agricole ..... 135.00 à 135.21

Chapitre 136 Résolution de l'accord obtenu dans le cadre du règlement amiable agricole ..... 136.00 à 136.21

Titre 140 Conciliation ..... 140.00 à 145.22

Chapitre 141 Ouverture de la conciliation ..... 141.00 à 141.61

Chapitre 142 Recherche de l'accord de conciliation ..... 142.00 à 142.65

Chapitre 143 Échec de la conciliation ..... 143.00 à 143.31

Chapitre 144 Homologation ou constat de l'accord ..... 144.00 à 144.62

Chapitre 145 Inexécution de l'accord de conciliation ..... 145.00 à 145.22

LIVRE 200 L'OUVERTURE DE LA PROCÉDURE

Titre 210 Qualité subjective exigée : personnalité du débiteur et extensions .... 210.00 à 214.51
Chapitre 211 Personnes physiques éligibles à la procédure collective .... 211.00 à 211.85
Chapitre 212 Personnes morales éligibles à la procédure collective .... 212.00 à 212.23
Chapitre 213 Extensions de procédure : confusion des patrimoines et fictivité .... 213.00 à 213.54
Chapitre 214 Fausses extensions de procédure .... 214.00 à 214.51

Titre 220 Situation économique exigée .... 220.00 à 225.33
Chapitre 221 Ouverture de la procédure de redressement ou de liquidation judiciaires conditionnée à l'état de cessation des paiements .... 221.00 à 221.41
Chapitre 222 Date de cessation des paiements .... 222.00 à 222.36
Chapitre 223 Difficultés que le débiteur ne peut surmonter, condition d'ouverture de la procédure de sauvegarde .... 223.00 à 223.65
Chapitre 224 Sauvegarde accélérée .... 224.00 à 224.61
Chapitre 225 Sauvegarde financière accélérée .... 225.00 à 225.33

Titre 230 Modalités procédurales entourant l'ouverture de la procédure .... 230.00 à 234.26
Chapitre 231 Saisine aux fins d'ouverture de la procédure .... 231.00 à 231.61
Chapitre 232 Juridiction compétente pour l'ouverture de la procédure .... 232.00 à 232.31
Chapitre 233 Jugement d'ouverture .... 233.00 à 233.55
Chapitre 234 Exécution provisoire attachée aux décisions rendues en matière de procédure collective .... 234.00 à 234.26

LIVRE 300 LES ORGANES DE LA PROCÉDURE

Titre 310 Tribunal de la faillite .... 310.00 à 312.47
Chapitre 311 Le tribunal et son président .... 311.00 à 311.21
Chapitre 312 Attraction de compétence du tribunal de la faillite .... 312.00 à 312.47

Titre 320 Voies de recours sur les décisions du tribunal de la faillite .... 320.00 à 323.81
Chapitre 321 Voies de recours nullité .... 321.00 à 321.41
Chapitre 322 Voies de recours réformation .... 322.00 à 322.24
Chapitre 323 Détermination de la situation procédurale de l'intéressé au regard de la voie de recours .... 323.00 à 323.81

Titre 330 Juge-commissaire et voies de recours sur ses décisions .... 330.00 à 333.33
Chapitre 331 Fonctions et ordonnances du juge-commissaire .... 331.00 à 331.82
Chapitre 332 Voies de recours sur les ordonnances du juge-commissaire .... 332.00 à 332.33
Chapitre 333 Voies de recours sur les jugements statuant sur recours à l'encontre des ordonnances du juge-commissaire .... 333.00 à 333.33

Titre 340 Ministère public .... 340.00 à 340.33

Titre 350 Règles communes aux mandataires de justice .... 350.00 à 353.61
Chapitre 351 Nature et organisation des professions .... 351.00 à 351.92
Chapitre 352 Dispositions relatives à la rémunération des mandataires de justice .... 352.00 à 352.71
Chapitre 353 Dispositions relatives à la rémunération des mandataires de justice issues de la loi du 6 août 2015 .... 353.00 à 353.61

Titre 360 Règles spéciales au mandataire judiciaire, représentant des créanciers et liquidateur .... **360.00 à 362.37**

Chapitre 361 Organe de la sauvegarde et du redressement judiciaire : mandataire judiciaire et représentant des créanciers .... 361.00 à 361.41

Chapitre 362 Organe de la liquidation judiciaire : le liquidateur judiciaire .... 362.00 à 362.37

Titre 370 Règles spéciales aux administrateurs judiciaires .... **370.00 à 372.91**

Chapitre 371 Mission de l'administrateur judiciaire .... 371.00 à 371.41

Chapitre 372 Responsabilité de l'administrateur judiciaire .... 372.00 à 372.91

Titre 380 Règles spéciales aux experts .... **380.00 à 380.22**

Titre 390 Règles spéciales aux organes de représentation des salariés .... **390.00 à 392.21**

Chapitre 391 Institutions représentatives du personnel (comité d'entreprise et délégués du personnel) .... 391.00 à 391.32

Chapitre 392 Représentant des salariés .... 392.00 à 392.21

LIVRE 400 LA PÉRIODE D'OBSERVATION

Titre 410 Présentation des règles générales relatives à la période d'observation .... **410.00 à 412.41**

Chapitre 411 Durée de la période d'observation dans les procédures de redressement judiciaire et de sauvegarde .... 411.00 à 411.22

Chapitre 412 Régime général et régine simplifié du redressement judiciaire – Législation antérieure à la loi du 26 juillet 2005 .... 412.00 à 412.41

Titre 420 Poursuite de l'activité en période d'observation .... **420.00 à 423.51**

Chapitre 421 Règles générales de répartition des pouvoirs entre le débiteur ou les dirigeants sociaux et l'administrateur judiciaire pendant la période d'observation .... 421.00 à 421.61

Chapitre 422 Habilitations données par le juge-commissaire .... 422.00 à 422.44

Chapitre 423 Poursuite de l'activité en location-gérance sous l'empire de la législation antérieure à la loi du 26 juillet 2005 .... 423.00 à 423.51

Titre 430 Continuation des contrats en cours .... **430.00 à 435.61**

Chapitre 431 Règles communes de continuation des contrats en cours .... 431.00 à 431.56

Chapitre 432 Contrat de travail .... 432.00 à 432.29

Chapitre 433 Baux des locaux professionnels .... 433.00 à 433.29

Chapitre 434 Concours bancaires .... 434.00 à 434.32

Chapitre 435 Autres contrats soumis à une réglementation particulière .... 435.00 à 435.61

Titre 440 Délimitation des créances antérieures et des créances postérieures .... **440.00 à 443.82**

Chapitre 441 Règles générales relatives au fait générateur de la créance .... 441.00 à 441.22

Chapitre 442 Fait générateur d'une créance d'origine contractuelle ou d'une mission confiée à un professionnel .... 442.00 à 442.41

Chapitre 443 Fait générateur de la créance d'origine extra contractuelle .... 443.00 à 443.82

Titre 450 Créances postérieures .... **450.00 à 456.66**

Chapitre 451 Temps de la naissance de la créance éligible au traitement préférentiel .... 451.00 à 451.32

Chapitre 452 Régularité de la naissance de la créance éligible au traitement préférentiel .... 452.00 à 452.42

Chapitre 453 Critères téléologiques d'attribution du traitement préférentiel *sous le régime issu* de la loi du 26 juillet 2005 .... 453.00 à 453.27

Chapitre 454 Créances nées après jugement d'ouverture ne bénéficiant pas du traitement préférentiel .... 454.00 à 454.22

Chapitre 455 Règle du paiement à l'échéance des créanciers postérieurs bénéficiant du traitement préférentiel .... 455.00 à 455.47
Chapitre 456 Règle du paiement par priorité ou par privilège des créanciers postérieurs bénéficiant du traitement préférentiel .... 456.00 à 456.66

Titre 460 Préservation des actifs – Mesures conservatoires .... 460.00 à 463.42
Chapitre 461 Détournement du courrier et remise des documents et livres comptables .... 461.00 à 461.21
Chapitre 462 Préservation des actifs du débiteur .... 462.00 à 462.42
Chapitre 463 Règles relatives aux parts et actions des dirigeants de la personne morale débitrice .... 463.00 à 463.42

Titre 470 Dispositions d'ordre financier .... 470.00 à 472.41
Chapitre 471 Dispositions d'ordre financier intéressant le débiteur et les dirigeants de la personne morale débitrice .... 471.00 à 471.31
Chapitre 472 Avances du Trésor public .... 472.00 à 472.41

Titre 480 Réalisations de biens en période d'observation .... 480.00 à 484.42
Chapitre 481 Règles générales de réalisation des biens en période d'observation .... 481.00 à 481.21
Chapitre 482 Principe de consignation du prix de vente des biens vendus en période d'observation .... 482.00 à 482.31
Chapitre 483 Paiement provisionnel en période d'observation, tempérament au principe de consignation .... 483.00 à 483.41
Chapitre 484 Substitution de garantie, exception au principe de consignation du produit des réalisations d'actifs en période d'observation .... 484.00 à 484.42

Titre 490 Bilan économique, social et environnemental – Projet de plan .... 490.00 à 492.31
Chapitre 491 Bilan économique, social et environnemental .... 491.00 à 491.41
Chapitre 492 Projet de plan .... 492.00 à 492.31

LIVRE 500 LES SOLUTIONS DE LA PROCÉDURE : PLAN DE SAUVEGARDE, DE REDRESSEMENT ET LIQUIDATION JUDICIAIRE

Titre 510 Élaboration et adoption du plan de sauvegarde .... 510.00 à 515.51
Chapitre 511 Règles d'élaboration du plan de sauvegarde propres aux personnes morales .... 511.00 à 511.51
Chapitre 512 Consultation des créanciers préparatoire au plan de sauvegarde en dehors des comités de créanciers .... 512.00 à 512.75
Chapitre 513 Consultation des créanciers préparatoire au plan de sauvegarde dans les procédures avec comités de créanciers .... 513.00 à 513.53
Chapitre 514 Règles d'élaboration du plan propres aux sauvegardes accélérées .... 514.00 à 514.31
Chapitre 515 Adoption du plan de sauvegarde .... 515.00 à 515.51

Titre 520 Suites de l'arrêté du plan de sauvegarde .... 520.00 à 525.31
Chapitre 521 Surveillance de l'exécution du plan de sauvegarde : le commissaire à l'exécution du plan .... 521.00 à 521.61
Chapitre 522 Exécution du plan de sauvegarde .... 522.00 à 522.76
Chapitre 523 Modification du plan de sauvegarde .... 523.00 à 523.41
Chapitre 524 Difficultés d'exécution du plan de sauvegarde .... 524.00 à 524.37
Chapitre 525 Constat de l'exécution du plan de sauvegarde .... 525.00 à 525.31

Titre 530 Élaboration et adoption du plan de redressement .... 530.00 à 532.41
Chapitre 531 Règles d'élaboration du plan de redressement propres aux personnes morales .... 531.00 à 531.71
Chapitre 532 Adoption du plan de redressement .... 532.00 à 532.41

Titre 540 Suites de l'arrêté du plan de redressement .... 540.00 à 545.09
Chapitre 541 Surveillance de l'exécution du plan de redressement : le commissaire à l'exécution du plan .... 541.01 à 541.09
Chapitre 542 Exécution du plan de redressement .... 542.00 à 542.13
Chapitre 543 Modification du plan de redressement .... 543.01 à 543.09
Chapitre 544 Difficultés d'exécution du plan redressement .... 544.00 à 544.22
Chapitre 545 Constat de l'exécution du plan de redressement .... 545.01 à 545.09

Titre 550 Prononcé et effets de la liquidation judiciaire .... 550.00 à 555.41
Chapitre 551 Prononcé de la liquidation judiciaire .... 551.00 à 551.43
Chapitre 552 Dessaisissement du débiteur et détournement du courrier .... 552.00 à 552.52
Chapitre 553 Dissolution des sociétés et liquidation judiciaire .... 553.00 à 553.33
Chapitre 554 Conséquences de la liquidation judiciaire sur l'activité de l'entreprise .... 554.00 à 554.25
Chapitre 555 Sort des contrats de l'entreprise .... 555.00 à 555.41

Titre 560 Réalisation des actifs en liquidation judiciaire .... 560.00 à 567.31
Chapitre 561 Règles communes aux réalisations d'actifs – Statut particulier de certains biens .... 561.00 à 561.43
Chapitre 562 Réalisation des immeubles .... 562.00 à 562.46
Chapitre 563 Réalisation des meubles – Gages et nantissements .... 563.00 à 563.83
Chapitre 564 Cession d'unité de production – Législation exclusivement antérieure à la loi du 26 juillet 2005 .... 564.00 à 564.82
Chapitre 565 Liquidation judiciaire simplifiée – Législation issue de la loi de sauvegarde des entreprises .... 565.00 à 565.71
Chapitre 566 Reprise des poursuites au profit des créanciers titulaires de sûretés spéciales .... 566.00 à 566.41
Chapitre 567 Compromis et transactions .... 567.00 à 567.31

Titre 570 Élaboration et adoption du plan de cession .... 570.00 à 572.64
Chapitre 571 Règles d'élaboration du plan de cession .... 571.00 à 571.52
Chapitre 572 Arrêté du plan de cession .... 572.00 à 572.64

Titre 580 Suites de l'arrêté du plan de cession .... 580.00 à 584.45
Chapitre 581 Surveillance de l'exécution du plan de cession .... 581.00 à 581.63
Chapitre 582 Exécution du plan de cession .... 582.00 à 582.84
Chapitre 583 Modification du plan de cession .... 583.00 à 583.36
Chapitre 584 Difficultés d'exécution du plan de cession .... 584.00 à 584.45

Titre 590 Effets de la liquidation judiciaire pour les créanciers – Clôture de la procédure .... 590.00 à 594.83
Chapitre 591 Effets de la liquidation judiciaire sur les créanciers .... 591.00 à 591.63
Chapitre 592 Clôture de la procédure de liquidation judiciaire .... 592.00 à 592.74
Chapitre 593 Reprise de la procédure .... 593.00 à 593.31
Chapitre 594 Rétablissement professionnel .... 594.00 à 594.83

LIVRE 600 LES CRÉANCIERS ANTÉRIEURS

***Titre* 610 Situation des créanciers anérieurs – Contrôleurs .... 610.00 à 612.32**
Chapitre 611 Situation générale des créanciers antérieurs .... 611.00 à 611.37
Chapitre 612 Situation des contrôleurs .... 612.00 à 612.32

Titre 620 Arrêt des poursuites individuelles et des voies d'exécution .. 620.00 à 623.42
Chapitre 621 Arrêt et interruption des poursuites individuelles .... 621.00 à 621.92
Chapitre 622 Arrêt des voies d'exécution .... 622.00 à 622.72
Chapitre 623 Reprise des instances en cours pour faire fixer la créance ..... 623.00 à 623.42

Titre 630 Interdiction du paiement des créances antérieures et de certaines créances postérieures .... 630.00 à 633.59
Chapitre 631 Paiements interdits .... 631.00 à 631.24
Chapitre 632 Paiements autorisés : la compensation .... 632.00 à 632.49
Chapitre 633 Autres paiements autorisés .... 633.00 à 633.59

Titre 640 Intangibilité de la créance antérieure (cours des intérêts et terme du débiteur) .... 640.00 à 642.42
Chapitre 641 Cours des intérêts .... 641.00 à 641.51
Chapitre 642 Terme du débiteur .... 642.00 à 642.42

Titre 650 Cours des inscriptions .... 650.00 à 653.13
Chapitre 651 Arrêt du cours des inscriptions de sûretés .... 651.00 à 651.31
Chapitre 652 Continuation du cours des inscriptions de sûretés .... 652.00 à 652.17
Chapitre 653 Actes et décisions judiciaires translatifs ou constitutifs de droits réels .... 653.00 à 653.13

Titre 660 Déclaration des créances .... 660.00 à 666.53
Chapitre 661 Nature juridique et effets de la déclaration de créance .... 661.00 à 661.21
Chapitre 662 Auteur de la déclaration de créance .... 662.00 à 662.53
Chapitre 663 Domaine de la déclaration de créance .... 663.00 à 663.87
Chapitre 664 Modalités formelles et preuve de la déclaration de créance ..... 664.00 à 664.51
Chapitre 665 Délais de la déclaration de créance – Relevé et inopposabilité de la forclusion – Sort de la créance non déclarée .... 665.00 à 665.92
Chapitre 666 Contenu de la déclaration de créance .... 666.00 à 666.53

Titre 670 Vérification des créances déclarées .... 670.00 à 672.32
Chapitre 671 Principe de vérification des créances déclarées .... 671.00 à 671.51
Chapitre 672 Dispense de vérification des créances déclarées .... 672.00 à 672.32

Titre 680 Décisions du juge-commissaire en matière de déclaration et de vérification des créances et voies de recours .... 680.00 à 683.34
Chapitre 681 État des créances .... 681.00 à 681.22
Chapitre 682 Multiplicité des décisions du juge-commissaire sur les créances déclarées – Admission à titre provisionnel des créances fiscales et sociales .... 682.00 à 682.72
Chapitre 683 Voies de recours sur les décisions du juge-commissaire en matière de vérification et d'admission des créances .... 683.00 à 683.34

Titre 690 Règles spéciales aux créances salariales .... 690.00 à 696.28
Chapitre 691 Privilèges des salariés .... 691.00 à 691.32
Chapitre 692 Employeurs et salariés concernés par la garant des salaires (AGS) .... 692.00 à 692.41
Chapitre 693 Créances garanties par l'AGS .... 693.00 à 693.73
Chapitre 694 Intervention de l'AGS .... 694.00 à 694.52
Chapitre 695 Continuation des instances prud'homales en cou .... 695.00 à 695.31
Chapitre 696 Vérification des créances salariales .... 696.00 à 696.28

LIVRE 700 LES OBLIGÉS À LA DETTE AUTRES QUE LE DÉBITEUR : OBLIGÉ RÉEL, CAUTION, CODÉBITEUR, GARANT ET CONJOINT

Titre 710 Obligé réel – Droit de suite .... 710.00 à 711.32
Chapitre 711 Obligé réel à la dette – Droit de suite .... 711.00 à 711.32

Titre 720 Cautions .... 720.00 à 726.19
Chapitre 721 Moment de la poursuite de la caution par le créancier .... 721.00 à 721.35
Chapitre 722 Durée des poursuites contre la caution .... 722.00 à 722.15
Chapitre 723 Hauteur de la poursuite de la caution .... 723.00 à 723.35
Chapitre 724 Le fait du créancier, source de décharge de la caution par application de l'article 2314 du code civil .... 724.00 à 724.18
Chapitre 725 Le fait du créancier ou d'un tiers, source d'engagement de la responsabilité civile du créancier .... 725.00 à 725.16
Chapitre 726 Les recours de la caution .... 726.00 à 726.19

Titre 730 Codébiteur et garant – Associés de sociétés tenus des dettes sociales .... 730.00 à 731.71
Chapitre 731 Codébiteur et garant – Associés de sociétés tenus des dettes sociales .... 731.00 à 731.71

Titre 740 Conjoint .... 740.00 à 741.96
Chapitre 741 Conjoint .... 741.00 à 741.96

LIVRE 800 L'ACTIF

Titre 810 Soustraction aux actifs apparents : action en revendication et en restitution .... 810.00 à 816.77
Chapitre 811 Propriétaire immobilier .... 811.00 à 811.11
Chapitre 812 Propriétaire mobilier titulaire d'un contrat publié – Restitution .... 812.00 à 812.81
Chapitre 813 Propriétaire mobilier non titulaire d'un contrat publié – Revendication – Règles générales .... 813.00 à 813.74
Chapitre 814 Propriétaire d'effets de commerce et autres titres impayés .... 814.00 à 814.11
Chapitre 815 Vendeur de meubles non payé – Règles générales .... 815.00 à 815.31
Chapitre 816 Clause de réserve de propriété .... 816.00 à 816.77

Titre 820 Reconstitution de l'actif : nullités de la période suspecte .... 820.00 à 826.11
Chapitre 821 Contours des nullités de la période suspecte .... 821.00 à 821.61
Chapitre 822 Modalités procédurales de l'action en nullité de la période suspecte .... 822.00 à 822.51
Chapitre 823 Cas de nullités de droit de la période suspecte .... 823.00 à 823.95
Chapitre 824 Nullités facultatives de la période suspecte .... 824.00 à 824.41
Chapitre 825 Effets des nullités de la période suspecte .... 825.00 à 825.51
Chapitre 826 Règles particulières à l'acquittement des effets de commerce .... 826.00 à 826.11

Titre 830 Reconstitution de l'a[...]if : actions en responsabilité contre les tiers .... 830.00 à 834.19
Chapitre 831 Règles générales rel[...]es aux actions en responsabilité contre les tiers .... 831.00 à 831.13
Chapitre 832 Rupture fautive de [...]oncours bancaires .... 832.00 à 832.14
Chapitre 833 Soutien abusif av[...] la loi du 26 juillet 2005 .... 833.00 à 833.15
Chapitre 834 Soutien abusif s[...]'empire de la loi du 26 juillet 2005 .... 834.00 à 834.19

LIVRE 900 SANCTIONS CIVILES ET PÉNALES ATTEIGNANT LE DÉBITEUR ET LES DIRIGEANTS

Titre 910 Sanctions civiles non pécuniaires (faillite personnelle et interdiction de gérer) .... 910.00 à 913.22

Chapitre 911 Règles communes à la faillite personnelle et à l'interdiction de gérer .... 911.00 à 911.92

Chapitre 912 Règles propres à la faillite personnelle .... 912.00 à 912.52

Chapitre 913 Règles propres à l'interdiction de gérer .... 913.00 à 913.22

Titre 920 Sanctions et responsabilités civiles pécuniaires (comblement de passif, redressement et liquidation judiciaires personnels, action en paiement des dettes sociales) .... 920.00 à 926.45

Chapitre 921 Règles communes aux responsabilités et sanctions pécuniaires atteignant les dirigeants .... 921.00 à 921.83

Chapitre 922 Règles spéciales à l'action en comblement de passif .... 922.00 à 922.71

Chapitre 923 Règles spéciales au redressement et à la liquidation judiciaires à titre personnel – Législation antérieure à la loi du 26 juillet 2005 .... 923.00 à 923.74

Chapitre 924 Règles spéciales à l'action en obligation aux dettes sociales – Législation issue de la loi du 26 juillet 2005 .... 924.00 à 924.48

Chapitre 925 Action en responsabilité environnementale pour insuffisance d'actif des sociétés mères de filiales exploitant une installation classée .... 925.00 à 925.32

Chapitre 926 Action en responsabilité pour contribution à la cessation des paiements .... 926.00 à 926.45

Titre 930 Sanctions pénales .... 930.00 à 933.26

Chapitre 931 Procédure applicable aux infractions pénales de la législation des procédures collectives .... 931.00 à 931.42

Chapitre 932 Infraction commise par le débiteur et les dirigeants de la personne morale débitrice : la banqueroute .... 932.00 à 932.42

Chapitre 933 Infractions autres que la banqueroute .... 933.00 à 933.26

PRINCIPALES ABRÉVIATIONS UTILISÉES 2921

INDEX THÉMATIQUE ALPHABÉTIQUE 2925

Table des matières

page

Sommaire V

LIVRE 000. **Les sources – Introduction générale** 1

TITRE 010. **Textes applicables** 2

CHAPITRE 011. **Textes officiels applicables** 3
section 011.10. **Principaux textes codifiés** 3
section 011.20. **Principaux textes non codifiés** 4
section 011.30. **Travaux parlementaires de la loi du 26 juillet 2005** 4
section 011.40. **Recommandations des organismes professionnels** 5
section 011.50. **Questions prioritaires de constitutionnalité** 5

TITRE 020. **Jurisprudence** 6

CHAPITRE 021. **Sources de jurisprudence** 7
section 021.10. **Décisions de la Cour de cassation et des juges de fond** 7
section 021.20. **Décisions des juges du fond** 7

TITRE 030. **Bibliographie** 9

CHAPITRE 031. **Bibliographie générale** 10
section 031.10. **Œuvres citées par une abréviation ou uniquement par le non de l'auteur** 10
section 031.20. **Œuvres citées ponctuellement ou à consuter** 12
section 031.30. **Articles généraux ou transversaux** 13

TITRE 040. **Évolution de la législation** 16

CHAPITRE 041. **Évolution sémantique et statistique** 17
section 041.10. **Évolution sémantique** 17
section 041.20. **Statistiques** 18

CHAPITRE 042. **Évolution historique** 21
section 042.10. **Jusqu'au code de commerce de 1807** 22
section 042.20. **Code de commerce de 1807** 25
section 042.30. **Du code de commerce de 1807 jusqu'au décret du mai 1955** 26
section 042.40. **Législations de 1967** 28
section 042.50. **Loi du 25 janvier 1985** 30
section 042.60. **Loi du 10 juin 1994** 32

section 042.70. Loi du 26 juillet 2005 de sauvegarde des entreprises 32
section 042.80. Ordonnance du 18 décembre 2008 et textes postérieurs 35
section 042.90. Ordonnance du 12 mars 2014 et textes postérieurs 43

TITRE 050. LÉGISLATION DU 26 JUILLET 2005 47

CHAPITRE 051. PRÉSENTATION GÉNÉRALE DE LA LÉGISLATION DE SAUVEGARDE DES ENTREPRISES DU 26 JUILLET 2005 50
section 051.10. Section unique 50

CHAPITRE 052. RÉFORME DE LA PRÉVENTION ET REMPLACEMENT DE LA PROCÉDURE DE RÈGLEMENT AMIABLE PAR LA PROCÉDURE DE CONCILIATION 53
section 052.10. Section unique 53

CHAPITRE 053. RÉFORME DES PROCÉDURES COLLECTIVES 54
section 053.10. Extension des procédures collectives 54
section 053.20. Procédure de sauvegarde 54
section 053.30. Réforme du redressement judiciaire 55
section 053.40. Réforme de la liquidation judiciaire 56
section 053.50. Modifications affectant les créanciers 57
section 053.60. Réforme des sanctions 58
section 053.70. Réforme des voies de recours 59

TITRE 060. RÉFORMES DE LA LOI DU 26 JUILLET 2005 DE SAUVEGARDE DES ENTREPRISES 60

CHAPITRE 061. PRINCIPAUX APPORTS DE L'ORDONNANCE DE RÉFORME DU 18 DÉCEMBRE 2008 62
section 061.10. Section unique 62

CHAPITRE 062. APPRÉCIATIONS SUR LA RÉFORME 67
section 062.10. Section unique 67

CHAPITRE 063. ORDONNANCE DE RÉFORME DU 12 MARS 2014 69
section 063.10. Présentation générale de la réforme du 12 mars 2014 69

TITRE 070. APPLICATION DE LA LOI DANS LE TEMPS 71

CHAPITRE 071. SURVIE DE LA LOI ANCIENNE POUR LES PROCÉDURES OUVERTES AVANT L'ENTRÉE EN VIGUEUR DE LA LOI DU 25 JANVIER 1985 73
section 071.10. Principe de survie de la loi ancienne pour les procédures ouvertes avant l'entrée en vigueur de la loi du 25 janvier 1985 73
section 071.20. Exceptions au principe de survie de la loi ancienne pour les procédures ouvertes avant l'entrée en vigueur de la loi du 25 janvier 1985 74

CHAPITRE 072. APPLICATON DANS LE TEMPS DE LA LOI DU 10 JUIN 1994 75
section 072.10. Section unique 75

CHAPITRE 073. APPLICATON DANS LE TEMPS DE LA LOI DU 26 JUILLET 2005 78
section 073.10. Principe l'application dans le temps de la loi du 26 juillet 2005 79
section 073.20. Application exceptionnelle de la loi du 26 juillet 2005 et/ou du décret du 28 décembre 2005 aux procédures en cours dès sa publication 81
section 073.30. Application exceptionnelle de la loi du 26 juillet 2005 à compter de son entrée en vigueur aux procédures en cours sous l'empire de la loi du 25 janvier 1985 83
section 073.40. Application exceptionnelle de la loi du 26 juillet 2005 à compter de son entrée en vigueur aux procédures régies par la loi du 13 juillet 1967 90

CHAPITRE 074. APPLICATION DANS LE TEMPS DE L'ORDONNANCE DU 18 DÉCEMBRE 2008 92
section 074.10. Principe d'appl[illegible]tion de l'ordonnance aux seules procédures ouvertes à compter du [illegible]février 2009 92
section 074.20. Application d[illegible]e disposition aux procédures en cours dès le 1er janvier 2009 93
section 074.30. Application [illegible] dispositions aux procédures en cours à compter du 15 févri[illegible] 2009 93

section 074.40. Application de certaines dispositions aux procédures en cours au 1er mars 2009 .. 94
section 074.50. Procédures ouvertes à compter du 15 février 2009 94
section 074.60. Extensions de procédures à compter du 15 février 2009 95

CHAPITRE 075. APPLICATION DANS LE TEMPS DES LÉGISLATIONS POSTÉRIEURES À L'ORDONNANCE DU 18 DÉCEMBRE 2008 ET ANTÉRIEURES À L'ORDONNANCE DU 12 MARS 2014 MODIFIANT LA LOI DE SAUVEGARDE DES ENTREPRISES 97
section 075.10. Application des articles 57 et 58 de la loi du 22 octobre 2010 97
section 075.20. Application de l'ordonnance du 9 décembre 2010 98
section 075.30. Législation sur la prise de mesures conservatoires 98

CHAPITRE 076. APPLICATION DANS LE TEMPS DE L'ORDONNANCE DU 12 MARS 2014 100
section 076.10. Principe d'application dans le temps de l'ordonnance du 12 mars 2014 100
section 076.20. Applications exceptionnelles dans le temps de l'ordonnance du 12 mars 2014 ... 100

TITRE 080. APPLICATION DE LA LOI DANS L'ESPACE 102

CHAPITRE 081. RÈGLES GÉNÉRALES RELATIVES À L'APPLICATION DE LA LOI DANS L'ESPACE 103
section 081.10. Section unique 103

CHAPITRE 082. DÉROGATIONS À L'APPLICATION DE LA LOI DANS L'ESPACE – RÈGLES SPÉCIALES À L'ALSACE-MOSELLE 104
section 082.10. Domaine de la faillite civile en Alsace-Moselle 104
section 082.20. Règles spéciales à l'Alsace-Moselle 105

CHAPITRE 083. DÉROGATIONS À L'APPLICATION DE LA LOI DU 26 JUILLET 2005 – RÈGLES SPÉCIALES AUX DOM-PTOM 108
section 083.10. Saint-Pierre-et-Miquelon 108
section 083.20. Mayotte 108
section 083.30. Nouvelle-Calédonie 109
section 083.40. Wallis-et-Futuna 109

CHAPITRE 084. DÉROGATIONS À L'APPLICATION DE L'ORDONNANCE DU 18 DÉCEMBRE 2008 – RÈGLES SPÉCIALES AUX DOM-PTOM 111
section 084.10. Section unique 111

CHAPITRE 085. DÉROGATIONS À L'APPLICATION DE L'ORDONNANCE DU 12 MARS 2014 ET DES TEXTES SUBSÉQUENTS – RÈGLES SPÉCIALES AUX DOM-PTOM 113
section 085.10. Application de l'ordonnance du 12 mars 2014 à Wallis-et-Futuna 113

TITRE 090. DROIT INTERNATIONAL PRIVÉ DE LA FAILLITE 114

CHAPITRE 091. CONVENTIONS INTERNATIONALES 117
section 091.10. Section unique 117

CHAPITRE 092. RÈGLEMENT COMMUNAUTAIRE INSOLVABILITÉ (REI) DU 29 MAI 2000 119
section 092.10. Domaine du règlement communautaire 122
section 092.20. Détermination par le règlement communautaire de la compétence 127
section 092.30. Détermination par le règlement communautaire de la loi applicable – Compétence législative 136
section 092.40. Reconnaissance de la procédure principale (procédure d'insolvabilité) 139
section 092.50. Procédures secondaires 141
section 092.60. Production des créances – Traitement des créanciers 144

CHAPITRE 093. APPLICATION DU DROIT COMMUN EN DEHORS DE CONVENTIONS INTERNATIONALES 147
section 093.10. Procédures ouvertes en France 148
section 093.20. Procédures ouvertes à l'étranger 151

CHAPITRE 094. RÈGLEMENT EUROPÉEN INSOLVABILITÉ (REI) 2015/848 DU 20 MAI 2015 154
section 094.10. Domaine du règlement communautaire 156

section 094.20. **Détermination par le règlement communautaire de la compétence** . . . 158
section 094.30. **Reconnaissance et effets généraux de la procédure d'insolvabilité** . . . 161
section 094.40. **Procédures secondaires** . . . 165
section 094.50. **Procédures d'insolvabilité intéressant les groupes de sociétés** . . . 173
section 094.60. **Détermination par le règlement communautaire de la loi applicable – Compétence législative** . . . 180
section 094.70. **Production des créances – Traitement des créanciers** . . . 184

LIVRE 100. **LES INTERVENTIONS PUBLIQUES – LA PRÉVENTION, LE RÈGLEMENT AMIABLE ET LA CONCILIATION** . . . 187

TITRE 110. INTERVENTIONS PUBLIQUES . . . 188

CHAPITRE 111. NOTION D'ENTREPRISE EN DIFFICULTÉ . . . 189
section 111.10. Section unique . . . 189

CHAPITRE 112. INTERVENTIONNISME PUBLIC . . . 191
section 112.10. **Visions européennes sur les interventions étatiques** . . . 192
section 112.20. **Comités d'aides aux entreprises en difficulté** . . . 195
section 112.30. **Aides de l'État prenant la forme de mesures d'allégement** . . . 197
section 112.40. **Intervention des collectivités locales** . . . 199

TITRE 120. PRÉVENTION . . . 200

CHAPITRE 121. PRÉVENTION PAR L'INFORMATION COMPTABLE . . . 202
section 121.10. Information comptable . . . 202

CHAPITRE 122. PROCÉDURES D'ALERTE . . . 209
section 122.10. **Règles communes aux procédures d'alerte** . . . 210
section 122.20. **Alerte par le président du tribunal** . . . 211
section 122.30. **Alerte par le commissaire aux comptes** . . . 214
section 122.40. **Alerte par le comité d'entreprise** . . . 221
section 122.50. **Pseudo alerte par les associés** . . . 223
section 122.60. **Alerte par le groupement de prévention agréé** . . . 224

CHAPITRE 123. PRÉVENTION PAR LA NÉGOCIATION : MANDAT *AD HOC* . . . 226
section 123.10. Section unique . . . 227

TITRE 130. RÈGLEMENT AMIABLE AGRICOLE . . . 238

CHAPITRE 131. OUVERTURE DU RÈGLEMENT AMIABLE AGRICOLE . . . 240
section 131.10. **Qualité exigée du débiteur** . . . 240
section 131.20. **Juridiction compétente pour l'ouverture d'un règlement amiable agricole** . . . 241
section 131.30. **Saisine du président du tribunal aux fins d'ouverture d'un règlement amiable agricole** . . . 241
section 131.40. **Conciliateur** . . . 241

CHAPITRE 132. VOIES DE RECOURS SUR LES DÉCISIONS RENDUES EN MATIÈRE DE RÈGLEMENT AMIABLE AGRICOLE . . . 243
section 132.10. Section unique . . . 243

CHAPITRE 133. SUSPENSION PROVISOIRE DES POURSUITES . . . 244
section 133.10. **Demande de suspension provisoire des poursuites** . . . 244
section 133.20. **Durée de la suspension provisoire des poursuites** . . . 244
section 133.30. **Absence de notification de l'ordonnance de suspension provisoire des poursuites** . . . 244
section 133.40. **Publicité de l'ordonnance de suspension provisoire des poursuites** . . . 245
section 133.50. **Effets de la suspension provisoire des poursuites** . . . 245
section 133.60. **Radiation de l'inscription de la mesure de suspension des poursuites** . . . 246

CHAPITRE 134. LIAISON ET HOMOLOGATION DE L'ACCORD 247
section 134.10. **Accord obtenu dans le cadre du règlement amiable** 247
section 134.20. **Obligation au secret professionnel** 248
section 134.30. **Homologation de l'accord obtenu dans le cadre du règlement amiable de droit commun** 248

CHAPITRE 135. EFFETS DE L'ACCORD DE RÈGLEMENT AMIABLE AGRICOLE 250
section 135.10. **Effets de l'accord obtenu dans le cadre du règlement amiable entre les parties** 250
section 135.20. **Effets de l'accord obtenu dans le cadre du règlement amiable sur les cautions** 251

CHAPITRE 136. RÉSOLUTION DE L'ACCORD OBTENU DANS LE CADRE DU RÈGLEMENT AMIABLE AGRICOLE 252
section 136.10. **Résolution de l'accord** 252
section 136.20. **Ouverture d'une procédure de redressement ou de liquidation judiciaire** 252

TITRE **140. CONCILIATION** 254

CHAPITRE 141. OUVERTURE DE LA CONCILIATION 259
section 141.10. **Personnes concernées** 259
section 141.20. **Situation économique du débiteur** 260
section 141.30. **Demande d'ouverture de la conciliation** 263
section 141.40. **Décision du président du tribunal** 266
section 141.50. **Conciliateur** 270
section 141.60. **Confidentialité de la conciliation** 278

CHAPITRE 142. RECHERCHE DE L'ACCORD DE CONCILIATION 280
section 142.10. **Situation des créanciers pendant la recherche de l'accord de conciliation** 280
section 142.20. **Sort des garants** 284
section 142.30. **Situation des salariés pendant la recherche de l'accord de conciliation** 284
section 142.40. **Négociation de l'accord par le conciliateur** 285
section 142.50. **Remises de dettes publiques sous l'empire de la législation antérieure à la loi du 17 février 2009** 289
section 142.60. **Remises de dettes publiques sous l'empire de la législation du 17 février 2009** 295

CHAPITRE 143. ÉCHEC DE LA CONCILIATION 298
section 143.10. **Double possibilité d'échec de la conciliation** 298
section 143.20. **Absence d'accord de conciliation** 298
section 143.30. **Rejet de l'homologation de l'accord de conciliation** 299

CHAPITRE 144. HOMOLOGATION OU CONSTAT DE L'ACCORD 301
section 144.10. **Constat de l'accord de conciliation** 302
section 144.20. **Conditions de fond de l'homologation de l'accord de onciliation** 306
section 144.30. **Aspects procéduraux de l'homologation de l'accord dconciliation** 307
section 144.40. **Effets de l'homologation de l'accord de conciliation** 311
section 144.50. **Privilège de la conciliation** 317
section 144.60. **Surveillance de l'exécution de l'accord** 327

CHAPITRE 145. INEXÉCUTION DE L'ACCORD DE CONCILIATION 329
section 145.10. **Résolution de l'accord de conciliation** 329
section 145.20. **Ouverture d'une procédure subséquemment à l'inexéc on de l'accord** 332

LIVRE **200. L'OUVERTURE DE LA PROCÉDURE** 335

TITRE **210. QUALITÉ SUBJECTIVE EXIGÉE : PERSONNALITÉ DU DÉBITEUT EXTENSIONS** 36

CHAPITRE 211. PERSONNES PHYSIQUES ÉLIGIBLES À LA PROCÉDURE COLLECT 338
section 211.10. **Extension progressive du domaine des procédures collees** 342
section 211.20. **Commerçants – personnes exerçant une activité commale** 343
section 211.30. **Artisans – personnes exerçant une activité artisanale** 346

section 211.40. Agriculteurs ... 347
section 211.50. Professionnels indépendants y compris les professionnels libéraux ... 348
section 211.60. Personnes physiques retirées ... 351
section 211.70. Personnes physiques décédées ... 355
section 211.80. Situation des rapatriés d'Algérie ... 357

CHAPITRE 212. PERSONNES MORALES ÉLIGIBLES À LA PROCÉDURE COLLECTIVE ... 361
section 212.10. Principe de généralité ... 362
section 212.20. Perte de la personnalité morale ... 364

CHAPITRE 213. EXTENSIONS DE PROCÉDURE : CONFUSION DES PATRIMOINES ET FICTIVITÉ ... 367
section 213.10. Critères de l'extension sur le fondement de la fictivité ... 370
section 213.20. Critères de l'extension sur le fondement de la confusion des patrimoines ... 372
section 213.30. Régime procédural de l'extension sur le fondement de la fictivité ou de la confusion des patrimoines ... 382
section 213.40. Effets de l'extension sur le fondement de la fictivité ou de la confusion des patrimoines ... 395
section 213.50. Règles spéciales à l'action en réunion de patrimoines ... 402

CHAPITRE 214. FAUSSES EXTENSIONS DE PROCÉDURE ... 404
section 214.10. Extension aux membres indéfiniment et solidairement responsables du passif de la personne morale – Législation antérieure à la loi de sauvegarde des entreprises ... 405
section 214.20. Suppression de l'extension aux membres indéfiniment et solidairement responsables du passif de la personne morale par la loi du 26 juillet 2005 ... 407
section 214.30. Extensions – Sanction – Législation antérieure à la loi de sauvegarde des entreprises ... 407
section 214.40. Suppression des extensions sanctions par le texte issu de la loi du 26 juillet 2005 ... 408
section 214.50. Extension sur le fondement de la coexploitation ... 408

TITRE 220. SITUATION ÉCONOMIQUE EXIGÉE ... 409

CHAPITRE 221. OUVERTURE DE LA PROCÉDURE DE REDRESSEMENT OU DE LIQUIDATION JUDICIAIRES CONDITIONNÉE À L'ÉTAT DE CESSATION DES PAIEMENTS ... 410
section 221.10. Définition légale de l'état de cessation des paiements ... 413
section 221.20. Constatation judiciaire de l'état de cessation des paiements ... 425
section 221.30. Indifférence exceptionnelle de l'état de cessation des paiements en matière de redressement ou de liquidation judiciaire ... 429
section 221.40. Particularisme des procédures collectives atteignant les établissemens de crédit ... 432

CHAPITRE 222. DATE DE CESSATION DES PAIEMENTS ... 433
section 222.10. Fixation initialele la date de cessation des paiements ... 434
section 222.20. Règles de fond u report de la date de cessation des paiements ... 437
section 222.30. Modalités produrales de l'action en report de la date de cessation des paiements ... 444

CHAPITRE 223. DIFFICULTÉS QUE DÉBITEUR NE PEUT SURMONTER, CONDITION D'VERTURE DE LA PROCÉDURE DE SAUVEGARDE ... 452
section 223.10. Exigence de l'sence d'état de cessation des paiements ... 454
section 223.20. difficultés de ture à conduire à la cessation des paiements sous l'empire de la loi du 2uillet 2005 non réformée ... 455
section 223.30. Difficultés que débiteur ne peut surmonter ... 459
section 223.40. Impossibilitéur le débiteur de surmonter seul les difficultés ... 460
section 223.50. Date d'apprétion des conditions d'ouverture ... 461
section 223.60. Conversion a procédure de sauvegarde en procédure de redressement ou de liquidn judiciaire ... 463

CHAPITRE 224. SAUVEGARDE ACCÉLÉRÉE 468
section 224.10. Critère d'ouverture d'une sauvegarde accélérée 469
section 224.20. Ouverture de la sauvegarde accélérée 470
section 224.30. Application de principe des règles de la sauvegarde sauf dispositions contraires 472
section 224.40. Période d'observation de la sauvegarde accélérée 473
section 224.50. Effets de la sauvegarde accélérée 473
section 224.60. Particularités du plan de sauvegarde accélérée 474

CHAPITRE 225. SAUVEGARDE FINANCIÈRE ACCÉLÉRÉE 476
section 225.10. Critères d'ouverture d'une sauvegarde financière accélérée 476
section 225.20. Application de principe des règles de la sauvegarde sauf dispositions contraires 477
section 225.30. Limitation des effets de la sauvegarde financière accélérée 478

TITRE 230. MODALITÉS PROCÉDURALES ENTOURANT L'OUVERTURE DE LA PROCÉDURE 480

CHAPITRE 231. SAISINE AUX FINS D'OUVERTURE DE LA PROCÉDURE 481
section 231.10. Monopole de saisine par le débiteur aux fins d'ouverture de la procédure de sauvegarde 483
section 231.20. Saisine par le débiteur aux fins d'ouverture du redressement ou de la liquidation judiciaire 486
section 231.30. Saisine par le créancier aux fins d'ouverture du redressement ou de la liquidation judiciaire 493
section 231.40. Saisine d'office par la juridiction du premier degré aux fins d'ouverture du redressement ou de la liquidation judiciaire 503
section 231.50. Saisine d'office par la cour d'appel aux fins d'ouverture du redressement ou de la liquidation judiciaire 507
section 231.60. Saisine par le ministère public aux fins d'ouverture du redressement ou de la liquidation judiciaire 510

CHAPITRE 232. JURIDICTION COMPÉTENTE POUR L'OUVERTURE DE LA PROCÉDURE 512
section 232.10. Règles de compétence applicables à l'ouverture de la procédure 513
section 232.20. Exceptions d'incompétence en matière d'ouverture de la procédure 525
section 232.30. Formes de procéder applicables devant le tribunal de grande instance 526

CHAPITRE 233. JUGEMENT D'OUVERTURE 527
section 233.10. Jugement d'ouverture de la procédure de sauvegarde 529
section 233.20. Jugement d'ouverture du redressement ou de la liquidation judiciaire 531
section 233.30. Information sur la survenance du jugement d'ouverture 543
section 233.40. Efficacité du jugement d'ouverture – unicité de la procédure 548
section 233.50. Voies de recours à l'encontre du jugement d'ouverture 552

CHAPITRE 234. EXÉCUTION PROVISOIRE ATTACHÉE AUX DÉCISIONS RENDUES EN MATIÈRE DE PROCÉDURE COLLECTIVE 563
section 234.10. Exécution provisoire attachée aux décisions rendues en matière de redressement et de liquidation judiciaires 564
section 234.20. Arrêt de l'exécution provisoire attachée aux décisions rendues en matière de sauvegarde, de redressement et de liquidation judiciaires 566

LIVRE 300. LES ORGANES DE LA PROCÉDURE 573

TITRE 310. TRIBUNAL DE LA FAILLITE 574

CHAPITRE 311. LE TRIBUNAL ET SON PRÉSIDENT 575
section 311.10. Pouvoirs du tribunal 575
section 311.20. Pouvoirs du président du tribunal 576

CHAPITRE 312. ATTRACTION DE COMPÉTENCE DU TRIBUNAL DE LA FAILLITE 578
section 312.10. Étendue de l'attraction de compétence 579
section 312.20. Actions nées de la faillite 580

section 312.30. Actions sur lesquelles le droit de la faillite exerce son incidence 581
section 312.40. Actions échappant à la compétence du tribunal de la faillite 582

TITRE 320. VOIES DE RECOURS SUR LES DÉCISIONS DU TRIBUNAL DE LA FAILLITE 587

CHAPITRE 321. VOIES DE RECOURS NULLITÉ 589
section 321.10. Fermeture de la voie de recours réformation et voies de recours nullité 589
section 321.20. Ouverture du recours nullité 590
section 321.30. Modalités procédurales des recours nullité 594
section 321.40. Effet dévolutif de l'appel nullité 595

CHAPITRE 322. VOIES DE RECOURS RÉFORMATION 597
section 322.10. Formes des voies de recours réformation 597
section 322.20. Délais des voies de recours réformation 600

CHAPITRE 323. DÉTERMINATION DE LA SITUATION PROCÉDURALE DE L'INTÉRESSÉ AU REGARD DE LA VOIE DE RECOURS 604
section 323.10. Présentation générale de la question de la détermination de la situation procédurale de l'intéressé 604
section 323.20. Situation procédurale du débiteur 605
section 323.30. Situation procédurale des créanciers 605
section 323.40. Situation procédurale des contrôleurs 605
section 323.50. Situation procédurale du ministère public 606
section 323.60. Situation procédurale des institutions représentatives du personnel 607
section 323.70. Situation procédurale des candidats repreneurs 607
section 323.80. Situation procédurale des autres personnes 607

TITRE 330. JUGE-COMMISSAIRE ET VOIES DE RECOURS SUR SES DÉCISIONS 608

CHAPITRE 331. FONCTIONS ET ORDONNANCES DU JUGE-COMMISSAIRE 609
section 331.10. Évolution de la fonction 609
section 331.20. Durée de la mission du juge-commissaire 610
section 331.30. Intervention du juge-commissaire 613
section 331.40. Dualité des ordonnances du juge-commissaire 620
section 331.50. Ordonnances du juge-commissaire relevant de la juridiction gracieuse 620
section 331.60. Ordonnances du juge-commissaire relevant de sa juridiction contentieuse 622
section 331.70. Obligation pour le juge-commissaire de statuer dans un délai raisonnable 625
section 331.80. Possibilité pour le juge-commissaire de faire partie de la formation de jugement et de participer au délibéré 626

CHAPITRE 332. VOIES DE RECOURS SUR LES ORDONNANCES DU JUGE-COMMISSAIRE 628
section 332.10. Voies de recours sur l'ordonnance du juge-commissaire ouverte à une partie 628
section 332.20. Voies de recours sur l'ordonnance du juge-commissaire ouverte au ministère public et au tribunal 633
section 332.30. Voies de recours sur les ordonnances du juge-commissaire ouvertes aux personnes autres que les parties 634

CHAPITRE 333. VOIES DE RECOURS SUR LES JUGEMENTS STATUANT SUR RECOURS À L'ENCONTE DES ORDONNANCES DU JUGE-COMMISSAIRE 636
section 333.10. Fermeture e principe de l'appel sur les jugements statuant sur opposition aux ordonances du juge-commissaire – Législation antérieure à la loi deauvegarde des entreprises 636
section 333.20. Ouverturexceptionnelle de l'appel à l'encontre des jugements statuant sur oppcion – Législation antérieure à la loi de sauvegarde des entreprises 637
section 333.30. Appel eourvoi sur les jugements statuant sur opposition ou tierce opposition à l'encore des ordonnances du juge-commissaire – Loi de ıvegarde des entreprises 644

TITRE 340. MINISTÈRE PUBLIC ... 647
section 340.10. Évolution de la fonction du ministère public dans les procédures collectives ... 648
section 340.20. Information du ministère public ... 650
section 340.30. Pouvoirs du ministère public ... 654

TITRE 350. RÈGLES COMMUNES AUX MANDATAIRES DE JUSTICE ... 656

CHAPITRE 351. NATURE ET ORGANISATION DES PROFESSIONS ... 657
section 351.10. Nature de la profession ... 659
section 351.20. Organes de représentation et titres des mandataires de justice ... 661
section 351.30. Règles relatives à l'exercice de la profession ... 662
section 351.40. Conditions d'accès à la profession ... 674
section 351.50. Inscriptions sur les listes ... 678
section 351.60. Désignation des mandataires de justice ... 686
section 351.70. Contrôles et discipline des mandataires de justice ... 700
section 351.80. Caisse de garantie ... 703
section 351.90. Règles communes de responsabilité civile des mandataires de justice ... 705

CHAPITRE 352. DISPOSITIONS RELATIVES À LA RÉMUNÉRATION DES MANDATAIRES DE JUSTICE ... 709
section 352.10. Dispositions communes aux mandataires de justice ... 710
section 352.20. Honoraires de l'administrateur judiciaire avant le décret du 23 décembre 2006 ... 720
section 352.30. Honoraires de l'administrateur judiciaire depuis le décret du 23 décembre 2006 ... 723
section 352.40. Honoraires du représentant des créanciers et du liquidateur avant le décret du 23 décembre 2006 ... 728
section 352.50. Honoraires du mandataire judiciaire et du liquidateur depuis le décret du 23 décembre 2006 ... 735
section 352.60. Règles spéciales aux honoraires du liquidateur depuis le décret du 23 décembre 2006 ... 739
section 352.70. Rémunération de l'expert ... 742

CHAPITRE 353. DISPOSITIONS RELATIVES À LA RÉMUNÉRATION DES MANDATAIRES DE JUSTICE ISSUES DE LA LOI DU 6 AOÛT 2015 ... 743
section 353.10. Principes généraux régissant le tarif des professionnels is de la loi n° 2015-990 du 6 août 2015 et du décret n° 2016-230 du 26 février 2016 ... 743
section 353.20. Dispositions communes au tarif des mandataires de justic depuis le décret du 26 février 2016 ... 748
section 353.30. Honoraires de l'administrateur judiciaire depuis le décret d 23 décembre 2006 ... 749
section 353.40. Honoraires du mandataire judiciaire et du liquidateur depuis le décret du 23 décembre 2006 ... 751
section 353.50. Règles spéciales aux honoraires du liquidateur ... 753
section 353.60. Rémunération de l'expert ... 754

TITRE 360. RÈGLES SPÉCIALES AU MANDATAIRE JUDICIAIRE, REPRÉSENTANT DES CRÉANCIERS ET LIQUIDATEUR ... 755

CHAPITRE 361. ORGANE DE LA SAUVEGARDE ET DU REDRESSEMENT JUDICIAIRE : MANDATAIRE JUDICIAIRE ET REPRÉSENTANT DES CRÉANCIERS ... 756
section 361.10. Mission principale : la défense de l'intérêt collectif des créanc confiée au mandataire judiciaire et au représentant des créans ... 758
section 361.20. Diverses autres missions du mandataire judiciaire *et du représentant des créanciers* ... 759
section 361.30. Durée de la mission du représentant des créanciers et du manaire judiciaire ... 761
section 361.40. Responsabilité du mandataire judiciaire et du représentant déanciers ... 766

CHAPITRE 362. ORGANE DE LA LIQUIDATION JUDICIAIRE : LE LIQUIDATEUR JUDICI ... 769
section 362.10. Désignation du liquidateur judiciaire ... 770
section 362.20. Fonctions du liquidateur judiciaire ... 771
section 362.30. Responsabilité du liquidateur judiciaire ... 773

TITRE 370. RÈGLES SPÉCIALES AUX ADMINISTRATEURS JUDICIAIRES 781

CHAPITRE 371. MISSION DE L'ADMINISTRATEUR JUDICIAIRE 782
section 371.10. Nomination de l'administrateur judiciaire 783
section 371.20. Information de l'administrateur 786
section 371.30. Pouvoirs de l'administrateur 788
section 371.40. Durée de la mission de l'administrateur judiciaire 791

CHAPITRE 372. RESPONSABILITÉ DE L'ADMINISTRATEUR JUDICIAIRE 793
section 372.10. Responsabilité de l'administrateur pour non-respect des obligations légales et conventionnelles incombant au chef d'entreprise 794
section 372.20. Responsabilité de l'administrateur en matière de continuation des contrats en cours 795
section 372.30. Responsabilité de l'administrateur pour non-paiement des commandes et continuation d'activité 800
section 372.40. Responsabilité de l'administrateur dans le cadre de la mobilisation de créances détenues par le débiteur 802
section 372.50. Responsabilité de l'administrateur dans le domaine des revendications et des restitutions 803
section 372.60. Responsabilité de l'administrateur pour défaut de surveillance 804
section 372.70. Responsabilité de l'administrateur dans le cadre de l'exécution des décisions de justice 804
section 372.80. Responsabilité de l'administrateur dans le cadre des plans 805
section 372.90. Responsabilité de l'administrateur en matière de licenciements économiques 806

TITRE 380. RÈGLES SPÉCIALES AUX EXPERTS 807
section 380.10. Expert en diagnostic d'entreprises 807
section 380.20. Expert en gestion 809

TITRE 390. RÈGLES SPÉCIALES AUX ORGANES DE REPRÉSENTATION DES SALARIÉS 810

CHAPITRE 391. INSTITUTIONS REPRÉSENTATIVES DU PERSONNEL (COMITÉ D'ENTREPRISE ET DÉLÉGUÉS DU PERSONNEL) 811
section 391.10. Audition du comité d'entreprise ou des délégués du personnel 812
section 391.20. Informations et consultations du comité d'entreprise ou des délégués du personnel 814
section 391.30. Voies de recours exercées par le comité d'entreprise et les délégués du personnel 815

CHAPITRE 392. REPRÉSENTANT DES SALARIÉS 817
section 392.10. Désignation du représentant des salariés 817
section 392.20. Fonctions du représentant des salariés 820

LIVRE 400. LA PÉRIODE D'OBSERVATION 823

TITRE 410. PRÉSENTATION DES RÈGLES GÉNÉRALES RELATIVES À LA PÉRIODE D'OBSERVATION 825

CHAPITRE 411. DURÉE DE LA PÉRIODE D'OBSERVATION DANS LES PROCÉDURES DE REDRESSEMENT JUDICIAIRE ET DE SAUVEGARDE 828
section 411.10. Variabilité de la durée de la période d'observation 828
section 411.20. Renouvellement de la période d'observation 836

CHAPITRE 412. RÉGIME GÉNÉRAL ET RÉGIME SIMPLIFIÉ DU REDRESSEMENT JUDICIAIRE – LÉGISLATION ANTÉRIEURE À LA LOI DU 26 JUILLET 2005 840
section 412.10. Présentation générale du régime général et du régime simplifié 840
section 412.20. Critères du régime général et du régime simplifié 841
section 412.30. Passerelle du régime simplifié au régime général 841
section 412.40. Suppression de la distinction régime général – régime simplifié par la réforme du 26 juillet 2005 842

TITRE 420. POURSUITE DE L'ACTIVITÉ EN PÉRIODE D'OBSERVATION 843

CHAPITRE 421. RÈGLES GÉNÉRALES DE RÉPARTITION DES POUVOIRS ENTRE LE DÉBITEUR OU LES DIRIGEANTS SOCIAUX ET L'ADMINISTRATEUR JUDICIAIRE PENDANT LA PÉRIODE D'OBSERVATION 845
section 421.10. Poursuite de plein droit de l'activité en période d'observation 846
section 421.20. Répartition des pouvoirs pendant la période d'observation 851
section 421.30. Détermination de la mission de l'administrateur par le tribunal 859
section 421.40. Modification de la mission de l'administrateur judiciaire 863
section 421.50. Durée de la restriction de pouvoirs du débiteur 864
section 421.60. Sanctions des règles relatives à la répartition des pouvoirs 864

CHAPITRE 422. HABILITATIONS DONNÉES PAR LE JUGE-COMMISSAIRE 867
section 422.10. Fondement du dispositif d'habilitation judiciaire 867
section 422.20. Domaine des habilitations données par le juge-commissaire 867
section 422.30. Compromis et transaction 870
section 422.40. Sanctions des actes accomplis sans habilitation judiciaire – Actes purement et simplement interdits 873

CHAPITRE 423. POURSUITE DE L'ACTIVITÉ EN LOCATION-GÉRANCE SOUS L'EMPIRE DE LA LÉGISLATION ANTÉRIEURE À LA LOI DU 26 JUILLET 2005 877
section 423.10. Conditions de la location-gérance 877
section 423.20. Régime de la location-gérance 878
section 423.30. Offre de reprise présentée par le locataire-gérant 879
section 423.40. Voies de recours sur la décision autorisant la conclusion d'un contrat de location-gérance 879
section 423.50. Suppression par la loi de sauvegarde de la location-gérance en période d'observation 880

TITRE 430. CONTINUATION DES CONTRATS EN COURS 881

CHAPITRE 431. RÈGLES COMMUNES DE CONTINUATION DES CONTRATS EN COURS 883
section 431.10. Dérogations au droit commun des obligations 884
section 431.20. Domaine de la règle de la continuation des contrats en cours 887
section 431.30. Continuation du contrat et liquidation judiciaire 894
section 431.40. Option sur la continuation du contrat 898
section 431.50. Conséquences de l'option sur la continuation du contrat 905

CHAPITRE 432. CONTRAT DE TRAVAIL 915
section 432.10. Exclusion du contrat de travail du dispositif de continuation des contrats en cours 917
section 432.20. Licenciements économiques 929

CHAPITRE 433. BAUX DES LOCAUX PROFESSIONNELS 965
section 433.10. Règles gouvernant la continuation des baux des locaux professionnels 967
section 433.20. Règles gouvernant la résiliation des baux des locaux professionnels pendant la procédure 972

CHAPITRE 434. CONCOURS BANCAIRES 988
section 434.10. Règles de continuation des concours bancaires 988
section 434.20. Rupture des concours bancaires – Absence de fournitur de concours bancaire 990
section 434.30. Fonds de garantie des déposants 995

CHAPITRE 435. AUTRES CONTRATS SOUMIS À UNE RÉGLEMENTATION PARTICULIÈRE 997
section 435.10. Baux ruraux 97
section 435.20. Contrat d'édition 9
section 435.30. Contrat d'assurance 99

section 435.40. Contrat d'intermédiation financière 1001
section 435.50. Contrat de société 1001
section 435.60. Contrat de Mandat 1002

TITRE 440. DÉLIMITATION DES CRÉANCES ANTÉRIEURES ET DES CRÉANCES POSTÉRIEURES 1003

CHAPITRE 441. RÈGLES GÉNÉRALES RELATIVES AU FAIT GÉNÉRATEUR DE LA CRÉANCE 1005
section 441.10. Prise de position sur la nature antérieure ou postérieure d'une créance 1007
section 441.20. Prise en compte du fait générateur – Indifférence de la date d'exigibilité 1008

CHAPITRE 442. FAIT GÉNÉRATEUR D'UNE CRÉANCE D'ORIGINE CONTRACTUELLE OU D'UNE MISSION CONFIÉE À UN PROFESSIONNEL 1010
section 442.10. Créances nées de la continuation du contrat 1010
section 442.20. Règles communes aux créances nées de la disparition des contrats 1019
section 442.30. Règles spéciales aux créances nées de la disparition du bail, du crédit-bail et des locations financières 1025
section 442.40. Créance née d'une mission confiée à un professionnel 1027

CHAPITRE 443. FAIT GÉNÉRATEUR DE LA CRÉANCE D'ORIGINE EXTRA CONTRACTUELLE 1029
section 443.10. Fait générateur de la créance fiscale 1029
section 443.20. Fait générateur de la créance de cotisations sociales 1030
section 443.30. Fait générateur de la créance environnementale 1031
section 443.40. Fait générateur de diverses créances liées à des condamnations judiciaires 1032
section 443.50. Fait générateur des créances de restitution non contractuelles 1033
section 443.60. Fait générateur de la créance d'origine délictuelle 1035
section 443.70. Fait générateur de diverses autres créances 1036
section 443.80. Utilité ou inutilité de la détermination du fait générateur de la créance d'arriéré de pension alimentaire et de prestation compensatoire ... 1037

TITRE 450. CRÉANCES POSTÉRIEURES 1039

CHAPITRE 451. TEMPS DE LA NAISSANCE DE LA CRÉANCE ÉLIGIBLE AU TRAITEMENT PRÉFÉRENTIEL 1044
section 451.10. Créances nées en période d'observation 1044
section 451.20. Créances postérieures et liquidation judiciaire 1045
section 451.30. Naissance de la créance après plan de sauvegarde ou de redressement 1047

CHAPITRE 452. RÉGULARITÉ DE LA NAISSANCE DE LA CRÉANCE ÉLIGIBLE AU TRAITEMENT PRÉFÉRENTIEL 1049
section 452.10. Approche globale de la notion de « régularité » de naissance de la créance 1049
section 452.20. Règles relatives aux créances contractuelles 1050
section 452.30. Règles relatives aux créances extracontractuelles 1053
section 452.40. Lien entre créance née régulièrement et activité professionnelle du débiteur 1054

CHAPITRE 453. CRITÈRES TÉLÉOLOGIQUES D'ATTRIBUTION DU TRAITEMENT PRÉFÉRENTIEL SOUS LE RÉGIME ISSU DE LA LOI DU 26 JUILLET 2005 1056
section 453.10. Énoncé du nouveau domaine du traitement préférentiel des créanciers postérieurs 1056
section 453.20. Créances postérieures couvertes par le traitement préférentiel 1057

CHAPITRE 454. CRÉANCES NÉES APRÈS JUGEMENT D'OUVERTURE NE BÉNÉFICIANT PAS DU TRAITEMENT PRÉFÉRENTIEL 1071
section 454.10. Régime des créances postérieures ne bénéficiant pas du traitement préférentiel 1071
section 454.20. Particularismes des créances alimentaires et des créances liées aux besoins de la vie courante 1072

CHAPITRE 455. RÈGLE DU PAIEMENT À L'ÉCHÉANCE DES CRÉANCIERS POSTÉRIEURS BÉNÉFICIANT DU TRAITEMENT PRÉFÉRENTIEL 1075
section 455.10. Énoncé de la règle du paiement à l'échéance 1075
section 455.20. Domaine de la règle du paiement à l'échéance 1076

section 455.30. Liste des créances postérieures bénéficiant du traitement préférentiel et règle du paiement à l'échéance 1077
section 455.40. Situation générale du créancier postérieur bénéficiant du traitement préférentiel 1078

CHAPITRE 456. Règle du paiement par priorité ou par privilège des créanciers postérieurs bénéficiant du traitement préférentiel 1087
section 456.10. Droit préférentiel institué par les législations 1087
section 456.20. Conflits évités avec les créanciers postérieurs pour les biens non entrés dans le patrimoine du débiteur 1099
section 456.30. Conflits évités avec les créanciers postérieurs pour les biens sortis du patrimoine du débiteur 1100
section 456.40. Conflits évités avec les créanciers postérieurs pour les biens affectés à la satisfaction exclusive du créancier 1103
section 456.50. Classement externe des créanciers postérieurs par rapport aux autres créanciers .. 1106
section 456.60. Classement interne aux créanciers postérieurs 1116

TITRE 460. Préservation des actifs – Mesures conservatoires 1122
CHAPITRE 461. Détournement du courrier et remise des documents et livres comptables 1123
section 461.10. Détournement du courrier (v. aussi, en liquidation, ss no 552.51) 1123
section 461.20. Remise des documents et livres comptables 1124

CHAPITRE 462. Préservation des actifs du débiteur 1125
section 462.10. Règles générales de préservation des actifs du débiteur 1125
section 462.20. Apposition des scellés 1127
section 462.30. Inventaire 1128
section 462.40. Autres mesures à caractère conservatoire 1136

CHAPITRE 463. Règles relatives aux parts et actions des dirigeants de la personne morale débitrice 1138
section 463.10. Nature juridique et fondement de la mesure d'incessibilité des parts et actions des dirigeants de la personne morale débitrice 1138
section 463.20. Portée et domaine de la mesure d'incessibilité des parts et actions des dirigeants de la personne morale débitrice 1139
section 463.30. Modalités de la mesure d'incessibilité des parts et actions des dirigeants de la personne morale débitrice 1142
section 463.40. Sanctions de la mesure d'incessibilité des parts et actions des dirigeants de la personne morale débitrice 1143

TITRE 470. Dispositions d'ordre financier 1144
CHAPITRE 471. Dispositions d'ordre financier intéressant le débiteur et les dirigeants de la personne morale débitrice 1145
section 471.10. Rémunérations du débiteur et des dirigeants de la personne morale débitrice 1145
section 471.20. Subsides alloués au débiteur et aux dirigeants 1147
section 471.30. Rémunération allouée à la personne représentant l'ordre professionnel ou l'autorité compétente dans les procédures intéressant les professionnels libéraux 1148

CHAPITRE 472. Avances du Trésor public 1149
section 472.10. Conditions des avances du Trésor public 1149
section 472.20. Domaine des avances du Trésor public 1150
section 472.30. Modalités des avances du Trésor public 1152
section 472.40. Remboursement des avances du Trésor public 1153

TITRE 480. Réalisations de biens en période d'observation .... 11[illegible]4
CHAPITRE 481. Règles générales de réalisation des biens en période d'observation 1156
section 481.10. Réalisations des biens non grevés de sûretés 1156
section 481.20. Réalisations de biens grevés de sûretés – Règles générales 1158

CHAPITRE 482. PRINCIPE DE CONSIGNATION DU PRIX DE VENTE DES BIENS VENDUS EN PÉRIODE D'OBSERVATION 1160
section 482.10. Domaine de la consignation du produit des réalisations d'actifs en période d'observation 1160
section 482.20. Effets de la consignation du produit des réalisations d'actifs en période d'observation 1164
section 482.30. Paiement des créanciers après consignation du produit des réalisations d'actifs en période d'observation 1165

CHAPITRE 483. PAIEMENT PROVISIONNEL EN PÉRIODE D'OBSERVATION, TEMPÉRAMENT AU PRINCIPE DE CONSIGNATION 1166
section 483.10. Possibilité du paiement provisionnel en période d'observation 1166
section 483.20. Modalités du paiement provisionnel en période d'observation 1167
section 483.30. Décision de paiement provisionnel en période d'observation 1167
section 483.40. Restitution des fonds indûment versés à la suite d'un paiement provisionnel en période d'observation 1168

CHAPITRE 484. SUBSTITUTION DE GARANTIE, EXCEPTION AU PRINCIPE DE CONSIGNATION DU PRODUIT DES RÉALISATIONS D'ACTIFS EN PÉRIODE D'OBSERVATION 1170
section 484.10. Domaine de la substitution de garantie en période d'observation 1171
section 484.20. Conditions de la substitution de garantie en période d'observation 1173
section 484.30. Voies de recours sur l'ordonnance de substitution de garantie 1174
section 484.40. Effets de la substitution de garanties 1174

TITRE 490. BILAN ÉCONOMIQUE, SOCIAL ET ENVIRONNEMENTAL – PROJET DE PLAN 1176

CHAPITRE 491. BILAN ÉCONOMIQUE, SOCIAL ET ENVIRONNEMENTAL 1178
section 491.10. Élaboration du bilan économique et social 1178
section 491.20. Communications et consultations relatives au bilan économique et social 1180
section 491.30. Contenu et importance du bilan économique et social 1181
section 491.40. Bilan environnemental 1181

CHAPITRE 492. PROJET DE PLAN 1183
section 492.10. Élaboration du projet de plan de continuation, de redressement ou de sauvegarde en présence d'un administrateur judiciaire 1183
section 492.20. Élaboration du projet de plan de continuation, de redressement ou de sauvegarde en l'absence d'administrateur judiciaire 1188
section 492.30. Contenu du projet de plan de continuation, de redressement ou de sauvegarde 1188

LIVRE 500. LES SOLUTIONS DE LA PROCÉDURE : PLAN DE SAUVEGARDE, DE REDRESSEMENT ET LIQUIDATION JUDICIAIRE 1191

TITRE 510. ÉLABORATION ET ADOPTION DU PLAN DE SAUVEGARDE 1194

CHAPITRE 511. RÈGLES D'ÉLABORATION DU PLAN DE SAUVEGARDE PROPRES AUX PERSONNES MORALES 1199
section 511.10. Offre de reprise interne – Plan de sauvegarde par cession des actions 1199
section 511.20. Restructurations de la personne morale débitrice 1201
section 511.30. Éviction des dirigeants 1205
section 511.40. Incessibilité des parts ou actions détenues par les dirigeants 1206
section 511.50. Cession forcée des parts ou actions détenues par les dirigeants 1207

CHAPITRE 512. CONSULTATION DES CRÉANCIERS PRÉPARATOIRE AU PLAN DE SAUVEGARDE EN DEHORS DES COMITÉS DE CRÉANCIERS 1208
section 512.10. Domaine de la consultation des créanciers dans le cadre de l'élaboration du plan de sauvegarde 1210
section 512.20. Formes de la consultation des créanciers dans le cadre de l'élaboration du plan de sauvegarde 1213
section 512.30. Contenu de la consultation des créanciers dans le cadre de l'élaboration du plan de sauvegarde 1220

section 512.40. **Réponses aux consultations des créanciers dans le cadre de l'élaboration du plan de sauvegarde** ... 1223
section 512.50. **Consultation des créanciers publics sur les remises dans le cadre de l'élaboration du plan de sauvegarde sous l'empire de la législation antérieure au décret du 6 avril 2009** ... 1225
section 512.60. **Condition des remises de dettes consenties par les créanciers publics dans le cadre de l'élaboration du plan de sauvegarde sous l'empire de la législation antérieure au décret du 6 avril 2009** ... 1231
section 512.70. **Condition des remises de dettes consenties par les créanciers publics dans le cadre de l'élaboration du plan de sauvegarde sous l'empire du décret du 6 avril 2009** ... 1235

CHAPITRE 513. CONSULTATION DES CRÉANCIERS PRÉPARATOIRE AU PLAN DE SAUVEGARDE DANS LES PROCÉDURES AVEC COMITÉS DE CRÉANCIERS ... 1238
section 513.10. **Domaine de la constitution des comités de créanciers** ... 1239
section 513.20. **Dualité des comités de créanciers** ... 1240
section 513.30. **Consultation des comités de créanciers** ... 1248
section 513.40. **Vote des comités de créanciers** ... 1251
section 513.50. **Consultation des créanciers en dehors des comités dans le cadre de l'élaboration du plan de sauvegarde** ... 1259

CHAPITRE 514. RÈGLES D'ÉLABORATION DU PLAN PROPRES AUX SAUVEGARDES ACCÉLÉRÉES ... 1261
section 514.10. **Élaboration du plan de sauvegarde financière accélérée résultant de la loi du 22 octobre 2010** ... 1261
section 514.20. **Élaboration du plan de sauvegarde accélérée (ord. 12 mars 2014)** ... 1263
section 514.30. **Élaboration du plan de sauvegarde financière accélérée (ord. 12 mars 2014)** ... 1265

CHAPITRE 515. ADOPTION DU PLAN DE SAUVEGARDE ... 1266
section 515.10. **Critères d'arrêté d'un plan de sauvegarde** ... 1266
section 515.20. **Décision statuant sur le plan de sauvegarde** ... 1267
section 515.30. **Voies de recours à l'encontre de la décision statuant sur le plan de sauvegarde** ... 1272
section 515.40. **Efficacité de la décision – Personnes tenues d'exécuter le plan** ... 1273
section 515.50. **Clôture de la procédure après arrêté du plan de sauvegarde** ... 1278

TITRE 520. SUITES DE L'ARRÊTÉ DU PLAN DE SAUVEGARDE ... 1280

CHAPITRE 521. SURVEILLANCE DE L'EXÉCUTION DU PLAN DE SAUVEGARDE : LE COMMISSAIRE À L'EXÉCUTION DU PLAN ... 1282
section 521.10. **Nomination du ou des commissaires à l'exécution du plan** ... 1282
section 521.20. **Durée des fonctions du commissaire à l'exécution du plan** ... 1283
section 521.30. **Mission du commissaire à l'exécution du plan** ... 1288
section 521.40. **Rémunération du commissaire à l'exécution du plan sous l'empire de la loi du 25 janvier 1985** ... 1294
section 521.50. **Rémunération du commissaire à l'exécution du plan sous l'empire de la législation de sauvegarde des entreprises** ... 1295
section 521.60. **Responsabilité du commissaire à l'exécution du plan** ... 1300

CHAPITRE 522. EXÉCUTION DU PLAN DE SAUVEGARDE ... 1301
section 522.10. **Détermination par la juridiction des droits des créanciers** ... 1303
section 522.20. **Règles générales de paiement des dividendes du plan de sauvegarde** ... 1314
section 522.30. **Règles particulières de paiement des dividendes en cas de réalisats en phase d'exécution du plan de sauvegarde** ... 1319
section 522.40. **Règles particulières de paiement des dividendes du plan en cas de levée d'option du contrat de crédit-bail pendant l'exécution du plan de sauvegarde** ... 1324
section 522.50. **Exécution forcée du paiement des dividendes du plan de sauvegarde** ... 1326
section 522.60. **Réglementation de l'interdiction bancaire frappant le débiteur** ... 1328
section 522.70. **Mesures d'inaliénabilité en garantie d'exécution du plan** ... 1330

CHAPITRE 523. MODIFICATION DU PLAN DE SAUVEGARDE 1334
section 523.10. Conditions de fond de la modification du plan de sauvegarde 1335
section 523.20. Modalités procédurales de la modification du plan de sauvegarde 1337
section 523.30. Jugement de modification du plan de sauvegarde 1339
section 523.40. Voies de recours sur la décision modifiant le plan de sauvegarde 1340

CHAPITRE 524. DIFFICULTÉS D'EXÉCUTION DU PLAN DE SAUVEGARDE 1342
section 524.10. Conditions de fond de la résolution du plan de sauvegarde 1343
section 524.20. Modalités procédurales de la demande en résolution du plan de continuation ou de redressement 1348
section 524.30. Effets de la résolution du plan de sauvegarde 1353

CHAPITRE 525. CONSTAT DE L'EXÉCUTION DU PLAN DE SAUVEGARDE 1364
section 525.10. Conditions du constat de l'exécution du plan de sauvegarde 1364
section 525.20. Modalités du constat de l'exécution du plan de sauvegarde 1365
section 525.30. Utilité du constat de l'exécution du plan de sauvegarde 1366

TITRE 530. ÉLABORATION ET ADOPTION DU PLAN DE REDRESSEMENT 1367

CHAPITRE 531. RÈGLES DÉLABORATION DU PLAN DE REDRESSEMENT PROPRES AUX PERSONNES MORALES 1370
section 531.10. Offre dereprise interne – Plan de redressement par cession des actions 1371
section 531.20. Restructurations de la personne morale débitrice 1372
section 531.30. Éviction du dirigeant 1376
section 531.40. Incessibilité des parts ou actions détenues par les dirigeants 1379
section 531.50. Cession forcée des parts ou actions détenues par les dirigeants 1382
section 531.60. Entrée au capital de nouveaux associés ou actionnaires s'engageant à exécuter le plan de redressement dans les procédures avec comités de créanciers 1386
section 531.70. Subordination du plan à une conversion de créance en capital 1391

CHAPITRE 532. ADOPTION DUPLAN DE REDRESSEMENT 1392
section 532.10. Critères d'arrêté d'un plan de continuation ou de redressement 1393
section 532.20. Voies de recours à l'encontre de la décision statuant sur le plan de redressement 1398
section 532.30. Efficacité de la décision 1401
section 532.40. Clôture de la procédure après arrêté du plan de redressement 1402

TITRE 540. SUITE DE L'ARRÊTÉ DU PLAN DE REDRESSEMENT 1404
CHAPITRE 541. SURVEILLANCE DE L'EXÉCUTION DU PLAN DE REDRESSEMENT : LE COMMISSAIRE À L'EXÉCUTION DU PLAN 1405
CHAPITRE 542. EXÉCUTION DU PLAN DE REDRESSEMENT 1406
section 542.10 Exécution forcée du paiement des dividendes du plan de continuation ou de redressement 1407
CHAPITRE 543. MODIFICATION DU PLAN DE REDRESSEMENT 1409
CHAPITRE 544. DIFFICULTÉS D'EXÉCUTION DU PLAN REDRESSEMENT 1410
section 544.10. Application au plan de redressement des règles relatives aux difficultés d'exécution du plan de sauvegarde 1410
section 544.20. Les deux causes de résolution du plan de redressement 1412
CHAPITRE 545. CONSTAT DE L'EXÉCUTION DU PLAN DE REDRESSEMENT 1414

TITRE 550. PRONONCÉ ET EFFETS DE LA LIQUIDATION JUDICIAIRE 1416
CHAPITRE 551. PRONONCÉ DE LA LIQUIDATION JUDICIAIRE 1418
section 551.10. Critères de la liquidation judiciaire 1418
section 551.20. Saisine aux fins de prononcé de la liquidation judiciaire 1423

section 551.30. Jugement de liquidation judiciaire 1425
section 551.40. Voie de recours à l'encontre du jugement de liquidation judiciaire 1427

CHAPITRE 552. DESSAISISSEMENT DU DÉBITEUR ET DÉTOURNEMENT DU COURRIER 1430
section 552.10. Durée du dessaisissement 1432
section 552.20. Droits et biens soumis au dessaisissement 1434
section 552.30. Droits et biens échappant au dessaisissement 1446
section 552.40. Sanction du dessaisissement 1456
section 552.50. Détournement du courrier 1463

CHAPITRE 553. DISSOLUTION DES SOCIÉTÉS ET LIQUIDATION JUDICIAIRE 1466
section 553.10. Principe de dissolution des sociétés par l'effet de la liquidation judiciaire ou du plan de cession totale 1467
section 553.20. Nomination d'un liquidateur au sens du droit des sociétés ou d'un mandataire *ad hoc* 1472
section 553.30. Mission du mandataire *ad hoc* ou du liquidateur au sens du droit des sociétés 1476

CHAPITRE 554. CONSÉQUENCES DE LA LIQUIDATION JUDICIAIRE SUR L'ACTIVITÉ DE L'ENTREPRISE 1482
section 554.10. Principe de l'arrêt d'activité liée à la liquidation judiciaire 1482
section 554.20. Poursuite provisoire exceptionnelle de l'activité en liquidation judiciaire 1483

CHAPITRE 555. SORT DES CONTRATS DE L'ENTREPRISE 1488
section 555.10. Principe de continuation des contrats en liquidation judiciaire 1488
section 555.20. Règles particulières à la continuation du contrat de bail des locaux professionnels 1491
section 555.30. Règles particulières à la cession du contrat de bail des locaux professionnels 1492
section 555.40. Continuation du contrat de travail en liquidation judiciaire 1495

TITRE 560. RÉALISATION DES ACTIFS EN LIQUIDATION JUDICIAIRE 1496

CHAPITRE 561. RÈGLES COMMUNES AUX RÉALISATIONS D'ACTIFS – STATUT PARTICULIER DE CERTAINS BIENS 1498
section 561.10. Règles communes aux réalisations d'actifs 1499
section 561.20. L'ordonnance du juge-commissaire aux fins de réalisation des actifs 1504
section 561.30. Règles spéciales aux biens indivis (v. aussi les biens communs, s[s] n°s 741.41 s.) 1512
section 561.40. Règles spéciales aux biens grevés d'une clause d'inaliénabilité 1518

CHAPITRE 562. RÉALISATION DES IMMEUBLES 1520
section 562.10. Règles communes à la réalisation des immeubles – Règles propres aux agriculteurs 1521
section 562.20. Vente sur saisie immobilière 1541
section 562.30. Vente sur adjudication amiable 1550
section 562.40. Cession de gré à gré des immeubles 1552

CHAPITRE 563. RÉALISATION DES MEUBLES – GAGES ET NANTISSEMENTS 1558
section 563.10. Règles communes à la réalisation des meubles 1559
section 563.20. Archives 1562
section 563.30. Vente des meubles aux enchères publiques 1562
section 563.40. Cession de gré à gré des meubles 1564
section 563.50. Biens gagés – Domaine de la réglementation établie 1574
section 563.60. Retrait du gage ou de la chose retenue contre paiement 1575
section 563.70. Report du droit de rétention sur le prix et vente du bien gagé 1578
section 563.80. Attribution judiciaire du gage 1584

CHAPITRE 564. CESSION D'UNITÉ DE PRODUCTION – LÉGISLATION EXCLUSIVEMENT ANTÉRIEURE À LA LOI DU 26 JUILLET 2005 1591
section 564.10. Notion d'unité de production 1592
section 564.20. Offres de reprise d'unité de production 1593
section 564.30. Nature juridique de la cession d'unité de production 1595
section 564.40. Suites de l'ordonnance de cession d'unité de production 1596

section 564.50. Actes de cession d'unité de production 1596
section 564.60. Absence de cession des contrats et cession légale de certains autres contrats 1597
section 564.70. Absence de transfert de la charge de la sûreté 1598
section 564.80. Quote-part du prix de cession de l'unité de production 1598

CHAPITRE 565. LIQUIDATION JUDICIAIRE SIMPLIFIÉE – LÉGISLATION ISSUE DE LA LOI DE SAUVEGARDE DES ENTREPRISES 1601
section 565.10. Applicabilité de la liquidation judiciaire simplifiée 1603
section 565.20. Décision d'appliquer les règles de la liquidation judiciaire simplifiée 1606
section 565.30. Fonctionnement général de la liquidation judiciaire simplifiée 1610
section 565.40. Modalités particulières de vente des biens du débiteur 1612
section 565.50. Vérification allégée des créances 1615
section 565.60. Projet de répartition par le liquidateur 1616
section 565.70. Clôture accélérée de la procédure 1619

CHAPITRE 566. REPRISE DES POURSUITES AU PROFIT DES CRÉANCIERS TITULAIRES DE SÛRETÉS SPÉCIALES 1621
section 566.10. Fondement de la reprise des poursuites au profit des créanciers titulaires de sûretés spéciales 1621
section 566.20. Domaine de la reprise des poursuites 1622
section 566.30. Conditions de la reprise des poursuites 1623
section 566.40. Effets de la règle de la reprise des poursuites individuelles 1626

CHAPITRE 567. COMPROMIS ET TRANSACTIONS 1628
section 567.10. Règles communes au compromis et à la transaction 1628
section 567.20. Règles spécifiques à la transaction 1630
section 567.30. Règles spécifiques au compromis 1631

TITRE 570. ÉLABORATION ET ADOPTION DU PLAN DE CESSION 1633

CHAPITRE 571. RÈGLES D'ÉLABORATION DU PLAN DE CESSION 1640
section 571.10. Finalité du plan de cession 1641
section 571.20. Nature juridique de la décision arrêtant le plan de cession 1644
section 571.30. Offres de cession 1646
section 571.40. Réglementation de la procédure d'appel d'offres 1654
section 571.50. Choix entre les offres de cession 1661

CHAPITRE 572. ARRÊTÉ DU PLAN DE CESSION 1664
section 572.10. Intervention de la décision statuant sur le plan de cession 1665
section 572.20. Voies de recours sur les décisions statuant sur le plan de cession 1667
section 572.30. Plan de cession totale ou plan de cession partielle 1676
section 572.40. Location-gérance préalable au plan de cession 1679
section 572.50. Périmètre objectif de la cession 1682
section 572.60. Efficacité de la décision statuant sur le plan de cession – Personnes tenues d'exécuter le plan 1688

TITRE 580. SUITES DE L'ARRÊTÉ DU PLAN DE CESSION 1694

CHAPITRE 581. SURVEILLANCE DE L'EXÉCUTION DU PLAN DE CESSION 1696
section 581.10. Durée des fonctions du commissaire à l'exécution du plan de cession – Législation antérieure à la loi du 26 juillet 2005 1697
section 581.20. Contenu de la fonction de commissaire à l'exécution du plan de cession – Législation antérieure à la loi du 26 juillet 2005 1702
section 581.30. Rémunération du commissaire à l'exécution du plan de cession – Législation antérieure à la loi du 26 juillet 2005 1704
section 581.40. Responsabilité du commissaire à l'exécution du plan de cession – Législation antérieure à la loi du 26 juillet 2005 1705

section 581.50. **Sanctions disciplinaires atteignant le commissaire à l'exécution du plan en plan de cession – Législation antérieure à la loi du 26 juillet 2005** 1705

section 581.60. **Surveillance de l'exécution du plan de cession sous le régime de la loi du 26 juillet 2005** 1706

CHAPITRE 582. EXÉCUTION DU PLAN DE CESSION 1708

section 582.10. **Actes de cession** 1710

section 582.20. **Règles générales d'apurement du passif** 1714

section 582.30. **Quote-part du prix de cession** 1722

section 582.40. **Transfert de la charge de la sûreté** 1729

section 582.50. **Nature juridique, domaine et modalités de la cession judiciaire des contrats** 1741

section 582.60. **Effets de la cession judiciaire des contrats en plan de cession** 1749

section 582.70. **Cession du contrat de bail des locaux professionnels** 1756

section 582.80. **Règles spéciales à la levée d'option d'achat du contrat de crédit-bail** 1760

CHAPITRE 583. MODIFICATION DU PLAN DE CESSION 1764

section 583.10. **Conditions de fond de la modification du plan de cession** 1764

section 583.20. **Modalités procédurales de la modification du plan de cession** 1766

section 583.30. **Voies de recours sur la décision statuant sur la modification du plan de cession** 1768

CHAPITRE 584. DIFFICULTÉS D'EXÉCUTION DU PLAN DE CESSION 1771

section 584.10. **Modalités procédurales de la résolution du plan de cession** 1771

section 584.20. **Conditions de fond de la résolution du plan de cession** 1773

section 584.30. **Voies de recours sur le jugement de résolution du plan de cession** 1774

section 584.40. **Effets de la résolution du plan de cession** 1776

TITRE 590. EFFETS DE LA LIQUIDATION JUDICIAIRE POUR LES CRÉANCIERS – CLÔTURE DE LA PROCÉDURE 1780

CHAPITRE 591. EFFETS DE LA LIQUIDATION JUDICIAIRE SUR LES CRÉANCIERS 1782

section 591.10. **Paiement provisionnel** 1784

section 591.20. **Procédure de purge des inscriptions** 1786

section 591.30. **Procédure d'ordre et de distribution du prix de vente d'un immeuble** 1789

section 591.40. **Distributions aux créanciers du produit des réalisations d'actif en liquidation judiciaire** 1795

section 591.50. **Erreur dans les répartitions – Répétition de l'indu** 1800

section 591.60. **Incidence de la liquidation judiciaire sur les privilèges** 1801

CHAPITRE 592. CLÔTURE DE LA PROCÉDURE DE LIQUIDATION JUDICIAIRE 1805

section 592.10. **Clôture de la procédure dans la liquidation judiciaire simplifiée** 1808

section 592.20. **Clôture de la liquidation judiciaire par extinction du passif** 1808

section 592.30. **Clôture de la liquidation judiciaire pour insuffisance d'actif** 1812

section 592.40. **Effets communs aux deux formes de clôture de la procédure** 1816

section 592.50. **Effets particuliers à la clôture pour insuffisance d'actif** 1819

section 592.60. **Exceptions au principe de l'absence de reprise des poursuites individuelles en cas de clôture de la procédure pour insuffisance d'actif** 1825

section 592.70. **Modalités procédurales de la reprise des poursuites individuelles après clôture de la procédure pour insuffisance d'actif** 1836

CHAPITRE 593. REPRISE DE LA PROCÉDURE 1841

section 593.10. ***Conditions* de fond de la reprise de la procédure** 1841

section 593.20. **Conditions de forme de la reprise de la procédure** 1843

section 593.30. **Effets de la reprise de la procédure** 1845

CHAPITRE 594. RÉTABLISSEMENT PROFESSIONNEL 1848

section 594.10. **Conditions d'ouverture de la procédure de rétablissement professionnel** 1849

section 594.20. **Ouverture de la procédure de rétablissement professionnel sans liquidation après enquête** 1852

section 594.30. **Effets de la procédure de rétablissement professionnel après enquête** 1855

section 594.40. **Détermination de l'actif dans la procédure de rétablissement professionnel** 1856
section 594.50. **Possibilité d'ouvrir une liquidation pendant la procédure de rétablissement professionnel** 1857
section 594.60. **Clôture de la procédure de rétablissement professionnel** 1859
section 594.70. **Effets de la clôture de la procédure de rétablissement professionnel** 1861
section 594.80. **Clôture imméritée d'une procédure de rétablissement professionnel** 1864

LIVRE 600. **LES CRÉANCIERS ANTÉRIEURS** 1867

TITRE 610. **SITUATION DES CRÉANCIERS ANTÉRIEURS – CONTRÔLEURS** 1869

CHAPITRE 611. SITUATION GÉNÉRALE DES CRÉANCIERS ANTÉRIEURS 1870
section 611.10. Présentation de la situation générale des créanciers antérieurs dans la législation 1871
section 611.20. Structure de la procédure 1873
section 611.30. Exercice des actions tendant à la défense de l'intérêt collectif ou individuel des créanciers antérieurs 1875

CHAPITRE 612. SITUATION DES CONTRÔLEURS 1886
section 612.10. Nomination des contrôleurs 1887
section 612.20. Fonction de contrôleur 1894
section 612.30. Situation procédurale du contrôleur 1902

TITRE 620. **ARRÊT DES POURSUITES INDIVIDUELLES ET DES VOIES D'EXÉCUTION** 1904

CHAPITRE 621. ARRÊT ET INTERRUPTION DES POURSUITES INDIVIDUELLES 1905
section 621.10. Actions contre les tiers – actions autres que les demandes en justice 1909
section 621.20. Diverses autres demandes en paiement non arrêtées 1911
section 621.30. Actions non arrêtées – Action paulienne 1914
section 621.40. Actions non arrêtées – Actions ne tendant pas au paiement d'une somme d'argent 1917
section 621.50. Actions en paiement non arrêtées – Particularisme du droit pénal 1919
section 621.60. Actions en résolution non arrêtées – Constat de la résiliation de plein droit 1920
section 621.70. Actions en justice arrêtées 1922
section 621.80. Régime des actions arrêtées 1929
section 621.90. Régime des actions non soumises à l'arrêt des poursuites individuelles – Actions dites poursuivies 1931

CHAPITRE 622. ARRÊT DES VOIES D'EXÉCUTION 1933
section 622.10. Application de la règle de l'arrêt des voies d'exécution aux saisies immobilières 1936
section 622.20. Application de la règle de l'arrêt des voies d'exécution aux saisies mobilières 1937
section 622.30. Application de la règle de l'arrêt des voies d'exécution aux saisies conservatoires 1937
section 622.40. Exclusion de la règle de l'arrêt des voies d'exécution pour les mesures n'ayant pas le caractère d'une voie d'exécution 1939
section 622.50. Saisies et avis à tiers détenteur ayant joué au jour du jugement d'ouverture 1941
section 622.60. Règles applicables aux voies d'exécution arrêtées 1945
section 622.70. Régime des voies d'exécution non soumises à la règle de l'arrêt des voies d'exécution et poursuivies après jugement d'ouverture 1946

CHAPITRE 623. REPRISE DES INSTANCES EN COURS POUR FAIRE FIXER LA CRÉANCE 1949
section 623.10. Fondement et caractère de la règle de la poursuite des actions aux fins de fixation de la créance 1950
section 623.20. Domaine de la règle de la poursuite des actions aux fins de fixation de la créance 1951
section 623.30. Modalités procédurales de la règle de la poursuite des actions aux fins de fixation de la créance 1955
section 623.40. Effets de la règle de poursuite des actions aux fins de fixation de la créance 1960

TITRE 630. INTERDICTION DU PAIEMENT DES CRÉANCES ANTÉRIEURES ET DE CERTAINES CRÉANCES POSTÉRIEURES ... 1962

CHAPITRE 631. PAIEMENTS INTERDITS ... 1963
section 631.10. Présentation de la règle de l'interdiction du paiement des créances antérieures et de certaines créances postérieures ... 1964
section 631.20. Domaine de la règle de l'interdiction du paiement des créances ... 1966

CHAPITRE 632. PAIEMENTS AUTORISÉS : LA COMPENSATION ... 1973
section 632.10. Interdiction de principe de la compensation ... 1974
section 632.20. Compensation ayant joué avant jugement d'ouverture ... 1974
section 632.30. Énoncé des règles relatives au jeu de la compensation après jugement d'ouverture ... 1977
section 632.40. Compensation pour dettes connexes ... 1978

CHAPITRE 633. AUTRES PAIEMENTS AUTORISÉS ... 1992
section 633.10. Obligation de payer immédiatement justifiée par le mécanisme du chèque et des effets de commerce ... 1994
section 633.20. Blocage d'un droit de restitution ou de revendication par le paiement ... 1996
section 633.30. Retrait contre paiement de la chose retenue ou gagée ... 2000
section 633.40. Paiements émanant de tiers ... 2003
section 633.50. Paiements résultant du jeu de la fiducie-sûreté ... 2008

TITRE 640. INTANGIBILITÉ DE LA CRÉANCE ANTÉRIEURE (COURS DES INTÉRÊTS ET TERME DU DÉBITEUR) ... 2018

CHAPITRE 641. COURS DES INTÉRÊTS ... 2019
section 641.10. Énoncé et fondement de la règle de l'arrêt du cours des intérêts ... 2020
section 641.20. Domaine de la règle de l'arrêt du cours des intérêts ... 2021
section 641.30. Énoncé et fondement des exceptions à la règle de l'arrêt du cours des intérêts ... 2025
section 641.40. Domaine de la continuation du cours des intérêts ... 2025
section 641.50. Effets des exceptions à la règle de l'arrêt du cours des intérêts ... 2027

CHAPITRE 642. TERME DU DÉBITEUR ... 2029
section 642.10. Énoncé de la règle du maintien du terme ... 2030
section 642.20. Portée de la règle du maintien du terme ... 2030
section 642.30. Limitation de la règle de la déchéance du terme au seul débiteur en fonction de sa situation ... 2032
section 642.40. Dettes concernées par la déchéance du terme ... 2033

TITRE 650. COURS DES INSCRIPTIONS ... 2036

CHAPITRE 651. ARRÊT DU COURS DES INSCRIPTIONS DE SÛRETÉS ... 2038
section 651.10. Énoncé et fondement de la règle de l'arrêt du cours des inscriptions de sûreté ... 2038
section 651.20. Domaine de la règle de l'arrêt du cours des inscriptions de sûreté ... 2039
section 651.30. Effets de la règle de l'arrêt du cours des inscriptions de sûreté ... 2042

CHAPITRE 652. CONTINUATION DU COURS DES INSCRIPTIONS DE SÛRETÉS ... 2044
section 652.10. Sûretés non concernées par la règle de l'arrêt du cours des inscriptions de sûretés ... 2044

CHAPITRE 653. ACTES ET DÉCISIONS JUDICIAIRES TRANSLATIFS OU CONSTITUTIFS DE DROITS RÉELS ... 2049
section 653.10. Situation au regard des évolutions législatives ... 2049

TITRE 660. DÉCLARATION DES CRÉANCES ... 2052

CHAPITRE 661. NATURE JURIDIQUE ET EFFETS DE LA DÉCLARATION DE CRÉANCE ... 2054
section 661.10. Nature juridique de la déclaration de créance ... 2054
section 661.20. Effets de la déclaration de créance ... 2057

CHAPITRE 662. AUTEUR DE LA DÉCLARATION DE CRÉANCE 2060
section 662.10. Présentation générale de la question de l'auteur de la déclaration de créance 2061
section 662.20. Déclaration de créance par un tiers avant l'ordonnance du 12 mars 2014 2061
section 662.30. Déclaration de créance par le créancier lui-même avant l'ordonnance du 12 mars 2014 2071
section 662.40. Délégation de pouvoirs par les dirigeants de personne morale à des préposés avant l'ordonnance du 12 mars 2014 2074
section 662.50. Auteur de la déclaration de créance depuis l'ordonnance du 12 mars 2014 2083

CHAPITRE 663. DOMAINE DE LA DÉCLARATION DE CRÉANCE 2089
section 663.10. Toute créance de somme d'argent par principe antérieure non éteinte 2090
section 663.20. Créance de sûreté personnelle 2095
section 663.30. Indifférence de la nature de la créance 2096
section 663.40. Créance sous condition et créance éventuelle 2097
section 663.50. Indifférence de l'établissement de la créance par un titre 2098
section 663.60. Créance par principe détenue contre le débiteur 2099
section 663.70. Vraies et fausses extensions de procédure – Co-exploitation et créance d'indemnité à combler le passif 2100
section 663.80. Dispenses de déclaration des créances 2102

CHAPITRE 664. MODALITÉS FORMELLES ET PREUVE DE LA DÉCLARATION DE CRÉANCE 2107
section 664.10. Forme et destinataire de la déclaration de créance 2107
section 664.20. Éléments justificatifs de la créance 2112
section 664.30. Certification sincère et visa par le commissaire aux comptes de la créance à déclarer 2113
section 664.40. Déclaration de créance en monnaie étrangère 2114
section 664.50. Preuve de la déclaration de créance dans les délais 2114

CHAPITRE 665. DÉLAIS DE LA DÉCLARATION DE CRÉANCE – RELEVÉ ET INOPPOSABILITÉ DE LA FORCLUSION – SORT DE LA CRÉANCE NON DÉCLARÉE 2117
section 665.10. Nature des délais de déclaration des créances 2119
section 665.20. Computation des délais de déclaration des créances 2120
section 665.30. Énoncé des divers délais de déclaration des créances 2122
section 665.40. Obligation d'avertissement du créancier connu 2132
section 665.50. Action en relevé de forclusion 2136
section 665.60. Voies de recours en matière de relevé de forclusion 2151
section 665.70. Effets de l'absence de déclaration de créance dans les délais en l'absence de relevé de forclusion 2154
section 665.80. Situation des créanciers titulaires de sûretés publiées ou de contrats publiés – Inopposabilité de la forclusion (loi du 10 juin 1994) et constat de la non-forclusion (loi de sauvegarde des entreprises) 2170
section 665.90. Voies de recours ouvertes sur les décisions statuant sur l'inopposabilité de la forclusion (loi du 10 juin 1994) ou sur le constat de la non forclusion (loi de sauvegarde des entreprises) 2183

CHAPITRE 666. CONTENU DE LA DÉCLARATION DE CRÉANCE 2185
section 666.10. Règles générales relatives au contenu de la déclaration de créance 2186
section 666.20. Montant de la déclaration de créance 2186
section 666.30. Déclaration des créances non exigibles 2189
section 666.40. Déclaration des accessoires 2191
section 666.50. Autres précisions à apporter dans la déclaration de créance 2198

TITRE 670. VÉRIFICATION DES CRÉANCES DÉCLARÉES 2199

CHAPITRE 671. PRINCIPE DE VÉRIFICATION DES CRÉANCES DÉCLARÉES 2200
section 671.10. Vérification des créances 2201
section 671.20. Contestation des créances 2207
section 671.30. Défaut de réponse à contestation 2217

section 671.40. **Règles propres à la contestation des créances fiscales avant la loi du 10 juin 1994** ... 2219
section 671.50. **Liste des créances déclarées** ... 2219

CHAPITRE 672. DISPENSE DE VÉRIFICATION DES CRÉANCES DÉCLARÉES ... 2222
section 672.10. **Domaine de la dispense de vérification des créances** ... 2222
section 672.20. **Modalités de la dispense de vérification des créances** ... 2226
section 672.30. **Effets de la dispense de vérification des créances** ... 2226

TITRE 680. **DÉCISIONS DU JUGE-COMMISSAIRE EN MATIÈRE DE DÉCLARATION ET DE VÉRIFICATION DES CRÉANCES ET VOIES DE RECOURS** ... 2229

CHAPITRE 681. ÉTAT DES CRÉANCES ... 2231
section 681.10. **État des créances et créances figurant sur l'état** ... 2231
section 681.20. **Créance déclarée non rejetée ne figurant pas sur l'état des créances** ... 2235

CHAPITRE 682. MULTIPLICITÉ DES DÉCISIONS DU JUGE-COMMISSAIRE SUR LES CRÉANCES DÉCLARÉES – ADMISSION À TITRE PROVISIONNEL DES CRÉANCES FISCALES ET SOCIALES ... 2238
section 682.10. **Possibilités ouvertes au juge-commissaire** ... 2239
section 682.20. **Décisions d'admission de la créance à titre définitif** ... 2250
section 682.30. **Effets de l'admission à titre définitif de la créance** ... 2256
section 682.40. **Décisions de rejet total ou partiel de la créance** ... 2263
section 682.50. **Effets de la décision de rejet total ou partiel de la créance** ... 2266
section 682.60. **Décisions statuant sur l'admission à titre provisionnel (créances fiscales et sociales)** ... 2267
section 682.70. **Décisions ne statuant pas sur l'admission** ... 2278

CHAPITRE 683. VOIES DE RECOURS SUR LES DÉCISIONS DU JUGE-COMMISSAIRE EN MATIÈRE DE VÉRIFICATION ET D'ADMISSION DES CRÉANCES ... 2282
section 683.10. **Voies de recours ouvertes aux parties sur les décisions du juge-commissaire en matière de vérification et d'admission des créances** ... 2283
section 683.20. **Voies de recours ouvertes aux personnes intéressées autres que les parties sur les décisions du juge-commissaire en matière de vérification et d'admission des créances** ... 2293
section 683.30. **Voies de recours ouvertes aux tiers sur les décisions du juge-commissaire ne statuant pas sur la vérification et l'admission des créances** ... 2299

TITRE 690. **RÈGLES SPÉCIALES AUX CRÉANCES SALARIALES** ... 2301

CHAPITRE 691. PRIVILÈGES DES SALARIÉS ... 2303
section 691.10. **Bénéficiaires des privilèges** ... 2303
section 691.20. **Super privilège des salariés** ... 2304
section 691.30. **Privilège général des salaires** ... 2307

CHAPITRE 692. EMPLOYEURS ET SALARIÉS CONCERNÉS PAR LA GARANTIE DES SALAIRES (AGS) ... 2310
section 692.10. **Historique – Généralités sur l'AGS** ... 2311
section 692.20. **Employeurs concernés par la garantie** ... 2312
section 692.30. **Salariés concernés par la garantie** ... 2313
section 692.40. **Institution de garantie compétente en cas de procédure transnationale d'insolvabilité** ... 2315

CHAPITRE 693. CRÉANCES GARANTIES PAR L'AGS ... 2318
section 693.10. **Énoncé des créances couvertes** ... 2319
section 693.20. **Indemnités de licenciement intervenu avant jugement d'ouverture** ... 2323
section 693.30. **Diverses autres créances garanties n'ayant pas la nature d'accessoire du salaire** ... 2324
section 693.40. **Refus de la garantie pour les créances antérieures ne se rattachant pas au contrat de travail** ... 2327
section 693.50. **Règles applicables aux indemnités de rupture du contrat de travail après jugement d'ouverture** ... 2328

section 693.60. Indemnité de rupture des salariés protégés 2333

section 693.70. Indemnité de rupture des salariés bénéficiant d'une convention de conversion ou de reclassement 2334

CHAPITRE 694. INTERVENTION DE L'AGS 2335

section 694.10. Caractère subsidiaire de l'intervention de l'AGS 2335

section 694.20. Contestation par l'AGS de son intervention 2336

section 694.30. Règlement des avances par l'AGS 2339

section 694.40. Plafond des avances de l'AGS 2341

section 694.50. Remboursement des avances faites par l'AGS 2342

CHAPITRE 695. CONTINUATION DES INSTANCES PRUD'HOMALES EN COURS 2345

section 695.10. Absence d'interruption des instances prud'homales en cours au jour du jugement d'ouverture 2345

section 695.20. Modalités procédurales de continuation des instances en cours 2346

section 695.30. Transaction avec l'AGS 2348

CHAPITRE 696. VÉRIFICATION DES CRÉANCES SALARIALES 2349

section 696.10. Modalités d'établissement des relevés de créances salariales 2350

section 696.20. Suites de l'établissement des relevés de créances salariales 2352

LIVRE 700. LES OBLIGÉS À LA DETTE AUTRES QUE LE DÉBITEUR : OBLIGÉ RÉEL, CAUTION, CODÉBITEUR, GARANT ET CONJOINT 2359

TITRE 710. OBLIGÉ RÉEL – DROIT DE SUITE 2360

CHAPITRE 711. OBLIGÉ RÉEL À LA DETTE – DROIT DE SUITE 2361

section 711.10. Notion d'obligation réelle à la dette 2361

section 711.20. Conditions d'exercice du droit de suite dans la procédure collective sous l'empire de la législation du 25 janvier 1985 2362

section 711.30. Conditions d'exercice du droit de suite dans la procédure collective sous l'empire de la législation du 26 juillet 2005 2364

TITRE 720. CAUTIONS 2366

CHAPITRE 721. MOMENT DE LA POURSUITE DE LA CAUTION PAR LE CRÉANCIER 2370

section 721.10. Moment de la poursuite de la caution par le créancier – Principes 2370

section 721.20. Interdiction des poursuites de certaines cautions pendant la période d'observation 2379

section 721.30. Prises de mesures conservatoires 2384

CHAPITRE 722. DURÉE DES POURSUITES CONTRE LA CAUTION 2390

section 722.10. Durée des poursuites contre la caution 2390

CHAPITRE 723. HAUTEUR DE LA POURSUITE DE LA CAUTION 2397

section 723.10. Principe du respect de la règle de l'accessoire 2397

section 723.20. Renforcement de la règle de l'accessoire par la théorie de la représentation mutuelle des coobligés 2405

section 723.30. Hauteur de la poursuite de la caution – Mise à l'écart de la règle de l'accessoire en fonction des procédures 2411

CHAPITRE 724. LE FAIT DU CRÉANCIER, SOURCE DE DÉCHARGE DE LA CAUTION PAR APPLICATION DE L'ARTICLE 2314 DU CODE CIVIL 2418

section 724.10. Le fait du créancier, source de décharge de la caution par application de l'article 23[illegible] du code civil 2418

CHAPITRE 725. LE FAIT DU CRÉANCIER OU D'UN TIERS, SOURCE D'ENGAGEMENT DE LA RESPONSABILITÉ CIVILE DU CRÉANCIER 2430

section 725.10. Le fait du créancier ou d'un tiers, source d'engagement de la responsabilité civile du créancier 2430

CHAPITRE 726. LES RECOURS DE LA CAUTION 2436
section 726.10. Les recours de la caution 2436

TITRE 730. CODÉBITEUR ET GARANT – ASSOCIÉS DE SOCIÉTÉS TENUS DES DETTES SOCIALES 2446

CHAPITRE 731. CODÉBITEUR ET GARANT – ASSOCIÉS DE SOCIÉTÉS TENUS DES DETTES SOCIALES 2447
section 731.10. Diversité des codébiteurs – Situation voisine des garants subsidiaires 2451
section 731.20. Moment de la poursuite du codébiteur et des garants 2455
section 731.30. Règles spéciales à l'hypothèse d'une pluralité de codébiteurs en sauvegarde, en redressement ou en liquidation judiciaire 2462
section 731.40. Mise à l'écart de la règle de l'accessoire et indifférence du sort du débiteur sur l'engagement d'un codébiteur 2465
section 731.50. Mise à l'écart de la règle de l'accessoire et hauteur des poursuites contre les codébiteurs et garants 2466
section 731.60. Correctif de la représentation mutuelle des coobligés – Réclamation à l'état des créances 2474
section 731.70. Recours du garant après clôture pour insuffisance d'actif de la procédure du débiteur 2476

TITRE 740. CONJOINT 2478

CHAPITRE 741. CONJOINT 2479
section 741.10. Incidence du dessaisissement atteignant un époux sur les pouvoirs de l'autre 2482
section 741.20. Conjoint travaillant dans l'entreprise 2484
section 741.30. Paiement des créanciers sur les biens propres du conjoint 2486
section 741.40. Paiement des créanciers sur les biens communs 2488
section 741.50. Droits de l'époux sur le patrimoine apparent de son conjoint sous procédure collective – Reprises du conjoint 2495
section 741.60. Éviction des avantages matrimoniaux 2501
section 741.70. Changement de régime matrimonial 2503
section 741.80. Liquidation du régime matrimonial 2506
section 741.90. Pensions alimentaires et prestations compensatoires 2509

LIVRE 800. L'ACTIF 2515

TITRE 810. SOUSTRACTION AUX ACTIFS APPARENTS : ACTION EN REVENDICATION ET EN RESTITUTION 2516

CHAPITRE 811. PROPRIÉTAIRE IMMOBILIER 2518
section 811.10. Dérogation au droit commun des procédures collectives 2518

CHAPITRE 812. PROPRIÉTAIRE MOBILIER TITULAIRE D'UN CONTRAT PUBLIÉ – RESTITUTION 2519
section 812.10. Entrée en vigueur de la loi du 10 juin 1994 instituant le régime des actions en restitution 2520
section 812.20. Domaine de la dispense de revendication 2520
section 812.30. Règles spéciales au crédit-bail mobilier 2524
section 812.40. Sanctions variables de l'absence de publicité 2527
section 812.50. Demande en acquiescement de restitution 2528
section 812.60. Requête en restitution 2531
section 812.70. Voies de recours à l'encontre de l'ordonnance statuant sur la requête en restitution 2532
section 812.80. Bien n'ayant pas fait l'objet d'une demande en restitution 2533

CHAPITRE 813. PROPRIÉTAIRE MOBILIER NON TITULAIRE D'UN CONTRAT PUBLIÉ – REVENDICATION – RÈGLES GÉNÉRALES 2535
section 813.10. Nature juridique de l'action en revendication 2537
section 813.20. Domaine de la revendication 2537
section 813.30. Existence en nature du bien 2542

section 813.40. Modalités procédurales de l'action en revendication sous l'empire de la loi du 25 janvier 1985 non réformée 2543
section 813.50. Modalités procédurales de l'action en revendication depuis la loi du 10 juin 1994 ... 2546
section 813.60. Voie de recours sur la décision statuant sur la revendication 2556
section 813.70. Effets de l'action en revendication 2557

CHAPITRE 814. PROPRIÉTAIRE D'EFFETS DE COMMERCE ET AUTRES TITRES IMPAYÉS 2563
section 814.10. Revendication des effets de commerce et autres titres impayés 2563

CHAPITRE 815. VENDEUR DE MEUBLES NON PAYÉ – RÈGLES GÉNÉRALES 2565
section 815.10. Situation générale des vendeurs de meubles non réservataires 2565
section 815.20. Vente résolue 2566
section 815.30. Marchandises en cours d'expédition 2567

CHAPITRE 816. CLAUSE DE RÉSERVE DE PROPRIÉTÉ 2568
section 816.10. Nature juridique et domaine de la clause de réserve de propriété 2570
section 816.20. Conditions d'opposabilité de la clause de réserve de propriété 2573
section 816.30. Existence en nature du bien 2577
section 816.40. Revente du bien – Revendication du prix 2582
section 816.50. Identification du bien – Choses fongibles 2593
section 816.60. Mise en œuvre de la clause de réserve de propriété 2595
section 816.70. Circulation de la clause de réserve de propriété 2597

TITRE 820. RECONSTITUTION DE L'ACTIF : NULLITÉS DE LA PÉRIODE SUSPECTE 2601

CHAPITRE 821. CONTOURS DES NULLITÉS DE LA PÉRIODE SUSPECTE 2603
section 821.10. Fondement des nullités de la période suspecte 2603
section 821.20. Rapprochement des nullités de la période suspecte et de l'action paulienne 2604
section 821.30. Notion de période suspecte 2604
section 821.40. Preuve de la date de l'acte 2607
section 821.50. Notion de nullité de droit et de nullité facultative de la période suspecte 2607
section 821.60. Exclusion de certains actes des nullités de la période suspecte par le droit communautaire 2608

CHAPITRE 822. MODALITÉS PROCÉDURALES DE L'ACTION EN NULLITÉ DE LA PÉRIODE SUSPECTE 2609
section 822.10. Titulaires de l'action en nullité de la période suspecte 2610
section 822.20. Instance en nullité de la période suspecte 2612
section 822.30. Absence de délai de l'action en nullité de la période suspecte 2614
section 822.40. Publication éventuelle de l'assignation en nullité de la période suspecte 2615
section 822.50. Voies de recours sur le jugement statuant en matière de nullité de la période suspecte 2616

CHAPITRE 823. CAS DE NULLITÉS DE DROIT DE LA PÉRIODE SUSPECTE 2617
section 823.10. Paiement de dettes non échues 2618
section 823.20. Paiement de dettes échues par mode non communément admis 2620
section 823.30. Actes à titre gratuit nuls de droit 2625
section 823.40. Contrats commutatifs déséquilibrés 2628
section 823.50. Sûretés réelles constituées en garantie d'une créance antérieure 2632
section 823.60. Dépôts et consignations de sommes effectués en application de l'article 2350 du code civil 2635
section 823.70. Mesures conservatoires 2636
section 823.80. *Stock-options* 2638
section 823.90. Constitution d'une fiducie – affectation ou modification d'affectation par un EIRL 2639

CHAPITRE *824.* NULLITÉS FACULTATIVES DE LA PÉRIODE SUSPECTE 2642
section 824.10. Conditions de l'action en nullité facultative de la période suspecte 2643
section 824.20. Divers actes annulables au titre des nullités facultatives de la période suspecte ... 2647

section 824.30. **Règles spéciales aux actes à titre gratuit accomplis dans les six mois précédant la date de cessation des paiements** ... 2652

section 824.40. **Règles spéciales aux déclarations notariées d'insaisissabilité accomplies dans les six mois précédant la date de cessation des paiements** ... 2652

CHAPITRE 825. EFFETS DES NULLITÉS DE LA PÉRIODE SUSPECTE ... 2654

section 825.10. **Effets de la nullité des paiements** ... 2654

section 825.20. **Effets de l'annulation des sûretés réelles** ... 2657

section 825.30. **Effets de la nullité des mesures conservatoires** ... 2657

section 825.40. **Effets de la nullité des contrats** ... 2657

section 825.50. **Effets de la nullité des déclarations notariées d'insaisissabilité** ... 2658

CHAPITRE 826. RÈGLES PARTICULIÈRES À L'ACQUITTEMENT DES EFFETS DE COMMERCE ... 2659

section 826.10. **Primauté des règles du droit cambiaire** ... 2660

TITRE 830. RECONSTITUTION DE L'ACTIF : ACTIONS EN RESPONSABILITÉ CONTRE LES TIERS ... 2662

CHAPITRE 831. RÈGLES GÉNÉRALES RELATIVES AUX ACTIONS EN RESPONSABILITÉ CONTRE LES TIERS ... 2664

section 831.10. **Divers tiers susceptibles d'engager leur responsabilité civile** ... 2664

CHAPITRE 832. RUPTURE FAUTIVE DES CONCOURS BANCAIRES ... 2671

section 832.10. **Section unique** ... 2671

CHAPITRE 833. SOUTIEN ABUSIF AVANT LA LOI DU 26 JUILLET 2005 ... 2674

section 833.10. **Condamnation de l'établissement de crédit sous l'empire de la législation antérieure à la loi de sauvegarde des entreprises** ... 2674

CHAPITRE 834. SOUTIEN ABUSIF SOUS L'EMPIRE DE LA LOI DU 26 JUILLET 2005 ... 2682

section 834.10. **Condamnation de l'établissement de crédit sous l'empire de la législation de sauvegarde des entreprises** ... 2682

LIVRE 900. SANCTIONS CIVILES ET PÉNALES ATTEIGNANT LE DÉBITEUR ET LES DIRIGEANTS ... 2695

TITRE 910. SANCTIONS CIVILES NON PÉCUNIAIRES (FAILLITE PERSONNELLE ET INTERDICTION DE GÉRER) ... 2697

CHAPITRE 911. RÈGLES COMMUNES À LA FAILLITE PERSONNELLE ET À L'INTERDICTION DE GÉRER ... 2699

section 911.10. **Caractère facultatif de la faillite personnelle et de l'interdiction de gérer** ... 2700

section 911.20. **Domaine des mesures de faillite personnelle et d'interdiction de gérer** ... 2702

section 911.30. **Modalités procédurales de la faillite personnelle et de l'interdiction de gérer** ... 2705

section 911.40. **Cumul de sanctions et prononcé des mesures de faillite personnelle et d'interdiction de gérer** ... 2717

section 911.50. **Décision prononçant la faillite personnelle ou l'interdiction de gérer** ... 2717

section 911.60. **Exécution provisoire des mesures de faillite personnelle** ... 2719

section 911.70. **Voies de recours sur les décisions rendues en matière de faillite personnelle et d'interdiction de gérer** ... 2719

section 911.80. **Durée des mesures de faillite personnelle et d'interdiction de gérer** ... 2721

section 911.90. **Relèvement des mesures de faillite personnelle et d'interdiction de gérer** ... 2724

CHAPITRE 912. RÈGLES PROPRES À LA FAILLITE PERSONNELLE ... 2727

section 912.10. **Cas de prononcé de la faillite personnelle intéressant indistinctement les débiteurs personnes physiques et les dirigeants de personnes morales débitrices** ... 2728

section 912.20. **Cas de prononcé de la faillite personnelle intéressant exclusivement les dirigeants de personnes morales débitrices** ... 2741

section 912.30. **Prononcé de la faillite personnelle par la juridiction répressive** ... 2743

section 912.40. **Effets de la faillite personnelle** ... 2743

section 912.50. **Sanctions de l'exercice d'une activité en dépit de la mesure de faillite personnelle** ... 2746

CHAPITRE 913. RÈGLES PROPRES À L'INTERDICTION DE GÉRER 2749

section 913.10. Cas de prononcé de l'interdiction de gérer 2749

section 913.20. Effets de l'interdiction de gérer 2754

TITRE 920. SANCTIONS ET RESPONSABILITÉS CIVILES PÉCUNIAIRES (COMBLEMENT DE PASSIF, REDRESSEMENT ET LIQUIDATION JUDICIAIRES PERSONNELS, ACTION EN PAIEMENT DES DETTES SOCIALES) 2757

CHAPITRE 921. RÈGLES COMMUNES AUX RESPONSABILITÉS ET SANCTIONS PÉCUNIAIRES ATTEIGNANT LES DIRIGEANTS 2759

section 921.10. Application des responsabilités et sanctions pécuniaires au dirigeant de droit 2761

section 921.20. Application des responsabilités et sanctions pécuniaires au dirigeant de fait 2766

section 921.30. Modalités procédurales des responsabilités et sanctions pécuniaires 2774

section 921.40. Prescription des actions aux fins de prononcé des sanctions pécuniaires 2793

section 921.50. Prononcé de la responsabilité et de la sanction pécuniaire 2795

section 921.60. Exécution provisoire de la décision prononçant la responsabilité ou la sanction pécuniaire 2798

section 921.70. Voies de recours à l'encontre de la décision prononçant la responsabilité ou la sanction pécuniaire 2799

section 921.80. Cumul de responsabilité et de sanctions 2801

CHAPITRE 922. RÈGLES SPÉCIALES À L'ACTION EN COMBLEMENT DE PASSIF 2803

section 922.10. Nature juridique de l'action en comblement de passif – Caractère facultatif de la condamnation à combler le passif 2806

section 922.20. Une faute de gestion, condition de fond de l'action en comblement de passif 2813

section 922.30. Un préjudice constitué par l'insuffisance d'actif 2826

section 922.40. Contribution de la faute de gestion à l'insuffisance d'actif 2833

section 922.50. Modalités de la condamnation au comblement du passif 2834

section 922.60. Effets de la condamnation 2838

section 922.70. Action en paiement des dettes sociales d'une société d'assurances 2842

CHAPITRE 923. RÈGLES SPÉCIALES AU REDRESSEMENT ET À LA LIQUIDATION JUDICIAIRES À TITRE PERSONNEL – LÉGISLATION ANTÉRIEURE À LA LOI DU 26 JUILLET 2005 2843

section 923.10. Redressement et liquidation judiciaires personnels pour inexécution du jugement de condamnation à combler le passif 2845

section 923.20. Évolution de la législation – Suppression des extensions sanctions par la loi du 26 juillet 2005 2849

section 923.30. Nature juridique de la mesure de redressement ou de liquidation judiciaires personnels par application de l'article L. 624-5 du code de commerce – Évolution de la législation 2851

section 923.40. Règles communes au prononcé de la mesure 2851

section 923.50. Cas de prononcé du redressement ou de la liquidation judiciaire à titre personnel exigeant la démonstration d'un intérêt personnel du dirigeant 2854

section 923.60. Cas de prononcé du redressement ou de la liquidation judiciaire à titre personnel n'exigeant pas la démonstration de l'intérêt personnel du dirigeant 2856

section 923.70. Effets de la mesure de redressement ou de liquidation judiciaire à titre personnel sur le fondement de l'article L. 624-5 du code de commerce 2858

CHAPITRE 924. RÈGLES SPÉCIALES À L'ACTION EN OBLIGATION AUX DETTES SOCIALES – LÉGISLATION ISSUE DE LA LOI DU 26 JUILLET 2005 2860

section 924.10. Domaine de l'obligation aux dettes sociales 2862

section 924.20. Modalités procédurales de l'obligation aux dettes sociales 2864

section 924.30. Condamnation des dirigeants 2865

section 924.40. Cas de condamnation à l'obligation aux dettes sociales 2868

CHAPITRE 925. ACTION EN RESPONSABILITÉ ENVIRONNEMENTALE POUR INSUFFISANCE D'ACTIF DES SOCIÉTÉS MÈRES DE FILIALES EXPLOITANT UNE INSTALLATION CLASSÉE 2872

section 925.10. Conditions de l'action en responsabilité pour insuffisance d'actif des sociétés mères de filiales exploitant une installation classée 2873

section 925.20. Modalités procédurales de l'action en responsabilité pour insuffisance d'actif des sociétés mères de filiales exploitant une installation classée 2874
section 925.30. Effets de l'action en responsabilité pour insuffisance d'actif des sociétés mères de filiales exploitant une installation classée 2874

CHAPITRE 926. ACTION EN RESPONSABILITÉ POUR CONTRIBUTION À LA CESSATION DES PAIEMENTS 2876
section 926.10. Domaine d'application de l'action en responsabilité pour contribution à la cessation des paiements 2877
section 926.20. Conditions de l'action en responsabilité pour contribution à la cessation des paiements 2877
section 926.30. Modalités procédurales de l'action en responsabilité pour contribution à la cessation des paiements 2878
section 926.40. Mesures conservatoires prises dans le cadre de l'action en responsabilité pour contribution à la cessation des paiements 2878

TITRE **930.** SANCTIONS PÉNALES 2882

CHAPITRE 931. PROCÉDURE APPLICABLE AUX INFRACTIONS PÉNALES DE LA LÉGISLATION DES PROCÉDURES COLLECTIVES 2883
section 931.10. Prescription de l'action publique 2884
section 931.20. Saisine de la juridiction répressive 2885
section 931.30. Instruction des infractions 2890
section 931.40. Publicité des décisions et frais de la publication 2891

CHAPITRE 932. INFRACTION COMMISE PAR LE DÉBITEUR ET LES DIRIGEANTS DE LA PERSONNE MORALE DÉBITRICE : LA BANQUEROUTE 2892
section 932.10. Évolution générale – Conditions préalables du délit de banqueroute 2893
section 932.20. Personnes pouvant être sanctionnées 2896
section 932.30. Cas de banqueroute 2899
section 932.40. Peines de la banqueroute 2907

CHAPITRE 933. INFRACTIONS AUTRES QUE LA BANQUEROUTE 2909
section 933.10. Infractions autres que la banqueroute commises par le débiteur et les dirigeants de la personne morale débitrice 2910
section 933.20. Infractions commises par les tiers 2914

PRINCIPALES ABRÉVIATIONS UTILISÉES 2921

INDEX THÉMATIQUE ALPHABÉTIQUE 2925

LIVRE

000. Les sources – Introduction générale

SECTION 0

ORIENTEUR

000.00 **Plan du livre.**

Titre 010 Textes applicables
Chap. 011 Textes officiels applicables
Titre 020 Jurisprudence
Chap. 021 Sources de jurisprudence
Titre 030 Bibliographie
Chap. 031 Bibliographie générale
Titre 040 Évolution de la législation
Chap. 041 Évolution sémantique et statistique
Chap. 042 Évolution historique
Titre 050 Législation du 26 juillet 2005
Chap. 051 Présentation générale de la législation de sauvegarde des entreprises du 26 juillet 2005
Chap. 052 Réforme de la prévention et remplacement de la procédure de règlement amiable par la procédure de conciliation
Chap. 053 Réforme des procédures collectives
Titre 060 Réformes de la loi du 26 juillet 2005 de sauvegarde des entreprises
Chap. 061 Principaux apports de l'ordonnance de réforme du 18 décembre 2008
Chap. 062 Appréciations sur la réforme
Chap. 063 Ordonnance de réforme du 12 mars 2014
Titre 070 Application de la loi dans le temps
Chap. 071 Survie de la loi ancienne pour les procédures ouvertes avant l'entrée en vigueur de la loi du 25 janvier 1985
Chap. 072 Application dans le temps de la loi du 10 juin 1994
Chap. 073 Application dans le temps de la loi du 26 juillet 2005
Chap. 074 Application dans le temps de l'ordonnance du 18 décembre 2008
Chap. 075 Application dans le temps des législations postérieures à l'ordonnance du 18 décembre 2008 et antérieures à l'ordonnance du 12 mars 2014 modifiant la loi de sauvegarde des entreprises
Chap. 076 Application dans le temps de l'ordonnance du 12 mars 2014
Titre 080 Application de la loi dans l'espace
Chap. 081 Règles générales relatives à l'application de la loi dans l'espace
Chap. 082 Dérogations à l'application de la loi dans l'espace – Règles spéciales à l'Alsace-Moselle
Chap. 083 Dérogations à l'application de la loi du 26 juillet 2005 – Règles spéciales aux DOM-PTOM
Chap. 084 Dérogations à l'application de l'ordonnance du 18 décembre 2008 – Règles spéciales aux DOM-PTOM
Chap. 085 Dérogations à l'application de l'ordonnance du 12 mars 2014 et des textes subséquents – Règles spéciales aux DOM-PTOM
Titre 090 Droit international privé de la faillite
Chap. 091 Conventions internationales
Chap. 092 Règlement communautaire insolvabilité (REI) du 29 mai 2000
Chap. 093 Application du droit commun en dehors de conventions internationales
Chap. 094 Règlement européen insolvabilité (REI) 2015/848 du 20 mai 2015

TITRE

010. Textes applicables

SECTION 0
ORIENTEUR

010.00 Plan du titre.

Chap.	011	Textes officiels applicables
Sect.	011.10	Principaux textes codifiés
Sect.	011.20	Principaux textes non codifiés
Sect.	011.30	Travaux parlementaires de la loi du 26 juillet 2005
Sect.	011.40	Recommandations des organismes professionnels
Sect.	011.50	Questions prioritaires de constitutionnalité

CHAPITRE

011. Textes officiels applicables

SECTION 0

ORIENTEUR

011.00 Plan du chapitre.

Sect.	011.10	Principaux textes codifiés
Sect.	011.20	Principaux textes non codifiés
Sect.	011.30	Travaux parlementaires de la loi du 26 juillet 2005
Sect.	011.40	Recommandations des organismes professionnels
Sect.	011.50	Questions prioritaires de constitutionnalité

SECTION 011.10

PRINCIPAUX TEXTES CODIFIÉS

011.11 Textes officiels codifiés. La législation applicable à la matière, pour les procédures ouvertes avant le 1er janvier 2006, est issue de deux séries de lois : la loi du 1er mars 1984 et les lois nos 85-98 et 85-99 du 25 janvier 1985.

Le code rural contient des dispositions relatives au règlement amiable agricole : art. L. 351-1 s., L. 351-1 à L. 351-7, et art. R. 351-1 à R. 351-7.

La loi n° 85-98 a été modifiée par la loi n° 94-475 du 10 juin 1994.

L'ordonnance n° 2000-912 du 18 septembre 2000 a codifié ces trois lois.

Ces textes ont été modifiés par la loi n° 2003-7 du 3 janvier 2003.

La loi du 25 janvier 1985 a été abrogée la loi n° 2005-845 du 26 juillet 2005, dite de sauvegarde des entreprises. Cette législation est applicable aux procédures ouvertes à compter du 1er janvier 2006. Elle est codifiée aux articles L. 610-1 et suivants du code de commerce. Les articles L. 811-1 et suivants du code de commerce précédemment codifiés restent applicables.

L'ordonnance n° 2008-1345 du 18 décembre 2008 a modifié la loi du 26 juillet 2005. Elle est applicable aux procédures ouvertes à compter du 15 février 2009.

La loi de sauvegarde des entreprises a été retouchée par la loi n° 2010-1249, dite de régulation bancaire, du 22 octobre 2010 (art. 57 et 58).

L'ordonnance n° 2010-1512 du 9 décembre 2010, applicable à compter du 10 décembre 2010, date de sa publication au *JO*, porte adaptation du droit des entreprises en difficulté à l'entrepreneur individuel à responsabilité limitée, ce statut résultant, pour sa part, de la loi n° 2010-658 du 15 juin 2010.

L'ordonnance n° 2014-326 du 12 mars 2014, applicable aux procédures ouvertes à compter du 1er juillet 2014, réforme une deuxième fois la loi de sauvegarde des entreprises.

Le décret d'application de la loi de sauvegarde des entreprises du 28 juillet 2005[1] a été codifié par le décret n° 2007-431 du 25 mars 2007 aux articles R. 600-1 et suivants du code de commerce. Il a été modifié par le décret n° 2009-160 du 12 février 2009, puis par le décret n° 2014-736 du 30 juin 2014[2].

Le siège législatif de la matière reste aujourd'hui situé dans le livre VI du code de commerce, et aux articles L. 811-1 et suivants du code de commerce.

Pour s'y retrouver efficacement dans les textes, le lecteur est invité à consulter le *code des procédures collectives*, annoté et commenté de manière très pertinente par Alain Lienhard chez Dalloz.

1. POUR UN COMMENTAIRE de ce décret, Lienhard, « Sauvegarde des entreprises : présentation du décret d'application n° 2005-1677 du 28 décembre 2005 », *D.* 2006, Doctr. 10 – Vallansan, *Act. proc. coll.* 2006/1, n° 2 – Roussel Galle et Girardin, « Présentation du décret d'application de la loi de sauvegarde des entreprises », *JCP E* 2006, n° 3, act. 30, p. 111 – *Adde*, Deharveng, *Act. proc. coll.* 2006/1, p. 1.
2. *JO* 1er juill., 10834.

SECTION 011.20
PRINCIPAUX TEXTES NON CODIFIÉS

011.21 Règlement communautaire.

Règl. CE n° 1346/2000, Conseil, 29 mai 2000, *JOCE* L 160, 30 juin, p. 1.

011.22 Textes de lois pour les procédures ouvertes avant le 1er janvier 2006.

L. 1er juin 1924, mettant en vigueur la législation civile française dans les départements du Bas-Rhin, du Haut-Rhin et de La Moselle, modifiée par la loi n° 2002-306 du 4 mars 2002, *JO* 5 mars, p. 4166.

L. n° 84-148, 1er mars 1984 relative à la prévention et au réglement amiable des difficultés des entreprises, *JO* 2 mars, p. 751, art. 43.

L. n° 85-98, 25 janvier 1985, pour ses articles non codifiés intéressant les procédures ouvertes avant le 1er janvier 2006, *JO* 26 janv., p. 1097.

011.23 Textes de lois pour les procédures ouvertes à compter du 1er janvier 2006.

L. n° 2005-845, 26 juill. 2005 de sauvegarde des entreprises, *JO* 27 juill., p. 12187, art. 165, 190 à 192, ces trois derniers artcles étant relatifs à l'application de la loi de sauvegrde dans le temps.

011.24 Textes à valeur législative pour les procédures ouvertes à compter du 15 février 2009.

Ord. n° 2008-1345, 18 déc. 2008 portant réforme du droit des entreprises en difficulté, *JO* 19 déc., p. 19462, art. 173, cetarticle étant relatif à l'application de l'ordonnance du 18 décembre 2008 dans le temps.

011.25 Textes à valeur législative pour les procédures ouvertes à compter du 1er juillet 2014.

Ord. n° 2014-326 12 mars 2014 portant réforme de la prévention des difficultés des entreprises et des procédures collectives, *JO* 14 mars, p. 5249, art. 116, cet article étant relatif à l'application de l'ordonnance du 12 mars 2012 dans le temps.

011.26 Textes de décrets pour les procédures ouvertes avant le 1er janvier 2006.

D. n° 85-1388, 27 déc. 1985 relatif au redressement et à la liquidation judiciaire des entreprises, *JO* 29 déc., p. 15281.

D. n° 85-1389, 27 déc. 1985 relatif aux administrateurs judiciaires, mandataires liquidateurs et experts en diagnostic d'entreprise, *JO* 29 déc., p. 15295.

D. n° 85-1390, 27 déc. 1985 fixant le tarif des administrateurs judiciaires en matière commerciale et des mandataires-liquidateurs, *JO* 29 déc., p. 15304.

D. n° 94-910, 21 oct. 1994 pour l'application de la loi n° 94-475 du 10 juin 1994, *JO* 22 oct., p. 15019.

D. n° 2004-518, 10 juin 2004 portant diverses dispositions relatives aux administrateurs judiciaires et aux mandataires judiciaires au redressement et à la liquidation des entreprises, *JO* 11 juin, p. 10351.

D. n° 85-295, 1er mars 1985 pris pour l'application de la loi n° 84-148 du 1er mars 1984, *JO* 5 mars, p. 2704, art. 35, 35-1 à 39-2.

011.27 Textes de décrets non codifiés pour les procédures ouvertes à compter du 1er janvier 2006.

D. n° 2005-1677, 28 déc. 2005 pris en application de la loi n° 2005-845 du 26 juillet 2005, *JO* 29 déc., p. 20324, art. 352 à 361.

011.28 Textes de décrets non codifiés pour les procédures ouvertes à compter du 15 février 2009.

D. n° 2009-160, 12 févr. 2009 pris pour l'application de l'ordonnance n° 2008-1345 du 18 décembre 2008, *JO* 13 févr., p. 2596, art. 155, cet article étant relatif à l'application du décret du 12 février 2009 dans le temps.

D. n° 2014-736, 30 juin 2014 pris pour l'application de l'ordonnance n° 2014-326 du 12 mars 2014, *JO* 1er juill., p. 10834, art. 1. Cet article précise que le livre VI du code de commerce est modifié conformément aux articles 2 à 130.

D. n° 2014-736, 30 juin 2014, préc., art. 144. Cet article est relatif à l'application de ce décret dans le temps.

SECTION 011.30
TRAVAUX PARLEMENTAIRES DE LA LOI DU 26 JUILLET 2005

011.31 Documents de l'Assemblée nationale.

Rapport Xavier de Roux, au nom de la commission des lois de l'Assemblée nationale, n° 2095, *Doc. Ass. nat.* 2005.

Avis Jérôme Chartier, au nom de la commission des finances de l'Assemblée nationale, n° 2099, *Doc. Ass. nat.* 2005.

011.32 Documents du Sénat.

Rapport Jean-Jacques Hyest, au nom de la commission des lois du Sénat, n° 335, *Doc. Sénat* 2005.

Avis Christian Gaudin, au nom de la commission des affaires économiques du Sénat, n° 337, *Doc. Sénat* 2005.

011.33 Documents de la commission mixte paritaire.

Rapport Xavier de Roux et Jean-Jacques Hyest, au nom de la commission mixte paritaire, nos 2459 et 467.

SECTION 011.40
RECOMMANDATIONS DES ORGANISMES PROFESSIONNELS

011.41 Recommandations de l'Institut français des praticiens des procédures collectives. Un ouvrage publié sous l'égide de l'Institut français des praticiens des procédures collectives (IFPPC) contient un ensemble de préconisations à l'adresse des mandataires de justice en charge des procédures collectives de paiement. Il s'agit de *Diligences des mandataires de justice et recommandations*, Bolard G. (dir.), IFPPC, 5e éd., 1999. Il sera cité de cette façon dans le corps de l'ouvrage : IFPPC 1999, recomm.

SECTION 011.50
QUESTIONS PRIORITAIRES DE CONSTITUTIONNALITÉ

011.51 Questions prioritaires de constitutionnalité[1]. Nombreuses sont les dispositions attaquées devant les tribunaux pour non-conformité à la Constitution. Très majoritairement, les questions ont été jugées non sérieuses. Pourtant le Conseil constitutionnel a été amené à plusieurs reprises à considérer comme non-conformes à la Constitution, certains textes du droit des entreprises en difficulté.

On se souvient tout spécialement de la non-conformité à la Constitution de la saisine d'office aux fins d'ouverture d'une procédure collective (v. ss no 231.41). De même, la faculté de combattre la reprise, d'un bien propre, au prétexte que le bien a été acquis partiellement par des deniers du conjoint sous procédure collective, a été déclarée non conforme à la Constitution (v. ss no 741.52).

Identiquement, a été déclaré non conforme à la Constitution, le traitement discriminatoire des professionnels libéraux, au regard des remises de plein droit des pénalités et majorations de retard en matière de cotisations sociales. (v. ss no 641.21).

Ainsi, ces questions prioritaires de constitutionnalité deviennent-elles des sources négatives du droit, en emportant abrogation dans notre législation, de certains textes.

Mais, parfois, elles sont aussi des sources positives du droit, lorsqu'il est procédé par rejet de la question. Il en est ainsi lorsque le texte présenté comme non conforme à la Constitution, n'est pas interprété à la lettre par la Cour de cassation. Une question prioritaire de constitutionnalité avait été posée à la Cour de cassation portant sur l'article L. 622-26, alinéa 3 du code de commerce (v. ss no 665.55). Le fait que ce texte établisse un délai particulier de l'action en relevé de forclusion pour le créancier placé dans l'impossibilité de connaître l'existence de sa créance dans le délai classique de l'action en relevé de forclusion signifie-t-il que ce créancier ne pourrait être relevé de forclusion s'il venait à prendre connaissance de l'existence de sa créance au-delà du délai d'un an qu'il prévoit ? Répondre affirmativement à la question, en suivant la lettre du texte, aurait porté une atteinte substantielle au droit à un recours juridictionnel effectif. En affirmant que l'article L. 622-26, alinéa 3 ne fait pas obstacle à la recevabilité d'une action en relevé de forclusion exercée après l'expiration du délai maximal d'un an, la Cour de cassation applique le fameux principe *contra non valentem*, qui interdit de faire courir un délai de prescription ou de forclusion contre une personne placée dans l'impossibilité d'agir, ce qui, d'évidence, est le cas de celui qui ignore l'existence de sa créance. Ce faisant, la question prioritaire de constitutionnalité fabrique positivement le droit, puisqu'elle autorise un créancier à agir en relevé de forclusion au-delà des délais prévus par la loi. Au demeurant, cette question prioritaire de constitutionnalité a conduit le législateur à une réécriture de l'article L. 622-26, alinéa 3.

1. Le Corre, « Questions prioritaires de constitutionnalité et droit des entreprises en difficulté », LXB, Revues, 4 sept. 2014, no 581 – Gicquel et Rousille, « Le nouveau droit des entreprises en difficulté à l'épreuve du droit constitutionnel », interv. Colloque Besançon 10 oct. 2014, *Gaz. Pal.* 31 déc. 2014, no 365, 32.

TITRE

020. Jurisprudence

SECTION 0
ORIENTEUR

020.00 Plan du titre.

Chap. 021 Sources de jurisprudence
Sect. 021.10 Décisions de la Cour de cassation et des juges de fond
Sect. 021.20 Décisions des juges du fond

CHAPITRE

021. Sources de jurisprudence

SECTION 0

ORIENTEUR

021.00 **Plan du chapitre.**

Sect. 021.10 Décisions de la Cour de cassation et des juges de fond

Sect. 021.20 Décisions des juges du fond

SECTION 021.10

DÉCISIONS DE LA COUR DE CASSATION ET DES JUGES DE FOND

021.11 **L'essentiel des décisions de la Cour de cassation, en matière de sauvegarde, de redressement et de liquidation judiciaires émane de la chambre commerciale.** Cependant, toutes les autres chambres rendent un nombre plus ou moins important de décisions intéressant la matière.

La première chambre civile, spécialisée dans le droit de la famille, rend quelques décisions mettant en jeu un conflit de règles de droit de la famille et de droit des entreprises en difficulté. Elle rend également des décisions en matière de cautionnement, qui intéressent le droit des entreprises en difficulté. Elle rend enfin des décisions intéressant le droit international privé de la faillite.

La deuxième chambre civile, spécialisée dans la procédure civile, rend un certain nombre de décisions en notre matière, dans laquelle les règles procédurales sont complexes et qui mettent souvent en jeu des questions de voies d'exécution et de voies de recours, dont a à connaître cette chambre.

La troisième chambre civile de la Cour de cassation, spécialisée en droit immobilier, connaît aussi d'un certain nombre d'affaires intéressant le droit des procédures collectives, notamment l'importante question du sort des baux commerciaux dans la procédure collective.

La chambre sociale rend un nombre non négligeable de décisions intéressant les licenciements économiques et la couverture par l'Assurance de garantie des salaires (AGS) des sommes dues aux salariés.

Enfin, la chambre criminelle a à statuer sur les infractions pénales du droit des procédures collectives, et notamment la banqueroute, instituées par le code de commerce aux articles L. 626-1 et suivants.

SECTION 021.20

DÉCISIONS DES JUGES DU FOND

021.21 **Les cours d'appel sont divisées en chambres.** Les plus grandes ont des chambres spécialisées en droit des entreprises en difficultés. C'est notamment le cas des cours d'appel de Paris et de Versailles ou encore d'Aix-en-Provence. Les autres cours d'appel ont des chambres connaissant des affaires commerciales, au sein desquelles est traité l'essentiel du contentieux de la matière.

Les tribunaux de commerce sont, jusqu'à la loi du 26 juillet 2005 étendant les procédures collectives à tous les professionnels indépendants parmi lesquels les professionnels libéraux, les principales juridictions rendant les décisions de première instance en notre matière.

Il existe dans les départements d'outre-mer des tribunaux mixtes de commerce, présidés par un magistrat professionnel et composés de juges élus.

Certains tribunaux de grande instance ont une chambre commerciale, qui remplace le tribunal de commerce n'existant pas dans le ressort de compétence de la juridiction.

Enfin, les tribunaux de grande instance sont compétents pour connaître des procédures collectives intéressant les personnes morales non commerçantes et les agriculteurs, personnes physiques et depuis l'entrée en vigueur le 1er janvier 2006, de la loi de sauvegarde des entreprises du 26 juillet 2005, les tribunaux de grande instance sont appelés à rendre un nombre croissant de décisions intéressant tous les professionnels indépendants qui ne sont ni commerçants ni artisans, en ce compris les professions libérales.

TITRE

030. Bibliographie

SECTION 0

ORIENTEUR

030.00 **Plan du titre.**

Chap. 031 Bibliographie générale
Sect. 031.10 Œuvres citées par une abréviation ou uniquement par le nom de l'auteur
Sect. 031.20 Œuvres citées ponctuellement ou à consulter
Sect. 031.30 Articles généraux ou transversaux

CHAPITRE

031. Bibliographie générale

SECTION 0

ORIENTEUR

031.00 **Plan du chapitre.**

Sect. 031.10 Œuvres citées par une abréviation ou uniquement par le nom de l'auteur

Sect. 031.20 Œuvres citées ponctuellement ou à consulter

Sect. 031.30 Articles généraux ou transversaux

SECTION 031.10

ŒUVRES CITÉES PAR UNE ABRÉVIATION OU UNIQUEMENT PAR LE NOM DE L'AUTEUR

031.11 **Actualiables.**

RÉP. COM. : *Encclopédie Dalloz*, Répertoire de droit commercial.

J.-CL. COM. : *Jris-Classeur Commercial.*

J.-CL. EUROPE *Juris-Classeur Europe.*

DPDE : *Dictinnaire permanent des difficultés des entreprises.*

LAMY SÛREÉS : *Lamy Droit des sûretés.*

LAMY AFFARES : *Lamy droit des affaires.*

031.12 **Ouvrages.**

> Antérieurs à la législation du 10 juin1994.

DERRIDA *ET ALII* : Derrida F., Godé P. et ortais J.-P., avec la collab. d'Honorat A., *Redressemet et liquidation judiciaires des entreprises*, 3e éd., Daoz, 1991.

> Postérieurs à la législation du 10 jin 1994 et antérieurs à la loi de sauvegarde des ereprises du 26 juillet 2005.

MÉGA C. COM. : *Mégacode de comme commenté*, Dalloz, 2002.

IFPPC 1999 : Bolard G. (dir.), *Diligen des mandataires de justice et recommandations*,PPC, 5e éd., 1999.

BONNARD : Bonnard J., *Droit des entreprises en difficulté*, 2e éd., Hachette Supérieur, 2003.

CHAPUT : Chaput Y., *Droit des entreprises en difficulté et faillite personnelle*, « Droit fondamental », PUF, 1996.

GUYON : Guyon Y., *Droit des affaires*, t. II, *Entreprises en difficulté, redressement judiciaire, faillite*, 8e éd., « Droit des affaires et de l'entreprise », Economica, 2001.

JACQUEMONT : Jacquemont A., *Droit des entreprises en difficulté*, 3e éd., « Manuel », Litec, 2003.

KERCKHOVE : Kerckhove E., *Traité de droit commercial, de Juglart et Ippolito*, t. VI, *Procédures collectives de paiement*, 3e éd., Montchrestien, 1998.

LE CANNU : Le Cannu P., *Droit commercial : Instruments de paiement et de crédit – Entreprises en difficulté*, refonte de l'ouvrage de M. Jeantin, 6e éd., « Précis », Dalloz, 2003.

LE CANNU *ET ALII* : Le Cannu P., Lucheux P., Pitron M. et Sénéchal J.-P., *Entreprises en difficulté : Prévention, redressement et liquidation judiciaires*, « Pratique des affaires », GLN Joly, 1995.

LE CORRE-BROLY : Le Corre-Broly E., *Droit des entreprises en difficulté*, « U », A. Colin, 2001.

MARTIN ET VALLENS : Martin J.-F. et Vallens J.-L., *Lamy Droit commercial* (partie relative au redressement et à la liquidation judiciaires), Lamy, 2005.

PÉROCHON ET BONHOMME : Pérochon F. et Bonhomme R., *Entreprises en difficulté : Instruments de crédit et de paiement*, 6e éd., « Manuel », Lgdj, 2003.

PÉTEL : Pétel P., *Procédures collectives*, 3e éd., « Cours », Dalloz, 2001.

RIPERT ET ROBLOT : Ripert et Roblot par Delebecque Ph. et Germain M., *Traité de droit commercial*, t. II, *Effets de commerce, banque, contrats commerciaux, procédures collectives*,17e éd., Lgdj, 2004.

SAINT-ALARY-HOUIN : Saint-Alary-Houin C., *Droit des entreprises en difficulté*, 4e éd., « Domat », Montchrestien, 2001.

SOINNE : Soinne B., *Traité des procédures collectives*, 2e éd., Litec, 1995.

VALLANSAN : Vallansan J., *Redressement et liquidation judiciaires*, 2e éd., « Affaires, finances », Litec, 2003.

> Postérieurs à la loi de sauvegarde des entreprises du 26 juillet 2005 et antérieurs à l'ordonnance du 18 décembre 2008.

C. PR. COLL. : *code des procédures collectives, commenté*, Dalloz, 2007.

BONNARD : Bonnard J., *Droit des entreprises en difficulté*, 3e éd., Hachette Supérieur, 2006.

FRAIMOUT : Fraimout J.-J., *Droit des entreprises en difficulté*, « Universités – Droit », Ellipses, 2007.

JACQUEMONT 5e éd. : Jacquemont A., *Droit des entreprises en difficulté*, 5e éd., « Manuel », Litec, 2007.

LE CANNU : Le Cannu P., *Droit commercial : Entreprises en difficulté*, refonte de l'ouvrage de Jeantin M., 7e éd., « Précis », Dalloz, 2006.

LIENHARD : Lienhard A., *Sauvegarde des entreprises en difficulté*, 1re éd., « Encyclopédie Delmas », Dalloz, 2006.

LIENHARD : Lienhard A., *Sauvegarde des entreprises en difficulté*, 2e éd., « Encyclopédie Delmas », Dalloz, 2007.

PÉROCHON ET BONHOMME 7e éd. : Pérochon F. et Bonhomme R., *Entreprises en difficulté : Instruments de crédit et de paiement*, 7e éd., « Manuel », Lgdj, 2006.

PÉTEL, 5e éd. : Pétel Ph., *Procédures collectives*, 5e éd., « Cours », Dalloz, 2006.

ROUSSEL GALLE : Roussel Galle Ph., *La réforme du droit des entreprises en difficulté par la loi de sauvegarde des entreprises du 26 juillet 2005*, « Carré droit », Litec, 2005.

ROUSSEL GALLE : Roussel Galle Ph., *Réforme du droit des entreprises en difficulté : De la théorie à la pratique*, 2e éd., « Litec professionnels », Litec, 2007.

SAINT-ALARY-HOUIN : Saint-Alary-Houin C., *Droit des entreprises en difficulté*, 5e éd., « Domat », Montchrestien, 2006.

VALLANSAN 4e éd. : Vallansan J., *Difficultés des entreprises : Commentaire article par article du livre VI du code de commerce*, 4e éd., Litec, 2006.

VALLENS, 2006 : Vallens J.-L., *Lamy Droit commercial* (partie relative au redressement et à la liquidation judiciaires), Lamy, 2006.

VALLENS, 2007 : Vallens J.-L., *Lamy Droit commercial* (partie relative au redressement et à la liquidation judiciaires), Lamy, 2007.

VIDAL : Vidal D., *Droit des procédures collectives*, « Manuels », Gualino, 2006.

VOINOT : Voinot D., *Droit économique des entreprises en difficulté*, « Droit et économie », Lgdj, 2007.

> Postérieurs à l'ordonnance du 18 décembre 2008 et antérieurs à l'ordonnance du 12 mars 2014.

C. PR. COLL. : *code des procédures collectives, commenté*, Dalloz, 2013.

COQUELET, 3e éd. : Coquelet M.-L., *Entreprises en difficulté : Instruments de paiement et de crédit*, 3e éd., « Hypercours », Dalloz, 2009.

GIBIRILA : Gibirila D., *Droit des entreprises en difficulté*, Defrénois – Lextenso, 2009.

JACQUEMONT, 7e éd. : Jacquemont A., *Droit des entreprises en difficulté*, 7e éd., « Manuel », Litec, 2011.

LE CORRE : Le Corre P.-M, *La réforme du droit des entreprises en difficulté : Commentaire de l'ordonnance du 18 décembre 2008 et du décret du 12 février 2009*, Dalloz, 2009.

LE CORRE : Le Corre P.-M. (dir.), *Mesures d'exécution et procédures collectives : Confrontation des règles de l'exécution et du droit des entreprises en difficulté*, « Procédures », Bruylant, 2012.

LIENHARD, 4e éd. : Lienhard A., *Procédures collectives*, 4e éd., « Encyclopédie Delmas », Dalloz, 2011.

NABET : Nabet P., *La coordination des procédures d'insolvabilité en droit de la faillite internationale*, « Bibl. dr. entr. » LexisNexis, 2010.

PÉROCHON, 9e éd. : Pérochon F. *Entreprises en difficulté*, 9e éd., « Manuel », Lgdj – Lextenso, 2012.

SEC, 7e éd. : Pétel Ph., *Procédures collectives*, 7e éd., « Cours », Dalloz, 2011.

ROUSSEL GALLE : Roussel Galle Ph. (dir.), *Entreprises en difficulté*, « Droit 360° », LexisNexis, 2012.

SAINT-ALARY-HOUIN, 7e éd : Saint-Alary-Houin C., *Droit des entreprises en difficulté*, 7e éd., « Domat », Montchrestien – Lextenso, 2011.

VALLANSAN ET ALII 6e éd. : Vallansan J., Cagnoli P. et Fin-Langer, *Difficultés des entreprises : Commentaire article par article du livre VI du code de commerce*, 6e éd., « Droit et professionnels », LexisNexis, 2012.

VALLENS, 2012 : Vallens J.-L., *Lamy Droit commercial* (parti relative au redressement et à la liquidation judicires), Lamy, 2012.

VIDAL 2e éd : Vidal D., *Droit des procédures collectives*, 2 d., « Manuels », Gualino, 2009.

VIDAL e éd : Vidal D., *Droit de l'entreprise en difficulté*, éd., « Manuels », Gualino, 2010.

VOIN, 2e éd : Voinot D., *Procédures collectives*, « Co », Lgdj – Lextenso, 2013.

> Porieurs à l'ordonnance du 12 mars 2014.

Comntaire Règlement (UE) n° 2015/848 du 20 n2015 : Sautonie-Laguionie L. (dir.), *Règlemen(E) n° 2015/848 du 20 mai 2015 relatif aux proces d'insolvabilité : Commentaire article par artic* Trans Europe Experts », Société de législatiomparée, 2015.

COQUELET, 5e éd. : Coquelet M.-L., *Entreprises en difficulté - Instruments de paiement et de crédit*, 5e éd., « Hypercours », Dalloz, 2015.

JACQUEMONT ET VABRES, 9e éd. : Jacquemont A. et Vabres R., *Procédures collectives*, 9e éd., « Manuel », LexisNexis, 2015.

LIENHARD, 6e éd. : Lienhard A., *Procédures collectives*, 6e éd., « Encyclopédie Delmas », Dalloz, 2014.

LIENHARD, 7e éd. : Lienhard A., *Procédures collectives*, 7e éd., « Encyclopédie Delmas », Dalloz, 2016.

PÉROCHON, 10e éd. : Pérochon F. *Entreprises en difficulté*, 10e éd., « Manuel », Lgdj - Lextenso, 2014.

PÉTEL, 8e éd. : Pétel Ph., *Procédures collectives*, 8e éd., « Cours », Dalloz, 2014.

SAINT-ALARY-HOUIN, 9e éd : Saint-Alary-Houin C., *Droit des entreprises en difficulté*, 9e éd., « Domat », Lgdj - Lextenso, 2014.

VALLENS, 2015 : Vallens J.-L., *Lamy Droit commercial* (partie relative au redressement et à la liquidation judiciaires), Lamy, 2015.

VIDAL ET GIORGINI : Vidal D. et Giorgini G.-C., *Cours de droit des entreprises en difficulté*, « Amphi LMD », Gualino - Lextenso, 2015.

SECTION 031.20 ŒUVRES CITÉES PONCTUELLEMENT OU À CONSULTER

031.21 Biennaux.

DALLOZ ACTION PR. CIV. : Guinchard S. (dir.), *Droit et pratique de la procédure civile*, 8e éd., « Dalloz Action », 2014.

DALLOZ ACTION VOIES D'EX. : Guinchard S., Moussa T. (dir.), *Droit et pratique des voies d'exécution*, 8e éd., « Dalloz Action », 2015.

031.22 Ouvrages.

Boustani D., *Les créanciers postérieurs d'une procédure collective confrontés aux enjeux du droit des entreprises en difficulté*, « Bibl. dr. entreprises en difficulté », t. 4, Lgdj, 2015.

Boyer A., *Protection des salariés et sauvetage de l'entreprise : quête d'un équilibre*, PUAM, 2006.

Cabrillac M. et S., Mouly C. et Pétel Ph. *Dr des sûretés*, 9e éd., « Manuel », LexisNexis, 2010.

Cagnoli P., *Essai d'analyse processuelle du dr des entreprises en difficulté*, « Bibl. dr. privé », t. 36, Lgdj, 2002.

Chaput Y., *Droit de la prévention et du règlent amiable des difficultés des entreprises*, « Droit fla-mental », Puf, 1986.

Charbois O., *La continuation de l'activité des e-prises en redressement judiciaire*, thèse, Paris I,).

Couturier G., *Droit des sociétés et droit des entreprises en difficulté*, préface Haëhl J.-Ph., t. 2, « Bibl. dr. entr. en difficulté », Lgdj, 2013.

Delrieu S., *Indivision et procédures collectives*, thèse, Toulouse, 2006.

Demeyere D., *Personnalité morale et droit des entreprises en difficulté*, thèse, Paris X Nanterre, 2005.

Dupouy G., *Le droit des faillites en France avant le code de commerce*, Lgdj, 1960.

Durbesson M., *Les sûretés personnelles dans la nouvelle procédure collective*, thèse, Aix-en-Provence, 1990.

Fabiani D., *La cession judiciaire des contrats*, Éd. Crajefe, Nice, 1988.

Farhi S., *Fiducie-sûreté et droit des entreprises en difficulté : Étude de l'efficacité du mécanisme*, « Bibl. dr. entreprises en difficulté », t. 6, Lgdj, 2016.

Ganaye-Vallette F., *Le droit commun de l'action à l'épreuve du droit économique des entreprises en difficulté*, thèse, Aix-en-Provence, 2010.

Giorgini G.-C., *Méthodes conflictuelles et règles matérielles dans l'application des « nouveaux instruments » de règlement de la faillite internationale*, « Nouvelle bibliothèque de thèses », Dalloz, 2006.

Grillier F., *La seconde faillite*, thèse, Paris, 1995.

Kendérian F., Le *sort du bail commercial dans les procédures collectives*, 4e éd., « Droit et professionnels », LexisNexis, 2015.

Lagarde B., *Traité économique et fiscal de la sauvegarde de l'entreprise*, Éd. B. Lagarde, 2007.

Laroche M., *Revendication et propriété : Du droit des procédures collectives au droit des biens*, « Thèses, doctorat et notariat », t. 24, Defrénois, 2007.

Laugier M., *Les créanciers hors procédure ou la fuite des créanciers devant la discipline collective*, thèse, Lille, 2002.

Lebel Ch., *L'élaboration du plan de continuation de l'entreprise en redressement judiciaire*, PUAM, 2000.

Le Corre-Broly E., *Crédit-bail mobilier et procédure collective*, thèse, Lille II, 1997.

Legrand V. et de Faultrier J., *Entreprise individuelle*, 13e éd., « Encyclopédie Delmas », Dalloz, 2015.

Macorig-Venier F., *Les sûretés sans dépossession dans le redressement et la liquidation judiciaires des entreprises*, thèse, Toulouse, 1992.

Malaurie et Aynès, par Aynès L. et Crocq P., *Les sûretés : La publicité foncière*, 5e éd., « Droit civil », Defrénois - Lextenso, 2011.

Mestre J., Putman E. et Billiau M., *Traité de droit civil*, sous la direction de Ghestin J., *Droit commun des sûretés réelles*, 1re éd., Lgdj, 1996.

Monsérié M.-H., *Les contrats dans le redressement et la liquidation judiciaire des entreprises*, « Bibl. dr. entreprises », t. 33, Litec, 1994.

Neuville S., *Le plan en droit privé*, thèse, Toulouse, 1994.

Pelletier N., *La responsabilité au sein des groupes de sociétés en cas de procédure collective*, thèse, Paris 1, 2011.

Pérochon F., *La réserve de propriété dans la vente de meubles corporels*, « Bibl. dr. entreprises », t. 21, Litec, 1988.

Peyramaure Ph. et Sardet P., *L'entreprise en difficulté : Prévention - Restructuration - Redressement*, 3e éd., « Encyclopédie Delmas », Dalloz, 2002.

Prat C., *La concurrence des pouvoirs dans les sociétés en difficulté*, thèse, Toulouse, 2001.

Reille F., *La notion de confusion des patrimoines, cause d'extension des procédures collectives*, « Bibl. dr. entreprises », t. 74, Litec, 2006.

Rétif S., *Professions libérales et procédures collectives*, thèse, Toulouse, 2003.

Rizzi A., *La protection des créanciers à travers l'évolution des procédures collectives*, « Bibl. dr. privé », t. 459, Lgdj, 2007.

Robine D., *La sécurité des marchés financiers face aux procédures collectives*, « Bibl. dr. privé », t. 400, Lgdj, 2003.

Ronet-Yague D., *Les créances de sécurité sociale et l'entreprise en difficulté*, « Centre de droit social », PUAM, 2012.

Roussel Galle (dir), *Entreprises en difficulté*, « Droit 360° », LexisNexis, 2012.

Routier R., *Obligations et responsabilités du banquier*, 3e éd., « Dalloz action », 2011.

Rubellin P., *Régimes matrimoniaux et procédures collectives*, thèse, Strasbourg, 1999.

Sabathier S., *Le droit des obligations à l'épreuve des procédures collectives*, thèse, Toulouse, 2000.

Sénéchal M., *L'effet réel de la procédure collective*, « Bibl. dr. entreprises », t. 59, Litec, 2002.

Simler Ph. et Delebecque Ph., *Droit civil : Les sûretés - La publicité foncière*, 5e éd., « Précis », Dalloz, 2009.

Soinne B., *Les mandataires de justice*, « Litec affaires, fanances », Litec, 2003.

Sordino M.-C., *Le délit de banqueroute : Contribution à un droit pénal des procédures collectives*, « Bibl. dr entreprises », t. 34, Litec, 1996.

Staës O., *Droit judiciaire privé et procédures collectives*, thèse, Toulouse, 1995.

Vallens J.-L., *L'insolvabilité des entreprises en droit comparé*, « Pratique des affaires », Joly - Lextenso, 2011.

Viala Y., *Le principe d'égalité entre les créanciers dans le redressement et la liquidation judiciaires des entreprises*, thèse, Toulouse, 2001.

SECTION 031.30

ARTICLES GÉNÉRAUX OU TRANSVERSAUX

031.31 Berger-Perrin B., « Que reste-t-il de la finalité traditionnelle de règlement du passif ? », *in* Colloque Paris Ouest Nanterre La défense, 25 nov. 2011 « Que reste-t-il des principes traditionnels des procédures collectives face au morcellement du traitement de la défaillance », *Rev. proc. coll.* 2012, dossier 16, p. 86 - Borga N., « L'imputation des paiements dans le contexte d'une procédure collective », *BJE* mai 2012, Doctr. 47, p. 192 - Brocard E., « Droit coopératif et procédures collectives », *Dr. et patr.* mars 2016, n° 256, p. 68 - Cagnoli P., « Prescription et procédures collectives », *Rev. proc. coll.* 2011, étude 12, p. 15 - Caramalli D., « Dettes LBO : les rapports de force existants à l'heure des négociations », *D.* 2013. 451 - Coquelet M.-L., « Quelle partition pour le juge et les créanciers dans le traitement actuel de la défaillance », *in* Colloque Paris Ouest Nanterre La défense, 25 nov. 2011 « Que reste-t-il des principes traditionnels des procédures collectives face au morcellement du traitement de la défaillance », *Rev. proc. coll.* 2012, dossier 15, p. 84 - Couret A., « Synthèse et réflexions sur le droit de la défaillance économique », colloque de l'*AJDE*, Toulouse 10 sept. 2010, *Rev. proc. coll.* 2011/1, dossier 14, p. 107 - Dammann R. et Podeur G., « L'adaptation du droit des entreprises en difficulté et des procédures de traitement des situations de surendettement à l'EIRL par l'ordonnance du 9 décembre 2010 », *Gaz. Pal.* 22-23 déc. 2010, p. 8 - Delattre Ch., « La justice consulaire face à l'impartialité », *Rev. proc. coll.* 2013, étude 3; « Le rôle du greffier et du tribunal dans la retranscription des débats », *BJE* sept. 2015, 340 - Diesbecq A., « La force du contrat confrontée au droit des entreprises en difficulté », *Gaz. Pal.* 19 déc. 2015, p. 8 - Diesbecq A. et Roussel Galle Ph., « La confiance, la confidentialité, la publicité et le rôle du juge dans les procédures collectives », *Gaz. Pal.* 1er janv. 2013, colloque p. 13 - di Martino M., « Fiscalité des entreprises en difficulté », *Rev. proc. coll.* 2015, Fiche pratique n° 1, p. 90 - Dumont-Lefrand M.-P. et Lisanti C., « Le patrimoine de la personne physique à l'épreuve de la procédure collective : bilan et perspectives », Rapp. introductif, colloque Montpellier 29 mai 2015, « Act. dr. entr. », LexisNexis, 2015, p. 1 - Eeckhout M., « La prévention de la faillite bancaire », *LPA* 14 janv. 2010, n° 10, p. 3 - Favario Th., « De l'attractivité du droit des entreprises en difficulté », *Rev. proc. coll.* 2009, étude 18, p. 23; « Le livre VI du Code de commerce en son miroir constitutionnel », *Rev. proc. coll.* 2015, étude 12 - Françon M., « Marchés financiers et droit des entreprises en difficulté », *in* Roussel Galle (dir.), *Entreprises en difficulté*, « Droit 360° », LexisNexis, 2012, p. 589 - Fricero N., « Procédure civile et droit des entreprises en difficulté », *in* Roussel Galle (dir.), *Entreprises en difficulté*, « Droit 360° », LexisNexis, 2012, p. 433 – Governatori J.-J., « Le droit administratif à l'épreuve des procédures collectives », *Gaz. proc. coll.* 2009/4, 1re partie, nos 303, 304, p. 9 – Henry L.-C., « L'influence du droit européen sur le droit français des entreprises en difficulté », *Mél. Tricot*, LexisNexis – Dalloz, 2011, p. 443; « Arbitrage et droit des entreprises en difficulté », Roussel Galle (dir.), *Entreprises en difficulté*, « Droit 360° », LexisNexis, 2012, p. 489; « La loi de sauvegarde et l'Europe », *Dr. et patr.* mars 2013, dossier p. 86 – Houin-Bressand C., « Instruments de paiement et droit des entreprises en difficulté », Roussel Galle (dir.), *Entreprises en difficulté*, « Droit 360° », LexisNexis, 2012, p. 571 – Galokho C., « Les atteintes à la liberté du commerce et de l'industrie résultant de la prévention et du traitement des difficultés des entreprises », *RTD com.* 2014. 489 – Gicquel J.-E. et Rousille M., « Le nouveau droit des entreprises en difficulté à l'épreuve du droit constitutionnel », interv. Colloque Besançon 10 oct. 2014, *Gaz. Pal.* 31 déc. 2014, no 365, 32 – Lagarde B. « Droit fiscal et droit des entreprises en difficulté », Roussel Galle (dir.), *Entreprises en difficulté*, « Droit 360° », LexisNexis, 2012, p. 659 – Lebel Ch., « Le principe de l'unité du patrimoine à l'épreuve des procédures collectives », *Mél. Goubeaux*, Dalloz – Lgdj, 2009, p. 331; « Professions libérales et droit des entreprises en difficulté », Roussel Galle (dir.), *Entreprises en difficulté*, « Droit 360° », LexisNexis, 2012, p. 43 – Le Corre P.-M., « Le sort des créanciers Quel état des lieux ? », *Dr. et patr.* mars 2013, dossier p. 65; « Volonté individuelle et périmètre des procédures collectives », Y. Strickler et Siiriainen F. (dir.), *Volonté et biens : Regards croisés*, L'Harmattan, 2013, p. 219; « Questions prioritaires de constitutionnalité et droit des entreprises en difficulté », *LXB, Revues*, 4 sept. 2014, no 581 – Legros J.-P., « Sociétés et droit des entreprises en difficulté : gestion et restructuration de la société », Roussel Galle (dir.), *Entreprises en difficulté*, « Droit 360° », LexisNexis, 2012, p. 65; « *Sociétés et droit* des entreprises en difficulté : liquidation de la société », Roussel Galle (dir.), *Entreprises en difficulté*, « Droit 360° », LexisNexis, 2012, p. 117; « Associations et droit des entreprises en difficulté », Roussel Galle (dir.), *Entreprises en difficulté*, « Droit 360° », LexisNexis, 2012, p. 149 – Lienhard A., « L'interprétation *a fortiori* des arrêts de la Cour de cassation. À propos des arrêts de la chambre commerciale mis en ligne de 2006 à 2007, en matière de droit des entreprises en difficulté et de droit des sociétés », *Mél. Tricot*, LexisNexis – Dalloz, *2011, p. 521 – Lucas F.-X.*, « Vers un droit négocié de l'entreprise en difficulté », *Les dossiers de la* RIDE, 2012, p. 109 – Menjucq M., Canet P., Delattre Ch. et Gambier B., « Les nouveaux pouvoirs et les nouvelles missions des membres des juridictions après l'ordonnance du 12 mars 2014 », *Rev. proc. coll.* 2014, Table ronde 3 – Menjucq M., Baron J, Chassaing F., Gorrias S. et Morelli N., « La contractualisation du droit des entreprises en difficulté », *Rev. proc. coll.* 2015, Table ronde 1, p. 101 – Monsérié-Bon M.-H., « Vivre en procédure collective. Les droits des associés », *Rev. proc. coll.* 2013, dossier 7; « La mise en œuvre des stratégies offertes par la loi de sauvegarde », *Dr. et patr.* 2013, dossier p. 53 – Monsérié-Bon M.-H., « Le montage à l'épreuve des procédures collectives – La situation de la société holding », interv. Colloque Caen 12 avr. 2013, *Rev. proc. coll.* 2013, dossier 15 – Montéran TH., « Impartialité, droits de l'homme et QPC », *Rev. proc. coll.* 2015, étude 13 – Mouial-Bassilana E., « Rétroactivité et droit de l'entreprise en difficulté », *JCP E* 2013. 1514 – Moulin J.-M., « Qu'est-ce qu'un montage », Rapport introductif, Colloque Caen 12 avr. 2013, *Rev. proc. coll.* 2013, dossier 13 – Pérochon F., « L'efficacité des mécanismes de prévention des risques : l'EIRL », *Rev. proc. coll.* 2010/6, p. 71, no 5; « Les montages à l'épreuve et au service du droit des procédures collectives », Rapport de synthèse, colloque Caen, 12 avr. 2013, *Rev. proc. coll.* 2013, dossier 22; « Le traitement des difficultés de l'entreprise à l'épreuve des cloisonnements de patrimoines : vers l'implosion de la procédure collective », *BJE* sept. 2013, p. 328 – Pétel Ph., « La réforme des sûretés réelle à l'épreuve des procédures collectives », *in Évolutions des sûretés réelles : regards croisés Université-Notariat*, « Coll. et débats », LexisNexis, 2008, p. 109; « Entreprises en difficulté : réalisme, ouverture et mouvement perpétuel », *Gaz. Pal.* 2015, 2666 – Rakotovahiny M.-A., « L'inopposabilité dans les procédures collectives », *LPA* 5 juill. 2011, no 132, p. 6 – Régnaut-Moutier C., « Les risques et responsabilités en droit des procédures collectives », Propos introductifs, Colloque Caen 15 oct. 2010, *Rev. proc. coll.* 2010/6, § 2, p. 62 « Copropriétés et droit des entreprises en difficulté », Roussel Galle (dir.), *Entreprises en difficulté*, « Droit 360° », LexisNexis, 2012, p. 171 – Rolland B., « Environnement et droit des entreprises en difficulté », Roussel Galle (dir.), *Entreprises en difficulté*, « Droit 360° », LexisNexis, 2012, p. 681; « Environnement et procédures collectives : présentation au *Guide 2012 à destination des administrateurs judiciaires, mandataires judiciaires et de l'inspection des installations classées* », *Rev. proc. coll.* 2013, étude 15 – Rossi P., « Droit rural et droit des entreprises en difficulté », Roussel Galle (dir.), *Entreprises en difficulté*, « Droit 360° », LexisNexis, 2012, p. 713 – Roussel Galle Ph., « QPC et droit des procédures collectives », LPA 29 sept. 2011, no 194, p. 66; « Que reste-t-il du caractère sanctionnateur des procédures », *in*

Colloque Paris Ouest Nanterre La défense, 25 nov. 2011; « Que reste-t-il des principes traditionnels des procédures collectives face au morcellement du traitement de la défaillance », *Rev. proc. coll.* 2012, dossier 17, p. 89; « Loyauté et impartialité dans le traitement des procédures collectives », *in* Colloque Droit et commerce, *Gaz. Pal.* 2012. 1893; « Sûretés réelles et droit des entreprises en difficulté », Roussel Galle (dir.), *Entreprises en difficulté*, « Droit 360° », LexisNexis, 2012, p. 375; « Effet personnel et réel des procédures collectives », *Dr. et patr.* mars 2013, dossier p. 60 - Roussel Galle Ph. et Pérochon F., « Sûretés et droit des procédures collectives, le couple infernal », *Rev. proc. coll.* 2016, dossier 12 - Saint-Alary-Houin C., « Risques et responsabilités en droit des procédures collectives », rapp. Synthèse Colloque Caen 15 oct. 2010, *Rev. proc. coll.* 2010/6, § 14, p. 115; « Décès du débiteur et procédure collective », *Rev. proc. coll.* 2013, dossier 9 - Saintourens B., « Les droits fondamentaux au regard de la convention EDH », *Rev. proc. coll.* 2013, dossier 2 - Teboul G., « L'entreprise en difficulté et les marchés publics », *Gaz. Pal.* 2008, Doctr. 2155; « La bonne foi et les procédures collectives », *Gaz. Pal.* 15-17 mars 2009, Doctr. 20; « Les évolutions récentes provoquées par la crise sur les entreprises en difficulté », *LPA* 3 et 4 sept. 2009, n° 176/177, p. 4 - Tricot D., « Que reste-t-il des principes traditionnels des procédures collectives face au morcellement du traitement de la défaillance », rapp. Synthèse Colloque Paris Ouest Nanterre La défense, 25 nov. 2011, *Rev. proc. coll.* 2012, dossier 21, p. 102 - Vallansan J., « La difficile application du livre VI à la personne physique », *Rev. proc. coll.* 2010/6, p. 65, n° 3 - Vallens J.-L., « Droits de l'homme et droit des entreprises en difficulté », Roussel Galle (dir.), *Entreprises en difficulté*, « Droit 360° », LexisNexis, 2012, p. 909; « Constitutionnalité des règles de la procédure collective », *RTD com.* 2013. 353, n° 12 - Vinckel F., « Le droit au remboursement du compte-courant d'associé, à l'aune du droit des entreprises en difficulté », *Rev. proc. coll.* 2011, étude 4, p. 20; *Dr. sociétés* 2011, étude 3 - Zattara-Gros A.-F., « La contractualisation du droit des entreprises en difficulté », *Mél. Tricot*, LexisNexis - Dalloz, 2011, p. 623.

TITRE

040. Évolution de la législation

SECTION 0

ORIENTEUR

040.00 **Plan du titre.**

Chap.	**041**	**Évolution sémantique et statistique**
Sect.	041.10	Évolution sémantique
Sect.	041.20	Statistiques
Chap.	**042**	**Évolution historique**
Sect.	042.10	Jusqu'au code de commerce de 1807
Sect.	042.20	Code de commerce de 1807
Sect.	042.30	Du code de commerce de 1807 jusqu'au décret du 20 mai 1955
Sect.	042.40	Législations de 1967
Sect.	042.50	Loi du 25 janvier 1985
Sect.	042.60	Loi du 10 juin 1994
Sect.	042.70	Loi du 26 juillet 2005 de sauvegarde des entreprises
Sect.	042.80	Ordonnance du 18 décembre 2008 et textes postérieurs
Sect.	042.90	Ordonnance du 12 mars 2014 et textes postérieurs

040.03 **Bibliographie indicative.** (V. les références complètes s^s n° 031).

> Actualisables. RÉP. COM., Guyon Y., « Entreprises en difficulté (avant-propos) », n°s 1 à 49 – J.-CL. COM., Jeantin, fasc. 2150, [Généralités], mis à jour par Darmstadter A.

> Ouvrages antérieurs à la loi de sauvegarde des entreprises. CHAPUT, n°s 1 à 6 – GUYON, n°s 1001 à 1015 – JACQUEMONT, n°s 8 à 21 – KERCKHOVE, n°s 1 à 32 – LE CANNU *ET ALII*, n°s 2 à 36 – LE CORRE-BROLY, n°s 1 à 3 – MARTIN ET VALLENS, n°s 2361 à 2417 – PÉROCHON ET BONHOMME, n°s 3 à 17-3 – PÉTEL, n°s 2 à 20 – RIPERT ET ROBLOT, n°s 2792 à 2810 – SAINT-ALARY-HOUIN, n°s 1 à 80 – SOINNE, 1995, n°s 1 à 37 – Voinot, n°s 7 à 13, 23 à 27.

> Ouvrages postérieurs à la loi de sauvegarde des entreprises. COQUELET, 5e éd., n°s 1 à 21 – JACQUEMONT ET VABRES, 9e éd., n°s 13 à 28 – LE CANNU, 7e éd., n°s 151 à 182, 190 à 204 – PÉROCHON, 10e éd., n°s 2 à 39 – PÉTEL, 8e éd., n°s 1 à 22 – SAINT-ALARY-HOUIN, 9e éd., n°s 9 à 122-13 – VALLENS, 2015, n°s 2513 à 2531 – VIDAL ET GIORGINI, n°s 12 à 36.

> Articles. Frison-Roche M.-A., « Le législateur des procédures collectives et ses échecs », *Mél. Honorat*, Éd. Frison-Roche, 2000, p. 109 – Houin. R., « Permanence de l'entreprise à travers la faillite », *Liber Amicorum Baron Louis Fredericq*, Gand, 1965 – Le Corre P.-M., « 1807-2007, 200 ans pour passer du droit de la faillite du débiteur au droit de sauvegarde de l'entreprise », *Gaz. proc. coll.* 2007/3, p. 3 – Paillusseau J., « Du droit des faillites au droit des entreprises en difficulté », *Mél. Houin*, Dalloz, 1985, p. 109 – Renaut M. H., « La déconfiture du commerçant – du débiteur sanctionné au créancier victime », *RTD com.* 2000. 533 – Terré F., « Droit de la faillite ou faillite du droit », *RJ com.* 1991. 1 – Vallens J.-L., « Bicentenaire du code de commerce : le droit de faillite de 1807 à aujourd'hui », *D.* 2007. 669.

CHAPITRE 041. Évolution sémantique et statistique

SECTION 0 ORIENTEUR

041.00 **Plan du chapitre.**

Sect. 041.10 Évolution sémantique
Sect. 041.20 Statistiques

041.03 **Bibliographie indicative.** (V. les références complètes s[s] n° 031).

> **Articles.** Pérochon F., « À propos des chiffres de la sauvegarde… », *Dr. et patr.* mars 2013, dossier, p. 46 – Teboul G., « De quelques chiffres et décisions en matière d'entreprises en difficulté », *LPA* 23 avr. 2013, n° 81, p. 4.

SECTION 041.10 ÉVOLUTION SÉMANTIQUE

041.11 **Évolution sémantique.** La pratique évoque aujourd'hui indistinctement les procédures de faillite, les procédures collectives de paiement ou les procédures de redressement ou de liquidation judiciaire. Ces expressions, techniquement, sont pourtant très différentes les unes des autres. Elles se situent à des stades différents de l'évolution de la matière.

Jusqu'aux législations modernes, il a toujours été question de payer les créanciers. D'autres préoccupations plus ou moins majeures coexistent. Il en est ainsi spécialement du rôle de sanction attaché au vocable « faillite », qui vient du latin *fallere*, qui signifie manquer, tromper. Il est donc question de s'intéresser au débiteur qui a trompé ses créanciers. La notion même de faillite a une connotation éminemment sanctionnatrice. C'est d'ailleurs le cas encore aujourd'hui, la faillite personnelle désignant une sanction d'élimination de la vie des affaires.

La notion de procédure collective de paiement est plus neutre. L'idée est ici celle d'une procédurecollective d'exécution, dont le but premier est le paiement des créanciers. Telle apparaissait déjà la liquidation judiciaire issue de la loi du 4 mars 1889. Jusqu'à la loi du 13 juillet 1967[1], on pouvait estimer – ce que les bons auteurs écrivaient en 1935 – que l'histoire de la faillite n'était qu'un morceau détaché de l'histoire générale des procédures d'exécution collective ouverte contre des commerçants ayant arrêté leurs paiements[2].

De 1967 à 1985, la législation a évolué. Il y a eu une traduction dans les textes puisqu'on est passé des termes de « règlement judiciaire » en sous-entendant des « dettes », à une procédure de « redressement judiciaire… de l'entreprise » et aujourd'hui de sauvegarde de cette même entreprise. La sémantique a ici tout son poids. La philosophie générale des textes imprime des vocables au contenu technique précis, marquant le passage du droit de la faillite au droit des entreprises en difficulté[3].

Jusqu'à la loi du 13 juillet 1967, les procédures collectives n'intéressaient que les boutiquiers. À partir de 1970, les défaillances d'entreprises importantes se sont multipliées, ce dont le législateur de 1985 a tenu compte, en créant une procédure à deux vitesses : le régime général du redressement judiciaire n'intéresse en effet que les entreprises d'une certaine taille, cependant que le régime simplifié intéresse les entreprises plus modestes.

L'augmentation du nombre des procédures collectives a deux explications. La première est d'ordre purement économique. La concurrence de plus en plus vive, dans une économie en crise, aboutit inéluctablement à l'accroissement du nombre des pro-

1. L. n° 67-563, 13 juill. 1967, *JO* 14 juill., p. 7059.
2. Percerou et Desserteaux, *Des faillites et banqueroutes et des liquidations judiciaires*, 2e éd., Librairie Arthur Rousseau, Paris, 1935, n° 3.
3. Paillusseau, « Du droit des faillites au droit des entreprises en difficulté », *Mél. Houin*, Dalloz, 1985, p. 109.

cédures. La seconde tient au fait que les procédures collectives ont été appliquées plus largement.

Si, historiquement, le droit de la défaillance des entreprises a été placé dans le code de commerce de 1807, ce n'est pas tant à cause de la nature de la réglementation, véritable procédure d'exécution, que parce qu'elle était réservée aux seuls commerçants[1].

À partir de 1967, la procédure a concerné des personnes morales de droit privé, même non commerçantes. En 1985, la procédure a été étendue aux artisans. Par la loi du 30 décembre 1988[2], elle a été appliquée aux agriculteurs. La loi du 26 juillet 2005 a achevé l'évolution en rendant possible l'ouverture d'une procédure collective pour tous les professionnels indépendants, y compris les professionnels libéraux. L'un des traits saillants du droit des entreprises en difficulté tient à son caractère clairement expansionniste[3].

SECTION 041.20 STATISTIQUES

041.21 **Statistiques.** La législation résultant du code de commerce, par son excessive sévérité, fut peu appliquée. De 1817 à 1826, 12 72 furent déclarées, soit 1 227 par an. En 1840[4], 2 618 faillites sont ouvertes. De 1840 à 1847, il y eut 25 637 faillites déclarées, soit 3 204 par an, ce qui témoigne de la plus grande application de la loi du 28 mai 1838[5].

En 1860, 4 041, en 1880, 6 295. En 1900, 8 578 faillites et liquidations judiciaires sont ouvertes, en 1910, 7 692, en 1931, 10 876. La période de la guerre et celle des années qui suivront – du fait de moratoires se substituant aux procédures collectives – ne sont pas significatives.

Les moyennes s'établissent approximativement ainsi :

– de 1840 à 1859, 3 000 faillites;

– de 1860 à 1879, environ 2 500 faillites;

– de 1880 à 1899, environ 8 200 faillites et liquidations judiciaires;

– de 1900 à 1913, environ, 8 600 faillites et liquidations judiciaires;

– de 1925 à 1931, environ 9 000 faillites et liquidations judiciaires;

– de 1966 à 1973, le nombre de procédures ouvertes est passé de 8 000 à 9 000.

Il s'est élevé à 16 156 en 1975, pour atteindre 26 425 en 1985, avant l'entrée en vigueur de la loi du 25 janvier 1985.

Selon des chiffres émanant de Sfac Euler[6], une augmentation sensible a ensuite été constatée.

En 1990, ont été enregistrées 46 495 procédures.

La progression s'est encore accentuée pour atteindre en 1993, 68 006 procédures.

À partir de 1994, une évolution en dents de scie peut être constatée : 63 199 procédures en 1994, 59 503 en 1995, 64 894 en 1996 et 61 068 en 1997.

À partir de cette date, le nombre de procédures va décroître en moyenne de 10 % par an : 54 543 en 1998, 48 527 en 1999, 43 572 en 2000 et 41 677 en 2001.

En 2002, la courbe s'inverse et le nombre de défaillances commence à augmenter, de manière peu significative cependant, pour se situer à 43 505[7].

En 2003, 44 799 procédures collectives ont été ouvertes, 47 142 en 2004 et 51 149 en 2005[8], 47 600 en 2006, 50 213 en 2007, 56 008 en 2008, 63 709 en 2009[9], 60 557 en 2010[10], 60 437 en 2011[11], 61 278 en 2012, 63 101 en 2013[12] et 62586 en 2014[13].

Entre 1995 et 2000, le nombre de procédures collectives atteignant les entreprises dont le chiffre d'affaires est supérieur à 15 000 000 euros est légèrement supérieur à 100 en 1995 (126) et en 1996 (119). Il est inférieur à 100 pour les années 1997 (99), 1998 (83), 1999 (77) et 2000 (83). Depuis 2001, en revanche, il est à nouveau supérieur à 100 : 2001 (128), et 2003 (152), pour atteindre 173 en 2002.

Les défaillances des start-up ont été spécialement remarquées sur la période des années 2000[14].

En 2003, la répartition selon le mode de saisine de la juridiction en pourcentage est la suivante : déclaration de cessation des paiements du débiteur : 57 %, assignation d'un créancier : 33 %, saisine d'office : 5 %, saisine par le procureur de la République : 0,3 %. Les autres modes de saisine sont relatifs

1. Percerou et Desserteaux, *Des faillites*..., préc., 2e éd., A. Rousseau, 1935, no 3.
2. L. no 88-1202, 30 déc. 1988, *JO* 31 déc., 16741.
3. Saint-Alary-Houin, 7e éd., no 83.
4. Les chiffres de 1840 à 1931 sont extraits du compte général de l'Administration de la justice civile et commerciale, cités *in Percerou et Desserteaux, Des faillites*..., *préc.*, 2e éd., *A. Rousseau, 1935, no 75-ter.*
5. Percerou et Desserteaux, *Des faillites*..., préc., 2e éd., A. Rousseau, 1935, no 25.
6. *Bull. sem. Défaillances d'entreprises*, no 11, 02-2002.
7. Statistiques ministère de la Justice.
8. Statistiques ministère de la Justice.
9. Statistiques Altarès – sur les statistiques de 2008 : Montéran, « Crise financière et défaillances d'entreprises », *Gaz. proc. coll.* 2009/1, p. 15.
10. Statistiques Altarès.
11. Statistiques Altarès.
12. Communiqué Altarès, 16 janv. 2014.
13. Statistiques Altarès.
14. Boulanger, « Les *start-up* et la faillite : éléments de réflexion », *Gaz. Pal.* 2003. 884.

à la résolution du plan de continuation et représentent le solde, soit 4,7 %.

Depuis la loi nº 85-98 du 25 janvier 1985[1], le nombre de liquidations judiciaires ouvertes ou prononcées sans plan de continuation est d'environ 90 %[2]. En outre, une importante proportion de plans de continuation adoptés est résolue et une procédure de liquidation judiciaire ainsi prononcée[3], généralement avant la troisième année. Un chiffre de 30 % de résolution de plan était annoncé au tribunal de commerce de Paris dans les années 1990[4]. Ces dernières années, le taux de résolution des plans a très sensiblement augmenté : 46 % en 2009, 50,73 % en 2010 et 62,3 % sur les onze premiers mois de 2012[5].

En 2002, les procédures de liquidation judiciaire immédiate ont été de 29 441. Après une période d'observation, le chiffre atteint 39 389, cependant que le nombre de plans de redressement par continuation ne s'élève qu'à 4 390[6], soit 9 fois moins que le nombre de liquidation judiciaire. Le chiffre de 90 % de liquidation judiciaire se confirme ainsi.

En 2003[7], les procédures de liquidation judiciaire immédiate ont été de 30 355, soit 68 % des procédures ouvertes[8]. Après une période d'observation, le chiffre atteint 39 384. Le nombre de plans de redressement par continuation ne s'élève qu'à 3 676, contre 1 023 plans de cession. Le nombre de liquidation judiciaire, soit immédiatement, soit à l'issue d'une période d'observation reste supérieur à 88 %.

En 2003[9], la répartition dans les liquidations judiciaires entre clôture par extinction du passif et clôture pour insuffisance d'actif est de 795 contre 39 047, soit 2 % de clôture pour extinction du passif, ce qui correspond à l'idée généralement reçue du caractère exceptionnel de cette forme de clôture.

En 2004, on a enregistré 14 950 redressements judiciaires et 32 192 liquidations judiciaires immédiates, les liquidations s'élevant à 42 792, après une période d'observation. En 2005, 17 178 redressements judiciaires et 32 192 liquidations judiciaires immédiates, les liquidations atteignant le chiffre de 45 146[10].

En 2006, on a comptabilisé 16 046 redressements judiciaires et 31 045 liquidations judiciaires immédiates. En 2007, les redressements judiciaires comptabilisés sont de 17 108 et les liquidations judiciaires immédiates de 32 592, contre 17 940 redressements et 36 880 liquidations judiciaires immédiates en 2008[11].

Les liquidations judiciaires immédiates sont de 39 725 en 2009[12].

Pour la période comprise entre 2010 et 2014, la réparation par types de procédures ouvertes est la suivante[13] :

2010 : 1 261 sauvegardes, 18 842 redressements judiciaires, 40 454 liquidations judiciaires immédiates;

2011 : 1 419 sauvegardes, 18 807 redressements judiciaires, 40 111 liquidations judiciaires immédiates;

2012 : 1 516 sauvegardes, 18 726 redressements judiciaires, 41 817 liquidations judiciaires immédiates;

2013 : 1 633 sauvegardes, 18 465 redressements judiciaires, 430 003 liquidations judiciaires immédiates;

2014 : 1 620 sauvegardes, 18 092 redressements judiciaires, 42 874 liquidations judiciaires immédiates;

En 2013, sur les 63 101 procédures collectives ouvertes, 68 % sont des liquidations judiciaires immédiates. Sur les chiffres de 2011, 19,5 % des liquidations judiciaires immédiates ont été des liquidations judiciaires simplifiées, le chiffre étant porté à 37,27 % en 2012.

L'examen des chiffres sur les cinq années 2010-2014 permet de constater une certaine constance dans le pourcentage de liquidations judiciaires immédiates, voire une petite progression qui peut inquiéter quand on sait tout l'effet déployé par le législateur pour un traitement précoce des difficultés. Ainsi, les liquidations judiciaires immédiates représentent toujours approximativement deux tiers des procédures collectives ouvertes.

Le nombre de sauvegardes ouvertes a progressé jusqu'en 2013, passant de 507 en 2006, 514 en 2007[14], 708 en 2008[15], à 1 420 en 2009[16] pour culminer à 1 633 en 2013[17] et retomber à 1 620 en

1. L. nº 85-98, 25 janv. 1985, *JO* 26 janv., 1097. La loi nº 85-98 sera ci-après désignée par sa seule date : loi du 25 janvier 1985.
2. PÉROCHON, 9e éd., nº 15.
3. *Infostat justices* nº 19, janv. 1991 et *Infostat justices* nº 39, nov. 1994.
4. Frison-Roche (dir.), *Étude du Laboratoire de sociologie juridique de Paris II*, 1993, p. 23 et 25.
5. Pérochon, « *À propos des chiffres* de la sauvegarde... », *Dr. et patr.* mars 2013, dossier, p. 46 s., sp. p. 47.
6. SUR ces chiffres, *Infostat justices* nº 69, oct. 2003.
7. Avis nº 2099 de Jérôme Chartier, *Doc. AN*, au nom de la commission des finances, de l'économie générale et du plan sur le projet de sauvegarde des entreprises, p. 8.
8. *Rapp. Hyest*, nº 335, p. 27.
9. Avis nº 2099 de Jérôme Chartier, *Doc. AN*, au nom de la commission des finances, de l'économie générale et du plan sur le projet de sauvegarde des entreprises, p. 8.
10. Statistiques ministère de la Justice.
11. Statistiques Altarès/Deloitte.
12. Statistiques Altarès.
13. Statistiques Altarès.
14. Montéran, « La procédure de sauvegarde en quelques chiffres », *Gaz. proc. coll.* 2008/1, p. 21.
15. SUR les statistiques de 2008, *Bull. statistique trimestriel*, janv. 2011, nº 12 – *Adde*, Montéran, « Crise financière et défaillances d'entreprises », *Gaz. proc. coll.* 2009/1, p. 15.
16. SUR les statistiques de 2008, *Bull. statistique trimestriel*, janv. 2011, nº 12.
17. Communiqué Altarès, 16 janv. 2014.

2014. Ainsi, les sauvegardes ne représentent-elles pas plus de 3 % des procédures collectives ouvertes. Cependant, elles concernent, en règle générale, des entreprises de grande voire de très grande taille[1].

Le nombre de procédures de sauvegarde ouvertes est très variable d'une région à une autre. Il apparaît que les régions dans lesquelles la prévention est la plus développée sont aussi celles dans lesquelles le plus grand nombre de procédures de sauvegarde a été ouvert. Il en est spécialement ainsi de la région Rhône-Alpes, et plus spécialement du tribunal de commerce de Lyon, dans les premières années d'application de la loi de sauvegarde des entreprises, tout au moins.

Il a été observé que la « boîte à outils » du livre VI du code de commerce est performante, dès lors que l'on se focalise sur les techniques et procédures préventives au lieu de se concentrer sur le nombre de procédures qui se terminent par une liquidation judiciaire[2]. Les chiffres annoncés – 95 % de liquidations judiciaires – ne le sont que par rapport aux procédures collectives ouvertes, ce qui ne prend pas en compte les mandats *ad hoc* ou les conciliations, et surtout masque le fait que les entreprises les plus importantes finissent rarement en liquidation judiciaire. Le taux de sauvetage des entreprises est en effet directement corrélé à leur importance.

1. Pérochon, « À propos des chiffres de la sauvegarde… », *Dr. et patr.* mars 2013, dossier, p. 46 s., sp. p. 49.

2. Bourbouloux, « Les chiffres trompeurs : halte aux idées reçues ! La boîte à outils du livre VI est performante », *BJE* juill. 2012, p. 206.

CHAPITRE

042. Évolution historique

SECTION 0

ORIENTEUR

042.00 **Plan du chapitre.**

Sect. 042.10 Jusqu'au code de commerce de 1807
Sect. 042.20 Code de commerce de 1807
Sect. 042.30 Du code de commerce de 1807 jusqu'au décret du 20 mai 1955
Sect. 042.40 Législations de 1967
Sect. 042.50 Loi du 25 janvier 1985
Sect. 042.60 Loi du 10 juin 1994
Sect. 042.70 Loi du 26 juillet 2005 de sauvegarde des entreprises
Sect. 042.80 Ordonnance du 18 décembre 2008 et textes postérieurs
Sect. 042.90 Ordonnance du 12 mars 2014 et textes postérieurs

042.03 **Bibliographie indicative.** (V. les références complètes s^s n° 031). V. aussi s^s n° 040.03.

> Ouvrages antérieurs à la loi de sauvegarde des entreprises. Dupuy G., *Le droit des faillites en France avant le code de commerce*, 1960 – Guillon, *Essai historique sur la législation française des faillites et banqueroute avant 1793*, th., Rennes, 1904 – Percerou et Desserteaux, *Des faillites et banqueroutes et des liquidations judiciaires*, sp. t. I, 2e éd., Librairie Arthur Rousseau, Paris, 1935 – Szramkiewicz R., *Histoire du droit des affaires*, « Domat », Montchrestien, 1989.

> Articles.

› *Étude d'ensemble.* Barbièri J.-F. (dossier s^s dir.), *Bull. Joly* mars 2011, p. 169 – Canet P., « 30 ans après, que reste-t-il aux praticiens des procédures collectives des lois n°s 85-98 et 85-99 du 25 janvier 1985 », *Rev. proc. coll.* 2016, étude 1 – Deharveng J., Texier A.-S., Rossi P. et Soulard A.-C., « Trente ans de réforme », *Rev. proc. coll.* 2016, dossier 2 – Lucas F.-X., « Que reste-t-il des principes traditionnels des procédures collectives face au morcellement du traitement de la défaillance », *Rev. proc. coll.* 2012, dossier 18, p. 93 – Pérochon (dossier s^s dir.), *BJE* mars/avr. 2011, p. 52 s. – Rousse Galle Ph. (dossier s^s dir.), *Rev. proc. coll.* 2011, p. 79 s.

› *Entrepreneur individuel.* Aussel V. et Brénac A., « La protection de l'entrepreneur individuel : mythe ou réalité », colloque Montpellier 29 mai 2015, « Act. dr. entr. », LexisNexis, 2015, p. 69 – Beyneix, « Le double échec de l'EIRL à l'aune du droit commun et du droit de la défaillance économique », *LPA* 19 sept. 2011, n° 186, p. 17 – Borga et Berthelot, « L'EIRL en difficulté, entre respect et négation de l'affectation », *BJE* mai/juin 2011, § 64, p. 155 – Demeyère D., « Caractère collectif de la procédure et entrepreneur individuel à responsabilité limitée (EIRL) », *Rev. proc. coll.* 2012, dossier 19, p. 96 – Dammann R. et Podeur G., « L'adaptation du droit des entreprises en difficulté et des procédures de traitement des situations de surendettement à l'EIRL par l'ordonnance du 9 décembre 2010 », *Gaz. Pal.* 22-23 déc. 2010, p. 8 – d'Hoir-Lauprêtre C., « L'EIRL, un patrimoine affecté voué à... une désaffection certaine », *LPA* 14 janv. 2011, n° 10, p. 3 – Dubuisson E., « La non-adoption de la "propersonnalité" », *Dr. et patr.* avr. 2010, n° 191, p. 75 – Favre C., « EIRL et procédures collectives », *Cah. dr. entr.* 2011, dossier 12 – Firley, « EIRL : étendue de l'offre de reprise de l'entreprise en difficulté », *BJE* juill./août 2011, comm. 102, p. 221 – Goncalves V., « Le risque de défaillance économique et les options juridiques proposées à l'entrepreneur individuel », *LPA* 3 févr. 2015, n° 24, p. 6 – Guesmi, « EIRL versus EURL à l'aune du droit des procédures collectives », *D.* 2011. 104 – Le Corre P.-M., « L'heure de vérité de l'EIR : le passage sous la toise du droit des entreprises en difficu », *D.* 2011. 91 – Legrand V., « Le chapitre II de l'ordonnate du 9 décembre 2010 concernant le surendettement dl'entrepreneur individuel à responsabilité limitée : prerers constats et déception », *D.* 2011. 99; « EIRL : lancemnt des opérations et premiers « casse-tête » à l'intention es aspirants (composition du patrimoine affecté) », *LPA* janv. 2011, n° 1, p. 3; « L'accès au crédit de l'EIRL : Retour la constitution de sûretés par l'entrepreneur », *LPA* 20r. 2012, n° 80, p. 6; « L'accès au crédit de l'EIRL ou commt concilier l'inconciliable » *LPA* 7 oct. 2011, n° 200, p. 4; «avènement des multiples patrimoines de l'EIRL : les avaiges de la schizophrénie ou le risque de paranoïa », *LPA* janv. 2013, n° 1, p. 12; « EIRL : vers une simplification ? *LPA* 13 mai 2013, n° 95, p. 13; « Ingénierie patrimoe et prévention du risque en entreprise individuelle », *Rev. proc. coll.* 2014, étude 31 – Letellier H., « Les avantages de L'EIRL », *Dr. et patr.* avr. 2010, nº 191, p. 77 – Lucas F.-X., « L'EIRL en difficulté », *LPA* 28 avr. 2011, nº 84, p. 39; « Défense et illustration de l'EIRL », *Dr. et patr.* avr. 2010, nº 191, p. 67; « Les dangers de l'EIRL », *Dr. et patr.* avr. 2010, nº 191, p. 80 – Macorig-Vénier F., « L'adaptation du droit de la prévention des difficultés à l'EIRL », *RTD com.* 2011. 409, nº 1 – Monsérié-Bon M.-H., « L'entrepreneur individuel à responsabilité limitée et le droit des entreprises en difficulté », *Bull. Joly* mars 2011, p. 270 – Pando A., « EIRL : Bilan d'une première année d'existence », *LPA* 20 avr. 2012, nº 80, p. 3 – Pellier J.-D., « La nature juridique du patrimoine affecté de l'entrepreneur individuel à responsabilité limitée », *RTD com.* 2013. 45 – Pérochon F., « L'efficacité des mécanismes de prévention des risques : l'EIRL », *Rev. proc. coll.* 2010/6, p. 71, nº 5; « Les patrimoines de l'EIRL », colloque de l'*AJDE*, Toulouse 10 sept. 2010, *Rev. proc. coll.* 2011/1, dossier 13, p. 101 – Pétel Ph., « L'adaptation des procédures collectives à l'EIRL », *JCP E* 2011. 1071 – Piedelièvre S., « L'entreprise individuelle à responsabilité limitée », *Defrénois* 2010, Doctr. 39134, p. 1417; « L'EIRL et les procédures collectives », *LPA* 4 févr. 2011, nº 25, p. 7 – Saint-Alary-Houin C., « EIRL et procédures collectives », *Dr. et patr.* avr. 2011, p. 63 s. – Saint-Alary-Houin et Mercier, « L'application du droit des entreprises en difficulté à l'EIRL », *Gaz. Pal.* 18-19 mai 2011, p. 33 – Schiller S., « Quelle perméabilité contractuelle entre le patrimoine affecté et le patrimoine non affecté », *Dr. et patr.* avr. 2010, nº 191, p. 88 – Sénéchal J.-P., « Le décès de l'EIRL et l'obligation de l'héritier aux dettes de la succession », *BJE* juill./août 2011, comm. 92, p. 218 – Sénéchal M., « Le patrimoine affecté à l'épreuve du droit des procédures collectives », *Dr. et patr.* avr. 2010, nº 191, p. 89 – Terré F., « La personne et ses patrimoines », *JCP E* 2011. 1011 – Texier A.-S., « Entrepreneur individuel à responsabilité limitée (EIRL) et droit des entreprises en difficulté », Roussel Galle (dir.), *Entreprises en difficulté*, « Droit 360° », LexisNexis, 2012, p. 1 – Théry Ph., « Le passif (de l'EIRL) – situation générale », *Dr. et patr.* avr. 2010, nº 191, p. 85 – Vallansan J., « L'EIRL en difficulté – Les principes de l'ordonnance du 9 décembre 2010 portant adaptation du droit des entreprises en difficulté et des procédures de traitement des situations de surendettement à l'EIRL », *Rev. proc. coll.* 2011/1, étude 2, p. 10 – Vauvillé F., « Commentaire de la loi du 15 juin 2010 relative à l'entrepreneur individuel à responsabilité limitée », *Defrénois* 2010. 39144, p. 1649; « La procédure collective de l'entrepreneur individuel à responsabilité limitée », *Defrénois* 2011, Doctr. 39191, p. 137 – Wicker G. et Sutonie-Laguionie, « La fraude de l'EIRL », *BJE* juill./août 2011, comm. 85, p. 224.

› *Sauvegarde financière accélérée.* Basse, Bopoint, Bourbouloux, Dubois et Menjucq, « La sauvegarde ancière accélérée », *Rev. proc. coll.* 2011, table ronde 2, 73 – Bourbouloux et Couturier, « La consécration la sauvegarde financière de l'entreprise », *BJE* mars/a 2011, p. 48 – Dammann R. et Schneider S., « La sauvegarde financière accélérée – analyse et perspective d'avir », *Omnidroit*, newsletter nº 149, 8 juin 2011, p. 17 – ntz E. et Nurit V., « De la conciliation à la sauvegarde finaère accélérée : la combinaison est-elle efficace ? », *BJE* . 2012, doctrine 193 – Le Corre P.-M., « La sauvegarde financière accélérée », *Les dossiers de la RIDE*, 2012, p. 35 – Lucas F.-X., « Caractère collectif de la procédure et sauvegarde financière accélérée », *in* Colloque Paris Ouest Nanterre La défense, 25 nov. 2011 – Rossi P., « De nouveaux critères facilitant l'accès à la procédure de sauvegarde financière accélérée », *BJE* janv. 2013, comm. 21 – Saint-Alary-Houin C., « La sauvegarde financière accélérée », *Rev. proc. coll.* 2011, Colloque 2, p. 31 – Vallens J.-L., « La sauvegarde financière accélérée est-elle une procédure collective », *RTD com.* 2011. 644.

› **Ouvrages postérieurs à la loi de sauvegarde des entreprises.** Legrand V., *Entreprise individuelle à responsabilité limitée*, « Delmas express », Dalloz, 2011.

SECTION 042.10

JUSQU'AU CODE DE COMMERCE DE 1807

042.11 **Droit romain.** Sous l'ancien droit romain, existait une procédure particulièrement expéditive à l'encontre du débiteur défaillant : la *manus injectio*, laquelle autorisait le créancier à saisir la personne même du débiteur, pour en disposer comme il l'entendait, au besoin en le réduisant à l'esclavage ou en le vendant, voire en le tuant.

Cette procédure, issue de la loi des XII Tables, est une voie d'exécution collective. Elle entraîne saisie du patrimoine du débiteur en son ensemble. La contrainte par corps se transforme ainsi en une appréhension de la personnalité juridique, qui entraîne prise de possession générale et collective de tout le patrimoine[1]. Cette procédure est tellement collective que, dans l'hypothèse où le débiteur était tué, les créanciers pouvaient se partager le cadavre. On ne sait toutefois pas si ce partage pouvait s'effectuer au prorata de leurs créances...

La *missio in possessionem* (envoi en possession) s'inscrit dans une deuxième étape du droit romain. Les créanciers ne sont plus obligés de saisir la personne du débiteur. Ils ne s'attaquent désormais qu'à sa fortune. L'appréhension des biens du débiteur est immédiate. L'envoi en possession a un caractère éminemment collectif. Même s'il est prononcé à la requête d'un seul créancier, il profite à tous ceux qui se joignent à la poursuite[2]. C'est l'apparition de la masse des créanciers. L'envoi en possession a une portée générale quant aux biens du débiteur. C'est le dessaisissement. La portée est également générale quant aux créanciers. Apparaissent déjà les traits caractéristiques d'une procédure collective moderne de paiement. Certains passages de la loi des XII

1. Percerou et Desserteaux, *Des faillites et banqueroutes et des liquidations judiciaires*, 2e éd., Librairie Arthur Rousseau, Paris, 1935, nº 6.
2. Percerou et Desserteaux, *Des faillites*..., préc., 2e éd., A. Rousseau, 1935, nº 8.

Tables permettent d'accréditer l'idée que l'égalité des créanciers était déjà d'actualité[1].

Ensuite, la procédure de l'envoi en possession a été perfectionnée. Dans le droit du prêteur, est apparu un *magister bonorum*, ancêtre du syndic, élu par les créanciers, qui pouvait adjuger en bloc les biens du débiteur à un *emptor bonorum*, le prix étant réparti entre les créanciers au marc le franc[2].

Sous l'Empire, à côté de la vente en bloc, est apparue la vente au détail (*bonorum distractio*) organisée par un curateur (*curator bonis distrahendis*).

Apparut ensuite, par une loi Julia, attribuée soit à César soit à Auguste, la *bonorum cessio*, consistant en un abandon par le débiteur de ses actifs aux créanciers, par l'intermédiaire d'un curateur. Il s'agissait d'une technique permettant d'échapper à la prison pour dettes et à l'infamie[3], comparable au concordat par abandon d'actifs.

Ainsi, on aperçoit que les règles aujourd'hui parfaitement ancrées dans notre droit positif, tel le dessaisissement du débiteur à caractère général ou encore l'organisation collective des créanciers armés de droits égaux sont issus du droit romain[4].

Pour sa part, le droit germanique était aux antipodes, puisqu'il ne connaissait que les saisies individuelles permettant au premier saisissant d'être seul payé.

042.12 Moyen-Âge. Au Moyen Âge, il y a eu apparemment coexistence de deux techniques. Les créanciers d'un insolvable pouvaient se payer au prix de la course, par une saisie individuelle. Mais l'insolvable pouvait aussi proposer un abandon de ses biens, les créanciers étant alors payés proportionnellement[5].

La coutume de Paris conserva la technique de la répartition proportionnelle, même en cas de saisie par un créancier, dès lors que le débiteur était insolvable. C'est le régime de la contribution « au sol la livre » (expression aujourd'hui remplacée par celle de « marc le franc »)[6].

La technique de la répartition proportionnelle, même en cas de saisie par un créancier, en présence d'un débiteur insolvable fut ensuite abandonnée au profit de la règle classique de la déconfiture, qui se caractérise par la possibilité pour les créanciers d'être payés dans l'ordre de leur saisie. Ce régime égalitaire subsista cependant pour les commerçants, sous l'influence des statuts des villes italiennes, qui s'imposèrent alors.

042.13 Influence des villes marchandes de l'Italie du Nord. Les règles de la faillite moderne sont incontestablement trouvées dans le statut des villes marchandes italiennes, et plus spécialement d'une tradition qui dérive des lois commerciales de Florence[7], puis de celles de Gênes et de Venise. Dès la fin du XVe siècle, des règles classiques du droit de la faillite sont posées. On y trouve l'idée que la faillite consiste dans la cessation des paiements, le dessaisissement, la déchéance du terme des créances non exigibles, la période suspecte, la nomination d'un syndic, la vérification et l'affirmation des créances, la distribution des dividendes, les subsides au débiteur ou à sa famille, ou encore le concordat de majorité, inconnu du droit romain[8].

Les villes italiennes connaissaient aussi la distinction entre les débiteurs honnêtes et les débiteurs malhonnêtes qui avaient accompli des actes délictueux. Les premiers pouvaient proposer une cession de leurs biens pour éviter les sanctions. Pour les seconds, des peines proportionnelles à la gravité des fautes commises étaient prévues. La banqueroute frauduleuse était sanctionnée par la peine de mort, ainsi que le prévoyait une Bulle pontificale[9]. Il importe ici de remarquer que le terme de banqueroute y est employé pour la première fois. Étymologiquement, le banqueroutier est celui qui est interdit de siéger dans les assemblées de marchands, son banc ayant été publiquement rompu pour assurer une publicité de la mesure infamante (*banca rotta* en italien signifiant le banc rompu).

Pendant l'époque des foires, puis de manière permanente, ont siégé les premières juridictions consulaires, les marchands se jugeant ainsi eux-mêmes.

À l'époque du statut des villes italiennes, un autre système s'était développé en Espagne, marquée par une très grande judiciarisation : administration des biens, vérification des céances, paiement des dividendes étaient des actes confiés à la justice[10]. Or un auteur, Salgado de Samoza, exerça par ses exposés une influence importante en Allemagne, que l'on

1. Thaller, *Faillites en droit comparé*, t. I, 1887, p. 33 – Percerou et Desserteaux, *Des faillites*…, préc., 2e éd., A. Rousseau, 1935, n° 8.
2. Percerou et Desserteaux, *Des faillites*…, préc., 2e éd., *A. Rousseau*, 1935, n° 8.
3. Percerou et Desserteaux, *Des faillites*…, préc., 2e éd., *A. Rousseau*, 1935, n° 9.
4. Percerou et Desserteaux, *Des faillites*…, préc., 2e éd., A. Rousseau, 1935, n° 10.
5. Beaumanoir, *Coutumes du Beauvoisis*, chap. LIV, § 6 – Percerou et Desserteaux, *Des faillites*…, préc., 2e éd., A. Rousseau, 1935, n° 12.
6. Rédact. 1510, art. 197, *Grand coutumier*, éd. Laboulaye et Dareste, II, chap. XVII, p. 129 – Percerou et Desserteaux, *Des faillites*…, préc., 2e éd., A. Rousseau, 1935, n° 12.
7. Giorgini, *Méthodes conflictuelles et règles matérielles dans l'application des « nouveaux instruments » de règlement de la faillite internationale*, « Nouv. bibl. thèses », Dalloz, 2006, n° 9.
8. Percerou et Desserteaux, *Des faillites*…, préc., 2e éd., A. Rousseau, 1935, n° 12.
9. Bulle du Pape Pie V, 3 nov. 1570.
10. Percerou et Desserteaux, *Des faillites*…, préc., 2e éd., A. Rousseau, 1935, n° 16.

retrouvera plus tard en France, alors qu'à l'époque, ses idées n'avaient pas fait en France leur chemin[1].

Au contraire, l'influence des villes marchandes de l'Italie du Nord ne devait pas tarder à se faire sentir en France. C'est à l'époque de la Renaissance que les premières ordonnances royales sont édictées en France[2]. Il s'agit des ordonnances de François Ier en 1536 et de Charles IX en 1560. Il s'agit d'édicter des règles pour les débiteurs insolvables, qui leur permettent, moyennant la cession de tout leur actif, d'éviter la rigueur ambiante. Mais il n'est pas encore question de régir de véritables procédures collectives, les règles étant d'ailleurs applicables à tous, et pas seulement aux commerçants.

La ville de Lyon devait jouer un rôle essentiel dans la transmission des usages consacrés par les villes italiennes. Le 2 juin 1667 est posé le premier véritable texte réglementaire du droit de la faillite en France. La faillite y est envisagée comme une procédure de liquidation collective d'une masse de biens. L'article 12 du Règlement de la place des changes pose la règle de l'égalité des créanciers, l'article 13 celle des nullités de la période suspecte et l'article 18 contient les déchéances professionnelles applicables au failli.

042.14 Ordonnance de Colbert. Six ans après le Règlement de la place des changes de Lyon, devait être édictée la première codification du droit commercial, anticipant le futur code de commerce de 1807. Ce texte est le premier à contenir une réglementation en droit de la faillite applicable sur tout le territoire de la France, en s'inspirant largement du règlement de la ville de Lyon.

Les faillites et banqueroutes font l'objet du titre XI, contenant 13 articles. C'est assez dire le caractère sommaire de la réglementation établie, qui n'en est alors qu'au stade d'ébauche[3]. L'ordonnance de Colbert contenait toutefois, en son titre IX, une réglementation des lettres de répit. Le Roi, par un acte de puissance souveraine, peut ordonner la suspension des poursuites contre le débiteur pour six mois. Il appartient ensuite aux créanciers de voter pour accorder des délais plus longs, voire des remises. Une majorité des trois quarts doit être dégagée. En cas de refus, le juge peut suivre la position des créanciers ou accorder au débiteur des délais de cinq ans au plus. Les auteurs relèvent que cette technique est intéressante car elle constitue pour les commerçants un moyen de prévenir la faillite[4].

L'ordonnance de Colbert de 1673 contenait également, en son titre X, une réglementation de la cession de biens, technique permettant à un débiteur de bonne foi d'abandonner ses biens pour échapper aux peines et mesures d'infamie.

Sont en tout cas consacrés, par le titre IX de cette ordonnance, le principe de l'égalité des créanciers (art. 5 à 7) et l'obligation pour la minorité de se plier à la loi de la majorité.

Il n'y a pas encore de jugement d'ouverture de la faillite. La faillite est alors réputée ouverte soit au jour du retrait du débiteur, soit au jour de l'apposition des scellés sur son domicile. La notion de cessation des paiements qui n'est pas dans le texte, est toutefois déjà bien présente dans les esprits de l'époque, pour apprécier le moment à partir duquel la faillite devait être réputée ouverte[5].

Sont également absents du texte, le dessaisissement, les nullités de la période suspecte. Il faut attendre 1702 pour qu'une déclaration du Roi autorise le jeu des nullités de la période suspecte. En 1716, est établie la procédure d'affirmation des créances. En 1739, la vérification des créances est conçue comme une formalité distincte de l'affirmation des créances.

L'ordonnance de Colbert maintient la peine de mort contre le banqueroutier frauduleux. L'ordonnance royale du 5 août 1721, prorogée jusqu'en 1732, prévoit toutefois que la poursuite criminelle du débiteur suppose le consentement de la majorité en nombre des créanciers, ce qui, d'évidence, constitue une confusion entre l'action pénale et l'action civile[6].

L'ordonnance donnait compétence aux juges royaux, mais il fallut attendre une déclaration du roi du 10 juin 1715 pour donner compétence au juge consul.

La question de savoir si l'ordonnance de Colbert concernait indistinctement tous les débiteurs ou seulement les commerçants est débattue par les historiens du droit[7], le problème n'ayant en tout cas jamais été au centre des discussions de l'époque.

042.15 Tentative avortée de réforme de l'ordonnance de Colbert. En 1778, le garde des Sceaux Miromesnil avait chargé une commission d'élaborer un projet de révision de l'ordonnance de 1673. En

1. Percerou et Desserteaux, *Des faillites*..., préc., 2e éd., A. Rousseau, 1935, no 16.
2. Dupouy, *Le droit des faillites en France avant le code de commerce*, 1960.
3. Percerou et Desserteaux, *Des faillites*..., préc., 2e éd., A. Rousseau, 1935, no 19.
4. Percerou et Desserteaux, *Des faillites*..., préc., 2e éd., A. Rousseau, 1935, no 20.
5. Jousse, *Commentaire de l'ordonnance de commerce de mars 1673*, Éd. Pars, 1755, cité par Renaut, « La déconfiture du commerçant, du débiteur sanctionné au créancier victime », *RTD com.* 2000. 533 s., sp. 542.
6. Percerou et Desserteaux, *Des faillites*..., préc., 2e éd., A. Rousseau, 1935, no 19.
7. Percerou et Desserteaux, *Des faillites*..., préc., 2e éd., A. Rousseau, 1935, no 22.

1782, un texte très complet était élaboré. Mais le gouvernement cru devoir communiquer ce texte au Parlement, qui opposa sa force d'inertie. Le pouvoir royal ne passa pas outre, et il fallut donc attendre le texte de 1807.

SECTION 042.20

CODE DE COMMERCE DE 1807

042.21 Code de commerce de 1807. Le code de commerce s'inscrit dans l'œuvre de codification entreprise au début du XIXe siècle. La réforme de l'ordonnance de Colbert s'imposait. À l'époque de la Révolution, les lacunes et imperfections de l'ordonnance constituaient un véritable danger public, dont les inconvénients ont été accrus par suite du développement du commerce[1]. Les faillites frauduleuses, favorisées par l'insuffisance des lois, devinrent un moyen de fortune à peine dissimulé.

Le projet de code de commerce de 1807 fut arrêté par le Conseil d'État le 26 mai 1807, cependant que l'Empereur Napoléon Ier était occupé à la guerre. À son retour, il remit le projet en discussion dans trois séances qu'il présida les 28 juillet, 1er et 8 août 1807. Le projet ainsi discuté fut présenté au corps législatif le 3 septembre 1807, promulgué le 22 septembre et rendu exécutoire avec l'ensemble du code de commerce à partir du 1er janvier 1808.

Ces précisions sont importantes, car c'est à ces occasions que l'Empereur fit introduire dans le code des mesures extrêmement répressives et rigoureuses contre le failli. Il avait en effet été scandalisé par quelques banqueroutes frauduleuses récentes de fournisseurs de l'armée.

L'idée-force qui se dégage ainsi du Livre III du code de commerce consacré aux faillites est celle de sanction. Que l'on songe que le failli risquait par exemple vingt ans de travaux forcés pour des dépenses personnelles ou de maison jugées excessives. Le rétablissement personnel était certes possible, mais à condition d'avoir payé tout le passif.

Le failli devait déposer son bilan dès la cessation des paiements. Passé ce délai, il était passible de la banqueroute simple, punie d'un mois à deux ans de prison. Un jugement déclaratif intervenait alors, de manière nouvelle, qui plaçait le débiteur sous le *régime* du dessaisissement. Le jugement déclaratif *entraînait nécessairement, en application* de l'article 455 du code de commerce, « *le dépôt de la personne du failli dans la maison d'arrêt pour dettes ou la garde de sa personne par un officier de police* ». La solution a été justifiée par l'Empereur au moyen d'une comparaison restée célèbre : « dans toute faillite il y a un corps de délit, puisque le failli fait tort à ces créanciers. Il est possible qu'il n'y ait pas de mauvaises intentions, quoi que ce soit rare, mais le failli se justifiera. Un capitaine qui perd son vaisseau, fut-ce par naufrage, se rend d'abord en prison; si l'on reconnaît que la perte du navire est l'effet d'un accident, on met le capitaine en liberté »[2]. Le failli est ainsi présumé délinquant et il lui appartient de démontrer sa bonne foi pour renverser cette présomption.

Tous les actes postérieurs à la cessation des paiements sont nuls.

Le contrôle de la procédure est confié à un juge désigné, le juge-commissaire, qui a, comme il a été relevé[3], dès cette époque, des fonctions semblables à celle qu'il a en droit positif, après qu'eut été écartée l'idée qui avait germé de voir instituer des contrôleurs, parmi les créanciers, idée qui réapparaîtra en 1889.

L'administration de la procédure est confiée à trois groupes de personnes différentes, qui entrent successivement en scène au fur et à mesure du développement de la procédure. Les agents sont nommés par le tribunal. Ce sont des organes provisoires. Il a ensuite les syndics provisoires, qui correspondent aux administrateurs judiciaires du droit positif. Il y a enfin les syndics définitifs, qui correspondent aux liquidateurs du droit positif. Les syndics provisoires et les syndics définitifs sont désignés par les créanciers, après que l'idée d'instituer un corps professionnel de syndics a été abandonnée[4].

Le code de commerce ne connaissait que la procédure de faillite. L'heure était d'abord à la sanction. La procédure de faillite devait par principe conduire à la vente des biens du débiteur, à l'instar de la liquidation judiciaire de la loi du 25 janvier 1985. Les créanciers étaient constitués en une masse où régnait le principe d'égalité des créanciers, consacré par l'article 2093 du code civil, représentée par le syndic, et au profit de laquelle était inscrite une hypothèque sur les immeubles du débiteur. Les créanciers devaient procéder à la déclaration de leur créance et comparaître devant le syndic dans un délai de quarante jours. La vérification des créances avait lieu dans les quinze jours suivants en assemblée de créanciers, le syndic et le juge-commissaire présents, mais hors la présence du débiteur, lequel était, rappelons-le, dessaisi. L'heure n'était pas encore à la reconnaissance de droits propres au débiteur.

1. Percerou et Desserteaux, *Des faillites*…, préc., 2e éd., A. Rousseau, 1935, n° 23.

2. Locré, *Législation de la France*, t. XIX, p. 177.

3. Vallens, « Bicentenaire du code de commerce : le droit de faillite de 1807 à aujourd'hui », *D.* 2007. 669 s., sp., 671, n° 6.

4. Renouard, *Traité des faillites et banqueroutes*, t. I, 1re éd., 1842, p. 132.

Les créanciers pouvaient toutefois voter le concordat, dans la perspective d'obtenir le paiement de leur créance, non dans celle d'assurer la survie d'une entreprise, dont on avait, à l'époque, à peine conscience. Une majorité des trois quarts des créanciers chirographaires votants était requise. Le code prévoyait toutefois possibilité de cession des biens du débiteur, qui lui permettait d'échapper aux peines infamantes.

La rigueur excessive instituée par le code de commerce eut pour effet une inapplication presque complète de la législation. Le débiteur préférait éviter jusqu'au bout la faillite, afin d'échapper à la prison et, au dernier moment, il préférait s'enfuir. L'organisation défectueuse de la procédure, ses longueurs et ses frais détournaient les créanciers de ces procédures judiciaires. Ils préféraient recourir à des arrangements amiables. Il était relevé que tout un « système spécial de liquidation du patrimoine des commerçants insolvables s'était ainsi formé en arrière et en dehors du code »[1], que l'on retrouve particulièrement bien décrit dans le roman de Balzac « Grandeur et décadence de César Birotteau » : « les gros négociants ne déposent plus leur bilan; ils liquident à l'amiable; les créanciers donnent quittance en prenant ce qu'on leur offre. On évite alors le déshonneur, les délais judiciaires, les honoraires d'agréés, les dépréciations de marchandises

Très rapidement, au contraire du code civil, à cause de son caractère trop répressif, lié à une volonté conjoncturelle passionnelle de Napoléon Ier de lutter contre les banqueroutiers frauduleux plus qu'à la raison, le code de commerce a été critiqué. La réforme s'imposait. Elle n'interviendra qu'en 1838.

SECTION 042.30

DU CODE DE COMMERCE DE 1807 JUSQU'AU DÉCRET DU 20 MAI 1955

042.31 La loi du 28 mai 1838. La loi du 28 mai 1838, à l'époque de la Monarchie de Juillet, est venue largement tempérer la rigueur ambiante, sous la pression de la bourgeoisie commerçante. Un siècle plus tard, un auteur note que peu d'œuvres législatives ont été faites avec autant de soin et de science[2]. Cette loi, ainsi que le montrent les statistiques de l'époque, a réellement été appliquée. Cette loi se caractérise essentiellement par cinq modifications par rapport à la législation issue du code de commerce : une sensible atténuation de la sévérité ancienne vis-à-vis du débiteur, qui n'est emprisonné que facultativement, la rapidité plus grande de la procédure, l'économie des frais, une meilleure organisation de la période suspecte et un ensemble de mesures nouvelles, dont la clôture de la procédure pour insuffisance d'actif[3].

L'avantage majeur offert par cette législation au débiteur tient à la possibilité d'obtenir un concordat de majorité, sans encourir les sanctions pénales. Ce concordat était toutefois rarement obtenu car il fallait le concours d'un nombre de créanciers formant la majorité et représentant en outre les trois-quarts de la totalité des créances vérifiées. Les abstentionnistes figuraient parmi les opposants. Le plus souvent, la faillite aboutissait à l'état d'union, c'est-à-dire à la vente forcée de tout l'actif du commerçant, comparable à la liquidation judiciaire du droit positif.

La loi de 1838 ne fut pas modifiée malgré les crises économiques de 1848 et de 1870-1871, sous réserve de retouches mineures, au rang desquelles il faut toutefois signaler l'instauration par la loi du 17 juillet 1856, du concordat par abandon d'actifs, permettant au débiteur d'éviter les sanctions en abandonnant à ses créanciers ses biens.

Il faut signaler toutefois, sous l'empire de la législation de 1838, l'abolition de la contrainte par corps en matière commerciale réalisée par la loi du 22 juillet 1867. Selon l'analyse qui en a été faite, cette abolition a eu une influence fâcheuse sur le fonctionnement de la loi de 1838. Jusqu'alors, le débiteur gêné dans ses affaires avait intérêt à déposer sans retard son bilan pour pouvoir, précisément, échapper à la contrainte par corps, et obtenir une déclaration d'excusabilité qui lui évitait ensuite l'application de la contrainte par corps pour le reliquat de ses dettes. À partir du moment où la contrainte par corps fut supprimée, le débiteur ne se soucia plus de déposer son bilan et les clôtures pour insuffisance d'actif se multiplièrent[4]. À cette époque, il a été déploré qu'une loi n'intervînt pas afin d'édicter contre le négociant qui tardait à déposer son bilan une sanction susceptible de tenir lieu de l'ancienne contrainte par corps.

042.32 La loi du 4 mars 1889. La loi du 4 mars 1889 continue dans le sens de l'adoucissement de la législation entrepris par la loi de 1838. Cette loi, sans abroger la loi du 28 mai 1838, rendit possible un dédoublement de la procédure de faillite. Cette dernière pouvait en effet être édulcorée pour prendre la voie de la liquidation judiciaire. Cette forme adoucie de la procédure de faillite était réservée au

1. Percerou et Desserteaux, *Des faillites…*, préc., 2e éd., A. Rousseau, 1935, no 24.
2. Percerou et Desserteaux, *Des faillites…*, préc., 2e éd., A. Rousseau, 1935, no 25.
3. Percerou et Desserteaux, *Des faillites…*, préc., 2e éd., A. Rousseau, 1935, no 25.
4. Percerou et Desserteaux, *Des faillites…*, préc., 2e éd., A. Rousseau, 1935, no 27.

débiteur malheureux et de bonne foi, qui prenait le soin de déposer son bilan dans les trois jours de la cessation des paiements.

La liquidation judiciaire constitue une faillite très atténuée. Le jugement ouvrant la procédure n'est pas publié. Le débiteur n'est plus dessaisi, mais seulement assisté. Si le concordat est voté et homologué, la liquidation judiciaire prend fin et le débiteur n'encourt aucune sanction autre qu'une inéligibilité aux chambres de commerce et au conseil des prud'hommes. En l'absence de concordat homologué, la faillite est prononcée. Mais, sous l'empire de cette législation, les difficultés d'obtenir le concordat, telles que décrites sous l'empire de la loi du 28 mai 1838, subsistaient, dans leurs grandes lignes, malgré un léger assouplissement intervenu par une loi du 23 mars 1906 et rendant plus facile la conclusion des concordats.

Cette loi crée un lien entre le sort de l'homme et celle de son entreprise. Au bon débiteur, la liquidation judiciaire. Au mauvais, la faillite, qui empêchera le sauvetage de l'entreprise. Pour la première fois, est consacrée l'idée que la faillite peut être la conséquence, non pas d'une malhonnêteté du débiteur, mais de circonstances économiques [1].

L'on a dénoncé la tendance des tribunaux à abuser de la procédure adoucie de la liquidation judiciaire, alors qu'ils ne disposaient pas d'éléments d'information suffisants au jour où ils statuaient [2]. Pour y remédier, les tribunaux des grandes villes avaient institué, en marge des textes, une sorte d'enquête « pré-faillite » [3], que l'on retrouve dans notre droit positif.

Dès cette législation, le syndic n'est plus choisi par les créanciers, mais par le tribunal. En contrepartie [4], l'institution des contrôleurs, variété de créanciers, fait son apparition.

Jusqu'en 1935, les modifications de cette législation resteront mineures, cependant que des textes spéciaux ont été pris pour l'époque de la guerre 1914-1918 et de l'après-guerre, dont l'objet essentiel était d'accorder des moratoires aux débiteurs.

042.33 Les décrets-lois du 8 août 1935. Alors que la loi du 28 mai 1838 n'est toujours pas abrogée, un premier décret-loi du 8 août 1935 a prévu l'adaptation des règles de la faillite aux sociétés anonymes (SA) et aux sociétés à responsabilité limitée (SARL). Apparaissent alors certaines sanctions à l'égard des dirigeants, et la possibilité pour le tribunal de décider que la faillite de la société sera commune aux dirigeants. L'objectif de ce décret était clairement de permettre que soit levé le voile de la personnalité morale, lorsque les faits commis par les dirigeants le justifiaient. Il faut toutefois attendre la loi du 16 novembre 1940 pour que soit créée l'action en comblement de passif, qui n'était alors applicable qu'aux dirigeants de sociétés anonymes. Le décret-loi du 9 août 1953 l'étendra aux gérants de sociétés à responsabilité limitée. Ces mesures de sévérité à l'égard des dirigeants contrastent singulièrement avec l'adoucissement général des règles que l'on va pouvoir constater avec un deuxième texte.

Un deuxième décret-loi du 8 août 1935, le plus important pour l'évolution de la matière, a eu pour objet de simplifier et d'accélérer les procédures. À l'époque déjà, on s'est intéressé à la durée des procédures, laquelle permet, selon les observateurs, « de connaître le temps pendant lequel le capital intéressé demeure soustrait à la libre circulation » [5].

Cette législation a pu être décrite comme l'âge d'or des débiteurs [6]. Elle abandonne en effet l'idée que le concordat devait être réservé au débiteur malheureux et de bonne foi. Le concordat devient possible non seulement dans la procédure de liquidation judiciaire, mais aussi dans celle de faillite. En outre, seules les voix exprimées entrent en compte dans le calcul des majorités. Il s'agit là d'un changement décisif permettant de faciliter grandement le vote des concordats.

Dès cette époque, on dénonce l'aggravation sans relâche des créances fiscales et parafiscales. Lorsqu'il y a état d'union, phase dans laquelle les biens du débiteur doivent être réalisés pour distribution au profit des créanciers, seuls les privilégiés peuvent être payés. Le privilège général des salariés contenu dans le code civil devient très insuffisant pour assurer le paiement des créances salariales. C'est pourquoi un troisième décret-loi du 8 août 1935 crée le superprivilège des salaires, qui existe encore aujourd'hui.

On comprend dans ce contexte la faveur des créanciers pour les concordats. Aucun créancier ou presque ne s'y oppose. Les assemblées concordataires se déroulent dans des salles vides. On écrit que « le débiteur trouvait toujours quelques amis, dont nous voulons bien croire que les créances admises par le juge étaient sincères, qui se dévouaient pour se rendre au tribunal et émettre un vote favorable au débiteur » [7]. Les concordats étaient ainsi votés à

1. Le Cannu, 7e éd., no 157.
2. Percerou et Desserteaux, *Des faillites*..., préc., 2e éd., A. Rousseau, 1935, no 34.
3. Percerou et Desserteaux, *Des faillites*..., préc., 2e éd., A. Rousseau, 1935, no 34.
4. Vallens, « Bicentenaire du code de commerce : le droit de faillite de 1807 à aujourd'hui », *D.* 2007. 669 s., sp. 670, no 3.
5. Percerou et Desserteaux, *Des faillites*..., préc., 2e éd., A. Rousseau, 1935, no 73.
6. Argenson et Toujas, *Règlement judiciaire, liquidation des biens et faillite, Traité et formulaire*, 4e éd., Litec, 1973, p. 3.
7. Argenson et Toujas, *Règlement judiciaire*..., préc., 4e éd., Litec, 1973, p. 3.

l'unanimité des deux ou trois voix exprimées sur une cinquantaine de créanciers admis.

La réaction devait rapidement intervenir. La nouvelle génération de commerçants issus de la guerre, qui ne s'embarrassait point trop « dans les lacets d'une morale scrupuleuse se discrédita souvent aux yeux des anciens négociants dont la loyauté et l'observance des lois morales et juridiques constituait pour le monde un haut exemple qui honorait la France »[1]. Les membres des chambres de commerce et des juridictions consulaires demandèrent alors une épuration, qui intervint avec la loi du 30 août 1947, laquelle posait à titre de sanction l'interdiction pure et simple d'exercer le commerce. S'annonçait le retour en arrière de la législation, vers plus de sévérité.

042.34 Le décret du 20 mai 1955. Le décret du 20 mai 1955[2], qui va abroger la loi du 28 mai 1838, constitue un retour en arrière important dans la législation, en revenant pour partie à la solution existant dans la loi du 4 mars 1889. Seuls les commerçants qu'il n'est pas nécessaire d'éliminer de la vie des affaires – ceux qui ne sont pas des faillis – pouvaient, dans le cadre de la procédure de liquidation judiciaire rebaptisée règlement judiciaire, présenter un concordat. Il importe toutefois de remarquer que, dès cette époque, le règlement judiciaire devient la solution de principe, qui n'est écartée que sur démonstration que le débiteur ne le mérite pas.

La faillite, procédure distincte, est réservée aux commerçants indignes. Elle entraîne obligatoirement l'interdiction d'exercer le commerce. Elle est clairement conçue comme une mesure d'élimination de la vie des affaires des débiteurs malhonnêtes. Elle emporte nécessairement l'union, c'est-à-dire la vente forcée de tous les biens du débiteur.

Les syndics deviennent des organes professionnels, des mandataires de justice, dotés d'un statut par le décret du 20 mai 1955, complété par le décret du 18 juin 1956[3].

Pour la première fois, des mesures d'information des créanciers sont prévues. Les créanciers sont dans une situation très différente selon qu'ils sont chirographaires ou privilégiés. Les premiers sont soumis à la procédure et spécialement à l'obligation de produire leurs créances. Ils participent aux assemblées. Au contraire, les créanciers titulaires de sûretés spéciales restent en dehors de la procédure. Ils ne sont même pas obligés de produire au passif et conservent leur droit de poursuite individuelle. La procédure de règlement judiciaire conduit au redressement du débiteur. Elle est cependant appliquée à des débiteurs, en fonction de leur moralité et non de leur aptitude à se redresser.

L'ordonnance du 23 septembre 1958 devait faire entrer cette législation dans le code de commerce. Pour peu de temps, toutefois...

En effet, le décret du 20 mai 1955 est clairement antiéconomique, en condamnant certaines entreprises saines, qui ne pouvaient accéder au concordat, au prétexte que leur dirigeant est malhonnête. Des idées vont rapidement s'élever pour qu'un distinguo soit établi entre le sort de l'homme et celui de son entreprise.

SECTION 042.40
LÉGISLATIONS DE 1967

042.41 La loi du 13 juillet 1967[4]. La loi du 13 juillet 1967 a conservé l'idée qu'il fallait deux procédures, tout en supprimant celle de faillite. Coexistent alors le règlement judiciaire et la liquidation des biens. La distinction de l'homme et de l'entreprise, selon l'expression du Doyen Houin[5], essentielle dans l'évolution contemporaine du droit des entreprises en difficulté, fait son apparition. Seront susceptibles de bénéficier du règlement judiciaire, les entreprises susceptibles de se redresser. Sont vouées à la liquidation des biens, les entreprises non susceptibles de redressement. Cette procédure entraînera cessation d'activité, sauf poursuite provisoire exceptionnelle d'activité pour une courte durée autorisée par le tribunal. Elle aura aussi pour conséquence la disparition de l'entreprise.

L'appréciation n'est plus alors portée sur l'attitude ou la moralité du débiteur, mais sur les perspectives économiques de l'entreprise. Si le débiteur ou le dirigeant de la personne morale débitrice est malhonnête, il peut être atteint, par le biais de sanctions, dont la faillite personnelle, mesure dénuée de toute portée patrimoniale, et cela parallèlement à la procédure collective, sans que cette sanction ne vienne retentir sur le sort de l'entreprise débitrice, qui pourra se redresser au moyen d'un concordat.

Le droit des entreprises en difficulté devient, pour la première fois, applicable à des débiteurs qui peuvent ne pas être commerçants : les personnes morales de droit privé. Il cesse d'être une branche du droit

1. Argenson et Toujas, *Règlement judiciaire…*, préc., 4e éd., Litec, 197[illegible], p. 3.
2. D. n° 55-603, 20 mai 1955, *JO* 22 mai, p. 5134 – Honorat, *Les innovations du décret du 20 mai 1955 relatif aux faillites et règlements judiciaires*, 1959.
3. D. n° 56-608, 18 juin 1956, *JO* 21 juin, p. 5686.
4. L. n° 67-563, 13 juill. 1967 sur le règlement judiciaire, la liquidation des biens, la faillite personnelle et les banqueroutes, *JO* 14 juill., p. 7059.
5. Houin, « Permanence de l'entreprise à travers la faillite », *Liber Amicorum Baron Louis Fréderiq*, Gand, 1965.

commercial, pour devenir une branche du droit des affaires. Corrélativement, la compétence du tribunal de grande instance est affirmée lorsque le débiteur n'est pas commerçant. L'évolution est en marche. Elle ne s'arrêtera plus.

La poursuite de l'activité est assurée par le débiteur, qui est assisté obligatoirement par le syndic administrateur judiciaire, pour les actes d'administration et de disposition des biens du débiteur. La continuation des contrats en cours peut être exigée par le syndic administrateur judiciaire. L'activité est toutefois clairement conçue dans l'intérêt des créanciers, regroupée par l'effet du jugement d'ouverture en une masse, que représente le syndic, et qui est dotée de la personnalité morale et d'un patrimoine. Ses créanciers, dits créanciers de la masse, par opposition aux créanciers antérieurs, dits créanciers dans la masse, sont prioritaires, mais seulement par rapport aux créanciers chirographaires.

En même temps que la distinction de l'homme et de l'entreprise est posée, le sort des créanciers antérieurs se trouve modifié. Avant la loi du 13 juillet 1967, les créanciers chirographaires participaient, par des assemblées, à tous les stades de la procédure. Avec la législation de 1967, les créanciers chirographaires sont cantonnés au vote du concordat. Les créanciers privilégiés sont, sinon dans la loi qui semble les en exempter, du moins sous l'influence de la jurisprudence de l'assemblée plénière de la Cour de cassation[1], également soumis à la suspension des poursuites individuelles. Ils sont en effet, y compris le Trésor public, obligés de produire leur créance au passif. Après l'admission de leur créance, les créanciers titulaires d'un privilège spécial peuvent toutefois reprendre l'exercice de leur droit de poursuites individuelles.

Les réformes intervenues sous l'empire de la loi du 13 juillet 1967, dans l'ensemble, correspondent à une vision économique de la législation.

La loi du 27 décembre 1973[2] a créé une association pour la gestion du régime d'assurance des créances salariales de garantie des salaires (AGS) qui permet de faire les avances salariales lorsque le chef d'entreprise est défaillant. Des structures destinées à aider les entreprises sont créées : Codefi, Cochefe, Corri, Ciri (v. s^s n°s 112.21 à 112.24).

L'évolution de la législation de 1967, dans le sens de l'entreprise, est manifeste à travers la loi du 15 octobre 1981[3], qui accroît sensiblement le rôle du ministère public dans les procédures de règlement judiciaire et de liquidation des biens. Le ministère public devient un organe de la procédure. Cette dernière passe au service de la protection de l'intérêt général et n'est plus une simple affaire entre particuliers. La prédominance de l'entreprise, par des considérations liées à l'emploi, fait son apparition dans les procédures collectives. Cette même loi reprend une solution de l'ordonnance du 23 septembre 1967[4], qui devait devenir ensuite une constante dans la législation : le tribunal peut subordonner l'homologation du concordat, et plus tard l'arrêté du plan, à l'éviction des dirigeants de la personne morale débitrice.

Paradoxalement, sensiblement à la même époque, est votée la loi du 12 mai 1980 qui rend opposable à la masse des créanciers la clause de réserve de propriété. L'individualisme ressurgit au moment où sont prises en compte des considérations d'ordre économique. La loi du 2 janvier 1981, dite loi « Dailly »[5], constitue également une arme de déstructuration de l'actif du débiteur, en permettant de faire sortir facilement de son patrimoine des créances, jouant en cela un rôle identique à la loi du 31 décembre 1975 sur la sous-traitance.

Ainsi, au moment où apparaît nettement la prédominance de l'entreprise sur le sort des créanciers, on autorise certains d'entre eux à sortir de la loi du concours, par des techniques jouant sur l'actif du débiteur, soit en empêchant l'entrée de biens dans le patrimoine du débiteur (clause de réserve de propriété), soit en faisant sortir les biens du patrimoine du débiteur (L. n° 81-1, 2 janv. 1981, dite loi Dailly, facilitant le crédit aux entreprises - L. n° 75-1334, 31 déc. 1975, sur la sous-traitance[6]).

La loi du 13 juillet 1967 s'intéressait cependant au règlement judiciaire des dettes du débiteur. C'est pourquoi elle laissait aux créanciers chirographaires le soin de voter le concordat, c'est dire de décider, en fin de compte, si l'entreprise pourrait ou non se redresser ou si elle devait être placée, par conversion, en liquidation des biens. Il s'agissait donc encore d'une véritable procédure collective de paiement.

042.42 **L'ordonnance du 23 septembre 1967[7].** À côté de la réforme du 13 juillet 1967, une ordon-

1. Cass., ass. plén., 13 févr. 1976, n° 74-14.127, *Bull. ass. plén.*, n° 3 ; *D.* 1976, jur. 237, concl. Schmelck, note Derrida.
2. L. n° 73-1194, 27 déc. 1973 tendant à assurer, en cas de règlement judiciaire ou de liquidation des biens, le paiement des créances résultant du contrat de travail, *JO* 30 déc., 14145.
3. L. n° 81-927, 15 oct. 1981 relative au droit d'action du ministère public dans les procédures collectives d'apurement du passif des entreprises, *JO* 16 oct., p. 2807.
4. Ord. n° 67-820, 23 sept. 1967 tendant à faciliter le redressement économique et financier de certaines entreprises, *JO* 28 sept., p. 9534.
5. L. n° 81-1, 2 janv. 1981, dite loi Dailly, facilitant le crédit aux entreprises, *JO* 3 janv.
6. L. n° 75-1334, 31 déc. 1975 sur la sous-traitance, *JO* 3 janv. 1976.
7. Ord. n° 67-820, 23 sept. 1967, préc.

nance du 23 septembre 1967 a institué la procédure de suspension provisoire des poursuites. Elle est applicable aux entreprises dont la situation financière difficile n'est pas irrémédiablement comprise. C'est l'ancêtre de la procédure de sauvegarde instituée par la loi du 26 juillet 2005[1], ce qu'elle permet un traitement judiciaire des difficultés en amont de la cessation des paiements. Comme pour la procédure de sauvegarde instituée par la législation du 26 juillet 2005, l'apparition de la cessation des paiements pendant la période d'élaboration du plan oblige à convertir la procédure en règlement judiciaire ou en liquidation des biens.

Toutefois, seules les entreprises dont la disparition est susceptible de causer à l'économie nationale ou régionale un trouble grave sont concernées. Cette procédure, dont ne peuvent connaître que dix tribunaux, est divisée en deux phases : la première consiste en un moratoire avec la règle d'or de la suspension des poursuites individuelles. Le débiteur, assisté d'un curateur, présente un plan de redressement au tribunal. Le tribunal peut subordonner son adoption au remplacement d'un ou de plusieurs dirigeants. Dans la procédure de suspension provisoire des poursuites, les créanciers perdent la possibilité de décider du sort de l'entreprise. Le jugement arrête le plan et n'homologue pas simplement un accord. Le plan ne peut durer plus de trois ans. Il s'impose à tous les créanciers antérieurs, qu'ils soient chirographaires ou privilégiés. La surveillance de l'exécution du plan est confiée à un organe qui fait son apparition dans la législation, pour longtemps : le commissaire à l'exécution du plan.

Cette procédure constitue un changement radical dans les législations, qui consiste à soumettre complètement les créanciers privilégiés à la procédure collective de paiement et à ne pas laisser aux créanciers le soin de décider si l'entreprise doit ou non se redresser.

Le faible nombre d'entreprises[2] ayant bénéficié de cette procédure de type clairement préventif[3] contraste avec l'influence décisive qu'aura cette ordonnance dans la suite de l'évolution de la législation.

SECTION 042.50
LOI DU 25 JANVIER 1985

042.51 Présentation de la loi du 25 janvier 1985[4]. De très nombreux projets de réforme de la loi du 13 juillet 1967 ont été élaborés[5]. L'un d'eux devait aboutir à la loi n° 85-98 du 25 janvier 1985, objet d'une codification à droit constant, ou presque constant, serait-on tenté de dire, dans le « nouveau » code de commerce, par l'ordonnance n° 2000-912 du 18 septembre 2000[6]. Cette codification ne va d'ailleurs pas de soi car, s'il est exact que la matière des difficultés d'entreprises relève classiquement des enseignements de droit commercial, il est non moins vrai que progressivement, la sphère du droit commercial se trouve largement dépassée tant sont nombreuses les procédures collectives intéressant les non commerçants[7]. Plutôt que du droit commercial, le droit des entreprises en difficulté relève du droit des affaires[8] ou du droit de l'entreprise.

L'objectif clairement affiché dans l'article 1er de la loi du 25 janvier 1985 (devenu C. com., art. L. 620-1) démontre une volonté législative déterminée. Le législateur commence par énoncer les objectifs de la législation nouvelle en ces termes : « Il est institué une procédure de redressement judiciaire destinée à permettre la sauvegarde de l'entreprise, le maintien de l'activité et de l'emploi et l'apurement du passif. » Derrière l'énonciation, il semble bien qu'il y ait classement des objectifs, la doctrine n'étant cependant pas unanime sur ce point[9], un auteur allant même jusqu'à considérer cette présentation comme archaïque[10]. À notre sens, pourtant, l'idée première est bien de sauver l'entreprise. L'idée deuxième est de sauver les emplois. Enfin, dernière des priorités, il y a place à apurement du passif. Cette dernière des priorités est donc un objectif subsidiaire. L'apurement du passif devient une technique législative de satisfaction des créanciers antérieurs, sans obligation de les payer. Le paiement des créanciers est « le cadet des soucis du législateur »[11]. Cette législation a-t-on justement dit, « prétend rechercher l'efficacité économique au moindre coût humain »[12].

La distinction de l'homme et de l'entreprise est poussée jusqu'à son paroxysme, en permettant la cession de l'entreprise du débiteur par un plan.

Les créanciers ne participent plus aux décisions du tribunal, qu'il s'agisse du renouvellement de la période d'observation ou de la décision sur l'issue de

1. RAPPR. : SAINT-ALARY-HOUIN, 9e éd., n° 34.
2. POUR des statistiques : PÉROCHON, 10e éd., n° 10.
3. PÉROCHON, 10e éd. n° 9.
4. *L. n° 85-98, 25 janv. 1985 relative au redressement et à la liquidation judiciaire* des entreprises, *JO* 26 janv., p. 1097.
5. SUR le détail de la question : SOINNE, n° 11.
6. Ord. n° 2000-912, 18 sept. 2000, *JO* 21 sept., p. 14783 – Lienhard et Rondey, « Incidences juridiques et pratiques des codifications à droit constant (à propos du Nouveau code de commerce) », *D.* 2000, Chron. 521 – Les textes de la loi du 25 janvier 1985 seront cités suivis de leur numérotation dans le code de commerce.
7. Lucas, obs. *RD banc. et bourse* 2000/5, p. 301, n° 199.
8. PÉTEL, 8e éd., n° 21.
9. EN CE SENS : LE CANNU, 7e éd., n° 1021 – *CONTRA* : GUYON, n° 1280 – CHAPUT, n° 434 – VOINOT, 2011, n° 728.
10. Rizzi, *La protection des créanciers à travers l'évolution des procédures collectives*, « Bibl. dr. privé », t. 459, Lgdj, 2007, p. 384, n° 390.
11. PÉROCHON, 10e éd., n° 13.
12. PÉTEL, 6e éd., n° 8.

la procédure. Ils n'ont plus à voter un concordat d'où dépend la survie de l'entreprise. Au contraire, ils se voient imposer des délais dans le cadre d'un plan de continuation. Le tribunal n'homologue plus le concordat, il arrête un plan. La « judiciarisation » du droit de l'entreprise en difficulté est très marquée, puisque le tribunal va opérer des choix d'ordre économique[1].

L'activité n'est plus poursuivie dans l'intérêt des créanciers, mais dans celui de l'entreprise. Il faut voir là le fondement de la disparition de la masse des créanciers[2]. Cette dernière est remplacée par un groupement des créanciers, non doté de la personnalité morale, du moins pouvait-on le croire au lendemain de la loi (v. s[s] n° 611.22), contrairement à la masse des créanciers. À sa tête, il a le représentant des créanciers.

La loi du 25 janvier 1985 dépénalise largement la matière, s'inscrivant en cela dans le courant de dépénalisation du droit des affaires, qui n'a fait que s'accentuer depuis[3].

La loi n° 85-99 du 25 janvier 1985[4] (devenue C. com., art. L. 811-1 à L. 814-6) a également réformé la profession de syndic administrateur judiciaire. Cette loi a fait l'objet d'une codification à droit constant dans le Nouveau code de commerce, par l'ordonnance n° 2000-912, du 18 septembre 2000. Deux catégories de mandataires coexistent désormais : les administrateurs judiciaires et les mandataires à la liquidation judiciaire des entreprises. Les fonctions sont bien distinctes. Il s'est agi ici d'éviter les conflits d'intérêts entre l'administrateur judiciaire, dont l'effort est tendu vers la sauvegarde de l'entreprise, et le syndic, dont les honoraires restent largement fonction du résultat des ventes réalisées en liquidation. Celui qui guérit ne doit pas être celui qui enterre. Le monopole des pompes funèbres ne doit pas appartenir au médecin.

Les créanciers ne peuvent s'opposer à la cession de l'entreprise, le paiement de leurs créances n'intervenant dans ce cadre que par le versement d'un prix de cession qui peut être très largement inférieur au montant du passif. La procédure n'est plus une procédure collective de paiement, mais une technique collective d'apurement du passif, avec objectif prioritaire de redressement de l'entreprise.

Les objectifs du législateur sont ainsi clairement posés. Mais l'idéologie trop marquée de la législation n'a pas donné les résultats escomptés. Le sacrifice des créanciers a été consommé, sans pour autant que puissent être constatés de réels progrès par rapport à la législation de 1967. Rapidement, il est apparu que le sacrifice des créanciers n'avait pas de réelle contrepartie.

L'ancien droit des faillites est devenu, avec la loi du 25 janvier 1985, une branche essentielle du droit économique[5].

042.52 **Bilan de la loi du 25 janvier 1985.** La législation de 1985, tant par sa lettre que par son interprétation jurisprudentielle, s'est révélée catastrophique pour les créanciers. C'était oublier que les créanciers étaient aussi des chefs d'entreprises et que les sacrifices à outrance qui leur étaient imposés conduiraient à leur propre redressement ou liquidation judiciaire. Il a été dit, à cet égard, que le législateur de 1985 avait péché par excès d'optimisme, ayant eu « la faiblesse de ne pas avoir anticipé sur les risques liés à l'apparition sournoise d'un droit au redressement »[6].

La procédure dite de redressement judiciaire – la liquidation judiciaire n'étant, sous l'empire de la loi du 25 janvier 1985, qu'une issue du redressement judiciaire – n'avait de redressement judiciaire que le nom. 90 % des entreprises étaient liquidées. Le sacrifice des créanciers apparaissait donc largement inutile.

Les établissements de crédit ont perdu des sommes considérables avec la loi du 25 janvier 1985, pour deux raisons essentielles.

La première, purement législative, tient au fait que la loi du 25 janvier 1985, désireuse d'assurer à tout prix le redressement de l'entreprise du débiteur, avait donné la priorité aux créanciers dont la créance était née après l'ouverture de la procédure, baptisés « créanciers de l'article 40 », sur les créanciers antérieurs, fussent-ils titulaires de sûretés spéciales. Les créanciers hypothécaires, spécialement, étaient confrontés, dans nombre de procédures, à ne pas percevoir le moindre centime sur les réalisations des biens hypothéqués à leur profit. Une curieuse équation du droit des sûretés a lors pu être posée : la valeur d'une hypothèque est inversement proportionnelle au nombre de salariés de l'entreprise.

La seconde, de caractère jurisprudentiel, tient à l'interprétation qui a été faite de l'article 115 de la loi du 25 janvier 1985. La Cour de cassation, par des arrêts du 15 octobre 1991[7], particulièrement émou-

1. PÉROCHON, 10e éd., n° 14.
2. PÉROCHON, 10e éd., n° 13.
3. LE CANNU, 7e éd., n° 176.
4. L. n° 85-99, 25 janv. 1985 relative aux administrateurs judiciaires, mandataires-liquidateurs et experts en diagnostic d'entreprise, *JO* 26 janv., p. 1117.
5. SAINT-ALARY-HOUIN, 6e éd., n° 4.
6. Rizzi, *La protection des créanciers*, préc., t. 459, Lgdj, 2007, p. 8.
7. Com. 15 oct. 1991, n°s 90-10.978, 90-13.647, *Bull. civ.* IV, n° 291; *D.* 1991. 632, note Derrida; *D.* 1993. Somm. 285, obs. Pérochon; *JCP* 1992. II. 21805, note Larroumet; *JCP E* 1992. II. 250, note E. Bey; *RJ com.* 1991. 394, note Martin-Serf; *Rev. sociétés* 1992. 500, note Leveneur et Paclot.

vants pour les établissements de crédit, a posé en règle que les bailleurs financiers devaient, comme tout propriétaire de meubles, revendiquer dans le délai de trois mois de l'article 115 de la loi du 25 janvier 1985, les biens donnés en location, peu importants que leur contrat ait fait l'objet d'une publication. La jurisprudence ayant des effets rétroactifs, il en est résulté la perte de sommes considérables pour les établissements de crédit-bail qui ne s'étaient pas soumis à l'obligation de revendiquer, dans la période comprise entre 1986 et 1992.

Ces deux considérations, ajoutées à une jurisprudence naissante sur le problème de la nature juridique de la déclaration de créance et de la possibilité ou non de déclarer les créances de personnes morales par les préposés ont conduit à un infléchissement très sérieux des financements octroyés aux petites et moyennes entreprises. Le crédit est pourtant le moteur de l'économie. Freiner le crédit, c'était freiner l'économie. Ce constat a conduit à une réforme de la loi du 25 janvier 1985, sous la pression des établissements de crédit.

SECTION 042.60
LOI DU 10 JUIN 1994

042.61 Loi du 10 juin 1994. Le texte issu de la loi du 10 juin 1994[1] conduit à un rééquilibrage entre le droit du redressement de l'entreprise et le droit des créanciers privilégiés, au rang desquels figurent les établissements de crédit. La loi du 10 juin 1994 restaure le crédit en rétablissant la priorité de certaines sûretés spéciales, par rapport aux créances postérieures dites créances de l'article 40 (L. nº 85-98, 25 janv. 1985, art. 40). Elle restaure aussi le crédit en prévoyant un transfert généralisé – alors qu'il était limité jusqu'alors au seul créancier nanti sur matériel et outillage – de la charge des sûretés grevant le bien financé grâce à un crédit accordé par le prêteur, obligeant ainsi le repreneur, en plan de cession, à payer les échéances du crédit restant à échoir après ledit plan (L. 25 janv. 1985, art. 93, al. 3, devenu C. com., art. L. 621-96). Elle instaure également un mécanisme de protection des créanciers titulaires de sûreté spéciale, en édictant l'obligation, qui existait déjà dans la loi du 25 janvier 1985, pour le représentant des créanciers d'avertir les titulaires de sûreté spéciale. Cependant, elle y ajoute une sanction particulière : l'inopposabilité de la forclusion pour les titulaires de sûreté spéciale non avertis. La même protection des crédits-bailleurs est assurée. Est ainsi évitée l'extinction des créances non déclarées dans les délais.

1. L. nº 94-475, 10 juin 1994.

Surtout, la loi du 10 juin 1994 supprime pour les titulaires de contrats publiés, dont les crédits-bailleurs, l'obligation de revendiquer dans le délai de l'article 115 de la loi du 25 janvier 1985, remplaçant la revendication obligatoire par une demande en restitution facultative et sans sanction (L. 25 janv. 1985, art. 115 et 115-1, devenus C. com., art. L. 621-115 et L. 621-116).

Alors que la loi du 25 janvier 1985 avait pour unique objectif la protection de l'entreprise, la loi du 10 juin 1994 a pour souci la restauration des droits des créanciers titulaires de sûreté spéciale et propriétaires. En ce sens, elle autorise le paiement provisionnel de ces créanciers, en période d'observation ou en liquidation judiciaire. Elle prévoit que les dividendes du plan de continuation seront portables et non plus quérables. Elle redonne également le droit à la parole aux créanciers, en accroissant sensiblement les pouvoirs des contrôleurs, catégorie particulière de créanciers ayant accès au « dossier ».

En moralisant les plans de continuation ou de cession, elle emporte également protection des créanciers contre la fraude de leurs débiteurs, qui n'avaient pas hésité à continuer l'activité cédée, en créant de nouvelles structures, et ce sans payer le passif.

En permettant le prononcé immédiat de la liquidation judiciaire, la loi de 1994 évite la création inutile d'un important passif de l'article 40 (L. 25 janv. 1985, art. 40, devenu C. com., art. L. 621-32) absorbant tout l'actif du débiteur.

Le fragile équilibre sur lequel repose toute législation de la faillite est constamment mis à mal, tout changement législatif conduisant à préserver l'entreprise au détriment des créanciers ou l'inverse. Tout est question de sensibilité politique, ce qu'a permis de constater l'évolution historique, comme permet de s'en convaincre également la réforme. « On voit bien, avec les interventions successives du législateur, que favoriser la sauvegarde de l'entreprise et de l'emploi tout en procédant à un apurement convenable du passif constitue toujours un défi »[2].

SECTION 042.70
LOI DU 26 JUILLET 2005 DE SAUVEGARDE DES ENTREPRISES

042.71 Loi du 26 juillet 2005 de sauvegarde des entreprises[3]. La loi du 26 juillet 2005, et son décret d'application nº 2005-1677 du 28 décembre 2005[4],

2. Avis nº 337 de Christian Gaudin, Doc. Sénat, au nom de la commission des affaires économiques, p. 17.
3. L. nº 2005-845, 26 juill. 2005 de sauvegarde des entreprises, *JO* 27 juill., p. 12187.
4. D. nº 2005-1677, 28 déc. 2005, *JO* 29 déc., 20324.

constituent une évolution importante de la législation, allant, pourrait-on dire, dans le sens de l'histoire européenne, voire mondiale. Les emprunts à la législation américaine sont évidents, et spécialement le chapitre XI, qui consacre la possibilité pour l'entreprise de se placer sous la sauvegarde de la justice, sans être en état de cessation des paiements. Il importe d'ailleurs de remarquer le titre de la loi dite de « sauvegarde des entreprises ».

Le texte a été présenté comme « novateur, libéral et pragmatique »[1].

Les objectifs fondamentaux de la législation du 25 janvier 1985 ne sont cependant pas remis en cause. Il s'agit toujours du sauvetage de l'entreprise et des emplois[2]. Cette législation se situe donc dans le droit fil de la loi du 25 janvier 1985, bien qu'émanant d'une majorité politique différente[3]. Mais la méthode change. Il est question d'agir au plus vite, au besoin en ouvrant une véritable procédure collective – la procédure de sauvegarde – sans état de cessation des paiements.

L'une des grandes idées de la réforme a été d'étendre les procédures collectives aux professionnels libéraux, qui représentent près de 25 % des entreprises françaises. L'article L. 620-2 alinéa 1 du code de commerce prévoit en ce sens que « la procédure de sauvegarde est applicable... toute personne physique exerçant une activité professionnelle indépendante y compris une profession libérale soumise à un statut législatif ou réglementaire, ou dont le titre est protégé ». Il a été souligné que la faillite apparaît désormais « comme un avantage normal auquel toute catégorie socio-professionnelle est en droit de prétendre »[4]. C'est la réponse légale à l'endettement massif de la population française[5].

Le droit moderne des entreprises en difficulté, plus ambitieux[6], a un domaine plus large que le droit des faillites : « il s'agit en effet d'un droit des entreprises défaillantes, indépendant de la nature de leur activité et du degré de leurs difficultés »[7].

Une autre grande idée de la réforme tient à la participation plus étroite des créanciers publics, fiscaux et sociaux, au traitement des difficultés des entreprises. Ces créanciers seront associés aux efforts consentis pour tenter de sauver l'entreprise, tant au stade de la procédure de conciliation, que de celle de sauvegarde ou de redressement judiciaire.

1. Saint-Alary-Houin, 7e éd., no 80.
2. *Rapp. J.-J. Hyest*, no 335, p. 45.
3. Pétel, 6e éd., no 20.
4. Oppetit, « L'endettement et le droit », *Mél. Breton*, *p.* 300.
5. RAPPR. : Chilstein, « Les biens à valeur négative », *RTD civ.* 2006. 663 s., sp. 687 et 688.
6. Pérochon, 10e éd., no 39.
7. Coquelet, 3e éd., p. 3.

La loi du 26 juillet 2005 consacre une accentuation de l'information du ministère public sur l'ensemble des procédures judiciaires de traitement des difficultés des entreprises[8]. De nouvelles prérogatives sont également reconnues au ministère public pour déclencher des actions attitrées aux organes de la procédure.

En même temps que progresse le rôle du ministère public, celui du tribunal recule. Nombre de saisines d'office sont supprimées, notamment celles relatives au déclenchement des sanctions. L'idée est ici de respecter l'article 6 § 1 de la Convention européenne des droits de l'homme et le droit au procès équitable qu'il renferme[9].

Une autre des grandes idées de la législation du 26 juillet 2005 est de multiplier les procédures pour permettre de trouver celle qui est la plus adaptée à la situation du débiteur. La diversification des procédures en permet une utilisation plus souple[10], le débiteur ayant désormai un véritable choix. La cessation des paiements cesse d'être le critère de distinction entre traitemenamiable et traitement judiciaire[11]. Il a été justemet remarqué à cet égard que « l'entreprise peut désomais faire un choix parmi des règles d'ordre publicce qui constitue une originalité dans notre ordreuridique »[12]. La cessation des paiements cesse d'êre le critère de distinction entre traitement amiablet traitement judiciaire[13].

Un auteur, particulièment sévère à l'égard de la réforme, a fait observeri cet égard, qu'« il ne suffit pas d'accumuler des pcédures destinées à sauver les entreprises, il faut assi, pour éviter que la technique ne s'étouffe dansa propre complexité, penser la manière d'agencer ceprocédures par rapport aux autres »[14]. Cet auteur onsidère que la diversification des procédures seranapplicable d'abord du fait du choix d'un mauvaiscritère comme pivot d'articulation des procédure, celui de la cessation des paiements[15]. Elle sera insuite inapplicable du fait du fait recours à la sauvegarde, procédure judiciaire trop lourde pour une procédure préventive, qui subira la concurrence de la conciliation[16].

Le débiteur pourra continuer à utiliser la technique du mandat *ad hoc* que la législation consacre

8. *Rapp. J.-J. Hyest*, no 33, p. 51.
9. *Rapp. J.-J. Hyest*, no 3, p. 53.
10. Pérochon, 10e éd., no2.
11. *Rapp. J.-J. Hyest*, no 5, p. 48.
12. Tricot, conférence du 3 nov. 2006, Académie des sciences morales et politique *Gaz. Pal.* 25-26 avr. 2007, p. 41.
13. *Rapp. J.-J. Hyest*, no5, p. 48.
14. Brunet, « La loi de vegarde des entreprises ou l'illustration des défauts "uliens" du droit », *LPA* 5 juill. 2007, no 134, p. 43, no
15. Brunet, préc., sp. 45, no 7.
16. Brunet, préc., sp. 45, no 11.

plus officiellement qu'elle ne le faisait auparavant, en lui réservant un article (C. com., art. L. 611-3).

Prenant le nom de procédure de conciliation, le règlement amiable est profondément retouché. La procédure, plus amitieuse et plus pragmatique[1], peut être ouverte à l'encontre d'un débiteur qui est déjà en état de cessation des paiements, dès lors que cet état n'est pas caractérisé depuis plus de quarante-cinq jours. Un choix est laissé au débiteur de faire homologuer ou non l'accord de conciliation. Si l'accord n'est pas homologué, la situation est sensiblement identique à celle existant sous l'empire de la législation antérieure : l'accord n'est pas sécurisé et ne peut avoir d'effet à l'égard des tiers. Au contraire, si l'accord est homologué, il produit d'importants effets, ce qui marque une différence radicale par rapport à la législation antérieure. La date de cessation des paiements ne pourra être remontée à une date antérieure à l'homologation de l'accord. Un privilège d'une très grande efficacité est accordé aux personnes qui ont fourni au débiteur des fonds, des biens ou des services dans l'accord de conciliation.

Mais le cœur de la réforme est ailleurs : il est incontestablement dans l'instauration d'une procédure nouvelle dite de sauvegarde, qui s'applique en amont de l'état de cessation, de façon à traiter le plus tôt possible les difficultés de l'entreprise[2]. En ce sens, elle est préventive de la cessation des paiements[3].

La procédure de sauvegarde se veut plus contractuelle que judiciaire, avec l'instauration de deux comités de créanciers qui votent le plan de sauvegarde à la majorité.

Cette procédure n'est pas conçue pour prévoir des adaptations de la masse salariale. Les licenciements économiques doivent obéir au droit commun. L'opposition parlementaire s'est montrée très ferme sur ce terrain, dont elle a fait son cheval de bataille tout au long de la discussion devant l'Assemblée nationale et a reçu finalement l'appui du Gouvernement, lequel s'est opposé fermement aux amendements présentés par la majorité parlementaire, et qui avaient vocation à toucher, sur ce terrain, au code du travail. Il a été suivi à l'Assemblée nationale, les amendements ayant été retirés, spécialement l'amendement n° 2[illegible]3 qui avait pour objet d'aligner le régime des licenciements économiques de la procédure de sauvegarde sur celui applicable en redressement judiciaire[4].

La procédure de redressement judiciaire est assez peu retouchée, si l'on excepte la disparition de la distinction entre le régime général et le régime simplifié. En revanche, cette distinction ressurgit dans la procédure de liquidation judiciaire, la législation consacrant la possibilité d'une liquidation judiciaire simplifiée pour les petites entreprises qui ne disposent pas d'actif immobilier.

Trois modifications essentielles intéressent les créanciers antérieurs. La première tient à la création d'une nouvelle hypothèse de relevé de forclusion, l'omission volontaire du débiteur. Le deuxième a trait à la disparition de l'extinction de la créance non déclarée dans les délais. La troisième intéresse les contrôleurs, qui deviennent, même si ce n'est qu'à titre subsidiaire en cas d'inaction du mandataire judiciaire, de « véritables organes de la procédure »[5].

Le sort des personnes cautions, garants et coobligés est sensiblement modifié, dans la mesure où elles pourront bénéficier des dispositions de la conciliation homologuée, et, si elles sont des personnes physiques, du plan de sauvegarde.

Enfin, le texte, tout en consacrant législativement l'extension de la procédure sur le fondement de la confusion des patrimoines ou de la fictivité, s'emploie à supprimer toutes les fausses extensions, qu'il s'agisse de l'extension de la procédure atteignant une personne morale à ses membres ou associés indéfiniment responsables du passif, du redressement ou de la liquidation judiciaire à titre personnel pour inexécution de la condamnation à combler le passif ou pour fautes spécialement déterminées. Cette extension est remplacée par une action en contribution aux dettes sociales, qui devient parallèle à l'action en responsabilité pour insuffisance d'actif – nouveau nom de l'action en comblement de l'insuffisance d'actif –, sans avoir systématiquement les mêmes effets.

La loi de sauvegarde des entreprises fera nécessairement l'objet de critiques comme toutes les législations sur le droit des entreprises en difficulté. Il est symptomatique à cet égard de constater la constance du propos : le droit de la faillite est toujours présenté comme la faillite du droit[6]. Quelle que soit la valeur d'une législation sur les procédures collectives, elle fera rapidement l'objet de vives critiques. C'est là « *le sort presque fatal de toutes les lois sur les faillites. Il y a de cela deux raisons principales. D'abord, étant donné le nombre et la complexité des intérêts auxquels touche l'institution, il est impossible qu'elle ne soit pas imparfaite sur certains points, et plus impossi-*

1. PÉROCHON, 10e éd., n° 24.
2. SUR les premières applications : Méran, « Loi de sauvegarde : le palmarès des tribunaux de commerce », *Gaz. proc. coll.* 2006/2, p. 2.
3. PÉROCHON, 10e éd., n° 25.
4. *JOAN* déb., 3e séance 8 mars 2005, p. 1816, 1817.
5. *Rapp. J.-J. Hyest*, n° 335, p. 52.
6. Terré, « Droit de la faillite ou faillite du droit », *RJ com.* 1991. 1.

ble encore qu'au bout de peu de temps, quelques-uns des intérêts engagés dans le problème ayant évolué, une modification correspondante de la loi ne devienne nécessaire. À cette considération s'en ajoute une autre, d'ordre moral : tout le monde perd dans une faillite et, par un sentiment bien humain, encore que peu justifié, on s'en prend au législateur des pertes que l'on subit, alors qu'elles tiennent en réalité à la situation de fait. On ne remarque point que la loi ne peut pas pourtant modifier cette situation, ni créer de toutes pièces un actif qui fait défaut, et l'on passe son mécontentement en réclamant une modification législative. Ainsi s'explique la fréquence des changements à la législation des faillites, si nombreux dans tous les pays. »[1]

SECTION 042.80 ORDONNANCE DU 18 DÉCEMBRE 2008 ET TEXTES POSTÉRIEURS

042.81 Insuffisances dénoncées de la loi de sauvegarde des entreprises. Dès 2007, c'est-à-dire moins de deux ans après l'entrée en vigueur de la loi de sauvegarde des entreprises, un rapport d'évaluation de la commission des lois de l'Assemblée nationale[2] a indiqué que « la loi n° 2005-845 [du 26 juillet 2005] a déjà apporté la démonstration de son utilité », cependant que ce rapport faisait état d'un certain nombre de malfaçons et de difficultés rencontrées par les praticiens. La médiatique affaire Eurotunnel a été l'occasion de constater un certain nombre d'insuffisances du dispositif mis en place. Des praticiens[3] et des universitaires[4] se sont également exprimés pour faire état de possibles améliorations de la loi de sauvegarde des entreprises.

Sur la base du rapport de Roux, dès le 11 juillet 2007, dans la lettre de mission adressée au ministre de l'Économie, des Finances et de l'Emploi, le Président de la République demandait une nouvelle réforme du droit des entreprises en difficulté, c'est-à-dire dix-huit mois après l'entrée en vigueur de la réforme de sauvegarde des entreprises. Le 6 septembre 2007, le Président de la République faisait savoir publiquement, dans son discours au Tribunal de commerce de Paris, qu'il était nécessaire de réformer la loi de sauvegarde des entreprises, en facilitant l'accès à la procédure de sauvegarde et en améliorant les outils de traitement des difficultés des entreprises. Il a alors été demandé au garde des Sceaux, ministre de la Justice, et au ministre de l'Économie, de l'industrie et de l'emploi de réfléchir à l'amélioration du dispositif.

042.82 Avant-projet d'ordonnance. Le 27 mars 2008, un avant-projet d'ordonnance[5] comprenant 153 articles était diffusé, très largement, par le ministère de la justice, afin de recueillir, sous un mois, l'avis des partenaires sociaux, des praticiens du droit des entreprises en difficulté et des universitaires spécialisés dans cette matière.

Ce texte contenait un certain nombre de suggestions de réforme, qui seront retenues. Certaines, cependant, seront abandonnées, la plus notable étant sans doute celle qui supprimé la possibilité d'extension de la sauvegarde, sur le fondement de la confusion des patrimoines ou de la fictivité.

042.83 Ordonnance d'habilitation. La loi du 4 août 2008 de modernisation de l'économie[6] a autorisé le Gouvernement à modifier, dans certaines limites, les dispositions relevant du domaine de la loi relative aux difficultés des entreprises.

Il importe ici de remarquer qu'il ne s'agit pas seulement de modifier la loi de sauvegarde des entreprises du 26 juillet 2005, mais plus largement les dispositions du domaine de la loi, qui sont relatives au droit des entreprises en difficulté, ce qui permet de modifier des dispositions figurant dans le livre VIII du code de commerce ou encore d'autres inscrites dans la partie réglementaire, mais qui auraient dû figurer dans la partie législative ou bien de faire passer en partie législative des dispositions figurant initialement dans la partie réglementaire du code de commerce.

L'article 74 de la loi du 4 août 2008 de modernisation de l'économie, qui détermine le périmètre des modifications possibles du droit des entreprises en difficulté, dispose que :

« I. Dans les conditions prévues par l'article 38 de la Constitution, le Gouvernement est autorisé à prendre par voie d'ordonnance, dans un délai de six mois à compter de la publication de la présente loi, les dispositions relevant du domaine de la loi relatives aux difficultés des entreprises nécessaires pour :

1. Percerou et Desserteaux, *Des faillites et banqueroutes et des liquidations judiciaires*, 2e éd., A. Rousseau, 1935, n° 24.
2. *Rapp. Xavier de Roux*, Ass. nat. n° 3051 – SUR ce rapport Teboul, « Le rapport de Roux : *vers une nouvelle réforme du droit des entreprises en difficulté ?* »; *Gaz. Pal.* 27 fév. 2007, p. 2.
3. Montéran, « Pour améliorer le droit des entreprises en difficulté, osons la réforme », *Gaz. proc. coll.* 2008/1, p. – Teboul, « Faut-il encore réformer le droit des entreprises en difficulté », *LPA* 26 oct. 2007, p. 4.
4. Monsérié-Bon et Saint-Alary-Houin, « La loi de sauvegarde des entreprises : nécessité et intérêts d'une réforme annoncée », *D.* 2008, Chron. 941.
5. SUR ce texte : Soinne, Les modifications envisagées de la loi du 26 juillet 2005 », *Rev. proc. coll.* 2008/2, p. 9 – Teboul, « La nouvelle réforme du droit des entreprises en difficulté : le projet d'ordonnance », *Gaz. Pal.* 6-8 avr. 2008, p. 2.
6. L. n° 2008-776, 4 août 2008, *JO* 5 août p. 12471, dite loi LME.

1° Inciter à recourir à la procédure de conciliation en clarifiant et précisant son régime et en améliorant son encadrement;

2° Rendre la procédure de sauvegarde plus attractive, notamment en assouplissant les conditions de son ouverture et en étendant les prérogatives du débiteur, et améliorer les conditions de réorganisation de l'entreprise afin de favoriser le traitement anticipé des difficultés des entreprises;

3° Améliorer les règles de composition et de fonctionnement des comités de créanciers et des assemblées d'obligataires dans le cours des procédures de sauvegarde et de redressement judiciaire;

4° Aménager et clarifier certaines règles du redressement judiciaire, afin d'en améliorer l'efficacité et coordonner celles-ci avec les modifications apportées à la procédure de sauvegarde;

5° Préciser et compléter les règles régissant la liquidation judiciaire pour en améliorer le fonctionnement ainsi que le droit des créanciers munis de sûretés et favoriser le recours au régime de la liquidation simplifiée en allégeant sa mise en œuvre et en instituant des cas de recours obligatoire à ce régime;

6° Favoriser le recours aux cessions d'entreprise dans la liquidation judiciaire et sécuriser celles-ci ainsi que les cessions d'actifs;

7° Adapter le régime des contrats en cours aux spécificités de chaque procédure collective;

8° Simplifier le régime des créances nées après le jugement d'ouverture de la procédure collective et réduire la diversité des règles applicables;

9° Accroître l'efficacité des sûretés, notamment de la fiducie et du gage sans dépossession, en liquidation judiciaire et adapter les effets de ces sûretés aux procédures de sauvegarde et de redressement judiciaire;

10° Préciser, actualiser et renforcer la cohérence du régime des sanctions pécuniaires, professionnelles et pénales en cas de procédure collective;

11° Améliorer et clarifier le régime procédural du livre VI du code de commerce;

12° Renforcer le rôle du ministère public et accroître ses facultés de recours;

13° Parfaire la coordination entre elles des dispositions du livre VI du même code et la cohérence de celles-ci avec les dispositions du livre VIII du même code, procéder aux clarifications rédactionnelles nécessaires et élargir la possibilité de désigner des personnes non inscrites sur la liste des administrateurs ou des mandataires judiciaires;

14° Actualiser les dispositions du livre VI du même code en assurant leur coordination avec les dispositions législatives qui lui sont liées en matière de saisie immobilière et de sûreté;

15° Permettre aux personnes exerçant une activité artisanale, dispensées d'immatriculation au répertoire des métiers, de bénéficier des procédures de sauvegarde, de redressement ou de liquidation judiciaires;

16° Étendre à la procédure de sauvegarde la remise des pénalités et des frais de poursuite prévue en cas de redressement ou de liquidation judiciaires. »

042.84 Projet d'ordonnance du 8 octobre 2008 communiqué au Conseil d'État. Six mois après la communication de l'avant-projet d'ordonnance, le Gouvernement faisait parvenir au Conseil d'État le projet d'ordonnance. Ce texte comportait 185 articles.

Formellement, il comprenait 44 articles intéressant des modifications de fond et 129 articles consacrés à des dispositions procédurales, de coordination et de simplification.

Ce texte était d'une lecture difficile[1], même si sa présentation était didactique, car, pour l'appréhender dans son ensemble, sans en faire une lecture hâtive, et donc erronée, un va-et-vient permanent s'imposait entre la première partie intéressant les modifications de fond et la seconde partie consacrée aux modifications de forme.

Assez logiquement, le Conseil d'État a préféré supprimer cette distinction entre le fond et la forme, et a intégré les modifications au fur et à mesure des articles du code de commerce affectés par le texte de réforme.

Au fond du droit, en revanche, le Conseil d'État a peu retouché le texte.

042.85 Ordonnance du 18 décembre 2008[2]. L'ordonnance d'habilitation obligeait ainsi le Gouvernement à prendre son ordonnance avant le 4 février 2009. Dans les délais impartis par l'ordonnance d'habilitation, le texte de l'ordonnance est intervenu le 18 décembre 2008, sa publication au journal officiel étant différée au lendemain.

Ce texte, complété par un décret d'application du 12 février 2009[3], entre en vigueur le 15 février 2009. Il contient peu de dispositions transitoires, ce qui facilitera grandement la tâche des praticiens, et notamment celle des juges. Sans doute, pourra-t-on

1. AUSSI, sur cette observation : Teboul, « La nouvelle réforme du droit des entreprises en difficulté : le projet d'ordonnance », *Gaz. Pal.* 6-8 avr. 2008, p. 2 s., sp. p. 9.
2. Ord. nº 2008-1345, 18 déc. 2008 portant réforme du droit des entreprises en difficulté, *JO* 19 déc., p. 19462 – POUR DES COMMENTAIRES de ce texte : Roussel Galle, « Premier aperçu sur l'ordonnance du 18 décembre 2008 réformant le droit des entreprises en difficulté », LPA 24 déc. 2008, nº 257, p. 3 – Lienhard, « Réforme du droit des entreprises en difficulté : présentation de l'ordonnance du 18 décembre 2008 », *D.* 2009, Chron. 110.
3. nº 2009-160, 12 févr. 2009, *JO* 13 févr., p. 2596.

regretter que la solution adoptée par le projet d'ordonnance n'ait pas été retenue : aucune exception au principe de l'application exclusive de l'ordonnance de réforme aux procédures ouvertes à compter du 15 février 2009 n'était posée. Mais il est des nécessités pratiques supérieures à tous les principes...

042.86 Finalités de l'ordonnance du 18 décembre 2008. L'ordonnance du 18 décembre 2008 ne crée aucune rupture avec la législation de sauvegarde des entreprises. Elle s'inscrit dans sa continuité, en essayant d'en exponentialiser les possibilités.

Ainsi que l'énonce clairement le rapport du Président de la République relative à l'ordonnance du 18 décembre 2008 portant réforme du droit des entreprises en difficulté, « l'objectif principal de la présente ordonnance est de rendre la procédure de sauvegarde plus accessible et plus attractive ». En trois ans d'application de la loi, en effet, seulement 1916 sauvegardes ont été ouvertes, 509 en 2006, 513 en 2007 et 694 en 2008[1].

Pour atteindre cet objectif, l'ordonnance assouplit très sensiblement les conditions d'ouverture de la sauvegarde et contient un certain nombre de dispositions incitatives, afin que les chefs d'entreprise préfèrent se placer sous la sauvegarde, plutôt que d'attendre le bénéfice d'un redressement judiciaire. Une discrimination positive en faveur de la procédure de sauvegarde est clairement posée. Corrélativement, une pénalisation importante du débiteur peut être constatée, pour lui et ses proches, notamment ses garants, s'il attend la cessation des paiements et est placé en redressement judiciaire.

L'ordonnance de réforme s'emploie à faciliter l'adoption du plan de sauvegarde, en modifiant assez sensiblement les règles relatives aux comités de créanciers. Notons immédiatement que ces règles auront identique vocation à s'appliquer dans le cadre de l'élaboration du plan de redressement.

L'ordonnance retouche également, dans le sens de la clarification, la procédure de conciliation.

Elle rend obligatoire, dans certains cas, l'application des dispositions de la liquidation judiciaire simplifiée, ce qui est de nature à accélérer la clôture des procédures et à favoriser le rebond du débiteur, spécialement s'il est professionnel indépendant.

La couverture de l'AGS est étendue, dans la liquidation judiciaire, lorsqu'il y a poursuite provisoire de l'activité, ce qui est de nature à faciliter grandement la tâche des praticiens, lorsque, à l'issue de la période de poursuite d'activité, le plan de cession n'est pas arrêté.

1. Montéran, « Crise financière et défaillances d'entreprises », *Gaz. proc. coll.* 2009/1, p. 15 s., sp. p. 19.

L'ordonnance s'emploie à coordonner les effets de la fiducie avec le droit des entreprises en difficulté. L'idée est ici de neutraliser assez largement la fiducie pendant la période observation et pendant la phase d'exécution du plan. Au contraire, en cas de liquidation judiciaire, la fiducie retrouve ses effets, plaçant le bénéficiaire d'une fiducie-sûreté dans une situation très enviable, par rapport aux créanciers titulaires d'autres sûretés spéciales.

L'ordonnance s'emploie également à neutraliser l'efficacité du droit de rétention, nouvellement reconnu par la loi de modernisation de l'économie du 4 août 2008 aux créanciers gagistes sans dépossession, pendant la période observation et en phase d'exécution du plan.

L'ordonnance supprime l'obligation aux dettes sociales, création de la loi de sauvegarde des entreprises, qui, compte tenu de l'interprétation doctrinale qui en avait été faite, apparaissait faire double emploi avec la responsabilité pour insuffisance d'actifs.

Enfin, et quantitativement il s'agit de la première cause de modification des textes, de nombreuses modifications d'ordre rédactionnel doivent être signalées, pour assurer une lisibilité plus grande et une meilleure coordination entre les textes et entre les procédures. La plus notable concerne l'articulation entre la sauvegarde et le redressement judiciaire, en cas de préexistence de l'état de cessation des paiements à l'ouverture de la sauvegarde. Il s'est également agi d'assurer une simplification. La plus notable de ces simplifications, même si tel n'était pas l'objectif poursuivi, concerne l'unité retrouvée du délai de l'action.

042.87 Création de la sauvegarde financière accélérée par l'article 57 de la loi du 22 octobre 2010[2]. L'article 57 de la loi du 22 octobre 2010[3], dite de régulation, a institué une procédure de sauvegarde financière accélérée, en introduisant dans le livre VI du code de commerce un chapitre 8 dans le titre 2 de ce livre, par création des articles L. 628-1 à L. 628-7. Cette loi a été complétée par un décret d'application du 3 mars 2011[4], puis par l'article 28 de

2. Berthelot, « Le droit des procédures collectives à nouveau réformé : de la sauvegarde financière accélérée », *Act. proc. coll.* 2010/17, n° 238 – Roussel Galle, « premières vues sur la sauvegarde financière accélérée », *JCP E* 2010. 591 – Lucas, « La SFA, une procédure quasi collective », *EDED*, 20 oct. 2010, p. 1 – Gorins, « La sauvegarde financière accélérée (SFA) », *Rev. Banque* déc. 2010, p. 96 – Grelon, « La loi de sauvegarde revisitée par la loi n° 2010-1249 dite de régulation bancaire et financière en date du 22 octobre 2010 », *Rev. sociétés* 2011. 7 – *Adde*, bibliographie s[s] n° 042.03.
3. L. n° 2010-1249, 22 oct. 2010 de régulation bancaire et financière, *JO* 23 oct., p. 18984.
4. D. n° 2011-236, 3 mars 2011, *JO* 4 mars, 4183, *D.* 2011, actu 671, note Lienhard; *JCP E* 2011. 126, note Notté.

la loi du 22 mars 2012[1] et par le décret du 20 septembre 2012[2]. La première sauvegarde financière accélérée a été ouverte le 27 février 2013[3] et le plan adopté le 27 mars 2013[4], exactement dans le délai du mois imparti par les textes.

La sauvegarde financière accélérée, initialement dénommée sauvegarde financière expresse[5], est, selon le texte de l'article L. 628-1 du code de commerce, soumise aux règles de la sauvegarde, sous réserve des dispositions du chapitre 8. Cela signifie donc que, par principe, la sauvegarde financière accélérée ne constitue qu'une modalité de la procédure de sauvegarde, une variante[6]; les règles de droit commun de la sauvegarde trouvent application dans le silence des textes dérogatoires de la sauvegarde financière accélérée. Cette affirmation mérite toutefois d'être sérieusement tempérée (v. s[s] n° 411.11).

Il s'est agi de trouver une troisième voie de sortie à la procédure de conciliation, à côté de l'accord et de l'absence d'accord. Il s'agit clairement d'une passerelle entre les procédures de prévention et les procédures de traitement des difficultés[7], ce qui conduit à reconnaître un caractère hybride à cette procédure[8]. Pendant la conciliation, un accord a été trouvé sur des délais et des remises avec une large majorité de créanciers. Toutefois, certains créanciers financiers n'ont pas accepté les propositions, de sorte que la sortie de la procédure de conciliation est intervenue sans accord de conciliation. Le chef d'entreprise peut alors solliciter du tribunal l'ouverture d'une procédure de sauvegarde financière accélérée, financière parce qu'il s'agit de faire plier des créanciers financiers, accélérée parce que cette procédure, de l'ouverture à sa clôture, ne doit durer qu'un mois, ce délai étant renouvelable une fois pour la même durée. Cette sauvegarde financière accélérée doit permettre le passage le plus court possible sous procédure collective d'une entreprise, qui n'est pas en état de cessation des paiements, afin de ne pas provoquer un assèchement du crédit fournisseur. Il n'y a pas ici véritablement de période d'observation[9], ce qui devrait conduire à écarter les règles relatives à la continuation des contrats en cours ou encore celles concernant les revendications[10]. Elle est spécialement adaptée aux LBO en difficulté, pour leur permettre de franchir le mur de la dette dans les années 2013/2014, qui s'annoncent difficiles pour ces montages financiers.

Cette procédure, présentée par le législateur comme une simple variante de la sauvegarde, ce dont on peut légitimement douter (v. s[s] n° 411.11)[11], n'est ouverte que si, dans un délai très bref, un plan de sauvegarde peut être adopté. Il faut en réalité que, pendant la conciliation, un projet de plan ait été bâti, qui va être adopté au cours d'une sauvegarde. La notion de *prepack* est ici clairement sous entendue L'administrateur judiciaire va constituer le comité des établissements de crédit, et réunir une assemblée générale des obligataires, le cas échéant. Ces deux entités vont voter sur le projet de plan et ce dernier sera adopté à la majorité des deux tiers en montant de créance. Ne participeront au vote que les seuls créanciers dont les droits sont affectés par le plan. Ainsi, grâce à ce vote majoritaire, l'opposition des créanciers financiers qui n'avaient pas donné leur accord dans la procédure de conciliation sera dépassée.

Les créanciers, qui ne sont pas membres des établissements de crédit et qui ne sont pas des obligataires, ne seront pas soumis à la procédure collective, raison pour laquelle on peut ici évoquer une procédure « semi-collective »[12], d'autres évoquant

1. L. n° 2012-387, 22 mars 2012 relative à la simplification du droit et à l'allégement des démarches administratives, *JO* 23 mars, p. 5226, dite loi Warsmann.
2. D. n° 2012-1071, 20 sept. 2012, *JO* 22 sept., p. 15008.
3. T. com. Nanterre, ch. except., 27 févr. 2013, RG n° 2013G003, *Rev. sociétés* 2013. 375, note Henry – Bourbouloux et Couturier, « Première mise en œuvre de la procédure de sauvegarde financière accélérée », *BJE* mai 2013, comm. 86 – Roussel Galle, « Vive la SFA ! », *Rev. proc. coll.* 2013, Repère 2.
4. T. com. Nanterre, 27 mars 2013, *JCP E* 2013. 1326, note Roussel Galle.
5. Teboul, « Un nouveau coup de balancier : le projet de sauvegarde financière expresse », *Gaz. Pal.* 15-16 sept. 2010, p. 8.
6. Berthelot, « Le droit des procédures collectives à nouveau réformé : de la sauvegarde financière accélérée », *Act. proc. coll.* 2010/17, n° 238 – Roussel Galle, « premières vues sur la sauvegarde financière accélérée », *JCP E* 2010. 591.
7. Montéran, « Rapide aperçu de la sauvegarde financière accélérée », *Gaz. Pal. entr. diff.* 15-16 oct. 2010, p. 1 – Gorins, « La sauvegarde financière accélérée (SFA) », *Rev. Banque déc.* 2010, p. 96.
8. Lucas, *Leden* 2010/10, p. 1 – Bourbouloux et Couturier, « La consécration de la sauvegarde financière de l'entreprise », *BJE* mars/avr. 2011, p. 48, n° 2.
9. Bourbouloux et Couturier, « La consécration de la sauvegarde financière de l'entreprise », *BJE* mars/avr. 2011, p. 48 s., sp. p. 49, n° 6 – Le Corre, « SFA : retour vers le futur », *Gaz. Pal. entr. diff.* 1-2 avr. 2011, p. 3.
10. Le Corre, « SFA : retour vers le futur », *Gaz. Pal. entr. diff.* 1-2 avr. 2011, p. 3.
11. AUSSI : Vallens, « La sauvegarde financière accélérée est-elle une procédure collective », *RTD com.* 2011. 644.
12. Le Corre, « L'avènement prochain d'une procédure semi-collective », *Gaz. Pal. entr. diff.* 15-16 oct. 2010, p. 3 – *Adde* Vallens, « La sauvegarde financière accélérée est-elle une procédure collective », *RTD com.* 2011. 644 – Lucas F.-X., « Caractère collectif de la procédure et sauvegarde financière accélérée », in Colloque Paris Ouest Nanterre La défense, 25 nov. 2011 « Que reste-t-il des principes traditionnels des procédures collectives face au morcellement du traitement de la défaillance », *Rev. proc. coll.* 2012, dossier 18, p. 93.

une procédure « quasi collective »[1]. La nouveauté est grande, qui consiste à ne soumettre à la discipline collective qu'une variété de créanciers, laissant les autres créanciers face à un débiteur qu'ils peuvent considérer comme étant *in bonis*. La procédure cesse d'avoir un effet *erga omnes*.

Il n'est pas exclu que cette procédure n'ait d'autre utilité que de forcer la voie contractuelle, de sorte que son existence pourrait suffire à dissuader une minorité de créanciers de résister puisque leur opposition pourrait ensuite être réduite. Ainsi, cette procédure pourrait constituer une arme de dissuasion, à l'instar d'une bombe atomique, dont l'existence suffirait, sans qu'il soit besoin de l'utiliser[2].

042.88 Adaptation du droit des entreprises en difficulté à l'EIRL[3]. La loi du 15 juin 2010[4] a créé l'entrepreneur individuel à responsabilité limitée, ci-après désigné EIRL. Il s'est agi, par cette nouvelle organisation juridique, de permettre à un entrepreneur d'isoler, dans un patrimoine affecté, une masse de biens et de droits, obligatoirement composée de ceux nécessaires à l'activité[5], ces derniers étant définis par le décret n° 2012-122 du 30 janvier 2012 comme « ceux qui, par nature, ne peuvent être utilisés que dans le cadre de cette activité ». Cette masse de biens qui répondra seule, par principe, des dettes générées par l'exploitation de l'entreprise, et cela sans création d'un nouvel être juridique. L'EIRL sera ainsi à la tête d'au moins deux patrimoines, celui affecté à son entreprise et le patrimoine non affecté, qui peut, au demeurant abriter une autre entreprise individuelle. À partir de 2013, une même personne physique pourra avoir plusieurs patrimoines. Indiquons qu'une loi du 18 **juin** 2014[6] a apporté un peu de simplification au régime complexe de constitution de cette entreprise individuelle à responsabilité limitée.

L'un des piliers du droit des biens, celui de l'unicité du patrimoine, est ainsi tenu en échec. Cela emporte de très importantes conséquences, qui ont conduit le législateur à poser un certain nombre de règles d'adaptation du droit des entreprises en difficulté à cette figure juridique nouvelle, pour tenir compte de cette possibilité pour un individu d'être à la tête de plusieurs patrimoines, les actifs de chacun des patrimoines devant, par principe, répondre des dettes de chacun de ceux-ci. C'est l'objet de l'ordonnance du 9 décembre 2010[7], portant adaptation du droit des entreprises en difficulté et des procédures de traitement des situations de surendettement à l'EIRL. Ces adaptations prennent deux formes : une modification des textes existant du livre VI, pour tenir compte de la création de l'EIRL et surtout, la création d'un corps de règles particulier, applicable spécifiquement à l'EIRL, Il s'agit d'un titre VIII inséré dans le code de commerce, emportant ajout au code des articles L. 680-1 à L. 680-7.

L'entrée en vigueur du dispositif est en date du 1er janvier 2011.

Le mécanisme de l'EIRL repose tout entier sur le principe d'étanchéité des ptrimoines, qui conduit à observer que la procédure e traitement des difficultés est davantage ouverte ontre un patrimoine que contre une personne[8], le patrimoine de l'EIRL étant appréhendé comme une entreprise séparée[9]. L'EIRL est désigné en tant que débiteur de dettes figurant dans un patrimoine, plutôt qu'en tant que personne[10]. On renonce ainsi au caractère personnel de la procédure collective[11] Au contraire, on se rapproche ici singulièrement 'une vision réelle de la procédure collective, avec ue détermination précise des biens qui y sont souris, contrastant avec le silence du législateur sur cpoint, en droit commun des procédures collectives[1] On peut aussi voir dans les solutions posées par l'rdonnance du 9 décembre 2010 une personnifition du patrimoine visé par la procédure collecti[13], ou l'affirmation que

1. Bourbouloux et Couturier, « La consécration de la sauvegarde financière de l'entreprise », *BJE* mars/avr. 2011, p. 48 s., sp. p. 50, n° 10.
2. RAPPR. : Dubois, in Basse, Bompoint, Bourbouloux, Dubos et Menjucq, « La sauvegarde financière accélérée », *Rev. proc. coll.* 2011, table ronde 2, p. 73 – Dammann et Schneider « La sauvegarde financière accélérée – analyse et perspective d'avenir », Omnidroit, newletter n° 14, 8 juin 2011, p. 17 s., sp p. 19.
3. POUR UNE ÉTUDE D'ENSEMBLE : Legrand, *Entreprise individuelle à responsabilité limitée*, « Delmas express », Dalloz, 2011.
4. L. n° 2010-658, 15 juin *2010*, *JO 16* juin, p. 10984 – complétée par D. n° 2010-1706, 29 déc. 2010, *JO 31* déc., p. 23450.
5. Firley, « EIRL et affectation des "biens nécessaires" : les précisions déceptives du décret du 30 janvier 2012 », *BJE* mai 2012, Doctr. 76, p. 196.
6. L. n° 2014-626, 18 juin 2014 relative à l'artisanat, au commerce et aux très petites entreprises, *JO* 19 juin, p. 10105 – Piedelièvre, « Un nouveau départ pour l'EIRL », *Gaz. Pal.* 17 sept. 2014, n° 260, p. 9.
7. Ord. n° 2010-1512, 9 déc. 2010, *JO* 10 déc., p. 21617 (pour des réf. complémentaires, v. s^{s} n° 480.03).
8. RAPPR. : Dammann et Podeur, « L'adaptation du droit des entreprises en difficulté et des procédures de traitement des situations de surendettement à l'EIRL par l'ordonnance du 9 décembre 2010 », *Gaz. Pal.* 22-23 déc. 2010, p. 8.
9. Texier, « Le parachèvement du statut législatif de l'EIRL », *Act. proc. coll.* 2011/1, comm. 1.
10. Saintourens, « EIRL : adaptation des conditions d'ouverture des procédures collectives », *Rev. proc. coll.* 2011, dossier 17, p. 80, n° 5.
11. Saint-Alary-Houin, « EIRL et procédures collectives », *Dr. et patr.* avr. 2011, p. 63 s., sp. p. 64.
12. SUR CETTE OBSERVATION : Sénéchal, « L'EIRL : point de vue d'un mandataire judiciaire », *BJE* mars/avr. 2011, p. 73.
13. Lucas, « L'EIRL en difficulté », *LPA* 28 avr. 2011, n° 84, p. 39 s., sp. p. 40.

cette dernière n'a plus la personne pour sujet, mais un patrimoine pour objet[1].

L'ouverture des procédures de conciliation et des procédures collectives permet de se convaincre de cette affirmation. La situation économique du débiteur est appréciée patrimoine par patrimoine. C'est bien la signification du nouvel article L. 680-2 du code de commerce, selon lequel « les dispositions des titres VI à VI du présent livre qui intéressent la situation économique... du débiteur EIRL doivent, sauf dispositions contraires, être comprises comme visant les éléments du seul patrimoine affecté à l'activité en difficulté ou, si l'activité est exercée sans affectation de patrimoine, du seul patrimoine affecté ». Ainsi, pour savoir si un débiteur est en état de cessation des paiements, il faut tenir compte uniquement des éléments de l'actif disponible du patrimoine concerné par l'ouverture de la procédure, que l'on va mettre en balance avec le passif exigible généré par ce patrimoine. Il faut toutefois admettre d'ajouter les créances détenues par des créanciers auxquels la déclaration d'affectation n'est pas opposable[2].

Puisqu'il faut raisonner patrimoine par patrimoine, il est possible, pour un même débiteur, de connaître plusieurs procédures collectives. Le principe de l'unicité du patrimoine étant abandonné, symétriquement est abandonné celui de l'unicité de procédure collective, traduit par le célèbre adage « faillite sur faillite ne vaut »[3]. La possibilité de démultiplication des procédures emporte une autre conséquence, prise en compte par l'ordonnance du 9 décembre 2010. La personne exploitant une EIRL peut bénéficier de la procédure de surendettement au titre de son patrimoine non affecté (C. cons., art. L. 333-7, nouveau)[4], cette solution étant conforme à la logique de la scission patrimoniale[5].

Puisqu'il est possible d'ouvrir plusieurs procédures collectives simultanément, elles ne produiront pas l'effet universel d'appréhension des biens, droits et obligations du débiteur, comme cela est le cas en présence d'une procédure collective classique. Trois articles du code de commerce, tels qu'ils résultent de la rédaction que leur donne l'ordonnance du 9 décembre 2010, ont vocation à traduire ce principe d'éclatement des biens, droits et obligations, en fonction du patrimoine affecté par l'ouverture de la procédure collective : les articles L. 680-2 à L. 680-4.

L'article L. 680-4 a spécialement vocation à s'intéresser à l'entreprise et, par voie de conséquence, aux règles qui concernent sa gestion pendant la période d'observation ou celle de la liquidation judiciaire. Selon ce texte, lorsque les dispositions du livre VI du code de commerce visent l'entreprise, elles doivent s'entendre comme visant « l'entreprise exploitée dans le cadre de l'activité en difficulté ». Ainsi, toutes les règles de gestion de l'entreprise pendant la période d'observation n'ont-elles vocation à s'appliquer qu'à l'entreprise logée dans le patrimoine concerné par la procédure collective. Il en est ainsi, par exemple, des règles qui gouvernent la répartition de pouvoirs entre le débiteur et l'administrateur judiciaire. De même, les règles relatives à la continuation des contrats en cours devront s'appliquer distributivement, en fonction des patrimoines concernés par la procédure collective. La solution résulte des nouveaux articles L. 680-4 et L. 680-5. Il en est encore ainsi des règles qui gouvernent l'élaboration, l'arrêté et l'exécution de plans de sauvegarde ou de redressement.

Il a été déduit de l'article L. 680-6 du code de commerce que la désaffectation à titre onéreux de biens compris dans le patrimoine affecté n'est pas purement interdite[6]. Pendant la période d'observation, il s'agit d'un acte de disposition étranger à la gestion courante, soumis comme tel à l'article L. 622-7, II du code de commerce. Il est donc interdit, et ne peut être autorisé que par le juge-commissaire. Ce dernier devra prendre garde à une juste valorisation afin de ne pas porter atteinte au gage des créanciers du patrimoine affecté. En liquidation judiciaire, la désaffectation est impossible[7], puisqu'elle équivaudrait à une vente au profit du débiteur lui-même, ce qui est interdit. Il a été justement remarqué que cet acte, qui contrarie en liquidation judiciaire les règles du dessaisissement, n'est pas seulement inopposable à la procédure collective : il est nul[8]. Enfin, la désaffectation ne peut tenir en échec une cession d'entreprise, en l'occurrence celle abritée dans le patrimoine affecté, qu'elle intervienne en redressement ou en liquidation judiciaire (C. com., art. L. 642-3 réd. ord. 9 déc. 2010).

1. Lucas, « L'EIRL en difficulté », *LPA* 28 avr. 2011, n° 84, p. 39 s., sp. p. 41.
2. Saintourens, « EIRL : adaptation des conditions d'ouverture des procédures collectives », *Rev. proc. coll.* 2011, dossier 17, p. 80 s., sp. p. 81, n° 11.
3. Régnault-Moutier, « EIRL : adaptation de la règle [faillite sur faillite ne vaut] », *Rev. proc. coll.* 2011, dossier 18, p. 82.
4. Legrand, « Le chapitre II de l'ordonnance du 9 décembre 2010 concernant le surendettement de l'entrepreneur individuel à responsabilité limitée : premiers constats et déception », *D.* 2011. 99 – *Adde*, Legrand, « L'EIRL pourra-t-il prétendre à une procédure de surendettement », *D.* 2010. 2385.
5. Régnault-Moutier, « EIRL : adaptation de la règle [faillite sur faillite ne vaut] », *Rev. proc. coll.* 2011, dossier 18, p. 82 s., sp. p. 83, n° 5.
6. Pétel, « L'adaptation des procédures collectives à l'EIRL », *JCP E* 2011. 1071, sp. p. 20.
7. Pétel, « L'adaptation des procédures collectives à l'EIRL », *JCP E* 2011. 1071, sp. p. 20.
8. Sénéchal, « L'EIRL : point de vue d'un mandataire judiciaire », *BJE* mars/avr. 2011, p. 73 s., sp. p. 74, n° 5.

Les règles relatives au dessaisissement du débiteur doivent identiquement s'appliquer au regard des seuls biens et droits compris dans le périmètre de la procédure collective[1], et non sur tous les biens saisissables du débiteur.

L'effet réel de l'ouverture d'une procédure collective semble faire obstacle à l'intégration dans une entreprise individuelle à responsabilité limitée de biens soumis à cet effet réel. Ainsi, seuls des biens insaisissables pourraient, en théorie, être affectés à l'EIRL[2]. En outre, un débiteur ne pourrait, après l'ouverture d'un redressement judiciaire, constituer un patrimoine d'affectation composé de biens compris dans la procédure collective qui l'atteint[3].

Symétriquement, les créanciers ne seront soumis à la discipline collective que de façon distributive[4], en raisonnant au regard du patrimoine concerné par la procédure collective. La solution résulte clairement de l'article L. 680-3 nouveau du code de commerce, selon lequel « les dispositions du livre VI du code de commerce qui intéressent les droits ou obligations des créanciers du débiteur EIRL s'appliquent, sauf dispositions contraires, dans les limites du seul patrimoine affecté à l'activité en difficulté ou, si l'activité est exercée sans affectation de patrimoine, du seul patrimoine non affecté ». Seul le créancier détenant une créance pouvant être rattachée au patrimoine en rapport avec l'activité en difficulté sera soumis à la discipline collective. Si le créancier détient une créance sur le débiteur, qui se rattache au patrimoine non affecté, il ne sera pas concerné par la procédure collective ouverte contre ce même débiteur, si elle l'est au titre de son EIRL. Ce critère permet de déterminer les créanciers soumis à l'interdiction des paiements, à l'interdiction ou à l'interruption des poursuites individuelles et des voies d'exécution et à l'obligation corrélative de déclarer leur créance au passif.

La loi du 15 juin 2010 et l'ordonnance du 9 décembre 2010 font apparaître que le chef d'entreprise EIRL pourra passer des contrats avec lui-même, au titre d'un autre patrimoine. Il en résulte qu'il sera soumis, comme s'il était un tiers, à exercer, au titre d'un patrimoine autre que celui concerné par la procédure collective, une action en reprise dans la procédure collective, qui est une variété d'action en revendication.

Le principe de l'étanchéité des patrimoines, sur lequel repose la structure juridique de l'EIRL, est toutefois tenu en échec dans un nombre relativement grand de cas, qui font apparaître soit une disparition totale du cloisonnement des patrimoines, soit une responsabilité de l'EIRL pouvant être étendue au patrimoine non concerné par la procédure.

Il existe ainsi une action en réunion de patrimoine, qui n'est rien d'autre qu'une action en confusion des patrimoines. Cette action sera d'abord fondée dans tous les cas d'action en confusion des patrimoines. Mais elle le sera encore dans des cas spécifiquement prévus pour l'EIRL : un manquement grave aux règles d'affectation à un patrimoine, c'est-à-dire la violation des règles prévues au deuxième alinéa de l'article L. 526-6, ou un manquement grave aux obligations comptables et bancaires de fonctionnement de l'EIRL prévues à l'article L. 526-13.

Dans d'autres cas, il s'agit de rendre responsable l'EIRL sur tous ses biens, ce qui revient également à faire disparaître le cloisonnement entre les patrimoines. Il en est ainsi du jeu de l'article L. 526-12, avant dernier alinéa du code de commerce : manquement grave aux règles d'affectation à un patrimoine ou fraude.

L'article L. 562-12, alinéa 1 du code de commerce pose le principe d'opposabilité de plein droit de l'affectation aux créanciers dont les droits sont nés postérieurement à son dépôt, au registre des entrepreneurs individuels créé par le décret du 29 décembre 2010 (C. com., art. R. 526-15 à R. 626-24). Pour les créanciers antérieurs, l'opposabilité est possible, mais à ladouble condition qu'il en soit fait mention dans la dclaration d'affectation et que le créancier concernén soit informé, cette dernière condition résultant'une réserve d'interprétation du Conseil constitutnnel saisi sur la constitutionnalité de la loi du 15in 2010[5]. Il en a été tiré, dans une décision renc en dehors du droit des entreprises en difficulté, conséquence qu'un créancier antérieur peut saisle compte bancaire, au prétexte qu'il n'avait pait l'objet d'une affectation[6]. Comme cela a étélevé, l'explication n'est guère convaincante. Le npte bancaire n'est pas un élément de l'affectatimais une condition d'adoption du statut d'EIRLPlus fondamentalement, il a été jugé que le créier auquel la déclaration d'affectation est inoppble peut demander l'ouverture de la procédure lective sur le patrimoine non affecté[8]. La solutionppose que l'intéressé soit éligible aux

1. Sénéchal, « L'EIRL : point de vue d'un mandataire judiciaire », *BJE* mars/avr. 2011, p. 73 s., sp. p. 74, nº 3.
2. Rép. min. nº 53658, *JOAN Q* 5 janv. 2016, p. 158.
3. Rép. min. nº 53658, *JOAN Q* 5 janv. 2016, p. 158.
4. Demeyère, « Caractère collectif de la procédure et entrepreneur individuel à responsabilité limitée (EIRL) », *Rev. proc. coll.* 2012, dossier 19, p. 96.
5. Cons. co 10 juin 2010, nº 2010-607 DC, *JO* 16 juin, 10988; *R* 01.
6. Paris, 28 2013, RG nº 12/03822, *Act. proc. coll.* 2013/19, comm4, note Legrand.
7. Legrand, ss Paris, 28 févr. 2013, RG nº 12/03822, *Act. proc. coll.*3/19, comm. 284.
8. Riom, 8 o014, RG nº 14/00050, *Act. proc. coll.* 2014, comm. 34te crit. Cagnoli.

procédures collectives au titre de son patrimoine non affecté. Sans doute aurait-il été préférable de lui reconnaître le droit d'agir en paiement sur le patrimoine non affecté, du fait de l'inopposabilité de l'affectation, plutôt que d'autoriser le créancier à l'assigner en redressement ou en liquidation judiciaire.

L'information prend la forme d'une lettre recommandée avec demande d'avis de réception (C. com., art. R. 526-8, réd. D. nº 2010-1706, 29 déc. 2010 et C. com., art. D. 526-9, arr. 29 déc. 2010, *JO* 31 déc.). Ce faisant, le Conseil constitutionnel considère clairement le droit de créance comme un droit de propriété, ce qui nécessite que la réduction d'assiette du droit de gage fasse, pour les créanciers concernés, l'objet d'une information personnelle[1]. Si cette double condition n'est pas remplie, le créancier antérieur au dépôt de l'affectation peut l'ignorer. En outre, si l'entrepreneur a respecté ces conditions au jeu de l'opposabilité de la déclaration d'affectation, le créancier concerné peut former opposition afin de faire déclarer inopposable l'affectation. La juridiction rejettera l'opposition ou ordonnera soit le remboursement des créances soit la constitution de sûretés. Si, selon le cas, le remboursement ou la constitution de sûretés n'intervient pas, la déclaration d'affectation sera inopposable au créancier opposant.

Si la déclaration d'affectation est inopposable à un créancier, ce dernier peut opposer son droit de créance au patrimoine affecté. En cas de procédure collective atteignant l'EIRL, il ne pourra exercer ses droits qu'en déclarant sa créance au passif de l'EIRL.

L'inopposabilité peut ne concerner que l'affectation d'un immeuble (C. com., art. L. 526-9). Cette dernière obéit aux règles de la publicité fcière. Si ces règles ne sont pas respectées, l'afftion est inopposable. L'immeuble reste donc lgage des créanciers du patrimoine non affecté[2]. Fapplication de l'article L. 526-11, l'affectationun bien commun ou indivis suppose l'accord exp du conjoint ou des coindivisaires. À défaut, l'affation est inopposable, semble-t-il, aux créancierlu patrimoine affecté, le bien restant dans le gages créanciers du patrimoine non affecté[3].

Le législateur édicte également un cert nombre de cas dans lesquels l'on peut constater e responsabilité illimitée de l'EIRL.

1. Revet, « la consécration de la propriété des ınces par le Conseil constitutionnel », *RTD civ.* 2010. 58
2. EN CE SENS AUSSI : Vauvillé, « Commentaire la loi du 15 juin 2010 relative à l'entrepreneur indivel à responsabilité limitée », *Defrénois* 2010. 39144, 1649 s., sp. p. 1658.
3. SUR CETTE QUESTION : Sénéchal, « Le patrire affecté à l'épreuve du droit des procédures collectiv *Dr. et patr.* 2010, nº 191, p. 89 s., sp. p. 93.

Il en est d'abord ainsi en cas de problème de valorisation des biens affectés. L'article L. 526-10, alinéa 1 du code pose le principe d'une évaluation de tout élément d'actif du patrimoine affecté, autre que des liquidités, d'une valeur supérieure à un montant fixé par décret, par un professionnel du chiffre ou un notaire, s'agissant d'un immeuble. Si la valeur déclarée par l'EIRL est supérieure à l'évaluation faite, l'EIRL est responsable à hauteur de la différence pendant cinq ans à l'égard des tiers sur la totalité de son patrimoine, affecté ou non. Il serait toutefois illogique qu'il soit tenu sur un autre patrimoine affecté, hypothèse que ne semble pas avoir envisagée le législateur. La même sanction est posée en l'absence d'évaluation par un professionnel, l'EIRL étant alors tenu de la différence entre la valeur qu'il a déclarée et la valeur réelle du bien lors de l'affectation. Ces règles peuvent être mises en œuvre par le défenseur de l'intérêt collectif des créanciers en cas de procédure collective.

Les articles 5 à 7 de la loi du 15 juin 2010[4] prévoient que lorsque l'EIRL, par des manœuvres frauduleuses [ce qui vise tout comportement délibérément destiné à appauvrir le gage normal des créanciers[5]] ou à la suite de l'inobservation grave et répétée des obligations fiscales ou sociales, a rendu impossible le recouvrement des cotisations fiscales et sociales dont il est redevable au titre de cette activité, le recouvrement de ces sommes peut être recherché sur le patrimoine non affecté dès lors que le tribunal de grande instance a constaté la réalité de ces agissements. Une règle symétrique est posée lorsque les agissements de l'intéressé ont rendu impossible le recouvrement des impôts étrangers à son activité professionnelle. En ce cas, le recouvrement peut être recherché sur le patrimoine affecté. En cas de procédure collective de l'EIRL, l'administration fiscale devra toutefois limiter ses prétentions à une déclaration de créance au passif de l'EIRL. Cette solidarité fiscale et sociale prend ici un tour un peu particulier, puisqu'il s'agit d'instaurer une solidarité entre patrimoines, non entre deux personnes. L'action n'appartient pas au défenseur de l'intérêt collectif des créanciers, puisqu'il n'est question que de protéger une catégorie de créanciers.

L'article L. 526-12, dernier alinéa permet une appréhension du bénéfice de l'EIRL réalisé au titre du dernier exercice clos, en cas d'insuffisance du patrimoine non affecté. Le législateur part du postulat que le bénéfice de l'EIRL est un bien du patri-

4. SUR LA QUESTION : Douaoui-Chamseddine, « Le traitement de la dette d'impôt sur le revenu de l'EIRL dans les procédures d'exécution civiles et commerciales », *Rev. proc. coll.* *2011*, étude 21, p. 24.
5. Pétel, « L'adaptation des procédures collectives à l'EIRL », *JCP E* 2011. 1071, sp. p. 23.

moine de cet EIRL, qui ne peut donc, par principe, être appréhendé par les créanciers du patrimoine non affecté. Ce principe est écarté en cas d'insuffisance patrimoniale, qui rappelle un peu le droit pour les créanciers d'une société civile de poursuivre les associés, dans cette même hypothèse. Ici encore, il s'agit d'une sorte de responsabilité indéfinie de l'EIRL, qui est tenu envers des créanciers qui ne sont pas ceux du patrimoine affecté. En cas de procédure collective de l'EIRL, ce droit sur le gage du patrimoine affecté, portant spécialement sur le bénéfice, pendra la forme d'une déclaration au passif.

Il a été très bien démontré les emprunts fonctionnels de l'EIRL à l'EURL[1]. L'une des illustrations importantes de ce propos tient à l'adaptation des cas de sanctions et mesures susceptibles d'atteindre l'EIRL[2]. Ainsi, l'EIRL peut-il être condamné, sur son patrimoine non affecté [mais non sur un autre de ses patrimoines affectés[3]], en cas de faute de gestion ayant contribué à la création ou à l'augmentation d'une insuffisance d'actif de l'entreprise logée dans le patrimoine affecté. L'EIRL répondra de ses fautes de gestion à l'instar du dirigeant d'une société débitrice. Observons que si la procédure est ouverte au titre du patrimoine non affecté, la condamnation à combler l'insuffisance d'actif ne pourra être prononcée à l'encontre de l'EIRL[4], de sorte que les biens du patrimoine affecté ne pourront permettre de combler l'insuffisance d'actif du patrimoine non affecté.

Terminons en indiquant que l'article 106 de l'ordonnance du 12 mars 2014 étend aux EIRL l'application des règles du règlement amiable agricole, par création d'un article L. 351-7-1 du code rural venant indiquer que les articles L. 680-1 à L. 680-5 du code de commerce sont applicables en matière de règlement agricole.

SECTION 042.90

ORDONNANCE DU 12 MARS 2014 ET TEXTES POSTÉRIEURS

042.91 Loi d'habilitation[5]. L'article 2 de la loi du 2 janvier 2014[6] habilite le Gouvernement, dans les conditions prévues à l'article 38 de la Constitution, à prendre par voie d'ordonnance toute mesure relevant du domaine de la loi afin :

1° De favoriser le recours aux mesures ou procédures de prévention relevant du livre VI du code de commerce ou du titre V du livre III du code rural et de la pêche maritime et d'améliorer leur efficacité en :

a) Élargissant leur champ d'application, notamment en permettant au président du tribunal de grande instance de recourir au mécanisme de l'alerte et en améliorant la procédure d'alerte par le commissaire aux comptes;

b) Prévoyant des dispositions incitant les débiteurs à recourir à de elles mesures ou procédures, en modifiant les condtions auxquelles des délais de grâce peuvent être acordés par le président du tribunal, en renforçant ls droits des créanciers recherchant un accord négoé et l'efficacité de cet accord, en réputant non écrts les clauses contractuelles qui font obstacle au rours à un mandat *ad hoc* ou à une conciliation etn introduisant des dispositions assurant la régution des coûts de ces procédures et une prise enharge équilibrée des rémunérations allouées aux iervenants extérieurs;

2° De faciliter la rherche de nouveaux financements de l'entreprisbénéficiant d'une procédure de conciliation et d'aéliorer les garanties pouvant s'y rattacher, sans prter atteinte aux intérêts de l'Association pour lagestion du régime de garantie des créances des salaés ni remettre en cause le privilège des créances d salariés;

3° De renforcer efficacité le la procédure de sauvegarde en adaptt les effets e l'ouverture de la procédure de sauverde sur la sitution juridique du débiteur et de s partenaires, d'assouplir les conditions d'ouverre de la procédure de sauvegarde financière accérée et de créer une procédure de sauvegarde, incant les créanciers non financiers, ouverte en as d'échec d'une procédure de conciliation;

4° De promouvir, en cas de procédures collectives, la recherch d'une solution permettant le maintien de l'acité et la préservation de l'emploi par des dispositis relatives à une meilleure répartition des pouvo entre les acteurs de la procédure, au rôle des coms de créanciers, à l'amélioration de l'information d salariés et aux droits des actionnaires;

5° D'assour, de simplifier et d'accélérer les modalités de trement des difficultés des entreprises en cessatioes paiements dont la situation est irrémédiablemt compromise en les assortissant de mécanismee contrôle, de créer une procédure spécifique desée aux débiteurs qui ne disposent pas de salariés d'actifs permettant de couvrir les frais de procre et de faciliter la clôture pour

1. Guesmi, « EIRL versus EURL à l'aune du droit des procédures collectives », *D.* 2011. 104.
2. Lasserre Capdeville, « EIRL : adaptation des sanctions », *Rev. proc. coll.* 2011, dossier 21, p. 91.
3. Sénéchal, « L'EIRL : point de vue d'un mandataire judiciaire », *BJE* mars/avr. 2011, p. 73 s., sp. p. 75, n° 13.
4. Pétel, « L'adaptation des procédures collectives à l'EIRL », *JCP E* 2011. 1071, sp. p. 22.
5. Vallansan, « Étrennes législatives : publication de la loi d'habilitation permettant la réforme des procédures collectives par ordonnance », *Act. proc. coll.* 2014/1, comm. 2.
6. L. n° 2014-1, 2 janv. 2014, *JO* 3 janv., p. 50.

insuffisance d'actif lorsque le coût de la réalisation des actifs résiduels est disproportionné;

6° D'améliorer les procédures liquidatives en :

a) Précisant les modalités de cession de l'entreprise;

b) Dissociant la durée des contraintes imposées au débiteur de celle des opérations de réalisation et de répartition de son actif;

c) Supprimant les obstacles à une clôture de la procédure pour extinction du passif, comme celui résultant de la dissolution de plein droit de la société dès l'ouverture de la procédure prévue au 7° de l'article 1844-7 du code civil;

d) Clarifiant les conditions d'une clôture pour insuffisance d'actif;

7° De renforcer la transparence et la sécurité juridique du régime procédural prévu au livre VI du code de commerce, notamment en :

a) Précisant et complétant les critères de renvoi d'une affaire devant une autre juridiction pour tenir compte de l'appartenance du débiteur à un groupe ou de l'importance de l'affaire;

b) Améliorant l'information du tribunal et de son président et en permettant une meilleure prise en compte d'autres intérêts que ceux représentés dans la procédure;

c) Précisant les conditions d'intervention et le rôle du ministère public et des organes de la procédure;

d) Clarifiant la compétence et les pouvoirs du juge-commissaire et en adaptant en conséquence son statut juridictionnel;

e) Améliorant les modalités de déclaration des créances et de vérification du passif;

f) Tirant les conséquences de la décision du Conseil constitutionnel du 7 décembre 2012[1] (société Pyrénées services et autres), relative à la saisine d'office du tribunal de commerce;

8° D'adapter les textes régissant la situation de l'entreprise soumise à une procédure collective, notamment en cas de cessation totale d'activité, en harmonisant les dispositions du livre VI du code de commerce et les dispositions correspondantes du code du travail.

042.92 Mesures phares de l'ordonnance du 12 mars 2014[2]. Les mesures les plus importantes qui ressortent de l'ordonnance du 12 mars 2014 tiennent d'abord à l'augmentation de l'attractivité des procédures de prévention. Il est d'abord ainsi du renforcement de la sécurité de la conciliation. Il en est de même de la création, sur le schéma de la procédure de sauvegarde financière accélérée, qui est conservée, de la procédure de sauvegarde anticipée, qui contribue à élargir considérablement les passerelles entre la conciliation et la sauvegarde.

Sont retouchées, mais de manière assez marginale, les procédures de sauvegarde et de redressement.

La procédure la plus affectée par la réforme est sans contestation possible celle de liquidation judiciaire. Tout d'abord, comme pour le redressement judiciaire, elle en pourra plus être ouverte d'office. La dissolution des sociétés ne sera plus la conséquence de la liquidation judiciaire, mais seulement celle de sa clôture pour insuffisance d'actif. Le périmètre du dessaisissement est modifié, pour y faire échapper les biens échus sur succession pendant la liquidation judiciaire du débiteur physique. La liquidation judiciaire simplifiée est encore simplifiée. Les conditions de la clôture pour insuffisance d'actif sont considérablement assouplies.

Il sera désormais possible de ne pas plus ouvrir les procédures impécunieuses, au constat que s'il n'y a rien à répartir, parce qu'il n'y a rien à liquider, une procédure ultra rapide et simplifiée de rétablissement professionnel permettra au débiteur de rebondir rapidement, après effacement de ses dettes.

Du côté des créanciers, les aspects les plus remarquables de la réforme tiennent assurément, à la simplification et à la cohérence de la procédure de déclaration des créances, laquelle, malheureusement, n'a pas été accompagnée d'une véritable simplification des opérations de vérification des créances, l'office juridictionnel du juge-commissaire en la matière n'ayant quasiment pas été modifié. Il faut également signaler l'extension du périmètre des créances postérieures éligibles au traitement préférentiel, en liquidation judiciaire, spécialement en dehors de la poursuite provisoire de l'activité.

Du côté des salariés, enfin, l'ordonnance s'emploie à harmoniser les dispositions du livre VI du code de commerce et les dispositions correspondantes du code du travail.

042.93 Ordonnance du 26 septembre 2014[3]. L'ordonnance du 26 septembre 2014 vient retoucher celle du 12 mars 2014. Ce texte est intitulé « ordonnance [...] complétant l'ordonnance n° 2014-326 portant réforme de la prévention des difficultés des entreprises et des procédures collectives ». Le titre de l'ordonnance laisse entendre qu'il s'agit simplement de compléter l'ordonnance du 12 mars

1. Cons. const. 7 déc. 2012, n° 2012-286 QPC, *JO* 8 déc., p. 19279; *Rec.* 642.
2. Ord. n° 2014-326, 12 mars 2014 portant réforme de la prévention des difficultés des entreprises et des procédures collectives, *JO* 14 mars, p. 5249.
3. Ord. n° 2014-1088, 26 sept. 2014, *JO* 27 sept., p. 15725 – Le Corre, « Les retouches de la réforme du droit des entreprises en difficulté (ordonnance n° 2014-1088 du 26 septembre 2014, complétant l'ordonnance n° 2014-326 du 12 mars 2014, portant réforme de la prévention des difficultés des entreprises et des procédures collectives) », *LXB hebdo* 16 oct. 2014, n° 587.

2014. Cela est exact, mais ne reflète pas l'intégralité du texte, qui contribue également à dissiper quelques incertitudes d'interprétation et vient encore corriger quelques malfaçons.

On retiendra essentiellement de ce texte la suppression de la saisine d'office aux fins de conversion d'une sauvegarde en redressement judiciaire pour apparition de l'état de cessation des paiements (C. com., art. L. 621-12, al. 2), celle de la saisine d'office aux fins de reprise de la liquidation judiciaire clôturée prématurément pour insuffisance d'actif (C. com., art. L. 643-13, al. 2) et enfin la possibilité pour le tribunal, saisi par le débiteur aux fins d'ouverture d'un redressement judiciaire, après avoir recueilli les observations du débiteur, d'ouvrir une liquidation si manifestement il n'existe plus de chance de redressement (C. com., art. L. 631-7). Réciproquement, le tribunal pourra, dans les mêmes conditions, procéder à l'ouverture d'un redressement judiciaire, si subsistent des chances de redressement, alors que seule l'ouverture de la liquidation judiciaire avait été demandée (C. com., art. L. 641-1, I).

Précisons que l'ordonnance du 26 septembre 2014 est applicable à Wallis et Futuna (art. 13, al. 1).

042.94 **Loi du 6 août 2015** [1]**, dite loi Macron.** Le droit des entreprises en difficulté a été à nouveau retouché, un peu plus d'un an après les dernières évolutions résultant de l'ordonnance du 12 mars 2014 et de son décret d'application du 30 juin 2014. Il faut dire que la loi du 6 août 2015 pour la croissance, l'activité et l'égalité des chances économiques, dite loi Macron, emporte modification de très nombreux corps de règles.

Celles intéressant spécifiquement le droit des entreprises en difficulté sont parfois appréhendées sous l'angle de la concurrence. Il en est ainsi lorsque la loi dite Macron s'attaque aux professions réglementées, dont celle d'administrateur judiciaire et de mandataire judiciaire, en introduisant des mesures que l'on peut qualifier, à tout le moins, de spectaculaires. Un parlementaire n'a pas hésité à énoncer que « cette démarche stigmatisante s'apparente à une sorte de croisade poujadiste du Gouvernement contre les professions réglementées » [2]. Sont revues non seulement les conditions d'accès à la profession, mais également les modalités de détermination du tarif.

Dans le prolongement de la loi Macron, l'ordonnance du 31 mars 2016 [3] modifie la loi du 31 décembre 1990 [4] relative à l'exercice sous forme de sociétés des professions libérales soumises à un statut législatif ou réglementaire ou dont le titre est protégé et aux sociétés de participations financières de professions libérales. On retiendra spécialement la possibilité offerte par le décret d'application de cette ordonnance de constituer des sociétés d'exercice pluriprofessionnelles entre administrateurs et mandataires judiciaires, ce qui semble bien constituer une régression par rapport à l'idée de dissociation des professions issues de la loi du 25 janvier 1985 et à la prévention des conflits d'intérêts.

Elle modifie aussi, mais dans une mesure moindre que celle qui avait pu être annoncée il y a quelques années, le fonctionnement des juridictions commerciales, en créant des juridictions consulaires spécialisées, pour connaître de certaines procédures collectives et conciliations.

La loi Macron poursuit également le mouvement entrepris avec la loi du 1er août 2003 [5], dite loi Dutreil, de protection de l'entrepreneur individuel, poursuivi par la loi du 15 juin 2010 [6] ayant institué le statut de l'entrepreneur individuel à responsabilité limitée (EIRL) en créant, ce qui va constituer pour le drot des entreprises en difficulté, la mesure phare de lalégislation, l'insaisissabilité légale de la résidence pincipale du débiteur. Bien que la question soit aordée au livre V du code de commerce, c'est bien llivre VI qui se trouve affecté et plus spécialement question des réalisations immobilières en liquidatn judiciaire.

Tentée p l'ordonnance du 12 mars 2014, la cession forcédes parts ou actions détenues par les associés ouctionnaires majoritaires dans l'hypothèse d'un an de redressement, lorsqu'il a nécessité d'augmnter le capital social, fait son entrée officielle da le code de commerce.

Le texte dla loi Macron n'a pas été adopté dans le consensu En première lecture à l'Assemblée Nationale, i été adopté selon la procédure de l'article 49, anéa 3 de la Constitution. Largement

1. L. n° 2015-990, 6 août 2015 pour la croissance, l'activité et l'égalité des chances économiques, *JO* 7 août, p. 13537, dite loi Macron – Le Corre, « La loi Macron et le droit des entreprises en difficulté », *Gaz. Pal. entr. diff.* 20 oct. 2015, n° 291, p. 7 – Lucas, « Commentaire des dispositions de la loi du 6 août 2015 "pour la croissance, l'activité et l'égalité des chances économiques" intéressant le droit des entreprises en difficulté », *BJE* sept. 2015, 317 – Rossi, « Dispositions de la loi Macron concernant les livre VI et VIII du code de commerce », *Rev. proc. coll.* 2015, étude 15.
2. Interv. B. Accoyer, déb. Ass. nat. 2 févr. 2015, s[s] art. 12.
3. Ord. n° 20194, 31 mars 2016 relative aux sociétés constituées p l'exercice en commun de plusieurs professions libéralesumises à un statut législatif ou réglementaire ou dont tre est protégé, *JO* 1er avr.
4. L. n° 90-1258, déc. 1990 relative à l'exercice sous forme de sociétés derofessions libérales soumises à un statut législatif ou rénentaire ou dont le titre est protégé, *JO* 5 janv. 1991, p6.
5. L. n° 2003-72 er août 2003 pour l'initiative économique, *JO* 5 août13449.
6. L. n° 2010-658 juin 2010 relative à l'entrepreneur individuel à responité limitée, *JO* 16 juin, p. 10984.

remanié après son passage au Sénat, et notamment sur les questions centrales qui nous intéressent, il a identiquement été adopté en seconde lecture selon cette même procédure.

Dans ces conditions, il n'est pas étonnant que de nombreuses dispositions phares adoptées par la loi Macron, et qui intéressent le droit des entreprises en difficulté, aient été soumises à la censure du Conseil constitutionnel[1]. Bien que ce dernier ait déclaré non constitutionnelles nombre de dispositions contenues dans la loi Macron, une seule de celles intéressant le droit des entreprises en difficulté a été considérée comme non conforme à la norme supérieure, celle prévoyant le financement du fonds interprofessionnel de l'accès au droit et à la justice.

042.95 Loi de modernisation de la justice du XXIe siècle. La loi de modernisation de la justice du XXIe siècle emporte ratification de diverses ordonnances ayant modifié le droit des entreprises en difficulté, dont l'ordonnance du 12 mars 2014 et des ordonnances prises en application de la loi Macron. Ce texte comporte en outre un certain nombre de dispositions modifiant de manière mineure le droit des entreprises en difficulté, cependant que l'une de ses dispositions vient renforcer l'indépendance et l'efficacité de l'action des administrateurs judiciaires et des mandataires judiciaires.

1. Cons. const. 5 août 2015, n° 2015-715 DC, *JO* 7 août, p. 13616.

TITRE

050. Législation du 26 juillet 2005

SECTION 0

ORIENTEUR

050.00 Plan du titre.

Chap.	**051**	**Présentation générale de la législation de sauvegarde des entreprises du 26 juillet 2005**
Sect.	051.10	Section unique
Chap.	**052**	**Réforme de la prévention et remplacement de la procédure de règlement amiable par la procédure de conciliation**
Sect.	052.10	Section unique
Chap.	**053**	**Réforme des procédures collectives**
Sect.	053.10	Extension des procédures collectives
Sect.	053.20	Procédure de sauvegarde
Sect.	053.30	Réforme du redressement judiciaire
Sect.	053.40	Réforme de la liquidation judiciaire
Sect.	053.50	Modifications affectant les créanciers
Sect.	053.60	Réforme des sanctions
Sect.	053.70	Réforme des voies de recours

050.03 Bibliographie indicative.

• Sur le projet de loi de sauvegarde des entreprises.

> Articles.

› *Études d'ensemble.* Chriqui H., « Prévention des difficultés des entreprises : peut-on aller plus loin ? », *Gaz. Pal.*, Doctr. 16-18 mai 2004, p. 2 – Couret A., « La réforme des procédures collectives : propos conclusifs », Interv. Colloque Crajefe, *Nice 27 mars* 2004, *LPA* 10 juin 2004, n° 116, p. 49 – Dammann Reinhard, « Réflexions *sur le projet* de loi de sauvegarde des entreprises en difficulté », *LXB* n° N2030AIZ – Jacquemont A., « La future procédure de conciliation : une attractivité nouvelle pour l'entreprise en difficulté et ses créanciers », *Rev. proc. coll.* 2004, p. 290 – Jouffin E., « Le lancinant mouvement de balancier des procédures collectives – Présentation de la seconde version de l'avant-projet de loi de sauvegarde des entreprises », *Rép. com.* Dalloz, Cahiers de l'actualité, mars 2004 – Le Corre P.-M., « Présentation générale du projet de réforme des entreprises en difficulté : de l'avant-projet au projet de loi de sauvegarde des entreprises », *Gaz. Pal.* 25-26 févr. 2004, Doctr. p. 4; « Premiers aperçus avant lecture du projet de loi de sauvegarde des entreprises », *LXB hebdo* n° 106, 5 févr. 2004, n° N0417AB3; « Les modifications résultant de l'examen par le Conseil d'État du projet de loi de sauvegarde des entreprises », *Gaz. Pal.* 23-25 mai 2004, Doctr. 2 – Léguevaques Ch., « La réforme du droit des entreprises en difficulté (à propos de l'avant-projet de loi Perben dans sa version de février 2004) », *LPA* 23 juin 2004, n° 125, p. 3 – Lienhard A., « La réforme des procédures collectives – Avant-projet de loi de sauvegarde des entreprises », *D.* 2004. 2554; « Sauvegarde des entreprises : fin du premier round parlementaire », *D.* 2004, Doctr. 775 – Montéran Th., « Observations sur l'avant-projet de loi de sauvegarde des entreprises », *Gaz. Pal.* 10-11 déc. 2003, Doctr. 3; « Projet de loi de sauvegarde des entreprises : le point de vue du praticien », *Gaz. Pal.* 25-26 févr. 2005, Doctr. 2; « Rapport d'étape sur le projet de sauvegarde des entreprises », *Gaz. proc. coll.* 2005/1, p. 7 – Sardet P. et Beauchamp J.-P., « Réforme des faillites ou le privilège de la ré-conciliation », *Rev. proc. coll.* 2004, p. 25 – Saint-Alary-Houin C., « Le projet de loi sur la sauvegarde des entreprises : continuité, rupure ou retour en arrière ? », *Dr. et patr.* 2005/1, n° 133, p. 4 – Soinne B., « La réforme des procédures collectives : la onfusion des objectifs et des procédures – Premier aspecta prévention », *Rev. proc. coll.* 2004, p. 1 et 2004, p. 81 Réalisme et confusion (à propos du projet de loi réformant lroit des procédures collectives) », *D.* 2004. 1506 – Teboul (« Le projet de loi de sauvegarde des entreprises du 26 jier 2004 », *LPA* 19 févr. 2004, n° 32, p. 3; « Le projet oi de sauvegarde des entreprises *diffusé par la Chanceller* 2 mai 2004 : Quoi de neuf ? », *LPA* 29 juin 2004, n° 12 4 – Vallens J.-L., « Réforme des procédures collectives : nier commentaire de l'avant-projet de loi », *Lamy Droit cercial* nov. 2003, G, n° 160, p. 1.

› *La cessation des paiets.* Campana M.-J. et Teboul G., « La cessation des paies : pour quoi faire ? À propos de l'avant-projet de loi dvegarde des entreprises », *JCP E* 2003. 1833.

› *Débiteur et créanciers.* Le Corre P.-M., « La situation générale du débiteur et des créanciers dans l'avant-projet de réforme des entreprises en difficulté », *Gaz. Pal.* 10-11 déc. 2003, Doctr. p. 13; « Les créanciers antérieurs dans le projet de sauvegarde des entreprises », Interv. Colloque Crajefe, Nice 27 mars 2004, *LPA* 10 juin 2004, n° 116, p. 25 – Pérochon F., « Le sort des créanciers postérieurs », Interv. Colloque Crajefe, Nice 27 mars 2004, *LPA* 10 juin 2004, n° 116, p. 16.

› *Les sanctions.* Le Corre P.-M., « Les sanctions dans l'avant-projet de réforme des entreprises en difficulté », *Gaz. Pal.* Doctr. 19-20 déc. 2003, p. 7.

› *Ouverture de la procédure.* Lucas F.-X., « L'ouverture de la procédure collective », Interv. Colloque Crajefe, Nice 27 mars 2004, *LPA* 10 juin 2004, n° 116, p. 4.

› *Redressement et liquidation judiciaires.* Pétel Ph., « La réforme des plans de redressement », Interv. Colloque Crajefe, Nice 27 mars 2004, *LPA* 10 juin 2004, n° 116, p. 34 – Sénéchal J.-P., « La réforme de la liquidation judiciaire », Interv. Colloque Crajefe, Nice 27 mars 2004, *LPA* 10 juin 2004, n° 116, p. 43.

› *Sûretés.* Crocq P., « Le projet de loi sur la sauvegarde des entreprises et le respect des concepts du droit des sûretés », *Dr. et patr.* 2005/1, n° 133, p. 43 – Pommier F. et Amigues B., « Le sort des cautions, coobligés et garants autonomes dans le projet de loi de sauvegarde des entreprises », *LPA* 9 mars 2005, n° 48, p. 9.

› *Profession libérale.* Reigné Ph., « L'application aux professions libérales des procédures de prévention et de traitement des difficultés des entreprises », Interv. Colloque Crajefe, Nice 27 mars 2004, *LPA* 10 juin 2004, n° 116, p. 10 – Rétif S., L'extension des procédures collectives aux professions libérales, *Dr. et patr.* 2006/3, p. 95.

• Commentaire et présentation générale de la législation de sauvegarde des entreprises

> Ouvrages. Gibirila, n°s 1 à 32 – Lucas F.-X. et Lécuyer H., dir. *La réforme des procédures collectives : La loi de sauvegarde article par article*, Lgdj, 2006 – PÉROCHON, 10e éd, n°s 21 à 28 – Roussel Galle Ph., *Réforme du droit des entreprises en difficulté par la loi de sauvegarde des entreprises du 26 juillet 2005*, « Carré droit », Litec, 2005.

> Actualisables. J.-CL. COM., Dumont-Lefrand M.-P., fasc. 2152, [Procédure de sauvegarde], 2006.

> Articles.

› *Étude d'ensemble.* Barbièri J.-F « Le choix des techniques de traitement des difficultés des etreprises », *Rev. proc. coll.* 2005/4, p. 346 – Canet P., « Pet tableau synoptique de la loi du 26 juillet 2005, au soutien *praticien en dificulté* », *LPA* 17 févr. 2006, n° 35, p. 9 – C*put Y.*, « Les attraits des nouveaux modes de traitement deifficultés des entreprises (Propos introductifs) », *LPA* 14 juin07, n° 119, p. 5; « Une nouvelle architecture du droit fras des procédures dites collectives », *JCP* 2005, n° 46,184 – Deharveng J., « Philosophie de la réforme et pntation du nouveau cadre juridique », *RLDA* suppl. déc)5, p. 4; « Les attraits des nouveaux modes de traitemen difficultés des entreprises : *précisions apportées par leistre de la Justice* », *LPA* 14 juin 2007, n° 119, p. 39 – Lre P.-M., « Premiers regards sur la loi de sauvegarde deeprises », *D.* 2005, Doctr. 2299; « Propos introductifs à de sauvegarde des entreprises », *Act. proc. coll.* 2005/14; « Regard sur la loi de sauvegarde des entreprises », *RJ com.* 2005/5, p. 388 – Legeais D., « Incidences de la loi du 26 juillet 2005 relative à la sauvegarde des entreprises », *RD banc. fin.* 2005, act. n° 162 – Lucas F.-X., « L'apport de la nouvelle loi et sa philosophie », *LPA* 16 mars 2006, n° 54, p. 8; « Rapport de synthèse », colloque de Caen, janv. 2006, *Rev. proc. coll.* 2006/2, p. 217; « Aperçu de la réforme du droit des entreprises en difficulté par la loi de sauvegarde des entreprises du 26 juillet 2005 », *Bull. Joly* 2005/11, § 262, p. 1181 – Mouial-Bassilana E., « L'agencement des différentes procédures instaurées par la loi de sauvegarde », *LPA* 14 juin 2007, n° 119, p. 49 – Notté G., « La loi de sauvegarde des entreprises », *JCP E* 2005, n° 30, act. 218 – Pétel Ph., « Le nouveau droit des entreprises en difficulté », *JCP E* 2005. 1509, p. 1730; « La réforme collatérale : les incidences de la modification du droit des procédures collectives par la loi du 26 juillet 2005 », *in Le droit des sûretés à l'épreuve des réformes*, Picod Y. et Crocq P. (dir.), « Droit et procédures », 2006, p. 31 – Outin-Adam A. et Bienvenu S., « Sauvegarde des entreprises : le point de vue de la Chambre de commerce et d'industrie de Paris », *JCP E* 2005. 1516, p. 1781 – Piedelièvre S., « La loi de sauvegarde des entreprises », *JCP N* 2005. 1397 – Rey P., « De la sauvegarde des entreprises », *JCP E* 2005. 1513, p. 1770 – Raibaut J., « Loi nouvelle, nouvelle pratique : le point de vue d'un magistrat consulaire », *LPA* 17 févr. 2006, n° 35, p. 12 – Saint-Alary-Houin C., « Propos introductifs sur la loi de sauvegarde des entreprises », *Rev. proc. coll.* 2005/4, p. 342; « Présentation générale de la réforme, *in* regards croisés de praticiens sur la loi de sauvegarde des entreprises », *LPA* 17 févr. 2006, n° 35, p. 4 – Saint-Alary-Houin C., « La loi de sauvegarde des entreprises, de nouvelles procédures pour de nouvelles stratégies », *Rev. proc. coll.* 2007, p. 13 – Saintourens B., « Le nouveau droit de l'entreprise en difficulté », coll. Lille 22 juin 2006, rapp. synthèse, *Rev. proc. coll.* 2006/4, p. 352 – Simon J. et Reygrobellet A., « Vers une approche plus économique des procédures collectives – le point de vue du Medef », *LPA* 17 févr. 2006, n° 35, p. 58 – Soinne B., « Brèves réflexions sur la nouvelle loi et son entrée en vigueur au 1er janvier 2006 », *Rev. proc. coll.* 2005, p. 175 – Teboul G., « Le rapport de Roux : vers une nouvelle réforme du droit des entreprises en difficulté ? », *Gaz. Pal.* 25-27 févr. 2007, p. 2 – Texier A.-S., « Réforme du droit des entreprises en difficulté : présentation du décret d'application », *RLDA* janv. 2006, p. 21 – Vaillot R., « La loi du 26 juillet 2005 portant réforme du droit des entreprises en difficultés : le point de vue de l'administrateur judiciaire-mandataire *ad hoc* et conciliateur », *JCP E* 2005. 1515, p. 1775 – Vallansan J., « Loi de sauvegarde des entreprises », *Act. proc. coll.* 2005/14; « Le décret d'application de la loi n° 2005-845 de la loi du 26 juillet 2005 a été publié – Quelques-unes des principales nouveautés », *Rev. proc. coll.* 2006/1, p. 5 – Vallens J.-L., « L'attractivité du nouveau droit français de l'insolvabilité », *LPA* 14 juin 2007, n° 119, p. 55.

› *Sauvegarde.* Cavigloli Ch. et Léguevaques Ch., « Aperçu de la procédure de sauvegarde à usage du chef d'entreprise », *LPA* 17 févr. 2006, n° 35, p. 22 – Chaput Y., « La sauvegarde des entreprises. À propos de la loi adoptée le 13 juillet 2005 », *JCP* 2005, n° 30, aperçu rapide, p. 1431 – Croze H., « Loi de sauvegarde des entreprises – Panorama général et procédural », *Procédures* 2005/10, p. 9 – de Roux X., « Sur la sauvegarde de l'entreprise, l'esprit d'un texte », *RJ com.* 2006. 91 – Legros J.-P., « La loi du 26 juillet 2005 de sauvegarde des entreprises : La nouvelle procédure de sauvegarde (2e partie) », *Dr. sociétés* 2005, étude n° 11 – Roussel Galle Ph., « La procédure de sauvegarde : quand et pourquoi se mettre sous la protection de la justice », *JCP E* 2006. 2437, p. 1679 – Teboul G., « La procédure de sauvegarde : la boîte à outils », *LPA* 17 févr. 2006, n° 35, p. 20 – Voinot D., « La nouvelle procédure de sauvegarde », *Gaz. Pal.* 7-8 sept. 2005, n° sp. p. 24.

› *Sûretés.* Crocq P., « Réforme des procédures collectives et sort des créanciers munis de sûretés », *Dr. et patr.* 2006/3, p. 90; « La réforme des procédures collectives et le droit des sûretés », *D.* 2006, Chron. 1306 s., sp. 1307, n° 11 – Lefèvre H., « Les conséquences de la réforme des sûretés sur le droit des procédures collectives », *LPA* 27 mars 2008, n° 63, p. 71.

› *Profession libérale.* Favario Th., « L'avocat en difficulté (application de la loi de sauvegarde à l'avocat exerçant en nom) », *Bull. Joly* 2006/6, § 155, p. 691 – Martin R. et Neveu P., « L'application à la profession d'avocat de la loi du 26 juillet 2005 sur la sauvegarde des entreprises », *JCP E* 2006. 1764, p. 867 – Rétif S., « L'extension des procédures collectives aux professions libérales », *Rev. proc. coll.* 2006/2, p. 152.

› *Banque.* Gerosa B., « Un nouveau rôle pour le banquier face aux entreprises en difficulté », *LPA* 17 févr. 2006, n° 35, p. 94 – Stoufflet J. et Mathey N., « Loi de sauvegarde des entreprises du 26 juillet 2005 – Commentaire des dispositions applicables aux concours financiers », *RD banc. fin.* janv.-févr. 2006, p. 54.

› *Redressement et liquidation judiciaires.* Jazottes G., « Les innovations des procédures de sauvegarde et de redressement judiciaire », *Rev. proc. coll.* 2005/4, p. 358 – Legros J.-P., « La loi du 26 juillet 2005 de sauvegarde des entreprises : La réforme des procédures collectives traditionnelles (3e partie) », *Dr. sociétés* 2005, étude n° 16.

› *Prévention des difficultés.* Legros J.-P., « La loi du 26 juillet 2005 de sauvegarde des entreprises : Les mesures de prévention du nouveau titre I du livre VI du code de commerce (1re partie) », *Dr. sociétés* 2005, étude n° 9 – Roussel Galle Ph., « Bref aperçu sur les nouvelles procédures de conciliation et de sauvegarde », *Dr. et proc.* 2005/5, p. 260.

› *Le débiteur, ses membres et dirigeants.* Legros J.-P., « La loi du 26 juillet 2005 de sauvegarde des entreprises : Le sort des membres et dirigeants des personnes morales (4e partie) », *Dr. sociétés* 2006, étude n° 2 – Lucas F.-X., « Le sort du débiteur », *LPA* 14 juin 2007, n° 119, p. 60 – Mascala C., « L'amélioration de la situation du chef d'entreprise », *Rev. proc. coll.* 2005/4, p. 370.

› *Créanciers.* Macorig-Venier F. et Saint-Alary-Houin C., « La situation des créanciers dans la loi du 26 juillet 2005 de sauvegarde des entreprises », *RD banc. fin.* 2006/1, p. 60; « Les créanciers dans l'ordonnance n° 2008-1345 du 18 décembre 2008 portant réforme du droit des entreprises en difficulté », *Rev. proc. coll.* 2009/1, 9, p. 65.

› *Salariés.* Morvan P., « Le droit social dans la réforme du droit des entreprises en difficulté », *JCP E* 2005. 1511, p. 1751.

› *Procédure civile.* Olivier M., « Procédure civile : les mesures d'instruction judiciaires dans le décret du 28 décembre 2005 » : *Gaz. Pal.* 22-24 janv. 2006, p. 42.

› *Sanctions.* Vallens J.-L, « Les sanctions dans la réforme du 26 juillet 2005 », *RLDA* sept. 2005, suppl. n° 8, sp.

> Présentation collective. « Loi de sauvegarde article par article », dir. Scientifique de Lucas F.-X. et Lécuyer H., *LPA* 8 févr. 2006, n° 28 et 9 févr. 2006, n° 29; « Loi du 26 juillet 2005 de sauvegarde des entreprises », dir. scientifique de Montéran Th. et Le Corre P.-M., *Gaz. proc. coll.*, nos sp., 7-8 sept. 2005, nos 250, 251 et 9-10 sept. 2005, nos 252, 253.

CHAPITRE

051. Présentation générale de la législation de sauvegarde des entreprises du 26 juillet 2005

SECTION 0

ORIENTEUR

051.00 Pln **du chapitre.**

Sect. 051.1 Section unique

SECTION 051.10

SECTION UNIQUE

051.11 Genèse de la réforme. Il faut d'abord indiquer que le projet de réforme des procédures collectives a considérablement traîné en longueur. Dès le 1er décembre 1998, le ministre de la Justice communiquait un document intitulé « document préparatoire à la réforme des lois du 1er mars 1984 et 25 janvier 1985 relatives au traitement des difficultés des entreprises ». Au départ, la réforme intégrait également celle des professions de mandataires de justice et celle des tribunaux de commerce. Devant les difficultés rencontrées, l'idée de réformer les tribunaux de commerce a été repoussée *sine de*. Quant à la réforme des professionnels, elle a été dissociée de la réforme des procédures collectives. Ele a été l'objet du texte du 3 janvier 2003.

En contrepartie de la lenteur d'élaboration du texte du projet de loi, de multiples aditions sont intervenues, qui ont contribué à un éclairage important des difficultés de la matière.

Un avant-projet a d'abord été présen par le ministre de la Justice le 14 octobre 2003[1]. Le 26 janvier 2004, a été rendu accessible le projet loi de sauvegarde des entreprises[2]. Puis le pro de loi a été soumis au Conseil d'État le 12 mai 24[3].

Voulant rattraper le temps perdu, il a été décidé d'adopter le texte par la procédure d'urgence, une seule lecture étant organisée devant chacune des chambres du Parlement, ce qui a conduit à une rédaction parfois obscure du texte, par exemple sur la question de l'arrêté du plan de cession en redressement judiciaire et ses conséquences sur le débiteur.

Un rapport particulièrement documenté a été établi par au nom de la commission des lois de l'Assemblée nationale, le rapport Xavier de Roux, n° 2095. Un avis au nom de la commission des finances a été établi, l'avis de Jérôme Chartier, n° 2099. Le texte a été adopté en première lecture à l'Assemblée nationale le 9 mars 2005.

Un avis a été établi au nom de la commission des affaires économiques du Sénat, l'avis de Christian Gaudin, n° 337. Un rapport également très complet a été établi au nom de la commission des lois du

1. Montéran, « Observations sur l'avant-projet de loi de sauvegarde des entreprises », *Gaz. Pal.* 10-11 déc. 2003, Doctr. 3 – Le Corre, « La situation générale du débiteur et des créanciers dans l'avant-projet de réforme des entreprises en difficulté », *Gaz. Pal.* 10-11 déc. 2003, Doctr. 13; « Les sanctions dans l'avant-projet de réforme des entreprises en difficulté », *Gaz. Pal.* 19-20 déc. 2003, Doctr. 7.
2. Teboul, « Le projet de loi de sauvegarde des entreprises du 26 janvier 2004 », *LPA* 19 févr. 2004, n° 32, p. 3; « Le projet de loi de sauvegarde des entreprises diffusé par la Chancellerie le 2 mai 2004 : Quoi de neuf ? », *LPA* 29 juin 2004, n° 129, p. 4 – Le Corre, « Présentation générale du projet de réforme des entreprises en difficulté : de l'avant-projet au projet de loi de sauvegarde des entreprises », Gaz. Pal. 25-26 févr. 2004, Doctr. 4.
3. Le Corre, « Les modifications résultant de l'examen par le Conseil d'État du projet de loi de sauvegarde des entreprises », *Gaz. Pal.* 23-25 mai 2004, Doctr. 2.

Sénat, le rapport de Jean-Jacques Hyest, n° 335. Le texte a été adopté au Sénat le 30 juin 2004.

Une commission mixte paritaire a permis l'adoption définitive du texte le 13 juillet 2005.

Le Conseil constitutionnel, saisi d'un recours relatif à deux articles de la loi, le premier intéressant le privilège de la conciliation (C. com., art. L. 611-11), le second concernant le principe d'exclusion de la responsabilité pour soutien abusif (C. com., art. L. 650-1), a, par une décision du 22 juillet 2005 [1], rejeté ledit recours.

051.12 **Raisons de la réforme.** L'exposé des motifs du projet de loi de sauvegarde des entreprises fait ressortir que le droit des entreprises en difficulté issu de la législation du 25 janvier 1985 [2] est inadapté à notre économie. « Il trouvait sa place dans un principe d'économie dirigée, caractérisé par les nationalisations et l'interventionnisme de l'État dans la vie des entreprises. Il se traduisait par un considérable amoindrissement des droits des créanciers, au profit de la recherche à tout prix du sauvetage de la plus grande part des entreprises en difficulté, et par une attention insuffisante portée aux objectifs et au déroulement de la liquidation judiciaire. L'objectif recherché n'a pas donné les résultats espérés » [3]. Alors que la procédure est orientée vers le redressement de l'entreprise, on a dénombré, en 2003, 68 % de liquidation judiciaires immédiates, procédures interdisant donc toute recherche de redressement. Le constat est donc évident : les procédures sont ouvertes beaucoup trop tardivement.

La loi du 26 juillet 2005 [4] a pour objectif de corriger ces défauts.

La législation nouvelle n'entraîne pas un bouleversement dans la philosophie législative, au contraire de la loi de 1985 par rapport à celle de 1967. Elle représente toutefois beaucoup plus qu'un simple toilettage de la législation précédente, au contraire de la loi du 10 juin 1994 par rapport à celle de 1985 [5].

L'objectif principal de la réforme est d'appréhender les difficultés de l'entreprise dès qu'elles deviennent prévisibles, avant même qu'elles ne se traduisent en trésorerie [6]. 49 % des entreprises qui avaient été créées cinq années plus tôt n'étaient plus en activité en 2003. Si l'on souhaite que progresse la proportion de nos entreprises qui survivent au-delà de cinq ans, le traitement de leurs difficultés doit apparaître comme la pierre angulaire du droit qui les concerne [7].

Pour appréhender plus tôt les difficultés des entreprises, il faut, d'une part, multiplier les procédures pour trouver celle adaptée et, d'autre part, écarter la cessation des paiements comme le critère unique d'ouverture d'une procédure judiciaire de traitement des difficultés d'entreprises.

En outre, l'évolution du droit français doit tenir compte du contexte européen, voire mondial. Or, le droit français de la faillite fait peur aux investisseurs étrangers et aux créanciers potentiels. « Il importe que le droit français des procédures collectives ne soit pas plus pénalisant ou stigmatisant que les droits des autres États membres et puisse être à même de faciliter la poursuite de l'activité des entreprises. Les investisseurs étrangers prennent en compte, dans leur décision d'implantation dans tel ou tel État les conditions dans lesquelles les difficultés rencontrées par leurs filiales seront traitées [8]. » Il faut donc rendre compétitif le droit français des procédures collectives [9], « en l'alignant sur le droit anglo-saxon, ce qui a d'ailleurs été dénoncé au regard des conséquences sociales que cette compétitivité peut engendrer, par son alignement sur le "moins-disant social" » [10].

La nécessité d'une évolution du droit français des procédures collectives découle notamment de la naissance d'un véritable droit européen des faillites. Elle s'inscrit dans un mouvement général de réexamen, dans de nombreux états, des dispositifs actuels de lutte contre les difficultés des entreprises [11].

051.13 **Nouvelle présentation des textes.** La loi du 26 juillet 2005 découpe en sept titres le livre VI du code de commerce

Le titre I est consacré à la prévention des difficultés des entreprises et la procédure de conciliation, nouvelle dénomination du règlement amiable.

Le titre II est relatif à la procédure de sauvegarde, créée par la loi du 26 juillet 2005.

Le titre III a pour objet la reprise, sans grandes modifications, des règles relatives au redressement judiciaire.

1. Cons. const. 22 juill. 2005, n° 2005-522 DC, *JO* 27 juill., p. 12225; *Rec.* 125.
2. L. n° 85-98, 25 janv. 1985, préc.
3. Exp. motifs, p. 1.
4. L. n° 2005-845, 26 juill. 2005, préc.
5. ROUSSEL GALLE, n° 4.
6. Avis n° 337 de Christian Gaudin, *Doc. Sénat*, au nom de la commission des affaires économiques, p. 8.
7. Avis n° 337 de Christian Gaudin, *Doc. Sénat*, au nom de la commission des affaires économiques, p. 7.
8. *Rapp. J.-J. Hyest*, n° 335, p. 42 – *Adde*, Huyghe, « L'attractivité du territoire pour les sièges sociaux des grands groupes internationaux », rapport au Premier ministre, oct. 2003, p. 41.
9. Lucas, « Rapport de synthèse », colloque de Caen, janv. 2006, *Rev. proc. coll.* 2006/2, p. 217.
10. Interv. Montebourg, *JOAN CR*, 2e séance du mars 2005, p. 1640.
11. *Rapp. J.-J. Hyest*, n° 335, p. 41.

Le titre IV s'intéresse à la liquidation judiciaire, en créant notamment, au sein d'un chapitre particulier, la liquidation judiciaire simplifiée.

Le titre V est relatif aux sanctions. Il commence par un article qui pose un principe d'irresponsabilité au titre des concours financiers octroyés à une entreprise en difficulté, en réservant toutefois trois exceptions. Il s'intéresse ensuite aux sanctions pécuniaires. Il est distingué entre l'action en responsabilité pour insuffisance d'actif, qui reprend les dispositions relatives à l'action en comblement de l'insuffisance d'actif, et l'action en obligation aux dettes sociales, qui remplace le redressement et la liquidation judiciaires à titre personnel. Il contient ensuite les dispositions relatives aux sanctions professionnelles, à savoir les mesures de faillite personnelle et d'interdiction de gérer. Enfin, il reprend, presque sans changement, les dispositions relatives aux sanctions pénales. A été évoquée à cet égard « la non-réforme des sanctions pénales »[1].

Le titre VI contient un certain nombre de dispositions procédurales, dont celles relatives à l'organisation des débats et celles relatives aux voies de recours.

Enfin, le titre VII contient des dispositions relatives à l'application de la loi dans l'espace. Il s'agit d'indiquer les quelques dispositions de la loi du 26 juillet 2005 qui ne s'appliquent pas dans certains départements, pays d'Outre-Mer et collectivités territoriales.

051.14 Impression générale se dégageant de la réforme. La réforme se caractérise par un grand pragmatisme et s'éloigne de celle de 1985. Loin d'elle la démagogie du redressement à tout prix. Elle offre au chef d'entreprise, qu'elle espère responsable, une véritable boîte à outils, une véritable machine à anticiper le traitement des difficultés de son entreprise. Elle suscite, à maints égards, l'envie d'anticiper en offrant au chef d'entreprise qui s'engagera dans la voie de l'anticipation des cadeaux incitatifs[2], par rapport à celui qui attend la cessation des paiements. L'on passe de l'ère du redressement à celui de la sauvegarde, l'idée étant moins de guérir que de prévenir[3]. Ainsi, la loi de sauvegarde des entreprises permet-elle au droit des entreprises en difficulté de devenir une branche du droit parmi les plus fonctionnelles et volontaristes[4].

La tyrannie de la cessation des paiements, alpha et oméga des procédures collectives du passé, disparaît[5]. En effet, le clivage entre traitement amiable ou judiciaire des difficultés ne résultera plus uniquement, comme sous l'empire de la législation antérieure, de l'existence ou non de la cessation des paiements.

Cette envie suscitée pour l'anticipation sera-t-elle suffisante ? Tout est ici question de psychologie et faire passer du stade de l'entreprise moribonde arrivant au tribunal à celui d'une entreprise rencontrant ses premières difficultés, il y a un monde culturel.

Certaines choses apparaissent évidentes. Le pourcentage de redressement judiciaire par rapport aux procédures de sauvegarde permettra de mesurer cette faculté d'anticipation. À moins, et c'est probable, que le choix ne se situe en amont, entre le mandat *ad hoc* (1 454 en 2010, n'ayant toutefois pas tous pour objet le traitement des mêmes difficultés[6]) et la conciliation (351 en 2010[7]). Le succès de la seconde, qui n'est pas avéré pour l'heure, amputera d'autant le taux de réussite de la procédure de sauvegarde, cette dernière pouvant alors apparaître comme le garde-fou de la conciliation, destinée à convaincre les plus récalcitrants des créanciers, auxquels il sera possible d'imposer judiciairement, ce qu'ils n'ont pas voulu accepter contractuellement.

En 2006, 501 procédures de sauvegarde ont été ouvertes, selon des chiffres communiqués par l'AGS[8]. En 2011, le chiffre atteint 1 419[9] (sur les statistiques v. ss n° 041.21).

1. Robaczewski, « La non-réforme des sanctions pénales dans la loi de sauvegarde des entreprises », *Gaz. Pal.* 9-10 sept. 2005, n° sp., p. 48.

2. Roussel Galle, « La procédure de sauvegarde : quand et pourquoi se mettre sous la protection de la justice », *JCP E* 2006. 2437, p. 1679 s., sp. p. 1682, nos 9 à 23.
3. Vallansan, « Rapport introductif » colloque Caen janv. 2006, *Rev. proc. coll.* 2006/2, p. 119.
4. Saint-Alary-Houin, 6e éd., no 7.
5. Lucas, « L'apport de la nouvelle loi et sa philosophie », *LPA* 16 mars 2006, no 54, p. 8.
6. Pérochon, « À propos des chiffres de la sauvegarde… », *Dr. et patr.* mars 2013, dossier p. 46 s., sp. p. 47.
7. Annuaire de la Justice, 2011, p. 43.
8. Roussel Galle, « Loi de sauvegarde : premières statistiques », *Rev. proc. coll.* 2007, p. 1.
9. Rapp. Deloitte/Altarès, 13 mars 2012.

CHAPITRE

052. Réforme de la prévention et remplacement de la procédure de règlement amiable par la procédure de conciliation

SECTION 0

ORIENTEUR

052.00 **Plan du chapitre.**

Sect. 052.10 Section unique

SECTION 052.10

SECTION UNIQUE

052.11 **Modification de la procédure d'alerte.** La procédure d'alerte par les commissaires aux comptes est modifiée afin d'être rendue plus efficace et de renforcer l'alerte faite par le comité d'entreprise[1]. Le président du tribunal sera informé plus tôt des difficultés.

052.12 **Élargissement et sécurisation de la procédure amiable.** Le domaine du traitement amiable des difficultés des entreprises, rebaptisé « conciliation », est élargi : il s'applique d'une part à tous les professionnels exerçant à titre individuel, y compris les professionnels libéraux et, d'autre part, à un débiteur qui serait déjà en état cessation des paiements depuis moins de quarante-cinq jours.

La procédure de conciliation est à deux vitesses. Le débiteur décidera, sans doute guidé dans ce choix par les créanciers, de faire simplement constater l'accord de conciliation par le président du tribunal ou de faire homologuer cet accord par le tribunal.

Dans le premier cas, la conciliation n'offrira aucune sécurité aux créanciers et sera comparable, dans ses effets, à l'accord de règlement amiable de la législation précédente.

Dans le second cas, la conciliation « permet aux créanciers, aux investisseurs et aux débiteurs de conclure un accord juridiquement sécurisé »[2]. En cas d'échec ultérieur de l'accord de conciliation, d'une part, la remontée de date de cessation antérieurement à l'homologation de l'accord, qui sera l'œuvre du tribunal sera impossible; d'autre part, un privilège, à raison d'apports de trésorerie et de fournitures de biens et de services consentis dans le cadre de l'accord homologué, sera accordé aux créanciers qui les fournissent, qui leur permet de primer même les éventuels créanciers de la période d'observation ultérieure d'une procédure collective ouverte après *inexécution de l'accord de conciliation.*

1. Exp. motifs, p. 5.

2. Exp. motifs, p. 1.

CHAPITRE

053. Réforme des procédures collectives

SECTION 0

Orienteur

053.00 **Plan du chapitre.**

Sect. 053.10 Extension des procédures collectives

Sect. 053.20 Procédure de sauvegarde

Sect. 053.30 Réforme du redressement judiciaire

Sect. 053.40 Réforme de la liquidation judiciaire

Sect. 053.50 Modifications affectant les créanciers

Sect. 053.60 Réforme des sanctions

Sect. 053.70 Réforme des voies de recours

SECTION 053.10

Extension des procédures collectives

053.11 **Extension du domaine des procédures collectives aux professionnels libéraux.** La loi étend à tous les professionnels indépendants, y compris les professionnels libéraux exerçant à titre individuel, l'application des procédures collectives, dont ils étaient jusqu'alors exclus. Comme le relève l'exposé des motifs, « l'extension de la procédure prévue au titre 2 du livre VI du code de commerce mettra fin à la distorsion actuelle entre les professionnels exerçant sous la forme de sociétés qui bénéficient de cette procédure et ceux exerçant à titre individuel »[1].

La compétence est dévolue naturellement aux tribunaux de grande instance, en raison du caractère non commercial de leur activité.

La consultation de l'instance ordinale ou de l'organisme professionnel dont dépend le débiteur, membre d'une profession réglementée, est prévue lors des phases principales de la procédure. Cette instance ou cet organisme professionnel devient de droit contrôleur.

L'AGS garantira les sommes dues aux salariés de ces débiteurs professionnels libéraux, qui sont assujettis à l'obligation de cotiser.

SECTION 053.20

Procédure de sauvegarde

053.21 **Création de la procédure de sauvegarde.** Les conditions d'ouverture des procédures sont élargies, car elles ne permettent, sous l'empire de la législation du 25 janvier 1985[2], que rarement la mise en œuvre d'une véritable solution pour sauver l'entreprise. L'un des motifs juridiques de l'échec actuel tient à « l'impossibilité d'ouvrir une procédure lorsque l'entreprise rencontre des difficultés sérieuses mais qu'elle n'est pas en cessation des paiements »[3]. Une critique récurrente du droit antérieur à la loi du 26 juillet 2005 est que « la prise en charge judiciaire des difficultés des entreprises intervient, dans la majeure partie des cas, trop tardivement, à un moment où la situation du débiteur est tellement obérée que l'issue de la procédure ne peut être que la liquidation »[4].

Pour cette raison, il était prévu, dans le projet de loi, pour anticiper, « la création d'une procédure de sauvegarde, destinée, dès que le débiteur justifie de difficultés susceptibles de conduire à la cessation des paiements, à la réorganisation de l'entreprise afin de permettre la poursuite de l'activité économique, le maintien de l'emploi et l'apurement du passif »[5]. La loi a restreint quelque peu le domaine de la sauvegarde, en la circonscrivant à l'hypothèse de difficultés de nature à conduire l'entreprise à la cessation des paiements.

1. Exp. motifs, p. 4.

2. L. n° 85-98, 25 janv. 1985, préc.
3. Exp. motifs, p. 1.
4. *Rapp. J.-J. Hyest*, n° 335, p. 50.
5. Exp. motifs, p. 1.

Cette procédure fonctionne globalement comme un redressement judiciaire, les différences de fond séparant les deux procédures étant minimes. C'est pourquoi, elle a été présentée comme un redressement judiciaire anticipé. En revanche, dans l'esprit qui doit animer ses utilisateurs, la sauvegarde et le redressement judiciaire diffèrent profondément et c'est pourquoi il est tout aussi vrai d'appréhender la sauvegarde comme l'anticipation du redressement judiciaire[1].

053.22 Déroulement de la procédure de sauvegarde. La sauvegarde, qui commence par une période d'observation ressemblant très fortement au redressement judiciaire, permet au débiteur d'élaborer avec ses créanciers un plan, visant à la réorganisation de l'entreprise, qui est arrêté par le tribunal. Toutefois, et c'est la différence essentielle par rapport au redressement judiciaire, le chef d'entreprise conserve ici ses prérogatives, l'administrateur ne pouvant pas se voir confier la mission d'administrer l'entreprise, mais seulement celle de surveiller ou d'assister le débiteur. Le débiteur ou les dirigeants ne sont pas dessaisis. Ces deniers ne peuvent, de manière autoritaire, voir revues à la baisse leurs rémunérations, contrairement à la solution retenue en redressement judiciaire. Ils ne peuvent se voir appliquer la mesure d'incessibilité à titre conservatoire de leurs parts ou actions. Ce sont là trois mesures incitatives[2] pour choisir la sauvegarde plutôt que le redressement judiciaire[3].

Pour les grandes entreprises, de manière obligatoire, sur option pour les autres, les mesures seront débattues par le débiteur avec ses créanciers réunis au sein de deux comités. Le premier regroupe tous les établissements de crédit, le second les principaux fournisseurs de l'entreprise. « Lorsque les comités ont adopté un projet de plan, le tribunal arrête le plan conformément à ce projet après s'être assuré que les intérêts de tous les créanciers sont suffisamment sauvegardés »[4]. Pour les créanciers ne faisant pas partie des comités, s'appliquent les règles du plan de continuation, telles qu'elles existent sous l'empire de la législation antérieure à la loi de sauvegarde des entreprises.

La personne physique s'étant portée caution des engagements du débiteur, étant codébitrice ou ayant consenti une garantie autonome, pourra bénéficier des dispositions du plan. Cette disposition « est de nature à inciter fortement les dirigeants à engager la procédure de sauvegarde »[5].

La cession totale de l'entreprise n'est pas, dans cette procédure, à l'ordre du jour[6], solution tranquillisante pour les dirigeants de la personne morale débitrice.

Les sanctions ne peuvent être appliquées au débiteur ou aux dirigeants d'une personne morale débitrice, pendant la sauvegarde et pendant l'exécution du plan de sauvegarde. Le chef d'entreprise bénéficie là d'une véritable immunité[7], cependant qu'il est condamné à... réussir[8] !

Le législateur ainsi créé une procédure élue, du choix de laquelle dépendent certains avantages importants, par rapport au redressement judiciaire.

SECTION 053.30

RÉFORME DU REDRESSEMENT JUDICIAIRE

053.31 Établissement d'une distinction entre les différentes procédures. La sauvegarde et le redressement sont des procédures utiles lorsque le débiteur peut poursuivre lui-même son activité.

La sauvegarde est la procédure phare de la loi du 26 juillet 2005[9]. Elle devient la référence, comme l'était le redressement judiciaire par rapport à la liquidation judiciaire, dans la législation précédente. Cependant, d'une manière pragmatique et qui ne peut qu'être approuvée, le législateur a conservé la procédure de redressement judiciaire, pour laisser une chance de redressement au débiteur « dépourvu du sens de l'anticipation »[10], même si, du fait de l'existence de procédures en amont de l'état de cessation des paiements, le redressement judiciaire sera moins cardinal[11] que par le passé. Les règles du redressement judiciaire sont celles empruntées à la sauvegarde. Ainsi, la législation du redressement judiciaire est-elle pour une très large part, issue de renvois à des textes de la sauvegarde, à moins que les textes de la sauvegarde ne soient explicitement écartés ou/et que soient posées des règles particulières en redressement judiciaire.

1. Deharveng, « La procédure de sauvegarde est l'*anticipation du redressement judiciaire plutôt qu'un redressement judiciaire anticipé* : théorie et pratique au terme d'une année d'application », *LPA* 16 févr. 2007, n° 35, p. 4.
2. Favario, « De l'attractivité du droit des entreprises en difficulté », *Rev. proc. coll.* 2009, étude 18, p. 23.
3. Piollet, « Le plan de sauvegarde vu par un administrateur », *Rev. proc. coll.* 2006/2, p. 186 s., sp. p. 187.
4. Exp. motifs, p. 1.
5. Exp. motifs, p. 7.
6. Exp. motifs, p. 6.
7. *PÉROCHON*, 10e éd., n° 1666.
8. Roussel Galle, « La procédure de sauvegarde : quand et pourquoi se mettre sous la protection de la justice », *JCP E* 2006. 2437, p. 1679 s., sp. p. 1685, n° 22.
9. L. n° 2005-845, 26 juill. 2005, préc.
10. PÉROCHON, 10e éd., n° 1102.
11. Guillaume, Directeur des Affaires civiles et du Sceau, audition devant la Commission des lois, in *Rapp. Clément* n° 2094, Ass. nat., 11 févr. 2005.

« La liquidation est destinée à réaliser l'actif de la personne concernée, si possible au moyen de la reprise de l'entreprise par un tiers capable d'assurer la poursuite de l'exploitation »[1]. C'est pourquoi, il a été décidé de déplacer les dispositions intéressant le plan de cession dans la phase liquidative. La loi du 26 juillet 2005 a toutefois, après de grandes discussions sur la question, finalement conserver la possibilité d'arrêter le plan de cession en redressement, en supprimant le commissariat au plan de cession. La perception et la répartition du prix de cession seront des tâches liquidatives.

053.32 Période d'observation – Réorganisation de la procédure de redressement judiciaire. Dans la procédure de redressement judiciaire l'administrateur peut être chargé d'assister le débiteur ou d'assurer seul la gestion de l'entreprise. À la différence de la procédure de sauvegarde, la procédure de redressement judiciaire peut être orientée vers la préparation d'un plan de cession de l'entreprise.

La distinction entre les régimes général et simplifié du redressement judiciaire est supprimée. La réalité des chiffres justifie la solution. Ainsi, en 2004, 46 % des entreprises défaillantes n'employaient pas de salarié, et 92 % de ces entreprises employaient moins de 10 salariés[2], alors que le critère du régime général était, en termes de salariés, fixé à plus de 50 salariés.

Malgré la suppression de la distinction régime général – régime simplifié, le tribunal a l'obligation de désigner à partir de certains seuils, un administrateur judiciaire. En deçà de ces seuils, la nomination d'un administrateur judiciaire est facultative.

053.33 Clôture du plan de redressement. Lorsque le plan aura été exécuté, le tribunal rendra une décision le constatant, ce qui constitue une innovation par rapport à la législation précédente, sous l'empire de laquelle la complète exécution du plan de continuation n'était pas officialisée.

SECTION 053.40

RÉFORME DE LA LIQUIDATION JUDICIAIRE

053.41 Finalité de la liquidation judiciaire. « La liquidation judiciaire est ouverte à tout débiteur en cessation des paiements qui est manifestement dans l'impossibilité d'assurer, par l'élaboration d'un plan de redressement, la continuation de son entreprise, est destinée à mettre un terme à l'activté de l'entreprise ou à réaliser le patrimoine du débiteur par une cession globale ou séparée de ses droits et de ses biens »[3].

053.42 Déroulement de la procédure. La liquidation judiciaire n'impose plus la cessation des fonctions des dirigeants de la personne morale ni la nomination d'un liquidateur amiable, ce qui simplifiera considérablement la mise en œuvre des droits propres des sociétés débitrices.

Tenant compte de la possibilité d'arrêter en liquidation un plan de cession, la loi prévoit que la poursuite d'activité pourra être autorisée, pendant la liquidation judiciaire, si la cession de l'entreprise est envisagée. L'administrateur sera maintenu en fonction, voire pourra être nommé, en ce cas.

Dès l'ouverture de la procédure, une date à laquelle l'affaire sera examinée en vue de sa clôture devra être précisée par le tribunal. L'idée est ici de raccourcir d'une manière significative la durée des procédures. En 1997, la procédure de liquidation était clôturée en moyenne après 32,7 mois par rapport au jugement d'ouverture. Cette durée atteignait 45,3 mois en 2003[4].

À l'expiration d'un délai de deux ans à compter du jugement de liquidation, tout créancier peut saisir le tribunal aux fins de clôture de la procédure.

053.43 Réalisation de l'actif – Plan de cession. La cession des actifs est l'issue naturelle de la procédure de liquidation judiciaire, qu'elle porte sur l'entreprise elle-même ou des branches d'activité, ou encore, lorsque l'activité a cessé, sur des biens isolés.

La cession des actifs de façon isolée n'interviendra que si un plan de cession n'est pas possible.

Au-delà d'un certain seuil, les administrateurs judiciaires prépareront la cession. Les mandataires liquidateurs seront chargés de répartir le prix de cession aux créanciers[5].

La loi réforme la procédure de résolution du plan de cession. Le cessionnaire qui la subira restera tenu de ses engagements et ne pourra réclamer restitution du prix versé. Le tribunal appréciera le sort à réserver aux actes passés en exécution de ce plan; il pourra prononcer, au cas par cas, leur résolution ou leur résiliation[6].

053.44 Instauration d'une liquidation judiciaire simplifiée. L'idée est ici d'adapter à la faible importance de l'actif exclusivement mobilier au demeurant facile à réaliser, et pour des entreprises de petite taille, une procédure de liquidation permettant dans un délai raisonnable de réaliser l'actif, de payer les

1. Exp. motifs, p. 1.
2. *Rapp. J.-J. Hyest*, nº 335, p. 33.
3. Exp. motifs, p. 9.
4. Rapp. J.-J. Hyest, nº 335, p. 33.
5. Exp. motifs, p. 11.
6. Exp. motifs, p. 11.

créanciers et de mettre fin à l'activité du débiteur afin de lui permettre d'exercer à nouveau sa capacité d'entreprendre, si le tribunal n'estime pas nécessaire de prononcer à son encontre une mesure emportant interdiction de gérer[1].

Le liquidateur peut, au cours des trois premiers mois de la procédure, procéder à la vente des actifs de gré à gré ou aux enchères publiques sans autorisation nécessaire du juge-commissaire; le tribunal détermine les biens susceptibles d'être vendus de gré à gré; à l'issue de ce délai de trois mois, la vente aux enchères publiques des actifs subsistant est de droit.

Le liquidateur ne vérifie, sous réserve des créances salariales, que les seules créances qui sont susceptibles d'offrir à leurs titulaires un droit à répartition.

Après réalisation des actifs et admission des créances, le liquidateur élabore un projet de répartition qu'il dépose au greffe. Un avis de ce dépôt est publié au *Bodacc*. Cela permet à tout intéressé de prendre connaissance du projet de répartition et de le contester ensuite devant le juge-commissaire, dans le mois qui suit la publication.

Au plus tard un an après l'ouverture de la procédure, le liquidateur demande au tribunal de prononcer la clôture de la procédure ou de proroger exceptionnellement la procédure, pour une durée maximale de trois mois.

Le tribunal peut cependant décider d'abandonner les règles de la liquidation judiciaire simplifiée et de revenir ainsi aux règles de droit commun, notamment lorsque des sanctions patrimoniales seront envisagées à l'encontre du débiteur ou d'un dirigeant social[2] et plus généralement lorsque des obstacles surgiront, empêchant la clôture de la procédure dans l'année du jugement décidant l'application des règles de la liquidation judiciaire simplifiée.

053.45 Reprise des poursuites individuelles après la clôture de la liquidation. Le principe d'interdiction de reprise des poursuites après clôture pour insuffisance d'actif bénéficiera aux débiteurs de la loi du 13 juillet 1967[3].

Les cas exceptionnels de reprise des poursuites individuelles à l'égard du débiteur sont modifiés.

Dans un souci d'aggravation du sort des débiteurs malhonnêtes, une sanction pénale entraînera, après la clôture de la liquidation, la reprise des poursuites individuelles par la victime créancière de dommages et intérêts[4].

Les mesures d'interdiction de gérer n'entraîneront plus la reprise des poursuites des créanciers.

1. Exp. motifs, p. 2.
2. Exp. motifs, p. 11.
3. L. n° 67-563, 13 juill. 1967, *JO* 14 juill., p. 7059.
4. Exp. motifs, p. 3.

SECTION 053.50
MODIFICATIONS AFFECTANT LES CRÉANCIERS

053.51 Droit d'action subsidiaire reconnu aux contrôleurs. En cas d'inaction du mandataire de justice, un droit d'action individuel est reconnu aux contrôleurs, par principe à titre individuel, exceptionnellement en matière de sanctions, à la majorité des créanciers nommés contrôleurs. Dans tous les cas, les sommes recouvrées grâce à ces actions entrent dans le patrimoine du débiteur[5].

053.52 Circonscription des dettes postérieures couvertes par le privilège. Seules bénéficieront du privilège, qui remplace le simple droit de priorité, les créances nées régulièrement après le jugement d'ouverture, pour les besoins du déroulement de la procédure, de la période d'observation et de la liquidation judiciaire, ou en contrepartie d'une prestation fournie au débiteur pendant la période d'observation pour son activité professionnelle. Le changement est ici significatif par rapport à la législation précédente. Une sélection rigoureuse doit être opérée entre les créances postérieures. Seules celles qui correspondent aux finalités énoncées par le législateur seront éligibles au traitement préférentiel.

053.53 Déclaration des créances antérieures. L'omission volontaire d'un créancier, de la part du débiteur, devient une cause spécifique de relevé de forclusion.

Les règles relatives à l'inopposabilité de la forclusion, telles quelles résultaient de la jurisprudence de la Cour de cassation, sont législativement consacrées. Les créanciers qui bénéficient du mécanisme protecteur déclareront leur créance dans les deux mois de l'avertissement qui leur sera adressé par le mandataire judiciaire.

Est supprimée l'emblématique extinction de la créance pour défaut de déclaration dans les délais. Il est ainsi mis « un terme à une disposition sans équivalent dans les droits des autres États de l'Union européenne »[6].

053.54 Situation des créanciers et absence de réforme du droit social des procédures collectives. La loi du 26 juillet 2005 n'a pas touché aux sacrosaints privilèges octroyés aux salariés dans la procédure collective. Le salarié est bien la « vache sacrée » des procédures collectives[7]. Les contraintes politiques expliquent évidemment à elles seules cette absence de réforme[8].

5. Exp. motifs, p. 8.
6. Exp. motifs, p. 8.
7. Lucas, « Rapport de synthèse », colloque de Caen, janv. 2006, *Rev. proc. coll.* 2006/2, p. 217 s., sp. p. 218.
8. Lucas, préc., sp. p. 218.

Dans le contexte de forum shopping auquel il est possible d'assister depuis l'entrée en vigueur du Règlement communautaire du 29 mai 2000, la solution doit être déplorée. Elle doit en outre, et plus fondamentalement encore, être regrettée, au regard des choix faits par les investisseurs étrangers, aux yeux desquels la France n'assure sans soute pas le plus grand confort. Le droit français des procédures collectives ne peut être compétitif que s'il assure aux créanciers un certain taux de recouvrement, rendu impossible pour l'heure par les prérogatives exagérées, de nature confiscatoires, accordées aux salariés. La prochaine réforme des procédures collectives ne pourra faire l'impasse...

Il est d'ailleurs aujourd'hui spectaculaire de voir deux catégories de personnes traitées de manière très différente, parce que l'une est salariée, l'autre collaborateur d'un même professionnel libéral sous procédure collective. La première est très – trop – protégée et la seconde traitée comme un fournisseur de services, qui ne bénéficiera évidemment pas de l'AGS[1]. Il y a là véritablement deux poids deux mesures; il a d'ailleurs été suggéré d'étendre le privilège général des salaires aux seconds[2].

SECTION 053.60
RÉFORME DES SANCTIONS

053.61 Suppression des extensions-sanctions. La loi nouvelle supprime les extensions-sanctions, « conduisant à l'ouverture d'un redressement ou d'une liquidation à l'égard de personnes qui ne connaissent pas de difficulté »[3]. L'exposé des motifs précise qu'il « convient là d'achever la séparation du sort de l'homme de celui de l'entreprise, engagée en 1967 »[4]. Il s'agit par là de « tirer les conséquences de l'évolution du droit des procédures collectives et en particulier du fait qu'il ne s'agit plus d'un droit destiné à sanctionner des manquements mais d'un dispositif qui ambitionne de permettre aux entreprises de surmonter leurs difficultés »[5]. Le lien historique entre le droit de la faillite et les sanctions est ainsi rompu[6].

Est, dans le même esprit, supprimée l'extension de la procédure de la personne morale aux associés et membres indéfiniment et solidairement responsables du passif du groupement.

053.62 Instauration de débats publics en matière de sanctions. La loi pose le principe selon lequel les débats sont publics en matière de sanctions civiles. La personne recherchée en sanction pourra toutefois solliciter que les débats aient lieu en chambre du conseil.

053.63 Sanctions pécuniaires. La loi maintient l'action en responsabilité pour insuffisance d'actif en la dénommant action en responsabilité pour insuffisance d'actif, mais prévoit l'impossibilité d'introduction de cette action en cas plan de sauvegarde ou de redressement, tout en conservant la possibilité de la mettre en œuvre en cas de résolution de ce plan.

La loi supprime le redressement et la liquidation judiciaires à titre personnel contre le dirigeant. Elle remplace cette sanction par une obligation aux dettes sociales, « constituant une action en comblement de passif aggravée »[7], laquelle est cependant limitée aux procédures de liquidation judiciaire[8].

053.64 Sanctions professionnelles. Le débiteur interdit de gérer ne subira plus la reprise des poursuites de ses créanciers, prévue sous l'empire de la loi du 25 janvier 1985, cette reprise étant en revanche possible en cas de prononcé de la faillite personnelle.

Le régime procédural de la faillite personnelle et de l'interdiction de gérer est rénové. Tout d'abord, le tribunal ne pourra plus se saisir d'office. Ensuite, en cas d'inaction du mandataire judiciaire, les contrôleurs, à la majorité, auront un droit subsidiaire d'action.

Les sanctions professionnelles ne sont pas applicables lorsqu'il s'agit de professions réglementées soumises à des règles disciplinaires propres. « Il convient, en effet, de préserver l'intervention de l'ordre professionnel ou de l'autorité compétente dans toute matière qui tend à exclure de la profession ses membres qui ne se conforment pas à ses règles d'exercice »[9].

La loi institue un nouveau cas de faillite personnelle : le fait d'avoir manifestement fait obstacle au bon déroulement de la procédure en s'abstenant volontairement de coopérer avec ses organes.

Le tribunal qui prononce la faillite personnelle peut prononcer l'incapacité d'exercer une fonction publique élective.

La possibilité donnée aux juridictions répressives de prononcer la sanction sera réservée à l'hypothèse de non prononcé de la mesure par la juridiction civile ou commerciale.

1. Rétif, « L'extension des procédures collectives aux professions libérales », *Rev. proc. coll.* 2006/2, p. 152 s., sp. p. 156.
2. Rétif, préc., sp. p. 156.
3. Exp. motifs, p. 3.
4. Exp. motifs, p. 12.
5. Lucas, « L'ouverture de la procédure collective », Interv. Colloque Crajefe Nice Sophia Antipolis, 30 mars 2004, *LPA* 10 juin 2004, p. 4, n° 26.
6. Vallens, « Les sanctions dans la réforme du 26 juillet 2005 », *RLDA* sept. 2005, suppl. n° 88, sp. p. 13, n° 28.
7. *Rapp. J.-J. Hyest*, n° 335, p. 63.
8. Exp. motifs, p. 13.
9. Exp. motifs, p. 14.

La durée de la faillite comme celle de l'interdiction de gérer est désormais limitée à quinze ans, cependant que le minimum de cinq ans est supprimé.

Le relèvement des mesures est facilité.

SECTION 053.70 RÉFORME DES VOIES DE RECOURS

053.71 Appel du représentant des salariés. En l'absence de comité d'entreprise ou de délégué du personnel, le représentant des salariés exerce les voies de recours ouvertes à ces institutions.

053.72 Appel du débiteur sur le jugement arrêtant le plan de cession. Les jugements qui arrêtent ou rejettent le plan de cession dans le cadre de la liquidation deviennent susceptibles d'appel de la part du débiteur.

053.73 Appel du ministère public. Les jugements qui statuent sur les sanctions civiles et commerciales sont susceptibles d'appel de la part du ministère public même s'il n'est qu'une partie jointe.

L'appel du ministère public, lorsqu'il porte sur l'ouverture de la procédure de sauvegarde ou de redressement judiciaire, n'a plus d'effet suspensif.

053.74 Ouverture plus large de la tierce opposition. La tierce opposition est ouverte aux créanciers à l'encontre des jugements arrêtant le plan de redressement ou de sauvegarde.

053.75 Ouverture de l'appel sur les jugements statuant sur les recours à l'encontre des ordonnances du juge-commissaire. Par principe, et en rupture avec les solutions de la législation précédente, l'appel sur les jugements statuant sur recours à l'encontre des ordonnances du juge-commissaire est recevable.

TITRE

060. Réformes de la loi du 26 juillet 2005 de sauvegarde des entreprises

SECTION 0

ORIENTEUR

060.00 Plan du titre.

Chap.	061	Principaux apports de l'ordonnance de réforme du 18 décembre 2008
Sect.	061.10	Section unique
Chap.	062	Appréciations sur la réforme
Sect.	062.10	Section unique
Chap.	063	Ordonnance de réforme du 12 mars 2014
Sect.	063.10	Présentation générale de la réforme du 12 mars 2014

060.03 Bibliographie indicative.

• Sur le projet de réforme de la loi de sauvegarde des entreprises

> Articles. Aynès A. « L'extension du droit de rétention dans le projet de réforme des procédures collectives », *JCP* 2008, Act. 300 – Chendeb R. « Projet de réforme de la loi de sauvegarde », *Rev. proc. coll.* 2008/3, 21, p. 17 – de Belval B., « Pour une vraie stratégie de traitement des risques et des difficultés », *LPA* 16 juill. 2008, n° 142, p. 8 – Lebel Ch., « L'ouverture de la procédure dans le projet d'ordonnance "portant diverses dispositions en faveur des entreprises en difficulté" », *Gaz. proc. coll.* 2008/2, p. 3 – Le Corre P.-M., « Les principales modifications de la procédure de sauvegarde dans le projet de réforme », *Gaz. proc. coll.* 2008/4, p. 17; « Les principales modifications de la législation de sauvegarde résultant de l'ordonnance du 18 décembre 2008 et de son décret d'application du 12 février 2009 », *LXB hebdo* n°338, février 2009, n° L277ICT – Lucas F.-X., « les innovations introduites par l'ordonnance n° 2008-1345 du 18 décembre 2008 : morceaux choisis », *LPA* 22 avr. 2010, n° 80, p. 47 – Mascala C., « Le dirigeant d'une société en liquidation : faut-il réformer les sanctions ? », *Rev. proc.* coll. 2008/2, p. 124 – Montéran Th., « pour améliorer le droit des entreprises en difficulté, osons la réforme », *Gaz. proc. coll.* 2008/1, p. 3 – Soinne B., « Les modifications envisagées de la loi du 26 juillet 2005 », *Rev. proc. coll.* 2008/2, p. 9 – Teboul G., « Faut-il encore réformer le droit des entreprises en difficultés ? », *LPA* 26 oct. 2007, n° 215, p. 4; « La nouvelle réforme du droit des entreprises en difficulté : le projet d'ordonnance », *Gaz. Pal.* 6-8 avr. 2008, p. 2 s., sp. p. 3.

• Sur l'ordonnance de réforme de la loi de sauvegarde des entreprises du 18 décembre 2008 et son décret d'application du 12 février 2009

> Ouvrages. Le Corre P.-M., *La réforme du droit des entreprises en difficulté : Commentaire de l'ordonnance du 18 décembre 2008 et du décret du 12 février 2009*, Dalloz, 2009.

> Articles.

› *Études d'ensemble*. Lienhard A., « Réforme du droit des entreprises en difficulté : présentation de l'ordonnance du 18 décembre 2008 », *D.* 2009, Chron. 110 – Monsérié-Bon M.-H., « Les objectifs », *Dr. et patr.* déc. 2009, n° 187, p. 50 – Pétel Ph., « Le nouveau droit des entreprises en difficulté : acte II – commentaire de l'ordonnance n° 2008-1345 du 18 décembre 2008 », *JCP E* 2009. 1049 – Roussel Galle Ph., « Premier aperçu sur l'ordonnance du 18 décembre 2008 réformant le droit des entreprises en difficulté », LPA 24 déc. 2008, n° 257, p. 3; « Le nouveau droit des entreprises en difficulté », *Dr. et proc.* 2009/3, p. 132 – Saint-Alary-Houin C., « Entreprises en difficulté : un droit enfin arrivé à maturité », *Dr. et patr.* mars 2009, n° 179, p. 32; « Propos conclusifs » (colloque de Toulouse, avril 2009), *Dr. et patr.* déc. 2009, n° 187, p. 91 – Soinne B., « Prolégomènes sur l'ordonnance n° 2008-1345 du 18 décembre 2008 portant réforme du droit des entreprises en difficultés », *Rev. proc. coll.* 2009, 1, p. 1 – Texier A.-S. et Russo E., « Le nouveau droit des entreprises en difficulté après l'ordonnance du 18 décembre 2008 et son décret d'application du 12 février 2009 », *LPA* 2 mars 2009, n° 43, p. 3 – Vallansan J., « Réforme de la loi de sauvegarde : précisions apportées par le décret d'application », *Rev.* proc. *coll.* 2009/2, 5, p. 12.

› *Ouverture*. Pétel Ph., « Les nouveaux critères d'ouverture (aspects juridiques) », *Dr. et patr.* déc. 2009, n° 187, p. 59 –

Roussel Galle Ph., « L'ouverture des procédures », *D.* 2009. 644 – Saintourens B., « Les conditions d'ouverture des procédures après l'ordonnance du 18 décembre 2008 portant réforme du droit des entreprises en difficulté », *Rev. proc. coll.* 2009/1, 4, p. 40.

› *Prévention et sauvegarde*. Boughida S. et Lombard P., « Réforme de la sauvegarde : le nouveau dispositif sera-t-il plus efficace ? », *JCP E* 2009. 1380 – Froehlich, « Premiers regards de la profession d'administrateur et mandataire judiciaire sur la réforme du droit des entreprises en difficulté », *Bull. Joly* févr. 2009, § 41, p. 198 – Legros J.-P., « L'ordonnance du 18 décembre 2008 réformant la loi de sauvegarde des entreprises – Première partie : prévention, confusion des patrimoines et sauvegarde », *Dr. sociétés* 2009, p. 13, n° 5 – Montéran Th., « La réforme de la prévention des difficultés », *D.* 2009. 639 – Teboul G., « La réforme du Père Noël : la prévention et la sauvegarde », *Gaz. Pal.* 2009, Doctr. 20.

› *Redressement et liquidation*. Legros J.-P., « L'ordonnance du 18 décembre 2008 réformant la loi de sauvegarde des entreprises – Seconde partie : redressement, obligataires, liquidation et sanctions », *Dr. sociétés* 2009, p. 13, n° 8 – Teboul G., « La réforme du Père Noël : redressement judiciaire, liquidation judiciaire et sanctions », *Gaz. Pal.* 2009, Doctr. 215.

› *Sûretés*. Crocq P., « L'ordonnance du 18 décembre 2008 et le droit des sûretés », *Rev. proc. coll.* 2009/1, 10, p. 75 – Pérochon F., « Les interdictions de paiement et le traitement des sûretés réelles », *D.* 2009. 651.

› *Le débiteur*. Jazottes G., « La situation favorable du débiteur : les apports de la réforme », *Dr. et patr.* déc. 2009, n° 187, p. 63.

› *Créanciers*. Macorig-Vénier F. et Saint-Alary-Houin C., « Les créanciers dans l'ordonnance n° 2008-1345 du 18 décembre 2008 portant réforme du droit des entreprises en difficulté », *Rev. proc. coll.* 2009/1, 9, p. 65 – Reille F., « Les retouches apportées au sort des créanciers postérieurs élus », *Gaz. proc. coll.* 2009, n° sp. 6 et 7 mars 2009, p. 38.

› *Procédure civile*. Rémery J.-P., « Les voies de recours dans la réforme de la loi de sauvegarde des entreprises », *JCP E* 2009. I. 129 – Staes O., « Aspects de procédure et voies de recours », *Rev. proc. coll.* 2009/1, 5, p. 44; « Clarification et harmonisation du traitement procédural des entreprises en difficulté », *Dr. et patr.* déc. 2009, n° 187, p. 53 – Teboul G., « Quelques aspects procéduraux de la réforme du droit des procédures collectives (à propos du décret du 12 février 2009) », *LPA* 24 mars 2009, n° 59, p. 3.

› *Salariés*. Saintourens B. et Duprat Ph., « Les droits des salariés dans l'ordonnance du 18 décembre 2008 portant réforme du droit des entreprises en difficulté », *Gaz. Pal.* 8-10 mars 2009, n° sp. p. 40.

> Numéros spéciaux de revues. « La loi de sauvegarde : première réforme », *Gaz. proc. coll.* 2009, n° sp. 6-7 mars 2009 et 9 et 10 mars 2009, dir. scient. Montéran Th. et Le Corre P.-M.; « Réforme du droit des entreprises en difficulté (ordonnance n° 2008-1345 du 18 décembre 2009 et décret n° 2009-160 du 12 févr. 2009), », *D.* 2009. 638, coord. scient. Le Corre P.-M.

CHAPITRE

061. Principaux apports de l'ordonnance de réforme du 18 décembre 2008

SECTION 0

ORIENTEUR

061.00 **Plan du chapitre.**

Sect. 061.10 Section unique

SECTION 061.10

SECTION UNIQUE

061.11 **Présentation générale des apports du texte de l'ordonnance de réforme.** Les principaux apports de l'ordonnance de réforme de la loi de sauvegarde des entreprises du 18 décembre 2008[1], ratifiée par la loi du 12 mai 2009[2], intéressent la procédure de conciliation, celle de sauvegarde, la cessation des paiements, la liquidation judiciaire simplifiée, deux règles en matière de sanctions, celle relative à la responsabilité des fournisseurs de crédit et celle tenant à la suppression de l'obligation aux dettes sociales, l'extension de la garantie de l'AGS, et celle de l'extension à la procédure de sauvegarde de la remise de plein droit des pénalités, intérêts et majorations retard en matière fiscale.

Cette réforme, comme cela a bien été expliqué, conserve le cap de la loi du 26 juillet 2005[3], répare les défauts de cette loi, et fait preuve de pragmatisme[4].

061.12 **Modifications essentielles intéressant la procédure de conciliation.** L'ordonnance de réforme règle plusieurs difficultés épineuses, nées sous l'empire du texte ancien.

La première de ces difficultés a pour cadre la durée de la procédure de conciliation. Le délai butoir de quatre mois, prorogeable d'un mois, devait être respecté, alors même que l'accord de conciliation avait été trouvé, pour permettre l'homologation de l'accord. Le texte nouveau permet l'homologation de l'accord au-delà de ce délai, dès lors que le tribunal a été antérieurement saisi.

La deuxième difficulté portait sur l'enchaînement éventuel de deux procédures de conciliation. L'ordonnance de réforme enferme dans certaines limites la possibilité d'enchaîner deux procédures de conciliation. Elle interdit clairement l'enchaînement immédiat de deux conciliations.

La troisième difficulté intéressait les délais de grâce de l'article 1244-1 du code civil (devenu C. civ., art. 1343-5)[5]. Le texte ancien ne rendait possible l'octroi de délais pendant la recherche de l'accord, que si le débiteur avait déjà été poursuivi. Désormais, une simple mise en demeure est suffisante.

En outre, ces délais pouvaient être imposés, dans la conciliation homologuée, aux créanciers réfractaires. Plus respectueuse du caractère conventionnel de l'accord de conciliation, l'ordonnance exclut la possibilité d'imposer ces délais après l'obtention de l'accord.

La quatrième difficulté concernait l'inexécution de l'accord de conciliation. Sous l'empire de la loi de sauvegarde, la réglementation avait été posée pour l'accord de conciliation homologué. Les textes gardaient en revanche le silence sur les conséquences de l'inexécution d'un accord simplement constaté. L'ordonnance de réforme s'emploie à réglementer les effets de l'inexécution de l'accord constaté et ceux de l'accord de conciliation homologué.

1. Ord. n° 2008-1345, 18 déc. 2008, préc.
2. L n° 2009-526, 12 mai 2009, *JO* 13 mai, p. 7920.
3. L n° 2005-845, 26 juill. 2005, préc.
4. Monsérié-Bon, « Les objectifs », *Dr. et patr.* déc. 2009, n° 187, p. 50.
5. DEPUIS le 1er oct. 2016, par : Ord. n° 2016-131, 10 févr. 2016, *JO* 11 févr., art. 2.

Le texte nouveau ouvre aux parties un recours sur l'accord homologué, qui ne portera que sur l'octroi du privilège de la conciliation. Ce recours ne devrait toutefois pas fermer toute discussion ultérieure, dans le cadre de la vérification des créances, cette dernière présentant en effet un caractère absolument collectif, au contraire de la relativité attachée à la procédure de conciliation.

L'accord de conciliation homologué bénéficiait, sous l'empire de la loi de sauvegarde, aux cautions, garants autonomes et codébiteurs. L'ordonnance de réforme écarte la distinction entre l'accord de conciliation constaté et celui homologué. En outre, elle étend le bénéfice de l'accord de conciliation à toutes les personnes ayant consenti une sûreté personnelle, à celle ayant affecté ou cédé un bien en garantie.

Au final, et dans le respect du texte d'habilitation[1], d'une part, la procédure de conciliation est réglementée de manière beaucoup plus claire que sous l'empire de loi de sauvegarde, dans sa rédaction d'origine et, d'autre part, la procédure de conciliation est plus attractive, en ce qui concerne les garants, à l'identique de la procédure de sauvegarde, et au contraire de la procédure de redressement judiciaire.

061.13 Modifications essentielles intéressant spécifiquement la procédure de sauvegarde. La disposition la plus remarquable de l'ordonnance de réforme, qui intéresse spécifiquement la procédure de sauvegarde, est sans nul doute celle qui permet l'ouverture de la sauvegarde, sans avoir à démontrer que les difficultés rencontrées par le débiteur doivent le conduire à la cessation des paiements. L'objectif poursuivi par le texte habilitant le Gouvernement à réformer le droit des entreprises en difficulté de rendre plus accessible la procédure de sauvegarde[2] est incontestablement atteint avec ces nouvelles conditions d'ouverture de la sauvegarde.

Dans de nombreuses dispositions, il est tiré la conséquence du maintien aux commandes du chef d'entreprise, posé par l'article L. 622-1, I du code de commerce[3]. C'est la raison pour laquelle un certain nombre de pouvoirs concurremment attribués par la loi de sauvegarde à l'administrateur judiciaire sont désormais exclusivement confiés au débiteur.

L'autre disposition phare intéressant la procédure de sauvegarde, destinée à améliorer l'attractivité de la sauvegarde[4], à l'instar de la solution posée pour la procédure de conciliation, intéresse les garants. Les mêmes garants que ceux définis dans la procédure de conciliation pourront profiter de la règle de l'arrêt du cours des intérêts et bénéficier des dispositions du plan, à savoir les codébiteurs, les personnes ayant consenti une sûreté personnelle, ayant cédé ou affecté un bien en garantie. Toutefois, et contrairement à la solution posée en matière de conciliation, seuls les garants personnes physiques bénéficieront de ces règles, non les garants personnes morales, qui pourront bénéficier de l'accord de conciliation. La réforme accorde un autre droit particulièrement important à ces garants personnes d'exécution du plan de sauvegarde.

Dans le même souci d'assurer une plus grande attractivité de la sauvegarde, l'ordonnance rend possible, pour le débiteur, la possibilité de proposer un administrateur judiciaire à la désignation du tribunal, marquant ainsi la confiance nécessaire entre le débiteur et l'administrateur judiciaire, dans une procédure volontariste, qui est donc toujours facultative.

Dans le même esprit, elle rend également possible la confection de l'inventaire par le débiteur, preuve de la confiance qui lui est donnée par le législateur[5], et supprime la prisée des biens du débiteur dans cette procédure.

Elle supprime la possibilité d'éviction des dirigeants, comme condition d'arrêté du plan de sauvegarde.

Plus clairement que ne le faisait la loi de sauvegarde, l'ordonnance fait apparaître que le débiteur élabore ses propositions de plan et qu'il décide de l'éventualité de cessions partielles dans la procédure de sauvegarde.

L'ordonnance de réforme écarte le fameux principe « plan sur plan ne vaut », afin de permettre au débiteur, en cas de résolution d'un plan de sauvegarde avec cessation des paiements, de bénéficier du redressement judiciaire et éventuellement d'obtenir le bénéfice d'un plan de redressement.

Dans le respect du texte d'habilitation[6], elle étend à la sauvegarde l'application de l'article 1756, I du code général des impôts. En conséquence, les administrations fiscales devront faire abandon des pénalités, majorations de retard et frais de poursuites en cas d'ouverture d'une procédure de sauvegarde. Ce faisant, l'ordonnance de réforme supprime une infériorité patente de la sauvegarde par rapport au redressement judiciaire.

1. L. n° 2008-776, 4 août 2008 de modernisation de l'économie, *JO* 5 août, p. 12471, dite loi LME, art. 74, I, 1°.
2. L. n° 2008-776, 4 août 2008, art. 74, I, 2°.
3. Roussel Galle, « Premier aperçu sur l'ordonnance du 18 décembre 2008 réformant le droit des entreprises en difficulté », *LPA* 24 déc. 2008, n° 257, p. 3 s., sp. 7, n° 14.
4. L. n° 2008-776, 4 août 2008, art. 74, I, 2°.
5. Roussel Galle, « Premier aperçu sur l'ordonnance du 18 décembre 2008 réformant le droit des entreprises en difficulté », *LPA* 24 déc. 2008, n° 257, p. 3 s., sp. p.7, n° 17.
6. L. n° 2008-776, 4 août 2008, art. 74, I, 16°.

061.14 Modifications essentielles intéressant indistinctement les procédures de sauvegarde et de redressement judiciaire. L'ordonnance de réforme contient un grand nombre de dispositions emportant d'importantes modifications au régime commun de la sauvegarde et du redressement judiciaire.

Parmi les principales, il faut d'abord signaler le nouveau domaine de l'interdiction du paiement des créances, par la suppression de l'exception tenant aux créances postérieures non éligibles au traitement préférentiel, et qui sont nées pour les besoins de la vie courante du débiteur.

Tout en posant un nouveau domaine de la règle, l'ordonnance enrichit les exceptions au principe de l'interdiction de payer les créances antérieures : il sera possible sur autorisation du juge-commissaire de payer les sommes restant dues avant le jugement d'ouverture, pour lever l'option d'achat d'un crédit-bail, et de payer la créance antérieure pour permettre le retour de biens transférés dans un patrimoine fiduciaire à titre de garantie.

L'ordonnance de réforme a entendu réagir à la reconnaissance, par la loi du 4 août 2008 d'un droit de rétention fictif aux créanciers gagistes sans dépossession. L'ordonnance s'emploie à neutraliser, pendant la période d'observation et pendant l'exécution des plans, ce droit de rétention fictif.

L'ordonnance, dans le souci d'adaptation du régime des contrats en cours [1], facilite la résiliation judiciaire du contrat, lorsque l'administrateur judiciaire, ou en son absence le débiteur, aura opté spontanément, c'est-à-dire sans avoir été mis en demeure, pour la non-continuation du contrat. La résiliation pourra être obtenue par ces personnes du juge-commissaire.

L'ordonnance clarifie le régime des baux professionnels, en écartant les règles relatives à la mise en demeure sur le sort du contrat, laissant clairement l'initiative de la continuation ou de la résiliation à l'administrateur ou au débiteur.

Elle précise, dans le souci de coordonner les règles de la fiducie-sûreté avec celles de la sauvegarde et du redressement judiciaire [2], que les contrats de fiducie échappent au régime de la continuation des contrats en cours, en soumettant au contraire à ce régime la convention par laquelle les biens transférés dans un patrimoine fiduciaire resteront à la jouissance ou à l'usage du débiteur.

Elle simplifie considérablement, en application du texte d'habilitation [3], la question des créances postérieures éligibles au traitement préférentiel, en octroyant ce traitement à toutes les créances nées d'une contrepartie fournie au débiteur, sans distinguer selon que les créances sont en rapport ou non avec l'activité professionnelle du débiteur. Tout en simplifiant, l'ordonnance contribue à accroître le nombre de créances postérieures soumises au traitement préférentiel, en présence d'une procédure collective ouverte contre un débiteur personne physique.

L'ordonnance répare une malfaçon des textes précédents, en faisant sortir du classement réservé aux créanciers postérieurs, les frais de justice « nés régulièrement après le jugement d'ouverture pour les besoins du déroulement de la procédure ». Il s'agit là, notamment, des honoraires dus aux mandataires de justice. Ces frais seront désormais payés juste après le super-privilège des salaires, et avant les créanciers bénéficiant du privilège de la conciliation.

Elle clarifie le régime des créances alimentaires, en les excluant des domaines de la règle de l'interdiction des paiements, de la règle de l'arrêt des poursuites individuelles et de l'obligation de déclaration au passif, qu'elles soient antérieures ou postérieures au jugement d'ouverture.

Elle s'emploie à préciser le régime applicable à la créance non déclarée. Elle est inopposable au débiteur pendant la période d'exécution des plans, et même, dans la procédure de sauvegarde, après complète exécution des plans. Cette inopposabilité est prolongée, pour les garants personnes physiques, pendant l'exécution du plan de sauvegarde.

Afin d'accélérer la détermination exacte des actifs du débiteur, l'ordonnance de réforme unifie le délai de l'action en revendication, qui courra toujours de la publication au *Bulletin officiel des annonces civiles et commerciales (Bodacc)* du jugement d'ouverture, peu important que le contrat fondant la détention précaire du débiteur soit en cours du jour du jugement d'ouverture.

Symétriquement, le propriétaire, uni au débiteur par un contrat publié, pourra présenter sa demande en restitution, sans attendre que le contrat soit résilié ou arrivée à terme.

L'ordonnance contient ensuite un certain nombre de dispositions relatives à la consultation des créanciers, préparatoire à l'adoption des plans, en application du texte d'habilitation [4].

Tout d'abord, l'ordonnance prend le soin de préciser que les modalités de consultation individuelle des créanciers sont inapplicables, du fait d'un dispositif particulier les concernant, aux créanciers publics, sauf si ces créanciers ne sont consultés que sur des délais de paiement.

1. L. n° 2008-776, 4 août 2008, art. 74, I, 7°.
2. L. n° 2008-776, 4 août 2008, art. 74, I, 9°.
3. L. n° 2008-776, 4 août 2008, art. 74, I, 8°.
4. L. n° 2008-776, 4 août 2008, art. 74, I, 3°.

L'ordonnance de réforme conserve les deux comités de créanciers instaurés par la loi de sauvegarde, celui des établissements de crédit et celui des principaux fournisseurs, mais en modifie la composition, en vue de faciliter l'adoption du plan.

Il s'agit d'assouplir les conditions d'appartenance aux comités. C'est ainsi que le texte nouveau prévoit d'une part que tout créancier titulaire d'une créance détenue à l'origine par l'un d'eux est membre de droit du comité des établissements de crédit et, d'autre part, que les titulaires de créances acquises auprès d'un fournisseur de biens ou de services sont membres de droit du comité des établissements de crédit. Le comité des principaux fournisseurs comprendra de plein droit les créanciers détenant au moins 3 % du passif fournisseur, et non plus 5 %. Ces mesures ont clairement pour effet de faire entrer beaucoup plus de créanciers dans les comités et de faciliter, par un effet de levier, l'adoption des plans, alors surtout que, au lieu des deux majorités – en nombre de créanciers et en montant de créances – le texte nouveau n'exige plus qu'une seule majorité, celle des deux tiers du montant des créances.

En revanche, une complication pourra survenir pour l'adoption des plans sur le vote favorable des comités : les assemblées d'obligataires devront également voter favorablement les propositions, devenant ainsi clairement un troisième comité.

L'ordonnance prévoit également les modalités de contestation relatives à la composition des comités et au calcul des votes. Ces contestations devront être formées, à peine d'irrecevabilité, avant l'audience d'arrêté de plan.

Elle concentre entre les mains du commissaire à l'exécution du plan le soin de recouvrer de manière forcée les dividendes du plan, ce qui faisait difficulté, au regard de la lettre du texte de la loi de sauvegarde.

061.15 Modifications intéressant la cessation de paiements. L'ordonnance de réforme reprend à son compte les précisions apportées par la Cour de cassation sur la définition de l'état de cessation des paiements.

L'actif disponible à prendre en compte sera en conséquence augmenté des réserves de crédit.

Le passif exigible, pour sa part, sera amputé des dettes, pour lesquelles le débiteur a obtenu un moratoire de la part de ses créanciers.

L'ordonnance met à l'écart la condition de cessation des paiements, pour le prononcé du redressement sur conversion d'une sauvegarde, si, d'une part, l'adoption d'un plan de sauvegarde est manifestement impossible et si, d'autre part, la clôture de la procédure de sauvegarde doit conduire, de manière certaine et à bref délai, à la cessation des paiements.

L'ordonnance, dans le respect du texte d'habilitation, invitant à aménager et à clarifier certaines règles du redressement judiciaire, afin d'en améliorer l'efficacité et à coordonner celles-ci avec les modifications apportées à la procédure de sauvegarde[1], pose des règles précises pour la fixation initiale et le report de la date de cessation des paiements, en cas de conversion de la sauvegarde en redressement judiciaire, lorsque la cessation des paiements préexistait à l'ouverture de la sauvegarde. En ce cas, la date de cessation des paiements sera fixée à la date du jugement d'ouverture, qui est le jugement de sauvegarde.

Le report de la date de cessation des paiements pourra être effectué en amont de dix-huit mois par rapport au jugement d'ouverture de la sauvegarde.

Enfin, le délai de l'action en report de date de cessation des paiements, qui est d'un an, courra à compter du jugement de conversion de la sauvegarde en redressement judiciaire.

061.16 Modifications intéressant la liquidation judiciaire. D'importantes modifications sont apportées par l'ordonnance de réforme aux règles de la liquidation judiciaire simplifiée, respectant ainsi le texte d'habilitation invitant à favoriser le recours au régime de la liquidation judiciaire simplifiée, en allégeant sa mise en œuvre[2].

Alors que l'application de ces règles était toujours facultative, elle est devenue obligatoire dans certains cas, c'est-à-dire en deçà de certains seuils à fixer par décret. Au-delà de ces seuils, mais en deçà d'autres seuils, l'application des règles de la liquidation judiciaire simplifiée reste facultative.

Le projet de répartition établi par le liquidateur, qui devait être déposé au greffe, et qui obligeait le greffier à un avis d'insertion au greffe du dépôt de ce projet, est remplacé par une mention à l'état des créances des propositions de répartition. Une publicité unique au *Bodacc* de ce document unifié fera courir le délai de réclamation contre l'état des créances et contre le projet de répartition.

L'ordonnance assouplit également les interdictions en matière d'acquisition des biens du débiteur par des proches, lorsqu'il est question de biens de la vie courante, afin d'humaniser la procédure[3].

061.17 Modifications essentielles intéressant les sanctions. Le texte d'habilitation autorise le Gouvernement à réformer le régime des sanctions, pour *préciser, actualiser et renforcer* la cohérence de leur régime, en cas de procédure collective[4].

1. L. n° 2008-776, 4 août 2008, art. 74, I, 4°.
2. L. n° 2008-776, 4 août 2008, art. 74, I, 5°.
3. Roussel Galle, « Premier aperçu sur l'ordonnance du 1 décembre 2008 […] », préc., sp. p. 10, n° 27.
4. L. n° 2008-776, 4 août 2008, art. 74, I, 10°.

La première modification importante intéresse la responsabilité des dispensateurs de crédit. La loi de sauvegarde a créé un principe d'irresponsabilité au titre des concours consentis, sur lequel l'ordonnance de réforme ne revient pas. Cette ordonnance ne modifie pas davantage les cas dans lesquels la responsabilité du dispensateur de crédit reste engagée : fraude, immixtion caractérisée et disproportion des garanties par rapport aux concours consentis.

La loi de sauvegarde avait prévu que si la responsabilité du dispensateur de crédit était engagée, il y avait place à une nullité des garanties prises. L'ordonnance de réforme substitue à la nullité obligatoire, une nullité seulement facultative et prévoit que le juge peut substituer à la nullité un cantonnement des garanties.

La deuxième modification, la plus remarquable incontestablement, tient à la suppression de l'obligation aux dettes sociales créée par la loi de sauvegarde des entreprises, pour remplacer la suppression du redressement et de la liquidation judiciaire prononcée à titre de sanction contre les dirigeants fautifs de la personne morale débitrice. Ainsi, la seule sanction qui puisse être prononcée contre le dirigeant fautif de la personne morale débitrice est la responsabilité pour insuffisance d'actif.

L'action en responsabilité pour insuffisance d'actif ne pourra être engagée que si la liquidation judiciaire est prononcée contre la personne morale, la résolution du plan de redressement étant désormais insuffisante.

Le texte issu de l'ordonnance de réforme supprime une difficulté qui s'était présentée sous l'empire de la loi de sauvegarde : celle de savoir si la faillite personnelle ou l'interdiction de gérer pouvait être prononcée par la juridiction pénale, lorsqu'elle avait déjà été prononcée par la juridiction civile, dès lors que les faits justifiant la mesure de banqueroute n'étaient pas les mêmes que ceux ayant justifié le prononcé de la faillite personnelle ou de l'interdiction de gérer. L'ordonnance de réforme précise que la mesure pourra être prononcée par la juridiction répressive, à moins qu'une juridiction civile ou commerciale ait déjà prononcé une telle mesure par une décision définitive « prise à l'occasion des mêmes faits ».

061.18 Extension de la garantie de l'AGS en cas de poursuite provisoire de l'activité en liquidation judiciaire. Sous l'empire de la loi de sauvegarde des entreprises, l'article L. 3253-8 du code du travail (anc^{t} L. 143-11-1, 2°) prévoit que l'AGS couvre « les créances résultant de la rupture des contrats de travail intervenant pendant la période d'observation, dans le mois suivant le jugement qui arrête le plan de redressement, dans les quinze jours suivant le jugement de liquidation et pendant le maintien provisoire de l'activité autorisé par le jugement de liquidation judiciaire ». Ainsi, l'AGS, en cas de poursuite provisoire d'activité en liquidation judiciaire, couvrait les indemnités de rupture du contrat de travail si la rupture intervenait au plus tard à l'expiration du délai de poursuite provisoire de l'activité en liquidation judiciaire.

La solution n'était pas symétrique à celle posée pour la liquidation judiciaire sans poursuite d'activité. En ce cas, le liquidateur disposait d'un délai de quinzaine pour licencier les salariés. Cette différence de régime était source de graves difficultés lorsque la poursuite d'activité avait été autorisée dans la perspective d'adoption d'un plan de cession. En ce cas, le liquidateur ou l'administrateur pouvait hésiter à licencier les salariés, puisque ces derniers pouvaient être repris dans le cadre du plan de cession. Mais si le plan de cession était rejeté, et si les délais maxima de poursuite provisoire d'activité étaient atteints, le liquidateur ne disposait d'aucun délai supplémentaire pour licencier les salariés. Il risquait ainsi d'engager sa responsabilité, puisque l'AGS n'aurait pas eu à garantir les conséquences de la rupture des contrats de travail du fait du dépassement de la période de garantie.

La solution posée par le texte de l'ordonnance est donc extrêmement précieuse pour les professionnels du mandat de justice, qui disposent désormais d'un délai de quinzaine qui court à compter de la fin de la poursuite provisoire d'activité, pour licencier.

CHAPITRE

062. Appréciations sur la réforme

SECTION 0
ORIENTEUR

062.00 Plan du chapitre.

Sect. 062.10 Section unique

SECTION 062.10
SECTION UNIQUE

062.11 Éclaircissement et attractivité de la conciliation. Nous avons pu constater (v. s^{s} n° 061.12) que la procédure de conciliation est réglementée de manière beaucoup plus précise avec l'ordonnance de réforme, qu'elle ne l'était sous l'empire de la loi de sauvegarde, dans sa rédaction d'origine.

En outre, son attractivité est renforcée, d'une part parce que l'accord de conciliation bénéficie aux *garants même dans la conciliation* simplement constatée, et, d'autre part, parce que la liste des personnes pouvant bénéficier de l'accord de conciliation se trouve singulièrement étendue par l'ordonnance de réforme.

062.12 Attractivité incontestablement renforcée de la sauvegarde. L'une des finalités de la réforme était de rendre plus accessible le recours à la procédure de sauvegarde. L'ordonnance y parvient incontestablement, en supprimant toute référence à l'imminence ou en tout cas au caractère inévitable de la survenance de la cessation des paiements.

L'attractivité de la sauvegarde est également incontestablement renforcée, *ainsi que l'appelait de ses* vœux le Président de la République, lorsqu'il a annoncé la réforme de la loi de sauvegarde. Diverses mesures, d'inégale importance, y contribuent, en créant un régime dérogatoire aux solutions retenues en matière de redressement judiciaire. Parmi les plus symboliques, on signalera celles relatives aux bénéfices somptueux de la sauvegarde pour les garants personnes physiques du débiteur ou encore la suppression de la liquidation judiciaire comme conséquence automatique de la résolution du plan de sauvegarde, en cas d'apparition de l'état de cessation des paiements, ce qui permet à un auteur d'affirmer que l'ordonnance du 18 décembre 2008 a introduit « la culture de la seconde chance »[1].

062.13 Amélioration de la cohérence et de la lisibilité de la législation. L'ordonnance de réforme contribue incontestablement à améliorer la cohérence des textes entre eux et la cohérence entre les procédures. Est particulièrement topique l'exemple de la fixation de la date de cessation des paiements en cas de conversion de la sauvegarde en redressement judiciaire, en cas de préexistence de la cessation des paiements à l'ouverture de la sauvegarde.

L'ordonnance contribue également à une plus grande lisibilité des textes[2]. On peut ici prendre l'exemple de la coordination du droit des baux des locaux professionnels avec le régime de droit commun des contrats en cours. On peut aussi faire état de nombreuses modifications, qui ne sont qu'interprétatives, mais qui ont le mérite de préciser la règle de droit. Il en est ainsi, par exemple, du domaine de l'action en revendication, cette action s'imposant clairement lorsque le débiteur est un détenteur précaire ou de la généralité de l'exigence de l'existence en nature du bien revendiqué. On peut également signaler l'amélioration de la lisibilité des textes en matière de voies de recours.

Elle contribue aussi à simplifier le droit applicable. Deux exemples peuvent ici être pris à titre d'illustration. Il en est d'abord ainsi de la restauration de l'unicité du délai de l'action en revendication, alors que le point de départ de l'action en revendication pouvait poser un problème de dét

1. GIBIRILA, n° 13.
2. RAPPR. : SAINT-ALARY-HOUIN, 9e éd., n° 103.

mination en présence d'un contrat en cours, si celui-ci était ensuite résilié. Il en est de même du nouveau domaine des créanciers postérieurs éligibles au traitement préférentiel, avec la suppression de l'exigence d'une contrepartie fournie au débiteur en rapport avec son activité professionnelle.

062.14 Accélération des clôtures liée à l'instauration de l'application obligatoire des règles de la liquidation judiciaire simplifiée. Le fait de rendre obligatoire, dans certains cas, l'application des règles de la liquidation judiciaire simplifiée doit être salué, comme une avancée permettant d'accélérer les clôtures de procédure de liquidation judiciaire pour insuffisance d'actif, permettant au débiteur, personne physique, de rebondir, alors que, pendant toute la durée de la liquidation judiciaire, il lui est interdit d'exercer une nouvelle activité indépendante.

062.15 Regret : l'absence de modification du droit social. L'effort du projet de réforme est évidemment très louable et il faudrait être de très mauvaise composition pour ne pas le reconnaître.

Pour autant, nous ne sommes absolument pas convaincus de l'utilité de réformer aussi vite, sans toucher à l'essentiel, cet essentiel auquel s'est déjà refusé à toucher le législateur à l'occasion de la loi de sauvegarde des entreprises : le droit social des procédures collectives.

Une fois de plus, nous n'avons pas peur d'écrire que la réforme, la vraie n'a pas eu lieu, faute d'avoir créé un véritable dispositif de droit social des procédures collectives, y compris dans la procédure de sauvegarde. La compétitivité de notre droit des entreprises en difficultés, doté au demeurant de très beaux atouts, nous semble à ce prix.

Le reproche ne peut toutefois être adressé à ce législateur, qui a légiféré par voie d'ordonnance : il n'avait pas l'habilitation pour toucher au droit social.

CHAPITRE

063. Ordonnance de réforme du 12 mars 2014

SECTION 0 ORIENTEUR

063.00 Plan du chapitre.

Sect. 063.10 Présentation générale de la réforme du 12 mars 2014

063.03 Bibliographie indicative.

• Sur le projet de réforme et les propositions de réforme de 2014

> Articles. Brignon B., « Projet d'ordonnance portant réforme de la prévention des difficultés des entreprises et des procédures collectives », *JCP E* 2014, actu 123 – Le Corre P.-M., « En avant pour une nouvelle réforme de la loi de sauvegarde des entreprises », *LPA* 9 déc. 2013, n° 245, p. 3 – Teboul G., « Le renforcement du rôle des créanciers dans le cadre de la nouvelle réforme du droit des entreprises en difficulté », 1re partie, *LPA* 21 janv. 2014, n° 15, p. 18; 2e partie, *LPA* 31 janv. 2014, n° 23, p. 6; 3e partie, *LPA* 7 févr. 2014, n° 28, p. 4.

• Sur l'ordonnance du 12 mars 2014

> Articles. Assaya L. et Petitjean M., « Réforme du droit des entreprises en difficulté : l'ordonnance du 12 mars 2014 », *LPA* 18 avr. 2014, n° 78, p. 6 – Brignon B., « L'impact des réformes de 2014 des procédures collectives sur la profession d'avocat », *LXB* lettre juridique 13 nov. 2014, n° 590 – Champalaune C., « Un nouveau droit des entreprises en difficulté : Propos introductifs », interv. Colloque CEDAG, Paris V, 1er juill. 2014, *Rev. proc. coll.* 2014, dossier 27 – Crocq P., Reille F. et Roussel Galle Ph., « Droit des entreprises en difficulté », Chron., *Dr. et proc.* avr. 2014, p. 2 – Gentin F., « Entretien », *BJE* mai 2014, 208 – Huertas X et Sénéchal M., « Entretien », *BJE* mai 2014, 211 – Le Corre P.-M., « Premiers regards sur l'ordonnance du 12 mars 2014 », *D.* 2014. 733 – Legros J.-P., « Le traitement des sociétés en difficulté après l'ordonnance du 12 mars 2014 », *Dr. sociétés* 2014, p. 15; « Les modifications issues de l'ordonnance du 12 mars 2014 intéressant les établissements de crédit », Le Corre-Broly (dir.), *Contentieux bancaire des procédures collectives*, Bruylant, 2014, p. 9 – Lucas F.-X., « Présentation de l'ordonnance portant réforme de la prévention des difficultés des entreprises et des procédures collectives », *BJE* mars 2014, 111 – Menjucq M., Canet P., Delattre Ch. et Gambier B., « Les nouveaux pouvoirs et les nouvelles missions des membres des juridictions après l'ordonnance du 12 mars 2014 », *Rev. proc. coll.* 2014, table ronde 3 – Notté G., « Réforme de la prévention des difficultés des entreprises et des procédures collectives », *JCP E* 2014. 230 – Pétel Ph., « Entreprises en difficulté : encore une réforme ! », *JCP E* 2014. 1223 – Rossi P., « Réforme de la prévention et des procédures collectives : acte I », *Act. proc. coll.* 2014/6, comm. 86 – Roussel Galle Ph., « La réforme du droit des entreprises en difficulté par l'ordonnance du 12 mars 2014 », *Rev. sociétés* 2014. 351 – Sortais J.-P., « L'ordonnance du 12 mars 2014 : ses incidences en matière d'agriculture », *BJE* juill. 2014, p. 278 – Teboul G., « L'ordonnance du 12 mars 2014 sur la réforme du droit des entreprises en difficulté : un duel créanciers/débiteurs à armes égales », *Gaz. Pal.* 27 mars 2014, n° 85, p. 6.

> Publications collectives. « La réforme de la loi de sauvegarde des entreprises : acte 2 », Le Corre P.-M. (dir.), *Gaz. Pal.* 6 avr. 2014, n° 96, p. 7 s.; « Un nouveau souffle pour les procédures collectives », Menjucq M. et Roussel Galle Ph. (dir.), *Rev. proc. coll.* 2014, étude 13 à 25; « Prévention et procédures collectives : nouvelle réforme », Pérochon F. (dir.), *BJE* mai 2014, 170 - Pérochon F. (dir.), « La réforme du droit des entreprises en dfficulté : enjeux, conseils pratiques et perspectives », *BJE* nov 2014, 390.

SECTION 063.10 PRÉSENTATION GÉNÉRALE DE LA RÉFORME DU 12 MARS 2014

063.11 Apports principaux de l'ordonnance du 12 mars 2014. L'un des objectifs important poursuivi par le législateur a été la simplification du droit des entreprises en difficulté[1]. À cet égard, les mesu-

1. Menjucq, Rossi, Leloup Thomas, Carboni et Jourdan, « La simplification des procédures collectives et du droit des entreprises en difficulté », *Rev. proc. coll.* 2013, Table ronde 2.

res les plus topiques de l'ordonnance du 12 mars 2014 [1] tiennent d'abord à la simplification :

– de l'octroi du privilège de la conciliation, en ne l'enfermant plus dans le carcan de l'accord homologué : si ce dernier est nécessaire pour l'octroi du privilège, ce dernier pourra être accordé même pour les efforts consentis pendant la négociation;

– des opérations de réalisation d'actifs, en écartant du domaine du dessaisissement les biens échus sur succession au débiteur personne physique, pendant sa liquidation judiciaire. La mesure permettra d'accélérer les opérations de réalisation, la réalisation d'actifs successoraux dans les liquidations judiciaires étant une source importante de complexification;

– de la clôture de la liquidation judiciaire pour insuffisance d'actif, en assouplissant considérablement ses conditions;

– de la liquidation judiciaire simplifiée, en uniformisant les régimes de réalisation d'actifs, que l'on soit dans la procédure obligatoire ou dans la procédure facultative de la liquidation judiciaire simplifiée;

– par la création d'une procédure de rétablissement professionnel, qui rendra inutile l'ouverture d'une liquidation judiciaire, dans les dossiers impécunieux;

– de la procédure de déclaration des créances, en rendant possible la déclaration de créance sans pouvoir, ce qui induit des conséquences sur la nature juridique de la déclaration de créance.

Un autre objectif important poursuivi par le législateur a été d'améliorer l'efficacité des procédures.

À cet égard, les mesures les plus topiques de l'ordonnance du 12 mars 2014 tendant à l'amélioration des procédures tiennent, en matière de procédure de conciliation, à la modification des conditions auxquelles des délais de grâce peuvent être accordés par le président du tribunal, au renforcement des droits des créanciers recherchant un accord négocié et l'efficacité de cet accord, au fait de réputer non écrites les clauses contractuelles qui font obstacle au recours à un mandat *ad hoc* ou à une conciliation et au fait de faciliter la recherche de nouveaux financements de l'entreprise bénéficiant d'une telle procédure de conciliation et d'améliorer les garanties pouvant s'y rattacher.

Même si l'objectif d'assurer une mise en conformité des textes avec la législation européenne et la Constitution n'a pas été affiché par le législateur, il est incontestable qu'il l'a largement inspiré. Et c'est ainsi qu'il a fallu tirer les conséquences de la décision du Conseil constitutionnel du 7 décembre 2012 [2] (société Pyrénées services et autres), relative à la saisine d'office du tribunal de commerce pour l'ouverture du redressement judiciaire. Le législateur a décidé tant pour cette procédure que pour celle de liquidation judiciaire de supprimer purement et simplement la saisie d'office.

Le souci d'offrir aux plaideurs un juge impartial a aussi conduit à interdire au juge-commissaire de participer à la formation de jugement et au délibéré dans toutes les instances et non plus seulement en matière de sanctions.

Il a été noté également que l'ordonnance procède à un rééquilibrage des rapports de force entre les différents protagonistes de la procédure collective [3].

Pour résumer les grands apports, citons le rédacteur de l'ordonnance « si l'on s'en tient aux grands axes, on voit assez facilement émerger, même avec bon nombre de nuances, quelques idées comme celle de la valorisation de la prévention ou de l'anticipation, celle de la promotion des solutions négociées, la volonté de distribuer différemment les rôles comme acteurs de la procédure entre les créanciers, les actionnaires et le débiteur, celle de faire évoluer les modalités de désignation des mandataires de justice, ou encore, s'agissant des procédures liées au caractère irrémédiable de la situation du débiteur, la volonté d'abréger autant que possible la durée des procédures et de supprimer les lourdeurs procédurales inutiles » [4].

063.12 Procédures nouvelles créées par l'ordonnance du 12 mars 2014. L'ordonnance du 12 mars 2014 atout d'abord créé la procédure de sauvegarde accélérée. Cette procédure emprunte à la sauvegarde financière accélérée issue de la loi du 22 octobre 2010 [5]. Mais, d'une part, elle a un domaine beaucoup plus large puisqu'il ne s'agit pas seulement de traiter l'endettement financier d'un débiteur partie à une conciliation, mais tout l'endettement. D'autre part, cette procédure est une véritable procédure collective contrairement à la sauvegarde financière accélérée qui, du fait qu'elle n'a d'impact qu'à l'égard des créanciers financiers, constitue une procédure semi-collective.

La seconde grande nouveauté de l'ordonnance du 12 mars 2014 tient à la création de la procédure de rétablissement professionnel, qui va permettre de traiter, en quatre mois, la situation d'un débiteur dont les actifs sont insuffisants pour justifier l'ouverture d'une liquidation judiciaire. Le débiteur pourra ainsi rebondir plus vite et bénéficiera d'un effacement d'une bonne partie de ses dettes.

1. Ord. nº 2014-326, 12 mars 2014, préc.
2. Cons. const. 7 déc. 2012, nº 2012-286 QPC, *JO* 8 déc., p. 19279; *Rec.* 642.
3. Lucas, « Présentation de l'ordonnance portant réforme de la prévention des difficultés des entreprises et des procédures collectives », *BJE* mars 2014, 111.
4. Rossi, « Avant-Propos », *BJE* mai 2014, 170.
5. L. nº 2010-1249, 22 oct. 2010, préc.

TITRE

070. Application de la loi dans le temps

SECTION 0 ORIENTEUR

070.00 **Plan du titre.**

Chap. 071 Survie de la loi ancienne pour les procédures ouvertes avant l'entrée en vigueur de la loi du 25 janvier 1985

Sect. 071.10 Principe de survie de la loi ancienne pour les procédures ouvertes avant l'entrée en vigueur de la loi du 25 janvier 1985

Sect. 071.20 Exceptions au principe de survie de la loi ancienne pour les procédures ouvertes avant l'entrée en vigueur de la loi du 25 janvier 1985

Chap. 072 Application dans le temps de la loi du 10 juin 1994

Sect. 072.10 Section unique

Chap. 073 Application dans le temps de la loi du 26 juillet 2005

Sect. 073.10 Principe d'application dans le temps de la loi du 26 juillet 2005

Sect. 073.20 Application exceptionnelle de la loi du 26 juillet 2005 et/ou du décret du 28 décembre 2005 aux procédures en cours dès sa publication

Sect. 073.30 Application exceptionnelle de la loi du 26 juillet 2005 à compter de son entrée en vigueur aux procédures en cours sous l'empire de la loi du 25 janvier 1985

Sect. 073.40 Application exceptionnelle de la loi du 26 juillet 2005 à compter de son entrée en vigueur aux procédures régies par la loi du 13 juillet 1967

Chap. 074 Application dans le temps de l'ordonnance du 18 décembre 2008

Sect. 074.10 Principe d'application de l'ordonnance aux seules procédures ouvertes à compter du 15 février 2009

Sect. 074.20 Application d'une disposition aux procédures en cours dès le 1er janvier 2009

Sect. 074.30 Application de dispositions aux procédures en cours à compter du 15 février 2009

Sect. 074.40 Application de certaines dispositions aux procédures en cours au 1er mars 2009

Sect. 074.50 Procédures ouvertes à compter du 15 février 2009

Sect. 074.60 Extensions de procédures à compter du 15 février 2009

Chap. 075 Application dans le temps des législations postérieures à l'ordonnance du 18 décembre 2008 et antérieures à l'ordonnance du 12 mars 2014 modifiant la loi de sauvegarde des entreprises

Sect. 075.10 Application des articles 57 et 58 de la loi du 22 octobre 2010

Sect. 075.20 Application de l'ordonnance du 9 décembre 2010

Sect. 075.30 Législation sur la prise de mesures conservatoires

Chap. 076 Application dans le temps de l'ordonnance du 12 mars 2014

Sect. 076.10 Principe d'application dans le temps de l'ordonnance du 12 mars 2014

Sect. 076.20 Applications exceptionnelles dans le temps de l'ordonnance du 12 mars 2014

070.03 **Bibliographie indicative.** (V. les références complètes s[s]n° 031).

> **Actualisables.** RÉP. COM., Guyon Y., « Entreprises en difficulté (Avant-propos) », n[os] 50 à 63 – J.-CL. COM., Chaput Y., fasc. 2140, [Application dans le temps de la loi du 25 janvier 1985].

> **Ouvrages antérieurs à la loi de sauvegarde des entreprises.** CHAPUT, n[os] 31, 525, 643 – KERCKHOVE, n°s 33 à 39 – LE CANNU *ET ALII*, n°s 37 à 39 – LE CORRE-BROLY, n° 6 – MARTIN ET

VALLENS, n°s 2723, 2724 – RIPERT ET ROBLOT, n°s 2817 à 2818-1 – SAINT-ALARY-HOUIN, n°s 1074, 1075 – SOINNE, 1995, n°s 329 à 339.

> Articles. Le Corre P.-M., « Résolution d'un plan de continuation et application dans le temps de la loi du 10 juin 1994 », *JCP E* et *A* 2000, 849 ; *D.* 2000, jur. 127.

070.09 Généralités sur les règles relatives à l'application de la loi dans le temps en matière de procédures collectives de paiement. L'application de la loi dans le temps est toujours une question délicate des législations sur le droit des procédures collectives de paiement. Les droits des créanciers sont nécessairement altérés par la survenance d'une loi nouvelle, que cette dernière affaiblisse leur position, comme c'est le cas de la loi du 25 janvier 1985[1] par rapport à la législation du 13 juillet 1967[2], ou au contraire l'améliore, comme c'est le cas de la loi du 10 juin 1994[3], par rapport à la législation du 25 janvier 1985. Les droits du débiteur sont également nécessairement modifiés par une loi nouvelle, qu'il s'agisse de ses droits sur son patrimoine, des techniques envisagées pour son redressement ou encore des sanctions susceptibles de l'atteindre, soit en qualité de débiteur, soit en qualité de dirigeant de l'entreprise débitrice.

La loi du 25 janvier 1985 a entraîné abrogation de la loi du 13 juillet 1967 (art. 238, 2°), à l'exception des articles 151 à 159 (L. 25 janv. 1985, art. 151 à 159, devenus C. com., art. L. 622-8 à L. 622-21), et de l'ordonnance du 23 septembre 1967 instituant la suspension provisoire des poursuites. Le décret du 27 décembre 1985[4] a entraîné abrogation du décret du 22 décembre 1967[5] et des deux décrets du 31 décembre 1967[6].

L'abrogation de la loi ancienne entraîne impossibilité de poursuivre l'intéressé si l'incrimination sur le fondement de laquelle il devait être poursuivi n'a pas été reprise par la loi nouvelle. Il en est ainsi pour la suppression des cas de banqueroute simple par la loi du 25 janvier 1985 empêchant les poursuites pour les agissements commis avant l'entrée en vigueur de la loi du 25 janvier 1985[7]. En revanche, si les infractions abrogées par la loi nouvelle sont reprises par cette même loi, les poursuites peuvent prospérer[8]. Cependant, la rétroactivité de la loi pénale plus douce conduira à retenir la législation nouvelle, si elle est plus favorable au prévenu, qu'il s'agisse des délais de prescription, des conditions de la poursuite ou des peines encourues.

Une interdiction de gérer ou une faillite personnelle prononcée sous l'empire de la loi du 13 juillet 1967 autorise le prononcé d'une sanction pénale en cas de violation de l'interdiction, dès lors qu'elle intervient après l'entrée en vigueur de la loi du 25 janvier 1985, qui érige, à l'article 216 (devenu C. com., art. L. 627-4), en infraction pénale, la violation de l'interdiction[9]. Les constitutions de parties civiles effectuées par le passé dans le cadre des poursuites pour banqueroute, resteront valides, si elles s'inscrivent dans le cadre de l'application de la loi du 13 juillet 1967[10]. En revanche, elles sont irrecevables après l'entrée en vigueur de la loi du 25 janvier 1985, si elles s'inscrivent dans des procédures de redressement ou de liquidation judiciaire.

Enfin, la peine complémentaire de la faillite personnelle ou de l'interdiction de gérer, qui peut être prononcée accessoirement à la banqueroute, ne peut l'être pour une banqueroute prononcée sur le fondement des dispositions de la loi du 13 juillet 1967[11].

1. L. n° 85-98, 25 janv. 1985, préc.
2. L. n° 67-563, 13 juill. 1967, préc.
3. L. n° 94-475, 10 juin 1994 relative à la prévention et au traitement des difficultés des entreprises, *JO* 11 juin, p. 8440.
4. D. n° 85-1388, 27 déc. 1985 relatif au redressement et à la liquidation judiciaire des entreprises, *JO* 29 déc., p. 15281.
5. D. n° 67-1120, 22 déc. 1967 sur le réglement judiciaire, la liquidation des biens et la faillite personnelle, *JO* 24 déc., p. 12595.
6. D. n° 67-1254, 31 déc. 1967 déterminant les juridictions appelées à connaître de la procédure de suspension provisoire des poursuites et d'apurement collectif du passif, instituée par l'ordonnance n° 67-820 du 23 sept. 1967, *JO* 3 janv. 1968, p. 19 – D. n° 67-1255, 31 déc. 1967 tendant à faciliter le redressement économique et financier de certaines entreprises, *JO* 3 janv. 1968, p. 20.
7. SOINNE, n° 336.
8. AINSI pour le délit de malversation : Crim. 12 juin 1989, n° 88-83.448, *Bull. crim.* n° 251 ; *D.* 1989. 585, note Derrida ; *RSC* 1990. 97, obs. Baume.
9. Crim. 10 nov. 1999, n° 98-80.815, NP, *JCP E* et *A* 2000, pan. 207 ; *Act. proc. coll.* 2000/6, n° 70, obs. Regnaut-Moutier.
10. SOINNE, n° 337 – SUR CE PRINCIPE sous l'empire des législations antérieures : Crim. 18 déc. 1986, n° 85-93.254, *Bull. crim.* n° 377 ; *Rev. proc. coll.* 1988, 170, n° 5, obs. Chaput.
11. Crim. 26 mars 1990, n° 89-80.448, *Bull. crim.* n° 133 ; *Vie jud.* 5 août 1990, p. 23.

CHAPITRE

071. Survie de la loi ancienne pour les procédures ouvertes avant l'entrée en vigueur de la loi du 25 janvier 1985

SECTION 0
ORIENTEUR

071.00 Plan du chapitre.

Sect. 071.10 Principe de survie de la loi ancienne pour les procédures ouvertes avant l'entrée en vigueur de la loi du 25 janvier 1985

Sect. 071.20 Exceptions au principe de survie de la loi ancienne pour les procédures ouvertes avant l'entrée en vigueur de la loi du 25 janvier 1985

071.01 Textes applicables.

L. n° 85-98, 25 janv. 1985, art. 240

SECTION 071.10
PRINCIPE DE SURVIE DE LA LOI ANCIENNE POUR LES PROCÉDURES OUVERTES AVANT L'ENTRÉE EN VIGUEUR DE LA LOI DU 25 JANVIER 1985

071.11 Principe général de survie de la loi ancienne pour les procédures ouvertes avant l'entrée en vigueur de la loi du 25 janvier 1985. L'article 240 alinéa 1 de la loi du 25 janvier 1985 [1] pose, de manière très classique, en principe que « les dispositions de la présente loi ne sont applicables qu'aux procédures ouvertes après leur entrée en vigueur ». Le même principe est posé par l'article 198 du décret du 27 décembre 1985 [2], sous réserve cependant des alinéas 2, 3 et 4 de l'article 240. Le principe est donc celui de la survie de la loi ancienne pour les procédures ouvertes avant l'entrée en vigueur de la loi de 1985, cependant que quelques exceptions sont posées.

La loi du 25 janvier 1985 prévoyait en son article 243 son entrée en vigueur à une date fixée par décret et au plus tard le premier janvier 1986. Il est seulement excepté l'article 233 alinéa 2 prévoyant l'adaptation de la législation à l'Alsace-Moselle (v. ss nos 082.11 et 082.21). L'article 199 du décret prévoit l'entrée en vigueur de la loi au premier janvier 1986. Dès lors, les procédures ouvertes avant le 1er janvier 1986 restent soumises à la loi ancienne. Les procédures ouvertes à partir du 1er janvier 1986 sont soumises à la loi nouvelle.

071.12 Application de la loi dans le temps en cas d'extension de procédures et de faillite personnelle. Si une procédure a été ouverte avant le premier janvier 1986, l'ouverture subséquente de la procédure, par extension, sur le fondement de la confusion des patrimoines ou de la fictivité, restera soumise à la loi du 13 juillet 1967 [3]. Il en est de même de l'ouverture de la procédure sur le fondement de la co-exploitation [4], ce qui aujourd'hui apparaît bien discutable au regard de l'analyse jurisprudentielle de la co-exploitation (v. ss n° 741.21).

Le problème pourrait sembler différent si la procédure ouverte l'est sur le fondement des articles 100 et 101 de la loi du 13 juillet 1967, c'est-à-dire le règle-

1. L. n° 85-98, 25 janv. 1985, préc.
2. D. n° 85-1388, 27 déc. 1985, préc.
3. L. n° 67-563, 13 juill. 1967, préc. – Versailles, 13e ch., 25 [illegible] 1987, *Rev. proc. coll.* 1988, 309, n° 1, obs Soinne – Pa[illegible] 3e ch. A, 27 oct. 1987, *Rev. proc. coll.* 1988, 342, obs Chaput; *D.* 1989. Somm. 1, obs. Derrida.
4. Com. 13 févr. 1990, n° 88-17.592, *Bull. civ.* IV, n° 40.

ment judiciaire ou la liquidation des biens du dirigeant pour inexécution de la condamnation à combler le passif ou sur le fondement de l'article 101, pour les faits visés à cette disposition. L'expression « d'extension » utilisée par la pratique semblerait conduire à appliquer la loi ancienne. En réalité, le redressement judiciaire et la liquidation judiciaire personnels à titre de sanction contre le dirigeant sont des procédures distinctes de celle ouverte contre la personne morale débitrice. Cependant, elles ne peuvent être ouvertes que par application des dispositions de la législation sous l'empire de laquelle la procédure contre la personne morale a été ouverte[1]. La solution est identique si la procédure est ouverte sur le fondement de l'inexécution de la décision à combler le passif[2].

De cette solution, on rapprochera celle relative au prononcé de la faillite personnelle ou de l'interdiction de gérer, qui reste soumise à la loi ancienne si la procédure, sur le fondement de laquelle les mesures sont prononcées, est soumise à la loi ancienne[3].

071.13 Application de la loi dans le temps en cas de réouverture de la procédure. La réouverture de la procédure, par suite d'une clôture prématurée, ne constitue pas une procédure nouvelle[4].

SECTION 071.20
EXCEPTIONS AU PRINCIPE DE SURVIE DE LA LOI ANCIENNE POUR LES PROCÉDURES OUVERTES AVANT L'ENTRÉE EN VIGUEUR DE LA LOI DU 25 JANVIER 1985

071.21 Exceptions au principe de survie de la loi ancienne pour les procédures ouvertes avant l'entrée en vigueur de la loi du 25 janvier 1985. La loi du 25 janvier 1985 trouve application, malgré l'ouverture de la procédure sous l'empire de la loi du 13 juillet 1967, dans les cas limitativement énumérés par l'article 240 de la loi.

L'alinéa 2 de cet article prévoit la possibilité d'appliquer les dispositions de la loi du 25 janvier 1985 relatives à la cession d'entreprise, lorsqu'une cession à forfait, dans le cadre d'une liquidation des biens, est envisagée. Le tribunal nomme, à cet effet, un administrateur chargé d'assurer progressivement la gestion et de présenter un plan. Le syndic exerce les fonctions de représentant des créanciers. Si le plan de cession est rejeté, les dispositions du titre III (liquidation judiciaire) sont applicables à cette procédure. S'il est fait application des dispositions de la loi de 1985, qu'il y ait plan de cession ou liquidation judiciaire, la règle de l'absence de reprise des poursuites individuelles après clôture par insuffisance d'actifs est écartée.

L'alinéa 3 de l'article 240 de la loi du 25 janvier 1985 prévoit l'application des dispositions du quatrième alinéa de l'article 195 de la loi du 25 janvier 1985, devenu l'article L. 625-10 du code de commerce. Il en résulte qu'il y a place à retrait du casier judiciaire des jugements de clôture pour extinction du passif, ainsi que des jugements de liquidations des biens d'une personne physique prononcés en application de la loi n° 67-563 du 13 juillet 1967. En revanche, cette disposition ne s'applique pas aux jugements de liquidation judiciaire prononcés entre le 1er janvier 1986, date d'entrée en vigueur de la loi du 25 janvier 1985 et le 1er octobre 1994, date d'entrée en vigueur de la loi du 10 juin 1994. L'intéressé ne peut donc solliciter le retrait du casier judiciaire de cette décision[5].

L'alinéa 4 de l'article 240 de la loi prévoit que le débiteur ou le dirigeant sanctionné par la faillite personnelle ou l'interdiction de gérer, dans le cadre de la loi du 13 juillet 1967, peut solliciter un relèvement des déchéances, sur démonstration d'une contribution suffisante au paiement du passif[6].

Enfin, l'alinéa 3 de l'article 240 modifie purement et simplement la législation de 1967 en obligeant le syndic à verser les sommes perçues à la Caisse des dépôts et consignations (CDC)[7], à partir de l'entrée en vigueur de la loi du 25 janvier 1985.

1. Paris, 3e ch. A, 27 oct. 1987, *Rev. proc. coll.* 1988, 342, obs. Chaput; *D.* 1989. Somm. 1, obs. Derrida.
2. Com. 13 nov. 1990, n° 89-15.237, *Bull. civ.* IV, n° 275.
3. Com. 9 févr. 1988, n° 86-15.694 *Bull. civ.* IV, n° 63; *D.* 1989. Somm. 2, obs. Derrida; RTD com. 1989. 143, obs. Haëhl Com. 13 juin 1989, n° 88.10.112, *Bull. civ.* IV, *n° 188; Gaz. Pal.* 1989. II, Somm. 139.
4. Com. 24 janv. 1962, *Bull. civ.* II, n° 53.
5. Paris, 3e ch. C, 27 juin 2003, RG n° 03/00961.
6. POUR UNE APPLICATION de cette disposition transitoire : Versailles, 2 déc. 1987, *Rev. proc. coll.* 1988, 196, obs. Chaput.
7. Caisse des dépôts et consignations (CDC).

CHAPITRE

072. Application dans le temps de la loi du 10 juin 1994

SECTION 0

ORIENTEUR

072.00 **Plan du chapitre.**

Sect. 072.10 Section unique

072.01 **Textes applicables.**

L. n° 94-475, 10 juin 1994, art. 99

072.02 **Jurisprudence de référence.**

> Le tribunal saisi d'une demande de résolution de plan après le 1er octobre 1994 d'une procédure ouverte avant cette date, doit appliquer l'article 80 alinéa 1 ancien, qui prévoyait l'ouverture d'un redressement judiciaire tendant soit à la cession, soit à la liquidation judiciaire.

• Com. 4 janv. 2000, n° 97-10.011, *Bull. civ.* IV, n° 2

* V. s^s n° 072.14

> La procédure ouverte après l'entrée en vigueur de la loi du 10 juin 1994 sur le fondement de l'inexécution d'une décision de condamnation à combler le passif ou pour fait visé à l'article L. 624-5 du code de commerce reste soumise à la loi de 1985 non-réformée.

• Com. 11 déc. 2001, n° 99-14.406, NP

* V. s^s n° 072.13

SECTION 072.10

SECTION UNIQUE

072.11 **Principe d'application dans le temps de la loi du 10 juin 1994.** Cette loi a réformé de multiples dispositions de la loi du 25 janvier 1985 [1]. Son article 99 énonce qu'elle entrera en vigueur à une *date fixée par décret, et au plus tard le 1er octobre 1994. L'article 35 de la loi du 8 août 1994* [2] a complété l'article 99 en énonçant que les dispositions de la loi sont applicables aux procédures ouvertes à compter du 1er octobre 1994.

En présence d'un redressement judiciaire ouvert avant l'entrée en vigueur de la loi du 10 juin 1994, l'article 99 de cette loi impose d'appliquer la loi du 25 janvier 1985 non réformée. La solution a ainsi été posée à propos de la détermination de la durée de la mission du commissaire à l'exécution du plan de cession, dont les conditions ont été modifiées par la loi du 10 juin 1994 [3].

La difficulté résulte de la publication tardive du décret d'application, en date du 22 octobre 1994 [4]. L'article 134 du décret prévoit son entrée en vigueur immédiate.

En outre, la loi du 10 juin 1994 n'était pas applicable en Nouvelle-Calédonie, à défaut de toute mention d'applicabilité. L'article 100 de la loi du 5 juillet 1996 [5] a rendu applicable aux territoires d'outre-mer certaines dispositions de la loi du 10 juin 1994, notamment ses articles 35 et 37 qui modifiaient les articles 50 et 53 de la loi du 25 janvier 1985. Ce n'est donc qu'à compter de l'entrée en vigueur de la loi du 5 juillet 1996 que le mécanisme de l'inopposabilité de la forclusion a été applicable en Nouvelle-Calédonie [6].

072.12 **Procédures ouvertes entre le 1er octobre 1994 et le 21 octobre 1994.** Que décider pour les procédures ouvertes entre le 1er octobre 1994 et le 21 octobre 1994 ? En l'absence du décret, certaines dispositions légales ne peuvent être appliquées. C'est pourquoi une circulaire ministérielle a suggéré

1. L. n° 85-98, 25 janv. 1985, préc.
2. L. n° 94-679, 8 août 1994 portant diverses dispositions d'ordre économique et financier, *JO* 10 août, p. 11668.
3. Com. 17 févr. 2009, n° 08-10.552, NP.
4. D. n° 94-910, 21 oct. 1994, *JO* 22 oct., p. 15019.
5. L. n° 96-609, 5 juill. 1996 portant dispositions diverses relatives à l'outre-mer, *JO* 9 juill., p. 10308.
6. Com. 19 juin 2007, n° 05-17.753, *Bull. civ.* IV, n° 167; n° 892 FS-P+B+I; *D.* 2007. AJ 1877, note Lienhard; *Gaz. proc. coll.* 2007/4, p. 51, note Le Corre-Broly; *JCP E* 2007. 2243, p. 27, note Eschylle.

l'application de la loi ancienne entre le 1er et le 21 octobre 1994 [1]. Les juridictions du fond s'y sont largement rangées [2], en visant la loi du 25 janvier 1985 non réformée dans les jugements d'ouverture ou en utilisant les vocables de l'ancienne loi, telle la période d'enquête en régime simplifié, qui a été supprimée par la loi du 10 juin 1994. D'autres juridictions [3] ont cantonné l'application de la loi nouvelle aux seuls textes applicables indépendamment des dispositions réglementaires.

Devant les termes formels de la loi du 8 août 1994, il semblait bien que la loi du 10 juin 1994 doive trouver application pour les procédures ouvertes à compter du 1er octobre 1994. C'est la solution adoptée par la Cour de cassation, qui considère, par exemple, que le mécanisme de l'inopposabilité de la forclusion s'applique pour une procédure ouverte le 21 octobre 1994 [4], cependant que dans une décision, la Cour de cassation a semblé réserver l'hypothèse de dispositions légales subordonnées à la parution du décret [5].

072.13 Procédures ouvertes sur vraie ou fausse extension d'une précédente procédure. Certaines solutions retenues pour l'entrée en vigueur de la loi de 1985, par rapport à celle de 1967, peuvent ici être transposées.

Il faut d'abord décider que si la procédure est ouverte sur le fondement de la confusion des patrimoines ou de la fictivité, la loi de 1985 non réformée s'appliquera, dès lors que la procédure initiale obéissait à cette législation [6].

La même solution s'impose pour les ouvertures de procédure sur le fondement de l'inexécution d'une décision de condamnation à combler le passif ou pour fait visé à l'article L. 624-5 du code de commerce. Seule devra être prise en compte la date d'ouverture de la procédure contre la personne morale [7]. Si un redressement judiciaire précède une liquidation judiciaire, seule la date d'ouverture du redressement doit être prise en compte pour apprécier l'ordre des sûretés dans le classement institué par l'article 40 de la loi du 25 janvier 1985 [8]. La solution est applicable à la liquidation judiciaire à titre personnel ouverte contre le dirigeant, seule devant être prise en compte la date d'ouverture de la procédure contre la personne morale pour apprécier la loi applicable au classement des créanciers dans la procédure du dirigeant [9].

La solution s'impose également pour l'ouverture d'une procédure contre le locataire-gérant qui n'exécute pas l'engagement d'acquérir l'entreprise, au terme de la période de location-gérance, si le jugement d'ouverture de la procédure du débiteur était antérieur au 1er octobre 1994.

La nature juridique de la co-exploitation (v. ss no 741.21), qui désigne en réalité l'ouverture autonome d'une procédure à l'encontre d'une personne répondant aux critères d'ouverture de la procédure qu'on cherche à lui appliquer, semble faire obstacle à la reconduction de la solution posée par la jurisprudence, sous l'empire de la législation antérieure, qui consistait à appliquer, à l'ouverture de la seconde procédure, la loi applicable à la première.

La loi du 10 juin 1994 s'applique donc aux procédures ouvertes à compter du 1er octobre 1994. L'article 55 alinéa 2 (L. 25 janv. 1985, art. 55, al. 2, devenu C. com., art. L. 621-48) qui s'intéresse aux cautions est cependant soumis à une règle particulière (v. ss no 723.34).

072.14 Notion de « procédure ouverte à compter du 1er octobre 1994 » – Résolution du plan de continuation. Il reste à s'interroger sur la notion de « procédure ouverte à compter du 1er octobre 1994 ». La loi du 25 janvier 1985 non réformée s'applique à la procédure de liquidation judiciaire, faisant suite à une conversion du jugement d'ouverture de redressement judiciaire, car il n'y a pas là ouverture d'une procédure.

La difficulté essentielle concerne l'hypothèse d'un jugement d'ouverture intervenu sous l'empire de la loi du 25 janvier 1985 non réformée, c'est-à-dire avant le 1er octobre 1994, de l'adoption subséquente d'un plan de continuation et d'une résolution du plan postérieurement au 30 septembre 1994. Y a-t-il lieu d'appliquer la loi du 25 janvier 1985 non réformée ou celle du 10 juin 1994, à la procédure ouverte suite à résolution ?

Derrière cette question apparemment unique, se profilent en réalité deux questions [10]. Quelle loi appliquer pour déterminer le régime de la résolution du plan ? La résolution du plan étant intervenue, quelle loi appliquer à la procédure ouverte suite à la résolution ?

1. Circ. D-1-J.B.C, 29 sept. 1994, relative à la mise en vigueur de la L. no 94-475, 10 juin 1994.
2. AINSI : Orléans, 14 déc. 1994, *JCP E* 1995, pan. 670.
3. Paris, 28 févr. 1997, *D.* 1997. IR 109 – Paris, 26 sept. 1997, *D.* 1997. IR 236.
4. Com. 4 oct. 2005, no 04-17.817, NP.
5. Com. 15 févr. 2000, no 97-20.749, NP, *JCP E* et *A* 2000, pan. 588.
6. Com. 4 janv. 2005, no 02-13.148, NP.
7. Com. 11 déc. 2001, no 99-14.406, NP, *Act. proc. coll.* 2002/4, no 55 – Com. 5 mars 2002, no 98-17.491, *Bull. civ.* IV, no 46; *Act. proc. coll.* 2002/10, no 130.
8. Com. 30 mai 2006, no 05-10.479, NP, *Gaz. proc. coll.* 2006/3, p. 24, obs. Henry.
9. Com. 30 mai 2006, no 05-10.479, NP, *Gaz. proc. coll.* 2006/3, p. 24, obs. Henry.
10. Le Corre, « Résolution d'un plan de continuation et application dans le temps de la loi du 10 juin 1994 », *JCP E* et *A* 2000, 849; *D.* 2000, jur. 127.

On sait que la loi du 10 juin 1994 s'applique aux procédures ouvertes après le 1er octobre 1994. Il est donc certain, au regard de ce principe d'application de la loi dans le temps, que la loi applicable à la détermination du régime de la résolution du plan sera la loi du 25 janvier 1985 non réformée, dès lors que la procédure ayant abouti au plan de continuation a été ouverte avant le 1er octobre 1994. Le tribunal saisi après le 1er octobre 1994 d'une demande de résolution de plan arrêté dans le cadre d'une procédure ouverte avant cette date, appliquera l'article 80 alinéa 1 ancien [1], qui prévoyait l'ouverture d'un redressement judiciaire tendant soit à la cession, soit à la liquidation judiciaire. Il en résulte que la liquidation judiciaire ne pouvait être prononcée après résolution du plan de continuation, qu'une fois préalablement ouverte une procédure de redressement judiciaire [2]. Au contraire, si la procédure est ouverte sur nouvel état de cessation des paiements et entraîne caducité du plan après le 1er octobre 1994 (v. aussi s^s n° 524.13), l'article 80 nouveau trouve application [3]. Il en résulte, selon la jurisprudence de la Cour de cassation, que les dispositions applicables à la procédure ouverte suite à un nouvel état de cessation des paiements sont celles issues de la loi du 10 juin 1994 [4]. Seule une liquidation judiciaire pourra alors être prononcée [5].

Si le jugement d'ouverture de la première procédure est intervenu avant le 1er octobre 1994, le tribunal saisi d'une demande de résolution de plan doit ouvrir une procédure de redressement judiciaire. Dès lors que la résolution du plan intervient après le 1er octobre 1994, l'ouverture de la procédure de redressement judiciaire qui en résulte est-elle postérieure au 1er octobre 1994 ?

La loi du 10 juin 1994 ne contient aucune disposition particulière relative à l'application de la loi dans le temps, dans l'hypothèse d'une résolution de plan.

La jurisprudence a considéré que, dès lors que l'article 80 ancien s'applique, la loi ancienne devait également régir la procédure ouverte suite à résolution [6]. La justification résulte de l'observation que la seconde procédure, quoique distincte de la première, n'est pas autonome par rapport à la procédure initiale dont elle n'est qu'un incident.

Cette solution nous semble critiquable pour deux raisons essentielles.

La première tient au fait qu'elle viole ouvertement la lettre de l'article 80 de la loi du 25 janvier 1985 qui évoque l'ouverture d'une procédure, ce qui oblige à respecter le principe d'application de la loi dans le temps, et spécialement celui de l'application de la loi du 10 juin 1994 aux procédures « ouvertes » après son entrée en vigueur, ce qui, par hypothèse, sera ici le cas.

La seconde tient aux effets de l'ouverture de la seconde procédure, suite à la résolution du plan. Comment expliquer l'obligation de déclarer à nouveau, par exemple, ou la possibilité de revendiquer dans la seconde procédure, nonobstant l'absence de revendication dans la première (v. s^s n° 524.36), si les procédures n'étaient pas véritablement autonomes ? C'est précisément l'autonomie de la seconde procédure par rapport à la première qui seule peut justifier ces solutions.

À l'opposé, la solution jurisprudentielle a cependant le mérite de ne pas dissocier, dans la loi du 10 juin 1994, les règles de forme et celles de fond. C'est ainsi l'indivisibilité de cette loi qui, *a priori*, justifie la solution [7].

1. Com. 4 janv. 2000, n° 97-10.011, *Bull. civ.* IV, n° 2; *Act. proc. coll.* 2000/2, n° 22; *D.* 2000, jur. 70, obs. Avéna-Robardet; *LPA* 9 août 2000, n° 158, p. 15, note Gallet; *LPA* 30 oct. 2000, n° 216, p. 12, note Courtier – Com. 2 mai 2001, n° 98-11.346, *Bull. civ.* IV, n° 84; *Act. proc. coll.* 2001/10, n° 127, note Régnaut-Moutier; *D.* 2001. AJ 1727, obs. Lienhard – Com. 28 sept. 2004, n° 02-21.605, NP – Com. 7 nov. 2006, n° 05-17.684, NP.
2. Com. 7 nov. 2006, n° 05-17.684, NP.
3. Com. 4 janv. 2000, n° 97-10.011, *Bull. civ.* IV, n° 2; *Act. proc. coll.* 2000/2, n° 22; *D.* 2000, jur. 70, obs. Avéna-Robardet; *JCP E* et *A* 2000, Chron. 700, n° 5, obs. Pétel; *LPA* 9 août 2000, n° 158, p. 15, note Gallet.
4. Com. 18 mars 2003, n° 00-11.923, NP – Com. 19 mai 2004, n° 01-17.254, NP.
5. Com. 2 juin 2004, n° 02-14.235, NP.
6. Com. 20 juin 2000, n° 97-16.732, NP, *Act. proc. coll.* 2000/14, n° 177 – Com. 17 juill. 2001, n° 98-22.095, NP, *Act. proc. coll.* 2001/17, n° 223 – Com. 10 déc. 2002, n° 01-13.640, NP, *JCP E* 2003, jur. 546, p. 618, note Sonet – Com. 24 juin 2003, n° 00-18.342, NP – Com. 24 mars 2004, n° 01-11.307, NP – Paris, 2e ch., 23 nov. 2005, RG n° 2004/19165.
7. Sonet, note s^s Com. 10 déc. 2002, n° 01-03.748, *JCP E* 2003, jur. 546, p. 620.

CHAPITRE

073. Application dans le temps de la loi du 26 juillet 2005

SECTION 0

ORIENTEUR

073.00 Plan du chapitre.

Sect. 073.10 Principe d'application dans le temps de la loi du 26 juillet 2005

Sect. 073.20 Application exceptionnelle de la loi du 26 juillet 2005 et/ou du décret du 28 décembre 2005 aux procédures en cours dès sa publication

Sect. 073.30 Application exceptionnelle de la loi du 26 juillet 2005 à compter de son entrée en vigueur aux procédures en cours sous l'empire de la loi du 25 janvier 1985

Sect. 073.40 Application exceptionnelle de la loi du 26 juillet 2005 à compter de son entrée en vigueur aux procédures régies par la loi du 13 juillet 1967

073.01 Textes applicables.

> Légis ation issue de la loi de sauvegarde des entreprises.

L. n° 005-845, 26 juillet 2005, art. 190, 191, 192

D. r 2005-1677, 28 déc. 2005, *art.* 354, 360, 361

C. n° CIV/02/06 *relative aux mesures législatives et régle- entaires de la loi de sauvegarde applicables aux procédures n cours, BO* NOR : JUS C 06 20008 (C)

073.02 Jurisprudence de référence.

> La loi de sauvegarde des entreprises a vocation à s'appliquer pour l'ouverture, après le 1er janvier 2006, d'une procédure de redressement ou de liquidation judiciaire à l'encontre d'un professionnel libéral, peu important que le passif exigible de l'intéressé préexiste à l'entrée en vigueur de cette loi.

• Com. 27 mai 2008, n° 07-13.131, *Bull. civ.* IV, n° 107; n° 636 FS-P+B+I

* V. s^s n° 073.12

> Le commissaire à l'exécution du plan conserve qualité, lorsque la procédure a été ouverte contre la personne morale avant le 1er janvier 2006, à introduire, après cette même date, une demande de condamnation à combler l'insuffisance d'actif.

• Com. 5 févr. 2008, n° 07-10.004, *Bull. civ.* IV, n° 28; n° 220 FS-P+B

* V. s^s n° 073.35

> L'action en redressement ou en liquidation judiciaire à titre personnel contre le dirigeant qui n'exécute pas la condamnation à combler le passif (C. com., art. L. 624-4, réd. antérieure à la loi de sauvegarde des entreprises) ne peut plus être poursuivie après le 1er janvier 2006 si, à cette date la procédure collective, à titre de sanction de l'inexécution à combler l'insuffisance d'actif n'a pas été ouverte.

• Com. 13 mars 2007, n° 06-12.880, *Bull. civ.* IV, n° 87; n° 488 FS-P+B – **Com. 21 juin 2007,** n° 06-18.045, *Bull. civ.* IV, n° 172; n° 995 F-P+B+I – **Limoges,** ch. civ., 1re sect., 24 mai 2006, RG n° 05/1526

* V. s^s n° 073.35

> Les procédures au titre de la solidarité (C. com., art. L. 624-1, réd. antérieure à la loi de sauvegarde des entreprises) ne peuvent plus être ouvertes à compter du 1er janvier 2006, alors pourtant que la procédure contre la personne morale a été ouverte avant cette date.

• Com. 16 juin 2009, n° 08-10.232, *Bull. civ.* IV, n° 83; n° 576 F-P+B

* V. s^s n° 073.35

> Si la procédure est ouverte avant le 1er janvier 2006, la loi de 1985 s'appliquera, à l'exclusion de celle du 26 juillet 2005, à l'extension de cette procédure sur le fondement de la confusion des patrimoines, opérée après le 1er janvier 2006.

• Com. 21 sept. 2010, n° 09-69.109, *Bull. civ.* IV, n° 141

* V. s^s n° 073.33

> L'action en redressement ou en liquidation judiciaire à titre personnel peut être remplacée par une demande de condamnation à l'obligation aux dettes sociales, à condition que la demande de substitution, présentée

par voie de conclusions, le soit dans le délai de prescription.

• **Com. 8 mars 2011,** n° 09-70.714, *Bull. civ.* IV, n° 34; n° 241 FS-P+B+I; *D.* 2011. 744, obs. Lienhard.

* V. s[s] n° 073.35

073.03 Bibliographie indicative. (V. les références complètes s[s] n° 031).

> Ouvrages. Jacquemont et Vabres, 9e éd., n° 29 – Le Cannu, n°s 9 à 10-1 – Roussel Galle, n°s 90 à 165.

> Articles. Beaubrun M., « L'interprétation des dispositions transitoires de la loi de sauvegarde du 26 juillet 2005 », *Mél. Tricot*, LexisNexis – Dalloz, 2011, p. 395 – Guyader H., « Sanctions prononcées à l'encontre des dirigeants sociaux, Analyse de l'application des dispositions transitoires de la loi du 26 juillet 2005 », *RLDA* juill. 2007, n° 18, p. 69 – Le Corre P.-M., « Les dispositions transitoires de la loi de sauvegarde, la suppression des extensions sanctions et l'application de l'obligation aux dettes sociales », *D.* 2006. 2737.

Section 073.10 Principe d'application dans le temps de la loi du 26 juillet 2005

073.11 Abrogation par la loi du 26 juillet 2005 de nombreuses dispositions du livre VI du code de commerce. La loi du 26 juillet 2005 abroge un certain nombre de dispositions du livre VI du code de commerce.

De nombreuses dispositions non abrogées voient leur numérotation changée.

073.12 Principe d'application de la législation issue de la loi du 26 juillet 2005. Les articles 190 à 192 de la loi de sauvegarde des entreprises sont consacrés aux dispositions transitoires.

Le principe d'application dans le temps de la loi du 26 juillet 2005 est posé par l'article 190. Selon cette disposition, « la présente loi entre en vigueur le premier janvier 2006 ». La solution résulte d'un amendement de la commission des lois du Sénat qui a estimé la solution plus simple[1] que celle prévue par le projet de loi, qui prévoyait l'entrée en vigueur de la loi le premier jour du septième mois suivant sa publication. Identiquement, l'article 360 du décret du 28 décembre 2005 indique que ce décret entrera en vigueur le 1er janvier 2006.

La loi de sauvegarde des entreprises a vocation à s'appliquer pour l'ouverture, après le 1er janvier 2006, d'une procédure de redressement ou de liquidation judiciaire à l'encontre d'un professionnel libéral, peu important que le passif exigible de l'intéressé préexiste à l'entrée en vigueur de cette loi[2].

1. *Rapp. J.-J. Hyest*, n° 335, p. 580 – Paris, 3e ch. A, 18 sept. 2007, RG n° 06/11662.

073.13 Inapplication de principe de la loi du 26 juillet 2005 aux procédures en cours au jour de son entrée en vigueur. La loi du 26 juillet 2005, reprenant une solution très classique dans les dispositions transitoires des législations sur les procédures collectives, prévoit, en son article 191, que, par principe, elle ne sera pas applicable aux procédures en cours lors de son entrée en vigueur. La législation antérieure régira donc, par principe, les seules procédures **ouvertes** avant l'entrée en vigueur de la loi du 26 juillet 2005[3], la date de l'assignation[4], ou celle de la saisine de la juridiction, étant indifférentes. Les dispositions de la loi du 25 janvier 1985[5] resteront applicables pour permettre le prononcé, après le 1er janvier 2006, d'une faillite personnelle ou d'une interdiction de gérer[6], dès lors que la procédure collective au cours de laquelle ces mesures sont prononcées était ouverte au 1er janvier 2006. Identiquement, le dirigeant d'une personne morale pourra être condamné, après le 1er janvier 2006, sur le fondement de l'article L. 624-3 du code de commerce, à combler l'insuffisance d'actif, dès lors que la procédure collective a été ouverte contre la personne morale débitrice avant le 1er janvier 2006[7].

Selon la Cour de cassation, la procédure de redressement judiciaire est en cours au 1er janvier 2006, alors même qu'un plan de continuation a été arrêté, dès lors qu'il n'est pas résolu à cette date[8].

La caractérisation de l'état de cessation des paiements pourra être faite à partir d'un passif existant avant ou après l'entrée en vigueur de la loi nouvelle,

2. Com. 27 mai 2008, n° 07-13.131, *Bull. civ.* IV, n° 107; n° 636 FS P+B+I; *D.* 2008. AJ 1616, note Lienhard; *JCP E* 2008. 1870, rapp. Bonhomme; *Gaz. proc. col.* 2008/3, p. 21, note Lebel; *Act. proc. coll.* 2008/13, n° 206, note Rétif; *LPA* 24 oct. 2008, n° 214, p. 9, note Legros; *Defrénois* 2009. 38894, p. 359, n° 7, note Gibirila; *LXB hebdo* 19 juin 2008, n° 309, n° N3592BG7, note Le Corre.
3. Paris, 3e ch. A, 18 sept. 2007, RG n° 06/11662.
4. Service de documentation et d'études de la Cour de cassation, Q/R n° 1 – Metz, 1re ch., 22 mai 2007, RG n° 06/01005, *Gaz. proc. coll.* 2007/4, p. 27, note Lebel.
5. L. n° 85-98, 25 janv. 1985, préc.
6. Com. 4 mars 2008, n° 07-11.134, NP – Com. 4 mars 2008, n° 07-11.035, NP, *Gaz. proc. coll.* 2008/3, p. 5, note Montéran; *Dr. sociétés* 2008/5, p. 23, n° 99, note Legros – Com. 8 juin 2010, n° 09-11.568, NP.
7. Com. 4 mars 2008, n° 07-11.134, NP, *Gaz. proc. coll.* 2008/3, p. 65, note Montéran – Com. 8 juin 2010, n° 09-11.568, NP.
8. Com. 18 mars 2008, n° 06-21.306, *Bull. civ.* IV, n° 65, n° 401; FS P+B+I+R; *D.* 2008. AJ 977, note Lienhard; *D.* 2008, Chron. C. cass. 1234, n° 6, note Orsini; *Act. proc. coll.* 2008/7, n° 114, note Vallansan; *Dr. sociétés* 2008/5, p. 24, n° 100, note Legros; *JCP E* 2008, Chron. 2062, n° 5, obs. Pétel; *Dr. et proc.* 2008/4, p. 209, note Le Corre; *LXB hebdo* 24 avr. 2008, n° 302, n° N7479BEQ, note Le Corre.

seule important son exigibilité à la date du jugement d'ouverture[1].

Identiquement, le décret du 28 décembre 2005 prévoit, en son article 354, que, sous réserve de l'article 361, les procédures ouvertes avant le 1er janvier 2006, demeurent régies par les dispositions de la législation précédente. Sont en conséquence inapplicables aux procédures ouvertes à compter du 1er janvier 2006 :

– les articles 22 à 26 et 35-1 à 39-2 du décret du 1er mars 1985[2];

– le décret du 27 décembre 1985[3];

– les articles 1er à 175 du décret du 27 décembre 1985[4], à l'exception des articles 25-1 et 74. Les deux dispositions du décret du 27 décembre 1985 concernent les administrations financières. Le ministère des finances a entendu en effet conserver la maîtrise de ces textes et c'est pourquoi le décret du 28 décembre 2005 ne réglemente pas ces questions. Le premier de ces textes (D. 27 déc. 1985, art. 25-1), qui demeure applicable, introduit par le décret du 10 juin 2004, prévoit les modalités de notification et de recours des décisions statuant sur les avances du Trésor public (v. ss no 472.31). Le second texte (D. 27 déc. 1985, art. 74) concerne la déclaration définitive des créances fiscales et des créances sociales, après déclaration et admission provisionnelle (v. ss no 682.63).

Si la procédure n'est plus en cours au 1er janvier 2006, l'application de la loi nouvelle est exclue pour régir la réouverture de la procédure après clôture de la liquidation judiciaire pour insuffisance d'actif, et cela quelle que soit la date de la saisine aux fins de réouverture[5].

073.14 Absence d'incidencede l'entrée en vigueur de la loide sauvegarde des entreprises sur les « extensions » aux membres ou associés indéfiniment et solidairement responsables du passif et sur les « extensions sanctions » intervenues avant son entrée en vigueur. Un amendement a été présenté au Sénat, créant un article additionnel après l'article 193, devenu l'article 192 de la loi de sauvegarde des entreprises[6]. Selon cette disposition, les procédures ouvertes à titre de sanction ou au titre de la solidarité avec le débiteur ne sont pas affectées par l'entrée en vigueur de la loi de sauvegarde des entreprises. Il s'agit de prendre en compte la suppression des extensions-sanctions par la loi de sauvegarde des entreprises.

Selon la disposition de l'article 192 de la loi de sauvegarde des entreprises, les procédures ouvertes en vertu de l'article L. 621-98 (redressement ou liquidation judiciaire du locataire-gérant qui n'exécute pas l'obligation d'acquérir l'entreprise en plan de cession), en vertu de l'article L. 624-1 (redressement ou liquidation judiciaire de l'associé ou du membre indéfiniment et solidairement responsable des dettes du groupement), en vertu de l'article L. 624-4 (redressement ou liquidation judiciaire du dirigeant n'exécutant pas la condamnation à combler le passif), et en vertu de l'article L. 624-5 (redressement ou liquidation judiciaire du dirigeant ayant commis certains faits visés à cette disposition) ne sont pas affectées par l'entrée en vigueur de la loi nouvelle.

De cette disposition, il est tiré la conséquence que si la procédure de redressement ou de liquidation judiciaire à titre personnel a été ouverte avant le 1er janvier 2006, sur le fondement de l'article L. 624-5 du code de commerce, dans sa rédaction antérieure à la loi de sauvegarde des entreprises, l'entrée en vigueur de la loi du 26 juillet 2005 le 1er janvier 2006 est sans incidence et la sanction reste valablement prononcée[7]. Il importera peu que la décision d'ouverture ait été frappée de recours[8] et que l'exécution provisoire de la décision ait, le cas échéant, été arrêtée[9]. Il faudra donc, dans le cadre de la pro-

1. Dijon, ch. civ., sect. B, 23 janv. 2007, RG no 06/01363, *Gaz. proc. coll.* 2007/4, p. 30, note Lebel.
2. D. no 85-295, 1er mars 1985 pris pour l'application de la loi no 84-148 du 1er mars 1984 relative à la prévention et au réglement amiable des difficultés des entreprises, *JO* 5 mars, p. 2704.
3. D. no 85-1387, 27 déc. 1985 pris pour l'application des art. 2 (al. 3) et 7 de la loi no 85-98 du 25 janv. 1985 relative au redressement et à la liquidation judiciaire des entreprises, *JO* 29 déc., p. 15278.
4. D. no 85-1388, 27 déc. 1985 relatif au redressement et à la liquidation judiciaire des entreprises, JO 29 déc., p. 15281.
5. Service de documentation et d'études de la Cour de cassation, Q/R nos 14 et 16.
6. *Rapp. J.-J. Hyest*, no 335, p. 582 et 583.
7. Com. 4 janv. 2006, no 04-19.868, *Bull. civ.* IV, no 1; no 107 FS-P+B+R+I; *D.* 2006. AJ 142, obs. Lienhard; *JCP E* 2006, Chron. 1569, p. 669, no 1, obs. Pétel; *JCP E* 2006. 1570, p. 675, note Legros; Act. proc. coll. 2006/2, no 20, Régnault-Moutier; *Gaz. proc. coll.* 2006/2, p. 52, obs. Montéran; *RJ com.* 2006/1, p. 55, note Sortais; *Defrénois* 2006/11, p. 931, Chron. 38407, no 3, note Gibirila; *Rev. proc. coll.* 2006/3, p. 256, no 5, obs. Roussel Galle; *LXB* no N4683AKN, note Le Corre – Com. 16 mai 2006, no 05-16.668, *Bull. civ.* IV, no 123; no 783 FS-P+B+I+R; *D.* 2006. AJ 1149, obs. Lienhard; *Gaz. proc. coll.* 2006/3, p. 52, obs. Montéran; *Rev. proc. coll.* 2006/3, p. 257, no 8, obs. Roussel Galle; *Dr. sociétés* 2007, p. 20, no 48, note Legros – Lyon, 3e ch. civ., 20 avr. 2006, RG no 05/3943, *Rev. proc. coll.* 2007/2, p. 89, no 7, obs. Barret.
8. Com. 27 nov. 2007, no 06-19.076, NP, *Gaz. proc. coll.* 2008/1, p. 73, note Montéran – Com. 23 avr. 2013, no 12-11.668, NP; no 437 F-D; *Gaz. Pal.* 12 juill. 2013, no 193, p. 30, note Montéran; Dr. sociétés 2014, comm. 14, note Legros.
9. Com. 4 janv. 2006, no 04-19.868, préc.

cédure d'appel, appliquer les textes anciens[1]. Il ne sera pas interdit, en cause d'appel, de solliciter à titre principal la confirmation de l'ouverture d'un redressement judiciaire et à titre subsidiaire, la condamnation à combler le passif[2]. Il importera peu également que la saisine de la juridiction ayant conduit à la sanction soit intervenue d'office[3], alors que ce mode de saisine a été supprimé par la loi de sauvegarde des entreprises, non seulement pour l'action en obligation aux dettes sociales, mais encore pour l'action en responsabilité pour insuffisance d'actif.

La même solution s'impose pour la procédure collective ouverte avant le 1er janvier 2006 à l'encontre du dirigeant qui n'exécute pas la condamnation à combler le passif. L'entrée en vigueur de la loi de sauvegarde des entreprises reste sans effet sur la procédure collective à titre de sanction prononcée antérieurement[4].

On remarquera que le texte de l'article 192 de la loi du 26 janvier 2005 est largement inutile. Il est en effet tout à fait redondant par rapport à l'article 191 de cette même loi, qui pose le principe de survie de la loi ancienne pour les procédures ouvertes avant le 1er janvier 2006. Ce texte était, à notre sens, suffisant pour justifier que, après le 1er janvier 2006, on ne puisse remettre en cause une décision d'ouverture d'un redressement judiciaire ou d'une liquidation judiciaire à titre de sanction intervenue avant cette même date. Il a simplement le mérite d'« enfoncer le clou » et d'éviter les difficultés d'interprétation par rapport à l'article 191 de la loi, qui rend applicable, en son 5°, les chapitres Ier et II du titre V, à l'exception de l'article L. 651-2, c'est-à-dire notamment le mécanisme de l'obligation aux dettes sociales.

073.15 Procédures ouvertes sur extension d'une précédente procédure sur le fondement de la confusion des patrimoines ou de la fictivité. Certaines solutions retenues pour l'entrée en vigueur de la loi de 25 janvier 1985, par rapport à celle du 13 juillet 1967, peuvent être transposées aux procédures ouvertes à compter du 1er janvier 2006.

Il faut ainsi décider que si la procédure est ouverte avant le 1er janvier 2006, la loi de 1985 s'appliquera, à l'exclusion de celle du 26 juillet 2005, à la procédure étendue sur le fondement de la confusion des patrimoines [ou de la fictivité], même si l'extension est prononcée après le 1er janvier 2006[5].

SECTION 073.20

APPLICATION EXCEPTIONNELLE DE LA LOI DU 26 JUILLET 2005 ET/OU DU DÉCRET DU 28 DÉCEMBRE 2005 AUX PROCÉDURES EN COURS DÈS SA PUBLICATION

073.21 Plafonnement à quinze ans des déchéances et interdictions résultant de la faillite personnelle ou de l'interdiction de gérer (v. aussi ss nº 911.82, pour la durée des mesures de faillite personnelle et d'interdiction de gérer prononcées à titre de peine complémentaire par la juridiction répressive). Par exception au principe d'application de la loi à compter du 1er janvier 2006, la loi est applicable dès sa publication, c'est-à-dire le 27 juillet 2005, pour les interdictions et déchéances résultant d'une faillite personnelle ou d'une interdiction de gérer. Le plafonnement à quinze ans de la durée des déchéances et interdictions résultant du prononcé des mesures de faillite personnelle ou d'interdiction de gérer s'applique aux déchéances et interdictions prononcées en application des mesures de faillites personnelles ou d'interdiction de gérer antérieurement à la publication de la loi du 26 juillet 2005. La durée de ces déchéances et interdictions est calculée à compter du jour où la décision qui les a prononcées est devenue définitive (L. 26 juill. 2005, art. 190-a), c'est-à-dire, selon la Cour de cassation, à compter du jour où la décision est devenue exécutoire[6], alors même qu'elle ne serait pas irrévocable. La solution est inspirée de la jurisprudence de la deuxième Chambre civile de la Cour de cassation[7], qui met un terme à l'assimila-

1. Com. 27 nov. 2007, nº 06-19.076, NP, *Gaz. proc. coll. 2008/1, p. 73, note Montéran; Dr. sociétés 2008/2, p. 24,* nº 30, note Legros; *Procédures* 2008, p. 23, nº 18, note Rolland – *Adde*, Service de documentation et d'études de la Cour de cassation, Q/R nº 2.
2. Paris, 3e ch. B, 15 nov. 2007, RG nº 2005/19850, *Rev. proc. coll.* 2008, p. 71, nº 88, note Martin-Serf.
3. Com. 16 mai 2006, nº 05-16.668, préc.
4. Paris, 3e ch. B, 22 sept. 2007, RG nº 05/24780, *Rev. proc. coll.* 2007/2, p. 83, nº 3, obs. Martin-Serf.
5. Com. 16 juin 2009, nº 08-14.831, NP – Com. 21 sept. 2010, nº 09-69.109, *Bull. civ.* IV, nº 141; *D.* 2010. 2288, note Lienhard; *Gaz. Pal. entr. diff.* 7-8 janv. 2011, p. 23, note Reille; *Act. proc. coll.* 2010/17, nº 242, note Vallansan; *Rev. sociétés* 2010. 537, obs. Roussel Galle; *JCP E* 2011, Chron. 1030, nº 1, obs. Pétel; *Rev. proc. coll.* 2011, étude 3, p. 17, note Monsérié-Bon; *Dr. et proc.* 2010/11, p. 15, nº 2, obs. Crocq; *Dr. sociétés* 2011, comm. 57, note Legros; *BJE* mars/avr. 2011, p. 43, note de Lajarte – Com. 7 févr. 2012, nº 10-27.511, NP.
6. Com. 23 mai 2006, nº 05-11.989, *Bull. civ.* IV, nº 125; nº 782 FS-P+B+I+R; *D.* 2006. AJ 1528, obs. Lienhard; *D.* 2006, pan. 2256, obs. Lucas; *Act. proc. coll.* 2006/12, nº 148, note Martineau-Bourgninaud; *Gaz. proc. coll.* 2006/4, p. 38, note Montéran; *Bull. Joly* 2006, oct., 236, p. 1138, note crit. Pétel; *Rev. proc. coll* 2006/3, p. 258, nº 12, obs. Roussel Galle; *Dr. sociétés* 2007, p. 18, nº 27, note Legros; *Rev. proc. coll.* 2007/2, p. 92, nº 18, obs. Barret.
7. *Rapp. C. cass.*, 2006, Doc. française, p. 345.

tion entre les décisions civiles définitives et les décisions irrévocables[1]. La solution est évidemment favorable à la personne condamnée, puisque le point de départ du délai de quinze ans ne sera pas reporté par l'effet de voies de recours, dès lors que la décision de première instance a été revêtue de l'exécution provisoire à titre facultatif.

Bien que le plafonnement à quinze ans soit applicable à compter de la publication de la loi du 26 juillet 2005, les juges du fond peuvent, avant l'entrée en vigueur de la loi le 1er janvier 2006, et cela même après publication de la loi, prononcer une mesure de faillite personnelle de vingt ans[2]. Mais cette mesure prendra lors fin lorsque quinze ans se seront écoulés.

073.22 Fin des mesures de faillite personnelle et d'interdiction de gérer et des déchéances les accompagnant prononcées plus de quinze ans avant la publication de la loi. La limitation à quinze ans des mesures de faillite personnelle et d'interdiction de gérer par la loi du 26 juillet 2005 profite, dès sa publication, aux personnes condamnées plus de quinze ans auparavant, pour une durée supérieure. Dès le 27 juillet 2005, les mesures de faillite personnelle et d'interdiction de gérer prennent fin (L. 26 juill. 2005, art. 190, b) si plus de quinze ans se sont écoulés depuis la décision définitive, c'est-à-dire à compter du jour où la décision ayant prononcé la condamnation est devenue exécutoire[3].

En revanche, l'article 190 de la loi du 26 juillet 2005 a mis fin sans rétroactivité aux peines d'interdiction de gérer et de faillite personnelle prononcées plus de quinze ans avant sa date de publication. Il en résulte que la personne qui, au mépris de l'interdiction, a géré une société en qualité de dirigeant de fait peut être condamnée, même après la publication de la loi du 26 juillet dès lors que la commission des éléments constitutifs de l'infraction est antérieure à cette date et que les dispositions de l'article L. 627-4 du code de commerce, dans leur rédaction antérieure à la loi de sauvegarde des entreprises, ont été reprises par l'article L. 654-15 du code de commerce issu de la rédaction que lui a donnée la loi de sauvegarde[4].

1. Civ. 2e, 15 sept. 2005, n° 03-17.554, NP.
2. Com. 22 mai 2007, n° 06-12.766, *Bull. civ.* IV, n° 141; *D.* 2007. AJ 1507, note Lienhard; *Dr. sociétés* 2007, p. 23, n° 155, note Legros; *JCP E* 2008, n° 10, 1327, p. 34, note Delattre.
3. ILLUSTR. : Com. 29 nov. 2005, n° 04-17.972, *Bull. civ.* IV, n° 236; *D.* 2006, pan. 2256, obs. Lucas; *Act. proc. coll.* 2005/20, n° 260, note Régnaut-Moutier; *Rev. sociétés* 2006. 186, note Roussel Galle; *Bull. Joly* 2006/3, § 68, p. 325, note Mascala; *JCP E* 2006. 1305, p. 359, note Robert; *Rev. proc. coll.* 2006/3, p. 257, n° 11, obs. Roussel Galle; *Rev. proc. coll.* 2007/2, p. 92, n° 18, obs. Barret.
4. Crim. 19 sept. 2007, n° 07-82.653, *Bull. crim.* n° 219.

073.23 Coordination des règles de plafonnement des mesures d'interdiction de gérer et de faillite personnelle avec les poursuites engagées après clôture pour insuffisance d'actif contre le failli ou l'interdit de gérer. L'article 190, b alinéa 2 de la loi du 26 juillet 2005 lie le droit de poursuite exceptionnelle après clôture de la procédure pour insuffisance d'actif à la durée de l'interdiction de gérer ou de la faillite personnelle. Il semble ainsi poser en règle – ce que n'avait pas fait la législation antérieure – que le droit de reprendre ses poursuites individuelles accordé au créancier du failli ou de l'interdit de gérer est limité à la durée de la mesure prononcée. Il faut semble-t-il, pour cette raison, décider que lorsque l'intéressé a obtenu son relèvement des mesures prononcées, la possibilité de reprise des poursuites individuelles cesse.

À partir de ce postulat, la disposition transitoire édictée par l'article 190-b alinéa 2 indique que, si plus de quinze ans se sont écoulés depuis le prononcé de la mesure, cela reste sans incidence si les poursuites ont été engagées au jour de la publication de la loi du 26 juillet 2005, soit le 27 juillet 2005. *A contrario*, il faut décider que si les poursuites n'ont pas été engagées au jour de la publication de la loi du 26 juillet 2005 et que plus de quinze ans se sont écoulés depuis que la décision prononçant la mesure est devenue définitive, les poursuites ne peuvent plus être engagées.

De même, si les poursuites ont été engagées avant la publication de la loi du 26 juillet 2005, alors que la mesure est définitive depuis plus de quinze ans à la date de la publication de la loi du 26 juillet 2005, cela reste sans incidence sur les sommes perçues par les créanciers qui leur restent acquises.

Ce texte risque d'être la source d'un contentieux en créant un lien qui n'existait pas à notre sens, entre durée des mesures d'interdiction de gérer et de faillite personnelle d'une part, et durée de la possibilité de reprise des poursuites individuelles, d'autre part.

073.24 Action en restitution ouverte au propriétaire d'un meuble titulaire d'un contrat publié. Est applicable, dès la publication de la loi, soit le 27 juillet 2005, l'article L. 624-10 du code de commerce, selon lequel le propriétaire d'un bien titulaire d'un contrat publié peut exercer une action en restitution. Ce texte est en réalité la reprise d'une disposition contenue, depuis le décret du 21 octobre 1994[5], dans le décret n° 85-1388 du 27 décembre 1985.

073.25 Dispositions relatives à l'accélération de la clôture de la liquidation judiciaire. Est applica-

5. D. n° 94-910, 21 oct. 1994, préc.

ble dès la publication de la loi, l'article L. 643-9 du code de commerce, selon lequel le tribunal doit, dès le jugement qui ouvre ou prononce la liquidation judiciaire, fixer un délai pour la clôture et qui détermine les personnes ayant qualité pour saisir le tribunal aux fins de clôture, tant à l'intérieur du délai de deux ans du jugement d'ouverture, qu'à l'expiration de ce même délai, la saisine étant alors ouverte plus largement. Ce texte permettra d'accélérer les procédures de liquidation déjà en cours.

SECTION 073.30
APPLICATION EXCEPTIONNELLE DE LA LOI DU 26 JUILLET 2005 À COMPTER DE SON ENTRÉE EN VIGUEUR AUX PROCÉDURES EN COURS SOUS L'EMPIRE DE LA LOI DU 25 JANVIER 1985

073.31 Procédure de liquidation judiciaire simplifiée. Les dispositions concernant la procédure de liquidation judiciaire simplifiée, issue de la loi du 26 juillet 2005, s'appliqueront aux procédures de liquidation judiciaire en cours, lors de l'entrée en vigueur de la loi (L. 26 juill. 2005, art. 191, 1 – D. n° 2005-1677, 28 déc. 2005, art. 361). Il s'agira d'abord des redressements judiciaires en cours au 1er janvier 2006. En cas de conversion en liquidation judiciaire, le dispositif de la liquidation judiciaire simplifiée pourra être appliqué. Il s'agira ensuite des procédures de liquidation judiciaire en cours pour lesquelles identiquement les solutions de la liquidation judiciaire simplifiée pourront s'appliquer. L'objectif est ici d'accélérer les procédures de liquidation judiciaire intéressant les petites entreprises, n'ayant pas d'actif immobilier.

073.32 Dispositions relatives à la résolution des plans de continuation. Sous l'empire de la loi antérieure à celle du 26 juillet 2005, l'incidence de l'apparition d'un nouvel état de cessation des paiements pendant l'exécution d'un plan de continuation n'était pas prise en compte par les textes. La jurisprudence avait décidé, en ce cas, la possibilité d'ouverture d'une nouvelle procédure, qui faisait alors obstacle à l'exécution du plan de continuation et entraînait, par voie de conséquence, sa résolution. La loi du 26 juillet 2005 règle la difficulté en alignant le cas d'apparition d'un nouvel état de cessation des paiements sur celui de l'inexécution du plan : *dans les deux cas, il y aura place à résolution* du plan.

Pour tenir compte de cette nouvelle solution[1], l'article 191, 2° de la loi du 26 juillet 2005 rend applicable aux procédures en cours les dispositions relatives à la résolution des plans de sauvegarde et de redressement[2]. La solution supposera que la résolution du plan de continuation ne soit pas prononcée avant le 1er janvier 2006[3]. Est ainsi définie la notion de procédures de redressement judiciaires en cours au 1er janvier 2006. Il en est ainsi non seulement si la période d'observation du redressement judiciaire n'est pas terminée à cette date, mais encore si le plan de continuation est toujours en cours à cette même date.

Les règles issues de la loi de sauvegarde des entreprises relatives à la résolution des plans de sauvegarde s'appliqueront en conséquence à la résolution des plans de continuation intervenant après le 1er janvier 2006. Ainsi le tribunal ne pourra prononcer la résolution du plan et la liquidation judiciaire concomitante du débiteur sans caractériser son état de cessation des paiements[4].

S'en trouve modifié d'abord le caractère facultatif ou obligatoire de la résolution du plan, en fonction de l'existence ou non de l'état de cessation des paiements. En cas d'inexécution du plan de continuation, la résolution du plan est facultative si elle ne s'accompagne pas de la cessation des paiements. Si la cessation des paiements apparaît en cours d'exécution du plan, la résolution du plan est obligatoire.

S'en trouvent également affectés les effets de la résolution du plan. Pour l'essentiel, deux conséquences doivent être relevées.

En l'absence de caractérisation de l'état de cessation des paiements, il n'y a pas place, en cas de résolution sans cessation des paiements, au prononcé

1. *Rapp. Xavier de Roux*, n° 2095, p. 506.

2. AINSI : Com. 24 juin 2008, n° 07-13.720, NP, *Gaz. proc. coll.* 2008/4, p. 49, note Voinot; *LXB hebdo* juill. 2008, n° 313, n° N6495BGN, note Le Corre – Com. 20 oct. 2009, n° 08-18.321, *Bull. civ.* IV, n° 130; *D.* 2009. AJ 2609, note Lienhard; *Gaz. Pal.* 8-10 janv. 2010, nos 8 et 9, p. 15, note Reille; *Act. proc. coll.* 2009/18, n° 279, note Cagnoli; *JCP E* 2010, Chron. 1011, n° 1, obs. Pétel; *RTD com.* 2010. 188, n° 4, obs. Saint-Alary-Houin; *Rev. proc. coll.* 2010/3, comm. 92, note Cagnoli; *Defrénois* 2010, Chron. 39138, p. 1470, note Gibirila – Amiens, 20 sept. 2007, RG n° 06/00784, *Act. proc. coll.* 2008/3, n° 46, note Cagnoli.

3. Com. 18 mars 2008, n° 06-21.306, *Bull. civ.* IV, n° 65; *D.* 2008. AJ 977, note Lienhard; *D.* 2008, Chron. C. cass. 1234, n° 6, note Orsini; *Act. proc. coll.* 2008/7, n° 114, note Vallansan; *Dr. sociétés* 2008/5, p. 24, n° 100, note Legros; *JCP E* 2008, Chron. 2062, n° 5, obs. Pétel; *Dr. et proc.* 2008/4, p. 209, note Le Corre; *LXB hebdo* 24 avr. 2008, n° 302, n° N7479BEQ, note Le Corre – Com. 1er avr. 2008, n° 06-21.75, NP.

4. Com. 8 juill. 2008, n° 07-15.176, NP, *LXB hebdo* sept. 2008, n° 318, n° N9882[illegible]4, note Le Corre – Com. 1[illegible] oct. 2008, n° 07-11.371, NP – Com. 14 oct. 2008, n° 07-17.577, NP – Com. 14 oct. 2008, n° 07-17.578, NP – Com. 19 oct. 2010, n° 09-70.37[illegible], NP – Reims, ch. civ., 1re sect., 7 juill. 2009, RG n° 09/0[illegible]40, *Rev. proc. coll.* 2010/2, comm. 71, p. 64, note Fraimbout.

d'une liquidation judiciaire concomitante[1], ce qui laisse la porte ouverte à l'ouverture d'une sauvegarde, voire, si la cessation des paiements est ultérieurement caractérisée, ce qui sera généralement le cas en pratique du fait de la déchéance des délais et remises consécutive à la résolution du plan, à l'ouverture d'un redressement judiciaire.

Il y a ensuite place au jeu de la dispense de déclaration des créances pour les créanciers admis au passif de la première procédure (C. com., art. L. 626-27, III – v. aussi s^s n° 524.34). L'article 361 du décret du 28 décembre 2005 indique identiquement que les articles 158 et 159 de ce même décret (devenu C. com., art. R. 626-47 et R. 626-48), qui intéressent cette question s'appliqueront aux procédures en cours au 1er janvier 2006. Une cour d'appel ne peut toutefois, d'office, sans inviter les parties à s'expliquer sur ce point, appliquer la loi de sauvegarde des entreprises, alors que la caution poursuivie en paiement soutenait, sans être contredite, que le texte applicable était l'article L. 621-46 du code de commerce, dans sa rédaction issue de la loi du 25 janvier 1985, d'où il serait résulté l'extinction du cautionnement, par suite de l'extinction de la créance principale, non déclarée au passif de la seconde procédure ouverte suite à la résolution du plan de continuation[2]. La dispense de déclaration des créances au passif de la seconde procédure est accordée, dès lors que la liquidation judiciaire est concomitante à la résolution du plan, sans qu'il y ait place à distinguer selon que la résolution du plan intervient pour cessation des paiements ou pour inexécution[3].

Demeurait entière, cependant, la question de savoir si la procédure de liquidation judiciaire ouverte après le 1er janvier 2006, en cas de résolution d'un plan de continuation restait soumise à la loi ancienne ou était soumise à la loi nouvelle. Le service de documentation et d'études de la Cour de cassation avait opté pour l'application de la loi nouvelle à cette procédure de liquidation judiciaire[4], ce qui était à notre sens logique puisque la liquidation judiciaire était bien « ouverte » après le 1er janvier 2006. Les juges du fond ont suivi la proposition[5], avant que la Cour de cassation ne vienne la consacrer[6].

073.33 Disparition de l'interdiction de gérer en tant que cas de reprise exceptionnelle des poursuites individuelles après clôture de la liquidation judiciaire pour insuffisance d'actifs. Le principe de l'interdiction de reprise des poursuites après clôture pour insuffisance d'actif, issu de la loi du 25 janvier 1985, est maintenu par la loi du 26 juillet 2005. Les dispositions relatives à la reprise des poursuites individuelles posées par l'article L. 643-11 issu de la loi du 26 juillet 2005 seront applicables aux procédures en cours au 1er janvier 2006 (L. 26 juill. 2005, art. 191, 3°).

Un cas de reprise des poursuites individuelles après clôture disparaît : l'interdiction de gérer. En revanche, le prononcé de la faillite personnelle subsiste en tant que cas de reprise exceptionnelle des poursuites individuelles après clôture de la liquidation judiciaire pour insuffisance d'actif.

Cependant, le texte n'aura pas d'effet rétroactif et ne fera pas obstacle aux poursuites déjà engagées avant l'entrée en vigueur de la loi du 26 juillet 2005, le 1er janvier 2006, contre un débiteur interdit de gérer. Il en est ainsi pour l'administration fiscale, qui avait déposé avant cette date les requêtes tendant à l'obtention du titre exécutoire ou à l'autorisation spécifique nécessaires à la reprise des poursuites[7]. En outre, les créanciers n'auront pas à restituer au débiteur ce qu'ils ont reçu au titre de la reprise des poursuites sur le fondement de l'interdiction de gérer (L. 26 juill. 2005, art. 191, 3°, al. 2). En revanche, un créancier ne pourra, alors que la clôture de la liquidation judiciaire pour insuf-

1. Com. 24 juin 2008, n° 07-13.720, NP, *LXB hebdo* juill. 2008, n° 313, n° N6495BGN, note Le Corre – Com. 8 juill. 2008, n° 07-15.176, NP – Com. 3 juin 2009, n° 08-13.589, NP, *Rev. proc. coll.* 2010/2, comm. 71, p. 64, note Fraimout – Com. 16 juin 2009, n° 08-10.232, *Bull. civ.* IV, n° 83; *D.* 2009. AJ 1821, note Lienhard; *Gaz. proc. coll.* 2009/4, 2e partie, p. 19, note Lebel; *Act. proc. coll.* 2009/13, n° 204, note Vallansan; *Dr. sociétés* 2009, § 190, p. 29, note Legros; *Rev. proc. coll.* 2010/2, comm. 47, p. 41 note Saintourens; *Rev. proc. coll.* 2010/2, comm. 74, p. 67, note Fraimout; *Rev. sociétés* 2010, p. 58, note Roussel Galle; *RTD com.* 201. 188, n° 3, obs. Saint-Alary-Houin – Com. 16 juin 2009 n° 08-15.892, NP, *Gaz. proc. coll.* 2009/4, 2e partie, p. 1 note Lebel; *RTD com.* 2010. 187, n° 2, obs. Saint-Alary-Houin.
2. Com. 2 mars 2010, n° 08-.755, NP.
3. Com. 6 déc. 2011, n° 10-.596, NP, *Rev. proc. coll.* 2012, comm. 84, note Fraimout
4. Service de documentation et d'études de la Cour de cassation, Q/R n° 22, *JCP E* 2006. 391, p. 1560.
5. Colmar, ch. civ., sect. A, 5 juin 2007, *Act. proc. coll.* 2007, n° 192, note Pagnucco; *Dr. sociétés* 2007/12, p. 23, n° 216, note Legros – Toulouse, 2e ch., sect. 2, 8 janv. 2008, RG n° 06/05022.
6. Com. 16 juin 2009, n° 08-10.232, préc. – Com. 13 sept. 2011, n°s 10-14.721, 10-18.130, *Bull. civ.* IV, n° 130; *D.* 2011, actu. 2271, note Lienhard; *Gaz. Pal. entr. diff.* 21 janv. 2012, n° 20, p. 31, note Roussel Galle; *Act. proc. coll.* 2011/16, comm. 250, note Fin-Langer.
7. Com. 21 sept. 2010, n°s 09-69.435, 09-69.690, *Bull. civ.* IV, n° 142; *D.* 2010. 2286, note Lienhard; *Gaz. Pal. entr. diff.* 7-8 janv. 2011, p. 47, note Montéran; *LPA* 20 déc. 2010, n° 252, p. 11, note Reille; *Rev. sociétés* 2010. 539, obs. Roussel Galle; *Rev. proc. coll.* 2010/6, comm. 250, note Berthelot; *Dr. et proc.* 2010/11, p. 18, n° 9, note Crocq; *Dr. sociétés* 2011, comm. 36, note Legros; *RTD com.* 2011. 798, n° 11, obs. Vallens.

fisance d'actif est antérieure au 1er janvier 2006, reprendre ses poursuites après cette même date, sur le fondement d'une interdiction de gérer prononcée contre le débiteur[1].

073.34 Réouverture de la procédure de liquidation judiciaire. L'article 191, 4° de la loi du 26 juillet 2005 rend applicable, aux procédures en cours au 1er janvier 2006, l'article L. 643-13 du code, qui concerne la reprise de la poursuite de liquidation judiciaire après le prononcé de sa clôture. L'application de la loi de sauvegarde suppose que la procédure ne soit pas clôturée au 1er janvier 2006[2].

073.35 Règles relatives à l'action en responsabilité pour insuffisance d'actif et à l'obligation aux dettes sociales – disparition des « extensions » aux associés et membres indéfiniment et solidairement responsable du passif – disparition des « extensions sanctions ».

> Action en responsabilité pour insuffisance d'actif. La loi du 26 juillet 2005 a repris, dans ses grandes lignes, les solutions applicables à l'action en comblement du passif, sous la dénomination d'action en responsabilité pour insuffisance d'actif. Quelques modifications ont cependant été apportées par la loi du 26 juillet 2005. Elles sont, par principe, applicables aux procédures en cours au 1er janvier 2006 (L. 26 juill. 2005, art. 191, 5° – D. 28 déc. 2005, art. 361)[3]. Il est fait exception de l'article L. 651-2 du code et de l'article R. 651-1 du code de commerce (anct D. 28 déc. 2005, art. 316), qui sont inapplicables aux procédures en cours au 1er janvier 2006. Le visa erroné de l'article L. 651-2 du code de commerce, au lieu de celui de l'article L. 624-3, issu de la rédaction antérieure à la loi de sauvegarde, reste toutefois indifférent, dès lors que la procédure collective ouverte contre la personne morale, support de la sanction pécuniaire, est une liquidation judiciaire, dans la mesure où les conditions d'application de l'article L. 624-3 du code n'ont pas été modifiées par la loi de sauvegarde des entreprises[4].

Du fait de l'application de principe aux procédures en cours au 1er janvier 2006 des modifications apportées par la loi de sauvegarde, si l'assignation est antérieure au 1er janvier 2006, l'article 318 du décret du 28 décembre 2005 (devenu C. com., art. R. 651-5, al. 1) doit être appliqué à la convocation adressée au dirigeant après le 1er janvier 2006. Il en est ainsi en cas de nouvelle convocation du dirigeant délivrée à compter du 1er janvier 2006[5]. Il en résulte que le délai du mois prévu par le texte nouveau doit être respecté[6].

L'article L. 651-2 du code de commerce pose un nouveau domaine de **l'action en responsabilité pour insuffisance d'actif.** Cette action ne peut être engagée qu'en cas de résolution des plans de redressement ou de sauvegarde ou en cas de prononcé de la liquidation judiciaire. Il n'est donc plus possible de prononcer cette mesure dans le redressement judiciaire. Cette solution n'est pas applicable aux procédures en cours au 1er janvier 2006, du fait de l'article 191, 5° de la loi de sauvegarde des entreprises, qui exclut l'application de l'article L. 651-2 aux procédures en cours. Il en résulte que, même après le 1er janvier 2006, la sanction du comblement de l'insuffisance d'actif pourra être prononcée contre un dirigeant lorsque la procédure de la personne morale débitrice ouverte avant cette date se sera terminée par un plan de cession[7].

Le second texte du chapitre 1 du titre V du code de commerce inapplicable aux procédures en cours est l'article R. 651-1 du code de commerce (anct D. 28 déc. 2005, art. 316). Cela n'a pas de conséquence pratique, puisque ce texte se contente d'étendre à l'hypothèse de la procédure de sauvegarde la compétence du tribunal ayant ouvert les procédures collectives contre le débiteur pour connaître de l'action en responsabilité pour insuffisance d'actif contre son dirigeant.

En dehors de ces deux exceptions, le principe posé par l'article 191, 5° de la loi du 26 juillet 2005 est celui de l'application aux procédures en cours, à compter du 1er janvier 2006, des modifications introduites par la loi du 26 juillet 2005 dans les chapitres I et II du titre V du livre VI du code de commerce.

L'article L. 651-3 du code de commerce a modifié la liste des personnes ayant le droit de saisir le tribunal aux fins de prononcer la responsabilité pour

1. Com. 3 déc. 2013, n° 12-23.050, *Bull. civ.* IV, n° 175; n° 1177 FS-P+B; *D.* 2013, actu 2910, note Lienhard; *Rev. sociétés* 2014, p. 202, note Roussel Galle.
2. Angers, 9 oct. 2007, RG n° 06/02484, *Act. proc. coll.* 2008/4, n° 68; *JCP E* 2008. 1644.
3. Com. 30 sept. 2008, n° 06-21.895, *Bull. civ.* IV, n° 164; n° 948 FS-P+B; *D.* 2008. AJ 2500, note Lienhard; *D.* 2008, Chron. C. cass. 2750, note Bélaval; *Gaz. proc. coll.* 2009/1, p. 57, note Montéran; *Dr. sociétés* 2008. 250, p. 19, note Legros; *Act. proc. coll.* 2008/18, n° 276, note Saintourens.
4. Com. 27 mars 2012, n° 11-13.787, NP – Com. 2 déc. 2014, n° 13-19.144, NP; n° 1062 F-D; *Dr. sociétés* 2015, comm. 116, note Legros.
5. Com. 31 janv. 2012, n° 10-28.191, NP.
6. Com. 30 sept. 2008, n° 06-21.895, préc.
7. Com. 19 déc. 2006, n° 05-19.186, *Bull. civ.* IV, n° 258; n° 1504 FS-P+B+R+I; *D.* 2007. AJ 86, obs. Lienhard; *Act. proc. coll.* 2006/2, n° 20, note Régnaut-Moutier; *JCP E* 2007. 1450, p. 24, n° 13, obs. M. Cabrillac; *Rev. proc. coll.* 2007, p. 35, n° 30, obs. Roussel Galle; *Dr. sociétés* 2007, p. 31, n° 69, note Legros; *Rev. sociétés* 2007. 416, note Saintourens; *Bull. Joly* avr. 2007, § 120, p. 457, note Pétel; *Rev. proc. coll.* 2007/2, p. 82, n° 1, obs. Martin-Serf.

insuffisance d'actif. Ne figure plus, dans cette liste, le commissaire à l'exécution du plan.

Que faut-il décider au regard d'une action valablement initiée sous l'empire de la législation antérieure ? La demande de condamnation à combler l'insuffisance d'actif pourra-t-elle être présentée par un organe autre que le liquidateur, par exemple un commissaire à l'exécution du plan, alors qu'il n'a plus, ainsi que cela vient d'être précisé, sous le régime de la loi de sauvegarde des entreprises, qualité pour introduire l'action ?

Une réponse positive doit assurément être apportée à la question si la demande de condamnation est présentée avant le 1er janvier 2006, même si la condamnation est prononcée après cette date.

Que décider au contraire si la demande est présentée après cette même date ? Une cour d'appel a cru devoir juger que la demande pouvait prospérer, alors même qu'elle était présentée par le commissaire à l'exécution du plan[1]. La solution a été justement critiquée[2]. En effet, parmi les dispositions du code de commerce relatives à l'action en responsabilité pour insuffisance d'actif, seul l'article L. 651-2 du code de commerce n'est pas applicable aux procédures en cours au jour du 1er janvier 2006. Or cet article ne s'intéresse pas à la saisine de la juridiction aux fins de condamnation à combler l'insuffisance d'actif, cette question étant régie par le seul article L. 651-3. Cette dernière disposition est d'application immédiate aux procédures ouvertes contre les personnes morales débitrices avant le 1er janvier 2006 à compter de cette même date, en application de l'article 191, 5° de la loi de sauvegarde des entreprises. La conclusion semblait donc s'imposer : après le 1er janvier 2006, le commissaire à l'exécution du plan n'aurait plus dû pouvoir agir pour demander la condamnation à combler l'insuffisance d'actif. La Cour de cassation a pourtant cru devoir juger le contraire : le commissaire à l'exécution du plan conserve qualité, lorsque la procédure a été ouverte contre la personne morale avant le 1er janvier 2006, à introduire, après cette même date, une demande de condamnation à combler l'insuffisance d'actif[3].

1. Paris, 14e ch. A, 25 oct. 2006, RG no 06/05437, *JCP E* 2007. 1357, p. 29, note Roussel Galle; *Bull. Joly* juin 2007, p. 693, § 188.
2. Roussel Galle, note ss Paris, 14e ch. A, 25 oct. 2006, RG no 06/05437, *JCP E* 2007. 1357, p. 29.
3. Com. 5 févr. 2008, no 07-10.004, *Bull. civ.* IV, no 28; no 220 FS-P+B; *D.* 2008. AJ 543, note Lienhard; *D.* 2008, Chron. C. cass. 1231, note Bélaval; *JCP E* 2008. 1432, no 15, obs. Pétel; *Act. proc. coll.* 2008/5, no 84, note Lebel; *Dr. sociétés* 2008/5, p. 21, no 97, note Legros; *Procédures* avr. 2008, p. 22, no 117, note Rolland; *Rev. proc. coll.* 2008, p. 70, no 86, note Martin-Serf; Bull. Joly mai 2008, p. 430, § 93, note Vallansan; *Rev. proc. coll.* 2009/1, p. 25, no 8, note Fraimout.

Il a été indiqué que « la Cour de cassation a préféré à une lecture purement formelle de l'article 191, 5° de la loi de sauvegarde, une solution prenant en compte la cohérence entre les différentes actions et leur inscription dans l'architecture globale des procédures »[4].

> Disparition des « extensions » aux associés et membres indéfiniment et solidairement responsable du passif, au locataire-gérant n'exécutant pas l'obligation d'acquérir l'entreprise en plan de cession et au dirigeant fautif. La loi du 26 juillet 2005 a supprimé le redressement et la liquidation judiciaire ouverts contre les membres et associés de groupements dont ils sont indéfiniment et solidairement responsables du passif. Elle a également supprimé le redressement et la liquidation judiciaire pour inexécution par le locataire-gérant de l'inexécution de l'engagement d'acquérir l'entreprise en plan de cession, à l'expiration de la période de location-gérance. Elle a enfin supprimé le redressement et la liquidation judiciaire, soit pour inexécution de la condamnation à combler le passif, soit pour faits visés à l'article L. 624-5, dans sa rédaction antérieure à la loi du 26 juillet 2005.

L'article 192 de la loi de sauvegarde prévoit que toutes ces procédures ouvertes en vertu des articles L. 621-98, L. 624-1, L. 624-4 et L. 624-5 du code de commerce, dans leur rédaction antérieure à la présente loi, ne sont pas affectées par son entrée en vigueur (v. ss no 073.14).

Il a été déduit de l'article 192 de la loi du 26 juillet 2005 (v. ss no 073.14) que les procédures au titre de la **solidarité** (C. com., art. L. 624-1, réd. antérieure à la loi de sauvegarde des entreprises) ne peuvent plus être ouvertes à compter du 1er janvier 2006, alors pourtant que la procédure contre la personne morale a été ouverte avant cette date[5]. En revanche, si la procédure a été ouverte avant le 1er janvier 2006, l'entrée en vigueur de la loi nouvelle sera sans incidence sur cette procédure (v. ss no 073.14).

> Disparition des extensions sanctions. L'action en **redressement** ou en **liquidation judiciaire à titre personnel** contre le dirigeant qui n'exécute pas la condamnation à combler le passif (C. com., art. L. 624-4, réd. antérieure à la loi de sauvegarde des entreprises) ne peut plus être poursuivie après le 1er janvier 2006 si, à cette date la procédure collective, à titre de sanction de l'inexécution à combler

4. Bélaval, note ss Com. 5 févr. 2008, no 07-10.004, *Bull. civ.* IV, no 28; no 220 FS-P+B; *D.* 2008, Chron. C. cass. 1231.
5. Com. 16 juin 2009, no 08-10.232, préc. – *Adde*, Circ. no CIV/02/06 relative aux mesures législatives et réglementaires de la loi de sauvegarde applicables aux procédures en cours, *BO* NOR : JUS C 06 20 008 (C).

l'insuffisance d'actif n'a pas été ouverte[1]. La solution a été posée dans deux espèces où le dirigeant avait été condamné par le tribunal et où la cour d'appel, après avoir annulé le jugement de condamnation, avait ouvert respectivement la liquidation judiciaire à titre personnel par arrêt du 1er février 2006[2] et le redressement judiciaire par arrêt du 9 juin 2006[3], c'est-à-dire postérieurement à l'entrée en vigueur de la loi du 26 juillet 2005. Or l'annulation du jugement, qui avait ouvert la procédure avant le 1er janvier 2006, a entraîné l'anéantissement rétroactif de cette décision, de sorte qu'aucune procédure collective n'était ouverte au 1er janvier 2006 contre le dirigeant. La solution est la même si l'arrêt de la cour d'appel prononçant la sanction ou la confirmant est anéanti par la Cour de cassation avant le 1er janvier 2006, de sorte qu'à cette date aucune procédure de redressement ou de liquidation judiciaire à titre personnel n'est ouverte[4]. On remarque ici que la solution n'est pas la même, selon que la décision du tribunal, rendue avant le 1er janvier 2006, sera, après le 1er janvier 2006, annulée ou seulement réformée par la cour d'appel (v. aussi ss no 073.14).

Identiquement, il faut décider que l'action en **redressement ou en liquidation judiciaire à titre personnel contre le dirigeant fautif** (C. com., art. L. 624-5, réd. antérieure à la loi de sauvegarde des entreprises) d'une personne morale contre laquelle une procédure collective a été ouverte avant le 1er janvier 2006, ne peut plus prospérer après le 1er janvier 2006 si à cette date la procédure collective à titre de sanction n'a pas été ouverte[5].

Si, ainsi que cela a déjà été observé (v. ss no 073.14), le texte de l'article 192 de la loi du 26 juillet 2005 est largement inutile, compte tenu du principe de survie de la loi ancienne pour les procédures ouvertes avant le 1er janvier 2006, son utilité réapparaît lorsque, après ouverture de la procédure à titre de sanction, la cour d'appel réforme ou annule la décision par un arrêt antérieur au 1er janvier 2006. À cette date, la procédure à titre de sanction n'était plus ouverte et ne peut donc plus l'être après cette même date[6], ce qui rend sans objet le pourvoi formé contre la décision ayant anéanti le prononcé de la sanction. Il faut que l'ouverture de la procédure soit valablement intervenue avant le 1er janvier 2006. Tel n'est pas le cas si le jugement d'ouverture est antérieur au 1er janvier 2006, mais qu'il est ensuite annulé, même si la cour d'appel ouvre à nouveau, en application de l'effet dévolutif de l'appel, mais après le 1er janvier 2006, la procédure. Il faudra en outre que la juridiction ait, par sa décision, valablement ouvert la procédure. Tel n'est pas le cas si la juridiction a retenu à tort la qualité de dirigeant de fait contre l'intéressé[7].

Bien que la procédure ne puisse plus être ouverte à titre de sanction, sur le fondement de l'article L. 624-5 ancien du code de commerce, après le 1er janvier 2006, la Cour de cassation a jugé qu'« il résulte des articles 190 et 191 de la loi du 26 juillet 2005 de sauvegarde des entreprises que le chapitre III du titre V du livre VI du code de commerce dans sa nouvelle rédaction, relatif à la faillite personnelle et aux autres mesures d'interdiction, à l'exception de ses articles L. 653-7 et L. 653-11, n'est pas applicable aux procédures collectives en cours au 1er janvier 2006; il s'ensuit que l'article L. 624-5 du code de commerce dans sa rédaction antérieure à la loi du 26 juillet 2005, bien qu'abrogé par cette loi, peut encore servir de fondement au prononcé d'une mesure de faillite personnelle ou d'interdiction de gérer contre le dirigeant d'une personne morale soumise à une procédure collective en cours au 1er janvier 2006, ayant commis l'un des actes qui y sont mentionnés »[8].

1. Com. 13 mars 2007, no 06-12.880, *Bull. civ.* IV, no 87; no 488 FS-P+B; *D.* 2007. AJ 872, note Lienhard; *Act. proc. coll.* 2007/8, no 97, note Lucas; *Rev. sociétés* 2007. 896, note Roussel Galle; *Bull. Joly* 2007, § 268, note Staes – Com. 21 juin 2007, no 06-18.045, *Bull. civ.* IV, no 172; no 995 F-P+B+I; *D.* 2007. AJ 1876, note Lienhard; *Gaz. proc. coll.* 2007/4, p. 60, note Montéran; *Act. proc. coll.* 2007/14, no 167, note Blanc; *Dr. sociétés* 2007, p. 22, no 176, note Legros; *Dr. et proc.* nov.-déc. 2007, p. 331, note Le Corre – Limoges, ch. civ., 1re sect., 24 mai 2006, RG no 05/1526, *Rev. proc. coll.* 2007/2, p. 83, no 3, obs. Martin-Serf.
2. Com. 13 mars 2007, no 06-12.880, préc.
3. Com. 21 juin 2007, no 06-18.045, préc.
4. Versailles, 7 déc. 2006, RG no 05/2872, *Gaz. proc. coll.* 2007/1, p. 50, note Montéran; *RJDA* 2007/12, p. 1245, no 1268.
5. Com. 7 mars 2006, no 04-20.252, *Bull. civ.* IV, no 60; no 470 FS-P+B+I+R; *D.* 2006. AJ 856, obs. Lienhard; *D.* 2006, pan. 2252, obs. Lucas; *JCP E* 2006, Chron. 2331, p. 1530, no 1, obs. Pétel; *Act. proc. coll.* 2006/8, no 95, note Régnaut-Moutier; *Dr. sociétés* 2006, no 88, obs. Legros; *Rev. proc. coll.* 2006/3, p. 256, no 7, obs. Roussel Galle; *LXB hebdo* no 212, 27 avr. 2006, no N7539AKG, note Le Corre – Com. 30 mai 2006, no 05-12.311, NP, *Gaz. proc. coll.* 2006/4, p. 37, note Montéran; *Rev. proc. coll.* 2006/3, p. 256, no 7, obs. Roussel Galle.
6. Com. 30 janv. 2007, no 05-17.125, NP, *LXB hebdo* no 249, 19 févr. 2007, no N0608BAR, note Le Corre – Com. 30 janv. 2007, nos 05-10.769, 06-10.770, NP.
7. Com. 13 févr. 2007, no 05-20.126, *Bull. civ.* V, no 41; no 314 FS-P+B; *D.* 2007. AJ 731, note Lienhard; *Dr. sociétés* 2007, p. 25, no 95, note Legros; *LXB hebdo* 2? mars 2007, no N3567BAD, note Le Corre.
8. Com. 4 avr. 2006, no 04-19.637, *Bull. civ.* IV, no 92; no 728 FS-P+B+R+I; *D.* 2006. AJ 1107, obs. Lienhard; *Act. proc. coll.* 2006/8, no 95, note Régnaut-Moutier; *Rev. proc. coll.* 2006/3, p. 257, no 10, obs. Roussel Galle; *Rev. proc. coll.* 2007/2, p. 92, no 18, obs. Barret; *LXB* no N7539AKG, note Le Corre.

> **Création de l'obligation aux dettes sociales.** La loi nouvelle a créé l'action en obligation aux dettes sociales, en substitut au redressement et à la liquidation judiciaires personnels pour faits visés à l'article L. 624-5 du code, dans sa rédaction antérieure à la loi du 26 juillet 2005. Cette sanction pourra être prononcée en remplacement de la procédure-sanction à l'encontre des dirigeants à compter du 1er janvier 2006, et même pour les procédures ouvertes contre les personnes morales avant l'entrée en vigueur de la loi du 26 juillet 2005 (L. 26 juill. 2005, art. 191, 5°)[1]. Il n'y a pas là violation de l'article 6 § 1 de la Conv. EDH, les faits justifiant l'obligation aux dettes sociales étant, sous l'empire de la législation antérieure, des faits justifiant le prononcé de l'extension-sanction[2].

La juridiction ne saurait se saisir d'office aux fins de substituer l'action en obligation aux dettes sociales à une action en redressement ou en liquidation judiciaire à titre de sanction, car il ne s'agit pas ici de l'ouverture d'une procédure collective[3].

Il a été jugé que la demande en substitution de l'action en obligation aux dettes sociales à l'ouverture d'une procédure collective à titre de sanction présentée en cause d'appel était recevable[4], car l'article 564 du code de procédure civile qui interdit la présentation en cause d'appel de demandes nouvelles prévoit à titre d'exception la recevabilité des demandes nouvelles tendant à faire juger des questions nées d'un fait, ce qui est le cas d'une loi promulguée en cause d'appel, dès lors qu'elle se déclare immédiatement applicable[5].

Une nouvelle assignation tendant au prononcé de cette sanction est-elle nécessaire ? Il a été répondu en jurisprudence par la négative. La demande de substitution peut prospérer par voies de conclusions. Il s'agit d'une demande additionnelle[6].

Mais il faut que la demande de substitution intervienne dans le délai de prescription de l'action en obligation aux dettes sociales. Ainsi que l'a annoncé le Service d'études et de documentation de la Cour de cassation, il est nécessaire que l'action en obligation aux dettes sociales ne soit pas prescrite[7]. La solution est confirmée par la Cour de cassation[8]. Il importe ici de préciser que la prescription court à compter du jugement qui a prononcé la liquidation judiciaire. Les poursuites engagées à l'encontre du dirigeant aux fins de redressement ou de liquidation judiciaire n'ont pas pour effet d'interrompre la prescription de l'action en obligation aux dettes sociales[9]. Il se peut donc que, du fait de la prescription, la demande de substitution théoriquement possible, même en cause d'appel, ne puisse prospérer[10]. Et peu importe que la liquidation judiciaire, point de départ de l'action en obligation aux dettes sociales, ait eu lieu plus de trois avant le 1er janvier 2006, date d'entrée en vigueur de la loi de sauvegarde des entreprises[11].

La prescription peut ainsi constituer un premier obstacle à la faculté de substitution d'une action à une autre. Mais il existe encore deux autres obstacles.

L'obligation aux dettes sociales ne peut être substituée au redressement ou à la liquidation judiciaire à titre personnel, si la procédure intéressant la personne morale s'est terminée par un plan de cession[12]. Il faut en effet que la procédure soit une liquidation judiciaire pour que l'obligation aux dettes sociales puisse être déclarée recevable[13].

1. Ainsi : Dijon, ch. civ., sect. B, 17 mars 2009, *Rev. proc. coll.* 2009, étude 97, p. 56, note Martin-Serf.
2. Orléans, ch. éco. et fin., 24 sept. 2009, RG n° 08/03420, *Rev. proc. coll.* 2011, comm. 17, note Martin-Serf.
3. Service de documentation et d'études de la Cour de cassation, Q/R n° 4.
4. Orléans, ch. com., 23 mars 2006, RG n° 05/00620, *D.* 2006. AJ 1600, obs. Lienhard; *Rev. proc. coll.* 2006/3, p. 257, n° 9, obs. Roussel Galle; *Rev. proc. coll.* 2007/2, p. 82, n° 2, obs. Martin-Serf – Orléans, ch. éco. et fin. 29 juin 2006, RG n° 05/2969, *Rev. proc. coll.* 2007/2, p. 89, n° 7, obs. Barret – Versailles, 7 déc. 2006, RG n° 05/02872, *Gaz. proc. coll.* 2007/1, p. 50, note Montéran – Toulouse, 2e ch., 1re sect., 31 mai 2007, *JCP E* 15 nov. 2007, 2402, p. 42.
5. Orléans, ch. com., 23 mars 2006, RG n° 05/00620, préc. – Versailles, 7 déc. 2006, RG n° 05/2872, *RJDA* 2007/12, p. 1245, n° 1268.
6. Ainsi : Toulouse, 2e ch., 1re sect., 31 mai 2007, RG n° 06/01787, *Dr. sociétés* 2008/1, p. 22, n° 9, note Legros; Act. *proc. coll. 2008/15*, n° 237 – Toulouse, 2e ch., 1re sect., 26 mars 2008, RG n° 07/00393, *Rev. proc. coll.* 2008/4, p. 54, n° 163, note Martin-Serf.
7. *BICC* 1er avr. 2006, p. 3.
8. Com. 8 mars 2011, n° 09-70.714, *Bull. civ.* IV, n° 83; n° 241 FS-P+B+I; *D.* 2011. Actu 744, note Lienhard; *Gaz. Pal.* 9 juill. 2011, n° 189, p. 36, note Montéran; *JCP E* 2011, Chron. 1596, n° 13, obs. Pétel; *Rev. proc. coll.* 2011, étude 8, p. 18, rapp. Arbellot; *Act. proc. coll.* 2011/8, comm. 123, note Régnaut-Moutier; *Rev. proc. coll.* 2011, comm. 101, p. 62, note Martin-Serf; *Rev. sociétés* 2011, p. 523, note Roussel Galle; *Bull. Joly* mai 2011, § 184, p. 421, note Le Corre; *LXB hebdo* 14 avr. 2011, n° 247, note Le Corre; *Dr. sociétés* 2011, § 98, p. 39 – Com. 17 déc. 2013, n° 12-35.004, NP; n° 1225 F-D.
9. Com. 8 mars 2011, n° 09-70.714, préc. – Versailles, 7 déc. 2006, RG n° 05/02872, *Gaz. proc. coll.* 2007/1, p. 50, note Montéran; *RJDA* 2007/12, p. 1245, n° 1268 – Pau, 2e ch., 1re sect., 7 févr. 2008, RG n° 06/02994, *Act. proc. coll.* 2008/9, n° 150; *Rev. proc. coll.* 2008/4, p. 56, n° 166, note Martin-Serf – Angers, ch. com., 29 nov. 2012, RG n° 10/02486, *Rev. proc. coll.* 2013, comm. 87, note Martin-Serf – Com. 17 déc. 2013, n° 12-35.004, NP; n° 1225 F-D, préc.
10. Nancy, 2e ch. com., 1er avr. 2009, *Rev. proc. coll.* 2011, comm. 17, note Martin-Serf.
11. Com. 17 déc. 2013, n° 12-35.004, NP; n° 1225 F-D, préc.
12. Orléans, ch. com., 23 mars 2006, RG n° 05/00620, *D.* 2006. AJ 1600, obs. Lienhard; Rev. proc. coll. 2006/3, p. 257, n° 9, obs. Roussel Galle.
13. Service de documentation et d'études de la Cour de cassation, Q/R n° 13, *JCP E* 2006. 391, p. 1558.

L'obligation aux dettes sociales ne peut pas davantage être substituée au redressement ou à la liquidation judiciaire à titre personnel, si le demandeur à la sanction est un commissaire à l'exécution du plan, alors que l'obligation aux dettes sociales ne peut aboutir que si elle a été engagée par le ministère public ou le liquidateur.

Dans ces hypothèses où, par suite de la nature non liquidative de la procédure ouverte contre la personne morale ou de l'absence de qualité à agir aux fins d'obligation aux dettes sociales du demandeur à l'action en redressement ou en liquidation judiciaire à titre de sanction, un obstacle se présentait au prononcé de la sanction, il nous était apparu que le redressement ou la liquidation judiciaire à titre personnel devait continuer à pouvoir être appliqué[1]. Décider le contraire aurait, à notre sens, contrarier le principe à valeur constitutionnel de responsabilité pour faute, ainsi que le droit européen et plus spécialement l'article 1er du protocole n° 1 qui garantit le droit de propriété[2] ici violé par la rétroactivité de la disparition de la sanction qui permettait le désintéressement des créanciers[3], alors que cette sanction se trouvait dans le patrimoine de la procédure collective, personnification nouvelle de la masse des créanciers[4] (v. ss n° 611.21). L'opinion n'a pas été acceptée par la Cour de cassation. Dans une espèce où le commissaire à l'exécution d'un plan de cession avait initié un redressement judiciaire à titre personnel, non ouvert au 1er janvier 2006, la Cour de cassation a rejeté la demande en censurant l'arrêt de la cour d'appel qui avait admis la prétention. Elle a jugé que l'abrogation avec effet immédiat de la sanction ne prive pas le débiteur d'une espérance légitime de créance, pouvant présenter le caractère d'un bien au sens de l'article 1er alinéa 1 du protocole additionnel à la Convention de sauvegarde des droits de l'homme et des libertés fondamentales[5]. Il convient toutefois de remarquer que la Cour de cassation a justifié la solution en raisonnant sur l'idée selon laquelle le principe de créance ne pouvait être détenu par le débiteur, l'action en sanction n'étant pas exercée en son nom. Aurait-elle statué identiquement si l'idée avait été soutenue que le principe de créance, rétroactivement supprimé, était détenu par la procédure collective au nom de laquelle l'action en sanction était initiée ?

Une autre solution pourrait, peut-être, résulter de l'application du droit commun de l'article 1382 du code civil (devenu C. civ., art. 1240)[6], à défaut de pouvoir appliquer le droit spécial des procédures collectives.

En cas de substitution de l'obligation aux dettes sociales à une demande de redressement ou de liquidation judiciaire à titre personnel, le tribunal ne peut évidemment, après avoir prononcé l'obligation aux dettes sociales, décidé d'étendre la procédure ouverte contre la personne morale au dirigeant social, sauf à confondre les deux sanctions[7]. En outre, dès lors que le tribunal applique l'obligation aux dettes sociales de l'article L. 652-1 du code de commerce, l'exécution provisoire de la décision n'est pas de droit. Si elle est ordonnée, elle peut être arrêtée si les moyens invoqués par l'appelant apparaissent sérieux, ce qui sera nécessairement le cas si le tribunal, en cas d'obligation aux dettes sociales, décide l'extension de la liquidation judiciaire de la société au dirigeant[8].

073.36 Diverses règles relatives à la faillite personnelle ou de l'interdiction de gérer. Les règles relatives à la saisine du tribunal aux fins de prononcé de la faillite personnelle ou de l'interdiction de gérer, posées par la loi du 26 juillet 2005, sont applicables aux procédures en cours au 1er janvier 2006 (L. 26 juill. 2005, art. 191, 6°)[9]. La notion de « procédures en cours » s'entend de la procédure collective déclenchant la possibilité de sanction personnelle, non de la procédure de sanction elle-

1. V. Le Corre, « Les dispositions transitoires de la loi de sauvegarde, la suppression des extensions sanctions et l'application de l'obligation aux dettes sociales », *D.* 2006. 2737 – POUR UNE APPLICATION de ces suggestions : Aix-en-Provence, 8e ch. A, 10 sept. 2009, *Smith/Me Hertas* es qual. *SA Valorum*.
2. CEDH 14 févr. 2006, req. n° 67847/01, *Épx Lecarpentier c/ France*, *LPA* 2006, n° 88, p. 3, note Garaud; *JCP E* 2006. 1208, note Raynaud.
3. Aix-en-Provence, 8e ch. A, 10 sept. 2009, *Smith/Me Hertas* es qual. *SA Valorum*.
4. SUR CETTE QUESTION : Le Corre P.-M., « Les dispositions transitoires de la loi de sauvegarde, la suppression des extensions sanctions et l'application de l'obligation aux dettes sociales », *D.* 2006. 2737.
5. Com. 17 mai 2011, n° 09-72.862, *Bull. civ.* IV, n° 75; n° 488 FS-P+B; *D.* 2011, actu 1406, note Lienhard; *Act. proc. coll.* 2011/12, n° 175, note Legros; *Rev. sociétés* 2011, p. 524, note Roussel Galle; *JCP E* 2011, Chron. 1596, n° 14, obs. Pétel; *BJE* nov./déc. 2011, comm. 159, p. 337, note Favario; *Rev. proc. coll.* 2012, comm. 99, note Martin-Serf.
6. Sortais, note ss Com. 5 févr. 2008, n° 07-15.011; n° 221 FS-P+B; *RJ com.* 2008. 40? – *Adde*, Sortais, « Vides juridiques, impasses juridiques et procédures collectives », *RTD com.* 2010. 267 s., sp. 268.
7. Com. 5 févr. 2008, n° 0?5.011, *Bull. civ.* IV, n° 29; n° 221 FS-P+B; *D.* 2008. A?7, note Lienhard; *Gaz. proc. coll.* 2008/2, p. 41, note Mo?ran; *Act. proc. coll.* 2008/4, n° 70, note Vallansan; *Rev. sociétés* 2008. 426, note Roussel Galle; *Dr. et patr.* 2008, 172, p. 111, note Saint-Alary-Houin; *Rev. proc. coll.* ?08/4, p. 55, n° 165, note Martin-Serf; *RJ com.* 2008. ?, note Sortais; *Defrénois* 2009. 38894, p. 343, n° 2, n? Sibirila; *Bull. Joly soc.* avr. 2008, p. 329, § 71, note Le ?re; *LXB hebdo* 21 févr. 2008, n° 293, n° N2049BEM, ? Le Corre.
8. Com. 5 févr. 2008, n° 07-15.01? éc.
9. Com. 30 sept. 2008, n° 06-21.? préc.

même[1]. Il en est spécialement ainsi de la possibilité pour les contrôleurs, à la majorité, de saisir le tribunal aux fins de prononcé de la faillite personnelle, ce que reprécise l'article 361 du décret du 28 décembre 2005.

Même si l'assignation est antérieure au 1er janvier 2006, l'article 318 du décret du 28 décembre 2005 (devenu C. com., art. R. 651-5, al. 1) doit être appliqué à la convocation adressée au débiteur ou au dirigeant après le 1er janvier 2006. Il en résulte que le délai du mois prévu par le texte nouveau doit être respecté[2].

Il en est de même des règles relatives à la durée des mesures de faillite personnelle ou d'interdiction de gérer, qu'il s'agisse de la disparition du plancher ou de l'instauration du plafond (L. 26 juill. 2005, art. 191, 7°). Rappelons que la limitation à quinze ans des mesures de faillite personnelle et d'interdiction de gérer par la loi du 26 juillet 2005 profitera, dès la publication de la loi, aux personnes condamnées plus de quinze ans auparavant, pour une durée supérieure (v. ss no 073.22).

Les règles relatives au relèvement des interdictions, déchéances et incapacités et à la réhabilitation, suite au prononcé d'une mesure de faillite personnelle ou d'interdiction de gérer seront également applicables aux procédures en cours lors de l'entrée en vigueur de la loi (L. 26 juill. 2005, art. 191, 7°)[3].

En revanche, les nouvelles règles de prescription de l'action tendant au prononcé de la faillite personnelle ou de l'interdiction de gérer ne s'appliqueront pas aux procédures en cours (v. ss no 911.35).

De même, l'allongement à quarante-cinq jours du délai légal de déclaration de l'état de cessation des paiements antérieurement fixé à quinze jours ne concerne pas les procédures en cours, de sorte que la condamnation à l'interdiction de gérer peut être prononcée après le 1er janvier 2006 pour défaut de déclaration de l'état de cessation des paiements dans le délai de quinze jours (v. ss no 913.12).

Précisons que le visa erroné des articles L. 625-5 et L. 625-8 du code de commerce issu de la rédaction antérieure à la loi de sauvegarde, alors que la procédure collective de la personne morale a été ouverte après le 1er janvier 2006, reste indifférent, dès lors que les faits imputés aux dirigeants restent passibles d'une interdiction de gérer en application des articles L. 653-3, L. 653-5,6° et L. 653-8 du code de commerce[4].

073.37 Règles relatives au licenciement du représentant des salariés. Les règles relatives au licenciement du représentant des salariés s'appliquent également, dès l'entrée en vigueur de la loi nouvelle, aux procédures de redressement ou de liquidation judiciaire en cours à cette date (L. 26 juill. 2005, art. 191, 8°). Il n'y a cependant pas de modification par rapport à la législation précédente, de sorte que ce visa semble résulter d'une erreur du législateur.

073.38 Fin des fonctions du juge-commissaire et des contrôleurs – compte rendu de fin de mission du liquidateur. La législation de sauvegarde des entreprises fixe la fin des fonctions du juge-commissaire et des contrôleurs au jour où le compte rendu de fin de mission du liquidateur a été approuvé (C. com., art. R. 641-13 [anct D. 28 déc. 2005, art. 226]). Cette disposition est applicable aux procédures en cours au 1er janvier 2006 (D. 28 déc. 2005, art. 361).

L'article R. 643-19 du code de commerce (anct D. 28 déc. 2005, art. 306) dispose que, dans les deux mois de l'achèvement de sa mission, le liquidateur dépose un compte rendu de fin de mission dans les conditions des articles R. 626-39 et R. 626-40 du code de commerce (anct D. 28 déc. 2005, art. 151 et 152). L'article R. 626-41 (anct D. 28 déc. 2005, art. 153) est applicable (v. ss no 361.32).

073.39 Modalités de reprise des poursuites individuelles après clôture de la liquidation judiciaire pour insuffisance d'actif. L'article R. 643-20 (anct D. 28 déc. 2005, art. 309) a modifié les conditions procédurales de reprise des poursuites individuelles après clôture de la liquidation judiciaire pour insuffisance d'actif (v. ss nos 592.72 et 592.73). Cette disposition s'applique aux procédures en cours au 1er janvier 2006 (D. 28 déc. 2005, art. 361), ce qui suppose qu'à cette date, la procédure n'ait pas été clôturée.

SECTION 073.40

APPLICATION EXCEPTIONNELLE DE LA LOI DU 26 JUILLET 2005 À COMPTER DE SON ENTRÉE EN VIGUEUR AUX PROCÉDURES RÉGIES PAR LA LOI DU 13 JUILLET 1967

073.41 Application aux débiteurs ayant fait l'objet d'une liquidation des biens clôturée pour insuffisance d'actif de la règle de l'interdiction de reprises des poursuites individuelles après clôture. La

1. AINSI : Paris, 3e ch. A, [illegible]nov. 2007, RG no 07/2829, *Dr. sociétés* 2008/3, p. 22, [illegible]2, note Legros.
2. Com. 30 sept. 2008, n[illegible]-21.895, préc.
3. Com. 12 juill. 2011, [illegible]0-21.882, *Bull. civ.* IV, no 117; no 740 F-P+B; *D.* 201[illegible]ctu 2011, 1965, note Lienhard; *Gaz. Pal.* 7 oct. 2011[illegible]280, p. 38, note Montéran; *Rev. sociétés* 2011, p. 52[illegible]ote Roussel Galle; *Rev. proc. coll.* 2011, comm. 204, n[illegible]Martin-Serf.
4. Com. 2 déc. 2014, no 13-19.144, NP; no 1062 F-D; *Dr. sociétés* 2015, comm. 116, note Legros.

loi du 13 juillet 1967 ne posait pas le principe de la loi du 25 janvier 1985, selon lequel la clôture de la procédure de liquidation pour insuffisance d'actif emporte interdiction de reprise des poursuites individuelles de la part des créanciers antérieurs. En conséquence, les débiteurs dont la liquidation des biens était clôturée pour insuffisance d'actif, sous l'empire de la loi du 13 juillet 1967, pouvaient continuer à être poursuivis par leurs créanciers antérieurs. Il y avait donc une inégalité entre les débiteurs de la loi du 13 juillet 1967 et ceux de la loi du 25 janvier 1985.

Il y est, enfin serait-on tenté de dire au regard du principe d'égalité des citoyens devant les charges publiques, remédié. À compter de l'entrée en vigueur de la loi du 26 juillet 2005, les débiteurs, dont la liquidation des biens avait été clôturée pour insuffisance d'actif, bénéficieront de l'article L. 643-11 du code de commerce, qui pose le principe de l'interdiction de reprise des poursuites individuelles, après clôture de la liquidation judiciaire, pour insuffisance d'actif (L. 26 juill. 2005, art. 191, 3°, al. 2).

Cependant, le texte n'aura pas d'effet rétroactif et n'obligera donc pas les créanciers à restituer aux débiteurs de la loi du 13 juillet 1967 ce qu'ils ont reçu au titre de la reprise des poursuites sur le fondement de l'article 91 de la loi du 13 juillet 1967 (L. 26 juill. 2005, art. 191, 3°, al. 2).

CHAPITRE

074. Application dans le temps de l'ordonnance du 18 décembre 2008

SECTION 0
ORIENTEUR

074.00 **Plan du chapitre.**

Sect. 074.10 Principe d'application de l'ordonnance aux seules procédures ouvertes à compter du 15 février 2009

Sect. 074.20 Application d'une disposition aux procédures en cours dès le 1er janvier 2009

Sect. 074.30 Application de dispositions aux procédures en cours à compter du 15 février 2009

Sect. 074.40 Application de certaines dispositions aux procédures en cours au 1er mars 2009

Sect. 074.50 Procédures ouvertes à compter du 15 février 2009

Sect. 074.60 Extensions de procédures à compter du 15 février 2009

074.01 **Textes applicables.**

> Législation issue de l'ordonnance du 18 décembre 2008.

Ord. n° 2008-1345, 18 déc. 2008, art. 173

D. n° 2009-160, 12 févr. 2009, art 155

SECTION 074.10
PRINCIPE D'APPLICATION DE L'ORDONNANCE AUX SEULES PROCÉDURES OUVERTES À COMPTER DU 15 FÉVRIER 2009

074.11 **Exposé du principe.** L'article 184 du projet l'ordonnance, dans sa version présentée au Conseil d'État, posait un principe très simple pour l'application de l'ordonnance dans le temps.

L'alinéa 1 prévoyait d'abord que l'ordonnance entrerait en vigueur le 1er janvier 2009. Cela aurait supposé que le décret d'application fût intervenu à cette date.

L'alinéa 2, pour sa part, indiquait que l'ordonnance n'était applicable qu'aux procédures ouvertes à compter de cette date. Le texte, d'une manière remarquable, ne comportait aucune exception à ce principe, ce qui était évidemment de nature à éviter les complications induites par la multiplication des exceptions au principe posé[1], tel que cela a pu être constaté avec la loi de sauvegarde des entreprises, qui, identiquement, posait le principe d'application de ses dispositions aux seules procédures ouvertes à compter du 1er janvier 2006, mais en procédant à un véritable catalogue d'exceptions à ce principe.

Le texte définitif de l'ordonnance du 18 décembre 2008, qui a été ratifiée par la loi du 12 mai 2009[2], reprend, en son article 173, comme principe de solution, l'application de l'ordonnance aux seules procédures ouvertes à compter de son entrée en vigueur, c'est-à-dire le 15 février 2009. Il faut évidemment se garder de confondre ouverture et conversion de procédure. Une procédure de redressement judiciaire ouverte avant le 15 février 2009 ne permettra pas la soumission à l'ordonnance du 18 décembre 2008 d'une liquidation judiciaire prononcée sur conversion[3].

Il énonce toutefois quelques exceptions. Identiquement, l'article 155, I du décret d'application de l'ordonnance de réforme énonce que les dispositions du décret entreront en vigueur le 15 février 2009 et ne seront, par principe, applicables qu'aux procédures ouvertes à compter de cette date.

Précisons que l'ordonnance du 18 décembre 2008 a été ratifiée par l'article 138, 31° de la loi du 12 mai 2009[4].

1. Aussi, sur cette observation : Roussel Galle, « Le bloc-notes du faillitiste : encore une réforme ! », *LPA* 22 mai 2008, n° 103, p. 4 – Lienhard, « Réforme du droit des entreprises en difficulté : présentation de l'ordonnance du 18 décembre 2008 », *D.* 2009. Chron. 110.
2. L. n° 2009-526, 12 mai 2009, *JO* 13 mai, p. 7920.
3. Com. 24 mars 2015, n° 14-11.023, NP; n° 320 F-D; *Dr. sociétés* 2015, comm. 179, note Legros.
4. L. n° 2009-526, 12 mai 2009, *JO* 13 mai, 7920; *Act. proc. coll.* 2009/11, n° 171, note Régnaut-Moutier.

074.12 Entrée en vigueur de la réforme exceptionnellement retardée au 1er mars 2009. L'article 155, II du décret d'application de l'ordonnance de réforme retarde l'entrée en vigueur du 2° du I de l'article 154 au 1er mars 2009.

Ce texte a pour objet de rendre applicable à Mayotte les dispositions modifiant le décret du 27 juillet 2006[1], relatif aux procédures de saisie immobilière et de distribution du prix d'un immeuble.

SECTION 074.20 APPLICATION D'UNE DISPOSITION AUX PROCÉDURES EN COURS DÈS LE 1ER JANVIER 2009

074.21 Remplacement du juge-commissaire empêché ou ayant cessé ses fonctions. L'article 173 de l'ordonnance du 18 décembre 2008 prévoit que l'article 16 de l'ordonnance entre en vigueur pour les procédures en cours à compter du 1er janvier 2009. Il s'agit de la possibilité reconnue au président du tribunal de procéder au remplacement du juge-commissaire empêché ou ayant cessé ses fonctions.

L'application de cette disposition, avant même l'entrée en vigueur de l'ordonnance du 18 décembre 2008, a été justifiée par l'utilité qu'elle présentait par rapport à la mise en œuvre au 1er janvier 2009 de la modification de la carte judiciaire et des suppressions de tribunaux auxquelles elle conduit[2]. En effet au 1er janvier 2009, plus de cinquante tribunaux de commerce sont supprimés, ce qui a pour effet d'entraîner transfert des dossiers en cours devant d'autres juridictions, induisant un changement de juge-commissaire[3].

SECTION 074.30 APPLICATION DE DISPOSITIONS AUX PROCÉDURES EN COURS À COMPTER DU 15 FÉVRIER 2009

074.31 Disparition de l'obligation aux dettes sociales. L'article 173 de l'ordonnance du 18 décembre 2008 prévoit que les articles 133 et 135 sont applicables aux procédures en cours à compter de l'entrée en vigueur de l'ordonnance du 18 décembre 2008, *soit le 15 février 2009*.

L'article 133 de l'ordonnance du 18 décembre 2008 prévoit l'abrogation des dispositions régissant la sanction introduite par la loi de sauvegarde en substitut au redressement et à la liquidation judiciaire à titre de sanction contre le dirigeant fautif, à savoir l'obligation aux dettes sociales. L'article 173, d'une manière opportune, et pour éviter le flottement auquel avait pu donner lieu, sous l'empire de la loi de sauvegarde des entreprises, la disparition de la procédure collective à titre de sanction, précise très opportunément deux points. D'une part, il ne sera plus possible d'engager une action en obligation aux dettes sociales à compter de l'entrée en vigueur de l'ordonnance soit le 15 février 2009. Il importe donc *a priori* que l'assignation ait été délivrée au dirigeant avant le 1er février 2009, mais il est en outre, selon nous, nécessaire que l'assignation ait été enrôlée, c'est-à-dire que le tribunal ait été saisi. En revanche, il n'est pas besoin qu'une décision soit intervenue à cette date. D'autre part, les actions en obligation aux dettes sociales déjà engagées au jour de l'entrée en vigueur de l'ordonnance se poursuivent[4]. Pour éviter toutes difficultés, qui ne manqueront pas de naître sur la notion de « procédure engagée » avant le 15 février 2009, il aurait sans doute été opportun d'apporter davantage de précisions dans le décret.

074.32 Conséquences de la disparition de l'obligation aux dettes sociales sur la faillite personnelle. L'article L. 653-4 du code de commerce, dans la rédaction que lui avait donné la loi de sauvegarde, disposait que « le tribunal peut prononcer la faillite personnelle de tout dirigeant de droit ou de fait, d'une personne morale, qui a commis l'une des fautes mentionnées à l'article L. 652-1 ».

Du fait de la suppression de l'obligation aux dettes sociales, l'article L. 652-1 est abrogé. Se trouvent en conséquence privés de support les cas de faillite personnelle envisagés dans cette disposition. Pour cette raison, le nouvel article L. 653-4 du code de commerce prend le soin de citer les cas de faillite personnelle autrefois constitutifs de cas d'obligation aux dettes sociales.

Pour éviter toute rupture dans les textes, il est prévu par l'article 173 de l'ordonnance de réforme du 18 décembre 2008, que l'article 135 de cette même ordonnance est applicable aux procédures en cours au 15 février 2009. L'article 135 de l'ordonnance de réforme procède à la réécriture de l'article L. 653-4 du code de commerce. Ainsi, au 15 février 2009, date à laquelle l'article L. 652-1 du code de commerce sera sans application, y compris pour les

1. D. n° 2006-936, 27 juill. 2006, *JO* 29 juill., p. 11316.
2. Rapport au président de la République sur l'ordonnance n° 2008-1345 du 18 déc. 2008, *JO* 19 déc., Titre II, chap. II.
3. Roussel Galle, « Premier aperçu sur l'ordonnance du 18 décembre 2008 réformant le droit des entreprises en difficulté », *LPA* 24 déc. 2008, n° 257, p. 3, n° 3.
4. Paris, 3e ch. A, 7 avr. 2009, *Dr. sociétés* 2010/2, comm. 33, p. 33, note Legros; *Rev. proc. coll.* 2011, comm. 17, note Martin-Serf.

procédures en cours à cette date, l'article L. 653-4 nouveau du code de commerce s'appliquera aux procédures en cours.

074.33 Conséquences de la résolution du plan de sauvegarde. L'article 173 de l'ordonnance du 18 décembre 2008 prévoit que les dispositions du cinquième alinéa de l'article 63 de l'ordonnance sont applicables aux plans de sauvegarde en cours au jour de son entrée en vigueur. Cette disposition prévoit que « le jugement qui prononce la résolution du plan met fin aux opérations lorsque celle-ci est toujours en cours ». Ainsi, ce texte qui prévoit que la résolution du plan est un cas de clôture de la procédure de sauvegarde, si celle-ci est toujours en cours, ce qui suppose que les délais du plan de sauvegarde, fixés par le tribunal, n'aient pas pris fin, s'appliquera aux plans de sauvegarde – et de redressement – dès le 15 février 2009.

Il s'agit, par cette disposition, de ne pas créer d'obstacle à l'ouverture de la procédure subséquente de redressement ou de liquidation judiciaire, qui ne peut coexister avec une sauvegarde encore en cours, ainsi que l'indique l'article L. 620-2, alinéa 2 du code de commerce. C'est donc un texte de coordination.

L'article L. 626-27, I, alinéa 4 *in fine*, qui résulte de l'article 63 de l'ordonnance du 18 décembre 2008, reprend une solution traditionnelle selon laquelle la résolution du plan fait recouvrer aux créanciers l'intégralité de leurs créances et sûretés, déduction faite des sommes perçues et emporte déchéance de tout délai de paiement accordé. Toutefois, l'article L. 626-27, I, alinéa 4 du code réserve les dispositions de l'article L. 626-19, alinéa 2. Il s'agit de tenir compte de l'éclaircissement apporté par cette dernière disposition, selon laquelle la réduction de créance sera acquise au créancier dès qu'il aura, en exécution du plan, été intégralement rempli de ses droits, même si les autres créanciers n'ont pas été payés. Ainsi, dès lors que le créancier aura été intégralement rempli de ses droits, la résolution du plan n'aura à son égard aucun effet et les abandons de créance qu'il aura pu consentir en phase d'élaboration du plan resteront acquis au débiteur. Cette disposition s'appliquera aux plans de sauvegarde, de redressement, mais encore aux plans de continuation en cours, dès le 15 février 2009.

SECTION 074.40 APPLICATION DE CERTAINES DISPOSITIONS AUX PROCÉDURES EN COURS AU 1ER MARS 2009

074.41 Application de certaines dispositions relatives à la procédure de saisie immobilière. Le II de l'article 155 du décret d'application de l'ordonnance de réforme rend applicables aux procédures en cours, dès le 1er mars 2009, le titre II du décret qui modifie la procédure de saisie immobilière. Il n'en va cependant ainsi que sous les réserves suivantes :

– les actes régulièrement accomplis avant le 1er mars 2009 restent valables;

– la durée des délais en cours au 1er mars 2009 ne doit pas s'en trouver modifiée;

– les appels formés contre les décisions notifiées avant le 1er mars 2009 demeurent soumis aux règles de la procédure ordinaire devant la cour d'appel.

Les règles ci-dessus énoncées s'appliquent à Mayotte, le 2° du I de l'article 154 du décret étant applicable, en vertu du II de l'article 155, dès le 1er mars 2009, aux procédures en cours à cette date.

SECTION 074.50 PROCÉDURES OUVERTES À COMPTER DU 15 FÉVRIER 2009

074.51 Notion de procédures ouvertes. Une difficulté classique sera de déterminer ce qu'il faut entendre par « procédures ouvertes à compter du 15 février 2009 ».

Cette notion doit être opposée à celle de « procédure en cours ». La procédure est en cours lorsque, d'une part, elle a été ouverte et que, d'autre part, elle n'a pas été clôturée.

La procédure est ouverte dès que la demande d'ouverture de la conciliation a été acceptée. Pour cela, il est nécessaire que le conciliateur ait été nommé. La procédure est toujours en cours tant que la durée pour laquelle le conciliateur a été nommé n'est pas expirée. Elle prend fin d'abord par l'expiration de cette durée, ainsi que par la décision du président du tribunal constatant l'accord ou celle du tribunal l'homologuant, à moins qu'il n'ait été mis fin à la mission du conciliateur avant obtention de l'accord.

En présence d'une procédure collective, la procédure est en cours dès que le jugement d'ouverture de la sauvegarde, du redressement judiciaire ou de la liquidation judiciaire a été rendu. Peu importe que la décision soit frappée d'appel et même qu'elle ait fait l'objet d'un arrêt de l'exécution provisoire. À cet égard, les solutions adoptées par la Cour de cassation à propos des ouvertures de procédures collectives à titre de sanction, avant le 1er janvier 2006, alors que la loi de sauvegarde a supprimé ces ouvertures sanctions, doivent être transposées (v. ss n° 073.35).

Il faut évidemment se garder de confondre ouverture et conversion de procédure. Une procédure de redressement judiciaire ouverte avant le 15 février 2009 ne permettra pas la soumission à l'ordonnance du 18 décembre 2008 d'une liquidation judiciaire prononcée sur conversion[1].

La procédure est en cours jusqu'à la clôture. Cette dernière prend, depuis la loi de sauvegarde des entreprises, des formes diverses.

En présence d'une sauvegarde, il pourra s'agir de la décision constatant que les difficultés qui ont conduit à l'ouverture de la sauvegarde ont disparu. Il pourra également s'agir de la décision mettant fin à la période d'observation au motif qu'à l'expiration de la durée théorique de la période d'observation, un plan de sauvegarde n'a pas été arrêté.

En présence d'un redressement judiciaire, il pourra s'agir de la décision clôturant la procédure sur constat que le débiteur est en mesure de payer son passif exigible.

Sous l'empire de la loi de sauvegarde des entreprises non réformée, est encore en cours la procédure tant que la complète exécution du plan de continuation, de sauvegarde ou de redressement n'est pas encore intervenue. Au contraire, n'est plus en cours la procédure lorsque la décision constatant la complète exécution du plan de sauvegarde ou de redressement a été rendue.

N'est plus en cours, la procédure lorsque la décision prononçant la résolution de ces mêmes plans est intervenue.

En revanche, il importe de préciser que, sous l'empire de la loi de sauvegarde non réformée, la procédure est toujours en cours, lorsque le plan de sauvegarde ou de redressement a été arrêté. La Cour de cassation a en effet précisé que, au sens de l'article 191, 2° de la loi du 26 juillet 2005, selon lequel l'article L. 626-27 est applicable aux procédures de redressement judiciaire en cours, la procédure de redressement judiciaire est en cours au 1er janvier 2006, alors même qu'un plan de continuation a été arrêté, dès lors qu'il n'est pas résolu à cette date (v. s^s n° 073.32). La solution doit évidemment être transposée à l'hypothèse de l'exécution du plan de sauvegarde.

La solution est modifiée, sous l'empire de l'ordonnance de réforme (ord. 18 déc. 2008, art. 61). En effet, l'article L. 626-24, alinéa 3 du code, qui résulte de l'ordonnance de réforme, prévoit que « lorsque la mission de l'administrateur et du mandataire judiciaire est achevée, il est mis fin à la procédure dans des conditions fixées par décret en Conseil d'État ». La logique voudrait que l'on tire, sur le terrain de l'application dans le temps, les conséquences de la modification apportée à la notion de procédure en cours, en cas d'arrêté d'un plan de sauvegarde ou de redressement.

La liquidation judiciaire, enfin, n'est plus en cours lorsque la décision de clôture par extinction du passif exigible, ou pour insuffisance d'actif, a été rendue.

1. Com. 24 mars 2015, n° 14-11.023, NP; n° 320 F-D; *Dr. sociétés* 2015, comm. 179, note Legros.

SECTION 074.60
EXTENSIONS DE PROCÉDURES À COMPTER DU 15 FÉVRIER 2009

074.61 Extensions de procédures à compter du 15 février 2009. La notion de procédures ouvertes à compter du 15 février 2009 fait naître une dernière difficulté, qui met en jeu la problématique des extensions de procédures. Il avait été jugé que si une procédure avait été ouverte avant le premier janvier 1986, l'ouverture subséquente de la procédure, par extension, sur le fondement de la confusion des patrimoines ou de la fictivité, restait soumise à la loi du 13 juillet 1967[2]. La même solution avait été adoptée sous l'empire de la législation suivante. Si la procédure avait été ouverte sur le fondement de la confusion des patrimoines ou de la fictivité, la loi de 1985 non réformée s'appliquait, dès lors que la procédure initiale obéissait à cette législation[3]. Cette solution est identiquement applicable pour une procédure initiale ouverte sous l'empire de la loi du 26 juillet 2005 non réformée. Si l'extension intervient à compter du 15 février 2009, il faudra appliquer à la demande d'extension les règles issues de l'ordonnance de réforme et de son décret d'application. En revanche, les règles de la législation antérieure régiront seules le régime de la procédure étendue, dès lors que la procédure initiale a été ouverte avant le 15 février 2009.

La solution adoptée pour l'extension sur le fondement de la fictivité ou la confuion de patrimoines avait identiquement vocation à appliquer à l'extension de la procédure sur le fndement de la co-exploitation[4]. Cette solution osée avant la loi de sauvegarde des entreprises pparaît aujourd'hui bien discutable au regard de nature juridique de la co-exploitation, qui désign en réalité l'ouverture autonome d'une procédure l'encontre d'une personne répondant aux critèr l'ouverture de la pro-

2. Versailles, 13e ch., 25 nov. 1[illegible] *Rev. proc. coll.* 1988, 309, n° 1, obs. Soinne – Paris, 3e [illegible], 27 oct. 1987, *Rev. proc. coll.* 1988, 342, obs. Chapu[illegible] 1989. Somm. 1, obs. Derrida.
3. Com. 4 janv. 2005, n° 02-1[illegible], NP.
4. Com. 13 févr. 1990, n° 88-[illegible]2, *Bull. civ.* IV, n° 40.

cédure qu'on cherche à lui appliquer[1]. Cette analyse semble faire obstacle à la reconduction de la solution posée par la jurisprudence, sous l'empire de la législation antérieure, qui consistait à appliquer, à l'ouverture de la seconde procédure, la loi applicable à la première. En conséquence, si la co-exploitation est retenue à compter du 15 février 2009, la loi réformée trouvera application, peu important que la première procédure ait été ouverte sous l'empire de la loi de sauvegarde non réformée.

1. Com. 15 mars 2005, 03-19.359, *Bull. civ.* IV, nº 55; *D.* 2005. AJ 952, note nhard; *D.* 2005. Somm. 2013, obs. Lucas; *Act. proc.* c2005/7, nº 81, note Vallansan; *JCP E* 2005. 1789, p. 2(note Léobon; *Defrénois* 2005/23, p. 1924, Chron. 37, nº 9, note Gibirila; *Gaz. Pal.* 21-22 juin 2006, p, note Robine; *Rev. sociétés* 2005. 684, note Le Cor*Gaz. proc. coll.* 2005/2, p. 12, obs. Le Corre; *LXB* nº 0AIU, note Le Corre – Com. 4 oct. 2005, nº 04-14.NP, *Gaz. proc. coll.* 2006/1, p. 15, obs. Lebel.

CHAPITRE

075. Application dans le temps des législations postérieures à l'ordonnance du 18 décembre 2008 et antérieures à l'ordonnance du 12 mars 2014 modifiant la loi de sauvegarde des entreprises

SECTION 0 ORIENTEUR

075.00 Plan du chapitre.

Sect.	075.10	Application des articles 57 et 58 de la loi du 22 octobre 2010
Sect.	075.20	Application de l'ordonnance du 9 décembre 2010
Sect.	075.30	Législation sur la prise de mesures conservatoires

075.01 Textes applicables.

> Législation issue de l'article 57 de la loi du 22 octobre 2010.

C. com., art. L. 628-7, II

SECTION 075.10 APPLICATION DES ARTICLES 57 ET 58 DE LA LOI DU 22 OCTOBRE 2010

075.11 Entrée en vigueur de la sauvegarde financière accélérée (L. 22 oct. 2010, art. 57). La loi du 22 octobre 2010[1], dite de régulation bancaire, comporte un article 57 instituant une procédure de sauvegarde financière accélérée. Cette procédure a vocation à bénéficier à des débiteurs qui, au cours d'une procédure de conciliation, tout en recevant de la part de leurs créanciers un accueil globalement favorable aux propositions de règlement des dettes, n'ont pas obtenu l'unanimité, certains créanciers financiers ayant refusé les propositions. La loi permet le passage de la conciliation à une procédure de sauvegarde, dont la durée de principe sera d'un mois.

L'article L. 628-7, II du code de commerce (réd. L. 22 oct. 2010) prévoit que cette procédure de sauvegarde financière est applicable aux procédures de conciliation ouvertes à compter du premier jour du cinquième mois suivant la publication de la présente loi. La loi ayant été publiée au Journal Officiel du 23 octobre 2010, il en résulte que la sauvegarde financière accélérée s'applique, en théorie, à compter du 1er mars 2011, et qu'elle a vocation à s'appliquer même si les procédures de conciliation sont ouvertes antérieurement à cette date, si, à cette date, elles sont en cours.

Cependant, deux observations s'imposent.

La première concerne la date du décret d'application, à savoir le 3 mars 2011[2] qui décale, en conséquence, l'entrée en vigueur du dispositif.

1. L. n° 2010-1249, 22 oct. 2010, *JO* 23 oct., p. 18984.

2. D. n° 2011-236, 3 mars 2011, *JO* 4 mars, 4183; *D.* 2011, actu 671, note Lienhard; *JP E* 2011. 126, note Notté – Lucas, « Observations sur le volet réglementaire de la SFA », *BJE* mai/juin 2011, 2, p. 102.

La seconde est beaucoup plus importante. Dans sa rédaction d'origine, l'article L. 628-1, alinéa 2, du code de commerce, en indiquant que le débiteur devait satisfaire aux critères mentionnés aux articles L. 620-1 et L. 626-29 ne réservait la sauvegarde financière accélérée qu'aux très grandes entreprises, employant au moins 150 salariés ou réalisant au moins 20 millions d'euros de chiffre d'affaires hors taxes, ce qui n'était nullement le cas des sociétés holding financières, au secours desquelles le texte entendait voler. Fort heureusement, le législateur a corrigé sa copie, à l'occasion du vote de la loi « Warsmann ». Le texte a été adopté par le Sénat le 14 avril 2011[1] (v. s^s n° 510.09). C'était toutefois sans compter sur le Conseil constitutionnel, qui a considéré comme un cavalier l'amendement présenté au cours du vote de la loi Warsmann et permettant cette rectification[2].

L'article 28 de la loi du 22 mars 2012[3] a repris les dispositions annulées par le Conseil Constitutionnel. L'article L. 628-1, alinéa 2, du code de commerce, qui résulte de cette loi, prévoit que le débiteur sera considéré comme remplissant les critères de l'article L. 626-29, dès lors que le total de son bilan excède un seul fixé par décret.

Le décret du 20 septembre 2012[4], dont l'entrée en vigueur est intervenue le 23 septembre 2012, et qui prévoit son application à Wallis-et-Futuna, dispose, en son article 1er (qui devient l'article D. 628-2-1 du code de commerce), que pour l'application de l'article L. 628-1, le débiteur est réputé remplir la condition de seuil si le total de son bilan est de 25 millions d'euros ou, lorsque le débiteur contrôle, au sens du 1° du I de l'article L. 233-3, une société dont le nombre de salariés est supérieur à 150 salariés ou dont le chiffre d'affaires dépasse 20 millions d'euros hors taxes, ou dont le total de bilan excède 25 millions d'euros.

Ainsi, la sauvegarde financière accélérée peut bénéficier soit à un débiteur employant au moins 150 salariés ou réalisant au moins 20 millions d'euros de chiffres d'affaires hors taxes par an, soit à une société membre d'un groupe de sociétés, selon les critères de l'article D. 628-2-1 du code de commerce.

075.12 Entrée en vigueur le l'article 58 de la loi du 22 octobre 2010. La loi d 22 octobre 2010, dite de régulation bancaire, comorte un article 58, qui introduit des modificationsans la consultation des créanciers préparatoires à adoption d'un plan de sauvegarde [et, par renvole textes, d'un plan de redressement], ainsi qudes changements dans l'exécution de ces mêmesans.

1. *Doc. Sénat*, n° 97.
2. Menjucq, « La simplifican manquée de la sauvegarde financière accélérée », *Rproc. coll.* 2011, repère 4.
3. L. n° 2012-387, 22 ma012, *JO* 23 mars, p. 5226, dite loi Warsmann.
4. D. n° 2012-1071, 20 s2012, *JO* 22 sept., p. 15008.

L'article 58, II de la loi du 22 octobre 2010 prévoit que le I de ce même article qui contient les modifications sus mentionnées, est applicable aux procédures de sauvegarde et de redressement judiciaire ouvertes à compter du premier jour du cinquième mois suivant la publication de la présente loi. La loi ayant été publiée au Journal Officiel du 23 octobre 2010, il en résulte que ces modifications s'appliquent aux procédures ouvertes à compter du 1er mars 2011.

SECTION 075.20
APPLICATION DE L'ORDONNANCE DU 9 DÉCEMBRE 2010

075.21 Entrée en vigueur de l'ordonnance du 9 décembre 2010 adaptant le droit des entreprises en difficulté à l'EIRL. L'ordonnance du 9 décembre 2010[5] portant adaptation du droit des entreprises en difficulté à l'entrepreneur individuel à responsabilité limitée ne contient pas de disposition particulière pour son entrée en vigueur. Elle a été publiée au Journal Officiel le 10 décembre 2010. Les textes qu'elle contient, qu'il s'agisse de la modification des textes du livre VI du code de commerce ou de la création des articles L. 680-1 à L. 680-7, ne peuvent toutefois être applicables à compter de cette date, du fait de la nécessité d'un décret d'application. Ce décret, complété par un arrêté, sont en date du 29 décembre 2010, et ont été tous deux publiés au Journal Officiel du 31 décembre 2010. Le dispositif de l'EIRL s'applique donc à compter du 1er janvier 2011[6].

SECTION 075.30
LÉGISLATION SUR LA PRISE DE MESURES CONSERVATOIRES

075.31 Entrée en vigueur de la loi du 12 mars 2012. Une loi du 12 mars 2012[7] vient ajouter, dans

5. Ord. n° 2010-1512, 9 déc. 2010, *JO* 10 déc., p. 21617.
6. EN CE SENS AUSSI : Vauvillé, « La procédure collective de l'entrepreneur individuel à responsabilité limitée », *Defrénois* 2011, Doctr. 39191, p. 137 s., sp. p. 139.
7. L. n° 2012-346, 12 mars 2012 relative aux mesures conservatoires en matière de procédures de sauvegarde, de redressement judiciaire ou de liquidation judiciaire et aux biens qui en font l'objet, *JO* 13 mars, p. 4497 – Lienhard, « Mesures conservatoires : irruption d'une loi applicable à l'affaire *Petroplus* », *D.* 2012. Actu 605 – Pérochon, « De la mesure dite conservatoire à l'exécution sommaire anticipée », *BJE* avr. 2012, p. 73 – Roussel Galle, « La loi *Pétroplus* : quelques réflexions... avec un peu de recul », *Rev. proc. coll.* 2012, étude 16, p. 11 – Teboul « La nouvelle loi sur les mesures conservatoires en matière de procédures collectives : une loi de circonstance ou une loi préventive », *LPA* 2 mars 2012, n° 45, p. 8 – Legros, « Présentation de la loi n° 2012-346 du 12 mars 2012 », *Dr. sociétés* 2012, comm. 85 à 88.

le livre VI du code de commerce, la possibilité de pratiquer des mesures conservatoires sur des biens appartenant à des tiers, soit lorsque la procédure collective ouverte contre le débiteur est susceptible d'être étendue à ces tiers sur le fondement de la confusion des patrimoines ou de la fictivité, soit lorsqu'un dirigeant de droit ou de fait peut être recherché en responsabilité pour avoir contribué à la cessation des paiements de la personne morale débitrice. Cette loi est entrée en vigueur le 28 octobre 2012, à la suite de la publication au *Journal officiel* du 27 octobre du décret du 25 octobre 2012 [1].

1. D. n° 2012-1190, 25 oct. 2012, *JO* 27 oct., p. 1619.

CHAPITRE

076. Application dans le temps de l'ordonnance du 12 mars 2014

SECTION 0

ORIENTEUR

076.00 **Plan du chapitre.**

Sect. 076.10 Principe d'application dans le temps de l'ordonnance du 12 mars 2014

Sect. 076.20 Applications exceptionnelles dans le temps de l'ordonnance du 12 mars 2014

076.01 **Textes applicables.**

Ord. n° 2014-326, 12 mars 2014, art. 116.

D. n° 2014-736, 30 juin 2014, art. 144

SECTION 076.10

PRINCIPE D'APPLICATION DANS LE TEMPS DE L'ORDONNANCE DU 12 MARS 2014

076.11 **Principe d'application dans le temps de l'ordonnance du 12 mars 2014.** L'article 116 de l'ordonnance du 12 mars 2014 prévoit que cette dernière entrera en vigueur le 1er juillet 2014.

L'alinéa 2 indique, selon une solution très classique en notre matière, qu'elle n'est pas applicable aux procédures en cours. Elle s'appliquera donc aux procédures ouvertes à compter du 1er juillet 2014.

L'article 144 du décret du 30 juin 2014 pose le même principe.

La notion de procédure en cours s'entendra comme pour la question de l'application dans le temps de l'ordonnance du 18 décembre 2008[1] (v. ss n° 074.51). Les solutions posées en ce qui concerne l'extension d'une procédure, pour l'application dans le temps de l'ordonnance du 18 décembre 2008 (v. ss n° *074.61*), *seront* ici transposables.

1. Ord n° 2008-1345, 18 déc. 2008, préc.

SECTION 076.20

APPLICATIONS EXCEPTIONNELLES DANS LE TEMPS DE L'ORDONNANCE DU 12 MARS 2014

076.21 **Application de l'ordonnance du 12 mars 2014 aux procédures en cours au 1er juillet 2014.** L'alinéa 2 de l'article 116 de l'ordonnance du 12 mars 2014 prévoit que, par exception, les articles 77 et 80, s'appliqueront, à compter du 1er juillet 2014, aux procédures en cours.

L'article 77 de l'ordonnance a trait aux assouplissements apportés aux conditions de la clôture de liquidation judiciaire pour insuffisance d'actif (v. ss n° 592.32). Ces assouplissements sont applicables aux procédures en cours au 1er juillet 2014.

L'article 80 de l'ordonnance s'intéresse aux effets de la reprise de la procédure de liquidation judiciaire clôturée pour insuffisance d'actif. Modifiant l'article L. 643-13, du code de commerce, il prévoit, par insertion d'un alinéa 3 dans cet article, que la reprise de la procédure produit ses effets rétroactivement pour tous les actifs qui, à la date de la clôture de la liquidation judiciaire, entraient dans le périmètre du dessaisissement. La précision de l'application du texte aux procédures en cours au 1er juillet 2014 est à la vérité de peu d'importance, car le texte ne fait que poser une solution interprétative.

Pour sa part, l'article 144 du décret du 30 juin 2014[2] rend applicables aux procédures en cours, les articles 65, 128 et 129. Les deux dernières dispositions (art. 128, C. com., art. R. 663-34; art. 129, C. com., art. R. 663-40-1, R. 663-40-2, R. 663-40-3,

2. Roussel Galle Ph., « À propos du décret du 30 juin 2014 pris en application de l'ordonnance du 12 mars 2014 réformant le droit des entreprises en difficulté », *Rev. proc. coll.* 2014, étude 15.

R. 663-40-4) concernent la rémunération du mandataire *ad hoc* en cas de clôture anticipée de la liquidation judiciaire pour insuffisance d'actif. La première disposition (art. 65, C. com., art. R. 626-47-1) traite de la procédure à mettre en œuvre par le commissaire à l'exécution du plan pour obtenir le paiement, par voie d'exécution forcée, des dividendes du plan.

TITRE

080. Application de la loi dans l'espace

SECTION 0 ORIENTEUR

080.00 **Plan du titre.**

Chap.	081	**Règles générales relatives à l'application de la loi dans l'espace**
Sect.	081.10	Section unique
Chap.	082	**Dérogations à l'application de la loi dans l'espace – Règles spéciales à l'Alsace-Moselle**
Sect.	082.10	Domaine de la faillite civile en Alsace-Moselle
Sect.	082.20	Règles spéciales à l'Alsace-Moselle
Chap.	083	**Dérogations à l'application de la loi du 26 juillet 2005 – Règles spéciales aux DOM-PTOM**
Sect.	083.10	Saint-Pierre-et-Miquelon
Sect.	083.20	Mayotte
Sect.	083.30	Nouvelle-Calédonie
Sect.	083.40	Wallis-et-Futuna
Chap.	084	**Dérogations à l'application de l'ordonnance du 18 décembre 2008 – Règles spéciales aux DOM-PTOM**
Sect.	084.10	Section unique
Chap.	085	**Dérogation à l'application de l'ordonnance du 12 mars 2014 et des textes subséquents – Règles spéciales aux DOM-PTOM**
Sect.	085.10	Application de l'ordonnance du 12 mars 2014 à Wallis-et-Futuna

080.01 **Textes applicables.**

> Législation antérieure à la loi de sauvegarde des entreprises.

nº 85-98, 25 janv. 1985, art. 234, 243 [Abrogé par ord. 2000-912, 18 sept. 2000 art. 4, *JO* 21 sept., p. 14783]

D. nº 85-1388, 27 déc. 1985, art. 176 [mod. par D. nº 2004-518, 10 juin 2004, art. 2]

> Législation issue de la loi de sauvegarde des entreprises.

C. com., art. L. 670-1

L. nº 2005-845, 26 juillet 2005, art. 194, I, 194, II, 195, II, 196, II et 197, II

D. nº 2005-1677, 28 déc. 2005, art. 362 et 363

082.02 **Jurisprudence de référence.**

> Le créancier qui présente en Alsace-Moselle une demande en relevé de forclusion doit se faire obligatoirement représenter par avocat.

• **Com. 19 juin 2007,** nº 06-12.150, *Bull. civ.* IV, nº 165; nº 890 FS-P+B

* V. s^s nº 082.21

080.03 **Bibliographie indicative.** (V. les références complètes s^s nº 031).

> Actualisables. RÉP. COM., Guyon Y., « Entreprises en difficulté (Avant-propos) », nº^os 64 à 69 – J.-CL. COM., Sander E., fasc. 3115, [Alsace-Moselle – Faillite civile, sauvegarde, redressement et liquidation judiciaire civils], 2007.

> Ouvrages antérieurs à la loi de sauvegarde des entreprises. CHAPUT, nº^os 247, 258 – KERCKHOVE, nº 40 – LE CORRE-BROLY, nº 7 – RIPERT ET ROBLOT, nº 2819 – MARTIN ET VALLENS, nº^os 2417, 2725, 2726 – SOINNE, 1995, nº^os 340 à 342 – VALLANSAN, p. 375 à 377.

> Articles. Pierrat A., « La prévention des difficultés des entreprises en Alsace-Moselle : une mission impossible sans une réorganisation judiciaire », *Gaz. Pal.* 16-17 févr. 2005, p. 7 – Sander E., « Alsace-Moselle et droit des entreprises en difficulté », Roussel Galle (dir.), *Entreprises en difficulté*, « Droit 360° », LexisNexis, 2012, p. 829.

> Ouvrages postérieurs à la loi de sauvegarde des entreprises. VALLANSAN *ET ALII*, 6e éd., p. 553 à 556 – VALLENS, 2015, nº^os 2534, 2927, 3058, 3125.

CHAPITRE

081. Règles générales relatives à l'application de la loi dans l'espace

SECTION 0

ORIENTEUR

081.00 Plan du chapitre.

Sect. 081.10 Section unique

SECTION 081.10

SECTION UNIQUE

081.11 Application de la loi du 25 janvier 1985 dans l'espace – Règles générales. La loi du 25 janvier 1985[1], à laquelle fait corps la loi de réforme du 10 juin 1994, est, selon l'article 243, applicable sur l'ensemble du territoire national, ce qui englobe la métropole, les départements et territoires d'outre-mer, ainsi que les collectivités territoriales de Mayotte.

081.12 Application de la loi du 26 juillet 2005 dans l'espace – Règles générales. La loi du 26 juillet 2005[2] est applicable, sous les réserves qui suivent, en métropole et dans les départements, pays d'outre-mer et à la collectivité territoriale de Mayotte.

L'article 362 du décret du 28 décembre 2005 déclare applicables les dispositions du décret à Mayotte, ainsi qu'à Wallis-et-Futuna, sous les réserves ci-après (pour Mayotte v. s^s n° 083.21; pour Wallis-et-Futuna v. s^s n° 083.41).

L'article 363 du décret du 28 décembre 2005 déclare applicables à la Nouvelle-Calédonie les dispositions du chapitre II du livre premier et de l'article 352 du décret, c'est-à-dire les règles relatives aux obligations comptables et à la procédure d'alerte (v. aussi s^s n° 083.31).

081.13 Application des textes régissant le droit des entreprises en difficulté à Saint-Pierre-et-Miquelon. Les articles L. 910-1 et suivants du code de commerce indiquent les adaptations du livre VI du code de commerce pour Saint-Pierre-et-Miquelon.

081.14 Application des textes régissant le droit des entreprises en difficulté à Mayotte. Les articles L. 920-1 et suivants du code de commerce indiquent les adaptations du livre VI du code de commerce pour Mayotte.

081.15 Application des textes régissant le droit des entreprises en difficulté en Nouvelle-Calédonie. Les articles L. 930-1 et suivants du code de commerce indiquent les adaptations du livre VI du code de commerce pour la Nouvelle-Calédonie.

081.16 Application des textes régissant le droit des entreprises en difficulté en Polynésie française. Les articles L. 940-1 et suivants du code de commerce indiquent les adaptations du livre VI du code de commerce pour la Polynésie française.

081.17 Application des textes régissant le droit des entreprises en difficulté à Wallis et Futuna. Les articles L. 950-1 et suivants du code de commerce indiquent les adaptations du livre VI du code de commerce pour Wallis-et-Futuna.

1. L. n° 85-98, 25 janv. 1985, préc.
2. L. n° 2005-845, 26 juill. 2005, préc.

CHAPITRE

082. Dérogations à l'application de la loi dans l'espace – Règles spéciales à l'Alsace-Moselle

SECTION 0

ORIENTEUR

082.00 **Plan du chapitre.**

Sect. 082.10 Domaine de la faillite civile en Alsace-Moselle

Sect. 082.20 Règles spéciales à l'Alsace-Moselle

082.01 **Textes applicables.**

> Législation issue de la loi de sauvegarde des entreprises. C. com., art. L. 670-1, L. 670-2 [L. n° 2005-845 du 26 juill. 2005, art. 160, II], L. 670-3, L. 670-4, L. 670-5, L. 670-6, L. 670-7, L. 670-8

082.02 **Jurisprudence de référence.**

> La faillite civile n'est ouverte qu'au débiteur de bonne foi. Conformément à l'article 2268 du code civil, la bonne foi est présumée. Il incombe donc au ministère public ou à un créancier de démontrer la mauvaise foi du débiteur.

• **Civ. 2e, 2 juill. 2009,** n° 08-17.355, *Bull. civ.* IV, n° 177 ; n° 1174 F-P+B

* V. ss n° 082.11

SECTION 082.10

DOMAINE DE LA FAILLITE CIVILE EN ALSACE-MOSELLE

082.11 **Domaine de la faillite civile en Alsace-Moselle.** Après la guerre de 1870, les départements du Bas-Rhin, du Haut-Rhin et de la Moselle furent soumis à la législation allemande, du fait de leur annexion. Après l'armistice de 1918, le constat des bons résultats enregistrés dans ces départements ayant appliqué la loi allemande conduisit à la conservation de certaines originalités. Ce fut l'objet de la loi du 1er juin 1924 portant introduction des lois commerciales françaises dans ces départements. Il a été observé justement que depuis la promulgation de la loi sur le rétablissement personnel, l'utilité du maintien de cette « niche historique et locale » est douteuse[1].

Commençons par indiquer que la loi française des procédures collectives est, par principe, applicable. La solution résulte de l'article L. 628-1 alinéa du code, dans la rédaction antérieure à la loi du 26 juillet 2005, de l'article L. 670-1 alinéa 1, dans la rédaction issue de la loi du 26 juillet 2005.

Les dispositions des titres II à VI du livre VI du code de commerce s'appliquent dans la mesure où elles ne sont pas contraires à celle du présent titre. Des règles dérogatoires sont en effet posées par les articles L. 670-1 à L. 670-8 du code de commerce.

En dehors du domaine d'application du livre VI du code de commerce, il y a application de la procédure de faillite civile. Cette procédure englobait, avant la loi du 26 juillet 2005[2], les professionnels libéraux ainsi que les non professionnels[3]. Les professionnels libéraux, qui relèvent désormais de la

1. Régnaut-Moutier et Vallansan, « Faillite des entreprises et surendettement des particuliers, Étude comparative et prospective », *Mél. Héron*, Lgdj, 2009, p. 443 – VALLANSAN *ET ALII*, 6e éd., p. 554.
2. L. n° 2005-845, 26 juill. 2005, préc.
3. SUR LA QUESTION : Henaff, J.-CL. COM., fasc. 3120, [Redressement et la liquidation judiciaires « Alsace-Lorraine »].

législation de droit commun des procédures collectives, sortent du domaine de la faillite civile. Ainsi, ne peuvent désormais bénéficier de la faillite civile, que les non professionnels, ce qui permet d'englober les dirigeants de personnes morales, qui ne sont commerçants et les anciens professionnels, qui ne peuvent plus accéder aux procédures collectives des professionnels.

Pour bénéficier de cette législation, il faut avoir, en Alsace-Moselle, un domicile réel[1], ce qui n'est pas le cas du domicile frauduleux pris en France pour bénéficier d'une procédure plus avantageuse que la loi allemande[2].

Cette procédure est distincte de la procédure de surendettement des particuliers. Il en est tiré la conséquence que la saisine préalable de la commission de surendettement n'est pas nécessaire[3].

Les débiteurs devront ici être dans un état d'insolvabilité notoire[4]. Cette notion est caractérisée lorsque des faits et circonstances extérieurs, tels des mesures d'exécution infructueuses, sont de nature à accréditer l'idée que cette insolvabilité existe et révèle une situation patrimoniale irrémédiablement compromise[5]. La demande d'ouverture de la procédure d'insolvabilité doit être rejetée, si elle ne comprend pas l'inventaire sommaire des biens du débiteur signé par lui, et si le passif, entièrement constitué en Allemagne, demeure imparfaitement établi, sans que l'on sache les conditions dans lesquelles il a été constitué[6]. L'insolvabilité notoire suppose une comparaison entre l'actif du débiteur et son passif exigible. Faute de précision sur l'actif, et même si le passif exigible est important, l'insolvabilité notoire ne peut être établie[7]. En outre, s'il n'y a pas de poursuites ou si ces dernières sont couronnées de succès, il ne peut y avoir insolvabilité notoire, faute pour cette dernière d'être apparente aux yeux des créanciers[8].

1. Colmar, 2 oct. 2001, *RTD com.* 2001. 983, obs. Vallens – Colmar, 1re ch. A, 14 juin 2005, *JCP E* 2006. 1068, p. 81 – *Adde*, J.-CL. COM., Sander, fasc. 3115, [Alsace-Moselle – Faillite civile, sauvegarde, redressement et liquidation judiciaire civils], 2007, n°s 17 et 18.
2. Colmar, 1re ch. A, 31 janv. 2006, *JCP E* 2006. 1772, p. 874.
3. Colmar, 21 sept. 1999 et Colmar, 19 oct. 1999, *RTD com.* 2000. 192, obs. Paisant.
4. *Adde*, J.-CL. COM., Sander, fasc. 3115, [Alsace-Moselle – Faillite civile, sauvegarde, redressement et liquidation judiciaire civils], 2007, n°s 21 à 27.
5. Colmar, 16 mars 1988, *D.* 1989. *Somm.* 4, obs. Derrida; *RD banc. et bourse* 1989, 74, obs. Dekeuwer-Défossez – RAPPR. : Colmar, 1re ch. civ., 17 févr. 1998, *JCP E* et *A* 2000, pan. 157, évoquant l'existence de faits et circonstances, notamment des mesures d'exécution demeurées infructueuses, qui accréditent un arrêt matériel des paiements et une situation durablement compromise.
6. Civ. 2e, 24 juin 2010, n° 09-67.469, NP.
7. Com. 29 sept. 2015, n° 14-18.979, *Bull. civ.* IV [à paraître]; *Act. proc. coll.* 2015/18, comm. 280, note Cagnoli.

La loi du 1er août 2003, dite loi Borloo, sur le rétablissement personnel, a ajouté la condition de bonne foi du débiteur[9].

Une demande d'ouverture de procédure a été rejetée sur le motif de l'absence de bonne foi, en présence d'un débiteur qui n'avait pas mentionné l'état de ses dettes et la consistance de ses actifs[10]. Dans une autre espèce, la mauvaise foi du débiteur résultait du fait que deux époux jouaient au mieux de leurs intérêts d'une dualité d'installation, en France et en Allemagne, que d'importants retraits d'espèces étaient réalisés dans les deux pays, sans production à la procédure d'extraits de compte récents et que les pièces produites révélaient un train de vie peu compatible avec les faibles retraites du couple[11]. La mauvaise foi a encore été retenue dans une espèce où le débiteur avait transféré d'Allemagne en France son activité pour bénéficier d'une législation plus avantageuse[12].

Conformément à l'article 2268 du code civil, la bonne foi est présumée. Il incombe donc au ministère public ou à un créancier de démontrer la mauvaise foi du débiteur[13].

Enfin, les déchéances et interdictions, qui résultent de la faillite personnelle, ne sont pas applicables aux personnes qui bénéficient de la faillite civile d'Alsace-Moselle (C. com., art. L. 628-1, al. 3, réd. antérieure à la loi du 26 juillet 2005, art. L. 670-1, al. 3, réd. issue de la loi du 26 juillet 2005).

SECTION 082.20
RÈGLES SPÉCIALES À L'ALSACE-MOSELLE

082.21 Règles spéciales à l'Alsace-Moselle. Lorsque les règles de droit commun des procédures collectives instituées par le livre VI du code de commerce ont vocation à s'appliquer à des personnes dont la procédure collective s'ouvre en Alsace-Moselle, quelques règles dérogatoires doivent être respectées.

Il en est d'abord ainsi de quelques modalités procédurales.

8. Com. 29 sept. 2015, n° 14-18.979, préc.
9. Avena-Robardet, Ferrière, *Surendettement des particuliers*, 4e éd., « Dalloz référence », 2012 – *Adde*, J.-CL. COM., Sander, fasc. 3115, [Alsace-Moselle – Faillite civile, sauvegarde, redressement et liquidation judiciaire civils], 2007, n°s 19 et 20.
10. Colmar, 1re ch. A, 14 juin 2005, *JCP E* 2006. 1068, p. 81.
11. Civ. 2e, 6 janv. 2012, n° 10-26.840, NP, *Rev. proc. coll.* 2012, comm. 23, note Saintourens.
12. Colmar, 1re ch. civ. A, 26 juin 2013, RG n° 13/00143, *Rev. proc. coll.* 2013, étude 25, note Dammann et Lavenant; *Rev. proc. coll.* 2014, comm. 11, note Menjucq.
13. Civ. 2e, 2 juill. 2009, n° 08-17.355, *Bull. civ.* IV, n° 177; n° 1174 F-P+B; *D.* 2009. AJ 1892, note Lienhard; *Gaz. proc. coll.* 2009/4, 2e partie, p. 3, note Reille.

Il n'existe pas, dans ces départements, de tribunaux de commerce, mais des chambres commerciales des tribunaux de grande instance, à l'identique de ce qui existe dans certains arrondissements non dotés de tribunaux de commerce. En Alsace-Moselle, l'article 176 du décret du 27 décembre 1985[1] prévoit qu'il convient de respecter les formes de procédures applicables devant les tribunaux de grande instance. Une solution identique résulte, depuis la loi de sauvegarde, de l'article R. 670-1 du code de commerce. Il en résulte que le plaideur, qui entend se faire représenter, le fera obligatoirement par avocat. La solution a été spécialement posée en matière de revendication[2]. Un assouplissement important a été prévu par le décret du 30 juillet 2013[3], qui dispensent du recours à un avocat le mandataire *ad hoc*, le conciliateur, l'administrateur judiciaire, le mandataire judiciaire, le commissaire à l'exécution du plan et le liquidateur, pour les procédures introduites devant la juridiction qui les a désignés et sous le contrôle de laquelle ils exercent leur mission. La dispense ne joue pour les demandes introduites par voie d'assignation. Elle ne s'appliquera pas non plus aux procédures relatives à la vérification et à l'admission des créances. Le texte s'applique immédiatement aux mandats *ad hoc* en cours le 2 août 2013, date d'entrée en vigueur du texte. Il ne s'appliquera, s'agissant des procédures collectives et des conciliations, qu'à celles ouvertes à compter de cette même date.

Le plaideur conserve toutefois la possibilité d'effectuer lui-même sa déclaration de créance[4], puisque cette dernière, même en Alsace-Moselle, peut être faite par le créancier lui-même ou tout préposé de son choix. En revanche, la représentation par avocat est obligatoire s'il est question pour le créancier de présenter une requête en relevé de forclusion[5]. La solution serait la même pour une requête en inopposabilité de la forclusion ou en constat de la non forclusion.

Une deuxième particularité procédurale est posée par l'article 177 du décret du 27 décembre 1985, et, depuis la loi de sauvegarde, par l'article R. 670-2 du code de commerce. Le juge de l'exécution, qui exerce en Alsace-Moselle les fonctions dévolues au juge des ordres, connaît des difficultés d'exécution des décisions prises par le juge-commissaire, en matière de réalisations d'actifs en liquidation judiciaire et de règlement de l'ordre par le liquidateur.

En ce qui concerne les règles de fond, signalons d'abord, que, avant qu'il ne soit statué sur l'ouverture de la procédure, le tribunal peut commettre une personne compétente, choisie sur la liste des organismes agréés, ou recueillir tous renseignements sur la situation économique et sociale du débiteur (C. com., art. L. 628-1, al. 2, réd. antérieure à la loi du 26 juillet 2005, art. L. 670-1, al. 2, réd. issue de la loi du 26 juillet 2005). C'est l'équivalent du rapport d'enquête pré-faillite.

Le juge-commissaire peut ordonner la dispense de l'inventaire des biens des personnes visées à l'article L. 670-1 (C. com., ancien art. L. 628-2).

Avant la loi du 26 juillet 2005, l'article L. 628-3 du code prévoyait que les créances n'étaient vérifiées que si le produit des réalisations d'actif n'était pas intégralement absorbé par les frais de justice. La législation du 26 juillet 2005 supprime cette exception.

La loi du 29 décembre 1990[6], ajoutant un article 231-1 à la loi de 1985, a soumis les réalisations immobilières à cette dernière loi. La solution a été reprise à l'article L. 628-3 du code (réd. antérieure à la loi du 26 juillet 2005, art. L. 670-1, al. 2, réd. issue de la loi du 26 juillet 2005).

Jusqu'au décret du 7 octobre 2009[7] (art. 101), l'article R. 670-6 du code de commerce prévoyait que les jugements d'ouverture de sauvegarde, de redressement et de liquidation judiciaires faisaient l'objet d'une mention au livre foncier.

L'article 38-3 de la loi du 1er juin 1924, tel qu'issu de la loi n° 2002-306 du 4 mars 2002[8], prévoit que les jugements d'ouverture de redressement et de liquidation judiciaires font l'objet d'une mention au livre foncier. La solution a été étendue par le décret du 28 décembre 1985 à l'ouverture de la sauvegarde. Le décret du 7 octobre 2009 (art. 101), a toutefois abrogé l'article R. 670-6 du code de commerce.

En cas de clôture pour insuffisance d'actif, est posé le principe d'interdiction de reprise des poursuites individuelles de la part des créanciers. Toutefois, une règle, qui pourrait inspirer la législation de

1. D. n° 85-1388, 27 déc. 1985, *JO* 29 déc., p. 15281.
2. Com. 14 janv. 1997, n° 93-18.596, *Bull. civ.* IV, n° 14; *Rev. proc. coll.* 1997, 333, n° 36, obs. Soinne.
3. D. n° 2013-692, 30 juill. 2013, *JO* 1er août, p. 12865.
4. Com. 28 nov. 2000, n° 98-18.298, *Bull. civ.* IV, n° 185; *Act. proc. coll.* 2001/1, n° 4; *JCP E* 2001, pan. 156 – Com. 19 déc. 2000, n° 98-11.093, *Bull. civ.* IV, n° 203; *D.* 2001. AJ 306, obs. Pisoni – Com. 11 juin 2002, n° 00-12.289, *Bull. civ.* IV, n° 104; *Act. proc. coll.* 2002/13, n° 159 – Com. 10 déc. 2002, nos 00-10.722, 00-11.560, 00-12.953, 00-12.954, NP – CONTRA : Créhange, « Le rôle de l'avocat dans la procédure de redressement et de liquidation judiciaires », *RJ com., n° sp.*, févr. 1987, Le redressement *judiciaire de l'entreprise, p. 16 – Adde,* SOINNE, n° 342.
5. Com. 19 juin 2007, n° 06-12.150, *Bull. civ.* IV, n° 165; n° 890 FS-P+B.
6. L. n° 90-1248, 29 déc. 1990, *JO* 3 janv. 1991, p. 103.
7. D. n° 2009-1193, 7 oct. 2009, *JO* 9 oct., p. 16478.
8. L. n° 2002-306, 4 mars 2002 portant réforme de la loi du 1er juin 1924 mettant en vigueur la législation civile française dans les départements du Bas-Rhin, du Haut-Rhin et de la Moselle, dans ses dispositions relatives à la publicité foncière, *JO* 5 mars, p. 4166.

droit commun, est posée : le tribunal peut imposer, à titre exceptionnel, au débiteur une contribution destinée à l'apurement de son passif, en fonction de sa capacité contributive (C. com., art. L. 670-4). Un commissaire est chargé de veiller au paiement de cette contribution, dans les deux ans de la clôture. À défaut de respect de cette obligation, l'interdiction de reprise des poursuites de la part des créanciers cesse (C. com., art. L. 628-5, réd. antérieure à la loi du 26 juillet 2005, C. com., art. L. 670-5, réd. L. 26 juill. 2005).

CHAPITRE

083. Dérogations à l'application de la loi du 26 juillet 2005 – Règles spéciales aux DOM-PTOM

SECTION 0
ORIENTEUR

083.00 **Plan du chapitre.**

Sect. 083.10 Saint-Pierre-et-Miquelon
Sect. 083.20 Mayotte
Sect. 083.30 Nouvelle-Calédonie
Sect. 083.40 Wallis-et-Futuna

SECTION 083.10
SAINT-PIERRE-ET-MIQUELON

083.11 **Inapplication de certaines dispositions de la loi du 26 juillet 2005** [1] **à Saint-Pierre-et-Miquelon.** Rappelons d'abord qu'en application du principe de l'identité législative, la loi française s'applique, par principe, à Saint-Pierre-et-Miquelon. Il faut donc un texte spécial pour écarter l'application de telle ou telle disposition de la loi de sauvegarde des entreprises.

Il en est ainsi de L'article 916-1 du code de commerce, qui résulte de la rédaction que lui a donnée l'article 194, II de la loi du 26 juillet 2005. Il prévoit l'inapplication de l'article L. 643-11, III, 4° selon lequel il y a place à reprise des poursuites individuelles en cas de clôture pour insuffisance d'actif d'une liquidation judiciaire si préalablement le débiteur a fait l'objet d'une procédure territoriale au sens du règlement communautaire. Cette disposition ne peut en effet être appliquée à Saint-Pierre-et-Miquelon, qui est au nombre des pays et territoire d'outre-mer (PTOM), qui sont associés à l'Union européenne, mais ne font pas partie de son territoire [2].

L'article 175 de la loi du 26 juillet 2005, qui modifie les conditions de publicité des privilèges fiscaux, n'est pas applicable à Saint-Pierre-et-Miquelon, en application de son article 194, II. En effet, la fiscalité relève à Saint-Pierre-et-Miquelon de la compétence du conseil général, lequel a également des pouvoirs étendus en matière douanière [3].

SECTION 083.20
MAYOTTE

083.21 **Inapplication de certaines dispositions de la loi du 26 juillet 2005 à Mayotte.** La loi du 26 juillet 2005 est applicable à Mayotte, sous réserve de quelques dispositions.

L'article 194, I de la loi du 26 juillet 2005 exclut ainsi l'application de ses articles 175 à 185 et 187, qui intéressent des modifications du code général des impôts, du livre des procédures fiscales, du code des assurances, du code du travail et du code de la sécurité sociale, des modifications de dispositions relatives au conseil national des greffes, contenues dans le code de l'organisation judiciaire. Toutes ces dispositions dont l'application est écartée visent des

1. L. n° 2005-845, 26 juill. 2005, préc.

2. *Rapp. J.-J. Hyest*, n° 335, p. 585.
3. *Rapp. J.-J. Hyest*, n° 335, p. 586.

domaines qui relèvent de la compétence de la collectivité de Mayotte[1].

L'article 926-7 du code de commerce, qui résulte de la rédaction que lui a donnée l'article 194, I de la loi du 26 juillet 2005 prévoit l'inapplication de l'article L. 643-11, III, 4° selon lequel il y a place à reprise des poursuites individuelles en cas de clôture pour insuffisance d'actif d'une liquidation judiciaire si préalablement le débiteur a fait l'objet d'une procédure territoriale au sens du règlement communautaire. Cette disposition ne peut en effet être appliquée à Mayotte, qui est au nombre des pays et territoire d'outre-mer (PTOM), qui sont associés à l'Union européenne, mais ne font pas partie de son territoire[2].

Les modifications apportées par l'article 358 du décret du 28 décembre 2005 à l'article R. 143-4 (devenu R. 3253-6) du code du travail ne s'appliquent pas à Mayotte.

L'article 362 alinéa 2 du décret du 28 décembre 2005[3] prévoit que les références faites à des dispositions du code du travail ne sont applicables à Mayotte que s'il existe une disposition applicable localement ayant le même objet.

SECTION 083.30
NOUVELLE-CALÉDONIE

083.31 Inapplication de certaines dispositions de la loi du 26 juillet 2005 en Nouvelle-Calédonie. Précisons d'abord que la Nouvelle-Calédonie est un pays d'outre-mer, soumis comme tel au principe de spécialité législative. Un texte spécial doit donc prévoir l'application de telle loi française. La loi du 26 juillet 2005 a prévu son application à la Nouvelle-Calédonie, sous réserve des dispositions relatives à l'AGS, à savoir l'article L. 622-19 (ancien art. L. 621-38) et L. 625-9 (ancien art. L. 621-132) et des articles L. 670-1 à L. 670-8 (ancien art. L. 628-1 à 628-8) qui intéressent l'Alsace-Moselle.

L'article 196, I de la loi du 26 juillet 2005 exclut également l'application de ses articles 175 à 185 et 187, qui intéressent des modifications du code général des impôts, du livre des procédures fiscales, du code des assurances, du code du travail et du code de la sécurité sociale, des modifications de dispositions relatives au conseil national des greffes, contenues dans le code de l'organisation judiciaire et de la disposition qui modifie l'article 202 du code électoral qui traite des inéligibilités résultant de l'incapacité d'exercer une fonction publique élective.

L'article 936-12 du code de commerce, qui résulte de la rédaction que lui a donnée l'article 196, II de la loi du 26 juillet 2005 prévoit l'inapplication de l'article L. 643-11, III, 4° selon lequel il y a place à reprise des poursuites individuelles en cas de clôture pour insuffisance d'actif d'une liquidation judiciaire si préalablement le débiteur a fait l'objet d'une procédure territoriale au sens du règlement communautaire. Cette disposition ne peut en effet être appliquée à la Nouvelle-Calédonie, qui est au nombre des pays et territoire d'outre-mer (PTOM), qui sont associés à l'Union européenne, mais ne font pas partie de son territoire[4].

SECTION 083.40
WALLIS-ET-FUTUNA

083.41 Inapplication de certaines dispositions de la loi de 2005 aux îles Wallis-et-Futuna. Wallis-et-Futuna est un territoire d'outre-mer, soumis comme tel au principe de spécialité législative. Un texte spécial doit donc prévoir l'application de telle loi française à Wallis-et-Futuna. La loi du 26 juillet 2005 est applicable à Wallis-et-Futuna, sous réserve des dispositions relatives à l'AGS, à savoir l'article L. 622-19 (anc. art. L. 621-38) et L. 625-9 (anc. art. L. 621.132) et des articles L. 670-1 à L. 670-8 (anc. art. L. 628-1 à 628-8) qui intéressent l'Alsace-Moselle.

L'article 196, II de la loi du 26 juillet 2005 exclut également l'application de ses articles 175 à 185 et 187, qui intéressent des modifications du code général des impôts, du livre des procédures fiscales, du code des assurances, du code du travail et du code de la sécurité sociale, des modifications de dispositions relatives au conseil national des greffes, contenues dans le code l'organisation judiciaire et de son article 188, qui modifie l'article 202 du code électoral qui traite des inéligibilités résultant de l'incapacité d'exercer une fonction publique élective.

L'article L. 956-9 du code de commerce, qui résulte de la rédaction que lui a donnée l'article 196, II de la loi du 26 juillet 2005 prévoit l'inapplication de l'article L. 643-11, III, 4° selon lequel il y a place à reprise des poursuites individuelles en cas de clôture pour insuffisance d'actif d'une liquidation judiciaire si préalablement le débiteur a fait l'objet d'une procédure territoriale au sens du règlement communautaire. Cette disposition ne peut en effet être appliquée à Wallis-et-Futuna, qui est au nom-

1. *Rapp. J.-J. Hyest*, n° 335, p. 587.
2. *Rapp. J.-J. Hyest*, n° 335, p. 588.
3. D. n° 2005-1677, 28 déc. 2005, *JO* 29 déc., p. 20324.
4. *Rapp. J. Hyest*, n° 335, p. 590.

bre des pays et territoire d'outre-mer (PTOM), qui sont associés à l'Union européenne, mais ne font pas partie de son territoire[1].

Les modifications apportées par l'article 358 du décret du 2005 à l'article R. 143-4 (devenu R. 3253-6) du code du travail ne s'appliquent pas aux îles Wallis-et-Futuna.

L'article 355 du décret du 28 décembre 2005, qui apporte des modifications au décret du 27 décembre 1985[2] relatif aux administrateurs judiciaires, aux mandataires judiciaires et aux expertes en diagnostic d'entreprises ne s'applique à Wallis-et-Futuna qu'en tant qu'il concerne les administrateurs judiciaires (D. 28 déc. 2005, art. 362, al. 3).

1. *Rapp. J.-J. Hyest*, n° 335, p. 592.

2. D. n° 85-1389, 27 déc. 1985, *JO* 29 déc., p. 15295.

CHAPITRE

084. Dérogations à l'application de l'ordonnance du 18 décembre 2008 – Règles spéciales aux DOM-PTOM

SECTION 0

ORIENTEUR

084.00 **Plan du chapitre.**

Sect. 084.10 Section unique

084.01 **Textes applicables.**

Ord. n° 2008-1345, 18 déc. 2008, art. 159. 169, 170, 171, 172

SECTION 084.10

SECTION UNIQUE

084.11 **Application à l'Alsace-Moselle de la modification intéressant les artisans.** L'article 159 de l'ordonnance du 18 décembre 2008 modifie la rédaction de l'article L. 670-1 du code de commerce.

L'alinéa 1 de ce texte disposait que « Les dispositions du présent titre sont applicables aux personnes physiques, domiciliées dans les départements de la Moselle, du Bas-Rhin et du Haut-Rhin, et à leur succession, qui ne sont ni des commerçants, ni des personnes immatriculées au répertoire des métiers, ni des agriculteurs, ni des personnes exerçant toute autre activité *professionnelle indépendante, y* compris une profession libérale soumise à un statut législatif ou réglementaire, lorsqu'elles sont de bonne foi et en état d'insolvabilité notoire. Les dispositions des titres II à VI du présent livre s'appliquent dans la mesure où elles ne sont pas contraires à celles du présent titre. » Ce texte, qui détermine le domaine d'application de la faillite civile en Alsace-Moselle, excluait les personnes « immatriculées au répertoire des métiers ».

Pour tenir compte de la modification opérée au livre VI du code de commerce par l'ordonnance de réforme au domaine d'application de la sauvegarde, du redressement et de la liquidation judiciaires, qui vise désormais les artisans et non plus les personnes immatriculées au répertoire des métiers, l'article L. 670-1 du code est corrélativement modifié, pour viser également, désormais, les artisans.

084.12 **Application en Polynésie de l'article L. 610-1 du code de commerce.** L'article 169 de l'ordonnance du 18 décembre 2008 rend applicable en Polynésie l'article L. 610-1 du code de commerce. La solution est reproduite à l'article R. 940-3 du code de commerce, dans la rédaction que lui donne l'article 154, II, 1° du décret d'application de l'ordonnance de réforme. En conséquence, un décret en Conseil d'État déterminera en Polynésie le tribunal ou les tribunaux appelés à connaître des procédures de conciliation, de sauvegarde, de redressement et de liquidation judiciaires, ainsi que le ressort dans lequel ces tribunaux exerceront les attributions qui leur sont dévolues.

084.13 **Inapplication de certaines dispositions de l'ordonnance du 18 décembre 2008 à Mayotte.** L'article 170 de l'ordonnance commence par rappeler que l'ordonnance est applicable de plein droit à Mayotte. Cette disposition énonce, plus précisément que sont applicables de plein droit les articles 1 à 115, 117 à 166, 173 et 174. L'article 116, qui modifie les règles de l'article L. 642-18 du code de commerce, texte qui régit la réalisation des actifs immobiliers en liquidation judiciaire, est également applicable à Mayotte.

Sont *a contrario* inapplicables, les articles 167 et 168 de l'ordonnance. Le premier de ces textes, l'article 167, est une disposition qui prévoit une modification de l'article L. 3253-8 du code du travail, qui concerne les créances couvertes par l'AGS, inapplicable à Mayotte.

Le second de ces textes, l'article 168 prévoit la remise de plein droit des pénalités, majorations et intérêt de retard en matière fiscale en cas d'ouverture de la sauvegarde, alors que le texte de l'article 1756, I du code général des impôts n'avait pas été étendu à la sauvegarde par la loi du 26 juillet 2005 [1]. Cette extension ne peut pas s'appliquer à Mayotte.

L'article 194, I de la loi du 26 juillet 2005 excluait déjà l'application de ses articles 175 à 185 et 187, qui intéressaient des modifications du code général des impôts, du Livre des procédures fiscales, du code des assurances, du code du travail et du code de la sécurité sociale, car toutes ces dispositions, dont l'application était écartée, visaient des domaines qui relevaient de la compétence de la collectivité de Mayotte [2].

084.14 Inapplication de certaines dispositions de l'ordonnance du 18 décembre 2008 en Nouvelle-Calédonie. Précisons d'abord que la Nouvelle-Calédonie est un pays d'outre-mer, soumis comme tel au principe de spécialité législative. Un texte spécial doit donc prévoir l'application de telle loi française.

L'article 171 prévoit l'application de l'ordonnance du 18 décembre 2008 à la Nouvelle-Calédonie, sous réserve de l'article 167, disposition qui prévoit une modification de l'article L. 3253-8 du code du travail. Cette dernière disposition est inapplicable en Nouvelle-Calédonie.

L'article 196, I de la loi du 26 juillet 2005 excluait déjà l'application des modifications du code du travail.

084.15 Inapplication de certaines dispositions de l'ordonnance du 18 décembre 2008 aux îles Wallis-et-Futuna. Wallis-et-Futuna est un territoire d'outre-mer, soumis comme tel au principe de spécialité législative. Un texte spécial doit donc prévoir l'application de telle loi française à Wallis-et-Futuna. L'article 172 prévoit l'application de l'ordonnance du 18 décembre 2008 à Wallis-et-Futuna, à l'exception de l'article 167, disposition qui prévoit une modification de l'article L. 3253-8 du code du travail, texte relatif aux créances couvertes par l'AGS. Cette dernière disposition est inapplicable à Wallis-et-Futuna.

L'article 196, II de la loi du 26 juillet 2005 excluait déjà l'application des modifications du code du travail.

1. L. n° 2005-845, 26 juill. 2005, préc.
2. *Rapp. J.-J. Hyest*, n° 335, p. 587.

CHAPITRE

085. Dérogations à l'application de l'ordonnance du 12 mars 2014 et des textes subséquents – Règles spéciales aux DOM-PTOM

SECTION 0 ORIENTEUR

085.00 Plan du chapitre.

Sect. 085.10 Application de l'ordonnance du 12 mars 2014 à Wallis-et-Futuna

085.01 Textes applicables.

Ord. n° 2014-326, 12 mars 2014, art. 115, II

D. n° 2014-736, 30 juin 2014, art. 143

SECTION 085.10 APPLICATION DE L'ORDONNANCE DU 12 MARS 2014 À WALLIS-ET-FUTUNA

085.11 Application de l'ordonnance du 12 mars 2014 à Wallis-et-Futuna. L'article 115, II de l'ordonnance du 12 mars 2014 prévoit l'application de l'ordonnance à Wallis-et-Futuna.

Il est toutefois excepté le III de l'article L. 631-19 du code de commerce, qui s'intéresse aux règles du droit social applicables en cas d'adoption d'un plan de redressement prévoyant des licenciements économiques, pour tenir compte du fait que, à Wallis-et-Futuna, la réglementation relative au plan de sauvegarde de l'emploi ne s'applique pas.

Il est également fait exception de l'article 99 de l'ordonnance, en ce qu'il modifie l'article L. 812-8, texte qui s'intéresse en son alinéa 5, à des incompatibilités avec la qualité de mandataire judiciaire. La difficulté de nommer des organes justifie sans nul doute la mesure.

Est encore inapplicable l'article 101, qui est une disposition d'ordre fiscal (CGI, art. 1586-*octies*, II).

Pour sa part, l'article 143 du décret du 30 juin 2014 vient préciser son application à Wallis-et-Futuna.

085.12 Inapplication de la loi de modernisation de la justice du XXIe siècle à Wallis-et-Futuna. Certaines dispositions de la loi de modernisation de la justice du XXIe siècle, dont le texte définitif devrait être adopté à l'automne 2016, seront inapplicables à Wallis et Futuna (art. 50, XI).

TITRE

090. Droit international privé de la faillite

SECTION 0 ORIENTEUR

090.00 **Plan du titre.**

Chap. 091 Conventions internationales
Sect. 091.10 Section unique
Chap. 092 Règlement communautaire insolvabilité (REI) du 29 mai 2000
Sect. 092.10 Domaine du règlement communautaire
Sect. 092.20 Détermination par le règlement communautaire de la compétence
Sect. 092.30 Détermination par le règlement communautaire de la loi applicable – Compétence législative
Sect. 092.40 Reconnaissance de la procédure principale (procédure d'insolvabilité)
Sect. 092.50 Procédures secondaires
Sect. 092.60 Production des créances – Traitement des créanciers
Chap. 093 Application du droit commun en dehors de conventions internationales
Sect. 093.10 Procédures ouvertes en France
Sect. 093.20 Procédures ouvertes à l'étranger
Chap. 094 Règlement européen insolvabilité (REI) 2015/848 du 20 mai 2015
Sect. 094.10 Domaine du règlement communautaire
Sect. 094.20 Détermination par le règlement communautaire de la compétence
Sect. 094.30 Reconnaissance et effets généraux de la procédure d'insolvabilité
Sect. 094.40 Procédures secondaires
Sect. 094.50 Procédures d'insolvabilité intéressant les groupes de sociétés
Sect. 094.60 Détermination par le règlement communautaire de la loi applicable – Compétence législative
Sect. 094.70 Production des créances – Traitement des créanciers

090.03 **Bibliographie indicative.** (V. les références complètes s^{s} n° 031).

> Actualisables. RÉP. COM., Duranton G., « Entreprises en difficulté – Redressement judiciaire (Droit international privé) »; Guyon Y., « Entreprises en difficulté (Avant-propos) », n° 70 – J.-CL. COM., fasc. 3130, Henry L.-C. [Procédures collectives en droit international – Règles de droit commun], 2014; fasc. 3131, Coviaux J.-C., [Procédures collectives en droit international – Règles conventionnelles], 2000.

> Ouvrages généraux antérieurs à la loi de sauvegarde des entreprises. CHAPUT, n° 319 – GUYON, n°s 1019, 1028, 1140, 1155, 1228, 1290, 1363, 1385, 1405 – JACQUEMONT, 3e éd., n°s 22, 122 à 127 – KERCKHOVE, n°s 908 à 987 – LE CANNU *ET ALII*, n°s 2027 à 2085 – LE CORRE-BROLY, n°s 8-9 – VALLENS, 2008, n°s 4231 à 4263 – PÉTEL, 3e éd., n°s 102 à 104 – RIPERT ET ROBLOT, n°s 2821, 2912 à 2915-2 – SAINT-ALARY-HOUIN, 4e éd., n°s 1131 à 1167 – SOINNE, 1995, n°s 343 à 399.

> Ouvrages spéciaux. Actes du colloque du 11 mai 2004, *L'effet international de la faillite : une réalité ?* Faculté de droit de Rouen, « Thèmes et commentaires », Dalloz, 2004 – Jault-Seseke F. et Robine D. (dir.), Actes du colloque du 21 sept. 2012, *Le droit européen des procédures d'insolvabilité à la croisée des chemins*, Montchrestien, 2013 – Béguin J. et Menjucq M., *Droit du commerce international*, Litec, 2005, sp. p. 785 et s. – Giorgini G.-C., *Méthodes conflictuelles et règles matérielles dans l'application des « nouveaux instruments » de règlement de la faillite internationale*, « Nouv. bibl. thèses », Dalloz, 2006 – Jault-Seseke F. et Robine D. (dir.), *L'effet international de la faillite : une réalité ?* « Thèmes & commentaires », Dalloz, 2004 – Mélin F., *La faillite Internationale*, « Systèmes », Lgdj, 2004 – *Le Règlement communautaire du 29 mai 2000 relatif aux procédures d'insolvabilité*, Bruylant, 2008 – Nabet P., *La coordination des procédures d'insolvabilité en droit de la faillite internationale*, « Bibl. dr. entr. » LexisNexis, 2010 – Rémery J.-P., *La faillite internationale*, « Que sais-je ? », PUF, 1996.

> Articles. Ancel B., « Le droit français et les situations d'insolvabilité internationale – les réponses du droit international privé », *Gaz. Pal.* 22-23 sept. 1999, Doctr. 46 – Barale J., « Les droits nationaux des procédures collectives dans l'Union européenne », *Rev. proc. coll.* 2003/1, p. 75 – Bottiau A., « La convention européenne sur certains aspects internationaux de la faillite adoptée par le Conseil des ministres lors de la 434e réunion des 19-23 février 1990 », *Rev. proc. coll.* 1990, 97 – Didier P., « La problématique de la faillite internationale », *RD aff. int.* 1989, n° 3, p. 201 s. – Dammann R. et Lacroix F., « Les lacunes du droit de la faillite internationale », *RDBF* sept./oct. 2009, 25, p. 68 – Dom J.-Ph., « Le contexte international du nouveau droit des procédures collectives », *Rev. proc. coll.* 2006/2, p. 124 – Giorgini G.-C., « La place de la négociation dans la faillite internationale », Les dossiers de la *RIDE*, 2012, p. 83 – Lecea E., « Les cessions de biens dans un contexte international », *Rev. proc. coll.* 2015, dossier 34 – Martin-Serf A., « La faillite internationale : une réalité pressante, un enchevêtrement juridique croissant », *JDI* 1995. 31 – Melin F., « L'OHADA et le droit de la faillite internationale », *D.* 2005, Doctr. 1568 – Menjucq M., « Aspects de droit international privé relatifs aux conflits de compétence et aux conflits de lois », *Rev. proc. coll.* 2001/1, p. 49; « Trente ans de procédures collectives transfrontalières », *Rev. proc. coll.* 2016, dossier 3 – Vallens J.-L., « Le guide législatif de la CNUDCI sur le droit de l'insolvabilité : vers l'harmonisation du droit de la faillite », *D.* 2004, Chron. 2420; « L'affaire Youkos ou l'instrumentalisation du droit de la faillite », *D.* 2005, Chron. 778.

090.09 **Généralités sur le droit international privé des procédures collectives de paiement.** La mondialisation de l'économie et la création de sociétés multinationales ont conduit à un accroissement des faillites internationales, terme utilisé alors que le concept, comme il a été remarqué, est désuet en droit interne[1]. Pour certains, les faillites internationales désignent des procédures collectives où se rencontrent des créanciers de plusieurs pays et des biens du débiteur situés sur des territoires différents[2]. Pour d'autres, plus pragmatiques dans leur approche, la faillite internationale ne présuppose que l'existence de biens appartenant à un débiteur situés sur le territoire de plusieurs États[3]. L'expression de « faillite internationale » ne doit pas toutefois tromper : il s'agit d'abord et avant tout de procédures internes[4].

La législation française reste muette sur la question de la faillite internationale. L'édifice est donc exclusivement jurisprudentiel. La difficulté de la matière, au regard du droit international privé, tient au fait que le droit des procédures collectives de paiement est carrefour, mettant en scène de nombreuses branches du droit, lesquelles ne fonctionnent pas, en termes de rattachement, de la même façon[5].

Dès le début du xxe siècle, des systèmes ont été élaborés pour régler les difficultés de la matière. Deux grands systèmes s'opposent en fonction de la façon dont est appréhendé le traitement des difficultés de l'entreprise.

Y voit-on essentiellement une procédure qui atteint le patrimoine du débiteur ? Le système dit d'universalité de la faillite sera préféré; le jugement d'ouverture produira ses effets dans les États où se trouvent les créanciers et les biens du débiteur[6]. Il faut noter aussi et plus fondamentalement que ce système est le seul qui puisse appréhender l'idée de sauvetage de l'entreprise dans son ensemble[7]. Le principe d'universalité est complété par celui dit d'unité, qui impose qu'un seul juge d'un seul pays soit compétent pour ouvrir la procédure, la conduire et connaître de toutes les actions qui s'y rattachent[8]. Ce principe conduit à une réduction des coûts, en évitant la multiplication des procédures.

L'appréhende-t-on avant tout sous l'angle de l'exécution ? Le second système, dit de territorialité, sera privilégié; il consiste à ouvrir plusieurs procédures dont les effets sont strictement limités aux biens sur le territoire duquel a été ouverte la procédure. Ce système se veut plus protecteur des intérêts des créanciers, cependant qu'on peut lui reprocher une distorsion de traitement entre les créanciers si la loi du for est différente[9].

Entre ces deux systèmes, divers systèmes mixtes ont également été proposés[10], dont les trois principaux sont : l'unité de la faillite avec pluralité de masses, la territorialité de la faillite avec option pour l'unité et la territorialité atténuée[11].

Les États européens ne se sont pas alignés pour adopter l'un ou l'autre des systèmes. Ils coexistent donc, chacun des états ayant jalousement adopté son propre système de droit international privé pour régler la question des faillites internationales[12].

Le principe de disparité des systèmes de droit international privé est cependant corrigé par l'adoption de quelques conventions internationales et surtout par l'existence d'un Règlement communautaire. Ce règlement est un premier pas important, même s'il n'a pas pour objet d'unifier les droits nationaux des faillites[13]. Il restera bien des étapes à franchir avant de parvenir à une harmonisation, spécialement celle de l'articulation du droit des sûretés avec le droit des entreprises

1. Giorgini, *Méthodes conflictuelles et règles matérielles dans l'application des « nouveaux instruments » de règlement de la faillite internationale*, « Nouv. bibl. thèses », Dalloz, 2006, n° 7.
2. KERCKHOVE, n° 908 – RAPPR. : Mélin, *La faillite internationale*, « Systèmes », Lgdj, 2004, n° 1.
3. Vallens, « La faillite internationale : vers une loi modèle ? », *LPA* 14 juin 1996, n° 72, p. 21.
4. Mélin, *La faillite internationale*, « Systèmes », Lgdj, 2004, n° 3.
5. KERCKHOVE, n° 911.
6. SAINT-ALARY-HOUIN, n° 1133.
7. Giorgini, *Méthodes conflictuelles*..., préc., Dalloz, 2006, n° 202.
8. Giorgini, *Méthodes conflictuelles*..., préc., Dalloz, 2006, n° 25.
9. Giorgini, *Méthodes conflictuelles*..., préc., Dalloz, 2006, n° 212.
10. KERCKHOVE, n° 912.
11. Giorgini, *Méthodes conflictuelles*..., préc., Dalloz, 2006, nos 31 à 38.
12. SUR LA QUESTION : J.-CL. EURO fasc. 870, nos 81 s. – Didier, « La problématique du droit de la faillite internationale », *RD aff. int.*, 1989, p. 201.
13. Menjucq, « Ouverture, reconnaissance et coordination des procédures d'insolvabilité dans le règlement 1346/2000 », *Bull. Joly* 2000, n° 278, p. 1109, sp. p. 1110.

en difficulté[1]. Bien des années nous séparent encore sans doute de ce jour…

La CNUDCI a toutefois élaboré une loi-type sur l'insolvabilité internationale en 1997. Il s'agit d'un modèle destiné à inspirer à l'échelle mondiale les législations sur l'insolvabilité à venir[2].

Idot, « Un nouveau droit mmunautaire des procédures collectives : le règlemen(E) n° 1346-2000 du 29 mai 2000 », *JCP E* et *A* 2000, c 1648 – Menjucq, « Ouverture, reconnaissance… », préc. 1110.

. POUR une présentation : orgini, *Méthodes conflictuelles*…, préc., Dalloz, 2006

CHAPITRE

091. Conventions internationales

SECTION 0

ORIENTEUR

091.00 **Plan du chapitre.**

Sect. 091.10 Section unique

SECTION 091.10

SECTION UNIQUE

091.11 **Conventions internationales en matière de procédures collectives de paiement.** La France est d'abord liée multilatéralement par la convention de Bruxelles du 2 septembre 1968. Celle-ci exclut de son champ d'application les faillites, concordats et autres procédures analogues (art. 1). Cependant, cette exclusion ne concerne que les actions qui dérivent directement de la faillite et s'insèrent étroitement dans le cadre de la procédure collective, ce qui n'est pas le cas d'une action en paiement engagée par une société en liquidation judiciaire contre des associés italiens. En conséquence, ces derniers, en application de la convention de Bruxelles ne peuvent être attraits devant le tribunal français de la faillite[1].

La France a été liée, de façon bilatérale, à la Suisse (conv. 15 juin 1869). Cependant, cette convention n'est plus en vigueur depuis le 1er janvier 1992. En revanche, la convention de Lugano du 16 septembre 1988 est toujours applicable. Elle exclut de son champ d'application les faillites, concordats et autres procédures analogues. Cette exclusion ne concerne toutefois que les seules actions qui dérivent directement de la faillite et s'insèrent étroitement dans le cadre de la procédure collective. Tel n'est pas le cas d'une action en recouvrement d'une créance après clôture de la procédure collective[2]. Il a été observé que la formule utilisée conduisait à circonscrire l'exclusion plus étroitement que la prorogation de compétence reconnue au tribunal de la faillite par le droit français[3], qui connaît de toutes les actions nées de la faillite et celles sur lesquelles la faillite exerce son incidence.

La France est également liée à la Belgique par la convention du 8 juillet 1899[4]. L'application de cette convention a interdit l'ouverture en France d'une liquidation judiciaire du chef d'un établissement, dès lors qu'une procédure collective avait déjà été ouverte en Belgique contre la société qui y avait son siège social[5].

La France est aussi liée à l'Italie par la convention du 3 juin 1930, à Monaco par la convention du 13 septembre 1950 et à l'Autriche par la convention du 27 février 1979. Cette loi régit la répartition de l'actif entre les créanciers conformément à la loi du pays d'ouverture de la faillite et fixe les règles relatives à l'admission des créances. En revanche, la loi du lieu de situation des immeubles régit les privilèges et droit de préférence dont ceux-ci sont grevés. Ainsi, malgré l'ouverture de la procédure en Italie, la répartition entre créanciers hypothécaires et privilégiés du produit de la vente forcée d'un immeuble

1. Com. 24 mai 2005, n° 03-14.009, NP, *D.* 2005. AJ 1553, obs. Lienhard; *D.* 2005, jur. 2394, note Kessler; *Gaz. proc. coll.* 2005/3, p. 10, obs. Mélin; *JCP E* 2005, Chron. 1274, p. 1422, n° 4, obs. Pétel; *Act. proc. coll.* 2005/12, n° 147, note Coquelet; *Dr. et proc.* 2005/6, p. 341, note Cuniberti.
2. Com. 18 déc. 2007, n° 06-17.610, *Bull. civ.* IV, n° 266; n° 1415 FS-P+B; *D.* 2008. AJ 158; Gaz. *proc. coll.* 2008/2, p. 8, note Mélin; *Act. proc. coll.* 2008/2, n° 34, note Dom; *JCP E* 2008. 1397, note Mairot; *JCP E* 2008. 1432, obs. Pétel; *Procédures* mars 2008, p. 22, n° 84, note Rolland; *RJ com.* 2008. 215, note Sortais.
3. Pétel, obs sous Com. 18 déc. 2007, n° 06-17.610, *Bull. civ.* IV, n° 266; n° 1415 FS-P+B; *JCP E* 2008. 1432, n° 3.
4. ILLUSTR. : Versailles, 12e ch., 2e sect., 30 oct. 2001, RG n° 02/07493.
5. Com. 1er oct. 2002, n° 99-18.008, NP.

situé en France relève de la loi française, car en droit international privé commun, est reconnue la compétence des juridictions de l'État sur le territoire duquel s'est déroulée l'adjudication, en raison des liens étroits qui unissent la procédure de distribution à cette vente, y compris lorsque celle-ci porte sur des actifs immobiliers dépendant d'une procédure collective ouverte à l'étranger, dont la réalisation doit suivre les formes imposées par la loi du lieu de leur situation[1].

Seule la convention avec Monaco présente, pour notre matière un intérêt, depuis le règlement CE du 29 mai 2000[2], qui, en son article 44, a abrogé toutes les conventions bilatérales unissant les pays membres ayant adhéré au Règlement.

La convention franco-monégasque du 13 septembre 1950, qui s'intéresse exclusivement aux procédures collectives, prévoit en son article 2, la compétence du tribunal du lieu du siège social et, à défaut de siège situé en France ou à Monaco, de celui du principal établissement[3]. Une cour d'appel peut, sans préciser le droit applicable au litige qui lui était soumis, au regard de la qualité et de l'intérêt à agir, rejeter la demande d'un syndic soumis à une liquidation judiciaire de droit monégasque, de voir jouer le droit de préférence du Trésor public sur celui d'un créancier hypothécaire, sur la réparation du prix de vente d'un immeuble situé en France, en application du droit monégasque applicable selon lui au litige[4]. Cette convention ne régit pas les contrats de travail exécutés en France[5], la loi française demeurant seule applicable[6]. Toutefois, en application du droit monégasque applicable à la procédure de production des créances, du fait de l'ouverture de la procédure à Monaco, les salariés accomplissant leur contrat de travail en France, sont tenus de déclarer leurs créances. Faute de le faire, ils ne peuvent solliciter en France l'intervention de l'AGS[7].

Pour l'essentiel, ces conventions ont pour objet la reconnaissance et l'exécution des jugements rendus dans les États contractants[8].

À côté de ces conventions bilatérales, l'essor d'une approche multilatérale s'est rapidement imposé[9]. Le Conseil de l'Europe est parvenu à la signature d'une « Convention européenne sur certains aspects internationaux du droit de la faillite », dite convention d'Istanbul du 5 juin 1990[10], qui lie la France, l'Allemagne, la Grèce, le Luxembourg et la Turquie. En tant que telle, cette convention, qui n'est d'ailleurs pas entrée en vigueur, est devenue largement inutile, si l'on excepte les relations entre la France et la Turquie, aussi longtemps que cette dernière ne sera pas membre de l'Union européenne. En effet, le règlement précité du Conseil de l'Europe du 29 mai 2000, en son article 44, prévoit que le Règlement remplace, dans les relations entre les États membres, pour les matières qu'il régit, ces conventions. Toutefois, les conventions continuent à produire leurs effets pour les procédures ouvertes avant l'entrée en vigueur du Règlement.

Ce règlement, qui seul nous intéressera pour la suite des développements, s'applique dans tous les États membres, à l'exception du Danemark, à compter du 31 mai 2002. Il s'inspire très largement de la convention d'Istanbul.

1. Com. 12 mars 2013, n°s 11-27.748, 11-27.749, *Bull. civ.* IV, n° 37; n° 231 F-P+B; *Gaz. Pal.* 12 juill. 2013, n° 193, p. 10, note Mélin; *BJE* mai 2013, comm. 80, note Henry; *Rev. proc. coll.* 2014, comm. 13, note Mastrullo; *D.* 2014. Chron. 1066, n° 7, note Gaudemet-Tallon.
2. Règl. (CE) n° 1346/2000, Conseil, 29 mai 2000, *JOCE L* 160, 30 juin, p. 1.
3. ILLUSTR. : Com. 13 déc. 1983, n° 82-14.158, *Bull. civ.* IV, n° 350; *Bull. Joly* 1984. 652, § 229; *JCP* 1985, II. 20421, note Signoret-Serrano.
4. Com. 6 juill. 2010, n° 09-12.993, NP, *Gaz. Pal. entr. diff.* 15-16 oct. 2010, p. 23, note Mélin; *Rev. proc. coll.* 2010/6, p. 26, n° 217, note Mastrullo; *LPA* 20 déc. 2010, n° 252, p. 14, note Nabet.
5. Soc. 2 oct. 2001, n°s 99-44.808, 99-44.809, *Bull. civ.* V, n° 294; *Act. proc. coll.* 2001/18, n° 242, obs. Régnaut-Moutier.
6. Mélin, *Le Règlement communautaire du 29 mai 2000 relatif aux procédures d'insolvabilité*, Bruylant, 2008, n° 98.
7. Soc. 14 oct. 2015, n° 14-17.622, *Bull. civ.* V [à paraître]; n° 1639, FS-P+B; *Rev. proc. coll.* 2016, comm. 55, note Fin-Langer.
8. SAINT-ALARY-HOUIN, 4e éd., n° 1135.
9. POUR un historique de la question : Giorgini, *Méthodes conflictuelles et règles matérielles dans l'application des « nouveaux instruments » de règlement de la faillite internationale*, « Nouv. bibl. thèses », Dalloz, 2006, n°s 72 à 107.
10. Conv. Istanbul, 5 juin 1990 – SUR cette convention : Vallens, *Rev. crit. DIP* 1993. 121 – Bottiau, « La convention européenne sur certains aspects internationaux de la faillite adoptée par le Conseil des ministres lors de la 434e réunion des 19-23 février 1990 », *Rev. proc. coll.* 1990, 97.

CHAPITRE

092. Règlement communautaire insolvabilité (REI) du 29 mai 2000

SECTION 0 ORIENTEUR

092.00 **Plan du chapitre.**

Sect. 092.10 Domaine du règlement communautaire
Sect. 092.20 Détermination par le règlement communautaire de la compétence
Sect. 092.30 Détermination par le règlement communautaire de la loi applicable – Compétence législative
Sect. 092.40 Reconnaissance de la procédure principale (procédure d'insolvabilité)
Sect. 092.50 Procédures secondaires
Sect. 092.60 Production des créances – Traitement des créanciers

092.01 **Textes applicables.**

> Règlement communautaire.
Règl. CE n° 1346/2000, Conseil, 29 mai 2000, *JOCE L* 160, 30 juin, p. 1

092.02 **Jurisprudence de référence.**

> Le centre des intérêts principaux doit être apprécié de manière uniforme et indépendante des législations nationales, l'appréciation étant portée lors de l'introduction de la demande d'ouverture de la procédure collective.

• CJCE, gr. ch., 17 janv. 2006, *Staubitz-Schreiber*, aff. C-1/04, *Rec.* I-00701 – ILLUSTR. : T. com. Paris, 2 août 2006, *aff. Eurotunnel*

* V. ss n° 092.21

> La présomption selon laquelle le centre des intérêts principaux d'une filiale est situé dans l'État membre de son siège statutaire ne peut être réfutée que si des éléments objectifs et vérifiables par les tiers permettent d'établir l'existence d'une situation réelle différente. Tel pourrait être le cas en l'absence de toute activité sur le territoire de l'État du siège social statutaire. En revanche, le fait que les choix économiques de la filiale soient ou puissent être contrôlés par la société mère établie dans un autre État membre est insuffisant à renverser la présomption selon laquelle le centre des intérêts principaux du débiteur se trouve au lieu de son siège social.

• CJCE, gr. ch., 2 mai 2006, *Eurofood IFSC*, aff. C-341/04, *Rec.* I-03813

* V. ss n° 092.21

> Le juge français n'a pas à contrôler les motifs ayant permis à la juridiction étrangère de combattre la présomption selon laquelle le centre principal des intérêts de la filiale est situé au siège statutaire.

• Com. 27 juin 2006, n° 03-19.863, *Bull. civ.* IV, n° 149; n° 923 FS-P+B+R+I

* V. ss n° 092.22

« La procédure d'insolvabilité principale ouverte par une juridiction d'un État membre doit être reconnue par les juridictions des autres États membres sans que celles-ci puissent contrôler la compétence de la juridiction de l'État d'ouverture. »

092.03 **Bibliographie indicative.** (V. les références complètes ss n° 031). Aussi ss n° 090.03.

> Actualisables. J.-CL. COM., Monsérié-Bon M.-H., fasc. 3125, [Droit communautaire – Règl. CE n° 1346/2000 – Compétence et effets des jugements], 2011; DPDE, n° sp., Procédures d'insolvabilité, *Bull.* 239, 11 juin 2003, avec la collaboration de Vallens J.-L.

> Ouvrages généraux postérieurs à la loi de sauvegarde des entreprises. COQUELET, 5e éd., 143, 144 – GIBIRILA, nos 302, 303 – JACQUEMONT ET VABRES, 9e éd., nos 188 à 191, 251, 259 – LE CANNU, 7e éd., nos 186 à 189, 236, 281, 367, 554 – LIENHARD, 6e éd., nos 53.32 à 53.35 – PÉROCHON, 10e éd., nos 454 à 466 – PÉTEL, 8e éd., no 104 – SAINT-ALARY-HOUIN, 9e éd., nos 469, 1483 à 1491 – VALLENS, 2015, nos 4911 à 446 – VIDAL ET GIORGINI, nos 2160 à 2275 – VOINOT, 2e éd., nos 1 à 31.

> Ouvrages spéciaux. Giorgini G.-C., *Méthodes conflictuelles et règles matérielles dans l'application des « nouveaux instruments » de règlement de la faillite internationale*, « Nouv. bibl. thèses », Dalloz, 2006 – Mélin F., *La faite*

Internationale, « Systèmes », Lgdj, 2004; « Le Règlement communautaire du 29 mai 2000 relatif aux procédures d'insolvabilité », Bruylant, 2008 – Jault-Seseke F. et Robine D. (dir.), *L'effet international de la faillite : une réalité ?*, « Thèmes & commentaires », Dalloz, 2004.

> Colloque et ouvrages collectifs. « La refonte du Règlement (CE) n° 1346/2000 sur les procédures d'insolvabilité : regards croisés », *BJE* janv. 2012, p. 49.

> Articles.

› *Études d'ensemble.* Carriat J., « Le droit des procédures et la construction de l'espace judiciaire européen », *LPA* 12 déc. 2003, n° 248, p. 7; « La coordination des droits nationaux par le droit communautaire – Bilan de l'application du Règlement communautaire du 29 mai 2000 », *in Le traitement des difficultés des entreprises dans le marché unique européen,* Coll. Bruxelles 10 nov. 2005, *LPA* 19 oct. 2006, n° 209, p. 9; « Le projet de réforme du droit européen de l'insolvabilité », *Rev. proc. coll.* 2013, dossier 33 – Couret A., « L'harmonisation : voie et degré de convergence entre les droits nationaux, européens et internationaux – Observations conclusives », *in Le traitement des difficultés des entreprises dans le marché unique européen,* Coll. Bruxelles 10 nov. 2005, *LPA* 19 oct. 2006, n° 209, p. 35 – Dammann et Bleicher, « En route vers la modernisation du règlement européen relatif aux procédures d'insolvabilité », *JCP E* 2013, étude 1275 – Degenhardt J.-E., « Les effets internationaux du jugement de clôture de la procédure de rétablissement professionnel », *BJE* 2015, 48 – Deharveng J., « Présentation de la circulaire du ministre français de la Justice pour la mise en œuvre du règlement du 29 mai 2000 sur les procédures d'insolvabilité », *LPA* 12 déc. 2003, n° 248, p. 29 – Fasquelle D., « Rapport de synthèse *in* Actualité européenne des procédures collectives », *LPA* 12 déc. 2003, n° 248, p. 62 – Hamilius, « Le point de vue des professionnels : par un professionnel étranger », *LPA* 12 déc. 2003, n° 248, p. 34 – Henry L.-C., « La procédure et le règlement communautaire », *LPA* 28 nov. 2008, n° 239, p. 39; « L'influence du droit européen sur le droit français des entreprises en difficulté », *Mél. Tricot*, LexisNexis – Dalloz, 2011, p. 443; « La loi de sauvegarde et l'Europe », *Dr. et patr.* mars 2013, dossier p. 86; « Quel avenir pour le mandat de justice face aux dernières évolutions du droit européen ? application aux procédures préventives. Le cas français », *Rev. proc. coll.* 2013, dosser 34 – Henry L.-C. et Jazottes G., « Les biens dispersés sur le territoire de plusieurs États », colloque de l'*AJDE*, Toulouse 10 sept. 2010, *Rev. proc. coll.* 2011/1, dossier 12, p. 95 – Herrero Rada S., « Les travaux de la direction générale Entreprises concernant la défaillance », *LPA* 12 déc. 2003, n° 248, p. 39 – Honorat A. et Henry L.-C., « La compétence juridictionnelle en matière de procédure d'insolvabilité dans le Règlement 1346/2000 du 29 mai 2000 : une nouvelle tentative de conciliation par la hiérarchie entre universalité et territorialité en matière de faillites internationales », *Mél. Sortais,* Bruylant, Bruxelles, 2002, p. 33 – Idot L., « Un nouveau droit communautaire des procédures collectives : le règlement (CE) n° 1346/2000 du 29 mai 2000 », *JCP E* et *A* 2000, com. 1648 – Jault-Seseke F. et Robine D., « Le droit européen de la faillite », D. 2004. 109 – Jazottes G. et Sénéchal M., « L'ouverture d'une faillite européenne », *Rev. proc. coll.* 2008/2, p. 90 – Legrand MN., « La défaillance de l'entreprise : le règlement 1346/2000 relatif aux procédures d'insolvabilité », *Rev. sociétés* 2001. 292 s. – Mathieu-Bouyssou M. E., « Aperçu des règles de droit judiciaire privé relatives aux procédures d'insolvabilité européennes après le règlement communautaire n° 1346/2000 », *D.* 2002, Chron. 2245 – Menjucq M., « La coordination des droits nationaux par le droit communautaire », *in Le traitement des difficultés des entreprises dans le marché unique européen,* Coll. Bruxelles 10 nov. 2005, *LPA* 19 oct. 2006, n° 209, p. 21; « Le droit communautaire des procédures d'insolvabilité à l'épreuve des juridictions nationales », *RJ com.* 2007. 105; « La proposition de règlement modifiant le règlement (CE) n° 1346/2000 sur les procédures d'insolvabilité : une évolution mais pas de révolution », *Rev. proc. coll.* 2013, étude 4 – Menjucq M., « Perspective européenne et approche internationale de la prévention », *Rev. proc. coll.* 2014, dossier 4 – Menjucq M., André M., Chriqui H., Ehret P. et Vallens J.-L., « La révision du Règlement européen n° 1346/200 sur les procédures d'insolvabilité », *Rev. proc. coll.* 2012, table ronde 1, p. 42 – Nabet P., « Étude sur le champ d'application spatial du règlement européen sur l'insolvabilité », *BJE* juill. 2014, p. 273; « Étude sur le champ d'application matériel direct du règlement européen sur l'insolvabilité », *BJE* 2015, 56 – Nanterme C., « Le point de vue des professionnels : par un professionnel français », *LPA* 12 déc. 2003, n° 248, p. 32 – Neuville S., « L'exclusion de la loi de sauvegarde dans le secteur financier », *Rev. proc. coll.* 2008/2, p. 97 – Nourrissat C., « Règlement "insolvabilité", première interprétation jurisprudentielle », *Procédures* 2006, comm. 214 – Pertek J., « Le droit français et les professionnels du droit des entreprises en difficulté au regard des évolutions récentes du droit communautaire », *LPA* 12 déc. 2003, n° 248, p. 53 – Roussel Galle Ph., « L'actualité du règlement européen », *Rev. proc. coll.* 2011, Colloque 4, p. 41; « Droit européen et droit des entreprises en difficulté », Roussel Galle (dir.), *Entreprises en difficulté*, « Droit 360° », LexisNexis, 2012, p. 865; « Deux idées utopiques (?) de révision du règlement européen pour 2012… ou 2022… », *JCP E* 2012, étude 1546; « La proposition de révision du règlement n° 1346/2000 sur les procédures d'insolvabilité, entre prudence et audace », *JCP E* 2013. 213 – Sautonie-Laguionie L., « Projet de révision du règlement européen sur les procédures d'insolvabilité : entre avancées, vœux pieux et occasions manquées », *BJE* janv. 2013, Éclairage 18 – Teboul G., « Droit communautaire des entreprises en difficulté : projets de réforme et incursions en droit français », *LPA* 25 juin 2012, n° 126, p. 3 – Theetten J., « Quelle réglementation pour l'activité des professionnels du traitement des entreprises en difficulté ? Le point de vue national – Conclusion », *in Le traitement des difficultés des entreprises dans le marché unique européen,* Coll. Bruxelles 10 nov. 2005, *LPA* 19 oct. 2006, n° 209, p. 59 – Vallens J.-L., « La mise en œuvre du règlement communautaire sur les procédures d'insolvabilité : questions de procédure », *D.* 2003, Doctr. 1421; « Vers un droit matériel européen en matière de faillite », *LPA* 12 déc. 2003, n° 248, p. 47; « L'harmonisation : voie et degré de convergence entre les droits nationaux, européens et internationaux – L'européanisation et l'internationalisation du droit de l'insolvabilité », in *Le traitement des difficultés des entreprises dans le marché unique européen,* Coll. Bruxelles 10 nov. 2005, *LPA* 19 oct. 2006, n° 209, p. 31; « Réviser le règlement communautaire CE 1346/2000 sur les procédures d'insolvabilité », *Rev. proc. coll.* 2010/3, p. 25, n° 13; « Le législateur communautaire face à la révision du règlement sur les procédures d'insolvabilité », *BJE* sept./oct. 2011, comm. 113, p. 238.

› *Professionnels des procédures collectives.* André M., « Quelle réglementation pour l'activité des professionnels du traitement des entreprises en difficulté ? Le point de vue national – L'expérience française », *in Le traitement des difficultés des entreprises dans le marché unique européen,* Coll. Bruxelles 10 nov. 2005, *LPA* 19 oct. 2006, n° 209, p. 57 – Fasquelle D., « Quelle réglementation pour l'activité des professionnels du traitement des entreprises en difficulté ? Le point de vue européen », *in Le traitement des difficultés des entreprises dans le marché unique européen,* Coll. Bruxelles 10 nov. 2005, *LPA* 19 oct. 2006, n° 209, p. 44 – Menjucq M., « Les apports du règlement du 29 mai 2000 concernant le rôle des administrateurs judiciaires et des mandataires judiciaires au redressement et à la liquidation des entreprises dans les procédures communautaires d'insolvabilité », *LPA* 12 déc. 2003, n° 248, p. 10; « Le mandataire de justice en Europe – Droit comparé et règlement communautaire », *Rev. proc. coll.* 2012, dossier 28; « Quel avenir pour le mandat de justice face aux dernières évolutions du droit européen ? : application aux groupes », *Rev. proc. coll.* 2013, dossier 36 – Sénéchal M., « Coopération entre les professionnels : information des créanciers, déclaration, vérification des créances », *Rev. proc. coll.* 2013, dossier 58.

› *Établissement de crédit*. Bouchetemble H., « Le traitement des établissements de crédit en difficulté dans l'Union européenne – État des lieux et perspectives », *Dr. et patr.* juill. 2010, n° 194, p. 30 – Henry L.-C., « Le banquier et la procédure transfrontalière », Le Corre-Broly (dir.), *Contentieux bancaire des procédures collectives,* Bruylant, 2014, p. 217 – Léguevaques C., « Les apports des nouvelles règles spécifiques sur les faillites des établissements de crédit », *LPA* 12 déc. 2003, n° 248, p. 16.

› *Sûretés*. Brocard E., « Les procédures d'insolvabilité et les contrats de sûretés personnelles », *LPA* 24 nov. 2006, n° 235, p. 7 – Henry L.-C., « L'approche des sûretés réelles dans le droit de l'Union européenne des entreprises en difficulté », colloque Crajefe Nice 20 mars 2010, *LPA* 11 févr. 2011, n° 30, p. 31 – Menjucq M., « L'efficacité des sûretés à l'épreuve des procédures transfrontalières », *Rev. proc. coll.* 2009/3, p. 19, n° 12.

› *Groupe de sociétés*. Bourbouloux H. et Loiseau M., « Le règlement européen et les groupes, bilan et perspectives. La construction conjointe des tribunaux et praticiens français », *Rev. proc. coll.* 2013, dossier 51 – Brulard Y., « Que penser de la proposition de la Commission sur les groupes de sociétés dans le projet de nouveau règlement insolvabilité ? », *Rev. proc. coll.* 2013, dossier 38 – Dammann R., « Application du Règlement (CE) n° 1346/2000 modifié aux groupes de sociétés », *Rev. proc. coll.* 2013, dossier 37 – Fasquelle D., « Les faillites des groupes de sociétés dans l'Union européenne : la difficile conciliation entre approches économique et juridique », *Bull. Joly* 2006/2, § 30, p. 151 – Henry L.-C., « Les enjeux des montages au regard de la réglementation européenne », interv. Colloque Caen 12 avr. 2013, *Rev. proc. coll.* 2013, dossier 16; « Règlement insolvabilité européen et les groupes : bilan et perspectives », *Rev. proc. coll.* 2013, dossier 52 – Martin-Serf A., « L'insolvabilité internationale et les groupes de sociétés », *Rev. proc. coll.* 2013, dossier 48 – Menjucq M., « Les enjeux des montages au regard du droit international », interv. Colloque Caen 12 avr. 2013, *Rev. proc. coll.* 2013, dossier 17; « Les groupes et le périmètre des procédures », *Rev. proc. coll.* 2013, dossier 53 – Monsérié-Bon M.-H. et Jazottes G., « Les groupes et les stratégies des créanciers », *Rev. proc. coll.* 2013, dossier 57 – Roussel Galle Ph., Bourbouloux H. et Couturier G., « Le groupe de sociétés en procédure collective », *LPA* 22 avr. 2010, n° 80, p. 54.

› Forum shopping. Dammann R., « Droit européen des procédures d'insolvabilité : problématique des conflits de juridictions et de forum shopping », *D.* 2005, Doctr. 1779 – Mélin F., « Conflits de juridictions et procédures européennes d'insolvabilité – Approche critique », *Bull. Joly* 2005/4, § 222, p. 941 – Montéran Th., « La tentation du "forum shopping" – Les critères de territorialité appliqués aux groupes de sociétés dans le Règlement européen du 29 mai 2000 », *Gaz. proc. coll.* 2007/4, p. 7 – Musella A., « La détermination de la loi applicable à la responsabilité civile des dirigeants sociaux », *Gaz. Pal.* 5 avr. 2013, n° 95, p. 17 – Vallens J.-L., « L'*exequatur* des jugements étrangers de faillite après le règlement communautaire sur les procédures d'insolvabilité », *LPA* 13 juin 2002, n° 118, p. 15 – Vallens J.-L., « Tourisme judiciaire et insolvabilité : les risques du *forum shopping* », *Rev. proc. coll.* 2012, p. 10.

› *Procédure secondaire*. Dammann R. et Ollivry M., « Réflexions sur l'aménagement du principe d'universalité de la faillite », *JCP E* 2006. 2628, p. 1938 – Dammann R. et Sénéchal M., « La procédure secondaire du règlement CE n° 1346/2000 : mode d'emploi », *RLDA* oct. 2006, p. 81 – Mélin F., « Le règlement n° 1346/2000 du 29 mai 2000 et la coordination des procédures d'insolvabilité », *JCP E* 2009. 1022 – Menjucq M., « Ouverture, reconnaissance et coordination des procédures d'insolvabilité dans le règlement 1346/2000 », *Bull. Joly* 2000, n° 278, p. 1109 – Vallens J.-L., « Le droit de la faillite en Europe – Les procédures secondaires », *Rev. proc. coll.* 2003/1, p. 60.

› *Siège*. Dannenberger F., « À propos de règlement d'insolvabilité (interprétation de la notion d'établissement principal) », *Rev. proc. coll.* 2007/3, p. 112 – Giorgini G.-C., « Le centre des intérêts principaux du dbiteur insolvable en droit comparé », *RIDC* 4/2012, p. 86 – Martin-Serf A., « Le siège social à l'épreuve des procédures collectives », *Mél. Tricot*, LexisNexis – Dalloz, 2011, p. 5

› *Créanciers*. Froehlich P., « L situation des créanciers au regard des règlements des 29 ai et 22 décembre 2000 », Lamy affaires juill. 2002, sup p. 21 – Menjucq M., « La situation des créanciers dans règlement 1346/2000 du 29 mai 2000 sur les procédures nsolvabilité », *RIDA* 2001/6, p. 579 – Monsérié-Bon M.-H. ezottes G., « Les groupes et les stratégies des créanciers », *v. proc. coll.* 2013, dossier 57 – Peruzzetto S., « Le créanc t la "faillite européenne" : commentaire de la convention s communautés européennes relative aux procédures d'i lvabilité », *JDI* 1997 757 – Sénéchal M., « Coopération e les professionnels : information des créanciers, déclarati vérification des créances », *Rev. proc. coll.* 2013, dossier 5

› *Salariés*. Henry L.-C., « Aspects internationaux du droit social des procédures collectives », *Rev. proc. coll.* 2012, dossier 11, p. 75 – Thuillier B., « Information individuelle des créanciers et règlement européen sur les procédures d'insolvabilité : les "créanciers étrangers" sont-ils des créanciers comme les autres ? », *BJE* mars 2014, 126 – Vatinet R., « La situation des salariés ignorée par le Règlement n° 1346/2000 relatif aux procédures d'insolvabilité », *Mél. Didier*, « Études de droit privé », Economica, 2008, p. 417.

› *Entrepreneur individuel*. Menjucq M., « EIRL et situations transfrontalières », *Rev. proc. coll.* 2011, dossier 28, p. 102.

› *Déclaration de créance*. Rémery J.-P., « Les aspects européens de la déclaration des créances dans une procédure collective ouverte en France », *Rev. proc. coll.* 2003/1, p. 66 – Sénéchal M., « Coopération entre les professionnels : information des créanciers, déclaration, vérification des créances », *Rev. proc. coll.* 2013, dossier 58.

092.04 Questions principales.

• Un tribunal d'un État membre autre que celui qui a ouvert la procédure principale peut-il remettre en cause la détermination du centre des intérêts principaux ?

* V. s^s n°s 092.22, 092.43.

• Un créancier français peut-il contester la compétence de la juridiction étrangère qui a ouvert une procédure principale ?

* V. s^s n° 092.22.

• Un créancier qui a déclaré sa créance à la procédure principale peut-il la produire dans une procédure secondaire ?

* V. s^s n° 092.61.

092.09 Présentation générale du règlement. Les exigences de bon fonctionnement du marché communautaire ont conduit à chercher l'élaboration d'un texte relatif aux procédures collectives, domaine qui avait été exclu de la convention de Bruxelles du 27 septembre 1968. En 1990, fut adopté un texte sur certains aspects internationaux de la faillite. Mais cette convention dite d'Istanbul ne devait pas entrer en vigueur. Il fallut donc attendre le règlement n° 1346-2000 du 29 mai 2000 relatif aux procédures d'insolvabilité, entré en vigueur le 31 mai 2002.

Ce règlement reprend les idées contenues dans la convention d'Istanbul.

Le règlement ne s'applique qu'aux procédures ouvertes après son entrée en vigueur.

Il est prévu un rapport de la Commission, au plus tard le 1er juin 2012, puis un rapport une fois tous les cinq ans, qui permettront d'envisager les modifications à y apporter. Logiquement, le Règlement européen a donc fait l'objet d'une révision, dans le souci d'une « meilleure contribution à la politique européenne de justice pour la croissance »[1]. Il a même été refondu entièrement par le règlement du 20 mai 2015 (v. s^s n° 094.09).

Le règlement contient cinq chapitres. Le premier est consacré aux dispositions générales, en fixant le domaine et les principes généraux relatifs à la compétence internationale et à la loi applicable, le deuxième a trait à la reconnaissance des procédures d'insolvabilité, le troisième s'intéresse aux procédures secondaires d'insolvabilité, le quatrième est relatif à l'information des créanciers, le cinquième, enfin, a pour objet les dispositions transitoires.

La Cour de Justice des communautés européennes (CJCE) est compétente pour statuer sur les litiges relatifs à l'interprétation du Règlement. Elle a ainsi eu à statuer sur la notion de centre des intérêts principaux permettant de déterminer le tribunal compétent et, par voie de conséquence, la loi du for applicable par principe à la procédure d'insolvabilité[2].

SECTION 092.10
DOMAINE DU RÈGLEMENT COMMUNAUTAIRE

092.11 Procédures concernées. Le règlement ne s'applique que si la procédure a des effets transfrontaliers. Il est inapplicable à une situation juridique purement interne à un État membre[3]. Le centre des intérêts principaux du débiteur doit être situé dans la communauté, à l'exclusion du Danemark, qui n'est pas concerné, faute d'avoir ratifié le texte.

Le Règlement s'applique aux procédures d'insolvabilité ouvertes avant l'adhésion d'un État membre à l'Union, dans le cas où le 1er mai 2004, les biens du débiteur sur lesquels portait le droit réel en question se trouvaient sur le territoire dudit État (Hongrie)[4].

Le règlement ne régit pas toutes les faillites internationales, son application étant limitée à l'intérieur de l'Union européenne. Le droit international privé de chaque État membre continue à s'appliquer

1. Com (2012) 744 final, *JCP E* 2012. 797 – *Adde*, Reding, in colloque de Bruxelles, nov. 2011, *BJE* janv. 2012, p. 49, n° 23 – Menjucq, « Le mandataire de justice en Europe – Droit comparé et règlement communautaire », *Rev. proc. coll.* 2012, dossier 28; « La proposition de règlement modifiant le règlement (CE) n° 1346/2000 sur les procédures d'insolvabilité : une évolution mais pas de révolution », *Rev. proc. coll.* 2013, étude 4 – Roussel Galle, « La proposition de révision du règlement n° 1346/2000 sur les procédures d'insolvabilité, entre prudence et audace », *JCP E* 2013. 213 – Nabet, « Bref aperçu du projet de la Commission pour la révision du Règlement (CE) n° 1346/2000 sur l'insolvabilité », *LPA* 21 mars 2013, n° 58, p. 5.
2. CJCE, gr. ch., 17 janv. 2006, *Staubitz-Schreiber*, aff. C-1/04, *Rec.* I-00701; *D.* 2006, jur. 1752, note Dammann; *D.* 2006. AJ 367, obs. Lienhard; *D.* 2006, pan. 2252, obs. Lucas; *Rev. sociétés* 2006. 346, note Vallens; *Act. proc. coll.* 2006/9, n° 109, note Menjucq; *Europe*, mars 2006, p. 28, obs. Kauff-Gazin et Idot; *Gaz. proc. coll.* 2006/2, p. 19, obs. Mélin; *Bull. Joly* 2006/6, § 158, p. 753, note Fasquelle; *RJ com.* 2006/3, p. 243, note Sortais; *Rev. proc. coll.* 2006/3, p. 241, note Volders et Rétornaz.
3. Com. 21 févr. 2012, n° 11-18.027, *Bull. civ.* IV, n° 44; n° 224 F-P+B; *D.* 2012. Actu 678, note Lienhard; *Gaz. Pal.* 28 avr. 2012, n° 118, p. 28, note Roussel Galle; *Act. proc. coll.* 2012/6, comm. 86, note Cagnoli; *RTD com.* 2012. 613, n° 2, obs. Martin-Serf; *Rev. proc. coll.* 2012, comm. 187, note Menjucq.
4. CJUE, 1re ch., 5 juill. 2012, *Erste Bank Hungary*, aff. C-527/10, *Rec.* N; *Rev. proc. coll.* 2012, comm. 182, note Menjucq – *Adde*, Paris, pôle 5, 8e ch., 26 juin 2012, RG n° 09/29113, *Rev. proc. coll.* 2012, comm. 186, note Menjucq.

en dehors de ce cadre (v. s[s] n° 093.11). C'est pourquoi il a été suggéré de parler de « faillite européenne »[1].

La procédure ouverte doit entraîner dessaisissement total ou partiel du débiteur, et désignation d'un syndic (Règl. CE 29 mai 2000, art. 1 § 1). Il faut toutefois noter que le dessaisissement exigé par le Règlement CE peut n'être que partiel et ne porter, en conséquence, que sur certains biens ou sur certains droits[2].

L'Annexe A détermine, pays par pays, les procédures d'insolvabilité visées à l'article 2-a du Règlement. Ces annexes ont été modifiées par un règlement européen du 12 avril 2005, pour tenir compte de l'adhésion de nouveaux pays[3].

L'Annexe A précisait initialement pour la France deux procédures : le redressement judiciaire avec administrateur et la liquidation judiciaire. L'administrateur, dans le redressement judiciaire, devait avoir au moins une mission d'assistance[4]. À défaut, il n'y aurait pas eu dessaisissement.

L'Annexe A a ensuite été modifiée pour inclure la procédure de sauvegarde parmi les procédures d'insolvabilité[5]. Au regard des critères de classement dans l'annexe A, la procédure de sauvegarde posait pourtant deux problèmes. Le règlement supposant l'insolvabilité, seules les entreprises en état de cessation des paiements sont concernées, ce qui aurait dû conduire à exclure la procédure de sauvegarde. De plus, le Règlement ne s'applique qu'aux procédures emportant dessaisissement, ce qui n'est le cas de la sauvegarde que si l'administrateur a une mission d'assistance. La France ayant observé l'attitude de certains autres États « se posant moins de questions » au regard de l'interprétation du Règlement – a supprimé la précision selon laquelle le redressement judiciaire supposait la désignation d'un administrateur judiciaire pour être considéré comme une procédure d'insolvabilité[6]. Pas davantage, cette précision ne figure pour la procédure de sauvegarde.

Ainsi, et bien que le redressement judiciaire et la sauvegarde sans administrateur judiciaire n'entraînent aucun dessaisissement du débiteur, ces deux procédures sont considérées comme des procédures d'insolvabilité principales. La solution a été posée dans le dossier Eurotunnel, en présence d'une sauvegarde dans laquelle les administrateurs n'avaient qu'une simple mission de surveillance[7]. La CJUE a jugé que, du seul fait de l'inscription de la sauvegarde à l'Annexe A du Règlement, la sauvegarde est éligible au Règlement[8].

Il ne semble pas y avoir de difficulté à considérer que la sauvegarde financière accélérée est éligible à l'Annexe A, puisque, selon le législateur français, et même si cela peut être sérieusement discuté (v. s[s] n° 411.11) ne constitue qu'une variante de la sauvegarde[9], encore qu'un auteur soit nettement moins affirmatif[10] et qu'un autre se soit clairement exprimé en sens contraire[11]. À tout le moins, il a été suggéré de modifier cette annexe pour procéder officiellement à son inclusion[12].

La procédure de rétablissement professionnel, qui n'est pas une procédure collective, n'est pas éligible à l'Annexe A[13].

Il en est de même de la procédure de surendettement des particuliers, ce qui empêche un débiteur domicilié en France, mais ayant l'essentiel de ses créanciers en Allemagne, d'obtenir la reconnaissance automatique de cette procédure en Allemagne[14].

1. Jazottes et Sénéchal, « L'ouverture d'une faillite européenne », *Rev. proc. coll.* 2008/2, p. 90, n° 2.
2. RAPPR. : Giorgini, *Méthodes conflictuelles et règles matérielles dans l'application des « nouveaux instruments » de règlement de la faillite internationale*, « Nouv. bibl. thèses », Dalloz, 2006, n° 224.
3. Lienhard, « Procédure d'insolvabilité : modification des annexes », *D.* 2005. 1147.
4. Circ. min. Justice relative aux procédures d'insolvabilité *17 mars 2003, n° NOR : JUS C 03 20 134 C, CIV 05/03 – Adde*, J.-CL. COM., Roussel Galle., fasc. 3125, [Droit communautaire – Règlement n° 1346-2000 du Conseil du 29 mai 2000 relatif aux procédures d'insolvabilité], n° 21.
5. Règl. n° 694/2006, Conseil, 27 avr. 2006 modifiant les listes des procédures d'insolvabilité, des procédures de liquidation et des syndics figurant aux annexes A, B et C du règlement n° 1346/2000 relatif aux procédures d'insolvabilité, *JOUE L* 121, 6 mai, p. 1; *Rev. proc. coll.* 2006/3, p. 262, obs. Roussel Galle.
6. Menjucq, « Le droit communautaire des procédures d'insolvabilité à l'épreuve des juridictions nationales », *RJ com.* 2007. 105 s., sp. p. 113.
7. Paris, pôle 5, 8e ch., 26 juin 2012, 5 arrêts, RG n°s 09/29110, 09/29113, 09/29121, 09/29122 et 09/29123.
8. CJUE, 1re ch., 22 nov. 2012, *Bank Handlowy et Adamiak*, aff. C-116/11, *Rec.* N; *D.* 2013. 468, note Dammann et Leclair de Bellevue; *JCP E* 2013. 1050, note d'Avout; *Rev. sociétés* 2013. 184, note Henry; *BJE* janv. 2013, comm. 10, note Sortais; *Rev. proc. coll.* 2013, comm. 29, note Mastrullo.
9. Dammann et Podeur, « L'efficacité de la sauvegarde financière accélérée dépasse-t-elle les frontières de la France », *BJE* mars/avr. 2011, p. 6.
10. Grelon, « La loi de sauvegarde revisitée par la loi n° 2010-1249 dite de régulation bancaire et financière en date du 22 octobre 2010 », *Rev. sociétés* 2011. 7 s., sp. p. 13, n° 27.
11. Vallens, « La sauvegarde financière accélérée est-elle une procédure collective », *RTD com.* 2011. 644 sp. 649.
12. Theetten, « L'insolvabilité en France au regard de la réforme de l'insolvabilité européenne des entreprises », *BJE* sept. 2013, p. 305.
13. Degenhardt J.-E., « Les effets internationaux du jugement de clôture de la procédure de rétablissement professionnel», *BJE* 2015, 48 s., sp. 49.
14. Civ. 2e, 17 mars 2016, n° 14-26.868, P; P+B+R+I; *Act. proc. coll.* 2016/8, comm. 99, note Legrand; *BJE* 2016, 284, note Mélin.

La difficulté n'existe pas davantage pour la sauvegarde accélérée issue de l'ordonnance du 12 mars 2014.

Les problèmes soulevés par l'inclusion dans L'Annexe A de la procédure de sauvegarde ne sont pas inconnus du droit communautaire, puisque, comme il a été remarqué, l'« amministrazione controllata » du droit italien relève de l'Annexe A, alors que cette procédure est ouverte sans cessation des paiements et n'entraîne pas le dessaisissement du débiteur[1].

Il serait opportun qu'une définition plus compréhensive soit posée pour l'intégration à l'Annexe A, sans avoir besoin de violer aussi ouvertement le Règlement.

En application de L'Annexe A, qui s'impose au juge, et qui ne donc peut contrôler la conformité de la procédure de sauvegarde aux conditions prescrites par l'article 1er § 1 du règlement du 29 mai 2000[2], il a donc été possible d'ouvrir en France des procédures de sauvegarde contre des sociétés étrangères ayant leur siège dans d'autres États de la communauté[3].

L'Annexe B fixe, pays par pays, les procédures d'insolvabilité visées à l'article 2, c, c'est-à-dire les procédures territoriales devant avoir une nature liquidative. Pour la France, il s'agit de la liquidation judiciaire. Il a été observé, ici encore, que d'autres pays, notamment le Royaume-Uni ou l'Allemagne, moins respectueux des critères posés par le Règlement, n'avaient pas hésité à inscrire dans l'Annexe B des procédures qui n'étaient pas de nature liquidative[4].

Le syndic est défini par l'article 2, b du Règlement comme « toute personne ou tout organe dont la fonction est d'administrer ou de liquider les biens dont le débiteur et dessaisi ou de surveiller la gestion de ses affaires ». En ce qui concerne la France, le syndic pourra être, en application de l'Annexe C, l'administrateur judiciaire, le représentant des créanciers (mandataire judiciaire) le liquidateur judiciaire et le commissaire à l'exécution du plan. Force est pourtant de constater que le mandataire judiciaire (représentant des créanciers) n'administre pas, pas plus qu'il ne surveille la gestion du débiteur et qu'il ne liquide ses biens. En outre, le commissaire à l'exécution, qui pouvait correspondre à la notion de syndic à l'époque du commissariat à l'exécution du plan de cession, ne semble plus correspondre au concept, s'il surveille l'exécution d'un plan de sauvegarde ou de redressement, le débiteur étant redevenu maître de ses droits. La notion de syndic utilisée dans l'Annexe C ne correspond donc pas au syndic qui assurerait le dessaisissement total ou partiel du débiteur.

Il avait été estimé que l'extension d'une procédure de l'Annexe A ou de l'Annexe B, sur le fondement de la confusion des patrimoines ou de la fictivité, autoriserait le jeu du Règlement[5]. Mais la CJUE a eu une autre vision (v. ss no 092.21).

Les pseudo extensions aux membres et associés indéfiniment et solidairement responsables du passif ne permettent en tout cas pas le jeu du règlement si les procédures sont ouvertes sans cessation des paiements des intéressés, même si la circulaire du 17 mars 2003 était en sens inverse[6], au prétexte de la présomption d'insolvabilité des personnes concernées.

Identiquement, il faut exclure, nous semble-t-il, la pseudo-extension aux dirigeants fautifs (C. com., art. L. 624-5, législation antérieure à la loi de sauvegarde des entreprises) et aux dirigeants qui n'acquittent pas la condamnation à combler le passif[7], ainsi que l'extension au locataire-gérant qui n'exécute pas l'obligation d'acquérir au terme de la location-gérance[8].

1. Giorgini, *Méthodes conflictuelles*..., préc., Dalloz, 2006, no 345.
2. T. com. Paris, 1re ch. A, 15 janv. 2007, *D.* 2007. AJ 313, obs. Lienhard.
3. T. com. Paris, 2 août 2006, *aff. Eurotunnel*, *D.* 2006, jur. 2329, note Dammann et Podeur; *Bull. Joly* 2007/1, p. 37, no 3, note Jault-Seseke et Robine – *Adde*, Soinne, « Le laboratoire de la loi de sauvegarde, du règlement communautaire européen et du droit des sûretés : l'affaire Eurotunnel », *JCP E* 2006, Act. 543, p. 2125.
4. Menjucq, « Le droit communautaire des procédures d'insolvabilité [...] », préc. sp. p. 114.
5. Circ. min. Justice relative aux procédures d'insolvabilité 17 mars 2003, no NOR : JUS C 03 20 134 C, CIV 05/03 – EN CE SENS AUSSI : J.-CL. COM., Roussel Galle., fasc. 3125, [Droit communautaire – Règlement no 1346-2000 du Conseil du 29 mai 2000 relatif aux procédures d'insolvabilité], no 29 – Mélin, *La faillite internationale,* « Systèmes », Lgdj, 2004, no 94.
6. Circ. min. Justice relative aux procédures d'insolvabilité 17 mars 2003, no NOR : JUS C 03 20 134 C, CIV 05/03 – EN CE SENS AUSSI : J.-CL. COM., Roussel Galle., fasc. 3125, [Droit communautaire – Règlement no 1346-2000 du Conseil du 29 mai 2000 relatif aux procédures d'insolvabilité], no 26 – *Adde*, sur la Circulaire : Teboul, « Droit communautaire des procédures collectives : la circulaire du 17 mars 2003 sur l'application du Règlement sur les procédures d'insolvabilité », *LPA* 20 juin 2003, p. 10.
7. Circ. min. Justice relative aux procédures d'insolvabilité 17 mars 2003, no NOR : JUS C 03 20 134 C, CIV 05/03 – *Adde*, J.-CL. COM., Roussel Galle., fasc. 3125, [Droit communautaire – Règlement no 1346-2000 du Conseil du 29 mai 2000 relatif aux procédures d'insolvabilité], no 25 – Mélin, *La faillite internationale,* « Systèmes », Lgdj, 2004, no 95 – Giorgini, *Méthodes conflictuelles*..., préc., Dalloz, 2006, no 314 – COMP. : Honorat et Henry, « La compétence juridictionnelle en matière de procédure d'insolvabilité dans le Règlement 1346-2000 du 29 mai 2000 : une nouvelle tentative de conciliation par la hiérarchie entre universalité et territorialité en matière de "faillites internationales" », *Mél. Sortais*, Bruylant, 2002, p. 313.
8. Mélin, *La faillite internationale,* « Systèmes », Lgdj, 2004, no 95.

Les procédures de règlement amiable et les procédures de mandat *ad hoc* ne sont pas concernées par le règlement.

La procédure de conciliation ne relève pas davantage des procédures d'insolvabilité, comme cela avait été indiqué lors des travaux préparatoires de la loi de sauvegarde des entreprises[1], ainsi que le reconnaît clairement la circulaire ministérielle du 15 décembre 2006[2], qui annule et remplace la circulaire du 17 mars 2003. C'est la raison pour laquelle il est apparu indispensable, pour respecter la réglementation européenne, de supprimer la suspension provisoire des poursuites, qui existait dans le règlement amiable[3].

Tous les débiteurs soumis aux procédures collectives françaises sont concernés. Les établissements financiers et d'assurance sont toutefois exclus du périmètre de cette convention (Règl. CE 29 mai 2000, art. 1 § 2).

La procédure d'insolvabilité peut être appliquée à un EIRL. L'affectation patrimoniale est opposable aux créanciers étrangers, lorsque les biens sont situés en France. Si l'activité professionnelle est en France, il est possible d'affecter des biens meubles situés à l'étranger, mais non, selon une opinion, des immeubles[4]. En vertu de la *lex rei sitae*, les créanciers professionnels auxquels l'affectation est opposable, pourront exercer des poursuites sur les biens situés à l'étranger, si la loi de l'État le permet[5].

En cas d'ouverture d'une procédure principale à l'étranger, les biens du débiteur situés en France sont appréhendés par cette procédure, selon la loi de l'État d'ouverture. Les dispositions du code de commerce français, relatives à l'EIRL, seraient inapplicables[6], sauf ouverture en France d'une procédure secondaire[7].

092.12 Exclusion des entreprises d'assurance. Les entreprises d'assurance sont exclues de la réglementation. Une directive du 19 mars 2001[8] établit des règles de coordination des effets, dans l'ensemble de la communauté, des procédures de liquidation ainsi que d'assainissement des entreprises d'assurance prises par l'autorité compétente d'un État membre[9].

Pour se conformer à cette directive, les États membres devaient modifier leur réglementation avant le 20 avril 2003. La France n'ayant pas respecté le délai de transposition de la législation communautaire sur les assurances a été poursuivie par la Commission européenne[10].

La transposition en France de la directive du 19 mars 2001 résulte de l'ordonnance du 7 juin 2004[11], ratifiée par la loi du 9 décembre 2004[12].

092.13 Exclusion des établissements de crédit[13]. Les établissements de crédit sont exclus de la réglementation. Une directive du 4 avril 2001 concerne les établissements de crédit[14] et leurs succursales créées dans un État membre autre que celui du siège statutaire. Les principes d'unité et d'universalité sont ici posés.

Les établissements de crédit peuvent faire l'objet de mesures d'assainissement, destinées à préserver ou à rétablir leur situation financière, susceptibles d'affecter les droits préexistants des tiers, et qui peuvent comporter une suspension des paiements et des mesures d'exécution, et une réduction des créances (Dir. CE 4 avril 2001, art. 2, point 7). Les établissements de crédit peuvent aussi faire l'objet de mesures de liquidation, dont le but est la réalisation des biens sous la surveillance des autorités administratives ou judiciaires d'un État membre. Ces mesures peuvent être clôturées par un concor-

1. Interv. Perben, *JOAN CR*, 3e séance du 8 mars 2005, p. 1807.
2. Circ. min. Justice relative au Règlement n° 1346-2000 du 29 mai 2000 relatif aux procédures d'insolvabilité, 15 déc. 2006, CIV 19/06, 15 déc. 2006, 1.2.
3. Interv. Xavier de Roux sur amend. n° 397, *JOAN CR*, 2e séance du 2 mars 2005, p. 1594.
4. Menjucq, « EIRL et situations transfrontalières », *Rev. proc. coll.* 2011, dossier 28, p. 102 s., sp. p. 103, n° 4.
5. Menjucq, préc., sp. p. 103, n° 7.
6. Menjucq, préc., sp. p. 104, n° 10.
7. Menjucq, préc., sp. p. 103, n° 8.
8. Dir. 2001/17/CE, Parlement et Conseil, 19 mars 2001 concernant l'assainissement et la liquidation des entreprises d'assurance, *JOCE L* 110, 20 avr., p. 28.
9. SUR LA QUESTION : Bonneau, « Assainissement et liquidation des établissements de crédit et des entreprises d'assurance (À propos des directives 2001/17/CE du 19 mars 2001 et 2001/24/CE du 4 avril 2001) : Des relations du droit commun et du droit spécial », *Rev. proc. coll.* 2001, p. 129.
10. Communiqué de p[r]esse du secrétariat général de la Commission européenne 22 janv. 2004, Conseil des ministres, 21 janv. 2004 : http[://]www.premier-ministre.gouv.fr, DPDE, *bull.* 246, p. 5381, 1[er] févr. 2004, « assurances », n° 16 a.
11. Ord. n° 2004-504, 7 [jui]n 2004, *JO* 10 juin, p. 10233 – SUR LA QUESTION : Mélin, « [O]rdonnance du 7 juin 2004 portant transposition de la di[rec]tive du 19 mars 2001 concernant l'assainissement et la [liq]uidation des entreprises d'assurance », *JCP E* 2004, A[ct.] 165, p. 1265 – Robine, « Transposition de la directive [as]sainissement et liquidation des entreprises d'assurance [» D]. 2004. 2018.
12. L. n° 2004-1343, 9 déc. [20]04 de simplification du droit, *JO* 10 déc., p. 20857.
13. Neuville, « L'exclusion de [la l]oi de sauvegarde dans le secteur financier », *Rev. proc[. co]ll.* 2008/2, p. 97.
14. Dir. 2001/24/CE, Parleme[n]t Conseil, 4 avr. 2001, *JOCE L* 125, 5 mai, p. 15 – SUR [LA Q]UESTION : Bonneau, « Assainissement et liquidation de[s éta]blissements de crédit et des entreprises d'assurance (À [pro]pos des directives 2001/17/CE du 19 mars 2001 et 20[01/24]/CE du 4 avril 2001) : Des relations du droit commun [et du] droit spécial », *Rev. proc. coll.* 2001, p. 129 – Prüm, « [Av]ancées du droit communautaire dans les procédures co[llectiv]es du secteur financier », *D banc. fin.* 2002/5, p. 24[3].

dat ou une autre mesure analogue (Dir. CE 4 avril 2001, art. 2, point 9).

La directive imposait une mise en conformité des réglementations avant le 5 mai 2004. La directive a été transposée en France par l'ordonnance du 21 octobre 2004[1], qui a introduit dans le code monétaire et financier les articles L. 613-31-1 à L. 613-31-10. Un décret du 12 mai 2005 en précise les conditions d'application[2].

Une nouvelle directive Résolution du 15 mai 2014 a été édictée. Elle a été transposée en France par l'ordonnance du 20 août 2015[3] (v. aussi s[s] n° 221.41).

Les mesures d'assainissement sont pour la France : le règlement amiable s'il y a une suspension provisoire des poursuites et le redressement judiciaire (C. mon. fin., art. L. 613-31-1). Les mesures de liquidation sont la liquidation judiciaire (C. mon. fin., art. L. 613-31-2). La procédure de conciliation issue de la loi de sauvegarde des entreprises, qui ne connaît pas de suspension des poursuites, n'est pas une mesure d'assainissement au sens du droit communautaire[4].

Selon l'article L. 613-31-3 du code monétaire et financier, les mesures décidées par les autorités compétentes d'un État membre, autre que la France, produisent leurs effets en France, y compris à l'égard des tiers, sans autre formalité dès qu'ils produisent leurs effets dans cet autre État membre. L'article L. 613-31-9 du code monétaire et financier reconnaît à l'administrateur ou au liquidateur désigné par un autre État membre qualité à exercer en France les pouvoirs qu'il peut exercer dans l'État qui l'a désigné, en respectant cependant la loi française, spécialement quant aux modalités de réalisations des actifs et à l'information des salariés. En outre, les pouvoirs du mandataire de justice ne l'autoriseront pas à utiliser des mesures d'eécution nécessitant l'emploi de la force publique a le droit de faire statuer sur un litige ou un différnd. A été évoqué à cet égard « une résurgence du principe de territorialité en raison de l'absence d'harmonisation au niveau européen du droit des procédures d'exécution »[5].

La loi applicable sera celle de l'État d'origine, encore que la solution ne résulte pas explicitement du texte[6]. Le code monétaire et financier prévoit des règles particulières pour certaines situations (C. mon. fin., art. L. 613-31-5), ne constituant d'ailleurs, dans une large mesure, que la reproduction des solutions posées par le Règlement communautaire du 29 mai 2000. Ainsi, les contrats et relations de travail seront régis par la loi de l'État membre applicable à ce contrat ou à cette relation. Les contrats donnant le droit de jouir ou d'acquérir un bien immobilier sont soumis à la loi de situation du bien. Les droits sur un bien immobilier, un aéronef ou un navire, qui sont soumis à publication, sont régis par la loi sous l'autorité duquel le registre de publication est tenu. Les instances en cours à la date de la mesure d'assainissement ou de liquidation sont régies par la loi de l'État sur le territoire de laquelle se déroule cette instance. Les conventions de compensation, celles portant cession temporaire d'instruments financiers et celles régissant les transactions effectuées dans le cadre d'un marché réglementé sont régies par la loi de l'État membre, qui s'applique à ces conventions. Enfin, les droits sur les instruments financiers supposant l'inscription sur un registre, sur un compte ou auprès d'un système de dépôt centralisé détenus ou situés dans un État membre sont régis par la loi de cet État.

Si le principe est que les mesures d'assainissement et de liquidation peuvent porter atteinte aux droits préexistants des tiers, le code monétaire et financier (art. L. 613-31-6) réserve certains droits.

Il en est d'abord ainsi des droits réels d'un créancier ou d'un tiers sur des biens corporels ou incorporels appartenant à l'établissement de crédit, qui se trouvent sur le territoire d'un État membre autre que celui qui a ouvert la mesure d'assainissement ou de liquidation, à la date de cette dernière.

Il en est de même des droits du vendeur sous clause de réserve de propriété, lorsque le bien se trouve sur le territoire d'un État membre autre que celui qui a ouvert la mesure d'assainissement ou de liquidation, à la date de cette dernière.

1. Ord. n° 2004-1127, 21 oct. 2004, *JO* 22 oct., p. 17865, *LXB* n° L8085AUY – Robine Transposition de la directive « assainissement et liquidation des établissements de crédit » – Ordonnance du 21 octobre 2004 », *D.* 2004. 3202 – Mélin, « L'ordonnance du 21 octobre 2004 portant transposition de la directive du 4 avril 2001 concernant l'assainissement et la liquidation des établissements de crédit », *JCP E* 2004, Act. 1849 – Labasque, « Assainissement et liquidation des établissements de crédit communautaires : transposition de la directive du 4 avril 2001 », *LXB* n° N3366ABB.
2. D. n° 2005-468, 12 mai 2005, *JO* 15 mai, p. 8453
3. Ord. n° 2015-1024, 20 août 2015 portant diverses dispositions d'adaptation de la législation au droit de l'union européenne en matière financière, *JO* 21 août, p. 14652 – sur le commentaire de cette ordonnance : Bonneau, *Rev. proc. coll.* 2015, comm. 166.
4. *Rapp. J.-J. Hyest*, n°, p. 548.
5. Léguevaques, « Les apports des nouvelles règles spécifiques sur les faillites des établissements de crédit », *LPA* 12 déc. 2003, p. 16 s.
6. Mélin, « L'ordonnance du 21 octobre 2004 portant transposition de la directive du 4 avril 2001 concernant l'assainissement et la liquidation des établissements de crédit », *JCP E* 2004, Act. p. 1849, sp. p. 1851 – Robine, « Transposition de la directive « assainissement et liquidation des établissements de crédit » – Ordonnance du 21 octobre 2004 », *D.* 2004. 3202 sp. 3203.

Il en est encore ainsi du droit de l'acheteur d'acquérir un bien vendu par l'établissement de crédit – on pensera spécialement aux contrats de location avec option d'achat ou de crédit-bail –, lorsque ce bien se trouve sur le territoire d'un État membre autre que celui qui a ouvert la mesure d'assainissement ou de liquidation, à la date de cette dernière.

Il en est enfin ainsi du droit pour un créancier d'invoquer la compensation, lorsque la loi applicable à la créance de l'établissement le crédit le permet.

Ces exceptions ne font toutefois pas obstacle à l'exercice d'actions en nullité, en annulation ou en inopposabilité des actes préjudiciables à l'ensemble des créanciers qui seraient prévues par la loi de l'État membre sur le territoire duquel se trouve l'établissement de crédit. Il s'agit en France des nullités de la période suspecte. La sanction ne pourra cependant atteindre l'acte préjudiciable que sous une limite : le bénéficiaire de l'acte ne doit pas rapporter la preuve que la loi applicable à l'acte ne permet pas d'atteindre l'efficacité de cet acte. Dans la mesure d'assainissement, la limitation de la possibilité de remise en cause des seuls actes antérieurs à la mesure conduit à décider que l'action en inopposabilité, qui vient sanctionner la méconnaissance des règles relatives à l'administration contrôlée ou au dessaisissement, ne pourra être exercée.

Signalons une question préjudicielle relative à l'interprétation de la directive du 4 avril 2001 intéressant la loi islandaise, à la suite de la crise de 2008[1]. La CJUE y a répondu en indiquant que l'article 32 de la directive du 4 avril 2001 doit être interprété en ce sens qu'il ne fait pas obstacle à ce qu'une disposition nationale, telle celle prohibant ou suspendant toute action judiciaire à l'encontre d'un établissement financier, dès lors que celui-ci bénéficiait d'un moratoire, produise ses effets à l'égard de mesures conservatoires, telles que celles en cause, prises dans un autre État membre (l'Islande) antérieurement au prononcé du moratoire[2]. La Cour de cassation à, en conséquence, censuré une cour d'appel qui avait refusé d'ordonner la mainlevée de mesures conservatoires[3].

1. Com. 14 févr. 2012, n° 10-27.648, *Bull. civ.* IV, n° 37, *Rev. proc. coll.* 2012, comm. 189, note Menjucq.
2. CJUE, 5ᵉ ch., 24 oct. 2013, *LBI*, aff. C-85/12, *Rec.* N; *D.* 2014, pan. 2139, note Synvet; *Rev. proc. coll.* 2013, comm. 1182, note Bonneau; *Act. proc. coll.* 2013/20, comm. 301, note Legrand – *Adde*, Kleiner, « Faillite bancaire sans frontières : les enseignements de la crise bancaire islandaise, et les occasions manquées… », *D.* 2014. 249.
3. Com. 24 juin 2014, n° 10-27.648, *Bull. civ.* IV, n° 112; *D.* 2014. 2202, n° 4, note Lecaroz; *Rev. proc. coll.* 2014, comm. 140, note Bonneau et 2015, comm. 145, note Mastrullo.

092.14 Exclusion des entreprises d'investissement et des organismes de placement collectif. Les entreprises d'investissement font l'objet d'une réglementation communautaire issue d'une directive du 10 mai 1993 amendée par une directive du 29 juin 1995[4]. Cette réglementation particulière est justifiée en raison des risques qu'elles font naître pour l'organisation commune du marché unique, spécialement les mesures tendant à assurer leur assainissement et leur liquidation[5].

Les organismes de placement collectif sont également exclus du Règlement CE du 29 mai 2000. Ils sont réglementés par une directive du 20 décembre 1985 amendée par une directive du 29 juin 1995[6]. L'exclusion semble ici justifiée par la nécessaire recherche d'une protection des clients et des épargnants, les avis divergeant cependant sur cette justification[7].

SECTION 092.20
DÉTERMINATION PAR LE RÈGLEMENT COMMUNAUTAIRE DE LA COMPÉTENCE

092.21 Détermination par le règlement communautaire de la compétence pour l'ouverture de la procédure principale[8]. La procédure principale – par opposition aux procédures secondaires – a une portée universelle. Elle frappe tous les biens du débiteur, y compris ceux situés à l'étranger, à l'exception toutefois des biens soumis aux procédures secondaires.

Un chef de compétence est reconnu pour l'ouverture de la procédure qualifiée de « principale » (Règl. CE 29 mai 2000, art. 3 § 1), les autres procédures éventuellement ouvertes, dites secondaires, lui étant alors subordonnées et obéissant, en application de l'article 3 § 2 à un autre critère de compétence, celui de l'existence d'un établissement (v. sˢ n° 092.51).

4. Dir. 93/22/CEE, Conseil, 10 mai 1993, *JOCE L* 141, 11 juin, p. 27 – Dir. 95/26/CE, Parlement et Conseil, 29 juin 1995, *JOCE L* 168, 18 juill., p. 7.
5. Robine, « L'effet international de la faillite la solution des directives relatives à l'insolvabilité des établissements de crédit et des entreprises d'assurances », Jault-Seseke et Robine (dir.), *L'effet international de la faillite : une réalité ?*, « Thèmes & commentaires », Dalloz, 2004, 37 s.
6. Dir. 85/611/CEE, Conseil, 20 déc. 1985, *JOCE L* 375, 31 déc., p. 3 – Dir. 95/26/CE, Parlement et Conseil, 29 juin 1995, préc.
7. EN CE SENS : Chaput, « L'entrée en vigueur du droit communautaire de la faillite », *Dr. sociétés* 2000, n° 11, comm. n° 22, p. 4 – EN SENS CONTRAIRE : Giorgini, *Méthodes conflictuelles…*, préc., Dalloz, 2006, n° 115.
8. Nabet, « Étude sur le champ d'application spatial du règlement européen sur l'insolvabilité », *BJE* juill. 2014, p. 273.

Le Règlement donne compétence de principe au tribunal du centre des intérêts principaux du débiteur[1], ce qui présuppose toutefois que ce centre se situe sur le territoire d'un État membre, ainsi que le précise d'ailleurs le point 14 du préambule du Règlement[2]. Cet État ne doit pas être le Danemark, pays pour lequel le règlement est sans application. La notion de centre des intérêts principaux constitue ainsi un moyen de vérifier le caractère communautaire ou extracommunautaire des débiteurs[3].

Le centre des intérêts principaux est une notion qui doit être interprétée par référence au droit de l'Union, ce qui exclut qu'une juridiction nationale soit liée par une règle de procédure nationale telle qu'interprétée par la juridiction suprême de cet État, et qui ne serait pas conforme au droit de l'Union[4].

Le centre des intérêts principaux est déterminé par le considérant n° 13 du Règlement comme le « lieu où le débiteur gère habituellement ses intérêts et qui est donc vérifiable par les tiers ». C'est le lieu où, en pratique, les cocontractants du débiteur chercheront les informations[5]. Dans cette analyse, peut être utilisé le concept de « prévisibilité du risque d'insolvabilité pour les créanciers »[6]. La Cour de Justice des communautés considère que ce critère de compétence doit être apprécié de « manière uniforme et indépendante des législations nationales »[7], solution exactement reprise par les juridictions françaises[8].

1. Giorgini, « Le centre des intérêts principaux du débiteur insolvable en droit comparé », *RIDC* 4/2012, p. 867.
2. Giorgini, *Méthodes conflictuelles...*, préc., n° 272.
3. Giorgini, *Méthodes conflictuelles...*, préc., n° 274.
4. CJUE, 1re ch., 20 oct. 2011, *Interedil*, aff. C-396/09, *Rec.* I-09915; *D.* 2011, actu 2593, note Lienhard; *D.* 2011. 2915, note Vallens; *D.* 2012, pan. 2198, note Lucas; *D.* 2012, pan. 2341, obs. d'Avout; *Rev. proc. coll.* 2011, comm. 177, note Mastrullo; *BJE* janv. 2012, comm. 10, p. 34, note Henry; *JCP E* 2012, Chron. 1204, n° 9, obs. Menjucq; *Dr. sociétés* 2012, comm. 150, note Legros; *JCP E* 1309, note Dammann et Albertini – *ADDE*, Menjucq, « Centre des intérêts principaux : les apports de l'arrêt Interedil de la CJUE du 20 octobre 2011 », *Rev. proc. coll.* 2011, étude 32, p. 19.
5. Giorgini, *Méthodes conflictuelles...*, préc., Dalloz, 2006, n° 269.
6. T. com. Nanterre, 3e ch., 15 févr. 2006, *D.* 2006, jur. 793, note Vallens; *D.* 2006. AJ 651, obs. Lienhard; *Gaz. proc. coll.* 2006/2, p. 12, note Mélin; *Bull. Joly* 2006/5, § 122, p. 575, note Jault-Seseke et Robine
7. CJCE, gr. ch., 17 janv. 2006, *Staubitz-Schreiber*, aff. C-1/04, *Rec.* I-00701; *D.* 2006, jur. 1752, note Dammann; *D.* 2006. AJ 367, obs. Lienhard; *D.* 2006, pan. 2252, obs. Lucas; *Rev. sociétés* 2006. 346, note Vallens; *Act. proc. coll.* 2006/9, n° 109, note Menjucq; *Europe*, mars 2006, p. 28, obs. Kauff-Gazin et Idot; *Gaz. proc. coll.* 2006/2, p. 19, obs. Mélin; *Bull. Joly* 2006/6, § 158, p. 753, note Fasquelle; *RJ com.* 2006/3, p. 243, note Sortais; *Rev. proc. coll.* 2006/3, p. 241, note Volders et Rétornaz.

Pour une personne physique, le centre des intérêts principaux sera le domicile professionnel. Il n'existe pas de présomption selon laquelle le centre des intérêts principaux serait situé au domicile personnel ou à la résidence de l'intéressé[9]. Le seul fait pour une personne de prendre un immeuble en location et d'ouvrir un compte bancaire en France est insuffisant à justifier l'ouverture d'une procédure d'insolvabilité en France, ces éléments n'établissant pas que l'intéressé a en France le siège de ses intérêts principaux, alors qu'il gère en Allemagne un important patrimoine immobilier[10]. De même, le seul fait pour le débiteur de ne disposer en France que d'une chambre, dont il dispose en tant que sous-locataire, et qu'il n'occupe que de manière irrégulière, est insuffisant à considérer qu'il a en France le centre de ses intérêts principaux, alors qu'il a un emploi dans une entreprise allemande, et que ses créanciers sont uniquement des établissements bancaires allemands[11]. Identiquement, le fait pour l'intéressée d'avoir pris, en France, en location, un appartement avec sa sœur, en laissant dans son pays d'origine le reste de sa famille, de n'avoir en France, où elle occupe un emploi salarié, que de faibles dépenses non alimentaires, alors qu'en Allemagne, où elle exerçait ses activités, l'intéressée avait accumulé un important passif, ne permet pas de situer en France, au jour de l'introduction de sa demande d'ouverture d'une liquidation judiciaire, le centre de ses intérêts principaux[12]. Au contraire, est bien situé en France le centre des intérêts principaux d'un allemand qui a quitté son pays en 2010, a conclu un bail d'habitation en France, y réside, s'est immatriculé en France à la Caisse primaire d'assurance-maladie, y a ouvert un compte bancaire et travaille comme médecin salarié après s'être inscrit à l'ordre des médecins[13].

8. AINSI : T. com. Paris, 2 août 2006, *aff. Eurotunnel*, *D.* 2006, jur. 2329, note Dammann et Podeur; *Bull. Joly* 2007/1, p. 37, n° 3, note Jault-Seseke et Robine.
9. Com. 15 févr. 2011, n° 10-13.832, *Bull. civ.* IV, n° 28; *D.* 2011. Actu 589, note Lienhard; *D.* 2011. 1738, note Dammann et Rapp; *Gaz. Pal. entr. diff.* 1-2 avr. 2011, p. 14, note Mélin; *JCP E* 2011. 1298, note Mélin; *Act. proc. coll.* 2011/5, n° 92, note Vallansan; *Rev. proc. coll.* 2011, comm. 170, note Menjucq.
10. Civ. 2e, 9 oct. 2008, n° 07-18.804, NP, *Rev. proc. coll.* 2009/6, 150, p. 30, note Menjucq, sur appel de Colmar, 1re ch. civ., sect. A, 19 sept. 2006, RG n° 06-1622, *Act. proc. coll.* 2006/20, n° 254; *RTD com.* 2010. 206, n° 24, obs. Vallens.
11. Com. 28 oct. 2008, n° 06-16.108, NP, *Gaz. proc. coll.* 2009/2, p. 11, note Mélin; *Bull. Joly* févr. 2009, § 35, p. 171, note Mélin; *Act. proc. coll.* 2008/19, n° 306; *Rev. proc. coll.* 2009/6, 150, p. 30, note Menjucq.
12. Com. 15 févr. 2011, n° 10-13.832, préc.
13. Colmar, 1re ch. civ., sect. A, 14 janv. 2015, RG n° 14/03677, *Act. proc. coll.* 2015/5, comm. 78

Toutefois, si le débiteur allemand n'a plus d'activité professionnelle en Allemagne, et qu'il est établi en France depuis de nombreuses années, il ne peut être soutenu que le centre de ses intérêts principaux se situe en Allemagne. Dès lors que ses créanciers ont connaissance de sa résidence en France, il peut être considéré qu'il a en France le centre des intérêts principaux[1].

Pour une société, le siège des intérêts principaux sera par principe le siège statutaire. Il ne s'agit là que d'une présomption simple (Règl. CE 29 mai 2000, art. 3 § 1), qui peut être renversée sur démonstration que le siège réel de la société est ailleurs. Le Règlement reste muet sur l'administration de cette preuve contraire, qui dépendra donc de l'appréciation du juge du for et pourra, le cas échéant, être variable d'un pays à l'autre. Le caractère simple de cette présomption porte en germe un risque de conflit de juridictions[2]. Un faisceau d'indices pourra être utilisé, duquel devra résulter la preuve que le centre de décision des principaux intérêts est situé ailleurs qu'au siège social[3].

La notion de direction stratégique et opérationnelle est un indice essentiel du siège des intérêts principaux du débiteur[4]. Le fait que l'ensemble des décisions concernant la personne morale soit pris en un certain lieu accrédite l'idée que le centre des intérêts principaux du débiteur s'y trouve situé[5]. Il en est de même de la localisation de l'essentiel des activités, des salariés et des actifs[6]. Il peut encore s'agir de la localisation de l'activité, du patrimoine, de la direction ou des relations d'affaires[7]. Peut aussi être utilisé l'argument tenant à la localisation des discussions relatives à la restructuration de l'endettement de la structure. C'est ainsi que dans l'affaire Eurotunnel, il a été tenu compte de la désignation en France d'un mandataire *ad hoc* pour déterminer le siège des intérêts principaux du débiteur[8]. L'absence d'activité de la société dans son pays d'immatriculation ajouté au fait que le dirigeant effectif de la société est inconnu des services fiscaux du pays d'immatriculation permettent de renverser la présomption du centre des intérêts principaux au lieu du siège social[9].

La présomption de siège social au lieu du siège statutaire ne peut plus être renversée lorsque les organes de direction et de contrôle de la société se trouvent au lieu du siège social et que les décisions de gestion de cette société sont prises, de manière vérifiable par les tiers, en ce lieu[10].

Le changement de siège social restera efficace même s'il est intervenu dans les six mois ayant précédé l'ouverture de la procédure, contrairement à la solution retenue en droit français (v. s[s] n° 232.12)[11].

Que faut-il décider lorsque le débiteur déplace le centre de ses intérêts principaux avant l'introduction de la demande d'ouverture de la procédure et la date à laquelle la juridiction doit statuer ? Le Règlement reste muet sur la date à laquelle se placer pour apprécier le critère de compétence. La Cour de Justice des communautés, saisie de cette question, par voie préjudicielle, a répondu que seul devait être pris en compte le centre des intérêts principaux du débiteur lors de l'introduction de la demande[12]. Il doit s'agir d'une notion objective qui doit être vérifiable par les tiers pour assurer leur sécurité juridique en raison du lien entre la compétence du tribunal et la loi applicable à la procédure[13].

1. Colmar, 26 mars 2014, RG n° 13/05861, *Gaz. Pal.* 29 juin 2014, n° 180, p. 20, note Henry.
2. Menjucq, « La coordination des droits nationaux par le droit communautaire », *in Le traitement des difficultés des entreprises dans le marché unique européen,* Coll. Bruxelles, 10 nov. 2005, *LPA* 19 oct. 2006, n° 209, p. 21 ; « Le droit communautaire des procédures d'insolvabilité à l'épreuve des juridictions nationales », *RJ com.* 2007. 105 s., sp. p. 105 s., sp. p. 108.
3. Versailles, 24e ch., 4 sept. 2003, *D.* 2003, jur. 2352, note Vallens; *Procédures* 2003/11, p. 10, n° 239, note Nourrissat; *Act. proc. coll.* 2003/17, n° 224, note Dom; *JCP E* 2003, jur. 1747, p. 2012, note Likillimba – T. com. Nanterre, 19 mai 2005, aff. *Rover France,* RG n° 2005/666, *Gaz. proc. coll.* 2005/2, p. 6, note Mélin; *Act. proc. coll.* 2005/11, n° 138, note Mélin; *JCP* 2005. II. 10116, note Menjucq; *JCP E* 2005. 1412, p. 1576, note crit. Fasquelle – T. com. Nanterre, 3e ch., 15 févr. 2006, *Gaz. proc. coll.* 2006/2, p. 12, note Mélin; *Bull. Joly* 2006/5, § 122, p. 575, note Jault-Seseke et Robine – TGI Lure, ch. com., 29 mars 2006, *D.* 2006. AJ 1043, obs. Lienhard T. com. Roubaix-Tourcoing, 21 avr. 2008, *Bull. Joly* 2008, § 213, p. 993, note Mélin; *RTD com.* 2010. 204, n° 20, obs. Vallens – Paris, 26 nov. 2009, *Rev. sociétés* 2010, P; 395, note Mastrullo; *Rev. proc. coll.* 2010/6, p. 30, n° 220, note Mastrullo.
4. AINSI : T. com. Paris, 2 août 2006, *aff. Eurotunnel, D.* 2006, jur. 2329, note Dammann et Podeur; *Bull. Joly* 2007/1, p. 37, n° 3, note Jault-Seseke et Robine – T. com. Roubaix-Tourcoing, 21 avr. 2008, RG n° 2008/1062.
5. SUR RENVOI APRÈS CASSATION : Paris, pôle 5, 8e ch., 26 juin 2012, 5 arrêts, RG n°s 09/29110, 09/29113, 09/29121, 09/29122 et 09/29123, aff. *Eurotunnel.*
6. T. com. Paris, 2 août 2006, préc.
7. Paris, 26 nov. 2009, RG n° 09/17248, *Rev. sociétés* 2010. 395, note Mastrullo; *Rev. proc. coll.* 2010/6, p. 30, n° 220, note Mastrullo.
8. T. com. Paris, 2 août 2006, préc. – ET SUR tierce opposition : T. com. Paris, 1re ch. A, 15 janv. 2007, *D.* 2007. AJ 313, obs. Lienhard.
9. Riom, ch. com., 10 sept. 2008, *JCP E* 2009. 1815, note Legros; *Dr. sociétés* 2009, § 145, p. 30, note Legros.
10. CJUE, 1re ch., 20 oct. 2011, *Interedil*, aff. C-396/09, préc.
11. Circ. min. Justice relative au Règlement n° 1346-2000 du 29 mai 2000 relatif aux procédures d'insolvabilité, 15 déc. 2006, CIV 19/06, 15 déc. 2006, 1.2.1 – *Adde*, Mélin, *La faillite Internationale*, Lgdj, « Systèmes », 2004, n° 103.
12. CJCE, gr. ch., 17 janv. 2006, *Staubitz-Schreiber,* aff. C-1/04, préc – *Adde*, CJUE, 1re ch., 20 oct. 2011, aff. C-396/09, préc. – AUSSI POUR UNE APPLICATION : T. com. Paris, 2 août 2006, *aff. Eurotunnel*, préc.
13. Menjucq, *Act. proc. coll.* 2006/9, n° 109.

Le fait que la société soit dans un **groupe de sociétés** est-il susceptible d'exercer une influence sur cette détermination ? Observons d'abord, pour le déplorer[1] et en conséquence appeler de nos vœux une intervention communautaire sur la question pour éviter des écarts d'interprétation pouvant être source de forum shopping, le silence du Règlement sur la situation du groupe de sociétés. Faut-il prendre en compte le siège social de la filiale ou le centre des intérêts du groupe ? Une filiale, qui n'est pas un simple établissement secondaire, ni une succursale, mais une personne morale autonome, située dans un pays autre que celui d'ouverture de la procédure principale ne devrait donc pas, sur un plan strictement formel, voir s'ouvrir contre elle une procédure secondaire dans un État membre autre que celui d'ouverture de la procédure principale, mais une procédure de droit commun[2]. Est-ce une bonne solution ? Si l'on envisage la question sous l'angle du sauvetage de l'entreprise, certainement pas. Mais même sous l'angle du désintéressement des créanciers, il n'est pas certain que l'ouverture de multiples procédures nationales intéressant chaque composante du groupe soit intéressante. C'est pourquoi l'approche par la seule notion opérationnelle permettant de déterminer la compétence au regard du Règlement communautaire, c'est-à-dire la notion de centre des intérêts principaux du débiteur, peut permettre, par contraste avec les législations nationales et spécialement le droit français, d'appréhender le groupe de sociétés comme une entité, autorisant l'ouverture d'une procédure principale, les filiales étant alors traitées comme des établissements justifiant seulement l'ouverture de procédures secondaires. Certains auteurs admettent clairement cette possibilité[3], d'autres y sont hostiles[4], d'autres enfin se montrent réservés[5]. Le fait qu'un siège statutaire existe dans un État membre ne peut donc suffire à écarter la possibilité d'ouverture d'une procédure secondaire[6], ainsi que l'admet clairement la jurisprudence[7].

Cependant, la prise en compte du groupe de sociétés ne doit pas avoir pour conséquence de retenir systématiquement la compétence du tribunal du lieu du siège social de la société mère. Une réponse ministérielle est d'ailleurs intervenue en France pour préciser ce point et indiquer clairement que pratiquer de la sorte serait un détournement du texte communautaire[8]. La Circulaire ministérielle du 15 décembre 2006 n'est pas aussi tranchée, mais insiste néanmoins sur l'obligation pour les juridictions françaises qui retiendraient la compétence du juge français à l'égard d'une société de droit étranger, de motiver leur décision avec une grande précision[9].

La jurisprudence semble prendre une voie raisonnable. La compétence du tribunal du lieu du centre des intérêts principaux de la société mère n'est retenue que lorsque le centre des intérêts du groupe est aussi le centre des intérêts principaux de la filiale. C'est ainsi que la Cour de Justice des communautés a pu juger que la présomption selon laquelle le centre des intérêts principaux d'une filiale est situé dans l'État membre de son siège statutaire ne peut être réfutée que si des éléments objectifs et vérifiables par les tiers permettent d'établir l'existence d'une situation réelle différente. Tel pourrait être le cas en l'absence de toute activité sur le territoire de l'État du siège social statutaire. En revanche, le fait que les choix économiques de la filiale soient ou puissent être contrôlés par la société mère établie dans un autre État membre est insuffisant à renverser la présomption selon laquelle le centre des intérêts principaux du débiteur se trouve au lieu de son siège social[10]. La prévisibilité pour les tiers constitue dans le domaine des groupes de sociétés, comme en

1. AUSSI : Menjucq, « La coordination des droits nationaux par le droit communautaire », *in* Le traitement des difficultés des entreprises dans le marché unique européen, Coll. Bruxelles 10 nov. 2005, *LPA* 19 oct. 2006, nº 209, p. 21 s., sp. p. 22 à 24.
2. Circ. min. Justice 15 déc. 2006 relative au Règlement nº 1346-2000 du 29 mai 2000 relatif aux procédures d'insolvabilité, CIV 19/06, 15 déc. 2006, 1.2.2.
3. Honorat et Henry, « La compétence juridictionnelle en matière de procédure d'insolvabilité dans le Règlement nº 1346-2000 du 29 mai 2000 : une nouvelle tentative de conciliation par la hiérarchie entre universalité et territorialité en matière de "faillites internationales" », *Mél. Sortais*, Bruylant, 2002, p. 313 s., sp. p. 328 – Menjucq, « La coordination des droits nationaux par le droit communautaire », *in Le traitement des difficultés des entreprises dans le marché unique européen,* Coll. Bruxelles 10 nov. 2005, *LPA* 19 oct. 2006, nº 209, p. 21 s., sp. p. 24.
4. Peruzzetto, « Le créancier et la "faillite européenne" : commentaire de la convention des communautés européennes relative aux procédures d'insolvabilité », JDI 1997. 757 s., sp. p. 777 – Legrand, « La défaillance de l'entreprise : le règlement 1346/2000 relatif aux procédures d'insolvabilité », *Rev. sociétés* 2001. 292, sp. p. 295.
5. Giorgini, *Méthodes conflictuelles*..., préc., Dalloz, 2006, nº 331.
6. Dammann et Sénéchal, « La procédure secondaire du règlement CE nº 1346/2000 : mode d'emploi », *RLDA* oct. 2006/9, p. 81 s., sp. p. 82, nº 8.
7. Versailles, 13e ch., 15 déc. 2005, RG nº 2005/04723, *D.* 2006. AJ 143, obs. Lienhard; *D.* 2006, jur. 379, note Dammann; *Act. proc. coll.* 2006/3, nº 33, note Mélin; *Gaz. proc. coll.* 2006/1, p. 4, note Mélin; *Gaz. Pal.* 3-4 févr. 2006, p. 14, note Boccon-Gibod et Desnos.
8. Rép. min. QE, nº 40228, *JOAN Q* 3 août 2004, p. 6104.
9. Circ. min. Justice relative au Règlement nº 1346-2000 du 29 mai 2000 relatif aux procédures d'insolvabilité, 15 déc. 2006, CIV 19/06, 15 déc. 2006, 1.2.3.
10. CJCE, gr. ch., 2 mai 2006, *Eurofood IFSC,* aff. C-341/04, *Rec.* I-03813; *D.* 2006, pan. 2251, obs. Lucas; *JCP E* 2006. 2071, p. 1220, note Vallens; JCP E 2006, Chron. 2331, p. 1531, nº 2, obs. Pétel; *Bull. Joly* 2006/7, § 184, p. 907, note Fasquelle; *Rev. sociétés* 2006. 360, note Rémery; *Gaz. proc. coll.* 2006/3, p. 7, note Mélin.

dehors de celui-ci, l'élément clé. Mais cette notion est suffisamment vague pour permettre des applications souples du Règlement à des filiales[1].

Une difficulté se présente en cas d'**extension de la procédure sur le fondement de la confusion des patrimoines.** Les règles de compétence posées par le Règlement européen autorisent-elles l'extension de la procédure sur le fondement de la confusion des patrimoines ouverte par un juge français à une société dont le siège statuaire, et donc par présomption, le centre des intérêts principaux reste situé dans un autre État membre ? La réponse à la question passe par la résolution d'une difficulté. Faut-il voir dans l'extension un jugement d'ouverture, auquel cas la réponse devrait être négative ? Faut-il, au contraire, voir dans l'extension de la procédure une action dérivant directement de la procédure ouverte et s'insérant étroitement dans cette procédure, auquel cas la compétence du juge français s'impose ? La Cour de cassation a renvoyé à la Cour de justice de l'Union européenne cette question préjudicielle[2]. Bien qu'il ne nous ait semblé guère discutable que l'action en extension n'était pas l'ouverture d'une procédure, mais au contraire une action dérivant directement de la procédure initialement ouverte, la Cour de justice de l'Union européenne a préféré une autre voie. Elle exige, pour que l'extension puisse être prononcée à l'encontre d'une société ayant son siège sur le territoire d'un État membre autre que celui d'ouverture de la procédure à étendre, que la juridiction s'appuie sur la localisation du centre des intérêts principaux de la société cible de l'extension dans le pays de la procédure à étendre. La seule confusion des patrimoines est insuffisante[3].

En procédant de la sorte, la CJUE gomme l'autonomie du concept français d'extension de procédure, réduisant cette dernière à une ouverture de procédure. Mais il est vrai que l'inexistence dans nombre d'États européens de d'extension de la procédure pour confusion des patrimoines ne plaidait pas en faveur de son exportation hors de nos frontières.

À la suite de la réponse à la question préjudicielle, la Cour de cassation a logiquement censuré la décision de la cour d'appel qui avait retenu la compétence du juge français pour étendre la procédure ouverte en France à une société italienne, sans rechercher si le centre des intérêts principaux de la société italienne se trouvait sur le territoire français, ce qu'elle ne pouvait déduire de la seule constatation de la confusion de son patrimoine avec celui de la société française. Les juges du fond auraient du exclusivement procéder à une « appréciation globale de l'ensemble des éléments pertinents permettant d'établir que, de manière vérifiable par les tiers, le centre effectif de direction et de contrôle de la société italienne se trouvait en France et non au lieu de son siège statutaire en Italie »[4].

Appliquant cette jurisprudence, une juridiction, qui a démontré que le centre des intérêts principaux de la société belge se trouvait en France, a pu prononcer l'extension de la procédure à cette société, dans le cadre d'une extension franco-française[5]. Logiquement, une autre juridiction a refusé l'extension de la procédure à une société étrangère, dès lors qu'il n'était pas démontré que cette dernière avait le centre de ses intérêts principaux en France[6].

1. AINSI : T. com. Beaune, 2e ch., 16 juill. 2008, *D.* 2008. AJ 2141; *Bull. Joly* janv. 2009, § 13, p. 53 note Coquelet; *RTD com.* 2010. 205, no 23, obs. Vallens – *Adde*, Dammann et Podeur, « Procédures d'insolvabilité : interprétation jurisprudentielle souple du règlement », *D.* 2008, Chron. 2738.
2. Com. 13 avr. 2010, no 09-12.642, *Bull. civ.* IV, no 81; no 462 FS-P+B; *D.* 2010. 1016, note Lienhard; *D.* 2010. 1115, note Orsini; *D.* 2010. 1450, note Henry; *Gaz. Pal. entr. diff.* 2-3 juill. 2010, nos 183, 184, p. 18, note Mélin; *JCP E* 2010, Chron. 1742, no 3, obs. Pétel; *Rev. proc. coll.* 2010/6, p. 29, no 219, note Mastrullo; *Rev. sociétés* 2010. 592, note Mastrullo; *Bull. Joly* 2010. 571, § 118, note Vallens; *Rev. sociétés* 2010. 404, note Roussel Galle; *Dr. et patr.* 2010, no 196, p. 89, note Saint-Alary-Houin et Monsérié-Bon – *Adde*, Menjucq, « L'extension de procédure pour confusion des patrimoines passée au crible du règlement no 1346/2000; une question à suspense », *Rev. proc. coll.* 2010/4, repère 4.
3. CJUE, 1re ch., 15 déc. 2011, *Rastelli Davide e C.*, aff. C-191/10, *Rec.* I-13209; *D.* 2012. Actu 8, note Lienhard; *D.* 2012. 403, note Vallens; *D.* 2012, pan. 2197, note Lucas; *D.* 2012, pan. 2342, obs. d'Avout; *BJE* mars 2012, comm. 138, p. 240, note Kuntz et Nurit; *BJE* mars 2012, comm. 53, p. 117, note Henry; *Act. proc. coll.* 2012/1, no 17, comm. Vallansan; *JCP E* 2012. 1088, note Paclot et Poracchia; *Leden* févr. 2012, no 26, p. 6, obs. Mélin; *JCP E* 2012, Chron. 1204, no 10, obs. Menjucq; *JCP E* 2012, Chron. 1227, no 1, obs. Pétel; *Rev. proc. coll.* 2012, étude 2, p. 11, note Menjucq; *Rev. sociétés* 2012. 189 note Roussel Galle et 313, note Morelli; *LPA* 7 févr. 2012, no 27, note Legrand et 15 juin 2012, no 120, p. 6, note Nabet; *Dr. sociétés* 2012, comm. 127, note Legros; *Dr et patr.* sept. 2012, no 217, p. 97, note Monsérié-Bon; *Rev. proc. coll.* 2012, comm. 185, note Mastrullo – *Adde*, APPLIQUANT CETTE JURISPRUDENCE : T. com. Nevers, 25 mars 2013, RG no 2013/000980, *Leden* juin 2013, comm. 087, note Mouial-Bassilana – *Bull. Joly* juin 2013, comm. 186, note Lucas.
4. Com. 10 mai 2012, no 09-12.642, *Bull. civ.* IV, no 97; no 519 FS-P+B; *D.* 2012. Actu 1327, note Lienhard et 1803, note Jault-Seseke; *D.* 2012, pan. 2342, obs. d'Avout; *BJE* juill. 2012, comm. 126, note Henry *Rev. sociétés* 2012, 529, note Roussel Galle; *Bull. Joly* juill. 2012, note Borga; *Dr. sociétés* 2012, comm. 149 note Legros; *Dr. et patr.* sept. 2012, no 217, p. 97, note Monsérié-Bon; *Rev. proc. coll.* 2012, comm. 185, note Mastrullo.
5. T. com. Nevers, 22 mars 2013, RG no 41013425, *Act. proc. coll.* 2013/11, comm. 146, note Legrand.
6. Paris, 21 janv. 2014, RG no 13/15887, *Leden* févr. 2014, comm. 037, note Lucas.

092.22 Action dérivant directement et s'inscrivant étroitement dans une procédure d'insolvabilité. Reprenant une solution classique du droit européen, la jurisprudence a considéré que l'action dérivant directement et s'inscrivant étroitement dans une procédure d'insolvabilité est de la compétence du tribunal qui a ouvert la procédure d'insolvabilité. Cette solution est comparable à celle du droit interne, qui pose une attraction de compétence au profit du tribunal qui a ouvert la procédure collective pour les actions nées de la faillite ou pour celles sur lesquelles le droit de la faillite exerce son incidence.

Le critère déterminant pour identifier le domaine dont relève une action n'est pas le contexte procédural (une action née au cours de la procédure collective) mais le fondement juridique de cette action, ce qui suppose que soient mises en œuvre des règles spécifiques du droit de l'insolvabilité.

En application de ce critère, le recouvrement de créance opéré par un syndic n'est pas une action dérivée[1]. En revanche, est une action dérivée l'action en responsabilité contre un dirigeant, dès lors qu'elle suppose l'insolvabilité[2]. Il en irait ainsi de l'action en comblement de l'insuffisance d'actif.

Est une action dérivant directement et s'inscrivant étroitement dans une procédure d'insolvabilité, l'action en responsabilité dirigée contre le gérant de la société débitrice, domiciliée en dehors d'un état membre[3].

De même, relève de la compétence du tribunal qui a ouvert la procédure d'insolvabilité, l'action en remboursement exercée par le praticien de l'insolvabilité contre le dirigeant social de la société débitrice qui a effectué un paiement après la survenance de l'insolvabilité[4].

En application de l'article 3 § 1 du règlement n° 1346/2000 du 29 mai 2000, la Cour de Justice des communautés a admis la possibilité pour un administrateur allemand, dans un litige transfrontalier, d'assigner devant le tribunal de la procédure collective, dans le cadre d'une action révocatoire, une personne ayant son domicile dans un autre État membre[5]. La CJUE a ensuite étendu la solution à l'hypothèse du défendeur n'ayant pas son domicile sur le territoire d'un État membre[6].

En revanche, ne relève pas du Règlement, l'action révocatoire – technique du droit allemand n'ayant pas d'équivalent en droit français – appartenant au syndic, dès lors qu'elle a fait l'objet d'une cession à titre onéreux au profit d'un tiers. Cette cession a pour effet de rompre le lien direct avec la procédure d'insolvabilité du débiteur. L'action du cessionnaire, qui lui profite exclusivement et qui peut être exercée même après clôture de la procédure collective, ne dérive donc pas directement de la procédure d'insolvabilité et ne s'y insère pas étroitement[7].

Ne relève pas davantage du Règlement l'action tendant à la mise en œuvre d'une clause de réserve de propriété, au titre d'une mesure conservatoire, en ce qu'elle ne trouve pas son fondement dans le droit des procédures d'insolvabilité et ne requiert ni l'ouverture d'une procédure de ce type, ni l'intervention d'un syndic[8]. Cette action ne dérive pas directement d'une procédure d'insolvabilité. Cette analyse peut surprendre tant les règles du droit des entreprises en difficulté impriment leurs principes de solutions sur la matière[9].

Il ne saurait, à notre sens, en être de même de l'action en revendication exercée dans une procédure collective aux fins de rendre opposable à une procédure collective française un droit de propriété portant sur un bien situé en France, cette action dérivant directement de la faillite et s'insérant étroitement dans la procédure collective. Exercée dans une procédure collective ouverte en France, cette action obéit donc, selon nous, au droit français[10].

092.23 Interdiction de principe pour le juge étranger de contester la compétence du juge ayant statué en premier en application du principe de

1. CJUE, 1re ch., 4 sept. 2014, *Nickel & Goeldner Spedition*, aff. C-157/13, *Rec.* [à paraître].
2. CJUE, 6e ch., 4 déc. 2014, *H*, aff. C-295/13, *Rec.* [à paraître]; *BJS* 2015. 95, note Jault-Seseke et Robine; *BJE* mai 2015, 139, note Dammann et Rapp; *Rev. proc. coll.* 2015, comm. 141, note Menjucq; *Act. proc. coll.* 2015/5, comm. *79*, note V. Legrand.
3. CJUE, 6e ch., 4 déc. 2014, n° C-295/13, préc.
4. CJUE, 6e ch., 10 déc. 2015, *Kornhaas*, aff. C-594/14, *Rec.* [à paraître]; *BJS* mars 2016, 152, note Jault-Seseke et Robine.
5. CJCE 1re ch., 12 févr. 2009, *Seagon*, aff. C-339/07, *Rec.* I-00767; *D.* 2009. AJ 728, note Lienhard; *D.* 2009. 1311, note Vallens; *Rev. proc. coll.* 2009/2, 7, p. 19, note Ehret; *Rev. proc. coll.* 2009/6, 152, p. 31, note Mastrullo; *Act. proc. coll.* 2009/13, n° 196, note Mélin; *JCP E* 2009, Chron. 1814, n° 1, note Pétel; *RTD com.* 2010. 211, n° 31, obs. Vallens.
6. CJUE, 1re ch., 16 janv. 2014, *Schmid*, aff. C-328/12, *Rec.* N; *D.* 2014, actu 205; *D.* 2014. 915, note Jault-Seseke; *Gaz. Pal.* 29 juin 2014, n° 180, p. 19, note Henry; BJE mars 2014, 108, note Henry.
7. CJUE, 1re ch., 19 avr. 2012, *F-Tex*, aff. C-213/10, *Rec.* N; *D.* 2012. Actu 1185, note Lienhard; *Act. proc. coll.* 2012/11, comm. 155, note Menjucq; *BJE* juill. 2012, comm. 127, note Henry; *Rev. proc. coll.* 2012, comm. 184, note Mastrullo.
8. CJCE 1re ch., 10 sept. 2009, *German Graphics Graphische Maschinen*, aff. C-292/08, *Rec.* I-08421; *D.* 2009. AJ 2277, note Lienhard; *D.* 2009, Jur. 2782, note crit. Vallens; *RTD com.* 2010. 211, nos 33 et 34, obs. Vallens; *Act. proc. coll.* 2009/18, n° 273, note Mélin; *Rev. proc. coll.* 2009/6, 154, p. 32, note Mastrullo; *Rev. proc. coll.* 2010/5, p. 25, n° 28, note Franco.
9. RAPPR. : Vallens, note ss CJCE 10 sept. 2009, aff. C-292/08, préc., *D.* 2009, Jur. 2782.
10. AINSI : Douai, 14 sept. 2011, RG n° 10/04478.

confiance mutuelle. Il importe de savoir si le juge saisi en second d'une demande d'ouverture d'une procédure collective peut porter son appréciation sur la solution adoptée par le juge étranger. Un autre principe fondamental du Règlement européen trouve alors application, celui de la confiance mutuelle.

Selon ce principe, le juge français ne peut, par principe, infirmer l'appréciation du juge étranger sur la localisation du siège social au lieu des intérêts principaux[1]. De même, le juge français n'a pas à contrôler les motifs ayant permis à la juridiction étrangère de combattre la présomption selon laquelle le centre principal des intérêts de la filiale est situé au siège statutaire[2].

Trois observations s'imposent toutefois. Tout d'abord, rien n'interdit au plaideur de contester par la voie de recours adaptée la décision d'ouverture au regard de la compétence. Il le fera uniquement devant les juridictions de l'État d'ouverture[3] et selon les voies de recours prévues par le droit national de cet État qui a ouvert la procédure[4]. Ensuite, l'impossibilité pour le juge saisi en second de contester le choix effectué par le premier juge étranger comporte une limite : celui de l'ordre public, et en particulier les principes fondamentaux ou les droits et libertés individuelles garantis par la Constitution de l'État membre confronté à la reconnaissance de la décision du juge étranger (Règl. CE 29 mai 2000, art. 26 - aussi s^s^ n° 092.43). Enfin, il n'est pas interdit à la juridiction nationale ayant ouvert la procédure principale de tirer des conséquences de la fraude commise par le débiteur pour y parvenir. Ainsi, la fraude a été retenue à l'encontre d'un débiteur qui avait des activités en Allemagne, mais avait obtenu, de manière contestable, l'ouverture d'une procédure principale en France, en cachant l'existence de dettes fiscales en Allemagne, pour éviter toute discussion sur le centre de ses intérêts principaux en France[5], Il y avait en réalité ici une double fraude : fraude à l'égard du Fisc allemand et fraude à la loi applicable, l'intéressé n'ayant *a priori* pas le droit d'obtenir l'ouverture d'une procédure principale en France, déclenchant le jeu de la règle de l'absence de reprise des poursuites individuelles après clôture pour insuffisance d'actif de sa liquidation judiciaire. L'autorisation de reprise des poursuites individuelles sur le fondement de la fraude n'a pas été subordonnée à l'exercice d'un recours en révision contre le jugement d'ouverture de la procédure collective.

Le principe ainsi posé induit un incontestable danger de course poursuite entre les juridictions des États membres, la première décision rendue ayant en effet toutes les chances de s'imposer ensuite, même si elle n'est pas pleinement justifiée au regard des règles de compétence définies par l'article 3 § 1 du Règlement. Il y a là incontestablement un risque de forum shopping et d'interprétation « dénaturante »[6].

La Cour de cassation a aussi admis le caractère sérieux de l'exception d'incompétence et d'irrecevabilité sur le fondement du Règlement pour faire échec à l'exécution provisoire d'un jugement d'extension sur le fondement de la confusion des patrimoines d'une procédure française à une société luxembourgeoise[7].

Indiquons qu'une cour d'appel a pu admettre l'inscription par le syndic d'une procédure principale allemande de la décision d'ouverture au livre foncier d'une commune d'Alsace-Moselle[8], assurant ainsi la primauté de la législation européenne sur la circulaire qui semblait interdire la cite inscription.

092.24 Interdiction d'ouverture de deux procédures principales – Possibilité d'ouverture de procédures secondaires. Il est exclu d'ouvrir en France une procédure principale, alors qu'une procédure principale a antérieurement été ouverte à l'étranger, par exemple en Angleterre[9] ou en Allema-

1. Versailles, 13e ch., 15 déc. 2005, RG n° 2005/04723; *D.* 2006. AJ 143, obs. Lienhard; *D.* 2006, jur. 379, note Dammann; *Act. proc. coll.* 2006/3, n° 33, note Mélin; *Gaz. proc. coll.* 2006/1, p. 4, note Mélin; *Gaz. Pal.* 3-4 févr. 2006, p. 14, note Boccon-Gibod et Desnos.
2. Com. 27 juin 2006, n° 03-19.863, *Bull. civ.* IV, n° 149; n° 923 FS-P+B+R+I; *D.* 2006. AJ 1816, obs. Lienhard; *D.* 2006, jur. 2257, note Vallens; *Gaz. proc. coll.* 2006/3, p. 7, note Mélin; *JCP E* 2006, jur. 2291, p. 1488, note Mélin; *Act. proc. coll.* 2006/14, n° 173, note Modi Koko Bebey; *Dr. et proc.* 2006/6, p. 312, note Scholastique; *Bull. Joly* 2006/12, § 287, note Fasquelle; *Banque et droit* sept.-oct. 2006, n° 109, p. 3.
3. CJCE, gr. ch., 2 mai 2006, *Eurofood IFSC,* aff. C-341/04, préc.
4. Menjucq, « Le droit communautaire des procédures d'insolvabilité à l'épreuve des juridictions nationales », *RJ com.* 2007. 105 s., sp. p. 105 s., 109.
5. Com. 27 mai 2014, n° 13-14.425, NP; n° 519 F-D; *Gaz. Pal.* 5 oct. 2014, n° 278, p. 24, note Henry; *Rev. sociétés* 2014. 535, note Roussel Galle; *Rev. proc. coll.* 2015, comm. 143, note Menjucq.
6. Menjucq, « La coordination des droits nationaux par le droit communautaire», *in Le traitement des difficultés des entreprises dans le marché unique européen,* Coll. Bruxelles 10 nov. 2005, *LPA* 19 oct. 2006, n° 209, p. 21 s., sp. p. 22.
7. Com. 5 juin 2012, n° 11-22.466, NP, Act. proc. coll. 2012, comm. 184; *Rev. sociétés* 2012. 530, note Henry; *Rev. proc. coll.* 2012, comm. 190, note Mastrullo.
8. Metz, 28 août 2014, RG n° 14/00195, *Rev. proc. coll.* 2015, comm. 95, note Mastrullo.
9. Versailles, 24e ch., 4 sept. 2003, *D.* 2003, jur. 2352, note Vallens; *Procédures* 2003/11, p. 10, n° 239, note Nourrissat; *Act. proc. coll.* 2003/17, n° 224, note Dom; *JCP E* 2003, jur. 1747, p. 2012, note Likillimba; *Rev. proc. coll.* 2004, p. 38, note Masson.

gne[1]. Il est identiquement exclu d'ouvrir en Espagne une procédure principale, alors que tel est déjà le cas en France[2]. Seul compte l'ouverture d'une procédure dans un État membre, sans avoir égard au fait que la saisine aux fins d'ouverture d'une autre procédure dans un autre État membre était, le cas échéant, antérieure à celle ayant conduit à l'ouverture effective[3].

Si une procédure principale a déjà été ouverte sur le territoire d'un autre État membre, seule une procédure secondaire pourra alors être ouverte, laquelle sera nécessairement de nature liquidative[4]. Le caractère nécessairement liquidatif de cette procédure secondaire peut être justifié par l'observation que la procédure principale ne peut être limitée à un établissement s'il s'agit d'assurer le sauvetage de l'entreprise qui en est l'objet[5].

Les effets d'une procédure secondaire sont limités aux biens du débiteur se trouvant sur le territoire de cette dernière. La juridiction qui a ouvert la procédure secondaire peut procéder à la détermination des ces biens[6], alors même que ces biens seraient situés dans un état tiers à l'Union européenne[7]. Elle n'autorise pas le prononcé d'une mesure d'interdiction de gérer à l'encontre du dirigeant de la personne morale[8] (v. aussi s^s n° 092.31). Elle ne devrait pas autoriser une condamnation à la responsabilité pour insuffisance d'actif, encore que le contraire ait été jugé[9].

La procédure secondaire peut être ouverte, alors même que la procédure principale est de nature préventive, comme cela est le cas de la sauvegarde[10].

La procédure secondaire dépendra de la loi du pays d'ouverture. Si elle est ouverte en France, elle nécessitera la fixation d'une date de cessation des paiements, laquelle conditionnera le jeu des nullités de la période suspecte[11].

L'article 29 du règlement 1346/2000 donne qualité pour solliciter l'ouverture de la procédure secondaire au syndic de la procédure principale, ainsi qu'à toute autre personne ou autorité habilitée à demander l'ouverture d'une procédure d'insolvabilité, en vertu de la loi de l'État membre sur le territoire duquel l'ouverture de la procédure secondaire est demandée. Il en est ainsi, en France, d'un créancier. Mais encore faut-il que l'intéressé détienne bien une créance certaine, liquide et exigible au jour de son assignation[12]. Nul besoin, comme cela est le cas pour l'ouverture d'une procédure simplement territoriale, que le créancier assignant soit établi dans le pays d'ouverture de la procédure secondaire[13].

La compétence pour l'ouverture d'une procédure secondaire est reconnue aux juridictions dans le ressort desquelles le débiteur a des établissements (Règl. CE 29 mai 2000, art. 3 § 2), à l'exclusion évidemment du siège de ses intérêts principaux, critère déclenchant l'ouverture d'une procédure principale. L'article 2-h du Règlement définit cet établissement comme « tout lieu où le débiteur exerce de façon non transitoire une activité économique avec des moyens humains et des biens ». Cette définition se

1. Com. 27 mai 2014, n° 13-14.956, *Bul. civ.* IV, n° 95; n° 549 FS-P+B; *Gaz. Pal.* 5 oct. 2014, n° 278, p. 25, note Henry; *Act. proc. coll.* 2014/12, comm. 211, note Henry; *JCP G* 2014. 977, n° 11, note Menjucq; *Rev. sociétés* 2014. 534, note Roussel Galle et 437 note Mastrullo; *BJE* 2014, 328, note Nabet; *Rev. proc. coll.* 2015, comm. 94, note Menjucq.
2. T. com. Lons-le Saunier, 26 juill. 2006 et T. com. Barcelone, 23 avr. 2007, *RTD com.* 2010. 203, n° 18, obs. Vallens.
3. Com. 27 mai 2014, n° 13-14.956, préc.
4. Idot, « Un nouveau droit communautaire des procédures collectives : le règlement (CE) n° 1346/2000 du 29 mai 2000 », *JCP E* et *A* 2000, com. 148, n° 10 – M. Legrand, « La défaillance de l'entreprise : le règlement 1346/2000 relatif aux procédures d'insolvabité », *Rev. sociétés* 2001. 292 s.
5. Saint-Alary-Houin, 6e éd., n° 1310.
6. CJUE, 1re ch., 11 juin 2015, *Comité d'entreprise de Nortel Networks*, aff. C-649/13, *Rec.* [à paraître]; *BJE* juill. 2015, 209, note Henry; *Rev. sociétés* 2015. 549, note Henry; *Act. proc. coll.* 2015/12, comm. 185, note Legrand; *Rev. proc. coll.* 2015, comm. 91, note Menjucq; *BJS* 2015. 515, note Robine et Jault-Seseke – *Adde*, Menjucq, « La localisation des actifs dans les procédures d'insolvabité : analyse de l'article 2, sous g) du règlement (CE) n° 1346/2000 », *Rev. proc. coll.* 2015, étude 18.
7. CJUE, 1re ch., 11 juin 2015, aff. C-649/13, préc.
8. Com. 22 janv. 2013, n° 11-17.968, *Bull. civ.* IV, n° 17; n° 55 F-P+B; *D.* 2013. Actu 301, note Lienhard; *D.* 2013. 755, note Dammann et Rapp; *Gaz. Pal.* 1er mai 2013, n° 121, p. 13, note Mélin; *Act. proc. coll.* 2013/4, comm. 53, note Legrand; *Rev. sociétés* 2013. 183, note Henry; *LPA* 20 mars 2013, n° 57, p. 9, note Legrand; *JCP E* 2013. 1218, note Lemay; *JCP E* 2013, Chron. 1216, n° 11, obs. Pétel; *BJE* mai 2013, comm. 65, note Sortais; *Rev. proc. coll.* 2013, comm. 30, note Mastrullo et juill. 2013, étude 19, d'Avout; *Dr. sociétés* 2013, comm. 89, note Legros; *Bull. Joly* avr. 2013, comm. 118, note Vallens.
9. T. com. Nanterre, 3e ch., 24 oct. 2013, RG n° 2011F04794, *D.* 2013, actu 2641, note Delpech; *Rev. proc. coll.* 2014, comm. 12, note approb. Menjucq; *Bull. Joly* févr. 2014, p. 110, note crit. Borga.
10. CJUE, 1re ch., 22 nov. 2012, *Bank Handlowy et Adamiak*, aff. C-116/11, *Rec.* N; *D.* 2013. 468, note Dammann et Leclair de Bellevue; *JCP E* 2013. 1050, note d'Avout; *Rev. sociétés* 2013. 184, note Henry; *BJE* janv. 2013, comm. 10, note Sortais; *Rev. proc. coll.* 2013, comm. 29, note Mastrullo.
11. T. com. Nanterre, 5e ch., 30 nov. 2011, RG n° 2011L02302, *D.* 2012. 596, note Henry.
12. Com. 2 déc. 2014, n° 13-20.203, *Bull. civ.* IV [à paraître]; n° 1066 F-P+B; *BJE* 2015, 121, note Henry; *Rev. sociétés* 2015. 200, note Roussel Galle; *Rev. proc. coll.* 2015, comm. 93, note Mastrullo.
13. CJUE, 1re ch., 4 sept. 2014, Burgo Group, aff. C-327/13, Rec. [à paraître]; D. 2015. 45, note Dammann et Rapp; *BJE* 2014, 387, note Henry; *BJS* 2014/6, p. 714, note Jault-Seseke et Robine; *Rev. proc. coll.* 2015, comm. 142, note Mastrullo; *Dr. sociétés* 2015, comm. 76, note Legros.

rapproche sensiblement de celle d'entreprise. Ce lieu d'opérations devra exister au jour de l'ouverture de la procédure secondaire[1].

La notion d'établissement semblait devoir s'entendre d'une succursale ou d'un bureau de représentation. Elle semblait en conséquence devoir être distinguée de celle de filiale[2], car la personnalité juridique de cette dernière semblait devoir conduire à considérer que seule une procédure principale pouvait la concerner à l'endroit où elle avait le centre principal de ses intérêts, la filiale pouvant en revanche avoir des établissements secondaires justifiant l'ouverture d'une procédure secondaire dans leur lieu d'implantation. Toutefois, la notion de centre des intérêts principaux a, ainsi que cela a été précédemment indiqué, pu conduire à une autre analyse, consistant à prendre en compte l'unité d'un groupe de sociétés, pour l'appréciation du centre des intérêts principaux (v. s[s] n° 092.21). Sans surprise, la CJUE a donc accepté l'ouverture d'une procédure secondaire à l'égard d'une personne morale[3].

La Cour de Justice, pour sa part, a défini l'établissement comme requérant la présence d'une structure comportant un minimum d'organisation et une certaine stabilité en vue de l'exercice d'une activité économique. La seule présence de biens isolés ou de comptes bancaires ne répond pas à cette définition[4].

092.25 Procédure territoriale. Une procédure dite territoriale peut être ouverte dans un État membre dans lequel le débiteur n'a pas son siège, et alors qu'aucune procédure principale n'a été ouverte dans le pays du siège des intérêts principaux du débiteur[5]. Cela distingue cette procédure indépendante, dite territoriale, de la procédure qualifiée de secondaire.

L'article 3.4 du Règlement pose certaines conditions de recevabilité, interprétées restrictivement[6] par la Cour de justice de l'Union européenne[7].

Il faut d'abord que, en application de l'article 3 § 4-a du Règlement, une procédure d'insolvabilité (procédure principale) ne puisse pas être ouverte en raison des conditions établies par la loi de l'État membre sur le territoire duquel est situé le centre des intérêts principaux du débiteur. Ces « conditions établies par la loi s'entendent de celles touchant au débiteur – qualité exigée – et à ses difficultés économiques – exigence, par exemple de l'état de cessation des paiements –, non aux conditions procédurales d'ouverture de la procédure »[8].

Contrairement à l'hypothèse de la procédure secondaire, la saisine aux fins d'ouverture de la procédure territoriale indépendante n'appartient qu'à un créancier situé dans le même État que l'établissement ou invoque une créance ayant son origine dans l'exploitation de l'établissement. Le créancier s'entend, pour la Cour de justice de l'Union européenne, comme la personne qui dispose d'une créance propre à produire au passif du débiteur[9]. La Cour de justice assimile toutefois aux créanciers ceux agissent en leur nom et pour leur compte. Le ministère public, qui, d'évidence, n'est pas un créancier, ne peut donc demander l'ouverture d'une procédure territoriale[10].

Cette procédure territoriale sera, comme son nom l'indique, limitée aux seuls intérêts situés dans le pays d'ouverture. Elle dépendra de la loi du pays d'ouverture.

092.26 Conflit positif de compétence. Le règlement pose le principe d'interdiction d'ouverture de deux procédures principales, mais ne donne pas de solution à l'hypothèse d'un conflit positif de compétence, lorsque deux pays revendiqueraient la compétence pour ouvrir une procédure principale. En revanche, le considérant n° 22 du préambule du règlement indique que « lorsque les juridictions de deux États membres se considèrent comme compétentes pour ouvrir une procédure principale..., la décision de la juridiction qui ouvre la première la procédure devrait être reconnue dans tous les États membres, sans que ceux-ci aient la faculté de soumettre la décision de cette juridiction à un contrôle ». C'est l'application du principe de confiance mutuelle.

Il se peut cependant que la juridiction d'un État membres soit saisie aux fins d'ouverture d'une procédure principale alors qu'elle est dans l'ignorance de l'ouverture antérieure d'une telle procédure, dans

1. Giorgini, *Méthodes conflictuelles*..., préc., Dalloz, 2006, n° 285.
2. Circ. min. Justice relative aux procédures d'insolvabilité 17 mars 2003, n° NOR : JUS C 03 20 134 C, CIV 05/03 – *Adde*, Mélin n° 104.
3. CJUE, 1re ch., 4 sept. 2014, aff. C-327/13, préc.
4. CJUE, 1re ch., 20 oct. 2011, aff. C-396/09, préc., *D.* 2011, actu 2593, note Lienhard; *D.* 2011. 2915, note Vallens; *D.* 2012, pan. 2341, obs. d'Avout; *Rev. proc. coll.* 2011, comm. 177, note Mastrullo; *JCP E* 2012, Chron. 1204, n° 9, obs. Menjucq.
5. Illustr. : Com. 18 mars 2008, n° 06-20.749, NP, *Rev. proc. coll.* 2009/6, 151, p. 30, note Menjucq; *RTD com.* 2010. 204, n° 19, obs. Vallens.
6. Mastrullo, note s[s] CJUE, 1re ch., 17 nov. 2011, *Zaza Retail*, aff. C-112/10, *Rec.* I-11525; *Rev. proc. coll.* 2012, étude 12, p. 33.
7. CJUE, 17 nov. 2011, aff. C-112/10, préc., *D.* 2012, pan. 2341, obs. d'Avout; *BJE* mars 2012, comm. 40, p. 111, note Vallens; *Rev. proc. coll.* 2012, étude 12, p. 33, note Mastrullo; *Rev. proc. coll.* 2012, comm. 183, note Mastrullo.
8. CJUE, 17 nov. 2011, aff. C-112/10, préc.
9. CJUE, 17 nov. 2011, aff. C-112/10, préc.
10. CJUE, 17 nov. 2011, aff. C-112/10, préc.

un autre État membre. En un tel cas, seule la technique de la conversion de la procédure principale ouverte en second lieu, en procédure secondaire, est envisageable[1].

092.27 Conflit négatif de compétence. Il peut arriver qu'aucune juridiction ne se reconnaisse compétente pour ouvrir une procédure principale. C'est le conflit négatif de compétence. La solution peut se présenter du fait de l'appréciation différente que peuvent porter les juridictions d'États membres différents sur la notion de « centre des intérêts principaux du débiteur ». En ce cas, il faut, semble-t-il, appliquer les solutions posées par le règlement, en cas d'impossibilité d'ouverture d'une procédure principale en raison des conditions établies par la loi de l'État membre sur le territoire duquel se trouve le centre des intérêts principaux du débiteur. L'article 3 § 4 du règlement prévoit alors la possibilité d'ouverture d'une procédure territoriale d'insolvabilité[2].

Mais notons que la décision par laquelle la juridiction d'un autre État membre refuse l'ouverture d'une procédure collective ne bénéficie pas d'une reconnaissance de droit dans les autres États membres, seule l'ouverture de la procédure principale étant soumise au principe de reconnaissance mutuelle. Mais les éléments retenus par cette juridiction ne peuvent être ignorés par le juge français de nouveau saisi[3].

SECTION 092.30
DÉTERMINATION PAR LE RÈGLEMENT COMMUNAUTAIRE DE LA LOI APPLICABLE – COMPÉTENCE LÉGISLATIVE

092.31 Détermination de principe de la loi applicable. Le règlement, après avoir déterminé le tribunal compétent, s'attache à désigner, dans un troisième corps de règles (Règl. CE 29 mai 2000, art. 4 à 15), premier mini code de droit international privé de la faillite, la loi applicable.

Compétence de principe est reconnue à la loi de l'État sur le territoire duquel la procédure est ouverte, qu'il s'agisse de la procédure principale (Règl. CE 29 mai 2000, art. 4 § 1) ou de la procédure secondaire (Règl. CE 29 mai 2000, art. 28). La solution évitera d'avoir à appliquer dans un État les règles d'un autre. Il s'agit là d'une règle de compétence internationale directe, désignée par l'expression de « loi de l'État d'ouverture ».

Relèveront de cette loi, tout d'abord, les questions relatives aux conditions d'ouverture de la procédure, c'est-à-dire, au regard du droit français, la qualité exigée, l'insolvabilité traduite en droit français par l'état de cessation des paiements ou les difficultés que le débiteur ne peut surmonter seul dans la procédure de sauvegarde, ainsi que la question de la simultanéité de ces deux questions : retrait et décès du débiteur personne physique, radiation et dissolution des personnes morales, extension de procédure sur le fondement de la fictivité ou de la confusion des patrimoines.

Cette loi déterminera également l'étendue du dessaisissement et le sort des biens acquis après l'ouverture de la procédure par le débiteur. Elle fixera aussi les pouvoirs corrélatifs des organes et du débiteur, sous réserve de l'article 14 du règlement. Ce texte, pour protéger les tiers acquéreurs d'immeuble, de navire ou d'aéronef, écarte la loi de la faillite au profit de la loi de situation de l'immeuble ou d'immatriculation de l'aéronef ou du navire.

Cette loi sera encore utilisée pour préciser le déroulement de la procédure. Il en va ainsi de la détermination des créances antérieures ou postérieures au jugement d'ouverture, ainsi que les règles de répartition entre les créanciers.

Il en va de même des effets attachés au jugement d'ouverture pour les créances antérieures. Il en est ainsi du domaine de l'arrêt des poursuites individuelles – sous réserve de la question des instances en cours dont le sort reste régi par la loi du pays dans lequel se déroule l'instance – et des voies d'exécution. Il en est de même des paiements interdits, en ce compris les conditions d'opposabilité de la compensation[4]. Par dérogation, il est cependant prévu que si la loi du tribunal d'ouverture de la procédure n'admet pas la compensation, celle-ci sera néanmoins possible par application de la loi applicable à la créance du débiteur insolvable (Règl. CE 29 mai 2000, art. 6). Il a été jugé que le paiement fait sur l'ordre du débiteur soumis à la procédure collective échappait à l'article 24 § 1 du Règlement CE 1346/2000. En conséquence, la banque, qui avait reçu l'ordre de payer un créancier, n'a pas à répéter le paiement à la procédure collective[5].

1. Vallens, « La mise en œuvre du règlement communautaire sur les procédures d'insolvabilité : questions de procédure », *D.* 2003. 1421 s., sp. p. 1422.
2. Mélin, *Le Règlement communautaire du 29 mai 2000 relatif aux procédures d'insolvabilité*, Bruylant, 2008, n° 171 – Giorgini, *Méthodes conflictuelles...*, préc., Dalloz, 2006, n° 302.
3. Colmar, 4 nov. 2015, RG n° 15/02594, *BJE* 2016, 55, note Rossi.
4. SUR LA QUESTION : Caillemer du Ferrage, « *Close-out netting* et faillites internationales », *RD banc. fin.* janv.-févr. 2007, p. 99, n° 6.
5. CJUE, 3e ch., 19 sept. 2013, *Van Buggenhout et Van de Mierop*, aff. C-251/12, *Rec.* [à paraître], *Leden* oct. 2013, comm. 156, note Mélin; *Rev. proc. coll.* 2014, comm. 8, note Menjucq.

La *lex concursus* s'appliquera aussi pour déterminer les règles applicables à la production – déclaration des créances –, la vérification et l'admission des créances. En revanche, il appartient à la loi de la source de la créance de définir la qualité de créancier. Dans l'affaire *Belvédère*, il a pu en être tiré la conséquence qu'il revenait au droit de l'État de New-York, d'où résultaient les créances déclarées, de déterminer si le trustee et l'agent des sûretés avaient la qualité de créancier[1].

La loi du tribunal d'ouverture de la procédure déterminera encore les règles en matière de nullités ou d'inopposabilités des actes préjudiciables à la collectivité des créanciers[2]. Il s'agit là non seulement du principe de l'action elle-même, mais aussi les modalités de l'action engagée. Cette loi déterminera donc celui qui peut introduire l'action, les délais et modalités de l'action[3].

Il est toutefois fait réserve de l'article 13 du Règlement. Selon ce texte, les actions intéressant les actes préjudiciables à la masse des créanciers (le jeu des nullités de la période suspecte ou son équivalent à l'étranger) ne sont pas soumises au tribunal d'ouverture de la procédure si l'acte remis en cause est soumis à la législation d'un État membre qui ne prévoit pas de possibilité de remise en cause de l'acte. Il s'agit là d'assurer une prévisibilité juridique pour le partenaire contractuel du débiteur, qui n'a pas à être pris au piège de l'ouverture d'une procédure d'insolvabilité à l'étranger. Observons que l'exception prévue par l'article 13 du Règlement ne concerne que les actes antérieurs au jugement d'ouverture. Les actes postérieurs pourront donc être remis en cause par application de la loi du pays d'ouverture. On peut spécialement penser en France à l'inopposabilité des actes accomplis au mépris du dessaisissement ou de l'administration contrôlée. Interprétant strictement cette disposition, la CJUE retient que la charge de la preuve de ce que la législation d'un État membre, en l'occurrence la législation finlandaise, ne prévoit pas de possibilité de remise en cause de l'acte, à savoir un paiement, incombe au défendeur à l'action en nullité de la loi du concours. Elle retient que cette preuve n'est pas rapportée, excluant ainsi l'application de l'article 13 du Règlement, ce qui conduit à respecter le principe de soumission de l'action en nullité de la période suspecte à la loi du concours[4].

Relèvent encore du règlement le sort des créanciers postérieurs et la question de la continuation des contrats en cours, du moins par principe.

Enfin, seront déterminés par la loi du lieu d'ouverture de la faillite, les problèmes relatifs à la clôture de la procédure[5] et ses effets sur les créanciers, ainsi que la charge des frais de la procédure et les sanctions. Il a ainsi été jugé que l'action tendant au prononcé d'une mesure d'interdiction de gérer à l'encontre du dirigeant de la personne morale faisant l'objet de la procédure d'insolvabilité appartient à la catégorie des actions qui dérivent directement de la procédure initiale et qui s'y inhèrent étroitement. En conséquence, le tribunal français qui a ouvert la procédure secondaire n'a pas compétence pour prononcer à l'encontre du dirigeant de la personne morale ayant fait l'objet de la procédure principale d'insolvabilité une mesure d'interdiction de gérer[6].

092.32 Détermination de la loi applicable à la continuation de certains contrats. La question de savoir si le contrat est en cours au jour de l'ouverture de la procédure relève de la loi du contrat[7]. En revanche, les règles générales de continuation des contrats en cours relèvent par principe du règle-

1. Com. 13 sept. 2011, n°s 10-25.533, 10-25.731, 10-25.908, *Bull. civ.* IV, n° 131; *D.* 2011, actu 2272, note Lienhard; *D.* 2011. 2518, note d'Avout et Borga; *Gaz. Pal. entr. diff.* 21 janv. 2012, n° 20, p. 12, note Mélin; *JCP E* 2011. 484, obs. Notté; *JCP E* 2011. 1803, note Dammann et Albertini; *Act. proc. coll.* 2011/17, comm. 259, note Jault-Seseke et Robine; *BJE* nov./déc. 2011, comm. 162, p. 297, note Dammann et Podeur; *BJE* nov./déc. 2011, comm. 158, p. 305, note Henry et Houin-Bressand; *JCP E* 2011, Chron. 1000, n° 9, obs. Pétel; *Rev. proc. coll.* 2011, comm. 173, note Menjucq et Mastrullo; *RTD com.* 2011. 800, n° 9, obs. Vallens et 2012, 190, n° 2, obs. Martin-Serf; *LPA* 27 juin 2012, n° 128, p. 14, note Tabourot-Hyest; *Rev. proc. coll.* 2012, comm. 183, note Mastrullo.
2. Com. 16 févr. 2016, n° 14-10.378, *Bull. civ.* IV [à paraître]; *Act. proc. coll.* 2016/6, comm. 79, note Legrand.
3. CJUE, 1re ch., 16 avr. 2015, *Lutz*, aff. C-557/13, *Rec.* [à paraître]; *D.* 2015. 2105, note Dammann et Anh-Maï; *RTD com.* 2015, 383, n° 13, note Vallens; *Act. proc. coll.* 2015/15, comm. 236, note Mastrullo; *Rev. sociétés* 2015. 551, note Henry; *Rev. proc. coll.* 2015, comm. 87, note Mastrullo.
4. CJUE, 6e ch., 15 oct. 2015, *Nike European Operations Netherlands*, aff. C-310/14, *Rec.* [à paraître]; *Rev. sociétés* 2015. 762, note Henry; *BJE* 2016, 53, note Henry; *Leden* 2015, comm. 163, note Mélin.
5. CJUE, 1re ch., 22 nov. 2012, *Bank Handlowy et Adamiak*, aff. C-116/11, *Rec.* N; *D.* 2013. 468, note Dammann et Leclair de Bellevue; *JCP E* 2013. 1050, note d'Avout; *BJE* janv. 2013, comm. 10, note Sortais; *Rev. sociétés* 2013. 184, note Henry; *Act. proc. coll.* 2013/8, comm. 111, note Legrand; *Rev. proc. coll.* 2013, comm. 29, note Mastrullo.
6. Com. 22 janv. 2013, n° 11-17.968, *Bull. civ.* IV, n° 17; n° 55 F-P+B; *D.* 2013. Actu 301, note Lienhard; *D.* 2013. 755, note Dammann et Rapp; *Gaz. Pal.* 1er mai 2013, n° 121, p. 13, note Mélin; *Act. proc. coll.* 2013/4 comm. 53, note Legrand; *Rev. sociétés* 2013. 183, note Henry; *LPA* 20 mars 2013, n° 57, p. 9, note Legrand; *JCPE* 2013. 1218, note Lemay; *JCP E* 2013, Chron. 1216, n° 11, obs. Pétel; *BJE* mai 2013, comm. 65, note Sortais; *Rev. proc. coll.* 2013, comm. 30, note Mastrullo et juil. 2013, étude 19, d'Avout; *Dr. sociétés* 2013, comm. 89, note Legros; *Bull. Joly* avr. 2013, comm. 118, note Vallens.
7. Circ. min. Justice relative au règlement n° 1346/2000 du 29 mai 2000 relatif aux procédures d'insolvabilité 15 déc. 2006, CIV 19/06, 15 déc. 2006, 3.2.2.1.

ment. Il en va différemment de deux types de contrats.

> **Contrats de travail.** Tout d'abord, les effets de la procédure d'insolvabilité sur le contrat de travail et sur le rapport de travail sont régis exclusivement par la loi de l'État membre applicable au contrat de travail (Règl. CE 29 mai 2000, art. 10). Le litige relatif à la rupture d'un contrat de travail exécuté en France relève des juridictions prud'homales françaises, alors même que la procédure collective atteignant l'employeur a été ouverte en Allemagne[1], ce litige ne relevant pas de la procédure d'insolvabilité. Si la continuation du contrat de travail ainsi que sa rupture échappent ainsi à la loi de la faillite – *lex concursus* –, cette dernière reste applicable pour déterminer les règles de participation des salariés aux distributions et notamment, pour la France, à l'établissement des relevés de créances salariales et au droit de priorité applicable à ces créances.

Les règles applicables aux institutions de garantie compétentes en cas de procédure transnationale d'insolvabilité ne sont pas écartées par le règlement (v. s[s] n° 692.41).

L'application de la qualification de coemployeur, conre une société étrangère, permet à des salariés frnçais de rechercher une indemnisation en Fnce, mais aussi dans le pays du coemployeur[2]. De même, les juridictions françaises sont compétentes pour connaître de l'action du salarié d'une société étrangère dirigée contre une société française qu'il prétend être son coemployeur[3].

> **Contrats de vente, de location et de crédit-bail portant sur un immeuble.** Les effets de la procédure d'insolvabilité sur un contrat donnant le droit d'acquérir un bien immobilier ou d'en jouir sont régis par la loi de l'État membre sur le territoire duquel il est situé. C'est l'application classique, en droit international privé, de la loi du lieu de situation du bien – *lex rei sitae* – pour les immeubles, qui peut se justifier par les règles d'opposabilité du droit liées aux mesures territoriales de publicité, et qui rejoint d'ailleurs la règle de compétence applicable aux biens et droits soumis à enregistrement (v. s[s] n° 092.35). La solution posée par le règlement a vocation à jouer pour les contrats de vente, de location et de crédit-bail portant sur un immeuble (Règl. CE 29 mai 2000, at. 8).

1. Soc 28 oct. 2015, n° 141.319, *Bull. civ.* V [à paraître], *Rev proc. coll.* 2016, com. 53, note Fin-Langer.
2. Soc 30 nov. 2011, nos 102.964 à 10-22.985, 10-22.994, *Bul. civ.* IV, n° 284; *Actroc. coll.* 2012/2, comm. 19, note Mélin.
3. Soc 28 janv. 2015, nos 12.994, 13-22.995, 13-23.003, 1323.004, 13-23.005, 23.006, *Bull. civ.* V, n° 17; *BJS* 205. 222, note Jault-See.

092.33 Détermination de la loi applicable aux instances en cours. La règle de l'arrêt des poursuites individuelles obéit à la loi de l'État dans lequel la procédure a été ouverte. Il est fait exception à ce principe pour les instances en cours au jour de l'ouverture de la procédure. Pour ces dernières, il est prévu que « les effets de la procédure d'insolvabilité sur l'instance en cours concernant un bien ou un droit dont le débiteur est dessaisi sont régis exclusivement par la loi de l'État membre dans lequel cette instance est en cours » (Règl. CE 29 mai 2000, art. 15). Ainsi, si une instance est en cours en France, le jugement d'ouverture aura pour effet de l'interrompre. Elle pourra être reprise après la mise en cause du représentant des créanciers – mandataire judiciaire – ou du liquidateur et déclaration, par le créancier, de sa créance.

092.34 Détermination de la loi applicable aux droits réels exercés sur les biens du débiteur – Droit réel d'un créancier ou d'un tiers sur des biens du débiteur. Selon le règlement, « l'ouverture de la procédure d'insolvabilité n'affecte pas le droit réel d'un créancier ou d'un tiers sur des biens corporels ou incorporels, meubles ou immeubles, appartenant au débiteur et qui se trouvent, au moment de l'ouverture de la procédure, sur le territoire d'un autre État membre » (Règl. CE 29 mai 2000, art. 5)[4]. Cette règle met en échec le principe d'universalité qui s'attache aux procédures principales d'insolvabilité. La règle vise à sauvegarder la prévisibilité que le créancier, titulaire du droit réel, peut attendre du jeu du droit réel, en le préservant le plus possible des effets de l'ouverture à l'étranger de la procédure d'insolvabilité[5]. Elle est doublement justifiée, d'une part au regard du principe internationaliste de la *lex rei sitae* en matière de sûreté réelle, d'autre part au regard de l'observation toute pragmatique de l'obligation de recourir à la loi du lieu de situation du bien pour assurer sa réalisation forcée[6].

Cette règle est spécialement importante, pour les procédures d'insolvabilité ouvertes en France avant le 1er janvier 2006. En effet, sous l'empire de la loi du 25 janvier 1985, la créance non déclarée dans les délais est éteinte. Le problème peut se poser de savoir si cette solution ne contrarie pas ouvertement l'article 5 du Règlement CE du 29 mai 2000, selon lequel l'ouverture d'une procédure d'insolvabilité ne peut affecter les droits réels se trouvant, au moment de l'ouverture de la procédure, sur le territoire d'un

4. Menjucq, « Ouverture, reconnaissance et coordination des procédures d'insolvabilité dans le règlement 1346/2000 », *Bull. Joly* 2000, n° 278, p. 1109, sp. p. 1114.
5. Giorgini, *Méthodes conflictuelles…*, préc., Dalloz, 2006, n° 836.
6. Giorgini, *Méthodes conflictuelles…*, préc., Dalloz, 2006, n° 842.

autre État membre. Une réponse affirmative semble bien devoir être apportée à la question, ce qui prive, dans ce cas de figure, de toute portée le principe d'extinction de la créance non déclarée, règle de droit interne contrariant une disposition supranationale. La solution supposera toutefois que la procédure collective soit ouverte après le 31 mai 2002, date d'entrée en vigueur du Règlement communautaire du 29 mai 2000[1].

Il faut distinguer, pour le rattachement à la loi applicable, selon que le bien est corporel ou incorporel. Dans le premier cas, seul compte la situation physique du bien. Dans le second cas, et cela aura vocation à régir les créances, sera pris en compte le centre des intérêts principaux du débiteur.

De manière non exhaustive, le règlement établit une liste de ces « droits réels ». Il s'agit des gages et hypothèques, des droits de revendication et, en France, des droits de restitution intéressant les propriétaires de meubles titulaires de contrats publiés.

> **Clause de réserve de propriété.** Le règlement (art. 7 § 1) indique que l'ouverture d'une procédure d'insolvabilité contre l'acheteur d'un bien n'affecte pas les droits du vendeur fondés sur une clause de réserve de propriété, lorsque ce bien se trouve, au moment de l'ouverture de la procédure, sur le territoire d'un autre État membre que l'État d'ouverture.

092.35 Détermination de la loi applicable aux droits soumis à enregistrement. Les droits du débiteur sur un immeuble, un navire ou un aéronef ne sont pas davantage soumis à la loi de la faillite. Il s'agit de droits soumis à publicité, les systèmes de publicité étant différents d'un État à un autre. Il s'agit, par là, en appliquant la loi de l'État organisant le système de publicité (Règl. CE 29 mai 2000, art. 11), d'éviter des conflits qui pourraient résulter de l'application de la loi de l'État d'ouverture de la procédure.

092.36 Détermination de la loi applicable aux fins de protection des tiers acquéreurs. La loi de l'État d'ouverture de la procédure est écartée lorsque le débiteur dispose à titre onéreux d'un bien immobilier, d'un navire, d'un aéronef ou de valeurs mobilières inscrites sur un registre prévu par la loi. En ce cas, la validité de l'acte conclu avec un tiers de bonne foi sera appréciée par la loi de l'État sur le territoire duquel l'immeuble se situe ou le registre est tenu (Règl. CE 29 mai 2000, art. 14).

092.37 Détermination de la loi applicable aux droits et obligations d'un participant à un système de paiement ou à un marché financier. La loi du tribunal d'ouverture de la procédure est écartée au profit de la loi de l'État membre applicable au système de paiement ou au marché financier (Règl. CE 29 mai 2000, art. 9 § 1).

1. Com. 8 juill. 2008, n° 07-15.010, NP, *Gaz. proc. coll.* 2008/4, p. 34, note Henry et p. 37, note Mélin.

SECTION 092.40

RECONNAISSANCE DE LA PROCÉDURE PRINCIPALE (PROCÉDURE D'INSOLVABILITÉ)

092.41 Reconnaissance de la procédure principale (procédure d'insolvabilité). La procédure principale fait l'objet, dès qu'elle est exécutoire dans l'état d'ouverture, d'une reconnaissance automatique dans tous les autres États membres. L'article 2 du Règlement n'exige toutefois pas que la décision soit définitive, puisqu'il dispose que cette reconnaissance se produit « au moment où la décision prend effet, que cette décision soit définitive ou non », et cela sans autre formalité[2], par exemple une publicité de ce jugement. Cette reconnaissance peut toutefois être écartée si l'exécution provisoire de la décision l'est elle-même. En raison de cet effet immédiat, l'ouverture d'une procédure principale produit les mêmes conséquences qu'un jugement d'*exequatur*[3].

Un administrateur provisoire désigné par un tribunal allemand avant l'ouverture de la procédure collective ne peut s'opposer à un paiement effectué au profit d'un créancier français, la procédure d'insolvabilité ne pouvant produire d'effet qu'à partir de son prononcé[4].

Un décret n° 2005-77, du 1er février 2005[5], modifiant le décret n° 84-406 du 30 mai 1984 relatif au registre du commerce et des sociétés aujourd'hui codifié dans le code de commerce, est venu préciser les modalités de publication en France d'un jugement d'une procédure principale ouverte sur le territoire d'un autre État membre.

La reconnaissance automatique et immédiate de la procédure principale est l'application la plus notable de la théorie de l'universalité de la faillite[6]. Ce principe suffit à interdire, dans un autre État membre, l'ouverture d'une seconde procédure principale[7].

2. Soc. 14 oct. 2009, nos 08-40.723 à 08-40.736, 08-43.099 à 08-43.103, *Bull. civ.* V, n° 218; *D.* 2009. AJ 2549, note Lienhard; *Act. proc. coll.* 2009/20, n° 308, note Fin-Langer; *Rev. proc. coll.* 2010/6, p. 31, n° 221, note Mastrullo; *RTD com.* 2010. 209, n° 29, obs. Vallens.
3. Giorgini, *Méthodes conflictuelles…*, préc., Dalloz, 2006, n° 527.
4. Colmar, 1re ch. B, 31 mars 2010, *D.* 2010. 1262, note Vallens.
5. *JO* 22 févr., 1709.
6. Menjucq, « Ouverture, reconnaissance et coordination des procédures d'insolvabilité dans le règlement 1346/2000 », *Bull. Joly* 2000, n° 278, p. 1115 – Giorgini, *Méthodes conflictuelles…*, préc., Dalloz, 2006, n° 500.
7. Mélin, *Le Règlement communautaire du 29 mai 2000 relatif aux procédures d'insolvabilité*, Bruylant, 2008, n° 266.

Le bien-fondé d'une décision étrangère ouvrant une procédure principale ne peut par principe être réexaminé par le juge d'un autre État membre, la solution reposant sur le principe de confiance mutuelle[1].

Si la procédure principale est de plein droit reconnu dans tous les états membres, en revanche, n'est pas reconnue sans *exequatur* la décision allemande situant le centre des intérêts principaux de l'intéressé en France, de sorte que le débiteur ne peut se prévaloir en France de cette décision[2].

Ce principe de reconnaissance automatique par les autres États membres de l'Union européenne de l'ouverture d'une procédure principale sur le territoire d'un État membre interdit à un autre État d'ordonner une procédure d'exécution sur les biens du débiteur situés dans cet État, dès lors que la législation du pays d'ouverture de la procédure principale l'interdit[3].

La décision par laquelle la juridiction d'un autre État membre refuse l'ouverture d'une procédure collective ne bénéficie pas d'une reconnaissance de droit dans les autres États membres, seule l'ouverture de la procédure principale étant soumise au principe de reconnaissance mutuelle. Mais les éléments retenus par cette juridiction ne peuvent être ignorés par le juge français de nouveau saisi[4].

092.42 Aménagements du principe de reconnaissance automatique. Plusieurs séries de dispositions sont posées, qui constituent toutefois des aménagements au principe de reconnaissance automatique.

La première intéresse les créanciers[5]. Il y a une obligation individuelle d'information des créanciers connus, résidant ou ayant leur domicile dans un État membre autre que celui d'ouverture de la procédure, afin de leur permettre de produire dans les procédures ouvertes à l'étranger (Règl. CE 29 mai 2000, art. 39).

La deuxième disposition est l'article 24 du Règlement, qui prévoit que celui qui exécute de bonne foi une obligation entre les mains du débiteur, alors qu'il aurai du le faire entre les mains du syndic est néanmoins libéré. La règle tient donc en échec le caractère non libératoire d'un paiement effectué entre les mains d'une personne dessaisie. Mais seul le paiement effectué entre les mains du débiteur est visé, non le paiement effectué à un tiers sur l'ordre du débiteur[6].

La troisième série de dispositions intéresse les pouvoirs du syndic de la procédure principale. Celui-ci, contrairement à la convention d'Istanbul qui prévoyait des mesures de publicité relative à sa nomination et l'écoulement subséquent d'un délai de deux mois, pourra, sur simple justification de sa nomination, par une copie de la décision le désignant et, le cas échéant, une traduction de cette décision, exercer ses pouvoirs dans les États membres, sous trois réserves. La première tient à l'obligation pour lui de respecter les droits réels des tiers, lesquels ne relèvent pas de la loi de la faillite principale (v. s[s] n° 092.34). La deuxième limite est contenue dans l'article 18 § 3 du Règlement, qui lui interdit de méconnaître la loi sur le territoire duquel il doit agir et d'utiliser des moyens contraignants. La troisième limite résulte de l'ouverture d'une procédure secondaire. En ce cas, l'article 31 du règlement oblige les syndics des procédures principales et secondaires à collaborer.

Le droit pour le syndic de la procédure principale d'exercer tous les pouvoirs qui lui sont reconnus par la loi de l'État d'ouverture pourrait justifier la possibilité de céder des parts sociales détenues par la société débitrice dans une société étrangère[7], alors qu'il n'aurait pas eu ce pouvoir dans le pays de cette dernière société, contrairement à la solution qui a pu être posée en dehors de l'application du Règlement communautaire[8].

092.43 La contrariété à l'ordre public, obstacle à la reconnaissance de la procédure principale. Au principe selon lequel le bien-fondé de la décision étrangère ne peut être apprécié par le tribunal d'un autre État membre, une réserve est posée : la contrariété à l'ordre public, international semble-t-il[9], de cet État membre, au sens de l'article 26 du Règle-

1. CJCE, gr. ch., 17 janv. 2006, *Staubitz-Schreiber*, aff. C-1/04, préc.
2. Colmar, 1re ch. civ., sect. A, 14 janv. 2015, RG n° 14/03677, *Act. proc. coll.* 2015/5, comm. 78.
3. CJUE, 1re ch., 21 janv. 2010, *MG Probud Gdynia*, aff. C-444/07, *Rec.* I-00417; *D.* 2010. AJ 321, note Lienhard; *Procédures* 2010, comm. 72, note Nourissat; *JCP E* 2010. 1116; *Rev. proc. coll.* 2010/6, p. 31, n° 222, note Menjucq; *Rev. proc. coll.* 2010/3, p. 38, n° 16, note Mastrullo; *Dr. et patr.* 2010, n° 197, p. 90, note Crocq; *Rev. sociétés* 2011. 44, note Mélin; *Bull. Joly* 2010. 493, comm. 99, note Jault-Seseke.
4. Colmar, 4 nov. 2015, RG n° 1[illegible]02594, *BJE* 2016, 55, note Rossi.
5. *Vallens*, « *Les créanciers et le* règlement 1346/2000 », LPA 20 nov. 2001, n° 231, p. 33 – Menjucq, « La situation des créanciers dans le règlement 1346/2000 sur les procédures d'insolvabilité », *RJDA* 2001/6, p. 579.
6. CJUE, 3e ch., 19 sept. 2013, *Van Buggenhout et Van de Mierop*, aff. C-251/12, *Rec.* [à paraître]; *Act. proc. coll.* 2013/17, comm. 244, note Legrand; *BJE* janv. 2014, p. 45, note Henry; *Bull. Joly* déc. 2013, p. 820, note Vallens.
7. Mastrullo, note s[s] CJCE 1re ch., 2 juill. 2009, *SCT Industri*, aff. C-111/08, *Rec.* I-05655; *Rev. proc. coll.* 2009/6, 153, p. 32.
8. AINSI : CJCE 1re ch., 2 juill. 2009, aff. C-111/08, *préc.*
9. Giorgini, *Méthodes conflictuelles*..., préc., Dalloz, 2006, n° 569.

Une difficulté se présente pour permettre la présentation d'une telle demande par l'organe qui, en France, est l'auteur de principe des projets de plan de redressement, à savoir l'administrateur judiciaire. En effet, puisque la procédure secondaire a été ouverte, il ne peut s'agir que d'une liquidation. Admettre la possibilité d'action d'un administrateur judiciaire postulerait que le tribunal convertisse la procédure de liquidation judiciaire en redressement avec nomination d'un administrateur. La technique n'est pas explicitement prévue par le Règlement. En revanche, le Règlement prévoit la possibilité pour le syndic de la procédure principale de demander la suspension de la procédure liquidative secondaire pour au plus trois mois, le renouvellement de la suspension étant possible (Règl. CE 29 mai 2000, art. 33 § 1). Cette disposition semble autoriser la conversion d'une liquidation judiciaire en redressement, seule solution, en droit français pour passer à une procédure de redressement.

Si la demande de clôture de la procédure secondaire par un plan de redressement n'est pas l'œuvre du syndic de la procédure principale, la mesure ne deviendra définitive qu'avec son accord (Règl. CE 29 mai 2000, art. 34, § 1, al. 2). C'est une forme de ratification. Par exception, l'accord du syndic de la procédure principale n'est pas nécessaire si les intérêts financiers des créanciers de la procédure principale ne sont pas affectés.

Si la procédure secondaire est clôturée par extinction du passif, le syndic de cette procédure doit retransmettre l'excédent au syndic de la procédure principale, ce qui traduit bien le caractère subordonné de la procédure secondaire à la procédure principale[1].

092.53 Coopération entre le syndic de la procédure principale et les syndics des procédures secondaires[2]. Les procédures secondaires sont subordonnées à la procédure principale. Ainsi que cela a été observé, le syndic de la procédure principale peut interférer dans les procédures secondaires (v. ss no 092.52).

La clé du bon fonctionnement de cette subordination des procédures secondaires réside dans la coopération et l'information mutuelle entre les syndics. Cette obligation est posée à par l'article 31 du Règlement. La jurisprudence a admis qu'un juge-commissaire puisse homologuer un protocole permettant d'assurer cette coopération effective[3]. Ce protocole peut servir de modèle[4]. Il comporte des modalités pratiques de traitement du passif et des éléments d'actif de la société débitrice.

L'identification des biens du débiteur et celle de ses créanciers est au centre de cette obligation. En outre, la possibilité pour les créanciers de participer aux répartitions dans chaque procédure (v. ss no 092.61) conduit, sous peine de violer la nécessaire égalité qui doit régner entre eux[5], à une information donnée par le syndic distributeur aux autres syndics sur les sommes versées par ses soins à chaque créancier[6].

Mais certaines règles illustrent, en sens inverse, l'interférence possible du syndic de la procédure secondaire dans la procédure principale. Ainsi, le syndic de la procédure secondaire pourrait agir sur le territoire d'un autre État membre lorsqu'un bien meuble a été transféré du territoire de la procédure secondaire sur le territoire de cet autre État membre. Or cette faculté subsiste si le transfert a été opéré par le syndic de la procédure principale après l'ouverture de la procédure secondaire (Règl. CE 29 mai 2000, art. 18 § 2) De même, le syndic de la procédure secondaire peut exercer des actions révocatoires utiles aux intérêts des créanciers sur le territoire d'un autre État membre. Tel pourrait être le cas d'aune action paulienne.

L'obligation d'information entre les syndics est toutefois tenue en échec par les lois du for qui interdiraient la communication de telle information. Ainsi, en France, le courrier à caractère personnel doit-il être remis au débiteur, ce qui interdit sa communication[7]. À l'étranger, le secret professionnel qui ne serait pas tenu en échec par la législation nationale de la faillite empêchera également la communication entre syndics.

L'obligation de coopération, qui s'analyse en une obligation de moyens, peut conduire à l'engagement de la responsabilité professionnelle du syndic[8].

1. Dammann et Sénéchal, « La procédure secondaire du règlement CE no 1346/2000 : mode d'emploi », *RLDA* oct. 2006/9, p. 81 s., sp. p. 83, no 13.
2. Sénéchal, « Coopération entre les professionnels : information des créanciers, déclaration, vérification des créances », *Rev. proc. coll.* 2013, dossier 58 – *Adde*, Omar, « La coopération judiciaire en matière d'insolvabilité : une histoire de va-et-vient aux pays de la *common law* », *Rev. proc. coll.* 2014, études 17.
3. T. com. Nanterre, ord. J.-C., *aff. Sendo International Limited*, D. 2006. 2237 – *Adde*, Dammann et Sénéchal, « La procédure secondaire du règlement CE no 1346/2000 : mode d'emploi », *RLDA* oct. 2006/9, p. 81 s., sp. p. 84, nos 22 s.
4. Sur sa publication : www.dalloz.fr
5. Giorgini, *Méthodes conflictuelles...*, préc., Dalloz, 2006, no 663.
6. Jazottes et Sénéchal, « L'ouverture d'une faillite européenne », *Rev. proc. coll.* 2008/2, p. 90 s., sp. p. 96, nos 45 s.
7. Circ. min Justice relative au Règlement no 1346/2000 du 29 mai 2000 relatif aux procédures d'insolvabilité, 15 déc. 2006, CIV19/06, 15 déc. 2006, 2.5.1.
8. Giorgini, *Méthodes conflictuelles...*, préc., Dalloz, 2006, no 665.

SECTION 092.60

PRODUCTION DES CRÉANCES – TRAITEMENT DES CRÉANCIERS

092.61 Production des créances[1]. Il convient d'abord d'indiquer que, ainsi que cela a été remarqué[2], le Règlement communautaire du 29 mai 2000 impose ses dispositions en présence d'un créancier ayant sa résidence, son domicile ou son siège social sur le territoire d'un État membre autre que celui de l'ouverture de la procédure collective, sans qu'il soit nécessaire que les biens du débiteur soient répartis sur le territoire de plusieurs États membres. La juridiction ou le syndic de la procédure principale informent sans délai les créanciers connus ayant leur résidence, leur domicile ou leur siège dans un autre État, de leur obligation de produire - déclarer - leurs créances (Règl. CE 29 mai 2000, art. 40). En présence d'un créancier étranger, domicilié dans un État membre de l'Union européenne adhérent du Règlement communautaire du 29 mai 2000, l'avertissement personnel d'avoir à déclarer la créance doit être adressé au moyen d'un formulaire, portant dans toutes les langues officielles des institutions de l'Union européenne le titre « invitation à produire une créance. Délais à respecter ».

L'article 4 § 2, h du Règlement CE du 29 mai 2000 indique que la loi d'ouverture de la procédure d'insolvabilité détermine les conditions d'ouverture, de déroulement et de clôture de la procédure d'insolvabilité, et notamment les règles concernant la production, la vérification et l'admission des créances. Plusieurs conséquences ont été tirées de ce principe.

Le délai de déclaration des créances et son point de départ sont fixés par la loi d'ouverture de la procédure. Il en est de même du délai et du point de départ du délai de l'action en relevé de forclusion[3].

La sanction du défaut d'avertissement au moyen d'un tel formulaire n'est pas précisée par les textes. Conformément aux dispositions générales de l'article 4 § 2 point 1, du Règlement CE du 29 mai 2000, il appartient à la loi du pays d'ouverture de la procédure collective de déterminer les conséquences d'un défaut d'information d'un créancier. En France, seule la voie du relevé de forclusion est ouverte à un créancier chirographaire établi dans un autre État membre[4]. Il n'y a pas place à un différé du point de départ du délai de forclusion[5]. Ce défaut d'avertissement peut constituer un motif de relevé de forclusion, le créancier démontrant que la défaillance à déclarer n'est pas due à son fait[6]. Observons que cette solution est plus souple que celle qui prévaut en droit interne.

Si le créancier est titulaire d'un contrat publié ou d'une sûreté publié, l'avertissement qui contient un délai erroné pour effectuer la déclaration de créance et qui ne reproduit pas les dispositions de l'article L. 621-43 du code de commerce, dans sa rédaction antérieure à la loi du 26 juillet 2005 [celles de l'article L. 622-24 du code, dans sa rédaction issue de la loi de sauvegarde des entreprises], est impuissant à faire courir le délai de forclusion[7].

Un créancier étranger ne peut reprocher l'absence de publication du jugement d'ouverture dans son pays, dès lors que le débiteur n'y a pas d'établissement[8].

L'article 41 du Règlement s'attache à définir la forme et le contenu de la déclaration de créances. L'article 42 s'emploie à régler la question de la langue employée. L'article 42 § 2 du Règlement permet au syndic de demander au créancier étranger une

1. Vallens, « Les créanciers et le règlement 1346/2000 », *LPA* 20 nov. 2001, n° 231, p. 33 s., sp. p. 35, 36 – Menjucq, « La situation des créanciers dans le règlement 1346/2000 sur les procédures d'insolvabilité », *RJDA* 2001/6, p. 579, spéc. n°s 16 à 18 – *Adde*, J.-CL. COM., Roussel Galle., fasc. 3125, [Droit communautaire – Règl. n° 1346/2000 du Conseil du 29 mai 2000 relatif aux procédures d'insolvabilité], n°s 77 s.
2. Henry, « La déclaration de créance et l'avertissement d'un créancier communautaire », note s^s^ Com. 7 juill. 2009, n°s 07-17.028, 07-17.220; n° 711 F-P+B; *Gaz. proc. coll.* 2009/4, 1re partie, n°s 303, 304, p. 32.
3. Com. 16 nov. 2010, n° 09-16.572, *Bull. civ.* IV, n° 179; *D.* 2010. 2832, note Lienhard; *Gaz. Pal. ent. diff.* 7-8 janv. 2011, p. 22, note Mélin et p. 39, note Le Corre-Broly; *Rev. sociétés* 2011. 196, note Roussel Galle; *LPA* 29 avr. 2011, n° 85, p. 13, note Nabet; *RTD com.* 2011. 180, n° 12, obs. Vallens; *Rev. proc. coll.* 2011, comm. 175, note Mastrullo.
4. Com. 17 déc. 2013, n° 12-26.411, *Bull. civ.* IV, n° 188; n° 1222 F-P+B; *Act. proc. coll.* 2014/3, comm. 36, note Voinot; *LXB hebdo* 23 janv. 2014, n° 555, note Le Corre – Com. 18 nov. 2014, n° 12-28.040, NP; n° 995 F-D; *BJE* 2015, 119, note Thullier; *Rev. proc. coll.* 2015, comm. 144, note Menjucq; *LPA* 22 juin 2015, n° 123, p. 6, note Favarel – Orléans, 8 oct. 2009, *Rev. proc. coll.* 2010/6, p. 29, note Menjucq – Bordeaux, 1re ch. civ., 3 janv. 2011, *Rev. proc. coll.* 2012, comm. 12, p. 39, note Legrand et Legrand – *Adde*, Thuillier, « Information individuelle des créanciers et règlement européenne sur les procédures d'insolvabilité : les "créanciers étrangers" sont-ils des créanciers comme les autres ? », *BJE* mars 2014, 126.
5. Orléans, 8 oct. 2009, *Rev. proc. coll.* 2010/6, p. 29, note Menjucq – Bordeaux, 1re ch. civ., 3 janv. 2011, *Rev. proc. coll.* 2012, comm. 12, p. 39, note Legrand et Legrand.
6. Com. 17 déc. 2013, n° 12-26.411, *Bull. civ.* IV, n° 188; n° 1222 F-P+B; préc. – Com. 18 nov. 2014, n° 12-28.040, NP; n° 995 F-D; préc.
7. Com. 7 juill. 2009, n°s 07-17.028, 07-20.220, *Bull. civ.* IV, n° 99; *D.* 2009. AJ 1965, note Lienhard; *Gaz. proc. coll.* 2009/4, 1re partie, n°s 303, 304, p. 32, note Henry; *RTD com.* 2009. 804, n° 1, obs. Martin-Serf; *Rev. proc. coll.* 2009/6, 149, p. 29, note Menjucq; *JCP E* 2010, Chron. 1011, n° 8, obs. Pétel; *RTD com.* 2010. 209, n° 28, obs. Vallens.
8. Com. 16 nov. 2010, n° 09-16.572, *Bull. civ.* IV, n° 179, préc.

traduction de sa déclaration de créance. Cette demande ne doit pas être considérée comme une contestation de la créance au sens du code de commerce. Il en résulte que si le créancier ne s'y conforme pas et si le juge-commissaire confirme la proposition de rejet du mandataire judiciaire, le créancier conservera le droit d'interjeter appel (v. s[s] n° 671.32).

Statuant à propos de l'obligation de l'État français de récupérer les aides d'État illégales, la Cour de cassation a jugé que, sans porter atteinte au droit communautaire, l'État peut se trouver dans l'impossibilité absolue d'exécuter la décision de récupération des aides illégales. Il en est ainsi s'il n'a pas déclaré sa créance de restitution dans les délais, a sollicité un relevé de forclusion, qui a été rejeté, et a exercé un recours contre cette décision en dehors des délais prévus par les textes français, textes qui régissent seuls la déclaration, la vérification et l'admission des créances au passif. Or, l'admission au passif du débiteur constitue le seul moyen pour l'État de prétendre récupérer une aide illégale, lorsque l'entreprise, qui en a été bénéficiaire, a été placée sous procédure collective[1].

La déclaration de créance est valablement effectuée, si est versée aux débats une attestation, même établie postérieurement à l'expiration du délai de déclaration des créances, émanant de celui qui exerce actuellement les fonctions d'organe habilité par la loi nationale de la société créancière à la représenter [la *lex societatis* étant seule applicable pour cette détermination[2]], et certifiant que le préposé déclarant disposait d'une délégation de pouvoirs pour le faire[3].

En revanche, la société créancière néerlandaise, qui a donné à son préposé un pouvoir de la représenter à l'égard de toute personne et toutes opérations concernant les activités de la société et de signer, établir et remettre tout document et de faire tout ce qu'il considère comme nécessaire en relation avec les activités mentionnées ci-dessus, ne lui a pas donné une délégation de pouvoirs comportant celui d'agir en justice au nom de la société et de déclarer les créances de celles-ci. La déclaration de créance n'est donc pas régulière, même si la loi néerlandaise ne prévoit pas de pouvoir spécifique en matière de déclaration de créance, l'appréciation devant se faire uniquement au regard de la loi du pays d'ouverture de la procédure d'insolvabilité[4].

De même, le pouvoir délégué à l'administrateur d'une société belge d'assurer la gestion quotidienne d'une société ne lui confère pas le droit d'effectuer une déclaration de créance, dans une procédure collective ouverte en France, lequel implique le pouvoir d'agir en justice, de sorte qu'il ne peut user de la faculté de subdélégation[5].

Le créancier ayant produit sa créance à la faillite principale peut la produire, directement ou par l'intermédiaire du syndic de la procédure principale, à la faillite secondaire[6]. Identiquement, un créancier ayant produit à la faillite secondaire peut produire à la faillite principale et à toutes faillites secondaires. Contrairement à la solution retenue par la convention d'Istanbul, la production à la faillite secondaire ne vaut pas ici production à la faillite principale.

Rappelons que, selon l'article 5 du Règlement CE du 29 mai 2000, « l'ouverture de la procédure d'insolvabilité n'affecte pas le droit réel d'un créancier ou d'un tiers sur des biens corporels ou incorporels, meubles ou immeubles, appartenant au débiteur et qui se trouvent, au moment de l'ouverture de la procédure, sur le territoire d'un autre État membre » (v. s[s] n° 092.34).

092.62 Principe de traitement égalitaire des créanciers. Le principe d'égalité des créanciers est présenté dans le Règlement communautaire sous la forme de la « *Par condicio omnium creditorum* ». Il s'agit d'assurer une perte proportionnelle au montant de sa créance à chaque créancier participant à la procédure d'insolvabilité. Pour y parvenir, l'article 20.2 du Règlement prévoit que le créancier qui a obtenu un dividende dans la procédure principale ne participera aux répartitions dans les autres procédures que lorsque les créanciers de même rang auront obtenu un dividende équivalent.

1. Com. 23 avr. 2013, n° 12-19.184, *Bull. civ.* IV, n° 74; *Gaz. Pal.* 12 juill. 2013, n° 193, p. 25, note Henry; *Rev. sociétés* 2013. 383, note Henry; *RTD com.* 2013. 586, n° 3, obs. Martin-Serf; *Rev. proc. coll.* 2013, comm. 128, note Legrand et Legrand; *Rev. proc. coll.* 2013, comm. 166, note Vabres; *Rev. proc. coll.* 2014, comm. 9, note Mastrullo.
2. *Aix-en-Provence,* 8e ch. A, 16 févr. 2012, RG n° 10/13772, *Rev. proc. coll.* 2013, comm. 69, note Legrand et Legrand.
3. Com. 15 déc. 2009, n° 08-14.949, *Bull. civ.* IV, n° 164; *D.* 2010. AJ 86, note Lienhard; *Act. proc. coll.* 2010/1, n° 22, note Vallansan; *Rev. proc. coll.* 2010/6, p. 27, note Menjucq; *Gaz. Pal.* 2010. 1650, note Jobard-Bachellier; *Bull. Joly* 2010. 367, note Jault-Seseke et Robine; *Rev. sociétés* 2010. 187, note Dammann et Sauteraud; *D com.* 2010. 210, n° 30, obs. Vallens; *Dr. sociétés* 2010, comm. 101, note Legros.
4. Com. 22 juin 2010, n° 09-65.481, *Bull. civ.* IV, n° 113; *Act. proc. coll.* 2010/16, n° 225, note Robine; *Rev. proc. coll.* 2010/6, p. 27, note Menjucq; *Bull. Joly* 2010, § 159, p. 755, note Vallens; *JCP E* 2011, Chron. 1030, n° 9, note Pétel; *RTD com.* 2010. 783, n° 1, obs. Martin-Serf; *Rev. sociétés* 2011, p. 304, note Mélin.
5. Com. 4 mars 2014, n° 12-29.580, NP; n° 213 F-D; *Rev. proc. coll.* 2015, comm. 96, note Mastrullo; *Dr. sociétés* 2015, comm. 14, note Legros.
6. Jazottes et Sénéchal, « L'ouverture d'une faillite européenne », *Rev. proc. coll.* 2008/2, p. 90 s., sp. p. 95, n°s 40 s.

Le principe ainsi exposé est sans application pour les créanciers privilégiés. Si le créancier est privilégié, le paiement qu'il a reçu dans une première procédure au titre de son privilège ne sera pas pris en compte dans le calcul de ses droits à répartition dans les procédures subséquentes. Toutefois, il est exclu qu'il touche plus que ce qui lui est dû.

CHAPITRE

093. Application du droit commun en dehors de conventions internationales

SECTION 0
ORIENTEUR

093.00 Plan du chapitre.

Sect. 093.10 Procédures ouvertes en France
Sect. 093.20 Procédures ouvertes à l'étranger

093.02 Jurisprudence de référence.

> La règle de l'arrêt des poursuites individuelles est d'ordre public interne et international.

• Civ. 1re, 6 mai 2009, n° 08-10.281, *Bull. civ.* I, n° 86

* V. s^s^ n° 093.22

> Une juridiction ne saurait, sans commettre d'excès de pouvoir, autoriser un mandataire de justice à ne pas réaliser des biens situés à l'étranger.

• Civ. 1re, 19 nov. 2002, n° 00-22.334, *Bull. civ.* I, n° 275

* V. s^s^ n° 093.14

> Un créancier peut être admis au passif au titre d'une créance résultant d'une décision étrangère, même sans *exequatur*, car tout créancier même non muni d'un titre exécutoire peut être admis au passif.

• Com. 3 déc. 2003, n° 01-01.882, NP

* V. s^s^ n° 093.13

> N'a pas été jugée contraire à l'ordre public français, la possibilité d'ouvrir une procédure à l'encontre d'une personne n'ayant pas, au regard de la loi française, la *qualité* exigée pour être déclarée en redressement ou en liquidation judiciaire.

• Com. 18 janv. 2000, n° 97-11 906, *Bull. civ.* IV, n° 17

* V. s^s^ n° 093.22

093.03 Bibliographie indicative. (V. les références complètes s^s^ n° 031). Aussi s^s^ n° 090.03.

> Ouvrages postérieurs à la loi de sauvegarde des entreprises. Jacquemont et Vabres, 9e éd., n°s 185 à 187, 254 à 257 – Lienhard, 6e éd., n°s 53.27 à 53.30 – Vallens, 2015, n°s 4883 à 4910 – Vidal et Giorgini, n°s 2039 à 2159.

> Ouvrages spéciaux. Giorgini G.-C., *Méthodes conflictuelles et règles matérielles dans l'application des « nouveaux instruments » de règlement de la faillite internationale*, « Nouv. bibl. thèses », Dalloz, 2006 – Mélin F., *La faillite Internationale*, « Systèmes », Lgdj, 2004; *Le Règlement communautaire du 29 mai 2000 relatif aux procédures d'insolvabilité*, Bruylant, 2008.

> Articles. Dammann R. et Dang A.-M., « Faut-il codifier le droit international privé de la faillite », *BJE* déc. 2015, 355 – Dammann R. et Ollivry M., « Réflexions sur l'aménagement du principe d'universalité de la faillite », *JCP E* 2006. 2628, p. 1938 – Nabet P., « Droit international et droit des entreprises en difficulté », Roussel Galle (dir.), *Entreprises en difficulté*, « Droit 360° », LexisNexis, 2012, p. 923.

093.04 Question principale.

• Une procédure collective en France peut-elle produire des effets à l'étranger ?

* V. s^s^ n° 093.14.

093.09 Principe d'application du droit commun en dehors des conventions internationales. En dehors des conventions internationales, il convient d'appliquer le « droit commun »[1]

Le droit commun sera ainsi écarté si trouvent application les rares conventions bilatérales unissant la France à d'autres États (v. s^s^ n° 091.11). Il sera surtout tenu en échec dans les relations entre États membres de l'Union européenne, lorsque s'appliquera le Règlement CE 1346/2000 du 29 mai 2000 (v. s^s^ n° 092.21). Signalons ici que le Danemark n'a pas ratifié ce Règlement, de sorte que si une procédure d'insolvabilité internationale intéresse la France et le Danemark, le droit commun restera applicable.

1. Kerckhove, n°s 917 s. – Soinne, n° 349.

SECTION 093.10
PROCÉDURES OUVERTES EN FRANCE

093.11 Critères de compétence initiale des juridictions françaises. Les juridictions françaises seront compétentes pour ouvrir une procédure, dès lors que le débiteur a, en France, son domicile ou son siège social[1]. L'existence d'une succursale en France est, par principe, insuffisante[2]. Si le siège statutaire fixé à l'étranger est fictif, seul sera pris en compte le siège réel[3]. Le siège s'apprécie *lege fori*, c'est-à-dire en fonction de la loi du tribunal saisi[4]. Il en sera de même du domicile. Il faut noter que depuis la loi n° 2003-721 du 1er août 2003, pour les personnes physiques, le tribunal compétent est celui dans le ressort duquel le débiteur a déclaré son adresse professionnelle.

À défaut de siège ou de domicile en France, les tribunaux français peuvent encore se reconnaître compétent lorsque le débiteur a en France un établissement. Peu importe qu'il s'agisse du centre principal des intérêts du débiteur[5]. La solution est d'ailleurs explicitement posée par l'article 1er du décret n° 85-1388 du 27 décembre 1985, sous l'empire de la législation antérieure à la loi de sauvegarde des entreprises, par l'article 1er alinéa 2 du décret n° 2005-1677 du 28 décembre 2005, selon lequel « le tribunal compétent est celui dans le ressort duquel le débiteur a le centre principal de ses intérêts en France » Cela revient à reconnaître compétence au tribunal français du principal établissement secondaire[6].

Les tribunaux français sont encore compétents en cas d'existence de relations d'affaires en France[7] – « une présence commerciale réelle »[8] – ou si le débiteur a des actifs en France. A même été admise, la compétence des tribunaux français pour ouvrir une procédure en France, en présence de locaux d'exploitation pris en crédit-bail et situés sur le territoire français[9] ou d'immeubles pris en location pour les besoins de l'activité professionnelle[10]. Il faudra cependant que l'intérêt des créanciers français l'exige[11]. Ce critère de compétence a pour objectif essentiel de permettre l'appréhension d'actifs en France par des créanciers locaux.

Ces entorses au principe du rattachement étaient encore plus nettes avec la possible application du privilège de juridiction des articles 14 et 15 du code civil, qui permet d'attribuer compétence aux juridictions françaises, dès lors que le demandeur ou le défendeur a la nationalité française[12]. Un créancier français pouvait, en dehors des conventions internationales et d'*exequatur* d'une décision étrangère de faillite, solliciter l'ouverture d'une procédure en France[13], alors même qu'il aurait déclaré sa créance à l'étranger[14].

Ce critère de rattachement était cependant très subsidiaire, d'autant que l'on voyait assez mal comment le créancier aurait pu caractériser l'état de cessation des paiements, faute d'établissement du débiteur en France. Il aurait autorisé en tout cas le créancier français à assigner le débiteur étranger devant le tribunal de son choix, en respectant cependant la compétence d'attribution[15].

Comme cela avait été justement remarqué, ces possibilités étaient assez irréductibles avec l'idée que le redressement judiciaire tend au sauvetage de l'entreprise et non à la satisfaction individuelle d'un créancier. Cette possibilité d'utiliser le privilège de juridiction entraînait un « gauchissement et un rétrécissement aux dimensions d'une voie d'exécution individuelle »[16]. Elle devait donc être condamnée[17].

C'est aujourd'hui chose faite, depuis le revirement opéré par la première chambre civile de la

1. Req. 8 et 26 avr. 1932, *Gaz. Pal.* 1932. II. 145 – *Adde*, KERCKHOVE, n° 922.
2. Com. 16 mars 1999, n° 95-12.136, *Bull. civ.* IV, n° 60; *Bull. Joly* 1999. 637, n° 139, note Menjucq.
3. Civ. 1re, 21 juill. 1987, n° 85-18.504, *Bull. civ.* I, n° 242; *D.* 1988. 169, note J. Rémery.
4. Mélin, *La faillite internationale*, « Systèmes », Lgdj, 2004, n° 13.
5. Com. 21 mars 2006, n° 04-17.869, *Bull. civ.* IV, n° 74; n° 411 FS-P+B+I+R; *D.* 2006. AJ 914, obs. Lienhard; *D.* 2006, jur. 1466, note Henry; *D.* 2006, pan. 2251, obs. Lucas; *Gaz. proc. coll.* 2006/3, p. 12, obs. Mélin; *Act. proc. coll.* 2006/10, n° 124, note Callé; *JCP E* 2006. 2072, p. 1227, note Legros; *Bull. Joly* 2006/7, § 185, p. 930, note Bureau; *Defrénois* 2006/24, Chron. 38507, p. 1897, n° 1, note Gibirila; *Rev. sociétés* 2006. 653, note Bollée – Com. 21 mars 2006, n° 04-17.871, NP, *Act. proc. coll.* 2006/10, n° 124, note Callé.
6. Com. 11 avr. 1995, n° 92-20.032, NP, *Bull. Joly* 1995. 696, note Martin-Serf – *Callé, Act. proc. coll.* 2006/10, n° 124 – SAINT-ALARY-HOUIN, 6e éd., n° 415.
7. KERCKHOVE, n° 926.
8. VALLENS, 2015, n° 4888.
9. Com. 26 oct. 1999, n° 96-12.946, NP, *Bull. Joly* 2000. 385, note Menjucq; *Act. proc. coll.* 2000, n° 279, note Regnaut-Moutier.
10. Com. 1er oct. 2002, n° 99-11.858, NP, *Act. proc. coll.* 2002/18, n° 243.
11. KERCKHOVE, n° 924.
12. KERCKHOVE, n° 928 – Mélin, *Le Règlement communautaire du 29 mai 2000 relatif aux procédures d'insolvabilité*, Bruylant, 2008, n° 46 – ILLUSTR. : Com. 19 mars 1979, n° 77-13.943, *Bull. civ.* IV, n° 104; *Rev. sociétés* 1979. 567, note Guyon.
13. KERCKHOVE, n° 929 – *Adde*, Req. 5. juill. 1897, *DP* 1897, I, 525.
14. Com. 19 janv. 1988, n° 86-11.080, *Bull. civ.* IV, n° 47; *Rev. proc. coll.* 1988, 175, n° 7, obs. Didier; *D.* 1988. 565, note J. Rémery; *JCP E* 1990. II. 15209, nos 2 et 3, obs. M. Cabrillac et Vivant.
15. Mélin, *Le Règlement communautaire du 29 mai 2000 relatif aux procédures d'insolvabilité*, Bruylant, 2008, n° 46.
16. J.-CL. COM., Martin-Serf, fasc. 2200, [Règles générales de compétence], 2012, n° 63.
17. RAPPR. : VALLENS, 2015, n° 4897.

Cour de cassation sur l'interprétation donnée à l'article 15 du code civil. Ce texte ne consacre qu'une compétence facultative de la juridiction française, impropre à exclure la compétence indirecte d'un tribunal étranger, dès lors que le litige se rattache de manière caractérisée à l'État dont la juridiction est saisie et que le choix de la juridiction n'est pas frauduleux[1]. Ainsi, dès lors qu'une procédure collective aura été ouverte à l'étranger, et en dehors de l'application du Règlement communautaire du 29 mai 2000, la compétence de la juridiction française pour une question se rattachant à la procédure collective étrangère ne pourra être reconnue, par application de l'article 15 du code civil.

093.12 Critères de compétence dérivée des juridictions françaises. Les juridictions françaises sont également compétentes, sous l'empire de la législation antérieure à la loi de sauvegarde des entreprises, pour ouvrir une procédure à l'encontre du membre ou de l'associé étranger d'un groupement dont la procédure a été ouverte en France[2], alors que ces membres ou associés sont indéfiniment et solidairement responsables du passif du groupement.

La solution est la même lorsque, sous l'empire de la législation antérieure à la loi de sauvegarde des entreprises, la procédure est ouverte à titre de sanction contre le dirigeant – redressement et liquidation judiciaire personnels. L'article 163 du décret du 27 décembre 1985 justifie la solution, la compétence interne étant étendue aux litiges internationaux[3].

En cas de véritable extension sur le fondement de la confusion des patrimoines ou de la fictivité, la compétence de la juridiction, qui a ouvert la procédure initiale, subsiste, dès lors que les causes d'extension se sont déroulées en France, puisque ce sont elles qui ont justifié l'extension.

093.13 Étendue de la compétence des jurilictions françaises – Détermination de la *lex concusus*. La compétence du juge français s'étend aux ctions nées de la faillite, au sens de l'article 174 d décret du 27 décembre 1985[4], de l'article R. 662-3u code de commerce (anc^t D. 28 déc. 2005, art. 3:– v. s^s n° 312.21). La compétence du juge françaimportera application de la loi française, c'est-à-e la loi du for. La solution est justifiée par la doublensidération que les règles sur la faillite sont des vod'exécution, mais aussi des lois de police et de sûés[5].

La loi française du for permettra de fixer les conditions d'ouverture en France de la procédure : qualité exigée et état de cessation des paiements.

Elle s'appliquera aussi pour déterminer les modalités procédurales : compétence, saisine, organisation et déroulement de la procédure[6], ce qui permet d'englober la situation du débiteur au regard des règles de l'administration contrôlée en période d'observation et du dessaisissement en liquidation judiciaire. Le dessaisissement ne frappera toutefois, sauf *exequatur*, que les biens situés sur le territoire du pays d'ouverture de la procédure collective[7]. La question est cependant débattue de savoir si la loi française s'applique à une société étrangère pour déterminer si, du fait de son plan de cession totale ou de sa liquidation judiciaire, elle doit être dissoute par application de l'article 1844-7, 7° du code civil[8].

La loi française s'appliquera encore pour déterminer les solutions de la procédure (liquidation judiciaire ou plan de redressement)[9].

La *lex concursus* devrait également s'appliquer pour les nullités de la période suspecte[10]. Symétriquement, la loi étrangère trouvera application si l'action en annulation, révocation ou inopposabilité d'actes passés par le débiteur avant l'ouverture de la procédure collective et préjudiciables aux créanciers est exercée par les organes de la procédure collective étrangère[11]. Ces actions sont des consé-

1. Civ. 1re, 23 mai 2006, n° 04-12.777, *Bull. civ.* I, 54.
2. Mélin, *La faillite internationale,* « Systèmes », , 2004, n° 28.
3. Mélin, *La faillite internationale,* « Systèmes », , 2004, n° 29.
4. Com. 16 juill. 1981, n° 80-11.464, *Bull. civ.* IV, 7; *Rev. crit. DIP* 1982. 124, note Lemontey.
5. Civ. 1re, 5 févr. 1991, n° 89-14.382, *Bull. civ.* I, n° 44 – *Adde*, Soinne, n° 354 – Kerckhove, n° 931.
6. Soinne, n° 361 – Kerckhove, n° 941 – Mélin, *Le Règlement communautaire du 29 mai 2000 relatif aux procédures d'insolvabilité*, Bruylant, 2008, n° 53.
7. Vallens, 2015, n° 4888.
8. Pour l'affirmative : Guyon, note s^s Com. 19 mars 1979, *Rev. sociétés* 1979. 567, sp. 571 – Mélin, *La faillite internationale,* « Systèmes », Lgdj, 2004, n° 53 – pour la négative : Menjucq, note s^s Com. 26 oct. 1999, n° 96-12.946, *Bull. Joly* 2000, § 78.
9. Soinne, n° 362.
10. Mélin, *Le Règlement communautaire du 29 mai 2000 relatif aux procédures d'insolvabilité*, Bruylant, 2008, n° 77.
11. Com. 2 oct. 2012, n° 10-18.005, *Bull. civ.* IV, n° 175; n° 964 FS-P+B, *D.* 2012. Actu 2386, note Lienhard; *D.* 2013, Jur. 62, note Jault-Seseke; *Gaz. Pal.* 18 janv. 2013, n° 18, p. 15, note Mélin; *JCP E* 2012, Chron. 1757, n° 12, obs. Pétel; *BJE* janv. 2013, comm. 19, note Henry; *JCP E* 2013. 1049, note Mélin; *Rev. proc. coll.* 2012, comm. 191, note Menjucq; *RTD com.* 2013. 149, n° 8, obs. Martin-Serf; *D.* 2013, Chron. 1507, n° note Jault-Seseke – Com. 2 oct. 2012, n° 11-14.406, *Bull. civ.* IV, n° 176; n° 965 FS-P+B; *D.* 2013, Jur. 62, note Jault-Seseke; *Gaz. Pal.* 18 janv. 2013, n° 18, p. 15, note Mélin; *Act. proc. coll.* 2012/18, comm. 274, note Legrand; *JCP E* 2012, Chron. 1757, n° 12, obs. Pétel; *BJE* janv. 2013, comm. 19, note Henry; *JCP E* 2013. 1049, note Mélin; *Rev. proc. coll.* 2012, comm. 191, note Menjucq; *LPA* 15 avr. 2013, n° 75, p. 16, note Nabet; *RTD com.* 2013. 149, n° 8, obs. Martin-Serf; *D.* 2013, Chron. 1507, n° 5, note Jault-Seseke.

quences de la procédure collective et la solution vaut même après *exequatur* en France de la décision étrangère.

Les effets communs aux créanciers seront soumis à la loi du for[1], par exemple les règles relatives aux restrictions des droits des créanciers, telle la suspension des poursuites individuelles et son corollaire, la déclaration et la vérification des créances. Un créancier étranger peut, comme tout créancier national, déclarer sa créance au passif d'une procédure collective ouverte en France. Il convient à cet égard de noter qu'il disposera d'un délai supplémentaire pour déclarer sa créance (v. s^s^ n° 665.31), mais non pour obtenir un relevé de forclusion (v. s^s^ n° 665.55). Le créancier étranger devra déclarer sa créance en utilisant la langue française, la nature de demande en justice de la déclaration de créance justifiant la solution (v. s^s^ n° 664.12). Le créancier étranger peut déclarer sa créance en monnaie étrangère, le code de commerce prévoyant alors une conversion au jour du jugement d'ouverture, sans qu'il y ait à distinguer selon que le jugement de liquidation intervient sur conversion ou est immédiat. Le créancier peut être admis au passif au titre d'une créance résultant d'une décision étrangère, même sans *exequatur*, car tout créancier même non muni d'un titre exécutoire, peut être admis au passif, la solution ayant été posée en application de la loi du 13 juillet 1967[2].

La mise en œuvre du cautionnement par le créancier, ainsi que la mise en œuvre des recours en remboursement, seront soumises à loi de la faillite, cependant que les conditions d'efficacité du cautionnement resteront soumises à la loi du contrat[3].

Les conditions d'efficacité des sûretés réelles seront soumises à la *lex rei sitae*, cependant que l'opposabilité à la procédure collective[4] ainsi, semble-t-il, que le rang de la sûreté, seront commandés par la loi de la faillite[5].

Les conditions de recevabilité des actions en revendication relèveront de la loi de la faillite[6], et cela quelle que soit la loi régissant la validité et l'opposabilité de la clause de réserve de propriété[7]. En ce qui concerne la validité de la clause de réserve de propriété et son opposabilité à la procédure collective, sera applicable, non la loi de la faillite, mais, nous semble-t-il, la loi du contrat, et non celle de situation du bien. Notons que le propriétaire domicilié à l'étranger ne dispose pas d'un allongement de délais pour présenter sa demande en acquiescement de revendication ou sa requête en revendication (v. s^s^ n°s 813.43, 813.53 et 813.57).

Les reprises du conjoint sont aussi soumises à la *lex concursus*, sous l'observation que le conjoint sera amené à prouver la consistance de ses propres, selon les règles de son régime matrimonial, qui pourra relever d'une loi étrangère[8].

La loi de la faillite déterminera également la situation du conjoint du débiteur[9].

Enfin, la loi de la faillite s'appliquera pour déterminer les sanctions applicables au débiteur ou au dirigeant, la solution ayant été posée en matière d'action en comblement de passif (v. s^s^ n° 921.34).

093.14 Portée de la procédure ouverte en France sur les biens situés à l'étranger – effet d'universalité. Selon une formule jurisprudentielle bien établie, il résulte du principe de l'universalité de la faillite que la procédure de redressement ou de liquidation judiciaire prononcée en France produit ses effets partout où le débiteur a des biens, sous réserve des traités internationaux ou d'actes communautaires, et dans la mesure de l'acceptation par les ordres juridiques étrangers[10]. Le principe d'universalité de la faillite peut donc être subordonné à une décision de reconnaissance du jugement ayant ouvert cette procédure. Tel est le cas en Suisse[11].

Malgré les difficultés engendrées par le fait qu'il faille, pour réaliser des biens situés à l'étranger, appliquer des corps de règles différents, un mandataire de justice ne peut se désintéresser des biens situés à l'étranger. Le principe est celui de l'universalité de la faillite internationale. Tous les biens du débiteur, y compris ceux situés à l'étranger, doivent être réalisés pour parvenir à la satisfaction des créanciers. Une juridiction ne saurait donc, sans commettre d'excès de pouvoir, autoriser un manda-

1. KERCKHOVE, n° 945 – SOINNE, n° 363.
2. Com. 3 déc. 2003, n° 01-01.882, NP.
3. Mélin, *La faillite internationale*, « Systèmes », Lgdj, 2004, n° 59.
4. EN CE SENS : Civ. 1re, 25 févr. 1986, n° 84-14.203, *Bull. civ.* I, n° 38; *JCP* 1987. II. 20776, note Rémery.
5. Mélin, *La faillite internationale*, « Systèmes », Lgdj, 2004, n° 60.
6. Com. 8 janv. 2002, n° 98-20.181, NP, *RTD com.* 2002. 729, n° 5, obs. Martin-Serf.
7. Civ. 1re, 8 janv. 1991, n° 89-16.741, *Bull. civ.* I, n° 9; *D.* 1991. 276, note J. Rémery; *JCP E* 1991. I. 73, obs. M. Cabrillac; *Rev. proc. coll.* 1993, 550, n° 4, obs. Soinne.
8. Méli*a faillite internationale*, « Systèmes », Lgdj, 2004, n° 57
9. KERCIVE, n° 953 – *Adde*, Orléans, 17 juill. 1895, *JDI* 1895038.
10. Civ. 119 nov. 2002, n° 00-22.334, *Bull. civ.* I, n° 275; *D.* 20 AJ 3341, obs. Lienhard; *Act. proc. coll.* 2003/1, n° 10te Menjucq; *JCP E* 2003, jur. 1470, p. 1675, note Menj; *RTD com.* 2003. 169, n° 7, obs. Martin-Serf; *D.* 20Somm. 1625, obs. Henry; *Bull. Joly* 2003, n° 59, p. 27ote. Garaud; *JCP* 2003. II. 1021, p. 2294, concl. Saintse, note Chaillléde-Neré; *JCP E* 2003, Chron. 760, p. 84° 1, obs. Pételt; *Gaz. Pal.* 2003, pan., p. 1977, noteyet; *JDI* (Clunet) 2003, p. 132, note Roussel Galle 20 oct. 2003, p. 7, note Legros.
11. Versai13^e^ ch., 20 mars 2008, RG n° 07/03957, *D.* 2008. AJ 98*z. proc. coll.* 2008/2, p. 8, note Mélin.

taire de justice à ne pas réaliser des biens situés à l'étranger[1]. La procédure ouverte en France a une portée extraterritoriale. La solution a vocation à s'appliquer, en cas d'ouverture d'une procédure en France, même si le siège du débiteur n'est pas situé en France[2].

Pour faire respecter la règle de l'arrêt des poursuites individuelles, il est possible aux juridictions françaises d'enjoindre au créancier, qui poursuit la réalisation du bien à l'étranger, d'arrêter ses poursuites, ce qu'avait fait la cour d'appel dans l'arrêt soumis à la censure de la Cour de cassation le 19 novembre 2002[3].

093.15 Effets d'un jugement étranger revêtu de l'*exequatur* et procédure ouverte en France. La question qui se pose ici est de déterminer l'effet qu'il faut reconnaître en France à un jugement étranger, revêtu de l'*exequatur* ou reconnu en France en tant que décision d'un État membre de l'Union européenne, en présence une procédure collective française.

Le principe est qu'« une décision de reconnaissance ou d'exécution en France d'un jugement étranger ne conférant pas plus de droits que n'en aurait une décision nationale, elle ne saurait tenir en échec (un) principe d'ordre public interne et international ». Il en est ainsi du principe selon lequel, sous l'empire de la législation antérieure à la loi de sauvegarde des entreprises, un créancier antérieur doit déclarer sa créance au passif sauf à encourir l'extinction de sa créance, ce qui entraîne l'extinction du cautionnement, alors même que la caution aurait été condamnée à l'étranger par décision définitive[4].

Lorsqu'une procédure collective a été ouverte à l'étranger, là où se trouve le siège social de l'entreprise, et sous réserve de l'application du Règlement communautaire du 29 mai 2000, dès son *exequatur* en France, il n'est plus possible d'ouvrir en France une autre procédure collective.

SECTION 093.20
PROCÉDURES OUVERTES À L'ÉTRANGER

093.21 Procédures ouvertes à l'étranger sar*exequatur*. Tant que la procédure collective ouvte à l'étranger, sous réserve de l'application du Règhent communautaire du 29 mai 2000, qui intéresse tous les pays de l'Union européenne à l'exception du Danemark, n'a pas fait l'objet d'une *exequatur* en France, il est possible d'ouvrir en France une autre procédure collective contre le débiteur[5].

Sauf le jeu de conventions internationales, la procédure ouverte à l'étranger ne pourra en effet produire effet en France[6]. Ainsi, la règle de l'arrêt des poursuites individuelles n'a pas lieu de s'appliquer[7]. L'effet de la procédure collective étrangère en France ne se produira qu'une fois que la décision aura fait l'objet de l'*exequatur*. C'est l'application des dispositions combinées des articles 2412 du code civil (anc[t] C. civ., art. 2123) et 509 du code de procédure civile.

La jurisprudence a cependant tempéré la solution en posant en règle que les jugements étrangers de faillite, dépourvus d'*exequatur*, ont un effet probatoire[8]. Le jugement étranger fait d'abord preuve du mandat du « syndic », ce qui démontre sa qualité à agir ou à défendre en justice[9]. Les pouvoirs reconnus au syndic étranger supposent cependant l'absence d'ouverture de la procédure en France[10], puisqu'ils entreraient alors en conflit avec les pouvoirs des organes français.

Le syndic étranger aura, en outre, le droit d'accomplir des actes conservatoires[11]. C'est ainsi qu'un liquidateur, qui représente collectivement les créanciers, aura le droit en leur nom, de déclarer une créance entre les mains d'un syndic étranger et même de solliciter un relevé de forclusion[12]. De même, le syndic étranger pourra déclarer une opération de virement du compte d'une succursale vers celui ouvert au siège de la société débitrice[13]. Le syndic étranger aura également le droit de demander l'*exequatur* de la décision étrangère[14]. Selon une opinion, il aurait enfin qualité pour demander l'ouverture d'une procédure collective en France[15], ce qui

1. Civ. 1re, 19 nov. 2002, n° 00-22.334, préc.
2. Com. 21 mars 2006, n° 04-17.869, préc.
3. Civ. 1re, 19 nov. 2002, n° 00-22.334, préc.
4. Civ. 1re, 29 sept. 2004, n° 02-16.754, *Bull. civ.* n° 215; *D.* 2005, jur. 2159, note Henry; *Act. proc. co*004/18, n° 221, note Péroz; *LPA* 11 avr. 2005, n° 71, 9, note Roussel Galle.

5. Gibirila, n° 302.
6. Civ. 1re, 28 mars 2012, n° 11-10.639, *Bull. civ.* I, n° 74; n° 383 F-P+B+I; *Act. proc. coll.* 2012/9, comm. 131, note Legrand; *Rev. sociétés* 2012. 400, note Henry; *Rev. proc. coll.* 2012, comm. 192, note Menjucq.
7. Civ. 1re, 28 mars 2012, n° 11-10.639, préc.
8. Civ., 30 janv. 1912, *S.* 1916. I. 113, note Audinet.
9. Soinne, n° 369 – Kerckhove, n° 957.
10. Kerckhove, n° 957.
11. Civ. 1re, 24 mars 1998, n° 96-10.171, *Bull. civ.* I, n° 122; *JCP E* 1998. II. 10155, note Kerckhove.
12. Versailles, 13e ch., 29 nov. 2007, RG n° 07/00906, *Gaz. proc. coll.* 2008/1, p. 28, note Mélin.
13. Paris, 15e ch. B, 9 sept. 2005, RG n° 04/03159, *JCP E* 2006. 1067, p. 78, note Dom; *Act. proc. coll.* 2005/19, n° 248, note Dom; *Rev. proc. coll.* 2006/1, p. 20, note Dom.
14. Civ. 1re, 24 mars 1998, n° 96-10.171, préc.
15. Mélin, *La faillite internationale*, « Systèmes », Lgdj, 2004, n° 65.

nous semble faire difficulté au regard du caractère attitré de cette action, à moins que ce syndic ne représente le débiteur.

L'absence d'*exequatur*, outre qu'elle empêche le syndic étranger d'exécuter les biens du débiteur[1], empêche également le jeu du dessaisissement sur les biens du débiteur situés en France et, par voie de conséquence, autorise les créanciers à poursuivre le débiteur en France sur ces biens[2]. L'absence d'*exequatur* empêche également le jeu des sanctions et déchéances en France.

093.22 ***Exequatur* d'une procédure ouverte à l'étranger**[3]. Toute personne y ayant intérêt peut demander l'*exequatur* en France d'un jugement étranger de faillite[4], et ce par voie d'assignation[5], devant le tribunal de grande instance, qui statue à juge unique, du lieu de l'établissement en France[6]. La cause n'a pas à être communiquée au ministère public[7].

L'*exequatur* peut également porter sur une décision ultérieure au jugement d'ouverture rendue par le tribunal de la faillite, par exemple un concordat[8] ou une mesure de faillite personnelle[9].

Les conditions de l'*exequatur* sont celles du droit commun : compétence du juge étranger, régularité de la procédure, compétence de la loi appliquée par le juge étranger, absence de fraude et compatibilité avec l'ordre public international français[10]. L'ordre public correspond, en matière de procédure collective, aux principes essentiels[11], à ce qui constitue le socle d'une procédure collective. Il faut y placer la règle de l'arrêt des poursuites individuelles[12], ce dont il résulte, par exemple, que la sentence arbitrale ayant, après le jugement d'ouverture, condamné le débiteur au paiement, ne peut recevoir l'*exequatur*. Il faut y placer la règle de l'interdiction du paiement des créances antérieures, mais aussi le droit pour le créancier d'invoquer la compensation[13]. Il faut y ranger également le dessaisissement du débiteur[14].

À cet égard, n'a pas été jugée contraire à l'ordre public français, la possibilité d'ouvrir une procédure à l'encontre d'une personne n'ayant pas, au regard de la loi française, la qualité exigée pour être déclarée en redressement ou en liquidation judiciaire[15].

N'a pas davantage été jugée contraire à la conception de l'ordre public international français, l'absence d'extinction de la créance pour défaut de déclaration à la procédure collective ouverte en Belgique. En conséquence la caution a pu être poursuivie en France[16].

Le fait que le jugement de liquidation judiciaire prononcé par le tribunal de première instance de la principauté de Monaco ait été signifié à parquet n'est pas contraire à l'ordre public français et à l'article 6 § 1 de la Conv. EDH et ne fait pas obstacle à son *exequatur* en France, en application de l'article 18 de la convention franco monégasque. Cette disposition pose les conditions de l'*exequatur*. Il faut notamment que la décision émane d'une juridiction compétente et que les parties soient régulièrement convoquées, ce qui est le cas, dès lors que le débiteur avait été convoqué à l'audience d'ouverture de la procédure et qu'il avait même comparu[17].

N'a pas davantage été déclarée contraire à l'ordre public international français, une période suspecte de vingt-trois mois fixée par une juridiction espagnole[18].

Identiquement, n'est pas contraire à la conception française de l'ordre public international, la nullité de tous les actes d'administration et de disposition accomplis postérieurement à la date à laquelle la faillite rétroagit[19].

1. Civ. 17 juill. 1882, *DP* 1883, I, 65 – Civ. 30 janv. 1912, S. 1916. I. 113, note Audinet.
2. Civ., 11 mars 1913, *DP* 1914, I, 185, note Pic.
3. Vallens, « La reconnaissance et l'exécution des jugements en matière de faillite – Les solutions proposées par l'Union européenne et les Nations unies », *Gaz. Pal.* 22-23 sept. 1999, Doctr. 54.
4. Civ. 1re, 17 mai 1983, n° 82-11.290, *Bull. civ.* I, n° 147.
5. Civ. 1re, 12 nov. 1986, n° 85-13.583, *Bull. civ.* I, n° 257.
6. Civ. 1re, 12 nov. 1986, n° 85-13.583, *Bull. civ.* I, n° 257.
7. Civ. 1re, 4 janv. 1995, n° 93-11.107, *Bull. civ.* I, n° 9.
8. Civ. 1re, 17 mai 1983, n° 82-11.290, *Bull. civ.* IV, n° 147.
9. TGI Saint-Pierre-et-Miquelon, 26 oct. 1990, *Gaz. Pal.* 1991. II, Somm. 420.
10. Civ. 1re, 7 janv. 1964, n° 62-12.438, *Bull. civ.* I, n° 15; *Rev. crit. DIP* 1964. 344, note Battifol; *JDI* 1964. 302, note Goldman; *JCP* 1964. II. 13590, note Ancel; *RTD com.* 1964. 455, obs. Loussouarn.
11. Vallens, 2008, n° 4582.
12. Civ. 1re, 6 mai 2009, n° 08-10.281, *Bull. civ.* I, n° 86; FS-P+B+I; *Act. proc. coll.* 2009/12, n° 182, note Mastrullo; *Procédures* 2009, comm. 236, note Rolland; *JCP E* 2009, Chron. 1814, n° 2, note Pétel; *LPA* 21 juill. 2009, n° 144, p. 17, note Mouralis; *Rev. proc. coll.* 2010/1, § 9, p. 29, note Staes; *RTD com.* 2010. 208, n° 26, obs. Vallens.
13. Limoges, ch. civ., 26 sept. 2013, RG n° 12/01243, *Rev. proc. coll.* 2014, comm. 10, note Mastrullo.
14. Civ. 1re, 5 févr. 1991, n° 89-14.382, *Bull. civ.* I, n° 44; *Rev. arb.* 1991. 628, note Idot.
15. Com. 18 janv. 2000, n° 97-11.906, *Bull. civ.* IV, n° 17; *Act. proc. coll.* 2000/4, n° 43, note Chaput; *D.* 2000, jur. 105, obs. Faddoul; *JCP E* et *A* 2000, Chron. 699, n° 1-b-2, obs. Pétel; *JCP E* et *A* 2000, jur. 611, note Chaput; *LPA* 12 avr. 2000, n° 73, p. 12, note Vallens.
16. Co[illegible]. 16 oct. 2007, n° 06-14.681, *Bull. civ.* IV, n° 218; *D.* [illegible]07. AJ 2734, note Lienhard; *Gaz. proc. coll.* 2008/1, p. [illegible] note Mélin; *RTD com.* 2008. 335, obs. Crocq; *RJ com* [illegible]008. 221, note Sortais.
17. Civ. [illegible] 6 mars 2007, n° 05-19.635, NP, *Gaz. proc. coll.* 200[illegible] p. 23, note Mélin.
18. Com [illegible] févr. 2002, n° 98-22.683, *Bull. civ.* IV, n° 24; *D.* 2[illegible] AJ 957, obs. Lienhard; *Act. proc. coll.* 2002/7, n° 92[illegible]te Dom; *RJ com.* 2002. 162, n° 1594, note Menju[illegible] *JCP E* 2003, jur. 854, p. 955, note Raimon.
19. Com. [illegible]r. 2002, n° 98-22.683, préc.

L'acte de défaut de biens, variété suisse de clôture de procédure pour insuffisance d'actif, a également pu obtenir l'*exequatur* en France[1].

L'*exequatur* supposera cependant qu'aucune procédure collective ne soit ouverte en France contre le débiteur[2].

Il a été jugé qu'il était possible de donner l'*exequatur* à une intervention d'un juge saisi d'une requête aux fins d'ouverture d'une procédure, même si le juge ne rend pas véritablement une décision, faute d'avoir le pouvoir de rejeter la requête présentée, sur la seule considération des effets attachés à la saisine de ce juge, qui sont ceux classiquement attachés à l'ouverture d'une procédure, par exemple la règle de l'arrêt des poursuites individuelles[3]. Il a été en l'occurrence statué sur l'intervention d'un juge américain saisi d'une demande sur le fondement de la procédure du chapitre 11 du *Bankruptcy Code*, instituant une procédure comparable au redressement judiciaire français.

L'*exequatur* produira les effets de droit commun. Elle conférera à la décision étrangère autorité de chose jugée en France, sans pour autant transformer la faillite étrangère en faillite française[4]. Pour cette raison, le juge du fond tirant argument de l'intervention d'une faillite étrangère pour restreindre en France les droits d'un créancier, par exemple en lui interdisant de pratiquer des saisies, devra indiquer la disposition de la loi étrangère posant pareille restriction[5]. De même, en présence d'une faillite prononcée à l'étranger, le juge français qui doit statuer sur la poursuite d'une caution doit rechercher si la loi étrangère de la faillite prévoit ou non une continuation du cours des intérêts contre la caution[6].

Le jugement d'*exequatur* est opposable à tous et doit faire l'objet des mêmes mesures de publicité qu'un jugement d'ouverture français, même si cela n'est pas explicitement prévu. La décision d'*exequatur* a un effet rétroactif au jour de l'ouverture à l'étranger de la procédure[7].

Il reste à déterminer la compétence des juridictions françaises ou étrangères en fonction de la question à trancher.

La répartition entre créanciers hypothécaires et privilégiés du produit de la vente forcée d'un immeuble relève, en droit international privé commun, de la compétence des juridictions de l'État sur le territoire duquel s'est déroulée l'adjudication, en raison des liens étroits qui unissent la procédure de distribution à cette vente, y compris lorsque celle-ci porte sur des actifs immobiliers dépendant d'une procédure collective ouverte à l'étranger, dont la réalisation doit suivre les formes imposées par la loi du lieu de leur situation[8].

1. Civ. 1re, 7 juin 2006, no 04-15.042, NP, *Gaz. proc. coll.* 2006/4, p. 10, note Mélin.
2. Com. 19 janv. 1988, no 86-11.080, *Bull. civ.* IV, no 47; *D.* 1988. 565, note Rémery – *Adde*, Le Cannu, 7e éd., no 280.
3. Civ. 1re, 17 oct. 2000, no 98-19.913, *Bull. civ.* I, no 245; *Act. proc. coll.* 2001/7, no 96, note Dom; *D.* 2001. AJ 688, note Vallens.
4. Ainsi : Civ. 1re, 17 nov. 1999, no 97-20.624, *Bull. civ.* no 305; *D.* 2000, jur. 547, concl. Sainte-Rose, note Khairallah.
5. Civ. 1re, 2 févr. 2000, no 96-20.567, *Bull. civ.* I, no 51; *JCP E* et *A* 2000, pan. 623.
6. Com. 30 oct. 2007, no 06-17.102, NP, *Gaz. proc. coll.* 2008/1, p. 27, note Mélin.
7. Civ. 1re, 25 févr. 1986, no 84-14.208, *Bull. civ.* I, no 38; *JCP* 1987. II. 20776, note Rémery; *Rev. crit. DIP* 1987. 589, note Synvet.
8. Com. 12 mars 2013, nos 11-27.748, 11-27.749, *Bull. civ.* IV, no 37; no 231 F-P+B; *Gaz. Pal.* 12 juill. 2013, no 193, p. 10, note Mélin; *BJE* mai 2013, comm. 80, note Henry; *Rev. proc. coll.* 2014, comm. 13, note Mastrullo; *D.* 2014. Chron. 1066, no 7, note Gaudemet-Tallon.

CHAPITRE

094. Règlement européen insolvabilité (REI) 2015/848 du 20 mai 2015

SECTION 0 ORIENTEUR

094.00 Plan du chapitre.

Sect. 094.10 Domaine du règlement communautaire
Sect. 094.20 Détermination par le règlement communautaire de la compétence
Sect. 094.30 Reconnaissance et effets généraux de la procédure d'insolvabilité
Sect. 094.40 Procédures secondaires
Sect. 094.50 Procédures d'insolvabilité intéressant les groupes de sociétés
Sect. 094.60 Détermination par le règlement communautaire de la loi applicable – Compétence législative
Sect. 094.70 Production des créances – Traitement des créanciers

094.01 Textes applicables.

> Règlement communautaire.
Règl. UE n° 2015/848, Parlement et Conseil, 20 mai 2015, *JOUE L* 141, 5 juin, p. 19

094.03 Bibliographie indicative. (V. les références complètes s[s] n° 031). Aussi s[s] n° 090.03.

> Colloque et ouvrages collectifs. Sautonie-Laguionie L. (dir.), *Règlement (UE) n° 2015/848 du 20 mai 2015 relatif aux procédures d'insolvabilité : Commentaire article par article*, « Trans Europe Experts », Société de Législation Comparée, 2015 – Jault-Seseke F. et Robine D. (dir.), *Le nouveau règlement insolvabilité : quelles évolutions ?*, Joly, 2015.

> Articles. Brulard Y., « Les groupes et les procédures de pré insolvency : le signe d'un changement de nature du nouveau règlement insolvabilité ? », *Rev. proc. coll.* 2015, dossier 4 – Dammann R., « Le nouveau règlement européen sur les procédures d'insolvabilité », *Rev. proc. coll.* 2015, dossier 2 – Giorgini G.-C., « Les protocoles entre autorités de la procédure d'insolvabilité », *BJE* 2016, 69 – Guyomarc'h P., « La nécessité d'intégrer le mandat *ad hoc* et la conciliation dans le règlement européen 1346/2000 du 29 mai 2000 », *JCP E* 2015, études 1244 – Henry L.-C., « Le nouveau Règlement insolvabilité : entre continuité et innovations », *D.* 2015. 979 – Legrand V., « Le nouveau règlement européen relatif aux procédures d'insolvabilité transfrontalières : premier aperçu », *LPA* 22 janv. 2015, n° 16, p. 8 – Lenzig K., « La nouvelle définition des procédures d'insolvabilité couvertes par le champ d'application du règlement Insolvabilité », *Rev. proc. coll.* 2015, dossier 3 – Luciano K., « L'articulation de la procédure principale et des procédures secondaires dans le règlement (UE) n° 2015/848 relatif aux procédures d'insolvabilité », *Rev. proc. coll.* 2016, étude 9 – Mastrullo Th., « La coopération entre les acteurs intervenant dans les procédures d'insolvabilité après la révision du règlement (CE) n° 1346/2000 », *Rev. proc. coll.* 2015, dossier 7 – Menjucq M., « Un élargissement du champ d'application essentiellement procédural », *Rev. proc. coll.* 2015, dossier 2; « Le nouveau règlement insolvabilité : quelles évolutions ? », *BJE* juill. 2015, 259; « Traitement des groupes, évolutions et révolutions : regroupement, coordination par les AJMJ… en droit interne et européen », *LPA* 28 mars 2016, n° 62, p. 10 – Nabet P., « Le champ d'application dans le temps du nouveau règlement relatif aux procédures d'insolvabilité », *BJE* 2016, 72 – Omar P., « La coopération entre les juges et les tribunaux : le nouvel enjeu de l'échelle européenne », *Rev. proc. coll.* 2015, études 22 – Roussel Galle, « Refonte du règlement sur les procédures d'insolvabilité », DPDE juill. 2015, p. 1 – Vallens, « L'amélioration des droits des créanciers », *Rev. proc. coll.* 2015, dossier 6.

094.04 Questions principales.

À quelles conditions une procédure secondaire peut-elle être ouverte ?

s[s] n° 094.41.

• Le praticien de l'insolvabilité de la procédure principale peut-il éviter l'ouverture d'une procédure secondaire ?

* V. s[s] n° 094.42.

• Y a-t-il une procédure particulière de traitement des difficultés d'un groupe de sociétés en droit européen ?

* V. s[s] n° 094.56.

094.09 **Présentation générale du règlement[1] – Raisons de la refonte – Entrée en application – Dispositions diverses.** Le 12 décembre 2012, la Commission a adopté un rapport sur l'application du Règlement 1346/2000 du 29 mai 2000. Après avoir constaté que, globalement, le Règlement fonctionnait bien, elle concluait à la nécessité d'améliorer certaines de ses dispositions pour renforcer l'efficacité des procédures d'insolvabilité transfrontalières et, parce que le Règlement du 29 mai 2000 avait été modifié à plusieurs reprises, il apparaissait préférable de le refondre (Considérant 1). Le Considérant 3 indique que le bon fonctionnement du marché intérieur exige que les procédures d'insolvabilité transfrontalières fonctionnent bien. On constate un accroissement des effets transfrontaliers des activités des entreprises. Parce que l'insolvabilité des ces entreprises affecte le bon fonctionnement du marché intérieur, il apparaît nécessaire d'imposer une coordination des mesures à prendre dans le traitement des difficultés (Considérant 4). L'une des faiblesses du précédent Règlement tenait à ce qu'il était trop axé sur la liquidation des entreprises et ne répondait pas suffisamment aux besoins de promouvoir la culture du sauvetage et du rétablissement dans l'Union européenne[2]. En outre, un décalage s'était instauré entre le Règlement et l'évolution de certains droits nationaux ayant intégré des procédures prévoyant la restructuration des entreprises en situation de pré insolvabilité[3], telle la procédure de sauvegarde en France. Il importe en outre d'éviter le *forum shopping*, les parties ne devant pas être incitées à déplacer des avoirs ou des procédures judiciaires en vue d'améliorer leur situation juridique au détriment de leurs créanciers (considérant 29). Il s'agit là d'un point décisif, la France ayant souvent été victime de *forum shopping*. La voix de la France a été entendue lors de la révision du Règlement de sorte que le texte final apparaît satisfaisant pour elle[4].

Si l'on résume le Règlement, on peut dire qu'il stage[illegible]ur un certain nombre de questions, qu'il consacre un bon n[illegible]n-bre d'interprétations jurisprudentielles ou de pratiques [illegible]ro-fessionnelles, et, enfin, qu'il innove sur certains points[illegible]

La stagnation est spécialement constatée sur la q[illegible]stion des droits des salariés

Les consécrations principales tiennent à la déter[illegible]nation du centre des intérêts principaux et au renversemen[illegible] des présomptions posées en ce domaine, ainsi qu'aux pratiques professionnelles en matière de coopération entre les praticiens de l'insolvabilité.

Les principales modifications qui résultent du Règlement du 20 mai 2015[6], ci-après abrégé REI, tiennent au renforcement de la coopération dans les procédures intéressant un même débiteur ayant plusieurs établissements, non seulement entre les praticiens de l'insolvabilité, mais encore entre les juridictions et entre les praticiens et les juridictions. Cette coopération prend deux formes essentielles : la communication des informations et la coordination des procédures[7]. À cet égard, est créée une procédure de coopération collective permettant de traiter spécifiquement l'insolvabilité des groupes de sociétés. Est renforcée la protection des créanciers, tout spécialement dans le domaine de la production des créances. Cette coopération doit garantir le rôle prépondérant de la procédure principale (Considérant 45).

Le Règlement ne remet pas en cause la philosophie du précédent[8]. Les grands principes posés par le précédent Règlement du 29 mai 2000 sont conservés : une procédure principale ouverte au lieu du principal établissement qui produira un effet universel, reconnue sans formalité dans les autres États membres, qui entraînera par principe l'application de la loi du pays d'ouverture, et d'éventuelles procédures secondaires pour préserver les intérêts des créanciers locaux.

Le Règlement s'emploie toutefois à assurer un traitement plus efficace. Pour parvenir à ces objectifs, le considérant 8 indique qu'il paraît nécessaire de prendre des dispositions relatives à la compétence, à la reconnaissance et au droit applicable. Indiquons immédiatement que le Règlement ne s'intéresse pas à la récupération des aides d'État (Considérant 18).

Le nouveau Règlement, comme le précédent, n'ambitionne pas une uniformisation des droits matériels, mais seulement une unification des principes de droit international privé. En somme, c'est la continuité, mais avec une dose de modernité[9] : la prise en compte des procédures préventives, la prise en compte des problèmes spécifiques aux groupes de sociétés, la coopération entre les praticiens de l'insolvabilité et entre les juridictions, le tout agrémenté d'un zeste d'uniformisation des droits matériels en matière de déclaration de créance, spécialement.

Le règlement s'emploie aussi à protéger, dans une large mesure, les droits des créanciers. Il n'est pas ici question de défendre un intérêt collectif, mais plutôt d'assurer la protection de prérogatives individuelles[10]. Si les créanciers ne sont

1. Sautonie-Laguionie, *Commentaire Règlement (*[illegible] n° 2015/848 du 20 mai 2015, p. 17.
2. Lenzig, « La nouvelle définition des procédur[illegible]d'insolvabilité couvertes par le champ d'application [illegible] règlement Insolvabilité », *Rev. proc. coll.* 2015, dossier n° 6.
3. Lenzig, art. préc., n° 7.
4. Rossi, *Le nouveau règlement insolvabilité* [illegible]*uelles évolutions ?*, Joly, 2015, p. 2.
5. Menjucq, rapport de synthèse, in *Le n*[illegible]*au règlement insolvabilité : quelles évolutions ?*, Joly, [illegible]5, p. 227 s.
6. Règl. UE n° 2015/848, Parlement et Conseil, 20 mai 2015 relatif aux procédures d'insolvabilité, *JOUE L* 141, 5 juin, p. 19.
7. Mastrullo, « La coopération entre les acteurs intervenant dans les procédures d'insolvabilité après la révision du règlement (CE) n° 1346/2000 », *Rev. proc. coll.* 2015, dossier 7, n° 7.
8. Roussel Galle, « Refonte du règlement sur les procédures d'insolvabilité », DPDE juill. 2015, p. 1.
9. Sautonie-Laguionie, Commentaire Règlement (UE) n° 2015/848 du 20 mai 2015, p. 17.
10. Thuilier, « Les droits des créanciers », in *Le nouveau règlement insolvabilité : quelles évolutions ?*, Joly, 2015, p. 179 s., sp. p. 180, n° 4.

pas les moteurs du droit de l'insolvabilité européenne, ils peuvent « critiquer, contrôler, freiner, résister »[1].

Fidèle au principe d'application de la loi dans le temps en matière de procédure collective, l'article 84 du Règlement[2] précise que ses dispositions sont applicables aux procédures d'insolvabilité ouvertes postérieurement au 26 juin 2017, sous quelques réserves. Les actes accomplis par le débiteur avant cette date continuent à être régis par la loi qui leur était applicable au moment où ils ont été accomplis. De manière redondante, le § 2 de l'article 84 du Règlement précise que le Règlement n° 1346/2000 du 29 mai 2000 continue à s'appliquer aux procédures d'insolvabilité ouvertes avant le 26 juin 2007. Observons que, à lire à la lettre le Règlement, il existe un vide pour les procédures ouvertes le 26 juin 2017. On estimera qu'elles sont soumises au nouveau Règlement.

Indiquons que l'article 90 du Règlement[3] a posé une clause de réexamen, qui obligera, au plus tard le 27 juin 2027, puis tous les ans, à déposer un rapport relatif à l'application du Règlement, contenant, le cas échéant, des propositions de modification. Pour la procédure de coordination collective, un rapport devra être déposé au tard le 27 juin 2022. Un rapport devra également être déposé le 1er janvier 2016, au plus tard, sur les problèmes transfrontaliers intéressant la responsabilité et les déchéances atteignant les dirigeants. Enfin, au plus tard le 27 juin 2020, une étude devra être présentée par la Commission au Parlement sur la question de la recherche abusive de la juridiction la plus favorable, le fameux *forum shopping.*

L'article 85 du Règlement s'emploie à assurer les relations avec les autres conventions européennes[4].

L'article 86 du Règlement contient un corps de règles relatives aux informations sur le droit national et le droit de l'Union européenne en matière d'insolvabilité[5]. Il s'agit d'assurer une brève description des droits nationaux et des procédures, pour permettre l'accès à tous de l'information.

Précisons enfin que les articles 78 à 83 du Règlement[6], objets d'un chapitre VI, réglementent la question de la protection des données informatiques.

SECTION 094.10
DOMAINE DU RÈGLEMENT COMMUNAUTAIRE

094.11 Procédures concernées[7]. Comme cela était déjà le cas du Règlement communautaire n° 1346/2000 du 29 mai 2000, le Règlement 2015/848 du 20 mai 2015 (art. 1) ne s'applique que si la procédure a des effets transfrontaliers[8]. Il est inapplicable à une situation juridique purement interne à un État membre[9]. Le centre des intérêts principaux du débiteur doit être situé dans l'Union (Considérant 25), à l'exclusion du Danemark, qui n'est pas concerné, faute d'avoir ratifié le texte (Considérant 88).

Le Règlement ne régit pas toutes les faillites internationales, son application étant limitée à l'intérieur de l'Union européenne. Le droit international privé de chaque État membre continue, en conséquence, à s'appliquer en dehors de ce cadre (v. ss n° 093.11).

Le Règlement ne s'applique qu'aux procédures publiques (REI, art. 1). La raison en est simple : il faut permettre aux créanciers de prendre connaissance de la procédure et de produire leurs créances, et leur donner la possibilité de contester la compétence de la juridiction qui a ouvert la procédure d'insolvabilité (Considérant 12). En exigeant une procédure publique, notion qui peut faire débat[10], le Règlement exclut donc les procédures confidentielles (Considérant 13), même s'il est reconnu qu'elles peuvent jouer un rôle important, ce qui d'évidence est le cas de la conciliation en France[11]. Certains le regrettent[12]. Il a été suggéré à cet égard de distinguer entre la conciliation constatée et la conciliation homologuée, dans la mesure où, dans le deuxième cas, il existe une publicité de cette procédure[13]. Mais un obstacle s'élève qui tient au moment où la publicité de la procédure doit être assurée : lors de son ouverture. Et c'est pourquoi il a été suggéré de modifier la procédure française de conciliation, pour autoriser le débiteur, lors de l'ouverture de cette procédure, à en demander la

1. Thuillier, « Les droits des créanciers », préc., sp. p. 194, n° 36.
2. Benilsi, *in* Commentaire Règlement (UE) n° 2015/848 du 20 mai 2015, p. 389 – Nabet, « Le champ d'application dans le temps du nouveau règlement relatif aux procédures d'insolvabilité », *BJE* 2016. 72.
3. Lisanti, *in* Commentaire Règlement (UE) n° 2015/848 du 20 mai 2015, p. 408.
4. Legrand, *in* Commentaire Règlement (UE) n° 2015/848 du 20 mai 2015, p. 392.
5. Benilsi, *in* Commentaire Règlement (UE) n° 2015/848 du 20 mai 2015, p. 398.
6. Giorgini, *in* Commentaire Règlement (UE) n° 2015/848 du 20 mai 2015, p. 375 à 388.
7. Monsérié-Bon, *in* Commentaire Règlement (UE) n° 2015/848 du 20 mai 2015, p. 31 – Bruard, « Les procédures nationales entrant dans le champ d'application du règlement », *in Le nouveau règlement insolvabilité : quelles évolutions ?*, Joly, 2015, p. 25.
8. Henry, « Le champ d'application territorial du règlement », [illegible] *Le nouveau règlement insolvabilité : quelles évolutions ?*, [illegible]ly, 2015, p. 7.
9. [illegible]m. 21 févr. 2012, n° 11-18.027, *Bull. civ.* IV, n° 44; n° 24 F-P+B; *D.* 2012. Actu 678, note Lienhard; *Gaz. Pal.* 2[illegible]vr. 2012, n° 118, p. 28, note Roussel Galle; *Act. proc. co*[illegible] 2012/6, comm. 86, note Cagnoli; *RTD com.* 2012. 61[illegible] n° 2, obs. Martin-Serf; *Rev. proc. coll.* 2012, comm. 187[illegible]ote Menjucq.
10. Hen[illegible] « Le nouveau Règlement insolvabilité : entre continuité [illegible] innovations », *D.* 2015. 979, n° 9.
11. Mons[illegible]-Bon, *in* Commentaire Règlement (UE) n° 2015/848 d[illegible]0 mai 2015, p. 33.
12. AINSI, [illegible]marc'h, « La nécessité d'intégrer le mandat *ad hoc* et la c[illegible]liation dans le règlement européen 1346/2000 du 20 [illegible]2000 », *JCP E* 2015, étude 1244.
13. Menjuc[illegible] Un élargissement du champ d'application essentielleme[illegible]procédural », *Rev. proc. coll.* 2015, dossier 2, n° 4.

publication[1]. La piste est intéressante en ce qu'elle permettrait à cette procédure de devenir une procédure principale d'insolvabilité européenne. Pour la même raison, se trouve également exclu le mandat *ad hoc*[2], qui au demeurant n'est pas une procédure. Parce que la procédure de rétablissement professionnel n'est pas une procédure collective, elle n'est pas concernée et ne figure pas à l'Annexe A, qui contient, pays par pays, la liste des procédures d'insolvabilité. En outre, la faiblesse des actifs réalisables dans cette procédure, exclut a priori son caractère international[3].

Il doit s'agir d'une procédure collective (REI, art. 1). L'article 2 du Règlement définit ce qu'il entend par procédures collectives. Les conditions suivantes sont posées :

– a. un débiteur est totalement ou partiellement dessaisi de ses actifs et un praticien de l'insolvabilité est désigné;

– b. les actifs et les affaires d'un débiteur sont soumis au contrôle ou à la surveillance d'une juridiction; on constate donc ici que la procédure sera soumise au Règlement même si aucun praticien de l'insolvabilité n'est désigné;

– c. ou une suspension provisoire des poursuites individuelles est accordée par une juridiction ou de plein droit pour permettre des négociations entre le débiteur et ses créanciers, pour autant que la procédure pour laquelle la suspension est accordée prévoie des mesures adéquates pour protéger la masse des créanciers et, si aucun accord n'est dégagé, qu'elle soit préalable à l'une des procédures visées au point a ou b.

Lorsque les procédures visées au présent paragraphe peuvent être engagées dans des situations où il n'existe qu'une probabilité d'insolvabilité, leur objectif doit être d'éviter l'insolvabilité du débiteur ou la cessation de ses activités. Cette définition permet d'englober la sauvegarde et la sauvegarde anticipée, la procédure étant engagée dans des situations où il n'existe qu'une probabilité d'insolvabilité, son objectif étant d'éviter l'insolvabilité du débiteur ou la cessation de ses activités.

Contrairement à la solution retenue par le précédent Règlement, la définition permet l'application du Règlement à la sauvegarde financière accélérée, procédure semi collective qui n'intéresse que les créanciers financiers[4]. En effet, l'article 2 entend par procédures collectives, les « procédures auxquelles participe la totalité ou une partie importante des créanciers d'un débiteur, pour autant que, dans ce dernier cas, les procédures ne portent pas atteinte aux créances des créanciers qui ne sont pas parties à ces procédures. » Ce type de procédure a été dénommé « collectivité partielle »[5]. Ainsi, la procédure française de sauvegarde financière accélérée, procédure semi collective qui n'intéresse que les créanciers financiers, sera t-elle concernée. La solution résulte clairement du Considérant 14.

Chaque pays décide des procédures qu'il veut soumettre au Règlement. C'est l'objet de l'Annexe A, qui énumère limitativement les procédures concernées (Considérant 9). L'annexe A s'impose au juge. Il ne peut donc contrôler la conformité de la procédure en question aux conditions prescrites par l'article 1er § 1 du Règlement. Le Considérant 9 insiste sur ce point.

Sous l'empire du Règlement du 29 mai 2000, l'Annexe B fixait, pays par pays, les procédures d'insolvabilité visées à l'article 2, c, c'est-à-dire les procédures secondaires devant avoir une nature liquidative. La solution est modifiée par le Règlement du 20 mai 2015 qui prévoit que les procédures secondaires pourront être celles de l'Annexe A.

Alors que le Règlement du 29 mai 2000 s'intéressait au syndic, en le définissant (art. 2, b), le Règlement du 20 mai 2015 vise le « praticien de l'insolvabilité ». Il s'agit, selon l'article 2 § 5 de « toute personne ou tout organe, dont la fonction, y compris à titre intérimaire, consiste à :

– vérifier et admettre les créances soumises dans le cadre d'une procédure d'insolvabilité;

– représenter l'intérêt collectif des créanciers;

– administrer, en tout ou en partie, les actifs dont le débiteur est dessaisi;

– liquider les actifs visés au point ou surveiller la gestion des affaires du débiteur.

La liste de ces personnes et organes figure à l'Annexe B. »

En France, il s'agit du mandataire judiciaire, du liquidateur, de l'administrateur judiciaire et du commissaire à l'exécution du plan. Observons qu'au regard des missions, le commissaire à l'exécution du plan ne rentre dans la liste que parce qu'il représente l'intérêt collectif des créanciers, à la place du mandataire judiciaire, une fois le plan adopté, car la mission de surveiller l'exécution d'un plan ou d'un accord n'est pas précisé par l'article 2 § 5.

094.12 Principe d'exclusion de certaines entreprises. Parce que des procédures d'insolvabilité spé-

1. Menjucq, rapport de synthèse, *in Le nouveau règlement insolvabilité : quelles évolutions ?*, Joly, 2015, p. 227 s., sp. p. 2
2. Monsérié-Bon, *in* Commentaire Règlement (UE) n° 20 848 du 20 mai 2015, p. 33.
3. Menjucq, « Un élargissement du champ d'application es tiellement procédural », *Rev. proc. coll.* 2015, dossier 2, n
4. Monsérié-Bon, *in* Commentaire Règlement (UE) n° 2 848 du 20 mai 2015, p. 33.
5. Lenzig, « La nouvelle définition des procédures d'insolvabilité couvertes par le champ d'application du règlement Insolvabilité », *Rev. proc. coll.* 2015, dossier 3, n° 14.

ciales intéressent certains types d'entreprises, et parce que les autorités nationales de surveillance disposent, sur ces entreprises, d'un pouvoir d'intervention étendu, le Règlement du 20 mai 2015 leur est inapplicable (Considérant 19).

094.13 Exclusion des entreprises d'assurance. Les entreprises d'assurance sont exclues de la réglementation par l'article 2 du Règlement, comme cela était déjà le cas du précédent Règlement.

094.14 Exclusion des établissements de crédit. Les établissements de crédit sont exclus de la réglementation par l'article 2 du Règlement, comme cela était déjà le cas du précédent Règlement.

094.15 Exclusion des entreprises d'investissement et autres firmes ou entreprises et des organismes de placement collectif. Les entreprises d'investissement font l'objet d'une réglementation communautaire issue d'une directive du 10 mai 1993 amendée par une directive de 1995 [1]. Elles sont donc exclues du Règlement du 20 mai 2015, comme cela était déjà le cas du Règlement du 20 mai 2000.

Le Règlement du 20 mai 2015 étend l'exclusion aux firmes, établissements ou entreprises qui relèvent de la directive du 4 avril 2001 [2].

Les organismes de placement collectif sont enfin exclus du Règlement du 20 mai 2015, comme cela était déjà le cas avec le Règlement du 29 mai 2000. Ils sont réglementés par une directive de 1985 amendée par une directive de 1995 [3]. L'article 2 du règlement prend le soin de les définir comme les organismes de placement collectif en valeurs mobilières (OPCVM) au sens de la directive du 13 juillet 2009 [4] du Parlement européen et du Conseil et les fonds d'investissement alternatifs (FIA) au sens de la directive 2011/61 [5] du Parlement européen et du Conseil.

SECTION 094.20

DÉTERMINATION PAR LE RÈGLEMENT COMMUNAUTAIRE DE LA COMPÉTENCE

094.21 Détermination par le règlement communautaire de la compétence pour l'ouverture de la procédure principale [6]. La procédure principale – par opposition aux procédures secondaires – a une portée universelle, en ce qu'elle vise à inclure tous les actifs du débiteur (considérant 23). Elle frappe tous les biens du débiteur, y compris ceux situés à l'étranger, à l'exception toutefois des biens soumis aux procédures secondaires.

Un chef de compétence est reconnu pour l'ouverture de la procédure qualifiée de « principale » (REI, art. 3 § 1). Il s'agit de la compétence internationale, c'est-à-dire des règles qui désignent l'État membre dont les juridictions peuvent ouvrir une procédure d'insolvabilité. La compétence territoriale, en revanche, devra être déterminée par le droit national de l'État concerné (Considérant 26).

Le Règlement donne compétence de principe au tribunal du centre des intérêts principaux du débiteur [7], le COMI, ce qui présuppose que ce centre se situe sur le territoire d'un État membre, ainsi que le précise l'article 3 § 1 du Règlement.

Le centre des intérêts principaux est une notion qui doit être interprétée par référence au droit de l'Union, ce qui exclut qu'une juridiction nationale soit liée par une règle de procédure nationale telle qu'interprétée par la juridiction suprême de cet État, et qui ne serait pas conforme au droit de l'Union (v. s[s] n° 092.21).

L'article 3 § 1 définit le centre des intérêts principaux comme étant le « lieu où le débiteur gère habituellement ses intérêts et qui est vérifiable par des trs ». C'est la reprise du considérant n° 13 du Rlement du 29 mai 2000. L'interprétation sera dc reconduite (v. s[s] n° 092.21).

verses règles sont posées pour offrir des garanties sant à empêcher la recherche frauduleuse ou abure de la juridiction la plus favorable – *forum shopng* (Considérant 29).

Il est d'abord ainsi de certaines présomptions, telles cel posée par l'article 3 § 1, alinéa 2 du Règlement selon lquelle le centre des intérêts principaux est présumé jusqu'à preuve du contraire, être le lieu du siège statutire, pour les sociétés et les personnes morales (Conslérant 30). Pour éviter le *forum shopping* – on évoque un « dispositif anti-*forum shopping* » [8] –, cette présomtion ne s'applique que si le siège statutaire n'a

1. Dir. 93/22/CEE, Conseil, 10 mai 1993, *JOCE L* 141, 11 juin, p. 27 – Dir. 95/26/CE, Parlement et Conseil, 29 juin 1995, *JOCE L* 168, 18 juill., p. 7.
2. Dir. 2001/24/CE, Parlement et Conseil, 4 avr. 2001, *JOCE L* 125, 5 mai, p. 15.
3. Dir. 85/611/CEE, Conseil, 20 déc. 1985, *JOCE L* 375, 31 déc., p. 3 – Dir. 95/26/CE, Parlement et Conseil, 29 juin 1995, *JOCE L* 168, 18 juill., p. 7.
4. Dir. 2009/65/CE, Parlement et Conseil, 13 juill. 2009, *JOUE L* 302, 17 nov., p. 32.
5. Dir. 2011/61/UE, Parlement et Conseil, 8 juin 2011, *JOUE L* 174, 1 juill., p. 1.
6. Nabet, « Étude sur le champ d'application spatial du règlement européen sur l'insolvabilité », *BJE* juill. 2014, p. 273 – Fabriès-Lecea, *in* Commentaire Règlement (UE) n° 2015/848 du 20 mai 2015, p. 58 – Vallens, « La localisation du centre des intérêts principaux », *in Le nouveau règlement insolvabilité : quelles évolutions ?*, Joly, 2015, p. 79.
7. Giorgini, « Le centre des intérêts principaux du débiteur insolvable en droit comparé », *RIDC* 4/2012, p. 867.
8. Fabriès-Lecea, *in* Commentaire Règlement (UE) n° 2015/848 du 20 mai 2015, p. 63 – Vallens, « La localisation du centre des intérêts principaux », *in Le nouveau règlement insolvabilité : quelles évolutions ?*, Joly, 2015, p. 79 s., sp. p. 82.

pas été transféré dans un autre État membre au cours des trois mois précédant la demande d'ouverture d'une procédure d'insolvabilité (Considérant 31). Lorsque la présomption ne s'applique pas, cela n'interdit pas de fixer le centre des intérêts principaux au lieu du siège social, mais il faudra alors prouver que le siège social est bien le lieu où le débiteur gère habituellement ses intérêts et qui est vérifiable par des tiers[1].

L'article 3 § 1, alinéa 3, indique que, pour une personne physique exerçant une profession libérale ou toute autre activité d'indépendant, le centre des intérêts principaux est présumé, jusqu'à preuve du contraire, être le lieu d'activité principal de l'intéressé. Pour éviter le forum shopping, cette présomption ne s'applique que si le lieu d'activité principale de la personne physique n'a pas été transféré dans un autre État membre au cours des trois mois précédant la demande d'ouverture d'une procédure d'insolvabilité (Considérant 31). Ici encore, lorsque la présomption ne s'applique pas, cela n'interdit pas de fixer le centre des intérêts principaux au lieu du siège social, mais il faudra alors prouver que le siège social est bien le lieu où le débiteur gère habituellement ses intérêts et qui est vérifiable par des tiers.

094.22 Détermination de la compétence juridictionnelle pour une action qui découle directement de la procédure d'insolvabilité et qui y est étroitement liée[2]. L'article 6 du Règlement du 20 mai 2015 étend la compétence de la juridicion d'ouverture de la procédure d'insolvabilité à oute action qui découle directement de la procdure d'insolvabilité et y est étroitement liée. On oque les actions connexes[3]. Il en sera ainsi si, d'ur part, l'action est exercée dans le cadre d'une prcédure d'insolvabilité et si, d'autre part, elle trouveon origine dans le droit de l'insolvabilité. C'est la prise de la solution posée dans l'affaire Gourdain[4] es solutions posées sous l'empire du règlement 29 mai 2000 semblent reconductibles (v. s^s^ n° 2.22).

On peut illustrer la définition avec l'emple suivant. En France, l'action en responsabilicontre les tiers sur le fondement de l'article 1382 code civil n'est pas une action connexe. C'est u action de droit commun exercée dans le cadre une procédure collective[5]. Au contraire, l'action responsabilité sur le fondement de l'article L.)-1 du code de commerce (v. s^s^ n°s 834.11 s.) est u action connexe[6] puisqu'elle trouve son origine dans le livre VI du code de commerce.

Les actions révocatoires constituent le prototype des actions connexes. Toutefois, l'interprétation développée sous l'empire du Règlement du 29 mai 2000 à propos des actions révocatoires, pour lesquelles la Cour de justice de l'Union a admis la compétence de la juridiction d'ouverture pour connaître d'une action révocatoire contre une personne domiciliée en dehors de l'union, ne semble pas pouvoir être reconduite, et cela pour deux raisons. Tout d'abord, le Considérant 34 vise expressément les actions en nullité de la période suspecte contre un défendeur établi dans un autre État membre[7]. Ensuite, il apparaît qu'il faut désormais vérifier le caractère international de la procédure d'insolvabilité dès l'ouverture, sans pouvoir le découvrir ultérieurement[8], contrairement à ce qui avait été fait dans l'arrêt Schmid (v. s^s^ n° 092.22)[9].

094.23 Interdiction d'ouverture de deux procédures principales – Possibilité d'ouverture de procédures secondaires[10]. Si une procédure principale a déjà été ouverte sur le territoire d'un autre État membre, seule une procédure secondaire pourra alors être ouverte.

L'article 3 § 2 du Règlement prend le soin de préciser que si le centre des intérêts principaux du débiteur est situé sur le territoire d'un État membre, les juridictions d'un autre État membre ne sont compétentes pour ouvrir une procédure d'insolvabilité à l'égard de ce débiteur que si celui-ci possède un établissement sur le territoire de cet autre État membre. L'article 2 § 10 du règlement définit l'établissement comme « tout lieu d'opérations où un débiteur exerce ou a exercé au cours de la période de trois mois précédant la demande d'ouverture de la procédure d'insolvabilité principale, de façon non transitoire, une activité économique avec des moyens humains et des actifs »[11].

1. Vallens, « La localisation du centre des ints principaux », préc., sp. p. 83.
2. Fabriès-Lecea, *in* Commentaire Règlet (UE) n° 2015/848 du 20 mai 2015, p. 78.
3. Robine, « Les actions connexes », *in Luveau règlement insolvabilité : quelles évolutions ?*, Jol15, p. 61 s.
4. CJCE 22 févr. 1979, *Gourdain c/Nadl*f. C-133/78, *Rec.* 00733 ; *Rev. sociétés* 1980. 526, notnuth.
5. Robine, « Les actions connexes », prp. p. 77, n° 34.
6. Robine, « Les actions connexes », préc., sp. p. 78, n° 35.
7. Henry, « Le nouveau Règlement insolvabilité : entre continuité et innovations », *D.* 2015. 979 s., sp. p. 980, n° 5 – Menjucq, « Un élargissement du champ d'application essentiellement procédural », *Rev. proc. coll.* 2015, dossier 2, n° 3.
8. CJUE, 6e ch., 4 déc. 2014, *H*, aff. C-295/13.
9. CJUE, 1re ch., 16 janv. 2014, *Schmid*, aff. C-328/12, *Rec.* N – Henry, « Le champ d'application territorial du règlement », *in Le nouveau règlement insolvabilité : quelles évolutions ?*, Joly, 2015, p. 7 s., sp. p. 13.
10. Nabet, *in* Commentaire Règlement (UE) n° 2015/848 du 20 mai 2015, p. 225.
11. Mélin, « La vérification de la compétence et le contrôle juridictionnel de la décision d'ouverture de la procédure d'insolvabilité (à propos des articles 4, 5 et 39 du règlement n° 2015-848) », *in Le nouveau règlement insolvabilité : quelles évolutions ?*, Joly, 2015, p. 151 s., sp. p. 152, n° 4.

Les effets de cette procédure sont limités aux biens du débiteur se trouvant sur ce dernier territoire (REI, art. 34). En d'autres termes, il ne peut être ouvert deux procédures principales, la procédure ouverte au titre de l'établissement, qui par hypothèse n'est pas le centre des intérêts principaux ne pouvant être que secondaire. Il s'agit ici de protéger les intérêts locaux (Considérant 23). Mais rien n'interdira que l'établissement soit doté de la personnalité morale[1].

094.24 Procédure territoriale. Une procédure dite territoriale peut être ouverte dans un État membre dans lequel le débiteur n'a pas son siège, et alors qu'aucune procédure principale n'a été ouverte dans le pays du siège des intérêts principaux du débiteur. Cela distingue cette procédure indépendante, dite territoriale, de la procédure qualifiée de secondaire.

L'article 3 § 4 du Règlement pose certaines conditions de recevabilité.

Il faut que, en application de l'article 3 § 4, a du Règlement, une procédure d'insolvabilité (procédure principale) ne puisse pas être ouverte en raison des conditions établies par la loi de l'État membre sur le territoire duquel est situé le centre des intérêts principaux du débiteur. Ces « conditions établies par la loi s'entendent de celles touchant au débiteur – qualité exigée – et à ses difficultés économiques – exigence, par exemple de l'état de cessation des paiements –, non aux conditions procédurales d'ouverture de la procédure ».

Toutefois, un créancier dont la créance est née de l'exploitation d'un établissement situé sur le territoire de l'État membre dans lequel l'ouverture de la procédure territoriale est demandée, ou est liée à celle-ci, peut demander l'ouverture d'une procédure territoriale. Il en est de même pour une autorité publique qui, en vertu du droit de l'État membre sur le territoire duquel l'établissement est situé, a le droit de demander l'ouverture d'une procédure d'insolvabilité.

Lorsqu'une procédure d'insolvabilité principale est ouverte après l'ouverture d'une procédure d'insolvabilité territoriale, cette dernière devient une procédure d'insolvabilité secondaire.

Cette procédure territoriale sera, comme son nom l'indique, limitée aux seuls intérêts situés dans le pays d'ouverture. Elle dépendra de la loi du pays d'ouverture.

1. Fabriès-Lecea, *in* Commentaire Règlement (UE) n° 2015/848 du 20 mai 2015, p. 64 – Mélin, « La vérification de la compétence et le contrôle juridictionnel de la décision d'ouverture de la procédure d'insolvabilité (à propos des articles 4, 5 et 39 du règlement n° 2015-848) », préc., p. 151.

094.25 Vérification de la compétence[2]**.** Désireux de lutter contre le *forum shopping* (v. aussi Considérant 5) – tentation de choisir l'État dont la législation est la meilleure au regard des objectifs poursuivis par celui demandant l'ouverture de la procédure d'insolvabilité –, l'article 4 § 1 du Règlement du 20 mai 2015 précise que la juridiction saisie d'une demande d'ouverture d'une procédure d'insolvabilité examine d'office si elle est compétente en vertu de l'article 3. Dans sa décision d'ouverture de la procédure d'insolvabilité, la juridiction indique les fondements de sa compétence, et précise notamment si sa compétence est fondée sur le paragraphe 1 ou 2 de l'article 3. Autrement dit, elle indique si elle ouvre une procédure principale fondée sur le centre des intérêts principaux ou une procédure secondaire fondée sur un établissement.

Le Considérant 32 invite la juridiction saisie d'une demande d'ouverture, si les circonstances permettent d'avoir des doutes sur la compétence, à exiger du débiteur un supplément de preuves à l'appui de ses allégations et, si la loi applicable le permet, invite les créanciers à donner leurs observations.

Le Considérant 27 donne des pistes pour déterminer si le centre des intérêts principaux est vérifiable par les tiers[3].

Lorsque la juridiction saisie constate que le centre des intérêts principaux n'est pas sur son territoire, elle doit s'abstenir d'ouvrir une procédure principale (Considérant 33).

Le § 2 de l'article 4 ajoute que « Sans préjudice du paragraphe 1, lorsqu'une procédure d'insolvabilité est ouverte conformément au droit national en dehors de toute décision juridictionnelle, les États membres peuvent charger le praticien de l'insolvabilité désigné dans ladite procédure d'examiner si l'État membre dans lequel une demande d'ouverture d'une procédure est en cours est compétent en vertu de l'article 3. Si tel est le cas, le praticien de l'insolvabilité indique, dans la décision d'ouverture de la procédure, les fondements de cette compétence, et précise notamment si ladite compétence est fondée sur le paragraphe 1 ou 2 de l'article 3. » Cette précision ne concerne pas les procédures ouvertes en France, qui présupposent toujours une décision juridictionnelle. En revanche, la disposition peut concerner les praticiens français de l'insolvabilité confrontés à une telle ouverture de procédure d'insolvabilité sans décision juridictionnelle.

2. Maréchal, Commentaire Règlement (UE) n° 2015/848 du 20 mai 2015, p. 70.
3. Menjucq, « nouveau règlement européen sur les procédures d'insolvabilité », *Rev. proc. coll.* 2015, dossier 2, n° 14.

Bien que l'article 5 du Règlement évoque la possibilité d'attaquer la décision d'ouverture de la procédure principale devant « une juridiction », il ne fait pas de doute qu'il s'agit de la juridiction d'ouverture[1].

Ces règles matérielles de droit européen relatives à la vérification de la compétence devraient permettre d'uniformiser les pratiques en Europe, lesquelles étaient très diverses sous l'empire du précédent règlement[2].

094.26 Recours sur la décision d'ouverture de la procédure d'insolvabilité[3]. De manière nouvelle, le Règlement du 20 mai 2015 entend assurer un contrôle juridictionnel de la décision d'ouverture d'une procédure d'insolvabilité principale[4]. Le paragraphe 1 de l'article 5 du Règlement prévoit que le débiteur ou tout créancier peut attaquer devant une juridiction la décision d'ouverture de la procédure d'insolvabilité principale pour des motifs de compétence internationale. Il s'agit là de faire respecter le principe du droit d'accès au juge posé par l'article 6 § 1 de la CEDH[5].

Le paragraphe 2 du même article ajoute que la décision d'ouverture de la procédure d'insolvabilité principale peut être attaquée par des parties autres que celles visées au paragraphe 1, c'est-à-dire le débiteur et les créanciers, ou pour des motifs autres que l'absence de compétence internationale, si le droit national le prévoit.

Le plaideur contestera la décision d'ouverture devant les juridictions de l'État d'ouverture[6] et selon les voies de recours prévues par le droit national de l'État qui a ouvert la procédure.

En France, le droit national ouvre de façon générale l'appel au débiteur, au créancier poursuivant et au ministère public. En outre, elle ouvre la tierce-opposition aux personnes qui ne sont pas des parties, mais dans des conditions restrictives.

Les conséquences du recours contre la décision d'ouverture devraient être régies par le droit national (Considérant 34).

SECTION 094.30
RECONNAISSANCE ET EFFETS GÉNÉRAUX DE LA PROCÉDURE D'INSOLVABILITÉ

094.31 Énoncé du principe de reconnaissance de la procédure principale d'insolvabilité[7]. La procédure principale fait l'objet, dès qu'elle est exécutoire dans l'État d'ouverture, d'une reconnaissance automatique dans tous les autres États membres. Cette solution est la reprise de celle posée par l'article 2 du Règlement du 29 mai 2000, qui n'exigeait pas davantage que la décision fût définitive, puisqu'il disposait que cette reconnaissance se produisait « au moment où la décision prend effet, que cette décision soit définitive ou non », et cela sans autre formalité, par exemple une publicité de ce jugement. L'article 19 du Règlement du 20 mai 2015 précise que la décision d'ouverture est reconnue dans tous les états membres dès qu'elle a produit ses effets dans l'état d'ouverture (REI, art. 19 § 1). En France, l'ouverture de la procédure rétroagit à zéro heure de sa date. La solution vaut même si le débiteur ne peut faire l'objet dans les autres états membres d'une procédure collective (REI, art. 19 § 2).

Comme c'était déjà le cas sous l'empire du Règlement du 29 mai 2000 (v. s^s n° 092.22), il existe un principe de confiance mutuelle obligeant à la reconnaissance des décisions rendues par les juridictions des états membres. Ces dernières ne devraient donc pas porter leur appréciation sur la décision du juge étranger sur la localisation du siège social au lieu des intérêts principaux, pas plus qu'elles ne pourraient contrôler les motifs ayant permis à la juridiction étrangère de combattre la présomption de localisation du siège statutaire. Les motifs de non reconnaissance devraient être réduits au minimum nécessaire (Considérant 65), comme cela était le cas sous l'empire du précédent Règlement.

094.32 Effets généraux de la reconnaissance de la procédure principale d'insolvabilité. En application de l'article 20 § 1 du Règlement, la décision d'ouverture de la procédure d'insolvabilité visée à l'article 3, paragraphe 1, produit, sans aucune autre formalité, dans tout autre État membre les mêmes efets que ceux prévus par la loi de l'État d'ouverture, sauf disposition contraire du présent règlement et aussi longtemps qu'aucune procédure visée

1. Mélin, « La vérification de la compétence et le contrôle juridictionnel de la décision d'ouverture de la procédure d'insolvabilité (à propos des articles 4, 5 et 39 du règlement n° 2015-848) », *in Le nouveau règlement insolvabilité : quelles évolutions ?*, Joly, 2015, p. 151 s., sp. p. 159, n° 16.
2. Mélin, « La vérification de la compétence et le contrôle juridictionnel […] », préc., sp. p. 154, n° 8.
3. Maréchal, *in* Commentaire Règlement (UE) n° 2015/848 du 20 mai 2015, p. 74.
4. Mélin, « La vérification de la compétence et le contrôle juridictionnel […] », préc., sp. p. 158, n° 13 s.
5. Mélin, « La vérification de la compétence et le contrôle juridictionnel […] », préc., sp. p. 159, n° 14.
6. CJCE, gr. ch., 2 mai 2006, *Eurofood IFSC*, aff. C-341/04, *Rec.* I-03813; *D.* 2006, pan. 2251, obs. Lucas; *JCP E* 2006. 2071, p. 1220, note Vallens; *JCP E* 2006, Chron. 2331, p. 1531, n° 2, obs. Pétel; *Bull. Joly* 2006/7, § 184, p. 907, note Fasquelle; *Rev. sociétés* 2006. 360, note Rémery; *Gaz. proc. coll.* 2006/3, p. 7, note Mélin.
7. Legrand V., *in* Commentaire Règlement (UE) n° 2015/848 du 20 mai 2015, p. 153.

à l'article 3, paragraphe 2, n'est ouverte dans cet autre État membre.

094.33 Praticien de l'insolvabilité. L'article 21 du Règlement intéresse les pouvoirs du praticien de l'insolvabilité de la procédure principale[1]. Celui-ci pourra, sur simple justification de sa nomination, par une copie certifiée conforme de la décision le désignant exercer ses pouvoirs dans les autres États membres (REI, art. 22). La traduction dans la langue de l'État membre de la décision peut être exigée.

Le praticien de l'insolvabilité désigné par une juridiction compétente dans une procédure principale peut exercer dans un autre État membre tous les pouvoirs qui lui sont conférés par la loi de l'État d'ouverture, aussi longtemps qu'aucune autre procédure d'insolvabilité n'a été ouverte dans cet autre État membre et qu'aucune mesure conservatoire contraire n'y a été prise à la suite d'une demande d'ouverture d'une procédure d'insolvabilité dans cet État. Sous réserve des articles 8 [respect des droits réels des tiers situés sur le territoire d'un État membre autre que celui d'ouverture de la procédure principale] et 10 [Clause de réserve de propriété], le praticien de l'insolvabilité peut notamment déplacer les actifs du débiteur hors du territoire de l'État membre dans lequel ils se trouvent (REI, art. 21 § 1).

Le praticien de l'insolvabilité, en vertu du paragraphe 2 de l'article 21 du Règlement, peut remettre en cause le transfert d'un bien mobilier, après l'ouverture de la procédure d'insolvabilité, de l'État d'ouverture de la procédure dans un autre État. Le praticien de l'insolvabilité peut également exercer toute action révocatoire utile aux intérêts des créanciers.

Le praticien de l'insolvabilité, en vertu du paragraphe 3 de l'article 21 du Règlement, dans l'exercice de ses pouvoirs, respecte la loi de l'État membre sur le territoire duquel il entend agir, en particulier quant aux modalités de réalisation des actifs.

L'article 22 du Règlement précise les règles de preuve de la désignation du praticien de l'insolvabilité[2].

094.34 Restitutions et imputations. L'article 23 du Règlement, qui est la réplique de l'article 20 du précédent règlement, s'intéresse aux restitutions et imputations. Il a été décrit comme instituant un « instrument précieux pour les praticiens de l'insolvabilité pour assurer le recouvrement des actifs du débiteur et l'égalité des créanciers »[3]. En outre, il « assure une mise en œuvre concrète du principe d'égalité des créanciers établis dans l'Union européenne »[4].

L'article 23 § 1 du Règlement prévoit que le créancier qui, après l'ouverture de la procédure principale, obtient par tout moyen, notamment par des voies d'exécution, satisfaction totale ou partielle en ce qui concerne sa créance sur les biens du débiteur qui se situent sur le territoire d'un autre État membre, restitue ce qu'il a obtenu au praticien de l'insolvabilité, sous réserve des articles 8 et 10. Il s'agit pour le créancier de répéter au praticien de l'insolvabilité l'indu. Cette disposition de droit européen fait écho à l'article L. 643-7-1 du code de commerce français.

Dans le même ordre d'idées, le § 2 de l'article 23 indique que, afin d'assurer un traitement égal des créanciers, un créancier qui a obtenu, dans une procédure d'insolvabilité, un dividende sur sa créance ne participe aux répartitions ouvertes dans une autre procédure que lorsque les créanciers de même rang ou de même catégorie ont obtenu, dans cette autre procédure, un dividende équivalent. Il s'agit ici de coordonner les répartitions d'une procédure à l'autre, par un mécanisme de péréquation[5].

094.35 Exécution au profit du débiteur[6]. L'article 31 du Règlement est clairement dérogatoire au principe de reconnaissance mutuelle des procédures collectives et contrarie ouvertement le principe d'universalité de la procédure collective, lorsque le débiteur est dessaisi de l'administration de ses droits patrimoniaux[7].

Afin de protéger les tiers de bonne foi, c'est-à-dire ceux qui sont restés dans l'ignorance de la nouvelle situation liée à l'ouverture de la procédure d'insolvabilité (Considérant 81), l'article 31 § 1 du Règlement prévoit que celui qui exécute de bonne foi une obligation entre les mains du débiteur soumis à une procédure d'insolvabilité ouverte dans un autre État membre, alors qu'il aurait dû le faire au profit du praticien de l'insolvabilité de cette procédure, est libéré s'il ignorait l'ouverture de la procédure.

Le § 2 de l'article 31 du Règlement pose une présomption de bonne foi jusqu'à preuve contraire du *solvens*, s'il a agi avant les mesures de publicité prévues à l'article 28. Au contraire, celui qui a exécuté son obligation après ces mesures de publicité est présumé, jusqu'à preuve du contraire, avoir eu connaissance de l'ouverture de la procédure.

094.36 Registres d'insolvabilité[8]. L'article 24 § 1 du Règlement oblige les États membres à tenir sur leur territoire, un ou plusieurs registres ouverts à

1. *Henry, en collab. Bourbouloux et Sénéchal, in* Commentaire Règlement (UE) nº 2015/848 du 20 mai 2015, p. 166.
2. Henry, en collab. Bourbouloux et Sénéchal, préc., p. 177.
3. Henry, en collab. Bourbouloux et Sénéchal, préc., p. 180.
4. Henry, en collab. Bourbouloux et Sénéchal, préc., p. 180.
5. Henry, en collab. Bourbouloux et Sénéchal, préc., p. 181.
6. Sautonie-Laguionie, in Commentaire Règlement (UE) nº 2015/848 du 20 mai 2015, p. 207.
7. Sautonie-Laguionie, préc., p. 207.
8. Legrand, préc., p. 184.

tous, dans lesquels sont publiées des informations concernant les procédures d'insolvabilité (ci-après dénommés « registres d'insolvabilité »). Ces informations sont publiées dès que possible après l'ouverture de ces procédures. Il s'agit, par là, notamment, d'éviter l'ouverture de procédures d'insolvabilité parallèles (Considérant 76). Il est regretté qu'un délai fixe et uniforme n'ait pas été prévu au sein de l'Union européenne[1].

L'article 24 § 2 du Règlement indique que les informations visées en son paragraphe 1 sont rendues publiques, sous réserve des conditions prévues à l'article 27, et comportent les élément suivants (ci-après dénommés « informations obligatoires ») :

– la date d'ouverture de la procédure d'insolvabilité;

– la juridiction qui ouvre la procédure d'insolvabilité et le numéro de référence de l'affaire;

– le cas échéant, le type de procédure d'insolvabilité visée à l'annexe A qui a été ouverte et, le cas échéant, tout sous-type pertinent de procédure ouverte conformément au droit national;

– l'indication selon laquelle la compétence pour l'ouverture d'une procédure est fondée sur l'article 3, paragraphe 1, 2 ou 4 (procédure principale, secondaire ou territoriale);

– si le débiteur est :

• *une société ou une personne morale* : le nom du débiteur, son numéro d'enregistrement, son siège statutaire ou, si elle est différente, son adresse postale;

• *une personne physique exerçant une profession libérale ou toute autre activité d'indépendant* : le nom du débiteur, son numéro d'enregistrement, le ca échéant, et son adresse postale ou, si l'adresse es protégée, son lieu et sa date de naissance;

– le nom, l'adresse postale ou l'adresse électron que du praticien de l'insolvabilité désigné, le échéant, dans la procédure;

– le délai fixé pour la production des créance e cas échéant, ou une référence aux critères à uti er pour calculer ce délai;

– la date de clôture de la procédure d'insolva ité principale;

– le cas échéant, la juridiction devant laque et, le cas échéant, le délai dans lequel, un recour on-tre la décision d'ouverture de la procédure d sol-vabilité doit être formé, conformément à l'a le 5, ou une référence aux critères à utiliser pour culer ce délai.

On mesure ici que les informations so mini-males : on sait qu'une procédure d'insolva té est ouverte et on connaît sa date de clôture. Levan-che, on n'a aucun élément d'information sur la période s'écoulant entre ces deux points, notamment sur l'éventualité d'une conversion de la procédure, et de façon plus générale, sur son évolution, ce qui limite considérablement l'information[2].

En outre, la notion de clôture n'est pas très précise et peut faire débat[3]. Si l'on raisonne sur l'exemple français, dira-t-on que la procédure est clôturée par l'adoption d'un plan de sauvegarde ou de redressement ? En tout cas, le soin de répondre à la question de savoir si la procédure est clôturée revient à l'État d'ouverture de la procédure.

Le paragraphe 3 de l'article 24 (al. 1) du Règlement ajoute que les États membres peuvent faire figurer des documents ou d'autres informations dans leurs registres d'insolvabilité nationaux, tels que les déchéances de dirigeants liées à des situations d'insolvabilité. En ce cas, la procédure d'insolvabilité n'affecte pas les créances des créanciers étrangers qui n'ont pas reçu les informations visées au premier alinéa (REI, art. 24 § 4, al. 2).

Logiquement, le § 5 de l'article 24 du Règlement précise que la publication d'informations dans les registres, réalisée en vertu du présent règlement, n'a pas d'autres effets juridiques que ceux définis dans le droit national et à l'article 55, paragraphe 6 (texte qui intéresse le délai pour déclarer les créances). En France, la publication au *Bulletin officiel des annonces civiles et commerciales* (*Bodacc*) du jugement d'ouverture fait courir les délais de déclaration des créances, revendication et tierce-opposition à l'encontre du jugement d'ouverture. Tel ne sera pas le cas de l'inscription d'une procédure dans le registre d'insolvabilité[4]. On peut donc affirmer que, pour un créancier, l'inscription sur un registre d'insolvabilité ne produira guère d'effet. L'intérêt essentiel sera pour les praticiens étrangers de l'insolvabilité. Et c'est pourquoi l'on peut se demander s'il n'aurait pas été plus opportun de s'appuyer sur les registres nationaux préexistants, comme en France le *Bodacc*, plutôt que de créer des registres spécifiques dont l'utilité ne saute pas aux yeux, en ne réservant cette création qu'aux seuls pays non dotés de tels registres[5].

L'article 25 du Règlement oblige également à la mise en place d'une interconnexion des registres d'insolvabilité[6], avec un portail européen *e-justice,*

1. Legrand, préc., p. 186 – Soulard, « L'interco ion des registres d'insolvabilité », *in Le nouveau règler insolvabilité : quelles évolutions ?*, Joly, 2015, p. 199 p. 205.

2. Soulard, « L'interconnexion des registres d'insolvabilité », préc., sp. p. 205.
3. Soulard, « L'interconnexion des registres d'insolvabilité », préc., sp. p. 205.
4. Soulard, « L'interconnexion des registres d'insolvabilité », préc., sp. p. 206.
5. Rappr. Chasaing, « Le juge face à la procédure d'insolvabilité europenne », *in Le nouveau règlement insolvabilité : quelles évolutions ?*, Joly, 2015, p. 221 s., sp. p. 225.
6. Legrand, préc. p. 192.

dont la création, la tenue et le développement sont financés sur le budget général de l'Union (REI, art. 26)[1]. Ce système a été préféré à un registre européen, qui aurait été plus simple, mais aussi plus coûteux, a-t-on dit[2].

Les États membres devront veiller à ce que les informations obligatoires prévues par l'article 24 § 2 du Règlement soient accessibles par l'intermédiaire du système d'interconnexion (REI, art. 27)[3].

L'article 87 du règlement[4] dispose que la Commission adopte des actes d'exécution visant à établir l'interconnexion des registres d'insolvabilité.

094.37 Publication de la décision d'ouverture dans les autres États membres[5]. L'article 28 § 1 du Règlement oblige le praticien de l'insolvabilité, ou le débiteur non dessaisi, à publier le contenu essentiel de la décision d'ouverture de la procédure d'insolvabilité et, le cas échéant, de la décision de désignation du praticien de l'insolvabilité dans tout autre État membre où est situé un établissement du débiteur, conformément aux modalités de publication prévues dans cet État membre. Cette publication mentionne, le cas échéant, le praticien de l'insolvabilité désigné et précise si la règle de compétence appliquée est celle du paragraphe 1 (procédure principale) ou du paragraphe 2 de l'article 3 (procédure secondaire). La formulation du texte peut faire difficulté, en France, pour une procédure de sauvegarde avec un administrateur ayant mission de simple surveillance. Il est préférable de comprendre que, en ce cas, c'est le praticien de l'insolvabilité qui accomplira cette mesure de publicité.

Le Considérant 75 précise toutefois que la publication ne devrait pas être une condition préalable de la reconnaissance de la procédure dans un autre État membre[6].

L'article 28 § 2 du règlement précise que le praticien de l'insolvabilité ou le débiteur non dessaisi peut demander que les informations visées au paragraphe 1 soient publiées dans tout autre État membre où le praticien de l'insolvabilité ou le débiteur non dessaisi le juge nécessaire, conformément aux modalités de publication prévues dans cet État membre.

L'article 29 § 1 du Règlement[7] se préoccupe de deux situations particulières :

– la loi d'un État membre où est situé un établissement du débiteur et où cet établissement est inscrit dans un registre public de cet État membre;

– ou la loi d'un État membre dans lequel se situent des biens immobiliers appartenant au débiteur, exige que les informations relatives à l'ouverture d'une procédure d'insolvabilité visée à l'article 28 soient publiées au registre foncier, au registre des sociétés ou dans tout autre registre public.

Dans ces deux cas, le praticien de l'insolvabilité ou le débiteur non dessaisi prend toutes les mesures nécessaires pour procéder à cette inscription. Le § 2 du même article 29 ajoute que le praticien de l'insolvabilité ou le débiteur non dessaisi peut demander que cette inscription soit effectuée dans un autre État membre, pour autant que la loi de l'État membre dans lequel le registre est tenu l'autorise.

L'article 30 du Règlement précise que les frais des mesures de publicité et d'inscription prévues aux articles 28 et 29 sont considérés comme des frais et dépenses de la procédure. En France, il s'agira donc de dettes postérieures couvertes par le traitement préférentiel des articles L. 622-17 et L. 641-13 du code de commerce[8].

094.38 Reconnaissance et caractère exécutoire des décisions postérieures à l'ouverture de la procédure d'insolvabilité[9]. Les décisions relatives au déroulement et à la clôture d'une procédure d'insolvabilité rendues par une juridiction dont la décision d'ouverture est reconnue conformément à l'article 19 ainsi que les concordats approuvés par une telle juridiction sont également reconnus sans autre formalité (REI, art. 32 § 1). Il s'agit là d'une extension du principe de reconnaissance mutuelle, qui déborde donc le strict cadre du jugement d'ouverture de la procédure d'insolvabilité.

De même, les décisions qui découlent directement de la procédure d'insolvabilité et qui y sont troitement liées, même si elles ont été rendues par ne autre juridiction, sont reconnues sans autre rmalité (REI, art. 32 § 1, al. 2).

Le même principe est posé pour les mesures convatoires prises après la demande d'ouverture ne procédure d'insolvabilité ou en rapport avec e (REI, art. 32 § 1, al. 3).

0.39 La contrariété à l'ordre public[10]**, obstacl la reconnaissance de la procédure principale oues décisions subséquentes.** Au principe selon leql le bien-fondé de la décision étrangère ne peut êtrpprécié par le tribunal d'un autre État membrene réserve est posée par l'article 33 du Règlemel la contrariété à l'ordre public.

Lontrariété à l'ordre public juridique de l'État mere dans lequel la décision doit être reconnue

1. Legrand, préc., p. 195.
2. Legrand, préc., p. 188.
3. Legrand, préc., p. 197.
4. Legrand, préc., p. 401.
5. Legrand, préc., p. 200.
6. COMPAR. : Legrand, préc., p. 201.
7. Legrand, préc., p. 203.
8. Al Legrand, préc., p. 206.
9. Lend, préc., p. 212.
10. Fa-Lecéa, *in* Commentaire Règlement (UE) n° 2015/84 20 mai 2015, p. 219.

s'entend de la violation manifeste d'un droit fondamental ou des droits et libertés individuelles garantis par la Constitution de l'État membre confronté à la reconnaissance de la décision du juge étranger (REI, art. 33).

L'article 19 du règlement précise qu'un État membre ne saurait refuser de reconnaître une décision d'insolvabilité au seul motif que sa loi n'autorise pas l'ouverture de la procédure à l'égard du débiteur considéré.

Cette contrariété à l'ordre public autorisera non seulement de méconnaître la décision d'ouverture, mais encore toute décision rendue dans le cadre de la procédure.

SECTION 094.40
PROCÉDURES SECONDAIRES[1]

094.41 Ouverture de procédures secondair-. Une série de dispositions concerne les procéduresecondaires. Il s'agit des articles 34 à 52, contenudans le chapitre III du Règlement. Le Considérant ? explique l'utilité de ces procédures. En raison d divergences considérables qui existent entre s droits matériels, il n'est pas pratique de mettren place une procédure d'insolvabilité ayant une ptée universelle pour toute l'Union. Des difficuls se présenteraient notamment en matière de sûtés ou de droits préférentiels dont jouissent lesréanciers dans certaines lois nationales, par exeme les salariés. Autrement dit, il s'agit d'éviter ne atteinte trop grande aux droits de certains crnciers. Les salariés, qui se voient appliquer à leur ctrat de travail la loi française, ont spécialementérêt à ces procédures secondaires pour ne pas sir un traitement très différent dans les procédurétrangères[2].

L'article 34 du Règlement prévoit q« lorsqu'une procédure d'insolvabilité principala été ouverte par une juridiction d'un État memb et reconnue dans un autre État membre, une judiction de cet autre État membre qui est compétte en vertu de l'article 3, paragraphe 2, peut ouvrune procédure d'insolvabilité secondaire conformnent aux dispositions énoncées au présent chapie ». Contrairement à l'hypothèse de la procédurerritoriale, il est ici nécessaire qu'une procédure principale soit déjà ouverte, ainsi que cela ressort clairement du Considérant 38.

L'ouverture d'une procédure secondaire suppose l'existence d'un établissement dans un État membre autre que celui de l'ouverture de la procédure principale. La notion (v. s[s] n° 094.23) sera interprétée comme sous l'empire du précédent règlement[3].

Contrairement à la solution retenue par l'article 27 du Règlement du 29 mai 2000, le Règlement du 20 mai 2015 ne précise plus que la procédure secondaire est nécessairement liquidative. Il faut donc déduire du silence du texte la possibilité d'ouvrir une procédure secondaire de quelque nature quelle soit, figurant à l'Annexe A. En France, la procédure secondaire pourra donc être une sauvegarde, une sauvegarde accélérée, financière ou non, un redressement ou une liquidation judiciaire.

Afin d'éviter de remettre en cause l'ouverture de la procédure principale à l'occasion de l'ouverture de la procédure secondaire, l'article 34 du Règlement indique que « lorsque la procédure d'insolvabilité principale exigeait que le débiteur soit insolvable, l'insolvabilité de ce dernier n'est pas réexaminée dans l'État membre dans lequel la procédure d'insolvabilité secondaire peut être ouverte ».

Confirmant une solution résultant de la jurisprudence antérieure[4] et peut-être contraire aux textes de l'époque, l'article 34 prévoit explicitement que le tribunal peut refuser d'ouvrir la procédure secondaire. Il le fera s'il estime qu'elle ne présente pas d'utilité et si elle apparaît comme un frein au bon déroulement de la procédure principale[5].

L'article 35 précise que sauf disposition contraire du règlement, la loi applicable à la procédure secondaire sera celle de l'État membre sur le territoire duquel la procédure a été ouverte[6]. C'est la reconduction de l'article 28 du précédent Règlement. Il a été relevé que le Règlement ne comporte aucune exception, en matière de procédure secondaire, à la *lex concursus*. Il a, en conséquence, été suggéré d'interpréter le texte dans le sens où les exceptions à l'application de la *lex concursus* seraient les mêmes que celles posées pour les procédures principales[7].

En application de l'article 37 du Règlement[8], la saisine aux fins d'ouverture d'une procédure secon-

1. Dammann et Kohman, « Le nouvel attelagentre procédures principale et secondaire(s) », *in Le noeau règlement insolvabilité : quelles évolutions ?*, Joly2015, p. 89 – Luciano, « L'articulation de la procédure ncipale et des procédures secondaires dans le règleme(UE) n° 2015/848 relatif aux procédures d'insolvabilité *Rev. proc. coll.* 2016, étude 9.
2. SUR CETTE QUESTION : Jault-Seseke, « Les drodes salariés », *in Le nouveau règlement insolvabilité : qu évolutions ?*, Joly, 2015, p. 163 s., sp. p. 173, évoquanffaire Nortel.
3. Dammann et Kohman, « Le nouvel attelage entre procédures principale et secondaire(s) », préc., sp. p. 95.
4. CJUE, 1re ch., 4 sept. 2014, *Burgo Group*, aff. C-327/13, *Rec.* [à paraître]; *D.* 2015. 45, note Dammann et Rapp.
5. Nabet, *in* Commentaire Règlement (UE) n° 2015/848 du 20 mai 2015, p. 228.
6. Benilsi, *in* Commentaire Règlement (UE) n° 2015/848 du 20 mai 2015, p. 230.
7. Benilsi, préc., p. 232.
8. Henry, en collab. Bourbouloux et Sénéchal, préc., p. 239.

daire appartient au praticien de l'insolvabilité de la procédure principale, et à toute personne ou autorité habilitée à demander l'ouverture d'une procédure d'insolvabilité dans le pays où la saisine intervient. En France, il s'agira donc du créancier poursuivant, du débiteur et du ministère public. L'article 38 § 4 du Règlement prévoit que, à la demande du praticien de l'insolvabilité de la procédure principale, la juridiction saisie aux fins d'ouverture d'une procédure secondaire peut ouvrir toute procédure visée à l'Annexe A autre que celle initialement sollicitée, dès lors que les conditions d'ouverture de ce type de procédure prévues par le droit national sont réunies. En outre, la procédure sollicitée par le praticien de l'insolvabilité de la procédure principale doit être la plus appropriée au regard des intérêts des créanciers locaux et de la cohérence entre les procédures d'insolvabilité principale et secondaire. Les effets de cette procédure secondaire seront territoriaux, quelle que soit la procédure en cause. Ils sont limités aux actifs situés dans l'État d'ouverture (Considérant 23). On voit ici que la procédure secondaire doit être cohérente par rapport à la principale lorsqu'elle est sollicitée par le praticien de l'insolvabilité de la procédure principale. La hiérarchie entre la procédure principale et la procédure secondaire est donc maintenue par le Règlement[1]. Le Considérant 23 indique d'ailleurs que « des règles impératives de coordination avec les procédures principales d'insolvabilité satisfont l'unité nécessaire au sein de l'Union ».

L'article 37 § 2 du Règlement prévoit que lorsqu'un engagement est devenu contraignant en application de l'article 36 (v. s^s n° 094.42), la demande d'ouverture de la procédure d'insolvabilité secondaire est introduite dans un délai de trente jours à compter de l'avis d'approbation de cet engagement. Cet encadrement temporel a pour objet de préserver le recours à la procédure synthétique décrite à l'article 36[2]. Il s'agit là clairement d'éviter l'ouverture d'une procédure secondaire à contretemps[3], alors que l'engagement du praticien de l'insolvabilité de la procédure principale de respecter la loi qui aurait été applicable à la procédure secondaire peut suffire. Il a été relevé que ce texte aura pour intérêt d'éviter l'instrumentalisation de l'ouverture des procédures secondaires par des créanciers, par exemple pour éviter des forclusions au titre de la déclaration de créance dans la procédure principale[4].

L'article 38 du Règlement pose les règles relatives à la décision d'ouverture de la procédure secondaire[5].

Si les conditions et exigences posées par ce texte ne sont pas respectées, le praticien de l'insolvabilité de la procédure principale peut, en vertu de l'article 39 du Règlement, qui pose une règle de contrôle juridictionnel[6] inédite par rapport au précédent règlement, attaquer sur le fondement du non respect de l'article 38, la décision d'ouverture de la procédure secondaire. Cette voie de recours est strictement attitrée au praticien de l'insolvabilité, contrairement à la solution posée pour le contrôle juridictionnel de la procédure principale (v. s^s n° 094.26). Cela marque bien l'inféodation de la procédure secondaire, par rapport à la procédure principale, dont elle ne doit pas contrarier le bon déroulement. Il a aussi été relevé que cette règle permettra au praticien de l'insolvabilité de disposer d'un recours là où le droit national du pays d'ouverture de la procédure secondaire ne lui offrirait pas[7]. Il a toutefois été regretté que le droit national ait à régir les modalités du recours, faute de texte contraire[8].

Le paragraphe 1 de l'article 38 du Règlement commence par préciser que la juridiction saisie de la demande d'ouverture de la procédure secondaire doit informer immédiatement le praticien de l'insolvabilité ou le débiteur non dessaisi de la procédure principale, en lui donnant la possibilité d'être entendu au sujet de la demande.

Le paragraphe 2 de l'article 38 du Règlement permet de comprendre l'importance de cette convocation. En effet, le praticien de l'insolvabilité de la procédure principale peut prendre l'engagement contraignant visé à l'article 36 (v. s^s n° 094.42) et, en ce cas, à la demande de ce praticien, la procédure secondaire ne sera pas ouverte si la juridiction saisie de la demande d'ouverture de la procédure secondaire estime que l'engagement protège correctement l'intérêt général des créanciers locaux.

L'alinéa 1 du paragraphe 3 de l'article 38 du Règlement permet une suspension provisoire des poursuites. L'objet de la mesure est de ne pas empêcher une négociation avec tous, afin de restructurer toute la dette[9]. En ce cas, la juridiction saisie de la demande d'ouverture de la procédure secondaire peut suspendre l'ouverture de cette procédure pour

1. Henry, « Le nouveau Règlement insolvabilité : entre continuité et innovations », *D.* 2015. 979, n° 20 – Bourbouloux et Coste, « Vers une amélioration du traitement de l'insolvabilité des groupes », *Rev. proc. coll.* 2015, dossier 8, *n° 16*.
2. Henry, en collab. Bourbouloux et Sénéchal, préc., p. 239.
3. Henry, en collab. Bourbouloux et Sénéchal, préc., p. 241.
4. Henry, en collab. Bourbouloux et Sénéchal, préc., p. 242.
5. Henry, en collab. Bourbouloux et Sénéchal, préc., p. 244.
6. Henry, en collab. Bourbouloux et Sénéchal, préc., p. 250 – Mélin, « La vérification de la compétence et le contrôle juridictionnel de la décision d'ouverture de la procédure d'insolvabilité (à propos des articles 4, 5 et 39 du règlement n° 2015-848) », préc., sp. p. 160, n°s 17 à 19.
7. Henry, en collab. Bourbouloux et Sénéchal, préc., p. 250.
8. Henry, en collab. Bourbouloux et Sénéchal, préc., p. 251.
9. Dammann et Kohman, « Le nouvel attelage entre procédures principale et secondaire(s) », préc., sp. p. 105.

une période d'au maximum trois mois, mais à condition que les mesures adéquates soient prises afin de protéger les intérêts des créanciers locaux. Le texte ne semble s'intéresser qu'à l'hypothèse d'une suspension provisoire des poursuites « accordée », ce qui laisserait entendre que si elle est d'origine légale, le texte est sans application. La solution serait curieuse, car la raison de la distinction ne saute pas aux yeux. Aussi est-il préférable de comprendre que dès lors qu'une juridiction ou la loi de l'État d'ouverture de la procédure principale a prévu une suspension provisoire des poursuites, le texte peut trouver application.

L'alinéa 2 du paragraphe 3 de l'article 38 du Règlement complète la solution en permettant à la juridiction saisie de la demande d'ouverture de la procédure secondaire d'ordonner des mesures conservatoires pour protéger les intérêts des créanciers locaux. La juridiction demande alors au praticien de l'insolvabilité de la procédure principale ou au débiteur non dessaisi de ne déplacer ni d'aliéner aucun des actifs se trouvant dans l'État membre dans lequel se situe l'établissement, à moins que cette opération ne s'inscrive dans le cadre des activités habituelles du débiteur. La juridiction saisie de la demande d'ouverture de la procédure secondaire peut également ordonner d'autres mesures de protection des intérêts des créanciers locaux pendant une suspension, à moins que cela ne soit incompatible avec les règles de procédure civile applicables au niveau national.

Il a été noté que la suspension pour trois mois conviendrait parfaitement pour une sauvegarde accélérée, la négociation ayant débuté en amont, pendant la procédure de conciliation[1].

La suspension, qui ne peut excéder trois mois, est levée par la juridiction saisie de la demande d'ouverture de la procédure secondaire, soit d'office, soit à la demande de tout créancier, en application de l'alinéa 3 du paragraphe 3 de l'article 38 du règlement si un accord est intervenu dans le cadre des négociations.

L'alinéa 4 du paragraphe 3 de l'article 38 du Règlement prévoit que la suspension est également levée soit d'office soit à la demande d'un créancier si le maintien de la suspension porte préjudice aux droits des créanciers, et spécialement, précise le texte, si les négociations ont été interrompues, s'il est devenu évident qu'elles n'aboutiront pas ou si le praticien de l'insolvabilité de la procédure principale ou le débiteur non dessaisi a enfreint l'interdiction de ne déplacer ni d'aliéner aucun des actifs se trouvant dans l'État membre dans lequel se situe l'établissement.

La juridiction saisie de la demande d'ouverture de la procédure secondaire par une personne autre que le praticien de l'insolvabilité de la procédure principale peut, à la demande de ce dernier, ouvrir une procédure secondaire d'une nature différente de celle initialement sollicitée, sous plusieurs conditions, il faut :

– que le droit national du pays d'ouverture permette l'ouverture d'une telle procédure ;

– que ce type de procédure soit le plus approprié au regard des intérêts des créanciers locaux ;

– et que cette procédure soit cohérente par rapport à la procédure principale (REI, art. 38 § 4).

L'article 40 du Règlement[2] prévoit que lorsque la loi de l'État d'ouverture de la procédure secondaire exige que les actifs soient suffisants pour couvrir tout ou partie des frais et dépends de la procédure, la juridiction saisie de cette demande d'ouverture de la procédure secondaire peut exiger du demandeur une avance de frais ou une garantie d'un montant approprié. Tel n'est pas le cas, pour l'heure de la France, car le rétablissement professionnel, qui correspond à l'hypothèse d'une procédure dans laquelle les actifs sont insuffisants à couvrir les frais de la procédure, n'est jamais obligatoire, pour l'instant…

094.42 Engagement du praticien de l'insolvabilité de la procédure principale destiné à éviter l'ouverture d'une procédure secondaire – procédure synthétique ou virtuelle[3]. L'article 36 § 1 du Règlement permet, de manière nouvelle par rapport au précédent règlement, de ne pas ouvrir une procédure secondaire contre un engagement unilatéral particulier du praticien de l'insolvabilité de la procédure d'insolvabilité principale (ci-après dénommé « engagement ») en ce qui concerne les actifs se trouvant dans l'État membre dans lequel une procédure d'insolvabilité secondaire pourrait être ouverte. En vertu de cet engagement, lors de la répartition des actifs ou des produits provenant de leur réalisation, il respectera les droits de répartition et de priorité prévus par le droit national, qui auraient été conférés aux créanciers si une procédure d'insolvabilité secondaire avait été ouverte dans cet État membre. L'engagement précise les circonstances factuelles sur lesquelles il repose, notamment en ce qui concerne la valeur des actifs se trouvant dans l'État membre concerné et les différentes options disponibles pour réaliser ces actifs.

Il s'agit donc fondamentalement, grâce à cette « procédure secondaire virtuelle », de permettre une cession globale de l'entreprise, tout en ne portant

1. Dammann et Kohman, « Le nouvel attelage en procédures principale et secondaire(s) », préc., sp. p. 1

2. Nabet, préc., p. 253.

3. Nabet, préc., p. 233.

pas atteinte aux intérêts des créanciers locaux[1]. Cette technique avait été utilisée en France dans le dossier Emtec pour permettre la cession globale[2], au moyen de protocoles. La notion de « procédure secondaire virtuelle » nous semble plus appropriée[3] que celle de procédure synthétique[4], dans la mesure où il s'agit fondamentalement de faire comme si une procédure secondaire avait effectivement été ouverte, alors que tel n'est pas le cas. Dès lors que les créanciers locaux seront traités de la même façon que si la procédure secondaire avait été ouverte, alors on peut faire l'économie de cette dernière. L'article 36 § 2 du Règlement prend le soin de prévoir que la loi applicable à la répartition des produits résultant de la réalisation des actifs visés au paragraphe 1, au rang des créances des créanciers et aux droits des créanciers pour les actifs visés au paragraphe 1, est la loi de l'État membre dans lequel la procédure d'insolvabilité secondaire aurait pu être ouverte. Le Considérant 43 insiste sur le fait que le praticien de l'insolvabilité de la procédure principale devra tenir compte des droits de priorité qui auraient existé si la procédure secondaire avait été ouverte. Le moment pertinent auquel les actifs visés au paragraphe 1 sont recensés correspond au moment où l'engagement est pris. Si la question intéresse la France et qu'on utilise la technique de la procédure secondaire virtuelle, l'attention sera spécialement portée sur les droits des salariés[5].

L'article 36 § 7 contient une règle très protectrice des créanciers locaux en énonçant que lorsque le praticien de l'insolvabilité a pris un engagement, il informe les créanciers locaux de ses intentions en matière de répartition avant de procéder à la répartition des actifs et des produits visés au paragraphe 1. Si ces informations ne sont pas conformes aux termes de l'engagement ou aux dispositions de la loi applicable, tout créancier local a la possibilité de contester cette répartition devant les juridictions de l'État membre dans lequel la procédure d'insolvabilité principale a été ouverte, afin d'obtenir une répartition qui soit conforme aux termes de l'engagement et à la loi applicable. Dans ce cas, aucune répartition n'a lieu avant que la juridiction n'ait statué sur le recours. Les créanciers locaux apparaissent ici comme les gardiens de l'engagement et leur droit d'agir devant les juridictions est une sorte de contrepartie au fait que la procédure secondaire n'aura pas été ouverte[6].

Dans le même souci de protection des créanciers locaux, l'article 36 § 8 du Règlement prévoit que ces créanciers locaux peuvent s'adresser aux juridictions de l'État membre dans lequel la procédure d'insolvabilité principale a été ouverte afin de demander au praticien de l'insolvabilité de la procédure d'insolvabilité principale de prendre toutes les mesures adéquates nécessaires pour assurer le respect des termes de l'engagement prévues par la loi de l'État d'ouverture de la procédure d'insolvabilité principale. En outre, en application de l'article 36 § 9 du Règlement, les créanciers locaux peuvent également s'adresser aux juridictions de l'État membre dans lequel une procédure d'insolvabilité secondaire aurait pu être ouverte pour leur demander de prendre des mesures provisoires ou conservatoires en vue d'assurer le respect des termes de l'engagement par le praticien de l'insolvabilité.

L'engagement ne doit pas être pris à la légère et le praticien de l'insolvabilité de la procédure principale devra se montrer très vigilant. En effet, l'article 36 § 10 du Règlement le rend responsable de tout dommage causé aux créanciers locaux par suite du non-respect, dans son chef, des obligations et des exigences énoncées dans le présent article.

L'institution qui garantit le paiement des créances impayées des travailleurs salariés résultant de contrats de travail ou de relations de travail est réputée être un créancier local, si le droit national le prévoit (REI, art. 36 § 11). Ainsi, l'engagement obligera le praticien de l'insolvabilité de la procédure principale a prendre en compte les doits de ce créancier et donc à la payer comme si la procédure secondaire avait été ouverte. La solution sera précieuse pour l'AGS du droit français.

L'article 36 § 4 du règlement prévoit que l'engagement est établi par écrit. Il est soumis à toute autre exigence de forme et obligation d'approbation des répartitions requises, le cas échéant, par l'État d'ouverture de la procédure d'insolvabilité principale.

Parce que l'accord des créanciers locaux est requis, l'article 36 § 3 du Règlement prévoit que l'engagement est établi dans la langue officielle ou dans l'une des langues officielles de l'État membre dans lequel la procédure d'insolvabilité secondaire

1. Dammann et Kohman, « Le nouvel attelage entre procédures principale et secondaire(s) », préc., sp. p. 104.
2. T. com. Nanterre, 3e ch., 15 févr. 2006, RG n° 2006P00148, *D.* 2006. 651, note Lienhard et 793, note Vallens.
3. AUSSI : Menjucq, rapport de synthèse, *in Le nouveau règlement insolvabilité : quelles évolutions ?*, Joly, 2015, p. 227 s., sp. p. 229.
4. Henry, « Le nouveau Règlement insolvabilité : entre continuité et innovations », *D.* 2015. 979, n° 18 – Bourbouloux et Coste, « Vers une amélioration du traitement de l'insolvabilité des groupes », *Rev. proc. coll.* 2015, dossier 8, n° 4.
5. Jault-Seseke, « Les droits des salariés », *in Le nouveau règlement insolvabilité : quelles évolutions ?*, Joly, 2015, p. 163 s., sp. p. 176.
6. Thuillier, « Les droits des créanciers », *in Le nouveau règlement insolvabilité : quelles évolutions ?*, Joly, 2015, p. 179 s., sp. p. 193, n° 34.

aurait pu être ouverte, ou, s'il y a plusieurs langues officielles dans cet État membre, dans la langue officielle ou dans l'une des langues officielles du lieu où la procédure d'insolvabilité secondaire aurait pu être ouverte. En effet, les créanciers locaux connus doivent approuver l'engagement à la majorité qualifiée qui s'appliquent à l'adoption des plans de restructuration, en vertu de la loi de l'État membre dans lequel une procédure d'insolvabilité secondaire aurait pu être ouverte (REI, art. 36 § 5). Ainsi en France, l'engagement du praticien de l'insolvabilité de la procédure principale ne sera accepté qu'à la majorité des deux tiers en montant de créances détenues par les créanciers connus. C'est cette approbation qui fait devenir contraignant l'engagement[1].

L'article 36 § 6 du Règlement précise que l'engagement est contraignant en ce qui concerne le patrimoine. Pour comprendre la portée de l'affirmation, il faut envisager l'hypothèse où ultérieurement, une procédure secondaire serait néanmoins ouverte. En ce cas, le praticien de l'insolvabilité de la procédure d'insolvabilité principale devra transférer tous les actifs qu'il a déplacés hors du territoire de cet État membre après que l'engagement a été pris. Si les actifs ont déjà été réalisés, les produits qui en résultent devront être remis au praticien de l'insolvabilité de la procédure d'insolvabilité secondaire.

094.43 Fonctionnement général des procédures secondaires. La procédure secondaire est, en vertu de l'article 35 du Règlement, soumise à la loi applicable dans l'État membre d'ouverture, sauf disposition contraire du Règlement. Cette procédure, q n'est plus nécessairement de nature liquidativ n'intéressera que les biens situés dans le pays cette procédure secondaire (REI, art. 34).

Les brevets européens à effet unitaire, les r- ques communautaires et tout autre droit analue établi par le droit de l'Union ne peuvent être ilus que dans une procédure principale, non danne procédure secondaire (REI, art. 15).

Si dans l'État où le débiteur a un établisse ent, une publication obligatoire de l'ouverture de procédure est prévue, elle devra être effectuée (REIrt. 28 § 1).

L'article 21 § 2 du Règlement prévoit que praticien de l'insolvabilité de la procédure sedaire peut faire valoir dans un autre État membrar voie judiciaire ou extrajudiciaire qu'un bien pilier a été transféré du territoire de la procédure ondaire sur le territoire d'un autre État membre ap l'ouverture de la procédure d'insolvabilité. Il a c la possibilité d'obtenir la restution de ses bieau profit de la collectivité des créanciers locaux.

Il n'est plus prévu, comme sous l'empire du Règlement du 29 mai 2000, une subordination de la procédure secondaire à la procédure principale. En contrepartie, les obligations de coopération ont été sensiblement renforcées.

L'article 51 § 1 du Règlement[2] envisage la possibilité de la conversion d'une procédure secondaire. À la demande du praticien de l'insolvabilité de la procédure d'insolvabilité principale, la juridiction de l'État membre dans lequel la procédure d'insolvabilité secondaire a été ouverte peut ordonner la conversion de la procédure d'insolvabilité secondaire en un autre type de procédure d'insolvabilité mentionné à l'annexe A, pour autant que les conditions d'ouverture de ce type de procédure prévues dans le droit national soient remplies et que ce type de procédure soit le plus approprié au regard des intérêts des créanciers locaux et de la cohérence entre les procédures d'insolvabilité principale et secondaire.

L'article 51 § 2 précise que lorsqu'elle examine la demande visée au paragraphe 1, la juridiction peut solliciter des informations auprès des praticiens de l'insolvabilité concernés par les deux procédures.

L'article 52 du Règlement[3], qui reprend l'article 38 du précédent Règlement, permet à l'administrateur provisoire, qui aurait été désigné par la juridiction ayant compétence pour l'ouverture d'une procédure principale, entre la demande d'ouverture et l'ouverture effective, de demander toute mesure de conservation et de protection des biens du débiteur situés dans un autre État membre. La place du texte dans le Règlement incline à penser qu'une procédure secondaire doit pouvoir être ouverte, postérieurement à l'ouverture de la procédure principale, laquelle n'est pas encore ouverte. C'est pourquoi le débiteur doit avoir, dans cet autre État membre, un établissement. Mais la discussion est permise et l'opinion contraire a été émise[4].

094.44 Coopérations et communication entre le praticien de l'insolvabilité de la procédure principale et les praticiens des procédures secondaires[5]. L'obligation de coopération entre le praticien de l'insolvabilité de la procédure principale et les praticiens des procédures secondaires n'est pas nouvelle. Elle a été pratiquée dans de nombreux dossiers, dans le silence du précédent Règlement. Elle est aujourd'hui explicitement posée par l'article 41 du Règlement, qui la rend obligatoire, alors qu'elle

1. Thuillier, « Les droits des créanciers », préc., 193, n° 34.

2. Henry, en collab. Bourbouloux et Sénéchal, préc., p. 303.
3. Nabet, préc., p. 307.
4. Nabet, préc., p. 310.
5. Henry, en collab. Bourbouloux et Sénéchal, préc., p. 256 – Sénéchal, « La coopération entre syndics au sein du nouveau règlement européen », *in Le nouveau règlement insolvabilité : quelles évolutions ?*, Joly, 2015, p. 215.

n'était qu'esquissée par l'article 31 du précédent Règlement[1], ce qui devrait résoudre les difficultés précédemment rencontrées du fait d'un manque de coopération entre les syndics. Il est ici question de coopération dans les procédures intéressant un même débiteur, le cas du groupe de sociétés étant traité séparément (v. s^s n° 094.42). Cette obligation de coopération ne connaît comme limite que l'incompatibilité avec les règles applicables à chaque procédure.

La coopération, précise le premier paragraphe de l'article 41 du règlement, peut prendre n'importe quelle forme, dont la conclusion d'accords ou protocoles[2]. Il peut s'agir, précise le Considérant 49, d'accords génériques ou spécifiques plus détaillés.

Alors que, sous l'empire du Règlement du 29 mai 2000, la coopération avait pour objet central l'identification des biens du débiteur et celle de ses créanciers, désormais cette coopération concerne toutes les informations utiles aux autres procédures. Il en est ainsi, précise le paragraphe 2, a, de l'article 41 du Règlement, de l'état de production et de vérification des créances, de toutes mesures visant au redressement ou à la restructuration du débiteur, ou mettant fin à la procédure. Il est toutefois mis une réserve à cette communication : des dispositions appropriées doivent être prises pour protéger les informations confidentielles.

Le Règlement insiste sur la recherche du sauvetage de l'entreprise et c'est pourquoi le paragraphe 2, b, de l'article 41 du Règlement incite les praticiens de l'insolvabilité à explorer la possibilité de restructurer le débiteur et, si une telle possibilité existe, les invite à coordonner l'élaboration et la mise en œuvre d'un plan de restructuration.

Les praticiens de l'insolvabilité doivent coordonner la gestion de la réalisation ou de l'utilisation des actifs et des affaires du débiteur. De manière plus autoritaire, le paragraphe 2, c, de l'article 41 du Règlement indique que le praticien de la procédure secondaire doit permettre en temps utile au praticien de la procédure principale de présenter ses propositions relatives à la réalisation ou à l'utilisation des actifs dans le cadre de la procédure secondaire.

Envisageant l'hypothèse où il n'y aurait pas de praticien de l'insolvabilité – le texte vise le débiteur non dessaisi – l'article 41 § 3 du Règlement oblige à transposer *mutatis mutandis* les solutions posées aux paragraphes 1 et 2, non seulement pour les procédures secondaires, mais encore pour les procédures territoriales.

1. Henry, en collab. Bourbouloux et Sénéchal, préc., p. 257.
2. Giorgini, « Les protocoles entre autorités de la procédure d'insolvabilité », *BJE* 2016, 69.

L'article 44 du Règlement précise que les juridictions ne peuvent exiger l'une de l'autre des frais liés à la coopération et à la communication[3].

094.45 Coopération et communication entre juridictions[4]. De manière nouvelle, et dépassant le simple principe de reconnaissance mutuelle, et prenant en compte les enseignements de l'expérience, l'article 42 du Règlement envisage une collaboration et une communication entre les juridictions. Il est ici tiré les enseignements de l'affaire Christianopol, ce qui justifie une coopération loyale entre les juridictions intéressées[5]. Le paragraphe 1 de cet article envisage une coopération entre toutes les juridictions ayant à connaître d'une procédure principale, d'une procédure secondaire ou territoriale, dans la mesure où cette coopération n'est pas incompatible avec les règles applicables à chacune des procédures. Les juridictions peuvent à cette fin désigner une personne ou un organe indépendant agissant sur leurs instructions, pour autant que ce ne soit pas incompatible avec les règles applicables à ces procédures. Ce praticien unique (considérant 50) devra évidemment être au fait des questions de règlement européen insolvabilité. Sa désignation devrait permettre d'accélérer le traitement des difficultés.

La communication entre juridiction ou entre l'organe de coordination et les juridictions peut être directe. Elles peuvent se demander directement des informations ou de l'aide, à condition que cette communication respecte les droits procéduraux des parties à la procédure et la confidentialité des informations.

Le paragraphe 3 de l'article 42 du Règlement précise que la coopération entre les juridictions se fait r tout moyen que la juridiction juge approprié. e a notamment pour objet, précise cette disposition, la coordination de la désignation des praticiens d'insolvabilité, de la communication d'informations, de la gestion et de la surveillance des actifs et de ffaires du débiteur, du déroulement des audiences de l'approbation des protocoles, si nécessaire.

rticle 44 du Règlement précise que les juridictions ne peuvent exiger l'une de l'autre des frais liés à la opération et à la communication[6].

L'ligation d'information entre les praticiens est toutes tenue en échec par les lois du for qui interdirait la communication de telle information. Ainsi n France, le courrier à caractère personnel

3. Hen n collab. Bourbouloux et Sénéchal, préc., p. 274.
4. Hen n collab. Bourbouloux et Sénéchal, préc., p. 264.
5. Mas o, « La coopération entre les acteurs intervenant dans procédures d'insolvabilité après la révision du règl nt (CE) n° 1346/2000 », *Rev. proc. coll.* 2015, dossi n° 3.
6. Henn collab. Bourbouloux e Sénéchal, préc., p. 274.

doit-il être remis au débiteur, ce qui interdit sa communication[1].

094.46 Coopération et communication entre juridictions et praticiens[2]. L'article 43 § 1 du Règlement précise que pour faciliter la coordination des procédures principales, secondaires et territoriales, et dans la mesure où cette coopération et cette communication ne sont pas incompatibles avec les règles applicables à chacune des procédures et où elles n'entraînent aucun conflit d'intérêts, le praticien de l'insolvabilité de la procédure principale coopère et communique avec toutes les juridictions qui ont ouvert une procédure secondaire ou devant laquelle une procédure est en cours. On évoque une coopération croisée[3]. Symétriquement, le praticien de l'insolvabilité de la procédure territoriale ou secondaire coopère et communique avec la juridiction qui ont ouvert une procédure principale ou devant laquelle une telle procédure est en cours, ainsi qu'avec les juridictions qui ont ouvert d'autres procédures secondaires ou territoriales devant lesquelles de telles procédures sont en cours. En énonçant que la coopération doit être compatible avec les règles applicables à chaque procédure, le Règlement suppose que les lois internes à chaque procédure doivent être compatibles entre elles[4].

Le paragraphe 2 de l'article 43 du Règlement précise que cette coopération peut être faite par tout moyen approprié, tels que ceux exposés à l'article 42 § 3, ce qui surprend les observateurs, car ces règles ne sont véritablement praticables qu'entre juridictions[5].

094.47 Exercice des droits des créanciers[6]. L'article 45 du Règlement, qui reprend les solutions posées par l'article 32 de l'ancien Règlement[7], pose d'abord deux séries de règles intéressant la production des créances au passif.

Selon le paragraphe 1 de cet article, tout créancier peut produire sa créance à la procédure d'insolvabilité principale et à toute procédure d'insolvabilité secondaire. Le Considérant 63 précise qu'il peut s'agir des créanciers fiscaux ou sociaux. La territorialité de la procédure secondaire cède le pas au caractère universel du passif[8].

Selon le paragraphe 2 du même article, les praticiens de l'insolvabilité de la procédure d'insolvabilité principale et de toute procédure d'insolvabilité secondaire produisent, dans le cadre des autres procédures, les créances déjà produites dans le cadre de la procédure pour laquelle ils ont été désignés, pour autant que cette production soit utile aux créanciers de la procédure pour laquelle ils ont été désignés, et sous réserve du droit de ceux-ci de s'y opposer ou de retirer la production de leurs créances lorsque la loi applicable le prévoit. Le Considérant 63 précise que le praticien de l'insolvabilité peut produire des créances au nom de certains groupes de créanciers, en prenant l'exemple, non pertinent pour la France, des salariés. Aucune discussion ne devrait s'élever sur le pouvoir du praticien de produire les créances, ce pouvoir lui étant conféré explicitement par le Règlement[9].

Il existe ainsi une possibilité de produire deux fois la même créance, une fois à l'initiative du créancier, une fois à l'initiative du praticien. Le Considérant 63 prend le soin de préciser qu'il convient de coordonner le produit de la réalisation, afin d'assurer l'égalité de traitement des créanciers. Il conviendra ici de tenir compte de l'article 23 § 2 du règlement qui s'intéresse aux imputations (v. s^s^ n° 094.34)[10]. Observons en revanche que la production à la procédure secondaire ne vaut pas ici production à la procédure principale.

L'article 45 § 3 du Règlement pose une deuxième règle : le praticien de l'insolvabilité d'une procédure d'insolvabilité principale ou secondaire est habilité à participer, au même titre que tout créancier, à une autre procédure, notamment en prenant part à des assemblées de créanciers. Il semble qu'il faille comprendre qu'il y votera pour le poids des créances qu'il représente, si ce poids est pris en compte dans le calcul des majorités, comme tel est le cas en France.

L'article 46 § 1 du Règlement[11] envisage la possibilité pour le praticien de l'insolvabilité d'une procédure d'insolvabilité principale de suspendre en tout ou en partie la procédure de réalisation des actifs dans la procédure secondaire. La demande du praticien ne peut être rejetée que si elle est manifestement sans intérêt pour les créanciers de la procédure d'insolvabilité principale. La suspension peut être ordonnée pour une durée maximale de trois mois. Elle peut être prolongée ou renouvelée pour des périodes de même durée. La juridiction qui a

1. Circ. min. Justice 15 déc. 2006 relative au règlement n° 1346/2000 du 29 mai 2000 relatif aux procédures d'insolvabilité, CIV 19/06, 15 déc. 2006, 2.5.1
2. Henry, en *collab.* Bourbouloux et Sénéchal, préc., p. 270.
3. Henry, en collab. Bourbouloux et Sénéchal, préc., p. 271.
4. Mastrullo, « La coopération entre les acteurs intervenant dans les procédures d'insolvabilité après la révision du règlement (CE) n° 1346/2000 », *Rev. proc. coll.* 2015, dossier 7, n° 6.
5. Henry, en collab. Bourbouloux et Sénéchal, préc., p. 271.
6. Jazottes, *in* Commentaire Règlement (UE) 2015/848 du 20 mai 2015, p. 275.
7. Jazottes, préc., p. 276.
8. Jazottes, préc., p. 276.
9. Jazottes, préc., p. 278.
10. Jazottes, préc., p. 278.
11. Henry, en collab. Bourbouloux et Sénéchal, préc., p. 283.

ouvert la procédure secondaire peut exiger du praticien de l'insolvabilité de la procédure d'insolvabilité principale qu'il prenne toute mesure adéquate pour garantir les intérêts des créanciers de la procédure d'insolvabilité secondaire et de certains groupes de créanciers.

L'article 46 § 2 du Règlement prévoit que la juridiction qui a ouvert la procédure secondaire met fin à la suspension de la procédure de réalisation des actifs :

– soit à la demande du praticien de l'insolvabilité de la procédure d'insolvabilité principale, ce qui confirme, si besoin était, la suprématie de la procédure principale[1];

– soit d'office;

– soit à la demande d'un créancier ou à la demande du praticien de l'insolvabilité de la procédure d'insolvabilité secondaire, si cette mesure n'apparaît plus justifiée, notamment par les intérêts des créanciers de la procédure d'insolvabilité principale ou de ceux de la procédure d'insolvabilité secondaire.

Selon l'article 47 § 1 du Règlement[2], lorsque la loi de l'État membre dans lequel la procédure d'insolvabilité secondaire a été ouverte prévoit la possibilité de clore cette procédure sans liquidation par un plan de restructuration, un concordat ou une mesure comparable, une telle mesure peut être proposée par le praticien de l'insolvabilité de la procédure d'insolvabilité principale, conformément à la procédure en vigueur dans cet État membre. Cette disposition a pour objet de renforcer les pouvoirs du praticien de l'insolvabilité de la procédure principale en lui reconnaissant des pouvoirs d'intervention dans la procédure secondaire afin « de garantir l'intégrité de la procédure principale »[3].

Afin de protéger les créanciers locaux, l'article 47 § 2 du Règlement prend le soin de préciser que toute limitation des droits des créanciers, notamment un sursis de paiement ou une remise de dette, découlant d'une mesure visée au paragraphe 1 et proposée dans une procédure d'insolvabilité secondaire, ne produit ses effets sur les biens du débiteur qui ne sont pas concernés par cette procédure qu'avec l'accord de tous les créanciers intéressés.

094.48 Conséquences de la clôture de la procédure d'insolvabilité[4] – Surplus d'actif de la procédure d'insolvabilité secondaire[5]. L'article 48 § 1 du Règlement confirme le principe d'indépendance des procédures secondaires et des procédures principales, en énonçant que la clôture de la procédure d'insolvabilité n'empêche pas la poursuite des autres procédures d'insolvabilité concernant le même débiteur qui sont toujours ouvertes à la date concernée.

L'article 48 § 2 du Règlement pose de manière nouvelle une règle très importante tendant à éviter les inconvénients d'une dissolution anticipée de la personne morale par l'effet soit de l'ouverture, soit de la clôture de la procédure collective. Lorsqu'une procédure d'insolvabilité concernant une personne morale ou une société dans l'État membre du siège statutaire de ladite personne morale ou société entraînerait la dissolution de la personne morale ou de la société, cette personne morale ou société ne cesse d'exister que lorsque toutes les autres procédures d'insolvabilité concernant le même débiteur ont été closes, ou lorsque le ou les praticiens de l'insolvabilité concernés par ces procédures ont donné leur accord à la dissolution. Ainsi, tant que l'un de ces deux événements ne s'est pas produit, la dissolution est écartée par l'article 48 § 2 du Règlement. Est donc imaginé un mécanisme de report des effets de la dissolution au jour de la dernière des clôtures des procédures collectives. Peu importe, pour l'application de cette disposition, que la procédure clôturée soit la procédure principale, ou une procédure secondaire[6].

L'article 49 du Règlement prend le soin d'envisager l'hypothèse où cette clôture ferait apparaître un surplus d'actifs ce qui, en France serait le cas d'une procédure de liquidation judiciaire clôturée pour extinction du passif exigible. Si la réalisation des actifs dans le cadre de la procédure d'insolvabilité secondaire permet de payer toutes les créances admises dans cette procédure, le praticien de l'insolvabilité désigné dans cette procédure transfère sans délai le surplus d'actif au praticien de l'insolvabilité de la procédure d'insolvabilité principale.

094.49 Ouverture ultérieure de la procédure principale[7]. L'article 50 du Règlement, qui reprend l'article 36 du précédent règlement, envisage l'hypothèse où une procédure principale est ouverte après l'ouverture d'une procédure territoriale. En ce cas, les articles 41, 45 à 47 et 49 du règlement trouvent application pour la procédure ouverte en premier lieu, c'est-à-dire la procédure territoriale, dans la mesure où l'état de cette procédure le permet.

L'article 41 traite de la coopération et de la communication entre le praticien de l'insolvabilité de la procédure principale et les praticiens des procédures secondaires. L'article 45 traite de l'exercice des droits des créanciers, l'article 46 de la suspension de la

1. Henry, en collab. Bourbouloux et Sénéchal, préc., p. 284.
2. Henry, en collab. Bourbouloux et Sénéchal, préc., p. 287.
3. Henry, en collab. Bourbouloux et Sénéchal, préc., p. 287.
4. Nabet, préc., p. 291.
5. Nabet, préc., p. 297.

6. Nabet, préc., p. 293.
7. Nabet, préc., p. 299.

procédure de réalisation des actifs, l'article 47 du pouvoir du praticien de l'insolvabilité de proposer des plans de restructuration. Enfin, l'article 49 a trait au surplus d'actif de la procédure d'insolvabilité secondaire.

Malgré le mutisme de l'article 50 sur l'applicabilité des articles 42, 43 et 48, l'application de ces textes à la procédure devenue secondaire se déduit de ces textes mêmes[1].

Toutes ces dispositions sont relatives aux procédures secondaires et cela s'explique. En effet, la procédure territoriale devient une procédure secondaire à compter de l'ouverture de la procédure principale.

Ces textes ne peuvent toutefois s'appliquer que pour autant que la procédure territoriale, devenue secondaire, n'est pas trop avancée dans son traitement.

SECTION 094.50 PROCÉDURES D'INSOLVABILITÉ INTÉRESSANT LES GROUPES DE SOCIÉTÉS[2]

094.51 Présentation générale des règles relatives aux procédures d'insolvabilité intéressant les groupes de sociétés[3]. Le Règlement du 29 mai 2000 avait cruellement oublié de réglementer les procédures d'insolvabilité intéressant les groupes de sociétés. La jurisprudence, feignant d'ignorer l'autonomie des personnes morales d'un groupe de sociétés, a raisonné à leur égard, comme s'il était question de traiter les difficultés d'une personne morale ayant plusieurs établissements. Il était donc possible d'ouvrir contre les divers membres du groupe des procédures secondaires et une procédure principale, voire de concentrer devant une seule juridiction le traitement des difficultés du groupe, en adoptant une approche extensive de la notion de centre des intérêts principaux[4].

Le Règlement du 20 mai 2015 s'emploie au contraire à régir précisément le traitement des groupes de sociétés[5], notamment dans la perspective d'un sauvetage des membres du groupe. Il crée donc un corps de règles spécifique, mais le constat s'impose que ces règles empruntent très largement à la nouvelle réglementation applicable en matière de débiteur unique ayant plusieurs établissements sur des territoires différents (Considérant 52). L'essentiel tient donc ici, comme pour le cas de l'ouverture des procédures principales et secondaires, en une coopération.

L'article 59 du Règlement[6] précise que les frais liés à la coopération et la communication prévues aux articles 56 à 60, supportés par un praticien de l'insolvabilité ou par une juridiction, sont considérés comme des frais et dépenses des procédures respectives.

Mais l'idée de hiérarchisation des procédures dans le traitement des difficultés d'un groupe de sociétés est absente du règlement[7], contrairement à l'hypothèse d'ouverture d'une société principale pour une société ayant des établissements sur le territoire d'autres États membres, établissements pour lesquels seront ouverts des procédures secondaires. Il n'y a pas ici de « procédure principale pilote », ni de possibilité d'extension de la procédure[8].

Le Considérant 62 précise que les règles régissant la coopération, la communication et la coordination ne devraient s'appliquer que dans la mesure où les procédures concernant différents membres du groupe ont été ouvertes dans plus d'un État membre.

Le considérant 61 du Règlement invite les États membres à établir des règles nationales pour compléter les règles régissant la coopération, la communication et la coordination, en ce qui concerne l'insolvabilité des membres d'un groupe. Ces règles devraient se limiter à la compétence nationale et leur mise en œuvre ne devrait pas porter préjudice à l'efficacité des règles de coopération ou des procédures de coordination[9].

Selon le Considérant 53, la réglementation spécifique des groupes de sociétés ne devrait toutefois pas interdire l'ouverture à l'encontre de membres d'un groupe, d'une seule procédure par une juridiction, en exerçant sa compétence en tant que juridiction unique. Il faudra qu'elle constate cependant que le centre des intérêts principaux se situe dans un seul État membre. Autrement dit, il est ici question d'appliquer le critère du centre des intérêts princi-

1. Nabet, préc., p. 300.
2. d'Avout, « Le traitement des groupes de société entre formalisme et réalisme », *in Le nouveau règlement insolvabilité : quelles évolutions ?*, Joly, 2015, p. 129.
3. Duprat et Saintourens, in Commentaire Règlement (UE) n° 2015/848 du 20 mai 2015, p. 331.
4. Dammann, « Le nouveau règlement européen sur les procédures d'insolvabilité », *Rev. proc. coll.* 2015, dossier 2, n° 30.
5. SUR la définition du groupe en droit européen insolvabilité : Brulard, « Les groupes et les procédures de pré-insolvency : le signe d'un changement de nature du nouveau règlement insolvabilité ? », *Rev. proc.* 2015, dossier 4, n° 13.
6. Duprat et Saintourens, *in* Commentaire Règlement (UE) n° 2015/848 du 20 mai 2015, p. 341.
7. Dammann, « Le nouveau règlement européen sur les procédures d'insolvabilité », *Rev. proc. coll.* 2015, dossier 2, n° 33.
8. Dammann, « Le nouveau règlement [...] », préc., dossier 2, n° 34.
9. SUR LA QUESTION : d'Avout, « Le traitement des groupes de sociétés : entre formalisme et réalisme », préc., sp. p. 146, n° 11.

paux pour en tirer la conséquence de l'ouverture d'une seule procédure principale au lieu du centre des intérêts principaux. La règle conduit à méconnaître l'autonomie des personnes morales, mais il faut à notre avis, l'opinion n'étant pas partagée par tous, démontrer la fictivité de leur siège social[1].

094.52 Coopération et communication entre praticiens de l'insolvabilité[2]. L'article 56 du Règlement envisage une coopération et une communication entre praticiens de l'insolvabilité. Ces derniers ne sont pas dans un rapport hiérarchique entre eux, contrairement à ce qui se passe dans une procédure secondaire par rapport à une procédure principale[3].

Selon le paragraphe 1 de cette disposition, lorsque des procédures d'insolvabilité concernent deux membres ou plus d'un groupe de sociétés, le praticien de l'insolvabilité désigné dans la procédure relative à un membre du groupe coopère avec tout praticien de l'insolvabilité désigné dans la procédure visant un autre membre du groupe, pour autant qu'une telle coopération soit de nature à faciliter la gestion efficace de ces procédures, ne soit pas incompatible avec les règles applicables à ces procédures et n'entraîne aucun conflit d'intérêts. Cette coopération peut prendre n'importe quelle forme, dont la conclusion d'accords ou de protocoles. Comme cela a été résumé, « la coopération doit être adossée à la recherche des meilleures solutions possibles pour l'ensemble des procédures ouvertes sans que cela ne mette aucun des praticiens en situation de devoir trahir les intérêts de la procédure qui lui aura avant toute chose demandé de gérer. »[4]

Dans le cadre de cette coopération, les praticiens de l'insolvabilité se communiquent dès que possible toute information qui peut être utile aux autres procédures, à condition que des dispositions appropriées soient prises pour protéger les informations confidentielles. Ces praticiens examinent s'il existe des possibilités de coordonner la gestion et la surveillance des affaires des membres du groupe qui font l'objet de la procédure d'insolvabilité et, si tel est le cas, ordonnent cette gestion et cette surveillance. Ils examinent s'il existe des possibilités de restructurer les membres du groupe qui font l'objet de la procédure d'insolvabilité et, si tel est le cas, coordonnent leurs efforts en vue de proposer et de négocier un plan de restructuration coordonné.

De manière très intéressante, l'alinéa 2 du paragraphe 2 de l'article 56 du Règlement précise que, aux fins d'assurer cette coopération, tous les praticiens de l'insolvabilité, ou une partie d'entre eux, peuvent convenir de conférer des pouvoirs supplémentaires au praticien de l'insolvabilité désigné dans l'une des procédures, lorsque les règles applicables à chacune des procédures l'autorisent. Il s'agit en quelque sorte de désigner un chef de file, un « praticien de l'insolvabilité pilote »[5], à l'instar de ce qui existe en droit français, dans les groupe de sociétés, depuis l'ordonnance du 12 mars 2014. Ces praticiens peuvent également marquer leur accord sur la répartition de certaines tâches entre eux, lorsque les règles applicables à chacune des procédures l'autorisent. Ils agissent alors comme en cas de codésignation des organes, en droit français.

094.53 Coopération et communication entre juridictions[6]. La coopération et la communication entre juridictions est réglementée par l'article 57 du Règlement. L'article 57 § 1 du Règlement précise que lorsque des procédures d'insolvabilité concernent deux membres ou plus d'un groupe de sociétés, une juridiction qui a ouvert une procédure coopère avec toute autre juridiction devant laquelle une demande d'ouverture de procédure concernant un autre membre du groupe est en cours ou qui a ouvert une procédure, pour autant que cette coopération soit de nature à faciliter la gestion efficace des procédures, ne soit pas incompatible avec les règles qui leur sont applicables et n'entraînent aucun conflit d'intérêts.

Le texte ajoute que pour assurer cette coopération, les juridictions peuvent, au besoin, désigner une personne ou un organe indépendant agissant sur leurs instructions, pour autant que ce ne soit pas incompatible avec les règles applicables à ces juridiction.

L'rticle 57 § 2 du Règlement prévoit que, dans le cadrde la mise en œuvre de la coopération visée au paragaphe 1, les juridictions ou toute personne ou tout gane désigné agissant en leur nom, dont il est fait mntion au paragraphe 1, peuvent communiquer ectement entre elles, ou se demander directemer les informations ou de l'aide, à condition que ce communication respecte les droits procéduraux es parties à la procédure et la confidentialité des formations.

Le pgraphe 3 de l'article 57 précise enfin que la cooption peut être mise en œuvre par tout

1. DANS LE SENS DU TEXTE : d'Avout, « Le traitement des groupes de sociétés : entre formalisme et réalisme », préc., sp. p. 137, n° 11 – MOINS EXIGEANT : Menjucq, Rapport de synthèse, *in Le nouveau règlement insolvabilité : quelles évolutions ?*, préc., sp. p. 231.
2. Duprat et Saintourens, préc., p. 333.
3. Bourbouloux et Coste, « Vers une amélioration du traitement de l'insolvabilité des groupes », *Rev. proc. coll.* 2015, dossier 8, n°s 18 et 19.
4. Duprat et Saintourens, préc., p. 334.
5. Damm « Le nouveau règlement européen […] », préc., dossie o 36.
6. Dupra aintourens, préc., p. 336.

moyen que la juridiction estime appropriée. Elle peut notamment concerner la coordination de la désignation des praticiens de l'insolvabilité, la communication d'informations par tout moyen jugé approprié par la juridiction, la coordination de la gestion et de la surveillance des actifs et des affaires des membres du groupe, la coordination du déroulement des audiences et la coordination de l'approbation des protocoles, si nécessaire. On observe ici qu'il n'y a pas de « juridiction pilote »[1], parce qu'il s'est agi de respecter l'indépendance des juridictions de nationalité différente[2].

094.54 Coopération et communication entre praticiens de l'insolvabilité et juridictions[3]. De même qu'il est prévu des règles de coopération entre praticiens de l'insolvabilité, qu'il est prévu une coordination entre juridictions, il est également envisagé une coopération et à une communication entre praticiens de l'insolvabilité et juridictions, par l'article 58 du Règlement.

Un praticien de l'insolvabilité désigné dans une procédure d'insolvabilité concernant un membre d'un groupe de société coopère et communique avec la juridiction devant laquelle une demande d'ouverture de procédure à l'encontre d'un autre membre du groupe de sociétés est en cours ou qui a ouvert une telle procédure, et peut demander à la juridiction des informations concernant la procédure relative à l'autre membre du groupe ou demander de l'aide concernant la procédure dans laquelle il a été désigné.

Cette coopération et cette communication doivent être de nature à faciliter la gestion efficace des procédures, ne doivent entraîner aucun conflit d'intérêts et ne doivent pas être incompatibles avec les règles applicables à ces procédures.

Il a été prédit de nombreux obstacles à cette coopération entre juridictions[4].

094.55 Pouvoirs du praticien de l'insovabilité dans les procédures concernant les memles d'un groupe de sociétés[5]. Le praticien de l'insvabilité désigné dans une procédure d'insolvabilité verte à l'encontre d'un membre d'un groupe de sociétés, pour autant que ce soit de nature à facili la gestion efficace des procédures, dispose d'iortants pouvoirs, en vertu de l'article 60 du Règlent.

Il peut être entendu dans toute procéd ouverte à l'encontre de tout autre membre du gre.

Il peut demander l'ouverture d'une procédure de coordination collective, conformément à l'article 61 (v. s[s] n° 094.56).

Il peut être demandé une suspension de toute mesure liée à la réalisation des actifs dans le cadre de la procédure ouverte à l'encontre de tout autre membre du groupe. Mais des conditions strictes sont posées.

Il existe d'abord des conditions positives. Il faut d'abord que soit proposé un plan de restructuration par tous les membres du groupe ou par certains d'entre eux, à l'encontre desquels la procédure d'insolvabilité a été ouverte, conformément à l'article 56, paragraphe 2, point c, et que celui-ci ait des chances raisonnables de produire les résultats escomptés. Il faut ensuite que cette suspension soit nécessaire pour assurer la mise en œuvre correcte du plan de restructuration. Il faut aussi que le plan de restructuration soit dans l'intérêt des créanciers concernés par la procédure pour laquelle la suspension est demandée.

Il existe enfin des conditions négatives. Ni la procédure d'insolvabilité dans laquelle le praticien de l'insolvabilité visé au paragraphe 1 de l'article 60 a été désigné, ni la procédure pour laquelle la suspension est demandée, ne doivent faire l'objet d'une coordination en application de la section 2 du chapitre V. Cette condition négative se comprend dans la mesure où la procédure de coordination collective ne peut être paralysée par une suspension partielle.

La juridiction ayant ouvert la procédure à l'encontre d'un membre d'un groupe de sociétés peut décider d'une suspension totale ou partielle de toute mesure relative à la réalisation des actifs dans le cadre de la procédure, si elle estime que les conditions visées au paragraphe 1, point b, sont remplies.

Avant d'ordonner la suspension, la juridiction entend le praticien de l'insolvabilité désigné dans la procédure pour laquelle la suspension est demandée. La suspension peut être ordonnée pour toute période ne dépassant pas trois mois, que la juridiction juge appropriée et qui est compatible avec les règles applicables à la procédure.

La juridiction ordonnant la suspension peut exiger que le praticien de l'insolvabilité ouverte à l'encontre d'un membre d'un groupe de sociétés prenne toute mesure prévue dans le droit national de nature à garantir les intérêts des créanciers de la procédure.

La juridiction peut prolonger la durée de la suspension d'une ou de plusieurs nouvelles périodes, si elle l'estime approprié et si ces prolongations sont compatibles avec les règles applicables à la procédure. Pour autant, cette suspension doit toujours être nécessaire pour assurer la mise en œuvre correcte du plan de restructuration, le plan de restructuration doit être dans l'intérêt des créanciers

1. Rossi, *in Le nouveau règlement insolvabilité : les évolutions ?*, Joly, 2015, p. 4.
2. Menjucq, Rapport de synthèse, préc., sp. p.
3. Duprat et Saintourens, préc., p. 339.
4. Bourbouloux et Coste, « Vers une amélior du traitement de l'insolvabilité des groupes », préc. 4, note 9.
5. Duprat et Saintourens, préc., p. 343.

concernés par la procédure pour laquelle la suspension est demandée, et, ni la procédure d'insolvabilité dans laquelle le praticien de l'insolvabilité, visé au paragraphe 1 de l'article 60, a été désigné, ni la procédure pour laquelle la suspension est demandée, ne doivent avoir fait l'objet d'une coordination. La durée totale de la suspension (période initiale plus prolongations éventuelle) ne doit pas dépasser six mois.

094.56 Ouverture d'une procédure de coordination collective. Les articles 61 et suivants du Règlement du 20 mai 2015 s'emploient à régir la procédure de coordination collective, procédure spécifiquement envisagée à l'initiative du gouvernement allemand[1], pour le traitement des difficultés des groupes de sociétés en droit européen. Dans une formule ramassée, cette technique est présentée « comme un mécanisme supérieur aux procédures de droit national, fonctionnant selon un principe démocratique, et non contraignant, pensé pour faciliter des solutions globales au niveau du groupe, tels des plans d'apurement du passif financier ou de cession de l'entreprise. »[2]

La procédure de coordination collective concilie formalisme juridique et réalisme économico-juridique. Le texte respecte le formalisme : une personne, une procédure. Mais des outils procéduraux « permettent de dresser des ponts entre les diverses procédures personnelles, afin d'offrir une solution supranationale unitaire à la situation d'insolvabilité »[3]. Cette procédure apparaît donc comme une « procédure chapeau », coiffant les procédures principales demeurant indépendantes[4]. Elle a inspiré le législateur français de la loi du 6 août 2015 dite loi Macron, qui a introduit une solution comparable pour le traitement interne des difficultés d'un groupe, à l'article L. 662-8 du code de commerce, lequel précise que le tribunal, dans ces hypothèses de connaissance des difficultés d'un groupe de sociétés, peut désigner un administrateur judiciaire et un mandataire judiciaire communs à l'ensemble des procédures.

L'article 61 du Règlement[5] pose les règles relatives à la demande d'ouverture d'une procédure de coordination collective. Cette dernière peut, selon le paragraphe 1 de cet article, être demandée auprès de toute juridiction compétente en matière de procédures d'insolvabilité à l'encontre d'un membre du groupe par un praticien de l'insolvabilité désigné dans une procédure d'insolvabilité ouverte à l'encontre d'un membre du groupe.

Il importe de remarquer que la demande ne viendra donc pas nécessairement du praticien de l'insolvabilité désigné dans la procédure de la société mère.

La demande obéit aux conditions de la loi applicable à la procédure dans laquelle le praticien de l'insolvabilité a été désigné (REI, art. 61 § 2).

Le paragraphe 3 de l'article 61 du Règlement précise les éléments qui doit accompagner la demande :

– une proposition indiquant le nom de la personne nommée en qualité de coordinateur de groupe précisant que celle-ci remplit les critères d'éligibilité prévue à l'article 71. Cette proposition doit comprendre des informations au sujet de ces qualifications ainsi que l'accord écrit de l'intéressé pour exercer la fonction de coordinateur;

– une description de la coordination collective proposée, précisant particulier les raisons pour lesquelles les conditions énoncées à l'article 63 § 1 sont réunies;

– une liste des praticiens de l'insolvabilité désignée pour les membres du groupe et, le cas échéant, des juridictions et des autorités compétentes concernées par les procédures d'insolvabilité menées à l'encontre des membres du groupe;

– un aperçu de l'estimation des coûts de la coordination collective et une estimation de sa part des coûts à acquitter par chacun des membres du groupe. On remarque que ce procédé se rapproche de celui utilisé dans les procédures françaises de conciliation.

La procédure de coordination collective est présentée comme prioritaire. Selon l'article 62 du Règlement[6], lorsqu'une telle procédure est demandée, toutes les juridictions autres que celles saisies en premier lieu se déclarent incompétentes au profit de la juridiction auprès de laquelle elle est demandée.

Pour assurer l'effectivité de l'article 62 du Règlement, l'article 63 du Règlement[7] prévoit que la juridiction saisie d'une demande d'ouverture d'une procédure de coordination collective notifie dans les meilleurs délais cette demande ainsi que le nom du coordinateur proposé aux praticiens de l'insolvabilité désigné pour les membres du groupe figurant dans la demande d'ouverture de la procédure de coordination collective.

La demande sera acceptée si, premièrement, en vertu de l'article 63 du Règlement, l'ouverture de la procédure de coordination collective est de nature à faciliter la gestion efficace de la procédure d'insolvabilité visant les différents membres du groupe, si

1. Dammann, « Le nouveau règlement européen sur les procédures d'insolvabilité », préc., n° 38.
2. d'Avout, « Le traitement des groupes de sociétés : entre *formalisme* et réalisme », préc., sp. p. 130, n° 1.
3. d'Avout, préc., sp. p. 131, n° 3.
4. d'Avout, préc., sp. p. 133, n° 7.
5. Duprat et Saintourens, préc., p. 347.
6. Duprat et Saintourens, préc., p. 349.
7. Duprat et Saintourens, préc., p. 350.

deuxièmement aucun créancier d'un membre du groupe dont on prévoit la participation à la procédure n'est susceptible d'être financièrement désavantagé par l'inclusion de ce membre dans la procédure et si troisièmement le coordinateur proposé rempli les exigences prévues à l'article 71. Le Considérant 57 insiste sur le fait que la procédure de coordination collective doit avoir une incidence globalement positive sur les créanciers.

La notification de la demande d'ouverture de la procédure de coordination collective, qui est faite par courrier recommandé avec accusé de réception, doit mentionner la proposition indiquant le nom de la personne nommée en qualité de coordinateur du groupe en précisant que celle-ci remplit les critères d'éligibilité, doit comprendre les informations sujet de ces qualifications ainsi qu'un accord écrit de l'intéressé pour exercer sa fonction de coordinateur. Elle doit également obtenir une description de la coordination collective proposée, précisant particulier les raisons pour lesquelles les conditions en sont réunies. Elle doit être accompagnée d'une liste des praticiens de l'insolvabilité désignés pour les membres du groupe et, le cas échéant, des juridictions et des autorités compétentes concernées par les procédures d'insolvabilité menées à l'encontre des membres du groupe. Enfin, elle doit contenir un aperçu de l'estimation des coûts de la coordination collective et une estimation de la part de ces coûts à acquitter par chacun des membres du groupe.

Enfin, il est prévu que les juridictions saises de la demande d'ouverture d'une procédure de cordination collective doivent permettre aux praciens de l'insolvabilité concernés d'être entendus.

En effet, en vertu de l'article 64 § 2, inéa 2 du Règlement, il appartient au praticien de insolvabilité de prendre ou non la décision de rticiper à la coordination. La procédure de coorditon collective présente un caractère volontaire (Csidérant 56). S'il opte pour la coopération, il doit ller à obtenir tout agrément qui peut être requis evertu de la loi de l'État d'ouverture de la procédurpour laquelle il a été désigné.

Le praticien de l'insolvabilité signé pour l'un des membres du groupe peut fouler des objections, en application de l'article du Règlement[1]. Ces dernières peuvent être présées au moyen du formulaire uniformisé conforment à l'article 88. Ces objections portent soit sur clusion dans une procédure de coordination collve de la procédure d'insolvabilité pour laquelle ilté désigné soit sur la personne proposée en qua de coordinateur. Notons immédiatement qu les objections ne portent que sur la personne du coordinateur, la juridiction peut s'abstenir, mais n'en a pas l'obligation, de désigner cette personne. Si elle fait droit à l'objection, la juridiction invite le praticien de l'insolvabilité, qui a émis des objections, à introduire une nouvelle demande de coordination collective (REI, art. 67[2]).

Le praticien de l'insolvabilité désigné pour l'un des membres du groupe est enfermé dans un délai de trente jours pour formuler ses objections auprès de la juridiction désignée pour connaître de la demande d'ouverture de la procédure de coordination collective. Le délai court dans les 30 jours à compter de la réception de la notification de la demande d'ouverture de cette procédure.

L'article 65 du Règlement[3] s'intéresse aux conséquences des objections à l'inclusion dans une coordination collective. Si le praticien a formulé des objections à l'inclusion dans la procédure de coordination collective de la procédure pour laquelle il a été désigné, cette procédure n'y est pas incluse (REI, art. 65 § 1). Le paragraphe 2 de l'article 65 du Règlement prend le soin de préciser une solution d'évidence : les compétences de la juridiction ayant ouvert la procédure de coordination ainsi que celles du coordinateur n'ont aucun effet en ce qui concerne le membre du groupe non inclus dans la procédure de coordination et n'entraînent pas de coût à sa charge.

Encore convient-il de savoir quelle juridiction connaîtra de la procédure de coordination collective. La précision est apportée par l'article 66 du Règlement[4]. La compétence est reconnue de manière exclusive lorsque deux tiers de tous les praticiens de l'insolvabilité désignés dans des procédures d'insolvabilité concernant les membres du groupe sont convenus qu'une juridiction compétente d'un autre État membre est la juridiction la plus appropriée pour ouvrir une procédure de coordination collective. On exclura donc du calcul le praticien de l'insolvabilité de l'État membre de la juridiction en question. Faute d'intérêt à cette désignation, il faut également exclure, nous semble t-il, le praticien qui a fomulé des objections.

Ce choix, précise le paragraphe 2 de l'article 66 du Règlement, qui est possible jusqu'à la décision d'ouverture, s'effectue par accord mutuel écrit ou attesté par écrit.

Toute juridiction autre que celle qui est saisie de la demande d'ouverture de la procédure de coordination collective se déclare incompétente au profit de celle-ci.

1. Duprat et Saintourens, préc., p2.
2. Duprat et Saintourens, préc., p. 357.
3. Duprat et Saintourens, préc., p. 354.
4. Duprat et Saintourens, préc., p. 355.

La demande est introduite auprès de toute juridiction compétente en matière de procédures d'insolvabilité à l'encontre d'un membre du groupe.

En application de l'article 68 du règlement[1], lorsque le délai de trente jours pour formuler des objections est écoulé, la juridiction peut ouvrir la procédure de coordination collective si elle estime que les conditions posées par l'article 63 § 1 sont remplies. En ce cas, la juridiction :

– désigne un coordinateur;

– rend une décision sur les grandes lignes de la coordination. On peut penser qu'elle reprendra les éléments qui figuraient dans la demande d'ouverture de la procédure de coordination collective;

– rend une décision sur l'estimation des coûts et la part des coûts à acquitter par les membres du groupe. Ici encore, la juridiction devrait se contenter de reprendre les éléments qui figuraient dans la demande d'ouverture de la procédure de coordination collective.

La décision d'ouverture de la procédure de coordination collective doit être notifiée aux praticiens de l'insolvabilité participants et au coordinateur (REI, art. 68 § 2).

En application de l'article 71 du règlement[2], le coordonnateur est une personne habilitée, selon le droit d'un État membre, à agir en qualité de praticien de l'insolvabilité (§ 1). Il ne peut être l'un des praticiens désignés pour un membre du groupe et ne doit avoir aucun conflit d'intérêts à l'égard des membres du groupe, de leurs créanciers et des praticiens de l'insolvabilité désignés pour tout membre du groupe (§ 2). Le rôle « chapeau » du coordonnateur apparaît ici clairement. Il se situe au-dessus de la mêlée.

L'article 69 du Règlement[3] traite du cas du « praticien repenti ». Il permet en effet à tout praticien de l'insolvabilité de rejoindre la procédure de coordination collective, soit s'il avait formulé initialement des objections ayant conduit à l'exclusion du membre du groupe à cette participation, soit si la procédure d'insolvabilité dans laquelle il a été désigné est postérieure à l'ouverture de la procédure de coordination collective.

Le § 2 de l'article 69 du Règlement prévoit que le coordinateur peut accéder à cette demande, après avoir consulté les praticiens de l'insolvabilité concernés, dans deux cas :

– soit il estime que compte tenu du stade atteint par la procédure de coordination collective au moment de la demande, les critères énoncés à l'article 63 § 1, points a et b sont remplis. Il faudra donc que la participation à la procédure de coordination collective soit de nature à faciliter la gestion efficace de la procédure d'insolvabilité visant les différents membres du groupe. Il faudra également qu'aucun créancier d'un membre du groupe dont on prévoit la participation à la procédure ne soit susceptible d'être financièrement désavantagé par l'inclusion de ce membre dans la procédure;

– soit tous les praticiens de l'insolvabilité concernés y consentent, sous réserve des conditions définies dans leur droit national.

Le paragraphe 3 de l'article 69 du Règlement oblige le coordinateur à informer la juridiction et les praticiens de l'insolvabilité participants de la décision qu'il prend et des motifs de cette décision.

Pour sa part, en vertu du paragraphe 4 de l'article 69 du Règlement, tout praticien de l'insolvabilité participant ou le praticien de l'insolvabilité sollicitant l'incusion du membre du groupe dans la procédure decoordination collective dont la demande a été rejetéepeut contester la décision conformément à la procédure prévue par la loi de l'État membre dans lequel la procédure de coordination collective a été ouverte. Il est difficile de déterminer la forme de ce recours, pour plusieurs raisons. Tout d'abord, la décision n'émane pas d'une juridiction, mais du coordinateur. Ensuite, le recours peut émaner d'une partie à la coordination, ce qui incline à penser qu'il s'agit d'un appel, mais il peut aussi être l'œuvre d'un non participant, c'est-à-dire d'un tiers.

094.57 Déroulement d'une procédure de coordination collective. L'article 70 du Règlement[4] oblige les praticiens de l'insolvabilité à conduire leurs procédures en tenant compte des recommandations du coordinateur et du contenu du programme de coordination collective. Pour sa part, l'alinéa 2 de l'article 70 § 2 précise que le praticien de l'insolvabilité n'est pas tenu de suivre en tout ou en partie les recommandations du coordinateur ou le programme de coordination collective. Les deux propositions semblent contradictoires. Pour les combiner, il semble qu'il faille comprendre que le coordinateur suggère. Il prend selon l'article 72 du Règlement, des recommandations. Pour sa part, le praticien de l'insolvabilité décide de suivre ou non la recommandation. Lorsque le praticien de l'insolvabilité ne suit pas les propositions du coordinateur ou le programme de coordination, il doit faire part de ses motifs aux organes auxquels il doit rendre compte en vertu de son droit national, ainsi qu'au coordinateur. En France, le praticien de l'insolvabilité devra rendre compte au tribunal.

Le caractère non contraignant de cette procédure fait craindre pour son efficacité[5], cependant qu'aux

1. Duprat et Saintourens, préc., p. 359.
2. Duprat et Saintourens, préc., p. 365.
3. Duprat et Saintourens, préc., p. 361.
4. Duprat et Saintourens, préc., p. 363.
5. Dammann, « Le nouveau règlement [...] », préc., n° 40.

yeux de certains, au contraire, « le droit européen a cette force de laisser encore une marge de liberté nécessaire à la gestion des dossiers souvent complexes. »[1]

L'article 72 du Règlement[2] définit les missions et droits du coordinateur. Précisons immédiatement que s'il n'y a pas de praticien de l'insolvabilité, le débiteur non dessaisi aura, en vertu de l'article 76, sa mission.

Ce coordinateur définit et élabore des recommandations pour la conduite coordonnée des procédures d'insolvabilité. Il propose un programme de coordination collective servant à définir, à détailler et à recommander une série complète de mesures appropriées pour une approche intégrée de la résolution des insolvabilités des membres du groupe. L'article 72 § 3 du Règlement prévoit que ce programme ne peut pas comporter de recommandations concernant une consolidation des procédures ou des masses de l'insolvabilité, ce que l'on appellerait en France une extension de procédure emportant masse active et passive unique. Il ne peut donc être question de s'attaquer à l'autonomie des membres du groupe. Le Considérant 54 insiste sur ce point.

L'article 72 du Règlement s'emploie à illustrer les propositions que peut contenir le programme. Il peut s'agir des mesures à prendre afin de rétablir les performances économiques et la solidité financière du groupe d'une partie de celui-ci. Il peut encore être question du règlement des litiges au sein du groupe pour ce qui est des transactions intra groupe et des actions révocatoires (ce qu'on appelle en France les nullités de la période suspecte). Il peut enfin être question d'un accord entre les praticiens de l'insolvabilité des membres insolvables du groupe. De faço plus générale, on peut estimer que le coordinate peut faire toute proposition utile au traitement e l'insolvabilité du groupe.

L'article 72 § 2 du Règlement indique les mo ns de la mission du coordinateur. Il peut être ent du et participer, notamment en assistant aux réu ons des créanciers, à toute procédure ouverte à l'e ontre de tout membre du groupe. Il peut arbitr tout litige qui pourrait survenir entre deux pratic ns de l'insolvabilité des membres du groupe ou us, ce qui le rapproche ici d'un juge-commissair el que connaît le droit français. Il peut présenter expliquer son programme de coordination coll ive aux personnes ou aux organes auxquels il d rendre compte en vertu de son droit nation Il peut demander des informations à tous praticiens de l'insolvabilité concernant les membres du groupe, qui sont ou pourront être utiles afin de définir et d'élaborer des stratégies et des mesures visant à coordonner les procédures. Il peut demander une suspension, pour une durée maximale de six mois, de la procédure ouverte à l'encontre de tout membre du groupe, à condition que cette suspension soit nécessaire pour assurer la mise en œuvre correcte du programme et les intérêts des créanciers concernés par la procédure dans laquelle la suspension est demandée, ou réclamer la levée de toute suspension existante. Cette demande est introduite auprès de la juridiction de la procédure pour laquelle la suspension est demandée. Il s'agit clairement d'une mesure qui apparaît d'une tout autre nature que celle consistant à faire des propositions ou des recommandations puisqu'il interfère ici, de manière importante, dans la procédure collective du membre du groupe en cause.

L'article 73 du Règlement[3] précise que le coordinateur doit communiquer avec le praticien de l'insolvabilité dans la langue de ce dernier ou, à défaut d'accord en la matière, dans la langue officielle ou l'une des langues officielles de l'Union, et de la juridiction qui a ouvert la procédure à l'encontre du membre du groupe. Le coordinateur doit communiquer avec une juridiction dans la langue officielle applicable à cette juridiction.

L'article 72 § 4 du Règlement prend le soin de préciser que les missions et les droits du coordinateur ne s'étendent à aucun membre du groupe qui ne participe pas à la procédure de coordination collective. Le Considérant 60 précise que, pour les membres d'un groupe de sociétés qui ne participent pas à une procédure de coordination collective, un autre mécanisme de coordination devrait permettre de mener à bien une restructuration coordonnée du groupe.

L'article 72 § 5 du Règlement précise que le coordinateur doit honorer ses obligations de manière impartiale avec la diligence requise. Cette disposition fait écho à l'article 71 du Règlement, qui impose que le coordinateur ne doive avoir aucun conflt d'intérêt à l'égard des membres du groupe, de leurs créanciers et des praticiens de l'insolvabilité désigné pour tout membre du groupe.

L'article 74 du Règlement[4] dispose que les praticiens de l'insolvabilité et le coordinateur coopèrent dans la mesure où cette coopération n'est pas incompatible avec les règles applicables à chacune des procédures. En particulier, les praticiens de l'insolvabilité doivent communiquer toute information utile

1. Sénéchal, « La coopération entre syndics a in du nouveau règlement européen », *in Le nouveau ment insolvabilité : quelles évolutions ?*, Joly, 201 215 s., sp. p. 219.
2. Duprat et Saintourens, préc., p. 366.
3. Duprat et Saintourens, préc., p. 369.
4. Duprat et Saintourens, préc., p. 370.

au coordinateur pour l'accomplissement de ses missions.

L'article 76 du Règlement[1] contient une règle technique qui concerne l'hypothèse d'un débiteur non dessaisi. En ce cas, les dispositions applicables au praticien de l'insolvabilité au titre du chapitre qui intéresse les groupes de sociétés s'appliquent aussi au débiteur non dessaisi. Ce pourrait être le cas, en France, d'une procédure de sauvegarde dans laquelle l'administrateur judiciaire n'aurait qu'une mission de surveillance.

La demande d'ouverture de la procédure de coordination collective contenait un aperçu de l'estimation des coûts de la coordination collective (REI, art. 61 § 3-d). Si le coordinateur estime que sa mission ne pourra être accomplie sans une augmentation importante des coûts, et tout cas dès lors que les coûts seraient supérieurs de plus de 10 % par rapport à l'estimation, il doit, en application de l'article 72 § 6 du Règlement, le faire savoir sans retard aux praticiens de l'insolvabilité et aux participants et doit demander l'approbation préalable de la juridiction chargée d'ouvrir la coordination collective. La juridiction, précise le Considérant 59, pourra autoriser le dépassement des coûts. On observe ici que l'augmentation des coûts ne peut donc être approuvée qu'en amont de l'ouverture de la procédure de coordination collective, ce qui explique le visa de l'article 61 § 3, d.

L'article 75 du Règlement[2] prévoit la possibilité de révocation du coordinateur. Elle sera l'œuvre de la juridiction qui l'a désigné, soit d'office, soit à la demande d'un praticien de l'insolvabilité.

Deux cas de révocation sont envisagés par le texte : le coordinateur agit au détriment des créanciers d'un membre du groupe participant ou manque à ses obligations en vertu chapitre V du Règlement.

094.58 **Coûts de la coopération**[3]. L'article 77 du Règlement s'intéresse enfin aux coûts de la coopération.

Le paragraphe 1 de l'article 77 du Règlement commence par poser les grands principes. La rémunération du coordinateur doit être adéquate et proportionnelle aux missions accomplies et correspondre à des dépenses raisonnables. Le Considérant 58, de manière très simple, indique que les coûts d'une procédure de coordination collective ne devraient pas l'emporter sur ses avantages.

Le paragraphe 2 de l'article 77 du Règlement oblige le coordinateur à établir la déclaration finale des coûts et leur répartition entre les membres du groupe participants. Il doit soumettre cette déclaration à chacun des praticiens de l'insolvabilité ainsi qu'à la juridiction ayant ouvert la procédure de coordination. Observons que les juridictions des participants ne sont pas concernées.

Les coûts et leur répartition sont réputés acceptés en l'absence d'objections des praticiens de l'insolvabilité dans un délai de 30 jours à compter de la réception de la déclaration finale des coûts. La déclaration est alors soumise à la juridiction qui a ouvert la procédure de coordination pour confirmation.

Si des objections sont formulées, une procédure de taxe est mise en place. La juridiction qui a ouvert la procédure de coordination décide des coûts et de leur répartition entre les participants, à la demande du coordinateur ou de tout praticien de l'insolvabilité. La juridiction doit, en vert du paragraphe 4 de l'article 77 du Règlement, appliquer les critères visés au paragraphe 1 : la rémunération doit être adéquate et proportionnelle aux missions accomplies et correspondre à des dépenses raisonnables. Elle doit, en outre, tenir compte de l'estimation des coûts qui figurait dans la demande d'ouverture de la procédure et, le cas échéant, du surcoût visé à l'article 72 § 6.

Tout praticien de l'insolvabilité participant peut contester la décision de la juridiction, conformément à la procédure prévue par la loi de l'État dans lequel la procédure de coordination collective a été ouverte. Si elle est ouverte en France, il faudra utiliser la procédure des articles 709 et 711 à 718 du code de procédure civile.

SECTION 094.60

DÉTERMINATION PAR LE RÈGLEMENT COMMUNAUTAIRE DE LA LOI APPLICABLE – COMPÉTENCE LÉGISLATIVE[4]

09.61 **Application de principe de la loi du pays d'ouverture de la procédure d'insolvabilité.** Le Règment, après avoir déterminé le tribunal compéte, s'attache à désigner, dans un corps de règles, la lo pplicable (REI, art. 7 à 18). Ces règles de conflit d lois uniformes remplacent, dans le cadre de leur amp d'application, les règles nationales de droit ernational privé (Considérant 66).

Co étence de principe est reconnue à la *lex concursus*' est à dire loi de l'État sur le territoire duquel procédure est ouverte, qu'il s'agisse de la

1. Duprat et Saintourens, préc., p. 372.
2. Duprat et Saintourens, préc., p. 371.
3. Duprat et Saintourens, préc., p. 373.

4. Benils Lisanti, *in* Commentaire Règlement (UE) nº 2015/848 d mai 2015, p. 8 – Demeyère, « La localisation des ac , *in Le nouveau règlement insolvabilité : quelles évoluti* , Joly, 2015, p. 209.

procédure principale (REI, art. 7 § 1) ou de la procédure secondaire (REI, art. 35).

Relèveront de cette loi, tout d'abord, les questions relatives aux conditions d'ouverture de la procédure (REI, art. 7 § 2), et notamment à la détermination des débiteurs concernés (REI, art. 7 § 2, a).

Cette loi sera encore utilisée pour préciser le déroulement de la procédure (REI, art. 7 § 2). Il en va ainsi de la détermination des créances antérieures ou postérieures au jugement d'ouverture, ainsi que les règles de répartition entre les créanciers.

Seront déterminés par la loi du lieu d'ouverture de la faillite, les problèmes relatifs à la clôture de la procédure (REI, art. 7 § 2), et ses effets (REI, art. 7 § 2, j), notamment pour les créanciers après la clôture (REI, art. 7 § 2, k).

Cette loi déterminera également les biens qui font partie de la masse de l'insolvabilité et le ort des biens acquis par le débiteur ou qui lui re ennent après l'ouverture de la procédure d'inso abilité, ainsi que les pouvoirs respectifs du débit r et du praticien de l'insolvabilité (REI, art. 7 § b et c), c'est-à-dire, pour le droit français, le érimètre objectif des biens soumis à la procédure ollective, au dessaisissement et les règles de l'adm stration contrôlée en période d'observation ou dessaisissement en liquidation judiciaire.

La loi du pays d'ouverture de la rocédure d'insolvabilité déterminera les effets de procédure d'insolvabilité sur les contrats en cou auxquels le débiteur est partie (REI, art. 7 § 2, e), moins par principe.

La *lex concursus* s'appliquera aussi ur déterminer les règles applicables à la déte ination des créances à produire (à déclarer, REI, rt. 7 § 2, g), les règles applicables à la production – éclaration des créances –, la vérification et l'admis n des créances (REI, art. 7 § 2, h).

Cette même loi régira les conditi s d'opposabilité d'une compensation (REI, art. § 2, d)[1]. Par dérogation, il est cependant prévu e l'ouverture de la procédure d'insolvabilité n'affe pas le droit des créanciers d'invoquer la compen ion de leurs créances avec les créances du débiteu orsque cette compensation est permise par la loi plicable à la créance du débiteur insolvable (RE art. 9 § 1). Cette loi ne s'entend pas du droit com n des obligations, mais du droit commun des p édures collectives[2]. Mais, selon l'article 9 § 2 d glement, le fait que l'ouverture de la procédure ffecte pas le droit d'invoquer la compensation nterdit pas l'annulation ou l'inopposabilité du ment interdit par compensation au titre des actes préjudiciables à la masse des créanciers en application de l'article 7 § 2 point m.

Cette même loi s'appliquera aux règles régissant la production, la vérification et l'admission des créances (REI, art. 7 § 2, d), l'arrêt des poursuites individuelles – sous réserve de la question des instances en cours dont le sort reste régi par la loi du pays dans lequel se déroule l'instance – et des voies d'exécution (REI, art. 7 § 2, f), le sort des créances nées après l'ouverture de la procédure d'insolvabilité (REI, art. 7 § 2, g).

La loi du tribunal d'ouverture de la procédure déterminera encore les règles en matière de nullités ou d'inopposabilités des actes préjudiciables à la collectivité des créanciers[3] (REI, art. 7 § 2, m), les règles régissant la distribution du produit de la réalisation des actifs, le rang des créances et les droits des créanciers qui ont été partiellement désintéressés après l'ouverture de la procédure d'insolvabilité en vertu d'un droit réel ou par l'effet d'une compensation (REI, art. 7 § 2, i), la charge des frais et des dépenses de la procédure d'insolvabilité (REI, art. 7 § 2, l).

Toutefois, l'article 16 du Règlement prévoit que la *lex concursus* cesse d'être applicable si celui qui a bénéficié de l'acte préjudiciable apporte la preuve que, d'une part, cet acte est soumis à la loi d'un État membre autre que celui d'ouverture de la procédure collective et, d'autre part, que la loi de cet État ne permet pas d'attaquer cet acte.

Au-delà de cette exclusion, il convient d'apporter des exceptions à l'application de la *lex concursus* « pour protéger la confiance légitime et la sécurité des transactions dans des États différents de celui d'ouverture de la procédure » (Considérant 67).

094.62 Détermination de la loi applicable aux droits réels exercés sur les biens du débiteur – Droit réel d'un créancier ou d'un tiers sur des biens du débiteur[4]. Selon le règlement (art. 8 § 1), « l'ouverture de la procédure d'insolvabilité n'affecte pas le droit réel d'un créancier ou d'un tiers sur des biens corporels ou incorporels, meubles ou immeubles, à la fois des biens déterminés et des ensembles de biens indéterminés dont la composition est sujette à modification, appartenant au débiteur et qui sont situés, au moment de l'ouverture de la procédure, sur le territoire d'un autre État membre. » Cette règle met en échec le principe d'universalité qui s'attache aux procédures principales d'insolvabilité. Cette exception est posée dans la mesure où

1. Monsérié-Bon, *in* Commentaire Règlem (UE) n° 2015/848 du 20 mai 2015, p. 102.
2. Monsérié-Bon, préc., p. 10.
3. Lisanti, *in* Commentaire Règlement (UE) n° 2015/848 du 20 mai 2015, p. 138.
4. Jazottes, *in* Commentaire Règlement (UE) n° 2015/848 du 20 mai 2015, p. 90.

les droits réels revêtent une importance toute particulière pour l'octroi de crédits (Considérant 68). Le paragraphe 4 de l'article 8 du Règlement prend le soin de préciser que le paragraphe 1 du même article ne fait pas obstacle aux actions en nullité, en annulation ou en inopposabilité des actes juridiques préjudiciables à la masse des créanciers (actes visés à l'article 7, paragraphe 2, point m).

Il faut distinguer, pour le rattachement à la loi applicable, et sans avoir à tenir compte du fait que le créancier est local ou étranger[1], selon que le bien est corporel ou incorporel. Dans le premier cas, seule compte la situation physique du bien. Dans le second cas, et cela aura vocation à régir les créances, sera pris en compte le centre des intérêts principaux du débiteur.

De manière non-exhaustive, le Règlement établit une liste de ces « droits réels ». Il s'agit :

– du droit de réaliser ou de faire réaliser un bien et d'être désintéressé par le produit ou les revenus de ce bien, en particulier en vertu d'un gage ou d'une hypothèque;

– du droit exclusif de recouvrer une créance, notamment en vertu de la mise en gage ou de la cession de cette créance à titre de garantie;

– du droit de revendiquer un bien et/ou d'en réclamer la restitution entre les mains de quiconque le détient ou en jouit contre la volonté de l'ayant droit;

– du droit réel de percevoir les fruits d'un bien.

L'article 8 § 3 du Règlement assimile à un droit réel le droit, inscrit dans un registre public et opposable aux tiers, sur le fondement duquel un droit réel au sens du paragraphe 1 peut être obtenu.

Précisons toutefois que si le débiteur possède un établissement sur le territoire où est situé le bien objet du droit réel, une procédure secondaire peut être ouverte.

094.63 Détermination de la loi applicable à la clause de réserve de propriété[2]. Le Règlement (art. 10 § 1) indique que l'ouverture d'une procédure d'insolvabilité contre l'acheteur d'un bien n'affecte pas les droits du vendeur fondés sur une clause de réserve de propriété, lorsque ce bien est situé, au moment de l'ouverture de la procédure, sur le territoire d'un autre État membre que l'État d'ouverture. Cette limitation à l'effet universel de la procédure d'insolvabilité s'explique par le fait que la réserve de propriété est une sûreté, la protection du crédit passant par une recherche de la prévisibilité pour le créancier[3]. Or les droits nationaux des pays de l'Union européenne sont très divergents sur la question de la réserve de propriété. Peu importe le lieu de livraison, la qualité du créancier ou encore l'éventualité du déplacement du bien. Seul compte le lieu de situation du bien au jour de l'ouverture de la procédure collective.

Cette disposition emporte cette conséquence que si la procédure est ouverte en France et si le bien s'y trouve au jour de l'ouverture de la procédure collective, le vendeur pourra opposer son droit de propriété sans avoir besoin de revendiquer, puisqu'il n'aura pas besoin de s'adresser au praticien de l'insolvabilité[4]. On mesure l'intérêt d'ouvrir une procédure secondaire pour neutraliser un tel résultat.[5]

L'article 10 § 2 du Règlement se préoccupe également de l'hypothèse où la personne sous procédure d'insolvabilité est le vendeur, en précisant que l'ouverture d'une procédure d'insolvabilité contre le vendeur d'un bien, après la livraison de ce bien, ne constitue pas une cause de résolution ou de résiliation de la vente et ne fait pas obstacle à l'acquisition par l'acheteur de la propriété du bien vendu, lorsque ce bien est situé au moment de l'ouverture de la procédure sur le territoire d'un État membre autre que l'État d'ouverture. Il est cependant exigé que la livraison soit antérieure à l'ouverture de la procédure collective, seul un acheteur en possession étant protégé[6].

Le paragraphe 3 de l'article 10 du Règlement prend le soin de préciser que les paragraphes 1 et 2 du même article ne font pas obstacle aux actions en nullité, en annulation ou en inopposabilité des actes juridiques préjudiciables à la masse des créanciers (actes visés à l'article 7, paragraphe 2, point m).

094.64 Détermination de la loi applicable à la continuation de certains contrats. La question de savoir si le contrat est en cours au jour de l'ouverture de la procédure relève de la loi du contrat[7]. En revanche, les règles générales de continuation des contrats en cours relèvent par principe du règlement. Il en va différemment de deux types de contrats.

– Contrats de travail[8]. Tout d'abord, aux fins de protéger les travailleurs et les emplois (Considérant 72), les effets de la procédure d'insolvabilité sur le contrat de travail et sur le rapport de travail sont régis exclusivement par la loi de l'État membre applicable au contrat de travail (REI, art. 13 § 1). La continuation du contrat de travail ainsi que sa rup-

1. Jazottes, préc., p. 92.
2. Jazottes, préc., p. 105.
3. Jazottes, préc., p. 105.
4. RAPPR. : Jazottes, préc., p. 107.
5. Jazottes, préc., p. 108.
6. Jazottes, préc., p. 107.
7. Circ. min. justice relative au Règlement n° 1346/2000 du 29 mai 2000 relatif aux procédures d'insolvabilité, 15 déc. 2006, C9/06, 15 déc. 2006, 3.2.2.1.
8. Duprat, Commentaire Règlement (UE) n° 2015/848 du 20 mai 2015, p. 121.

ture échappent ainsi à la loi de la faillite – *lex concursus*. Il en est tiré la conséquence que le praticien de l'insolvabilité ne peut se prévaloir de la *lex concursus* pour s'opposer à la poursuite automatique du contrat de travail prévu par le droit applicable audit contrat, comme cela est le cas de la loi française[1]. Au contraire, la *lex concursus* reste applicable pour déterminer les règles de participation des salariés aux distributions et notamment, pour la France, à l'établissement des relevés de créances salariales et au droit de priorité applicable à ces créances. Lorsque la résiliation des contrats de travail requiert l'approbation d'une juridiction ou d'une autorité administrative, l'État membre dans lequel se trouve un établissement du débiteur reste compétent pour donner cette approbation, même si aucune procédure d'insolvabilité n'a été ouverte dans ce pays. Il s'agit par là d'éviter qu'un juge étranger, dont la législation ne nécessite pas d'autorisation pour licencier, n'ait à statuer sur cette autorisation. En ce cas, c'est la loi du contrat de travail et donc la juridiction du pays du contrat de travail qui s'applique[2]. Cela signifie aussi que si la procédure principale est ouverte en France, on pourra licencier un salarié sans autorisation judiciaire, dès lors que la loi du contrat de travail ne prévoit pas cette autorisation[3].

Les règles applicables aux institutions de garantie compétentes en cas de procédure transnationale d'insolvabilité ne sont pas écartées par le règlement (v. s[s] n° 692.41). Rien n'a cependant été prévu pour prendre en compte la délicate question de l'AGS française, qui avance beaucoup plus que toutes les autres institutions de garantie des créances salariales, mais peine à récupérer ses avances dans les procédures d'insolvabilité étrangères, compte tenu du rang des créances salariales dans les autres pays[4]. L'AGS apparaît clairement, dans l'affaire, comme le donnant-perdant.

Le paragraphe 2 de l'article 13 du Règlement prend le soin de préciser que les juridictions de l'État membre dans lequel une procédure d'insolvabilité secondaire peut être ouverte demeurent compétentes pour approuver la résiliation ou la modification des contrats visés au présent article, même si aucune procédure d'insolvabilité n'a été ouverte dans cet État membre. Cette disposition ne se comprend, selon un auteur, que lorsque la loi applicable soumet la résiliation ou la modification du contrat à l'approbation préalable de la juridiction. En ce cas, même si la procédure d'insolvabilité n'a pas été ouverte sur le territoire de l'établissement du débiteur, cette résiliation ou cette modification est soumise à un contrôle de la juridiction[5].

– **Contrats portant sur un bien immeuble**[6]. Les effets de la procédure d'insolvabilité sur un contrat donnant le droit d'acquérir un bien immobilier ou d'en jouir sont régis par la loi de l'État membre sur le territoire duquel il est situé. C'est l'application classique, en droit international privé, de la loi du lieu de situation du bien – *lex rei sitae* – pour les immeubles, qui peut se justifier par les règles d'opposabilité du droit liées aux mesures territoriales de publicité. La solution posée par le règlement a vocation à jouer pour les contrats de vente, de location et de crédit-bail portant sur un immeuble (REI, art. 8).

L'article 11 § 2 du Règlement ajoute que la juridiction qui a ouvert la procédure d'insolvabilité principale est compétente pour approuver la résiliation ou la modification des contrats visés dans le présent article, dans les cas où la loi de l'État membre applicable à ces contrats exige que ce type de contrats ne peut être résilié ou modifié qu'avec l'approbation de la juridiction qui a ouvert la procédure d'insolvabilité; et si aucune procédure d'insolvabilité n'a été ouverte dans cet État membre.

Une difficulté se présente en France lorsque le juge-commissaire est en droit de prononcer la résiliation d'un contrat. Le texte vise en effet la juridiction d'ouverture. L'esprit du texte ne doit sans doute pas conduire à rendre impossible la résiliation au seul prétexte que ce n'est pas le juge-commissaire, mais la juridiction d'ouverture, c'est à dire le tribunal, qui approuve la résiliation[7].

094.65 Détermination de la loi applicable aux droits et obligations d'un participant à un système de paiement ou à un marché financier[8]. La loi du tribunal d'ouverture de la procédure est écartée au profit de la loi de l'État membre applicable au système de paiement ou au marché financier (REI, art. 12 § 1), dans la mesure où il existe ici un besoin particulier de protection (Considérant 71).

094.66 Détermination de la loi applicable aux droits soumis à enregistrement[9]. Les droits du débiteur sur un immeuble, un navire ou un aéronef ne sont pas davantage soumis à la loi du pays d'ouverture de la procédure d'insolvabilité. Il s'agit de droits soumis à publicité, les systèmes de publicité étant différents d'un État à un autre. Il s'agit par là, en appliquant la loi de l'État organisant le sys-

1. Jault-Seseke, « Les droits des salariés », *in Le nouveau règlement insolvabilité : quelles évolutions ?*, Joly, 2015, p. 163 s., sp. p. 168 s.
2. Jault-Seseke, « Les droits des salariés », préc., sp. p. 167.
3. Jault-Seseke, « Les droits des salariés », préc., sp. p. 168.
4. Jault-Seseke, « Les droits des salariés », préc., sp. p. 171.
5. Duprat, préc., p. 123.
6. Benilsi, *in* Commentaire Règlement (UE) n° 2015/848 du 20 mai 2015, p. 113.
7. COMPAR. : Benilsi, préc., p. 115.
8. Lisanti, préc., p. 118.
9. Benilsi, préc., p. 131.

tème de publicité (REI, art. 14), d'éviter des conflits qui pourraient résulter de l'application de la loi de l'État d'ouverture de la procédure.

094.67 Brevets européens à effet unitaire et marques communautaires[1]. L'article 15 du Règlement du 20 mai 2015 précise qu'un brevet européen à effet unitaire, une marque communautaire ou tout autre droit analogue établi par le droit de l'Union ne peut être inclus que dans la procédure visée à l'article 3, paragraphe 1. Autrement dit, ces droits incorporels ne pourront être inclus que dans la procédure principale, non dans la procédure secondaire.

094.68 Détermination de la loi applicable aux fins de protection des tiers acquéreurs[2]. La loi de l'État d'ouverture de la procédure est écartée lorsque le débiteur dispose, après l'ouverture de la procédure, à titre onéreux d'un bien immobilier, d'un navire, d'un aéronef ou de valeurs mobilières inscrites sur un registre prévu par la loi. En ce cas, la validité de l'acte sera appréciée par la loi de l'État sur le territoire duquel l'immeuble se situe ou le registre est tenu (REI, art. 17). Il s'agit ici de protéger les tiers de bonne foi, qui sont restés dans l'ignorance de l'ouverture de la procédure collective[3]. Le texte n'exige cependant pas que le tiers soit de bonne foi[4]. En France, cela permettra de mettre à l'écart la règle de l'inopposabilité à la procédure collective de l'acte passé au mépris des règles du dessaisissement.

094.69 Détermination de la loi applicable aux instances ou procédures arbitrales en cours[5]. La règle de l'arrêt des poursuites individuelles obéit à la loi de l'État dans lequel la procédure a été ouverte. Il est fait exception à ce principe pour les instances en cours au jour de l'ouverture de la procédure. Pour ces dernières, il est prévu que « les effets de la procédure d'insolvabilité sur une instance ou une procédure arbitrale en cours concernant un bien ou un droit qui fait partie de la masse de l'insolvabilité, sont régis exclusivement par la loi de l'État membre dans lequel cette instance est en cours ou le tribunal arbitral a son siège » (REI, art. 18). Ainsi, si une instance est en cours en France, le jugement d'ouverture aura pour effet de l'interrompre. Elle pourra être reprise après la mise en cause du mandataire judiciaire ou du liquidateur et déclaration, par le créancier, de sa créance.

1. Maréchal, *in* Commentaire Règlement (UE) n° 2015/848 du 20 mai 2015, p. 134.
2. Benilsi, préc., p. 142.
3. *Benilsi, préc., p. 142.*
4. *Benilsi, préc., p. 142.*
5. Duprat, *in* Commentaire Règlement (UE) n° 2015/848 du 20 mai 2015, p. 146.

SECTION 094.70
PRODUCTION DES CRÉANCES – TRAITEMENT DES CRÉANCIERS[6]

094.71 Production des créances. Les articles 53 à 55 du règlement s'intéressent à l'information des créanciers et à la production de leurs créances.

L'article 53 du Règlement commence par poser le droit de produire les créances[7]. Tout créancier, énonce le texte, peut produire ses créances dans le cadre de la procédure d'insolvabilité par tous les moyens de transmission qui sont acceptés par le droit de l'État d'ouverture. Cette version moderne du texte permet de prendre en compte, en France, le portail électronique.

Le texte précise encore que la représentation par un avocat ou un autre professionnel du droit n'est pas obligatoire aux seules fins de la production de créances. Tel est déjà le cas en France. Mais il ne faut pas se méprendre, nous semble-t-il, sur la portée du texte. Si la représentation par avocat est obligatoire dans les instances contentieuses postérieures à la déclaration de créance, le texte ne permettra pas de contourner cette exigence, par exemple en Alsace-Moselle.

L'article 54 du Règlement pose l'obligation d'informer les créanciers[8]. La juridiction ou le praticien de la procédure d'insolvabilité – procédure principale, secondaire ou territoriale – informent sans délai les créanciers étrangers connus (REI, art. 54, al. 1).

L'article 54 § 2 du Règlement indique que cette information doit être assurée par l'envoi individuel d'une note comportant notamment les délais à observer, les sanctions prévues quant à ces délais, l'organe ou l'autorité habilitée à recevoir la production des créances et toute autre mesure prescrite. Pour tenir compte de solutions variables des législations nationales en la matière, la note indique également si les créanciers dont les créances sont garanties par un privilège ou une sûreté réelle doivent produire leurs créances. La note doit aussi comporter une copie du formulaire uniformisé de production des créances visé à l'article 55 ou des informations indiquant où ce formulaire est disponible. Notons que la Cour de cassation, sous l'empire du précédent règlement, a accepté de relever de forclusion un créancier étranger qui n'avait pas reçu l'avertissement (v. s[s] n° 092.41), solution qui devrait être reconduite.

Un formulaire uniformisé doit être utilisé pour communiquer ces éléments d'information. Ce formulaire est publié sur le portail européen e-justice

6. Thuillier, « Les droits des créanciers » préc., p. 179.
7. Jazottes, préc., p. 311.
8. Maréchal, préc., p. 318.

dans toutes les langues officielles des institutions de l'Union. Le formulaire est transmis dans la langue officielle de l'État d'ouverture ou dans toutes les langues officielles de cet État en cas de pluralité de langues, ou encore dans une autre langue que ledit État a déclaré avoir accepté. Il est à noter que la France a accepté comme autre langue l'anglais.

L'article 55 § 1 du Règlement[1] précise la procédure de production des créances. Il prévoit que tout créancier étranger peut produire ses créances au moyen du formulaire uniformisé. Ce dernier porte l'intitulé « production de créances » dans toutes les langues officielles des institutions de l'Union.

Le contenu du formulaire est strictement réglementé par l'article 55 § 2 du Règlement :

« a) le nom, l'adresse postale, l'adresse électronique, le cas échéant, le numéro d'identification personnel, le cas échéant, et les coordonnées bancaires du créancier étranger visé au paragraphe 1;

b) le montant de la créance, en spécifiant le montant en principal et, le cas échéant, les intérêts, ainsi que la date à laquelle celle-ci est née et la date à laquelle elle est devenue exigible, s'il s'agit d'une date différente;

c) si des intérêts sont demandés, le taux d'intérêt, la nature légale ou contractuelle des intérêts, la période pour laquelle les intérêts sont demandés et le montant capitalisé des intérêts;

d) si des frais exposés par le créancier pour faire valoir ses droits avant l'ouverture de la procédure sont demandés, le montant et le détail de ceux-ci;

e) la nature de la créance;

f) la question de savoir si un statut de créancier privilégié est revendiqué et le fondement de cette revendication;

g) la question de savoir si le créancier allègue que sa créance est garantie par une sûreté réelle ou une réserve de propriété et, si tel est le cas, quels sont les actifs couverts par la sûreté qu'il invoque, la date à laquelle la sûreté a été octroyée et, si la sûreté a été enregistrée, le numéro d'enregistrement; et

h) la question de savoir si une compensation est revendiquée et, dans ce cas, les montants des créances réciproques à la date d'ouverture de la procédure d'insolvabilité, la date à laquelle elles sont nées et le montant réclamé, après déduction de la compensation. »

Le formulaire est accompagné, précise le paragraphe 2 de l'article 55 du Règlement, de copie de toute pièce justificative, le cas échéant.

Le créancier étranger n'est pas obligé d'utiliser le formulaire uniformisé pour produire sa créance. Mais le courrier contenant production de créance doit alors contenir les informations contenues dans le formulaire uniformisé (REI, art. 55 § 4). Comme cela a été résumé, si le formulaire est facultatif, les indications devant y figurer sont obligatoires[2].

De manière très souple, l'article 55 § 5 du Règlement autorise le créancier à produire sa créance dans n'importe quelle langue officielle des institutions de l'Union. L'affirmation est toutefois immédiatement restreinte en sa portée puisqu'il est indiqué par le texte que chaque État membre indique s'il accepte une langue officielle des institutions de l'Union autre que sa propre langue aux fins de la production de créances.

En outre, la juridiction, le praticien de l'insolvabilité ou le débiteur non dessaisi peut demander au créancier de fournir une traduction dans la langue officielle de l'État d'ouverture ou, s'il y a plusieurs langues officielles dans cet État membre, dans la langue officielle ou dans l'une des langues officielles du lieu où la procédure d'insolvabilité a été ouverte, ou dans une autre langue que l'État membre concerné aura déclaré pouvoir accepter. Le texte reste muet sur les frais de la traduction.

Rappelons que la loi d'ouverture de la procédure d'insolvabilité détermine les règles concernant la production, la vérification et l'admission des créances (REI, art. 7 § 2, d),

De manière redondante, l'article 55 § 6 du Règlement précise que le délai de production des créances est fixé par la loi d'ouverture de la procédure. La solution vaudra également pour son point de départ (REI, art. 7 § 2, d). Pour un créancier étranger, ce délai ne peut être inférieur à trente jours à compter de la publication de la décision d'ouverture de la procédure d'insolvabilité au registre d'insolvabilité de l'État d'ouverture. Lorsqu'un État membre invoque l'article 24, paragraphe 4, ce délai n'est pas inférieur à trente jours suivant le moment où un créancier a été informé en application de l'article 54. Ces délais sont très inférieurs à ceux du droit français.

La sanction du défaut d'avertissement au moyen d'un tel formulaire n'est pas précisée par les textes. Conformément aux dispositions générales de l'article 7 § 2, d du Règlement, il appartient à la loi du pays d'ouverture de la procédure collective de déterminer les conséquences d'un défaut d'information d'un créancier. De même, relèvera de cette même loi, la question de la sanction attachée à la présentation d'un formulaire incomplet (Considérant 64).

Un créancier étranger ne peut reprocher l'absence de publication du jugement d'ouverture dans son

1. Maréchal, préc., p. 323.

2. Vallens, « L'amélioration des droits des créanciers », *Rev. proc. coll.* 2015, dossier 6, n° 20 – RAPPR. : Thuillier, « Les droits des créanciers », préc., sp. p. 196, n° 42.

pays, dès lors que le débiteur n'y a pas d'établissement (v. s[s] n° 092.61).

Terminons en indiquant que, selon l'article 55 § 7 du Règlement, lorsque la juridiction, le praticien de l'insolvabilité ou le débiteur non dessaisi a des doutes en ce qui concerne une créance produite, il donne au créancier la possibilité de fournir des éléments complémentaires attestant l'existence de la créance et son montant. Il s'agit là, en réalité, d'un mécanisme voisin de la contestation de créance prévue par le droit français.

LIVRE

100. Les interventions publiques – La prévention, le règlement amiable et la conciliation

SECTION 0

ORIENTEUR

100.00 Plan du livre.

Titre	**110**	**Interventions publiques**
Chap.	111	Notion d'entreprise en difficulté
Chap.	112	Interventionnisme public
Titre	**120**	**Prévention**
Chap.	121	Prévention par l'information comptable
Chap.	122	Procédures d'alerte
Chap.	123	Prévention par la négociation : mandat *ad hoc*
Titre	**130**	**Règlement amiable agricole**
Chap.	131	Ouverture du règlement amiable agricole
Chap.	132	Voies de recours sur les décisions rendues en matière de règlement amiable agricole
Chap.	133	Suspension provisoire des poursuites
Chap.	134	Liaison et homologation de l'accord
Chap.	135	Effets de l'accord de règlement amiable agricole
Chap.	136	Résolution de l'accord obtenu dans le cadre du règlement amiable agricole
Titre	**140**	**Conciliation**
Chap.	141	Ouverture de la conciliation
Chap.	142	Recherche de l'accord de conciliation
Chap.	143	Échec de la conciliation
Chap.	144	Homologation ou constat de l'accord
Chap.	145	Inexécution de l'accord de conciliation

TITRE

110. Interventions publiques

SECTION 0

ORIENTEUR

110.00 **Plan du titre.**

Chap.	**111**	**Notion d'entreprise en difficulté**
Sect.	111.10	Section unique
Chap.	**112**	**Interventionnisme public**
Sect.	112.10	Visions européennes sur les interventions étatiques
Sect.	112.20	Comités d'aides aux entreprises en difficulté
Sect.	112.30	Aides de l'État prenant la forme de mesures d'allégement
Sect.	112.40	Intervention des collectivités locales

CHAPITRE

111. Notion d'entreprise en difficulté

SECTION 0

ORIENTEUR

111.00 Plan du chapitre.

Sect. 111.10 Section unique

111.03 Bibliographie indicative. (V. les références complètes s[s] n° 031).

> Actualisables. RÉP. COM., Chaput Y., « Entreprises en difficulté (Prévention et règlement amiable) », n°s 9 à 15.

> Articles. Cot J.-M., « La prise en compte des difficultés de l'entreprise par le droit de droit de la concurrence » *in* Entreprises en difficultés et application du droit de la concurrnce, *Rev. conc. consom.* juill.-août-sept. 2005, n° 143, p. 11 – lot L., « La notion d'entreprise », *Rev. sociétés* 2001/2, p. 91 – Lamarche Th., « La notion d'entreprise », *RTD com.* 006. 709 – Paillusseau J., « Qu'est-ce qu'une entreprise e difficulté ? », *RJ com.* 1976, sept.-oct., p. 259 – Soinne B., « entreprise et les lois de 1984 et de 1985 », *Rev. proc. co* 2002, p. 19.

SECTION 111.10

SECTION UNIQUE

111.11 Notion d'entreprise en difficult Dès lors qu'il est possible d'observer que la notion l'entreprise n'est pas définie par les textes, alors ourtant qu'elle est au centre des préoccupations législateur dans un certain nombre de textes, qu est également possible de constater que la notiole difficulté n'est pas davantage précisée, il peu paraître complexe de traiter du drot des entreprisen difficulté.

L'entreprise peut être définie comme e unité économique et sociale diposant de moyen humains et matériels, destinée à prmettre la réalisn d'une activité économique autnome[1]. Elle est ore définie comme une activé économique crétisée dans un centre autonome de décision[2]. point de vue qui nous intéresse, l'entreprise a aussi été présentée comme « un processus économique consistant à mettre en scène un certain risque économique »[3].

La notion d'entreprise en difficulté est plus difficile encore à appréhender. Elle est en effet disparate, en fonction des préoccupations législatives dont elle est la cible. Il pourra s'agir de l'état de cessation des paiements, dans la législation du 25 janvier 1985[4] ou encore des difficultés que le débiteur ne peut surmonter seul, condition d'ouverture de la procédure de sauvegarde. Il pourra être question de faits de nature à compromettre la continuité de l'exploitation, dans la législation réglementant le droit d'alerte des commissaires aux comptes (v. s[s] n° 122.31). D'autres textes, à portée plus restreinte, pourront encore poser d'autres définitions.

La Commission des communautés européennes, dans une première communication en 1999[5], sans poser véritablement de définition de l'entreprise en difficulté, a envisagé quatre situations dans lesquelles elle estime qu'il y a entreprise en difficulté :

– entreprise incapable d'assurer son redressement avec ses ressources financières propres ou avec celles dont sont disposés à faire apport ses actionnaires et créanciers;

– entreprise soumise à une procédure collective fondée sur l'insolvabilité, c'est-à-dire en France le redressement judiciaire, la sauvegarde et la liquidation judiciaire;

– société dont les associés ont une responsabilité limitée et qui a perdu plus de la moitié de son capital

1. RAPPR. : SAINT-ALARY-HOUIN, 7e éd., n° 6.
2. Lamarche, « La notion d'entreprise », *RTD com.* 2006. 709 s., sp. 719, n° 18.
3. VIDAL, 2006 n° 28.
4. L. n° 85-98, 25 janv. 1985 relative au redressement et à la liquidation judiciaire des entreprises, *JO* 26 janv., p. 1097.
5. Comm. CE, *JOCE* C 288, 9 oct. 1999.

avec une perte du quart de ce capital au cours des douze derniers mois;

– société à responsabilité limitée ayant perdu plus de la moitié de ses fonds propres et plus du quart de ceux-ci au cours des douze derniers mois.

L'approche de la Commission a le mérite de faire usage de critères objectifs.

La Commission des communautés européennes a posé en 2004[1] de nouvelles lignes directrices d'aides aux entreprises en difficulté, en faisant de ces dernières l'approche suivante. Est une entreprise en difficulté, celle qui « est incapable, avec ses ressources propres ou avec les fonds que sont prêts à lui apporter ses propriétaires/actionnaires ou ses créanciers, d'enrayer des pertes qui la conduisent, en l'absence d'une intervention extérieure des pouvoirs publics, vers une mort économique quasi certaine à court ou moyen terme »[2]. L'article 10 des lignes directrices précise, de manière très objective, que l'entreprise est en difficulté dès lors qu'elle remplit les conditions de soumission à une procédure d'insolvabilité, ce qui en doit français, correspond au redressement et à la liquidation judiciaires, mais aussi à la sauvegarde[3]. La disposition introduit dans le dispositif beaucoup de souplesse, et par le fait même, le rend moins lisible, en ajoutant que si aucun des deux premiers critères n'est constaté, l'entreprise peut néanmoins être considérée comme étant en difficulté « si l'on est en présence des indices habituels d'une entreprise en difficulté ». Sont notamment représentatifs d'après l'article 11, de ces indices, le niveau croissant des pertes, la diminution du chiffre d'affaires, le gonflement des stocks, la surcapacité, la diminution de la marge brute d'autofinancement, l'endettement croissant, la progression des charges financières, l'affaiblissement ou la disparition de la valeur de l'actif.

Le droit français des entreprises en difficulté présente, dans les législations récentes, une certaine constance, en ce qui concerne les objectifs essentiels poursuivis. Il s'agit de préserver les entreprises, instruments indispensables au bon fonctionnement du tissu social. L'entreprise en difficulté apparaît comme un malade qu'il faut traiter, afin d'éviter qu'il ne meure, alors surtout qu'il est atteint d'une maladie généralement contagieuse, qui risque d'affecter d'autres entreprises saines. Aujourd'hui, il n'est plus possible de raisonner au niveau microéconomique. La défaillance d'une entreprise d'une certaine taille peut être source de graves perturbations, non seulement sur le terrain de l'emploi, mais encore sur celui du droit de la concurrence. Des préoccupations de nature macro économique viennent nécessairement interférer, dans ce qui n'est plus seulement l'affaire des parties. C'est pourquoi, toute législation intéressant le droit des entreprises en difficulté est nécessairement d'ordre public, lequel ne peut être seulement de protection.

1. Lignes directrices communautaires concernant les aides d'État au sauvetage et à la restructuration d'entreprises en difficulté, *JOUE* 1er oct. 2004 – SUR l'analyse : Roussel Galle, « Les aides publiques aux entreprises en difficulté : les lignes directrices communautaires, le Ciri et les Codefi », *Rev. proc. coll.* 2006, p. 128 s., sp. p. 129.
2. Lignes directrices, art. 9.
3. EN CE SENS : Roussel Galle, préc., sp. p. 129.

CHAPITRE

112. Interventionnisme public

SECTION 0

ORIENTEUR

112.00 Plan du chapitre.

Sect. 112.10 Visions européennes sur les interventions étatiques

Sect. 112.20 Comités d'aides aux entreprises en difficulté

Sect. 112.30 Aides de l'État prenant la forme de mesures d'allégement

Sect. 112.40 Intervention des collectivités locales

112.01 Textes applicables. (V. les références complètes s^s^ n° 011).

L. n° 2001-7, 4 janv. 2001 relative au contrôle des fonds publics accordés aux entreprises, *JO* 5 janv., p. 218.

D. n° 2001-483, 6 juin 2001 relatif à la commission nationale et aux commissions régionales des aides publiques aux entreprises, *JO* 7 juin, p. 8999.

Circ. 25 nov. 2004, NOR : PRMX0407814C, *JO* 1er déc., 2041

112.02 Jurisprudence de référence.

> La convention relative à la subvention accordée à une entreprise en difficulté pour la mise en place d'un plan social accompagnant des licenciements économiques a un caractère administratif.

• **T. confl. 23 oct. 2000,** n° 00.03 208, *Bull. T. confl.* n° 20

* V. s^s^ n° 112.21

« Vu la loi des 16-24 août 1790 et le décret du 16 fructidor an III; Vu la loi du 24 mai 1872; Vu l'ordonnance du 1er juin 1828 modifiée; Vu l'ordonnance des 12-21 mars 1831 modifiée; Vu le décret du 26 octobre 1849 modifié; [...]

Considérant que la convention par laquelle le ministre de l'Économie, des Finances et de l'Industrie accorde à une entreprise en difficulté une subvention pour la mise en place du plan social accompagnant les licenciements collectifs pour motif économique auxquels elle envisage de procéder et qui est financé par des ressources provenant du budget de l'État, présente un caractère administratif; qu'il en résulte que, si le conseil de prud'hommes est compétent pour régler les litiges nés entre employeurs et salariés de la mise en œuvre du plan social, la juridiction administrative demeure seule compétente pour connaître des litiges soulevés par l'exécution de la convention, fût-elle demandée individuellement à l'État ou à son représentant par les salariés. »

112.03 Bibliographie indicative. (V. les références complètes s^s^ n° 031).

> Actualisables. RÉP. COM., Chaput Y., « Entreprises en difficulté (Prévention et règlement amiable) », 227 à 289 – J.-CL. COM., Terneyre Ph., fasc. 3108, [Intervention des pouvoirs publics auprès des entreprises en difficulté – Aspects de droit public]; Putman E., fasc. 3110, [Intervention des pouvoirs publics auprès des entreprises en difficulté – Aspects de droit privé] – DPDE, V^is^ *Aides financières*.

> Ouvrages antérieurs à la loi de sauvegarde des entreprises. CHAPUT, n°s 214 à 237 – GUYON, n°s 1068 à 1071 – JACQUEMONT, n° 46 – KERCKHOVE, n°s 63 à 99 – LE CANNU *ET ALII*, n°s 235 à 245, 1595 à 1605 – LE CORRE-BROLY, n°s 11 à 13 – MARTIN ET VALLENS, n°s 2607 à 2610 – Paillusseau J. et Petiteau G., *Les difficultés des entreprises : Prévention et règlement amiable*, « U », A. Colin, 1985 – PÉROCHON ET BONHOMME, n°s 86 à 96 – RIPERT ET ROBLOT, n° 2828 – SAINT-ALARY-HOUIN, n°s 189 à 249 et 1164 – SOINNE, 1995, n°s 38 à 63.

> Ouvrages postérieurs à la loi de sauvegarde des entreprises. JACQUEMONT et VABRES, 9e éd., n°s 147 à 155 – LE CANNU, 7e éd., n° 69 – LIENHARD, 6e éd., n°s 12.11 à 12.24 – PÉROCHON, 10e éd., n°s 231 à 254 – SAINT-ALARY-HOUIN, 9e éd., n°s 250 à 317 – VALLENS, 2015, n°s 2744 à 2756 – VIDAL ET GIORGINI, n°s 278 à 339.

> Articles.

› *Étude d'ensemble.* Campana M.-J. et Teboul G., « Les aides d'État aux entreprises en difficulté », *LPA* 21 nov. 2003, n° 233, p. 5 – Decheix P., « Conditions et modalités de l'aide de l'État aux entreprises en difficulté », *LPA* 24 juin 1994 – Delattre Ch., « L'intervention de l'État dans les entreprises en difficulté », *Rev. proc. coll.* 2016, étude 10 – Drummen J.-B., Jeannerot Ph., Lucas J. et Menjucq M., « Les aides d'État, le droit de la concurrence et les entreprises en difficulté », *Rev. proc. coll.* 2012, table ronde 2, p. 68 – Eckert G., « Les procédures d'insolvabilité et les aides d'État : la politique de la

Commission », *LPA* 11 juin 2008, n° 117, p. 13 – Fouquet Th., « L'obligation de récupération des aides d'État incompatibles octroyées aux entreprises en difficulté », *RJ com.* 2002. 251 – Montéran Th., « Tendances : puissance publique et pouvoir judiciaire », *Gaz. Pal. entr. diff.* 2-3 juill. 2010, n°s 183, 184, p. 3 – Rétif S., « Les remises accordées par les créanciers à une entreprise en difficulté », *Dr. et patr.* févr. 2008, n° 167, p. 30 – Sorbara G., « Aides publiques et droit des entreprises en difficulté », Roussel Galle (dir.), *Entreprises en difficulté*, « Droit 360° », LexisNexis, 2012, p. 633 – Vallens J.-L., « La récupération des aides publiques contraires à la concurrence : une feuille de route pour les États face aux procédures collectives », *Mél. Tricot*, LexisNexis – Dalloz, 2011, p. 609.

› *Aides d'État et droit communautaire.* Agniau-Canel D., Cartier-Bresson A. et Verdure E., « Les aides aux entreprises en difficulté et le droit communautaire », *Courrier des finances et de l'industrie*, n° 29, sept. oct. 2004 – Berrod F., « Procédures d'insolvabilité et aides d'État : la pratique des juridictions communautaires », *LPA* 11 juin 2008, n° 117, p. 32 – Colson J.-L., « La position de la Commission vis-à-vis des aides aux entreprises en difficulté » *in* « Entreprises en difficultés et application du droit de la concurrence », *Rev. conc. consom.* juill. août-sept. 2005, n° 143, p. 14 – Lucas J., « Les aides publiques à la restructuration des entreprises en difficulté et le régime européen des aides d'État », *RDBF* sept./oct. 2011, étude 31, 23 et *Rev. proc. coll.* 2011, étude 27 – Michel V., « Procédures d'insolvabilité et aides d'État : la pratique de la Commission », *LPA* 11 juin 2008, n° 117, p. 41 – Müller-Rappari A., « La politique de la Commission concernant la récupération des aides d'État », *LPA* 11 juin 2008, n° 117, p. 25 – Roussel Galle Ph., « Les aides publiques aux entreprises en difficulté : les lignes directrices communautaires, le Ciri et les Codefi », *Rev. proc. coll.* 2006, p. 128.

› *Commission des chefs de services financiers.* Coucheteux P., « La commission des chefs de services financiers dans la loi de sauvegarde des entreprises », *Banque et droit* 2006 n° 109, p. 9.

› *Régime fiscal.* Dedeurwaerder G., « Les habits neufs du régime fiscal de la reprise d'une entreprise en difficulté », *Rev. proc. coll.* 2015, dossier 58.

› *Remise de dettes.* Driguez L., « Le critère de concomitance des remises de dettes publiques et privées aux entreprises en difficulté », *LPA* 3 août 2007, n° 155, p. 3.

› *Agriculteur.* Lebel Ch., « Modification du dispositif agriculteurs en difficulté par la circulaire du 10 mars 2010 », *RD rur.* 2010, comm. 77.

112.09 Généralités sur les interventions étatiques. L'État ne peut rester indifférent aux difficultés des entreprises. À l'époque récente, la lutte contre le chômage justifie l'intervention étatique. D'ailleurs, l'article de la loi du 2 mars 1982[1] relative à la décentralisation pose clairement que « l'État à la responsabilité de la conduite de la politique économique et sociale ainsi que de la défense de l'emploi ».

Cependant, l'intervention de l'État dans les difficultés d'entreprises est aujourd'hui en recul, sous l'impulsion européenne qui oblige à un interventionnisme minimal, pour laisser jouer le libéralisme économique[2].

L'intervention étatique n'est pas sans risque, l'État pouvant être qualifié parfois de dirigeant de fait permettant sa condamnation à combler l'insuffisance d'actif ou, dans d'autres cas, engager sa responsabilité civile pour octroi abusif de concours. Il a justement été remarqué que l'article L. 650-1 du code de commerce, tel qu'il résulte de la loi de sauvegarde, est de nature à diminuer très sensiblement les risques de condamnation de l'État pour octroi abusif de crédit[3].

Un dispositif administratif particulier de soutien aux exploitations agricoles, intégré dans le code rural (art. D. 354-1 et s.), a été prévu par le décret du 22 janvier 2009[4]. Trois types d'aides ont été prévus : une aide au diagnostic, une aide au redressement et une aide au suivi technico-économique.

SECTION 112.10

VISIONS EUROPÉENNES SUR LES INTERVENTIONS ÉTATIQUES

112.11 Visions européennes sur les interventions étatiques. L'Europe est hostile à l'idée d'aides publiques, qui sont par principe incompatibles avec le marché commun. La Commission européenne n'hésite pas à affirmer que ce type d'aides a les effets de distorsion les plus importants[5]. Elle considère que le retrait des entreprises inefficaces est une donnée normale du fonctionnement du marché et qu'il ne saurait donc être de règle qu'une entreprise qui connaît des difficultés soit sauvée par l'État[6].

Le droit de la concurrence reconnaît toutefois la légitimité et même la suprématie du droit de l'insolvabilité en acceptant exceptionnellement ces aides[7].

La Commission des communautés européennes avait posé en 1999 des lignes directrices pour les aides d'État au sauvetage et à la restructuration d'entreprises en difficulté, dans une communication[8] Ces nouvelles lignes étaient en vigueur pour

1. L. n° 82-213, 2 mars 1982 relative aux droits et libertés des communes, des départements et des régions, *JO* 3 mars, p. 730.

2. SAINT-ALARY-HOUIN, 9e éd., n° 251.
3. LE CANNU, 7e éd., n° 69.
4. D. n° 2009-87, 22 janv. 2009, *JO* 24 janv., p. 1497. et 1499; *Act. proc. coll.* 2009, n° 49 – Delattre, obs. *Rev. proc. coll.* 2009, p. 20 – J.-CL. COM. Lebel Ch., Fasc. 1715, 2015, [Procédures collectives agricoles], n°s 42 s.
5. Eckert, « Les procédures d'insolvabilité et les aides d'État : la politique de la Commission », *LPA* 11 juin 2008, n° 117, p. 13.
6. Eckert, « Les procédures d'insolvabilité et les aides d'État : la politique de la Commission », préc., p. 13.
7. Pérochon, présentation du colloque « Procédures d'insolvabilité, aides publiques et droit de la concurrence », Strasbourg 2008, *LPA* 11 juin 2008, n° 117, p. 3.
8. Comm. CE, *JOCE* C 288, 9 oct. 1999, DPDE, V^is^ *Aides financières*, n° 13-c.

cinq ans, avec obligation pour les régimes nationaux de se mettre en conformité à partir du premier juillet 2000.

L'aide étatique était enfermée dans certaines conditions. Elle devait intervenir sous forme de garantie ou de crédit d'une durée maximale de six mois, renouvelable une fois. En outre, l'octroi de l'aide ne devait pas être contraire à l'intérêt du marché. Elle ne devait pas avoir pour conséquence l'instauration d'un monopole. Le plan de restructuration ne pouvait se limiter à une aide financière. Il fallait une intervention directe sur les causes des pertes, c'est-à-dire un véritable plan de redressement. Les aides ne pouvaient être accordées qu'une seule fois pour éviter tout soutien abusif.

Il n'est dès lors pas étonnant que les aides publiques, dans le dossier *Mory-Ducros* et de *MoryGlobal*, aient été déclarées illégales. Il en est d'abord ainsi du prêt accordé par le Fonds de développement économique et social (FDES), le taux d'intérêts étant de 1 %, le prêt étant d'une durée de 20 ans, la perception des intérêts devant intervenir en fin de prêt et les garanties de remboursement étant très faibles[1]. De même, les aides d'État résultant du dispositif d'accompagnement renforcé et de la convention de dispositif d'accompagnement collectif renforcé sont jugées contraires à la législation europenne. En revanche, les mesures sociales octroyées ıx salariés licenciés au titre du contrat de sécurisaᵭn professionnelle ne constituent pas des aides d'tat.

Le 7 juillet 2004, la Commission Eupéenne a adopté de nouvelles lignes directrices plicables à compter du 10 octobre 2004[2] jusqu's9 octobre 2009. Ces lignes reprennent dans l'ensoble l'esprit des lignes précédentes, mais sont plus ıtraignantes. Prorogées une première fois jus en juillet 2012, puis jusqu'au 9 octobre 2012, es le sont une nouvelle fois, sans limitation de de[3], jusqu'à l'adoption de nouvelles règles. De nolles lignes directrices ont été adoptées le 31 juille014[4].

> Avant le 31 juillet 2014, le principe que l'aide publique est interdite, sauf agrément ¢ Commission. Cela correspond à la vision européenne selon laquelle la disparition d'entreprises en difficulté participe du fonctionnement normal du marché. Chaque État doit notifier à la Commission les projets d'aides des régions aux entreprises en difficulté, qui doivent être conformes au droit européen de la concurrence[5]. C'est d'ailleurs ce qui a conduit la France à abroger l'article 44 *septies* du code général des impôts accordant des exonérations à la reprise d'entreprises en difficulté, analysées comme des aides étatiques, pour remplacer le mécanisme par un dispositif plafonnant les aides.

L'aide ne doit pas affecter artificiellement la concurrence. Certaines entreprises sont d'abord, par principe du moins, exclues des aides étatiques : entreprise nouvellement créée, c'est-à-dire ayant moins de trois ans d'ancienneté dans le secteur considéré. Au terme de ce délai de trois ans, elle ne peut bénéficier de ces aides que si elle est en difficulté (sur la notion d'entreprises en difficulté, v. s^s n° 111.11) et elle ne doit pas faire partie d'un groupe de sociétés[6], sauf cas particulier.

Il y aura aide publique si l'aide est consentie dans des conditions qui ne sont pas celles d'un opérateur privé[7]. Ainsi, en présence d'une remise de dette, il faut rechercher si l'État, comme tout créancier privé[8], a entendu permettre le recouvrement d'une partie au moins de sa créance, lorsqu'il a décidé de consentir la remise[9]. Cette appréciation vaut même si l'aide est apportée sous la forme d'une garantie. Son absence de rémunération entraîne présomption d'aide étatique[10]. Il en est de même si la garantie est accordée à une entreprise, dont la situation est tellement dégradée, qu'un opérateur privé n'aurait pas accordé sa garantie[11].

Une difficulté se présente pour qualifier d'aides d'État, les mesures intéressant les salariés. Il est

1. Comm. UE, déc. 2016/285, 6 nov. 2015 ernant l'aide d'État SA. 38545 2014/C (ex 2014/NN) à exécution par la République française en faveur de-Ducros SAS et de MoryGlobal [notifiée sous le nume2015) 7523], *JOUE L* 53, 1er mars 2016, p. 6 ; *Act. coll.* 2016, comm. 82, note Idot.
2. « Lignes directrices communautaires ccant les aides d'État au sauvetage et à la restructuratintreprises en difficulté », *JOUE*, 1er oct. 2004 – POUpmmentaire : Poillot-Peruzzetto, *CCC* févr. 2005, p. 2
3. Comm. UE, comm. 2012/C 296/02 cont la prorogation de l'application des lignes directrinmunautaires concernant les aides d'État au sauvetà la restructuration d'entreprises en difficulté du 1ere 2004, *JOUE* C 296, 2 oct., p. 3.
4. Comm. UE, Lignes directrices concernant les aides d'État au sauvetage et à la restructuration d'entreprises en difficulté autres que les établissements financiers, *JOUE* C 249, 31 juill. 2014, p. 1. – Eckert, « Aides aux entreprises en difficulté : un encadrement européen renforcé pour des aides plus sélectives », *Act. proc. coll.* 2014, comm. 265 – Mastrullo, « Aides d'État : nouvelles lignes directrices de la Commission », *Rev. proc. coll.* 2015, comm. 92.
5. SAINT-ALARY-HOUIN, 9e éd., n° 254.
6. « Lignes directrices », préc., art. 12.
7. Eckert, « Les procédures d'insolvabilité et les aides d'État : la politique de la Commission », préc., sp. p. 16 – SUR la notion d'opérateur privé en droit communautaire : Berrod, « Procédures d'insolvabilité et aides d'État : la pratique des juridictions communautaires », *LPA* 11 juin 2008, n° 117, p. 32 s., sp. p. 34.
8. SUR la notion de créancier privé en droit communautaire : Berrod, « Procédures d'insolvabilité et aides d'État : la pratique des juridictions communautaires », préc., sp. p. 35.
9. TPICE 11 juill. 2002, *Rec.* P. II-3049.
10. Déc. CE 30 juill. 1997, *JOCE* 78/1, 16 mars 1998.
11. Déc. CE 4 déc. 1996, *JOCE* 194/32, 23 juill. 1997.

estimé que si la mesure ne bénéficie qu'aux salariés licenciés dans le cadre de la procédure collective, elle ne saurait se voir appliquer le régime des aides d'État[1]. Toutefois, les obligations qu'une entreprise doit assumer en vertu de la législation du travail ou des conventions collectives font partie des coûts normaux qu'une entreprise doit financer sur ses propres ressources. Toute aide de l'État est alors considérée comme une aide publique[2].

Il a été relevé en tout cas que le critère de l'investisseur privé en économie de marché laissait à la commission un pouvoir d'appréciation relativement large[3].

Ces aides constituent une assistance temporaire et réversible[4]. Il s'agit de maintenir l'entreprise à flot pendant le temps nécessaire à l'élaboration d'un plan de restructuration ou de liquidation, la durée devant être limitée à six mois[5]. Elles doivent, en application du principe de non récurrence, rester exceptionnelles, une seule aide étant possible, dans une période de dix ans[6]. Trois exceptions sont posées :

– si une aide à la restructuration suit une aide au sauvetage, dans le cadre d'une même opération de restructuration;

– lorsqu'une aide au sauvetage a été octroyée et n'a pas été suivie par une restructuration et si une nouvelle aide au sauvetage ou à la restructuration devient nécessaire après au moins 5 ans, en raison de circonstances imprévisibles, non imputables à l'entreprise;

– en cas de circonstances exceptionnelles ou imprévisibles, non imputables à l'entreprise.

Ces aides prennent la forme de prêts ou de garanties de prêts assortis d'un taux d'intérêt comparable à ceux consentis aux entreprises saines.

L'aide doit obligatoirement être accompagnée d'un plan précis de traitement des difficultés, devant permettre le retour à la viabilité de l'entreprise à long terme, dans un délai raisonnable[7]. Il ne s'agit pas seulement de combler les pertes. En outre, les bénéficiaires de ces aides doivent eux-mêmes contribuer au redressement de l'entreprise, au besoin par la vente d'actifs. Les articles 60 à 67 des lignes directrices posent ainsi des ratios de participation et, par voie de conséquence, des limitations aux aides. Les seuils de contribution sont d'autant plus élevés que l'entreprise est importante : 25 % du plan de financement pour les petites entreprises, 40 % pour les moyennes entreprises et 50 % pour les grandes entreprises.

La Commission Européenne a adopté un cadre temporaire dotant les États membres de possibilités supplémentaires pour lutter contre les effets du resserrement du crédit sur l'économie. Certains plafonds d'aides publiques ont en conséquence été majorés[8].

> Depuis le 31 juillet 2014. Une grande partie du dispositif antérieur est maintenu. L'innovation tient dans une sélectivité plus grande de ces aides. La Commission de l'Union européenne rappelle que ces aides d'État sont génératrices de graves distorsions de concurrence, ce qui explique un regard par principe négatif porté sur elles. L'aide d'État ne devrait être accordée que pour autant que les options offertes par le marché sont épuisées. L'aide doit être indispensable pour atteindre un objectif d'intérêt commun bien défini.

Le principe de non-récurrence, qui interdit plus d'une aid dans un délai de 10 ans est conservé.

Aux fis des lignes directrices, une entreprise n'est coridérée en difficulté que s'il est pratiquement ceain qu'en l'absence d'intervention de l'État, ellsera contrainte de renoncer à son activité à court oà moyen terme.

Une ereprise nouvellement créée ne pourra bénéficiel'aide que passé un délai de trois années d'activité

Trois tes d'aides sont mis en place. Il y a d'abord l'aide auuvetage, qui est par nature urgente et transitoi Il s'agit de maintenir à flot l'entreprise pendant temps nécessaire à l'élaboration d'un plan de nuration ou de liquidation. Il est ensuite questiomides à la restructuration, qui implique une assisce plus longue et sert à rétablir la viabilité à lonrme, en se fondant sur un plan de restructura réaliste, cohérent et de grande envergure, quit simultanément s'appuyer sur une contribu propre. Il y a enfin le soutien temporaire à laructuration, où il est question de soutenir la ucturation d'une entreprise.

Pour écier sa compatibilité avec les lignes directric Commission appréciera :

– la coution à un objectif d'intérêt commun bien défi

1. Déc. CE 20 déc. 1989, *JOCE L* 5/18, 8 janv. 1991.
2. Déc. CE 30 avr. 1996, *JOCE L* 298/14, 22 nov.
3. Eckert, « Les procédures d'insolvabilité et les aides d'État : la politique de la Commission », préc.
4. Roussel Galle, « Les aides publiques aux entreprises en difficulté : les lignes directrices communautaires, le Ciri et les Codefi », *Rev. proc. coll.* 2006, p. 128 s., sp. p. 129, n° 15.
5. « Lignes directrices communautaires concernant les aides d'État au sauvetage et à la restructuration d'entreprises en difficulté », *JOUE* 1er oct. 2004, art. 15.
6. « Lignes directrices communautaires concernant les aides d'État au sauvetage et à la restructuration d'entreprises en difficulté », *JOUE* 1er oct. 2004, art. 73.
7. « Lignes directrices communautaires concernant les aides d'État au sauvetage et à la restructuration d'entreprises en difficulté », *JOUE* 1er oct. 2004, art. 35.
8. CommP/08/1993, 17 déc. 2008, *Dr. fisc.* 2009, act. 13 – SIUESTION : Decocq, « Aides d'État et crise économiqnancière », *RJ com.* mars/avr. 2009, p. 123.

– la nécessité de l'intervention étatique;

– le caractère approprié de la mesure d'aide;

– l'effet incitatif;

– la proportionnalité de l'aide;

– la prévention des effets négatifs sur la concurrence;

– la transparence de l'aide.

112.12 Condamnation de la France pour non-respect des règles communautaires. La France a déjà été condamnée pour non-respect des règles communautaires, dans le cadre du régime d'aide à la reprise d'entreprises en difficultés (v. s^s^ n° 112.31)[1]. La France est ainsi obligée d'agir en restitution des aides publiques non conformes à la réglementation européenne.

Le fait générateur de la créance de restitution est la décision d'injonction de la Communauté européenne[2]. Lorsque la personne morale ayant reçu l'aide illégale est placée en procédure collective, la tentative de récupération passe par une déclaration de créance et, le cas échéant, par une demande de relevé de forclusion, qui obéit à la législation étatique applicable, notamment quant aux délais. Passé le délai de l'action en relevé de forclusion, la créance de restitution ne peut plus être récupérée[3]. Il en est de même lorsque l'État exerce un recours hors délai contre la décision rejetant sa demande de relevé de forclusion[4]. Si la créance naît après l'ouverture de la procédure collective, elle n'est pas éligible au traitement préférentiel réservé aux créances postérieures méritantes. Elle doit donc être déclarée dans les deux mois de son exigibilité, c'est-à-dire à compter de la notification de la décision d'injonction de récupération prise par la Commission européenne[5].

Cette créance doit être déclarée par le comptable public, c'est-à-dire le receveur des finances, et non par l'ordonnateur, en l'espèce le ministre de la culture[6].

Le résumé de l'évolution des aides étatiques aux entreprises en difficulté a été superbement exposé. On est passé de l'État providence à un État « providentiel » dans les années 1980, pour arriver à un « État-palliatif »[7].

En respectant les contraintes imposées par la Commission européenne, les aides publics peuvent pendre plusieurs formes.

SECTION 112.20
COMITÉS D'AIDES AUX ENTREPRISES EN DIFFICULTÉ

112.21 Aides étatiques prenant la forme de remises de fonds. L'État peut apporter son aide financière active par l'intermédiaire de plusieurs organismes. Les difficultés d'exécution de la convention prévoyant le versement d'une subvention sont de la compétence administrative[8].

La loi du 4 janvier 2001[9] a institué une commission de contrôle, qui peut être saisie par le comité d'entreprise, les délégués du personnel ou les autorités politiques, en cas de non-respect des engagements souscrits lors de l'attribution des aides. Le décret du 6 juin 2001 est venu préciser la composition, l'organisation et le fonctionnement des commissions régionales et de la commission nationale[10].

Une circulaire du 25 novembre 2004[11], relative à l'action de l'État dans la prévention du traitement des difficultés des entreprises, est venue moderniser les dispositifs mis en place par des textes anciens et multiples, qui n'étaient plus en phase avec les efforts entrepris pour la décentralisation des interventions étatiques. Il en résulte notamment la suppression des Corri, dont les missions sont transférées au Codefi. Une circulaire du 9 janvier 2015[12] vient moderniser le contenu de la précédente circulaire.

À côté de ces organismes, l'intervention étatique peut prendre la forme d'une participation dans le

1. Comm. CE, déc. 2004/343, 6 déc. 2003 concernant le régime d'aide mis à exécutioı par la France concernant la reprise d'entreprises en difficılté [notifiée sous le numéro C(2003) 4636], *JOUE L* 108, 6 avr. 2004, p. 38.
2. Paris, pôle 5, 8e ch., 2 févr. 2016, RG n° 15/01766, *Leden* 2016, comm. 047, note Lucas; *Act. proc. coll.* 2016/6 comm. 75, note Fin-Langer.
3. Com. 11 déc. 2012, n° 1128.053, *Bull. civ.* IV, n° 22 *Gaz. Pal.* 1er mai 2013, n° 21, p. 30, note Roussel Gal *BJE* janv. 2013, comm. 29 note Vallens; *Act. proc. c* 2013/3, comm. 32, note etit; *Rev. sociétés* 2013. 1, note Roussel Galle; *Rev. proc. coll.* 2013, comm. 75, e Vabres; *RTD com.* 2013.344, n° 5, obs. Martin-S– Com. 26 févr. 2013, n° 1122.029, NP; n° 221 F-D.
4. Com. 23 avr. 2013, n° 129.184, *Bull. civ.* IV, n° 74 az. *Pal.* 12 juill. 2013, n° 193 p. 25, note Henry; *Rev. s* tés 2013. 383, note Henry *TD com.* 2013. 586, n° bs. Martin-Serf; *Rev. proc. coll.* 2013, comm. 128 ote Legrand et Legrand; *Rev. proc. coll.* 2013, comm. 1 note Vabres; *Rev. proc. coll* 2014, comm. 9, note Mastru
5. Paris, pôle 5, 8e ch., 2 fév. 2016, RG n° 15/01766 c.
6. Paris, pôle 5, 8e ch., 2 févr. 2016, RG n° 15/01766, préc.
7. VIDAL et GIORGINI, n° 335.
8. T. confl. 23 oct. 2000, n° 00-03.208, *Bull. T. confl.* n° 20; *Rev. proc. coll.* 2003, p. 105, n° 4, obs. Gorrias.
9. L. n° 2001-7, 4 janv. 2001, préc.
10. D. n° 2001-483, 6 juin 2001, préc.
11. NOR : PRMX0407814C, *JO* 1er déc. 2004, p. 20441; *Act. proc. coll.* 2005/1, n° 1, note Roussel Galle.
12. Circ. 9 janv. 2015 relative aux modalités d'accueil et de traitement des dossiers des entreprises confrontées à des problèmes de financement, NOR : EINI1500411C – Dellatre, *Rev. proc. coll.* 2015, comm. 168.

capital de l'entreprise en difficulté. L'apport en fonds propres se fait alors par l'intermédiaire d'organismes parapublics, ainsi que par le canal des sociétés de développement régional (SDR). Il a été souligné qu'une aide étatique s'inscrivant dans un processus de prévention des difficultés d'entreprises ne devait pas porter sur le passif exigible. Le non recouvrement d'une créance exigible n'est pas une mesure de prévention. Elle doit au contraire porter sur le fonds de roulement, sur les fonds propres[1].

Les entreprises, pour accéder à ces mécanismes d'aides publiques, auront un point d'entrée unique : le secrétaire permanent, à la trésorerie générale, commun aux Cochefe (CCSF) et aux Codefi[2].

112.22 Ciri. La crise économique des années 1970, puis les premières restructurations industrielles des années 1980 ont mis en évidence le besoin d'une structure *ad hoc*, chargée de coordonner les actions publiques en faveur des entreprises en difficulté. Cet organisme devait également avoir un rôle de médiation entre l'entreprise et ses partenaires et créanciers, en posant les lignes d'une doctrine de l'intervention étatique[3], destinée à mieux coordonner l'action publique. Cela a justifié la création du Ciri, Comité interministériel pour la restructuration industrielle (Ciri)[4], qui a remplacé par arrêté du 6 juillet 1982, le Comité interministériel pour l'aménagement des structures industrielles (Ciasi), lequel avait été créé en 1974.

Le Ciri est composé de douze membres, représentatifs des principaux secteurs de l'économie intéressés par les difficultés d'entreprise et a une compétence nationale. Il peut être saisi par les comités départementaux d'examen des problèmes de financement des entreprises (Codefi) ou se saisir d'office. L'entreprise en difficulté doit avoir plus de 400 salariés et appartenir au secteur industriel ou à celui du bâtiment et des travaux publics.

Après instruction du dossier par un membre rapporteur, qui agit en toute confidentialité, s'instaure un débat public avec les partenaires économiques de l'entreprise, aux fins de trouver une solution durable pour l'entreprise ou une solution de reconversion.

Ce comité, dont l'action s'inscrit assez souvent dans une mission de mandataire *ad hoc* ou de conciliateur, intervient sous forme de prêts du fonds de développement économique et social, de crédits de politique industrielle et de prêts participatifs. L'octroi des fonds est subordonné à l'élaboration d'un plan de redressement, essentiellement soutenu par des deniers privés[5]. L'intervention du Ciri doit avoir un effet de levier sur les capitaux privés[6].

En 2009, 46 entreprises employant 53 000 salariés ont saisi le Ciri. En 2010, 44 entreprises représentant 70 000 salariés se sont adressées au Comité[7]. Cette même année aurait permis d'enregistrer l'issue positive de 45 dossiers sur 79, alors qu'en 2011, 35 dossiers auraient abouti positivement sur 68[8].

112.23 Corri. Jusqu'à la circulaire du 25 novembre 2004[9], les comités régionaux de restructuration industrielle (Corri) avaient une compétence régionale, intéressant les entreprises employant moins de quatre cents salariés et qui n'étaient pas filiales d'un groupe.

Les membres de ces comités représentaient les principaux secteurs de l'économie intéressés aux difficultés d'entreprises. Ces comités étaient présidés par le préfet de région.

Ces comités étaient saisis par les chefs d'entreprise, le secrétariat du Ciri, les Codefi ou se saisissaient d'office. L'instruction du dossier était confiée à trois membres, chargés d'établir un rapport pour le comité.

Le Corri avait pour mission « de favoriser une négociation globale du plan de restructuration et comprenant, notamment en termes sociaux, toutes les mesures externes : reclassement, coût des licenciements »[10]. Le comité jouait le rôle de conciliateur, en négociant avec l'entreprise et ses banquiers des concours nouveaux ou des remises de dettes. Il complétait les concours financiers des actionnaires et des partenaires de l'entreprise. Il pouvait consentir, sur le fonds de développement économique et social, des prêts, dans la limite de cinq millions de francs, des crédits de politique industrielle dans la limite de dix millions de francs. Ces concours s'inscrivaient dans le cadre du plan de restructuration industrielle et étaient prioritairement attribués pour le financement de plan sociaux[11].

La circulaire précitée du 25 novembre 2004 a transféré aux Codefi les missions antérieurement dévolues aux Corri.

112.24 Codefi. Les Codefi ont été créés par circulaire du 17 juillet 1974, à l'échelon départemental. La composition des Codefi a été modifiée par une circulaire du 25 novembre 2004. Ils sont présidés

1. VIDAL, 2006, n°s 96 et 98.
2. SUR LA QUESTION : Cotten, « Les aides publiques aux entreprises en difficulté – Aspects pratiques », *Rev. proc. coll.* 2006, p. 133.
3. Ciri, *Rapport d'activité* 2004, p. 3.
4. Comité interministériel pour la restructuration industrielle (Ciri), 139, rue de Bercy 75572 Paris CEDEX 12.

5. SAINT-ALARY-HOUIN, 9e éd., p. 271.
6. Ciri, *Rapport d'activité* 2004, p. 10.
7. Ciri, *Rapport d'activité* 2010
8. Chiffres cités par : PÉROCHON 10e éd., n° 253.
9. NOR : PRMX0407814C, *JO* 1er déc. 2004, 20441.
10. Circ. min. Éco. 26 mars 1992, p. 5
11. Circ. min. Éco. 26 mars 1992, p. 7.

par le préfet du département. Le trésorier-payeur général en est le vice président. Ils comprennent en outre le directeur de la Banque de France et les représentants des services déconcentrés intéressés de l'État.

La saisine de ces comités est faite par le chef d'entreprise. Ils disposent d'éléments d'information fournis par le trésorier-payeur général du département.

Jusqu'à la circulaire du 25 novembre 2004[1], les Codefi étaient compétents pour les entreprises du secteur industriel[2], employant au plus 250 salariés et non filiales d'un groupe. Depuis la circulaire précitée, le Codefi traite des cas individuels de l'ensemble des entreprises ne dépassant pas 400 salariés. Il a été observé qu'à la suite d'une maladresse rédactionnelle, les entreprises ayant juste 400 salariés ne relèvent ni des Codefi, ni du Ciri[3]. Faudra-t-il, avant de déposer la demande, embaucher un salarié pour relever du Ciri ou licencier un salarié pour relever des Codefi ?

Les Codefi avaient, d'après l'instruction du 26 mars 1992[4], pour mission générale la détection et la prévention des difficultés d'entreprises, ainsi que l'accueil et l'orientation s'appliquant à toutes les entreprises en difficulté.

La mission du Codefi a été reprécisée par la circulaire précitée du 25 novembre 2004, qui a abrogé la circulaire du 26 mars 1992, ainsi d'ailleurs que 13 autres circulaires[5]. Le Codefi a une triple mission. Il a d'abord une mission d'accueil et d'orientation au service des entreprises. Il a ensuite une mission générale de détection des difficultés, qui le conduit à informer le préfet des risques de suppression d'emplois. Il a enfin une mission d'expertise et de traitement des difficultés des entreprises. Dans ce cadre, il peut, le cas échéant, appuyer les personnes désignées dans le cadre d'un mandat *ad hoc* ou, malgré le silence de la circulaire précitée sur ce point, du conciliateur.

Les décisions d'octroi de financement public sont prises par le préfet, après avis du comité. La circulaire insiste sur le fait que le recours aux moyens publics ne doit être ni systématique, ni préalable au traitement d'un dossier. L'octroi de prêt doit en outre respecter les règles communautaires en matière d'aides publiques aux entreprises. Si la confiance des tiers est altérée et si la dynamique de soutien à l'entreprise peine à se remettre en marche – il s'agit *a priori* ici essentiellement de la confiance des partenaires bancaires – des prêts peuvent être accordés pour permettre de compléter un tour de table après des négociations financières avec les partenaires privés. Les prêts doivent uniquement servir à financer l'avenir de l'entreprise, et ne sont pas, au moins exceptionnellement, inconciliables avec la préparation de la cession de l'entreprise. Un suivi national annuel sera effectué à partir des données transmises par le secrétariat du comité, qui devient permanent.

Le préfet peut décider, avec l'accord du chef d'entreprise, la réalisation d'un audit de l'entreprise.

La circulaire du 25 novembre 2004 a confié au ministère public un rôle officiel d'observateur dans les Codefi[6].

Il a été observé que la création, en juin 2012, de 22 commissaires au redressement productif, qui ont pour mission de soutenir les entreprises de moins de 400 salariés, qui étaient jusqu'à cette date sans interlocuteur au niveau de l'État, feront assez largement double emploi avec les Codefi[7].

SECTION 112.30 AIDES DE L'ÉTAT PRENANT LA FORME DE MESURES D'ALLÉGEMENT

112.31 Aides de l'État prenant la forme de mesures d'allégement – CCSF. L'État peut intervenir par des mesures d'allégement.

Les Codefi peuvent saisir les Commissions des chefs de services financiers (CCSF) aux fins d'octroi de délais de paiement des dettes fiscales et sociales.

L'objet des CCSF est d'aider les entreprises, personnes morales ou personnes physiques, commerçants, agriculteurs, artisans et professionnels indépendants, y compris libéraux, à trouver des solutions à leurs difficultés. Pour l'essentiel, leur action consiste à établir des plans d'échelonnement des dettes fiscales et sociales. Elles émettent des avis sur les demandes de remises de majorations et pénalités de retard fiscal, sans pouvoir cependant octroyer des remises du principal de la dette, sous réserve des règles spéciales applicables en matière de conciliation (v. s[s] n°s 142.51 à 142.65) et d'élaboration des plans de sauvegarde et de redressement (v. s[s] n°s 512.51 à 512.75).

Les mesures d'allégement pouvaient avoir pour objet la reprise d'entreprises en difficulté. Il pouvait

1. Circ. 25 nov. 2004, NOR : PRMX0407814C, *JO* 1er déc., p. 20441.
2. Circ. min. Éco. 23 nov. 1993, p. 3.
3. Roussel Galle, « Les aides publiques aux entreprises en difficulté : les lignes directrices communautaires, le Ciri et les Codefi », *Rev. proc. coll.* 2006, p. 128 s., sp. p. 131, n° 22.
4. Circ. min. Éco. 26 mars 1992, p. 2.
5. Annexe circ. 25 nov. 2004, PRMX0407814C, préc.
6. Triaulaire, « Le rôle du ministère public », *Rev. proc. coll.* 2006, p. 212.
7. PÉROCHON, 10e éd., n° 243.

alors s'agir d'une exonération de l'impôt sur les sociétés ayant une activité industrielle ou commerciale, dès lors qu'elles étaient créées spécialement pour reprendre une entreprise en difficulté. L'exonération supposait que le personnel de la société débitrice soit au moins partiellement repris. À défaut, il n'y avait pas manifestation d'une volonté non équivoque de maintenir la pérennité de l'entreprise[1]. L'exonération, instituée par l'article 14, III de la loi de finances pour 1989 (CGI, art. 44 *septies*) et reconduite par la suite, était de droit pour les entreprises objet d'un plan de cession totale. Elle était accordée par décision du ministre du Budget, après passage du dossier en Ciri, Corri ou Codefi, en fonction de la taille de l'entreprise. L'exonération était accordée pendant vingt-trois mois à partir de la création de la société. L'exonération pouvait être remise en cause si l'activité reprise était interrompue avant l'expiration d'un délai de trois ans par rapport au début d'activité ou si se produisait un des événements visés à l'article 221 alinéa 2 du code général des impôts, tels la dissolution, l'apport en société, la fusion ou encore la transformation emportant perte de la personnalité morale. À cet égard, il a été jugé que le fait pour une entreprise créée pour la reprise de deux entreprises continuait à bénéficier de l'exonération, si dans le délai de trois ans, elle cédait l'une des deux activités reprises, puisqu'elle ne pouvait être regardée comme ayant interrompu l'activité reprise au sens de l'article 44 *septies* du CGI[2]. Le Conseil d'État a censuré cette décision, en estimant que lorsqu'une société créée interrompt, au cours des trois premières années d'exploitation, l'une des activités reprises, l'impôt sur les sociétés dont elle a été dispensée devient immédiatement exigible, sans préjudice de l'intérêt de retard compté à partir de la date à laquelle l'impôt aurait dû être acquitté[3]. Le Conseil d'État a ultérieurement précisé que la dissolution sans liquidation d'une société ne pouvait être assimilée, pour l'application de l'article 44 *septies* du CGI, à une opération de fusion et ne justifiait donc pas la remise en cause de l'exonération de l'impôt sur les sociétés[4].

La Commission européenne a considéré que les aides résultant de l'article 44 *sexies* CGI n'étaient pas conformes au droit communautaire[5]. La Commission a, en conséquence, ordonné la suppression de ces aides et même la récupération des aides octroyées en contrariété avec l'article 87, § 3 du traité CE, sous trois exceptions : lorsque les montants versés sont inférieurs à 100 000 euros; lorsqu'ils constituent des aides compatibles avec les aides à finalité régionale; lorsqu'ils constituent des aides compatibles avec les aides aux PME. Le dispositif fiscal d'aides aux entreprises en difficulté a dû être réformé, pour devenir conforme aux normes européennes. Et l'article 44 *septies* CGI a prévu un dispositif conforme aux normes européennes applicable pour la détermination des résultats des exercices clos entre le 16 décembre 2003 et le 31 décembre 2006. Et c'est ainsi que, par une décision ultérieure, le dispositif n'a pas été condamné, parce que les aides publiques étaient plafonnées et subordonnées au maintien des emplois pendant au moins cinq ans[6]. La loi de finances rectificatives pour 2006 (art. 87, IV) a prorogé le dispositif, tout en l'aménageant quelque peu, jusqu'au 31 décembre 2013.

Dans un communiqué du 25 octobre 2006, la Commission européenne a déclaré engager une action contre la France devant la CJCE pour obtenir la restitution des aides publiques versées en contravention aux normes européennes, seule la fraction dépassant les normes européennes devant toutefois être restituée. La France ne pourra échapper à la condamnation qu'à charge de démontrer l'impossibilité dans laquelle elle se trouve de récupérer les aides versées à tort[7].

L'allégement peut tenir à une réduction des droits de mutation applicables à la reprise de l'entreprise en difficulté. L'activité doit être de nature industrielle et doit employer, en fonction des secteurs d'implantation, un certain nombre de salariés[8]. Ce texte fixe ainsi les seuils : 30 salariés au moins dans les zones urbaines d'au moins 50 000 habitants, 15 salariés au moins dans les communes de 15 000 à 50 000 habitants, 6 salariés au moins dans les communes de moins de 15 000 habitants.

La réduction des droits de mutation suppose un agrément du ministère du Budget ou, pour les investissements de moindre importance, des directeurs régionaux des services fiscaux.

Il peut encore s'agir de l'exonération de la taxe professionnelle, aujourd'hui réservée[9] aux entreprises employant moins de 250 salariés et réalisant moins de 40 millions d'euros (262 millions de francs).

1. CE 30 mars 2007, req. n° 271787, *Act proc. coll.* 2008, n° 11.
2. CAA Douai, 3e ch., 15 déc. 2003, *JCP E* 2004. 1296, *p. 1400, note D. F.*
3. *CE 13 avr. 2005, req. n° 264641.*
4. CE 10 nov. 2010, req. n° 314046, *Rev. proc. coll.* 2011, comm. 95, p. 56, note Neau-Leduc et Hubert.
5. Comm. CE 16 déc. 2003, *JOUE* 16 avr. 2004, L 108/38 – Communiqué de presse de la Commission, n° IP/03/1738, 16 déc. 2003 : DPDE, *bull.* 245, 15 janv. 2004, p. 5401, « Aides financières », n° 50 a – *Adde*, Soinne, « Aides d'État : le défunt article 44 *septies* du code général des impôts », *Act. proc. coll.* 2004, n° 154.
6. Comm. CE, n° IP/05/648, 1er juin 2005.
7. Obs. Neau-Leduc et Hubert, *Rev. proc. coll.* 2007, p. 155, n° 5.
8. SUR le détail : Arr. 12 juin 1990, *JO* 29 juin, p. 7604.
9. L. fin. rect., n° 2000-1353, 30 déc. 2000, *JO* 31 déc.

L'allégement peut encore tenir à un report des déficits dont bénéficiera l'entreprise du repreneur. Cette dernière pourra, sous certaines conditions, procéder à une déduction des déficits enregistrés dans l'entreprise reprise.

Les entreprises soumises à l'impôt sur les sociétés peuvent reporter leur déficit réalisé au titre d'un exercice sur les bénéfices des exercices suivants. C'est le report en avant. Elles peuvent aussi opter pour une imputation du déficit réalisé au titre d'un exercice sur les bénéfices de l'exercice précédent : c'est le report en arrière, qui fait naître sur le Trésor public une créance de *carry-back*, non cessible à un repreneur. Contrairement à l'interprétation donnée dans un premier temps par l'Administration fiscale, il n'y a pas lieu de limiter le remboursement immédiat aux créances sur le Trésor nées avant la date d'ouverture de la procédure collective. Peu importe donc que la créance de *carry-back* soit née avant ou après le jugement d'ouverture de la procédure collective[1]. L'administration fiscale a ensuite adopté cette interprétation[2].

La loi de finances pour 2013 et la 3e loi de finances rectificative pour 2012 ont posé diverses mesures intéressant les entreprises en difficulté[3]. Ainsi les entreprises en difficulté peuvent-elles demander le remboursement de leur créance de crédit d'impôt compétitivité emploi à compter de la décision d'ouverture d'une conciliation ou d'une procédure collective. L'administration fiscale admet également depuis 2014 le remboursement anticipé de la créance résultant du report en arrière de leurs déficits (*carry-back*) pour les entreprises qui font l'objet d'une conciliation ou d'une procédure collective[4].

La loi de finances rectificative pour 2014 a modifié une nouvelle fois le régime fiscal en faveur de la reprise d'entreprises en difficulté, afin, essentiellement, de l'adapter à l'évolution du droit de l'Union européenne[5].

1. CAA Lyon, 7 mai 2013, req. nº 12LY02242, BF janv. 2014, p. 13, note Dedeurwaerder.
2. Dedeurwaerder, « Remboursement immédiates créances de crédit d'impôt et de *carry-back* : l'administration s'incline », *BJE* 2014, 385.
3. Dedeurwaerder, « Loi de finances pour 2013 la 3e loi de finances rectificative pour 2012 : les mesures fiscales en faveur des entreprises en difficulté », *BJE* mars 2013, comm. 49 ; « Conditions du remboursement immédiat aux entreprises en difficulté du crédit d'impôt pour compétitivité et l'emploi et du crédit d'impôt recherche », *BJE* mai 2013, comm. 66.
4. Dedeurwaerder, « Remboursement immédiat créances de crédit d'impôt et de *carry-back* : l'administration s'incline », préc. – Vabres, « Remboursement créances de carry-back et ouverture d'une procédure collective », *Rev. proc. coll.* 2015, comm. 18.

SECTION 112.40
INTERVENTION DES COLLECTIVITÉS LOCALES

112.41 Intervention des collectivités locales. La légitimité de l'intervention des collectivités locales dans l'aide apportée aux entreprises en difficulté résulte de la loi du 5 janvier 1988[6]. Après avoir posé le principe d'intervention prioritaire de l'État par rapport aux collectivités locales, la loi du 2 mars 1982[7] a été complétée par la loi du 5 janvier 1988. L'article 5 de cette loi réserve le droit d'intervention des départements et des régions.

La loi du 13 août 2004[8] a défini de nouvelles lignes directrices. L'État peut confier à la région le soin d'élaborer un schéma régional de développement économique expérimental[9]. La région devient alors compétente par délégation étatique pour attribuer les aides d'État. Les communes, pour leur part, doivent conclure avec la région une convention pour participer à ce dispositif et ne peuvent plus distribuer d'aides indirectes sans passer par le canal de ces conventions. Est ainsi supprimée l'autonomie des collectivités locales en matière d'aides aux entreprises en difficulté[10].

La loi du 2 mai 1982, tout en reconnaissant le droit d'intervention de l'État, a réservé cependant le respect du principe de la liberté du commerce de l'industrie et celui d'égalité des citoyens. Ce principe continue à s'appliquer pour l'intervention des collectivités locales. Le texte n'a pas été jusqu'à réserver le principe d'égalité des citoyens devant les charges publiques car, par hypothèse, ce principe aurait été ici violé[11].

Les aides accordées par les collectivités territoriales sont encadrées par les dispositions des articles 1544-1 et suivants et 3231-1 et suivants du code général des collectivités territoriales (CGCT).

Comme l'intervention de l'État, celle des collectivités locales prend deux formes.

Les aides de l'État ou des collectivités locales s'inscrivent rarement dans un cadre totalement étranger à des mesures de prévention, qu'elles accompagnent ou préfigurent.

5. Dedeurwaerder, « Régime fiscal de la reprise d'une entreprise en difficulté : une imparfaite adaptation au droit de l'Union européenne », *BJE* mai 2015, 161.
6. L. nº 88-13, 5 janv. 1988 d'amélioration de la décentralisation, *JO* 6 janv., p. 208.
7. L. nº 82-213, 2 mars 1982, préc.
8. L. nº 2004-809, 13 août 2004 relative aux libertés et responsabilités locales, *JO* 17 août, p. 14545.
9. SAINT-ALARY-HOUIN, 9e éd., nº 294.
10. SAINT-ALARY-HOUIN, 9e éd., nº 294.
11. RAPPR. : PÉROCHON, 9e éd., nº 225.

TITRE

120. Prévention

SECTION 0

ORIENTEUR

120.00 **Plan du titre.**

Chap.	**121**	**Prévention par l'information comptable**
Sect.	121.10	Information comptable
Chap.	**122**	**Procédures d'alerte**
Sect.	122.10	Règles communes aux procédures d'alerte
Sect.	122.20	Alerte par le président du tribunal
Sect.	122.30	Alerte par le commissaire aux comptes
Sect.	122.40	Alerte par le comité d'entreprise
Sect.	122.50	Pseudo alerte par les associés
Sect.	122.60	Alerte par le groupement de prévention agréé
Chap.	**123**	**Prévention par la négociation : mandat *ad hoc***
Sect.	123.10	Section unique

120.03 **Bibliographie indicative.** (V. les références complètes s[5] n° 031).

> Actualisables. Avant LSE : RÉP. COM., Chaput Y., « Entreprises en difficulté (Prévention et règlement amiable) », n°s 16 à 157 – J.-CL. COM., Vidal D., fasc. 2025, [Prévention des difficultés des entreprises] – J.-CL. COM., Jacquemont A., fasc. 2030, [Procédures de conciliation – règlement amiable, procédure de conciliation, mandat « *ad hoc* » et concordat amiable] – Après LSE : J.-CL. COM., Vidal D., fasc. 2025, [Prévention des difficultés des entreprises], 2006.

> Ouvrages antérieurs à la loi de sauvegarde des entreprises du 26 juillet 2005. MARTIN ET VALLENS, n°s 2611 à 2659, 2716 et 2717 – Paillusseau J. et Petiteau G., *Les difficultés des entreprises : Prévention et règlement amiable*, « U », A. Colin, 1985.

> Articles. Badillet J., « Pratiques parisiennes en matière de traitement préventif des difficultés des entreprises », *Gaz. Pal.* 11-12 mai 2011, p. 7 – Bricard A. et Montéran Th., « L'assurance Santé Entreprise : une garantie d'accès à la prévention », *JCP E* 2012. 1413 – Brignon B., «Des dispositifs de prévention aux allures de procédure collective », LXB hebdo 11 sept. 2014, n° 393 – Delattre Ch., « La prévention doit s'exercer dans un cadre légal », *Rev. proc. coll.* 2010/4, p. 18, n° 21 ; « Le pouvoir d'investigation du président du tribunal de commerce en matière d'alerte et de conciliation », *Rev. proc. coll.* 2013, étude 5 – Jadaud B., « Le règlement conventionnel des entreprises par un mandataire *ad hoc* », *Mél. Jeantin*, Dalloz, 1999, p. 411 – Montéran Th., « Pour une cause nationale : les CIP au secours des entreprises en difficulté », *BJE* mars 2014, comm. 120 ; « L'ordonnance du 12 mars 2014 et la prévention », *Gaz. Pal.* 6 avr. 2014, n° 9, p. 7 – Pérochon F., « Coût, transparence et confidentialité de la prévention », *Rev. proc. coll.* 2014, dossier 3 – Pierra A., « La prévention des difficultés des entreprises en Alsace-Moselle : une mission impossible sans une réorganisation judiciaire », *Gaz. Pal.* 16-17 févr. 2005, p. 7 – Reins A., « Objectifs et résultats de la prévention-détection » *in Entretiens de la sauvegarde, 29 janv. 2007, Premier bilan de la loi de sauvegarde*, DPDE, *Bull.* n° 279, 15 févr. 2007, p. 4668 – Rémery J.-P., « L'impartialité dans le processus de détection-prévention » *in Entretiens de la sauvegarde, 29 janv. 2007, Premier bilan de la loi de sauvegarde*, DPDE, *Bull.* n° 279, 15 févr. 2007, p. 4666 – Romani A.-M., « Techniques de prévention des risques de défaillance des entreprises », *Mél. Honorat*, Éd. Frison-Roche 2000, p. 173 – Rubelin P., « La négociation préventive », Les dossiers de la *RIDE*, 2012, p. 13 – Vallansan J., « Le rôle du juge dans les procédures préventives », *Rev. proc. coll.* 2014, dossier 2 – Vallens J.-L., « Les tribunaux de commerce peuvent-ils instituer des cellules de "prévention-détection" ? », *D.* 2010. 723.

120.09 **Généralités sur la prévention.** La prévention des difficultés des entreprises est issue de la loi du 1er mars 1984[1] et du décret d'application du 1er mars 1985[2].

1. L. n° 848, 1er mars 1984 relative à la prévention et au règlement amiable des difficultés des entreprises, *JO* 2 mars, p. 751.
2. D. n° 895, 1er mars 1985 pris pour l'application de la loi n° 84- du 1er mars 1984, *JO* 5 mars, p. 2704.

La prévention consiste à éviter que les difficultés des entreprises deviennent si graves qu'elles ne permettent plus d'échapper au traitement judiciaire et à l'ouverture de la procédure collective[1].

En marge de tout le dispositif législatif, des initiatives privées résultant de la volonté de certains tribunaux de commerce ont mis en place, avec l'aide de leur greffe, des cellules de détection des difficultés des entreprises. Des sortes de clignotants ont ainsi été créées, ces cellules recensant les indices de difficulté, permettant le déclenchement très précoce de convocation des dirigeants sociaux ou des débiteurs par le président du tribunal de commerce[2].

Des difficultés se présentent toutefois au regard de ces pratiques, au regard du principe d'impartialité du juge et du droit à un procès équitable. Et c'est pourquoi il a été suggéré au président du tribunal d'éviter de faire partie de ces cellules, pour ne pas faire ultérieurement usage des informations recueillies dans ce cadre[3].

Certaines chambres de commerce ont également mis en place des comités de prévention des difficultés des entreprises[4].

Certaines juridictions ont en outre ainsi créé des chambres spécialisées dans la prévention.

Des centres d'information et de prévention (CIP)[5] ayant à leur tête un ancien juge ou président du tribunal de commerce, composés d'un avocat et d'un expert-comptable reçoivent gratuitement et rapidement, de manière confidentielle, les chefs d'entreprise qui en font la demande, afin de les orienter, le cas échéant, vers une solution de prévention ou une procédure collective, sans caractère contraignant.

Tout ce dispositif contribue grandement à l'amélioration du fonctionnement de la prévention.

Les mesures préventives prévues par le législateur sont très diverses, allant de l'amélioration de l'information comptable et financière, à la procédure d'alerte, en passant par la création de groupements de prévention agréés ou par le renforcement du contrôle des associés sur les dirigeants.

Poursuivant la volonté affichée avec la loi du 10 juin 1994[6], la loi de sauvegarde des entreprises du 26 juillet 2005[7] et son décret d'application[8] mettent l'accent sur le traitement préventif des difficultés des entreprises. Les modifications résultant de cette législation en matière de prévention par l'information comptable s'inscrivent, d'évidence, dans le sens d'une meilleure information des partenaires économiques et doivent donc contribuer à éviter les impayés.

Le mandat *ad hoc* et les procédures d'alerte font l'objet de retouches minimes.

1. Vidal, 2006, n° 26.
2. Saint-Alary-Houin, 9e éd., n° 241.
3. Rép. min. n° 59029, *JCAN Q* 11 mai, 5356, *D.* 2010. 1551 – *Adde*, Vallens, « Les tribunaux de commerce peuvent-ils instituer des cellules de "prévention-détection" ? », *D.* 2010. 1723.
4. Saint-Alary-Houin, 9e éd., n° 242.
5. Montéran, « Pour une cause nationale : les CIP au secours des entreprises en difficulté », *BJE* mars 2014, comm. 120.
6. L. n° 94-475, 10 juin 1994 relative à la prévention et au traitement des difficultés des entreprises, *JO* 11 juin, p. 8440.
7. L. n° 2005-845, 26 juill. 2005, *JO* 27 juill., p. 12187.
8. D. n° 2005-1677, 28 déc. 2005, *JO* 29 déc., p. 20324.

CHAPITRE

121. Prévention par l'information comptable

SECTION 0 ORIENTEUR

121.00 **Plan du chapitre.**

Sect. 121.10 Information comptable

121.01 **Textes applicables.** (V. les références complètes s^s n° 011).

CSS, art. L. 243-5 (mod. L. n° 2006-1640, 21 déc. 2006)

CSS, art D. 243-3 (réd. D. n° 2007-459, 25 mars 2007 et D. n° 2007-708, 4 mai 2007)

CGI, art. 1929 *quater*

> Législation antérieure à la loi de sauvegarde des entreprises.

C. com., art. L. 611-1

> Législation issue de la loi de sauvegarde des entreprises.

C. com., art. L. 611-1

C. com., art. R. 611-13, R. 611-14, R. 611-15, R. 611-16

> Législation issue de l'ordonnance du 12 mars 2014

C. com., art. R. 611-13, R. 611-14, R. 611-16

121.03 **Bibliographie indicative.** (V. les références complètes s^s n° 031).

> Actualisables. Avant LSE : RÉP. COM., Chaput Y., « Entreprises en difficulté (Prévention et règlement amiable) », n°s 16 à 60 – J.-CL. COM., Vidal D., fasc. 2025, [Prévention des difficultés des entreprises], n°s 5 à 9 – Après LSE : J.-CL. COM., Vidal D., fasc. 2025, [Prévention des difficultés des entreprises], 2006.

> Ouvrages antérieurs à la loi de sauvegarde des entreprises. CHAPUT, n°s 22 à 32 – GUYON, n°s 1031 à 1039 – JACQUEMONT, n°s 39 à 46 – LE CANNU, n°s 469 à 473 – LE CORRE-BROLY, n° 14 – MARTIN ET VALLENS, n°s 2345 à 2349 - PÉROCHON ET BONHOMME, n°s 20 et 32 – PÉTEL, n°s 23 et 24– RIPERT ET ROBLOT, n°s 2829 à 2831 – SAINT-ALARY-HOUIN, n°s 86 à 123-10 – VALLANSAN, p. 3 à 5.

> Ouvrages postérieurs à la loi de sauvegarde des entreprises. GIBIRILA, *n°s 34 à 40 – JACQUEMONT ET VABRES*, 9e éd., n°s 51 à 60 – LIENHARD, 6e éd., n°s 13.11 à 13.22 – PÉROCHON, 10e éd., n°s 41 à 43 – PÉTEL, 8e éd., n°s 24 à 26 – ROUSSEL GALLE, n°s 50 à 53, 56 à 58 – SAINT-ALARY-HOUIN, 9e éd., n°s 124 à 170, 239 à 249 – VALLANSAN *ET ALII*, 6e éd., p. 9 à 14 – VALLENS, 2015, n°s 2760 à 2766 – Vidal et Giorgini, 1re éd., n°s 74 à 146 – VOINOT, 2007, n°s 157 à 177.

> Articles. Bourrié-Quenillet M. et Stephany E., « Nouvelles approches de la prévention des entreprises en difficulté », *LPA* 23 oct. 2001, n° 211, p. 6 – Legeais D., « Les groupements de prévention agréés », *JCP E* 1987. II. 15066 – Teboul G., « L'information due au marché par une société cotée en difficulté », *LPA* 23 sept. 2009, n° 190, p. 3.

SECTION 121.10 INFORMATION COMPTABLE

121.11 **Information comptable.** Certaines règles relèvent davantage du droit des sociétés ou du droit comptable, que du droit des entreprises en difficulté. Il en est ainsi de toutes les questions intéressant le « droit économique de l'information » [1]. L'information comptable en est la pièce maîtresse, avec l'extension de la comptabilité dite rétrospective dans les sociétés commerciales.

Il importe de remarquer, à la suite d'un auteur, que c'est par une série d'exceptions au secret des affaires, que le législateur a mis en place un système d'information orienté vers la prévention des difficultés des entreprises [2].

L'utilisation de l'information comptable est essentielle dans la perspective de prendre rapidement conscience des difficultés de l'entreprise. En cela, ces informations participent de la prévention des difficultés de l'entreprise. Pour que ces renseignements soient utiles dans la perspective de la prévention, ils doivent pouvoir être fournis rapidement, être lisibles et fiables.

1. SELON L'EXPRESSION de Corinne Saint-Alary-Houin, 9e éd., n° 126.
2. VIDAL, 2006, n° 26.

Alors que jusqu'en 1984, la comptabilité n'était obligatoire que pour les commerçants, à compter de cette date elle s'impose également aux personnes morales non commerçantes ayant une activité économique et dépassant deux des trois seuls suivants : 50 salariés, 3 100 000 euros de chiffre d'affaires hors taxes et 1 550 000 euros de total de bilan (en dernier lieu, dans la législation de sauvegarde des entreprises, C. com., art. L. 612-1 et R. 612-1 [anc^t^ D. 28 déc. 2005, art. 44]). Ces seuils sont identiquement retenus pour la détermination de la présence obligatoire d'un commissaire aux comptes.

Les dirigeants des sociétés commerciales qui répondent à l'un des critères définis par l'article 244 du décret du 23 mars 1967[1] sont tenus d'établir une situation de l'actif réalisable et disponible, valeurs d'exploitation exclues, et du passif exigible, chaque semestre, dans les quatre mois qui suivent la clôture du semestre. Cette obligation est posée par l'article L. 232-2 du code de commerce; elle existe aussi pour les personnes morales de droit privé non commerçantes présentant les mêmes critères. Elle est édictée par l'article L. 612-2 du code de commerce. Les critères sont les suivants : au moins 300 salariés ou un montant net du chiffre d'affaires au moins égal à 18 millions d'euros. Il a d'ailleurs été justement relevé que cette information obligatoire utilise les critères de la cessation des paiements, puisqu'il y a une comparaison du passif exigible et de l'actif disponible et qu'elle a donc pour objet de vérifier à quel point l'entreprise est éloignée de la cessation des paiements[2].

Ces mêmes entreprises sont tenues d'établir un compte de résultat prévisionnel, considéré comme « le nec plus ultra de l'affinement de l'information sur la valeur de l'hypothèse de continuité d'exploitation »[3].

L'ensemble des sociétés commerciales, ainsi que les sociétés d'exercice libéral, sont soumis obligatoirement à la formalité de dépôt des comptes annuels dans le délai d'un mois à compter de la décision de l'assemblée des associés ou actionnaires ayant approuvé les comptes de la société.

L'information peut également être obtenue auprès des greffes des tribunaux de commerce. Les registres de publication de sûretés spéciales et de privilèges généraux, ainsi que les registres de protêts sont spécialement utiles à consulter par les partenaires de l'entreprise, qui sont appelés à être ses créanciers.

Ces informations ont pu être qualifiées de techniques de prévention par l'information comptable[4]. On parle aussi de « prévention-détection »[5].

121.12 Publication des privilèges sociaux. La publication obligatoire des privilèges fiscaux (v. s^s^ n° 652.11) et sociaux renforce l'efficacité de l'information comptable.

Les organismes de sécurité sociale, ont, comme le Trésor public, l'obligation, depuis la loi du 10 juin 1994[6], de publier leur privilège, aux fins d'opposabilité à la procédure collective. Jusqu'à la loi de sauvegarde des entreprises, la publication n'était obligatoire qu'à partir de certains seuils. Il a été ainsi jugé que le privilège de la sécurité sociale, dès lors que le seuil de publication (12 000 euros) était atteint, ne peut valablement rester occulte que trois mois. Passé ce délai, le privilège ne conserve plus ses effets, à défaut d'inscription[7].

L'article 70 de la loi de financement de la sécurité sociale pour 2004 du 18 décembre 2003[8] a porté à six mois, suivant la date limite de paiement, l'obligation de publier le privilège de la sécurité sociale, lorsque les sommes dues sont supérieures à 12 000 euros.

Un amendement présenté après l'article 187 à l'occasion du projet de loi de sauvegarde des entreprises[9], emportant modification de l'article L. 243-5 du code de la sécurité sociale, tendait à substituer à l'obligation de publication du privilège pour les sommes impayées depuis un semestre au moins équivalentes à 12 000 euros, l'obligation de publication dès qu'un trimestre de cotisations aurait été impayé, sans montant fixe, ce qui aurait conduit à rendre obligatoire la publication du privilège dans des cas beaucoup plus nombreux, conférant une sorte de mission d'alerte aux Urssaf[10]. L'amendement a été rejeté à l'Assemblée nationale, sur l'observation qu'« il peut y avoir un très grave inconvénient pour une entreprise à se voir ficher quelques semaines seulement après une difficulté qui peut être temporaire »[11].

La commission des lois du Sénat a présenté un amendement identique, par souci de coordination avec la solution retenue pour les privilèges fiscaux.

1. D. n° 67-236, 23 mars 1967, *JO* 24 mars, p. 2843, art. 244; ABROGÉ par : D. n° 2007-431, 25 mars 2007, *JO* 27 mars, p. 5648, art. 3; DEVENU : C. com., art. R. 232-2.
2. J.-CL. COM., Vidal, fasc. 2025, [Prévention des difficultés des entreprises], 2006, n° 14.
3. J.-CL. COM., Vidal, fasc. 2025, [Prévention des difficultés des entreprises], 2006, n° 15.
4. SAINT-ALARY-HOUIN, 9e éd., n°s 126 s.
5. *Rapp. J.-J. Hyest*, n° 335, p. 100.
6. L. n° 94-475 10 juin 1994, préc.
7. Com. 12 juill. 2004, n° 00-15.421, NP.
8. L. n° 2003-1199, 18 déc. 2003, *JO* 19 déc., p. 21641.
9. Amend. n° 247, Interv. Xavier de Roux, *JOAN CR*, 3e séance du 8 mars 2005, p. 1814.
10. Interv. Xavier de Roux, *JOAN CR*, 3e séance du 8 mars 2005, p. 1814.
11. Interv. Perben, *JOAN CR*, 3e séance du 8 mars 2005, p. 1815.

En conséquence, toute notion de seuil a été supprimée. Elle a proposé que le délai de six mois soit redescendu à trois mois[1].

Le texte finalement adopté par la loi de sauvegarde des entreprises prévoit que l'obligation de publication s'impose dans le délai de six mois de la date limite de paiement ou, le cas échéant, de la date de notification de l'avertissement ou de la mise en demeure prévue à l'article L. 244-2 du code de la sécurité sociale, lorsque la créance est constatée lors d'un contrôle organisé en application des dispositions de l'article L. 243-7 du même code. Peu importe en conséquence le montant des cotisations dues[2].

L'article 39 de la loi du 21 décembre 2006 de financement de la sécurité sociale pour 2007[3] est venu à nouveau modifier l'article L. 243-5 du code de la Sécurité sociale, en réintroduisant des seuils d'inscription, différents selon la taille des entreprises. Il a en effet été observé que la publicité obligatoire du privilège dès le premier euro était pénalisante pour les entreprises, dont l'image, et partant le crédit, se trouve détériorée du fait de cette publicité. En outre, la publicité et la radiation sont assurées aux frais du débiteur des cotisations.

Ces seuils sont fixés par décret. Le décret du 25 mars 2007[4] fixe des seuils qui sont calculés en pourcentage du plafond annuel de la sécurité sociale et arrondi à l'euro inférieur. Trois catégories de créance sont distinguées.

Pour les créances dues, à titre personnel, par les travailleurs indépendants, le pourcentage du plafond annuel de la sécurité sociale est de 20 %.

Pour les créances dues par les employeurs occupant moins de 50 salariés, le pourcentage du plafond annuel de la sécurité sociale est de 33 %. Le nombre de salariés est calculé selon les modalités fixées à l'avant dernier alinéa de l'article R. 243-6 du code de la sécurité sociale.

Pour les autres créances, le pourcentage du plafond annuel de la sécurité sociale est de 33 %.

Ces seuils sont applicables dès la publication du décret, soit le 28 mars 2007.

Signalons que jusqu'à la loi du 17 mai 2011[5], l'inscription des créances privilégiées des organismes de sécurité sociale n'était pas exigée, pour leur conservation, à l'égard des personnes physiques exerçant une activité professionnelle indépendante, y compris une profession libérale[6].

Les privilèges sociaux inscrits devront faire l'objet d'une radiation totale de l'inscription devenue sans objet. L'organisme créancier doit en demander la radiation dans un délai d'un mois du paiement (CSS, art. L. 243-5, al. 4).

Signalons l'opinion d'un auteur qui voit, faute de précision dans la loi de sauvegarde, de son application à la procédure de sauvegarde, d'éventuelles difficultés d'application des textes relatifs aux privilèges sociaux[7].

121.13 Publication des privilèges fiscaux et douaniers. La publication obligatoire des privilèges fiscaux (v. aussi ss n° 652.11) est un élément important de l'information comptable.

La loi de sauvegarde des entreprises[8] (art. 185) a étendu la publication obligatoire aux privilèges douaniers (C. douanes, art. 379-*bis*). Le texte adopté par l'Assemblée nationale prévoyait de renvoyer à un décret pour déterminer le seuil à partir duquel l'inscription du privilège serait obligatoire. La loi de sauvegarde des entreprises, à la suite d'un amendement de la commission des lois du Sénat, a supprimé le seuil quantitatif d'inscription du privilège[9], comme elle l'a fait pour le privilège du Trésor public (v. ss n° 652.11). Il suffira que les sommes restent impayées à l'expiration d'un semestre civil.

Sur cet article, la commission des affaires économiques du Sénat a proposé un amendement prévoyant que lorsqu'ils publient leurs créances au greffe, le Trésor public et les organismes de prévoyance et de sécurité sociale adressent également copie de cette déclaration à la Banque de France. « Il s'agit de renforcer l'efficacité de la détection des difficultés des entreprises en rendant systématique la transmission à la Banque de France par les créanciers publics de leurs impayés. La Banque de France alimentera ainsi le fichier bancaire des entreprises dont la mise à jour sera accélérée. »[10] La commission mixte paritaire est cependant revenue sur la solution, et l'amendement n'a finalement pas été retenu.

1. *Rapp. J.-J. Hyest*, n° 35, p. 565.
2. SUR CE RAPPEL : Com. 16 oct. 2012, n° 11-22.750, *Bull. civ.* IV, n° 187 ; *D.* 2012. Actu 2515, note Lienhard ; *Gaz. Pal.* 18 janv. 2013, n° 18, p. 31, note Roussel Galle ; *JCP E* 2012. Chron. 1757, n° 4, obs. Pétel ; *BJE* janv. 2013, comm. 11, note Macorig-Vénier.
3. L. n° 2006-1640, 21 déc. 2006, *JO* 22 déc., p. 19315. – *Adde*, Lienhard, *D.* 2007. Act. lég. 72.
4. *D. n° 2007-459, 25 mars 2007 relatif à la fixation de seuils d'inscription obligatoire du privilège de sécurité sociale, JO 28 mars, p. 5796.*
5. L. n° 2011-525, 17 mai 2011 de simplification et d'amélioration de la qualité du droit, *JO* 18 mai, p. 8537.
6. Com. 16 oct. 2012, n° 11-22.750, préc. (v. ss prést n°).
7. J.-CL. COM., Vidal, fasc. 2025, [Prévention des difficultés des entreprises], 2006, nos 122, 127.
8. L. n° 2005-845, 26 juill. 2005, préc.
9. *Rapp. J.-J. Hyest*, n° 335, p. 551.
10. Avis n° 337 de Christian Gaudin, *Doc. Sénat*, au nom de la commission des affaires économiques, p. 50 et 51.

La loi du 26 juillet 2005 prévoit, en outre, que les privilèges fiscaux (CGI, art. 1929-*quater*, 8-*bis*) et douaniers (C. douanes, art. 379-*bis*, 8-*bis*) inscrits devront faire l'objet d'une radiation totale de l'inscription devenue sans objet, à la demande du comptable compétent, dans le délai d'un mois du paiement. Ainsi, disparaîtra un facteur de fragilisation de l'entreprise, absolument injustifié. Les textes ne précisent pas la sanction de l'inobservation de cette obligation. On peut estimer qu'il y a là une source de responsabilité de l'administration, s'il en résulte pour l'entreprise un préjudice, qu'il lui appartiendra, évidemment, de démontrer.

Signalons l'opinion d'un auteur qui voit, faute de précision dans la loi de sauvegarde, de son application à la procédure de sauvegarde, d'éventuelles difficultés d'application des textes relatifs aux privilèges fiscaux[1].

121.14 Astreinte prononcée pour obliger au dépôt des comptes sociaux. La loi de sauvegarde des entreprises est allée beaucoup plus loin que les législations précédentes en matière d'information comptable, afin, a-t-on dit[2], de conforter la nission de prévention confiée au président du tribunl de commerce. Cette dernière n'est en effet accesble que si les dirigeants déposent leurs compte sociaux annuels au greffe du tribunal. Or plus d50 % des entreprises ne se soumettent pas à cette digation[3]. Un chiffre de 87,7 % a même été avanc. Il existe pourtant une sanction pénale attach au non-dépôt des comptes sociaux, de minime portance il est vrai – amende de 1 500 euros[5]. outre, le commissaire aux comptes est passible une sanction pénale s'il ne révèle pas au minist public le non-dépôt des comptes sociaux[6]. Signans encore que le non-dépôt des comptes sociaux ut engendrer la condamnation du débiteur à répr le préjudice commercial en raison de la concurrence déloyale générée par cette situation[7].

Il a été observé par un praticien avisé que le non-dépôt des comptes sociaux s'explique souvent par le non-paiement des honoraires de l'expert-comptable, indice de la cessation des paiements[8].

L'article L. 123-5-1 du code de commerce, issu de la loi NRE du 15 mai 2001, prévoyait déjà la possibilité pour tout intéressé et le ministère public de contraindre le dirigeant social à la remise des comptes sous astreinte. La formule « tout intéressé » désigne toute personne qui manifeste le désir d'accéder aux comptes sociaux sans qu'il soit nécessaire, a-t-il été estimé, de s'expliquer sur les motifs de cet intérêt et sans que le juge ne puisse faire la part des choses entre l'intérêt légitime et la simple curiosité[9]. Dès lors que la demande peut émaner de tout intéressé, toute personne, sans condition tenant à l'existence d'un intérêt particulier, et sous réserve d'abus, peut la présenter. Il pourra s'agir d'un ancien salarié[10]. La cotation Banque de France ne peut suppléer le dépôt des comptes sociaux[11].

La nouveauté introduite par l'article L. 611-2, II du code de commerce (réd. loi de sauvegarde des entreprises) est de prévoir que le président du tribunal de commerce ou de grande instance peut procéder directement, sans qu'une demande lui soit présentée en ce sens[12], à une injonction au dirigeant d'avoir à déposer ses comptes annuels au greffe, et cela sous astreinte. L'article L. 232-24 du code de commerce, issu de l'article 18, I de la loi du 5 mars 2012, autorise le greffier du tribunal à informer le président du tribunal en cas d'absence de dépôt des documents comptables, ce qui est de nature à renforcer l'effectivité de la mesure d'astreinte. Certaines juridictions utilisent de manière systématique cette possibilité[13].

Seul le dirigeant social peut être destinataire de cette injonction, non son liquidateur amiable[14]. En présence d'un EIRL, il s'agira de l'entrepreneur individuel (C. com., art. R. 611-13, al. 1, réd. D. n° 2014-736, 30 juin 2014, art. 6).

1. J.-CL. COM., Vidal, fasc. 2025, [Prévention s difficultés des entreprises], 2006, n°s 122, 127.
2. *Rapp. Xavier de Roux*, n° 2095, p. 39.
3. Interv. Xavier de Roux, *JOAN CR*, 2e séa du 2 mars 2005, p. 1583.
4. Base Euridile ORT Coface, INPI, *in Rapp. er de Roux*, n° 2095, p. 34.
5. POUR UNE APPLICATION à l'encontre d'une soé d'exercice comptable : T. pol. Maubeuge, 1er oct. 2, *Rev. proc. coll.* 2009/6, 145, p. 26, note Delattre – e, Delattre, « La réponse pénale au non dépôt des cons sociaux », s^s Amiens, ch. corr., 14 déc. 2007, *Rev. prcoll.* 2009/5, p. 16, § 24 – AUSSI : Rép. mir. QE n° 810*JO* 14 sept. 2010, 10074, *Rev. proc. coll.* 2010/6, p. 1° 208, note Delattre.
6. Circ. Crim/2014-10/18.04.2014, Directides affaires criminelles et des grâces, 1 avr. 2014 ive à l'obligation de révélation des fats délictueles commissaires aux comptes, NOR JUSD 1408 C, *BOMJ*, n° 2014-01 – *Adde*, Delatte, obs. *Rev. coll.* 2014, comm. 154.
7. Versailles, 12e ch., 19 mars 2014, RG n° 12/07992, *Rev. proc. coll.* 2014, comm. 155, note Delattre.
8. Delattre, note s^s T. com. Valenciennes, 4 juin 2012, RG n° 2012/002201, *Rev. proc. coll.* 2012, comm. 173.
9. Poitiers, 2e ch. civ., 18 janv. 2011, RG n° 09/01143, *Rev. proc. coll.* 2011, comm. 154, note Delattre.
10. Com. 3 avr. 2012, n° 11-17.130, *Bull. civ.* IV, n° 75; *D.* 2012. Actu 1006, note Lienhard; *Rev. sociétés* 2012. 571, note Reygrobellet; *Rev. proc. coll.* 2012, comm. 175, note Delattre.
11. Bordeaux, 5e ch. civ., 9 mars 2011, RG n° 09/7244; SUR POURVOI : Com. 3 avr. 2012, n° 11-17.130, préc. (v. s^s prés^t n°).
12. *Rapp. J.-J. Hyest*, n° 335, p. 99.
13. Delattre, *Rev. proc. coll.* 2015, comm. 169.
14. Bourges, ch. civ., 15 sept. 2011, RG n° 11/00831, *Rev. proc. coll.* 2012, comm. 174, note Delattre.

Il ne s'agit toutefois pour le président du tribunal que d'une simple faculté, ce qu'un praticien averti a pu regretter[1].

L'ordonnance du 9 décembre 2010[2] portant adaptation du droit des entreprises en difficulté à l'entrepreneur individuel à responsabilité limitée étend l'article L. 611-2, II du code de commerce, en insérant dans cet article un alinéa 2, à tout entrepreneur individuel à responsabilité limitée, qui ne procède pas au dépôt des comptes annuels ou des documents mentionnés au premier alinéa de l'article L. 526-14, à savoir les documents résultant des obligations comptables simplifiées pour les personnes bénéficiant des régimes définis aux articles 50-0, 64 et 102 *ter* du code général des impôts, lorsque l'activité professionnelle à laquelle le patrimoine est affecté est commerciale ou artisanale. L'article R. 611-13, alinéa 1 du code de commerce (réd. D. 30 juin 2014, art. 6) reproduit le visa des documents mentionnés au premier alinéa de l'article L. 526-14 pour les EIRL.

L'article R. 600-2 alinéa 1 code commerce attribue compétence au président du tribunal du lieu du siège du débiteur.

Un amendement d'Arnaud Montebourg tendait à enfermer ce pouvoir de police du président du tribunal dans le délai d'un mois. La commission des lois de l'Assemblée nationale a rejeté cet amendement[3]. La rédaction finale se contente de viser un bref délai pour que le dirigeant s'exécute de son obligation. Pour le surplus, l'article L. 611-2, II alinéa 2 renvoie au décret le soin de préciser le délai à l'expiration duquel, si le débiteur n'a pas déféré à l'injonction présidentielle, il est possible pour le président du tribunal de prononcer une astreinte. L'article R. 611-13, alinéa 1 du code de commerce fixe à un mois ce délai. L'ordonnance du président du tribunal fixe le taux de l'astreinte. Cette ordonnance n'est pas susceptible de recours (C. com., art. R. 611-13, al. 3). L'ordonnance précise la date à laquelle l'affaire sera examinée. Cette ordonnance est notifiée par le greffier au représentant légal de la personne morale. Si la lettre est retournée avec l'indication selon laquelle elle n'a pas été réclamée par son destinataire, le greffier fait procéder à sa signification. Si la lettre est retournée avec l'indication que le destinataire ne se trouve pas à l'adresse indiquée, l'affaire est retirée du rôle. L'article 7 du décret du 30 juin 2014[4] modifie l'alinéa 3 de l'article R. 611-14 du code de commerce pour préciser que le tribunal en informe le ministère public. Puis, comme par le passé, le greffier porte la mention de la cessation d'activité sur le registre du commerce et des sociétés.

Si l'injonction délivrée par le président du tribunal est suivie d'effet, dans les délais impartis, le président du tribunal procède au retrait de l'affaire du rôle de la juridiction (C. com., art. R. 611-15, al. 1).

Si l'injonction n'est pas respectée, le président du tribunal constate le non-dépôt des comptes par un procès-verbal (C. com., art. R. 611-15, al. 2). Il lui appartient de statuer sur la liquidation de l'astreinte (C. com., art. R. 611-16, al. 1). L'ordonnance qui ne comporte ni l'indication du nom ni la signature du greffier est nulle[5]. La décision est signifiée au représentant légal de la personne morale par le greffier. Il s'agira, en présence d'un EIRL, de cet entrepreneur individuel (C. com., art. R. 611-16, al. 4, réd. D. 30 juin 2014, art. 8). La décision rendue est en dernier ressort lorsque le montant de l'astreinte ne dépasse pas le taux de compétence en dernier ressort du tribunal de commerce (C. com., art. R. 611-16, al. 2). Dans le cas contraire, l'appel est ouvert et obéit aux règles de la procédure contentieuse sans représentation obligatoire (C. com., art. R. 611-16, al. 4).

Le déli d'appel est de dix jours, en application de l'article . 661-3, alinéa 1 du code de commerce. Il court à ompter de la notification faite aux parties de la désion[6], sauf dispositions contraires, pour les décisns rendues en application du livre VI du code de mmerce.

Dès le que le ministère public intervient dans cette prédure d'injonction de dépôt des comptes sociaux qualité de partie jointe, il ne peut former un pouri en cassation contre l'arrêt de la cour d'appel nulant l'ordonnance portant injonction pour déft de motivation et absence d'impartialité du juge[7]

Le mcant de la condamnation est versé au Trésor publ Il est recouvré comme en matière des créancesrangères à l'impôt (C. com., art. R. 611-16, al. 3

Une estion prioritaire de constitutionnalité invoquales principes de liberté du commerce et de l'indtrie, de libre concurrence et de liberté d'entrepdre a été jugée non sérieuse, les restrictions imsées par cette possibilité offerte au président du ɔunal de délivrer une injonction de dépôt des coms sous astreinte répondant à un motif

1. Delattre, « Le secret des affaires – La confidentialité des procédures », *Dr. sociétés* 2012, études 2, p. 13.
2. Ord. n° 2010-1512, 9 déc. 2010, *JO* 10 déc., p. 21617.
3. *Rapp. Xavier de Roux*, n° 2095, p. 125.
4. D. n° 2014-736, 30 juin 2014, *JO* 1er juill., p. 10834.
5. Com. sept. 2009, n° 08-14.146, *Bull. civ.* IV, n° 116; *D.* 20(AJ 2422, note Lienhard; *JCP E* 2009. 2067, note Roussalle; *Rev. sociéés* 2010. 90, note Poracchia.
6. RAPPEL cette solution, pour le délai d'appel du représentant diéanciers à l'enontre d'un plan de continuation : Com. c. 1999, nos 9710.498, 97-10.567, NP, *Act. proc. coll.* 25, n° 58.
7. Com. ai 2016, n° 14-0.064, NP.

d'intérêt général de transparence économique. Il en résulte que l'atteinte n'est pas disproportionnée[1].

Une autre question prioritaire de constitutionnalité a été présentée à propos de ce texte, fondée sur la violation du droit à un procès équitable, la violation des droits de la défense et des règles d'encadrement de l'auto-saisine. Elle a été jugée non sérieuse. Cette injonction répond à un double motif d'intérêt général de transparence économique et de détection des difficultés des entreprises. Le risque de pré-jugement est exclu s'agissant de déterminer si les comptes annuels ont été ou non déposés. En outre, la procédure garantit aux dirigeants sociaux un débat contradictoire au stade de la liquidation de l'astreinte et leur offre un recours en réformation ou en cassation, selon le montant de l'astreinte prononcée, à l'encontre de la décision de liquidation de celle-ci de nature à garantir les droits de la défense[2].

Une troisème question prioritaire de constitutionnalité, présentée cette fois devant le Conseil d'État, et portant sur l'absence de garantie entourant la saisine d'office, a été jugée sérieuse et transmise au Conseil Constitutionnel[3].

Une question préjudicielle a également été soulevée[4] tendant à la saisine de la Cour de justice de l'Union européenne sur ce texte, au motif d'une distorsion de concurrence entre les sociétés indépendantes, obligées au dépôt de leur compte, et les simples succursales, établissements secondaires qui n'y sont pas astreints. La juridiction n'y a pas fait droit au motif que le droit européen n'impose pas le dépôt d'une comptabilité analytique, établissement par établissement, mais seulement le dépôt des comptes sociaux de la société intégrant les résultats de l'établissement.

Le président du tribunal dispose en outre de pouvoirs identiques à ceux qu'il a lorsque, ayant convoqué le dirigeant dans le cadre de la procédure d'alerte, celui-ci ne s'est pas rendu à la convocation (v. s[s] n° 122.21).

Un amendement tendant à proposer la possibilité, sur sollicitation du procureur de la République, de garder la confidentialité des comptes avait été présenté à l'Assemblée nationale[5]. Il a rejeté au motif de la garantie des tiers qui traitent avec une entreprise et qui ont le droit de savoir dans quelle situation est leur cocontractant[6]. Il a également été indiqué que « le principe de base de toute économie moderne, c'est tout de même la transparence, en particulier celle des comptes »[7]. Il n'est donc pas possible, après avoir déposé ses comptes, de demander une absence de publicité de ceux-ci[8].

Indiquons que le fait pour le président du tribunal de ne pas avoir utilisé l'injonction de dépôt des comptes sociaux n'a pas d'influence sur la possibilité de poursuivre l'infraction de non-dépôt des comptes sociaux[9].

L'article L. 123-5-1 du code de commerce, qui réglemente le référé-injonction de dépôt des comptes sociaux, prévoit une mesure alternative : la désignation d'un mandataire *ad hoc* chargé de procéder à ce dépôt, qui est parfois utilisée par les juridictions[10].

Signalons que l'ordonnance du 30 janvier 2014[11], complétée par un décret d'application du 15 octobre 2014[12] et d'un arrêté de même date[13] permet aux sociétés commerciales ne dépassant pas certains seuils de joindre au dépôt de leurs comptes sociaux une déclaration de confidentialité afin que les tiers ne puissent prendre connaissance de ces comptes. Cette demande doit être effectuée sous la forme d'une déclaration de confidentialité établie conformément à un modèle type établi par arrêté[14]. Les entreprises ne devront pas dépasser deux des trois seuils suivant pour être concernés par ce dispositif intéressant les micro entreprises :

- total du bilan de 350 000 euros;
- chiffre d'affaires de 700 000 euros;
- nombre de salariés fixé à 10.

Ce dispositif ne supprime pas l'obligation de déposer les comptes sociaux, mais rend possible une absence de publicité de ces comptes sur déclaration

1. Com. 15 janv. 2013, n° 12-40.086 QPC, NP, *Rev. sociétés* 2013. 180, note Roussel Galle; *BJE* mars 2013, comm. 36, note Borga; *Dr. sociétés* 2013, comm. 69, note Legros; *Rev. proc. coll.* 2013, comm. 26, note Delattre; *Rev. sociétés 2013. 338*, note Reygrobellet; *Bull. Joly* avr. 2013, comm. 116, note Parackévova.
2. Com. 3 sept. 2013, n° 13-40.033 QPC, NP; n° 883 F-D, *D.* 2013. Actu 2396, note Lienhard; *Gaz. Pal.* 12 janv. 2014, p. 13, note Rohart-Messager; *Rev. proc. coll.* 2013, comm. 153, note Delattre; *Bull. Joly* janv. 2014, p. 7, note Roussille.
3. CE 6 avr. 2016, req. n° 396364 QPC.
4. T. com. Lorient, ord. prés., 5 août 2015, RG n° 201500186, *Rev. proc. coll.* 2015, comm. 170, note Delattre.
5. Amend. n° 333, Interv. Jean-Michel Bertrand, *JOAN CR*, 3e séance du 8 mars 2005, p. 1807.
6. Interv. Xavier de Roux, *JOAN CR*, 3e séance du 8 mars 2005, p. 1807.
7. Interv. Perben, *JOAN CR*, 3e séance du 8 mars 2005, p. 1807.
8. T. com. Valenciennes, ord. prés., 1er avr. 2011, n° 33, *Rev. proc. coll.* 2011, comm. 153, note Delattre.
9. T. pol. Valenciennes, 1er avr. 2011, RG n° 54/2011, *Rev. proc. coll.* 2011, comm. 152, note Delattre.
10. AINSI : Douai, 2e ch., 2e sect., 30 oct. 2012, RG n° 11/06211 – Douai, 2e ch., 2e sect., 30 oct. 2012, RG n°s 11/06219, 11/06220, 11/06221, *Rev. proc. coll.* 2012, comm. 176, note Delattre.
11. Ord. n° 2014-86, 30 janv. 2014, *JO* 1er févr., p. 1915.
12. D. n° 2014-1189, 15 oct. 2014, préc.
13. Arr. 15 oct. 2014 relatif à l'allégement des obligations de publicité des comptes annuels des micro-entreprises, *JO* 17 oct., p. 17235, NOR : JUSC1405237A.
14. C. com., art. A. 123-61-1, ann. 1-5-1.

du débiteur[1]. Une fausse déclaration pour obtenir une déclaration restreinte est une infraction, celle de faux et usage de faux (C. pén., art. 441-1). Le greffier du tribunal doit la révéler[2].

La loi du 6 août 2015[3], dite loi Macron (art. 213) assouplit à nouveau le dispositif en matière de dépôt des comptes sociaux, en permettant aux sociétés répondant à la définition des petites entreprises, au sens de l'article L. 123-16 du code de commerce, à l'exception des sociétés faisant partie d'un groupe, de demander que les comptes de résultat ne soient pas rendus publics[4].

1. Delattre, obs. *Rev. proc. coll.* 2014, comm. 151 à 153.
2. T. com. Valenciennes, greffier, 3 nov. 2015, *Rev. proc. coll.* 2015, comm. 171, note Delattre.
3. L. n° 2015-990, 6 août 2015 pour la croissance, l'activité et l'égalité des chances économiques, *JO* 7 août, p. 13537, dite loi Macron.
4. Delattre, *Rev. proc. coll.* 2015, comm. 172.

CHAPITRE

122. Procédures d'alerte

SECTION 0

ORIENTEUR

122.00 **Plan du chapitre.**

Sect.	122.10	Règles communes aux procédures d'alerte
Sect.	122.20	Alerte par le président du tribunal
Sect.	122.30	Alerte par le commissaire aux comptes
Sect.	122.40	Alerte par le comité d'entreprise
Sect.	122.50	Pseudo alerte par les associés
Sect.	122.60	Alerte par le groupement de prévention agréé

122.01 **Textes applicables.** (V. les références complètes s^s n° 011).

C. trav., art. L. 2313-14 (anc^t L. 422-4); L. 2323-78, L. 2323-79, L. 2323-80, L. 2323-81, L. 2323-82 (anc^t L. 432-5)

> Législation antérieure à la loi de sauvegarde des entreprises.

C. com., art. R. 234-1 à R. 234-4 (anc^t D. n° 67-236, 23 mars 1967, art. 251-1)

L. 1er mars 1984, art. 43 (texte non codifié dans le code de commerce)

C. com., art. R. 612-4 (anc^t D. n° 85-295, 1er mars 1985, art. 35)

D. n° 85-910, 27 août 1985

> Législation issue de la loi de sauvegarde des entreprises.

C. com., art. L. 234-1, L. 234-2, L. 234-4; L. 611-1, L. 611-2, L. 612-3, L. 612-5

C. com., art. R. 600-2, al. 1 (anc^t D. n° 2005-1677, 28 déc. 2005, art. 2, al. 1), D. 611-1 à D. 611-9, R. 611-10 à R. 611-17 (anc^t, D. n° 2005-1677, 28 déc. 2005, art. 3 à 10), R. 612-4 (anc^t, D. n° 2005-1677, 28 déc. 2005, art. 47), R. 612-6 (anc^t, D. n° 2005-1677, 28 déc. 2005, art. 48), R. 612-7 (anc^t, D. n° 2005-1677, 28 déc. 2005, art. 49)

D. n° 2005-1677, 28 déc. 2005, art. 352

> Législation issue de l'ordonnance du 18 décembre 2008.

C. com., art. L. 234-1, L. 234-2, L. 234-4; L. 611-1, L. 611-2, L. 612-3, L. 612-5

C. com., art. R. 600-2, al. 1, D. 611-1 à D. 611-9, R. 611-10 à R. 611-17, R. 612-4, D. 612-5, R. 612-6, R. 612-7

> Législation issue de l'ordonnance du 12 mars 2014.

C. com., art. L. 234-1, L. 234-2, L. 234-4; L. 611-1, L. 611-2, L. 611-2-1, L. 612-3, L. 612-5

C. com., art. R. 611-10, R. 611-10-1, R. 611-11

122.03 **Bibliographie indicative.** (V. les références complètes s^s n° 031).

> Actualisables. Avant LSE : RÉP. COM., Chaput Y., « Entreprises en difficulté (Prévention et règlement amiable) », n°s 61 à 157 – J.-CL. COM., Vidal D., fasc. 2025, [Prévention des difficultés des entreprises], n°s 23 à 157 – Après LSE : J.-CL. COM., Vidal D., fasc. 2025, [Prévention des difficultés des entreprises], 2006 – *Joly sociétés*, François B., « Procédures d'alerte », 2007.

> Ouvrages antérieurs à la loi de sauvegarde des entreprises. Abbou Ouaki K., *L'alerte du président du tribunal de commerce à l'égard du dirigeant d'entreprise en difficultés*, thèse, Paris V, 2004 – CHAPUT, n°s 37 à 106 – GUYON, n°s 1044 à 1062 – JACQUEMONT, n°s 47 à 66 – KERCKHOVE, n°s 131 à 167 – LE CANNU, n°s 444 à 468 – LE CORRE-BROLY, n° 15 – MARTIN ET VALLENS, n°s 2348 à 2377 – Paillusseau J. et Petiteau G., *Les difficultés des entreprises : Prévention et règlement amiable*, « U », A. Colin, 1985 – PÉROCHON ET BONHOMME, n°s 21 à 46 – PÉTEL, n°s 25 à 29 – RIPERT ET ROBLOT, n°s 2832 à 2837 – SAINT-ALARY-HOUIN, n°s 124 à 187 – SOINNE, n°s 64 à 95 – VALLANSAN, p. 5 et 6, 14 à 16.

> Ouvrages postérieurs à la loi de sauvegarde des entreprises du 26 juillet 2005. COQUELET, 5e éd., n°s 23 à 41 – GIBIRILA, n°s 41 à 110 – JACQUEMONT ET VABRES, 9e éd., n°s 63 à 82 – LE CANNU, 7e éd., n°s 25 à 66 – LIENHARD, 6e éd., n°s 14.11 à 14.33 – PÉROCHON, 10e éd., n°s 44 à 89 – PÉTEL, 8e éd., n°s 27 à 31 – ROUSSEL GALLE, n°s 40 à 48, 54 et 55 – SAINT-ALARY-HOUIN, 9e éd., n°s 171 à 238 – SORTAIS J.-P., *Entreprises en difficulté : Les mécanismes d'alerte et de conciliation*, Revue Banque, 2007 – VALLANSAN *ET ALII*, 5e éd., p. 35 à 39 – VALLENS, 2015, n°s 2767 à 2801 – VIDAL ET GIORGINI, 1re éd., n°s 151 à 277 – VOINOT, 2007, n°s 180 à 182, 187 à 200.

> Article.

› *Étude censenble.* Armand-Prevost M., « La prévention et ses risques », *RJ com.* 2003, n^o sp., p. 13 – Favario Th., « L'extension du domaine de l'alerte », *BJE* mai 2014, 172 – Grelon B « Le temps de la prévention », *RJ com.* 2003, n° sp. p. 48 – Lesaulnier A., « Les diligences du greffier du tribunal de commerce dans le cadre de la détection des difficultés des entreprises », *Rev. proc. coll.* 2014, étude 32 – Modat Ph., « Les cellules de prévention : l'efficacité n'est pas contraire à la loi », *Rev. proc. coll.* 2011, étude 10, p. 28 – Neau-Leduc Ch., « Brèves remarques d'actualité sur les procédures collectives, les salariés et les groupes de sociétés », *Rev. proc. coll.* 2011, Colloque 5, p. 45 – Picard M., « Le mandat *ad hoc* un instrument à redécouvrir », *LPA* 14 juin 2007, n° 119, p. 7 – Raibaut J. « Une politique juridictionnelle : la prévention des difficultés d'entreprises », *Rev. proc. coll.* 2009/6, 20, p. 73 – Reins A., « État des lieux et propositions des acteurs de la prévention en France », *RJ com.* 2003, n° sp. p. 25.

› *Comité d'entreprise.* Blaise H., « La sauvegarde des intérêts des salariés dans les entreprises en difficultés », *Dr. soc.* 1985. 449 – Donnette A., « Exercice du droit d'alerte et étendue du pouvoir d'appréciation du comité d'entreprise : les doutes dissipés ? », *Lamy dr. aff.* avr. 2011, n° 59, p. 51; « L'alerte du comité d'entreprise : une liberté surveillée », *BJE* juill. 2012, Doctr. 116 – Vatinet R., « Le rôle du comité d'entreprise dans les procédures d'alerte », *JCP E* 1985. II. 14521.

› *Commissaire aux comptes.* du Pontavice E., « Le nouveau rôle du commissaire aux comptes et l'alerte du tribunal de commerce », *RJ com.* 1986, n° sp., n° 2, p. 53 – Guyon Y., « Le rôle de prévention des commissaires aux comptes », *JCP E* 1987. II. 15066 – Liénard A., « La responsabilité du commissaire aux comptes dans le cadre de la procédure d'alerte », *Rev. proc. coll.* 1996, p. 1 – Montéran Th., « La procédure d'alerte filante des commissaires aux comptes issue de la loi de simplification du droit », *Gaz. Pal.* 8 juill. 2011, n° 189, p. 7 – Paillusseau J., « L'alerte du commissaire aux comptes dans la SAS – La notion de compatibilité dans le droit de la SAS », *JCP E et A* 2000, com. 1697 – Soinne B., « La procédure d'alerte instituée par la loi du 1er mars 1984 et la mission du commissaire aux comptes », *JCP E* 1985. II. 14653 – Zattara-Gros, « Les commissaires aux comptes et les difficultés des entreprises », *Gaz. Pal.* 2012, étude 2494.

› *Président du tribunal.* Faure P. et Faure C, « De la nécessité d'une information pertinente du président du tribunal de commerce », *Cah. dr. entr.* n° 4 juill./août 2016, p. 23 – Haëhl J.-P., « La consécration du droit d'alerte du président », *LPA* 30 sept. 1994, p. 13 – Rohart-Messager I., « La prévention-détection par les présidents des tribunaux de commerce », *Gaz. Pal.* 8-10 janv. 2010, nos 8 et 9, p. 5.

122.04 Questions essentielles.

- À quoi sert une procédure d'alerte ?
* V. ss n° 122.11.
- Quand déclencher la procédure d'alerte ?
* V. ss n° 122.11.
- Qui peut déclencher la procédure d'alerte ?
* V. ss nos 122.21 à 122.41.
- L'alerte du comité d'entreprise est-elle discrétionnaire ?
* V. ss n° 122.41.

SECTION 122.10
RÈGLES COMMUNES AUX PROCÉDURES DALERTE

122.11 Règles communes aux procédure d'alerte. La procédure d'alerte est réglementée, sou l'empire de la législation antérieure à la loi de sauvegarde des entreprises, par les articles L. 611-2 du code de commerce (anct L. 1er mars 1984, art. 34) et L. 234-1, 2 et 4 et 35-1 à 35-4 du décret du 1er mars 1985. Depuis cette loi, l'article L. 611-2, I du code de commerce, les articles L. 234-1, 2 et 4 du même code, les articles R. 600-2, al. 1, R. 612-4, R. 612-6, R. 612-7, et l'article 352 du décret du 28 décembre 2005 contiennent cette réglementation.

Elle s'applique à toute société commerciale, groupement économique, ou entreprise individuelle commerciale ou artisanale. La chambre sociale de la Cour de cassation a admis l'application de la procédure d'alerte aux entreprises de sécurité sociale[1].

Par rapport aux procédures de sauvegarde, de redressement ou de liquidation judiciaire, le texte apparaît plus restrictif, puisqu'il ne vise pas les entreprises agricoles, les professionnels indépendants et les personnes morales de droit privé autres que celles strictement visées, alors que ces dernières pouvaient bénéficier de la procédure d'alerte avant la loi de sauvegarde. Cette exclusion par omission semble s'expliquer par la volonté discutable d'éviter, pour les professionnels libéraux, un conflit avec les autorités de tutelle[2].

La procédure d'alerte est destinée à informer le chef d'entreprise et les organismes sociaux, éventuellement, de tous faits de nature à compromettre la continuité de l'exploitation, selon le concept suggéré par le Professeur Paillusseau[3], afin que le chef d'entreprise prenne les mesures nécessaires avant qu'il ne soit trop tard. Il s'agit de faire prendre conscience aux organes sociaux des difficultés rencontrées par l'entreprise et de la nécessité de prendre les mesures nécessaires pour les surmonter.

Jusqu'à la loi du 1er mars 1984[4], l'hypothèse de continuité de l'exploitation « est rangée au magasin des principes comptables fondamentaux ». Avec cette loi, il « devient un critère opérationnel de l'application de certains mécanismes juridiques »[5].

Le principe de continuité de l'exploitation est identifié par la doctrine comptable comme nécessaire à l'équilibre et à la pertinence du système comptable[6]. Selon l'article L. 123-20 du code de commerce, le commerçant est présumé poursuivre ses activités pour l'établissement de ses comptes annuels. Ce principe précède chronologiquement et logiquement les premières mesures de détection des difficultés de

1. Soc. 19 févr. 2002, n° 00-14.776, *Bull. civ.* V, n° 70; *RTD com.* 2002. 720, n° 1, obs. Macorig-Venier.
2. PÉROCHON, 9e éd., n° 46.
3. Paillusseau, « Qu'est-ce qu'une entreprise en difficulté ? », *RJ com.* 1976, sept.-oct., p. 259, sp. p. 266.
4. L. n° 84-148, 1er mars 1984, *JO* 2 mars, p. 751.
5. VIDAL, 2006, n° 20.
6. VIDAL et GIORGINI, n° 115.

l'entreprise[1]. La détection des difficultés consistera à identifier les événements qui pourraient amener l'entreprise à ne pas continuer son exploitation[2].

La procédure d'alerte, telle qu'elle était conçue par la loi du 1er mars 1984, s'est révélée être un échec, tenant pour l'essentiel à la concentration du droit d'alerte sur le commissaire aux comptes[3].

À l'occasion de la réforme du 10 juin 1994[4], des tentatives ont été effectuées pour étendre la saisine à d'autres personnes que les organes de la personne morale. Ces tentatives ont partiellement échoué. Le droit d'alerte repose toujours essentiellement sur le commissaire aux comptes qui, en la matière, a un devoir légal dans les sociétés commerciales, mais il peut aussi avoir pour origine le comité d'entreprise.

La loi de sauvegarde des entreprises[5] s'est efforcée de renforcer les pouvoirs d'alerte du commissaire aux comptes et l'information des représentants du personnel[6].

SECTION 122.20
ALERTE PAR LE PRÉSIDENT DU TRIBUNAL

122.21 Alerte par le président du tribual[7]. Selon l'article L. 611-2, I du code de commerc, le président du tribunal de commerce peut cclencher l'alerte « lorsqu'il résulte de tout acte, doıment ou procédure, qu'une société commerciale, ı groupement d'intérêt économique, ou une entrrise individuelle, commerciale ou artisanale conrit des difficultés de nature à compromettre la coinuité de l'exploitation ». La solution n'existe plı semble-t-il à la suite d'un oubli, pour les présidende tribunaux de grande instance[8], ce qui rend ipplicable l'alerte par le président du tribunal auxersonnes morales de droit privé non commerçantaux agriculteurs et aux professionnels indépendas, notamment les professionnels libéraux, alors e l'article L. 611-5 du code, dans sa rédaction anieure à la loi de sauvegarde, reconnaissait ce droi'alerte au président du TGI pour les personnes rales non commerçantes. La solution est à déplorElle serait spécialement utile pour les professionnels libéraux[9], qui ont pris la mauvaise habitude d'accumuler des retards fiscaux et sociaux. Il a même été suggéré de créer un droit d'alerte confié au bâtonnier de l'ordre[10], pour les avocats, professionnels libéraux assez affectés par les difficultés d'entreprises.

L'article 2-1 de la loi du 2 janvier 2014[11], habilitant le Gouvernement à prendre par voie d'ordonnance toute mesure relevant du domaine de la loi afin, en application du a, d'élargir le champ d'application des mesures de prévention, notamment en permettant au président du tribunal de grande instance de recourir au mécanisme de l'alerte, permet de réparer cet oubli. Pour cela, est créé par l'ordonnance du 12 mars 2014[12] un article L. 612-2-1, rendant applicables les dispositions du I de l'article L. 611-2 aux personnes morales de droit privé et aux personnes exerçant une activité professionnelle agricole ou indépendante, y compris une profession libérale. Le tribunal de grande instance est compétent et son président exerce les mêmes pouvoirs que ceux attribués au président du tribunal de commerce.

L'article 2 de l'ordonnance du 12 mars 2014 prévoit un dispositif particulier pour les personnes physiques, avocats, administrateurs judiciaires, mandataires judiciaires et les officiers publics et ministériels. Pour eux, le président du tribunal de grande instance procédera uniquement à l'information, sur les difficultés portées à sa connaissance, de l'ordre professionnel ou de l'autorité compétente dont elles relèvent. La solution se justifie, non pas tant au regard de l'article 47 du code de procédure civile et du déclinatoire de compétence qu'il autorise au profit des auxiliaires de justice, que par le souci de préserver l'indépendance de ces professionnels[13]. La solution présente néanmoins un inconvénient de taille, spécialement pour les avocats, alors que cette profession est très exposée aux difficultés d'entreprises et que le système d'information aurait pu être pertinent. On aurait pu imaginer une exception au jeu de l'article 47 du code de procédure civile, en ce cas, pour autoriser le président du tribunal de grande instance dans le barreau auquel ils sont rattachés, à les convoquer à un entretien.

1. J.-CL. COM., Vidal, fasc. 2025, [Préventioes difficultés des entreprises], 2006, nº 2.
2. RAPPR. : J.-CL. COM., Vidal, fasc. 2025, [Préıon des difficultés des entreprises], 2006, nº 4.
3. SAINT-ALARY-HOUIN, 9e éd., nº 171.
4. L. nº 94-475, 10 juin 1994, *JO* 11 juin, p. 0.
5. L. nº 2005-845, 26 juill. 2005, préc.
6. *Rapp. J.-J. Hyest*, nº 335, p. 148.
7. Statistiques du tribunal de commerce de, de 2002 à avril 2004 – Beder, « Prévention et détectuprès du tribunal de commerce », *Rev. proc. coll.* 20(179.
8. Macorig-Venier, *RTD com.* 2005. 829, – LE CANNU, 7e éd., nº 55 – Rép. Service de documen et d'études de la Cour de cassation, Q/R nº 7, *D.* , dern. act. p. 715.
9. Rohart-Messager, « La prévention-détection par les présidents des tribunaux de commerce », *Gaz. Pal.* 8-10 janv. 2010, nos 8, 9, p. 5 s., sp. p. 8.
10. De Belval et Joly, « Pour un droit d'alerte du bâtonnier en cas de difficultés des avocats », *Gaz. Pal.* 2012, libres propos, p. 2031.
11. L. nº 2014-1, 2 janv. 2014, *JO* 3 janv., 50.
12. Ord. nº 2014-326, 12 mars 2014, portant réforme de la prévention des difficultés des entreprises et des procédures collectives, *JO* 14 mars, 5249.
13. Rapport au président de la République sur l'ordonnance nº 2014-326 du 12 mars 2014, p. 2.

En 2002, les présidents des tribunaux de commerce ont adressé aux chefs d'entreprise 11 379 convocations. De 1996 à 2004, les présidents de tribunaux de commerce de Paris, Nanterre et Créteil ont procédé à plus de 37 000 convocations[1]. Il a cependant été relevé que seules de rares juridictions consulaires mettent en œuvre cette mesure, soit seulement 20 %. Le caractère facultatif de cette convocation, laissée à l'appréciation du seul président du tribunal, explique cette distorsion entre les juridictions[2].

Marginale à l'origine, l'alerte par le président du tribunal a été « propulsée au 1er rang » par l'article L. 611-2 du code de commerce, depuis la loi de sauvegarde des entreprises[3]. Au cours des années 2008 et 2009, on annonce la tenue d'environ 45 000 entretiens présidentiels par an[4].

La décision du président du tribunal par laquelle il procède à la convocation du dirigeant s'inscrit dans l'exercice d'un pouvoir propre d'informations, lui permettant de recueillir, s'il l'estime utile, des renseignements sur la situation de l'entreprise, avant qu'il ne soit statué sur l'ouverture d'une procédure collective[5], et peut-être, dans une vision préventive de cette prérogative, afin d'éviter qu'il n'ait à statuer sur l'ouverture de la procédure collective.

Cette procédure pourra être déclenchée à partir des informations très importantes et précises dont le président de la juridiction a directement connaissance, par le biais des divers registres d'inscription du greffe de sa juridiction. Le *vade mecum* de la prévention judiciaire, présenté sous l'impulsion de la Conférence générale des tribunaux de commerce, recense les « clignotants » internes à l'entreprise sur lesquels s'appuient communément les greffes des tribunaux de commerce pour avertir le président du tribunal : les inscriptions de nantissements et de privilèges, la perte de plus de la moitié du capital social, les capitaux propres devenus négatifs, l'absence de dépôt annuel des comptes sociaux, les injonctions de payer à répétition, les assignations en redressement judiciaire laissées sans suite par paiement à la barre et les demandes de prorogation de la date d'assemblée générale ordinaire pour adopter les comptes[6].

La procédure pourra aussi avoir pour origine le commissaire aux comptes qui informe le président de la juridiction compétente, à l'occasion d'une procédure d'alerte qu'il aurait déclenchée.

Le président de la juridiction fait convoquer à un entretien confidentiel le chef d'entreprise, par les soins du greffier, sous la forme d'une lettre recommandée avec demande d'avis de réception, doublée d'un courrier simple. L'adaptation du livre VI du code de commerce aux EIRL a conduit le décret du 30 juin 2014[7] à indiquer que cette lettre précise la dénomination de l'activité professionnelle exercée par l'entrepreneur individuel à responsabilité limitée (C. com., art. R. 611-10, réd. D. 30 juin 2014, art. 3, 2°).

Le ton du courrier doit être ferme et précis, tout en étant rassurant, car il ne faut pas faire fuir le dirigeant, mais au contraire l'inciter à se rendre à la convocation[8]. Le juge de la prévention doit « conjuguer le comminatoire et le chaleureux »[9]. Une bonne pratique consisterait à ce qu'il accueille personnellement le dirigeant et le reçoive en civil, non en robe. Il n'est pas là dans son rôle de juge[10].

Même s'il a pu être jugé que cette décision du président du tribunal n'est pas un jugement au sens de l'article 455 du nouveau code de procédure civile[11], il n'en deneure pas moins que le président du tribunal doit,en application de l'article R. 611-10 du code commerce, joindre à la convocation une note par laquile il expose les faits motivant son initiative. Cet procédure semble s'inscrire dans la nouvelle forrion du « juge-entraîneur »[12]. La convocation doiêtre reçue au moins un mois avant la date de l'enttien. Il faut donner au dirigeant le temps de préper des arguments de réponse aux questions du présent. Ce délai s'explique par le respect du principde contradiction, même si la convocation ne s'inst pas dans un procès. Il faut en effet tenir comptes conséquences possibles de l'entretien, qui peunt être graves pour l'entreprise concernée[13].

Cettenvocation a pour objet d'envisager les mesuresopres à redresser la situation. *A priori*, la mission président n'est pas de suggérer des solu-

1. Observatoire de la Chambre de commerce et d'industrie de Paris, cité par Alexandre-Caselli, « Procédures de défaillance de prévention : données factuelles » : *JCP E* 2005. 1518, p. 1787.
2. *Rapp. J.-J. Hyest*, n° 335, p. 96.
3. PÉROCHON, 10e éd., n° 84.
4. Rohart-Messager, « La prévention-détection par les présidents des tribunaux de commerce », préc., p. 5.
5. J.-CL. COM., Vidal, fasc. 2025, [Prevention des difficultés des entreprises], 2006, n° 114.
6. *Rapp. ier de Roux*, n° 2095, p. 123 – *Adde*, Rohart-Messa « La prévention-détection par les présidents des tribunde commerce », préc., sp. p. 6.
7. D. n° 2-736, 30 juin 2014, *JO* 1er juill., p. 10834.
8. Rohartssager, « La prévention-détection par les présidents ctibunaux de commerce », préc., sp. p. 7.
9. Drumn Rapport au Congrès National des tribunaux de comm, « Les modes alternatifs de règlement des conflitVersailles, 20 nov. 2009.
10. Rohartssager, « La prévention-détection par les présidents ribunaux de commerce », préc., sp. p. 7.
11. Paris, ai 1998, RG n° 96/87081.
12. SAINT-/-HOUIN, 9e éd., n° 233.
13. Roussile, 2e éd., 2007, n° 76 – *Adde*, Rohart-Messager, « La ption-détection par les présidents des tribunaux de coice », préc., sp. p. 7.

tions[1]. Il n'est pas question de conseiller[2], mais d'amener le dirigeant à mesurer les difficultés, de l'« alerter » sur celles-ci. Il s'agit de « conscientiser » le ou les responsables de l'entreprise[3]. Il a été relevé que dans un cas, celui de la perte de plus de la moitié des capitaux propres, cette convocation pourra faciliter les mesures de régularisation[4].

Si la procédure d'alerte intéresse un professionnel libéral soumis à un ordre ou à une autorité compétente, ce qui est possible depuis l'ordonnance du 12 mars 2014 (C. com., art. L. 611-2-1), il est prévu que la note du président du tribunal de grande instance exposant les difficultés de nature à compromettre la continuité de l'exploitation du professionnel est transmise par lettre recommandée avec demande d'avis de réception, par le greffier au représentant légal de l'ordre ou de l'autorité compétente dont relève l'intéressé. Le représentant de l'ordre ou de l'autorité compétente est invité à faire connaître au président du tribunal, dans la même forme, les suites données à cette information dans le délai d'un mois (C. com., art. R. 611-10-1, réd. D. 30 juin 2014, art. 4). Cela pourra, le cas échéant, permettre au président du tribunal d'adresser une note au parquet s'il estime que le professionnel libéral est en état de cessation des paiements.

Pour réaliser correctement sa mission, le juge de la prévention doit avoir les connaissances suffisantes en comptabilité pour appréhender exactement la situation. Il doit également être performant en droit des entreprises en difficultés, pour expliquer au dirigeant les outils de la prévention, dont il peut disposer pour régler ses difficultés[5]. Les tribunaux les plus importants ont des juges délégués à la prévention.

À l'issue de l'entretien, qui depuis le décret du 12 février 2009 (art. 2), doit se tenir hors la présence du greffier, le président dresse un procès-verbal, signé de tous les participants, qui ne mentionne, aux termes de l'article R. 611-11 du code de commerce, dans un souci de confidentialité, que la date, le lieu de l'entretien et les personnes qui y sont présentes. Ce procès-verbal fait l'objet d'un dépôt au greffe, mais ne peut être communiqué qu'aux autorités judiciaires ou aux personnes interrogées.

Le dépôt au greffe de ce procès-verbal s'impose que l'entretien ait eu ou non lieu. En ce dernier cas, il s'agit d'un procès-verbal de carence (C. com., art. *R. 611-11, al. 3).*

L'article 5 du décret du 30 juin 2014 précise, en présence d'un EIRL, que ce procès-verbal doit indiquer la dénomination utilisée par l'entrepreneur individuel à responsabilité limitée pour l'exercice de l'activité professionnelle concernée.

Il se peut que seul l'entretien soit confidentiel, non la convocation, ce qui peut poser problème à l'intérieur de l'entreprise, toute convocation devant le président de la juridiction risquant d'alerter les salariés. Il a été justement souligné que la convocation devait rester confidentielle à l'intérieur-même de l'enceinte du tribunal, en évitant des convocations affichées par nom d'affaires et en préférant l'affichage par numéro, le dirigeant étant informé, dans la réception de la convocation, du numéro sous lequel son affaire sera appelée[6]. Dans la mesure du possible [tribunaux de petite et moyenne importance], ces entretiens devraient se tenir à des jours auxquels le tribunal n'a pas audience d'affaires contentieuses, afin d'éviter au dirigeant des rencontres avec des partenaires contractuels, qui seraient sources de questions autour de sa présence dans l'enceinte de la juridiction[7]. En tout cas, il importe qu'il n'y ait pas d'affichage des affaires dans les couloirs du tribunal, et qu'elles ne soient pas appelées nominativement, comme à une audience de rôle de la juridiction[8].

Après l'entretien, afin de compléter son information ou la vérifier, le président du tribunal peut s'adresser au commissaire aux comptes, au personnel, ainsi qu'aux administrations, sans possibilité pour ces personnes, de lui opposer le secret professionnel, mais pour une durée limitée à un mois à partir de la date fixée pour l'entretien. Ce droit de communication semblait, avant la loi de sauvegarde des entreprises, présupposer que l'entretien ait lieu. Or, dans un nombre significatif de cas, le dirigeant ne se rendait pas à la convocation. Ainsi, en 2002, 59 % des convocations adressées par le président du tribunal de commerce de Paris ont abouti à un entretien[9]. Il avait été suggéré de repenser le mécanisme[10]. La lettre du décret qui autorise la technique du procès-verbal de carence et qui ouvre également le droit de communication, semblait impuissante à réparer la malfaçon législative, car il était difficilement admissible d'assortir le secret professionnel d'une levée, alors que sa violation est pénalement répréhensible, dès lors que l'obligation de communica-

1. RAPPR. : GUYON, n° 1061.
2. Rohart-Messager, « La prévention-détection par les présidents des tribunaux de commerce », préc., p. 5.
3. LE CANNU, 7ᵉ éd., n° 58.
4. LE CANNU, 7ᵉ éd., n° 58.
5. Rohart-Messager, « La prévention-détection par les présidents des tribunaux de commerce », préc., sp. p. 6.
6. Rohart-Messager, « La prévention-détection par les présidents des tribunaux de commerce », préc., sp. p. 7.
7. Rohart-Messager, « La prévention-détection par les présidents des tribunaux de commerce », préc., sp. p. 7.
8. Badillet « Pratiques parisiennes en matière de traitement prévent des difficultés des entreprises », *Gaz. Pal.* 11-12 mai 2011, p. 7.
9. *Rapp. J. Hyest*, n° 335, p. 96.
10. PÉROCHON ET BONHOMME, 6ᵉ éd., n° 45.

tion ne résultait pas de la loi elle-même, mais du décret[1].

La réforme du 26 juillet 2005 a tenu compte de cette malfaçon en accordant au président du tribunal des pouvoirs identiques, que l'entretien ait ou non eu lieu. Il lui sera en conséquence possible d'obtenir, en en faisant la demande avant expiration du délai du mois qui suit la date prévue pour l'entretien ou l'établissement du procès-verbal de carence (C. com., art. R. 611-12), des renseignements du commissaire aux comptes, des membres et représentants du personnel, des administrations publiques et des organismes de sécurité et de prévoyance sociales, ainsi que des services chargés de la centralisation des risques bancaires des incidents de paiement, même dans l'hypothèse où les dirigeants de l'entreprise ne se sont pas rendus à la convocation (C. com., art. L. 611-2, I, al. 2, réd. loi de sauvegarde des entreprises). La disposition a d'ailleurs été reprise à l'article 145-A du livre des procédures fiscales et autorise l'administration à communiquer toutes les informations utiles : éléments du bilan ou du compte de résultat, et par exemple le chiffre d'affaires, le résultat, les éléments relatifs aux dettes fiscales[2]. Observons que ce droit de communication ne s'étend pas aux établissements de crédit[3], lesquels peuvent donc – et même doivent à notre sens – opposer le secret bancaire.

Le droit pour le président du tribunal de solliciter des informations, sans pouvoir se voir opposer le secret professionnel, suppose que la demande soit présentée dans le mois de l'entretien ou, sous le régime de la loi de sauvegarde des entreprises, de l'établissement du procès-verbal de carence. Au-delà de ce délai du mois, les personnes interrogées ne sont plus tenues de répondre[4].

Si, dans l'immédiat, les dirigeants et leur entreprise n'encourent pas de sanction à ne pas se rendre à la convocation, l'image de ces derniers par le tribunal sera ternie et le tribunal pourrait en conserver la mémoire, dans une procédure collective ultérieure, à l'heure de la recherche de responsabilités pécuniaires des dirigeants. Au contraire, la participation des dirigeants à ces mesures de prévention constituera pour eux un point positif, qui pourrait leur permettre de bénéficier d'une certaine clémence, à l'heure des sanctions, dans une procédure collective[5]. Mais encore faut-il, pour cela, que l'entretien avec le président soit suivi d'effet et que le dirigeant social ne continue pas son activité déficitaire[6]. En outre, en présence d'éléments d'information inquiétants, le président du tribunal pouvait faire procéder à une saisine d'office de la juridiction, aux fins d'envisager l'ouverture d'un redressement ou d'une liquidation judiciaire[7], jusqu'à ce que l'inconstitutionnalité de la saisine d'office soit affirmée.

En outre, le fait de pas se rendre à la convocation, élément complété par des injonctions de payer, des inscriptions de privilèges ou le non dépôt des comptes sociaux, pourront amener le président du tribunal à transmettre les informations au parquet pour envisager une saisine aux fins d'ouverture d'une procédure collective[8]. C'est depuis l'inconstitutionnalité de la saisine d'office, la seule possibilité offerte au président.

Il convient encore de signaler que des cellules de prévention détection ont été mises en place dans bon nombre de régions. La participation des présidents de tribunaux de commerce à ces cellules occultes génère un risque de partialité, car le président a connaissance d'informations dont il pourrait faire usage ensuite dans le cadre de procédures judiciaires[9].

SECTION 122.30 ALERTE PAR LE COMMISSAIRE AUX COMPTES

122.31 Domaine de l'alerte par le commissaire aux comptes. La procédure d'alerte apparaît comme le prolongement naturel du rôle du commissaire aux comptes : il n'agit plus seulement dans l'intérêt des dirigeants et associés, mais encore de toutes les personnes et institutions intéressées par le fonctionnement de l'entreprise[10].

La procédure d'alerte par le commissaire aux comptes est applicable dans toutes les sociétés anonymes ainsi que dans les sociétés en commandite par actions, quelle que soit leur taille.

Dans les sociétés commerciales d'une autre forme, la procédure d'alerte ne s'applique qu'à celles qui sont dotées d'un commissaire aux comptes, que

1. Frison-Roche, « Le nouveau droit des défaillances d'entreprises », colloque, oct. 1994, Dalloz, 1995, p23, n° 13 – Pérochon et Bonhomme, 6e éd., n° 45.
2. Instr. 31 juill. 2006, *BOI* 13K-6-06.
3. Jacquemont, 7e éd., n° 72.
4. Kuntz, Lucas et Lécuyer (dir.), *La réforme de procédures collectives*, Lgdj, 2006, p. 14 – Le Cannu, 7e é, n° 61.
5. Ainsi : Orléans, ch. éco. et fin., 9 oct. 2008, RG n° 08/01966, Metz, 1re ch. civ., 24 févr. 2009, RG n° 08/00197, Toulouse, 2e ch. 1re sect., 29 avr. 2009, RG n° 08/02103, *Rev. proc. coll.* 2009/6, 144, p. 24, note Delattre.
6. Ainsi : Grenoble, ch. com., 20 juin 2013, RG n° 10/03483, *Rev. proc. coll.* 2013, comm. 155, note Delattre.
7. Delattre, obs. *Rev. proc. coll.* 2011, comm. 151.
8. T. com. Valenciennes, 7 oct. 2013, RG n° 2013004542, *Rev. proc. coll.* 2013, comm. 155, note Delattre.
9. Rép. min. n° 59029, *JOAN Q* 11 mai 2010, *D.* 2010, *Act. dr. affaires* 155; *RTD com.* 2010. 780, n° 1, obs. Macorig-Vénier.
10. Le Cannu, 7e éd., n° 28.

la présence de ce dernier soit obligatoire ou facultative. Il pourrait même s'agir du commissaire aux comptes désigné en justice à la demande des associés[1].

L'alerte est obligatoire dans les groupements d'intérêt économique soit lorsqu'ils émettent des obligations, soit lorsqu'ils comptent au moins 100 salariés. En effet, ces seuils sont ceux à partir desquels la présence d'un commissaire aux comptes est obligatoire. Or les dispositions du code de commerce concernant les fonctions du commissaire aux comptes sont applicables au groupement d'intérêt économique, ce qui inclut la procédure d'alerte[2].

Les sociétés coopératives dotées d'un commissaire aux comptes bénéficient de la procédure d'alerte. Elle obéira aux règles propres à leur appartenance : société anonyme, société à responsabilité limitée ou société civile.

Les personnes morales de droit privé non commerçantes ayant une activité économique, entrent dans le champ d'application de la procédure d'alerte si elles sont dotées d'un commissaire aux comptes. La présence d'un commissaire aux comptes est obligatoire, dans ces structures, lorsque, à la clôture de l'exercice social, deux des trois seuils suivants sont dépassés : 1 500 000 € pour le total du bilan, 3 100 000 € pour le montant hors taxes du chiffre d'affaires, 50 pour le nombre moyen de salariés. Il importe ici de remarquer que le texte vise l'« activité économique » et non l'objet économique, ce qui, a-t-il été expliqué lors des travaux parlementaires de la loi du 1er mars 1984[3], permet de mieux marquer la suprématie de l'objet réel sur l'objet statutaire.

Le dernier alinéa de l'article L. 612-3 du code de commerce, issu de la loi de sauvegarde des entreprises[4], rend impossible le déclenchement de la procédure d'alerte, lorsque le chef d'entreprise a engagé une procédure de conciliation ou de sauvegarde. La procédure d'alerte serait alors redondante[5]. Cette disposition a été modifiée par l'ordonnance de réforme (ord. n° 2008-1345, 18 déc. 2008, art. 10), qui supprime la précision selon laquelle ces procédures auraient été engagées « par les dirigeants » car d'une part, elle est tautologique, s'agissant de la conciliation ou de la sauvegarde, puisque seul le chef d'entreprise peut la déclencher, et, parce que, d'autre part, le terme désormais utilisé est celui plus générique de « débiteur ».

1. LE CANNU, 7e éd., n° 31.
2. J.-CL. COM., Vidal, fasc. 2025, [Prévention des difficultés des entreprises], 2006, n° 44.
3. Interv. Dailly, *JO Sénat* 27 janv. 1984, p. 39 – *Adde*, J.-CL. COM., Vidal, fasc. 2025, [Prévention des difficultés des entreprises], 2006, n° 47.
4. L. n° 2005-845, 26 juill. 2005, préc.
5. RAPPR. : *Rapp. Xavier de Roux*, n° 2095, p. 475.

122.32 Critère de déclenchement de l'alerte par le commissaire aux comptes. Si le commissaire aux comptes constate, au cours de sa mission, un fait de nature à compromettre la continuité de l'exploitation[6], il doit en informer les dirigeants de l'entreprise (C. com., art. L. 234-1 [anct L. n° 66-537, 24 juill. 1966, art. 230-1]).

Il pourra s'agir de faits fondés sur la situation financière de l'entreprise, et tirés des comptes financiers. Il en sera ainsi d'une situation nette négative, d'une détérioration du fonds de roulement, d'une impossibilité de renouveler à l'échéance les crédits indispensables, d'un crédit fournisseur inférieur aux normes ou nul, de la défaillance d'un client important, de la filialisation d'un secteur déficitaire ou encore de la suppression du soutien de la holding. L'observation du fonds de roulement et son rapprochement du besoin en fonds de roulement de l'entreprise sont spécialement importants pour vérifier la valeur de l'hypothèse de continuité de l'exploitation[7]. L'insuffisance du fonds de roulement est classique dans les entreprises jeunes en forte expansion.

Il y a ensuite les facteurs liés à l'exploitation de l'entreprise. Il pourra s'agir d'une capacité d'autofinancement négatif ou d'un redressement fiscal majeur. Mais il importe d'observer que le commissaire aux comptes n'est pas tenu de se limiter aux faits pouvant avoir une traduction comptable[8].

Il pourra ainsi être question de faits relatifs à l'exploitation, par exemple la perte d'un marché important, les difficultés rencontrées par un client important ou l'arrivée à terme ou la résiliation d'un contrat important[9], spécialement les contrats de franchise ou de concession, qui constituent généralement l'unique richesse de l'entreprise. Il pourra encore être question d'une sous activité notable et continue, de la perte d'un brevet ou encore de l'obsolescence des techniques ou de l'outil de production. Le non respect de la législation en matière d'environnement est également un élément préoccupant.

Les événements sociaux dans l'entreprise et ceux de l'environnement de l'entreprise pourront encore constituer ces indices. Il en est ainsi de grèves importantes et répétées, de bouleversements politiques dans un pays où l'entreprise est largement engagée, de la modification de la réglementation de nature à rendre impossible la poursuite de l'activité ou encore des catastrophes naturelles, spécialement si elles entraînent la destruction de l'outil de production.

6. SUR cette notion : CHAPUT, nos 44 s.
7. VIDAL, 2006, nos 41 et 45.
8. PÉTEL, 8e éd., n° 28.
9. PÉTEL, 8e éd., n° 28.

Le désaccord entre actionnaires ou associés peut également être pris en compte.

Les éléments retenus doivent être suffisamment graves et probables[1].

En outre, tous ces éléments permettant de déclencher la procédure d'alerte ne peuvent être appréciés isolément. Ils doivent converger[2] et ils doivent être appréciés dans une vision globale, dans la mesure où, comme il a été relevé, ils peuvent être neutralisés par d'autres, telles que l'injection d'argent frais, la fermeture des unités gravement déficitaires, la réduction des frais généraux, l'obtention de subventions d'exploitation, la confirmation de l'aide présente et future de la société mère[3].

122.33 Accomplissement de sa mission par le commissaire aux comptes et responsabilité. Le commissaire aux comptes n'a pas de diligences particulières à accomplir pour rechercher de tels faits, puisqu'il les « constate » au cours de sa mission[4].

Alerter les dirigeants ne signifie pas les conseiller, en matière de gestion[5]. Les commissaires aux comptes sont en effet confrontés au principe de non-immixtion dans la gestion[6]. Pareille attitude de conseil pourrait être ensuite reprochée, sur le terrain de la direction de fait. Il a toutefois été noté que, dans le cadre de la procédure d'alerte, le commissaire aux comptes devait nécessairement prendre quelque distance à l'égard du principe de non-immixtion[7]. Il porte ici une appréciation sur les décisions de gestion[8].

Sauf faute lourde, le commissaire aux comptes bénéficie d'une immunité dans le déclenchement de l'alerte[9]. Sa faute lourde sera retenue s'il déclenche l'alerte dans son intérêt personnel, et non dans le cadre de la finalité de cette procédure.

En revanche, le défaut de déclenchement de l'alerte serait source d'engagement de la responsabilité du commissaire aux comptes. Le principe n'est guère discutable[10]. Il faudra cependant démontrer le lien de causalité entre la faute – l'absence de déclenchement de l'alerte – et le préjudice – montant de l'insuffisance d'actif. La demande sera rejetée s'il est démontré que les associés connaissaient parfaitement la situation, de sorte que le défaut de déclenchement de l'alerte serait resté sans incidence sur le retard apporté au dépôt de bilan[11].

Dans la procédure d'alerte, le commissaire aux comptes n'encourt, par principe, pas de responsabilité pénale. Il en irait différemment s'il venait à violer le secret professionnel (C. com., art. 822-15).

Les dirigeants qui entravent le commissaire aux comptes dans l'exercice de la procédure d'alerte commettent le délit d'entrave à la mission de commissaire aux comptes prévu par l'article L. 820-4, 2° du code de commerce.

Le dirigeant engage également sa responsabilité envers la société s'il omet de répondre aux demandes d'informations du commissaire aux comptes ou ne répond pas aux invitations du commissaire aux comptes de faire délibérer l'organe collégial de gestion ou de surveillance[12].

Le secret professionnel des commissaires aux comptes, qui s'impose lorsqu'ils rendent compte de l'échec de leur démarche, a été expressément levé par la loi de sauvegarde des entreprises, ajoutant à l'article L. 822-15 alinéa 1 du code de commerce une phrase aux termes de laquelle les commissaires aux comptes « sont déliés du secret professionnel à l'égard du président du tribunal de commerce ou du tribunal de grande instance lorsqu'ils font application des dispositions du chapitre IV du titre III du livre II (C. com., art. L. 234-1 s.) ou du chapitre II du titre 1er du livre VI (C. com., art. L. 612-1 s.) ».

À l'occasion de la réforme, un amendement n° 7 émanant du rapporteur de la commission des lois de l'Assemblée nationale[13] tendait à attribuer à l'expert-comptable d'une personne morale, dont les comptes ne sont pas certifiés par un commissaire aux comptes, la possibilité de déclencher la procédure d'alerte. De même, un amendement n° 495 présenté par Jérôme Chartier attribuait ce même pouvoir à l'expert-comptable dans les entreprises non dotées d'un commissaire aux comptes. Les deux amendements ont cependant été retirés au motif que le rôle de conseil de l'expert-comptable et la relation de confiance avec son client sont inconciliables, sur un plan déontologique, avec une obligation de le dénoncer[14].

1. KERCKHOVE, n° 136 – LE CANNU, 7e éd., n° 33.
2. GUYON, n° 1052.
3. J.-CL. COM., Vidal, fasc. 2025, [Prévention des difficultés des entreprises], 2006, n° 44 – VIDAL, n° 69.
4. SOINNE, n° 79 – LE CANNU, 7e éd., n° 34 – COMP. : GUYON, n° 1052.
5. RAPPR. : LE CANNU, 7e éd., n° 35.
6. CHAPUT n° 46 – du Pontavice, « Le principe de non-immixtion des commissaires aux comptes dans la gestion à l'épreuve des faits », *Rev. sociétés* 1973. 599.
7. VIDAL, 2006, n° 77 – *Adde*, Vidal, « L'intervention du commissaire aux comptes dans la gestion », *Mél. Honorat*, Éd. Frison-Roche, 2000.
8. LE CANNU, 7e éd., n° 35.
9. Com. 3 déc. 1991, n° 90-14.592, *Bull. civ.* IV, n° 376; *Bull. Joly* 1992. 171, n° 48, note Barbièri – *Adde*, SAINT-ALARY-HOUIN, 6e éd., n° 159 – GUYON, n° 1054 - *Adde*, Lienard, *« La responsabilité du commissaire aux comptes dans le cadre de la procédure d'alerte »*, *Rev. proc. coll.* 1996, p. 1 – COMP. : J.-CL. COM., Vidal, fasc. 2025, [Prévention des difficultés], 2006, nos 79 à 83.
10. GUYON, n° 1054 – SAINT-ALARY-HOUIN, 6e éd., n° 159.
11. Com. 3 mars 2004, n° 99-21.712, NP, *Bull. Joly* 2004. 945, § 187, note Le Cannu.
12. J.-CL. COM., Vidal, fasc. 2025, [Prévention des difficultés], 2006, n° 85.
13. *Rapp. Xavier de Roux*, n° 2095, p. 126.
14. *JOAN CR*, 2e séance du 2 mars 2005, p. 1580 et 1581.

122.37 Procédure d'alerte dans les sociétés commerciales autres que les sociétés anonymes. Dans les sociétés commerciales autres que les sociétés anonymes, la procédure d'alerte se déroule en trois phases.

Le commissaire aux comptes commence par demander des explications au dirigeant qui devra répondre dans les quinze jours de la réception de la demande d'explication (C. com., art. R. 234-5 [anc^t D. 23 mars 1967, art. 251-2, al. 1 et 2 [1]]). La malfaçon qui résultait de la discordance entre le texte du code de commerce (art. L. 234-2) qui prévoyait une réponse dans le délai de 15 jours et le décret (art. 251-2) qui précisait que le dirigeant devait répondre « sans délai » a été corrigée par l'article 3 du décret du 14 avril 2006 [2] qui a supprimé l'expression « sans délai ». Pour sa part, la loi du 17 mai 2011 [3] vient préciser la dernière phrase du premier alinéa de l'article L. 234-2 du code de commerce en indiquant que l'information doit avoir lieu dès réception de la réponse ou à défaut de réponse, sous quinze jours.

La réponse du dirigeant doit être communiquée au comité d'entreprise et le cas échéant au conseil de surveillance (C. com., art. R. 234-5, al. 2 [anc^t D. 23 mars 1967, art. 251-2, al. 2 [4]]) ou, ajoute le décret du 28 décembre 2005 (art. 352, al. 12), aux délégués du personnel, à défaut de comité d'entreprise. Dès cette étape, depuis la loi de sauvegarde des entreprises, le commissaire aux comptes informe le président du tribunal (C. com., art. R. 234-5, al. 2 [anc^t D. 23 mars 1967, art. 251-2, al. 2 [5]]), alors qu'auparavant l'information n'intervenait qu'à l'issue de la réponse ou de l'expiration du délai pour répondre en l'absence de réponse du dirigeant.

La deuxième phase est ici supprimée. On passe immédiatement à la troisième étape ci-dessus décrite qui consiste, en l'absence de réponse du dirigeant ou si le commissaire aux comptes constate que la continuation de l'exploitation demeure compromise malgré les décisions prises, en l'établissement d'un rapport spécial. Le dirigeant est ensuite invité par le commissaire aux comptes à faire délibérer l'assemblée générale. Copie de cette invitation est envoyée au président du tribunal. Le rapport est communiqué au comité d'entreprise, sous l'empire de la législation antérieure à la loi de sauvegarde des entreprises, dans les quinze jours de la réception de la demande (C. com., art. L. 234-2 [anc^t L. 24 juill. 1966, art. 230-2, al. 2] – C. com., art. R. 234-6, al. 1 [anc^t D. 23 mars 1967, art. 251-2, al. 3 [6]], lég. antérieure à la loi de sauvegarde des entreprises, C. com., art. R. 662-1, al. 3 [anc^t D. 28 déc. 2005, art. 336, al. 3] –, lég. issue de la loi de sauvegarde des entreprises). La réforme du 26 juillet 2005 (D. 28 déc. 2005, art. 352, al. 14), outre qu'elle a raccourci le délai pour le porter à 8 jours, a étendu cette information aux délégués du personnel, à défaut de comité d'entreprise (C. com., art. R. 234-6, al. 2 [anc^t D. 23 mars 1967, art. 251-2, al. 4 [7]]).

En cas de carence du dirigeant, l'assemblée générale est convoquée directement par le commissaire aux comptes.

Si, après la réunion de l'assemblée générale, le commissaire aux comptes constate que les décisions prises ne permettent pas d'assurer la continuité de l'exploitation, il en informe, dans une troisième phase, le président du tribunal, par lettre recommandée avec demande d'avis de réception, en joignant les documents utiles à l'information de celui-ci.

122.38 Procédure d'alerte dans les personnes morales de droit privé non commerçantes. Les personnes morales de droit privé non commerçantes ayant une activité économique sont tenues d'établir des comptes annuels et de désigner au moins un commissaire aux comptes et un suppléant (C. com., art. L. 612-1, al. 2) lorsqu'elles dépassent, à la fin de l'année civile ou à la clôture de l'exercice, les chiffres ci-dessous fixés pour deux des trois critères suivants :

1°) 50 pour le nombre de salariés (sur le mode de calcul v. D. 1er mars 1985, art. 22, 1°, lég. antérieure à la loi de sauvegarde des entreprises, C. com., art. R. 612-1-1 [anc^t D. 28 déc. 2005, art. 44-1], lég. issue de la loi de sauvegarde des entreprises),

2°) 3 100 000 euros pour le montant hors taxes du chiffre d'affaires ou des ressources (sur le détail du calcul v. D. 1er mars 1985, art. 22, 2°, lég. antérieure à la loi de sauvegarde des entreprises, C. com., art. R. 612-1, 2° [anc^t D. 28 déc. 2005, art. 44-2], lég. issue de la loi de sauvegarde des entreprises),

3°) 1 550 000 euros pour le total du bilan, celui-ci étant égal à la somme du montant net des éléments d'actif (D. 1er mars 1985, art. 22, 3), lég. antérieure à la loi de sauvegarde des entreprises, C. com., art. R. 612-1, 3° (anc^t D. 28 déc. 2005, art. 44-3), lég. issue de la loi de sauvegarde des entreprises).

L'article L. 612-3 du code de commerce réglemente la procédure d'alerte dans ces personnes morales. Pour les groupements d'intérêt économi-

1. ABROGÉ par D. n° 2007-431, 25 mars 2007, préc., art. 3.
2. D. n° 2006-448, 14 avr. 2006, *JO* 16 avr., p. 578
3. L. n° 2011-525, 17 mai 2011, préc.; Saintourens et Emy, « Simplification et amélioration de la qualité du droit des sociétés après la loi n° 2011-525 du 17 mai 2011 », *Rev. sociétés* 2011. 467, sp. p. 481, n° 43.
4. ABROGÉ par D. n° 2007-431, 25 mars 2007, préc., art. 3.
5. ABROGÉ par D. n° 2007-431, 25 mars 2007, préc., art. 3.
6. ABROGÉ par D. n° 2007-431, 25 mars 2007, préc., art. 3.
7. ABROGÉ par D. n° 2007-431, 25 mars 2007, préc., art. 3.

que, la réglementation est posée par l'article 251-15 du code de commerce. Elle est calquée sur celle intéressant les sociétés anonymes (v. s[s] n° 122.33), sous réserve que la compétence est celle du président du tribunal de grande instance (C. com., art. R. 612-4, al. 2 [anc[t] D. 28 déc. 2005, art. 47, al. 2]).

Le commissaire aux comptes commence par une demande d'explications aux dirigeants. Dans le délai de quinze jours de cette demande, les dirigeants doivent fournir au commissaire aux comptes, par lettre recommandée avec demande d'avis de réception, les explications qu'il a demandées (D. 1er mars 1985, art. 26, renvoyant à l'article 251-1 et 251-2 du décret du 23 mars 1967, lég. antérieure à la loi de sauvegarde des entreprises, C. com., art. R. 612-4, al. 1 [anc[t] D. 28 déc. 2005, art. 47, al. 1, renvoyant à l'article 251-2 du décret n° 67-236 du 23 mars 1967[1]]). Copie de cette demande est, depuis la loi du 26 juillet 2005, transmise au président du tribunal.

Si la réponse fournie ne paraît pas satisfaisante ou s'il n'y a pas de réponse, le commissaire aux comptes invite, dans une deuxième phase, les dirigeants à faire délibérer l'organe collégial de la personne morale sur les faits préoccupants relevés (C. com., art. L. 612-3, al. 2). Cette demande est faite dans un délai de huitaine de la réception de la lettre de réponse ou, à défaut de réponse, de l'expiration du délai imparti aux dirigeants pour répondre (C. com., art. R. 234-2, al. 1 [anc[t] D. 23 mars 1967, art. 251-1, al. 3[2]]). L'ordre du jour est alors unique et le commissaire aux comptes doit être convoqué.

Le commissaire aux comptes doit, depuis la loi du 26 juillet 2005, communiquer au président du tribunal la délibération de l'organe collégial. Le comité d'entreprise est rendu également destinataire de la délibération de l'organe collégial. La réforme du 26 juillet 2005 a étendu cette information aux délégués du personnel, à défaut de comité d'entreprise.

Si la convocation de l'organe collégial de la personne morale n'est pas effectuée ou si les règles relatives à la délibération ne sont pas respectées, ou encore si le commissaire aux comptes constate que, malgré les délibérations, la continuité de l'exploitation demeure compromise, il doit établir un rapport spécial. Jusqu'à la réforme du 26 juillet 2005, ce rapport devait être présenté à la prochaine assemblée générale (C. com., art. L. 612-3, al. 3). La réforme issue de la loi de sauvegarde des entreprises prévoit que ce rapport sera soumis à une assemblée générale convoquée automatiquement à cet effet. Ce rapport est communiqué au comité d'entreprise. La réforme a étendu cette information aux délégués du personnel, à défaut de comité d'entreprise.

Si à l'issue de la réunion de l'assemblée générale, le commissaire aux comptes constate que les décisions prises ne permettent pas d'assurer la continuité de l'exploitation, il doit informer le président du tribunal de ses démarches et du résultat de celles-ci.

122.39 Procédure d'alerte dans les associations subventionnées. Dans la législation antérieure à la loi de sauvegarde des entreprises, l'article L. 612-4 du code de commerce prévoit une procédure d'alerte spéciale pour les associations ayant reçu annuellement de l'État ou des établissements publics ou des collectivités locales une ou plusieurs subventions dont le montant global excède un montant fixé par décret à 150 000 euros.

Les rémunérations versées à l'association par la filiale d'un établissement public n'ont pas à être prises en compte dans le calcul du seuil[3]. Peu importe l'importance du budget de l'association, ou le mode de gestion des subventions reçues[4].

Ces associations sont tenues de nommer au moins un commissaire aux comptes et un suppléant.

Le commissaire aux comptes de ces associations a la faculté, et non l'obligation, de déclencher la procédure d'alerte[5], dans des conditions similaires à celles intéressant les personnes morales de droit privé non commerçantes (v. s[s] n° 122.38).

L'Assemblée nationale, à l'occasion de la réforme du 26 juillet 2005, avait entendu rapprocher la procédure d'alerte applicable aux associations subventionnées de celles intéressant les entreprises commerciales. Deux modifications intéressant les personnes morales de droit privé non commerçantes n'avaient pas été reprises pour la procédure d'alerte dans les associations subventionnées : d'une part, la règle ancienne selon laquelle le président du tribunal de grande instance n'était pas informé de la demande de délibération de l'organe collégial aurait subsisté; d'autre part, le rapport spécial du commissaire aux comptes aurait été discuté lors de la prochaine assemblée générale, et non à une assemblée spécialement convoquée à cet effet.

Le Sénat, plus radicalement, a décidé d'appliquer l'article L. 612-3 du code de commerce, qui intéresse la procédure d'alerte des sociétés, aux associations subventionnées[6]. L'alerte par le commissaire aux comptes devient obligatoire, alors qu'il ne s'agissait antérieurement que d'une faculté[7].

1. ABROGÉ par D. n° 2007-431, 25 mars 2007, préc., art. 3; DEVENU C. com., art. R. 234-5 à R. 234-7.
2. ABROGÉ par D. n° 2007-431, 25 mars 2007, préc., art. 3.
3. *Bull. CC*, n° 109, 1998, p. 72.
4. Rép. m. n° 26160, *JOAN Q* 8 avr. 1996, p. 1896.
5. *Rapp. J. Hyest*, n° 335, p. 150.
6. *Rapp. J. Hyest*, n° 335, p. 150.
7. RAPPR. ROUSSEL GALLE, n° 47.

En revanche, l'ordonnance du 28 juillet 2005[1] a modifié par son article 5 l'article L. 612-4 du code de commerce qui n'avait pas été modifiée par la loi de sauvegarde plus ancienne de deux jours... Alors qu'auparavant, les subventions devaient être versées par l'État, les établissements publics et les collectivités locales, le texte vise désormais les associations ayant reçu annuellement des autorités administratives au sens de l'article 1er de la loi du 12 avril 2000 ou des établissements publics à caractère industriel ou commercial. Cette modification est entrée en vigueur le 1er janvier 2006[2].

SECTION 122.40

ALERTE PAR LE COMITÉ D'ENTREPRISE

122.41 Déclenchement de l'alerte par le comité d'entreprise. Partant du constat que les difficultés de l'entreprise auront nécessairement des répercussions sur les salariés, le législateur de 1984 (L. 1er mars 1984, art. 43, texte non codifié dans le code de commerce) a décidé d'associer les institutions représentatives du personnel à la recherche de solutions[3].

La nature de l'entreprise concernée est indifférente. À défaut de comité d'entreprise, le droit d'alerte est confié aux délégués du personnel (C. trav., art. L. 2313-14 [anct L. 422-4]). Cependant, les délégués du personnel n'auront le droit d'alerte que dans les entreprises théoriquement dotées d'un comité d'entreprise, mais, qui dans les faits, n'en sont pas dotés ou qui sont 'otés d'un comité d'entreprise ne fonctionnant p[4].

L'alerte ne peut être déclenchée que par le comité central d'entreprise et non par comité d'établissement[5].

Selon les articles L. 2323-7 à L. 2323-82 du code du travail (anc L. 432-5), lerte sera déclenchée si existent des faits de nare à affecter de manière préoccupante la situati de l'entreprise[6]. Ces faits sont souverainement préciés par les juges du fond[7].

Le critère de déclenchement de l'alerte n'est pas ici, *a priori*, identique à celui de l'alerte à l'initiative du commissaire aux comptes. Il a pourtant été écrit que ce critère établit, en réalité, la situation préoccupante et la traduction sociale du concept comptable de continuité de l'exploitation[8]. Il a aussi été estimé que le comité d'entreprise peut intervenir alors même que la continuité l'exploitation n'est pas menacée[9]. La solution a été justifiée par l'observation que les termes employés par le code du travail, pour le déclenchement de la procédure d'alerte, n'ont aucune signification comptable[10].

Il nous apparaît préférable de suivre l'opinion des auteurs qui estiment que la finalité de la procédure d'alerte est ici double : s'il est question d'alerter les dirigeants sur les circonstances de nature à affecter la continuité de l'exploitation – critère classique de l'alerte –, il faut aussi prévenir son instabilité sociale dans la mesure où celle-ci aura une répercussion sur la situation économique de l'entreprise[11]. Il est ainsi estimé que la procédure d'alerte par le comité d'entreprise ne peut être limitée à la seule hypothèse d'une situation économique et comptable critique de l'entreprise[12].

Il est certain que le déclenchement pourra correspondre à un événement pouvant à terme avoir un impact sur l'emploi. Il a ainsi été jugé que justifiaient le déclenchement de l'alerte par le comité d'entreprise un projet de fermeture de certains services et de licenciements économiques[13], la fermeture d'unités de production entraînant des suppressions d'emplois[14], un projet de délocalisation partielle d'un secteur de production à l'étranger de nature à avoir des répercussions sur les effectifs et la situation sociale des salariés[15]. Il a été à l'inverse jugé que la seule baisse d'activité dans un atelier qui ne constitue qu'une faible partie de l'activité de l'entreprise, et qui ne peut donc avoir une véritable répercussion sur l'emploi, ne saurait suffire pour déclencher la procédure d'alerte du comité d'entre-

1. Ord. nº 2005-85, 28 juill. 2005, *JO* juill., p. 12350.
2. Roussel Galle, obs. *Rev. proc. coll.* 203, p. 258, nº 13.
3. KERCKHOVE, nº 47
4. POUR l'impossibilité du droit d'alerte les entreprises de 11 à 50 salariés : Chaput, *Droit de prévention et du règlement amiable des difficultés des entreprises*, « Droit fondamental », PUF, 1986, nº 64 – G, nº 1055 – PÉROCHON ET BONHOMME, 8e éd., nº 38 – LENU, 7e éd., nº 43 – SAINT-AARY-HOUIN, 9e éd., nº 196.
5. Com. 1 oct. 2005, nº 04-15.794, *civ.* IV, nº 287; *Defrénois* 200611, p. 923, Chron 07, nº 1, note Gibirila *Bull. Joly* 2006/3, § 67, p. 32 te Auzerc.
6. ILLUSTR : Soc. 19 févr. 2002, nº 00-14.7 *ull. civ.* V, nº 70; *RTD om.* 2002.720, nº 1, obs. Maconier.
7. Soc. 11 mars 2003, nº 01-13.434, *Bull. civ.* V, nº 92; *RTD com.* 2003. 807, nº 2, obs. Macorig-Venier.
8. KERCKHOVE, nº 149 – LE CANNU, 7e éd., nº 44 – PÉROCHON, 10e éd., nº 51 – COMP. : GUYON, nº 1056 – SAINT-ALARY-HOUIN, 7e éd., nº 163.
9. TGI Bobigny, ord. réf., 13 sept. 1995, *JurisData* 020920.
10. J.-CL. COM., Vidal, fasc. 2025, [Prévention des difficultés], 2006, nº 91.
11. SAINT-ALARY-HOUIN, 9e éd., nº 197 – *Adde*, Pierre, « Appréciation et pouvoirs du comité d'entreprise lors du déclenchement et de la poursuite de la procédure d'alerte », *RTD com.* 2006. 733 s., sp. 752, nº 41.
12. Grenoble, 10 févr. 2010, RG nº 09/01272, *Rev. proc. coll.* 2010/6, p. 18, nº 207, note Delattre.
13. Paris, 3 mai 1989, *JurisData* 023918.
14. Soc. 19 févr. 2002, nº 00-14.776, *Bull. civ.* V, nº 70 – Paris, 23 févr. 2000, RG nº 1999/02283.
15. TGI Nanterre, réf., 10 sept. 2004, *JurisData* 262935.

prise[1]. Mais la Cour de cassation refuse de considérer que l'alerte ne peut être motivée qu'à partir d'éléments susceptibles d'avoir un impact sur l'emploi[2].

Il importe de souligner que le déclenchement de la procédure n'est pas ici obligatoire, le comité d'entreprise ne pouvant encourir de responsabilité pour non déclenchement de l'alerte[3].

122.42 Contrôle juridictionnel du recours à l'alerte. L'une des questions les plus délicates de la matière est de savoir si le juge peut contrôler la légitimité, voir le bien-fondé de l'intervention du comité d'entreprise. « Le droit d'alerte, manifestation solennelle du contrôle de l'activité économique de l'entreprise par le comité, cristallise les conflits sociaux »[4]. Le chef d'entreprise considère l'alerte du comité d'entreprise comme une agression intolérable, une intrusion illégitime[5]. La remarque est d'autant plus justifiée que l'alerte est assez souvent utilisée comme une arme de négociation collective[6], ce qui évidemment constitue un dévoiement de l'institution. Le chef d'entreprise peut-il, dès lors, en contester l'exercice ?

À cette question, la jurisprudence n'a pas apporté de réponse claire et définitive.

La doctrine faillitiste répond globalement par l'affirmative[7], en mettant au premier plan l'intérêt de l'entreprise. Au contraire, la doctrine travailliste, qui ne se préoccupe que de l'intérêt des salariés, aurait tendance à répondre par la négative. Aucun contrôle juridictionnel ne pourrait être exercé dès lors que le comité d'entreprise estime la situation de l'entreprise préoccupante[8].

Chacune de ces tendances part implicitement du postulat que l'alerte par le comité d'entreprise répond à l'une ou l'autre de ses finalités.

À partir de l'instant où l'on admet que ces deux finalités sont conjuguées, une position médiane, très bien explicitée[9], semble pouvoir être suivie. L'idée serait de retenir un contrôle judiciaire différencié, selon les phases de la procédure d'alerte, en contemplation d'un double critère, tenant d'une part à l'objectivité des éléments entourant la prise de décision du comité et, d'autre part, aux enjeux de chaque phase[10].

En application de ces deux critères, la décision du comité de recourir à la procédure d'alerte ne sera soumise qu'à un contrôle de l'abus de droit. La solution est justifiée dans la mesure où la décision du comité de recourir à l'alerte ne fait courir à l'entreprise aucun danger, puisqu'il n'y a pas de risque de divulgation et qu'elle n'occasionne aucun frais. Puisque l'alerte met en œuvre un droit-fonction, l'abus de droit sera rarement constitué. Il faudra supposer une intention de nuire, qui sera en pratique révélée par l'inutilité de l'alerte. L'employeur qui estime que l'alerte n'est pas justifiée, pourra en conséquence en contester en référé sa mise en œuvre et ainsi la faire cesser sur le fondement de l'abus de procédure manifeste[11].

Il importe en outre de noter que l'appréciation du caractère préoccupant de la situation relève du pouvoir souverain d'appréciation des juges du fond[12].

Des éléments objectifs constituent d'abord ce caractère préoccupant de la situation. Il en est ainsi du projet de réorganisation de l'entreprise, emportant fermeture d'un site et rachat d'une entreprise[13]. Comme il a été relevé[14], ce caractère préoccupant de la situation ne suppose pas nécessairement des difficultés économiques avérées, ni des faits de nature à compromettre la continuité de l'activité, contrairement à la solution retenue dans le droit commun de l'alerte.

L'attitude de l'employeur, qui ne répond pas [ou qui répond de ma[...]re insuffisante] aux questions posées par le comité d'entreprise, peut ensuite constituer ce caractère [pr]éoccupant[15].

La deuxième et troisième phases de la procédure d'alerte, en [rev]anche, peuvent engendrer des frais, notamment [les] frais de l'expert-comptable du

1. Angers, 8 avr. 1991, *JurisData* 041118.
2. AINSI : Soc. 30 juin 1993, n° 90-20.158, *Bull. civ.* V, n° 190; *Dr. soc.* 1993. 777, note Cohen.
3. JACQUEMONT et VABRES, 9e éd., 2015, n° 71 – Pierre, « Appréciation et pouvoirs du comité d'entreprise lors du déclenchement et de la poursuite de la procédure d'alerte », *RTD com.* 2006. 733 s., sp. 735, n° 4.
4. Pierre, « Appréciation et pouvoirs du comité d'entreprise [...] », préc., sp. 735, n° 3.
5. Pierre, « Appréciation et pouvoirs du comité d'entreprise [...] », préc., sp. 734, n° 2.
6. LE CANNU, 7e éd., n° 49.
7. ILLUSTR. de cette tendance : Pétel, obs sous Paris, 9 mai 1989, *JCP E* 1989. II 15623, n° 4, p. 674.
8. *AINSI : Vatinet, « Les droits des salariés face aux difficultés* économiques de l'entreprise, un exemple d'interprétation du droit commercial et du droit du travail », *JCP E* 1985. II. 14546, n° 21, p. 468.
9. Pierre, « Apprécin et pouvoirs du comité d'entreprise [...] », préc., sp. s, nos 27 s.
10. Pierre, « Apprécin et pouvoirs du comité d'entreprise [...] », préc., sp. s, nos 26 s.
11. J.-CL. COM., Vidasc. 2025, [Prévention des difficultés], 2006, n° 101 – ILR : Paris, 28 juin 200, *JurisData* 121720.
12. Soc. 8 mars 19n° 91-16.002, *Bull. civ.* V, n° 81 – Soc. 19 févr. 2002, n° 14.776, *Bull. civ* V, n° 0 – Soc. 11 mars 2003, n° 01-13, *Bull. civ.* V, n° 92 – Soc. 18 janv. 2011, n° 10-30.126, civ. IV, n° 26; *Act. proc. coll.* 2011/4, n° 68, note Finger; *RTD com.* 2011/2, p. 411, n° 2, obs. Macorig-Vr.
13. Soc. 18 janv. 2 n° 10-30.126, préc.
14. *Fin-Langer, no Soc. 18 janv. 2011, n° 10-30.126, Act. proc. coll.* 201n° 68, et les réf. c.
15. Fin-Langer, no Soc. 18 janv. 201, n° 10-30126, *Act. proc. coll.* 201n° 68.

comité d'entreprise qui doivent être pris en charge par l'entreprise. Elle fait également naître pour l'entreprise des risques de divulgation sur sa situation. C'est pourquoi ces deux phases doivent pouvoir être l'objet d'un contrôle judiciaire du bien-fondé de la poursuite de la procédure d'alerte[1].

122.43 Mécanisme de l'alerte. L'alerte est déclenchée par une question posée par le comité d'entreprise ou les délégués du personnel, au chef d'entreprise. Cette question sera inscrite à l'ordre du jour de la prochaine réunion du comité.

Si le comité d'entreprise n'obtient pas de réponse ou s'il ne la juge pas satisfaisante, il établit, dans une deuxième phase, un rapport. Il peut se faire assister par son expert-comptable rémunéré par l'entreprise[2] et par deux salariés qui, s'ils disposent chacun d'un crédit de cinq heures payées par l'employeur, n'accèdent pas au statut de salarié protégé[3]. La mission de l'expert-comptable ne s'arrête pas aux faits ayant motivé la demande, mais s'étend aux faits postérieurs[4].

Lorsque l'entreprise a plus de mille salariés, le rapport est établi par la commission économique du comité. Le rapport doit conclure ur l'opportunité de la saisine de l'organe chargé d l'administration de la société ou de sa surveillance

La procédure d'alerte se pouuit en une troisième phase si, au vu du rapporte comité d'entreprise, à la majorité de ses membs, le chef d'entreprise exclu, le décide. Dans les sctés anonymes, le comité d'entreprise peut alors sir directement le conseil d'administration ou de rveillance. En cas de saisine, la question devra ers être inscrite à l'ordre du jour de la prochaineunion du conseil d'administration ou de surveillze, sous réserve du respect du délai de quinzaine. organe saisi devra délibérer sur les conclusions dapport et apporter une réponse motivée. L'envoi da réponse revêt la forme de la communication d' extrait du procès-verbal de délibération du coil (C. trav., art. R. 2323-18, al. 2 [anc[t] R. 432-7 al. 2]). Dans les autres structures, il ne s'agit ps un droit de saisine, mais plutôt d'une informatiofaite par voie de transmission aux associés ou meres du groupement (C. trav., art. L. 23-3-81 [anL. 432-5, IV]), dans les 8 jours de la délibération domité d'entreprise.

Le comité d'entreprise ne peut sir les associés pour les faire déliber, comme celst le cas pour l'alerte du commissaire aux comptes. Observons toutefois que, s'il y a cessation des paiements, le code reconnaît au salarié le droit d'en informer le tribunal (v. s[s] n° 231.09), sans qu'il y ait ici saisine de ce dernier, qui pourra cependant alors se saisir d'office.

122.44 Sanction de l'alerte. Toutes les informations communiquées au comité d'entreprise sont couvertes par la confidentialité (C. trav., art. L. 2323-82 [anc[t] L. 432-5, V]). Le manquement au respect de cette obligation aurait sa sanction sur le terrain contractuel et exposerait le contrevenant à un licenciement pour faute grave[5]. Aucune sanction pénale n'est en revanche encourue, l'obligation de confidentialité devant être distinguée du secret professionnel, dont la violation est pénalement sanctionnée.

Le refus par l'employeur de se livrer à la procédure d'alerte déclenchée par le comité d'entreprise est constitutif du délit d'entrave au fonctionnement du comité d'entreprise, prévu par l'article L. 2328-1 du code du travail (anc[t] L. 483-1)[6].

La procédure d'alerte peut à son terme, rester lettre morte. Au contraire, elle peut déboucher sur l'ouverture d'une procédure collective de paiement, sur un règlement amiable et, depuis la loi de sauvegarde des entreprises, sur une conciliation.

SECTION 122.50

PSEUDO ALERTE PAR LES ASSOCIÉS

122.51 Pseudo alerte par les associés. Les associés non gérants des SARL (C. com., art. L. 223-26) et les actionnaires des SA détenant au moins 5 % du capital social (C. com., art. L. 225-232) disposent de la faculté, deux fois par exercice, de poser aux dirigeants des questions sur tout fait de nature à compromettre la continuité de l'exploitation. Le dirigeant doit répondre dans le mois, sa réponse étant communiquée au commissaire aux comptes. À défaut de réponse, il y a place à engagement de la responsabilité des dirigeants. Il a été relevé aussi que le délit d'entrave aux fonctions du commissaire aux comptes est constitué[7].

Les associés des sociétés de personnes peuvent interroger par écrit les gérants de leur société sur la gestion sociale (pour les sociétés en nom collectif et les sociétés en commandite simple, C. com., art. L. 221-8; pour les sociétés civiles, C. civ., art. 1855).

1. Pierre, « Apprécition et pouvoirs du cité d'entreprise […] », préc., sp747 s., n° 28.
2. V. Teyssié, « Lxpert-comptable du con d'entreprise », *JCP E* 2003, mm. 1745, p. 1998.
3. Saint-Alary-Houin, 9e éd., n° 204.
4. Soc. 28 oc 1996, n° 95-10.274, *Bull. ci* n° 353 – Soc. 11 mars 2003, n° 01-12.434, *Bull. civ.* V, 2.
5. Le Cannu, 7e éd., n° 47.
6. Pérochon, 10e éd., n° 83 – Guyon, n° 1057 – pour une application : Crim. 22 juill. 2004, n° 04-83.258, *Bull. crim.* n° 182; *Dr. soc.* 2004. 1107, obs. Duquesne.
7. Saint-Alary-Houin, 9e éd., n° 203.

Dans les autres sociétés, cette prérogative a été partiellement étendue par la loi du 1er mars 1984[1], ainsi que par la loi sur les nouvelles régulations économiques du 15 mai 2001[2].

Mais là s'arrêtant la réglementation, et même si le critère permettant le déclenchement de la prérogative est identique à celui de l'alerte classique, la prérogative ne nous semble pas recevoir le qualificatif de procédure d'alerte. Elle ne débouche pas en effet sur la saisine du président du tribunal, de sorte que le vocable de procédure semble inadapté.

SECTION 122.60 ALERTE PAR LE GROUPEMENT DE PRÉVENTION AGRÉÉ

122.61 Groupements de prévention agréés. La création des groupements de prévention agréés tendait à répondre au souci du législateur d'offrir aux petites et moyennes entreprises un moyen de détection de leurs difficultés, notamment lorsqu'elles ne sont pas soumises au dépôt obligatoire de leurs comptes au greffe du tribunal de commerce[3].

Ils étaient réglementés par un décret du 27 août 1985[4]. La loi du 1er août 2003[5] constitue aujourd'hui le texte de référence.

Il s'agit d'une institution régionale, les groupements de prévention étant agréés par le représentant de l'État dans la région. Ces groupements sont constitués sous forme de personne morale de droit privé, le plus généralement sous forme d'association. Leur composition est libre.

Participent au fonctionnement de ces groupements, le Trésor public et les organismes de sécurité sociale. La Banque de France est amenée à formuler des avis (C. com., art. L. 611-1, al. 4 [anct L. 1er mars 1984, art. 33, al. 4]).

Pour leur financement, il était prévu la possibilité pour ces groupements puissent bénéficier d'aides directes ou indirectes des collectivités locales (C. com., art. L. 611-1, al. 4). Le texte issu de la loi de sauvegarde des entreprises, a précisé que ces groupements ont la possibilité de bénéficier des aides des collectivités territoriales (C. com., art. L. 611-1, al. 4, réd. loi de sauvegarde des entreprises). Il a été observé cependant par la commission des lois du Sénat[6] que cette rédaction ne correspond plus au droit en vigueur car l'article 1er de la loi du 13 août 2004[7] relative aux libertés et responsabilités locales a supprimé la distinction entre aides directes et indirectes. Cette distinction a en conséquence été supprimée dans le texte finalement adopté qui vise en conséquence l'ensemble des aides des collectivités territoriales.

L'adhésion facultative à de tels groupements était réservée aux personnes morales de droit privé (C. com., art. L. 611-1 [anct L. 1er mars 1984, art. 33]), ce qui conduisait, peut-être d'une manière inopportune, à exclure les commerçants et artisans exerçant sous forme individuelle. La loi du 1er août 2003[8], relative à l'initiative économique, étend l'adhésion, par son article 10, aux personnes immatriculées au registre du commerce et des sociétés et à celles inscrites au répertoire des métiers[9]. Le texte a vocation à être appliqué aux entrepreneurs individuels à responsabilité limitée (EIRL), ce que précise l'article 2, 1° de l'ordonnance du 9 décembre 2010[10] portant adaptation du droit des entreprises en difficulté à l'EIRL[11]. La loi de sauvegarde des entreprises ne rend pas davantage obligatoire l'adhésion à ces groupements. En demeure écarté le membre personne physique d'une professior libérale. Cet oubli a été considéré comme malencotreux, dans la mesure où les membres de ces profeions sont désormais inclus dans le périmètre des prédures collectives[12].

Il a été déplorn outre que cette adhésion ne soit pas fiscalementavantage incitée[13]. On pourrait penser à un abatment comparable à celui existant pour l'adhésion un centre de gestion agréé, alors que n'est prévu u'un crédit d'impôt au titre de l'impôt sur les iétés, égal à 25 % des dépenses consenties dans deux premières années d'adhésion, dans la lim de 1 500 euros par an.

En pratique, groupements sont principalement destinés aupetites et moyennes entreprises, qui, compte tenu leur taille (au plus 300 salariés et au plus 120 mons de francs de chiffre d'affaires HT) par an, sont astreintes ni à la tenue de documents prévonnels, ni à la désignation d'un commissaire auxomptes[14].

1. L. n° 84-148, 1er mars 1984, préc.
2. L. n° 2001-420, 15 mai 2001, *JO* 16 mai, p. 7776, dite loi NRE.
3. *Rapp. J.-J. Hyest*, n° 335, p. 91.
4. D. n° 85-910, 27 août 1985 relatif à la création et aux conditions de fonctionnement dans les régions de groupements destinés à la prévention des difficultés des entreprises, *JO* 30 août, p. 10016.
5. L. n° 2003-721, 1er août 2003 pour l'initiative économique, *JO* 5 août, p. 13449.
6. *Rapp. J.-J. Hye*n° 335, p. 92.
7. L. n° 2004-809 3 août 2004, 17 août, p. 14545.
8. L. n° 2003-721 er août 2003, préc.
9. Macorig-Véniobs. *RTD com.* 203, 806, n° 1.
10. Ord. n° 2010-12, 9 déc. 2010, *JO* 10 déc., p. 21617.
11. Rapport au pident de la République sur l'ordonnance n° 2010-151 u 9 déc. 2010.
12. J.-CL. COM., al, fasc. 2025, [Préveriion des difficultés des entrepris 2006, n° 34.
13. Kuntz, « De prévention des difficulté des entreprises, du mandat aoc et de la procédure de cociliation », *LPA* n° sp., 8 fév 006, n° 28, p. 5 s., sp. p. 6.
14. RIPERT ET ROI n° 2830.

La mission principale du groupement est de fournir confidentiellement à ses adhérents une analyse comptable et financière de leur situation (C. com., art. L. 611-1, al. 2 [anc^{t} L. 1er mars 1984, art. 33, al. 2]), étendue par l'article 10 de la loi du 1er août 2003 aux informations économiques et prévisionnelles, plus utiles pour l'analyse prospective des résultats de l'entreprise. Il a été remarqué que l'extension de la mission aux informations de nature économique traduit la prise en compte par le législateur d'une approche globale de la problématique de la continuité d'exploitation[1].

Lorsque le groupement relève des indices de difficultés, ce qui semble correspondre à tout signe apparent ou probable de difficultés[2], il doit, en application de l'article L. 611-1 alinéa 3 du code de commerce, en informer le chef d'entreprise et lui proposer l'intervention d'un expert. L'indice de difficulté est plus large que dans les procédures d'alerte classique. « C'est un peu le degré zéro de l'alerte »[3], en ce que cette technique est encore plus préventive que les véritables procédures d'alerte[4]. Le groupement de prévention agréé est, a-t-on écrit, « le guetteur des difficultés dont l'horizon est le plus éloigné »[5]. On a encore parlé de « très mini – alerte »[6]. Il est admis que le commissaire aux comptes puisse obtenir les informations communiquées par le groupement de prévention agréé au dirigeant, ce qui pourrait alors justifier une véritable alerte[7].

Ces groupements peuvent assister le chef d'entreprise lors de demande d'aides publiques.

Ces groupements peuvent aussi conclure des conventions au profit de leurs adhérents (C. com., art. L. 611-1, al. 5 [anc^{t} L. 1er mars 1984, art. 33, al. 5]), spécialement avec les organismes de crédit, ce qui permettrait des réductions de taux, ou avec les compagnies d'assurances, sous la forme de contrat d'assurance-groupe.

Le groupement de prévention agréé peut engager sa responsabilité. L'exécution du devoir d'alerte engagera *a priori* sa responsabilité dans les conditions de l'obligation de moyens, alors que la violation de l'obligation de confidentialité relèverait, quant à elle, du régime de l'obligation de résultat[8].

Malgré l'utilité apparente de l'institution, elle n'a rencontré qu'un succès très limité. Fin 2002, il n'existait que douze groupements, qui n'avaient réalisé que 300 diagnostics[9].

1. VIDAL et GIORGINI, n° 247.
2. PÉROCHON, 10e éd., n° 67.
3. J.-CL. COM., Vdal, fasc. 2025, [Prévention des difficultés des entreprises], 2006, n° 36.
4. PÉROCHON, 10e éd., n° 67.
5. VIDAL et GIORGINI, n° 247.
6. SAINT-ALARY-HOUIN, 9e éd., n° 224.
7. SAINT-ALARY-HOUIN, 9e éd., n° 224.
8. J.-CL. COM., Vidal, fasc. 2025, [Prévention des difficultés des entreprises], 2006, n° 39.
9. *Rapp. Xavier de Roux*, n° 2095, p. 121.

CHAPITRE

123. Prévention par la négociation : mandat *ad hoc*

SECTION 0

ORIENTEUR

123.00 Plan du chapitre.

Sect. 123.10 Section unique

123.01 Textes applicables. (V. les références complètes s[s] n° 011).

> Législation antérieure à la loi de sauvegarde des entreprises.

C. com., art. L. 611-3

> Législation issue de la loi de sauvegarde des entreprises.

C. com., art. L. 611-3, L. 611-13 à L. 611-15

C. com., art. R. 600-2, al. 2 (anc[t] D. n° 2005-1677, 28 déc. 2005, art. 2, al. 2), R. 611-18 à R. 611-21 (anc[t] D. n° 2005-1677, 28 déc. 2005, art. 11 à 14), R. 611-47 à R. 611-50 (anc[t] D. n° 2005-1677, 28 déc. 2005, art. 40 à 43), R. 662-7 et R. 662-8 (anc[t] D. n° 2005-1677, 28 déc. 2005, art. 343 et 344)

> Législation issue de l'ordonnance du 18 décembre 2008.

C. com., art. L. 611-3, L. 611-13 à L. 611-15, L. 662-2

C. com., art. R. 600-2, al. 2, R. 611-18 à R. 611-21, R. 611-47 à R. 611-50, R. 662-7, R. 662-8

> Législation issue de l'ordonnance du 12 mars 2014.

C. com., art. L. 611-3

C. com., art. R. 611-19, R. 611-20, R. 611-21-1

123.02 Jurisprudence de référence.

> *Le mandataire ad hoc ne peut, même après expiration de sa mission, délivrer une attestation au débiteur et à sa caution, par laquelle il stigmatise l'attitude d'un créancier, appelé au mandat ad hoc.*

> Un créancier appelé à un mandat *ad hoc* ne commet pas de faute à refuser les propositions du mandataire *ad hoc*.

• Com. 22 sept. 2015, n° 14-17.377, *Bull. civ.* IV [à paraître]; n° 777 P+B

* *V. s[s] n° 123.17*

> L'obligation de confidentialité emporte interdiction de divulguer des informations relatives à la procédure de mandat *ad hoc* tant par la personne soumise à un devoir de confidentialité que par un tiers. En conséquence, des journalistes ne peuvent divulguer ces informations. Cette interdiction ne porte pas atteinte à la liberté d'expression, car des restrictions légales peuvent être apportées à cette liberté, dans la mesure de qui est nécessaire dans une société démocratique pour protéger les droits d'autrui et empêcher la divulgation d'informations confidentielles. Le caractère confidentiel des mesures de prévention des difficultés des entreprises fait obstacle à leur diffusion par voie de presse, à moins qu'elle ne contribue à la nécessité d'informer le public sur une question d'intérêt général. La diffusion de telles informations, dès lors qu'elle ne contribue pas à l'information du public sur une question d'intérêt général, constitue à elle seule un trouble manifestement illicite, pouvant comme tel être apprécié par le juge des référés.

• Com. 15 déc. 20[illegible], n° 14-11.500 *Bull. civ.* IV [à paraître]; n° 1076 FS-P+[illegible]

* V. s[s] n° 123.17

123.03 Bibliographie indicative (V. les références complètes s[s] n° 031).

> Actualisables. Avant LSE : RÉP. COM. Chaput Y., « Entreprises en difficulté (Prévention et règlement amiable) », n°s 161, 167 – J.-CL. COM., Vidal D., fasc. 2025 [Prévention des difficultés des entreprises] – Après LSE : J.-CL. COM., Vidal D., fasc. 2025, [Prévention des difficultés des entreprises], 2006.

> Ouvrages antérieurs à la loi de sauvegarde des entreprises. CHAPUT, n°s 122 à 123 – LE CANNU, n° 4[illegible]4-1 – LE CORRE-BROLY, n° 16 – MARTIN ET VALLENS, n°s 2336, 2378, 2386 à 2390 – Paillusseau J. et Petiteau G., *Les difficultés des entreprises : Prévention et règlement amiable*, « U », A. Colin, 1985 – PÉROCHON ET BONHOMME, n° 49 – RIPERT ET ROBLOT, n° 2837-1 – SAINT-ALARY-HOUIN, n°s 251 à 257 – SOINNE, n° 10[illegible] – VALLANSAN, p. 7.

> Ouvrages postérieurs à la loi de sauvegarde des entreprises du 26 juillet 2005. COQUELET, 5e éd., n°s 42 à 47 – GIBIRILA, n°s 111 à 115 – JACQUEMONT et VABRES, 9e éd., n°s 83 à 91 – LE CANNU, 7e éd., n°s 77 à 80 – LIENHARD, 6e éd., n°s 11.11 à 11.38 – PÉROCHON, 10e éd., n°s 97 à 10[illegible] – ROUSSEL GALLE, n°s 59 à 89 – SAINT-ALARY-HOUIN, 9e éd., nos 319 à 325 – VALLANSAN *ET ALII*, 6e éd., p. 14 à 16 – VALLENS, 2015, nos 2813 à 2823 – Vidal et Giorgini, nos 345, 349 à 351, 353 à 391 – VOINOT, 2e éd., nos 44 à 59.

> Articles. Armand-Prevost M., « La prévention et ses risques », *RJ com.* 2003, no sp., p. 13 – Bouquet B., « Mandat *ad hoc* et conciliation : un outil juridique rénové », *RJ com.* 2008. 8 – Freleteau B., « La liberté d'expression à l'épreuve des procédures de prévention des difficultés d'entreprise », *LPA* 7 juin 2016, no 113, p. 11 – Colaert C., « Le financement des sociétés en mandat *ad hoc* », *RJ com.* 2005/2, p. 130 – Croze H., « Mandat *ad hoc* et procédure de conciliation », *Procédures* 2005/11, p. 6 – Deharveng J., « Ouverture du mandat *ad hoc* et de la conciliation : le rôle du ministère public », *Rev. proc. coll.* 2014, dossier 6 – Delattre Ch., « Le secret des affaires – La confidentialité des procédures », *Dr. sociétés* 2012, étude 2 – Douhaire E., « Le rôle du mandataire *ad hoc* et du conciliateur », *in La prévention des difficultés des entreprises : Analyse des pratiques juridiques*, PUAM, 2004, p. 123 – Drummen J.-B., « La rémunération des mandataires *ad hoc* et des conciliateurs », *BJE* sept./oct. 2011, comm. 121, p. 283 – Gailhbaud Ch., « Ouverture du mandat *ad hoc* et de la conciliation : faut-il associer les salariés », *Rev. proc. coll.* 2014, dossier 7 – Grelon B., « Le temps de la prévention », *RJ com.* 2003, no sp. p. 48 – Picard M., « Le mandat *ad hoc* : un instrument à redécouvrir », *LPA* 14 juin 2007, no 119, p. 7 – Pérochon F. et Roussel Galle Ph., « Le mandat *ad hoc* et la conciliation », interv. Colloque Besançon 10 oct. 2014, *Gaz. Pal.* 31 déc. 2014, no 365, 4 – Reins A., « État des lieux et propositions des acteurs de la prévention en France », *RJ com.* 2003, no sp. p. 25 – Rohart-Messager I., « L'amélioration de la prévention », *Gaz. proc. coll.* no sp., 6 et 7 mars 2009, p. 5 – Roussel Galle Ph., « Les acteurs de la prévention », *in Entretiens de la sauvegarde, 29 janv. 2007, Premier bilan de la loi de sauvegarde*, DPDE, *Bull.* no 279, 15 févr. 2007, p. 4664 – Soinne « La rémunération des mandataires de justice », *Rev. proc coll.* 2008/4, 23, p. 10 – Thévenot Ch., « Mandat *ad hoc* et conciliation : de nouveaux outils pour une meilleure prévention », *LPA* 17 févr. 2006, no 35, p. 14 – Zabala B., « Prévention des difficultés des entreprises et obligation d'information du public », *JCP E* 2008. 1598, p. 39.

> Table ronde. Menjucq M., Gentin F., Basse Ch., Thévenot Ch., Lencou D., « Le secret des affaires et la confidentialité des procédures », Table ronde 1, *Rev. proc. coll.* 2015, p. 73.

123.04 Questions essentielles.

• Le mandat *ad hoc* est-il inconciliable avec l'état de cessation des paiements ?

* V. ss no 123.11.

• La mission du mandataire *ad hoc* est-elle enfermée dans un délai ?

* V. ss no 123.14.

• Un créancier est-il fautif à ne pas accepter les propositions du mandataire *ad hoc* ?

* V. ss no 123.17.

• Le mandataire *ad hoc* est-il tenu à l'obligation de confidentialité après la fin de sa mission ?

* V. ss no 123.17.

SECTION 123.10
SECTION UNIQUE

123.11 Désignation d'un mandataire *ad hoc*. La pratique judiciaire de nomination d'un mandataire *ad hoc*, pratique inventée *a priori* par le Tribunal de commerce de Carcassonne en 1982[1] et véritablement acclimatée par le tribunal de commerce de Paris au moment de la crise de l'immobilier dans les années 1990, a fait l'objet, par la loi du 10 juin 1994[2], d'une consécration législative (C. com., art. L. 611-3 [anct L. 1er mars 1984, art. 35, al. 1]). Elle s'est cependant abstenue de la réglementer, pour lui laisser la plasticité suffisante[3].

Cette technique, caractérisée par ses caractères consensuel et confidentiel, doit être distinguée de la désignation d'un administrateur provisoire, ce dernier mécanisme présupposant une paralysie des organes sociaux ou une atteinte à l'intérêt social[4].

La désignation d'un mandataire *ad hoc* reste discrétionnaire de la part du président de la juridiction, du moins jusqu'à l'ordonnance du 18 décembre 2008[5]. Aucun critère d'ouverture n'est en effet exigé, contrairement à l'ouverture d'une procédure de conciliation, obligatoire pour le président du tribunal, dès lors que les critères sont réunis. Le rejet de la demande n'a, en conséquence, pas à être motivé. La solution semble avoir été modifiée par l'ordonnance du 18 décembre 2008, qui ouvre au débiteur l'appel à l'encontre de l'ordonnance de rejet.

La technique du mandat *ad hoc*, annoncée au détour d'un texte intéressant le règlement amiable qu'il préfigurait classiquement, est aujourd'hui présentée par le code de commerce (art. L. 611-3, réd. loi de sauvegarde des entreprises), comme une technique autonome, même si dans les faits elle prépare généralement la conciliation.

La généralité des termes de l'article L. 611-3 autorise son application au profit de toutes les personnes éligibles aux procédures collectives.

Sous l'empire de la législation antérieure à la loi de sauvegarde, la technique du mandat *ad hoc* a été plus utilisée que le règlement amiable. Ainsi, dans les ressorts des tribunaux de la petite couronne parisienne (Paris, Nanterre, Bobigny et Créteil), en 2003, 234 mandats *ad hoc* ont été diligentés contre 35 règlements amiables[6] et c'est pourquoi il est

1. Schmitt, « La conciliation – Aspects pratiques », *Rev. proc. coll.* 2006/2, p. 178 s., sp. p. 179.
2. L. no 94-475, 10 juin 1994, *JO* 11 juin, p. 8440.
3. PÉROCHON, 10e éd., no 98.
4. Demeyere, *Personnalité morale et droit des entreprises en difficulté*, th., Paris X Nanterre, 2005, p. 79, no 82.
5. Ord. no 2008-1345, 18 déc. 2008, *JO* 19 déc., p. 19462.
6. *Rapp. Xavier de Roux*, no 2095, p. 126.

apparu opportun de lui réserver une disposition spéciale dans la législation, l'article L. 611-3.

L'absence de réglementation de la saisine antérieurement à la législation issue de la loi de sauvegarde des entreprises semblait autoriser la saisine d'office par le président de la juridiction, les opinions divergeant cependant sur la question[1]. Certains considéraient également possible la saisine par un créancier[2]. L'article L. 611-3 du code de commerce, issu de la rédaction de la loi de sauvegarde des entreprises, supprimait la difficulté en prévoyant que la demande de désignation d'un mandataire *ad hoc* émanait du représentant de l'entreprise. La saisine est donc à l'initiative exclusive du débiteur[3].

Le nouveau texte de l'article L. 611-3 du code, issu de l'article 2 de l'ordonnance du 18 décembre 2008, prévoit désormais, sans changer le fond du droit, que la demande émane du débiteur, terme générique utilisé dans toutes les techniques et procédures préventives, ainsi que dans les procédures de traitement judiciaire des difficultés. Certes, ce terme est parfois inadapté dans la mesure où l'intéressé ne serait pas en état de cessation des paiements. Il présente néanmoins le mérite de la symétrie par rapport aux procédures d'insolvabilité soumise au Règlement communautaire du 29 mai 2000. Le souci de mise en conformité avec le vocabulaire utilisé par les textes européens justifie donc la modification, même si le mandat *ad hoc* n'est pas une procédure d'insolvabilité soumise au Règlement communautaire. Sur un plan prospectif, il a été estimé que la saisine par un créancier pourrait présenter des intérêts[4].

À la suite de travaux parlementaires préparatoires de la loi de sauvegarde en ce sens[5], certains estimaient cependant qu'en cas de demande d'ouverture d'une conciliation, le président du tribunal aurait eu le pouvoir de désigner un mandataire *ad hoc* pour préparer la conciliation en augmentant ainsi les délais[6]. Cette solution apparaît contraire au texte[7]. Aussi, compte tenu de son intérêt pratique évident, sans le rejeter, il semble possible de la tempérer en énonçant que, si le chef d'entreprise auquel pareille suggestion est présentée par le président du tribunal l'accepte formellement, le président du tribunal pourra nommer un mandataire *ad hoc* après avoir rejeté la demande de nomination d'un conciliateur.

Une difficulté se présentait de savoir si les institutions représentatives du personnel devaient être informées de la demande de nomination d'un mandataire *ad hoc*. Certains l'avaient soutenu[8]. Il semblait raisonnable de penser qu'il fallait distinguer selon que le mandat *ad hoc* pouvait ou non avoir des répercussions sur les salariés, l'information ne nous apparaissant nécessaire que dans cette hypothèse. Cette difficulté est supprimée par la loi de modernisation de la justice du XXIe siècle, qui insère un alinéa 3 à l'article L. 611-3 du code de commerce, venant préciser que « le débiteur n'est pas tenu d'informer le comité d'entreprise ou, à défaut, les délégués du personnel de la désignation d'un mandataire *ad hoc.* » Cette disposition ne sera pas applicable aux mandats *ad hoc* en cours au jour de la publication de cette la loi.

Le débiteur saisira par requête le président du tribunal de commerce s'il est commerçant ou artisan, et depuis la loi de sauvegarde des entreprises, le président du tribunal de grande instance s'il a la qualité de personne morale de droit privé ou de professionnel indépendant exerçant à titre individuel, la généralité des termes employés par l'article L. 611-3 du code de commerce justifiant la solution[9]. En l'état initial du projet de loi, il fallait semble-t-il exclure l'agriculteur[10]. La commission des lois de l'Assemblée nationale a adopté un amendement (n° 9) ayant pour objet l'extension du mandat *ad hoc* aux professionnels libéraux[11] et aux agriculteurs. C'est ainsi que l'article L. 611-3 du code s'exprime désormais en termes généraux « Le président du tribunal de commerce ou du tribunal de grande instance peut, à la demande du représentant de l'entreprise, désigner un mandataire *ad hoc* dont il détermine la mission. »

Malgré le silence de l'ordonnance du 9 décembre 2010[12] portant adaptation du droit des entreprises en difficulté à l'entrepreneur individuel à responsabilité limitée, il ne semble pas y avoir de difficulté à autoriser la saisine à un entrepreneur individuel à responsabilité limitée (EIRL), qui fera usage de sa qualité d'exploitant d'une entreprise individuelle.

1. EN CE SENS : PÉROCHON ET BONHOMME, 6e éd., n° 49 – *CONTRA* : SOINNE, n° 104.
2. CHAPUT, n° 122.
3. AUSSI : Montéran, « Présentation générale de la prévention et de la procédure de conciliation », *Gaz. Pal.* 7-8 sept. 2005, n° sp., p. 8 s., sp. p. 9.
4. VIDAL et GIORGINI, n° 386.
5. *Rapp. Xavier de Roux,* n° 2095, p. 130.
6. *PÉROCHON et BONHOMME, 7e éd., n° 74 – Adde, VIDAL, 2006, n° 158.*
7. Guillaume, Directeur des Affaires civiles et du Sceau, *LPA* 21 sept. 2006, p. 3 s., sp. p. 4.
8. SAINT-ALARY-HOUIN, 9e éd., n° 320.
9. EN CE SENS AUSSI : Kuntz, « De la prévention des difficultés des entreprises, du mandat *ad hoc* et de la procédure de conciliation », *LPA* n° sp., 8 févr. 2006, n° 28, p. 5 s., sp. p. 7.
10. *Rapp. Xavier de Roux*, n° 2095, p. 128.
11. AUSSI : J.-CL. COM., Rétif, fasc. 1750, [Professions libérales et procédures collectives], 2011, n° 13.
12. Ord. n° 2010-1512, 9 déc. 2010, *JO* 10 déc., p. 21617.

L'article R. 600-2, alinéa 2 du code de commerce indique que la compétence territoriale du président du tribunal pour désigner un mandataire *ad hoc* est déterminée par l'article 1er du décret. Il s'agit de la compétence territoriale pour ouvrir les procédures de sauvegarde, de redressement et de liquidation judiciaires (v. ss nos 232.12 à 232.14).

De manière nouvelle (ord. 18 déc. 2008, art. 2, al. 2), et réparant en cela une omission du texte ancien[1], l'article L. 611-3 du code de commerce, en un alinéa 2, précise explicitement le tribunal compétent matériellement pour la désignation du mandataire *ad hoc*. Il ne s'agit en réalité que d'officialiser la pratique jurisprudentielle. Le tribunal compétent sera, selon ce texte, le tribunal de commerce si le débiteur est commerçant ou artisan. Il s'agira du tribunal de grande instance dans les autres cas. En réalité, et comme l'indique préalablement l'alinéa 1 de l'article L. 611-3 du code de commerce, la désignation émane du président de cette juridiction, et non du tribunal lui-même.

Il est possible de délocaliser l'affaire[2], d'une manière comparable à la solution posée en sauvegarde, en redressement et en liquidation judiciaire (v. ss no 232.14). Le président du tribunal, avec l'accord du débiteur précise le texte, peut décider cette dérogation aux règles de compétence territoriale, soit lors de la désignation du mandataire *ad hoc*, soit en cours de mission (C. com., art. R. 662-8, al. 1). Le débiteur peut également saisir à cete fin, par requête, le premier président de la courd'appel ou le premier président de la Cour de cssation (C. com., art. R. 662-8, al. 2). La solutio n'avait toutefois été posée que par le décret.

L'article 155 de l'ordonnance du 18 décembre 2008, qui modifie en ce sens l'article L 662-2 du code de commerce, pose désormais la soltion dans la partie législative du code, ce qui évitera toute difficulté sur la légalité de la disposition.

La demande d'ouverture du mandat *ad hoc* doit exposer les raisons qui la motivent. Cette demande doit être déposée au greffe.

La saisine n'est enfermée dans aucune condition, ni aucun délai.

Ne peut, en conséquence, être approuvée, la décision qui rejette la demande de désignation d'un mandataire *ad hoc* au motif qu'aucunenace ne pèse sur la continuité de l'activité de ntreprise, dès lors que cette dernière a d'ores et déjessé toute activité[3]. La requête devra cependant é..r de viser une « conciliation, en l'occurrence avec des salariés licenciés, dès lors qu'il n'est pas demandé la désignation d'un conciliateur, mais celle d'un mandataire *ad hoc* »[4].

Encore que l'on voit affirmer le contraire[5], elle n'apparaît même pas inconciliable avec l'état de cessation des paiements du débiteur[6], sous une réserve importante : l'état de cessation des paiements ne doit pas exister depuis plus de 45 jours[7]. En effet, passé ce délai, le tribunal n'a d'autre choix que d'ouvrir un redressement ou une liquidation judiciaire et doit donc rejeter la demande d'ouverture d'un mandat *ad hoc*. Il faut immédiatement observer toutefois que l'ouverture du mandat *ad hoc*, contrairement à l'ouverture d'une conciliation, n'a pas pour effet d'interrompre le délai de 45 jours[8]. Il importera donc que le mandataire *ad hoc* nommé se préoccupe au plus vite de trouver un accord avec les principaux créanciers sur un moratoire ayant pour effet de différer l'exigibilité des dettes et de faire ainsi disparaître l'état de cessation des paiements. La persistance de l'état de cessation des paiements pendant plus de 45 jours doit conduire le mandataire *ad hoc* à établir un rapport à destination du président du tribunal, qui devra utiliser la technique de la saisine d'office aux fins d'ouverture du redressement judiciaire et, depuis l'inconstitutionnalité de la saisine d'office, la technique de la note au ministère public.

Le décret du 12 février 2009 prévoit, en son article 12 alinéa 1 (C. com., art. R. 611-19, al. 1), que le président du tribunal, dès réception de la demande, fait convoquer par le greffier le représentant légal de la personne morale ou le débiteur pour recueillir ses observations.

L'alinéa 2 du même article ajoutait, avant l'ordonnance du 18 décembre 2008, que si, à l'expiration d'un délai d'un mois faisant suite à l'entretien, un mandataire *ad hoc* n'avait pas été désigné, la demande de nomination était réputée refusée. Le code de commerce précisait ainsi les effets du silence. L'article 4 du décret du 12 février 2009[9] supprime cette dispo-

1. Rapport au président de la République surdonnance no 2008-1345 du 18 déc. 2008, *JO* 19 déc.re I, chap. I, ss art. 2.
2. SUR LA QUESTION : Nelson et Billot, « Dépaysenprocédural : de la théorie à la pratique », *BJE* mai 2015.
3. Toulouse, 3e ch., 26 nov. 2015, RG no 15/0.
4. Toulouse, 3e ch., 26 nov. 2015, RG no 15/04165.
5. Badillet, « Pratiques parisiennes en matière de traitement préventif des difficultés des entreprises », *Gaz. Pal.* 11-12 mai 2011, p. 7 s., sp. p. 8 – VALLENS, 2015, no 2816 – COQUELET, 5e éd., no 44.
6. *Rapp. Xavier de Roux*, no 2095, p. 129 – *Adde*, Valdman, « Loi de sauvegarde : quelle procédure pour quelles difficultés des entreprises », *Gaz. proc. coll.* 2008/1, p. 14 – PÉROCHON, 10e éd., no 98 – VIDAL et GIORGINI, no 371.
7. AINSI : T. com. Saint-Quentin, 2e ch., 17 juill. 2015, RG no 2015002634-1, *Rev. proc. coll.* 2015, comm. 173, note Delattre.
8. SOUS L'EMPIRE de législation antérieure à la LSE : Com. 10 mai 2005, no 04-11.554, NP – AUSSI EN CE SENS : VIDAL et GIORGINI, no 371.
9. D. no 2009-160, 12 févr. 2009, *JO* 13 févr., p. 2596.

sition. Le silence du président du tribunal ne produira désormais plus d'effet. Il appartiendra au débiteur de relancer le président afin qu'il statue dans les meilleurs délais.

La décision qui statue sur la désignation du mandataire *ad hoc* est notifiée au demandeur par lettre recommandée avec demande d'avis de réception (C. com., art. R. 611-20, al. 1). Elle est également notifiée au mandataire *ad hoc* désigné (C. com., art. R. 611-20, al. 2). Le mandataire fait connaître sans délai au président du tribunal son acceptation ou son refus (C. com., art. R. 611-20, al. 3).

De manière très opportune, et pour lutter contre des clauses rapidement devenues de style, l'article 14 de l'ordonnance du 12 mars 2014[1], répondant à l'article 2, 1°, b de la loi du 2 janvier 2014[2], crée un article L. 611-16, alinéa 1er prévoyant que toute clause qui modifie les conditions de poursuite d'un contrat en cours en diminuant les droits du débiteur ou en aggravant ses obligations, du fait de la désignation d'un mandataire *ad hoc* est réputée non écrite.

Jusqu'alors, seules les clauses prévoyant une déchéance du terme ou une résolution ou résiliation d'un contrat pour ouverture d'une procédure collective était réputée non écrite. Désormais, ce sont toutes les clauses de résiliation de plein droit, de déchéance du terme, de pénalités quelconques conçues pour ou en cas de mandat *ad hoc*[3].

123.12 Choix du mandataire *ad hoc*. Le président du tribunal pouvait, jusqu'à la loi de sauvegarde des entreprises, choisir librement la personne du mandataire *ad hoc*. En pratique, il s'agissait d'administrateurs ou mandataires judiciaires ou de juges consulaires honoraires.

La loi de sauvegarde des entreprises aligne le régime de nomination du mandataire *ad hoc* sur celui du conciliateur, en introduisant des incompatibilités, afin d'éviter tout risque de conflit d'intérêts. Le régime des incompatibilités a ainsi été renforcé[4]. Le dispositif d'incompatibilités permet d'exclure des personnes ayant un intérêt commun avec un créancier du débiteur.

L'article L. 611-13, alinéa 1 du code de commerce fait d'abord interdiction au président du tribunal de nommer en qualité de mandataire *ad hoc* une personne « ayant, au cours des vingt-quatre mois précédents, perçu, à quelque titre que ce soit, directement ou indirectement, une rémunération ou un paiement de la part du débiteur intéressé, de tout créancier du débiteur ou d'une personne qui en détient le contrôle ou est contrôlée par lui au sens de l'article L. 233-16 ». Cette dernière disposition définit le périmètre de consolidation des comptes sociaux. Par ces incompatibilités, il s'agit ici d'éviter de nommer une personne ayant été prestataire de services du débiteur, voire salariée de celui-ci, dans la période juste antérieure à la désignation comme conciliateur. La durée de l'incompatibilité est plus réduite que celle de nature voisine existant pour les mandataires de justice (5 ans).

Une exception est posée par le texte : elle concerne la rémunération au titre d'un mandat judiciaire, d'un mandat *ad hoc* ou d'une mission de règlement amiable ou de conciliation réalisée pour le même débiteur ou le même créancier.

La loi de modernisation de la justice du XXIe siècle modifie le texte et assouplit sensiblement les incompatibilités. La première phrase du premier alinéa de l'article L. 611-13 est complétée par les mots : « ou de la rémunération perçue au titre d'un mandat de justice, autre que celui de commissaire à l'exécution du plan, confié dans le cadre d'une procédure de sauvegarde ou de redressement judiciaire ». Il résulte de cette modification que l'exception posée pour la rémunération perçue au titre d'un mandat de justice vaut désormais pour le mandat *ad hoc*, le règlement amiable agricole, la conciliation, la sauvegarde et le redressement judiciaire. Elle ne vaut pas *a contrario* pour la liquidation judiciaire. L'ancien liquidateur ne pourra donc être nommé mandataire *ad hoc* moins de 24 mois après perception d'une rémunération en qualité de liquidateur. En outre, il résulte du texte que le mandataire *ad hoc* ne pourra être le commissaire à l'exécution du plan de sauvegarde ou de redressement, qui aurait perçu une rémunération à ce titre dans les 24 mois précédents. Cette disposition n'est pas applicable aux mandats *ad hoc* en cours au jour de la publication de la loi de modernisation de la justice du XXIe siècle.

Observons que, en application de l'article L. 621-4 alinéa 3 du code de commerce, texte de la sauvegarde applicable en redressement judiciaire (C. com., art. L. 631-9), le ministère public peut s'opposer à la désignation de la personne antérieurement désignée en tant que mandataire *ad hoc* dans le cadre d'un mandat concernant le même débiteur.

L'article 611-13, alinéa 2 du code de commerce interdit égalnent au président du tribunal de nommer en qua de mandataire *ad hoc* un juge consulaire en foron, pour des raisons déontologiques, mais aussi npartialité, ou ayant quitté ses fonctions depuioins de cinq ans. Peu importe que les magistrats sulaires exercent ou non dans le ressort du tribl ayant à connaître de la procédure.

1. Ord. n° 2014-326, 12 mars 2014, *JO* 14 mars, p. 5249.
2. *L. n° 2014-1, 2 janv. 2014, JO* 3 janv., p. 50.
3. Pétel, « Entreprises en difficulté : encore une réforme ! », *JCP E* 2014. 1223, n° 6.
4. Amend. n° 27, Interv. Arnaud Montebourg, *JOAN CR*, 2e séance du 3 mars 2005, p. 1637.

Le mandataire *ad hoc* désigné devra attester sur l'honneur, lors de l'acceptation de son mandat, qu'il ne rentre pas dans l'une des interdictions visées au texte. Cette attestation sera fournie par le mandataire au moment où il indique au président du tribunal l'acceptation de la mission confiée (C. com., art. R. 611-20, al. 3). L'article R. 611-21-1 du code de commerce (réd. D. nº 2014-736, 30 juin 2014, art. 11) ajoute, que le mandataire *ad hoc* fait connaître sans délai au président du tribunal tout élément qui pourrait justifier qu'il soit mis à sa mission.

Malgré le mutisme des textes pour la nomination du mandataire *ad hoc*, qui contrastait avec la solution expressément posée pour le conciliateur, rien ne semblait s'opposer, avant l'ordonnance du 18 décembre 2008, à ce que le chef d'entreprise propose au président du tribunal son mandataire *ad hoc*[1]. La pratique était en tout cas en ce sens[2]. Tenant compte du caractère volontariste de la technique du mandat *ad hoc*, le débiteur peut proposer au président du tribunal un mandataire *ad hoc*. La solution est ainsi officialisée. Il a été soutenu que la faculté offerte au débiteur de proposer au président du tribunal le nom d'un professionnel lui ouvre un recours, si ayant proposé le nom d'un mandataire *ad hoc*, le débiteur se voit imposer un autre mandataire[3]. Quoi qu'il en soit, il aurait été opportun, pour tenir compte du caractère éminemment volontariste du mandat *ad hoc*, de prévoir que le président du tribunal, qui ne suit pas la demande de désignation de tel mandataire *ad hoc* suggérée par le débiteur, motive spécialement sa décision[4].

L'article 3 du décret du 12 février 2009 complète en ce sens l'article R. 611-18 du code de commerce, en disposant que « lorsque le débiteur propose un mandataire *ad hoc* à la désignation du président du tribunal, il précise son identité et son adresse ».

Le projet de loi de sauvegarde des entreprises prévoyait que ne pouvait être désignée comme mandataire *ad hoc* qu'une personne justifiant d'une assurance garantissant sa responsable civile et professionnelle pour ce type d'activité. Par cette disposition, *de facto*, le choix des personnes pouvant être nommées aux fonctions de mandataire *ad hoc* était limité aux seuls administrateurs judiciaires et mandataires de justice. En effet, soit les compagnies d'assurance n'accepteraient pas d'assurer occasionnellement ces personnes, soit le prix proposé serait prohibitif. Pour ne pas empêcher la désignation de la personne véritablement idoine dans chaque dossier[5], un amendement a supprimé cette exigence, pour tenir compte de l'impossibilité pratique devant laquelle se seraient trouvés d'autres professionnels pour souscrire une assurance occasionnelle[6].

L'exigence d'assurance semblait pouvoir être discutée, du fait, *a priori*, de la rareté de l'engagement de la responsabilité civile du mandataire *ad hoc*, ce dernier ne gérant pas l'entreprise et n'étant pas confronté aux tâches techniques d'un mandataire-liquidateur. C'était toutefois sans compter sur l'éventualité du dépassement de son mandat par le mandataire *ad hoc*. En ce sens, la Cour de cassation a confirmé un arrêt ayant condamné un mandataire *ad hoc* qui était sorti de son mandat, consistant à trouver un accord avec les créanciers, et qui avait réussi à imposer la vente d'une société, en se passant de l'accord pourtant indispensable de ces derniers[7].

Ainsi, il sera prudent, pour la sécurité des tiers, de nommer une personne pouvant répondre des fautes commises dans l'exécution de son mandat, par une assurance appropriée, ce qui conduit, nous semble-t-il, les présidents de tribunaux à éviter de désigner de personnes qui ne sont pas inscrites sur les listes d'administrateurs judiciaires ou de mandataires judiciaires.

Aucune faculté de récusation du mandataire *ad hoc* n'est prévue par le texte. Le silence du texte sur la possibilité de récusation du mandataire *ad hoc* ne doit cependant pas tromper sur cette possibilité, encore que le contraire ait été soutenu[8]. Ce silence « peut s'expliquer par le souci de conserver à la procédure de mandat *ad hoc* sa souplesse et son caractère informel. Dans ces conditions, en l'absence de dialogue possible entre le mandataire *ad hoc* et le débiteur, ce dernier pourra en obtenir le remplacement en sollicitant du président du tribunal la désignation d'un nouveau mandataire »[9].

123.13 Exécution provisoire des décisions en matière de mandat *ad hoc*. Sous l'empire de la législation issue de la loi de sauvegarde, dans sa rédaction d'origine, les textes restaient muets sur l'exécution provisoire attachée aux décisions rendues en matière de mandat *ad hoc*.

1. Bouquet, « Mandat *ad hoc* et conciliation : un outil juridique rénové » *RJ com.* 2008. 8 s., sp. p. 12.
2. Montéran, « La réforme de la prévention des difficultés », *D.* 2009. 639 s., sp. p. 640.
3. Montéran, « La réforme de la prévention », *D.* 2009. 639 s., sp. p. 640 – PÉROCHON, 10ᵉ éd., nº 105.
4. PÉROCHON, 10ᵉ éd., nº 104.
5. *Rapp. Xavier de Roux*, nº 2095, p. 94.
6. Amend. nº 28, Interv. Xavier de Roux, *JOAN CR*, 2ᵉ séance du 3 mars 2005, p. 1638 – *Rapp. Xavier de Roux*, nº 2095, p. 163.
7. Com 1ᵉʳ févr. 2011, nᵒˢ 09-16.179, 09-17.086, 09-69.526, 09-69.619, NP, *Gaz. Pal. entr. diff.* 1-2 avr. 2011, p. 19, note Bidan; *Bull. Joly* avr. 2011, comm. 135, p. 313, note Gil; *Rev. proc. coll.* 2011, comm. 166, note Delattre.
8. ROUSSEL GALLE, nº 66.
9. *Rapp. J.-J. Hyest*, nº 335, p. 102.

Procédant par alignement avec la solution de principe posée pour la sauvegarde, le redressement et la liquidation judiciaires, l'article 113 du décret du 12 février 2009[1] modifie l'article R. 661-1, alinéa 1 du code de commerce, qui prévoit désormais que les jugements et ordonnances rendus en matière de mandat *ad hoc* sont exécutoires de plein droit à titre provisoire.

123.14 Voies de recours en matière de mandat *ad hoc*. Sous l'empire de la loi de sauvegarde des entreprises, dans sa rédaction d'origine, les textes restaient muets sur l'éventualité d'un recours à l'encontre de la décision du président du tribunal refusant de faire droit à la demande de désignation d'un mandataire *ad hoc*.

De manière nouvelle, l'article 5 du décret du 12 février 2009[2] modifiant le premier alinéa de l'article R. 611-20 du code de commerce, prévoit que le débiteur peut, en cas de refus de désignation, interjeter appel. Le texte ne règle toutefois pas une difficulté : l'appel est-il ouvert lorsque le président du tribunal procède à une désignation d'un mandataire *ad hoc*, mais sans désigner le mandataire *ad hoc* proposé par le débiteur ? La simple lecture du texte semble conduire à une réponse négative. Nous préférons toutefois opter pour une réponse positive, car le débiteur a partiellement succombé en sa demande. Dès lors qu'il a qualité pour interjeter appel, son intérêt à agir se trouve constitué par le refus de désigner le mandataire *ad hoc* qu'il avait proposé au président du tribunal[3].

L'article R. 611-20, alinéa 1 du code de commerce renvoie aux modalités posées par l'article R. 611-26, alinéa 1 du code de commerce, tel qu'issu de la rédaction que lui donne le décret du 12 février 2009. L'appel sera, en conséquence, formé dans un délai de 10 jours[4] qui court à compter de la notification de la décision statuant sur la demande de désignation du mandataire *ad hoc*, non plus en application de l'article R. 611-26 du code, mais en vertu du principe de solution exprimé par le premier alinéa de l'article R. 661-3 du code de commerce, tel qu'il résulte de la rédaction que lui a donné le décret du 12 février 2009 (art. 115). L'article R. 611-26, alinéa 1 du code de commerce, auquel renvoie l'article R. 611-20, alinéa 1 du code de commerce, précise que l'appel est formé par déclaration faite ou adressée par lettre recommandée avec demande d'avis de réception au greffe du tribunal. Le débiteur est dispensé du ministère de l'avocat ou de l'avoué.

Sous l'empire de la loi de sauvegarde des entreprises, dans sa rédaction d'origine, les textes ne réglementaient pas l'opposition et la tierce opposition sur les décisions rendues en matière de mandat *ad hoc*. De manière nouvelle, l'article R. 661-2, alinéa 1 du code de commerce, qui résulte de la rédaction que lui donne l'article 114 du décret du 12 février 2009, prévoit que, sauf dispositions contraires, l'opposition et la tierce opposition sont formées contre les décisions rendues en matière de mandat *ad hoc*, par déclaration au greffe dans le délai de dix jours à compter du prononcé de la décision.

123.15 Communication de la décision de nomination d'un mandataire *ad hoc*. Le projet de loi de sauvegarde des entreprises prévoyait l'information systématique du parquet sur l'ouverture de tout mandat *ad hoc*, pour tenir compte des initiatives que pouvait avoir le ministère public et qui pourraient nuire au déroulement du mandat *ad hoc*, par exemple la saisine aux fins d'ouverture d'une procédure collective[5]. Un amendement tendait à rendre simplement facultative l'information du parquet[6]. L'information du parquet, systématique ou simplement facultative, modifie très sensiblement l'état d'esprit des chefs d'entreprise. Si l'information du ministère public est parfaitement légitime dans le cadre d'une procédure de conciliation, plus formalisée et qui peut avoir des effets de droit pour les tiers, elle est apparue inopportune dans le cas du mandat *ad hoc* qui n'a aucun effet juridique sur les tiers, le parquet ne pouvant, de toute façon, faire grand usage de l'information qui lui aurait été transmise. Sur ce point, il a été indiqué qu'il ne fallait pas céder à la tentation bien française d'encadrer juridiquement, le succès du mandat *ad hoc* tenant précisément à sa souplesse et à sa totale confidentialité[7], cette dernière constituant le « socle fondateur » de la prévention[8]. La transmission de l'information au parquet de l'ouverture d'un mandat *ad hoc* a donc été supprimée.

Reprenant la solution posée par le projet de loi de sauvegarde des entreprises, l'alinéa 3 de l'article L. 611-3 du code de commerce, tel qu'il résultait du projet d'ordonnance, prévoyait que la décision désignant le mandataire *ad hoc* est communiquée au ministère public.

1. D. n° 2009-160, 12 févr. 2009, préc.
2. D. n° 2009-160, 12 févr. 2009, préc.
3. EN CE SENS AUSSI : Montéran, « La réforme de la prévention des difficultés », *D.* 2009. 639 s., sp. p. 640 – PÉROCHON, 10e éd., n° 105 – VALLENS 2015, n° 2817.
4. EN CE SENS AUSSI : Rémery, « Les voies de recours dans la réforme de la loi de sauvegarde des entreprises », *JCP E* 2009. I. 129, n° 5.
5. *Rapp. Xavier de Roux*, n° 2095, p. 134.
6. Amend. n° 16 d'Anne-Marie Comparini, *in Rapp. Xavier de Roux*, n° 2095, p. 136.
7. Interv. Pascal Clément, *JOAN CR*, 2e séance du 1er mars 2005, p. 1498.
8. Badillet, « Pratiques parisiennes en matière de traitement préventif des difficultés des entreprises », *Gaz. Pal.* 11-12 mai 2011, p. 7.

Une nouvelle fois, devant la levée de bouclier émanant des professionnels des procédures collectives, suscitée par cette communication, dans une procédure qui doit rester strictement confidentielle, le gouvernement a reculé et cette obligation de communication au ministère public a finalement été abandonnée, ce qui a pu être salué[1].

On pourrait toutefois observer que si le débiteur est déjà en état de cessation des paiements lorsqu'il demande la nomination d'un mandataire *ad hoc*, il n'aurait sans doute pas été choquant que la désignation du mandataire *ad hoc* ait été communiquée au ministère public, ne serait-ce que pour vérifier que l'état de cessation des paiements a disparu avant l'expiration du délai couperet de 45 jours, par rapport à l'apparition de l'état de cessation des paiements. En effet, et contrairement à l'ouverture d'une procédure de conciliation, la désignation du mandataire *ad hoc* n'a pas d'effet sur le délai de 45 jours et cette désignation n'a pas pour effet d'écarter l'obligation pour le débiteur de déclarer son état de cessation des paiements dans ce délai, si le mandataire *ad hoc* n'a pas réussi à obtenir des moratoires ayant pour effet de supprimer l'état de cessation des paiements, par des reports d'exigibilité. Le contrôle du ministère public nous semblerait alors légitime, pour faire respecter une obligation légale d'ordre public.

L'article 3 de l'ordonnance du 12 mars 2014[2] prévoit, en complétant le premier alinéa de l'article L. 611-3, et comme cela était déjà le cas pour la procédure de conciliation, que la décision nommant le mandataire *ad hoc* est communiquée pour information aux commissaires aux comptes, lorsqu'il en a été désigné un. L'alinéa 3 de l'article R. 611-20 (réd. D. 30 juin 2014, art. 10) prévoit en ce sens que, dès réception de cette attestation, le greffier procède à cette communication, par lettre recommandée avec demande d'avis de réception.

Le pluriel utilisé par le texte conduit à décider que la décision doit être transmise non seulement au commissaire aux comptes titulaire, mais encore à son suppléant. Il y a là, a-t-on, observé une menace pour la confidentialité, si le commissaire aux comptes en déduit la nécessité de déclencher une alerte, qui portera à la connaissance de tous les difficultés de l'entreprise[3].

123.16 Rémunération du mandataire *ad hoc*. Alors que le texte issu de la loi du 10 juin 1994[4] ne contenait aucune précision sur la rémunération des mandataires *ad hoc*, et que le principe applicable était celui de la liberté contractuelle, l'article L. 611-14 du code de commerce issu de la loi de sauvegarde prévoit que les conditions de la rémunération du mandataire *ad hoc* sont fixées par le président du tribunal, après consultation du débiteur, dans l'ordonnance qui le désigne (C. com., art. R. 611-19, al. 3). L'article R. 611-47 du code de commerce prévoit que l'ordonnance de désignation du mandataire *ad hoc* doit préciser les critères sur la base desquels la rémunération est arrêtée, son montant maximal et le montant des éventuelles provisions. L'accord du débiteur est recueilli par écrit préalablement à la désignation du mandataire *ad hoc* et est annexé à l'ordonnance de nomination (C. com., art. R. 611-48).

L'article L. 611-14, alinéa 1 du code de commerce, issu de la rédaction que lui donne l'article 13 de l'ordonnance du 12 mars 2014[5], prévoit que la rémunération du mandataire *ad hoc*, arrêtée par ordonnance du président du tribunal à l'issue de sa mission, est communiquée au ministère public. Cette communication constitue une nouveauté, qui doit être comprise comme un contrôle. Elle s'inscrit dans l'objectif assigné par l'article 2, 1° b de la loi du 2 janvier 2014[6], d'introduction de dispositions assurant la régulation des coûts des procédures de prévention.

L'article 13 de l'ordonnance du 12 mars 2014 va beaucoup plus loin. L'alinéa 1er *in fine* de l'article L. 611-14 interdit deux pratiques.

La première semblait assez classique. Elle consistait à lier la rémunération au montant des abandons de créances obtenus. C'est désormais interdit. Si, du côté du mandataire *ad hoc*, la mesure pouvait se présenter comme le calcul d'honoraires de résultat, les créanciers avaient plus de difficultés à comprendre que, plus ils acceptaient de perdre de l'argent – par les remises de dettes –, plus le mandataire *ad hoc* pouvait en gagner. Les créanciers publics, tout spécialement, avaient un regard très négatif sur la pratique. Mais, plutôt qu'une interdiction, un encadrement par le décret aurait pu apparaître comme une meilleure solution, car la qualité d'un bon mandataire *ad hoc* est d'obtenir d'importantes remises de dettes, ce qui doit être récompensé.

La seconde interdiction est de prévoir une rémunération forfaitaire pour l'ouverture du dossier. Plu-

1. Lienhard, « Réforme du droit des entreprises en difficulté : présentation de l'ordonnance du 18 décembre 2008 », *D.* 2009. Chron. 110.
2. Ord. n° 2014-326, 12 mars 2014, préc.
3. Lucas, « Présentation de l'ordonnance portant réforme de la prévention des difficultés des entreprises et des procédures collectives », *BJE* mars 2014, 111, sp. p. 112 – Montéran, « L'ordonnance du 12 mars 2014 et la prévention », *Gaz. Pal.* 6 avr. 2014, n° 96, p. 7 – Gorrias, « L'ordonnance du 12 mars 2014 et les modifications intéressant la nomination des organes », *Gaz. Pal.* 6 avr. 2014, n° 96, p. 39 s., sp. p. 40.
4. L. n° 94-475, 10 juin 1994, préc.
5. Ord. n° 2014-326, 12 mars 2014, préc.
6. L. n° 2014-1, 2 janv. 2014, préc.

tôt que de l'interdire, il nous serait également apparu plus opportun de l'encadrer.

En cours de mission, les conditions de la rémunération peuvent être modifiées, si le mandataire *ad hoc* estime insuffisante la rémunération projetée. Le président du tribunal fixe alors les nouvelles conditions de la rémunération, après avoir recueilli par écrit l'accord du débiteur (C. com., art. R. 611-49, al. 1 et 2). Renforçant le contrôle sur la modification de la rémunération du mandataire *ad hoc*, le décret du 30 juin 2014[1] (art. 24) ajoute que l'avis du ministère public doit être recueilli (C. com., art. R. 611-49, al. 2). Si le débiteur ne donne pas son accord, il est mis fin à la mission du mandataire *ad hoc* (C. com., art. R. 611-49, al. 3).

En revanche, la rémunération n'est arrêtée qu'à l'issue de sa mission. Il s'agit donc, dans un premier temps, de fixer la façon dont la rémunération pourra, dans un second temps, être objectivement déterminée, en fonction des diligences nécessitées par l'accomplissement de sa mission.

L'ordonnance du président du tribunal arrêtant la rémunération du mandataire *ad hoc* est notifiée par le greffier au débiteur, au mandataire *ad hoc ainsi qu'à l'expert* (C. com., art. R. 611-50, al. 1), mais non aux créanciers.

Le débiteur et le mandataire *ad hoc* peuvent contester l'ordonnance du président du tribunal devant le premier président de la cour d'appel. Notons que, contrairement à la solution retenue par le décret du 30 juin 2014 (art. 26), dans le domaine de la conciliation, le recours n'est pas ici ouvert au ministère public. Ce recours obéit aux règles des articles 714 à 718 du code de procédure civile (C. com., art. R. 611-50, al. 3), c'est à dire les règles intéressant les recours en matière de taxes. Le recours, qui est suspensif, est enfermé dans un délai d'un mois à compter de la notification.

Précisons que, depuis 2012, pour favoriser l'accès à la prévention, une assurance « santé entreprise » a été mise en place, à l'initiative d'avocats et d'experts-comptables, qui permettra une prise en charge au moins partielle des honoraires du mandataire *ad hoc*[2].

Dans les mandats *ad hoc*, il n'est pas rare que des créanciers importants s'entourent de conseils, dont les honoraires peuvent être relativement élevés. La tendance est alors de faire supporter au débiteur les honoraires de ces conseils.

Contre cette pratique, la loi d'habilitation du 2 janvier 2014 a entendu réagir et, en ce sens, l'article 2, 1°, b de ce texte a entendu introduire des dispositions assurant une prise en charge équilibrée des rémunérations allouées aux intervenants extérieurs. Pour cela, l'alinéa 2 de l'article L. 611-16 nouveau (ord. 12 mars 2014, art. 14, al. 2) indique que toute clause prévoyant la prise en charge des honoraires de conseils auquel le créancier a fait appel lors d'un mandat *ad hoc*, sera réputée non écrite si la prise en charge des honoraires excède une quote-part, que l'arrêté du ministre de la Justice du 25 juillet 2014[3] à fixé à trois quart desdits honoraires. Ainsi, une partie des honoraires dus aux conseils des créanciers pourra être supportée par le débiteur, mais non la totalité.

Certes, le créancier peut estimer que la désignation d'un mandataire *ad hoc* ne doit rien lui coûter. En sens inverse, est-il bien logique de faire supporter à une personne qui rencontre des difficultés, justifiant le mandat *ad hoc*, les honoraires de conseils des créanciers ? L'idée de limiter à une fraction des honoraires la prise en charge par le débiteur apparaît donc répondre à un certain équilibre. Mais, il a été observé qu'il y aura sans doute des stratégies de contournement, consistant à faire passer pour des conseils du débiteur, les conseils du créancier[4].

123.17 Mission du mandataire *ad hoc* – confidentiaité. Le mandataire *ad hoc* n'est mandataire ni du dbiteur, ni des créanciers, mais bien du président duribunal[5].

Le prdent du tribunal détermine librement la mission u mandataire *ad hoc*. L'ordonnance de nominati du mandataire *ad hoc* définit l'objet de sa missior C. com., art. R. 611-19, al. 3). Le décret du 30 juin 014[6] prévoit que le président du tribunal doit, le séchéant, préciser, si le débiteur est un EIRL, l'activé concernée (C. com., art. R. 611-19, al. 2, réd. D n° 2014-736, 30 juin 2014, art. 9). Il s'agit, par là de tenir compte de la limitation du mandat *ad h* qui concernerait un EIRL.

Cette derrère doit s'inscrire dans la nature de l'institution apporter une mission d'assistance au débiteur[7]. Il été observé que cette mission se rapprochait de cle du médiateur telle qu'elle est définie par l'artic 131-1 du code de procédure civile[8].

Le mandatre *ad hoc* veillera às'en tenir strictement à la mion confiée par le pésident du tribunal. En cas doute, il en demandera une interprétation, selon technique procédunle de la requête en interprétan[9].

1. D. n° 2014-736, 30 juin 2014, *JO* 1er juill., p. 10834.
2. Bricard et Montéran, « L'assurance santé entreprise : une garantie d'accès à la prévention », *JCP E* 2012. 1413.
3. Arr. 25 juill.14, *JO* 30 juill., p. 12524.
4. Lucas, « Présation de l'ordonnance [...] », préc., sp. p. 114.
5. Le Cannu, 7., n° 80.
6. D. n° 2014-, 30 juin 2014, préc.
7. *Rapp. J.-J. H*, n° 335, p. 100.
8. Montéran, esentation générale de la prévention et de la procédur conciliation », *Gaz. Pal.* 7-8 sept. 2005, n° sp., p. 8.
9. Ifppc 1999, mm. n° 7179-1, p. 239.

Tout dépendra évidemment de la nature des difficultés rencontrées. Au demeurant, rien n'interdit en cours de mission de solliciter une modification de la mission, sur demande du débiteur, voire du mandataire *ad hoc*, mais en ce cas avec l'accord du débiteur, compte tenu de la nature contractuelle du dispositif.

Le mandat *ad hoc* permet une négociation. Rien ne peut être imposé aux créanciers, ce que rappelle la Cour de cassation en énonçant que « un créancier appelé à négocier dans le cadre d'une procédure de mandat *ad hoc* n'est pas tenu d'accepter les propositions du mandataire *ad hoc*; en retenant que la banque pouvait sans faute de sa part refuser son accord, la cour d'appel [...] a également justifié sa décision. »[1]

Le mandat *ad hoc*, du fait de sa nature purement contractuelle, ne permettant pas d'imposer des solutions à des créanciers réfractaires, semble idéal pour un passif bancaire, mais ne semble pas adapté à un passif social et fiscal, car la saisine de la Commission des chefs de services financiers (CCSF) ne permettra qu'un étalement du passif social et fiscal sur au maximum 48 mois. Il faudra donc que de tels délais soient suffisants pour tirer profit d'un mandat *ad hoc* en présence d'un tel passif.

Lorsque les prestations de l'entreprise sont échelonnées dans le temps, ce qui est le cas par exemple pour une entreprise de bâtiments et de travaux public, la confiance des partenaires contractuels est de première importance. Le mandat *ad hoc* est alors beaucoup plus adapté que la sauvegarde, du fait de sa confidentialité. En revanche, lorsque le débiteur fournit des prestations instantanées, par exemple s'il exerce son activité dans le secteur de la restauration, la confidentialité importe moins et le débiteur pourra alors choisir la procédure qui lui semble le mieux répondre à ses besoins.

Le mandat *adhoc* semble inadapté si l'entreprise connaît des difficultés structurelles. Le temps de la restructuration doit être un temps de répit, que seul l'arrêt des poursuites individuelles autorise. Or le mandat *ad hoc* n'entraîne pas l'arrêt des poursuites individuelles. La procédure de sauvegarde sera alors préférable.

Le mandat *ad hoc* ne peut avoir pour objet une mission comparable à celle d'un administrateur judiciaire[2] car les restrictions de pouvoirs du débiteur ou des dirigeants de la personne morale débitrice supposent un texte de loi qui n'existe pas ici. Le mandat *ad hoc* se distingue ainsi de la nomination d'un administrateur provisoire[3]. Il ne doit donc y avoir aucune intrusion dans la gestion[4]. Le mandataire *ad hoc*, sauf à avoir reçu la mission d'un administrateur provisoire, ne peut déclarer l'état de cessation des paiements pour demander l'ouverture de la procédure de redressement ou de liquidation judiciaire[5]. La solution posée pour le mandataire *ad hoc* désigné, sous l'empire de la législation antérieure à la loi de sauvegarde des entreprises, en cas d'inexécution d'un plan de cession, semble devoir être transposée (v. s^s^ n° 231.25).

Quelques exemples peuvent ici être donnés de cette mission : se rapprocher rapidement de l'actionnaire majoritaire, faire voter une augmentation de capital, négocier des délais de paiement avec les fournisseurs ou les distributeurs[6].

Le mandataire *ad hoc* informera le président du tribunal de toute fraude commise par l'entreprise ou l'un de ses partenaires, ainsi que de tout événement nouveau ou nouvellement connu de lui, qui serait susceptible d'entraîner modification ou fin de sa mission, notamment l'état de cessation des paiements. Le mandataire *ad hoc* devra rendre compte de la mission au président du tribunal et informer le chef d'entreprise de ses constatations et conclusions sur les difficultés de l'entreprise[7].

Le mandat *ad hoc* présente un caractère contractuel, rien ne pouvant être imposé aux créanciers. Le contenu de la convention conclue dans le cadre du mandat *ad hoc* est exclusivement régi par le droit commun des obligations. C'est ainsi que seul un accord entre les parties pourra conduire à une suspension des poursuites[8]. Parce que rien ne peut être imposé au créancier, ce dernier est libre, sans faute de sapart, de refuser les propositions du mandataire *ad hoc*[9].

Undes intérêts majeurs du mandat *ad hoc*, pour les praticiens, tient à son absence de limitation de

1. Com. 22 sept. 2015, n° 14-17.377, *Bull. civ.* IV [à paraître]; *n° 777 F-P+B; Gaz. Pal.* 19 *janv. 2016*, n° 3, p. 57, note Montéran; *Act. proc. coll.* 2015/17, comm. 263, note Saintourens; *BJE* 2015, 360, note Favario; *Rev. sociétés* 2015. 761, note Roussel Galle; *Act. proc. coll.* 2016/2, comm. 14, note Chaput; *LPA* 7 avr. 2016, n° 70, 10, note Morelli; *RTD com.* 2016, 189, n° 1, note Macorig-Venier; *Rev. proc. coll.* 2016, comm. 98, note Martin-Serf; *LXB hebdo* 15 oct. 2015, n° 440, note Le Corre – *Adde*, Monsérié-Bon, « Mandat *ad hoc* et conciliation : un fragil équilibre à préserver », *BJE* déc. 2015, 345.

2. RAPPR. Ferrand, *LPA* 8 janv. 1996, p. 8 – SAINT-ALARY-HOUIN, 9e éd., n° 324.
3. VIDAL, 2006, n° 122 – GIBIRILA, n° 112 – VALLANSAN *ET ALII*, 5e éd., p. 15.
4. ROUSSEL GALLE, n° 68.
5. LE CANNU, 7e éd., n° 80.
6. ROUSSEL GALLE, n° 68 – Douhaire, « Le rôle du mandataire *ad hoc* et du conciliateur » *in La prévention des difficultés des entreprises : Analyse des pratiques juridiques*, PUAM, 2004, p. 124.
7. IFPPC 1999, recomm. n° 7179-2, p. 239.
8. Teboul, « Petit bréviaire de la loi de sauvegarde pour ceux qui souhaitent une information pratique sur la prévention », *LPA* 19 oct. 2005, n° 208, p. 3 s., sp. p. 4.
9. Com. 22 sept. 2015, n° 14-17.377, préc.

durée. L'article R. 611-21 du code de commerce prévoit seulement que le débiteur peut demander au président du tribunal de mettre fin à la mission du mandataire *ad hoc*. L'article R. 611-21-1 du code de commerce (réd. D. nº 2014-736, 30 juin 2014, art. 11) ajoute, symétriquement, que le mandataire *ad hoc* fait connaître sans délai au président du tribunal tout élément qui pourrait justifier qu'il soit mis à sa mission.

L'absence de réglementation oblige la jurisprudence à faire œuvre de construction. C'est ainsi qu'elle a été amenée à préciser que la confidentialité attachée au règlement amiable par l'article 38 de la loi du 1er mars 1984 (devenu C. com., art. L. 611-6) est sans application[1], cependant qu'aucune publicité de la mesure ne sera assurée. La réforme issue de la loi de sauvegarde des entreprises prévoit que l'obligation de confidentialité s'applique au mandat *ad hoc*.

La confidentialité du mandat *ad hoc* a été clairement affirmée, à l'instar de la procédure de conciliation, dans le nouvel article L. 611-15 du code de commerce. En effet, eu égard à la difficulté psychologique que pourraient avoir les débiteurs à effectuer une démarche volontaire les conduisant vers le juge, le caractère confidentiel de la procédure est un atout essentiel dans la réussite des mesures de restructurations[2]. C'est pourquoi le nouvel article L. 611-15 du code de commerce précise que toute personne, qui est appelée à un mandat *ad hoc* ou qui, par ses fonctions, en a connaissance, est tenue à la confidentialité[3].

Du fait de cette obligation de confidentialité, un mandataire *ad hoc* ne peut délivrer une attestation à la société débitrice ainsi qu'à sa caution, afin de rapporter la preuve que la banque qui avait refusé de donner son accord s'était opposée à tort au moratoire proposé par le mandataire *ad hoc* pour apurer son passif. C'est à bon droit, énonce la Cour de cassation, qu'une cour d'appel écarte des débats « l'attestation remise à la caution de la société débitrice par le mandataire *ad hoc* de celle-ci, dans laquelle, au mépris de l'obligation de confidentialité qui le liait en application de l'article L. 611-15 du code de commerce, il stigmatisait l'attitude de la banque lors des négociations »[4].

La violation de l'obligation de confidentialité doit pouvoir trouver sa réparation sur le terrain de la responsabilité civile[5], par l'octroi de dommages et intérêts, s'il en résulte un préjudice pour l'une des parties à l'accord de conciliation, spécialement le débiteur.

Elle permet aussi d'écarter des débats une attestation remise à la caution de la société débitrice par le mandataire *ad hoc* de celle-ci, dans laquelle, au mépris de l'obligation de confidentialité qui le liait en application de l'article L. 611-15 du code de commerce, il stigmatisait l'attitude de la banque lors des négociations. On observe que cette obligation de confidentialité est maintenue même dans le cadre d'une procédure collective ouverte subséquemment[6].

Une juridiction du fond avait cru pouvoir juger qu'un organe de presse n'engage pas sa responsabilité à divulguer des informations confidentielles délivrées dans le cadre d'un mandat *ad hoc*, nonobstant l'opposition du mandataire[7]. Selon la Cour de cassation, au contraire, l'obligation de confidentialité emporte interdiction de divulguer des informations relatives à la procédure de mandat *ad hoc* – la solution vaut également pour la conciliation – tant par la personne soumise à un devoir de confidentialité que par un tiers auquel on ferait interdiction de divulguer des informations relatives à ce mandat, et notamment des journalistes. Cette interdiction ne porte pas atteinte à la liberté d'expression, car des restrictions légales peuvent être apportées à cette liberté, dans la mesure de ce qui est nécessaire dans une société démocratique pour protéger les droits d'autrui et empêcher la divulgation d'informations confidentielles. Le caractère confidentiel des mesures de prévention des difficultés des entreprises fait obstacle à leur diffusion par voie de presse, à moins qu'elle ne contribue à la nécessité d'informer le public sur une question d'intérêt général. La diffusion de telles informations, dès lors qu'elle ne contribue pas à l'information du public sur une question d'intérêt général, constitue à elle seule un trouble manifestement illicite, pouvant comme tel être apprécié par le juge des référés[8]. Il sera sans doute très rare que l'on constate cette nécessité d'information du public sur une question d'intérêt général. Mais ne pourrait-on la trouver en présence d'une société cotée en bourse où il apparaît essentiel pour les investisseurs de savoir dans quoi ils investissent ?

1. Paris, 14e ch. B, 2 avr. 1999, *Bull. Joly* 1999. 1084, obs. Couret; *RTD com.* 2000. 714, nº 1, obs. Macorig-Venier.
2. *Avis nº 337 de Christian Gaudin, Doc. Sénat,* au nom de la commission des affaires économiques, *p. 24.*
3. SUR LA QUESTION : Delattre, « Le secret des affaires – La confidentialité des procédures », *Dr. sociétés* 2012, étude 2.
4. Com. 22 sept. 2015, nº 14-17.377, préc.
5. Avis nº 337 de Christian Gaudin, *Doc. Sénat,* au nom de la commission des affaires économiques, p. 68.
6. Com. 22 sept. 2015, nº 14-17.377, préc.
7. T. com. Nanterre, 29 oct. 2015, RG nº 2013F03017, *BJE* 2016, 14, note Doray.
8. Com. 15 déc. 2015, nº 14-11.500, *Bull. civ.* IV [à paraître]; nº 1076 FS-P+B+I; *D.* 2016, actu 5, note Lienhard; *JCP E* 2016. 1085, note Stefania; *Rev. proc. coll.* 2016, comm. 1, note Delattre; *Rev. sociétés* 2016. 193, note Roussel Galle; *BJE* 2016, 92, note Doray; *RTD com.* 2016. 191, nº 2, note Macorig-Venier; *LPA* 7 juin 2016, nº 113, p. 11, note Freleteau.

Mais conservons à l'esprit l'idée que, dans la mise en balance des droits antagonistes[1], la balance penchera, par principe, pour la confidentialité, contre la liberté de la presse.

En outre, cette obligation de confidentialité est relayée par l'obligation au secret professionnel pénalement sanctionnée à laquelle sont astreintes certaines personnes, comme en matière de conciliation (v. s[s] n° 141.61).

La jurisprudence a également précisé que l'établissement de crédit, cessionnaire de la créance par bordereau Dailly, ne commet pas de faute à assigner le débiteur cédé, sans en informer le cédant ou son mandataire *ad hoc*[2].

Toutefois, l'obligation de confidentialité trouve certaines limites. Il en est spécialement ainsi à l'égard de partenaires contractuels ayant fait figurer dans leurs conditions contractuelles une obligation d'indiquer l'existence d'un mandat *ad hoc*. Le non-respect de cette information peut être une cause de résiliation du contrat ou, en matière bancaire, de rupture des concours, pour manquement à l'obligation contractuelle de sincérité. La solution a été posée en matière de conciliation (v. s[s] n° 141.61).

Le mandat *ad hoc* est de pratique relativement courante[3] et peut s'inscrire dans une procédure d'alerte déclenchée par le président du tribunal de commerce (C. com., art. L. 611-2), lorsque l'entreprise « connaît des difficultés de nature à compromettre la continuité de l'exploitation », le président du tribunal pouvant alors convoquer le dirigeant pour envisager des mesures propres à redresser la situation. Faute de disposition contraire, et afin d'augmenter les délaisde négociation, il était possible de poursuivre un mandat *ad hoc* par un règlement amiable, même si la doctrine n'était pas unanime sur ce point[4]. D'ailleurs la solution est préconisée par la pratique, lorsqu'à l'expiration de sa mission, le mandataire *ad hoc* pressent la possibilité d'un accord[5].

Il a même été clairement indiqué, lors des travaux parlementaires du projet de loi de sauvegarde des entreprises, que le président du tribunal, qui estime que la durée maximale de la conciliation est, dès le départ, insuffisante, pourra ne pas ouvrir la conciliation, mais nommer un mandataire *ad hoc*, dont la mission sera ensuite poursuivie dans le cadre de la conciliation[6].

La pratique utilise fréquemment le mandat *ad hoc* pour obtenir une suspension de l'exigibilité des dettes et permettre ainsi d'éviter la caractérisation de l'état de cessation des paiements dans le cadre d'une conciliation. La technique sera utilisée après la loi de sauvegarde des entreprises pour permettre de tourner l'écueil d'une caractérisation de l'état de cessation des paiements depuis plus de quarante-cinq jours car le moratoire accordé aboutira à écarter l'exigibilité du passif. Les praticiens distinguent d'ailleurs deux sortes de conciliation : celle directe, qui n'est pas précédée d'un mandat *ad hoc* et celle indirecte, précédée d'un mandat *ad hoc* qui a réussi et qu'il convient de formaliser judiciairement par la conciliation[7]. Il est important de signaler que le mandat *ad hoc*, contrairement à la conciliation, n'est enfermé dans aucun délai[8] et l'on comprend dès lors l'utilité d'enchaîner les deux techniques, voire d'ailleurs de poursuivre un mandat *ad hoc* par une sauvegarde[9] après s'être rapproché pendant le mandat *ad hoc* des principaux créanciers pour sonder leurs intentions dans le cadre des futurs comités de créanciers. Le mandat *ad hoc* apparaît alors comme un outil précieux pour la sauvegarde[10]. Il permet de préparer ses comptes, ses arguments et de réfléchir à sa réorganisation. Il a été dit que « le mandat *ad hoc* va être la "gare de triage" permettant de savoir si, par la suite, une procédure de sauvegarde pourra être ouverte ou non »[11].

En revanche, s'il est utilisé isolément, il souffre d'une infériorité certaine par rapport à la conciliation puisqu'il n'autorise pas les créanciers publics à faire remise d'une partie de leurs créances[12].

Terminons en indiquant que l'ouverture d'un mandat *ad hoc* ne constituera en rien un obstacle à la remontée de la date de cessation des paiements[13], ce qui constitue ici une infériorité certaine par rapport à une conciliation homologuée, mais non par rapport à une conciliation simplement constatée.

1. Lienhard, note s[s] Com. 15 déc. 2015, préc.
2. Com. 8 févr. 2005, n° 02-12.855, NP.
3. Mattei (président T. com. Paris), « Entretiens », *LPA* 13 nov. 1996, p. 6.
4. EN CE SENS : CHAPUT, n° 161 – PÉROCHON ET BONHOMME, 6e éd., n° 59 – *CONTRA* : SOINNE, n° 111.
5. IFPPC 1999, recomm. n° 7179-3, p. 239.
6. *Rapp. Xavier de Roux*, n° 2095, p. 130.
7. Douhaire, « Les aspects pratiques de la conciliation – Le rôle du conciliateur dans les négociations », *RJ com.* 2008. 21.
8. ROUSSEL GALLE, n° 69.
9. EN CE SENS AUSSI : Barbièri, « Le choix des techniques de traitement des difficultés des entreprises, Réflexions liminaires », *Rev. proc. coll.* 2005, p. 346, n° 8.
10. Guillaume, Directeur des Affaires civiles et du Sceau, *LPA* 21 sept. 2006, p. 3 s., sp. p. 4.
11. Léguevaques, *LPA* 21 sept. 2006, n° 189, p. 13.
12. Lagarde, « Le fabuleux destin des dettes publiques », *Gaz. proc. coll.* 2007/2, p. 3.
13. AINSI : Paris, 3e ch. B, 8 nov. 2007, RG n° 06/19911.

TITRE

130. Règlement amiable agricole

SECTION 0 ORIENTEUR

130.00 Plan du titre.

Chap. 131 **Ouverture du règlement amiable agricole**

Sect. 131.10 Qualité exigée du débiteur

Sect. 131.20 Juridiction compétente pour l'ouverture d'un règlement amiable agricole

Sect. 131.30 Saisine du président du tribunal aux fins d'ouverture d'un règlement amiable agricole

Sect. 131.40 Conciliateur

Chap. 132 **Voies de recours sur les décisions rendues en matière de règlement amiable agricole**

Sect. 132.10 Section unique

Chap. 133 **Suspension provisoire des poursuites**

Sect. 133.10 Demande de suspension provisoire des poursuites

Sect. 133.20 Durée de la suspension provisoire des poursuites

Sect. 133.30 Absence de notification de l'ordonnance de suspension provisoire des poursuites

Sect. 133.40 Publicité de l'ordonnance de suspension provisoire des poursuites

Sect. 133.50 Effets de la suspension provisoire des poursuites

Sect. 133.60 Radiation de l'inscription de la mesure de suspension des poursuites

Chap. 134 **Liaison et homologation de l'accord**

Sect. 134.10 Accord obtenu dans le cadre du règlement amiable

Sect. *134.20 Obligation au secret professionnel*

Sect. 134.30 Homologation de l'accord obtenu dans le cadre du règlement amiable de droit commun

Chap. 135 **Effets de l'accord de règlement amiable agricole**

Sect. 135.10 Effets de l'accord obtenu dans le cadre du règlement amiable entre les parties

Sect. 135.20 Effets de l'accord obtenu dans le cadre du règlement amiable sur les cautions

Chap. 136 **Résolution de l'accord obtenu dans le cadre du règlement amiable agricole**

Sect. 136.10 Résolution de l'accord

Sect. 136.20 Ouverture d'une procédure de redressement ou de liquidation judiciaire

130.01 Textes applicables. (V. les références complètes s[s] nº 011).

C. rur., art. L. 351-1 à L. 351-7-1

C. rur., art. R. 351-1 à R. 351-8

130.03 Bibliographie indicative (V. les références complètes s[s] nº 031).

> **Actualisables.** J.-CL. COM. Lebel Ch., fasc. 1715, 2015, [Procédures collectives agricoles].

> **Articles.** Lebel Ch., « Le règlement amiable agricole réformé par l'ordonnance nº 2014-326 du 12 mars 2014 », *Rev. proc. coll.* 2014, dossier 25 – Sortais J.-P. « L'ordonnance du 12 mars 2014 : ses incidences en matière d'agriculture », *BJE* juill. 2014, p. 278.

130.04 Questions essentielles.

• Les sociétés à forme commerciale peuvent-elles bénéficier du règlement amiable agricole ?

* V. s[s] nº 131.11.

• Les coopératives agricoles qui fournissent des marchandises au débiteur bénéficient-elles du privilège de l'article L. 611-11 du code de commerce ?

* V. s[s] nº 134.34.

130.09 **Évolution.** Le règlement amiable a été institué par la loi du 1er mars 1984[1] et le décret d'application du 1er mars 1985[2]. L'expression, comme il a été justement remarqué[3], est surprenante car le vocable « amiable » semble s'opposer à « judiciaire », le vocable « procédure » évoque au contraire l'idée d'une intervention judiciaire. Elle traduit pourtant la réalité de l'institution, qui est largement extrajudiciaire, mais reste sous l'égide du président du tribunal pour l'ouverture, l'homologation et la nomination d'un mandataire, le conciliateur. La nature judiciaire de l'institution est aujourd'hui plus marquée, du fait des pouvoirs du président du tribunal, à l'égard des créanciers n'ayant pas accepté l'accord.

Cette procédure a inspiré la loi du 30 décembre 1988[4]. Tout en étendant la procédure de redressement judiciaire et de liquidation judiciaire aux agriculteurs, cette loi a institué un règlement amiable obligatoire pour les agriculteurs, qui anticipe obligatoirement l'ouverture d'une procédure de redressement ou de liquidation judiciaire sollicitée par un créancier.

Le manque de sécurité juridique entourant le règlement amiable justifie que la législation du 26 juillet 2005[5] ait profondément modifié le règlement amiable, sous le vocable de conciliation (v. ss nos 140.00 s.). Le règlement amiable agricole subsiste toutefois. L'ordonnance du 12 mars 2014[6] y a apporté des modifications assez sensibles, rapprochant, de façon assez importante, cette procédure de la procédure de conciliation (art. 102 à 107). Il en est de même du décret du 30 juin 2014[7] (art. 136 à 142). Notons ici que l'article 106 de l'ordonnance du 12 mars 2014 étend aux EIRL l'application des règles du règlement amiable agricole, par création d'un article L. 351-7-1 du code rural venant indiquer que les articles L. 680-1 à L. 680-5 du code de commerce sont applicables en matière de règlement agricole.

1. L. n° 84-148, 1er mars 1984 relative à la prévention et au réglement amiable des difficultés des entreprises, *JO* 2 mars, p. 751.
2. D. n° 85-295, 1er mars 1985 pris pour l'application de la loi n° 84-148 du 1er mars 1984, *JO* 5 mars, p. 2704.
3. Pérochon et Bonhomme, 6e éd., n° 48.
4. L. n° 88-1202, 30 déc. 1988 relative à l'adaptation de l'exploitation agricole à son environnement économique et social, *JO* 31 déc., p. 16741.
5. L. n° 2005-845, 26 juill. 2005, *JO* 27 juill., p. 12187.
6. Ord. n° 2014-326, 12 mars 2014, *JO* 14 mars, p. 5249.
7. D. n° 2014-736, 30 juin 2014, *JO* 1er juill., p. 10834.

CHAPITRE

131. Ouverture du règlement amiable agricole

SECTION 0
ORIENTEUR

131.00 **Plan du chapitre.**

Sect.	131.10	Qualité exigée du débiteur
Sect.	131.20	Juridiction compétente pour l'ouverture d'un règlement amiable agricole
Sect.	131.30	Saisine du président du tribunal aux fins d'ouverture d'un règlement amiable agricole
Sect.	131.40	Conciliateur

SECTION 131.10
QUALITÉ EXIGÉE DU DÉBITEUR

131.11 **Personnalité du débiteur.** Le règlement amiable agricole est applicable à toutes personnes physiques ou morales de droit privé exerçant une activité agricole (C. rur., art. L. 351-1, al. 2). L'activité agricole l'est par nature ou par rattachement. En outre, la loi répute agricoles certaines activités. Ce sont les activités agricoles par détermination de la loi.

L'activité agricole par nature se définit comme celle ayant pour objet la maîtrise et l'exploitation d'un cycle biologique, végétal ou animal[1].

L'activité agricole par rattachement correspond à l'activité qui est dans le prolongement de l'acte de production ou qui a pour support l'exploitation[2].

L'article L. 311-1 du code rural et de la pêche maritime énumère une liste d'activités que le législateur répute agricoles[3] : cultures maritimes et pêche, activités équestres et méthanisation.

Les sociétés à forme commerciale exerçant une activité agricole ne relèvent pas du règlement amiable agricole, mais de la procédure de conciliation.

L'immatriculation au registre de l'agriculteur n'emporte aucune présomption. Il en ira de même de l'inscription au registre des actifs agricoles, créé par l'article L. 311-2 du code rural, issu de la loi du 13 octobre 2014[4], dite loi LAAAF.

À l'inverse, l'immatriculation au registre du commerce et des sociétés d'un centre équestre n'emporte qu'une présomption de commercialité. Faute de réaliser des actes de commerce et en raison de la réalisation d'une activité agricole, la demande de désignation d'un conciliateur avant toute assignation en redressement judiciaire de l'intéressé s'impose[5].

L'ordonnance du 12 mars 2014[6] apporte quelques retouches au domaine d'application du règlement amiable agricole (art. 106). Est ainsi étendue aux EIRL l'application des règles du règlement amiable agricole, par création d'un article L. 351-7-1 du code rural venant indiquer que les articles L. 680-1 à L. 680-5 du code de commerce sont applicables en matière de règlement agricole.

131.12 **Situation économique exigée du débiteur.** L'ouverture du règlement amiable agricole suppose, pour sa part que le débiteur soit confronté à des difficultés financières qui viennent d'apparaître ou qui sont prévisibles (C. rur., art. L. 351-1, al. 1).

Le règlement amiable agricole ne pourra être ouvert que si le débiteur n'est pas en état de cessation des paiements[7]. Pour cette raison, il est recom-

1. J.-CL. COM. Lebel Ch., fasc. 1715, [Procédures collectives agricoles], 2015, n°s 9 à 14.
2. J.-CL. COM. Lebel Ch., fasc. 1715, [Procédures collectives agricoles], 2015, n°s 15 à 19.
3. J.-CL. COM. Lebel Ch., fasc. 1715, [Procédures collectives agricoles], 2015, n°s 20 à 23.
4. L. n° 2014-1170, 13 oct. 2014 d'avenir pour l'agriculture, l'alimentation et la forêt, *JO* 14 oct., p. 16601.
5. Grenoble, ch. com., 27 sept. 2012, RG n° 12/00933, *Rev. proc. coll.* 2012, comm. 222, note Lebel.
6. Ord. n° 2014-326, 12 mars 2014, préc.
7. FPPC 1999, recomm. n° 7180-3, p. 240.

mandé à la personne d'abord désignée mandataire *ad hoc* de refuser une nomination en qualité de conciliateur, si elle a constaté l'état de cessation des paiements, mais aussi si la trésorerie n'a pu être reconstituée[1]. Cependant, du fait de l'absence d'autorité de chose jugée attachée à la décision d'ouverture du règlement amiable (v. s^s^ nº 222.24), il sera possible ensuite, dans le cadre de la procédure collective, de considérer comme une faute de gestion la demande tardive d'ouverture de la procédure collective[2]. Le caractère obligatoire du passage par le règlement amiable, en matière agricole, en cas d'assignation par un créancier, ne doit pas changer la solution[3], même si la solution apparaît particulièrement inopportune par les retards qu'elle engendre dans l'ouverture de la procédure[4].

SECTION 131.20

JURIDICTION COMPÉTENTE POUR L'OUVERTURE D'UN RÈGLEMENT AMIABLE AGRICOLE

131.21 Juridiction compétente pour l'ouverture d'un règlement amiable agricole. La juridiction territorialement compétente, pour connaître d'une procédure de règlement amiable agricole, est celle dans le ressort duquel le siège de l'exploitation agricole se trouve (C. rur., art. L. 351-2).

Le règlement agricole ne peut être ouvert que par le tribunal de grande instance.

SECTION 131.30

SAISINE DU PRÉSIDENT DU TRIBUNAL AUX FINS D'OUVERTURE D'UN RÈGLEMENT AMIABLE AGRICOLE

131.31 Saisine du président du tribunal aux fins d'ouverture d'un règlement amiable agricole. La saisine aux fins d'ouverture du règlement amiable agricole appartient au débiteur, mais aussi aux créanciers désireux d'assigner l'intéressé en redressement ou en liquidation judiciaire, puisque c'est un préalable nécessaire.

1. IFPPC 1999, recomm. nº 7180-3, p. 240.
2. Com. 8 juill. 2003, nº 00-15.919, *Bull. civ.* IV, nº 129; *D.* 2003. AJ 2171, obs. Lienhard; *D.* 2000 Somm. comm. 59, obs. Lucas; *Bull. Joly* 2003/11, § 23 p. 1129; *JCP E* Chron. 202, p. 229, nº 17, obs. Pétel; *RTD com.* 2003. 808, nº 3, obs. Macorig-Venier; *LPA* 16 avr. 2004, nº 33, p. 4, note Lécuyer; *Defrénois* 2004, Chron. 37925, p. 575, note Gibirila – Paris, 3e ch. B, 31 oct. 2003, RG nº 2003/00218.
3. PÉROCHON ET BONHOMME, 6e éd., nº 55.
4. SAINT-ALARY-HOUIN, 4e éd., nº 306.

Afin d'éclairer le débiteur sur l'opportunité d'un règlement amiable, ce dernier peut demander conseil ou assistance à un mandataire de justice. Mais il est recommandé à ce dernier de le faire à titre gratuit, sauf s'il s'agit de délivrer une véritable consultation objective[5].

Puisqu'il s'agit d'une condition de recevabilité de la demande d'ouverture du redressement ou de la liquidation judiciaire formée par un créancier contre un agriculteur, le tribunal devra avoir statué sur la demande de nomination du conciliateur, une opinion contraire ayant cependant été émise[6].

La saisine est faite par déclaration écrite ou adressée en trois exemplaires au greffe du tribunal (C. rur., art. R. 351-1, al. 1).

La demande qui émane du débiteur doit exposer les difficultés financières qui la motivent, ainsi que les mesures de règlement envisagées. Elle doit contenir l'indication des délais de paiement ou de remises de dettes permettant le redressement. Un certain nombre de documents doivent être annexés à la demande.

La demande émanant d'un créancier doit comporter les éléments relatifs au montant et à la nature des créances ainsi que toutes les informations de nature à établir les difficultés financières de l'exploitation.

Dès réception de la demande, le président du tribunal fait convoquer, par le greffier, le débiteur, et le cas échéant le créancier demandeur, pour recueillir ses explications. Il informe de cette demande le procureur de la République.

Le président du tribunal peut obtenir communication des renseignements de nature à lui donner une exacte information sur la situation économique et financière de l'exploitation agricole du débiteur (C. rur., art. L. 351-4).

SECTION 131.40

CONCILIATEUR

131.41 Nomination du conciliateur. Dans le règlement amiable agricole, le conciliateur est nécessairement une personne physique (C. rur., art. R. 351-3, al. 1), qui, depuis le décret du 30 juin 2014[7] (art. 137) devra faire connaître au président du tribunal sans délai son acceptation ou son refus (C. rur., art. R. 351-3, al. 3).

Reprenant la solution posée en matière de conciliation, la loi de modernisation de la justice du XXIe siècle autorise le débiteur à proposer le nom d'un conciliateur (C. rur., art. L. 351-4, al. 1). Cette disposition est, *a priori*, inapplicable aux procédures

5. IFPPC 1999, recomm. nº 7180-2, p. 240.
6. SAINT-ALARY-HOUIN, 4e éd., nº 306.
7. D. nº 2014-736, 30 juin 2014, préc.

en cours au jour de sa publication. En réalité, telle était déjà la pratique.

Le conciliateur doit pouvoir exercer sa mission en toute indépendance. C'est pourquoi il lui est recommandé, pour tenir compte des usages, pratiques et institutions spécifiques du monde agricole, de signaler au président du tribunal toute circonstance qui pourrait la remettre en cause[1].

Comme en matière de conciliation, il est prévu, depuis la loi de modernisation de la justice du XXIe siècle que le débiteur peut récuser le conciliateur dans des conditions et délais fixés par décret en Conseil d'État (C. rur., art. L. 351-4, al. 3). Cette disposition est, *a priori*, inapplicable aux procédures en cours au jour de la publication de cette loi. Mais on voit mal comment, même avant cette loi, priver de ce droit le débiteur.

131.42 **Mission du conciliateur.** L'article L. 351-4 du code rural prévoit que le conciliateur a pour mission de favoriser le fonctionnement de l'entreprise et rechercher la conclusion d'un accord avec les principaux créanciers sur des délais de paiement ou des remises de dettes.

Contrairement à un administrateur judiciaire, le conciliateur n'est pas un véritable organe. Il ne représente, ni même n'assiste le débiteur[2]. Il lui est recommandé de laisser le soin au débiteur de prendre les décisions qui s'imposent[3].

Il a un rôle strictement limité à la recherche d'un accord entre les créanciers et le débiteur. Il lui est recommandé de procéder lui-même à la consultation et de ne rechercher l'accord que des créanciers dont le consentement apparaît nécessaire au règlement amiable[4].

Dans le règlement amiable agricole, comme cela est aussi le cas dans la conciliation, le conciliateur peut aussi rechercher un accord avec les cocontractants, ce qui sous-entend qu'ils ne sont pas créanciers. L'accord pourra porter sur des délais de règlement. Notons que la solution a été reprise dans la procédure de conciliation. Il est opportun de faire intervenir à l'accord le bailleur rural, même s'il n'est pas créancier au jour de l'ouverture du règlement amiable[5].

Dans le règlement amiable agricole, la durée de la mission du conciliateur est fixée par le tribunal, qui n'est enfermé dans aucun délai maximal. L'alinéa 1 de l'article L. 351-5 du code rural prévoit que le président du tribunal, qui nomme un conciliateur en application de l'article L. 351-4, peut également prononcer la suspension provisoire des poursuites pour un délai n'excédant pas deux mois[6]. L'ordonnance du 12 mars 2014[7] (art. 103) modifie ce texte pour prévoir que ce délai peut être prorogé pour la même durée que celle fixée lors de la désignation du conciliateur. On en tire la conséquence que lorsque la suspension des poursuites est prononcée, la durée de la mission du conciliateur est calée sur elle[8].

Le conciliateur informera le président du tribunal de toute fraude du débiteur ou de l'un de ses partenaires, ainsi que de tout élément nouveau, de nature à entraîner la modification ou la fin de sa mission, et spécialement du risque d'un état de cessation des paiements imminent[9].

Le conciliateur se verra communiquer par le président du tribunal les renseignements en sa possession (C. rur., art. L. 351-4, al. 2).

131.43 **Rémunération du conciliateur.** L'article R. 351-6, alinéa 2 du code rural prévoit que le président du tribunal arrête la rémunération éventuelle du conciliateur et, à défaut d'accord entre les parties, détermine la ou *les* personnes devant supporter la rémunération du conciliateur. Il faut donc comprendre que la charge peut être supportée par une personne autre que le débiteur[10]. Cette rémunération ne peut toutefois être mise à la charge du Trésor public[11] et il n'existe pas ici de réglementation comparable à celle des dossiers impécunieux dans les procédures collectives. L'alinéa 5 de l'article R. 351-6, dans la rédaction que lui donne le décret du 30 juin 2014[12] (art. 139), vient préciser que les décisions arrêtant cette rémunération sont communiquées au ministère public.

131.44 **Exécution provisoire attachée à l'ordonnance de nomination du conciliateur.** L'article R. 351-7, al. 1er du code rural précise que les décisions rendues en matière de règlement amiable agricole sont exécutoires de plein droit, à titre provisoire, comme les décisions en matière de procédures collectives de paiement (v. s^s n°s 234.11 s.). Il en résulte que le conciliateur commence ses fonctions dès que l'ordonnance lui est notifiée ou signifiée[13], même si elle est frappée de recours.

1. IFPPC 1999, recomm. n° 7190-1, p. 245.
2. IFPPC 1999, recomm. n° 7180-5, p. 241.
3. IFPPC 1999, recomm. n° *7180-9, p. 241.*
4. IFPPC 1999, recomm. n° 7180-8, p. 241.
5. J.-CL. COM. Lebel, fasc. 1715, [Procédures collectives agricoles], 2009, n° 65.
6. J.-CL. COM. Lebel, fasc. 1715, [Procédures collectives agricoles], 200[illegible], n° 65.
7. Ord. n° 201[illegible]-3[illegible]6, 12 mars 2014, préc.
8. J.-CL. COM. *Lebel*, fasc. 1715, [Procédures collectives agricoles], 200[illegible], n° 73.
9. IFPPC 1999, comm. n° 7180-10, p. 241.
10. AINSI : Lim[illegible]s, 18 avr. 1991, *BICC* 15 sept. 1991, p. 35.
11. Cass. Avis [illegible] mars 1996, n° 09-60.002, *Bull. civ.* avis n° 3.
12. Décr. n° 2[illegible]-736, 30 juin 2014, préc.
13. IFPPC 1999, comm. n° 7180-6, p. 241.

CHAPITRE

132. Voies de recours sur les décisions rendues en matière de règlement amiable agricole

SECTION 0
ORIENTEUR

132.00 **Plan du chapitre.**

Sect. 132.10 Section unique

SECTION 132.10
SECTION UNIQUE

132.11 **Voies de recours sur les disions rendues en matière de règlement amile agricole.** Sous l'empire de la lo du 1er mars 19[1] non réformée, la nature de la décision du présint était controversée. Pourtant, l'ordonnance suquête faisait incontestablement penser à la mate gracieuse. Cette nature doit aujourd'hui être rérmée[2].

Ces ordonnances étant rendues requête, la procédure de la rétractation serailisée, en la forme des référés. La solution estpressément posée, dans le règlement amiable agrle, par l'article R. 351-7, alinéa 2 du code rural, prévoit que l'ordonnance est susceptible d'un rers en rétractation formé en référé par tout intesé. Les décisions que rendra le président du tribunal, sur demande de rétractation seront, quant à elles, susceptibles d'appel dans les dix jours de leur prononcé. La solution est explicitement posée pour le règlement amiable agricole par l'article R. 351-7, alinéa 3 du code rural. Toutefois, cette même disposition, dans la rédaction que lui donne le décret du 30 juin 2014[3] (art. 141) prévoit que si les décisions sont soumises aux formalités d'insertion au *Bulletin officiel des annonces civiles et commerciales (Bodacc)*, le délai ne court à l'égard des tiers qu'à compter de la publication. Il s'agit là d'une règle connue en matière de procédures collectives.

Si l'ouverture du règlement amiable fait l'objet d'un recours, le conciliateur attirera l'attention des signataires de l'accord sur les conséquences attachées à l'anéantissement de la décision d'ouverture du règlement amiable[4].

L'appel n'est pas suspensif, conformément aux règles relatives à l'exécution provisoire attachée aux ordonnances en la matière. Cet appel était soumis, dans le règlement amiable de droit commun, à la procédure à jour fixe, solution opportune compte tenu de la brièveté de la procédure. Cette précision n'existe pas dans le règlement amiable agricole.

1. L. n° 84-148, 1er mars 1984, *JO* 2 mars51.
2. EN CE SENS : SAINT-ALARY-HOUIN, 4e éd., n.
3. D. n° 2014-736, 30 juin 2014, *JO* 1er juill., p. 10834.
4. IFPPC 1999, recomm. n° 7183-1, p. 243.

CHAPITRE

133. Suspension provisoire des poursuites

SECTION 0

ORIENTEUR

133.00 Plan du chapitre.

Sect. 133.10 Demande de suspension provisoire des poursuites
Sect. 133.20 Durée de la suspension provisoire des poursuites
Sect. 133.30 Absence de notification de l'ordonnance de suspension provisoire des poursuites
Sect. 133.40 Publicité de l'ordonnance de suspension provisoire des poursuites
Sect. 133.50 Effets de la suspension provisoire des poursuites
Sect. 133.60 Radiation de l'inscription de la mesure de suspension des poursuites

SECTION 133.10

DEMANDE DE SUSPENSION PROVISOIRE DES POURSUITES

133.11 Demande de suspension provisoire des poursuites. Dans le règlement amiable issu de la loi du 25 janvier 1985 [1], les créanciers, pendant la recherche de l'accord, peuvent continuer à poursuivre le débiteur. L'accord entre le créancier et le débiteur peut s'avérer délicat si, en phase de recherche de celui-ci, certains créanciers essaient de se ménager une situation préférentielle, en exerçant contre le débiteur des poursuites individuelles, ou en inscrivant des sûretés, ce qui leur est possible de faire, à l'exception cependant du règlement amiable agricole (C. rur., art. L. 351-6, al. 2).

C'est pourquoi le législateur a prévu une possibilité de suspension provisoire des poursuites.

Dans le règlement amiable agricole, la demande pourra être présentée par le conciliateur, mais le président de la juridiction pourra également la décider d'office (C. rur., art. L. 351-5, al. 1).

SECTION 133.20

DURÉE DE LA SUSPENSION PROVISOIRE DES POURSUITES

133.21 Durée de la suspension provisoire des poursuites. Si la demande est acceptée, le président du tribunal doit en fixer la durée. Elle ne pourra excéder deux mois (C. rur., art. L. 351-5, al. 1).

Si le conciliateur demande une prorogation de la durée de sa mission, il sollicitera simultanément une prorogation de la durée de la suspension provisoire des poursuites[2], laquelle ne pouvait être décidée, dans le règlement amiable agricole, au-delà du délai de deux mois fixé par l'article L. 351-5, alinéa 1 du code rural. L'ordonnance du 12 mars 2014[3] (art. 103) modifie ce texte pour prévoir que ce délai de deux mois peut être prorogé pour la même durée.

SECTION 133.30

ABSENCE DE NOTIFICATION DE L'ORDONNANCE DE SUSPENSION PROVISOIRE DES POURSUITES

133.31 Absence de notification de l'ordonnance de suspension provisoire des poursuites. Contrairement à la solution posée dans le règlement amiable de droit commun, l'ordonnance du président du tribunal qui prononce la suspension provisoire des poursuites ne fait l'objet d'aucune notification, ni

1. L. n° 85-98, 25 janv. 1985, *JO* 26 janv., p. 1097.
2. IFPPC 1999, rm. n° 7181-2, p. 242.
3. Ord. n° 2014, 12 mars 2014, *JO* 14 mars, p. 5249.

au débiteur, ni aux créanciers. Il n'est pas prévu sa communication au procureur de la République.

SECTION 133.40 PUBLICITÉ DE L'ORDONNANCE DE SUSPENSION PROVISOIRE DES POURSUITES

133.41 Publicité de l'ordonnance de suspension provisoire des poursuites. L'article R. 351-5, alinéa 1 du code rural prévoit, en matière de règlement amiable agricole, que l'ordonnance de suspension provisoire des poursuites fait l'objet d'une insertion au *Bodacc* et dans un journal d'annonces légales du lieu où le débiteur a le siège de son exploitation. Le décret du 30 juin 2014[1] (art. 138) ajoute pour les EIRL agriculteurs relevant du règlement amiable agricole que, le cas échéant, elle comporte la dénomination de l'activité professionnelle à laquelle le patrimoine est affecté incorporant le nom ou nom d'usage précédé ou suivi immédiatement des mots « entrepreneur individuel à responsabilité limitée » ou des initiales « EIRL » (C. rur., art. R. 351-5, al. 1).

Cette ordonnance est mentionnée au RCS pour les personnes morales immatriculée au RCS.

Pour les exploitants non immatriculés, elle est mentionnée au registre spécial tenu au greffe du tribunal de grande instance.

Si, à la demande du débiteur agriculteur, le délai de suspension des poursuites est prorogé, l'ordonnance qui procède à cette prorogation doit faire l'objet des mêmes publicités (C. rur., art. R. 351-5, al. 1, réd. D. n° 2014-736, 30 juin 2014, art. 138).

Cette publicité fait, à notre sens, courir le délai de recours de la part des créanciers.

Cette publicité est inévitable, compte tenu des restrictions de pouvoirs du débiteur qu'elle engendre et des risques de nullité qu'elle entraîne.

SECTION 133.50 EFFETS DE LA SUSPENSION PROVISOIRE DES POURSUITES

133.51 Effets de la suspension provisoire des poursuites. Si une ordonnance de suspension provisoire des poursuites est rendue, le débiteur se trouve sensiblement dans la situation d'un débiteur sous procédure collective.

L'article L. 351-5 du code rural reprend très exactement la formule exprimée par l'article L. 622-21 du code de commerce posant la règle de l'arrêt des poursuites individuelles (v. ss nos 621.11 s.). Les créanciers antérieurs à l'ordonnance de suspension, et non à l'ouverture du règlement amiable, ne peuvent plus agir en justice pour obtenir paiement de leurs créances. Si aucune action n'avait été entamée, une action nouvelle est interdite. Si une action est entamée, elle ne peut plus, après l'ordonnance de suspension provisoire des poursuites, être poursuivie.

La notion de « créanciers antérieurs » sera entendue de la même façon qu'en matière de procédure collective (v. ss nos 441.11 s.). Le domaine et les effets de la règle de l'arrêt des poursuites individuelles, tels qu'ils existent en sauvegarde, en redressement ou en liquidation judiciaire, peuvent ici être transposés (v. ss nos 621.11 s.).

L'ordonnance de suspension provisoire des poursuites a les mêmes effets que ceux prévus par l'article L. 622-7 du code de commerce, posant la règle de l'interdiction des paiements (v. ss nos 631.22 s.). Le débiteur ne peut payer des créances antérieures à cette décision, et ce à peine de nullité des paiements. On remarquera cependant que l'arsenal répressif, prévu en cas de procédure collective (v. ss n° 422.44), n'existe pas ici. Dans le silence des textes, on réservera cependant le possible jeu de la compensation[2], et aussi de l'exception d'inexécution[3]. En outre, le législateur de 1984 fait échapper les créances salariales au régime d'interdiction.

Dans le règlement amiable agricole, la suspension provisoire des poursuites accordée au débiteur profite aux cautions personnelles, personnes physiques (C. rur., art. L. 351-5, issu de L. 10 juin 1994), à l'identique de la règle posée en période d'observation du redressement judiciaire. Le texte, avant l'ordonnance du 12 mars 2014[4], prévoyait que les dispositions de l'article 55 de la loi du 25 janvier 1985[5], relative au redressement et à la liquidation judiciaires des entreprises, étaient applicables. L'article 103, alinéa 2 de l'ordonnance du 12 mars 2014 remplace le visa de l'article 55 de la loi du 25 janvier 1985, par celui de l'article L. 622-28 du code de commerce. En conséquence, l'ordonnance de suspension des poursuites arrête le cours de tous intérêts légaux et conventionnels. Les garants personnes physiques, tels qu'ils sont entendus dans la procédure de conciliation (v. ss n° 144.13), bénéficient de l'arrêt du cours des intérêts. Ensuite, l'ordonnance de suspension des poursuites suspend pendant toute sa durée, les poursuites contre les garants personnes physiques, seules pouvant être prises des mesures conservatoires.

1. D. n° 2014-736, 30 juin 2014, *JO* 1er juill. 10834.
2. PÉROCHON ET BONHOMME, 6e éd., n° 62.
3. PÉROCHON ET BONHOMME, 6e éd., n° 62 – Chaput, obs. *JCP E* 1994. I. 381, n° 22.
4. Ord. n° 2014-326, 12 mars 2014, préc.
5. L. n° 85-98, 25 janv. 1985, préc.

Les interdictions posées par l'article L. 622-7 du code de commerce (anc[t] L. 25 janv. 1985, art. 33, al. 2 – v. s[s] n° 422.23) – actes de disposition étrangers à la gestion normale de l'entreprise, constitutions d'hypothèque ou de nantissement – existent identiquement ici. L'acte irrégulier sera, aux termes de l'article L. 351-5 du code rural, nul.

Les actes interdits pourront être autorisés par le président du tribunal. La transposition avec le régime de la procédure collective s'impose, cependant qu'en cette dernière matière, le président du tribunal est remplacé par le juge-commissaire.

Il y aura lieu pour l'intéressé à présentation d'une requête. Il pourra s'agir du conciliateur, du débiteur, mais aussi d'un créancier.

SECTION 133.60

RADIATION DE L'INSCRIPTION DE LA MESURE DE SUSPENSION DES POURSUITES

133.61 Radiation de l'inscription de la mesure de suspension des poursuites. À l'expiration de la suspension provisoire des poursuites, il y a place à radiation de l'inscription de la mesure.

CHAPITRE

134. Liaison et homologation de l'accord

SECTION 0
ORIENTEUR

134.00 Plan du chapitre.

Sect. 134.10 Accord obtenu dans le cadre du règlement amiable

Sect. 134.20 Obligation au secret professionne

Sect. 134.30 Homologation de l'accord obtenı dans le cadre du règlement amiae de droit commun

134.03 Bibliographie indicative. (V. les référers complètes ss n° 031).

SECTION 134.10
ACCORD OBTENU DANS LE CADRE DU RÈGLEMENT AMIABLE

134.11 L'accord obtenu dans le cad du règlement amiable. Le règlement amiable ɔosant sur un accord entre les créanciers et le débiır et le tribunal n'ayant aucun pouvoir d'inflécha position des créanciers, il se peut d'abord que lenciliateur ne parvienne pas à l'accord recherché en informera alors le président du tribunal[1]. Eette hypothèse, la situation des créanciers resteentique à celle qu'ils avaient avant l'ouverture cèglement amiable. Spécialement, la suspension ɾisoire des poursuites cessera de plein droit.

Si la cessation des paiements est ɾée, il y a place, pour le conciliateur, à en inforr le président du tribunal, qui pourra, à son touommuniquer une note au ministère public, auns de saisine en ouverture de la procédure de ɪessement cu de liquidation judiciaire. En revanche l'absence de cessation des paiements, le seul écdu règlement amiable n'est pas une cause d'ouverture de la procédure[2].

Si au contraire, le conciliateur est parvenu à obtenir de tout ou partie des principaux créanciers un accord sur des délais ou des remises, celui-ci sera consigné dans un écrit, lequel n'est exigé qu'*ad probationem* et non pas *ad validatem*[3].

Notons que depuis la loi du 22 mars 2012[4] (art. 114), les agriculteurs pourront bénéficier des remises de dettes de la part des créanciers publics, comme cela est le cas dans la procédure de conciliation pour les débiteurs en bénéficiant.

On est ici en présence d'une convention à laquelle doivent s'appliquer toutes les règles de droit commun. Les créanciers qui acceptent l'accord devront donc le signer.

L'écrit visé par le texte n'a pas à constituer, pour chaque créancier, le même *instrumentum*[5], puisque l'accord peut être différent pour chaque créancier signataire.

Avant le décret du 30 juin 2014[6], il était estimé que le conciliateur n'étant pas partie à l'accord, n'avait donc pas à le signer[7]. L'article R. 351-6, alinéa 1 du code rural, issu de la rédaction que lui donne ce décret (art. 139), précise que l'accord de règlement amiable agricole établi entre le débiteur et les créanciers, portant également la signature du conciliateur, est déposé au greffe du tribunal, ainsi

1. IFPPC 1999, recomm. n° 7183-5, p. 243.

2. T. com. Paris, 4 nov. 1985, *Rev. proc. coll.* 1986/2, 47, obs. Chaput; *Gaz. Pal.* 1986. I. 45, note Marchi.
3. Macorig-Vénier, obs. *RTD com.* 1998. 923, n° 3 – Chaput, « Le règlement amiable », *JCP E* 1985. I. 14455, n° 55 – PÉROCHON ET BONHOMME, 6e éd., n° 66.
4. L. n° 2012-387, 22 mars 2012 relative à la simplification du droit et à l'allégement des démarches administratives, *JO* 23 mars, p. 5226.
5. PÉROCHON ET BONHOMME, 6e éd., n° 65.
6. D. n° 2014-736, 30 juin 2014, *JO* 1er juill., p. 10834.
7. IFPPC 1999, recomm. n° 7183-1, p. 243.

que ses annexes. Ces documents sont communiqués au ministère public.

SECTION 134.20

OBLIGATION AU SECRET PROFESSIONNEL

134.21 Personnes concernées par le secret professionnel. L'article L. 351-7 du code rural prévoit que toute personne qui est appelée au règlement amiable ou qui, par ses fonctions, en a connaissance, est tenue au secret professionnel, dans les conditions et sous les peines prévues aux articles 226-13 et 226-14 du code pénal.

Les personnes appelées au règlement amiable seront d'abord le conciliateur, les créanciers et le débiteur. Il s'agira en outre du président du tribunal. Mais il pourra également s'agir des cautions, qui seront appelées à l'accord (v. s^s^ n° 135.21).

Il résulte de cette obligation de respecter le secret professionnel qu'il n'est pas possible de demander communication, dans le cadre d'une instance judiciaire, de l'accord de règlement amiable, même si la demande émane d'un garant du débiteur[1].

La solution de la procédure de conciliation consistant à substituer l'obligation de confidentialité au secret professionnel a été étendue au règlement amiable agricole par la loi de sauvegarde des entreprises, qui a modifié en conséquence, l'article L. 351-7 du code rural (v. s^s^ n° 141.61).

L'article R. 351-6, alinéa 6 du code rural (ancien al. 3 retouché par le décret du 30 juin 2014[2], art. 139) prévoit que, en dehors de l'autorité judiciaire et du conciliateur, le rapport d'expertise ne peut être communiqué qu'au débiteur.

134.22 Sanction pénale assortissant l'obligation au secret professionnel. La sanction pénale assortissant le secret professionnel démontrait l'attachement du législateur à cette condition, dont dépendait, en pratique, le plus souvent, le redressement recherché. La place publique ne doit pas être informée de ce qui n'est que l'affaire des parties. C'est pourquoi le président de la juridiction usera avec parcimonie de la possibilité d'accorder une suspension provisoire des poursuites qui, quant à elle, fait l'objet d'une publicité (v. s^s^ n° 133.41). Le principe demeure, malgré le remplacement, dans le règlement amiable agricole, du secret professionnel par une obligation de confidentialité, depuis la loi de sauvegarde des entreprises.

1. Com. 5 mai 2004, n° 01-03.873, *Bull. civ.* IV, n° 84; *Gaz. Pal.* 23-24 juill. 2004, jur. p. 11.
2. D. n° 2014-736, 30 juin 2014, préc.

SECTION 134.30

HOMOLOGATION DE L'ACCORD OBTENU DANS LE CADRE DU RÈGLEMENT AMIABLE DE DROIT COMMUN

134.31 Obtention de l'homologation. En matière de règlement amiable agricole, l'article R. 351-6 du code rural se contentait de préciser les effets attachés à l'obtention de l'accord. Avant l'ordonnance du 12 mars 2014[3], il n'était prévu, en la matière, ni constat, ni homologation de l'accord.

L'article 104 de l'ordonnance du 12 mars 2014 modifie la rédaction de l'article L. 351-6. L'alinéa 1 prévoit qu'il y a place soit à constat de l'accord, soit à homologaton de cet accord. Pour cela, il faut que le débiteur ne soit pas en état de cessation des paiements ou que l'accord y mette fin. Cette disposition s'inspire largement des solutions posées en matière de conciliation.

Le président du tribunal peut d'abord constater l'accord. Ce constat est effectué soit en présence du conciliateur, soit sur son rapport. Ce constat met fin à la mission du conciliateur.

À la demande du débiteur, le président du tribunal – et non le tribunal comme en matière de conciliation, peut homologuer l'accord.

134.32 Effets généraux de l'homologation de l'accord otenu dans le cadre du règlement amiable agricole. En matière de règlement amiable agricole, les effets du constat ou de l'homologation de l'accord, tels qu'ils sont décrits par l'article L. 351-6, alinéa 1 du code rural, dans la rédaction que lui donne l'article 104 de l'ordonnance du 12 mars 2014[4], sont les mêmes qu'en matière de conciliation (v. s^s^ n° 144.41 s.).

Il y a suspension, pendant la durée de son exécution, de toute action en justice et de toute poursuite individuelle tant sur les meubles que sur les immeubles du débiteur, formée dans le but d'obtenir le paiement des créances qui font l'objet de l'accord.

Les cautions, simples ou solidaires pourront se prévaloir des délais contenus dans l'accord.

134.33 Publicité de l'homologation de l'accord de règlement amiable agricole. L'ordonnance présidentielle qui homologue l'accord de règlement amiable agricole fait l'objet des mêmes publicités que l'ordonnance de suspension des poursuites (C. rur., art. L. 351-6, al. 2, réd. ord. 12 mars 2014, art. 104). Elle sera mentionnée sur le registre ouvert au greffe du tribunal de grande instance, par les soins du greffier, puisque les agriculteurs sont des

3. Ord. n° 2014-326, 12 mars 2014, préc.
4. Ord. n° 2014-326, 12 mars 2014, préc.

personnes non immatriculées au registre du commerce.

134.34 Effets particuliers à l'homologation de l'accord de règlement amiable agricole – privilège de la conciliation. L'article L. 351-6, alinéa 2 du code rural, dans la rédaction que lui donne l'article 104 de l'ordonnance du 12 mars 2014 accorde le privilège de l'article L. 611-11 du code de commerce, c'est-à-dire le privilège de la conciliation (v. s[s] n°s 144.51 s.)., aux personnes qui ont consenti, dans l'accord homologué ou dans le cadre des négociations pour parvenir à cet accord, un nouvel apport en trésorerie au débiteur en vue d'assurer la poursuite de l'exploitation et sa pérennité.

Comme l'a fait l'ordonnance du 12 mars 2014[1], le privilège est étendu à l'hypothèse d'apport en trésorerie effectué pendant la recherche de l'accord, et non pas seulement dans l'accord homologué.

En revanche, le périmètre du privilège est, avant la loi de modernisation de la justice du XXIe siècle, plus étroit que dans la conciliation : ne sont ici couverts que les apports en trésorerie, non les fournitures de biens ou de services. Pourtant, cela aurait pu favoriser les fournitures notamment de la part des coopératives agricoles. On ne sait si cette restriction est la suite d'une volonté délibérée des rédacteurs du texte ou d'une malfaçon. Quoi qu'il en soit, le législateur a revu sa copie et il est désormais prévu que le privilège s'exercera également pour le nouveau bien ou service (C. rur., art. L. 351-6, al. 2, réd. loi de modernisation de la justice du XXIe siècle). La solution sera inapplicable aux procédures ouvertes avant la publication de cette loi. La symétrie est ainsi assurée avec le privilège existant en matière de conciliation.

Ce privilège s'exercera exactement comme le privilège de la conciliation de droit commun, dans la procédure collective subséquente de sauvegarde, de redressement ou de liquidation judiciaire.

Comme cela est le cas pour l'accord de conciliation homologué (v. s[s] n° 144.43), l'accord de règlement amiable agricole homologué emporte la levée de plein droit de l'interdiction d'émettre des chèques, mise en œuvre à l'occasion du rejet d'un chèque émis avant l'ouverture du règlement amiable. Si l'agriculteur est un EIRL, cette interdiction est levée sur les comptes afférents au patrimoine visé par la procédure (C. rur., art. L. 351-6-1, réd. ord. 12 mars 2014, art. 105).

1. Ord. n° 2014-326, 12 mars 2014, préc.

CHAPITRE

135. Effets de l'accord de règlement amiable agricole

SECTION 0 ORIENTEUR

135.00 Plan du chapitre.

Sect. 135.10 Effets de l'accord obtenu dans le cadre du règlement amiable entre les parties

Sect. 135.20 Effets de l'accord obtenu dans le cadre du règlement amiable sur les cautions

SECTION 135.10 EFFETS DE L'ACCORD OBTENU DANS LE CADRE DU RÈGLEMENT AMIABLE ENTRE LES PARTIES

135.11 Effets de l'accord obtenu dans le cadre du règlement amiable entre les parties. Les effets de l'accord résultent de son caractère conventionnel.

Il faut d'abord indiquer que les conditions de validité de toute convention doivent être réunies, et spécialement l'existence d'un consentement non vicié.

Cette convention est l'affaire des parties et des parties seulement. La règle de l'effet relatif des conventions de l'article 1199, alinéa 1 du code civil[1] conduit à la solution, prolongée d'ailleurs par le caractère confidentiel de l'accord. Les créanciers qui n'ont pas accepté le règlement amiable ne sont pas des parties à l'accord. Il en est ainsi des membres d'un pool bancaire qui ne peuvent être engagés par la volonté du chef de file du pool[2]. La règle de l'effet relatif des contrats interdit de leur imposer les sujétions de l'accord intervenu. La seule possibilité, pour le président du tribunal, sera de leur imposer des délais de grâce.

Entre les créanciers, parties à l'accord, et le débiteur, il s'agit de respecter l'accord intervenu, à l'identique d'un contrat. Le contenu de l'accord a été librement déterminé, entre le débiteur et les créanciers. L'accord peut porter sur la totalité des créances détenues par un créancier, ou une partie seulement de celles-ci[3]. Pour l'essentiel, il s'agira d'étaler sur une certaine durée les dettes exigibles, d'allonger la durée des dettes non exigibles ou de s'accorder sur des remises de dettes. La durée des délais n'est pas réglementée. L'accord pourra également prévoir un plan social ou des obligations de versement de capitaux par les associés, ou encore la contraction d'emprunts par la société. Dans le règlement amiable agricole, il est interdit aux créanciers parties à l'accord d'inscrire des sûretés pendant l'exécution de l'accord (C. rur., art. L. 351-6, al. 2). L'accord pourra également prévoir une clause d'inaliénabilité de tel ou tel actif.

Il est encore possible d'insérer, dans l'accord, en cas d remise de dette, une clause de retour à meilleure fortu[4].

La estion se pose cependant de savoir si le contenu d l'accord est absolument libre, dès lors qu'il n'est p contraire à l'ordre public. L'objet du règlement iable agricole est de favoriser le règlement de la ation financière de l'exploitation agricole (C. ru art. L. 351-4, al. 2). Il en résulte qu'un accor tendant qu'à la liquidation de la personne mora ébitrice ne semble pas contrarier l'objectif

1. MOD. PAR Ord. n° 2016-131, 10 févr. 2016 portant réforme du droit des contrats, du régime général et de la preuve des obligations, *JO* 11 févr., art. 2 [en vigueur depuis le 1er oct. 2016].
2. C 27 mars 2001, n° 98-28.228, *Bull. civ.* IV, n° 66; *D* . AJ, 1534, obs. Avéna-Robardet; *RTD com.* 2001. 7 s. M. Cabrillac; *Bull. Joly* 2001. 900, n° 194, note *RD banc. fin.* 2001/3, n° 116, obs. Lucas.
3. 3 oct. 1998, n° 96-16.577, *Bull. civ.* IV, n° 235; *RTD* 99. 185, n° 1, obs. Macorig-Vénier.
4. N ET BONHOMME, n° 74.

législatif et devrait, en conséquence, pouvoir être homologué.

Si l'accord est global, il ne peut être modifié qu'avec l'accord de tous. Si l'accord a été négocié créancier par créancier, rien ne semble interdire sa modification par simple accord entre le créancier intéressé et le débiteur. L'accord des autres créanciers n'aura à être donné que si le caractère indivisible de l'accord a été posé[1].

Le caractère synallagmatique de l'accord oblige non seulement le débiteur, mais encore les créanciers parties à l'accord, à le respecter. Il en résulte que les créanciers ne peuvent poursuivre le débiteur pendant l'exécution de l'accord.

SECTION 135.20 EFFETS DE L'ACCORD OBTENU DANS LE CADRE DU RÈGLEMENT AMIABLE SUR LES CAUTIONS

135.21 Effets de l'accord obtenu dans le cadre du règlement amiable sur les cautions. Si les effets du règlement amiable agricole sont aisés à déterminer en ce qui concerne les rapports entre le débiteur et les créanciers, la question est plus complexe, en ce qui concerne les cautions. On peut ici distinguer la question des remises de dettes de celles des délais.

En ce qui concerne les remises, l'article 1350-2, alinéa 1 du code civil[2] énonce la règle : « la remise conventionnelle accordée au débiteur principal libère les cautions, même solidaires. » Le texte ne distingue pas selon que les cautions sont simples ou solidaires. Le caractère conventionnel du règlement amiable agricole devrait conduire à rendre applicable cette disposition[3]. En tout état de cause, il sera loisible de faire intervenir au règlement amiable les cautions pour les faire renoncer au bénéfice des remises consenties[4].

En ce qui concerne les délais, la règle de l'article 2290 du code civil et le caractère accessoire du cautionnement doivent conduire à décider que les délais accordés au débiteur par les créanciers profitent aux cautions, qu'elles soient simples ou solidaires, la doctrine n'étant pas unanime en matière de règlement amiable de droit commun[5]. Mais, ici encore, il sera possible de les faire renoncer au bénéfice des délais accordés. En outre, seules les créances concernées par l'accord de règlement amiable agricole autorisent les cautions à différer leur paiement.

Les délais de grâce qui seraient accordés au débiteur, à l'encontre des créanciers réfractaires, pour leur part et conformément au droit commun, demeurent strictement personnels au débiteur et ne peuvent donc profiter aux cautions[6].

1. COMP. : PÉROCHON ET BONHOMME, n° 73.

2. CRÉÉ PAR Ord. n° 2016-131, 10 févr. 2016, préc., art. 3 [en vigueur depuis le 1er oct. 2016].
3. SAINT-ALARY-HOUIN, 4e éd., n° 294 – PÉROCHON ET BONHOMME, n° 73 – SOINNE, n° 116 – CHAPUT, n° 183 – DERRIDA *ET ALII*, note 2484 – KERCKHOVE, n° 194 – RIPERT ET ROBLOT, 17e éd., n° 2843 – LE CANNU, n° 497.
4. LE CANNU, n° 497.
5. EN CE SENS : PÉROCHON ET BONHOMME, 6e éd., 2003, n° 73 – Simler, *Cautionnement et garanties autonomes*, Litec, 2000, n° 427 – SAINT-ALARY-HOUIN, 4e éd., 2001, n° 294 – CHAPUT, n° 183 – KERCKHOVE, n° 194 – *CONTRA* : Cabrillac et Mouly, *Droit des sûretés*, 7e éd., Litec, 2004, n° 211 – RIPERT ET ROBLOT, 17e éd., 2004, n° 2843 – SOINNE, n° 116.
6. Com. 14 janv. 2004, n° 01-00.043, NP, *Rev. proc. coll.* 2004, p. 42, n° 2, obs. Soinne – *Adde*, PÉROCHON ET BONHOMME, 6e éd., 2003, n° 76.

CHAPITRE

136. Résolution de l'accord obtenu dans le cadre du règlement amiable agricole

SECTION 0

ORIENTEUR

136.00 Plan du chapitre.

Sect. 136.10 Résolution de l'accord
Sect. 136.20 Ouverture d'une procédure de redressement ou de liquidation judiciaire

SECTION 136.10

RÉSOLUTION DE L'ACCORD

136.11 Causes de résolution de l'accord obtenu dans le cadre du règlement amiable agricole. La résolution de l'accord de règlement amiable agricole n'est pas réglementée par les textes. En cas d'inexécution des engagements résultant de l'accord de règlement amiable agricole, le tribunal peut prononcer la résolution de celui-ci ainsi que la déchéance de tous délais de paiement accordés. Le tribunal sera saisi, aux fins de résolution, par un créancier partie à l'accord ou auquel ont été imposés des délais de paiement. La saisine ne peut être que l'œuvre d'un créancier. Elle ne peut être l'œuvre du débiteur ou du procureur de la République. En outre, le tribunal ne peut se saisir d'office.

En matière de règlement amiable agricole, faute de texte régissant spécialement l'inexécution de l'accord, il semble que seule l'inexécution des engagements financiers sera sanctionnée par la résolution, l'opinion contraire ayant cependant été soutenue[1].

Seule une inexécution d'une certaine importance sera susceptible d'entraîner la résolution[2], la solution du droit commun en matière de résolution judiciaire s'imposant ici.

1. PÉROCHON ET BONHOMME, 6e éd., 2003, no 78.

136.12 Effets de la résolution de l'accord obtenu dans le cadre du règlement amiable agricole La résolution de l'accord entraînera disparition rétroactive de celui-ci. En conséquence, les délais accordés seront supprimés. Les remises consenties seront annulées, nonobstant le silence des textes sur ce point. Il en a été tiré la conséquence, dans le règlement amiable de droit commun, que le créancier retrouvait ses droits sur une caution qu'il avait libérée dans le cadre du règlement amiable[3]. En outre, les délais judiciaires accordés aux créanciers réfractaires sont supprimés.

SECTION 136.20

OUVERTURE D'UNE PROCÉDURE DE REDRESSEMENT OU DE LIQUIDATION JUDICIAIRE

136.21 Ouverture d'une procédure de redressement ou de liquidation judiciaire. Les textes régissant le règlement amiable agricole sont muets sur sa résolution et, par conséquent, ne prévoient rien relativement aux suites de cette résolution.

Il n'y a pas ici place à une ouverture de procédure par cette seule cause. Il faut donc décider que la résolution n'entraîne pas ouverture de la procédure collective, laquelle ne résultera que de la caractérisation de l'état de cessation des paiements.

Si la procédure est ouverte, sans demande de résolution de l'accord, la preuve de l'état de cessation des paiements doit évidemment être rapportée.

2. [...]nsi : Com. 4 juin 2013, no 12-19.312, [...] *BJE* sept. 2013, [...]273, note Sortais; *Rev. proc. coll.* 2013 [...]omm. 159, note [...]lattre.

3. [...]on, 1re ch., 1re sect., 11 juin 1998, *BIC* [...] 1er févr. 1999, [...]139, p. 40.

La solution a été posée pour un agriculteur[1]. Le droit commun s'applique en ce cas.

Il est exclu de considérer l'accord amiable comme un contrat en cours, susceptible comme tel de continuation, le contraire étant toutefois majoritairement soutenu[2]. En effet, les créances qui y sont intégrées ont un fait générateur par hypothèse antérieur à la procédure. Elles ne pourront donc être payées après jugement d'ouverture. Cette solution est inconciliable avec l'idée de contrat en cours, qui suppose le versement d'une contrepartie après jugement d'ouverture, ce qui est ici impossible.

1. Bourges, ch. civ., 23 juill. 2002, RG n° 02/01140, *Rev. proc. coll.* 2003, p. 349, n° 9, obs. Lebel.
2. Pérochon et Bonhomme, 6e éd., 2003, n° 84 – Derrida *et alii*, n° 397 – Le Cannu *et alii*, n° 333.

TITRE

140. Conciliation

SECTION 0

ORIENTEUR

140.00 Plan du titre.

Chap. 141 Ouverture de la conciliation
Sect. 141.10 Personnes concernées
Sect. 141.20 Situation économique du débiteur
Sect. 141.30 Demande d'ouverture de la conciliation
Sect. 141.40 Décision du président du tribunal
Sect. 141.50 Conciliateur
Sect. 141.60 Confidentialité de la conciliation
Chap. 142 Recherche de l'accord de conciliation
Sect. 142.10 Situation des créanciers pendant la recherche de l'accord de conciliation
Sect. 142.20 Sort des garants
Sect. 142.30 Situation des salariés pendant la recherche de l'accord de conciliation
Sect. 142.40 Négociation de l'accord par le conciliateur
Sect. 142.50 Remises de dettes publiques sous l'empire de la législation antérieure à la loi du 17 février 2009
Sect. 142.60 Remises de dettes publiques sous l'empire de la législation du 17 février 2009
Chap. 143 Échec de la conciliation
Sect. 143.10 Double possibilité d'échec de la conciliation
Sect. 143.20 Absence d'accord de conciliation
Sect. 143.30 Rejet de l'homologation de l'accord de conciliation
Chap. 144 Homologation ou constat de l'accord
Sect. 144.10 Constat de l'accord de conciliation
Sect. 144.20 Conditions de fond de l'homologation de l'accord de conciliation
Sect. 144.30 Aspects procéduraux de l'homologation de l'accord de conciliation
Sect. 144.40 Effets de l'homologation de l'accord de conciliation
Sect. 144.50 Privilège de la conciliation
Sect. 144.60 Surveillance de l'exécution de l'accord
Chap. 145 Inexécution de l'accord de conciliation
Sect. 145.10 Résolution de l'accord de conciliation
Sect. 145.20 Ouverture d'une procédure subséquemment à l'inexécution de l'accord

140.01 Textes applicables.

> Législation issue de la loi du 26 juillet 2005.

C. com., art. L. 611-4 à L. 611-15, L. 622-17, II, L. 641-13, II

C. com., art. R. 611-22 à R. 611-50 (anc^t D. 28 déc. 2005, art. 16 à 43), art. R. 626-9 à R. 626-12 (anc^t D. 5 févr. 2007, art. 1 à 4), R. 626-14 à R. 626-16 (anc^t D. 5 févr. 2007, art. 6 à 8), R. 662-13 (anc^t D. 28 déc. 2005, art. 349)

D. n° 2007-154, 5 févr. 2007, art. 1 – D. 2007-242 du 22 févr. 2007

> Législation issue de l'ordonnance du 18 décembre 2008.

C. com., art. L. 611-4 à L. 611-15, L. 622-17, II, L. 641-13, II, L. 662-2

C. com., art. R. 611-22 à, R. 611-50, D. 626-9 à D. 626-16 (D. 2009-385, 6 avril 2009), R. 662-1

> Législation issue de la loi du 22 octobre 2010, art. 57.

C. com., art. L. 628-1

> Législation issue de l'ordonnance du 9 déc. 2010.

C. com., art. L. 680-1

> Législation issue de l'ordonnance du 12 mars 2014.

C. com., art. L. 611-4 à L. 611-16, L. 622-17, II, L. 641-13, II, L. 662-2

C. com., art. R. 611-22, R. 611-26-2, R. 611-34-1, R. 611-35, R. 611-38, R. 611-38-2, R. 611-40-1, R. 611-43, R. 611-46, R. 611-46-1, R. 611-47-1, R. 611-49, R. 611-50, R. 611-51, R. 611-52

> Législation issue de la loi n° 2015-990 du 6 août 2015

C. com., art. L. 721-8

140.02 Jurisprudence de référence.

> Le non-respect de l'obligation contractuelle d'informer son banquier de l'ouverture d'une conciliation peut être une cause de résiliation du contrat ou, en matière bancaire, de rupture des concours, pour manquement à l'obligation contractuelle de sincérité. La rupture des

concours ne peut donc être considérée comme abusive et est donc exclusive de responsabilité du banquier, du fait du comportement gravement répréhensible du partenaire contractuel.

• **Com. 7 févr. 2012, n°s 10-28.815, 10-28.816,** NP

* V. s^{s} n° 141.61

> **Dans le cadre de la procédure collective ouverte suite à l'échec de la procédure de conciliation, aucun obstacle ne s'élèvera contre la possibilité de remonter avant l'ouverture de la procédure de conciliation la date de cessation de paiements et de créer ainsi une période suspecte.**

• **Com. 22 mai 2013, n° 12-18.509,** *Bull. civ.* IV, n° 85

* V. s^{s} n° 143.21

140.03 **Bibliographie indicative.** (V. les références complètes s^{s} n° 031).

> **Ouvrages antérieurs à l'ordonnance du 18 décembre 2008.** Jacquemont, 5e éd., n°s 68 à 108 – Le Cannu, 7e éd., n°s 81 à 148 – Lienhard, n°s 301 à 342 – Pérochon et Bonhomme, 7e éd., n°s 56 et 57, 61 à 117 – Pétel, 5e éd., n°s 31 à 37 – Roussel Galle, n°s 90 à 165 – Saint-Alary-Houin, 5e éd., n°s 284 à 341 – Sortais J.-P., *Entreprises en difficulté – Les mécanismes d'alerte et de conciliation*, *Banque* 2007 – Vallansan, 4e éd., n°s 8 à 28 – Vallens, 2008, n°s 2740 à 2807 – Voinot, n°s 212 à 220, 228 à 244.

> **Ouvrages postérieurs à l'ordonnance du 18 décembre 2008.** Coquelet, 5e éd., n°s 48 à 73 – Gibirila, n°s 116 à 151 – Jacquemont et Vabres, 9e éd., n°s 93 à 146 – Lienhard, 6e éd., n°s 21.11 à 22.48 – Pérochon, 10e éd., 110 à 230 – Pétel, 8e éd., n°s 32 à 41 – Saint-Alary-Houin, 9e éd., n°s 326 à 380 – Vallansan *et alii*, 6e éd., p. 16 à 33 – Vallens, 2015, n°s 2825 à 2878 – Vidal et Giorgini, n°s 346 à 351, 392 à 503 – Voinot, 2e éd., n°s 60 à 93.

> **Actualisables.** J.-cl. com., Jacquemont A., fasc. 2030, [Procédure de conciliation et concordat], 2006.

> **Articles.**

› *Étude d'ensemble.* Ab-der-Halden A. et Roussel Galle Ph, « La conciliation améliorée », *Rev. proc. coll.* 2014, dossier 29 – Badillet J. « Pratiques parisiennes en matière de traitement préventif des difficultés des entreprises », *Gaz. Pal.* 11-12 mai 2011, p. 7 – Bouquet B., « Mandat *ad hoc* et conciliation : un outil juridique rénové », *Rl com.* 2008. 8 – Chriqui H., « Prévention des difficultés des entreprises : peut-on aller plus loin ? », *Gaz. Pal.* 16-18 mai 2004, Doctr. 2 – Deharveng J., « Le bouclier de la conciliation », *in* « Entretiens de la sauvegarde, 29 janv. 2007, Premier bilan de la loi de sauvegarde », Dpde, *Bull.* n° 279, 1[illegible] févr. 2007, p. 4669 – Douaoui-Chamseddine M., « Plaidoyer en faveur d'une conciliation à la majorité », *JCP E* 2013, étude 1688 – Favario Th., « De l'attractivité du droit des entreprises en difficulté », *Rev. proc. coll.* 2009, étude 18, p. 23 – Gailhbaud Ch., « Ouverture du mandat *ad hoc* et de la conciliation : faut-il associer les salariés », *Rev. proc. coll.* 2004, dossier 7 – Habauzit-Detilleux M.-C. et Michaud P., « La procédure de conciliation applicable à l'avocat en difficulté dans la loi de sauvegarde du 26 juillet 2005 », *Gaz. Pal.* 27-28 janv. 2006, Doctr. 2 – Jacquemont A., « La future procédure de conciliation : une attractivité nouvelle pour l'entreprise en difficulté et ses créanciers », *Rev. proc. coll.* 2004, p. 290 – Kuntz E. et Nurit V., « De la conciliation à la sauvegarde financière accélérée : la combinaison est-elle efficace ? », *BJE* nov. 2012, doctrine 193 – Lafont de Sentenac G.-A., « Rôle du commissaire aux comptes et de l'expert-comptable dans la détermination du passif du débiteur en conciliation ou en sauvegarde », *Bull. Joly* 2006/8 et 9, § 220, p. 1083 – Lesaulnier A., « Le greffier du tribunal de commerce et la conciliation après la réforme des procédures collectives », *LPA* 18 févr. 2015, n° 35, p. 5 – Lucas F.-X., « L'ouverture de la procédure collective », Interv. Colloque Crajefe, Nice 27 mars 2004, *LPA* 10 juin 2004, n° 116, p. 4 – Macorig-Venier F., « Les mesures juridiques favorables aux accords », *Rev. proc. coll.* 2014, dossier 8; « La réforme de la prévention par l'ordonnance n° 2014-326 du 12 mars 2014 », *RTD com.* 2014. 395; « Du règlement amiable à la conciliation », *Rev. proc. coll.* 2005/4, p. 352 – Macorig-Vénier F. et Caviglioli Ch., « Le point sur la conciliation », *Rev. proc. coll.* 2008/2, p. 78 – Martineau-Bourgnignaud M., « La conciliation : droit ou obligation », *Rev. proc. coll.* 2014, dossier 5 – Montéran Th., « Présentation générale de la prévention et de la conciliation », *Gaz. Pal.* 7-8 sept. 2005, p. 8; « La réforme de la prévention des difficultés », *D.* 2009, dossier 639; « L'ordonnance du 12 mars 2014 et la prévention », *Gaz. Pal.* 6 avr. 2014, n° 96, p. 7 – Rohart-Messager I., « L'amélioration de la prévention », *Gaz. proc. coll.* n° sp., 6 et 7 mars 2009, p. 5 – Rémery J.-P., « Les voies de recours dans la réforme de la loi de sauvegarde des entreprises », *JCP E* 2009. I. 129 – Rubelin P., « La négociation préventive », Les dossiers de la *RIDE*, 2012, p. 13 – Saint-Alary-Houin C., « La procédure de conciliation », *Rev. proc. coll.* 2006/2, p. 169 – Soinne B., « La réforme des procédures collectives : la confusion des objectifs et des procédures – Premier aspect : la prévention », *Rev. proc. coll.* 2004, p. 1 – Teboul G., « Petit bréviaire de la loi de sauvegarde pour ceux qui souhaitent une information pratique sur la prévention », *LPA* 19 oct. 2005, n° 208, p. 3 – Thuillier B., « La conciliation après l'ordonnance du 12 mars 2014 : jamais pareille mais toujours plus proche des procédures collectives », *BJE* mai 2014, 174 – Valdman D., « Loi de sauvegarde : quelle procédure pour quelles difficultés des entreprises », *Gaz. proc. coll.* 2008/1, p. 14 – Vallansan J., « Le rôle du juge dans les procédures préventives », *Rev. proc. coll.* 2014, dossier 2 – Vinckel F., « L'option entre les procédures préventives du nouveau droit des entreprises en difficulté : analyse des risques », *LPA* 12 juin 2006, p. 7.

› *Remise de dettes et concours financier.* Abergel A., « Négociation, remise de dettes des créances publiques et privées : aspects financiers et comptables », *LPA* 22 avr. 2010, n° 80, p. 35 – Bienvenu S., « Négocier des délais ou des remises avec ses créanciers publics », *La lettre de l'Oced*, n° 34, oct. 2009, p. 21 – Cocheteux P., « Remises de dettes consenties par les créanciers publics en faveur des entreprises en difficulté », *LPA* 21 déc. 2007, n° 255, p. 8 – Croze H., « Conditions d'octroi des remises par les administrations financières et les organismes sociaux », *Procédures* 2007, comm. 90 – Montéran Th., « Remises de dettes consenties par les créanciers publics », *RTD com.* 2007. 827, n° 1 – Rétif S., « Les remises accordées par les créanciers à une entreprise en difficulté », *Dr. et patr.* févr. 2008, n° 167, p. 30 – Stoufflet J. et Mathey N., « Loi de sauvegarde des entreprises du

26 juillet 2005 – Commentaire des dispositions applicables aux concours financiers », *RD banc. fin.* janv.-févr. 2006, p. 54 – Teboul G., « Le financement des entreprises en difficulté dans le cadre de la prévention : constat et perspectives », *RJ com.* 2005/2, p. 114; « Les remises de dettes publiques : mythe ou réalité ? », *LPA* 30 mars 2009, n° 63, p. 3; « Du nouveau sur les abandons de créances par les créanciers publics : le décret du 6 avr. 2009 », *LPA* 20 avr. 2009, n° 78, p. 6 – Thévenot Ch., « Les remises de dettes des créanciers publics dans le cadre de la loi de sauvegarde », *La lettre de l'OCED*, n° 34, oct. 2009, p. 17 – Valliot R., Le Guernevé L. et Abitbol F., « Les abandons de créances publiques – Qui peut le plus peut le moins », *Gaz. proc. coll.* 2007/2, p. 9.

› *Confidentialité.* Bourbouloux H, « Confidentialité et transparence réconciliées pour la prévention et le traitement des difficultés », *BJE* mai 2012, Doctr. 87, p. 183 – Freleteau B., « La liberté d'expression à l'épreuve des procédures de prévention des difficultés d'entreprise », *LPA* 7 juin 2016, n° 113, p. 11 – Delattre Ch., « Le secret des affaires – La confidentialité des procédures », *Dr. sociétés* 2012, étude 2 – Macorig-Vénier F. et Saint-Alary Houin C., « La prévention et le traitement amiable des difficultés des entreprises : entre transparence et confidentialité, efficacité et fragilité », *BJE* janv. 2014, p. 10 – Vallansan J., « La Conciliation, rapidité, souplesse et confidentialité ? », *LPA* 14 juin 2007, n° 119, p. 9 – Zabala B., « Prévention des difficultés des entreprises et obligation d'information du public », *JCP E* 2008. 1598, p. 39.

› *Accord de conciliation.* Bourbouloux H. et Chatelain P., « L'accord de conciliation homologué au secours des *spin off* d'entreprises en difficulté », *BJE* juill. 2014, p. 225 – Ravenne S., « La résolution de l'accord de conciliation », *Rev. proc. coll.* 2009/6, 30, p. 11 – Sortais J.-P., « Le sort des accords de conciliation en cas de refus d'homologation ou de constatation », *Rev. proc. coll.* 2013, étude 12 – Thuillier B., « Accords ni constatés ni homologués; remise en cause des accords », *Rev. proc. coll.* 2014, dossier 12.

› *Cessation des paiements.* Bayle M., « L'enchaînement des procédures de prévention et de traitement de la cessation des paiements », *LPA* 23 oct. 2008, n° 213, p. 3 – Campana M.-J. et Teboul G., « La cessation des paiements : pour quoi faire ? À propos de l'avant-projet de loi de sauvegarde des entreprises », *JCP E* 2003. 1833 – Grelon B., « Prévention et cessation des paiements », *Mél. Tricot*, LexisNexis – Dalloz, 2011, p. 423.

› *Fiscalité.* Dedeurwaerder G., « Les mesures fiscales en faveur de la conciliation : inventaire et bilan », *Rev. proc. coll.* 2014, dossier 9 – Lagarde B., « La discrimination de la déductibilité fiscale des abandons de créance », *LPA* 17 févr. 2006, n° 35, p. 28; « Le fabuleux destin des dettes publiques », *Gaz. proc. coll.* 2007/2, p. 3; « La remise de dettes fiscales en procédure de conciliation », *Annonces de la Seine* 30 août 2007, n° 57, p. 9.

› *Ministère public.* Deharveng J., « Ouverture du mandat *ad hoc* et de la conciliation : le rôle du ministère public », *Rev. proc. coll.* 2014, dossier 6 – Delattre Ch., « L'action du ministère public en conciliation : un simple leurre ? », *Rev. proc. coll. 2016, dossier 4.*

› *Mandataire.* Abitbol F., Carboni C.-H., Fabre J.-P., Guigon P. et Menjucq M., « Responsabilité civile dans les missions amiables », *BJE* Dossier 213, « Entreprises en difficulté : les bonnes pratiques des professionnels », congrès CNAJMJ La Colle/Loup 14 et 15 juin 2012 – Douhaire E., « Le rôle du mandataire *ad hoc* et du conciliateur », *in La prévention des difficultés des entreprises : Analyse des pratiques juridiques*, PUAM, 2004, p. 123; « Les aspects pratiques de la conciliation – le rôle du conciliateur dans les négociations », *RJ com.* 2008. 21 – Drummen J.-B., « La rémunération des mandataires *ad hoc* et des conciliateurs », *BJE* sept./oct. 2011, comm. 121, p. 283 – Pérochon F., « Suivi et résolution des accords amiables – Rémunération dans les missions amiables », *BJE* dossier 208; « Entreprises en difficulté : les bonnes pratiques des professionnels », congrès CNAJMJ La Colle/Loup 14 et 15 juin 2012; « Coût, transparence et confidentialité de la prévention », *Rev. proc. coll.* 2014, dossier 3 – Roussel Galle Ph., « Les acteurs de la prévention », *in* « Entretiens de la sauvegarde, 29 janv. 2007, Premier bilan de la loi de sauvegarde », DPDE, *Bull.* n° 279, 15 févr. 2007, p. 4664 – Soinne B., « La rémunération des mandataires de justice », *Rev. proc. coll.* 2008/4, 23, p. 10.

› Prepack cession. Guyomarc'h P., « Les risques du *prepack cession* », *BJE* 2015, p. 389 – Monsérié-Bon M.-H., Amizet B., Azam G. et Cavigloli Ch., « Le *prepack-cession* FRAM : expériences et enseignements », *BJE* 2016, p. 144 – Vincent C., « La faillite du plan de cession (ou les incidences du prepack-cession) », *D.* 2015. 577.

› *Privilège.* Henry, « La notion de privilège de procédure dans la loi de sauvegarde », *Rev. proc. coll.* 2008, p. 20 – Le Corre P.-M., « Le privilège de la conciliation », *Gaz. Pal.* 7-8 sept. 2005, p. 50 – Sardet P. et Beauchamp J.-P., « Réforme des faillites ou le privilège de la réconciliation », *Rev. proc. coll.* 2004, p. 25.

› *Caution et garanties.* Lacassagne E., « Les cautions à l'épreuve de la loi de sauvegarde : cautionnera bien qui préviendra le premier », *LPA* 17 févr. 2006, n° 35, p. 50 – Léguevaques Ch, « La loi de sauvegarde des entreprises et les cautions : au bonheur des cautions ? », *Rev. proc. coll.* 2005-4, p. 296 – Macorig-Venier F., « Le périmètre des garanties », colloque de l'*AJDE*, Toulouse 10 sept. 2010, *Rev. proc. coll.* 2011/1, dossier 6, p. 76 – Prigent S., « Cautions, coobligés, garants autonomes et constituants d'une sûreté pour un débiteur ayant obtenu un accord de conciliation homologué, une sauvegarde ou un redressement judiciaire », *LPA* 9 janv. 2006, n° 6, p. 5.

› *Mandat* ad hoc. Croze H., « Mandat *ad hoc* et procédure de conciliation », *Procédures* 2005/11, p. 6 – Delattre Ch. et Étienne-Martin E., « Prévention : le mandat *ad hoc* et la conciliation plus efficaces et plus accessibles », *Rev. proc. coll.* 2014, dossier 15 – Pérochon F. et Roussel Galle Ph., « Le mandat *ad hoc* et la conciliation », interv. Colloque Besançon 10 oct. 2014, *Gaz. Pal.* 31 déc. 2014, n° 365, 4 – Thévenot Ch., « Mandat *ad hoc* et conciliation : de nouveaux outils pour une meilleure prévention », *LPA* 17 févr. 2006, n° 35, p. 14.

> Table ronde. Menjucq M., Genn F., Basse Ch., Thévenot Ch., Lencou D., « Le secret des affaires et la confidentialité des procédures », Table ronde 1, *Rev. proc. coll.* 2015, p. 73.

140.04 Questions essentielles.

• Qui peut-être nommé conciliateur ?

* V. s^s n° 141.51.

• Un créancier peut-il se voir imposer des délais ?

* V. s^s n°s 142.12, 144.42.

• Un créancier peut-il exercer une voie de recours sur la décision d'homologation de l'accord de conciliation ?

* V. s^s n° 144.36.

• Peut-on remonter la date de cessation des paiements antérieurement à l'ouverture de la conciliation ?

* V. s^s n° 144.45.

• Le bénéficiaire du privilège de la conciliation peut-il se voir imposer des délais en cas de plan de sauvegarde ou de redressement subséquent ?

* V. s^s n° 144.45.

• La résolution de l'accord de conciliation entraîne-t-elle l'ouverture d'une procédure collective ?

* V. s^s n° 145.21.

140.09 Présentation générale de la procédure de conciliation. La loi de sauvegarde des entreprises a procédé à une réécriture complète des textes sur le règlement amiable. L'avant-projet de réforme avait abandonné le vocable de règlement amiable au profit de celui de redressement amiable. La loi du 26 juillet 2005[1] lui a substitué une nouvelle dénomination : celle de procédure de conciliation, qui s'inscrit dans les procédures de « prévention – traitement » des difficultés des entreprises[2]. Ce vocable a été préféré pour manifester un aspect moins dirigiste et plus contractuel de la nouvelle procédure[3].

La procédure de conciliation n'est applicable qu'à compter du 1er janvier 2006. À partir de cette date, aucune procédure de règlement amiable ne peut être ouverte. Le règlement amiable agricole subsiste cependant, la conciliation n'étant pas applicable aux agriculteurs personnes physiques (C. com., art. L. 611-5, al. 2). La nature juridique de la conciliation est moins nette que celle de l'ancien règlement amiable. En effet, à partir du moment où cette procédu peut être ouverte alors même que le débiteur est en état cessation des paiements, le caractère purement préven de la conciliation devient plus discutable. Le législateu appréhende cependant comme une technique préven, en la plaçant au rang des mesures de détection des diffités des entreprises[4]. Elle vise, lorsque le débiteur est déjà état de cessation des paiements, à éviter l'ouverture d'une océdure judiciaire lourde au profit d'un traitement des diffités d'un débiteur par la voie de la négociation avec les créiers[5].

Les effets juridiques de la procédure de concion sont sensiblement accrus par rapport au règlement iable. La sécurisation de l'accord amiable[6], recherchée paprojet de loi, est trouvée au prix de règles qui ont fait l t de très âpres discussions parlementaires.

Il en a spécialement été ainsi de la discussion ayant entouré la publicité de la conciliation. Les travaux parlementaires ont insisté sur le fait que la réussite d'une procédure amiable reposait essentiellement sur les trois principes fondamentaux que sont l'anticipation, la confidentialité et le consensus[7]. Dès lors, ou bien l'on choisit la voie de la confidentialité, mais il faut rester dans une procédure de conciliation à effets limités ou bien les effets de cette procédure sont accrus, mais il est alors nécessaire de prévoir une publicité. Une solution médiane a été imaginée au cours des travaux parlementaires, alors que la seconde voie avait été tracée dans le projet de réforme.

La discussion a également été très vive autour de l'instauration d'un privilège de la conciliation, qui doit naturellement profiter aux établissements de crédit, mais pas uniquement, et de l'instauration d'une sorte d'irresponsabilité en cas d'octroi abusif de crédit, qui, finalement, n'a pas été appliquée à la procédure de conciliation, mais seulement aux procédures collectives.

Les premières statistiques permettent d'observer que le nombre de procédures de conciliation ouvertes en 2006 est supérieur de 125 % par rapport au nombre de règlements amiables ouverts en 2005[8], ce qui démontre un intérêt certain pour cette procédure préventive. Leur nombre est en augmentation : plus 24 % de procédures de prévention, y compris le mandat *ad hoc* entre 2012 et 2013[9].

Pourtant, quelques vides juridiques subsistaient. C'est pourquoi, l'ordonnance du 18 décembre 2008[10] et son décret d'application du 12 février 2009[11] ont modifié assez sensiblement les textes, pour dissiper les zones d'ombre, mais aussi pour rendre plus attractive la procédure de conciliation, en rapprochant assez sensiblement le régime de l'accord constaté de celui de l'accord homologué, ce qui peut être observé notamment par l'extension du bénéfice accordé aux garants du débiteur.

L'article 2, 1° de la loi du 2 janvier 2014[12], habilite le Gouvernement à prendre par voie d'ordonnance toute mesure relevant du domaine de la loi afin, en application du b, d'élargir le champ d'application des mesures de prévention, notamment en prévoyant des dispositions incitant les débiteurs à recourir à de telles mesures ou procédures, en modifiant les conditions auxquelles les délais de grâce peuvent être accordés par le président du tribunal, en renforçant les droits des créanciers recherchant un accord négocié et l'efficacité de cet accord, en réputant non écrites les clauses contractuelles qui font obstacle au recours à une procédure de conciliation et en introduisant des dispositions assurant la régulation des coûts de ces procédures et une prise en charge équilibrée des rémunérations allouées aux intervenants extérieurs.

1. L. n° 2005-845, 26 juill. 2005, *JO* 27 juill., 187.
2. *Rapp. J.-J. Hyest*, n° 335, p. 100.
3. Macorig-Venier, « Du règlement amiable à nciliation », *Rev. proc. coll.* 2005/4, p. 352.
4. Roussel Galle, n° 38.
5. J.-Cl. Com., Jacquemont, fasc. 2030, [Pre de conciliation et concordat], 2006, n° 11.
6. Avis n° 2099 de Jérôme Chartier, *Doc. A*
7. Avis n° 2099 de Jérôme Chartier, *Doc. AN*, p. 20.
8. Chiffre communiqué par : Fombeur, « Discours aux Entretiens de la sauvegarde », 28 janv. 2008, *LPA* 12 févr. 2008, n° 31, p. 3.
9. Chiffres cités par : Pérochon, 10e éd., n° 230.
10. Ord. n° 2008-1345, 18 déc. 2008, *JO* 19 déc., p. 19462.
11. D. n° 2009-160, 12 févr. 2009, *JO* 13 févr., p. 2596.
12. L. n° 2014-1, 2 janv. 2014, *JO* 3 janv., p. 50.

L'article 2, 2° de cette même loi entend faciliter la recherche de nouveaux financements de l'entreprise bénéficiant d'une procédure de conciliation et améliorer les garanties pouvant s'y rattacher, sans porter atteintes aux intérêts de l'AGS ni remettre en cause le privilège des créances des salariés.

L'ordonnance du 12 mars 2014[1] contient diverses modifications des textes répondant à ces objectifs.

1. Ord. n° 2014-326, 12 mars 2014, *JO* 14 mars, p. 5249.

CHAPITRE

141. Ouverture de la conciliation

SECTION 0

ORIENTEUR

141.00 **Plan du chapitre.**

Sect. 141.10 Personnes concernées
Sect. 141.20 Situation économique du débiteur
Sect. 141.30 Demande d'ouverture de la conciliation
Sect. 141.40 Décision du président du tribunal
Sect. 141.50 Conciliateur
Sect. 141.60 Confidentialité de la conciliation

141.01 **Textes applicables.** (V. s[s] n° 140.01).

141.03 **Bibliographie indicative.** (V. les références complètes s[s] n° 031). Aussi s[s] n° 140.03.

SECTION 141.10

PERSONNES CONCERNÉES

141.11 **Personnes concernées.** La procédure de conciliation a vocation à s'appliquer aux personnes physiques exerçant une activité commerciale ou artisanale. Il importe peu que les commerçants soient inscrits au registre du commerce[1]. Elle s'applique aussi aux artisans, mêmes non inscrits au répertoire des métiers.

Les agriculteurs, personnes physiques, peuvent bénéficier de la procédure de conciliation, jusqu'ils bénéficient du règlement amiable agricole des articles L. 351-1 et suivants du code rural (Com., art. L. 611-5, al. 1)[2]. Il en est de même des personnes morales ayant une activité agricole. L'artic. 351-1, alinéa 2 précise que le règlement amiable agricole « est applicable à toute personne physique ou morale de droit privé exerçant une activité agricole au sens de l'article L. 311-1 ». Ainsi, si le débiteur est une personne morale à forme civile exerçant une activité agricole, le règlement amiable agricole reste également applicable. En revanche, si le débiteur est une société commerciale à objet agricole, la procédure de conciliation est seule applicable et non le règlement amiable agricole[3].

Mais, et c'est l'apport de la réforme quant au domaine d'application de la mesure, la conciliation s'appliquera également aux personnes exerçant une activité indépendante non commerciale, ce qui permet d'englober les professionnels libéraux. Remarquons qu'il n'y a pas de définition légale de la « profession indépendante », pas plus d'ailleurs que des « professions libérales »[4].

L'ordonnance du 9 décembre 2010[5] portant adaptation du droit des entreprises en difficulté à l'entrepreneur individuel à responsabilité limitée, pour rendre applicable la conciliation à l'EIRL, substitue au mot « personnes » celui de « débiteurs »[6]. Pour assurer une coordination des règles de la conciliation à l'EIRL, l'article R. 611-46-1 du code de commerce, issu du décret du 30 juin 2014[7] (art. 21) prévoit que lorsque l'ouverture de la procédure de conciliation est sollicitée par un EIRL, les dispositions de la présente section ne s'appliquent qu'au patrimoine qui fait l'objet de cette demande. Autrement dit, la procédure de conciliation ne concerne que le patrimoine qui en fait l'objet.

1. AUSSI : J.-CL. COM., Jacquemont, fasc. 2030, [Procédure de conciliation et concordat], 2006, n° 7 – LE CA[NNU], n° 213 – VOINOT, 2011, n° 61.
2. *Rapp. Xavier de Roux*, n° 2095, p. 132 et 1[...] Rép. min. n° 86161, *JOAN Q* 16 mai 2006, p. 5221, *proc. coll.* 2008/3, p. 36, n° 109, note Delattre.
3. Vallansan, « Rapport introductif », colloque Caen janv. 2006, *Rev. proc. coll.* 2006/2, p. 119 s., sp. p. 120 – SAINT-ALARY-HOUIN, 9e éd., n° 384.
4. *Rap. J.-J. Hyest*, n° 335, p. 108.
5. Ord. n° 2010-1512, 9 déc. 2010, *JO* 10 déc., p. 21617.
6. Rapport au Président de la République sur l'ordonnance n° 2010-1512 du 9 déc. 2010.
7. D. n° 2014-736, 30 juin 2014, *JO* 1er juill., p. 10834.

L'article L. 611-5 du code de commerce rend, de manière très générale, applicable aux personnes morales de droit privé la procédure de conciliation. Il n'est pas exigé, contrairement à la solution posée sous l'empire du règlement amiable, que la personne morale ait une activité économique[1].

Depuis la loi du 21 juillet 1994[2] relative à l'habitat, (L. 10 juill. 1965, art. 29-4, réd. L. nº 94-624, 21 juill. 1994), les syndicats de copropriété ne peuvent plus être déclarés en redressement ou en liquidation judiciaire[3] et ne peuvent davantage bénéficier d'une procédure de sauvegarde. On estimait que les syndicats de copropriétaires étaient exclus de la conciliation. La loi du 12 mai 2009[4] (art. 7, 7°), de manière très générale, décide que le livre VI du code de commerce est inapplicable aux syndicats de copropriété[5]. En conséquence, ces syndicats ne pourront, de manière indiscutable, pas bénéficier de la procédure de conciliation.

La législation utilise le terme de « débiteur », même si, comme cela a pu être remarqué à l'occasion d'un amendement, ce terme ne convient pas parfaitement à la conciliation[6]. L'amendement a cependant été rejeté au motif que le terme de débiteur est celui utilisé dans les législations européennes.

Le débiteur devra être en activité, le vocable « exerçant » utilisé par le législateur aux articles L. 611-4 et L. 611-5 du code de commerce imposant la solution[7].

SECTION 141.20
SITUATION ÉCONOMIQUE DU DÉBITEUR

141.21 Situation économique du débiteur. La loi de sauvegarde des entreprises prévoit que la procédure de conciliation bénéficiera aux personnes qui « éprouvent une difficulté juridique, économique ou financière, avérée ou prévisible et ne se trouvent pas en cessation des paiements, depuis plus de quarante-cinq jours ». Le législateur oblige le président du tribunal à prendre en compte la situation du débiteur, et non seulement celle de son entreprise, la solution se recommandant évidemment du principe de l'unité du patrimoine. L'article 4 de l'ordonnance du 12 mars 2014, modifiant le premier alinéa de l'article L. 611-6, a ajouté les difficultés d'ordre patrimonial.

La création de l'EIRL par la loi du 15 juin 2010[8] a obligé l'ordonnance du 9 décembre 2010[9] portant adaptation du droit des entreprises en difficulté à l'entrepreneur individuel à responsabilité limitée à poser une règle particulière pour apprécier la situation économique de cet EIRL. L'article L. 680-2 du code de commerce, qui résulte de l'ordonnance, dispose en ce sens que « les dispositions des titres Ier à VI du présent livre qui intéressent la situation économique... du débiteur EIRL doivent, sauf dispositions contraires, être comprises comme visant les éléments du seul patrimoine affecté à l'activité en difficulté ou, si l'activité est exercée sans affectation de patrimoine, du seul patrimoine affecté ». Ainsi, pour déterminer si une personne ayant créé une entreprise individuelle à responsabilité limitée peut bénéficier de la procédure de conciliation, il faut se demander si, au regard du patrimoine concerné, l'intéressé éprouve une difficulté juridique, économique ou financière, avérée ou prévisible, sans avoir égard à ses autres patrimoines, qu'ils soient ou non affectés.

Ainsi, la procédure de conciliation peut être ouverte plus tôt que la procédure de règlement amiable puisqu'il suffit que la difficulté soit prévisible, alors que cette difficulté devait être avérée dans le règlement amiable. La procédure de conciliation pourra également être ouverte plus tôt que la sauvegarde, la difficulté pouvant dans le premier cas n'être que prévisible, alors que dans le second, la difficulté devra être avérée[10]. Notons qu'au plan sémantique, il apparaît bien délicat d'« éprouver une difficulté prévisible ».

Cette graduation des difficultés rencontrées par le débiteur a été prise en compte par la loi de modernisation de la justice du XXIe siècle. Un alinéa 3 a été inséré à l'article L. 621-1 du code de commerce précisant que « lorsque la situation du débiteur ne fait pas apparaître de difficulté qu'il ne serait pas en mesure de surmonter, le tribunal invite celui-ci à demander l'ouverture d'une procédure de conciliation au président du tribunal » (v. s^s nº 223.33). Cette disposition ne sera pas applicable aux procédures en cours au jour de la publication de cette loi.

1. VALLENS, 2015, nº 2826 – PÉROCHON, 10e éd., nº 116.
2. L. nº 94-624, 21 juill. 1994, *JO* 24 juill., p. 10685.
3. Ramakers, « L'inapplicabilité du règlement amiable, du redressement judiciaire et de la liquidation judiciaire aux syndicats de copropriété », *LPA* 2 janv. 1995, p. 17.
4. L. nº 2009-526, 12 mai 2009, *JO* 13 mai, p. 7920.
5. *Act. proc. coll.* 2009/11, nº 171, note Régnaut-Mo[illegible]tier.
6. Amend. Philippe Houillon, nº 14, *in Rapp. Xavier de Roux*, nº 2095, p. 135.
7. PÉROCHON, 10e éd., nº 115.
8. L. nº 10-658, 15 juin 2010 relative à l'entrepreneur individuel à responsabilité limitée, *JO* 16 juin, p. 10984.
9. Ord. 2010-1512, 9 déc. 2010, préc.
10. Kuhn, « De la prévention des difficultés des entreprises, du mandat *ad hoc* et de la procédure de conciliation », *LPA* nº s février 2006, nº 28, p. 5 s., sp. p. 9 – Roussel Galle, « La procédure de sauvegarde. Quand et comment se mettre sous la protection de la justice », *JCP E* 2006, Chron. 243 1679 s., sp. p. 1688, nº 34.

La notion de difficulté prévisible intègre la notion de besoins ne pouvant être couverts par un financement adapté, qui est utilisée en matière de règlement amiable[1]. Une insuffisance chronique ou passagère mais sensible du fonds de roulement définit une difficulté financière qui n'est pas constitutive de l'état de cessation des paiements, mais qui peut y conduire à terme[2].

La prévisibilité des difficultés du débiteur pourra ressortir d'éléments factuels que le président du tribunal appréciera au cas par cas, lors de sa décision d'ouvrir ou non la procédure de conciliation. Un élément objectif pourra être trouvé dans la production par le débiteur de comptes prévisionnels faisant apparaître des difficultés. Cette prévisibilité pourra également résulter d'autres éléments, par exemple la perte d'un client important ou des difficultés d'ordre social[3].

Une difficulté économique pourra également être prise en compte pour l'ouverture de la procédure de conciliation. Il s'agit d'un événement qui affecte les performances de l'entreprise et, par le fait même, sa capacité à continuer durablement son exploitation[4].

Il en est de même, selon le code de commerce, d'une difficulté juridique, qui peut par exemple tenir à la menace de résiliation du contrat de concession ou d'un contrat important de sous-traitance ou au risque d'une action en contrefaçon[5].

« L'objectif de la réforme est de faire intervenir plus tôt dans le temps la procédure de règlement amiable. La procédure de conciliation devra désormais bénéficier à la personne qui éprouve une difficulté juridique, économique ou financière non seulement "avérée" mais aussi "prévisible". Le projet affirme ainsi, clairement, son objectif d'anticiper les difficultés »[6].

Si le débiteur n'est pas en état de cestion des paiements, il a en théorie le choix entre la procédure de conciliation et celle de sauvegarde. Quels critères vont le conduire à se tourner plutôt vers l'une que vers l'autre[7] ?

La conciliation, du fait de sa nature contractuelle, ne permettra pas d'imposer des solutions à des créanciers réfractaires. En revanche, elle assure au chef d'entreprise, une plus grande maîtrise de l'étendue de la procédure[8].

Lorsque les prestations de l'entreprise sont échelonnées dans le temps, ce qui est le cas par exemple pour une entreprise de bâtiments et de travaux public, la confiance des partenaires contractuels est de première importance. La remarque est d'autant plus vraie pour les entreprises soumissionnant aux marchés publics[9]. À cet égard, l'article 44 du code des marchés publics exclut de la soumission aux marchés publics les entreprises en liquidation judiciaire, mais aussi celles en redressement judiciaire. L'arrêté du plan de continuation ou de redressement devrait autoriser l'entreprise à soumissionner aux marchés publics[10], dès lors qu'elle produit à l'administration une copie du jugement arrêtant le plan[11]. Les entreprises sous sauvegarde ne sont pas concernées par l'exclusion de la procédure de soumission aux marchés publics[12].

La confiance des partenaires est également importante pour des professionnels libéraux[13]. La conciliation est alors beaucoup plus adaptée que la sauvegarde, du fait de sa confidentialité. À cet égard, il convient de préciser que l'ouverture d'une procédure de sauvegarde entraîne une cotation Banque de France en côte 5, qui ne remonte en côte 7 qu'après cinq années d'exécution du plan, lorsqu'il en comporte plus de sept. Cette cotation est extrêmement pénalisante. La portée de la remarque ne doit cependant pas être exagérée, dans la mesure où il a été observé, qu'avant même l'ouverture de la sauvegarde, la décote de l'entreprise débitrice était généralement entamée[14]. Observons toutefois que la possibilité ouverte au débiteur par le décret du 12 février 2009 de faire supprimer les mentions relatives à la procédure et au plan de sauvegarde pourrait être de nature à emporter une modification de la cotation Banque de France.

1. *Rapp. Xavier de Roux*, n° 2095, p. 130.
2. VIDAL ET GIORGINI, n° 404.
3. *Rapp. J.-J. Hyest*, n° 335, p. 105.
4. VIDAL ET GIORGINI, n° 406.
5. VIDAL ET GIORGINI, n° 409.
6. Avis n° 337 de Christian Gaudin, *Doc. [illegible]*, au nom de la commission des affaires économiques, [illegible]7.
7. SUR CETTE QUESTION : Valdman, « Loi de sauvegarde : quelle procédure pour quelles difficultés des entreprises », *Gaz. proc. coll.* 2008/1, p. 14.
8. Vinckel, « L'option entre les procédures préventives du nouveau droit des entreprises en difficulté : analyse des risques », *LPA* 12 juin 2006, n° 116, p. 7 s., sp. p. 9, n° 9.
9. Valdman, « Loi de sauvegarde : quelle procédure pour quelles difficultés des entreprises », *Gaz. proc. coll.* 2008/1, p. 14 s., sp. p. 15.
10. TA Dijon, réf., 16 mars 2007, req. n° 0700454, *Rev. proc. coll.* 2008, p. 35 – *Adde*, Laugier, « Entreprises en difficulté et accès aux marchés publics : quand l'esprit est contredit par la lettre des textes », *Rev. proc. coll.* 2008, p. 34.
11. TA Montpellier, réf., 14 févr. 2008, req. n° 0800369, *Rev. proc. coll.* 2008, p. 36.
12. AUSSI : Instr. n° 12-005, Mo, 26 janv. 2012, NOR : BCRZ 12 00007 J.
13. Vinckel, « L'option entre les procédures préventives du nouveau droit des entreprises en difficulté : analyse des risques », préc., sp. p. 8, n° 7.
14. Monsérié-Bon et Thévenot, « Comment améliorer la procédure de sauvegarde », *Rev. proc. coll.* 2008/2, p. 100 s., sp. p. 103, n° 11.

En revanche, lorsque le débiteur fournit des prestations instantanées, par exemple s'il exerce son activité dans le secteur de la restauration, et de façon générale si sa clientèle est composée de particuliers [1], la confidentialité importe moins et le débiteur pourra alors choisir la procédure qui lui semble le mieux répondre à ses besoins. La sauvegarde sera spécialement adaptée si l'entreprise sait ne pouvoir faire face à une importante échéance à venir [2].

La conciliation semble inadaptée si l'entreprise connaît des difficultés structurelles [3]. Le temps de la restructuration doit être un temps de répit, que seul l'arrêt des poursuites individuelles autorise. Or, la conciliation n'entraîne pas l'arrêt des poursuites individuelles. La procédure de sauvegarde sera alors préférable.

Observons que le choix pour la conciliation n'est pas irréversible, car le chef d'entreprise peut demander l'ouverture d'une sauvegarde, alors qu'il bénéficie d'une conciliation, dès lors qu'il n'y a pas cessation des paiements (C. com., art. L. 621-1, al. 4). Cette solution est importante si l'échec de la conciliation s'annonce. En effet, la menace de se placer sous la sauvegarde peut être brandie pour inciter les créanciers à davantage de conciliation [4]. La remarque est d'autant plus vraie depuis l'existence de sauvegardes accélérées. Mais il faut bien concéder que le temps perdu pendant la procédure de conciliation peut faire perdre en pratique le bénéfice de la sauvegarde.

En revanche, si le débiteur choisit la procédure de sauvegarde, il ne semble plus pouvoir faire machine arrière vers la conciliation [5]. En effet, il faudrait qu'il sorte de la sauvegarde en démontrant que les difficultés de nature à conduire à la cessation des paiements ont disparu. Mais, si tel est le cas, comment pourrait-il alors rencontrer des difficultés qui lui permettraient d'être éligible à la conciliation ?

Il est donc essentiel que le chef d'entreprise choisisse bien, dès le départ, la bonne procédure [6]. Il a été écrit, spécialement, que la procédure de sauvegarde ne s'improvise pas. Elle doit être préparée très en amont [7], car son échec est lourd de conséquences.

Inversement, la procédure de conciliation pourra profiter à des personnes qui sont déjà en état de cessation des paiements, dès lors que cet état n'est pas caractérisé depuis plus de 45 jours. Les difficultés sont alors incontestablement avérées. La procédure de conciliation a ainsi vocation à se substituer, pendant un laps de temps non négligeable, au redressement judiciaire [8] et peut ainsi être ouverte plus tardivement que la procédure de sauvegarde, qui suppose l'absence de cessation des paiements. Le choix entre une procédure de conciliation ou de redressement judiciaire devrait se faire en fonction de la nature et de la gravité des difficultés rencontrées et non plus seulement, comme sous l'empire du règlement amiable de la législation antérieure, au regard de la situation de trésorerie [9].

Bien que l'activité de l'entreprise ne doive pas se trouver, par principe, perturbée en cette phase, les entreprises en état de cessation des paiements, ce qui peut viser le cas de la procédure de conciliation, ne peuvent plus soumissionner aux marchés publics, faute de pouvoir obtenir l'attestation de régularité fiscale et sociale indispensable pour ce soumissionnement [10].

La possibilité d'ouvrir la procédure de conciliation nonobstant l'état de cessation des paiements évitera les discussions sur l'existence de cet état et surtout permettra de légaliser la pratique douteuse au regard des textes d'ouverture d'un règlement amiable malgré l'état de cessation de paiements [11].

Lorsque le débiteur est déjà en état de cessation des paiements, la saisine aux fins d'ouverture de la conciliation pourra se télescoper avec une saisine émanant du ministère public ou d'un créancier aux fins d'ouverture d'un redressement judiciaire. À quelle procédure faudra-t-il alors donner la priorité ? Il a été suggéré de privilégier la procédure de conciliation, au motif que telle serait la chronologie voulue par le législateur [12]. Serait alors envisagé par le tribunal un sursis à statuer dans l'attente de la déci-

1. Valdman, « Loi de sauvegarde : […] », préc., sp. p. 15.
2. Valdman, « Loi de sauvegarde : […] », préc., sp. p. 17.
3. RAPPR. : Saint-Alary-Houin, « L'ouverture de la procédure de sauvegarde », *Rev. proc. coll.* 2008/2, p. 85 s., sp. p. 88, nº 16.
4. RAPPR. : Vinckel, « L'option entre les procédures préventives […] », préc., sp. p. 19, nº 32.
5. Lafont de Sentenac, « Rôle du commissaire aux comptes et de l'expert-comptable dans la détermination du passif du débiteur en conciliation ou en sauvegarde », *Bull. Joly* 2006/8 et 9, § 220, p. 1083 s., sp. p. 1086.
6. Lafont de Sentenac, « Rôle du commissaire aux comptes et de l'expert-comptable dans la détermination du passif du débiteur en conciliation ou en sauvegarde », préc., sp. p. 1086 – Valdman, « Loi de sauvegarde : […] », préc.
7. Saint-Alary-Houin, « L'ouverture de la procédure de sauvegarde », *Rev. proc. coll.* 2008/2, p. 85 s., sp. p. 88, nº 21.
8. *Rapp. Xavier de Roux*, nº 2095, p. 43.
9. Kuntz, « De la prévention des difficultés des entreprises, du mandat *ad hoc* et de la procédure de conciliation », *LPA* nº sp., 8 févr. 2006, nº 28, p. 5 s., sp. p. 9.
10. LIENHARD, ᵉ éd., 2009, nº 902 – Teboul, « L'entreprise en difficulté et les marchés publics », *Gaz. Pal.* 18-19 juill. 2008, p.
11. Lebel, « Être ou ne pas être en cessation des paiements », *Gaz. Pal.* sept. 2005, nº sp. p. 14 s., sp. p. 19.
12. J.-CL. COM., Jacquemont, fasc. 2030, [Procédure de conciliation et concordat], 2006, nº 11 – RAPPR. : Vinckel, « L'option entre les procédures préventives du nouveau droit des entreprises en difficulté : analyse des risques », préc., sp. p. 10, nº « Le droit d'action des créanciers chirographaires dans la loi nº 2005-845 du 26 juillet 2005 », *Rev. proc. coll.* 7/1, p. 6 s, sp. p. 7, nº 7.

sion du président sur l'ouverture de la conciliation[1]. Cette solution nous semble faire difficulté. La saisine aux fins d'ouverture d'un redressement judiciaire nous semble conduire à interdire l'ouverture de la conciliation, la priorité devant ici *a priori* être donnée à la demande d'ouverture d'un redressement judiciaire[2], qui ne peut être rejetée dès lors que le débiteur relève de cette procédure, ce qui présuppose seulement qu'il soit en cessation des paiements, non qu'il le soit depuis plus de 45 jours. Au demeurant, il avait été relevé que l'article L. 631-5 du code de commerce autorisait le ministère public et les créanciers à agir aux fins d'ouverture d'un redressement judiciaire, dès lors qu'une procédure de conciliation n'était pas en cours[3]. En outre, si le président du tribunal tarde à statuer sur la demande d'ouverture de la conciliation, l'état de cessation des paiements préexistant depuis moins de 45 jours lors de la demande pourra être caractérisé depuis plus de 45 jours au jour où il est statué. La demande d'ouverture de la procédure collective s'imposera alors nécessairement[4].

Une fois la procédure de conciliation ouverte, il importe peu, même si l'opinion contraire a été émise[5], que la cessation des paiements dure plus de 45 jours, ce qui a justifié un amendement présenté par la commission des lois du Sénat, précisant que la procédure de conciliation « est ouverte » et non plus s'applique aux entreprises en état de cessation des paiements depuis moins de 45 jours[6]. Ce délai de 45 jours conditionne l'ouverture de la procédure, non le maintien de la procédure de conciliation[7] jusqu'à l'accord, homologué ou non.

Ce délai de 45 jours est le délai le plus immédiatement supérieur au délai de paiement de trente jours, fréquent chez les fournisseurs[8] ou au délai de trente jours de dénonciation des concours bancaires sous forme de découvert en compte. Signalons à cet égard qu'un amendement tendant à rendre possible l'ouverture de la conciliation pour les entreprises rencontrant des refus d'accès au crédit faute d'offrir des garanties et sûretés suffisantes à leurs créanciers a été rejeté par la commission des lois de l'Assemblée nationale[9].

Il s'agit, avec la procédure de conciliation, de permettre de traiter rapidement et confidentiellement par la négociation certaines situations correspondant à un incident de trésorerie passager[10].

Le délai de 45 jours sera laissé à l'appréciation du président du tribunal, cependant qu'il n'est pas tenu, même si l'opinion contraire a été émise dans les travaux parlementaires[11], lorsque l'état de cessation des paiements existera, de fixer la date de cessation des paiements, celle-ci n'étant pas une condition de l'ouverture de la procédure, contrairement au redressement ou à la liquidation judiciaire.

Le débiteur, qui se trouve en état de cessation de paiements depuis moins de 45 jours a donc le choix de la procédure : conciliation, redressement ou liquidation judiciaire. En revanche, il ne pourra bénéficier de la procédure de sauvegarde.

SECTION 141.30

DEMANDE D'OUVERTURE DE LA CONCILIATION

141.31 Détermination de la juridiction compétente. La demande d'ouverture de la procédure de conciliation sera adressée au président du tribunal de commerce pour les commerçants ou artisans. Du fait de du visa par le législateur de l'activité et non de l'inscription au registre du commerce ou au répertoire des métiers, il nous semble que les artisans et commerçants de fait relèveront, comme ceux inscrits au registre du commerce ou au répertoire des métiers, selon le cas, du tribunal de commerce.

Dans les autres cas, la compétence appartiendra au président du tribunal de grande instance. Il en sera spécialement ainsi pour les professionnels libéraux, qu'ils exercent leur activité à titre indépendant ou sous forme sociale[12]. Les personnes morales de droit privé non commerçantes relèvent exclusivement du président du tribunal de grande instance[13].

L'article R. 600-1 du code de commerce détermine la juridiction compétente pour connaître des

1. J.-CL. COM., Jacquemont, fasc. 2030, [Procédure de conciliation et concordat], 2006, n° 11 – PÉROCHON, 10e éd., n° 136.
2. EN CE SENS AUSSI : VOINOT, 2011, n° 62.
3. VALLANSAN, 4e éd., n° 9.
4. AINSI : Toulouse, 2e ch., 1re sect., 10 mai 2007, *JCP E* 2008. 1643, note ch. Lebel.
5. LE CANNU, 7e éd., n° 129 – VALLENS, 2012, n° 2796.
6. *Rapp. J.-J. Hyest*, n° 335, p. 105.
7. Toulouse, 2e ch., 1re sect., 10 mai 2007, *Rev. proc. coll.* 2008/3, p. 32, n° 106, note Delattre – Interv. Xavier de Roux, *JOAN CR*, 1re séance du 3 mars 2005, p. 1611 – *Adde*, Vinckel, « L'option entre les procédures préventives du nouveau droit des entreprises en difficulté : analyse des risques », préc., sp. p. 11, n° 2.
8. *Rapp. Xavier de Roux*, n° 2095, p. 130.
9. Amend. Arnaud Montebourg, *Rapp. Xavier de Roux*, n° 2095, p. 135.
10. *Rapp. Xavier de Roux*, n° 2095, p. 129.
11. *Rapp. Xavier de Roux*, n° 2095, p. 130.
12. Kuntz, « De la prévention des difficultés des entreprises, du mandat *ad hoc* et de la procédure de conciliation », préc., sp. p. 9.
13. Rennes, 3e ch. com., 18 oct. 2011, RG n° 11/02954, *JCP E* 2012. 1229, note Legros; *Act. proc. coll.* 2011/20, comm. 316; *Rev. proc. coll.* 2011, comm. 164, note Delattre et comm. 207, note Lebel; *BJE* janv. 2012, comm. 7, p. 8, note Sortais; *Dr. sociétés* 2012, comm. 68, note Legros; *RTD com.* 2012. 398, n° 2, obs. Macorig-Venier, *Rev. proc. coll.* 2012, comm. 219, note Lebel.

procédures prévues par le livre VI du code de commerce. La juridiction territorialement compétente pour connaître d'une procédure de conciliation sera, en conséquence déterminée de la même façon que pour l'ouverture d'une procédure de sauvegarde, de redressement ou de liquidation judiciaire (v. s[s] n° 232.12).

Il est possible de faire jouer la règle posée par l'article R. 662-7 du code de commerce, qui permet une délocalisation de l'affaire lorsque les intérêts en présence le justifient (v. s[s] n° 232.14). En effet, l'alinéa 1 de l'article R. 600-1 du code de commerce, qui détermine la compétence territoriale et qui réserve le jeu de l'article R. 662-7 du code de commerce, a vocation a s'appliquer à toutes les procédures prévues par le livre VI du code de commerce, ce qui inclut la procédure de conciliation.

L'ordonnance du 18 décembre 2008[1] établit plus clairement, et dans la partie législative du code de commerce, cette possibilité de la délocalisation du dossier de conciliation. L'article 155 de l'ordonnance du 18 décembre 2008 modifie en ce sens l'article L. 662-2 du code de commerce, en disposant que « Lorsque les intérêts en présence le justifient, la cour d'appel peut décider de renvoyer l'affaire devant une autre juridiction de même nature, compétente dans le ressort de la cour, pour connaître du mandat *ad hoc*, de la procédure de conciliation ou des procédures de sauvegarde, de redressement judiciaire ou de liquidation judiciaire, dans des conditions fixées par décret. La Cour de cassation, saisie dans les mêmes conditions, peut renvoyer l'affaire devant une juridiction du ressort d'une autre cour d'appel ».

Il a été regretté que, à l'occasion de la réforme opérée par l'ordonnance du 18 décembre 2008, une règle particulière de compétence n'ait pas été posée par le code pour les groupes de sociétés[2]. Il est en tout exclu d'étendre une procédure de conciliation ouverte à l'encontre d'un débiteur à une autre personne[3].

La remarque a été entendue par la loi du 6 août 2015, dite loi Macron[4]. Entendant spécialiser certains tribunaux de commerce, l'article 231, I de la loi du 6 août 2015 attribue une compétence particulière à certains tribunaux de commerce. Pour cela est créé un article L. 721-8 dans le code de commerce. Cette disposition n'est pas applicable, en vertu de l'article 234 de la loi Macron, dans les régions et départements d'outre-mer. L'article L. 917-6 du code de commerce précise spécifiquement que l'article L. 721-8 n'est pas applicable à Saint-Pierre-et-Miquelon. Il en est de même de l'article L. 927-4 pour Mayotte, L. 960-3 ainsi rédigé pour Saint-Barthélemy et à Saint-Martin.

Des tribunaux de commerce spécialement désignés connaîtront de certaines procédures de conciliation, en fonction de certains critères.

L'avant dernier alinéa de l'article L. 721-8 du code de commerce précise qu'« un décret, pris après avis du Conseil national des tribunaux de commerce, fixe la liste des tribunaux de commerce spécialisés. Ce décret détermine le ressort de ces juridictions, en tenant compte des bassins d'emplois et des bassins d'activité économique. » Le dernier alinéa de l'article L. 721-8 du code de commerce indique que « Le président du tribunal de commerce dans le ressort duquel l'entreprise a des intérêts ou un juge délégué par lui siège de droit au sein du tribunal de commerce spécialisé compétent. »

Cette dérogation aux règles de compétence s'appliquera non à compter de l'entrée en vigueur de la loi Macron, mais selon le II de l'article 231 de la loi Macron, aux procédures ouvertes à compter du 1er mars 2016.

L'article L. 721-8 du code de commerce reconnaît compétence à certains tribunaux de commerce seulement pour connaître des procédures de conciliation.

Cette disposition n'emporte une compétence particulière qu'au profit des juridictions consulaires, non au profit des tribunaux de grande instance. Elles ne concernent pas les personnes ayant une activité autre que commerciale ou artisanale, et donc les personnes morales exerçant une activité libérale ou agricole.

L'attribution de compétence au profit de certains tribunaux de commerce intervient, pour connaître des conciliations dans quatre séries d'hypothèses.

– soit le débiteur dépasse les seuils visés au 1°, a : une entreprise dont le nombre de salariés est égal ou supérieur à 250 et dont le montant net du chiffre d'affaires est d'au moins 20 millions d'euros;

– soit le débiteur dépasse le seuil visé au 1°, b : une entreprise dont le montant net du chiffre d'affaires est d'au moins 40 millions d'euros;

– soit le débiteur est une société qui détient ou contrôle une autre société, au sens des articles L. 233-1 et L. 233-3, dès lors que le nombre de salariés de l'ensemble des sociétés concernées est égal ou supérieur à 250 et que le montant net du chiffre d'affaires de l'ensemble de ces sociétés est d'au moins 20 millions d'euros (C. com., art. L. 721-8, 1°, c);

– soit le débiteur est une société qui détient ou contrôle une autre société, au sens des articles L. 233-1 et L. 233-3, dès lors que le montant net

1. Ord. n° 2008-1345, 18 déc. 2008, préc.
2. *Rohart-Messager, « L'amélioration de la prévention », Gaz. proc. coll. n° sp., 6 et 7 mars 2009, p. 5 s., sp. p. 9.*
3. *Rennes, 3e ch. com., 18 oct. 2011, RG n° 11/02954, préc. (v. s[s] prés[t] n°).*
4. L. n° 2015-990, 6 août 2015, *JO* 7 août, p. 13537.

du chiffre d'affaires de l'ensemble de ces sociétés est d'au moins 40 millions d'euros (C. com., art. L. 721-8, 1° d).

Dans ces deux derniers cas (C. com., art. L. 721-8, 1°, c et d) le tribunal compétent est celui du siège de la société contrôlant ou détenant l'autre société. Observons que, curieusement, le texte vise une société détenant ou contrôlant une autre société et non pas une ou plusieurs autres sociétés. Les seuils devront donc être atteints par la seule addition du nombre de salariés, du chiffre d'affaires ou des deux sociétés concernées, sans pouvoir prendre en compte une troisième société qui serait également détenue ou contrôlée par la première.

La compétence des tribunaux spécialisés ne sera pas reconnue de plein droit, mais seulement à la demande du procureur de la République ou par décision du président du tribunal de commerce. On en déduit que le président du tribunal de commerce classiquement compétent le demeurera si ni lui, ni le procureur n'ont présenté de demande de voir saisie la juridiction spécialisée[1].

141.32 Saisine du président de la juridiction – Clause aggravant les obligations ou diminuant les droits du débiteur. La demande d'ouverture d'une procédure de conciliation n'appartient qu'au chef d'entreprise. Puisque cette demande peut être sollicitée alors que l'entreprise n'est pas en état de cessation des paiements, il n'y a aucune obligation légale à demander l'ouverture d'une procédure de conciliation. Même si l'entreprise est en état de cessation des paiements, mais depuis moins de 45 jours, il n'y a toujours aucune obligation légale. La remarque est importante. Puisque la procédure de conciliatio est toujours facultative, il ne pourra être reproé au titre d'une faute de gestion à un dirigeant de pas avoir sollicité l'ouverture de la conciliation. où il n'y a pas d'obligation, il ne put y avoir faute. L'opinion contraire a été toutefois souten (v. s[s] n° 922.25). En pratique, le débiteur sera ouvent incité à la conciliation soit pae que certa créanciers feront en ce sens une dnande presite, soit parce que le chef d'entreprisa d'ores et jà sollicité l'intervention des pouirs publi aux fins d'octroi d'aides[2].

La saisine est faite par reqte dépos au président du tribunal compétent ar le dteur, personne physique, ou, pour les rsonne orales, le représentant légal de celle-ci. n ne s ble cependant interdire la présentation la rece par avocat, à moins que la jurisprudence n'aligne ici la solution sur celle posée pour l'ouverture du redressement ou de la liquidation judiciaire. En cette matière, la déclaration de l'état de cessation des paiements ne peut être effectuée par avocat, à moins que ce dernier ne soit muni d'un pouvoir spécial (v. s[s] n° 231.25).

La requête devra être accompagnée des documents nécessaires à l'information du président du tribunal. Il s'agit de présenter la situation financière, économique et sociale. Les documents à joindre sont précisés par l'article R. 611-22 du code de commerce. Cette disposition ajoute un certain nombre de pièces, par rapport au décret précédent – sous l'empire de la législation du règlement amiable, il s'agissait de l'article 36 du décret du 1er mars 1985. C'est ainsi que le débiteur devra produire un extrait d'immatriculation au registre du commerce s'il est commerçant, au répertoire des métiers, s'il est artisan. Le cas échéant, ce qui semble devoir s'entendre de l'hypothèse d'une personne n'étant ni commerçant, ni artisan, il s'agira du numéro unique d'identification.

Pour tenir compte de la possibilité d'ouverture d'une conciliation alors que le débiteur est en état de cessation des paiements, la requête aux fins d'ouverture de la conciliation devra, le cas échéant, préciser la date de cessation des paiements. Si le débiteur est un professionnel libéral, la requête précise l'ordre professionnel ou l'autorité dont il relève, le cas échéant. Si le débiteur propose un conciliateur au président du tribunal, il précise son identité et son adresse.

L'article 12 du décret du 30 juin 2014[3] complète par un 6° à l'article R. 621-22 les indications nécessaires à l'ouverture de la conciliation. Il s'agit de la prise en charge, le cas échéant, par un tiers des frais de la procédure demandée.

La procédure de conciliation n'est pas, selon l'article 1635 *bis* Q III, 4° du Code général des impôts, au rang des procédures du livre VI autorisant le débiteur à se dispenser de payer la contribution de 35 euros pour l'aide juridique instituée pour toutes les instances introduites à compter du 1er octobre 2011. Toutefois, et même si la hiérarchie des normes est écornée, l'article R. 663-1-1 du code de commerce exclut pour sa part de cette contribution, toutes les procédures du livre VI du code de commerce[4]. Cette contribution a été supprimée à compter du 1er janvier 2014 par la loi de finances pour 2014.

Pour tenir compte de l'interdiction d'enchaîner immédiatement deux procédures de conciliation,

1. Lucas, « commentaire des dispons d loi du 6 août 2015 pour la croissance, l'activit l'ég des chances économiques intéressant le dros entises en difficulté », *BJE* sept. 2015, 317 s., s 318.
2. LE CANNU, 7e éd., n° 87.
3. D. n° 2014-736, 30 juin 2014, préc.
4. PÉROCHON, 9e éd., n° 124.

qui résulte de l'ordonnance du 18 décembre 2008[1], l'article R. 611-22, alinéa 6 du code de commerce ajoute que le débiteur doit fournir une attestation sur l'honneur certifiant l'absence de procédure de conciliation dans les trois mois précédant la date de la demande d'ouverture de la conciliation.

Alors que dans le règlement amiable, il faut aussi indiquer les moyens de faire face à la situation, mais que ce dernier élément ne doit pas être considéré comme une condition de recevabilité de la demande, sauf à priver de la plus grande partie de sa mission le conciliateur, qui précisément doit trouver le moyen de remédier à la situation, cette précision a été supprimée par le Sénat, précisément pour ne pas laisser accréditer l'idée que le président du tribunal aurait à apprécier l'opportunité de l'ouverture de la procédure de conciliation en tenant compte des moyens envisagés par le débiteur pour sortir de ses difficultés[2].

Le caractère incomplet de la requête ne devrait pas constituer une cause d'irrecevabilité de la demande. Il appartiendra au tribunal de solliciter du chef d'entreprise les documents manquants avant de statuer[3].

Un amendement tendait à accorder le droit de saisine aux institutions représentatives du personnel. Il a été rejeté, le caractère de confidentialité qui doit être conservé jusqu'à l'homologation justifiant le rejet[4].

Dès réception de la demande, le président du tribunal fait convoquer par le greffier le représentant de la personne morale ou le débiteur personne physique.

Indiquons que, en application de l'article L. 613-27, alinéa 2 du code monétaire et financier, la saisine du président du tribunal est subordonnée à un avis de la commission bancaire si le débiteur est un établissement de crédit ou une entreprise d'investissement.

De manière très opportune, et pour lutter contre des clauses rapidement devenues de style, l'article 14 de l'ordonnance du 12 mars 2014[5], répondant à l'article 2, 1°, b de la loi du 2 janvier 2014[6], crée un article L. 611-16, alinéa 1er prévoyant que toute clause qui modifie les conditions de poursuite d'un contrat en cours en diminuant les droits du débiteur ou en aggravant ses obligations, du fait de l'ouverture d'une conciliation ou d'une demande à cette fin, est réputée non écrite. Jusqu'alors, seules les clauses prévoyant une déchéance du terme ou une résolution ou résiliation d'un contrat pour ouverture d'une procédure collective étaient réputées non écrite. Sont ainsi condamnées, les clauses de déchéance du terme, de pénalités quelconques conçues pour ou en cas de conciliation[7]. Il en est de même des clauses de résiliation de plein droit[8], encore que l'opinion contraire ait été soutenue[9]. Il a été suggéré de ne pas prendre à la lettre l'expression « contrat en cours » afin d'éviter, par un argument *a contrario*, de valider de telles clauses insérées dans un contrat de prêt, lequel n'est pas *stricto sensu*, un contrat en cours[10].

SECTION 141.40
DÉCISION DU PRÉSIDENT DU TRIBUNAL

141.41 Choix du président du tribunal – nature juridique de la décision présidentielle. Le président du tribunal doit répondre dans le mois de la demande. Son silence à l'expiration du délai vaut refus.

Le président du tribunal peut ouvrir la procédure de conciliation ou, s'il constate qu'il y a état de cessation des paiements depuis plus de 45 jours, refuser d'ouvrir la procédure de conciliation et renvoyer l'affaire devant le tribunal, qui ouvrira d'office la procédure de redressement ou de liquidation judiciaire, mais non la procédure de sauvegarde. Précisons immédiatement que la saisine d'office a été supprimée par l'ordonnance du 12 mars 2014[11].

L'article *L.* 631-5, alinéa 1 du code de commerce est alors applicable, puisqu'il n'y a pas de procédure de onciliation en cours, si la demande d'ouverture est jetée[12].

L donnance du président du tribunal, qui statue la demande 'ouverture de la conciliation, a une ture juridictonnelle. Faute de contentieux, elle rve de la juriction gracieuse[13].

141.4 Instructio de la demande – Expertise ordon par le prédent du tribunal.

1. Ord. n° 2008-1345, 18 déc. 2008, préc.
2. *Rapp. J.-J. Hyest*, n° 335, p. 111.
3. *Le Cannu, 7e éd.*, n° 92.
4. Amend. n° 455, *JOAN CR*, 2e séance du *2 mars 2005*, p. 1590 et 1591.
5. Ord. n° 2014-326, 12 mars 2014, préc.
6. L. n° 2014-1, 2 janv. 2014, préc.

7. Pétel, Entreprises difficulté : encore une réforme ! », *JCP E* 14. 1223, 6.
8. Pétel, ntreprises difficulté : encore une réforme ! », préc.
9. Macor énier, « réforme de la prévention par l'ordonnance 2014-3 du 12 mars 2014 », *RTD com.* 2014, 395 s., p. 403
10. Pérochi et Roel Galle Ph., « Le mandat *ad hoc* et la concilia », in Colloque Besançon 10 oct. 2014, *Gaz. Pa* déc. 14, n° 365, 4, n° 8.
11. Ord. n° 4-322 mars 2014, préc.
12. En ce aus mais plus réservé : Le Cannu, 7e éd., n° 96.
13. Saint-Y-Hou 9e éd., n° 341.

> Sous l'empire de la loi du 26 juillet 2005[1] **non réformée**, afin d'être informé pour statuer sur la demande, le président du tribunal peut, en application de l'article L. 611-6, alinéa 2 du code de commerce, utiliser les pouvoirs qu'il tient du second alinéa du I de l'article L. 611-2 du code de commerce. En conséquence, « le président du tribunal peut, nonobstant toute disposition législative ou réglementaire contraire, obtenir communication, par les commissaires aux comptes, les membres et représentants du personnel, les administrations publiques, les organismes de sécurité et de prévoyance sociales ainsi que les services chargés de la centralisation des risques bancaires et des incidents de paiement, des renseignements de nature à lui donner une exacte information sur la situation économique et financière du débiteur » (sur l'interprétation de ce texte v. s^s^ n° 122.21).

Le président du tribunal pourra, ce qui n'est pas possible dans le cadre de l'alerte réglementée par l'article L. 611-2 du code de commerce, obtenir des établissements bancaires ou financiers tout renseignement de nature à donner une exacte information sur la situation économique et financière de l'entreprise, et cela nonobstant toutes dispositions législatives ou réglementaires contraires. Il y a donc levée du secret bancaire[2]. Cette différence a été justifiée en considération du fait que, en procédure d'alerte, il suffit de savoir si l'entreprise est en difficulté, alors que dans la procédure de conciliation, il faut en outre résoudre la difficulté, ce qui nécessite des informations plus exhaustives[3].

Observons cependant que le présidet du tribunal, qui n'exerce pas ici une fonction cntentieuse, ne dispose d'aucun moyen pour vaincr'inertie des personnes interrogées. Spécialemen il ne peut ordonner une mesure *in futurum*[4]. La ule possibilité semble résider dans l'engagement térieur de la responsabilité de la personne interrogéui ne répond pas, s'il en résulte un préjudice[5].

Outre les pouvoirs qu'il tient de l'arle L. 611-2, I, alinéa 2 du code de commerce, l'alin2 de l'article L. 611-6 prévoit la possibilité pour résident du tribunal, qui ne s'estimerait pas fisamment informé par les éléments exposés dar requête par le débiteur, de charger un expert de shoix d'établir un rapport sur la situation éconque, sociale et financière de l'entreprise. Il impor noter que les pouvoirs ainsi reconnus au présidu tribunal peuvent être utilisés à tout moment de la procédure de conciliation, en application de l'article R. 611-24 du code de commerce.

L'expert aura la possibilité d'entendre les personnes qu'il souhaite[6], rien n'interdisant l'audition des représentants des institutions représentatives du personnel.

Un amendement avait été présenté afin d'assurer un principe de contradiction dans l'établissement du rapport de l'expert. Était de même proposée la possibilité pour le débiteur de contester le contenu du rapport et de demander une contre-expertise. L'amendement a été rejeté, d'une part parce qu'il a été estimé que, par hypothèse, le rapport serait élaboré en collaboration avec le débiteur et, d'autre part, pour tenir compte des délais de la procédure de conciliation incompatibles avec la possibilité d'élaborer un contre-rapport[7].

Aucun délai d'établissement du rapport n'a été prévu par le texte. La commission des lois du Sénat a cependant insisté pour que l'expert ne se voie pas accorder, en pratique, un délai d'exécution trop long pour l'accomplissement de sa mission, l'ouverture la plus rapide possible de la procédure de conciliation étant souhaitable afin de ne pas compromettre les chances de survie de l'entreprise[8].

Selon l'article R. 611-44 du code de commerce, ce rapport d'expertise ne peut être communiqué qu'au débiteur, au conciliateur et à l'autorité judiciaire. Alors que l'avant-projet de décret était resté muet sur la question, ce qui pouvait faire naître un doute sur la portée de l'expression « en dehors de l'autorité judiciaire », le décret prévoit utilement que l'exception au principe d'interdiction de la communication du rapport d'expertise ne concerne que l'autorité judiciaire « en application de l'article L. 621-1 du code de commerce ». Il faut donc comprendre que ce rapport ne peut pas être communiqué dans toute instance judiciaire, mais seulement dans celle tendant à l'ouverture d'une procédure de sauvegarde, de redressement ou de liquidation judiciaires.

L'article R. 611-44 du code de commerce réserve cependant l'hypothèse d'une tierce opposition. En ce cas, l'accord de conciliation devra être transmis au tiers opposant, en pratique un créancier non partie à l'accord.

Précisons enfin que la rémunération de l'expert sera déterminée par le président du tribunal en accord avec le débiteur, qui en assumera la charge. Il a été jugé, sous l'empire de la législation antérieure,

1. L. n° 2005-845, 26 juill. 2005, préc.
2. Le Cannu, 7e éd., n° 94.
3. Vidal, 2006, n° 156.
4. Saint-Alary-Houin, « La procédure de cion », *Rev. proc. coll.* 2006/2, p. 169 s., sp. p. 171, ; Le Cannu, 7e éd., n° 94.
5. Le Cannu, 7e éd., n° 94.
6. Interv. Xavier de Roux, *JOAN CR*, 2e séance du 2 mars 2005, p. 1592.
7. Amend. n° 396, *JOAN CR*, 2e séance du 2 mars 2005, p. 1591 et 1592.
8. *Rapp. J.-J. Hyest*, n° 335, p. 110.

que le président ne peut fixer que la rémunération de l'expert, non celle de la société d'audit dont l'expert s'entourerait[1]. Cette solution semble reconductible[2].

> Sous l'empire de la loi du 26 juillet 2005 réformée par l'ordonnance du 18 décembre 2008[3], la possibilité pour le président du tribunal de nommer un expert, afin d'être informé pour statuer sur la demande, qui résultait du texte issu de la loi de sauvegarde des entreprises[4], est supprimée par l'article 3 de l'ordonnance du 18 décembre 2008. Est modifié, en ce sens, l'article L. 611-6 du code de commerce. La possibilité pour le président du tribunal d'utiliser les pouvoirs qu'il tient du second alinéa du I de l'article L. 611-2 du code de commerce, et de désigner un expert aux fins d'établir un rapport, suppose désormais que la procédure de conciliation soit d'abord ouverte, l'alinéa 5 de l'article L. 611-6 du code cantonnant en effet l'usage de cette prérogative « après ouverture de la procédure de conciliation ». La modification a été appréciée, comme étant de nature à éviter la crainte du débiteur face à des mesures préalables d'investigations[5].

Le décret du 12 février 2009[6] tient compte de la réécriture de l'article L. 611-6 du code de commerce, qui a déplacé à l'alinéa 5 de l'article L. 611-6 du code de commerce, les prérogatives ci-dessus explicitées du président du tribunal, initialement prévues par l'alinéa 2. L'article R. 611-24 du code de commerce, issu du décret du 12 février 2009, vise en conséquence le 5° et non le 2° alinéa de l'article L. 611-6.

Répondant aux préoccupations de l'article 2, 7° de la loi du 2 janvier 2014[7], qui prévoit de renforcer la transparence et la sécurité du régime procédural prévu au livre VI du code de commerce, spécialement selon le b, en améliorant l'information du tribunal et de son président et en permettant une meilleure prise en compte d'autres intérêts que ceux représentés dans la procédure, l'article 4, 3° de l'ordonnance du 12 mars 2014[8] étend très sensiblement le domaine d'investigations du président du tribunal, en modifiant, en ce sens, l'article L. 611-6, alinéa 5 du code de commerce. Les pouvoirs visés au second alinéa du I de l'article L. 611-2 du code de commerce ne permettaient pas de lever certains secrets professionnels. C'est pourquoi le législateur a préféré réécrire l'alinéa 5 de l'article L. 611-6 sans viser le second alinéa du I de l'article L. 611-2. Le texte prévoit désormais que, après l'ouverture de la conciliation, le président du tribunal peut, malgré toute disposition législative ou réglementaire contraire, obtenir communication notamment par les commissaires aux comptes, les experts-comptables, les notaires, les membres et représentants du personnel, par les administrations et organismes publics, les organismes de sécurité et de prévoyance sociales, les établissements de crédit, les sociétés de financement, les établissements de monnaie électronique, les établissements de paiement ainsi que les services chargés de centraliser les risques bancaires et les incidents de paiement, de tout renseignement lui permettant d'apprécier la situation économique, financière, sociale et patrimoniale du débiteur et ses perspectives de règlement. Non seulement la liste des personnes ne pouvant opposer à la demande du président du tribunal le secret professionnel est particulièrement étendue, mais, en outre, elle n'est pas exhaustive, le texte utilisant l'adverbe « notamment ». Observons tout de même qu'il sera peut-être difficile de faire tomber le secret professionnel d'une personne qui n'est pas nommément visée.

Le président du tribunal conserve, en outre, la possibilité de charger un expert de son choix d'établir un rapport sur la situation économique, sociale, financière et patrimoniale du débiteur.

141.43 ommunication de la décision d'ouverture de la nciliation. Le code de commerce prévoit que la écision qui statue sur la demande est notifiée pa ettre recommandée avec demande d'avis de réc ion au requérant (C. com., art. R. 611-25, al. 1) e u conciliateur nommé, lequel fait connaître so acceptation ou son refus (C. com., art. R. 611-2 l. 3 et 4).

Si la décisi intéresse un professionnel libéral, elle donne lie une communication obligatoire à l'ordre profe onnel ou à l'autorité compétente dont il relève, cas échéant (C. com., art. L. 611-6, al. 4). La mes ne s'impose évidemment, qu'autant que le débite elève d'un ordre ou d'une autorité compétente, qui justifie l'expression « le cas échéant » ut par cette disposition[9].

Il était ég ent prévu par le projet de loi une communica systématique de la décision au ministère p Au cours de la discussion parlementaire, il notamment avancé, en sens contraire, le so confidentialité, un amendement

1. Civ. 2e, 12 mars 1997, no 94-17.293, NP, *Dr. sociétés* 1997, no 108.
2. Saint-Alary-Houin, 5e éd., no 297.
3. Ord. no 2008-1345, 18 déc. 2008, préc.
4. Lienhard, « Réforme du droit des entreprises en difficulté : présentation de l'ordonnance du 18 décembre 2008 », *D.* 2009, Chron. 110 – Montéran, « La réforme de la prévention des difficultés », *D.* 2009. 639.
5. Rohart-Messager, « L'amélioration de la prévention », *Gaz. proc. coll.* no sp., 6 et 7 mars 2009, p. 5 s., sp. p. 6.
6. D. no 2009-160, 12 févr. 2009, préc.
7. L. no 2014-1, 2 janv. 2014, préc.
8. Ord. no 2014-326, 12 mars 201, préc.
9. Amend. r *OAN CR*, 2e séance du 2 mars 2005, p. 1593.

ayant été présenté pour faire disparaître cette communication obligatoire[1].

La communication de l'ouverture de la procédure de conciliation au ministère public a cependant été maintenue (C. com., art. L. 611-6, al. 4). Elle a été justifiée par le fait que cette information permettrait de pallier le fait que le président du tribunal ne peut pas obtenir du parquet les informations dont ce dernier disposerait, le cas échéant, sur la situation du débiteur et qui seraient couvertes par le secret de l'instruction[2]. Elle a en outre été justifiée par le souci d'éviter que, parallèlement à l'ouverture de la conciliation, les dirigeants ne mènent des négociations avec d'autres organismes, tels le Ciri ou les Codefi[3]. Il peut enfin être observé que cette communication au parquet permet d'éviter que, simultanément, le ministère public ne demande l'ouverture d'un redressement judiciaire[4].

L'alinéa 3 du nouvel article L. 611-6 du code de commerce, résultant de la rédaction que lui donne l'article 3 de l'ordonnance du 18 décembre 2008[5], conserve l'obligation de communiation de la décision d'ouverture de la procédure d conciliation au ministère public, alors pourtant q'elle a été montrée du doigt par les praticiens. Iconserve identiquement la communication obgatoire de cette décision à l'autorité compétente c à l'ordre professionnel, en cas de procédure intessant un professionnel libéral.

Le texte issu de l'ordonnancdu 18 décembre 2008 prévoit en outre une noulle obligation de communication de la décision orant la procédure de conciliation, qui apparaît phement justifiée. Cette décision doit être transmi: si le débiteur est soumis au contrôle légal de ses mptes, aux commissaires aux comptes. La solutio'explique notamment par l'inutilité du déclenchnt de la procédure d'alerte par le commissairex comptes, en cas d'ouverture d'une procédure dconciliation[6]. Le risque de voir le ommissaire a comptes déclencher l'alerte ne derait donc pasister, la transmission de la décision d'ouverture la conciliation semblant de natre à le conduir ne pas agir en ce sens, l'opinion contraire ayant utefois été exprimée[7]. Le plurielutilisé par le texconduit un interprète à deciderque la décision dt être transmise non seulement au commissaire aux comptes titulaire, mais encore au suppléant[8].

En revanche, le code ne prévoit pas la communication de la décision aux institutions représentatives du personnel (v. s[s] n° 142.31).

141.44 Voies de recours sur la décision statuant sur l'ouverture de la conciliation – exécution provisoire. À l'occasion de l'élaboration de la loi de sauvegarde des entreprises[9], la commission des lois du Sénat a déposé un amendement pour supprimer la possibilité de recours juridictionnel sur la décision d'ouverture de la conciliation[10]. La solution est posée par l'article L. 611-6, alinéa 4.

Alors que les textes anciens prévoyaient que la décision ouvrant la procédure de conciliation n'était susceptible d'aucun recours, le texte nouveau de l'article L. 611-6, alinéa 3 *in fine* du code de commerce, résultant de la rédaction que lui donne l'article 3 de l'ordonnance du 18 décembre 2008[11], réserve la possibilité d'appel au ministère public. Il s'agit manifestement de contrôler les conditions d'ouverture de la procédure de conciliation et notamment l'interdiction nouvelle faite au débiteur d'obtenir du président du tribunal après échec d'une précédente procédure de conciliation, l'ouverture d'une nouvelle conciliation, moins de trois mois après qu'il aura été mis fin à cette procédure[12]. Cet appel pourra aussi permettre de faire respecter les règles de compétence d'attribution, par exemple celles qui interdisent au président du tribunal de commerce de connaître d'une conciliation intéressant une société civile immobilière[13]. L'article 9 du décret du 12 février 2009[14] insère un article R. 611-26-1 dans le code de commerce, qui a pour objet de préciser les modalités de l'appel du ministère public. Ce dernier, précise le texte, est instruit et jugé selon la procédure sans représentation obligatoire. Il ne s'agit là que du rappel du principe énoncé par l'article R. 661-4, alinéa 1 du code de commerce. Il a été remarqué que le fait que l'appel soit ouvert, qu'il ne soit pas précisé que seul l'appel est ouvert et enfin le renvoi opéré au droit commun sont autant d'éléments qui conduisent à autoriser le pourvoi en cassation sur l'arrêt de la cour d'appel[15].

1. Amend. n° 1, *JOAN CR*, 2e séance dumars 2005, p. 1593.
2. *Rapp. J.-J. Hyest*, n° 335, p. 112 et 1
3. Saint-Alary-Houin, « La procédure conciliation », *Rev. proc. coll.* 2006/2, p. 169 s., sp. p.1, n° 12 – Saint-Alary-Houin, 7e éd., n° 298.
4. Triaulaire, « Le rôle du ministère pub, *Rev. proc. coll.* 2006/2, p. 212 s., sp. p. 213.
5. Ord. n° 2008-1345, 18 déc. 2008, pré
6. Saint-Alary-Houin, 7e éd., n° 144.
7. Montéran, « La réforme de la préventles difficultés », *D.* 2009. 639 s., sp. 641.
8. Montéran, « La réforme de la prévention des difficultés », *D.* 2009. 639 s., sp. 641.
9. L. n° 2005-845, 26 juill. 2005, préc.
10. *Rapp. J.-J. Hyest*, n° 335, p. 111.
11. Ord. n° 2008-1345, 18 déc. 2008, préc.
12. Rapport au président de la République sur l'ordonnance n° 2008-1345 du 18 déc. 2008, *JO* 19 déc., Titre I, chap. I, s[s] art. 3.
13. Rennes, ch. com., 18 oct. 2011, RG n° 11/02954, *Act. proc. coll.* 2011/20, comm. 316 ; *Rev. proc. coll.* 2011, comm. 164, note Delattre et comm. 207, note Lebel.
14. Décr. n° 2009-160, 12 févr. 2009, préc.
15. Staes, « Aspects de procédure et voies de recours », *Rev. proc. coll.* 2009/1, 5, p. 44 s., sp. p. 46, n° 21.

Déjà sous l'empire de la loi du 26 juillet 2005, la décision refusant l'ouverture de la conciliation autorise un recours à son encontre de la part du débiteur. L'article R. 611-26 du code de commerce ouvre au débiteur la voie de l'appel sur cette décision, dans le délai de dix jours à compter de la notification de la décision (C. com., art. R. 611-26, al. 1). L'article 72 du décret du 23 décembre 2006[1], pour étendre la solution à la procédure de conciliation, a cru devoir préciser à l'article 330 alinéa 1 du décret du 28 décembre 2005[2], devenu l'article R. 661-3 alinéa 1 du code de commerce, que le délai d'appel pour les parties est de dix jours à compter de la notification, sauf dispositions contraires, pour les décisions rendues en application du livre VI du code de commerce. La règle posée par l'article R. 611-26 alinéa 1 du code de commerce n'est donc que la reproduction du droit commun de l'article 330 alinéa 1 du décret du 28 décembre, devenu l'article R. 661-3 alinéa 1 du code de commerce, dans la rédaction que lui donne le décret du 23 décembre 2006.

L'appel est formé selon les règles applicables à la matière gracieuse, cependant que la représentation par avocat à la cour n'est pas obligatoire (C. com., art. R. 611-26, al. 2).

L'ordonnance du 18 décembre 2008 maintient la possibilité pour le débiteur d'interjeter appel de la décision refusant de faire droit à la demande d'ouverture de la procédure de conciliation. En revanche, les modalités de l'appel sont davantage précisées, sans qu'il s'agisse d'un véritable changement.

L'appel devra, comme sous l'empire des textes anciens, être formé dans un délai de 10 jours qui court à compter de la notification de la décision statuant sur la demande d'ouverture de la procédure de conciliation, non plus en application de l'article R. 611-26 du code, mais en vertu du principe de solution exprimé par le premier alinéa de l'article R. 661-3 du code de commerce, tel qu'il résulte de la rédaction que lui a donné le décret du 12 février 2009 (art. 115)[3].

L'article R. 611-26, alinéa 1 du code de commerce, issu de la rédaction que lui donne l'article 8 du décret du 12 février 2009, précise que l'appel est fait par déclaration faite ou adressée par lettre recommandée avec demande d'avis de réception au greffe du tribunal. Le débiteur est dispensé du ministère de l'avocat.

Une solution, qui peut paraître curieuse, mais qui n'est en réalité que le rappel du droit commun de la procédure d'ordonnance sur requête, est de premier intérêt pratique. Elle est posée par l'article R. 611-26 alinéa 3 du code de commerce : le président du tribunal peut, en cas d'appel, dans le délai de cinq jours de la déclaration d'appel, rétracter son ordonnance ou la modifier. En ce cas, la décision est notifiée au débiteur.

Si le président du tribunal ne revient pas sur sa décision, il doit transmettre sans délai au greffe de la cour d'appel le dossier avec la déclaration d'appel et une copie de la décision. Devant la cour d'appel, les règles de la procédure gracieuse devant le tribunal de grande instance doivent être appliquées.

SECTION 141.50

CONCILIATEUR

141.51 **Nomination du conciliateur.** Si le président du tribunal ouvre la procédure de conciliation, il nomme un conciliateur.

Dans le règlement amiable, le choix du conciliateur était libre. Le président du tribunal pouvait choisir librement la personne du conciliateur. En pratique, il s'agissait d'administrateurs judiciaires ou des juges consulaires honoraires.

La loi de sauvegarde des entreprises du 26 juillet 2005[4] modifie la solution sous trois aspects.

Elle rend d'abord possible le choix d'un conciliateur par le débiteur, qu'il soumet à la désignation du président du tribunal (C. com., art. L. 611-6, al. 3), ce qui est justifié au regard du caractère contractuel de la conciliation[5]. Cette indication est donnée dans la requête saisissant le président de la juridiction aux fins d'ouverture. La pratique démontre une grande utilisation de cette possibilité, alors surtout que le mandat ad hoc précède souvent la conciliation[6]. L'ordonnance du 18 décembre 2008[7] fait passer cette disposition à l'alinéa 1 de l'article L. 611-6.

Le texte adopté par l'Assemblée nationale prévoyait la possibilité pour les créanciers de proposer la nomination du conciliateur. Il s'agissait d'assurer, selon le rapporteur de la commission des lois de l'Assemblée nationale qui a introduit par amendement cette possibilité, un « bon climat de la conciliation »[8]. Le Sénat a modifié le texte en supprimant la possibilité pour les créanciers de proposer la nomination du conciliateur. « Les créanciers, pas plus dans le droit en vigueur que dans le projet de

1. *D. n° 2006-1709, 23 déc. 2006, JO* 29 déc., p. 19846.
2. D. n° 2005-1677, 28 déc. 2005, *JO* 29 déc., p. *20324.*
3. EN CE SENS AUSSI : Rémery, « Les voies de recours dans la réforme de la loi de sauvegarde des entreprises », *JCP E* 2009. I. 129, n° 5.
4. L. n° 2005-8[illegible] 26 juill. 2005, préc.
5. ROUSSEL GA[illegible] n° 113.
6. Macorig-Ve[illegible] et Caviglioli, « Le point sur la conciliation », *Rev. proc.* [illegible] 2008/2, p. 78 s., sp. p. 79, n° 7.
7. Ord. n° 20[illegible]345, 18 déc. 2008, préc.
8. Amend. [illegible]5, *JOAN CR,* 2e séance du 2 mars 2005, p. 1592.

loi, n'ont qualité pour saisir le président du tribunal en vue de la désignation d'un conciliateur. On ne voit pas pourquoi les créanciers seraient appelés à intervenir à ce stade de la procédure. Seul le débiteur est habilité à présenter une requête visant la désignation d'un conciliateur ou d'un mandataire *ad hoc*. Le second amendement proposé (art. L. 611-6, al. 3) supprime donc la référence aux créanciers dans la disposition concernée »[1]. Comme il a été relevé, en pratique, rien n'interdit que les créanciers s'accordent avec le débiteur sur le choix du conciliateur[2].

La loi de sauvegarde des entreprises introduit enfin des incompatibilités, afin d'éviter tout risque de conflit d'intérêts.

L'article L. 611-13, alinéa 1 du cod de commerce fait d'abord interdiction au présidnt du tribunal de nommer en qualité de concilateur une personne ayant, au cours des vingt-quat mois précédents, perçu, à quelque titre que ce st, directement ou indirectement, une rémunéron ou un paiement de la part du débiteur intéres, ou d'une personne qui en détient le contrôle ou t contrôlée par lui au sens de l'article L. 233-1du code de commerce.

L'ordonnance du 12 mars 2014[3] (a 12) modifie la rédaction du texte qui visait une mission de conciliation réalisée pour le même iteur ou le même créancier », là où il fallait lire « mandat de justice dans le cadre d'une procédude conciliation à l'égard du même débiteur du même créancier ». L'ordonnance du 9 déobre 2010[4], portant adaptation du droit des entreses en difficulté à l'entrepreneur individuel àsponsabilité limitée, précise que l'existence d'unmunération ou d'un paiement émanant d'un EIest appréciée en considération de tous les patrimes dont celui est titulaire. Bien que l'article R. 616-1 du code de commerce, issu du décret du 30n 2014 (art. 21) ait prévu que lorsque l'ouvert de la procédure de conciliation est sollicitée un EIRL, les dispositions de la présente section s'appliquent qu'au patrimoine qui fait l'objet dtte demande, autrement dit que la procédure dnciliation ne concerne que le patrimoine qui eit l'objet, les situations d'incompatibilités sont éciées en considération de l'ensemble des patoines dont le demandeur est titulaire (C. com., R. 611-46-1, réd. D. 30 juin 2014, 2014, art. 2

L'article 14 du décret du 30 juin 2014[5] ajoute un article L. 611-34-1 dans le code de commerce, ayant pour objet de préciser que le conciliateur doit faire connaître sans délai au président du tribunal tout élément qui pourrait constituer un motif de récusation, ainsi que tout autre motif qui justifierait qu'il soit mis fin à sa mission, dont il n'avait pas connaissance au moment de l'acceptation de sa mission.

Ces incompatibilités ont pour objet d'éviter de nommer une personne ayant été prestataire de services du débiteur (expert-comptable, commissaire aux comptes ou encore avocat), voire salariée de celui-ci, dans la période juste antérieure à la désignation comme conciliateur.

La durée de l'incompatibilité est plus réduite que celle de nature voisine existant pour les mandataires de justice (5 ans). Une exception est posée par le texte au principe d'interdiction de nommer une personne ayant reçu une rémunération du débiteur dans les 24 mois précédents : elle concerne la rémunération au titre d'un mandat judiciaire, d'un mandat *ad hoc* ou d'une mission de règlement amiable ou de conciliation réalisée pour le même débiteur ou le même créancier.

La loi de modernisation de la justice du XXIe siècle modifie le texte et assouplit sensiblement les incompatibilités. La première phrase du premier alinéa de l'article L. 611-13 est complétée par les mots : « ou de la rémunération perçue au titre d'un mandat de justice, autre que celui de commissaire à l'exécution du plan, confié dans le cadre d'une procédure de sauvegarde ou de redressement judiciaire ». Il résulte de cette modification que l'exception posée pour la rémunération perçue au titre d'un mandat de justice vaut désormais pour le mandat *ad hoc*, le règlement amiable agricole, la conciliation, la sauvegarde et le redressement judiciaire. Elle ne vaut pas *a contrario* pour la liquidation judiciaire. L'ancien liquidateur ne pourra donc être nommé conciliateur moins de 24 mois après perception d'une rémunération en qualité de liquidateur. En outre, il résulte du texte que le conciliateur ne pourra être le commissaire à l'exécution du plan de sauvegarde ou de redressement, qui aurait perçu une rémunération à ce titre dans les 24 mois précédents. Précisons que cette disposition ne sera pas applicable aux conciliations en cours au jour de la publication de cette loi de modernisation de la justice du XXIe siècle.

Observons que, en application de l'article L. 621-4, alinéa 3 du code de commerce, texte de la sauvegarde applicable en redressement judiciaire (C. com., art. L. 631-9), le ministère public peut s'opposer à

1. Avis n° 337 de Christian Gaudin, *Doc*t, au nom de la commission des affaires économiques.
2. Montéran, « Présentation générale drévention et de la procédure de conciliation », *Gaz*.7-8 sept. 2005, n° sp., p. 8 s., sp. p. 10.
3. Ord. n° 2014-326, 12 mars 2014, pré
4. Ord. n° 2010-1512, 9 déc. 2010, pré
5. D. n° 2014-736, 30 juin 2014, préc.

la désignation de la personne antérieurement désignée en tant que conciliateur dans le cadre d'une procédure concernant le même débiteur. En outre, en application de l'article L. 812-8 du code de commerce, le conciliateur ne pourra être désigné mandataire judiciaire ou liquidateur dans le délai d'un an à compter de la fin de sa mission de conciliateur[1].

L'article L. 611-13, alinéa 2 du code de commerce interdit également au président du tribunal de nommer en qualité de conciliateur un juge consulaire en fonction, pour des raisons déontologiques, mais aussi d'impartialité, ou ayant quitté ses fonctions depuis moins de cinq ans. Peu importe que les magistrats consulaires exercent ou non dans le ressort du tribunal ayant à connaître de la procédure[2].

Le conciliateur désigné devra attester sur l'honneur, lors de l'acceptation de son mandat, qu'il ne rentre pas dans l'une des interdictions visées au texte. Il a été relevé que, compte tenu du caractère large de l'incompatibilité tenant au fait d'avoir perçu une rémunération du débiteur dans les vingt-quatre mois précédents, l'attestation posera souvent problème en province[3].

Le projet de loi de sauvegarde des entreprises prévoyait que ne pouvait être désignée comme conciliateur qu'une personne justifiant d'une assurance de responsable civile professionnelle pour ce type d'activité. Par cette disposition, *de facto*, le choix des personnes pouvant être nommées aux fonctions de mandataire *ad hoc* était extrêmement limité : il était réduit aux seuls administrateurs judiciaires et mandataires de justice. En effet, soit les compagnies d'assurance n'accepteraient pas d'assurer occasionnellement ces personnes, soit le prix proposé serait prohibitif. Pour ne pas empêcher la désignation de la personne véritablement idoine dans chaque dossier[4], un amendement présenté à l'Assemblée nationale, a supprimé cette exigence, pour tenir compte de l'impossibilité pratique devant laquelle se seraient trouvés d'autres professionnels pour souscrire une assurance occasionnelle[5]. Au surplus, l'exigence d'assurance pouvait être discutée, puisque le conciliateur ne gère pas l'entreprise, comme le fait un administrateur judiciaire et n'est pas confronté aux taches techniques d'un mandataire-liquidateur. Au Sénat, cette obligation d'assurance a été réintroduite.

1. Gorrias, *LPA* 21 sept. 2006, n° 189, p. 17.
2. EN CE SENS AUSSI : J.-CL. COM., Jacquemont, fasc. 2030, [Procédure de conciliation et concordat], 2006, n° 21.
3. *Roussel Galle, LPA* 21 sept. 2006, n° 189, p. 17.
4. *Rapp. Xavier de Roux*, n° 2095, p. 94.
5. Amend. n° 28, Interv. Xavier de Roux, *JOAN CR*, 2e séance du 3 mars 2005, p. 1638 – *Rapp. Xavier de Roux*, n° 2095, p. 163.

La commission des lois du Sénat a adopté un amendement rétablissant l'obligation d'assurance initialement prévue par le projet de loi, en la restreignant au seul conciliateur. Le texte précisait que celui-ci, pour être désigné, devait justifier d'une assurance garantissant les conséquences pécuniaires de la responsabilité civile encourue du fait de négligences ou de fautes dans l'exercice de son mandat.

Il n'est pas souhaitable, a-t-on dit, qu'un conciliateur ne soit couvert par aucune garantie alors même qu'il peut faire l'objet d'actions en responsabilité lourdes. Rappelons qu'aux termes de l'article L. 631-4 du code de commerce, tel qu'il résultait de l'article 100 du projet de loi, « lorsque le rapport du conciliateur établit que le débiteur est en cessation des paiements, le tribunal, d'office, se saisit afin de statuer sur l'ouverture d'une procédure de redressement judiciaire ». Aux termes de l'article L. 611-7, c'est le conciliateur qui indique, lorsqu'il fait connaître au pésident du tribunal l'échec de la conciliation, si ledébiteur est ou non en état de cessation des paiemets.

Cette obłation pouvait être source de mise en jeu de sa resonsabilité[6]. La commission mixte paritaire a suppné l'obligation pour le conciliateur, en cas d'impossilité de parvenir à un accord, de préciser que leébiteur est en état de cessation des paiements (com., art. L. 611-7, al. 6). Fort logiquement, l'ogation d'assurance qui était justifiée par le risque responsabilité du conciliateur pour absence d'incation au tribunal que le débiteur dont l'accord conciliation n'a pu être conclu était en état de cation des paiements, a disparu du texte finalemt adopté. Le conciliateur pourra donc être noné sans avoir à justifier d'une obligation d'assurar

Le texte de ticle L. 611-6, alinéa 5, issu de la loi du 26 juill005, ouvre au débiteur la possibilité d'une rection du conciliateur. La commission des lois dunat a justifié la possibilité de récusation du conateur par le débiteur en faisant observer que laessité de « l'existence d'une relation de confiancntre le débiteur et le conciliateur est essentielle r qu'un accord amiable viable et cohérent puissconcrétiser »[7]. L'ordonnance du 18 décembre 20maintient la disposition, mais la fait passer à l'al 4 du même article.

La loi laisse acret le soin de préciser les modalités de récusati C'est l'objet de l'article R. 611-27 du code de cerce. Certains auteurs estiment trop compliquet inadaptées ces conditions de récusation[8].

6. *Rapp. J.-J. Hye335*, p. 143.
7. *Rapp. J.-J. Hye335*, p. 113.
8. PÉROCHON, 10eo 138.

La récusation n'est possible que si le conciliateur se trouve dans une des situations suivantes. Il a un intérêt direct ou indirect à la procédure. Il existe un lien direct ou indirect entre le conciliateur et l'un des créanciers ou dirigeants ou préposés de l'entreprise débitrice. Il existe une cause de défiance entre le conciliateur et le débiteur ou des liens d'amitié entre le conciliateur et l'un des créanciers ou dirigeants ou préposés de l'entreprise débitrice. Ces cas démontrent qu'une relation de confiance, mais aussi d'impartialité, doit régner entre le débiteur et le conciliateur. Le décret prévoit en outre deux cas de récusation qui, en réalité sont des hypothèses dans lesquelles le conciliateur a été nommé au mépris d'une interdiction légale : il est dans une situation d'incompatibilité ou il a été définitivement radié ou destitué d'une profession réglementée.

L'article R. 611-28 du code de commerce (anc^t D. 28 déc. 2005, art. 21) prévoit que la demande de récusation est enfermée dans un délai de quinze jours de la notification de la décision qui nomme le conciliateur. La demande doit indiquer les motifs qui la fondent, accompagnée le cas échéant des pièces justificatives. Elle suspend la procédure de conciliation, jusqu'à ce qu'une décision définitive intervienne sur la demande de récusation.

L'article R. 611-29 du code de commerce prévoit que la demande de récusation est notifiée au conciliateur, qui doit s'abstenir de tout acte jusqu'à ce qu'il soit statué sur la demande de récusation. Dans les huit jours, il doit faire savoir par écrit au président du tribunal s'il accepte la récusation ou s'il s'y oppose. S'il acquiesce à la demande de récusation, l'article R. 611-30 du code de commerce (anc^t D. 28 déc. 2005, art. 23) prévoit qu'il est immédiatement remplacé. S'il s'oppose à la demande de récusation ou s'il ne répond pas, le président du tribunal, en application de l'article R. 611-31 du code de commerce, examine la demande, sans avoir besoin de convoquer le débiteur et le conciliateur. Sa décision est notifiée par le greffier au débiteur. Copie de cette décision est adressée au conciliateur.

Si le président du tribunal accepte la récusation, il procède au remplacement du conciliateur (C. com., art. R. 611-32). Rien ne semble interdire – et la solution est même à conseiller – de procéder simultanément, dans une seule décision, à la récusation et à la nomination du remplaçant.

Si le président du tribunal refuse la récusation, un recours peut être exercé par le débiteur devant le premier président de la cour d'appel (C. com., art. R. 611-33). Le recours devra être formé dans un délai de quinze jours à compter de la notification de la décision de refus. Ce recours est formé par la remise ou l'envoi au greffe de la cour d'appel d'une note en exposant les motifs. Cette formule n'est pas sans rappeler la demande d'arrêt de l'exécution provisoire. Cette note sera adressée par le greffe au conciliateur, afin d'assurer un caractère contradictoire à la procédure. La décision du premier président de la cour d'appel sera notifiée au débiteur et le conciliateur en sera avisé (C. com., art. R. 611-34).

141.52 Rémunération du conciliateur et de l'expert. Le décret du 1er mars 1985 [1] fixait les règles de la rémunération du conciliateur, dans le cadre du règlement amiable (v. s^s n° 131.43).

L'article L. 611-14 du code de commerce, reprenant dans ses grandes lignes le décret précité, prévoit que les conditions de la rémunération du conciliateur sont fixées par le président du tribunal, après consultation du débiteur. L'article R. 611-47 du code de commerce prévoit que l'ordonnance de désignation du conciliateur doit préciser les critères sur la base desquels la rémunération est arrêtée, son montant maximal et le montant des éventuelles provisions. L'article 23 du décret du 30 juin 2014 [2] ajoute à l'article R. 611-47 que l'ordonnance doit également indiquer les modalités de versement des provisions.

L'accord du débiteur est recueilli par écrit préalablement à la désignation du conciliateur et est annexé à l'ordonnance de nomination (C. com., art. R. 611-48). Le décret du 30 juin 2014 insiste sur l'accord du débiteur aux conditions de la rémunération, en précisant que le président ne peut désigner un conciliateur dont la désignation ne lui a pas été proposée par le débiteur qu'après avoir sollicité l'accord de ce dernier sur les conditions de sa rémunération (C. com., art. R. 611-47-1, al. 2). En revanche, les conditions de la rémunération ne sont pas portées dans l'ordonnance, de sorte que les créanciers n'en ont pas connaissance [3]. Il apparaît important que le chef d'entreprise soit informé du coût, au moins de manière approximative, par une sorte de devis de la prestation du conciliateur.

L'article 24 du décret du 30 juin 2014 ajoute des précisions pour tenir compte de l'hypothèse dans laquelle le débiteur propose à la désignation du tribunal un conciliateur. Celui-ci, en application de l'article R. 611-47-1, alinéa 1 présente au débiteur des propositions sur les conditions de sa rémunération. Elles sont jointes à la requête et transmises sans délai, par le greffier au ministère public.

L'article L. 611-14, alinéa 1er du code de commerce, résultant de la rédaction que lui donne l'article 13 de l'ordonnance du 12 mars 2014 [4], prévoit que les conditions de la rémunération du con-

1. D. n° 85-295, 1er mars 1985, *JO* 5 mars, p. 2704, art. 37 et 38 ; ABROGÉS par D. n° 2005-1677, 28 déc. 2005, *JO* 29 déc., p. 20324, art. 354.
2. D. n° 2014-736, 30 juin 2014, préc.
3. Valliot, *LPA* 21 sept. 2006, n° 189, p. 19.
4. Ord. n° 2014-326, 12 mars 2014, préc.

ciliateur sont fixées, en début de mission, par ordonnance du président du tribunal, après avis du ministère public, cet avis étant donc recueilli avant la désignation[1]. La difficulté, a-t-il été justement observé, tient au fait que le ministère public ne dispose, en la matière d'aucun critère de référence pour porter son appréciation[2]. L'ordonnance fixant la rémunération est ensuite communiquée au ministère public.

En revanche, la rémunération n'est arrêtée qu'à l'issue de sa mission. Il s'agit donc, dans un premier temps, de fixer la façon dont la rémunération pourra, dans un second temps, être objectivement déterminée, en fonction des diligences nécessitées par l'accomplissement de sa mission.

Cette procédure de fixation des honoraires du conciliateur constitue une nouveauté, qui doit être comprise comme un contrôle, un encadrement, même si elle est très loin du système de la tarification pratiquée dans les procédures collectives[3]. Elle s'inscrit dans l'objectif assigné par l'article 2, 1°, b de la loi du 2 janvier 2014[4], d'introduction de dispositions assurant la régulation des coûts des procédures de prévention. L'alinéa 3 de l'article R. 611-47-1, alinéa 1 (réd. D. 30 juin 2014, art. 24) prévoit que, en l'absence d'avis du ministère public, le président ne peut ouvrir la procédure de conciliation avant l'expiration d'un délai de 48 heures à compter de la transmission des propositions de rémunération. L'absence de réponse du ministère public vaut donc autorisation implicite d'ouverture de la procédure de conciliation.

Le débiteur et le conciliateur peuvent contester l'ordonnance du président du tribunal devant le premier président de la cour d'appel. L'article 26 du décret du 30 juin 2014, dans le souci de renforcer le contrôle du ministère public sur la rémunération du conciliateur, ouvre également le recours au ministère public. Ce recours obéit aux règles des articles 714 à 718 du code de procédure civile (C. com., art. R. 611-50, al. 3), c'est-à-dire les règles intéressant les recours en matière de taxes. Le recours, qui est suspensif, est enfermé dans un délai d'un mois à compter de la notification.

La commission des lois du Sénat a étendu à la rémunération de l'expert les règles posées pour la rémunération du conciliateur.

1. Delattre Ch. et Étienne-Martin E., « Prévention : le mandat *ad hoc* et la conciliation plus efficaces et plus accessibles », *Rev. proc. coll.* 2014, dossier 15, n° 7 – Lienhard, C. pr. coll., Dalloz, 2014, p. 10 – *Adde,* Dellatre, obs. *Rev. proc. coll.* 2014, comm. 145.
2. *Delattre Ch. et Étienne*-Martin E., art. préc., n° 7.
3. Thuillier, « *La conciliation après l'ordonnance du 12 mars* 2014 : jamais pareille mais toujours plus proche des procédures collectives », *BJE* mai 2014, 174 s., sp. 176.
4. L. n° 2014-1, 2 janv. 2014, préc.

Précisons que, depuis 2012, pour favoriser l'accès à la prévention, une assurance « santé entreprise » a été mise en place, à l'initiative d'avocats et d'experts-comptables, qui permettra une prise en charge au moins partielle des honoraires du conciliateur[5].

Le conciliateur ne peut être privé de sa rémunération au prétexte que les conditions de celle-ci n'ont pas été consignées par écrit préalablement à sa désignation, dès lors que le président du tribunal, dans l'ordonnance de désignation, avait indiqué que le débiteur et le conciliateur établiront une convention destinée à fixer les conditions de rémunération du second et que cette convention a été signée par le débiteur sans que celui-ci ait saisi le président du tribunal d'une quelconque difficulté[6].

L'article 13 de l'ordonnance du 12 mars 2014, qui modifie l'alinéa 1er *in fine* de l'article L. 611-14, interdit en outre deux pratiques.

La première semblait assez classique. Elle consistait à lier la rémunération au montant des abandons de créances obtenus. C'est désormais interdit. Si, du côté du conciliateur, la mesure pouvait se présenter comme le calcul d'honoraires de résultat, les créanciers avaient plus de difficulté à comprendre que, plus ils acceptaient de perdre de l'argent – par les remises de dettes –, plus le conciliateur pouvait en gagner. Les créanciers publics, tout spécialement, avaient un regard très négatif sur la pratique. Mais, ici encore, plutôt qu'une interdiction, un encadrement par le décret aurait pu apparaître comme une meilleure solution, car la qualité d'un bon conciliateur est d'obtenir d'importantes remises de dettes, ce qui doit être récompensé.

La seconde interdiction est de prévoir une rémunération forfaitaire pour l'ouverture du dossier. Plutôt que de l'interdire, il nous serait apparu plus opportun de l'encadrer.

En cours de mission, les conditions de la rémunération peuvent être modifiées, si le conciliateur estime insuffisante la rémunération projetée. Le président du tribunal fixera alors les nouvelles conditions de la rémunération, après avoir recueilli par écrit l'accord du débiteur (C. com., art. R. 611-49, al. 1 et 2). Si le débiteur ne donne pas son accord, il est mis fin à la mission du conciliateur (C. com., art. R. 611-49, al. 3). L'article R. 611-49, dans la rédaction que lui donne le décret du 30 juin 2014 (art. 25) ajoute que l'avis du ministère public doit être recueilli.

Dans les conciliations, il n'est pas rare que des créanciers importants s'entourent de conseils, dont

5. Bricard et Montéran, « L'assurance santé entreprise : une garantie d'accès à la prévention », *JCP E* 2012. 1413.
6. Douai, ord. taxe, 11 juin 2013, RG n° 1040473, *Rev. proc. coll.* 2013, comm. 158, note Delattre.

les honoraires peuvent être relativement élevés. La tendance est alors de faire supporter au débiteur les honoraires de ces conseils.

Contre cette pratique, la loi d'habilitation du 2 janvier 2014 a entendu réagir et, en ce sens, l'article 2, 1°, b de ce texte a introduit des dispositions assurant une prise en charge équilibrée des rémunérations allouées aux intervenants extérieurs. Pour cela, l'alinéa 2 de l'article L. 611-16 nouveau (ord. 12 mars 2014, art. 14) indique que toute clause prévoyant la prise en charge des honoraires de conseils auquel le créancier a fait appel lors d'une conciliation, sera réputée non écrite si la prise en charge des honoraires excède une quote-part que l'arrêté du ministre de la justice du 25 juillet 2014 [1] à fixé à trois quart desdits honoraires. Ainsi, une partie des honoraires dus aux conseils des créanciers pourra être supportée par le débiteur, mais non la totalité. Cette solution est critiquée par un auteur pour la double raison que les praticiens auront tôt fait de contourner l'interdiction et qu'il est préférable, dans une procédure contractuelle, de ne pas créer trop de contraintes [2].

Certes, le créancier peut estimer qu'une procédure de conciliation ne doit rien lui coûter. En sens inverse, est-il bien logique de faire supporter à une personne qui rencontre des difficultés justifiant la conciliation les honoraires de conseils des créanciers ? L'idée de limiter à une fraction des honoraires la prise en charge par le débiteur apparaît donc répondre à une certaine logique. Mais, il a été observé qu'il y aura sans doute des stratégies de contournement, consistant à faire passer pour des conseils du débiteur, les conseils du créancier [3].

L'article R. 611-51 du code de commerce, issu de la rédaction que lui donne l'article 27 du décret du 30 juin 2014, réglemente enfin la rémunération du conciliateur lorsqu'une mission de préparation d'un plan de cession lui a été confiée. Les conditions de la rémunération sont fixées après avis du ministère public. Le président du tribunal arrête la rémunération à l'issue de la mission. Sa décision est communiquée par le greffier au ministère public. Le greffier notifie l'ordonnance au débiteur et au conciliateur. Elle est susceptible d'appel par le débiteur et le conciliateur, devant le premier président de la cour d'appel (C. com., art. L. 611-50), selon la procédure applicable à la contestation des ordonnances de taxe (C. pr. civ., art. 714 à 718).

141.53 Durée de la mission. Dans la rédaction d'origine de la loi de sauvegarde des entreprises [4], la mission du conciliateur durera au maximum quatre mois (C. com., art. L. 611-6, al. 2), au lieu des trois mois du droit antérieur, pour le règlement amiable. Sa mission pourra en outre être renouvelée pour un mois, sur décision motivée du président du tribunal. Ainsi, si l'entreprise est en état de cessation des paiements au jour de la demande d'ouverture de la conciliation, elle pourra être en état de cessation des paiements pendant près d'un semestre sans qu'une procédure collective ne soit ouverte contre elle.

L'article 4 de l'ordonnance du 12 mars 2014 [5] retouche un peu le dispositif. La durée initiale reste fixée à un maximum de quatre mois. Elle peut être prorogée pour une durée non pas d'un mois au plus, comme dans la rédaction d'origine, mais dans la limite maximale de cinq mois. Ainsi, si la durée initiale est fixée à trois mois, le renouvellement pourra intervenir pour deux mois.

La décision refusant la prorogation de la mission du conciliateur est susceptible d'appel, dans les mêmes conditions que la décision refusant l'ouverture de la conciliation (v. s^{s} n° 141.44).

Il avait été observé que rien dans les textes issus de la loi de sauvegarde des entreprises n'interdisait de demander l'ouverture d'une seconde conciliation si la première n'avait pas abouti [6], dès lors que la cessation des paiements n'était pas caractérisée depuis plus de 45 jours. Un argument de texte pouvait même être utilisé au soutien de cette possibilité. L'article L. 611-13, alinéa 1 du code de commerce, après avoir posé le principe d'interdiction de nommer en qualité de conciliateur une personne ayant reçu une rémunération du débiteur dans les 24 mois précédents, apportait une exception pour la personne ayant reçu une rémunération au titre d'une mission de conciliation réalisée pour le même débiteur. L'hypothèse d'enchaînement de deux conciliations avait donc été envisagée par les textes. Elle semblait donc possible, mais il y avait là incontestablement un détournement de la loi [7], puisqu'il ne servait alors plus à rien d'enfermer dans un délai strict la conciliation s'il était possible, à l'issue de ce délai, de bénéficier d'une nouvelle conciliation.

L'alinéa 2 de l'article L. 611-6 du code de commerce, résultant de la rédaction que lui donne l'article 3 de l'ordonnance du 18 décembre 2008 [8], règle la difficulté, qui s'était présentée sous l'empire du texte ancien, qui tenait au silence gardé par le législateur sur l'échec d'une procédure de conciliation et sur l'éventualité d'une possibilité pour le débiteur de saisir à nouveau le président du tribunal

1. Arr. 25 juill. 2014, *JO* 30 juill., p. 12524, NOR JUSC1410157A.
2. Lucas, *Leden* 2014, comm. 151.
3. Lucas, « Présentation de l'ordonnance portant réforme de la prévention des difficultés des entreprises et des procédures collectives », *BJE* mars 2014, 111, spéc. 114.
4. L. n° 2005-845, 26 juill. 2005, préc.
5. Ord. n° 2014-326, 12 mars 2014, préc.
6. Pérochon et Bonhomme, 7e éd., n° 78, note 46.
7. Entretien avec Drummen, *Gaz. proc. coll.* 2008/4, p. 32.
8. Ord. n° 2008-1345, 18 déc. 2008, préc.

aux fins d'ouverture d'une telle procédure. L'alinéa 2 de l'article L. 611-6 du code de commerce prévoit désormais que, dans les trois mois qui suivent, une nouvelle procédure de conciliation ne peut être ouverte. Ainsi, le débiteur ne peut-il imposer à ses créanciers deux procédures de conciliation successives, dès lors que la première a échoué, la solution étant d'autant plus justifiée, a-t-on fait remarquer, que pendant ce temps, les demandes d'ouverture de redressement judiciaire sont paralysées, alors que débiteur est peut-être en état de cessation des paiements[1]. Ainsi, « conciliation sur conciliation ne vaut »[2]. Il devra impérativement attendre l'expiration d'un délai de trois mois à compter de la date à laquelle la mission du conciliateur, et par là même de la procédure de conciliation, aura pris fin. Ce délai de trois mois est singulièrement plus court que celui de douze mois qui était prévu dans la version initiale du projet d'ordonnance.

Le projet d'ordonnance présenté au Conseil d'État ajoutait que cette nouvelle conciliation ne pouvait être ouverte dans les trois mois « aux fins de poursuivre la mission qui a pris fin ». La suppression de cette précision semble opportune, dans la mesure où la précision semblait ouvrir une possibilité pour le débiteur. Si, comme il en avait le droit, le débiteur avait demandé la désignation d'un conciliateur autre que le premier désigné, il pouvait soutenir qu'il ne s'agissait pas de poursuivre la mission du précédent conciliateur. L'opinion ne peut plus être suivie[3], même si elle a été soutenue[4]. Il est donc préférable de prévoir l'interdiction pure et simple pour le débiteur de demander le bénéfice d'une procédure de conciliation dans les trois mois qui suivent la fin de la précédente conciliation.

Le décret du 12 février 2009[5] tire les conséquences de l'interdiction d'enchaîner immédiatement deux procédures de conciliation. En ce sens, l'article 6 du décret d'application de l'ordonnance de réforme oblige, en ajoutant un 5° à l'article R. 611-22 du code de commerce, le débiteur à délivrer une attestation sur l'honneur certifiant l'absence de procédure de conciliation dans les trois mois précédant la date de la demande d'ouverture de la conciliation.

Le décret du 12 février 2009 ne prend pas en compte le cas de figure dans lequel l'expiration du délai de trois mois pourrait être proche, sans toutefois être expiré, lorsque le débiteur demande le bénéfice d'une seconde conciliation. En ce cas, c'est-à-dire si une procédure de conciliation est déjà en cours dans les trois mois précédant la demande d'ouverture d'une nouvelle conciliation, il pourrait être inféré du silence du décret sur ce point l'impossibilité de présenter la demande avant expiration de ce délai de trois mois. Le président du tribunal, saisi d'une telle demande, devrait la déclarer irrecevable. Mais, s'il venait à statuer alors que le délai de trois mois est dépassé, la cause d'irrecevabilité aurait disparu au moment où il statuerait. Faudrait-il alors décider que la demande n'est plus irrecevable ? La raison de douter de l'application de l'article 126 du code de procédure civile tient au fait qu'une attestation du débiteur établissant l'absence de procédure de conciliation dans les trois mois précédant sa demande ferait défaut. Si le débiteur établit par avance une telle attestation, celle-ci est nécessairement fausse. La demande ne peut donc être acceptée par le président du tribunal, fût-ce après expiration de ce délai. En conséquence, le débiteur ne peut anticiper sur l'enchaînement de deux procédures de conciliation.

La question se pose de savoir si, au sortir d'une conciliation ayant échoué, il sera possible de demander immédiatement la désignation d'un mandataire *ad hoc* pour préparer une nouvelle conciliation, lorsque le délai de carence de trois mois sera expiré. Les textes ne l'interdisent pas[6] et nous ne voyons pas où se trouverait, pour les créanciers, le danger. Mais la doctrine n'est pas unanime, certains auteurs répondant négativement à la question posée[7].

La mission prend fin de plein droit au terme de la conciliation, c'est-à-dire du constat de l'accord, de l'homologation de la conciliation ou de la décision constatant l'échec de la conciliation. L'article R. 611-36 du code de commerce prévoit en ce sens que le conciliateur peut demander au président du tribunal de mettre fin à sa mission lorsqu'il estime indispensables les propositions faites par lui au débiteur qui les a rejetées.

Symétriquement, l'article R. 611-37 du code de commerce prévoit que le débiteur peut demander au président du tribunal de mettre fin à la mission du conciliateur. Il en ira ainsi soit lorsque les difficultés qui ont justifié la saisine du président du tribunal aux fins d'ouverture d'une procédure de conciliation auront pris fin, soit lorsque les difficultés se

1. Texier et Russo, « Le nouveau droit des entreprises en difficulté après l'ordonnance du 18 décembre 2008 et son décret d'application du 12 février 2009 », *LPA* 2 mars 2009, n° 43, p. 3 s., sp. p. 4.
2. Lienhard, « Réforme du droit des entreprises en difficulté : présentation de l'ordonnance du 18 décembre 2008 », *D.* 2009, Chron. 110 s., sp. 111.
3. *EN CE SENS AUSSI* : Montéran, « La réforme de la prévention des difficultés », *D. 2009. 639 s., sp. 641.*
4. Teboul, « La réforme du Père Noël : la prévention et la sauvegarde », *Gaz. Pal.* 4-6 janv. 2009, p. 6.
5. Décr. n° 2009-160, 12 févr. 2009, préc.
6. Teboul, « La réforme du Père Noël : la prévention et la sauvegarde », *Gaz. Pal.* 2009. Doctr. 20.
7. PÉROCHON, 10e éd., n° 126 – Montéran, « La réforme de la prévention des difficultés », *D.* 2009. Dossier 639 s., sp. 641.

seront aggravées, ce qui justifiera une mesure judiciaire de redressement de l'entreprise. Le désaccord du débiteur sur une demande de fixation d'une nouvelle rémunération peut enfin être une cause de la fin de la mission du conciliateur (C. com., art. R. 611-49, al. 3).

L'alinéa 2 de l'article L. 611-6 du code de commerce, tel qu'il résulte de l'article 3 de l'ordonnance du 18 décembre 2008, règle une difficulté épineuse ayant pu exister, sous l'empire du texte issu de la loi du 26 juillet 2005, reprenant en cela les suggestions d'un praticien[1]. Elle concerne l'hypothèse d'une procédure de conciliation se terminant par un accord que les parties désirent faire homologuer. En ce cas, selon l'ancien texte, il est impératif que l'homologation intervienne avant le terme du délai de cinq mois de la procédure de conciliation. Certaines juridictions n'ont cependant pas hésité à homologuer l'accord de conciliation après expiration de cette période.

Afin d'éviter une atteinte aussi évidente à la lettre de la loi, le texte nouveau prévoit que la procédure de conciliation et la mission du conciliateur prennent fin de plein droit si le tribunal n'a pas été saisi d'une demande d'homologation à l'expiration de la durée maximale de la conciliation. *A contrario*, le tribunal saisi d'une demande d'homologation avant l'expiration de la période maximale de la procédure de conciliation pourra statuer au-delà de cette période. Cela signifie que la procédure de conciliation et, par le fait même, la mission du conciliateur se trouve prorogée jusqu'à ce qu'il soit statué sur l'homologation, sans autre limitation de durée[2]. En conséquence de cette modification, le premier alinéa de l'article R. 611-40 du code de commerce, qui prévoyait que « le tribunal statue sur l'homologation avant le terme de la procédure de conciliation », est supprimé par l'article 11 du décret du 12 février 2009.

La solution est sans doute excellente pour le confort du débiteur et de son conciliateur. Il était en effet anormal que la durée de la conciliation, utile à la recherche de l'accord, se trouvât amputée du temps nécessaire à l'homologation, souvent d'une durée de quatre à cinq semaines, a-t-il été observé en pratique[3]. Sans doute, observera-t-on, que la situation est inconfortable pour les créanciers auxquels le président du tribunal aura imposé les mesures édictées aux articles 1244-1 à 1244-3 du code civil (devenus C. civ., art. 1343-5[4]). La remarque mérite toutefois être nuancée. En effet, après homologation de l'accord, ces mesures subsistent au préjudice des créanciers non-signataires. En revanche, si le tribunal refuse l'homologation, le débiteur aura eu une certaine quiétude imméritée, puisque les créanciers non-signataires, en l'absence d'homologation de l'accord, ont le droit de reprendre leur poursuite, nonobstant le fait que pendant la recherche de l'accord de conciliation le président du tribunal ait pu leur imposer les mesures des articles 1244-1 à 1244-3 du code civil (devenus C. civ., art. 1343-5[5]). Il aurait donc été préférable d'instituer un délai butoir au terme duquel la demande d'homologation aurait été réputée rejetée, si le tribunal n'avait pas encore statué.

L'article 4, 2° de l'ordonnance du 12 mars 2014 étend la solution jusqu'alors posée pour la seule recherche de l'homologation de l'accord à l'hypothèse du simple constat de l'accord. Désormais, si une demande de constat ou d'homologation de l'accord est présentée avant expiration du délai butoir de la conciliation, la décision du président du tribunal ou du tribunal, selon le cas, pourra intervenir au-delà, sans limitation de durée.

Terminons en indiquant que les décisions statuant sur la fin de la mission du conciliateur ne sont pas susceptibles de recours, selon l'article R. 611-38 du code de commerce.

141.54 Moyens de la mission. Le conciliateur ne dispose pas de moyens d'information propre. C'est pourquoi il ne dispose pas de la possibilité de faire lever le secret professionnel[6].

Il doit se rapprocher d'autres personnes pour obtenir les informations qui lui sont nécessaires. Ainsi, afin de mener à bien sa mission, le conciliateur peut obtenir du débiteur tous renseignements utiles.

Reprenant la solution posée en matière de règlement amiable par l'article L. 611-4, II du code de commerce, le président du tribunal communiquera au conciliateur les renseignements dont il dispose et le cas échéant les résultats de l'expertise mentionnée au deuxième alinéa de l'article L. 611-6, devenu l'alinéa 5 avec l'ordonnance du 18 décembre 2008[7].

Le débiteur devra lui communiquer tout renseignement utile, sans que le conciliateur dispose d'un pouvoir de coercition. La solution est la même à l'égard des administrations. C'est ainsi que le livre

1. Montéran, « Pour améliorer le droit des entreprises en difficulté, osons la réforme », *Gaz. proc. coll.* 2008/1, 23 et 24 janv. 2008, p. 3.
2. Lienhard, « Réforme du droit des entreprises en difficulté [...] », préc., sp. 111.
3. Rohart-Messager, « L'amélioration de la prévention », *Gaz. proc. coll.* n° sp., 6 et 7 mars 2009, p. 5 s., sp. p. 6.
4. DEPUIS le 1er oct 2016 : Ord. n° 2016-131, 10 févr. 2016, *JO* 11 févr. 2016, préc.
5. DEPUIS le 1er oct 2016 : Ord. n° 2016-131, 10 févr. 2016, *JO* 11 févr. 2016, préc.
6. *Rapp. Xavier de Roux*, n° 2095, p. 138.
7. Ord. n° 2008-1345, 18 déc. 2008, préc.

des procédures fiscales n'autorise pas l'administration fiscale à communiquer les informations utiles au conciliateur[1].

SECTION 141.60

CONFIDENTIALITÉ DE LA CONCILIATION

141.61 Confidentialité de la conciliation[2]. L'article L. 611-6 du code de commerce et l'article L. 351-7 du code rural prévoyaient que toute personne appelée au règlement amiable ou qui, par ses fonctions, en a connaissance, est tenue au secret professionnel, dans les conditions et sous les peines prévues aux articles 226-13 et 226-14 du code pénal. L'article L. 611-16 du code de commerce a supprimé le secret professionnel en matière de conciliation. Il est désormais prévu que « toute personne qui est appelé à la procédure de conciliation ou qui, par ses fonctions, en a connaissance, est tenue à la confidentialité ». Cette substitution s'inscrit dans le mouvement de dépénalisation du droit des affaires[3].

Un amendement a étendu l'obligation de confidentialité au conciliateur[4], le projet de loi étant resté muet sur la question. La solution consistant à substituer l'obligation de confidentialité au secret professionnel a été étendue au règlement amiable agricole (C. rur., art. L. 351-7).

« Relevons, néanmoins, que ce choix des auteurs du projet de loi – qui s'inscrit, d'ailleurs, dans une démarche générale de dépénalisation d'infractions mal sanctionnées – n'empêche pas un certain nombre de règles sur le secret professionnel de s'appliquer de plein droit en application de l'article 226-13 du code pénal[5] en ce qui concerne notamment :

– le conciliateur ou le mandataire *ad hoc* lui-même en tant que personne dépositaire d'informations à caractère secret;

– les avocats (éventuellement désignés comme conciliateurs) au titre de la contrainte s'appliquant de façon générale à leur profession;

– les représentants des salariés, bénéficiaires d'informations au titre de leurs fonctions de représentation. »[6]

Le texte a vocation à s'appliquer même si l'accord de conciliation a été homologué par le tribunal. En effet, si, en ce cas, la publication du jugement est assurée, il n'en va pas de même du contenu de l'accord qui reste confidentiel[7] et qui n'est pas déposé au greffe du tribunal (v. s[s] n° 144.34).

Les personnes appelées à la conciliation seront d'abord le conciliateur, les créanciers et le débiteur. Il s'agira en outre du président du tribunal et de l'expert, s'il en a été désigné un. Mais il pourra également s'agir des cautions, qui seraient appelées à l'accord.

Seules les personnes appelées à la conciliation pourront prendre connaissance du contenu de l'accord de conciliation (C. com., art. R. 611-40, al. 2), ce que reprécise l'article R. 611-44 du code de commerce, selon lequel l'accord ne peut être communiqué qu'aux parties et à l'autorité judiciaire, sous réserve cependant d'une tierce opposition (v. s[s] n° 141.42).

Il résulte de cette obligation de respecter la confidentialité qu'il ne sera pas possible de demander communication, dans le cadre d'une instance judiciaire, de l'accord de conciliation, comme cela était déjà jugé dans le cadre du règlement amiable (v. s[s] n° 134.21). L'article R. 611-44 du code de commerce, qui lève la confidentialité à l'égard de l'autorité judiciaire, ne permet pas la remise en cause de cette solution, car la levée de la confidentialité est strictement encadrée. L'article R. 611-44 du code de commerce prévoit la communication de l'accord à l'autorité judiciaire « en application de l'article L. 621-1 », c'est-à-dire lorsque le tribunal statue sur l'ouverture d'une sauvegarde, mais aussi, puisque l'article L. 621-1 est applicable en redressement et en liquidation judiciaires, lorsqu'il s'agit de statuer sur l'ouverture de l'une de ces deux procédures[8]. Le rapport ne peut donc être utilisé pour obtenir la condamnation d'un dirigeant en responsabilité pour insuffisance d'actif[9]. Mais si le liquidateur se fonde sur le rapport de l'administrateur judiciaire, qui reprend le rapport du conciliateur, il n'y a plus place à nullité de l'assignation[10], ce qui peut être discuté.

1. Instr. 31 juill. 2006, *BOI* 13K-6-06.
2. SUR LA QUESTION : Delattre, « Le secret des affaires – La confidentialité des procédures », *Dr. sociétés* 2012, étude 2.
3. Zabala, « Prévention des difficultés des entreprises et obligation d'information du public », *JCP E* 8 mai 2008, n° 19, 1598, p. 39 s., sp. p. 40, n° 12.
4. Amend. n° 577, *JOAN CR*, 2e séance du 3 mars 2005, p. 1638.
5. Montéran, « Présentation générale de la prévention et de la procédure de conciliation », *Gaz. Pal.* 7-8 sept. 2005, n° sp., p. 8 s., sp. p. 11 – Kuntz, « De la prévention des difficultés des entreprises, du mandat *ad hoc* et de la procédure de conciliation », *LPA* n° sp., 8 févr. 2006, n° 28, p. 5 s., sp. p. 19 et 20 – *Adde*, Bouquet, « Mandat *ad hoc* et conciliation : un outil juridique rénové », *RJ com.* 2008. 8 s., sp. p. 9.
6. Avis n° 337 de Christian Gaudin, *Doc. Sénat*, au nom de la commission des affaires économiques, p. 68.
7. Avis n° 2099 de Jérôme Chartier, *Doc. AN*, p. 20 – *Rapp. Xavier de Roux*, n° 2095, p. 145 – *Rapp. J.-J. Hyest*, n° 335, p. 129.
8. ILLUSTR. : T. com. Quimper, 1er juin 2012, RG nos 2012/004764, 2012/004758 et 2012/004779, *Rev. proc. coll.* 2012, comm. 178, note Delattre.
9. *T. com.* Nanterre 19 mars 2009, RG n° 2008L04572, *Rev. proc. coll.* 2012, comm. 179, note Delattre.
10. Com. 27 sept. 2011, n° 10-20.308, NP, *Rev. proc. coll.* 2012, comm. 179, note Delattre.

La violation de l'obligation de confidentialité doit pouvoir trouver sa réparation sur le terrain de la responsabilité civile[1], par l'octroi de dommages et intérêts, s'il en résulte un préjudice pour l'une des parties à l'accord de conciliation, spécialement le débiteur[2]. Le lien de causalité ne sera pas nécessairement facile à démontrer[3].

L'ouverture de la procédure de conciliation ne nécessite, pour respecter l'obligation de confidentialité, aucune communication aux institutions représentatives du personnel (v. s[s] n° 142.31).

L'obligation de confidentialité semble faire naître un problème relativement insoluble pour l'information des cautions (v. s[s] n° 144.44).

L'obligation de confidentialité n'interdit nullement au débiteur de communiquer sur son état, puisqu'il est d'abord et avant tout question de le protéger. Il en est spécialement ainsi à l'égard de partenaires contractuels ayant fait figurer dans leurs conditions contractuelles une obligation d'indiquer l'existence d'une procédure de conciliation. Le non-respect de cette information peut être une cause de résiliation du contrat ou, en matière bancaire, de rupture des concours, pour manquement à l'obligation contractuelle de sincérité. La rupture des concours ne peut donc être considérée comme abusive et est donc exclusive de responsabilité du banquier, du fait du comportement gravement répréhensible du partenaire contractuel[4].

Il a été démontré que l'obligation de confidentialité qui règne dans la conciliation permet d'assurer une parfaite transparence entre les parties[5].

En outre, cette obligation de confidentialité ne peut faire obstacle aux obligations d'information du public qui s'imposent aux sociétés faisant appel public à l'épargne. L'articulation entre l'obligation de confidentialité et l'information du public de la part des sociétés faisant appel public à l'épargne a été clairement mise en évidence[6], cependant que des difficultés vont se présenter pour les organes de presse.

Certes, à s'en tenir à la lettre des textes (C. com., art. L. 611-16), l'obligation de confidentialité n'est imposée qu'aux personnes appelées à la conciliation. Et c'est pourquoi il a pu être jugé par une juridiction du fond, en matière de mandat *ad hoc*, qu'il ne peut être reproché sur le fondement de la violation de l'obligation de confidentialité auquel il n'est pas tenu, à un organe de presse de diffuser des informations qui auraient dû rester confidentielles entre les parties[7]. Mais, la solution n'a pas été suivie par la Cour de cassation en matière de mandat *ad hoc*, qui a estimé que l'obligation de confidentialité déborde le strict cadre des personnes appelées à la conciliation, pour s'étendre aux organes de presse (v. s[s] n° 123.17). Et c'est cette solution a été posée à propos d'une société cotée.

1. Avis n° 337 de Christian Gaudin, *Doc. Sénat*, au nom de la commission des affaires économiques, p. 68.
2. SUR CE PRINCIPE : Versailles, 14e ch., 27 nov. 2013, n° 13/00670, *Rev. proc. coll.* 2014, comm. 147, note D[illegible]re.
3. RAPPR. : J.-CL. COM., Jacquemont, fasc. 2030, [Procédure de conciliation et concordat], 2006, n° 27.
4. Com. 7 févr. 2012, nos 10-28.815, 10-28.816, NP, *proc. coll.* 2012, comm. 177, note Delattre.
5. Bourbouloux, « Confidentialité et transparence réconciliées pour la prévention et le traitement des difficultés », *BJE* mai 2012, doctrine 87, p. 183.
6. Zabala, « Prévention des difficultés des entreprises et obligation d'information du public », *JCP E* 8 mai 2008, n° 19, 1598, p. 39.
7. Versailles, 14e ch., 27 nov. 2013, RG n° 13/00670, préc.

CHAPITRE

142. Recherche de l'accord de conciliation

SECTION 0
ORIENTEUR

142.00 Plan du chapitre.

Sect.	142.10	Situation des créanciers pendant la recherche de l'accord de conciliation
Sect.	142.20	Sort des garants
Sect.	142.30	Situation des salariés pendant la recherche de l'accord de conciliation
Sect.	142.40	Négociation de l'accord par le conciliateur
Sect.	142.50	Remises de dettes publiques sous l'empire de la législation antérieure à la loi du 17 février 2009
Sect.	142.60	Remises de dettes publiques sous l'empire de la législation du 17 février 2009

142.01 Textes applicables. (V. aussi s^s n° 140.01).

C. com., art. R. 626-9 à R. 626-16 (réd. D. n°s 2007-153 et 2007-154, 5 févr. 2007)

C. com., art. D. 626-9 à D. 626-16 (D. n° 2009-385, 6 avr. 2009)

SECTION 142.10
SITUATION DES CRÉANCIERS PENDANT LA RECHERCHE DE L'ACCORD DE CONCILIATION

142.11 Absence d'arrêt des poursuites individuelles et des voies d'exécution pendant la recherche de l'accord. La procédure de conciliation n'est pas une procédure collective de paiement, même si certains auteurs sont plus nuancés sur le propos, évoquant parfois, mais à tort selon nous, une « procédure collective anticipée »[1]. L'une des règles classiques de cette dernière, à savoir la règle de l'arrêt des poursuites individuelles et des voies d'exécution, n'existe pas ici[2].

Pour tourner cette difficulté, la législation sur le règlement amiable issue de la loi du 10 juin 1994[3] prévoyait une facultative suspension provisoire des poursuites. La technique avait été très peu utilisée[4], vraisemblablement à cause de la publicité dont elle était entourée[5], mais aussi parce que la demande n'appartenait pas au débiteur, mais seulement au conciliateur. Quoi qu'il en soit, la réforme la supprime, ce qui fait disparaître cet îlot judiciaire dans l'océan de contractualisation[6], pour respecter, conformément à la réglementation européenne, une claire distinction entre ce qui relève d'une procédure collective et ce qui n'en relève pas[7]. La disparition de la suspension provisoire des poursuites peut se justifier de deux manières :

– la procédure de conciliation est appelée à intervenir en amont de l'ancienne procédure de règlement amiable;

– la nouvelle procédure dite de sauvegarde, dont on verra qu'elle constitue une forme de redressement judiciaire anticipé, entraîne *ipso facto* une suspension provisoire des poursuites[8].

Les créanciers ne connaissent en conséquence aucun arrêt *ni* aucune suspension des poursuites individuelles ou des voies d'exécution. Pas davan-

1. GIBIRILA, n° 116.

2. Civ. 3e 10 déc. 2008, n° 07-19.899, *Bull. civ.* III, n° 199; *D.* 2009. 16, note Lienhard; *Gaz. proc. coll.* 2009/2, p. 8, note Corre; *JCP E* 2009. 1229, note Brault; *RTD com.* 2009. 448, n° 4, obs. Macorig-Venier; *Defrénois* 2009. 3897 p. 1403, n° 5, note Gibirila.
3. L. n° -475, 10 juin 1994, *JO* 11 juin, p. 8440.
4. Inter Xavier de Roux sur amend. n° 397, *JOAN CR*, 2e séance du 2 mars 2005, p. 1594.
5. RAPP *Rapp. J.-J. Hyest*, n° 335, p. 115.
6. RAPP Saint-Alary-Houin, « La procédure de conciliation », *Rev. proc. coll.* 2006/2, p. 169 s., sp. p. 170, n°s 6 et 21.
7. Inter Xavier de Roux sur amend. n° 397, *JOAN CR*, 2e séance du 2 mars 2005, p. 1594.
8. Avis 337 de Christian Gaudin, *Doc. Sénat*, au nom de la commission des affaires économiques, p. 57.

tage, n'est posée une interdiction des paiements, qui n'existait dans la législation du règlement amiable que dans l'hypothèse où une ordonnance de suspension provisoire des poursuites avait été rendue. De même, il n'y a pas arrêt du cours des inscriptions de sûretés. La possibilité d'inscrire des sûretés pour garantir le paiement des créances incluses dans l'accord doit donc être reconnue[1]. Il est cependant peu probable que des créanciers acceptent que l'un d'eux se fasse consentir une sûreté sans réagir. Du fait de l'absence d'interdiction de poursuivre en paiement le débiteur, la validation d'inscription provisoire de sûreté est possible, puisque l'inscription de la mesure pourra être suivie d'une assignation en paiement permettant de la valider. Le contraire a été soutenu[2]. L'opinion ne peut toutefois être suivie, à moins que le débiteur n'ait obtenu des délais de grâce.

Rien ne semble interdire, sur le fondement de la liberté contractuelle, au conciliateur de négocier avec les créanciers une renonciation temporaire – le temps de la procédure de conciliation – à exercer des poursuites contre le débiteur[3], voire contre les garants.

Toutefois, l'ouverture d'une procédure de conciliation exclut l'ouverture d'une procédure de redressement ou de liquidation judiciaire sur saisine d'un créancier (C. com., art. L. 631-5).

142.12 Délais de grâce accordés au débiteur en cas de poursuites individuelles et de voies d'exécution exercées pendant la recherche de l'accord. Pour tenir compte de l'éventualité de poursuites exercées par un créancier et qui risquerait d'entraîner l'échec de la conciliation, la loi prévoit la possibilité poure débiteur – et non pour le conciliateur[4] qui se contentera d'éclairer le président du tribunal sur l'opportunité de l'octroi de ces délais – de solliciter du psident du tribunal, les délais de grâce de l'article 13-5 du code civil[5] (ex C. civ., art. 1244-1), soit au aximum deux ans (C. com., art. L. 611-7, al. 5).

Dans la rédaction d'origine de la loi du 2uillet 2005[6], le débiteur doit être poursuivi par urréancier. La notion de « poursuites » apparaît susamment large pour concerner non seulement les actions en justice tendant au paiement de mmes d'argent, mais encore les mesures d'exétion[7]. Encore faut-il cependant qu'une action ait été entreprise, la seule demande de paiement formulée par le créancier n'étant pas suffisante[8].

D'une manière qui nous a paru très extensive, une cour d'appel a cru pouvoir utiliser les délais de grâce, que peut accorder le juge de la conciliation, pour faire obstacle à la demande d'expulsion formée par le bailleur des locaux professionnels, après une ordonnance du président du tribunal de grande instance, qui avait accordé des délais au preneur à bail, lesquels n'avaient pas été respectés[9]. La solution ne semblait pas pouvoir être suivie, dans la mesure où le juge de la conciliation revenait ainsi sur l'acquisition de la clause résolutoire, laquelle résultait définitivement du non-respect des délais accordés par le président du tribunal de grande instance[10], ce qui « opère ici un véritable miracle »[11]. Logiquement, l'arrêt de la cour d'appel a été censuré. La procédure de conciliation ne pouvait remettre en cause le jeu de la clause résolutoire définitivement acquis, à la première échéance impayée faisant suite à l'octroi de délais accordés au locataire, par le président du TGI statuant en la forme des référés, qui avait suspendu les effets de la clause résolutoire[12]. Cet arrêt pose clairement un principe de solution : la procédure de conciliation est impuissante à remettre en cause des décisions passées en force de chose jugée ou des voies d'exécution ayant joué.

Il a été jugé que l'article L. 611-7, alinéa 5 ne s'appliquait qu'aux seules procédures engagées après l'ouverture de la conciliation[13]. Au contraire, il nous semble, avant l'ordonnance du 18 décembre 2008[14], qu'il importe peu, pour l'application du texte, qui ne distingue pas, que les poursuites aient été entamées avant ou pendant la conciliation[15]. Mais il est nécessaire qu'elles aient été entamées avant la

1. SAINT-ALARY-HOUIN, 9e éd., no 360.
2. Valliot, *LPA* 21 sept. 2006, no 189, p. 15.
3. LE CANNU, 7e éd., no 104-1.
4. VALLANSAN *ET ALII*, 5e éd., p. 23.
5. Créé par Ord. no 2016-131, 10 févr. 2016, prárt. 3 [en vigueur depuis le 1er oct. 2016].
6. L. no 2005-845, 26 juill. 2005, *JO* 27 juill., p. 37.
7. Douhaire, « Les aspects pratiques de la conion – Le rôle du conciliateur dans les négociations », *Fm.* 2008. 21 s., sp. p. 25.
8. Orléans, ch. éco. et fin., 20 déc. 2007, RG no 07/840, *RJDA* 2008/4, p. 426, no 434.
9. Paris, 14e ch. B, 6 juill. 2007, RG no 07/02611, *Act. proc. coll.* 2007/17, no 195, note Béhar-Touchais; *RTD com.* 2008. 412, no 1, obs. Macorig-Vénier.
10. EN CE SENS : Béhar-Touchais, note ss Paris, 14e ch. B, 6 juill. 2007, *Act. proc. coll.* 2007/17, no 195.
11. Macorig-Vénier, obs. ss Paris, 14e ch. B, 6 juill. 2007, *RTD com.* 2008. 412.
12. Civ., 3e, 10 déc. 2008, no 07-19.899, *Bull. civ.* III, no 199; *D.* 2009. 16, note Lienhard; *Gaz. proc. coll.* 2009/2, p. 8, note Le Corre; *JCP E* 2009. 1229, note Brault; *RTD com.* 2009. 448, no 4, obs. Macorig-Venier; *Defrénois* 2009. 38973, p. 1403, no 5, note Gibirila.
13. Pau, 2e ch., 1re sect., 17 janv. 2008, RG no 06/03873, *JCP E* 2008. 2024; *RTD com.* 2008. 848, no 1, obs. Macorig-Venier; *Act. proc. coll.* 2009/2, no 30, note Régnaut-Moutier.
14. Ord. no 2008-1345, 18 déc. 2008, *JO* 19 déc., p. 19462.
15. Versailles, 13e ch., 19 oct. 2006, RG no 06/01788, *JCP E* 2007, Act. 535; *Rev. proc. coll.* 2007/1, p. 37, no 33, obs. Roussel Galle; *RTD com.* 2007. 830, no 2, obs. Macorig-Venier.

demande présentée par le débiteur, le texte de l'article L. 611-7, alinéa 5 du code de commerce visant un débiteur poursuivi par un créancier[1]. Si la demande de délais a été présentée au cours de la procédure de conciliation devant le premier juge, la cour d'appel peut les accorder alors même que la procédure de conciliation aurait débouché sur un accord de conciliation[2].

L'article L. 611-7, alinéa 5 du code de commerce est retouché par l'article 4 de **l'ordonnance du 18 décembre 2008**, pour permettre un déclenchement plus en amont de la saisine du président du tribunal qui a ouvert la conciliation. Cette ordonnance prévoit qu'une mise en demeure est suffisante, pour autoriser la saisine du président du tribunal. Le texte se singularise donc désormais de l'application classique des délais de grâce du code civil, la disposition initiale du code de commerce ne constituant qu'un « dépaysement du dispositif prévu par le code civil »[3], alors que les mesures nouvelles pourront être accordées sans poursuite préalable. Sauf à méconnaître le caractère contractuel de la conciliation, il était très difficile d'aller plus loin, même si cela était souhaité par certains, considérant que la demande de délais de grâce aurait du pouvoir être présentée indépendamment même de toute mise en demeure[4]. En revanche, les délais de grâce ne peuvent, selon le texte, être accordés que si le débiteur est mis en demeure ou poursuivi « pendant la procédure »[5]. Une juridiction a cru devoir juger que les délais de grâce pouvaient être accordés même si la poursuite était déjà en cours lors de l'ouverture de la conciliation[6].

L'ordonnance du 12 mars 2014[7] retouche une nouvelle fois la rédaction du texte. Il précise désormais que « au cours de la procédure, le débiteur mis en demeure ou poursuivi [pourra obtenir des délais de grâce] ». La nouvelle rédaction du texte permet au débiteur de bénéficier des délais de grâce même si la mise en demeure ou la poursuite précède l'ouverture de la conciliation[8].

Pour obtenir le bénéfice des délais de grâce, l'article R. 611-35, alinéa 1 du code de commerce prévoit que le débiteur doit assigner le créancier poursuivant. Le juge saisi sera celui qui a ouvert la procédure. Il y aura, le cas échéant, dérogation aux règles de compétence territoriale, si les poursuites sont exercées dans un ressort autre que celui dans lequel la procédure a été ouverte[9]. Le président du tribunal statue en la forme des référés après avoir recueilli les observations du conciliateur. L'article L. 611-7, alinéa 5, qui résulte de la rédaction que lui donne l'article 5, 3° de l'ordonnance du 12 mars 2014, prévoit que le juge statue après avoir recueilli les observations du conciliateur.

La demande de délais de grâce est portée à la connaissance de la juridiction saisie de la poursuite du créancier et la décision rendue par le président de la juridiction est communiquée à cette juridiction. Elle est notifiée par le greffier au débiteur et au créancier et communiquée, le cas échéant, au mandataire à l'exécution de l'accord (C. com., art. R. 611-35, al. 3, réd. D. n° 2014-736, 30 juin 2014, art. 15, 2°).

Symétriquement à la modification apportée à l'article L. 611-7, alinéa 5 du code de commerce par l'ordonnance du 18 décembre 2008, l'article R. 611-35, alinéa 1 du code est retouché par l'article 10 du décret du 12 février 2009[10], qui oblige le débiteur à assigner, devant le président du tribunal qui a ouvert la conciliation, le créancier poursuivant et, désormais, le créancier ayant mis le débiteur en demeure. Identiquement, parce que le débiteur n'aura pas été nécessairement poursuivi par le créancier, l'obligation impartie au débiteur d'informer la juridiction saisie de la poursuite sera désormais effectuée « le cas échéant » (C. com., art. R. 611-35, al. 2, réd. D. art. 10, 2°).

Si le président du tribunal accorde les délais de grâce au débiteur poursuivi, et encore que le contraire ait été jugé[11], il ne peut, à notre sens, faire obstacle à la publicité du privilège du Trésor public, qui a l'obligation d'effectuer cette publicité, au prétexte que cela serait une entorse à la confidentialité de la conciliation. L'affirmation est fausse puisque cette publicité peut se faire indépendamment de la conciliation et qu'elle n'a pas à préciser qu'elle est faite dans le cadre d'une conciliation. Elle ne porte donc nullement atteinte à la confidentialité de la conciliation.

La pratique permet de constater que, lors des audiences, le plus souvent, débiteur et créancier s'accordent sur des délais, le président du tribunal se contentant alors de donner acte de l'accord intervenu[12].

1. Orléans, ch. éco. et fin., 22 févr. 2007, RG n° 07/236, *RJDA* 2007/6, n° 636.
2. Paris, 14e ch. A, 5 sept. 2007, RG n° 07/04894.
3. ROUSSEL GALLE, 2e éd., 2007, n° 187.
4. Montéran, « La réforme de la prévention des difficultés », *D.* 2009. 639 s., sp. p. 642.
5. GIBIRILA, n° 129.
6. T. com. Nantes, 22 avr. 2014, RG n° 2014004629, *Leden* juill. 2014, comm. 103, note Cesbron-Lavau; *Rev. proc. coll.* 2014, comm. 144, note Delattre.
7. Ord. n° 2014-326, 12 mars 2014, *JO* 14 mars, p. 5249.
8. PÉROCHON, 10e éd., n° 167 – Pérochon F. et Roussel Galle Ph., « Le mandat *ad hoc* et la conciliation », interv. Colloque Besançon 10 oct. 2014, *Gaz. Pal.* 31 déc. 2014, n° 365, 4, n° 21.
9. Inte Xavier de Roux, *JOAN CR*, 1re séance du 3 mars 2006. 1606.
10. D. 2009-160, 12 févr. 2009, *JO* 13 févr., p. 2596.
11. T. c Angers, aud. réf., 23 oct. 2012, RG n° 2012-010744.
12. Bac, « Pratiques parisiennes en matière de traitement préif des difficultés des entreprises », *Gaz. Pal.* 11-12 2011, p. 7 s., sp. p. 9.

Mais il importe d'indiquer que, en l'absence de cet accord, il appartiendra au juge de la conciliation d'octroyer ou non les délais, en fonction du dossier. Il pourrait ainsi refuser l'octroi des délais si le débiteur ne paie plus son créancier depuis de nombreux mois[1] car, ainsi que cela a été souligné, le juge ne doit pas « tomber dans la course au moratoire »[2], pour masquer un état de cessation des paiements et retarder l'inéluctable.

Faute de texte contraire, il nous semble que la décision du président du tribunal qui accorde des délais de grâce est susceptible d'appel. Le droit commun de la procédure civile doit en effet trouver application, faute de disposition contraire[3]. Des auteurs sont cependant en sens contraire[4] et des juridictions du fond ont jugé le contraire en s'appuyant sur le mutisme du texte de loi quant à l'ouverture de la voie de recours[5].

Observons que ces délais de grâce, dans la législation du règlement amiable, n'existent qu'au stade de l'homologation de l'accord.

L'article 1343-5, alinéa 2 du code civil est également applicable. Il en résulte que la décision du juge d'octroyer soit le report ou l'échelonnement du paiement des sommes dues par le débiteur à ses créanciers, pourra en outre prévoir que les sommes correspondant aux échéances reportées porteront intérêts à un taux réduit qui ne peut être inférieur au taux légal ou que les paiements s'imputeront d'abord sur le capital, a également pour effet de suspendre automatiquement les procédures d'exécution qui auraient été engagées par un créancier.

Il a été justement remarqué que les mesures ordonnées par le juge en application de l'article 1343-5 du code civil obligent à statuer à l'occasion de chacune des poursuites intentées par l'un des créanciers. Elles n'ont donc pas d'effet collectif[6]. En outre, les créances nées d'un effet de commerce (C. com. art. L. 511-81) ainsi que les créances salariales[7] ne peuvent se voir imposer ces dispositions. En revanche, faute de restriction du texte légal, rien n'interdit d'imposer ces mesures aux organismes sociaux et mêmes fiscaux[8], le contraire étant toutefois soutenu par certains[9].

Ces délais de grâce nous semblent devoir s'inscrire strictement dans la finalité qu'ils poursuivent : permettre l'obtention de l'accord de conciliation. C'est pourquoi, il faut décider, sous l'empire de la loi du 26 juillet 2005 non réformée, qu'ils prennent fin en cas d'échec de l'accord de conciliation et de fin de la mission du conciliateur, l'opinion étant partagée par certains[10], mais non par d'autres[11]. La difficulté peut être tournée, ainsi que cela a été suggéré, si le président du tribunal le précise explicitement[12]. En outre, ces délais de grâce prendront fin, à notre avis, en cas de résolution de l'accord.

Selon l'alinéa 3 de l'article L. 611-10-3 du code de commerce qui résulte de l'ordonnance du 18 décembre 2008 (ord. 18 déc. 2008, art. 7), le président du tribunal ou le tribunal qui décide la résolution de l'accord peut prononcer la déchéance de tous délais de paiement accordés en application du cinquième alinéa de l'article L. 611-7 du code de commerce, c'est-à-dire les délais de grâce de l'article 1343-5 du code civil[13]. Il ne s'agit là, pour le président du tribunal ou pour le tribunal, que d'une faculté. Il sera en conséquence prudent pour le créancier, victime de l'inexécution de l'accord qui sollicite sa résolution, de présenter au tribunal ou au président, selon le cas, la demande de déchéance des délais de grâce, cependant que le texte n'interdit pas au tribunal ou à son président, selon le cas, de décider d'office de cette déchéance, lorsqu'il prononcera la résolution de l'accord. Cette déchéance semble devoir jouer au bénéfice de tous les créanciers auxquels le président du tribunal avait, en phase de recherche de l'accord, imposer les délais de grâce, le texte visant « tout délai de paiement accordé ». Le contraire a toutefois été soutenu[14].

1. Toulouse, 3e ch., 2e sect., 26 mai 2014, RG no 14/01548, *Rev. proc. coll.* 2015, comm. 177, note Delattre.
2. Delattre, note ss Toulouse, 3e ch., 2e sect., 26 mai 2014, RG no 14/01548, préc.
3. EN CE SENS : Rennes, 2 avr. 2013, RG nos 12/0[illegible]0, 13/00432, *BJE* juill. 2013, p. 215, note Hart de Keating – AUSSI : LIENHARD, 6e éd., no 22.14.
4. JACQUEMONT et VABRES, 9e éd., no 109.
5. Douai, 2e ch., 2e sect., 27 mars 2007, RG no [illegible]01099, *Act. proc. coll.* 2008/4, no 54; *JCP E* 2008. [illegible]3, note Lebel; *RTD com.* 2008. 413, no 2, obs. Macorig-Vénier – Aix-en-Provence, 7 déc. 2011, RG no 11/033[illegible]; Aix-en-Provence, 2 févr. 2012, RG no 11/05033, Re[illegible]31 janv. 2012, RG no 12/004306, *RTD com.* 2013. 3[illegible]1, obs. Macorig-Vénier; *Leden* 2012/9, p. 2, note St[illegible]; Aix-en-Provence, 10 oct. 2013, RG no 2013/336, *RTD com.* 2013. 805, no 2, obs. Macorig-Vénier; *Leden* 2013, comm. 181, note crit. Lucas.
6. AUSSI : Saint-Alary-Houin, « La procédure de [illegible]iation », *Rev. proc. coll.* 2006/2, p. 169 s., sp. p. 173.
7. Soc. 18 nov. 1992, no 91-40.596, *Bull. civ.* V, no 555.
8. Macorig-Venier, *Rev. proc. coll.* 2005, p. 354.
9. PÉROCHON, 10e éd., no 168.
10. Macorig-Vénier et Saint-Alary-Houin, « Les créanciers dans l'ordonnance no 2008-1345 du 18 décembre 2008 portant réforme du droit des entreprises en difficulté », *Rev. proc. coll.* 2009/1, 9, p. 65 s., sp. 66, no 10 – *Adde*, Rapport au président de la République sur l'ordonnance no 2008-1345 du 18 déc. 2008, *JO* 19 déc., Titre I, chap. I, ss art. 7.
11. ROUSSEL GALLE, no 124; obs. ss Versailles, 13e ch., 19 oct. 2006, no 06/1788, *Rev. proc. coll.* 2007/1, p. 37, no 33 – Teboul, « Petit bréviaire de la loi de sauvegarde pour ceux qui souhaitent une information pratique, I, La prévention », *LPA* 19 oct. 2005, p. 3 – PÉROCHON, 9e éd., no 163.
12. PÉROCHON, [illegible]0e éd., no 171.
13. Créé par Ord. no 2016-131, 10 févr. 2016, préc., art. 3.
14. PÉROCHON, 1[illegible]e éd., no 200.

Jusqu'à l'ordonnance du 12 mars 2014, le texte ne prévoyait pas explicitement que le président du tribunal, statuant sur les délais de grâce, puisse subordonner la durée des mesures ainsi prises à la conclusion de l'accord. La solution est néanmoins logique. Pourquoi bloquer le créancier dans son action si l'accord de conciliation n'est pas obtenu ? La logique veut donc que la décision constatant l'absence d'accord constitue une condition résolutoire de l'application des dispositions de l'article 1343-5 du code civil[1].

L'article 5, 3°, de l'ordonnance du 12 mars 2014 officialise cette analyse en prévoyant que le juge peut subordonner la durée des mesures à la conclusion de l'accord de conciliation (C. com., art. L. 611-7, al. 5). Lorsqu'il en sera ainsi, le créancier intéressé sera informé de la décision selon des modalités fixées par décret en Conseil d'État.

L'article R. 611-35, dernier alinéa (réd. D. n° 2014-736, 30 juin 2014, art. 15, 3°) prévoit, pour assurer l'efficacité de cette disposition, que la décision prononçant la résolution de l'accord est portée à la connaissance du créancier par le greffier par lettre recommandée avec demande d'avis de réception. Ce créancier est informé pareillement de la conclusion de l'accord, de sa constatation ou de son homologation, ainsi que de toute décision mettant fin à la procédure de conciliation.

Précisons enfin que l'ordonnance du 12 mars 2014 prévoit la possibilité d'appliquer les dispositions de l'article 1343-5[2] (ex articles 1244-1 à 1244-3 du code civil) en cas de mise en demeure ou de poursuite émanant d'un créancier non partie à l'accord pendant l'exécution de l'accord, mais à condition qu'il y était appelé, ce qui constitue une incitation pour le débiteur à associer un plus grand nombre de créanciers à la conciliation.

SECTION 142.20
SORT DES GARANTS

142.21 Sort des garants pendant la recherche de l'accord de conciliation. Faute de réglementation particulière, l'ouverture de la procédure de conciliation ne produit aucun effet sur les garants du débiteur. Les créanciers peuvent donc librement poursuivre ces derniers, dans les conditions du droit commun[3].

Avant l'ordonnance du 12 mars 2014[4], les délais de grâce accordés sur le fondement de l'article L. 611-7, alinéa 5 du code de commerce ne profitent pas aux garants[5], mais rien n'interdit, sur le fondement du droit commun, d'accorder des délais aux garants[6].

De manière nouvelle, l'article 9 de l'ordonnance du 12 mars 2014, modifiant l'article L. 611-10-2, alinéa 1er du code de commerce, fait bénéficier les garants des mesures accordées au débiteur en application du cinquième alinéa de l'article L. 661-7 du code de commerce. Ainsi, les garants personnes physiques ou personnes morales visés à l'alinéa 1er de l'article L. 611-10-2 pourront s'en prévaloir sans qu'il soit besoin pour eux de saisir le juge d'une demande en ce sens.

SECTION 142.30
SITUATION DES SALARIÉS PENDANT LA RECHERCHE DE L'ACCORD DE CONCILIATION

142.31 Situation des salariés pendant la recherche de l'accord de conciliation. Plusieurs amendements déposés par l'opposition parlementaire envisageaient la possibilité d'informer les salariés dès l'ouverture de la conciliation. Ils ont tous été rejetés[7]. Si la loi ne prévoit pas l'obligation d'entendre les salariés ni d'informer ceux-ci lors de l'ouverture de la procédure de conciliation, et même pendant l'élaboration de l'accord, rien n'interdit cependant au conciliateur, s'il l'estime nécessaire, d'entendre les salariés[8]. Le projet de loi de sauvegarde reste en revanche muet sur la communication de la décision aux institutions représentatives du personnel.

Il a été objecté que le délit d'entrave pourrait être constitué dans la mesure où l'article L. 2323-6 (anct L. 32-1) du code du travail vise « les questions intéressant l'organisation, la gestion et la marche générale de l'entreprise »[9]. Et c'est pourquoi certains considèrent que l'obligation d'informer les institutions représentatives du personnel existe dès la demande d'ouverture de la conciliation[10], d'autres

1. Créé par Ord. n° 2016-131, 10 févr. 2016, préc., art. 3.
2. Créé par Ord. n° 2016-131, 10 févr. 2016, préc., art. 3.
3. Salvat, « La situation des garants », *Rev. proc. coll.* 2006/2, p. 147 s., sp. p. 149.
4. Ord. n° 2014-326, 12 mars 2014, préc.
5. EN SENS AUSSI : LE CANNU, 7e éd., n° 109.
6. A: Versailles, 13e ch., 19 oct. 2006, RG n° 06/1788, *Rev. proc. coll.* 2007/1, p. 37, n° 33, obs. Roussel Galle ; *RTD* c 2007. 830, n° 2, obs. Macorig-Venier.
7. N Amend. n° 455, *JOAN CR*, 2e séance du 2 mars 2 p. 1590 et 1591.
8. In Xavier de Roux, *JOAN CR*, 1re séance du 3 mars 2 p. 1602.
9. K « De la prévention des difficultés des entreprises, dndat *ad hoc* et de la procédure de conciliation », *LPA* n 8 févr. 2006, n° 28, p. 5 s., sp. p. 11 – *Adde*, Saint-Alouin, « La procédure de conciliation », *Rev. proc. c* 006/2, p. 169 s., sp. p. 171, n° 12.
10. M, « Le droit social dans la réforme du droit des eises en difficulté », *JCP E* 2005. 1511, p. 1751 s., s 753, n° 14 – LE CANNU, 7e éd., n° 93 – SAINT-ALARY-H 7e éd., n° 296.

considérant qu'elle devient nécessaire lors de la nomination du conciliateur[1]. La combinaison des impératifs du droit du travail et de la confidentialité attachée à la conciliation nous semble permettre une voie médiane : l'information serait due aux salariés dès l'ouverture effective de la conciliation, si et seulement si des conséquences salariales sont prévisibles, et non dès le dépôt de la demande, celle-ci pouvant être rejetée, de sorte que la perte de confidentialité serait alors inutile.

Quoi qu'il en soit, la loi de sauvegarde des entreprises, méconnaissant clairement ces impératifs du droit du travail, prévoit que ce n'est qu'au cours de l'audience d'homologation que les représentants des salariés auront la possibilité de faire connaître leur point de vue. Il importe ici, pour l'éclairage, d'indiquer qu'un amendement tendait à accorder le droit de saisine aux institutions représentatives du personnel. Il a été rejeté, le caractère de confidentialité qui doit être conservé jusqu'à l'homologation justifiant le rejet[2]. Les praticiens affirment clairement l'utilité de conserver la confidentialité à l'égard des salariés, pour la réussite de la négociation[3].

L'ordonnance du 12 mars 2014[4] apporte des précisions. Son article 7 insère un article L. 611-8-1 dans le code de commerce qui indique que « *le comité d'entreprise ou, à défaut, les délégués du personnel sont informés par le débiteur du contenu de l'accord lorsque celui-ci demande son homologation* ». Il nous semble donc qu'il y a, du fait de l'interprétation à donner au texte, une permission de la loi, élément justificatif de l'infraction du délit d'entrave, à ne pas informer les salariés de l'ouverture de la procédure de conciliation, ni même de son constat[5]. En revanche, l'information devient obligatoire si le débiteur entend obtenir l'homologation de l'accord. L'information portera alors non seulement sur l'existence de la conciliation, mais encore sur son contenu. C'est donc, *a priori*, le tout ou rien qui prévaut en la matière : silence total ou information totale. Mais cette lecture du texte n'est pas unanimement admise[6].

Toute incertitude est enfin supprimée par la loi de modernisation de la justice du XXIe siècle, texte qui modifie l'alinéa 3 à l'article L. 611-6 du code de commerce, pour préciser que « le débiteur n'est pas tenu d'informer le comité d'entreprise ou, à défaut, les délégués du personnel de l'ouverture de la procédure ». Cette disposition n'est pas applicable aux conciliations en cours au jour de la publication de cette loi.

142.32 Absence d'intervention de l'AGS dans la procédure de conciliation. Un amendement a été présenté pour faire intervenir l'AGS pendant la procédure de conciliation afin qu'elle assure le paiement des créances salariales existant à l'ouverture la procédure de conciliation[7]. L'idée s'appuie sur le constat que la procédure de conciliation peut être ouverte au profit d'entreprises en état de cessation des paiements. Cet amendement, rejeté par la commission des lois de l'Assemblée nationale, n'a pas été adopté[8] pour trois motifs : d'abord à cause de la situation financière de l'AGS, ensuite parce qu'il n'y a pas, dans la procédure de conciliation, de vérification des créances et enfin parce que l'idée de licenciements économiques n'est pas à l'ordre du jour dans la procédure de conciliation[9].

SECTION 142.40
NÉGOCIATION DE L'ACCORD PAR LE CONCILIATEUR

142.41 Contenu de la mission du conciliateur – *prepack-cession*. L'article L. 611-7 du code de commerce précise, sans modifier la mission du conciliateur, qu'il a pour mission de favoriser le règlement de la situation financière du débiteur par la conclusion d'un accord amiable entre le débiteur et ses principaux créanciers. C'est la reprise de la formulation de l'article L. 351-4 du code rural qui définit la mission du conciliateur en matière de règlement amiable agricole. Pour tenir compte de la difficulté à cerner la finalité de la mission du conciliateur, qui

1. GIBIRILA, n° 125 – PÉROCHON, 10e éd., n 131.
2. Amend. n° 455, *JOAN CR*, 2e séance u 2 mars 2005, p. 1590 et 1591.
3. Teboul, « Le code du travail : un divorce ec le droit des entreprises en difficulté ? », *LPA* 1er et 2 jv. 2008, n° 1 et 2, p. 7.
4. Ord. n° 2014-326, 12 mars 2014, préc.
5. RAPPR. : Lucas, « Présentation de l'ordonnce portant réforme de la prévention des difficultés destreprises et des procédures collectives », *BJE* mars 2014, sp. p. 112 – Delattre Ch. et Étienne-Martin E., « Préven : le mandat *ad hoc* et la conciliation plus efficaces es accessibles », *Rev. proc. coll.* 2014, dossier 15, – Pételn « Entreprises en difficulté : encore une réfor », *JCP E* 2014. 1223, n° 5 – Roussel Galle, « La réfodu droit des entreprises en difficulté par l'ordonnance12 mars 2014 », *Rev. sociétés* 2014. 351 s., sp. p. 353,0.
6. Gailhbaud, « Les dispositions concernant les salariés de l'ordonnance du 12 mars 2014 », *D.* 2014, Chron. 755 – Lienhard, « Réforme issue de l'ordonnance du 12 mars 2014 », C. PR. PÉN., Dalloz, 2014, p. 7.
7. Amend. Arnaud Montebourg n° 399, *in Rapp. Xavier de Roux*, n° 2095, p. 140.
8. Interv. Arnaud Montebourg, *JOAN CR*, 1re séance du 3 mars 2005, p. 1605.
9. Interv. Xavier de Roux, *JOAN CR*, 1re séance du 3 mars 2005, p. 1605.

dans le règlement amiable doit « favoriser le fonctionnement de l'entreprise... », l'article L. 611-7 supprime cette expression. Au surplus, la suppression de la formule, aussi inexacte qu'inutile[1], a été saluée en doctrine car cela évite d'accréditer l'idée que le débiteur serait partiellement dessaisi de l'administration de son entreprise pendant cette période[2]. Il a été cependant noté que la difficulté n'a pas été complètement supprimée car ce texte prévoit la possibilité pour le conciliateur de « présenter toute proposition se rapportant à la sauvegarde de l'entreprise, à la poursuite de l'activité économique et au maintien de l'emploi »[3], ce texte présentant aux yeux de certains observateurs des contours trop larges[4].

En présence d'un entrepreneur individuel à responsabilité limitée, l'accord ne concernera que les créanciers du patrimoine concerné par la procédure collective, conformément aux principes posés par les articles L. 680-2 et L. 680-3 du code de commerce (ord. 9 déc. 2010[5], art. 8).

Le plan conventionnel comportera le plus souvent des dispositions économiques. Il pourra, à titre d'exemples, être question d'arrêter une branche d'activité non rentable ou de la céder. Il peut s'agir d'orienter l'entreprise vers de nouveaux marchés. La procédure de conciliation ne sera pas nécessairement, en ce cas où il est question de réorganisation, la procédure adaptée.

Des dispositions sociales pourront également être prises.

L'accord aura presque nécessairement un aspect financier. Le plus souvent, il portera sur des délais et des remises de dettes. Les créanciers peuvent accepter une conversion de leur créance en parts de capital social[6].

Rien n'interdit de subordonner les efforts consentis à un assainissement préalable de la situation, en exigeant que les associés apportent de l'argent frais[7], qui, au demeurant, bénéficiera du privilège la conciliation (v. s^s n° 144.53).

Le plus souvent, l'accord assurera la pérennité de l'entreprise. C'est d'ailleurs une des conditions posées à l'homologation de l'accord par l'article L. 611-8, II, 2° du code de commerce. Mais la loi n'interdit pas un accord liquidatif[8], permettant de mettre fin à l'activité de l'entreprise en assurant un paiement partiel des créanciers. L'accord reposera alors essentiellement sur des remises de dettes. Puisqu'il ne tend pas à assurer la pérennité de l'entreprise, cet accord ne pourra être que constaté et non homologué.

L'article 5, 1° de l'ordonnance du 12 mars 2014[9] complète la disposition en prévoyant que le conciliateur « *peut être chargé, conformément à la demande du débiteur et après avis des créanciers participants, d'une mission ayant pour objet l'organisation d'une cession partielle ou totale de l'entreprise* ». Il faut ici comprendre que la demande en ce sens sera présentée dans la requête aux fins d'ouverture de la conciliation[10]. Mais rien ne semble interdire au débiteur de présenter ultérieurement cette demande, sous les contraintes temporelles de la conciliation, toutefois, comme permet de s'en convaincre l'article R. 611-26-2 du code de commerce. La possibilité de cession partielle ne faisait guère difficulté. La nouveauté, « petite révolution culturelle[11] » réside dans la possibilité d'envisager une cession totale. Cette consécration officialise une « liaison, voire une porosité, entre les mécanismes »[12]. C'est le « *prepack-cession* »[13], la cession étant préparée en amont de la procédure collective qui la mettra en œuvre. La demande devra émaner du débiteur et le conciliateur devra prendra garde, ainsi que l'indiquent des auteurs avertis, à ne pas prendre spontanément des initiatives en ce sens, s'il ne veut pas voir engagée sa responsabilité[14].

1. Lucas, « Aperçu de la réforme du droit des entreprises en difficulté par la loi de sauvegarde des entreprises du 26 juillet 2005 », *Bull. Joly* 2005/11, § 262, p. 1181.
2. Jacquemont, « La future procédure de conciliation : une attractivité nouvelle pour l'entreprise en difficulté et ses créanciers », *Rev. proc. coll.* 2004, p. 290 s., sp. p. 292, n° 11 – J.-CL. COM., Jacquemont, fasc. 2030, [Procédure de conciliation et concordat], 2006, n° 25 – ROUSSEL GALLE, n° 118 – *Adde*, Saint-Alary-Houin, « La procédure de conciliation », *Rev. proc. coll.* 2006/2, p. 169 s., sp p. 172, n° 19 – VALLANSAN *ET ALII*, 6e éd., p. 22.
3. J.-CL. COM., Jacquemont, fasc. 2030, [Procédure de conciliation et concordat], 2006, n° 25.
4. « Projet de loi de sauvegarde des entreprises, réaction de la Chambre de commerce et d'industrie de Paris », *JCP E* 2004, act. 184, n° 12.
5. Ord. n° 2010-1512, 9 déc. 2010, *JO* 10 déc., p. 21617.
6. LE CANNU, 7e éd., n° 110.
7. LE CANNU, 7e éd., n° 110.
8. PÉROCHON, 9e éd., n° 140.
9. Ord. n° 2014-326, 12 mars 2014, préc.
10. Lesaulnier A., « Le greffier du tribunal de commerce et la conciliation après la réforme des procédures collectives », *LPA* 18 févr. 201[illegible], n° 35, p. 5.
11. Gorrias, « L'ordonnance du 12 mars 2014 et les modifications intéressant la nomination des organes », *Gaz. Pal.* 6 avr. 2014, [illegible] 96, p. 39 s., sp. p. 40.
12. Thuillier, « L[illegible] conciliation après l'ordonnance du 12 mars 2014 : jama[illegible] pareille mais toujours plus proche des procédures colle[illegible]ves », *BJE* mai 2014, 174 s., sp. 175.
13. Lucas, « *V[illegible]e mecum* de la réforme du livre VI », *Leden* déc. 2013 comm. 182 ; « Présentation de l'ordonnance portant ré[illegible]rme de la prévention des difficultés des entreprises et [illegible] procédures collectives », *BJE* mars 2014, 111, sp. p. 11[illegible] Vincent, « La faillite du plan de cession (ou les incidenc[illegible] du *prepack-cession*) », *D.* 2015. 577 – Montéran et [illegible]ulle, « Le vade-mecum du plan de cession "*prepac*[illegible]», *BJE* mai 2015, 164 – Gorins Ch., « Évolution de la c[illegible]on judiciaire d'entreprise en prévention et en procéd[illegible] collective », *BJE* mai 2015, 185.
14. Delattr[illegible]. et Étienne-Martin E., « Prévention : le mandat *ad ho*[illegible]a conciliation plus efficaces et plus accessibles », *Rev. p*[illegible]*coll.* 2014, dossier 15, n° 5.

Le premier alinéa de l'article L. 611-7, tel qu'il résulte de la rédaction que lui donne l'article 5 de l'ordonnance du 12 mars 2014, poursuit en indiquant que la cession pourra être mise en œuvre, le cas échéant, dans le cadre d'une procédure ultérieure de sauvegarde, de redressement judiciaire ou de liquidation judiciaire. Cette disposition est en lien direct avec la possibilité nouvelle, issue de l'ordonnance du 12 mars 2014, de ne pas ouvrir de délais de présentation des offres de cession, dès lors qu'elles auront été présentées pendant la procédure de conciliation (v. s^s n° 571.41).

Puisque l'article L. 611-7, alinéa 1er du code de commerce prévoit un contenu variable à la mission du conciliateur, la rédaction de l'alinéa 2 du même article qui précise que, « dans ce but », le conciliateur peut obtenir tout renseignement utile, est remplacée par l'expression « pour exercer sa mission » (ord. 12 mars 2014, art. 5, 2°).

Pour tenir compte de cette mission nouvelle, le décret du 30 juin 2014[1] (art. 13) insère un article R. 611-26-2 prévoyant que si le débiteur sollicite que le conciliateur se voit confier une mission de préparation d'une cession, la demande doit être accompagnée d'un certain nombre d'éléments. Le texte ne précise pas qui présente la demande. Mais puisque l'ordonnance est notifiée « au requérant et au conciliateur », il faut comprendre que le requérant sera le débiteur, non le conciliateur.

Il y a d'abord lieu de joindre la demande d'avis adressée aux créanciers participants, qu reproduit les dispositions de l'article L. 611-7 et du *I* de l'article L. 642-2, et sur laquelle chaque créancier a donné son avis ou, à défaut, un document justificatif de la demande d'avis (C. com., art. L. 611-26-2, 1°, réd. D. 30 juin 2014, art. 13). Il s'agit d'informer exactement les créanciers que si cette mission de préparer une cession a été confiée au conciliateur, le tribunal pourra ne pas ouvrir de nouveaux délais de présentation des offres de cession dans la procédure de redressement ou de liquidation judiciaire ultérieure, au cours de laquelle serait adopté le plan de cession.

Ensuite, la demande doit être accompagnée de l'accord du conciliateur pour prendre en charge la mission (C. com., art. L. 611-26-2, 2°, réd. D. n° 2014-736, 30 juin 2014, art. 13).

Le débiteur doit donner son accord sur les conditions de rémunération dues au titre de cette mission (C. com., art. L. 611-26-2, 3°, réd. D. 30 juin 2014, art. 13).

La demande est présentée au président du tribunal, qui statue par voir d'ordonnance. Cette dernière, si elle fait droit à la demande du débiteur, doit modifier la mission du conciliateur et fixe, conformément aux dispositions régissant la conciliation, les conditions de rémunération de cette mission complémentaire.

Le décret permet ainsi de comprendre que cette mission est nécessairement confiée en cours de conciliation[2], non à son ouverture, puisqu'il est question de modification de la mission du conciliateur, ce qui ne s'imposait peut-être pas. Cette ordonnance du président du tribunal est notifiée par le greffier au requérant – il faut comprendre le débiteur – et au conciliateur. Cette décision est communiquée sans délai par le greffier au ministère public et, le cas échéant, à l'ordre professionnel ou à l'autorité compétente dont relève le débiteur.

L'article R. 611-51 du code de commerce, issu de la rédaction que lui donne l'article 27 du décret du 30 juin 2014 réglemente la rémunération du conciliateur au titre de la mission spéciale. Les conditions de la rémunération sont fixées après avis du ministère public. Le président du tribunal arrête la rémunération à l'issue de la mission. Sa décision est communiquée par le greffier au ministère public. Les dispositions de l'article R. 611-50 sont applicables.

Le greffier notifie l'ordonnance arrêtant la rémunération au débiteur et au conciliateur. Elle est susceptible d'appel par le débiteur et le conciliateur, devant le premier président de la cour d'appel, selon la procédure applicable à la contestation des ordonnances de taxe (C. pr. civ., art. 714 à 718).

L'alinéa 2 de l'article R. 611-51 précise que si la cession préparée pendant la conciliation est mise en œuvre après l'ouverture d'une procédure collective par la même personne en exécution du mandat de justice qui lui a été confiée par la juridiction qui a ouvert la procédure collective, la rémunération n'est due qu'au titre de ce dernier mandat. Le conciliateur ne sera donc pas rémunéré pour cette mission spéciale, mais seulement si la cession d'entreprise intervient effectivement.

Le conciliateur n'a pas pour mission d'assister le chef d'entreprise, ni même de le surveiller dans sa gestion. Il n'est d'ailleurs pas une partie à la procédure[3].

Indiquons que le projet de loi prévoyait l'accord entre le débiteur et les créanciers, sans restriction. Il a été observé qu'il était opportun de conserver la précision selon laquelle l'accord interviendrait avec les « principaux créanciers » car il serait impossible d'obtenir l'accord avec tous les créanciers en l'absence d'une procédure permettant leur identification

1. D. n° 2014-736, 30 juin 2014, *JO* 1er juill. 10834.

2. COMPR. : Monsérié-Bon M.-H., Amizet B., Azam G. et Cavigloli Ch., « Le *prepack-cession* FRAM : expériences et enseignements », *BJE* 2016, 144 s, sp. p. 145.

3. SAINT-ALARY-HOUIN, 9e éd., n° 343.

exhaustive et contradictoire[1]. La détermination des créanciers appelés à la conciliation est l'œuvre du chef d'entreprise, le cas échéant avec l'éclairage du conciliateur. L'article L. 611-7, alinéa 1 du code de commerce vise les principaux créanciers. Il n'y a là aucune contrainte pour le débiteur[2], qui choisira les créanciers dont il estime la présence importante, en perspective de l'accord à négocier, c'est-à-dire en principe, ceux dont la position exerce une influence déterminante sur le fonds de roulement[3]. Rien n'interdit, à notre sens, l'opinion n'étant pas partagée par tous[4], de laisser en dehors de la conciliation un créancier important[5], dès lors qu'il est probable qu'il n'acceptera pas les propositions et que sa présence risque d'être globalement néfaste dans la perspective de la négociation à mener avec d'autres créanciers. Le pluriel utilisé par le législateur ne semble en outre pas faire obstacle à la possibilité d'un accord avec un seul créancier[6]. Rien n'interdit au surplus à un créancier de ne participer à l'accord que pour une partie de ses créances, comme cela avait été jugé sous l'empire du règlement amiable (v. s[s] n° 135.11)[7]. Les praticiens notent que plus le nombre de créanciers est faible, plus l'accord sera facile à obtenir[8].

Il ne semble pas, encore que l'opinion contraire ait été émise[9], qu'un créancier non appelé à la conciliation, puisse s'y inviter. Le cadre de la négociation appartient au débiteur. La procédure est conçue pour lui, non pour ses créanciers. Au demeurant, la confidentialité attachée à la procédure devrait constituer un obstacle de fait.

Le législateur envisage un accord avec les créanciers antérieurs. Mais, faute de l'avoir explicitement indiqué, un accord avec des créanciers dont la créance est née après ouverture de la conciliation n'est pas exclu. Il n'y a en tout cas, à notre sens, aucun obstacle technique.

Il a été estimé que le fait que la créance soit née pendant la procédure de conciliation ne devait pas constituer un obstacle à l'intégration du créancier dans la négociation[10]. Au demeurant, la possibilité d'associer des cocontractants, qui ne sont pas nécessairement créanciers au jour de l'ouverture de la conciliation, semblerait aller en ce sens. En sens inverse, il faut noter que l'article R. 611-22 du code de commerce indique que la requête aux fins d'ouverture d'une procédure de conciliation contient : « 2° L'état des créances et des dettes accompagnées d'un échéancier ainsi que la liste des principaux créanciers. » Le fait que le décret vise « les principaux créanciers » oblige à considérer que ce sont les mêmes que ceux dont l'accord sera recherché. Il s'agit donc de créanciers qui préexistent à la demande d'ouverture de la conciliation.

La commission des lois de l'Assemblée nationale a prévu que le conciliateur pouvait également rechercher un accord avec les cocontractants habituels de l'entreprise, alors même que ces cocontractants, au moment de la conclusion de l'accord, ne seront pas créanciers[11]. Il s'agit plus précisément de tenir compte de l'hypothèse où les cocontractants ne sont créanciers qu'à terme, leurs créances n'étant pas encore exigibles au jour de la négociation. L'association des cocontractants habituels de l'entreprise à l'accord de conciliation permettra d'obtenir de leur part des délais de paiement plus longs que ceux accordés jusqu'alors. A aussi été évoquée la possibilité pour un franchiseur de diminuer le montant de la redevance prélevée sur le chiffre d'affaires de son franchisé[12].

La commission des lois du Sénat a estimé que l'association des cocontractants habituels du débiteur devait ésulter de considérations plus objectives et ne pas êe laissée à la seule discrétion du conciliateur. C'e pourquoi elle a présenté un amendement tenda à prévoir que les cocontractants habituels du déteur sont, le cas échéant, invités à l'accord[13]. Cst le texte finalement adopté.

Le terme d ocontractants ne semble pas faire obstacle à ce qu'u accord soit trouvé avec les salariés[14].

Le terme d cocontractants ne permet pas, en revanche, d'er ober les actionnaires ou associés de la personne male bénéficiaire de la conciliation[15]. En outre, ce r me terme ne permet pas de faire intervenir à l'a ord de nouveaux partenaires, notamment des étab sements de crédit[16]. Rien n'interdit

1. *Rapp. Xavier de Roux*, n° 2095, p. 137 – Interv. Xavier de Roux, *JOAN CR*, 1re séance du 3 mars 2005, p. 1601.
2. RAPPR. : VALLENS, 2015, n° 2855.
3. VIDAL, 2006, n° 164.
4. *CONTRA* : not., PÉROCHON, 10e éd., n° 155.
5. VOINOT, 2e éd., n° 72.
6. PÉROCHON, 10e éd., n° 155.
7. Saint-Alary-Houin, « La procédure de conciliation », *Rev. proc. coll.* 2006/2, p. 169 s., sp. p. 173, n° 28 – J.-CL. COM., Jacquemont, fasc. 2030, [Procédure de conciliation et concordat], 2006, n° 30.
8. *Douhaire, « Les aspects pratiques de la conciliation – le rôle du conciliateur dans les négociations », RJ com. 2008.* 21 s., sp. p. 22.
9. LE CANNU, 7e éd., n° 107.
10. LE CANNU, 7e éd., n° 107.

11. *Rapp. Xavier Roux*, n° 2095, p. 137.
12. J.-CL. COM., quemont, fasc. 2030, [Procédure de conciliation et cordat], 2006, n° 30.
13. *Rapp. J.-J. Ht*, n° 335, p. 117.
14. Saint-Alary-Hin, « La procédure de conciliation », *Rev. proc. coll.* 6/2, p. 169 s., sp. p. 173, n° 28 – SAINT-ALARY-HOUIN éd., n° 311.
15. Kuntz, « D prévention des difficultés des entreprises, du mandat *oc* et de la procédure de conciliation », *LPA* n° sp., 8 fé 006, n° 28, p. 5 s., sp. p. 12.
16. Kuntz, « D prévention des difficultés des entreprises […] », préc. p. 12.

cependant de rechercher de nouveaux partenaires financiers, spécialisés ou non dans le financement des entreprises en difficulté, qui seront astreints à l'obligation de confidentialité, en tant que personne intervenant à la conciliation.

Précisons enfin que le conciliateur pourra se voir confier par les créanciers un mandat de surveiller l'exécution de l'accord, en qualité d'observateur de gestion[1]. L'ordonnance du 12 mars 2014 conduit à une modification du fait de la création de la mission de mandataire à l'exécution de l'accord (v. ss nº 144.61).

SECTION 142.50

REMISES DE DETTES PUBLIQUES SOUS L'EMPIRE DE LA LÉGISLATION ANTÉRIEURE À LA LOI DU 17 FÉVRIER 2009

142.51 Présentation générale de la possibilité pour le conciliateur de négocier des remises de dettes de la part des organismes fiscaux et sociaux. Entrée en vigueur du dispositif. La procédure de conciliation permet d'obtenir de la part des organismes fiscaux et sociaux des remises de dettes, dans les mêmes conditions que pour la procédure de sauvegarde. L'article L. 611-7, alinéa 3 du code de commerce renvoie en ce sens à l'article L. 626-6 (v. ss nos 512.61 à 512.75). Il a été indiqué par le rapporteur pour avis au nom de la commission des finances que « la volonté de l'État de remettre tout ou partie de ses créances pour faciliter la pérennité de l'entreprise sera considérée comme un élément déclencheur par les autres créanciers, en particulier les établissements de crédit »[2]. Il est confié à l'État « le rôle d'un partenaire attentif »[3]. A été dé ncé le caractère paradoxal de voir quelquefois des dres-sements judiciaires échouer à cause de la p ition du Trésor ou des Urssaf, ce qui crée des arges publiques supplémentaires[4].

En présence d'un entrepreneur individ à responsabilité limitée, le dispositif ne conce que les dettes fiscales et sociales nées de l'activité ée dans le patrimoine concerné par la procédure onciliation, conformément aux principes posé les articles L. 680-2 et L. 680-3 du code de cor erce (ord. 9 déc. 2010[5], art. 8).

Si les remises de dettes fiscales intéressent des collectivités locales, l'article 1600 du code général des impôts aura vocation à s'appliquer : lorsqu'une collectivité locale n'est pas à l'origine d'une remise de dette en capital, cette dette est compensée à concurrence dans son budget. La collectivité locale n'aura donc pas à subir de diminution de ses ressources[6].

Il a été observé que l'article L. 611-7, alinéa 3 du code ne renvoie à l'article L. 626-6 du code que pour les remises de dettes. En conséquence, il ne semble pas possible pour le Trésor public de consentir des cessions de rang ou des abandons de sûretés[7], l'opinion contraire étant également soutenue[8]. La solution a été modifiée par l'article 76 de la loi du 4 août 2008[9], dite loi LME, qui prévoit, en changeant la rédaction de l'alinéa 3 de l'article L. 611-7 du code, la possibilité des abandons de sûretés et de cession de rang, de la part des créanciers publics[10].

En outre, le code ne dit mot de la fiscalité des abandons de créances. Faudra-t-il admettre leur déductibilité en raisonnant par analogie avec les abandons consentis dans la procédure de sauvegarde ou de redressement judiciaire (v. ss nº 522.13) ? La solution était loin d'être certaine[11]. L'article 39,13 du CGI, qui résulte de la loi de finances rectificatives pour 2012 du 16 août 2012[12] (art. 17, I, 1°) précise désormais que les abandons de créances consentis aux entreprises en conciliation, dans le cadre d'un accord homologué, sont déductibles du bénéfice imposable[13], sans distinguer selon qu'il s'agit d'aides à caractère commercial – fournisseur consentant un abandon – ou à caractère financier – société d'un groupe consentant un abandon à une autre société du même groupe.

Un amendement avait proposé d'exclure les remises de dettes de la part des organismes sociaux, au

1. SAINT-ALARY-HOUIN, 7e éd., nº 315.
2. Avis nº 2099 de Jérôme Chartier, *Doc. A* nom de la commission des finances, de l'économiérale et du plan, p. 11.
3. Avis nº 2099 de Jérôme Chartier, *Doc. A*.
4. Interv. Xavier de Roux, *JOAN CR*, 1re du 3 mars 2005, p. 1603.
5. Ord. nº 2010-1512, 9 déc. 2010, préc.
6. Avis de Jérôme Chartier, *JOAN CR*, 1re séance du 3 mars 2005, p. 1603.
7. Lagarde, « Le Trésor public : un créancier comme les autres », *Gaz. Pal.* 9-10 sept. 2005, nº sp., p. 28 – Notté, « Remises de dettes au débiteur en difficulté par les créanciers sociaux et fiscaux », *JCP E* 22 févr. 2007, Act. 81, p. 3 – *Adde*, Intr. C.P nº 07-034-N, 26 juin 2007 – TOUTEFOIS : Lagarde, « La remise de dettes fiscales en procédure de conciliation », *Annonces de la Seine* 30 août 2007, nº 57, p. 9 s, sp. p. 10.
8. J.-CL. COM., Jacquemont, fasc. 2030, [Procédure de conciliation et concordat], 2006, nº 31.
9. L. nº 2008-776, 4 août 2008 de modernisation de l'économie, *JO* 5 août, p. 12471.
10. Obs. Legeais, *RD banc. fin.* 2008/5, p. 39, nº 140.
11. Lagarde, « Le Trésor public : un créancier comme les autres », *Gaz. Pal.* 9-10 sept. 2005, nº sp., p. 28 s., sp. p. 29.
12. L. nº 2012-958, 16 août 2012, *JO* 17 août, p. 13479.
13. Decœurwaerder, « Déductibilité fiscale des aides à caractèrefinancier accordées aux entreprises en difficulté » ; *BJE* oct.2012, comm. 152 – *Act. proc. coll.* 2012/16, comm. 240,note Lamulle.

prétexte que personne ne pourrait compenser la remise consentie[1]. Lors de la discussion parlementaire, une distinction a cependant été établie : les organismes de sécurité sociale doivent pouvoir remettre les dettes de cotisations patronales, mais pas les dettes de cotisations salariales qu'ils détiennent, en quelque sorte, pour le compte d'un tiers[2], c'est-à-dire les précomptes. C'est la solution qui a été retenue par la loi du 26 juillet 2005[3], qui modifie ainsi l'article L. 243-5 du code de la sécurité sociale.

Le décret du 5 février 2007[4], ainsi que le prévoit l'article L. 626-6 alinéa 3 du code de commerce, texte de la procédure de sauvegarde, auquel renvoie l'article L. 611-7 alinéa 3 du code[5], est venu préciser les conditions des remises de dettes. Ses articles, au nombre de huit, ont été codifiés dans leur ordre exact aux articles R. 626-9 à R. 626-16 du code de commerce. Un recours pour excès de pouvoir formé contre ce décret a été rejeté[6].

Le dispositif de remises de dettes mis en place par le décret a été explicité par une circulaire ministérielle[7]. Le grand changement annoncé par la loi demeure très encadré dans le décret[8]. On peut même dire, en ce qui concerne la conciliation tout au moins, que la révolution, en pratique, n'aura pas lieu ou pour une reprendre une belle expression, que la révolution est « de velours »[9]. Il importe en sens inverse d'observer que l'avant-projet de décret était bien plus restrictif que ne l'est le décret. L'article 4 de ce texte entendait, en effet, subordonner les remises publiques à la possibilité pour le débiteur en conciliation d'être en mesure d'assurer son redressement « avec ses ressources propres ou avec des fonds obtenus auprès de ses actionnaires ».

Ce décret, faute de disposition particulière, est entré en vigueur au jour de sa publication, le 7 février 2007. Il emporte abrogation des articles 179 et 181 du décret du 27 décembre 1985[10], qui n'avaient pas été abrogés par la loi de sauvegarde des entreprises, l'article 354, 3° du décret du 28 décembre 2005[11] n'ayant abrogé que les articles 1 à 175, à l'exception des articles 25-1 et 74. Toutefois, les dispositions de ces deux articles restent applicables aux procédures ouvertes avant l'entrée en vigueur du décret du 5 février 2007 (D. 5 févr. 2007, art. 9).

142.52 Créances publiques concernées par le dispositif spécial de remise de dettes. L'article 1er du décret du 5 février 2007[12] précise les créanciers publics concernés par les remises de dettes qui peuvent être consenties dans une procédure de conciliation, de sauvegarde ou de redressement judiciaire. Il s'agit des administrations financières (administration fiscale et douanes), des organismes de sécurité sociale, des institutions gérant le régime d'assurance-chômage, des institutions de prévoyance et de retraites complémentaires et supplémentaires des salariés et des non salariés et des institutions gérant le régime de protection sociale des professions agricoles.

L'article 2 du décret du 5 février 2007 s'emploie à dresser la liste des créances susceptibles de faire l'objet de remises. Six catégories de créances sont distinguées :

1° les pénalités, intérêts de retard, intérêts moratoires, amendes fiscales ou douanières, majorations, frais de poursuite, quel que soit l'impôt ou les produits divers du budget de l'État auquel ces pénalités ou frais s'appliquent;

2° les majorations de retard, frais de poursuite, pénalités et amendes attachées aux cotisations et contributions sociales recouvrées par les organismes de sécurité sociale et par les institutions régies par le livre IX du code de la sécurité sociale et par les institutions régies par le livre VII du code rural;

[illegible]° les majorations de retard, frais de poursuite et pénalités attachées aux contributions et cotisations recouvrées par les institutions gérant le régime d'assurance-chômage prévu aux articles L. 351-3 et suivants (devenus L. 5422-1 et suivants) du code du travail; le décret du 29 septembre 2008[13] (art. 7, V) a pour sa part visé « l'institution mentionnée à l'article L. [illegible]12-1 du code du travail pour le compte de l'organisme gestionnaire du régime d'assurance chômage ».

4° les cotisations et contributions sociales patronales d'origine légale ou conventionnelle qu'un employeur est tenu de verser au titre de l'emploi de personnel salarié;

5° les droits au principal afférents aux seuls impôts directs perçus au profit de l'État et des collectivités territoriales;

1. Amend. n° 543, Interv. Alain Viladies, *JOAN CR*, 1re séance du 3 mars 2005, p. 1603.
2. Interv. Xavier de Roux, *JOAN CR*, 1re séance du 3 mars 2005, p. 1604.
3. L. n° 2005-845, 26 juill. 2005, préc.
4. D. n° 2007-153, 5 févr. 2007, *JO* 7 févr., p. 2325.
5. *JO* 7 févr., 2325, texte n° 5.
6. CE 5 mai 2008, req. n° 304350, NP, *Act. proc. coll.* 2008/18, n° 281; *D.* 2008. AJ 1406, note Lienhard.
7. Circ. 4 mai 2007, *BOI* 13 S-1-07, n° 100, 21 août 2007 – *Adde*, Roussel Galle, « De quelques précisions sur les remises de dettes des créanciers publics », *Act. proc. coll.* 2007/18.
8. RAPPR. : Valliot, Le Guernevé et Abitbol, « Les abandons de créances publiques – Qui peut le plus peut le moins », *Gaz. proc. coll.* 2007/2, p. 9.
9. Valliot, Le Guernevé et Abitbol, « Les abandons de créances publiques – Qui peut le plus peut le moins », préc.
10. D. n° 85-1388, 27 déc. 1985, *JO* 29 déc., p. 152[illegible].
11. D. n° [illegible]-1677, 28 déc. 2005, *JO* 29 déc., p. 20324.
12. D. n° [illegible]-153, 5 févr. 2007, préc.
13. D. n° [illegible]-1010, 29 sept. 2008, *JO* 30 sept., p. 15040.

6° les créances de l'État étrangères à l'impôt et au domaine, aux redevances domaniales, aux redevances pour services rendus et aux autres produits divers du budget de l'État.

La liste doit être considérée comme limitative[1]. Sont ainsi exclus les droits au principal afférents aux impôts indirects ou ceux afférents aux cotisations et contributions sociales, la contribution sociale généralisée, la CRDS et la contribution professionnelle due à titre personnel par les travailleurs non salariés.

L'article 3 du décret du 5 février 2007 apporte toutefois une précision d'importance sur les créances susceptibles d'être remisées. En effet, il précise que les dettes doivent être « exigibles à la date de réception de la demande de remises valant saisine de la commission mentionnée à l'article 6, et dues aux administrations, organismes et institutions mentionnées à l'article 1er ». La formule employée a permis à un auteur de considérer que la dette, qui n'était pas exigible au jour du jugement d'ouverture, mais qui l'était au jour de la demande de remise de dettes, était susceptible d'une remise[2]. Dès lors, il peut être estimé que la remise de dette peut concerner des créances qui, non seulemer ne sont pas exigibles au jour de l'ouverture de la onciliation, mais qui le deviennent au jour de la denande de remise de dettes, mais encore, des crénces nées après l'ouverture de la conciliation et devenues exigibles au jour de la demande de reme de dette[3]. En revanche, les acomptes provisionrels de taxe professionnelle, d'impôt sur le revenu u sur les sociétés ne sont pas susceptibles d'être reuisés[4].

Depuis le 1er janvier 2006, l'article 1756, I du code général des impôts impose au Trésor public d'abandonner, en cas de redressement ou de liquidation judiciaire, « les frais de poursuite et les pénalités fiscales encourues en matière d'impôts directs et taxes assimilées, de taxes sur le ciffre d'affaires et taxes assimilées, de droits d'enreistrement, taxe de publicité foncière, droits de tmbre et autres droits et taxes assimilés, dus à la dte u jugement d'ouverture », à l'exception des najrations des droits dues en cas de défaut, de retard'inexactitude ou d'omission dans les déclaratio, d'opposition à fonctions et obstacle au contrôle l'impôt, ainsi que des amendes dues en cas d'inaction aux règles de la facturation ou pour délivice irrégulière de documents permettant à un tiers de bénéficier d'un avantage fiscal.

Cette obligation faite au Trésor d'abandonner de plein droit certaines de ses créances a été étendue par l'ordonnance du 18 décembre 2008[5] à la procédure de sauvegarde. Elle ne concerne pas, en revanche les débiteurs ayant sollicité une procédure de conciliation. Ainsi, le débiteur sous sauvegarde ou sous redressement judiciaire est, dans la perspective de son plan, beaucoup mieux traité qu'un débiteur sous conciliation, du fait du mécanisme de hiérarchisation des remises de dettes (v. ss no 142.57).

142.53 Saisine de la Commission des chefs de services financiers (CCSF) aux fins de remises de dettes publiques pour la procédure de conciliation. La demande de remise de dette publique n'est pas directement présentée aux créanciers concernés.

Dans la procédure de conciliation, l'article 4 du décret du 5 février 2007[6] dispose que la demande est, sous peine de forclusion, déposée ou adressée par le débiteur ou le conciliateur, dans les deux mois à compter de l'ouverture de la procédure de conciliation.

Aucune forme spéciale n'est requise, la voie électronique pouvant être utilisée.

La demande doit, selon l'article 4 du décret, être accompagnée de certaines pièces : l'état actif et passif des sûretés ainsi que de celui des engagements hors bilan, les comptes annuels et les tableaux de financement des trois derniers exercices, si ces documents ont été établis, ainsi que la situation de l'actif réalisable disponible et du passif exigible. Le Conseil d'État a estimé, à propos de la demande présentée dans le cadre d'un redressement judiciaire, que la légalité de cette disposition n'est pas discutable, en ce qu'elle ne prive pas de sa portée la disposition légale posant le principe de la possibilité pour les créanciers publics d'accorder des remises de dettes, dès lors que les requérants ne prouvent pas que les documents dont la production est exigée par le décret, au demeurant très proches de ceux à fournir pour l'ouverture de la procédure collective, ne pouvaient être fournis dans les délais[7]. La solution est transposable pour l'article 4 du décret, à la conciliation.

L'article 4 ajoute que la demande doit être complétée dès qu'ils sont établis par des documents faisant apparaître le montant des dettes privées répondant aux critères de l'article 8 du décret, le montant des remises sollicitées auprès des créanciers privés en précisant l'identité de chacun de ces créanciers, les dettes concernées, leur montant, leur date d'exi-

1. Lagarde, « Le fabuleux destin des dettes pques », *Gaz. proc. coll.* 2007/2, p. 3., sp. p. 4.
2. Lagarde, « Le fabuleux destin des detpubliques », préc., sp. p. 4.
3. Rétif, « Les remises accordées par les ciers à une entreprise en difficulté », *Dr. et patr.* fév08, no 167, p. 30 s., sp. p. 33.
4. Rétif, « Les remises accordées par les ciers à une entreprise en difficulté », préc.
5. Ord. no 2008-1345, 18 déc. 2008, préc.
6. D. no 2007-153, 5 févr. 2007, préc.
7. CE 5 mai 2008, req. no 304350, NP, préc.

gibilité et, le cas échéant, les conditions auxquelles les remises sont subordonnées. Aucun délai n'est ici imparti par le texte, ce qui contraste avec le délai de forclusion dans laquelle est enfermée la demande de remise de dettes. Mais il ne faut pas s'y tromper. En effet, si le débiteur et le conciliateur veulent obtenir une remise de dette publique dans les délais de la procédure, laquelle ne peut excéder cinq mois, ils doivent tenir informer les créanciers publics rapidement[1]. En effet, l'article 6, alinéa 3 du décret du 5 février 2007 prévoit que l'absence de réponse dans un délai de dix semaines à compter de la réception de la demande et de l'ensemble des éléments mentionnés à l'article 4 vaut décision de rejet. Ainsi, le délai de réponse court-il non de la réception de la demande si celle-ci est incomplète, mais du moment où une demande étayée par des pièces au complet a été présentée. C'est pourquoi, si le conciliateur ou le débiteur tarde un peu à fournir la liste complète des documents qu'il doit présenter, ce délai de dix semaines dépassera le délai buttoir de la procédure de conciliation, laquelle aura en conséquence échoué. Cette remarque fait écrire à un praticien que l'approche des administrations aura du intervenir en amont, c'est-à-dire en phase de mandat *ad hoc*[2].

142.54 **Réponse de la commission composée pour statuer sur la demande de remise de dettes.** La demande de remise de dettes est examinée au sein d'une commission réunissant des chefs de services financiers (CCSF), ainsi que les représentants des organismes et institutions intéressés (D. 5 févr. 2007, art. 6, al. 1).

Le président de la commission recueille les décisions des administrations, organismes et institutions représentées, c'est-à-dire des créanciers publics. Ces derniers sont eux-mêmes informés sans délai par le débiteur ou le conciliateur des réponses orales ou écrites qui auraient été apportées par les autres créanciers sur la consultation tendant à obtenir l'accord de conciliation.

Il importe ici de remarquer que la réponse qui sera donnée le sera par chaque créancier et qu'il n'est donc nullement question de voter à la majorité selon les règles propres aux comités de créanciers dans les procédures de sauvegarde ou de redressement judiciaire.

C'est pourquoi le décret du 5 février 2007[3] prend le soin de préciser les autorités compétentes au sein des administrations financières pour statuer sur les demandes de remises de dettes. Les personnes désignées peuvent déléguer leur signature aux agents placés sous leur autorité.

S'agissant des impôts directs et des pénalités fiscales, d'une part, et des frais de poursuite afférents aux impôts recouvrés par les comptables des impôts, d'autre part, la compétence appartient au directeur chargé d'une direction des services fiscaux, au directeur chargé d'un service à compétence nationale ou d'une direction spécialisée pour les créances établies à l'initiative de ces services.

La compétence appartient au trésorier-payeur général, au receveur des finances ou au comptable du Trésor, pour les frais de poursuite, intérêts moratoires et majorations afférents aux impôts recouvrés par les comptables du Trésor.

La compétence appartient au directeur régional des douanes et droits indirects pour les créances recouvrées par les services de la direction générale des douanes et droits indirects.

La compétence appartient au trésorier-payeur général ou au comptable qui a pris en charge les ordres de recetes, en ce qui concerne les produits divers du budget de l'État, majorations, frais de poursuite et intrêts y afférents.

La compétene appartient au comptable du Trésor, au trésorie-payeur général ou au comptable spécialisé du Dmaine, pour les frais de poursuite afférents aux prduits et redevances du domaine de l'État recouvré pr les comptables du Trésor.

La compétene appartient au directeur régional des douanes et roits indirects pour les créances recouvrées par le services de la direction générale des douanes et dnits indirects.

La compétence appartient au trésorier payeur général ou au comptable qui a pris en charge les ordres de recettes, en ce qui concerne les produits divers du budget de l'État, majorations, frais de poursuite et inérêts y afférents.

La compétece appartient au comptable du Trésor, au trésorie payeur général, au comptable spécialisé du Domine, pour les frais de poursuite afférents aux poduits et redevances du domaine de l'État recouvé par les comptables du Trésor.

En ce quconcerne les créanciers sociaux, le décret du 2février 2007[4] précise que la compétence appartnt au directeur des Urssaf. Dans le cas où les créaes concernent plusieurs organismes chargés du iouvrement, la décision du directeur de l'Urssaf eprise, en ce qui concerne les créances des autres onismes, après avis conforme des directeurs des onismes concemés (CSS, art. R. 243-20, 2°, réd. 22 févr. 2007. Ainsi, la réponse des organismesciaux est-ell apportée créancier

1. RAPPR. : Lagarde, « Le fabuleux destin des dettes publiques », *Gaz. proc. coll.* 2007/2, p. 3 s., sp. p. 5.
2. Douhaire, « Les aspects pratiques de la conciliation – le rôle du conciliateur dans les négociations », *RJ com.* 2008. 21 s., sp. p. 25.
3. D. n° 2007-154, 5 févr. 2007, *JO* 7 févr., p. 2326.
4. D. n° 2007., 22 févr. 2007, *JO* 24 févr., p. 3382.

social par créance social, mais sa retransmission au président de la Cochefe est unique.

La réponse des créanciers publics doit en effet être notifiée par le président de la commission (D. 5 févr. 2007 art. 6, al. 2) ou son délégataire.

Selon un principe classique en matière de créances publiques, l'absence de réponse dans le délai de dix semaines, qui court à compter non du dépôt de la demande, mais seulement du jour où une demande étayée par des pièces complètes a été déposée (D. 5 févr. 2007 art. 6, al. 3), vaut refus.

142.55 Conditions posées pour la remise de dette tenant à la personne du débiteur ou à son dirigeant. L'article 7, 1° du décret du 5 février 2007[1] subordonne la remise de dette à la constatation que le débiteur n'ait pas fait l'objet depuis au moins dix ans d'une condamnation définitive pour l'une des infractions sanctionnées par les articles L. 8224-1 à 8224-3 et L. 8224-5 (anc^{t} L. 362-3, L. 362-4 et L. 362-6) du code du travail. Il s'agit des infractions de travail dissimulé. La même règle est posée pour les personnes morales, et en conséquence les remises de dettes publiques ne pourront être accordées si leurs organes ou représentants ont fait l'objet d'une telle condamnation dans les dix ans précédant la demande.

142.56 Remises de dettes publique conditionnées à des abandons concomitants d dettes privées. L'article L. 626-6, alinéa 1 du cde de commerce, texte de la sauvegarde applicabl par renvoi en conciliation (C. com., art. L. 611-7, a 3) énonce que les remises de dettes publiques seont faites « concomitamment à l'effort consenti pr d'autres créanciers ». La solution est reprise parl'article 7, 4° du décret du 5 février 2007[2], qui énonce également que « les remises de dettes sont conditionnées à un abandon concomitant des dettes prées ». Le Conseil d'État a estimé que la légalité de cte disposition n'est pas discutable, en ce qu'ee n'a pas ajouté au texte de loi[3].

Le décret n'impose pas une proportinnalité, ce qu'il n'aurait pu faire sans s'émanciper utrancièrement des discussions parlementaire autour de l'expression « concomitamment » utiée par l'article L. 626-6, alinéa 1 du code de comerce. Il préfère poser des règles d'interdiction ccorder des remises dépassant certains seuils. L'acle 7, 2° du décret du 5 février 2007 interdit ainsn montant de remise de dettes publiques telles e mentionnées aux articles 2 et 3 du décret, qerait supérieur à trois fois le montant des rens de dettes privées. Est ici pris en compte le montant total des remises de dettes publiques. Cette limite a pour objet d'éviter que le débiteur n'ait la tentation de repousser l'ouverture d'une procédure collective en créant du passif public[4].

L'article 7, 3° du décret du 5 février 2007 interdit pour sa part que le taux de remise accordé par chaque créancier public visé à l'article 1er du décret dépasse le taux moyen pondéré des remises de dettes privées. Est ainsi pris en compte le montant de la remise de dette créancier public par créancier public.

Le montant maximal de la remise totale accordée par les créanciers publics ainsi que le montant maximal accordé par chaque créancier public est calculé par référence aux remises de dettes privées. Le décret du 5 février 2007 (art. 8) prend le soin de préciser cette notion, qui n'englobe donc pas toutes les dettes qui ne sont pas publiques.

D'ores et déjà, indiquons que des exemples de calcul effectués par des professionnels avertis permettent de faire le double constat que d'une part, ce sont les entreprises qui ont accumulé un passif fiscal et social important qui tireront le meilleur profit du décret du 5 février 2007 et que, d'autre part, le taux de remise consenti par les créanciers publics restera modeste[5]. La remarque mérite toutefois d'être un peu nuancée dans la procédure de conciliation, du fait de la hiérarchie existant dans les remises possibles (v. s^{s} n° 142.57), les remises devant d'abord être effectuées sur les pénalités et intérêts de retard, ce qui annihile le jeu de l'accumulation de dettes publiques. En outre, en pratique, si la conciliation est ouverte sans cessation des paiements, le passif fiscal et social devrait être extrêmement faible. Même si la procédure est ouverte avec cessation des paiements, le fait que cette dernière ne doive en toute occurrence pas exister depuis plus de 45 jours, lors de l'ouverture de la procédure, conduira identiquement à constater un faible passif fiscal et social. Il faut toutefois préciser que ce passif peut devenir exigible entre l'ouverture de la conciliation et le dépôt de la demande de remise de dettes publiques (v. s^{s} n° 142.53). Ainsi, dans la procédure de conciliation, il a été suggéré une évolution de la législation fiscale, qui autoriserait de pouvoir négocier sur des cotisations et dettes fiscales non encore exigibles en permettant un gel puis un moratoire : ce serait l'heure de la *new money publique*, qui pourrait se voir octroyer le bénéfice du privilège de la conciliation[6].

1. D. n° 2007-153, 5 févr. 2007, préc.
2. D. n° 2007-153, 5 févr. 2007, préc.
3. CE 5 mai 2008, req. n° 304350, NP, *D.* 20J 1406, note Lienhard.
4. Valliot, Le Guernevé et Abitbol, « Les abandons de créances publiques – Qui peut le plus peut le moins », préc.
5. Valliot, Le Guernevé et Abitbol, « Les abandons de créances publiques – Qui peut le plus peut le moins », préc.
6. Valliot, Le Guernevé et Abitbol, « Les abandons de créances publiques – Qui peut le plus peut le moins », préc.

Les dettes privées s'entendent ici de l'ensemble des concours consentis par les créanciers autres que ceux visés à l'article 1er du décret, c'est-à-dire les créanciers publics. Cette notion est également utilisée à l'article L. 650-1 du code de commerce. Elle est large et englobe les prêts, l'escompte, les découverts, les ouvertures de crédit, les crédits garantis par une cession Dailly. Sont concernés les concours bancaires, mais encore les crédits inter entreprises et les crédits fournisseurs (v. ss n° 834.13).

Cette même disposition considère également comme des dettes privées, les sommes dues aux fournisseurs de biens et de services. Après avoir posé ce principe d'inclusion dans la notion de dettes privées, l'article 8, 1° alinéa 2 du décret exclut les créances détenues par des fournisseurs qui représenteraient moins de 5 % du passif fournisseur.

Pour tenir compte du fait que l'accord de conciliation ne s'impose qu'à ceux qui l'ont accepté, l'article 8, 2° du décret du 5 février 2007 précise que seules les créances détenues par les créanciers qui sont parties à l'accord, sont comptabilisées pour le calcul des seuils. Cela revient donc à exclure du calcul les créances détenues par des personnes qui n'ont pas accepté l'accord.

L'article 8, 3°, b du décret du 5 février 2007 procède à une autre exclusion compréhensible intéressant le débiteur, personne physique : les créances détenues par ses parents ou alliés jusqu'au quatrième degré inclusivement sont exclues de la notion de dettes privées. Le décret a estimé qu'il y aurait un danger pour les administrations publiques, dans la mesure où le débiteur pourra vraisemblablement obtenir d'importantes remises de la part de ces personnes. Pour la même raison, l'article 8, 3, c exclut encore du calcul des dettes privées, les fonds reçus ou laissés en compte par les associés en nom ou les commanditaires d'une société de personnes, les associés ou actionnaires, les administrateurs, les membres du directoire et du conseil de surveillance ou les gérants ainsi que les fonds reçus de leurs parents ou alliés jusqu'au quatrième degré inclusivement. Le Conseil d'État a estimé, à propos d'une demande présentée dans le cadre d'un redressement judiciaire, mais la solution est transposable en matière de conciliation, que la légalité de cette disposition n'est pas discutable, dans la mesure où elle s'inscrit dans la logique du principe posé par la loi, selon lequel l'octroi des remises de dettes par les créanciers publics doit intervenir « dans des conditions similaires à celles que lui octroieraient, dans des conditions normales de marché, un opérateur économique privé placé dans la même situation »[1]. Il importe peu à cet égard que le débiteur n'ait que des créanciers parents ou allié. Il n'y a pas là d'inégalité de traitement entre les entreprises, les artisans pouvant, comme les autres entrepreneurs, recourir au crédit bancaire.

L'article 8, 3°, a du décret du 5 février 2007 procède à une autre exclusion intéressant les personnes morales, en décidant que lorsque le débiteur appartient à un ensemble de personnes entre lesquelles un lien de contrôle existe au sens de l'article L. 233-3 du code de commerce, les créances détenues par ces personnes ne pourront être intégrées dans le calcul des dettes privées. Il s'agit là d'une mesure de prudence pour les administrations publiques, destinée à éviter que d'importantes remises consenties par des filiales à une société mère ou l'inverse conduisent les créanciers publics à des remises trop importantes. À l'inverse, il s'agit d'une mesure potentiellement pénalisante lorsqu'il est question de raisonner sur le sauvetage d'un groupe de sociétés.

Après avoir posé cette règle, l'article 8, 4° du décret du 5 février 2007 prévoit que les créanciers publics peuvent, après avoir informé le débiteur ou le conciliateur, prendre en compte globalement à l'échelle de tout ou partie de cet ensemble de personnes entre lesquelles existe un lien de contrôle, les dettes publiques susceptibles de remises et les dettes privées. On peut penser qu'il s'agit ici d'éviter des efforts trop importants qui seraient consentis à plusieurs sociétés d'un même groupe en globalisant l'effort.

Non seulement la remise de dette publique est conditionnée à la remise de dettes privées, mais l'article 7, 4° du décret du 5 février 2007 précise encore, en affinant la notion de remise concomitante, que les remises de dettes publiques seront subordonnées, le cas échéant, à des conditions équivalentes à celles prévues pour les dettes privées. Il faut donc comprendre que si une ou plusieurs conditions suspensives ou résolutoires subordonnent les remises de dettes privées, il en sera de même pour les dettes publiques.

De même si l'accord de conciliation prévoit une clause de retour à meilleure fortune, elle profitera aux créanciers publics. Il s'agit en somme de traiter les créanciers publics comme des créanciers privés.

142.57 Mécanisme de hiérarchisation des remises de dettes publiques. L'article 7, 5° du décret du 5 février 2007 prévoit que les remises de dettes publiques sont consenties par priorité sur les frais de poursuite, les majorations et amendes, puis sur les intérêts de retard et les intérêts moratoires, et enfin sur les droits et sommes dues au principal.

Cette précision revêt une importance de premier plan pour les créanciers publics. En effet, dès lors

1. CE 5 mai 2008, req. n° 304350, préc.

2. D. n° 2007-5 févr. 2007, préc.

que le débiteur aura accumulé des retards dans le paiement des impôts et cotisations, des majorations, intérêts de retard et intérêts moratoires seront dus, ainsi éventuellement que des frais de poursuite. S'il n'est pas parfaitement à jour de ses déclarations, des pénalités seront exigibles. Dans ces hypothèses, l'essentiel, pour ne pas dire la totalité de la remise de dette publique, représentera des sommes qui ne constituent pas le principal de la dette. La situation du débiteur de l'impôt ou des cotisations sociales ne sera alors nullement améliorée par rapport à celle qu'il aurait eue, dans un redressement judiciaire, sous l'empire de la législation antérieure, laquelle prévoyait déjà une remise d'une grande partie des pénalités, intérêts de retard et intérêts moratoires. L'article L. 611-7, alinéa 3 du code de commerce ne constituera, dans ce cas, qu'un bel effet d'annonce législative, mais restera sans aucune portée pratique. La solution ne peut donc qu'être déplorée. À cet égard, depuis l'ordonnance du 18 décembre 2008[1], la sauvegarde apparaît préférable, puisque les pénalités et autres majorations de retard, en matière fiscale, seront remises de plein droit du fait de l'ouverture de cette procédure.

SECTION 142.60
REMISES DE DETTES PUBLIQUES SOUS L'EMPIRE DE LA LÉGISLATION DU 17 FÉVRIER 2009

142.61 Présentation générale du nouveau dispositif de remise de dettes publiques issu du décret du 6 avril 2009[2]. Application du dispositif dans le temps. Les articles R. 626-9 à R. 626-16 du code de commerce sont abrogés. À leur place, sont insérés, par l'alinéa 1 de l'article 1er du décret du 6 avril 2009[3] pris en application de l'article L. 626-6 du code de commerce, les articles D. 626-9 à D. 626-15. Il s'agit donc désormais de dispositions prises en décret simple et non en décret en Conseil d'État, ce qui simplifiera évidemment grandement leurs modifications ou ajustements ultérieurs.

L'article 2 du décret du 6 avril 2009 prévoit que « Les dispositions de l'article 1er sont applicables aux demandes en cours d'instruction à la date de publication du présent décret. » Le nouveau dispositif de remises de dettes publiques s'applique en conséquence à compter du 8 avril 2009, y compris pour les procédures ouvertes à cette date, dès lors que la demande de remises de dettes est en cours, c'est-à-dire tant que la commission n'a pas statué ou tant que l'expiration du délai imparti à la commission pour statuer n'est pas expiré.

Les créanciers publics concernés par le dispositif spécial de remise de dettes, visés désormais par l'article D. 626-9 du code de commerce, restent inchangés par rapport à l'article R. 626-9 (v. s^s^ n° 142.52).

Les dettes susceptibles de remises sont précisées par l'article D. 626-10 du code de commerce, qui reprend fidèlement l'article R. 626-10 (v. s^s^ n° 142.52).

Le dernier alinéa de l'article D. 626-10 du code de commerce conserve le principe de hiérarchisation des remises de dettes publiques, antérieurement énoncé par l'article 7, 5° du décret du 5 février 2007[4] (devenu C. com., art. R. 626-15, 5°). En conséquence, les remises de dettes publiques sont consenties par priorité sur les frais de poursuite, les majorations et amendes, puis sur les intérêts de retard et les intérêts moratoires, et enfin sur les droits et les sommes dues au principal. Le nouvel article D. 626-10 *in fine* ajoute que les dettes dues au principal ne peuvent être intégralement remisées.

L'article D. 626-11 du code de commerce reprend fidèlement la solution posée par l'article 3 du décret du 5 février 2007 (devenu C. com., art. R. 626-11), selon lequel les dettes susceptibles d'être remisées doivent être « exigibles à la date de réception de la demande de remises valant saisine de la commission » (v. s^s^ n° 142.52).

Les conditions posées pour la remise de dette tenant à la personne du débiteur ou à son dirigeant posées par l'article R. 626-15, 1° du code de commerce (v. s^s^ n° 142.55) sont conservées par l'article D. 626-115 du code.

142.62 Saisine de la Commission des chefs de services financiers (CCSF) aux fins de remises de dettes publiques pour la procédure de conciliation. Les modalités de saisine de la commission, telles qu'elles étaient posées par l'article R. 626-12 du code de commerce, ne sont guère modifiées (v. s^s^ n° 142.53). Il faut toutefois noter que certaines pièces, qui n'avaient pas à être immédiatement jointes à la saisine de la commission, sont désormais exigées dès cette phase. Il en est ainsi, en application du 3° du A de l'article D. 626-12 du code du montant des dettes privées. Auparavant, l'article R. 626-12 n'exigeait l'indication du montant des dettes privées qu'au jour du complément du dossier. La solution peut s'expliquer. La notion de dettes privées retenue par le décret du 6 avril 2009 est extrêmement simple : il s'agit de toutes les créances détenues par ces créanciers autres que ceux mentionnés à l'article D. 626-9 (C. com., art. D. 626-12, A, 3°), alors que cette notion de dettes priées était beau-

1. Ord. n° 2008-1345, 18 déc. 2008, préc.
2. D. n° 2009-385, 6 avr. 2009, *JO* 8 avr., p. 6198, n° 37.
3. D. n° 2009-385, 6 avr. 2009, préc.
4. D. n° 200-153, 5 févr. 2007, préc.

coup plus complexe à déterminer auparavant (v. s[s] n° 142.56).

Le décret du 6 avril 2009[1] (C. com., art. D. 626-12, B, 1° et 2°) se montre moins contraignant qu'antérieurement pour l'obtention des remises de dettes publiques, dans la mesure où la demande de remises de dettes pourra – et de plus devra – être complétée, dès qu'ils sont établis, par tous documents, notamment :

« 1° Un plan de trésorerie prévisionnel;

2° Un état prévisionnel des commandes;

3° Le montant des remises sollicitées ou obtenues auprès des créanciers privés. »

Ces documents doivent permettre aux administrations publiques d'être exactement informées sur l'aptitude de l'entreprise à se redresser, dès lors que la remise de dettes est finalisée. L'article D. 626-15 du code de commerce indique en effet que les remises de dettes publiques « pour objet de faciliter la restructuration financière de l'entreprise en difficulté, la poursuite de son activité économique et le maintien de l'emploi ».

142.63 Réponse de la commission composée pour statuer sur la demande de remise de dettes. Les règles relatives à l'instruction de la demande et à la réponse de la commission, posées par l'article R. 626-14 du code de commerce sont reprises par l'article D. 626-14 (v. s[s] n° 142.54). Il faut seulement mentionner la modification suivante. Le texte nouveau (al. 3) prend le soin de préciser que lorsque la demande d'octroi de remises de dettes est favorable, la notification précise les montants d'abandon de créances publiques ainsi que les conditions qui y sont attachées vis-à-vis des créanciers privés. Il s'agit là de tenir compte du fait que les remises des créanciers publics sont « coordonnées avec les efforts des créanciers privés ».

142.64 Finalité des remises de dettes publiques. De manière nouvelle, l'article D. 626-15 du code de commerce s'emploie à déterminer la finalité des remises de dettes publiques. Elles ont positivement, précise cette disposition, « pour objet de faciliter la restructuration financière de l'entreprise en difficulté, la poursuite de son activité économique et le maintien de l'emploi ». Ces critères apparaissent cumulatifs. Négativement, ajoute le texte, qui enfonce ainsi le clou, « la remise de dettes n'est pas justifiée dès lors que l'entreprise n'est plus viable ». En outre, la remise de dettes « ne doit pas représenter un avantage économique injustifié pour l'entreprise bénéficiaire ». Il s'agit là d'éviter une *distorsion de concurrence* incompatible avec es normes européennes.

1. *D. n° 2009-385, 6 avr. 2009, préc.*

142.65 Coordination des efforts des créanciers publics avec ceux des créanciers privés. Suppression de la concomitance pour la remise de dettes publiques. Précisons d'abord que l'ordonnance du 18 décembre 2008[2] n'a pas modifié la solution imposant une concomitance entre les remises de dettes publiques et les remises de dettes privées. En revanche, l'article 20 de la loi du 17 février 2009[3] a supprimé l'obligation de concomitance des remises de dettes publiques avec les remises de dettes privées posée par l'article L. 626-6, alinéa 1 du code de commerce. La solution pouvait sembler importante, en permettant à un débiteur de bénéficier de remises de dettes de créanciers publics, alors même que les créanciers privés ne lui consentiraient pas de remise de dettes et alors même que le débiteur n'aurait pas de passif privé, l'intégralité de son passif étant fiscale et sociale.

Telle n'a pas été la compréhension du texte par le ministère de l'économie et des finances, qui, alors que la loi du 17 février 2009 a supprimé l'obligation de concomitance, réintroduit un concept assez voisin : celui de coordination des efforts des créanciers publics par rapport aux efforts de créanciers privés. L'article D. 626-15, alinéa 1 *in fine* énonce en effet que « Les efforts des créanciers publics sont coordonnés avec ceux des autres créanciers en vue de faciliter le redressement durable de l'entreprise et permettre le recouvrement de recettes publiques futures. » L'avancée du nouveau texte par rapport à l'ancien article R. 626-15 du code, est de supprimer tout ratio. Mais, en insérant le concept d'« effort coordonné », l'article D. 626-15 introduit pour les créanciers publics un élément extraordinaire de souplesse dans l'appréciation, que n'avait sans doute pas voulu le pouvoir législatif. Il est en tout cas exclu, au regard du nouveau texte, de prévoir une remise de dettes publiques sans effort conséquent des partenaires privés, encore que rien n'interdit d'accorder des remises de dettes publiques, même en l'absence de toute remise de dettes privées, dès lors que les partenaires économiques privés de l'entreprise, au rang desquels figurent les associés, consentent des efforts, par exemple en apportant des capitaux nouveaux.

L'article D. 626-15 précise les éléments d'appréciation qui entrent en ligne de compte pour statuer sur la demande.

Sont d'abord pris en compte les efforts consentis par les créanciers privés. Les efforts des créanciers publics sont coordonnés, indique l'article D. 626-16 du code de commerce, avec ceux des autres créanciers en vue de faciliter le redressement dura-

2. Ord. n° 2008-1345, 18 déc. 2008, préc.
3. L. n° 2009-179, 17 févr. 2009, *JO* 18 févr., p. 2841.

ble de l'entreprise et permettre le recouvrement de recettes publiques futures. Observons au demeurant que pour ne pas être qualifiées d'aides d'État, au sens du droit communautaire, les remises de dettes consenties par les créanciers publics devront l'être dans des conditions similaires à celles consenties par des opérateurs privés. L'idée sera donc de vérifier si, en consentant des abandons de créances, les créanciers publics augmentent leur chance, d'une part, de recouvrer une partie de leurs créances et, d'autre part, à terme, de percevoir des recettes sur le débiteur.

Sont ensuite examinés les efforts financiers consentis par les actionnaires et les dirigeants. On comprend que si les actionnaires et dirigeants n'abandonnent pas des créances en compte-courant ou ne réinjectent pas d'argent nouveau, les créanciers publics seront *a priori* hostiles à l'idée de faire eux-mêmes des efforts. La solution se recommande d'une vision européenne sur les aides d'État.

La situation financière du débiteur et les perspectives de son rétablissement pérenne sont également appréciées. Cela fait de doute façon double emploi avec la précision selon laquelle « la remise de dettes n'est pas justifiée dès lors que l'entreprise n'est plus viable ».

Le comportement habituel du débiteur vis-à-vis des créanciers publics est également un élément d'appréciation. Pour obtenir des remises de dettes, il faut avoir été loyal, et se présenter plutôt comme un bon payeur à l'égard des créanciers publics. Les fraudeurs et mauvais payeurs ne devraient pas bénéficier des remises de dettes publiques. Cela participe d'une certaine moralisation des affaires.

Les éventuels autres efforts consentis par les créanciers publics portant sur les cessions de rang de privilège ou d'hypothèque ou l'abandon de ces sûretés ou les délais de paiement déjà accordés sont enfin des éléments d'appréciation, les créanciers publics n'ayant pas à être sans cesse sollicités.

CHAPITRE

143. Échec de la conciliation

SECTION 0

ORIENTEUR

143.00 **Plan du chapitre.**

Sect. 143.10 Double possibilité d'échec de la conciliation

Sect. 143.20 Absence d'accord de conciliation

Sect. 143.30 Rejet de l'homologation de l'accord de conciliation

143.01 **Textes applicables.** (V. s[s] n° 140.01).

SECTION 143.10

DOUBLE POSSIBILITÉ D'ÉCHEC DE LA CONCILIATION

143.11 **Double possibilité d'échec de la conciliation.** L'échec du règlement amiable, dans la législation antérieure à la réforme du 26 juillet 2005[1] n'a qu'une seule cause : l'absence d'accord entre le débiteur et ses principaux créanciers. La solution demeure. Mais la législation nouvelle prévoit une autre cause d'échec de la conciliation : l'absence d'homologation de l'accord de conciliation.

SECTION 143.20

ABSENCE D'ACCORD DE CONCILIATION

143.21 **Absence d'accord de conciliation – cadre général.** Si le conciliateur ne parvient pas à obtenir l'accord des créanciers, dans le cadre de la conciliation, l'article L. 611-7, alinéa 6 prévoit que le tribunal notifie sa décision au débiteur. Ce rapport, précise l'article 17 du décret du 30 juin 2014[2] (C. com., art. R. 611-38-2), doit être adressé en copie au débiteur par le conciliateur; il est déposé au greffe et communiqué par le greffier au ministère public. Le tribunal notifie sa décision au débiteur. L'ordonnance du 12 mars 2014[3] (art. 5, 4°) ajoute une communication de la décision au ministère public, ce qui permettra à ce dernier de vérifier le respect du délai de carence obligatoire entre deux conciliations[4].

L'article R. 611-38 du code de commerce prévoit que la décision mettant fin à la conciliation n'est pas susceptible de recours. L'article 16 du décret du 30 juin 2014 ajoute à cette disposition que cette décision est communiquée par le greffier au conciliateur et, de manière redondante par rapport à la loi, au ministère public.

Cette décision, qui met fin à la mission du conciliateur, met également fin à la conciliation.

Il a été regretté, pour faciliter la conclusion de l'accord, qu'un système comparable à celui des conités de créanciers, votant à la majorité, n'ait pas été nstitué en matière de conciliation[5]. La solution nou apparaît pourtant fondée, au regard du caractère ontractuel de la conciliation, qui interdisait d'imoser des sacrifices non librement consentis.

Ant l'ordonnance du 12 mars 2014, s'il résulte du raport du conciliateur que le débiteur est en cessatiodes paiements, le tribunal doit se saisir d'office aux fs d'ouverture d'une procédure de redressementudiciaire (C. com., art. L. 631-4, al. 2). La saisirdu tribunal aux fins d'ouverture d'un redresseme judiciaire ne s'impose cependant que si le débit est en état de cessation des paiements. Le texte l'article L. 631-4, alinéa 2 pose explicitementsolution, qui était floue dans le règlement amia

1. L. n° 2005-845, 26 juill. 2005, *JO* 27 juill., p. 12187.
2. D. n° 2014-736, 30 juin 2014, *JO* 1er juill., p. 10834.
3. Or 2014-326, 12 mars 2014, *JO* 14 mars, p. 5249.
4. Lied, « Réforme issue de l'ordonnance du 12 mars 20 *in* C. pr. coll., Dalloz, 2014, p. 6.
5. Gl n° 134.

Le fait que le texte de l'article L. 631-4, alinéa 2 du code de commerce n'envisage que la saisine d'office du tribunal ne peut conduire à exclure la saisine émanant d'autres personnes. En effet, et par hypothèse, le débiteur est en état de cessation des paiements. Dès lors, un créancier ou le ministère public doivent également, dans les conditions classiques, pouvoir solliciter l'ouverture de la procédure collective, si le tribunal ne se saisit pas d'office[1].

Depuis l'ordonnance du 12 mars 2014, cette saisine d'office a été supprimée par l'article 49 de ladite ordonnance, conformément à l'article 2, 7° f de la loi du 2 janvier 2014[2]. Elle est remplacée par une technique d'information du ministère public par le président du tribunal, lorsqu'il a été porté à sa connaissance des éléments faisant apparaître que le débiteur est en état de cessation des paiements. L'article 5, 4° de l'ordonnance du 12 mars 2014, modifiant le sixième alinéa de l'article L. 611-7, prévoit, en outre, pour permettre directement une saisine par le ministère public, que la décision constatant l'échec de la mission du conciliateur est notifiée au ministère public.

Avant, comme depuis l'ordonnance du 12 mars 2014, si le débiteur n'est pas en état de cessation des paiements, la procédure de sauvegarde lui est clairement ouverte, ainsi que le prévoit l'article L. 621-1, alinéa 4 du code de commerce. Toutefois, en ce cas, la demande ne pourra être examinée qu'en présence du parquet si la procédure de conciliation n'a pas été antérieure de plus de dix-huit mois (C. com., art. L. 621-1, al. 4).

En cas d'échec de la procédure de conciliation, si le tribunal, statuant en application du second alinéa de l'article L. 631-4, constate que les conditions mentionnées à l'article L. 640-1 sont réunies, il ouvre une procédure de liquidation judiciaire (C. com., art. L. 640-4 al. 2).

Dans le cadre de la procédure collective ouverte suite à l'échec de la procédure de conciliation, aucun obstacle ne s'élèvera contre la possibilité de remonter avant l'ouverture de la procédure de conciliation la date de cessation de paiements[3] et de créer ainsi une période suspecte, en conformité avec les solutions retenues par la jurisprudence en matière de règlement amiable (v. s[s] n° 222.24).

143.22 Absence d'accord de conciliation – possibilité d'ouverture d'une sauvegarde, d'une sauvegarde accélérée ou d'une sauvegarde financière accélérée. L'article 57 de la loi du 22 octobre 2010[4], dite de régulation bancaire a institué une procédure de sauvegarde financière accélérée (SFA), accessible en cas d'échec d'une procédure de conciliation enfermée dans de strictes conditions (v. s[s] n°s 225.09 s.) en introduisant dans le livre VI du code de commerce, un chapitre 8 dans le titre 2 de ce livre, par création des articles L. 628-1 à L. 628-7. L'ordonnance du 12 mars 2014 a conservé cette procédure aux articles L. 628-9 et L. 628-10 du code de commerce. Elle devient une variante d'une autre procédure, la sauvegarde accélérée, réglementée pour sa part aux articles L. 628-1 à L. 628-8 du code de commerce, dans la rédaction donnée par l'ordonnance du 12 mars 2014 (v. s[s] n°s 224.09 s.).

Il peut ainsi demander son placement sous sauvegarde pour obtenir très rapidement un plan de sauvegarde, par un vote des créanciers financiers, à la majorité des deux tiers en montant de créances, intervenant au sein du comité des établissements de crédit et, le cas échéant, au sein de l'assemblée générale des obligataires. Observons qu'il suffit, depuis l'ordonnance du 12 mars 2014[5], que le débiteur remplisse les conditions économiques d'ouverture d'une conciliation pour obtenir une sauvegarde accélérée. Le débiteur peut donc être en cessation des paiements depuis éventuellement près d'un semestre.

SECTION 143.30
REJET DE L'HOMOLOGATION DE L'ACCORD DE CONCILIATION

143.31 Rejet du constat ou de l'homologation de l'accord de conciliation. L'un des changements importants qu'induit le texte issu de la loi de sauvegarde[6] par rapport au règlement amiable tient aux effets de l'absence d'homologation de l'accord de conciliation, lorsque cette homologation a été recherchée.

Le règlement amiable tient son caractère obligatoire de sa nature contractuelle, et non de son homologation, laquelle n'est donc pas obligatoire.

Au contraire, le texte nouveau considère que, si le débiteur désire obtenir une homologation de l'accord,

1. RAPPR. : LE CANNU, [illegible] éd., n° 91.
2. L. n° 2014-1, 2 janv. 2014, *JO* 3 janv., p. 50.
3. *Com. 22 mai 2013, n° 12-18.509, Bull. civ. IV, n° 85; D. 2013. Actu* 143, note Lienhard; *Gaz. Pal.* 12 juill. 2013, n° 193, p12, note Reille; *JCP E* 2013. Actu 426, note Roussel Galle; *Rev. proc. coll.* 2013, comm. 108, note Cagnoli; *Rev. sociétés* 2013. 519, note Henry; *BJE* sept. 2013, p. 272, note Sortais; *Rev. proc. coll.* 2013, comm. 121, note Saintourens; *RTD com.* 2013. 803, n° 1, obs. Macorig-Venier; *Dr. sociétés* 2013, comm. 146, note Legros; *LXB hebdo* 19 juin 2013, n° 343, note Le Corre-Broly.
4. L. n° 2010-1249, 22 oct. 2010, *JO* 23 oct., p. 18984.
5. Ord. n° 2014-326, 12 mars 2014, préc.
6. L. n° 2005-845, 26 juill. 2005, préc.

l'absence d'homologation de l'accord de conciliation conduit le tribunal à se saisir d'office aux fins d'ouverture d'un redressement judiciaire, si le débiteur est en état de cessation des paiements (C. com., art. L. 631-4, al. 2). Si les conditions de la liquidation judiciaire immédiate sont réunies, le tribunal ouvrira une liquidation judiciaire (C. com., art. L. 640-4, al. 2).

Il faut à l'inverse considérer, si le débiteur n'est pas en état de cessation des paiements, que le rejet de l'homologation ne doit pas interdire le dépôt de la requête conjointe aux fins de constat de l'accord[1].

Observons au contraire que le rejet du constat de l'accord par le président du tribunal reste sans effet sur l'accord, qui conserve sa force *inter partes*[2]. Simplement, l'accord ne pourra devenir un titre exécutoire. Il en irait autrement si les créanciers avaient fait du constat une condition suspensive de leur accord. En ce cas, l'accord serait caduc[3].

Ces solutions doivent nécessairement être abandonnées depuis la suppression de la saisine d'office. Le rejet de la demande d'homologation ne peut donc plus être sanctionné par l'ouverture d'une procédure collective.

1. Le Cannu, 7e éd., no 126.

2. Vallansan *et alii*, 6e éd., p. 24.
3. Pérochon, 10e éd., no 181.

CHAPITRE

144. Homologation ou constat de l'accord

SECTION 0

ORIENTEUR

144.00 Plan du chapitre.

Sect. 144.10 Constat de l'accord de conciliation
Sect. 144.20 Conditions de fond de l'homologation de l'accord de conciliation
Sect. 144.30 Aspects procéduraux de l'homologation de l'accord de conciliation
Sect. 144.40 Effets de l'homologation de l'accord de conciliation
Sect. 144.50 Privilège de la conciliation
Sect. 144.60 Surveillance de l'exécution de l'accord

144.01 Textes applicables. (V. s[s] n° 140.01).

144.03 Bibliographie indicative. (V. les références complètes s[s] n° 031).

> Articles. Fernandez Torres I. et Monsérié-Bon Marie-Hélène, « Le financement des entreprises en difficulté : le privilège de la *fresh money* – regards croisés : France/Espagne », *Rev. proc. coll.* 2012, étude 28 – Henry L.-C., « La notion de privilège de procédure dans la loi de sauvegarde », *Rev. proc. coll.* 2008, p. 20 – Laurent N. et Assant O., « Bilan de l'efficacité du privilège de *new money* institué par la loi de sauvegarde du 26 juillet 2005. La publicité du jugement de conciliation a-t-elle tué ce privilège », *JCP G* 02008, I, 157 – Le Corre P.-M., « Le privilège de la conciliation », *Gaz. Pal.* 7-8 sept. 2005, p. 50; « Du privilège occulte de la conciliation », *Gaz. Pal. entr. diff.* 13 oct. 2012, n° 286, p. 3; « Le privilège de la conciliation : questions-réponses », *Gaz. Pal.* 12 janv. 2014, Technique p. 41; « De quelques difficultés intéressant le privilège de la conciliation », *Rev. proc. coll.* 2014, dossier 10 – *Lucas F.-X et Pérochon F.*, « Argent frais : paiement hors plan ou selon le plan ? » *BJE* oct. 2012, Controverse, 175, p. 341; « Créanciers de la *new money*, le retour », *BJE* mai 2015, p. 192 – Saint-Alary-Houin C., « Les privilèges de procédure », *LPA* 14 juin 2007, n° 119, p. 70.

144.09 Caractère facultatif de l'homologation de l'accord de conciliation. Le projet de loi prévoyait une homologation obligatoire de l'accord de conciliation.

L'homologation judiciaire est définie comme « une approbation judiciaire à laquelle la loi subordonne certains actes et qui, supposant un contrôle de légalité, et souvent un contrôle d'opportunité, confère à l'acte homologué la force exécutoire d'une décision de justice »[1].

Contrairement à la solution de la législation sur le règlement amiable, le caractère contractuel de l'accord n'aurait pas été suffisant à lui faire produire des effets. Corrélativement, le projet de loi prévoyait une publicité systématique du jugement homologuant l'accord de conciliation. Les discussions parlementaires ont insisté sur la nécessité de conserver un caractère confidentiel à la procédure de conciliation. C'est pourquoi une technique alternative a été proposée avec un amendement adopté à l'Assemblée nationale[2].

La prudence commandera de prévoir, dans l'accord de conciliation, que celui-ci sera ou non homologué.

Le débiteur choisira de faire homologuer ou non l'accord de conciliation. En pratique, il sera incité à l'homologation par ses partenaires contractuels, et spécialement les établissements de crédit, qui consentiraient des concours nouveaux. Ils ont alors en effet besoin de sécuriser l'accord[3]. Il n'est pas exclu, en l'absence de cessation des paiements, que le chef d'entreprise poussé par ses créanciers à solliciter l'homologation de l'accord, ne préfère s'orienter vers la sauvegarde[4]. Publicité pour publicité, autant utiliser la formule la plus efficace.

La pratique a eu tendance à démontrer, au démarrage de la conciliation tout au moins, que la plupart des accords ne sont pas homologués, mais seulement constatés, un pourcentage supérieur à 80 % ayant été annoncé[5].

1. Cornu, Vocabulaire juridique, 9e éd. « Quadrige », PUF, 2011.
2. Amend. n° 20, Interv. Xavier de Roux, *JOAN CR*, 1re séance du 3 mars 2005, p. 1607.
3. *Rapp. Xavier de Roux*, n° 2095, p. 94.
4. Montéran, « Présentation générale de la prévention et de la procédure de conciliation », *Gaz. Pal.* 7-8 sept. 2005, n° sp., p. 8 s., sp. p. 13.
5. Rohart-Messager, « L'amélioration de la prévention », *Gaz. proc. coll.* n° sp., 6 et 7 mars 2009, p. 5 s., sp. p. 6.

SECTION 144.10
CONSTAT DE L'ACCORD DE CONCILIATION

144.11 Conditions du constat de l'accord de conciliation. L'accord qui n'est pas homologué sera simplement constaté par le président du tribunal. Le président du tribunal devrait être saisi à cet effet par une requête conjointe du débiteur et des créanciers signataires de l'accord. Ce faisant, ces derniers renoncent à bénéficier du régime de l'homologation[1]. Pour accélérer le processus, il semble concevable, ainsi qu'il a été suggéré, que les créanciers donnent mandat au débiteur de présenter la requête[2].

Un contrôle formel sera institué d'une part sur l'existence d'un accord intervenu entre les parties, sans possibilité d'en examiner le contenu, et d'autre part, sur l'existence d'une déclaration du débiteur certifiant qu'il ne se trouve pas en état de cessation des paiements ou que, par la signature de l'accord, il ne se trouve plus en état de cessation des paiements[3]. A été évoquée, à cet égard, une sorte d'« homologation visa »[4], le président du tribunal ayant ici une compétence liée[5]. Il a toutefois été soutenu, en sens contraire, que si la déclaration est d'évidence mensongère, le président du tribunal pouvait refuser ce constat[6].

Il ne semble pas y avoir d'obstacle à ce qu'un accord simplement constaté soit de nature liquidative, au contraire d'un accord homologué[7].

L'article 4 de l'ordonnance du 12 mars 2014[8] a modifié la rédaction de l'article L. 611-6, alinéa 2 du code de commerce, en prévoyant que, si une demande de constat de l'accord est présentée avant expiration du délai maximal de la procédure de conciliation, la décision du président du tribunal pourra intervenir au-delà, sans limitation de durée. Ainsi la solution exclusivement posée par l'ordonnance du 18 décembre 2008 pour l'obtention de l'homologation de l'accord (v. s^s n° 144.32) est-elle étendue à l'hypothèse du simple constat de l'accord.

144.12 Effets de l'accord simplement constaté dans les rapports entre le débiteur et les créanciers. L'accord simplement constaté entraîne impossibilité de la part des créanciers qui y sont parties de poursuivre le débiteur dans d'autres termes que ceux convenus. L'accord est un contrat synallagmatique qu'il faut respecter[9]. Les créanciers ne peuvent donc poursuivre en paiement ou pratiquer des voies d'exécution, dès lors que le débiteur respecte ses engagements[10]. À cet égard, la différence n'est pas notable entre l'accord simplement constaté et l'accord homologué[11]. Il faut toutefois indiquer qu'un auteur considère que les effets suspensifs prévus par l'article L. 611-10 du code de commerce – arrêt des poursuites individuelles et des voies d'exécution – ne s'appliqueraient pas[12].

Les actions en justice n'ayant pas pour objet la condamnation au paiement d'une somme d'argent ne sont pas concernées[13]. Ainsi, n'y a-t-il pas d'obstacle à agir contre le débiteur en annulation d'un contrat.

À cet égard, l'ordonnance du 18 décembre 2008[14] (ord. 18 déc. 2008, art. 7) éclaircit considérablement la question, en insérant un article L. 611-10-1, qui reprend au fond, mais avec une terminologie nouvelle, et en alignant les règles de la conciliation constatée sur celle de la conciliation homologuée, les solutions posées par l'article L. 611-10, alinéa 3 du code.

Il est d'abord prévu que, pendant la durée de son exécution, l'accord constaté ou homologué interrompt ou interdit toute action en justice et arrête ou interdit toute poursuite individuelle tant sur les meubles que sur les immeubles du débiteur dans le but d'obtenir le paiement des créances qui en font l'objet.

La loi ancienne restait muette sur le droit de poursuite des créanciers pendant l'exécution de l'accord constaté. La solution s'imposait cependant. Il n'y avait pas de raison de distinguer selon que l'accord était simplement constaté ou était homologué. L'accord est en effet un contrat qui s'impose aux parties qui l'ont signé. La loi nouvelle aligne officiellement le régime de l'accord constaté sur celui de l'accord homologué.

Le texte issu de l'ordonnance du 18 décembre 2008 prévoit que l'accord constaté interrompt, pendant la durée de son exécution, les délais impartis aux créanciers parties à l'accord à peine de déchéance

1. *Rapp. J.-J. Hyest*, n° 335, p. 123.
2. Douhaire, « synthèse des premières expériences d'un praticien relatives à l'application de la loi du 26 juillet 2005 », Interv. C. cass. 23 juin 2006, www.courdecassation.fr/manifestations/tableau.
3. *Rapp. J.-J. Hyest*, n° 335, p. 124.
4. Chaput, « La sauvegarde des entreprises. À propos de la loi adoptée le 13 juillet 2005 », *JCP G* 2005. Actu 428, p. 1431.
5. Montéran, « Présentation générale de la prévention et de la procédure de conciliation », *Gaz. Pal.* 7-8 sept. 2005, n° sp., p. 8 s., sp. p. 11.
6. PÉROCHON, 10e éd., n° 180.
7. PÉROCHON, 10e éd., n° 148.
8. Ord. n° 2014-326, 12 mars 2014, *JO* 14 mars, p. 5249.
9. RAPPR. : Saint-Alary-Houin, « La procédure de conciliation », *Rev. proc. coll.* 2006/2, p. 169 s., sp. p. 174, n° 29 – Pétel, « Le nouveau droit des entreprises en difficulté : acte II – commentaire de l'ordonnance n° 2008-1345 du 18 décembre 2008 », *JCP E* 2009. 1049, n° 9.
10. SAINT-ALARY-HOUIN, 9e éd., n° 360.
11. RAPPR. : PÉROCHON ET BONHOMME, 7e éd., n° 95.
12. LE CANNU, 7e éd., n° 119.
13. SAINT-ALARY-HOUIN, 9e éd., n° 360 – COQUELET, 5e éd., n° 67.
14. Ord. n° 2008-1345, 18 déc. 2008, *JO* 19 déc., p. 19462.

ou de résolution de droits afférents aux créances mentionnées par l'accord.

L'intervention du juge a, en outre, pour effet de donner force exécutoire à l'accord[1]. Il appartient au président du tribunal, en application de l'article R. 611-39, alinéa 1er du code de commerce, de faire apposer la formule exécutoire par le greffier du tribunal. La déclaration d'absence d'état de cessation des paiements du débiteur au moment de l'accord ou de la fin de cet état par la conclusion de l'accord est jointe à l'accord (C. com., art. R. 611-39, al. 1).

L'accord et ses annexes sont déposés au greffe de la juridiction. Des copies peuvent être délivrées aux parties qui valent titre exécutoire (C. com., art. R. 611-39, al. 2), ce qui dispensera les créanciers, en cas d'inexécution de l'accord, de saisir le tribunal pour obtenir la condamnation du débiteur au paiement. Symétriquement, sans devoir recourir à la justice, le débiteur pourra faire exécuter l'accord, par exemple la mise en place de financements promis. La confidentialité de l'accord interdit aux tiers, non parties à l'accord, d'obtenir communication de telles copies, ce qui aurait pu, à notre sens, être aménagé pour les garants non appelés à l'accord (v. ss no 144.44).

Le constat de l'accord de conciliation par le président du tribunal aura pour conséquence de mettre fin, automatiquement, à la procédure de conciliation. Aucun recours n'est possible sur cette décision[2].

Contrairement à l'accord homologué, l'accord de conciliation simplement constaté ne produit pas d'effet à l'égard des tiers, et spécialement à l'égard des créanciers qui ne l'ont pas signé. Ces derniers peuvent donc poursuivre le débiteur en paiement et exécuter leurs titres. Aucune des règles législatives posées en cas d'homologation de l'accord ne sera applicable, par exemple l'impossibilité de remonter la date de cessation de paiements antérieurement à l'homologation de l'accord (interprétation *a contrario* L. 631-8, al. 2)[3] ou la possibilité d'imposer des délais de grâce aux créanciers non parties à l'accord (C. com., art. L. 611-8, 3°), l'opinion contraire ayant toutefois été émise[4].

Avant l'ordonnance du 12 mars 2014, il a été soutenu que rien ne semblait interdire, sur le fondement du droit commun, et via le juge de droit commun, au débiteur de solliciter des délais de grâce[5]. La solution nous semblait, au contraire, faire difficulté. Se placer sous la conciliation semble être exclusif de l'utilisation du droit commun des délais de grâce. C'est ce qui justifie, à notre sens, une stricte réglementation de ceux-ci, tant pendant la recherche de l'accord où ils ne pourront être accordés qu'en réponse à une tentative d'exécution de la part d'un créancier, qu'au stade de l'accord où la loi ne les prévoit que dans la conciliation homologuée. Il est ensuite certain que ce pouvoir ne pourrait appartenir au président du tribunal qui constate l'accord, faute de texte exprès en ce sens. En effet, cette prérogative accordée au président du tribunal qui ouvre la conciliation est dérogatoire au droit commun et mérite à ce titre, d'être strictement cantonnée aux hypothèses pour lesquelles elle est prévue : pendant la recherche de l'accord, si un créancier poursuit le débiteur et en cas d'homologation de l'accord. Ensuite, s'il n'est question que d'appliquer le droit commun, la demande de délai de grâce ne pourra être que la suite d'une tentative d'exécution de l'accord par un créancier qui y est partie. C'est dans ce strict cadre que le juge de l'exécution pourra, le cas échéant, accorder des délais de grâce, pouvoir qu'il a lorsqu'il est appelé à connaître de difficultés d'exécution d'un titre exécutoire, nature juridique reconnue à l'accord de conciliation constaté. La discussion n'est, en tout cas, plus possible, depuis l'ordonnance du 18 décembre 2008, car même en cas d'accord homologué, le tribunal ne peut plus imposer de délais aux créanciers réfractaires. *A fortiori*, en sera-t-il ainsi, en cas d'accord simplement constaté.

L'ordonnance du 12 mars 2014 modifie les solutions. De manière nouvelle et fort opportunément, l'article 8, 2° de l'ordonnance du 12 mars 2014, et dans le cadre fixé par l'article 2, 1°, b de la loi du 2 janvier 2014[6] entendant modifier les conditions auxquelles les délais de grâce peuvent être accordés par le président du tribunal, ajoute à l'article L. 611-10-1 du code de commerce, un alinéa 2, qui permet au débiteur de saisir le président du tribunal qui a constaté l'accord, aux fins d'application des dispositions des articles 1244-1 à 1244-3 du code civil (devenus C. civ., art. 1343-5[7]), si un créancier, met en demeure ou poursuit le débiteur pendant l'exécution de l'accord, pour obtenir le paiement d'une créance non soumise à l'accord. Il ne pourra s'agir, en vertu du texte de l'article L. 611-10-1, alinéa 2, que d'un créancier appelé à la conciliation. Mais ce créancier pourra être ou non une partie à l'accord. S'il s'agit d'une partie à l'accord, le texte n'a vocation à régir que les créances de l'intéressé non soumises à l'accord. L'article L. 611-10-1, alinéa 2

1. *Rapp. J.-J. Hyest*, no 335, p. 124.
2. *Rapp. J.-J. Hyest*, no 335, p. 124.
3. EN CE SENS AUSSI : LIENHARD, 6e éd., no 22.19 – PÉROCHON, 10e éd., no 176.
4. ROUSSEL GALLE, no 43.
5. VALLANSAN, 4e éd., no 19 – J.-CL. COM., Jacquemont, fasc. 2030, [Procédure de conciliation et concordat], 2006, no 43 – PÉROCHON, 9e éd., no 186.
6. L. no 2014-1, 2 janv. 2014, *JO* 3 janv., p. 50.
7. DEPUIS le 1er oct 2016 : Ord. no 2016-131, 10 févr. 2016, *JO* 11 févr.

interdit d'imposer les dispositions des articles 1244-1 à 1244-3 du code civil aux créanciers publics, pour lesquels des règles particulières de consultations sont prévues quant à l'octroi de remises de dettes (v. s[s] n° 142.61). Or, ici, il n'est question que de délais. Force est de déplorer ce retour en arrière dans le traitement des créanciers publics. Mais, pour l'heure, il faut s'occuper des finances publiques[1].

La juridiction, avant de statuer, recueillera les observations du mandataire à l'exécution de l'accord.

La juridiction, précise le texte, prendra en compte les conditions d'exécution de l'accord. Cette précision introduit en réalité un certain flou dans l'interprétation du texte.

Ainsi le texte aboutit-il à une possibilité d'étalement, voire de report de cette créance, sur deux ans au préjudice de titulaires de créances non intégrées à l'accord de conciliation.

Notons que les garants ne pourront bénéficier de ces mesures, contrairement à la solution retenue pendant la recherche de l'accord.

L'ordonnance du 12 mars 2014 contient une autre solution nouvelle, de nature à renforcer l'efficacité de la conciliation. L'article 7 de ce texte modifie la dernière phrase de l'article L. 611-10-1, alinéa 1 du code de commerce, en prévoyant que, nonobstant les dispositions de l'article 1154 du code civil, les intérêts échus ne peuvent produire des intérêts. Il faut donc comprendre qu'il n'y a pas place à capitalisation des intérêts échus des créances soumises à l'accord. En revanche, faute de texte en ce sens et contrairement à la solution posée en cas d'ouverture d'une procédure collective, le cours des intérêts n'est pas arrêté.

Le bénéfice du privilège de conciliation (C. com., art. L. 611-11) ne pourra être octroyé aux prêteurs dans le cadre d'une conciliation simplement constatée.

La décision constatant l'accord de conciliation n'a aucune autorité de chose jugée à l'égard des tiers, ce qui n'est pas sans créer une réelle insécurité juridique[2].

À défaut d'homologation, les institutions représentatives du personnel ne seront, *a priori*, pas informées, pour respecter le caractère confidentiel de la conciliation (v. aussi s[s] n° 142.31). L'opinion contraire a cependant été émise[3]. L'information apparaît cependant nécessaire dès lors que la conciliation aura des conséquences salariales (v. aussi s[s] n° 142.31).

1. *Dedeurwaerder, « L'ordonnance* du 12 mars 2014 et le Trésor public : *innovations ou régressions », BJE mai 2014,* 189.
2. Pételʼ, 6e éd., n° 37.
3. Pérochon, 10e éd., n° 174.

À défaut d'homologation de l'accord, la tierce opposition n'a pas d'assise, puisqu'aucune décision judiciaire n'interviendra. Cette voie de recours est clairement liée à la publicité de l'accord, laquelle n'a lieu qu'en cas d'homologation[4].

144.13 Effets de l'accord simplement constaté dans les rapports entre les créanciers et les garants du débiteur.

> Sous l'empire de la loi de sauvegarde[5], dans sa rédaction d'origine, les cautions et coobligés, conformément au droit commun[6], peuvent bénéficier des remises contenues dans l'accord de conciliation constaté. La question fait davantage difficulté pour les délais. Il semble qu'une distinction s'impose : les délais profiteront aux cautions simples, cependant qu'ils ne profiteront pas aux cautions solidaires[7]. Pour ces dernières, la prudence commandera de les appeler à la conciliation, afin de les transformer en parties. Ainsi, il faudra les faire renoncer à la possibilité de recourir contre le débiteur avant d'avoir payé et aménager leur recours subrogatoire pour éviter qu'il ne s'exerce immédiatement après le paiement[8].

Les associés répondant indéfiniment des dettes sociales ne pourront être poursuivis tant que l'accord de conciliation sera respecté[9] (sur la notion de coobligé v. s[s] n° 731.12).

En revanche, les garants autonomes ne pourront se prévaloir des délais accordés au débiteur par l'accord de conciliation non homologué, cette faveur étant réservée à l'hypothèse dans laquelle il y a eu homologation de l'accord (v. s[s] n° 144.44). Il a été indiqué à cet égard que la pratique ne devrait pas être bouleversée par rapport au règlement amiable. Les souscripteurs de garanties autonomes pourront être appelés aux négociations. En outre, les bénéficiaires de ces garanties pourront conditionner leur accord à la non homologation de l'accord pour pouvoir bénéficier de la pleine efficacité de leur sûreté[10].

Depuis l'ordonnance du 18 décembre 2008[11], modifiant la loi du 26 juillet 2005, la situation des

4. Interv. Xavier de Roux, *JOAN CR*, 1re séance du 3 mars 2005, p. 1610.
5. L. n° 2005-845, 26 juill. 2005, préc.
6. Salvat, « La situation des garants », *Rev. proc. coll.* 2006/2, p. 147 s., sp. p. 149 – Le Cannu, 7e éd., n° 119 – Saint-Alary-Houin, 5e éd., n° 318.
7. Le Cannu, 7e éd., n° 119 – *Adde*, sur la question : M. Cabrillac, Mouly, S. Cabrillac et Pétel, *Droit des sûretés*, 8e éd., 2007, Litec, n° 246.
8. rappr. : Le Cannu, 7e éd., n° 119.
9. Saintourens, note s[s] Com. 18 sept. 2007, n° 06-17.384, *Rev. sociétés* 2008 131 s., sp. 136, n° 9.
10. Vaillot, « La loi du 26 juillet 2005 portant réforme du droit des entreprises en difficultés : le point de vue de l'administrateur judiciaire – mandataire *ad hoc* et conciliateur », *JCP E* 2005. 1515, p. 1775 s., sp. p. 1777, n° 18.
11. Ord. n° 2008-1345, 18 déc. 2008, préc.

garants du débiteur, au regard de l'accord simplement constaté, est précisée. Elle est strictement alignée sur celle qui leur est réservée en cas d'accord homologué, ce qui contribue à accroître considérablement l'attractivité de la conciliation constatée et à réduire, un peu plus encore, celle de la conciliation homologuée. Le succès rencontré par la conciliation simplement constatée à conduit le législateur au rapprochement des deux régimes[1].

La législation nouvelle (ord. 18 déc. 2008, art. 7), qui ne distingue pas plus que ne le faisait, pour l'accord homologué, la législation précédente, selon que les garants sont des personnes physiques ou des personnes morales, prévoit que les coobligés et les personnes ayant consenti une sûreté personnelle peuvent se valoir des dispositions de l'accord constaté. La solution profitera donc non seulement aux coobligés, qu'ils soient conjoints ou solidaires, aux cautions, qu'elles soient simples ou solidaires, mais encore aux garants autonomes et à toute autre personne, physique ou morale, faute de distinction du texte, qui a consenti une sûreté personnelle. Voilà qui va obliger à définir cette notion, belle démonstration, une fois de plus, que le droit des entreprises en difficulté est un terreau particulièrement fertile pour la réflexion des civilistes. Elle pourrait s'inspirer de la proposition formulée par la Commission Grimaldi : « *la sûreté personnelle est l'engagement pris envers le créancier par un tiers non tenu à la dette* »[2]. La solution pourra ainsi profiter aux personnes ayant signé une promesse de porte-fort d'exécution[3]. Elle pourra concerner la délégation imparfaite de créance[4], qui s'analyse aussi en un mécanisme de sûreté personnelle par l'effet d'adjonction de débiteur auquel elle aboutit, du moins, convient-il de préciser, lorsqu'elle ne constitue pas, pour le délégué, un simple mode de paiement de sa propre dette puisque, dans ce cas, la Cour de cassation juge que la délégation imparfaite n'est pas une garantie au sens de l'article L. 225-35 du code de commerce[5]. Elle ne concernera pas, par exemple, l'action directe

La loi de sauvegarde des entreprises avait également voulu faire bénéficier les cautions réelles des dispositions de l'accord homologué. Toutefois, cette loi était à peine votée que la jurisprudence devait condamner la notion même de caution réelle. Dès lors que les intéressés n'étaient ni des garants autonomes, ni des coobligés, ni des cautions, ils ne pouvaient bénéficier des dispositions de l'accord homologué. Logiquement, l'ordonnance du 18 décembre 2008 fait bénéficier les personnes, physiques ou morales, ayant affecté un bien en garantie, des dispositions de l'accord constaté ou homologué.

Mais l'article L. 611-10-2, alinéa 1 du code de commerce va plus loin en prévoyant aussi l'application de la solution aux personnes ayant cédé un bien en garantie. Est ainsi pris en compte le cas de la cession fiduciaire à titre de garantie faite par un tiers.

Le domaine très large des garants pouvant bénéficier de l'accord de conciliation contribue à réduire les possibilités de contournement[7].

Le fait que l'accord de conciliation constaté profite aux garants ne manquera pas de faire naître des difficultés pour les cautions, lorsqu'elles ne seront pas intervenues à l'accord constaté et qu'elles ne seront pas les dirigeants de la personne morale débitrice. En effet, la confidentialité reste de mise. Comment dès lors les informer qu'elles vont bénéficier de l'accord constaté, spécialement au regard de l'obligation annuelle d'information ?

L'ordonnance du 12 mars 2014[8] a étendu aux garants le bénéfice des dispositions des articles 1244-1 à 1244-3 du code civil (devenus C. civ., art. 1343-5[9])[10], si les mesures sont accordées au débiteur pendant la recherche de l'accord (v. s^s nº 142.21). En revanche, alors que le débiteur pourra bénéficier de ces mesures à l'encontre de personnes détenant des créances non soumises à l'accord, pendant son exécution (v. s^s nº 144.12), les garants eux ne pourront en bénéficier[11].

144.14 Attestation d'absence d'état de cessation des paiements ou de suppression de cet état en cas de conciliation constatée. Un sous-amendement a été présenté pour que, dans l'hypothèse de la constatation simplifiée de la conciliation, sans homolo-

1. Montéran, « La réforme de la prévention des difficultés », *D.* 2009. 639 s., sp. 642.
2. Macorig-Vénier, « La modernisation du droit des sûretés, les propositions de la Commission Grimaldi », Jazottes (dir.), *La modernisation du droit des affaires*, Litec, 2007, p. 45 s., sp. p. 56.
3. Dupichot, « Vers un droit spécial des procédures collectives », *Dr. et patr.* avr. 2009, nº 180, p. 129 s., sp. 129 – PLUS NUANCÉ : Lienhard, « Réforme du droit des entreprises en difficulté : présentation de l'ordonnance du 18 décembre 2008 », *D.* 2009, Chron. 110 s., sp. 111.
4. Rohart-Messager, « L'amélioration de la prévention », *Gaz. proc. coll.* sp., 6 et 7 mars 2009, p. 5, sp. p. 9.
5. Com. 15 janv. 2013, nº 11-28.173, *Bull.* IV, nº 10 ; *RTD civ.* 2013. 416, obs. Fages.
6. Pétel, « Les sûretés dans le nouveau droit des entreprises en difficulté », *Cah. dr. entr.* juill. 2009, dossier 20.

7. Crocq, « L'ordonnance du 18 décembre 2008 et le droit des sûretés », *Rev. proc. coll.* 2009/1, 10, p. 75 s., sp. p. 81, nº 29 – Pétel, « Le nouveau droit des entreprises en difficulté : acte II – commentaire de l'ordonnance nº 2008-1345 du 18 décembre 2008 », *JCP E* 2009. 1049, nº 9.
8. Ord. nº 2014-326, 12 mars 2014, préc.
9. DEPUIS le 1er oct 2016 : Ord. nº 2016-131, 10 févr. 2016, préc.
10. ABROGÉS par Ord. nº 2016-131, 10 févr. 2016, préc., art. 2 ; DEVENUS : C. civ., art. 1343-5 depuis le 1er oct. 2016.
11. AUSSI EN CE SENS, Pérochon F. et Roussel Galle Ph., « Le mandat *ad hoc* et la conciliation », interv. Colloque Besançon, 10 oct. 2014, *Gaz. Pal.* 31 déc. 2014, nº 365, 4, nº 22.

gation, le débiteur atteste qu'il ne se trouvait pas en état de cessation des paiements lors de la signature de l'accord ou que cette signature y met fin. Ce sous-amendement, qui a été adopté à l'Assemblée nationale – c'est l'article L. 611-8, I, a pour objet de sécuriser l'accord, en cas d'ouverture d'une procédure collective subséquente[1].

« À cet article, votre commission vous proposera un amendement de précision concernant l'article L. 611-8 du code de commerce. Il s'agit de la constatation de l'accord de conciliation. La rédaction adoptée par l'Assemblée précise que le président du tribunal statuera au vu d'une déclaration certifiée du débiteur attestant qu'il ne se trouvait pas en état de cessation des paiements lors de la signature de l'accord ou que cette signature y met fin. Votre commission estime que c'est, en fait, l'accord lui-même (avec, le cas échéant, la levée des conditions suspensives inclues dans l'accord) qui pourra, le cas échéant, mettre fin à l'état de cessation des paiements. Tel est l'objet de l'amendement proposé à cet article »[2].

Il a objecté que, par ce sous-amendement, la cessation des paiements disparaît, et par là même, la possibilité de condamner sur le terrain de la banqueroute[3]. Contrairement à cette affirmation, l'attestation du débiteur, qui ne présente aucun caractère judiciaire, sera insuffisante à lier le juge pénal[4]. Elle ne liera que lui-même[5]. Au demeurant, il a justement été observé que le code pénal permettait de sanctionner les actes de détournements d'actifs, constitutifs de banqueroute, par d'autres incriminations si la condition d'état de cessation des paiements n'existe pas : abus de biens sociaux, détournements d'actifs[6].

Cette attestation est jointe à l'accord (v. s[s] nº 144.12).

SECTION 144.20
CONDITIONS DE FOND DE L'HOMOLOGATION DE L'ACCORD DE CONCILIATION

144.21 Énoncé des trois conditions de fond de l'homologation de l'accord de conciliation. L'article L. 611-8 du code de commerce issu de la loi du 26 juillet 2005[7] ne distingue pas selon que l'accord a été conclu avec tous les créanciers ou seulement avec les principaux créanciers.

L'homologation par le tribunal de l'accord est soumise à trois conditions cumulatives : le débiteur ne doit pas être en état de cessation des paiements ou l'accord conclu doit y mettre fin; l'homologation par le tribunal de l'accord repose sur le constat que les termes de l'accord sont de nature à assurer la pérennité de l'activité de l'entreprise; l'homologation de l'accord est subordonnée au constat que les intérêts des créanciers non parties à l'accord sont sauvegardés.

Si les trois conditions cumulatives sont réunies, le tribunal a compétence liée pour homologuer l'accord[8].

144.22 Homologation subordonnée à la condition que le débiteur ne soit pas en état de cessation des paiements ou que l'accord conclu y mette fin. Le débiteur ne doit pas être en état de cessation des paiements ou l'accord conclu doit y mettre fin. Cette alternative est justifiée par le fait que le débiteur peut bénéficier de la procédure de conciliation qu'il soit ou non en état de cessation des paiements. Dans le premier cas, l'accord de conciliation, spécialement par les reports d'échéances ayant pour effet de décaler l'exigibilité des dettes, doit mettre fin à l'état de cessation de paiements, sans qu'il n'y ait lieu de distinguer selon que l'état de cessation de paiements est apparu avant l'ouverture de la conciliation, mais en ce cas depuis moins de quarante-cinq jours, ou depuis l'ouverture de la conciliation.

Le tribunal doit ici se livrer à un examen de la situation du débiteur, qui contraste avec le contrôle purement formel en cas de simple constat de l'accord (v. s[s] nº 144.13).

Les créanciers, pour être davantage rassurés, pourront subordonner leur accord à une certification des comptes et des chiffres présentés dans l'accord amiable[9]. Il faut ici, en effet, tenir compte du fait qu'il n'y a pas de procédure de vérification des créances, susceptible de faire ressortir des chiffres exacts.

144.2[illegible] Homologation subordonnée à un accord de nature à assurer la pérennité de l'activité de l'entreprise. L'homologation par le tribunal de l'accord repose sur le constat que les termes de l'accord sont de nature à assurer la pérennité de l'activité de l'entrepri[illegible] La conciliation ne doit pas permettre au

1. Sous-amendement nº 537, Interv. Philippe Houillon, *JOAN CR*, 1re séance du 3 mars 2005, p. 1607 et 1608.
2. Avis nº 337 de Christian Gaudin, *Doc. Sénat*, au nom de la commission des affaires économiques, p. 61.
3. Interv. Arnaud Montebourg, *JOAN CR*, 1re séance du 3 mars 2005, p. 1608.
4. Interv. Philippe Houillon, *JOAN CR*, 1re séance du 3 mars *2005, p. 1609.*
5. Interv. Perben, *JOAN CR*, 1re séance du 3 mars 2005, p. 1610.
6. Interv. Xavier de Roux, *JOAN CR*, 1[re] séance du 3 mars 2005, p. 1607 et 1608.
7. L. nº 200[illegible]45, 26 juill. 2005, préc.
8. *Rapp. J.-J[illegible]est*, nº 335, p. 126.
9. Lafont de [illegible]tenac, « Rôle du commissaire a[illegible] comptes et de l'expert[illegible]mptable dans la détermination [illegible]u passif du débiteur e[illegible]onciliation ou en sauvegarde », *Bull. Joly* 2006/8 et 9[illegible]220, p. 1083 s., sp. p. 1087.

débiteur d'effacer une partie substantielle de ses dettes pour pouvoir ensuite céder dans de bonnes conditions les actions de la société, revalorisées par l'extinction des dettes. Les efforts consentis par les créanciers doivent avoir pour contrepartie le maintien durable[1] de l'activité de l'entreprise, et non pas de substantiels bénéfices retirés de la cession de l'entreprise par les actionnaires, une partie des dettes ayant été effacée. C'est pourquoi nous ne pouvons suivre l'opinion d'auteurs, qui déplorent le fait que ce critère de l'homologation rende impossible la liquidation de l'entreprise à l'amiable[2] car il n'apparaît pas justifié de demander des sacrifices en quelque sorte gratuits à ses partenaires économiques, si la poursuite d'activité et le maintien des emplois n'est pas en jeu. Certaines juridictions sont relativement hostiles à des accords ayant cette finalité[3]. Observons toutefois que le débiteur peut parvenir à un accord liquidatif par le biais d'un simple constat de l'accord de conciliation[4]. En outre, l'accord homologué n'est pas de nature à interdire le *prepack-cession*, car la cession envisagée permettra la poursuite de l'activité, même si c'est par un tiers[5].

Le tribunal dispose ici d'un véritable pouvoir d'appréciation pour analyser si les mesures prévues dans l'accord seront suffisantes pour résoudre les difficultés rencontrées et maintenir l'activité de l'entreprise[6]. Il pourra être véritablement éclairé, grâce aux informations qu'il aura pu recueillir en application des articles L. 611-2 et L. 611-6 du code de commerce, et de celles qui lui auront été communiquées par le conciliateur.

Les termes utilisé par le législateur « pérennité de l'activité » ne sont pas nécessairement les mieux choisis. Il aurait éé préférable, pour ne pas interdire des cessions de banches d'activité, parfois indispensables à la survie le l'entreprise, de prévoir une pérennité de la continuité de l'exploitation. C'est en tout cas en ce sens qu'il est suggéré d'interpréter le texte[7].

Un amendement a été présenté à l'Assemblée nationale pour que soit ajouté, comme condition de l'homologation, que les termes de l'accord soient de nature à assurer « le maintien de l'emploi »[8]. L'amendement a été rejeté sur l'observation que la mission du conciliateur intègre déjà cette donnée du maintien de l'emploi, le conciliateur pouvant présenter des propositions se rapportant au maintien de l'emploi (C. com., art. L. 611-7, al. 1)[9]. Si la procédure de conciliation n'est pas conçue pour permettre des licenciements importants, en revanche, il a été clairement indiqué que, dans la procédure de conciliation, le principe de la fixité du nombre d'emplois ne pouvait être posé[10]. Il a également été indiqué que si les salariés pouvaient former une tierce opposition à l'encontre du jugement d'homologation, ce ne pourra être pour fixer définitivement le nombre d'emplois dans l'entreprise[11]. Leur tierce opposition aura donc un caractère individuel, non collectif.

144.24 Homologation subordonnée au constat que les intérêts des créanciers non parties à l'accord sont sauvegardés. L'homologation de l'accord est subordonnée au constat que les intérêts des créanciers non parties à l'accord sont sauvegardés. Il s'agit là des petits créanciers par opposition aux principaux créanciers, parties à l'accord, mais encore des créanciers réfractaires, qui ont refusé l'accord[12]. On mesure ici que l'accord peut être homologué même si tous les principaux créanciers ne l'ont pas signé.

Le tribunal doit notamment examiner si les garanties éventuellement prises par les signataires de l'accord ne sont pas disproportionnées par rapport aux efforts consentis, ce qui pourrait être de nature à priver certains créanciers non-signataires de leurs sûretés[13] ou de l'efficacité de celles-ci. Il faut en effet apercevoir que les intérêts des créanciers non parties à l'accord pourront se trouver gravement affectés par l'homologation de l'accord de conciliation, du fait de la création du privilège de la conciliation. Signalons qu'un auteur a pu douter de l'utilité de cette troisième condition posée pour l'homologation de l'accord[14].

SECTION 144.30

ASPECTS PROCÉDURAUX DE L'HOMOLOGATION DE L'ACCORD DE CONCILIATION

144.31 Compétence du tribunal aux fins d'homologation de l'accord de conciliation. Les conditions d'homologation de l'accord sont modifiées par rapport à celles existant dans le règlement amiable. En

1. *Rapp. Xavier de Roux*, n° 2095, p. 142.
2. Saint-Alary-Houin, « Le projet de loi sur la sauvegarde des entreprises : continuité, rupture ou retour en arrière ? », *Dr. et patr.* 2005/1, n° 133, p. 24 s., sp. p. 31 – ROUSSEL GALLE, *n° 155, note 165*.
3. Badillet, « Pratiques parisiennes en matière de traitement préventif des difficultés des entreprises », *Gaz. Pal.* 11-12 mai 2011, p. 7 s., sp. p. 12.
4. PÉROCHON, 10e éd., n° 208.
5. PÉROCHON, 10e éd., n° 208.
6. *Rapp. J.-J. Hyest*, n° 335, p. 125.
7. LE CANNU, 7e éd., n° 130.
8. Amend. n° 458, Interv. Jacqueline Fraysse, *JOAN CR*, 1re séance du 3 mars 2005, p. 1611.
9. Interv. Perben, *JOAN CR*, 1re séance du 3 mars 2005, p. 1611.
10. Interv. Perben, *JOAN CR*, 1re séance du 3 mars 2005, p. 1612.
11. Interv. Perben, *JOAN CR*, 1re séance du 3 mars 2005, p. 1612.
12. *Rapp. Xavier de Roux*, n° 2095, p. 142.
13. *Rapp. J.-J. Hyest*, n° 335, p. 125.
14. J.-CL. COM., Jacquemont, fasc. 2030, [Procédure de conciliation et concordat], 2006, n° 45.

ce domaine, l'accord est homologué par le président du tribunal.

Le texte de l'article L. 611-8 du code de commerce issu de la loi de sauvegarde, pour crédibiliser davantage la procédure de conciliation, prévoit que l'homologation sera de la compétence du tribunal. Un sous-amendement tendant à redonner cette compétence au président du tribunal a été présenté à l'Assemblée nationale, mais a finalement été retiré par son auteur[1], une fois qu'il a été précisé que permettre l'homologation avec effet juridique par le seul président du tribunal semble aller contre les pouvoirs généralement accordés à celui-ci.

144.32 Saisine aux fins d'homologation. La saisine aux fins d'homologation de l'accord de conciliation n'appartient qu'au débiteur. Dans les faits, cependant, les créanciers, parties à l'accord de conciliation, insisteront pour que l'accord soit homologué, eu égard aux intérêts attachés à l'homologation.

En pratique, il appartiendra au conciliateur de soumettre l'accord obtenu à l'homologation du tribunal, lequel, en application de l'article R. 611-40 alinéa 1 du code de commerce (anc[t] D. 28 déc. 2005, art. 33, al. 1), doit, du moins sous l'empire de la législation de sauvegarde dans sa rédaction d'origine, statuer avant le terme de la procédure de conciliation. Observons que, par cette obligation [C. com., art. R. 611-40 (anc[t] D. 28 déc. 2005, art. 33)], le décret contribue à raccourcir le délai de la recherche de l'accord fixé par la loi, ce qui n'est peut-être pas conforme à la hiérarchie des normes... C'est pourquoi il avait été justement considéré que si le tribunal était saisi avant l'expiration du délai de la conciliation, il devait pouvoir statuer après l'expiration de ce délai[2]. La difficulté aurait alors été de maintenir en fonction le conciliateur, puisqu'il doit être entendu.

L'ordonnance du 18 décembre 2008[3] a supprimé cette disposition réglementaire, pour tenir compte du fait que l'homologation pourra désormais être obtenue même après expiration du délai de quatre mois renouvelable pour un mois, dès lors que le tribunal aura été saisi d'une demande d'homologation de l'accord avant expiration de ce délai buttoir (v. s[s] n° 141.53).

La solution est conservée par l'ordonnance du 12 mars 2014[4].

144.33 Convocation précédant l'homologation. L'article L. 611-9 du code de commerce prévoit que « le tribunal statue sur l'homologation après avoir entendus ou dûment appelés en chambre du conseil le débiteur, les créanciers parties à l'accord, les représentants du comité d'entreprise, où, à défaut, des délégués du personnel, le conciliateur et le ministère public. Il peut entendre toutes autres personnes dont l'audition lui paraît utile ». L'audition des créanciers parties à l'accord s'impose. Son absence peut fonder un recours[5].

La décision d'homologation doit donc être précédée de la convocation de l'ensemble des parties intéressées.

Deux amendements ont été présentés à l'Assemblée nationale. Le premier a eu pour objet d'élargir le cercle des institutions représentatives du personnel concerné par la convocation en intégrant la convocation d'un représentant du personnel dans l'entreprise ayant moins de 11 salariés, c'est-à-dire non dotée de délégués du personnel[6]. Il a été rejeté sans explication véritable[7]. Le second a eu pour objet de dissiper toute incertitude sur l'obligation de convoquer les délégués du personnel dans les entreprises employant de 11 à 49 salariés[8]. Cet amendement a été retiré après intervention du garde des Sceaux qui a fait valoir qu'il n'y avait pas de doute sur l'application du texte aux entreprises employant de 11 à 49 salariés[9].

Un amendement tendait à rendre facultative la convocation des institutions représentatives du personnel en présence d'un accord ne portant pas sur la restructuration d'entreprise ne touchant pas à l'emploi. Cet amendement a été retiré[10], pour éviter des discussions sur la détermination de l'existence de conséquences pour l'emploi. Il s'est agi de prévenir des nids à contentieux. En outre, cet amendement est contraire au code du travail proclamant la faculté pour le comité d'entreprise de s'exprimer dans ce type de circonstances[11].

Dans les entreprises non dotées de délégués du personnel, les salariés ne seront donc pas associés à la conciliation, sous réserve que le tribunal fasse usage d'une faculté. L'article L. 611-9 prévoit en effet que le tribunal « peut entendre toute autre personne dont l'audition lui paraît utile », ce qui peut autoriser l'audition des salariés[12].

1. *Sous amend. n° 636, Interv.* Arnaud Montebourg, *JOAN CR, 1re séance du 3 mars 2005, p. 1608.*
2. Pérochon et Bonhomme, 7e éd., n° 101.
3. Ord. n° 2008-1345, 18 déc. 2008, préc.
4. Ord. n° 2014-326, 12 mars 2014, préc.
5. Pau, 2e ch., 1re sect., 15 juill. 2010, RG n° 08/03319, *Rev. proc. coll.* 2011, comm. 168, note Delattre.
6. Amend. n° 459, Interv. Jacqueline Fraysse, *JOAN CR*, 1re séance du 3 mars 2005, p. 1614.
7. *JOAN CR*, 2e séance du 3 mars 2005, p. 1628.
8. Amend. n° 545, Alain Viladies, *JOAN CR*, 1re séance du 3 mars 2005, p. 1615.
9. Interv. Perben, *JOAN CR*, 2e séance du 3 mars 2005, p. 1627.
10. Amend. n° 288, Interv. Chartier, JOAN CR, 1re séance du 3 mars 2005, p. 1614.
11. Interv. Perben, *JOAN CR*, 1re séance du 3 mars 2005, p. 1614.
12. *Rapp. J.-J. Hyest*, n° 335, p. 127 et 128.

Cette possibilité pour le tribunal d'entendre toute personne de son choix lui permet également de procéder à l'audition de l'expert dont se serait entouré le conciliateur[1].

L'audition de ces personnes à laquelle le tribunal peut procéder intervient en chambre du conseil (C. com., art. L. 611-9) pour assurer une certaine confidentialité à la conciliation[2].

Lorsque la procédure intéressera un professionnel libéral soumis à un ordre ou à une autorité professionnelle, l'ordre ou l'autorité devra être entendu avant l'homologation de l'accord ou à tout le moins dûment appelé, l'audition obligatoire pouvant être source de blocage de la procédure[3]. L'expression « le cas échéant », a pour objet de tenir compte de l'absence d'ordre ou d'autorité professionnelle. Il est cependant possible de s'interroger sur l'utilité d'une telle convocation.

144.34 Contenu et dépôt au greffe de la décision d'homologation. La décision d'homologation est déposée au greffe du tribunal qui l'a homologuée où tout intéressé peut en prendre connaissance (C. com., art. L. 611-10, al. 2). Il pourra notamment s'agir des créanciers, des futurs partenaires contractuels, mais aussi des salariés[4].

Cependant, le contenu de l'accord lui-même ne sera pas annexé à la décision d'homologation. L'article R. 611-40 alinéa 3 du code de commerce (anc^t D. 28 déc. 2005, art. 33, al. 3) prend d'ailleurs soin de prévoir que le jugement d'homologation ne reprend pas les termes de l'accord, cependant qu'il devra mentionner les garanties et privilèges constitués pour en assurer l'exécution, ainsi que le montant des créances garanties par le privilège de la conciliation. L'accord restera donc confidentiel (v. s^s n° 141.61).

144.35 Publicité du jugement d'homologation de l'accord de conciliation – Absence d'exécution provisoire de droit. Parce que le jugement homologuant l'accord de conciliation produit des effets importants sur les créanciers, spécialement par la création d'un privilège nouveau[5], la loi prévoit la publicité obligatoire du jugement homologuant l'accord de conciliation. Cette publication réglementée par l'article R. 611-43 du code de commerce (anc^t D. 28 déc. 2005, art. 36) est identique à celle qui existe pour la publication des jugements d'ouverture d'une procédure collective (v. n° 233.33), sous réserve qu'il n'est pas question de mentionner les pouvoirs de l'administrateur judiciaire et l'obligation de déclarer les créances. Le jugement fera en conséquence l'objet d'un avis d'insertion au *Bodacc* et dans un journal d'annonces légales. L'article R. 611-43, qui résulte du décret du 30 juin 2014[6] (art. 19) prévoit que lorsque l'entreprise en difficulté est celle à laquelle un EIRL a affecté un patrimoine, l'insertion au *Bodacc* précise le registre où a été déposée la déclaration d'affectation. Notons qu'aucune mention de la conciliation n'est prévue au registre professionnel du débiteur, ce qui rend, en pratique, la connaissance de cette procédure relativement délicate pour les tiers. Ces publicités doivent être, selon l'article R. 611-43 alinéa 4 du code de commerce (anc^t D. 28 déc. 2005, art. 36, al. 4), faites d'office par le greffier de la juridiction dans les quinze jours de la date du jugement d'homologation. La publicité au *Bodacc* aura pour effet de faire courir le délai de tierce opposition.

Les associés de la personne morale débitrice seront prévenus de l'homologation de l'accord par le rapport du commissaire aux comptes, qui est rendu, en application de l'article L. 611-10, alinéa 2 du code de commerce.

En revanche, le jugement refusant l'homologation ne sera pas publié. Il s'agit d'éviter d'accentuer la perte de confiance des partenaires du débiteur[7]. En outre, et par dérogation au principe selon lequel les jugements rendus en application du livre VI du code de commerce sont rendus en audience publique, l'article R. 662-13 du code de commerce (anc^t D. 28 déc. 2005, art. 349) prévoit que le jugement qui refuse l'homologation de l'accord de conciliation n'est pas rendu en audience publique.

Les travaux parlementaires ont insisté sur la nécessité de respecter le caractère confidentiel de la procédure. C'est pourquoi une formule alternative a été proposée, consistant à ne pas rendre obligatoire l'homologation de l'accord. En ce cas, aucune publicité de la procédure de conciliation n'existera. Il ne faut d'ailleurs pas exagérer la portée de la publicité du jugement d'homologation, car, par hypothèse, l'accord est intervenu et les difficultés que rencontrait le débiteur sont réputées être traitées par l'accord intervenu.

Sous l'empire de la loi du 26 juillet 2005[8], le jugement homologuant l'accord de conciliation n'est pas revêtu de l'exécution provisoire de droit. L'exécution provisoire n'est pas pour autant interdite. Il faut donc, semble-t-il, décider qu'elle peut être ordonnée et que son arrêt peut alors en être demandé

1. *Rapp. J.-J. Hyest*, n° 335, p. 127.
2. *Rapp. J.-J. Hyest* n° 335, p. 128.
3. *Rapp. J.-J. Hyest*, n° 335, p. 128.
4. Morvan, « Le droit social dans la réforme du droit des entreprises en difficulté », *JCP E* 2005. 1511, p. 1751 s., sp. p. 1753, n° 13.
5. *Rapp. J.-J. Hyest*, n° 335, p. 129.
6. D. n° 2014-736, 30 juin 2014, *JO* 1er juill., p. 10834.
7. *Rapp. J.-J. Hyest*, n° 335, p. 130.
8. L. n° 2005-845, 26 juill. 2005, préc.

au premier président de la cour d'appel dans les conditions classiques (C. pr. civ., art. 524)[1].

Au contraire, pour les procédures de conciliation ouvertes à compter du 15 février 2009, procédant par alignement avec la solution de principe posée pour la sauvegarde, le redressement et la liquidation judiciaires, l'article 113 du décret du 12 février 2009[2] pris pour l'application de l'ordonnance de réforme modifie l'article R. 661-1, alinéa 1 du code de commerce. Il est désormais prévu que les jugements et ordonnances rendus en matière de conciliation sont exécutoires de plein droit à titre provisoire.

144.36 Voies de recours sur la décision statuant sur l'homologation de l'accord. La décision qui statue sur l'homologation est notifiée par le greffier au débiteur et aux créanciers signataires de l'accord et communiquée au ministère public (C. com., art. R. 611-41 [anc^t D. 28 déc. 2005, art. 34]).

La décision qui refuse l'homologation est susceptible d'appel. L'article L. 611-10, alinéa 2 du code de commerce qui pose la solution, ne distingue pas. Il faut donc décider que l'appel est recevable de la part du débiteur, mais aussi de la part des créanciers[3], dès lors du moins qu'ils sont parties à l'accord, raison pour laquelle ils ont été convoqués et ont donc été présents ou représentés à la décision statuant sur l'homologation. En présence d'un entrepreneur individuel à responsabilité limitée, seuls les créanciers du patrimoine concerné par la procédure de conciliation seront recevables à former appel.

L'appel sera formé, instruit et jugé selon les règles de la procédure gracieuse. Selon l'article R. 611-42 du code de commerce (anc^t D. 28 déc. 2005, art. 35), le ministère d'avocat ou d'avoué n'est pas obligatoire. Faute de texte particulier, il faut décider que cet appel sera formé dans le délai de droit commun de matière gracieuse, soit 15 jours, en application de l'article 538 du code de procédure civile[4].

L'article R. 611-42 du code de commerce, qui réglemente l'appel à l'encontre du jugement rejetant l'homologation, n'a pas été modifié par la réforme. L'appel est formé, instruit et jugé selon les règles de la procédure gracieuse. Les parties sont dispensées du ministère d'avocat ou d'avoué. Faute de texte particulier, il fallait décider, avant la réforme du 18 décembre 2008[5], que cet appel était formé dans le délai de droit commun de matière gracieuse, soit 15 jours, en application de l'article 538 du code de procédure civile. La solution est modifiée, l'appel devant désormais être formée dans les dix jours de la notification de la décision, en application du premier alinéa de l'article R. 661-3 du code de commerce, tel qu'il résulte de la rédaction que lui a donné le décret d'application de l'ordonnance de réforme (art. 115)[6].

Si la cour infirme le jugement et accepte l'homologation de la conciliation, les mêmes communications et publicités que celles qui entourent le jugement devront être effectuées[7]. La question est spécialement importante pour les tiers, d'une part pour leur ouvrir une tierce opposition sur l'arrêt de la cour d'appel, mais encore pour informer de l'étendue du privilège la conciliation. L'arrêt devra en conséquence pouvoir être consulté au greffe de la cour, à l'instar de la possibilité de consulter au greffe du tribunal le jugement d'homologation de l'accord de conciliation.

Sous l'empire de la loi du 26 juillet 2005[8], dans sa rédaction d'origine, la décision qui accepte l'homologation n'est pas susceptible d'appel. La solution se comprend : aucune des parties n'a succombé. Elle est en revanche susceptible de tierce opposition (C. com., art. L. 611-10, al. 2). Elle émanera des créanciers non parties à l'accord, c'est-à-dire soit d'un petit créancier, soit d'un créancier important n'ayant pas accepté l'accord de conciliation.

Il ne semble pas que les institutions représentatives du personnel aient qualité pour former une tierce opposition, dans la mesure où l'homologation de l'accord de conciliation ne produit pas d'effet collectif sur les salariés. L'opinion contraire a toutefois été soutenue[9].

Le délai de tierce opposition n'avait pas été prévu par le projet de loi. La commission des lois de l'Assemblée nationale a suggéré d'enfermer la tierce opposition dans le délai de dix jours, de manière comparable à la tierce opposition à l'encontre des jugements rendus en matière de procédures collectives[10]. Le texte de la loi précise ainsi le délai de la tierce opposition (C. com., art. L. 611-10, al. 2).

Sous l'empire de la loi du 26 juillet 2005, dans la rédaction que lui donne l'ordonnance du 18 décembre 2008, de manière nouvelle, l'article L. 611-10, alinéa 2 du code de commerce, qui résulte de l'article 6 de l'ordonnance du 18 décembre 2008, ouvre l'appel à l'encontre du jugement procédant à l'homo-

1. Kuntz, « De la prévention des difficultés des entreprises, du mandat *ad hoc* et de la procédure de conciliation », *LPA* n° sp., 8 févr. 2006, n° 28, p. 5 s., sp. p. 16.
2. D. n° 2009-160, 12 févr. 2009, préc.
3. PARTAGEANT L'ANALYSE : PÉROCHON, 10e éd., *n° 213*.
4. Rémery., « L'appel dans la loi de sauvegarde », *JCP E* 2008. I. 103, p. 13 s., sp. p. 15, n° 23.
5. Ord. n° 2008-1345, 18 déc. 2008, préc.
6. EN CE SENS AUSSI Rémery., « Les voies de recours dans la réforme de la loi de sauvegarde des entreprises », *JCP E* 2009. I. 129, n° [illegible]
7. LE CANNU, 7e éd., n° 127.
8. L. n° 2005-845, 26 juill. 2005, préc.
9. LE CANNU, 7e éd., n° 127.
10. *Rapp. Xavier de Ro*[illegible] n° 2095, p. 144 et 145.

logation de l'accord de conciliation. Cet appel est toutefois strictement limité.

D'une part, il n'est ouvert, par principe, qu'au ministère public. Il s'agit là, pour le ministère public, de faire entendre sa voix si les conditions prévues au II de l'article L. 611-8 du code de commerce pour l'homologation ne sont pas réunies.

D'autre part, l'appel est également ouvert aux parties, c'est-à-dire au débiteur et aux créanciers signataires de l'accord, mais la contestation ne peut alors porter que sur le privilège de la conciliation.

Le délai d'appel ne court pas, conformément au droit commun, si la notification est imprécise et comporte, en outre, un délai de recours erroné[1].

Cette contestation aurait, *a priori*, le mérite de vider le contentieux sur la question de l'attribution à l'intéressé du privilège de la conciliation, qui ne pourra plus alors, par la suite, être discutée par les parties à l'accord de conciliation.

En bonne logique, la discussion sur le privilège de la conciliation ne devrait être menée que si la procédure de sauvegarde, de redressement ou de liquidation judiciaire est ouverte après résolution de l'accord, et cela dans le cadre de la vérification des créances, puisque le créancier titulaire du privilège de la conciliation est soumis à l'obligation de déclarer sa créance, celle-ciayant la nature d'une créance antérieure au jugement d'ouverture de la procédure collective.

Il nous apparaît que le privilège de la conciliation ne sera opposable à la procédure collective que si, d'une part, la créance qu'il assortit est régulièrement déclarée au passif et si, d'autre part, le créancier mentionne dans sa déclaration de créance l'existence du privilège de la conciliation.

En outre, si les parties à l'accord, qui avaient la possibilité d'interjeter appel du jugement d'homologation, s'en sont abstenues ou ont succombé, ne semblent plus être au rang des personnes pouvant remettre en cause l'attribution du privilège de la conciliation, il n'en va pas de même du mandataire judiciaire ou du liquidateur, dans sa mission de défense de l'intérêt collectif des créanciers, mais encore des créanciers non parties à l'accord de conciliation qui par le biais de la réclamation à l'état des créances, doivent pouvoir discuter de l'attribution du privilège de la conciliation.

L'article 12 du décret d'application de l'ordonnance de réforme insère un alinéa 2 à l'article R. 611-42 du code de commerce, qui a pour objet de préciser les modalités de l'appel du jugement homologuant l'accord de conciliation. Le texte énonce en effet qu'il s'applique « dans les autres cas », alors que l'alinéa 1er a pour objet de réglementer l'appel du jugement rejetant l'homologation. Il s'agira donc, d'une part, de l'appel interjeté par le ministère public et, d'autre part, de l'appel limité interjeté sur la contestation relative au privilège de la conciliation. Cet appel, précise l'alinéa 2 de l'article R. 611-42 du code de commerce, est formé, instruit et jugé selon les règles propres à la procédure sans représentation obligatoire.

Précisons que l'appel devra être formé dans les dix jours de la notification de la décision, en application du premier alinéa de l'article R. 661-3 du code de commerce, tel qu'il résulte de la rédaction que lui a donné le décret d'application de l'ordonnance de réforme (art. 115).

L'article L. 611-10, alinéa 2 conserve l'ouverture de la tierce opposition pour les personnes qui ne sont pas parties à l'accord de conciliation. Observons ici que la tierce opposition n'est pas limitée à la question du privilège de la conciliation. La tierce opposition a été déclarée recevable et bien fondée, dans une espèce, alors qu'elle émanait de créanciers, parties à l'accord, mais auxquels avaient été illégalement imposés des sacrifices, le prétendu accord de conciliation homologué leur ayant été imposé. La fraude à leurs droits et le fait qu'ils n'aient pas été convoqués à l'audience d'homologation de l'accord de conciliation ont justifié, selon la cour d'appel, la recevabilité de la tierce opposition[2].

L'article R. 661-2, alinéa 1 du code de commerce, qui résulte de la rédaction que lui donne l'article 114 du décret d'application de l'ordonnance de réforme, prévoit que, sauf dispositions contraires, l'opposition et la tierce opposition sont formées contre les décisions rendues en matière de conciliation, par déclaration au greffe dans le délai de dix jours à compter du prononcé de la décision. On remarquera qu'une disposition contraire est posée en ce qui concerne le jugement statuant sur l'homologation de l'accord de conciliation. Le délai de dizaine continuera à courir à compter de la publicité de ce jugement, ce qui, au demeurant, n'est là que le respect de la règle édictée à l'alinéa dernier de l'article R. 661-2 du code de commerce.

SECTION 144.40 EFFETS DE L'HOMOLOGATION DE L'ACCORD DE CONCILIATION

144.41 Effets de l'homologation de l'accord sur ses signataires. L'accord de conciliation reste de nature contractuelle en dépit de son homologa-

1. Montpellier, 2e ch., 2 fév. 2010, *JCP E* 2010. 1875, note Lebel.

2. Pau, 2e ch. 1re sect., 15 juill. 2010, RG no 08/03319, *Rev. proc. coll.* 2011, comm. 168, note Delattre.

tion[1]. La nature judiciaire de l'accord ne nous semble pas pouvoir être affirmée. Cette nature emporte cette conséquence que l'homologation ne purge pas l'accord de ses vices. Il peut donc être annulé pour vice du consentement[2].

La difficulté est alors de savoir si l'anéantissement demandé par un signataire emportera anéantissement complet[3] ou seulement partiel de l'accord. Les praticiens seront avisés d'insérer une clause dans l'accord pour régler cette difficulté.

L'article L. 611-10, alinéa 1 du code de commerce commence par énoncer que l'accord de conciliation met fin à la procédure de conciliation.

L'accord homologué est, le cas échéant, transmis au commissaire aux comptes.

Reprenant la solution posée en matière de règlement amiable, le texte de l'article L. 611-10, alinéa 3 du code de commerce énonce, sous l'empire de la loi du 26 juillet 2005, dans sa rédaction d'origine, que l'accord homologué suspend les poursuites individuelles tendant au paiement d'une somme d'argent, de la part de tous les créanciers, dont les créances sont antérieures à l'homologation de l'accord (C. com., art. L. 611-10, al. 3). Les actions en justice qui ne tendent pas au paiement d'une somme d'argent, par exemple les actions en résolution de contrat pour cause autre que financière, ne sont pas affectées.

Ainsi, les poursuites individuelles sont-elles suspendues pendant la durée de l'exécution de l'accord. Il faut en réalité comprendre que si l'accord est exécuté, les poursuites individuelles ne peuvent prospérer. En revanche, si l'accord n'est pas correctement exécuté, le tribunal peut prononcer la résolution de l'accord, ce qui entraînera déchéance des délais de paiement, autorisant alors les poursuites individuelles (v. s[s] n° 145.11). Seuls les créanciers parties à l'accord sont concernés par cette interdiction des poursuites individuelles.

Le vocable « suspend » nous avait semblé incorrect. Il s'agissait plutôt d'une interruption, à l'identique de la solution posée par l'article L. 622-21 du code de commerce (v. s[s] n° 621.09). En outre, un argument a fortiori nous conduisait à décider que de nouvelles actions en justice ou de nouvelles mesures d'exécution ne pouvaient être introduites[4], ce que le texte aurait dû préciser en indiquant que les actions sont interdites ou interrompues, selon le cas. Les mesures conservatoires seront évidemment interdites[5].

L'ordonnance du 18 décembre 2008[6] insère un article L. 611-10-1, qui reprend au fond, mais avec une terminologie nouvelle, les solutions posées par l'article L. 611-10, alinéa 2 du code. Il est prévu que, pendant la durée de son exécution, l'accord homologué interrompt ou interdit toute action en justice et arrête ou interdit toute poursuite individuelle tant sur les meubles que les immeubles du débiteur dans le but d'obtenir le paiement des créances qui en font l'objet.

L'homologation de l'accord a également pour effet de suspendre, selon l'alinéa 3 de l'article L. 611-10 du code, dans la rédaction que lui donne la loi du 26 juillet 2005[7], les délais impartis aux créanciers à peine de déchéance ou de forclusion. Cette suspension ne bénéficie cependant qu'aux seuls créanciers qui sont des parties à l'accord[8] et revêt une importance particulière si l'accord est ensuite résolu.

Le texte issu de l'ordonnance du 18 décembre 2008 prévoit plus justement que l'accord homologué interrompt, pendant la durée de son exécution, les délais impartis aux créanciers parties à l'accord à peine de déchéance ou de résolution de droits afférents aux créances mentionnées par l'accord. Le texte nouveau remplace le vocable impropre de la législation précédente – qui visait une suspension – par celui d'interruption, l'événement affectant le cours du délai étant en effet inhérent à la personne du débiteur.

En revanche, faute de texte en ce sens, tant avant que depuis l'ordonnance du 18 décembre 2008, et contrairement à la solution posée en cas d'ouverture d'une procédure collective – sauvegarde, redressement ou liquidation judiciaire –, le cours des intérêt n'est pas arrêté[9].

Ce que la volonté des parties a fait, cette même volonté peut le défaire. Le parallélisme des formes s'imposera. En conséquence, il faudra, nous semble-t-il, une nouvelle homologation de l'accord si les parties décident de le modifier[10]. Cette exigence peut toutefois disparaître si la modification n'intéresse qu'un seul créancier et qu'elle ne perturbe pas l'exécution globale de l'accord. Cela supposera en conséquence, *a priori*, une modification favorable au débiteur.

1. PÉROCHON, 9e éd., n° 207 – LE CANNU, 7e éd., n° 138.
2. *Macorig-Venier, Rev. proc. coll.* 2005, p. 357.
3. EN CE SENS : PÉROCHON, *10e éd., n° 215.*
4. COMP. : Kuntz, « De la prévention des difficultés des entreprises, du mandat *ad hoc* et de la procédure de conciliation », *LPA* n° sp., 8 févr. 2006, n° 28, p. 5 s., sp. p. 16.
5. AUSSI, PLUS RÉSERVÉ : Teboul, « Petit bréviaire de la loi de sauvegarde pour ceux qui souhaitent une information pratique sur la prévention », *LPA* 19 oct. 2005, n° 208, p. 3 s., sp. p. 7.
6. Ord. n° 2008-1345, 18 déc. 2008, préc., art. 7.
7. L. n° 2005-845, 26 juill. 2005, préc.
8. *Rapp. J.-J. Hyest*, n° 335, p. 81.
9. J.-CL. COM., Jacquemont, fasc. 2030, [Procédure de conciliation et concordat], 2006, n° 49.
10. EN CE SENS AUSSI : LE CANNU, 7e éd., n° 140.

144.42 Effets de l'homologation de l'accord sur les créanciers non-signataires. Les créanciers qui n'ont pas signé l'accord, soit parce qu'ils sont de petits créanciers, soit parce que, principaux créanciers, ils n'ont pas accepté de signer l'accord, ne seront évidemment pas tenus par celui-ci. La règle de l'effet relatif des conventions justifie la solution.

Un sous-amendement avait été présenté à l'Assemblée nationale pour permettre d'imposer aux créanciers réfractaires des mesures, dans le cadre de la procédure de conciliation [1], à l'identique de la solution qui existe dans le plan de continuation. Ce sous-amendement a été rejeté au motif qu'il était en contradiction avec l'esprit du texte [2].

Une fois l'accord homologué, celui-ci est opposable à tous les créanciers.

En outre, le texte de l'article L. 611-8, 3°, après avoir posé en règle que l'accord ne porte pas atteinte aux intérêts des créanciers non signataires, réserve l'application des articles 1244-1 à 1244-3 du code civil (devenu C. civ., art. 1343-5 [3]). Même si tel n'était peut-être pas l'intention du législateur, la formulation du texte permet d'accréditer l'idée qu'il est possible d'imposer aux créanciers non signataires, au jour de l'homologation de l'accord les délais de grâce de l'accord 1244-1 du code civil (devenu C. civ., art. 1343-5 [4]) [5].

La législation sur le règlement amiable n'offrait au président du tribunal, après avoir homologué l'accord, que la possibilité d'appliquer aux créanciers non signataires les dispositions de l'article 1244-1 du code civil (devenu C. civ., art. 1343-5 [6]). En conséquence, seul était possible le report ou l'échelonnement de la dette dans la limite de deux ans. En permettant le jeu des articles 1244-2 et 1244-3 du code civil (devenu C. civ., art. 1343-5 [7]), le tribunal, homologuant l'accord de conciliation, pourra prévoir que les délais de grâce suspendront les procédures d'exécution déjà engagées, de même que les majorations d'intérêts ou les pénalités.

L'ordonnance de réforme du 18 décembre 2008 [8] supprime cette possibilité d'imposer aux créanciers non signataires de l'accord de conciliation les mesures des articles 1244-1 à 1244-3 du code civil (devenu C. civ., art. 1343-5 [9]) au stade de l'homologation de l'accord (ord. 18 déc. 2008, art. 5) [10]. Le caractère conventionnel et non judiciaire de la conciliation justifie la solution [11].

Toutefois, l'ordonnance ne remet pas en cause l'application qui peut avoir été faite pendant la recherche de l'accord de conciliation de ces mesures, au préjudice de créanciers ayant mis en demeure ou poursuivi le débiteur (ord. 18 déc. 2008, art. 7).

Ainsi, faut-il comprendre, que s'il a été fait application des dispositions des articles 1244-1 à 1244-3 du code civil (devenu C. civ., art. 1343-5 [12]) pendant la phase de recherche de l'accord de conciliation, ces mesures ne sont pas affectées. Peu importe ensuite que l'accord soit constaté ou homologué. En revanche, s'il n'a pas été fait application de ces mesures avant le constat ou l'homologation de l'accord, il ne peut plus en être fait application dans le cadre de la décision statuant sur l'accord.

Le dispositif retenu est loin des souhaits exprimés par les praticiens, voulant pour certains que le délai de deux ans du code civil soit porté à trois à l'encontre des créanciers non-signataires d'un accord homologué [13], voire à quatre [14].

L'ordonnance du 12 mars 2014 [15] modifie les solutions. Comme cela est le cas pour l'accord de conciliation constaté (v. s^s^ n° 144.12), les délais de grâce, en application de l'article L. 611-10-1, alinéa 2 du code de commerce pourront être imposés en cas d'accord homologué, si un créancier met en demeure ou poursuit le débiteur pendant l'exécution de l'accord, pour obtenir le paiement d'une créance non soumise à l'accord. La disposition ne s'applique pas aux créanciers publics.

Pour tenir compte de cette modification, l'article R. 611-35 du code de commerce est modifié par le visa nouveau des dispositions de l'article L. 611-10-1 (réd. D. 30 juin 2014 [16], art. 15). Le débiteur, ou le cas échéant le mandataire à l'exécution de l'accord, devra assigner, devant le président du tribunal qui a

1. Sous amend. n° 635, Interv. Montebourg, *JOAN CR*, 1re séance du 3 mars 2005, p. 1608.
2. Interv. Perben, *JOAN CR*, 1re séance du 3 mars 2005, p. 1608.
3. CRÉÉ par Ord. n° 2016-131, 10 févr. 2016, préc., art. 3.
4. CRÉÉ par Ord. n° 2016-131, 10 févr. 2016, préc., art. 3.
5. Roussel Galle, « "Être" ou "avoir été" – à propos de l'application des articles 1244-1 et suivants du code civil lors de l'homologation de l'accord de conciliation », *LPA* 11 août 2008, n° 160, p. 5 – Pétel, « Le nouveau droit des entreprises en difficulté : acte II – commentaire de l'ordonnance n° 2008-1345 du 18 décembre 2008 », *JCP E* 2009. 1049, n° 8.
6. CRÉÉ par Ord. n° 2016-131, 10 févr. 2016, préc., art. 3.
7. CRÉÉ par Ord. n° 2016-131, 10 févr. 2016, préc., art. 3.
8. Ord. n° 2008-1345, 18 déc. 2008, préc.
9. CRÉÉ par Ord. n° 2016-131, 10 févr. 2016, préc., art. 3.
10. Lienhard, « Réforme du droit des entreprises en difficulté : présentation de l'ordonnance du 18 décembre 2008 », *D.* 2009, Chron. 110 s., sp. 111.
11. Texier et Russo. « Le nouveau droit des entreprises en difficulté après l'ordonnance du 18 décembre 2008 et son décret d'application du 12 février 2009 », *LPA* 2 mars 2009, n° 43, p. 3 s., sp. p. 4.
12. CRÉÉ par Ord. n° 2016-131, 10 févr. 2016, préc., art. 3.
13. Teboul, « La nouvelle réforme du droit des entreprises en difficulté : le projet d'ordonnance », *Gaz. Pal.* 6-8 avr. 2008, p. 2 s., sp. p. 3.
14. Montéran, « Pour améliorer le droit des entreprises en difficulté, osons la réforme », *Gaz. proc. coll.* 2008/1, p. 3.
15. Ord. n° 2014-326, 12 mars 2014, préc.
16. D. n° 2014-736, 30 juin 2014, préc.

ouvert la conciliation, le créancier poursuivant ou celui qui l'a mis en demeure. Parce que le débiteur n'aura pas été nécessairement poursuivi par le créancier, le débiteur devra informer la juridiction saisie de la poursuite effectuée (C. com., art. R. 611-35, al. 2). La décision rendue par le président du tribunal est communiquée par le greffier à la juridiction saisie. Elle est notifiée par le greffier au débiteur et au créancier et communiquée au conciliateur si celui-ci est encore en fonction – ce qui ne devrait pas être ici le cas, ou, le cas échéant, au mandataire à l'exécution de l'accord (C. com., art. R. 611-35, al. 3, réd. D. 30 juin 2014, art. 15, 2°).

L'article R. 611-35, dernier alinéa (réd. D. 30 juin 2014, art. 15, 3°) prévoit, pour assurer l'efficacité de cette disposition, que la décision prononçant la résolution de l'accord est portée à la connaissance du créancier par le greffier par lettre recommandée avec demande d'avis de réception.

Notons que les garants ne pourront bénéficier de ces mesures contrairement à la solution retenue pendant la recherche de l'accord.

L'ordonnance du 12 mars 2014 contient une autre solution nouvelle, de nature à renforcer l'efficacité de la conciliation. L'article 8 de ce texte modifie la dernière phrase de l'article L. 611-10-1, alinéa 1er du code de commerce, en mettant à l'écart la capitalisation des intérêts (v. ss n° 144.12).

144.43 **Levée de l'interdiction d'émettre des chèques.** En cas d'homologation d'un accord de conciliation, il y aura levée des effets d'une interdiction d'émission de chèque (C. mon. fin., art. L. 131-73). Mais, contrairement à la situation qui existait en matière de plan de continuation depuis la loi du 10 juin 1994[1], et qui était celle prévue dans le projet de loi, le débiteur n'aura pas besoin de saisir en ce sens le tribunal. Il a été prévu, à la suite d'un sous-amendement adopté par l'Assemblée nationale[2], une automaticité de la levée de l'interdiction d'émission de chèques (C. com., art. L. 611-10, al. 4, devenu C. com., art. L. 611-10-2, al. 2, réd. ord. 18 déc. 2008). Le paiement des chèques impayés et le versement de la pénalité libératoire, à l'époque où cette dernière était nécessaire [elle a été supprimée par la loi du 1er juillet 2010[3]], ne sont pas ici exigés.

L'article R. 611-45 alinéa 1 du code de commerce (anct D. 28 déc. 2005, art. 38, al. 1) précise qu'il appartient au débiteur de demander la levée de l'interdiction auprès de l'établissement de crédit qui est à l'origine de la mesure. Il joint à sa demande une copie du jugement homologuant l'accord de conciliation. L'établissement de crédit doit alors informer la Banque de France de la levée de cette interdiction. L'avant-projet de décret avait prévu que cette information devait être faite « sans délai », ce qui pour l'établissement de crédit ne réagissant pas immédiatement, pouvait être source de responsabilité. L'expression n'a pas été reprise par le décret.

Le chèque aura dû être émis avant l'ouverture de la conciliation, même si la mesure d'interdiction est postérieure à l'ouverture de la procédure de conciliation.

Cette levée est définitive, contrairement à une simple suspension, qui aurait pris fin en cas de résolution de l'accord de conciliation.

En présence d'un entrepreneur individuel à responsabilité limitée, l'interdiction d'émettre des chèques n'est levée que sur les comptes afférents au patrimoine visé par la procédure de conciliation (C. com., art. L. 611-10-2, al. 2, réd. ord. 9 déc. 2010, art. 2, 4°)[4].

144.44 **Effets de l'homologation de l'accord sur les garants.** Faute de précision dans la législation du règlement amiable, très logiquement, la jurisprudence a décidé que les cautions bénéficient du règlement amiable (v. ss n° 135.21).

L'article L. 611-10, alinéa 2 du code de commerce – qui deviendra dans le cours de la discussion parlementaire l'alinéa 3 – dans la rédaction que lui avait donnée l'Assemblée nationale, énonçait que les cautions personnelles personnes physiques pouvaient se prévaloir des dispositions de l'accord homologué. Il reprenait ainsi la solution jurisprudentielle antérieure. L'interprétation *a contrario* aurait conduit à décider que les cautions personnes morales ne pouvaient bénéficier du texte et que, d'autre part, les cautions réelles ne pouvaient davantage se prévaloir des dispositions de l'accord de conciliation.

La commission des lois du Sénat a proposé un amendement ayant pour objet d'en revenir au droit commun des obligations[5]. L'alinéa 3 de l'article L. 611-10 a donc été modifié par suppression de sa dernière phrase. Il en résultait que les cautions, qu'elles soient des personnes physiques ou personnes morales, auraient pu bénéficier de l'accord de conciliation, la nature contractuelle de celui-ci imposant la solution. En revanche, codébiteurs et garants autonomes n'en auraient pas bénéficié, contraire-

1. L. n° 94-475, 10 juin 1994, *JO* 11 juin, p. 8440.
2. *Sous-amend. n° 649, Interv. Arnaud Montebourg, JOAN CR, 1re séance du 3 mars 2005, p. 1616.*
3. L. n° 2010-737, 1er juill. 2010, préc.
4. Delpech, « Ordonnance sur l'EIRL : aspects de droit bancaire », *D.* 2011. 4 – Adde, Lasserre Capdeville, « Les modifications de l'interdiction bancaire par l'ordonnance sur l'EIRL », *LPA* 24 déc. 2010, n° 256, p. 4.
5. *Rapp. J.-J. Hyest*, n° 335, p. 132.

ment à ce que le texte issu de l'Assemblée nationale prévoyait.

La commission mixte paritaire a encore modifié le dispositif. Le texte final (C. com., art. L. 611-10, al. 3) prévoit que « les coobligés et les personnes ayant consenti un cautionnement ou une garantie autonome peuvent se prévaloir de l'accord de conciliation homologué. » La généralité du texte autorise ainsi les coobligés, qu'ils soient solidaires ou non et les garants autonomes à se prévaloir des délais et des remises consentis au débiteur, dans l'accord amiable homologué.

Si la solution se comprend aisément pour les cautions, puisqu'elle n'est que la traduction de la règle de l'accessoire posé par l'article 2290 du code civil (anc^{t} C. civ., art. 2013[1]), et pour les codébiteurs solidaires au regard de l'article 1285 du code civil[2], en revanche, sur un plan théorique, la solution ne peut être justifiée pour les garants autonomes.

Il s'opère ainsi un mélange des genres qui peut paraître curieux. Ne s'agit-il pas d'affirmer une chose et son contraire ? Ou bien la garantie est autonome. Ou bien elle est accessoire. Dans le premier cas, le sort de l'engagement de base ne saurait l'affecter. Le législateur fait ici en réalité preuve du plus grand pragmatisme, dans le souci d'éviter que les établissements de crédit n'utilisent la garantie autonome en substitut au cautionnement, pour tourner une réglementation contraignante.

En revanche, le droit commun s'applique, lorsque l'accord n'a pas été homologué, faute de disposition contraire[3]. Délais et remises profiteront à toutes les cautions, solidaires ou non, ainsi qu'aux codébiteurs solidaires, mais non aux garants autonomes[4].

La généralité du texte autorisait aussi, dans l'esprit du législateur, son application à toutes les cautions, qu'elles soient personnelles ou réelles. L Chambre mixte de la Cour de cassation a, dans u arrêt du 2 décembre 2005, mis à mort la notion d cautionnement réel[5]. Le cautionnement réel n't pas un cautionnement; c'est une sûreté réelle constituée par un tiers. L'affirmation est d'importan car elle doit conduire à rejeter du régime de la sûté réelle constituée sur un tiers des règles spécifiques du cautionnement. Il faut en déduire que la personne qui constitue une sûreté pour garantie de la dette d'un autre ne pourra bénéficier de l'accord de conciliation.

L'ordonnance du 18 décembre 2008[6], insérant dans le code de commerce un article L. 611-10-2, alinéa 1, pose la règle générale selon laquelle les garants personnes physiques ou morales du débiteur de l'accord de conciliation homologué bénéficient de l'accord de conciliation, à l'identique de la solution posée nouvellement pour les garants d'un débiteur ayant obtenu le constat de l'accord de conciliation (v. s^{s} n° 144.13).

Les délais de grâce accordés au débiteur, à l'encontre des créanciers non parties à l'accord, pour leur part et conformément au droit commun, demeurent strictement personnels au débiteur et ne peuvent donc profiter aux garants, qu'ils soient cautions, codébiteurs, garants autonomes ou, depuis l'ordonnance du 18 décembre 2008, qu'ils soient personnes ayant consenti une sûreté personnelle, ayant cédé ou affecté un bien en garantie. Ces délais de grâce ne sont pas compris dans les dispositions de l'accord homologué dont peuvent se prévaloir les garants.

L'obligation de confidentialité semble faire naître un problème extrêmement délicat pour l'information des cautions. Le créancier devra-t-il informer les cautions sur base des sommes réellement dues par le débiteur, du fait des remises consenties, mais alors en toute déloyauté à l'égard des cautions qui peuvent bénéficier de la conciliation homologuée et notamment des remises accordées dans l'accord de conciliation ? La réponse nous semble être négative si les cautions n'ont pas été appelées à la conciliation. Décider le contraire serait obliger le créancier à procéder à une violation de l'obligation de confidentialité attachée à la conciliation, puisque les cautions seraient alors informées des remises de dettes consenties dans la conciliation. On mesure ici l'intérêt attaché au fait que le débiteur fasse intervenir les cautions à la conciliation.

Il n'est cependant pas certain que les solutions posées en matière de règlement amiable et qui permettaient de faire renoncer les cautions au bénéfice de l'accord soient systématiquement reconductibles.

La règle posée pour les garants, lorsque la conciliation est homologuée, nous semble bien incontournable. Il n'apparaît pas, à notre sens, possible de faire renoncer les garants au bénéfice de l'accord de conciliation homologuée. Au contraire, faute de texte impératif, il est possible, sous l'empire de la loi du 26 juillet 2005[7], dans sa rédaction d'origine, de

1. TRANSFÉRÉ par Ord. n° 2006-346, 23 mars 2006 ative aux sûretés, *JO* 24 mars, p. 4475, art. 5.
2. ABROGÉ par Ord. n° 2016-131, 10 févr. 20 art. 2; DEVENU : C. civ., art. 1350-1 depuis le 1er oct. 20
3. ROUSSEL GALLE, n° 151 – Saint-Alary-Houin, « La cédure de conciliation », *Rev. proc. coll.* 2006/2, p. s., sp. p. 176, n° 46 – J.-CL. COM., Jacquemont, fasc. 2, [Procédure de conciliation et concordat], 2006, n^{os} et 50 – VOINOT, 2007, n° 234 – PLUS RÉSERVÉ : VIDAL, 2006 174.
4. PÉROCHON ET BONHOMME, 7e éd., n° 94.
5. Cass., ch. mixte, 2 déc. 2005, n° 03-18.210, *ll. ch. mixte*, n° 7; *D.* 2006. 729, avis Sainte-Rose, note ynès; *JCP G* 2005. II. 10183, note Simler; *LPA* 2006, n p. 7, note Houtcieff.
6. Ord. n° 2008-1345, 18 déc. 2008, préc., art. 7.
7. L. n° 2005-845, 26 juill. 2005, préc.

faire renoncer les cautions et les codébiteurs aux remises et délais accordés au débiteur dans le cadre d'un accord de conciliation simplement constaté.

La solution n'est pas reconductible, depuis l'ordonnance du 18 décembre 2008, qui a aligné le sort des garants d'un débiteur ayant obtenu un accord constaté sur ceux d'un débiteur ayant obtenu l'homologation de ce même accord.

Sous l'empire de la loi du 26 juillet 2005, dans sa rédaction d'origine, il avait été estimé que les associés répondant indéfiniment des dettes sociales ne pouvaient être poursuivis tant que l'accord de conciliation était respecté[1]. En cas de résolution de l'accord, les principes de droit commun devaient être respectés. La poursuite de l'associé supposait en conséquence une mise en demeure de la société.

Pour les procédures de conciliation ouvertes à compter du 15 février 2009, les associés indéfiniment responsables du passif ne peuvent, à notre sens, bénéficier des dispositions d'un accord de conciliation, homologué ou constaté, car, s'ils ont certes la qualité de garants subsidiaires, ils ne sont pas des personnes ayant « consenti une sûreté personnelle », visées comme telles par le texte de l'article L. 611-10-2, alinéa 1 du code. Leur garantie est d'origine légale, non d'origine conventionnelle. Ce texte d'exception ne peut donc, à notre sens, être étendu au-delà de sa lettre.

L'ordonnance du 12 mars 2014[2] a étendu aux garants le bénéfice des dispositions des articles 1244-1 à 1244-3 du code civil (devenus C. civ., art. 1343-5[3]), si les mesures sont accordées au débiteur pendant la recherche de l'accord (v. s[s] n° 142.21). En revanche, alors que le débiteur pourra bénéficier de ces mesures à l'encontre de personnes détenant des créances non soumises à l'accord, pendant son exécution (v. s[s] n° 144.12), les garants eux ne pourront en bénéficier[4].

144.45 Impossibilité de remonter la date de cessation des paiements antérieurement à la date de l'homologation de l'accord. Le règlement amiable postule l'absence d'état de cessation des paiements. *A priori*, en conséquence, il n'apparaît pas possible de reporter antérieurement à l'homologation du règlement amiable la date de cessation des paiements. Cependant, l'ordonnance d'ouverture du règlement amiable a une nature gracieuse, non dotée de l'autorité de la chose jugée. Elle ne peut donc faire obstacle à une remontée, à une date antérieure à son intervention, de la date de cessation des paiements[5]. *A fortiori*, l'échec du règlement amiable rendra-t-il admissible la fixation de la date de cessation des paiements entre son ouverture et le constat de son échec[6]. Il a même été jugé que la date de cessation des paiements pouvait être fixée avant l'ordonnance de suspension provisoire des poursuites au prétexte que cette dernière n'avait pas d'effet sur l'exigibilité des créances[7]. Il sera également possible, dans le cadre de la procédure collective, de considérer comme une faute de gestion la demande tardive d'ouverture de la procédure collective, nonobstant l'ouverture et même l'homologation du règlement amiable[8].

Au regard de la jurisprudence ci-dessus rapportée, on mesure l'insécurité juridique qui entourait le règlement amiable. Après avoir consenti des efforts, les créanciers pouvaient être atteints, au titre des actes passés pendant la période de règlement amiable, par le jeu des nullités de la période suspecte.

La crédibilisation de la procédure de conciliation passe nécessairement par l'impossibilité de remonter la date de cessation des paiements à une période antérieure à l'homologation de l'accord, même si un auteur a pu déplorer le caractère par trop systématique de la solution[9]. C'est ce que fait le texte de l'article L. 631-8, alinéa 2. Il est en effet prévu que la date de cessation des paiements ne pourra être reportée à une date antérieure à la décision définitive ayant homologué l'accord amiable, sauf fraude. Les créanciers seront ainsi assurés de ne pas s'exposer au jeu des nullités de la période suspecte, pour les actes accomplis en phase de recherche de l'accord, mais également, avant la recherche de l'accord. Peu importe à cet égard, faute de distinction du texte, que la procédure de conciliation ait été ouverte sans cessation des paiements ou à l'intérieur du délai de 45 jours faisant suite à l'apparition de l'état de ces-

1. Saintourens, note s[s] Com. 18 sept. 2007, n° 06-17.384, *Bull. civ.* IV, n° 204; *Rev. sociétés* 2008. 131, sp. 136, n° 9.
2. Ord. n° 2014-326, 12 mars 2014, préc.
3. DEPUIS le 1er oct 2016 : Ord. n° 2016-131, 10 févr. 2016, préc.
4. AUSSI EN CE SENS, Pérochon F. et Roussel Galle Ph., « Le mandat *ad hoc* et la conciliation », interv. Colloque Besançon 10 oct. 2014, *Gaz. Pal.* 31 déc. 2014, n° 365, 4, n° 22.
5. Com. 1 mai 2002, n° 98-22.446, *Bull. civ.* IV, n° 87; *D.* 2002 AJ 1837, obs. Lienhard; *JCP E* et *A* 2002, Chron. 1380, 1520, n° 2, obs. Pétel; *Act. proc. coll.* 2002/12, n° 149 obs. Régnaut-Moutier; *RTD com.* 2002. 533, n° 1, obs. Macorig-Venier; *RJDA* 2002/10, n° 1046; *RD banc. fin.* 2002/5, p. 261, n° 186, obs. Lucas; *JCP E* 2003, jur. 108, p. 31, note Vinckel; *D.* 2003, jur. 615, note Martineau-Bourgnaud.
6. Lyon, 3 oct. 1996, *Banque et droit* mai-juin 1997, 96, obs. Gallot – Paris, 3[e] ch. B, 9 avr. 1999, *RJDA* 1999/8 et 9, n° 952; *RTD com.* 1999. 952, obs. Laude; *RTD com.* 2000. 170, obs. Macorig-Venier.
7. Paris, 3e ch. B, 9 avr. 1999, *RJDA* 1999/8 et 9, n° 952; *RTD com.* 1999. 952, obs. Laude; *RTD com.* 2000. 170, obs. Macorig-Venier.
8. Com. 1er juill. 2003, n° 00-15.919, *Bull. civ.* IV, n° 129.
9. Soinne, « La réforme des procédures collectives : la confusion des objectifs et des procédures. Premier aspect : la prévention », *Rev. proc. coll.* 2004, p. 2, n° 6.

sation de paiements[1]. En effet, l'accord de conciliation devra mettre fin à la cessation des paiements puisqu'il s'agit là d'une condition de l'homologation.

Cela revient à donner à l'homologation l'autorité de la chose jugée sur ce point[2], certains auteurs n'étant toutefois pas d'accord sur cet effet attaché au jugement d'homologation[3]. A été évoquée une « date certaine de non-état de cessation des paiements »[4].

Il est seulement réservé la fraude, laquelle est d'une appréhension délicate[5]. Doit-elle s'apprécier seulement du côté du débiteur qui aurait sollicité l'ouverture d'une conciliation alors qu'il était en état de cessation des paiements depuis plus de 45 jours ? Faudra-t-il au contraire exiger un concert frauduleux avec le bénéficiaire de l'acte conclu qui, du fait de la fraude, tombera sous le coup des nullités de la période suspecte ? La théorie des nullités de la période suspecte, depuis la loi du 25 janvier 1985[6] qui assigne à celles-ci un autre fondement que celui de sanctionner le concert frauduleux incline à opter pour la première solution. Il y aura fraude à tromper le tribunal sur la réunion des éléments qui autorise seule l'homologation de l'accord, qu'il s'agisse de l'absence d'état de cessation des paiements après l'accord ou de la pérennité de l'entreprise[7]. La présence du ministère public à l'audience d'ouverture de la sauvegarde faisant suite à une procédure de conciliation est précisément destinée à éviter des successions douteuses de procédures, pouvant être lourdes de conséquences pour certains acteurs.

144.46 Exclusion de la faillite personnelle en cas de paiements effectués après cessation des paiements et en connaissance de celle-ci (sur la question de l'interdiction de gérer, après ouverture d'une conciliation, pour défaut de déclaration de l'état de cessation des paiements dans les quarante-cinq jours, v. aussi[s] n° 913.12). L'article L. 653-5, 4° du code de commerce prévoit que le fait de payer ou de faire payer, après cessation des paiements et en connaissance de cause de celle-ci, un créancier au préjudice des autres créanciers, est passible de faillite personnelle. Ce cas contenait dans le projet de loi de sauvegarde des entreprises (art. 152) une exception. La sanction n'était pas applicable lorsque le paiement était compris dans un accord amiable homologué par jugement définitif dans les conditions de l'article L. 611-8. La faillite personnelle n'était donc pas encourue si le paiement intervenait en application d'une procédure de conciliation ayant reçu l'homologation du tribunal. *A contrario*, le paiement fait en exécution d'un accord non homologué par le tribunal permettait l'application de la mesure de faillite personnelle.

À la suite d'un amendement, cette exclusion prévue par le projet de loi a été supprimée. Il a été observé que « l'homologation de l'accord par jugement empêche que la cessation des paiements puisse être reportée avant cette homologation. En conséquence, la situation que le projet envisage de sanctionner ne peut pas se produire »[8]. Il est donc établi que le paiement intervenu en exécution d'un accord de conciliation homologuée par le tribunal ne pourra être sanctionné par la faillite personnelle, pas plus qu'il ne pourrait tomber sous le coup des nullités de la période suspecte, au contraire du paiement intervenu en exécution d'un accord simplement constaté.

144.47 Fiscalité des remises de dettes. Jusqu'à la loi de finances rectificatives du 16 août 2012[9], les abandons de créances consentis dans le cadre d'une conciliation n'étaient pas déductibles. Cette loi change la donne, que l'on soit en présence d'aides à caractère financier ou d'abandons de créance à caractère commercial, consenties dans le cadre d'un accord homologué (v. s[s] n° 142.51). Cette mesure fiscale aurait pu conduire, en pratique, à une multiplication des accords de conciliation homologués, l'avantage fiscal n'existant pas initialement en présence d'un accord simplement constaté[10]. Puis la loi de finances rectificative du 29 décembre 2012 pour 2012[11] a rétroactivement étendu le bénéfice aux accords simplement constatés.

SECTION 144.50 PRIVILÈGE DE LA CONCILIATION

144.51 Fondement du privilège de la conciliation. Dans la législation du règlement amiable, les créanciers qui consentent des efforts, dans le cadre

1. RAPPR. : J.-CL. COM., Jacquemont, fasc. 2030, [Procédure de conciliation et concordat], 2006, n° 38.
2. *Rapp. Xavier de Roux*, n° 2095, p. 200 – PÉTEL, 6e éd., n° 37 – *Adde*, Wicker, « La période suspecte après la loi de sauvegarde des entreprises », *Rev. proc. coll.* 2006/1, p. 12 s., sp. p. 13, n° 6.
3. LE CANNU, 7e éd., n° 254.
4. *Valliot, LPA 21 sept. 2006, n° 189, p. 15.*
5. Vinckel, « Le nouveau régime de la période suspecte dans la loi n° 2005-845 du 26 juillet 2005 et le décret n° 2005-1677 du 28 décembre 2005 : une réforme en trompe l'œil », *JCP E* 2006, n° 1118, p. 129 s., sp. p. 130, n° 6.
6. L. n° 85-98, 25 janv. 1985, *JO* 26 janv., p. 1097.
7. Pétel, « Le nouveau droit des entreprises en difficulté », *JCP E* 2005. 1509, n° 32 – Wicker, « La période suspecte après la loi de sauvegarde des entreprises », *Rev. proc. coll.* 2006/1, p. 12 s., sp. p. 13, n° 10.
8. Amend. n° 205, Interv. Xavier de Roux, *JOAN CR*, 3e séance du 8 mars 2005, p. 1798.
9. L. n° 2012-958, 16 août 2012, *JO* 17 août, p. 13479.
10. PÉROCHON, 9e éd., n° 959.
11. L. n° 2012-1510, 29 déc. 2012, *JO* 30 déc., p. 20920.

du règlement amiable, ne sont en rien avantagés par rapport aux autres créanciers. Il n'y a donc aucune incitation à accorder des concours nouveaux à une entreprise en règlement amiable.

Le rapporteur pour avis au nom de la commission des finances était hostile à l'instauration du privilège de la conciliation dans la mesure où l'État lui-même, qui détient des privilèges significatifs, pourra abandonner tout ou partie de sa créance[1]. En outre, il a indiqué que « le super privilège ne changera pas le diagnostic des banques. Si elles croient en l'avenir de l'entreprise, elles apporteront des fonds, dans l'espoir de voir leurs créances antérieures honorées. Il est illusoire d'imaginer que des banques qui ne sont pas déjà partenaires de l'entreprise en difficulté lui apportent des fonds »[2].

L'opposition parlementaire s'est également montrée très hostile à l'instauration de ce privilège, ainsi qu'à la possibilité pour le privilège de la conciliation de primer les créances des organismes sociaux et fiscaux[3]. L'article 8 du projet de loi a été présenté comme « la pomme de discorde politique »[4]. L'exception d'irrecevabilité a été soulevée, car ce privilège serait attentatoire à des principes constitutionnels, par le renversement opéré de l'ordre de privilèges, non à des fins publiques, mais à des fins privées[5]. La rupture d'égalité ainsi créée ne serait pas compatible avec la Constitution car elle ne servirait pas l'intérêt général[6]. L'amendement tendant à la suppression de ce privilège a été rejeté[7].

Dans le même ordre d'idées, un amendement, qui a été rejeté, prévoyait de ne pas accorder le privilège de la conciliation aux personnes qui accordent un nouveau crédit ou une nouvelle avance lorsque le débiteur bénéficiait principalement d'opérations de crédit en provenance directe ou indirecte d'organismes publics[8].

Pareil débat avait existé à l'occasion de l'instauration de l'article 40 de la loi du 25 janvier 1985[9]. Le Conseil constitutionnel avait alors indiqué que « la loi a pu, sans être astreinte à prévoir quelque indemnisation que ce soit, modifier l'ordre des créances assorties de sûretés réelles, à l'avantage des créanciers qui, depuis l'ouverture de la procédure, ont concouru à la réalisation de l'objectif d'intérêt général de redressement des entreprises en difficulté; qu'ainsi, elle a soumis à des règles différentes des créanciers placés dans des situations différentes au regard de l'objectif poursuivi »[10]. La transposition avec le privilège de la conciliation semble aisée[11] : ces créanciers, depuis l'ouverture de la conciliation, concourent à la réalisation de l'objectif d'intérêt général de sauvegarde des entreprises, dès lors du moins qu'il n'est pas distingué entre les créanciers de la conciliation qui apportent leur concours au sauvetage de l'entreprise. Le principe constitutionnel d'égalité des créanciers ne semble pas faire obstacle à la possibilité de ne pas accorder ce privilège aux organismes publics – même si le contraire a été farouchement défendu[12] – qui feraient remises de leurs dettes car ils ne sont pas dans la même situation que les personnes qui remettent des fonds nouveaux ou qui introduisent des biens nouveaux dans l'entreprise.

L'opposition parlementaire a saisi le Conseil constitutionnel à propos de ce texte. Le Conseil constitutionnel, sans surprise aucune, a rejeté le recours[13] avec une motivation qui ressemble étrangement à celle qui avait présidé au rejet du recours déposé par l'opposition parlementaire de l'époque – la majorité d'aujourd'hui – sur l'article 40 de la loi du 25 janvier 1985 : « Considérant que le principe d'égalité ne s'oppose ni à ce que le législateur règle de façon différente des situations différentes, ni à ce qu'il déroge à l'égalité pour des raisons d'intérêt général pourvu que, dans l'un et l'autre cas, la différence de traitement qui en résulte soit en rapport direct avec l'objet de la loi qui l'établit; Considérant que le législateur a institué le privilège contesté afin d'inciter les créanciers d'une entreprise en difficulté, quel que soit leur statut, à lui apporter les concours nécessaires à la pérennité de son activité; qu'au regard de cet objectif, ceux qui prennent le risque de consentir de nouveaux concours, sous forme d'apports en trésorerie ou de fourniture de biens ou services, se trouvent dans une situation différente de celle des créanciers qui se bornent à accorder une remise de dettes antérieurement constituées; qu'ainsi, le législateur n'a pas méconnu le principe d'égalité. »

1. Avis nº 2099 de Jérôme Chartier, *Doc. AN*, p. 26.
2. Avis nº 2099 de Jérôme Chartier, *Doc. AN*, p. 36.
3. Interv. Michel Vaxès, *JOAN CR*, 1re séance du 3 mars 2005, p. 1602.
4. Interv. Arnaud Montebourg, *JOAN CR*, 1re séance du 3 mars 2005, p. 1617 – *Adde*, Interv. Arnaud Montebourg, *JOAN CR*, 3e séance du 1er mars 2005, p. 1517 et 1518.
5. Interv. Paul Giaccobi, *JOAN CR*, 3e séance du 1er mars 2005, p. 1504, 1505 et 1507 – Interv. Paul Giaccobi, *JOAN CR*, 1re séance du 3 mars 2005, p. 1617.
6. Interv. Arnaud Montebourg, *JOAN CR*, 1re séance du 3 mars 2005, p. 1618.
7. *Amend.* nº 410, *JOAN CR*, 2e séance du 3 mars 2005, p. 1629.
8. Amend. nº 419, Interv. Arnaud Montebourg, *JOAN CR*, 2e séance du 3 mars 2005, p. 1633.
9. L. nº 85-98, 25 janv. 1985, préc.
10. Cons. const. 18 janv. 1985, nº 84-183 DC, *JO* 20 janv. 1985, p. 820; *Rec.* 32; cons. 5.
11. Interv. Xavier de Roux, *JOAN CR*, 1re séance du 3 mars 2005, p. 1619.
12. Interv. Arnaud Montebourg, *JOAN CR*, 2e séance du 3 mars 2005, p. 1628.
13. Cons. const. 22 juill. 2005, nº 2005-522 DC, *JO* 27 juill., p. 12225; *Rec.* 125; *LPA* 4 août 2005, nº 154, note Schoettl.

L'opposition a également tenté d'introduire des contreparties à l'octroi du privilège, qui ont fait l'objet d'amendements rejetés, au motif essentiel que la France n'est plus dans un système d'économie administrée comme celui existant lors de l'adoption de la loi du 25 janvier 1985[1]. Indiquons entre autres, celui consistant en l'obligation pour les établissements de crédit d'établir un rapport annuel sur la politique de financement des petites et moyennes entreprises[2], celui obligeant l'établissement de crédit qui souhaite bénéficier du privilège de la conciliation d'apporter la preuve que la part des crédits qu'il accorde aux petites et moyennes entreprises dont le chiffre d'affaires est inférieur à 10 millions d'euros excède 25 % du total de ses crédits aux entreprises[3], ou encore celui consistant à encadrer le taux du crédit consenti pour bénéficier du privilège de la conciliation[4].

Le texte issu de la réforme, très novateur sur ce point, considère, en partant du postulat que l'entreprise bénéficiant d'une procédure de conciliation a nécessairement besoin de fonds nouveaux, qu'il convient d'attirer les créanciers par des avantages. Les entreprises en difficulté doivent pouvoir trouver de l'argent frais. « Or on ne trouvera pas plus demain qu'aujourd'hui de l'argent frais si on ne modifie pas les règles juridiques »[5]. Il faut en effet prendre en compte l'épuisement du crédit du débiteur, rendant impossible la fourniture conventionnelle de garanties sérieuses. Dans ce contexte, seul le législateur, par l'octroi d'un privilège, peut remédier à la situation[6].

Une prime est ainsi donnée par la loi. Selon l'article L. 611-11, « Les personnes qui fournissent, dans l'accord homologué, un nouveau bien ou service en vue d'assurer la poursuite d'activité de l'entreprise et sa pérennité sont payées, pour le prix de ce bien ou de ce service, par privilège avant toutes créances nées avant l'ouverture de la conciliation [selon le rang prévu au II de l'article L. 622-17 et au II de l'article L. 641-13] ».

144.52 Nature du droit de priorité. Contrastant avec la solution issue de l'article 40 de loi du 25 janvier 1985[7], qui avait omis de préciser la nature du droit de priorité institué, elle est ici précisée par les textes : il s'agit clairement d'un privilège. Une cohérence a été ici trouvée avec les procédures de sauvegarde, de redressement et de liquidation judiciaires, dans lesquelles le droit de priorité des créanciers postérieurs est également devenu un véritable privilège. Il a été analysé en un sous-privilège faisant partie d'un privilège cadre, le privilège de procédure, au même titre que le privilège accordé aux créanciers postérieurs méritants[8].

Ce dernier subsistera, en conséquence, quelle que soit l'issue des procédures subséquentes[9]. On peut songer à l'ouverture d'un redressement judiciaire débouchant sur un plan de redressement.

Un amendement avait pour objet de prévoir la perte du privilège en cas d'ouverture d'une procédure de redressement judiciaire ou de liquidation, matérialisant l'échec de la conciliation, qui interviendrait dans les dix-huit mois suivant la date de l'homologation de l'accord de conciliation. Il s'agissait d'éviter le risque d'effets pervers lié au privilège de la conciliation[10] et à l'attitude qui peut en être induite par ses bénéficiaires. Cet amendement a été rejeté au prétexte qu'il produirait une mesure couperet, imprudente du fait qu'il peut y avoir des motifs légitimes à un changement de solutions aux difficultés de l'entreprise[11].

En cas de résolution du plan de sauvegarde ou de redressement, le privilège subsistera dans la seconde procédure ouverte suite à la résolution du plan, contrairement à la solution posée pour l'application du simple droit de priorité issue de l'article L. 621-32 du code de commerce, dans la législation antérieure à la loi du 26 juillet 2005[12] (v. s^s n° 456.11).

144.53 Domaine du privilège de la conciliation. Le privilège de la conciliation, comme le privilège réservé à certains créanciers postérieurs (v. s^s n° 453.11), est enfermé dans un critère « téléochronologique ».

Le projet de loi envisageait d'accorder un privilège aux personnes accordant un crédit ou une avance consenti « dans l'accord homologué ». Un amendement présenté à l'Assemblée nationale a étendu considérablement le domaine du privilège. Si, dans le projet de loi, il semblait cantonné, pour l'essentiel, au banquier et aux actionnaires, la rédaction a été complètement modifiée par la suite. L'article L. 611-11 alinéa 1 du code de commerce dispose

1. Interv. Perben, *JOAN CR*, 2e séance du 3 mars 2005, p. 1633.
2. Amend. n° 404 rectifié ; Interv. Arnaud Montebourg, *JOAN CR*, 1re séance du 3 mars 2005, p. 1613 et 1614.
3. Amend. n° 418 ; Interv. Arnaud Montebourg, *JOAN CR*, 2e séance du 3 mars 2005, p. 1629.
4. Amend. n° 417 ; Interv. Arnaud Montebourg et Alain Vidalies, *JOAN CR*, 2e séance du 3 mars 2005, p. 1632.
5. Interv. Perben, *JOAN CR*, 2e séance du 3 mars 2005, p. 1629.
6. J.-CL. COM., Jacquemont fasc. 2030, [Procédure de conciliation et concordat], 2006, n° 34.
7. L. n° 85-98, 25 janv. 1985, préc.
8. Henry, « La notion de privilège de procédure dans la loi de sauvegarde », *Rev. proc. coll.* 2008, p. 20 s., sp. p. 22, n° 3.
9. RAPPR. : *Rapp. J.-J. Hyest*, n° 335, p. 135.
10. Amend. n° 420 ; Interv. Arnaud Montebourg, *JOAN CR*, 2e séance du 3 mars 2005, p. 1636.
11. Interv. Perben, *JOAN CR*, 2e séance du 3 mars 2005, p. 1636.
12. L. n° 2005-845, 26 juill. 2005, préc.

que « les personnes qui avaient consenti, dans l'accord homologué mentionné au II de l'article L. 611-8, un nouvel apport en trésorerie au débiteur en vue d'assurer la poursuite d'activité de l'entreprise et sa pérennité sont payées, pour le montant de cet apport, par privilège avant toutes créances nées antérieurement à l'ouverture de la conciliation ». La notion d'apports en trésorerie a donc remplacé celle de crédit et d'avance. Mérite-t-elle la même interprétation ?

Il n'y a d'abord pas de difficulté à en faire bénéficier les établissements de crédit ainsi que les sociétés pratiquant l'affacturage[1]. Le fonds de garantie des dépôts aux établissements de crédit, institué pour prévenir les difficultés du secteur bancaire par la loi du 25 juin 1999[2] pourra bénéficier du privilège de la conciliation, au titre de ses interventions préventives (C. mon. fin., art. L. 312-5, II). Le fonds de garantie bénéficiera du régime d'irresponsabilité de principe de l'établissement de crédit en cas de soutien abusif. De même, le Ciri qui accorde, dans le cadre de l'accord homologué, un prêt pour le développement économique et social consenti par le CIRI, bénéficie du privilège[3].

Les accessoires de la créance principale semblent, en application de la règle de l'accessoire, devoir bénéficier du privilège[4].

Mais il n'est nullement indiqué, dans ce texte, que seuls les établissements de crédit pourront en bénéficier. Et c'est ainsi que les personnes morales de droit public accordant une subvention, sous condition qu'elles puissent se prévaloir d'une créance de remboursement, peuvent prétendre au bénéfice du privilège de la conciliation[5].

La question aurait pu se poser de savoir si ce texte bénéficiait aux associés. Un amendement présenté au Sénat et voté est venu utilement préciser la situation. Il est en effet prévu, selon l'article L. 611-11, alinéa 2 du code de commerce, que les apports en trésorerie consentis par les actionnaires et les associés du débiteur dans le cadre d'une augmentation de capital ne bénéficient pas du nouveau privilège de l'argent frais[6]. Ce texte mérite une interprétation *a contrario*. Il faut en conséquence l'appliquer aux associés qui consentent des avances en compte-courant. La finalité du texte – l'apport d'argent frais – autorise cette interprétation, qui ressort d'ailleurs clairement des travaux parlementaires[7]. Ainsi, il convient de distinguer la situation de l'actionnaire qui apporte de l'argent frais en compte-courant, et qui bénéficiera du privilège, de l'actionnaire qui participe à une augmentation de capital et qui ne bénéficiera pas du privilège[8]. La structure de la conciliation et plus précisément le domaine du privilège va conduire l'investisseur à apporter de l'argent frais sous forme d'un apport en compte-courant. Il ne le consolidera en capital qu'une fois assurée une certaine sécurité financière[9]. L'associé sera ainsi incité à financer l'entreprise par la dette et non par le capital[10].

Rien ne semble interdire de reconnaître le bénéfice du privilège à un emprunt obligataire[11].

Pour établir une égalité entre les établissements de crédit et les fournisseurs, l'article L. 611-11 alinéa 1 du code de commerce poursuit en indiquant que « dans les mêmes conditions, les personnes qui fournissent, dans l'accord homologué, un nouveau bien ou service en vue d'assurer la poursuite d'activité de l'entreprise et sa pérennité, sont payées pour le prix de ce bien ou de ce service, par privilège... ». Il importe ici de remarquer que l'octroi de délais de paiement ne constitue pas une condition du privilège. Tous les fournisseurs peuvent donc être concernés, dès lors que la fourniture de biens ou de services est en rapport avec la poursuite de l'activité de l'entreprise. La question peut ici se poser de savoir si les honoraires des conseils du débiteur, qui l'assistent pendant la recherche de l'accord, pourront bénéficier du privilège. Il y a été répondu par l'affirmative[12], certains se montrant toutefois plus hésitants[13]. La solution n'est pas évidente. En effet, la prestation n'est pas fournie dans l'accord, mais en vue de la recherche de l'accord. La créance du conseil du débiteur est en effet née avant l'accord de conciliation.

Il est certain que le simple octroi de délais de paiement de leur part, pour des fournitures de biens

1. Interv. Jérôme Chartier, *JOAN CR*, 1re séance du 3 mars 2005, p. 1619.
2. L. n° 99-532, 25 juin 1999 relative à l'épargne et à la sécurité financière, *JO* 29 juin, p. 9487.
3. Saint-Alary-Houin, 9e éd., n° 372 – *Adde*, *Ciri*, *Rapport d'activité*, 2006, p. 23.
4. Le Cannu, 7e éd., n° 113.
5. Roussel Galle, n° 135 – J.-cl. com., Jacquemont, fasc. 2030, [Procédure de conciliation et concordat], 2006, n° 35.
6. Amend. n° 201 de Marini, *JO Sénat CR*, 30 juin 2005, p. 4800.
7. *Rapp. Xavier de Roux*, n° 2095, p. 171 et 221 – *Adde*, Macorig-Venier, *RTD com.* 2005. 536 – Saint-Alary-Houin, « La procédure de conciliation », *Rev. proc. coll.* 2006/2, p. 169 s., sp. p. 175, n° 35 – Saint-Alary-Houin, 5e éd., n° 326.
8. Interv. Perben, *JOAN CR*, 2e séance du 3 mars 2005, p. 1629.

Dammann, « Réflexions sur le projet de loi de sauvegarde des entreprises en difficulté » *LXB* n° N2030AIZ.

1 Stoufflet et Mathey, « Loi de sauvegarde des entreprises du [...]6 juillet 2005 – Commentai[...] des dispositions applicables [...]ux concours financiers », *R[...] banc. fin.* janv.-févr. 2006, [...]54 s., sp. p. 56, n° 26.

11. [...]ufflet et Mathey, « Loi de sauvegarde des entreprises du [...]uillet 2005 [...] », préc., sp. p. 56, n° 15.
12. S[...]e, *LPA* 21 sept. 2006, n° 189, p. 21.
13. G[...]s, *LPA* 21 sept. 2006, n° 189, p. 22.

ou de services ne s'inscrivant pas strictement dans l'accord de conciliation, ne leur permettra pas de prétendre au bénéfice du privilège[1].

Le principe « pas de privilège sans texte » doit toutefois conduire à une interprétation stricte.

D'abord, même si sur le plan de l'amélioration de la trésorerie la solution est excellente pour le débiteur, il n'apparaît pas qu'une remise de dette puisse être assimilée à un apport en trésorerie. Le contraire a toutefois été soutenu[2].

Ensuite, le privilège ne doit pas être accordé à des créanciers, pour garantir des concours antérieurs à l'ouverture de la conciliation. En ce sens, un amendement a été présenté pour éviter tout détournement du texte[3]. Les créanciers signataires de l'accord ne peuvent bénéficier directement ou indirectement de cette disposition au titre de leurs concours antérieurs à l'ouverture de la conciliation[4]. En revanche, en cas d'augmentation du montant du concours, le privilège doit être accordé à hauteur de l'augmentation[5].

Le refinancement ou le recyclage des dettes, pour reprendre une expression[6], n'autorisera pas le jeu du privilège.

L'apport en trésorerie ou la livraison de biens ou de services devra être consenti dans l'accord. Les livraisons antérieures à l'accord de conciliation effectuées par le fournisseur ne pourront être couvertes par le privilège, même si le fournisseur accorde des délais de règlement. Cette solution résulte explicitement de l'article L. 611-11 du code, selon lequel « les créanciers signataires de l'accord ne peuvent bénéficier directement ou indirectement de cette disposition au titre de leurs concours antérieurs à l'ouverture de la conciliation ». Le privilège ne sera pas davantage accordé si la livraison du bien ou du service ou l'apport en trésorerie intervient durant la recherche de l'accord de conciliation[7].

La commission des lois du Sénat est même allée plus loin en prévoyant que l'accord amiable devra prévoir explicitement l'affectation des sommes versées par les apporteurs d'argent frais, pour que puisse être reconnu le privilège de la conciliation[8].

L'article 11 de l'ordonnance du 12 mars 2014[9], dans le cadre fixé par l'article 2 de la loi du 2 janvier 2014[10] de faciliter la recherche de nouveaux financements de l'entreprise bénéficiant d'une procédure de conciliation, modifie la rédaction de l'article L. 611-11 qui régit le privilège de la conciliation. Il est désormais prévu, d'une manière beaucoup plus large, que le privilège sera accordé aux personnes qui ont consenti dans le cadre d'une procédure de conciliation, ayant donné lieu à l'accord homologué, un apport en trésorerie, en vue d'assurer la poursuite d'activité de l'entreprise et sa pérennité. La solution est la même pour ceux qui fournissent, dans le cadre d'une procédure de conciliation, un nouveau bien ou service. Le texte nouveau introduit donc de la souplesse, car il ne sera plus nécessaire que l'apport en trésorerie ou la fourniture du bien ou du service soit consenti dans l'accord homologué. Il suffira qu'il le soit en cours de négociation, dès lors que l'accord est ensuite homologué.

La notion de créance née au jour de l'ouverture de la conciliation peut ici être utilisée pour déterminer si le créancier peut ou non bénéficier du privilège de la conciliation. Spécialement, si un découvert en compte préexiste à l'ouverture de la conciliation, l'augmentation du montant du découvert sera seule couverte par le privilège, non la totalité de la créance. Il en est de même, à notre sens, d'une ligne de crédit. L'emploi de la fraction non utilisée de la ligne de crédit, envisagé dans l'accord de conciliation permettra, à due concurrence, le jeu du privilège. La nature juridique de l'ouverture de crédit, qui est au départ une promesse de prêt, et qui constitue un prêt à concurrence des sommes effectivement utilisées (v. s[s] n° 442.16), permet, *a priori*, de justifier la solution.

Le fait que, pour bénéficier du privilège, l'apport en trésorerie accordé au débiteur ou la fourniture d'un nouveau bien ou service le soit en vue d'assurer la poursuite d'activité de l'entreprise et sa pérennité ne constitue qu'une fausse limitation du domaine du privilège. En effet, dès lors que l'apport en trésorerie consenti au débiteur ou le bien ou le service fourni au débiteur est en rapport avec l'exploitation, il assurera tout à la fois la poursuite d'activité et sa pérennité. Seraient exclus du privilège les concours financiers sans rapport avec l'activité d'entreprise. On peut penser au crédit à la consommation, au crédit immobilier d'habitation ou encore au contrat de location avec option d'achat consenti au débiteur pour des besoins extra professionnels.

L'article 72 du projet d'ordonnance envisageait d'étendre le privilège de la conciliation en modifiant

1. *Rapp. Xavier de Roux* n° 209, p. 221 – Avis n° 355 de Philippe Marini, *Doc. Sénat,* au nom de la commission des finances du Sénat, n° 55, p. 47 – ROUSSEL GALLE, n° 135.
2. LE CANNU, 7e éd., n° 13.
3. Amend. n° 24.
4. Montpellier, 2e ch., [illegible] févr. 2010, *JCP E* 2010. 1875, note Lebel.
5. Montpellier, 2e ch., [illegible] févr. 2010, *JCP E* 2010. 1875, note Lebel.
6. Interv. Arnaud Montebourg, *JOANCR*, 2e séance du 3 mars 2005, p. 1631.
7. ROUSSEL GALLE, n° 1[illegible].
8. *Rapp. J.-J. Hyest*, n° [illegible]35, p. 135.

9. Ord. n° 2014-326, 12 mars 2014, préc.
10. L. n° 2014-1, 2 janv. 2014, préc.

pour cela le premier alinéa de l'article L. 611-11 du code de commerce. Auraient bénéficié du privilège de la conciliation, les créanciers publics mentionnés à l'article L. 626-6 du code de commerce, c'est-à-dire les administrations financières, les organismes de sécurité sociale, les institutions gérant le régime d'assurance chômage prévu par les articles L. 351-3 et suivants du code du travail et les institutions régies par le livre IX du code de la sécurité sociale. Le privilège aurait couvert les intérêts de retard, majorations, pénalités et amendes dues sur les dettes ayant fait l'objet de remises dans l'accord homologué et qui n'auraient pas été exigibles à la date d'ouverture de la conciliation.

Cette extension du privilège à ce type de créances serait apparue extrêmement critiquable. Elle aurait constitué d'abord un retour en arrière par rapport au traitement des créanciers publics de la même façon que des créanciers classiques. En outre, qu'y a-t-il de commun entre faire des remises sur le principe d'une créance et remiser des pénalités ? Il est heureux que ce texte ait ensuite été abandonné.

De lege ferenda, on peut suggérer de faire porter le privilège de la conciliation sur les délais de paiement, ou encore les remises de dettes. Si des délais d'une durée significative étaient accordés par les créanciers, par exemple cinq ans, il n'apparaîtrait pas illégitime d'accorder à ces créanciers patients le privilège. Il faudrait alors imaginer une formule particulière. Ainsi, le privilège pourrait ne porter que sur une fraction de la dette étalée, par exemple 50 %.

Le même raisonnement pourrait être tenu pour les remises de dettes. Dès lors que le créancier accepte une remise significative, que l'on peut fixer au quart de sa créance, il aurait le privilège pour une fraction de la dette résiduelle après remise. Par exemple, on pourrait imaginer, en présence d'une créance initiale de 100, d'une remise de dette de 30, d'accorder le privilège à hauteur de la moitié de la dette résiduelle, soit 35.

L'alinéa 3 de l'article L. 611-11 du code de commerce pourrait ainsi être complété « sous deux réserves suivantes :

– les créanciers qui accordent une remise de dette équivalente à au moins 25 % bénéficient du privilège à hauteur de la moitié de leur créance résiduelle;

– les créanciers qui accordent des délais de paiement d'une durée au moins égale à cinq ans bénéficient du privilège à hauteur de la moitié de leur créance étalée ».

144.54 Octroi du privilège subordonné à l'homologation de l'accord. Le privilège de la conciliation ne sera accordé qu'en présence d'une homologation de l'accord de conciliation. Il sera refusé aux créanciers lorsque le débiteur aura choisi de s'orienter vers un accord non homologué, mais simplement constaté.

Il a été estimé que seul le tribunal, intervenant par un jugement homologuant l'accord, pouvait faire naître le privilège, susceptible de bouleverser l'ordre des créanciers en cas d'ouverture subséquente d'une procédure collective. En effet, l'homologation de l'accord est entourée d'une publicité obligatoire du jugement. De la sorte, aucun privilège occulte ne peut naître. L'article R. 611-40, alinéa 3 du code de commerce (anc[t] D. 28 déc. 2005, art. 33, al. 3) prévoit que le jugement mentionne le montant des créances garanties par le privilège de la conciliation. À défaut de précision du privilège dans le jugement d'homologation, le créancier peut exercer un appel à son encontre pour lui faire préciser les montants garantis par le privilège[1].

Peut-être faudrait-il, pour assurer une transparence plus grande dont tout tissu économique a besoin, repenser les choses et prévoir une publication au greffe du tribunal de commerce ou de grande instance, en fonction de la qualité du débiteur, de ce privilège. La confidentialité de l'accord doit s'effacer à notre sens par rapport à l'obligation de transparence, dont les acteurs économiques ont besoin pour commercer avec une certaine sécurité[2].

La liaison du privilège de la conciliation à l'homologation de l'accord devrait inciter les créanciers à subordonner leur accord, par le mécanisme d'une condition suspensive, à son homologation par le tribunal.

144.55 Efficacité du privilège de la conciliation. Alors que le privilège naît dès l'inscription de l'apport en trésorerie ou du bien ou service nouveau dans l'accord de conciliation homologué, ses bénéficiaires n'auront l'occasion de l'exercer qu'en cas d'ouverture d'une procédure collective après l'homologation d'un accord de conciliation. La solution résulte du texte, à suite d'un amendement en ce sens présenté par la commission des lois de l'Assemblée nationale. Cependant, l'intention législative n'a pas été exactement retraduite. En effet, l'article L. 611-11 du code de commerce instaure un privilège « en cas d'ouverture d'une procédure de sauvegarde, de redressement judiciaire ou de liquidation judiciaire subséquente ». Ainsi, selon la lettre du texte, l'ouverture d'une liquidation judiciaire immédiate ne permettrait pas la naissance du privilège, puisque la liquidation judiciaire doit être « subséquente » à une procédure de sauvegarde ou de redressement judiciaire, ce qui ne résulte nullement des

1. Rennes, 1er déc. [illegible]015, RG n° [illegible]4/01667, *Leden* 2016, comm. [illegible]017, note [illegible]cas.
2. Le Corre, « Du privilège occulte de la conciliation », *Gaz. Pal. entr. diff.* 13 o[illegible] 2012, n° 28[illegible] p. 3.

travaux préparatoires. Il est donc préférable, pour restaurer l'exacte intention législative, de considérer que le mot « subséquente » se rapporte au mot « procédure », vocable mis en dénominateur commun des expressions « sauvegarde, redressement et liquidation judiciaire ». Il eut été préférable, pour éviter toute difficulté d'interprétation, de mettre le terme « subséquente » juste derrière le mot « procédure » ou, plus simplement encore, de ne pas utiliser le terme « subséquente » qui n'ajoute rien au texte.

L'article L. 611-11, alinéa 1 du code de commerce, tel qu'il résulte de l'article 8 de l'ordonnance du 18 décembre 2008[1], supprime la maladresse rédactionnelle aux termes de laquelle le privilège de la conciliation pouvait trouver à s'exercer en cas d'ouverture d'une procédure de sauvegarde, de redressement judiciaire ou d'une procédure de liquidation judiciaire subséquente. Désormais, plus clairement, le texte prévoit que le privilège de conciliation pourra s'exercer en cas d'ouverture d'une procédure de sauvegarde, de redressement judiciaire ou de liquidation judiciaire. Ce texte est assurément interprétatif et pourra donc trouver application sous l'empire de la rédaction d'origine, du fait de la rétroactivité attachée à tout texte interprétatif.

Les créanciers bénéficiaires de ce privilège seront payés par priorité aux créanciers dont la créance est née avant leur avance ou fourniture. Même si l'on peut lire dans la discussion parlementaire que « le privilège de « l'argent frais » ne prime pas sur les créances salariales », il faut immédiatement ajouter que, en réalité « seul le super-privilège des salaires n'est en rien touché »[2].

En outre, ce que ne retraduit pas clairement ous l'empire du texte d'origine de la loi du 26 illet 2005[3], l'article L. 611-11, le traitement réser aux créanciers postérieurs se trouve modifié. Po s'en convaincre, il faut lire les dispositions qui régmentent le privilège accordé aux créanciers postéurs à l'ouverture des procédures collectives. Il fa donc coordonner l'article L. 611-11 et les article. 622-17 et L. 641-13 du code.

L'article L. 611-11, alinéa 1 du codee commerce, tel qu'il résulte de l'article 8 de l'ornnance du 18 décembre 2008, supprime une ae maladresse rédactionnelle du exte ancien, quprévoyait en effet que le privilègede la conciliati primait « toutes créances nées atérieurement àouverture de la conciliation ». *A ontrario*, cela siifiait que les créances nées après buverture de la nciliation avaient vocation à prier le privilège de conciliation. Pareille interprétion du texte n'éit pas possible, puisque, dans la suite de la disposition, il était prévu que les créanciers bénéficiant du privilège de la conciliation devaient être payés selon le rang prévu au II de l'article L. 622-17 et au II de l'article L. 641-13. Il fallait donc comprendre que les créanciers titulaires du privilège de la conciliation primaient non seulement les créanciers antérieurs, mais encore les créanciers postérieurs, sous la double réserve du privilège des frais de justice et du super-privilège des salaires. Le texte nouveau a le mérite de supprimer la contradiction en faisant disparaître la précision selon laquelle le privilège de la conciliation prime « toutes créances nées antérieurement à l'ouverture de la conciliation », et en utilisant désormais la formulation suivante : le titulaire du privilège de la conciliation sera payé « avant toutes les autres créances selon le rang prévu au II de l'article L. 622-17 et au II de l'article L. 641-13 ».

Ainsi, en dehors de la liquidation judiciaire, le classement des créanciers est le suivant, sous l'empire de la loi du 26 juillet 2005, dans sa rédaction d'origine : le super-privilège des salaires, le privilège des frais de justice antérieurs à la procédure collective, le privilège établi ici, qualifié de « privilège de la conciliation », de « privilège de l'argent frais » ou de « privilège de la new money », puis les créanciers postérieurs, anciennement baptisés créanciers de l'article 40.

Sous l'empire de la loi du 26 juillet 2005, dans la rédaction que lui donne l'ordonnance du 18 décembre 2008, le classement est le suivant : le super-privilège des salaires, les frais de justice nés régulièrement après le jugement d'ouverture pour les besoins du déroulement de la procédure, le privilège de la conciliation, puis les créanciers postérieurs éligibles au traitement préférentiel.

En liquidation judiciaire (C. com., art. L. 641-13, II), sous l'empire de la loi du 26 juillet 2005, dans sa rédaction d'origine, le classement des créanciers sera le suivant : le super-privilège des salaires, les frais de justice antérieurs à l'ouverture de la procédure, le « privilège de la conciliation », certains créanciers titulaires de sûreté spéciale, puis les créanciers postérieurs éligibles au traitement préférentiel.

Sous l'empire de la loi du 26 juillet 2005, dans la rédaction que lui donne l'ordonnance du 18 décembre 2008, le classement est le suivant : le super privilège des salaires, les frais de justice nés régulièrement après le jugement d'ouverture pour les besoins du déroulement de la procédure, le privilège de la conciliation, certains créanciers titulaires de sûreté spéciale, puis les créanciers postérieurs éligibles au traitement préférentiel.

Ainsi, que l'on soit en liquidation judiciaire ou hors liquidation judiciaire, les fournisseurs de crédit de la conciliation seront payés par priorité aux créanciers postérieurs, sous réserve des créances corres-

1. Ord. n° 2008-1345, 1déc. 2008, préc.
2. Interv. Perben, *JOA CR*, 2e séance du mars 2005, p. 1630.
3. L. n° 2005-845, 26 l. 2005, préc.

pondant aux frais de justice postérieurs, sous l'empire de l'ordonnance du 18 décembre 2008. Il s'agit d'un super-privilège de deuxième ou de troisième rang, selon la date d'ouverture de la procédure collective subséquente, que l'on peut qualifier de super privilège-*bis* de l'argent frais. Les créanciers postérieurs à l'ouverture d'une procédure collective ne bénéficieront plus que d'une sorte de « sous-privilège de l'argent plus frais ».

Le renvoi opéré initialement dans le texte voté à l'Assemblée nationale par l'article L. 611-11 alinéa 1 du code de commerce à l'article L. 622-15 (devenu C. com., art. L. 622-17) et L. 641-13 avait fait naître une difficulté. Le texte énonçait en effet que les personnes qui bénéficient de cette disposition sont payées « par privilège à toutes créances nées avant l'ouverture de la conciliation, dans les conditions prévues aux articles L. 622-15 et L. 641-13 ». Or, ces deux dispositions conditionnent la possibilité pour les créanciers titulaires de créances postérieures de se prévaloir du privilège institué à l'obligation pour le créancier de porter à la connaissance du mandataire judiciaire et de l'administrateur lorsqu'il en a été désigné un ou, lorsque ces organes ont cessé leurs fonctions, du commissaire à l'exécution du plan ou du liquidateur les créances impayées dans le délai d'un an à compter de la période d'observation (C. com., art. L. 622-15, IV), ou dans le délai de six mois à compter de la publication du jugement ouvrant ou prononçant la liquidation judiciaire ou, à défaut, dans le délai d'un an à compter de celle du jugement arrêtant le plan de cession (C. com., art. 641-13, IV). Si on applique ces dispositions, ce que certains auteurs estiment devoir faire[1], cela signifie que le créancier, titulaire d'une créance bénéficiant du privilège de la conciliation et non payée de sa créance au jour de l'ouverture de la procédure collective, ne sera pas soumis à l'obligation de déclarer sa créance au passif. Cela signifierait surtout que ce créancier bénéficierait de la règle première posée pour les créanciers titulaires de créances postérieures, à savoir la règle du paiement à l'échéance[2]. Or, par hypothèse, ces créances sont restées impayées depuis plusieurs mois. Dans ces conditions, affirmer que ce créancier bénéficie de la possibilité d'être payé à l'échéance n'a guère de sens.

Les débats parlementaires ne faisaient pas état d'une assimilation de la créance bénéficiant du privilège de la conciliation à une créance postérieure, en cas d'échec de la conciliation et d'ouverture subséquente d'une procédure collective. Pourtant, cette fiction juridique aurait nécessairement dû faire débat et, à tout le moins, une allusion y aurait-elle été faite.

Il faut en tout cas approuver la lucidité de la commission des lois du Sénat qui a proposé un amendement aux termes duquel le renvoi à l'article L. 622-15 (devenu ensuite C. com., art. L. 622-17) a été supprimé et remplacé par un membre de phrase indiquant que les créances bénéficiant du privilège de la conciliation seront payées selon le rang prévu par le II de l'article L. 622-17 et le II de l'article L. 641-13. Le renvoi ainsi opéré par l'article L. 611-11 du code est strictement cantonné au seul rang du privilège de la conciliation[3]. Dès lors, en l'absence de fiction juridique traitant le créancier titulaire du privilège de la conciliation comme un créancier titulaire d'une créance postérieure, le créancier titulaire du privilège de la conciliation, en cas d'ouverture d'une procédure subséquente, sera contraint, comme tous créanciers antérieurs, de déclarer sa créance[4]. Il ne pourra bénéficier de la règle du paiement à l'échéance et, par voie de conséquence, sera soumis aux délais d'un plan de sauvegarde ou de redressement[5]. Malgré ces travaux parlementaires qui nous semblent clairs, l'opinion contraire a été soutenue[6].

L'article 40 de l'ordonnance du 12 mars 2014[7] vient répondre à cette préoccupation. Il soustrait patiellement aux règles de paiement des dividendes duplan, les créances bénéficiant du privilège de la cociliation.

h droit commun de la consultation individuelle desréanciers préparatoires à l'adoption du plan de saugarde ou de redressement, les créanciers qui n'aeptent pas les propositions peuvent se voir imper des délais uniformes de paiement par le tribunaCette règle bien connue est posée par l'alinéa 4 de l'acle L. 626-18 du code de commerce.

L'acle 40 de l'ordonnance du 12 mars 2014 exclut cette disposition les créanciers bénéficiant du priège de la conciliation, en modifiant en ce sens, l de l'article L. 626-20 du code de commerce. s'agit d'une mesure s'inscrivant directement dis les prévisions de l'article 2 de la loi

1. AINSI : Stoufflet et Mathey, « Loi de sauvegarde des entreprises du 26 juillet 2005 – Commentaire des dispositions applicables aux concours financiers », *RD banc. fin.* janv.-févr. 2006, p. 54 s., sp. p. 56, n° 23.
2. EN CE CENS : Pérochon, « Argent frais : paiement hors plan ou selon le plan ? » *BJE* oct. 2012, Controverse avec F.-X. Lucas, 175, p. 341.
3. *Rapp. J. Hyest*, n° 335, p. 36.
4. ROUSSELGALLE, n° 141 – VIDAET GIORGINI, n° 496 – VOINOT, 2e éd., 187.
5. Lucas, Argent frais : paieent hors plan ou selon le plan ? » *JE* oct. 2012, Contrverse avec F. Pérochon, 175, p. 341.
6. EN CE CE : Pérochon, « Arge frais : paiement hors plan ou selon plan ? » *BJE* oct. 012, Controverse avec F.-X. Lucas,75, p. 341.
7. Ord. n° 24-326, 12 mars 20 préc.

n° 2014-1 du 2 janvier 2014, d'améliorer les garanties attachées aux nouveaux financements accordés dans le cadre d'une procédure de conciliation. Indiquons que ce texte de la sauvegarde est applicable en redressement judiciaire (C. com., art. L. 631-19, I).

L'article L. 626-20, I du code de commerce prévoit que « par dérogation aux dispositions des articles L. 626-18 et L. 626-19, ne peuvent faire l'objet de remises ou de délais qui n'auraient pas été acceptés par les créanciers : [...]

3° les créances garanties par le privilège établi au premier alinéa de l'article L. 611-11 ».

Le texte permet d'abord de confirmer que ce type de créancier est, par principe, soumis au plan[1]. Il faut donc d'abord comprendre que le créancier titulaire du privilège de la conciliation pourra être consulté comme tout créancier antérieur à l'ouverture de la procédure collective. Il pourra accepter les propositions en application de l'alinéa 1 de l'article L. 626-18. S'il ne les accepte pas, alors les délais de paiement ne pourront lui être appliqués. Cela revient à dire qu'il devra être payé selon ce qui aura été convenu lors de la naissance de la créance ayant donné lieu au privilège de la conciliation. En d'autres termes, il sera payé à l'échéance[2], comme cela est le cas pour les créanciers postérieurs méritants, ce qui nous semble condamner l'idée d'un classement, encore que le contraire ait été soutenu[3].

Il importe immédiatement de préciser que, avant la loi de modernisation de la justice du XXIe siècle la solution ne vaut que pour les créanciers en dehors des comités de créanciers[4]. En effet, les comités par un vote à la majorité qualifiée en montant de créances, pourront imposer à un créancier bénéficia du privilège de la conciliation des remises et des ais, faute de disposition contraire, encore que l'opinion inverse ait été émise[5].

La loi de modernisation de la justice du XX siècle a modifié l'article L. 626-30-2, alinéa 2, pour préciser que les créances assorties du privilège de la conciliation ne pourront faire l'objet de remises ou de délais qui n'auraient pas été acceptés par les créanciers. La solution est, à notre sens, inapplicable aux procédures en cours avant son entrée en vigueur.

Il faut aussi comprendre que les créanciers titulaires du privilège de la conciliation, bien qu'ils soient antérieurs au jugement d'ouverture, échappent partiellement au plan de sauvegarde et de redressement, s'ils ne veulent pas y être soumis. Ils sont alors traités comme des créanciers postérieurs méritants, en étant payés à l'échéance.

Avant l'ordonnance du 12 mars 2014, le créancier qui bénéficie du privilège de la conciliation, en cas d'ouverture d'une procédure de sauvegarde, de redressement ou de liquidation judiciaire, doit déclarer sa créance, en faisant mention du privilège de la conciliation[6], sauf à s'exposer à ce qu'il ne soit pas opposable dans la procédure collective faisant suite à la conciliation homologuée, selon la solution classiquement posée en matière de déclaration de créance (v. s^s n° 666.42). Encore convient-il de préciser qu'en l'absence de déclaration de créance ou en l'absence de précision du privilège lors de la déclaration de créance dans la première procédure consécutive à la conciliation homologuée, il n'y aurait pas d'obstacle à une déclaration de créance mentionnant l'existence du privilège dans la seconde procédure ouverte suite à la résolution du plan de sauvegarde ou de redressement.

L'absence de soumission aux plans de sauvegarde ou de redressement de ces créanciers et, par voie de conséquence leur possibilité d'être payés, comme des créanciers postérieurs méritants[7], à l'échéance, dans le cadre du plan de sauvegarde ou de redressement, s'ils n'acceptent pas les propositions, pourrait conduire à les faire échapper à la discipline collective et, par voie de conséquence, à l'obligation de déclaration de leur créance au passif de la sauvegarde ou du redressement judiciaire. Pourtant, plusieurs raisons nous incitent à penser le contraire[8].

Tout d'abord, la loi ne procède pas par fiction légale en assimilant les créanciers titulaires du privilège la conciliation à des créanciers postérieurs élus au traitement préférentiel. Ensuite, en cas d'ouverture d'une liquidation judiciaire, aucune règle parti-

1. EN CE SENS AUSSI : Pételr, « Entreprises en difficult encore une réforme ! », *JCP E* 2014. 1223, n° 8.
2. EN CE SENS AUSSI : Roussel Galle, « La réforme droit des entreprises en difficulté par l'ordonnance 12 mars 2014 », *Rev. sociétés* 2014. 351 s., sp. p. 3 n° 16 – Pérochon F. et Roussel Galle Ph., « Le mandat *hoc* et la conciliation », interv. Colloque Besançon 1 ct. 2014, *Gaz. Pal.* 31 déc. 2014, n° 365, 4, n° 27.
3. Pérochon F. et Roussel Galle Ph., « Le manda*d hoc* et la conciliation », préc., n° 29.
4. AUSSI EN CE SENS : Lucas, « Créanciers de l*ew money*, le retour », controverse avec Pérochon, mai 2015, 192.
5. Rossi, *in* Rossi P. et Legrand F., « L'amélion des droits des créanciers. La déclaration et la vérifion du passif simplifiées », *Rev. proc. coll.* 2014, dos 63, n° 15 – Pérochon, « Créanciers de la *new money*, etour », controverse avec Lucas, *BJE* mai 2015, 192.
6. EN CE SENS AUSSI : LE CANNU, 7e éd., n° 148 – Henry, « La notion de privilège de procédure dans la loi de sauvegarde », *Rev. Proc. coll.* 2008, p. 20 s., sp. p. 23, n° 11 – VALLANSAN *ET ALII*, 6e éd., p. 31.
7. EN CE SENS AUSSI : Lienhard, « Réforme issue de l'ordonnance du 12 mars 2014 », *in* C. pr. coll., Dalloz, 2014, p. 32.
8. EN CE SENS AUSSI : Lienhard, « réforme issue de l'ordonnance du 12 mars 2014 », préc.

culière de paiement ne les concerne. Dès lors, serait-il logique de les dispenser de déclaration de créance en cas de sauvegarde et de redressement et les soumettre à cette obligation de déclaration en liquidation judiciaire ? Que décider ensuite en cas de conversion de la sauvegarde ou du redressement en liquidation judiciaire, dès lors que l'aménagement de leur sort n'est posé que dans le cadre de l'exécution des plans de sauvegarde et de redressement ? Enfin et surtout, ces créanciers peuvent, s'ils l'acceptent dans le cadre de la consultation, être soumis aux remises et délais du plan. Aussi, pensons-nous, les créanciers bénéficiaires du privilège de la conciliation, avant comme après l'ordonnance du 12 mars 2014, restent soumis à l'obligation de déclaration de créance au passif, pour pouvoir obtenir leur paiement. Seules leurs conditions de paiement peuvent être différentes de celles des créanciers antérieurs classiques, en ce qu'ils peuvent échapper aux contraintes du plan pour être payés selon ce qui était convenu.

Encore que le contraire ait été soutenu[1], il n'apparaît pas, *de lege lata*, que les créanciers bénéficiant du privilège de la conciliation soient primés, si on leur applique la règle du paiement à l'échéance, par les créanciers titulaires du super privilège. En effet, outre qu'il n'y a pas à l'article L. 626-20 du code de commerce un classement entre créanciers nécessaire à l'établissement d'une hiérarchie, il n'est pas ci question de répartir une pénurie, mais d'assurer un paiement à l'échéance. Or, en matière de paiement à l'échéance, par comparaison, il est refusé de tenir compte d'un quelconque ordre entre créanciers lorsqu'il est question de payer des créanciers postérieurs privilégiés. Observons encore que si le débiteur n'est pas en mesure de payer à l'échéance tous ceux qui doivent l'être, il est en cessation des paiements et il faut en tirer alors la conséquence.

144.56 Appréciation sur la réforme du 12 mars 2014[2] et propositions d'amélioration sur le privilège de la conciliation. Deux pistes étaient envisageables pour améliorer l'efficacité du privilège de la conciliation. Le législateur a choisi la première qui consiste à accorder aux créanciers bénéficiant du privilège de la conciliation le droit d'être payé à l'échéance dans la procédure collective subséquente. Mais lorsque l'on sait que ce droit est très théorique pour les créanciers postérieurs méritants, auxquels le régime du privilège de la conciliation emprunterait, du fait de l'obligation de placement à la Caisse des dépôts et consignations, rendant ainsi les sommes insaisissables, on peut douter de l'efficacité de la mesure.

Aussi faudrait-il privilégier une seconde piste, qui avait qui a été avancée lors d'un colloque de l'AJDE à Toulouse, par Me Hélène Bourbouloux. Il s'agirait d'utiliser la technique des accords de subordination. Ainsi, dans le cadre de l'accord de conciliation homologuée, les créanciers prêts à accorder leur soutien dans des conditions leur permettant de bénéficier du privilège de la conciliation, seraient, dans la procédure collective subséquente, payés par priorité aux autres créanciers de la conciliation. La solution est ingénieuse. Il faudrait évidemment prévoir que les accords de subordination soient opposables à la procédure collective subséquente. Mais, il faudrait encore aller plus loin, car l'accord de subordination n'existe que pour les créanciers qui y sont parties. Or, si l'on veut assurer une efficacité réelle au créancier qui accorde des concours l'autorisant à bénéficier du privilège de conciliation, il faut encore qu'il soit payé par priorité aux créanciers restés en dehors de la conciliation et aux créanciers dont la créance est née après l'accord de conciliation.

Pour permettre l'efficacité du dispositif, il faut donc octroyer des droits particuliers aux créanciers qui seraient susceptibles de bénéficier du privilège de la conciliation, à savoir le paiement anticipé des créanciers bénéficiant des accords de subordination par rapport, d'une part, aux autres créanciers parties à l'accord et, d'autre part, aux créanciers qui n'y ont pas pris part, soit parce qu'ils sont restés en dehors de la conciliation, soit parce qu'ils ont refusé l'accord de conciliation, soit enfin parce que leurs créances sont nées après l'accord de conciliation ; le paiement des autres créanciers ne commencerait qu'une fois les créanciers bénéficiant des accords de subordination intégralement payés. La solution aurait non seulement vocation à s'appliquer dans le plan de sauvegarde et de redressement, mais encore dans la liquidation judiciaire.

Un alinéa 4 serait inséré à l'article L. 611-11 du code de commerce : « Des accords de subordination peuvent être conclus dans le cadre de l'accord homologué prévoyant un paiement anticipé des créanciers bénéficiant du privilège de la conciliation. Ces accords sont opposables à la procédure de sauvegarde, de redressement ou de liquidation judiciaire. »

Il conviendrait également de modifier l'article L. 611-1 du code de commerce pour réserver l'efficacité des accords de subordination. En cens, l'article L. 611-12 serait ainsi rédigé « Sous réserve des accords de subordination conclus, l'ouverture d'une procédure [et le reste sans changement]. »

Le privilège de la conciliation, salué par les professionnels de la prévention, rendra incontestablement plus difficile le redressement judiciaire en cas d'échec de la conciliation, du fait de la priorité du

1. Pérochon, « Table ronde "Des outils de restructuration des entreprises en difficulté adaptés à toutes les situations ?" », *BJE* 2014, 392.
2. *Ord. n° 2014-326, 12 mars 2014, préc.*

privilège de la conciliation sur le privilège de procédure réservé aux créanciers postérieurs[1].

La remarque sera encore plus vraie avec l'ordonnance du 12 mars 2014, du fait de l'obligation du paiement à l'échéance – non soumission aux remises et délais du plan – des créanciers bénéficiant de ce privilège. Mais encore ne faut-il pas exagérer la portée de son efficacité. Le taux moyen de récupération des avances de l'AGS s'est situé, sur la période 1986-2009, à 54,4 % pour les créances super privilégiées[2]. On mesure ainsi que cette super garantie n'atteint qu'à moitié son objectif. On peut donc sérieusement douter de l'efficacité d'une garantie de rang inférieur.

Signalons enfin que, pour les procédures de conciliation ouvertes à compter du 15 février 2009, il existe une procédure de contestation du privilège de la conciliation (v. s[s] n° 144.36).

144.57 Absence de publicité du privilège de la conciliation. Pour l'heure, ce privilège est occulte. Il est prévu une mention obligatoire, dans le jugement d'homologation de l'accord, du montant pour lequel le privilège est accordé. Le contenu de l'accord de conciliation n'est pas relaté dans le jugement et reste, en conséquence, confidentiel. Le jugement d'homologation est, pour sa part, accessible à tout intéressé auprès du greffe. Ainsi, grâce à l'avis d'insertion au *Bodacc* relatif au jugement d'homologation, les tiers peuvent avoir connaissance du fait que le débiteur a rencontré des difficultés, mais que celles-ci n'existent plus aujourd'hui du fait de l'accord de conciliation. Ces mêmes tiers peuvent se procurer le jugement qui contient l'indication des montants garantis par le privilège de la conciliation. L'existence du privilège de la conciliation n'est donc pas complètement couverte par la confidentialité et il ne pouvait sérieusement en aller autrement. Dans ces conditions, pourquoi avoir rechigné à publier au greffe du tribunal, comme cela est le cas des privilèges fiscaux et sociaux, le privilège de la conciliation ?

Est-il bien normal au regard de la sécurité et de la transparence des affaires, qu'un établissement de crédit prête à un débiteur en inscrivant sur les biens de celui-ci des sûretés de premier rang, sans savoir, au moment de l'octroi de son crédit, qu'il est déjà primé par le privilège de la conciliation pour des sommes suffisamment importantes pour absorber l'intégralité du produit de la réalisation des actifs grevés à son profit ? Ne perdons pas de vue, en effet, que le privilège de la conciliation l'emporte sur une hypothèque.

Or, en pratique, un parcours du combattant se présente au banquier, tiers à la conciliation, si le client s'adresse à lui pour la première fois. Il doit vérifier qu'aucune insertion au *Bodacc* n'est intervenue sur le débiteur en question, relatant une conciliation homologuée. Dans le cas contraire, il doit se procurer auprès du greffe communication du jugement d'homologation. À ce seul prix, le banquier accordera son concours en connaissance de cause. La pratique démontre aujourd'hui que ces précautions trop lourdes – et peut-être incomprises – ne sont pas prises et que les banquiers prêtent ainsi sans mesurer leurs risques.

Tout cela apparaît choquant. Le législateur a bien compris qu'il ne pouvait faire l'économie d'une publication relative au jugement d'homologation de la conciliation, à cause, précisément, du privilège de la conciliation. Pourquoi le législateur s'est-il alors arrêté en cours de route ? Pourquoi n'a-t-il pas cru bon prévoir une publication obligatoire du privilège de la conciliation ? Serait-ce dans le secret espoir de prendre au piège de futurs partenaires contractuels du débiteur ? Nous ne pouvons l'imaginer. L'explication doit plutôt être trouvée dans le dogmatisme qui a conduit à faire prévaloir la confidentialité sur la transparence.

Mais, puisque, comme cela a été expliqué, la confidentialité a déjà trouvé sa limite dans l'insertion obligatoire au *Bodacc* du jugement d'homologation, il n'apparaît pas de bonnes raisons de continuer à laisser secret ce privilège de la conciliation. Un jour, cela est certain, il sera la source de dégâts importants et parfaitement injustes qui ne pourront être expliqués que par la défaillance du législateur.

SECTION 144.60

SURVEILLANCE DE L'EXÉCUTION DE L'ACCORD

144.61 Création de la mission de mandataire à l'exécution de l'accord. L'article 2, 1°, b de la loi du 2 janvier 2014[3] envisage comme objectif le renforcement de l'efficacité de l'accord. Pour cela, l'article 6, I de l'ordonnance du 12 mars 2014[4] crée un organe de surveillance de la bonne exécution de l'accord, dont la mission se rapproche de celle du commissaire à l'exécution du plan. Il s'agit du mandataire à l'exécution de l'accord.

1. Vaillot, « La loi du 26 juillet 2005 portant réforme du droit des entreprises en difficultés : le point de vue de l'administrateur judiciaire – Mandataire *ad hoc* et conciliateur », *JCP E* 2005. 155, p. 1775 s., sp. p. 1778, n°s 21 et 22 – *Adde* J.-CL. CO., Jacquemont, fasc. 2030, [Procédure de conciliation et concordat], 2006, n° 37 – PÉROCHON, 10e éd., n° 225.
2. Rapport d'activité 2009 de la Délégation Unedic AGS, p. 17 ; aimablement communiqué par Thierry Méteyé.
3. L. n° 2014-1, 2 janv. 2014, préc.
4. Ord. n° 2014-326, 12 mars 2014, préc.

L'article R. 611-40-1, issu du décret du 30 juin 2014[1] (art. 18) précise que lorsque le débiteur présente une demande de désignation d'un mandataire à l'exécution de l'accord, le conciliateur est invité à faire connaître ses observations sur l'intérêt d'une telle mission. Le conciliateur pourra, en application du III de l'article L. 611-8, être désigné pour exercer cette mission, qui durera pendant toute la durée de l'exécution de l'accord. L'article R. 611-40-1 du code précise toutefois que le conciliateur ne peut être désigné qu'après avoir exprimé son accord.

Cette possibilité de désignation de ce nouvel organe[2], qui suppose une demande en ce sens du débiteur – il ne s'agit donc pas d'une obligation –, consacre la pratique de certaines juridictions qui connaissaient déjà un suivi de l'exécution des plans, avec « les clauses de rendez-vous »[3]. Elle répond à la nécessité de faire rentrer dans une mission cette tâche, afin de la faire couvrir par une responsabilité professionnelle[4].

Mais, comme cela a été noté, une fois nommé, le débiteur ne pourra s'en libérer à sa guise[5], l'opinion contraire ayant été également soutenue[6].

Bien que le texte ne le précise pas, il nous semble que le mandataire à l'exécution de l'accord pourra demander que les versements à effectuer aux créanciers parties à l'accord soient versés entre ses mains.

Le mandataire à l'exécution de l'accord a l'obligation de faire sans délai un rapport au président du tribunal qui a constaté l'accord ou au tribunal qui a homologué l'accord, en cas de difficultés faisant obstacle à l'exécution de sa mission. La seule possibilité prévue au texte consiste pour le mandataire à l'exécution de l'accord de demander qu'il soit mis fin à sa mission. La décision doit être notifiée au débiteur. Ce dernier peut également demander qu'il soit mis fin à la mission du mandataire à l'exécution de l'accord.

Les contours de ce texte sont relativement imprécis. La décision de fin de mission n'entraîne pas résolution de l'accord, mais on peut alors se demander quelle est son utilité. De même, on ne sait pour quelle raison le débiteur pourrait solliciter la fin de mission du mandataire à l'exécution de l'accord. Ce texte mériterait des précisions.

La création du mandataire à l'exécution de l'accord conduit à modifier le cinquième alinéa des articles L. 811-10 (incompatibilités de l'administrateur judiciaire) et L. 812-8 du code de commerce (incompatibilités du mandataire judiciaire). C'est l'objet des articles 98 et 99 de l'ordonnance du 12 mars 2014, qui ajoute dans ces deux textes, le visa du mandataire à l'exécution de l'accord.

144.62 Rémunération du mandataire à l'exécution de l'accord. Pour tenir compte de la création d'un nouvel organe, le mandataire à l'exécution de l'accord, l'article 13 de l'ordonnance du 12 mars 2014[7] modifie le premier alinéa de l'article L. 611-14 du code de commerce.

La rémunération de cet organe obéit aux mêmes règles que celles régissant la rémunération du conciliateur (v. s[s] n° 141.52).

L'article R. 611-52 du code de commerce, issu de la rédaction que lui donne l'article 27 du décret du 30 juin 2014[8] précise que la décision qui prévoit le bénéfice de provisions au mandataire à l'exécution de l'accord peut préciser qu'elles seront allouées au terme de chacune des années de l'exécution de l'accord. Le montant annuel de la provision est fixé par ordonnance communiquée par le greffier au ministère public.

1. D. n° 2014-736, 30 juin 2014, préc.
2. AINSI : T. com. Valenciennes, 25 juin 2015, RG n° 2015/003256, *Rev. proc. coll.* 2015, comm. 175, note Delattre.
3. Lucas, « Présentation de l'ordonnance portant réforme de la prévention des difficultés des entreprises et des procédures collectives », *BJE* mars 2014, 111, sp. p. 113 – Gorrias, « L'ordonnance du 12 mars 2014 et les modifications intéressant la nomination des organes », *Gaz. Pal.* 6 avr. 2014, n° 96, p. 39 s., sp. p. 41.
4. Couturier, *in* Menjucq M., Lelièvre Y, Bouru O., Legrand F. et Couturier G., « Les enjeux de la réforme du droit des entreprises en difficulté », *Rev. proc. coll.* 2014, Table ronde 2, p. 58.
5. Thuillier, « La conciliation après l'ordonnance du 12 mars *2014 : jamais pareille mais toujours plus proche des procédures collectives* », *BJE* mai 2014, 174 s., sp. 177.
6. EN CE SENS AUSSI : Lienhard, « Réforme issue de l'ordonnance du 12 mars 2014 », *in* C. pr. coll., Dalloz, 2014, p. 6.
7. Ord. n° 2014-326, 12 mars 2014, préc.
8. D. n° 2014-736, 30 juin 2014, préc.

CHAPITRE

145. Inexécution de l'accord de conciliation

SECTION 0 ORIENTEUR

145.00 **Plan du chapitre.**

Sect. 145.10 Résolution de l'accord de conciliation

Sect. 145.20 Ouverture d'une procédure subséquemment à l'inexécution de l'accord

145.01 **Textes applicables.** (V. s[s] n° 140.01).

SECTION 145.10 RÉSOLUTION DE L'ACCORD DE CONCILIATION

145.11 **Résolutior de l'accord homologué.** Si le débiteur ne respecte pas les engagements iclus dans l'accord homologué, il y a, possibilité pur le tribunal, selon l'aticle L. 611-10 alinéa 5 d code de commerce, de prononcer la résolution de accord et la déchéance de tous les délais de paiemet.

Alors que la législation sur le règlemer amiable prévoyait l'obligation de prononcer la résution de l'accord, quel que soit le manquement nstaté, et que le texte du projet de loi prévoyaiégalement cette automaticité, il a été prévu, à l suite d'un amendement[1], une possibilité d'appréation, de la part du tribunal, sur l'importance du manquement constaté. Seule une inexécution, quelle que soit sa nature[2], mais d'une certaine imporance devrait, en conséquence conduire le tribuna à prononcer la résolution de l'accord. La solution rejoint celle adoptée en matière de résolution du plan d redressement ou de sauvegade.

Le tribunal sera saisi de la demande de résolution de l'accord par l'une des parties à l'accord homologué. Le texte ne vise plus, comme sous l'empire du règlement amiable, les créanciers parties à l'accord, mais plus largement les parties, ce qui semble autoriser, contrairement à la solution posée en matière de règlement amiable (v. s[s] n° 136.11), la saisine par le débiteur, encore que son intérêt à agir resterait peut-être à démontrer. Les créanciers, non parties à l'accord, qui se sont vus imposer des délais de grâce, ne peuvent demander la résolution de l'accord[3].

La procédure suivie relève de la procédure contentieuse. Il a été dit que rien ne semblait interdire, en cas d'urgence, l'utilisation de la procédure à jour fixe[4]. Le tribunal ne pourra en revanche se saisir d'office. Le demandeur à la résolution devra mettre en cause les autres parties à l'accord (C. com., art. R. 611-46, al. 1 [anc[t] D. 28 déc. 2005, art. 39, al. 1]).

Le jugement rendu sur la demande de résolution de l'accord homologué sera communiqué au ministère public et notifié aux créanciers parties à l'accord (C. com., art. R. 611-46, al. 2 [anc[t] D. 28 déc. 2005, art. 39, al. 2]).

Par souci de parallélisme des formes, le jugement qui prononce la résolution de l'accord homologué fait, comme le jugement d'homologation, l'objet d'un avis d'insertion au *Bodacc* et dans un journal d'annonces légales (D. 28 déc. 2005, art. 39, al. 3, renvoyant à l'article 36 qui réglemente la publicité du jugement d'homologation).

Les effets de la résolution, qui n'ont pas été modifiés en substance par l'ordonnance du 18 décembre 2008, sous réserve de la question des délais de grâce, s'appliqueront d'abord pour les créanciers qui sont parties à l'accord. Le débiteur sera déchu des délais

1. Amend. n° 634, IntervXavier de Roux, *JOAN CR*, séance du 3 mars 2005, p. 1б6.
2. Vinckel, « L'option ene les procédures préventiveu nouveau droit des entrepres en difficulté : analyse desques », *LPA* 12 juin 2006, n° 16, p. 7 s., sp. p. 12, n° 14.
3. Ravenne, « La résolution de l'accord de conciliation », *Rev. proc. coll.* 2009/6, 30, p. 11 s., sp. p. 13, n° 9.
4. Kuntz, Lucas et Lécuyer, (dir.), *La réforme des procédures collectives*, Lgdj, 2006, p. 9 s., sp. p. 42.

et remises consentis dans l'accord de conciliation. Cette déchéance ne doit cependant pas se retourner contre le créancier, s'il a intérêt à ce que le bénéfice des délais accordés au débiteur soit maintenu. Il en sera spécialement ainsi en cas d'ouverture subséquente d'une procédure de redressement ou de liquidation judiciaire et d'application de la règle du transfert de la charge de la sûreté posée par l'article L. 641-12, alinéa 4, du code de commerce, qui ne porte que sur les échéances restant à échoir d'un contrat de crédit.

Les avis divergeaient cependant sur la question des remises[1]. Une cour d'appel a considéré que les créanciers sont restaurés dans leurs droits, les créances devant être admises au passif, dans la procédure collective subséquente, pour leur totalité, les remises étant caduques[2]. Les créanciers n'auront cependant pas à restituer ce qu'ils ont reçu, la résolution de l'accord ne produisant pas d'effet rétroactif[3].

Mais la résolution de l'accord aura aussi des effets pour les créanciers non parties à l'accord, auxquels le tribunal aurait imposé des délais de grâce[4]. L'article R. 611-46 alinéa 3 du code de commerce (anc[t] D. 28 déc. 2005, art. 39, al. 3) prévoit d'ailleurs que la décision qui prononce la résolution de l'accord homologué est portée par le greffier à la connaissance des créanciers auxquels des délais de paiement auront été imposés.

La résolution de l'accord n'a pas d'effet sur les garanties personnelles ou réelles antérieures à l'accord. En revanche, il a été soutenu que le cautionnement pris en garantie d'un apport en trésorerie réalisé dans l'accord de conciliation semble devoir suivre le sort de l'accord, sauf stipulation contraire du cautionnement[5]. Il en irait de même des sûretés réelles constituées pour la garantie de l'exécution de l'accord[6]. L'opinion semble difficile à suivre, dans la mesure où l'objet même de la garantie réside dans la couverture des risques d'inexécution de l'accord et spécialement sa résolution.

Le mutisme du texte issu de la loi de sauvegarde des entreprises sur la question semble autoriser le débiteur à présenter une nouvelle demande d'ouverture d'une procédure de conciliation, une fois l'accord de conciliation résolu, dès lors que le débiteur se trouve dans les conditions d'ouverture d'une conciliation[7] (v. aussi s[s] n° 141.53).

La législation issue de l'ordonnance du 18 décembre 2008[8], dans un nouvel article L. 611-10-3, isole la problématique de la résolution de l'accord, en distinguant selon que l'accord a été constaté ou qu'il a été homologué.

Si l'accord a été homologué, le tribunal saisi par l'une des parties à l'accord, constate l'inexécution des engagements et prononce la résolution de celui-ci (C. com., art. L. 611-10-3, al. 2). On rappellera toutefois que la résolution judiciaire d'un contrat, ce qui est le cas d'un accord de conciliation, supposera un manquement suffisamment grave dans l'exécution. L'opinion contraire a toutefois été émise, suggérant un caractère obligatoire de la résolution de l'accord en cas de manquement constaté à l'exécution[9].

L'article 14 du décret du 12 février 2009[10] procède à la réécriture de l'article R. 611-46 du code de commerce, en s'intéressant aux modalités procédurales de la résolution de l'accord de conciliation.

L'alinéa 1 de l'article R. 611-46 du code commence par énoncer que la demande de résolution de l'accord homologué est formée par voie d'assignation, ce qui exclut la technique de la requête. Il y a donc extension de la technique réservée, sous l'empire du texte ancien, à la résolution de l'accord homologué. Le texte reprend le principe posé par l'ancien texte selon lequel toutes les parties à l'accord doivent être mises en cause par le demandeur, le cas échéant sur injonction du tribunal. L'alinéa 1 de l'article R. 611-46, issu de la rédaction que lui donne le décret du 12 février 2009, prend le soin de préciser que les créanciers auxquels le président du tribunal a imposé des délais de paiement en application de l'article L. 611-7, sont également mis en cause par le demandeur. Cette précision est utile car, parmi ces personnes, certains peuvent ne pas être des parties à l'accord. Le tribunal qui décide la résolution de l'accord peut prononcer la déchéance de tous délais de paiement accordés en application du cinquième alinéa de l'article L. 611-7 du code de commerce. Il est donc important que les créanciers concernés puissent être présents pour demander au tribunal qu'il soit fait application de cette faculté.

Le jugement statuant sur la demande de résolution de l'accord de conciliation homologué – jugement « rendu » énonce l'alinéa 2 de l'article R. 611-

1. CONTRA : Saint-Alary-Houin, « La procédure de conciliation », *Rev. proc. coll.* 2006/2, p. 169 s., sp. p. 176, n° 41.
2. Bordeaux, 24 sept. 2014, RG n° 13/02106, *Act. proc. coll.* 2015, comm. 2.
3. Ravenne, « La résolution de l'accord de conciliation », *Rev. proc. coll.* 2009/6, 30, p. 11 s., sp. p. 16, n° 26.
4. AUSSI : J.-CL. COM., Jacquemont, fasc. 2030, [Procédure de conciliation et concordat], 2006, n° 54.
5. Ravenne, « La résolution de l'accord de conciliation », *Rev. proc. coll.* 2009/6, 30, p. 11 s., sp. p. 16, n° 26.
6. Ravenne, « La résolution de l'accord de conciliation », *Rev. proc. coll.* 2009/6, 30, p. 11 s., sp. p. 16, n° 27.
7. VALLANSAN, 4e éd., n° 23.
8. Ord. n° 2008-1345, 18 déc. 2008, *JO* 19 déc., p. 19462., art. 7
9. Rohart-Messager, « L'amélioration de la prévention », *Gaz. proc. coll.* n° sp., 6 et 7 mars 2009, p. 5 s., sp. p. 8 – Ravenne, « La résolution de l'accord de conciliation », *Rev. proc. coll.* 2009/6, 30, p. 11 s., sp. p. 13, n° 8.
10. D. n° 2009-160, 12 févr. 2009, *JO* 13 févr., p. 2596.

46 du code, est communiqué au ministère public. Il doit également être notifié par le greffier aux créanciers auxquels des délais de paiement ont été imposés en application de l'article L. 611-7 du code. Remarquons que le texte ne distingue pas selon que le jugement a ou non prononcé la résolution de l'accord de conciliation, contrairement à l'alinéa 3 de l'article R. 611-46 du code, dans sa rédaction antérieure, qui n'obligeait le greffier à porter la décision à la connaissance de ces créanciers, que si elle prononçait la résolution de l'accord homologué.

Selon l'alinéa 3 du même article L. 611-10-3 du code de commerce (ord. 18 déc. 2008, art. 7), le tribunal qui décide la résolution de l'accord peut prononcer la déchéance de tous délais de paiement accordés en application du cinquième alinéa de l'article L. 611-7 du code de commerce, c'est-à-dire les délais de grâce de l'article 1244-1 du code civil (devenu C. civ., art. 1343-5)[1]. Sous l'empire de la législation antérieure, cette déchéance des délais intervenait de plein droit[2]. Il ne s'agit là, pour le président du tribunal ou pour le tribunal, que d'une faculté. Il sera en conséquence prudent pour le créancier, victime de l'inexécution de l'accord qui sollicite sa résolution, de présenterau tribunal ou au président, selon le cas, la demandede déchéance des délais de grâce, cependant que le txte n'interdit pas au tribunal ou à son président, seon le cas, de décider d'office de cette déchéance, losqu'il prononcera la résolution de l'accord. Cette échéance semble devoir jouer au bénéfice de tous s créanciers auxquels le président du tribunal ait, en phase de recherche de l'accord, imposer ledélais de grâce, le texte visant « tout délai de painent accordé ». L'opinion contraire a toutefois étsoutenue[3].

L'alinéa 3 de l'article R. 611-46u code de commerce, issu de la rédactionque lui onne l'article 14 du décret du 12 février 2009, represt enfin l'obligation pour le greffier du tribunal deprocéder à une publicité du jugement prononçant résolution de l'accord, dès lors qu'il s'agit d'un acord homologué. Il s'agit là d'assuer un parallélise des formes, avec le jugement d'homologation. Cmme ce dernier, il fera donc l'objet d'un avis cnsertion au *Bodacc* et dans un journal d'annonces gales.

La législation issue de l'ordonnancdu 12 mars 2014[4] tient compte de la possibilité poue président du tribunal d'appliquer les dispositios des articles 1244-1 à 1244-3 du code civil (dehu C. civ., art. 1343-5[5]) à des personnes titulaires de créances non soumises à l'accord. L'article 10 de l'ordonnance du 12 mars 2014 prévoit, au dernier alinéa de l'article L. 611-10-3 du code de commerce, la possibilité pour le tribunal prononçant la résolution de l'accord de prononcer la déchéance de tout délai de paiement accordé en application du second alinéa de l'article L. 611-10-1. Il s'agit là des délais de paiement accordés au débiteur poursuivi ou simplement mis en demeure pendant l'exécution de l'accord par un créancier au titre d'une créance non soumise à l'accord.

Pour tenir compte de la possibilité ouverte par l'article L. 611-10-1 du code de commerce, dans la rédaction que lui donne l'ordonnance du 12 mars 2014, d'imposer des délais de grâce aux créanciers appelés à la conciliation pour des créances non soumises à l'accord, l'article R. 611-46, alinéa 1 (réd. D. 30 juin 2014, art. 20) prévoit que les créanciers auxquels des délais ont été imposés en application du dernier alinéa de l'article L. 611-10-1 du code sont également appelés dans la cause ayant à statuer sur la demande de résolution de l'accord.

Ainsi, avec cette législation, tous les délais de paiement accordés au débiteur poursuivi ou mis en demeure, soit pendant la recherche de l'accord de conciliation, soit pendant l'exécution de l'accord, pourront prendre fin, ce qui apparaît logique.

145.12 Résolution de l'accord constaté. Le code de commerce ne réglemente pas la question de l'inexécution de l'accord non homologué. En cas d'inexécution de l'accord non homologué, celui-ci pourra, comme tout contrat, être résolu judiciairement[6]. Une assignation sera par principe nécessaire[7]. Le juge appréciera s'il y a place à résolution en fonction du manquement constaté[8]. Une clause de résiliation de plein droit peut toutefois être incluse dans l'accord[9], ce que le code de commerce n'interdit pas. Les délais prendront fin et les créanciers retrouveront leur droit de poursuite (v. s[s] nº 144.12). Les délais de grâce devraient prendre fin en cas de résolution de l'accord, ce que pourrait d'ailleurs préciser la décision qui les a accordés[10]. Les remises de dettes seront également anéanties[11], certains auteurs étant toutefois hésitants sur ce point[12].

1. DEPUIS le 1er oct. 2016 : Ord. nº 2016-131, février. 2016, *JO* 11 févr.
2. Rapport au président de la République sur donnance nº 2008-1345 du 18 déc. 2008, *JO* 19 déc., TII, chap. I, s[s] art. 7.
3. PÉROCHON, 10e éd., nº 200.
4. Ord. nº 2014-326, 12 mars 2014, *JO* 14 mars, 249.
5. CRÉÉ par Ord. nº 2016-131, 10 févr. 2016, préc., art. 3.
6. ROUSSEL GALLE, nº 164 – LE CANNU, 7e éd., nº 143.
7. LIENHARD, nº 332.
8. Macorig-Venier, « Du règlement amiable à la conciliation », *Rev. proc. coll.* 2005/4, p. 352.
9. J.-CL. COM., Jacquemont, fasc. 2030, [Procédure de conciliation et concordat], 2006, nº 54.
10. PÉROCHON ET BONHOMME, 7e éd., nº 98.
11. PÉROCHON, 10e éd., nº 200 – Macorig-Venier, *Rev. proc. coll.* 2005, p. 357 – Macorig-Vénier. et Caviglioli, « Le point sur la conciliation », *Rev. proc. coll.* 2008/2, p. 78 s., sp. p. 84, nº 31.
12. SAINT-ALARY-HOUIN, 9e éd., nº 379.

L'article L. 611-12 du code indique, en outre, que « l'ouverture d'une procédure de sauvegarde, de redressement judiciaire ou de liquidation judiciaire met fin de plein droit à l'accord constaté ou homologué en application de l'article L. 611-8. En ce cas, les créanciers recouvrent l'intégralité de leurs créances et sûretés, déduction faite des sommes perçues, sans préjudice des dispositions prévues à l'article L. 611-11 ».

Comme en matière de conciliation homologuée, rien ne semble interdire une demande d'ouverture d'une seconde procédure de conciliation, une fois l'accord constaté résolu, dès lors que le débiteur en remplit les conditions (v. aussi s^s n° 145.11).

La législation issue de l'ordonnance du 18 décembre 2008[1], dans un nouvel article L. 611-10-3, isole la problématique de la résolution de l'accord, en distinguant selon que l'accord a été constaté ou qu'il a été homologué.

Si l'accord a été simplement constaté, le président du tribunal, saisi par une partie à l'accord, qui constate l'inexécution des engagements, prononce la résolution de celui-ci (C. com., art. L. 611-10-3, al. 1). Le parallélisme des formes est séduisant, mais a-t-il été écrit, il n'est peut-être pas très logique de laisser le président du tribunal trancher seul une matière devenue contentieuse[2].

On observera que le texte n'énonce pas au profit du président une faculté, mais une obligation.

On rappellera toutefois que la résolution judiciaire d'un contrat, ce qui est le cas d'un accord de conciliation, supposera un manquement suffisamment grave dans l'exécution. L'opinion contraire a toutefois été émise, suggérant un caractère obligatoire de la résolution de l'accord en cas de manquement constaté à l'exécution[3].

La résolution d'un accord de conciliation constaté aura, sur les délais de grâce, les mêmes effets que la résolution d'un accord homologué.

L'article 14 du décret du 12 février 2009[4] procède à la réécriture de l'article R. 611-46 du code de commerce, en s'intéressant aux modalités procédurales de la résolution de l'accord de conciliation. La solution est spécialement heureuse pour la résolution de l'accord de conciliation simplement constaté, qui étonnamment ne contenait pas de dispositions procédurales, sous l'empire du texte ancien.

1. Ord. n° 2008-1345, 18 déc. 2008, préc., art. 7.
2. Pétel, « Le nouveau droit des entreprises en difficulté : acte II – commentaire de l'ordonnance n° 2008-1345 du 18 décembre 2008 », *JCP E 2009. 1049, n° 10.*
3. Rohart-Messager, « L'amélioration de la prévention », *Gaz. proc. coll.*, n° sp., 6 et 7 mars 2009, p. 5 s., sp. p. 8.
4. D. n° 2009-160, 12 févr. 2009, préc.

La demande de résolution de l'accord constaté obéit aux mêmes règles que celles posées pour l'accord de conciliation homologué (v. s^s n° 145.11).

Le jugement statuant sur la demande de résolution de l'accord de conciliation simplement constaté doit, comme celui statuant sur la résolution d'un accord homologué (v. s^s n° 145.11) est communiqué au ministère public.

L'alinéa 3 de l'article R. 611-46 du code de commerce, issu de la rédaction que lui donne l'article 14 du décret du 12 février 2009, reprend l'obligation pour le greffier du tribunal de procéder à une publicité du jugement prononçant la résolution de l'accord, dès lors qu'il s'agit d'un accord homologué. Le texte est sans application pour la résolution d'un accord constaté.

Comme cela est le cas pour la résolution de l'accord homologué (v. s^s n° 145.11), depuis l'ordonnance du 12 mars 2014, il pourra être mis fin aux délais de paiement accordés au débiteur poursuivi ou mis en demeure par un créancier pendant l'exécution de l'accord. La compétence appartient ici au président du tribunal (C. com., art. L. 611-10-3, al. dern.).

SECTION 145.20 OUVERTURE D'UNE PROCÉDURE SUBSÉQUEMMENT À L'INEXÉCUTION DE L'ACCORD

145.21 Ouveure d'une procédure subséquemment à l'inexécution de l'accord. Dans la législation du règlement amiable, la résolution de l'accord constitue une cause autonome d'ouverture du redressement ou de la liquidation judiciaire. Le tribunal peut ouvrir la procédure collective, alors même que le débiteur n'est pas en état de cessation des paiements. En revanche, si le débiteur est en état de cessation des paiements, la résolution du règlement amiable rend obligatoire l'ouverture de la procédure.

L'inexécution de la procédure de conciliation n'est plus un cas autonome d'ouverture de la procédure, sans caractérisation de l'état de cessation des paiements. L'évolution de cette disposition est intéressante. Sous l'empire de la loi du 25 janvier 1985[5] non réformée, l'article 5 de la loi (devenu C. com., art. L. 621-3) prévoyait en cas d'inexécution de l'accord une ouverture de plein droit de la procédure de redressement judiciaire, sans qu'il y ait à constater l'état de cessation des paiements du débiteur. La loi du 10 juin 1994 a modifié ce texte en prévoyant que « la procédure peut être ouverte,

5. L. 85-98, 25 janv. 1985, *JO* 26 janv., p. 1097.

sur demande du procureur, du débiteur ou d'un créancier partie à l'accord ». L'ouverture de la procédure est donc, dans la législation antérieure à la réforme du 26 juillet 2005[1], purement facultative. Elle peut parfaitement intervenir sans caractérisation de l'état de cessation des paiements. Cependant, si l'état de cessation des paiements du débiteur est avéré, la juridiction a alors l'obligation d'ouvrir la procédure.

L'apport de la réforme est de supprimer la possibilité pour le tribunal de prononcer l'ouverture du redressement ou de la liquidation judiciaire, pour le motif de l'inexécution de l'accord de conciliation. Seuls les critères d'ouverture de la procédure, c'est-à-dire cessation des paiements ou, si la saisine de tribunal est l'œuvre du débiteur, le fait qu'il justifie de difficultés l'autorisant à solliciter l'ouverture de la procédure de sauvegarde, seront pris en compte.

145.22 **Effets de l'ouverture d'une procédure collective sur l'accord de conciliation.** L'article L. 611-12 du code de commerce prévoit que « l'ouverture d'une procédure de sauvegarde, de redressement judiciaire ou de liquidation judiciaire met fin à l'accord ». La Commission des lois du Sénat avait en outre suggéré que, en ce cas, il fût mis fin de plein droit, c'est-à-dire sans intervention du juge, à l'accord de conciliation[2]. Mais il a fallu attendre le décret du 3 mars 2011[3] pour que cette précision figure dans la partie réglementaire du code de commerce (C. com., art. R. 611-38-1), alors qu'elle aurait, sans doute, plutôt dû trouver son siège dans la partie législative[4].

L'interdiction d'ouvrir une procédure de redressement ou de liquidation judiciaire à l'encontre d'une personne bénéficiant d'une procédure de conciliation cesse ainsi.

Le mécanisme mis ici en place par le législateur est celui de la caducité[5], non celui de la résolution judiciaire.

L'accord simplement constaté entre dans le régime général des contrats passés et des créances antérieures à l'ouverture de la procédure, avec obligation de déclaration de la créance sans privilège particulier[6]. Ce n'est plus un contrat en cours puisqu'il est anéanti de plein droit[7]. Cependant, la commission des lois du Sénat a estimé utile pour éviter tout risque de contentieux de prévoir que l'ouverture d'une procédure collective met également fin de plein droit à l'accord de conciliation simplement constaté par le juge[8].

Selon une solution classique, le texte poursuit en indiquant que les créanciers recouvrent l'intégralité de leurs créances et sûretés, déduction faite des sommes perçues. La solution est la même que celles posée en cas de résolution d'un plan de sauvegarde ou de redressement. Il faut donc comprendre que les délais et remises consentis dans l'accord de conciliation sont supprimés. Il appartient aux créanciers de se soumettre à la procédure collective, en déclarant leurs créances dans les procédures si cela est nécessaire. Les créanciers sont restaurés dans leurs droits, sous la seule réserve des sommes qu'ils auraient déjà perçues depuis l'accord de conciliation.

L'article L. 611-12 du code de commerce réserve l'application des dispositions de l'article L. 611-11. Il faut donc comprendre que, dans la procédure de sauvegarde, de redressement judiciaire ou de liquidation judiciaire ouverte après la résolution de l'accord de conciliation, les créanciers bénéficiaires du privilège de la conciliation conservent ce privilège dans la procédure collective. Cependant, ils ne devront pas omettre de déclarer leur privilège de conciliation qui assortit leurs créances de crédit, d'avances ou de livraisons de biens ou de services consentis pour la conciliation, sous peine de la perdre.

1. *L. n° 2005-845, 26 juill. 2005, JO* 27 juill., p. 12187.
2. *Rapp. J.-J. Hyest*, n° 335, p. 139.
3. D. n° 2011-236, 3 mars 2011 pris pour l'application des articles 57 et 58 de la loi n° 2010-1249 du 22 octobre 2010 de régulation bancaire et financière, *JO* 4 mars, p. 4183.
4. Lienhard, note s^s D. n° 2011-236, 3 mars 2011, *D.* 2011. Actu 671.
5. J.-CL. COM., Jacquemont, fasc. 2030, [Procédure de conciliation et concordat], 2006, n° 55.
6. Interv. Xavier de Roux, *JOAN CR*, 2e séance du 3 mars 2005, p. 1636.
7. LE CANNU, 7e éd., n° 148.
8. *Rapp. J.-J. Hyest*, n° 335, p. 139.

LIVRE

200. L'ouverture de la procédure

SECTION 0

ORIENTEUR

200.00 **Plan du livre**

Titre 210 **Qualité subjective exigée : personnalité du débiteur et extensions**

Chap. 211 Personnes physiques éligibles à la procédure collective

Chap. 212 Personnes morales éligibles à la procédure collective

Chap. 213 Extensions de procédure : confusion de patrimoines et fictivité

Chap. 214 Fausses extensions de procédure

Titre 220 **Situation économique exigée**

Chap. 221 Ouverture de la procédure de redressement ou de liquidation judiciaires conditionnée à l'état de cessation des paiements

Chap. 222 Date de cessation des paiements

Chap. 223 Difficultés que le débiteur ne peut surmonter, condition d'ouverture de la procédure de sauvegarde

Chap. 224 Sauvegarde accélérée

Chap. 225 Sauvegarde financière accélérée

Titre 230 **Modalités procédurales entourant l'ouverture de la procédure**

Chap. 231 *Saisine aux fins d'ouverture de la procédure*

Chap. 232 Juridiction compétente pour l'ouverture de la procédure

Chap. 233 Jugement d'ouverture

Chap. 234 Exécution provisoire attachée aux décisions rendues en matière de procédure collective

TITRE

210. Qualité subjective exigée : personnalité du débiteur et extensions

SECTION 0 ORIENTEUR

210.00 Plan du titre.

Chap. 211 Personnes physiques éligibles à la procédure collective

Sect. 211.10 Extension progressive du domaine des procédures collectives

Sect. 211.20 Commerçants – personnes exerçant une activité commerciale

Sect. 211.30 Artisans – personnes exerçant une activité artisanale

Sect. 211.40 Agriculteurs

Sect. 211.50 Professionnels indépendants y compris les professionnels libéraux

Sect. 211.60 Personnes physiques retirées

Sect. 211.70 Personnes physiques décédées

Sect. 211.80 Situation des rapatriés d'Algérie

Chap. 212 Personnes morales éligibles à la procédure collective

Sect. 212.10 Principe de généralité

Sect. 212.20 Perte de la personnalité morale

Chap. 213 Extensions de procédure : confusion des patrimoines et fictivité

Sect. 213.10 Critères de l'extension sur le fondement de la fictivité

Sect. 213.20 Critères de l'extension sur le fondement de la confusion des patrimoines

Sect. 213.30 Régime procédural de l'extension sur le fondement de la fictivité ou de la confusion des patrimoines

Sect. 213.40 Effets de l'extension sur le fondement de la fictivité ou de la confusion des patrimoines

Sect. 213.50 Règles spéciales à l'action en réunion de patrimoines

Chap. 214 Fausses extensions de procédure

Sect. 214.10 Extension aux membres indéfiniment et solidairement responsables du passif de la personne morale – Législation antérieure à la loi de sauvegarde des entreprises

Sect. 214.20 Suppression de l'extension aux membres indéfiniment et solidairement responsables du passif de la personne morale par la loi du 26 juillet 2005

Sect. 214.30 Extensions – Sanction – Législation antérieure à la loi de sauvegarde des entreprises

Sect. 214.40 Suppression des extensions sanctions par le texte issu de la loi du 26 juillet 2005

Sect. 214.50 Extension sur le fondement de la coexploitation

210.03 Bibliographie indicative. (V. les références complètes ss n° 031).

> Articles. Bourbouloux H., « Nouveau contexte, nouveaux débiteurs », *BJE* 2012, dossier 161, p. 314 – Lécuyer H., « Les nouveaux débiteurs », *Rev. proc. coll.* 2006/4, p. 332 – Martin R. et Neveu P., « L'application à la profession d'avocat de la loi du 26 juillet 2005 sur la sauvegarde des entreprises », *JCP E* 2006. 1764, p. 867 – Roussel Galle Ph., « L'ouverture des procédures », *D.* 2009. 644 ; « Ouverture des procédures », *Rev. proc. coll.* 2013, dossier 24 – Saintourens B., « Les conditions d'ouverture des procédures après l'ordonnance du 18 décembre 2008 portant réforme du droit des entreprises en difficulté », *Rev. proc. coll.* 2009/1, 4, p. 40 – Vallansan J., « L'évolution des personnes assujetties à la procédure collective : 1985-2005 » *in* « La loi du 25 janvier 1985 a 20 ans ! Entre bilan et réforme », Colloque Toulouse I, *RLDA* supp. mars 2005, p. 12.

210.09 Particularisme intéressant les procédures collectives atteignant les établissements de crédit. L'ouverture de la procédure obéit à des conditions de fond et à des conditions de forme.

La loi du 25 juin 1999[1] réglementant les procédures collectives atteignant les établissements de crédit ajoute à l'exigence d'une certaine qualité et d'une certaine situation économique une condition à l'ouverture de la procédure : l'avis de la commission bancaire (C. mon. fin., art. L. 613-27 [anc[t] L. 24 janv. 1984[2], art. 46-3])[3].

Jusqu'alors soumise à l'avis de l'Autorité de contrôle prudentiel (C. mon. fin., art. L. 613-27), l'ouverture d'une procédure collective à l'encontre d'un établissement de crédit devrait, à la suite d'une réforme des textes, être conditionnée à l'avis conforme de l'Autorité de contrôle prudentiel et de résolution[4].

À la suite de la crise bancaire de 2008, la Commission européenne souhaite doter l'Union européenne d'un cadre pour gérer les faillites bancaires[5].

La loi du 26 juillet 2013[6], de séparation et de régulation des activités bancaires, est venue apporter des modifications à la loi du 25 juin 1999[7].

1. L. nº 99-532, 25 juin 1999, *JO* 29 juin, p. 97.
2. L. nº 84-46, 24 janv. 1984, *JO* 25 janv., p. 3.
3. SUR LES MODALITÉS : D. nº 84-708, 24 juill. 34, art. 12-1 ; mod. par D. nº 2000-1307, 26 déc. 2000 30 déc. ; et en dernier lieu par D. nº 2003-195, 7 rs 2003, *JO* 9 mars – SUR LA QUESTION : Cabrillac, *RTD* 1. 2001. 740, nº 5 – Boureghda, « La consécration du cularisme des faillites financières », *JCP E* 2001. 533.
4. Th. Bonneau, « Procédures collectives et avis conforme de l'ACPR », *Rev. proc. coll.* 2013, Focus 1.
5. Communication IP/11/10, 6 janv. 2011, *Rev. proc. coll.* 2011, comm. 107, note Bonneau.
6. L. nº 2013-672, 26 juill. 2013, *JO* 27 juill., p. 12530.
7. Bonneau, « Le régime de résolution bancaire (titre 4 de la loi du 26 juillet 2013) », *Rev. proc. coll.* 2013, étude 26.

CHAPITRE

211. Personnes physiques éligibles à la procédure collective

SECTION 0

ORIENTEUR

211.00 **Plan du chapitre.**

Sect.	211.10	Extension progressive du domaine des procédures collectives
Sect.	211.20	Commerçants – personnes exerçant une activité commerciale
Sect.	211.30	Artisans – personnes exerçant une activité artisanale
Sect.	211.40	Agriculteurs
Sect.	211.50	Professionnels indépendants y compris les professionnels libéraux
Sect.	211.60	Personnes physiques retirées
Sect.	211.70	Personnes physiques décédées
Sect.	211.80	Situation des rapatriés d'Algérie

211.01 **Textes applicables.** (V. les références complètes s[s] n° 011).

> Législation antérieure à la loi de sauvegarde des entreprises.

C. com., art. L. 620-2, L. 621-14, L. 621-15

> Législation issue de la loi de sauvegarde des entreprises.

C. com., art. L. 620-2, al. 1er, L. 631-2, L. 631-3, L. 631-5, L. 640-2, L. 640-3 et L. 640-5

> Législation issue de l'ordonnance du 18 décembre 2008.

C. com., art. L. 620-2, al. 1er, L. 631-2, L. 631-3, L. 631-5, L. 640-2, L. 640-3, L. 640-5

> Législation issue de l'ordonnance du 9 décembre 2010.

C. com., art. L. 680-1, L. 680-2, L. 680-5

C. consom., art. L. 333-7

> Législation issue de l'ordonnance du 12 mars 2014.

C. rur. art. R. 351-8

> Législation issue de l'ordonnance du 14 mars 2016.

C. consom., art. L. 711-7 et L. 711-8 (ancien art. L. 333-7)

211.02 ***Jurisprudence de référence.***

> L'avocat, associé au sein d'une société, n'est plus un professionnel indépendant relevant des procédures collectives, cependant qu'il reste éligible à celles-ci, en tant qu'ancien professionnel indépendant, si, avant d'être associé, il a exercé l'activité à titre indépendant et a laissé des dettes professionnelles impayées.

• **Com. 9 févr. 2010,** n° 08-15.191, *Bull. civ.* IV, n° 35; n° 198 FS-P+B+R+I

* V. s[s] n° 211.51

« L'avocat, qui a cessé d'exercer son activité à titre individuel pour devenir associé d'une société d'exercice libéral, n'agit plus en son nom propre, mais exerce les fonctions d'avocat au nom de la société; qu'il cesse dès lors d'exercer une activité professionnelle indépendante au sens de l'article L. 640-2 du code de commerce. Le tribunal peut ouvrir à son égard une procédure de liquidation judiciaire après cette cessation d'activité, lorsque tout ou partie du passif provient de l'activité professionnelle antérieure; toutefois, si la procédure est ouverte sur l'assignation d'un créancier, cette dernière doit intervenir dans le délai d'un an à compter de la cessation de l'activité individuelle. »

> Le gérant rajoritaire, d'une SARL, bien qu'il soit au sens de la léislation sociale, un travailleur indépendant, n'est pa un professionnel indépendant.

• **Com. 12 nov. 2008,** n° 07-16.998, *Bull. civ.* IV, n° 191; n° 1239 FS-P+B+R+I

* V. s[s] n° 211.5

« Le gérant d'une SARL, qui agit au nom de la société qu'il représente et non en son nom personnel, n'exerce pas une activité indépendante au sens de l'article L. 631-2 du code de commerce, d'où il se déduit qu'il ne peut être mis en redressement judiciaire. »

> L'associé n nom collectif gérant, qui est commerçant, et est onc réputé, exercer une activité commerciale, n'est s éligible à la procédure de surendettement, mais lève des procédures collectives réservées aux professionnels.

• **Civ. 2e, 5 dé013,** n° 11-28.092, *Bull. civ.* II, n° 231

* V. s[s] n° 211.

> Le mécanisı d'aide aux rapatriés est contraire à la Constitution, ce qu'il méconnaît les articles 6 et 16 de la Constitun, le premier concernant l'égalité des

citoyens devant la loi, le second la garantie des droits que doit assurer la Constitution.

• **Cons. const. 27 janv. 2012,** nº 2011-213 QPC

* V. ss nº 211.85

« L'article 100 de la loi nº 97-1269 du 30 décembre 1997 de finances pour 1998, dans sa rédaction postérieure à l'article 25 de la loi nº 98-1267 du 30 décembre 1998 de finances rectificatives pour 1998 est contraire à la Constitution. » En organisant, au bénéfice des personnes rapatriées une suspension automatique des poursuites d'une durée indéterminée, les dispositions en cause « portent aux droits des créanciers de recouvrer leur créance une atteinte qui méconnaît la protection constitutionnelle du droit de propriété ainsi que la liberté contractuelle ».

211.03 **Bibliographie indicative.** (V. les références complètes s[s] nº 031).

> Actualisables. RÉP. COM., Campana M.-J., Dizel M., Barratin L.-Ph. et Fernandez R., « Entreprises en difficulté – Redressement judiciaire (Conditions d'ouverture) », n°s 4 à 83 – J.-CL. COM. Lebel Ch., fasc. 1715, [Procédures collectives agricoles], 2015 – J.-CL. COM., Legros J.-P., fasc. 2160, [Qualité du débiteur] – J.-CL. COM., Rétif S., fasc. 1750, 2011, [Professions libérales et procédures collectives].

> Ouvrages antérieurs à la loi de sauvegarde des entreprises. CHAPUT, n°s 246 à 251 – GUYON, n°s 1093 à 1105 – JACQUEMONT, n°s 107 à 115 – KERCKHOVE, n°s 203, 204 – LE CANNU, n°s 575 à 581 – LE CORRE-BROLY, n°s 26 à 40 – MARTIN ET VALLENS, n°s 2742 à 2764, 2812 à 2820, 2828, 2840 – PÉROCHON ET BONHOMME, n°s 102 à 110 – PÉTEL, n°s 42 à 54, 59 à 62 – RIPERT ET ROBLOT, n°s 2844 à 2856 – SAINT-ALARY-HOUIN, n°s 325 à 329, 332 à 334 – SOINNE, n°s 527 à 540 – VALLANSAN, p. 18 à 22, 59 à 61.

> Ouvrages postérieurs à la loi de sauvegarde des entreprises. COQUELET, 5e éd., n°s 75 à 86 – Demeyere D., *Personnalité morale et droit des entreprises en difficulté*, th., Paris X Nanterre, 2005 – Gibirila, n°s 191 à 214 – JACQUEMONT et VABRES, 9e éd., n°s 157 à 177 – LE CANNU, 7e éd., n[os]210 à 221 – LIENHARD, 6e éd., n°s 52.11 à 52.44, 112.11, 112.13et 112.14 – PÉROCHON, 10e éd., n°s 272 à 326 – PÉTEL, 8e éd., n°s 46 à 67 – ROUSSEL GALLE, n°s 199 à 205 – SAINT-ALAFY-HOUIN, 9e éd., n°s 403 à 409 – VALLANSAN *ET ALII*, 6e éd., p.44 à 48 – VALLENS, 2015, n°s 2937 à 2973 – VIDAL ET GIORGINn[os] 522 à 525, 989 à 999 – VOINOT, 2e éd., n°s 122 à 141.

> Articles.

› *Étude d'ensemble.* Lebel Ch., « La qualité duébiteur », *Rev. proc. coll.* 2016, dossier 5 – Lécuyer H., « Lnouveaux débiteurs », *Rev. proc. coll.* 2006/4, p. 332 – MonséBon M.-H., « Le périmètre quant aux personnes des procées de sauvegarde, de redressement et de liquidation judires », colloque de l'*AJDE*, Toulouse 10 sept. 2010, *Riproc. coll.* 2011/1, dossier 3, p. 61 – Pérochon F., « Le brice sélectif de la procédure collective », *Mél. Mouly* 1998ll, p. 401 – Vallansan J., « La difficile application du livre \a personne physique », *Rev. proc. coll.* 2010/6, p. 65, nº Vincent C., « Associés indéfiniment responsables et droit entreprises en difficulté », *RJ com.* 2015. 244; « La quadu débiteur dépourvu d'entreprise », *JCP E* 2016, études0.

› *Décès du débiteur.* Arteil D., « Redressement ou liquidation judiciaire du débiteur décédé : quel intérêt pour les héritiers », *Defrénois* 2008/2, 38709, p. 145 – Henry L.-C., « Successions et droit des entreprises en difficulté », Roussel Galle (dir.), *Entreprises en difficulté*, « Droit 360° », LexisNexis, 2012, p. 231 – Saint-Alary Houin C., « Décès du débiteur et procédure collective », *Rev. proc. coll.* 2013, dossier 9.

› *Profession libérale, office public.* Cérati-Gauthier A., « Application de la loi de sauvegarde des entreprises aux professions libérales », *JCP E* 2008. 2436 – Favario Th., « L'avocat en difficulté (application de la loi de sauvegarde à l'avocat exerçant en nom) », *Bull. Joly* 2006. 691, § 155 – Lebel Ch., « Professions libérales et droit des entreprises en difficulté », Roussel Galle (dir.), *Entreprises en difficulté,* « Droit 360° », LexisNexis, 2012, p. 43 – Reignié Ph., « L'application aux professions libérales des procédures de prévention et de traitement des difficultés des entreprises », *in La réforme des procédures collectives,* Crajefe, Nice, 27 mars 2004, *LPA* 10 juin 2004, nº 116, p. 10 – Rétif S., « L'extension des procédures collectives aux professions libérales », *Rev. proc. coll.* 2006/2, p. 152 – Soinne B., « L'application du droit des procédures collectives aux titulaires d'offices publics et ministériels (la situation des huissiers de justice) », *Rev. proc. coll.* 2011, étude 18, p. 12.

› *Surendettement des particuliers.* Borga N., « Livre VI du code de commerce et surendettement des particuliers, concurrence ou complémentarité ? », *BJE* oct. 2012, dossier 162, p. 316 – Régnaut-Moutier C. et Vallansan J., « "Faillite" des entreprises et surendettement des particuliers – Étude comparative et prospective », *Mél. Héron*, Lgdj, 2008, p. 444; « Le périmètre d'application des procédures collectives : la répartition entre la procédure commerciale et la procédure consumériste », colloque de l'*AJDE*, Toulouse 10 sept. 2010, *Rev. proc. coll.* 2011/1, dossier 2, p. 55 – Salhi K., « La répartition des procédures de surendettement et des procédures collectives d'entreprises », *Rev. proc. coll.* 2009, étude 17, p. 16 – Sander E., « Surendettement et droit des entreprises en difficulté », Roussel Galle (dir.), *Entreprises en difficulté*, « Droit 360° », LexisNexis, 2012, p. 191.

211.04 **Questions essentielles.**

• Peut-on ouvrir une procédure collective contre un associé de société en nom collectif au motif qu'il est commerçant ?

* V. s[s] nº 211.21.

Peut-on ouvrir une procédure collective contre un auto entrepreneur ?

* V. s[s] nº 211.21.

Peut-on ouvrir une procédure collective contre un avocat exerçant en société ?

* V. s[s] nº 211.51.

• Peut-on ouvrir une procédure collective contre une personne retirée des affaires ?

* V. s[s] nº 211.61.

• Peut-on ouvrir une procédure collective contre une personne décédée ?

* V. s[s] nº 211.71.

211.09 **Présentation générale des règles relatives à la qualité exigée – coordination avec la procédure de surendet-**

tement des particuliers[1]. Les personnes non éligibles à la procédure collective qui ne peuvent pas payer leurs dettes sont en état de déconfiture, laquelle se caractérise par une inorganisation. Le paiement sera le prix de la course. Cette absence d'organisation collective contraste avec les règles de la sauvegarde, du redressement et de la liquidation judiciaires, raison pour laquelle on évoque les « procédures collectives de paiement », par opposition à la déconfiture du code civil.

Le débiteur qui ne peut bénéficier des procédures collectives ouvertes aux professionnels peut, par principe, prétendre à l'application de la législation sur le surendettement des particuliers, dès lors du moins que son surendettement est caractérisé à partir de dettes non professionnelles. À l'inverse, le débiteur qui peut avoir le bénéfice des procédures collectives ne peut relever du surendettement des particuliers. Il en est ainsi d'un loueur de fonds de commerce donné en location-gérance, qui demeurait inscrit au registre du commerce et des sociétés, alors pourtant que depuis le décret du 25 mars 1986, l'obligation faite au loueur d'un fonds de commerce donné en location-gérance d'être immatriculé à ce registre a été supprimée[2]. Le gérant associé exploitant d'une EARL relève des procédures collectives, non du surendettement des particuliers[3].

Jusqu'à la loi du 26 juillet 2005[4], ne pouvaient bénéficier des procédures de redressement et de liquidation judiciaires, que les personnes physiques commerçants, agriculteurs, et artisans, ou plus exactement personnes immatriculées au répertoire des métiers. Les autres professionnels indépendants, et notamment les professionnels libéraux, n'avaient pas accès aux procédures collectives.

La loi de sauvegarde des entreprises a étendu le domaine d'application des procédures collectives à tout professionnel indépendant, y compris les professionnels libéraux. Il en résulte que depuis le 1er janvier 2006, les procédures de surendettement et celles de rétablissement personnel ne peuvent plus bénéficier aux professionnels en activité[5]. Il a ainsi été jugé que si une procédure de surendettement a été engagée avant le 1er janvier 2006, le juge de l'exécution ne peut homologuer les mesures recommandées, dès lors qu'il est amené à statuer après le 1er janvier 2006, puisqu'il doit apprécier la situation du débiteur, notamment son absence d'assujettissement aux procédures collectives réservées aux professionnels, au jour où il statue[6]. Au passage, il a pu être observé que la procédure de surendettement n'est pas une procédure en cours au sens où l'entend l'article 191 de la loi de sauvegarde des entreprises[7].

L'auto entrepreneur, qui peut accéder aux procédures collectives, semblait devoir être exclu du surendettement des particuliers[8]. C'est ce qu'a décidé la Cour de cassation[9]. En revanche, l'épouse d'un auto entrepreneur n'est pas exclue du surendettement des particuliers[10].

La situation du professionnel indépendant retiré mérite d'être précisée. Avant la loi de sauvegarde des entreprises, le professionnel relevant des procédures collectives ne pouvait bénéficier de la législation sur le surendettement que passé le délai d'un à compter de la cessation de son activité et, pour l'ancien commerçant, passé le délai d'un an à compter de sa radiation du registre du commerce et des sociétés et à condition que son surendettement soit caractérisé par des dettes non professionnelles.

La loi de sauvegarde des entreprises a supprimé le délai d'un an à compter de la cessation d'activité pour saisir le tribunal aux fins d'ouverture d'une procédure collective. Une cour d'appel avait estimé que si le surendettement de l'intéressé provenait de dettes professionnelles, il ne pouvait bénéficier de la procédure de surendettement, mais seulement du redressement ou de la liquidation judiciaire[11]. Une autre cour d'appel avait posé la solution contraire, estimant que l'existence de dettes professionnelles interdisait, pour le professionnel retiré, le bénéfice de la procédure de surendettement[12]. C'est la solution adoptée par la Cour de cassation, qui juge que dès lors que l'intéressé, retiré des affaires, est dans l'impossibilité de rembourser son passif, constitué pour partie de dettes professionnelles, nées au titre d'une activité professionnelle indépendante antérieure, sa situation relève du code de commerce et non du code de la consomma-

1. SUR LA QUESTION : Régnaut-Moutier et Vallansan, « "Faillite des entreprises et surendettement des particuliers" – Étude comparative et prospective », *Mél. Héron*, Lgdj, 2008, p. 444 – Salhi, « La répartition des procédures de surendettement et des procédures collectives d'entreprises », *Rev. proc. coll.* 2009, étude 17, p. 16 – Sander E., « Surendettement et droit des entreprises en difficulté », Roussel Galle (dir.), *Entreprises en difficulté*, « Droit 360° », LexisNexis, 2012, p. 191.
2. Com. 17 févr. 2015, n° 13-27.508, *Bull. civ.* IV [à paraître]; *Act. proc. coll.* 2015/6, comm. 83, note Petit; *BJE* juill. 2015, 221, note Thullier; *Dr. et patr.* sept. 2015, n° 250, chron. 92, n° 8, note Macorig-Venier.
3. Com. 4 nov. 2014, n° 13-20.711, NP; n° 955 F-D; *BJE* 2015, 13, note Cérati-Gauthier; *Rev. proc. coll.* 2015, comm. 31, note Lebel; *Dr. sociétés* 2016, repère 1, note Legros.
4. L. n° 2005-845, 26 juill. 2005, *JO* 27 juill., p. 12187.
5. Com. 30 sept. 2008, n° 07-15.446, *Bull. civ.* IV, n° 163; *D.* 2008. AJ 2501, note Lienhard; *D.* 2008. Chron. 2749, note Bélaval; *Gaz. proc. coll.* 2009/1, p. 25, n° 1, note Lebel; *JCP E* 2008. 2492, note Marmoz; *JCP E* 2009. 1008, n° 1, obs. Pétel; *Dr. et patr.* sept. 2009, n° 184, p. 122, note Macorig-Vénier; *LPA* 13/14 août 2009, n° 161/162, p. 12, note Sortais; *Defrénois* 2009. 38973, p. 1394, n° 2, note Gibirila; *LXB hebdo* n° 323, oct. 2008, n° N4819BHX, note Le Corre – SUR LA QUESTION : Régnaut-Moutier et Vallansan « Le périmètre d'application des procédures collectives la répartition entre la procédure commerciale et la procédure consumériste », colloque de l'AJDE, Toulouse 10 sept. 2010, *Rev. proc. coll.* 2011/1, dossier 2, p. 55.
6. Com. 30 sept. 2008, n° 07-15.446, préc. (v. ss prést nc).
7. Bélaval note ss *Com.* 30 sept. 2008, n° 07-15.446, *D.* 2008. Chron. 2750.
8. EN CE SENS : Vauvillé, « Brèves observations sur le passif de l'auto entrepreneur », *Rev. proc. coll.* 2010/1, § 3, p. 17 s., sp. p.
9. Civ. 28 févr. 2016, n° 14-29.223, NP.
10. Civ. 26 sept. 2013, n° 12-17.100, *Bull. civ.* II, n° 184; *Rev. proc. coll.* 2014, comm. 42, note Gjidara-Decaix.
11. Bordeaux, 2e ch., 22 oct. 2007, RG n° 07/01768, *Gaz. proc.* 2008/2, p. 10, n° 2, note Lebel.
12. Douai, ch., 2e sect., 18 mai 2006, *Rev. proc. coll.* 2007/3, p. 169, obs. Lebel.

tion[1]. La solution subsiste pour un ancien professionnel libéral même si la cessation d'activité est antérieure au 1er janvier 2006, la cour d'appel, saisie d'un recours contre les recommandations de la commission devant se placer au jour où elle se prononce sur le recours pour apprécier la situation[2].

Ainsi, il suffit de se demander si l'impossibilité dans laquelle se trouve le professionnel retiré de rembourser son passif résulte de dettes non professionnelles ou résulte, au moins pour partie, de dettes professionnelles, nées au titre d'une activité professionnelle indépendante antérieure. Dans le premier cas, il y a place au bénéfice des procédures de surendettement. Dans le second, ces procédures sont exclues pour l'intéressé.

La création de l'**entrepreneur individuel à responsabilité limitée** par l'ordonnance du 9 décembre 2010[3] portant adaptation du droit des entreprises en difficulté à ce type d'entrepreneur conduit à rendre possible l'ouverture d'une procédure par patrimoine. Cette démultiplication des procédures emporte une autre conséquence, prise en compte par l'ordonnance du 9 décembre 2010 (art. 9). La personne exploitant une EIRL peut bénéficier de la procédure de surendettement au titre de son patrimoine non affecté (C. consom., art. L. 333-7, al. 2; devenu art. L. 711-7, al. 2[4]), ce qui ne sera pas sans provoquer des difficultés si une procédure collective est également ouverte[5]. Dans les départements de l'Alsace-Moselle, elle peut bénéficier de la procédure d'insolvabilité notoire (C. com., art. L. 670-1 nouveau).

Pour que la procédure de surendettement trouve application au bénéfice d'une personne éligible aux procédures collectives, il faudra que le surendettement soit caractérisé par des dettes contractées au titre de son patrimoine non affecté et, en outre, que ses dettes ne soient pas de nature professionnelle. Si le patrimoine non affecté abrite une activité rendant l'intéressé éligible aux procédures collectives, il cesse d'être éligible, au titre du patrimoine non affecté, aux procédures de surendettement[6].

Les dettes contractées dans le cadre de la création ou de l'exploitation de l'EIRL, non seulement ne seront pas prises en compte pour apprécier l'état de surendettement, mais encore ne seront pas traitées dans le plan conventionnel ou judiciaire de la procédure de surendettement, ou encore dans le cadre de la procédure de rétablissement personnel.

Ainsi, la personne physique éligible aux procédures collectives du livre VI du code de commerce est-elle également éligible, au titre de son patrimoine non affecté, aux procédures de surendettement. En outre, les procédures peuvent se combiner, puisqu'il s'agit de traiter des passifs inclus dans des patrimoines différents.

Le conjoint collaborateur qui n'est pas commerçant relève de la procédure de surendettement[7].

Le bénéfice de la procédure de surendettement sera toutefois refusé au conjoint si son époux sous procédure collective a obtenu un plan de continuation, de sauvegarde ou de redressement, dès lors que l'ensemble des dettes du conjoint *in bonis* a été intégré dans le plan[8]. Identiquement, il est jugé que les dettes de l'épouse, incorporées à la procédure collective du mari, ne peuvent être prises en compte pour apprécier la recevabilité de sa demande d'ouverture d'une procédure de surendettement[9].

Si la procédure de surendettement a été ouverte à son profit, alors que la dette résiduelle après vente de l'immeuble d'habitation a été reportée, sa mise en liquidation judiciaire ultérieure ne lui interdit pas de saisir à nouveau le juge du surendettement pour qu'il soit statué sur cette créance reportée[10].

La situation du dirigeant doit également être précisée (v. aussi ss no 211.41 pour le gérant d'une société exploitant une activité agricole). Le dirigeant d'une société déclarée en redressement ou en liquidation judiciaire ou sous sauvegarde, qui n'est pas, en cette qualité, éligible aux procédures collectives (v. ss no 211.51), peut prétendre à l'application des règles du surendettement[11], même s'il a été condamné à combler l'insuffisance d'actif[12]. Mais son surendettement ne pourra être

1. Civ. 2e, 2 juill. 2009, no 07-17.211, *Bull. civ.* II, no 184; *D.* 2009. AJ 1915, note Lienhard; *Dr. et patr.* 2010, no 196, p. 92, note Macorig-Vénier – Civ. 2e, 6 mai 2010, no 09-15.106, NP, *Act. proc. coll.* 2010/10, no 142; *Dr. et patr.* 2010, no 196, p. 92, note Macorig-Vénier – Com. 17 mai 2011, no 10-13.460, *Bull. civ.* IV, no 74; F-P+B+I; *D.* 2011. Actu. 1407, obs. Lienhard; *Gaz. Pal.* 9 juill. 2011, no 189, p. 16, note Reille; *Rev. sociétés* 2011. 519, note Roussel Galle; *Act. proc. coll.* 2011/11, comm. 162, note Cagnoli; *BJE* sept./oct. 2011, comm. 120, p. 240, note Taglarino-Vignal; *Rev. proc. coll.* 2011, comm. 212, note Lebel; *LPA* 22 août 2011, no 166, p. 8, note Diaka – Civ. 2e, 16 oct. 2014, no 13-24.553, NP.
2. Com. 17 mai 2011, no 10-13.460, préc. (v. ss prést no).
3. Ord. no 2010-1512, 9 déc. 2010, *JO* 10 déc., p. 21617.
4. Ord. no 2016-301, 14 mars 2016, *JO* 16 mars.
5. Régnaut-Moutier, « EIRL : adaptation de la règle [faillite sur faillite ne vaut] », *Rev. proc. coll.* 2011, dossier 18, p. 82.
6. Rapport au président de la République sur l'ordonnance no 2010-1512 du 9 déc. 2010.
7. Civ. 2e, 14 sept. 2006, no 05-16.143, NP, *Act. proc. coll.* 2006/16, no 188, note Régnaut-Moutier.
8. Civ. 1re, 22 janv. 2002, no 01-04.020, *Bull. civ.* I, no 25; *RTD com.* 2002. 552, obs. Paisant.
9. Civ. 2e, 6 janv. 2011, no 09-72.485, *Bull. civ.* II, no 6; *Act. proc. coll.* 2011/4, no 65, note Legrand; *Rev. proc. coll.* 2011, comm. 77, p. 76, note Dumont-Lefrand.; *BJE* juill./août 2011, comm. 80, p. 215, note Becqué-Ickowicz.
10. Civ. 2e, 16 oct. 2003, no 02-04.142, NP.
11. Civ. 2e, 21 janv. 2010, no 08-19.984, *Bull. civ.* II, no 20; *D.* 2010. AJ 321, note Lienhard; *JCP E* 2010. 1357, note Lebel; *JCP E* Chron. 1296, no 2, note Pétel; *Rev. proc. coll.* 2010/2, comm. 38, p. 32, note Gjidara-Decaix; *Rev. proc. coll.* 2010/4, § 149, p. 43, note Saintourens; *Dr. et patr.* 2010, no 196, p. 93, note Macorig-Vénier; *Bull. Joly* 2010. 567, § 117, note Rubellin; *Defrénois* 2010, Chron. 39138, p. 1472, note Gibirila – Com. 26 mai 2010, no 09-10.178, NP, *Gaz. Pal. entr. diff.* 2-3 juill. 2010, nos 183, 184, p. 20, note Reille; *Rev. sociétés* 2010. 406, obs. Roussel Galle.
12. Civ. 2e, 12 avr. 2012, no 11-10.228, *Bull. civ.* II, no 77; no 630 FS-P+B; *D.* 2012. 1120, note Avéna-Robardet; *Gaz. Pal. entr. diff.* 3 août 2012, no 216, p. 22, note Reille; *Rev. sociétés* 2012. 395, note Roussel Galle; *BJE* juill. 2012, comm. 125, note Favario; *Dr. et patr.* sept. 2012, no 217, p. 105, note Macorig-Vénier; *Dr. sociétés* 2012, no 148, note Legros; *JCP E* 2012. 1338, note Cérati-Gauthier; *LPA* 7 mars 2013, no 48, p. 9, note Demeyère; *LXB hebdo* 17 mai 2012, no 296, note Le Corre.

caractérisé en prenant en compte cette dette de condamnation, qui a la nature d'une dette professionnelle. Si, en revanche, son surendettement est caractérisé à partir de dettes non professionnelles, il n'y a pas d'obstacle à intégrer la dette de condamnation à combler l'insuffisance d'actif dans le traitement du surendettement.

La seule exclusion concerne le dirigeant frappé de faillite personnelle[1]. Cette dernière restriction est d'ailleurs curieuse, car cela revient à placer sur un même plan les procédures du livre VI du code de commerce avec des mesures d'élimination de la vie des affaires, qui n'ont absolument pas le même objet. Précisons à cet égard que, jusqu'à la loi de modernisation de l'économie du 4 août 2008[2], le cautionnement donné en garantie des engagements de la société qu'il dirige ne pouvait caractériser le surendettement du dirigeant. L'article 14 de la loi de modernisation de l'économie permet, en modifiant l'article L. 330-1 du code de la consommation, d'intégrer le cautionnement professionnel (devenu C. consom., art. L. 711-1, al. 3[3]) dans les dettes susceptibles de caractériser le surendettement. En outre, sa dette de cautionnement pourra être traitée dans sa procédure de surendettement.

Le débiteur ne peut contester sa qualité à être déclaré en redressement ou en liquidation judiciaire, que dans le cadre du jugement d'ouverture. Si ce dernier est devenu définitif, il ne pourra plus contester sa qualité, à l'issue de la période d'observation, par exemple au jour de la conversion en liquidation judiciaire[4].

SECTION 211.10

EXTENSION PROGRESSIVE DU DOMAINE DES PROCÉDURES COLLECTIVES

211.11 Extension progressive du domaine des procédures collectives. L'histoire des procédures collectives françaises est celle de l'extension progressive et incessante de leur domaine d'application.

Jusqu'à la loi du 13 juillet 1967[5], n'étaient concernés que les commerçants personnes physiques et les personnes morales de droit privé.

La loi du 25 janvier 1985[6] a étendu l'application des procédures collectives aux artisans personnes physiques.

La loi du 30 décembre 1988[7] a permis l'application des procédures collectives aux agriculteurs.

1. Civ. 2e, 8 juill. 2004, n° 02-04.212, *Bull. civ.* II, n° 386; *RJ com.* 2005/5, p. 448, note Sortais.
2. L. n° 2008-776, 4 août 2008, *JO* 5 août, p. 12471, dite loi LME.
3. Ord. n° 2016-301, 14 mars 2016, *JO* 16 mars.
4. AINSI : Pau, 19 déc. 1995, *Cah. jurispr. Aquitaine* 1996, n° 2, p. 92.
5. L. n° 67-563, 13 juill. 1967, *JO* 14 juill., p. 7059.
6. L. n° 85-98, 25 janv. 1985, *JO* 26 janv., p. 1097.
7. L. n° 88-1202, 30 déc. 1988, *JO* 31 déc., p. 16741.

La loi du 26 juillet 2005[8] parachève l'extension des procédures collectives en prévoyant son application à « toute personne physique exerçant une activité professionnelle indépendante y compris une profession libérale à statut législatif ou réglementaire, ou dont le titre est protégé ». Cette législation permet l'ouverture, après le 1er janvier 2006, d'une procédure de sauvegarde, de redressement ou de liquidation judiciaire à l'encontre d'un professionnel libéral, peu important que le passif exigible de l'intéressé préexiste à l'entrée en vigueur de cette loi[9].

Il a justement été remarqué que le législateur aurait pu se dispenser d'énumérer les personnes pouvant être placées sous procédure collective, la notion de professionnel indépendant étant suffisante[10]. La solution aurait même eu un grand mérite : celui de supprimer les discussions relatives à l'applicabilité des procédures aux exploitants de fait. Il est relevé en sens inverse, au moins jusqu'à l'ordonnance du 18 décembre 2008[11], que l'énumération légale conserverait des intérêts[12].

211.12 Possibilité pour les intéressés de bénéficier de toutes les procédures collectives prévues par la législation. La loi du 26 juillet 2005[13], tout en conservant les procédures de redressement et de liquidation judiciaires, ajoute une nouvelle procédure : la procédure de sauvegarde.

Les textes ne distinguent pas, pour leur applicabilité, selon le type de procédure. Toute personne ayant la qualité exigée pour bénéficier du redressement judiciaire et de la liquidation judiciaire peut aussi bénéficier de la procédure de sauvegarde, sous réserve de l'exclusion de la sauvegarde pour les personnes retirées et décédées. En conséquence, les procédures de sauvegarde, de redressement ou de liquidation judiciaires s'appliquent à tous professionnels indépendants et aux personnes morales de droit privé, commerçant ou non, à la seule exclusion des syndicats de copropriété.

8. L. n° 2005-845, 26 juill. 2005, préc.
9. Com. 27 mai 2008, n° 07-13.131, *Bull. civ.* IV, n° 107; n° 636 FS P+B+I; *D.* 2008. AJ 1616, note Lienhard; *Gaz. proc. coll.* 2008/3, p. 21, note Lebel; *JCP E* 2008. 1870, rapp. Bonhomme; *Act. proc. coll.* 2008/13, n° 206, note Rétif; *LPA* 24 oct. 2008, n° 214, p. 9, note Legros; *Defrénois* 2009. 38894, p. 359, n° 7, note Gibirila; *LXB hebdo* 19 juin 2008, n° 309, n° N3592BG7, note Le Corre.
10. Vallansan, « L'évolution des personnes assujetties à la procédure collective : 1985-2005 », *RLDA* suppl. mars 2005, Colloque Toubuse I, « La loi du 25 janvier 1985 a 20 ans ! Entre bilan et réforme », p. 12 – *Adde*, PÉROCHON, 10e éd., n° 275.
11. Ord. n° 2008-1345, 18 déc. 2008, *JO* 19 déc., p. 19462.
12. VOINOT, 2007, n° 60.
13. L. n° 2005-845, 26 juill. 2005, préc.

SECTION 211.20
COMMERÇANTS – PERSONNES EXERÇANT UNE ACTIVITÉ COMMERCIALE

211.21 Commerçants – personnes exerçant une activité commerciale. La première catégorie de personnes physiques susceptibles de bénéficier d'une procédure collective est celle des commerçants. Le visa des commerçants est assuré, dans la législation antérieure à la loi de sauvegarde par l'article L. 620-1, alinéa 1er.

Dans la législation du 26 juillet 2005[1], ce même visa est effectué par l'article 620-2, alinéa 1er pour la procédure de sauvegarde, par l'article L. 631-2, alinéa 1er pour la procédure de redressement judiciaire, et, par l'article L. 640-2, alinéa 1er pour la procédure de liquidation judiciaire.

Les commerçants sont les personnes accomplissant pour leur propre compte – ce qui n'est pas le cas du mandataire d'un indivisaire chargé de gérer un fonds de commerce indivis[2] – des actes de commerce, à titre de profession habituelle[3]. On reconnaît la notion de commerçant, telle qu'elle est définie par l'article L. 121-1 du code de commerce (anct art. 1er), cependant que la réalisation d'actes de commerce visés à l'article L. 110-1 du même code (anct art. 632) sera insuffisante, si elle n'intervient pas dans le cadre d'une profession habituelle.

L'activité d'enseignement n'est pas une activité commerciale. Pour cette raison, l'exploitant à titre personnel d'une auto-école n'est pas un commerçant et ne relève pas, avant la loi du 26 juillet 2005, des procédures collectives[4]. D'une manière discutable, la qualité d'artisan a parfois été attribuée à cet exploitant[5].

On rappellera que le commerçant doit être immatriculé au registre du commerce. Cette inscription a un effet présomptif simple de commercialité pour les tiers[6]. Elle est irréfragable pour la personne inscrite, qui ne peut contester sa qualité de commerçant[7]. La solution a été posée en jurisprudence à propos du bailleur d'un fonds de commerce donné en location-gérance. Dans une espèce, après avoir rappelé que le débiteur avait cessé son activité commerciale et que sa non radiation du registre ne résultait que d'un dysfonctionnement du greffe, la Cour de cassation en a tiré la conséquence que l'intéressé n'était pas commerçant et ne pouvait donc être placé sous procédure collective[8]. La Cour de cassation énonce d'ailleurs que l'immatriculation au registre du commerce du propriétaire d'un fonds donné en location-gérance n'est pas exigée[9]. Plus généralement, le bailleur d'un fonds donné en location-gérance ne peut être déclaré en redressement ou en liquidation judiciaire, à moins qu'il n'accomplisse des actes de commerce, de manière habituelle, en s'immisçant dans la gestion du fonds[10] ou que, après la mise en location-gérance du fonds et inscription au registre du commerce en qualité de loueur du fonds, il ne démontre pas qu'il a cessé d'accomplir des actes de commerce[11].

Puisque l'inscription au registre du commerce et des sociétés a, pour les tiers, un effet présomptif simple de commercialité, un créancier peut démontrer, pour combattre la mise en redressement ou en liquidation judiciaire de son débiteur, que ce dernier n'effectuait pas le commerce[12].

À défaut d'immatriculation, il appartient aux personnes désireuses de voir l'intéressé placé en redressement ou en liquidation judiciaire de rapporter la preuve de sa qualité de commerçant[13], y compris en cas de saisine d'office de la juridiction. Cette preuve ne saurait résulter du simple constat que l'intéressé est assujetti à une imposition aux bénéfices industriels et commerciaux[14] ou qu'il a passé un contrat intitulé « cession de fonds de commerce »[15]. Elle ne saurait davantage résulter du fait que l'intéressé se présentait comme un chef d'entreprise individuelle et non comme le dirigeant d'une société[16]. L'absence d'immatriculation n'exclura donc pas, pour les tiers, la possibilité de faire ouvrir une procédure collective contre l'intéressé, même si ce dernier exerce illégalement le commerce. La solution a été posée pour un fonctionnaire[17].

L'**incapable** ne pouvait cependant acquérir la qualité de commerçant et ne pouvait voir s'ouvrir à son encontre une procédure collective de paiement. Si

1. *L. n° 2005-845, 26 juill. 2005, préc.*
2. *Rouen*, 1re ch. civ., 6 oct. 1999, *RJDA* 2000, n° 180, p. 160.
3. Com. 4 oct. 2005, n° 04-14.394, NP, *Gaz. proc. coll.* 2006/1, p. 15, obs. Lebel.
4. Reims, ch. civ., 1re sect., 25 oct. 2000, RG n° 99/00688, *JurisData* 154267.
5. Grenoble, 21 sept. 1995, RG n° 95/1969, *JurisData* 045366.
6. Com. 23 nov. 2004, n° 02-14.123, NP.
7. PÉTEL, 8e éd., n° 51 – GIBIRILA, n° 197.
8. Com. 15 nov. 2005, n° 03-14.434, NP, *Gaz. proc. coll.* 2006/1, p. 13, obs. Lebel.
9. Com. 15 nov. 2005, n° 03-14.434, préc. (v. ss prést n°).
10. Com. 23 mai 1989, n° 88-12.307, NP, *JurisData* 002017.
11. Com. 23 nov. 2004, n° 02-14.123, NP.
12. Orléans, ch. com., éco. et fin., 10 sept. 1998, *Rev. proc. coll.* 2002, p. 52, n° 1, obs. Deleneuville.
13. Limoges, 11 févr. 1991, *D.* 1992. Somm. 284, obs. Honorat – Caen, 1re ch., sect. civ. et com., 31 mars. 2005, *JCP E* 2005. 1280, p. 1430.
14. Com. 6 févr. 2001, n° 98-11.196, NP.
15. Nîmes, ch. réunies, 22 mai 2003, *JCP E* 2004, pan. 952, p. 1034.
16. Com. 4 oct. 2005, n° 04-14.394, NP, *Gaz. proc. coll.* 2006/1, p. 15, obs. Lebel.
17. Com. 30 janv. 1996, n° 94-10.233, *Bull. civ.* IV, n° 30; *JCP* 1996, pan. 392.

l'incapacité apparaissait postérieurement au début de l'activité commerciale, la procédure pouvait cependant lui être ouverte, nonobstant son incapacité. La solution avait été posée pour un associé en nom collectif devenu incapable après son entrée dans la société[1]. L'ordonnance du 18 décembre 2008 a modifié, semble-t-il, les données du problème. Peu importe que l'intéressé puisse acquérir la qualité de commerçant. Seul importe désormais le fait qu'il exerce une activité commerciale, ce qui peut être le cas d'un incapable[2].

Jusqu'à la réforme du 26 juillet 2005, en l'absence d'immatriculation, l'intéressé ne pouvait, se prévaloir de la qualité de commerçant et ne pouvait donc pas être admis au bénéfice du redressement ou de la liquidation judiciaire[3].

> LÉGISLATION ISSUE DE LA LOI DE SAUVEGARDE DES ENTREPRISES. La réforme du 26 juillet 2005, qui s'applique aux personnes physiques exerçant une activité professionnelle indépendante, semble régler le cas des commerçants de fait[4]. Ces derniers, dont il n'est pas exigé par la législation issue de la réforme qu'ils soient immatriculés au registre du commerce et des sociétés, auront, en tant que personnes physiques exerçant une activité professionnelle indépendante, la possibilité de saisir le tribunal aux fins d'ouverture d'une procédure de sauvegarde, de redressement ou de liquidation judiciaire, même s'ils ne sont pas immatriculés au registre du commerce[5]. Si l'on admet la possibilité pour le commerçant de fait de demander l'ouverture de la procédure collective, la compétence semble devoir rester celle du tribunal de commerce – l'opinion contraire ayant été émise[6]. C'est la solution lorsque la procédure est ouverte sur assignation à l'encontre du commerçant de fait, ce qu'admet la jurisprudence[7].

Une opinion contraire est cependant soutenue par certains auteurs, estimant que le commerçant de fait ne peut solliciter le bénéfice d'un statut dont il s'est exclu en l'absence d'immatriculation au registre du commerce et des sociétés[8]. Un autre auteur entend réserver la procédure de sauvegarde, laquelle est dans l'esprit du législateur une véritable faveur, au commerçant qui assume ses obligations professionnelles et qui s'est fait immatriculer[9].

Le conjoint collaborateur, immatriculé en cette seule qualité au registre du commerce, ne pouvait par le passé[10], solliciter l'ouverture à son encontre d'une procédure collective. La solution semble avoir été modifiée (v. s^s n° 741.21). En tout cas, avant comme depuis la loi de sauvegarde des entreprises, la démonstration de sa qualité de commerçant de fait permettra à tout intéressé de demander à son encontre l'ouverture de la procédure.

> L'ordonnance du 18 décembre 2008[11] (art. 164, I) substitue, dans chacun des textes régissant l'ouverture des procédures collectives, au mot « commerçant » celui de « personne exerçant une activité commerciale ». Plusieurs conséquences peuvent en être tirées.

En visant désormais la personne qui exerce une activité commerciale et non plus le commerçant, elle ne se préoccupe absolument plus de l'inscription au registre du commerce et des sociétés. L'intéressé pourra donc solliciter l'ouverture d'une procédure collective[12], de même qu'il n'y aura pas d'obstacle à diriger contre lui une telle demande[13].

L'exercice d'une activité occasionnelle[14] et même illégale[15] ne devrait pas exclure l'intéressé des procédures collectives.

L'auto-entrepreneur, qui exerce une activité commerciale, peut bénéficier des procédures collectives des professionnels[16]. Il est par conséquent exclu des procédures de surendettement du code de la con-

1. Com. 8 déc. 1998, n° 96-15.315, *Bull. civ.* IV, n° 292; *D. Affaires* 1999. 129, obs. Lienhard; *JCP E* et *A* 1999, Chron. 813, obs. M. Cabrillac; *JCP E* et *A* 1999, jur. 916, note Youeg; *Bull. Joly* 1999. 386, n° 80 – Com. 28 nov. 2000, n° 98-12.400, NP, *Act. proc. coll.* 2001/2, n° 17.
2. PÉROCHON, 10e éd., n° 284 – PÉTEL, 8e éd., n° 59.
3. Com. 25 mars 1997, n° 95-11.278, *Bull. civ.* IV, n° 83; *Dr. sociétés* 1997, n° 81, note Chaput; *Bull. Joly* 1997. 589, note Vallansan; *Defrénois* 1998. 36745, p. 248, n° 2, obs. Le Cannu.
4. *Rapp. Xavier de Roux*, n° 2095, p. 179.
5. ROUSSEL GALLE, n°s 202, 204 – PÉROCHON ET BONHOMME, 7e éd., n° 140 – Lécuyer, « Les nouveaux débiteurs », *Rev. proc. coll.* 2006/4, p. 332 s., sp. p. 333 – PLUS HÉSITANTE : VALLANSAN *ET ALII*, 6e éd., p. 45.
6. VALLANSAN, 4e éd., n° 34.
7. Bordeaux, 2e ch., 2 mars 2011, n° 10/04862, *Rev. proc. coll.* 2012, p. 26, note Saintourens.
8. VOINOT, « La nouvelle procédure de sauvegarde », *Gaz. Pal.* 7-8 sept. 2005, n° sp., p. 24 s., sp. p. 30, n° 26 – J.-CL. COM., Dumont-Lefrand, fasc. 2152, [Procédure de sauvegarde], 2006, n° 4 – LE CANNU, 7e éd., n° 212.
9. SAINT-ALARY-HOUIN, 5e éd., n° 356 – RAPPR. : Vidal, n° 196.
10. Com. 21 mai 1996, n° 93-18.408, NP, *D.* 1996. IR 162 – Com. 11 févr. 2004, n° 01-00.430, *Bull. civ.* IV, n° 28; *JCP E* 2004, jur. 1742, p. 1886, note Parachkevova; *RJPF* 2004/6, p. 15, note Vauvillé; *Defrénois* 2004. 38066, p. 1654, n° 6, note Gibirila.
11. Ord. n° 2008-1345, 18 déc. 2008, préc.
12. PÉROCHON, 10e éd., n° 278 – COMP. : VALLANSAN *ET ALII*, 5e éd., p. 44.
13. Lyon, 3e ch. A, 13 juin 2013, RG n° 12/07316, *Act. proc. coll.* 2013/15, comm. 214.
14. Voinot, « L'ouverture des procédures collectives », *Gaz. Pal.* 6-7 mars 2009, p. 10 s., sp. p. 14 – PÉROCHON, 10e éd., n° 281.
15. PÉROCHON, 10e éd., n° 279 – VIDAL ET GIORGINI, n° 992.
16. Vauvillé, « Brèves observations sur le passif de l'auto-entrepreneur », *Rev. proc. coll.* 2010/1, § 3, p. 17 s., sp. p. 19 – PÉROCHON, 10e éd., n° 278.

sommation, la solution ayant été posée pour un professionnel libéral[1]. Il en résulte qu'il pourra, après une très courte activité, et même si son passif ne provient pas de cette dernière, bénéficier des procédures collectives[2], ce qui peut constituer un certain effet d'aubaine[3], du fait de la règle de l'absence de reprise des poursuites individuelles après clôture de la liquidation judiciaire pour insuffisance d'actif. Voilà un bon moyen de se débarrasser d'un passif non professionnel, grâce à une procédure collective pourtant réservée aux professionnels.

Si toutes les personnes exerçant une activité commerciale sont des commerçants, la réciproque ne semble pas pouvoir être vérifiée. Cela semblait pouvoir justifier l'exclusion du bénéfice des procédures collectives des associés en nom[4], qui sont des commerçants, mais qui ne sont pas, en tant que tels, des personnes exerçant une activité commerciale[5]. Signalons au demeurant que, avant même l'ordonnance du 18 décembre 2008, il a pu être jugé, sous l'empire de la loi du 26 juillet 2005, que l'associé en nom collectif, qui n'est commerçant que par sa seule qualité d'associé, ne pouvait prétendre au bénéfice des procédures collectives, dès lors qu'il avait été frappé d'une mesure de faillite personnelle, qui lui interdisait l'exercice d'une activité commerciale[6]. La deuxième chambre civile de la Cour de cassation, contre l'avis de la doctrine, a cependant jugé le contraire. Partant de la présomption selon laquelle celui qui est commerçant est réputé exercer une activité commerciale, elle a jugé que l'associé en nom gérant n'était pas éligible à la procédure de surendettement, mais relevait au contraire des procédures collectives réservées aux professionnels[7]. L'argument nous semble insuffisant à justifier la solution, clairement à contre-courant de l'évolution qui a entendu substituer aux commerçants la notion de personnes ayant une activité commerciale, ce qui assurément n'est pas en soi le cas des associés en nom. Il a été dit, d'une manière joliment critique, que l'arrêt « contourne la nouvelle disposition légale au moyen d'une pirouette habillée sous la forme d'une fiction »[8].

Il a été observé que l'éligibilité aux procédures collectives n'a pas été étendue par la deuxième chambre civile de la Cour de cassation à tous les associés, mais seulement aux gérants, alors que la présomption de commercialité attachée à la qualité d'associé en nom avait été attribuée par la chambre commerciale[9], saisie pour avis par la deuxième chambre à tous les associés[10]. Mais, il n'échappera à personne que cette présomption vaut aussi, selon l'article L. 221-1, alinéa 1er du code de commerce, pour les simples associés, puisqu'elle est posée pour tous les associés, de sorte que cette réserve introduite par la deuxième chambre civile de la Cour de cassation semble bien artificielle.

Quoi qu'il en soit, cette présomption est simple et peut donc tomber devant la preuve contraire que l'associé, fut-il gérant, n'exerce pas en fait d'activité commerciale.

Faisons encore état d'un arrêt qui considère qu'il n'est plus possible, sur assignation d'un créancier, d'ouvrir la procédure contre un ancien associé commandité, non pas parce qu'il n'a jamais exercé une activité commerciale, mais à cause de l'expiration du délai d'un an courant à compter de sa perte de qualité de commandité et donc de commerçant[11].

De lege ferenda, on pourrait en finir avec cette question de l'éligibilité aux procédures collectives de tel ou tel commerçant, en visant largement la personne exerçant une activité professionnelle indépendante, sans autre précision, ce qui d'évidence permettrait d'exclure l'associé en nom, fut-il gérant. La question de la nature de la profession – commerciale, artisanale, agricole ou libérale – ne conditionnerait plus que la compétence du tribunal.

1. Civ. 2e, 18 févr. 2016, n° 14-29.223, NP.
2. T. com. Caen, 12 janv. 2011, RG n° 2010/014613, *D.* 2011. Actu. 512, note Delpech; *Rev. sociétés* 2011. 189, note Roussel Galle; *BJE* mai/juin 2011, § 54, p. 106, note Legrand; *LPA* 12 juill. 2011, n° 137, p. 17, note Legrand.
3. Roussel Galle, note ss T. com. Caen, 12 janv. 2011, RG n° 2010/014613, *Rev. sociétés* 2011. 189.
4. Pérochon, 9e éd., n° 274 – Paris, pôle 5, 8e ch., 6 juill. 2010, RG n° 10/03537, *D.* 2010. 2222, obs. Lienhard; *Rev. sociétés* 2010. 534, obs. Roussel Galle; *Bull. Joly* 2010. 905, § 200, note Lucas; *Rev. proc. coll.* 2010/6, p. 21, § 210, note Saintourens; *Dr. sociétés* 2011, n° 14, note Legros; *LXB hebdo* n° 226, 4 nov. 2010, note Gibirila – EN SENS CONTRAIRE : Gibirila, n° 195.
5. EN CE SENS AUSSI : Roussel Galle, « L'ouverture des procédures », *D.* 2009. 644 s., sp. 645, n° 4.
6. Lyon, 3e ch. A, 10 avr. 2008, RG n° 07/05502, *JCP E* 2009. 1024, note Legros.
7. Civ. 2e, 5 déc. 2013, n° 11-28.092, *Bull. civ.* II, n° 231, *D.* 2013. Actu. 2911, obs. Lienhard; *D.* 2014. Chron. 579, n° 11, obs. Vasseur; *JCP G* 2014. 96, note Roussel Galle; *Act. proc. coll.* 2014/1, comm. 21, note crit. Borga; *Bull. Joly* 2014. 184, note crit. Lucas; *Leden* janv. 2014, comm. 4, note Parachkévova; *Rev. sociétés* 2014. 199, note Henry; *JCP E* 2014. 1021, note crit. Cérati-Gauthier et 1207, note Lebel; *Dr. et proc.* 2014. 35, obs. Valette-Ercole; *BJE* mars 2014, 78, note Sortais; *JCP E* 2014, Chron. 1173, n° 1, note Pétel; *Rev. proc. coll.* 2014 comm. 42, note Gjidara-Decaix et comm. 51, note Saintourens; *Dr. sociétés* 2014, comm. 89, note Legros; *Rev. sociétés* 2014. 443, note Quiquerez.
8. Pétel, note ss Civ. 2e, 5 déc. 2013, n° 11-28.092, *Bull. civ.* II, n° 231; *JCP E* 2014. Chron. 1173, n° 1.
9. Com. 9 juill. 2013, n° 11-28.092, avis; n° 9003 FS-D.
10. Lucas, note ss Civ. 2e, 5 déc. 2013, n° 11-28.092, *Bull. civ.* II, n° 231; *Bull. Joly* 2014. 184.
11. Paris, pôle 5, 9e ch., 5 avr. 2012, RG n° 11/03323, *JCP E* 2012. 1736, note Legros; *Dr. sociétés* 2013, n° 17, note Legros; *Rev. proc. coll.* 2013, comm. 1, note Saintourens.

SECTION 211.30
ARTISANS – PERSONNES EXERÇANT UNE ACTIVITÉ ARTISANALE

211.31 Personne immatriculée au répertoire des métiers – Artisans – personnes exerçant une activité artisanale. L'article 2, alinéa 1er de la loi du 25 janvier 1985[1] a permis l'application des procédures collectives aux artisans. Il s'agit là de celui qui, à titre de profession habituelle, effectue personnellement un travail manuel d'exécution, sans spéculer sur la fourniture ou le travail d'autrui[2]. Le travail manuel doit donc être prédominant.

L'artisan doit être immatriculé au répertoire des métiers (D. 10 juin 1983[3], art. 1er, al. 1er). Mais, contrairement à l'immatriculation du commerçant au registre du commerce, qui fait présumer la qualité de commerçant, l'immatriculation de l'artisan n'emportait aucun effet de présomption[4].

La solution a été revue à l'occasion de la codification du 18 septembre 2000[5], dite « à droit constant ». En effet, le législateur a remplacé, à l'article L. 620-2 du code de commerce, le visa de l'artisan par celui de la personne inscrite au répertoire des métiers.

Cette modification nous semblait induire des conséquences identiques à celles existant pour l'immatriculation des commerçants. Ainsi, l'intéressé qui n'était pas inscrit ne devait pas pouvoir solliciter l'ouverture d'une procédure de redressement ou de liquidation judiciaire[6]. À l'inverse, l'absence d'inscription n'empêchait pas l'ouverture de la procédure à son encontre sur demande des personnes ayant qualité pour saisir le tribunal aux fins d'ouverture d'une procédure collective.

Cette interprétation n'était cependant pas unanimement admise.

> **LÉGISLATION ISSUE DE LA LOI DE SAUVEGARDE DES ENTREPRISES.** La réforme du 26 juillet 2005, reprend à l'article 620-2, alinéa 1er pour la procédure de sauvegarde, à l'article L. 631-2, alinéa 1er pour la procédure de redressement judiciaire, et à l'article L. 640-2, alinéa 1er pour la procédure de liquidation judiciaire, la notion de « personne immatriculée au répertoire des métiers ». En outre, les mêmes dispositions prévoient l'application de ces procédures à la « personne physique exerçant une activité professionnelle indépendante ». Ce faisant, a été réglé le cas des « artisans de fait »[7]. Ces derniers, en tant que personnes physiques exerçant une activité professionnelle indépendante, auront la possibilité de saisir le tribunal aux fins d'ouverture d'une procédure de sauvegarde, de redressement ou de liquidation judiciaires, même s'ils ne sont pas immatriculés au répertoire des métiers[8].

Une opinion contraire est toutefois émise par certains auteurs, qui estiment que l'artisan non inscrit ne pourrait revendiquer le bénéfice de la procédure[9] (sur la question de la compétence, v. ss no 232.11).

Pareille opinion ne peut, en tout cas, pas être suivie depuis l'**ordonnance du 18 décembre 2008**.

La loi de modernisation de l'économie, loi du 4 août 2008[10], dite loi LME, a accordé à certains artisans une exemption d'immatriculation au répertoire des métiers[11]. Afin de ne pas les exclure du dispositif de traitement des difficultés des entreprises, il était indispensable de modifier la rédaction des textes. Il est donc extrêmement clair que l'auto entrepreneur bénéficie des procédures collectives des professionnels[12]. Cette modification est, au demeurant, devenue sans portée[13], depuis que la loi du 18 juin 2014[14], dite loi Pinel, oblige tous les auto-entrepreneurs, y compris ceux ayant une activité artisanale, à s'immatriculer au registre professionnel qui les concerne.

C'est pourquoi, le visa à l'article L. 620-2, alinéa 1er du code de commerce de la personne immatriculée au répertoire des métiers a été remplacé par celui de la personne exerçant une activité artisanale (ord. 18 déc. 2008[15], art. 164).

Pour cette même raison, l'article L. 621-2, alinéa 1er issu de la réforme (ord. 18 déc. 2008, art. 13) vise toute personne qui « exerce une activité commerciale ou artisanale ».

Le cas des artisans de fait est ainsi aligné sur celui des commerçants de fait. L'inscription au registre du commerce et des sociétés ou au répertoire des

1. L. no 85-98, 25 janv. 1985, préc.
2. Com. 9 nov. 1982, no 81-16.408, *Bull. civ.* IV, no 342 – *Adde*, KERCKHOVE, no 203.
3. D. no 83-487, 10 juin 1983, *JO* 14 juin, p. 1794.
4. Paris, 4 mai 1988, *Gaz. Pal.* 1989. I, Somm. 24 – Rouen, 10 oct. 1991, *RJDA* 1991, no 960 – Grenoble, 21 sept. 1995, *JurisData* 045366 – *Adde*, KERCKHOVE, no 203 – PÉTEL, no 50 – SOINNE, no 456 – PÉROCHON ET BONHOMME, no 107.
5. Ord. no 2000-912, 18 sept. 2000, *JO* 21 sept., p. 14783.
6. Lienhard, « Les artisans peuvent-ils encore être mis en faillite », *D.* 2000. Point de vue 3 – VALLANSAN, p. 20.
7. *Rapp. Xavier de Roux*, no 2095, p. 179.
8. PÉTEL, 5e éd., no 54 – ROUSSEL GALLE, nos 202, 203 – J.-CL. COM., Dumont-Lefrand, fasc. 2112, [Procédure de sauvegarde], 2006, no 4 – PÉROCHON ET BONHOMME, 7e éd., no 146 – Lécuyer, « Les nouveaux débiteurs », *Rev. proc. coll.* 2006/4, p. 332 s., sp. p. 333.
9. SAINT-ALARY-HOUIN, 5e éd., no 357 – LE CANNU, 7e éd., no 213 – PLUS HÉSITANT : VIDAL, 2006, no 195.
10. L. no 2008-776, 4 août 2008, préc.
11. Azarian et Saintourens, *JCP E* 2008 2227.
12. Vauvillé, « Brèves observations sur le passif de l'auto-entrepreneur », *Rev. proc. coll.* 2010/1, § 3, p. 17 s., sp. p. 19 – VOINOT, 2e éd., no 126.
13. Vincent, « La qualité du débiteur dépourvu d'entreprise », *JCP E* 2016, études 1340, no 3.
14. L. no 2014-626, 18 juin 2014, *JO* 19 juin, p. 10105.
15. Ord. no 2008-1345, 18 déc. 2008, préc.

métiers n'est donc pas une condition d'éligibilité à la sauvegarde.

La formulation ancienne n'était pas symétrique, puisque d'un côté était visé le commerçant, sans référence à son éventuelle immatriculation au registre du commerce et des sociétés et, d'un autre côté, la personne immatriculée au répertoire des métiers, et non pas l'artisan.

Observons que la modification n'est toutefois que partielle, dans la mesure où, avant la réforme résultant de l'ordonnance du 18 décembre 2008, il était estimé que les artisans de fait, en tant que personnes physiques exerçant une activité professionnelle indépendante, avaient déjà la possibilité de saisir le tribunal aux fins d'ouverture d'une procédure de sauvegarde, même s'ils n'étaient pas immatriculés au répertoire des métiers[1]. La modification doit en conséquence être considérée comme interprétative.

En revanche, le visa par l'ordonnance du 18 décembre 2008 de la personne exerçant une activité artisanale empêche de faire entrer le propriétaire d'un fonds artisanal donné en location-gérance, qui lui fait retour après résiliation du contrat, dans le champ d'application du texte[2].

Indiquons enfin que la loi du 22 mars 2012[3] relative à la simplification du droit et à l'allègement des démarches administratives, dite Warsmann II, a remanié la définition de l'artisan, sans régler le problème essentiel de la distinction entre l'artisan et le commerçant[4], ni s'attacher à définir le contenu de la notion d'activité artisanale.

SECTION 211.40 AGRICULTEURS

211.41 Agriculteurs. La législation des procédures collectives s'applique également, depuis la loi du 30 décembre 1988[5], à l'agriculteur. Il s'agit, dans la législation antérieure à la loi du 26 juillet 2005[6], de l'article L. 620-2 alinéa 1er. Depuis la loi de sauvegarde des entreprises, il s'agit identiquement de L. 620-2, alinéa 1er pour la procédure de sauvegarde, de l'article L. 631-2, alinéa 1er pour la procédure de redressement judiciaire et, pour la procédure de liquidation judiciaire, de l'article L. 640-2, alinéa 1er. L'article 107 de l'ordonnance du 12 mars 2014[7] modifie la rédaction de l'article L. 351-8 du code rural pour la mettre en conformité avec les dispositions du code de commerce. Est désormais visée, dans ce texte qui énonce que les dispositions du livre VI du code de commerce sont applicables à l'exploitation agricole, la procédure de sauvegarde. L'article 142 du décret du 30 juin 2014 qui modifie la rédaction de l'article R. 351-8 du code rural procède identiquement.

L'agriculteur est, d'après l'article L. 351-8 du code rural, la personne physique, ce qui exclut les personnes morales[8], exerçant des activités agricoles au sens de l'article L. 311-1 du code rural. Sont agricoles les activités correspondant à la maîtrise et à l'exploitation du cycle biologique de caractère végétal ou animal ou constituant une ou plusieurs étapes nécessaires au déroulement de ce cycle, ainsi que les activités exercées par un exploitant agricole qui sont dans le prolongement de l'activité de production ou qui ont pour support l'exploitation[9].

L'éleveur est un agriculteur. La solution a été posée pour un éleveur de chats[10].

L'activité de centre équestre a été jugée agricole, peu important l'immatriculation de l'exploitant au registre du commerce[11].

Il est ici nécessaire que soit déployée une activité habituelle[12]. La seule aide apportée par l'épouse, fonctionnaire, au mari agriculteur ne conférera pas à celle-ci la qualité d'agriculteur[13]. En revanche, si la participation à l'activité agricole dépasse l'aide normale dans un couple, le conjoint aura la qualité d'agriculteur[14].

Les travaux d'entretien de parcs ont été jugés agricoles par nature[15].

Au contraire, le pépiniériste ou l'horticulteur ne sont pas des agriculteurs. Il en est de même de l'entreprise de travaux agricoles[16]. Observons que la jurisprudence administrative considère que les opé-

1. PÉROCHON et BONHOMME, 7e éd., no 146 – PÉTEL, 5e éd., no 54 – *ROUSSEL GALLE, 1re éd., nos 202, 203 – J.-CL. COM.*, Dumont-Lefrand, fasc. 2152, [Procédure de sauvegarde], 2006, no 4 – Lécuyer, « Les nouveaux débiteurs », *Rev. proc. coll.* 2006/4, p. 332 s., sp. p. 333.
2. Caen, 5 nov. 2009, RG no 08/04524, *Act. proc. coll.* 2009/20, no 300.
3. L. no 2012-387, 22 mars 2012, *JO* 23 mars, p. 5226.
4. Raimond, obs. *LPA* 4 mars 2013, no 45, p. 7.
5. L. no 88-1202, 30 déc. 1988, *JO* 31 déc., p. 16741.
6. L. no 2005-845, 26 juill. 2005, préc.
7. Ord. no 2014-326, 12 mars 2014, *JO* 14 mars, p. 5249.
8. Agen, 1re ch., 8 déc. 1999, *Act. proc. coll.* 2000/16, no 200, note Vallansan.
9. SUR LA QUESTION : Le Cannu, « Règlement amiable, redressement et liquidation judiciaires des exploitations agricoles », *Bull. Joly* 1999. 113.
10. Reims, ch. civ., 28 janv. 2014, RG no 13/00120, *Rev. proc. coll.* 2014, comm. 133, note Lebel.
11. Grenoble, ch. com., 27 sept. 2012, RG no 12/00933, *Rev. proc. coll.* 2012, comm. 222, note Lebel.
12. PÉROCHON, 10e éd., no 291.
13. Com. 5 avr. 1994, no 91-18.766, *Bull. civ.* IV, no 145.
14. Agen, ch. civ., 1er déc. 2014, RG no 11/02126, *Rev. proc. coll.* 2015, comm. 32, note Lebel.
15. Soc. 6 févr. 2003, no 01-20.905, *Bull. civ.* V, no 43; *Rev. proc. coll.* 2004, p. 262, no 11, obs. Lebel.
16. PÉTEL, 8e éd., no 55.

rations de transformation de raisin, acheté auprès de tiers, en vue de sa vinification et de son élevage, ne présentent pas un caractère agricole[1], mais commercial.

L'entraîneur de chevaux, qui ne participe pas au déroulement du cycle biologique des chevaux, n'était pas un agriculteur[2]. La modification de l'article L. 311-1 du code rural par la loi du 23 février 2005[3] emporte modification de la solution, les activités de préparation et d'entraînement des équidés domestiques en vue de leur exploitation étant agricoles, à la seule exception des activités de spectacles.

L'inscription au registre de l'agriculture n'a qu'une valeur purement indicative[4]. Il en sera de même de l'inscription au registre des actifs agricoles issu de la LAAF du 13 octobre 2014[5] ou encore de l'affiliation à la caisse de la Mutualité sociale agricole (MSA)[6]. Il ne doit donc pas pouvoir en être tiré argument pour déterminer si l'intéressé est ou non éligible aux procédures collectives[7], le contraire étant parfois jugé[8]. Toutefois, le gérant d'une société exploitant une activité agricole, lui-même affilié à la mutualité sociale agricole pour être réputé participer à titre personnel aux travaux agricoles par son travail de gestion juridique et financière et qui participe directement à l'exploitation agricole au sens de l'article L. 311-1 du code rural et de la pêche maritime peut être soumis aux procédures collectives en qualité d'agriculteur[9].

L'agriculteur peut être un EIRL[10], tel que cela est prévu par la loi du 15 juin 2010[11] (v. s^{s} n° 042.88). En ce cas, par exception au principe selon lequel les biens nécessaires à son activité sont de plein droit affectés à l'entreprise individuelle à responsabilité limitée, l'article 40 de la loi du 27 juillet 2010[12] prévoit la possibilité de ne pas affecter les terres utilisées pour cette exploitation. L'adoption du statut obligera l'agriculteur à la tenue d'une comptabilité, contrairement à la solution posée en droit commun, sous peine de voir remise en cause la partition patrimoniale attachée à la déclaration d'affectation[13].

SECTION 211.50 PROFESSIONNELS INDÉPENDANTS Y COMPRIS LES PROFESSIONNELS LIBÉRAUX

211.51 Professionnels indépendants y compris les professionnels libéraux[14]. L'article L. 620-2 du code de commerce, dans la rédaction antérieure à la loi du 26 juillet 2005[15] (anc^{t} L. 25 janv. 1985[16], art. 2, al. 1er) vise trois types de personnes physiques. Cette liste doit être considérée comme limitative. Il est donc exclu que, sauf application de dispositions particulières de la loi du 25 janvier 1985, d'autres personnes physiques soient déclarées en redressement ou en liquidation judiciaire. Ces trois types de personnes exploitent des entreprises à caractère économique.

Dans la législation antérieure à la loi du 26 juillet 2005, le professionnel libéral ne peut être, à titre individuel, mis en redressement judiciaire. Il n'en va autrement que s'il peut être démontré, dans les faits, qu'il est commerçant, artisan ou agriculteur[17]. Les professionnels libéraux étaient ainsi exclus de toute législation protectrice puisque, à titre individuel, ne pouvant bénéficier de procédure de redressement et de liquidation judiciaires, ils ne pouvaient davantage bénéficier de la procédure de rétablissement personnel créée par la loi du 1er août 2003[18], l'effacement des dettes prévues par l'article L. 332-5 du code de la consommation (devenu C. consom., art. L. 741-3[19]) n'étant applicable qu'aux dettes non professionnelles.

Les sociétés d'exercice libéral, en revanche, comme toute personne morale de droit privé, peuvent être déclarées en redressement ou en liquidation judi-

1. CE 20 nov. 2013, req. n° 360562, *Lebon* T; *Rev. proc. coll.* 2014, comm. 134, note Lebel.
2. Com. 20 mars 2001, n° 98-14.492, NP, *Act. proc. coll.* 2001/9, n° 106; *Rev. proc. coll.* 2003, p. 348, n° 6, obs. Lebel.
3. L. n° 2005-102, 11 févr. 2005, *JO* 12 févr., p. 2353.
4. PÉTEL, 5e éd., n° 53 – SOINNE, n° 462.
5. L. n° 2014-1170, 13 oct. 2014, *JO* 14 oct., p. 16601.
6. Com. 26 oct. 1999, n° 97-15.349, NP – Com. 3 oct. 2000, n° 97-17.210, NP, *Act. proc. coll.* 2000/18, n° 226, note Régnaut-Moutier : statuant sur le cas de l'associé gérant d'une société civile d'exploitation.
7. Nîmes, 2e ch. com. B, 24 févr. 2011, RG n° 08/05220, *Rev. proc. coll.* 2011, comm. 115, p. 51, note Lebel – Agen, ch. civ., 1er déc. 2014, RG n° 11/02126, *Rev. proc. coll.* 2015, comm. 32, note Lebel.
8. Bordeaux, 2e ch., 17 juin 2009, RG n° 08/07348, *Rev. proc. coll.* 2010/3, § 126, p. 80, note crit. Lebel.
9. Com. 4 nov. 2014, n° 13-20.711, NP; n° 955 F-D *BJE* 2015, 13, note Cérati-Gauthier; *Rev. proc. coll.* 2015, comm. 31, note Lebel; *Dr. sociétés* 2016, repère 1, note Legros.
10. Barbièri, « EIRL : l'agriculteur à responsabilité limitée », *Rev. proc. coll.* 2011, dossier 27, p. 101.
11. L. n° 2010-658, 15 juin 2010, *JO* 16 juin, p. 10984.
12. L. n° 2010-874, 27 juill. 2010, *JO* 28 juill., p. 13925.
13. Barbièri, « EIRL : l'agriculteur à responsabilité limitée », *Rev. proc. coll.* 2011, dossier 27, p. 101 s., sp. p. 102, n° 7.
14. De Cesseau, « La prévention et le traitement des difficultés des entreprises libérales d'avocats – Une préoccupation permanente de la Confédération nationale des avocats », *Gaz. Pal.* 2-3 août 2002, Libres propos, p. 2.
15. L. n° 2005-845, 26 juill. 2005, préc.
16. L. n° 85-98, 25 janv. 1985, préc.
17. Com. 20 juin 1995, n° 93-15906, NP, Rev. huissiers 1995. 1369, note Vidal.
18. L. n° 2003-710, 1er août 2003, *JO* 2 août, p. 13281.
19. Ord. n° 2016-301, 14 mars 2016, *JO* 16 mars.

ciaires[1]. Faute de règle spéciale, le droit commun des procédures s'applique à ces sociétés[2].

Avant la loi de sauvegarde, les associés de telles sociétés ne pouvaient être placés sous procédure collective.

Depuis la loi de sauvegarde, une interrogation s'est faite jour en doctrine[3] et en jurisprudence. Une juridiction du fond a cru devoir juger que des associés de société d'exercice libéral, du fait de leur statut de profession libérale, pouvaient être placés sous procédure collective[4]. L'exercice en société civile professionnelle ne constituerait qu'une modalité d'exercice de la profession, permettant le bénéfice des procédures collectives[5]. L'opinion contraire a également été soutenue et il a été dénié à de telles personnes le droit au placement sous procédure collective[6]. Dans le prolongement de cette solution, il a pu être jugé que le professionnel indépendant, qui devient associé, ne peut soutenir avoir cessé son activité professionnelle, pour bénéficier des procédures collectives[7].

La question se pose dans les mêmes termes pour les associés de société civile professionnelle[8]. Il a ainsi été jugé que l'associé de société civile professionnelle exerce sa fonction au nom de la société, de sorte qu'il n'est pas un exploitant pour son propre compte[9]. Mais, ici encore, les juridictions du fond adoptent parfois une solution différente et admettent l'ouverture d'une procédure collective contre l'associé d'une société civile professionnelle[10].

La Cour de cassation, saisie de la question a posé en règle que « l'avocat, qui a cessé d'exercer son activité à titre individuel pour devenir associé d'une société d'exercice libéral, n'agit plus en son nom propre, mais exerce les fonctions d'avocat au nom de la société; qu'il cesse dès lors d'exercer une activité professionnelle indépendante au sens de l'article L. 640-2 du code de commerce »[11]. La même solution a été énoncée pour l'exercice de l'activité au sein d'une société civile professionnelle et l'ouverture du redressement judiciaire a, en conséquence, été refusée, au visa de l'article L. 631-2 du code de commerce[12]. Une solution similaire est posée, alors même que le professionnel exercerait son activité au sein d'une société unipersonnelle[13].

Il a été jugé par les juges du fond que si la société est dissoute, l'intéressé ne peut plus être appréhendé comme associé et cesse d'être inscrit en tant que professionnel indépendant. Il ne bénéficie donc plus des procédures collectives[14].

La solution doit être nuancée lorsque l'intéressé a été, avant de devenir associé, professionnel indépendant. En effet, la Cour de cassation, à propos de l'avocat ayant exercé une activité à titre individuel, avant de devenir associé de société civile professionnelle[15] ou d'exercice libéral[16], a jugé que ce dernier peut bénéficier des procédures collectives, dès lors d'une part, qu'il a cessé son activité professionnelle indépendante et, d'autre part, que tout ou partie de son passif provient de l'activité professionnelle

1. AINSI : T. com. Paris, 22 nars 1994, *D.* 1994. 288, obs. Derrida.
2. Martin et Neveu, « L'application à la profession d'avocat de la loi du 26 juillet 2005sur la sauvegarde des entreprises », *JCP E* 2006. 1764, p. 867 n° 1.
3. Legros, « Procédures ollectives ou procédure de surendettement des associé », *Dr. sociétés* 2008. Repère 5 – Cérati-Gauthier, « Aplication de la loi de sauvegarde des entreprises aux profésions libérales », *JCP E* 2008. 2436.
4. Paris, 3e ch. B, 18 sept. 2008, RG n° 2007/17034, *D.* 2008. AJ 2666, obs. appob. Lienhard; *JCP E* 2008. 2436 et la note de Cérati-Gathier, « Application de la loi de sauvegarde des entrepises aux professions libérales », *JCP E* 2008. 2436.
5. AINSI : Paris, pôle 5, 8e ch., 29 sept. 2009, RG n° 09/08321, *D.* 2009. AJ 2485, note Lienhard; *Bull. Joly* 2010. 59, n° 14, note Rétif – *Adde*, PÉROCHON et BONHOMME, 8e éd., n° 148.
6. Paris, 3e ch. A, 20 nov. 2007, RG n° 07/3359, *D.* 2007. AJ 3074, obs. Lienhard; *JCP E* 2008. 1045, p. 35, note Lebel; *Dr. sociétés* 2008, n° 76, note Legros; *Bull. Joly* 2008. 210, § 47, note Tagliarino-Vignal; *Rev. proc. coll.* 2008/3, p. 37, n° 110, note Saintourens; *Dr. et patr.* 2008, n° 172, p. 110, note Monsérié-Bon – Aix-en-Provence, 8e ch. C, 17 janv. 2008, *Dr. sociétés* 2008, n° 183.
7. Paris, 3e ch. A, 9 mai 2007, RG n° 06/10915, *Act. proc. coll.* 2008/3, n° 38, note Rétif; *Dr. sociétés* 2008, n° 76, note Legros.
8. SUR LA QUESTION : Thomas, « Notaire associé et procédures collectives », *D.* 2008. 1633.
9. Paris, 3e ch. A, 20 nov. 2007, RG n° 07/3359, *D.* 2007. AJ 3074, obs. Lienhard – *Adde*, GIBIRILA, n° 208.
10. Montpellier, 2e ch., 20 mai 2008, RG n° 07/05711, *Dr. sociétés* 2009, n° 59, note Legros.
11. Com. 9 févr. 2010, nos 08-15.191, 08-17.144, *Bull. civ.* IV, nos 35, 36, 2 esp.; nos 198, 199 FS-P+B+R+I; *D.* 2010. AJ 434, obs. Lienhard; *D.* 2010. 1113, note Orsini; *Gaz. Pal. entr. diff.* 2-3 juill. 2010, nos 183, 184, p. 19, note Reille; *Dr. sociétés* 2010, n° 76, note Legros; *Act. proc. coll.* 2010/5, n° 70, note Vallansan; *Leden* 2010/3, p. 1, note Lucas; *Rev. proc. coll.* 2010/2, comm. 6, p. 13, concl. Bonhomme; *Rev. proc. coll.* 2010/3, § 131, p. 83, note Lebel; *Rev. proc. coll.* 2010/4, § 148, p. 42, note Saintourens; *JCP E* 2010, Chron. 1296, n° 1, obs. Pétel; *JCP E* 2010. 1267, note Cérati-Gauthier; *JCP* 2010. 602, note Barbièri; *Gaz. Pal.* 2010. 811, note Dumont-Lefrand; *Dr. et patr.* 2010, n° 196, p. 83, note Saint-Alary-Houin et Monsérié-Bon; *BJE* mars/avr. 2011, p. 12, note Martineau-Bourgninaud; *LXB hebdo* 18 mars 2010, n° 387, note Le Corre-Broly; *Bull. Joly* 2010. 489, n° 98, note Daigre; *Rev. proc. coll.* 2011, comm. 99, p. 60, note Neau-Leduc et Hubert.
12. Com. 9 févr. 2010, n° 08-17.670, *Bull. civ.* IV, n° 38; n° 200 FS-P+B+R+I; préc.
13. Com. 16 sept. 2014, n° 13-17.147, *Bull. civ.* IV, n° 123; n° 715 F-P+B; *Gaz. Pal.* 18 janv. 2015, n° 18, p. 14, note Reille; *Act. proc. coll.* 2014, comm. 296, note Rétif; *Rev. proc. coll.* 2015, comm. 27, note Lebel.
14. AINSI : Paris, pôle 5, 8e ch., 29 sept. 2009, RG n° 09/08321, *D.* 2009. AJ 2485, obs. Lienhard.
15. Com. 9 févr. 2010, n° 08-17.670, préc. (v. ss prést n°).
16. Com. 9 févr. 2010, nos 08-15.191, 08-17.144, 2 esp., préc. (v. ss prést n°).

antérieure qu'il exerçait à titre individuel (v. aussi s[s] n° 211.61).

L'une des grandes idées de la réforme du 26 juillet 2005 a été d'étendre les procédures collectives aux professionnels libéraux. L'article L. 620-2, alinéa 1er du code de commerce, issu de cette législation prévoit en ce sens que « la procédure de sauvegarde est applicable à tout commerçant, à toute personne immatriculée au répertoire des métiers, à tout agriculteur, à toute autre personne physique exerçant une activité professionnelle indépendante, y compris une profession libérale soumise à un statut législatif ou réglementaire ou dont le titre est protégé, ainsi qu'à toute personne morale de droit privé ». La solution est reproduite par l'article L. 631-2, alinéa 1er pour la procédure de redressement judiciaire, et à l'article L. 640-2, alinéa 1er, pour la procédure de liquidation judiciaire. Une question prioritaire de constitutionnalité a été élevée sur cette possibilité, non transmise par la Cour de cassation, pour manque de sérieux[1].

Cette législation permet l'ouverture, après le 1er janvier 2006, d'une procédure de redressement ou de liquidation judiciaire à l'encontre d'un professionnel libéral, peu important que le passif exigible de l'intéressé préexiste à l'entrée en vigueur de cette loi[2]. Même si l'assignation a été délivrée avant le 1er janvier 2006, la procédure peut être ouverte à compter du 1er janvier 2006. La solution a été posée pour un médecin[3].

Le collaborateur, qui n'a pas le statut de salarié, est également éligible aux procédures collectives[4].

Même si tout officier public ou ministériel auquel un suppléant a été désigné doit s'abstenir de tout acte professionnel dès l'entrée en fonction de ce dernier, il demeure titulaire de l'office et peut, à ce titre, faire l'objet d'un redressement ou d'une liquidation judiciaire, dès lors que se trouve constaté l'état de cessation des paiements[5]. Il ne peut, en revanche, nous semble-t-il, obtenir l'ouverture d'une sauvegarde faute d'entreprise à réorganiser personnellement.

L'article 29 de la loi du 22 mars 2012[6] définit les professions libérales comme « regroupant les personnes exerçant à titre habituel, de manière indépendante et sous leur responsabilité, une activité de nature généralement civile ayant pour objet d'assurer, dans l'intérêt du client ou du public, des prestations principalement intellectuelles, techniques ou de soins mises en œuvre au moyen de qualifications professionnelles appropriées, sans préjudice des dispositions législatives applicables aux autres formes de travail indépendant ». Mais cette définition importe peu pour l'application de la loi de sauvegarde, du fait du visa d'une autre notion : celle de professionnel indépendant.

La notion de « professionnel indépendant » est voisine d'une autre utilisée en droit social, celle de travailleur indépendant. Il n'est dès lors pas étonnant qu'il y ait eu des assignations de gérants majoritaires de société à responsabilité limitée en redressement ou en liquidation judiciaire par l'Urssaf, ces gérants étant personnellement redevables de cotisations sociales. Au regard de la législation de la sécurité sociale, ces dirigeants sont affiliés au régime de sécurité sociale des non salariés. Ils sont inscrits personnellement au registre du commerce et des sociétés. Cela est-il suffisant pour qu'ils relèvent du livre VI du code de commerce et puissent ainsi être placés en redressement ou en liquidation judiciaire ? Les juges du fond ont majoritairement, mais non unanimement[7], répondu par la négative[8]. Le gérant majoritaire ne peut être assigné en redressement ou en liquidation judiciaire. Ce dirigeant agit au nom de la société qu'il représente et non en son nom personnel. Il n'exerce donc pas une activité professionnelle indépendante au sens du livre VI du code de commerce. Le régime social et fiscal de la rémunération du gérant majoritaire n'a aucune incidence sur le champ d'application des procédures du livre VI du code de commerce. La Cour de cassation, saisie de la

1. Com. 19 oct. 2010, n° 10-40.035 QPC, NP, *D.* 2010. 2511, note Lienhard; *BJE* mars/avr. 2011, p. 8, note Bonhomme.
2. Com. 27 mai 2008, n° 07-13.131, *Bull. civ.* IV, n° 107; n° 636 FS P+B+I; *D.* 2008. AJ 1616, obs. Lienhard; *Gaz. proc. coll.* 2008/3, p. 21, note Lebel; *JCP E* 2008. 1870, rapp. Bonhomme; *Act. proc. coll.* 2008/13, n° 206, note Rétif; *JCP E* 2008, Chron. 2062, n° 1, obs. Pétel; *LPA* 24 oct. 2008, n° 214, p. 9, note Legros; *Defrénois* 2009. 38894, p. 359, n° 7, note Gibirila; *Rev. proc. coll.* 2010/4, § 148, p. 42, note Saintourens; *LXB hebdo* 19 juin 2008, n° 309, n° N3592BG7, note Le Corre.
3. Metz, 1re ch., 22 mai 2007, RG n° 06/01005, *Gaz. proc. coll.* 2007/4, p. 27, note Lebel.
4. J.-CL. COM., Rétif, fasc. 1750, [Professions libérales et procédures collectives], 2011, n° 30.
5. Com. 3 mai 2011, n° 10-14.806, *Bull. civ.* IV, n° 65; n° 443 FS-P+B; *D.* 2011. Actu. 1343, obs Lienhard; *D.* 2011. Jur. 1343, note Arcelin-Lecuyer; *Gaz. Pal.* 9 juill. 2011, n° 189, p. 18, note Reille; *JCP E* 2011 Chron. 1596, n° 1, obs. Pétel; *Rev. sociétés* 2011. 385, note Roussel Galle; *BJE* nov./déc. 2011, comm. 160, p. 308, note Favario; *Rev. proc. coll.* 2011, comm. 118, p. 54, note Lebel; *Rev. proc. coll.* 2012, comm. 16, note Saintourens.
6. L. n° 2012-387, 22 mars 2012, préc.
7. Rennes, 2e ch. com. 17 déc. 2008, RG n° 07/05767, *Dr. sociétés* 2009, n° 210, note Legros.
8. Chambéry, ch. com., 14 mai 2007, RG n° 06/01536, *Gaz. proc. coll.* 2007/3, p. 21, note Le Corre; *Rev. proc. coll.* 2008/3, p. 38, n° 111, note Saintourens – Versailles, 13e ch., 21 juin 2007, RG n° 07/00660, *Gaz. proc. coll.* 2007/3, p. 21, note Le Corre – Adde, SUR CETTE QUESTION : Lebel, « Le cotisant est-il un débiteur ? La problématique inextricable de l'article R. 241-2 du code de la sécurité sociale », *Gaz. proc. coll.* 2008/1, p. 19.

difficulté, a confirmé cette jurisprudence, en énonçant, reprenant la solution des juges du fond, que « le gérant d'une SARL, qui agit au nom de la société qu'il représente et non en son nom personnel, n'exerce pas une activité indépendante au sens de l'article L. 631-2 du code de commerce, d'où il se déduit qu'il ne peut être mis en redressement judiciaire »[1]. Ne relevant pas du droit des entreprises en difficulté, l'intéressé peut bénéficier du surendettement des particuliers[2].

Lorsque les professionnels libéraux seront soumis à un statut ou à une autorité disciplinaire propre, des règles particulières seront appliquées, pour associer l'ordre professionnel ou l'autorité professionnelle à la procédure, que l'activité soit exercée sous forme individuelle ou sous forme sociale (v. s^s^ n°s 233.11 et 233.21).

Ainsi, par la formule employée qui est délibérément « ouverte »[3], tout professionnel indépendant peut bénéficier des procédures instituées par le livre VI du code de commerce. Le négociateur immobilier exerçant sous le statut d'agent commercial a une activité civile. C'est un professionnel indépendant, qui relève du tribunal de grande instance[4]. Il en est de même du conseiller en gestion d'entreprises[5].

L'auto-entrepreneur, qui exerce une activité libérale de conseil, relève des procédures collectives et est donc exclu des procédures de surendettement du code de la consommation[6].

L'inscription au répertoire Siren fait présumer l'application des règles des procédures collectives à la personne en bénéficiant[7]. Cette présomption peut être renversée, lorsque le passif de la procédure collective est constitué de dettes non professionnelles, que le comportement de l'intéressé, qui n'a pas procédé à des déclarations auprès de l'Urssaf, et qui a continué à exercer après son inscription au Siren une activité salariée, ne traduit pas l'exercice d'une profession libérale indépendante[8].

Il ne semble pas que le caractère illicite de l'activité interdise le bénéfice des procédures instituées, faut de disposition en ce sens. Il a d'ailleurs été remarqué que ce serait une technique de régularisation de l'activité[9]. Le tribunal pourrait être enclin à estimer que le caractère illicite de l'activité interdit l'obtention d'un plan de sauvegarde ou de redressement, seule la liquidation judiciaire étant alors accessible à ces débiteurs[10]. La solution n'est pas certaine. Ou bien l'intéressé relève de la procédure et il bénéficie de toutes ses dispositions; ou il en est exclu. Il ne semble pas en revanche, possible de faire une application distributive des dispositions légales.

Il n'apparaît pas davantage, à moins que des textes spéciaux dont la légalité pourrait être discutée en disposent autrement, que la clôture d'une liquidation judiciaire pour insuffisance d'actif contre un professionnel, fut-il soumis à statut, lui interdise de recommencer son activité libérale. La question se posera de savoir si les autorités compétentes ou les ordres auront leur mot à dire sur cette possibilité. L'intéressé sera-t-il radié pour cause de clôture de sa liquidation judiciaire, puisqu'il n'exerce plus son activité ? En ce cas, la question se posera de sa réinscription[11].

Le professionnel libéral peut adopter le statut de l'EIRL. Une discussion existe toutefois pour savoir si le statut reste applicable au professionnel libéral réglementé[12].

1. Com. 12 nov. 2008, n° 07-16.998, *Bull. civ.* IV, n° 191; n° 1239 FS-P+B+R+I; *JCP E* 2009. 1023, concl. Bonhomme; *Gaz. proc. coll.* 2009/1, p. 26, n° 2, note Lebel; *Act. proc. coll.* 2008/20, n° 310, note Régnaut-Moutier; *Dr. sociétés* 2009, n° 15, note Legos; *Dr. et patr.* sept. 2009, n° 184, p. 106, note Monséré-Bon; *Defrénois* 2009. 38973, p. 1397, n° 3, note Gbirila; *Bull. Joly* 2009. 279, § 57, note Le Corre – Com. 12 nov. 2008, n° 07-15.648, NP, *Act. proc. coll.* 2008/20, n° 310, note Régnaut-Moutier; *Dr. sociétés* 2009, n° 5, note Legros.
2. Civ. 2e, 21 janv. 2010, n° 08-19.984, *Bull. civ.* II, n° 20; *Act. proc. coll.* 2010/4, n° 54.
3. Reignié, « L'application aux professions libérales des procédures de prévention et de traitement des difficultés des entreprises », *in* « La réforme des procédures collectives », *Crajefe*, Nice, 27 mars 2004, *LPA* 10 juin 2004, n° 116, p. 10, sp. n° 2.
4. Paris, pôle 5, 9e ch., 4 févr. 2010, RG n° 09/18788, *Rev. proc. coll.* 2010/3, 133, p. 85, note Lebel.
5. Com. 13 avr. 2010, n° 09-12.410, NP, *Rev. proc. coll.* 2010/3, § 134, p. 5, note Lebel.
6. Civ. 2e, 18 févr. 2016, n° 14-29.223, NP.
7. Paris, pôle 5, 8e ch., 6 juill. 2010, RG n° 10/05415, *Gaz. Pal. entr. diff.* 1er avr. 2011, p. 17, note Reille; *Rev. sociétés* 2010. 536, obs. Roussel Galle.
8. Paris, pôle 5, 8e ch., 6 juill. 2010, RG n° 10/05415, préc. (v. s^s^ prés^t^ n°).
9. VIDAL, 2006, n° 458.
10. RAPPR. : PÉROCHON, 10e éd., n° 279.
11. SUR CES QUESTIONS : Rétif, « L'extension des procédures collectives aux professions libérales », *Rev. proc. coll.* 2006/2, p. 152 s., sp. p. 155.
12. POUR L'AFFIRMATIVE : Montéran, « Profession libérale. Le choix de l'EIRL », *Rev. proc. coll.* 2011, dossier 26, p. 100 – *CONTRA* : Rétif, « Honneur, loyauté, probité… responsabilité limitée ou l'exercice d'une profession libérale en EIRL », *BJE* mars-avr. 2011, p. 53.

SECTION 211.60

PERSONNES PHYSIQUES RETIRÉES

211.61 Retrait du débiteur personne physique.

> LÉGISLATION ANTÉRIEURE À LA LOI DU 26 JUILLET 2005[13]. Le débiteur devant avoir une certaine qualité subjective pour être déclaré en redressement ou

13. L. n° 2005-845, 26 juill. 2005, préc.

en liquidation judiciaire, la perte de cette qualité peut constituer un obstacle à l'ouverture de sa procédure.

L'article L. 621-15 du code de commerce, dans la rédaction antérieure à la loi du 26 juillet 2005 (anc^t L. 25 janv. 1985[1], art. 17) a précisément vocation à régir la difficulté, en énonçant que « *le tribunal ne peut être saisi que dans le délai d'un an, à partir de l'un des événements mentionnés ci-après, et lorsque celui-ci est postérieur à la cessation des paiements du débiteur :*

1° radiation du registre du commerce des sociétés [...] ;

2° cessation de l'activité s'il s'agit d'un artisan ou d'un agriculteur ».

L'ouverture de la procédure est en conséquence impossible si la cessation des paiements est postérieure à l'arrêt d'activité[2].

Les artisans et agriculteurs ne peuvent être déclarés en redressement ou en liquidation judiciaire plus d'un an après la cessation de leur activité[3]. Le législateur a oublié que ce n'est pas l'artisan qui est déclaré en redressement ou en liquidation judiciaires, mais la personne immatriculée au registre des métiers. Il aurait dû en tirer les conséquences au regard de la radiation du registre de l'intéressé[4].

Les commerçants ne peuvent être déclarés, du moins par principe, en redressement ou en liquidation judiciaire plus d'un an après leur radiation. Le délai préfix[5] d'un an a comme date butoir la saisine du tribunal. Peu importe, en conséquence, que le tribunal ait statué dans le délai d'un an, dès lors que, conformément à l'article 17 de la loi du 25 janvier 1985 (devenu C. com., art. L. 621-15), le tribunal a été saisi de la demande d'ouverture à l'intérieur de ce délai[6]. Du fait de ce délai d'un an, qui constitue une protection contre la mise en redressement ou en liquidation judiciaire d'un débiteur, le greffier du tribunal engage sa responsabilité du fait du préjudice lié à l'enregistrement tardif de la cessation d'activité et de la radiation du registre du commerce du débiteur, qui a rendu possible le placement de ce dernier sous procédure collective[7]. Il s'agit de réparer la perte de chance d'éviter l'ouverture d'une procédure collective.

Il faut réserver l'hypothèse d'ouverture d'une procédure consécutive à la résolution d'un plan de continuation. En ce cas, le délai d'un an est écarté[8], sans doute à cause de l'idée de sanction attachée à l'ouverture de cette procédure consécutive à la résolution du plan[9]. La logique commande de ne pas étendre la solution à l'hypothèse d'ouverture d'une procédure suite à un nouvel état de cessation des paiements, entraînant la résolution du plan. En outre, si le redressement est intervenu dans l'année de la radiation, il n'y a pas d'obstacle à ce que la conversion en liquidation judiciaire intervienne au-delà du délai d'un an[10].

Pour ces personnes, il faut tenir compte, en outre, de l'effectivité de la cessation d'activité. Si le commerçant a cessé son activité depuis plus d'un an, il pourra encore être déclaré en redressement ou en liquidation judiciaire s'il n'a pas été radié, et ce jusqu'à expiration du délai d'un an, faisant suite à sa radiation. Si à la date du jugement d'ouverture, l'activité n'a pas cessé, il n'y a pas d'obstacle à l'ouverture, à son encontre, d'une procédure collective, même après radiation depuis plus d'un an[11]. En revanche, la poursuite de l'activité après radiation depuis plus d'un an sera insuffisante à permettre l'ouverture de la procédure si, à la date où la juridiction statue, l'activité a cessé[12].

Après radiation, le commerçant ne pourra plus demander l'ouverture de la procédure, pas plus que le commerçant qui n'a jamais été immatriculé ne peut saisir le tribunal aux fins d'ouverture[13]. Il y a ici une sanction de l'intéressé qui ne pourra profiter

1. L. n° 85-98, 25 janv. 1985, préc.
2. Com. 26 oct. 1999, n° 95-21.913, *Bull. civ.* IV, n° 194; *JCP E* et *A* 2000, Chron. 124, n° 1-A-1, obs. Pétel; *LPA* 3 févr. 2000, n° 24, p. 8, note P. M.; *Act. proc. coll.* 1999/20, n° 263; *D.* 2000. Somm. 230, obs. Honorat; *Rev. proc. coll.* 2000, p. 46, n° 3, obs. Deleneuville; *Defrénois* 2000. 37219, n° 2, note Gibirila – RAPPR. : Dijon, ch. civ., sect. B, 15 avr. 2004, RG n° 03/01595, *Rev. proc. coll.* 2004, p. 209, n° 1, obs. Lebel.
3. Limoges, aud. Sol., 8 sept. 2004, *JCP E* 1106. 1128 – Paris, 3e ch. A, 19 oct. 2004, RG n° 04/05030.
4. AVANT LSE : VALLANSAN, p. 62.
5. Com. 10 oct. 1995, n° 93-11.441, *Bull. civ.* IV, n° 228; *D.* 1996. Somm. 86, obs. Honorat; *Bull. Joly* 1996, n° 160, note Jeantin; *Rev. proc. coll.* 1996, p. 46, obs. Calendini.
6. SUR CETTE SOLUTION : déjà avant la loi du 10 juin 1994, nonobstant l'absence de précision du texte : Com. 27 juin 1989, n° 87-14.968, *Bull. civ.* IV, n° 203; *JCP E* 1989. II. 15613, obs. Pétel; *D.* 1990. Somm. 3, obs. Derida; *RTD com. 1990. 99, note* Merle – Com. 14 févr. 1995, n° 92-19.556, *Bull. civ.* IV, n° 46; *D.* 1995. Somm. 217, obs. Honorat; *Quot. Jur.* 16 mars 1995, p. 6, note P.M. – Com. 1er juill. 1997, n° 95-15.116, *Bull. civ.* IV, n° 215; *JCP E* 1997, pan. 987.
7. Com. 10 mai 2012, n° 11-13.96, NP; n° 506 F-D; *Bull. Joly* 2012, comm. 342, note Peetier.
8. Com. 2 mai 2001, n° 98-11.346, *Bull. civ.* IV, n° 84; *Act. proc. coll.* 2001/10, n° 127, note Régnaut-Moutier; *D.* 2001. AJ 1727, obs. Lienhard.
9. Régnaut-Moutier, note ss Com. 2 mai 2001, n° 98-11.346, *Act. proc. coll.* 2001/10, n° 127.
10. Com. 9 janv. 2001, n° 97-1825, *Bull. civ.* IV, n° 7; *D.* 2001. AJ 548, obs. Lienhard; *Act. proc. coll.* 2001/3, n° 30; *RJ com.* 2001. 318, n° 156, obs. Courtier.
11. Com. 9 juin 1999, *Bull. Joly* 1999. 1088, n° 332, note Le Cannu; *JCP E* et *A* 1999, Chron. 118, obs. Viandier et Caussain – Paris, 3e ch. A, 8 mai 2000, *Rev. proc. coll.* 2002, p. 51, n° 1, obs. Deleneuville.
12. Com. 10 juill. 2001, *RJDA* 2001/10, n° 988.
13. Com. 25 mars 1997, n° 95-11.278, *Bull. civ.* IV, n° 83; *LPA* 14 déc. 1998, p. 13, note Gioanni.

des règles réservées aux commerçants, dès lors qu'aux yeux des tiers, il n'a plus cette qualité.

Ainsi, si le commerçant n'a pas cessé son activité, sa radiation sera indifférente pour les tiers, cependant qu'il sera privé de la possibilité de saisir le tribunal aux fins d'ouverture de la procédure contre lui.

La législation antérieure à la loi du 26 juillet 2005 envisageait la possibilité du prononcé d'un redressement judiciaire contre le débiteur retiré. Pourtant, du fait de sa cessation d'activité, seule la liquidation judiciaire était en réalité applicable, cette dernière étant en effet prononcée en cas de cessation d'activité du débiteur.

> LÉGISLATION ISSUE DE LA LOI DE SAUVEGARDE DES ENTREPRISES. La solution autorisant le placement sous procédure de redressement judiciaire d'un débiteur retiré des affaires n'a pas été modifiée, en substance, par la loi du 26 juillet 2005, l'article L. 631-3, alinéa 1er du code prévoyant toujours cette possibilité.

Il peut sembler curieux[1] que le débiteur puisse saisir le tribunal aux fins de redressement judiciaire, alors qu'il a cessé son activité, dans la mesure où l'article L. 631-1, alinéa 2 du code indique que « la procédure de redressement judiciaire est destinée à permettre la poursuite de l'activité de l'entreprise ». La solution est pourtant acceptée en jurisprudence[2]. En réalité, cette possibilité de bénéficier du redressement judiciaire, alors que l'activité a cessé, doit permettre à un débiteur de régler son passif sur certains délais, le plan de redressement pouvant, contrairement à un plan de continuation de la législation antérieure, être arrêté avec comme seul objectif le paiement du passif et non le redressement de l'entreprise (v. ss n° 530.09). Notons que l'article L. 631-5, 2° du code de commerce, qui a trait aux personnes ayant cessé leur activité, est modifié par l'ordonnance de réforme (ord. 18 déc. 2008[3], art. 164, III), pour reprendre la formulation utilisée à l'article L. 631-2, alinéa 1er du code de commerce, c'est-à-dire celle de « personne exerçant une activité artisanale » au lieu de celle de « personne immatriculée au répertoire des métiers ».

La même solution est posée ici sans aucune difficulté pour le bénéfice de la liquidation judiciaire, par l'article L. 640-3, alinéa 1er du code. Le débiteur peut donc solliciter l'ouverture de la liquidation judiciaire, la demande n'étant pas réservée aux créanciers, contrairement à ce qu'a cru devoir affirmer une juridiction du fond[4]. Observons que l'article L. 640-5, 2° du code de commerce, issu de la rédaction que lui donne l'ordonnance de réforme (ord. 18 déc. 2008, art. 164), qui a trait aux personnes ayant cessé leur activité, est modifié, pour reprendre la formulation utilisée à l'article L. 640-2, alinéa 1er du code de commerce, c'est-à-dire celle de « personne exerçant une activité artisanale » au lieu de celle de « personne immatriculée au répertoire des métiers ».

Au contraire, le législateur, sans doute pour tenir compte du fait que la procédure de sauvegarde présuppose l'anticipation, ne prévoit pas la possibilité pour le débiteur retiré de bénéficier de la procédure de sauvegarde[5], puisque son retrait rend inutile toute recherche d'anticipation.

Une limite est explicitement posée à la possibilité d'ouverture du redressement ou de la liquidation judiciaire au bénéfice du professionnel indépendant retiré des affaires : tout ou partie du passif doit provenir de l'activité professionnelle du débiteur[6]. L'examen des dettes déclarées par le débiteur permet au tribunal de se convaincre de l'existence de cette condition. Par cette exigence, il s'est agi d'éviter que le débiteur ne bénéficie d'une procédure réservée aux professionnels alors que ses dettes sont de nature privée[7]. Si le débiteur ne remplit pas cette condition, il relèvera du dispositif de traitement du surendettement[8].

La loi de sauvegarde des entreprises emporte une modification importante. En effet, sous l'empire de la législation précédente, il était exigé que l'état de cessation des paiements précède la cessation d'activité. Cette exigence a disparu[9]. Seule subsiste la nécessité d'un état de cessation des paiements caractérisé au moins partiellement par l'existence de dettes professionnelles (C. com., art. L. 631-3, al. 1er)[10].

Le délai buttoir d'un an pour saisir le tribunal aux fins d'ouverture d'un redressement ou d'une liquidation judiciaire disparaît en cas de saisine par le débiteur, le ministère public ou le tribunal d'office[11]. La solution a été justifiée par un souci de protection pour les débiteurs : « le traitement collectif des dif-

1. AUSSI MARQUANT SON ÉTONNEMENT sur le maintien de la solution en redressement judiciaire : Vallansan, « Rapport introductif », colloque Caen janv. 2006, *Rev. proc. coll.* 2006/2, p. 119 s., sp. p. 120.
2. Civ. 2e, 2 juill. 2009, n° 08-17.211, *Bull. civ.* II, n° 184; *Rev. proc. coll.* 2010/2, comm. 46, p. 41, note Saintourens – Douai, 8e ch. 2e sect., 18 mai 2006, RG n° 2006/00695, *Gaz. proc. coll.* 2007/1, p. 21, note Lebel.
3. Ord. n° 2008-1345, 18 déc. 2008, préc.
4. Metz, ch. civ., 6 févr. 2007, RG n° 06/02320, *Gaz. proc. coll.* 2007/3, p. 25, note Lebel.
5. PÉROCHON, 10e éd., n° 294.
6. Civ. 2e, 2 juill. 2009, n° 08-17.211, préc.
7. RAPPR. : ROUSSEL GALLE, 2e éd., 2007, n° 337.
8. *Rapp. Xavier de Roux*, n° 2095, p. 342.
9. AINSI : Montpellier, 2e ch. B, 24 avr. 2007, RG n° 06/02591, *Gaz. proc. coll.* 2008/1, p. 31, n° 3, note Lebel – *Adde*, PÉROCHON, 10e éd., n° 296 – Gibirila, n° 211.
10. ILLUSTR. : Douai, 8e ch. 2e sect., 18 mai 2006, RG n° 2006/00695, *Gaz. proc. coll.* 2007/1, p. 21, note Lebel.
11. COMP. TOUTEFOIS : LE CANNU, 7e éd., n° 218.

ficultés des entreprises permet en effet de clore les poursuites à l'issue de la procédure »[1]. L'idée a été de permettre à ce type de débiteurs de bénéficier de la règle selon laquelle les créanciers antérieurs ne peuvent plus reprendre leurs poursuites individuelles après clôture pour insuffisance d'actif.

Le délai d'un an pour saisir le tribunal aux fins d'ouverture d'une procédure collective a été maintenu si la saisine est à l'initiative d'un créancier, à la suite d'amendements de la commission des lois du Sénat, tant pour le redressement judiciaire[2] (C. com., art. L. 631-5, al. 2) que pour la liquidation judiciaire[3] (C. com., art. L. 640-5, al. 2). Ce délai d'un an s'apprécie par rapport à la radiation du registre du commerce et des sociétés pour les commerçants, de la cessation d'activité pour les personnes immatriculées au répertoire des métiers, les agriculteurs et les professionnels indépendants. Il a été jugé que le délai d'un an s'appréciait, pour un avocat, de la date de radiation du tableau de l'ordre des avocats[4]. Si le professionnel libéral exerçant à titre individuel cesse son activité indépendante pour la continuer au sein d'une société, le délai d'un an s'apprécie par rapport à la fin de l'activité à titre individuel[5]. Cette preuve n'est pas rapportée si l'avocat prétendant exercer au sein d'une société, apparaît toujours dans l'annuaire téléphonique et au tableau de l'ordre comme exerçant à titre individuel[6].

Le délai d'un an ne s'applique cependant que pour l'ouverture de la procédure, et ne fait pas obstacle à la conversion du redressement en liquidation judiciaire[7].

La preuve de la cessation d'activité étant un fait, tout moyen de preuve est en conséquence admissible[8]. Le débiteur, qui entend voir rejetée la demande d'ouverture de la procédure collective à son encontre, a, à notre sens, la charge de prouver la cessation d'activité ainsi que l'expiration du délai d'un depuis cette cessation d'activité. Le contraire a toutefois été jugé, et la charge de cette preuve a été mise sur la tête du créancier assignant[9]. Pareille répartition du fardeau de la preuve ne nous semble pas admissible, car cela revient à demander au créancier de prouver que la cessation d'activité n'est pas antérieure de plus d'un an à son assignation, ce qui constitue un fait négatif.

Il importe peu que, après déclenchement de la saisine par le tribunal d'office, un créancier demande également l'ouverture de la procédure collective. Le fait que le délai d'un soit dépassé est sans importance, dès lors que la saisine d'office par le tribunal peut intervenir sans délai[10].

Le professionnel peut, après le 1er janvier 2006, demander l'ouverture de la procédure collective, alors même qu'il aurait cessé son activité avant l'entrée en vigueur de la loi de sauvegarde des entreprises, et alors même que plus d'un an serait écoulé depuis la date de cessation de son activité, dès lors qu'il se trouve en état de cessation de paiements et que tout ou partie de son passif provient de son activité professionnelle. Cette solution, d'abord posée par un avis de la Cour de cassation[11], puis par la Cour de cassation[12], doit être mise en parallèle avec l'interdiction pour un ancien professionnel de bénéficier de la procédure de surendettement, dès lors qu'il est éligible aux procédures collectives (v. ss n° 211.09).

Il a été jugé que le professionnel indépendant, qui devient associé, ne peut soutenir avoir cessé son activité professionnelle, pour bénéficier des procédures collectives[13]. Au contraire, la Cour de cassation estime, à propos le l'avocat ayant exercé d'abord à titre individuel etqui est devenu associé de société civile professionnelle[14] ou d'exercice

1. *Rapp. Xavier de Roux*, n° 2095, p. 342.
2. *Rapp. J.-J. Hyest*, n° 335, p. 324 – ILLUSTR. : Colmar, 1re ch. A, 5 juin 2007, RG n° 07/00612, *Gaz. proc. coll.* 2007/4, p. 27, note Lebel.
3. *Rapp. J.-J. Hyest*, n° 335, p. 360.
4. Paris, 3e ch. B, 6 sept. 2007, RG n° 07/02072, *Gaz proc. coll.* 2008/1, p. 30, n° 2, note Lebel.
5. Com. 16 sept. 2014, n° 13-17.147, *Bull. civ.* IV, n° 123; n° 715 F-P+B; *Gaz. Pal.* 18 janv. 2015, n° 18, p. 14, note Reille; *Act. proc. coll.* 2014, comm. 296, note Rétif.
6. Aix-en-Provence, 19 sept. 2014, RG n° 14/00507, *Rev. proc. coll.* 2015, comm. 28, note Lebel.
7. Montpellier, 2e ch., 9 oct. 2007, RG n° 06/05995, *Gaz. proc. coll.* 2008/2, p. 10, note Lebel.
8. Angers, ch. com., 11 sept. 2008, *RG n° 07/0157*, *Gaz. proc. coll.* 2009/3, p. 11, n° 1, note Lebel – Nîmes, 2e ch. com. B, 24 mars 2011, RG n° 09/04224, *Rev. proc. coll.* 2011, comm. 116, p. 52, note Lebel.
9. Nîmes, 2e ch. com. B, 24 mars 2011, RG n° 09/04224, *Rev. proc. coll.* 2011, comm. 116, p. 2, note Lebel.
10. Com. 15 févr. 2011, n° 10-13.6[illegible], *Bull. civ.* IV, n° 24; n° 128 F-P+B; *D.* 2011. Actu. 672 obs. Lienhard; *Gaz. Pal. entr. diff.* 1-2 avr. 2011, p. 16, note Reille; *Act. proc. coll.* 2011/6, n° 99, note Cagnoli; *JCP E* 2011. 1238, note Lebel; *BJE* mai/juin 2011, § 58, p.108, note Tagl arino-Vignal.
11. Avis, 17 sept. 2007, n° 07-00.007, *Bull. avis*, n° 4; *D.* 2007. AJ 2475, obs. Lienhard; *Gaz. proc. coll* 2007/4, p. 31, n° 4, note Lebel; *Act. proc. coll.* 2007/19,note Jacquemont; *JCP E* 2008, Chron. 1207, n° 3, p. 29, obs. Pétel; *RJ com.* 2008. 234, note Sortais; *Rev. proc. coll.* 2008/3, p. 38, n° 112, note Saintourens; *LXB hebdo* n° 274, 26 sept. 2007, n° N5057BCB, note Le Corre.
12. Com. 17 mai 2011, n° 10-13.460, *Bull. civ.* IV, n° 74; F-P+B+I; *D.* 2011. Actu. 1407, obs. Lienhard; *Gaz. Pal.* 9 juill. 2011, n° 189, p. 16, note Reille; *Rev. sociétés* 2011, p. 519, note Roussel Galle; *Act. proc. coll.* 2011/11, comm. 162, note Cagnoli; *Rev. proc. coll.* 2011, comm. 212, note Lebel.
13. Paris, 3e ch. A, 9 mai 2007, RG n° 06/10915, *Act. proc. coll.* 2008/3, n° 38, note Rétif.
14. Com. 9 févr. 2010, n° 08-17.670, *Bull. civ.* IV, n° 38; n° 200 FS-P+B+R+I; préc. (v. ss n° 211.51).

libéral[1], qu'il peut bénéficier des procédures collectives, du fait qu'il a antérieurement exercé une activité professionnelle à titre individuel, dès lors que tout ou partie de son passif provient de l'activité professionnelle individuelle antérieure. Si la saisine du tribunal est à l'initiative d'un créancier, le délai d'un an par rapport à la fin de l'activité à titre individuel devra être respecté[2].

Indiquons qu'un décret du 22 septembre 2007[3] pose des règles particulières à la mise en œuvre d'une mesure de préretraite pour les agriculteurs en difficulté.

Ainsi, l'artisan de fait, qui a cessé son activité, pourra être assigné en redressement ou en liquidation judiciaire, dans le délai d'un an de sa cessation d'activité. Il n'y a pas ici alignement sur la solution posée pour le commerçant, le délai d'un an courant contre lui à compter de la radiation du registre du commerce. Le régime applicable aux artisans est en revanche identique à celui des agriculteurs et à celui des professionnels indépendants, y compris les professionnels libéraux.

SECTION 211.70

PERSONNES PHYSIQUES DÉCÉDÉES

211.71 Décès du débiteur.

> LÉGISLATION ANTÉRIEURE À LA LOI DE SAUVEGARDE DES ENTREPRISES[4]. Aux termes de l'article L. 621-14 du code de commerce (anc[t] L. 25 janv. 1985[5], art. 16), « lorsqu'un commerçant, un artisan ou un agriculteur est décédé en état de cessation des paiements, le tribunal est saisi dans le délai d'un an à partir de la date du décès, soit sur la déclaration d'un héritier, soit sur assignation d'un créancier ». On retrouve ici les deux conditions cumulatives exigées dans l'hypothèse du retrait : la préexistence de l'état de cessation des paiements à la fin de l'exploitation et la saisine du tribunal dans le délai d'un an, le délai courant ici à compter du décès.

Le texte a pour effet de faire survivre, pour les besoins de la liquidation judiciaire, le patrimoine du débiteur car la procédure est ouverte contre lui et non contre ses héritiers[6], à moins qu'ils n'aient personnellement poursuivi l'activité[7]. C'est un cas de « procédure sans débiteur »[8].

Est ainsi évitée la confusion des patrimoines du débiteur et des héritiers, sans qu'il y ait lieu d'avoir recours à la technique civiliste du privilège de la séparation des patrimoines. Les créanciers seront payés sur les biens du débiteur décédé, sans concours avec les créanciers des héritiers[9]. En outre, ils peuvent poursuivre les héritiers sur leur part dans le passif successoral, car ce droit de poursuite ne s'exerce pas sur le gage commun des créanciers du défunt[10], seul soustrait au droit de poursuite individuelle.

Il a été observé que la possibilité introduite par la loi du 23 juin 2006[11] réformant le droit des successions d'accepter la succession à concurrence de l'actif net faisait perdre tout intérêt à la demande d'ouverture de la procédure collective du défunt par les héritiers[12]. En revanche, elle expose les créanciers à des risques supérieurs à ceux encourus en cas de procédure collective, par suite de l'extinction des créances non assorties de sûretés en l'absence de déclaration de créance au passif successoral[13].

Si la succession est acceptée purement et simplement, l'absence d'ouverture de la procédure collective, au contraire, engendre des risques de confusion matérielle des patrimoines[14].

Si l'instance en ouverture de la procédure est en cours au jour du décès du débiteur, il n'y a pas extinction de l'instance, contrairement à ce que prévoit l'article 384 du code de procédure civile. Elle peut donc se poursuivre, dès lors qu'au jour du décès, le débiteur était en état de cessation des paiements[15]. Cette solution est identiquement applicable à la procédure d'admission des créances, le décès du débiteur en cours de procédure de liquidation judiciaire n'interdisant pas au créancier, du fait du dessaisissement, de poursuivre l'admission de sa créance[16].

1. Com. 9 févr. 2010, n° 08-15.191, *Bull. civ.* IV, n° [illegible] n° 198 FS-P+B+R+I ; préc. (v. s[s] n° 211.51) – Com. 9 févr. 2010, n° 08-17.144, *Bull. civ.* IV, n° 36 ; n° 199 FS-P+B+I ; préc. (v. s[s] n° 211.51).
2. Com. 9 févr. 2010, n° 08-15.191, préc. (v. s[s] n° 211.51) – Com. 9 févr. 2010, n° 08-17.144, préc. (v. s[s] n° 211.51) – Com. 9 févr. 2010, n° 08-17.670, préc. (v. s[s] n° 211.51).
3. D. n° 2007-1516, 22 sept. 2007, *JO* 24 oct., p. [illegible]7424.
4. L. n° 2005-845, 26 juill. 2005, préc.
5. L. n° 85-98, 25 janv. 1985, préc.
6. EN CE SENS AUSSI : Sénéchal, « La vente des biens indivis dans les procédures collectives », *RLDA* suppl. consacré aux ventes dans le redressement et la liquidation judiciaires des entreprises, mai 2003, p. 21 – LE CANNU, 7e éd., n° 219.
7. LE CANNU, 7e éd., n° 219.
8. LE CANNU, 7e éd., n° 219.
9. SOINNE, n° 531.
10. Froehlich et Sénéchal, « De l'ouverture et du déroulement de la liquidation judiciaire », *LPA* n° sp. 9 févr. 2006, n° 29, p. 4 s., sp. p. 6 et 7.
11. L. n° 2006-728, 23 juin 2006, *JO* 24 juin, p. 9513.
12. Arteil, « Redressement ou liquidation judiciaire du débiteur décédé : quel intérêt pour les héritiers », *Defrénois* 2008/2, 38709, p. 145 s., sp. p. 148, n° 4.
13. Arteil, « Redressement ou liquidation judiciaire du débiteur décédé […] », préc., sp. p. 152, n° 9.
14. Arteil, « Redressement ou liquidation judiciaire du débiteur décédé […] », préc., sp. p. 153, n° 11.
15. Com. 13 nov. 2001, n° 98-22.457, NP, *RJDA* 2002/3, n° 273, p. 232.
16. Com. 23 nov. 2004, n° 02-15.685, NP.

Sur le plan procédural, l'article L. 621-14, alinéa 1er du code de commerce (anct L. 25 janv. 1985, art. 16, al. 1er) prévoit que le tribunal peut être saisi sur la déclaration d'un héritier, qui remplace ici la déclaration du débiteur. Il peut également être saisi par assignation d'un créancier.

L'article L. 621-14, alinéa 2 du code de commerce (anct L. 25 janv. 1985, art. 16, al. 2) prévoit encore que le tribunal peut se saisir d'office ou être saisi sur requête du procureur de la République. Les héritiers connus doivent être entendus ou dûment appelés. L'article 10 du décret du 27 décembre 1985[1] complète la solution. Le renvoi aux articles 8 et 9 oblige à considérer que les héritiers connus sont convoqués par le président du tribunal par les soins du greffier, par acte d'huissier de justice, à comparaître en chambre du conseil dans le délai qu'il fixe, soit lorsque la saisine intervient d'office, soit lorsqu'elle intervient à la diligence du procureur de la République. L'article 10 indique que s'il existe des héritiers dont l'adresse est inconnue, ils seront représentés « *par un mandataire commis par le président du tribunal de grande instance se saisissant d'office ou saisi à la requête du procureur de la République, de l'administrateur, du représentant des créanciers ou du liquidateur* » (D. 27 déc. 1985, art. 10).

Observons que la législation antérieure à la loi du 26 juillet 2005 envisageait la possibilité du prononcé d'un redressement judiciaire contre le débiteur décédé. Pourtant, du fait de sa cessation d'activité – par la force des choses –, seule la liquidation judiciaire était en réalité applicable, cette dernière étant en effet prononcée en cas de cessation d'activité du débiteur.

> Législation issue de la loi de sauvegarde des entreprises. L'article L. 631-3, alinéa 2 du code de commerce prévoit que lorsque l'une des personnes pouvant bénéficier des procédures collectives est décédée en cessation des paiements, le tribunal peut être saisi aux fins d'ouverture de la procédure.

Cette disposition est modifiée par l'ordonnance de réforme (ord. 18 déc. 2008[2], art. 164, III), qui reprend la formulation utilisée à l'article L. 631-2, alinéa 1er du code de commerce, c'est-à-dire celle de « personne exerçant une activité commerciale ou artisanale » au lieu de celle de commerçant et de « personne immatriculée au répertoire des métiers ». Ainsi, l'artisan de fait décédé en état de cessation des paiements pourra, comme le commerçant de fait, être placé en redressement judiciaire.

Ce texte concerne le redressement judiciaire. L'on voit pourtant mal, en pratique, une personne décédée « se redresser », sauf à faire produire beaucoup d'effet à la rigidité cadavérique... Il faut comprendre, en réalité, que ses héritiers pourront obtenir un plan de redressement.

Plus justement, la solution est également prévue par l'article L. 640-3 du code de commerce, tel qu'il résulte de la loi du 26 juillet 2005, pour la liquidation judiciaire. Ici encore, cette disposition a été modifiée par l'ordonnance de réforme (ord. 18 déc. 2008, art. 164, III), qui s'intéresse aux personnes physiques décédées en état de cessation des paiements. Elle reprend la formulation utilisée à l'article L. 640-2, alinéa 1er du code de commerce, c'est-à-dire celle de « personne exerçant une activité commerciale ou artisanale » au lieu de celle de commerçant et de « personne immatriculée au répertoire des métiers ». Ainsi, l'artisan de fait décédé en état de cessation des paiements pourra, comme le commerçant de fait, être placé en liquidation judiciaire.

En revanche, les héritiers du débiteur ne pourront, faute de texte comparable, bénéficier de la procédure de sauvegarde[3].

La saisine obéit aux mêmes règles que celles posées dans la législation antérieure, sous une réserve : le visa du procureur de la République est remplacé par celui du ministère public, ce qui étend la saisine au parquet général.

Au contraire, l'ordonnance du 12 mars 2014[4] la supprime (C. com., art. L. 631-3, al. 2, al. 2, réd. ord. 12 mars 2014, art. 49, I). Logiquement, le décret du 30 juin 2014[5] (art. 81) modifie la rédaction de l'article R. 631-5, en supprimant le visa de l'article R. 631-3, c'est-à-dire la saisine d'office, pour ne laisser subsister que le visa de l'article R. 631-4, c'est-à-dire la saisine par le ministère public. La saisine par le créancier, quant à elle, n'est pas modifiée.

Le délai de saisine du tribunal, c'est-à-dire un an courant ici à compter du décès, est par principe maintenu, tant en redressement qu'en liquidation judiciaire.

Toutefois, l'une des innovations de la loi du 26 juillet 2005 tient à la possibilité de saisine au-delà du délai d'un an. Cette saisine est cependant alors strictement attitrée aux héritiers, dans la procédure de redressement et dans celle de liquidation judiciaire. Elle poursuit un objectif de protection des héritiers[6], dans la mesure où les dettes du *de cujus* peuvent se révéler plus d'un an après le décès[7].

Avant, comme depuis la loi de sauvegarde, si une instance contentieuse s'ouvre entre un créancier et

1. D. n° 85-1388, 27 déc. 1985, *JO* 29 déc. p. 15281.
2. Ord. n° 2008-1345, 18 déc. 2008, préc.
3. Ra[...] *Xavier de Roux*, n° 2095, p. 180.
4. Or[...] 2014-326, 12 mars 2014, préc.
5. D. [...]014-736, 30 juin 2014, *JO* 1er juill., p. 10834.
6. Rap[...] *Xavier de Roux*, n° 2095, p. 342.
7. Mar[...] « De l'ouverture et du déroulement du redressement [...]diciaire », *LPA* n° sp. 8 févr. 2006, n° 28, p. 94 s., sp. p.

la procédure collective, le créancier doit assigner la succession du débiteur défunt en la personne du Service des Domaines si la succession est déclarée vacante. En l'absence de cette formalité, la procédure d'admission ou de rejet de la créance contestée ne pourra se poursuivre[1]. La solution est la même en cas de rejet d'une demande en revendication ou en restitution présentée dans la procédure collective par le propriétaire d'un meuble.

> Règles particulières à l'EIRL décédé. L'article L. 526-15, alinéa 1er du code de commerce (réd. L. 15 juin 2010[2], art. 1er) prévoit qu'en cas de décès d'un entrepreneur individuel à responsabilité limitée, la déclaration d'affectation cesse de produire ses effets. Il en résulte, *a priori*, que si une procédure collective s'ouvre après le décès de l'EIRL, tous les patrimoines de celui-ci se trouvent réunis, la procédure collective ayant, en conséquence, vocation à les appréhender tous. Toutefois, la même disposition poursuit en indiquant que les créanciers auxquels la déclaration d'affectation était opposable conservent pour seul gage général celui qui était le leur au moment de la renonciation ou du décès. Il a bien été relevé le caractère antinomique des deux propositions[3]. Si l'affectation cesse de produire effet, et il n'y a plus qu'un seul patrimoine pour tous les créanciers. Il faut donc semble-t-il comprendre que l'affectation cesse de produire effet pour les créanciers de demain, mais continue à produire ses effets pour ceux d'hier[4]. Dans ces conditions, quelle doit être la portée de la procédure collective ? Il nous semble qu'elle doive embrasser tous les biens du débiteur *de cujus*, du fait de la réunification de son patrimoine, mais que les créanciers, dont la créance est née avant le décès, doivent être payés sur des masses distinctes, en tenant compte de leur droit de gage particulier, c'est-à-dire dans le respect des règles de l'affectation.

SECTION 211.80

SITUATION DES RAPATRIÉS D'ALGÉRIE

211.81 La suspension des poursuites in‹uée par la réglementation relative à la situat› des rapatriés d'Algérie. La loi de finances po‹›998 pose, en son article 100, alinéa 2 (L. 30 dé‹›997, art. 100, al. 2[5]), une impossibilité d'ouvert‹›de la procédure à l'encontre d'une personne rapatriée réinstallée dans une profession non salariée, dès lors qu'elle a déposé un dossier avant le 18 novembre 1997, auprès d'une commission départementale d'aide aux rapatriés. Ce texte a été complété par un décret d'application, qui institue, en son article 3, une commission nationale de désendettement des rapatriés réinstallés dans une profession non salariée[6] et qui a prolongé jusqu'au 4 juillet 1999 – un mois après la publication du décret du 4 juin 1999 –, la date butoir de dépôt des dossiers. Passé ce délai, les dossiers sont déclarés irrecevables par le préfet.

Le dossier doit être déposé à la préfecture où se trouve le siège de l'entreprise ou, si l'intéressé a cessé son activité, dans lequel il réside. La suspension des poursuites ne peut toutefois être accordée à une société que si le dossier a été déposé au nom de la société par son représentant légal, non s'il l'a été par un associé ou un dirigeant à titre personnel[7].

Le dispositif peut s'appliquer au profit d'un enfant du rapatrié qui continuerait à exploiter en France le commerce anciennement exploité en Algérie. En revanche, l'enfant du rapatrié exploitant un autre commerce ne peut bénéficier du dispositif[8].

L'article 21 de la loi de finances rectificative pour 1999 accorde un sursis de paiement aux rapatriés ayant saisi la commission. Il en résulte que la suspension provisoire des poursuites se poursuit jusqu'à la décision de l'autorité administrative ayant à connaître des recours gracieux contre la décision de la commission, le cas échéant, ou, en cas de recours contentieux, jusqu'à la décision définitive de l'instance juridictionnelle compétente[9].

En raison de la séparation des pouvoirs, cette autorité administrative est seule compétente pour apprécier la recevabilité de la demande[10], à l'exclusion par exemple du juge de l'exécution qui ne peut se prononcer sur l'éligibilité de l'intéressé à la procédure de désendettement pour valider une saisie[11]. De façon générale, le juge judiciaire n'a pas de pouvoir d'appréciation quant à la demande du dispositif d'aide[12]. Tant qu'il n'a pas été définitivement statué

1. Paris, 3e ch. B, 8 nov. 2‹›07, RG nº 2006/21907
2. L. nº 2010-658, 15 jui‹› 2010, préc.
3. Vauvillé, « Comment‹›e de la loi du 15 juin 2‹›elative à l'entrepreneur indivi‹›uel à responsabilité lim‹›, *Defrénois* 2010. 39144, ‹›1649 s., sp. p. 1664.
4. Vauvillé, « Comme‹›taire de la loi du 15 jui‹›0 […] », préc., sp. p. 1664.
5. L. nº 97-1269, 3‹›déc. 1997, *JO* 31 déc., p.‹›1.
6. D. nº 99-469, 4 juin 1999, *JO* 6 juin, p. 8334.
7. Paris, 3e ch. A, 9 oct. 2007, RG nº 06/15358.
8. Civ. 2e, 12 juin 2008, nº 06-17.024, NP, *Act. proc. coll.* 2008/14, nº 220, note Régnaut-Moutier; *Rev. proc. coll.* 2009/2, p. 38, nº 42, note Lebel.
9. Civ. 2e, 10 juill. 2003, nº 01-03.089, NP – Civ. 2e, 25 janv. 2007, nº 05-13.908, NP, *Gaz. proc. coll.* 2007/2, p. 24, note Lebel – Paris, 14e ch. A, 12 mars 2003, RG nº 2002/19126.
10. Civ. 2e, 12 juin 2008, nº 06-17.024, NP, *Act. proc. coll.* 2008/14, nº 220, note Régnaut-Moutier; *Rev. proc. coll.* 2009/2, p. 38, nº 42, note Lebel.
11. Civ. 2e, 3 juill. 2008, nº 07-15.491, NP, *Act. proc. coll.* 2008/14, nº 220, note Régnaut-Moutier; *Rev. proc. coll.* 2009/2, p. 38, nº 44, note Lebel.
12. Civ. 2e, 19 mars 2009, nº 08-12.396, NP.

sur le recours formé contre la décision relative à l'éligibilité à la procédure de désendettement, le juge judiciaire ne peut considérer que le dispositif ne s'applique pas, pour autoriser, par exemple, la poursuite d'une saisie immobilière[1].

Les cautions, simples ou solidaires, bénéficient du dispositif de protection.

Les juridictions judiciaires, et spécialement le juge-commissaire saisi d'une demande de suspension des poursuites de la part du débiteur, et à sa suite le tribunal puis la cour d'appel, ne sont pas compétentes pour apprécier la recevabilité de la demande du rapatrié[2].

La demande de suspension fait obstacle à l'ouverture d'une procédure de redressement ou de liquidation judiciaire à l'encontre d'un rapatrié[3], même si cette procédure doit être ouverte à titre de sanction[4].

Elle empêche aussi la poursuite de la procédure collective, ce qui implique l'arrêt total des effets et du déroulement de la procédure collective[5]. C'est ainsi que la décision ayant prononcé la condamnation du cocontractant du débiteur à rapporter à la procédure collective un paiement annulé au titre des nullités de la période suspecte est privée de force exécutoire, du fait de la suspension de la procédure collective résultant de l'instance engagée devant la juridiction administrative pour obtenir le bénéfice de protection des rapatriés d'Algérie[6]. L'inopposabilité d'un acte accompli au mépris du dessaisissement cesse, cependant que l'acte, qui a conservé toute son efficacité *inter partes*, lie le débiteur[7]. Il est donc *a priori* inutile de demander l'arrêt d'exécution provisoire du jugement de redressement judiciaire, encore qu'il ait pu être jugé que la demande de suspension constitue un moyen sérieux justifiant l'arrêt de l'exécution provisoire[8].

Le bénéfice de cette procédure peut être invoqué en tout état de cause au cours de la procédure collective[9]. Il a toutefois été jugé que la suspension automatique résultant du dépôt de la demande d'aide ne peut paralyser l'ouverture d'une liquidation judiciaire sur résolution d'un plan de continuation[10].

Le débiteur en liquidation judiciaire exerce un droit propre à solliciter le bénéfice des mesures instituées au profit des rapatriés[11]. Il peut en conséquence exercer seul un recours contre la décision ayant rejeté sa demande d'aide aux rapatriés endettés[12].

La saisine de la commission compétente a ainsi pour effet de suspendre les effets du commandement de quitter les lieux, qui a été délivré au locataire d'un local commercial en liquidation judiciaire[13].

La suspension des dettes fiscales par le juge de la procédure de désendettement s'accompagne d'une suspension de la prescription de ces mêmes dettes[14].

Le juge-commissaire ne peut, sans commettre d'excès de pouvoir, autoriser une expertise pour déterminer la valeur d'un bien immobilier du débiteur[15], puisqu'il ne peut ordonner la vente aux enchères de l'immeuble. La solution a été posée à propos d'un immeuble appartenant à la société civile immobilière débitrice[16]. De même, le juge-commissaire ne peut rejeter la demande de suspension de la procédure collective, sauf à commettre un excès de pouvoir, rendant recevable, sous l'empire de la législation antérieure à la loi de sauvegarde qui fermait le recours sur le jugement statuant sur opposition à l'ordonnance du juge-commissaire, l'appel nullité[17].

Le tribunal, statuant sur opposition à une ordonnance du juge-commissaire ayant prorogé le délai d'option ouvert à l'administrateur judiciaire pour opter sur la continuation des contrats, ne peut écarter l'argument du débiteur tendant à demander le bénéfice de la procédure de suspension des poursuite ouverte au profit des rapatriés d'Algérie[18].

Le décret du 9 mai 2003[19] rend possible la prorogation de délais, en cas de désaccord, pour élaborer un plan d'apurement.

La demande d'admission au dispositif de désendettement des rapatriés n'a toutefois pas pour effet

1. Civ. 2e, 12 juin 2008, nº 07-12.874, préc. (v. ss prést nº).
2. Com. 28 sept. 2004, nos 02-16.297, 02-16.298, 02-16.299, 3 esp., NP.
3. Civ. 2e, 13 janv. 2005, nº 02-21.138, *Bull. civ.* II, nº 8; *JCP E* 2005, pan. 246, p. 254.
4. Civ. 2e, 10 juill. 2003, nº 01-03.090, NP.
5. Com. 10 mars 2004, nº 01-16.512, NP – Com. 10 mai 2005, nº 02-13.635, NP, *Gaz. proc. coll.* 2005/3, p. 14, obs. Lebel.
6. Versailles, 16e ch., 21 sept. 2006, *JCP E* 2007. 1613, p. 29.
7. Com. 13 sept. 2011, nº 08-22.080, NP; nº 814 F-D.
8. Montpellier, ord. réf. 1er prés., 21 févr. 2007, RG nº 07/00014, *Gaz. proc. coll.* 2007/4, p. 32, nº 1, note Lebel.
9. Com. 10 mai 2005, nº 02-13.635, NP, *Gaz. proc. coll.* 2005/3, p. 14, obs. Lebel.
10. [Gr]enoble, ch. com., 7 mai 2009, RG nº 07/04165, *Act. [pro]c. coll.* 2009/11, nº 167.
11. [Civ.] 2e, 16 juin 2005, nº 04-13.139, *Bull. civ.* II, nº 157.
12. [Com]. 13 nov. 2001, 98-19.113, NP, *Act. proc. coll.* 2002/2, [...]5 – Civ. 1re, 8 janv. 2002, nº 99-21.217, *Bull. civ.* I, [...] *Act. proc. coll.* 2002/5, nº 66.
13. [Civ. 2]e, 16 juin 2005, nº 04-13.139, *Bull. civ.* II, nº 157.
14. C[om.] 10 mai 2011, nº 10-1[...]285, *Bull. civ.* IV, nº 70; F-P [...] *Act. proc. coll.* 2011/11, [c]omm. 163.
15. C[om.] 28 sept. 2004, nº 02-16.[...]00, NP.
16. C[om.] 10 mars 2004, nº 01-16.[5]12, NP.
17. Ci[v. ...] 25 janv. 2007, nº 05-1[...]908, NP, *Gaz. proc. coll.* 20[...] p. 24, note Lebel.
18. Co[m. 1]0 mai 2005, nº 02-13.635, [N]P, *Gaz. proc. coll.* 2005/3, p. [14, o]bs. Lebel.
19. D. [n° 20]03-423, 9 mai 2003, *JO* 1[...] mai, p. 8149.

de priver les salariés du rapatrié du droit à la garantie de leurs créances salariales par l'AGS[1].

211.82 L'impossible remise en cause des décisions définitives. La réglementation relative au désendettement des rapatriés d'Algérie réinstallée dans une profession non salariée ne peut remettre en cause des décisions définitives. C'est ainsi, tout d'abord, qu'il a été jugé par une cour d'appel que la mesure d'expulsion du débiteur, faisant suite à un jugement d'adjudication sur saisie immobilière définitif, ne peut être suspendue par une saisine de la commission de désendettement[2]. La Cour de cassation, saisie sur pourvoi formé contre cette décision, a confirmé la décision en jugeant que « les dispositions légales accordant aux rapatriés le bénéfice, de plein droit, une suspension provisoire des poursuites engagées à leur encontre, ne s'applique pas à l'expulsion d'un bien immobilier dont l'adjudication est devenue irrévocable »[3].

Dans la même logique, il a pu être décidé que la saisine de l'autorité administrative reste sans effet sur une ordonnance du juge-commissaire devenue définitive ayant antérieurement autorisé la vente d'un immeuble du débiteur[4].

211.83 Incompatibilité de la réglementation relative à la situation des rapatriés d'Algérie avec la Convention européenne de sauvegarde des droits de l'homme. La Cour européenne, de longue date, a reconnu l'existence d'un droit d'accès à un juge[5], qui peut certes être restreint, mais dans des limites précises. Or la réglementation qui institue la suspension des poursuites au profit des rapatriés d'Algérie renferme une atteinte sérieuse au droit pour tout justiciable à l'accès à un juge. Il suffit en effet à une personne prétendant bénéficier de la qualité de rapatrié d'Algérie réinstallée dans une profession non salariée de déposer un dossier à la préfecture pour bloquer à son encontre toute poursuite et pour interdire l'ouverture, mais aussi la poursuite d'une procédure collective. Ce blocage intervient alors pour une période indéterminée puisque l'administration n'a aucun délai pour statuer.

Cette demande de suspension ne peut, de la part d'un créancier, être l'objet d'aucun recours devant un juge. Or, ce dernier aspect pose problème au regard de l'article 6 § 1 de la Convention européenne de sauvegarde des droits de l'homme et des libertés fondamentales.

L'assemblée plénière de la Cour de cassation a fait écho à cette critique. Elle commence par poser en principe que « si l'article 6 § 1 de la Convention européenne de sauvegarde des droits de l'homme et des libertés fondamentales permet à l'État de limiter le droit d'accès à un tribunal dans un but légitime, c'est à la condition que la substance même de ce droit n'en soit pas atteinte et que, si tel est le cas, les moyens employés soient proportionnés à ce but »[6]. Or, ainsi que le relève l'assemblée plénière de la Cour de cassation, cette réglementation institue une suspension automatique des poursuites d'une durée indéterminée sans intervention d'un juge. Elle porte atteinte au droit des créanciers, qui sont privés de tout recours, alors que le débiteur dispose de recours suspensifs devant les juridictions administratives.

L'assemblée plénière de la Cour de cassation juge, en conséquence, que la réglementation instituée est contraire à l'article 6 § 1 de la Convention européenne de sauvegarde des droits de l'homme. La solution est désormais suivie par les juridictions du fond[7], par la chambre commerciale de la Cour de cassation[8], par la chambre sociale[9], et par la deuxième chambre civile de la Cour de cassation[10], qui, dans l'une de ses décisions, juge qu'il n'y a pas d'excès de pouvoir à refuser l'application d'une règle contraire à la Convention EDH[11]. En conséquence de cette solution, le juge peut, à bon droit, révoquer le sursis à statuer, ce qui ne constitue pas une saisine d'office, mais une simple reprise d'instance, et ainsi ordonné la reprise des effets de la liquidation judiciaire[12].

En conséquence de cette solution, le tribunal qui rejette la demande de suspension des poursuites for-

1. Soc. 7 juin 2006, n° 04-42.547, *Bull. civ.* V, n° 208; *Act. proc. coll.* 2006/12, n° 139.
2. Montpellier, 5e ch. A, 16 févr. 2004, *RJ com.* 2004. 192, note Travier.
3. Civ. 2e, 1er déc. 2005, n° 04-13.681, *Bull. civ.* II, n° 306.
4. Civ. 2e, 22 févr. 2007, n° 05-14.261, NP, *LXB hebdo* 22 mars 2007, n° N3567BAD, note Le Corre.
5. ARRÊT DE PRINCIPE : CEDH 21 févr. 1975, req. n° 4451/70, *Golder c./Royaume Uni*, série A, n° 18.
6. Cass., ass. plén., 7 avr. 2006, n° 05-11.519, *Bull. ass. plén.*, n° 3; *Gaz. Pal.* 7-8 févr. 2007, p. 5, note Travier.
7. AINSI : Paris, 3e ch. A, 9 oct. 2007, RG n° 06/15358 – Paris, 9 juin 2009, RG n° 07/09443.
8. Com. 3 févr. 2009, n° 07-16.903, *Bull. civ.* IV, n° 12; *Procédures* 2009, comm. 160, note Rolland – Com. 11 avr. 2012, n° 11-12.014, *Bull. civ.* IV, n° 78; n° 427 F-P+B.
9. Soc. 4 mars 2009, n° 08-41.449, NP.
10. Civ. 2e, 12 juin 2008, n° 05-21.438, NP, *Act. proc. coll.* 2008/14, n° 220, note Régnaut-Moutier; *Rev. proc. coll.* 2009/2, p. 40, n° 47, note Lebel – Civ. 2e, 26 juin 2008, n° 07-13.245, *Bull. civ.* II, n° 157; *Act. proc. coll.* 2008/14, n° 220, note Régnaut-Moutier – Civ. 2e, 26 juin 2008, n° 07-13.248, NP, *Act. proc. coll.* 2008/14, n° 220, note Régnaut-Moutier; *Rev. proc. coll.* 2009/2, p. 39, n° 45, note Lebel – Civ. 2e, 5 févr. 2009, n° 08-10.627, NP, *Act. proc. coll.* 2009/6, n° 95, note Cagnoli – Civ. 2e, 5 févr. 2009, n° 08-10.679, *Bull. civ.* II, n° 33; *Act. proc. coll.* 2009/6, n° 95, note Cagnoli; *Rev. proc. coll.* 2009/2, p. 40, n° 48, note Lebel.
11. Civ. 2e, 5 févr. 2009, n° 08-10.903, *Act. proc. coll.* 2009/6, n° 95, note Cagnoli.
12. Com. 11 avr. 2012, n° 11-12.014, *Bull. civ.* IV, n° 78; n° 427 F-P+B; *LJE* juill. 2012, comm. 134, note Hugon.

mée à l'occasion de l'opposition à une ordonnance du juge-commissaire autorisant la vente d'un bien d'un débiteur en liquidation judiciaire ne commet pas d'excès de pouvoir. Il en est de même du tribunal, qui réforme la décision du juge-commissaire, saisi par le liquidateur pour autorisation de vente de biens du débiteur en liquidation judiciaire, et qui fait droit à une demande de suspension des poursuites émanant du débiteur[1].

La solution de l'assemblée plénière de la Cour de cassation, qui s'appuie sur la suprématie conférée aux engagements internationaux sur une loi, ne peut être tenue en échec par une prétendue valeur constitutionnelle de la loi du 26 décembre 1961[2] relative à l'accueil et à la réinstallation des français d'outre-mer. La simple référence au principe de solidarité nationale, contenue dans cette loi, affirmé dans le préambule de la constitution de 1946, n'a pas pour effet de conférer une valeur constitutionnelle à cette loi[3].

211.84 Mise en conformité de la réglementation relative à la situation des rapatriés d'Algérie avec la Convention européenne de sauvegarde des droits de l'homme. Le décret du 22 novembre 2006[4], pour tenir compte de la jurisprudence de l'assemblée plénière de la Cour de cassation, est venu modifier le décret du 4 juin 1999[5]. En son article 8-1, il restaure le droit d'accès au juge.

Le dispositif repose sur la technique du sursis à statuer[6]. Lorsqu'un juge sera saisi d'un litige entre un créancier et un débiteur qui a déposé une demande de désendettement, il appartiendra au juge de surseoir à statuer et, simultanément, de saisir la commission. Cette dernière disposera alors d'un délai de six mois pour statuer. Le juge est avisé par la commission lorsqu'elle constate l'échec de la négociation. Le juge peut alors, soit à l'initiative de l'une des parties, soit d'office, décider de la reprise de l'instance. Conformément au droit commun, la décision de sursis à statuer sera susceptible d'un appel, dans les prévisions de l'article 380 du code de procédure civile.

Ainsi que cela a été observé, le texte ne règle pas la situation lorsque la commission ne statue pas dans le délai de six mois qui lui est imparti[7]. Sauf à encourir à nouveau la censure au visa de l'article 6 § 1 de la Convention EDH, il semble que le texte doive être interprété dans le sens du droit d'accès au juge. Aussi faut-il décider que si la commission n'a pas statué dans le délai de six mois, le juge disposera de la même faculté que celle qui lui est attribuée en cas d'échec que de la négociation. Il pourra donc décider d'office de reprendre l'instance[8] ou accéder à la demande, en ce sens, de l'une des parties.

211.85 Inconstitutionnalité de la réglementation relative à la situation des rapatriés d'Algérie. Le Conseil constitutionnel, saisi dans le cadre d'une question prioritaire de constitutionnalité, par une décision du 27 janvier 2012[9], a décidé que « l'article 100 de la loi n° 97-1269 du 30 décembre 1997 de finances pour 1998, dans sa rédaction postérieure à l'article 25 de la loi n° 98-1267 du 30 décembre 1998 de finances rectificatives pour 1998 est contraire à la Constitution ». En organisant, au bénéfice des personnes rapatriées une suspension automatique des poursuites d'une durée indéterminée, les dispositions en cause « portent aux droits des créanciers de recouvrer leur créance une atteinte qui méconnaît la protection constitutionnelle du droit de propriété ainsi que la liberté contractuelle ». Le Conseil Constitutionnel a décidé de l'inconstitutionnalité du mécanisme d'aide aux rapatriés en visant la violation des articles 6 et 16 de la Constitution, le premier concernant l'égalité des citoyens devant la loi, le second la garantie des droits que doit assurer la Constitution.

L'abrogation de l'article 100 prend effet à compter de la publication de la décision du Conseil constitutionnel. La Cour de cassation a ainsi pu annuler un arrêt de cour d'appel ayant décidé la suspension des effets et du déroulement de la procédure de liquidation judiciaire des débiteurs jusqu'au prononcé d'une décision définitive de l'autorité administrative compétente, l'annulation étant justifiée par la perte de fondement juridique de cette suspension[10].

1. Com. 3 févr. 2009, n° 07-16.903, *Bull. civ.* IV, n° 12 ; *Rev. proc. coll.* 2009/2, p. 40, n° 49, note Lebel.
2. L. n° 61-1439, 26 déc. 1961, *JO* 28 déc., p. 11996.
3. Com. 20 janv. 2009, n° 07-15.882, NP, *Gaz. proc. coll.* 2009/2, p. 16, n° 5 note Lebel.
4. D. n° 2006-1420, 22 nov. 2006, *JO* 23 nov., p. 17560.
5. D. n° 99-469, 4 juin 1999, préc.
6. ILLUSTR. : Bordeaux, 2e ch., 8 avr. 2008, RG nos 08/00166, 08/00648, *Gaz. proc. coll.* 2008/4, p. 38, n° 2, note Lebel.
7. Travi[illegible] obs. ss Cass., ass. plén., 7 avr. 2006, n° 05-11.519, *Gaz. [illegible]* 7-8 févr. 2007, p. 5 s., sp. p. 9.
8. Civ. 2[illegible]7 janv. 2010, n° 09-11.961, *Bull. civ.* IV, n° 4 ; *Act. proc. [illegible]* 2010/3, n° 38, note Fin-Langer.
9. Cons. [illegible]nst. 27 janv. 2012, n° 2011-213 QPC, *D.* 2012. Chron. 513, obs. Leborgne ; *BJE* juill. 2012, comm. 134, note H[illegible]on ; *Dr. et proc.* juin 2012, p. 160, note Leborgne.
10. Civ. 2e, [illegible] déc. 2012, n° 11-26.549, *Bull. civ.* II, n° 202 ; F-P+B.

CHAPITRE

212. Personnes morales éligibles à la procédure collective

SECTION 0

ORIENTEUR

212.00 Plan du chapitre.

Sect. 212.10 Principe le généralité

Sect. 212.20 Perte dela personnalité morale

212.01 Textes applcables. (V. les références complètes s[s] n° 011).

> Législation antérieure à la loi de sauvegarde des entreprises.

C. com., art. L. 620-1, L. 621-15

> Législation issue de la loi de sauvegarde des entreprises.

C. com., art. L. 620-2, al. 1er, L. 631-2, al. 1er, L. 631-5, L. 640-2, al. 1er, L. 640-5

> Législation issue de l'ordonnance du 18 décembre 2008.

C. com., art. L. 620-2, al. 1er, L. 631-2, al. 1er, L. 631-5, L. 640-2, al. 1er, L. 640-3, L. 640-5

212.02 Jurisprudence de référence.

> Une procédure collective peut être ouverte con[e] un syndicat professionnel.

• **Com. 16 mars 2010**, n° 09-12.539, *Bull. civ.* IV, n° 56[o] 316 F-P+B

* V. s[s] n° 212.11

212.03 Bibliographie indicative. (V. les réferers complètes s[s] n° 031).

> Actualisables. Rép. com., Campana M.-J., Dizel lBarratin L.-Ph. et Fernandez R., Entreprises en difficultéedrestsement judiciaire (Conditions d'ouverture), n°s 2 235; Daigre J.-J., « Entreprises en difficulté – Redresset judiciaire (Personnes morales et dirigeants) », n°s 8 à 1J.-cl. com., Hannoun C., fasc. 3190, [Groupes de sés] – Legros J.-P., fasc. 2170, [Personnes morales de drivé]; fasc. 3160, [Associations].

> Ouvrages antérieurs à la loi de sauvegarde deprises. Chaput, n°s 243 à 245 – Guyon, n°s 1109 à 1Jacquemont, n°s 119 à 121 – Kerckhove, n°s 205 à 209 nnu, n°s 582 à 585 – Le Corre-Broly, n°s 33, 34 – Maival-lens, n°s 2765 à 2777, 2821, 2822 – Pérochon et Bonhomme, n° 110-1 – Pétel, n°s 63 à 67 – Ripert et Roblot, n°s 2857 à 2861, 2863 à 2865 – Romani A.-M., *La société fictive dans les procédures collectives,* thèse dact. Nice, 1981 – Saint-Alary-Houin, n°s 335 à 341 – Soinne, n°s 471 à 484, 541 à 549 – Vallansan, p. 22 et 23, 61 et 62.

> Ouvrages postérieurs à la loi de sauvegarde des entreprises. Coquelet, 5e éd., n°s 87 à 90 – Couturier G., *Droit des sociétés et droit des entreprises en difficulté*, th., Lyon III, dir. Haëhl, 2011 – Demeyere, *Personnalité morale et droit des entreprises en difficulté*, th., Paris X Nanterre, 2005 – Gibirila, n°s 233 à 241 – Jacquemont et Vabres, 9e éd., n°s 178 à 184 – Le Cannu, 7e éd., n°s 224 à 230 – Lienhard, 6e éd., n°s 52.45 à 52.54 – Pérochon, 10e éd., n°s 327 à 333 – Pétel, 8e éd., n°s 68 à 73 – Saint-Alary-Houin, 9e éd., n°s 410 à 416 – Vallansan *et alii*, 6e éd., p. 48 et 49 – Vallens, 2015, n°s 2974 à 2997 – Vidal et Giorgini, n°s 526, 527 – Voinot, 2e éd., n°s 142 à 154.

> Articles. Coudert P., « Les sociétés d'économie mixte locales face à l'application des procédures collectives : une adaptation nécessaire », *LPA* 21 oct. 1994, p. 9 – Hallouin C., « Les sociétés non immatriculées face au redressement et à la liquidation judiciaires », *JCP E* 1989. II. 15416 – Kuntz J.-E. et Nurit V., « Vers une procédure collective adaptée aux collectivités publiques », *BJE* janv. 2013, doctrine 52 – Le Cannu P., « La société et les groupes de sociétés pendant la période d'observation », Interv. Colloque Crajefe, Nice-Sophia Antipolis, 2001, *LPA* 9 janv. 2002, n° 7, p. 48 – L'Hote V., « L'application des procédures collectives aux sociétés d'économie mixte locales : de l'insolubilité du droit administratif dans le droit commercial », *AJDA* 2003. 2333 – Pérochon F., « Le bénéfice sélectif de la procédure collective », *Mél. Mouly* 1998, t. II, p. 401 – Rakotovahiny M.-A., « Mutuelle et procédures collectives », *RTD com.* 2006. 25 – Rossi P., « Observations sur le groupement européen d'intérêt économique en difficulté », *LPA* 27 mars 1991, n° 37, p. 30 – Roux J.-M., « Le droit des copropriétés en difficulté : constats et évolutions », *BJE* sept. 2013, p. 336; « Un nouvel outil de redressement des copropriétés en grande difficulté : l'administration provisoire renforcée », *LPA* 28 mars 2016, n° 62, p. 29 – Vallansan J. et Desmorieux E., « Société en participation et société créée de fait : aspects juridiques et fiscaux », GLN Joly éditions, 1996, n° 115.

212.04 Questions essentielles.

• Une société de fait peut-elle faire l'objet d'une procédure collective ?

* V. s[s] n° 212.12.

• Une société dissoute peut-elle faire l'objet d'une procédure collective ?

* V. s[s] n° 212.21.

SECTION 212.10
PRINCIPE DE GÉNÉRALITÉ

212.11 Toute personne morale de droit privé. L'article L. 620-2 du code de commerce (anc[t] L. 25 janv. 1985[1], art. 2, al. 1er) rend possible l'ouverture de la procédure de redressement ou de liquidation judiciaire à l'encontre de toute personne morale de droit privé.

La solution est reprise dans la législation résultant de la réforme du 26 juillet 2005[2], par l'article L. 620-2, alinéa 1er du code pour la procédure de sauvegarde, l'article L. 631-2, alinéa 1er du code pour le redressement judiciaire, l'article L. 640-2, alinéa 1er du code pour la liquidation judiciaire.

Sont ainsi exclues les personnes morales de droit public[3]. Le caractère insaisissable des biens des personnes morales de droit public suffit à lui seul à justifier cette exclusion[4].

Le critère d'exclusion n'est pas toujours évident à mettre en œuvre. Il a en effet été relevé que « le juge emploie une méthode empirique fondée sur un faisceau d'indices pour dégager une présomption relative au caractère privé ou public de l'organisme »[5]. Il s'agit de l'origine de l'établissement, le but de l'activité poursuivie, l'organisation des rapports de l'établissement avec l'autorité publique ou encore l'existence de prérogatives de puissance publique[6].

S'il n'y a pas de difficulté à exclure les collectivités locales, la discussion existe quant à la possibilité d'ouverture d'une procédure à l'encontre de sociétés nationalisées, de sociétés concessionnaires de services publics ou d'économie mixte[7]. S'il n'est pas possible d'appliquer les procédures à des personnes morales de droit public, même si certains contrats auxquels elles sont parties sont de droit privé[8], en revanche, dès lors que le groupement est de droit privé, il est indifférent qu'il exploite une activité de service public ou soit constitué en tout ou en partie par des personnes publiques[9].

Une réponse ministérielle considère qu'une régie dotée de la personnalité morale n'est pas éligible aux procédures collectives[10].

En ce qui concerne les sociétés, l'acquisition de la personnalité morale dépendra de l'accomplissement des formalités d'immatriculation au registre du commerce et des sociétés. Une société nulle pourra être déclarée en liquidation judiciaire puisqu'elle a été immatriculée[11], dès lors qu'il est observé que l'annulation d'une société n'est pas rétroactive. La solution est transposée aux associations[12].

Pour permettre l'ouverture d'une procédure collective, les formalités d'acquisition de la personnalité morale devront être respectées en ce qui concerne les autres groupements soumis à formalité pour l'acquisition de la personnalité morale : la déclaration en préfecture ou en sous-préfecture, pour les associations, le dépôt des status en mairie pour les syndicats, pour les fondations, le décret qui la reconnaît comme étant d'utilité publique. Si tel est le cas, il n'y a pas de difficulté à admettre l'ouverture de la procédure collective d'un syndicat professionnel, par exemple[13].

Certains groupements acquièrent la personnalité morale sans formalité. Il en est ainsi par exemple, des comités d'entreprise[14].

Les mutuelles sont soumises aux procédures collectives du livre VI du code de commerce. Indiquons simplement qu'elles bénéficient également d'une

1. L. n° 85-98, 25 janv. 1985, *JO* 26 janv., p. 1097.
2. L. n° 2005-845, 26 juill. 2005, *JO* 27 juill., p. 12187.
3. J.-E. Kuntz et V. Nurit, « Vers une procédure collective adaptée aux collectivités publiques », *BJE* janv. 2013, Doctr. 52.
4. Demeyere, *Personnalité morale et droit des entreprises en difficulté*, th., Paris X Nanterre, 2005, p. 96, n° 100.
5. Demeyere, *Personnalité morale et droit des entreprises en difficulté*, th., Paris X Nanterre, 2005, p. 97, n° 102.
6. SUR LA QUESTION : Demeyere, *Personnalité morale et droit des entreprises en difficulté*, th., Paris X Nanterre, 2005, p. 97 s., n° 102 s., n° 82.
7. …IR l'application à ces sociétés des procédures de redres-…ent et de liquidation judiciaires : SAINT-ALARY-HOUIN, 6…d., n° 368 – SUR LA QUESTION : Demeyere, *Personnalité* …*e et droit des entreprises en difficulté*, th., Paris X Na…e, 2005, p. 100 s., n°s 105 s.
8. PO… L'EXCLUSION : Paris, 3e ch., 15 févr. 1991, *Bull. Joly* 1991. 4…, n° 148, note Aubry – *Adde*, KERCKHOVE, n° 205.
9. P…, 8e éd., n° 70.
10. R… min. n° 60394, *JO* févr. 2010, 1986, *Act. proc. coll.* …/7, n° 96.
11. …. 5 avr. 1994, n° 92-15.118, NP, *Bull. Joly* 1994. 662, … Le Cannu – *Adde*, SAINT-ALARY-HOUIN, 7e éd., n° 366, …cluant que la procédure de sauvegarde.
12. …eyere, *Personnalité morale et droit des entreprises en* …*culté*, th., Paris X Nanterre, 2005, p. 131, n° 140.
13. …. 16 mars 2010, n° 09-12.539, *Bull. civ.* IV, n° 56; …010. 887, note Lienhard; *Gaz. Pal. entr. diff.* 2-3 juill. …0, n°s 183, 184, p. 21, note Reille; *Act. proc. coll.* …/7, n° 97, note Cagnoli; *Dr. sociétés* 2010, n° 149, … Legros; *LPA* 28 juin 2010, n° 127, p. 17, note Lebel; …*sociétés* 2010. 191, note Roussel Galle.

…12e, 28 janv. 1954, *D.* 1954. 21, note Levasseur.

procédure préventive particulière (C. mut., art. L. 531-2)[1].

Les sociétés d'assurances sont également soumises à des règles particulières. Leur liquidation conduit à l'intervention de fonds de garantie des assureurs. Le liquidateur doit transmettre à ce fonds un état récapitulatif des personnes assurées qui ont souscrit, sont adhérentes ou bénéficiaires de prestations non réglées par la société d'assurance défaillante. Le liquidateur, fut-il autorisé par le juge-commissaire, ne peut procéder à une sélection des dossiers de créanciers susceptibles de voir le montant de leur créance réglé par le fonds de garantie. Le juge-commissaire qui donne cette autorisation au liquidateur commet un excès de pouvoir rendant recevable l'appel à l'encontre du jugement ayant confirmé l'ordonnance du juge-commissaire[2].

212.12 Exclusion des groupements n'ayant pas la personne morale. L'ouverture d'une procédure collective présuppose que l'on soit en présence d'une personne morale. À cet égard, il a été démontré que l'ouverture d'une procédure collective restait par principe sans effet sur la personnalité morale des groupements, l'autonomie de la notion de personne morale ayant valeur de postulat dans le droit des entreprises en difficulté[3]. La remarque n'est cependant exacte qu'en cas d'ouverture d'une sauvegarde ou d'un redressement judiciaire, puisque, avant l'ordonnance du 12 mars 2014[4], le prononcé d'une liquidation judiciaire emporte dissolution des sociétés (v. s[s] nº 553.11).

Les groupements non dotés de la personnalité morale ne peuvent être placés sous procédure collective. Il en va ainsi des associations non déclarées ou encore d'une indivision conventionnelle[5] ou successorale[6]. Il en va de même pour les groupes de sociétés, seules la société mère et les filiales pouvant être atteintes[7]. Les groupements de quirataires, dont la personnalité morale n'est pas reconnue par la loi, ne devraient pas pouvoir être placés sous procédure collective[8], encore que le contraire ait été jugé[9].

Il en va de même des sociétés, si les formalités d'immatriculation au registre du commerce et des sociétés n'ont pas été accomplies. Il n'y aura pas d'être moral à l'encontre duquel une procédure collective de paiement puisse être ouverte[10], qu'il s'agisse d'une société créée de fait[11] ou d'une société en participation. Dans cette hypothèse, l'ouverture de la procédure ne sera possible que contre les associés de fait accomplissant des actes de commerce[12] ou, de façon plus générale depuis l'extension du domaine d'application des procédures collectives, contre des personnes physiques relevant des procédures collectives, par exemple des avocats[13]. Mais ces derniers ne pourront ensuite invoquer les conséquences de l'absence de personnalité morale de la société, pour prétendre que la déclaration de créance effectuée au passif de la société serait dépourvue d'effet[14]. Il semble que la fraude et l'interdiction de se contredire au détriment d'autrui puissent justifier la solution[15].

Si une procédure collective est ouverte contre une association d'avocats dépourvue de la personnalité morale, pour autant, les créances déclarées au passif de la société sans personnalité morale produiront effet à l'encontre des associés.

En outre, si les associés en participation ont agi au vu et au su des tiers en qualité d'associé, ils sont tenus solidairement aux dettes de la société si elle est commerciale et peuvent ainsi être déclarés en redressement ou en liquidation judiciaire, s'ils ont accompli des actes de commerce. Les procédures seront, sauf confusion des patrimoines, ouvertes distinctement contre chaque associé[16].

La société en formation ne peut davantage être déclarée en redressement ou en liquidation judiciaire, son immatriculation subséquente n'ayant pas

1. Obs. Alfandari et Jeantin, *RTD com.* 1986. 115.
2. Com. 13 nov. 2007, nº 06-17.734, *Bull. civ.* IV, nº 242; *D.* 2007. AJ 3075; *RJ com.* 2008. 230, note Sortais.
3. Demeyere, *Personnalité morale et droit des entreprises en difficulté*, th., Paris X Nanterre, 2005, p. 27.
4. Ord. nº 2014-326, 12 mars 2014, *JO* 14 mars, p. 5249.
5. Douai, 2 juin 1983, *JCP CI* 1983. I. 12016.
6. Com. 21 juin 2005, nº 04-13.850, *Bull. civ.* IV, nº 136; nº 939 FS-P+B+R; *D.* 2005. AJ 1848, obs. Lienhard; *D.* 2006. Somm. 87, obs. Le Corre; *Act. proc. coll.* 2005/15, nº 196, note. Saintourens; *RJ com.* 2005/5, p. 440, note Sortais; *Rev. sociétés* 2006. 416, note Roussel Galle; *LXB hebdo* nº N6689AIL, note Le Corre.
7. Lucas, « Les filiales en difficulté », *LPA* 4 mai 2001, nº 89, p. 66.
8. Demeyere, *Personnalité morale et droit des entreprises en difficulté*, th., Paris X Nanterre, 2005, p. 115, nº 122.
9. Basse-Terre, 6 nov. 1995, *LPA* 2 juill. 1997, p. 97, nº 16, note Soinne.
10. Com. 16 déc. 1975, nº 74-12.085, *Bull. civ.* IV, nº 307; *Rev. sociétés* 1976. 502, note Honorat – Com. 10 mars 1987, nº 85-16.744, *Bull. civ.* IV, nº 69; *Rev. sociétés* 1987. 587, note Sortais; *D.* 1987. Somm. 355, obs. Honorat – *Adde*, SUR LA QUESTION : Halloin, « Les sociétés non immatriculées face au redressement judiciaire », *JCP E* 1989. II. 15416.
11. Com. 23 nov. 2004, nº 02-14.262, NP, *Rev. proc. coll.* 2005, p. 203, obs. Lebel – ET SUR RENVOI APRÈS CASSATION : Paris, 3e ch. B, *Rev. proc. coll.* 2008/3, p. 41, nº 116, note Lebel – Com. 30 juin 2015, nºs 14-14.481, 14-14.496, NP ; nº 642 F-D ; Rev. proc. coll. 2015, comm. 158, note Lebel.
12. Com. 27 avr. 1993, nº 91-14.882, *Bull. civ.* IV, nº 158; *Bull. Joly* 1993. 776, note Le Nabasque; *Dr. sociétés* 1993, nº 135, note Bonneau – Com. 23 nov. 2004, nº 02-14.262, NP.
13. Com. 30 juin 2015, nºs 14-14.481, 14-14.496, préc., *BJS* 2015. 51, note Laroche.
14. Com 30 juin 2015, nºs 14-14.481, 14-14.496, préc.
15. Laroche, note s[s] : Com. 30 juin 2015, nºs 14-14.481, 14-14.496, préc.
16. PÉTEL, 3e éd., nº 72.

pour effet de valider, *a posteriori*, l'ouverture de la procédure collective à son encontre[1]. Seuls les fondateurs ayant accompli des actes de commerce pourront être déclarés en redressement ou en liquidation judiciaire, encore qu'en cette qualité, il puisse être délicat de considérer qu'ils accomplissent des actes de commerce[2], dans le cadre d'une profession habituelle. Il faudra, en réalité, que l'exploitation ait commencé et que la société ait dégénéré en société créée de fait[3].

Puisqu'une société non immatriculée ne peut être placée sous procédure collective, elle ne peut obtenir un plan de continuation et un créancier ne peut donc obtenir la résolution de ce plan, pas plus que le créancier ne pourrait, sous l'empire de la loi du 25 janvier 1985[4], encourir une extinction de créance pour non-déclaration au passif[5].

212.13 Exclusion des syndicats de copropriété. Depuis la loi du 21 juillet 1994[6] relative à l'habitat, (L. 10 juill. 1965[7], art. 29-4, réd. L. 21 juill. 1994), les syndicats de copropriété ne peuvent plus être déclarés en redressement ou en liquidation judiciaire[8] et ne peuvent davantage bénéficier d'une procédure de sauvegarde.

La loi du 12 mai 2009[9] (art. 7, 7°), de manière plus générale, décide que le livre VI du code de commerce est inapplicable aux syndicats de copropriété[10]. La loi du 24 mars 2014[11] modifie le régime applicable aux syndicats de copropriété en difficulté[12]. Le décret du 17 août 2015[13] tire les conséquences réglementaires. Un arrêté du 8 octobre 2015[14] fixe la rémunération applicable au mandataire *ad hoc* et à l'administrateur provisoire désignés en matière de copropriété en difficulté, en la faisant dépendre du nombre de lots de copropriété.

SECTION 212.20

PERTE DE LA PERSONNALITÉ MORALE

212.21 Règles générales applicables en cas de disparition de la personnalité morale.

> LÉGISLATION ANTÉRIEURE À LA LOI DE SAUVEGARDE DES ENTREPRISES[15]. Il faut ici supposer que la personne morale a fait l'objet d'une liquidation au sens du droit des sociétés[16], laquelle entraîne sa dissolution. Il peut aussi s'agir de l'arrivée du terme de la société[17]. Le groupement conserve sa personnalité morale pendant toute la durée de sa dissolution, pour les besoins de sa liquidation (C. civ., art. 1844-8, al. 3). Il peut donc être déclaré en redressement ou en liquidation judiciaire[18]. Il est même jugé qu'en cas d'insuffisance d'actif, le liquidateur amiable doit différer la clôture de la procédure au sens du droit des sociétés pour demander l'ouverture d'une procédure collective[19]. Identiquement, la mise en sommeil de la société ne fait pas échec à son placement sous procédure collective[20].

Si l'assignation précède la radiation d'office, il n'y a aucun obstacle à l'ouverture de la procédure collective à l'encontre de la société dissoute[21]. Ainsi, puisque la disparition juridique d'une société n'est rendue opposable aux tiers que par la publication au registre du commerce et des sociétés, l'assignation de cette société dissoute aux fins d'ouverture de sa procédure collective reste recevable, même si les actes ou événements l'ayant entraînée ont fait l'objet d'une autre publicité légale[22].

Cette règle du droit commun des sociétés est complétée par une règle spéciale du droit des entre-

1. Com. 10 mars 1987, n° 85-16.744, *Bull. civ.* IV, n° 69; *D.* 1987. Somm. 355, obs. Honorat; *JCP* 1987. II. 20830, note Guyon; *Rev. sociétés* 1987. 587, note Sortais.
2. KERCKHOVE, n° 206.
3. Com. 7 déc. 1981, n° 80-12.310, *Bull. civ.* IV, n° 426; *Rev. sociétés* 1982. 858, note Dekeuwer-Defossez – *Adde*, PÉTEL, 7e éd., n° 71.
4. L. n° 85-98, 25 janv. 1985, préc.
5. Paris, 3e ch. B, *Rev. proc. coll.* 2008/3, p. 41, n° 116, note Lebel.
6. L. n° 94-624, 21 juill. 1994, *JO* 24 juill., p. 10685.
7. L. n° 65-557, 10 juill. 1965, *JO* 11 juill., p. 5950.
8. Ramakers, « L'inapplicabilité du règlement amiable, du redressement judiciaire et de la liquidation judiciaire aux syndicats de copropriété », *LPA* 2 janv. 1995, p. 17 – *Adde*, « Copropriétés en difficulté et plan de sauvegarde, successions : le rôle de l'administrateur provisoire en matière civile », colloque Paris, 20 mai 2010, Aspaj.
9. L. n° 2009-526, 12 mai 2009, *JO* 13 mai, p. 7920.
10. *Act. proc. coll.* 2009/11, n° 171, note Régnaut-Moutier – Régnaut-Moutier, « Le traitement des difficultés des syndicats de copropriétaires », *Rev. proc. coll.* 2010/3 § 12, p. 18.
11. L. n° 2014-366, 24 mars 2014, *JO* 26 mars, p. 5809, dite loi Alur.
12. *Rolland, « Les procédures applicables* aux copropriétés en difficulté après la loi Alur du 24 mars *2014* », *Rev. proc. coll.* 2014, études 27.
13. D. n° 2015-999, 17 août 2015, *JO* 18 août, p. 14418 – Lebel, *Rev. proc. coll.* 2015, comm. 165.
14. Arr. 8 oct. 2015, *JO* 11 oct., p. 18922.
15. L. n° 2005-845, 26 juill. 2005, préc.
16. Paris, 17 déc. 1993, *Rev. sociétés* 1994. 106, note Chaput.
17. Aix-en-Provence, 8e ch., 26 mars 2009, RG n° 08/04628, *Dr. sociétés* 2010, n° 189, note Legros.
18. Besançon, 2e ch. com., 26 juin 2001, *Act. proc. coll.* 2001/17, n° 215 – Aix-en-Provence, 8e ch., 26 mars 2009, préc. (v. s^s prés^t n°).
19. Com. 11 oct. 2005, n° 03-19.161, *Bull. civ.* IV, n° 209; *Rev. sociétés* 2006. 618, note Aniel-Cosme.
20. Basse-Terre, 2e ch. civ., 14 avr. 2008, RG n° 06/00914, *Gaz. proc. coll.* 2009/3, p. 12, n° 2, note Lebel.
21. Paris, 3e ch. A, 22 mai 2007, *Dr. sociétés* 2008, n° 53, note Legros.
22. Com. 20 sept. 2011, n° 10-15.068, *Bull. civ.* IV, n° 135; FS-P+B; *Rev. sociétés* 2011. 727, note Roussel Galle; *Rev. proc. coll.* 2012, comm. 15, note Saintourens – Paris, 3e ch. B, 10 oct. 2003, RG n° 2003/07560.

prises en difficulté. En effet, aux termes de l'article L. 621-15 du code de commerce (anc[t] L. 25 janv. 1985[1], art. 17, al. 1er), le tribunal ne peut être saisi aux fins d'ouverture de la procédure qu'au plus tard dans l'année qui suit la radiation du registre du commerce et des sociétés. Lorsqu'il s'agit d'une personne morale, précise cette disposition, le délai d'un an court à compter de la radiation consécutive à la clôture des opérations de liquidation, au sens du droit des sociétés.

Cette radiation sera consécutive à la publication de la clôture des opérations de liquidation[2]. La cessation des paiements devra, en outre, préexister à cet événement.

La société radiée d'office peut donc encore être déclarée en liquidation judiciaire. Mais il importe que le tribunal soit saisi au plus tard dans l'année qui suit la radiation de la société consécutive à la publication de la clôture des opérations de liquidation au sens du droit des sociétés[3].

La procédure ne peut cependant être poursuivie contre la société dissoute qu'après nomination d'un mandataire chargé de reprendre les opérations de liquidation au sens du droit des sociétés, si, du fait que les droits et obligations à caractère social ne sont pas liquidés, la personne morale de la société a subsisté[4].

Il a été observé que la solution était dérogatoire au droit commun, où il est admis que, même après la clôture de la liquidation au sens du droit des sociétés, la personne morale peut être poursuivie, dans la mesure où il subsiste des obligations à caractère social non liquidées[5].

Cependant, si le groupement est commercial, sa radiation du registre du commerce l'empêchait, sous l'empire de la loi du 25 janvier 1985, de solliciter, par la voie de son liquidateur, sa mise en liquidation judiciaire[6]. En effet, il ne pouvait plus se prévaloir de la qualité de commerçant. L'analogie s'imposait avec la situation du débiteur personne physique. Cette solution semble avoir vécu, depuis le changement des textes issus de la loi du 26 juillet 2005.

Avant comme depuis la loi de sauvegarde, un créancier, le tribunal d'office ou le procureur de la République, peuvent solliciter à son encontre l'ouverture de la procédure collective de paiement. L'ordonnance du 12 mars 2014[7] a supprimé la saisine d'office.

La disparition de la société peut aussi résulter de son absorption. La procédure collective ne pourrait dès lors être ouverte que contre la société absorbante, non contre la société absorbée[8]. Cette solution interdit l'ouverture de la procédure à l'encontre la société absorbée dont le plan de redressement ne peut être résolu. En revanche, l'inexécution du plan par la société absorbante peut conduire, non à l'ouverture directe de sa procédure collective, mais à la résolution de son propre plan de redressement[9].

La disparition de la société peut également avoir pour cause l'expiration de sa durée. Toutefois, la clause statutaire organisant les modalités de prorogation de la société ne peut être invoquée par les tiers. Dès lors que la prorogation avait été décidée avant le terme de la société, elle est régulière, même si le délai prévu par les statuts pour décider de sa prorogation n'a pas été respecté[10].

Précisons que la législation du 25 janvier 1985, et spécialement l'article L. 621-15 du code de commerce qui en résulte, reste applicable en Polynésie française, même après la loi de sauvegarde qui ne s'y applique pas. Le délai d'un an à compter de la radiation, ouvert par ce texte à tout créancier pour assigner en redressement ou en liquidation judiciaire une personne morale radiée du registre du commerce et des sociétés, ne court que si cette radiation est consécutive à la publication de la clôture des opérations de liquidation amiable. L'assignation en redressement judiciaire intervenue plus d'un an après la radiation du registre du commerce et des sociétés, mais moins d'un an après la clôture des opérations de liquidation amiable est donc recevable[11].

> LÉGISLATION ISSUE DE LA LOI DE SAUVEGARDE DES ENTREPRISES. Les solutions ci-dessus décrites sont reprises, sous l'empire de la législation issue de la loi du 26 juillet 2005, sous réserve des modifications ci-après indiquées.

Sous l'empire de la législation antérieure à la loi de sauvegarde des entreprises, l'ouverture de la procédure à l'encontre de la société dissoute présuppose la préexistence de la cessation des paiements à la radiation. Cette exigence a disparu des articles L. 631-5 et L. 640-5 du code de commerce.

1. L. n° 85-98, 25 janv. 1985, préc.
2. Com. 4 janv. 2000, n° 97-15.866, NP, *RJDA* 2000/550.
3. Paris, 13 sept. 1994, *Dr. sociétés* 1994, p. 1; *JCP E* 1995. II. 655, note Bonneau.
4. Com. 26 nov. 2003, n° 99-21.076, NP.
5. LE CANNU, 7e éd., n° 230 – *Adde*, PÉTEL, 5e éd., n°
6. RAPPR. : PÉROCHON ET BONHOMME, n° 110.
7. Ord. n° 2014-326, 12 mars 2014, préc.
8. Com. 28 sept. 2004, n° 00-17.255, NP, *Act. proc. coll.* 2004/19, n° 227, note Rétif.
9. Caen, 22 nov. 2012, RG n° 11/04085, *Act. proc. coll.* 2013/7, comm. 91, note Fin-Langer.
10. Com. 30 juin 2015, n° 14-17.649, *Bull. civ.* IV [à paraître]; n° 643 F-P+B; *Act. proc. coll.* 2015/15, comm. 239, note Pagnucco.
11. Com. 12 juill. 2016, n° 14-19.694, *Bull. civ.* IV [à paraître]; n° 676 F-P+B.

Le législateur ne prévoit pas la possibilité d'une procédure de sauvegarde pour une société dissoute[1].

Enfin, tant en redressement (C. com., art. L. 631-5, al. 2), qu'en liquidation judiciaire (C. com., art. L. 640-5, al. 2), la saisine du tribunal par les créanciers reste enfermée dans le délai d'un an de la radiation consécutive à la clôture de la liquidation amiable de la société, ce délai étant *a priori* sans application pour les autres modes de saisine[2]. Tant que la société n'est pas amiablement liquidée, sa radiation d'office ne fait courir aucun délai[3]. Cette dernière ne constitue qu'une mesure administrative dénuée d'effet sur la personnalité juridique de la société[4].

Avant, comme depuis la loi de sauvegarde, il faut ajouter qu'un créancier peut, dans le cadre d'une assignation en ouverture de la procédure collective, s'opposer, sur le fondement de la fraude, à la dissolution d'une société unipersonnelle intervenue, juste après l'assignation, dans le seul but de lui éviter l'ouverture d'une procédure collective[5].

En outre, la dissolution de la société ne fait pas obstacle à la résolution de son plan, puisque la personnalité morale subsiste pour les besoins de sa liquidation au sens du droit des sociétés[6].

212.22 Règles spéciales applicables en cas de disparition de la personnalité morale des sociétés unipersonnelles. Les règles ci-dessus décrites sont amodiées, pour les sociétés unipersonnelles. En effet, la dissolution d'une société devenue unipersonnelle n'entraînait pas sa liquidation au sens du droit des sociétés. Elle perdait sa personnalité morale, ce qui rendait impossible sa mise en redressement ou en liquidation judiciaire[7]. Son patrimoine était alors dévolu à son associé unique.

Depuis la loi du 15 mai 2001[8], relative aux nouvelles régulations économiques dite loi NRE, modifiant l'alinéa 3 de l'article 1844-5 du code civil, il convient de distinguer, pour déterminer les effets de la dissolution des sociétés unipersonnelles, selon que l'associé unique est une personne physique ou une personne morale[9].

Dans le premier cas, la solution ancienne est écartée. Il y a désormais, selon l'alinéa 4 de l'article 1844-5 du code civil, place à une liquidation au sens du droit des sociétés. Il y a donc maintien de la personnalité morale jusqu'à la publicité des opérations de clôture, ce qui rend possible la mise en redressement ou en liquidation judiciaire après dissolution.

Dans le second cas, c'est-à-dire en présence d'un associé personne morale, la solution ancienne est maintenue. Il y a transmission intégrale à l'associé du patrimoine social, avec disparition de la personne morale de la société unipersonnelle, ce qui fait obstacle à l'ouverture d'une procédure collective à son encontre (v. s^s n° 553.11).

212.23 Règles spéciales applicables en cas de disparition de la personnalité morale d'une personne morale non soumise à immatriculation. Si la personnalité morale a été attribuée au groupement indépendamment de toute immatriculation au registre du commerce et des sociétés, ce qui sera le cas, par exemple, d'un syndicat ou d'une association, la saisine du tribunal aux fins d'ouverture de la procédure devra intervenir au plus tard dans l'année qui suit la publication de l'achèvement de la liquidation. La cessation des paiements, ici encore, devra préexister à cet événement. Il a été jugé que la charge de la preuve de l'expiration du délai d'un an incombe à la partie qui s'oppose à la demande d'ouverture du redressement ou de la liquidation judiciaire[10].

1. TOUTEFOIS : VIDAL, 2006, n° 198.
2. ROUSSEL GALLE, 2e éd., 2007, n° 337 – Legros, note ss Paris, 3e ch. A, 22 mai 2007, RG n° 06/19569, *Dr. sociétés* 2008, n° 53.
3. Paris, 3e ch. A, 6 janv. 2009, RG n° 08/10649, *Gaz. proc. coll.* 2009/2, p. 12, n° 1, note Lebel; *Dr. sociétés* 2009, n° 100, note Legros.
4. Legros, note ss Paris, 3e ch. A, 6 janv. 2009, RG n° 08/10649, *Dr. sociétés* 2009, n° 100.
5. Com. 11 sept. 2012, n° 11-11.141, *Bull. civ.* IV, n° 160; n° 840 F-P+B; *Act. proc. coll.* 2012/17, comm. 250, note Régnaut-Moutier; *Bull. Joly* 2013. 45, comm. 6, note Vallens – Paris, pôle 5, 9e ch., 19 mai 2011, RG n° 10/08992, *Dr. sociétés* 2012, n° 32, note Legros; *Dr. sociétés* 2013, n° 188, note Legros.
6. Aix-en-Provence, 8e ch. C, 26 mars 2009, RG n° 08/04528, *Rev. proc. coll.* 2010/2, comm. 72, p. 65, note Fraimout.
7. Com. 4 janv. 2000, n° 97-15.866, NP, *Act. proc. coll.* 2000/4, n° 35.
8. n° 2001-420, 15 mai 2001, *JO* 16 mai, p. 7776, dite loi E.
9. mat, « Les effets de la dissolution des sociétés unipernelles après la modification de l'article 1844-5 du code par la loi NRE », *Bull. Joly* 2002. 181, n° 41.
10. deaux, 2e ch., 21 févr. 2007, RG n° 06/03908, *Gaz.* *c. coll.* 2007/4, p. 28, note Lebel.

CHAPITRE

213. Extensions de procédure : confusion des patrimoines et fictivité

SECTION 0

ORIENTEUR

213.00 Plan du chapitre.

Sect. 213.10 Critères de l'extension sur le fondement de la fictivité

Sect. 213.20 Critères de l'extension sur le fondement de la confusion des patrimoines

Sect. 213.30 Régime procédural de l'extension sur le fondement de la fictivité ou de la confusion des patrimoines

Sect. 213.40 Effets de l'extension sur le fondement de la fictivité ou de la confusion des patrimoines

Sect. 213.50 Règles spéciales à l'action en réunion de patrimoines

213.01 Textes applicables. (V. les référence: complètes s^s n° 011).

> Législation antérieure à la loi de sauvegarddes entreprises.

L. 25 janv. 1985, art. 7, al. 3

C. com., art. L. 621-5, al. 1 et 2 (anc^t L. 25 janv.85, art. 7, al. 1 et 2)

> Législation issue de la loi de sauvegarde destreprises.

C. com., art. L. 621-2, al. 2, L. 631-7, L. 641-1,

> Législation issue de l'ordonnance du 18 décre 2008.

C. com., art. L. 621-2, al. 2. L. 631-7, L. 641-1, I,51-1, I, 3°, L. 661-7, al. 1er

C. com., art. R. 621-8-1

> Législation issue de l'ordonnance du 12 ma14.

C. com., art. L. 621-2, al. 2, L. 641-1, I

C. com., art. R. 621-8-1

213.02 Jurisprudence de référence.

> Le créancier est dépourvu de qualité à agir en extension sur le fondement de la confusion des patrimoines.

• **Com. 15 mai 2001,** n° 98-14.560, *Bull. civ.* IV, n° 91

* V. s^s n° 213.32

« Mais attendu que l'action tendant à l'extension de la procédure collective d'une personne à une autre sur le fondement de la confusion des patrimoines ou de la fictivité d'une personne morale n'est pas ouverte aux créanciers ».

> Le contrôleur peut agir en extension de procédure (sol. Loi de sauvegarde).

• **Cass., avis, 3 juin 2013,** n° 13-70.003, *Bull. avis*, n° 9

* V. s^s n° 213.32

> L'extension ne peut avoir pour fondement que des faits antérieurs à la procédure étendue.

• **Com. 28 nov. 2000,** n° 98-10.083, *Bull. civ.* IV, n° 187

* V. s^s n° 213.34

> L'extension n'est plus possible après arrêté d'un plan de redressement contre la personne morale en redressement judiciaire.

• **Com. 12 nov. 1991,** n° 90-14.255, *Bull. civ.* IV, n° 343

* V. s^s n° 213.34

> Pour caractériser des relations financières anormales constitutives d'une confusion des patrimoines, les juges du fond n'ont pas à rechercher si celles-ci ont augmenté, au préjudice de ses créanciers, le passif du débiteur soumis à la procédure collective dont l'extension est demandée.

• **Com. 16 juin 2015,** n° 14-10.187, *Bull. civ.* IV [à paraître]; n° 598 F-P+B

* V. s^s n° 213.21

> Nonobstant l'unicité de procédure, le jugement la prononçant ne rétroagit pas au jour du jugement initial d'ouverture.

• **Com. 28 sept. 2004,** n° 02-12.552, *Bull. civ.* IV, n° 170

* V. s^s n° 213.43

« Mais attendu que si, lorsque la procédure collective d'une personne physique ou morale a été prononcée par extension de la procédure collective d'une autre en raison de la confusion des patrimoines, le jugement la prononçant ne rétroagit pas au jour du jugement initial d'ouverture. »

> La confusion des patrimoines cesse avec la résolution du plan.

• **Com. 29 avr. 2014,** n° 12-27.058, *Bull. civ.* IV, n° 74; n° 422 FS-P+B

* V. s^s^ n° 213.44

213.03 **Bibliographie indicative.** (V. les références complètes s^s^ n° 031).

> Actualisables. RÉP. COM., Campana M.-J., Dizel M., Barratin L.-Ph. et Fernandez R., « Entreprises en difficulté – Redressement judiciaire (Conditions d'ouverture) », n°s 236 à 265; Daigre J.-J., « Entreprises en difficulté – Redressement judiciaire (Personnes morales et dirigeants) », n°s 76 à 109 – J.-CL. COM., Hannoun C., fasc. 3190, [Groupes de sociétés]; Jacquemont, fasc. 2165, [Exploitation en commun et confusion des patrimoines], 2014.

> Ouvrages antérieurs à la loi de sauvegarde des entreprises. CHAPUT, n°s 308, 429 – Dom J.-Ph., *Les montages en droit des sociétés*, GLN-Joly, 1999 – GUYON, n° 1405 – JACQUEMONT, n°s 133 à 140 – KERCKHOVE, n°s 221 à 228 – LE CANNU, n° 586 – LE CORRE-BROLY, n°s 35 à 37 – MARTIN ET VALLENS, n°s 2757, 2938 à 2962 – PÉROCHON ET BONHOMME, n°s 110-2, 110-3 – PÉTEL, n°s 87 à 92 – RIPERT ET ROBLOT, n°s 2862 à 2862-3 – Romani A.-M., *La société fictive dans les procédures collectives*, th., Nice, 1981 – SAINT-ALARY-HOUIN, n°s 355 à 361-2 – SOINNE, n°s 511 à 525 – VALLANSAN, p. 36 à 40.

> Ouvrages postérieurs à la loi de sauvegarde des entreprises. COQUELET, 5e éd., n°s 105 à 119 – Demeyere D., *Personnalité morale et droit des entreprises en difficulté*, th., Paris X Nanterre, 2005 – GIBIRILA, n°s 215 à 232 – JACQUEMONT et VABRES, 9e éd., n°s 192 à 205 – LE CANNU, 7e éd., n°s 223, 231 à 237 – LIENHARD, 6e éd., n°s 64.11 à 64.26 – PÉROCHON, 10e éd., n°s 289, 324 à 326, 334 à 345 – PÉTEL, 8e éd., n°s 89 à 95 – Reille F., *La notion de confusion des patrimoines, cause d'extension des procédures collectives*, « Bibl. dr. entr. », t. 74, Litec, 2006 – ROUSSEL GALLE, n°s 197, 198 – SAINT-ALARY-HOUIN, 9e éd., n°s 431 à 448 – VALLANSAN *ET ALII*, 6e éd., p. 56 à 63 – Vallens, 2015, n°s 3151 à 3181 – VIDAL ET GIORGINI, n°s 528 à 531, 1022 à 1051 – VOINOT, 2013, n°s 240 à 246.

> Articles.

› *Étude d'ensemble.* Derrida F., « À propos de l'extension des procédures de redressement ou de liquidation judiciaires », *Mél. Cabrillac*, Litec, 1999, p. 687 – Le Corre P.-M., « Le sort des créances en cas d'extension d'une procédure collective », *D.* 2002. Chron. 1122 – Reille F., « Les conditions de l'extension de procédure collective – dix questions-réponses », *Gaz. Pal.* 19 janv. 2016, p. 80 – Robine D., « L'extension de la procédure de redressement ou de liquidation judiciaire », *Mél. AEDBF-France-IV*, Rev. Banque, 2004. 325 – Teboul G., « L'extension d'une procédure collective d'une société commerciale à l'encontre d'une société civile immobilière », *Gaz. Pal.* 19-20 avr. 2000, Doctr. 3.

› *Société fictive.* Ayissi-Manga E., « Critère de la fictivité d'une société et appréciation de la conformité avec le droit européen », *JCP* 2003. II. 10148 – Barbièri J.-F., « Confusion des patrimoines et fictivité des sociétés », *LPA* 25 oct. 1996 – Deleneuville J.-M., « L'extension de procédure pour confusion, fictivité ou fiction », *Rev. proc. coll.* 1999, p. 63 – Rolland B., « Considérations sur la fictivité d'une filiale dans le cadre d'une action en extension de procédure de redressement judiciaire (a propos de l'arrêt de la cour d'appel de Douai, 2 oct. 2003) », *Rev. proc. coll.* 2004, p. 313 – Saint-Alary-Houin C., « Les effets de la confusion des patrimoines et de la fictivité des sociétés en redressement judiciaire, unité ou dualisme ? », *Mél. Jeantin*, p. 453 – Soinne B., « Unité ou diversité des notions de fictivité ou de confusion des patrimoines, Péripétie ou point final », *LPA* 1998, n° 70, p. 22.

› *SCI.* Cutajar C., « Le montage société civile immobilière – société d'exploitation à l'épreuve de l'extension jurisprudentielle de la procédure collective », *Bull. Joly* 1999. 1057, n° 247 – Pagnucco J.-Ch., « Le couple SCI/société d'exploitation », interv. colloque Caen 12 avr. 2013, *Rev. proc. coll.* 2013, dossier 14.

› *Époux.* Daigre J.-J., « Le risque d'extension de la procédure collective à l'époux *in bonis* », *LPA* 26 août 1998, n° 102, p. 5 s. – Griffon L., « L'extension de la procédure collective au conjoint du débiteur », *Defrénois* 2003. 37709, p. 493 – Leprovost M. et Chevallier J.-Cl., « Le risque d'extension d'une procédure collective à l'époux *in bonis* », *JCP N* 2002. 1491, p. 1246.

› *Groupe de sociétés.* Dammann R. et Podeur G., « Les groupes de sociétés face aux procédures d'insolvabilité », *RLDA* mai 2007, n° 16, p. 65 – Delebecque Ph., « Groupes de sociétés et procédures collectives, confusion de patrimoines et responsabilités des membres du groupe », *Rev. proc. coll.* 1998, p. 129 s. – Deleneuville J.-M., « La qualité de débiteur – Des difficultés de l'extension de procédure au sein des groupes de sociétés », *Rev. proc. coll.* 2001, p. 61 s. – Grelon B. et Dessus-Larrivé C., « La confusion des patrimoines au sein d'un groupe », *Rev. sociétés* 2006. 281 – Le Cannu P., « La société et les groupes de sociétés pendant la période d'observation », Interv. Colloque Crajefe, Nice-Sophia Antipolis, 2001, *LPA* 9 janv. 2002, n° 7, p. 48 – Le Corre P.-M., « Pour quelques barils de plus chez la fille et pour quelques dollars de moins… chez la mèr : la loi Pétroplus du 12 mars 2012 », *Rev. sociétés* 2012. 407; « *Petroplus* : commentaire de la loi et du décret », *LX hebdo* n° 308, 13 sept. 2012 – Lucas F.-X., « Les associés et procédure collective », Interv. Colloque Crajefe, Nice-SophiAntipolis, 2001, *LPA* 9 janv. 2002, n° 7, p. 7; « Les filiales difficulté », *LPA* 4 mai 2001, n° 89, p. 66 s. – Rolland B., Considérations sur la fictivité d'une filiale dans le cadre d'uaction en extension de procédure de redressement judice (a propos de l'arrêt de la cour d'appel de Douai, 2 oc003) », *Rev. proc. coll.* 2004, p. 313 – Roussel Galle Ph., Ebouloux H. et Couturier G., « Le groupe de sociétés en cédure collective », *LPA* 22 avr. 2010, n° 80, p. 54 – Tebo., « Les conventions intragroupe et les procédures collec », *LPA* 27 mai 2005, n° 105, p. 5.

› *Confusionpatrimoines.* Barbièri J.-F., « Confusion des patrimoinesictivité des sociétés », *LPA* 25 oct. 1996 – Delebecque« Groupes de sociétés et procédures collectives, confuse patrimoines et responsabilités des membres du groupe », *Rev. proc. coll.* 1998, p. 129 s. – Deleneuville J.-M., « Critères de la confusion des patrimoines entre sociétés commerciales et personnes physiques (ou le fabuleux destin de l'article L. 621-5 du code de commerce) », *Rev. proc. coll.* 2002, p. 157 – Delmotte Ph., « Les critères de la confusion des patrimoines dans la jurisprudence de la Cour de cassation (panorama de jurisprudence 1998-2006) », *RJDA* 2006/6, p. 539 – Grelon B. et Dessus-Larrivé C., « La confusion des patrimoines au sein d'un groupe », *Rev. sociétés* 2006. 281 – Le Corre P.-M., « Le point sur les voies de recours ouvertes aux tiers à l'encontre du jugement d'extension sur le fondement de la confusion des patrimoines », *LPA* 4 févr. 2005, n° 25, p. 11 ; « L'apparition de l'état de cessation des paiements et la résolution d'un plan arrêté au profit de diverses sociétés à patrimoines confondus », *Bull. Joly* 2009, § 230, p. 1137 – Morelli N., « Propos iconoclastes sur la confusion des patrimoines – À propos de la réforme de l'article L. 621-2 du code de commerce », *Rev. sociétés* 2015. 433 – Pétel Ph., « La vie après la confusion des patrimoines », *in Mél. Merle*, Dalloz, 2012, p. 57 – Reille F., « L'attraction du patrimoine de l'associé par la confusion des patrimoines », colloque Montpellier 29 mai 2015, *Act. dr. entr.*, LexisNexis, 2015, p. 117 – Saint-Alary-Houin C., « Les effets de la confusion des patrimoines et de la fictivité des sociétés en redressement judiciaire, unité ou dualisme ? », *Mél. Jantin*, p. 453 – Soinne B., « Unité ou diversité des notions de fictivité ou de confusion des patrimoines, Péripétie ou point final », *LPA* 1998, n° 70, p. 22 – Tricot B., « La confusion de patrimoines et les procédures collectives », *Rapport de la Cour de cassation*, 1997, p. 165 – Vaillant B., « Les cas de figure de confusion des patrimoines au regard des procédures collectives », *D. Affaires* 1999. 154, n° 146.

› *EIRL*. Douaoui-Chamssedine M., « Les actions en responsabilité pour insuffisance d'actif et en extension s'appliqueront-elles à l'Entrepreneur individuel à responsabilité limitée », *RLDA* nov. 2010, 4 – Saintourens B., « EIRL : le rôle de l'action en réunion des patrimoines », *Rev. proc. coll.* 2011, dossier 30, p. 106.

› *Salariés*. Morvan P., « La loi Pétroplus, les procédures collectives et… les salariés », *JCP E* 2013. Étude 1047.

213.04 Questions essentielles.

• À quelles conditions peut-on étendre une procédure ouverte contre une personne à une autre ?

* V. s^s^ n°s 213.11 à 213.28.

• Un créancier peut-il demander l'extension d'une procédure ?

* V. s^s^ n° 213.32.

• Un contrôleur peut-il demander l'extension d'une procédure ?

* V. s^s^ n° 213.32.

• L'extension de la procédure ouverte contre une personne à une autre personne peut-elle intervenir à n'importe quel moment ?

* V. s^s^ n° 213.34.

• L'extension de la procédure sur le fondement de la confusion des patrimoines survit-elle à la résolution du plan ?

* V. s^s^ n° 213.44.

213.09 Généralités sur les extensions. Alors que le législateur a institué de fausses extensions, de vraies extensions ont été créées de façon prétorienne. C'est en effet qu'au détour d'une règle procédurale fixant la compétence du tribunal saisi d'une procédure collective (C. com., art. L. 621-5 [anc^t^ L. 25 janv. 1985[1], art. 7]) que la justification de ces extensions pouvait être trouvée dans les textes[2], avant l'intervention de la loi du 26 juillet 2005[3].

La loi du 26 juillet 2005 fait entrer officiellement l'extension pour confusion des patrimoines ou pour fictivité dans la législation. La solution résulte désormais explicitement de l'article L. 621-2, alinéa 2, pour la procédure de sauvegarde, de l'article L. 631-7 rendant applicable pour la procédure de redressement judiciaire l'article L. 621-2, alinéa 2 et de l'article L. 641-1, I rendant applicable pour la procédure de liquidation judiciaire l'article L. 621-2, alinéa 2.

L'ordonnance du 9 décembre 2010[4] portant adaptation du droit des entreprises en difficulté à l'entrepreneur individuel à responsabilité limitée a créé une action en réunion de patrimoines, variété d'action en extension sur le fondement de la confusion des patrimoines.

Aux États-Unis, existe une technique comparable d'extension de procédure appelée « substantive consolidation »[5].

La Cour de cassation a rejeté, comme non sérieuse, une question prioritaire de constitutionnalité portant sur les extensions de procédures. Si l'extension de procédure porte atteinte au droit de propriété et à la liberté d'entreprendre, elle est justifiée par l'intérêt général, dès lors qu'elle a pour but de rétablir le gage des créanciers, et proportionnée au but poursuivi dès lors que son prononcé est entouré de garanties de fond et de procédure[6].

En même temps que la loi du 26 juillet 2005 fait entrer dans le code de commerce ces créations prétoriennes, elle supprime toutes les fausses extensions, qui résultaient, quant à elles, des textes légaux.

Vraies et fausses extensions sont inconciliables entre elles. Ainsi a-t-il pu être jugé qu'il y avait contradiction à prononcer une extension pour confusion des patrimoines en se fondant sur les faits visés à l'article 182 de la loi du 25 janvier 1985 (devenu C. com., art. L. 624-5)[7].

La procédure ouverte à l'encontre d'une personne pourra être véritablement étendue à une autre soit parce qu'il y aura fictivité, soit parce qu'il y aura confusion des patrimoines, l'une de ces deux situations devant être caractérisée pour prononcer l'extension[8]. À défaut, il est hors de propos d'opérer une jonction de procédures, qui emporterait masse active et passive unique (v. s^s^ n° 232.14).

1. L. n° 85-98, 25 janv. 1985, *JO* 26 janv., p. 1097.
2. SAINT-ALARY-HOUIN, 4e éd., n° 355.
3. L. n° 2005-845, 26 juill. 2005, *JO* 27 juill., p. 12187.
4. Ord. n° 2010-1512, 9 déc. 2010, *JO* 10 déc., p. 21617.
5. Vamparys, « Extension de la procédure collective aux sociétés d'un groupe et droit de la faillite aux États-Unis : la substantive consolidation », *Bull. Joly* 2006. 437, § 90.
6. Com. 8 oct. 2012, n° 12-40.058, QPC, NP, *Bull. Joly* déc. 2012, comm. 467, note Reille; *Dr. sociétés* 2013, n° 53, note Legros.
7. Com. 8 déc. 1998, n° 94-20.540, *Bull. civ.* IV, n° 291; *JCP E* et *A* 1999, Chron. 816, n° 6-A. 15, obs. Pétel.
8. Com. 20 oct. 1992, n° 90-21.070, *Bull. civ.* IV, n° 314; *Rev. sociétés* 1993. 449.

Après clôture de la liquidation spéciale d'une société d'assurances, si une procédure de liquidation judiciaire est ouverte, cette dernière peut être étendue à une autre société[1].

En pratique, l'extension sur le fondement de la fictivité ne se rencontre guère. Le plus souvent, après avoir affirmé que la personne morale est fictive, des indices de confusion des patrimoines sont relevés, par exemple les relations financières anormales[2].

SECTION 213.10

CRITÈRES DE L'EXTENSION SUR LE FONDEMENT DE LA FICTIVITÉ

213.11 Critères de l'extension sur le fondement de la fictivité. D'abord d'origine exclusivement prétorienne, l'extension sur le fondement de la fictivité est aujourd'hui inscrite dans la loi. La solution résulte désormais explicitement de l'article L. 621-2, alinéa 2, pour la procédure de sauvegarde, de l'article L. 631-7 rendant applicable pour la procédure de redressement judiciaire l'article L. 621-2, alinéa 2 et de l'article L. 641-1, I, rendant applicable pour la procédure de liquidation judiciaire l'article L. 621-2, alinéa 2.

Les critères d'extension n'étant pas posés par les textes, les solutions dégagées par la jurisprudence sous l'empire de la législation antérieure à la loi du 26 juillet 2005[3] continueront à s'appliquer[4].

La fictivité met en œuvre la théorie générale de la simulation. Elle ne peut être constatée qu'en présence d'une personne morale, ce qui ressort explicitement, depuis la loi de sauvegarde des entreprises, de l'article L. 621-2, alinéa 2 du code de commerce[5]. Il n'y a qu'apparence de personnalité morale. En présence de sociétés, on évoque la notion de société de façade[6]. Cette dernière n'a pas de personnalité distincte de celle de son animateur, lequel peut être une personne physique ou une personne morale. Ainsi a-t-il été jugé par une cour d'appel, dans l'affaire *Métaleurop*, qu'une « société apparaît fictive lorsqu'elle est dépourvue de toute autonomie décisionnelle, et notamment de la faculté de décider dans le cadre des dispositions légales et réglementaires, de sa liquidation ou de sa survie, cette faculté appartenant en fait au maître de l'affaire »[7]. En présence d'un groupe de sociétés, pour que la fictivité soit évitée, il importe que « la mise en commun des moyens et la subordination à celui du groupe des intérêts des sociétés le composant ne dépassent pas le degré d'organisation inhérent à un tel ensemble économique et les sociétés contrôlées doivent conserver la maîtrise des fonctions essentielles à leur autonomie »[8]. L'appréciation se fera *in concreto* et passera, le plus souvent, par une expertise.

Bien qu'en ce cas, la personnalité morale ne soit qu'apparente, la jurisprudence distingue extension sur le fondement de la fictivité et action en nullité de la société[9], ce qui évite le reproche de prononcer une nullité sans texte.

Les indices de la fictivité seront trouvés dans l'absence de vie sociale. Si une vie sociale est constatée, l'extension sur le fondement de la fictivité sera rejetée[10]. C'est pourquoi, à la suite d'un auteur, il semble préférable de cantonner l'extension sur le fondement de la fictivité au cas d'un groupement fictif *ab initio*[11].

La ficivité traduirait un état psychologique, tenant à a volonté des associés de ne pas donner d'existence véritable à la société[12]. Ainsi, les prétendus assoés n'ont-ils pas d'*affectio societatis*[13], situation ue prête à rencontrer la création d'une société reenant l'activité du maître de l'affaire, lui-même liquidation judiciaire[14], cette activité pouvant als être exercée par la mise en location-gérance du nds de commerce du maître de l'affaire dans les mes locaux[15]. L'existence d'un *affectio societatis* coluira au rejet de l'extension sur le fondement de fictivité[16]. Le fait de ne pas mettre en

1. Com. 26 janv. 2010, nº 08-70.369, *Bull. civ.* IV, nº 16; *Gaz. Pal.* 16-17 avr. 2010, nºs 106, 107, p. 18, note Reille; *JCP E* 2010. 1325, note Royer; *Dr. sociétés* 2010, nº 148, note Legros; *Rev. proc. coll.* 2010/3, § 138, p. 88, note Bonneau.
2. AINSI : Paris, 3e ch. A, 22 mars 2005, RG nº 2004/13841.
3. L. nº 2005-845, 26 juill. 2005, préc.
4. *Rapp. J.-J. Hyest*, nº 335, p. 163.
5. J.-CL. COM., Dumont-Lefrand, fasc. 2152, [Procédure de sauvegarde], 2006, nº 6.
6. AINSI : Paris, 5e ch. A, 5 juill. 2006, RG nº 2005/00827.
7. Douai, 2e , 1re sect., 2 oct. 2003, *D.* 2003. AJ 2571, obs. Lienha *Act. proc. coll.* 2003/17, nº 218; *Rev. proc. coll.* 2004, 13, note Rolland; *LPA* 28 janv. 2005, nº 20, p. 13, note and; *JCP E* 2005. 721, p. 796, note Rolland; *Rev. proc.* c 2005/2, p. 117, note Rolland : cet arrêt a cependant éassé.
8. Douai, 2e che sect., 2 oct. 2003, préc. (v. ss prést nº).
9. Com. 19 fév 002, nº 98-20.579, NP, *D.* 2002. AJ 1071; *Act. proc. co* 002, nº 82, obs. Gibirila; *JCP E* et *A* 2002, Chron. 1380 1520, nº 1, obs. Pétel; *JCP E* 2002, jur. 1510, p. 167 ote Legros.
10. Paris, 3e ch. B, juill. 2005, RG nº 2005/05274.
11. Demeyere, ersnnalité *morale et droit des entreprises en difficulté*, th Pas X Nanterre, 2005, p. 379, nº 425.
12. SAINT-ALARYHOUN, 9e éd., nº 434.
13. Com. 9 jui 2009, *Rev. sociétés* 2009/4, p. 781, note Mathey – ambéry, ch. com., 18 déc. 2007, RG nº 07/017586, G *proc. coll.* 2008 4, p. 42, note Reille – ET EN DEHORS de rocédures collectives : Com. 15 mai 2007, nº 06-14.2, *Bull. civ.* IV, nº 13 – *Adde*, Demeyere, *Personnalité rale et droit des entrrises en difficulté*, th., Paris X Narre, 2005, p. 380, nº 45.
14. Chambéry. com., 18 déc. 2007, R nº 07/017586.
15. Com. 15 2013, nº 12-24.389, NP *Rev. sociétés* 2014. 253, note irot.
16. Paris, 3e B, 1er juill. 2005, RG nº 200 /05274 – Paris, 3e ch. A, uill. 2008, *Gaz. proc. coll.* 200 1, p. 28, nº 3, note Reil *ull. Joly* janv. 2009, § 12, p. 48, note Reille.

œuvre les moyens de poursuivre l'objet social statutaire est insuffisant à considérer qu'il n'y a pas d'*affectio societatis* et partant à caractériser la fictivité[1].

Le siège social sera généralement fictif. Aucun apport effectif n'est réalisé[2], le maître de l'affaire obtenant de ses pseudos associés des cessions de parts en blanc[3]. Les assemblées générales ne se réunissent pas. Il n'est pas procédé à la tenue des comptes sociaux[4]. Au contraire, le seul fait que l'intégralité du capital social ne soit pas libérée est insuffisant à caractériser la fictivité, alors que les exigences légales de libération d'un pourcentage minimum du capital ont été respectées[5].

La fictivité a encore pu être retenue, et l'annulation de la société pour fraude prononcée, en présence d'une société en nom collectif procédant d'un montage juridique destiné à soustraire les associés aux poursuites de leurs associés personnels grâce à l'ouverture d'une procédure collective à leur encontre. La solution a été posée sous l'empire de la législation antérieure à la loi de sauvegarde, la procédure collective de la société ayant entraîné le placement sous procédure collective des associés au titre de la solidarité à une époque où les prêts contractés par les associés étaient déjà exigibles. La cour d'appel avait pu souverainement apprécier les éléments de l'intention frauduleuse, en prenant en compte l'absence de fourniture par les associés des apports financiers nécessaires au fonctionnement normal de la société – les apports effectués par les associés s'étant élevés à 152 euros –, la brièveté et la faiblesse de l'activité de la société, le chiffre d'affaires réalisé ayant été insignifiant[6]. Mais il importe ici d'observer qu'il s'agissait, non pas d'une action en extension sur le fondement de la fictivité, mais d'une action tirée du droit commun des sociétés en déclaration de fictivité de la société, qui ne produit absolument pas les mêmes effets qu'une extension[7].

La fictivité a encore été retenue, en dehors des procédures collectives, dans l'hypothèse d'une société constituée par un apport en nue-propriété d'un immeuble, dans le seul but de faire donation des droits sociaux correspondants. A été retenue l'absence d'entreprise commune aux associés[8].

L'extension sur le fondement de la fictivité a encore pu être admise, dans le cas d'un artisan aux abois, ayant créé avec deux prête-noms, une société, à laquelle l'artisan a immédiatement transmis son matériel et son personnel, *créant ainsi les conditions* nécessaires à la poursuite de son activité tout en allégeant son passif initial[9].

Elle a encore été retenue dans l'hypothèse d'une EURL dirigée par l'époux et créée au moment de la déclaration de cessation des paiements de l'entreprise individuelle de l'épouse, alors que l'organisation du travail entre les deux époux s'est en permanence poursuivie au point qu'a pu être retenue une véritable et totale identité d'entreprise, d'activité et de patrimoine, la création de l'EURL, portant une enseigne très proche de celle de l'entreprise individuelle, ne correspondant qu'à un leurre[10].

La prétendue personne morale n'a pas d'activité distincte de celle du maître de l'affaire, personne physique[11], ce qui présuppose qu'il y ait véritablement un maître de l'affaire[12]. Le plus souvent, il s'agira d'ailleurs de continuer l'activité du maître de l'affaire par une société écran[13], par exemple en donnant en location-gérance à la société constituée le fonds de commerce, alors surtout que le contrat de location-gérance est concomitant à la déclaration de cessation des paiements[14].

Dans les relations entre sociétés civiles immobilières (SCI) et sociétés d'exploitation, la théorie de la fictivité aura peu l'occasion de s'appliquer. Le fait que la SCI ne fonctionne que sous l'autorité d'un dirigeant de fait n'établit pas la fictivité[15]. De même, le fait que la société immobilière tire la totalité de ses revenus de la société d'exploitation ne sera pas considéré comme suffisant à constituer la fictivité[16], alors même que la société civile a, en outre, cédé à titre de garantie au prêteur de la société

1. Com. 11 mars 2008, n°s 06-19.968, 06-20.081, NP, *Dr. sociétés* 2008, n° 116, note Coquelet; *Bull. Joly* 2008. 615, § 133, note Reille; *RTD com.* 2008. 773, n° 1, obs. Champaud et Danet.
2. EN DEHORS des procédures collectives : Com. 15 mai 2007, n° 06-14.262, *Bull. civ.* IV, n° 132.
3. VIDAL, n° 481.
4. UTILISANT l'absence de tenue de comptabilité distincte pour caractériser la confusion des patrimoines : Com. 16 févr. 1999, n° 96-10.087, NP, *Bull. Joly* 1999. 535, n° 112.
5. Com. 15 oct. 2013, n° 12-24.389, préc. (v. s^s^ prés^t^ n°).
6. Com. 3 juin 2008, n° 07-11.697, NP, *Gaz. proc. coll.* 2008/3, p. 30, note Reille; *Act. proc. coll.* 2008/11, n° 170, note Régnaut-Moutier; *LPA* 7 janv. 2009, n° 5 note Demeyère.
7. Demeyère, note s^s^ Com. 3 juin 2008, n° 07-11.697, *LPA* 7 janv. 2009, n° 5.
8. Com. 13 janv. 2009, n° 07-20.097, NP, *RTD com.* 2009. 568, n° 3, obs. Champaud.
9. Chambéry, ch. com., 18 déc. 2007, RG n° 07/01758, *Gaz. proc. coll.* 2008/4, p. 42, note Reille.
10. Com. 2 juill. 2013, n° 12-23.743, NP; n° 696 F-D; *Bull. Joly* 2013. 665, note Parachkévova.
11. Com. 21 nov. 1995, n° 93-20.054, NP, *Rev. proc. coll.* 1997, p. 165, n° 4, obs. Calendini.
12. Com. 19 févr. 2002, n° 98-20.578, *Bull. civ.* IV, n° 33; *D.* 2002. AJ 1071; *Act. proc. coll.* 2002/7, n° 82, note Gibirila; *RJDA* 2002/6, n° 655; *Rev. proc. coll.* 2004, p. 274, n° 14, obs. Dumont.
13. AINSI : Com. 8 févr. 1994, n° 91-15.844, NP, *Rev. sociétés* 1995. 100, note Honorat et Romani – Com. 19 nov. 1996, *Rev. proc. coll.* 1997, p. 167, n° 6, obs. Calendini.
14. Paris, 3e ch. B, 24 sept. 2004, RG n° 2003/22283.
15. Com. 29 avr. 2003, n° 99-20.800, NP, *Act. proc. coll.* 2003/12, n° 155.
16. Paris, 3e ch. C, 6 oct. 2000, *Bull. Joly* 2001. 33, n° 8.

d'exploitation la créance de loyers[1]. De façon générale, les critères de la fictivité ne sont pas ceux de la confusion des patrimoines. La Cour de cassation se refuse, en effet, à assimiler à la fictivité, la confusion des patrimoines et rejette, en conséquence les critères de la seconde pour fonder la première[2].

En présence d'une société unipersonnelle, le caractère fictif ou négatif des apports à la société par l'associé unique révélera la fictivité[3].

L'extension sur le fondement de la fictivité a pour objet de mettre en conformité une réalité juridique et une réalité économique, que l'apparence trompeuse avait voulu gommer, au préjudice des créanciers de la structure déclarée initialement en redressement ou en liquidation judiciaire. La sanction de la fictivité sera ici trouvée dans l'extension de la procédure au groupement fictif, et non, comme en droit commun des sociétés, dans le prononcé d'une nullité non rétroactive[4].

SECTION 213.20

CRITÈRES DE L'EXTENSION SUR LE FONDEMENT DE LA CONFUSION DES PATRIMOINES

213.21 Approche générale de l'extension sur le fondement de la confusion des patrimoines – Le critère de l'indéterminabilité de la consistance patrimoniale. D'abord d'origine exclusivement prétorienne, l'extension sur le fondement de la confusion des patrimoines est aujourd'hui inscrite dans la loi. La solution résulte désormais explicitement de l'article L. 621-2, alinéa 2, pour la procédure de sauvegarde, de l'article L. 631-7 rendant applicable, pour la procédure de redressement judiciaire, l'article L. 621-2, alinéa 2 et de l'article L. 641-1, I, rendant applicable, pour la procédure de liquidation judiciaire, l'article L. 621-2, alinéa 2.

Les critères d'extension n'étant pas posés par les textes, les solutions dégagées par la jurisprudence sous l'empire de la législation antérieure à la loi du 26 juillet 2005[5] continueront à s'appliquer[6].

L'affirmation législative de la possibilité d'extension sur le fondement de la confusion des patrimoines d'une procédure de sauvegarde fait cependant naître une difficulté : celle de savoir si une telle procédure peut être étendue à une personne déjà en redressement ou en *liquidation* judiciaire. La réponse ne semble guère faire de difficulté en ce qui concerne l'hypothèse d'une personne déjà en liquidation judiciaire. Il suffit, semble-t-il, de transposer la solution dégagée par la Cour de cassation et qui consiste à rendre impossible l'extension d'un redressement judiciaire à une personne déjà en liquidation judiciaire (v. s[s] n° 213.34).

Est-il concevable d'étendre une sauvegarde à une personne déjà en redressement judiciaire ? Une réponse affirmative semble devoir être apportée[7]. Mais cette extension doit conduire le tribunal à apprécier unitairement les structures en cause pour déterminer si le passif cumulé conduit à caractériser la cessation des paiements des deux personnes dont le patrimoine serait ainsi unifié. Si tel est le cas, il y aura place à conversion de la sauvegarde en redressement judiciaire, ce qui aboutit au résultat inverse de celui classiquement constaté en cas de confusion des patrimoines.

La fraude ne permet pas à elle seule l'extension d'une procédure[8].

Contrairement à l'hypothèse de la fictivité, l'extension sur le fondement de la confusion des patrimoines suppose des personnalités juridiques bien réelles, mais elles ne présentent pas, sur le plan patrimonial, l'étanchéité requise de structures ayant une vie propre, solution que le groupe de sociétés prête notamment à rencontrer. La seule appartenance à un même groupe sera cependant insuffisante[9].

Selon une superbe démonstration, il a pu être affirmé que le critère unique de la confusion des patrimoines serait l'indéterminabilité de la consistance patrimoniale[10]. L'imbrication des comptes d'une part, les relations financières anormales, d'autre part, ne constitueraient plus que des indices de la confusion des patrimoines, source d'extension, et cesseraient, contrairement à la vision classique de la matière[11], d'être des critères, puisqu'ils

1. Com. 8 juill. 2003, n° 01-15.676, NP, *Act. proc. coll.* 2003/17, n° 217.
2. Com. 17 juill. 2001, n° 98-18.438, NP, *Act. proc. coll.* 2001/17, n° 218, obs. Vallansan – Com. 8 juill. 2003, n° 01-15.676, NP.
3. Rouen, 2e ch. civ., 16 déc. 1999, *RJDA* 2000/5, n° 552.
4. Demeyere, *Personnalité morale et droit des entreprises en difficulté*, th., Paris X Nanterre, 2005, p. 389, n° 439 et p. 390, n° 442.
5. L. n° 2005-845, 26 juill. 2005, préc.
6. *Rapp. J.-J. Hyest*, n° 335, p. 163.
7. ROUSSEL GALLE, n° 198 – J.-CL. COM., Jacquemont, fasc. 2165, [Exploitation en commun et confusion des patrimoines], 2006, n° 46.
8. Com. 10 janv. 2006, n° 04-18.917, NP, *Gaz. proc. coll.* 2006/2, p. 21, n° 1, obs. Lebel; *Rev. sociétés* 2006. 629, note Roussel Galle.
9. Com. 4 janv. 2000, n° 97-15.867, NP, *Act. proc. coll.* 2000/5, n° 44 – Com. 16 oct. 2001, n° 98-13.607, NP, *Act. proc. coll.* 2001/20, n° 256.
10. Reille, *La notion de confusion des patrimoines, cause d'extension des procédures collectives*, « Bibl. dr. entr. », t. 74, Litec, 2006, sp. p. 517 s., n°s 588 s. – *Adde*, SEMBLANT PARTAGER L'ANALYSE : PÉROCHON, 10e éd., n° 336.
11. AINSI : Delmotte, « Les critères de la confusion des patrimoines dans la jurisprudence de la Cour de cassation (panorama de jurisprudence 1998-2006) », *RJDA* 2006/6, p. 539.

devraient s'inscrire plus précisément dans le critère unique. Cela ne poserait aucune difficulté s'agissant de l'imbrication des comptes, puisqu'il y aurait là traduction comptable de l'indéterminabilité de la consistance patrimoniale. En revanche, la seule existence de relations financières anormales serait insuffisante si elle ne s'inscrit pas dans une indéterminabilité de la consistance patrimoniale, laquelle sera, *a priori*, évitée, si la traduction comptable exacte des opérations intervenues entre les structures en cause existe.

L'analyse, pour impressionnante qu'elle soit, nous semble cependant difficile à suivre. En effet, si l'un des indices de la confusion des patrimoines tient à l'existence de relations financières anormales, d'une certaine gravité, l'indéterminabilité de la consistance patrimoniale ne peut exister, puisqu'il a fallu déceler ces relations financières anormales, ce qui n'aurait pu être fait en présence d'une indéterminabilité de la consistance patrimoniale. Il est donc préférable de s'en tenir aux deux critères alternatifs dégagés par la Cour de cassation : la confusion des comptes et les relations financières anormales. La Cour de cassation semble d'ailleurs bien avoir condamné le critère de l'indéterminabilité de la consistance patrimoniale [1].

Le principe d'unicité du patrimoine n'interdit pas ici le jeu de l'extension à ces personnes physiques [2], contrairement à l'hypothèse de la fictivité.

Peu importe que la personne à laquelle la procédure doit être étendue ait la qualité exigée pour être placée sous procédure collective [3]. Mais inversement, le seul fait que l'un seul des époux ait la qualité de commerçant ne suffira pas à étendre la procédure à l'autre, au seul prétexte qu'il a seul exploité le fonds de commerce pendant plusieurs années [4].

Toutefois, si la solution ne peut faire difficulté lorsqu'il est question d'extension, l'exigence pourrait ressurgir lorsqu'il s'agit d'ouvrir une procédure collective commune à deux personnes [5]. Le fait que l'épouse ait exploité le fonds de commerce, pendant l'incarcération de son mari, acte qui relève du devoir d'assistance entre époux, la décision du juge aux affaires familiales de confier la gestion à l'épouse, décision qui relève des mesures provisoires durant l'instance en divorce, fait que l'épouse soit propriétaire indivis du fonds de commerce, qu'un seul compte d'exploitation ait été tenu, et que des fautes de gestion puissent être imputées à l'épouse ne sont pas des éléments de nature à caractériser une confusion des patrimoines [6].

L'extension est même concevable entre associations. L'hypothèse restera rare. Il faut en effet supposer des circonstances particulières tenant au fait que le transfert de fonds d'une association à l'autre ne repose pas sur un projet sérieux, est dénué de motif légitime [7] ou est étranger à l'objet des associations en cause [8].

Les deux critères alternatifs dégagés, avant l'ordonnance du 18 décembre 2008, par la Cour de cassation ne nous apparaissaient cependant pas suffisants. Le régime procédural de l'action en extension, qui était au monopole de la personne ayant en charge la défense de l'intérêt collectif des créanciers (v. s[s] n° 213.32), nous semblait commander d'adjoindre aux critères une précision : l'action en extension était faite dans l'intérêt du groupement des créanciers de la personne dont il était question d'étendre la procédure. Décider le contraire, comme cela avait été fait [9], ne permettait pas de rendre compte de la concentration de la saisine entre les mains du défenseur de l'intérêt collectif des créanciers. Ce qui était ici sanctionné était l'appauvrissement de l'une des structures, celle déclarée en redressement ou en liquidation judiciaires, par le transfert d'actifs au profit d'autres structures. Il s'agissait de rétablir le gage des créanciers [10], qui était atteint par l'attitude du débiteur. Si le gage des créanciers de la personne dont il était envisagé d'étendre la procédure n'était pas atteint, l'intérêt à agir du représentant des créanciers – mandataire judiciaire – ne nous paraissait pas exister et son action devait être déclarée irrecevable pour défaut d'intérêt à agir. Ne nous semblaient donc pas devoir être suivies les décisions qui admettaient la possibilité d'extension sur le fonde-

1. Com. 8 juill. 2014, n° 12-26.703, NP; n° 667 F-D; *Gaz. Pal.* 5 oct. 2014, n° 278, p. 27, note Reille; *Act. proc. coll.* 2014/15, comm. 267, note Vallansan; *BJE* 2014, 360, note Favario.
2. Com. 27 oct. 1998, n° 96-21.822, NP, *Rev. proc. coll.* 2000, p. 120, n° 3, obs. Deleneuville – Com. 15 févr. 2000, n° 97-15.135, NP, *Bull. Joly* 2000, n° 137, note Dom – Com. 10 juill. 2001, n° 98-20.657, NP, *Act. proc. coll.* 2001/17, n° 217; *RJDA* 2001/10, n° 989; *RD banc. et bourse* 2001/6, p. 352, n° 228, obs. Lucas – Com. 19 févr. 2002, n° 98-20.579, NP, *RJDA* 2002/6, n° 653 – *CONTRA* : Douai, 2e ch., 14 oct. 1999, *Act. proc. coll.* 2000/6, n° 59, obs. Regnaut-Moutier.
3. Com. 8 janv. 2008, n° 07-10.468, NP, *Gaz. proc. coll.* 2008/2, p. 13, note Reille.
4. Com. 18 mai 2016, n° 13-27.606, NP; n° 434 F-D.
5. Reille, note s[s] Com. 8 janv. 2008, n° 07-10.468, NP, *Gaz. proc. coll.* 2008/2, p. 13.
6. Com. 18 mai 2016, n° 13-27.606, préc.
7. AINSI : Com. 5 juill. 2005, n° 02-10.233, *Bull. civ.* IV, n° 149; *D.* 2005. AJ 2219, obs. Lienhard; *Dr. sociétés*, n° 172, note Lucas.
8. Delmotte, « Les critères de la confusion des patrimoines dans la jurisprudence de la Cour de cassation (panorama de jurisprudence 1998-2006) », *RJDA* 2006/6, p. 539 s., sp. p. 544, n° 15.
9. Reille, *La notion de confusion des patrimoines, cause d'extension des procédures collectives*, « Bibl. dr. entr. », t. 74, Litec, 2006 sp. p. 233, n° 277.
10. RAPPR. : Nancy, 2e ch., 24 mai 2006, *JCP E* 20 sept. 2007, p. 34.

ment de la confusion des patrimoines, alors que la personne dont la procédure devait être étendue, n'avait pas été appauvrie, mais au contraire avait été enrichie par l'effet des actes ayant emporté le mélange patrimonial[1]. Il est vrai que toutes ces décisions avaient été rendues sans que le problème ici débattu n'ait figuré au centre des débats[2]. La question a été abordée frontalement par la Cour de cassation, qui n'a pas accepté notre vision. Suivant au contraire l'opinion défendue par un auteur[3], la Cour affirme que « pour caractériser des relations financières anormales constitutives d'une confusion des patrimoines, les juges du fond n'ont pas à rechercher si celles-ci ont augmenté, au préjudice de ses créanciers, le passif du débiteur soumis à la procédure collective dont l'extension est demandée »[4].

Pareille problématique a, de toute façon, été abandonnée, depuis que l'ordonnance du 18 décembre 2008 est venue préciser que l'extension pouvait intervenir à la demande de l'administrateur judiciaire, la question de la reconstitution du gage commun des créanciers étant alors hors de cause.

Mais il demeure que l'intérêt à agir du demandeur à l'action devra être démontré. Or tel ne sera pas le cas, s'agissant d'un mandataire judiciaire ou d'un liquidateur, qui ne peuvent agir que pour assurer la défense de l'intérêt collectif des créanciers, si les créanciers dont ils défendent l'intérêt collectif ont à souffrir de l'extension. Il en irait spécialement ainsi lorsque le produit des actifs confondus serait intégralement appréhendé par les créanciers de la cible de l'extension, et spécialement les salariés, au détriment des créanciers de la personne dont la procédure est étendue. La reconstitution du gage commun des créanciers de la procédure étendue ne serait pas atteinte.

Il importe de préciser que la Cour de cassation exerce son contrôle de motivation sur les décisions des juges du fond caractérisant l'existence de la confusion des patrimoines parce qu'elle porte atteinte au principe d'autonomie des personnes juridiques[6].

Il a été jugé dans l'affaire *Métaleurop*, que l'absence d'autonomie décisionnelle d'une société d'un groupe par rapport à la société mère était insuffisante à caractériser la confusion des patrimoines[7], le problème pouvant alors cependant se déplacer sur le terrain de la direction de fait[8]. La distinction est faite en jurisprudence entre l'interdépendance économique ou financière et la confusion des patrimoines[9], même si certaines juridictions du fond croient devoir encore insister sur l'étroite dépendance économique entre les personnes pour fonder leur décision d'extension[10].

De façon générale, cette même affaire *Métaleurop* a été l'occasion de constater que l'appréciation de la confusion des patrimoines, au regard de la question de l'anormalité des relations financières, ne sera pas effectuée de la même façon dans les groupes de sociétés[11]. L'intérêt du groupe pourra justifier les conventions de gestion de trésorerie et de change, les échanges de personnel et les avances de fonds par la société mère, faits qui, en dehors du groupe, pourraient ne pas pouvoir être justifiés et qui, en conséquence, seraient considérés comme constitutifs de relations financières anormales[12].

De même, l'absence d'autonomie commerciale ne doit pas suffire à l'extension, même si ce critère est parfois retenu en jurisprudence pour fonder

1. EN DERNIER LIEU : Com. 16 sept. 2014, n° 13-19.127, NP; n° 706 F-D; *Act. proc. coll.* 2014/15, comm. 267, note Vallansan.
2. EN CE SENS les 7 décisions citées par : Reille, *La notion de confusion des patrimoines, cause d'extension des procédures collectives*, « Bibl. dr. entr. », t. 74, Litec, 2006, n° 277.
3. Reille, *La notion de confusion des patrimoines, cause d'extension des procédures collectives*, « Bibl. dr. entr. », t. 74, Litec, 2006, n° 277.
4. Com. 16 juin 2015, n° 14-10.187, *Bull. civ.* IV [à paraître]; n° 598 F-P+B; *D.* 2015. actu 1366, note Lienhard; *Gaz. Pal. entr. diff.* 20 oct. 2015, n° 291, p. 27, note Reille; *BJE* sept. 2015, 282, note Le Mesle; *JCP E* 2015, chron. 1422, n° 1, note Pétel; *JCP E* 2015. 1578, note Maraud; *Rev. sociétés* 2015. 545, note Roussel Galle; *BJS* 2015. 458, note Mouial-Bassilana; *Dr. sociétés* 2015, comm. 155, note Legros – *Adde*, Reille, « Les conditions de l'extension de procédure collective – dix questions-réponses », *Gaz. Pal.* 19 janv. 2016, p. 80 s., sp. p. 85, n° 8.
5. Tricot, « La confusion des patrimoines et les procédures collectives », *Rapp. C. cass.* 1997, p. 167 – *Adde*, J.-CL. COM., Jacquemont, fasc. 2165, [Exploitation en commun et confusion des patrimoines], 2006, n° 3.
6. Delmotte, « Les critères de la confusion des patrimoines dans la jurisprudence de la Cour de cassation (panorama de jurisprudence 1998-2006) », *RJDA* 2006/6, p. 539 s., sp. p. 541, n° 8.
7. POUR UNE CRITIQUE : VIDAL, n° 496.
8. Delmotte, « Les critères de la confusion des patrimoines dans la jurisprudence de la Cour de cassation (panorama de jurisprudence 1998-2006) », *RJDA* 2006/6, p. 539 s., sp. p. 543, n° 13.
9. J.-CL. COM., Jacquemont, fasc. 2165, [Exploitation en commun et confusion des patrimoines], 2006, n° 8.
10. AINSI : Aix-en-Provence, 8e ch. C, 1er oct. 2015, RG n° 15/07483, *BJS* mars 2016, 163, note Camensuli-Feuillard.
11. AUSSI : J.-CL. COM., Jacquemont, fasc. 2165, [Exploitation en commun et confusion des patrimoines], 2006, n° 22.
12. AINSI : Com. 19 avr. 2005, n° 05-10.094, *Bull. civ.* IV, n° 92; *D.* 2005. AJ 1225, obs. Lienhard; *D.* 2005. Somm. 2013, obs. Lucas; *Act. proc. coll.* 2005/9, n° 106, note Vallansan et Thiberge; *Gaz. proc. coll.* 2005/3, p. 3, note Lebel; *JCP E* 2005. 721, p. 796, note Rolland; *Rev. proc. coll.* 2005/2, p. 117, note Rolland; *JCP E* 2005, Chron. 1274, p. 1421, obs. Pétel; *Rev. sociétés* 2005. 897, note Marotte et Robine; *Gaz. Pal.* 21-22 juin 2006, p. 39, note Robine; *Defrénois* 2005/23, p. 1932, Chron. 38287, n° 11, note Gibirila; ET SUR RENVOI APRÈS CASSATION : Paris, 3e ch. A, aud. sol., 11 oct. 2005, RG n° 05/09671, *D.* 2005. AJ 2943, obs. Lienhard; *Bull. Joly* 2006. 478, § 94, note Scholer.

l'extension[1]. Identiquement, le seul fait d'une exploitation en commun ne peut suffire à caractériser la confusion des patrimoines, même si la solution contraire est parfois posée[2].

Le détournement d'actifs commis par le dirigean au préjudice de la société n'est pas davantage un cause d'extension sur le fondement de la confusion des patrimoines[3].

La procédure peut être étendue sur le fondemen de la confusion des patrimoines sans que soit exigé l'existence d'une confusion des intérêts individuel ou la caractérisation de pouvoirs de décision ou de gestion de la part des personnes auxquelles la procédure doit être étendue[4].

213.22 Confusion des comptes. Les indices de la confusion des patrimoines seront trouvés lorsqu'il y aura « imbrication des masses actives ou passives des structures concernées »[5], laquelle sera révélée spécialement par une confusion des comptes[6] c'est-à-dire « le désordre rendant impossible la détermination des droits de chacune des personnes concernées »[7].

Il en est ainsi lorsque la trésorerie des personne est gérée en commun, que les paiements sont fait indifféremment par l'une ou l'autre des structure suivant la situation financière respective de celles-ci, que le dirigeant commun est incapable de procéder à une ventilation des opérations entre les deux structures[8].

Il en est de même en l'absence de toute comptabilité séparée entre une société civile immobilière et une société d'exploitation[9].

Il y a encore confusion des comptes justifiant l'extension lorsqu'une personne mélange ses comptes avec ceux de l'association qu'elle dirige, en entretenant une ambiguïté par la fourniture de relevés d'identité bancaire très voisins du fait des adresses utilisées [lieu-dit M., pour son compte, lieu de vie M., pour celui de l'association]. La confusion des patrimoines existe du fait de l'imbrication inextricable des patrimoines personnels du dirigeant et de l'association, le dirigeant utilisant les sommes versées à l'association par les conseils généraux pour vivre au quotidien, payer des remboursements bancaires, donner de l'argent à sa fille et acheter des vêtements[10].

La demande d'extension ne pourra être fondée sur la confusion des comptes, s'il est possible, fût-ce à l'aide d'un expert[11], de dresser les comptes entre les structures[12], la solution ayant spécialement été appliquée à la demande d'extension d'une procédure à son époux[13].

Pour qu'il en soit ainsi, l'examen des documents comptables s'imposera[14].

L'extension sur le fondement de la confusion des patrimoines ne pourra pas être justifiée par l'existence de relations financières anormales lorsqu'il est fait état d'une imbrication des comptes[15]. En revanche, il n'y a pas de difficulté à justifier la confusion des patrimoines si, en plus de la confusion des comptes, existent des relations financières anormales[16].

213.23 Relations financières anormales – Présentation générale. La confusion des patrimoines est souvent établie à partir d'un indice qui tient au constat de flux financiers anormaux – la jurisprudence évoque désormais les relations financières anormales pour tenir compte de l'absence anormale de flux – entre les personnes parties à la confusion.

Les relations financières anormales doivent exister entre la personne dont il s'agit d'étendre la procédure et la personne visée par l'extension. Ainsi, il n'y a pas place à extension si, alors que l'extension de la procédure ouverte contre une société d'exploitation a pour cible une personne physique, les relations financières anormales ont existé entre la société d'exploitation et une société civile immobilière dont la personne physique était le principal associé[17]. De même, la demande d'extension doit

1. Caen, 1er ch. civ. et com., 14 sept. 2006, *Act. proc. coll.* 2006/17, nº 204, note crit. Vallansan.
2. Caen, 1er ch. civ. et com., 14 sept. 2006, préc. (v. ss prést nº).
3. Caen, 1re ch. civ. et com., 24 janv. 2008, RG nos 06-2709 et 06-3280, *Act. proc. coll.* 2008/7, nº 108.
4. Com. 8 janv. 2008, nº 06-15.977, NP, *Gaz. proc. coll.* 2008/2, p. 13, note Reille.
5. Com. 24 oct. 1995, nº 93-11.322, NP, *Rev. proc. coll.* 1996, p. 205, nº 11, obs. Calendini; *Dr. sociétés* 1995, nº 238, obs. Chaput; *Bull. Joly* 1996. 158, note Scholer – Paris, 18 mai 2001, *RJDA* 2002/1, nº 64.
6. Com. 16 sept. 2014, nº 13-19.127, NP; nº 706 F-D; *Act. proc. coll.* 2014/15, comm. 267, note Vallansan.
7. M. Cabrillac et Pétel, obs. *JCP E* et *A* 2001, Chron. 173, nº 1-A-1 – Pétel, 7e éd., nº 91.
8. Com. 3 avr. 2001, nº 98-16.070, NP, nº 719, *RJDA* 2001/8-9, nº 874.
9. Com. 16 févr. 1999, nº 96-16.087, NP.
10. Com. 5 avr. 2011, nº 10-16.496, NP; nº 360 F-D; *Gaz. Pal.* 9 juill. 2011, nº 189, p. 19, note Reille; *Rev. proc. coll.* 2011, comm. 114, p. 51, note Lebel.
11. Com. 31 janv. 2012, nº 09-71.906, NP; nº 64 F-D; *Gaz. Pal.* 28 avr. 2012, nº 118, p. 13, note Reille.
12. Com. 8 janv. 2002, nº 98-23.177, NP, *Act. proc. coll.* 2002/6, nº 70 – Paris, 3e ch., 8 juin 2001, *JCP E* 2001, pan. 1986 – Com. 13 mars 2007, nº 05-15.833, NP.
13. Aix-en-Provence, 8e ch., 22 mai 2001, *RD banc. et bourse* 2002/1, p. 20, nº 16, obs. Lucas.
14. Com. 1er oct. 2002, nº 01-10.957, NP.
15. Com. 14 mai 2008, nos 06-20.631, 06-20.833, NP, *Gaz. proc. coll.* 2008/3, p. 28, note Reille; *JCP E* 2008. 1718, note Ortscheidt.
16. Com. 5 avr. 2011, nº 10-16.496, préc. (v. ss prést nº).
17. Com. 5 oct. 2010, nº 09-16.562, NP, *Gaz. Pal. entr. diff.* 7-8 janv. 2011, p. 24, note Reille.

être rejetée lorsqu'une gérante de sociétées qualités établit un chèque au profit de son fils, aors que la demande d'extension est faite entre elle – ou plus exactement, du fait de son décès, ses héritiers – et la société[1].

L'observation synthétique de la jurisprudence[2] semble permettre de décider qu'il y a place à extension sur le fondement des relations financières anormales en présence de deux conditions objectives cumulatives. Il faut d'abord un mélange patrimonial, qui suppose soit un transfert d'éléments d'actifs d'un patrimoine à l'autre, soit un transfert de passif d'un patrimoine à l'autre. Il faut ensuite un déséquilibre patrimonial significatif, tenant à une absence de contrepartie. Il faut enfin une condition subjective, à savoir un caractère anormal des relations financières, qui tiennent soit au fait que ces relations ne peuvent se rattacher à aucune obligation juridique, soit au fait que ces relations sont dépourvues d'intérêt pour l'appauvri[3].

Une volonté systématique doit ici être relevée[4], cependant que les juges du fond s'émancipent assez volontiers de cette contrainte[5]. Il est ainsi jugé que l'existence de relations financières anormales sur une brève période est insuffisante[6]. De même, le fait pour un bailleur de renoncer de manière occasionnelle et temporaire à percevoir la redevance de la part du locataire-gérant est insuffisant[7]. Identiquement, le fait pour une personne physique de mettre à disposition d'une société quelques éléments d'actifs, …s facturation, est insuffisant à caractériser des …ations financières anormales[8]. Ne caractérise pas …antage des relations financières anormales, un …x financier isolé[9].

Pourront être visés des mouvements de fonds …expliqués[10]. Ainsi, l'existence de virements éma…nt d'un époux marié sous le régime de la sépara…n, au profit de son conjoint exerçant l'activité …mmerciale, établit l'existence de relations finan…ères anormales, dès lors que l'exploitant n'est pas … mesure d'établir qu'il s'agit de remboursement … sommes par lui avancées[11].

De même, le fait de s'immiscer sans titre dans la …mptabilité d'une autre personne, en établissant, …ur le compte de cette dernière, des chèques sans …ocuration sur le compte de l'entreprise et des fac…res, ainsi que le fait de passer des commandes à …tre personnel pour un véhicule sans rapport démon…é avec l'activité de l'entreprise, suffisent à caracté…ser l'imbrication inextricable des patrimoines[12]. …a qualité de dirigeant de fait n'est pas, en elle-même, …n élément nécessaire, ni suffisant, pour caractériser …ette imbrication inextricable, même si elle est par…is mise en avant[13].

La confusion des patrimoines fondée sur des rela…ons financières anormales existe lorsque le diri…eant d'une association utilise les sommes versées à …elle-ci par les conseils généraux pour vivre au quo…idien, payer des remboursements bancaires, donner …de l'argent à sa fille et acheter des vêtements[14].

La cession de matériel d'une structure à une autre …ne peut traduire une relation financière anormale, alors qu'une facture de cession a été établie[15].

Le demandeur à l'extension doit démontrer l'existence de relations financières anormales. Elles ne résultent pas d'une absence d'autonomie patrimoniale, d'une imbrication des comptes, de l'exploitation en commun d'un même fonds de commerce, ou de l'existence d'une société de fait[16]. Le fait qu'un

1. Caen, 1re ch. civ., 2e sect. civ. et com., 24 janv. 2008, RG no 06/2709, *Gaz. proc. coll.* 2008/4, p. 41, note Reille; *Rev. proc. coll.* 2009/2, p. 54, note Dumont-Lefrand.
2. Reille, *La notion de confusion des patrimoines, cause d'extension des procédures collectives*, « Bibl. dr. entr. », t. 74, Litec, 2006.
3. AINSI : Com. 8 janv. 2013, no 11-30.640, NP; no 18 F-D; *BJE* mars 2013, comm. 32, note Cérati-Gauthier; *Rev. proc. coll.* 2013, comm. 118, note Saintourens.
4. AINSI : Com. 2 mai 2007, no 06-12.378, NP, *Gaz. proc. coll.* 2007/3, p. 27, note Reille; *Dr. sociétés* 2008, no 29, note Legros; *Bull. Joly* 2007, § 267, note Sénéchal – Com. 15 juin 2011, no 10-23.113, NP; no 604 F-D; *Gaz. Pal.* 7 oct. 2011, no 280, p. 21, note Reille; *Rev. sociétés* 2011. 518, note Prévost; *Rev. proc. coll.* 2012, comm. 17, note Saintourens; *Dr. sociétés* 2012, no 14, note Legros – Com. 11 févr. 2014, no 13-12.270, NP; no 185 F-D; *BJE* mai 2014, 147, note Favario et 339, note Rubellin – Caen, 1re ch. civ., 2e sect. civ. et com., 24 janv. 2008, RG no 06/3281, *Gaz. proc. coll.* 2008/4, p. 41, note Reille – *Adde*, Tricot, « La confusion des patrimoines et les procédures collectives », *Rapp. C. cass.* 1997, p. 167 s., sp. p. 170 – Delmotte, « Les critères de la confusion des patrimoines dans la jurisprudence de la Cour de cassation (panorama de jurisprudence 1998-2006) », *RJDA* 2006/6, p. 539 s., sp. p. 541, no 9.
5. ILLUSTR. : Bordeaux, 2e ch., 13 nov. 2013, RG no 12/04377, *Rev. proc. coll.* 2015, chron. 1, no 3, note Saintourens.
6. Com. 13 mars 2007, no 05-15.833, NP.
7. Paris, 3e ch. B, 1er juill. 2005, RG no 2005/05274.
8. Com. 5 oct. 2010, no 09-16.562, préc.
9. Montpellier, 6 oct. 2015, RG no 14/013306, *JCP E* 2015. 935.
10. Poitiers, 2e ch., 10 oct. 2000, *JCP E* 2002, pan. 295, p. 303 – AINSI, MAIS *A CONTRARIO* : Com. 2 mai 2007, no 06-12.378, NP, *Gaz. proc. coll.* 2007/3, p. 27, note Reille.
11. Com. 15 mars 2005, no 03-13.136, NP.
12. Com. 10 juill. 2012, no 11-18.973, NP; no 823 F-D; *Gaz. Pal. entr. diff.* 13 oct. 2012, no 286, p. 21, note Reille; *Rev. proc. coll.* 2013, comm. 2, note Saintourens.
13. Com. 10 juill. 2012, no 11-18.973, préc. (v. ss prést no).
14. Com. 5 avr. 2011, no 10-16.496, NP; no 360 F-D; *Gaz. Pal.* 9 juill. 2011, no 189, p. 19, note Reille; *Rev. proc. coll.* 2011, comm. 114, p. 51, note Lebel; *Dr. sociétés* 2012, no 14, note Legros.
15. Com. 16 juin 2009, no 08-14.831, NP.
16. Com. 14 mai 2008, nos 06-20.631, 06-20.833, NP, *Gaz. proc. coll.* 2008/3, p. 28, note Reille; *JCP E* 2008. 1718, note Ortscheidt.

compte bancaire ait été ouvert par une personne, pour permettre à une autre, interdite bancaire d'encaisser des recettes et de payer des fournisseurs, ne démontre pas des relations financières anormales, dès lors qu'il n'est pas démontré que le titulaire du compte se serait servi de ce compte pour ses propres clients ou pour payer des dépenses personnelles[1].

L'absence de relations financières anormales entraînera rejet de la confusion[2].

C'est ainsi que le seul fait qu'une société civile immobilière n'ait d'autres revenus que ceux versés par une société d'exploitation ne suffit pas à caractériser la confusion des patrimoines[3].

Le seul fait qu'une société civile immobilière ait contracté un prêt dont une partie des fonds a été virée au profit d'une autre société sans qu'aucune modalité de remboursement n'ait été prévue et qu'aucun acte juridique n'ait été signé entre les deux sociétés ne suffit pas à caractériser une confusion des patrimoines, qui suppose une volonté systématique de procéder à des versements sans contrepartie[4].

Le seul fait que l'acheteur d'un fonds de commerce, membre de la famille du vendeur, ait remboursé par anticipation le crédit-vendeur ne peut suffire à caractériser des relations financières anormales, même s'il en est résulté l'assèchement de la trésorerie de l'acheteur[5].

L'existence d'une contrepartie empêche la constatation d'un déséquilibre patrimonial significatif exigé pour qu'il y ait relations financières anormales. Il en est ainsi lorsque, en contrepartie des travaux d'aménagement effectués par le preneur, ce dernier a bénéficié d'un loyer réduit de 50 % et de la jouissance gratuite d'un terrain[6].

Le fait que les opérations aient été passées en compte, et soient donc retracées dans la comptabilité, ne supprime pas le caractère anormal des relations financières[7].

Au sein d'un groupe de sociétés, l'existence d'une convention de trésorerie, d'activités communes, de contributions financières au profit de la société-mère et le fait de présenter une demande de conciliation au niveau du groupe ne caractérisent pas des relations financières anormales justifiant l'extension de la procédure sur le fondement de la confusion des patrimoines[8].

213.24 ***Support de charges appartenant à une autre structure.*** Les relations financières anormales pourront consister dans le support de charges appartenant à une structure par une autre[9].

Il en sera ainsi lorsque des travaux très importants auront été effectués par une SCI au profit d'une Sarl, alors que cette dernière ne paye pas les loyers[10] et que, en outre, la Sarl a, en revanche, réglé une facture de travaux incombant à la SCI[11]. La solution sera identique lorsqu'une société d'exploitation, locataire de locaux appartenant à une SCI, aura effectué des travaux représentant 63 % du prix d'achat de l'immeuble, devant rester, sans indemnité, la propriété du bailleur en fin de bail[12] ou aura supporté le coût d'importants travaux d'édification et de construction excédant « la notion même de travaux afférents à un bail commercial »[13]. Caractérisent encore des relations financières anormales le fait que tous les travaux nécessaires de réparation, de transformation ou de mise en conformité incom-

1. Com. 31 janv. 2012, nº 09-71.906, NP; nº 64 F-D.
2. Com. 14 mai 1996, nº 94-17.297, NP, *Rev. proc. coll.* 1997, p. 162, nº 2, obs. Calendini – Com. 13 avr. 1999, nº 96-19.331, NP, *Act. proc. coll.* 1999/10, nº 129 – Com. 28 nov. 2000, nº 98-11.522, NP, *Act. proc. coll.* 2001/4, nº 44.
3. Com. 16 juin 2004, nº 03-10.674, NP.
4. Com. 15 juin 2011, nº 10-23.113, NP; nº 604 F-D; *Gaz. Pal.* 7 oct. 2011, nº 280, p. 21, note Reille; *Rev. sociétés* 2011. 518, note Prévost; *Rev. proc. coll.* 2012, comm. 17, note Saintourens; *Dr. sociétés* 2012, nº 14, note Legros.
5. Com. 29 sept. 2015, nº 14-14.705, NP.
6. Com. 26 mars 2013, nº 12-14.809, NP; nº 313 F-D; *Gaz. Pal.* 12 juill. 2013, nº 193, p. 13, note Reille; *Rev. proc. coll.* 2013, comm. 118, note Saintourens; *Bull. Joly* 2013. 663, note Mouial-Bassilana.
7. Com. 16 sept. 2014, nº 13-19.127, NP; nº 706 F-D; *Act. proc. coll.* 2014/15, comm. 267, note Vallansan.
8. Com. 16 déc. 2014, nº 13-24.161, *Bull. civ.* IV [à paraître]; nº 1115 F-P+B; *D.* 2015. pan. 1970, note Le Corre; *BJE* 2015, 83, note Favario; *JCP E* 2015. 1122, note Demeyère; *Rev. sociétés* 2015. 202, note Henry; *BJS* 2015. 143, note Mouial-Bassilana; *Dr. sociétés* 2015, comm. 136, note Legros; *Dr. et patr.* sept. 2015, nº 250, chron. 92, nº 1, note Monsérié-Bon; *LXB hebdo* 22 janv. 2015, nº 598, note Le Corre – *Adde*, Morelli, « Propos iconoclastes sur la confusion des patrimoines – À propos de la réforme de l'article L. 621-2 du code de commerce », *Rev. sociétés* 2015. 433.
9. AINSI : Com. 2 févr. 1999, nº 96-13.678, NP, *Act. proc. coll.* 1999/6, nº 75 – Com. 6 juill. 1999, nº 96-21.677, NP, *RJDA* 1999/10, 882, nº 1097 – Com. 26 oct. 1999, nº 97-13.212, NP – Com. 10 mai 2000, nº 97-20.177, NP, *Bull. Joly* 2000, nº 259, note Scholer – Com. 6 juin 2000, nº 98-11.819, NP, *Act. proc. coll.* 2000/15, nº 196 – Com. 19 févr. 2002, *RJDA* 2002/6, nº 653 – Paris, 3e ch. A, 22 mars 2005, RG nº 2004/13841.
10. Com. 26 mai 2010, nº 09-66.615, NP, *Gaz. Pal. entr. diff.* 2-3 juill. 2010, nºs 183, 184, p. 21, note Reille; *Rev. proc. coll.* 2010/5, § 195, p. 51, note Lebel; *Rev. proc. coll.* 2010/6, § 211, p. 22, note Saintourens; *LPA* 14-15 juill. 2010, nº 139, p. 116, note Roumélian; *Rev. sociétés* 2011. 119, note Morelli – Com. 1er oct. 2013, nº 12-24.817, NP; nº 888 F-D; *Gaz. Pal.* 12 janv. 2014, p. 18, note Reille; *Rev. proc. coll.* 2014, comm. 50, note Saintourens.
11. Com. 19 déc. 2000, nº 97-22.049, NP, *RJDA* 2001/3, nº 338.
12. Rouen, 2e ch. civ., 6 janv. 2000, *RJDA* 2000/6, nº 681 – RAPPR. : Com. 13 nov. 2002, *Bull. Joly* 2003. 125, § 28 – Com. 7 janv. 2003, nºs 00-15.316, 99-16.204, 00-13.192, *Bull. civ.* IV, nº 3; *D.* 2003. AJ 347; *Act. proc. coll.* 2003/3, nº 27; *Dr. et proc.* 2003/4, p. 235, note Le Corre.
13. Com. 1er oct. 2013, nº 12-24.817, préc. (v. ss préct nº).

baient au preneur sans recours contre le bailleur qui en devenait propriétaire en fin de bail, alors au surplus que le bail n'offrait la possibilité de donner congé à l'expiration de chaque période triennale qu'au seul bailleur, et cela en présence d'un loyer exorbitant[1]. Le fait pour une société d'exploitation d'effectuer des travaux très importants, dans les locaux occupés pendant six ans, sans bail entre cette société et la SCI propriétaire des murs, est constitutif de relations financières anormales, dès lors que ces prestations n'ont été facturées par la première à la seconde que très tardivement, sans tentative de recouvrement autre qu'une instance introduite très tardivement, le procès introduit sur le principe de la charge des travaux et prestations s'avérant purement fictif et de circonstance[2].

Il en sera de même du support par une association de factures de travaux établis au nom de la société civile immobilière[3].

Il-y-a encore relations financières anormales lorsqu'une société fait supporter à des associations des coûts de fonctionnement ne leur incombant pas[4].

On rapprochera de ces solutions l'hypothèse d'absence de démarche de la SCI pour récupérer les loyers impayés sur la société d'exploitation et l'absence de démarche pour obtenir la résiliation du bail[5], aucune quittance locative n'étant au demeurant produite[6]. À ces premiers faits, peut être ajoutée l'énormité de la somme des loyers impayés[7], qui s'accompagne généralement de l'ancienneté des impayés[8] ou, au contraire, la faiblesse des loyers par rapport à la valeur locative[9]. Les relations financières anormales seront encore davantage caractérisées, si, à ces deux derniers éléments, s'adjoint le fait que le règlement de la dette de la SCI envers ses propres créanciers faisait l'objet d'une négociation par la société d'exploitation locataire, ce qui démontrait l'absence totale d'autonomie financière[10].

L'utilisation sans contrepartie du matériel d'une structure par une autre est démonstrative de relations financières anormales[11].

La prise en location-gérance du fonds de commerce appartenant à un associé par la société débitrice et la réalisation de travaux par cette dernière sont toutefois des éléments insuffisants à caractériser une confusion des patrimoines, en l'absence de conditions financières anormales[12]. L'existence d'engagements réciproques exclura la confusion des patrimoines[13].

Il y aura encore place à confusion des patrimoines en cas d'utilisation par une structure du personnel d'une autre[14]. Cet élément n'est toutefois pas retenu en présence d'un groupe de sociétés, l'échange de personnel n'étant pas alors anormal. La solution a été posée dans l'affaire *Métaleurop*[15].

Symétriquement, il a pu être jugé que la facturation indue de frais de personnel était constitutive de relations financières anormales[16].

213.25 Facturation anormale – anormalité des loyers. Il y a indice de la confusion des patrimoines en cas d'encaissement par une personne de factures

1. Com. 13 janv. 2015, n° 13-27.868, NP; n° 22 F-D; *BJE* 2015, 84, note Sortais.
2. Com. 10 mai 2012, n° 11-13.709, NP; n° 505 F-D.
3. Paris, 3ᵉ ch. B, 23 juin 2006, RG n° 04/16430, *Rev. proc. coll.* 2007/3, p. 160, n° 1, obs. Lebel.
4. Aix-en-Provence, 8ᵉ ch. C, 1ᵉʳ oct. 2015, RG n° 15/07483, *BJS* mars 2016, 163, note Camensuli-Feuillard.
5. Com. 7 janv. 2003, n° 00-13.192, *Bull. civ.* IV, n° 3; *D.* 2003. AJ 347; *Dr. et proc.* 2003/4, p. 235, note Le Corre; *Bull. Joly* 2003. 402, n° 78, note Lucas; *Rev. proc. coll.* 2004, p. 273, n° 13, obs. Dumont – Com. 26 mai 2010, n° 09-66.615, NP, *Gaz. Pal. entr. diff.* 2-3 juill. 2010, nᵒˢ 183, 184, p. 21, note Reille; *Rev. proc. coll.* 2010/5, § 195, p. 51, note Lebel; *Rev. proc. coll.* 2010/6, § 211, p. 22, note Saintourens; *Rev. sociétés* 2011. 119, note Morelli – Com. 8 janv. 2013, n° 11-30.640, NP; n° 18 F-D; *Gaz. Pal.* 1ᵉʳ mai 2013, n° 121, p. 15, note Reille; *BJE* mars 2013, comm. 32, note Cérati-Gauthier; *Rev. proc. coll.* 2013, comm. 118, note Saintourens.
6. Com. 1ᵉʳ oct. 2013, n° 12-24.817, préc. (v. sˢ présᵗ n°).
7. Com. 14 janv. 2004, n° 00-19.418, NP, *Rev. sociétés* 2004. 948, note Saintourens; *LXB hebdo* n° N0870ABT, note Le Corre – Com. 8 janv. 2013, n° 11-30.640, préc. (v. sˢ présᵗ n°).
8. Com. 8 janv. 2013, n° 11-30.640, préc. (v. sˢ présᵗ n°).
9. Com. 1ᵉʳ oct. 2013, n° 12-24.817, préc. (v. sˢ présᵗ n°).
10. Com. 14 janv. 2004, n° 00-19.418, NP, *Rev. sociétés* 2004. 948, note Saintourens; *LXB hebdo* n° N0870ABT, note Le Corre.
11. Com. 16 juin 2009, n° 08-15.883, NP, *Gaz. proc. coll.* 2009/4, 2ᵉ partie, p. 4, note Reille; *Rev. proc. coll.* 2010/2, comm. 44, p. 39, note Saintourens; *LPA* 14 et 15 juill. 2010, n° 139, p. 16, note Roumélian.
12. Paris, 3ᵉ ch. B, 18 mai 2001, *Bull. Joly* 2001. 980, n° 224, note Saintourens – RAPPR. : Com. 5 févr. 2002, NP.
13. Delmotte, « Les critères de la confusion des patrimoines dans la jurisprudence de la Cour de cassation (panorama de jurisprudence 1998-2006) », *RJDA* 2006/6, p. 539 s., sp. p. 542, n° 10.
14. Com. 26 oct. 1999, n° 97-13.212, NP – Com. 19 févr. 2002, *RJDA* 2002/6, n° 653 – Com. 16 juin 2009, n° 08-15.883, NP, *proc. coll.* 2009/4, 2ᵉ partie, p. 4, note Reille; *Rev. proc. coll.* 2010/2, comm. 44, p. 39, note Saintourens; *LPA* 14 et 15 juill. 2010, n° 139, p. 16, note Roumélian.
15. Com. 19 avr. 2005, n° 05-10.094, *Bull. civ.* IV, n° 92; *D.* 2005. AJ 1225, obs. Lienhard; *D.* 2005. Somm. 2013, obs. Lucas; *Act. proc. coll.* 2005/9, n° 106, note Vallansan et Thiberge; *Gaz. proc. coll.* 2005/3, p. 3, note Lebel; *JCP E* 2005. 721, p. 796, note Rolland; *Rev. proc. coll.* 2005/2, p. 117, note Rolland; *JCP E* 2005, Chron. 1274, p. 1421, obs. Pétel; *Rev. sociétés* 2005. 897, note Marotte et Robine; *Gaz. Pal.* 21-22 juin 2006, p. 39, note Robine; *Defrénois* 2005/23, p. 1932, Chron. 38287, n° 11, note Gibirila; SUR RENVOI APRÈS CASSATION : Paris, 3ᵉ ch. A, 11 oct. 2005, RG n° 05/09671, *D.* 2005. AJ 2943, obs. Lienhard; *Bull. Joly* 2006. 478, § 94, note Scholer.
16. Toulouse, 2ᵉ ch., 2ᵉ sect., 14 oct. 2008, *JCP E* 2009. 1351.

appartenant à une autre[1]. Ainsi, il y a place à extension sur le fondement de la confusion des patrimoines, en présence de versement de sommes revenant à une société au titre d'acomptes sur le compte personnel de l'associé dirigeant, exerçant une activité identique à celle de la société, sans contrepartie et sans que les opérations soient retracées en comptabilité[2].

Il en est de même en présence de factures anormalement élevées par rapport à la prestation fournie, dont le montant ne peut s'expliquer que par l'intérêt qu'en retirent des associés ou dirigeants communs aux deux structures.

La solution a spécialement vocation à s'appliquer lorsque les loyers d'une société civile immobilière abritant les locaux de la société d'exploitation sont sans rapport avec la valeur locative de l'immeuble loué[3], et ont été calculés pour représenter le montant de l'échéance du prêt contracté par la SCI pour l'acquisition des locaux[4]. Identiquement, le loyer majoré résultant d'un nouveau bail alors qu'un bail était encore en cours, représente des relations financières anormales[5]. Il en est de même du versement d'un dépôt de garantie anormalement élevé[6] ou encore de loyers versés d'avance d'un montant exorbitant[7]. De même, les relations financières anormales sont caractérisées en présence de la fixation d'un loyer à 30 000 euros par mois, alors que lors de l'offre de reprise par plan de cession de l'entreprise, il était envisagé un loyer de 40 000 euros par an. Le montant du loyer était incompatible avec la survie de la société d'exploitation louant les locaux à une société civile immobilière, ce que ne pouvait ignorer le dirigeant commun des deux sociétés[8]. En outre, le bail n'offrait la possibilité de donner congé à l'expiration de chaque période triennale qu'au seul bailleur et tous les travaux nécessaires de réparation, de transformation ou de mise en conformité incombaient au preneur sans recours contre le bailleur qui en devenait propriétaire en fin de bail[9]. Mais, pour que l'anormalité du loyer dépassant largement la valeur locative puisse être retenue comme indice de la confusion des patrimoines, encore faut-il que les loyers aient été versés. À défaut, il n'y aurait pas de relations financières anormales[10].

L'augmentation des loyers n'est pas, en elle-même, un indice de relations exorbitantes, dès lors qu'ils sont en rapport avec les revenus locatifs normaux de l'immeuble[11], alors même que le montant du loyer aurait été doublé[12] et que l'augmentation aurait suivi l'indice du coût de la construction[13].

La fixation du loyer à un montant très supérieur à la valeur locative ne sera pas davantage suffisante à caractériser les relations financières anormales si les locaux ont fait l'objet de travaux de réfection et d'aménagement pour permettre l'usage effectif auquel le bail les destinait, pris en charge par la société civile immobilière[14].

Le fait que le montant des loyers couvre le montant des échéances de l'emprunt n'est pas un élément suffisant pour caractériser des relations financières anormales[15].

De même, le fait que les factures soient émises à des dates qui semblent n'obéir qu'à des considérations d'opportunité comptable sera insuffisant[16].

Il y a également relations financières anormales si les loyers sont d'un montant très inférieur à la valeur locative[17] et par exemple s'ils sont fixés au quart de cette valeur[18].

L'importance de la sous-facturation de travaux réalisé par une société au profit d'une autre, alors que les dirigeants, associés et locaux sont les mêmes, constitue aussi un indice de l'anormalité des relations financières anormales[19].

1. Com. 26 oct. 1999, n° 97-13.212, NP – Com. 6 juin 2000, n° 98-11.819, NP, *Act. proc. coll.* 2000/15, n° 196 – Com. 30 juin 2004, n° 02-21.080, NP – Com. 2 juill. 2013, n° 12-23.743, NP, *Bull. Joly* 2013. 665, note Parachkévova.
2. Com. 1er avr. 2014, n° 13-13.744, NP; n° 331 F-D.
3. POUR DES APPLICATIONS de la confusion des patrimoines en présence du binôme SCI-société d'exploitation : Com. 19 nov. 1996, n° 94-19.738, NP, *Rev. proc. coll.* 1997, p. 160, n° 1, obs. Calendini – Com. 14 mars 2000, n° 96-21.497, NP, *LPA* 8 août 2000, n° 157, p. 27, note Gallet – Rouen, 2e ch. civ., 6 janv. 2000, *RJDA* 2000/6, n° 681.
4. Paris, 3e ch. A, 16 mai 2006, RG n° 2005/20517.
5. Paris, 3e ch. B, 23 juin 2006, RG n° 04/16430, *Rev. proc. coll.* 2007/3, p. 160, n° 1, obs. Lebel.
6. Com. 14 mars 2000, n° 97-21.375, NP, *RJDA* 2000/6, n° 681.
7. Com. 14 mars 2000, n° 97-21.375, NP, *RJDA* 2000/6, n° 681.
8. Com. 13 janv. 2015, n° 13-27.868, préc.
9. Com. 13 janv. 2015, n° 13-27.868, préc.
10. Com. 30 sept. 2008, n° 07-16.255, NP, *Bull. Joly* 2009. 269, § 53, note Couret.
11. Paris, 3e ch. C, 6 oct. 2000, *Bull. Joly* 2001. 33, n° 8.
12. Com. 10 mai 2005, n° 04-10.514, NP, *Gaz. proc. coll.* 2005/3, p. 13, obs. Lebel.
13. Com. 10 déc. 2002, n° 99-18.502, *Bull. civ.* IV, n° 193; *Bull. Joly* 2003. 273, n° 58, note Couret; *Rev. sociétés* 2003. 151, note Guyon.
14. Paris, 3e ch. A, 27 sept. 2005, RG n° 2004/21922, *Rev. sociétés* 2006. 423, note Sortais.
15. Com. 5 avr. 2011, n° 10-16.705, NP, *Gaz. Pal.* 9 juill. 2011, n° 189, p. 20, note Reille; *BJE* juill./août 2011, comm. 97, p. 178, note Martineau-Bourgninaud.
16. Com. 10 mai 2005, n° 04-10.514, préc.
17. Com. 1er oct. 2013, n° 12-24.817, NP; n° 888 F-D; *Gaz. Pal.* 12 janv. 2014, p. 18, note Reille; *Rev. proc. coll.* 2014, comm. 50, note Saintourens.
18. Com. 26 janv. 2016, nos 14-17.672, 14-25.541, 14-28.826, 14-28.856, *Bull. civ.* IV [à paraître]; n° 79 F-P+B; *Gaz. Pal.* 12 avr. 2016, n° 14, p. 59, note Reille; *BJS* 2016. 233, note Favario; *Rev. proc. coll.* 2016, comm. 81, note Fraimout; *LXB hebdo* 18 févr. 2016, n° 455, note Le Corre.
19. Com. 5 juin 2012, n° 11-17.486, NP, *Bull. Joly* sept. 2012, comm. 355, note Parachkévova.

La faiblesse de la valorisation de l'apport d'un droit au bail est également un élément de confusion des patrimoines, traduisant des relations financières anormales[1].

Toutefois, il n'y a plus relation financière anormale si la faiblesse du loyer peut s'expliquer par la prise en charge de frais incombant normalement au bailleur[2].

213.26 Versement de salaires sans contrepartie. Il peut encore être question pour une personne ayant mis son fonds en location-gérance de percevoir des salaires des deux structures, sans réelle contrepartie[3].

213.27 Absence injustifiée de contrepartie. La remise de sommes sans justification à une personne caractérise des relations financières anormales pouvant fonder la confusion des patrimoines[4]. Peu importe que l'intéressé soit un dirigeant de droit ou de fait de la société débitrice.

Le transfert gratuit d'activités et d'actifs d'une structure à l'autre représente encore des flux financiers anormaux justifiant l'extension[5]. *A fortiori* en est-il ainsi lorsqu'il y a transfert d'actifs déclarés inaliénables par un plan de redressement, avec établissement de factures portant des fausses dates, sans paiement du prix des biens cédés[6].

Il en va de même cas de mise à disposition gratuite de moyens, par exemple les locaux de la société civile immobilière sans facturation de loyer à la société d'exploitation[7]. La confusion des patrimoines est identiquement caractérisée en présence d'une mise à disposition gratuite de locaux par la société locataire, qui a payé seule les loyers et charges afférents à une occupation effective des locaux par une autre société[8]. Il en est de même de l'absence de réclamation du dépôt de garantie versé au bailleur au nouveau locataire, bénéficiaire de l'apport du droit au bail, de la part de l'ancien locataire[9].

Il y a relations financières anormales lorsque les recettes d'associations, lesquelles ne disposent pas comptes bancaires sont captées par une société, cela sans contrepartie[10].

Il y a place à confusion des patrimoines lorsqu'une personne mariée dirige une association, créée pour l'exploitation d'un parc qui est sa propriété, en profitant de l'écran que constitue l'association pour commander des travaux et les faire réaliser gratuitement par une société dirigée par son mari, augmentant ainsi considérablement la valeur de sa propriété, et cela sans contrepartie[11].

L'abandon de la quasi-totalité des loyers facturés, en l'absence de toute mise en demeure, et sans aucune contrepartie, caractérise encore une relation financière anormale[12]. Il en est de même de l'abandon conséquent de loyers accompagné de la prise en charge de certaines dettes du locataire[13].

Au contraire, et en conformité avec les exigences précédemment posées (v. s^s^ n° 213.23), il a été jugé que ne caractérise pas en soi la confusion des patrimoines, le fait de ne pas agir en paiement de loyers facturés[14], même si l'on voit assez souvent des décisions s'appuyant sur un tel motif pour prononcer l'extension[15], alors surtout qu'en contrepartie, la *SCI* a *pris* l'engagement de réaliser des travaux[16]. Pas davantage ne caractérisent la confusion des patrimoines, le fait de ne pas exiger pendant plus de trois ans le paiement des loyers des murs mis à disposition, et le fait d'avoir attendu un an après le commandement de payer resté infructueux pour solliciter la constatation de la clause résolutoire[17]. Les abandons de loyers par le bailleur ne caractérisent pas les relations financières anormales s'ils sont justifiés par l'impécuniosité du preneur auquel le paiement des loyers a été demandé[18]. De même, il a pu être estimé que la renonciation du bailleur à percevoir une redevance au titre d'une location-gérance est insuffisante à caractériser la confusion des patrimoines si elle s'explique par la situation

1. Com. 2 juin 2004, n° 01-13.406, NP.
2. Paris, pôle 5, 8e ch., 14 avr. 2015, RG n° 14/22333, *BJS* 2015. 511, note Mouial-Bassilana.
3. Com. 5 févr. 2002, n° 98-20.369, NP, *Act. proc. coll.* 2002/8, n° 93; *RJDA* 2002/8-9, n° 906.
4. Com. 7 déc. 2004, n° 03-12.030, NP, *Bull. Joly* 2005. 579, § 130, note Pétel.
5. Paris, 3e ch. A, 15 juin 2004, RG n° 2003/22361.
6. Com. 14 janv. 2014, n° 12-29.809, NP, n° 40 F-D, *BJE* mai 2014, 148, note Tagliarino-Vignal.
7. Com. 4 juill. 2000, n° 97-15.156, NP, *RJDA* 2001/1, n° 45 – Com. 3 avr. 2002, n° 99-12.008, NP, *RJDA* 2002/6, n° 654.
8. Com. 15 févr. 2005, n° 03-13.224, NP, *Gaz. proc. coll.* 2005/1, p. 24, n° 1-3, obs. Lucas.
9. Com. 2 juin 2004, n° 01-13.406, NP.
10. Aix-en-Provence, 8e ch. C, 1er oct. 2015, RG n° 15/07483, *BJS* mars 2016, 163, note Camensuli-Feuillard.
11. Com. 30 oct. 2012, n° 11-25.560, NP, n° 1066 F-D, *Rev. proc. coll.* 2013, comm. 4, note Saintourens.
12. Com. 20 janv. 2009, n° 07-17.026, NP, *JCP E* 2009. 1347, n° 1, obs. crit. Pétel; *Dr. sociétés* 2009, n° 58, note Legros; *Rev. proc. coll.* 2009/5, p. 39, § 102, note Saintourens.
13. Com. 20 janv. 2009, n° 07-16.655, NP, *Gaz. proc. coll.* 2009/2, p. 18, n° 2 note Reille.
14. Com. 15 févr. 2000, n° 97-17.195, NP, *RJDA* 2000/6, n° 681 – Com. 16 juin 2004, n° 03-10.674, NP – Com. 10 mai 2012, n° 11-17.413, NP, n° 510 F-D, *JCP E* 2012, Chron. 1508, n° 1, obs. Pétel – COMP. : Com. 19 déc. 2000, n° 97-22.049, NP, *RJDA* 2001/3, n° 338.
15. AINSI : T. com. Bordeaux, 1er août 2012, RG n° 2012/F510, *Rev. proc. coll.* 2014, Chron. 1, n° 2, p. 20, note Saintourens.
16. Paris, 3e ch. B, 7 mars 2003, RG n° 2002/16873.
17. Com. 21 févr. 2012, n° 10-27.907, NP, n° 244 F-D.
18. Paris, pôle 5, 8e ch., 14 avr. 2015, RG n° 14/22333, *BJS* 2015. 511, note Mouial-Bassilana.

financière du locataire-gérant, qui serait incapable d'en assurer le paiement[1] ou si elle occasionnelle et temporaire[2].

Le fait pour une société d'agent immobilier de ne pas verser de contrepartie à une autre société d'agent immobilier pour la présentation dans les vitrines des agences de cette dernière ou dans les pages de publicité que la première achetait dans les journaux, de biens pour lesquels elle avait reçu des mandats de vente, n'ont pas été retenus comme éléments permettant l'extension[3].

Ne caractérise pas une confusion des patrimoines, le fait pour un dirigeant de reprendre, à la faveur d'une clause nulle d'actualisation du montant nominal de ses apports en numéraire, autre chose que ce qu'il a apporté[4], alors pourtant qu'il y a détournement d'actifs. Il n'y a pas là de relations financières anormales.

213.28 Soutien financier anormal. Les flux financiers anormaux pourront aussi tenir à un soutien financier révélant entre les structures des intérêts indissociables, qui s'inscrivent dans des contrats d'une durée anormalement longue en l'absence de toute faculté de révocation. La solution a été posée à propos d'une opération de défiscalisation[5].

En revanche, le simple fait pour le conjoint de payer des dépenses personnelles avec le compte professionnel est insuffisant[6], ce fait ne traduisant qu'un prélèvement personnel devant fiscalement être ultérieurement pris en compte[7]. Sera identiquement insuffisant le fait pour des dirigeants sociaux de payer des dettes sociales, sur leurs deniers personnels[8], ce qui, sur le plan comptable, peut se traduire par une avance en compte-courant. Sera encore insuffisante l'existence d'un compte-courant débiteur d'un associé auprès de la structure dans laquelle il est associé[9]. *A fortiori*, sera insuffisante la souscription de cautionnements par les associés[10].

La simple avance de trésorerie est insuffisante à établir la confusion des patrimoines[11]. La constitution d'un pool de trésorerie, géré par la société holding et permettant de mettre en commun toutes les autorisations de découvert accordées à chacune des sociétés du groupe de sociétés, pour permettre à chacune d'elles de profiter ainsi de ces découverts, ne constitue pas un flux financier anormal, dès lors que la convention de trésorerie est faite à des conditions normales, spécialement lorsqu'elle donne lieu à paiement d'intérêts de la part de la structure bénéficiant de cette trésorerie[12].

De même, les conventions de gestion de trésorerie et de change sont insuffisantes à caractériser une confusion des patrimoines dans les groupes de sociétés[13]. Il a justement été remarqué à l'occasion de cet arrêt, qui a été rendu dans l'affaire *Métaleurop*, que toute anomalie dans les relations financières intragroupe n'équivaut pas à une anormalité de relations financières caractérisant une confusion des patrimoines[14]. Les relations financières anormales sont ainsi appréciées différemment selon qu'elles s'inscrivent ou non dans des rapports au sein de sociétés d'un même groupe[15]. L'intérêt du groupe apparaîtrait alors comme un fait justificatif des relations financières anormales[16].

1. Com. 22 janv. 2002, nº 99-13.313, NP.
2. Paris, 3e ch. B, 1er juill. 2005, RG nº 2005/05274.
3. Com. 30 oct. 2007, nº 06-18.676, NP.
4. Com. 5 juill. 2005, nº 02-10.233, *Bull. civ.* IV, nº 149; *D.* 2005. AJ 2219, obs. Lienhard; *Gaz. proc. coll.* 2005/3, p. 60, obs. Montéran; *Rev. sociétés* 2006. 182, note Sortais; *Dr. sociétés* 2005, nº 172, note Lucas; *RTD com.* 2005. 783, obs. Grosclaude; *Rev. proc. coll.* 2006/1, p. 83, nº 15, obs. Barret.
5. Com. 26 avr. 2000, nº 97-12.544, NP, *Bull. Joly* 2000, nº162, note Cutajar.
6. Paris, 3e ch. A, 6 avr. 1999, *Rev. proc. coll.* 2000, p. 121, nº 4, obs. Deleneuville.
7. Deleneuville, obs. ss Paris, 3e ch. A, 6 avr. 1999, préc.
8. Com. 4 juill. 2000, nº 98-12.117, *Bull. civ.* IV, nº 138; *Act. proc. coll.* 2000/14, nº 174; *JCP E* et *A* 2001, Chron. 173, nº 1-A-1, obs. M. Cabrillac et Pételin.
9. Com. 19 nov. 2003, nº 00-20.873, NP.
10. Paris, 3e ch. B, 18 mai 2001, *Bull. Joly* 2001. 980, nº 224, note Saintourens.
11. Com. 29 avr. 2003, nº 00-19.184, NP – Com. 19 avr. 2005, nº 05-10.094, *Métaleurop*, *Bull. civ.* IV, nº 92; *D.* 2005. AJ 1225, note Lienhard; *D.* 2005. Somm. 2013, obs. Lucas; *Gaz. proc. coll.* 2005/3, p. 3, note Lebel; *Act. proc. coll.* 2005/9, nº 106, note Vallansan et Thiberge; *JCP E* 2005. 721, p. 796, note Rolland; *Rev. proc. coll.* 2005/2, p. 117, note Rolland; *JCP E* 2005, Chron. 1274, p. 1421, obs. Pételin; *Bull. Joly* 2005. 690, § 155, note Saint-Alary-Houin; *Rev. sociétés* 2005. 897, note Marotte et Robine; *Defrénois* 2005/23, p. 1932, Chron. 38287, nº 11, note Gibirila; *Dr. et patr.* 2005/7 et 8, nº 3719, p. 105, obs. Monsérié-Bon – *Adde*, SUR RENVOI APRÈS CASSATION : Paris, 3e ch. A, 11 oct. 2005, RG nº 05/09671, *D.* 2005. AJ 2943, obs. Lienhard; *Bull. Joly* 2006. 478, § 94, note Scholer.
12. Versailles, ch. com. réunies, 2 avr. 2002, *Act. proc. coll.* 2002/17, nº 217; *JCP E* 2002, Chron. 1639, p. 1815, nº 8, obs. Caussain, Deboissy et Wicker; *D.* 2002. AJ 3266, obs. Hallouin; *RJDA* 2002/11, nº 1166 – TGI Béthune, ch. com., 11 avr. 2003, *Act. proc. coll.* 2003/8, nº 95, obs. Soinne.
13. Com. 19 avr. 2005, nº 05-10.094, préc. (v. ss prést nº) – *Adde*, SUR RENVOI APRÈS CASSATION : Paris, 3e ch. A, 11 oct. 2005, RG nº 05/09671, *D.* 2005. AJ 2943, obs. Lienhard – *Adde*, Teboul, « Les conventions intragroupe et les procédures collectives », *LPA* 27 mai 2005, nº 105, p. 5.
14. Lienhard, note ss Com. 19 avr. 2005, nº 05-10.094, *Bull. civ.* IV, nº 92; *D.* 2005. AJ 1225; *Act. proc. coll.* 2005/9, nº 106, note Vallansan et Thiberge – AUSSI : Delmotte, « Les critères de la confusion des patrimoines dans la jurisprudence de la Cour de cassation (panorama de jurisprudence 1998-2006) », *RJDA* 2006/6, p. 539 s., sp. p. 543, nos 13 et 14.
15. Lucas, « Les filiales en difficulté », *LPA* 4 mai 2001, p. 66.
16. Grelon et Dessus-Larrivé, « La confusion des patrimoines au sein d'un groupe », *Rev. sociétés* 2006. 281 s., sp. 290, nº 19.

Toutefois, si les flux financiers sont largement supérieurs à ceux prévus dans la convention de trésorerie, cette dernière ne permettra pas, à elle seule, d'écarter la relation financière anormale[1].

Le fait pour une personne de consentir un prêt à une autre ne pourra être utilisé au soutien d'une caractérisation de flux financiers anormaux, sans rechercher si le prêt est ou non rémunéré et s'il est ou non remboursé[2].

L'abandon de créance par convention écrite est insuffisant à caractériser la confusion des patrimoines, alors surtout que la convention prévoit une clause de retour à meilleure fortune[3].

SECTION 213.30 RÉGIME PROCÉDURAL DE L'EXTENSION SUR LE FONDEMENT DE LA FICTIVITÉ OU DE LA CONFUSION DES PATRIMOINES

213.31 Compétence en matière d'extension sur le fondement de la confusion des patrimoines ou de la fictivité – absence de choix du tribunal saisi. L'extension de la procédure sur le fondement de la confusion des patrimoines ou de la fictivité a pour effet de concentrer sur la procédure de la personne déclarée primitivement sous sauvegarde, en redressement ou en liquidation judiciaire, les procédures subséquentes.

Sur le plan procédural d'abord, il n'y a qu'une seule procédure : la première ouverte. Le tribunal de la faillite de la procédure ouverte sera compétent pour connaître de l'extension aux autres personnes, quel que soit le lieu de leur siège social[4]. La solution, qui s'impose en présence de la fictivité puisque le siège social de la société fictive n'existe pas, emporte en revanche dérogation aux règles de compétence territoriale, voire d'attribution, en cas de confusion des patrimoines.

La solution vaut même si l'extension intervient à l'encontre de personnes déjà placées sous procédure collective[5].

Depuis la loi du 26 juillet 2005[6], la sol on résulte désormais explicitement de l'article L. 1-2, alinéa 2 pour la procédure de sauvegarde, de rticle L. 631-7 rendant applicable pour la pro ure de redressement judiciaire l'article L. 621-2, inéa 2 et de l'article L. 641-1, I, rendant applic le pour la procédure de liquidation judiciaire l'ar le L. 621-2, alinéa 2. Cette disposition prévoit q « le tribunal ayant ouvert la procédure initiale re compétent ».

Le fait qu'un des magistrats c posant le jugement se prononçant sur l'extens n ait eu à connaître en qualité de juge d'instru ons de poursuites contre le gérant de la société ont la procédure est étendue n'est pas contraire principe d'impartialité du tribunal et la dema de tendant à ce que le tribunal soit autrement omposé peut donc être rejetée, car il n'y a pas d dentité d'objet ou de parties entre les deux actio s[7].

Le tribunal saisi n' pas le choix de prononcer ou non l'extension. Si l s critères sont réunis, l'extension s'impose[8]. Ain que cela a été justement remarqué, il est en conséquence dommage que le législateur, à l'occasion de la loi de sauvegarde, ait cru devoir utiliser l'expression « La procédure ouverte peut être étendue à une ou plusieurs autres personnes en cas de confusion de leur patrimoine avec celui du débiteur ou de fictivité de la personne morale » (C. com., art. L. 621-2, al. 2)[9]. En réalité, il ne s'agit pas d'une faculté, mais plutôt de la reconnaissance législative d'une possibilité nouvelle maladroitement retranscrite.

213.32 Auteur de la saisine de la juridiction aux fins d'extension sur le fondement de la confusion des patrimoines ou de la fictivité.
> Sous l'empire de la législation antérieure à l'ordonnance du 18 décembre 2008[10], l'introduction de l'action en extension n'est pas réglementée. S'agissant d'une action ayant pour effet d'entraîner l'ouverture d'une procédure à l'encontre d'une personne,

1. AINSI : Com. 16 juin 2009, n° 08-15.883, NP, *Gaz. proc. coll.* 2009/4, 2e partie, p. 4, note Reille; *Rev. proc. coll.* 2010/2, comm. 44, p. 39, note Saintourens.
2. Com. 24 mai 2005, nos 04-10.324, 04-10.903, NP.
3. Com. 10 janv. 2006, n° 04-18.917, *Air Liberté*, NP, *Gaz. proc. coll.* 2006/2, p. 21, n° 1, obs. Lebel; *Rev. sociétés* 2006. 629, note Roussel Galle; CONFIRMANT : Paris, 3e ch. A, 7 sept. 2004, RG n° 2003/21837, *D.* 2004. AJ 2500, obs. Lienhard; *Rev. proc. coll.* 2004, p. 287, note Soinne; *Bull. Joly* 2004. 1358, § 270, note Souleau-Travers et de Sentenac.
4. SUR la confusion des patrimoines : Montpellier, 2e ch., 24 juin 2008, *Dr. sociétés* 2009, n° 30, note Legros.
5. Com. 19 nov. 2013, n° 12-25.290, 12-25.297, *Bull. civ.* IV, n° 167 ; n° 1114 FS-P+B; *D.* 2013. Actu. 2766, obs. Lienhard; *Gaz. Pal.* 12 janv. 2014, p. 16, note Reille; *Act. proc. coll.* 2014/1, comm. 4, note Cagnoli; *Dr. sociétés* 2014, comm. 52, note Legros; *BJE* mars 2014, 76, note Monsérié-Bon; *RTD com.* 2014. 193, n° 7, note Vallens.
6. L. n° 2005-845, 26 juill. 2005, préc.
7. Com. 18 janv. 2005, n° 03-18.264, NP, *Gaz. proc. coll.* 2005/1, p. 22, n° 1-1, obs. Lucas.
8. SOUS L'EMPIRE de la loi du 13 juillet 1967 : Com. 26 mars 1985, n° 82-16.002, *Bull. civ.* IV, n° 108; *D.* 1985. IR 491, obs. Honorat – SOUS L'EMPIRE de la loi du 25 janvier 1985 : Paris, 3e ch. B, 12 juill. 1990, *Bull. Joly* 1990. 961.
9. J.-CL. COM., Jacquemont, fasc. 2165, [Exploitation en commun et confusion des patrimoines], 2014, n° 57 – *Adde*, Reille, « Les conditions de l'extension de procédure collective – Dix questions-réponses », *Gaz. Pal.* 19 janv. 2016, p. 80 s., sp. p. 86, n° 10.
10. Ord. n° 2008-1345, 18 déc. 2008, *JO* 19 déc., p. 19462.

même si ce n'est que par extension, les règles de s sine du tribunal aux fins d'ouverture doivent ê respectées. Le tribunal d'office ou le procureur de République, et depuis la loi de sauvegarde des entr prises[1], le ministère public pourront, en consé quence agir en respectant respectivement les dispo sitions régissant la saisine aux fins d'ouverture de redressement judiciaire (v. s[s] n°s 231.43 et 231.61). La simple notification d'une requête sera insuffisante[2].

Les autres personnes ayant qualité pour agir en extension devront procéder par voie d'assignation[3]. Une simple requête sera irrecevable[4].

Le demandeur à l'action en extension aura, conformément au droit commun, la charge de la preuve. Il devra en conséquence prouver la fictivité de la personne morale ou la confusion des patrimoines avec la personne physique ou morale à laquelle il veut voir étendre la procédure.

La demande devra être dirigée contre la personne à laquelle la procédure doit être étendue et non contre le dirigeant social de celle-ci, assigné simultanément en sanctions patrimoniales[5].

Il faut refuser au débiteur la qualité d'agir en extension de sa procédure – solution posée à l'encontre du dirigeant de la société auquel la procédure a été étendue[6] –, même s'il n'est pas dessaisi de l'administration de ses droits, car il ne peut se prévaloir de la réalité pour combattre l'apparence qu'il a créée[7]. Le respect des droits des tiers y fait obstacle. La solution contraire a cependant été posée au profit du conjoint du débiteur déclaré en redressement judiciaire[8].

Les organes de la procédure ont également qualité à agir. Il n'y a pas de problème à reconnaître compétence à l'organe de défense de l'intérêt collectif des créanciers, c'est-à-dire le représentant des créanciers, désormais le mandataire judiciaire, ou le liquidateur[9]. Le commissaire à l'exécution du plan ne peut pas agir[10], car, s'il a été nommé, cela postule qu'une décision arrêtant le sort de l'entreprise ait été rendue. Elle fait obstacle à une action en extension.

La difficulté essentielle résulte de la qualité à agir des créanciers. Ceux-ci seront représentés par l'organe de défense de leur intérêt collectif : le représentant des créanciers, et désormais le mandataire judiciaire. Faut-il admettre leur action si ce dernier n'agit pas ? Une réponse positive semblait devoir être apportée[11]. En effet, cette action est d'abord et avant tout une action en ouverture de procédure collective. Pourquoi refuser ici aux créanciers ce que la loi les autorise à faire dans le cadre classique ? La jurisprudence semblait avoir pris cette orientation sous deux réserves. Ils devaient être créanciers de la personne à laquelle ils voulaient que la procédure soit étendue[12]. En outre, leur qualité à agir devait être combinée avec le monopole de défense de l'intérêt collectif des créanciers confié au représentant des créanciers. Dès lors, les créanciers ne pouvaient pas agir s'ils se contentaient d'invoquer un préjudice commun à l'ensemble des créanciers[13].

La Cour de cassation a cependant opéré un revirement de jurisprudence, sévèrement critiqué par certains[14], en énonçant, dans un arrêt de principe[15], qu'un créancier ne peut agir en extension sur le fondement de la confusion des patrimoines ou de la fictivité. La solution a ensuite été reproduite[16]. Même si la Cour de cassation n'a pas été explicite sur le fondement de cette dénégation de qualité à agir, l'idée de défense de l'intérêt collectif des créanciers appartenant exclusivement au représentant des créanciers semble justifier la solution.

Pourtant, comme il a été justement remarqué[17], l'absence de visa par la Cour de cassation de l'article

1. L. n° 2005-845, 26 juill. 2005, préc.
2. Com. 30 mars 1999, n° 95-17.709, *Bull. civ.* IV, n° 67.
3. AINSI : Paris, 13 sept. 1994, *D.* 1994. IR 238 – Toulouse, 5 juill. 1995, *Dr. sociétés* 1996, n° 165, note Chaput.
4. SAINT-ALARY-HOUIN, 5e éd., n° 388.
5. Paris, 8 mars 1994, *Bull. Joly* 1994. 681, note Saintourens.
6. Com. 28 mai 2002, n° 98-21.730, NP – Nancy, 2e ch., 24 mai 2006, *JCP E* 20 sept. 2007, 2127, p. 34.
7. EN CE SENS AUSSI : Demeyere, *Personnalité morale et droit des entreprises en difficulté*, th., Paris X Nanterre, 2005, p. 479, n° 539.
8. Angers, ch. com., 11 mars 2003, *Act. proc. coll.* 2003/19, n° 240, note Vallansan; *RD banc. fin.* 2004/1, p. 25, n° 21, obs. Lucas.
9. Paris, 5 nov. 1993, *RJ com.* 1995. 69, note Vincent; *D.* 1994. Somm. 41, obs. Derrida.
10. Paris, 5 nov. 1993 – *Adde*, EN CE SENS : J.-CL. COM., Jacquemont, fasc. 2165, [Exploitation en commun et confusion des patrimoines], 2014, n° 47 – *CONTRA* : Rouen, 25 janv. 1996, *RJDA* 1996, n° 699.
11. EN CE SENS : Limoges, ch. civ., 1[re] sect., 21 janv. 1999, *BICC* 1[er] oct. 1999, n° 1076 – *Adde*, SAINT-ALARY-HOUIN, n° 360-1 – SOINNE, n° 523 – *CONTRA* : Colmar, 1re ch. civ., 11 oct. 1989, *JurisData* 051170 – Angers, 27 sept. 1990, *Rev. proc. coll.* 1992, p. 297, obs. crit. Calendini.
12. Com. 16 mars 1999, n° 96-19.537, *Bull. civ.* IV, n° 67; *JCP E* et *A* 1999, Chron. 1529, n° 1-A-2, obs. M. Cabrillac et Pétel; *D. Affaires* 1999. 635, n° 11, obs. Lienhard; *Act. proc. coll.* 1999/7, n° 87; *D.* 1999. Somm. 349, obs. Honorat – Montpellier, 2e ch. B, 7 mars 2000, *Act. proc. coll.* 2000/17, n° 215, note Régnaut-Moutier.
13. Com. 28 nov. 2000, *Act. proc. coll.* 2001/4, n° 43.
14. PÉROCHON ET BONHOMME, 7e éd., n° 158.
15. Com. 15 mai 2001, n° 98-14.560, *Bull. civ.* IV, n° 91; *D.* 2001. AJ 1949, obs. Lienhard; *D.* 2001. Somm. 3425, obs. Honorat; *Act. proc. coll.* 2001/12, n° 148; *Bull. Joly* 2001. 979, n° 223, obs. Pétel.
16. Com. 19 févr. 2002, n° 99-12.776, NP.
17. Honorat, obs. s[s] Com. 15 mai 2001, n° 98-14.560, *D.* 2001. Somm. 3425.

L. 621-39 du code de commerce (alors applicable) semble s'expliquer par la volonté de ne pas écarter du droit d'agir l'administrateur, même si assurément, il n'est pas dans son rôle lorsqu'il entreprend de défendre collectivement les créanciers[1]. Cependant, l'administrateur judiciaire a des pouvoirs propres, spécialement celui d'élaborer le projet de plan. Or, dès lors que le plan présuppose la prise en compte des actifs des sociétés auxquelles on entend étendre la procédure, il peut apparaître logique de lui reconnaître qualité pour agir en extension[2]. La Cour de cassation est en ce sens, en reconnaissant, dans le silence des textes, qualité à l'administrateur judiciaire pour agir en extension[3].

Le caractère attitré de l'action conduit à déclarer irrecevable l'intervention volontaire accessoire d'un créancier[4], fût-il créancier privilégié[5].

Il a été certes jugé qu'un créancier avait qualité à agir pour faire établir la fictivité d'une société, dès lors qu'il est créancier d'un associé, une telle action n'étant pas exercée dans l'intérêt de la collectivité des créanciers de la société[6]. Mais, comme il a été relevé, l'action en déclaration de fictivité, action du droit commun des sociétés, qui appartient aux créanciers sociaux, ne produit absolument pas les mêmes effets qu'une extension[7].

La loi du 26 juillet 2005 conduit à un changement de solution. Si le créancier, en cette qualité, ne dispose toujours pas du pouvoir d'agir aux fins d'extension sur le fondement de la fictivité ou de la confusion des patrimoines, en revanche, la question mérite d'être posée pour les contrôleurs. Il y sera répondu avec l'étude de la solution sous l'empire de l'ordonnance du 18 décembre 2008.

La loi de sauvegarde des entreprises fait naître une nouvelle difficulté, lorsque la procédure à étendre sera une sauvegarde. Il a en effet justement été douté de la possibilité d'étendre une sauvegarde, car cette procédure ne peut être ouverte que sur demande du débiteur. On voit mal dès lors étendre autoritairement une telle procédure dont le caractère volon-t…e est manifeste[8], même si l'extension peut ici …justifiée par le fait qu'elle peut faciliter la réor-…sation de l'entreprise[9].

…ous l'empire de la législation issue de l'ordonnance …18 décembre 2008 les personnes pouvant agir …extension ont été précisées par le texte légal.

Commençons par indiquer que l'avant-projet …'ordonnance de réforme de la loi de sauvegarde des …ntreprises avait entendu supprimer la possibilité d'extension sur le fondement de la confusion des patrimoines ou de la fictivité, en cas d'ouverture d'une procédure de sauvegarde (C. com., art. L. 621-2). La solution apparaissait pleinement justifiée, encore que certains y aient été hostiles[10]. La possibilité d'extension d'une procédure volontariste a en effet été l'objet de vives critiques. Cette extension peut d'ailleurs conduire à un cataclysme, si la personne à laquelle la procédure est à étendre est déjà en état de cessation des paiements. En outre, cette extension semblait se heurter à un obstacle procédural tiré de la qualité à agir. En effet, selon la Cour de cassation, seul le défenseur collectif de l'intérêt des créanciers semble avoir qualité à engager cette action, qui n'appartient pas au débiteur lui-même.

D'une manière surprenante, aux yeux de la doctrine majoritaire en tout cas[11], le texte final issu de la réforme reprend la possibilité d'extension sur le fondement de la confusion des patrimoines d'une procédure de sauvegarde. Il s'emploie à régler la difficulté tirée de la qualité à agir en extension de la procédure de sauvegarde, cette dernière, rappelons-le, ne pouvant être déclenchée que par le seul débiteur. L'article L. 621-2, alinéa 2 (ord. 18 déc. 2008, art. 13) précise que la saisine en extension appartient à l'administrateur, au mandataire judiciaire, au ministère public. Elle peut également être mise en œuvre d'office par la juridiction. La constitutionnalité de la mesure, au regard des exigences d'impartialité, peut toutefois faire difficulté. Au final, le seul absent de la liste est le débiteur, pourtant à l'origine exclusive de l'ouverture de la sauvegarde.

Certains auteurs ne se montrent guère critiques à l'égard de la solution posée, remarquant que « la mesure a pour objectif de rétablir la réalité économique et il peut être soutenu qu'il n'est aucune raison que le débiteur puisse y échapper au prétexte qu'il a décidé de recourir à une procédure collective avant

1. HÉSITANTE : SAINT-ALARY-HOUIN, 5e éd., n° 388, note 138.
2. EN CE SENS : Montpellier, 31 juill. 1991, *D.* 1991. 474, note Derrida.
3. Com. 15 déc. 2009, n° 08-20.934, *Bull. civ.* IV, n° 170; *D.* 2010. AJ 86, obs. Lienhard; *Gaz. Pal.* 16-17 avr. 2010, nos 106, 107, p. 20, note Reille; *Dr. sociétés* 2010, n° 56, note Legros; *Procédures* 2010, n° 41, note Rolland; *Rev. proc. coll.* 2010/3, § 94, p. 55, note Cagnoli; *Dr. et patr.* 2010, n° 196, p. 89, note Saint-Alary-Houin et Monsérié-Bon.
4. Paris, 3e ch. A, 22 mars 2005, RG n° 2004/13841.
5. Paris, 3e ch. A, 1er juill. 2008, *Gaz. proc. coll.* 2009/1, p. 28, n° 3, note Reille; *Bull. Joly* 2009. 48, § 12, note Reille.
6. Com. 3 juin 2008, n° 07-11.697, NP, *Gaz. proc. coll.* 2008/3, p. 30, note Reille; *Act. proc. coll.* 2008/11, n° 170, note Régnaut-Moutier.
7. Demeyère, note ss Com. 3 juin 2008, n° 07-11.697, *LPA* 7 janv. 2009, n° 5.
8. VALLANSAN, 6e éd, p. 56 – RAPPR. : VIDAL, n° 199 – J.-CL. COM., Jacquemont, fasc. 2165, [Exploitation en commun et confusion des patrimoines], 2014, n° 2 – Monsérié-Bon et Thévenot, « Comment améliorer la procédure de sauvegarde », *Rev. proc. coll.* 2008/2, p. 100 s., sp. p. 101, n° 6.
9. VOINOT, 2e éd., n° 242.
10. Soinne, « Les modifications envisagées de la loi du 26 juillet 2005 », *Rev. proc. coll.* 2008/2, p. 9 s., sp. p. 10.
11. NOT. : PÉROCHON, 10e éd., n° 334 – GIBIRILA, n° 215; COQUELET, 3e éd., n° 105 – VALLANSAN *ET ALII*, 6e éd., p. 56.

sa cessation des paiements »[1]. De même, la mesu présente l'avantage d'assurer, pour un groupe sociétés, une unité de solution[2].

La solution législative nous apparaît pourta incohérente. Certes, il n'est pas question de lais au débiteur le soin de se prévaloir d'atteintes à personnalité morale qu'il a lui-même créées entretenues. Il est donc cohérent de lui refuser droit de saisine aux fins d'extension. En revanche n'apparaît pas logique de permettre l'extensi autoritaire d'une procédure volontariste et, d'é dence, le chef d'entreprise, correctement conseil qui verra poindre le risque d'extension de la pro dure sur le fondement de la confusion des patrimoir s'abstiendra soigneusement de demander l'ouvert de la sauvegarde et la prétendue incitation à pré nir se présentera comme un véritable repoussoir.

Quoi qu'il en soit, la liste des personnes pouv demander l'extension sur le fondement de la con sion des patrimoines ou de la fictivité est main nant précisée par le code de commerce.

L'article L. 621-2, alinéa 2 (ord. 18 déc. 20, art. 13) précise que la saisine en extension app tient à l'administrateur, au mandataire judiciai, au ministère public. Elle peut également être mise en œuvre d'office par la juridiction. Au final, le ul absent de la liste est le débiteur, pourtant à l'origine exclusive de l'ouverture de la sauvegarde.

Le débiteur, ou, en présence d'une société, son représentant légal[3], est sans qualité à solliciter l'extension d'une procédure, quelle qu'elle soit. La solution a été fermement posée par la Cour de cassation à propos d'une extension sollicitée par deux associés d'une entreprise agricole à responsabilité limitée (EARL)[4], peu important au demeurant que ces associés aient personnellement la qualité pour être placés sous procédure collective.

La question, qui existait déjà sous l'empire de la loi du 26 juillet 2005, dans sa rédaction d'origine, peut se poser, dans le silence du nouvel article L. 621-2, alinéa 2 du code de commerce, de savoir si les contrôleurs peuvent agir en extension. Le rôle d'organe subsidiaire de défense de l'intérêt collectif des créanciers, dévolu au contrôleur par la loi de sauvegarde des entreprises, qui l'autorise à agir afin de défendre l'intérêt collectif des créanciers si le mandataire judiciaire n'agit pas, conduit à permettre de lui reconnaître la possibilité d'agir en extension sur le fondement de la confusion des patrimoines ou de la fictivité[5], en cas de carence du mandataire judiciaire préalablement mis en demeure d'agir.

La solution semblait toutefois présupposer que l'on attribue à l'action en extension un fondement de reconstitution du gage des créanciers, ce qui n'était peut-être pas toujours le cas. Aussi, pouvait-il être suggéré, même si la solution n'était pas simple, d'examiner au par cas, le but poursuivi à titre principal par l'action en extension. S'il s'agissait de reconstituer le gage des créanciers de la personne dont la procédure devait être étendue, le contrôleur désigné devait avoir qualité à agir, à titre subsidiaire, puisqu'il y avait, d'évidence, un intérêt à agir en défense de l'intérêt collectif des créanciers. Après tout, la solution suggérée n'était pas si extravagante qu'elle pouvait apparaître à première vue. Ne s'agissait-il pas simplement de scruter l'intérêt à agir du demandeur, recherche nécessaire dans toute action en justice ? Mais, on pouvait aussi se contenter de se retrancher derrière l'affirmation de la Cour de cassation, qui, saisie dans le cadre d'une question prioritaire de constitutionnalité, avait clairement affirmé que l'extension sur le fondement de la confusion des patrimoines avait pour but de rétablir le gage des créanciers[6], ce qui faisait apparaître cette action comme tendant à la protection de l'intérêt collectif des créanciers.

Cette suggestion doctrinale d'ouvrir aux contrôleurs la saisine en extension de procédure a été suivie par une juridiction du fond[7]. Elle a été partagée par la Cour de cassation, saisie pour avis, alors même que l'extension de la procédure n'aurait pas comme objet unique la défense de l'intérêt collectif des créanciers[8].

1. Roussel Galle, « Premier aperçu sur l'ordonnance du 18 décembre 2008 réformant le droit des entreprises en difficulté », *LPA* 24 déc. 2008, n° 257, p. 3 s., sp. p. 8, n° 18.
2. Saint-Alary-Houin, 9e éd., n° 431.
3. TGI Bordeaux, 23 mars 2012, RG n° 11/01622, *Rev. proc. coll.* 2014/1, Chron. 1, n° 1, p. 19, note Saintourens.
4. Com. 26 janv. 2016, n° 15-13.986, NP; n° 92 F-D, *Gaz. Pal.* 12 avr. 2016, n° 14, p. 60, note Reille; *BJS* 2016. 233, note Favario; *Rev. proc. coll.* 2016, comm. 76, note Lebel.
5. *Rapp. Xavier de Roux*, n° 2095, p. 186 – *Adde*, J.-Cl. Com., Jacquemont, fasc. 2165, [Exploitation en commun et confusion des patrimoines], 2006, n° 49 – Vallansan *et alii*, 6e éd., p. 60 – *Rapp. Xavier de Roux*, n° 2095, p. 186 – Roussel Galle, 2e éd., 2007, n° 493 – Roussel Galle, « Les contrôleurs, gardiens de l'intérêt collectif », *Gaz. Pal.*, n° sp. 9-10 sept. 2005, p. 3 s., sp. p. 5, n° 14 – Cagnoli, « La qualité pour agir, questions procédurales », *Rev. proc. coll.* 2006/2, p. 209 s., sp. p. 210 – Pérochon, 9e éd., n° 330 – Gibirila, n° 224.
6. Com. 8 oct. 2012, n° 12-40.058 QPC, NP; FS-P+B+I; *Bull. Joly* déc. 2012, comm. 467, note Reille.
7. Paris, pôle 5, 8e ch., 1er mars 2011, RG n° 10/19932, *Act. proc. coll.* 2011/11, comm. 164.
8. Cass., avis, 3 juin 2013, n° 13-70.003, *Bull. avis*, n° 9; *D.* 2013. Pan. 2366, note Lucas; *Gaz. Pal.* 29 sept. 2013, n° 272, p. 7, note Reille; *Rev. proc. coll.* 2013, étude 18, concl. av. gén. Bonhomme; *Act. proc. coll.* 2013/12, comm. 167, note Cagnoli; *Rev. sociétés* 2013. 520, note Roussel Galle; *Bull. Joly* 2013. 578, note Parachkévova; *Rev. proc. coll.* 2013, comm. 117, note Saintourens; *RDBF* sept. 2013, comm. 168, note Houin-Bressand; *Dr. sociétés* 2013, n° 166, note Legros; *LXB hebdo* n° 347, 18 juill. 2013, note Le Corre – *Adde*, Paris, 1er oct. 2013, RG n° 12/19600, *Leden* nov. 2013, comm. 165, note crit. Berthelot – Pérochon, « L'action en extension de procédure subsidiairement ouverte au contrôleur », *BJE* juill. 2013, éditorial p. 197.

La Cour de cassation n'a donc pas voulu s'engage dans la distinction ci-dessus suggérée.

> **Sous l'empire de la législation issue de l'ordonnance du 12 mars 2014**[1], la saisine d'office aux fins d'extension de la sauvegarde est supprimée (C. com., art. L. 621-2, al. 2, réd. ord. 12 mars 2014, art. 16). Il en est de même de la saisine d'office aux fins d'action en réunion de patrimoines contre un EIRL (C. com., art. L. 621-2, al. 3, réd. ord. 12 mars 2014, art. 14). Par voie de conséquence, le visa à l'article R. 621-8-1, alinéa 1 du code de commerce de l'article R. 631-3 qui intéressait la saisine d'office aux fins d'ouverture d'un redressement judiciaire est supprimé par le décret du 30 juin 2014[2] (art. 34). La mesure s'inscrit dans la lignée de la suppression de la saisine d'office aux fins d'ouverture de la procédure.

Le débiteur, de manière nouvelle, pourra demander l'extension de la procédure en cas de confusion des patrimoines ou de fictivité. La nouveauté introduite par l'article 16 de l'ordonnance du 12 mars 2014, qui modifie l'alinéa 2 de l'article L. 621-2 du code de commerce, est de taille, qui consiste à autoriser le débiteur, qui a commis des actes de confusion des patrimoines – imbrication des comptes ou relations financières anormales – ou qui a créé une société fictive, à solliciter l'extension au préjudice de créanciers qui auront à subir les anomalies dans la gestion ou la création d'une personne morale. La mesure est contestable[3]. Le rapport au président de la République explique qu'il s'agit là de la nécessité d'appréhender la réalité économique et certains approuvent la solution nouvelle[4]. Le rapport indique toutefois que le principe selon lequel nul ne peut invoquer sa propre fraude s'appliquera[5].

Observons cependant que, dès avant l'ordonnance du 12 mars 2014, les extensions de complaisance n'étaient pas rares, pour protéger des personnes physiques[6].

> **Appréciations sur la réforme issue de l'ordonnance du 12 mars 2014 – Améliorations possibles.** Autant l'on peut comprendre que le dirigeant social puisse solliciter qu'un même tribunal connaisse des difficultés d'un groupe de sociétés, en centralisant les procédures, autant, il apparaît choquant que le débiteur puisse tirer argument de ses propres fautes de gestion. La morale n'y retrouve guère son compte.

De lege ferenda, à l'initiative du débiteur, on pourrait concevoir le traitement unitaire d'un groupe, en utilisant les règles applicables en cas d'extension sur le fondement de la confusion des patrimoines : unicité de procédure, unicité de solutions, unicité des patrimoines. Mais, le recours à la notion d'extension sur le fondement de la confusion des patrimoines ou de la fictivité serait évité. Il n'y aurait plus besoin de passer par le mécanisme dérogatoire de compétence lorsque les intérêts en présence le justifient, en application de l'article L. 662-2 du code de commerce. Il s'agirait donc de prévoir, dans la seule procédure de sauvegarde, un traitement unitaire des difficultés d'un groupe de sociétés, procédure à l'initiative exclusive du débiteur. En ce sens, l'alinéa 2 de l'article L. 621-2 du code de commerce pourrait prévoir que, « à la demande du représentant légal de la personne morale contrôlant d'autres sociétés, le traitement des difficultés du groupe de sociétés sera effectué unitairement auprès du tribunal qui a ouvert la procédure contre la société mère. En cas d'ouverture préalable contre l'une des sociétés contrôlées, la poursuite du traitement est assurée auprès du tribunal ayant ouvert la procédure de la société mère. Les organes précédemment désignés demeurent en fonction, une mission de coordination étant confiée à l'administrateur et au mandataire judiciaires désignés dans la procédure de la société mère ».

213.33 Assignation en extension – auditions préalables. Les mandataires de justice qui ont qualité pour assigner en extension procéderont par acte extrajudiciaire à l'assignation des personnes physiques ou morales auxquelles la procédure doit être étendue. Une simple requête serait irrecevable (v. s^s^ n° 213.32).

L'assignation en extension n'est pas exclusive d'une assignation en sanction patrimoniale, l'interdiction du subsidiaire (v. s^s^ n° 231.36) n'intéressant que l'assignation en ouverture de la procédure collective à l'initiative d'un créancier[7].

Ils mentionneront la comparution du débiteur en chambre du conseil. Cependant, l'absence de cette

1. Ord. n° 2014-326, 12 mars 2014, *JO* 14 mars, p. 5249.
2. D. n° 2014-736, 30 juin 2014, *JO* 1er juill., p. 10834.
3. AUSSI : Pétel, « Entreprises en difficulté : encore une réforme ! », *JCP E* 2014. 1223, n° 28.
4. Saintourens, « Ouverture des procédures : mise aux normes constitutionnelles et nouveautés procédurales », *Rev. proc. coll.* 2014, dossier 16, n° 10 – Roussel Galle, « La réforme du droit des entreprises en difficulté par l'ordonnance du 12 mars 2014 », *Rev. sociétés* 2014. 351 s., sp. 357, n° 26.
5. Rapport au président de la République sur l'ordonnance n° 2014-326 du 12 mars 2014, p. 12.
6. ILLUSTR. : T. Com. Bordeaux, ch. 4, 12 févr. 2014, RG n° 2014L437, *Rev. proc. coll.* 2015, chron. 1, n° 2, note Saintourens.
7. Com. 2 juill. 2013, n° 11-14.629, NP; n° 695 F-D – Com. 9 juill. 2013, n° 12-16.635, *Bull. civ.* IV, n° 119; n° 772 FS-P+B; *D.* 2013. Actu. 1831, note Lienhard; *Gaz. Pal.* 29 sept. 2013, n° 272, p. 16, note Reille; *Act. proc. coll.* 2013/15, comm. 216, note Cagnoli; *JCP E* 2013. 1644, note Legros; *BJE* 2013, 353, note Sortais; *Rev. proc. coll.* 2014, comm. 1, note Cagnoli; *Dr. sociétés* 2013, n° 210, note Legros; *Rev. proc. coll.* 2014, comm. 49, note Saintourens.

mention n'entache pas l'assignation d'irrégularité dès lors qu'elle ne doit pas être faite nécessairement dans l'acte introductif d'instance, mais peut résulter d'un acte extrajudiciaire adressé ultérieurement[1].

En outre, le fait que le débiteur assigné en extension doive comparaître en chambre du conseil, comme pour toute ouverture de procédure collective, ne signifie pas pour autant que ce débiteur doive être convoqué à comparaître personnellement en chambre du conseil en vue de son audition comme cela était le cas, avant la loi de sauvegarde des entreprises[2], pour le dirigeant recherché en responsabilité pour insuffisance d'actif, en application de l'article 164 du décret du 27 décembre 1985[3]. Cette disposition est en effet inapplicable au débiteur assigné en extension de procédure[4].

Mais le tribunal ne peut se prononcer sur une extension sans avoir entendu ou dûment convoqué la personne assignée en vue de l'extension[5].

Le débiteur dont la procédure doit être étendue doit être appelé en la cause, et cela même s'il est en liquidation judiciaire, du fait de son droit propre qui fait échec au dessaisissement. Son absence de mise en cause pourra justifier l'arrêt de l'exécution provisoire de la décision prononçant l'extension[6].

En revanche, la personne cible de l'extension ne peut invoquer l'irrégularité du jugement d'ouverture de la procédure collective qui doit être étendue, au prétexte que le débiteur de la procédure à étendre n'avait pas été mis en cause à l'occasion de l'ouverture de sa procédure[7].

Lorsque la procédure doit être étendue à un agriculteur, la procédure de nomination préalable d'un conciliateur ne s'impose pas (v. ss n° 231.35).

L'article 16 de l'ordonnance du 12 mars 2014[8] insère un alinéa 4 à l'article L. 621-2 du code de commerce, régissant la situation des professionnels libéraux. Lorsque le débiteur, dont la procédure doit être étendue ou qui est la cible de l'extension, est un professionnel libéral soumis à un statut législatif ou réglementaire ou dont le titre est protégé, le tribunal statue après avoir entendu ou dûment appelé, en chambre du conseil, l'ordre professionnel ou l'autorité compétente dont, le cas échéant, il relève.

Une cour d'appel avait jugé que si l'extension d'une procédure collective intéressait un professionnel libéral, l'audition de l'ordre professionnel ou de l'autorité compétente, qui s'impose lors de l'ouverture d'une procédure collective, ne s'imposait pas en cas d'extension de la procédure intéressant le professionnel libéral à une autre personne[9]. Cet arrêt a été cassé, l'audition de l'ordre professionnel ou de l'autorité compétente s'imposant, selon la Cour de cassation, tant pour l'ouverture que pour l'extension d'une procédure[10] (v. aussi ss n° 233.21).

L'ordonnance du 12 mars 2014 ne fait donc que consacrer cette jurisprudence et le texte nouveau doit, en conséquence, être considéré comme une disposition interprétative.

Lorsque, sous l'empire de la législation résultant de la réforme du 26 juillet 2005, l'action sera initiée par un contrôleur, ce dernier procédera identiquement par assignation.

Les modalités de l'introduction de l'action tendant à étendre une procédure ont été précisées par la législation issue de l'ordonnance du 18 décembre 2008[11] et de son décret d'application du 12 février 2009[12]. L'article 16 du décret d'application de l'ordonnance de réforme insère dans le code de commerce un article R. 621-8-1, qui a pour objet de réglementer les modalités procédurales de l'extension de la procédure collective.

L'alinéa 1er de l'article R. 621-8-1 du code prévoit que le tribunal est saisi par voie d'assignation. Il peut, le cas échéant, être saisi selon les formes de la saisine d'office prévues par l'article R. 631-3 du code ou, s'il est saisi par le ministère public, selon les formes de l'article R. 631-4 du code. L'ordonnance du 12 mars 2014 a supprimé la saisine d'office (v. ss n° 213.32).

L'article 33, 2° du décret du 30 juin 2014[13] insère un alinéa 3 à l'article R. 621-8 du code de commerce pour indiquer que l'identification du destinataire de l'assignation ainsi que la convocation mentionnée aux articles R. 631-3 est complétée, s'il y a lieu, par la dénomination de l'EIRL, ainsi que par la

1. Com. 16 juin 2004, n° 03-12.812, NP.
2. L. n° 2005-845, 26 juill. 2005, préc.
3. D. n° 85-1388, 27 déc. 1985, *JO* 29 déc., p. 15281.
4. Com. 20 janv. 2009, n° 07-17.026, NP, *JCP E* 2009. 1347, n° 1, obs. Pétel; *Dr. sociétés* 2009, n° 58, note Legros; *Rev. proc. coll.* 2009/5, p. 39, § 102, note Saintourens.
5. Com. 21 févr. 2012, n° 11-13.513, NP; n° 219 F-D.
6. Aix-en-Provence, ord. réf., 23 nov. 2009, *Gaz. Pal.* 2010. 237, note Brignon.
7. Com. 13 sept. 2011, n° 10-24.536, NP, n° 816 F-D, *Gaz. Pal. entr. diff.* 21 janv. 2012, n° 20, p. 12, note Reille; *BJE* janv. 2012, comm. p. 11, p. 10, note Cérati-Gauthier; *Rev. proc. coll.* 2012, comm. 18, note Saintourens; *Dr. sociétés* 2012, n° 14, note Legros.
8. Ord. n° 2014-326, 12 mars 2014, préc.
9. Toulouse, 2 mai 2012, RG n° 10/06877, DPDE, *bull.* n° 338, juin 2012, p. 4, note Roussel Galle.
10. Com. 5 nov. 2013, n° 12-21.799, *Bull. civ.* IV, n° 163; n° 1050 FS-P+B; *D.* 2014. pan. 2150, note Le Corre; *Act. proc. coll.* 2013/19, comm. 278, note Cagnoli; *Rev. sociétés* 2013. 724, note Roussel Galle; *Gaz. Pal.* 12 janv. 2014, p. 14, note Reille; *BJE* janv. 2014, p. 15, note Favario; *Bull. Joly* 2013. 823, note Lucas; *Dr. sociétés* 2014, n° 32, note Legros; *Rev. proc. coll.* 2014, comm. 48, note Saintourens et sept. 2014, comm. 131, note Lebel.
11. Ord. n° 2008-1345, 18 déc. 2008, préc.
12. D. n° 2009-160, 12 févr. 2009, *JO* 13 févr., p. 2596.
13. D. n° 2014-736, 30 juin 2014, préc.

précision de l'objet de l'activité professionnelle à laquelle le patrimoine est affecté.

La Cour de cassation estime, au visa de l'article 6 § 1 de la Convention EDH, des articles 16 et 431 du code de procédure civile, que les conclusions doivent être communiquées aux parties[1]. Il s'agit par là, de respecter le principe de la contradiction et celui d'égalité des armes assurant le procès équitable.

Le jugement d'extension doit être signifié, à la diligence du greffier au débiteur soumis à la procédure et à celui visé par l'extension. Un acte extrajudiciaire est donc indispensable. L'article 34, 2° du décret du 30 juin 2014 insère un alinéa 3 à l'article R. 621-8-1 du code de commerce pour indiquer que l'identification du destinataire de la signification est complétée, s'il y a lieu, par la dénomination de l'EIRL ainsi que par la précision de l'objet de l'activité professionnelle à laquelle le patrimoine est affecté.

Ce jugement est en outre communiqué, comme un jugement d'ouverture d'une procédure collective, à l'administrateur et au mandataire judiciaires désignés, au procureur de la République et au trésorier-payeur général du département dans lequel le débiteur a son siège et à celui du département où se trouve le principal établissement.

L'alinéa 3 de l'article R. 621-8-1 du code de commerce, devenu avec le décret du 30 juin 2014, l'alinéa 4, précise que le jugement d'extension de la sauvegarde fait l'objet des publicités visées à l'article R. 621-8 du code, c'est-à-dire les publicités d'un jugement d'ouverture d'une sauvegarde. La même solution vaut pour le jugement prononçant, à l'égard d'un EIRL, la réunion des patrimoines.

La règle posée pour la publicité du jugement d'extension de la sauvegarde est reproduite pour le jugement d'extension de la liquidation judiciaire (C. com., art. R. 641-7, al. 1, réd. D. 30 juin 2014, art. 93).

Cette même disposition précise, depuis le décret du 30 juin 2014, qu'en cas d'appel du ministère public, en application de l'article R. 661-1 ou en cas d'arrêt de l'exécution provisoire en vertu du troisième alinéa de l'article R. 661-1, ces publicités ne sont effectuées par le greffier du tribunal qu'au vu de l'arrêt de la cour d'appel qui lui est transmis par le greffier de cette cour dans les huit jours de son prononcé. Il s'agit, par cette précision, de tenir compte du caractère suspensif de l'appel du ministère public et des effets de l'arrêt d'exécution provisoire, tout devant alors se passer comme si le jugement d'extension ou de réunion des patrimoines n'était pas intervenu, ce qui une sage mesure compte tenu des effets dévastateurs d'une décision d'extension, qui serait ensuite anéantie ou réformée par la cour d'appel.

Terminons en indiquant que les dispositions de l'article R. 621-8-1 du code de commerce, régissant l'extension sur le fondement de la confusion des patrimoines ou de la fictivité, sont applicables en redressement judiciaire, en vertu de l'article R. 631-7, et, sous réserve du dernier alinéa de l'article R. 621-10, en liquidation judiciaire, en vertu de l'article 66 du décret d'application de l'ordonnance du 18 décembre 2008.

213.34 Limites temporelles à l'introduction de l'action en extension sur le fondement de la confusion des patrimoines ou de la fictivité. Il convient d'abord de préciser que la prescription triennale instituée par l'article L. 624-5 du code de commerce (anc[t] L. 25 janv. 1985[2], art. 182) intéressant, sous l'empire de la législation antérieure à la loi de sauvegarde des entreprises[3], le redressement et la liquidation judiciaires personnels est ici sans application[4].

L'extension ne peut avoir pour fondement que des faits antérieurs à la procédure étendue[5]. Si certains faits sont antérieurs au jugement d'ouverture, d'autres postérieurs, seuls les premiers seront pris en compte[6].

Si la personne dont la procédure est étendue à une seconde a déjà été déclarée en redressement judiciaire avant la création de cette seconde société, seule la procédure de liquidation judiciaire, intervenue suite à la résolution de son plan de continuation pourra être étendue, sur constat de faits constatés pendant le plan de continuation, c'est-à-dire postérieurement à la création de la seconde société, mais antérieurement à la liquidation judiciaire, procédure qui est seule étendue à l'exclusion de la procédure de redressement judiciaire[7].

De même, en cas de résolution d'un plan de continuation et d'ouverture d'une seconde procédure – une liquidation judiciaire – distincte de la première, les relations financières anormales justifiant l'extension de procédure ne peuvent être antérieures à la

1. Com. 24 mars 2015, n° 14-11.765, NP; n° 310 F-D; *Dr. sociétés* 2015, comm. 134, note Legros.

2. L. n° 85-98, 25 janv. 1985, préc.
3. L. n° 2005-845, 26 juill. 2005, préc.
4. Paris, 3e ch. A, 6 avr. 1999, *Bull. Joly* 1999. 270, note Saintourens.
5. Com. 28 nov. 2000, n° 98-10.083, *Bull. civ.* IV, n° 187; *D.* 2001. AJ 309, obs. Lienhard; *Act. proc. coll.* 2001/1, n° 2, obs. Hannoun; *Bull. Joly* 2001. 249, n° 67, note Saintourens; *LPA* 15 févr. 2001, n° 33, p. 17, note Segarra; *JCP E* et *A*, 2001, Chron. 750, obs. Pétel – Com. 24 juin 2003, n° 00-20.236, NP – Com. 24 mai 2005, n° 01-03.795, NP – Com. 9 févr. 2010, n° 08-21.271, NP, *Dr. et patr.* 2010, n° 196, p. 89, note Saint-Alary-Houin et Monsérié-Bon – Com. 16 oct. 2012, n° 11-23.036, NP, n° 1018 F-D, *Dr. sociétés* 2013, n° 165, note Legros.
6. Com. 13 mars 2007, n° 05-15.833, NP.
7. Com. 30 mars 2005, n° 04-11.125, NP.

première procédure de redressement judiciaire[1]. Mais elles peuvent être postérieures à l'adoption du plan[2].

Si rien n'interdit d'étendre la procédure ouverte contre le débiteur à une personne déjà en liquidation judiciaire, dès lors que ce débiteur dont il est question d'étendre la procédure est lui-même en liquidation judiciaire[3], en revanche il n'est pas admis d'étendre la procédure de redressement judiciaire à une personne déjà en liquidation judiciaire[4]. Il s'agit par là d'éviter d'étendre une solution définitive - la liquidation judiciaire - à une personne qui ne fait pas l'objet d'une solution définitive, la période de redressement judiciaire étant une solution d'attente[5].

Si l'assignation en extension peut prospérer même après réalisation des actifs du débiteur[6], elle ne peut cependant plus intervenir après **arrêté d'une solution de plan** contre la personne morale cible de l'extension en redressement judiciaire, c'est-à-dire l'adoption d'un plan[7], ou la **clôture de la liquidation judiciaire**[8]. La solution se justifie par les effets de l'extension, qui impliquent un traitement unitaire appliqué aux structures auxquelles la procédure a été étendue (v. s[s] n° 213.42). Bien que cette solution soit posée depuis 1991, il a été jugé que l'assignation émanant d'un liquidateur à l'encontre d'une société ayant obtenu un plan de continuation ne caractérise pas la dégénérescence en abus de droit de cette action en justice, du fait que la légitimité de cette dernière avait été reconnue par les juges du fond. *Il en résulte qu'il n'y a pas place à condamnation du liquidateur sur le terrain de la responsabilité civile professionnelle*[9].

La question nous semblait avoir été renouvelée en ce qui concerne le plan de cession, car, depuis la loi de sauvegarde des entreprises, il n'est plus qu'un évènement dans la procédure du débiteur, non une solution de la procédure. Et c'est pourquoi, une cour d'appel avait cru devoir juger que, puisque la procédure est poursuivie après l'adoption du plan de cession, ce dernier ne constitue plus un obstacle à l'extension de la procédure[10]. Cette solution n'est pas celle retenue par la Cour de cassation, qui réaffirme que l'adoption d'un plan de cession totale fait obstacle à l'extension à un tiers, pour confusion des patrimoines, de la procédure collective du débiteur[11]. Cette reconduction de solution, alors que le contexte juridique est bien différent, ne peut recevoir notre adhésion.

La loi de sauvegarde des entreprises fait naître une nouvelle difficulté, lorsque la procédure à étendre sera une sauvegarde, dès lors que la personne à laquelle la procédure doit être étendue est en redressement ou en liquidation judiciaire. En ce cas, en effet, la procédure à étendre postulera l'absence d'état de cessation des paiements, alors que les personnes auxquelles la procédure doit être étendue sont déjà en cessation de paiements. Il faut alors, semble-t-il, s'interroger pour savoir si l'ensemble, qui est constitué par les personnes dont la procédure deviendrait ainsi unique, est ou non en cessation de paiements. Si tel est le cas, la procédure de sauvegarde initiale semble devoir être convertie en redressement judiciaire à l'occasion du jugement d'extension[12]. Au contraire, s'il n'y a pas cessation de paiements, seule la procédure de sauvegarde semble devoir être poursuivie unitairement.

1. Com. 16 oct. 2012, n°s 11-23.086, 11-23.324, *Bull. civ.* IV, n° 185; n° 1002 F-P+B; *D.* 2012. Actu. 2514, note Lienhard; *Gaz. Pal.* 18 janv. 2013, n° 18, p. 17, note Reille; *BJE* nov. 2012, comm. 195, note Le Mesle; *JCP E* 2012, Chron. 1757, n° 2, obs. Pétel; *Act. proc. coll.* 2012/19, comm. 279, note Blanc; *Rev. proc. coll.* 2013, comm. 3, note Saintourens et comm. n° 5, note Saintourens; *LPA* 8 mars 2013, n° 49, p. 7, note Gicquiaud; *Dr. sociétés* 2013, comm. 209, note Legros; *LXB hebdo* n° 317, 22 nov. 2012, note Le Corre.
2. AINSI : Pau, 2e ch., 1re sect., 6 oct. 2015, RG n° 14/02615, *BJS* mars 2016, 163, note Camensuli-Feuillard.
3. Paris, 20 oct. 1995, *Dr. sociétés* 1996, n° 30, note Chaput.
4. Com. 4 janv. 2000, n° 97-11.712, *Bull. civ.* IV, n° 3; *D.* 2000. AJ 72, obs. Lienhard; *Act. proc. coll.* 2000/2, n° 24, note Régnaut-Moutier; *JCP E* 2000, Chron. 698, n° 1, obs. Pétel.
5. EN CE SENS : Régnaut-Moutier, note s[s] Com. 4 janv. 2000, n° 97-11.712, *Act. proc. coll.* 2000/2, n° 24.
6. Com. 13 nov. 2002, n° 99-16.827, NP.
7. Com. 12 nov. 1991, n° 90-14.255, *Bull. civ.* IV, n° 343; *LPA* 2 mars 1994, note Derrida; *Rev. proc. coll.* 1992, p. 299, obs. Calendini; *JCP E* 1992. I. 136, n° 2, obs. Pétel – Com. 22 oct. 1996, n° 95-13.024, *Bull. civ.* IV, n° 256; *Bull. Joly* 1997. 166, note Le Cannu; *Dr. sociétés* 1997, n° 6, obs. Chaput – Com. 4 janv. 2000, n° 97-11.712, *Bull. civ.* IV, n° 3; *Act. proc. coll.* 2000/2, n° 24; *D.* 2000. jur. 72, obs. Lienhard; *RJDA* 2000/3, n° 302 – Com. 28 nov. 2000, n° 97-12.265, NP, *RJDA* 2001/3, n° 339 – Com. 27 nov. 2001, n° 98-23.043, NP, *Act. proc. coll.* 2002/2, n° 16 – Com. 5 févr. 2002, n° 98-17.846, *Bull. civ.* IV, n° 29; *JCP E* 2002, pan. n° 475; *Act. proc. coll.* 2002/7, n° 91, obs. Vallansan; *RJDA* 2002/6, n° 656; *Bull. Joly* 2002. 587, § 129; *Dr. et patr.* 2002, n° 106, p. 107, obs. Monsérié-Bon – Com. 19 nov. 2003, n° 01-00.542, NP, *RD banc. fin.* 2004, p. 100, n° 72, obs. Lucas – Com. 18 janv. 2005, n° 03-18.264, NP, *Gaz. proc. coll.* 2005/1, p. 22, n° 1-1, obs. Lucas – Com. 16 oct. 2012, n°s 11-23.086, 11-23.324, préc. (v. s[s] prés[t] n°).
8. Com. 11 juill. 1995, n° 93-15.525, *Bull. civ.* IV, n° 208; *D.* 1996. Somm. 80, obs. Honorat; *Rev. proc. coll.* 1996, p. 48, n° 7, obs. Calendini; *Dr. sociétés* 1995, n° 188, note Chaput; *JCP E* 1995. I. 513, n° 1, obs. Pétel.
9. Com. 1er oct. 2013, n° 12-15.199, NP; n° 914 F-D; *Gaz. Pal.* 12 janv. 2014, p. 21, note Gorrias.
10. Besançon, 2e ch. com., 12 mars 2014, RG n° 13/02031, *BJE* juill. 2014, p. 231, note approb. Reille.
11. Com. 5 avr. 2016, n° 14-19.869, *Bull. civ.* IV [à paraître]; n° 347 FS-P+B; *Gaz. Pal.* 28 juin 2016, n° 24, p. 45, note Reille; *Act. proc. coll.* 2016/9, comm. 114, note Robine.
12. EN CE SENS AUSSI : J.-CL. COM., Jacquemont, fasc. 2165, [Exploitation en commun et confusion des patrimoines], 2014, n° 64.

213.35 Voies de recours contre les décisions d'extension sur le fondement de la confusion des patrimoines ou de la fictivité. Commençons par indiquer que la décision qui prononce la jonction de procédures sur le fondement de la confusion des patrimoines, conduisant à l'existence d'une procédure unique, n'est pas assimilable à une jonction d'instance et ne constitue pas dès lors une mesure d'administration judiciaire[1]. Elle est donc susceptible de recours. Pour le surplus, il faut distinguer selon que l'on est avant ou depuis l'ordonnance du 18 décembre 2008[2].

> Jusqu'à l'ordonnance du 18 décembre 2008, les voies de recours sur la décision statuant sur une demande d'extension de la procédure ne sont pas précisées par les textes. La difficulté n'était pas grande, tout au moins quant au principe d'ouverture du recours, à l'encontre des jugements d'extension d'un redressement ou d'une liquidation judiciaire. En effet, la Cour de cassation, à propos du problème de la recevabilité de la tierce opposition à l'encontre du jugement d'extension, avait considéré que le jugement d'extension devait être assimilé à un jugement d'ouverture[3]. Il en avait été tiré la conséquence que le point de départ du délai de tierce opposition était fixé à la publication au *Bodacc* du jugement d'extension[4]. Pour la même raison d'assimilation, l'arrêt de l'exécution provisoire du jugement d'extension a été considéré comme possible[5].

L'appel du jugement d'extension avait donc été jugé recevable de la part de tous les débiteurs, qu'il s'agisse du débiteur auquel la procédure est étendue ou du débiteur dont la procédure est étendue[6]. Le dirigeant d'une personne morale, dont la procédure était étendue à d'autres sociétés, n'avait pas qualité pour exercer un recours à l'encontre du jugement d'extension, n'ayant pas le pouvoir de représenter lesdites sociétés auxquelles la procédure collective de la personne morale qu'il dirigeait avait été étendue[7]. En revanche, il avait été jugé que le débiteur, personne physique, avait qualité, en vertu de son droit propre, pour interjeter appel du jugement d'extension à des personnes morales dont il était associé, non en tant qu'associé, mais en tant que débiteur dont la procédure avait été étendue[8]. Le simple porteur de parts d'une société est irrecevable à former un appel à l'encontre du jugement d'extension[9].

Lorsque le premier président de la cour d'appel fait droit à la demande d'arrêt de l'exécution provisoire d'une décision d'extension sur le fondement de la confusion des patrimoines, le pourvoi formé contre l'ordonnance présidentielle devient sans objet, si la cour d'appel infirme ensuite la décision des premiers juges dont l'exécution provisoire avait été arrêtée[10].

Pour le surplus, on retrouve ici, sous l'empire de la législation antérieure à la loi de sauvegarde des entreprises[11], les difficultés liées à la dissolution de la personne morale débitrice, en cas de liquidation judiciaire, et à la fin des fonctions du dirigeant, qui en est la conséquence et qui emportent impossibilité pour le dirigeant de la société en liquidation judiciaire à laquelle la procédure a été étendue de former un appel, seul étant habile à agir le mandataire *ad hoc* ou le liquidateur amiable de la société concernée par l'extension[12] (v. aussi s^s n° 553.32). La même solution est posée pour le pourvoi en cassation, irrecevable s'il est formé par le gérant d'une société civile à laquelle la procédure a été étendue[13]. Il a été jugé que le mandataire *ad hoc* de la société en liquidation, dont il est question d'étendre la procédure à une autre personne, a qualité pour interjeter appel de la décision rejetant la demande d'extension[14], ce qui apparaît curieux dans la mesure où il n'a pas qualité pour demander l'extension de la procédure.

Si la procédure initiale est ouverte avant le 1er janvier 2006, la loi de 1985 s'applique, non celle du 26 juillet 2005, à la procédure étendue sur le fondement de la confusion des patrimoines, même si

1. Com. 26 janv. 2016, n°s 14-17.672, 14-25.541, 14-28.826, 14-28.856, *Bull. civ.* IV [à paraître]; n° 79 F-P+B; *Gaz. Pal.* 12 avr. 2016, n° 14, p. 59, note Reille; *BJS* 2016. 233, note Favario; *Rev. proc. coll.* 2016, comm. 81, note Fraimout; *LXB hebdo* 18 févr. 2016, n° 455, note Le Corre.
2. Ord. n° 2008-1345, 18 déc. 2008, préc.
3. Com. 4 juill. 2000, n° 98-12.117, *Bull. civ.* IV, n° 138; *Act. proc. coll.* 2000/14, n° 173; *D.* 2000. jur. 375, obs. Lienhard – Com. 8 oct. 2003, n° 00-19.730, NP, *D.* 2003. AJ 2817, note Le Corre; *LXB hebdo* n° A7124C9Q, note Le Corre; *LPA* 16 févr. 2004, n° 33, p. 9, note Lécuyer – Com. 16 mai 2006, n° 05-14.595, *Bull. civ.* IV, n° 122; *Gaz. proc. coll.* 2006/3, p. 15, obs. Lebel; *Gaz. proc. coll.* 2006/3, p. 18, obs. Rohart-Messager; *LXB hebdo* n° N0179AL9, note Le Corre; *D.* 2006. AJ 1530, obs. Lienhard.
4. Com. 16 mai 2006, n° 05-14.595, préc.
5. Com. 11 mai 1999, *D.* 2000. Somm. 95, obs. Honorat; *JCP E* 1999. I. 1529, obs. Pétel; *LPA* 1999, n° 108, p. 9, obs. P.-M.
6. Com. 24 mai 2005, n° 03-20.674, NP, *RTD com.* 2005. 608, n° 18, obs. Vallens.
7. Com. 27 mai 2003, n° 01-14.528, NP.
8. Com. 16 oct. 2001, n° 98-13.607, NP, *Act. proc. coll.* 2001/20, n° 270.
9. Com. 22 nov. 2011, n° 10-23.088, NP; n° 1169 F-D.
10. Com. 2 mars 2010, n° 09-13.174, NP.
11. L. n° 2005-845, 26 juill. 2005, préc.
12. Com. 4 janvier 2005, n° 03-13.077, NP, *Gaz. proc. coll.* 2005/1, p. 29, n° 2-2, obs. Voinot – Com. 13 nov. 2007, n° 06-15.340, NP – Com. 7 févr. 2012, n° 10-27.511, NP, n° 168 F-D.
13. Com. 22 sept. 2015, n°s 13-27.453, 14-26.295, NP.
14. Com. 8 janv. 2013, n° 11-24.382, NP; n° 13 F-D; *Rev. proc. coll.* 2013, comm. 42, note Cagnoli.

l'extension est prononcée après le 1er janvier 20 (v. ss no 073.15).

L'ancien dirigeant de la société à laquelle la procédure a été étendue n'a évidemment pas qualité pour interjeter appel du jugement d'extension en lieu et place du dirigeant actuel[1].

Le jugement prononçant l'extension est un jugement rendu en matière de faillite. Il en résulte que les voies de recours seront exercées dans les mêmes conditions de forme et de délai que celles formées à l'encontre d'un jugement d'ouverture de la procédure collective (v. ss nos 233.52, 233.54). Il a cependant été jugé, à tort selon nous, que le délai d'appel de dix jours pouvait être écarté[2]. Sous l'empire de la loi de sauvegarde des entreprises, le délai d'appel est régi, de façon générale, par l'article R. 661-3, alinéa 1er du code de commerce (anct D. 28 déc. 2005 art. 330, al. 1er). Il est de dix jours. Il court à compter de la notification faite aux parties de la décision[4], sauf dispositions contraires, pour les décisions rendues en application du livre VI du code de commerce. Or tel est le cas des décisions statuant sur une demande d'extension de la procédure.

L'unicité de procédure emporte toutefois cette conséquence que, en dépit du principe selon lequel le mandataire de la partie qui interjette appel doit être intimé, il importe peu que la personne intimée en sa qualité de mandataire judiciaire de la personne initialement placée sous procédure collective soit également intimé en tant que mandataire de la société cible de l'extension[5].

Lorsque l'appel est interjeté par la personne cible de l'extension, le fait que le liquidateur soit intimé sans autre précision n'est pas de nature à rendre irrecevable l'appel, car le liquidateur n'était pas partie à titre personnel en première instance, mais bien es qualité de liquidateur du débiteur, et ne pouvait donc pas être intimé à titre personnel en cause d'appel[6].

Les tiers, spécialement les créanciers – quoique l'opinion contraire ait été soutenue[7] –, formeront une tierce opposition à l'encontre du jugement d'extension. Les créanciers devront remplir les conditions posées à l'article 583 du code de procédure civile. À défaut d'invoquer une fraude, ils devront soulever des moyens propres ou personnels, ce qui est souverainement apprécié par les juges du fond, s'agissant de l'intérêt à agir[8], dans les mêmes conditions que pour former une tierce opposition à l'encontre d'un jugement d'ouverture (v. ss no 233.54). Il en est de même des associés d'une société créée de fait à laquelle la procédure a été étendue. En effet, faute de personnalité morale de cette dernière, celle-ci ne représente pas son associé de fait qui n'est donc pas partie au jugement, ce qui rend irrecevable son appel, fut-il en nullité[9]. Le porteur de parts d'une société, irrecevable à former un appel à l'encontre du jugement d'extension, peut en revanche former une tierce opposition[10].

L'appel de la décision statuant sur tierce opposition à l'encontre du jugement d'ouverture est, sous l'empire de la législation antérieure à la loi de sauvegarde des entreprises, irrecevable. La solution a été transposée par les juges du fond au jugement d'extension sur le fondement de la confusion des patrimoines[11]. La Cour de cassation a, au contraire, admis la recevabilité de l'appel du jugement statuant sur la tierce opposition à l'encontre du jugement d'extension, ainsi que celle du pourvoi à l'encontre de l'arrêt, en considérant que la liste des personnes susceptibles de former un recours contre le jugement d'ouverture posée par l'article 171 de la loi du 25 janvier 1985 (devenu C. com., art. L. 623-1) ne s'appliquait pas au jugement d'extension[12].

La loi du 26 juillet 2005 a rendu possibles les appels à l'encontre des jugements statuant sur tierce opposition à l'encontre des jugements d'ouverture (C. com., art. L. 661-2). L'analogie avec le jugement d'ouverture devient dès lors impuissante à permettre un changement de solution : l'appel du jugement statuant sur tierce opposition à un jugement d'extension reste recevable.

> **L'ordonnance du 18 décembre 2008**[13] éclaircit la question, en posant clairement les voies de recours en la matière.

1. Com. 9 juill. 2002, no 99-17.928, NP – Com. 7 févr. 2006, no 04-17.472, NP, *Gaz. proc. coll.* 2006/2, p. 22, no 2, obs. Lebel.
2. Paris, 3e ch. A, 16 janv. 1996, *D.* 1996. IR 75.
3. D. no 2005-1677, 28 déc. 2005, *JO* 29 déc., p. 20324.
4. RAPPELANT cette solution, pour le délai d'appel du représentant des créanciers à l'encontre d'un plan de continuation : Com. 7 déc. 1999, nos 97-10.498, 97-10.567, NP, *Act. proc. coll.* 2000/5, no 58.
5. Com. 6 déc. 2011, no 10-24.885, *Bull. civ.* IV, no 202; no 1228 F-P+B; *D.* 2012. Actu. 6, obs. Lienhard; *D.* 2012. 1226, note Arbellot; *Gaz. Pal.* 28 avr. 2012, no 118, p. 14, note Reille; *Rev. proc. coll.* 2012, comm. 6, p. 35, note Cagnoli; *BJE* mai 2012, comm. 83, p. 170, note Staes; *Dr. sociétés* 2012, no 170, note Legros.
6. Civ. 2e, 4 juin 2015, no 14-19.812, NP.
7. VALLANSAN *ET ALII*, 6e éd., p. 60.
8. Com. 2 juill. 2013, no 12-17.204, NP, no 700 F-D.
9. Com. 11 févr. 2004, no 01-01.642, *Bull. civ.* IV, no 31; *Gaz. Pal.* 9-10 juill. 2004, p. 3, note Wattremet; *JCP E* 2005, jur. 623, p. 670, note Gibirila.
10. Com. 22 nov. 2011, no 10-23.088, NP, no 1169 F-D.
11. Paris, 3e ch. B, 12 mai 2006, RG no 2005/13813 – Paris, 3e ch. A, 25 sept. 2007, RG no 06/11608, *RTD com.* 2008. 203, no 10, obs. Vallens.
12. Com. 4 juill. 2000, no 98-12.117, *Bull. civ.* IV, no 138; *D.* 2000. AJ 375, obs. Lienhard – Com. 16 déc. 2008, no 07-21.767, NP, *Procédures* 2009, comm. 56, note Rolland.
13. Ord. no 2008-1345, 18 déc. 2008, préc.

Les solutions jurisprudentielles posées sous l'empire des législations antérieures sont reprises par l'article 146 de l'ordonnance du 18 décembre 2008. L'article L. 661-1, 3° du code de commerce dispose que sont susceptibles d'appel et de pourvoi en cassation, « les décisions statuant sur l'extension d'une procédure de sauvegarde, de redressement judiciaire ou de liquidation judiciaire de la part du débiteur soumis à la procédure, du débiteur visé par l'extension, du mandataire judiciaire ou du liquidateur, de l'administrateur et du ministère public ».

Le texte a le mérite de régler la question du recours à l'encontre des décisions d'extension d'une sauvegarde. Il ne fait aucune différence par rapport au jugement d'extension d'un redressement ou d'une liquidation judiciaire, ce qui peut se comprendre compte tenu de la précision posée par le nouvel article L. 621-2, alinéa 2 du code de commerce (ord. 18 déc. 2008, art. 13), qui précise que la saisine en extension appartient à l'administrateur, au mandataire judiciaire, au ministère public et que l'extension de la sauvegarde peut également être mise en œuvre d'office par la juridiction.

Le délai d'appel est clairement régi par le premier alinéa de l'article R. 661-3 du code de commerce, tel qu'il résulte de la rédaction que lui a donné le décret d'application de l'ordonnance de réforme (art. 115). Le texte dispose que « Sauf dispositions contraires, le délai d'appel des parties est dix jours à compter de la notification qui leur est faite des décisions rendues en matière de mandat *ad hoc*, de conciliation, de sauvegarde, de redressement et de liquidation judiciaires, de responsabilité pour insuffisance d'actif, de faillite personnelle et d'interdiction prévue à l'article L. 653-8... » (sur la question, v. s[s] n° 322.22). Ce délai d'appel s'applique, en conséquence, au recours sur la décision statuant sur l'extension, qu'elle la prononce ou la rejette. Indiquons, à cet égard, que les décisions du tribunal ne sont pas notifiées, mais seulement communiquées au ministère public et aux organes.

Sous l'empire de la loi de sauvegarde des entreprises, l'article L. 661-2 du code de commerce disposait que « Les décisions statuant sur l'ouverture de la procédure sont susceptibles de tierce opposition ». Ce texte gardait le silence à propos des jugements de conversion et à propos des jugements d'extension.

L'article 147 de l'ordonnance du 18 décembre 2008 modifie la première phrase de l'article L. 661-2 du code de commerce, qui énonce désormais que « Les décisions mentionnées au 1° à 5° du I de l'article L. 661-1, à l'exception du 4°, sont susceptibles de tierce opposition ».

Ainsi, sont susceptibles de tierce opposition, les décisions statuant sur l'extension des procédures. Les solutions antérieures seront donc conservées, le texte supprimant toutefois la difficulté liée à la recevabilité de la tierce opposition à l'encontre du jugement rejetant la demande d'extension, qui est clairement susceptible de tierce opposition, sous l'empire de l'ordonnance du 18 décembre 2008.

Signalons, pour le surplus, que l'ordonnance de réforme ne modifie pas la seconde phrase de l'article L. 661-2 du code de commerce, selon laquelle « Le jugement statuant sur la tierce-opposition est susceptible d'appel et de pourvoi en cassation de la part du tiers opposant. »

L'arrêt de l'exécution provisoire des jugements d'extension est possible[1], en application de l'article R. 661-1, alinéa 3 du code de commerce, qui vise l'arrêt de l'exécution provisoire des décisions visées au I de l'article L. 661-1 du code, ce qui est le cas des décisions d'extension.

Quelle que soit la législation applicable, l'infirmation du jugement d'extension oblige le liquidateur à rendre des comptes au débiteur auquel la procédure a été étendue. Il doit restituer à ce débiteur les fonds encaissés en son nom, après éventuellement déduction des dépenses régulièrement faites pour son compte[2].

213.36 Prise de mesures conservatoires sur la cible de l'extension. La loi du 12 mars 2012[3] vient ajouter, dans le livre VI du code de commerce, la possibilité de pratiquer des mesures conservatoires sur des biens appartenant à des tiers, notamment lorsque la procédure collective ouverte contre le débiteur est susceptible d'être étendue à ces tiers sur le fondement de la confusion des patrimoines ou de la fictivité. L'ordonnance du 12 mars 2014[4] modifie les solutions applicables (v. s[s] n° 926.43).

Connu sous le nom de loi *Petroplus*, procédure collective médiatisée, le texte vient répondre à certains actes estimés comme moralement répréhensibles et en tous cas économiquement dévastateurs, que l'on a pu constater, consistant pour des sociétés multinationales à dépecer des filiales en difficulté,

1. SAINT-ALARY-HOUIN, 9e éd., n° 438.
2. Paris, pôle 5, 9e ch., RG n° 09/10226, *Act. proc. coll.* 2010/7, n° 106.
3. L. n° 2012-346, 12 mars 2012, *JO* 13 mars, p. 4497 – Lienhard, « Mesures conservatoires : irruption d'une loi applicable à l'affaire [Petroplus] », *D.* 2012. Actu. 605 – Pérochon, « De la mesure dite conservatoire à l'exécution sommaire anticipée », *BJE* avr. 2012, p. 73 – Roussel Galle, « La loi Pétroplus : quelques réflexions… avec un peu de recul », *Rev. proc. coll.* 2012, étude 16, p. 11 – Teboul, « La nouvelle loi sur les mesures conservatoires en matière de procédures collectives : une loi de circonstance ou une loi préventive », *LPA* 2 mars 2012, n° 45, p. 8 – Legros, « Présentation de la loi n° 2012-346 du 12 mars 2012 », *Dr. sociétés* 2012, nos 85 à 88.
4. Ord. n° 2014-326, 12 mars 2014, préc.

en reprenant les biens, propriété des premières, dans la procédure collective des secondes[1].

La proposition de loi a été enregistrée à la présidence de l'Assemblée nationale le 22 février 2012 et a abouti à un vote, obtenu à l'unanimité des deux assemblées, en une semaine. C'est dire l'émoi suscité, dans la classe politique, par le dossier Petroplus, filiale d'un groupe suisse exploitant en France une raffinerie de pétrole, et où l'on a vu la société mère tenter de récupérer les actifs lui appartenant, empêchant la poursuite d'exploitation de sa filiale.

Cette loi, applicable en France métropolitaine et dans les départements d'Outre-mer, s'applique aussi en Nouvelle-Calédonie et dans les îles Wallis et Futuna (art. 5).

L'article 6, pour sa part, démontre, s'il en était besoin, l'empressement de la classe politique à lutter contre la pratique rencontrée dans le dossier Petroplus, en prévoyant que la loi est applicable aux procédures de sauvegarde, de redressement et de liquidation judiciaires en cours à la date de sa publication, laquelle est intervenue au *Journal officiel* du 13 mars 2012.

Le décret du 25 octobre 2012[2] vient encadrer ces mesures conservatoires. Il est entré en vigueur le 28 octobre 2012.

Son application est étendue à Wallis et Futuna. Une délibération spéciale devra intervenir pour son application sur le territoire de la Nouvelle-Calédonie.

Cette législation a notamment pour finalité de permettre de pratiquer des mesures conservatoires sur les biens d'un tiers, en attendant l'extension de la procédure à son égard.

L'article 8 du décret, qui emporte création d'un article R. 662-1-1 du code de commerce, précise que les mesures conservatoires ici étudiées sont soumises aux dispositions de la partie réglementaire du code des procédures civiles d'exécution, sous réserve des dispositions du livre VI du code de commerce. Le nouvel article R. 662-1-2 du code, qui résulte de ce même article 8, précise que ces mesures conservatoires seront mises en œuvre à l'initiative de l'administrateur judiciaire, du mandataire judiciaire et du liquidateur. Le commissaire à l'exécution, qui ne représente pas le débiteur, n'a logiquement pas qualité pour agir.

Cette prise de mesures conservatoires porte sur des biens appartenant à des tiers. Elle nous semble devoir être détachée du cadre classique de l'exigence d'une créance dont le recouvrement serait en péril (C. pr. exéc., art. L. 511-1)[3].

L'article 1er de la loi du 12 mars 2012 prévoit que pour l'application des deuxième et troisième alinéas de l'article L. 621-2 du code de commerce, « le président du tribunal peut ordonner toute mesure conservatoire utile à l'égard de biens du défendeur à l'action mentionnée à ces mêmes alinéas ». Ainsi, selon le texte, des mesures conservatoires peuvent être prises contre les biens de personnes cibles de l'action en extension, soit pour confusion des patrimoines, soit pour fictivité, dans un cadre classique. Cela explique le visa du 2e alinéa de l'article L. 621-2. Les mesures conservatoires peuvent également être prises, dans le cadre d'une action en réunion de patrimoines lorsqu'il est question d'étendre la procédure ouverte à l'encontre du patrimoine d'un l'entrepreneur individuel à responsabilité limitée à un ou plusieurs autres de ses patrimoines. Cela justifie le visa du 3e de l'article L. 621-2.

Précisons que l'article L. 631-7 rendant applicable en redressement judiciaire l'article L. 621-2, et l'alinéa 1er de l'article L. 641-1 rendant applicable en liquidation judiciaire ce même article, le dispositif résultant de l'article 1er de la loi du 12 mars 2012 s'appliquera tant en sauvegarde, qu'en redressement et en liquidation judiciaires.

Pour donner une portée véritable au texte, il faut comprendre que les mesures conservatoires peuvent être sollicitées dans le cadre de l'instance en extension de procédure. En effet, une fois l'extension intervenue, le patrimoine de la société cible est placé sous procédure collective et, de ce fait, est considéré comme faisant corps avec le patrimoine de la société dont la procédure collective a été étendue. La mesure conservatoire ne sert alors plus à rien. Elle n'a donc d'utilité que si elle est pratiquée alors que l'extension n'est pas encore prononcée.

Dans ce contexte, il est logique que les personnes ayant qualité pour saisir le président du tribunal aux fins d'ordonner toute mesure conservatoire soient les mêmes que celles ayant qualité pour agir en extension de la procédure : administrateur, mandataire judiciaire, ministère public ou tribunal d'office.

1. Observons immédiatement, à la suite d'un auteur, que l'objectif qui consiste à s'attaquer aux agissements de multinationales risque fort d'achopper lorsque les biens de la personne cible de l'extension ou du dirigeant fautif ou sont hors du territoire français : Roussel Galle, « La loi Pétroplus : quelques réflexions… avec un peu de recul », *Rev. proc. coll.* 2012, étude 16, n° 12 – Le Corre, « Pour quelques barils de plus chez la fille, et pour quelques dollars de moins… chez la mère : la loi Pétroplus du 12 mars 2012 », *Rev. sociétés* 2012. 412.
2. D. n° 2012-1190, 25 oct. 2012, *JO* 27 oct., 16719 – Roussel Galle, « Le décret Petroplus est arrivé ! », *Rev. proc. coll.* 2012, étude 40 – Le Corre, « Petroplus : commentaire de la loi et du décret », *LXB hebdo* n° 308, 13 sept. 2012.
3. Rapp. n° 4411 AN, par F. Guégot, p. 8 – *Adde*, Legros, « Présentation de la loi n° 2012-346 du 12 mars 2012 », *Dr. sociétés* 2012, n° 86 – Roussel Galle, « La loi Pétroplus : quelques réflexions… avec un peu de recul », *Rev. proc. coll.* 2012, étude 16, n° 18.

C'est ce que prévoit l'article 1er de la loi du 12 mars 2012, qui devient le 3e alinéa de l'article L. 621-2.

L'article 2 du décret insère dans le Code de commerce un nouvel article R. 621-8-2, qui donne au juge des indications sur le montant des sommes pour la garantie desquelles la mesure conservatoire sera autorisée. Ce texte s'applique également en liquidation judiciaire (C. com., art. R. 641-1, réd. D., art. 5). Malgré le silence du décret, il s'applique aussi en redressement, du fait des termes de l'article R. 631-7, qui prévoit l'application en redressement des articles R. 621-7 à R. 621-9. Ce texte distingue deux situations.

Dans la première, au moment où le juge statue sur la mesure conservatoire sollicitée, le délai de déclaration des créances est expiré. Il faut donc comprendre que plus de deux mois se sont écoulés depuis la publication au *Bodacc* du jugement d'ouverture de la procédure qu'il est question d'étendre. En ce cas, la mesure sera ordonnée au vu du montant des créances déclarées. On mesure immédiatement les dangers pour la personne cible de l'extension, si les créances sont été déclarées pour un montant très supérieur à celui qui sera retenu pour leur admission. La mesure conservatoire pourra porter sur des biens d'une valeur bien supérieure au montant du passif.

Dans la seconde, au moment où le juge statue sur la mesure conservatoire demandée, le délai de déclaration des créances n'est pas encore expiré. Le juge ne peut donc se baser sur les sommes déclarées au passif et c'est pourquoi le décret suggère alors de retenir le montant des relevés des créances salariales. En l'absence d'établissement de ce document, il apparaît que le juge ne peut statuer et, par voie de conséquence, ne peut autoriser la mesure conservatoire.

Précisons immédiatement que l'alinéa 2 de l'article 2 de la loi du 12 mars 2012 (C. com., art. L. 631-10-3) prévoit l'information des institutions représentatives du personnel par l'administrateur ou le mandataire judiciaire, sur les mesures conservatoires prises en application de l'article L. 621-2. Le décret (C. com., art. R. 631-7-1) prévoit que cette information doit être faite sans délai, dès que la décision ordonnant la mesure conservatoire est signifiée au défendeur à l'action en extension. Ce texte du redressement judiciaire est également applicable en liquidation (C. com., art. L. 641-1, réd. D., art. 5)[1]. Pareille précision n'est pas apportée dans le cas de l'extension de la procédure de sauvegarde. Le texte y est donc sans application[2].

L'article 4, alinéa 1er de la loi du 12 mars 2012 insère un article L. 663-1-1 dans le Code de commerce disposant *que lorsque les mesures conservatoires* que nous avons précédemment examinées « portent sur des biens dont la conservation ou la détention génère des frais ou qui sont susceptibles de dépérissement, le juge-commissaire peut autoriser, aux prix et conditions qu'il détermine, l'administrateur, s'il a été nommé, ou le mandataire ou le liquidateur à les céder. Les sommes provenant de cette cession sont immédiatement versées en compte de dépôt à la Caisse des dépôts et consignations ».

Ainsi, le texte permet au juge-commissaire d'autoriser la cession de biens, appartenant à un tiers, objets de mesures conservatoires.

Contrairement à la solution retenue en droit commun des mesures conservatoires, et compte tenu de la gravité de la solution, le juge-commissaire appelé à statuer sur l'autorisation de vendre les biens objets de la mesure conservatoire ne peut le faire qu'après avoir entendu ou dûment appelé le propriétaire des biens saisis. Il entend ou appelle également le débiteur (C. com., art. R. 662-17, al. 1er, réd. D. art. 9). Voilà une ordonnance sur requête nécessairement contradictoire[3] !

La demande ici présentée étant chose grave, et étant particulièrement dérogatoire au droit commun des mesures conservatoires, il est prévu la présence à l'audience du ministère public, et non pas la simple communication à celui-ci (C. com., art. R. 662-17, al. 2, réd. D. art. 9).

Les biens ici envisagés, encore que le texte légal n'en dise mot, seront le plus généralement des biens corporels.

En droit commun, la saisie conservatoire de meubles corporels est le préalable normal à la saisie-vente, en l'attente d'un titre exécutoire. La saisie conservatoire porte sur des biens appartenant au débiteur. En l'espèce, le débiteur est bien le propriétaire des biens en question.

De quoi est-il débiteur ? Il est débiteur éventuel des sommes que doit la personne placée sous la procédure collective qu'il est question d'étendre. En effet, une fois la procédure collective étendue, il sera débiteur des mêmes sommes que le débiteur initial.

Ainsi, la nature précise de cette mesure conservatoire n'apparaît pas discutable, même si la créance qui la fonde n'est que très floue, dans son quantum,

1. COMP. : J.-P. Legros, « Présentation de la loi n° 2012-346 du 12 mars 2012 », *Dr. sociétés* 2012, n° 86.

2. AUSSI : Cagnoli, « La loi Pétroplus et son décret d'application ! Phase 1 : l'obtention des mesures conservatoires », *Act. proc. coll.* 2012/18, comm. 272.

3. AUSSI : Cagnoli, « La loi Pétroplus et son décret d'application ! Phase 2 : la vente des biens objets des mesures conservatoires et l'affectation du produit de la vente », *Act. proc. coll.* 2012/18, comm. 273.

parce qu'elle est encore plus évanescente, dans sa réalité, du fait de sa simple éventualité.

La réglementation des saisies conservatoires ici envisagée est commune à celle régissant l'hypothèse de l'action en responsabilité pour contribution aux dettes sociales créée par la loi Pétroplus. Il sera donc renvoyé (v. s[s] n°s 926.42 à 926.44).

Au final, il ne peut être discuté que les mesures contenues dans la loi du 12 mars 2012, peuvent se comprendre. Elles n'en sont pas moins choquantes. Elles autorisent la vente de biens, par la procédure collective, qui n'appartiennent pas au débiteur. Il y a là une atteinte grave au droit de propriété qui nous semble faire difficulté, tant au regard des principes constitutionnels, qu'au regard de l'article 1er du protocole additionnel n° 1 à la Convention EDH, qui garantit le droit de propriété, atteinte d'autant plus grave que les fonds provenant de la vente peuvent être appréhendés par la procédure collective, et tout cela alors que, peut-être, l'action qui justifiait les mesures n'aboutira pas, parce que les conditions n'en étaient pas réunies. On pense tout spécialement à l'action en extension de procédure sur le fondement de la confusion des patrimoines. Tous ceux qui « jouent » ne gagnent pas...

La solution législative apparaît ainsi dangereuse et recéler un mal peut-être au moins aussi grand que celui qu'elle entend combattre. La pratique démontre la faiblesse du nombre d'actions en extension, qui prospèrent, par rapport à celles introduites. La plupart des demandes sont en effet aujourd'hui rejetées, compte tenu de critères restrictifs mis en place par la Cour de cassation, pour justifier une telle extension. Si la cible de l'extension est dans un autre État membre de l'Union européenne, l'extension ne sera possible que sur démonstration que le centre des intérêts principaux de la cible est en France, condition éminemment restrictive.

Permettre la prise de mesures conservatoires sur la société cible de l'extension, c'est provoquer chez cette dernière des risques extrêmement sérieux de cessation des paiements, puisque cela revient à la priver de la possibilité de disposer d'actifs qui lui appartiennent. Les mesures conservatoires ont en effet pour résultat de bloquer chez le débiteur sous procédure collective les biens appartenant à un tiers.

Si, par la suite, la demande d'extension est rejetée, le mal pourrait être plus grand que celui qu'il s'agissait d'éviter car le tiers, auquel on va interdire de reprendre ses biens dans la procédure collective du débiteur, peut être lui-même dans une situation financière délicate.

Les bonnes idées ne font pas nécessairement les bonnes lois, alors même que ces idées seraient communément partagées, comme c'est le cas de la loi du 12 mars 2012, adoptée par les deux assemblées à l'unanimité.

Mais cette réflexion est déjà dépassée. Contentons-nous de souhaiter qu'il soit fait un usage modéré des opportunités extravagantes qu'offre cette législation[1] !

SECTION 213.40

EFFETS DE L'EXTENSION SUR LE FONDEMENT DE LA FICTIVITÉ OU DE LA CONFUSION DES PATRIMOINES

213.41 Identité de date de cessation des paiements. En cas d'extension sur le fondement de la fictivité ou de la confusion des patrimoines, la date de cessation des paiements retenue est identique pour toutes les personnes[2]. Cette solution peut constituer une entorse à la règle selon laquelle la période suspecte ne peut durer plus de dix-huit mois, dès lors que le jugement d'extension est postérieur de plus de dix-huit mois à la date de cessation des paiements retenue à l'occasion de la procédure collective qui a été étendue[3]. En effet, le seul jugement d'ouverture existant sera celui de la première procédure, puisque l'extension n'entraîne pas ouverture d'une procédure autonome à l'encontre des autres structures[4]. Logiquement, la caractérisation de l'état de cessation des paiements de chaque structure ne s'imposera pas[5], ce qui n'est pas contraire à la constitution, et plus spécialement au respect du droit de propriété et à la liberté d'entreprendre, alors même que la cible de l'extension pourrait ainsi être placée en liquidation judiciaire[6].

Une cour d'appel a jugé que la période suspecte, au regard de la personne à laquelle la procédure a été étendue, s'étend de la date de cessation des paiements retenue pour la procédure la première ouverte, qui est la date de cessation des paiements à retenir au regard de l'extension, jusqu'au jugement d'extension. Cela permet de faire tomber sous le coup des nullités de la période suspecte les actes accomplis entre l'ouverture de la première procédure et le juge-

1. RAPPR. : Roussel Galle, « La loi Pétroplus : quelques réflexions… avec un peu de recul », *Rev. proc. coll.* 2012, étude 16, p. 11, sp. p. 14, n° 29.
2. Com. 24 oct. 1995, n° 93-20.469, NP, *Rev. proc. coll.* 1996, p. 206, n° 12, obs. Calendini – Com. 8 juin 1999, n° 97-10.276, NP, *Act. proc. coll.* 1999/12, n° 155; *LPA* 8 juill. 1999, n° 135, p. 5, note P. M.
3. PÉROCHON, 10e éd., n° 1461.
4. Bourges, ch. civ., 31 août 2004, *JCP E* 2005, pan. 551, p. 604.
5. Com. 24 oct. 1995, n° 93-20.469, NP, *Rev. proc. coll.* 1996, p. 206, n° 12, obs. Calendini – Com. 3 avr. 2001, n° 98-16.070, NP, *RJDA* 2001/8-9, n° 874.
6. Com. 8 oct. 2012, n° 12-40.058 QPC, NP, *Rev. sociétés* 2012. 728, note Roussel Galle.

ment d'extension[1], ce qui n'est pas une solution évidente, puisque cela revient à faire tomber sous le coup des nullités de la période suspecte, des actes accomplis après l'ouverture de la procédure, obligeant à torturer quelque peu la notion de période suspecte.

En revanche, pour apprécier la date à laquelle il faut, dans le cadre d'une action en report de date de cessation des paiements, fixer la cessation des paiements, il convient de prendre en compte les actifs disponibles et le passif exigible de toutes les structures, qui constituent une même entreprise[2]. La solution autorisera la condamnation pour banqueroute du dirigeant d'une société, qui n'est pas, prise isolément, en état de cessation des paiements, la cessation des paiements devant être appréciée au niveau de l'ensemble des sociétés dont les patrimoines ont été confondus[3].

Il ne semble pas qu'il soit possible d'étendre une sauvegarde à une personne sous liquidation judiciaire (v. s[s] n° 213.21). L'extension d'une sauvegarde à une personne sous redressement judiciaire fera inévitablement naître la question de l'état de cessation des paiements de la masse active et passive unifiée (v. s[s] n° 213.21).

213.42 Unicité de procédure, unicité de masse active et passive[4], et unicité de solution. L'extension sur le fondement de la fictivité ou de la confusion des patrimoines emporte création d'une procédure collective unique avec patrimoine commun et masse active et passive unique[5]. Les actifs et le passif des structures auxquelles la procédure est étendue sont réunis aux actifs et au passif de la seule procédure ouverte[6]. Le recours à la notion d'indivision pour rendre compte de la solution est exclu[7], puisqu'il n'y a pas plusieurs, mais bien un seul patrimoine[8].

Si la procédure du débiteur est étendue à une caution, il s'opère une confusion de droit, du fait de la réunion dans la même personne des qualités de créancier et de débiteur, qui emporte extinction du cautionnement pour ne laisser subsister que la dette principale[9].

L'extension de la procédure à une personne autorise le jeu de la compensation entre cette personne et un créancier du débiteur dont la procédure a été étendue[10]. Mais, pour qu'il en soit ainsi, encore faut-il que la confusion des patrimoines soit judiciairement constatée, c'est-à-dire que l'extension soit prononcée par la juridiction[11]. La confusion des patrimoines entraîne une extension véritable.

Une première traduction de la solution résulte des règles d'application de la loi dans le temps. Par exception au principe d'application de la loi nouvelle à une procédure ouverte après l'entrée en vigueur de la loi, les règles applicables à la procédure qui a été étendue régissent la situation des créanciers de la personne à laquelle la procédure a été étendue. Ainsi a-t-il été jugé que les créanciers titulaires de sûretés publiés de la personne à laquelle la procédure a été étendue après le 1er octobre 1994 ne peuvent bénéficier du mécanisme de l'inopposabilité de la forclusion, dès lors que la procédure initiale a été ouverte avant cette date[12].

1. Poitiers, 3e ch. civ., 6 mai 2009, RG n° 06-3514, *Act. proc. coll.* 2010/11, n° 163, note Vallansan; *Rev. proc. coll.* 2010, comm. 227, note Blanc.
2. Com. 7 janv. 2003, n° 99-16.204, *Bull. civ.* IV, n° 4; *D.* 2003. AJ 347; *Act. proc. coll.* 2003/3, n° 31, obs. Vallansan; *RTD com.* 2003. 813, n° 5, obs. Saint-Alary-Houin; *Dr. et proc.* 2003/4, p. 235, note Le Corre; *Bull. Joly* 2003. 402, n° 78, note Lucas; *Rev. proc. coll.* 2004, p. 273, n° 13, obs. Dumont – Com. 17 déc. 2003, n° 02-16.029, NP – Com. 23 nov. 2004, n° 03-17.799, NP.
3. Crim. 16 déc. 2009, n° 08-87.458, NP, *Dr. sociétés* 2010, n° 79, note Salomon.
4. Le Corre, « Le sort des créances en cas d'extension d'une procédure collective », *D.* 2002. Chron. 1122.
5. Com. 30 juin 2009, n° 08-15.715, NP, *Gaz. proc. coll.* 2009/4, 2e partie, p. 5, note Reille; *Dr. sociétés* 2009, n° 209, note Legros; *Rev. proc. coll.* 2010/2, comm. 45, p. 40, note Saintourens.
6. POUR la fictivité : Com. 8 nov. 1988, n° 87-11.233, NP, *D.* 1989. Somm. 372, obs. Honorat; *Rev. sociétés* 1990. 71; *RJ com.* 1989. 236, obs. Gallet – POUR la confusion des patrimoines : Com. 17 févr. 1998, n° 97-13.098, *Bull. civ.* IV, n° 58; *LPA* 12 juin 1998, n° 70, p. 22, note Soinne.
7. Com. 30 juin 2009, n° 08-15.715, NP, *Gaz. proc. coll.* 2009/4, 2e partie, p. 5, note Reille; *Dr. sociétés* 2009, n° 209, note Legros; *Rev. proc. coll.* 2010/2, comm. 45, p. 40, note Saintourens.
8. Civ. 1re, 13 févr. 2001, n° 98-16.109, NP, *Dr. sociétés* 2001, n° 112, note Legros – *Adde*, J.-CL. COM., Jacquemont, fasc. 2165, [Exploitation en commun et confusion des patrimoines], 2006, n° 65.
9. Com. 17 févr. 2009, n° 07-16.558, *Bull. civ.* IV, n° 23; *Gaz. proc. coll.* 2009/2, p. 17, n° 1, note Reille; *Act. proc. coll.* 2009/6, n° 96, note Cagnoli; *JCP E* 2009. 1644, n° 13, obs. Simler; *JCP E* 2009, Chron. 1814, n° 15, note M. Cabrillac; *Dr. et patr.* sept. 2009, n° 184, p. 110, note Saint-Alary-Houin; *Rev. proc. coll.* 2009/5, p. 39, § 102, note Saintourens; *RTD com.* 2009. 615, n° 4, obs. Martin-Serf.
10. Com. 9 mai 1995, n° 93-11.724, *Bull. civ.* IV, n° 130; *JCP E* 1995. II. 702, rapp. Rémery; *D.* 1996. Jur. 322, note Loiseau; *RD banc. et bourse* 1995, 221, obs. Campana et Calendini; *RTD com.* 1996. 342, obs. Martin-Serf; *RTD civ.* 1996. 164, obs. Mestre.
11. Com. 5 févr. 2013, n°s 12-12.808, 12-14.571, *Bull. civ.* IV, n° 21; n° 112 F-P+B; *Gaz. Pal.* 1er mai 2013, n° 121, p. 5, note Reille; *Act. proc. coll.* 2013/4, comm. 47, note Cagnoli; *Rev. sociétés* 2013. 181, note Roussel Galle; *BJE* mai 2013, comm. 81, note Saint-Alary Houin; *JCP E* 2013. 1259, note Lebel; *Dr. sociétés* 2013, n° 108, note Legros; *Rev. proc. coll.* 2013, comm. 116, note Saintourens; *LXB hebdo* n° 328, 20 févr. 2013, note Le Corre.
12. Com. 4 janv. 2005, n° 02-13.148, NP, *Gaz. proc. coll.* 2005/1, p. 24, obs. Lucas.

L'unicité de procédure emporte d'abord cette conséquence que les organes de la procédure initialement ouverte demeurent en fonction dans le cadre de la procédure élargie[1]. Elle a également cette conséquence que, en dépit du principe selon lequel le mandataire judiciaire de la partie qui interjette appel doit être intimé, il importe peu que la personne intimée en sa qualité de mandataire judiciaire de la personne initialement placée sous procédure collective soit également intimée en tant que mandataire de la société cible de l'extension[2].

En cas d'extension sur le fondement de la confusion des patrimoines, les actes déclarés inopposables peuvent être accomplis par toutes les personnes auxquelles la procédure collective a été étendue et non pas seulement par la personne qui était le débiteur du créancier agissant en fraude paulienne[3]. La solution est justifiée par l'unicité de masse active et passive.

L'unicité de masse active et passive entraîne l'obligation pour le liquidateur de réaliser tous les actifs, non seulement ceux de la personne contre laquelle la procédure a initialement été ouverte, mais encore ceux de la personne à laquelle la procédure a été étendue. De même, le fait pour un liquidateur de réaliser les actifs d'un débiteur auquel une liquidation judiciaire a été étendue, sans attendre l'expiration des voies de recours sur la décision d'extension, ne constitue pas en soi une faute engageant sa responsabilité personnelle, indépendamment de l'examen des autres circonstances de fait[4].

L'unicité de masse active autorise le tribunal à intégrer dans la cession d'entreprise le bail de l'immeuble existant entre la société d'exploitation et la SCI cible de l'extension, sans avoir à convoquer la SCI bailleresse[5].

Bien que la procédure de vérification des créances ne soit pas unique[6], du fait de l'absence d'identité de point de départ du délai (v. aussi s[s] n° 682.67), il y a création d'une masse active et passive unique, ce qui conduit à un passif unifié. Il n'y a pas lieu de déclarer au passif de la seconde personne si la déclaration a été effectuée au passif de la personne la première déclarée en redressement ou en liquidation judiciaire[7], le contraire ayant cependant été jugé[8]. La Cour de cassation tempère cependant la solution et considère que la déclaration de créance faite au passif de la première procédure, alors que la créance était détenue sur un autre débiteur que celui à la procédure duquel la créance a été déclarée, ne vaudra pas au passif de la seconde si la confusion des patrimoines *est constatée après la déclaration de* créance[9], solution parfois critiquée[10], et qui est justifiée par l'observation que le mandataire judiciaire, au moment où il a reçu la déclaration de créance, était dépourvu de qualité pour la recevoir[11].

La déclaration de créance au passif d'une caution pourra être abandonnée par le créancier si la procédure ouverte contre la caution, fût-ce sur le fondement de l'article L. 624-5 du code de commerce, est ensuite étendue à la société débitrice principale[12]. La solution n'aura plus à s'appliquer sous l'empire de la législation du 26 juillet 2005[13], qui a supprimé les extensions-sanctions.

Un seul avertissement à créancier titulaire de sûreté publiée peut être envoyé, en présence d'un prêt contracté par deux époux, dès lors que la procédure de l'un est étendue à l'autre[14].

La juridiction saisie, pour l'élaboration d'un plan de redressement, devra prendre en compte l'intégralité du passif et des actifs[15]. La solution est transposable à l'élaboration d'un plan de sauvegarde.

Le représentant des créanciers – mandataire judiciaire – ou le liquidateur (v. s[s] n°s 352.41 et 352.42), ainsi que l'administrateur judiciaire (v. s[s] n° 352.22) ne pourront prétendre qu'à un seul droit fixe.

1. J.-CL. COM., Reille, fasc. 2236, [Organes – Mandataire judiciaire : fonctions], n° 8.
2. Com. 6 déc. 2011, n° 10-24.885, *Bull. civ.* IV, n° 202; n° 1228 F-P+B; *D.* 2012. Actu. 6, obs. Lienhard; *D.* 2012. 1226, note Arbellot; *Gaz. Pal.* 28 avr. 2012, n° 118, p. 15, note Reille; *Rev. proc. coll.* 2012, comm. 6, p. 35, note Cagnoli; *BJE* mai 2012, comm. 83, p. 170, note Staes; *Dr. sociétés* 2012, n° 170, note Legros.
3. Com. 23 oct. 2007, n° 06-21.388, NP.
4. Com. 28 janv. 2014, n° 12-20.059, NP; n° 51 F-D.
5. Chambéry, ch. civ., 1re sect., 15 oct. 2013, RG n° 13/01693, *Rev. proc. coll.* 2014, comm. 24, note Fraimout.
6. Lyon, 3e ch., 21 mai 1999, *BICC* 15 déc. 1999, n° 1442.
7. Com. 1er oct. 1997, *RJDA* 1998/3, n° 311; *Bull. Joly* 1997. 1087, obs. Daigre.
8. Paris, 3e ch. B, 28 mai 1999, *RJDA* 1999/11, n° 1226.
9. Com. 19 févr. 2002, n° 98-22.011, *Bull. civ.* IV, n° 34; *D.* 2002. AJ 956; *JCP E* 2002, Chron. 763, p. 806, n° 7, obs. Pétel; *Act. proc. coll.* 2002/6, n° 71, obs. Régnaut-Moutier; *RJ com.* 2002. 229, n° 1598, note Vallens; *Dr. et proc.* 2002/4, p. 227, obs. Crocq; *Bull. Joly* 2002. 782, n° 174, obs. Pétel – Com. 4 nov. 2014, n° 13-24.014, NP; n° 951 F-D; *BJE* 2015, 29, note Benilsi; *Rev. proc. coll.* 2015, comm. 39, note F. et M.-N. Legrand.
10. Avant LSE : VALLANSAN, p. 39 – Après LSE : VALLANSAN *ET ALII*, 6e éd., p. 61 – J.-CL. com., Jacquemont : fasc. 2165, [Exploitation en commun et confusion des patrimoines], 2006, n° 71.
11. Com. 4 nov. 2014, n° 13-24.014, NP; n° 951 F-D; préc.
12. Com. 23 nov. 2004, n° 03-12.516, NP – Com. 23 nov. 2004, n° 03-12.518, NP.
13. L. n° 2005-845, 26 juill. 2005, préc.
14. Montpellier, 2e ch, 15 mars 2016, RG n° 15/07201, *Gaz. Pal.* 24 mai 2016, n° 19, p. 38.
15. Com. 11 févr. 1997, n° 94-20.534, NP, *D.* 1997. IR 87 – Com. 7 janv. 2003, n° 99-16.204, *Bull. civ.* IV, n° 4; *Act. proc. coll.* 2003/3, n° 30; *Bull. Joly* 2003. 402, n° 78, note Lucas; *RTD com.* 2003. 813, n° 4, obs. Saint-Alary-Houin; *Dr. et proc.* 2003/4, p. 235, note Le Corre; *LXB hebdo* n° N 5703AAH, note Le Corre.

Dans le cadre de la reddition des comptes, le liquidateur ne peut, du fait de l'unicité de la procédure, distinguer les opérations patrimoine par patrimoine (v. s[s] n° 592.42).

Il semble s'évincer d'un arrêt de la Cour de cassation que les personnes dont les patrimoines sont confondus n'ont plus d'intérêt distinct, d'où il résulte que les associés de l'une n'ont pas d'intérêt à faire annuler une cession d'actif au profit de l'autre[1].

Les créanciers privilégiés de l'une des personnes parties à la confusion des patrimoines conserveront leur privilège dans la procédure unique[2]. La solution ne s'applique qu'aux seuls privilèges généraux. Elle est bien évidemment sans portée pour les sûretés spéciales, du fait de la spécialité de l'assiette de ces sûretés.

À l'unicité de masse passive et active, il faut ajouter l'unicité de solution. Il y a place à un traitement unitaire pour les structures auxquelles la procédure a été étendue. Cette solution d'évidence, lorsqu'il y a fictivité, s'applique également en cas de confusion des patrimoines. Il ne sera dès lors pas possible qu'une société obtienne un plan de continuation et qu'une autre, à laquelle la procédure a été étendue, soit déclarée en liquidation judiciaire[3]. Toutefois, la Cour de cassation apporte un tempérament : il n'est pas interdit d'arrêter un plan de cession partielle, pour l'une des structures. Il ne s'agit pas d'une exception à l'unicité de procédure conduisant à une unicité de solution. En effet, en présence d'une personne morale unique, le plan de cession partielle est identiquement possible[4]. Il est ainsi possible de panacher les solutions applicables, comme cela serait identiquement possible en présence d'un débiteur unique.

Ce qui est vrai lors de l'arrêté de la solution l'est, à notre sens, tout autant lors de la modification d'un plan. Les pouvoirs reconnus au tribunal au jour de l'arrêté *d'un plan, en présence d'une extension* sur le fon*dement de la confusion des patrimoi*nes, sont identiquement utilisables lors de la modification d'un plan de continuation, de sauvegarde ou de redressement.

De même, l'unicité de procédure emporte cette conséquence que la résolution d'un plan ne pourra jouer de façon divise, si le plan de continuation a été arrêté au profit de sociétés à patrimoines confondus[5]. Sous l'empire de la législation antérieure à la loi de sauvegarde, la résolution du plan de continuation entraînait obligatoirement l'ouverture d'une liquidation judiciaire. Cette solution est écartée par la loi de sauvegarde. Seule la résolution du plan avec cessation des paiements entraîne, en présence d'un plan de continuation ou de redressement, l'ouverture d'une liquidation judiciaire. Il en résulte l'obligation de caractériser cette cessation des paiements, laquelle ne résulte pas de la seule inexécution du plan[6].

Toutefois, une solution différente doit être retenue lorsque la résolution du plan de continuation est la conséquence de l'assignation d'un créancier pour caractérisation d'un nouvel état de cessation des paiements contre l'une des structures à laquelle la procédure avait été étendue. Les juges n'ont alors pas à appliquer ce principe de résolution indivise du plan de continuation. La résolution du plan de continuation prononcée à l'encontre de l'une de ces personnes fera obstacle à l'extension de la résolution du plan de continuation à l'égard des autres, dès lors qu'il n'est pas démontré, depuis le jugement arrêtant le plan de continuation, des éléments de confusion des patrimoines entre la personne dont le plan a été résolu et les autres personnes englobées dans l'extension initiale[7].

213.43 Limites à l'unicité de masse passive et active liée à l'opposabilité du jugement d'extension – Absence de rétroactivité de l'extension. Il n'y aura opposabilité de la situation aux créanciers de la structure à laquelle la procédure a été étendue qu'à compter du jugement d'extension. L'opposabilité n'est donc pas rétroactive. La Cour de cassation affirme ainsi que nonobstant l'unicité de procédure, le jugement la prononçant ne rétroagit pas au jour du

1. Com. 6 juill. 2010, n° 09-15.066, NP, *Rev. proc. coll.* 2010/6, § 212, p. 23, note Saintourens.
2. Com. 5 déc. 1995, n° 93-20.981, *Bull. civ.* IV, n° 281; *D.* 1996. IR 55; *Rev. proc. coll.* 1997, p. 170, n° 8, obs. Calendini.
3. Com. 12 oct. 1993, n° 89-17.509, *Bull. civ.* IV, n° 334; *Rev. sociétés* 1994. 326, note Saintourens – Com. 22 oct. 1996, n° 95-13.024, *Bull. civ.* IV, n° 256; *Bull. Joly* 1997. 166, note Le Cannu; *Dr. sociétés* 1997, n° 6, note Chaput – Com. 17 févr. 1998, n° 97-13.098, *Bull. civ.* IV, n° 75; *LPA* 12 juin 1998, n° 79, p. 22; *RTD com.* 1998. 925, obs. Saint-Alary-Houin – *CONTRA* : Paris, 3e ch. B, 21 mars 1997, *Rev. proc. coll.* 1997, p. 169, n° 8, obs. Calendini.
4. Com. 7 janv. 2003, n°s 00-15.306, 00-16.122, *Bull. civ.* IV, n° 4; *D.* 2003. AJ 347; *Act. proc. coll.* 2003/3, n° 31, note Vallansan; *JCP E* 2003, n° 20, p. 849, note Pételr; *Bull. Joly* 2003. 407, note Lucas; *RTD com.* 2003. 813, obs. Saint-Alary-Houin; *Rev. proc. coll.* 2004, p. 273, obs. Dumont; *Dr. sociétés* 2005, n° 7, note Legros; *Dr. et proc.* 2003/4 p. 235, note Le Corre.
5. Com. 23 juin 1998, n° 96-19.997, NP, *RJDA* 1998/11, p. 938, n° 1247; *RTD com.* 1998. 924, obs. Saint-Alary-Houin – Com. 17 sept. 2013, n° 12-17.657, NP; n° 819 F-D; *Gaz. Pal.* 12 janv. 2014, p. 17, note Reille; *BJE* janv. 2014, p. 16, note Favario; *Rev. proc. coll.* 2014, comm. 23, note Fraimout; *Rev. proc. coll.* 2014, comm. 52, note Saintourens – Montpellier, 2e ch. B, 5 oct. 2004, *Act. proc. coll.* 2005/10, n° 124, note Régnaut-Moutier.
6. Com. 17 sept. 2013, n° 12-17.657, préc. (v. s[s] prés[t] n°).
7. Com. 15 mars 2005, n° 03-17.738, NP.

jugement initial d'ouverture[1]. Il en résulte plusieurs conséquences.

Tout d'abord, le point de départ du délai de déclaration des créances ne courra, à l'égard des créanciers de la personne à laquelle la procédure a été étendue, qu'à compter de la publication au *Bodacc* du jugement d'extension. Si la procédure est étendue à un codébiteur, par exemple un époux, l'obligation distincte contractée par ce dernier autorisera le créancier à déclarer à son passif, alors qu'il avait omis de déclarer au passif de son conjoint le premier déclaré en redressement ou en liquidation judiciaire[2].

Ensuite, l'arrêt des poursuites individuelles ne peut être opposé à un créancier de la personne à laquelle la procédure a été étendue lorsque la poursuite est postérieure au jugement d'ouverture initial, mais antérieure au jugement d'extension[3]. De même, la saisie-attribution pratiquée sur une société à laquelle la procédure a été ensuite étendue ne sera pas remise en cause du fait de l'extension, peu important l'antériorité du jugement d'ouverture initial par rapport à la saisie attribution[4].

Les créances détenues contre la personne à laquelle la procédure a été étendue, qui sont nées avant le jugement d'extension, mais après l'ouverture de la procédure initiale, ne pourront bénéficier des dispositions dites de « l'article 40 » (C. com., art. L. 621-32), sous l'empire de la législation antérieure à la loi du 26 juillet 2005[5], et, sous l'empire de cette législation, des dispositions de l'article L. 622-17 pour la procédure de sauvegarde, rendu applicable en redressement judiciaire par l'article L. 631-14, I, et de l'article L. 641-13, I, pour la procédure de liquidation judiciaire.

La créance née avant le jugement d'extension contre la personne à laquelle la procédure a été étendue est en effet une créance antérieure au jugement d'extension[6], lequel est assimilé à un jugement d'ouverture. La Cour de cassation, en application de ce principe, retient la possibilité de prononcer la nullité d'une cession de créance sur le fondement des nullités de la période suspecte[7]. Identiquement, le principe d'interdiction du jeu de la compensation après jugement d'ouverture ne peut être tenu en échec, dès lors que la créance, bien que née après le jugement d'ouverture de la procédure initiale contre la personne à laquelle la procédure est étendue, est née avant l'extension[8]. En sens contraire, il a cependant été décidé de faire produire plein effet à l'unité de masse active et passive en considérant comme une créance postérieure de la procédure unifiée la créance née avant jugement d'extension du chef de la société à laquelle la procédure a été étendue[9].

Même née après le jugement d'extension, contre une société, à laquelle la procédure a été étendue, la créance sera considérée comme antérieure, dans la procédure subséquemment ouverte contre cette société, si le jugement d'extension de la procédure est rétracté[10].

De l'absence de rétroactivité de l'extension, il a été tiré la conséquence que le prix de vente d'un immeuble, figurant dans une indivision post communautaire, par suite du divorce d'époux communs en biens, ne peut être intégralement remis au liquidateur de l'époux, dès lors que le jugement d'extension ayant conduit au placement de l'époux sous procédure collective est postérieur à l'indivision. Le liquidateur aurait donc dû provoquer le partage et n'aurait dû appréhender que la part de l'époux sous procédure collective, puisqu'il ne représentait que les intérêts personnels du débiteur sous procédure collective[11].

De manière identique, il a pu être jugé que l'épouse commune en biens, qui, dans le cadre du partage de la succession de son mari, se fait attribuer le fonds de commerce exploité par lui et le passif qui y était attaché, ne peut être tenue que des dettes liées au fonds, non à celles d'une société dirigée par son mari, à laquelle la procédure de ce dernier avait été étendue. En effet, la confusion des patrimoines pro-

1. Com. 28 sept. 2004, nº 02-12.552, *Bull. civ.* IV, nº 170; *D.* 2004. AJ 2651, obs. Lienhard; *D.* 2005. Pan. 292, obs. Le Corre; *JCP E*, 2005, Chron. 31, p. 25, nº 1, obs. Pétel; *Bull. Joly* 2005. 34, § 3, note Lucas; *RJ com.* 2005/1, p. 70, note Sortais; *Rev. sociétés* 2005. 459, note Robine; *Defrénois* 2005/11, p. 983, Chron. 38177, nº 1, note Gibirila; *Dr. et proc.* 2005/2, p. 87, note Le Corre; *LXB hebdo* nº N3159ABM, note Le Corre.
2. Com. 11 déc. 2001, nº 98-22.643, *Bull. civ.* IV, nº 198; *D.* 2002. AJ 402, obs. Lienhard; *Act. proc. coll.* 2002/2, nº 23, obs. Régnaut-Moutier; *JCP E* 2002, Chron. 763, p. 807, nº 9, obs. Pétel; *RTD com.* 2002. 363, obs. Martin-Serf.
3. Com. 28 sept. 2004, nº 02-12.552, préc. (v. ss prést nº).
4. Com. 16 juin 2004, nº 01-17.234, *Bull. civ.* IV, nº 128; *D.* 2004. AJ 1973; *D.* 2005. Pan. 292, obs. Le Corre; *Act. proc. coll.* 2004/16, nº 193, note Régnaut-Moutier.
5. L. nº 2005-845, 26 juill. 2005, préc.
6. Com. 20 févr. 2001, nº 98-12.768, NP, *RJDA* 2001/6, nºs 707, 709 – Com. 16 juin 2004, nº 01-17.234, *Bull. civ.* IV, nº 128.
7. Com. 16 juin 2004, nº 01-17.234, *Bull. civ.* IV, nº 128; *D.* 2004. AJ 1973; *Act. proc. coll.* 2004/16, nº 193, note Régnaut-Moutier.
8. Com. 15 mars 2005, nº 03-19.223, NP, *RTD com.* 2006. 480, nº 4, obs. Martin-Serf; *Gaz. proc. coll.* 2005/2, p. 15, obs. Le Corre.
9. Paris, 3e ch. B, 19 sept. 2003, RG nº 2002/16627.
10. Com. 2 oct. 2001, nº 98-18.627, NP, *RJDA* 2002/2, nº 170.
11. Com. 7 avr. 2009, nº 07-16.061, NP, *Gaz. proc. coll.* 2009/3, p. 17, note Reille; *Gaz. proc. coll.* 2009/3, p. 48, nº 3, note Antonini-Cochin; *Act. proc. coll.* 2009/9, nº 147, note Cagnoli; *Dr. et patr.* 2010, nº 196, p. 89, note Saint-Alary-Houin et Monsérié-Bon; *Rev. proc. coll.* 2010, comm. 147, note Lisanti.

noncée sans rétroactivité par jugement postérieur à la dissolution de la communauté n'a pu provoquer l'entrée dans celle-ci des dettes sociales que par l'effet du partage, qui n'a mis à la charge de l'épouse que le passif attaché à l'exploitation du fonds. Il en résulte que le liquidateur agissant à son encontre ne représentait que les créanciers disposant d'une créance née de cette exploitation et non la collectivité des créanciers, ce qui le rendait irrecevable à agir[1].

213.44 Conséquences du maintien ou de la disparition de la personnalité juridique – fin de la confusion des patrimoines. S'il y a fictivité, la personnalité morale apparente de la structure à laquelle la procédure a été étendue n'existe pas.

Au contraire, en cas de confusion des patrimoines, les personnalités juridiques subsistent[2]. L'ensemble concerné n'acquiert pas une existence juridique propre[3]. À cet égard, a été évoquée l'inopposabilité du groupement à l'égard de la collectivité des créanciers. D'une autre manière, lorsque l'extension affecte une personne morale, pourrait être évoquée une inopposabilité de la personnalité morale à la procédure collective[4]. Ce concept, qui met en évidence une relativité de la sanction, permet de comprendre que la personnalité juridique de la personne à laquelle la procédure est étendue soit maintenue, dans les rapports avec les tiers et avec les membres ou associées et les dirigeants du groupement.

Diverses conséquences du maintien relatif de la personnalité juridique peuvent être exposées.

Sur le plan procédural d'abord, l'auteur de la saisine du tribunal ne saurait prétendre représenter le groupe de sociétés[5], ce dernier étant au surplus dénué de personnalité morale.

Sur le fond ensuite, diverses conséquences ont également été tirées du maintien de la personnalité juridique de chacune des structures.

C'est ainsi qu'il a été décidé que la condamnation d'un dirigeant à combler le passif d'une personne morale est limitée au seul passif de la société dirigée[6]. Pour établir l'insuffisance d'actif, qui représente le montant maximal de la condamnation, le tribunal ne peut donc prendre en compte que le passif de la société dirigée, non le passif de toutes les personnes à patrimoines confondus[7]. La solution est pleinement justifiée par les conditions d'engagement de la responsabilité du dirigeant pour insuffisance d'actif. Il doit avoir, par sa faute de gestion, contribué à l'insuffisance d'actif. S'il n'est pas le dirigeant de la société à laquelle la procédure est étendue, il ne peut évidemment avoir contribué à une augmentation de l'insuffisance d'actif de cette société à laquelle la procédure est étendue. Mais, comme cela a été souligné, « s'il est démontré que la faute commise à l'égard de l'une des sociétés a permis de maintenir artificiellement à flot l'ensemble du groupe, c'est le préjudice subi par l'ensemble des créanciers de celui-ci qui doit être mis à la charge de la banque fautive »[8].

En cas d'action en responsabilité contre un établissement de crédit, l'obligation de se placer à la date de l'octroi des crédits pour apprécier la faute du banquier conduit à faire abstraction de la confusion des patrimoines ultérieurement prononcée, la faute devant être appréciée à l'égard de chacune des sociétés et non en prenant en compte l'ensemble des sociétés dont le patrimoine est confondu[9]. « La solution se justifie par le fait que les sociétés en

1. Com. 17 sept. 2013, n° 12-20.984, NP; n° 816 F-D; *Gaz. Pal.* 12 janv. 2014, p. 41, note Antonini-Cochin; *Act. proc. coll.* 2013/16, comm. 237, note Leprovaux; *BJE* janv. 2014, p. 48, note Becqué-Ickowicz et S. Cabrillac.
2. Com. 30 juin 2009, n° 08-15.715, NP, *Gaz. proc. coll.* 2009/4, 2e partie, p. 3, note Reille; *Dr. sociétés* 2009, n° 209, note Legros; *Rev. proc. coll.* 2010/2, comm. 45, p. 40, note Saintourens.
3. Com. 30 juin 2009, n° 08-15.715, préc. (v. ss prést n°).
4. AINSI : Demeyere, *Personnalité morale et droit des entreprises en difficulté*, th., Paris X Nanterre, 2005, p. 499, n° 562.
5. Com. 14 nov. 2000, n° 98-11.456, *Bull. civ.* IV, n° 176; *D.* 2000. Jur. 437, obs. Lienhard; *Bull. Joly* 2001. 251, n° 68, note Pétel; *Act. proc. coll.* 2000/20, n° 266; *RTD com.* 2001. 247, obs. Vallens : ne tirant cependant pas de conséquence de cette irrégularité présentée comme n'étant que de forme.
6. Com. 23 mai 2000, n° 97-21.080, *Bull. civ.* IV, n° 108; *Act. proc. coll.* 2000/1, n° 141; *D.* 2000. Jur. 299, obs. Lienhard; *JCP E* et *A* 2000, Chron. 1567, nos 6 à 13; *LPA* 23 nov. 2000, n° 232, p. 18, note Gibirila; *LPA* 26 févr. 2001, n° 40, note Raimon; *Rev. sociétés* 2001. 115, note Daigre; *D.* 2002. Somm. 78, obs. Derrida; *Rev. proc. coll.* 2002, p. 111, n° 1, obs. Martin-Serf – Com. 17 juill. 2001, n° 98-22.916, NP, *Act. proc. coll.* 2001/17, n° 218, obs. Vallansan; *Rev. proc. coll.* 2002, p. 111, n° 1, obs. Martin-Serf; *Dr. sociétés* 2001, n° 174, note Legros – Com. 8 juill. 2003, n° 00-21.608, NP, *Act. proc. coll.* 2003/20, n° 263 – Com. 30 oct. 2007, n° 06-14.672, NP; n° 1189; *Gaz. proc. coll.* 2008/1, p. 32, note Reille; *Gaz. proc. coll.* 2008/1, p. 70, note Montéran; *Dr. sociétés* 2008, n° 125, note Legros – Paris, 3e ch. A, 18 oct. 2005, *Rev. proc. coll.* 2006/3, p. 291, n° 4, obs. Martin-Serf.
7. SUR CE PRINCIPE de solution : Com. 23 sept. 2014, n° 13-22.095, NP; n° 752 F-D.
8. Pétel, note ss Com. 30 sept. 2008, n° 07-17.384, *JCP E* 2009. 1008, n° 17.
9. Com. 30 sept. 2008, n° 07-17.384, *Bull. civ.* IV, n° 162; *D.* 2008. AJ 2596, note Lienhard; *Gaz. proc. coll.* 2009/1, p. 26, n° 1, note Reille; *Act. proc. coll.* 2008/17, n° 263, note Régnaut-Moutier; *JCP E* 2009. 1008, n° 17, obs. Pétel; *RTD com.* 2009. 191, n° 8, obs. Legeais; *Rev. sociétés* 2009/2, p. 422, note Routier; *Bull. Joly* 2009. 60, § 15, note Torck; *Rev. proc. coll.* 2009, étude 99, p. 57, note Martin-Serf; *Defrénois* 2009. 38973, p. 1391, n° 1, note Gibirila – Com. 10 janv. 2012, n° 10-27.559, NP; n° 14 F-D.

cause n'ont jamais perdu leur personnalité juridique, ce qui oblige à en tenir compte dans l'appréciation du fait générateur de responsabilité »[1].

De même, la demande formée contre son employeur par un salarié de la société à laquelle la procédure a été étendue reste recevable[2].

De la même façon, l'unité de masse active et passive ne fait pas obstacle à la recevabilité de l'action de l'organe compétent pour obtenir paiement, de la part des associés, de la fraction non libérée du capital social[3], la solution se justifiant par le fait que la personnalité morale de la société, à laquelle la première procédure est étendue, subsiste[4].

Le maintien de la personnalité morale de chacune des sociétés dont le patrimoine est confondu conduit également à décider de l'obligation de diriger les demandes de paiement de créances postérieures contre chacune des sociétés, la mise en cause de la seule société dont la procédure a été ouverte ne permettant pas d'obtenir condamnation à paiement de livraisons de marchandises effectuées à d'autres[5].

Il a encore été décidé que le fait pour un créancier d'avoir inscrit une sûreté sur un fonds de commerce, du chef d'un coïndivisaire et non du chef des trois coïndivisaires, entraînant réduction d'efficacité du cautionnement, permettant le jeu de l'article 314 du code civil (exception de subrogation), nonobstant l'extension, sur le fondement de la confusion des patrimoines, de la procédure ouverte à l'encontre de l'un des indivisaires aux deux autres[6].

Identiquement, il a été jugé que le cautionnement donné au débiteur ne peut être étendu aux personnes morales confondues[7]. Cette dernière solution ne saurait être retenue en cas de fictivité, puisqu'il n'y a plus alors en face du créancier, qu'un seul débiteur. Cela justifie, nonobstant le caractère exprès du cautionnement, que le cautionnement initialement donné par la personne morale fictive soit considéré comme ayant été donné par le maître de l'affaire.

1. Pételc, note s[s] Com. 30 sept. 2008, n° 07-17.384, *Bull. civ.* IV, n° 162; *JCP E* 2009. 1008, n° 17.
2. Soc. 14 mars 2000, n° 97-45.898, NP, *Act. proc. coll.* 2000/9, n° 100.
3. Com. 26 mai 1999, n° 97-14.865, *Bull. civ.* IV, n° 109; *LPA* 30 juin 1999, n° 129, p. 9; *Act. proc. coll.* 1999/11, n° 148; *D. Affaires* 1999. 994, obs. Lienhard; *Bull. Joly* 1999. 971, n° 227, note Saintourens; *D.* 2000. Somm. 97, obs. Honorat; *Rev. sociétés* 1999. 865, note Honorat; *Dr. sociétés* 1999, n° 112, note Chaput.
4. Demeyere, *Personnalité morale et droit des entreprises en difficulté*, th., Paris X Nanterre, 2005, p. 506, n° 572.
5. Paris, 5e ch. A, 25 févr. 2004, RG n° 2002/02629, *Act. proc. coll.* 2004/11, n° 133.
6. Civ. 1re, 26 avr. 2000, n° 97-10.116, *Bull. civ.* I, n° 121; *D.* 2000. Jur. 274, obs. Faddoul; *Rev. proc. coll.* 2000, p. 134, n° 4, obs. Kerckhove.
7. Com. 25 nov. 1997, n° 95-15.496, *Bull. civ.* IV, n° 300; *Bull. Joly* 1998, n° 42, obs. Barbièri.

> **Fin de la confusion des patrimoines.**

L'absence de personnalité juridique distincte de l'ensemble dont les patrimoines ont été confondus conduit à décider que, après complète exécution du plan, fin de la mission du commissaire à l'exécution du plan et radiation des inscriptions relatives à la procédure collective étendue, la confusion des patrimoines cesse. Il ne se crée donc pas une indivision, de sorte que la demande en partage, qui est formée par la société à laquelle la procédure initialement ouverte contre la société dont la procédure a été étendue, est sans objet[8].

De même, la confusion des patrimoines cesse avec la résolution du plan[9]. Il n'est donc possible, ni dans le jugement prononçant la résolution du plan, ni dans celui subséquent ouvrant une nouvelle procédure collective à l'encontre des personnes initialement parties à l'extension, de prévoir que le passif de l'une des personnes sera supporté par une autre ou que le passif de chacune des personnes sera supportée par toutes les autres, puisque, ce faisant, le tribunal ferait produire effet à une extension de procédure sur le fondement de la confusion des patrimoines, qui a pris fin au jour de la résolution du plan[10]. De même, il ne peut être décidé que le passif admis au passif de la première procédure sera de plein droit admis aux passifs confondus de la seconde procédure collective, la confusion ayant cessé. Il convient donc de rétablir les admissions au passif de chacune des personnes, initialement parties à la confusion, en rattachant à chaque personne ses propres dettes.

La décision ayant prononcé la résolution du plan indivis aux diverses personnes dont les patrimoines avaient été confondus, qui est certes la cause de l'ouverture de la liquidation judiciaire à l'encontre de ces personnes, ne peut être utilisée pour considérer qu'il y a autorité de chose jugée obligeant à maintenir la confusion des patrimoines. Les liquidations judiciaires ouvertes consécutivement à la résolution du plan à l'encontre de chacune des sociétés dont les patrimoines avaient été confondus, sont des procédures distinctes. Elles ne peuvent être jointes pour conduire à l'existence d'une procédure

8. Com. 30 juin 2009, n° 08-15.715, NP.
9. Com. 29 avr. 2014, n° 12-27.058, *Bull. civ.* IV, n° 74; n° 422 FS-P+B; *D.* 2014. actu 1038, note Lienhard; *Gaz. Pal.* 5 oct. 2014, n° 278, p. 26, note Reille; *Rev. sociétés* 2014. 403, note Roussel Galle; *Act. proc. coll.* 2014/10, comm. 189, note Thiberge; *JCP E* 2014, chron. 1447, n° 3, obs. crit. Pételc; *Rev. proc. coll.* 2014, comm. 162, note Fraimout – Com. 26 janv. 2016, n°s 14-17.672, 14-25.541, 14-28.826, 14-28.856, *Bull. civ.* IV [à paraître]; n° 79 F-P+B; *Gaz. Pal.* 12 avr. 2016, n° 14, p. 59, note Reille; *BJS* 2016. 233, note Favario; *Rev. proc. coll.* 2016, comm. 81, note Fraimout; *LXB hebdo* 18 févr. 2016, n° 455, note Le Corre.
10. Com. 29 avr. 2014, n° 12-27.058, préc.

unique, à moins de retenir l'existence d'une nouvelle confusion des patrimoines[1].

SECTION 213.50

RÈGLES SPÉCIALES À L'ACTION EN RÉUNION DE PATRIMOINES

213.51 Création d'une action en réunion de patrimoines[2]. La loi du 15 juin 2010[3] a créé l'entrepreneur individuel à responsabilité limitée, en octroyant la possibilité à une personne physique, entrepreneur individuel, d'être titulaire de plusieurs patrimoines. Cette loi permet à un entrepreneur d'isoler une masse de biens et de droits, pour exploiter une entreprise, en le préservant des conséquences de l'échec, c'est-à-dire d'une procédure collective, dans laquelle il engloutirait tout son patrimoine, à cause du principe d'unicité du patrimoine, selon lequel tous les biens d'un débiteur répondent de toutes ses dettes. La protection repose sur le mécanisme du patrimoine d'affectation, seuls les biens du patrimoine affecté répondant, par principe, des dettes de ce même patrimoine.

La création de ce patrimoine d'affectation suppose le respect d'un certain nombre de conditions, qui tiennent à la déclaration d'affectation, à la tenue d'une comptabilité séparée pour l'entreprise à patrimoine affecté et à l'ouverture d'un compte bancaire distinct.

Le non-respect de la partition patrimoniale conduit à sa remise en cause, qui peut prendre la forme d'une action en réunion de patrimoine.

La solution résulte de l'ordonnance du 9 décembre 2010[4] portant adaptation du droit des entreprises en difficulté à l'entrepreneur individuel à responsabilité limitée, qui a introduit à l'article L. 621-2 du code de commerce un alinéa 3 qui dispose que « dans les mêmes conditions, un ou plusieurs autres patrimoines du débiteur entrepreneur individuel à responsabilité limitée peuvent être réunis au patrimoine visé par la procédure, en cas de confusion avec celui-ci. Il en va de même lorsque le débiteur a commis un manquement grave aux règles prévues au deuxième alinéa de l'article L. 526-6 ou aux obligations prévues à l'article L. 526-13 ou encore une fraude à l'égard d'un créancier titulaire d'un droit de gage général sur le patrimoine visé par la procédure ». Ce texte de la sauvegarde est applicable en redressement judiciaire, puisque l'article L. 631-7 rend applicables au redressement judiciaire les articles L. 621-1, L. 621-2 et L. 621-3. Il est également applicable en liquidation judiciaire, puisque l'article L. 641-1, alinéa 2 du code rend applicables à la liquidation judiciaire les articles L. 621-1 et L. 621-2.

L'alinéa 3 de l'article L. 621-2 du code de commerce fait ainsi apparaître que l'action en réunion de patrimoine n'est rien d'autre qu'une action en confusion de patrimoines, qui ne dit pas son nom, dans la mesure où l'on raisonne ici sur une même personne physique, ce qui a justifié que l'on ait préféré le vocable d'action en reunion à celui d'extension de procédure[5]. La réalité juridique est cependant la même et c'est pourquoi cette action produit les mêmes effets, à savoir la constitution d'une masse active et passive unique, emportant unicité de solution pour les patrimoines distincts qui ont été réunis.

L'action en réunion obéit aux mêmes conditions procédurales que l'action en extension (v. s[s] n° 213.33), ainsi que le précise l'article R. 621-8-1, alinéa 1 du code de commerce, dans la rédaction que lui donne le décret du 30 juin 2014[6] (art. 34).

L'article L. 661-1, I, 5° du code de commerce, dans la rédaction que lui donne l'article 7 de l'ordonnance du 9 décembre 2010, soumet le jugement statuant sur une action en réunion aux mêmes voies de recours que l'action en extension sur le fondement de la confusion des patrimoines (v. s[s] n° 213.35).

Les cas d'ouverture de l'action en confusion des patrimoines, tels qu'ils ont été dégagés par la jurisprudence, à savoir l'imbrication des comptes et les relations financières anormales, ont vocation à s'appliquer à l'action en réunion de patrimoines. Mais l'article L. 621-2, alinéa 3 du code de commerce a ajouté trois cas spécifiques.

213.52 Action en réunion de patrimoines pour manquement grave aux règles prévues à l'article L. 526-6 du code de commerce. Ce cas d'action en réunion de patrimoine vise le manquement grave aux règles d'affectation posées par l'article L. 526-6 du code de commerce. Il s'agit de la transcription dans le livre VI du code de commerce de la solution de droit commun rendant l'entrepreneur individuel responsable sur la totalité de ses biens et droits[7]. L'absence totale d'affectation doit conduire à une action en réunion[8].

1. Com. 26 janv. 2016, n°s 14-17.672, 14-25.541, 14-28.826, 14-28.856, préc.
2. Saintourens, « EIRL : le risque de l'action en réunion des patrimoines », *Rev. proc. coll.* 2011, dossier 30, p. 106.
3. L. n° 2010-658, 15 juin 2010, *JO* 16 juin, p. 10984.
4. Ord. n° 2010-1512, 9 déc. 2010, préc.
5. AUSSI : Pétel, « L'adaptation des procédures collectives à l'EIRL », *JCP E* 2011. 1071, sp. p. 23.
6. D. n° 2014-736, 30 juin 2014, préc.
7. Sénéchal, « L'EIRL : point de vue d'un mandataire judiciaire », *BJE* mars/avr. 2011, p. 73, sp. p. 75, n° 12.
8. T. com. Dunkerque, 11 mars 2014, RG n° 2014/001064, *Gaz. Pal.* 18 janv. 2015, n° 18, p. 17, note Reille.

213.53 Action en réunion de patrimoines pour manquement grave aux obligations prévues à l'article L. 526-13 du code de commerce. Il s'agit du manquement grave aux obligations comptables et bancaires de fonctionnement de l'EIRL prévues à l'article L. 526-13[1]. Observons que ce cas nous semble déjà appréhendé par le biais de l'imbrication des comptes. Ici encore, il s'agit d'appliquer à la procédure collective la solution de droit commun rendant l'entrepreneur individuel responsable sur la totalité de ses biens et droits[2].

213.54 Action en réunion de patrimoines pour fraude aux droits des créanciers concernés par la procédure collective. L'action en réunion de patrimoines est ouverte en cas de fraude à l'égard d'un créancier titulaire d'un droit de gage général sur le patrimoine visé par la procédure. Il est question de priver l'entrepreneur du bénéfice de la séparation des patrimoines et de la limitation de responsabilité qui en résulte, si l'affectation au patrimoine constitue une fraude, à notre sens une fraude paulienne, c'est dire un acte d'appauvrissement du patrimoine non affecté, rendant impossible l'exécution d'obligations préalablement contractées, ce dont l'entrepreneur a conscience. Il est intéressant de voir que le législateur sanctionne par une action tendant à la défense de l'intérêt collectif des créanciers – l'action en extension – un acte qui peut n'être préjudiciable qu'à un créancier, en rendant impossible le paiement de celui-ci. La chose n'est pas évidente, qui conduit à collectiviser une action *a priori* individuelle, dont le produit aurait dû rester individuel. L'idée de sanctionner l'entrepreneur individuel est ici patente. Le recours à cette forme juridique ne doit pas être un moyen pour échapper aux dettes du passé. Il faudra, selon nous, que l'EIRL ait contracté une dette avant sa déclaration d'affectation, dont il rende sciemment le recouvrement impossible, du fait de l'affectation à son entreprise individuelle.

Le créancier, *ut singuli,* ne peut agir en extension sur le fondement de la confusion des patrimoines. Pas davantage, il ne peut agir en réunion de patrimoines. Dans ces conditions, autorise-t-on le créancier à exercer une action paulienne de droit commun, pour combattre l'affectation réalisée à son préjudice, dès lors que le droit des entreprises en difficulté prévoit une action spécifique pour sanctionner cet acte frauduleux ? Une réponse négative nous semble d'imposer, alors surtout que cette action est attitrée, même si un seul créancier a été victime de la fraude ourdie par l'EIRL.

1. ILLUSTR. : T. com. Dunkerque, 11 mars 2014, RG n° 2014/001064.
2. Sénéchal, art. préc. (v. s^s n° 213.52).

CHAPITRE

214. Fausses extensions de procédure

SECTION 0

ORIENTEUR

214.00 **Plan du chapitre.**

Sect.	214.10	Extension aux membres indéfiniment et solidairement responsables du passif de la personne morale – Législation antérieure à la loi de sauvegarde des entreprises
Sect.	214.20	Suppression de l'extension aux membres indéfiniment et solidairement responsables du passif de la personne morale par la loi du 26 juillet 2005
Sect.	214.30	Extensions – Sanction – Législation antérieure à la loi de sauvegarde des entreprises
Sect.	214.40	Suppression des extensions sanctions par le texte issu de la loi du 26 juillet 2005
Sect.	214.50	Extension sur le fondement de la coexploitation

214.01 **Textes applicables.** (V. les références complètes s[s] n° 011).

> **Législation antérieure à la loi de sauvegarde des entreprises.**

C. com., art. L. 624-1, L. 624-4 et L. 624-5

214.02 **Jurisprudence de référence.**

> L'incapacité des membres ou associés survenue après leur entrée dans la société n'empêchera pas l'ouverture de la procédure à leur encontre.

• **Com. 28 nov. 2000,** n° 98-12.400, NP

* V. s[s] n° 214.11

> En cas de redressement ou de liquidation judiciaire prononcée pour faute à titre personnel contre le dirigeant, les créanciers de la personne morale conservent leurs privilèges généraux dans la procédure du dirigeant.

• **Com. 2 m, 1999,** n° 95-19.917, *Bull. civ.* IV, n° 49

* V. s[s] n° 2131

214.03 **Bibliographie indicative.** (V. les références complètes s[s] n° 03).

> **Actualisable.** RÉP. COM., Campana M.-J., Dizel M., Barrabin L.-Ph. et Fernandez R., « Entreprises en difficulté – Redressement judiciaire Conditions d'ouverture) », n°s 84 à 216; Daigre J.-J., « Entreprises en difficulté – Redressement judiciaire (Personnes morales et dirigeants) », n°s 331 à 342 – J.-CL. COM., Legros J.-P., fasc. 2156, [Causes d'ouverture autres que la cessation des paiements].

> **Ouvrages antérieurs à la loi de sauvegarde des entreprises.** CHAPUT, n° 252 – GUYON, n°s 1395 à 1404, 1406 – JACQUEMONT, n°s 106, 129 à 132 – KERCKHOVE, n°s 219, 220 – LE CANNU, n°s 587 à 589 – Léobon, *L'exercice en commun d'une exploitation par deux époux*, th., Toulouse, 2003 – LE CORRE-BROLY, n°s 38 à 40 – MARTIN ET VALLENS, n°s 2823 à 2827, 2835 à 2839, 2935, 2936, 3968 à 3975, 4048, 4068 – PÉROCHON ET BONHOMME, n° 422 – PÉTEL, n°s 55 à 58, 68 à 72 – RIPERT ET ROBLOT, n°s 2866 à 2871 – SAINT-ALARY-HOUIN, n°s 330, 331 – SOINNE, n°s 463-1 à 470, 486 à 510 – VALLANSAN, p. 339 à 341, 348 à 350.

> **Ouvrages postérieurs à la loi de sauvegarde des entreprises.** JACQUEMONT et VABRES, 9e éd., n°s 206 à 209 – LE CANNU, 7e éd., n°s 222, 237 – PÉROCHON ET BONHOMME, 7e éd., n° 144 – PÉTEL, 7e éd., n°s 61, 62, 72, 73 – ROUSSEL GALLE, n° 195 – SAINT-ALARY-HOUIN, 7e éd., n°s 360, 361.

> **Articles.** Pérochon F., « Le bénéfice sélectif de la procédure collective », *Mél. Mouly*, t. II, 1998, p. 401 – Perrodet A., « Le conjoint du débiteur en redressement judiciaire », *RTD com.* 1999. 1 – Vincenti C., « Le sort des associés indéfiniment et solidairement responsables », *LPA* 17 févr. 2006, n° 35, p. 52.

214.04 **Question principale.**

• L'extension aux membres ou associés suppose-t-elle une faute de leur part ?

* V. s[s] n° 214.11.

SECTION 214.10

EXTENSION AUX MEMBRES INDÉFINIMENT ET SOLIDAIREMENT RESPONSABLES DU PASSIF DE LA PERSONNE MORALE – LÉGISLATION ANTÉRIEURE À LA LOI DE SAUVEGARDE DES ENTREPRISES

214.11 Principe d'extension de la procédure au membres indéfiniment et solidairement respons bles du passif de la personne morale. La mise redressement ou en liquidation judiciaire de l'asso ou du membre du groupement dont il répond indé niment et solidairement du passif est un effet oblig toire de l'ouverture de la procédure à l'encontre groupement, par application de l'article L. 624-1 code de commerce (anct L. 25 janv. 1985[1], art. 17

La règle s'expliquerait par l'idée selon laquell cessation des paiements du groupement établit leur propre cessation des paiements; à défaut, effet, les membres du groupement paieraient le sif de celui-ci, dont ils répondent[2]. Techniquemt, il y aurait donc une présomption irréfragable des sation des paiements. Un auteur a cependant pu douter du fondement technique de la règle, duit de la subsidiarité de l'engagement des membr et associés à l'égard des créanciers du groupement.

Le tribunal n'a aucune appréciation à porter sur le comportement de l'associé ou du membre[4]. Peu importe donc qu'il soit fautif. Dans tous les cas, il doit être déclaré en redressement ou en liquidation judiciaire. Il ne s'agit pas là d'une sanction. En conséquence, il importe peu que la situation de la personne morale débitrice soit imputable à un autre associé ou membre[5].

Un jugement d'ouverture devra cependant être rendu à son encontre, la procédure n'étant pas automatiquement ouverte.

Il en résulte que le jugement d'ouverture de la procédure à l'encontre d'un associé ou membre est nécessairement postérieur à celui de la personne morale dont il doit supporter solidairement et indéfiniment le passif[6]. Même si le contraire a pu être jugé[7], le jugement d'ouverture sur le fondement de l'article L. 624-1 du code de commerce ne semble cependant pas pouvoir être postérieur à la clôture pour insuffisance d'actif de la procédure de la personne morale, pour cette raison que la seconde procédure n'a plus d'objet, faute de passif à supporter par l'associé du fait de la clôture intervenue. Il faut cependant réserver l'hypothèse où une précédente procédure non clôturée a été ouverte à l'encontre de l'intéressé. Le principe d'unité du patrimoine fera obstacle à l'ouverture d'une seconde procédure[8].

L'incapacité des membres ou associés survenue après leur entrée dans la société n'empêchera pas l'ouverture de la procédure à leur encontre. La solution a été posée pour des associés en nom collectif[9]. Il en sera de même des commandités de sociétés en commandite simple ou par actions[10]. Il pourra également s'agir de membres d'un groupement d'intérêt économique à caractère commercial.

Parfois, cependant, les associés indéfiniment et solidairement responsables du passif ne sont pas commerçants. Il en sera ainsi des associés d'une société civile professionnelle. La mise en redressement judiciaire ou en liquidation judiciaire de cette dernière entraînera identiquement ouverture de la procédure contre ses membres. Le fait que l'associé ait été destitué et qu'il doive cesser l'exercice de son activité à compter du jour où la décision prononçant sa destitution est devenue exécutoire, n'entraîne pas la perte de sa qualité d'associé. Cette perte n'intervient qu'à la date de la cession des parts. Faute de cession des parts, l'associé de la société civile professionnelle n'a pas perdu sa qualité d'associé et peut donc, sous l'empire de la législation antérieure à la loi de sauvegarde des entreprises[11], mais avant le 1er janvier 2006, être déclaré en redressement ou en liquidation judiciaire par suite de l'ouverture de la procédure contre la société, en application de l'article L. 624-1 du code de commerce[12].

1. L. n° 85-98, 25 janv. 1985, *JO* 26 janv., p. 1097.
2. PÉTEL, 7e éd., n° 72.
3. Lucas, « Interrogations sur la qualité de commerçant en nom », *Mél. Honorat*, Éd. Frison-Roche, 2000, p. 281 s., sp. p. 286.
4. Com. 29 nov. 2005, n° 03-15.987, NP – *Adde*, Com. 29 nov. 2005, nos 03-15.988 à 03-16.018, 03-16.020 à 03-16.024, 03-16.027, 16.029 à 03-16.034, 03-16.037 à 03-16.042, 03-16.045 à 03-16.054, 03-16.055, 63 esp., NP, *Gaz. proc. coll.* 2006/1, p. 14, obs. Lebel – Com. 29 nov. 2005, 3 arrêts, nos 03-16.056, 03-16.057, 03-16.061.
5. Paris, 3e ch. C, 8 sept. 2000, *D.* 2002. Somm. 76, obs. Sortais.
6. Com. 10 déc. 2002, *Act. proc. coll.* 2003/4, n° 48.
7. Grenoble, ch. com., 21 mai 2003, *Rev. proc. coll.* 2004, p. 219, n° 18, obs. Lebel.
8. Com. 4 févr. 2003, n° 00-14.636, NP, *LXB hebdo* n° N6215AAG, note Le Corre.
9. Com. 8 déc. 1998, n° 96-15.315, *Bull. civ.* IV, n° 292; *D. Affaires* 1999. 129, obs. Lienhard; *JCP E* et *A* 1999, Chron. 813, obs. M. Cabrillac; *JCP E* et *A* 1999, jur. 916, note Youeg; *Bull. Joly* 1999. 386, n° 80 – Com. 28 nov. 2000, n° 98-12.400, NP, *Act. proc. coll.* 2001/2, n° 17; *RD banc. et bourse* 2001/1, p. 19, n° 17, obs. Lucas; *RJDA* 2001/5, n° 601 – *Adde*, Lucas, « Observations sur la qualité de commerçant de l'associé en nom », *Mél. Honorat*, Éd. Frison-Roche, 2000, p. 280.
10. AINSI : Paris, 3e ch. C, 2 juill. 2003, RG n° 2002/17574.
11. L. n° 2005-845, 26 juill. 2005, *JO* 27 juill., p. 12187.
12. Com. 22 mai 2007, n° 06-12.193, *Bull. civ.* IV, n° 139; *Gaz. proc. coll.* 2007/4, p. 28, note Lebel; *Rev. proc. coll.* 2007/3, p. 167, n° 12, obs. Lebel; *Dr. sociétés* 2007, n° 178, note Legros; *Bull. Joly* 2007. 1065, § 292, note Daigre

Certains actes de prêt consentis à des sociétés nom collectif contiennent des clauses de n recours contre les associés. Ces clauses ont po objet d'interdire au prêteur de poursuivre les ass ciés, mais elles n'ont pas pour effet d'exclure la pr sentation d'une demande d'ouverture de la proc dure collective contre la société, laquelle n'équivau pas à une demande de paiement ou de mise e œuvre d'une voie d'exécution à son égard ou à celu de ses associés. Peu importe que pareille clause ait été insérée au contrat alors que, à l'époque, l'ouverture d'une procédure collective contre la société emportait obligatoirement l'ouverture d'une procédure contre chacun des associés[1].

214.12 Cas de l'associé ou du membre retiré du groupement. L'article L. 621-15 du code de commerce (anc[t] L. 25 janv. 1985[2], art. 17, al. 2) règle la question de l'ouverture de la procédure à l'encontre de l'associé retiré d'un groupement dont il était indéfiniment et solidairement responsable du passif. Afin d'éviter trop facilement les conséquences de la procédure ouverte contre la société, l'article L. 621-15 prévoit que le redressement ou la liquidation judiciaire sera encore possible dans l'année qui suit « la mention de son retrait du registre du commerce et des sociétés lorsque la cessation des paiements de la personne morale est antérieure à cette mention ». Ainsi, l'associé restera t-il soumis à la procédure collective tant qu'il n'aura pas procédé à la publicité de son retrait[3] et pendant l'année qui suivra celle-ci, alors même qu'il en aurait fait la demande[4], dès lors du moins que préexiste au retrait, la cessation des paiements de la personne morale[5].

La date buttoir du délai d'un an sera la saisine du tribunal et non le prononcé du jugement d'ouverture à l'encontre de la société, le texte visant le tribunal « saisi ».

La jurisprudence a étendu cette hypothèse, expressément visée par les textes, à la situation d'associés d'une société en nom collectif (SNC) transformée en société à responsabilité limitée (SARL), depuis moins d'un an par rapport à la date du jugement d'ouverture et alors que préexistait, à la transformation, l'état de cessation des paiements. Ces associés ont ainsi été déclarés en redressement judiciaire[6]. Cependant, la Cour de cassation ajoute alors une condition : la société ne doit pas avoir fait l'objet d'un plan de cession ou obtenu un plan de continuation[7], calant ainsi la situation sur celle de l'extension sur le fondement de la fictivité ou de la confusion des patrimoines.

214.13 Autonomie des procédures ouvertes contre le groupement et contre le membre ou associé. L'ouverture de la procédure contre l'associé ou le membre indéfiniment et solidairement responsable du passif du groupement est distincte de celle ouverte contre la personne morale. Il en résulte des conséquences importantes.

Les solutions de la procédure de la personne morale pourront être distinctes de celles des associés u membres.

Faute de disposition particulière, on aurait pu timer que la date de cessation des paiements retenue contre le groupement n'avait pas à l'être pour associés. La solution avait été posée par une juridiction du fond. Il en résultait que si, à la suite d'un oli de la juridiction, la procédure collective contre membres ou associés n'était ouverte que plus de d-huit mois après celle du groupement, la date de cation des paiements dans la procédure des associés ne pouvait être celle retenue pour le groupemet, le report de date de cessation des paiements nepouvant dépasser le délai de dix-huit mois[8]. Cete solution a clairement été condamnée par la Cour de cassation qui, de manière analogique avec la solution posée en cas d'extension à un dirigeant fautif, mais alors qu'en cette matière un texte exprès vient poser la solution, décide que la date de cessation des paiements retenue contre les membres ou associés est celle de la personne morale, peu importe tant que cette date soit antérieure de plus de dix-huit mois par rapport à l'ouverture de la procédure contre les membres ou associés[9]. Cette solution nous paraît discutable au regard de l'absence de texte sur la question permettant de tenir en échec le principe d'indépendance des procédures, cependant qu'elle peut toutefois s'expliquer par l'observation que l'ouverture obligatoire de la procédure contre le membre ou associé a pour fondement la présomp-

1. Com. 22 mars 2011, n° 09-72.748, NP; n° 290 F-D; *Dr. sociétés* 2011, n° 155, note Legros.
2. L. n° 85-98, 25 janv. 1985, préc.
3. Com. 9 juin 1998, n°s 96-12.061, 96-15.657, *Bull. civ.* IV, n° 190; *D.* 1999. Somm. 21, obs. Le Nabasque – Paris, 3e ch., 1er déc. 2000, *Act. proc. coll.* 2001/17, n° 225, obs. Vallansan.
4. SUR UNE DIFFICULTÉ de cette nature : Paris, 3e ch. A, 8 mars 2005, *RTD com.* 2005. 760, n° 12, obs. Champaud et Danet.
5. Com. 3 avr. 2002, n° 99-14.685, NP, *Act. proc. coll.* 2002/10, n° 123, obs. Régnaut-Moutier.
6. Paris, 3e ch. A, 21 nov. 2000, *BICC* 1er juill. 2001, n° 723.
7. Com. 13 nov. 2002, n° 01-02.109, *Bull. civ.* IV, n° 166; *D.* 2002. AJ 3342, obs. Lienhard; *Act. proc. coll.* 2002/20, n° 264, obs. Régnaut-Moutier; *JCP E* 2003, jur. 494, p. 566, note Legros; *Bull. Joly* 2003. 129, § 30, note Lucas; *LPA* 19 sept. 2003, n° 188, p. 13, note Cerati-Gauthier; *RTD com.* 2003. 814, n° 7, obs. Saint-Alary-Houin; *Rev. proc. coll.* 2004, p. 266, n° 4, obs. Dumont.
8. Paris, 3e ch. B, 18 mars 2005, RG n° 2004/15976, *JCP E* 2005, pan. 1100, p. 1227.
9. Com. 27 juin 2006, n° 05-16.200, *Bull. civ.* IV, n° 153; n° 921 FS-P+B+I+R; *D.* 2006. AJ 1890, obs. Lienhard; *Gaz. proc. coll.* 2006/4, p. 11, note Lebel; *Rev. sociétés* 2007. 174, note Roussel Galle.

tion de cessation des paiements de membre ou associé indéfiniment et solidairement responsable du passif du groupement[1].

Le support du passif du groupement par les associés ou membres de celui-ci suppose une déclaration de créance non seulement au passif du groupement, mais encore au passif de chacun des membres ou associés (v. ss n° 663.71).

214.14 Voies de recours à l'encontre du jugement de redressement ou de liquidation judiciaire de l'associé ou du membre indéfiniment et solidairement responsable. L'associé ou le membre indéfiniment et solidairement responsable du passif du groupement, déclaré en cette qualité en redressement ou en liquidation judiciaire, peut faire appel de la décision qui a ouvert à son encontre la procédure. Mais la voie de recours exercée ne lui sera, le plus souvent, d'aucune utilité, si sa qualité est indiscutable. Il sera donc préférable qu'il conteste la décision d'ouverture de la procédure de la personne morale. À l'encontre de cette dernière, il ne pourra former appel, même si le contraire a été jugé[2], faute d'être partie à la décision. Il disposera en revanche de la tierce opposition.

SECTION 214.20 SUPPRESSION DE L'EXTENSION AUX MEMBRES INDÉFINIMENT ET SOLIDAIREMENT RESPONSABLES DU PASSIF DE LA PERSONNE MORALE PAR LA LOI DU 26 JUILLET 2005

214.21 Suppression de l'extension aux membres indéfiniment et solidairement responsables du passif de la personne morale par la loi du 26 juillet 2005[3]**.** La loi du 26 juillet 2005 a supprimé l'extension aux membres et associés indéfiniment et solidairement responsables du passif d'un groupement. La mesure a pour effet d'accélérer les poursuites contre ces personnes, qui demeureront, par principe, *in bonis*.

La solution n'a pas pour effet de remettre en cause les ouvertures de redressement ou de liquidation judiciaires prononcées sur ce fondement avant le 1er janvier 2006. En revanche, à compter de cette date, le prononcé de la mesure est impossible (v. ss n° 073.35).

L'article L. 651-4, alinéa 1er, par renvoi de l'alinéa 3 de ce même article, permet au président du tribunal de charger le juge-commissaire ou, à défaut, un membre de la juridiction qu'il désigne, d'obtenir communication de tout document et information sur la situation patrimoniale des membres et associés des personnes morales dont ils répondent indéfiniment et solidairement des dettes sociales (pour le détail de cette disposition, v. ss n° 921.36), lorsqu'*une procédure de sauvegarde*, de redressement ou de liquidation judiciaire aura atteint le groupement.

Afin d'éviter que les membres ou associés de ces personnes morales n'organisent leur insolvabilité, alors qu'ils sont tenus indéfiniment et solidairement des dettes de la personne morale, l'article L. 651-4, alinéa 2, par renvoi de l'alinéa 3 de ce même article, prévoit la possibilité pour le président du tribunal, en cas d'ouverture contre le groupement d'une procédure de sauvegarde, de redressement ou de liquidation judiciaire, d'ordonner toute mesure conservatoire utile à l'égard des biens de ces associés ou membres.

Jusqu'à l'ordonnance du 18 décembre 2008[4], l'associé qui a la qualité de commerçant, par exemple l'associé en nom collectif, peut être placé sous procédure collective, en cette qualité, sous réserve d'être en état de cessation des paiements[5], sauf demande d'ouverture de la sauvegarde. Toutefois, il a été jugé que si l'associé a été frappé d'une mesure de faillite personnelle, il ne peut plus solliciter l'ouverture d'une procédure collective, puisqu'il est déchu de sa qualité de commerçant[6].

L'ordonnance du 18 décembre 2008 a remplacé systématiquement le visa du « commerçant » par celui de la « personne exerçant une activité commerciale » (v. ss n° 211.21), ce qui semblait exclure la personne qui n'est commerçante que par sa seule qualité d'associé. Mais la Cour de cassation en a décidé autrement, l'associé en nom pouvant, en cette seule qualité, être placé sous procédure collective (v. ss n° 211.21).

SECTION 214.30 EXTENSIONS – SANCTION – LÉGISLATION ANTÉRIEURE À LA LOI DE SAUVEGARDE DES ENTREPRISES

214.31 Extensions à titre de sanction. Diverses dispositions du Code de commerce envisagent la possibilité d'ouverture d'un redressement ou d'une liquidation judiciaire à titre de sanction et non à titre d'extension *stricto sensu* de la procédure ouverte

1. Lucas, « Interrogations sur la qualité de commerçant de l'associé en nom », *Mél. Honorat*, Éd. Frison-Roche, 2000, p. 281 s., sp. p. 284 – *Adde*, Lienhard, obs. ss Com. 27 juin 2006 n° 05-16.200, *D.* 2006. AJ 1890.
2. Aix-en-Provence, 8e ch. com., 12 févr. 2002, RG n° 01/13504, *Act. proc. coll.* 2003/2, n° 24; *JCP E* 2003, pan. 22, p. 12.
3. L. n° 2005-845, 26 juill. 2005, préc.
4. Ord. n° 2008-1345, 18 déc. 2008, *JO* 19 déc., p. 19462.
5. Cérati-Gauthier, « L'associé dans la loi de sauvegarde des entreprises », *Rev. sociétés* 2006. 305, sp. n° 20.
6. Lyon, 3e ch. civ. A, 10 avr. 2008, RG n° 07/05502, *Dr. sociétés* 2008, n° 229, note Legros.

contre la personne morale, malgré l'expression malencontreusement utilisée par les praticiens, y compris dans le corps de leur assignation. Si les faits reprochés sont ceux visés à l'article L. 624-5 du code de commerce et qu'en outre cet article est visé, il a été jugé que la malfaçon contenue dans l'assignation reste sans conséquence[1].

Il en est d'abord ainsi du dirigeant condamné à combler le passif social, sur le fondement de l'article L. 624-3 du code de commerce (anc[t] L. 25 janv. 1985[2], art. 180), et qui ne s'acquitte pas de sa condamnation. L'article L. 624-4 (anc[t] L. 25 janv. 1985, art. 181) prévoit sa mise en redressement ou en liquidation judiciaire à titre personnel, à titre de sanction (v. s[s] n°s 923.12 s.).

Il en est de même du dirigeant social condamné sur le fondement de l'article L. 624-5 du code de commerce (anc[t] L. 25 janv. 1985, art. 182) en redressement ou en liquidation judiciaire à titre personnel (v. s[s] n°s 923.31 s.).

Dans les deux cas, la qualité subjective des intéressés est indifférente. Les créanciers de la personne morale deviennent automatiquement créanciers du dirigeant, sans avoir à déclarer leur créance à son passif[3], en conservant leurs privilèges généraux dans la procédure du dirigeant[4]. Cette dernière solution est critiquable[5], car la procédure du dirigeant et celle de la personne morale débitrice sont distinctes. Il ne s'agit pas d'une véritable extension.

À titre de sanction, on signalera également la mise en redressement ou en liquidation judiciaires du locataire-gérant n'exécutant pas l'engagement d'acquérir l'entreprise, au terme de la période de location-gérance, dans le cadre d'un plan de cession, par application de l'article L. 621-101 du code de commerce (anc[t] L. 25 janv. 1985, art. 98, al. 1er).

SECTION 214.40

SUPPRESSION DES EXTENSIONS SANCTIONS PAR LE TEXTE ISSU DE LA LOI DU 26 JUILLET 2005

214.41 Suppression des extensions sanctions par le texte issu de la loi du 26 juillet 2005[6]. La loi du 26 juillet 2005 supprime la possibilité pour le tribunal d'ouvrir un redressement ou une liquidation à titre personnel contre le dirigeant de la personne morale débitrice aux fins de le sanctionner, qu'il s'agisse du redressement ou de la liquidation judiciaire pour inexécution de la décision de condamnation à combler le passif (v. s[s] n° 923.11) ou pour faits visés à l'article L. 624-5 du code, dans la rédaction antérieure à la loi du 26 juillet 2005 (v. s[s] n° 923.22).

La mise en redressement ou en liquidation judiciaires du locataire-gérant n'exécutant pas l'engagement d'acquérir l'entreprise, au terme de la période de location-gérance, dans le cadre d'un plan de cession, à titre de sanction a également été supprimée par la loi de sauvegarde des entreprises.

Un amendement tendant à prévoir que la procédure de sauvegarde ouverte contre un donneur d'ordre pourrait être étendue aux sous-traitants. Cet amendement a été rejeté[7]. Outre le caractère par trop systématique de cette extension, l'amendement allait contre le cours de l'histoire, puisque la réforme a supprimé les fausses extensions.

SECTION 214.50

EXTENSION SUR LE FONDEMENT DE LA COEXPLOITATION

214.51 Particularisme de la coexploitation. La coexploitation, qui désigne l'hypothèse dans laquelle plusieurs personnes exploitent en commun le commerce, entraîne, lorsqu'elle est établie, l'ouverture d'une procédure distincte contre le conjoint et non l'extension de la procédure de l'un à l'autre. L'ouverture de la procédure suppose la démonstration que le coexploitant est en état de cessation des paiements. La question sera examinée à l'occasion de l'étude des époux, même si elle déborde largement l'hypothèse de seuls époux (v. s[s] n° 741.21).

1. Com. 18 janv. 2005, n° 03-15.447, NP, *Gaz. proc. coll.* 2005/1, p. 23, n° 1-2, obs. Lucas – Com. 30 mars 2005, n° 04-10.297, NP.
2. L. n° 85-98, 25 janv. 1985, préc.
3. Com. 17 févr. 1998, n° 95-21.569, *Bull. civ.* IV, n° 77; *JCP E* 1998, Chron. 1401, n° 20, obs. Pételée.
4. Com. 2 mars 1999, n° 95-19.917, *Bull. civ.* IV, n° 49; *D. Affaires* 1999. 560, obs. Lienhard; *LPA* 1er avr. 1999, n° 65, p. 9, note P. M.; *JCP E et A* 1999, Chron. 1587, n° 16, obs. Delebecque.
5. Le Corre, « Le sort des créances en cas d'extension d'une procédure collective », *D.* 2002. Chron. 1122.
6. L. n° 2005-845, 26 juill. 2005, préc.
7. Amend. n° 466, interv. Vaxès, *JOAN CR*, 2e séance du 3 mars 2005, p. 1648, 1649.

TITRE

220. Situation économique exigée

SECTION 0

Orienteur

220.00 Plan du titre.

Chap. 221 **Ouverture de la procédure de redressement ou de liquidation judiciaires conditionnée à l'état de cessation des paiements**

Sect. 221.10 Définition légale de l'état de cessation des paiements

Sect. 221.20 Constatation judiciaire de l'état de cessation des paiements

Sect. 221.30 Indifférence exceptionnelle de l'état de cessation des paiements en matière de redressement ou de liquidation judiciaire

Sect. 221.40 Particularisme des procédures collectives atteignant les établissements de crédit

Chap. 222 **Date de cessation des paiements**

Sect. 222.10 Fixation initiale de la date de cessation des paiements

Sect. 222.20 Règles de fond du report de la date de cessation des paiements

Sect. 222.30 Modalités procédurales de l'action en report de la date de cessation des paiements

Chap. 223 **Difficultés que le débiteur ne peut surmonter, condition d'ouverture de la procédure de sauvegarde**

Sect. 223.10 Exigence de l'absence d'état de cessation des paiements

Sect. 223.20 difficultés de nature à conduire à la cessation des paiements sous l'empire de la loi du 26 juillet 2005 non réformée

Sect. 223.30 Difficultés que le débiteur ne peut surmonter

Sect. 223.40 Impossibilité pour le débiteur de surmonter seul les difficultés

Sect. 223.50 Date d'appréciation des conditions d'ouverture

Sect. 223.60 Conversion de la procédure de sauvegarde en procédure de redressement ou de liquidation judiciaire

Chap. 224 **Sauvegarde accélérée**

Sect. 224.10 Critère d'ouverture d'une sauvegarde accélérée

Sect. 224.20 Ouverture de la sauvegarde accélérée

Sect. 224.30 Application de principe des règles de la sauvegarde sauf dispositions contraires

Sect. 224.40 Période d'observation de la sauvegarde accélérée

Sect. 224.50 Effets de la sauvegarde accélérée

Sect. 224.60 Particularités du plan de sauvegarde accélérée

Chap. 225 **Sauvegarde financière accélérée**

Sect. 225.10 Critères d'ouverture d'une sauvegarde financière accélérée

Sect. 225.20 Application de principe des règles de la sauvegarde sauf dispositions contraires

Sect. 225.30 Limitation des effets de la sauvegarde financière accélérée

CHAPITRE

221. Ouverture de la procédure de redressement ou de liquidation judiciaires conditionnée à l'état de cessation des paiements

SECTION 0

ORIENTEUR

221.00 **Plan du chapitre.**

Sect.	221.10	Définition légale de l'état de cessation des paiements
Sect.	221.20	Constatation judiciaire de l'état de cessation des paiements
Sect.	221.30	Indifférence exceptionnelle de l'état de cessation des paiements en matière de redressement ou de liquidation judiciaire
Sect.	221.40	Particularisme des procédures collectives atteignant les établissements de crédit

221.01 **Textes applicables.** (V. les références complètes s^{s} n° 011).

> Législation antérieure à la loi de sauvegarde des entreprises.

C. com., art. L. 621-1 et L. 621-3

> Législation issue de la loi de sauvegarde des entreprises.

C. com., art. L. 626-27, L. 631-1, al. 1er, L. 631-4, L. 631-19

> Législation issue de l'ordonnance du 18 décembre 2008.

C. com., art. L. 626-27, L. 631-1, al. 1er, L. 631-4, L. 631-19

> Législation issue de l'ordonnance du 9 décembre 2010.

C. com., art. L. 680-2, L. 680-5

> Législation issue de l'ordonnance du 12 mars 2014.

C. com., art. L. 662-10, al. 3

221.02 **Jurisprudence de référence.**

> Les immeubles sont exclus de la notion d'actif disponible.

• **Com. 27 févr. 2007,** n° 06-10.170, *Bull. civ.* IV, n° 65; n° 382 F-P+B+R

* V. s^{s} n° 221.11

> Si la dette est litigieuse, il doit en être fait abstraction dans l'appréciation de l'état de cessation des paiements.

• **Com. 16 mars 2010,** n° 09-12.539, *Bull. civ.* IV, n° 56; n° 316 F-P+B

* V. s^{s} n° 221.12

> L'état de cessation des paiements est distinct du refus de paiement.

• **Com. 27 avr. 1993,** n° 91-16.470, *Bull. civ.* IV, n° 154

* V. s^{s} n° 221.23

« Vu l'article 1315 du code civil [devenu C. civ., art. 1353], ensemble l'article 3, alinéa 1er de la loi du 25 janvier 1985 [devenu C. com., art. L. 621-1, al. 1er]; Attendu que la cessation des paiements est distincte du refus de paiement et doit être prouvée par celui qui demande l'ouverture du redressement judiciaire [...]. »

> Lorsque le débiteur est en état de cessation des paiements, le tribunal doit ouvrir la procédure collective si le débiteur le demande.

• **Com. 3 juill. 2012,** n° 11-18.026, *Bull. civ.* IV, n° 146; n° 775 FS-P+B

* V. s^{s} n° 221.14

« Lorsque l'état de cessation des paiements est avéré, le juge saisi d'une demande d'ouverture d'une procédure collective ne peut la rejeter en raison des mobiles du débiteur, qui est légalement tenu de déclarer cet état. »

221.03 Bibliographie indicative. (V. les références complètes s[s] n° 031).

> **Actualisables.** RÉP. COM. Campana M.-J., Dizel M., Barratin L.-Ph. et Fernandez R., « Entreprises en difficulté – Redressement judiciaire (Conditions d'ouverture) », n°s 266 à 409 – J.-CL. COM., Legros J.-P., fasc. 2156, [Causes d'ouverture autres que la cessation des paiements] – Régnaut-Moutier C. mis à jour par Vallansan J., fasc. 2155, [Causes d'ouverture-cessation des paiements], 2004.

> **Ouvrages antérieurs à la loi de sauvegarde des entreprises.** CHAPUT, n°s 253 à 259 – GUYON, n°s 1114 à 1123 – JACQUEMONT, n°s 147 à 161, 163 à 165 – KERCKHOVE, n°s 210 à 216, 218 et 219 – LE CANNU, n°s 594 à 597, 600 à 603 – LE CORRE-BROLY, n°s 41 à 45 – MARTIN et VALLENS, n°s 2778 à 2802, 2812 à 2822, 2829 à 2841 – PÉROCHON et BONHOMME, n°s 112 à 119 – PÉTEL, n°s 74 à 80, 84 à 86 – RIPERT ET ROBLOT, n°s 2873 à 2878 – SAINT-ALARY-HOUIN, n°s 343 à 350, 352 à 354 – SOINNE, n°s 400, 402 à 419 – VALLANSAN, p. 24 à 26.

> **Ouvrages postérieurs à la loi de sauvegarde des entreprises.** COQUELET, 5e éd., n°s 96 à 102 – GIBIRILA, n°s 245 À 262 – JACQUEMONT et VABRES, 9e éd., n°s 210 à 223, 232 – LE CANNU, 7e éd., 247 à 254, 585 à 588 – LIENHARD, 6e éd., n°s 112.15 à 112.29 – PÉROCHON, 10e éd., n°s 346 à 372, 399 à 405 – PÉTEL, 8e éd., n°s 76 à 83 – SAINT-ALARY-HOUIN, 9e éd., n°s 425 à 430, 961, 1066, 1067, 1071, 1072 – VALLANSAN *ET ALII*, 6e éd., p. 293 à 296 – Vallens, 2015, n°s 2996 à 3001, 3005 à 3021, 3023 – VIDAL ET GIORGINI, n°s 1001 à 1018 – VOINOT, 2013, n°s 178 à 187.

> **Articles.**

› *Étude d'ensemble.* Pétel Ph., « Les nouveaux critères d'ouverture (aspects juridiques) », *Dr. et patr.* déc. 2009, n° 187, p. 59 – Rémery J.-P., « Le refus jurisprudentiel de la prise en compte des mobiles du débiteur dans le droit des entreprises en difficulté », *BJE* 2016, 194 – Roussel Galle Ph., « L'ouverture des procédures », *D.* 2009. 644; « Ouverture des procédures », *Rev. proc. coll.* 2013, dossier 24 – Saint-Alary Houin C., « La hiérarchisation des intérêts dans les procédures collectives », Rapport de synthèse colloque 3e rencontre Jurisprudence-Doctrine : échanges sur la hiérarchisation des intérêts dans les procédures collectives, *BJE* 2016, 223 – Saintourens B., « Les conditions d'ouverture des procédures après l'ordonnance du 18 décembre 2008 portant réforme du droit des entreprises en difficulté », *Rev. proc. coll.* 2009/1, 4, p. 40 – Voinot D., « L'ouverture des procédures collectives », *Gaz. proc. coll.* 2009, n° sp. 6 et 7 mars 2009, p. 10.

› *Réserves de crédit.* Arbellot F., « La notion de réserves de crédit en droit des entreprises en difficulté », *JCP E* 2012 Étude 1102.

› *Passif exigible ou exigé.* Besse J., « Réflexions critiques sur la formule "passif exigible – passif exigé" », *Rev. proc. coll.* 2000, p. 39 – Courtier J.-L., « La notion de cessation des paiements : passif exigible ou exigé », *RJ com.* 2001. 212 – Delattre C., « La notion de cessation des paiements de l'article L. 621-1 du code de commerce : passif exigible ou passif exigé », *Gaz. Pal.* 27-29 janv. 2002, Doctr. 6.

› *Cessation des paiements.* Berthelot G., « La cessation des paiements : une notion déterminante et perfectible », *JCP E* 2008. 2232 – Calvo J., « La notion de cessation des paiements dans les procédures collectives », *LPA* 7 sept. 1999, n° 178, p. 4 – Derrida F., « Sur la notion de cessation des paiements », *Mél. Sortais*, Bruylant, 2003, p. 75 – Faury D., « La notion de cessation des paiements et la loi de sauvegarde des entreprises », *Gaz. Pal.* 21-23 janv. 2007, p. 8 – Gioanni M., « La cessation des paiements dans l'infraction de banqueroute », *D.* 1994. Chron. 53 – Lafortune M.-A., « Le périmètre de l'état de cessation des paiements du débiteur dans l'actualité jurisprudentielle », *LPA* 25 juill. 2002, n° 148, p. 14 – Lebel Ch., « Être ou ne pas être en cessation des paiements », *Gaz. Pal.* 7-8 sept. 2005, n° sp. p. 14 – Martineau-Bourgninaud V., « La cessation des paiements, notion fonctionnelle », *RTD com.* 2002. 245; « Le spectre de la cessation des paiements dans le projet de loi de sauvegarde des entreprises », *D.* 2005. Doctr. 1356 – Montéran T., « L'état de cessation des paiements, clef de voûte des procédures collectives », *Rev. proc. coll.* 2001, p. 1 – Saintourens B., « La cessation des paiements, hier, aujourd'hui, demain », *Rev. proc. coll.* 2016, dossier 6 – Teboul G., « La cessation des paiements – L'approche de l'avocat », *LPA* 25 juill. 2002, n° 148, p. 4; « La cessation des paiements : une définition sans avenir ? », *Gaz. Pal.* 2007, Doctr. 3615; « La cessation des paiements : un critère malmené mais vivace », *Rev. proc. coll.* 2015, études 6 – Tricot D., « La cessation des paiements : une notion stable », *Gaz. proc. coll.* 2005/1, p. 13; « La cessation des paiements, une notion stable, souple et sûre », *LPA* 14 juin 2007, n° 119, p. 44 – Vallansan J., « Que reste-t-il de la cessation des paiements », *in* Colloque Paris Ouest Nanterre La défense, 25 nov. 2011, « Que reste-t-il des principes traditionnels des procédures collectives face au morcellement du traitement de la défaillance », *Rev. proc. coll.* 2012, dossier 12, p. 76 – Vallens J.-L., « De la cessation des paiements à l'insolvabilité », *JCP* 2008. I. 148; « La preuve de la cessation des paiements », *Rev. proc. coll.* 2009/5, p. 19, § 25.

› *Avances de trésorerie, compte courant.* Buchberger M., « Avances de trésorerie, avances en compte courant et cessation des paiements », *BJE* sept./oct. 2011, comm. 119, p. 286.

221.04 Questions essentielles.

• Un immeuble fait-il partie de l'actif disponible à prendre en compte pour caractériser l'état de cessation des paiements ?

* V. s[s] n° 221.11.

• Un moratoire permettant d'écarter une dette du passif exigible peut-il se déduire de l'inaction du créancier ?

* V. s[s] n° 221.12.

• Le passif doit-il être exigible et exigé pour caractériser l'état de cessation des paiements ?

* V. s[s] n° 221.15.

• Quels sont les indices de l'état de cessation des paiements ?

* V. s[s] n° 221.22.

• Le refus de payer équivaut-il à l'état de cessation des paiements ?

* V. s[s] n° 221.23.

221.09 L'état de cessation des paiements, condition de principe d'ouverture de certaines procédures. Aux termes de l'article L. 621-1 du code de commerce, dans sa rédaction antérieure à la loi de sauvegarde des entreprises[1] (anc[t] L. 25 janv. 1985[2], art. 3, al. 1er), « la procédure de redressement judiciaire est ouverte à toute entreprise, mentionnée à l'article L. 620-2 [anc[t] L. 25 janv. 1985, art. 2], qui est dans l'impossibilité de faire face au passif exigible avec son actif disponible ».

L'article L. 631-1, alinéa 1er du code, dans la rédaction que lui donne la loi du 26 juillet 2005, reprend, avec une autre formulation, la solution : « Il est institué une procédure de redressement judiciaire ouverte à tout débiteur mentionné aux articles L. 631-2 ou L. 631-3 qui, dans l'impossibilité de faire face au passif exigible avec son actif disponible, est en cessation des paiements. » Pour sa part, l'article L. 631-1, alinéa 1, issu de l'ordonnance du 18 décembre 2008[3], tout en conservant la formulation de la législation de sauvegarde ajoute que « le débiteur qui établit que les réserves de crédit ou les moratoires dont il bénéficie de la part de ses créanciers lui permettent de faire face au passif exigible avec son actif disponible n'est pas en cessation des paiements ».

L'ouverture de la procédure de redressement judiciaire à l'encontre d'un débiteur présuppose, en conséquence, qu'il soit dans cette situation dénommée état de cessation des paiements. Si tel n'est pas le cas, l'ouverture de cette procédure s'avère impossible, alors même que la procédure intéresserait une filiale sous la dépendance de la société mère qui a procédé à la déclaration de sa cessation des paiements[4]. Ainsi, l'ouverture de la procédure de redressement contre les personnes morales composant un même groupe supposera que chacune de ces personnes soit en état de cessation des paiements[5], la notion de cessation des paiements du groupe n'existant pas.

L'état de cessation des paiements est également une condition d'ouverture de la procédure de liquidation judiciaire. En son absence, la demande d'ouverture de la liquidation judiciaire, qui aurait pour objet d'éluder les règles de la liquidation amiable des sociétés, doit être rejetée[6]. En revanche, une fois caractérisé l'état de cessation des paiements à l'occasion du jugement d'ouverture de la procédure de redressement judiciaire, le juge n'a pas à se prononcer sur la cessation des paiements à l'occasion de la conversion du redressement en liquidation judiciaire[7], seule important alors l'impossibilité manifeste de tout redressement.

Il importe également de préciser que si l'état de cessation des paiements est nécessaire pour l'ouverture du redressement ou de la liquidation judiciaire, il est exclu de refuser l'ouverture d'une de ces deux procédures pour motif tiré d'un détournement de cette procédure pour licencier les salariés à moindre coût, dès lors que cet état est avéré. L'inverse a cependant été jugé[8] d'une manière extrêmement critiquable. Rien d'étonnant à ce que cette décision de cour d'appel ait été cassée au motif que « lorsque l'état de cessation des paiements est avéré, le juge saisi d'une demande d'ouverture d'une procédure collective ne peut la rejeter en raison des mobiles du débiteur, qui est légalement tenu de déclarer cet état »[9]. La Cour de cassation, a-t-il été observé, ne fait même pas ici réserve de la fraude, contrairement à la solution retenue en matière d'ouverture d'une sauvegarde[10].

Si l'état de cessation des paiements demeure, sous l'empire de la législation du 26 juillet 2005, la condition de principe d'ouverture des procédures de redressement et de liquidation judiciaires, en revanche, l'état de cessation des paiements fait obstacle à l'ouverture d'une procédure de sauvegarde et oblige le tribunal, si cet état apparaît en cours de période d'observation de la sauvegarde, à convertir la procédure en redressement ou en liquidation judiciaire (v. s[s] n° 223.61).

La cessation des paiements, dans toutes les procédures, demeurait toutefois, avant l'ordonnance du 18 décembre 2008, une notion fonctionnelle[11], la « boussole du droit économique des entreprises en difficulté »[12], qui permet le jeu des sanctions ou des nullités de la période suspecte, même si ces sanctions ou les nullités de la période suspecte n'auront pas vocation à jouer dans la procédure de sauvegarde, mais seulement en cas de conversion de celle-ci. L'affirmation est moins vraie depuis l'ordonnance du 18 décembre 2008, qui déconnecte l'ouverture de la procédure de sauvegarde de la plus ou moins grande proximité de l'état de cessation des paiements.

Il faut en outre indiquer que si, sous l'empire de l'ordonnance du 18 décembre 2008, l'état de cessation des paiements demeure une condition d'ouverture du redressement judiciaire, en revanche, il est plus nécessaire pour convertir, sur demande exclusive du débiteur, une sauvegarde en

1. L. n° 2005-845, 26 juill. 2005, *JO* 27 juill., p. 12187.
2. L. n° 85-98, 25 janv. 1985, *JO* 26 janv., p. 1097.
3. Ord. n° 2008-1345, 18 déc. 2008, *JO* 19 déc., p. 19462.
4. Com. 6 mars 2001, n°s 97-22.178 à 97-22.196, 19 arrêts, NP, *Act. proc. coll.* 2001/9, n° 118; *RJDA* 2001/8-9, n° 875; *Rev. proc. coll.* 2002, p. 170, n° 17, obs. Gorrias.
5. Com. 20 févr. 2001, n° 97-22.180, NP, *RTD com.* 2001. 921, obs. Champaud et Danet; *Dr. sociétés* 2001, p. 113, note Legros.
6. T. com. Valenciennes, 2e ch., 10 juin 2013, RG n° 2013/002864, *Act. proc. coll.* 2013/13, comm. 179.
7. Com. 8 juill. 2008, n° 06-21.562, NP, *Gaz. proc. coll.* 2008/4, p. 39, note Lebel; *RJ com.* 2008. 404, note Roussel Galle.
8. Reims, 14 mars 2011, RG n° 11/00313, *Act. proc. coll.* 2011/8, comm. 116, note crit. Fin-Langer.
9. Com. 3 juill. 2012, n° 11-18.026, *Bull. civ.* IV, n° 146; n° 775 FS-P+B; *D.* 2012. Actu. 1814, obs. Lienhard; *Rev. sociétés* 2012. 527, note Henry; *JCP E* 2012. 1509, note Cérati-Gauthier; *JCP E* 2012. Chron. 1757, n° 1, obs. Pételt; *Bull. Joly* 2012. 631, note Pelletier; *Act. proc. coll.* 2012/14, comm. 206, note Fin-Langer; DPDE sept. 2012, *bull.* n° 340, p. 1, note Roussel Galle; *BJE* oct. 2012, comm. 172, p. 279, concl. Bonhomme, note Neau-Leduc; *Dr. sociétés* 2012, n° 189, note Legros; *Gaz. Pal.* 6 sept. 2012, Jur. 5, note Demeyère; *Rev. proc. coll.* 2013, comm. 6, note Saintourens; *LPA* 15 avr. 2013, n° 75, p. 4, note Zattara-Gros; *LPA* 7 mai 2013, n° 91, p. 10, note Tabourot-Hyest; *LPA* 3 juin 2013, n° 110, p. 11, note Théron; *Dr. et patr.* sept. 2013, p. 48, n° 001, note Monsérié-Bon.
10. Pételt, obs. s[s] Com. 3 juill. 2012, n° 11-18.026, *JCP E* 2012. Chron. 1757, n° 1.
11. Lebel, « Être ou ne pas être en cessation des paiements », *Gaz. Pal.* 7-8 sept. 2005, n° sp. p. 14 s., sp. p. 22.
12. Voinot, 2007, n° 88.

redressement judiciaire dans certaines hypothèses particulières (v. s[s] n° 221.37).

SECTION 221.10 DÉFINITION LÉGALE DE L'ÉTAT DE CESSATION DES PAIEMENTS

221.11 **Actif disponible.** L'article L. 621-1 du code de commerce, tel qu'il résulte de la rédaction antérieure à la loi du 26 juillet 2005[1], (anc[t] L. 25 janv. 1985[2], art. 3, al. 1er), fait état de l'actif disponible.

La solution est reproduite par la loi du 26 juillet 2005 en redressement judiciaire (C. com., art. 631-1, al. 1er), qui se sert de cet élément pour définir la cessation des paiements. La solution n'est pas différente, en liquidation judiciaire, le texte se contentant de viser un débiteur « en cessation des paiements » (C. com., art. L. 640-1, al. 1er).

À l'occasion de l'élaboration de la loi du 25 janvier 1985, un amendement avait proposé de préciser que l'actif disponible était l'actif réalisable en un mois[3]. L'amendement a été rejeté sur l'observation qu'il ne fallait pas enfermer la notion de cessation des paiements dans une définition uniquement comptable[4]. Il est en tout cas certain, bien que ces dispositions ne le précisent pas, que l'actif disponible qui est ici envisagé est celui à court terme[5], l'actif réalisable à bref délai[6].

Il s'agit d'abord des éléments d'actifs figurant au bilan, d'une liquidité telle qu'ils permettent de faire face aux dettes exigibles. La jurisprudence évoque les liquidités et valeurs immédiatement réalisables[7].

Tel n'est pas le cas de l'intégralité de l'actif circulant inscrit au bilan[8], l'actif disponible n'en constituant qu'une partie[9].

Tel n'est pas davantage le cas de la fraction non libérée du capital social, dont la liquidité est trop incertaine pour être considérée comme disponible[10], qui ne peut être assimilé à une réserve de crédit[11] (v. s[s] n° 221.16).

Correspond en revanche à cette notion, la trésorerie disponible, représentée par l'existant en caisse et les soldes bancaires créditeurs[12], les effets de commerce échus ou escomptables, ainsi que les valeurs cotées en bourse.

Il en est de même de la provision résultant d'un chèque de banque, pendant le délai d'un an de la prescription de l'action du porteur contre le tiré[13]. Si au jour où la cour d'appel se prononce, ce délai de prescription est expiré, il s'ensuit que la provision du chèque ne constitue *plus un actif disponible*[14]. Peu importe, en présence de ce chèque de banque, que les avoirs bancaires du débiteur n'aient pu être appréhendés après le jugement de première instance, dès lors que le débiteur présente à nouveau un chèque de banque d'un montant supérieur au passif exigible en cause d'appel[15]. Une cour d'appel ne peut écarter des débats la photocopie d'un chèque de banque établissant que l'actif disponible était supérieur au passif exigible, en énonçant que la production de cette photocopie ne suffit pas à faire la preuve de l'existence du chèque ni de son encaissement sur le compte bancaire de la société, sans préciser les éléments permettant de douter de la sincérité de la photocopie litigieuse[16].

Pour un chèque certifié, le délai pendant lequel le chèque constitue un actif disponible est réduit à huit jours, puisque c'est le délai pendant lequel l'existence de la provision est garantie[17]. Au contraire, le montant d'un chèque ordinaire ne constitue pas un actif disponible, tant que ce chèque n'est pas encaissé.

Les créances à recouvrer ne constituent pas, sauf circonstances exceptionnelles, de l'actif disponi-

1. L. n° 2005-845, 26 juill. 2005, préc.
2. L. n° 85-98, 25 janv. 1985, préc.
3. Amend. Lauriol, *JOAN CR* 16 oct. 1984, p. 4690.
4. Interv. min. Just., *JOAN CR* 16 oct. 1984, p. 4691.
5. PÉROCHON, 10e éd., n° 354.
6. *Rapp. Xavier de Roux*, n° 2095, p. 339.
7. AINSI : Paris, 3e ch. A, 10 oct. 2006, RG n° 2005/21113.
8. Riom, 4 févr. 2004, RG n° 2004/239706, *Rev. proc. coll.* 2004, p. 211, n° 5, obs. Lebel.
9. Berthelot, « La cessation des paiements : une notion déterminante et perfectible », *JCP E* 2008. 2232, n° 8.
10. Lucas, note s[s] Com. 23 avr. 2013, n° 12-18.453, *Bull. civ.* IV, n° 69; *Leden* juin 2013, comm. 95.
11. Com. 23 avr. 2013, n° 12-18.453, *Bull. civ.* IV, n° 69; n° 447 F-P+B; *D.* 2013. Actu. 1130, obs. Lienhard; *Gaz. Pal.* 12 juill. 2013, n° 193, p. 11, note Reille; *Leden* juin 2013, comm. 95, note Lucas; *Bull. Joly* 2013. 414, note Mouial-Bassilana; *Act. proc. coll.* 2013/10, comm. 130, note Pagnucco; *BJE* juill. 2013, p. 225, note Borga; *Rev. proc. coll.* 2013, comm. 122, note Saintourens; *Dr. sociétés* 2013, n° 127, note Legros.
12. Paris, 3e ch. A, 3 mai 1994, *JurisData* 023112.
13. Com. 18 déc. 2007, n° 06-16.350, *Bull. civ.* IV, n° 267; *D.* 2008. AJ 83, obs. Lienhard; *Gaz. proc. coll.* 2008/2, p. 14, n° 1, note Lebel; *JCP E* 2008. 1358, note Grimonprez; *JCP E* 2008. 1432, n° 1, obs. M. Cabrillac; *Act. proc. coll.* 2008/3, n° 39, note Bonneau; *RJ com.* 2008. 237, note Roussel Galle; *Rev. proc. coll.* 2008/3, p. 39, n° 113, note Saintourens; *Dr. et patr.* 2008, n° 172, p. 108, note Monsérié-Bon; *LXB hebdo* 31 janv. 2008, n° 290, n° N8490 BDS, note Le Corre-Broly – Com. 5 févr. 2013, n° 11-28.194, NP; n° 114 F-D; *BJE* mai 2013, comm. 68, note Bonhomme; *Rev. proc. coll.* 2013, comm. 119, note Saintourens – Caen, 2e ch. civ. et com., 24 mars 2016, RG n° 15/02070, *Act. proc. coll.* 2016/9, comm. 115.
14. Paris, 3e ch., 18 nov. 2008, RG n° 2007/16904, *Gaz. proc. coll.* 2009/2, p. 13, note Lebel.
15. Com. 5 févr. 2013, n° 11-28.194, préc. (v. s[s] prés[t] n°).
16. Com. 13 mai 2014, n° 13-16.286, NP; n° 464 F-D.
17. Obs. Le Corre-Broly, note s[s] Com. 18 déc. 2007, n° 06-16.350, *LXB hebdo* 31 janv. 2008, n° 290, n° N8490.

ble[1]. Il en ira différemment en présence de créances à vue, mais il faut alors que leur recouvrement par le débiteur soit aisé[2]. La solution a été posée à propos d'un crédit de TVA[3] ou à propos de créances à percevoir au titre de chantiers[4], mais fait-on observer, ces rentrées doivent être certaines et quasi immédiates[5]. C'est pourquoi des remboursements simplement attendus, dont on ne connaît pas la date avec précision, ne peuvent être pris en compte au titre de l'actif disponible[6]. Ainsi, a-t-il été jugé que le montant d'un devis ne peut être intégré dans l'actif disponible[7]. Il en est de même du montant d'une commande ferme[8]. Dans le même ordre d'idées, une créance éventuelle à recouvrer représentée par une subvention ne peut être considérée comme un élément de l'actif disponible[9]. Les chances de recouvrement liées à un procès ne constituent pas davantage de l'actif disponible[10]. *A fortiori*, de simples perspectives de poursuites de chantiers ne peuvent être intégrées dans l'actif disponible[11], alors surtout qu'aucun contrat signé ne vient les étayer[12].

Dans le cadre d'un groupe de sociétés, les « créances clients groupe » peuvent être intégrées dans l'actif disponible. Mais, pour qu'il en soit ainsi, il faut que les sociétés du groupe soient en mesure de régler leurs dettes intragroupes[13].

Ne peut être intégrée dans l'actif disponible une créance cédée, soit par un effet de commerce, soit par bordereau Dailly, ou encore une créance douteuse[14].

Les titres de participation des sociétés mères dans des filiales ne rentrent pas dans l'actif disponible, même s'ils sont immédiatement réalisables[15]. Il a cependant été jugé en sens inverse que des titres de participation immédiatement réalisables pouvaient être intégrés dans la notion d'actif disponible[16].

Sont encore exclues de cette notion les immobilisations[17]. Il en est spécialement ainsi de la valeur du fonds de commerce[18], alors même que ce fonds aurait été mis en vente[19], ou de la valeur des travaux réalisés dans le local d'exploitation dudit fonds[20]. Cependant, si le fonds de commerce ne peut constituer un élément de l'actif disponible, il en va différemment du prix de vente de ce fonds[21], aurait-il été entre les mains d'un séquestre[22].

Par principe, ne sont pas intégrés dans l'actif disponible les stocks[23]. Cependant, s'ils sont en cours de réalisation, ils semblent pouvoir être englobés dans l'actif disponible[24]. Tel ne sera évidemment pas le cas de stocks d'immeubles pour un marchand de biens[25], compte tenu des délais de règlement.

De façon générale, les immeubles sont exclus de la notion d'actif disponible[26], même si le droit de

1. Com. 7 févr. 2012, n° 11-11.347, *Bull. civ.* IV, n° 27; n° 152 F-P+B; *JCP E* 2012. 1414. note Lebel – *Adde*, Zinty, « Retour sur la notion d'actif disponible (À propos de l'arrêt rendu par la chambre commerciale de la Cour de cassation le 7 février 2012) » *Rev. proc. coll.* 2012, étude 27 – Paris, 3e ch. B, 8 nov. 2007, RG n° 07/08101.
2. Versailles, 13e ch., 22 mai 1997, *Rev. proc. coll.* 1998, p. 34, n° 1, obs. Calendini – Besançon, 2e ch. com., 15 janv. 1999, *Rev. proc. coll.* 2000, p. 49, n° 8, obs. Deleneuville.
3. Paris, 2e ch., 2 juin 1998, *Rev. proc. coll.* 2000, p. 51, n° 12, obs. Deleneuville.
4. Grenoble, 5 avr. 1990, *JurisData* 041276.
5. J.-CL. COM., Régnaut-Moutier mis à jour par Vallansan, fasc. 2155, [Causes d'ouverture-cessation des paiements], 2004, n° 21.
6. Com. 7 févr. 2012, n° 11-11.347, préc. (v. ss prést n°) – RAPPR. : Paris, 3e ch. A, 2 juin 1993, *JurisData* 005202.
7. Com. 18 juin 2013, n° 12-21.645, NP; n° 637 F-D – Paris, 3e ch. B, 6 juill. 2006, RG n° 2005/24527 – Paris, 10 déc. 2009, RG n° 09/15440.
8. Com. 26 mars 2013, n° 12-13.391, NP; n° 311 F-D.
9. Paris, 3e ch. B, 31 oct. 2003, RG n° 2003/06862.
10. Amiens, ch. éco., 24 oct. 2013, RG n° 11/04488, *Rev. proc. coll.* 2014, comm. 19, note Fraimout.
11. Paris, 3e ch. A, 14 sept. 2004, RG nos 04/02240, 04/5310.
12. Orléans, 11 sept. 1991, *JurisData* 045632.
13. Com. 24 mars 2009, n° 08-12.212, NP, *Gaz. proc. coll.* 2009/3, p. 13, n° 2, note Lebel; *Act. proc. coll.* 2009/8, n° 121, note Vallansan; *Bull. Joly* 2009. 691, § 140, note Lucas; *Rev. proc. coll.* 2009/5, p. 42, § 107, note Saintourens – Com. 24 mars 2009, n° 08-12.213, NP – Com. 24 mars 2009, n° 08-12.214, NP – Com. 24 mars 2009, n° 08-12.215, NP.
14. AINSI : Paris, 3e ch. C, 9 févr. 1996, *Rev. proc. coll.* 1998, p. 34, n° 1, obs. Calendini – Grenoble, ch. com., 26 nov. 1998, *Rev. proc. coll.* 2000, p. 49, n° 8, obs. Deleneuville.
15. Com. 20 juin 1995, n° 93-18.342, NP, *Dr. sociétés* 1995, n° 162, obs. Chaput – CEP. : Paris, 3e ch. A, 19 nov. 1996, *Rev. proc. coll.* 1998, p. 34, n° 1, obs. Calendini.
16. Paris, 3e ch. A, 19 nov. 1996, *Rev. proc. coll.* 1998, p. 34, n° 1, obs. Calendini.
17. Com. 28 nov. 1989, n° 88-17.237, NP, *Rev. proc. coll.* 1990, p. 138, n° 2, obs. Calendini.
18. Com. 5 mai 2015, n° 14-11.706, NP; n° 402 F-D – Rennes, 25 sept. 1991, *JurisData* 048007.
19. Com. 15 févr. 2011, n° 10-13.625, *Bull. civ.* IV, n° 23; n° 170 F-P+B; *D.* 2011. Actu. 591, obs. Lienhard; *JCP E* 2011. 1280, note Lebel; *BJE* juill./août 2011, comm. 88, p. 176, note Martineau-Bourgninaud.
20. Com. 17 mai 1989, n° 87-10.565, NP, *D.* 1989. IR 177.
21. Dijon, 26 juin 1991, *JurisData* 049962.
22. Aix-en-Provence, 8e ch. A, 19 nov. 1998, *Rev. proc. coll.* 2000, p. 49, n° 8, obs. Deleneuville.
23. Com. 17 mai 1989, n° 87-17.930, *Bull. civ.* IV, n° 152; *JCP* 1990. II. 21464, note Beaubrun – Com. 16 déc. 2008, n° 07-18.044, NP, *Gaz. proc. coll.* 2009/2, p. 14, n° 2, note Lebel; *Act. proc. coll.* 2009/8, n° 121, note Vallansan – Besançon, 2e ch., 20 nov. 2001, *RJ com.* 2002. 124, n° 1591, note Haennig.
24. EN CE SENS : Calendini, *Rev. proc. coll.* 1998, p. 33, n° 1.
25. Aix-en-Provence, 26 juin 1990, *Rev. proc. coll.* 1992, p. 289, obs. Calendini – Versailles, 6 mars 1997, 13e ch., *Rev. proc. coll.* 1998, p. 34, n° 1, obs. Calendini.
26. Com. 27 févr. 2007, n° 06-10.170, *Bull. civ.* IV, n° 65; *D.* 2007. AJ 872, obs. Lienhard; *Gaz. proc. coll.* 2007/2, p. 21, n° 2, note Lebel; *RD banc. fin.* mars-avr. 2007, p. 25, n° 71, note Lucas; *JCP E* 2007. 1833, p. 28, note Roussel Galle; *Act. proc. coll.* 2007/7, n° 71, note Vallansan; *JCP E* 2007. Chron. 2119, n° 1, obs. Pételm; *LPA* ▶

préemption a déjà été exercé, alors que cela déclenche un processus irréversible de vente du bien[1]. Certaines juridictions du fond les incluent parfois dans l'actif disponible[2].

Il en va différemment si leur réalisation est suffisamment avancée[3], et, *a fortiori*, s'ils ont été vendus, leur prix pouvant constituer un élément de l'actif disponible[4], même si la vente a été faite par une saisie immobilière, dès lors que le prix d'adjudication est supérieur à la créance du créancier poursuivant[5]. Encore faudra-t-il que le recouvrement de ce prix ne pose pas de difficulté. Le fait de devoir vendre des terrains[6] ou un immeuble bâti[7] pour pouvoir faire face à son passif exigible démontre au contraire l'état de cessation des paiements.

Les objets mobiliers ne constituent pas davantage un actif disponible au sens du code de commerce[8]. *A fortiori*, les immeubles sont-ils exclus de la notion d'actif disponible. Est également exclue de l'actif disponible, dans le cadre d'une succession, la quote-part du produit de la vente d'un immeuble détenue par le débiteur[9].

En dehors des éléments du bilan, l'essentiel est ici représenté par les ouvertures de crédits non utilisées (v. aussi s^s^ n° 221.16). *A priori*, il s'agira de dettes, lorsqu'elles seront utilisées. Cependant, en ce qu'elles autorisent, à due concurrence, le paiement de dettes exigibles, et alors qu'elles ne constituent pas elles-mêmes des dettes exigibles, elles doivent être considérées comme éléments de l'actif disponible[10].

► 2 nov. 2007, n°s 219, 220, p. 19, note Grimonprez; *Rev. proc. coll.* 2007/3, p. 109, note Delattre; *Rev. proc. coll.* 2007/4, p. 221, n° 1, obs. Saintourens; *RJ com.* 2007. 365, note Roussel Galle; *Defrénois* 2007. 38675, p. 1557, n° 5, note Gibirila; *LXB hebdo* 22 mars 2007, n° N3567BAD, note Le Corre – Com. 16 déc. 2008, n° 07-18.044, NP, *Gaz. proc. coll.* 2009/2, p. 14, n° 2, note Lebel; *Act. proc. coll.* 2009/8, n° 121, note Vallansan – Com. 7 févr. 2012, n° 11-11.347, *Bull. civ.* IV, n° 27; n° 152 F-P+B; *JCP E* 2012. 1414. note Lebel – Aix-en-Provence, 26 juin 1990, *JurisData* 050916.

1. Saintourens, obs. s^s^ Com. 27 févr. 2007, n° 06-10.170, *Rev. proc. coll.* 2007/4, p. 221, n° 1.
2. TGI Clermont-Ferrand, 2 mars 2006, *Act. proc. coll.* 2006/14, n° 167, note Rétif.
3. Paris, pôle 5, 9e ch., 2 déc. 2010, RG n° 10/14366.
4. Com. 27 févr. 2007, n° 06-10.170, préc. (v. s^s^ prés^t^ n°).
5. Paris, 3e ch. B, 7 juin 2007, RG n° 06/22435, *Gaz. proc. coll.* 2008/1, p. 33, note Lebel.
6. Bourges, ch. civ., 7 déc. 2006, RG n° 06/00563, *Rev. proc. coll.* 2007/3, p. 163, n° 4, obs. Lebel.
7. Com. 12 mai 2009, n° 08-12.505, NP, *Gaz. proc. coll.* 2009/3, p. 15, n° 5, note Lebel; *Act. proc. coll.* 2009/12, n° 186, note Cagnoli.
8. Com. 22 janv. 2002, n° 99-13.802, NP, *RJDA* 2002/5, n° 516.
9. Paris, 18 déc. 2008, RG n° 07/19324.
10. Com. 17 juin 1997, n° 95-13.056, *Bull. civ.* IV, n° 193; *D. Affaires* 1997. 903.

221.12 Passif exigible – moratoire. L'article L. 621-1 du code de commerce, tel qu'il résulte de la rédaction antérieure à la loi du 26 juillet 2005[11] (anc^t^ L. 25 janv. 1985[12], art. 3, al. 1er) vise le passif exigible.

La solution est reproduite par la loi du 26 juillet 2005 en redressement judiciaire (C. com., art. 631-1, al. 1er), *qui se sert de cet élément pour définir la cessation des paiements*. La solution n'est pas différente, en liquidation judiciaire, le texte se contentant de viser un débiteur « en cessation des paiements » (C. com., art. L. 640-1, al. 1er).

Il s'agit de l'ensemble des dettes échues au jour où l'appréciation est portée. Si la dette justifiant l'ouverture de la procédure collective a été réglée à la date à laquelle le tribunal est appelé à statuer, et à défaut de caractérisation d'un autre passif exigible, l'état de cessation des paiements n'est pas établi[13].

Une avance en compte-courant, qui est bloquée, ou dont le remboursement n'est pas demandé, ne constitue pas un passif exigible[14]. On observera que la Cour de cassation n'appréhende pas la caractérisation de l'état de cessation des paiements, en présence de dettes à l'égard d'associés, apporteurs en comptes-courants, comme cela est le cas en présence de créanciers classiques[15] : à l'égard de ces derniers, la caractérisation du passif exigible ne présuppose pas la prise en compte que le passif soit exigé, le fait que ce passif soit exigible étant jugé suffisant (v. s^s^ n° 221.15).

Il en résulte que, en présence de comptes courants d'associés bloqués ou dont le remboursement n'est pas demandé, ces comptes ne peuvent constituer du passif exigible et ne peuvent entrer en ligne de compte dans l'appréciation de l'état de cessation des paiements. L'acquéreur de parts sociales ne peut, en conséquence, obtenir la nullité pour dol en soutenant que les parts ont été acquises alors que la société était déjà en état de cessation des paiements[16].

Lorsque le débiteur se contente de contester le passif exigible, tel qu'il figure à son bilan, en soutenant que les dettes inscrites en comptabilité ne sont pas nécessairement exigibles, sans préciser quelles dettes il conviendrait d'exclure par rapport à celles retenues par son liquidateur, il ne remet pas en

11. L. n° 2005-845, 26 juill. 2005, préc.
12. L. n° 85-98, 25 janv. 1985, préc.
13. Paris, 3e ch., 13 nov. 2008, RG n° 2008/06860.
14. Com. 12 mai 2009, n° 08-13.741, NP, *Gaz. proc. coll.* 2009/3, p. 12, n° 1, note Lebel; *Rev. proc. coll.* 2009/5, p. 40, § 104, note Saintourens – Com. 10 janv. 2012, n° 11-10.018, NP; n° 9 F-D; *BJE* 2012. 209, note Sortais; *Bull. Joly* 2012. 295, note Lucas.
15. Lucas, note s^s^ Com. 10 janv. 2012, n° 11-10.018, *Bull. Joly* 2012. 295.
16. Com. 10 janv. 2012, n° 11-10.018, préc. (v. s^s^ prés^t^ n°).

cause la caractérisation de son état de cessation des paiements[1].

Le passif exigible peut tenir au non-paiement, à bonne date, d'une échéance de plan de sauvegarde, de continuation[2] ou de redressement.

Il convient cependant, pour la cour d'appel appelée à apprécier l'existence de l'état de cessation des paiements, de distinguer entre le passif exigible à la date du jugement d'ouverture et le passif rendu exigible par suite du prononcé ou de l'ouverture de la liquidation judiciaire[3]. Mais, si entre le jugement d'ouverture de la liquidation judiciaire et la date à laquelle la cour d'appel statue, la créance non exigible à la première date, devenue exigible par le prononcé de liquidation judiciaire, était devenue également exigible par le jeu de l'échéance normale, cette créance doit être prise en compte par la cour d'appel dans la détermination du passif exigible[4].

Le fait que le créancier assignant se prévale d'une créance supérieure, lors de son assignation en redressement ou en liquidation judiciaire, à celle qui sera retenue dans la procédure de vérification et d'admission des créances, est indifférent dès lors qu'elle est suffisante, au jour où la cour d'appel statue, à caractériser l'état de cessation des paiements[5]. En sens inverse, il a été jugé que l'incohérence des pièces versées devant la cour par le créancier assignant, se prévalant de créances d'un montant supérieur à celles qu'il a déclarées, rend impossible la détermination du passif exigible, empêchant ainsi la caractérisation de l'état de cessation des paiements[6].

Le simple visa du passif exigible est insuffisant, pour l'appréciation de l'état de cessation des paiements.

Il faut en outre que la dette soit certaine[7]. Tel n'est pas le cas d'une créance résultant d'une condamnation prononcée en référé, par provision, et dont le sort définitif est subordonné à une instance pendante devant le juge du fond[8]. Il en est de même d'une créance constatée dans une ordonnance d'injonction de payer frappée d'opposition[9]. Il en est encore ainsi d'une créance fixée par un jugement même revêtu de l'exécution provisoire, dès lors que ce jugement est frappé d'appel[10]. Il y a alors dette litigieuse, dénuée de caractère certain.

Si la dette est contestée, il doit en être fait abstraction dans l'appréciation de l'état de cessation des paiements[11]. La solution peut être différente si la contestation est manifestement dilatoire, ce qui pourra être prouvé notamment par le caractère systématique des contestations faites par le débiteur[12] ou par le fait que les créances sont couvertes par des titres exécutoires[13].

La jurisprudence avait toutefois décidé qu'une dette fiscale objet d'un recours peut permettre de caractériser l'état de cessation des paiements, le recours n'ayant pas pour effet de remettre en cause l'exigibilité de la dette fiscale[14]. Par la suite, la Cour de cassation a estimé que si le débiteur formule auprès de l'administration fiscale une demande de sursis de paiement, la créance litigieuse ne peut être prise en compte dans le passif exigible[15].

1. Com. 12 juill. 2011, nº 10-20.185, NP; nº 757 F-D.
2. Paris, 3e ch. B, 8 nov. 2007, RG nº 2006/22081.
3. Com. 26 mai 1999, nº 96-22.635, *Bull. civ.* IV, nº 110; *Rev. proc. coll.* 2000, p. 46, nº 2, obs. Deleneuville; *LPA* 5 août 1999, nº 155, p. 5, note P. M.; *LPA* 4 janv. 2000, nº 2, p. 20, note Courtier; *D.* 1999. IR 165 – Com. 8 juill. 2003, nº 00-13.627, *Bull. civ.* IV, nº 124; *D.* 2003. AJ 2174; *Act. proc. coll.* 2003/14, nº 183; *JCP E* 2004. Chron. 151, nº 1, obs. Pétel; *RD banc. et bourse* 2003/6, p. 367, nº 230, obs. Lucas; *LPA* 17 févr. 2004, nº 34, p. 3, note Zattara; *Defrénois* 2004, Chron. 37925, p. 578, nº 3, note Gibirila; *Rev. proc. coll.* 2004, p. 210, nº 3, obs. Lebel – Com. 16 juin 2004, nº 02-20.128, NP – Com. 28 sept. 2004, nº 03-11.902, NP, *Gaz. proc. coll.* 2007/4, p. 30, note Lebel – Com. 5 juin 2007, nº 05-11.722, NP, *Gaz. proc. coll.* 2007/4, p. 30, note Lebel – Com. 16 mars 2010, nº 08-15.963, NP.
4. Com. 25 nov. 2008, nº 07-15.727, NP, *Gaz. proc. coll.* 2009/2, p. 15, nº 4 note Lebel.
5. Com. 7 mars 2006, nº 05-10.884, NP, *Gaz. proc. coll.* 2006/3, p. 13, obs. Lebel.
6. Paris, 30 juin 2009, RG nº 09/01409.
7. PARIS, 3e ch., 31 mars 2009, RG nº 08/18321 – PÉTEL, 7e éd., nº 77 – SOINNE, nº 415 – SAINT-ALARY-HOUIN, 7e éd., nº 379 – PÉROCHON, 10e éd., nº 352 – VOINOT, 2011, nº 183.
8. Com. 25 nov. 2008, nº 07-20.972, NP, *Gaz. proc. coll.* 2009/2, p. 15, nº 3, note Lebel – Com. 9 févr. 2010, nº 09-10.180, NP, *Rev. proc. coll.* 2010/4, § 153, p. 46, note Saintourens.
9. Paris, 3e ch., 31 mars 2009, RG nº 08/18321, *Rev. proc. coll.* 2009/5, p. 41, § 106, note Saintourens.
10. Com. 16 mars 2010, nº 09-12.539, *Bull. civ.* IV, nº 56; *D.* 2010. 887, note Lienhard; *Gaz. Pal. entr. diff.* 2-3 juill. 2010, nos 183, 184, p. 21, note Reille; *Act. proc. coll.* 2010/7, nº 97, note Cagnoli; *Dr. sociétés* 2010, nº 149, note Legros; *LPA* 28 juin 2010, nº 127, p. 17, note Lebel; *Rev. sociétés* 2010. 191, note Roussel Galle – Com. 13 mai 2014, nº 13-12.489, NP; nº 476 F-D.
11. Com. 22 févr. 1994, nº 92-11.634, *Bull. civ.* IV, nº 75; *JCP* 1995. II. 22447, note Lévy; *JCP E* 1994. I. 394, nº 1, obs. Pétel – Com. 5 mai 2015, nos 14-11.381, 14-11.388, NP; nº 423 F-D; *Dr. sociétés* 2016, comm. 111, note Legros – Paris, 29 nov. 1995, *Rev. proc. coll.* 1997, p. 173, nº 10 – Paris, 3e ch. A, 17 sept. 1996, *Rev. proc. coll.* 1997, p. 176, nº 14, obs. Calendini – Rennes, 2e ch., 30 sept. 1998 et Paris, 3e ch. B, 2 juill. 1999, *Rev. proc. coll.* 2000, p. 50, nº 10, obs. Deleneuville – Paris, 3e ch. A, 28 oct. 2003, RG nº 2003/04016 – Amiens, ch. éco., 10 juin 2010, RG nº 08/04492.
12. PÉTEL, 6e éd., nº 74.
13. Com. 3 mai 2011, nº 10-15.170, NP; nº 427 F-D.
14. Com. 7 mars 2006, nº 04-19.254, NP, *Gaz. proc. coll.* 2006/3, p. 13, obs. Lebel.
15. Com. 1er déc. 2009, nº 08-12.054, NP, *Gaz. Pal.* 16-17 avr. 2010, nos 106, 107, p. 22, note Reille; *Rev. proc. coll.* 2010/4, § 153, p. 46, note Saintourens.

Mais peu importe que la cnce soit couverte par un titre exécutoire, dès lors qu'e n'est pas contestée[1].

La dette doit être en outriquide. À défaut, il n saurait être reproché au doiteur de ne pas s'e acquitter, puisqu'il ne sait pa combien il doit.

Les caractères de certitude, de liquidité et d'exi bilité pourront résulter d'une décision de réf définitive, même si cette dernire n'a pas autorit chose jugée au principal[2].

Pour l'appréciation du caractère certain et lique des dettes, leur couverture par un titre exécutre n'est évidemment pas nécessaire[3].

Dès lors que les dettes sont certaines, liqui et exigibles, leur nature et leur nombre sont irférents. Une seule dette peut suffire à caraciser l'état de cessation des paiements[4], fût-elle noprofessionnelle[5]. Le débiteur peut être déclaré endressement ou en liquidation judiciaire, alorsême qu'il n'aurait aucune dette de nature prosionnelle, sur le visa d'une seule dette non prssionnelle, par exemple le non-remboursement un prêt destiné à l'acquisition de son immeuble habitation, cette dette fut-elle contractée avant début de l'activité au titre de laquelle le débiteur t déclaré en redressement ou en liquidation judicire[6].

Un moratoire accordé, alors que l'ét de cessation des paiements préexiste, peut-*il* fire échec à l'ouverture de la procédure ?

Il a été jugé que le report d'exigibilité ne supprime pas l'état de cessation des paiements si l'accord n'a été donné que plusieurs mois après l'exigibilité des créances[7]. Sur le terrain du report de la date de cessation des paiements, il a été identiquement été jugé que l'existence d'un moratoire obtenu après la date de cessation des paiements retenue par le tribunal ne fera pas échec au maintien de cette date[8].

La formulation de la Cour de cassation, dans un arrêt du 28 avril 1998[9], conduit à une réponse strictement inverse, dès lors qu'il y a une véritable volonté du créancier de faire confiance au débiteur et non une simple négligence dans le recouvrement de ses créances. Ce report d'exigibilité de la dette sera pris en compte pour faire échec à l'ouverture de la procédure, en tant qu'élément affectant le passif exigible[10], qu'il s'agisse d'un simple moratoire conventionnel ou d'un rééchelonnement judiciaire[11]. Le passif exigible devient alors à terme et ne peut plus entrer, en conséquence, dans l'appréciation de l'état de cessation des paiements[12]. Un auteur a pu contester l'opportunité de la solution, en faisant observer qu'elle contrariait la recherche d'ouverture précoce de procédures préventives ou curatives[13].

Quoi qu'il en soit, il appartiendra au débiteur de rapporter la preuve de ce véritable moratoire[14]. La preuve ne pourra, à notre sens, être rapportée que si le moratoire est exprès. Le simple fait pour un créancier d'être inactif dans le recouvrement de sa créance sera insuffisant. Le fait que le Trésor public ou les organismes sociaux n'inscrivent pas leur privilège ne peut davantage être considéré comme un accord sur un moratoire, le contraire étant parfois soutenu[15]. Les délais de paiement ne doivent pas être seulement hypothétiques[16]. Le moratoire ne pourra exister si les délais de paiement ont été refusés ou sont expirés au jour où la juridiction apprécie l'existence de l'état de cessation des paiements[17]. De même, si un moratoire est accordé dans le cadre d'un protocole transactionnel, le passif redevient échu en cas de caducité de la transaction, par suite du non-respect des obligations qu'elle comprenait[18] et cela autorise l'ouverture de la procédure collective de redressement ou de liquidation judiciaire[19].

L'ordonnance du 18 décembre 2008[20] reprend à son compte la jurisprudence admettant qu'un moratoire justifie l'absence de prise en compte de la dette, qui en est l'objet, dans l'appréciation du passif exigible. En ce sens, le nouvel article L. 631-1, alinéa 1

1. Com. 29 avr. 2014, n° 13-11.156, NP; n° 418 F-D.
2. Com. 3 déc. 2003, n° 02-13.817, NP – Com. 3 déc. 2003, n° 01-00.014, NP.
3. Douai, 2e ch., 2e sect., 15 mai 2007, RG n° 06/06056, *Gaz. proc. coll.* 2007/4, p. 29, note Lebel; *Gaz. proc. coll.* 2008/1, p. 33, note Lebel.
4. Com. 8 mars 1994, n° 90-12.941, *Bull. civ.* IV, n° 102.
5. Com. 22 juin 1993, n° 90-17.418, *Bull. civ.* IV, n° 264; *D.* 1993. 167, obs. Honorat.
6. Paris, 3e ch. C, 4 févr. 2000, *Rev. proc. coll.* 2002, p. 51, n° 1, obs. Deleneuville.
7. Paris, 3e ch. B, 20 nov. 1998, *Act. proc. coll.* 1999/5, n° 63.
8. Besançon, 31 janv. 1996, *Rev. proc. coll.* 1997, p. 176, n° 14, obs. Calendini.
9. Com. 28 avr. 1998, n° 95-21.969, NP, *Defrénois* 1998. 948, n° 1, obs. Le Cannu; *JCP* 1998. 1926, note Linkinninba; *Rev. proc. coll.* 2000, p. 49, n° 7, obs. Deleneuville.
10. Com. 27 oct. 1998, n° 96-13.849, NP – Com. 16 déc. 2008, n° 07-16.178, NP – Paris, 3e ch. A, 10 oct. 2006, RG n° 2005/21113 – Lyon, 3e ch. civ., 21 juin 2007, RG n° 06/03547, *Gaz. proc. coll.* 2008/3, p. 31, n° 2, note Lebel.
11. Com. 16 déc. 2008, n° 07-16.178, NP, *Act. proc. coll.* 2009/8, n° 121, note Vallansan.
12. Paris, 3e ch. A, 9 sept. 2003, RG n° 2003/03398.
13. Berthelot, « La cessation des paiements : une notion déterminante et perfectible », *JCP E* 2008. 2232, n° 15.
14. Com. 13 nov. 2001, n° 98-22.144, NP, *LXB hebdo* n° A0901AXN.
15. Badillet, « Pratiques parisiennes en matière de traitement préventif des difficultés des entreprises », *Gaz. Pal.* 11-12 mai 2011, p. 7 s., sp. p. 9.
16. Paris, 3e ch. A, 4 nov. 2003, RG n° 2003/04975, *LXB hebdo* n° A6080DAG.
17. Com. 7 mars 2006, n° 05-10.884, NP, *Gaz. proc. coll.* 2006/3, p. 13, obs. Lebel.
18. Angers, ch. com., 18 déc. 2007, RG n° 07/00004, *Gaz. proc. coll.* 2008/2, p. 15, n° 2, note Lebel.
19. T. com. Valenciennes, 22 févr. 2010, RG n° 2009/1876, *Rev. proc. coll.* 2010/6, § 206, note Delattre.
20. Ord. n° 2008-1345, 18 déc. 2008, préc.

du code de commerce, issu de l'article 75 de l'ordonnance du 18 décembre 2008, dispose que « le débiteur qui établit que les réserves de crédit ou les **moratoires** dont il bénéficie de la part de ses créanciers lui permettent de faire face au passif exigible avec son actif disponible n'est pas en cessation des paiements ».

Il appartiendra, comme l'avait décidé la jurisprudence, au débiteur de rapporter la preuve de ce véritable moratoire.

La nouvelle disposition doit, à notre sens, et au regard des précisions précédemment apportées, être considérée comme purement interprétative. Un arrêt de la Cour de cassation, rendu sous l'empire de la loi du 25 janvier 1985, permet de s'en convaincre lorsqu'il énonce que « la cour d'appel, appelée à se prononcer sur l'existence de l'état de cessation des paiements, n'a pas à rechercher si le passif exigible a effectivement été exigé, dès lors que le débiteur n'a pas allégué qu'il disposait d'une réserve de crédit ou d'un moratoire de la part de ses créanciers lui permettant de faire face à son passif exigible »[1]. Cette solution a été reproduite sous l'empire de la loi de sauvegarde des entreprises du 26 juillet 2005, dans sa rédaction d'origine[2].

221.13 Passif exigible et règles particulières aux départements d'outre-mer. La loi du 1er janvier 2000, dite d'orientation pour l'outre-mer, qui prévoit en ses articles 5 et 6, la possibilité pour les entreprises exerçant leur activité au 1er janvier 2000 dans les départements d'outre-mer, d'obtenir un sursis à poursuites et un moratoire accordé par la caisse de sécurité sociale et par l'administration fiscale pour le règlement de leurs cotisations sociales et de leurs dettes fiscales, ne déroge pas aux dispositions d'ordre public de la législation relative au redressement et à la liquidation judiciaires des entreprises. Il en résulte que ces dispositions ne permettent pas, dès lors que ces moratoires n'ont pas été obtenus à la date à laquelle statue la juridiction, d'éviter la caractérisation de l'état de cessation des paiements. La solution, qui n'a été posée que pour écarter la résolution d'un plan de continuation[3], nous semble devoir être étendue à la caractérisation du passif exigible à prendre en compte pour apprécier l'état de cessation des paiements.

221.14 Appréciation objective de la balance entre actif disponible et passif exigible. L'article L. 621-1 du code de commerce, dans sa rédaction antérieure à la loi du 26 juillet 2005[4] (anct L. 25 janv. 1985[5], art. 3, al. 1er), évoque la comparaison entre l'actif disponible et le passif exigible.

La solution est reproduite par la loi du 26 juillet 2005 en redressement judiciaire (C. com., art. L. 631-1, al. 1er).

Commençons par indiquer que, dans un groupe de sociétés, la personnalité morale de chacune des sociétés oblige à mener la comparaison société par société, et non au niveau du groupe[6], sauf le cas de la confusion des patrimoines (v. ss n° 213.41).

Il convient de procéder à une appréciation objective des deux éléments de la balance. Il n'y a cessation des paiements que si l'actif disponible est insuffisant pour faire face au passif exigible. Il en sera ainsi, en présence d'un passif exigible, dès lors qu'il n'y a aucun actif disponible[7], qu'il n'en est fait état d'aucun ou que l'actif disponible n'est constitué que de deux chèques d'un montant inférieur au passif exigible[9].

Parce qu'elles empêchent la Cour de cassation d'exercer un contrôle de la notion de cessation des paiements faute d'avoir rapproché l'actif disponible et le passif exigible, nombreuses sont les décisions cassées, pour défaut de base légale.

La juridiction du fond ne peut ainsi se satisfaire, pour caractériser l'état de cessation des paiements, de l'impossibilité de payer les créances exigibles, si elle n'indique pas que c'est en contemplation de l'actif disponible[10]. Il n'est pas suffisant de rappro-

1. Com. 6 juill. 2010, n° 09-14.937, NP, *Act. proc. coll.* 2010/14, n° 206, note Vallansan.
2. Com. 15 févr. 2011, n° 10-13.625, *Bull. civ.* IV, n° 23; n° 170 F-P+B; *D.* 2011. Actu. 591, obs. Lienhard; *JCP E* 2011. 1280, note Lebel; *BJE* juill./août 2011, comm. 88, p. 176, note Martineau-Bourgninaud.
3. Com. 28 sept. 2004, n° 02-21.605, NP.
4. L. n° 2005-845, 26 juill. 2005, préc.
5. L. n° 85-98, 25 janv. 1985, préc.
6. Com. 3 juill. 2012, n° 11-18.026, *Bull. civ.* IV, n° 146; n° 775 FS-P+B; *D.* 2012. Actu. 1814, obs. Lienhard; *Rev. sociétés* 2012. 527, note Henry; *JCP E* 2012. 1509, note Cérati-Gauthier; *JCP E* 2012. Chron. 1757, n° 1, obs. Pétel; *Bull. Joly* 2012. 631, note Pelletier; *Act. proc. coll.* 2012/14, comm. 206, note Fin-Langer; DPDE sept. 2012, *bull.* n° 340, p. 1, note Roussel Galle; *BJE* oct. 2012, comm. 172, p. 279, concl. Bonhomme, note Neau-Leduc; *Dr. sociétés* 2012, n° 189, note Legros; *Gaz. Pal.* 6 sept. 2012, Jur. 5, note Demeyère; *Rev. proc. coll.* 2013, comm. 6, note Saintourens; *LPA* 15 avr. 2013, n° 75, p. 4, note Zattara-Gros; *LPA* 7 mai 2013, n° 91, p. 10, note Tabourot-Hyest; *LPA* 3 juin 2013, n° 110, p. 11, note Théron; *Dr. et patr.* sept. 2013, p. 48, n° 001, note Monsérié-Bon.
7. Com. 14 janv. 2004, n° 02-17.041, NP, *RD banc. fin.* 2004/3, p. 187, n° 128, obs. Lucas – Com. 7 févr. 2012, n° 11-11.347, *Bull. civ.* IV, n° 27; n° 152 F-P+B – Paris, 3e ch. A, 19 oct. 2004, RG n° 2004/5800 – Paris, 3e ch. B, 16 juin 2006, RG n° 2005/22879.
8. Com. 18 janv. 2011, n° 10-10.940, NP – Com. 5 mai 2015, n° 14-13.935, NP; n° 404 F-D; *BJE* sept. 2015, 280, note Degenhardt.
9. Com. 28 avr. 2009, n° 08-13.210, NP, *Gaz. proc. coll.* 2009/3, p. 16, n° 7, note Lebel.
10. Com. 28 sept. 2004, n° 02-10.981, NP – Com. 13 févr. 2007, n° 06-10.137, NP, *Gaz. proc. coll.* 2007/2, p. 21, n° 1, note Lebel.

cher les retards de paiements d'une trésorerie négative dans le même temps[1].

La juridiction du fond ne peut, pour établir l'état de cessation des paiements, faire état de dettes exigibles à moins d'un an et de dettes pour parties échues[2], car, elle compare à l'actif disponible, un passif qui n'est pas exigible immédiatement ou pas exigible immédiatement pour le tout.

Une cour d'appel ne peut se satisfaire du rapport du liquidateur faisant état de cinq créances d'un montant important, pour estimer fondée la demande d'ouverture de la liquidation judiciaire de l'[illegible]saf, alors qu'aucune indication n'était apportée sur l'actif disponible[3].

Identiquement, la juridiction du fond ne peut se contenter de retenir que le débiteur n'a pas payé les cotisations sociales auxquelles il était tenu depuis l'assignation en redressement judiciaire et qu'il ne prouve pas être revenu à meilleure fortune, sans apporter de précision sur son actif disponible[4].

De même, pour retenir une date de cessation des paiements, une cour d'appel ne peut se contenter de retenir le montant des créances provisoires déclarées[5].

Elle ne peut davantage, pour fixer la date de cessation des paiements d'un agriculteur, se contenter de faire état de cotisations sociales personnelles anciennes et de cotisations salariales impayées, d'une demande en revendication de tous les bovins et du stock d'alimentation et du fait que l'agriculteur ne justifie plus d'aucune activité lui permettant d'apurer son passif, sans préciser les éléments de l'actif disponible[6].

Le fait pour le débiteur de rencontrer des difficultés pour payer ses dettes exigibles et de ne régler celles-ci qu'après délivrance d'une assignation ne permet pas davantage de caractériser l'état de cessation des paiements[7]. Pas davantage, ne peut permettre de caractériser l'état de cessation des paiements le fait pour le débiteur d'avoir perdu son principal client, d'avoir fait l'objet d'une vérification fiscale ayant abouti à un redressement fiscal, d'enregistrer un résultat annuel présentant une perte, ainsi que le fait d'avoir des d'arriérés de cotisations sociale ou de taxe professionnelle, dès lors qu'aucune précision n'est apportée sur l'actif disponible[8].

La caractérisation de l'état de cessation des paiements ne peut résulter du fait que le compte bancaire social est clôturé depuis plusieurs mois, qu'un constat d'huissier établit la vacuité des locaux d'exploitation et qu'un jugement a rejeté la demande de décharge de compléments de taxes sur le chiffre d'affaires, sans mettre ces éléments en perspective par rapport à l'actif disponible[9].

L'importance du passif ne sera donc jamais suffisante si elle n'est pas rapprochée de l'actif disponible[10], lequel devra être déterminé, car le rapprochement entre l'actif disponible et le passif exigible doit être fait avec précision[11]. Symétriquement, la juridiction ne peut se satisfaire d'éléments hypothétiques tels la possibilité d'une négociation entre le débiteur et un de ses créanciers pour faire diminuer le montant du passif exigible, ce qui permettrait alors de considérer qu'il n'y a pas état de cessation des paiements[12].

Mais encore faut-il que le plaideur se plaigne de l'absence de rapprochement par les juges du fond du passif exigible et de l'actif disponible. C'est ainsi que n'encourt pas la censure, la cour d'appel à laquelle il n'est pas reproché ce défaut de rapprochement entre l'actif disponible et le passif exigible, mais à laquelle il est seulement adressé le reproche de ne pas avoir caractérisé le caractère exigible du passif, alors que le seul fait de constater l'existence, à partir du passif déclaré, de créances anciennes est suffisant pour justifier le caractère exigible du passif en cause[13].

De même, le fait pour le créancier d'indiquer un montant du passif exigible supérieur à la réalité reste sans conséquence dès lors que le débiteur reconnaît lui-même avoir un passif exigible supérieur à l'actif disponible[14]. En revanche, si le créancier fait état d'un montant de créance sans correspondance avec les pièces qu'il produit, et notamment des contraintes validées par le tribunal des affaires de sécurité sociale, il n'établit pas le passif exigible et ne peut donc démontrer l'état de cessation des paiements de son débiteur[15].

1. Com. 22 mars 2011, n° 10-14.889, NP; n° 295 F-D.
2. Com. 18 mai 2016, n° 14-22.166, NP; n° 447 F-D.
3. Com. 10 févr. 2015, n° 13-24.056, NP; n° 145 F-D.
4. Com. 10 mai 2005, n° 04-11.453, NP, *Gaz. proc. coll.* 2005/3, p. 11, n° 2, obs. Lebel.
5. Com. 13 juin 2006, n° 05-14.234, NP, *Gaz. proc. coll.* 2006/4, p. 11, note Lebel.
6. Com. 1er déc. 2009, n° 07-21.629, NP.
7. Com. 11 déc. 2007, n° 06-16.611, NP, *Gaz. proc. coll.* 2008/2, p. 16, n° 4, note Lebel; *Act. proc. coll.* 2008/1, n° 12, note Vallansan.
8. Com. 8 juill. 2008, n° 06-21.243, NP, *Gaz. proc. coll.* 2008/4, p. 39, note Lebel.
9. Com. 12 janv. 2010, n° 08-70.147, NP, *Rev. proc. coll.* 2010/4, § 153, p. 46, note Saintourens; *Dr. sociétés* 2010, n° 210, note Legros.
10. Com. 26 mai 1999, n° 96-22.635, *Bull. civ.* IV, n° 110; *Rev. proc. coll.* 2000, p. 45, n° 1, obs. Deleneuville – Com. 6 juill. 1999, n° 96-21.292, NP, *Rev. proc. coll.* 2000, p. 45, n° 1, obs. Deleneuville – Com. 18 mars 2008, n° 06-20.749, NP, *Gaz. proc. coll.* 2008/3, p. 25, note Mélin – Com. 17 févr. 2009, n° 07-21.388, NP.
11. Com. 28 janv. 2004, n° 01-10.005, NP.
12. Com. 14 janv. 2004, n° 02-14.687, NP.
13. Com. 26 mars 2013, n° 12-13.264, NP; n° 314 F-D.
14. Com. 18 mai 2016, n° 14-22.165, NP; n° 446 F-D.
15. Com. 18 mai 2016, n° 14-23.837, NP; n° 442 F-D.

La seule comparaison des éléments du bilan, fût-il déficitaire, est insuffisante[1]. Le constat de l'existence d'un passif supérieur à l'actif, qualifié de critère d'insolvabilité[2], n'est pas celui retenu par la loi. Spécialement, l'existence d'un résultat déficitaire ne suffit pas à caractériser l'état de cessation des paiements[3]. La baisse sensible de la marge commerciale, de la valeur ajoutée et de l'excédent brut d'exploitation, ainsi que l'augmentation des charges sociales sont insuffisants à caractériser l'état de cessation des paiements[4]. De même, le dépassement de l'escompte autorisé est insuffisant à caractériser l'état de cessation des paiements, quelle que soit son importance[5]. La comparaison de l'actif circulant avec le passif circulant n'est pas davantage de nature à caractériser l'état de cessation des paiements[6].

Symétriquement, les juges du fond ne peuvent se fonder, pour considérer qu'il n'y a pas cessation des paiements, sur le rapprochement entre une dette exigible et le montant du chiffre d'affaires ou le résultat bénéficiaire[7].

Ce qui est pris en compte est le critère d'« illiquidité », l'arrêt du service de caisse[8]. La notion a donc vocation à refléter l'état de la trésorerie, qui ne permet pas au débiteur de payer ce qu'il doit[9].

La trésorerie négative, c'est-à-dire l'insuffisance du fonds de roulement par rapport au besoin en fonds de roulement constitue un indice fort de la cessation des paiements[10].

L'absence de trésorerie suffisante ne doit pas être accidentelle, ni passagère, puisque si tel est le cas, le financement nécessaire sera trouvé à l'extérieur par le débiteur. Il n'y aura pas « impossibilité de faire face »[11]. L'absence de trésorerie marque ici une difficulté durable de l'entreprise. S'il y a simple gêne momentanée, il n'y aura pas cessation des paiement car le crédit bancaire nécessaire ou l'apport d'un associé sera rapidement trouvé.

Mais la cessation des paiements n'est pas davantage elle se distingue ainsi de l'insolvabilité[12], qui résulte, quant à elle, d'un passif supérieur à l'actif disponible ou non. Ce critère, a-t-il été relevé, devient en revanche utile à la clôture de la procédure[13], pour déterminer le type de clôture ou pour déterminer l'opportunité de sanctions patrimoniales.

La cessation des paiements se distingue aussi de la situation irrémédiablement compromise, ancienne notion utilisée par la jurisprudence, pour caractériser la cessation des paiements, avant la loi du 25 janvier 1985, et qui est encore utile dans le cadre de l'article 60, alinéa 2 de la loi du 24 janvier 1984[14], dite loi bancaire (devenu C. mon. fin., art. L. 313-12). Elle autorise en effet un banquier à se dégager, sans préavis, cependant que l'octroi du concours à une entreprise, en pareille situation, était par principe, sous le régime antérieur à l'article L. 650-1 du code de commerce, source de responsabilité du banquier, pour soutien abusif (v. s[s] n°s 833.13 et 833.14). Cette notion correspond à celle d'entreprise dans l'impossibilité de se redresser[15], qui est utile pour ouvrir une liquidation judiciaire immédiate ou convertir le redressement en liquidation judiciaire.

221.15 Du passif simplement exigible au passif exigé ?[16] L'article L. 621-1 du code de commerce (anc[t] L. 25 janv. 1985[17], art. 3, al. 1er) évoque l'impossibilité de faire face, avec son actif disponible, à son passif exigible.

L'article L. 631-1, alinéa 1er, issu de la loi du 26 juillet 2005[18], reproduit la solution.

L'expression « faire face » semblerait laisser place à une appréciation subjective du rôle des créanciers.

Certes, l'article L. 621-1 du code de commerce (anc[t] L. 25 janv. 1985, art. 3, al. 1er) et l'article L. 631-1 du code n'évoquent que le passif exigible. Ils ne visent pas le passif exigé. La doctrine s'est dès lors trouvée divisée pour apprécier si une dette exigible qui n'avait pas été exigée, devait être prise en compte dans la détermination du passif, afin de

1. Com. 27 avr. 1993, n° 91-16.470, *Bull. civ.* IV, n° 276; *Bull. Joly* 1993. 687, note Chaput; *Rev. sociétés* 1993. 871, note Le Nabasque – Com. 2 févr. 1999, n° 95-15.990, NP, *Act. proc. coll.* 1999/6, n° 76 – Com. 17 oct. 2000, n° 98-13.106, NP, *Act. proc. coll.* 2000/19, n° 238 – Com. 19 mars 2002, n° 99-15.912, NP, *Act. proc. coll.* 2002/10, n° 120 – Com. 3 déc. 2003, n° 01-02.046, NP, *RD banc. fin.* 2004, p. 101, n° 75, obs. Lucas – Paris, 3e ch. C, 18 févr. 2000, *RJDA* 2000/11, n° 1023.
2. *Rapp. Xavier de Roux*, n° 2095, p. 339.
3. Com. 17 oct. 2000, n° 98-13.106, préc. – Com. 19 mars 2002, *Act. proc. coll.* 2002/10, n° 120.
4. Com. 9 juill. 2002, n° 99-13.475, NP, *RD banc. et bourse* 2002/6, p. 321, n° 233, obs. Lucas.
5. Com. 3 déc. 2003, n° 01-00.426, NP, *Act. proc. coll.* 2004/3, n° 28.
6. Com. 10 mars 2004, n° 01-15.018, NP.
7. Com. 26 mars 2013, n° 12-13.391, NP; n° 311 F-D.
8. AINSI : Com. 15 févr. 2000, n°s 97-16.770, 97-17.415, *Bull. civ.* IV, n° 33; *Gaz. Pal.* 4-5 avr. 2001, Somm. 38.
9. PÉROCHON, 10e éd., n° 357.
10. VIDAL, n° 468.
11. Calendini, obs. *Rev. proc. coll.* 1993, p. 261.
12. AINSI : Com. 11 juill. 1988, n° 86-11.191, NP, cité in J.-CL. COM., Régnault-Moutier mis à jour par Vallansan, fasc. 2155, [Causes d'ouverture – cessation des paiements], 2004, n° 20.
13. PÉROCHON, 10e éd., n° 362.
14. L. n° 84-46, 24 janv. 1984, *JO* 25 janv., p. 390.
15. Bonneau, *Droit bancaire*, 2e éd., Montchrestien, 1996, n° 681 – Rives-Lange et Contamine-Raynaud, *Droit bancaire*, 6e éd., « Précis », Dalloz, 1995, p. 453 – *Adde*, PÉROCHON ET BONHOMME, n° 118.
16. SUR LA QUESTION : VIDAL, 2006, n°s 470 à 476.
17. L. n° 85-98, 25 janv. 1985, préc.
18. L. n° 2005-845, 26 juill. 2005, préc.

caractériser l'état de cessation des paiements. Il a é considéré par certains que le passif devait avoir é réclamé[1]. Dès lors, un moratoire accordé, mê tacitement, par le créancier était susceptible d'infl sur le montant du passif pris en compte pour app cier l'état de cessation des paiements. Une au partie de la doctrine, au contraire, a considéré qu fait que le passif n'ait pas été réclamé restait s incidence, dès lors qu'il était exigible[2]. Cette d nière appréciation apparaissait de nature à perm tre plus efficacement le redressement d'entrepri en évitant des jugements d'ouverture trop tard par suite du laxisme de certains créanciers.

Dans un premier temps, la Cour de cassatio statué en ce dernier sens, en refusant d'entrer d la distinction entre passif exigible et passif exi[3]. Elle a été suivie en cela par les juridictions du fo[4].

Puis la solution a été nuancée. Par un arrêt 28 avril 1998, la chambre commerciale de la Cour de cassation[5] a énoncé que « le passif à prendre considération pour caractériser l'état de cessation des paiements est le passif exigible et exigé, dès que le créancier est libre de faire crédit au débiteur »[6]. Cet arrêt a été interprété comme un revirement de jurisprudence, car l'attention n'a été portée que sur la première partie de la solution posée – le passif à prendre en considération pour caractériser l'état de cessation des paiements est le passif exigible et exigé –, sans que soit attirée l'attention sur l'affirmation seconde qu'il renfermait – dès lors que le créancier est libre de faire crédit au débiteur.

Seul en conséquence doit être pris en compte le passif exigible, sans qu'il soit besoin qu'il ait été exigé. La solution est posée pour caractériser une absence de déclaration de l'état de cessation des paiements dans le délai légal à propos de l'obligation de reverser la TVA, l'impôt n'ayant pas à être réclamé pour entrer dans le calcul du passif exigible[7]. De même, pour convertir la sauvegarde en redressement judiciaire sur le fondement d'une apparition en période d'observation de l'état de cessation des paiements, il a pu être jugé que le fait que le paiement de dettes intragroupe n'ait pas été demandé, dès lors qu'elles sont exigibles, ne peut permettre d'écarter la caractérisation de l'état de cessation des paiements, car les relations économiques au sein d'un groupe de sociétés ne conduisent pas chacune de celles-ci à renoncer à recouvrer leurs créances[8]. D'une autre manière, on peut affirmer qu'il y a cessation *des paiements* si le débiteur ne peut, en théorie, faire face.

Puisqu'il n'est pas nécessaire que le passif soit exigé pour constituer l'état de cessation des paiements, il ne peut être reproché aux juges du fond de ne pas rechercher si le passif exigible fait l'objet de poursuites de la part de créanciers[9].

221.16 **Réserve de crédit**[10]. Le concept de passif exigible doit immédiatement être rapproché de la notion de réserve de crédit, permettant de payer les dettes échues. Si celle-ci existe, elle empêche la caractérisation de l'état de cessation des paiements[11], à condition évidemment qu'elle soit d'un montant au moins égal au passif exigible[12]. La réserve de crédit traduit le fait que le passif externe de l'entreprise est inférieur à celui qu'elle pourrait assumer, soit que les banquiers n'ont pas encore été sollicités, soit que les associés peuvent encore augmenter leurs avances[13].

La réserve de crédit suppose donc une trésorerie supplémentaire, ce qui d'évidence ne peut être le cas de crédit de restructuration ou de prêt de consolidation[14], lesquels ne sont qu'une représentation juridico-comptable différente d'une même dette.

1. AINSI : SAINT-ALARY-HOUIN, 4e éd., no 346.
2. PÉTEL, 5e éd., no 76 – KERCKHOVE, no 212 – SOINNE, no 408.
3. Com. 17 juin 1997, no 95-13.056, *Bull. civ.* IV, no 193; *JCP E* 1998. 28, obs. Pétel; *Rev. proc. coll.* 1998, p. 39, no 6, obs. Calendini – Com. 12 nov. 1997, no 94-15.829, *Bull. civ.* IV, no 290; *Rev. proc. coll.* 1998, p. 39, no 6, obs. Calendini.
4. AINSI : Paris, 3e ch. A, RG no 2003/04975.
5. Com. 28 avr. 1998, no 95-21.969, NP, *Defrénois* 1998. 948, no 1, obs. Le Cannu; *JCP* 1998. 1926, note Linkinninba; *Rev. proc. coll.* 2000, p. 49, no 7, obs. Deleneuville.
6. RAPPR. SOUS L'EMPIRE de la loi du 25 janvier 1985 : Com. 6 juill. 2010, no 09-14.937, NP, *Act. proc. coll.* 2010/14, no 206, note Vallansan.
7. Lyon, 3e ch. civ., 1er déc. 2005, RG no 04-6214, *Rev. proc. coll.* 2007/2, p. 95, no 24, obs. Barret.
8. Com. 24 mars 2009, no 08-12.212, NP, *Gaz. proc. coll.* 2009/3, p. 13, no 2, note Lebel; *Act. proc. coll.* 2009/8, no 121, note Vallansan; *Bull. Joly* juill./août 2009, p. 691, § 140, note Lucas; *Rev. proc. coll.* 2009/5, p. 42, § 107, note Saintourens – Com. 24 mars 2009, no 08-12.213, NP – Com. 24 mars 2009, no 08-12.214, NP – Com. 24 mars 2009, no 08-12.215, NP.
9. Com. 27 févr. 2007, no 06-10.170, *Bull. civ.* IV, no 65; *D.* 2007. AJ 872, obs. Lienhard; *Gaz. proc. coll.* 2007/2, p. 21, no 2, note Lebel; *RD banc. fin.* mars-avr. 2007, p. 25, no 71, note Lucas; *JCP E* 2007. 1833, p. 28, note Roussel Galle; *Act. proc. coll.* 2007/7, no 71, note Vallansan; *JCP E* 2007. Chron. 2119, no 1, obs. Pétel; *LPA* 2 nov. 2007, nos 219, 220, p. 19, note Grimonprez; *Rev. proc. coll.* 2007/3, p. 109, note Delattre; *Rev. proc. coll.* 2007/4, p. 222, no 2, obs. Saintourens; *RJ com.* 2007. 365, note Roussel Galle; *Defrénois* 2007. 38675, p. 1557, no 5, note Gibirila; *LXB hebdo* 22 mars 2007, no N3567BAD, note Le Corre.
10. Arbellot, « La notion de réserves de crédit en droit des entreprises en difficulté », *JCP E* 2012. Étude 1102.
11. Com. 28 avr. 1998, no 95-21.969, NP, *Defrénois* 1998. 948, no 1, obs. Le Cannu; *JCP* 1998. 1926, note Linkinninba; *Rev. proc. coll.* 2000, p. 49, no 7, obs. Deleneuville – Com. 8 janv. 2002, no 98-22.406, NP, *Act. proc. coll.* 2002/6, no 69 – Com. 4 oct. 2005, no 04-10.055, NP.
12. Com. 20 sept. 2005, no 04-14.808, NP.
13. VIDAL, 3e éd., 2010, no 561.
14. Com. 20 févr. 1990, no 88-12.932, NP, *Rev. proc. coll.* 1991, p. 94.

Tel n'est pas le cas de la fraction non libérée du capital social, qui ne peut être assimilé à une réserve de crédit[1], du fait du principe de fixité du capital social, qui est le gage des créanciers sociaux.

La réserve de crédit peut consister en un crédit fournisseur[2], raison pour laquelle la Cour de cassation évoque une comparaison entre le passif exigible et l'existence d'un « crédit fournisseur ou d'autres réserves de crédit »[3].

Il peut s'agir d'avances de trésorerie faites par des sociétés d'un groupe, qui ne sont pas débloquées ou dont le remboursement n'a pas été demandé[4]. On objectera, à la suite d'un auteur[5], que si l'avance est déjà accordée, ce n'est plus un élément d'actif, mais un élément de passif, la seule question étant alors de savoir si ce passif est exigible (v. s^{s} n° 221.12). Seule la promesse d'avance de trésorerie peut donc, à notre sens, constituer un élément de l'actif disponible.

Il faut cependant exclure de l'actif disponible les réserves de crédit qui résulteraient d'un soutien anormal ayant pour seul but de maintenir artificiellement l'activité[6]. Il peut en être ainsi d'une avance en compte-courant consentie par le dirigeant, alors que la société a perdu tout son capital social et que les banquiers ne lui consentent plus de nouveaux concours[7]. Il en est de même des avances en compte-courant faites par la société mère à sa filiale, lesquelles n'ont fait que retarder la constatation de la cessation des paiements dans la mesure où le crédit accordé revêtait incontestablement un caractère artificiel et résultait de circonstances anormales, puisque la filiale ne pouvait plus faire face depuis de nombreux mois à ses besoins en fonds de roulement et e disposait ni de crédits bancaires, ni d'un carnet commandes suffisant pour espérer recouvrer à ot ou moyen terme un niveau d'activité compatible avec ses charges d'exploitation[8]. Le crédit accordé noit donc pas conduire à maintenir artificiellem en vie l'entreprise[9]. Il ne doit pas s'agir d'un oc abusif de crédit ou d'un crédit ruineux. À cet ég, il est estimé que l'octroi par un créancier d'échéancier que le débiteur ne pourra respecter coitue un soutien artificiel masquant la cessation deaiements[10]. L'appréciation du caractère anormae la réserve de crédit est menée exclusivement de nière objective, par rapport à la situation éconoque et financière du débiteur. Il a été jugé que la cimulation, au moyen d'un financement anormale l'impossibilité de faire face à son passif exigibavec l'actif disponible s'appréciant au regard de situation économique et financière du débiteur bénciaire du concours, l'intention des dirigeants d'user le financement consenti par la banque au pro d'autres sociétés du groupe, pour le réorganiser, sacrifiant la société débitrice, est un élément indiférent[11].

L'istence d'une facilité de caisse, représentative d'unactif disponible, empêchera la caractérisation de l'at de cessation des paiements[12]. De la même faço les liquidités fournies par le dirigeant social de lasociété débitrice, qui pourraient prendre la forme de règlement de dettes sociales[13], mais qui le plus souvent seront consenties sous forme d'avances en compte-courant, peuvent permettre d'écarter la caractérisation de l'état de cessation des paiements[14], sous réserve cependant qu'il n'y ait pas soutien artificiel de nature à retarder l'ouverture de la procédure collective[15]. Il pourrait également

1. Com. 23 avr. 2013, n° 12-18.453, *Bull. civ.* IV, n° 69; n° 447 F-P+B; *D.* 2013. Actu. 1130, obs. Lienhard; *Gaz. Pal.* 12 juill. 2013, n° 193, p. 11, note Reille; *Leden* juin 2013, comm. 95, note Lucas; *Bull. Joly* 2013. 414, note Mouial-Bassilana; *BJE* juill. 2013, p. 225, note Borga; *Act. proc. coll.* 2013/10, comm. 130, note Pagnucco; *Rev. proc. coll.* 2013, comm. 118, note Saintourens; *Dr. sociétés* 2013, n° 127, note Legros.
2. Com. 22 mars 2011, n° 10-14.889, NP; n° 295 F-D.
3. Com. 4 oct. 2005, n° 04-10.055, NP, *Gaz. proc. coll.* 2006/1, p. 11, n° 1, obs. Lebel.
4. Com. 16 nov. 2010, n° 09-71.278, NP, *D.* 2010. 2830, note Lienhard; *D.* 2011. Pan. 2072, note Lucas; *Gaz. Pal. entr. diff.* 7-8 janv. 2011, p. 25, note Reille; *Dr. sociétés* 2011, n° 37, note Legros; *LPA* 29 avr. 2011, n° 85, p. 3, note Roussel Galle; *Bull. Joly* 2011. 207, note Mouial-Bassilana.
5. Lucas, note s^{s} Com. 10 janv. 2012, n° 11-10.018, *Bull. Joly* 2012. 295.
6. Com. 11 juill. 1988, *Rev. proc. coll.* 1990/1, p. 138, obs. Calendini – *Rapp. Xavier de Roux*, n° 2095, p. 339 – Com. 17 mai 2011, n° 10-30.425, NP; n° 479 F-D; *Gaz. Pal.* 7 oct. 2011, n° 280, p. 20, note Reille; *BJE* sept./oct. 2011, comm. 116, p. 273, note Sortais; *Rev. proc. coll.* 2012, comm. 20, note Saintourens.
7. Rennes, 2e ch. com., 15 déc. 2009, RG n° 08/08829.
8. Com. 17 mai 2011, n° 10-30.425, préc. (v. s^{s} prés^{t} n°).
9. Com. 17 mai 2011, n° 10-30.425, préc. (v. s^{s} prés^{t} n°) – *Adde*, SOL. IMPL. : Com. 23 mai 1995, n° 93-12.270, NP, *Rev. proc. coll.* 1996, p. 203, n° 8, obs. Calendini – Besançon, 2e ch. com., 14 juin 2000, *Act. proc. coll.* 2000/18, n° 227.
10. PÉTEL, 8e éd., n° 79.
11. Com. 19 févr. 2013, n° 12-12.165, NP; n° 184 F-D; *Gaz. Pal.* 1er mai 2013, n° 121, p. 16, note Reille; *BJE* juill. 2013, p. 246, note Favario; *Rev. proc. coll.* 2013, comm. 120, note Saintourens.
12. Com. 7 janv. 2003, n° 99-12.788, NP.
13. Paris, pôle 5, 9e ch., 17 juin 2010, RG n° 10/00676, *Dr. sociétés* 2011, n° 139, note Legros.
14. Com. 24 mars 2004, n° 01-10.927, *Bull. civ.* IV, n° 60; *D.* 2004. AJ 1022, obs. Lienhard; *Act. proc. coll.* 2004/9, n° 110, note Vallansan; *LPA* 4 juin 2004, n° 112, p. 5, note Reifegerste; *D.* 2004. Somm. 2143, obs. Lucas; *JCP E* 2004. Chron. 1292, n° 1, obs. Pétel; *Defrénois* 2004. 38066, p. 1659, n° 7, note Gibirila.
15. Pétel, obs. s^{s} Com. 24 mars 2004, n° 01-10.927, *JCP E* 2004. Chron. 1292, n° 1.

s'agir pour un associé dirigeant de régler des dettes sociales.

Sous cette observation, l'existence d'une réserve de crédit permet ainsi d'écarter la caractérisation de l'état de cessation des paiements[1]. C'est pourquoi les juges du fond prennent soin de préciser l'absence de réserve de crédit, constitutive d'un actif disponible, pour caractériser la cessation des paiements. Et c'est ainsi, par exemple, qu'ils relèvent que le débiteur ne bénéficie plus de concours bancaire ou encore que les sociétés d'affacturage ont dénoncé leurs concours[2]. Toutefois, la charge de la preuve de l'existence d'une réserve de crédit incombe au débiteur qui l'invoque et les juges peuvent ne pas se satisfaire d'une simple affirmation non étayée par des pièces[3].

Cette position nous semble parfaitement conforme à la lettre de l'article L. 621-1 du code de commerce (anc^t^ L. 25 janv. 1985, art. 3, al. 1er), et, depuis la réforme du 26 juillet 2005[4], à celle de l'article L. 631-1, alinéa 1er qui évoquent l'impossibilité de « faire face ». L'intéressé pourra faire face s'il n'a pas épuisé ses possibilités de crédit, s'il a encore une « réserve de crédit ».

L'ordonnance du 18 décembre 2008[5] reprend à son compte cette jurisprudence. L'article L. 631-1, alinéa 1er du code de commerce, issu de la rédaction que lui donne l'article 75 de l'ordonnance, dispose que « Le débiteur qui établit que les réserves de crédit ou les moratoires dont il bénéficie de la part de ses créanciers lui permettent de faire face au passif exigible avec son actif disponible n'est pas en cessation des paiements. »

Comme cela était déjà le cas pour les moratoires, la précision apportée par l'article L. 631-1, alinéa 1er du code de commerce, en ce qui concerne les réserves de crédit, nous semble purement interprétative, ainsi que permet de s'en convaincre un arrêt de la Cour de cassation rendue en ces termes sous l'empire de la loi du 25 janvier 1985 : « la cour d'appel, appelée à se prononcer sur l'existence de l'état de cessation des paiements, n'a pas à rechercher si le passif exigible a effectivement été exigé, dès lors que le débiteur n'a pas allégué qu'il disposait d'une réserve de crédit ou d'un moratoire de la part de ses créanciers lui permettant de faire face à son passif exigible »[6]. La solution a été exactement réaffirmée sous l'empire de la loi de sauvegarde des entreprises du 26 juillet 2005, dans sa rédaction d'origine[7].

221.17 Paiement du passif par un tiers. Une autre difficulté est de savoir si le paiement des dettes exigibles fait par un tiers peut mettre en échec la caractérisation de l'état de cessation des paiements. Une réponse positive semblerait devoir être apportée car n'est-ce pas là finalement un crédit accordé au débiteur ? La Cour de cassation n'est cependant pas en ce sens[8], ce qui conduit à considérer que le paiement fait par un tiers n'équivaut pas à une réserve de crédit. Pour cette raison, l'existence d'une garantie à première demande et d'un accord du garant pour différer l'exigibilité à son égard de la mise en œuvre de la garantie ne fait pas échec à la caractérisation de l'état de cessation des paiements[9]. Si le paiement est fait par un tiers, il ne faut pas que le *solvens* demande immédiatement remboursement, car la subrogation dans les droits de l'*accipiens* entraîne exigiblité immédiate du passif.

221.18 Particularisme de la cessation des paiements en cas de conversion de la sauvegarde en redressement ou en liquidation judiciaire. La conversion de la sauvegarde en redressement judiciaire, voire en liquidation judiciaire, conduit à distinguer deux hypothèses.

Dans la première, le tribunal s'est trompé dans l'appréciation qu'il a portée lors de l'ouverture de la procédure. En ce cas, la cessation des paiements s'appréciera non au jour où le tribunal statuera sur la conversion, mais au jour de l'ouverture de la sauvegarde. La cessation des paiements sera alors appréciée dans les conditions de droit commun.

Dans la seconde hypothèse, la conversion est justifiée par l'apparition, en cours de période d'observation, de la cessation des paiements. L'appréciation est alors portée au jour où le tribunal statue sur la conversion. Une question se pose alors ? Faut-il prendre en compte les dettes exigibles au jour de l'ouverture de la sauvegarde outre celles devenues exigibles pendant la sauvegarde ? Faut-il au contraire neutraliser les dettes exigibles avant l'ouverture de la sauvegarde ? Faut-il également neutraliser les dettes

1. Com. 17 déc. 2003, n° 02-15.445, NP, *RD banc. fin.* 2004, p. 102, n° 76, obs. Lucas.
2. AINSI : Com. 18 mars 2008, n° 06-20.510, *Bull. civ.* IV, n° 54 ; *D.* 2008. AJ 982, obs. Lienhard ; *Gaz. proc. coll.* 2008/3, p. 31, note Lebel ; *Act. proc. coll.* 2008/7, n° 115, note Vallansan ; *JCP E* 2008. Chron. 2062, n° 6, obs. Pétel ; *Rev. proc. coll.* 2008/3, p. 40, n° 114, note Saintourens ; *Dr. et patr.* 2008, n° 172, p. 108, note Monsérié-Bon ; *RTD com.* 2008. 628, n° 8, obs. Martin-Serf.
3. Paris, 12 mars 2009, RG n° 08/18524, *Rev. proc. coll.* 2009/5, p. 41, § 105, note Saintourens.
4. L. n° 2005-845, 26 juill. 2005, préc.
5. Ord. n° 2008-1345, 18 déc. 2008, préc.
6. Com. 6 juill. 2010, n° 09-14.937, NP, *Act. proc. coll.* 2010/14, n° 206, note Vallansan.
7. Com. 15 févr. 2011, n° 10-13.625, *Bull. civ.* IV, n° 23 ; n° 170 F-P+B ; *D.* 2011. Actu. 591, obs. Lienhard ; *JCP E* 2011. 1280, note Lebel ; *BJE* juill./août 2011, comm. 88, p. 176, note Martineau-Bourgninaud.
8. Com. 27 oct. 1998, n° 96-21.793, NP, *Act. proc. coll.* 1998/12, n° 157.
9. Com. 26 juin 1990, n° 89-10.373, *Bull. civ.* IV, n° 194 ; *D.* 1991. 574, note Morvan ; *D.* 1992. Somm. 2, obs. Derrida ; *JCP E* 1991. I. 44, n° 1, obs. Pétel.

nées avant l'ouverture de la sauvegarde et devenues exigibles après l'ouverture de la sauvegarde ? Il nous semble que l'appréciation de la cessation des paiements dans la procédure de sauvegarde doit être menée en faisant abstraction de l'interdiction de payer les créances antérieures à la sauvegarde, c'est-à-dire comme s'il n'y avait pas eu ouverture d'une sauvegarde[1] (v. s[s] n° 223.61).

221.19 Particularisme de la cessation des paiements en présence d'un EIRL. En présence d'un entrepreneur individuel à responsabilité limitée, l'ouverture de la procédure collective ne concerne que le patrimoine concerné par cette procédure. La solution résulte de l'article L. 680-1 du code de commerce (réd. ord. 9 déc. 2010[2], art. 8). Parce que l'ouverture de la procédure se fait patrimoine par patrimoine, le raisonnement mené pour l'ouverture de la procédure collective en termes de patrimoines conduit logiquement à infléchir les règles pour déterminer l'existence de l'état de cessation des paiements.

Il s'agit, en présence d'un EIRL, de savoir si le débiteur, au titre de l'activité logée dans le patrimoine concerné, est ou non en état de cessation des paiements. C'est bien la signification du nouvel article L. 680-2 du code de commerce, selon lequel « les dispositions des titres VI à VI du présent livre qui intéressent la situation économique... du débiteur EIRL doivent, sauf dispositions contraires, être comprises comme visant les éléments du seul patrimoine affecté à l'activité en difficulté ou, si l'activité est exercée sans affectation de patrimoine, du seul patrimoine affecté ».

En vertu de l'article L. 526-6, alinéa 2 du code de commerce, le patrimoine affecté comprend tous les biens, droits, obligations ou sûretés nécessaires à l'activité professionnelle logée dans ce patrimoine, ainsi que tous les biens, droits, obligations ou sûretés non nécessaires, mais utilisés dans l'activité professionnelle et qui ont été affectés à l'entreprise individuelle sur décision de l'entrepreneur.

Il faut ajouter au patrimoine affecté une variété de dettes, susceptible de constituer du passif exigible, qui résulte du jeu de l'article L. 273-B, II, du livre des procédures fiscales (réd. L. 15 juin 2010[3], art. 5, al. 3). Lorsque les agissements de l'intéressé, c'est-à-dire des manœuvres frauduleuses ou l'inobservation grave et répétée des obligations fiscales, ont rendu impossible le recouvrement des impôts et pénalités étrangers à l'activité logée dans le patrimoine non affecté, le recouvrement peut en être recherché sur le patrimoine affecté, ce qui revient à dire que ce passif fiscal peut être du passif exigible de l'EIRL. Ces agissements devront être constatés par le tribunal de grande instance. Le passage en force de chose jugée de la décision rendra exigibles sur le patrimoine affecté ces sommes.

Le patrimoine non affecté comprend tous les autres biens, droits, obligations ou sûretés. Pour savoir si, au regard de ce patrimoine non affecté, le débiteur est en état de cessation des paiements, il faut ajouter un certain nombre de dettes.

Si la déclaration d'affectation est inopposable à un créancier, ce dernier peut opposer son droit de créance au patrimoine affecté. Le passif exigible de l'EIRL peut ainsi s'en trouvé augmenté[4].

Il en est également ainsi de dettes nées de problèmes de valorisation des biens affectés. L'article L. 526-10, alinéa 1er du code pose le principe d'une évaluation de tout élément d'actif du patrimoine affecté, autre que des liquidités, d'une valeur supérieure à un montant fixé par décret, par un professionnel du chiffre ou un notaire, s'agissant d'un *immeuble*. Si la valeur déclarée par l'EIRL est supérieure à l'évaluation faite, l'EIRL est responsable à hauteur de la différence pendant 5 ans à l'égard des tiers sur la totalité de son patrimoine, affecté ou non. Il serait toutefois illogique qu'il soit tenu sur un autre patrimoine affecté, hypothèse que ne semble pas avoir envisagée le législateur. La même sanction est posée en l'absence d'évaluation par un professionnel, l'EIRL étant alors tenu sur tous ses patrimoines de la différence entre la valeur qu'il a déclarée et la valeur réelle du bien lors de l'affectation. Ces dettes peuvent être intégrées dans le passif exigible, permettant de déterminer si l'intéressé est ou non en état de cessation des paiements.

On doit encore ajouter aux dettes du patrimoine non affecté les cotisations fiscales et sociales dues au titre de l'activité logée dans le patrimoine affecté, lorsque l'EIRL, par des manœuvres frauduleuses ou à la suite de l'inobservation grave et répétée des obligations fiscales ou sociales, a rendu impossible le recouvrement de ces obligations. Le recouvrement de ces sommes peut être recherché sur le patrimoine non affecté. Ces agissements devront être constatés par le tribunal de grande instance. Le passage en force de chose jugée de la décision rendra exigibles sur le patrimoine non affecté ces sommes.

Il faut encore comprendre dans l'actif disponible du patrimoine non affecté le bénéfice de l'EIRL réalisé au titre du dernier exercice clos, en cas d'insuffisance du patrimoine non affecté. L'article L. 526-12, dernier alinéa permet en effet une appréhension

1. PÉROCHON ET BONHOMME, 7e éd., n° 176.
2. Ord. n° 2010-1512, 9 déc. 2010, *JO* 10 déc., p. 21617.
3. L. n° 2010-658, 15 juin 2010, *JO* 16 juin, p. 10984.
4. EN CE SENS AUSSI : Saintourens, « EIRL : adaptation des conditions d'ouverture des procédures collectives », *Rev. proc. coll.* 2011, dossier 17, p. 80 s., sp. p. 81, n° 11.

de ce bénéfice. Le législateur part du postulat que bénéfice de l'EIRL est un bien du patrimoine de c EIRL, qui ne peut donc, par principe, être appr hendé par les créanciers du patrimoine non affect Ce principe est écarté en cas d'insuffisance patrim niale, ce qui revient en conséquence à augment l'actif disponible du patrimoine non affecté.

Contrairement à la solution classiquement admis qui obligeait à prendre en compte les dettes exigible de toute nature, qu'elles soient ou non en rapport avec l'activité et l'actif disponible de toute nature, il faut, en présence d'un EIRL, apprécier l'état de cessation de paiements patrimoine par patrimoine[1].

Une fois composées les masses actives et passives des divers patrimoines dont unentrepreneur individuel à responsabilité limité peut être titulaire, le passif exigible de l'EIRL sera mis en balance avec l'actif disponible à très court terme de ce même EIRL.

Si l'on raisonne sur le patrimoine non affecté, qui abrite une activité rendant le débiteur éligible aux procédures collectives, l'actif disponible, professionnel ou non, du patrimoine non affecté sera comparé au passif exigible, professionnel ou non, de ce même patrimoine non affecté.

SECTION 221.20

CONSTATATION JUDICIAIRE DE L'ÉTAT DE CESSATION DES PAIEMENTS

221.21 Charge de la preuve de l'état de cessation des paiements. Conformément au droit commun, la charge de la preuve de l'état de cessation des paiements appartient au demandeur à l'action en redressement ou en liquidation judiciaire, à l'organe de la procédure collective, désireux de faire remonter la date de cessation des paiements, voire, en cas d'ouverture d'une sauvegarde, au tiers opposant désireux de démontrer le caractère immérité de l'ouverture de cette procédure, du fait de l'existence de la cessation des paiements. En cause d'appel, le demandeur au report, qui serait intimé, reste demandeur à la charge de la preuve[2].

Le débiteur n'a donc pas à prouver qu'il n'est pas en état de cessation des paiements. Les juges du fond ne peuvent donc retenir, sans inverser la charge de la preuve, que le débiteur ne justifie pas que son actif disponible est supérieur à son actif disponible[3] ou que le débiteur se contente de produire un relevé de compte courant faisant apparaître un certain montant pour en déduire qu'il ne prouve pas que son actif disponible est supérieur à son passif exigible[4].

Le fait pour le demandeur à l'action de faire état de l'impossibilité du débiteur de faire face au passif exigible avec un éventuel actif disponible ne permet pas de rapporter la preuve de l'état de cessation des paiements, le débiteur n'ayant pas, sauf à opérer un renversement de la charge de la preuve, à indiquer qu'il dispose d'un actif disponible suffisant[5]. On voit pourtant parfois juger que, en présence d'une dette exigible avérée, lorsque le créancier affirme que le débiteur ne peut faire face à cette dette avec son actif disponible, il appartient au débiteur de prouver qu'il dispose d'un actif disponible suffisant pour payer son passif exigible. Il y a là renversement certain de la charge de la preuve[6]. En revanche, devant la preuve d'un passif exigible, de l'affirmation du créancier de l'inexistence de tout actif disponible, il appartient au débiteur, sans qu'il y ait ici renversement de la charge de la preuve, de rapporter l'existence d'un actif disponible permettant de payer le passif exigible[7].

En cause d'appel, la preuve de l'état de cessation des paiements doit être rapportée au jour où la cour d'appel statue (v. s^s^ n° 221.25). Il en résulte que renverse la charge de la preuve, la cour d'appel qui confirme le jugement d'ouverture en retenant que le débiteur assigné par un créancier ne rapporte pas la preuve que sa situation financière est équilibrée au jour où statue la cour d'appel[8].

Rappelons que devant une apparence d'état de cessation des paiements, il appartient au débiteur de rapporter la preuve de l'existence d'un moratoire, qui permet de minorer le montant du passif exigible, ou d'une réserve de crédit, qui contribue à majorer l'actif disponible, en application du nouvel article L. 631-1, alinéa 1er du code de commerce.

Si le débiteur a saisi le tribunal aux fins d'ouverture de sa procédure, il ne peut évidemment pas contester son état de cessation des paiements[9]. N'ayant pas succombé, l'appel lui serait fermé. Cependant, la juridiction devra exercer son contrôle

1. Rapport au président de la République sur l'ordonnance n° 2010-1512 du 9 déc. 2010.
2. Amiens, ch. éco., 10 juin 2010, RG n° 08/04492.
3. Com. 19 nov. 2013, n° 11-27.849, NP, n° 1110 F-D – Com. 5 mai 2015, n°s 14-11.381, 14-11.388, NP; n° 423 F-D; *Dr. sociétés* 2016, comm. 111, note Legros.
4. Com. 19 nov. 2013, n° 11-27.849, préc. (v. s^s^ prés^t^ n°).
5. AINSI : Com. 24 mai 2005, n° 04-10.901, NP, *Gaz. proc. coll.* 2005/3, p. 12, obs. Lebel – Com. 24 mars 2009, n° 08-13.017, NP, *Gaz. proc. coll.* 2009/3, p. 15, n° 4, note Lebel.
6. Chambéry, ch. com., 27 févr. 2007, RG n° 06/01564, *Gaz. proc. coll.* 2008/1, p. 32, note Lebel.
7. Com. 20 janv. 2009, n° 07-15.882, NP.
8. Com. 30 juin 2009, n° 08-14.121, NP, *Gaz. proc. coll.* 2009/4, 2e partie, p. 3, note Reille; *Rev. proc. coll.* 2010/2, comm. 48, p. 42, note Saintourens.
9. Com. 29 mars 1989, *BRDA* 1989/8, p. 22.

pour savoir si l'état de cessation existe bien[1]. Le bénéfice de la procédure de redressement judiciaire n'est pas soumis au bon vouloir du débiteur.

221.22 Preuve de l'état de cessation des paiements par le créancier. La difficulté de la preuve de l'état de cessation des paiements prend toute son importance pour le créancier assignant. En effet, le plus souvent, il ne disposera pas d'éléments différents de ceux relatifs à sa créance. Il aura ainsi des difficultés à appréhender, dans son ensemble, la situation du débiteur.

Le demandeur, s'il est créancier, fera état de sa créance, de celles d'autres créanciers. Pour justifier l'absence d'actif disponible suffisant pour payer le passif exigible, le créancier mettra en avant les vaines tentatives de récupération de ses créances, par voies de saisies ou d'avis à tiers détenteur[2]. Il invoquera encore l'absence de stock[3]. Les autres indices de la cessation des paiements résulteront de l'existence de protêt faute de paiement, de rejet de chèques pour absence de provision, d'inscriptions de sûretés judiciaires[4]. Ces dernières seront particulièrement précieuses car de telles sûretés supposent, spécialement s'il s'agit de sûretés judiciaires conservatoires, que la créance de son titulaire soit en péril. Pourtant, la jurisprudence les considère, isolément, tantôt suffisantes[5], tantôt insuffisantes à rapporter la preuve de la cessation des paiements[6]. Il utilisera également l'assignation aux fins de vente du fonds de commerce[7].

Le créancier ne pourra évidemment prouver des faits négatifs, telle l'inexistence pour le débiteur de créances à recouvrer ou l'absence d'ouverture de crédit bancaire. Il ne pourra, à cet égard, que procéder par affirmation de l'inexistence d'actif du débiteur, laquelle devra être appuyée, puisque sa simple affirmation serait insuffisante[8], de procès-verbaux de carence[9]. Il pourra également arguer de l'absence totale de ressource[10]. Il appartiendra alors au débiteur de combattre positivement cette affirmation de l'inexistence d'actif disponible. L'absence de contestation du débiteur sur l'inexistence d'actif disponible permet d'établir l'état de cessation des paiements, en présence de dettes exigibles[11]. *Spécialement*, il lui incombera de démontrer qu'il a une réserve de crédit[12]. Il n'y a pas là interversion de la charge de la preuve, mais prise en compte de l'impossibilité de rapporter la preuve d'un fait négatif. En revanche, il y a interversion de la charge de la preuve à exiger du débiteur de prouver qu'il est en mesure de faire face avec son actif disponible à son passif exigible[13].

Cette discussion sur l'interversion de la charge de la preuve ne se pose plus depuis l'ordonnance du 18 décembre 2008[14] puisque l'alinéa 1 de l'article L. 631-1 du code de commerce dispose clairement que « le débiteur qui établit que les réserves de crédit ou les moratoires dont il bénéficie de la part de ses créanciers lui permettent de faire face au passif exigible avec son actif disponible n'est pas en cessation des paiements ». La charge de la preuve de l'existence d'une réserve de crédit incombe indiscutablement au débiteur.

Lorsqu'un créancier a succombé en première instance, parce que le débiteur avait démontré l'existence d'un actif disponible suffisant à couvrir le passif exigible, la cour d'appel ne peut décider d'ouvrir la procédure en faisant état de ce qu'il n'était pas possible de savoir si la somme dont disposait le débiteur en première instance existait toujours. En procédant de la sorte, elle intervertit la charge de la preuve de l'état de cessation des paiements, qui incombe au créancier assignant[15].

221.23 Refus de paiement. Le seul fait que le débiteur ne paye pas aux créanciers ce qu'il leur doit apparaît insuffisant à caractériser l'état de cessation des paiements. Ainsi l'existence d'une ordonnance d'injonction de payer a-t-elle été jugée insuffisante à caractériser l'état de cessation des paiements[16].

La question a reçu une application singulière dans les litiges opposant certains affiliés à des caisses de retraite ou des d'organismes de prévoyance.

1. SOUS L'EMPIRE de la loi du 13 juillet 1967 : Com. 26 mai 1987, n° 85-17.355, NP, *Rev. proc. coll.* 1987, n° 4, p. 30, n° 3, obs. Didier.
2. Com. 8 oct. 2003, n° 00-20.643, NP – Com. 14 janv. 2004, n° 02-17.041, NP – Com. 15 nov. 2005, n° 04-16.904, NP, *Gaz. proc. coll.* 2006/1, p. 11, n° 2, obs. Lebel – Com. 12 janv. 2010, n° 08-70.147, NP, *Rev. proc. coll.* 2010/4, § 153, p. 46, note Saintourens.
3. Com. 14 janv. 2004, n° 02-17.041, NP – Com. 3 mai 2011, n° 10-15.170, NP; n° 427 F-D.
4. Com. 8 oct. 2003, n° 00-20.643, NP.
5. Paris, 3e ch. B, 7 mars 2003, RG n° 2002/17573.
6. Paris, 3e ch. A, 13 juin 2000 et Paris, 3e ch. A, 26 sept. 2000, *Rev. proc. coll.* 2001, p. 107, n° 2, obs. Barret.
7. Com. 8 oct. 2003, n° 00-20.643, NP.
8. Besançon, 2e ch., 2 oct. 2001, *RJ com.* 2002. 124, n° 1591, note Haennig.
9. Com. 15 mai 2001, n° 97-19.426, NP, *Rev. proc. coll.* 2002, p. 55, n° 8, obs. Deleneuville – Toulouse, 2e ch., 1re sect., 23 juin 1997, *Rev. proc. coll.* 2002, p. 52, n° 3, obs. Deleneuville – Toulouse, 2e ch., 2e sect., 8 oct. 1998, *Rev. proc. coll.* 2000, p. 48, n° 5, obs. Deleneuville.
10. AINSI : Com. 20 juin 2000, n° 97-19.474, NP, *Rev. proc. coll.* 2001, p. 107, n° 2, obs. Barret.
11. Com. 12 janv. 2010, n° 08-70.147, NP, *Rev. proc. coll.* 2010/4, § 153, p. 46, note Saintourens; *Dr. sociétés* 2010, n° 210, note Legros.
12. Com. 13 nov. 2001, n° 98-22.144, NP.
13. Com. 2 avr. 1996, n° 93-21.861, *Bull. civ.* IV, n° 111.
14. Ord. n° 2008-1345, 18 déc. 2008, préc.
15. Com. 22 janv. 2008, n° 07-10.117, NP, *Gaz. proc. coll.* 2008/2, p. 15, n° 3, note Lebel.
16. Com. 29 mai 2001, n° 98-16.201, NP, *RJDA* 2001/11, n° 1125.

C'est la question dite du refus de paiement : les intéressés refusent de payer leurs cotisations au motif qu'elles seraient illégales. Les organismes sociaux ont entendu plaider que le refus de payer équivalait à l'état de cessation des paiements.

Fort logiquement, la jurisprudence s'est refusée à les suivre et a posé clairement la règle selon laquelle le refus de paiement est distinct de l'état de cessation des paiements[1].

Si le défendeur indique la raison pour laquelle il refuse de payer, il ne peut y avoir preuve, par le fait même, de l'état de cessation des paiements[2]. Mais la solution est identique si le défendeur refuse de payer sans en préciser la raison. Aucune présomption de cessation des paiements ne peut venir au secours du créancier assignant, demandeur à la charge de la preuve de l'état de cessation des paiements[3], ce qui, *de lege ferenda*, pourrait être repensé[4].

Ainsi, si le refus de payer n'équivaut pas à la cessation de paiements, inversement le refus de payer ne signifie pas que l'intéressé est en mesure de payer et ne serait donc pas en état de cessation des paiements[5]. Dans tous les cas, la juridiction du fond devra donc rechercher les faits permettant de porter une appréciation sur l'existence de la cessation des paiements, encore que, a-t-on fait observer, la charge de la preuve de la cessation des paiements repose sur le créancier assignant[6].

Il appartient, dans ces conditions, au demandeur de soutenir que le refus de payer est indifférent à la caractérisation de l'état de cessation des paiements. Seule compte l'impossibilité de payer. Dès lors que cette dernière est rapportée, le refus de payer est relégué au second plan[7]. Il en est ainsi lorsque le créancier a exercé des voies d'exécution infructueuses faute de provision suffisante sur les comptes bancaires et alors que le débiteur entretient artificiellement une trésorerie en s'abstenant d'acquitter un important passif exigible constitué de cotisations sociales[8]. Il en est de même lorsque de nombreuses décisions de justice et contraintes existent, dont le caractère exécutoire n'est pas discuté, et que l'actif disponible ne permet pas de faire face au montant des cotisations sociales exigibles[9].

221.24 Désignation d'un juge-enquêteur (v. aussi s^s n° 233.22). Dans le doute sur la caractérisation de l'état de cessation des paiements, le tribunal pourra commettre un juge chargé de dresser un rapport (D. 27 déc. 1985[10], art. 13) sur la situation active et passive du débiteur, que la pratique désigne sous le vocable d'enquête pré-faillite. Il ne s'agira pas, au sens procédural, d'une expertise. Le juge commis pourra se faire assister d'un expert, qui, en pratique est un mandataire de justice.

L'article R. 621-3, alinéa 1er du code de commerce (anc^t D. 28 déc. 2005[11], art. 52, al. 1er) reproduit la solution. Elle présente, dans la procédure de sauvegarde, un aspect particulier, puisqu'il n'est pas ici question de déterminer si le débiteur est en état de cessation des paiements. Il s'agit au contraire de s'assurer qu'il ne l'est pas.

L'article R. 631-7 du code de commerce (anc^t D. 28 déc. 2005, art. 176) rend applicable cette disposition en redressement judiciaire, l'article R. 641-1 du même code (anc^t D. 28 déc. 2005, art. 214) en liquidation judiciaire.

Le respect du contradictoire ne s'imposera pas pour l'établissement du rapport, cependant que le rapport devra être communiqué, dans le cours des débats, pour être porté au contradictoire du débiteur[12].

221.25 Date d'appréciation de l'état de cessation des paiements. L'appréciation de l'état de cessation des paiements se fait au moment où la juridiction statue. Le tribunal ne peut donc, après avoir évalué à telle date l'actif disponible et le passif exigible du débiteur, fixer à une date ultérieure la cessation des paiements[13]. En cas de reports multiples devant les premiers juges, le tribunal statuera par référence à la situation qui se présente à lui au jour de l'audience de jugement, non à celle ayant existé au jour de l'assignation[14].

Cette règle est spécialement importante lorsque le jugement d'ouverture est remis en cause par une

1. Com. 27 avr. 1993, n° 91-16.470, *Bull. civ.* IV, n° 154 – Com. 25 févr. 1997, n° 95-18.607, NP, *D. Affaires* 1997. 484 – Com. 23 nov. 1999, n° 97-17.178, NP, *Act. proc. coll.* 2000/1 – Com. 23 janv. 2001, n° 97-17.174, NP, *Rev. proc. coll.* 2002, p. 55, n° 7, obs. Deleneuville – Besançon, 2e ch., 11 sept. 2001, *Rev. proc. coll.* 2002, p. 56, n° 8, obs. Deleneuville; *RJ com.* 2002. 124, n° 1591, note Haennig – Dijon, ch. civ. B, 19 févr. 2009, RG n° 08/01035, *Gaz. proc. coll.* 2009/3, p. 14, n° 3, note Lebel.
2. Aix-en-Provence, 8e ch. C, 6 juin 2000, *RD banc. fin.* 2000/6, n° 228, obs. Lucas.
3. RAPPR. : Com. 16 juin 2004, n° 01-16.065, NP – CONTRA : Aix-en-Provence, 8e ch. C, 2 mai 2000, *RD banc. fin.* 2000/6, n° 228, obs. Lucas.
4. PÉROCHON, 10e éd., n° 368.
5. Dijon, 1re ch., 2e sect., 27 juin 2000, *Rev. proc. coll.* 2002, p. 56, n° 8, obs. Deleneuville.
6. J.-CL. COM., Régnaut-Moutier mis à jour par Vallansan, fasc. 2155, [Causes d'ouverture – cessation des paiements], 2004, n° 75.
7. AINSI : Dijon, ch. civ. B, 19 févr. 2009, RG n° 08/01035, *Gaz. proc. coll.* 2009/3, p. 14, n° 3, note Lebel.
8. Com. 16 juin 2004, n° 01-16.926, NP.
9. Com. 16 mars 2010, n° 09-65.963, NP.
10. D. n° 85-1388, 27 déc. 1985, *JO* 29 déc., p. 15281.
11. D. n° 2005-1677, 28 déc. 2005, *JO* 29 déc., p. 20324.
12. Com. 26 oct. 1999, DPDE, *bull.* 191, 13 déc. 1999, p. 6379, *V° Juge-commissaire*, n° 34.
13. Com. 5 mai 2009, n° 08-15.038, NP, *Gaz. proc. coll.* 2009/3, p. 16, n° 6, note Lebel.
14. Com. 14 janv. 2004, n° 02-12.019, NP.

voie de recours. La juridiction saisie du recours, c'est-à-dire la cour d'appel, si le recours émane du débiteur ou du créancier assignant, le tribunal de la faillite s'il émane d'un créancier tiers opposant, prendra en considération les éléments fournis par référence au jour où il est statué[1]. Il ne s'agit pas de considérer que le tribunal de la faillite initialement saisi a bien ou a mal statué en considérant que l'état de cessation des paiements existait. Il s'agit de savoir, au jour où la juridiction saisie du recours statue, si l'état de cessation des paiements existe alors que tel n'était pas encore le cas au jour où le tribunal a initialement été saisi, ou existe encore si tel était déjà le cas lorsque la juridiction initialement saisie a statué[2]. La justification de cette règle doit être trouvée dans l'effet dévolutif de l'appel, qui conduit le juge à un réexamen complet de l'affaire. Lorsqu'elle a réformé ou annulé le jugement d'ouverture et qu'elle est amenée, au jour où elle statue, à apprécier l'état de cessation des paiements, la cour d'appel fait abstraction de l'interdiction du paiement des créances antérieures au jugement d'ouverture et fixe le passif exigible en prenant en compte toutes les dettes exigibles à cette date.

Bien que la cour d'appel apprécie l'état de cessation des paiements à la date où elle statue, en cas de confirmation du jugement d'ouverture, la procédure collective est bien ouverte au jour du jugement d'ouverture. Il en résulte que l'inconstitutionnalité de la saisine d'office du tribunal aux fins d'ouverture d'un redressement ou d'une liquidation judiciaire n'étant pas rétroactive, il n'est pas possible d'invalider une décision de cour d'appel qui confirme le jugement d'ouverture intervenu avant publication au *Journal officiel* de la décision du Conseil constitutionnel ayant déclarée non constitutionnelle la saisine d'office[3].

La règle selon laquelle l'appréciation de l'état de cessation des paiements se fait au moment où la juridiction statue est applicable également lorsqu'il est question d'ouvrir une procédure dans le cadre de la résolution du plan de sauvegarde, de redressement ou de continuation[4].

a solution, applicable à l'appel, doit être éten-, à la tierce opposition, l'effet dévolutif jouant ntiquement en la matière.

Il appartiendra au créancier assignant, ainsi 'au mandataire de justice, de produire, devant la ur d'appel, des éléments permettant de savoir, au ır où elle statue, s'il y a ou non état de cessation s paiements[5]. Le fait que le débiteur ait remis au uidateur les sommes nécessaires au paiement des ttes est exclusif du maintien, au jour où statue la ur d'appel, de l'état de cessation des paiements. Il 'été jugé que le seul fait que subsistent les frais de ıstice de l'instance d'appel est insuffisant pour caractériser l'état de cessation des paiements, puisqu'il ne 'agit pas du passif de l'exploitation visée par la procédure[6]. Cette solution, pour équitable qu'elle apparaisse, ne repose toutefois sur aucun fondement juridique, car le passif à prendre en compte pour l'ouverture de la procédure de redressement ou de liquidation judiciaire n'est pas seulement celui résultant de l'exploitation du débiteur.

La cour d'appel ne pourra s'emparer de l'aveu du ébiteur aux termes duquel il avait reconnu devant s premiers juges son état de cessation des paiements, puisque c'est au jour où elle statue qu'elle oit apprécier la situation[7].

En revanche, la cour d'appel pourra s'appuyer sur s créances déclarées à titre définitif pour un montant très supérieur à l'actif disponible, pour établir a cessation des paiements[8].

Devant la Cour de cassation, au contraire, il est seulement question de savoir si le juge du fond a correctement jugé. Il ne lui appartient donc pas de déterminer, si au jour où elle statue, l'état de cessation des paiements existe. Elle se contente de vérifier si le juge du fond a caractérisé l'état de cessation des paiements, par référence aux éléments de la définition légale. Il y a là contrôle d'une notion juridique, soumise en conséquence à l'appréciation de la Cour de cassation, qui vérifie si les juges du fond ont bien recherché l'impossibilité pour le débiteur de faire face à son passif exigible avec son actif disponible. S'agissant d'une notion juridique, l'élément tiré de l'absence d'état de cessation des paiements peut être soulevé pour la première fois devant la Cour de cassation, la solution ayant été posée sous l'empire de la loi du 13 juillet 1967[9].

1. Paris, 3e ch., 13 nov. 2008, RG n° 2008/14499.
2. SUR CETTE EXIGENCE devant la cour d'appel : Com. 6 oct. 1992, n° 90-18.992, *Bull. civ.* IV, n° 190 – Com. 6 juill. 1999, n° 96-21.292, NP – Com. 14 nov. 2000, n° 98-14.672, NP, *Act. proc. coll.* 2001/1, n° 1; *Rev. proc. coll.* 2002, p. 56, n° 9, obs. Deleneuville – Com. 3 avr. 2001, n° 98-16.070, NP, *Rev. proc. coll.* 2002, p. 56, n° 10, obs. Deleneuville – Com. 23 nov. 2004, nos 03-15.837, 03-15.838, NP – Com. 30 mai 2006, n° 05-12.600, NP, *Gaz. proc. coll.* 2006/3, p. 14, obs. Lebel – Com. 9 févr. 2010, n° 09-10.173, NP – Paris, 3e ch. A, 19 oct. 2004, RG n° 2004/8963 – Paris, 1re ch. A, 5 août 2005, RG n° 2005/14358 – Paris, 3e ch. A, 27 nov. 2007, RG n° 07/10866.
3. Com. 8 avr. 2015, nos 14-15.000, 14-15.001, 14-15.002, 14-15.003, 14-15.005, NP; nos 368 à 372 F-D.
4. Paris, 10 déc. 2009, RG n° 09/15440.
5. Com. 9 févr. 2010, n° 09-10.173, NP – Paris, 3e ch. A, 16 sept. 2003, RG n° 2003/02645.
6. Paris, 3e ch. B, 7 janv. 2005, RG n° 04/13254.
7. Com. 19 nov. 2003, n° 02-12.428, NP.
8. Com. 14 oct. 2014, n° 13-22.293, NP; n° 878 F-D.
9. L. n° 67-563, 13 juill. 1967, *JO* 14 juill., p. 7059 – Com. 7 oct. 1981, n° 80-10.713, *Bull. civ.* IV, n° 446.

SECTION 221.30

INDIFFÉRENCE EXCEPTIONNELLE DE L'ÉTAT DE CESSATION DES PAIEMENTS EN MATIÈRE DE REDRESSEMENT OU DE LIQUIDATION JUDICIAIRE

221.31 Énoncé de la règle de l'indifférence exceptionnelle de l'état de cessation des paiements en matière de redressement ou de liquidation judiciaire. Par exception, il existe un certain nombre d'hypothèses dans lesquelles la procédure de redressement ou de liquidation judiciaire pourra être ouverte contre un débiteur, indépendamment de tout constat de son état de cessation des paiements. Ce dernier pourra exister, mais il ne constituera pas une condition d'ouverture de la procédure. Le tribunal n'aura donc pas à rechercher si cet état est caractérisé.

221.32 Exception au principe d'exigence de l'état de cessation des paiements en cas d'« extension » de la procédure. L'état de cessation des paiements n'est pas exigé en tant que condition d'ouverture de la procédure en cas d'extension de la procédure.

Il s'agira, *stricto sensu*, d'une extension, en cas de confusion des patrimoines ou de fictivité. Dans ces deux cas, l'état de cessation des paiements des structures auxquelles la procédure est étendue est indifférent[1].

Il s'agira, *lato sensu*, d'une extension – une fausse extension – en cas de redressement ou de liquidation judiciaire à titre personnel contre les dirigeants d'une personne morale sur le fondement des articles L. 624-4 et L. 624-5 du code de commerce (anc^{t} L. 25 janv. 1985[2], art. 181 et 182), ou encore contre les associés indéfiniment et solidairement responsables du passif de la personne morale débitrice, sur le fondement de l'article L. 624-1 du code de commerce (anc^{t} L. 25 janv. 1985, art. 3, al. 178). Ici encore, l'état de cessation des paiements du dirigeant de la personne morale dans le premier cas (v. s^{s} n° 923.47), de l'associé indéfiniment et solidairement responsable dans le second (v. s^{s} n° 214.13) sera indifférent.

Indiquons que la loi du 26 juillet 2005[3] a supprimé ces deux dernières hypothèses de fausses extensions (v. s^{s} n° 214.41).

221.33 Exception au principe d'exigence de l'état de cessation des paiements en cas d'échec d'un règlement amiable – Procédure de conciliation. L'absence d'exigence de la caractérisation de l'état de cessation des paiements est aussi la règle en cas d'échec d'un règlement amiable. La confirmation en est trouvée dans l'article 6 du décret du 27 décembre 1985[4], qui s'intéresse au débiteur demandant l'ouverture de la procédure. Ce texte vise « la déclaration de cessation des paiements ou d'inexécution des engagements financiers d'un règlement amiable », ce qui oblige à distinguer les deux types de déclaration[5].

Au contraire, en cas d'échec de la conciliation (v. s^{s} n° 143.21) ou en cas de refus d'homologation de l'accord (v. s^{s} n° 143.31), à défaut de caractérisation de l'état de cessation des paiements, il n'y a pas place à ouverture d'un redressement ou d'une liquidation judiciaire. Il peut, en revanche, y avoir place à ouverture d'une procédure de sauvegarde, si le débiteur en fait la demande.

En cas d'échec de la conciliation, si le débiteur est en état de cessation des paiements, le tribunal se saisit d'office aux fins d'ouverture d'une procédure de redressement judiciaire (C. com., art. L. 631-4, al. 2) ou de liquidation judiciaire (C. com., art. L. 640-4, al. 2). L'ordonnance du 12 mars 2014[6] a supprimé cette saisine d'office.

221.34 Exception au principe d'exigence de l'état de cessation des paiements en cas de prononcé d'un redressement ou d'une liquidation judiciaire, à titre de sanction, contre le locataire-gérant. L'état de cessation des paiements est indifférent, en cas de prononcé d'un redressement ou d'une liquidation judiciaire à titre de sanction, contre le locataire-gérant n'exécutant pas son engagement d'acquérir l'entreprise, en plan de cession, par application de l'article L. 621-101 du code de commerce (anc^{t} L. 25 janv. 1985[7], art. 98), au terme de la période de location-gérance.

Indiquons que la loi du 26 juillet 2005[8] a supprimé ce cas d'ouverture d'une procédure collective à titre de sanction.

221.35 Absence d'exigence de l'état de cessation des paiements en cas de résolution d'un plan de continuation – Législation antérieure à la loi du 26 juillet 2005[9]. La caractérisation de l'état de cessation des paiements est également indifférente, sous l'empire de la législation antérieure à la loi du 26 juillet 2005, en cas de résolution d'un plan de continuation, par suite d'inexécution, l'ouverture de la procédure consécutive à la résolution intervenant indépendamment du constat de l'état de cessa-

1. POUR la fictivité : Com. 24 oct. 1995, n° 93-20.469, NP, *Rev. proc. coll.* 1996, p. 206, n° 12, obs. Calendini – POUR la confusion des patrimoines : Montpellier, 2e ch., 24 juin 2008, *Dr. sociétés* 2009, n° 30, note Legros.
2. L. n° 85-98, 25 janv. 1985, préc.
3. L. n° 2005-845, 26 juill. 2005, préc.
4. D. n° 85-1388, 27 déc. 1985, préc.
5. EN CE SENS : SOINNE, n° 402.
6. Ord. n° 2014-326, 12 mars 2014, *JO* 14 mars, p. 5249.
7. L. n° 85-98, 25 janv. 1985, préc.
8. L. n° 2005-845, 26 juill. 2005, préc.
9. L. n° 2005-845, 26 juill. 2005, préc.

tion des paiements du débiteur[1]. La solution reste cependant largement théorique, si l'inexécution du plan de continuation tient au non-paiement des dividendes du plan.

Le tribunal peut constater l'état de cessation des paiements, en cas de résolution du plan. En ce cas, il fixe la date de cessation des paiements à une date qui ne peut être antérieure à l'arrêté du plan (v. s^{s} n° 524.33).

Le tribunal peut aussi ne pas constater l'état de cessation des paiements. En ce cas, il ne peut évidemment fixer une date de cessation des paiements et *a fortiori* une date antérieure au jugement de résolution du plan. En conséquence, le tribunal ne peut créer une période suspecte autorisant le jeu des nullités de la période suspecte[2].

221.36 Exigence de l'état de cessation des paiements en cas de résolution d'un plan de redressement ou de sauvegarde – Législation du 26 juillet 2005[3]. La solution a été modifiée par la loi du 26 juillet 2005. Tout d'abord, si l'inexécution du plan permet au tribunal, à titre de faculté, de prononcer sa résolution, en revanche, seule la caractérisation de cet état rend obligatoire le prononcé de cette résolution qui conduit à l'ouverture d'une nouvelle procédure collective.

La solution est posée explicitement pour le plan de sauvegarde par l'article L. 626-27, I, alinéa 2 du code de commerce.

L'article L. 631-19 du code de commerce rend applicable en redressement judiciaire l'article L. 626-27. Il en résulte que la résolution du plan de redressement sera facultative, si l'état de cessation des paiements n'est pas caractérisé alors qu'elle sera obligatoire si la résolution du plan a pour effet d'entraîner cet état. Il y aura en ce dernier cas place au prononcé d'une liquidation judiciaire.

Sous l'empire de la loi du 26 juillet 2005, dans sa rédaction d'origine, la résolution du plan avec ou pour cessation des paiements entraînait toujours l'ouverture d'une liquidation judiciaire, qu'il soit question d'un plan de sauvegarde ou de redressement. Depuis l'ordonnance du 18 décembre 2008[4], en revanche, seule la résolution d'un plan de redressement accompagnée d'un état de cessation des paiements entraînera obligatoirement l'ouverture

: liquidation judiciaire; la résolution du d'un de sauvegarde avec cessation des paiements ra, quant à elle, déboucher sur l'ouverture soit redressement judiciaire soit d'une liquidation iaire.

.37 Particularisme de la conversion de la sau-rde en redressement judiciaire en cas d'immi-ce de l'apparition de l'état de cessation des paie-its. De manière très innovante, l'article L. 622- alinéa 3 du code de commerce, dans sa rédaction ie de l'ordonnance du 18 décembre 2008[5] (ord. déc. 2008, art. 24), prévoit la possibilité d'une iversion de la sauvegarde en redressement judi-ire, à la seule demande du débiteur, si l'adoption in plan de sauvegarde est manifestement impos-le et si la clôture de la procédure de sauvegarde it conduire, de manière certaine et à bref délai, à cessation des paiements.

Il faut en effet comprendre que si la clôture de la rocédure de sauvegarde intervient pour absence de présentation d'un plan de sauvegarde dans les délais théoriques de la période d'observation, les créanciers peuvent immédiatement recouvrer leur droit de poursuites individuelles, ce qui peut provoquer la cessation des paiements du débiteur.

Cette possibilité a été justifiée pour permettre la préparation d'un plan de cession en redressement judiciaire[6]. En effet, jusqu'alors, si un plan de sauvegarde était impossible et si seule une cession totale était envisageable, il fallait d'abord, en théorie en tout cas, faute de cessation des paiements, mettre fin à la sauvegarde et ouvrir un redressement judiciaire lorsque la cessation des paiements était caractérisée et non pas seulement convertir la sauvegarde en un redressement judiciaire[7]. Une telle rupture entre les procédures avait été dénoncée[8] et était préjudiciable tant au débiteur qu'à ses créanciers[9]. Ne pouvait pour autant être acceptée la pratique consistant à clôturer la sauvegarde, pour permettre une cession totale à l'amiable[10], puisque les difficultés qui avaient conduit à l'ouverture de la sauvegarde n'avaient pas disparu.

1. Com. 23 mai 1995, n° 92-19.088, *Bull. civ.* IV, n° 154; *Rev. proc. coll.* 1996, p. 87, n° 1, obs. Soinne – Com. 23 mai 1998, NP; n° 1608 F-D – Com. 3 déc. 2003, n° 01-01.717, NP – Com. 9 nov. 2004, n° 03-14.871, NP – Com. 12 avr. 2005, n° 02-13.724, NP – Com. 16 mai 2006, n° 05-10.487, NP, *Gaz. proc. coll.* 2006/3, p. 17, obs. Lebel.
2. Com. 18 sept. 2007, n° 06-15.569, NP, *Gaz. proc. coll.* 2008/1, p. 51, note Roussel Galle.
3. L. n° 2005-845, 26 juill. 2005, préc.
4. Ord. n° 2008-1345, 18 déc. 2008, préc.
5. Ord. n° 2008-1345, 18 déc. 2008, préc.
6. Rapport au président de la République sur l'ordonnance n° 2008-1345 du 18 déc. 2008, *JO* 19 déc., Titre I, chap. II-3, s^{s} art. 24.
7. Roussel Galle, « Premier aperçu sur l'ordonnance du 18 décembre 2008 réformant le droit des entreprises en difficulté », *LPA* 24 déc. 2008, n° 257, p. 3 s., sp. p. 8, n° 22.
8. Bayle, « L'enchaînement des procédures de prévention et de traitement de la cessation des paiements, », *LPA* 23 oct. 2008, p. 3 s., sp. p. 8.
9. Roussel Galle, « L'ouverture des procédures », *D.* 2009. 644 s., sp. 650, n° 31.
10. AINSI : T. com. Caen, 12 juin 2009, *Act. proc. coll.* 2009, comm. 222.

Cette possibilité de saisir le tribunal aux fin conversion en redressement judiciaire pourrait lement constituer une réponse du débiteur, à l' tiative d'un créancier de demander, comme il en droit, afin de reprendre ses poursuites individue la clôture de la sauvegarde pour défaut de prése tion d'un plan à l'issue de la période d'observat. Le tribunal, saisi des deux demandes concurren devrait logiquement faire droit à celle du débit afin d'anticiper sur des difficultés futures conc sant à une seconde procédure à brève échéance qui amènera le tribunal à déclarer irrecevable la demande du créancier, comme étant atteinte d'une fin de non-recevoir.

Plusieurs applications de ce texte ont été faites. Une application jurisprudentielle originale mérite d'être signalée. La conversion a été sollicitée au regard du fait que le débiteur ne pouvait supporter le coût d'un plan de sauvegarde de l'emploi dans le cadre d'une procédure de sauvegarde, dans les conditions de prise en charge par les AGS des seules indemnités légales et conventionnelles[2].

Si la solution, se comprend, il n'en demeure pas moins qu'elle présente une singularité qui mérite d'être signalée : le débiteur va être placé en redressement judiciaire sans être en cessation des paiements. Il faut toutefois remarquer les précautions prises par le législateur : la cessation des paiements doit survenir de manière certaine et à bref délai.

Si la conversion en redressement judiciaire doit déboucher sur un plan de cession, la solution est opportune.

Si, en revanche, elle est destinée à permettre au débiteur d'obtenir un plan de redressement, qu'il nous soit permis de douter de l'efficience de la mesure. Si le débiteur n'a pas obtenu son plan de sauvegarde, pourquoi et comment pourrait-il obtenir un plan de redressement ? Il faut toutefois réserver le cas dans lequel le débiteur, qui n'avait pas prévu de licencier à l'ouverture de la sauvegarde, se trouve contraint de le faire au jour de l'arrêté du plan. En effet, les délais de licenciements économiques diffèrent selon qu'il y a plan de sauvegarde, obligeant au respect du droit commun, ou selon qu'il y a plan de redressement permettant un raccourcissement des délais de licenciement[3]. Sous cette réserve, la seule utilité de la mesure, qui n'apparaît qu'en filigrane est qu'il serait ici question de tourner les délais obligatoires de présentation des plans, c'est-à-dire de prolonger, par ce biais, au-delà des limites légales, la période d'observation. En effet, l'article L. 622-10, alinéa 5 du code reprend sans modification la solution de la législation de sauvegarde des entreprises, dans sa version d'origine, selon laquelle « lorsqu'il convertit la procédure de sauvegarde en procédure de redressement judiciaire, le tribunal peut, si nécessaire, modifier la durée de la période d'observation restant à courir ».

Ainsi, il aurait été préférable de prévoir que la conversion de la sauvegarde en redressement judiciaire, sans cessation des paiements, est possible si et seulement si un plan de cession est envisageable, à l'instar de l'une des motivations posées pour autoriser une poursuite provisoire dans la liquidation judiciaire.

Quoi qu'il en soit, la demande de conversion en redressement émanant ici du seul débiteur, le tribunal est saisi par voie de requête, ainsi que le précise l'article R. 622-11, dans la rédaction que lui donne l'article 23 du décret d'application de l'ordonnance de réforme.

On a ici l'impression que l'histoire est un éternel recommencement. La loi de sauvegarde[4], dans sa rédaction d'origine, avait prévu que l'ouverture de la sauvegarde était subordonnée à des difficultés de nature à conduire à la cessation des paiements. L'ordonnance de réforme supprime la référence à l'imminence de la cessation des paiements en tant que condition d'ouverture de la sauvegarde. En revanche, elle reprend cette même imminence de la cessation des paiements comme condition de conversion de la sauvegarde en redressement judiciaire.

La nouveauté mérite en tout cas d'être signalée, puisqu'il est désormais possible à un débiteur, qui n'est pas encore en état de cessation des paiements, de se voir appliquer le régime d'une procédure collective réservé aux personnes en état de cessation des paiements. Cette solution, a-t-il été écrit « traduit une certaine souplesse qui, de plus en plus, caractérise l'ensemble du droit des entreprises en difficulté, ce qui, au fond, n'est pas un mal car cela permet l'orientation progressive vers la solution la plus juste économiquement »[5].

Le législateur n'incite pas seulement le débiteur à anticiper. Il montre l'exemple, en anticipant lui-même, appliquant par avance un régime, celui du redressement judiciaire, à une personne qui n'aurait pas dû y prétendre. Il démontre, s'il en était besoin, que le pragmatisme l'emporte sur le dogmatisme de la loi du 25 janvier 1985. Question d'époque ? O *tempora, o mores...*

1. ILLUSTR. : Versailles, 13 nov. 2014, RG n° 14/02262, *Leden* 2015/1, comm. 006, note Fort.
2. T. com. Bordeaux, 5e ch., 30 sept. 2009, RG n° 2009L1826, *Rev. proc. coll.* 2010, comm. 50, p. 44, note Saintourens.
3. AUSSI : Roussel Galle, « Les plans : apports de la réforme », *Dr. et patr.* déc. 2009, n° 187, p. 79 s., sp. p. 83.
4. L. n° 2005-845, 26 juill. 2005, préc.
5. Voinot, « L'ouverture des procédures collectives », *Gaz. proc. coll.*, n° sp. 6 et 7 mars 2009, p. 10 s., sp. p. 13.

> **Ordonnance du 12 mars 2014**[1]. La solution issue de l'ordonnance du 18 décembre 2008 est conservée. En outre, elle est étendue par l'article 22 de l'ordonnance du 12 mars 2014 à une autre hypothèse : celle dans laquelle aucun plan de sauvegarde n'a été adopté par le vote des comités de créanciers et, le cas échéant, de l'assemblée des obligataires. Sous l'empire de la législation antérieure à l'ordonnance du 12 mars 2014, il existe plusieurs options possibles. Le tribunal peut d'abord décider de poursuivre la procédure aux fins d'adoption d'un plan par le biais de la consultation individuelle des créanciers. De manière nouvelle, avec l'ordonnance du 12 mars 2014, le tribunal peut aussi proroger le délai d'adoption du plan avec vote des comités, en même temps qu'il renouvelle la période d'observation. Mais, pour cela, il faut qu'un plan de sauvegarde soit envisageable. Si tel n'est pas le cas, il est mis fin à la procédure de sauvegarde. Le débiteur sort de la procédure collective. Pour autant, ses difficultés ne sont pas réglées.

Or, si la clôture de la sauvegarde doit conduire de manière certaine et, à bref délai, à la cessation des paiements, il est préférable d'anticiper et de convertir la procédure en un redressement judiciaire. C'est l'objet de l'alinéa 3 de l'article L. 622-10 du code de commerce, dans la rédaction que lui donne l'article 22 de l'ordonnance du 12 mars 2014. La conversion ne sera pas ici sollicitée par le débiteur, mais par le ministère public, le mandataire judiciaire ou l'administrateur judiciaire.

SECTION 221.40

PARTICULARISME DES PROCÉDURES COLLECTIVES ATTEIGNANT LES ÉTABLISSEMENTS DE CRÉDIT

221.41 Particularisme des procédures collectives atteignant les établissements de crédit[2]. La loi 25 juin 1999[3], qui réglemente les procédures llectives intéressant les établissements de crédit, opte une définition particulière de la notion de ssation des paiements. Il s'agit de l'impossibilité assurer ses paiements « immédiatement ou à rme rapproché » (C. mon. fin., art. L. 613-26 nc^t L. 24 janv. 1984[4], art. 46-2]). Cette loi a été mplétée par un décret d'application (D. 26 déc. 000[5], modifiant D. 24 juill. 1984[6]).

La notion utilisée est relativement floue[7] et se pproche de celle utilisée dans la procédure de sauvegarde – du moins sous l'empire de la loi du 5 juillet 2005[8] non réformée –, l'idée étant d'anticiper sur la cessation des paiements. La définition st adaptée à la situation des établissements de crédit, dont le passif est essentiellement constitué de dettes à long terme, par exemple les cautionnements donnés[9].

La procédure collective bancaire se rapproche davantage d'une faillite, que d'une procédure de raitement des difficultés des entreprises, dans la mesure où il s'agit d'abord de payer les créanciers[10].

Mais il existe parallèlement un traitement administratif.

Une directive européenne du 15 mai 2014[11] a été adoptée aux fins d'établir un cadre pour le redressement et la résolution des établissements de crédit et des entreprises d'investissement. Une loi du 30 décembre 2014[12] a habilité le Gouvernement à prendre par voie d'ordonnance les mesures relevant du domaine légal nécessaires à la transposition de la directive européenne. C'est ce que fait l'ordonnance du 20 août 2015[13]. Ont ainsi été prévues des mesures de prévention et de gestion des crises. Retenons spécialement que, en cas de révocation des dirigeants d'une entreprise financière soumise à une procédure de résolution, un administrateur provisoire pourra être nommé et choisi sur la liste des administrateurs ou des mandataires judiciaires[14].

1. Ord. n° 2014-326, 12 mars 2014, préc.
2. Boillot, « Droit bancaire et financier et droit des procédures collectives : exception ou contradiction ? », *D.* 2003. Chron. 2741 – Kenmogne Simo, « L'ouverture de la liquidation des banques dans la zone Cémac », *Rev. proc. coll.* 2007/3, p. 118.
3. L. n° 99-532, 25 juin 1999, *JO* 29 juin, p. 9487.
4. L. n° 84-46, 24 janv. 1984, préc.
5. D. n° 2000-1307, 26 déc. 2000, *JO* 30 déc., p. 20933.
6. D. n° 84-708, 24 juill. 1984, *JO* 25 juill., p. 2444.
7. M. Cabrillac, obs. *RTD com.* 1999. 935, n° 6.
8. L. n° 2005-845, 26 juill. 2005, préc.
9. Vallens, 2007, n° 4023.
10. Eeckhout, « La prévention de la faillite bancaire », *LPA* 14 janv. 2010, n° 10, p. 3.
11. Dir. 2014/59/UE, Parlement et Conseil, 15 mai 2014, *JOUE L* 173, 12 juin, p. 190.
12. L. n° 2014-1662, 30 déc. 2014, *JO* 31 déc., p. 23238.
13. Ord. n° 2015-1024, 20 août 2015, *JO* 21 août, p. 14652.
14. Bourbouloux et du Plantier, « De nouvelles missions pour les mandataires judiciaires : l'administration spéciale, temporaire ou provisoire des entreprises financières », *BJE* 2016, 61.

CHAPITRE

222. Date de cessation des paiements

SECTION 0

ORIENTEUR

222.00 **Plan du chapitre.**

Sect.	222.10	Fixation initiale de la date de cessation des paiements
Sect.	222.20	Règles de fond du report de la date de cessation des paiements
Sect.	222.30	Modalités procédurales de l'action en report de la date de cessation des paiements

222.01 **Textes applicables.** (V. les références complètes s^s n° 011).

> Législation antérieure à la loi de sauvegarde des entreprises.

C. com., art. L. 621-7

D. n° 85-1388, 27 déc. 1985, art. 22

> Législation issue de la loi de sauvegarde des entreprises.

C. com., art. L. 621-12, L. 631-8, L. 641-1, IV

C. com., art. R. 653-1, al. 2 (anc^t D. n° 2005-1677, 28 déc. 2005, art. 323, al. 2)

> Législation issue de l'ordonnance du 18 décembre 2008.

C. com., art. L. 621-12, L. 631-8, L. 641-1, IV

C. com., art. R. 653-1, al. 2

222.02 **Jurisprudence de référence.**

> Le délai buttoir de dix-huit mois peut être écarté pour caractériser une exploitation déficitaire continuée après cessation des paiements.

• **Com. 11 juin 1996,** n° 94-14.844, *Bull. civ.* IV, n° 168

* V. s^s n° 222.22

> Le commissaire à l'exécution du plan ne peut agir en report de la date de cessation des paiements.

• **Com. 4 oct. 2005,** n°s 04-10.432, 04-10.445, *Bull. civ.* IV, n° 196; n° 1174 F-P+B

* V. s^s n° 222.31

> L'instance en report de date de cessation des paiements est de nature contentieuse. Il en résulte qu'elle ne peut être faite que par voie de requête conjointe ou, à défaut, d'assignation. Le débiteur en liquidation judiciaire a un droit propre à exercer un recours sur la décision de report de la date de cessation des paiements.

• **Com. 1er mars 2005,** n° 03-19.956, *Bull. civ.* IV, n° 40; n° 334 FS-P+B

* V. s^s n° 222.32

> L'omission de déclaration de la cessation des paiements dans le délai légal, susceptible de constituer une faute de gestion, s'apprécie au regard de la seule date de la cessation des paiements fixée dans le jugement d'ouverture ou dans un jugement de report.

• **Com. 4 nov. 2014,** n° 13-23.070, *Bull. civ.* IV [à paraître]; n° 960 FS-P+B+R+I

* V. s^s n° 222.22

222.03 **Bibliographie indicative.** (V. les références complètes s^s n° 031).

> Actualisables. RÉP. COM., Campana M.-J., Dizel M., Barratin L.-Ph. et Fernandez R., « Entreprises en difficulté – Redressement judiciaire (Conditions d'ouverture) », n°s 410 à 451; Pigassou P., [Entreprises en difficulté – Redressement judiciaire (Procédure et organes)], n°s 332 à 336 – J.-CL. COM., Régnaut-Moutier C. mis à jour par Vallansan J., fasc. 2155, [Causes d'ouverture-cessation des paiements], 2004.

> Ouvrages antérieurs à la loi de sauvegarde des entreprises. CHAPUT, n°s 260, 261 – GUYON, n° 1148 – JACQUEMONT, n° 162 – KERCKHOVE, n° 217 – LE CANNU, n°s 598, 599 – LE CORRE-BROLY, n°s 46 à 52 – MARTIN ET VALLENS, n°s 2803 à 2811 – PÉROCHON ET BONHOMME, n°s 120 à 122 – PÉTEL, n°s 81 à 83 – RIPERT ET ROBLOT, n°s 2902, 2903 – SAINT-ALARY-HOUIN, n°s 351, 351-1 – SOINNE, n°s 420 à 438 – VALLANSAN, p. 46 à 49.

> Ouvrages postérieurs à la loi de sauvegarde des entreprises. COQUELET, 5e éd., n°s 103, 104 – GIBIRILA, n°s 287 à 291 – JACQUEMONT et VABRES, 9e éd., n°s 235, 238 à 243, 282 à 285 – LIENHARD, 6e éd., n°s 112.30 à 112.39 – PÉROCHON, 10e éd., n°s 406 à 412 – PÉTEL, 8e éd., n°s 84 à 86 – ROUSSEL GALLE, n°s 221, 222 – SAINT-ALARY-HOUIN, 9e éd., n°s 1068 à 1070 – VALLANSAN *ET ALII*, 6e éd., p. 306 à 308 – Vallens, 2015, n°s 3027 à 3037 – VIDAL ET GIORGINI, n°s 1019 à 1021, 1076 à 1080 – VOINOT, 2e éd., 2013, n°s 188, 189.

> **Articles.** Besse J., « Réflexions critiques sur la formule "passif exigible – passif exigé" », *Rev. proc. coll.* 2000, p. 39 – Campana M.-J. et Teboul G., « La cessation des paiements : pour quoi faire ? À propos de l'avant-projet de loi de sauvegarde des entreprises », *JCP E* 2003, Act. 296, p. 1833 – Courtier J.-L., « La notion de cessation des paiements : passif exigible ou exigé », *RJ com.* 2001. 212 – Calvo J., « La notion de cessation des paiements dans les procédures collectives », *LPA* 7 sept. 1999, n° 178, p. 4 – Delattre C., « La notion de cessation des paiements de l'article L. 621-1 du code de commerce : passif exigible ou passif exigé », *Gaz. Pal.* 27-29 janv. 2002, Doctr. 6 – Derrida F., « Sur la notion de cessation des paiements », *Mél. Sortais*, Éd. Bruylant, 2003, p. 75 – Gioanni M., « La cessation des paiements dans l'infraction de banqueroute », *D.* 1994. Chron. 53 – Lafortune M.-A., « Le périmètre de l'état de cessation des paiements du débiteur dans l'actualité jurisprudentielle », *LPA* 25 juill. 2002, n° 148, p. 14 – Martineau-Bourgninaud V., « La cessation des paiements, notion fonctionnelle », *RTD com.* 2002. 245 – Mastrullo Th., « La conversion de la sauvegarde en redressement judiciaire », *Rev. proc. coll.* 2008, p. 41 – Montéran Th., « L'état de cessation des paiements, clef de voûte des procédures collectives », *Rev. proc. coll.* 2001, p. 1 ; « Le dirigeant face au tribunal : un malentendu lourd de conséquences », *Gaz. Pal. entr. diff.* 21 juill. 2015, n° 200, p. 3 – Mouial-Bassilana E., « L'articulation de la période suspecte et des différentes procédures après la loi de sauvegarde du 26 juillet 2005 », *D.* 2006. Chron. 1959 – Roussel Galle Ph., « L'ouverture des procédures », *D.* 2009. 644 – Saintourens B., « Les conditions d'ouverture des procédures après l'ordonnance du 18 décembre 2008 portant réforme du droit des entreprises en difficulté », *Rev. proc. coll.* 2009/1, 4, p. 40 – Teboul G., « La cessation des paiements – L'approche de l'avocat », *LPA* 25 juill. 2002, n° 148, p. 4 – Wicker G., « La période suspecte après la loi de sauvegarde des entreprises », *Rev. proc. coll.* 2006/1, p. 12.

222.04 **Questions essentielles.**

- Qui peut faire remonter la date de cessation des paiements ?

* V. s[s] n° 222.24.

- Peut-on à tout moment faire remonter la date de cessation des paiements ?

* V. s[s] n° 222.26.

- Un créancier peut-il s'opposer à la remontée de date de cessation des paiements ?

* V. s[s] n° 222.27.

222.09 **Exigence de fixation d'une date de cessation des paiements dans les procédures de redressement et de liquidation judiciaires.** Une date de cessation de paiements est nécessairement fixée, soit par le tribunal, soit à défaut, par voie de disposition supplétive légale, en cas d'ouverture d'une procédure de redressement ou de liquidation judiciaire. Observons que depuis l'ordonnance du 18 décembre 2008[1], une procédure de sauvegarde peut être convertie en redressement judiciaire sans cessation des paiements (v. s[s] n° 221.37). En ce cas, le jugement de conversion ne pourra maintenir de date de cessation des paiements. La question se posera alors de savoir si cette conversion fera ensuite obstacle à la remontée de la date de cessation des paiements (v. s[s] n° 222.28).

Pour sa part, la procédure de sauvegarde étant ouverte, par hypothèse, au bénéfice d'entreprises qui ne sont pas en état de cessation de paiement, logiquement, le tribunal n'a pas à fixer et ne pourrait d'ailleurs fixer une date de cessation des paiements.

SECTION 222.10

FIXATION INITIALE DE LA DATE DE CESSATION DES PAIEMENTS

222.11 **Règle supplétive en l'absence de détermination de la date de cessation des paiements.**

LÉGISLATION ANTÉRIEURE À LA LOI DU 26 JUILLET 2005[2]. Aux termes de l'article L. 621-7 du code de commerce, dans la rédaction antérieure à la loi du 26 juillet 2005 (anc[t] L. 25 janv. 1985[3], art. 9, al. 1er), « le tribunal fixe, s'il y a lieu, la date de cessation des paiements. À défaut de détermination de cette date, la cessation des paiements est réputée être intervenue à la date du jugement qui la constate. »

On remarquera d'abord que l'obligation de fixer la date de cessation des paiements n'est pas générale. On a vu, en effet, que si l'état de cessation des paiements était une condition de principe d'ouverture de la procédure, cette dernière pouvait être ouverte dans un certain nombre de cas sans qu'il y ait à constater l'état de cessation des paiements. Dans toutes ces hypothèses, la date de cessation des paiements sera prédéterminée et intangible.

Il en est ainsi en cas d'extension de la procédure sur le fondement de la confusion des patrimoines ou de la fictivité. La date de cessation des paiements retenue à l'encontre de la personne initialement mise en redressement judiciaire est la seule applicable.

En cas de redressement ou de liquidation judiciaire personnel d'un associé indéfiniment et solidairement responsable du passif, la date de cessation des paiements retenue à l'encontre de la personne morale est identique pour l'associé. La solution résulte d'ailleurs de la lettre de l'article L. 624-1 du code de commerce (anc[t] L. 25 janv. 1985, art. 178) qui énonce que « le jugement qui ouvre le redressement ou la liquidation judiciaire de la personne morale produit ses effets à l'égard de toutes les personnes membres ou associés de la personne morale

1. Ord. n° 2008-1345, 18 déc. 2008, *JO* 19 déc., p. 19462.
2. L. n° 2005-845, 26 juill. 2005, *JO* 27 juill., p. 12187.
3. L. n° 85-98, 25 janv. 1985, *JO* 26 janv., p. 1097.

et indéfiniment et solidairement responsables du passif social ».

En cas de redressement ou de liquidation judiciaire personnel d'un dirigeant pour fait visé à l'article L. 624-5 du code de commerce (anc[t] L. 25 janv. 1985, art. 182), la date de cessation des paiements retenue à l'encontre de la personne morale débitrice sera identiquement celle appliquée aux dirigeants (C. com., art. L. 624-5, al. 3). En ce cas, il a été jugé qu'il importait peu que, au jour de la date de cessation de la personne morale, le dirigeant n'ait pas encore été en fonction[1].

La solution n'est pas la même, en cas d'ouverture de la procédure collective contre le dirigeant pour inexécution d'un jugement de condamnation à combler le passif (C. com., art. L. 624-4), faute de texte spécial prévoyant qu'il y a lieu de retenir une date identique de cessation des paiements (v. s[s] n° 932.14).

En dehors de ces cas, et dès lors que l'état de cessation des paiements n'est pas une condition d'ouverture de la procédure, y a-t-il lieu de fixer la date de cessation des paiements ? Une réponse *affirmative* semblerait illogique puisque l'état de cessation des paiements n'est pas requis. Cependant, il ne semble pas qu'il puisse être tiré argument de l'absence d'exigence d'état de cessation des paiements pour interdire la fixation de celle-ci. Elle n'est certes pas obligatoire. Elle n'est pas en revanche interdite. Seule une pareille solution permet de ne pas mettre en échec certaines règles de la procédure collective, tel le jeu des nullités de la période suspecte, qui postule la fixation d'une date de cessation des paiements. L'intérêt de cette dernière solution se mesure dans trois séries d'hypothèses : en cas d'inexécution par le locataire-gérant de l'obligation d'acquérir l'entreprise en plan de cession (C. com., art. L. 621-101 [anc[t] L. 25 janv. 1985, art. 98]), en cas de résolution d'un plan de continuation pour inexécution des engagements souscrits, ou en cas d'inexécution d'un règlement amiable, ces trois situations entraînant ouverture d'une nouvelle procédure sans constat de l'état de cessation des paiements.

> Législation issue de la loi du 26 juillet 2005. L'article L. 631-8, alinéa 1er, dans la rédaction issue de la loi du 26 juillet 2005, énonce pour sa part que « le tribunal fixe la date de cessation des paiements. À défaut de détermination de cette date, la cessation des paiements est réputée être intervenue à la date du jugement qui la constate ». Cette solution du redressement judiciaire est rendue applicable en liquation judiciaire par l'article L. 641-1, IV, qui indique que la date de cessation des paiements est fixée dans les conditions prévues à l'article L. 631-8. Il s'agit de la reprise de la solution issue de la législation antérieure, sous une réserve importante : l'expression « s'il y a lieu » a disparu. La solution s'explique par le fait que, sous l'empire de la loi du 26 juillet 2005 dans sa rédaction d'origine, l'ouverture *du redressement judiciaire ou de la liquidation judiciaire* est impossible sans état de cessation de paiements. En effet, les fausses extensions ont été supprimées. Subsistera cependant la possibilité d'extension sur le fondement de la confusion des patrimoines ou de la fictivité sans avoir à constater l'état de cessation des paiements de la personne à laquelle la procédure est étendue. En ce cas, la date de cessation des paiements retenue contre la personne dont la procédure est étendue sera seule retenue.

La fixation obligatoire de la date de cessation des paiements dans la procédure de redressement judiciaire fait toutefois difficulté dans une hypothèse particulière, depuis l'ordonnance du 18 décembre 2008 : celle dans laquelle la sauvegarde est convertie en redressement judiciaire sans cessation des paiements (v. s[s] n° 221.37). Cette question sera ultérieurement étudiée (v. s[s] n° 222.27).

Lorsque la date de cessation des paiements doit être fixée par la juridiction, l'absence d'indication du jugement d'ouverture se trouve suppléée par le texte de l'article L. 621-7 du code de commerce, dans la rédaction antérieure à la loi du 26 juillet 2005 (anc[t] L. 25 janv. 1985, art. 9, al. 1er) et par le texte de l'article L. 631-8, alinéa 1er, dans la rédaction issue de la loi du 26 juillet 2005, auquel renvoie en liquidation judiciaire, l'article L. 641-1, IV. Il est prévu par ces divers textes que la cessation des paiements est réputée être intervenue à la date du jugement qui la constate, c'est-à-dire le jugement d'ouverture.

> Législation issue de l'ordonnance du 12 mars 2014[2]. L'article 37, 1° de l'ordonnance du 12 mars 2014 précise, en modifiant l'alinéa 1er de l'article L. 631-8 du code de commerce, que la fixation de la date de cessation des paiements intervient après que le tribunal aura sollicité les observations du débiteur. La solution est opportune, car la fixation de la date de cessation des paiements pourra avoir des conséquences importantes pour le débiteur : création d'une période suspecte permettant de reconstituer ses actifs, possibilité de prononcer la mesure d'interdiction de gérer si le débiteur n'a pas déclaré son état de cessation des paiements dans les quarante-cinq jours, la date de cessation des paiements fixée étant, en ce domaine, couverte par l'autorité de la chose jugée.

1. Com. 17 févr. 2009, n° 07-20.903, *Bull. civ.* IV, n° 26; *D.* 2009. AJ 727, obs. Lienhard; *Gaz. proc. coll.* 2009/2, p. 48, n° 3, note Montéran.

2. Ord. n° 2014-326, 12 mars 2014, *JO* 14 mars, p. 5249.

222.12 Fixation initiale de la date de cessation des paiements[1]. Dans le jugement d'ouverture, le tribunal peut avoir déterminé la date de cessation des paiements. Celle-ci peut être la date du jugement d'ouverture, mais aussi une autre date.

Par principe, lorsque l'ouverture de la procédure intervient sur déclaration de cessation des paiements du débiteur, le tribunal fixera la date de cessation des paiements à la date de cette déclaration ou de celle figurant dans la déclaration. Il ne peut fixer la date de cessation des paiements en tenant seulement compte de l'inscription de privilèges la plus ancienne, en l'absence d'éléments indiscutables prouvant l'impossibilité pour l'entreprise de faire face à son passif exigible à la date indiquée par le débiteur dans sa déclaration de cessation des paiements[2].

Le tribunal peut avoir en sa possession les éléments lui permettant de fixer l'apparition de la cessation des paiements à une autre date qui, par hypothèse, ne peut être qu'antérieure au jugement d'ouverture, ce dernier supposant l'existence, au jour de son intervention, de l'état de cessation des paiements[3].

Compte tenu des conséquences qui y sont attachées, la fixation de la date de cessation des paiements doit intervenir précisément. On ne saurait se contenter, par exemple, de l'indication d'un état de cessation des paiements au cours du premier semestre de telle année. De la même façon, les juges du fond ne peuvent, après avoir constaté que l'exigibilité de deux créances détenues sur le débiteur était intervenue au plus tard à telle date, fixer la date de cessation des paiements à une date antérieure, sans s'expliquer sur ce point[4].

Le plus souvent, le tribunal n'aura pas les éléments suffisants, lors du jugement d'ouverture, pour fixer avec précision la date de cessation des paiements. C'est pourquoi certaines juridictions mentionnent dans le jugement une date provisoire de cessation des paiements. Cependant, même si ultérieurement cette date reste inchangée, tous les effets attachés à une fixation non provisoire de la date de cessation des paiements sont reconnus au jugement d'ouverture. La solution s'impose dès lors qu'on observe que le caractère provisoire de la fixation de la date de cessation des paiements résulte, dans le silence du jugement sur ce point, de l'existence de possibilités de report de cette date.

1. SUR CETTE QUESTION : Montéran, « Le dirigeant face au tribunal : un malentendu lourd de conséquences », *Gaz. Pal. entr. diff.* 21 juill. 2015, n° 200, p. 3.
2. Paris, 3e ch., 21 févr. 2008, RG n° 2007/13386.
3. Versailles, 13e ch., 13 nov. 1997, *Gaz. Pal.* 11-12 sept. 1998, Somm. 30.
4. Com. 26 janv. 2010, n° 09-12.081, NP.

222.13 Fixation de la date de cessation des paiements par jugement de report. La date de cessation des paiements *pourra être fixée après l'ouverture de* la procédure, par un jugement qualifié de jugement de report de la date de cessation des paiements.

La fixation de la date de cessation des paiements obéira aux mêmes règles que celles posées pour la fixation initiale. La juridiction devra en conséquence constater, au jour où elle envisage de fixer la date de cessation des paiements, que le débiteur était bien dans cet état. Il y aura donc lieu d'établir rétrospectivement l'impossibilité pour le débiteur de faire face, avec son actif disponible, à son passif exigible[5], à la date retenue comme étant celle de la cessation des paiements, ce qui suppose de préciser, à cette date, le montant du passif exigible[6] pour pouvoir le comparer à l'actif disponible. La juridiction ne pourra se contenter de retenir que différents créanciers sont impayés depuis des années et en tous cas depuis la date retenue, sans autre précision[7]. Le liquidateur ne pourra évidemment fonder sa demande de report de la date de cessation des paiements sur l'existence de dettes impayées, alors que le débiteur fournit une attestation de paiement de ces dettes et que le liquidateur fait état d'impayés postérieurs à la date à laquelle il entend faire fixer la date de cessation des paiements[8].

La date de cessation des paiements est valablement reportée au 1er avril 2003, lorsque la cour d'appel se fonde sur un rapport d'expertise établissant qu'au 31 décembre 2002, le passif exigible était de 33 millions d'euros, de loin supérieur à son actif disponible de 22 millions d'euros; qu'au 31 décembre 2003, le passif exigible était de 17 millions d'euros et l'actif disponible de 13 millions d'euros; qu'en outre, le rapport précise que la poursuite d'activité déficitaire au cours de l'année 2003 a conduit à une aggravation de la situation, de sorte que le rapport entre le passif exigible et l'actif disponible ne s'est pas inversé au cours de l'année 2003[9].

La juridiction ne pourra retenir une date de cessation des paiements antérieure à un retour à une situation permettant au débiteur de faire face à son passif exigible avec son actif disponible, même si antérieurement, la cessation des paiements préexistait[10].

La juridiction ne pourra davantage remonter la date de cessation des paiements antérieurement à un moratoire qui avait eu pour effet de décaler l'exi-

5. Com. 10 mai 2005, n° 00-21.543, NP, *Gaz. proc. coll.* 2005/3, p. 11, n° 1, obs. Lebel – Com. 7 févr. 2012, n° 11-11.347, *Bull. civ.* IV, n° 27 ; n° 152 F-P+B ; *JCP E* 2012. 1414. note Lebel.
6. Com. 21 févr. 2012, n° 11-11.295, NP; n° 247 F-D.
7. Com. 7 févr. 2012, n° 11-11.347, préc. (v. ss prést n°).
8. Com. 27 mai 2014, n° 13-17.435, NP; n° 529 F-D.
9. Com. 22 mai 2012, n° 11-14.366, NP; n° 580 F-D.
10. AINSI : Com. 13 nov. 2007, n° 06-18.925, NP.

gibilité de certaines créances et ainsi d'empêcher la caractérisation de l'état de cessation des paiements, au motif que le moratoire n'avait pas été respecté[1].

Une cour d'appel ne peut faire droit à une tierce opposition formée à l'encontre d'un jugement de report de la date de cessation des paiements, par des motifs impropres à exclure, en l'absence de toute précision sur l'actif disponible et le passif exigible à la date fixée par le jugement de report, l'existence de l'état de cessation des paiements[2]. Cette solution fait apparaître un parallélisme des formes par rapport à la caractérisation de l'état de cessation des paiements pour l'ouverture d'un redressement ou d'une liquidation judiciaire ou pour jugement de report de date de cessation des paiements.

SECTION 222.20
RÈGLES DE FOND DU REPORT DE LA DATE DE CESSATION DES PAIEMENTS

222.21 Report en amont et report en aval de la date de cessation des paiements. Aux termes de l'article L. 621-7 *in fine* du code de commerce, dans la rédaction antérieure à la loi du 26 juillet 2005[3] (anc^{t} L. 25 janv. 1985[4], art. 9, al. 1er), la date de cessation des paiements « *peut être reportée une ou plusieurs fois, sans pouvoir être antérieure de plus de dix-huit mois à la date du jugement d'ouverture* »[5].

La solution est reprise par l'article L. 631-8, alinéa 2 du code, dans la rédaction issue de la loi du 26 juillet 2005, l'article L. 641-1, IV, rendant applicable en liquidation judiciaire cet article qui intéresse le redressement judiciaire, en substituant cependant à l'expression « jugement d'ouverture », les termes « jugement constatant la cessation des paiements ».

Ce délai de dix-huit mois peut cependant être écarté pour caractériser une exploitation déficitaire continuée après cessation des paiements[6], sous l'empire de la législation antérieure à la loi du 26 juillet 2005, dans le cadre d'une action en comblement de passif ou dans celui d'une action en redressement ou en liquidation judiciaire à titre de sanction contre le dirigeant fautif.

Dans le silence du texte, le report envisagé peut-il se faire dans les deux sens, c'est-à-dire en avant, raison pour laquelle la pratique parle de « remontée de date de cessation des paiements », mais aussi en arrière ? La règle *Ubi lex*... conduirait à privilégier la deuxième interprétation[7], cependant qu'un report en aval ne sera pas possible s'il dépasse la date du jugement d'ouverture. Toutefois, l'intérêt à agir du demandeur au report semble toutefois faire alors défaut. Dans ces conditions, seul un report en amont présente d'intérêt et apparaît donc concevable.

Le report peut intervenir par demandes successives. La seule limite est posée par le texte : la remontée de date de cessation des paiements ne peut dépasser une période de dix-huit mois antérieure au jugement d'ouverture[8], avant la loi de sauvegarde, au jugement qui la constate sous l'empire de la loi du 26 juillet 2005. Signalons le retour à l'orthodoxie depuis l'ordonnance du 18 décembre 2008, lorsque la procédure de sauvegarde est convertie en redressement judiciaire ou en liquidation judiciaire pour tenir compte de la préexistence de la cessation des paiements à l'ouverture de la procédure. En ce cas, il sera possible de remonter la date de cessation des paiements de dix-huit mois par rapport au jugement d'ouverture de la sauvegarde, ce que précise le nouvel alinéa 2 de l'article L. 631-8 du code de commerce (ord. 18 déc. 2008[9], art. 77).

Notons cependant que la date de cessation des paiements ne peut être antérieure à la date à laquelle l'entreprise était éligible au redressement ou à la liquidation judiciaire. Il a ainsi été jugé impossible de fixer la cessation des paiements à une date antérieure à l'immatriculation de la société au registre du commerce[10].

222.22 Autorité de la chose jugée et report de la date de cessation des paiements. L'autorité absolue de la chose jugée attachée au jugement d'ouverture (v. s^{s} n° 233.42) s'étend à la date de cessation des paiements, qu'elle soit fixée par le jugement d'ouverture ou par un jugement ultérieur de report de date de cessation des paiements.

Sauf à former une tierce opposition, le tiers ne peut ultérieurement la contester[11].

1. Com. 14 janv. 2004, n° 01-02.877, NP.
2. Com. 12 janv. 2016, n° 14-23.798, NP; n° 31 F-D.
3. L. n° 2005-845, 26 juill. 2005, préc.
4. L. n° 85-98, 25 janv. 1985, préc.
5. Com. 17 janv. 1995, n° 92-16.491, NP, *Rev. proc. coll.* 1996, p. 199, n° 5, obs. Calendini.
6. Com. 20 oct. 1992, n° 90-20.964, *Bull. civ.* IV, n° 315; *Bull. Joly* 1993. 122, note Le Nabasque; *JCP E* 1993. I. 238, n° 22, obs. M. Cabrillac et Pétel – Com. 30 nov. 1993, n° 91-20.554, *Bull. civ.* IV, n° 440; *Bull. Joly* 1994. 410, note Pétel – Com. 11 juin 1996, n° 94-14.844, *Bull. civ.* IV, n° 168; *JCP E* 1997. I. 623, n° 13, obs. Pétel; *D.* 1996. Somm. 341, obs. Honorat.
7. Paris, 22 mars 1996, *D.* 1996. IR 111 – *Adde*, SOINNE, n° 431.
8. SUR CE RAPPEL : Amiens, ch. éco., 10 juin 2010, RG n° 08/04492.
9. Ord. n° 2008-1345, 18 déc. 2008, préc.
10. Com. 1er févr. 2000, n° 97-18.480, NP, *RJDA* 2000/5, n° 553; *JCP E* et *A* 2000, jur. 1909, note Besnard-Goudet; *LPA* 9 mars 2001, n° 49, p. 19, note Gibirila.
11. Versailles, 13e ch., 20 mai 2010, RG n° 09/09729, *Rev. proc. coll.* 2011, comm. 138, p. 51, note Blanc – Versailles, 13e ch., 1er déc. 2011, RG n° 11/05066, *Rev. proc. coll.* 2013, comm. 8, note Blanc.

Il ne peut, par exemple, résister à une demande de nullité de la période suspecte en discutant de la date de cessation des paiements. L'indication de la date de cessation des paiements n'est pas au rang des mentions exigées dans la publication au jugement d'ouverture. Son absence ne peut donc constituer une irrégularité empêchant le cours du délai de tierce opposition[1]. En revanche, si la publication au *Bodacc* mentionne une date inexacte de cessation des paiements, cela rend sans intérêt, compte tenu de la date d'inscription du nantissement litigieux, l'existence à ce moment de la tierce opposition par la banque pour critiquer la date de cessation des paiements, puisque l'inscription de la sûreté, compte tenu de cette erreur, ne pouvait être considérée comme prise en période suspecte. Il en résulte que le délai de recours n'a pu courir contre cette banque[2].

Identiquement, un dirigeant condamné à combler l'insuffisance d'actif et qui, sous l'empire de la législation antérieure à la loi de sauvegarde des entreprises[3], n'exécutait pas cette condamnation et était placé en redressement ou en liquidation à titre personnel, ne pouvait contester la date retenue dans la procédure ouverte contre la personne morale et qui devenait celle de sa propre collective (v. s^{s} n° 923.14), pour résister à une demande de nullité d'un acte accompli pendant la période suspecte.

L'autorité de la chose jugée peut rendre impossible la fixation de la date de cessation des paiements à la date exacte où elle est apparue. Il semblait d'abord en être ainsi dans le cas où la juridiction initialement saisie avait refusé l'ouverture de la procédure. Mais la Cour de cassation, en pareille hypothèse, considère que la première décision n'a pas autorité de la chose jugée et n'empêche pas en conséquence la juridiction saisie en dernier lieu de retenir une date de cessation des paiements antérieure à la date à laquelle la première juridiction avait statué[4]. Il en ira *a fortiori* ainsi si le premier jugement n'est jamais passé en force de chose jugée[5].

L'autorité de la chose jugée fera en revanche obstacle à ce que la date de cessation des paiements, en cas d'ouverture d'une procédure par suite de la résolution du plan de sauvegarde ou de redressement, soit remontée à une date antérieure à l'arrêté dudit plan (v. s^{s} n° 524.33).

Au surplus, l'autorité de la chose jugée attachée au jugement d'ouverture, bien qu'absolue, ne s'opposait pas, sous l'empire de la législation antérieure à la loi de sauvegarde des entreprises, à ce qu'une date différente de celle retenue par la juridiction dans le cadre strict de la procédure ouverte contre le débiteur, soit retenue contre un dirigeant social, dans le cadre d'une action en faillite personnelle fondée sur l'omission de déclaration de l'état de cessation des paiements dans le délai de quinze jours visé à l'article L. 625-5 du code de commerce (anc^{t} L. 25 janv. 1985[6], art. 189, 5°)[7], d'une action en comblement de passif[8], en redressement ou en liquidation judiciaire à titre personnel[9], ou encore en banqueroute[10]. La sanction pouvait être prononcée même en l'absence de report de la date de cessation des paiements dans le délai légal de l'article L. 621-7 du même code (anc^{t} L. 25 janv. 1985, art. 9, al. 2)[11], et même si une précédente décision avait retenu, par une appréciation de la situation au jour où elle avait

1. Douai, 2e ch., 2e sect., 28 mai 2013, RG n° 12/03784, *Act. proc. coll.* 2013/15, comm. 215.
2. Com. 27 janv. 2015, n° 13-24.619, *Bull. civ.* IV [à paraître]; n° 89 FS-P+B; *Act. proc. coll.* 2015/4, comm. 64, note Vallansan; *RTD com.* 2015. 376, n° 8, obs. Martin-Serf; *JCP E* 2015. 1108, note Brignon et chron. 1204, n° 8, obs. Pétel; *BJE* mai 2015, 151, note Thullier; *LXB hebdo* 19 févr. 2015, n° 413, note Le Corre.
3. L. n° 2005-845, 26 juill. 2005, préc.
4. Com. 20 juin 1995, n° 93-17.818, *Bull. civ.* IV, n° 182; *Rev. proc. coll.* 1996, p. 43, obs. Calendini.
5. Com. 22 juin 1999, n° 97-14.518, NP.
6. L. n° 85-98, 25 janv. 1985, préc.
7. Com. 20 oct. 1992, n° 90-20.964, *Bull. civ.* IV, n° 315; *Bull. Joly* 1993. 122, note Le Nabasque – Com. 19 nov. 1996, n° 93-11.190, *Bull. civ.* IV, n° 278; *Rev. sociétés* 1997. 387, obs. Honorat; *Bull. Joly* 1997. 235, note Saintourens; *JCP E* 1997. I. 651, n° 19, obs. Pétel – Com. 20 mai 1997, *Rev. proc. coll.* 1998, p. 309, n° 3, obs. Bach – Com. 4 juill. 2000, n° 97-17.113, NP, *Act. proc. coll.* 2000/15, n° 198; *Rev. proc. coll.* 2001, p. 107, n° 1, obs. Barret; *RJ com.* 2001. 276, n° 1583, note Teboul – Com. 10 mars 2004, n° 01-15.837, NP, *RTD com.* 2004. 378, n° 8, obs. Vallens – Com. 14 déc. 2010, n° 09-72.403, NP, *Gaz. Pal. entr. diff.* 1-2 avr. 2011, p. 46, note Montéran – Paris, 3e ch. B, 23 mai 2003, RG n° 2002/01370 – Paris, 3e ch. B, 5 sept. 2003, RG n° 2002/17872 – CONTRA : Angers, 13 juin 2000, *Rev. proc. coll.* 2001, p. 50, n° 4, obs. Barret.
8. Com. 4 juill. 2000, n° 97-17.113, NP, *Rev. proc. coll.* 2001, p. 107, n° 1, obs. Barret – Com. 10 mars 2004, n° 01-15.837, NP, *RTD com.* 2004. 618, n° 20, obs. Vallens; *Rev. proc. coll.* 2005/2, p. 152, n° 5, obs. Martin-Serf – Com. 30 janv. 2007, n° 05-21.208, NP, *Gaz. proc. coll.* 2007/2, p. 60, note Montéran; *Dr. sociétés* 2007, n° 93, note Legros; *Rev. proc. coll.* 2007/4, p. 236, n° 4, obs. Martin-Serf – Com. 6 oct. 2009, n° 08-10.585, NP.
9. Com. 10 mars 2004, n° 01-15.837, NP, *RTD com.* 2004. 378, n° 8, obs. Vallens.
10. Crim. 18 nov. 1991, n° 90-83.775, *Bull. crim.* n° 415; *JCP E* 1992. I. 195, n° 17, obs. M. Cabrillac; *JCP E* 1993. I. 240, n° 10, obs. Gavalda et Stoufflet; *JCP* 1993. II. 22102, note Sordin; *Rev. proc. coll.* 1992, p. 319, obs. Devèze; *RTD com.* 1992. 878, obs. Bouzat – Crim. 21 juin 1993, n° 92-84.526, *Bull. crim.* n° 217; *JCP E* 1993. I. 295, n° 20, obs. Cabrillac; *LPA* 26 janv. 1994, p. 20, note Honorat et Bernardini; *Rev. proc. coll.* 1994, p. 279, obs. Devèze et Mascala – *Adde*, SUR CETTE QUESTION : Gioanni, « La cessation des paiements dans l'infraction de banqueroute », *D.* 1994. Chron. 53.
11. Com. 11 juin 1996, n° 94-14.844, *Bull. civ.* IV, n° 168; *D.* 1996. Somm. 341, obs. Honorat; *Bull. Joly* 1996. 955, note Saintourens – Com. 30 janv. 2007, n° 05-21.208, NP.

statué, que la cessation des paiements n'était pas caractérisée à l'encontre de la personne morale[1]. Le fait que le représentant des créanciers ou le liquidateur ait présenté en dehors des délais une demande de report de la date de cessation des paiements et que son action ait été déclarée irrecevable pour ce motif reste évidemment sans conséquence sur cette solution[2].

On notera cependant que la même solution d'indépendance des dates de cessation des paiements, dans le strict cadre de la procédure et dans le cadre des sanctions, peut être appliquée au débiteur lui-même, l'absence d'identité des parties ne pouvant justifier ici la mise en échec de l'autorité de la chose jugée, cette dernière pouvant cependant s'expliquer par l'absence d'identité de matière litigieuse[3]. Pour cette même raison de différence de matière litigieuse, la date de cessation des paiements retenue pour l'ouverture de la procédure ne peut empêcher la juridiction de retenir une date différente dans une instance ultérieure en résolution de cession de parts sociales[4] ou en nullité du cautionnement souscrit en garantie d'une cession de parts sociales[5].

Le principe retenu par la législation antérieure à la loi de sauvegarde des entreprises ne semblait pas modifié par l'article L. 631-8, alinéa 4 du code, dans la rédaction issue de la loi de sauvegarde des entreprises. La solution posée en redressement judiciaire est applicable également en liquidation judiciaire, du fait du renvoi qu'opère à ce texte l'article L. 641-1, IV, qui le rend applicable en liquidation judiciaire. La date de cessation des paiements retenue par le tribunal à l'ouverture de la procédure collective ne semblait donc pas s'imposer, sous l'empire de la loi de sauvegarde des entreprises, au juge appelé à statuer sur une demande de condamnation à combler l'insuffisance d'actif[6]. Mais si la juridiction n'avait pas à se considérer comme liée par la date de cessation des paiements retenue dans le cadre de l'ouverture de la procédure collective, elle pouvait parfaitement retenir celle-ci dans le cadre de l'action en responsabilité pour insuffisance d'actif[7].

1. Com. 19 nov. 1996, n° 93-11.190, *Bull. civ.* IV, n° 278; *Rev. sociétés* 1997. 387, obs. Honorat; *Bull. Joly* 1997. 235, note Saintourens; *JCP E* 1997. I. 651, n° 19, obs. Pétel.
2. Paris, 3e ch. A, 27 avr. 2004, RG n° 2003/08574.
3. Com. 4 juill. 2000, n° 97-17.113, NP, *Act. proc. coll.* 2000/15, n° 198 – Paris, 3e ch. A, 6 avr. 2004, RG n° 2003/14170.
4. Com. 19 juin 2001, n° 98-18.333, *Bull. civ.* IV, n° 124; *D.* 2001. AJ 2599, obs. Lienhard; *RJDA* 2001/12, n° 1226; *Bull. Joly* 2001, n° 266, p. 1241, note Couret; *D.* 2002. Somm. 1480, obs. Honorat.
5. Civ. 1re, 5 mai 2004, n° 01-17.666, NP.
6. Com. 31 mai 2011, n° 10-17.684, NP; n° 547 F-D.
7. Com. 8 juill. 2014, n° 13-18.958, NP; n° 644 F-D.

Pourtant, un intéressant amendement n° 147 avait été présenté à l'Assemblée nationale tendant à poser en règle que, une fois expiré le délai de l'action en report de date de cessation des paiements, la date retenue aurait été « opposable à tous ». Cela aurait signifié que la date de cessation des paiements n'aurait pu être modulée, en fonction des besoins. Elle aurait été identique pour toutes les actions, qu'il s'agisse des actions en nullité de la période suspecte ou des actions en responsabilité pécuniaire ou en sanctions civiles. En revanche, l'autorité de la chose jugée au civil n'aurait pu s'imposer au pénal[8]. Cet amendement a ensuite été rectifié et, finalement, la solution de l'opposabilité à tous de la date de cessation des paiements a disparu, du moins par principe, du texte.

Il faut toutefois réserver R. 653-1, alinéa 2 du code de commerce, selon lequel la date retenue pour le prononcé de l'interdiction sur le fondement de l'absence de déclaration de son état de cessation des paiements dans les quarante-cinq jours de celui-ci ne pourra être différente de celle fixée par la juridiction en application de l'article L. 631-8 du code de commerce. Il n'y a donc plus qu'une seule date de cessation des paiements pour le prononcé de l'interdiction de gérer. Dès lors, les juges du fond ne peuvent condamner à l'interdiction de gérer sur le fondement de l'absence de déclaration de l'état de cessation des paiements dans le délai légal, sans préciser si la date qu'ils retiennent comme étant celle de la cessation des paiements avait été indiquée dans le jugement d'ouverture ou avait été celle retenue dans un jugement de report.

Cette solution, au demeurant logique (v. ss n° 913.12) nous semblait, compte tenu du rappel des travaux préparatoires sur cette question, devoir être strictement limitée au cas de l'interdiction de gérer et ne pouvait donc être étendue à l'action en responsabilité pour insuffisance d'actif, pas plus qu'à l'action en obligation aux dettes sociales fondée sur la poursuite abusive d'une exploitation déficitaire, qui ne pouvait conduire qu'à la cessation des paiements. Elle ne semblait pas davantage pouvoir être étendue à l'interdiction de gérer ou à la faillite personnelle pour paiement de certains créanciers préférentiellement en connaissance de la cessation des paiements. L'opinion contraire a cependant été soutenue[9].

La Cour de cassation a toutefois estimé, par un arrêt auquel elle a entendu assurer la plus large diffusion, que l'omission de déclaration de la cessation des paiements dans le délai légal, susceptible de constituer une faute de gestion, s'apprécie au regard

8. Interv. Perben, *JOAN CR*, 2e séance du 3 mars 2005, p. 1653.
9. Pérochon, 9e éd., nos 401, 1553.

de la seule date de la cessation des paiements fixée dans le jugement d'ouverture ou dans un jugement de report[1]. La solution a ensuite été reproduite[2].

Une difficulté peut se présenter en cas d'homologation d'un accord de conciliation antérieurement à l'ouverture d'une procédure collective. La date de cessation des paiements ne peut être remontée à une date antérieure à la décision définitive qui homologue l'accord (v. ss no 144.45). Cette décision nous semble de nature à faire obstacle à ce qu'une date antérieure puisse être retenue pour le prononcé de sanctions patrimoniales ou civiles[3].

La possibilité de reports multiples de la date de cessation des paiements, envisagée par l'article L. 621-7, alinéa 1er du code de commerce, dans la rédaction antérieure à la loi du 26 juillet 2005, par l'article L. 631-8, alinéa 1er du même code, que l'article L. 641-1, IV, rend applicable en liquidation judiciaire, dans la rédaction issue de la loi du 26 juillet 2005, justifie que le rejet d'une précédente demande de report de date de cessation des paiements ne fasse pas obstacle à la présentation d'une nouvelle demande[4].

222.23 Obstacles au report de la date de cessation des paiements tenant à la spécificité des procédures et ouverture d'un mandat *ad hoc*. L'ouverture d'un mandat *ad hoc* ne constituera en rien un obstacle à la remontée de la date de cessation des paiements[5]. Toutefois, l'accord trouvé, dans le cadre du mandat *ad hoc*, pour reporter l'exigibilité des dettes, empêche la caractérisation de l'état de cessation des paiements, si du fait des reports d'exigibilité, le passif exigible subsistant devient inférieur à l'actif disponible.

222.24 Obstacles au report de la date de cessation des paiements et ouverture d'un règlement amiable. *Une autre difficulté peut résulter du fait* que le tribunal a ouvert un règlement amiable. Cela fait-il échec à la possibilité de remonter l'état de cessation des paiements antérieurement ? Le règlement amiable suppose, en effet, l'absence de cessation des paiements (C. com., art. L. 611-3 [anct L. 1er mars 1984[6], art. 35]). *A priori*, en conséquence, la date de cessation des paiements ne devrait pas pouvoir être remontée antérieurement à l'ouverture du règlement amiable. Cependant, l'ordonnance d'ouverture du règlement amiable a une nature gracieuse non dotée de l'autorité de la chose jugée. Elle ne peut donc faire obstacle à une remontée, à une date antérieure à son intervention, de la date de cessation des paiements[7]. *A fortiori*, l'échec du règlement amiable rendra-t-il admissible la fixation de la date de cessation des paiements entre son ouverture et le constat de son échec[8]. Il a même été jugé que la date de cessation des paiements pouvait être fixée avant l'ordonnance de suspension provisoire au prétexte que cette dernière n'avait pas d'effet sur l'exigibilité des créances[9].

222.25 Report de la date de cessation des paiements et homologation de l'accord de conciliation. La loi du 26 juillet 2005[10] change radicalement les données du problème : l'homologation de l'accord de conciliation rend impossible, sauf fraude, la remontée de la date de cessation des paiements à une date antérieure au passage en force de chose jugée de la décision homologuant l'accord (v. ss no 144.45).

En revanche, le simple constat de l'accord de conciliation par le président du tribunal ne fait pas obstacle à la fixation d'une date de cessation des paiements antérieure à son intervention[11], ce qu'un

1. Com. 4 nov. 2014, no 13-23.070, *Bull. civ.* IV [à paraître]; no 960 FS-P+B+R+I; *D.* 2014. Actu 2238, note Lienhard; *Gaz. Pal.* 18 janv. 2015, no 18, p. 15, note Reille et p. 34, note Montéran; *Rev. sociétés* 2014. 751, note Henry; *JCP E* 2014. 1604, rapp. Schmidt et note Roussel Galle et 1637, no 12, note Pétel; *Act. proc. coll.* 2014, comm. 344, note Thuillier; *BJE* 2015, 113, note Lasserre Capdeville; *Rev. proc. coll.* 2015, comm. 67, note Martin-Serf; *BJS* 2015. 23, note Mouial-Bassilana; *Dr. sociétés* 2015, comm. 55, note Legros.
2. Com. 10 mars 2015, no 12-16.956, *Bull. civ.* IV [à paraître]; no 264 F-P+B; *Rev. sociétés* 2015. 406, note Henry; *BJE* juill. 2015, 249, note Favario; *BJS* 2015. 302, note Mouial-Bassilana; *Rev. proc. coll.* 2015, comm. 67, note Martin-Serf – Com. 19 mai 2015, no 14-10.348, NP; no 459 F-D; *Gaz. Pal.* 2015, 2320, note Dondéro – Com. 18 mai 2016, no 14-21.133, NP; no 436 F-D.
3. Montéran, « Présentation générale de la prévention et de la conciliation », *Gaz. Pal.*, no sp., 7-8 sept. 2005, p. 8 s., sp. p. 12 – Wicker, « La période suspecte après la loi de sauvegarde des entreprises », *Rev. proc. coll.* 2006/1, p. 12 s., sp. p. 3, no 8.
4. Com. 8 juill. 2003, no 99-13.434, NP, *Act. proc. coll.* 2003/16, no 205; *RD banc. fin.* 2004/1, p. 28, no 28, obs. Lucas.
5. AINSI : Paris, 3e ch. B, 8 nov. 2007, RG no 06/19911.
6. L. no 84-148, 1er mars 1984, *JO* 2 mars, p. 751.
7. Com. 14 mai 2002, no 98-22.446, *Bull. civ.* IV, no 87; *D.* 2002. AJ 1837, obs. Lienhard; *D.* 2003. 615, note Martineau-Bourgninaud; *JCP E* et *A* 2002. Chron. 1380, no 2, obs. Pétel; *Act. proc. coll.* 2002/12, no 149, obs. Régnaut-Moutier; *RTD com.* 2002. 533, no 1, obs. Macorig-Venier; *RJDA* 2002/10, no 1046; *RD banc. et bourse* 2002/5, p. 261, no 186, obs. Lucas; *JCP E* 2003, jur. 108, p. 131, note Vinckel; *D.* 2003. Jur. 615, note Martineau-Bourgninaud; *RJ com.* 2002, no 1606, p. 412, note Armand-Prevost.
8. Lyon, 18 oct. 1996, *Banque et droit* mai-juin 1997, 96, obs. Guillot – Paris, 3e ch. B, 9 avr. 1999, *RJDA* 1999/8-9, no 952; *RTD com.* 1999. 952, obs. Laude; *RTD com.* 2000. 170, obs. Macorig-Venier.
9. Paris, 3e ch. B, 9 avr. 1999, *RJDA* 1999/8 et 9, no 952; *RTD com.* 1999. 952, obs. Laude; *RTD com.* 2000. 170, obs. Macorig-Venier.
10. L. no 2005-845, 26 juill. 2005, préc.
11. Barbièri, « Le choix des techniques de traitement des difficultés des entreprises – Réflexions liminaires », *Rev. proc. coll.* 2005, p. 346 s., sp. p. 349, no 12.

amendement présenté par la commission des lois d[u] Sénat est venu préciser[1]. L'opinion contraire [a] cependant été soutenue au motif que « la loi ne sau[]rait permettre explicitement de régulariser un éta[t] de cessation des paiements par un accord de conci[]liation et soumettre implicitement celui-ci à la nul[]lité, au seul motif qu'il aurait été conclu en périod[e] suspecte »[2].

A fortiori, l'échec de la procédure de conciliation ne constituera pas un obstacle à la remontée de la date de cessation des paiements antérieurement à l'ouverture de la conciliation[3].

222.26 Report de la date de cessation en cas de conversion d'une sauvegarde en redressement ou en liquidation judiciaire pour caractérisation de l'état de cessation des paiements. La procédure de sauvegarde présuppose, pour son ouverture, l'absence de cessation des paiements. Mais il se peut que la sauvegarde soit convertie en redressement ou en liquidation judiciaire. Plusieurs difficultés se présentent alors. Une distinction s'impose selon que la législation applicable est celle du 26 juillet 2005[4] non réformée ou celle issue de l'ordonnance du 18 décembre 2008[5].

> Législation du 26 juillet 2005 non réformée.

Deux situations doivent être distinguées.

Dans une première situation, le tribunal s'est trompé dans son appréciation, lors de l'ouverture de procédure. C'est l'hypothèse envisagée par l'article L. 621-12 du code de commerce (v. s[s] n° 223.31). Aucun obstacle textuel ne se présente ici pour reporter la date de cessation des paiements antérieurement à l'ouverture de la procédure de sauvegarde. Le visa par l'article L. 621-12 du code du deuxième alinéa de l'article L. 631-8, texte réglementant en redressement judiciaire la question du report de la date de cessation des paiements, autorise sans équivoque l'interprétation. En cas de conversion de la procédure de sauvegarde en procédure de redressement judiciaire, sur constat que la cessation des paiements préexistait à l'ouverture de la sauvegarde, le tribunal la constate et en « fixe la date dans les conditions prévues au deuxième alinéa de l'article L. 631-8 » (C. com., art. L. 621-12, al. 1er). Le tribunal ne peut fixer une date de cessation des paiements de plus de dix-huit mois antérieure au jugement qui constate la cessation des paiements, c'est-à-dire ici le jugement de conversion. En effet, l'article L. 631-8, alinéa 2 du code de commerce, qui s'intéresse au report de la date de cessation des paiements, dispose que *la* date de cessation des paiements « peut être reportée une ou plusieurs fois, sans pouvoir être antérieure de plus de dix-huit mois à la date du jugement constatant la cessation des paiements ». Une difficulté se présente, en revanche, si ultérieurement est envisagé un report de la date de cessation des paiements (v. aussi s[s] n° 222.33). Il importe d'observer que dans l'hypothèse ici envisagée de conversion de la sauvegarde pour préexistence à son ouverture de l'état de cessation des paiements, les actes accomplis pendant la sauvegarde ne pourront tomber sous le coup des nullités de la période suspecte, puisqu'ils sont accomplis après le jugement d'ouverture de la procédure collective. Ils ne rentrent donc pas dans la période suspecte, comme l'a justement analysé la Cour de cassation[6] (v. aussi s[s] n° 821.31), encore que des interrogations existent chez certains auteurs[7].

Dans une seconde hypothèse, la cessation des paiements, qui n'existait pas avant l'ouverture de la procédure, intervient pendant la période d'observation. Il y a également place à conversion de la sauvegarde en redressement, voire en liquidation judiciaire si les conditions sont réunies (C. com., art. L. 622-10, al. 2 – v. s[s] n° 223.61). Une difficulté se présente ici pour savoir si la date de cessation des paiements pourra être fixée antérieurement à la décision de conversion de la sauvegarde en redressement ou en liquidation judiciaire. Il n'y a assurément pas de difficulté à fixer la date de cessation des paiements antérieurement à la décision de conversion. Mais il devra ici s'agir d'une fixation initiale, la technique du report de date de cessation des paiements n'étant pas envisagée, faute de renvoi au deuxième alinéa de l'article L. 631-8 du code. En revanche, il semble inconcevable de fixer la date de cessation des paiements avant l'ouverture de la procédure de sauvegarde, laquelle présuppose l'absence de cessation des paiements. Or la cessation des paiements est ici caractérisée pendant la sauvegarde, cet

1. *Rapp. J.-J. Hyest*, n° 335, p. 328 et 329.
2. Vinckel, « Le nouveau régime de la période suspecte dans la loi n° 2005-845 du 26 juillet 2005 et le décret n° 2005-1677 du 28 décembre 2005 : une réforme en trompe l'œil », *JCP E* 2006. 1118, n° 7.
3. Com. 22 mai 2013, n° 12-18.509, *Bull. civ.* IV, n° 85; n° 506 F-P+B; *D.* 2013. Actu. 1343, obs. Lienhard; *Gaz. Pal.* 12 juill. 2013, n° 193, p. 12, note Reille; *JCP E* 2013. Actu. 426, obs. Roussel Galle; *Rev. proc. coll.* 2013, comm. 108, note Cagnoli; *BJE* sept. 2013, p. 272, note Sortais; *Rev. proc. coll.* 2013, comm. 121, note Saintourens; *RTD com.* 2013. 803, n° 1, obs. Macorig-Vénier; *Dr. sociétés* 2013, n° 146, note Legros; *LXB hebdo* 19 juin 2013, n° 343, note Le Corre-Broly.
4. L. n° 2005-845, 26 juill. 2005, préc.
5. Ord. n° 2008-1345, 18 déc. 2008, préc.
6. Com. 18 mai 2016, n° 14-24.910, *Bull. civ.* IV [à paraître]; n° 465 FS-P+B; *Act. proc. coll.* 2016/11, comm. 142, note Monsérié-Bon; *BJE* 2016, 274, note Bonhomme.
7. Mouial-Bassilana, « L'articulation de la période suspecte et des différentes procédures après la loi de sauvegarde du 26 juillet 2005 », *D.* 2006. Chron. 1959, sp. 1964 à 1966, n°s 27 à 34.

élément étant couvert par l'autorité de la chose jugée, ce qui fait obstacle à une fixation de la date de cessation antérieurement à l'ouverture de la procédure de sauvegarde. Le jeu des nullités de la période suspecte semble ici inconcevable, même si le contraire a été soutenu[1], pour une raison qui tient à la définition même de la période suspecte : période qui s'étend de la date de cessation des paiements fixée par le tribunal jusqu'au jugement d'ouverture. Or, le jugement de conversion de la sauvegarde en redressement ou en liquidation judiciaire n'est pas un jugement d'ouverture et intervient, par hypothèse, après celui-ci. Les actes ne seront donc pas accomplis avant le jugement d'ouverture, mais en cours de période d'observation. La fixation de cette date de cessation des paiements pourra caractériser une saisine tardive par le débiteur du tribunal aux fins de déclarer son état de cessation des paiements, ce qui pourra lui être reproché sur le terrain de l'interdiction de gérer, mais aussi sur celui de l'obligation aux dettes sociales, du chef d'une poursuite abusive d'exploitation déficitaire.

> Législation du 26 juillet 2005 réformée par l'ordonnance du 18 décembre 2008.

L'article L. 621-12 du code de commerce, tel qu'il résulte de l'ordonnance de réforme, reprend le principe de conversion de la sauvegarde en un redressement judiciaire, si le débiteur est déjà en cessation des paiements au moment du prononcé du jugement d'ouverture de la sauvegarde.

Le texte nouveau (ord. 18 déc. 2008, art. 17) supprime le visa du deuxième alinéa de l'article L. 631-8 du code de commerce, pour le remplacer par le visa de cet article en son entier. Cela emporte des conséquences importantes.

L'article L. 631-8, alinéa 1 du code, tel qu'il résulte de l'ordonnance de réforme (ord. 18 déc. 2008, art. 77), précise que « Le tribunal fixe la date de cessation des paiements. À défaut de détermination de cette date, la cessation des paiements est réputée être intervenue à la date du jugement d'ouverture de la procédure ». Cette précision « **à la date du jugement d'ouverture de la procédure** » remplace l'expression « à la date du jugement qui la constate ».

Ainsi, et comme prend le soin de le préciser l'article L. 631-8, alinéa 5 du code de commerce (ord. 18 déc. 2008, art. 77), la date de cessation des paiements à retenir lors de la conversion de la sauvegarde en redressement judiciaire, en cas de constat la préexistence de la cessation des paiements à uverture de la sauvegarde, ne sera plus celle du gement de conversion de la sauvegarde en redressement judiciaire, mais celle du jugement d'ouverre de la sauvegarde, sauf remontée de cette date.

Il s'est agi, par cette modification, d'éviter que des ctes accomplis après l'ouverture de la sauvegarde uissent être considérés comme effectués pendant a période suspecte[2].

Le visa par l'article L. 621-12 du code de commerce de l'article L. 631-8 du code, en son entier, et a fixation au jour du jugement d'ouverture de la date de cessation des paiements en cas de conversion de la sauvegarde en redressement judiciaire pour cause de préexistence de l'état de cessation des paiements à l'ouverture de la sauvegarde, est lourd de conséquences pour le report de la date de cessation des paiements. En effet, le nouvel alinéa 2 de l'article L. 631-8 du code de commerce (ord. 18 déc. 2008, art. 77) prévoit que la date de cessation des paiements peut désormais être remontée de dix-huit mois par rapport au jugement d'ouverture de la procédure. Si le jugement d'ouverture est une sauvegarde, le report de date de cessation des paiements pourra donc être de dix-huit mois par rapport au jugement d'ouverture de la sauvegarde, alors que le texte ancien interdisait de remonter de plus de dix-huit mois par rapport « à la date du jugement constatant la cessation des paiements », c'est-à-dire à la date du jugement de conversion de la sauvegarde en redressement ou en liquidation judiciaire.

Le texte nouveau est plus cohérent que le texte issu de la loi de sauvegarde, qui aboutissait à raccourcir singulièrement la période suspecte, spécialement si la conversion intervenait tardivement par rapport à l'ouverture de la sauvegarde. Il a également le mérite de préciser clairement la situation, en évitant les interrogations du texte précédent, auxquelles nous avions répondu en posant les solutions retenues par l'ordonnance du 18 décembre 2008. Il n'est donc pas exclu, sous réserve de la question du délai d'introduction de l'action en report de date de cessation des paiements, dans cette hypothèse de conversion de la sauvegarde en redressement judiciaire sur constat de la préexistence de l'état de cessation des paiements, que ces solutions soient considérées comme purement interprétatives.

L'ordonnance du 18 décembre 2008 ne modifie pas les règles applicables en cas de conversion de la sauvegarde en redressement judiciaire sur appari-

1. Roussel Galle, n° 221 – Vinckel, « L'option entre les procédures préventives du nouveau droit des entreprises en difficulté : analyse des risques », *LPA* 12 juin 2006, n° 116, p. 7, sp. p. 14, n° 20 – *Adde*, J.-Cl. Com., Saint-Alary-Houin et Monsérié-Bon, fasc. 2505, [Nullités de droit – Régime des paiements], 2008, n° 2.

2. Rapport au président de la République sur l'ordonnance n° 2008-1345 du 18 déc. 2008, *JO* 19 déc., Titre I, chap. III, s^{s} art. 77 – *Adde*, Texier et Russo, « Le nouveau droit des entreprises en difficulté après l'ordonnance du 18 décembre 2008 et son décret d'application du 12 février 2009 », *LPA* 2 mars 2009, n° 43, p. 3, sp. p. 9.

tion de l'état de cessation des paiements pendant le cours de la sauvegarde.

222.27 Report de la date de cessation après conversion d'une sauvegarde en redressement judiciaire pour imminence de l'état de cessation des paiements. Une difficulté particulière se présente pour les procédures ouvertes à compter du 15 février 2009, qui tient à la possibilité offerte par l'ordonnance du 18 décembre 2008[1], de conversion de la sauvegarde en redressement judiciaire, sur la demande du débiteur, lorsque celui-ci n'a pu obtenir un plan de sauvegarde et que son état de cessation des paiements est imminent (v. s^s^ n° 221.37). Par hypothèse, le débiteur est ici placé en redressement judiciaire sans état de cessation des paiements. Le tribunal ne peut donc, au jour de la conversion, fixer la date de cessation des paiements. La question qui se pose alors est de savoir si, ultérieurement, le tribunal pourra remonter la date de cessation des paiements antérieurement à la conversion, dans l'hypothèse où il aurait les informations nécessaires pour être convaincu que la cessation des paiements préexistait à la conversion.

Sur le terrain de l'autorité de la chose jugée, si le dispositif de la décision de conversion ne contient aucune disposition sur la cessation des paiements, il n'y aura pas de difficulté pour que le tribunal puisse opérer par un jugement de report de date de cessation des paiements.

Le problème peut naître, en revanche, si le dispositif de la décision vient préciser que la conversion est intervenue sur imminence de l'état de cessation de paiement, ce qui signifie clairement, qu'à cette date, il n'y avait pas cessation des paiements. Pour autant, il ne nous semble pas inconcevable de reporter la date de cessation des paiements, même en pareille hypothèse. La situation doit être exactement comparée à celle dans laquelle le débiteur a obtenu l'ouverture d'une procédure de sauvegarde alors qu'il était déjà en état de cessation des paiements. Comme dans cette hypothèse, il ne semble pas possible, dans le cas qui nous intéresse ici, de faire produire effet à une fausse déclaration, pour empêcher la remontée de la date de cessation des paiements.

Faudra-t-il alors que la demande de report de la date de cessation des paiements soit présentée dans le délai d'un an du jugement d'ouverture, ce qui rendrait impossible toute remontée de date des paiements si la conversion était postérieure de plus d'un an par rapport à l'ouverture de la sauvegarde ? Ici encore, la solution posée pour l'hypothèse d'une conversion en redressement judiciaire sur constat de la préexistence à l'ouverture de la sauvegarde de la cessation de paiement nous semble s'imposer. Dès lors, le délai d'un an pour remonter la date de cessation des paiements ne courra pas à compter du jugement d'ouverture, mais à compter du jugement de conversion (v. sur cette question, s^s^ n° 222.33).

En revanche, si la cessation des paiements préexistait à la conversion de la sauvegarde en redressement judiciaire, tout en étant postérieure à l'ouverture de la sauvegarde, on se *retrouve exactement* dans la même l'hypothèse que celle dans laquelle la sauvegarde est convertie en redressement judiciaire sur apparition de l'état de cessation des paiements pendant la période d'observation. Les mêmes solutions doivent dès lors être posées. Tout d'abord, l'action en report de la date de cessation des paiements reste strictement enfermée dans l'année du jugement d'ouverture, qui est ici celui de sauvegarde. Ensuite, il y a lieu d'observer qu'il ne peut y avoir création d'une période suspecte, puisqu'il n'y a pas état de cessation des paiements antérieure à l'ouverture de la procédure collective, en l'occurrence la procédure de sauvegarde. Il ne faudra donc accorder aucun effet particulier à cette remontée de date de cessation des paiements. Plus fondamentalement, il nous semble même qu'il pourrait être considéré que le mandataire de justice, demandeur à l'action en report de la date de cessation des paiements, n'a pas d'intérêt à agir en remontée de la date de cessation des paiements antérieurement à la décision de conversion, mais postérieurement à l'ouverture de la sauvegarde, aucune période suspecte ne pouvant exister.

222.28 Report de la date de cessation des paiements et sauvegarde accélérée. L'ordonnance du 12 mars 2014[2], qui a créé la sauvegarde accélérée tout en conservant la sauvegarde financière accélérée, peut bénéficier à un débiteur ayant été en cessation des paiements lors de l'ouverture de la conciliation, préalable nécessaire à l'ouverture des procédures anticipées. Le tribunal, dans le cadre du redressement ou de la liquidation judiciaire faisant suite à une procédure de sauvegarde accélérée, pourra remonter la date de cessation des paiements antérieurement à l'ouverture de la conciliation, mais aussi, si le débiteur avait indiqué ne pas être en cessation des paiements lors de l'ouverture de la conciliation, sans avoir été contredit, à l'ouverture de cette conciliation ou à l'ouverture seulement de la procédure de sauvegarde accélérée, dans la limite toutefois de dix-huit mois. On comprend ainsi que l'ouverture d'une procédure de sauvegarde accélérée n'aura jamais autorité de chose jugée sur la question de la cessation des paiements, ce qui apparaît au demeurant logique au regard des règles de la procé-

1. Ord. n° 2008-1345, 18 déc. 2008, préc.

2. Ord. n° 2014-326, 12 mars 2014, préc.

dure civile ne reconnaissant pas l'autorité implicite de la chose jugée.

SECTION 222.30
MODALITÉS PROCÉDURALES DE L'ACTION EN REPORT DE LA DATE DE CESSATION DES PAIEMENTS

222.31 Titulaires de l'action en report de date de cessation des paiements. L'action en report de la date de cessation des paiements est une action attitrée. Les solutions doivent être distinguées selon que l'on est dans une procédure soumise à la législation antérieure ou dans une procédure soumise à la loi du 26 juillet 2005 [1].

L'article L. 621-7 du code de commerce, dans la rédaction antérieure à la loi du 26 juillet 2005 (anc^t L. 25 janv. 1985 [2], art. 9, al. 2), prévoit que le tribunal peut reporter d'office la date de cessation des paiements.

Depuis cette loi, au contraire, le tribunal ne peut plus se saisir d'office pour remonter la date de cessation des paiements, y compris dans l'hypothèse de la conversion de la procédure de sauvegarde en procédure de redressement judiciaire.

L'article L. 621-7 du code de commerce, dans la rédaction antérieure à la loi du 26 juillet 2005 (anc^t L. 25 janv. 1985, art. 9, al. 2) et l'article L. 631-8, alinéa 3 du même code, depuis cette loi, prévoient également que la demande de report de date de cessation des paiements peut être présentée par l'administrateur. La solution est reproduite par l'article L. 621-12, alinéa 1er lorsque, en cours de procédure de sauvegarde, le tribunal constate l'état de cessation des paiements et convertit la procédure en redressement judiciaire.

L'article L. 621-7 du code de commerce, dans la rédaction antérieure à la loi du 26 juillet 2005 (anc^t L. 25 janv. 1985, art. 9, al. 2), l'article L. 631-8, alinéa 3 du même code pour le redressement judiciaire, et l'article L. 641-1, IV, qui rend applicable en liquidation judiciaire, l'article L. 631-8, dans la législation du 26 juillet 2005, attribuent qualité, pour le premier de ces textes, au mandataire judiciaire, et pour le second au liquidateur. La solution est reproduite par l'article L. 621-11, alinéa 3 lorsque, en cours de procédure de sauvegarde, le tribunal constate que l'état de cessation des paiements préexistait à l'ouverture de la procédure de sauvegarde et convertit la procédure en redressement judiciaire.

Administrateurs judiciaires, représentants des créanciers et mandataires judiciaires devront cependant être encore en fonction. Ils perdront cette qualité, dans des conditions variables, après arrêté du plan de redressement [3].

Le commissaire à l'exécution du plan peut, par application de l'article L. 621-68 du code de commerce (anc^t L. 25 janv. 1985, art. 67), dans la législation antérieure à la loi du 26 juillet 2005, continuer l'action engagée, soit par l'administrateur judiciaire, soit par le représentant des créanciers. Mais, s'agissant d'une action attitrée et, faute pour le commissaire à l'exécution du plan d'être au rang des personnes visées, ce dernier ne peut entamer l'action [4]. L'article L. 626-25, alinéa 2 reproduit, dans la procédure de sauvegarde, la solution dans la législation issue de la loi du 26 juillet 2005. L'article L. 631-19 rend applicable en redressement judiciaire cette disposition. Depuis la loi de sauvegarde des entreprises, le commissaire à l'exécution du plan a qualité pour engager des actions tendant à la défense de l'intérêt collectif des créanciers (C. com., art. L. 626-25, al. 3). Or, l'action en report de la date de cessation des paiements préfigure les actions en nullités de la période suspecte et participe, en conséquence, à la défense de l'intérêt collectif des créanciers. Cela ne semble cependant pas suffisant à justifier la qualité à agir du commissaire à l'exécution du plan, du fait du caractère nécessairement limitatif de la liste légale des personnes ayant qualité pour engager l'action en report de la date de cessation des paiements. Décider le contraire reviendrait à considérer que la liste légale n'a qu'une valeur indicative, ce qui serait faire peu de cas des textes. Certains auteurs y sont toutefois favorables [5].

L'article L. 621-7 du code de commerce, dans la rédaction antérieure à la loi du 26 juillet 2005 (anc^t L. 25 janv. 1985, art. 9, al. 2) reconnaît également qualité au procureur de la République. L'article L. 631-8, alinéa 3, dans la rédaction issue de la loi du 26 juillet 2005, pour le redressement judiciaire, et l'article L. 641-1, IV, qui rend applicable en liquidation judiciaire, l'article L. 631-8, reconnaissent plus largement ce pouvoir au ministère public. La solution est reproduite par l'article L. 621-12, alinéa 2, lorsque, en cours de procédure de sauvegarde, le tribunal constate l'état de cessation des

1. L. n° 2005-845, 26 juill. 2005, préc.
2. L. n° 85-98, 25 janv. 1985, préc.
3. STATUANT en plan de cession : Com. 9 juill. 2002, *Act. proc. coll.* 2002/18, n° 232.
4. Com. 4 oct. 2005, n°s 04-10.432, 04-10.445, *Bull. civ.* IV, n° 196 ; *D.* 2005. AJ 2679, obs. Lienhard ; *JCP E* 2006. Chron. 1006, n° 10, obs. Cabrillac ; *Gaz. proc. coll.* 2006/1, p. 12, n° 2, obs. Lebel – Paris, 3 mai 1994, *RJ com.* 1995. 272, note Vincent ; *Rev. proc. coll.* 1996, p. 198, n° 4, obs. Calendini ; *RTD com.* 2007. 600, n° 5, obs. Martin-Serf – Paris, 3e ch. B, 9 avr. 1999, *D. Affaires* 1999. 907.
5. LE CANNU, 7e éd., n° 587 – PÉROCHON, 9e éd., n° 396.

paiements et convertit la procédure en redressement judiciaire.

Un créancier, qui pourrait avoir intérêt à agir, est dépourvu de qualité[1]. S'il fait une intervention volontaire, laquelle ne pourra être qu'accessoire, il ne pourra interjeter appel en l'absence d'appel de l'une des parties[2]. Il a été jugé qu'un créancier, dont la tierce opposition au jugement d'ouverture a été rejetée, doit être déclaré irrecevable en sa demande de report de date de cessation des paiements présentée à titre subsidiaire[3].

Il faut en outre tenir compte des pouvoirs nouveaux reconnus aux contrôleurs. Un contrôleur semble avoir qualité pour agir en nullité de la période suspecte, en cas de carence du mandataire judiciaire, car cette action peut être considérée comme participant à la défense de l'intérêt collectif des créanciers (v. s[s] n° 612.23), même si les actions en nullité de la période suspecte n'ont pas cet objectif premier. Parce que le report de la date de cessation des paiements sera le plus souvent un préalable à l'action en nullité, il semble possible de reconnaître, à titre subsidiaire, qualité à agir au contrôleur[4]. Il lui appartiendra, en conséquence, de mettre en demeure le mandataire judiciaire ou le liquidateur, selon le cas, d'agir en remontée de la date de cessation des paiements.

Le débiteur, personne physique, ou le dirigeant de la personne morale débitrice, défendeur à l'action en report[5], n'a pas davantage qualité à agir[6], même s'il peut y avoir intérêt pour espérer ensuite une action en nullité de la période suspecte permettant une réintégration de biens dans ses actifs. *A fortiori*, l'action exercée par un ancien dirigeant de la société débitrice sera-t-elle irrecevable[7].

222.32 Forme de l'action en report de date de cessation des paiements – Destinataire de l'acte introductif de l'instance en report. La forme de l'action en report n'est pas précisée par les textes. Il avait été estimé que, si elle pouvait, conformément au droit commun, intervenir par voie d'assignation du débiteur, elle pouvait aussi être présentée par voie de requête[8]. La présence du débiteur à l'audience, **qui n'était pas prévue par la législation antérieure à la loi du 26 juillet 2005**[9], empêchait celui-ci d'invoquer un grief susceptible d'entraîner la nullité du jugement[10]. La Cour de cassation a clairement précisé ensuite que l'instance en report de date de cessation des paiements est de nature contentieuse[11]. Il en résulte qu'elle ne peut être faite que par voie de requête conjointe ou, à défaut, d'assignation[12] et que l'assignation *doit être dirigée contre le débiteur*, sa présence à l'audience étant nécessaire. Mais il est seul à pouvoir invoquer cette irrégularité tenant à son absence de convocation[13].

En présence d'une société en liquidation judiciaire, dissoute par l'effet de celle-ci, l'assignation ne devra pas être dirigée contre le dirigeant *ès qualités*, mais contre un mandataire *ad hoc* ou un liquidateur amiable. À défaut, elle est irrecevable[14] (v. aussi s[s] n° 222.31).

La loi de sauvegarde des entreprises supprime, du moins par principe, cette difficulté en maintenant en fonction le dirigeant social (v. s[s] n° 553.22). L'assignation est donc valablement délivrée contre la société représentée par son dirigeant. En outre, la délivrance de l'assignation à une personne physique prise en sa qualité de représentant légal d'une personne morale permet d'assigner valablement cette dernière[15]. En revanche, n'est pas valablement délivrée l'assignation qui vise une personne en sa qualité de dirigeant social d'une société au lieu de viser la société représentée par son dirigeant. Il en résulte que la société n'a pas été mise en cause au mépris de son droit propre, qu'elle peut exercer en dépit du dessaisissement résultant de sa liquidation judiciaire[16].

1. Lyon, 18 oct. 1996, *Banque et droit* mai-juin 1998, 46, obs. Guyon – *Adde*, Le Cannu, 7e éd., n° 587 – Soinne, n° 425.
2. Paris, 3e ch. B, 27 juin 2003, RG n° 2002/12939.
3. Com. 11 févr. 2014, n° 13-12.046, NP; n° 184 F-D.
4. Vallens, 2015, n° 3718.
5. Rennes, 14 sept. 1988, *RJ com.* 1988. 277, obs. Gallet.
6. Com. 1er févr. 2000, n° 97-12.965, *Bull. civ.* IV, n° 24; *RJDA* 2000/4, n° 441 – Paris, 3e ch. A, 16 déc. 2003, RG n° 2002/10785.
7. Com. 7 déc. 1999, n° 96-20.168, *Bull. civ.* IV, n° 224; *RJDA* 2000, n° 181, p. 160 – Paris, 3e ch. A, 16 déc. 2003, RG n° 2002/10785.
8. Ifppc 1999, recomm. n°s 1011-2, 6001-2, p. 11, 124.
9. L. n° 2005-845, 26 juill. 2005, préc.
10. Com. 16 févr. 1999, n° 96-16.858, *Bull. civ.* IV, n° 46; *D.* 1999. Jur. 276, note Derrida; *D. Affaires* 1999. 477, obs. Lienhard; *Act. proc. coll.* 1999/5, n° 74; *RTD com.* 1999. 511, obs. Vallens; *JCP E et A* 1999. Chron. 1530, n° 1-B-4, obs. M. Cabrillac.
11. Com. 1er mars 2005, n° 03-19.956, *Bull. civ.* IV, n° 40; *D.* 2005. AJ 953, obs. Lienhard; *Act. proc. coll.* 2005, n° 75, note Régnaut-Moutier; *RD banc. fin.* 2005/4, p. 25, n° 139, obs. Lucas; *Rev. proc. coll.* 2006/1, p. 49, n° 6, obs. Lebel; *Dr. et proc.* 2005/5, p. 277, note Le Corre; *Gaz. proc. coll.* 2005/2, p. 12, obs. Le Corre; *LXB hebdo* n° N4224AIB, note Le Corre – Com. 24 mai 2005, n° 02-13.800, NP, *Gaz. proc. coll.* 2005/3, p. 13, n° 3, obs. Lebel – Com. 15 nov. 2005, n° 04-13.938, NP, *Gaz. proc. coll.* 2006/1, p. 13, n° 2, obs. Lebel.
12. Com. 24 mai 2005, n° 02-13.800, NP, *Gaz. proc. coll.* 2005/3, p. 13, n° 3, obs. Lebel – Com. 15 nov. 2005, n° 04-13.938, NP, *Gaz. proc. coll.* 2006/1, p. 13, n° 2, obs. Lebel.
13. Com. 31 mai 2016, n° 14-19.983, NP; n° 492 F-D.
14. Com. 1er mars 2005, n° 03-19.956, préc. (v. s[s] prés[t] n°) – Com. 24 mai 2005, n° 02-13.800, préc. (v. s[s] prés[t] n°) – Lyon, 3e ch. A, 5 juill. 2007, *Dr. sociétés* 2008/4, p. 26, n° 77, note Legros.
15. Com. 17 févr. 2015, n° 13-26.478, NP; n° 200 F-D.
16. Com. 19 mai 2015, n° 14-14.258, NP; n° 460 F-D; *BJE* sept. 2015, 303, note Favario; *Rev. proc. coll.* 2016, comm. 9, note Berthelot.

L'ordonnance du 12 mars 2014[1] écarte la règle de la dissolution des sociétés pour cause de liquidation judiciaire.

Il est conseillé au mandataire de justice de mettre en cause les tiers susceptibles d'être concernés ensuite par des actions en nullité de la période suspecte[2]. Leur présence permettra d'éviter le jeu de tierce opposition au jugement de report de date de cessation des paiements.

Le tribunal peut désigner une personne aux fins d'établir un rapport permettant de fixer avec précision la date de cessation des paiements. Ce rapport, qui n'a pas valeur d'expertise au sens procédural, sera opposable aux tiers, sans que le respect du contradictoire ait à être respecté, au stade de son établissement, dès lors qu'il a été régulièrement versé aux débats[3].

Sous l'empire de la législation du 26 juillet 2005, la présence du débiteur à l'audience ou à tout le moins sa convocation sont explicitement exigées (C. com., art. L. 621-12, al. 3, L. 631-8, al. 3, et L. 641-1, IV, rendant applicable en liquidation, l'article L. 631-8). Avec la loi de sauvegarde des entreprises, les difficultés procédurales liées aux conséquence de la dissolution des sociétés par l'effet de la liquidation judiciaire ont, par principe du moins, disparu (v. s[s] n° 553.22). L'ordonnance du 12 mars 2014 fait complètement disparaître la difficulté en écartant la règle de la dissolution des sociétés pour cause de liquidation judiciaire.

Le tribunal ne pouvant statuer sur les questions intéressant la procédure collective qu'au vu du rapport du juge-commissaire, il en résulte que la décision de report de la date de cessation des paiements suppose l'établissement de ce rapport. À défaut, il y a place à nullité du jugement, mais l'irrégularité n'affectant pas la saisine du premier juge, l'effet dévolutif de l'appel autorise la cour d'appel à statuer à nouveau, aucun texte ne fait obligation à la cour d'appel de se décider au vu du rapport du juge-commissaire[4].

222.33 Délai de l'action en report de date de cessation des paiements. L'action en report est enfermée dans des délais stricts. Le tribunal doit être saisi, conformément à l'article 857 du code de procédure civile, par la remise au greffe d'une copie de l'assignation. Il convient donc de se référer à la date de cette remise et non à la date de délivrance de l'assignation[5]. Pour le surplus, il faut distinguer selon la législation applicable.

> **LÉGISLATION *ANTÉRIEURE À LA LOI DU 26 JUILLET* 2005**[6]. Sous l'empire de la législation antérieure à la loi du 26 juillet 2005, le calcul des délais de l'action en report de la date de cessation des paiements est assez compliqué. Le délai est butoir, rien n'interdisant cependant d'agir avant le début de son cours[7].

En redressement judiciaire, le tribunal doit être saisi avant l'expiration d'un délai de quinzaine qui suit non l'établissement, mais le dépôt au greffe[8] du rapport contenant bilan économique et social établi par l'administrateur judiciaire (C. com., art. L. 621-54 [anc[t] L. 25 janv. 1985[9], art. 18]) ou, à défaut d'administrateur judiciaire, du projet de plan déposé par le débiteur (C. com., art. L. 621-141 [anc[t] L. 25 janv. 1985, art. 145])[10]. Il a été jugé que le dépôt du rapport initial sera seul pris en considération en cas de dépôt ultérieur d'un additif[11].

En liquidation judiciaire, le *tribunal doit être saisi* avant l'expiration du délai de quinzaine qui suit le dépôt au greffe de l'état des créances. Le respect du délai s'apprécie par référence au dépôt au greffe et non par rapport à l'insertion au *Bodacc* de l'avis selon lequel l'état des créances a été déposé au greffe[12]. L'état des créances s'entend de l'ensemble des décisions d'admission, de rejet ou d'incompétence rendues par le juge-commissaire et non pas de la liste des créances vérifiées par le représentant des créanciers ou par le liquidateur, selon le cas[13]. Si l'état des créances est incomplet, le dépôt d'un état complémentaire n'a pas pour effet de faire courir un nouveau délai[14], et cela même si l'état complémentaire est justifié par une extension de la procédure sur le fondement de la fictivité ou de la confusion des patrimoines[15]. Le délai de quinzaine court du dépôt au greffe de l'état des créances, s'il a été effectué

1. Ord. n° 2014-326, 12 mars 2014, préc.
2. IFPPC 1999, recomm. n°s 1011-2, 1011-5, 6001-2 et 6001-4, p. 11 et 124.
3. Com. 15 févr. 2000, n°s 97-16.770, 97-17.415, *Bull. civ.* IV, n° 33; *Act. proc. coll.* 2000/8, n° 86; *JCP E et A* 2000, pan. 587.
4. Com. 16 janv. 2007, n° 05-18.666, NP, *Gaz. proc. coll.* 2007/2, p. 23, note Lebel.
5. Com. 22 nov. 1994, n° 92-17.868, *Bull. civ.* IV, n° 344.
6. L. n° 2005-845, 26 juill. 2005, préc.
7. Com. 28 févr. 1995, n° 93-12.648, NP, *Rev. proc. coll.* 1996, p. 41, obs. Calendini.
8. Com. 16 févr. 1999, n° 96-16.858, préc.
9. L. n° 85-98, 25 janv. 1985, préc.
10. Chambéry, 13 mars 1995, *Rev. proc. coll.* 1996, p. 168, obs. Calendini.
11. Aix-en-Provence, 8e ch. C, 8 janv. 2002, n° 98/13611, *Rev. proc. coll.* 2004, p. 43, n° 1, obs. Lebel.
12. Com. 26 mai 1998, n° 96-17.465, *Bull. civ.* IV, n° 164; *Gaz. Pal.* 1998, pan. 247.
13. Com. 7 déc. 1999, n° 97-16.491, *Bull. civ.* IV, n° 220; *JCP E* et *A* 2000. Chron. 699, n° 1-b-3, obs. M. Cabrillac; *LPA* 27 juill. 2000, n° 149, p. 29, note Courtier; *RTD com.* 2000. 186, obs. Vallens; *Defrénois* 2000. 37219, n° 4, note Gibirila – Com. 10 mai 2000, n° 97-20.109, NP, *Act. proc. coll.* 2000/12, n° 145.
14. Com. 16 mars 1999, n° 96-19.419, NP – Com. 26 oct. 1999, n° 96-16.484, NP – Com. 17 déc. 2003, n° 01-02.405, NP, *Rev. proc. coll.* 2004, p. 212, n° 6, obs. Lebel.
15. Com. 17 déc. 2003, n° 01-02.405, NP.

antérieurement à la conversion du redressement liquidation judiciaire[1]. La dispense de vérificati des créances emporte nécessairement mise à l'éc de ce délai[2] et rend, selon nous, recevable l'acti jusqu'à la clôture de la procédure, même s'il a être jugé que le délai de report expire lorsque l'ordo nance du juge-commissaire emportant dispense vérification devient définitive[3].

Si le dépôt au greffe du projet de plan est inte venu avant le prononcé de la liquidation judiciair dès lors que le projet de plan a été rejeté, deux déla de report de date de cessation des paiements son concevables. Dans le silence des textes, la Cour d cassation a décidé de faire renaître le délai de repor dans le cadre de la liquidation, seul le délai calculé à partir du dépôt de l'état des créances étant en conséquence buttoir[4].

Le délai de saisine du tribunal s'impose à ce dernier lorsqu'il se saisit d'office[5].

Le risque de forclusion doit être intégré dans la démarche du mandataire de justice[6], qui pourrait, en situation de liquidation judiciaire, anticiper en demandant un délai supplémentaire de vérification des créances. Cela conditionne aussi l'attitude de l'administrateur judiciaire, qui prendra garde à avertir le représentant des créanciers de son intention de solliciter un report de date de cessation des paiements, afin que ce dernier sollicite un délai supplémentaire de vérification des créances[7]. En effet, la logique commandera que le représentant des créanciers sollicite un sursis à statuer sur l'admission des créances[8], le jeu des nullités de la période suspecte pouvant conduire à modifier le sort des créances déclarées. Il est également recommandé aux mandataires de justice sollicitant un report de date de cessation des paiements, afin d'éviter le juste reproche de créanciers n'ayant pu procéder à la déclaration de leur créance apparue suite au jeu des nullités de la période suspecte (v. s^s^ n° 825.11), de ne pas attendre l'expiration du délai de relevé de forclusion institué par l'article L. 621-47, alinéa 3 du code de commerce (anc^t^ L. 25 janv. 1985, art. 54) pour engager une action en report de la date de cessation des paiements[9], laquelle préfigure une action en nullité de la période suspecte.

> Législation du 26 juillet 2005. La législation du 26 juillet 2005 a modifié les données du problème, dans un souci de simplification.

L'article L. 631-8, alinéa 4 prévoit que le report de date de cessation des paiements devra être sollicité, par saisine du tribunal, dans le délai d'un an, qui court à compter du jugement d'ouverture de la procédure de redressement judiciaire, ou de liquidation judiciaire (C. com., art. L. 641-1, IV, rendant applicable en liquidation judiciaire, l'article L. 631-8). La demande devant « être présentée au tribunal », il est justement jugé que, dans ce délai d'un an, le tribunal doit être saisi, la délivrance de l'assignation étant insuffisante[10].

Dès lors que la demande de modification de date est présentée au tribunal dans le délai d'un an du jugement d'ouverture, la date mentionnée dans l'assignation en report peut être modifiée par l'auteur de la saisine par voie de demande additionnelle jusqu'à ce que la juridiction saisie se prononce, l'effet interruptif du délai pour agir attaché à l'assignation s'étendant à la demande additionnelle en modification de la date qui tend aux mêmes fins[11]. Il n'y a pas là une demande additionnelle, laquelle devrait, comme toute demande incidente, être présentée dans le délai de l'action, mais l'on est en présence de deux actions, qui, « bien qu'ayant une

1. Com. 26 oct. 1999, n° 97-13.542, *Bull. civ.* IV, n° 188; *JCP E* et *A* 2000. Chron. 129, n° 3-a-11, obs. M. Cabrillac et Pétel; *RTD com.* 2000. 186, obs. Vallens – Com. 7 déc. 1999, n° 97-12.087, *Bull. civ.* IV, n° 84; *D.* 2000. Jur. 58, note Lienhard; *Act. proc. coll.* 2000/1, n° 2; *RTD com.* 2000. 186, obs. Vallens.
2. Com. 13 avr. 1999, n° 97-12.087, *Bull. civ.* IV, n° 84; *LPA* 25 mai 1999, n° 103, note P. M.; *LPA* 27 août 1999, n° 171, p. 10, note Derrida; *D.* 1999. jur. 490, note Derrida; *Act. proc. coll.* 1999/9, n° 114, obs. Macorig-Venier; *RTD com.* 1999. 758, obs. Vallens; *RTD com.* 1999. 951, obs. Laude; *JCP E* et *A* 1999. Chron. 1530, n° 1-b-5, obs. M. Cabrillac et Pétel.
3. Lyon, 16 nov. 2001, *JCP E* 2002. Chron. 763, n° 1, obs. approb. Pétel – Caen, 14 juin 2007, RG n° 05/02292, *Act. proc. coll.* 2007/15, comm. 174, note Cagnoli.
4. Com. 27 juin 1989, n° 87-19.994, *Bull. civ.* IV, n° 202; *JCP E* 1990. II. 15668, n° 12, obs. M. Cabrillac – Com. 26 oct. 1999, n° 97-13.542, *JCP E* 2000. Chron. 129, n° 11, obs. M. Cabrillac et Pétel – Com. 7 déc. 1999, n° 97-16.491, *Bull. civ.* IV, n° 84; *D.* 2000. AJ 58, obs. Lienhard; *RTD com.* 2000. 186, obs. Vallens.
5. Com. 11 juin 1991, n° 90-14.552, *Bull. civ.* IV, n° 218; *JCP E* 1991. I. 73, n° 13, obs. M. Cabrillac et Pétel; *D.* 1992. Somm. 3, obs. Derrida – Cass., ass. plén., 31 mars 1995, n° 92-15.077, *Bull. ass. plén.*, n° 2; *D.* 1995. 321, concl. Jeol et Derrida; *Quot. Jur.* 2 mai 1995, p. 3, note P. M.; *Bull. Joly* 1995. 780, note Jeantin – Com. 4 oct. 2005, n°s 04-10.432, 04-10.445, *Bull. civ.* IV, n° 196; *Gaz. proc. coll.* 2006/1, p. 12, n° 2, obs. Lebel.
6. IFPPC 1999, recomm. n°s 1011-1, 6001-1, p. 10, 123.
7. IFPPC 1999, recomm. n° 1011-3, p. 11.
8. IFPPC 1999, recomm. n°s 1011-3, 1011-4, 6001-3, p. 11, 124.
9. IFPPC 1999, recomm. n°s 1011-1, 6001-1, p. 10, 123.
10. Amiens, 19 avr. 2012, RG n° 10/02037, *Act. proc. coll.* 2012/15, comm. 222.
11. Com. 28 janv. 2014, n° 13-11.509, *Bull. civ.* IV, n° 23; n° 137 FS-P+B+R+I; *D.* 2014. Actu. 367, obs. Lienhard; *D.* 2014. 1016, n° 9, note Guillou; *Gaz. Pal.* 29 juin 2014, n° 180, p. 21, note Reille; *Act. proc. coll.* 2014/5, comm. 70, note Martineau-Bourgninaud; *Rev. sociétés* 2014. 203, note Henry; *JCP E* 2014. 1119, note Lebel; *JCP E* 2014. Chron. 1173, n° 3, note Pétel; *LPA* 17 avr. 2014, n° 77, p. 13, note Teffo; *Rev. proc. coll.* 2014, comm. 93, note Cagnoli et 2015, comm. 120, note Blanc.

cause distincte, tendent à un seul et même but, de sorte que la seconde est virtuellement comprise dans la première »[1].

Une difficulté non appréhendée par le législateur, sous l'empire de la loi du 26 juillet 2005, dans sa rédaction d'origine, se présente, lorsqu'il est question non de fixation initiale de la date de cessation des paiements, dans le jugement de conversion de la sauvegarde en redressement judiciaire, mais du report de la date de cessation des paiements provisoirement fixée par le jugement de conversion. Il faut ici raisonner sur l'hypothèse envisagée par l'article L. 621-12, alinéa 1er du code de commerce, à savoir le constat, en cours de sauvegarde, que l'état de cessation des paiements préexistait à l'ouverture de la sauvegarde. Le délai d'un an de l'action en report court en effet à compter du jugement d'ouverture. Mais c'est ici celui de la procédure de sauvegarde, ce qui peut paralyser l'action en report. Il importe donc de prêter attention, dans le jugement de conversion de la sauvegarde en redressement pour motif tiré de la préexistence de l'état de cessation des paiements, à fixer correctement, dès le départ, la date de cessation des paiements.

La difficulté a disparu depuis l'ordonnance du 18 décembre 2008[2]. La malfaçon figurant dans le texte antérieur est aujourd'hui réparée. En effet, pour tenir compte de l'hypothèse particulière de la conversion de la sauvegarde en redressement judiciaire, si la conversion intervient en application de l'article L. 621-12, c'est-à-dire en cas de préexistence de la cessation des paiements, l'ordonnance de réforme ajoute à l'article L. 631-8 du code, un alinéa 5 (ord. 18 déc. 2008, art. 77), qui prévoit que, en ce cas, le point de départ du délai de l'action en report est décalé au jour du jugement ayant converti la procédure de sauvegarde en redressement ou en liquidation judiciaire.

222.34 Publicité du jugement de report de date de cessation des paiements. Sous l'empire de la législation antérieure à la loi de sauvegarde des entreprises[3], le jugement de report de la date de cessation des paiements doit être mentionné au registre et répertoires prévus par l'article 21 du décret du 27 décembre 1985[4] (D. 27 déc. 1985, art. 22), c'est à dire ceux dans lesquels le jugement d'ouverture doit être mentionné (v. ss n° 233.34).

La solution est conservée par la législation de sauvegarde des entreprises (C. com., art. R. 631-13 [anct D. 28 déc. 2005[5], art. 182], en redressement judiciaire et C. com., art. R. 641-9 [anct D. 28 déc. 2005, art. 222] en liquidation judiciaire). Ces deux derniers articles ajoutent que cette décision doit être communiquée au procureur de la République et au trésorier-payeur général du département dans lequel le débiteur a son siège ainsi qu'a celui du département dans lequel il a son principal établissement.

Un extrait de cette décision doit être publié au *Bodacc* du fait, sous l'empire de la législation antérieure à la loi de sauvegarde des entreprises, de la combinaison des articles 21 et 22 de ce décret[6]. La solution résulte explicitement de l'article R. 631-13 du code de commerce (anct D. 28 déc. 2005, art. 182), en redressement judiciaire, et de l'article R. 641-9 du même code (anct D. 28 déc. 2005, art. 222), en liquidation judiciaire. La publication de l'arrêt d'appel qui reporte la date de cessation des paiements s'impose identiquement. À défaut de publicité au *Bodacc*, le délai de tierce opposition à l'encontre de l'arrêt ne court pas[7].

Si le débiteur est commerçant, le jugement modifiant la date de cessation des paiements est mentionné d'office au registre du commerce et des sociétés (D. 30 mai 1984[8], art. 36-3, 10°, réd. D. 28 déc. 2005, art. 353, 10°).

222.35 Exécution provisoire de la décision de report de la date de cessation des paiements. Conformément au droit commun des procédures collectives de paiement, le jugement de report de date de cessation des paiements est exécutoire de plein droit, à titre provisoire, par application de l'article 155, alinéa 1er du décret du 27 décembre 1985[9], sous l'empire de la législaton antérieure à la loi de sauvegarde des entreprises[10], de l'article R. 661-1, alinéa 1er du code de commerce (anct D. 28 déc. 2005[11], art. 328, al. 1er), sous l'empire de la législation de sauvegarde des entreprises. Il en résulte que le fait que le jugement de report soit frappé de tierce opposition ne fait pas obstacle au jeu de la nullité de droit de la période suspecte d'une hypothèque judiciaire provisoire inscrite après la date de cessation des paiements fixée par le jugement de report[12].

222.36 Voies de recours ouvertes à l'encontre du jugement statuant sur la demande de report de date de cessation des paiements ou sur la fixation initiale de la date. La loi reste muette sur les voies

1. Guillou, note ss Com. 28 janv. 2014, n° 13-11.509, *Bull. civ.* IV, n° 23; n° 137 FS-P+B+R+I; *D.* 2014. 1016, n° 9.
2. Ord. n° 2008-1345, 18 déc. 2008, préc.
3. L. n° 2005-845, 26 juill. 2005, préc.
4. D. n° 85-1388, 27 déc. 1985, *JO* 29 déc., p. 15281.
5. D. n° 2005-1677, 28 déc. 2005, *JO* 29 déc., p. 20324.
6. Com. 3 nov. 1992, n° 90-19.326, *Bull. civ.* IV, n° 341; *Rev. huissiers* 1993. 45; *JCP* 1993. IV. 103.
7. Paris, 3e ch. A, 5 sept. 2006, RG n° 2005/01687.
8. D. n° 84-406, 30 mai 1984, *JO* 31 mai, p. 1699.
9. D. n° 85-1388, 27 déc. 1985, préc. – Com. 3 janv. 1989, nos 87-12.510, 87-14.367, 87-14.247, *Bull. civ.* IV, n° 6.
10. L. n° 2005-845, 26 juill. 2005, préc.
11. D. n° 2005-1677, 28 déc. 2005, préc.
12. Paris, 14e ch. B, 14 mars 2008, RG n° 07/16968, *Act. proc. coll.* 2008/12, n° 192.

de recours à exercer à l'encontre du jugement statuant sur la demande de report de date de cessation des paiements. Le droit commun des voies de recours, en matière de procédure collective, doit donc trouver à s'appliquer.

Le premier intéressé par la fixation de la date de cessation des paiements est le **débiteur**. Il est donc recevable à interjeter appel[1]. Il pourra en effet en être tiré argument contre lui. Le débiteur a l'obligation de procéder à la déclaration de son état de cessation des paiements dans les quinze jours de celle-ci sous peine de faillite personnelle, sous l'empire de la législation antérieure à la loi du 26 juillet 2005, dans les quarante-cinq jours de celle-ci, sous l'empire de la législation du 26 juillet 2005, sous peine d'interdiction de gérer.

Le dirigeant social, qui continue une activité déficitaire, dans son intérêt personnel, peut également être sanctionné au titre du comblement de l'insuffisance d'actif, ainsi que, sous l'empire de la législation antérieure à la loi du 26 juillet 2005, au titre du redressement ou de la liquidation judiciaire personnel, et, sous l'empire de la législation du 26 juillet 2005, au titre de l'action en paiement des dettes sociales. Il a toutefois été jugé que si le dirigeant est déjà poursuivi en sanction pécuniaire, il n'a plus d'intérêt à former une tierce opposition au jugement de report de la date de cessation des paiements, dans la mesure où il pourra contester la date de cessation des paiements dans le cadre de l'action dirigée contre lui, la date retenue par le tribunal dans l'instance en report ne s'imposant pas dans le cadre de l'instance intéressant le dirigeant[3].

Sous l'empire de la loi du 25 janvier 1985[4], le dirigeant de la personne morale débitrice peut être condamné à la faillite personnelle ou à l'interdiction de gérer, notamment s'il ne procède pas à la déclaration de l'état de cessation des paiements de la personne morale dirigée dans le délai légal. Sous l'empire de la loi du 26 juillet 2005 de sauvegarde des entreprises, la faillite personnelle n'est plus possible pour ce motif, mais demeure l'interdiction de gérer, ce qui permet de caractériser l'intérêt à agir du dirigeant pour s'opposer au report de la date de cessation des paiements, dans la mesure où la date de cessation des paiements retenue dans la procédure de sanction ne pourra être différente de celle retenue dans la procédure collective[5].

Le débiteur est recevable à faire appel du jugement de report de date de cessation des paiements, dans le délai de droit commun des procédures collectives, c'est-à-dire dix jours de la signification du jugement. Le jugement doit en effet lui être signifié dans les conditions de l'article 675 du code de procédure civile, puisque, faute de disposition contraire, sous l'empire de la législation antérieure à la loi de sauvegarde des entreprises, il y avait lieu d'appliquer les règles relatives aux jugements rendus en matière *contentieuse*[6].

La solution a été modifiée par la législation de sauvegarde des entreprises, qui prévoit une notification du jugement au débiteur. La solution est posée par l'article R. 631-13 du code de commerce (anc^t D. 28 déc. 2005[7], art. 182), en redressement judiciaire et par l'article R. 641-9 du même code (anc^t D. 28 déc. 2005, art. 222), en liquidation judiciaire. Le délai d'appel courra, en conséquence, de cette notification.

Un appel limité à ce seul chef sera possible, car la procédure de report de date de cessation des paiements est autonome par rapport au jugement d'ouverture[8], si le débiteur a lui-même saisi le tribunal aux fins d'ouverture de la procédure[9], alors que, n'ayant pas succombé, il ne pourrait faire appel du jugement d'ouverture. En outre, l'appel du débiteur peut porter, lorsqu'il n'est pas l'artisan de la saisine du tribunal, sur l'ouverture de sa procédure. En revanche, le débiteur qui n'a pas formé de recours contre le jugement d'ouverture ayant fixé une date de cessation des paiements antérieurement, ne peut critiquer le chef de l'arrêt ayant fixé identiquement la date de cessation des paiements[10].

En liquidation judiciaire, il dispose là d'un droit propre échappant au dessaisissement[11], qui l'auto-

1. Amiens, ch. éco., 10 juin 2010, RG n° 08/04492.
2. L. n° 2005-845, 26 juill. 2005, préc.
3. Orléans, ch. com. éco et fin., 13 avr. 2006, *Rev. proc. coll.* 2007/4, p. 236, n° 4, obs. Martin-Serf.
4. L. n° 85-98, 25 janv. 1985, préc.
5. Com. 5 oct. 2010, n° 09-69.010, *Bull. civ.* IV, n° 150; n° 953 FS-P+B; *D.* 2010. 2359, obs. Lienhard; *Gaz. Pal. entr. diff.* 7-8 janv. 2011, p. 46, note Montéran; *Rev. proc. coll.* 2010, n° 215, note Saintourens; *JCP E* 2011. Chron. 1030, n° 13, obs. M. Cabrillac; *Dr. sociétés* 2011, n° 58, note Legros; *Bull. Joly* 2010. 40, note Rubellin; *Procédures* 2011, n° 23, obs. Rolland; *Rev. proc. coll.* 2011, n° 25, note Cagnoli; *Rev. proc. coll.* 2011, n° 103, note Martin-Serf; *RTD com.* 2011. 179, n° 10, obs. Vallens.
6. Com. 15 déc. 1992, n° 90-20.480, *Bull. civ.* IV, n° 411; *Quot. Jur.* 13 avr. 1993, n° 29, p. 2, note P. M.
7. D. n° 2005-1677, 28 déc. 2005, préc.
8. Paris, 3e ch. B, 18 mars 2005, RG n° 2004/15976.
9. Paris, 8 mars 1991, *Gaz. Pal.* 1991. 2. Somm. 426 – Colmar, 11 sept. 1991, *Rev. proc. coll.* 1993, p. 53, obs. Liénard.
10. Com. 1er févr. 2000, n° 97-12.965, *Bull. civ.* IV, n° 24; *Act. proc. coll.* 2000/5, n° 57, note Vallansan; *RJDA* 2000/4, n° 441.
11. Com. 1er mars 2005, n° 03-19.956, *Bull. civ.* IV, n° 40; *D.* 2005. AJ 953, obs. Lienhard; *Act. proc. coll.* 2005, n° 75, note Régnaut-Moutier; *RD banc. fin.* 2005/4, p. 25, n° 139, obs. Lucas; *Rev. proc. coll.* 2006/1, p. 49, n° 6, obs. Lebel; *Dr. et proc.* 2005/5, p. 277, note Le Corre; *Gaz. proc. coll.* 2005/2, p. 12, obs. Le Corre; *LXB hebdo* n° N4224AIB, note Le Corre – Com. 24 mai 2005, n° 02-►

rise à intervenir volontairement à titre principal à l'instance d'appel[1]. Lorsque l'action en report est dirigée contre le dirigeant, sans qualité à représenter la société du fait de la liquidation judiciaire de celle-ci, ce dirigeant – ou plus exactement cet ancien dirigeant – a qualité pour interjeter appel du jugement de report, afin de faire juger l'irrecevabilité de la demande en report dirigée contre lui *ès qualités*[2]. Les complications procédurales liées à la perte de la qualité du dirigeant par suite de la liquidation judiciaire sont supprimées, du moins par principe, par la loi du 26 juillet 2005 (v. s[s] n° 553.22). L'ordonnance du 12 mars 2014[3] fait complètement disparaître la difficulté en écartant la règle de la dissolution des sociétés pour cause de liquidation judiciaire.

Observons que le débiteur peut identiquement exercer un recours sur la fixation initiale de la date de cessation des paiements par le jugement d'ouverture, faute de texte contraire[4].

Le principal porteur de parts de la société débitrice ne représente pas celle-ci. Il est donc irrecevable à former un appel sur le jugement de report de la date de cessation des paiements[5].

Le représentant des créanciers, le mandataire judiciaire, l'administrateur ou le liquidateur déboutés d'une demande de report serait également recevable à agir, par la voie d'un appel, dans le délai de dizaine courant à compter de la transmission de la décision par le greffe, celle-ci n'ayant pas à leur être notifiée[6].

Parmi les personnes intéressées par le report de la date de cessation des paiements, qui ne sont pas des parties, on placera spécialement les **créanciers**, car cette action peut avoir des conséquences sur le jeu des nullités de la période suspecte. Le créancier étant un tiers à ce jugement, seule la voie de la tierce opposition réformation lui est ouverte, la solution étant d'ailleurs identique sous l'empire de la loi du 13 juillet 1967[7].

La tierce opposition doit être formée par déclaration au greffe, dans le délai de dizaine qui suit la publication du jugement de report au *Bodacc*[8], ce délai étant applicable même pour la tierce opposition incidente[9]. Le fait que l'intéressé excipe de sa qualité de *créancier dont le paiement était remis en cause* par le report de la date de cessation des paiements ne permet pas de considérer que les droits et obligations de cette personne étaient directement concernés par le jugement de report, ce qui aurait rendu obligatoire la notification de cette décision pour faire courir contre elle le délai de recours[10].

La déclaration doit être orale, conformément au droit commun de la déclaration de tierce opposition, applicable faute de disposition contraire. Celle faite par déclaration écrite, c'est-à-dire par lettre recommandée avec demande d'avis de réception, est irrecevable[11]. Le créancier, conformément au droit commun de la procédure civile, devra avoir un intérêt distinct de celui de la collectivité des créanciers, ce qui ne sera évidemment pas le cas d'un créancier chirographaire exhibant cette seule qualité. Le principal créancier de la société débitrice, confronté au risque d'annulation de la période suspecte a, quant à lui, un intérêt distinct de celui de la collectivité des créanciers justifiant la recevabilité de sa tierce opposition[12]. Faute d'avoir exercé cette voie de recours, le créancier actionné en nullité de la période suspecte ne pourra ensuite contester la date de cessation des paiements[13].

Le créancier est en revanche irrecevable à faire appel d'un jugement de report, fut-il intervenu à l'instance de report devant le tribunal[14]. Son intervention volontaire en cause d'appel est toutefois recevable, ce qui rendra possible la réformation de la décision, alors même que l'appelant se désisterait de son appel. Les dispositions restrictives du droit d'appel à l'encontre du jugement d'ouverture son inapplicables au recours formé sur la décision de

► 13.800, NP, *Gaz. proc. coll.* 2005/3, p. 13, n° 3, obs. Lebel – Com. 15 nov. 2005, n° 04-13.938, NP, *Gaz. proc. coll.* 2006/1, p. 13, n° 2, obs. Lebel – Com. 16 déc. 2008, n° 07-16.178, NP.

1. Com. 16 déc. 2008, n° 07-16.178, NP, *Act. proc. coll.* 2009/8, n° 121, note Vallansan.
2. Com. 1er mars 2005, n° 03-19.956, préc. (v. s[s] prés[t] n°) – Com. 5 juill. 2005, n° 03-15.298, NP.
3. Ord. n° 2014-326, 12 mars 2014, préc.
4. Paris, pôle 5, 8e ch., 23 févr. 2010, RG n° 09/12128, *JCP E* 2010. 1632, note Lebel; *Rev. proc. coll.* 2010, n° 214, note Saintourens.
5. Com. 28 janv. 2004, n° 02-16.524, NP.
6. Com. 5 oct. 2010, n° 09-69.010, préc. (v. s[s] prés[t] n°).
7. L. n° 67-563, 13 juill. 1967, *JO* 14 juill., p. 7059 – Com. 15 mars 2005, n° 02-13.475, NP.
8. Com. 15 mai 1990, n° 88-19.312, *Bull. civ.* IV, n° 149; *JCP E* 1990. 176, n° 4, obs. M. Cabrillac; *Rev. proc. coll.* 1991, p. 96, obs. Calendini; *RTD com.* 1991. 454, obs. Merle – Com. 3 nov. 1992, n° 90-19.326, *Bull. civ.* IV, n° 341 – Grenoble, ch. com., 24 nov. 2004, *Rev. proc. coll.* 2005/2, p. 127, n° 4, obs. Gorrias.
9. Com. 14 mai 2002, n[os] 99-10.325, 99-10.535, *Bull. civ.* IV, n° 86; *Act. proc. coll.* 2002/11, n° 146, obs. Cagnoli; *RJDA* 2002/10, n° 1047.
10. Com. 15 oct. 2013, n°s 12-19.491, 12-28.713, NP; n° 988 F-D; *LPA* 1er mai 2014, n° 87, p. 19, note Sortais.
11. Com. 27 sept. 2011, n° 10-10.939, NP; n° 883 F-D; *Gaz. Pal. entr. diff.* 21 janv. 2012, n° 20, p. 14, note Fricero.
12. Com. 13 févr. 2007, n° 05-13.526, *Bull. civ.* IV, n° 36; *Gaz. proc. coll.* 2007/2, p. 22, n° 2, note Lebel; *JCP E* 2007. 1450, p. 21, n° 6, obs. M. Cabrillac; *RD banc. fin.* mars-avr. 2007, p. 24, n° 70, note Lucas; *Rev. proc. coll.* 2007/3, p. 128, n° 8, obs. Lebel; *Rev. proc. coll.* 2007/4, p. 227, n° 4, obs. Blanc; *Defrénois* 2007. 38675, n° 4, note Gibirila.
13. Com. 13 févr. 2007, n° 05-13.526, préc. (v. s[s] prés[t] n°).
14. Paris, 3e ch. B, 27 juin 2003, *RTD com.* 2003. 826, n° 17, obs. Vallens.

report de la date de cessation des paiements. Il suffit donc, conformément au droit commun de la procédure civile, d'être une partie au procès pour être recevable en son appel[1].

Sur le fond, il appartiendra au créancier de démontrer que la date de cessation des paiements retenue n'est pas conforme à la réalité. En la forme, le créancier pourrait utilement se prévaloir du non-respect du délai d'introduction de l'action en report de date de cessation des paiements imparti au demandeur à l'action pour saisir le tribunal (v. s[s] n° 222.33).

1. Com. 24 janv. 2006, n° 04-15.787, NP; n° 88 F-D; *Gaz. proc. coll.* 2006/2, p. 20, n° 2, obs. Lebel.

CHAPITRE

223. Difficultés que le débiteur ne peut surmonter, condition d'ouverture de la procédure de sauvegarde

SECTION 0

ORIENTEUR

223.00 **Plan du chapitre.**

Sect.	223.10	Exigence de l'absence d'état de cessation des paiements
Sect.	223.20	difficultés de nature à conduire à la cessation des paiements sous l'empire de la loi du 26 juillet 2005 non réformée
Sect.	223.30	Difficultés que le débiteur ne peut surmonter
Sect.	223.40	Impossibilité pour le débiteur de surmonter seul les difficultés
Sect.	223.50	Date d'appréciation des conditions d'ouverture
Sect.	223.60	Conversion de la procédure de sauvegarde en procédure de redressement ou de liquidation judiciaire

223.01 **Textes applicables.** (V. les références complètes s[s] n° 011).

> Législation issue de la loi de sauvegarde des entreprises du 26 juillet 2005 non réformée.

C. com., art. L. 620-1, al. 1er, L. 621-12, L. 622-10

C. com., art. R. 622-10 (anc[t] D. 28 déc. 2005, art. 86, al. 1er), R. 622-11 (anc[t] D. 28 déc. 2005, art. 86, al. 2 à 5)

> Législation issue de l'ordonnance du 18 décembre 2008.

C. com., art. L. 620-1, al. 1er, L. 621-12, L. 622-10

C. com., art. R. 622-10, R. 622-11

> Législation issue de la loi du 22 octobre 2010, art. 57.

C. com., art. L. 628-1

> Législation issue de l'ordonnance du 9 décembre 2010.

C. com., art. L. 680-2

223.02 **Jurisprudence de référence.**

> Les conditions d'ouverture de la sauvegarde s'apprécient au jour de la décision d'ouverture de la procédure.

• Com. 26 juin 2007, n°s 06-17.821, 06-20.820, *Bull. civ.* IV, n°s 176, 177, 2 esp.; n°s 1004, 1005 FS-P+B+R+I

* V. s[s] n° 223.51

« Les conditions d'ouverture de la procédure de sauvegarde doivent être appréciées au jour où il est procédé à cette ouverture. »

> La situation d'une société doit s'apprécier indépendamment de celle de ses associés, même si elle est dans un groupe de sociétés.

• Com. 26 juin 2007, n° 06-20.820, préc.

* V. s[s] n° 223.41

« Pour l'ouverture de la procédure de sauvegarde de la filiale, il est indifférent de savoir quelle sera la position que prendra la société mère dans le cadre de la période d'observation et l'éventuelle élaboration d'un plan de sauvegarde et que la situation de la société débitrice doit être appréciée en elle-même, sans que soient prises en compte les capacités financières du groupe auquel elle appartient, la cour d'appel, qui n'a pas relevé l'existence d'un engagement de la société mère en faveur de sa filiale, a légalement justifié sa décision. »

> Dès lors que les conditions d'ouverture de la sauvegarde sont réunies, le motif pour lequel le débiteur demande l'ouverture de la procédure est indifférent.

• Com. 8 mars 2011, n°s 10-13.988, 10-13.989, 10-13.990, *Bull. civ.* IV, n° 33; FS-P+B+R+I

* V. s[s] n° 223.21

223.03 **Bibliographie indicative.** (V. les références complètes s[s] n° 031).

> Actualisables. J.-CL. COM., Roussel Galle Ph., fasc. 2110, [Loi n° 2005-845 du 26 juillet 2005 de sauvegarde des entreprises – Traitement judiciaire des difficultés par les proc res de sauvegarde et de redressement judiciaire], 2005.

> Ouvrages postérieurs à la loi de sauvegarde des entreprises. COQUELET, 5e éd., nos 92 à 95 – JACQUEMONT et VABR 9e éd., nos 224 à 2 , 235, 237 – LE CANNU, 7e éd., nos 2 à 246 – LIENHARD, éd., nos 52.56 à 52.67 – PÉROCHO 10e éd., nos 373 à 3 – PÉTEL, 8e éd., nos 87, 88 – ROUSS GALLE, nos 188, 189 SAINT-ALARY-HOUIN, 9e éd., nos 42 à 425 – VALLANSAN *ET A*, 6e éd., p. 41, 42 – VALLENS, 201 nos 2997, 3002, 3003, 022 – VIDAL ET GIORGINI, nos 537 540 – VOINOT, 2e éd., nos 67 à 173.

> Articles.

› *Étude d'ensemble.* Lucas .-X., « L'ouverture de la procédure collective », Interv. Colloque Crajefe, Nice 27 mars 2004, *LPA* 10 juin 2004, no 116, p4 – Menjucq, Sénéchal, Sonier et Thévenot, « Les cent jour de la réforme des procédures collectives : premier bilan », *ev. proc. coll.* 2009/3, p 52 – Monsérié-Bon M.-H., « La mise en œuvre des stratégies offertes par la loi de sauvegarde », *Dr. et patr.* mars 201, dossier p. 53 – Pétel Ph., « Les nouveaux critères d'ouverture (aspects juridiques) », *Dr. et pat.* déc. 2009, no 187, p 9 – Rémery J.-P., « Le refus jurisprudentiel de la prise en compte des mobiles du débiteur dans e droit des entreprises en difficulté », *BJE* 2016, 194 – Roussel Galle Ph., « L'ouverture des procédures », *D.* 2009. 644 – Saint-Alary-Houin C., la hiérarchisation des intérêts dans les procédures collective, Rapport de synthèse colloque 3e rencontre Jurisprudence Doctrine : échanges sur la hiérarchisation des intérêts dans les procédures collectives, *BJE* 2016, 223 – Voinot D., « L'ouverture des procédures collectives », *Gaz. proc. coll.* 20 no sp. 6 et 7 mars 2009, p. 10.

› *Cessation des paiements.* Bayle M., « L'enchaînement d procédures de prévention et de traitement de la cessation d paiements », *LPA* 23 oct. 2008, no 213, p. 3 – Campana M. et Teboul G., « La cessation des paiements : pour quoi faire À propos de l'avant-projet de loi de sauvegarde des entrepr ses », *JCP E* 2003. Actu. 296 – Grelon B., « Prévention et ces sation des paiements », *Mél. Tricot*, LexisNexis – Dalloz 2011, p. 423 – Lebel Ch., « Être ou ne pas être en état de cessation des paiements », *Gaz. Pal.* 7-8 sept. 2005, p. 14 – Marty J.-P., « De la cessation des paiements aux difficultés prévisibles », *RLDA* mars 2005, suppl. no 80, p. 21.

› *Sauvegarde, SFA, redressement.* Caviglioli Ch. et Léguevaques Ch., « Aperçu de la procédure de sauvegarde à usage du chef d'entreprise », *LPA* 17 févr. 2006, no 35, p. 22 – Chaput Y., « Improvisation sur les rythmes de la sauvegarde », *Mél. Tricot*, LexisNexis – Dalloz, 2011, p. 411 – Delebecque Ph., « Le risque de détournement de la procédure de sauvegarde – L'incidence de la réforme de l'imprévision sur l'ouverture d'une procédure de sauvegarde », *BJE* 2016, 209 – Henry L.-C., « La sauvegarde et le redressement judiciaire », interv. Colloque Besançon 10 oct. 2014, *Gaz. Pal.* 31 déc. 2014, no 365, 12 – Jeannerot Ph., « Le choix entre les procédures – la procédure de sauvegarde ou le redressement judiciaire », *Rev. proc. coll.* 2015, études 10, p. 21 – Le Corre, « La sauvegarde financière accélérée », Les dossiers de la *RIDE* 2012, p. 35 – Mastrullo T., « La conversion de la sauvegarde en redressement judiciaire », *Rev. proc. coll.* 2008, p. 41 – Menjucq M., « L'instrumentalisation de la procédure de sauvegarde est-elle frauduleuse », *BJE* 2016, 201 – Monsérié-Bon M.-H. et Thévenot C., « Comment améliorer la procédure de sauvegarde », *Rev. proc. coll.* 2008/2, p. 100 – Pétel Ph., « Le critère d'ouverture de la sauvegarde », *BJE* oct. 2012, dossier 159, p. 308 – Saint-Alary-Houin C., « L'ouverture de la procédure de sauvegarde », *Rev. proc. coll.* 2008/2, p. 85 – Saintourens B., « L'instrumentalisation de la procédure de sauvegarde est-elle frauduleuse », *BJE* 2016, 203 – Teboul G., « La procédure de sauvegarde : la boîte à outils », *LPA* 17 févr. 2006, no 35, p. 20 – Tricot, « L'intérêt de la réforme du régime de sauvegarde », *JCP E* 2009. 1575 – Voinot D., « La nouvelle procédure de sauvegarde », *Gaz. Pal.* 7-8 sept. 2005, no sp. p. 24.

› *Créanciers.* Couturier G., « Les créanciers et la sauvegarde financière de l'entreprise en difficulté », *Bull. Joly* 2010. 683.

223.04 Question principale.

• Doit-on prendre en compte les motifs du débiteur qui sollicite l'ouverture d'une sauvegarde ?

* V. ss no 223.23.

• Le fait qu'une société en difficulté fasse partie d'un groupe florissant justifie-t-il le refus d'ouverture de sa sauvegarde ?

* V. ss no 223.41.

• Que se passe-t-il si l'état de cessation des paiements est caractérisé pendant la procédure de sauvegarde ?

* V. ss no 223.61.

223.09 Présentation générale. Le cœur de la réforme du 26 juillet 2005[1] de sauvegarde des entreprises se situe incontestablement dans l'instauration d'une procédure nouvelle dite de sauvegarde, qui a d'ailleurs donné son nom à la loi. Elle a vocation à s'appliquer en amont de l'état de cessation, de façon à traiter le plus tôt possible les difficultés de l'entreprise. La procédure de sauvegarde est une véritable procédure collective ouverte sans état de cessation des paiements, ce qui constitue une nouveauté majeure.

Les critères d'ouverture de cette procédure sont très larges. Les difficultés de nature à conduire le débiteur à la cessation des paiements, critère retenu pour l'ouverture de la sauvegarde par la loi du 26 juillet 2005, dans sa rédaction d'origine, sont plus graves que des difficultés avérées ou prévisibles permettant l'ouverture de la procédure de conciliation[2].

Dans le projet de loi de sauvegarde, étaient envisagées des difficultés susceptibles de conduire le débiteur à la cessation des paiements. Cela a été dénoncé lors des travaux parlementaires par l'opposition parlementaire, évoquant des conditions assouplies à l'extrême[3], une définition tellement large que tout le monde pourra invoquer la procédure[4], ce qui fait alors craindre que la procédure ne soit détournée pour accélérer les restructurations[5]. La Commission des lois

1. L. no 2005-845, 26 juill. 2005, *JO* 27 juill., p. 12187.
2. Avis no 2099 de Jérôme Chartier, *Doc. AN*, p. 25.
3. Interv. Viladies, *JOAN CR*, 2e séance du 3 mars 2005, p. 1640.
4. Interv. Viladies, *JOAN CR*, 2e séance du 3 mars 2005, p. 1641.
5. Interv. Viladies, *JOAN CR*, 2e séance du 3 mars 2005, p. 1641.

du Sénat a indiqué que cette notion suscite une grande perplexité[1]. Un amendement a été en conséquence présenté pour substituer à la notion de « difficultés susceptibles de conduire à la cessation des paiements » celle de « difficultés de nature à le conduire à la cessation des paiements ». Il s'est agi, avec cet amendement, d'exiger du débiteur qu'il démontre au tribunal qu'il est « dans une situation suffisamment difficile pour que, si aucune mesure de protection judiciaire n'était prise, il se trouve rapidement face à une panne de trésorerie qui caractérise la cessation des paiements »[2]. Il faut donc que le seul écoulement du temps suffise à constituer la cessation des paiements si rien n'est entrepris[3]. C'est ce qui ressort de l'analyse des premiers arrêts de la Cour de cassation sur la notion de difficultés de nature à conduire à la cessation des paiements[4].

Cette faculté de se placer sous la sauvegarde de la justice doit permettre de traiter les difficultés dès qu'elles apparaissent, sans attendre une situation plus préoccupante, sinon désespérée, comme la pratique antérieure permettait de le rencontrer souvent. Lorsqu'une entreprise sait qu'elle ne pourra pas faire face à ses échéances à trois ou six mois, elle n'a pas d'autre choix que de s'entendre avec ses créanciers. Avant la cessation des paiements, tant que l'entreprise est *in bonis*, il est encore possible d'agir, notamment auprès des principaux créanciers, parmi lesquels les fournisseurs[5]. En revanche, cette possibilité de se placer sous la sauvegarde de justice ne doit pas être un moyen d'imposer une négociation à des créanciers, alors que la situation de l'entreprise ne doit pas l'amener, à terme rapproché, à la cessation des paiements.

L'ordonnance du 18 décembre 2008[6], dont le but premier était de rendre plus attractive la procédure de sauvegarde, assouplit encore davantage ses conditions d'ouverture.

Un choix stratégique de première importance, vital pourrait-on dire, entre la conciliation et la sauvegarde doit être fait par le débiteur (v. s[s] n° 141.21)[7], dans la mesure où, s'il n'est pas en état de cessation des paiements, il peut, à peu près dans tous les cas, bénéficier des deux procédures.

1. *Rapp. J.-J. Hyest*, n° 335, p. 154.
2. *Rapp. J.-J. Hyest*, n° 335, p. 154.
3. RAPPR. : PÉROCHON ET BONHOMME, 7e éd., n° 174.
4. Com. 26 juin 2007, n°s 06-17.821, 06-20.820, *Bull. civ.* IV, n°s 176, 177, 2 esp. ; n°s 1004, 1005 FS-P+B+R+I; *D.* 2007. AJ 1864, obs. Lienhard; *D.* 2008. Pan. 570, obs. Lucas; *Gaz. proc. coll.* 2007/4, p. 20, note Lebel; *Act. proc. coll.* 2007/13, n° 145, note Vallansan; *JCP E* 2007. 2120, note Vallansan; *RD banc. fin.* juill.-août 2007, p. 23, n° 158, note Lucas; *Dr. sociétés* 2007, n° 177, note Legros; *Rev. proc. coll.* 2007/4, p. 222, n° 3, obs. Saintourens; *JCP E* 2008. Chron. 1207, n° 1, obs. Pétel; *RJ com.* 2007. 359, note Roussel Galle; *Defrénois* 2007. 38675, p. 1575, n° 11, note Gibirila; *Rev. proc. coll.* 2008, p. 50, note Sonier et Ghalimi; *RJDA* 2008/2, p. 103, note Guyader; *Dr. et patr.* 2008, n° 172, p. 103, note Saint-Alary-Houin; *LXB hebdo* n° 269, 18 juill. 2007, n° N9341BBL, note Le Corre; *Bull. Joly* 2007. 1167, note Régnaut-Moutier.
5. Interv. Xavier de Roux, *JOAN CR*, 2e séance du 3 mars 2005, p. 1641.
6. Ord. n° 2008-1345, 18 déc. 2008, *JO* 19 déc., p. 19462.

S…ON 223.10

…ENCE DE L'ABSENCE D'ÉTAT

…ESSATION DES PAIEMENTS

…3.11 L'exigence de l'absenc… d'état de cessa-…n des paiements. Sous l'em…ire de la loi du …juillet 2005[8], dans sa rédacti… d'origine, la pro-…dure de sauvegarde n'est p… applicable à une …treprise en état de cessation …s paiements. Il faut …pendant observer que l'artic… L. 620-1 du code de …ommerce qui définit la sit…tion économique du …ébiteur lui permettant l'a…ès à la procédure de sauvegarde n'indique pas ex…licitement que celui-ci ne doit pas être en état de …essation de paiements. Cette exigence résulte de l… coordination des règles de la procédure de sauveg…de et de celles du redressement ou de la liquidati… judiciaire.

El… résulte aussi d'un argument d'*a fortiori*. En eff…t la procédure de sauvegarde ne pourra être ma…tenue que pour aut…nt que n'est pas apparue la ce…tion des paiements À défaut, elle doit être convе… par le tribunal …n redressement judiciaire. Ai…i, si pour être maintenue, la procédure de sauv…rde est inconciliable avec l'état de cessation des p…ments, *a fortiori*, l'ouverture de cette procédure e…lle impossible en présence de la caractérisation d'état de cessation des paiements. La solution a é…posée dans une espèce dans laquelle le débiteur a…it été assigné par un créancier et sollicitait, d…ant la cour d'appel, la réformation de la décision d'ouverture d'une procédure de sauvegarde[9].

La solution contraste avec celle adoptée pour la …océdure de conciliation. En ce domaine, le débi-…ur, en état de cessation de paiements, peut bénéfi-…er de la procédure, dès lors du moins que son état …'est pas caractérisé depuis plus de quarante-cinq …ours.

La preuve que le débiteur n'est pas en état de cessation des paiements, preuve d'un fait pourtant négatif, incombe au demandeur[10].

Alors que le texte issu de la loi de sauvegarde des entreprises ne précisait pas que la procédure n'était accessible qu'à des débiteurs ne se trouvant pas en état de cessation des paiements, l'article L. 620-1 du code de commerce, résultant de la rédaction que lui donne l'article 12 de l'ordonnance du 18 décembre

7. Valdman, « Loi de sauvegarde : quelle procédure pour quelles difficultés des entreprises », *Gaz. proc. coll.* 2008/1, p. 14.
8. L. n° 2005-845, 26 juill. 2005, préc.
9. Paris, 3e ch. A, 2 oct. 2007, RG n° 06/16170.
10. TGI Marseille 28 mars 2006, RG n° 06/02529, cité par Lebel, note s[s] Lyon, 3e ch. civ., 31 mai 2006, RG n° 2006/02245, *Gaz. proc. coll.* 2006/4, p. 8.

2008[1], précise que « il est institué une procédure de sauvegarde ouverte sur demande d'un débiteur [...] qui, sans être en état de cessation des paiements, justifie de difficultés qu'il n'est pas en mesure de surmonter ».

Des règles particulières concernent la sauvegarde accélérée créée par l'ordonnance du 12 mars 2014[2] (v. ss nos 224.09 s.) et la sauvegarde financière accélérée créée par la loi du 2 octobre 2010[3] (v. ss nos 225.09 s.).

SECTION 223.20

DIFFICULTÉS DE NATURE À CONDUIRE À LA CESSATION DES PAIEMENTS SOUS L'EMPIRE DE LA LOI DU 26 JUILLET 2005 NON RÉFORMÉE

223.21 Notion de difficultés de nature à conduire à la cessation des paiements. L'article L. 620-1 du code de commerce dispose qu'« il est institué une procédure de sauvegarde ouverte sur demande d'un débiteur qui justifie de difficultés de nature à conduire à la cessation des paiements ». Le choix de cette expression a été préféré à celle de difficultés avérées ou prévisibles, concepts utilisés pour l'ouverture de la procédure de conciliation. Il s'agit de caractériser des étapes successives et de déterminer une gradation des problèmes rencontrés[4], par l'utilisation de concepts différents. Les difficultés ne devront pas ici être simplement prévisibles[5].

Un amendement tendait à ce que soit apportée la preuve par le débiteur qu'il « connaît des difficultés de nature à entraîner à bref délai à l'état de cessation des paiements »[6]. L'amendement a été rejeté au motif notamment que ces discussions sans fin pourraient s'instaurer sur la notion de « bref délai »[7], ce genre de formulation ayant l'inconvénient de laisser le soin à la jurisprudence de construire la signification exacte[8]. Il importe donc peu, pour l'ouverture de la procédure, que le débiteur justifie que les difficultés qu'il rencontre doivent, à bref délai, le conduire à la cessation des paiements[9].

Un autre amendement a été présenté pour revenir à la rédaction contenue dans l'avant-projet de loi qui faisait référence à des difficultés « avérées ou prévisibles »[10], identiquement rejeté sans discussion.

Le critère économique d'accès à la procédure de sauvegarde est flou. La notion de difficultés est particulièrement accueillante et peut recouvrir un grand nombre de situations[11]. D'autant que, malgré le pluriel utilisé pour le vocable « difficultés », il n'y a aucune raison de ne pas admettre l'ouverture de la sauvegarde en présence d'une difficulté unique[12], l'opinion contraire ayant toutefois été émise[13], le vocable étant utilisé de manière habituelle, au pluriel. Il est rare de dire que l'on rencontre une difficulté; on utilise plutôt l'expression « rencontrer des difficultés », sans qu'il y ait ici recherche d'une quelconque quantification. Au demeurant, les travaux préparatoires ne font absolument pas état de l'exigence, qui serait au demeurant dommageable au regard de l'idée d'anticipation, d'une multiplicité de difficultés.

Le caractère très large du critère d'ouverture de la sauvegarde a été voulu, pour assurer le pragmatisme nécessaire[14].

Il a été relevé que la nature des difficultés n'était pas précisée par le code de commerce. Il pourra s'agir de la maladie, du découragement ou de l'âge du débiteur ou du dirigeant[15]. Mais ces difficultés, sans être nécessairement de nature financière, doi-

1. Ord. no 2008-1345, 18 déc. 2008, préc.
2. Ord. no 2014-326, 12 mars 2014, *JO* 14 mars, p. 5249.
3. L. no 2010-1249, 22 oct. 2010, *JO* 23 oct., p. 18984.
4. *Rapp. Xavier de Roux*, no 2095, p. 175.
5. Roussel Galle, « La procédure de sauvegarde – Quand et pourquoi se mettre sous la protection de la justice », *JCP E* 2006. 2437, p. 1679 s., sp. p. 1688, no 34.
6. Amend. no 429, Interv. Montebourg, *JOAN CR*, 2e séance du 3 mars 2005, p. 1643.
7. Interv. Xavier de Roux, *JOAN CR*, 2e séance du 3 mars 2005, p. 1643.
8. Interv. Perben, *JOAN CR*, 2e séance du 3 mars 2005, p. 1643.
9. Lyon, 3e ch. civ., 31 mai 2006, RG no 2006/02245, *Gaz. proc. coll.* 2006/4, p. 5, note Lebel; *JCP E* 2006. 379, p. 1509, note Roussel Galle; *Rev. proc. coll.* 2006, p. 253, obs. Roussel Galle; *RTD com.* 2006. 675, no 12, obs. Vallens; *RJ com.* 2007. 71, note Sortais – *Adde*, Roussel Galle, « La procédure de sauvegarde – Quand et pourquoi se mettre sous la protection de la justice », *JCP E* 2006. 2437, no 36.
10. Amend. no 430, Interv. Montebourg, déb. Ass. nat., 2e séance du 3 mars 2005, p. 1643.
11. Pétel, « La réforme des plans de redressement », *LPA* 10 juin 2004, no 116, p. 34 – SAINT-ALARY-HOUIN, 5e éd., no 374.
12. EN CE SENS AUSSI : Roussel Galle, « La procédure de sauvegarde – Quand et pourquoi se mettre sous la protection de la justice », *JCP E* 2006. 2437, no 34.
13. Caviglioli et Léguevaques, « Aperçu de la procédure de sauvegarde à l'usage du chef d'entreprise », *LPA* 17 févr. 2006, no sp. 35, p. 22, sp. p. 23 – RAPPR. : Voinot, « La nouvelle procédure de sauvegarde », *Gaz. Pal.* 7-8 sept. 2005, p. 24 s., sp. p. 31, no 30.
14. Barbièri, « Le choix des techniques de traitement des difficultés des entreprises – Réflexions liminaires », *Rev. proc. coll.* 2005, p. 346, sp. p. 348, no 9.
15. Chaput, « Une nouvelle architecture du droit français des procédures collectives », *JCP* 2005. I. 184 – Lucas et Lécuyer, « De la sauvegarde », *LPA* no sp., 8 févr. 2006, no 28, p. 23.

vent avoir des répercussions financières à terme[1], puisqu'elles doivent être de nature à conduire à la cessation des paiements.

Dans l'affaire Cœur Défense, la cour d'appel de Paris avait jugé que le surcoût dans l'exécution contractuelle, même en le qualifiant de prohibitif, n'était pas suffisant, dès lors qu'il n'était pas démontré que cette souscription plus onéreuse aura pour effet de conduire à terme le débiteur à la cessation des paiements[2].

Certains auteurs s'étaient élevés contre la position de la cour d'appel de Paris, qui conduisait à refuser le bénéfice de la sauvegarde à un débiteur poursuivant comme but d'éviter le seul jeu de la convention. Ils partaient non d'un simple postulat, mais bien plutôt d'un constat, selon lequel le propre des procédures collectives, au rang desquelles il faut placer la sauvegarde, est de porter atteinte à la force obligatoire des conventions[3]. C'est l'opinion que nous avions ardemment défendue[4]. La sauvegarde peut être une méthode de gestion. Si les conditions d'ouverture de la procédure collective sont réunies, il ne faut pas s'émouvoir de l'atteinte portée à l'article 1134 du code civil (article divisé par l'ordonnance du 10 février 2016[5] : sur la force obligatoire, C. civ., art. 1103; sur la bonne foi : C. civ., art. 1104 – sur la modification ou la révocation des contrats, C. civ., art. 1193).

Cet arrêt de la cour d'appel de Paris a été cassé, la cassation étant intervenue pour plusieurs motifs particulièrement éclairants.

La Cour de cassation énonce que « hors le cas de fraude, l'ouverture de la procédure de sauvegarde ne peut être refusée au débiteur, au motif qu'il chercherait ainsi à échapper à ses obligations contractuelles, dès lors qu'il justifie, par ailleurs, de difficultés qu'il n'est pas en mesure de surmonter et qui est de nature à le conduire à la cessation des paiements »[6]. Il importe de se garder de confondre l'effet d'aubaine lié à l'ouverture de la sauvegarde avec un dévoiement de cette procédure[7]. Il ne peut être reproché au débiteur d'instrumentaliser la procédure de sauvegarde, en recherchant ce que la loi lui offre, et, s'agissant de la sauvegarde, ce que le législateur va même jusqu'à l'inciter, avec moult cadeaux, à utiliser, dès lors qu'il en remplit les conditions, c'est-à-dire qu'il rencontre des difficultés qu'il ne peut surmonter.

La cour d'appel avait considéré que le débiteur ne démontrait pas l'impossibilité de surmonter seul ses difficultés, mais faisait seulement état d'une difficulté rendant plus onéreuse l'exécution contractuelle. Rappelons que le prêteur, dans l'affaire Cœur Défense, avait exigé, de la part de son emprunteur, une garantie de couverture du risque de variation du taux d'intérêt, risque assumé par des sociétés du groupe Lehman Brothers. Or ces sociétés avaient fait l'objet de procédures collectives de paiement. Dans ces conditions, le prêteur avait exigé un nouveau garant du risque de variation du taux d'intérêt. La société Hold avait fait savoir que la crise financière mondiale, qui sévissait au moment des faits, rendait impossible la souscription d'un nouveau contrat de couverture en considération du coût prohibitif de l'opération.

La Cour de cassation, sur ce terrain, reproche à la cour d'appel d'avoir méconnu l'objet du litige, en se focalisant sur une exécution contractuelle plus onéreuse, du fait d'un surcoût lié à la souscription d'un nouveau contrat d'assurance. Or la société Hold n'avait pas seulement prétendu au caractère plus onéreux; elle avait indiqué que le surcoût était insurmontable et, que, au surplus, il était théorique faute de marché, personne à l'époque des faits ne prêtant des sommes importantes et n'assurant de tels prêts[8].

1. Vinckel, « L'option entre les procédures préventives du nouveau droit des entreprises en difficulté : analyse des risques », *LPA* 12 juin 2006, p. 7, n° 1.
2. Paris, pôle 5, ch. 9, 25 févr. 2010, RG n° 09/22756, *D.* 2010. AJ 579, obs. Dammann et Podeur; *Gaz. Pal.* 16-17 avr. 2010, n°s 106, 107, p. 13, note Le Corre; *Bull. Joly* 2010. 211, note Lucas; *Act. proc. coll.* 2010/8, n° 112, note Saintourens; *JCP E* 2010. Chron. 1742, n° 1, obs. Pétel; *JCP E* 2010. 1475, note Saintourens; *RD banc. fin.* 2010/3, n° 94, note Cerles; *Rev. proc. coll.* 2010, n° 152, note Saintourens; *LPA* 9 mars 2010, n° 48, p. 12, note Teboul; *Dr. et patr.* 2010, n° 196, p. 85, note Saint-Alary-Houin et Monsérié-Bon – *Adde*, Menjucq, « Affaire *Heart of La Défense* : incertitude sur le critère d'ouverture de la procédure de sauvegarde », *Rev. proc. coll.* 2010/3, n° 11, p. 13.
3. Pétel,Chron. préc. – Lucas, note préc.
4. Le Corre, note s^s^ Paris, pôle 5, ch. 9, 25 févr. 2010, RG n° 09/22756, *Gaz. Pal.* 16-17 avr. 2010, n°s 106, 107, p. 13.
5. DEPUIS le 1er oct. 2016 : Ord. n° 2016-131, 10 févr. 2016, *JO* 11 févr.
6. Com. 8 mars 2011, n°s 10-13.988, 10-13.989, 10-13.990, *Bull. civ.* IV, n° 33; FS-P+B+R+I; *D.* 2011. Actu. 743, obs. Lienhard; *D.* 2011. Jur. 919, note Le Corre; *D.* 2011. Pan. 2069, obs. Lucas; *Gaz. Pal. entr. diff.* 1-2 avr. 2011, p. 7, note Reille; *JCP E* 2011. 1215, note Couret et Dondéro; *Act. proc. coll.* 2011, n° 106, note Saintourens; *JCP E* 2011. Chron. 1263, n° 1, obs. Pételt; *Rev. proc. coll.* 2011. Repère 2, note Menjucq; *Rev. sociétés* 2011. 523, note Roussel Galle; *Bull. Joly* 2011. 281, obs. Lucas; *Procédures* 2001, n° 179, note Rolland; *RTD com.* 2011. 420, n° 8, obs. Vallens; *Dr. et patr.* sept. 2011, n° 206, 73, note Saint-Alary Houin; *Dr. sociétés* 2011, n° 160, note Legros; *LPA* 19 juill. 2011, n° 142, p. 7, note Thomassin; *Rev. sociétés* 2011. 404, note Grelon; *LXB hebdo* 17 mars 2011, n° 243, note Le Corre-Broly.
7. Lienhard, note s^s^ Com. 8 mars 2011, n°s 10-13.988, 10-13.989, 10-13.990, *D.* 2011. Actu. 743.
8. Com. 8 mars 2011, n°s 10-13.988, 10-13.989, 10-13.990, préc. (v. s^s^ prés^t^ n°).

La cour d'appel de Versailles, cour de renvoi dan l'affaire *Cœur Défense*[1], va confirmer l'ouverture d la sauvegarde des deux sociétés concernées, faut pour elles de pouvoir surmonter les difficultés ren contrées qui les auraient conduites à la cessation de paiements.

Pour la société *Hold*, qui est propriétaire e bailleur de l'immeuble, la difficulté de nature à conduire à la cessation des paiements tient à l'exigence, à très bref délai, d'un nouveau contrat de couverture du risque de variation du taux d'intérêt, faute de quoi il y aurait déchéance du terme au titre du prêt consenti. La société *Hold* ne pouvait surmonter la difficulté, compte tenu de la brièveté du délai imparti pour souscrire ce contrat portant sur des sommes très importantes, en raison du caractère aléatoire du marché concerné et des prix pratiqués, le surcoût, compte tenu de son actif disponible, la plaçant en état de cessation des paiements.

Pour la société *Dame Luxembourg*, détentrice de actions de la société *Hold*, une clause du contrat d prêt qu'elle avait souscrit prévoyait qu'en cas de sai sie des actifs de l'entreprise, il y aurait place à déchéance du terme. Or le seul actif de *Dame Luxem bourg* était représenté par les actions de la sociét *Hold*. Si cette dernière ne trouvait pas de solution d remplacement pour la couverture du risque d variation du taux d'intérêt, il y avait mise en jeu du nantissement des actions et du pacte commissoire, faisant perdre à *Dame Luxembourg* son unique actif, entraînant également la déchéance du terme du prêt qu'elle avait contracté.

Le débiteur, en se plaçant en sauvegarde, peut chercher à obtenir la résiliation d'un contrat. Il n'y a pas là fraude. La solution a été posée à propos d'un contrat de franchise[2]. Dès lors que le débiteur rencontre des difficultés qu'il ne peut surmonter seul, il peut utiliser cette procédure à cette fin.

Observons que, lors de sa demande d'ouverture de la procédure de sauvegarde, le débiteur doit indiquer la nature des difficultés qu'il rencontre (C. com., art. R. 621-1 [anc[t] D. 28 déc. 2005[3], art. 50]).

1. Versailles, 13e ch., 19 janv. 2012, RG n° 11/03519, *D.* 2012. Actu. 433, obs. Lienhard; *Act. proc. coll.* 2012, comm. 50, note Henry; *Leden* 2012/2, p. 1, note Lucas; *JCP E* 2012. Actu. 91, obs. Danis et du Bois de Gaudusson; *Rev. proc. coll.* 2012, étude 7, obs. Menjucq; *Rev. proc. coll.* 2012, n° 19, note Saintourens; *Rev. sociétés* 2012. 523, note Morelli; *Dr. et patr.* sept. 2012, n° 217, p. 97, note Saint-Alary Houin; *Bull. Joly* 2012. 329, note Dammann et de Germay; *BJE* mai 2012, comm. 100, p. 142, note Le Corre.
2. T. com. Bordeaux, 12 sept. 2012, RG 2012L1973, *Rev. proc. coll.* 2014, Chron. 1, n° 3, p. 20, note Sautonie-Laguionie.
3. D. n° 2005-1677, 28 déc. 2005, *JO* 29 déc., p. 20324.

223.22 Applications de la notion de difficultés de nature à conduire à la cessation des paiements. Le caractère extensif de la notion de « difficultés de nature à conduire à la cessation des paiements » interdit de présenter une liste exhaustive de cas, la pratique étant nécessairement beaucoup plus riche que la théorie. Tout au plus, peut-on en donner quelques applications jurisprudentielles. Le plus souvent, la question ne sera pas débattue à l'ouverture de la procédure, mais plutôt à l'occasion de la tierce opposition pratiquée par des créanciers.

Il y a difficultés de nature à conduire à la cessation des paiements sur un plan comptable lorsque le chiffre d'affaires est en très net recul, que le résultat de l'année écoulée est déficitaire et qu'un effondrement du bénéfice, lequel devient minime, peut être constaté[4].

L'interruption temporaire de marchés publics, qui s'accompagne en outre de l'existence d'une dette fiscale objet d'un moratoire, justifie l'ouverture d'une sauvegarde[5]. Il en est de même de la rupture brutale de deux gros contrats[6].

Il peut encore être question d'un exercice déficitaire ayant pour origine un problème de productivité ayant conduit à retarder la livraison d'une importante commande[7].

L'environnement économique du débiteur doit également être pris en compte. Il en est d'abord ainsi du secteur d'activité, par exemple celui du textile. Le fait que des filiales aient dû être déclarées en liquidation judiciaire est apparu comme un élément d'appréciation[8]. La solution peut être discutée, dès lors que les autres sociétés du groupe n'avaient pas souscrit d'engagement précis envers la société sollicitant le bénéfice de la sauvegarde ou envers ses créanciers. Les difficultés rencontrées au cours d'une saison dans le secteur des fruits et légumes peuvent

4. Lyon, 3e ch. civ., 31 mai 2006, RG n° 2006/02245, *Gaz. proc. coll.* 2006/4, p. 5, note Lebel; *JCP E* 2006. 379, note Roussel Galle; *Rev. proc. coll.* 2006, p. 253, obs. Roussel Galle; *RTD com.* 2006. 675, n° 12, obs. Vallens; *RJ com.* 2007. 71, note Sortais.
5. T. com. Marseille, 15 févr. 2006, RG n° 2006/00003, cité par Lebel, note s[s] Lyon, 3e ch. civ., 31 mai 2006, RG n° 2006/02245, *Gaz. proc. coll.* 2006/4, p. 9.
6. TGI Marseille, 23 mai 2006, RG n° 06/04498, cité par Lebel, note s[s] Lyon, 3e ch. civ., 31 mai 2006, RG n° 2006/02245, *Gaz. proc. coll.* 2006/4, p. 8.
7. T. com. Belfort, 7 mars 2006, RG n° 2006/454, cité par Lebel, note s[s] Lyon, 3e ch. civ., 31 mai 2006, RG n° 2006/02245, *Gaz. proc. coll.* 2006/4, p. 9.
8. Lyon, 3e ch. civ., 31 mai 2006, RG n° 2006/02245, *Gaz. proc. coll.* 2006/4, p. 5, note Lebel; *JCP E* 2006. 379, note Roussel Galle; *Rev. proc. coll.* 2006, p. 253, obs. Roussel Galle; *RTD com.* 2006. 675, n° 12, obs. Vallens; *RJ com.* 2007. 71, note Sortais.

aussi être prises en compte pour justifier l'ouverture d'une sauvegarde[1].

Il a même été tenu compte de difficultés dues à la vie tumultueuse d'un professionnel libéral[2], ce qui peut prêter à discussion, dans la mesure où ce type de difficulté n'apparaît pas insurmontable pour l'intéressé.

223.23 Éléments indifférents à la notion de difficultés de nature à conduire à la cessation des paiements. La volonté du législateur est de faire en sorte que le débiteur anticipe, en traitant le plus tôt possible ses difficultés, dès lors qu'elles peuvent, s'il ne fait rien, le conduire à la cessation des paiements.

C'est pourquoi, pour caractériser les difficultés de nature à conduire à la cessation des paiements, il est indifférent que le débiteur justifie de la réception de mises en demeure[3] ou qu'il ait sollicité des demandes de moratoires non satisfaites[4]. Il importe peu également qu'il n'y ait pas eu mise en œuvre préalable d'une procédure de conciliation[5].

Il est indifférent qu'il soit responsable des difficultés à traiter[6].

La cour d'appel de Paris, dans le dossier Cœur Défense (v. ss nº 223.21), avait utilisé un argument pour fonder la rétractation de l'ouverture de la sauvegarde. Elle avait considéré que, dès lors qu'il n'y avait pas de risques affectant l'activité des débiteurs – activité de bailleur d'immeubles pour Hold, de gestionnaire de son portefeuille de titres pour Dame Luxembourg –, la procédure de sauvegarde ne serait pas justifiée.

La Cour de cassation[7] considère que, « en statuant ainsi, la cour d'appel, qui a ajouté à la loi une condition qu'elle ne comporte pas, a violé le texte susvisé » (C. com., art. L. 620-1).

Il reste une dernière question à laquelle la Cour de cassation a dû répondre, dans cette affaire Cœur Défense. En effet, la cour d'appel avait considéré, pour rétracter la décision d'ouverture de la sauvegarde des deux sociétés, que l'activité de location de la société Hold dont Dame Luxembourg était l'associée unique, pouvait se poursuivre normalement, quelle que soit la composition de son actionnariat. Ici encore, la cour d'appel encourt la censure de la Cour de cassation, qui considère qu'il y a violation de l'article L. 620-1 du code de commerce à refuser l'ouverture d'une sauvegarde « au motif que ses associés ne seraient pas fondés à éviter, par ce moyen, d'en perdre le contrôle ».

Ce faisant, la Cour de cassation admet que la sauvegarde puisse avoir pour finalité de protéger non l'entreprise, mais les actionnaires de la société débitrice. Cette thèse était clairement défendue par deux observateurs de la cour d'appel de Paris. « Les associés ont le droit de chercher les moyens juridiques leur évitant de perdre le contrôle de leur société », écrit le premier[8]. Le second fait valoir que « la loi ne contient aucune disposition permettant de l'étayer »[9], et décider le contraire empêcherait systématiquement l'adoption d'une sauvegarde dans les montages de LBO, pour protéger l'actionnaire.

Ici encore, la Cour de cassation a censuré la cour d'appel qui avait introduit dans le texte de l'article L. 620-1 du code de commerce des distinctions qu'il ne comportait pas.

L'interprétation est on ne peut plus claire : il faut, et il suffit que le débiteur rencontre des difficultés qu'il ne peut surmonter. Peu importe le type de difficultés[10]. Cette interprétation ne peut évidemment que s'accommoder de l'air du temps, depuis que l'ordonnance du 18 décembre 2008[11] a libéralisé encore davantage l'accès à la sauvegarde, en supprimant l'exigence selon laquelle les difficultés devaient être de nature à conduire le débiteur à la cessation des paiements. Cette volonté de souplesse dans l'éligibilité à la sauvegarde ne peut évidemment s'accommoder de restrictions quant à la nature des difficultés rencontrées, dont au demeurant, le caractère artificiel a été démontré, toute difficulté ayant vocation à avoir une traduction dans l'exploitation.

1. T. com. Nîmes, 19 juill. 2006, RG nº 2006/920, cité par Lebel, note ss Lyon, 3e ch. civ., 31 mai 2006, RG nº 2006/02245, *Gaz. proc. coll.* 2006/4, p. 9.
2. TGI Marseille, 11 avr. 2006, RG nº 06/02397, cité par Lebel, note ss Lyon, 3e ch. civ., 31 mai 2006, RG nº 2006/02245, *Gaz. proc. coll.* 2006/4, p. 8.
3. Lyon, 3e ch. civ., 31 mai 2006, RG nº 2006/02245, *Gaz. proc. coll.* 2006/4, p. 5, note Lebel; *JCP E* 2006. 379, p. 1509, note Roussel Galle; *Rev. proc. coll.* 2006, p. 253, obs. Roussel Galle; *RTD com.* 2006. 675, nº 12, obs. Vallens; *RJ com.* 2007. 71, note Sortais.
4. Lyon, 3e ch. civ., 31 mai 2006, RG nº 2006/02245, préc. (v. ss prést nº).
5. Lyon, 3e ch. civ., 31 mai 2006, RG nº 2006/02245, préc. (v. ss prést nº).
6. Voinot, « La nouvelle procédure de sauvegarde », *Gaz. Pal.* 7-8 sept. 2005, nº sp., p. 24 s., sp. p. 32, nº 30.
7. Com. 8 mars 2011, nºs 10-13.988, 10-13.989, 10-13.990, préc. (v. ss nº 223.21).
8. Menjucq, note ss Paris, pôle 5, ch. 9, 25 févr. 2010, « Affaire *Heart of La Défense* : incertitude sur le critère d'ouverture de la procédure de sauvegarde », *Rev. proc. coll.* 2010/3, § 11, p. 13.
9. Pétel, note ss Paris, pôle 5, ch. 9, 25 févr. 2010, RG nº 09/22756, *JCP E* 2010. Chron. 1742, nº 1.
10. AUSSI, SUR CE PRINCIPE de solution : Toulouse, 2e ch., 2e sect., 8 mars 2011, RG nº 10/0351, *Rev. sociétés* 2011. 384, note Roussel Galle.
11. Ord. nº 2008-1345, 18 déc. 2008, préc.

SECTION 223.30

DIFFICULTÉS QUE LE DÉBITEUR NE PEUT SURMONTER

223.31 Modification des conditions d'ouverture de la sauvegarde par l'ordonnance du 18 décembre 2008[1] : difficultés que le débiteur ne peut surmonter. Afin de rendre plus attractive la procédure de sauvegarde, l'article L. 620-1, alinéa 1 du code de commerce a été modifié par l'ordonnance du 18 décembre 2008. Il s'est agi d'assouplir les conditions d'ouverture de la procédure de sauvegarde.

Le texte nouveau (ord. 18 déc. 2008, art. 2) prévoit que le débiteur doit seulement justifier de difficultés qu'il n'est pas en mesure de surmonter ». La relation avec la cessation de paiements est ainsi clairement rompue, ce qui participe d'un mouvement « tendant à déconnecter l'ouverture d'une procédure collective volontaire de toute condition d'insolvabilité, qui rapproche à cet égard un peu plus le droit français du droit américain »[2]. Le débiteur n'aura pas à démontrer que la cessation des paiements est inéluctable, preuve d'autant plus difficile à rapporter, comme cela a été relevé[3], que la saisine aux fins d'ouverture de la procédure de sauvegarde est précoce.

Toutes difficultés, de nature économique, juridique, financière, économique, sociale ou de toute autre nature, peuvent justifier l'ouverture de la sauvegarde, dès lors que le débiteur ne peut les surmonter. La difficulté doit toutefois, *a priori*, faire peser une menace sur l'exploitation de l'entreprise[4]. Il peut en aller ainsi du risque de déchéance du terme au titre d'un concours, laquelle peut provoquer la cessation des paiements[5].

Le placement en redressement judiciaire de la filiale peut constituer une difficulté que ne peut surmonter seule la société-mère[6].

En présence d'un entrepreneur individuel à responsabilité limitée, l'ouverture de la procédure collective ne concerne que le patrimoine concerné par cette procédure. La solution résulte de l'article L. 680-1 du code de commerce (réd. ord. 9 déc. 2010[7], art. 8). Parce que l'ouverture de la procédure se fait patrimoine par patrimoine, le raisonnement mené pour l'ouverture de la procédure collective en termes de patrimoines conduit logiquement à infléchir les règles pour déterminer l'existence de difficultés que le débiteur ne peut surmonter.

Il s'agit, en présence d'un EIRL, de savoir si le débiteur, au titre de l'activité logée dans le patrimoine concerné, rencontre ou non des difficultés qu'il ne peut surmonter. C'est bien la signification du nouvel article L. 680-2 du code de commerce, selon lequel « les dispositions des titres Ier à VI du présent livre qui intéressent la situation économique... du débiteur EIRL doivent, sauf dispositions contraires, être comprises comme visant les éléments du seul patrimoine affecté à l'activité en difficulté ou, si l'activité est exercée sans affectation de patrimoine, du seul patrimoine affecté ».

223.32 Appréciation du nouveau critère d'ouverture de la sauvegarde. Le critère d'ouverture de la sauvegarde est désormais extrêmement souple. La sauvegarde s'éloigne encore un peu plus des conditions requises pour être considérée comme une procédure européenne d'insolvabilité, comme cela n'a pas manqué d'être relevé avec pertinence[8], même si, de manière très souple, elle figure à l'Annexe A.

Pour autant, permettre une ouverture aussi facile d'une procédure collective ne peut être analysé en une aide d'État, au sens du droit communautaire, puisqu'il n'est ici question que d'appliquer une législation nationale[9].

Le choix du législateur pour le sauvetage de l'entreprise est, quoi qu'il en soit, clairement posé.

Pour l'environnement économique, ce choix est incontestablement source d'insécurité juridique. Il a été écrit que « la nouvelle disposition ouvre des perspectives aux coquins et aux malins. Le chef d'entreprise réalisant que certains contrats lui coûtent trop chers au regard de ses perspectives de bénéfice peut trouver dans la sauvegarde une belle occasion de les renégocier en position de force. Pour celui qui ne craint pas les effets de la publicité entourant une sauvegarde, celle-ci devient une aubaine

1. Ord. n° 2008-1345, 18 déc. 2008, préc.
2. Lienhard, « Réforme du droit des entreprises en difficulté : présentation de l'ordonnance du 18 décembre 2008 », *D.* 2009. Chron. 110, sp. 112 – Vallens, « De la cessation des paiements à l'insolvabilité », *JCP* 2008. I. 148.
3. Rapport au président de la République sur l'ordonnance n° 2008-1345 du 18 déc. 2008, *JO* 19 déc., Titre I, chap. II-1, s^s art. 12.
4. Pétel, « Les nouveaux critères d'ouverture (aspects juridiques) », *Dr. et patr.* déc. 2009, n° 187, p. 59, sp. p. 62.
5. T. com. Nanterre, 30 nov. 2009, aff. Thomson, *JCP E* 2009. Actu. 604, note Lebel; *Rev. proc. coll.* 2010, n° 49, note Saintourens.
6. T. com. Bordeaux, 18 déc. 2013, RG n° 2013G00044, *Rev. proc. coll.* 2015, chron. 1, n° 1, note Sautonie-Laguionie.
7. Ord. n° 2010-1512, 9 déc. 2010, *JO* 10 déc., p. 21617.
8. Chaput, Synthèse du colloque « Procédures d'insolvabilité, aides publiques et droit de la concurrence », Strasbourg 2008, *LPA* 11 juin 2008, n° 117, p. 47.
9. Eckert, « Les procédures d'insolvabilité et les aides d'État : la politique de la Commission », intervention au colloque « Procédures d'insolvabilité, aides publiques et droit de la concurrence », Strasbourg 2008, *LPA* 11 juin 2008, n° 117, p. 13, sp. p. 15.

dont le tribunal pourra difficilement le priver compte tenu de son nouveau critère d'ouverture légal »[1].

La peur de la publicité qui entoure la procédure de sauvegarde suffira, à notre sens, pour faire réfléchir suffisamment les acteurs économiques avant de saisir le tribunal aux fins d'ouverture d'une procédure de sauvegarde. La remarque n'est toutefois pas absolue, dans la mesure où certains secteurs d'activité sont moins sensibles à la publicité entourant la situation économique des intéressés que d'autres. Ainsi, pour l'exploitant d'un café-brasserie, la publicité du jugement d'ouverture d'une procédure collective ne présente absolument pas les mêmes inconvénients que pour une entreprise de BTP.

Il a également été observé que la facilité d'ouverture de la procédure de sauvegarde pouvait contrarier le droit de la concurrence et c'est pourquoi il a été suggéré que le juge exerce un contrôle de conformité d'une sauvegarde au droit de la concurrence[2].

223.33 Invitation du tribunal à solliciter l'ouverture d'une conciliation en l'absence de difficulté que le débiteur ne peut surmonter. Avant la loi de modernisation de la justice du XXIe siècle, les textes restaient muets sur l'hypothèse d'un débiteur présentant des difficultés. La seule possibilité pour le tribunal était de rejeter la demande d'ouverture de la sauvegarde. Mais peu de tribunaux y étaient enclins, la sauvegarde ayant la cote dans le monde judiciaire. L'apport de la loi de modernisation de la justice du XXIe siècle apparaît intéressant à cet égard. Un alinéa 3 a été inséré à l'article L. 621-1 du code de commerce précisant que « lorsque la situation du débiteur ne fait pas apparaître de difficulté qu'il ne serait pas en mesure de surmonter, le tribunal invite celui-ci à demander l'ouverture d'une procédure de conciliation au président du tribunal ». Cette disposition ne serait pas applicable aux procédures en cours au jour de la publication de la loi de modernisation de la justice du XXIe siècle.

Ainsi, le débiteur est invité à se réorienter vers le président du tribunal pour solliciter l'ouverture d'une conciliation. La précision résulte clairement de l'alinéa 3 de l'article L. 621-1 (réd. loi de modernisation de la justice du XXIe siècle), qui indique que le tribunal saisi de la demande d'ouverture d'une sauvegarde statue sur la seule demande de sauvegarde. Il n'est pas compétent pour statuer sur l'ouverture d'une conciliation, la compétence appartenant exclusivement au président du tribunal.

1. Pétel, « Le nouveau droit des entreprises en difficulté : acte II – Commentaire de l'ordonnance n° 2008-1345 du 18 décembre 2008 », *JCP E* 2009. 1049, n° 14.
2. Voinot, « L'ouverture des procédures collectives », *Gaz. proc. coll.*, n° sp., 6-7 mars 2009, p. 10, sp. p. 12.

SECTI223.40

IMPOSILITÉ POUR LE DÉBTEUR DE SURMONTER SEUL DIFFICULTÉS

223.4 Impossibilité de surmonter seul les difficulté Le débiteur, tant avant l'ordonnance du 18 décbre 2008[3], que dpuis cette même ordonnance, it être dans l'impossibilité de surmonter ses diffltés.

Il doitre impossible au débiteur seul[4], dans des conditic classiques, c'et-à-dire sans recourir à la protecti judiciaire et au « parapluie de la procédure »[5] ui lui permettront d'obtenir remises et délais, de redresser durablement la situation. La preuve inmbe évidemment au chef d'entreprise[6], ainsi que ermet de s'en convaincre la lettre de l'article R21-1 du code de commerce, selon laquelle le débiteu « expose la nature des difficultés qu'il rencontre les raisons pour lesquelles il n'est pas en mesure e les surmonter ».

L'ouverture de la procédure de sauvegarde est complètemnt indépendante d'un recours préalable à une mesue de mandat *ad hoc* ou à une procédure de conciliaton, ainsi qu'a pu le préciser une juridiction[7], puisqu'elle est également une procédure préventive[8].

On aurait pu penser que le débiteur, personne morale, qui peut compter sur ses associés prêts à injecter de l'argent nouveau, n'est pas dans la situation décrite par la loi. Il faut que les méthodes classiques soient insuffisantes pour remédier aux difficultés de l'entreprise. La jurisprudence s'oriente autrement en considérant que la situation d'une société doit s'apprécier indépendamment de celle de ses associés, même si elle est dans un groupe de sociétés[9], ce qui a pu faire dire à un auteur qu'on

3. Ord. n° 2008-1345, 18 déc. 2008, préc.
4. AUSSI : Lucas et Lécuyer, « De la sauvegarde », *LPA* n° sp., 8 févr. 2006, n° 28, p. 23.
5. SAINT-ALARY-HOUIN, 9e éd., n° 423.
6. Saint-Alary-Houin, « L'ouverture de la procédure de sauvegarde », *Rev. proc. coll.* 2008/2, p. 85 s., sp. p. 86, n° 7.
7. Lyon, 3e ch. civ., 31 mai 2006, RG n° 2006/02245, *Gaz. proc. coll.* 2006/4, p. 5, note Lebel; *JCP E* 2006. 379, p. 1509, note Roussel Galle; *Rev. proc. coll.* 2006, p. 253, obs. Roussel Galle; *RTD com.* 2006. 675, n° 12, obs. Vallens; *RJ com.* 2007. 71, note Sortais.
8. Saint-Alary-Houin, « L'ouverture de la procédure de sauvegarde », *Rev. proc. coll.* 2008/2, p. 85 s., sp. p. 87, n° 9.
9. Com. 26 juin 2007, n° 06-20.820, *Bull. civ.* IV, n° 177; n° 1005 FSP+B+R+I; *D.* 2007. AJ 1864, obs. Lienhard; *D.* 2008. Pan. 570, obs. Lucas; *Gaz. proc. coll.* 2007/4, p. 20, note Lebel; *Act. proc. coll.* 2007/13, n° 145, note Vallansan; *JCP E* 2007. 2120, note Vallansan; *RD banc. fin.* juill.-août 2007, p. 23, n° 158, note Lucas; *Dr. sociétés* 2007, n° 177, note Legros; *Rev. proc. coll.* 2007/4, p. 223, n° 4, obs. Saintourens; *JCP E* 2008. Chron. 1207, n° 2, obs. crit. Pétel; *RJ com.* 2007. 359, note Roussel Galle; ▶

demande plus aux créanciers qu'aux associés qui est peut-être, sur un plan moral, illogique. l'auteur a ensuite concédé que la Haute juridic n'a pas voulu souhaiter donner un signe d'enco gement aux tentatives de remise en cause de l'a nomie des personnes morales, dans sa ligne ju prudentielle stricte élaborée en matière d'extens de procédure sur le fondement de la confusion patrimoines[2]. Il a en outre remarqué que la d culté aurait été de déterminer quels associés de ent être appelés : tous, certains d'entre eux, les m ritaires[3] ? Autant de difficultés... insurmontable

Le raisonnement tenu par la Cour de cassatio propos de filiales d'un groupe peut-il être transp à l'EIRL, qui pourrait ainsi bénéficier d'une pro dure de sauvegarde, alors que le patrimoine affecté permettrait aisément de régler les difficult La solution se recommande d'une lecture exégéti du texte de l'article L. 680-2 du code de comme obligeant de raisonner patrimoine par patrimoi Pour autant, serait-il bien moral d'imposer à créanciers une sauvegarde, alors que le débiteur *globo*, est dans une situation confortable ? La mo des affaires nous semble alors sérieusement attei, si l'on demande aux créanciers du patrimoe affecté des efforts, que le débiteur lui-même, sur autres patrimoines, ne veut pas consentir. Aidei, et tes créanciers t'aideront, serait-on tenté de di!

SECTION 223.50 DATE D'APPRÉCIATION DES CONDITIONS D'OUVERTURE

223.51 Date d'appréciation des difficultés La Cour de cassation a érigé en principe que les difficultés de nature à conduire à la cessation des paiements, critère d'ouverture de la sauvegarde sous l'empire de la loi du 26 juillet 2005[4], dans sa rédaction d'origine, ne doivent pas être appréciées au jour de la demande mais à celui où la juridiction statue en première instance, si elle ouvre la procédure de sauvegarde[5]. Une cour d'appel avait estimé au contraire qu'il ne devait être tenu compte que des moyens dont disposait le débiteur au jour de la demande[6]. Cette solution est condamnée par la Cour de cassation, qui, de manière particulièrement nette, juge que « les conditions d'ouverture de la procédure de sauvegarde doivent être appréciées au jour où il est procédé à cette ouverture »[7].

Si la question se pose devant la cour d'appel, il faudra en pratique distinguer selon que la sauvegarde a été ou non ouverte par le tribunal.

Si la sauvegarde a été ouverte, l'appréciation sera portée par la cour d'appel au jour de l'ouverture[8]. Seule cette solution permet de ne pas pénaliser le chef d'entreprise qui a, depuis l'ouverture de la sauvegarde, pris des mesures destinées au sauvetage de l'entreprise[9]. Toutefois, il est évident que cette appréciation sur l'éligibilité à la procédure de sauvegarde au jour où le tribunal a statué ne peut interdire à la cour d'appel de constater la cessation des paiements et, dans ce cas, elle ne réformera pas la décision, puisque le tribunal a bien statué. Elle utilisera la technique de la conversion en redressement judiciaire pour apparition de la cessation des paiements.

Si la sauvegarde n'a pas été ouverte, l'appréciation sera portée par la cour d'appel au jour où elle statuera[10].

▶ *Defrénois* 2007. 38675, p. 1575, n° 11, note Gibirila; *Rev. proc. coll.* 2008, p. 50, note Sonier et Ghalimi; *RJDA* 2008/2, p. 103, note Guyader; *Dr. et patr.* 2008, n° 172, p. 103, note Saint-Alary-Houin; *Bull. Joly* 2007. 1165, note Régnaut-Moutier; *LXB hebdo* n° 269, 18 juill. 2007, n° N9341BBL, note Le Corre – Versailles, 13e ch., 15 juin 2006, RG n° 06/01994, *JCP E* 2006. 2440; *JCP E* 2006. 379, note Roussel Galle; *JCP E* 2007. Chron. 1004, n° 1, obs. crit. Pétel; *Rev. proc. coll.* 2006/3, p. 225, obs. Fraimout et Roussel Galle; *LPA* 22 déc. 2006, n° 255, p. 14, note Prigent; *Defrénois* 2006. Chron. 38507, p. 1917, n° 7, note Gibirila; *Defrénois* 2007. 38675, p. 1575, n° 11, note Gibirila.

1. Pétel, note ss Com. 26 juin 2007, n° 06-20.820, *JCP E* 2008. Chron. 1207, n° 2, p. 29.
2. Pétel, « Les nouveaux critères d'ouverture (aspects juridiques) », *Dr. et patr.* déc. 2009, n° 187, p. 59, sp. p. 60.
3. Pétel, « Les nouveaux critères d'ouverture (aspects juridiques) », *Dr. et patr.* déc. 2009, n° 187, p. 59, sp. p. 60.
4. L. n° 2005-845, 26 juill. 2005, préc.
5. Com. 26 juin 2007, nos 06-17.821, 06-20.820, 2 esp., *Bull. civ.* IV, nos 176, 177; nos 1004, 1005 FS-P+B+R+I; réf. préc. (v. ss n° 223.41) – Versailles, 13e ch., 15 juin 2006, RG n° 06/01994, préc. (v. ss n° 223.41).
6. Versailles, 13e ch., 15 juin 2006, RG n° 06/01994, préc. (v. ss prést n°).
7. Com. 26 juin 2007, nos 06-17.821, 06-20.820, *Bull. civ.* IV, nos 176, 177, 2 esp.; nos 1004, 1005 FS-P+B+R+I; préc. (v. ss prést n°).
8. Paris, pôle 5, ch. 9, 25 févr. 2010, RG n° 09/22756, *D.* 2010. AJ 579, obs. note Dammann et Podeur; *Gaz. Pal.* 16-17 avr. 2010, nos 106, 107, p. 13, note Le Corre; *Bull. Joly* 2010. 211, note Lucas; *JCP E* 2010. Chron. 1742, n° 1, obs. Pétel; *Act. proc. coll.* 2010/8, n° 112, note Saintourens; *RD banc. fin.* 2010/3, n° 94, note Cerles; *Rev. proc. coll.* 2010/4, n° 152, p. 46, note Saintourens; *LPA* 9 mars 2010, n° 48, p. 12, note Teboul; Teboul; *Dr. et patr.* 2010, n° 196, p. 85, note Saint-Alary-Houin et Monsérié-Bon – *Adde*, Menjucq, « Affaire *Heart of La Défense* : incertitude sur le critère d'ouverture de la procédure de sauvegarde », *Rev. proc. coll.* 2010/3, § 11, p. 13.
9. Obs. ss Com. 26 juin 2007, n° 06-17.821, *Rev. proc. coll.* 2007/4, p. 223, n° 3, obs. Saintourens; *D.* 2008. Pan. 571, obs. Lucas; *JCP E* 2008. Chron. 1207, n° 1, obs. Pétel; *RJ com.* 2007. 359, sp. p. 363, n° 4, obs. Roussel Galle – Saint-Alary-Houin, « L'ouverture de la procédure de sauvegarde », *Rev. proc. coll.* 2008/2, p. 85, sp. p. 88, n° 13.
10. EN CE SENS AUSSI : Roussel Galle, note ss Com. 26 juin 2007, n° 06-17.821, *RJ com.* 2007. 359, sp. 363, n° 5.

La solution contraste singulièrement avec celle qui est classiquement posée pour savoir si le débiteur est ou non en état de cessation des paiements. En effet, la Cour de cassation estime que la cour d'appel doit apprécier l'état de cessation des paiements au jour où elle statue (v. s^s^ nº 221.25). Il faudra distinguer selon que la sauvegarde a été ou non ouverte par le tribunal. Si la sauvegarde a été ouverte, l'appréciation sera portée par la cour d'appel au jour de l'ouverture. Si la sauvegarde n'a pas été ouverte, l'appréciation sera portée par la cour d'appel au jour où elle statuera. Il est logique de décider que si les conditions d'ouverture de la procédure de traitement des difficultés existent au jour où la juridiction procède à l'ouverture de la procédure, cette dernière ne pourra être remise en cause au motif que les conditions auraient ultérieurement changé. On remarquera au demeurant que les conditions changent nécessairement dès le jour même de l'ouverture de la procédure de sauvegarde, du fait de la règle de l'arrêt des poursuites individuelles et de l'interdiction des paiements des créances antérieures, voire des créances postérieures non éligibles au traitement préférentiel. À suivre ce raisonnement, il faudrait systématiquement réformer les jugements d'ouverture de sauvegarde, car le risque de cessation des paiements s'éloigne considérablement du fait des restrictions atteignant les créanciers.

Une remarque s'impose toutefois. Si les difficultés qui ont conduit à l'ouverture de la procédure n'existent plus au jour où la cour d'appel statue, indépendamment de l'application de la règle de l'arrêt des poursuites individuelles et de celle de l'interdiction du paiement des créances, il peut paraître anormal de ne pas en tirer les conclusions. Or seul le débiteur, selon un parallélisme des formes par rapport au déclenchement même de la sauvegarde, peut saisir le tribunal pour qu'il soit mis à la sauvegarde. Le tiers opposant devant le tribunal ou devant la cour d'appel devrait, *de lege ferenda*, disposer du même droit. Il ne s'agirait pas alors de remettre en cause une décision d'ouverture, qui était fondée lorsqu'elle a été rendue.

Les solutions dégagées par la jurisprudence restent pleinement valables sous l'empire de l'ordonnance du 18 décembre 2008 [1], même si les conditions d'ouverture de la sauvegarde ont été modifiées.

223.52 Contrôle des difficultés. Une différence notable mérite cependant d'être apportée au regard du contrôle que devrait exercer la Cour de cassation entre la législation issue de la loi de sauvegarde des entreprises [2], dans sa rédaction d'origine, et la législation issue de l'ordonnance du 18 décembre 2008 [3]. La question se pose, sous l'empire de la loi de sau-garde des entreprises, dans sa rédaction d'origine, : déterminer s'il y a là une notion de fait ou une otion de droit, ce qui conditionne le contrôle de la otion. La notion de difficultés non pas insurmon-bles – appréciation *in abstracto* – mais de difficultés : nature à conduire à la cessation des paiements ie le débiteur ne peut surmonter – appréciation *in ncreto* [4] – semble incliner à penser que l'on est ici 1 présence d'une notion de fait, qui devrait être andonnée au pouvoir des juges du fond. La Cour : cassation s'est toutefois livrée à un contrôle léger : la légalité consistant à vérifier que les juges ont en recherché, d'une part, l'absence de cessation es paiements, d'autre part, l'existence de difficultés ie le débiteur ne peut surmonter [5].

Si l'on peut comprendre que la Cour de cassation erce un contrôle, certes léger, sur les difficultés de ature à conduire à la cessation des paiements, la férence à cette notion juridique pouvant permet-: d'expliquer ce contrôle, on voit en revanche plus fficilement le contrôle que pourrait exercer la our de cassation sur une notion aussi floue que lle de « difficultés que le débiteur ne peut surmon-: », résultant de l'ordonnance du 18 décembre 08. Il s'agit là, nous semble-t-il, d'une question fait, qui devrait, logiquement, être abandonnée à ppréciation souveraine des juges du fond. La doc-ne n'est toutefois pas unanime, certains auteurs ntinuant à prôner un contrôle léger de la part de Cour de cassation sur la notion de difficultés que débiteur ne peut surmonter [6] et, sous l'empire de loi de sauvegarde non réformée, l'absence de ces-sation des paiements. Ainsi, la Cour de cassation a-t-elle reproché à une cour d'appel, dans l'affaire Cœur Défense, d'avoir méconnu l'objet du litige, en se focalisant sur une exécution contractuelle plus onéreuse, du fait d'un surcoût lié à la souscription d'un nouveau contrat de couverture du risque de

1. Ord. nº 2008-1345, 18 déc. 2008, préc.
2. L. nº 2005-845, 26 juill. 2005, préc.
3. Ord. nº 2008-1345, 18 déc. 2008, préc.
4. Lyon, 3e ch. civ., 31 mai 2006, RG nº 2006/02245, *Gaz. proc. coll.* 2006/4, p. 5, note Lebel; *JCP E* 2006. 379, note Roussel Galle; *Rev. proc. coll.* 2006, p. 253, obs. Roussel Galle; *RTD com.* 2006. 675, nº 12, obs. Vallens; *RJ com.* 2007. 71, note Sortais – *Adde*, Voinot, « La nouvelle procédure de sauvegarde », *Gaz. Pal.* 7-8 sept. 2005, nº sp., p. 24, sp. p. 31, nº 30 – J.-CL. COM., Dumont-Lefrand., fasc. 2152, [Procédure de sauvegarde], 2006, nº 9 – Roussel Galle, « L'ouverture des procédures », *D.* 2009. 644, sp. 648, nº 18 – VALLENS, 2012, nº 2960 – TOUTEFOIS : Pétel, « Les nouveaux critères d'ouverture (aspects juridiques) », *Dr. et patr.* déc. 2009, nº 187, p. 59, sp. p. 62.
5. Saint-Alary-Houin, « L'ouverture de la procédure de sauvegarde », *Rev. proc. coll.* 2008/2, p. 85, sp. p. 86, nº 7 – Pételt, « Les nouveaux critères d'ouverture (aspects juridiques) », *Dr. et patr.* déc. 2009, nº 187, p. 59, sp. p. 62.
6. Pétel, « Les nouveaux critères d'ouverture (aspects juridiques) », *Dr. et patr.* déc. 2009, nº 187, p. 59, sp. p. 62.

variation du taux d'intérêt du prêt accordé au débiteur, alors que ce dernier n'avait pas seulement prétendu au caractère plus onéreux, mais avait indiqué que le surcoût était insurmontable et, que, au surplus, il était théorique faute de marché, personne à l'époque des faits [en 2008, en pleine crise financière] ne prêtant de sommes importantes et n'assurant de tels prêts[1].

SECTION 223.60

CONVERSION DE LA POCÉDURE DE SAUVEGARDE EN PROCÉDURE DE REDRESSEMENT OU DE LIQUIDATION JUDICIAIRE

223.61 Conversion de la sauvegarde en redressement ou en liquidation judiciaire. La procédure de sauvegarde ne peut être ouverte qu'en l'absence d'état de cessation des paiements. C'est pourquoi deux textes du code de commerce régissent le sort de la procédure de sauvegarde lorsque l'état de cessation des paiements est caractérisé pendant la période d'observation et prévoient une conversion de la procédure en redressement, voire en liquidation judiciaire. Précisions qu'en présence d'un entrepreneur individuel à responsabilité limitée, la cessation des paiements ne s'appréciera qu'au regard du patrimoine du chef duquel le débiteur a été placé sous sauvegarde.

Dans une première hypothèse, le tribunal s'est trompé dans son appréciation, lors de l'ouverture de procédure. L'entorse aux principes gouvernant l'acte juridictionnel est évidente[2]. La question de l'état de cessation des paiements n'est pas définitivement tranchée[3]. Il n'y a pas autorité de chose jugée sur ce point[4]. La conversion en redressement judiciaire apparaît alors comme la technique adaptée à la rectification de l'erreur d'appréciation (C. com., art. L. 621-12). Pour opérer la conversion automatique de la sauvegarde en redressement judiciaire, le pouvoir a été reconnu au tribunal de se saisir d'office de la conversion en redressement judiciaire. En ce cas, la sanction de l'interdiction de gérer pourra être appliquée si le délai de quarante-cinq jours pour saisir le tribunal aux fins d'ouverture d'une procédure de redressement judiciaire n'a pas été respecté, l'ouverture préalable d'une procédure de sauvegarde n'y faisant pas obstacle[5]. La solution a été modifiée par l'ordonnance du 26 septembre 2014[6] (v. s[s] n° 223.62).

La conversion de la sauvegarde supposera toutefois que la cessation des paiements persiste au jour où le tribunal est appelé à statuer sur la question. Si tel n'est plus le cas, *il n'y pas d'obstacle pour le débiteur* à obtenir la clôture de sa procédure, sur démonstration que les difficultés qui ont conduit à l'ouverture de la procédure ont disparu[7].

Dans une seconde hypothèse, la cessation des paiements, qui n'existait pas avant l'ouverture de la procédure, intervient pendant la période d'observation. Il y a également place à conversion de la sauvegarde en redressement, voire en liquidation judiciaire, si les conditions sont réunies (C. com., art. L. 622-10, al. 2). Il a été indiqué que cette situation devrait être rare, du fait de la règle de l'arrêt des poursuites individuelles qui s'applique aux créanciers antérieurs à l'ouverture de la procédure de sauvegarde. Le débiteur sera en outre aidé par l'interdiction nouvelle de payer les créances postérieures non éligibles au traitement préférentiel réservé à certains créanciers postérieurs[8]. En pratique, il faudrait supposer une accumulation de dettes d'exploitation nées après l'ouverture de la procédure[9]. Il pourra s'agir de dettes intragroupes, peu important que le paiement en ait été demandé, dès lors qu'elles sont exigibles, les relations économiques au sein d'un groupe de sociétés ne conduisant pas chacune de celles-ci à renoncer à recouvrer ses créances[10].

Il se peut toutefois que l'appréciation de la cessation des paiements dans la procédure de sauvegarde soit menée en faisant abstraction de l'interdiction de payer les créances antérieures à la sauvegarde, c'est-à-dire comme s'il n'y avait pas eu ouverture d'une sauvegarde[11]. La solution se recommanderait d'une analogie avec la caractérisation de l'état de cessation des paiements par la cour d'appel, lorsqu'elle a

1. Com. 8 mars 2011, n°s 10-13.988, 10-13.989, 10-13.990, préc. (v. s[s] n° 223.21).
2. Lucas et Lécuyer, « De la sauvegarde », *LPA* n° sp., 8 févr. 2006, n° 28, p. 23, sp. p. 24.
3. Lécuyer, « De la sauvegarde », *LPA* n° sp., 8 févr. 2006, n° 28, p. 23, sp. p. 39.
4. Vinckel, « Le nouveau régime de la période suspecte dans la loi n° 2005-845 du 26 juillet 2005 et le décret n° 2005-1677 du 28 décembre 2005 : une réforme en trompe l'œil » *JCP E* 2006, n° 1118, p. 129, sp. p. 131, n° 9.
5. Interv. Xavier de Roux, *JOAN CR*, 2e séance du 3 mars 2005, p. 1653.
6. Ord. n° 2014-1088, 26 sept. 2014, *JO* 27 sept., p. 15725.
7. Orléans, 28 juin 2012, RG n° 11/003291.
8. Roussel Galle, « La procédure de sauvegarde – Quand et pourquoi se mettre sous la protection de la justice », *JCP E* 2006. 2437, n° 37 – Vinckel, « L'option entre les procédures préventives du nouveau droit des entreprises en difficulté : analyse des risques », *LPA* 12 juin 2006, p. 7, sp. p. 11, n° 12.
9. *Rapp. Xavier de Roux*, n° 2095, p. 197.
10. Com. 24 mars 2009, n° 08-12.212, NP, *Gaz. proc. coll.* 2009/3, p. 13, n° 2, note Lebel; *Act. proc. coll.* 2009/8, n° 121, note Vallansan; *Bull. Joly* 2009. 691, note Lucas; *Rev. proc. coll.* 2009/5, n° 107, note Saintourens – Com. 24 mars 2009, n° 08-12.213, NP – Com. 24 mars 2009, n° 08-12.214, NP – Com. 24 mars 2009, n° 08-12.215, NP.
11. PÉROCHON, 10e éd., n° 404.

réformé ou annulé le jugement d'ouverture et qu'elle est amenée, au jour où elle statue, à apprécier l'état de cessation des paiements. En ce cas, en effet, la cour d'appel fait abstraction de l'interdiction du paiement des créances antérieures au jugement d'ouverture et fixe le passif exigible en prenant en compte toutes les dettes exigibles à cette date.

Cette seconde solution nous semble préférable. Elle est conforme à la *ratio legis*, qui interdit d'appliquer au débiteur une procédure qu'il ne mérite pas et dont il ne doit plus bénéficier, si ce n'est par l'artifice d'une application mécanique de règles – arrêt des poursuites individuelles et des voies d'exécution, interdiction des paiements – qui ont été déclenchées du fait de l'ouverture de la procédure de sauvegarde, laquelle présupposait l'absence de cessation des paiements. L'opinion contraire a toutefois de fervents partisans[1].

Même si la cour d'appel doit apprécier l'état de cessation des paiements au jour où elle statue, elle peut retenir le fait que le débiteur fasse état dans ses conclusions d'appel d'un passif de près de 200 000 euros sans alléguer que pour y faire face son actif disponible d'environ 12 000 euros figurant au bilan à une certaine date, aurait été différent à la date à laquelle la cour d'appel a statué[2].

223.62 Modalités procédurales de la conversion de la sauvegarde en redressement ou en liquidation judiciaire. Deux hypothèses doivent ici être distinguées.

Lorsque la cessation des paiements préexiste à l'ouverture de la sauvegarde (C. com., art. L. 621-12, al. 2), la saisine du tribunal aux fins de conversion de la procédure de sauvegarde en redressement judiciaire sera l'œuvre de l'administrateur ou du mandataire judiciaire, ou enfin du ministère public, lorsque la cessation des paiements préexistait à l'ouverture (C. com., art. L. 621-12, al. 2). Elle ne pourra, même si la solution a été critiquée[3], être l'œuvre du débiteur, qui a demandé à tort l'ouverture de la sauvegarde[4]. L'idée avait été avancée que la sanction de l'interdiction de gérer pouvait être appliquée si le délai de quarante-cinq jours pour saisir le tribunal aux fins d'ouverture d'une procédure de redressement judiciaire n'avait pas été respecté, l'ouverture préalable d'une procédure de sauvegarde n'y faisant pas obstacle[5], alors même que la conversion en redressement judiciaire par le débiteur était impossible en un tel cas.

L'article 20 de l'*ordonnance du 12 mars 2014*[6] tient compte de la critique et modifie la solution pour ouvrir la saisine au débiteur. Sans doute faut-il comprendre qu'il y aura place à sanction si le débiteur ne saisit pas le tribunal aux fins de conversion.

Pour opérer cette conversion de la sauvegarde en redressement judiciaire, le pouvoir a également été reconnu au tribunal de se saisir d'office (C. com., art. L. 621-12, al. 2). Cette dernière solution autorise, à notre sens, le tribunal qui statue sur la tierce-opposition à l'encontre du jugement d'ouverture, à ouvrir d'office la procédure de redressement judiciaire, après avoir rétracté la décision d'ouverture de la sauvegarde.

L'ordonnance du 12 mars 2014, qui a supprimé un certain nombre de cas de saisine d'office, n'a pas supprimé celui-ci. L'article R. 621-26 du code de commerce n'a pas été modifié. Il prévoit toujours, lorsqu'il y a place à une saisine d'office, l'application de l'article R. 631-3 Cependant, cette dernière disposition a été modifiée par le décret du 30 juin 2014[7] (art. 79). L'alinéa 1 précise désormais que « lorsque le tribunal exerce son pouvoir d'office et à moins que les parties intéressées n'aient été invitées préalablement à présenter leurs observations, le tribunal fait convoquer le débiteur à la diligence du greffier par lettre recommandée avec demande d'avis de réception, à comparaître dans le délai qu'il fixe ». L'alinéa 2 précise que, « à la convocation est jointe une note dans laquelle sont exposés les faits de nature à motiver l'exercice par le tribunal de son pouvoir d'office ».

La cour d'appel de Douai a transmis à la Cour de cassation une question prioritaire de constitutionnalité sur cette saisine d'office, prenant appui sur une atteinte à des droits fondamentaux et des garanties essentielles, soit le droit à un recours effectif au juge et les droits de la défense, principes dégagés par le Conseil constitutionnel et tirés de l'article 16 de la déclaration des droits de l'homme et du citoyen de 1789 et de l'article 1er du préambule de la Constitution du 27 octobre 1946[8]. La Cour de cassation a transmis cette question au Conseil constitutionnel[9]. Le Conseil Constitutionnel a considéré comme conforme à la Constitution cette saisine d'office au motif que le tribunal, en convertissant d'office la sauvegarde en un redressement judiciaire, ne se saisit pas d'une nouvelle instance au sens et pour l'application des exigences constitutionnelles. La

1. Lucas, note s[5] Com. 24 mars 2009, n° 08-12.212, *Bull. Joly* 2009. 691.
2. Com. 5 mai 2015, n° 14-11.706, NP, n° 402 F-D.
3. Pérochon, 9e éd., n° 1053.
4. Mastrullo, « La conversion de la sauvegarde en redressement judiciaire », *Rev. proc. coll.* 2008, p. 41, sp. p. 45, n° 25.
5. Interv. Xavier de Roux, *JOAN CR*, 2e séance du 3 mars 2005, p. 1653.
6. Ord. n° 2014-326, 12 mars 2014, préc.
7. D. n° 2014-736, 30 juin 2014, *JO* 1er juill., p. 10834.
8. Douai, 2e ch., 2e sect., 17 juill. 2014, RG n° 14/01469.
9. Com. 21 oct. 2014, n° 14-40.038 QPC, NP, *Rev. proc. coll.* 2015, comm. 22, note Lebel.

faculté pour liuge d'exercer certains poirs d'office dans le dre de l'instance dont il saisi ne méconnaît pa e principe d'impartialité lors qu'elle est justifié par un motif d'intérêt gal et exercée dans le reect du principe du coadictoire[1].

Avant même que Cour de cassation t statué, l'ordonnance a sprimé la possibilité la saisine d'office (C. co, art. L. 621-12, a, réd. ord., art. 2). La soluti est applicable aux cédures en cours lors de l'trée en vigueur dordonnance du 26 septembre014[2], soit le 28 sembre, du fait de sa publicatiou *JO* du 27 septore.

Le jugement de convsion sur le cont de la préexistence de la cessatio des paiements ouverture de la sauvegarde fait, n application d'article R. 621-26, alinéa 4, l'objt d'une commication aux personnes citées à l'artle R. 621-7 ets publicités visées à l'article R. 62-8. Il fait do notamment l'objet d'un avis d'insrtion au *Bod*.

En cas de caractérisation le l'état de cetion des paiements en cours de procédure de saugarde, le ministère public, le débiteur, le mandaire judiciaire et l'administrateur pourront saisir tribunal. Ils saisiront le tribunal par voie de requé.

Le tribunal peut également se sar d'office (C. com., art. L. 622-10, al. 2). L'articR. 622-11, alinéa 1, qui envisage la saisine d'offi, renvoie à l'article R. 631-3. Les règles précédemnnt exposées pour l'hypothèse de la conversion enas de cessation des paiements qui préexiste à l'overture de la sauvegarde sont identiquement applicbles ici.

En cas de conversion intéressant un exploitant agricole, la saisine préalable au prononcé du redressement judiciaire, aux fins de désignation d'un conciliateur, n'aura pas à être respectée[3].

Cette décision, qui ne constitue pas un jugement d'ouverture, mais seulement un jugement de conversion, suppose néanmoins le respect de la règle du contradictoire. Le débiteur doit être auditionné, ou à tout le moins convoqué.

La décision de conversion de la sauvegarde en redressement judiciaire est, selon l'article R. 622-11 du code de commerce, communiquée aux mêmes personnes que le jugement d'ouverture, à savoir aux mandataires de justice désignés, au procureur de la République et au trésorier général du département dans lequel le débiteur a son siège et à celui du département dans lequel se trouve son principal établissement. Elle fait, en application du même article, l'objet d'une mention aux registres et répertoires (v. s[s] n° 233.34). Si le débiteur est commerçant, elle est notamment mentionnée d'office au registre du commerce et des sociétés, avec l'indication, le cas échéant, des pouvoirs de l'administrateur judiciaire (D. 30 mai 1984[4], art. 36-3, 2°, réd. D. 28 déc. 2005[5], art. 353, 2°). Le décret du 28 décembre 2005 avait oublié, à notre sens, de prévoir qu'elle faisait l'objet des mêmes mesures de publicité que le jugement d'ouverture, notamment une publicité au *Bodacc* (v. s[s] n° 233.33). Cet oubli a été réparé par l'article 46 du décret du 23 décembre 2006, qui a modifié le décret du 28 décembre 2005 d'application de la loi de sauvegarde des entreprises. En conséquence, que la conversion intervienne sur le constat de la préexistence de la cessation des paiements à l'ouverture de la sauvegarde (C. com., art. R. 621-26, al. 4 [anc[t] D. 28 déc. 2005, art. 76, al. 4]) ou de l'apparition de l'état de cessation des paiements pendant la période d'observation de la sauvegarde (C. com., art. R. 622-11, al. 4 [anc[t] D. 28 déc. 2005, art. 86, II, al. 4]), le jugement de conversion sera publié au *Bodacc*.

223.63 Modalités procédurales de la conversion de la sauvegarde en redressement judiciaire en cas d'imminence de l'état de cessation des paiements. L'une des grandes nouveautés du texte (ord. 18 déc. 2008[6], art. 24) est de prévoir la possibilité de conversion en redressement judiciaire, à la seule demande du débiteur, si l'adoption d'un plan de sauvegarde est manifestement impossible et si la clôture de la procédure de sauvegarde devait conduire, de manière certaine et à bref délai, à la cessation des paiements (C. com., art. L. 622-10, al. 3). La question a déjà été traitée (v. s[s] n° 221.37). Contentons-nous ici d'apporter des précisions d'ordre procédural.

Si les règles précédemment décrites pour la conversion de la sauvegarde en redressement judiciaire, en cas de caractérisation de l'état de cessation des paiements pendant la période d'observation, sont applicables lorsque la conversion intervient en l'absence de cessation des paiements, lorsque celle-ci est imminente et lorsque le débiteur n'a pas obtenu un plan de sauvegarde, en revanche, la saisine aux fins de conversion n'appartient ici qu'au seul débiteur, ainsi que le précise clairement l'article L. 622-10, alinéa 3 du code de commerce, dans sa rédaction issue de l'ordonnance de réforme (ord. 18 déc. 2008, art. 24).

1. Cons. const. 16 janv. 2015, n° 2014-438 QPC, *JO* 18 janv, p. 842; *BJE* 2015, 108, note Favario et obs. Rossi; *JCP E* 2015. 1067, note Brignon; *Rev. sociétés* 2015. 201, note Henry; *Rev. proc. coll.* 2015, comm. 22, note Lebel.
2. Ord. n° 2014-1088, 26 sept. 2014, préc.
3. *Rapp. Xavier de Roux*, n° 2095, p. 198.
4. D. n° 84-406, 30 mai 1984, *JO* 31 mai, p. 1699.
5. D. n° 2005-1677, 28 déc. 2005, préc.
6. Ord. n° 2008-1345, 18 déc. 2008, préc.

Ordonnance du 12 mars 2014[1]. L'article 22 de l'ordonnance du 12 mars 2014 envisage une autre hypothèse de conversion de la sauvegarde en redressement judiciaire : celle dans laquelle aucun plan de sauvegarde n'a été adopté par le vote des comités de créanciers et le cas échéant de l'assemblée des obligataires. L'alinéa 3 de l'article L. 622-10 du code de commerce, qui résulte de l'ordonnance du 12 mars 2014, permet de convertir la procédure en un redressement judiciaire. La conversion ne sera pas ici sollicitée par le débiteur, mais par le ministère public, le mandataire judiciaire ou l'administrateur judiciaire.

223.64 Voies de recours à l'encontre de la décision statuant sur la conversion de la sauvegarde en redressement ou en liquidation judiciaire. La décision de conversion d'une sauvegarde en redressement judiciaire, voire en liquidation judiciaire, n'est pas un jugement d'ouverture. Faute de texte particulier réglementant les voies de recours, le droit commun doit trouver application[2], sous l'empire de la loi du 26 juillet 2005[3], dans sa rédaction d'origine.

L'appel est donc ouvert aux parties dans les dix jours de la notification.

Cette solution est clairement affirmée par l'article 146 de l'ordonnance du 18 décembre 2008[4]. Le 4° du I de l'article L. 661-1 du code de commerce dispose, en ce sens, que sont susceptibles d'appel et de pourvoi en cassation « les décisions statuant sur la conversion de la procédure de sauvegarde en redressement judiciaire de la part du débiteur, de l'administrateur, du mandataire judiciaire et du ministère public ». Notons seulement ici que les institutions représentatives du personnel ne seront pas recevables à exercer un recours sur la décision de conversion de la sauvegarde en redressement judiciaire.

Dans le silence des textes, avant l'ordonnance du 18 décembre 2008, la tierce opposition est également ouverte aux tiers dans les dix jours de la publication au *Bodacc* du jugement de conversion. L'intérêt à agir du tiers devrait être rare. On pourrait toutefois songer aux garants personnes physiques qui ont intérêt à la sauvegarde, plus protectrice de leurs droits que le redressement judiciaire, ainsi qu'aux créanciers bénéficiaires de ces garanties, si la décision rejetait la demande de conversion en redressement judiciaire.

L'article 147 de l'ordonnance du 18 décembre 2008 modifie la première phrase de l'article L. 661-2 du code de commerce, qui énonce désormais que « Les décisions mentionnées au 1° à 5° du I de l'article L. 661 à l'exception du 4°, sont susceptibles de tierce opposition ».

Ainsi sont susceptibles de tierce opposition : les décisions statuant sur la conversion de la sauvegarde en redressement judiciaire en liquidation judiciaire.

L'article L. 661-2 du code de commerce exclut clairement, en revanche, la recevabilité de la tierce opposition à l'encontre des décisions visées au 4° du I de l'article L. 661-1 du code de commerce, c'est-à-dire les décisions statuant sur la conversion de la procédure de sauvegarde en redressement judiciaire, alors que ces mêmes décisions sont susceptibles d'appel. Une cour d'appel a statué en ce sens[5]. La tierce-opposition nullité reste, en théorie recevable, en cas d'excès de pouvoir, qui ne peut résulter d'une appréciation sur l'opportunité de la conversion[6].

La solution est applicable, faute de distinction du texte, même si la conversion en redressement judiciaire de la procédure de sauvegarde intervient sans cessation des paiements, comme le permet, de manière exceptionnelle, l'article L. 622-10, alinéa 3 du code de commerce, dans sa rédaction issue de l'ordonnance du 18 décembre 2008 (ord. 18 déc. 2008, art. 4), à la seule demande du débiteur, si l'adoption d'un plan de sauvegarde est manifestement impossible et si la clôture de la procédure de sauvegarde doit conduire, de manière certaine et à bref *délai*, à la cessation des paiements (v. s[s] n° 221.37).

Signalons, pour le surplus, que l'ordonnance du 18 décembre 2008 ne modifie pas la seconde phrase de l'article L. 661-2 du code de commerce, selon laquelle « Le jugement statuant sur la tierce-opposition est susceptible d'appel et de pourvoi en cassation de la part du tiers opposant. »

223.65 Effets de la conversion de la sauvegarde en redressement judiciaire. La conversion de la procédure de sauvegarde en redressement judiciaire assure une continuité de la même procédure. Conversion n'est pas ouverture[7]. Il faut en tirer la conséquence que les obligations qui s'imposent à un créancier, en cas d'ouverture de la procédure, n'ont pas lieu d'être en cas de conversion. Il en est ainsi de l'obligation de déclarer la créance ou encore de l'obligation de revendiquer. Symétriquement, la conversion de la procédure de sauvegarde en redressement judiciaire n'a pas pour effet d'ouvrir un nouveau délai pour accomplir ces formalités obligatoires. Ainsi, le créancier qui n'a pas déclaré sa créance dans les deux mois de la publication du jugement d'ouverture de la sauvegarde ne saurait déclarer

1. Ord. n° 2014-326, 12 mars 2014, préc.
2. AUSSI : PÉROCHON ET BONHOMME, 7e éd., n° 349.
3. L. n° 2005-845, 26 juill. 2005, préc.
4. Ord. n° 2008-1345, 18 déc. 2008, préc.
5. Versailles, 13 nov. 2014, *BJE* 2015, 87, note Fort.
6. Versailles, 13 nov. 2014, préc.
7. AUSSI : Legros, « Convertir n'est pas ouvrir », *Dr. sociétés* 2015, repère 9.

ensuite au redressement judiciaire. Si la conversion intervient à l'intérieur du délai de déclaration des créances, le temps du délai déjà couru depuis la publication du jugement d'ouverture de redressement judiciaire doit être comptabilisé, seul subsistant le délai restant à courir jusqu'à l'expiration du délai de deux mois dont le point de départ est invariablement fixé au jugement d'ouverture.

Une difficulté pourrait survenir si la conversion de la sauvegarde en redressement judiciaire intervient avant publication du jugement d'ouverture de la sauvegarde. En ce cas, si le jugement d'ouverture de la sauvegarde est publié avant le jugement de conversion en redressement ou en liquidation judiciaire, le point de départ du délai de déclaration de créance sera, sans difficulté, fixé à la publication au *Bodacc* du jugement d'ouverture de la sauvegarde.

Si le jugement d'ouverture de la sauvegarde est, à la suite d'une erreur, publié après le jugement de conversion, la publication du jugement d'ouverture fera courir le délai de déclaration des créances.

Enfin, si le jugement d'ouverture de la sauvegarde n'est pas publié, à la suite d'un oubli, la publication du jugement de conversion en redressement ou en liquidation judiciaire n'aura, à notre sens, pas pour effet de faire courir le délai de déclaration des créances.

Il faut cependant tenir compte du fait que la procédure de sauvegarde est ouverte sans cessation des paiements, alors que cette dernière est une condition du prononcé du redressement judiciaire. C'est pourquoi, en cas de conversion de la procédure de sauvegarde en procédure de redressement judiciaire, le tribunal devra fixer la date de cessation des paiements. Un amendement tendait à imposer au tribunal une décision motivée. Cet amendement a été retiré pour ne pas faciliter l'engagement d'actions en sanctions à l'encontre des chefs d'entreprises concernés [1]. La difficulté qui tient à la conversion de la sauvegarde en redressement judiciaire sans cessation des paiements, lorsque le débiteur, d'une part, n'a pas obtenu son plan de sauvegarde et que, d'autre part, son état de cessation est imminent, a déjà été évoquée (v. s[s] n° 222.27).

Le tribunal pourra aussi reporter la date de cessation des paiements sur saisine de l'administrateur, du mandataire judiciaire et du ministère public. Il pourra se saisir au besoin d'office (C. com., art. L. 621-11, al. 2). La saisine d'office du tribunal n'a pas été ici écartée, sur l'observation que le tribunal conserve la possibilité de se saisir d'office aux fins d'ouverture d'un redressement ou d'une liquidation judiciaires [2]. La date reportée ne pourra être antérieure à la date de la décision définitive homologuant l'accord de conciliation (v. aussi s[s] n° 222.25).

Il lui appartient ensuite de redéfinir, le cas échéant, la mission de l'administrateur judiciaire qui aurait été nommé.

Dans le redressement judiciaire, l'administrateur ne peut pas avoir mission de surveillance, contrairement à l'hypothèse de la procédure de sauvegarde. Dans la procédure de sauvegarde, l'administrateur ne peut avoir mission de représentation, laquelle peut lui être confiée dans la procédure de redressement judiciaire.

La durée de la période d'observation de la procédure de sauvegarde ne devrait en principe pas être modifiée. Il en résulte qu'il faudrait imputer la durée de la période d'observation écoulée au titre de la procédure de sauvegarde sur celle restant à courir au titre du redressement judiciaire. Le législateur a fait ici fait preuve de pragmatisme. En effet, le tribunal pourra, si nécessaire, modifier la durée de la période d'observation (v. s[s] n° 411.12). Il faut laisser au tribunal la possibilité d'examiner de nouvelles solutions. C'est pourquoi il apparaît « de bon sens de permettre au tribunal de fixer comme il l'entend la période d'observation à la suite de la conversion » [3]. C'est le sens de l'article L. 622-10, alinéa 4 du code de commerce.

La loi de modernisation de la justice du XXIe siècle a entendu préciser davantage. Elle reprend la solution selon laquelle le tribunal peut, si nécessaire, modifier la durée de la période d'observation. Mais elle ajoute, de manière, plus précise, que le tribunal peut aussi prolonger la période d'observation pour une durée maximale de six mois (C. com., art. L. 621-12, al. 1, réd. loi de modernisation de la justice du XXIe siècle). Ce texte intéresse spécifiquement l'hypothèse de la conversion de la sauvegarde en redressement judiciaire, en cas de préexistence de l'état de cessation des paiements à l'ouverture de la sauvegarde. Mais la même solution est posée par l'article L. 622-10, avant dernier alinéa (réd. loi de modernisation de la justice du XXIe siècle), pour le cas de la conversion de la sauvegarde en redressement judiciaire, en cas d'apparition de l'état de cessation des paiements après ouverture de la sauvegarde.

Une difficulté particulière se présente, pour les garants du débiteur, qui est de savoir si la conversion de la sauvegarde en redressement ou en liquidation judiciaire les autorisera à continuer à bénéficier de la règle de l'arrêt du cours des intérêts (v. s[s] n° 723.35).

1. Amend. de Philippe Houillon, *in Rapp. Xavier de Roux*, n° 2095, p. 201.

2. *Rapp. J.-J. Hyest*, n° 335, p. 181.
3. *Rapp. Xavier de Roux*, n° 2095, p. 199 – *Adde, Rapp. J.-J. Hyest*, n° 335, p. 195.

CHAPITRE

224. Sauvegarde accélérée

SECTION 0
ORIENTEUR

224.00 **Plan du chapitre.**

Sect. 224.10 Critère d'ouverture d'une sauvegarde accélérée

Sect. 224.20 Ouverture de la sauvegarde accélérée

Sect. 224.30 Application de principe des règles de la sauvegarde sauf dispositions contraires

Sect. 224.40 Période d'observation de la sauvegarde accélérée

Sect. 224.50 Effets de la sauvegarde accélérée

Sect. 224.60 Particularités du plan de sauvegarde accélérée

224.01 **Textes applicables.** (V. les références complètes s^s n° 011).

> Législation issue de l'ordonnance du 12 mars 2014.

C. com., art. L. 628-1 à L. 628-8

C. com., art. R. 628-1, R. 628-2, D. 628-3, R. 628-4 à R. 628-12

224.03 **Bibliographie indicative.** (V. les références complètes s^s n° 031).

> Ouvrages. VIDAL ET GIORGINI, n°s 943 à 969.

> Articles. Jazottes G., « La mise en place d'une nouvelle procédure de sauvegarde accélérée et le maintien de la sauvegarde financière accélérée », interv. Colloque Besançon 10 oct. 2014, *Gaz. Pal.* 31 déc. 2014, n° 365, 9 – Lucas F.-X., « Le banquier et les nouvelles procédures : sauvegarde accélérée et sauvegarde financière accélérée », Le Corre-Broly (dir.), *Contentieux bancaire des procédures collectives,* Bruylant, 2014, p. 177 – Pérochon F., « Procédures avec comités de créanciers, sauvegarde accélérée et SFA, après l'ordonnance du 12 mars 2014 », *BJE* mai 2014, 180 – Pérochon F. et Bourbouloux M.-H., « La procédure de sauvegarde et ses variantes », *Rev. proc. coll.* 2014, dossier 30 – Reille F., « La sauvegarde accélérée issue de l'ordonnance du 12 mars 2014 », *Gaz. Pal.* 6 avr. 2014, n° 96, p. 10 – Saint-Alary-Houin C., « La généralisation de la SFA ? », *Rev. proc. coll.* 2014, dos. 11 ; « De la procédure de sauvegarde financière accélérée à la procédure de sauvegarde accélérée : de la SFA à la PSA », *Rev. proc. coll.* 2014, dossier 17.

224.04 **Questions principales.**

• Un débiteur en état de cessation des paiements peut-il bénéficier d'une sauvegarde accélérée ?

* V. s^s n° 224.

• Le propriétaire de meuble peut-il revendiquer dans une sauvegarde accélérée ?

* V. s^s n° 224.2.

• Que se passe-t-il si le plan n'est pas adopté ?

* V. s^s n° 224.4.

224.09 **Création de la sauvegarde accélérée.** L'article 48 de l'ordonnance du 12 mars 2014[1] crée la sauvegarde accélérée, la sauvegarde financière accélérée n'étant plus qu'une variante de la sauvegarde accélérée, limitée à certains créanciers, ainsi que cela résulte de l'article L. 628-9 du code de commerce. Ainsi que l'ont bien résumé certains auteurs, il y a désormais trois poupées russes : la sauvegarde de droit commun, dans laquelle s'emboîte la sauvegarde accélérée, dans laquelle peut enfin s'emboîter la sauvegarde financière accélérée[2]. Il s'agit plus là de « haute couture que du prêt-à-porter »[3].

L'article L. 628-1, alinéa 1er du code de commerce, qui résulte de l'article 48 de l'ordonnance du 12 mars 2014, reprend très exactement la rédaction existante, en substituant à l'expression « sauvegarde financière accélérée » celle de « sauvegarde accélérée ». Cette pseudo variante de la sauvegarde est soumise, procédure « mâtinée de conciliation »[4],

1. Ord. n° 2014-326, 12 mars 2014, *JO* 14 mars, p. 5249.
2. Saint-Alary Houin « De la procédure de sauvegarde financière accélérée à la procédure de sauvegarde accélérée : de la SFA à la PSA », *Rev. proc. coll.* 2014, dossier 17, n° 5 – Pérochon, « Procédures avec comités de créanciers, sauvegarde accélérée et SFA, après l'ordonnance du 12 mars 2014 », *BJE* mai 2014, 180.
3. Champalaune C., « Un nouveau droit des entreprises en difficulté. Propos introductifs », interv. Colloque Cedag, Paris V, 1er juill. 2014, *Rev. proc. coll.* 2014, dossier 27, n° 7.
4. PÉROCHON, 10e éd., n° 256.

selon la disposition, aux règles de la sauvee droit commun, sous réserve des dispositions du e 8 du titre II du livre VI du code de commerce et deion de quelques dispositions du droit commun de la rde.

SECTION 224.10
CRITÈRE D'OUVERTURE D'UNE SAUVEG ACCÉLÉRÉE

224.11 Exigence d'une procédure de iliation en cours. Comme la sauvegarde financiccélérée créée par la loi du 22 octobre 2010[1], la pdure de sauvegarde accélérée est accessible, en lication de l'alinéa 2 de l'article L. 628-1, alinéa du code de commerce, à un débiteur engagé danse procédure de conciliation en cours.

224.12 Conditions de seuils. La produre de sauvegarde accélérée est plus sélective que sauvegarde de droit commun, mais moins que sauvegarde financière accélérée, dans sa versi d'origine.

L'alinéa 3 de l'article L. 628-1 du de de commerce la rend plus sélective qu'une uvegarde de droit commun en énonçant qu'elle est accessible qu'aux débiteurs dont les comptes snt certifiés par un commissaire aux comptes ouétablis par un expert-comptable. En outre, le débitur doit employer un certain nombre de salariés, réliser un certain chiffre d'affaires ou avoir un total le bilan supérieur à des seuils fixés par décret, ou encore établir des comptes consolidés. Les seuls sont précisés par l'article D. 628-3 : 20 salariés, 3 000 000 euros de chiffre d'affaires hors taxe et 1 500 000 euros pour le total du bilan. Ces critères ne sont pas cumulatifs, ce que précise de la manière la plus claire l'ordonnance du 26 septembre 2014[2] (C. com., art. L. 628-1, al. 4, réd. ord. art. 3), en énonçant que la sauvegarde accélérée sera accessible si « l'un au moins des seuils » existe. Le texte s'applique aux procédures ouvertes à compter du 1er juillet 2014 (ord. 26 sept. 2014, art. 13, al. 2). Les deux premiers correspondent au seuil de désignation obligatoire d'un administrateur judiciaire. Le total du bilan et le montant du chiffre d'affaires sont définis conformément aux quatrième et cinquième alinéas de l'article D. 123-200 du code de commerce et sont appréciés à la date de clôture du dernier exercice comptable. Le nombre de salariés employés par le débiteur s'apprécie à la date de la demande d'ouverture de la procédure.

L'article L. 628-4 du code de commerce la fait apparaître comme moins sélective que la sauvegarde financière accélérée de la loi du 22 octobre 2010[3] puisqu'il prévoit que lorsque le débiteur n'est pas soumis à l'obligation de constituer des comités de créanciers, le tribunal qui ouvre la sauvegarde accélérée décide qu'il sera fait application des dispositions relatives aux comités de créanciers. Il faut donc comprendre que cette procédure bénéficiera à des personnes en dessous des seuils de la sauvegarde financière accélérée, telle qu'elle était réglementée avant l'ordonnance du 12 mars 2014[4].

224.13 Exigence de l'élaboration en amont d'un projet de plan. Pour être éligible à la sauvegarde accélérée, le débiteur doit, en application de l'alinéa 2 de l'article L. 628-1 du code de commerce, justifier avoir élaboré un projet de plan tendant à assurer la pérennité de l'entreprise et susceptible de recueillir un soutien suffisamment large de la part des créanciers à l'égard desquels l'ouverture de la procédure produira des effets, pour rendre vraisemblable son adoption dans un délai permettant au tribunal d'arrêter le plan.

L'article R. 628-2, alinéa 1 du code de commerce oblige le débiteur à exposer les éléments démontrant que le projet de plan remplit les conditions prévues par l'alinéa 2 de l'article L. 628-1. La preuve du soutien prévu par le texte est recueillie auprès des créanciers pour lesquels le projet de plan modifie les modalités de paiement et ne prévoit pas un paiement intégral en numéraire dès l'adoption du plan ou dès l'admission de leurs créances. Cette preuve est apportée par tous moyens au plus tard au moment où le juge statue.

En pratique, on peut penser que cette exigence supposera d'établir que les créanciers ayant participé à la conciliation, et qui seront membres des comités de créanciers, ont accepté à hauteur des deux tiers en montant de créance les propositions, ce qui ne suffit dans la conciliation, qui suppose l'unanimité, mais autorisera ici l'adoption du plan. Il s'agit ici de jouer à coup sûr gagnant en ouvrant une telle procédure[5].

224.14 Accès possible à des débiteurs en état de cessation des paiements. La procédure de conciliation est ouverte à un débiteur qui, soit n'est pas en état de cessation des paiements, soit l'est depuis moins de quarante-cinq jours. Le législateur a voulu permettre à toutes les personnes ayant bénéficié d'une conciliation et remplissant les autres conditions d'accès à la sauvegarde accélérée, de bénéficier de cette procédure. Il n'a donc pas exclu de cette procédure les personnes qui avaient obtenu l'ouverture d'une procédure de conciliation, alors même qu'elles étaient en état de cessation des paiements, dès lors que cet état ne préexistait pas depuis plus de

1. L. n° 2010-1249, 22 oct. 2010, *JO* 23 oct., p. 18984.
2. Ord. n° 2014-1088, 26 sept. 2014, *JO* 27 sept., p. 15725.
3. L. n° 2010-1249, 22 oct. 2010, préc.
4. Ord. n° 2014-326, 12 mars 2014, préc.
5. PÉROCHON, 10e éd., n° 392.

quarante-cinq jours à l'ouverture de la conciliation. C'est ce que prévoit l'alinéa 4 de l'article L. 628-1 du code de commerce. Il a été indiqué que l'apparition de la cessation des paiements pendant la sauvegarde accélérée était compatible avec cette procédure, « sinon le texte conduirait à une solution illogique »[1].

Ainsi, le débiteur pourra t-il être ici en état de cessation des paiements depuis 45 jurs et 5 mois. Un semestre d'état de cessation des paements, voilà qui n'autorise guère à soutenir qu'on est ici dans une procédure préventive. La solution dénature donc profondément la sauvegarde et éloigne, en conséquence, la sauvegarde accélérée de la sauvegarde de droit commun, ce que reconnaît volontiers le rédacteur-même de l'ordonnance[2], pour la rapprocher davantage de la conciliation. La sauvegarde accélérée est rattachée aux règles de la sauvegarde, mais elle est détachée de sa philosophie[3]. Le caractère hybride de cette procédure doit donc être affirmé[4]. Le brouillage des critères est ici patent[5].

Il n'est pas certain que cette solution soit de bonne politique législative. En effet, c'est accréditer l'idée que l'on a plus besoin d'anticiper pour l'ouverture d'une sauvegarde, puisque l'on peut être en cessation des paiements. C'est aussi donner à un débiteur un moyen détourné d'accéder à une procédure qui lui était fermée. En effet, la sauvegarde de droit commun n'est pas accessible à un débiteur en état de cessation des paiements. Il suffira qu'il se place sous conciliation alors qu'il est en état de cessation des paiements pour se retrouver en sauvegarde. Le législateur, en quelque sorte, offre au débiteur le moyen d'une fraude.

Le législateur a heureusement mis un garde-fou en prévoyant, à l'article L. 628-5, que le ministère public saisit le tribunal à l'effet de mettre fin à la sauvegarde accélérée si la date de cessation des paiements apparaît antérieure à celle mentionnée à l'article L. 611-14. Autrement dit, si, lors de l'ouverture de la conciliation, le débiteur était en état de cessation des paiements depuis plus de quarante-cinq jours, il n'avait pas droit à la conciliation et par voie de conséquence, il n'a pas droit à la sauvegarde accélérée. C'est pourquoi la procédure immméritée doit prendre fin.

1. Rossi, « Avant-Propos », *BJE* mai 2014, 170.
2. Rossi, « Réforme de la prévention et des procédures collectives : acte I », *Act. proc. coll.* 2014/6, comm. 86.
3. Reille, « La sauvegarde accélérée issue de l'ordonnance du 12 mars 2014 », *Gaz. Pal.* 6 avr. 2014, n° 96, p. 10, sp. p. 13 et 14.
4. RAPPR. : Reille, art. préc., *Gaz. Pal.* 6 avr. 2014, n° 96, p. 10.
5. Saint-Alary Houin « De la procédure de sauvegarde financière accélérée à la procédure de sauvegarde accélérée : de la SFA à la PSA », *Rev. proc. coll.* 2014, dossier 17, n° 10.

SE224.20
OURE DE LA SAUVEGARDE ACCÉLÉRÉE

22 Saisine aux fins d'ouverture d'une sauvegccélérée. Comme cela est le cas en matière de sarde de droit commun, la saisine aux fins d'oure d'une sauvegarde accélérée n'appartient qu'aiteur.

Leteur doit joindre à sa demande les pièces et inforons mentionnées à l'article R. 621-1 (v. s[s] n° 23). Parmi ces éléments, figure l'état chiffré des cces et des dettes avec l'indication du nom et du icile des créanciers, ainsi que, par créancier oébiteur, le montant total des sommes à payer erecouvrer au cours d'une période de trente jours àmpter de la demande. Une précision particulière it ici être apportée par rapport à la sauvegarde droit commun : la demande doit mentionner les ttes ayant fait l'objet d'une négociation dans le dre de la procédure de conciliation en cours.

En outre la demande d'ouverture doit exposer les éléments démontrant que le projet de plan remplit les conditions prévues par l'alinéa 2 de l'article L. 628-1 (v. sn° 224.13).

Si le débiter est en état de cessation des paiements, la demande d'ouverture doit le préciser.

S'il n'est pas en état de cessation des paiements, le débiteur peut demander à être dispensé de dresser l'inventaire. Il n a alors évidement pas à préciser qu'il désire lui-même dresser l'inventaire, comme dans la sauvegarde classique (C. com., art. R. 628-2, al. 2).

D'autres pièces spécifiques doivent être jointes, en application de l'article R. 628-2 du code :

1°) une copie de la décision d'ouverture de conciliation, ce qui permet de vérifier qu'il y a bien une conciliation en cours;

2°) un tableau de financement et, lorsque le débiteur établit des comptes consolidés, un tableau des flux de trésorerie;

3°) un budget de trésorerie pour les trois mois à venir, afin de s'assurer que le débiteur passera sans trop de difficulté la période d'observation;

4°) un plan de financement prévisionnel;

5°) le projet de plan mentionné à l'article L. 628-1; il s'agit là du document le plus important, celui qui démontre que la sauvegarde accélérée est possible.

Le tableau de financement et, le cas échéant, celui de trésorerie, le budget de trésorerie et le plan de financement prévisionnel doivent être datés, signés et certifiés sincères et véritables par le débiteur. Ils sont établis à la date de la demande ou dans les sept jours qui précédent. Si l'un des documents ne peut être fourni ou ne peut l'être qu'incomplètement, la demande n'est pas irrecevable; elle doit alors indiquer les motifs qui empêchent cette production.

224.22 Décision statuant sur l'ouverture d'une sauvegarde accélérée. L'article L. 628-2, alinéa 1 du code de commerce prévoit que le tribunal qui statue sur l'ouverture de la sauvegarde accélérée peut obtenir communication des pièces ou des actes relatifs à la conciliation et, le cas échéant, au mandat *ad hoc*, nonobstant l'obligation de confidentialité. L'alinéa 1 de l'article R. 628-4 du code de commerce précise que le rapport du conciliateur est déposé au greffe et communiqué par le greffier au débiteur et au ministère public.

Les exigences sont donc supérieures à celles qui étaient posées dans la sauvegarde financière accélérée régie par la loi du 22 octobre 2010[1], l'article R. 628-3 se contentant à l'époque d'une audition du conciliateur par le tribunal. Il s'agit pour le tribunal de vérifier, avec les dires du conciliateur, que le projet de plan de sauvegarde accélérée existe bien et a reçu, en conciliation, un soutien suffisant de la part des créanciers, pour permettre l'adoption d'un plan en trois mois[2]. D'ailleurs, l'alinéa 1 de l'article R. 628-4 du code de commerce ajoute que ce rapport est complété par tout élément permettant d'apprécier la pertinence du projet de plan, notamment au regard des conditions économiques et financières de la poursuite de l'activité énoncées par ce projet, et l'ampleur du soutien des créanciers exigée par l'article L. 628-1. Le rapport du conciliateur comporte enfin un avis sur l'exactitude de la liste des créances ayant fait l'objet d'une négociation dans le cadre de la procédure de conciliation telle qu'elle résulte de l'état chiffré joint à la demande d'ouverture.

Ce rapport est un élément de première importance sur lequel devrait pouvoir s'appuyer le tribunal pour juger si les conditions, qui sont incontestablement restrictives, d'ouverture de la sauvegarde accélérée sont réunies.

L'audition du conciliateur par le tribunal, préalablement à l'ouverture, a été maintenue (C. com., art. R. 628-4, al. 2).

Enfin, l'ouverture de cette procédure doit être examinée en présence du ministère public (C. com., art. L. 628-2, al. 2). Il ne s'agit donc pas ici d'une simple communication de la cause, ni de la simple exigence d'un avis. Pour rendre opérationnelle cette audition, l'article R. 628-5 du code de commerce précise que lorsque le ministère public n'est pas l'auteur de la demande de communication des pièces que le débiteur doit joindre à sa demande d'ouverture d'une sauvegarde accélérée, le greffier doit les lui transmettre sans délai dès leur réception.

224.23 Désignation des organes. L'article L. 628-3 prévoit que le tribunal désigne un ou plusieurs administrateurs. Reprenant la solution posée dans la sauvegarde financière accélérée régie par la loi du 22 octobre 2010[3], cet article prévoit que le conciliateur inscrit sur la liste des administrateurs judiciaires est désigné administrateur. Mais la disposition va plus loin en prévoyant l'hypothèse d'un conciliateur inscrit sur la liste des mandataires judiciaires. En ce cas, le conciliateur devient, par principe, mandataire judiciaire. Le texte reprend ensuite une solution applicable dans la sauvegarde financière accélérée régie par la loi du 22 octobre 2010 : par décision spécialement motivée, le tribunal peut désigner une autre personne dans les conditions prévues « à ces mêmes articles », à savoir l'article L. 811-2 – liste des administrateurs judiciaires –, et l'article L. 812-2 – liste des mandataires judiciaires.

Pour tenir compte du raccourcissement des délais, par rapport à une procédure collective classique, l'article R. 628-9 précise que le délai de 20 jours prévu à l'article R. 621-24 avant l'expiration duquel le juge-commissaire ne peut désigner aucun contrôleur est réduit à 15 jours.

224.24 Établissement de l'inventaire. L'article L. 628-3, alinéa 2 du code de commerce prévoit la possibilité pour le débiteur de demander au tribunal d'être dispensé d'établissement de l'inventaire. Le décret réduit cette possibilité au seul débiteur qui n'est pas en état de cessation des paiements (C. com., art. R. 628-2, al. 2). Il faut comprendre que l'établissement de l'inventaire s'impose pour un débiteur en état de cessation des paiements, et que l'article R. 621-1, alinéa 1 trouve application. Le débiteur peut donc demander à établir lui-même l'inventaire, comme dans une sauvegarde classique.

224.25 Voies de recours à l'encontre de la sauvegarde accélérée. L'article 31 du projet d'ordonnance du 12 mars 2014[4] réglementait spécialement la recevabilité de la tierce opposition émanant des créanciers appelés à la conciliation, à l'encontre du jugement ouvrant une procédure de sauvegarde anticipée. C'était l'objet de l'alinéa 2 de l'article L. 661-2 du code de commerce. Conformément au droit commun de l'article 583, alinéa 2 du code de procédure civile, la tierce opposition émanant des créanciers était recevable si le créancier invoquait un moyen propre. Curieusement, en revanche, le texte ne réservait pas la recevabilité de la tierce opposition en cas de fraude aux droits des créan-

1. L. n° 2010-1249, 22 oct. 2010, préc.
2. Reille, art. préc., *Gaz. Pal.* 6 avr. 2014, n° 96, p. 10, sp. p. 11.
3. L. n° 2010-1249, 22 oct. 2010, préc.
4. Ord. n° 2014-326, 12 mars 2014, préc.

ciers. Mais, empruntant à la solution posée par la Cour de cassation pour la sauvegarde de droit commun[1], elle ouvrait également la tierce opposition aux créanciers désireux de contester la compétence du tribunal. La différence résidait ici dans le fait que la recevabilité de la tierce opposition n'était pas réservée aux créanciers étrangers.

Le texte final de l'ordonnance n'a pas repris cette disposition qui ne semblait effectivement pas s'imposer. Les voies de recours sont donc celles qui existent pour la sauvegarde de droit commun, compte tenu de l'application de principe de ces dispositions, sauf texte contraire.

SECTION 224.30 APPLICATION DE PRINCIPE DES RÈGLES DE LA SAUVEGARDE SAUF DISPOSITIONS CONTRAIRES

224.31 Application de principe des règles de la sauvegarde. L'avant-projet d'ordonnance réglementant la sauvegarde anticipée nous semblait comporter les mêmes malfaçons que celles contenues dans la sauvegarde financière accélérée résultant de la loi du 22 octobre 2010[2]. La réglementation de cette procédure était beaucoup trop sommaire, en considérant que la sauvegarde anticipée – c'était le vocable utilisé dans le projet d'ordonnance – n'était qu'une sauvegarde de droit commun légèrement aménagée. Il faut donc féliciter le législateur d'avoir pris acte de ces critiques.

L'article L. 628-1, alinéa 1er du code de commerce, dans la rédaction que lui donne l'ordonnance du 12 mars 2014[3] prévoit certes que la sauvegarde accélérée est soumise aux règles applicables à la procédure de sauvegarde sous réserve des dispositions du présent chapitre. Mais il précise désormais que les dispositions du III et du IV de l'article L. 622-13 et celles des sections 3 et 4 du chapitre IV du titre II du présent livre ne sont pas applicables à la sauvegarde accélérée.

Le décret procède identiquement (C. com., art. R. 628-1, réd. D. 30 juin 2014[4], art. 76).

224.32 Inapplication de certaines règles de la sauvegarde. En précisant que les dispositions du III et du IV de l'article L. 622-13 et celles des sections 3 et 4 du chapitre IV du titre II du présent livre ne sont pas applicables à la sauvegarde accélérée, il faut d'abord comprendre que les règles relatives à l'option sur la continuation des contrats en cours et les règles régissant les suites de cette option (C. com., art. L. 622-13, III et IV) sont inapplicables dans la sauvegarde accélérée.

La solution est éminemment logique. Les délais de cette procédure sont inconciliables avec les règles de la mise en demeure sur la continuation des contrats en cours, qui imposent à l'administrateur judiciaire de répondre, alors que les délais de la procédure seront peut-être déjà expirés lorsque le cocontractant se décidera à mettre en demeure l'organe compétent.

Il faut aussi entendre que les règles relatives à la revendication des propriétaires de meubles (C. com., art. L. 624-9 s.) et celles qui régissent la reprise des biens par un EIRL (C. com., art. L. 624-19) sont identiquement inapplicables, pour les mêmes raisons : les délais de la sauvegarde accélérée sont trop courts pour permettre à de telles actions de prospérer.

La règle est d'importance : les vendeurs sous clause de réserve de propriété ne pourront reprendre les biens vendus sous clause et seront soumis, s'ils sont membres du comité des principaux fournisseurs, aux délais et remises du plan.

Le décret reprend les exclusions. L'article R. 628-1 du code (réd. D. 30 juin 2014[5], art. 76) écarte d'abord l'article R. 622-13, qui s'intéresse à l'option sur la continuation du contrat en cours et à sa résiliation de plein droit. Il écarte également la section 3 du chapitre IV, c'est-à-dire les règles relatives aux revendications et aux restitutions émanant des propriétaires de meubles.

Est en outre inapplicable, l'article R. 621-20, qui prévoit un rapport sur le déroulement de la période d'observation dans un délai de deux mois. Cette mise à l'écart s'explique par la durée de la procédure.

Il écarte en outre l'application de l'article R. 622-11, texte qui s'intéresse à la conversion de la sauvegarde en redressement judiciaire.

Il n'y a pas place à application de l'article R. 626-17 prévoyant la convocation de certaines personnes

1. Com. 30 juin 2009, n° 08-11.902, *Bull. civ.* IV, n° 88; n° 661 FS-P+B+R; *D.* 2009. AJ 1886, obs. Lienhard; *D.* 2009. Jur. 2591, note Moreil; *Gaz. proc. coll.* 2009/3, p. 7, note Fricero; *Gaz. proc. coll.* 2009/4, 2e partie, p. 6, note Reille; *Bull. Joly* 2009. 641, note Lucas; *Rev. proc. coll.* 2009, étude 16; *Rev. proc. coll.* 2009, étude 4, obs. Menjucq; *Act. proc. coll.* 2009/15, n° 224, note Dom; *RTD com.* 2009. 625, n° 10, obs. Vallens; *Rev. proc. coll.* 2009/6, 147, p. 27, note Mastrullo; *RTD civ.* 2009. 776, n° 3, obs. Théry; *JCP E* 2009. 1974, note Rolland; *JCP E* 2010. Chron. 1011, n° 2, obs. Pétel; *Dr. sociétés* 2009, n° 230, note Legros; *Procédures* 2009, n° 317, note Nourissat; *RTD com.* 2010. 208, n° 27, obs. Vallens; *Dr. et patr.* 2010, n° 196, p. 87, note Saint-Alary-Houin et Monsérié-Bon – Com. 30 juin 2009, nos 08-11.903, 08-11.904, 08-11.905, 08-11.906, 4 esp., NP.
2. L. n° 2010-1249, 22 oct. 2010, préc.
3. Ord. n° 2014-326, 12 mars 2014, préc.
4. D. n° 2014-736, 30 juin 2014, *JO* 1er juill., p. 10834.
5. D. n° 2014-736, 30 juin 2014, préc.

pour recueillir leurs observations sur le projet de plan, notamment celles des institutions représentatives du personnel.

Ne sont pas davantage applicables, les dispositions de l'article R. 626-18 qui tire les conséquences de l'absence de présentation d'un projet de plan en temps utile, et l'article R. 626-22, qui réglemente la situation lorsque le tribunal rejette le plan, car des dispositions particulières sont prévues dans la sauvegarde accélérée.

Signalons enfin que la règle la plus remarquable de la sauvegarde, la plus emblématique, celle qui prévoit l'ouverture d'une procédure collective en l'absence de cessation des paiements, peut ici être écartée, l'état de cessation des paiements n'excluant pas l'ouverture d'une sauvegarde accélérée (v. supra n° 224.14).

SECTION 224.40
PÉRIODE D'OBSERVATION DE LA SAUVEGARDE ACCÉLÉRÉE

224.41 Délai de la période d'observation dans la sauvegarde accélérée. Le délai d'adoption du plan de sauvegarde accélérée est fixé par l'article L. 628-8, alinéa 1er du code de commerce à trois mois à compter du jugement d'ouverture.

En revanche, aucune prorogation de délai n'est ici envisageable.

L'article R. 628-10 du code précise que dans le jugement qui ouvre la procédure, le tribunal fixe la date de l'audience à l'issue de laquelle il sera statué sur le projet de plan. Dans les huit jours de l'ouverture, le greffier avise le ministère public, l'administrateur et le mandataire judiciaire de la date de cette audience et convoque, par lettre recommandée avec demande d'avis de réception, le débiteur, les représentants du comité d'entreprise ou, à défaut, les délégués du personnel et les contrôleurs.

L'article R. 628-11 indique que, à tout moment, le tribunal peut être saisi pour statuer sur le projet de plan ou aux fins de clôture de la procédure par requête du débiteur, de l'administrateur judiciaire ou du mandataire judiciaire ou par assignation d'un créancier. Lorsqu'il est saisi par requête, le président du tribunal fait convoquer le débiteur par le greffier par lettre recommandée avec demande d'avis de réception. Le ministère public, l'administrateur et le mandataire judiciaire sont avisés de la date de l'audience par le greffier.

Si le tribunal n'a pas arrêté le plan dans ce délai, il est mis fin à la sauvegarde accélérée (C. com., art. L. 628-8, al. 2). La solution est la même que celle prévue pour la sauvegarde financière accélérée régie par la loi du 22 octobre 2010[1]. Le ministère public saisira aux fins de clôture. L'article R. 628-7 précise qu'il présente au tribunal, à cette fin, une requête indiquant les faits de nature à motiver sa demande. Le président du tribunal fait convoquer le débiteur par acte d'huissier de justice à comparaître dans le délai qu'il fixe. À cette convocation est jointe la requête du ministère public.

Il n'y aura donc pas ici place à une conversion en une sauvegarde de droit commun. Si une procédure collective s'ouvre ensuite, il y aura bien eu rupture des procédures, ce qui est important, pour le calcul des délais incombant aux partenaires du débiteur, par exemple pour déclarer leurs créances ou pour présenter leur demande en revendication.

Le jugement de clôture, est, en application de l'article R. 628-12, notifié au débiteur, communiqué aux personnes mentionnées à l'article R. 621-7 et fait l'objet des publicités prévues à l'article R. 621-8. L'administrateur et le mandataire judiciaire déposent un compte-rendu de fin de mission dans les conditions des articles R. 626-39 et R. 626-40. L'article R. 626-41, qui oblige le greffier à déposer un compte détaillé de ses frais et honoraires, est applicable.

SECTION 224.50
EFFETS DE LA SAUVEGARDE ACCÉLÉRÉE

224.51 Créanciers concernés. La sauvegarde accélérée a des effets plus étendus que la sauvegarde financière accélérée. Elle concerne, selon l'article L. 628-6 du code de commerce, tous les créanciers soumis à l'obligation de déclaration des créances, à savoir tous les créanciers antérieurs, à l'exception des salariés et des créanciers d'aliments, ainsi que les créanciers dont la créance est née régulièrement après le jugement d'ouverture, mais qui ne sont pas éligibles au tristement préférentiel - créanciers postérieurs non méritants. Elle concerne également les cocontractants de droit commun et le bailleur des locaux professionnels. Il faut concéder que l'on mesure mal la limitation des effets de la sauvegarde accélérée par rapport à une sauvegarde de droit commun, à moins de considérer que l'exclusion des salariés puisse expliquer la périphrase du législateur. Quoi qu'il en soit, on est bien ici en présence d'une véritable procédure collective[2], au contraire de la solution retenue pour la sauvegarde financière accélérée (v. s[s] n° 225.13).

1. L. n° 2010-1249, 22 oct. 2010, préc.
2. Reille, « La sauvegarde accélérée issue de l'ordonnance du 12 mars 2014 », *Gaz. Pal.* 6 avr. 2014, n° 96, p. 10, sp. p. 11, 12.

224.52 Déclaration des créances. L'article L. 628-7 du code de commerce reprend les dispositions de l'article L. 628-5 issu de la rédaction de la loi du 22 octobre 2010[1] réglementant la sauvegarde financière accélérée, qui concernent la question de la déclaration de créances.

Toutefois, il vise tous les créanciers ayant participé à la conciliation, et non pas, comme dans la sauvegarde financière accélérée, les créanciers financiers ayant participé à la conciliation.

Le rédacteur de l'ordonnance, opportunément, a enjoint au débiteur de faire figurer sur cette liste les mentions des deux premiers alinéas de l'article L. 622-25. Il s'agit du montant de la créance due au jour du jugement d'ouverture avec indication des sommes à échoir et de la date de leurs échéances. Il s'agit encore des sûretés qui assortissent la créance. Il s'agit enfin de la conversion en euros au jour du jugement d'ouverture des créances libellée en monnaie étrangère.

L'article R. 628-8, alinéa 2 du code ajoute que la liste comporte les éléments mentionnés à la première phrase de l'article R. 622-5. Il s'agit des indications devant figurer sur la liste que remet, dans les procédures collectives classiques, le débiteur au mandataire judiciaire à l'ouverture de la procédure (v. s[s] n° 665.53). Il précise encore que liste indique les éléments mentionnés au 2° de l'article R. 622-23. Il s'agit de l'indication des intérêts dont le cours n'est pas arrêté.

Cette liste, selon l'article R. 628-8, alinéa 1 du code de commerce, doit être déposée au greffe en deux exemplaires dans les dix jours du jugement d'ouverture. Le greffe en conservera un exemplaire, et en remettra un au mandataire judiciaire.

Cela permettra ensuite, en application de l'article L. 628-8, alinéa 2, au mandataire judiciaire de transmettre un extrait de la liste déposée concernant sa ou ses créances à chaque créancier figurant sur la liste. L'article R. 628-9, alinéa 1 du code précise que cette communication doit être effectuée par la mandataire judiciaire, dans les huit jours de remise de la liste par le greffier. Elle est effectuée par lettre recommandée avec demande d'avis de réception ou, le cas échéant, par la voie du portail électronique du Conseil National, mentionné aux articles L. 814-2 et L. 814-13, à chaque créancier concerné. Ce dernier reçoit les informations relatives aux créances dont il est titulaire telles qu'elles résultent de la liste. Le mandataire judiciaire porte à la connaissance du créancier les dispositions de l'article L. 628-7 et du présent article. Cette information, précise l'alinéa 2 de l'article R. 628-9, vaut avertissement au sens des articles L. 622-24 et R. 622-21.

1. L. n° 2010-1249, 22 oct. 2010, préc.

solution se comprend pour les créanciers dits connus ». Mais elle vaut aussi pour les créanciers titulaires de sûretés publiées ou de contrats publiés. Cette solution de communication d'éléments précis, qui contraste avec la solution retenue dans les procédures classiques lorsque joue l'effet de présomption de déclaration de la créance par le débiteur pour le compte du créancier (v. s[s] n° 662.53), doit être approuvée. Nous avions mis en évidence les dangers que recelait la dispense de déclaration des créances dans la sauvegarde financière accélérée si les indications contenues dans le courrier d'information n'étaient pas suffisamment précises, dès lors que ces indications avaient ensuite vocation à devenir des parties de l'état des créances[2]. Par la nouvelle précision, le créancier pourra visionner exactement la façon dont sa créance apparaîtra sur l'état des créances qui reprendra, à défaut de contestation de la créance, les mentions de la liste des créances établie par le mandataire judiciaire.

Le mandataire judiciaire doit ainsi exactement comprendre la portée de l'exigence : il doit se substituer complètement aux créanciers pour faire apparaître, de la manière la plus précise, les caractéristiques des créances : montant en principal, indication du cours des intérêts, taux, sûretés réelles emportant droit de préférence assortissant la créance.

Pour sa part, le créancier doit comprendre que, s'il ne déclare pas personnellement sa créance dans les délais classiques, et non dans les délais faisant suite à un avertissement spécial d'avoir à déclarer sa créance, sa créance sera admise dans les conditions qui figurent sur l'extrait de la liste, le débiteur étant alors présumé avoir déclaré la créance pour le compte du créancier, même si la version définitive du décret ne le précise pas. Le créancier qui n'a pas encore procédé à sa déclaration de créance, et qui conteste l'exactitude des informations reçues par la communication de l'extrait de la liste, doit procéder à la déclaration de sa créance dans les délais de l'article R. 622-24. La déclaration faite conformément aux dispositions du présent alinéa vaut actualisation des créances réputées déclarées en application du deuxième alinéa de l'article L. 628-7.

SECTION 224.60

PARTICULARITÉS DU PLAN DE SAUVEGARDE ACCÉLÉRÉE

224.61 Inapplication de certaines règles de droit commun de la sauvegarde. L'article L. 628-8, alinéa 3 du code de commerce prévoit que les dispositions du

2. Le Corre, « Créanciers non-initiés : attention à un piège involontaire de la SFA », *BJE* 2013. Éditorial 341.

quatrième alinéa de l'article L. 626-18 du cod nt inapplicables au plan de sauvegarde accélérée. ri- bunal ne pourra donc imposer aux créancie qui ne sont pas membres des comités, des délais or- mes de paiement.

Le mécanisme de consultation des créancie on membres des comités n'est pas écarté. Il doi nc être appliqué. Ces créanciers seront en consé nce consultés individuellement par le mandatai udi- ciaire sur les délais et remises qu'ils entende on- sentir. Le tribunal leur en donnera acte, en ica- tion de l'alinéa 1er de l'article L. 626-18. En re che, si les créanciers consultés refusent les propo ons, le tribunal, conformément au droit comm , ne pourra leur imposer des remises. Mais, et st là l'intérêt de la disposition de l'alinéa 3 de ticle L. 628-8, le tribunal ne pourra davantage le mpo- ser des délais de paiement. Les créanciers vront donc être payés selon les prévisions.

Cette lecture peut au demeurant se recommander de la comparaison avec la réglementation de la sauvegarde financière accélérée. En effet, dans cette procédure, l'article R. 628-13 du code exige du débiteur, qu'il communique l'état chiffré des dettes en distinguant les dettes qui ne seront pas soumises aux effets de la procédure en cas d'ouverture et, parmi les autres, celles ayant fait l'objet d'une négociation dans le cadre de la procédure de conciliation en cours. Or cette distinction n'existe pas dans la sauvegarde accélérée classique.

Il a été observé que le résultat est lourd et inutilement complexe. Ou bien on a besoin de ces créanciers et l'on doit pouvoir leur imposer des délais. Ou bien on n'en pas besoin et à quoi bon alors les consulter et les soumettre à la discipline collective[1] ? Il aurait été plus simple et intelligible de limiter les effets de la procédure aux créanciers membres des comités[2].

1. Pérochon, « Procédures avec comités de créanciers, sauvegarde accélérée et SFA, après l'ordonnance du 12 mars 2014 », *BJE* mai 2014, 180 s., sp. 181.
2. Pérochon, art. préc., sp. 182.

CHAPITRE

225. Sauvegarde financière accélérée

SECTION 0
ORIENTEUR

225.00 Plan du chapitre.

Sect. 225.10 Critères d'ouverture d'une sauvegarde financière accélérée

Sect. 225.20 Application de principe des règles de la sauvegarde sauf dispositions contraires

Sect. 225.30 Limitation des effets de la sauvegarde financière accélérée

225.01 Textes applicables. (V. les références complètes s[s] n° 011).

> Législation issue de la loi du 22 octobre 2010, art. 57, I.

C. com., art. L. 628-1 à L. 628-7

> Législation issue de l'ordonnance du 12 mars 2014.

C. com., art. L. 628-9 et L. 628-10

C. com., art. R. 628-13 à R. 628-19

225.03 Bibliographie indicative.

> Ouvrages. PÉROCHON, 10e éd., n°s 331 à 333, 554, 555, 1067 à 1101 – SAINT-ALARY HOUIN, 9e éd., n°s 940 à 956 – VIDAL ET GIORGINI, n°s 970 à 976.

225.04 Question principale.

• La sauvegarde financière accélérée est-elle une procédure collective ?

* V. s[s] n° 225.32.

225.09 Création de la sauvegarde financière anticipée. L'article 57, I de la loi du 22 octobre 2010[1], dite de régulation bancaire a institué une procédure de sauvegarde financière accélérée (SFA), en introduisant dans le livre VI du code de commerce, un chapitre 8 dans le titre 2 de ce livre, par création des articles L. 628-1 à L. 628-7.

L'article L. 628-1, alinéa 2 du code prévoit que cette procédure est ouverte sur demande d'un débiteur, qui est engagé dans une conciliation en cours, qui justifie avoir élaboré un projet de plan susceptible de recueillir un soutien suffisamment large de ses créanciers financiers – membres du comité d'établissements de crédit ou obligataires –, pour rendre vraisemblable son adoption dans un délai d'un mois. La sauvegarde financière accélérée apparaît ainsi comme une issue de procédure de conciliation qui échoue, à cause de la résistance d'une minorité de créanciers financiers, alors qu'un projet de plan avait été élaboré et soumis à l'appréciation des créanciers, lesquels dans leur majorité avaient accepté les propositions.

Observons que la SFA ne peut pas être ouverte dans le cadre d'un mandat *ad hoc*, le passage en conciliation étant obligatoire, même s'il doit être bref et purement formel[2].

La sauvegarde financière accélérée constitue le maillon jusqu'alors manquant entre la conciliation et les procédures collectives, plus tout à fait contractuelle, mais pas complètement judiciaire, même si ce dernier caractère l'emporte à notre sens.

L'ordonnance du 12 mars 2014[3] conserve la sauvegarde financière accélérée, mais la transforme en simple variante d'une autre procédure, la sauvegarde accélérée. Il s'agit en réalité d'une sauvegarde accélérée, limitée à certains créanciers – les financiers – et devant aller encore plus vite.

Seront applicables à la sauvegarde financière accélérée, les dispositions des articles L. 628-1 à L. 628-8 du code de commerce, sous réserve de leurs compatibilités avec les dispositions contraires contenues aux articles L. 628-9 et L. 628-10.

SECTION 225.10
CRITÈRES D'OUVERTURE D'UNE SAUVEGARDE FINANCIÈRE ACCÉLÉRÉE

225.11 Exigence d'une procédure de conciliation en cours. Comme la sauvegarde accélérée, dont elle n'est qu'une variante, la procédure de sauvegarde

1. L. n° 2010-1249, 22 oct. 2010, *JO* 23 oct., p. 18984.

2. RAPPR. : Grelon, « La loi de sauvegarde revisitée par la loi n° 2010-1249 dite de régulation bancaire et financière en date du 22 octobre 2010 », *Rev. sociétés* 2011. 7, n° 16.

3. Ord. n° 2014-326, 12 mars 2014, *JO* 14 mars, p. 5249.

financière accélérée est accessible, en application de l'alinéa 2 de l'article L. 628-1, alinéa 1er du code de commerce à un débiteur engagé dans une procédure de conciliation en cours.

L'ouverture d'une sauvegarde au bénéfice d'une société mère ne vaut pas ouverture au profit de sa filiale. Dès lors, la condition d'une conciliation en cours au profit de la filiale est remplie, alors même que la procédure de conciliation avait été ouverte au bénéfice commun de la société mère et de sa filiale. Cette dernière peut donc valablement solliciter l'ouverture d'une sauvegarde financière accélérée et la tierce opposition formée par un créancier non partie à la conciliation ne peut donc prospérer pour le motif tiré d'une absence de conciliation en cours [1].

Le tribunal ne pourra ici statuer sur l'ouverture de la sauvegarde financière accélérée qu'après avoir entendu le conciliateur. La solution a été ainsi appliquée dans la sauvegarde financière accélérée régie par la loi du 22 octobre 2010 [2].

225.12 Conditions de seuils. La procédure de sauvegarde financière accélérée régie par l'ordonnance du 12 mars 2014 [3] obéit aux mêmes conditions de seuils que celles posées pour la sauvegarde accélérée de droit commun (v. s^s n° 224.12).

Sous l'empire de la loi du 22 octobre 2010 [4], les conditions de seuils étaient plus strictes, seuls les débiteurs soumis obligatoirement aux comités de créanciers, soit 150 salariés ou 20 millions d'euros de chiffre d'affaires étaient éligibles, sous réserve de seuils différents dans le cadre des groupes de sociétés (C. com., art. D. 628-2-1).

225.13 Exigence d'un endettement financier. Il résulte de l'article L. 628-9 du code de commerce que, lorsque les comptes du débiteur font apparaître que la nature de l'endettement rend vraisemblable l'adoption d'un plan par les créanciers mentionnés comme ayant la qualité de membres du comité des établissements de crédit et, s'il y a lieu, de membres de l'assemblée des obligataires, le débiteur peut demander au tribunal de limiter à ces créanciers les effets de l'ouverture de la sauvegarde accélérée. Ainsi, la sauvegarde financière accélérée est une sauvegarde accélérée limitée aux créanciers financiers, du fait de l'origine de l'endettement. Notons que l'ordonnance a le mérite d'indiquer que la sauvegarde financière suppose un endettement financier. On s'en doutait, mais le législateur n'avait pas jugé bon de le préciser lors de la création de la sauvegarde financière accélérée.

L'article R. 628-13 du code exige du débiteur, qu'il expose dans sa demande, outre les éléments précisés à l'article R. 628-2, qui concernent la sauvegarde accélérée classique, ceux relatifs à la nature financière de son endettement.

Les mêmes pièces que celles exigées en application de l'article R. 628-2 du code pour l'ouverture d'une sauvegarde accélérée classique doivent être joints. L'état chiffré des dettes doit ici distinguer les dettes qui ne seront pas soumises aux effets de la procédure en cas d'ouverture et, parmi les autres, celles ayant fait l'objet d'une négociation dans le cadre de la procédure de conciliation en cours.

225.14 Exigence de l'élaboration en amont d'un projet de plan. Pour être éligible à la sauvegarde financière anticipée, le débiteur doit justifier avoir élaboré un projet de plan dont l'adoption est vraisemblable par les créanciers mentionnés comme ayant la qualité de membres du comité des établissements de crédit et, s'il y a lieu, de membres de l'assemblée des obligataires. On retrouve ici la condition posée pour la sauvegarde accélérée classique, sous la seule réserve que le plan est alors limité aux créanciers financiers et aux obligataires (v. s^s n° 224.13).

SECTION 225.20

APPLICATION DE PRINCIPE DES RÈGLES DE LA SAUVEGARDE SAUF DISPOSITIONS CONTRAIRES

225.21 Principe d'application des règles de la sauvegarde sauf dispositions contraires. La sauvegarde financière accélérée, comme la sauvegarde accélérée classique, obéit au droit commun de la sauvegarde, s'il n'y est dérogé par quelques dispositions spéciales. Outre les dérogations liées aux conditions d'ouverture et aux règles d'élaboration du plan, les mêmes dérogations que celles posées pour la sauvegarde accélérée en matière de continuation des contrats en cours et de revendication existent pour la sauvegarde financière accélérée (v. s^s n° 224.32).

Il importe d'insister sur une différence séparant la sauvegarde financière accélérée régie par la loi du 22 octobre 2010 [5] de la sauvegarde financière accélérée régie par l'ordonnance du 12 mars 2014 [6].

La première n'était accessible qu'au débiteur qui n'était pas en état de cessation des paiements, alors qu'il pouvait l'être, dans une procédure de concilia-

1. Com. 12 juill. 2016, n° 14-27.983, *Bull. civ.* IV [à paraître]; n° 672 F-P+B.
2. L. n° 2010-1249, 22 oct. 2010, préc. – T. com. Nanterre, 27 févr. 2013, RG n° 2013/00139, *Rev. proc. coll.* 2013, comm. 157, note Delattre.
3. Ord. n° 2014-326, 12 mars 2014, préc.
4. L. n° 2010-1249, 22 oct. 2010, préc.
5. L. n° 2010-1249, 22 oct. 2010, préc.
6. Ord. n° 2014-326, 12 mars 2014, préc.

tion qui a pu être ouverte nonobstant la cess des paiements, dès lors qu'elle n'était pas pré tante de plus de quarante-cinq jours. En pareil l'état de cessation des paiements devait avoir paru, ce qui présupposait que le débiteur eut obt pendant la conciliation, des moratoires[1]. Des d cultés peuvent se présenter si le moratoire est co tionné à l'homologation de l'accord, lequel hypothèse ne sera pas intervenu au jour de la deman d'ouverture de la sauvegarde financière accélérée. Cour de cassation a jugé que seul un créancier, pa tie à l'accord, peut se prévaloir de l'absence d'homo logation, et non un créancier extérieur audit accord Dès lors qu'aucun créancier partie à l'accord n'invoque cet argument, la cour d'appel a pu considérer que l'engagement des signataires de ne pas prononcer l'exigibilité anticipée de leurs créances constitue une manifestation non équivoque de l'intention de ces créanciers de suspendre l'exigibilité de leur créance[2]. On mesure ici le degré de précision que doit contenir le protocole par lequel les créanciers acceptent de renoncer à l'exigibilité de leur créance, s'ils ne veulent pas, ensuite, être pris au piège d'une sauvegarde financière accélérée ou d'une sauvegarde accélérée.

Au contraire, la seconde pourra, comme la sauvegarde accélérée de droit commun, bénéficier à un débiteur qui était en état de cessation des paiements lors de l'ouverture de la conciliation depuis moins de quarante-cinq jours et qui est resté en état de cessation des paiements au jour de sa demande d'ouverture de la sauvegarde financière anticipée (v. s[s] n° 224.14).

On ajoutera que l'article R. 628-15 du code de commerce précise que le délai avant lequel les contrôleurs ne peuvent être désignés est réduit à huit jours, contre quinze dans les sauvegardes accélérées classiques.

Comme cela est le cas en matière de sauvegarde de droit commun, la saisine aux fins d'ouverture d'une sauvegarde financière accélérée n'appartient qu'au débiteur.

225.22 Publication du jugement d'ouverture de la sauvegarde financière accélérée. L'article R. 628-13 du code de commerce pose des règles particulières pour la publication du jugement d'ouverture de la sauvegarde financière accélérée. L'avis d'insertion au *Bodacc* continent, outre les informations prévues au 5e et 6e alinéas de l'article R. 621-8 (v. s[s] n° 233.33), la reproduction de l'article L. 628-9. Il s'agit de bien informer les tiers du caractère particulier de cette procédure, qui est limitée à certains créanciers seulement, les créanciers financiers, pour traiter un endettement financier.

SECTION 225.30
LIMITATION DES EFFETS DE LA SAUVEGARDE FINANCIÈRE ACCÉLÉRÉE

225.31 Période d'observation de la sauvegarde financière accélérée. Dans la sauvegarde financière accélérée résultant de l'article 57, I de la loi du 22 octobre 2010[3], la période d'observation ne durait qu'un mois, renouvelable, le cas échéant, un mois. Ains au terme maximum d'un délai de deux mois, soit le plan de sauvegarde financière accélérée était adopté, soit il était mis fin à la procédure.

a solution est maintenue par l'article L. 628-10, aléa 2 qui prévoit que le plan doit être adopté dans l mois de l'ouverture de la procédure, ce délai étant progeable une fois pour la même durée.

L'article L. 628-4 du code de commerce issu de la i du 22 octobre 2010 prévoyait que le délai de inze jours prévu au troisième alinéa de l'article 626-30-2 du code – délai des comités de créan- ers pour se prononcer sur les propositions de plan est réduit à huit jours. L'article R. 628-16 du code réd. D. 30 juin 2014[4]) précise pour sa part que orsque le juge-commissaire a réduit en deçà de quinze jours ce délai, l'administrateur doit accomplir les diligences prévues aux articles R. 626-58 et R. 626-61-1 trois jours avant la date du vote. Il s'agit des diligences intéressant le calcul des votes en cas de convention de vote ou d'accord de subordination intéressant les créanciers et les obligataires.

L'article R. 628-16 indique que le délai minimum prévu par l'article R. 626-60 entre la convocation de l'assemblée générale des obligataires et le vote est alors réduit à dix jours et le droit conféré à chaque obligataire de prendre connaissance du projet de plan s'exerce dans les dix jours qui précèdent la réunion de cette assemblée.

Dans le même souci du raccourcissement des délais, l'article R. 628-17 prévoit que le délai entre la date soit de l'insertion ou de la dernière des insertions contenant un avis de convocation, soit de l'envoi des lettres, soit de la transmission de la convocation par voie de communication électronique, et la date de l'assemblée des actionnaires est au moins de dix jours sur première convocation.

L'article R. 628-18, alinéa 1 prévoit que l'avis prévu par le I de l'article R. 225-73 [délai de trente-cinq jours pour la publication au *Boddac* de l'avis

1. Roussel Galle, « Premières vues sur la sauvegarde financière accélérée », *JCP E* 2010. 591.
2. Com. 12 juill. 2016, n° 14-27.983, *Bull. civ.* IV [à paraître]; n° 672 F-P+B.
3. L. n° 2010-1249, 22 oct. 2010, préc.
4. D. n° 2014-736, 30 juin 2014, *JO* 1er juill., p. 10834.

précédant la convocion à l'assemblée génér en présence d'une socié dont les actions sont ées en bourse ou ne revêt t pas la forme nomi ve] est publié au *Bodacc* a plus tard vingt-et-u urs avant la tenue de l'asse blée des actionnaire

Par dérogation au II e l'article R. 225- qui prévoit un délai de vi gt-cinq jours], l' icle R. 628-18, alinéa 2 prév t que la demand ins-cription d'un projet de rés lution par les ac nai-res à l'ordre du jour de l' semblée est env e au siège social du débiteur qui ze jours au moi avant la date de l'assemblée réuni sur première voca-tion.

Enfin, l'article R. 628-19 précise que délai prévu au 2e alinéa de l'arti le R. 225-8 quinze jours permettant à l'actionnaire de pren e con-naissance du texte des résolutions présent] et au premier alinéa de l'article R. 225-90 [qu e jours permettant à l'actionnaire de prendre co naissance de la liste des actionnaires] est réduit à d jours. La liste des actionnaires visée à l'article R. 5-90 est arrêtée le onzième jour qui précède la union de l'assemblée.

225.32 Const tution du comité des établisse-ments de crédi Dans la sauvegarde financière accélérée, seul comité des établissements de cré-dit est constitu non le comité des principaux four-nisseurs. La p cédure est semi-collective : elle n'a d'effet qu'à égard des créanciers membres du comité des ét blissements de crédit ou obligataires. Seules ces de x variétés de créanciers seront soumis au plan, par e qu'ils sont soumis aux règles de la discipline c llective.

Au contr ire, les créanciers publics, ainsi que les fournisseu s, ne subi ont pas les contraintes de la procédure collective. Spécialement, ils n'auront pas à déclarer leur créa ce, puisqu'ils ne sont soumis ni à l'arrêt des poursu tes individuelles, ni à l'interdic-tion des paiement .

225.33 Décla ation de créances. Les règles relati-ves aux déclarat ons des créances, posées en matière de sauvegarde ccélérée, s'appliquent sans modifica-tion dans la s uvegarde financière anticipée, sous une réserve e taille : la procédure de déclaration des créances ne concerne ici que les seuls créanciers financiers e les obligataires, le cas échéant.

TITRE

230. Modalités procédurales entourant l'ouverture de la procédure

SECTION 0

ORIENTEUR

230.00 Plan du titre.

Chap. 231 **Saisine aux fins d'ouverture de la procédure**

Sect. 231.10 Monopole de saisine par le débiteur aux fins d'ouverture de la procédure de sauvegarde

Sect. 231.20 Saisine par le débiteur aux fins d'ouverture du redressement ou de la liquidation judiciaire

Sect. 231.30 Saisine par le créancier aux fins d'ouverture du redressement ou de la liquidation judiciaire

Sect. 231.40 Saisine d'office par la juridiction du premier degré aux fins d'ouverture du redressement ou de la liquidation judiciaire

Sect. 231.50 Saisine d'office par la cour d'appel aux fins d'ouverture du redressement ou de la liquidation judiciaire

Sect. 231.60 Saisine par le ministère public aux fins d'ouverture du redressement ou de la liquidation judiciaire

Chap. 232 **Juridiction compétente pour l'ouverture de la procédure**

Sect. 232.10 Règles de compétence applicables à l'ouverture de la procédure

Sect. 232.20 Exceptions d'incompétence en matière d'ouverture de la procédure

Sect. 232.30 Formes de procéder applicables devant le tribunal de grande instance

Chap. 233 **Jugement d'ouverture**

Sect. 233.10 Jugement d'ouverture de la procédure de sauvegarde

Sect. 233.20 Jugement d'ouverture du redressement ou de la liquidation judiciaire

Sect. 233.30 Information sur la survenance du jugement d'ouverture

Sect. 233.40 Efficacité du jugement d'ouverture – unicité de la procédure

Sect. 233.50 Voies de recours à l'encontre du jugement d'ouverture

Chap. 234 **Exécution provisoire attachée aux décisions rendues en matière de procédure collective**

Sect. 234.10 Exécution provisoire attachée aux décisions rendues en matière de redressement et de liquidation judiciaires

Sect. 234.20 Arrêt de l'exécution provisoire attachée aux décisions rendues en matière de sauvegarde, de redressement et de liquidation judiciaires

230.03 Bibliographie indicative. (V. les références complètes s^s n° 031).

> **Ouvrages.** Cagnoli P., *Essai d'analyse processuelle du droit des entreprises en difficulté*, Lgdj, 2002 – Ganaye-Vallette F., *Le droit commun de l'action à l'épreuve du droit économique des entreprises en difficulté*, th., Aix-en-Provence, 2010 – Staes O., *Procédures collectives et droit judiciaire privé*, th., Toulouse I, 1995.

CHAPITRE

231. Saisine aux fi d'ouverture de la procédu

SECTION 0

ORIENTEUR

231.00 **Plan du chapitre.**

Sect.	231.10	Monopole de saisine par le débiteur aux fins d'ouverture de la procédure de sauvegarde
Sect.	231.20	Saisine par le débiteur aux fins d'ouverture du redressement ou de la liquidation judiciaire
Sect.	231.30	Saisine par le créancier aux fins d'ouverture du redressement ou de la liquidation judiciaire
Sect.	231.40	Saisine d'office par la juridiction du premier degré aux fins d'ouverture du redressement ou de la liquidation judiciaire
Sect.	231.50	Saisine d'office par la cour d'appel aux fins d'ouverture du redressement ou de la liquidation judiciaire
Sect.	231.60	Saisine par le ministère public aux fins d'ouverture du redressement ou de la liquidation judiciaire

231.01 **Textes applicables.** (V. les références complètes s^s n° 011).

> Législation antérieure à la loi de sauvegarde des entreprises.

C. com., art. L. 621-1, L. 621-2, L. 621-3

D. n° 85-1388, 27 déc. 1985, art. 6 à 11

> Législation issue de la loi de sauvegarde des entreprises.

C. com., art. L. 620-1, al. 1er, L. 631-3 à L. 631-6, L. 640-3 à L. 640-6

C. com., art. R. 621-1 (anc^t D. 28 déc. 2005, art. 50), R. 631-1 à R. 631-6 (anc^t D. 28 déc. 2005, art. 170 à 175), R. 631-8 (anc^t D. 28 déc. 2005, art. 177), R. 631-11 (anc^t D. 28 déc. 2005, art. 180), R. 640-1 (anc^t D. 28 déc. 2005, art. 212), R. 640-2 (anc^t D. 28 déc. 2005, art. 213), R. 641-1 (anc^t D. 28 déc. 2005, art. 214), R. 641-2 (anc^t D. 28 déc. 2005, art. 215), R. 641-4 (anc^t D. 28 déc. 2005, art. 217), R. 641-5 et R. 641-6 (anc^t D. 28 déc. 2005, art. 218 et 219)

> Législation issue de l'ordonnance du 18 décembre 2008.

C. com., art. L. 620-1, al. 1er, L. 631-3 à L. 631-6, L. 640-3 à L. 640-6

C. com., art. R. 621-1, R. 631-1 à R. 631-6, R. 631-8, R. 631-11, R. 640-1, R. 640-2, R. 641-1, R. 641-2, R. 641-4 à R. 641-6

> Législation issue de la loi du 22 octobre 2010, art. 57.

C. com., art. L. 628-1

> Législation issue de l'ordonnance du 12 mars 2014.

C. com., art. L. 628-1, L. 631-3, L. 631-4, L. 640-3-1, L. 640-4 (abrogé), L. 640-5

C. com., art. R. 621-1, R. 621-5, R. 631-1, R. 631-2, R. 631-3, R. 631-11, R. 641-5, R. 662-12-1

231.02 **Jurisprudence de référence.**

> Le mandataire *ad hoc* désigné pour suppléer la carence du dirigeant social interdit de gérer a une mission de représentation légale de cette société, qui l'autorise à demander l'ouverture d'un redressement ou d'une liquidation judiciaire.

• Com. 7 nov. 2006, n° 05-14.712, *Bull. civ.* IV, n° 219; n° 1192 F-P+B

* V. s^s n° 231.25

> Depuis la loi de sauvegarde des entreprises, l'assignation en redressement ou en liquidation judiciaire n'a pas à contenir l'indication des procédures ou voies d'exécution engagées pour le recouvrement de la créance.

• Com. 16 mars 2010, n° 09-13.578, *Bull. civ.* IV, n° 57; n° 321 F-P+B

* V. s^s n° 231.34

> L'ouverture de la procédure contre un agriculteur, suite à la résolution de son plan de continuation [de sauvegarde ou de redressement], n'exige pas la nomination d'un conciliateur.

• Com. 20 oct. 2009, n° 08-18.321, *Bull. civ.* IV, n° 130; n° 939 FS-P+B

* V. s^s n° 231.35

> L'assignation abusive par un créancier est source d'engagement de sa responsabilité.

• Com. 5 déc. 1989, n° 88-10.340, *Bull. civ.* IV, n° 305

* V. s^s n° 231.37

« Mais attendu que l'arrêt relève que M. M... ayant adressé une lettre à la société pour lui faire une offre de règlement, même faible, celle-ci en a déduit un état de cessation des paiements qui n'était pas caractérisé et qu'en délivrant successivement deux assignations en redressement judiciaire à son débiteur elle avait entendu exercer sur lui un moyen de pression, contrairement aux dispositions des articles 3 de la loi du 25 janvier 1985 (devenu C. com., art. L. 621-1) et 7, alinéa 2 du décret du 27 décembre 1985 ; qu'en l'état de ces constatations et appréciations, desquelles il résulte que la société avait commis une faute en demandant l'ouverture d'une procédure de redressement judiciaire à l'égard de M. M..., la cour d'appel a pu, malgré l'impropriété du terme dépens appliqué aux frais occasionnés par la procédure de redressement judiciaire, condamner la société au paiement de ces frais. »

> La saisine d'office aux fins d'ouverture d'un redressement judiciaire n'est pas conforme à la Constitution.

• Cons. const. 7 déc. 2012, n° 2012-286 QPC

* V. s^s n° 231.41

Est non conforme à la Constitution, l'article L. 631-5 du code de commerce, qui rend possible la saisine d'office du redressement judiciaire, car aucune disposition ne fixe, en cas de saisine d'office aux fins d'ouverture du redressement judiciaire, les garanties légales ayant pour objet d'assurer qu'en se saisissant d'office, le tribunal ne préjuge pas sa position. Dès lors, les exigences de l'article 16 de la déclaration de 1789 ne sont pas respectées, et spécialement le principe d'impartialité.

231.03 Bibliographie indicative. (V. les références complètes s^s n° 031).

> Actualisables. Rép. com., Campana M.-J., Dizel M., Barratin L.-Ph. et Fernandez R., « Entreprises en difficulté – Redressement judiciaire (Conditions d'ouverture) », n°s 502 à 586 – Daigre J.-J., « Entreprises en difficulté – Redressement judiciaire (Personnes morales et dirigeants) », n°s 168 à 176 – J.-Cl. com. Martin-Serf A., fasc. 1203, [Règles générales de procédure], 2015.

> Ouvrages antérieurs à la loi de sauvegarde des entreprises. Chaput, n°s 265 à 267, 311 – Guyon, n°s 1129 à 1137 – Jacquemont, n°s 184 à 191 – Kerckhove, n°s 244 à 262 – Le Cannu, n°s 604 à 611 – Le Corre-Broly, n°s 53 à 61 – Martin et Vallens, n°s 2842, 2865 à 2889 – Pérochon et Bonhomme, n°s 125 à 130 – Pételn^os 105, 106 – Ripert et Roblot, n°s 2883 à 2895 – Saint-Alary-Houin, n°s 364 à 376 – Soinne, n°s 550 à 570 – Vallansan, p. 27 à 32.

> Ouvrages postérieurs à la loi de sauvegarde des entreprises. Coquelet, 5e éd., n°s 120 à 133 – Gibirila, n°s 264, 29, 285 – Jacquemont et Vabres, 9e éd., n°s 260 à 274 – Le Cannu, 7e éd., n°s 259 à 270, 292 – Lienhard, 6e éd., n°s 53.36 à 53.40, 113.14 à 113.36, 121.17 à 121.22 – Pérochon, 10e éd., n°s 419 à 443 – Pétel, 8e éd., n°s 105 à 107 – Saint-Alary-Houin, 9e éd., n°s 451 à 459, 1074 à 1087 – Vallansan *et* , 6e éd., p. 51, 52, 299 à 304 – Vallens, 2015, n°s 3080 à 00 – Vidal et Giorgini, n°s 547, 1064 à 1075 – Voinot, éd., n°s 206 à 228.

Articles. Cagnoli P., « Abrogation de la saisine d'office : et suite ? », *Rev. proc. coll.* 2016, dossier 7 – Cocheteux P., 'assignation en liquidation judiciaire des professionnels éraux par les comptables publics », *Rev. proc. coll.* 2008, 60 – Delattre Ch., « Fin de la saisine d'office : un nouveau e pour le ministère public », *Rev. proc. coll.* 2013/7, ssier 29 – Gourdain P., « Portée de l'autonomie des demandes de redressement et de liquidation judiciaires », *D.* 2008. 06 – Henry L.-C., « L'ordonnance n° 2014-326 du 12 mars 14 et l'ouverture des procédures », *Gaz. Pal.* 6 avr. 2014, 96, p. 15 – Le Mesle L., « Ordonnance du 12 mars 2014 : quelques corrections, rectifications et innovations d'ordre océdural », *BJE* mai 2014, 200 – Montéran Th., « L'accueil débiteur en état de cessation des paiements dans les tribunaux de commerce », *Gaz. Pal.* 22-23 sept. 2004, Doctr. 2 ossi P., « Le pouvoir d'initiative du juge en matière de procédures collectives », *BJE* 2015, 44 – Roussel Galle Ph., ouverture des procédures », *Rev. proc. coll.* 2013/7, dossier 2 – Saintourens B., « Ouverture des procédures : mise aux normes constitutionnelles et nouveautés procédurales », *Rev. proc. coll.* 2014, dossier 16 – Vinckel F., « Le droit d'action des créanciers chirographaires dans la loi n° 2005-845 du 26 juillet 2005 », *Rev. proc. coll.* 2007/1, p. 6.

231.04 Questions essentielles.

• Le tribunal peut-il placer d'office un débiteur sous sauvegarde ?

* V. s^s n° 231.11.

• Le débiteur a-t-il l'obligation de déposer son bilan ?

* V. s^s n°s 231.21 et 231.22.

• Un créancier peut-il assigner à titre principal en redressement et à titre subsidiaire en liquidation judiciaire ?

* V. s^s n° 231.36.

• Un créancier peut-il assigner simultanément en paiement et en redressement judiciaire ?

* V. s^s n° 231.36.

• La cour d'appel peut-elle ouvrir une procédure collective ?

* V. s^s n° 231.51.

231.09 Généralités sur la saisine aux fins d'ouverture de la procédure. La logique de la sauvegarde, procédure préventive soutenue par la responsabilisation du chef d'entreprise, présuppose une saisine de la juridiction, aux fins d'ouverture de la procédure, par le débiteur. Le législateur a traduit cette logique dans les textes.

La logique du redressement judiciaire, procédure curative tendue vers le redressement de l'entreprise, supposerait également une saisine de la juridiction, aux fins d'ouverture de la procédure, par le débiteur lui-même. Les textes sont cependant fort différents. Le créancier, au contraire, n'a pas véritablement intérêt à l'ouverture de cette procédure. Sa préoccupation d'obtenir paiement du débiteur conduit plutôt à une saisine de la juridiction aux fins d'ouverture d'une liquidation judiciaire.

Les salariés, en tant que tels, ne peuvent saisir la juridiction. Ils le peuvent cependant en tant que créanciers.

L'idée selon laquelle le sauvetage de l'entreprise est u préoccupation d'intérêt général et non pas seulement d'in rêt privé, compte tenu de ses implications en term d'emploi, conduit à ne pas laisser, dans le redressement juc ciaire, la saisine de la juridiction aux seules mains d'intérê privés. Les salariés, qui n'ont pas de pouvoir de saisine, peu vent, lorsque l'entreprise a au moins onze salariés, communi quer par la voie du comité d'entreprise, ou à défaut, des délé gués du personnel, au président du tribunal ou au procureur de la République tout fait révélant la cessation des paiements. La solution, posée sous l'empire de la législation antérieure à la loi du 26 juillet 2005[1] (C. com., art. L. 621-2 [anc[t] L. 25 janv. 1985[2], art. 4, al. 3]), a été reproduite par cette législation, tant pour le redressement judiciaire (C. com., art. L. 631-6), que pour la liquidation judiciaire (C. com., art. L. 640-6), se contentant de substituer le visa du ministère public à celui du procureur de la République. *Il a été justement remarqué qu'il y avait là une incitation pour le salarié*[3], car tout intéressé peut faire de même, en l'absence de texte. Mais rien n'interdit à un salarié créancier, voire au comité d'entreprise, créancier de l'employeur au titre de la contribution aux activités sociales et culturelles ou au titre de la subvention de fonctionnement, d'assigner en redressement judiciaire[4].

La loi du 26 juillet 2005 réserve la saisine aux fins d'ouverture d'une procédure de sauvegarde au seul débiteur. Elle maintient la possibilité d'ouverture d'un redressement judiciaire, qui peut apparaître concurrent avec la sauvegarde, précisément pour préserver la possibilité pour le ministère public, les créanciers ou le tribunal lui-même, d'ouvrir une procédure pouvant déboucher sur la continuation de l'entreprise[5].

La saisine par l'autorité judiciaire traduisait cette vision législative du caractère d'intérêt général des procédures collectives, jusqu'à ce qu'elle soit déclarée non-conforme à la Constitution (v. s[s] n° 231.44). L'ordonnance du 12 mars 2014[6] en tire la conséquence en supprimant la saisine d'office dans le redressement et la liquidation judiciaires.

SECTION 231.10

MONOPOLE DE SAISINE PAR LE DÉBITEUR AUX FINS D'OUVERTURE DE LA PROCÉDURE DE SAUVEGARDE

231.11 Monopole de saisine par le débiteur dans le cadre de la procédure de sauvegarde. Aux termes de l'article L. 620-1 du code de commerce, la procédure de sauvegarde est « ouverte sur demande d'un débiteur... ». La solution est également applicable à la sauvegarde financière accélérée, créée par l'article 57 de la loi de régulation bancaire du 22 octobre 2010[7], et à la sauvegarde accélérée créée par l'ordonnance du 12 mars 2014[8].

La règle contraste avec la saisine aux fins d'ouverture d'un redressement ou d'une liquidation judiciaire et rapproche, à cet égard, la procédure de sauvegarde, du mandat *ad hoc* et de la procédure de conciliation, technique ou procédure qui sont également à l'initiative exclusive du débiteur[9]. Le tribunal d'office, même si une juridiction du fond a cru pouvoir s'émanciper de cette règle[10], le procureur de la République, mais surtout les créanciers ne peuvent solliciter l'ouverture de la procédure de sauvegarde[11]. Si l'assignation en liquidation judiciaire émane d'un créancier et si le tribunal ouvre la procédure, le débiteur ne peut, en cause d'appel, solliciter le bénéfice d'un plan de sauvegarde[12].

En ce qui concerne les créanciers, la solution s'explique : il n'y a pas état de cessation des paiements. En conséquence, cela suppose que le débiteur respecte ses engagements contractuels[13], mais aussi ses engagements légaux, tel le paiement des cotisations de sécurité sociale et celui des impôts. Même par voie oblique, les créanciers ne sauraient mettre en œuvre une procédure volontariste[14].

Le fait que la saisine n'appartienne qu'au débiteur n'a pas pour effet de modifier les règles de fonctionnement des sociétés. Ainsi, si la saisine n'appartient qu'au dirigeant de la société anonyme, ce dernier pourra consulter le conseil d'administration ou le directoire, selon le cas, mais il ne s'agit pas d'une obligation[15], puisque, d'évidence, l'organe collégial ne pourra empêcher la saisine de la juridiction.

Un amendement tendait à permettre la saisine aux fins d'ouverture de la procédure de sauvegarde aux salariés, pour permettre de « pallier le manque de clairvoyance et d'objectivité du chef d'entreprise »[16]. L'amendement a été rejeté sur l'observa-

1. L. n° 2005-845, 26 juill. 2005, *JO* 27 juill., p. 12187.
2. L. n° 85-98, 25 janv. 1985, *JO* 26 janv., p. 1097.
3. PÉROCHON, 10e éd., n° 432.
4. Morvan, « Le droit social dans la réforme du droit des entreprises en difficulté », *JCP E* 2005. 1511, n° 3.
5. Avis n° 337 de Christian Gaudin, *Doc. Sénat*, au nom de la commission des affaires économiques, p. 41.
6. Ord. n° 2014-326, 12 mars 2014, *JO* 14 mars, p. 5249.
7. L. n° 2010-1249, 22 oct. 2010, *JO* 23 oct., p. 18984.
8. Ord. n° 2014-326, 12 mars 2014, préc.
9. *Rapp. J.-J. Hyest*, n° 335, p. 152.
10. TGI Bressuire, 19 déc. 2007, RG n° 07/00004, *D.* 2008. AJ 34; *Gaz. proc. coll.* 2008/2, p. 11, n° 3, note Lebel.
11. Metz, 1re ch. civ., 26 sept. 2006, *Gaz. proc. coll.* 2007/3, p. 24, note Lebel.
12. Paris, 3e ch. A, 2 oct. 2007, RG n° 06/16170, *Gaz. proc. coll.* 2008/2, p. 12, n° 4, note Lebel; *RTD com.* 2008. 204, n° 11, obs. Vallens – Colmar, 1re ch. B, 1er avr. 2008, RG n° 08/00396, *Gaz. proc. coll.* 2009/2, p. 12, n° 2, note Lebel.
13. *Rapp. Xavier de Roux*, n° 295, p. 176.
14. J.-CL. COM. Martin-Serf A., fasc. 1203, [Règles générales de procédure], 2015, n° 6.
15. Interv. Perben, *JOAN CR*, 2e séance du 3 mars 2005, p. 1642.
16. Amend. n° 462, Interv. Jambu, *JOAN CR*, 2e séance du 3 mars 2005, p. 1645.

tion que la procédure de sauvegarde est une procédure particulière dans laquelle le dirigeant de l'entreprise demande à se placer sous la protection du tribunal[1].

Le caractère volontariste de la procédure de sauvegarde justifie le caractère strictement attitré au seul débiteur de la saisine aux fins d'ouverture de cette procédure. Ce monopole contribue à responsabiliser le chef d'entreprise[2]. Il faut ajouter à cette première observation le fait déterminant que la procédure est ouverte au bénéfice d'une personne qui n'est pas encore un débiteur au sens des procédures collectives, faute d'être en état de cessation des paiements et qu'il apparaît logique de lui laisser, et à lui seul, le soin d'officialiser ses difficultés[3], que le tissu économique n'a pas encore eu à ressentir.

Le dernier alinéa de l'article L. 621-4 du code de commerce, pour les procédures ouvertes à compter du 18 décembre 2008[4] (ord. 18 déc. 2008, art. 16), prévoit que l'inventaire ne sera effectué par un tiers que si le débiteur en fait la demande. La précision sera apportée dans la demande d'ouverture de la procédure de sauvegarde. À cette fin, l'article R. 621-1, 1° du code de commerce, issu de la rédaction que lui a donnée l'article 15 du décret d'application de l'ordonnance de réforme, prévoit que le débiteur doit indiquer s'il a demandé la désignation par le tribunal d'une personne chargée de dresser l'inventaire ou si ce dernier sera établi par lui-même, dans les conditions de l'article L. 622-6-1 du code. Il s'agit là d'une disposition destinée à rendre plus attractive la procédure de sauvegarde, en évitant les frais des opérations d'inventaire, auxquels ne pouvait auparavant se soustraire le débiteur.

231.12 Pièces à communiquer pour l'ouverture de la procédure de sauvegarde. L'article R. 621-1, alinéa 2 du code de commerce (anc[t] D. 28 déc. 2005[5], art. 50, al. 2) précise les pièces à joindre à la demande d'ouverture de la procédure de sauvegarde. Il s'agit, sous quelques réserves, des mêmes pièces que pour l'ouverture d'une procédure de redressement judiciaire (v. s[s] n° 231.24). Cette disposition prévoyait que les pièces devaient être établies à la date de la déclaration, ce qui était contradictoire avec certaines précisions intéressant ces pièces, lesquelles pouvaient dater de moins de huit jours, par exemple la situation de trésorerie.

Le décret du 23 décembre 2006[6] (art. 44) a donc supprimé cette précision selon laquelle les pièces aient être établies à la date de la déclaration. tefois, l'alinéa 14 de l'article 50 du décret du décembre 2005 (devenu C. com., art. R. 621-1, 14), tel qu'il résulte de la modification apportée r le décret du 23 décembre 2006, prévoit que les èces visées au 1°, 3°, 5°, 6° et 7° sont établies à date de la demande.

Le décret du 12 février 2009[7], applicable aux proédures ouvertes à compter du 15 février 2009, pour sa part, indique que les documents visés aux 1° à 7°, à l'exception du 4°, sont établis à la date de la demande ou dans les sept jours qui précédent.

Les pièces à joindre à une demande d'ouverture d'une procédure de sauvegarde, et qui, en cas d'ouverture d'une procédure à l'encontre d'une personne ayant la qualité d'EIRL, s'apprécient au regard du seul patrimoine concerné par la procédure collective, sont :

- 1° un extrait d'immatriculation au registre du commerce et des sociétés ou au répertoire des métiers ou le cas échéant le numéro unique d'immatriculation, qui doit être établi à la date de la demande. Le visa de ces inscriptions aux registres ou répertoires ne peut conduire à décider que le commerçant ou l'artisan de fait ne peut solliciter l'ouverture de la procédure de sauvegarde, les travaux préparatoires étant clairs sur la question; en outre, depuis l'ordonnance du 18 décembre 2008[8], la question ne se pose même plus, les textes nouveaux ne visant plus le commerçant ou la personne immatriculée au répertoire des métiers, mais la personne exerçant une activité commerciale ou artisanale, ce qui règle, de manière indiscutable, le cas des artisans et commerçants de fait; l'article R. 621-1, 1° ajoute, depuis le décret du 30 juin 2014[9], la déclaration d'affectation de l'entrepreneur individuel à responsabilité limitée (EIRL);

- 2° une situation de trésorerie datant de moins de huit jours, alors que l'avant-projet d'application de la loi de sauvegarde[10] visait une situation de trésorerie de moins de trois mois, ce qui était sans doute trop ancien pour avoir une image réelle de la situation, qui doit être appréciée au jour où la juridiction statue. Le décret du 12 février 2009, pour les procédures ouvertes à compter du 15 février 2009, en son article 15, indique que les documents visés aux 1° à 7°, à l'exception du 4°, sont établis à la date de la demande ou dans les sept jours qui précédent. Il en est ainsi de la situation de trésorerie visée au 2°. En conséquence, l'article 15 du décret du 12 février 2009 supprime la précision selon laquelle la situation de trésorerie devra dater de moins de

1. Interv. Xavier de Roux, *JOAN CR*, 2e séance du 3 mars 2005, p. 1645.
2. SAINT-ALARY-HOUIN, 9e éd., n° 451.
3. J.-CL. COM., Dumont-Lefrand, fasc. 2152, [Procédure de sauvegarde], 2006, n° 8.
4. Ord. n° 2008-1345, 18 déc. 2008, *JO* 19 déc., p. 19462.
5. D. n° 2005-1677, 28 déc. 2005, *JO* 29 déc., p. 20324.
6. D. n° 2006-1709, 23 déc. 2006, *JO* 29 déc., p. 19846.
7. D. n° 2009-160, 12 févr. 2009, *JO* 13 févr., p. 2596.
8. Ord. n° 2008-1345, 18 déc. 2008, préc.
9. D. n° 2014-736, 30 juin 2014, *JO* 1er juill., p. 10834.
10. L. n° 2005-845, 26 juill. 2005, préc.

huit jours, puisqu'elle devra être établie à la date la demande ou dans les sept jours qui précèdent;

– 3° un compte de résultat prévisionnel, qui d être établi à la date de la demande, sous l'empire la loi de sauvegarde des entreprises, dans sa réda tion d'origine, et, depuis le décret du 12 févri 2009, pour les procédures ouvertes à compter d 15 février 2009, établi soit à la date de la demand soit dans les sept jours qui précèdent;

– 4° le nombre des salariés employés lors de l demande et le montant du chiffre d'affaires;

– 5° l'état chiffré des créances et des dettes avec l'indication du nom et du domicile des créanciers, ainsi que, par créancier ou débiteur, le montant total des sommes à payer et à recouvrer au cours d'une période de trente jours à compter de la demande (ajouté par D. 23 déc. 2006, art. 44, 2°). Cet état doit, sous l'empire de la loi de sauvegarde des entreprises, dans sa rédaction d'origine, être établi à la date de la demande; l'apport du décret du 23 décembre 2006 permet d'affiner la situation et d'apprécier plus exactement si le débiteur n'est pas en état de cessation des paiements, ce qui seul lui autorise le bénéfice de la sauvegarde ou qu'il ne le sera pas à bref délai[1]. Depuis le décret du 12 février 2009, pour les procédures ouvertes à compter du 15 février 2009, l'état chiffré des créances et des dettes doit être établi soit à la date de la demande, soit dans les sept jours qui précèdent; l'article 28 du décret du 30 juin 2014[2], qui modifie le 5° de l'article R. 621-1 du code, apporte une précision complémentaire, qui intéresse l'EIRL; les dettes portées sur l'état chiffré sont celles qui sont affectées à ce patrimoine et celles qui sont nées à l'occasion de l'exercice de cette activité;

– 6° l'état actif et passif des sûretés ainsi que celui des engagements hors bilan, qui doit être établi, sous l'empire de la loi de sauvegarde des entreprises, dans sa rédaction d'origine, à la date de la demande. Depuis le décret du 12 février 2009, pour les procédures ouvertes à compter du 15 février 2009, l'état actif et passif des sûretés doit être établi soit à la date de la demande, soit dans les sept jours qui précèdent;

– 7° l'inventaire sommaire des biens du débiteur, qui doit être établi à la date de la demande, sous l'empire de la loi de sauvegarde des entreprises, dans sa rédaction d'origine. Depuis le décret du 12 février 2009, pour les procédures ouvertes à compter du 15 février 2009, l'inventaire sommaire des biens du débiteur doit être établi soit à la date de la demande, soit dans les sept jours qui précèdent; pour un EIRL, l'article R. 621-1, alinéa 9 (réd. D. 30 juin 2014, art. 28, 3°) précise qu'il s'agit des biens affectés à l'exercice de cette activité;

– 8° le nom et l'adresse des représentants du comité d'entreprise ou des délégués du personnel, habilités à être entendus par le tribunal s'ils ont déjà été désignés;

– 9° une attestation certifiant l'absence de désignation d'un mandataire *ad hoc* ou d'ouverture d'une procédure de conciliation dans les dix-huit mois précédant la date de la demande ou, dans le cas contraire, faisant état d'une telle désignation ou de l'ouverture de la procédure ainsi que l'autorité qui y a procédé. Cette disposition a été modifiée par le décret du 23 décembre 2006 (art. 44, 3°). Il est désormais prévu « une attestation sur l'honneur certifiant l'absence de mandat *ad hoc* ou de procédure de conciliation dans les dix-huit mois précédant la date de la demande ou, dans le cas contraire, mentionnant la date de la désignation du mandataire *ad hoc* ou de l'ouverture de la procédure de conciliation, ainsi que l'autorité qui y a procédé ». La portée de cette modification est importante puisque, en cas de procédure de conciliation en cours dans les dix-huit mois, la mention devra en être faite, alors qu'auparavant, le délai de dix-huit mois s'appréciait par rapport à l'ouverture d'une procédure de conciliation[3]. La durée de la procédure de conciliation est ainsi intégrée dans le calcul des dix-huit mois. Cette modification assure une symétrie avec l'article L. 621-1, alinéa 4 du code qui prévoit la présence obligatoire à l'audience du ministère public, lors de l'ouverture de la sauvegarde, si cette dernière a été précédée, dans les dix-huit mois d'une conciliation[4] (v. s^s^ n° 233.11); l'article R. 621-1, 9° (réd. D. 30 juin 2014, art. 28, 4°) précise que cette attestation n'est établie que « pour l'activité en difficulté », afin de tenir compte de la portée limitée à l'activité affectée de la conciliation qui serait ouverte au bénéfice d'un EIRL;

– 10° lorsque le débiteur exerce une profession libérale soumise à un statut législatif ou réglementaire ou dont le titre est protégé, la désignation de l'ordre professionnel ou de l'autorité dont il relève;

– 11° lorsque le débiteur exploite une ou des installations classées au sens du code de l'environnement, la copie de la décision d'autorisation ou la déclaration. La disposition a pour objet d'informer immédiatement la juridiction, mais aussi les organes de la procédure, des éventuelles obligations de

1. RAPPR. : Roussel Galle, « De quelques modifications du décret du 28 décembre 2005 pris en application de la loi de sauvegarde des entreprises par le décret du 23 décembre 2006 », *JCP E* 2007. 48, p. 3 s., sp. p. 4.
2. D. n° 2014-736, 30 juin 2014, préc.
3. AINSI, EN CE SENS avant la modification du décret du 28 décembre 2005 : Lécuyer, Lucas et Lécuyer, (dir.), *La réforme des procédures collectives : La loi de sauvegarde article par article*, « Droit des affaires », Lgdj, 2006, p. 66.
4. Roussel Galle, préc., sp. p. 4.

dépollution. Elle est également à rapprocher de l'obligation d'établir, dans le cadre du projet de plan, un bilan environnemental;

– 12° l'indication de l'identité et de l'adresse de la personne proposée à la désignation du tribunal pour remplir la mission d'administrateur judiciaire. Il s'agit là de tenir compte de la possibilité nouvelle ouverte au débiteur par l'ordonnance de réforme du 18 décembre 2008, pour les procédures ouvertes à compter du 15 février 2009, de proposer un administrateur. La précision a été apportée par l'article 15 du décret d'application de l'ordonnance de réforme.

Le greffier joint d'office à ces documents un extrait d'immatriculation pour les personnes immatriculées au registre du commerce et des sociétés.

Tous ces documents, précise l'article R. 621-1 du code de commerce (anc^t^ D. 28 déc. 2005, art. 50), doivent être datés, signés et certifiés sincères par le débiteur. Si un document exigé par le texte du décret ne peut être fourni, la demande doit indiquer le motif qui en empêche la production (v. aussi s^s^ n° 231.24).

Par rapport à une demande d'ouverture de redressement judiciaire, les différences d'exigence tiennent à l'absence d'indication du passif exigible et de l'actif disponible, ce qui s'explique par le fait qu'il n'y a pas ici à caractériser l'état de cessation des paiements.

Règles particulières à la sauvegarde financière accélérée. L'article R. 628-2 du code de commerce (réd. D. 3 mars 2011[1]) prévoit les pièces à joindre à une demande d'ouverture d'une sauvegarde financière accélérée.

1° Une copie de la décision d'ouverture de la procédure de conciliation. On rappelle que cette dernière doit être en cours au jour de la demande d'ouverture de la sauvegarde financière accélérée.

2° Un tableau de financement et, lorsque le débiteur établit des comptes consolidés [ce qui devrait être généralement le cas], un tableau des flux de trésorerie.

3° Un budget de trésorerie pour les trois mois à venir.

4° Un plan de financement prévisionnel.

5° Le projet de plan mentionné au 2e alinéa de l'article L. 628-1.

Les documents prévus au 2° et 4° doivent être datés, signés et certifiés sincères et véritables par le débiteur. Ils sont établis à la date de la demande ou dans les sept jours qui précèdent.

Si un document exigé par le texte du décret ne peut être fourni, la demande doit indiquer le motif qui en empêche la production. Il semble toutefois ue l'impossibilité de présenter le projet de plan oive conduire au rejet de la demande.

Le rapport du conciliateur *doit être déposé* au reffe et communiqué par le greffier au débiteur et u ministère public. Le rapport doit comporter un vis sur l'exactitude de la liste des créances ayant ait l'objet d'une négociation.

SECTION 231.20

SAISINE PAR LE DÉBITEUR AUX FINS D'OUVERTURE DU REDRESSEMENT OU DE LA LIQUIDATION JUDICIAIRE

231.21 Obligation légale pour le débiteur de déclarer son état de cessation des paiements dans un certain délai. Aux termes de l'article L. 621-1 du code de commerce, dans la rédaction antérieure à la loi du 26 juillet 2005[2] (anc^t^ L. 25 janv. 1985[3], art. 3, al. 2), « l'ouverture de cette procédure doit être demandée par le débiteur au plus tard dans les quinze jours qui suivent la cessation des paiements définie à l'alinéa précédent ». L'article L. 622-1 du code de commerce, dans la rédaction antérieure à la loi du 26 juillet 2005 (anc^t^ L. 25 janv. 1985, art. 148, al. 2) renvoie à l'article L. 621-1 pour la saisine aux fins d'ouverture de la liquidation judiciaire.

Malgré la lettre du texte qui semblerait laisser croire que la demande est irrecevable si elle est présentée plus de quinze jours après la date de cessation des paiements[4], il est évident que la demande peut intervenir après expiration du délai[5], le dépassement du délai étant « seulement » source de sanctions (v. s^s^ n° 231.22).

L'obligation pour le débiteur de déclarer son état de cessation des paiements subsiste, sous l'empire de la législation du 26 juillet 2005. Mais elle doit, désormais, être coordonnée avec les règles nouvelles de la procédure de conciliation. Cette dernière pouvant bénéficier à un débiteur en état de cessation des paiements depuis moins de quarante-cinq jours, logiquement, le débiteur a désormais l'obligation de déclarer son état de cessation des paiements dans les quarante-cinq jours de l'apparition de celui-ci, si, à l'intérieur de ce délai, il n'a pas demandé l'ouverture d'une procédure de conciliation, tant en redressement judiciaire (C. com., art. L. 631-4, al. 1er), qu'en liquidation judiciaire (C. com., art. L. 640-4, al. 1er). Il a été indiqué que ce passage d'un délai de quinze à quarante-cinq jours « devrait permettre au débiteur de prendre le temps d'analyser les perspec-

1. D. n° 2011-236, 3 mars 2011, *JO* 4 mars, p. 4183.

2. L. n° 2005-845, 26 juill. 2005, préc.
3. L. n° 85-98, 25 janv. 1985, préc.
4. CHAPUT, n° 265.
5. Aix-en-Provence, 7e ch., 16 déc. 1988, *JurisData* 049460.

tives économiques et financières de son entreprise afin de déterminer la procédure la plus appropriée et pourquoi pas, une procédure de conciliation, si ses difficultés, en effet, restent conjoncturelles »[1]. Et allongement du délai de saisine obligatoire par le débiteur du tribunal aux fins de déclarer son état de cessation des paiements est critiqué par certains professionnels, qu'ils estiment contre-productif par rapport à l'objectif d'anticipation affichée par le législateur de 2005[2]. Il a été justement suggéré de réserver, *de lege ferenda*, la saisine au débiteur pendant ce délai de quarante-cinq jours, dans la mesure où il peut demander tout aussi bien l'ouverture d'une conciliation[3]. La solution aurait aussi le mérite d'éviter le télescopage éventuel d'une demande de conciliation émanant du débiteur avec une demande d'ouverture d'un redressement judiciaire émanant d'un créancier.

Le projet de loi de sauvegarde des entreprises prévoyait, en outre, une coordination entre le délai de saisine ouvert au débiteur pour déclarer son état de cessation des paiements et l'éventualité de l'échec d'une procédure de conciliation. Pour ce, il était prévu l'obligation pour le débiteur de demander l'ouverture de la procédure de redressement judiciaire dans les huit jours de la notification de la décision mettant fin à la mission du conciliateur ou de la décision devenue définitive refusant l'homologation de l'accord (projet, art. 100). La solution était reproduite, en liquidation judiciaire (projet, art. 108). L'obligation pour le débiteur de saisir le tribunal dans ce délai raccourci a été remplacée à la suite d'un amendement, par l'obligation pour le tribunal de se saisir d'office pour l'ouverture d'un redressement judiciaire, s'il ressort du rapport du conciliateur que le débiteur est en état de cessation des paiements (C. com., art. L. 631-4, al. 2). Cet amendement répond au souci de ne pas enfermer le débiteur dans un délai trop court afin de lui éviter d'encourir les peines de l'interdiction de gérer, alors que le tribunal, qui a suivi le dossier pendant la procédure de la conciliation et disposant du rapport du conciliateur est suffisamment informé pour se saisir d'office[4]. Identiquement, en cas d'échec de la conciliation, le tribunal, en application de la règle édictée par l'article L. 631-4 du code, doit se saisir d'office aux fins d'ouverture d'une procédure de liquidation judiciaire, si les conditions de la liquidation judiciaire immédiate sont réunies (C. com., art. L. 640-4, al. 2).

Afin de ne pas retarder l'ouverture de la procédure, l'article R. 663-1 du code de commerce (anc^t D. 28 déc. 2005[5], art. 351-1), créé par l'article 74 du décret du 23 décembre 2006[6], prévoit que le greffier ne peut demander aucune provision au débiteur qui demande l'ouverture d'une procédure de redressement ou de liquidation judiciaire. La règle doit être appliquée même en Alsace-Moselle, faute de texte contraire, le principe de provision existant dans ces départements[7] devant être ici écarté. Il faut tenir compte d'une part de l'obligation légale pour le débiteur de procéder à la déclaration de sa cessation des paiements et, d'autre part, de son état de cessation des paiements. Ces deux contraintes n'existent pas en sauvegarde et, logiquement, l'interdiction faite au greffier ne concerne pas la procédure de sauvegarde[8].

La solution issue de la loi de sauvegarde des entreprises contraste avec celle antérieurement posée, le greffier pouvant refuser la demande d'ouverture du redressement ou de la liquidation judiciaire pour défaut de provision des frais de greffe. Corrélativement, il a pu être jugé que le fait pour le débiteur de voir sa demande rejetée pour non-paiement des frais de greffe interdisait que soit prononcée à son encontre une mesure de faillite personnelle ou d'interdiction de gérer pour défaut de déclaration de l'état de cessation des paiements dans les délais légaux[9].

Si le débiteur sollicite le redressement judiciaire, le tribunal ne peut prononcer la liquidation judiciaire directe[10], sauf à se saisir d'office, en respectant alors les modalités procédurales de la saisine d'office[11]. L'article R. 641-1 du code de commerce (anc^t D. 28 déc. 2005, art. 214), qui rend applicables en liquidation judiciaire, les dispositions de l'article R. 631-2 du code de commerce (anc^t D. 28 déc. 2005, art. 171), établit clairement cette obligation. L'ordonnance du 18 décembre 2008[12] n'a pas modi-

1. Avis n° 337 de Christian Gaudin, *Doc. Sénat*, au nom de la commission des affaires économiques, p. 26.
2. Lizé, « Les solutions vues par un mandataire judiciaire – Plan de cession, liquidation judiciaire générale, liquidation judiciaire simplifiée issus de la loi du 26 juillet 2005 et du décret du 28 décembre 2005 », *Rev. proc. coll.* 2006/2, p. 200 s., sp. p. 201.
3. Pérochon, 10e éd., n° 430.
4. Amend. n° 146, Interv. Xavier de Roux, *JOAN CR*, 2e séance du 8 mars 2005, p. 1758.
5. D. n° 2005-1677, 28 déc. 2005, préc.
6. D. n° 2006-1709, 23 déc. 2006, préc.
7. Vallens, 2006 n° 2762.
8. Montéran, « Le décret du 23 décembre 2006 – Les petites corrections apportées au décret du 28 décembre 2006 », *Gaz proc. coll.* 2007/1, p. 15 s., sp. p. 19 – Roussel Galle, « De quelques modifications du décret du 28 décembre 2005 pris en application de la loi de sauvegarde des entreprises par le décret du 23 décembre 2006 », *JCP E* 2007. 48, p. 3 s., sp. p. 5.
9. Paris, 3e ch. A, 5 févr. 2008, RG n° 07/13090, *JCP E* 2008. 1871, note Delattre; *Defrénois* 2009. 38894, p. 346, n° 3, note Gibirila.
10. Soinne, n° 558.
11. Guillaume, Directeur des Affaires civiles et du Sceau, *LPA* 21 sept. 2006, p. 3 s., sp. p. 5.
12. Ord. n° 2008-1345, 18 déc. 2008, préc.

fié, au moins en première instance, la solution (en cause d'appel, v. s[s] n° 231.51).

Dans sa chasse aux saisines d'office, le législateur a été contraint de modifier les textes. Il ne l'a pas fait à l'occasion de l'ordonnance du 12 mars 2014[1], mais lors des retouches apportées à ce texte par l'ordonnance du 26 septembre 2014[2]. C'est l'objet de l'article 5 de ce texte qui modifie l'article L. 631-7, en lui ajoutant un alinéa 2 qui prévoit que si un débiteur ayant déclaré son état de cessation des paiements sollicite l'ouverture d'un redressement judiciaire, sans subsidiairement demander l'ouverture d'une liquidation, le tribunal, après avoir recueilli ses observations, pourra ouvrir une liquidation si manifestement il n'existe plus de chance de redressement. Réciproquement, l'article 7 de l'ordonnance, modifiant l'article L. 641-1, I, permettra, dans les mêmes conditions, l'ouverture d'un redressement judiciaire, si subsiste des chances de redressement, alors que seule l'ouverture de la liquidation judiciaire avait été demandée. Selon l'alinéa 2 de l'article 13 de l'ordonnance du 26 septembre 2014, ces deux textes sont applicables aux procédures en cours lors de l'entrée en vigueur de l'ordonnance du 26 septembre 2014, soit le 28 septembre, du fait de sa publication au *JO* du 27 septembre.

Si le débiteur, personne physique, est décédé en état de cessation des paiements, la déclaration peut être faite dans le délai d'un an à compter du décès, par les héritiers ou l'un d'eux. Cette solution, issue de la législation antérieure à la loi du 26 juillet 2005 (C. com., art. L. 621-14 [anc[t] L. 25 janv. 1985, art. 16]) a été modifiée par la loi de sauvegarde des entreprises, qui autorise désormais les héritiers à saisir le tribunal pour l'ouverture de la procédure de redressement ou de liquidation judiciaire au-delà du délai d'un an du décès. Le délai de quinze jours pour saisir le tribunal, sous l'empire de la législation antérieure à la loi du 26 juillet 2005, n'a évidemment pas à être respecté. Malgré le caractère apparemment impératif du texte de l'article L. 621-14 du code de commerce qui indique que « le tribunal est saisi », il ne s'agit, pour les héritiers, que d'une faculté. Identiquement, le délai de quarante-cinq jours ouvert au débiteur par la législation du 26 juillet 2005 pour saisir le tribunal aux fins du prononcé d'un redressement ou d'une liquidation judiciaire ne s'impose pas aux héritiers[3]. Il a été observé que la possibilité introduite par la loi du 23 juin 2006 réformant le droit des successions d'accepter la cession à concurrence de l'actif net faisait perdre tout intérêt à la demande d'ouverture de la procédure collective du défunt par les héritiers[4].

Si le débiteur est une personne morale dotée d'un comité d'entreprise, celui-ci doit être informé et consulté avant la déclaration de cessation des paiements (C. trav., art. L. 2323-44). À défaut de comité d'entreprise, il s'agira des délégués du personnel pour une entreprise d'au moins onze salariés. Le non-respect de cette obligation n'est pas une cause d'irrecevabilité de la demande du débiteur, mais constitue le délit d'entrave au fonctionnement du comité[5].

Rappelons qu'en présence d'un entrepreneur individuel à responsabilité limitée, la cessation des paiements s'apprécie patrimoine par patrimoine et non globalement (v. s[s] n° 221.19).

231.22 Sanctions de l'absence de déclaration de l'état de cessation de paiements dans les délais légaux. La législation contient des dispositions destinées à sanctionner le débiteur qui ne respecte pas l'obligation légale de déclarer son état de cessation des paiements dans le délai impératif de saisine du tribunal aux fins d'ouverture de la procédure collective.

La législation antérieure à la loi du 26 juillet 2005[6] prévoyait la possibilité de sanctions en cas de non-respect du délai de quinzaine par rapport à l'apparition de l'état de cessation des paiements.

La loi du 26 juillet 2005 reprend la solution, en substituant un délai de quarante-cinq jours au délai de quinzaine.

On remarquera que le tribunal, en cas d'échec de la procédure de conciliation, dès lors que débiteur est en état de cessation des paiements, ce que permettra de constater le rapport du conciliateur, doit se saisir d'office de l'ouverture d'une procédure de redressement judiciaire ou de liquidation judiciaire. En ce cas, le débiteur n'a pas l'obligation de saisir le tribunal, le pouvoir de saisine d'office remplaçant l'obligation légale reposant sur le débiteur.

Sous l'empire de la législation antérieure à la loi de sauvegarde des entreprises, divers textes sanctionnent le non-respect de l'obligation pour le débiteur de saisir le tribunal aux fins d'ouverture de sa procédure collective dans le délai de quinze jours de son état de cessation des paiements.

Il en est d'abord ainsi de l'article L. 625-5 du code de commerce (anc[t] L. 25 janv. 1985[7], art. 189, 5°)

1. Ord. n° 2014-326, 12 mars 2014, préc.
2. Ord. n° 2014-1088, 26 sept. 2014, *JO* 27 sept., p. 15725.
3. Pérochon, 10e éd., n° 1105 – Vallens, 2015, n° 3086 – Arteil, « Redressement ou liquidation judiciaire du débiteur décédé : quel intérêt pour les héritiers », *Defrénois* 2008/2, 38709, p. 145 s., sp. p. 146, n° 1.
4. Arteil, préc., sp. p. 148, n° 4.
5. Crim. 15 oct. 1991, n° 89-83.950, NP, *Lamy social* 1992, n° 1354 – Crim. 26 janv. 2016, n° 13-82.158, *Bull. crim.* [à paraître].
6. L. n° 2005-845, 26 juill. 2005, préc.
7. L. n° 85-98, 25 janv. 1985, préc.

qui édicte, à l'encontre du débiteur contrevenant du dirigeant de la personne morale (C. com., art. L. 625-5, al. 1er, renvoyant à C. com., art. L. 62[illegible] [anct L. 25 janv. 1985, art. 185, 2°]) une possibilité de faillite personnelle (v. ss n° 912.18). L'article L. 625-8 du code de commerce (anct L. 25 janv. 1985, art. 192) prévoit que cette sanction peut être remplacée par l'interdiction de gérer[1] (v. ss n° 913.11). Le juge ayant à appliquer, sous l'empire de la législation antérieure à la loi du 26 juillet 2005, l'article L. 625-5 du code de commerce n'est pas tenu par la date de cessation des paiements fixée (v. ss n° 222.22).

Il est possible de rattacher à l'obligation de déclaration de l'état de cessation des paiements dans le délai de quinze jours, un cas de redressement judiciaire personnel qui vise le dirigeant de la personne morale qui a poursuivi abusivement, dans un intérêt personnel, une exploitation déficitaire, qui ne pouvait conduire qu'à la cessation des paiements de la personne morale (C. com., art. L. 624-5 [anct L. 25 janv. 1985, art. 182, 4°]) (v. ss n° 923.53).

On signalera enfin que le non-respect du délai de saisine de la juridiction pourra être un élément d'appréciation, dans le cadre de l'action en comblement de passif, la solution ayant été posée à propos du délai de quinze jours, sous l'empire de la législation antérieure à la loi du 26 juillet 2005 (C. com., art. L. 624-3 [anct L. 25 janv. 1985, art. 180]) contre le dirigeant de la personne morale débitrice[2] (v. aussi ss n° 922.22).

Sous l'empire de la législation du 26 juillet 2005, le non-respect de l'obligation de déclarer son état de cessation des paiements dans le délai légal – quarante-cinq jours – n'est plus un cas de faillite personnelle, mais seulement d'interdiction de gérer (C. com., art. L. 653-8, al. 3). Il faudra cependant que le débiteur n'ait pas demandé le bénéfice d'une procédure de conciliation dans le délai de quarante-cinq jours.

La loi du 26 juillet 2005 a supprimé le redressement et la liquidation judiciaires personnels, mais l'a remplacé, jusqu'à l'ordonnance du 18 décembre 2008[3], par une obligation aux dettes sociales, reprenant, à l'exception des cas relatifs à la comptabilité, les cas de redressement et de liquidation judiciaires personnels de la législation antérieure. Parmi ceux-ci figure l'hypothèse de la poursuite abusive, par le dirigeant, dans un intérêt personnel, d'une exploitation déficitaire, qui ne pouvait conduire qu'à la cessation des paiements de la personne morale (C. com., art. L. 652-1, 4°). À défaut de caractérisation de la poursuite d'exploitation déficitaire dans un intérêt personnel, le dirigeant pourra également être condamné à supporter l'insuffisance d'actif lorsqu'il n'aura pas procédé à la déclaration de son état de cessation des paiements dans le délai de quarante-cinq jours de l'apparition de celui-ci. La date de cessation des paiements retenue dans le cadre de l'ouverture de la procédure, pas plus que sous l'empire de la législation antérieure, ne s'imposera au tribunal. Il faut cependant réserver l'impossibilité pour le tribunal de remonter la date de cessation des paiements en amont de la décision définitive homologuant l'accord de conciliation ou du jugement d'ouverture de la sauvegarde, ensuite convertie en liquidation judiciaire, sauf caractérisation *a posteriori* de l'état de cessation des paiements antérieurement à l'ouverture de la sauvegarde. Cette interdiction fera obstacle à la possibilité de caractériser une faute de gestion ou une poursuite abusive d'exploitation déficitaire, antérieurement à cette date.

231.23 Sanction à l'encontre du débiteur saisissant la juridiction à tort. Le débiteur ne peut saisir la juridiction aux fins d'ouverture de sa procédure de redressement ou de liquidation judiciaire que s'il est en état de cessation des paiements. Dès lors, s'il procède à la saisine de la juridiction sans être dans cette situation, et que la juridiction ouvre la procédure, il peut engager sa responsabilité à l'égard d'un ou de plusieurs créanciers, qui en subiraient un préjudice, mais aussi à l'égard d'un mandataire de justice qui aurait exposé inutilement des frais[4].

Les données du problème sont différentes en ce qui concerne la demande d'ouverture de la procédure de sauvegarde, laquelle suppose l'absence de cessation des paiements. Mais il ne semble pas impossible de retenir la responsabilité du chef d'entreprise pour demande infondée d'ouverture de la procédure de sauvegarde, alors que l'entreprise ne connaît pas des difficultés qu'elle ne peut surmonter. Les avantages de la procédure de sauvegarde pourraient, en effet, inciter à des dévoiements de procédure.

231.24 Pièces à communiquer par le débiteur aux fins d'ouverture du redressement ou de la liquidation judiciaire. Les pièces que le débiteur doit communiquer lorsqu'il sollicite l'ouverture d'une procédure de redressement judiciaire sont précisées, sous l'empire du décret du 27 décembre 1985[5], par

1. ILLUSTR. : Paris, 6 juill. 1995, *JCP* 1996. II. 22649, note Gibirila.
2. Com. 8 oct. 1996, n° 94-18.384, *Bull. civ.* IV, n° 226; *Rev. proc. coll.* 1997, 242, n° 1, obs. Martin-Serf; *JCP E* 1997. II. 917, note Daigre; *Bull. Joly* 1996. 1057, note Calendini – Com. 14 nov. 2000, n° 97-21.306, NP, *RJDA* 2001/3, n° 347 – Com. 17 sept. 2002, n° 99-18.330, NP, *RJDA* 2002/12, p. 1101, n° 1305 – Com. 24 mars 2004, n° 02-17.817, NP – Com. 4 oct. 2005, n° 04-16.365, NP.
3. Ord. n° 2008-1345, 18 déc. 2008, préc.
4. Grenoble, ch. com., 23 oct. 2002, RG n° 02/00534, *RD banc. fin.* 2003, n° 115, obs. Lucas.
5. D. n° 85-1388, 27 déc. 1985, *JO* 29 déc., p. 15281.

l'article 6 et, sous l'empire de la législation de sauvegarde des entreprises, par l'article R. 631-1 du code de commerce (anc[t] D. 28 déc. 2005[1], art. 170). Ces textes prévoient les pièces à joindre à la déclaration de cessation des paiements déposée par le débiteur au greffe du tribunal. En cas d'ouverture d'une procédure à l'encontre d'une personne ayant la qualité d'EIRL, ces pièces s'apprécient au regard du seul patrimoine concerné par la procédure collective.

Dans la rédaction d'origine du décret du 28 décembre 2005, ces pièces devaient être établies à la date de la demande d'ouverture de la procédure. L'article 170, alinéa 2 du décret du 28 décembre 2005 (devenu C. com., art. R. 631-1, al. 2) a été modifié par l'article 57, 1° du décret du 23 décembre 2006; a été supprimée la précision selon laquelle les pièces devaient être établies à la date de la demande. Elle était contradictoire notamment avec l'obligation de fournir une situation de trésorerie datant de moins de trois mois posée par l'article 170, 3°. Toutefois, l'alinéa 15 de l'article R. 631-1 du code de commerce (anc[t] D. 28 déc. 2005, art. 170), tel qu'il résulte de la rédaction que lui a donnée l'article 57, 3° du décret du 23 décembre 2006[2], prévoit que les pièces visées au 1°, 2°, 5°, 6°, 7° et 8° de l'article 170 doivent être établies à la date de la demande.

Le décret du 12 février 2009[3], applicable aux procédures ouvertes à compter du 15 février 2009, pour sa part, indique que les documents visés aux 1°, 2°, 5°, 6°, 7° et 8° de l'article R. 631-1 du code de commerce sont établis à la date de la demande ou dans les sept jours qui précèdent, ce qui introduit un élément de souplesse nécessité par des raisons pratiques[4].

Les mêmes pièces doivent être communiquées, en cas de déclaration d'inexécution des engagements financiers d'un règlement amiable. On remarquera cependant que, sous l'empire de la législation antérieure à la loi de sauvegarde des entreprises[5], s'il y a état de cessation des paiements, il importe peu qu'il y ait inexécution d'un règlement amiable. Il pourra y avoir en ce cas déclaration de cessation des paiements.

Les documents à fournir sont, outre les comptes annuels du dernier exercice, les suivants :

– l'état du passif exigible et de l'actif disponible, ainsi qu'une déclaration de cessation des paiements. Cette précision a été ajoutée par le décret du décembre 2005 (C. com., art. R. 631-1, 1° [anc[t] D. 28 déc. 2005, art. 170, 1°]). Elle résultait, sous l'empire du décret du 27 décembre 1985, de la déclaration de cessation des paiements elle-même, celle-ci supposant une comparaison du passif exigible et de l'actif disponible. L'état du passif exigible et de l'actif disponible devait être établi, sous l'empire de la législation d'origine de sauvegarde des entreprises, à la date de la demande. Depuis le décret du 12 février 2009, applicable aux procédures ouvertes à compter du 15 février 2009, cet état doit être établi à la date de la demande ou dans les sept jours qui précèdent; le décret du 30 juin 2014 (art. 77) apporte une précision à ce texte lorsque la déclaration de cessation des paiements émane d'un EIRL : l'état est complété, le cas échéant, par la liste des autres créances dont le paiement est poursuivi sur le patrimoine en cause;

– un extrait d'immatriculation aux registres et répertoires, qui devait être établi, sous l'empire de la législation d'origine de sauvegarde des entreprises, à la date de la demande. Depuis le décret du 12 février 2009, applicable aux procédures ouvertes à compter du 15 février 2009, cet extrait doit être établi à la date de la demande ou dans les sept jours qui précédent. Observons ici, que, comme pour la procédure de sauvegarde, cette indication ne peut accréditer l'idée que la procédure de redressement ou de liquidation judiciaires ne peut être ouverte au bénéfice de l'artisan ou du commerçant de fait, compte tenu de la clarté des travaux préparatoires de la loi de sauvegarde des entreprises, sur la question. La question ne se pose plus depuis l'ordonnance du 18 décembre 2008, les textes nouveaux ne visant plus le commerçant ou la personne immatriculée au répertoire des métiers, mais la personne exerçant une activité commerciale ou artisanale, ce qui règle, de manière indiscutable, le cas des artisans et commerçants de fait;

– une situation de trésorerie datant de moins d'un mois (C. com., art. R. 631-1, 3° [anc[t] D. 28 déc. 2005, art. 170, 3°]) au lieu des trois mois visés dans le décret du 27 décembre 1985, ainsi d'ailleurs que dans l'avant-projet de décret d'application de la loi de sauvegarde (art. 177-3);

– le nombre des salariés employés à la date de la saisine avec leur nom et adresse et le montant du chiffre d'affaires apprécié à la date de la clôture du dernier exercice comptable;

– l'état chiffré des créances et des dettes, qui devait être établi, sous l'empire de la législation d'origine de sauvegarde des entreprises, à la date de la demande. Depuis le décret du 12 février 2009, applicable aux procédures ouvertes à compter du 15 février 2009, cet état doit être établi à la date de la demande ou dans les sept jours qui précédent. En outre, depuis le décret du 28 décembre 2005, il y a place à l'indica-

1. D. n° 2005-1677, 28 déc. 2005, préc.
2. D. n° 2006-1709, 23 déc. 2006, préc.
3. D. n° 2009-160, 12 févr. 2009, préc.
4. Texier et Russo, « Le nouveau droit des entreprises en difficulté après l'ordonnance du 18 décembre 2008 et son décret d'application du 12 février 2009 », *LPA* 2 mars 2009, n° 43, p. 3 s., sp. p. 14.
5. L. n° 2005-845, 26 juill. 2005, préc.

tion du nom et du domicile des créanciers et, pc les salariés, le montant global des sommes impayé Observons que la liste des créanciers devra à nc veau être communiquée par le débiteur au représe tant des créanciers – mandataire judiciaire. Il sem possible aux créanciers de s'emparer des indicatio fournies par le débiteur, au regard du montant telles dettes à l'égard de tels créanciers, pour con dérer qu'il y a là reconnaissance de dette[1], renda ensuite impossible la contestation de la créance pc des motifs de fond;

– l'état actif et passif des sûretés, ainsi que l'é des engagements hors bilan, qui devaient être ét blis, sous l'empire de la législation d'origine de sa vegarde des entreprises, à la date de la demand Depuis le décret du 12 février 2009, applicable a procédures ouvertes à compter du 15 février 20, ces états doivent être établis à la date de la dema e ou dans les sept jours qui précèdent;

– l'inventaire sommaire des biens du débiteur, qui devait être établi, sous l'empire de la législation d'origine de sauvegarde des entreprises, à la da de la demande. Depuis le décret du 12 février 2009, applicable aux procédures ouvertes à compte du 15 février 2009, cet inventaire sommaire doiêtre établi à la date de la demande ou dans les septours qui précèdent; le décret du 30 juin 2014[2] (ar 77) précise que, si un patrimoine a été affecté à l'activité en difficulté, l'inventaire porte sur les biens afectés ou utilisés, pour l'exercice de cette activité;

– **si le débiteur est une personne** morale dont tout ou partie des membres sont associés indéfiniment et solidairement responsables du passif, la déclaration du débiteur, qui devait être établie, sous l'empire de la législation d'origine de sauvegarde des entreprises, à la date de la demande et, depuis le décret du 12 février 2009, applicable aux procédures ouvertes à compter du 15 février 2009, soit à la date de la demande soit dans les sept jours qui précèdent. Cette déclaration doit comporter une liste de ceux-ci avec leur nom et domicile (D. 27 déc. 1985, art. 6, 8), et, sous l'empire de la législation de sauvegarde des entreprises, (C. com., art. R. 631-1, 8° [anc[t] D. 28 déc. 2005, art. 170, 8°]). Cette indication est destinée à permettre, sous l'empire de la législation antérieure à la loi du 26 juillet 2005, l'application de l'article L. 624-1 du code de commerce (anc[t] L. 25 janv. 1985, art. 178), c'est-à-dire le redressement et la liquidation judiciaires personnels des associés et, sous l'empire de la loi de sauvegarde des entreprises, leur poursuite par les organes de la procédure et la prise de mesures conservatoires sur leurs biens;

– la déclaration doit encore indiquer le nom et l'adresse du représentant du comité d'entreprise ou des délégués du personnel, habilités à être entendus par le tribunal s'ils ont déjà été désignés (D. 27 déc. 1985, art. 6, 9 et, sous l'empire de la législation de sauvegarde des entreprises, C. com., art. R. 631-1, 9° [anc[t] D. 28 déc. 2005, art. 170, 9°]);

– sous l'empire du décret du 28 décembre 2005 (art. 170, 10°, devenu C. com., art. R. 631-1, 10°), une attestation relative à l'absence de désignation d'un mandataire *ad hoc* ou d'ouverture d'une procédure de conciliation dans les dix-huit mois précédant la demande ou, dans le cas contraire, faisant état d'une telle désignation, ou de l'ouverture de la procédure et mentionnant sa date ainsi que l'autorité qui y a procédé. L'article 170, 10° du décret du 28 décembre 2005 (devenu C. com., art. R. 631-2, 10°) a été modifié par l'article 57, 2° du décret du 23 décembre 2006. Il est désormais prévu « une attestation sur l'honneur certifiant l'absence de mandat *ad hoc* ou de procédure de conciliation dans les dix-huit mois précédant la date de la demande ou, dans le cas contraire, mentionnant la date de la désignation du mandataire *ad hoc* ou de l'ouverture de la procédure de conciliation, ainsi que l'autorité qui y a procédé ». La portée de cette modification est importante puisque, en cas de procédure de conciliation en cours dans les dix-huit mois, la mention devra en être faite, alors qu'auparavant, le délai de dix-huit mois s'appréciait par rapport à l'ouverture d'une procédure de conciliation. La durée de la procédure de conciliation est ainsi intégrée dans le calcul des dix-huit mois. Cette modification assure une symétrie avec l'article L. 621-1, alinéa 4 du code, texte de la sauvegarde applicable en redressement judiciaire (C. com., art. L. 631-7), qui prévoit la présence obligatoire à l'audience du ministère public, lors de l'ouverture de la sauvegarde, si cette dernière a été précédée, dans les dix-huit mois, d'une conciliation (v. s[s] n° 233.11); le décret du 30 juin 2014 (art. 77) précise que si la procédure concerne un EIRL, l'attestation doit concerner l'absence de mandat *ad hoc* ou de procédure de conciliation relatives au patrimoine en cause;

– sous l'empire du décret du 28 décembre 2005 (art. 170, 11°, devenu C. com., art. R. 631-1, 11°), lorsque le débiteur exerce une profession libérale soumise à un statut législatif ou réglementaire ou dont le titre est protégé, la désignation de l'ordre professionnel ou de l'autorité dont il relève;

– sous l'empire du décret du 28 décembre 2005 (art. 170, 12°, devenu C. com., art. R. 631-1, 12°), lorsque le débiteur exploite une ou des installations classées au sens du code de l'environnement, la copie de la décision d'autorisation ou la déclaration.

1. AINSI : Bordeaux, 19 mars 1941, *DP* 1941, n° 2, 206, rendant ensuite impossible la contestation – COMP. : SOINNE, n° 558.
2. D. n° 2014-736, 30 juin 2014, préc.

La disposition a pour objet d'informer immédiatement la juridiction, mais aussi les organes de la procédure des éventuelles obligations de dépollution. Elle est également à rapprocher de l'obligation d'établir, dans le cadre du projet de plan, un bilan environnemental.

La saisine peut tendre à l'ouverture d'une liquidation judiciaire. En ce cas, le débiteur doit préciser les éléments conditionnant le prononcé d'une liquidation judiciaire, c'est-à-dire, sous l'empire de la législation antérieure à la loi du 26 juillet 2005, la cessation de toute activité ou l'impossibilité manifeste du redressement de l'entreprise (D. 27 déc. 1985, art. 6, 7°) et, sous l'empire de la loi du 26 juillet 2005, l'impossibilité manifeste du redressement de l'entreprise (C. com., art. R 640-1, al. 2 [anc[t] D. 28 déc. 2005, art. 212, al. 2]).

L'article 6, alinéa 3 du décret du 27 décembre 1985 ajoute que ces documents doivent être datés, signés et certifiés sincères et véritables par le déclarant. La solution est reprise, depuis la législation de sauvegarde des entreprises, par l'article R. 631-1, avant dernier alinéa (anc[t] D. 28 déc. 2005, art. 170, avant dernier alinéa).

Afin de ne pas empêcher la déclaration, qui revêt un caractère obligatoire pour le débiteur, quinze jours après sa cessation des paiements, l'article 6, alinéa 4 du décret du 27 décembre 1985 prévoit que « dans le cas où l'un ou l'autre de ces documents ne peut être fourni ou ne peut l'être qu'incomplètement, la déclaration doit indiquer les motifs qui empêchent cette production ». La solution est reprise par l'article R. 631-1 dernier alinéa (anc[t] D. 28 déc. 2005, art. 170, dern. al.), le caractère obligatoire de la démarche étant alors enfermé dans un délai de quarante-cinq jours. Le caractère incomplet des documents remis n'est donc pas une cause d'irrecevabilité de la demande, mais peut amener le tribunal à prescrire l'enquête visée à l'article 13 du décret du 27 décembre 1985[1], à l'article L. 621-1, alinéa 3 du code de commerce, texte de la procédure de sauvegarde qui s'applique également en redressement judiciaire (C. com., art. L. 631-7) et en liquidation judiciaire (C. com., art. L. 641-1, I).

231.25 Personne habilitée à déclarer la cessation des paiements. Si le débiteur est une personne physique, le déclarant sera le débiteur lui-même. Il peut cependant donner à un tiers un pouvoir pour déclarer, en ses lieux et place, son état de cessation des paiements. Il devra s'agir d'un pouvoir spécial, même si le tiers est avocat, la déclaration de cessation des paiements n'entrant pas, selon la Cour de cassation[2], dans la mission de représentation et d'assistance des avocats. Cette solution n'était pas évidente, faute de texte particulier, comme c'est le cas par exemple en matière de saisie immobilière. Il a été observé à cet égard que la saisine du tribunal est un mode introductif d'une instance rentrant dans le mandat *ad litem* d'un avocat[3]. Mais on peut aussi, comme le fait la Cour de cassation, considérer qu'une procédure collective n'est pas une instance (v. s[s] n° 233.09).

Si le débiteur est une personne morale, le déclarant peut également être un tiers muni d'un pouvoir spécial. Le pouvoir pour déclarer l'état de cessation des paiements n'appartient pas aux associés[4], à moins qu'ils ne soient créanciers. C'est alors en cette dernière qualité qu'ils saisiront la juridiction.

Dans les sociétés, le pouvoir pour déclarer l'état de cessation des paiements appartient aux dirigeants sociaux.

Dans les sociétés à gérance, ce pouvoir appartient au gérant, l'un seul pouvant déclarer l'état de cessation des paiements en cas de cogérance[5].

Dans les sociétés à conseil d'administration, avant la loi du 15 mai 2001[6], dite loi NRE, le pouvoir appartenait au président du conseil d'administration, ainsi qu'au directeur général. Depuis la loi NRE, ce pouvoir appartient au directeur général, aux directeurs délégués, ainsi qu'au président du conseil d'administration, à condition que ce dernier ait aussi la qualité de directeur général. Dans les sociétés à directoire, il n'appartient qu'au seul président du directoire et non au président du conseil de surveillance[7]. Dans les sociétés par actions simplifiées, le pouvoir appartient au président.

Dans les groupements autres que les sociétés, le pouvoir appartiendra au seul dirigeant. Il en ira par exemple ainsi du président d'une association.

Les dirigeants de fait n'ont pas pouvoir pour déclarer l'état de cessation des paiements. Il en est de même des administrateurs d'une société anonyme, cependant qu'un administrateur peut être délégué à l'effet de déclarer l'état de cessation des paiements[8]. Ces personnes auront pourtant intérêt

1. Rép. min. n° 65414, *JOAN Q* 22 juill. 1985, p. 3434.

2. SOUS L'EMPIRE de la loi du 13 juillet 1967 : Com. 19 juill. 1988, n° 86-15.389, *Bull. civ.* IV, n° 252; *JCP E* 1989. 15468, n° 2, obs. M. Cabrillac; *Rev. proc. coll.* 1989, p. 137, obs. Cadiet; *D.* 1989. Somm. 5, obs. Derrida.
3. M. Cabrillac, obs. s[s] Com. 19 juill. 1988, n° 86-15.389, *Bull. civ.* IV, n° 252; *JCP E* 1989. 15468, n° 2.
4. POUR une SCI : Paris, 20 oct. 1995, *Dr. sociétés* 1996, n° 31, note Chaput.
5. Bourges, 1re ch., 12 oct. 1992, RG n° 91/1683, *JurisData* 046543 – Poitiers, 2e ch. civ., 23 mai 2006, RG n° 05/634, *Act. proc. coll.* 2006/19, n° 227.
6. L. n° 2001-420, 15 mai 2001, *JO* 16 mai, p. 7776, dite loi NRE.
7. COMP. : SOINNE, n° 553.
8. Paris, 31 janv. 2002, RG n° 2001/00121, *Dr. sociétés* 2003, n° 9, note Legros.

à sommer, par voie d'huissier, l'organe habilité à procéder au dépôt de bilan, car leur absence de qualité pour saisir à cette fin la juridiction ne les dispense pas des sanctions pour saisine tardive de la juridiction aux fins d'ouverture du redressement ou de la liquidation judiciaire. C'est ainsi qu'ont été condamnés à des sanctions les administrateurs d'une société anonyme qui n'avaient pas incité le président du conseil d'administration à déposer le bilan[1].

Si la société est en voie de dissolution, le pouvoir n'appartient qu'au liquidateur amiable (C. com., art. L. 237-24 [anc[t] L. 24 juill. 1966[2], art. 412]). Il a même une obligation de déclarer l'état de cessation des paiements de la société dissoute, sauf à engager sa responsabilité[3]. La solution a été posée en jurisprudence à propos d'un salarié non payé[4].

Si la société est dotée d'un administrateur provisoire chargé de gérer la société, et qui dans ce cadre se trouve investi des pouvoirs que la loi confère au dirigeant social, il semble, encore que l'opinion contraire ait été soutenue[5], qu'il ait seul qualité[6], ce qui prive en conséquence le dirigeant social de qualité à interjeter appel de la décision d'ouverture de la procédure collective[7]. Au contraire, à moins qu'il n'ait reçu pouvoir spécial de procéder à cette déclaration, il n'aura pas qualité pour déclarer l'état de cessation des paiements, s'il n'est pas investi d'un pouvoir général, et devra se contenter de procéder aux convocations qui s'imposent pour que la décision soit prise[8]. Si les associés d'une société civile professionnelle sont tous suspendus, l'administrateur provisoire désigné a qualité pour déclarer l'état de cessation des paiements de la société, dans la mesure où, sauf indication contraire, il a qualité pour agir aux lieux et place du gérant et que cette qualité est conférée aux associés de la société, sauf stipulation contraire des statuts[9].

Le mandataire *ad hoc* désigné pour suppléer la carence du dirigeant social interdit de gérer a une mission de représentation légale de cette société, qui l'autorise à demander l'ouverture d'un redressement ou d'une liquidation judiciaire[10], mais encore d'une procédure de sauvegarde.

En revanche, le mandataire *ad hoc* désigné, sous l'empire de la *législation antérieure* à la loi de sauvegarde des entreprises, en cas d'inexécution d'un plan de cession, n'a pas été jugé recevable à déclarer l'état de cessation des paiements[11].

Une personne, qui ne serait pas membre d'une profession juridique ou judiciaire réglementée, qui effectue à titre onéreux la déclaration de l'état de cessation des paiements du débiteur tombe sous le coup de la loi pénale, sur le fondement de l'article L. 321-1, 1° du code de la consommation (devenu C. consom., art. L. 322-1[12])[13]. L'article L. 322-1 du code de la consommation (devenu C. consom., art. L. 342-5[14]) punit d'un emprisonnement d'un an et d'une amende de 300 000 euros la méconnaissance de la disposition.

231.26 Mention de la déclaration de cessation des paiements au registre du commerce. Les déclarations de cessation des paiements sont, sous l'empire de la législation antérieure à la loi de sauvegarde des entreprises[15], en application de l'article 36-3 du décret du 30 mai 1984[16] relatif au registre du commerce et des sociétés, mentionnées d'office au registre du commerce et des sociétés. La solution était reprise par l'article 353 du projet de décret. Elle a été supprimée par le Conseil d'État. En conséquence, les déclarations de cessation des paiements n'auront plus à être mentionnées au registre du commerce et des sociétés.

SECTION 231.30
SAISINE PAR LE CRÉANCIER AUX FINS D'OUVERTURE DU REDRESSEMENT OU DE LA LIQUIDATION JUDICIAIRE

231.31 Effets généraux de l'assignation en redressement judiciaire. Il convient d'abord de préciser que la saisine par le créancier de la juridiction

1. Com. 9 juin 1992, *RJDA* 1992/14, p. 18 – Com. 16 févr. 1999, *Bull. Joly* 1999. 775, n° 171, note P. S.
2. L. n° 66-537, 24 juill. 1966, *JO* 26 juill., p. 6402.
3. Com. 26 juin 2007, n° 05-20.569, *Bull. civ.* IV, n° 180; *D.* 2007. AJ 1973, obs. Lienhard; *Act. proc. coll.* 2007, n° 184; *Bull. Joly* 2007. 1232, § 323, note Le Cannu; *Dr. sociétés* 2008, n° 53, note Legros.
4. Paris, 3e ch. B, 6 mars 2008, RG n° 06/22442, *Gaz. proc. coll.* 2008/3, p. 27, note Lebel; *Act. proc. coll.* 2008/10, n° 154.
5. Lyon, 28 nov. 1968, *RTD com.* 1969. 1100, obs. Houin – Guyon, « Les missions des administrateurs provisoires des sociétés », *Mél. Bastian*, t. I, p. 103, sp. n° 11.
6. Paris, 2 mars 1990, *D.* 1990. 569, note Vasseur – COMP. : J.-CL. COM., Régnaut-Moutier mis à jour par Vallansan, fasc. 2155, [Causes d'ouverture – cessation des paiements], 2004, n° 153.
7. Chambéry, ch. com., 27 févr. 2007, RG n° 06/00828, *Rev. proc. coll.* 2008, p. 65, note Lebel.
8. VALLENS, 2015, n° 3084.
9. Civ. 1re, 27 févr. 2007, n° 05-21.872, NP, *Dr. sociétés* 2007, n° 195, note Legros.
10. Com. 7 nov. 2006, n° 05-14.712, *Bull. civ.* IV, n° 219; *Gaz. proc. coll.* 2007/1, p. 33, note Voinot; *RD banc. fin.* nov.-déc. 2006, p. 25, n° 208, note Lucas; *Rev. proc. coll.* 2007/1, p. 39, n° 1, obs. Lebel.
11. Com. 28 févr. 1995, n° 92-18.197, *Bull. civ.* IV, n° 62; *Bull. Joly* 1995. 541, note Le Cannu.
12. Ord. n° 2016-301, 14 mars 2016, *JO* 16 mars.
13. Crim. 25 janv. 2005, n° 04-84.624, *Bull. crim.* n° 28; *Act. proc. coll.* 2005/7, n° 90, note Mascala; *Gaz. proc. coll.* 2005/2, p. 53, obs. Robaczewski.
14. Ord. n° 2016-301, 14 mars 2016, préc.
15. L. n° 2005-845, 26 juill. 2005, préc.
16. D. n° 84-406, 30 mai 1984, *JO* 31 mai, p. 1699.

aux fins d'ouverture de la procédure de son débiteur, dans le délai de quinze jours de la cessation des paiements de ce dernier, sous l'empire de la législation antérieure à la loi du 26 juillet 2005[1], est une faculté pour le créancier, non une obligation. La personne recherchée en responsabilité par le créancier – par exemple un notaire[2] –, ne peut donc reprocher au créancier de n'avoir pas préalablement sollicité l'ouverture de la procédure à l'encontre de son débiteur.

La solution, posée sous l'empire de législation antérieure à la loi de sauvegarde des entreprises, est évidemment transposable pour le délai de quarante-cinq jours prévu par la loi du 26 juillet 2005.

Si le créancier sollicite le redressement judiciaire, la juridiction ne peut prononcer la liquidation judiciaire[3], sauf à respecter les règles de la saisine d'office (v. aussi ss n° 231.41).

La solution résulte aujourd'hui clairement de l'article R. 631-11, alinéa 2 (D. 12 févr. 2009[4], art. 50).

En conséquence, le débiteur devra être convoqué à comparaître pour qu'il soit statué sur la saisine d'office. La juridiction ne peut enjoindre au débiteur, tout en refusant l'ouverture de la procédure de liquidation judiciaire, de procéder à la déclaration de son état de cessation des paiements pour demander l'ouverture d'un redressement judiciaire[5].

Indiquons cependant que, pour les procédures ouvertes à compter du 15 février 2009, il est possible en application du nouvel alinéa 2 de l'article R. 631-11 (D. 12 févr. 2009, art. 50), pour le créancier, à l'audience, si le débiteur est présent ou représenté, de solliciter l'ouverture d'une liquidation judiciaire. La précision du nouveau texte réglementaire est intéressante. Il est en effet indiqué que la demande subsidiaire peut être présentée à l'audience. La solution est logique puisque la procédure d'ouverture du redressement ou de la liquidation judiciaire est orale, même si elle se déroule devant le tribunal de grande instance. Dans cette même logique, le texte de l'article R. 631-11, alinéa 2 du code de commerce fait de la présence à l'audience du débiteur ou de son représentant une condition de recevabilité de la demande subsidiaire d'ouverture d'une liquidation judiciaire.

L'assignation en redressement judiciaire a un effet interruptif de la prescription, particulièrement important si le créancier est débouté de sa demande. Le créancier pourra assigner à nouveau en redressement ou en liquidation judiciaire, sans que la décision de rejet ne le paralyse[6]. Il pourra se fonder sur les mêmes faits, sans que l'autorité de la chose jugée ne puisse lui être opposée, dès lors qu'il a été débouté pour absence de démonstration de l'état de cessation des paiements, puisque ce dernier s'apprécie au jour où le tribunal statue[7].

231.32 Conditions de fond de la saisine par le créancier aux fins d'ouverture de la procédure. Selon l'article L. 621-2 du code de commerce, dans la rédaction antérieure à la loi du 26 juillet 2005[8] (anct L. 25 janv. 1985[9], art. 4, al. 1er), « la procédure peut également être ouverte sur l'assignation d'un créancier quelle que soit la nature de sa créance ».

La solution a été reproduite par l'article L. 631-5, alinéa 1er du code, dans la rédaction issue de la loi du 26 juillet 2005. Deux réserves sont cependant apportées par cette législation.

La **première** intéresse l'hypothèse d'une procédure de conciliation. Il peut advenir qu'un créancier assigne son débiteur, alors qu'une procédure de conciliation est en cours. Le créancier peut être confronté à la difficulté de connaître l'existence de la procédure de conciliation, lorsqu'il n'y a pas été appelé[10] (v. aussi ss n° 141.21). En pareille occurrence, le tribunal ne pourra statuer sur la demande d'ouverture de la procédure collective émanant du créancier tant qu'il n'a pas été mis fin à la procédure de conciliation. Il a été dit que, en ce cas, le tribunal, en chambre du conseil, avertit le créancier de la demande en cours et, en pratique, ce dernier qui y a intérêt retire sa demande[11]. Observons cependant qu'il a été rendu destinataire d'une information logiquement couverte par la confidentialité et que, n'étant pas appelée à la conciliation, rien ne l'oblige à ne pas divulguer l'information.

Il convient en outre d'éviter que l'initiative d'un créancier vindicatif, partie à la conciliation, ne fasse échouer la négociation en cours[12]. Il a été jugé que son assignation n'était pas irrecevable[13], ce qui pouvait être discuté. À tout le moins, et comme cela avait été jugé, l'instance en ouverture de la procédure collective était suspendue jusqu'à la décision

1. L. n° 2005-845, 26 juill. 2005, préc.
2. Civ. 1re, 18 janv. 2005, n° 02-16.305, NP.
3. SOINNE, n° 563.
4. D. n° 2009-160, 12 févr. 2009, préc.
5. Besançon, 8 août 2007, RG n° 07/00627, *Gaz. proc. coll.* 2008/2, p. 12, n° 5, note Lebel; *Act. proc. coll.* 2008/10, n° 155, note Vallansan.
6. Com. 14 janv. 2004, n° 00-21.262, NP.
7. SOINNE, n° 565.
8. L. n° 2005-845, 26 juill. 2005, préc.
9. L. n° 85-98, 25 janv. 1985, préc.
10. PÉROCHON, 10e éd., n° 431.
11. Gentin, *in* Menjucq, Gentin, Basse, Thévenot, Lencou, « Le secret des affaires et la confidentialité des procédures », Table ronde 1, *Rev. proc. coll.* 2015, p. 73 s., sp. p. 78.
12. Kuntz, « De la prévention des difficultés des entreprises, du mandat *ad hoc* et de la procédure de conciliation », *LPA* n° sp., 8 févr. 2006, n° 28, p. 5 s., sp. p. 13.
13. Aix-en-Provence, 8e ch. C, 30 juin 2011, RG n° 10/12884, *Act. proc. coll.* 2011/18, comm. 273; *Rev. proc. coll.* 2012, comm. 180, note Delattre.

mettant fin à la procédure de conciliation. Plus justement, une cour d'appel a ensuite décidé que l'assignation en redressement judiciaire, alors qu'une procédure de conciliation est encours, est irrecevable, même si elle émane d'un créancier non partie à la conciliation[2]. Cette fin de non-recevoir subsiste, malgré les termes de l'article 126 du code de procédure civile, même si le tribunal ne statue qu'après fin de la conciliation qui a échoué[3].

Il a en outre été justement jugé que le créancier qui assigne en redressement judiciaire le débiteur, en cours de procédure de conciliation, aux seules fins de rendre publique la conciliation, abuse de son droit d'ester en justice et peut être condamné à de lourds dommages et intérêts, s'il en résulte un préjudice pour le débiteur[4].

En cas d'échec de la conciliation, le tribunal devra se saisir d'office, s'il résulte du rapport du conciliateur que le débiteur se trouve en état de cessation des paiements, aux fins d'ouvrir soit un redressement judiciaire (C. com., art. L. 631-4, al. 2), soit une liquidation judiciaire (C. com., art. L. 640-4, al. 2). Indiquons que, sous l'empire de la législation antérieure à la loi du 26 juillet 2005, la saisine du tribunal qui résulte de l'inexécution des engagements financiers d'un règlement amiable, suppose une intervention des seuls créanciers parties à l'accord (C. com., art. L. 621-3 [anc^t^ L. 25 janv. 1985, art. 5] – *Adde*, v. s^s^ n° 136.11).

La **seconde** réserve est relative à l'hypothèse d'un débiteur retiré (v. s^s^ n° 211.61).

Sous ces réserves, et que l'on soit sous l'empire de la législation antérieure à la loi du 26 juillet 2005, ou sous celui de la loi du 26 juillet 2005, il n'est pas distingué selon le type de créances. Pas davantage, il n'est distingué selon les créanciers. Est-ce à dire que tout créancier peut solliciter le redressement ou la liquidation judiciaire de son débiteur ?

La nature civile ou commerciale de la créance, chirographaire ou privilégiée, professionnelle ou non de la créance, n'exerce aucune incidence sur le droit de saisine du créancier. C'est ainsi qu'a été admise l'action d'un créancier détenant une créance civile née avant le début de l'activité commerciale du débiteur[5]. Le comptable public chargé du recouvrement d'une créance fiscale, qui, aux termes de l'article 252, alinéa 2 du livre des procédures fiscales, exerce les actions liées indirectement à ce recouvrement a qualité pour demander l'ouverture d'une procédure collective à l'encontre d'un redevable[6]. Un salarié peut assigner en redressement ou en liquidation judiciaire son employeur, en sa qualité de créancier[7], non en celle de salarié. Le montant de la créance importe également peu, dès lors du moins que le créancier rapporte la preuve de l'état de cessation des paiements, la charge lui incombant.

Cependant, la généralité des textes ne doit pas autoriser l'ouverture de la procédure sur demande d'un créancier dont la créance n'est pas certaine, liquide et exigible[8], ce qui est corroboré par l'exigence, du moins sous l'empire de la législation antérieure à la loi de sauvegarde des entreprises, de poursuites préalables, inconciliables avec une créance ne réunissant pas ces trois caractères[9].

De même, si le créancier fait état d'un montant de créance sans correspondance avec les pièces qu'il produit, et notamment des contraintes validées par le tribunal des affaires de sécurité sociale, il n'établit pas le passif exigible et ne peut donc démontrer l'état de cessation des paiements de son débiteur[10].

En cas de cession de créance de droit commun, le cessionnaire d'une créance, dès lors que la cession a été signifiée, peut demander l'ouverture de la procédure collective[11].

La Cour de cassation a érigé, sous l'empire de la législation antérieure à la loi de sauvegarde des entreprises, en fin de non-recevoir l'absence de précision dans l'assignation des voies d'exécution ou poursuites préalablement entreprises (v. s^s^ n° 231.33). Ne peut donc être suivie l'opinion de certains auteurs considérant comme suffisant le caractère certain de la créance[12]. *A fortiori*, le demandeur au redressement ou à la liquidation judiciaire ne pourra détenir une créance litigieuse[13]. La créance ne présente cependant pas ce caractère si sa contestation est postérieure à l'assignation en redressement ou en liquidation judiciaire[14]. Le créancier assignant

1. Aix-en-Provence, 8e ch. C, 30 juin 2011, RG n° 10/12884, préc. (v. s^s^ prés^t^ n°).
2. Toulouse, 3e ch., 2e sect., 3 déc. 2014, RG n° 14/05510, *D.* 2015. pan. 1972, note Le Corre; *Rev. proc. coll.* 2015, comm. 176, note Delattre; *LXB hebdo* 18 déc. 2014, n° 595, note Le Corre.
3. Toulouse, 3e ch., 2e sect., 3 déc. 2014, RG n° 14/05510, préc.
4. Aix-en-Provence, 8e ch. C, 30 juin 2011, RG n° 10/12884, préc. (v. s^s^ prés^t^ n°).
5. Com. 22 juin 1993, n° 90-17.418, *Bull. civ.* IV, n° 264; *D.* 1993. Somm. 386, obs. Honorat.
6. Com. 7 févr. 2012, n° 11-11.347, *Bull. civ.* IV, n° 27; n° 152 F-P+B; *JCP E* 2012. 1414. note Lebel.
7. Paris, 3e ch. A, 22 mai 2007, *Dr. sociétés* 2008, n° 53, note Legros.
8. Saint-Alary-Houin, 9e éd., n° 1079 – Kerckhove, n° 252 – Chaput, n° 266.
9. rappr. : Pérochon et Bonhomme, 6e éd., n° 127.
10. Com. 18 mai 2016, n° 14-23.837, NP, n° 442 F-D.
11. Lyon, 3e ch. civ., 9 août 2007, RG n° 06/05289, *Gaz. proc. coll.* 2008/1, p. 30, n° 1, note Lebel.
12. Kerckhove, n° 252 – Chaput, n° 266 – Ripert et Roblot, n° 2885.
13. J.-Cl. com., Régnaut-Moutier mis à jour par Vallansan, fasc. 2155, [Causes d'ouverture – Cessation des paiements], 2004, n° 15.
14. Com. 7 févr. 2012, n° 11-11.347, préc. (v. s^s^ prés^t^ n°).

ne pourra de même être simplement titulaire d'une créance conditionnelle[1], la solution contraire retenue par une décision ancienne d'une cour d'appel se heurtant, sous l'empire de la législation antérieure à la loi du 26 juillet 2005, à l'exigence de poursuites préalables, laquelle est inconciliable avec une créance simplement conditionnelle[2].

Le fait que les textes issus de la législation de sauvegarde des entreprises n'exigent plus de poursuites préalables ne doit pas autoriser, à notre sens, la saisine sur base d'une créance ne remplissant pas les trois critères de certitude, d'exigibilité et de liquidité, ce qui peut être justifié au regard de la nature de saisie collective de la procédure collective.

Parce que la demande d'ouverture d'un redressement ou d'une liquidation judiciaire n'est ni une action en recouvrement, ni la mise en œuvre des voies d'exécution forcée, ni une mesure conservatoire, ni une demande relevant des pouvoirs du juge des référés, un syndic de copropriété ne peut agir à cette fin sans autorisation préalable de l'assemblée générale des copropriétaires[3].

231.33 Conditions de forme de la saisine par le créancier aux fins d'ouverture de la procédure. La demande introductive d'instance doit être une assignation, et non une requête[4]. L'assignation en redressement judiciaire ou en liquidation judiciaire doit obéir aux conditions de droit commun de toute demande en justice : qualité, pouvoir et intérêt à agir.

L'assignation doit être délivrée au siège du débiteur. Le fait qu'il ait changé de siège social est sans incidence dès lors que la modification n'a pas été apportée aux registres et répertoires professionnels[5]. Il en ira différemment et l'assignation pourra être considérée comme irrégulière en cas d'impossibilité pour le débiteur d'assurer sa défense, si le créancier connaissait la nouvelle adresse du débiteur, mais a procédé par procès-verbal de recherches infructueuses[6]. Le tribunal ne peut se contenter de convoquer le débiteur par lettre recommandée avec demande d'avis de réception. Si celle-ci revient avec la mention « destinataire inconnu », le tribunal doit procéder par voie de signification par huissier. À défaut, il y a place à nullité du jugement pour absence d'acte introductif d'instance[7].

Si demande et portée devant le tribunal de gran instance, la représentation par avocat n'est pas ligatoire. Le créancie peut donc assigner seul le diteur car ce sont les règles régissant la procédu devant la juridictio commerciale qui s'appliquit[8]. Cependant si e créancier agit par l'intermiaire d'un tiers, ce dernier devra être avocat.

La convocation u créancier à l'audience en ambre du consei au cours de laquelle la juridicon va statuer sur a demande d'ouverture s'impose v. s[s] n° 233.21).

Le créancier qui a cédé sa créance, par exemple par bordereau Dailly, ne peut exercer une action en redressement ou en liquidation judiciaire, seul le cessionnaire de la créance, investie à l'égard du débiteur cédé de la qualité de créancier, ayant cette qualité[9].

Si le créancier est un obligataire, il ne peut personnellement assigner en redressement ou en liquidation judiciaire, seul le représentant de la masse des obligataires ayant cette qualité[10].

231.34 Contenu de la demande du créancier tendant à l'ouverture de la procédure. L'assignation en redressement judiciaire doit, d'après l'article 7, alinéa 1er du décret du 27 décembre 1985[11], l'article R. 631-2 du code de commerce (anc[t] D. 28 déc. 2005[12], art. 171), « préciser la nature et le montant de la créance ». Si le débiteur est un agriculteur, le créancier doit joindre à son assignation une attestation du greffier selon laquelle le président du tribunal de grande instance a été saisi aux fins de nomination d'un conciliateur (C. com., art. R. 631-2, al. 1). L'article 78 du décret du 30 juin 2014[13] modifie ce texte pour viser désormais une attestation, délivrée par le greffier, de la saisine du président du tribunal de grande instance « en application de l'article L. 351-2 du code rural et de la pêche maritime ». Cela ne change pas la solution.

L'alinéa 2 de l'article 7 du décret du 27 décembre 1985 et l'alinéa 2 de l'article R. 631-3 du code de commerce (anc[t] D. 28 déc. 2005, art. 212, al. 2) prévoient en outre que si la demande tend à l'ouverture d'une liquidation judiciaire, le créancier devra l'accompagner des pièces établissant, sous l'empire de législation antérieure à la loi de sauvegarde[14] des entreprises, la cessation d'activité de l'entreprise ou l'impossibilité manifeste de son redressement et,

1. Ripert et Roblot, n° 2885.
2. Colmar Metz, 17 févr. 1938, *DH* 1938, 298.
3. Com. 7 mars 2006, n° 04-16.633, *Bull. civ.* IV, n° 58; *D.* 2006. Pan. 2250, obs. Lucas; *Act. proc. coll.* 2006/9, n° 108, note Cagnoli; *Gaz. proc. coll.* 2006/3, p. 15, obs. Lebel.
4. Versailles, 6 mars 1997, *Rev. proc. coll.* 1998, p. 226, n° 3, obs. Cadiou.
5. Paris, 3e ch. A, 26 sept. 2006, RG n° 2006/01776.
6. Paris, 3e ch. A, 17 mai 2005, RG n° 2004/19596.
7. Versailles, 6 août 2015, RG n° 15/01769, *Leden* 2015/09, comm. 132, note Lucas.
8. Paris, 14 mars 1997, *JCP E* 1997, pan. 637.
9. Com. 8 janv. 1991, n° 89-13.711, *Bull. civ.* IV, n° 8.
10. Com. 9 déc. 1969, *Bull. civ.* IV, n° 373.
11. D. n° 85-1388, 27 déc. 1985, préc.
12. D. n° 2005-1677, 28 déc. 2005, préc.
13. D. n° 2014-736, 30 juin 2014, préc.
14. L. n° 2005-845, 26 juill. 2005, préc.

depuis la loi du 26 juillet 2005, l'impossibilité manifeste de son redressement.

Elle doit ensuite, sous l'empire de la législation antérieure à la loi de sauvegarde des entreprises, « contenir l'indication des procédures ou voies d'exécution engagées pour le recouvrement de la créance ». Sous l'empire du décret du 27 décembre 1985, dans sa rédaction initiale, le texte prévoyait que la demande contenait « éventuellement » l'indication des procédures ou voies d'exécution engagées. Il en résultait que l'assignation en redressement judiciaire pouvait intervenir nonobstant l'absence de procédures ou voies d'exécution engagées pour le recouvrement de la créance[1] et que l'assignation n'était pas entachée d'irrecevabilité au prétexte que l'indication de ces procédures ou voies d'exécution n'avait pas été portée dans l'assignation[2]. L'adverbe « éventuellement » a été supprimé par le décret du 21 octobre 1994[3]. Il faut en déduire, même si la solution n'est pas suivie majoritairement par les juridictions du fond[4], que l'assignation en redressement ou en liquidation judiciaire suppose préalablement l'exercice d'une procédure ou d'une voie d'exécution[5]. Il s'agit d'une cause d'irrecevabilité de la demande, et non pas simplement d'une nullité de forme, qui ne serait sanctionnée que sur démonstration d'un grief[6]. Il n'est en tout cas pas nécessaire que le créancier ait obtenu un titre exécutoire[7]. Ainsi apparaît-il nécessaire, mais aussi suffisant, d'avoir engagé des poursuites. Dès lors, si la créance ne résulte pas d'un titre exécutoire, tel un acte notarié, le créancier devra d'abord assigner en paiement ou avoir pratiqué des mesures conservatoires. Il est donc logique que l'assignation en redressement judiciaire par le créancier, faisant suite à une assignation en paiement soit parfaitement recevable[8].

Avec cette exigence, l'idée d'« assignation-pression », qui était la règle sous l'empire de la législation du 13 juillet 1967[9], s'éloigne considérablement, traduction de l'idée que les procédures collectives ne sont plus des questions d'intérêts strictement privés, mais bien des questions mettant en jeu l'intérêt général.

Le décret d'application de la loi de sauvegarde des entreprises ne reprend pas la solution. L'assignation n'a plus à contenir l'indication des « procédures ou voies d'exécution engagées pour le recouvrement de la créance »[10]. La précision est importante car, au-delà du contenu de l'assignation, c'est l'obligation-même d'engager des procédures ou voies d'exécution préalablement à la saisine de la juridiction qui, à notre sens, disparaît[11]. Il a été observé que par cette modification, le texte du décret « recentre la procédure sur ses finalités et sur le caractère objectif des causes d'ouverture »[12].

Pour autant, l'assignation en redressement judiciaire ne doit pas être un moyen de pression, susceptible de dégénérer en abus du droit d'ester en justice (v. s^s n° 231.37). Et c'est pourquoi l'existence de tentatives de saisies infructueuses restera précieuse pour caractériser l'absence d'actif disponible, élément entrant en ligne de compte dans la caractérisation de l'état de cessation des paiements[13].

231.35 Règles particulières aux agriculteurs[14]. Aux termes de l'article L. 621-2 du code de commerce (anc^t L. 25 janv. 1985[15], art. 4, al. 1er), « la

1. Com. 13 mars 1990, n° 88-17.458, *Bull. civ.* IV, n° 79; *JCP E* 1991. I. 44, n° 2, obs. Pétel; *RD banc. et bourse* 1990, 172, obs. Campana et Calendini; *Rev. proc. coll.* 1990, p. 126, obs. Cadiet.
2. Paris, 22 janv. 1987, *D.* 1987. IR 42.
3. D. n° 94-910, 21 oct. 1994, *JO* 22 oct., p. 15019.
4. Toulouse, 29 mai 1997, *Rev. proc. coll.* 1998, p. 226, n° 4, obs. Cadiou; *Rev. proc. coll.* 1999, p. 97, obs. Canet; *Rev. proc. coll.* 2002, p. 52, n° 2, obs. Deleneuville – Montpellier, 2^e ch., 2^e sect., 24 nov. 1998, *Rev. proc. coll.* 2002, p. 52, n° 2, obs. Deleneuville – Rennes, 2^e ch., 1er mars 2000, *Rev. proc. coll.* 2002, p. 52, n° 2, obs. Deleneuville – Nancy, 2e ch., 26 nov. 2003, RG n° 01/01383, *RD banc. fin.* 2004, n° 169, obs. approb. Lucas – *Adde*, CHAPUT, n° 266.
5. Amiens, ch. com., 16 nov. 2000, *Rev. proc. coll.* 2002, p. 52, n° 2, obs. Deleneuville – Paris, 3e ch. B, 28 janv. 2005, n° 04/01781 – *Adde*, KERCKHOVE, n° 254 – PÉROCHON ET BONHOMME, 6e éd., n° 127 – SOINNE, n° 564.
6. Com. 1er mars 2005, n° 03-12.425, *Bull. civ.* IV, n° 41; *D.* 2005. AJ 712, obs. Lienhard; *D.* 2005. Somm. 2012, obs. Lucas; *Act. proc. coll.* 2005/6, n° 63, note crit. Régnaut-Moutier; *JCP E* 2005. Chron. 1274, n° 2, obs. M. Cabrillac; *JCP E* 2005. 927, note Legros; *JCP E* 2005. 1096, note Roussel Galle; *RD banc. fin.* 2005, n° 138, obs. Lucas; *RTD com.* 2005. 419, n° 6, obs. Vallens; *Defrénois* 2005. 1916, Chron. 38287, n° 7, note Gibirila; *Dr. et patr.* 2005/7-8, n° 3718, p. 105, obs. Monsérié-Bon; *Gaz. Pal.* 21-22 juin 2006, p. 40, note Robine; *Gaz. proc. coll.* 2005/2, p. 13, obs. Le Corre; *LXB hebdo* n° N4223AIA, note Le Corre.
7. SOINNE, n° 564 – Scholastique, « Titre exécutoire et procédures collectives », *Dr. et proc.* 2005/1, p. 7, sp. p. 8, n° 4.
8. Com. 5 déc. 1995, n° 93-21.819, NP, *Dr. sociétés* 1996, n° 32, note Chaput.
9. L. n° 67-563, 13 juill. 1967, *JO* 14 juill., p. 7059.
10. Com. 16 mars 2010, n° 09-13.578, *Bull. civ.* IV, n° 57; *D.* 2010. 887, note Lienhard; *Gaz. Pal. entr. diff.* 2-3 juill. 2010, n°s 183, 184, p. 21, note Reille; *Act. proc. coll.* 2010/7, n° 97, note Cagnoli; *Dr. sociétés* 2010, n° 149, note Legros; *LPA* 28 juin 2010, n° 127, p. 17, note Lebel; *Rev. sociétés* 2010. 191, note Roussel Galle – Orléans, ch. com., 19 oct. 2006, RG n° 06/00789, *D.* 2006. AJ 2911, obs. Lienhard.
11. EN CE SENS AUSSI : Marly, Léciyer et Lucas (dir.), *La réforme des procédures collectives – La loi de sauvegarde article par article*, Lgdj, 2006, p. 252 – PÉROCHON ET BONHOMME, 7e éd., n° 189.
12. VALLENS, 2015, n° 3091.
13. Orléans, ch. com., 19 oct. 2006, RG n° 06/00789, préc. (v. s^s prés^t n°).
14. J.-CL. COM. Lebel Ch., fasc. 1715, [Procédures collectives agricoles], 2015, n°s 90 à 94.
15. L. n° 85-98, 25 janv. 1985, préc.

procédure peut également être ouverte sur l'assignation d'un créancier, quelle que soit la nature de sa créance ». Il est cependant réservé le cas de l'exploitation agricole, le créancier n'ayant pas ce pouvoir si le président du tribunal de grande instance n'a pas été préalablement saisi d'une demande de règlement amiable.

La solution est reprise par la législation du 26 juillet 2005[1], l'article L. 631-5, alinéa 3 prévoyant, dans le cadre du redressement judiciaire, l'article L. 640-5, alinéa 3, dans le cadre de la liquidation judiciaire, l'obligation pour un créancier de solliciter du président du tribunal de grande instance la désignation d'un conciliateur pour l'ouverture d'une procédure de règlement amiable agricole. Si la procédure intéresse un agriculteur, l'ouverture d'une liquidation judiciaire en cours de procédure de rétablissement professionnel n'imposera pas la désignation d'un mandataire *ad hoc*, par dérogation aux dispositions de l'alinéa 6 de l'article L. 640-5 du code de commerce. La solution résulte de l'article 60 de l'ordonnance du 12 mars 2014[2].

L'immatriculation au registre du commerce et des sociétés d'un centre équestre n'emportait qu'une présomption de commercialité. Faute de réaliser des actes de commerce et en raison de la réalisation d'une activité agricole, la demande de désignation d'un conciliateur avant toute assignation en redressement judiciaire de l'intéressé s'impose[3]. L'activité équestre est aujourd'hui une activité agricole par détermination de la loi[4].

La saisine du tribunal par le créancier – et seulement par lui dès avant même le texte clair issu de la loi de sauvegarde des entreprises[5] – aux fins d'ouverture d'un redressement ou d'une liquidation judiciaire à l'encontre d'un exploitant agricole est donc impossible, sans demande préalable de nomination d'un conciliateur, et cela même si une précédente assignation avait été effectuée par le créancier[6].

Il faut réserver l'hypothèse de l'ouverture de la procédure suite à la résolution d'un plan de continuation. Les textes n'exigent pas alors la nomination d'un conciliateur, tant avant la loi de sauvegarde des entreprises[7], que sous l'empire de cette législation[8]. La solution est transposable en cas de résolution d'un plan de sauvegarde ou de redressement.

De même, en cas de conversion d'une procédure de sauvegarde intéressant un exploitant agricole, la saisine préalable au prononcé du redressement judiciaire, aux fins de désignation d'un conciliateur, n'aura pas à être respectée. La désignation d'un conciliateur comme un préalable à la conversion, alors que le débiteur aurait occulté la réalité de la cessation des paiements lorsqu'il a présenté la demande d'ouverture de la procédure de sauvegarde, n'aurait qu'un effet dilatoire[9].

Il faut enfin, semble-t-il, également réserver les hypothèses de décès ou de retrait de l'agriculteur[10], la raison d'être d'une demande préalable de nomination d'un conciliateur semblant ici faire défaut.

Mais la demande de nomination d'un conciliateur est suffisante. Il n'est pas nécessaire que la juridiction, constatant l'impossibilité du règlement amiable, nomme effectivement le conciliateur[11]. La solution posée avant la loi de sauvegarde des entreprises est applicable sous l'empire de la législation de sauvegarde des entreprises.

À la limite, il suffirait, selon une interprétation, que le créancier ait sollicité la désignation du conciliateur, peu important que la juridiction ait répondu, pour que ce créancier puisse assigner le débiteur en redressement ou en liquidation judiciaire[12]. Cette solution nous semble toutefois vider de sa substance l'exigence légale et nous préférons la solution consistant à subordonner à la décision de la juridiction, quelle qu'elle soit, la possibilité d'assigner ensuite en redressement ou en liquidation judiciaire.

Lorsque la procédure doit être étendue à un agriculteur sur le fondement de la confusion des patrimoines, la procédure de nomination préalable d'un conciliateur ne s'impose pas[13].

Les textes n'exigent pas que la demande de nomination d'un conciliateur émane du créancier assi-

1. L. n° 2005-845, 26 juill. 2005, préc.
2. Ord. n° 2014-326, 12 mars 2014, préc.
3. Grenoble, ch. com., 27 sept. 2012, RG n° 12/00933, *Rev. proc. coll.* 2012, comm. 222, note Lebel.
4. J.-CL. COM. Lebel Ch., fasc. 1715, [Procédures collectives agricoles], 2015, n° 22.
5. VALLANSAN, 2e éd., p. 29.
6. Com. 26 avr. 2000, n° 96-22.510, *Bull. civ.* IV, n° 82; *Act. proc. coll.* 2000/10, n° 116; *D.* 2000. Jur. 312; *JCP E* et *A* 2000, pan. 971; *RTD com.* 2000. 1006, note Laude.
7. Com. 9 nov. 2004, n° 03-14.871, NP.
8. Com. 20 oct. 2009, n° 08-18.321, *Bull. civ.* IV, n° 130; *D.* 2009. AJ 2609, obs. Lienhard; *Gaz. Pal.* 8-10 janv. 2010, nos 8 et 9, p. 15, note Reille; *Act. proc. coll.* 2009/18, n° 279, note Cagnoli; *JCP E* 2010. Chron. 1011, n° 1, obs. Pétel; *RTD com.* 2010. 188, n° 4, obs. Saint-Alary-Houin; *Rev. proc. coll.* 2010/3, comm. 92, note Cagnoli; *Defrénois* 2010. 1470, Chron. 39138, note Gibirila.
9. *Rapp. Xavier de Roux*, n° 2095, p. 198.
10. Bastia, ch. civ. B, 6 févr. 2013, RG n° 11/00873, *Rev. proc. coll.* 2013, comm. 66, note Lebel – *Adde*, Froehlich et Sénéchal, « De l'ouverture et du déroulement de la liquidation judiciaire », *LPA* n° sp. 9 févr. 2006, n° 29, p. 4 s., sp. p. 8 – PÉROCHON, 9e éd., n° 421.
11. Com. 15 mars 2005, nos 03-17.229, 03-17.230, *Bull. civ.* IV, n° 56; *D.* 2005. AJ 954, obs. Lienhard.
12. SAINT-ALARY-HOUIN, 7e éd., n° 342.
13. Com. 15 févr. 2005, n° 03-10.894, NP, *Gaz. proc. coll.* 2005/1, p. 25, n° 1-5, obs. Lucas.

gnant. Il apparaît donc suffisant que la demande ait été présentée, même si elle émanait du débiteur qui avait sollicité l'ouverture d'un règlement amiable[1].

La fin de non-recevoir tirée de l'absence de demande préalable de désignation d'un conciliateur est d'ordre public. Elle peut, en conséquence, être soulevée d'office par le juge, mais ne peut être présentée pour la première fois en cassation[2].

L'exigence de saisine préalable du président du tribunal de grande instance ne concerne que les entreprises agricoles non exploitées sous forme de société commerciale, tant sous l'empire de la législation antérieure à la loi du 26 juillet 2005 (C. com., art. L. 621-2), que sous l'empire de la législation du 26 juillet 2005 (C. com., art. L. 631-5, al. 3), puisqu'en ce cas, ces entreprises ne bénéficient pas du règlement amiable agricole (C. rur., art. L. 351-1, al. 3 [anc^t L. 30 déc. 1988[3], art. 22, al. 3])[4].

Peu importe ensuite que le règlement amiable aille à son terme[5]. La procédure de redressement ou de liquidation judiciaire pourra être ouverte indépendamment de l'inexécution de l'accord conclu[6]. La solution s'impose puisque la procédure collective pourra être ouverte si aucun accord n'est intervenu entre le débiteur et ses créanciers. L'état de cessation des paiements du débiteur devra alors être établi. La solution de la législation antérieure à la loi du 26 juillet 2005 est transposable, sous l'empire de cette législation.

231.36 Exclusivité de la demande en redressement ou en liquidation judiciaire présentée par le créancier. Aux termes de l'article 7, alinéa 3 du décret du 27 décembre 1985[7], « *la demande d'ouverture d'une procédure de redressement judiciaire ou de liquidation judiciaire est, à peine d'irrecevabilité qui doit être soulevée d'office, exclusive de toute autre demande* ».

L'article R. 631-2, alinéa 2 du code de commerce (anc^t D. 28 déc. 2005[8], art. 171, al. 2) emploie une formule proche en indiquant que « la demande d'ouverture d'une procédure de redressement judiciaire est à peine d'irrecevabilité, qui doit être soulevée d'office, exclusive de toute autre demande ».

Cette règle n'est posée que pour la demande d'ouverture, ce qui semble sous-entendre la demande initiale devant le tribunal. Devant la cour d'appel, si une autre demande est formée, seule cette dernière est irrecevable, du fait de sa nouveauté. Il a pu être jugé qu'il n'entrait pas dans les attributions d'une cour d'appel, appelée à statuer sur l'ouverture d'une procédure collective, *de fixer comme le lui demandait l'appelant, sa créance au passif*[9]. Plutôt que de se réfugier derrière son incompétence, la cour d'appel aurait pu déclarer irrecevable comme nouvelle cette demande.

C'est l'interdiction du subsidiaire qui a pour objet d'empêcher la reproduction de la situation issue de la loi du 13 juillet 1967[10]. En effet, sous l'empire de cette législation, le créancier assignant avait pris l'habitude d'assigner principalement en paiement et subsidiairement en règlement judiciaire. C'était « l'assignation pression », spécialement utilisée par l'Urssaf, et que l'on voit encore de temps à autre utilisée par cet organisme, parfois rappelé à l'ordre[11].

Partant de l'idée que le redressement judiciaire est d'abord une procédure destinée au sauvetage de l'entreprise et subsidiairement au paiement des créanciers, le législateur a supprimé l'assignation pression, qui n'avait en réalité d'autre but que d'obliger le débiteur à payer. Or, de deux choses l'une : ou bien, le débiteur est en état de cessation des paiements, et il ne doit pas payer le créancier qui assigne, sauf à effectuer un paiement à un créancier connaissant l'état de cessation des paiements, et en conséquence annulable au titre des nullités de la période suspecte (v. s^s n° 824.12). Ou bien, le débiteur n'est pas en état de cessation des paiements et l'assignation en redressement judiciaire est alors abusive. Il est donc logique que cette règle de l'interdiction du subsidiaire ait été posée.

L'article 7, alinéa 3 du décret du 27 décembre 1985 réserve cependant le cas de l'assignation en redressement ou en liquidation judiciaire, en cas d'inexécution du règlement amiable. Il est alors possible tout à la fois d'assigner en résolution du règlement amiable et en redressement ou en liquidation judiciaire.

La disposition n'a pas été reprise par le décret du 28 décembre 2005, parce que la loi de sauvegarde des entreprises[12] ne fait plus de l'inexécution du règlement amiable un cas autonome d'ouverture d'une procédure collective, du fait de l'exigence de la caractérisation de l'état de cessation des paiements, ce qui rendait inutile ce texte spécifique.

1. Grenoble, ch. com., 22 janv. 2003, *Rev. proc. coll.* 2004, p. 262, n° 12, obs. Lebel.
2. Com. 5 mai 2004, n° 02-20.244, NP.
3. L. n° 88-1202, 30 déc. 1988, *JO* 31 déc., p. 16741.
4. DERRIDA *ET ALII*, note 294.
5. Aix-en-Provence, 14 mai 2002, RG n° 01/12665, *Rev. proc. coll.* 2003, p. 349, n° 8, obs. Lebel – SUR LA QUESTION : Gallet, « L'ouverture d'une procédure de redressement judiciaire à l'encontre d'un agriculteur à l'initiative d'un créancier », *Gaz. Pal.* 1991. 1. Doctr. 1.
6. Com. 14 janv. 2004, n° 02-18.213, NP.
7. D. n° 85-1388, 27 déc. 1985, préc.
8. D. n° 2005-1677, 28 déc. 2005, préc.
9. Paris, 3e ch., 18 nov. 2008, RG n° 2007/16904.
10. L. n° 67-563, 13 juill. 1967, préc.
11. T. com. Valenciennes, 29 avr. 2013, 2 esp., *Act. proc. coll.* 2013/9, comm. 115.
12. L. n° 2005-845, 26 juill. 2005, préc.

De cette situation, on rapprochera le cas non réglé par les textes de l'assignation en paiement des dividendes et subsidiairement en résolution du plan (v. s[s] n° 524.22).

La Cour de cassation a en tout cas jugé que l'assignation en résolution de plan de continuation et en ouverture d'une liquidation judiciaire ne s'inscrit pas dans le cadre de l'article 7 du décret du 27 décembre 1985[1], puisqu'il s'agit d'une demande de résolution de plan, non d'une demande en ouverture d'une procédure collective, même si la résolution du plan va entraîner ouverture d'une liquidation judiciaire.

La jurisprudence considère logiquement, sous l'empire de la législation antérieure à la loi de sauvegarde des entreprises, que l'assignation en redressement judiciaire et subsidiairement en liquidation judiciaire ne contrarie pas la règle de l'interdiction du subsidiaire[2].

Cette solution nous semblait devoir être abandonnée sous l'empire de la loi du 26 juillet 2005, l'opinion contraire ayant été soutenue[3]. La lecture des textes conduisait à une solution différente de celle posée sous l'empire de la législation précédente. En effet, selon l'article R. 631-2, alinéa 2 du code de commerce (anc[t] D. 28 déc. 2005, art. 171, al. 2), « la demande d'ouverture d'une procédure de redressement judiciaire est à peine d'irrecevabilité, qui doit être soulevée d'office, exclusive de toute autre demande ». Pour sa part, l'article R. 640-1 du code de commerce (anc[t] D. 28 déc. 2005, art. 212) dispose que la demande d'ouverture de la procédure de liquidation judiciaire est présentée selon les modalités prévues aux articles R. 631-1 à R. 631-5 du code de commerce (anc[t] D. 28 déc. 2005, art. 170 à 174). La modification de la solution antérieure nous semblait avoir été voulue par le pouvoir réglementaire, pour bien faire ressortir l'autonomie de la procédure de liquidation judiciaire[4], par rapport à celle de redressement judiciaire.

Il faut bien reconnaître que la solution était pénalisante pour le créancier assignant et peu cohérente en termes d'économie de moyens. Était-il bien logique, en effet, de rejeter l'ouverture d'une procédure collective alors que le débiteur était en état de cessation des paiements ? Le décret du 12 février 2009[5] est intervenu pour remettre de l'ordre dans cette question.

La solution posée est clairement abandonnée par l'article 48 du décret d'application de l'ordonnance du 18 décembre 2008[6], qui modifie la rédaction de l'article R. 631-1 du code de commerce. Désormais, « la demande d'ouverture d'une procédure de redressement judiciaire est, à peine d'irrecevabilité, qui doit être soulevée d'office, exclusive de toute autre demande, **à l'exception d'une demande d'ouverture d'une procédure de liquidation judiciaire formée à titre subsidiaire** ». Ainsi, le créancier pourra assigner à titre principal en redressement judiciaire et à titre subsidiaire en liquidation judiciaire. Symétriquement, l'article R. 641-5, alinéa 2 du code de commerce, dans la rédaction que lui donne l'article 68 du décret d'application de l'ordonnance du 18 décembre 2008 prévoit la possibilité pour le créancier d'assigner à titre principal en liquidation judiciaire et à titre subsidiaire en redressement judiciaire.

Comme avant le décret du 12 février 2009, si le débiteur sollicite le redressement judiciaire, le tribunal ne peut prononcer la liquidation judiciaire directe, sauf à se saisir d'office, en respectant alors les modalités procédurales de la saisine d'office (v. s[s] n° 231.41). La solution, admise auparavant[7], résulte, aujourd'hui explicitement de l'article R. 631-11 du code de commerce, tel qu'il résulte de la rédaction que lui a donnée l'article 50 du décret du 12 février 2009[8]. La cour d'appel, qui annule la décision du premier juge, ne peut, au prétexte de l'effet dévolutif de l'appel, ouvrir d'office la liquidation judiciaire, alors que le créancier avait assigné en redressement judiciaire, sans respecter les règles de la saisine d'office[9].

Cette règle, applicable devant le tribunal, nous semblait également s'imposer devant la cour d'appel qui aurait infirmé le jugement d'ouverture[10], même si la solution contraire avait été énoncée[11]. Le fait que la cour d'appel ait dû juger au regard de la situation qui se présentait à elle au jour où elle se prononçait ne devait pas entraîner la mise à l'écart des règles de la saisine d'office, dès lors qu'elle allait statuer au-delà de ce qui lui était demandé si elle ouvrait la liquidation judiciaire alors qu'on lui avait demandé l'ouverture d'un redressement judiciaire. Mais cette opinion était discutée en doctrine[12]. Statuant sous l'empire de l'article L. 622-1 et L. 621-7

1. Com. 27 mai 2008, n° 07-13.118, NP.
2. Com. 29 mai 2001, n° 98-16.201, NP, *Rev. proc. coll.* 2002, p. 58, n° 12, obs. Deleneuville.
3. EN CE SENS AUSSI : Vallens, obs. s[s] Paris, 31 janv. 2006, *RTD com.* 2006. 486 – Lienhard, obs. s[s] Orléans, ch. com., 19 oct. 2006, RG n° 06/00789, *D.* 2006. AJ 2911.
4. EN CE SENS : Rey, *LPA* 21 sept. 2006, n° 189, p. 7, sp. p. 8.
5. D. n° 2009-160, 12 févr. 2009, préc.
6. Ord. n° 2008-1345, 18 déc. 2008, préc.
7. SOULEVANT LA DIFFICULTÉ : Versailles, 13e ch. 19 oct. 2006, n° 06/789, *Rev. proc. coll.* 2007/1, p. 37, n° 34, obs. Roussel Galle.
8. Com. 13 mai 2014, n° 13-13.745, *Bull. civ.* IV, n° 85; n° 479 F-P+B; *D.* 2014. actu 1149, note Lienhard.
9. Com. 13 mai 2014, n° 13-13.745, préc.
10. Paris, 3e ch. A, 26 févr. 2008, RG n° 07/12675, *Gaz. proc. coll.* 2008/3, p. 32, note Lebel; *Act. proc. coll.* 2008/9, n° 142, note Cagnoli.
11. Versailles, 13e ch. 19 oct. 2006, RG n° 06/789, *Rev. proc. coll.* 2007/1, p. 37, n° 34, obs. Roussel Galle.
12. Roussel Galle, obs. s[s] Versailles, 13e ch. 19 oct. 2006, RG n° 06/789, *Rev. proc. coll.* 2007/1, p. 37, n° 34.

du code de commerce, dans leur rédaction issue de la loi du 25 janvier 1985 applicable en Polynésie Française, il a été jugé que la cour d'appel pouvait, en vertu de l'effet dévolutif de l'appel, ouvrir une liquidation judiciaire après avoir infirmé le jugement du tribunal qui avait ouvert un redressement judiciaire, alors qu'une liquidation judiciaire avait été sollicitée par le créancier assignant, ce qui impliquait que le tribunal se fût saisi d'office, dans la mesure où la régularité de cette demande initiale n'était pas contestée[1].

Le décret du 12 février 2009, applicable aux procédures ouvertes à compter du 15 février 2009, confirme notre analyse et la discussion est désormais close. En effet, l'article 49 du décret d'application de l'ordonnance du 18 décembre 2008 modifie l'article R. 631-6 du code de commerce, de manière claire : désormais, la cour d'appel qui annule ou infirme un jugement statuant sur l'ouverture de la procédure de redressement judiciaire peut, d'office, ouvrir la procédure de redressement judiciaire ou de liquidation judiciaire.

Observons que le décret prend le soin d'indiquer que le tribunal « ouvre » une procédure; il ne la prononce pas.

L'ordonnance du 12 mars 2014 a supprimé la saisine d'office. Logiquement, le décret du 30 juin 2014[2] en tire les conséquences.

Le second alinéa de l'article R. 631-11, qui prévoyait la possibilité de la saisine d'office aux fins d'ouverture d'une liquidation judiciaire, alors que seule avait été sollicitée l'ouverture d'un redressement judiciaire, est abrogé par l'article 82 du décret du 30 juin 2014.

Le second alinéa de l'article R. 641-5, qui prévoyait la possibilité de la saisine d'office aux fins d'ouverture d'un redressement judiciaire, alors que seule avait été sollicitée l'ouverture d'une liquidation judiciaire, est identiquement abrogé par l'article 92 du décret du 30 juin 2014.

L'assignation à titre principal en redressement ou en liquidation judiciaire qui se double d'une assignation en paiement est irrecevable[3]. Est identiquement irrecevable l'assignation en paiement à titre principal et subsidiairement en redressement ou en liquidation judiciaire[4]. Il a été jugé qu'il n'entrait pas dans les attributions d'une cour d'appel, appelée à statuer sur l'ouverture d'une procédure collective, de fixer comme cela lui était demandé par l'appelant, sa créance au passif[5].

On précisera en outre que l'assignation faite par un mandataire de justice, à l'encontre du dirigeant social, sur le fondement des articles L. 624-4 (anc[t] L. 25 janv. 1985, art. 181) ou L. 624-5 (anc[t] L. 25 janv. 1985, art. 182) du code de commerce, c'est-à-dire le redressement judiciaire personnel à titre de sanction, peut se cumuler avec une demande en faillite personnelle[6], l'interdiction du subsidiaire n'intéressant que les seuls créanciers.

L'irrecevabilité de l'assignation en redressement judiciaire sur le fondement de la confusion des patrimoines et subsidiairement en paiement avait été identiquement posée[7]. La question ne semblait plus pouvoir se poser, dès lors que la saisine aux fins d'extension n'appartenait plus aux créanciers (v. s[s] n° 213.32). Mais elle pourra rebondir sous l'empire de la législation issue de la loi de sauvegarde, lorsque l'assignation en extension sur le fondement de la confusion des patrimoines sera l'œuvre d'un contrôleur. En effet, un contrôleur pourra agir en extension de la procédure en sa qualité de contrôleur, alors qu'il demande simultanément paiement de sa créance, en qualité de créancier. Cette demande devra-t-elle être déclarée irrecevable ? La Cour de cassation a rendu une décision, qui intéressait l'assignation en extension et subsidiairement en condamnation à l'insuffisance d'actif. Elle a posé, à la manière d'un arrêt de principe consacrant un véritable revirement de jurisprudence, que l'assignation en extension n'était pas exclusive d'une autre demande, extension n'étant pas ouverture de procédure collective[8]. L'assignation d'un contrôleur en extension et subsidiairement en paiement ne serait donc pas irrecevable.

Le tribunal ne pourrait décider de retenir l'assignation, en la limitant au chef de demande en paiement. Il est dès lors curieux que la Cour de cassation ait pu admettre la validité d'une assignation en redressement judiciaire, certes exclusive de toute autre demande, mais conditionnée au non-paiement à

1. Com. 15 déc. 2015, n° 14-17.522, NP; n° 1071 F-D.
2. D. n° 2014-736, 30 juin 2014, préc.
3. Paris, 3 oct. 1989, *RD banc. et bourse* 1990. 426, obs. Campana et Calendini.
4. Paris, 3e ch. A, 23 févr. 1988, *Gaz. Pal.* 1988. 2. Somm. 302; *RD banc. et bourse* 1988/10, p. 20, obs. Dekeuwer-Defossez – Paris, 15 juill. 1990, *Rev. proc. coll.* 1990, p. 401, obs. Levasseur.
5. Paris, 3e ch., 18 nov. 2008, RG n° 2007/16904.
6. Com. 14 oct. 1997, n° 95-13.563, *Bull. civ.* IV, n° 262; *Rev. proc. coll.* 1998, p. 227, n° 6, obs. Cadiou; *Rev. proc. coll.* 1999, p. 48, n° 12, obs. Martin-Serf.
7. Com. 1er déc. 1992, n° 90-20.409, *Bull. civ.* IV, n° 383; *Dr. sociétés* 1993, n° 31, note Chaput – Com. 17 févr. 1998, n° 95-14.839, *Bull. civ.* IV, n° 74; *Rev. proc. coll.* 1999, p. 20, n° 1, obs. Cadiou.
8. Com. 9 juill. 2013, n° 12-16.635, *Bull. civ.* IV, n° 119; n° 772 FS-P+B; *D.* 2013. Actu. 1831, obs. Lienhard; *Gaz. Pal.* 29 sept. 2013, n° 272, p. 16, note Reille; *Act. proc. coll.* 2013/15, comm. 216, note Cagnoli; *JCP E* 2013. 1644, note Legros; *BJE* nov. 2013. 353, note Sortais; *Rev. proc. coll.* 2014, comm. 1, note Cagnoli; *Dr. sociétés* 2013, n° 210, note Legros; *Rev. proc. coll.* 2014, comm. 49, note Saintourens.

l'audience de la dette[1], car cette technique revient à légitimer l'assignation-pression, que le législateur a précisément entendu éviter.

La demande d'ouverture d'un redressement judiciaire est exclusive d'une demande d'indemnité sur le fondement de l'article 700 du code de procédure civile. La juridiction devra inviter le demandeur à se désister de sa demande de condamnation à l'indemnité procédurale afin de ne pas rejeter la demande faute d'exclusivité[2].

Indiquons que seules les demandes initiales alternatives sont irrecevables. En revanche, la demande reconventionnelle formée par le débiteur est parfaitement recevable[3].

Des précisions doivent être apportées pour l'entrepreneur individuel à responsabilité limitée. L'interdiction du subsidiaire est une conséquence directe du principe d'unicité de patrimoine et corrélativement d'unicité de procédure. Dès lors qu'en présence d'un EIRL, la règle de l'unicité de procédure est écartée, il s'en déduit logiquement la mise à l'écart du principe d'exclusivité de la demande d'ouverture d'un redressement ou d'une liquidation judiciaire. Dès lors que la procédure collective intéresse non plus tant une personne qu'un patrimoine, l'interdiction du subsidiaire n'a plus de portée. Il apparaît possible pour un créancier d'assigner en paiement le débiteur pour qu'il réponde de dettes de son patrimoine non affecté, et simultanément d'assigner en redressement judiciaire, sur le fondement de créances se rattachant à l'exploitation de l'EIRL, le débiteur au titre de son entreprise à responsabilité limitée. D'une part, la *ratio legis* de la règle de l'interdiction du subsidiaire n'est nullement atteinte et, d'autre part, les demandes présentées ne sont pas principales pour l'une, subsidiaire pour l'autre. Elles sont cumulatives. Dès lors, de telles demandes ne sauraient être considérées comme frappées d'une fin de non-recevoir.

231.37 Assignation abusive par le créancier. L'assignation, qui n'est pas appuyée par des éléments suffisants pour caractériser l'état de cessation des paiements, présente un caractère abusif, source de dommages et intérêts à l'encontre du créancier assignant[4].

L'assignation utilisée comme moyen de pression, en substitut d'une action en paiement, sera source d'engagement de la responsabilité civile délictuelle du créancier[5].

Il en ira de même si le demandeur à l'assignation n'a pas la qualité de créancier[6], soit parce que sa créance est litigieuse, soit parce qu'il n'a plus cette qualité[8], s'il a été réglé et a néanmoins maintenu son assignation[9], s'il pouvait être réglé, mais a refusé d'encaisser le chèque de règlement[10], ou encore s'il se trompe de débiteur[11]. L'assignation sera également abusive à partir du moment où le créancier a réussi à effectuer une saisie pour un montant supérieur à sa créance[12].

Il en ira encore ainsi, du moins avant la loi de sauvegarde des entreprises[13], lorsque le créancier n'a pas utilisé les actions de droit commun[14]. Inversement, l'assignation ne peut être considérée comme abusive, si le créancier, après avoir obtenu un jugement de condamnation, a tenté en vain des mesures d'exécution[15].

Il n'y aura cependant place à dommages et intérêts que si le débiteur démontre un préjudice, lequel sera généralement constitué par une perte de crédit auprès de ses banquiers et fournisseurs[16].

La condamnation sera écartée, malgré l'abus commis par le créancier qui n'a pas entrepris, sous l'empire de la législation antérieure à la loi de sauvegarde, des poursuites préalables en recouvrement de sa créance, dès lors qu'il est établi que l'assignation en liquidation judiciaire du créancier a été doublée de l'assignation émanant d'un salarié, la situation du débiteur justifiant, indépendamment de la faute commise par le créancier, l'ouverture de la liquidation judiciaire. La relation causale entre l'assigna-

1. Com. 26 mai 1992, n° 90-16.983, *Bull. civ.* IV, n° 206; *Rev. proc. coll.* 1993, p. 270, n° 1, obs. Liénard – CONTRA : Paris, 3e ch. B, 5 juill. 1990, RG n° 89/18228, *JurisData* 022873.
2. AINSI : Paris, 3e ch. A, 31 janv. 2006, RG n° 05/11915, *RTD com.* 2006. 486, n° 9, obs. Vallens.
3. Paris, 3e ch. A, 23 févr. 1988, *Gaz. Pal.* 1988. 2. Somm. 302.
4. Com. 5 déc. 1989, n° 88-10.340, *Bull. civ.* IV, n° 305; *RTD com.* 1990. 108, obs. Haëhl; *Defrénois* 1990. 1013, note Beaubrun; *RTD civ.* 1990. 479, obs. Mestre; *Rev. proc. coll.* 1990, p. 127, obs. Cadiet – Com. 16 mars 1993, n° 90-21.646, NP, *Dr. sociétés* 1993, n° 115, note Chaput; *Rev. proc. coll.* 1994, p. 145, obs. Liénard – *Adde*, SUR LA QUESTION : Mestre, « Réflexions sur l'abus du droit de recouvrer sa créance », *Mél. Raynaud*, Dalloz, 1986, p. 139.
5. Com. 1er oct. 1997, n° 95-13.262, *Bull. civ.* IV, n° 233; *JCP E* 1998. Jur. 469, note Lucas; *Rev. proc. coll.* 1998, p. 227, n° 5, obs. Cadiou – Com. 5 janv. 1999, n° 96-15.478, *Bull. civ.* IV, n° 5.
6. Paris, 3e ch. A, 23 févr. 1988, *Gaz. Pal.* 1988. 2. Somm. 302; *RD banc. et bourse* 1988/10, p. 20, obs. Dekeuwer-Défossez.
7. Paris, 18 févr. 1997, *Rev. proc. coll.* 1999, p. 21, n° 3, obs. Cadiou – Paris, 3e ch. A, 9 déc. 2003, RG n° 2003/07988.
8. CEP. : Besançon, 2e ch. civ., 29 mai 1996, *Rev. proc. coll.* 2002, p. 57, n° 11, obs. Deleneuville.
9. Paris, 17 févr. 1988, *LPA* 1988, n° 123, p. 28.
10. Paris, 3e ch. B, 27 mai 2005, RG n° 2004/11306.
11. Paris, 3e ch. B, 23 juin 1995, *Rev. proc. coll.* 2002, p. 57, n° 11, obs. Deleneuville.
12. T. com. Orléans, 19 janv. 2005, RG n° 2004/9666.
13. L. n° 2005-845, 26 juill. 2005, préc.
14. Com. 1er oct. 1997, n° 95-13.262, préc. (v. ss prést n°).
15. Pau, 1re ch., 23 mars 2000, *Rev. proc. coll.* 2002, p. 57, n° 11, obs. Deleneuville.
16. SAINT-ALARY-HOUIN, 9e éd., n° 1084.

tion abusive et l'ouverture de la liquidation judiciaire n'est alors pas caractérisée[1].

Il importe de préciser que l'assignation en redressement ou en liquidation judiciaire ne constitue pas un acte d'exécution d'une décision de justice portant condamnation, qu'elle soit exécutoire à titre provisoire ou de plein droit. En conséquence, le créancier ne peut être condamné à réparer un préjudice pour avoir signifié une telle décision, qui a été ultérieurement infirmée, sans que soit démontrée à son encontre une faute[2].

SECTION 231.40

SAISINE D'OFFICE PAR LA JURIDICTION DU PREMIER DEGRÉ AUX FINS D'OUVERTURE DU REDRESSEMENT OU DE LA LIQUIDATION JUDICIAIRE

231.41 Possibilité de saisine d'office par le tribunal. Le droit pour le tribunal d'ouvrir d'office une procédure collective, qu'il s'agisse du tribunal de commerce ou du tribunal de grande instance, marque bien le caractère d'ordre public économique de la législation des procédures collectives. La faillite n'est pas seulement l'affaire du débiteur et de ses créanciers.

Faute de restriction du texte antérieur à la législation du 26 juillet 2005[3], la possibilité de saisine du tribunal existe dans tous les cas d'ouverture possible d'une procédure. Il en sera par exemple ainsi en cas d'inexécution des engagements financiers d'un règlement amiable, l'article L. 621-3 du code de commerce (anc^t L. 25 janv. 1985[4], art. 5) visant explicitement la saisine d'office.

La solution s'impose si la procédure doit être étendue obligatoirement, par exemple en application de l'article L. 624-1 du code de commerce (anc^t L. 25 janv. 1985, art. 178), au titre de la solidarité existant entre la société et ses associés tenus indéfiniment et solidairement du passif social[5].

L'article L. 624-6 du code de commerce (anc^t L. 25 janv. 1985, art. 183) prévoit explicitement la saisine d'office pour le redressement ou la liquidation judiciaire à titre personnel, soit sur le fondement de l'article L. 624-4 (anc^t L. 25 janv. 1985, art. 181) – inexécution de la condamnation à combler le passif –, soit sur le fondement de l'article L. 624-5 (anc^t L. 25 janv. 1985, art. 182) – redressement judiciaire à titre de sanction. Une seule exception est posée dans l'hypothèse du locataire-gérant n'exécutant pas son engagement d'acquérir l'entreprise, car l'article L. 621-101 du code de commerce (anc^t L. 25 janv. 1985, art. 98), qui réglemente la saisine, ne vise pas le tribunal d'office[6].

La possibilité de saisine d'office du tribunal pour l'ouverture d'une procédure de redressement ou de liquidation judiciaire est maintenue par la législation du 26 juillet 2005, tant pour le prononcé d'un redressement judiciaire (C. com., art. L. 631-5, al. 1er) que pour celui d'une liquidation judiciaire (C. com., art. 640-5, al. 1er). Les hypothèses de saisine d'office au titre des extensions sanctions n'existent plus, puisque ces dernières ont disparu dans la législation du 26 juillet 2005. En outre, la saisine d'office est exclue dans la procédure volontariste de sauvegarde. Toutefois, si le tribunal, saisi d'une demande d'ouverture d'une sauvegarde estime que les conditions ne sont pas réunies, il rejette la demande et peut alors estimer devoir se saisir d'office (C. com., art. R. 621-5). Cette possibilité de saisine d'office a été supprimée par le décret du 30 juin 2014[7] (art. 31), comme cela a été le cas des autres saisines d'office aux fins d'ouverture d'une procédure collective.

La loi du 26 juillet 2005 crée un cas de saisine d'office obligatoire pour le tribunal : l'échec d'une procédure de conciliation lorsque l'état de cessation des paiements du débiteur résulte du rapport du conciliateur. En réalité deux situations sont ici visées : la décision mettant fin à la mission du conciliateur – donc à la procédure de conciliation – et la décision refusant l'homologation de l'accord de conciliation (C. com., art. L. 631-4, al. 2). Le tribunal pourra se saisir tant aux fins d'ouverture d'un redressement judiciaire, qu'aux fins d'ouverture d'une liquidation judiciaire, si les conditions de la liquidation judiciaire immédiate sont réunies (C. com., art. L. 640-4, al. 2).

Comme il a été justement relevé[8], les informations dont dispose le tribunal sont importantes. Le greffe concentre les inscriptions de nantissements judiciaires, les incidents de paiement (protêts, assignations en paiement, assignations en redressement judiciaire non suivies d'effet). Les comptes annuels sont également déposés au greffe. Les commissaires aux comptes doivent informer le président du tribunal lorsqu'ils considèrent, dans le cadre d'une procédure d'alerte, que la continuité de l'exploitation est compromise. En outre, sous l'empire de la légis-

1. Com. 3 févr. 2009, n° 06-19.355, NP.
2. Civ. 2e, 30 janv. 2014, n° 12-29.726, *Bull. civ.* II, n° 31 ; n° 151 F-P+B ; *Act. proc. coll.* 2014/4, comm. 68, note Vallansan ; *Rev. sociétés* 2014. 198, note Roussel Galle.
3. L. n° 2005-845, 26 juill. 2005, préc.
4. L. n° 85-98, 25 janv. 1985, préc.
5. ILLUSTR. : Paris, 17 déc. 1993, *Dr. sociétés* 1994, n° 50, obs. Chaput.
6. SAINT-ALARY-HOUIN, 4e éd., n° 376 – DERRIDA *ET ALII*, n° 58 – *CONTRA* : KERCKHOVE, n° 262.
7. D. n° 2014-736, 30 juin 2014, préc.
8. KERCKHOVE, n° 257.

lation antérieure à la loi du 26 juillet 2005, l'article L. 621-2 du code de commerce (anc^{t} L. 25 janv. 1985, art. 4, al. 3) prévoit expressément l'éventualité d'une information du tribunal par le comité d'entreprise ou les délégués du personnel sur tout fait révélant la cessation des paiements. La solution est reproduite, sous l'empire de la législation du 26 juillet 2005, par les articles L. 631-6 et L. 640-6 du code.

Si le tribunal est insuffisamment informé, la saisine d'office peut, en outre, déboucher sur l'enquête « pré-faillite » prévue par l'article 13 du décret du 27 décembre 1985[1], par l'article L. 621-1 du code de commerce, texte de la procédure de sauvegarde applicable également en redressement (C. com., art. L. 631-7) et en liquidation judiciaires (C. com., art. L. 641-1, I – v. s^{s} n° 233.22).

La saisine d'office peut intervenir sur une initative provoquée, si le tribunal a été saisi par un créancier, lorsque l'assignation est irrégulière, lorsque le créancier demande un report d'audience[2] ou encore lorsque le créancier demande la radiation, à la suite d'un paiement effectué à la barre du tribunal, car, en ce cas, la situation exacte du débiteur mérite d'être vérifiée[3]. Il en est de même en cas d'action en paiement engagée par un créancier. Dans ces deux cas, les modalités procédurales de la saisine d'office devront être respectées[4].

Ajoutons que sous l'empire de la législation antérieure à l'ordonnance du 18 décembre 2008[5] et à son décret d'application du 12 février 2009[6], le tribunal auquel le créancier demandait l'ouverture d'un redressement judiciaire ne pouvait à notre sens, sauf à utiliser la technique de la saisine d'office, prononcer la liquidation judiciaire[7]. La solution est exactement reprise par l'article 50 du décret du 12 février 2009, qui modifie le deuxième alinéa de l'article R. 631-11 du code de commerce. Depuis cette législation, ce texte dispose que « À défaut d'avoir été saisi d'une demande aux fins d'ouverture d'une procédure de liquidation judiciaire, formée à titre subsidiaire dans l'acte introductif d'instance ou à l'audience en présence du débiteur ou de son représentant, et si le tribunal estime devoir se saisir d'office en vue de l'ouverture d'une telle procédure, il est fait application des dispositions de l'article R. 631-3. »

1. D. n° 85-1388, 27 déc. 1985, préc.
2. AINSI : Rennes, 2e ch., 21 oct. 1987, *LPA* 21 mai 1990.
3. AINSI : Caen, 7 mai 2010, RG n° 10/01189, *Rev. proc. coll.* 2011, comm. 158, note Delattre.
4. SOINNE, n° 568.
5. Ord. n° 2008-1345, 18 déc. 2008, préc.
6. D. n° 2009-160, 12 févr. 2009, préc.
7. SOULEVANT LA DIFFICULTÉ : Versailles, 13e ch. 19 oct. 2006, RG n° 06/789, *Rev. proc. coll.* 2007/1, p. 37, n° 34, obs. Roussel Galle.

a Cour de cassation a jugé sérieuse la question a constitutionnalité de la saisine d'office par le unal de commerce en vue de l'ouverture d'une cédure de redressement judiciaire. La Cour de sation estime que « la faculté pour une juridicn de se saisir elle-même en vue de l'ouverture ıne procédure collective peut apparaître contraire droit du débiteur à un recours juridictionnel ectif garanti par l'article 16 de la Déclaration des oits de l'homme et du citoyen de 1789, dès lors ıe le juge, en prenant l'initiative de l'introduction l'instance, peut être perçu comme une partie ». disposition invoquée, ajoute la Cour de cassaon, « est susceptible de constituer une atteinte aux rincipes d'impartialité et d'indépendance, en ce qu'elle ne comporte pas, par elle-même, un mécanisme permettant d'assurer la pleine effectivité des droits du débiteur »[8].

Le Conseil constitutionnel a suivi cette position et a déclaré non conforme à la Constitution l'article L. 631-5 du code de commerce, qui rend possible la saisine d'office du redressement judiciaire[9].

Le Conseil fonde son analyse sur le constat qu'aucune disposition ne fixe, en cas de saisine d'office aux fins d'ouverture du redressement judiciaire, les garanties légales ayant pour objet d'assurer qu'en se saisissant d'office, le tribunal ne préjuge pas sa position. Dès lors, les exigences de l'article 16 de la déclaration de 1789 ne sont pas respectées, et spécialement le principe d'impartialité.

À compter de la publication de la décision du Conseil constitutionnel au *Journal officiel*, aucun jugement d'ouverture de redressement judiciaire ne pourra plus intervenir sur saisine d'office, en application de l'article L. 631-5 du code de commerce, dans la rédaction que lui donne la loi de sauvegarde.

8. Com. 16 oct. 2012, n° 12-40.061 QPC, NP; n° 1085 F-D; *D.* 2012. Actu. 2446, obs. Lienhard; *Act. proc. coll.* 2012, comm. 266, note Fricero.
9. Cons. const. 7 déc. 2012, n° 2012-286 QPC, *D.* 2012. Actu. 2886, obs. Lienhard; *D.* 2013. 338, note Vallens; *Gaz. Pal.* 18 janv. 2013, n° 18, p. 25, note Fricero; *RTD civ.* 2013. 889, note Théry; *Act. proc. coll.* 2013/1, comm. 1, note Fricero; *JCP E* 2013. 1048, note Fricero; *BJE* janv. 2013, comm. 5, note Favario; *Gaz. Pal.* 23 déc. 2012, p. 14, note Robert; *Rev. sociétés* 2013. 177, note Henry; *Dr. sociétés* 2013, comm. 35, note Legros; *Rev. proc. coll.* 2013, étude 2, note Saintourens; *Gaz. Pal.* 8 mars 2013, n° 67, p. 29, note Théron; *LPA* 15 avr. 2013, n° 75, p. 5, note Roussel Galle; *LPA* 7 mai 2013, n° 91, p. 11, note Tabourot-Hyest; *JCP E* 2013. Chron. 1216, n° 1, obs. Pétel; *Dr. et patr.* sept. 2013, p. 50, note Monsérié-Bon; *LXB hebdo* n° 321, 20 déc. 2012, note Le Corre – *Adde*, Lucas, « Retour sur la navrante condamnation de la saisine d'office », *BJE* 2013. Éditorial 17 – Lebel, « 3 questions ouverture d'un redressement judiciaire : saisine d'office contraire à la Constitution », *JCP E* 2013, Échos de la pratique 48 – Rolland, « L'inconstitutionnalité de la saisine d'office », *Procédures* 2013. Étude 3.

L'inconstitutionnalité n'est pas rétroactive et ne permet donc pas d'invalider des décisions d'ouverture intervenues avant cette publication[1].

Saisi d'une seconde question prioritaire de constitutionnalité, le Conseil constitutionnel a identiquement statué à propos des articles L. 621-2 et L. 622-1 du code de commerce, dans leur rédaction issue de la loi du 25 janvier 1985, modifiée par celle du 10 juin 1994[2], et applicable en Polynésie française[3].

Une autre question prioritaire de constitutionnalité intéressant cette fois l'article L. 640-5, applicable en métropole, c'est-à-dire la saisie d'office aux fins d'ouverture d'une liquidation judiciaire, a été transmise par la Cour de cassation[4]. Elle a fait l'objet d'une décision du Conseil Constitutionnel déclarant la disposition non-conforme à la Constitution[5]. L'inconstitutionnalité n'est pas rétroactive et ne permet donc pas d'invalider des décisions d'ouverture intervenues avant la publication au *Journal officiel* du 9 mars 2014[6], et cela même si la cour d'appel statue après la publication de la décision d'inconstitutionnalité, dès lors qu'elle n'annule pas le jugement d'ouverture[7].

Quelles garanties auraient pu être offertes au plaideur ? Nous proposons le mécanisme suivant. Informé de difficultés rencontrées par un débiteur, d'où pourrait résulter un état de cessation des paiements, rendant obligatoire l'ouverture d'une procédure collective dans un délai maximum de quarante-cinq jours par rapport à l'existence de cet état, le président du tribunal décide de déclencher une enquête aux fins de déterminer la situation passive et active du débiteur, autrement dit aux fins de déterminer si le débiteur est ou non en état de cessation des paiements. Cette enquête est confiée à un juge délégué qui devra faire un rapport. Si l'enquête fait ressortir un état de cessation des paiements, il y a place à saisine d'office. Le débiteur est alors convoqué, par acte extrajudiciaire. Une copie du rapport d'enquête est jointe à l'assignation. Ni le président du tribunal, qui a été à l'initiative de l'enquête, ni le juge enquêteur ne pourront faire partie de la juridiction de jugement.

231.42 ***Respect du contradictoire en cas de saisine d'office par la juridiction.*** Les modalités procédurales sont posées par les articles 8 et 10 du décret du 27 décembre 1985[8], R. 631-3 et R. 631-5 du code de commerce (anc^t D. 28 déc. 2005[9], art. 172 et 174), en ce qui concerne la procédure devant le tribunal.

Le respect du contradictoire doit être assuré, en cas de saisine d'office par le tribunal. C'est pourquoi, l'article 8 du décret du 27 décembre 1985 prévoit, en son alinéa 1er que « le tribunal fait convoquer le débiteur […] à comparaître dans le délai qu'il fixe devant le tribunal siégeant en chambre du conseil ». Cette disposition ne fait que reproduire la règle générale de l'article L. 621-4 du code de commerce (anct L. 25 janv. 1985[10], art. 6, al. 1er) qui prévoit que le tribunal ne peut statuer sur l'ouverture de la procédure qu'après avoir entendu ou dûment appelé le débiteur en chambre du conseil. Il a été jugé que l'absence de publicité des débats, qui résulte de leur déroulement en chambre du conseil, est une mesure de protection du débiteur; il en résulte qu'elle n'est pas contraire à la Convention européenne de sauvegarde des droits de l'homme et des libertés fondamentales[11].

Ces solutions sont reproduites par la législation de sauvegarde des entreprises. La règle générale est posée par l'article L. 621-1, alinéa 1er (texte de la sauvegarde applicable en redressement : C. com., art. L. 631-7 et en liquidation judiciaire : C. com., art. L. 641-1, I). La règle spéciale à la saisine d'office est, quant à elle, posée par l'article R. 631-3 du code de commerce (anct D. 28 déc. 2005, art. 172). Ce texte du redressement judiciaire est applicable en liquidation judiciaire (C. com., art. R. 640-1 [anct D. 28 déc. 2005, art. 212]).

En outre, sous l'empire de la loi de sauvegarde des entreprises[12], l'article L. 662-3 du code énonce que « les débats devant le tribunal de commerce et le tribunal de grande instance ont lieu en chambre du conseil. Néanmoins, la publicité des débats est de droit après l'ouverture de la procédure si le débiteur, le mandataire judiciaire, l'administrateur, le liquidateur, le représentant des salariés ou le ministère public en font la demande ». Ainsi, la règle selon laquelle les débats sur l'ouverture de la procédure

1. Toulouse, ch. com., 2e sect., 4 févr. 2014, RG no 12/01084; ET SUR POURVOI : Com. 8 avr. 2015, no 14-15.000, NP; no 368 F-D.
2. L. no 94-475, 10 juin 1994, *JO* 11 juin, p. 8440.
3. Cons. const. 15 nov. 2013, no 2013-352 QPC, *JO* 17 nov., p. 18694; *Rec.*, 1036; *D.* 2013. Actu. 2640, obs. Lienhard; *Leden* janv. 2014, comm. 12, note Favario.
4. Com. 10 déc. 2013, no 13-17.438, NP, *Dr. sociétés* 2014, no 35, note Legros.
5. Cons. const. 7 mars 2014, no 2013-368 QPC, *JO* 9 mars, p. 5034; *D.* 2014. Actu. 604, obs. Lienhard; *Gaz. Pal.* 11 avr. 2014, no 101, p. 11, note Fallon; *Rev. proc. coll.* 2014, comm. 94, note Cagnoli; *LXB hebdo* 10 avr. 2014, no 566, note Le Corre.
6. Com. 4 nov. 2014, nos 13-19.300, 13-25.766, NP; no 953 F-D.
7. Com. 18 nov. 2014, no 13-17.438, *Bull. civ.* IV [à paraître]; no 998 F-P+B.
8. D. no 85-1388, 27 déc. 1985, préc.
9. D. no 2005-1677, 28 déc. 2005, préc.
10. L. no 85-98, 25 janv. 1985, préc.
11. Com. 26 mai 1998, no 96-10.582, *Bull. civ.* IV, no 168; *Rev. proc. coll.* 1999, p. 22, no 5, obs. Cadiou.
12. L. no 2005-845, 26 juill. 2005, préc.

devront avoir lieu en chambre du conseil, qui ne figure plus dans le décret, a-t-elle été maintenue, dans la loi. Il n'est pas possible d'y déroger, car la possibilité pour le débiteur de demander des débats en audience publique ne peut exister qu'après l'ouverture de la procédure.

Le délai de comparution de quinzaine (C. pr. civ., art. 86) n'a pas à être respecté[1], cependant que le délai, que fixe le tribunal, ne doit pas être trop court pour respecter les droits de la défense. Mais, il n'y aura plus grief si, à l'audience au cours de laquelle le débiteur est convoqué, l'affaire est renvoyée[2].

231.43 Formes de la convocation du débiteur en cas de saisine d'office par la juridiction. Les formes de la convocation sont réglementées. Elle doit intervenir par acte extrajudiciaire, lequel doit être sollicité du greffier du tribunal. À la convocation du débiteur, l'alinéa 2 de l'article 8 du décret du 27 décembre 1985[3] et l'alinéa 2 de l'article R. 631-3 du code de commerce (anc[t] D. 28 déc. 2005[4], art. 172, al. 2) prévoient qu'est jointe une note par laquelle le président du tribunal expose les faits de nature à motiver la saisine d'office.

La solution est reproduite en liquidation judiciaire, l'article 118-1, alinéa 1 du décret du 27 décembre 1985 rendant applicable en liquidation judiciaire l'article 8 et, depuis la législation de sauvegarde des entreprises[5], l'article R. 641-1 rendant applicable en liquidation l'article R. 631-3.

Cette note doit être impartiale. C'est en ce sens qu'a été considérée irrégulière pour défaut d'impartialité du juge, violant ainsi l'article 6 de la Convention européenne de sauvegarde des droits de l'homme, la note du président, du fait d'éléments y figurant[6]. La forme de cette note n'est pas réglementée. Il pourra s'agir de l'ordonnance du président du tribunal citant le débiteur à comparaître, dès lors qu'elle contient les faits justifiant la saisine[7]. Le visa dans la citation d'un rapport dont peut prendre connaissance le débiteur est insuffisant[8], peu important que le débiteur ait personnellement connaissance des faits de nature à motiver la saisine[9].

Les modalités de convocation du débiteur (acte extrajudiciaire et note motivant la saisine) sont des formalités *substantielles*[10]. *Leur non-respect entraînera irrégularité de la saisine, équivalent à une absence d'acte introductif d'instance.* Cela fera obstacle au jeu de l'effet dévolutif de l'appel (v. s[s] n° 231.52). La solution vaut même si la procédure est ouverte à l'encontre d'un associé en application de l'article L. 624-1 du code de commerce, dans sa rédaction antérieure à la loi de sauvegarde des entreprises, c'est dire par suite de l'ouverture de la procédure contre une personne morale dont l'associé est indéfiniment et solidairement responsable du passif[11]. Cette note est en effet obligatoire, quel que soit le fondement de l'ouverture de la procédure.

En revanche, le défaut d'annexion de la note du président du tribunal à l'acte de saisine d'office reste sans conséquence, dès lors que l'argument est invoqué au jour de la conversion du redressement en liquidation judiciaire, qui est seule portée à la connaissance de la cour d'appel[12].

La note annexée à la citation doit être communiquée par le greffier, sous l'empire de la législation antérieure à la loi de sauvegarde des entreprises, au procureur de la République avec indication de la date d'audience. (D. 27 déc. 1985, art. 8, al. 3), et, depuis la loi de sauvegarde des entreprises, au ministère public (C. com., art. R. 631-3, al. 3 [anc[t] D. 28 déc. 2005, art. 172, al. 3]), qui curieusement ne reprend pas l'obligation d'indiquer la date d'audience.

Cette procédure est applicable dans tous les cas d'ouverture de la procédure d'office, et par exemple, en cas d'extension à l'associé indéfiniment et solidairement responsable[13], ou en cas d'extension sur le fondement de la fictivité ou de la confusion des patrimoines[14].

L'article 10 du décret du 27 décembre 1985 et l'article R. 631-5 du code de commerce (anc[t] D. 28 déc. 2005, art. 174) prévoient que la même procédure doit être respectée en cas de saisine d'office du tribunal, pour l'ouverture d'une procédure à l'encontre d'un débiteur décédé. La citation et la note doivent alors être adressées aux héritiers dont l'adresse est connue. Il est prévu que les héritiers dont l'adresse est inconnue sont représentés

1. DERRIDA *ET ALII*, note 296.
2. TGI Béthune, 29 sept. 1989, *Rev. proc. coll.* 1991, p. 97, obs. Calendini : considérant que « la convocation » n'est pas une assignation, ce qui justifie la mise à l'écart du délai de quinzaine – EN CE SENS AUSSI : SOINNE, n° 568.
3. D. n° 85-1388, 27 déc. 1985, préc.
4. D. n° 2005-1677, 28 déc. 2005, préc.
5. L. n° 2005-845, 26 juill. 2005, préc.
6. Com. 3 nov. 1992, n° 90-16.751, *Bull. civ.* IV, n° 345; *D.* 1993. 538, note Vallens.
7. Riom, 13 mars 1991, *Gaz. Pal.* 1992. II, Somm. 537 – RAPPR. pour une ordonnance ne pouvant valoir note, dès lors qu'elle ne contenait pas les faits justifiant la saisine : Paris, 31 mars 1995, *Gaz. Pal.* 1995. 2. Somm. 522.
8. Rouen, 25 févr. 1993, *JCP* 1993. IV. 1987.
9. Com. 25 juin 1996, n°s 93-17.122, 93-17.123, *Bull. civ.* IV, n° 194.
10. POUR l'acte extrajudiciaire : Limoges, 1er sept. 1987, *Gaz. Pal.* 1988. 2. Somm. 381.
11. Com. 19 déc. 2006, n° 05-16.710, NP, *Gaz. proc. coll.* 2007/2, p. 26, note Rohart-Messager; *Dr. sociétés* 2007, n° 134, note Legros.
12. Paris, 10 déc. 2009, RG n° 09/12358.
13. Paris, 17 déc. 1993, *Dr. sociétés* 1994, n° 50, obs. Chaput.
14. Com. 30 mars 1999, n°s 95-17.707, 95-17.708, *Bull. civ.* IV, n° 76.

par un mandataire désigné par le président du tribunal de grande instance, se saisissant d'office, à la requête du procureur de la République – ministère public depuis la loi de sauvegarde des entreprises –, de l'administrateur, du représentant des créanciers – mandataire judiciaire – ou du liquidateur.

Des règles particulières ont été posées, par la législation du 26 juillet 2005, en cas de saisine d'office du tribunal, après constat de l'échec de la procédure de conciliation (C. com., art. L. 631-4, al. 2, pour le redressement judiciaire, C. com., art. L. 640-4, al. 2, pour la liquidation judiciaire), lorsque le débiteur est en état de cessation des paiements. Le tribunal ne peut statuer, aux fins d'ouverture d'un redressement ou d'une liquidation judiciaire qu'après avoir entendu ou dûment appelé le ministère public. En outre, si le débiteur exerce une profession libérale soumise un statut législatif ou réglementaire, ou dont le titre est protégé, le tribunal qui se saisit d'office, doit statuer après avoir entendu ou dûment appelé l'ordre professionnel ou l'autorité compétente dont il relève.

231.44 Suppression de la saisine d'office par le tribunal aux fins d'ouverture du redressement judiciaire. L'article 49 de l'ordonnance du 12 mars 2014[1], à la suite de la décision du Conseil constitutionnel ayant abrogé le texte autorisant la saisine d'office du tribunal aux fins d'ouverture d'un redressement judiciaire, modifie la rédaction de diverses dispositions régissant la saisine aux fins d'ouverture d'un redressement judiciaire, en supprimant de ces textes la saisine d'office :

– il modifie ainsi l'alinéa 2 de l'article L. 631-3 du code de commerce, qui s'intéresse au cas du débiteur décédé;

– il supprime l'alinéa 2 de l'article L. 631-4 du code de commerce, qui prévoit la saisine d'office du tribunal aux fins d'ouverture d'un redressement judiciaire, en cas d'échec de la conciliation, lorsqu'il résulte du rapport du conciliateur que le débiteur est en état de cessation des paiements;

– il crée un nouvel article L. 631-3-1, qui a vocation à régir toutes ces hypothèses.

La saisine d'office est remplacée par une technique d'information du ministère public par le président du tribunal, lorsqu'il a été porté à sa connaissance des éléments faisant apparaître que le débiteur est en état de cessation des paiements. Le second lui fait parvenir une note exposant les faits de nature à motiver la saisine du tribunal. L'article R. 662-12-1 du code de commerce, dans la rédaction que lui donne l'article 122 du décret du 30 juin 2014[2], précise que la note du président est communiquée au ministère public par le greffier du tribunal. Le cas échéant, elle est jointe à l'assignation délivrée par le ministère public.

231.45 Suppression de la saisine d'office par le tribunal aux fins d'ouverture de la liquidation judiciaire. L'article 60 de l'ordonnance du 12 mars 2014[3], à la suite de la décision du Conseil constitutionnel ayant abrogé le texte autorisant la saisine d'office du tribunal aux fins d'ouverture d'un redressement judiciaire, modifie la rédaction de l'article L. 640-5 en supprimant du texte la possibilité de saisine d'office aux fins d'ouverture d'une liquidation judiciaire.

L'article 59 de l'ordonnance du 12 mars 2014 supprime l'alinéa 2 de l'article L. 640-4 du code de commerce, qui prévoit la saisine d'office du tribunal aux fins d'ouverture d'une liquidation judiciaire, en cas d'échec de la conciliation, lorsqu'il constate que les conditions d'ouverture d'une liquidation sont réunies, à savoir, d'une part, que le débiteur est en état de cessation des paiements et que, d'autre part, son redressement est manifestement impossible.

L'article 58 de l'ordonnance du 12 mars 2014 modifie également l'alinéa 2 de l'article L. 640-3 du code de commerce, qui s'intéresse au cas du débiteur décédé, en supprimant dans ce texte la saisine d'office.

Ce même article 58 crée un nouvel article L. 640-3-1, qui a vocation à régir toutes ces hypothèses.

La saisine d'office aux fins de liquidation judiciaire est remplacée par une technique d'information du ministère public par le président du tribunal, lorsqu'il a été porté à sa connaissance, des éléments faisant apparaître que les conditions d'ouverture d'une liquidation judiciaire sont réunies – état de cessation des paiements et redressement judiciaire manifestement impossible. Le président du tribunal lui fait parvenir une note exposant les faits de nature à motiver la saisine du tribunal. Le président du tribunal ne peut alors siéger, à peine de nullité du jugement, dans la formation de jugement, ni participer aux délibérés si le ministère public demande l'ouverture d'une liquidation judiciaire à l'égard de ce débiteur.

SECTION 231.50

SAISINE D'OFFICE PAR LA COUR D'APPEL AUX FINS D'OUVERTURE DU REDRESSEMENT OU DE LA LIQUIDATION JUDICIAIRE

231.51 Possibilité de saisine d'office par la cour d'appel. L'article 11 du décret du 27 décembre

1. Ord. n° 2014-326, 12 mars 2014, préc.
2. D. n° 2014-736, 30 juin 2014, préc.
3. Ord. n° 2014-326, 12 mars 2014, préc.

1985[1] dispose que « la cour d'appel qui annule ou infirme un jugement de redressement judiciaire ou prononce la liquidation judiciaire peut d'office, soit ouvrir la procédure de redressement judiciaire, soit prononcer la liquidation judiciaire ».

La solution est reprise par l'article R. 631-6 du code de commerce (anc^t D. 28 déc. 2005[2], art. 175).

Cette solution s'applique également au redressement judiciaire ou à la liquidation judiciaire à titre personnel du dirigeant sur le fondement des articles L. 624-4 (anc^t L. 25 janv. 1985[3], art. 181) et L. 624-5 (anc^t L. 25 janv. 1985, art. 182) du code de commerce[4].

Encore que le contraire ait été jugé, une cour d'appel ne peut confirmer le jugement d'ouverture de liquidation judiciaire et ouvrir un redressement judiciaire, tout en maintenant la date de la cessation des paiements[5]. Pour substituer un redressement à une liquidation judiciaire, il faut commencer par anéantir le jugement, puis ouvrir la procédure estimée correcte. Rien n'interdit, en revanche, après avoir réformé les premiers juges, de maintenir la date de cessation des paiements initialement retenue, seule étant ici en cause la question de savoir s'il existe encore des chances de redressement.

Si la cour d'appel ouvre la procédure, il lui appartient de choisir de désigner elle-même les organes[6] ou de renvoyer la procédure devant le tribunal aux fins de désignation de ceux-ci[7]. La juridiction de première instance saisie sur renvoi ne peut, sauf à commettre un excès de pouvoir, refuser de désigner les organes. Une juridiction a cependant cru devoir juger le contraire[8].

La cour d'appel ne peut, après avoir réformé le jugement prononçant la liquidation judiciaire, arrêter un plan de continuation sans préalablement ouvrir une procédure de redressement judiciaire[9].

Le pouvoir d'évocation de la cour d'appel ne va cependant pas jusqu'à lui permettre d'ouvrir d'office une procédure, alors qu'elle n'est saisie que d'une demande en paiement[10].

De même, sous l'empire de la législation antérieure à la loi du 26 juillet 2005, la cour d'appel ne peut prononcer d'office le redressement ou la liquidation judiciaire à titre personnel à l'encontre du dirigeant alors qu'elle n'est saisie que d'une action en comblement de passif[11].

Sous l'empire de la loi de sauvegarde des entreprises, la cour d'appel ne peut, après avoir annulé ou infirmé un jugement de liquidation judiciaire, prononcer le redressement judiciaire, alors même qu'elle constate l'état de cessation des paiements[12] (v. aussi s^s n° 231.36). Symétriquement, la cour d'appel ne peut après avoir annulé ou infirmé un jugement de redressement judiciaire, prononcer d'office le redressement judiciaire.

La solution est modifiée par le décret du 12 février 2009[13], pour les procédures qui s'ouvrent à compter du 15 février 2009. En effet, l'article 49 du décret d'application de l'ordonnance du 18 décembre 2008[14] modifie l'article R. 631-6 du code de commerce, de manière claire : désormais, la cour d'appel qui annule ou infirme un jugement statuant sur l'ouverture de la procédure de redressement judiciaire peut, d'office, ouvrir la procédure de redressement judiciaire ou de liquidation judiciaire. Symétriquement, l'article 65 du décret du 12 février 2009 modifie l'article R. 640-2 du code de commerce, pour prévoir que la cour d'appel qui infirme un jugement prononçant la liquidation judiciaire peut d'office ouvrir le redressement judiciaire. Il s'est agi d'assurer un traitement rapide des difficultés[15]. Observons ici que le texte ne prévoit pas la possibilité d'ouvrir un redressement après annulation du jugement ouvrant la liquidation judiciaire. Mais cela semble résulter d'un oubli, plus que d'une volonté délibérée[16].

Pour qu'il en soit ainsi, il faudra toutefois que le tribunal n'ait pas substitué, sans que la demande ne lui en ait été présentée à titre subsidiaire, une liqui-

1. D. n° 85-1388, 27 déc. 1985, préc.
2. D. n° 2005-1677, 28 déc. 2005, préc.
3. L. n° 85-98, 25 janv. 1985, préc.
4. Com. 25 janv. 1997, *RJDA* 1997, n° 847 – Paris, 3e ch. A, 6 avr. 2004, RG n° 2003/13804.
5. Lyon, 29 oct. 2015, RG n° 15/05599, *Leden* mars 2016, comm. 043, note Staes.
6. Com. 6 juin 2000, n° 98-12.226, *Bull. civ.* IV, n° 119; *D. Affaires* 2000. 319, obs. Pisoni; *JCP* 2001. I. 298, obs. Pétel.
7. Com. 26 mai 1998, n° 96-11.491, *Bull. civ.* IV, n° 163; *RTD com.* 1998. 692, obs. Vallens; *Rev. huissiers* 1999. 618, note Courtier; *RLDA* 1998/8, n° 503, obs. Montégudet – Com. 18 janv. 2000, n° 98-12.225, NP – Com. 21 janv. 2003, n° 00-12.847, NP.
8. TGI Périgueux, 13 juill. 2007, *Gaz. proc. coll.* 2007/4, p. 25, note crit. Le Corre.
9. Com. 12 juill. 2004, n°s 03-12.096, 03-12.475, NP.
10. SOUS L'EMPIRE de la loi du 13 juillet 1967 : Com. 17 avr. 1980, n° 78-15.547, *Bull. civ.* IV, n° 147.
11. SOINNE, n° 651.
12. Com. 17 nov. 2009, n° 08-15.693, NP, *D.* 2009. AJ 2930, obs. Lienhard; *Gaz. Pal.* 8-10 janv. 2010, n°s 8 et 9, p. 16, note Reille; *Procédures* 2010, n° 14, note Rolland; *Dr. sociétés* 2010, n° 57, note Legros – Paris, 3e ch. A, 26 févr. 2008, RG n° 07/12675, *Act. proc. coll.* 2008/9, n° 142, note Cagnoli.
13. D. n° 2009-160, 12 févr. 2009, préc.
14. Ord. n° 2008-1345, 18 déc. 2008, préc.
15. Texier et Russo, « Le nouveau droit des entreprises en difficulté après l'ordonnance du 18 décembre 2008 et son décret d'application du 12 février 2009 », *LPA* 2 mars 2009, n° 43, p. 3, sp. p. 14.
16. EN CE SENS AUSSI : Staes, « Clarification et harmonisation du traitement procédural des entreprises en difficulté », *Dr. et patr.* déc. 2009, n° 187, p. 53, sp. p. 54.

dation judiciaire au redressement judiciaire qui lui était demandé ou l'inverse. En un tel cas, le jugement est nul et l'effet dévolutif, qui peut néanmoins jouer, n'autorise pas la cour d'appel à ouvrir d'office la procédure collective, sans respecter elle-même les règles de la saisine d'office posées aux articles R. 631-3 et R. 631-11 du code de commerce[1].

L'article 11 du décret du 27 décembre 1985 s'applique identiquement en cas de rétractation par la cour d'appel d'un jugement de redressement judiciaire, frappé de tierce opposition[2]. Au contraire, la péremption du jugement d'ouverture n'autorise pas l'effet dévolutif de l'appel, puisque le lien d'instance n'existe plus[3], à moins que le débiteur n'ait conclu au fond sur son appel[4].

Cependant, de même que le tribunal ne peut ouvrir d'office une procédure à l'encontre d'une personne retirée des affaires ou décédée depuis plus d'un an, de même la cour d'appel ne peut, sur le fondement de l'article 11 du décret du 27 décembre 1985, écarter, sous l'empire de la législation antérieure à la loi du 26 juillet 2005, l'article L. 621-15 du code de commerce (anct L. 25 janv. 1985, art. 17)[5] et sur le fondement de l'article R. 631-6 du code de commerce (anct D. 28 déc. 2005, art. 175), sous l'empire de la législation du 26 juillet 2005, mettre à l'écart les articles L. 631-3 et L. 640-3 du code.

Le Conseil constitutionnel a condamné la possibilité de saisine d'office par la juridiction de première instance aux fins d'ouverture d'un redressement judiciaire (v. ss n° 231.41). Pour autant, le fondement de l'inconstitutionnalité ne nous semble pas se retrouver ici, de sorte que cela ne devrait pas, à terme, conduire à faire déclarer non constitutionnelle la saisine d'office par la cour d'appel. La Cour de cassation s'est prononcée en ce sens, au motif que la cour d'appel, qui était saisie de l'entier litige par l'effet dévolutif de l'appel, a pu, sans méconnaître le principe d'impartialité garanti par l'article 6 § 1 de la CEDH, ouvrir elle-même la liquidation judiciaire, conformément aux dispositions de l'article R. 640-2, alinéa 1er du code de commerce[6].

231.52 Modalités procédurales de la saisine d'office devant la cour d'appel. On précisera d'abord que les règles posées par l'article 8 du décret du 27 décembre 1985[7] et par l'article R. 631-3 du code de commerce (anct D. 28 déc. 2005[8], art. 172), prévoyant la convocation du débiteur et la note à joindre à la convocation, n'ont pas à être respectées devant la cour d'appel[9]. La solution se justifie par l'observation que devant la cour d'appel, la procédure est écrite. Le débiteur qui comparaît peut faire valoir sa défense. Celui qui ne comparaît pas est assigné par l'avoué de l'appelant. Ainsi, dans les deux cas, le respect des droits de la défense est assuré.

Effet dévolutif de l'appel. La règle de l'article 11 du décret du 27 décembre 1985 et celle de l'article R. 631-6 du code de commerce (anct D. 28 déc. 2005, art. 175) sont des applications particulières de l'effet dévolutif de l'appel, qui joue non seulement en cas d'infirmation, mais encore en cas d'annulation du jugement. Il n'y a pas d'obstacle à l'effet dévolutif de l'appel, même en droit commun (C. pr. civ., art. 562, al. 2), lorsque l'irrégularité n'affecte pas la saisine du premier juge, mais est relative au défaut du respect du principe de contradiction[10], par exemple après un renvoi ordonné par le tribunal, alors que l'intéressé n'avait pas été avisé de la date de renvoi et n'avait pas été convoqué à nouveau, pour être déclaré à titre personnel en redressement[11] ou en liquidation judiciaire[12].

Le droit commun de l'effet dévolutif de l'appel a été, dans une première phase, écarté sur un point. En effet, il n'y a pas place à effet dévolutif de l'appel, en droit commun, si la nullité résulte d'une absence d'acte introductif d'instance ou d'irrégularité de cet acte équivalent à son inexistence. Au contraire, la disposition analysée permettait à la cour d'appel de retenir sa compétence, nonobstant cette irrégularité[13], par exemple en cas d'assignation délivrée à une ancienne adresse à laquelle l'intéressé n'a pu être touché[14], fut-ce pour l'ouverture d'une procédure à l'encontre d'un dirigeant à titre de sanction[15].

Cependant, la Cour de cassation est revenue sur la solution selon laquelle l'effet dévolutif de l'appel

1. Com. 13 mai 2014, n° 13-13.745, *Bull. civ.* IV, n° 85; n° 479 F-P+B; *D.* 2014. actu 1149, note Lienhard.
2. Com. 14 déc. 1993, n° 91-18.635, *Bull. civ.* IV, n° 475.
3. Com. 20 mars 1978, n° 76-12.874, *Bull. civ.* IV, n° 93.
4. Com. 10 juill. 1984, n° 83-13.227, *Bull. civ.* IV, n° 223.
5. Com. 10 oct. 1995, n° 93-11.441, *Bull. civ.* IV, n° 228; *D.* 1996. Somm. 86, obs. Honorat.
6. Com. 8 avr. 2015, n° 14-10.676, NP; n° 361 F-D; *Gaz. Pal.* 21 juill. 2015, n° 200, p. 14, note Reille; *RTD com.* 2015. 382, n° 12, note Vallens.
7. D. n° 85-1388, 27 déc. 1985, préc.
8. D. n° 2005-1677, 28 déc. 2005, préc.
9. SOUS L'EMPIRE de la loi du 13 juillet 1967 : Com. 3 juin 1980, n° 79-10.237, *Bull. civ.* IV, n° 234 – Com. 26 mai 1982, n° 81-10.455, *Bull. civ.* IV, n° 206 – Com. 3 mai 1988, *Rev. sociétés* 1989. 273, note Daigre.
10. Com. 15 nov. 2005, n° 04-16.904, NP, *Gaz. proc. coll.* 2006/1, p. 11, n° 1, obs. Lebel.
11. Com. 2 nov. 2005, n° 04-13.086, NP.
12. Com. 2 nov. 2005, n° 04-13.085, NP.
13. Com. 19 janv. 1993, n° 91-11.819, *Bull. civ.* IV, n° 19 – Com. 26 mai 1998, n° 96-11.491, *Bull. civ.* IV, n° 163; *RJDA* 1998/10, p. 837, n° 1129 – Com. 10 mars 2004, n° 00-22.636, NP – Paris, 3e ch. C, 2 juill. 2003, RG n° 2003/03571 – Paris, 3e ch. A, 28 oct. 2003, n° 2003/04016 – Paris, 3e ch. A, 4 nov. 2003, RG n° 2003/15112.
14. Paris, 3e ch. A, 4 nov. 2003, RG n° 2003/15112 – Paris, 3e ch. A, 6 avr. 2004, RG n° 2003/13804.
15. Paris, 3e ch. A, 6 avr. 2004, RG n° 2003/13804.

pourra jouer même en cas d'irrégularité de l'acte introductif d'instance. La solution apparaît désormais contraire à l'article 6 § 1 de la Convention européenne des droits de l'homme et des libertés fondamentales et au droit à un procès équitable. La règle a d'abord été posée dans le cadre d'une assignation en liquidation judiciaire à titre personnel sur le fondement de l'article L. 624-5 du code de commerce (v. s[s] n° 921.32). Elle a ensuite été posée à l'occasion d'une procédure ouverte dans un cadre classique[1], c'est-à-dire indépendamment d'une sanction. La solution ne peut qu'être reconduite sous l'empire de la loi de sauvegarde des entreprises[2]. Ainsi, le droit commun de l'absence d'effet dévolutif de l'appel en cas d'irrégularité de l'acte introductif d'instance retrouve application, puisque l'irrégularité aboutit à un procès inéquitable.

Le rapport du juge-commissaire, nécessaire devant les premiers juges pour convertir le redressement en liquidation judiciaire, ne s'impose pas devant la cour d'appel, qui, après avoir annulé le jugement, peut en utilisant l'effet dévolutif de l'appel, prononcer la liquidation judiciaire[3].

SECTION 231.60

SAISINE PAR LE MINISTÈRE PUBLIC AUX FINS D'OUVERTURE DU REDRESSEMENT OU DE LA LIQUIDATION JUDICIAIRE

231.61 Saisine par le procureur de la République ou par le ministère public. L'article L. 621-2 du code de commerce (anc[t] L. 25 janv. 1985[4], art. 4, al. 2) envisage la saisine par le procureur de la République, qui répond au rôle important du ministère public dans le droit économique. Cette saisine existe depuis la loi du 15 octobre 1981[5], laquelle a contribué à augmenter sensiblement les pouvoirs du ministère public, dans le droit des procédures collectives[6]. Le procureur de la République peut également saisir le tribunal en cas d'inexécution des engagements financiers d'un règlement amiable (C. com., art. L. 621-3 [anc[t] L. 25 janv. 1985, art. 5] et C. com., art. L. 622-1 [anc[t] L. 25 janv. 1985, art. 148, al. 2]).

La loi du 26 juillet 2005[7] reconduit la possibilité pour le procureur de la République de saisir le tribunal aux fins d'ouverture de la procédure de redressement ou de liquidation judiciaire, mais en l'étendant au ministère public, ce qui autorise, en conséquence, le parquet général à présenter la demande, tant pour l'ouverture d'un redressement judiciaire (C. com., art. L. 631-5, al. 1er), que pour l'ouverture d'une liquidation judiciaire (C. com., art. L. 640-5, al. 1er).

Contrairement à la saisine par le tribunal qui ne présente plus un caractère exceptionnel, la saisine par le procureur reste extrêmement limitée, un chiffre inférieur 0,5 % étant avancé[8], même si ce dernier est informé des difficultés rencontrées par l'entreprise.

Sous l'empire de la législation antérieure à la loi du 26 juillet 2005, la saisine par le procureur de la République est réglementée par l'article 9 du décret du 27 décembre 1985[9]. Le procureur présente au tribunal une requête indiquant les faits de nature à motiver sa demande. La solution est adaptée, sous l'empire de la loi de sauvegarde des entreprises. L'article R. 631-4 du code de commerce (anc[t] D. 28 déc. 2005[10], art. 173) vise désormais le ministère public, ce qui permet d'englober le parquet général.

Sous l'empire de la législation antérieure à la loi du 26 juillet 2005, l'article L. 621-2 du code de commerce (anc[t] L. 25 janv. 1985, art. 4, al. 3) prévoit expressément l'éventualité d'une information du procureur de la République par le comité d'entreprise ou les délégués du personnel sur tout fait révélant la cessation des paiements. La solution est reproduite, sous l'empire de la législation du 26 juillet 2005, par les articles L. 631-6 et L. 640-6 du code. L'information est alors, de façon plus générale, communiquée au ministère public.

Il appartiendra ensuite au président du tribunal de faire convoquer, par les soins du greffier, le débiteur.

Jusqu'au décret du 30 juin 2014[11], cette convocation intervenant par acte extrajudiciaire, dans les mêmes conditions que celles intéressant la saisine d'office (v. s[s] n° 231.43). Cependant, à cette convocation, n'était pas jointe la note qui n'existait pas ici, mais la requête du procureur de la République (D. 27 déc. 1985, art. 9, al. 2), du ministère public (C. com., art. R. 631-4, al. 2 [anc[t] D. 28 déc. 2005, art. 173, al. 2]). Le procureur de la République devait ensuite être avisé de la date d'audience (D. 27 déc. 1985, art. 9, al. 3). La solution n'avait pas reproduite par le décret du 28 décembre 2005.

1. Com. 13 févr. 2007, n° 05-20.375, NP – Paris, 3e ch. A, 17 mai 2005, RG n° 2004/19596.
2. L. n° 2005-845, 26 juill. 2005, préc.
3. Com. 1er avr. 2003, n° 00-19.699, NP.
4. L. n° 85-98, 25 janv. 1985, préc.
5. L. n° 81-927, 15 oct. 1981, *JO* 16 oct., p. 2807.
6. Badinter, « Le procureur et le consul », *RJ com.* 1981. 245 – Soinne, « L'intervention du ministère public dans les procédures collectives de redressement et de liquidation », *D.* 1983. Chron. 111.
7. L. n° 2005-845, 26 juill. 2005, préc.
8. *Rapp. Xavier. de Roux*, Doc. Ass. nat., p. 344.
9. D. n° 85-1388, 27 déc. 1985, préc.
10. D. n° 2005-1677, 28 déc. 2005, préc.
11. D. n° 2014-736, 30 juin 2014, préc.

Depuis le décret du 30 juin 2014, applicables aux procédures ouvertes à compter du 1er juillet 2014, le greffier fait convoquer le débiteur par lettre recommandée avec demande d'avis de réception, à comparaître dans le délai qu'il fixe. Cette nouvelle forme de convocation a fait naître une difficulté, objet d'un avis de la Cour de cassation, rendu dans le domaine de la faillite personnelle et de l'interdiction de gérer, matière où la convocation du débiteur se fait également, si la demande émane du ministère public, dans les formes et selon la procédure prévues à l'article R. 631-4 (v. ss n° 911.32).

L'irrégularité de la saisine aura les mêmes conséquences que celles intéressant la saisine d'office (v. ss n° 231.43).

Comme pour la saisine d'office, le délai entre la convocation et la date d'audience n'a pas à respecter les règles relatives aux délais de comparution, dès lors que les droits de la défense sont respectés[1].

L'article 10 du décret du 27 décembre 1985 et l'article R. 631-5 du code de commerce (anct D. 28 déc. 2005, art. 174) prévoient l'hypothèse d'une assignation à la requête du procureur de la République – ministère public –, à l'encontre d'un débiteur décédé. Les mêmes solutions que celles décrites pour la saisine d'office s'appliqueront (v. ss n° 231.43).

Notons que depuis la suppression de la saisine d'office aux fins d'ouverture d'un redressement ou d'une liquidation judiciaire, le rôle du ministère public se trouve renforcé.

Il a été conseillé au ministère public, avant de saisir la juridiction, de prendre attache auprès de la Banque de France pour connaître les incidents de paiements, précieux pour caractériser la cessation des paiements[2].

1. Douai, 9 avr. 1992, *Rev. proc. coll.* 1993, p. 272, n° 3, obs. Liénard.
2. Delattre, citant des décisions du tribunal de commerce de Valenciennes, 7 juill. 2014, RG n° 2014/3354, 3359, 3360 et 3361, *Rev. proc. coll.* 2014, comm. 149 – *Adde*, T. com. Valenciennes, 7 déc. 2015, RG n° 2015/005836, *Rev. proc. coll.* 2016, comm. 2, note Delattre.

CHAPITRE

232. Juridiction compétente pour l'ouverture de la procédure

SECTION 0

ORIENTEUR

232.00 **Plan du chapitre.**

Sect.	232.10	Règles de compétence applicables à l'ouverture de la procédure
Sect.	232.20	Exceptions d'incompétence en matière d'ouverture de la procédure
Sect.	232.30	Formes de procéder applicables devant le tribunal de grande instance

232.01 **Textes applicables.** (V. les références complètes s[s] n° 011).

> Législation antérieure à la loi de sauvegarde des entreprises.

C. com., art. L. 621-5 – L. 25 janv. 1985, art. 7, al. 3 [non codifié]

D. n° 85-1388, 27 déc. 1985, art. 1 à 5

> Législation issue de la loi de sauvegarde des entreprises.

C. com., art. L. 621-2, L. 662-2

C. com., art. R. 600-1 (anc[t] D. 28 déc. 2005, art. 1er), R. 662-1 (anc[t] D. 28 déc. 2005, art. 336), R. 662-2 (anc[t] D. 28 déc. 2005, art. 337), R. 662-4 à R. 662-7 (anc[t] D. 28 déc. 2005, art. 340 à 343)

D. n° 2005-1756, 30 déc. 2005 (comp. par D. n° 2006-185, 20 févr. 2006)

D. n° 2008-145, 15 févr. 2008

D. n° 2008-146, 15 févr. 2008

> Législation issue de l'ordonnance du 18 décembre 2008.

C. com., art. L. 621-2, L. 662-2

C. com., art. R. 600-1, R. 662-1, R. 662-2, R. 662-4 à R. 662-7

> Législation issue de la loi du 22 octobre 2010, art. 57.

C. com., art. L. 628-7

> Législation issue de l'ordonnance du 12 mars 2014.

C. com., art. L. 662-2

C. com., art. R. 662-1, R. 662-3-1, R. 662-7

> Législation issue de la loi du 6 août 2015.

C. com., art. L. 662-2

C. com., art. L. 662-8

C. com., art. L. 721-8

232.02 **Jurisprudence de référence.**

> Un auxiliaire de justice est en droit de demander le renvoi de la procédure collective devant une juridiction limitrophe.

« Les règles de compétence édictées par l'article R. 600-1 du code de commerce ne dérogent pas à l'application des dispositions de l'article 47 du code de procédure civile. »

• **Com. 28 oct. 2008,** n° 07-20.801, *Bull. civ.* IV, n° 177; n° 1105 FS-P+B

* V. s[s] n° 232.12

> Un tribunal ne peut ouvrir une procédure commune à diverses sociétés ayant déclaré leur état de cessation des paiements en même temps, alors qu'une procédure de conciliation avait été sollicitée au niveau du groupe, dès lors que les conditions de l'extension sur le fondement de la confusion des patrimoines ou de la fictivité ne sont pas réunies.

• **Com. 16 déc. 2014,** n° 13-24.161, *Bull. civ.* IV [à paraître]; n° 1115 F-P+B

* V. s[s] n° 232.14

232.03 **Bibliographie indicative.** (V. les références complètes s[s] n° 031).

> Actualisables. RÉP. COM., Campana M.-J., Dizel M., Barratin L.-Ph. et Fernandez R., « Entreprises en difficulté – Redressement judiciaire (Conditions d'ouverture) », n°s 458 à 501; Daigre J.-J., « Entreprises en difficulté – Redressement judiciaire (Personnes morales et dirigeants) », n°s 136 à 167 – J.-CL. COM., Harichaux B., fasc. 3200, [Sociétés d'exercice libéral]; Martin-Serf A., fasc. 2200, [Règles générales de compétence], 2007 – fasc. 2203, [Règles générales de procédure], 2013.

> Ouvrages antérieurs à la loi de sauvegarde des entreprises. CHAPUT, n°s 270 à 273, 277, 312 – GUYON, n°s 1138 à 1143 – JACQUEMONT, n°s 173 à 182 – KERCKHOVE, n°s 235 à 238, 240 à 243 – LE CANNU, n°s 613 à 616 – LE CORRE-BROLY, n°s 62 à 64 – MARTIN ET VALLENS, n°s 2842 à 2864 – PÉROCHON ET BONHOMME, n°s 131 à 133 – PÉTEL, n°s 93 à 101 – RIPERT ET

ROBLOT, nos 2879 à 2882 – SAINT-ALARY-HOUIN, nos 377 à 388 – SOINNE, nos 586 à 596, 601 à 604 – VALLANSAN, p. 36, 40 à 44.

> **Ouvrages postérieurs à la loi de sauvegarde des entreprises.** COQUELET, 5e éd., nos 134 à 141 – GIBIRILA, nos 292 à 301, 304 à 306 – JACQUEMONT et VABRES, 9e éd., nos 246 à 259 – LE CANNU, 7e éd., nos 274 à 281 – LIENHARD, 6e éd., nos 53.15 à 53.26 – PÉROCHON, 10e éd., nos 444, 446 à 453 – PÉTEL, 8e éd., nos 98 à 103 – SAINT-ALARY-HOUIN, 9e éd., nos 460 à 470 – VALLANSAN *ET ALII*, 6e éd., p. 54, 55 – VALLENS, 2015, nos 3063 à 3077 – VIDAL ET GIORGINI, nos 542 à 546, 1925 à 1944, 1951, 1952, 1959 à 1961 – VOINOT, 2e éd., nos 229, 231, 232.

> **Articles.** Brunet D. et Sonier D., « Groupes de sociétés en difficulté : une plus grande souplesse en matière d'ouverture des procédures », *Rev. proc. coll.* 2016/3, Fiche pratique 1, p. 66 – Delattre Ch., « La délocalisation fondée sur le pragmatisme économique et la bonne administration de la justice : pour y parvenir, utilisons les textes », *Rev. proc. coll* 2014, études 23 – Étienne-Martin E. et Montagnon R., « La réforme de la justice commerciale à l'épreuve des règles de compétence territoriale des groupes de sociétés en difficulté », *Rev. proc. coll.* 2013, étude 8 – Martin-Serf A., « Le siège social à l'épreuve des procédures collectives », *Mél. Tricot*, Lexisnexis – Dalloz, 2011, p. 533 – Rossi P., « Au sujet des tribunaux de commerce spécialement désignés », *BJE* 2015, 423 – Russel Galle Ph., « Quand le privilège de juridiction devient un super privilège ! », *Rev. proc. coll.* 2013, étude 7 ; « Ouverture des procédures », *Rev. proc. coll.* 2013, dossier 24 – Saintourens B., « Ouverture des procédures : mise aux normes constitutionnelles et nouveautés procédurales », *Rev. proc. coll.* 2014/3, dossier 16 – Vidal D., « La compétence », *in* « les questions procédurales de la législation de 1985 », *LPA* 1er juill. 1987.

> **Table ronde.** Menjucq M., Farges J.-P., Gorrias S, Messinesi J. et Abitbol F., « Le nouveau traitement procédural des groupes de sociétés en droit français après la loi Macron », *Rev. proc. coll.* 2016, table ronde 2.

232.04 Questions essentielles.

• Un auxiliaire de justice peut-il solliciter la délocalisation de sa procédure collective ?
* V. ss no 232.12.

• Est-il possible de délocaliser un dossier de procédure collective afin de dépassionner les débats ?
* V. ss no 232.14.

• Peut-on obtenir d'un tribunal qu'il gère les procédures collectives de toutes les sociétés d'un même groupe alors même qu'elles ne seraient pas dans le même ressort territorial ?
* V. ss no 232.18.

SECTION 232.10
RÈGLES DE COMPÉTENCE APPLICABLES À L'OUVERTURE DE LA PROCÉDURE

232.11 Principe de compétence matérielle. Dans la rédaction d'origine de la loi du 25 janvier 1985[1] (art. 7, al. 1er) l'article 7, alinéa 1er disposait que le tribunal de commerce est compétent si le débiteur est commerçant ou artisan. Précisons à cet égard que l'abrogation de l'ancien article 631 du code de commerce (dont les dispositions ont été reprises par l'article L. 411-4 du code de l'organisation judiciaire, issu de la loi du 15 mai 2001[2], avec effet rétroactif à la date d'abrogation de ce texte) a été jugée sans incidence pour justifier la compétence du tribunal de commerce pour connaître de procédures à l'encontre de commerçants[3].

À l'occasion de la codification de la loi du 25 janvier 1985, par l'ordonnance du 18 septembre 2000[4], pour tenir compte du caractère restrictif du terme d'artisan, réservé à des personnes ayant une certaine qualification, le vocable a été remplacé par l'expression de « personne immatriculée au répertoire des métiers ».

La réforme du 26 juillet 2005[5] reprend la notion de « personne immatriculée au répertoire des métiers ». En outre, les mêmes dispositions prévoient l'application de ces procédures à la « personne physique exerçant une activité professionnelle indépendante ».

La question pouvait se poser de savoir si les personnes exerçant une activité artisanale, sans être immatriculées au répertoire des métiers – artisans de fait – devaient relever du tribunal de grande instance ou du tribunal de commerce, la première possibilité semblant assez plausible puisqu'ils sont rattrapés par les procédures collectives en tant que professionnels indépendants, lesquels relèvent du tribunal de grande instance[6].

Pareille question ne peut, en tout cas, plus se poser, depuis l'ordonnance du 18 décembre 2008[7]. La loi de modernisation de l'économie, loi du 4 août 2008[8], dite loi LME, a accordé à certains artisans une exemption d'immatriculation au répertoire des métiers. Afin de ne pas les exclure du dispositif de traitement des difficultés des entreprises, il était indispensable de modifier la rédaction des textes. C'est pourquoi, le visa à l'article L. 620-2, alinéa 1er du code de commerce de la personne immatriculée au répertoire des métiers a été remplacé par celui de la personne exerçant une activité artisanale (ord.

1. L. no 85-98, 25 janv. 1985, *JO* 26 janv., p. 1097.
2. L. no 2001-420, 15 mai 2001, *JO* 16 mai, p. 7776, dite loi NRE.
3. Paris, 3e ch. C, 23 mars 2001, *D.* 2001. AJ 1539, obs. Lienhard; *Rev. proc. coll.* 2003, p. 105, no 2, obs. Gorrias.
4. Ord. no 2000-912, 18 sept. 2000, *JO* 21 sept., p. 14783.
5. L. no 2005-845, 26 juill. 2005, *JO* 27 juill., p. 12187.
6. EN CE SENS : Lucas et Lécuyer, « De la sauvegarde », *LPA* no sp., 8 févr. 2006, no 28, p. 23 s., sp. p. 26 – Vallansan, « Rapport introductif », colloque Caen janv. 2006, *Rev. proc. coll.* 2006/2, p. 119, sp. p. 120 – Lécuyer, « Les nouveaux débiteurs », *Rev. proc. coll.* 2006/4, p. 332 s., sp. p. 334.
7. Ord. no 2008-1345, 18 déc. 2008, *JO* 19 déc., p. 19462.
8. L. no 2008-776, 4 août 2008, *JO* 5 août, p. 12471, dite loi LME.

18 déc. 2008, art. 164). Pour cette même raison, l'article L. 621-2, alinéa 1 issu de la réforme (ord. 18 déc. 2008, art. 13) vise toute personne qui « exerce une activité commerciale ou artisanale ». Ainsi, très clairement, la personne qui exerce une activité artisanale, qu'elle soit ou non qualifiée d'artisan et qu'elle soit ou non immatriculée au répertoire des métiers, relève du tribunal de commerce pour l'ouverture d'une sauvegarde, d'un redressement ou d'une liquidation judiciaire[1].

Le tribunal de grande instance est compétent dans les autres cas. La compétence de ce tribunal existe donc pour les personnes morales de droit privé non commerçante et les agriculteurs[2].

L'extension des procédures collectives aux professionnels libéraux par la réforme du 26 juillet 2005 conduit à reconnaître la compétence du tribunal de grande instance pour connaître des procédures intéressant ces personnes, sans qu'il y ait à distinguer selon qu'elles sont ou non soumises à un statut. La solution est posée pour la procédure de sauvegarde par l'article L. 621-2, alinéa 1er, pour la procédure de redressement judiciaire par l'article L. 631-7, pour la procédure de liquidation judiciaire par l'article L. 641-1, I, ces deux dispositions renvoyant à l'article L. 621-2.

Une difficulté se présente cependant lorsque l'intéressé est tout à la fois commerçant et tout à la fois soumis à un ordre professionnel, par exemple un pharmacien. Relèvera-t-il du tribunal de commerce ou du tribunal de grande instance ? Faute de distinction des textes, puisqu'il est commerçant, il doit relever du tribunal de commerce[3]. La jurisprudence ne l'appréhende que comme un commerçant, ce qui justifie qu'il puisse se voir appliquer une mesure de faillite personnelle[4]. La logique voudrait pourtant, en présence d'un professionnel soumis à un ordre ou à une autorité professionnelle, de faire prévaloir cet état de situation, compte tenu de règles spécifiques à appliquer. Il faudrait en conséquence décider de reconnaître la seule compétence du tribunal de grande instance, seul au fait de l'application de ces règles particulières inconnues des tribunaux de commerce[5].

La forme civile ou commerciale de la personne morale pourra ne constituer qu'une présomption, pouvant être combattue sur démonstration que l'activité de la personne permet de la qualifier de commerçante. Ainsi, une association pourrait-elle relever de la compétence du tribunal de commerce si elle a une activité commerciale dépassant son objet statutaire ou si son objet statutaire est commercial[6]. De même, une société d'exercice libéral de pharmaciens, qui exerce une activité commerciale, relève du tribunal de commerce[7].

Inversement, une société à forme commerciale relèverait du tribunal de grande instance si elle n'a pas d'activité commerciale, telle une société exerçant une activité libérale. Cette solution a été appliquée en présence de sociétés d'exercice libéral[8]. La combinaison des articles L. 621-2 du code de commerce (réd. ant. LSE) et de l'article L. 411-4 du code de l'organisation judiciaire justifie également la solution, qui conserve son actualité. On signalera toutefois une décision de cour d'appel se réfugiant derrière la forme commerciale de la société en faisant abstraction de son objet civil pour retenir la compétence du tribunal de commerce[9].

La question est plus délicate pour les sociétés de professionnels libéraux constituées sous la forme de société commerciale de droit commun, par exemple les SARL d'experts-comptables. Sous l'empire de la législation antérieure à la loi de sauvegarde des entreprises, la compétence du tribunal de commerce avait été retenue[10]. La solution semblait reconductible[11], alors surtout que la décision qui l'avait posée avait fait l'objet d'une mention au rapport annuel de la Cour de cassation.

Il a été remarqué que l'ordonnance du 18 décembre 2008 attribue compétence au tribunal de com-

1. EN CE SENS AUSSI : Saintourens, « Les conditions d'ouverture des procédures après l'ordonnance du 18 décembre 2008 portant réforme du droit des entreprises en difficulté », *Rev. proc. coll.* 2009/1, 4, p. 40, sp. p. 41, nº 6 – Texier et Russo, « Le nouveau droit des entreprises en difficulté après l'ordonnance du 18 décembre 2008 et son décret d'application du 12 février 2009 », *LPA* 2 mars 2009, nº 43, p. 3, sp. p. 13 – *Adde*, SUR CETTE QUESTION : Lebel, « Le maintien de la référence à l'immatriculation au répertoire des métiers ! (À propos de l'article 1er du décret nº 2009-1693 du 29 décembre 2009) », *JCP E* 2010. Actu. 94.
2. Foyer, « Sociétés agricoles et sociétés commerciales », *Dr. sociétés* 2009. Étude 11.
3. GIBIRILA, nº 207.
4. Paris, 3e ch. A, 23 sept. 2008, RG nº 07/21713, *Gaz. proc. coll.* 2008/4, p. 37, nº 1, note Lebel.
5. RAPPR. : Roussel Galle, nº 24.
6. Dijon, 4 nov. 1987, *D.* 1988. Somm. 223, note Hassler – Toulouse, 19 déc. 1995, *LPA* 5 mai 1997, p. 9, note Do Carmo Silva; *RTD com.* 1997. 482.
7. T. com. Valenciennes, 22 août 2011, *Leden* oct. 2011, comm. 144, obs. Staes; *Dr. sociétés* 2012. Étude 3, note Legros.
8. Civ. 2e, 10 nov. 1998, nº 97-60.519, *Bull. civ.* II, nº 268; *D.* 2000. Somm. 238, obs. Hallouin – Paris, 6 juill. 1994, *D.* 1994. Jur. 288, note Derrida; *JCP E* 1994. II. 598, note Daigre; *Bull. Joly* 1994. 1006, note Jeantin; *Dr. sociétés* 1994, nº 111, note Chaput; *Rev. huissiers* 1995. 86, note Daigre.
9. Bordeaux, 2e ch., 15 déc. 2010, RG nº 10/04846; INFIRMANT : TGI Bordeaux, 13 juill. 2010, RG nº 10/05994, *Rev. proc. coll.* 2012, p. 27, nº 2, note crit. Saintourens.
10. Com. 16 nov. 2004, nº 01-03.304, *Bull. civ.* IV, nº 196; FS-P+B+I.
11. Legros, « De la compétence en cas de faillite d'une société commerciale », *Dr. sociétés* 2007. Repère 1.

merce pour des personnes ayant une activité commerciale. Seule importe, en conséquence désormais, l'objet commercial de la société, peu important sa forme[1]. Cette solution a été appliquée à une société de construction-vente, qui a un objet civil, et qui relève du tribunal de grande instance, peu important que cette société soit dirigée par une SARL[2].

Une difficulté particulière intéresse également les personnes morales agricoles. Elles relèvent du tribunal de commerce si elles peuvent se voir qualifier de commerçant. Pour qu'il en soit ainsi, il faut qu'elles aient une forme commerciale (L. 30 déc. 1988[3], art. 22, al. 2).

Si le débiteur, qui n'a pas pris la forme d'une société commerciale, a une activité mixte, agricole et commerciale, la règle *major pars trahit ad se minorem*[4] doit conduire à décider que l'activité la plus importante du débiteur permet de déterminer la juridiction compétente. Signalons que l'article L. 521-1 du code rural attribue compétence au tribunal de grande instance pour les sociétés coopératives agricoles. La règle n'est pas toujours respectée[5].

On rappellera qu'en cas d'extension de la procédure sur le fondement de la fictivité ou de la confusion des patrimoines, il n'y a qu'une seule procédure ouverte, de sorte que le tribunal compétent pour connaître de l'ouverture à l'encontre de la personne morale fictive où à laquelle la procédure doit être étendue sur le fondement de la confusion des patrimoines sera nécessairement la juridiction ayant ouvert la première procédure. La solution a été posée pour une extension de la procédure d'une société commerciale à une société civile immobilière[6]. Elle résulte désormais explicitement de l'article L. 621-2, alinéa 2, selon la rédaction que lui a donnée la loi du 26 juillet 2005, qui fait entrer officiellement l'extension pour confusion des patrimoines ou pour fictivité dans la législation. Cette disposition de la procédure de sauvegarde est rendue applicable à celle de redressement judiciaire par l'article L. 631-7 et à celle de liquidation judiciaire par l'article L. 641-1, I, ces deux dispositions renvoyant à l'article L. 621-2.

L'article 163 du décret du 27 décembre 1985 prévoit que le tribunal ayant ouvert la procédure contre la personne morale sera également seul compétent pour ouvrir la procédure à l'encontre d'un dirigeant social, sur le fondement de l'article L. 624-4 (anc[t] L. 25 janv. 1985, art. 181) ou *L. 624-5 du code de* commerce (anc[t] L. 25 janv. 1985, art. 182). En cas d'échec d'un règlement amiable, le tribunal saisi du règlement amiable sera compétent pour ouvrir la procédure. En revanche, faute pour l'article L. 621-101 du code de commerce (anc[t] L. 25 janv. 1985, art. 98) de déroger aux règles de compétence, en cas d'inexécution de l'engagement d'acquérir l'entreprise au terme de la location-gérance, la procédure sera ouverte contre le locataire-gérant par le tribunal normalement compétent, le contraire ayant cependant été jugé[7].

232.12 Principe de compétence territoriale (v. aussi s[s] n°s 092.21 et 092.41). Aux termes de l'article 1er du décret du 27 décembre 1985[8], le tribunal territorialement compétent pour connaître de la procédure de redressement ou de liquidation judiciaire est celui dans le ressort duquel le débiteur a le siège de son entreprise, ou, à défaut de siège en territoire français, le centre principal de ses intérêts en France[9].

L'article R. 600-1 du code de commerce (anc[t] D. 28 déc. 2005[10], art. 1er) énonce pour sa part une règle semblable, mais en précédant à une distinction selon que le débiteur est une personne morale ou une personne physique.

> **En présence d'une personne physique**, sous l'empire du décret du 27 décembre 1985, le tribunal compétent est celui du lieu où elle a le siège de son entreprise, c'est-à-dire le centre de la direction de l'entreprise[11]. C'est ainsi qu'a été évoqué le « lieu centralisateur des activités juridiques, directionnelles, financières et matérielles du débiteur »[12]. Il ne sera pas nécessairement celui de son domicile, lequel désigne le lieu de son principal établissement. Il ne s'agira pas davantage du lieu de son habitation[13]. La compétence du lieu de l'immatriculation

1. Staes, « Aspects de procédure et voies de recours », *Rev. proc. coll.* 2009/1, 5, p. 44, sp., p. 51, n° 56 – Legros, « L'ordonnance du 18 décembre 2008 réformant la loi de sauvegarde des entreprises », « Première partie : prévention, confusion des patrimoines et sauvegarde », *Dr. sociétés* 2009. Étude 5, n° 5 – SAINT-ALARY-HOUIN, 6e éd., n° 408.
2. Versailles, 13e ch., 15 oct. 2009, RG n° 09/05380, *Dr. sociétés* 2010, n° 34, note Legros; *Rev. proc. coll.* 2010/3, n° 124, note Lebel; *Rev. proc. coll.* 2010/4, n° 150, note Saintourens.
3. L. n° 88-1202, 30 déc. 1988, *JO* 31 déc., p. 16741.
4. RAPPR. : SOINNE, n° 586.
5. AINSI, Dijon, 2e ch. civ., 28 mai 2015, RG n° 15/00547, *JurisData* 013156, *Rev. proc. coll.* 2015, comm. 162, note Lebel.
6. AINSI : Com. 1er déc. 1992, n° 90-20.423, *Bull. civ.* IV, n° 377; *D.* 1993. Somm. 192, obs. Honorat; *Bull. Joly* 1993. 261, note Daigre.
7. Aix-en-Provence, 8e ch., 16 févr. 1988, RG n° 87/14620, *JurisData* 041956.
8. D. n° 85-1388, 27 déc. 1985, *JO* 29 déc., p. 15281.
9. Com. 11 avr. 1995, n° 92-20.032, *Bull. civ.* IV, n° 126; *D.* 1995. 640, note Vasseur; *Bull. Joly* 1995. 697, obs. Martin-Serf; *JCP E* 1995. I. 487, n° 1, obs. Pétel.
10. D. n° 2005-1677, 28 déc. 2005, *JO* 29 déc., p. 20324.
11. PÉTEL, 4e éd., n° 5.
12. Bastia, ch. civ., 17 oct. 1994, *Denis Chuffart*, cité par Soinne, note 1548-1.
13. Com. 17 févr. 1998, n° 95-19.433, *Bull. civ.* IV, n° 79; *Rev. proc. coll.* 1999, p. 23, n° 7, obs. Cadiou.

au répertoire des métiers a été retenue, faute de modification de l'inscription, malgré l'exercice de l'activité dans un autre lieu[1].

Sous l'empire du décret du 28 décembre 2005, le tribunal compétent sera celui du lieu où ce débiteur, personne physique, aura déclaré l'adresse de son entreprise ou de son activité. La modification résulte de la prise en compte de l'article L. 123-10, alinéa 1er du code de commerce, tel qu'il résulte de la rédaction que lui a donnée la loi du 1er août 2003[2] sur l'initiative économique, qui a supprimé la notion de siège pour les personnes physiques, pour évoquer désormais l'adresse de leur entreprise. Est ainsi assuré un parallélisme entre le débiteur personne physique et le débiteur personne morale, dans la mesure où le tribunal compétent sera déterminé sur base d'une déclaration du débiteur. Cela ne devrait pas, en pratique, modifier les règles de détermination du tribunal compétent, à moins d'une fausse déclaration, auquel cas la compétence sera attribuée au siège réel des activités du débiteur, le siège déclaré étant alors fictif.

L'article R. 662-1 du code de commerce (réd. D. 30 juin 2014[3], art. 118) précise, dans un 3° que « les notifications et communications adressées au débiteur personne physique sont régulièrement faites à l'adresse préalablement indiquée au greffe du tribunal à l'ouverture de la procédure ou en cours de procédure. Les lettres de l'administrateur, du mandataire judiciaire ou du liquidateur sont transmises à cette adresse ».

La date de la notification, précise cette même disposition, est celle de la signature de l'avis de réception. Lorsque l'avis de réception n'est pas signé par son destinataire ou par une personne munie d'un pouvoir à cet effet, la date de la notification est celle de la présentation de la lettre recommandée.

D'évidence, le jeu de l'article 47 du code de procédure civile s'impose si l'ouverture de la procédure intervient contre un magistrat. La solution a été posée à propos d'un magistrat consulaire, qui ne pouvait résister en prétendant qu'il avait démissionné après l'assignation en redressement judiciaire de la société dirigée, la qualité de l'intéressé devant être appréciée au jour de l'assignation[4]. Au demeurant, si l'article 47 n'avait pas été appliqué, la récusation sur le fondement de la suspicion légitime se serait imposée.

On peut se demander si l'ouverture d'une procédure collective contre un **auxiliaire de justice** autorise le jeu de l'article 47 du code de procédure civile, qui permet à l'auxiliaire de décliner la compétence du tribunal dans lequel il exerce son activité professionnelle. Un auteur a prôné fermement l'application de cette disposition[5].

La jurisprudence des juges du fond n'y était pas favorable. Une juridiction a ainsi relevé, pour refuser l'application de l'article 47 du code de procédure civile, que cet article était un texte de nature réglementaire, alors que le principe de compétence territoriale était posé par l'article L. 610-1 du code de commerce, texte de nature législative, donc de valeur supérieure[6]. Le « privilège de juridiction » était ainsi écarté.

Si le rejet de l'application de l'article 47 du code de procédure civile nous paraissait fondé, la justification de la solution n'avait pas emporté notre adhésion. L'argument ne nous avait pas semblé convaincant, dans la mesure où les règles de compétence sont énoncées par l'article R. 600-1 du code de commerce (anc[t] D. 28 déc. 2005, art. 1er). Il nous avait semblé préférable de fonder l'exclusion du privilège de juridiction sur l'observation que l'article 47 du code de procédure civile suppose que l'intéressé soit partie à un « litige », ce qui ne correspond pas à l'ouverture d'une procédure collective[7]. C'est d'ailleurs en ce sens qu'une juridiction du fond a cru devoir statuer[8].

La Cour de cassation a décidé le contraire, en considérant que « les règles de compétence édictées par l'article R. 600-1 du code de commerce ne dérogent pas à l'application des dispositions de l'article 47 du code de procédure civile »[9]. Il a pu être observé

1. Dijon, ch. civ., 27 juill. 2004, *Rev. proc. coll.* 2005/2, p. 128, n° 7, obs. Gorrias.
2. L. n° 2003-721, 1er août 2003, *JO* 5 août, p. 13449.
3. D. n° 2014-736, 30 juin 2014, *JO* 1er juill., p. 10834.
4. Metz, 27 nov. 2012, RG n° 12/00303, *Leden* févr. 2013, comm. 19, note Delattre.
5. Vallens, note s[s] Versailles, 13e ch., 1er mars 2007, RG n° 06/07624, *D.* 2007. 1702.
6. Versailles, 13e ch., 1er mars 2007, RG n° 06/07624, *D.* 2007. 1702, note crit. Vallens; *Gaz. proc. coll.* 2007/3, p. 29, note Lebel; *Rev. proc. coll.* 2007/3, p. 168, n° 13, obs. Lebel; *Annonces de la Seine* 23 avr. 2007, p. 8, note Drummen; *JCP E* 2007. 1873, p. 25, note Cholet; *JCP E* 2007. 2309, p. 27, note Nabet; *RJ com.* 2007. 276, note Sortais; *Defrénois* 2007. 38675, p. 1561, n° 6, note Gibirila.
7. EN CE SENS : Martin et Neveu, « L'application à la profession d'avocat de la loi du 26 juillet 2005 sur la sauvegarde des entreprises », *JCP E* 2006. 1764, n°s 14 à 16 – Verger et Mignone, « Aspects pratiques de l'application de la loi du 26 juillet 2005 aux professionnels libéraux », *D.* 2006. 2234.
8. Paris, 3e ch. B, 26 mars 2009, RG n° 08/15098, *Rev. proc. coll.* 2009/3, p. 42, n° 75, note Soinne.
9. Com. 28 oct. 2008, n° 07-20.801, *Bull. civ.* IV, n° 177; *Act. proc. coll.* 2008/20, n° 320, note Rétif; *JCP E* 2008. 2437, note Cholet; *JCP E* 2009. 1008, n° 2, obs. Pétel; *Rev. proc. coll.* 2009/2, p. 37, n° 40, note Lebel; *Bull. Joly* 2009. 495, § 98, note Rétif; *Gaz. Pal.* 2009. Jur. 458, note Lacovelli; *Rev. proc. coll.* 2009/3, p. 42, n° 75, note Soinne; *Dr. et patr.* sept. 2009, n° 184, p. 108, note Monsérié-Bon; *Dr. et proc.* 2009. 335, note Gibirila; *Procédures* 2009, n° 20, note Croze; *LXB hebdo* n° 331, 18 déc. 2008, n° A066EBB, note Le Corre-Broly.

que ce texte, qui édicte en fin de compte un droit au procès équitable pour les gens de justice, répond à un principe *supra*national, celui du procès équitable[1]. Ainsi, un auxiliaire de justice sera en droit de décliner la compétence de la juridiction devant laquelle il exerce sa profession. Symétriquement, le débiteur ou le créancier qui entendra demander l'ouverture d'une procédure collective, pourra le faire devant une juridiction limitrophe de celle dans laquelle le débiteur exerce son activité. Cette disposition, qui ne constitue pas une exception de procédure, peut être invoquée en toutes phases de la procédure, y compris devant la cour d'appel de renvoi, saisie après cassation[2]. Le renvoi à une autre juridiction limitrophe est ici de droit, la juridiction saisie n'ayant aucun pouvoir pour en apprécier l'opportunité[3].

Une juridiction du fond a résisté à cette interprétation, et a préféré considérer que l'application de l'article 47 du code de procédure civile ne se conçoit qu'en présence d'un litige soumis à une juridiction civile saisie à l'initiative d'un demandeur[4].

La demande de sanctions patrimoniales contre l'intéressé constitue, sans discussion possible, un litige, raison pour laquelle l'article 47 du code de procédure civile peut incontestablement être invoqué par l'intéressé pour demander que l'affaire soit portée à la connaissance d'une autre juridiction (v. s[s] n° 921.34).

Dans une première phase, la jurisprudence des juges du fond a décidé que si la décision d'ouverture est devenue définitive, l'article 47 du code de procédure civile ne peut plus être invoqué pour contester la compétence territoriale du juge-commissaire, qui statue dans la limite de ses attributions[5]. La Cour de cassation a une autre analyse et considère que l'article 47 du code de procédure civile peut être invoqué dans la mesure où les règles de compétence édictées par l'article R. 600-1 du code de commerce ne dérogent pas à l'application des dispositions de l'article 47 du code de procédure civile[6]. Ainsi, si l'article 47 du code de procédure civile est invoqué en cause d'appel, il y a place à renvoi devant une cour d'appel limitrophe, qui statuera sur l'appel à l'encontre de l'ordonnance du juge-commissaire statuant en matière d'admission des créances[7].

L'article 47 du code de procédure civile peut être invoqué très tardivement[8], par exemple lorsqu'il est question pour le tribunal de statuer sur la prorogation du délai au terme duquel la clôture de la procédure de liquidation judiciaire devra être examinée[9].

Si l'on comprend la logique de l'analyse, il n'en demeure pas moins que l'application de cette disposition est particulièrement source de perturbation[10]. Aucune difficulté ne se présente si l'incompétence est soulevée en cause d'appel. Mais si elle est soulevée devant le juge-commissaire, qui va statuer à la place de ce dernier, dès lors que la procédure collective continue à se dérouler devant le tribunal qui a ouvert la procédure et devant lequel l'article 47 du code de procédure civile n'a pas été soulevé ? La réponse n'a pas été donnée par la Cour de cassation.

Le décret du 30 juin 2014 (art. 119) a apporté réponse à cette question et a, très justement à notre avis[11], inséré un article R. 662-3-1 dans le code de commerce pour venir préciser que les dispositions de l'article 47 du code de procédure civile ne sont pas applicables aux litiges qui relèvent de la compétence du seul juge-commissaire. Ainsi, la difficulté soulevée à propos de la contestation des créances ne se posera plus. Ou bien la procédure aura été intégralement délocalisée et le juge-commissaire appartiendra en conséquence à la juridiction auprès de laquelle la délocalisation a eu lieu. Ou bien la procédure n'a pas été délocalisée et le juge-commissaire

1. Pétel, obs. s[s] Com. 28 oct. 2008, n° 07-20.801, *JCP E* 2009. 1008, n° 2.
2. Paris, pôle 5, 8e ch., 8 déc. 2009, RG n° 09/07543, *Rev. proc. coll.* 2010/3, n° 132, p. 84, note Lebel.
3. Fricero, note s[s] Com. 12 oct. 2010, n° 09-16.743, *Gaz. Pal. entr. diff.* 7-8 janv. 2011, p. 27.
4. Paris, 3e ch. B, 26 mars 2009, RG n° 08/15098, *Rev. proc. coll.* 2009/3, p. 42, n° 75, note Soinne.
5. Paris, pôle 5, 9[e] ch., 15 oct. 2009, *D.* 2009. AJ 2681.
6. Com. 12 oct. 2010, n° 09-16.743, NP, *D.* 2010. 2510, note Lienhard; *Gaz. Pal. entr. diff.* 7-8 janv. 2011, p. 27, note Fricero; *RTD com.* 2011. 180, n° 11, obs. Vallens – Com. 30 nov. 2010, n° 09-17.481, NP – Com. 31 janv. 2012, n° 10-25.693, *Bull. civ.* IV, n° 15; n° 79 F-P+B; *D.* 2012. Actu. 433, obs. Lienhard; *Act. proc. coll.* 2012/4, comm. 65, note Vallansan; *JCP E* 2012. Chron. 1227, n° 9, obs. Pétel; *BJE* 2012, comm. 80, p. 172, note Favario; *Rev. sociétés* 2012. 191, note Roussel Galle; *Rev. proc. coll.* 2012, comm. 60, note Cagnoli; *Rev. proc. coll.* 2012, comm. 158, note Lebel; *LPA* 15 juin 2012, n° 120, p. 7, note Gerbay – Com. 31 janv. 2012, n°s 10-25.694, 10-25.695, 10-25.698, 3 esp., NP, n°s 80 à 82 F-D, *Act. proc. coll.* 2012/4, comm. 65, note Vallansan; *Rev. proc. coll.* 2012, comm. 158, note Lebel – Com. 10 mai 2012, n° 11-12.955, NP, n° 503 F-D, *Rev. proc. coll.* 2012, comm. 158, note Lebel.
7. Com. 31 janv. 2012, n° 10-25.693, préc. (v. s[s] prés[t] n°) – Com. 31 janv. 2012, n°s 10-25.694, 10-25.695, 10-25.698, 3 esp., préc. (v. s[s] prés[t] n°).
8. Roussel Galle, « Quand le privilège de juridiction devient un superprivilège ! », *Rev. proc. coll.* 2013, étude 7.
9. Com. 2 oct. 2012, n° 11-23.731, NP, n° 946 F-D, *D.* 2012. Actu. 2446, obs. Lienhard; *Gaz. Pal.* 18 janv. 2013, n° 18, p. 18, note Reille; *Rev. proc. coll.* 2012, comm. 217, note Lebel; *LPA* 15 avr. 2013, n° 75, p. 6, note Gerbay.
10. EN CE SENS : Rolland, note s[s] Com. 31 janv. 2012, n° 10-25.693, *Procédures* 2012, n° 121 – PÉROCHON, 9e éd., n° 433.
11. AUSSI EN CE SENS, PÉROCHON, 10e éd., n° 447.

de la procédure ayant à connaître de la procédure collective pourra continuer à statuer.

Le plaideur qui invoque l'article 47 du code de procédure civile ne soulève pas une exception d'incompétence, mais une exception de procédure. Il en résulte que seul l'appel doit être formé contre une décision statuant sur la question, non le contredit. En conséquence, si la décision qui statue sur l'application de l'article 47 ne met pas fin à l'instance, l'appel ne peut être formé qu'en même temps qu'une décision à venir sur le fond du droit, et non immédiatement[1].

Observons que si le professionnel libéral a un cabinet secondaire, lequel ne peut justifier, par principe, la compétence territoriale[2], l'article 47 du code de procédure civile devrait pouvoir être soulevé pour obtenir la délocalisation du dossier dans un autre ressort de juridiction que celui de ce cabinet secondaire.

> **En présence d'une personne morale**, sous l'empire du décret du 27 décembre 1985 comme sous celui du décret du 28 décembre 2005, le tribunal compétent est celui du siège de celle-ci, et non celui dans le ressort duquel se trouve un établissement secondaire[3]. Cependant, par application classique des règles de la fictivité, en cas de siège social fictif, le tribunal compétent sera celui du siège réel[4], sans qu'il soit possible au tribunal d'ouvrir la procédure au lieu du siège fictif, même sur assignation du créancier, lequel ne peut invoquer le siège statutaire pour s'opposer à l'exception d'incompétence, et ce en contrariété avec le principe selon lequel les tiers peuvent se prévaloir du siège social statutaire s'ils y ont intérêt (C. civ., art. 1837)[5]. Il y aura ainsi siège social fictif en l'absence de biens, d'infrastructure et d'exercice d'activité réelle au lieu du siège déclaré[6]. L'exactitude du siège social et la fictivité d'une société s'apprécient suivant la dont elle dépend[7].

L'article R. 662-1 du code de commerce (réd. D. 30 juin 2014, art. 118) précise, dans un 4° que « les notifications et lettres adressées au débiteur, personne morale de droit privé, peuvent l'être au domicile de son représentant légal ou du mandataire *ad hoc* désigné conformément au II de l'article L. 641-9 ». Cette solution, *qui existait auparavant*, avait disparu des textes, *a priori à la suite d'un oubli*. Il est heureux qu'il ait été réparé, car il n'est pas aisé de notifier des actes à une personne morale qui n'a plus de locaux, comme c'est souvent le cas en liquidation judiciaire.

Faut-il tenir compte du Règlement communautaire européen du 29 mai 2000[8], qui reconnaît compétence au tribunal dans le ressort duquel le débiteur a le centre de ses intérêts principaux ? Il a été admis, sur ce fondement qu'un tribunal pouvait déroger à la règle de compétence du siège social[9]. Pareille solution ne peut être suivie, en dehors du strict cadre d'application du règlement[10]. Or ce dernier n'a vocation à s'appliquer qu'en cas de procédures internationales, impliquant des biens ou des créanciers dans au moins deux États membres de l'Union européenne. Les critères de compétence territorial ne peuvent en aucun cas régir une procédure collective franco française.

Le siège social à prendre en compte est celui existant au jour du jugement d'ouverture, dès lors que, en cas de transfert de siège, d'une part celui-ci a été publié au registre du commerce et des sociétés[11], et, d'autre part, il n'est pas fictif[12]. La démonstration de la fictivité incombera, conformément au droit commun, à celui qui l'invoque[13].

Lorsqu'une procédure collective est ouverte en France à l'égard d'une société française, le transfert à l'étranger du siège social rend possible l'appel à l'encontre du jugement d'ouverture de la société de droit étranger, dès lors qu'il est démontré que cette dernière continue la personnalité morale de la société française[14]

Le décret du 27 décembre 1985 (art. 1, al. 1er) réserve l'hypothèse d'absence de siège en France. En ce cas, le tribunal compétent est celui du centre principal des intérêts du débiteur en France. L'article R. 600-1, alinéa 1er du code de commerce (anct D. 28 déc. 2005, art. 1, al. 1er) reprend sans changement la solution. Ce texte justifie l'ouverture en

1. Civ. 2e, 15 oct. 2015, n° 14-22.236, *Bull. civ.* II [à paraître]; *Act. proc. coll.* 2015/19, comm. 306, note Cagnoli.
2. J.-CL. COM., Rétif, fasc. 1750, [Professions libérales et procédures collectives], 2011, n° 45.
3. Com. 14 déc. 1993, *RJDA* 1994, n° 577 – *Adde*, Paris, 12 mai 1987, *D.* 1989. Somm. 5, obs. Derrida.
4. Paris, 8 juin 1988, *Rev. huissiers* 1988. 1073, note Hanine – Versailles, 1er avr. 1996, *BICC* 1996, n° 854.
5. PÉTEL, 8e éd., n° 100 – J.-CL. COM., MARTIN-SERF, fasc. 2200, [Règles générales de compétence], 2007, n° 32 – SAINT-ALARY-HOUIN, 9e éd., n° 465.
6. Com. 5 janv. 1999, n° 96-18.574, NP, *RJDA* 1999/4, n° 440.
7. Com. 21 oct. 2014, n° 13-11.805, *Bull. civ.* IV [à paraître]; *Dr. sociétés* 2015, comm. 181, note Legros.
8. Règl. (CE) n° 1346/2000, Conseil, 29 mai 2000 relatif aux procédures d'insolvabilité, *JOCE L* 160, 30 juin, p. 1.
9. Versailles, 13e ch., 11 janv. 2007, RG n° 06/01087, *Gaz. proc. coll.* 2007/3, p. 30, note Lebel; *Annonces de la Seine* 23 avr. 2007, p. 8, note Drummen.
10. Roussel Galle, Bourbouloux et Couturier, « Le groupe de sociétés en procédure collective », *LPA* 22 avr. 2010, n° 80, p. 54, sp. p. 59, n° 24.
11. Paris, 13 juin 1989, *D.* 1989. IR 219.
12. Com. 8 mars 1988, n° 86-19.668, *Bull. civ.* IV, n° 103; *D.* 1988. Somm. 339; *Rev. sociétés* 1988. 287, note Honorat; *LPA* 6 janv. 1989, note Picand-L'Amazec – Versailles, 14 avr. 1988, *Gaz. Pal.* 1988. 2. 836, concl. Challe.
13. Amiens, 15 déc. 1989, *Gaz. Pal.* 1990. 1. Somm. 315.
14. Versailles, 13e ch., 26 juin 2008, RG n° 08/00861, *Gaz. proc. coll.* 2008/3, p. 25, note Mélin.

France d'une procédure contre une société étrangère, fut-elle ressortissante d'un État de l'Union européenne, dès lors qu'elle a en France un établissement secondaire [1] et qu'il n'est pas question d'ouverture d'une procédure principale au sens de l'article 3 § 1 du Règlement CE du 29 mai 2000, mais seulement d'une procédure territoriale, en application des articles 3 § 2 et 3 § 4 b du même Règlement [2] (v. s^s n° 092.21).

Pour éviter des transferts de sièges sociaux peu de temps avant le jugement d'ouverture, destinés seulement à assurer la connaissance des affaires par telle ou telle juridiction, désignant tel ou tel mandataire, créant ainsi un fort risque de *forum shopping* [3], l'alinéa 2 de l'article 1er du décret du 27 décembre 1985, dans la rédaction que lui a donnée le décret du 29 mai 1989 [4] dispose qu'« en cas de changement de siège de la personne morale dans les six mois ayant précédé la saisine du tribunal, le tribunal dans le ressort duquel se trouvait le siège initial demeure seul compétent. Le délai court à compter de l'inscription modificative au registre du commerce et des sociétés » (D. 27 déc. 1985, art. 1, al. 2, mod. par D. 29 mai 1989) [5]. La solution est exactement reproduite par l'article R. 600-1, alinéas 2 et 3 du code de commerce (anc^t D. 28 déc. 2005, art. 1, al. 2 et 3) [6].

Ce texte, qui institue une présomption irréfragable de fictivité du nouveau siège social [7], est strictement appliqué, le fait que le changement de siège social ne soit pas frauduleux restant sans incidence sur l'obligation de faire application du texte [8]. Certaines décisions considèrent au contraire qu'il n'y aurait lieu à son application que si le changement de siège n'est pas réel [9], ce qui ajoute au texte. La Cour de cassation, pour sa part, a précisé que l'inscription modificative au registre du commerce et des sociétés, à partir de laquelle le délai courait, était non celle de l'inscription au registre du commerce résultant du transfert du siège, mais celle de la radiation de l'inscription auprès du greffe d'origine [10]. En cas d'annulation du jugement d'ouverture par la cour d'appel et d'ouverture subséquente de la procédure par le jeu de l'effet dévolutif de l'appel, l'appréciation du délai de six mois sera menée par référence à la date de la citation initiale jugée irrégulière [11].

Un créancier n'a toutefois pas d'intérêt à agir pour faire respecter cette règle relative au changement de siège social, moins de six mois avant le jugement d'ouverture et sa tierce opposition sera, en conséquence, irrecevable [12].

1. Com. 18 mars 2008, n° 06-20.749, NP, *Gaz. proc. coll.* 2008/3, p. 25, note Mélin; *Bull. Joly* 2008. 699, § 151, note Mélin; *Dr. sociétés* 2008, n° 204, note Legros.
2. Com. 18 mars 2008, n° 06-20.749, préc. (v. s^s prés^t n°).
3. SAINT-ALARY-HOUIN, 9e éd., n° 466.
4. D. n° 89-339, 29 mai 1989, *JO* 30 mai, p. 6761.
5. Paris, 3e ch. A, 4 avr. 2006, RG n° 2005/24255.
6. ILLUSTR. : Grenoble, ch. com., 28 mars 2007, RG n° 06/02155, *Gaz. proc. coll.* 2007/4, p. 32, note Lebel.
7. J.-CL. COM., Martin-Serf, fasc. 2200, [Règles générales de compétence], 2007, n° 41.
8. Paris, 3e ch. A, 21 sept. 2004, RG n° 2004/5513, *RTD com.* 2005. 176, n° 11, obs. Vallens.
9. Paris, 21 mars 1990, *RJ com.* 1990. 216, n° 1285, note Marchi, obs. Diesbecq; *JCP E* 1991. I. 44, n° 3, obs. Pétel.

232.13 Dérogations aux règles de compétence territoriale en application du décret. Diverses dérogations au principe de compétence territoriale sont apportées par la législation, afin que des tribunaux de petite taille n'aient pas connaissance de procédures complexes de traitement des difficultés des entreprises.

Sous l'empire de la législation antérieure à la loi de sauvegarde des entreprises [13], les affaires relevant du régime général (sur le critère d'application, v. s^s n° 412.21) appartiennent à la connaissance exclusive de juridictions déterminées, pour chaque département, par décret (C. com., art. L. 621-5 [anc^t L. 25 janv. 1985 [14], art. 7, al. 2]). Dans le souci de centraliser sur les juridictions les plus importantes dans le département, la connaissance des affaires relevant du régime général, il est ainsi dérogé au critère de compétence territoriale, Pour ce faire, ces juridictions voient corrélativement s'étendre leur ressort territorial de compétence (D. 27 déc. 1985 [15], art. 2). La doctrine évoque une « compétence de classe » [16]. Toutefois, cette dérogation est de faible portée depuis le décret du 3 août 1987 [17] qui a restitué à la plupart des tribunaux la possibilité de connaître des affaires relevant du régime général. De cette exception, on rapprochera l'hypothèse résultant de l'application de l'article L. 412-2 du code de l'organisation judiciaire, qui prévoit l'obligation que la formation de jugement du tribunal de commerce appelée à statuer sur l'ouverture de la procédure comprenne une majorité de magistrats ayant au moins deux ans d'ancienneté. Si ces conditions d'ancienneté ne sont pas réunies, l'article L. 412-14 du même code permet au premier président de la cour d'appel, saisi sur requête du procureur de la République, d'écarter cette condition d'ancienneté.

10. Com. 6 janv. 1998, n° 95-18.259, *Bull. civ.* IV, n° 11; *Rev. proc. coll.* 1999, p. 23, n° 8, obs. Cadiou; *Defrénois* 1998. 950, n° 2, obs. Le Cannu.
11. Com. 6 févr. 2001, n° 97-18.740, NP, *Act. proc. coll.* 2001/7, n° 95.
12. Paris, 3e ch. A, 28 juin 2005, RG n° 2004/22137.
13. L. n° 2005-845, 26 juill. 2005, préc.
14. L. n° 85-98, 25 janv. 1985, préc.
15. D. n° 85-1388, 27 déc. 1985, préc.
16. AINSI : SAINT-ALARY-HOUIN, 4e éd., n° 385 – SOINNE, n° 588 – DERRIDA *ET ALII*, n° 65.
17. D. n° 87-614, 3 août 1987, *JO* 5 août, p. 8802.

À défaut d'utilisation de cette disposition, la cour d'appel désignera, sur requête du procureur, la juridiction dans son ressort qui connaîtra des affaires de redressement et de liquidation judiciaires.

La suppression du régime judiciaire simplifié exige de prévoir la compétence des tribunaux qui pourront connaître des procédures de conciliation, de sauvegarde, de redressement et de liquidation judiciaires.

À l'occasion de la réforme de sauvegarde des entreprises, le rapporteur au nom de la commission des lois de l'Assemblée nationale a expliqué qu'il était préférable de ne pas confier des procédures collectives aux tribunaux trop petits, où les différents acteurs se connaissent tous personnellement[1].

Depuis la loi de sauvegarde des entreprises, le décret du 30 décembre 2005[2], complété par le décret du 20 février 2006[3], est venu préciser les tribunaux compétents pour connaître des procédures de sauvegarde, de redressement et de liquidation judiciaires[4]. Le tableau VIII du second décret précise les tribunaux pouvant connaître des procédures intéressant les procédures applicables aux personnes qui ne sont ni commerçants ni inscrits au répertoire des métiers. Le tableau IX indique les juridictions compétentes en métropole pour connaître des procédures applicables aux commerçants et aux personnes inscrites au répertoire des métiers. Enfin, le tableau X vient préciser les juridictions compétentes dans les départements d'outre-mer, la Nouvelle-Calédonie, la Polynésie française, les îles Wallis et Futuna, la collectivité territoriale de Saint-Pierre et Miquelon et Mayotte, pour connaître des procédures applicables aux personnes qui ne sont ni commerçants ni inscrites au répertoire des métiers.

Les décrets du 15 février 2008[5], édictés dans le cadre de la réforme de la carte judiciaire, viennent préciser de manière nouvelle les tribunaux compétents pour connaître des procédures du livre VI du code de commerce.

232.14 Dérogation aux règles de compétence territoriale sur décision de la cour d'appel ou de la Cour de cassation. Aux termes de l'article 7, alinéa 3 de la loi du 25 janvier 1985[6] (disposition qui n'a pas été codifiée en partie législative par l'ordonnance de codification du 18 septembre 2000[7]), « *lorsque les intérêts en présence le justifient, la cour d'appel, saisie sur requête du président du tribunal compétent ou du ministre public, peut décider de renvoyer l'affaire devant une autre juridiction de même nature compétente dans le ressort de la cour pour connaître des procédure de redressement judiciaire en application de l'alinéa précédent* ». Cette possibilité conférée à la cour d'appel existe aussi pour la Cour de cassation, à laquelle il appartient, par application de cette disposition, de renvoyer l'affaire devant une juridiction du ressort d'une autre cour d'appel.

La solution est reprise, sous réserve de quelques modifications, à l'article L. 662-2 du code, par la loi de sauvegarde des entreprises et étendue à l'hypothèse d'ouverture d'une procédure de sauvegarde. Ce texte vise explicitement les procédures de liquidation judiciaire, ce qui était inutile, dans la rédaction d'origine de la loi du 25 janvier 1985, car la liquidation judiciaire n'était pas alors une procédure autonome, mais seulement l'une des issues de la procédure de redressement judiciaire.

L'article 90, 1° de l'ordonnance du 12 mars 2014 comporte une modification qui ne pouvait être comprise immédiatement. À l'article L. 662-2 du code de commerce, il était prévu que le renvoi de l'affaire devait intervenir devant une autre juridiction **de même nature**. Cette expression « de même nature » a été supprimée, ce qui laisse entendre que des juridictions d'une autre nature pourront être désignées. La loi du 6 août 2015[8] (art. 232) modifie à nouveau ce texte. Le renvoi décidé par le premier président de la cour d'appel ou de la Cour de cassation, selon le cas, pourra désormais intervenir devant une juridiction mentionnée à l'article L. 721-8, c'est-à-dire une juridiction spécialisée.

La modification du texte de l'article L. 662-2 du code a aussi pour objectif de tenir compte de l'hypothèse d'un renvoi ordonné devant une juridiction qui n'est pas matériellement la juridiction dont relève naturellement le débiteur : par exemple la juridiction commerciale qui connaîtrait d'un dossier intéressant une société civile immobilière.

Il convient de préciser ce qu'il faut entendre par l'expression « lorsque les intérêts en présence le justifient ». Les intérêts en présence le justifient d'abord lorsqu'il est question de centraliser sur une seule juridiction la connaissance des procédures ouvertes contre plusieurs sociétés d'un même groupe[9], devant des tribunaux différents, dès lors du moins qu'une extension sur le fondement de la con-

1. *Rapp. Xavier de Roux*, n° 2095, p. 114.
2. D. n° 2005-1756, 30 déc. 2005, *JO* 31 déc., p. 20831.
3. D. n° 2006-185, 20 févr. 2006, *JO* 21 févr., p. 2660.
4. Roussel Galle, obs. *Rev. proc. coll.* 2006/3, p. 259, n° 17.
5. D. n° 2008-145, 15 févr. 2008, *JO* 17 févr., p. 2862.; D. n° 2008-146, 15 févr. 2008, *JO* 17 févr., p. 2920; *Act. proc. coll.* 2008/6, n° 92, note Cagnoli.
6. L. n° 85-98, 25 janv. 1985, préc.
7. Ord. n° 2000-912, 18 sept. 2000, préc.
8. L. n° 2015-990, 6 août 2015, *JO* 7 août, p. 13537, dite loi Macron.
9. Douai, 2e ch., 5 avr. 2002, *Act. proc. coll.* 2002/10, n° 131, obs. Cagnoli – SUR LA QUESTION : Étienne-Martin et Montagnon, « La réforme de la justice commerciale à l'épreuve des règles de compétence territoriale des groupes de sociétés en difficulté », *Rev. proc. coll.* 2013, étude 8.

fusion des patrimoines ou de la fictivité n'aura pas été prononcée[1].

Dans une première analyse, il avait été considéré que la jonction des procédures devait être distinguée de l'extension sur le fondement de la confusion des patrimoines ou de la fictivité; elle n'en produisait pas les effets[2]. C'est ainsi qu'un créancier ne pouvait déclarer en vrac au passif de l'une des sociétés d'un groupe toutes les créances qu'il détient à l'encontre de toutes les sociétés du groupe[3]. Puis la Cour de cassation a distingué jonction d'instances et jonction de procédures, en considérant que cette dernière, contrairement à la première, n'est pas une simple mesure d'administration judiciaire, mais emporte unicité de procédure; autrement dit, elle produit les effets de l'extension sur le fondement de la confusion des patrimoines et c'est pourquoi elle ne peut être prononcée que si les conditions de l'extension sont réunies[4].

Un tribunal ne peut ouvrir une procédure commune à diverses sociétés ayant déclaré leur état de cessation des paiements en même temps, alors qu'une procédure de conciliation avait été sollicitée au niveau du groupe, dès lors que les conditions de l'extension sur le fondement de la confusion des patrimoines ou de la fictivité ne sont pas réunies[5].

La justification d'un intérêt économique n'est pas la seule à permettre le jeu de ce texte. La volonté de dépassionner les débats en les délocalisant peut constituer cet intérêt[6]. Il en ira de même de la volonté d'éviter la connaissance de l'affaire par une juridiction comprenant un juge ayant des intérêts opposés à ceux du débiteur[7] ou plus généralement en cas de doute sur l'impartialité du juge[8], ce qui peut être le cas en présence d'un juge composant la juridiction devant laquelle il demande l'ouverture d'une procédure collective[9] ou d'un ancien juge de cette même juridiction[10].

Avant le décret du 30 juin 2014, le renvoi devant une autre juridiction peut avoir pour initiative le président du tribunal ou le ministère public.

Dans le premier cas, le président du tribunal transmettra immédiatement le dossier par ordonnance motivée au premier président de la cour d'appel. La formule employée par l'article R. 662-7, alinéa 1er du code de commerce (anct D. 28 déc. 2005, art. 343, al. 1er) est expéditive, puisque le texte indique que le renvoi « peut être effectué d'office par le président du tribunal saisi qui transmet sans délai le dossier par ordonnance motivée au premier président de la cour d'appel ». Si le président du tribunal estime que l'affaire relève de la compétence d'une juridiction du ressort d'une autre cour d'appel, la transmission du dossier est assurée par ses soins au premier président de la Cour de cassation.

Dans le second cas, le ministère public saisira le premier président de la cour d'appel ou de la Cour de cassation, selon le cas, par requête motivée. Il a été jugé que la requête aux fins de renvoi de l'affaire devant une autre juridiction présentée par le ministère public peut être présentée oralement[11]. La transmission du dossier sera ici assurée par le greffier, qui devra notifier immédiatement aux parties la requête du ministère public.

Le décret du 30 juin 2014 (art. 120, 2°) insère un nouvel alinéa 3 à l'article R. 662-7 pour préciser que « lorsque la demande n'est pas formée conjointement par les procureurs près les tribunaux de grande instance concernés, celui qui n'en est pas l'auteur, auquel cette demande est transmise sans délai par le ministère public demandeur, fait connaître ses observations au plus tard dans les 48 heures de cette transmission. Il en transmet copie au procureur demandeur ».

Depuis le décret du 30 juin 2014 (art. 120, 1°), le renvoi peut également être sollicité par le débiteur ou le créancier poursuivant. La requête du débiteur sollicitant le renvoi devant une autre juridiction ne peut être présentée directement par le débiteur au premier président de la Cour de cassation, mais doit être déposée au greffe du tribunal saisi de la procédure objet de la demande de renvoi, lequel la transmet ensuite avec le dossier au premier président de la Cour de cassation, et cela à peine d'irrecevabilité[12].

1. Douai, 2e ch., 3 juill. 1986, *D.* 1987. Somm. 5, obs. Derrida.
2. Com. 7 janv. 2003, *Act. proc. coll.* 2003/4, no 52.
3. Amiens, ch. éco., 25 mars 2004, *JCP E* 2005. Pan. 506.
4. Com. 26 janv. 2016, nos 14-17.672, 14-25.541, 14-28.826, 14-28.856, *Bull. civ.* IV [à paraître]; no 79 F-P+B; *Gaz. Pal.* 12 avr. 2016, no 14, p. 59, note Reille; *BJS* 2016. 233, note Favario; *Rev. proc. coll.* 2016, comm. 81, note Fraimout; *LXB hebdo* 18 févr. 2016, no 455, note Le Corre.
5. Com. 16 déc. 2014, no 13-24.161, *Bull. civ.* IV [à paraître]; no 1115 F-P+B; *D.* 2015. pan. 1970, note Le Corre; *BJE* 2015, 83, note Favario; *JCP E* 2015. 1122, note Demeyère; *Rev. sociétés* 2015. 202, note Henry; *BJS* 2015. 143, note Mouial-Bassilana; *Dr. sociétés* 2015, comm. 136, note Legros; *Dr. et patr.* sept. 2015, no 250, chron. 92, no 1, note Monsérié-Bon; *LXB hebdo* 22 janv. 2015, no 598, note Le Corre – *Adde,* Morelli, « Propos iconoclastes sur la confusion des patrimoines – À propos de la réforme de l'article L. 621-2 du code de commerce », *Rev. sociétés* 2015. 433.
6. AINSI : Douai, 31 mars 1988, *D.* 1989. Somm. 6, obs. Derrida; *Gaz. Pal.* 1988. 2. 584, note Soinne.
7. Montpellier, 19 juill. 1991, *D.* 1992. Somm. 7, obs. Derrida.
8. Poitiers, *Dr. sociétés* 2002, no 213, note Legros.
9. Douai, ord. 1er prés., 12 avr. 2011, RG no A511-269/11, *Rev. proc. coll.* 2013. Alerte 7, obs. Delattre.
10. Douai, ord. 1er prés., 7 juill. 2011, RG no A511-460/11, *Rev. proc. coll.* 2013. Alerte 7, obs. Delattre.
11. Douai, 31 mars 1988, *D.* 1989. Somm. 7, obs. Derrida.
12. Cass., ord. prem. prés., 22 déc. 2014, *Leden* 2015/2, comm. 026, note Lucas.

Ce mécanisme procédural est lourd et source de ralentissement. Il mériterait d'être simplifié, pour prévoir une saisine directe.

Faute de disposition restrictive, le renvoi peut être ordonné non seulement au début de la procédure, mais encore au cours de celle-ci, notamment après réformation ou annulation du jugement d'ouverture par la cour d'appel[1].

L'article R. 662-7, alinéa 3 du code de commerce (devenu al. 4, réd. D. 30 juin 2014, art. 120) comble une lacune du décret précédent en prévoyant que, s'il n'a pas encore été statué sur l'ouverture de la procédure au jour de la demande de renvoi, il appartient au tribunal saisi de surseoir à statuer dans l'attente de la décision du premier président de la cour d'appel ou de la Cour de cassation, selon le cas.

Le premier président de la cour d'appel ou de la Cour de cassation, selon le cas, doit, en application de l'alinéa 3 de l'article 3 du décret du 27 décembre 1985, de l'alinéa 4 de l'article R. 662-7 du code de commerce (devenu al. 5, réd. D. 30 juin 2014, art. 120), désigner dans les dix jours de la réception du dossier, après avis du ministère public, la juridiction qui sera saisie de l'affaire. Le premier président de la cour d'appel saisie peut ordonner la transmission du dossier au premier président de la Cour de cassation, s'il estime que les intérêts en présence justifient un renvoi de l'affaire devant une juridiction du ressort d'une autre cour d'appel.

Toutes ces décisions, tant du président du tribunal, que du premier président de la cour d'appel ou de la Cour de cassation, sont immédiatement notifiées aux parties par le greffier du tribunal ou de la cour (D. 27 déc. 1985, art. 3, al. 3; C. com., art. R. 662-7, al. 5, devenu al. 6, réd. D. 30 juin 2014, art. 120). Le décret du 30 juin 2014 (art. 120) ajoute que « en cas de renvoi de l'affaire, il en est fait mention aux registres ou répertoires mentionnés à l'article R. 621-8 par le greffier du tribunal qui a ouvert, le cas échéant, cette procédure ».

L'expression « lorsque les intérêts en présence le justifient » évoque l'intérêt d'une bonne administration de la justice[2]. Cela justifie le caractère de mesure d'administration judiciaire de telles décisions, qui, en conséquence, ne sont pas susceptibles de recours[3], ainsi que le précisent d'ailleurs les articles R. 662-7, alinéa 4 du code de commerce (devenu al. 5, réd. D. 30 juin 2014, art. 121) et R. 662-7, alinéa 4 du code de commerce (devenu al. 5, réd. D. 30 juin 2014, art. 120 – v. aussi s[s] n° 232.21).

Si deux tribunaux ont ouvert une procédure contre un même débiteur, la décision du président de la cour d'appel désignant la juridiction compétente s'imposera à la juridiction désignée et aux parties et rendra sans objet le pourvoi formé à l'encontre de ces deux décisions d'ouverture sur le fondement de l'article 618 du code de procédure civile (v. s[s] n° 233.43).

L'alinéa 5 de l'article 3 du décret du 27 décembre 1985 et l'alinéa 7 de l'article R. 662-7 du code de commerce (devenu al. 8, réd. D. 30 juin 2014, art. 120) prévoient la possibilité, pour le tribunal, dans l'attente de la décision du premier président de la cour d'appel ou de la Cour de cassation, selon le cas, de désigner un administrateur judiciaire pour effectuer les mesures provisoires et conservatoires.

Un auteur s'est demandé si ces règles n'ouvraient pas indirectement la possibilité de mettre en œuvre la règle « *forum non conveniens* », suivant laquelle une juridiction peut se déclarer incompétente lorsqu'un autre for paraît mieux adapté[4]. Il nous semble toutefois que l'extrapolation est ici extrême.

232.15 Prorogation de compétence pour l'ouverture de la sauvegarde financière accélérée. Selon l'article L. 628-7, I du code de commerce (réd. L. 22 oct. 2010[5], art. 57), la décision prise en application de l'article L. 662-2 par laquelle une juridiction a été désignée pour connaître d'une procédure de conciliation emporte prorogation de compétence territoriale au profit de la même juridiction pour connaître la procédure de sauvegarde accélérée qui lui fait suite.

Ce texte a une portée très limitée : il faut en effet supposer que la procédure de conciliation a été ouverte par une juridiction qui n'était pas territorialement compétente par principe, mais devant laquelle l'affaire a été délocalisée parce que, ainsi que le précise l'article L. 662-2 du code de commerce, les intérêts en présence le justifient (sur ce texte, v. s[s] n° 232.14). Afin d'éviter une rupture dans la connaissance du dossier, inconciliable avec la célérité recherchée dans la sauvegarde financière accélérée, le législateur a dû prévoir cette prorogation de compétence au profit de la juridiction connaissant, au jour de la demande d'ouverture de la sauvegarde financière accélérée, de la procédure de conciliation.

232.16 Prorogation de compétence pour l'ouverture de toute procédure collective faisant suite à un mandat *ad hoc* ou à une procédure de conciliation.

1. J.-CL. COM., Martin-Serf, fasc. 2200, [Règles générales de compétence], 2007, n° 49.
2. DERRIDA *ET ALII*, n° 68, note 342 – LE CANNU, 7e éd., n° 278.
3. Com. 17 févr. 1998, n°s 97-15.462, 97-15.463, *Bull. civ.* IV, n° 80; *D.* 1998. Jur. 274, note A Perdriau et Derrida; *JCP* 1998. II. 10171, note Voinot; *Rev. proc. coll.* 1999, p. 25, obs. Cadiou – *Adde*, J.-CL. COM., Martin-Serf, fasc. 2200, [Règles générales de compétence], 2007, n° 53.
4. Dom, « Le contexte international du nouveau droit des procédures collectives », *Rev. proc. coll.* 2006/2, p. 124, sp. p. 125.
5. L. n° 2010-1249, 22 oct. 2010, *JO* 23 oct., p. 18984.

L'article 90, 2° de l'ordonnance du 12 mars 2014[1] a pour objet d'étendre la solution jusqu'alors posée pour l'ouverture d'une sauvegarde financière accélérée à l'ouverture de toute procédure faisant suite à un mandat *ad hoc* ou à une procédure de conciliation. Ainsi, si cette mesure ou cette procédure a été délocalisée, la juridiction désignée par le premier président de la cour d'appel ou, selon le cas, le premier président de la Cour de cassation, restera compétente pour l'ouverture de la procédure collective à une condition : la procédure collective devra immédiatement faire suite au mandat *ad hoc* ou à la conciliation. Il pourra s'agir, comme l'indique le texte, d'une sauvegarde, d'un redressement ou d'une liquidation judiciaire. Les règles de la sauvegarde étant applicables en matière de sauvegarde accélérée, sauf dispositions contraires, il pourra également s'agir d'une telle procédure. La sauvegarde financière accélérée n'étant qu'une variété de sauvegarde accélérée, la règle ici examinée vaudra également pour cette procédure.

232.17 Dérogation aux règles de compétence territoriale en raison de la spécialisation de certains tribunaux de commerce – loi du 6 août 2015[2]. La loi du 6 août 2015[3], dite loi Macron, a entendu « pour quelques affaires dont la technicité et l'enjeu national le justifient spécialiser certaines juridictions, répondant ainsi à la proposition n° 27 du rapport du 24 avril 2013 de Mme Untermaier et de M. Bonnot relative à la justice commerciale »[4]. Il a été dit qu'il s'agissait de tenir compte « de la technicité du droit des entreprises en difficulté, nous considérons qu'il est nécessaire de spécialiser les juridictions commerciales existantes, en regroupant les affaires les plus sensibles au sein de tribunaux dédiés au traitement de ces dossiers identifiés comme étant particulièrement complexes »[5]. C'est l'objet de l'article 231, I, de la loi du 6 août 2015, qui attribue une compétence particulière à certains tribunaux de commerce. Pour cela est créé un article L. 721-8 dans le code de commerce. Cette disposition n'est pas applicable, en vertu de l'article 234 de la loi Macron, dans les régions et départements d'outre-mer. L'article L. 917-6 du code de commerce précise spécifiquement que l'article L. 721-8 n'est pas applicable à Saint-Pierre-et-Miquelon. Il en est de même de l'article L. 927-4 pour Mayotte, L. 960-3 ainsi rédigé pour Saint-Barthélemy et à Saint-Martin.

1. Ord. n° 2014-326, 12 mars 2014, *JO* 14 mars, p. 5249.
2. Rossi, « Au sujet des tribunaux de commerce spécialement désignés », *BJE* 2015, 423 – Vallens, « Création de tribunaux de commerce spécialisés : aspects de procédure », *RTD com.* 2015. 593.
3. L. n° 2015-990, 6 août 2015, préc.
4. Interv. E. Macron, déb. Ass. nat. 13 février 2015, ss art. 65.
5. Interv. A. Lemaire, déb. Sénat 6 mai 2015, art. 66.

Des tribunaux de commerce spécialement désignés connaîtront de certaines procédures collectives et de certaines procédures de conciliation, en fonction de certains critères.

L'avant dernier alinéa de l'article L. 721-8 du code de commerce précise qu'« un décret, pris après avis du Conseil national des tribunaux de commerce, *fixe la liste des tribunaux de commerce spécialisés.* » Le décret du 26 février 2016[6] a établi cette liste : Bobigny, Bordeaux, Dijon, Évry, Grenoble, Lyon, Marseille, Montpellier, Nanterre, Nantes, Nice, Orléans, Paris, Poitiers, Rennes, Rouen, Toulouse et Tourcoing. Est ajouté à la liste le Tribunal de grande instance de Strasbourg, qui a compétence commerciale.

Ce décret détermine le ressort de ces juridictions, en tenant compte des bassins d'emplois et des bassins d'activité économique. Le dernier alinéa de l'article L. 721-8 du code de commerce indique que « Le président du tribunal de commerce dans le ressort duquel l'entreprise a des intérêts ou un juge délégué par lui siège de droit au sein du tribunal de commerce spécialisé compétent. »

Cette dérogation aux règles de compétence s'applique non à compter de l'entrée en vigueur de la loi Macron, mais selon le II de l'article 231 de cette loi, aux procédures ouvertes à compter du 1er mars 2016.

L'article L. 721-8 du code de commerce reconnaît compétence à certains tribunaux de commerce seulement pour connaître des procédures de conciliation ou des procédures collectives. Bien que le texte ne vise pas les sauvegardes accélérées, financières ou non, elles sont concernées par le texte puisqu'elles supposent l'ouverture d'une conciliation. En effet, selon l'article L. 628-7, I, du code de commerce (réd. L. 22 oct. 2010[7], art. 57), la décision prise en application de l'article L. 662-2 par laquelle une juridiction a été désignée pour connaître d'une procédure de conciliation emporte prorogation de compétence territoriale au profit de la même juridiction pour connaître la procédure de sauvegarde accélérée qui lui fait suite.

Cette disposition n'emporte une compétence particulière qu'au profit des juridictions consulaires, non au profit des tribunaux de grande instance. Elles ne concernent pas les personnes ayant une activité autre que commerciale ou artisanale, et donc les personnes morales exerçant une activité libérale ou agricole.

L'attribution de compétence au profit de certains tribunaux de commerce intervient, pour connaître des conciliations et des procédures collectives, dans quatre séries d'hypothèses :

– soit le débiteur dépasse les deux seuils visés au 1°, a : une entreprise dont le nombre de salariés

6. D. n° 2016-217, 26 févr. 2016, *JO* 28 févr.
7. L. n° 2010-1249, 22 oct. 2010, préc.

est égal ou supérieur à 250 et dont le montant net du chiffre d'affaires est d'au moins 20 millions d'euros;

– soit le débiteur dépasse les seuils visés au 1°, b : une entreprise dont le montant net du chiffre d'affaires est d'au moins 40 millions d'euros;

– soit le débiteur est une société qui détient ou contrôle une autre société, au sens des articles L. 233-1 et L. 233-3, dès lors que le nombre de salariés de l'ensemble des sociétés concernées est égal ou supérieur à 250 et dont le montant net du chiffre d'affaires de l'ensemble de ces sociétés est d'au moins 20 millions d'euros (C. com., art. L. 721-8, 1°, c);

– soit le débiteur est une société qui détient ou contrôle une autre société, au sens des articles L. 233-1 et L. 233-3, dès lors que le montant net du chiffre d'affaires de l'ensemble de ces sociétés est d'au moins 40 millions d'euros (C. com., art. L. 721-8, 1°, d).

Dans ces deux derniers cas (C. com., art. L. 721-8, 1°, c et d) le tribunal compétent est celuidu siège de la société contrôlant ou détenant l'autre société. Observons que, curieusement, le texte vise une société détenant ou contrôlant une autre société et non pas une ou plusieurs autres sociétés. Les seuils devront donc être atteints par la seule addition du nombre de salariés, du chiffre d'affaires du ou des deux sociétés concernées, sans pouvoir prendre en compte une troisième société qui serait également détenue ou contrôlée par la première.

En ce qui concerne spécifiquement les procédures collectives, les tribunaux de commerce spécialisés seront également compétents pour connaître, et cela sans condition de seuils, des procédures d'insolvabilité européennes soumises au règlement communautaire (C. com., art. L. 721-8, 2° et 3°). Pour l'application du 2° du présent article, le tribunal de commerce spécialisé compétent est celui dans le ressort duquel est situé le centre des intérêts principaux du débiteur. Pour les personnes morales, le centre des intérêts principaux est présumé, jusqu'à preuve contraire, être le lieu du siège social.

En ce qui concerne spécifiquement la procédure de conciliation, la compétence des tribunaux spécialisés ne sera pas reconnue de plein droit, mais seulement à la demande du procureur de la République ou par décision du président du tribunal de commerce.

232.18 Dérogation aux règles de compétence pour traiter les difficultés d'un groupe de sociétés[1]. Jusqu'à la loi du 6 août 2015[2], dite loi Macron, les textes ne prévoyaient pas de règles spécifiques de compétence pour traiter les difficultés d'un groupe de sociétés. L'article 233 de la loi du 6 août 2015 crée [enfin pourrait-on dire] une dérogation aux règle de compétence pour traiter le problème des groupes de sociétés. C'est ce que l'on dénomme le « *regroupement procédural* »[3]. *En ce* sens, l'alinéa 1 de l'article L. 662-8 du code de commerce est ainsi rédigé : « le tribunal est compétent pour connaître de toute procédure concernant une société qui détient ou contrôle, au sens des articles L. 233-1 et L. 233-3, une société pour laquelle une procédure est en cours devant lui. Il est également compétent pour connaître de toute procédure concernant une société qui est détenue ou contrôlée, au sens des articles L. 233-1 et L. 233-3, par une société pour laquelle une procédure est en cours devant lui. » La compétence est ainsi par principe reconnue au tribunal qui est saisi le premier d'une procédure qui concerne soit la société contrôlée ou détenue par une autre, soit la société la détenant ou la contrôlant.

La solution est de première importance pratique. Elle évitera l'utilisation abusive de la technique de l'extension sur le fondement de la confusion des patrimoines pour parvenir aux mêmes fins, alors même que les critères n'étaient pas réunis. Elle évitera surtout le recours à la technique de la jonction de procédure avec mise sous patrimoine commun, dont les dangers ont été dénoncés en même temps que son caractère illégal[4]. C'est assez dire que la disposition nouvelle sera particulièrement bien accueillie par les administrateurs judiciaires.

Par dérogation, l'alinéa 3 de l'article L. 662-8 du code de commerce, issu de la loi Macron, prévoit que « toute procédure en cours concernant une société détenue ou contrôlée, au sens des articles L. 233-1 et L. 233-3, par une société pour laquelle une procédure est ouverte devant un tribunal de commerce spécialisé est renvoyée devant ce dernier ». Il faut comprendre ici – c'est la portée de la dérogation – qu'il importe peu que la procédure soit déjà ouverte contre la société détenue ou contrôlée avant l'ouverture de la société la détenant ou la contrôlant. Quel que soit l'ordre d'ouverture des procédures, la compétence appartiendra au tribunal spécialisé, devant lequel la procédure de la société contrôlée ou détenue sera renvoyée. Le renvoi intervient ici par l'effet de la loi, et non pas sur la demande de telle ou telle personne lorsque les intérêts en pré-

1. Menjucq, « Compétence des tribunaux de commerce et groupe de sociétés », *Rev. proc. coll.* 2015/9, Repère 5 – Menjucq M., Farges J.-P., Gorrias S, Messinesi J. et Abitbol F., « Le nouveau traitement procédural des groupes de sociétés en droit français après la loi Macron », *Rev. proc. coll.* 2016, Table ronde 2.
2. L. n° 2015-990, 6 août 2015, préc.
3. Vallens, *RTD com.* 2015. 593 s., sp. p. 595.
4. P.-M. Le Corre, « Halte à la jonction de procédures avec poursuite sous patrimoine commun », *Gaz. Pal. entr. diff.* 1-5 mai 2015, n°s 121 à 125, éd. p. 3.

sence le justifient. Il y a en quelque sorte une somption irréfragable selon laquelle les intérêt groupe justifient ce renvoi par l'effet de la loi.

Ces dérogations aux règles de compétence ser en application du II de l'article 233 de la loi Mac applicables aux procédures ouvertes à compter 1er mars 2016.

L'alinéa 2 de l'article L. 662-8 du code de c merce, issu de la loi Macron, précise, en repren la solution posée par l'ordonnance du 12 m 2014[1], que le tribunal, dans ces hypothèses de c naissance des difficultés d'un groupe de socié peut désigner un administrateur judiciaire et mandataire judiciaire communs à l'ensemble procédures. Cette solution est à rapprocher de e posée par le Règlement Insolvabilité du 20ai 2015[2], qui a créé la procédure de coordinatiorl- lective (v. ss no 094.56).

232.19 Possibilité de récusation du tribal. Conformément au droit commun, la récusati du tribunal pour cause de suspicion légitime est ssi- ble. Il pourrait ainsi être question de demarr la délocalisation du dossier devant un tribunal quel n'appartient pas le juge-commissaire pour cnaî- tre d'un recours dirigé contre une ordonnande ce juge soupçonné de partialité. Toutefois, cettrécu- sation doit être sollicitée dès connaissance d cau- ses de partialité, et non pas plus d'un an apr cette connaissance[3]. En outre, on ne peut « tronçner » la procédure collective en des instances disnctes, de sorte que « c'est dans le cadre de la saisie uni- que [de la juridiction ayant à connaître de l procé- dure collective] que la recevabilité de la réusation doit s'apprécier »[4].

SECTION 232.20

EXCEPTIONS D'INCOMPÉTENCE EN MATIÈRE D'OUVERTURE DE LA PROCÉDURE

232.21 Exceptions d'incompétence en matière d'ouverture de la procédure. En droit commun, les exceptions d'incompétence sont régies par les articles 75 à 99 du code de procédure civile. L'article 2 du décret du 27 décembre 1985[5] prévoit que ces dispositions, par principe, sont applicables.

La solution est reprise par l'article 340 du décret du 28 décembre 2005[6] (devenu C. com., art. R. 662-4).

En application du droit commun, il faut décider que les exceptions d'incompétence doivent être soulevées *in limine litis*[7].

Qu'il s'agisse d'une exception d'incompétence matérielle ou territoriale, l'incompétence pourra être soulevée d'office par la juridiction, puisque la compétence est d'ordre public et que la juridiction compétente a ici une compétence exclusive[8].

Il est cependant dérogé sur certains points, par les articles 3 à 5 du décret du 27 décembre 1985 et les articles R. 662-5, R. 662-6 et R. 662-7 du code de commerce (anct D. 28 déc. 2005, art. 341, 342 et 343).

Tout d'abord, alors qu'un tribunal se déclarant incompétent ne peut statuer sur le fond du droit, l'article 4 du décret du 27 décembre 1985 prévoit que le tribunal incompétent peut ordonner des mesures conservatoires ou provisoires visées à l'article 3, alinéa 5 du décret, c'est-à-dire l'inventaire des biens du débiteur et l'apposition des scellés. La solution est reproduite par l'article R. 662-5 du code de commerce (anct D. 28 déc. 2005, art. 341), qui prévoit identiquement que le tribunal incompétent peut ordonner des mesures conservatoires ou provisoires visées à l'article R. 662-7, alinéa 7 du code de commerce (anct D. 28 déc. 2005, art. 343, al. 7), c'est-à-dire l'inventaire des biens du débiteur et l'apposition des scellés. Il peut aussi nommer un administrateur judiciaire sous l'autorité d'un juge commis à cet effet, pour faire les actes visés à l'article L. 621-16 du code de commerce, dans la législation antérieure à la loi de sauvegarde des entreprises[9], à l'article L. 622-4 du code de commerce, dans sa rédaction issue de la loi de sauvegarde des entreprises, c'est-à-dire les actes nécessaires à la conservation des droits de l'entreprise contre ses débiteurs et à la préservation des capacités de production. Il a qualité pour inscrire toutes sûretés au nom de l'entreprise, que le débiteur aurait négligé d'inscrire ou de renouveler. Cependant, ces mesures conservatoires ou provisoires ne peuvent être ordonnées par le tribunal incompétent si l'incompétence est, sous l'empire de la loi du 25 janvier 1985[10], liée au non-

1. Ord. no 2014-326, 12 mars 2014, préc.
2. Règl. (UE) no 2015/848, Parlement et Conseil, 20 mai 2015, *JOUE L* 141, 5 juin, p. 19.
3. Com. 8 avr. 2015, no 14-10.817, *Bull. civ.* IV [à paraître]; no 378 FS-P+B; *APC* 2015/10, comm. 145, note Fricero; *Rev. proc. coll.* 2015, comm. 81, note Cagnoli.
4. Fricero, note ss Com. 8 avr. 2015, no 14-10.817, *Bull. civ.* IV [à paraître]; no 378 FS-P+B; *APC* 2015/10, comm. 145.
5. D. no 85-1388, 27 déc. 1985, préc.
6. D. no 2005-1677, 28 déc. 2005, préc.
7. Vidal, « La compétence, *in* Les questions procédurales de la législation de 1985 relatives au redressement et à la liquidation judiciaire des entreprises », Colloque Crajefe Nice, 28 mars 1987, *LPA* 1er juill. 1987, p. 4, sp. p. 9 – J.-CL. COM., Martin-Serf, fasc. 2200, [Règles générales de compétence], 2007, no 97.
8. J.-CL. COM., Martin-Serf, fasc. 2200, [Règles générales de compétence], 2007, nos 98 et 99.
9. L. no 2005-845, 26 juill. 2005, préc.
10. L. no 85-98, 25 janv. 1985, préc.

respect de dévolution des affaires lées à l'application des règles du régime général (v. s[s] n° 232.13).

Le tribunal saisi d'une exception d'incompétence a, en droit commun, toute latitude pour statuer distinctement sur l'exception et sur le fond, s'il rejette l'exception. Cette faculté est ici écartée par l'article 5 du décret du 27 décembre 1985 et par l'article R. 662-6 du code de commerce (anc[t] D. 28 déc. 2005, art. 342). L'urgence justifie l'obligation pour le tribunal de statuer immédiatement sur le fond, afin d'éviter tout retard dans l'issue du procès.

Cela ne signifie pas, pour autant, que le contredit sur cette décision serait irrecevable, faut de disposition l'écartant. Une cour d'appel ne peut donc énoncer que les articles 80 à 91 du code de procédure civile, qui régissent le contredit, seraient inapplicables en cas d'ouverture d'une procédure collective, de sorte que la décision des premiers juges, appliquant les dispositions de l'article R. 662-6 pour se prononcer sur le fond, alors que leur compétence était contestée, ne peut être remise en cause par la voie du contredit[1].

En outre, l'article 3, alinéa 4 du décret du 27 décembre 1985, qui s'intéresse à l'hypothèse de la délocalisation du dossier visée à l'article 7, alinéa 3 de la loi du 25 janvier 1985 (disposition qui n'a pas été codifiée en partie législative par l'ordonnance de codification du 18 septembre 2000[2]), l'article R. 662-7, alinéa 4 du code de commerce (anc[t] D. 28 déc. 2005, art. 343, al. 4), qui s'intéressent à la même situation (v. s[s] n° 232.14), prévoient que les décisions prises en application du présent article sont des mesures d'administration judiciaire. De façon redondante, il précise qu'elles ne sont pas susceptibles de recours, ce qui permet d'éviter le jeu d'exceptions d'incompétence[3]. La décision du premier président de la Cour de cassation ou de la cour d'appel, selon le cas qui renvoie l'affaire devant le tribunal compétent s'impose aux parties et à la juridiction de renvoi[4].

Enfin, la législation reste muette sur l'hypothèse où deux juridictions se reconnaîtraient identiquement compétentes. Il ne peut y avoir litispendance car cette notion procédurale présuppose que deux [ju]ridictions soient identiquement compétentes (C. pr. [ci]v., art. 100), ce qui est inconcevable, le débiteur [ne] pouvant avoir qu'un seul siège pour son entre[p]rise[5]. Seule l'exception d'incompétence peut, en [co]nséquence, prospérer. Mais encore faut-il qu'elle [ai]t été soulevée. Si tel n'est pas le cas, deux décisions [se]ront rendues. Il y aura place à application de l'arti[cl]e 618 du code de procédure civile (v. s[s] n° 233.43).

Pour éviter cette situation, le président du tribu[n]al de l'une des deux juridictions peut décider de [re]courir à la procédure prévue à l'article 7, alinéa 3 [de] la loi du 25 janvier 1985 (disposition qui n'a pas [été] codifiée en partie législative par l'ordonnance de [co]dification du 18 septembre 2000) et à l'article [R.] 662-7, alinéa 3 du code de commerce (anc[t] [D.] 28 déc. 2005, art. 343, al. 3), en faisant désigner [par] le premier président de la cour d'appel ou par le [pre]mier président de la Cour de cassation, selon le c[as] la juridiction compétente[6].

SE[CTI]ON 232.30

FO[RM]ES DE PROCÉDER APPLICABLES DEVANT LE [TR]IBUNAL DE GRANDE INSTANCE

232[.3]1 Formes de procéder applicables devant le tr[ib]unal de grande instance. Les formes devant le tribu[n]al de grande instance sont celles applicables deva[nt] le tribunal de commerce, l'article 175 du décret du 27 décembre 1985 et l'article R. 662-2 du code d[e] commerce (anc[t] D. 28 déc. 2005[7], art. 337) renvoy[a]nt aux dispositions des articles 853 et suivant du code de commerce. Une seule exception est apporté[e] par l'alinéa 2 de ces articles : « Toute partie qui ne s[e] présente pas personnellement ne peut être représentée que par un avocat ». On peut donc affirmer que la procédure devant le tribunal de grande instance est orale, cependant qu'un tiers muni d'un pouvoir spécial ne peut représenter la partie. Ce tiers devra être avocat, seul vestige de la procédure écrite devant le tribunal de grande instance, dans les procédures collectives. Mais cet avocat n'aura pas à être obligatoirement du barreau[8].

1. Com. 27 mai 2014, n° 12-29.787, *Bull. civ.* IV, n° 93; n° 532 F-P+B; *Gaz. Pal.* 5 oct. 2014, n° 278, p. 29, note Reille.
2. Ord. n° 2000-912, 18 sept. 2000, préc.
3. AINSI : Com. 17 févr. 1998, n°s 97-15.462, 97-15.463, *Bull. civ.* IV, n° 80; *JCP E* et *A* 1999, jur. p. 421, note Voinot.
4. Com. 17 févr. 1998, n°s 97-15.462, 97-15.463, préc. (v. s[s] prés[t] n°).
5. CEP. ADMETTANT L'EXCEPTION : Paris, 3 juin 1976, *Gaz. Pal.* 1978. I. 333.
6. AINSI : Com. 17 févr. 1998, n°s 97-15.462, 97-15.463, préc. (v. s[s] prés[t] n°).
7. D. n° 2005-1677, 28 déc. 2005, préc.
8. CHAPUT, n° 273 – RAPPR. : J.-CL. COM., Martin-Serf, fasc. 2203, [Règles générales de procédure], 2013, n° 180.

CHAPITRE

233. Jugement d'ouverture

SECTION 0

ORIENTEUR

233.00 Plan du chapitre.

Sect. 233.10 Jugement d'ouverture de la procédure de sauvegarde

Sect. 233.20 Jugement d'ouverture du redressement ou de la liquidation judiciaire

Sect. 233.30 Information sur la survenance du jugement d'ouverture

Sect. 233.40 Efficacité du jugement d'ouverture – unicité de la procédure

Sect. 233.50 Voies de recours à l'encontre du jugement d'ouverture

233.01 Textes applicables. (V. les références complètes s^{s} n° 011).

> Législation antérieure à la loi de sauvegarde des entreprises.

C. com., art. L. 621-4, L. 621-6, L. 623-1, I, L. 623-2, L. 623-9

D. n° 85-1388, 27 déc. 1985, art. 14, 18, 19 et 21

> Législation issue de la loi de sauvegarde des entreprises.

C. com., art. L. 620-2, al. 2, L. 621-1, L. 621-4, L. 631-2, L. 631-9, L. 640-2, L. 641-1, L. 661-1, L. 661-2, L. 661-9, L. 662-3

C. com., art. R. 621-2 à R. 621-8 (anc^{t} D. 28 déc. 2005, art. 51 à 63), R. 631-7 (anc^{t} D. 28 déc. 2005, art. 176), R. 631-8 (anc^{t} D. 28 déc. 2005, art. 177), R. 631-10 à R. 631-12 (anc^{t} D. 28 déc. 2005, art. 179 à 181), R. 641-1 (anc^{t} D. 28 déc. 2005, art. 214), R. 641-2 (anc^{t} D. 28 déc. 2005, art. 215), R. 641-4 à R. 641-7 (anc^{t} D. 28 déc. 2005, art. 217 à 220), R. 641-36 (anc^{t} D. 28 déc. 2005, art. 247), R. 661-7 (anc^{t} D. 28 déc. 2005, art. 334), R. 662-11 (anc^{t} D. 28 déc. 2005, art. 347), R. 662-13 (anc^{t} D. 28 déc. 2005, art. 349)

> Législation issue de l'ordonnance du 18 décembre 2008.

C. com., art. L. 620-2, al. 2, L. 621-1, 621-4, L. 631-2, L. 631-9, L. 640-2, L. 641-1, L. 661-1, I, L. 661-2, L. 661-9, L. 662-3

C. com., art. R. 621-2 à R. 621-8-1, R. 631-7, R. 631-8, R. 631-10 à R. 631-12, R. 641-1, R. 641-2, R. 641-4 à R. 641-7, R. 641-36, R. 661-7, R. 662-11, R. 662-13

> Législation issue de la loi du 22 octobre 2010, art. 57.

C. com., art. L. 628-1, al. 3, L. 628-2

> Législation issue de l'ordonnance du 9 décembre 2010.

C. com., art. L. 680-2, L. 680-3

> Législation issue de l'ordonnance du 12 mars 2014.

C. com., art. L. 621-4

C. com., art. R. 621-2-1, R. 621-4, R. 621-8

233.02 Jurisprudence de référence.

> Il est, par principe, impossible d'ouvrir deux procédures collectives contre une même personne.

• **Com. 19 févr. 2002,** n° 96-22.702, *Bull. civ.* IV, n° 39

* V. s^{s} n° 233.43

« Vu l'article 6 de la loi du 13 juillet 1967 et les articles 2 et 3 de la loi du 25 janvier 1985, devenus les articles L. 620-2 et L. 621-1 du code de commerce; Attendu que le principe d'unité du patrimoine des personnes juridiques interdit l'ouverture de deux procédures collectives contre un seul débiteur, même si celui-ci exerce des activités distinctes ou exploite plusieurs fonds. »

> L'associé d'une société civile immobilière, qui répond indéfiniment des dettes sociales à proportion de sa part dans le capital social, est recevable à former une tierce opposition à l'encontre du jugement ouvrant la liquidation judiciaire de la société civile immobilière, au motif du droit effectif.

• **Com. 19 déc. 2006,** n° 05-14.816, *Bull. civ.* IV, n° 254

* V. s^{s} n° 233.54

> La tierce opposition à l'encontre du jugement d'ouverture de la sauvegarde est recevable de la part des créanciers étrangers même en l'absence de fraude et de moyen propre invoqué par eux.

• **Com. 30 juin 2009,** n° 08-11.902, *Bull. civ.* IV, n° 88; n° 661 FS-P+B+R

* V. s^{s} n° 233.54

« Les créanciers domiciliés dans un État membre autre que celui de la juridiction qui a ouvert une procédure d'insolvabilité ne peuvent être privés de la possibilité effective de contester la compétence assumée par cette juridiction. »

> L'obligation d'auditionner l'ordre professionnel ou l'autorité compétente, en vue de l'ouverture d'une procédure collective d'un professionnel libéral, ne s'impose qu'au stade de l'ouverture de la liquidation judiciaire, non en cas de conversion d'une procédure en une liquidation judiciaire.

• Com. 6 juill. 2010, no 09-67.345, *Bull. civ.* IV, no 121; no 751 F-P+B

* V. ss no 233.21

233.03 Bibliographie indicative. (V. les références complètes ss no 031).

> **Actualisables.** RÉP. COM., Campana M.-J., Dizel M., Barratin L.-Ph. et Fernandez R., « Entreprises en difficulté – Redressement judiciaire (Conditions d'ouverture) », nos 452 à 457, 609 à 635, 640 à 735; Pigassou P., « Entreprises en difficulté – Redressement judiciaire (Procédure et organes) », nos 316 à 326, 328 à 331 – J.-CL. COM., Beaubrun M., fasc. 2700, [Conversion du redressement en liquidation – Causes d'ouverture de la liquidation]; Hatoux B. et Pasturel M., fasc. 2205, [Contrôle de la Cour de cassation], mis à jour par Aubert F.; Martin-Serf A., fasc. 2203, [Règles générales de procédure] – Fasc. 2205, [Voies de recours]; Saintourens B., fasc. 3000, [Généralités sur la procédure simplifiée].

> **Ouvrages antérieurs à la loi de sauvegarde des entreprises.** CHAPUT, nos 278 à 288 – GUYON, nos 1144 à 1147, 1149 à 1150-1, 1173 à 1175, 1177 – JACQUEMONT, nos 195, 224, 227 à 229 – KERCKHOVE, nos 200, 263 à 276, 406 à 408 – LE CANNU, nos 612, 618 à 625 – LE CANNU *ET ALII*, nos 427 à 444, 601 à 616, 1401, 1402 – LE CORRE-BROLY, nos 65 à 70, 75 à 79 – MARTIN ET VALLENS, nos 2890 à 2934 – PÉROCHON ET BONHOMME, nos 123, 134 à 138, 151 à 154, 231 à 234 – PÉTEL, nos 108 à 114, 116 et 117, 140 à 142 – RIPERT ET ROBLOT, nos 2896 à 2900, 2905 à 2911 – SAINT-ALARY-HOUIN, nos 389 à 402, 441 à 449, 455 à 460 – SOINNE, nos 549-1, 571 à 583, 585 et 585-1, 1029-1 à 1032, 1034 à 1037 – VALLANSAN, p. 16 et 17, 32 à 36, 49, 276 et 277, 283, 284.

> **Ouvrages postérieurs à la loi de sauvegarde des entreprises.** COQUELET, 5e éd., nos 145 à 153, 157 – GIBIRILA, nos 307 à 316-1, 359, 361 à 366 – JACQUEMONT et VABRES, 9e éd., nos 275 à 277, 280, 286, 314, 315, 319 à 326, 855 à 864 – LE CANNU, 7e éd., nos 238, 271, 272, 287, 291 à 294, 1117, 1119, 1120 – LIENHARD, 6e éd., nos 53.41 à 53.45, 62.11 à 62.13, 63.11 à 63.15, 113.37, 122.17 à 122.20 – PÉROCHON, 10e éd., nos 467 à 479, 538 à 540 – PÉTEL, 8e éd., nos 108 à 118 – SAINT-ALARY-HOUIN, 9e éd., nos 471 à 481, 1088, 1089 – VALLANSAN *ET ALII*, 6e éd., p. 52, 53, 304 à 306 – VALLENS, 2015, nos 3101 à 3150 – VIDAL ET GIORGINI, nos 549 à 551, 1054 à 1058, 1962 à 1968 – VOINOT, 2e éd., nos 255 à 275.

> **Articles.** Carli P., « Sécurité juridique des transactions et publicité du redressement judiciaire : pour un nouvel apport de la télématique et des banques de données », *JCP N* 1993. I. 471 – Delattre Ch., « Le cadre d'intervention du commissaire au redressement productif dans les entreprises en difficulté », *BJE* mars 2014, 130 – Deleneuville J.-M., « L'exécution provisoire, l'appel et la publicité des jugements », *Rev. proc. coll.* 1999, p. 1 – Legros J.-P., « Le point sur la tierce opposition des associés », *Dr. sociétés* 2011. Repère 5 – Monsérié-Bon M.-H., « Associés de société civile et procédure collective : une rencontre réussie », *Mél. Tricot*, LexisNexis – Dalloz, 2011, p. 547 – Rémery J.-P., « Les voies de recours dans la réforme de la loi de sauvegarde des entreprises », *JCP E* 2009. I. 129 – Vallens J.-L., « Pour la publicité foncière des jugements de redressement et de liquidation judiciaires », *D.* 2016. 732.

233.04 Questions essentielles.

• Comment le tribunal peut-il être exactement informé de la situation du débiteur ?

* V. ss no 233.22.

• Quand le tribunal doit-il ouvrir une liquidation judiciaire immédiate ?

* V. ss nos 233.26 et 233.27.

• Peut-on tirer argument de son ignorance de l'ouverture d'une procédure collective contre son débiteur ?

* V. ss nos 233.41 et 233.42.

• Est-il possible d'ouvrir une procédure collective contre une personne déjà en redressement ou en liquidation judiciaire pour une autre activité ?

* V. ss no 233.43.

• Un créancier peut-il exercer un recours à l'encontre du jugement d'ouverture de la procédure collective de son débiteur ?

* V. ss no 233.54.

233.09 Durée raisonnable de la procédure et procès équitable – absence de péremption d'instance. La durée de la période d'observation est réglementée par les textes. En revanche, en cas d'ouverture d'une liquidation judiciaire, aucun délai buttoir n'est posé. La pratique permet de constater des délais particulièrement longs jusqu'à la clôture de la procédure. La loi de sauvegarde des entreprises[1] a essayé, sous l'impulsion de l'Europe, d'accélérer les clôtures de procédures, d'une part en prévoyant, dans le jugement de liquidation judiciaire, une date à laquelle l'affaire serait rappelée pour envisager la clôture et, d'autre part, en instituant une procédure de liquidation judiciaire simplifiée, dont le déroulement se veut plus rapide que celui du régime classique. Devant le peu de succès de cette nouveauté, l'ordonnance du 18 décembre 2008[2] a décidé de la rendre obligatoire dans certains cas. Nul doute que les clôtures de procédures interviendront plus rapidement.

Assimilant sans doute abusivement procédure collective et instance, la Cour européenne des droits de l'homme, au visa de l'article 6 § 1 de la Convention de sauvegarde des droits de l'Homme, affirme, d'une manière néanmoins opportune, que toute personne ayant le droit d'être jugé dans un délai raisonnable n'a pas à subir une procédure collective dans laquelle aucun acte n'est accompli pendant de nombreuses années[3]. Dans une autre affaire, elle juge qu'il incombe aux États contractants d'organiser leur système judiciaire de telle

1. L. no 2005-845, 26 juill. 2005, *JO* 27 juill., p. 12187.
2. Ord. no 2008-1345, 18 déc. 2008, *JO* 19 déc., p. 19462.
3. CEDH 17 janv. 2002, req. no 41476/98, *D.* 2002. AJ 807.

sorte que leurs juridictions puissent garantir à chacun le droit d'obtenir une décision définitive sur les contestations relatives à ses droits et obligations de caractère civil dans un délai raisonnable. À la lumière des critères dégagés par la jurisprudence dans des affaires similaires, et compte tenu des circonstances de l'espèce, la Cour estime que la durée de la procédure litigieuse – une liquidation judiciaire ayant duré plus de vingt ans – est excessive et ne répond pas à la condition du délai raisonnable[1]. L'État doit en conséquence indemniser le débiteur victime de la carence de l'institution judiciaire[2].

En outre, le droit à un procès équitable est exclusif de la possibilité de sanctionner le débiteur ou un dirigeant, de nombreuses années après l'ouverture de la procédure. Ainsi a été refusée l'application de la mesure d'interdiction de gérer onze ans après l'ouverture de la procédure[3]. La même solution a été appliquée à un dirigeant recherché en comblement de passif, les dispositions applicables étant alors celles de la loi du 13 juillet 1967[4].

Tirant les conséquences de la durée excessive d'une procédure collective, l'État dispose de la faculté d'obtenir unilatéralement la radiation de l'affaire du rôle de la Cour européenne des droits de l'homme en accordant une réparation pécuniaire[5].

Pour sa part, la Cour de cassation juge qu'une procédure collective n'est pas une instance au sens de l'article 386 du code de procédure civile, pour en tirer la conséquence que la péremption d'instance est inapplicable à une procédure collective[6].

SECTION 233.10
JUGEMENT D'OUVERTURE DE LA PROCÉDURE DE SAUVEGARDE

233.11 Jugement d'ouverture de la procédure de sauvegarde (sur l'enquête préalable v. s^s^ n° 233.22). Le jugement d'ouverture de la procédure de sauvegarde obéit aux règles générales posées pour l'ouverture d'une procédure de redressement ou de liquidation judiciaire (v. s^s^ n°s 233.21 à 233.23). Certes, la réforme du 26 juillet 2005[7] présente la question de manière exactement inverse : les règles de la procédure de sauvegarde sont également applicables à la procédure de redressement judiciaire. Cependant, faute de modification sensible de la réglementation intéressant *l'ouverture de la procédure* de redressement judiciaire, la question sera envisagée par référence à la réglementation intéressant l'ouverture de cette procédure.

Les dispositions en vigueur sont reprises. Elles ont vocation à s'appliquer à la procédure de sauvegarde et, par un renvoi des textes qu'opèrent les articles L. 631-7 et L. 641-1, I, continueront à s'appliquer aux procédures de redressement et de liquidation judiciaires.

Une modification a cependant été apportée par la réforme du 26 juillet 2005 au déroulement des opérations préalables au prononcé du jugement. Il s'agit de la présence obligatoire du ministère public, lors d'une demande d'ouverture d'une procédure de sauvegarde (C. com., L. 621-1, al. 4) ou de redressement judiciaire par renvoi de textes (C. com., art. L. 631-7, rendant applicable en redressement judiciaire l'article L. 621-1) dans deux cas : lorsque le débiteur bénéficie ou a bénéficié d'un mandat *ad hoc* moins de dix-huit mois auparavant ou lorsque le débiteur bénéficie au jour de la demande d'ouverture de la procédure de sauvegarde ou de redressement judiciaire ou a bénéficié, dans les dix-huit mois précédant la demande, d'une procédure de conciliation (C. com., L. 621-1, al. 4). Si la procédure de conciliation est toujours en cours, le délai de dix-huit mois ne pose pas de difficultés de computation. Si la procédure de conciliation est terminée, il faudra nous semble-t-il, prendre en compte la date de la constatation de l'accord par le président du tribunal, la date à laquelle l'homologation de l'accord par le tribunal est devenue définitive, en cas de conciliation homologuée.

Cette solution ne s'impose pas lorsque le tribunal est saisi d'une demande d'ouverture d'une liquidation judiciaire.

Sont visées sans distinction les procédures de conciliation ayant abouti, aussi bien que celles ayant échoué, dès lors qu'il n'y a pas eu apparition de l'état de cessation de paiements[8].

Il ne s'agit pas ici d'une simple communication de l'affaire au ministère public. Sa présence doit être effective. L'orthodoxie juridique commanderait donc d'attendre, pour ouvrir la procédure, qu'il puisse effectivement être présent, le renvoi s'impo-

1. CEDH 22 sept. 2011, req. n° 60983/09, *Tetu/France*, *Gaz. Pal. entr. diff.* 21 janv. 2012 n° 20, p. 6, note Renucci; *Rev. proc. coll.* 2012, étude 3, note Saintourens et Duprat; *Act. proc. coll.* 2011/19, comm. 286, note Fricero; *LPA* 26 juin 2012, n° 127, p. 13, note Tabourot-Hyest; *LPA* 3 janv. 2012, n° 2, p. 11, note Henry.
2. Besançon, 18 nov. 2009, RG n° 08/013981, *Act. proc. coll.* 2010/16, n° 236.
3. Caen, 1re ch., 7 févr. 2002, RG n° 01/02346, *RD banc. et bourse* 2002, n° 147, note Lucas; *Act. proc. coll.* 2002/12, n° 158; *RJDA* 2002/6, n° 675.
4. Douai, 2e ch., 2e sect., 4 nov. 2004, RG n° 03/00742, *RTD com.* 2005. 177, n° 12, obs. Vallens.
5. CEDH 5 juin 2014, req. n° 63648/12, *Mathurin c/France*, *BJE* 2014, 314, note Hugon.
6. Com. 10 janv. 2006, n° 03-14.923, *Bull. civ.* IV, n° 2; *D.* 2006. AJ 443, obs. Lienhard; *D.* 2006. Pan. 2251, obs. Lucas; *JCP* 2006. II. 10080, note Cholet; *JCP E* 2006. 1947, note Cholet; *JCP E* 2006. Chron. 1569, n° 2, obs. Pétel; *Gaz. proc. coll.* 2006/2, p. 23, obs. Rohart-Messager; *RTD com.* 2006. 484, n° 8, obs. Vallens – Com. 10 janv. 2006, n° 03-20-878, NP.
7. L. n° 2005-845, 26 juill. 2005, préc.
8. *Rapp. Xavier de Roux*, n° 2095, p. 184.

sant jusqu'à ce moment[1]. La pratique sera sans doute différente. Certes, il a été dit que l'absence du ministère public serait susceptible d'être sanctionnée par la nullité du jugement[2]. Il sera souvent, en pratique, le seul véritable intéressé à cette présence. Or, si le ministère public ne peut matériellement être présent, et s'il n'a pas demandé le report à une prochaine audience, on voit mal en pratique qu'il vienne à former ensuite un recours à l'encontre de la décision d'ouverture de la procédure de sauvegarde. Cette exigence législative pourrait rester un vœu pieux du législateur, qui en augmentant les pouvoirs d'intervention du ministère public dans les procédures collectives, ne lui a pas simultanément donné, en pratique, les moyens d'assurer sa mission.

La présence du ministère public est ici justifiée par la volonté de faire respecter l'ordre public économique et pour vérifier qu'il n'y a pas de fraude[3] dans la succession des procédures, alors surtout que le ministère public est absent du mandat *ad hoc*, mais aussi de la conciliation[4], sous réserve de sa possibilité de participer, sans qu'il y ait ici obligation[5], à l'audience d'homologation de la conciliation. Le délai de dix-huit mois a été justifié par l'observation qu'il s'agit du délai de report de la date de cessation des paiements. Or, si une conciliation précède une procédure de sauvegarde, son homologation interdit le report en amont de la date de cessation des paiements. Il s'agirait donc d'éviter un détournement de procédures, car, dans la procédure de sauvegarde, il n'y a place au jeu des nullités de la période suspecte[6]. Le débiteur doit cependant impérativement ne pas être en état de cessation des paiements, ce à quoi devra veiller ici le ministère public.

Dans ces deux cas, le tribunal pourra d'office ou à la demande du ministère public, obtenir communication des pièces et actes relatifs au mandat *ad hoc* ou à la conciliation (C. com., L. 621-1, al. 5)[7]. La levée de la confidentialité n'est possible que si la sauvegarde succède à une conciliation ou à un mandat *ad hoc* dans une période n'excédant pas dix-huit mois. En revanche, contrairement à la solution de la législation sur le règlement amiable, le conciliateur n'a plus à être entendu, ce qui est logique puisqu'il n'est plus en fonction. Une règle différente est logiquement posée pour l'ouverture d'une sauvegarde financière accélérée. Il faut ici, en effet, tenir compte de la célérité qu'exige la conduite d'une telle procédure, qui ne doit durer qu'un mois, voire deux. C'est pourquoi le tribunal ne peut statuer qu'après rapport du conciliateur, qui est encore en fonction, sur le déroulement de la conciliation et sur les perspectives d'adoption du projet de plan par les créanciers concernés (C. com., art. L. 628-2, réd. L. 22 oct. 2010[9], art. 57). Le tribunal doit être convaincu par le conciliateur que le plan pourra être adopté par les créanciers membres du comité de crédit et par les obligataires, à la majorité des deux tiers en montant de créance, et cela dans le très bref délai de la période d'observation de la sauvegarde financière accélérée[10]. La solution vaut, depuis l'ordonnance du 12 mars 2014[11], pour la sauvegarde accélérée (C. com., art. L. 628-2, réd. ord. 12 mars 2014) et demeure pour la sauvegarde financière accélérée.

Il faut excepter le cas d'une procédure collective ouverte contre un entrepreneur individuel à responsabilité limitée, au titre d'un patrimoine autre que celui objet de la procédure de conciliation (C. com., art. L. 621-1, al. 4, réd. ord. 9 déc. 2010[12]). Les interrogations que peut susciter la succession des procédures ne se posent pas, a-t-il été observé, lorsque les procédures concernent des activités distinctes[13]. En revanche, si la procédure collective intéresse le même patrimoine pour lequel une procédure de conciliation a été ouverte, la présence du ministère public à l'audience redevient obligatoire.

Le jugement d'ouverture de la sauvegarde est rendu en audience publique, selon le principe posé par l'article R. 662-13 du code de commerce (anc^t D. 28 déc. 2005[14], art. 349).

Lorsque l'ouverture de la procédure intéresse un débiteur soumis à un ordre professionnel ou à une autorité professionnelle, cet ordre ou cette autorité

1. J.-CL. COM., Dumont-Lefrand, fasc. 2152, [Procédure de sauvegarde], 2006, n° 15.
2. *Rapp. Xavier de Roux*, n° 2095, p. 183.
3. Circ. relative à l'action du ministère public dans les procédures du Livre VI du code de commerce en conséquence de la loi de sauvegarde des entreprises, CIV 2006-08 D4/18-04-2006, NOR : JUSC0620263C, *BOMJ*, n° 102, 1er avr.-30 juin 2006.
4. *Rapp. Xavier de Roux*, n° 2095, p. 184 – RAPPR. : SAINT-ALARY-HOUIN, 7e éd., n° 427.
5. Circ. relative à l'action du ministère public dans les procédures du Livre VI du code de commerce en conséquence de la loi de sauvegarde des entreprises, CIV 2006-08 D4/18-04-2006, NOR : JUSC0620263C, *BOMJ*, n° 102, 1er avr.-30 juin 2006.
6. *Rapp. J.-J. Hyest*, n° 335, p. 161.
7. ILLUSTR. : T. com. Valenciennes, 13 déc. 2010, RG n° 2010/2124 et 7 févr. 2011, RG n° 2011/156, *Rev. proc. coll.* 2011, comm. 165, note Delattre.
8. T. com. Valenciennes, 1er mars 2013, RG n° 2013/000988 et T. com. Vannes, 22 mars 2013, RG n° 2013/000880, *Rev. proc. coll.* 2013, comm. 1160, note Delattre.
9. L. n° 2010-1249, 22 oct. 2010, *JO* 23 oct., p. 18984.
10. RAPPR. : Grelon, « La loi de sauvegarde revisitée par la loi n° 2010-1249 dite de régulation bancaire et financière en date du 22 octobre 2010 », *Rev. sociétés* 2011. 7, n° 22.
11. Ord. n° 2014-326, 12 mars 2014, *JO* 14 mars, p. 5249.
12. Ord. n° 2010-1512, 9 déc. 2010, *JO* 10 déc., p. 21617.
13. Rapport au président de la République sur l'ordonnance n° 2010-1512 du 9 déc. 2010.
14. D. n° 2005-1677, 28 déc. 2005, *JO* 29 déc., p. 20324.

doit faire connaître au greffe et aux organes de la procédure la personne habilitée à le représenter. En l'absence d'une telle déclaration, son représentant légal exerce cette fonction (C. com., art. R. 662-11 [anc[t] D. 28 déc. 2005, art. 347]). À cet égard, il a été jugé que l'Observatoire des détectives de France et la Confédération nationale des enquêteurs et détectives professionnels s'apparentaient à des syndicats professionnels, et non à un ordre ou à une autorité professionnelle[1].

Le texte ne précise pas à quelle date cette déclaration doit intervenir. Elle peut donc valablement être faite à tout moment de la procédure, ce qui mettra alors fin à l'obligation de représentation de l'ordre professionnel ou l'autorité professionnelle par son représentant légal.

233.12 Jugement refusant l'ouverture de la procédure de sauvegarde. L'ouverture de la procédure de sauvegarde obéit à certaines conditions de fond. Le débiteur doit rencontrer des difficultés qu'il ne peut surmonter, de nature à le conduire à la cessation des paiements, sous l'empire de la loi de sauvegarde des entreprises[2], dans sa rédaction d'origine, des difficultés qu'il ne peut surmonter, sous l'empire de l'ordonnance du 18 décembre 2008[3], mais il ne doit pas déjà être en état de cessation des paiements. Si le tribunal constate que les conditions d'ouverture de la procédure de sauvegarde ne sont pas réunies, il doit rejeter la demande. L'article R. 621-5, alinéa 1 du code de commerce (anc[t] D. 28 déc. 2005[4], art. 56, al. 1er) prévoit explicitement la solution. Si le jugement d'ouverture de la sauvegarde est rendu en audience publique, en application du principe posé par l'article R. 662-13 du code de commerce (anc[t] D. 28 déc. 2005, art. 349), cette même disposition prévoit que le jugement qui refuse l'ouverture de la sauvegarde n'est pas rendu en audience publique, à moins évidemment qu'il n'ouvre un redressement ou une liquidation judiciaire.

En effet, si le débiteur est en état de cessation des paiements, l'ouverture de la procédure de redressement ou de liquidation judiciaire s'impose. L'article R. 621-5, alinéa 2 du code de commerce (anc[t] D. 28 déc. 2005, art. 56, al. 2), précise en ce sens que le tribunal doit faire application des dispositions de l'article R. 631-3 du code de commerce (anc[t] D. 28 déc. 2005, art. 172). Il s'agit des modalités procédurales de saisine d'office aux fins d'ouverture d'un redressement judiciaire (v. s[s] n°s 231.41 à 231.44), lesquelles s'appliquent identiquement pour la saisine d'office aux fins d'ouverture d'une liquidation judiciaire. L'ordonnance du 12 mars 2014[5] a supprimé cette saisine d'office, ce qui a conduit à la suppression de l'alinéa 2 de cet article R. 621-5. *Le tribunal se contentera de rejeter* la demande. Le président du tribunal pourra seulement utiliser le mécanisme mis en place depuis l'ordonnance du 12 mars 2014 : il rédigera une note à destination du ministère public, pour l'informer de l'opportunité de l'ouverture d'une procédure collective (C. com., art. L. 631-3-1).

SECTION 233.20
JUGEMENT D'OUVERTURE DU REDRESSEMENT OU DE LA LIQUIDATION JUDICIAIRE

233.21 Auditions préalables au jugement d'ouverture. L'article L. 621-4 du code de commerce (anc[t] L. 25 janv. 1985[6], art. 6, al. 1er), dans la législation antérieure à la loi du 26 juillet 2005[7], prévoit que « *le tribunal statue sur l'ouverture de la procédure, après avoir entendu ou dûment appelé, en chambre du conseil, le débiteur et le représentant du comité d'entreprise ou, à défaut, des délégués du personnel* ».

La solution est reproduite par l'article L. 621-1 du code, sous l'empire de la loi du 26 juillet 2005. Ce texte de la procédure de sauvegarde est rendu applicable en redressement judiciaire par l'article L. 631-7 et en liquidation judiciaire par l'article L. 641-1, I.

Pour une personne morale, le représentant légal de celle-ci doit être entendu. La solution est applicable au directeur général d'une société anonyme[8].

La convocation du débiteur doit être faite à son nouveau siège social si ce dernier a été publié au registre du commerce et des sociétés[9]. Si le débiteur change d'adresse, il lui appartient d'en assurer la publicité aux registres ou répertoires professionnels. Il ne pourra, faute d'avoir modifié les mentions sur les registres le concernant, se plaindre de ne pas avoir été touché à sa nouvelle adresse[10].

1. Com. 27 mai 2008, n° 07-13.131, *Bull. civ.* IV, n° 107; n° 636 FS-P+B+I; *D.* 2008. AJ 1616, obs. Lienhard; *JCP E* 2008. 1870, rapp. Bonhomme; *Act. proc. coll.* 2008/13, n° 206, note Rétif; *JCP E* 2008. Chron. 2062, n° 1, obs. Pétel; *LXB hebdo* 19 juin 2008, n° 309, n° N3592BG7, note Le Corre.
2. L. n° 2005-845, 26 juill. 2005, préc.
3. Ord. n° 2008-1345, 18 déc. 2008, préc.
4. D. n° 2005-1677, 28 déc. 2005, préc.
5. Ord. n° 2014-326, 12 mars 2014, préc.
6. L. n° 85-98, 25 janv. 1985, *JO* 26 janv., p. 1097.
7. L. n° 2005-845, 26 juill. 2005, préc.
8. Com. 12 juill. 1993, n° 91-18.786, *Bull. civ.* IV, n° 308; *D.* 1993. 549, note Merle; *Rev. sociétés* 1993. 803, note Guyon; *LPA* 18 juill. 1993, note P. M.; *Bull. Joly* 1993. 1135, note Le Cannu; *JCP E* 1993, pan. 416, obs. de Vendeuil; *Dr. sociétés* 1993, n° 227, note Le Nabasque.
9. Paris, 9 févr. 1996, *D.* 1998. IR 83.
10. Paris, 3e ch. B, 6 juill. 2005, RG n° 2006/08486.

Le débiteur doit être entendu en chambre du conseil. Une audition en audience publique serait évidemment irrégulière, mais l'irrégularité, conformément au droit commun de la procédure civile (C. pr. civ., art. 466, al. 2), ne peut être invoquée qu'au plus tard avant la clôture des débats. Elle ne peut donc être soulevée en cause d'appel[1].

L'article 12 du décret du 27 décembre 1985[2], dans la législation antérieure à la loi de sauvegarde des entreprises, et l'article R. 621-2 du code de commerce (anc[t] D. 28 déc. 2005[3], art. 51), dans la législation issue de la loi de sauvegarde des entreprises, posent l'obligation pour le tribunal d'entendre les institutions représentatives du personnel. Cette dernière disposition de la procédure de sauvegarde est applicable en redressement judiciaire (C. com., art. R. 631-7 [anc[t] D. 28 déc. 2005, art. 176]) et en liquidation judiciaire (C. com., art. R. 641-1 [anc[t] D. 28 déc. 2005, art. 214]). Pour cela, le greffier du tribunal est obligé, à la demande du président, d'aviser le représentant légal de la personne morale débitrice ou le débiteur personne physique, avant de statuer sur l'ouverture de la procédure, qu'il doit réunir le comité d'entreprise ou à défaut les délégués du personnel, afin qu'ils désignent les personnes habilitées à être entendues par le tribunal et à exercer les voies de recours au nom des institutions représentatives du personnel. L'article 12 du décret du 27 décembre 1985 et, sous l'empire de la loi de sauvegarde des entreprises, l'article R. 621-2 du code de commerce (anc[t] D. 28 déc. 2005, art. 51), prévoient que copie de cet avis doit être adressé par le greffier au secrétaire du comité d'entreprise ou à défaut aux délégués du personnel.

L'absence de convocation des institutions représentatives du personnel est source de nullité du jugement d'ouverture[4]. Mais peu importe qu'elles soient effectivement entendues dès lors qu'elles y ont été invitées. L'irrégularité relative à la convocation des salariés ne peut être invoquée par le débiteur[5].

En outre, dès lors que les salariés ont reçu copie de la convocation du débiteur en chambre du conseil et que le délégué du personnel s'est présenté assisté de son avocat, le fait que le représentant légal de la société n'a pas réuni les institutions représentatives du personnel aux fins de désignation de la personne devant être entendue par le tribunal pour recueillir les observations des salariés n'est pas une irrégularité de nature à emporter la nullité du jugement[6].

La notion d'institutions représentatives du personnel doit être restrictivement interprétée. Il ne pourra s'agir du représentant des salariés, lequel ne peut être désigné qu'après l'ouverture de la procédure[7]. La notion d'institutions représentatives du personnel n'englobe pas les syndicats[8]. En outre, dans les petites entreprises, qui n'ont pas, par voie conventionnelle, désigné un délégué du personnel, les salariés n'ont pas à être auditionnés, à défaut de comité d'entreprise ou de délégués du personnel. Une solution contraire avait cependant été posée par une juridiction, obligeant le tribunal, avant de statuer sur l'ouverture de la procédure, à recueillir l'avis des salariés[9].

À l'occasion de la réforme du 26 juillet 2005, deux amendements, qui tendaient à prévoir l'audition des salariés dans les entreprises non dotées de comité d'entreprise ou de délégués du personnel, ont été rejetés[10].

De manière nouvelle, l'ordonnance du 12 mars 2014 impose au tribunal de recueillir les observations de l'AGS sur la désignation du mandataire judiciaire lorsque la procédure est ouverte à l'égard d'un débiteur dont le nombre de salariés est au moins égal à un seuil fixé par décret. L'article R. 621-2-1 du code de commerce issu du décret du 30 juin 2014[11] (art. 29) fixe à 50 le nombre de salariés du débiteur. Le texte précise que l'AGS (institutions mentionnées à l'article L. 3253-14 du code du travail) est invitée par le greffier à faire connaître la personne habilitée à la représenter à l'audience. Les observations prévues à l'article L. 621-4, alinéa 5 du code de commerce peuvent également être recueillies par écrit. Elles sont alors communiquées au débiteur et au ministère public par le greffe.

Le créancier assignant est avisé de la date de l'audience par le greffier, lequel l'informe qu'il peut prendre connaissance du rapport « pré-faillite » (C. com., art. R. 631-8 [anc[t] D. 28 déc. 2005, art. 177], en redressement judiciaire, C. com., art. R. 641-2 [anc[t] D. 28 déc. 2005, art. 215], en liquidation judiciaire). La non convocation du créancier assignant est une cause de nullité du jugement[12].

1. Paris, 3e ch. B, 26 janv. 2006, RG n° 2004/21585.
2. D. n° 85-1388, 27 déc. 1985, *JO* 29 déc., p. 15281.
3. D. n° 2005-1677, 28 déc. 2005, préc.
4. Paris, 3e ch. C, 2 juill. 2003, RG n° 2002/12072 – Aix-en-Provence, 8e ch. A, 30 avr. 2008, RG n° 07/10772, *Gaz. proc. coll.* 2008/4, p. 41, note Lebel.
5. Com. 23 mai 1995, n° 92-19.088, *Bull. civ.* IV, n° 154 – Com. 24 oct. 1995, n° 93-11.322, NP, *D. Affaires* 1995. 202 – Paris, 3e ch. A, 15 juin 2004, RG n° 2003/22361.
6. Com. 22 mai 2013, n° 12-16.610, NP; n° 502 F-D.
7. Com. 23 mai 1995, n° 92-19.088, *Bull. civ.* IV, n° 154.
8. VALLANSAN, 2e éd., p. 32.
9. Versailles, 26 nov. 1986, *Gaz. Pal.* 1987. I. 332, note de Guillenschmidt.
10. Amend. n° 465 et amend. n° 432, Interv. Vaxès et Interv. Viladies, *JOAN CR*, 2e séance du 3 mars 2005, p. 1646 et 1647.
11. D. n° 2014-736, 30 juin 2014, *JO* 1er juill., p. 10834.
12. Aix-en-Provence, 8e ch. A, 27 oct. 2004, RG n° 02/13704, *D.* 2005. Pan. 293, obs. Le Corre.

Les règles relatives au respect du contradictoi cas de saisine d'office – au demeurant suppri par l'ordonnance du 12 mars 2014 – ou à la requ du procureur de la République ont déjà été exa nées (v. s[s] n°s 231.42 et 231.61).

L'article L. 621-1, alinéa 4 du code de commer texte de la sauvegarde, est rendu applicable redressement judiciaire par l'article L. 631-7 et liquidation judiciaire par l'article L. 641-1, alinéa Il en résulte que si l'ouverture du redressement jud ciaire ou de la liquidation judiciaire a été précéd d'un mandat *ad hoc* ou d'une procédure de concilia tion dans les dix-huit mois, la présence du minis tère public à l'audience est obligatoire (v. aussi s n° 233.11). Il faut excepter le cas d'une procédure collective ouverte contre un entrepreneur individuel à responsabilité limitée, au titre d'un patrimoine autre que celui objet de la procédure de conciliation (C. com., art. L. 621-1, al. 4, réd. ord. 9 déc. 2010[1]). En revanche, si la procédure collective intéresse le même patrimoine pour lequel une procédure de conciliation a été ouverte, la présence du ministère public à l'audience redevient obligatoire.

L'article L. 621-1, alinéa 1er du code de commerce, dans la rédaction que lui donne la loi du 26 juillet 2005, prévoit que le tribunal peut également entendre toute personne dont l'audition lui paraît utile. Cela peut permettre l'audition du conciliateur[2]. Ce texte de la sauvegarde, qui était applicable en redressement et en liquidation judiciaires, est supprimé par l'article 91 de l'ordonnance du 12 mars 2014, pour éviter un doublon. En effet, l'article L. 662-3 du code de commerce, issu de la rédaction que lui donne l'article 91 de l'ordonnance du 12 mars 2014, est complété par un alinéa aux termes duquel « le tribunal peut entendre toute personne dont l'audition lui paraît utile, et notamment, il peut entendre le représentant de l'État en sa demande ». Le conciliateur pourra donc continuer à être entendu[3].

Ce texte fait entrer discrètement le commissaire au redressement productif dans le livre VI du code de commerce. Il n'est pas ainsi désigné, pour tenir compte, peut-être, des changements terminologiques de ce personnage, voire de son éventuelle suppression, un jour, quand la situation de l'économie française n'en fera plus ressentir l'utilité. Rappelons que ce personnage a pour objectif de préparer et de mettre en œuvre la politique du gouvernement en matière d'industrie, de petites et moyennes entreprises, de postes et communications électroniques, de services et d'innovation. C'est, en quelque sorte, la voix de l'État au soutien de l'emploi dans le cadre des difficultés d'entreprises.

À la vérité, la portée de l'article L. 662-3, alinéa 3, créé par l'ordonnance du 12 mars 2014, est bien plus large, puisque l'audition du commissaire au redressement productif n'est pas limitée à la seule audience ayant à statuer sur l'ouverture de la procédure collective[4]. Il pourra s'agir spécialement des audiences ayant à statuer sur le sort de l'entreprise : plan de sauvegarde, de redressement, de cession ou encore conversion des procédures.

> Auditions préalables à l'ouverture d'une procédure intéressant un professionnel libéral soumis à un statut législatif ou réglementaire. La législation du 26 juillet 2005 prévoit que lorsque le débiteur est un professionnel libéral soumis à un statut législatif ou réglementaire, l'ordre professionnel ou l'autorité compétente doit être entendu avant le jugement d'ouverture. La solution est posée pour la procédure de sauvegarde par l'article L. 621-1, alinéa 2 du code de commerce. Ce texte est applicable en redressement judiciaire (C. com., art. L. 631-7) et en liquidation judiciaire (C. com., art. L. 641-1, I). Mais cette obligation ne s'impose qu'au stade de l'ouverture de la liquidation judiciaire, non en cas de conversion d'une procédure en une liquidation judiciaire[5]. En outre, elle ne s'impose qu'en première instance, non en appel, de sorte que la cour d'appel, qui annule le jugement d'ouverture pour omission de cette convocation, peut d'office ouvrir la procédure collective sans audition du représentant de l'ordre ou de l'autorité compétente[6].

Une cour d'appel avait jugé que cette audition ne s'imposait pas davantage en cas d'extension de la procédure intéressant le professionnel libéral à une autre personne[7]. Cet arrêt a été cassé, l'audition de l'ordre professionnel ou de l'autorité compétente s'imposant, selon la Cour de cassation, tant pour l'ouverture que pour l'extension d'une procé-

1. Ord. n° 2010-1512, 9 déc. 2010, préc.
2. TGI Bobigny, 9e ch. civ., 5 févr. 2013, RG n° 13/00002 et T. com. Boulogne-sur-Mer, 2e ch., 28 mai 2013, RG n° 2013-002139, *Rev. proc. coll.* 2013/11, comm. 157, note Delattre.
3. AINSI : TGI Douai, 30 avr. 2014, RG n° 14/00001, *Rev. proc. coll.* 2014, comm. 146, note Delattre.
4. Delattre, « Le cadre d'intervention du commissaire au redressement productif dans les entreprises en difficulté », *BJE* mars 2014, 130.
5. Com. 6 juill. 2010, n° 09-67.345, *Bull. civ.* IV, n° 121; n° 751 F-P+B; *D.* 2010. Actu. 1781, obs. Lienhard; *Gaz. Pal. entr. diff.* 15-16 oct. 2010, p. 24, note Reille; *Gaz. Pal. entr. diff.* 15-16 oct. 2010, p. 29, note Lebel; *LPA* 20 déc. 2010, n° 252, p. 5, note Roussel Galle; *Rev. proc. coll.* 2010/3, n° 93, p. 55, note Cagnoli; *Rev. proc. coll.* 2010/5, comm. 198, p. 54, note Lebel; *Rev. proc. coll.* 2010/6, comm. 235, note Fraimout; *JCP E* 2011. Chron. 1030, n° 2, obs. Pétel; *BJE* mars/avr. 2011, p. 39, note de Lajarte.
6. Com. 8 avr. 2015, n° 14-10.676, NP; n° 361 F-D; *Gaz. Pal.* 21 juill. 2015, n° 200, p. 14, note Reille; *RTD com.* 2015. 382, n° 12, note Vallens.
7. Toulouse, 2 mai 2012, RG n° 10/06877, DPDE, *bull.* n° 338, juin 2012, p. 4, note Roussel Galle.

dure[1]. L'article 16 de l'ordonnance du 12 mars 2014 confirme cette solution, en insérant un alinéa 4 à l'article L. 621-2 du code de commerce, régissant la situation des professionnels libéraux. Lorsque le débiteur, dont la procédure doit être étendue ou qui est la cible de l'extension, est un professionnel libéral soumis à un statut législatif ou réglementaire ou dont le titre est protégé, le tribunal statue en chambre du conseil, après avoir entendu ou dûment appelé l'ordre professionnel ou l'autorité compétente dont, le cas échéant, il relève.

Cette audition doit permettre à l'ordre professionnel ou à l'autorité compétente d'exprimer son point de vue au regard des règles déontologiques et disciplinaires dont il a la charge du contrôle[2]. Cette audition interviendra en chambre du conseil.

Cette audition préalable ne s'impose, d'évidence, que s'il s'agit d'un professionnel libéral soumis à un statut.

L'ordre professionnel est défini comme un « organisme de caractère corporatif institué par la loi au plan national, régional ou départemental et regroupant obligatoirement les membres de certaines professions libérales... qui exerce, outre une fonction de représentation, une mission de service public consistant dans la réglementation de la profession et dans la juridiction disciplinaire sur ses membres »[3]. La Chancellerie, pour sa part, dans une circulaire du 16 novembre 2006[4], a indiqué la liste des professions concernées en se limitant à 19, dont le statut est régi par un décret d'application de la loi du 29 novembre 1966[5], relative aux sociétés civiles professionnelles, ou par un décret d'application de la loi du 31 décembre 1990[6], relative aux sociétés d'exercice libéral.

Tel n'est pas le cas, par exemple, d'un détective privé. Il a en effet été jugé que l'Observatoire des détectives de France et la Confédération nationale des enquêteurs et détectives professionnels s'apparentaient à des syndicats professionnels, et non à un ordre ou à une autorité professionnelle[7]. La solution été posée pour l'ouverture d'une liquidation judiciaire[8], mais s'impose identiquement pour celle d'redressement judiciaire ou d'une sauvegarde.

agent immobilier n'est pas davantage soumis à urdre ou à une autorité[9].

es difficultés de détermination de l'ordre compnt se présentent pour les professions médicales, fait de la coexistence d'un conseil national, d'un nseil régional et d'un conseil départemental. ns le silence du texte, on peut penser que le conl départemental, plus proche du débiteur, sera mpétent[10]. La DDASS n'est pas une autorité compétente au sens du texte pour des infirmières[11].

Une difficulté particulière peut en outre se présenter si le débiteur n'exerce pas lui-même personnellement l'activité libérale, mais si cette activité l'est par l'intermédiaire de l'un de ses membres. Il apparaît logique, en ce cas, que le contrôleur d'office soit présent. Décider le contraire reviendrait à exclure systématiquement l'ordre professionnel, dès lors que l'activité est exercée sous forme de société ou, comme dans une espèce, par l'intermédiaire d'une association de chirurgiens-dentistes[12].

Dans la procédure de liquidation judiciaire, l'article R. 641-36, I, alinéa 1er du code de commerce (anct D. 28 déc. 2005, art. 247, I al. 1er) prévoit que le tribunal désigne, lors de l'ouverture de la procédure de liquidation judiciaire, le représentant de l'ordre professionnel ou de l'autorité compétente dont relève le débiteur aux fins d'exercer les actes de la profession. L'alinéa 2 de cette même disposition précise que ce représentant peut déléguer cette mission à l'un des membres de la profession, en activité ou retraité. Les modalités de cette délégation ne sont pas précisées. Il a été suggéré d'appliquer, pour les avocats, la technique de l'administration provisoire, et pour les médecins, celle du remplacement[13].

1. Com. 5 nov. 2013, n° 12-21.799, *Bull. civ.* IV, n° 163; n° 1050 FS-P+B; *D.* 2014. pan. 2150, note Le Corre; *Gaz. Pal.* 12 janv. 2014, p. 14, note Reille; *Act. proc. coll.* 2013/19, comm. 278, note Cagnoli; *Rev. sociétés* 2013. 724, note Roussel Galle; *BJE* janv. 2014, p. 15, note Favario; *Bull. Joly* 2013. 823, note Lucas; *Dr. sociétés* 2014, n° 32, note Legros; *Rev. proc. coll.* 2014, comm. 48, note Saintourens et sept. 2014, comm. 131, note Lebel.
2. *Rapp. Xavier de Roux*, n° 2095, p. 182.
3. Cornu, *Vocabulaire juridique*, 9e éd. « Quadrige », PUF, 2011 – *Adde*, Rétif, « L'extension des procédures collectives aux professions libérales », *Dr. et patr.* mars 2006, p. 95, sp. p. 96 – *Adde*, Lienhard, note ss Com. 27 mai 2008, n° 07-13.131, *D.* 2008. AJ 1616, obs. Lienhard.
4. Circ. 16 nov. 2006, CIV 2006/18, D4, *BO*, n° 104.
5. L. n° 66-879, 29 nov. 1966, *JO* 30 nov., p. 10451.
6. L. n° 90-1258, 31 déc. 1990, *JO* 5 janv. 1991, p. 216.
7. Com. 27 mai 2008, n° 07-13.131, *Bull. civ.* IV, n° 107; n° 636 FS-P+B+I; *D.* 2008. AJ 1616, obs. Lienhard; *JCP E* 2008. 1870, rapp. Bonhomme; *Gaz. proc. coll.* 2008/3, p. 21, note Lebel; *JCP E* 2008. Chron. 2062, n° 1, obs. Pétel; *LPA* 24 oct. 2008, n° 214, p. 9, note Legros; *LXB hebdo* 19 juin 2008, n° 309, n° N3592BG7, note Le Corre.
8. Com. 27 mai 2008, n° 07-13.131, préc. (v. ss prést n°) – Dijon, ch. civ. B, 23 janv. 2007, RG n° 06/01363.
9. Poitiers, 2e ch. civ., 11 janv. 2011, RG n° 09/00168, *Rev. proc. coll.* 2011/7-8, comm. 117, p. 53, note Lebel.
10. Verger et Mignone, « Aspects pratiques de l'application de la loi du 26 juillet 2005 aux professionnels libéraux », *D.* 2006. 2234.
11. Aix-en-Provence, 8e ch. civ., 29 mai 2008, *Rev. proc. coll.* 2009/2, p. 37, n° 41, note Lebel.
12. TGI Paris, 18 févr. 2016, RG n° 16/01741; décision aimablement communiquée par Me Pellegrini, mandataire judiciaire.
13. Verger et Mignone, « Aspects pratiques de l'application de la loi du 26 juillet 2005 aux professionnels libéraux », *D.* 2006. 2234.

L'article R. 641-36, II du code de commerce (anc[t] D. 28 déc. 2005, art. 247, II al. 2) ajoute que le juge-commissaire fixe la rémunération de cette personne chargée d'exercer les actes de la profession. La rémunération de cette personne incombera au débiteur[1].

De manière *a priori* redondante pour la procédure de liquidation judiciaire, mais en revanche utilement pour la procédure de redressement judiciaire, l'article R. 662-11 du code de commerce (anc[t] D. 28 déc. 2005, art. 347) précise que lorsque l'ouverture de la procédure intéresse un débiteur soumis à un ordre professionnel ou à une autorité professionnelle, cet ordre ou cette autorité doit faire connaître au greffe et aux organes de la procédure la personne habilitée à le représenter. En l'absence d'une telle déclaration, son représentant légal exerce cette fonction. Le texte ne précise cependant pas à quelle date cette déclaration doit intervenir. Elle peut donc valablement être faite à tout moment de la procédure, ce qui mettra alors fin à l'obligation de représentation de l'ordre professionnel ou de l'autorité professionnelle par son représentant légal.

Par symétrie avec la solution retenue pour les professionnels libéraux, la commission des affaires économiques du Sénat avait proposé un amendement prévoyant que lorsque le débiteur est immatriculé au répertoire des métiers, le tribunal statue, après avoir entendu ou dûment appelé un représentant de la chambre de métiers et de l'artisanat dont il dépend. L'amendement a cependant été retiré au Sénat.

> Avis préalable à l'ouverture d'une procédure intéressant un établissement de crédit ou une entreprise d'investissement. La procédure collective ne peut être ouverte à l'encontre d'un établissement de crédit ou d'une entreprise d'investissement qu'après avis de la Commission bancaire, en application de l'article L. 613-27, alinéa 1 du code monétaire et financier.

> Avis préalable à l'ouverture d'une procédure intéressant une entreprise d'assurance. L'article L. 310-25 du code des assurances prévoit la nécessité d'une requête ou d'un avis conforme de la Commission de contrôle des assurances, avant l'ouverture d'une procédure collective. Cette solution ne vaut toutefois pas pour la procédure spéciale de liquidation consécutive au retrait d'agrément, même si cette procédure se poursuit dans les conditions des procédures collectives, ainsi que l'envisage l'article L. 326-11 du code des assurances[2].

233.22 Juge-enquêteur. Si à la suite des auditions préalables, le tribunal n'est pas suffisamment informé, et pour faire tomber le secret professionnel que peuvent lui opposer certains professionnels, il peut – mais non son président[3] – désigner un juge enquêteur. La solution est, sous l'empire de la législation antérieure à la loi du 26 juillet 2005[4], posée par l'article 13 du décret du 27 décembre 1985[5] et, sous l'empire de la législation issue de la loi de sauvegarde des entreprises, par l'article L. 621-1 du code de commerce. Cette disposition de la procédure de sauvegarde est applicable en redressement (C. com., art. L. 631-7) et en liquidation judiciaires (C. com., art. L. 641-1, I) Il s'agit pour la juridiction d'une simple faculté, comme l'indique le texte[6], qui n'existe d'ailleurs pas devant la cour d'appel[7], pas plus que ce pouvoir n'appartient au juge des référés[8]. Il s'agit d'un outil extrêmement précieux, qui permet à la juridiction d'être exactement informée, sans avoir à se contenter de la version du débiteur ou du créancier assignant. Un observateur averti déplore que de nombreuses juridictions n'en fassent pas usage[9].

Comme tout juge, il doit être impartial et doit donc faire part de son impossibilité de mener à bien sa mission. Il en est ainsi s'il connaît le débiteur pour être son voisin[10].

La décision de recourir à l'enquête préalable, précise l'article R. 621-3 du code de commerce (anc[t] D. 28 déc. 2005[11], art. 52), est rendue dans les conditions des deux premiers alinéas de l'article L. 621-1 du code de commerce. En conséquence, le tribunal ne peut statuer qu'après avoir entendu ou dûment appelé en chambre du conseil le débiteur et les représentants du comité d'entreprise ou, à défaut, des délégués du personnel. Il peut également entendre toute personne dont l'audition lui paraît utile. En outre, lorsque le débiteur exerce une profession libérale soumise à un statut législatif ou réglementaire, ou dont le titre est protégé, le tribunal statue après avoir entendu ou dûment appelé, dans les mêmes conditions, l'ordre professionnel ou l'autorité compétente dont, le cas échéant, il relève.

1. Verger et Mignone, préc.
2. Paris, 3e ch. B, 31 mars 2006, RG n° 2004/09111.
3. T. com. Valenciennes, 2e ch., 14 juin 2010, RG n° 2010/781, *Act. proc. coll.* 2010/13, n° 184; *BJE* mai/juin 2011, § 57, p. 104, note Sortais – Reims, ch. civ., 1re sect., 14 mars 2011, RG n° 10/02930, *BJE* juill./août 2011, comm. 96, p. 207, note Sortais; *JCP E* 2011. 1319, note Delattre; *Rev. proc. coll.* 2011, comm. 157, note Delattre.
4. L. n° 2005-845, 26 juill. 2005, préc.
5. D. n° 85-1388, 27 déc. 1985, préc.
6. Paris, 24 oct. 1989, *RD banc. et bourse* 1990, n° 18, obs. Campana et Calendini.
7. Paris, 5 févr. 1986, *Gaz. Pal.* 1988. 2. Somm. 302.
8. Versailles, 26 janv. 1995, *Gaz. Pal.* 1995. 1. Somm. 71.
9. Delattre, *Rev. proc. coll.* 2012, comm. 171.
10. T. com. Valenciennes, 30 sept. 2013, RG n° 2013/004159, *Rev. proc. coll.* 2013, comm. 162, note Delattre.
11. D. n° 2005-1677, 28 déc. 2005, préc.

À la lettre du texte, sous l'empire de la législation antérieure à la loi de sauvegarde des entreprises, on devrait décider que la désignation d'un juge enquêteur n'est possible qu'en cas de saisine d'office puisqu'elle a pour objet d'informer le tribunal avant qu'il ne statue. La logique commande cependant d'écarter cette interprétation[1]. L'enquête préalable sera donc possible non seulement en cas de saisine d'office, mais aussi, et même surtout, en cas d'assignation d'un créancier, cependant qu'elle n'est pas davantage interdite en cas de saisine par le débiteur ou par le procureur de la République. L'article 13, alinéa 2 du décret du 27 décembre 1985 conforte la solution en obligeant le greffier à avertir, s'il en existe, le ou les créanciers poursuivants.

La difficulté d'interprétation ne peut exister, sous l'empire de la loi de sauvegarde des entreprises, puisque l'article L. 621-3 du code de commerce (anc[t] D. 28 déc. 2005, art. 52), qui pose la solution, est un texte de la sauvegarde, procédure pour laquelle la saisine d'office est impossible. En outre, le créancier assignant est avisé de la date de l'audience par le greffier, lequel les informe qu'ils peuvent prendre connaissance du rapport « pré-faillite » (C. com., art. R. 631-8 [anc[t] D. 28 déc. 2005, art. 177], en redressement judiciaire, C. com., art. R. 641-2 [anc[t] D. 28 déc. 2005, art. 215], en liquidation judiciaire), ce qui suppose donc que l'enquête pré-faillite puisse être diligentée, même si la saisine émane d'un créancier. Au demeurant, il a été, à juste titre jugé, que l'enquête pré-faillite peut être décidée, alors même que le créancier entend se désister de sa demande, après avoir obtenu un accord de règlement avec le créancier assignant[2].

L'enquête aura pour objet de déterminer la situation financière, économique et sociale de l'entreprise. Le juge-enquêteur déterminera spécialement si l'entreprise est en état de cessation des paiements[3], ce qui l'exclurait du bénéfice de la procédure de sauvegarde. Le tribunal pourrait, par décision avant dire droit, obliger le débiteur à remette au juge-enquêteur la balance âgée des fournisseurs, élément utile pour caractériser la cessation des paiements[4].

Dans le cas contraire, le juge-enquêteur caractérisera le fait que la situation de l'entreprise est susceptible de la conduire à la cessation des paiements, sous l'empire de la loi du 26 juillet 2005. Sous l'empire *de l'ordonnance du 18 décembre 2008*[5], *ce* qui intéresse les procédures ouvertes à compter du 15 février 2009, il caractérisera seulement des difficultés que le débiteur ne peut surmonter. Si le juge enquêteur constate l'état de cessation des paiements, il orientera le tribunal soit vers le redressement soit vers la liquidation judiciaire, cependant que la procédure de conciliation pourra encore utilement prospérer si l'état de cessation de paiement n'est pas caractérisé depuis plus de quarante-cinq jours.

Cette information sert aussi pour déterminer, sous l'empire de la législation antérieure à la loi de sauvegarde des entreprises, si le régime applicable est le régime général ou le régime simplifié (v. s[s] n° 412.21), l'enquête portant également sur le nombre des salariés et le chiffre d'affaires. Sous l'empire de la législation issue de la loi de sauvegarde, cette enquête permet de savoir si la nomination d'un administrateur judiciaire est obligatoire et, dans l'affirmative, si la procédure de sauvegarde ou de redressement judiciaire comportera à titre obligatoire l'instauration de comités de créanciers.

Le rapport du juge commis est enfin utile pour savoir s'il faut ouvrir un redressement ou une liquidation judiciaire.

Avant la loi de modernisation de la justice du XXIe siècle, il était admis que le juge commis puisse – et c'était fréquent en pratique – devenir le juge-commissaire, mais lorsqu'il exposait à la juridiction son rapport, c'était en qualité de juge enquêteur, non en qualité de juge-commissaire[6].

Le décret du 30 juin 2014[7] (art. 30) a précisé ensuite qu'il ne pouvait être membre de la juridiction statuant sur l'ouverture de la procédure, ni participer au délibéré (C. com., art. R. 621-4, al. 2 nouveau).

La loi de modernisation de la justice du XXIe siècle va plus loin. L'article L. 662-7-du code de commerce, qui en résulte, prévoit que, à peine de nullité du jugement, le juge commis ne peut siéger dans les formations de jugement ni participer au délibéré de la procédure (C. com., art. L. 662-7, 4°).

Il ne semble pas que la décision du tribunal ordonnant l'enquête préliminaire puisse être frappée de recours. L'appel nullité, faute d'excès de pouvoir, a en tout cas été rejeté[8].

L'article 13, alinéa 1 du décret du 27 décembre 1985 prévoit que le juge commis peut se faire assister de toute personne de son choix dont les constatations sont consignées dans son rapport. La solu-

1. RAPPR. : SOINNE, n° 572.
2. TGI Valenciennes, 23 sept. 2009, n° 08/03316, *Act. proc. coll.* 2009/16, n° 242, note Vallansan.
3. ILLUSTR. : TGI Avesnes/Helpe, 4 déc. 2008, 18 déc. 2008, 2 esp., 2 juin 2009 et TGI Valenciennes, 1re ch. civ., 23 sept. 2009, *Rev. proc. coll.* 2009/6, 143, p. 23, note Delattre – T. com. Valenciennes, 11 oct. 2010, RG n° 2010/1087, *Rev. proc. coll.* 2010/6, n° 204, note Delattre – T. com. Valenciennes, 4 mai 2011, RG n° 2011/781, *Rev. proc. coll.* 2011, comm. 159, note Delattre.
4. T. com. Valenciennes, 18 juin 2014, RG n° 2014/3496, *Rev. proc. coll.* 2014, comm. 150, note Delattre.
5. Ord. n° 2008-1345, 18 déc. 2008, préc.
6. Com. 3 avr. 1990, n° 88-18.844, *Bull. civ.* IV, n° 112.
7. D. n° 2014-736, 30 juin 2014, préc.
8. Amiens, ch. éco., 8 avr. 2004, *Rev. proc. coll.* 2005/2, p. 127, n° 3, obs. Gorrias.

tion n'est pas reprise par le décret du 28 décembre 2005. Elle n'est pas abandonnée pour autant. En effet, selon l'article L. 621-1, alinéa 3 du code de commerce, dans la rédaction que lui donne la loi de sauvegarde des entreprises, « le tribunal peut, avant de statuer, commettre un juge pour recueillir tous renseignements sur la situation financière, économique et sociale de l'entreprise ». Le caractère réglementaire de la disposition constitue, sous l'empire de la législation antérieure à la loi de sauvegarde des entreprises, un obstacle à la possibilité pour le juge enquêteur de faire lever le secret professionnel. C'est pourquoi la réforme du 26 juillet 2005 a fait basculer dans la partie législative (C. com., art. L. 621-1, al. 3) la possibilité de nomination d'un juge enquêteur, qui n'appartiendra plus qu'au tribunal[1]. Le juge enquêteur pourra obtenir toutes informations utiles, sans possibilité de se voir opposer le secret professionnel, de la part des personnes énumérées par l'article L. 623-2 du code de commerce, c'est-à-dire les administrations financières et sociales, les commissaires aux comptes, experts-comptables, les établissements de crédit, la Banque de France pour la gestion du fichier des incidents de paiement, et les salariés. L'information auprès de la Banque de France peut se révéler précieuse, par l'indication des chèques impayés et des montants en cause, qui permettra d'établir la cessation des paiements, dès lors que, à l'audience, le débiteur confirme ne pouvoir payer ces chèques[2]. La levée du secret professionnel n'existe cependant qu'au profit du juge commis, non au profit de la personne qui l'assisterait dans l'accomplissement de sa mission[3]. Ce technicien assistant le juge commis pour l'enquête préalable à l'ouverture de la procédure sera désigné par lui, et non à la demande de l'administrateur. En pratique, les « enquêtes pré-faillite » seront confiées à des mandataires de justice, auxquels les dossiers seront ensuite transmis s'ils concluent à la possibilité d'ouverture de la procédure collective. Il a été proposé de considérer comme des dépens ces frais de « technicien »[4]. Cependant, si les enquêtes sont établies par des mandataires de justice se voyant ensuite confier le dossier, et dans la mesure où les diligences accomplies auraient dû l'être dans le cadre de leur mission de mandataire de justice pour élaborer leur rapport, ces frais peuvent être englobés dans les frais fixes alloués à ces mandataires. Cette solution, qui pouvait être posée sous l'empire des textes antérieurs au décret du 23 décembre 2006[5], est clairement affirmée depuis ce décret[6].

1. *Rapp. J.-J. Hyest*, n° 335, p. 162.
2. T. com. Valenciennes, 29 avr. 2013, RG n° 2013/1530, *Rev. proc. coll.* 2013, comm. 163, note Delattre.
3. *Rapp. Xavier de Roux*, n° 2095, p. 183.
4. SOINNE, n° 573.
5. D. n° 2006-1709, 23 déc. 2006, *JO* 29 déc., p. 19846.

Pour l'établissement de son rapport, le juge commis n'a pas à convoquer les représentants de l'entreprise[7]. Il ne s'agit pas d'une expertise au sens du code de procédure civile. La procédure contradictoire, lors de la décision de désignation d'un juge, ne redevient contradictoire qu'après dépôt de ce rapport[8].

Le rapport du juge commis, auquel le cas échéant est annexé le rapport de l'expert, est déposé au greffe et communiqué au procureur, par le greffier. Il doit donc nécessairement être écrit, à peine de nullité du jugement[9]. Il doit également être communiqué au débiteur, afin de respecter la règle du contradictoire.[10]. En revanche, il ne peut être remis à des créanciers ou consultés par ceux-ci[11].

Le rapport du juge enquêteur est, sous l'empire de la législation antérieure à la loi de sauvegarde des entreprises, tenu par le greffier à disposition du débiteur. L'article R. 621-3, alinéa 2 du code de commerce (anc[t] D. 28 déc. 2005, art. 52, al. 2) prévoit, pour sa part, que le rapport est communiqué par le greffier au débiteur et au ministère public.

Le greffier doit informer le comité d'entreprise ou à défaut les délégués du personnel qu'ils peuvent prendre connaissance du rapport établi par le juge commis et les avise en même temps de la date de l'audience (D. 27 déc. 1985, art. 13, al. 2; C. com., art. R. 621-3, al. 3 [anc[t] D. 28 déc. 2005, art. 52, al. 3], en sauvegarde; C. com., art. R. 631-7 [anc[t] D. 28 déc. 2005, art. 176] en redressement judiciaire renvoyant à C. com., art. R. 621-3 [anc[t] D. 28 déc. 2005, art. 52]; C. com., art. R. 641-1 [anc[t] D. 28 déc. 2005, art. 214] en liquidation judiciaire renvoyant à C. com., art. R. 621-3 [anc[t] D. 28 déc. 2005, art. 52]).

Si la règle du contradictoire, dans la communication de l'enquête préalable, n'a pas été respectée, la juridiction doit renvoyer l'affaire à une prochaine audience[12].

L'article 13, alinéa 2 du décret du 27 décembre 1985 prévoit également que ce rapport est tenu au greffe à disposition des créanciers poursuivants. La solution a été reprise, sous l'empire de la législation de sauvegarde des entreprises, par l'article R. 631-8 du code de commerce (anc[t] D. 28 déc. 2005, art. 177), pour la procédure de redressement judiciaire et par l'article R. 641-2 du code de commerce (anc[t]

6. AINSI : Deharveng, « Le tarif des mandataires de justice, organes des procédures collectives », *JCP E* 2007. 1688, n° 18.
7. Com. 28 janv. 1997, n° 95-10.470, NP, *Rev. proc. coll.* 1998, p. 408, n° 1, obs. Cadiou.
8. SOINNE, n° 572.
9. Pau, 2e ch., 1re sect., 25 avr. 2013, RG n° 13/1806, *Rev. proc. coll.* 2013, comm. 164, note Delattre.
10. Delattre, obs. *Rev. proc. coll.* 2010/6, n° 205.
11. Orléans, ord. incident, 4 nov. 2010, RG n° 10/01974, *Rev. proc. coll.* 2011, comm. 160, note Delattre.
12. T. com. Valenciennes, 14 mai 2012, n° 2011001995, *Rev. proc. coll.* 2012, comm. 172, note Delattre.

D. 28 déc. 2005, art. 215) pour la procédure de liquidation judiciaire.

L'article 13, alinéa 3 du décret du 27 décembre 1985 prévoit enfin que, entre l'avis du greffier et la date d'audience, un temps suffisant doit s'écouler. Il s'agit là d'assurer le respect du contradictoire. La solution n'a pas été reproduite par le décret du 28 décembre 2005.

233.23 Audience de jugement – Absence de pouvoir d'appréciation en cas de réunion des conditions d'ouverture de la procédure collective. Une fois les auditions préalables intervenues et, le cas échéant, le rapport du juge enquêteur établi, le tribunal statue sur l'ouverture de la procédure.

Le tribunal de commerce qui statue sur l'ouverture d'une procédure collective doit comprendre une majorité de juges ayant au moins deux ans d'ancienneté (COJ, art. L. 412-14). L'importance de la décision justifie cette solution.

Le décret du 30 juin 2014 [1] (art. 30) a précisé que le juge chargé de l'enquête sur la situation patrimoniale du débiteur ne pouvait être membre de la juridiction statuant sur l'ouverture de la procédure, ni participer au délibéré (C. com., art. R. 621-4, al. 2 nouveau).

L'article L. 662-7 du code de commerce, qui résulte de la rédaction que lui a donnée la loi de modernisation de la justice du XXIe siècle va beaucoup plus loin, puisqu'elle fait interdiction de statuer ou de participer au délibéré, à peine de nullité de tout jugement du tribunal de la faillite intervenant au cours de la procédure collective, au président du tribunal qui a connu du débiteur en application du Titre 1er du livre VI, ce qui englobe la convocation du dirigeant par le tribunal, l'astreinte pour le dépôt des comptes, le mandat *ad hoc* et la conciliation.

La même règle est posée pour le juge commis de la procédure de rétablissement professionnel. Il faut ici supposer qu'une procédure de liquidation judiciaire s'ouvre après la procédure de rétablissement professionnel.

Rappelons que l'ordonnance du 12 mars 2014 (art. 92) avait déjà interdit au juge-commissaire de faire partie de la formation de jugement du tribunal. La solution est étendue par la loi de modernisation de la justice du XXIe siècle à son suppléant.

L'article 14 du décret du 27 décembre 1985 [2] prévoit que si le jugement ne peut être rendu sur le champ, le prononcé en est renvoyé à une prochaine audience dont la date est communiquée, lors de l'audience, au débiteur, et le cas échéant, au créancier poursuivant. L'article R. 621-4, alinéa 1er du code de commerce (anc^{t} D. 28 déc. 2005 [3], art. 55, al. 1er) reprend la solution sous une réserve : ce texte de la procédure de sauvegarde ne prévoit évidemment pas l'information des créanciers poursuivants qui ne peuvent ici exister. L'article R. 631-10 du code de commerce (anc^{t} D. 28 déc. 2005, art. 179), en revanche, texte spécifique à la procédure de redressement judiciaire et l'article 215 du même décret, texte spécifique à la liquidation judiciaire, prévoient cette communication au créancier poursuivant. Cette règle est destinée à permettre aux intéressés, qui ne seraient pas personnellement touchés par la notification du jugement d'ouverture, d'être informés de son intervention.

Le tribunal qui constate l'existence des conditions d'ouverture de la procédure n'a pas de pouvoir d'appréciation. Il est tenu d'ouvrir la procédure [4], car il exerce ici un contrôle de légalité et non d'opportunité [5]. La solution est différente lorsque, sous l'empire de la législation antérieure à la loi de sauvegarde des entreprises [6], l'ouverture d'une procédure est sollicitée à titre de sanction, contre le dirigeant de la personne morale, le prononcé de la sanction étant alors facultatif (v. s^{s} n° 923.12).

Il ne peut accorder de délais de grâce [7].

Il n'a pas à tenir compte de la bonne ou mauvaise foi du débiteur, même si une juridiction du fond a pu juger le contraire, procédant à une confusion entre le redressement judiciaire civil et le redressement judiciaire des professionnels [8]. Cette décision a justement été réformée sur l'observation que l'obligation qui pèse sur un débiteur de demander l'ouverture d'un redressement ou d'une liquidation judiciaire est exclusive d'une recherche des causes de la cessation des paiements [9].

A priori, le tribunal saisi d'une demande d'ouverture de la procédure ne peut constater l'état de cessation des paiements, sans en tirer la conséquence de l'ouverture du redressement ou de la liquidation judiciaire. S'il procède ainsi, le jugement qu'il rend n'est pas susceptible d'appel de la part du débiteur, puisque ce jugement ne tranche pas la question dont le tribunal est saisi [10]. En effet, il ne s'agit pas

1. D. n° 2014-736, 30 juin 2014, préc.
2. D. n° 85-1388, 27 déc. 1985, préc.
3. D. n° 2005-1677, 28 déc. 2005, préc.
4. Com. 6 déc. 1988, n° 87-11.224, NP, *RJ com.* 1990. 41, n° 47, obs. Gallet – *Adde*, DERRIDA *ET ALII*, n° 70 – VALLENS, 2006, n° 2913 – J.-CL. COM., Martin-Serf, fasc. 2203, [Règles générales de procédure], 2003, n° 106.
5. SAINT-ALARY-HOUIN, 9e éd., n° 480.
6. L. n° 2005-845, 26 juill. 2005, préc.
7. Paris, 3e ch. A, 4 nov. 2003, RG n° 2003/01295.
8. TGI Clermont-Ferrand, 2 mars 2006, *Act. proc. coll.* 2006/14, n° 167, note Rétif – *RD banc. fin.* 2006/5, p. 19, n° 164, note Lucas.
9. Riom, 17 juill. 2006, *Act. proc. coll.* 2006/17, n° 203; *Gaz. proc. coll.* 2007/1, p. 21, note Lebel.
10. Com. 31 janv. 2012, n° 11-12.270, NP; n° 70 F-D.

d'un jugement statuant sur l'ouverture de la procédure collective.

Indiquons que le tribunal saisi d'une demande d'ouverture d'une liquidation judiciaire peut la rejeter purement et simplement ou, après l'avoir rejetée se saisir d'office aux fins d'ouverture d'un redressement judiciaire (v. s[s] n° 551.21).

La règle « le criminel tient le civil en l'état » ne saurait justifier un sursis à statuer dans le cadre du jugement d'ouverture[1].

L'article 14, alinéa 2 du décret du 27 décembre 1985 prévoit que le jugement d'ouverture est rendu en audience publique. C'est le principe de solution posé par l'article R. 662-13 du code de commerce (anc[t] D. 28 déc. 2005, art. 349). Toutefois, selon cette même disposition, le jugement qui refuse l'ouverture d'un redressement ou d'une liquidation judiciaire n'est pas rendu en audience publique. Il s'agit là de ne pas affecter, sans raison, l'image du débiteur.

233.24 Choix entre redressement et liquidation judiciaire – Situation sous l'empire de la loi du 25 janvier 1985 non réformée. Sous l'empire de la loi du 25 janvier 1985[2] non réformée, la liquidation judiciaire ne pouvait intervenir que sur conversion du redressement judiciaire. La liquidation judiciaire n'était en conséquence pas une procédure autonome. L'une des premières questions qu'avait eue à trancher la Cour de cassation, dans le cadre de l'interprétation de la loi du 25 janvier 1985, avait été celle de savoir si le tribunal pouvait prononcer une liquidation judiciaire immédiate ou s'il devait d'abord ouvrir un redressement judiciaire, puis procéder à une conversion en liquidation judiciaire. L'architecture de la loi conduisait à décider que la liquidation judiciaire ne pouvait être immédiatement prononcée. En ce sens, l'article 36, alinéa 2 imposait au tribunal d'entendre l'administrateur et le représentant des créanciers, avant de se prononcer sur la liquidation judiciaire, ce qui supposait qu'ils aient été nommés. Or un représentant des créanciers ou un administrateur judiciaire ne sont nommés qu'en redressement judiciaire. De même, l'article 148 de la loi du 25 janvier 1985 prévoyait que le représentant des créanciers était nommé liquidateur. Il était donc toujours implicitement question de convertir le redressement en liquidation judiciaire. C'est donc fort logiquement, par rapport à ces textes, que la Cour de cassation avait posé en règle l'ouverture obligatoire du redressement judiciaire, avant le prononcé, par conversion, de la liquidation judiciaire[3].

Rapidement, l'inutilité du redressement judiciaire, c'est-à-dire en réalité d'une période d'observation, est apparue dans certains cas. À quoi bon observer s'il n'y a rien à observer, si ce n'est créer, au détriment des créanciers antérieurs, des dettes « de l'article 40 » (C. com., art. L. 621-32) ? C'est dans cette logique de réaction que s'inscrit la loi du 10 juin 1994[4], qui fait de la liquidation judiciaire une procédure autonome. L'article L. 622-1 du code de commerce (anc[t] L. 25 janv. 1985, art. 148, al. 1er) prévoit que « la procédure de liquidation judiciaire est ouverte sans période d'observation à l'égard de toute entreprise mentionnée au premier alinéa de l'article L. 620-2 du code de commerce (anc[t] L. 25 janv. 1985, art. 2, al. 1er) en état de cessation des paiements, dont l'activité a cessé ou dont le redressement est manifestement impossible ».

233.25 Choix entre redressement et liquidation judiciaires – Situation après la loi du 10 juin 1994 – La période d'observation. Sous l'empire de la loi du 25 janvier 1985[5], telle qu'elle résulte de la rédaction que lui a donnée la loi du 10 juin 1994[6], le tribunal ouvrant une procédure a le choix entre le redressement judiciaire et la liquidation judiciaire.

Si le jugement d'ouverture est un redressement judiciaire, l'article L. 621-6 du code de commerce (anc[t] L. 25 janv. 1985, art. 8, al. 1er) prévoit qu'il y a ouverture d'une période d'observation en vue de l'établissement d'un bilan économique et social et de propositions tendant à la continuation ou à la cession de l'entreprise.

La solution est reproduite, depuis la loi de sauvegarde des entreprises[7]. L'ouverture d'une procédure de sauvegarde entraîne identiquement ouverture d'une période d'observation (C. com., art. L. 621-3, al. 1er). Cette disposition est rendue applicable en redressement judiciaire par l'article L. 631-7.

Comme son nom l'indique, la période d'observation est destinée à permettre d'observer l'entreprise et plus spécialement son aptitude à se redresser. Elle

1. Kerckhove, n° 269.
2. L. n° 85-98, 25 janv. 1985, préc.
3. Com. 4 nov. 1986, n° 86-15.712, *Bull. civ.* IV, n° 198; *D.* 1986. 579, note Derrida; *JCP E* 1986. II. 14844, note Bousquet; *JCP E* 1987. I. 16003, n° 5, obs. M. Cabrillac et Vivant; *Rev. proc. coll.* 1987/2, p. 18, obs. Cadiet; *RTD com.* 1988. 690, obs. Merle – *Adde*, Com. 29 mars 1989, n° 87-14.433, *Bull. civ.* IV, n° 100; *RTD com.* 1989. 752, obs. Grelon; *JCP* 1990. II. 21464, obs. Beaubrun – Com. 17 mai 1989, n° 87-17.930, *Bull. civ.* IV, n° 152; *JCP E* 1992. II. 15658, obs. M. Cabrillac et Pétel; *JCP E* 1992. II. 15841, obs. Beaubrun; *RTD com.* 1989. 731, obs. Haëhl; *RD banc. et bourse* 1989, 183, obs. Dekeuwer-Défossez; *Rev. proc. coll.* 1989, p. 543, obs. Dureuil – Com. 6 mars 1990, n° 88-17.833, *Bull. civ.* IV, n° 64; *D.* 1990. 321, note Derrida; *RTD com.* 1990. 259, obs. Haëhl.
4. L. n° 94-475, 10 juin 1994, *JO* 11 juin, p. 8440.
5. L. n° 85-98, 25 janv. 1985, préc.
6. L. n° 94-475, 10 juin 1994, préc.
7. L. n° 2005-845, 26 juill. 2005, préc.

est caractérisée par un gel des actions et des créances, dès lors que sont en jeu des intérêts antérieurs au jugement d'ouverture et même, depuis la loi de sauvegarde des entreprises, des intérêts postérieurs au jugement d'ouverture non éligibles au traitement préférentiel. Cette situation figée permet plus efficacement d'observer l'entreprise, ce qui est stable se prêtant davantage à l'observation. Selon une heureuse expression, c'est une « phase de répit et de réflexion constructive »[1].

(Pour la présentation des règles générales relatives à la période d'observation, v. s^{s} n°s 411.11 s.).

233.26 Nécessité de l'état de cessation des paiements pour l'ouverture d'une liquidation judiciaire immédiate. L'article L. 622-1 du code de commerce, dans sa rédaction antérieure à la loi de sauvegarde des entreprises[2] (anc^{t} L. 25 janv. 1985[3], art. 148, al. 1er) envisage deux critères pour le prononcé d'une liquidation judiciaire immédiate. Préalablement, il y a lieu de remarquer que l'entreprise doit être en état de cessation des paiements, critère classique d'ouverture d'une procédure collective[4]. C'est le respect de l'article L. 621-1 du code de commerce (anc^{t} L. 25 janv. 1985, art. 3). L'article L. 622-1 du code de commerce (anc^{t} L. 25 janv. 1985, art. 148, al. 2) prévoit, par le renvoi aux articles L. 621-1 (anc^{t} L. 25 janv. 1985, art. 3, al. 2) et L. 621-2 à L. 621-5 (anc^{t} L. 25 janv. 1985, art. 4 à 7), que la qualité pour saisir le tribunal aux fins d'ouverture de la procédure de liquidation judiciaire est identique à celle exigée pour l'ouverture d'un redressement judiciaire, les modalités procédurales intéressant l'ouverture de la procédure et les règles de compétence étant également semblables. En outre, en visant les articles L. 621-14 et L. 621-15 du code de commerce (anc^{t} L. 25 janv. 1985, art. 16 et 17), l'alinéa 2 de l'article L. 622-1 conduit à considérer que, comme en matière de redressement judiciaire, il est possible d'ouvrir une procédure contre une personne physique décédée (C. com., art. L. 621-14) ou contre une personne morale radiée du registre du commerce et des sociétés (RCS), dont la liquidation au sens du droit des sociétés est achevée, ou encore contre un commerçant radié, un artisan ou un agriculteur retiré des affaires (C. com., art. L. 621-15). Enfin, le prononcé d'une liquidation judiciaire immédiate à l'encontre du dirigeant sanctionné sur le fondement de l'article L. 624-5 du code de commerce (anc^{t} L. 25 janv. 1985, art. 182) sera possible[5], mais supposera que les critères du prononcé immédiat de la liquidation judiciaire soient réunis[6].

La loi de sauvegarde des entreprises ne prévoit plus qu'un seul critère de prononcé de la liquidation judiciaire immédiate : l'impossibilité manifeste de redressement (C. com., art. L. 640-1, al. 1er). Le texte prend soin de préciser que le débiteur doit être en état de cessation des paiements.

Cela revient à affirmer que les règles relatives à l'état de cessation des paiements et à la qualité exigée et les modalités procédurales d'ouverture de la procédure sont strictement identiques en redressement et en liquidation judiciaires. En outre, comme en matière de redressement judiciaire, il est possible d'ouvrir une procédure de liquidation judiciaire contre une personne physique décédée, contre une personne morale radiée du registre du commerce et des sociétés (RCS), dont la liquidation au sens du droit des sociétés est achevée, ou encore contre un commerçant radié, une personne exerçant une activité artisanale, un agriculteur ou un professionnel indépendant retiré des affaires.

Les conditions de fixation de la date de cessation des paiements sont identiques en redressement et en liquidation judiciaires, l'article L. 622-1, alinéa 3 du code de commerce, sous l'empire de la législation antérieure à la loi de sauvegarde des entreprises renvoyant à l'article L. 621-7 (anc^{t} L. 25 janv. 1985, art. 9). Il faut toutefois réserver, sous l'empire de cette législation, la question du délai de l'introduction de l'action en report de la date de la date de cessation des paiements (v. s^{s} n° 222.33). Pour sa part, l'article L. 641-1, IV, issu de la loi du 26 juillet 2005, dispose que « la date de cessation des paiements est fixée dans les conditions prévues à l'article L. 631-8 », ce dernier texte intéressant la fixation de la date de cessation des paiements dans la procédure de redressement judiciaire.

233.27 Nécessité du constat de la cessation d'activité ou de l'impossibilité manifeste de redressement pour l'ouverture d'une liquidation judiciaire immédiate. Ces règles communes posées, l'article L. 622-1, alinéa 1er du code de commerce, dans sa rédaction antérieure à la loi de sauvegarde des entreprises[7], exige que l'entreprise à l'encontre de laquelle il est question d'ouvrir une liquidation judiciaire n'ait plus d'activité ou que son redressement soit manifestement impossible. Il reproduit, en cela, l'article L. 620-1, alinéa 3 (anc^{t} L. 25 janv. 1985[8], art. 1er al. 3), résultant de la rédaction que lui a donnée la

1. CHAPUT, n° 149.
2. L. n° 2005-845, 26 juill. 2005, préc.
3. L. n° 85-98, 25 janv. 1985, préc.
4. Com. 28 sept. 2004, n° 02-13.730, NP.
5. Com. 6 juin 2000, n° 97-22.581, NP, *Rev. proc. coll.* 2001, p. 109, n° 4, obs. Barret.
6. Com. 6 févr. 2001, n° 98-11.239, NP – Com. 15 mai 2001, n° 98-18.084, NP, *Act. proc. coll.* 2001/13, n° 170.
7. L. n° 2005-845, 26 juill. 2005, préc.
8. L. n° 85-98, 25 janv. 1985, préc.

loi du 10 juin 1994[1]. Ces deux condition sont pas cumulatives[2]. Il est évident que si l'eprise n'a plus d'activité, elle ne peut plus être redée, et sa liquidation s'impose[3]. En revanche, le essement peut être manifestement impossible, s que l'entreprise a toujours une activité.

En ce qui concerne la cessation d'activitde ne peut qu'entraîner la liquidation judiciaire[4].débiteur ayant cessé son activité ne peut obtenir plan de continuation[5], puisqu'il n'y a plus alors ntreprise à redresser (v. s[s] n° 530.09). Il n'y a paavantage possibilité d'un plan de cession, puisqun'y a plus d'entreprise à céder. La jurisprudencoute parfois une nuance en n'acceptant le prononde la liquidation judiciaire immédiate que sur donstration que l'activité qui a cessé ne peut reprdre[6].

La cessation d'activité pourra d'abord réser du fait que le fonds de commerce a été vendu[7] que le débiteur, personne morale, est en liquidatn au sens du droit des sociétés[8]. Elle pourra aussi rulter de l'arrêt d'activité de deux de trois sites expités, dès lors que la continuation d'activité sur ltroisième site nécessite la réalisation de travaux importants, qui n'ont pas encore été programmés[9]. Cette situation se rencontrera spécialement dans le cadre d'une fermeture administrative pour non-conformité, de laquelle on rapprochera le retrait d'un agrément indispensable à l'exploitation[10].

De façon plus générale, si le débiteur n'a pas d'activité, seule la liquidation judiciaire est envisageable. Il en est spécialement ainsi d'un dirigeant auquel la procédure collective intéressant la personne morale débitrice a été étendue, sur le fondement des articles L. 624-4 (anc[t] L. 25 janv. 1985, art. 181) ou L. 624-5 du code de commerce (v. s[s] n° 923.45).

De la cessation d'activité, il faut rapprocher l'impossibilité de la continuation de l'activité. L'absence de maintien à terme de l'activité conduit à considérer que le redressement est manifestement impossible[11]. Il en ira spécialement ainsi d'un débiteur, personne physique, contre lequel une mesure de faillite personnelle a été prononcée et qui exerce l'activité commerciale au mépris de la mesure d'interdiction[12]. Identiquement, même s'il est prétendu par le débiteur que la cessation d'activité n'est pas définitive, l'état de santé de l'intéressé peut permettre de considérer qu'il y a place à liquidation judiciaire immédiate, non peut-être sur le fondement de la cessation d'activité, mais en tout cas sur celui de l'impossibilité manifeste de redressement[13].

L'importance du passif sera un élément décisif, dès lors qu'il apparaît impossible de le régler[14]. De façon plus générale, cette appréciation subjective s'appuiera sur l'impossibilité de pérenniser l'entreprise.

Le pouvoir accordé au tribunal de prononcer immédiatement la liquidation judiciaire existe aussi au profit de la cour d'appel qui annule ou infirme un jugement d'ouverture, par application de l'article 11 du décret du 27 décembre 1985[15]. On remarquera que ce pouvoir n'existait pas avant la loi du 10 juin 1994[16]. Ici encore, les articles L. 621-14 ou L. 621-15 du code de commerce (débiteurs retirés ou décédés) devront être respectés[17].

Ce premier critère de prononcé d'une liquidation judiciaire immédiate a été supprimé par la **loi de sauvegarde des entreprises**. Seul le redressement manifestement impossible, second critère de la liquidation judiciaire immédiate sous l'empire de la législation antérieure à la loi du 26 juillet 2005, demeure pour les procédures soumises à la loi de sauvegarde des entreprises[18]. Il a été observé que l'impossibilité du redressement ne concerne pas, dans le texte de l'article L. 640-1 du code de commerce, l'entreprise, mais le débiteur[19], ce qui peut constituer un argument au soutien de l'idée que le débiteur peut se redresser par la voie d'un plan de redressement, sans qu'il soit question de redressement de son entreprise (v. s[s] n° 530.09). Ainsi, un débiteur retraité pourrait prétendre bénéficier d'un

1. L. n° 94-475, 10 juin 1994, préc.
2. Com. 28 sept. 2004, n° 02-13.730, NP – *Adde*, J.-CL. COM., Beaubrun, fasc. 2700, [Redressement et liquidation judiciaires – Conversion du redressement en liquidation – Causes d'ouverture de la liquidation], n° 15.
3. Paris, 3e ch. B, 10 sept. 2004, RG n° 04/00303.
4. Com. 29 mai 2001, n° 98-16.201, NP, *RJDA* 2001/11, n° 1132 – Paris, 3e ch. A, 30 sept. 2003, RG n° 2003/05049 – Paris, 3e ch. A, 4 janv. 2005, RG n° 04/14795.
5. Paris, 3e ch. A, 16 nov. 2004, RG n° 2004/7051.
6. Paris, 3e ch. A, 30 sept. 2003, RG n° 2003/03658.
7. AINSI : Versailles, 9 déc. 1987, *Rev. proc. coll.* 1988, p. 309, n° 1, obs. Soinne.
8. AINSI : Paris, 3e ch. A, 19 avr. 1988, *Rev. proc. coll.* 1988, p. 387, n° 8, obs. Soinne; *D.* 1991. Somm. 5, obs. Derrida.
9. Com. 4 janv. 2000, NP.
10. Com. 19 nov. 1996, n° 93-20.078, *Bull. civ.* IV, n° 274; *JCP E* 1997, pan. 112.
11. AINSI : Com. 12 nov. 1997, n° 95-17.693, *Bull. civ.* IV, n° 289; *Rev. proc. coll.* 1998, p. 12, n° 10, obs. Soinne; *RJ com.* 1998. 292, n° 89, obs. Saint-Alary-Houin.
12. Com. 2 mai 2001, n° 98-12.036, NP, *RJDA* 2001/8-9, n° 882; *Rev. proc. coll.* 2001, p. 275, n° 7, obs. Barret.
13. Com. 4 janv. 2005, n° 03-30.504, NP.
14. Com. 12 mai 1998, n° 96-10.256, *Bull. civ.* IV, n° 152; *Act. proc. coll.* 1998, n° 45, obs. Vallansan.
15. D. n° 85-1388, 27 déc. 1985, préc.
16. Com. 6 mars 1990, n° 88-17.833, *Bull. civ.* IV, n° 64; *D.* 1990. 321, note Derrida.
17. POUR un commerçant radié : Com. 10 oct. 1995, n° 93-11.441, *Bull. civ.* IV, n° 228; *D.* 1996. Somm. 86, obs. Honorat.
18. ILLUSTR. : Paris, 3e ch. A, 18 sept. 2007, RG n° 2006/21130.
19. LE CANNU, 7e éd., n° 256.

redressement judiciaire, à condition toutefois de pouvoir payer son passif[1].

Le redressement manifestement impossible est une question de fait laissée à l'appréciation des juges du fond[2]. Les devis produits par le débiteur peuvent établir que le redressement est possible[3], alors surtout qu'il s'agit de devis acceptés par les clients[4]. En sens inverse, l'importance du passif est évidemment un élément décisif. Il en est de même des résultats déficitaires de l'activité[5]. Il y a redressement manifestement impossible lorsque les comptes de l'entreprise démontrent que le résultat dégagé est insuffisant pour faire face aux prélèvements de l'exploitant et au remboursement du passif[6]. *A fortiori*, l'absence d'activité et la situation irrémédiablement compromise de la société, dont le compte bancaire était clôturé depuis plusieurs mois et le fait que les locaux étaient vides, établissent l'impossibilité manifeste du redressement[7]. L'impasse de trésorerie, l'impossibilité d'autofinancer les charges d'exploitation courantes et les faibles liquidités en banque permettent de constater l'impossibilité manifeste de redressement, dès lors que le débiteur n'a pas de partenaire et qu'il est dans l'impossibilité de financer seul l'activité de la période d'observation et le coût de la restructuration sociale préconisée par le rapport d'audit, sans créer un risque élevé de générer un passif nouveau très important dès les deux premiers mois de la période d'observation[8].

L'absence d'actif, comparé à un passif important, pour un débiteur retraité, qui n'est pas en mesure, devant la cour d'appel de chiffrer le montant de sa retraite, conduit à considérer que son redressement est manifestement impossible[9].

La liquidation judiciaire immédiate ne peut toutefois être prononcée que si les juges du fond précisent en quoi le redressement est manifestement impossible[10]. Dans le doute, le redressement judiciaire doit être ouvert, quitte à être ensuite converti. Les juges du fond peuvent prendre en compte le faible risque d'augmentation du passif pour réformer une décision ayant ouvert une liquidation judiciaire[11].

que la cour d'appel est amenée à statuer pour coner ou infirmer un jugement de liquidation judre immédiate, elle doit apprécier si le redresseit est manifestement *impossible en faisant* abction des effets produits par l'ouverture de la liqition judiciaire[12], puisque, par hypothèse, la liqition judiciaire emportant cessation d'activité comnerait toute possibilité de redressement.

23.8 Nature juridique du jugement d'ouverture La pratique évoque encore volontiers le jugeme déclaratif de faillite. Il s'agit de souvenirs anas, remontant à l'époque de la faillite virtuelle, enc dénommée la faillite de fait. Jusqu'au décret du mai 1955[13], il était en effet possible de faire proire des effets à la constatation de la cessation des iements, sans ouverture d'une procédure collecte[14]. L'effet le plus notable était sans doute celrendant possible le prononcé de la banquerout contre une personne à l'encontre de laquelle aucne procédure collective n'avait été ouverte[15]. Dar ce contexte, on comprend l'expression de jugement déclaratif, dans la mesure où l'ouverture de l: procédure ne faisait que constater une situation d'état de cessation des paiements préexistante, qui produisait déjà des effets.

Depuis que l'état de cessation des paiements conduit obligatoirement à l'ouverture de la procédure collective, sous réserve de la possibilité de bénéficier d'une conciliation si cet état ne préexiste pas depuis plus de quarante-cinq jours, cette expression est inappropriée. La décision d'ouverture de la procédure est plus constitutive de droits que déclarative[16]. Certes, en présence d'un redressement ou d'une liquidation judiciaire, elle constate l'état de cessation des paiements. Cela semble cependant insuffisant à lui conférer la nature de jugement mixte[17]. La question ne se pose d'ailleurs pas en cas d'ouverture d'une procédure de sauvegarde, qui ne constate pas l'état de cessation des paiements. L'ouverture de la procédure a pour effet de restreindre les pouvoirs du débiteur, non seulement en liquidation judiciaire, mais aussi en redressement judiciaire, si un administrateur judiciaire a été nommé et même en procédure de sauvegarde, si un adminis-

1. SOL. IMPL : Com. 16 juin 2009, n° 08-15.450, NP.
2. AINSI : Paris, 3e ch. B, 22 févr. 2007, RG n° 2006/13140, *RJ com.* 2007. 370, note Roussel Galle.
3. Paris, 3e ch. B, 6 juill. 2006, RG n° 2005/24527.
4. Orléans, ch. éco. et fin., 19 oct. 2006, *JCP E* 2007. Pan. 1752.
5. AINSI : Paris, 3e ch. B, 22 févr. 2007, RG n° 2006/17553.
6. Com. 8 juill. 2014, n° 13-19.317, NP; n° 645 F-D.
7. Com. 12 janv. 2010, n° 08-70.147, NP, *Rev. proc. coll.* 2010/4, n° 153, p. 46, note Saintourens; *Dr. sociétés* 2010, n° 210, note Legros.
8. Com. 13 mai 2014, n° 13-14.660, NP; n° 460 F-D.
9. Com. 16 juin 2009, n° 08-15.450, NP.
10. Com. 23 nov. 2004, n° 02-21.643, NP.
11. Paris, 3e ch. B, 22 févr. 2007, RG n° 06/14316.
12. Com. 10 janv. 2012, n° 10-26.682, NP; n° 11 F-D; *Act. proc. coll.* 2012/4, p. 54, note Vallansan; *JCP E* 2012. 1157, note Vallansan; *BJE* mai 2012, p. 151, note Martineau-Bourgninaud; *Rev. proc. coll.* 2012, comm. 22, note Saintourens.
13. D. n° 55-583, 20 mai 1955, *JO* 21 mai, p. 5086.
14. J.-CL. COM., Martin-Serf, fasc. 2200, [Règles générales de compétence], 2003, n° 2.
15. J.-CL. COM., Martin-Serf, fasc. 2200, [Règles générales de compétence], 2003, n° 4.
16. DERRIDA *ET ALII*, n° 77 – CHAPUT, n° 284 – PÉROCHON, 10e éd., n° 478 – LE CANNU, 7e éd., n° 273 – GIBIRILA, n° 312.
17. COMP. : KERCKHOVE, n° 268 – RIPERT ET ROBLOT, n° 2899.

trateur a été nommé avec une mission d'assistance. La situation du débiteur est néanmoins nouvelle, dans toutes ces procédures, de sorte qu'il n'est plus possible de considérer le jugement d'ouverture comme déclaratif[1]. La situation des cocontractants et créanciers du débiteur se trouve également fondamentalement modifiée.

SECTION 233.30
INFORMATION SUR LA SURVENANCE DU JUGEMENT D'OUVERTURE

233.31 Notification ou signification du jugement d'ouverture et du jugement d'extension. L'article 18 du décret du 27 décembre 1985[2], auquel renvoient pour le jugement d'ouverture de liquidation judiciaire les articles 118-1 et 119, alinéa 1er, en cas de liquidation judiciaire sur conversion, prévoit que le jugement d'ouverture est signifié au débiteur par les soins du greffier, dans les huit jours de sa date. Si la saisine du tribunal aux fins d'ouverture d'un redressement ou d'une liquidation judiciaire est l'œuvre d'un créancier, ce dernier peut signifier le jugement au débiteur. La première des deux dates de signification - celle faite à la diligence du greffier ou celle faite à l'initiative du créancier - fera alors courir le délai d'appel[3].

La solution est adaptée, sous l'empire de la loi de sauvegarde des entreprises[4], par l'article R. 621-6 du code de commerce (anct D. 28 déc. 2005[5], art. 60). Le texte évoque désormais une notification par lettre recommandée avec demande d'avis de réception, acte accompli par le greffe et non une signification, acte extrajudiciaire accompli par une partie. La solution est justifiée par l'observation que le débiteur est nécessairement le demandeur à l'ouverture d'une procédure de sauvegarde.

L'article R. 631-12 du code de commerce (anct D. 28 déc. 2005, art. 181) distingue justement selon que la procédure de redressement judiciaire est à l'initiative du débiteur ou non.

Si le débiteur est demandeur à l'ouverture de son redressement judiciaire, le jugement lui est notifié par lettre recommandée avec demande d'avis de réception par le greffe dans les huit jours de son prononcé. Si le débiteur est une personne morale, la notification est faite au représentant légal.

Si le débiteur n'est pas demandeur à l'ouverture de son redressement judiciaire, le jugement doit lui être signifié, à la diligence du greffier dans un délai de huit jours.

Le décret du 28 décembre 2005 prévoyait, dans sa rédaction d'origine, que le jugement statuant sur l'ouverture du redressement judiciaire (C. com., art. R. 631-12, al. 2 [anct D. 28 déc. 2005, art. 181, al. 2]) et celui statuant sur l'ouverture de la liquidation judiciaire (C. com., art. R. 641-6, al. 2 [anct D. 28 déc. 2005, art. 219, al. 2]) devaient en outre être systématiquement signifiés, à la diligence du greffier, dans un délai de huitaine, aux personnes qui avaient qualité pour en interjeter appel (v. ss no 233.52), à l'exception du ministère public, le procureur de la République devant en recevoir copie (v. ss no 233.32).

L'article 58 du décret du 23 décembre 2006[6] a supprimé le deuxième alinéa de l'article 181 du décret du 28 décembre 2005 (devenu C. com., art. R. 631-12) et la première phrase du second alinéa de l'article 219 du même décret (devenu C. com., art. R. 641-6). Le jugement d'ouverture du redressement judiciaire et celui de la liquidation judiciaire n'ont donc plus à être signifiés aux personnes qui ont qualité pour en interjeter appel. Une notification sera, en conséquence, suffisante. Si elle est adressée à une personne morale, elle est régulière dès lors qu'elle est faite au lieu de son établissement, peu important la personne qui la reçoit. Le lieu de l'établissement sera celui mentionné par la société débitrice dans sa demande d'ouverture de la procédure[7].

En outre, l'article 58 du décret du 23 décembre 2006, qui modifie l'article 181, alinéa 1er (devenu C. com., art. R. 631-12, al. 1er) et l'article 219, alinéa 1er du décret du 28 décembre 2005 (devenu C. com., art. R. 641-6, al. 1er), prévoient que le jugement d'ouverture doit être notifié au créancier lorsqu'il est demandeur.

Lorsqu'une signification est visée - ce qui est systématiquement le cas sous l'empire de la législation antérieure à la loi de sauvegarde (D. 27 déc. 1985, art. 18) -, il y a place à établissement d'un acte d'huissier. Une simple notification par le greffe n'a pas pour effet de faire courir, à l'encontre du débiteur, le délai d'appel[8]. La signification à une mauvaise adresse sera évidemment impuissante à faire courir contre le débiteur le délai d'appel[9].

Il n'y a pas de sanction au respect du délai de huitaine imparti au greffe pour procéder aux notifications ou aux significations, cependant que si le débiteur n'a pas été représenté ou ne s'est pas présenté à

1. RAPPR. : SAINT-ALARY-HOUIN, 9e éd., no 480.
2. D. no 85-1388, 27 déc. 1985, préc.
3. Paris, 22 janv. 1988, *D.* 1989. Somm. 111, obs. Derrida.
4. L. no 2005-845, 26 juill. 2005, préc.
5. D. no 2005-1677, 28 déc. 2005, préc.
6. D. no 2006-1709, 23 déc. 2006, préc.
7. Com. 13 oct. 2015, no 14-18.855, NP; no 876 F-D.
8. Versailles, 13e ch., 9 oct. 1997, *Rev. proc. coll.* 1998, p. 246, no 48, obs. Cadiou.
9. Paris, 18 déc. 2001, *Rev. proc. coll.* 2003, p. 108, no 11, obs. Gorrias.

l'audience, au cours de laquelle il a été statué sur la décision d'ouverture, l'absence de signification du jugement dans les six mois de sa date emportera sa caducité, par application de l'article 478 du code de procédure civile, auquel il n'est pas dérogé, à moins que le débiteur n'ait acquiescé au jugement[1]. Les mandataires de justice nommés dans la procédure attireront l'attention du greffier du tribunal sur cette obligation de signification dans les six mois[2] et désormais de notification dans ce même délai. Il a cependant été jugé que la péremption du jugement pour défaut de signification n'emportait pas de conséquence sur la validité du réquisitoire introductif de l'action en banqueroute[3].

Une notification irrégulière ne vaut pas absence de notification. La solution a été posée par l'Assemblée plénière de la Cour de cassation, dans une espèce où la lettre recommandée avait été retournée au greffe pour correction de l'identité du destinataire[4].

Les jugements prononçant l'ouverture de la procédure d'un débiteur décédé doivent faire l'objet d'une notification aux héritiers[5].

L'alinéa 2 de l'article R. 621-8-1 du code, dans la rédaction que lui donne le décret du 12 février 2009, prévoit que le jugement d'extension doit être signifié, à la diligence du greffier au débiteur soumis à la procédure et à celui visé par l'extension. Un acte extrajudiciaire est donc indispensable.

233.32 Communication du jugement d'ouverture ou d'extension aux organes et à diverses autorités. L'article 19 du décret du 27 décembre 1985[6] prévoit que le jugement est communiqué aux mandataires de justice désignés par la juridiction, au procureur de la République et au trésorier-payeur général du département dans lequel le débiteur a son siège ainsi qu'à celui du département dans lequel il a son principal établissement.

La solution est reprise, sous l'empire de la législation de sauvegarde des entreprises, par l'article R. 621-7 du code de commerce (anc^{t} D. 28 déc. 2005[7], art. 61), texte de la procédure de sauvegarde, rendu applicable en redressement judiciaire par l'article R. 631-7 du code de commerce (anc^{t} D. 28 déc. 2005, art. 176) et en liquidation judiciaire par l'article R. 641-6, alinéa 2 du code de commerce (anc^{t} D. 28 déc. 2005, art. 219, al. 2).

L'article R. *621-13 du code de commerce (anc^{t}* D. 28 déc. 2005, art. 62), texte de la procédure de sauvegarde, ajoute que lorsque le mandataire de justice désigné ne figure par sur les listes nationales de mandataire judiciaire ou d'administrateur judiciaire, à la copie du jugement doit être jointe un document reproduisant les termes notamment des articles L. 811-2 ou L. 812-1 du code de commerce, lesquels obligent les personnes désignées à établir une attestation sur l'honneur qu'elles remplissent les conditions pour être désignées, notamment l'obligation de souscrire une assurance de responsabilité civile et qu'elles ne font pas l'objet d'une incompatibilité ou d'une interdiction d'exercice. L'article R. 621-13 du code de commerce (anc^{t} D. 28 déc. 2005, art. 62) est rendu applicable en redressement judiciaire par l'article R. 631-7 du code de commerce (anc^{t} D. 28 déc. 2005, art. 176). L'article R. 641-8 du code de commerce (anc^{t} D. 28 déc. 2005, art. 221) adapte pour la liquidation judiciaire les règles posées par l'article R. 621-13 du code de commerce (anc^{t} D. 28 déc. 2005, art. 62). Les dispositions de l'article R. 621-13 du code de commerce (anc^{t} D. 28 déc. 2005, art. 62) sont applicables au liquidateur qui ne serait pas inscrit sur les listes nationales de mandataire judiciaires.

L'alinéa 2 de l'article R. 621-8-1 du code, dans la rédaction que lui donne le décret du 12 février 2009[8], prévoit que le jugement d'extension sur le fondement de la confusion des patrimoines ou de la fictivité est communiqué, comme un jugement d'ouverture d'une procédure collective, à l'administrateur et au mandataire judiciaires désignés, au procureur de la République et au trésorier-payeur général du département dans lequel le débiteur a son siège et à celui du département où se trouve le principal établissement.

233.33 Publicité du jugement d'ouverture de la procédure – Assimilation du jugement d'extension à un jugement d'ouverture. La publicité du jugement d'ouverture est strictement réglementée par l'article 21 du décret du 27 décembre 1985[9], en son alinéa 6, auquel renvoie l'article 119, alinéa 1er en cas de jugement de liquidation judiciaire intervenant sur conversion. Il y a lieu d'étendre la solution au jugement d'ouverture de la liquidation judiciaire, l'article 118-1, alinéa 1er du décret renvoyant à l'article 119.

Le décret du 28 décembre 2005[10], dans la législation de sauvegarde des entreprises, reprend les solu-

1. Civ. 2e, 19 mai 1967, *Bull. civ.* II, n° 187.
2. IFPPC 1999, recomm. n° 6380-4 p. 199.
3. Crim. 10 mars 2004, n° 03-87.441, *Bull. crim.* n° 65; *D.* 2004. AJ 1237.
4. Cass. Ass. plén., 7 oct. 2011, n°s 10-30.191, 11-11.509, *Bull. ass. plén.*, n° 7; n° 601 P+B+R+I; *Rev. proc. coll.* 2012, comm. 4, note Cagnoli; *Dr. et proc.* déc. 2011, 301, note Vinckel.
5. Limoges, 1re ch., 18 avr. 1995, *JurisData* 040974.
6. D. n° 85-1388, 27 déc. 1985, préc.
7. D. n° 2005-1677, 28 déc. 2005, préc.
8. D. n° 2009-160, 12 févr. 2009, *JO* 13 févr., p. 2596.
9. D. n° 85-1388, 27 déc. 1985, préc.
10. D. n° 2005-1677, 28 déc. 2005, préc.

tions, en son article R. 648 (anc[t] D. 28 déc. 2005, art. 63), pour la procédure de sauvegarde. L'article R. 631-7 du code de commerce (anc[t] D. 28 déc. 2005, art. 176) le rend applicable en redressement judiciaire et l'article R. 641-7 (anc[t] D. 28 déc. 2005, art. 220) en liquidation judiciaire.

La charge de cette publicité incombe au greffier du tribunal, et ce dans les quinze jours de la date du jugement. Aucune sanction n'est cependant trouvée au non-respect de ce délai, si ce n'est l'éventuelle responsabilité du greffier si des tiers venaient à en subir un préjudice[1].

Ces publicités n'ont pas lieu d'être en cas de suspension de l'exécution provisoire, tant sous l'empire de la législation antérieure à la loi de sauvegarde des entreprises[2], que depuis cette même législation[3]. En outre, sous l'empire de la législation antérieure à la loi de sauvegarde des entreprises, il n'y a pas davantage place à publicité en cas d'appel du jugement d'ouverture par le ministère public du fait du caractère systématiquement suspensif de cet appel. Les publicités ne seront alors effectuées qu'au vu de l'arrêt de la cour d'appel, s'il confirme l'ouverture de la procédure, l'arrêt étant transmis par le greffier de la cour, dans les huit jours de son prononcé.

La loi de sauvegarde modifie partiellement la solution, pour tenir compte du fait que l'appel du ministère public à l'encontre du jugement d'ouverture de la sauvegarde ou du redressement judiciaire n'est pas suspensif. Au contraire, son appel est suspensif lorsqu'il porte sur le jugement ouvrant ou prononçant la liquidation judiciaire. L'article 220, alinéa 2 du décret du 28 décembre 2005 (devenu C. com., art. R. 641-7, al. 2) prévoit en conséquence que les publicités n'auront pas lieu d'être en cas d'appel du ministère public en application de l'article L. 661-1. Il faut comprendre que lorsque le ministère public interjette un appel suspensif, ce qui est le cas de l'appel à l'encontre du jugement de liquidation judiciaire, mais non à l'encontre du jugement d'ouverture de la sauvegarde ou du redressement judiciaire, les publicités ne doivent pas être effectuées.

Ne pas faire ces publicités inutiles aura pour effet d'éviter les complications résultant du cours des délais de revendication ou de déclaration de créance si le jugement est ensuite confirmé ou si, étant annulé, la cour d'appel, statuant à nouveau, ouvre la procédure.

En cas d'appel du jugement d'ouverture, si l'arrêt de la cour infirme la décision, l'article 161, alinéa 1er du décret du 27 décembre 1985 et l'article R. 661-7, alinéa 1er du code de commerce (anc[t] D. 28 déc. 2005, art. 334, al. 1er), obligent le greffier de la cour d'appel à transmettre, dans les huit jours de l'arrêt, une copie de celui-ci au greffier du tribunal pour l'accomplissement des mesures de publicité.

L'alinéa 4 de l'article 21 du décret du 27 décembre 1985 et *l'alinéa 4 de l'article R. 621-8 du code* de commerce (devenu l'alinéa 5 depuis le décret du 30 juin 2014[4]) revêtent une grande importance. Les dispositions du second de ces textes, applicables en sauvegarde, le sont également en redressement (C. com., art. R. 631-7 [anc[t] D. 28 déc. 2005, art. 176]) et en liquidation judiciaire (C. com., art. R. 641-7 [anc[t] D. 28 déc. 2005, art. 220]). Ils prévoient qu'un avis du jugement est adressé pour insertion au Bulletin officiel des annonces civiles et commerciales (*Bodacc*). Il s'agit, par là, d'informer les tiers de l'ouverture de la procédure.

Le contenu de l'insertion est très exactement réglementé.

Il y a d'abord des mentions intéressant la détermination du débiteur : indication de son nom, du siège de l'entreprise – l'article R. 621-8, alinéa 4 du code de commerce (devenu al. 5, réd. D. 30 juin 2014) vise, selon le cas, le siège de l'entreprise ou de l'adresse professionnelle du débiteur –, de son numéro unique d'immatriculation qui remplace le visa de l'ancien texte du décret du 27 décembre 1985 (art. 21, al. 4) au registre ou répertoire (registre du commerce et des sociétés, répertoire des métiers ou des entreprises, registre spécial ouvert au greffe du tribunal de grande instance, selon le cas). Ce texte a été adapté par le décret du 30 juin 2014 (art. 33) au cas de l'EIRL : il s'agit, lorsque la procédure est ouverte à raison de l'activité d'un EIRL à laquelle un patrimoine est affecté, de la dénomination prévue par le dernier alinéa de l'article L. 526-6 (dénomination incorporant son nom, précédé ou suivi immédiatement des mots « Entrepreneur individuel à responsabilité limitée » ou des initiales « EIRL ») et de l'indication de la ville du greffe tenant le registre prévu par l'article L. 526-7 ou de la chambre d'agriculture mentionnée par ce texte.

Cet avis comporte également l'activité exercée et la date du jugement ouvrant le redressement ou la liquidation judiciaire, et depuis la loi de sauvegarde des entreprises, ouvrant la procédure de sauvegarde. En revanche, l'indication de la date de cessation des paiements n'est pas au rang des mentions exigées. Son absence ne peut donc constituer une irrégularité empêchant le cours des délais, notamment celui

1. J.-CL. COM., Martin-Serf, fasc. 2203, [Règles générales de procédure], 2013, n° 139.
2. L. n° 2005-845, 26 juill. 2005, préc.
3. Vallansan, « L'exécution provisoire dans les procédures collectives », *LPA* 28 nov. 2008, n° 239, p. 31 s.

4. D. n° 2014-736, 30 juin 2014, préc.

de la tierce opposition à l'encontre du jugement d'ouverture[1].

L'insertion doit également comporter des mentions relatives aux organes de la procédure : nom et adresse du représentant des créanciers – mandataire judiciaire – et de l'administrateur judiciaire s'il en a été nommé un et l'indication de ses pouvoirs, ainsi que du liquidateur, en cas de liquidation judiciaire (D. 27 déc. 1985, art. 119, en son alinéa 1er, renvoyant à l'article 21 du décret du 27 décembre 1985, C. com., art. R. 641-7 [ancᵗ D. 28 déc. 2005, art. 220, al. 1er]).

Enfin, l'insertion au *Bodacc* comporte l'avis aux créanciers d'avoir à déclarer leur créance entre les mains du représentant des créanciers – mandataire judiciaire – ou du liquidateur. Sous l'empire de la législation antérieure à la loi de sauvegarde des entreprises, l'insertion comporte aussi, en cas de liquidation judiciaire sur conversion, l'allongement du délai de déclaration des créances prévu par l'article 119, alinéa 2 du décret. La solution n'a pas été reprise par la législation de sauvegarde des entreprises (v. sˢ nº 665.33). Observons que l'avis d'insertion au *Bodacc* n'a pas à comporter l'indication du délai imparti au mandataire judiciaire pour établir la liste des créances déclarées, avec les propositions d'admission, de rejet et de renvoi devant la juridiction compétente[2].

La date de publication au *Bodacc* conditionne le point de départ de certains délais, tels les délais de déclaration de créances, de déclaration de tierce opposition au jugement d'ouverture, ou encore de revendication.

Toutes irrégularités affectant les mentions de la publicité au *Bodacc*, dès lors qu'elles empêchent l'identification du débiteur ou qu'elles ne permettent pas aux créanciers d'effectuer les démarches obligatoires qui leur incombent, par exemple la déclaration de leurs créances, emporteront inefficacité de la publicité, qui est une formalité d'ordre public constitutive. Les délais courant à compter de cette insertion seront réputés ne pas avoir commencé à courir. La solution a été spécialement appliquée en matière de déclaration de créance (v. sˢ nº 665.22), ainsi qu'en matière de voies de recours[3].

Par principe, les erreurs dans la publicité sur des mentions non obligatoires, par exemple celle relative à la date de cessation des paiements, doivent rester sans conséquence. Il en va différemment s'il est question pour un plaideur de tirer des conséquences de la fixation de la date de cessation des paiements. On comprend qu'une mention erronée de la date de cessation des paiements dans l'avis d'insertion au *Bodacc* puisse *alors avoir une importance* déterminante. C'est pourquoi la Cour de cassation a pu estimer que cette erreur rend sans intérêt, compte tenu de la date d'inscription du nantissement litigieux l'existence à ce moment de la tierce opposition par la banque pour critiquer la date de cessation des paiements, puisque l'inscription de la sûreté, compte tenu de cette erreur, ne pouvait être considérée comme prise en période suspecte. Il en résulte que le délai de recours n'a pu courir contre cette banque[4].

L'alinéa 5 de l'article 21 du décret du 27 décembre 1985 et l'article R. 621-8, alinéa 5 du code de commerce (devenu al. 6, réd. D. 30 juin 2014), prévoient enfin un avis d'insertion dans un journal d'annonces légales du lieu où le débiteur a le siège de son entreprise ou des établissements secondaires. Ce texte de la procédure de sauvegarde est également applicable en redressement (C. com., art. R. 631-7 [ancᵗ D. 28 déc. 2005, art. 176]) et en liquidation judiciaire (C. com., art. R. 641-7 [ancᵗ D. 28 déc. 2005, art. 220]).

L'article R. 628-4 du code de commerce (réd. D. 3 mars 2011[5]) prévoit la publication du jugement d'ouverture d'une **sauvegarde financière accélérée.** La seule particularité concerne la mention obligatoire des dispositions du troisième alinéa de l'article L. 628-1 du code de commerce, à savoir la portée limitée de la procédure, aux seuls créanciers membres du comité des établissements de crédit et obligataires. Il s'agit donc d'attirer l'attention sur le fait que la sauvegarde financière accélérée est une procédure semi-collective.

La jurisprudence assimile le jugement d'extension sur le fondement de la confusion des patrimoines ou de la fictivité à un jugement d'ouverture et rend en conséquence obligatoire la publication au *Bodacc* d'un tel jugement[6]. Au contraire, le jugement qui ordonne la jonction des procédures n'est pas assimilé à un jugement d'ouverture, faute d'impact patrimonial, et n'est donc pas soumis à publicité[7].

1. Douai, 2e ch., 2e sect., 28 mai 2013, RG nº 12/03784, *Act. proc. coll.* 2013/15, comm. 215.
2. Com. 9 févr. 2010, nº 08-22.054, NP, *Gaz. Pal. entr. diff.* 2-3 juill. 2010, nᵒˢ 183 , 184, p. 32, note Le Corre-Broly.
3. AINSI : Com. 17 mars 1998, nº 95-10.931, NP, *Rev. proc. coll.* 1999, p. 30, nº 24, obs. Cadiou.
4. Com. 27 janv. 2015, nº 13-24.619, *Bull. civ.* IV [à paraître]; nº 89 FS-P+B; *Act. proc. coll.* 2015/4, comm. 64, note Vallansan; *RTD com.* 2015. 376, nº 8, obs. Martin-Serf; *JCP E* 2015. 1108, note Brignon et chron. 1204, nº 8, obs. Pétel; *BJE* mai 2015, 151, note Thullier; *LXB hebdo* 19 févr. 2015, nº 413, note Le Corre.
5. D. nº 2011-236, 3 mars 2011, *JO* 4 mars, p. 4183.
6. Com. 16 mai 2006, nº 05-14.595, *Bull. civ.* IV, nº 122; *D.* 2006. AJ 1530, obs. Lienhard; *Gaz. proc. coll.* 2006/3, p. 15, obs. Lebel; *LXB hebdo* nº N0179AL9, note Le Corre.
7. Com. 16 mai 2006, nº 04-14.906, NP, *Gaz. proc. coll.* 2006/3, p. 16, obs. Lebel; *Gaz. proc. coll.* 2006/3, p. 18, obs. Rohart-Messager.

La solution est aujourd'hui explicitement vue par le code de commerce. L'alinéa 3 de l'artic. 621-8-1 du code, dans la rédaction que luinne le décret du 12 février 2009[1], prévoit en efque le jugement d'extension sur le fondement deconfusion des patrimoines ou de la fictivité fait ljet des publicités prévues à l'article R. 621-8 du cc.

233.34 Inscription du jugement d'ouvere et du jugement d'extension sur les registres oépertoires. Si le débiteur est immatriculé au regre du commerce et des sociétés, le jugement d'oerture doit y être mentionné avec indication du m des mandataires de justice désignés et, le cas éant, celle des pouvoirs conférés à l'administrateu

La solution posée sous l'empire de la légation antérieure à la loi de sauvegarde des entreises[2] (D. 27 déc. 1985[3], art. 21, al. 1er), a été repduite par la législation de sauvegarde des entreprise tant en sauvegarde (C. com., art. R. 621-8, al. 1e[anct D. 28 déc. 2005[4], art. 63, al. 1er]), qu'en recessement (C. com., art. R. 631-7 [anct D. 28 déc. 005, art. 176]) et en liquidation judiciaire (C. com, art. R. 641-7 [anct D. 28 déc. 2005, art. 220]).

Cette mention doit intervenir d'office, en application de l'article 36-3 du décret du 30 mai 1984[5] relatif au registre du commerce et des sociétés. L'article 353 du décret du 28 décembre 2005 étend la solution à l'ouverture de la sauvegarde, alors qu'elle n'était jusqu'alors applicable qu'à l'ouverture des procédures de redressement et de liquidation judiciaires.

Si le débiteur est un artisan – une personne exerçant une activité artisanale depuis l'ordonnance du 18 décembre 2008[6] –, les mêmes mentions sont, à la demande du greffier, portées sur le répertoire des métiers, ou, en Alsace-Moselle, sur le répertoire des entreprises (D. 27 déc. 1985, art. 21, al. 2, C. com., art. R. 621-8, al. 2 [anct D. 28 déc. 2005, art. 63, al. 2]). Observons toutefois que les mentions sur le répertoire des métiers présupposent que l'on soit en présence d'une personne immatriculée à ce registre, ce qui n'est pas le cas de toutes les personnes exerçant une activité artisanale depuis l'ordonnance du 18 décembre 2008.

Si le débiteur n'est pas immatriculé au registre du commerce, au répertoire des métiers ou des entreprises, ces mentions sont portées sur un registre ouvert, à cet effet, au greffe du tribunal de grande instance (D. 27 déc. 1985, art. 21, al. 3, C. com., art. R. 621-8, al. 3 [anct D. 28 déc. 2005, art. 63, al. 3]). En ce cas, le greffier doit indiquer, selon le cas, le siège de l'entreprise ou l'adresse du débiteur, les nom, prénoms et adresse du représentant légal de la personne morale débitrice ou du débiteur personne physique.

L'article R. 621-8, alinéa 4 nouveau du code de commerce, issu du décret du 30 juin 2014[7] (art. 33) adapte à l'EIRL les publicités. Si une déclaration d'affectation a été faite conformément à l'article L. 526-7, le jugement d'ouverture doit être mentionné, à la demande du greffier du tribunal qui l'a prononcé, soit sur le registre spécial mentionné à l'article R. 526-15 du code de commerce (registre destiné aux personnes n'ayant pas l'obligation d'être immatriculée), soit sur le registre visé à l'article R. 134-6 du même code (registre spécial des agents commerciaux), soit sur celui prévu par l'article L. 311-2 du code rural et de la pêche maritime (registre de l'agriculteur).

Les publicités énoncées à l'article 21 du décret du 27 décembre 1985 et, depuis la loi de sauvegarde des entreprises, de l'article R. 621-8 du code de commerce (anct D. 28 déc. 2005, art. 63), doivent être accomplies par le greffier dans les quinze jours du jugement ouvrant la procédure. Il en est de même du jugement prononçant la liquidation judiciaire sur conversion (C. com., art. R. 641-7, al. 1er [anct D. 28 déc. 2005, art. 220, al. 1er] renvoyant à C. com., art. R. 621-8 [anct D. 28 déc. 2005, art. 63]). Elles apparaissent exhaustives. Il n'y a ainsi pas lieu à publication du jugement d'ouverture à la conservation des hypothèques[8], même si cela pourrait être utile pour éviter l'inscription de sûretés immobilières après jugement d'ouverture.

L'article R. 621-8-1, alinéa 3 du code de commerce, dans sa rédaction issue du décret du 12 février 2009, aligne les publicités d'un jugement d'extension sur celles d'un jugement d'ouverture.

On réservera cependant l'hypothèse de l'arrêt de l'exécution provisoire obtenu suite à un appel non suspensif. Bien que les textes restent muets sur la question, il serait opportun que mention de cet arrêt soit faite[9], cependant que, faute de texte, on ne sait où en effectuer la publicité. La mention au *Bodacc* pourrait être suggérée. Il y a là, manifestement, une lacune des textes.

233.35 Frais de publicité du jugement. Les frais de publicité du jugement sont à la charge du débiteur et couverts par le privilège des frais de justice[10],

1. D. n° 2009-160, 12 févr. 2009, préc.
2. L. n° 2005-845, 26 juill. 2005, préc.
3. D. n° 85-1388, 27 déc. 1985, préc.
4. D. n° 2005-1677, 28 déc. 2005, préc.
5. D. n° 84-406, 30 mai 1984, *JO* 31 mai, p. 1699.
6. Ord. n° 2008-1345, 18 déc. 2008, préc.
7. D. n° 2014-736, 30 juin 2014, préc.
8. Com. 7 juill. 1992, nos 90-17 756, 90-18 828, 90-19 622, *Bull. civ.* IV, n° 264; *D.* 1992. 433, note Derrida.
9. Soinne, n° 583.
10. Soinne, n° 585.

même si le jugement d'ouverture est réformé ou annulé par la suite.

SECTION 233.40 EFFICACITÉ DU JUGEMENT D'OUVERTURE – UNICITÉ DE LA PROCÉDURE

233.41 Date de prise d'effets du jugement d'ouverture. Si la publicité du jugement pour insertion au *Bodacc* est de première importance, il n'en demeure pas moins que l'efficacité du jugement d'ouverture ne dépend pas de celle-ci[1]. En effet, l'article 14, alinéa 2 du décret du 27 décembre 1985[2], dans la rédaction que lui a donnée le décret du 21 avril 1988[3], prévoit que le jugement d'ouverture de la procédure prend effet à compter de sa date.

La solution est reproduite par l'article R. 621-4, alinéa 2 (anc^{t} D. 28 déc. 2005[4], art. 55, al. 2). Ce texte de la procédure de sauvegarde est applicable en redressement (C. com., art. R. 631-7 [anc^{t} D. 28 déc. 2005, art. 176]) et en liquidation judiciaire (C. com., art. R. 641-1 [anc^{t} D. 28 déc. 2005, art. 214]).

La formule signifie que le jugement d'ouverture rétroagit à 0 heure de sa date[5].

Tous les actes accomplis le jour du jugement d'ouverture sont réputés l'être après jugement d'ouverture. Il en résulte un certain nombre de conséquences. Il en est d'abord ainsi de la nullité des paiements des créances antérieures effectués le jour du jugement d'ouverture. On réservera cependant, par application de l'article 93-1 de la loi bancaire (C. mon. fin., art. L. 330-1 [anc^{t} L. 24 janv. 1984[6], art. 93-1, réd. L. 31 déc. 1993[7]]), les paiements dans le cadre de règlements interbancaires, qui sont valables jusqu'à l'expiration du jour où est rendu le jugement d'ouverture. Il faut ici raisonner sur la procédure collective ouverte à l'encontre d'un établissement participant (v. aussi s^{s} n° 632.21). De même, seront inefficaces les saisies pratiquées le jour du jugement d'ouverture[8], le contraire ayant cependant été jugé sur le constat que la saisie avait été pratiquée quelques heures avant le jugement d'ouverture[9]. Les licenciements opérés le jour du redressement judiciaire seront également dépourvus d'effet s'ils sont effectués sans autorisation du juge-commissaire[10]. Les inscriptions de sûretés effectuées le jour du jugement d'ouverture sont également inefficaces[11].

Il en résulte aussi que les créances nées le jour du jugement d'ouverture sont des créances postérieures.

Les règles restrictives de pouvoir du débiteur jouent indépendamment de leur connaissance par celui auquel on entend les opposer. La bonne ou la mauvaise foi du tiers est inopérante (v. s^{s} n° 552.41), puisque les effets du jugement d'ouverture commencent dès son prononcé et non à compter des mesures de publicité. Ainsi a-t-il été considéré que le rapport d'expertise ordonné, alors que le débiteur était *in bonis*, n'était pas opposable à son liquidateur, peu important l'absence de publication du jugement d'ouverture au *Bodacc*[12].

Cette solution conduit à écarter les règles de droit commun, selon lesquelles il est impossible d'opposer aux tiers des faits ou actes soumis à mention au registre du commerce et des sociétés, avant ladite mention (C. com., art. L. 123-9, al. 1er)[13].

233.42 Opposabilité et autorité absolue de chose jugée. Le jugement d'ouverture est, par principe, opposable *erga omnes*. Il a en outre autorité absolue de chose jugée[14]. Cette solution est logique, dès lors qu'on observe que le jugement d'ouverture ne tranche pas un rapport entre deux parties, mais intéresse un grand nombre de personnes, spécialement les créanciers du débiteur. On n'imagine pas qu'un débiteur soit, dans les rapports avec certains, considéré comme *in bonis*, et dans les rapports avec d'autres, comme étant en redressement ou en liquidation judiciaire[15]. Cette autorité absolue est cependant atténuée en ce qui concerne la date de cessation des paiements (v. s^{s} n° 222.22).

Il y a tout à la fois opposabilité *erga omnes* et autorité absolue de la chose jugée en cas d'extension véritable, sur le fondement de la fictivité ou de la confusion des patrimoines. Cependant, dans certaines hypothèses improprement qualifiées d'extension, la distinction entre opposabilité *erga omnes* et autorité de chose jugée est de première importance.

1. AINSI : Com. 7 mars 2006, n° 02-16.365, NP.
2. D. n° 85-1388, 27 déc. 1985, préc.
3. D. n° 88-430, 21 avr. 1988, *JO* 26 avr., p. 5526.
4. D. n° 2005-1677, 28 déc. 2005, préc.
5. Limoges, 29 oct. 1991, *Dr. sociétés* 1994, n° 204, note Chaput.
6. L. n° 84-46, 24 janv. 1984, *JO* 25 janv., p. 390.
7. L. n° 93-1444, 31 déc. 1993, *JO* 5 janv. 1994, p. 231.
8. Com. 11 mars 1997, *Rev. proc. coll.* 1997, p. 416, n° 15, obs. Cadiou.
9. Caen, 1re ch. civ., 29 avr. 1997, *Rev. proc. coll.* 1998, p. 417, n° 15, obs. Cadiou.
10. Soc. 12 mai 1998, n° 96-40.606, *Bull. civ.* V, n° 243; *Rev. proc. coll.* 1999, p. 39, n° 12, obs. Taquet.
11. Com. 2 oct. 2007, n° 06-20.140, NP, *Gaz. proc. coll.* 2008/1, p. 34, note Lebel; *Gaz. proc. coll.* 2008/1, p. 50, note Roussel Galle.
12. Com. 11 mars 1997, n° 93-21.808, NP, *Rev. proc. coll.* 1997, p. 43, n° 4, obs. Cadiou.
13. SOINNE, n° 583.
14. AINSI : Com. 6 juill. 1983, n° 82-11.133, *Bull. civ.* IV, n° 205; *D.* 1983. 435, note Derrida.
15. Ch. réun., 24 mars 1857, *DP* 1857, I, 208 – *Adde*, SOINNE, n° 582.

Ainsi, le jugement ouvrant la procédure d'une société dont les associés sont indéfiniment et solidairement responsables du passif produit effet à leur égard. Il leur est opposable. Cependant, il n'a pas, à leur égard, autorité de la chose jugée, car la procédure ouverte est autonome, ce qui justifie que les associés puissent être déclarés en redressement judiciaire, alors que la société serait en liquidation judiciaire, ou inversement[1].

Inversement, le jugement refusant l'ouverture de la procédure ne peut avoir qu'un effet relatif. La meilleure illustration peut en être donnée dans l'hypothèse où un créancier assignerait en redressement ou en liquidation judiciaire et serait, sous l'empire de la législation antérieure à la loi de sauvegarde des entreprises[2], débouté du fait de l'inexistence de poursuite préalable, un autre créancier pouvant, le même jour, obtenir gain de cause, dans sa demande d'ouverture de la procédure.

Il convient toutefois de préciser que la décision d'ouverture d'une sauvegarde financière accélérée n'a, en application de l'article L. 628-1, alinéa 3 du code de commerce (réd. L. 22 oct. 2010[3], art. 57), d'effets qu'à l'égard des créanciers membres du comité des établissements de crédit ou obligataires.

En outre, la procédure collective qui est ouverte à l'égard d'un entrepreneur individuel à responsabilité limitée, qu'elle le soit du chef de son patrimoine affecté ou du chef de son patrimoine non affecté, n'intéresse que les personnes en relation avec le patrimoine concerné par la procédure collective, ainsi que le précise l'article L. 680-1 du code de commerce (réd. ord. 9 déc. 2010[4]).

233.43 **Impossibilité d'ouvrir deux procédures contre une même personne – cas particulier de l'EIRL.** La règle de l'unicité du patrimoine conduit à rendre impossible l'ouverture d'une procédure à l'encontre d'une personne déjà en sauvegarde, en redressement ou en liquidation judiciaire.

Cette solution jurisprudentielle posée sous l'empire de la législation antérieure à la loi de sauvegarde des entreprises[5], « corollaire de l'objectif de traitement de l'universalité du patrimoine » du débiteur[6], est consacrée législativement par l'article L. 620-2, alinéa 2 du code de commerce, issue de la rédaction que lui a donnée la loi du 26 juillet 2005, selon lequel « il ne peut être ouvert de nouvelle procédure de sauvegarde à l'égard d'une personne déjà soumise à une telle procédure, à une procédure de redressement judiciaire[7] ou de liquidation judiciaire, *tant qu'il n'a pas été mis fin aux opérations* du plan qui en résulte ou que la procédure de liquidation n'a pas été clôturée ». La solution est reproduite en redressement judiciaire par l'article L. 631-2, alinéa 2, selon lequel « il ne peut être ouvert de nouvelle procédure de redressement judiciaire à l'égard d'une personne soumise à une telle procédure ou à une procédure de liquidation judiciaire tant qu'il n'a pas été mis fin aux opérations du plan qui en résulte ou que la procédure de liquidation n'a pas été clôturée ». Une solution identique est enfin posée en liquidation judiciaire par l'article L. 640-2, alinéa 2 du code selon lequel « il ne peut être ouvert de nouvelle procédure de liquidation judiciaire à l'égard d'une personne soumise à une telle procédure tant que celle-ci n'a pas été clôturée ». En liquidation judiciaire, un obstacle technique, qui s'ajoute à la justification théorique trouvée dans l'unicité du patrimoine, justifie la règle : il ne peut y avoir qu'une seule procédure de distribution[8].

L'alinéa 2 de l'article L. 640-2 du code de commerce, issu de la rédaction que lui donne l'ordonnance de réforme (ord. 18 déc. 2008[9], art. 92), répare un oubli de la législation précédente, en prévoyant désormais qu'il ne peut être ouvert de nouvelle procédure de liquidation judiciaire à l'égard d'une personne déjà soumise à une telle procédure, mais encore déjà soumise à une procédure de sauvegarde ou de redressement judiciaire, et cela tant qu'il n'a pas été mis fin aux opérations du plan qui en résulte, alors que le texte ancien ne visait que la personne déjà soumise à une liquidation judiciaire.

Cette solution doit être considérée comme interprétative, dans la mesure où l'interdiction d'ouverture d'une procédure collective contre une personne encore placée sous procédure collective avait été clairement posée par la jurisprudence[10], avant qu'elle ne soit législativement consacrée.

Ainsi, l'ouverture d'une précédente procédure collective jusqu'à sa clôture, de quelque nature qu'elle soit, fait obstacle à l'ouverture d'une nouvelle pro-

1. SUR CETTE DISTINCTION : Frison-Roche, « Autorité de chose jugée et voie de recours dans les procédures collectives », *LPA* 28 août 1998, n° 129, p. 16, spéc. p. 18, n°s 14 s.
2. L. n° 2005-845, 26 juill. 2005, préc.
3. L. n° 2010-1249, 22 oct. 2010, préc.
4. Ord. n° 2010-1512, 9 déc. 2010, préc.
5. L. n° 2005-845, 26 juill. 2005, préc. – Com. 11 déc. 2001, n° 99-10.238, NP, *D.* 2002. Jur. 2523, note Derrida et Perdriau; *Rev. proc. coll.* 2003, p. 106, n° 7, obs. Gorrias – Com. 19 févr. 2002, n° 96-22.702, *Bull. civ.* IV, n° 39; *D.* 2002. Jur. 2523, note Derrida et Perdriau; *Act. proc. coll.* 2002/6, n° 68; *RTD com.* 2002. 376, n° 11, obs. Vallens; *RJDA* 2002/6, n° 652; *Dr. et patr.* 2002, n° 104, p. 85, obs. Houtcieff.
6. *Rapp. Xavier de Roux*, n° 2095, p. 180.
7. POUR UNE APPLICATION du principe : Paris, 3e ch. A, 16 oct. 2007, RG n° 07/02111, *Act. proc. coll.* 2008/3, n° 40.
8. Froehlich et Sénéchal, « De l'ouverture et du déroulement de la liquidation judiciaire », *LPA*, n° sp., 9 févr. 2006, n° 29, p. 4 s., sp. p. 5.
9. Ord. n° 2008-1345, 18 déc. 2008, préc.
10. Com. 11 déc. 2001, n° 99-10.238, préc. (v. s^s^ prés^t^ n°) – Com. 19 févr. 2002, n° 96-22.702, préc. (v. s^s^ prés^t^ n°).

cédure. Il en est ainsi d'un plan de cession arrêté sous l'empire de la législation du 25 janvier 1985[1], et dont les opérations n'ont pas été clôturées. Le créancier, qui assigne en redressement judiciaire le débiteur dont l'entreprise a été cédée, abuse de son droit d'agir en persistant à faire abstraction de la procédure encore en cours[2]. Il en ira de même de l'ouverture d'un redressement judiciaire et de l'arrêté d'un plan de continuation tant que les opérations de ce plan ne seront pas terminées.

Le fait que le jugement d'ouverture soit frappé d'un appel, dès lors qu'il est exécutoire de plein droit, sauf arrêt de l'exécution provisoire, n'a pas pour effet de modifier la règle et interdit l'ouverture d'une seconde procédure collective[3].

En application de l'article 618 du code de procédure civile, lorsque deux décisions, même non rendues en dernier ressort et dont aucune n'est susceptible d'un recours ordinaire, sont inconciliables, au regard du principe de l'unicité des procédures collectives, elles peuvent être frappées d'un pourvoi unique. Il y a alors lieu d'annuler l'une des deux décisions ou les deux. En matière de procédure collective, l'annulation d'une seule des deux décisions s'imposera.

Il pourra s'agir de la première[4], alors surtout que cette décision convertissant le redressement en liquidation judiciaire a été rendue pendant le délibéré de la décision de la cour d'appel ayant à connaître de la décision d'extension au débiteur du redressement judiciaire primitivement prononcé contre une autre personne[5]. Si le syndic de la première procédure, une liquidation des biens, a accompli des actes soumis au dessaisissement, et cela postérieurement à l'ouverture de la seconde procédure, une liquidation judiciaire, le liquidateur de la seconde procédure peut les régulariser en intervenant volontairement à la procédure[6].

La première décision peut être un jugement d'ouverture à titre de sanction alors que la seconde est une décision classique d'ouverture[7]. Il pourra tout aussi bien s'agir de la seconde, la solution ayant été posée en présence d'une liquidation judiciaire prononcée par la première décision, alors que la seconde avait prononcé le redressement judiciaire[8], ou encore le redressement *judiciaire suivi de la résolution du plan de continuation ayant entraîné la liquidation judiciaire*[9], en présence *de deux redressements* judiciaires[10], ou en présence de deux liquidations judiciaires[11]. Le liquidateur de la première procédure, non partie à la seconde, pourra la frapper de pourvoi, afin de faire cesser la contrariété des jugements[12].

La difficulté pourra cependant être réglée par une décision du président de la cour d'appel désignant la juridiction compétente. Cette décision s'imposera à la juridiction désignée et aux parties et rendra sans objet le pourvoi formé à l'encontre de ces deux décisions d'ouverture sur le fondement de l'article 618 du code de procédure civile[13].

Peu importe, à cet égard, que la seconde procédure ouverte le soit sur le fondement d'une activité distincte de la première procédure, ces activités fussent-elles soumises à un régime partiellement distinct. La solution a été posée à propos d'une personne déclarée en liquidation des biens sous l'empire de la loi du 13 juillet 1967[14]. Une seconde procédure ne pouvait être ouverte contre elle sur le fondement de l'article L. 624-1 du code de commerce, c'est-à-dire l'extension aux associés et membres indéfiniment et solidairement responsables du passif d'un groupement, la solution étant fondée sur le principe d'unité du patrimoine[15]. De même, sous l'empire de la loi du 25 janvier 1985, il a été jugé qu'une procédure ouverte contre un dirigeant social qui n'a pas exécuté la condamnation à combler le passif fait obstacle à l'ouverture contre cette même personne d'une seconde procédure sur le fondement de l'article L. 624-5 du code de commerce, alors même que l'exécution provisoire de la première procédure aurait été suspendue[16].

Il n'est pas possible de laisser subsister les effets d'une première procédure en cas d'ouverture d'une seconde, suite à la résolution du plan de continuation. La solution est évidemment applicable à la résolution d'un plan de sauvegarde ou de redressement.

Le principe d'unité du patrimoine et le principe « faillite sur faillite ne vaut » font obstacle à ce que

1. L. n° 85-98, 25 janv. 1985, préc.
2. Paris, 3ᵉ ch. A, 17 juin 2008, RG n° 07/14412, *Gaz. proc. coll.* 2008/4, p. 40, note Lebel; *Act. proc. coll.* 2008/15.
3. Com. 14 oct. 2014, n° 13-17.243, NP; n° 891 F-D; *Act. proc. coll.* 2014, comm. 315, note Vallansan; *BJE* 2015, 104, note Jazottes.
4. Com. 10 mars 2004, n° 02-15.220, NP – Com. 8 juin 2010, n° 09-15.222, NP; n° 631 F-D; RABAT PARTIEL PAR : Com. 4 mars 2014, n° 09-15.222, NP; n° 223 F-D.
5. Com. 30 nov. 2010, n° 010-14.421, NP.
6. Com. 10 févr. 2015, n° 12-17.511, NP, n° 144 F-D.
7. Com. 8 juin 2010, n° 09-15.222, NP; n° 631 F-D; RABAT PARTIEL PAR : Com. 4 mars 2014, n° 09-15.222, NP; n° 223 F-D.
8. Com. 17 nov. 2009, n° 08-21.246, NP, *Gaz. Pal.* 8-10 janv. 2010, nᵒˢ 8 et 9, p. 17, note Reille.
9. Com. 3 juill. 2012, n° 10-30.307, NP.
10. Com. 3 nov. 2010, n° 09-17.152, NP, *D.* 2010. 2768, note Lienhard.
11. Com. 30 mars 2010, n° 09-65.309, NP.
12. Com. 30 mars 2010, n° 09-65.309, NP.
13. Com. 3 oct. 2006, n° 05-12.834, NP, *Gaz. proc. coll.* 2007/1, p. 23, note Rohart-Messager; *LXB hebdo* n° 241, 20 déc. 2006, n° N4237A9S, note Le Corre.
14. L. n° 67-563, 13 juill. 1967, *JO* 14 juill., p. 7059.
15. Com. 4 févr. 2003, n° 00-14.636, NP, *Act. proc. coll.* 2003/6, n° 79, obs. Lucas; *LPA* 16 févr. 2004, n° 33, p. 7, note Lécuyer.
16. Com. 7 avr. 2004, n° 01-15.057, NP, *Dr. et proc.* 2004/5, p. 264, note Crocq.

les droits des créanciers d'une première procédure non clôturée puissent être affectés par la clôture d'une procédure subséquemment ouverte contre un même débiteur[1].

Une exception a cependant été posée au principe « faillite sur faillite ne vaut ». Il a été estimé que la procédure collective ouverte contre une personne physique ne faisait pas obstacle au prononcé d'une seconde procédure à titre de sanction, contre cette personne prise en sa qualité de dirigeant de droit ou de fait d'une personne morale placée en liquidation judiciaire, que ce soit pour inexécution de la décision de condamnation à combler le passif[2] ou pour faits visés à l'article L. 624-5 du code de commerce[3]. L'exception a pour objectif de ne pas entraver le régime des sanctions[4]. Au demeurant, la solution ne semble qu'une transposition de la règle posée par l'article 166 du décret du 27 décembre 1985[5] lorsqu'il est question de prononcer le redressement ou la liquidation judiciaire d'un dirigeant pour inexécution d'une condamnation à combler le passif, alors que cette personne est déjà sous le coup d'une précédente procédure collective[6]. Une seule procédure sera poursuivie, la plus ancienne, à moins que l'une seulement des deux procédures ne soit une liquidation judiciaire, auquel cas seule la liquidation judiciaire sera poursuivie. S'il y a bien ouverture de deux procédures, il n'y a, en revanche, pas coexistence de deux procédures.

La suppression des extensions sanctions par la loi du 26 juillet 2005 supprime la difficulté et donne toute sa force au principe législativement consacré de l'impossibilité d'ouverture de deux procédures contre une même personne.

La loi du 26 juillet 2005 pose explicitement une exception au principe « faillite sur faillite ne vaut ».

L'ouverture d'une procédure de sauvegarde, de redressement judiciaire ou de liquidation judiciaire demeurera possible en cas d'ouverture d'une procédure dite secondaire, en application du Règlement communautaire du 29 mai 2000[7], sur le territoire d'un autre État membre[8].

L'ordonnance du 9 décembre 2010[9] *portant adaptation du droit des entreprises en difficulté à l'entrepreneur individuel à responsabilité limitée*, crée une exception beaucoup plus notable au principe d'interdiction d'ouvrir plusieurs procédures collectives contre une même personne. La création de l'EIRL consacre la possibilité pour une même personne physique d'être à la tête de plusieurs patrimoines. Elle conduit inéluctablement à la possibilité de mise à l'écart du principe d'unicité de procédure et une nouvelle équation peut être posée, lorsqu'une personne physique exploite au moins une EIRL : une personne = plusieurs patrimoines = plusieurs procédures collectives.

La nouveauté est grande, qui consiste à rendre possible l'ouverture de procédures collectives multiples au bénéfice ou à l'encontre d'une même personne physique : l'une peut être ouverte contre l'EIRL, l'autre au titre de l'activité exercée au titre du patrimoine non affecté, voire l'ouverture d'une procédure collective par EIRL, qui peut, en outre, se combiner avec l'ouverture d'une procédure collective au titre du patrimoine non affecté.

Il faut toutefois prendre à garde à ne pas considérer le principe d'unicité de procédure comme purement et simplement écarté. D'abord, il continue à avoir pleine vocation à s'appliquer en présence d'un débiteur qui n'a pas constitué d'EIRL. Ensuite, même si l'on raisonne sur un débiteur à la tête d'une EIRL, ce principe interdira d'ouvrir plusieurs procédures collectives à l'encontre d'un débiteur, au titre d'une même EIRL, ou au titre d'une seule et même activité exercée au titre d'un patrimoine non affecté.

233.44 Effets particuliers du jugement d'ouverture – Inéligibilité aux fonctions de juge consulaire. Le jugement d'ouverture de redressement ou de liquidation judiciaire rend inéligible aux fonctions de juge consulaire. La solution résulte de la combinaison des articles L. 413-3, alinéa 2 du code de l'organisation judiciaire et L. 713-1 et 713-3 du code de commerce[10].

L'inéligibilité concerne non seulement le débiteur lui-même, personne physique, mais encore le repré-

1. Com. 1er mars 2005, n° 03-17.953, NP.
2. Com. 4 janv. 2005, n° 03-14.150, *Bull. civ.* IV, n° 4; *D.* 2005. AJ 215, note Lienhard; *D.* 2005. Somm. 2011, obs. Lucas; *Gaz. proc. coll.* 2005/1, p. 26, obs. Lucas; *Act. proc. coll.* 2005/2, n° 25 note Régnaut-Moutier; *JCP E* 2005. Chron. 639, n° 16, obs. Pétel; *Dr. et patr.* 2005/4, p. 115, n° 3676, obs. Monsérié-Bon; *Rev. sociétés* 2005. 451, note Bonneau; *Defrénois* 2005. 1000, Chron. 38177, n° 6, note Gibirila; *RJ com.* 2005/3, p. 270, note Sortais; *Rev. proc. coll.* 2005/4, p. 385, n° 3, obs. Martin-Serf; *Bull. Joly* 2005. 571, § 129, note Sénéchal; *Rev. proc. coll.* 2006/1, p. 47, n° 2, obs. Lebel; *Dr. et proc.* 2005/3, p. 158, note Le Corre; *LXB hebdo* n° N4881ABE, note Le Corre.
3. Com. 7 juin 2005, n° 03-11.229, *Bull. civ.* IV, n° 126; *D.* 2005. AJ 1697, obs. Lienhard; *D.* 2006. Somm. 87, obs. Le Corre; *JCP E* 2005. Chron. 1274, n° 168, obs. Pétel; *JCP E* 2005. 1413, note Cerati-Gauthier; *Act. proc. coll.* 2005/13, n° 161, note Vallansan; *Rev. sociétés* 2005. 906, note Le Corre; *LXB hebdo* n° N6689AIL, note Le Corre – Com. 8 sept. 2015, nos 13-27.969, 14-12.174, NP; n° 734 FS-D.
4. Lienhard, note ss Com. 4 janv. 2005, n° 03-14.150, *D.* 2005. AJ 215.
5. D. n° 85-1388, 27 déc. 1985, préc.
6. Obs. Pétel, *JCP E* 2005. Chron. 639, n° 16.
7. Règl. (CE) n° 1346/2000, Conseil, 29 mai 2000 relatif aux procédures d'insolvabilité, *JOCE L* 160, 30 juin, p. 1.
8. *Rapp. J.-J. Hyest*, n° 335, p. 158 et 159.
9. Ord. n° 2010-1512, 9 déc. 2010, préc.
10. Civ. 2e, 10 oct. 2002, n° 01-01.642, *Bull. civ.* IV, n° 31; *JCP E* 2003. Jur. 1556, note Legros; *RTD com.* 2004. 516, n° 4, obs. Champaud et Danet.

sentant légal, le dirigeant qui n'est pas le représentant légal, tel l'administrateur d'une société anonyme, ainsi que le représentant à titre de mandataire ou par défaut[1].

SECTION 233.50
VOIES DE RECOURS À L'ENCONTRE DU JUGEMENT D'OUVERTURE

233.51 Acquisition du caractère définitif du jugement d'ouverture – Impossibilité de rétracter le jugement d'ouverture sur demande du débiteur. Le jugement d'ouverture deviendra définitif par la notification du greffier ou par la signification du créancier assignant ainsi que par sa publication au *Bodacc*, selon que la voie de recours intéresse les parties ou les tiers.

Avant que la décision ne devienne définitive, le tribunal ne peut rétracter sa décision, au prétexte que l'intéressé peut, quelques jours après le jugement d'ouverture, payer son passif[2].

Observons toutefois que, depuis la loi de sauvegarde des entreprises[3], il est possible de mettre fin aux opérations de sauvegarde si les difficultés de nature à conduire à la cessation des paiements, critère d'ouverture de la sauvegarde, ont disparu, ainsi que de clôturer le redressement judiciaire sur la démonstration de la possibilité du paiement du passif exigible, ce que la jurisprudence, sous la législation antérieure, avait déjà admis (v. s^s^ n° 592.22).

233.52 Appel du jugement d'ouverture. La voie de recours ouverte aux parties est l'appel. Il en résulte la fermeture de l'opposition, par application de l'article 473, alinéa 2 du code de procédure civile[4].

L'appel est réglementé, sous l'empire de la législation antérieure à la loi de sauvegarde des entreprises[5], par l'article L. 623-1, I du code de commerce (anc^t^ L. 25 janv. 1985[6], art. 171-1) en ces termes : « Sont susceptibles d'appel ou de pourvoi en cassation :

1° Les décisions statuant sur l'ouverture de la procédure de la part du débiteur, du créancier poursuivant ainsi que du ministère public, même s'il n'a pas agi comme partie principale. »

Si le débiteur est une personne morale, l'appel supposera une démarche du dirigeant habilité à représenter celle-ci en justice. Le dirigeant démissionnaire ne peut plus faire appel, alors même que sa démission ne serait pas encore publiée. En revanche, il peut former une tierce opposition[7]. Le dirigeant de fait, qui ne représente pas la société, est irrecevable à former appel du jugement d'ouverture[8]. L'acte de déclaration d'appel rédigé par l'avoué sera important. Il devra contenir l'indication du dirigeant, représentant la personne morale, l'appel formé au nom d'un administrateur de société anonyme ayant été déclaré irrecevable[9]. Est identiquement irrecevable l'appel d'un simple associé[10], tel l'associé d'une société civile professionnelle[11], fut-il majoritaire[12]. La privation du droit d'appel entraînait, sous l'empire de la législation antérieure à la loi de sauvegarde, l'impossibilité de faire appel d'un jugement rejetant la tierce opposition[13]. La solution ne serait plus la même, sous l'empire de la loi de sauvegarde des entreprises (v. s^s^ n° 233.54).

Une difficulté particulière se présentait, sous l'empire de la loi du 25 janvier 1985, lorsque le débiteur était une société placée en liquidation judiciaire. Sa dissolution rendait irrecevable le recours formé par son ancien représentant légal (v. s^s^ n° 553.32).

L'associé est parfois recevable à former tierce opposition (v. s^s^ n° 233.54).

Les institutions représentatives du personnel, qui peuvent faire appel du jugement de conversion du redressement en liquidation judiciaire, ne peuvent en revanche interjeter appel du jugement d'ouverture. La solution était posée même en présence d'une liquidation judiciaire[14].

De même, le liquidateur ne peut former un appel ou un pourvoi en cassation à l'encontre d'une décision disant n'y avoir lieu à ouverture de la procédure collective[15].

1. Legros, note s^s^ Civ. 2e, 10 oct. 2002, n° 01-01.642, *JCP E* 2003. Jur. 1556.
2. CHAPUT, n° 288.
3. L. n° 2005-845, 26 juill. 2005, préc.
4. CHAPUT, n° 287 – RIPERT ET ROBLOT, n° 2910.
5. L. n° 2005-845, 26 juill. 2005, préc.
6. L. n° 85-98, 25 janv. 1985, préc.
7. Com. 12 mai 2015, n° 14-12.483, *Bull. civ.* IV [à paraître]; *BJE* sept. 2015, 301, note Favario.
8. Com. 4 mars 2008, n° 06-16.340, NP, *Gaz. proc. coll.* 2008/3, p. 35, note Fricero; *Rev. proc. coll.* 2008, p. 49, n° 51, note Gorrias; *Rev. proc. coll.* 2008/3, p. 55, n° 133, note Staes.
9. Lyon, 3e ch. civ., 31 janv. 1992, RG n° 91/05803, *JurisData* 046586.
10. Orléans, ch. com., 3 juill. 2003, RG n° 03/00664, *RD banc. fin.* 2004, n° 81, obs. Lucas – Paris, 3e ch. A, 16 mai 2006, RG n° 2005/18137.
11. Com. 13 juin 2006, n° 05-12.748, NP, *Gaz. proc. coll.* 2006/4, p. 13, note Rohart-Messager.
12. Paris, 3e ch. B, 5 sept. 2003, RG n° 2002/21570.
13. Com. 14 déc. 1993, n° 90-19.382, *Bull. civ.* IV, n° 670 – Paris, 3e ch. A, 16 mai 2006, RG n° 2005/18137.
14. Paris, 3e ch. A, 26 sept. 2006, RG n° 2006/00136.
15. Com. 18 mars 2014, n° 12-26.390, *Bull. civ.* IV, n° 53; n° 292 F-P+B; *Act. proc. coll.* 2014/8, comm. 149, note Staes; *Rev. proc. coll.* 2014, comm. 95, note Cagnoli.

L'article L. 623-1, 1° du code de commerce, dans sa rédaction antérieure à la loi de sauvegarde des entreprises, prévoit, en son 2° que « les décisions statuant sur la liquidation judiciaire [sont susceptibles d'appel] de la part du débiteur, du créancier poursuivant, du représentant des créanciers, du comité d'entreprise ou, à défaut, des délégués du personnel ainsi que du ministère public même s'il n'a pas agi comme partie principale ». Ce texte visant « les décisions statuant sur la liquidation judiciaire » n'intéresse que les jugements de conversion du redressement en liquidation judiciaire[1] – le contraire ayant cependant été soutenu[2] –, ce que conforte la lettre du texte en visant, parmi les personnes ayant qualité, l'administrateur judiciaire et le représentant des créanciers, ce qui présuppose que la procédure soit déjà ouverte. Il s'en déduit que si le comité d'entreprise ou les délégués du personnel ont qualité, sous l'empire de la législation antérieure à la loi de sauvegarde des entreprises, pour former appel à l'encontre de la décision convertissant le redressement en liquidation judiciaire, ils en sont dépourvus pour interjeter appel à l'encontre du jugement d'ouverture de la liquidation judiciaire[3].

Alors que le 1° du I de l'article L. 661-1 du code de commerce, dans la rédaction issue de la loi de sauvegarde des entreprises, s'intéressait non seulement aux décisions statuant sur la sauvegarde et le redressement judiciaire, mais encore à celles statuant sur la liquidation judiciaire, l'article 146 de l'ordonnance du 18 décembre 2008[4] isole, dans un 2° du I de l'article L. 661-1 du code, le cas des décisions statuant sur l'ouverture de la liquidation judiciaire. Il énonce que sont susceptibles d'appel et de pourvoi en cassation, « Les décisions statuant sur l'ouverture de la liquidation judiciaire de la part du débiteur, du créancier poursuivant, du comité d'entreprise ou, à défaut, des délégués du personnel et du ministère public ». Il ajoute ainsi, à la liste des personnes susceptibles de former un appel ou un pourvoi contre les décisions statuant sur la liquidation judiciaire – c'est-à-dire celles l'ouvrant, mais encore celles refusant de l'ouvrir –, les institutions représentatives du personnel.

Est-ce une innovation ? Le 2° du I de l'article L. 661-1 du code de commerce disposait, sous l'empire de la loi de sauvegarde des entreprises, que le comité d'entreprise ou, à défaut, des délégués du personnel, pouvait former appel et pourvoi à l'encontre des décisions statuant sur la liquidation judiciaire. La difficulté résultait en réalité du point de savoir ce qu'il fallait entendre par « décision statuant sur la liquidation », notion qui pouvait être opposée à celle utilisée par le 1° du I de l'article L. 661-1 du code de commerce, qui visait « Les décisions statuant sur l'ouverture des procédures de liquidation judiciaire ». Les premières semblaient intéresser les jugements de liquidation judiciaire sur conversion, alors que les secondes semblaient ne concerner que l'ouverture de la liquidation judiciaire immédiate. Les premières étaient susceptibles d'appel et de pourvoi en cassation de la part des institutions représentatives du personnel, non les secondes.

Le doute n'est désormais plus permis, dans la mesure où le 5° de l'article 146 de l'ordonnance du 18 décembre 2008 isole le problème des recours à l'encontre des décisions statuant sur la conversion en liquidation judiciaire. Désormais, de manière claire, les décisions statuant sur la liquidation judiciaire immédiate sont susceptibles d'appel et de pourvoi en cassation de la part des institutions représentatives du personnel. Les décisions statuant sur la conversion en liquidation judiciaire le sont identiquement. Au contraire, les décisions statuant sur les extensions de procédure ne sont pas susceptibles d'appel et de pourvoi en cassation de la part des institutions représentatives du personnel.

Si le débiteur a qualité pour interjeter appel du jugement de conversion du redressement en liquidation judiciaire, en revanche, il ne peut, sous l'empire de la législation antérieure à la loi du 26 juillet 2005, se contenter de discuter, dans les moyens au soutien de son appel, du rejet du plan de cession, puisqu'il n'a pas qualité pour interjeter appel de la décision rejetant le plan de cession (v. s^s^ n° 572.22)[5]. La solution a changé avec la loi du 26 juillet 2005, qui accorde au débiteur le droit de faire appel du jugement statuant sur le plan de cession.

Sous l'empire de la loi du 26 juillet 2005, l'article L. 661-1, I du code de commerce dispose que « sont susceptibles d'appel ou de pourvoi en cassation : 1° Les décisions statuant sur l'ouverture des procédures de sauvegarde, de redressement judiciaire et de liquidation judiciaire de la part du débiteur, du créancier poursuivant ainsi que du ministère public même s'il n'a pas agi comme partie principale ».

Un amendement tendait à prévoir la possibilité de recours pour les institutions représentatives du personnel, à l'encontre du jugement d'ouverture de la procédure de sauvegarde[6]. L'amendement a été rejeté sous la double observation que, d'une part, le déclenchement de la procédure doit être laissé au

1. Com. 20 mars 2001, n° 98-21.455, *Bull. civ.* IV, n° 64; *Dr. sociétés* 2001, n° 114, obs. Legros.
2. Pérochon et Bonhomme, 6e éd., n° 153.
3. Paris, 3e ch. A, 26 sept. 2006, RG n° 2006/00136.
4. Ord. n° 2008-1345, 18 déc. 2008, préc.
5. Com. 10 mai 2000, n° 97-19.759, *Bull. civ.* IV, n° 97; *Act. proc. coll.* 2000/11, n° 143, note Cagnoli.
6. Amend. n° 463, Interv. Jambu, *JOAN CR*, 2e séance du 3 mars 2005, p. 1645.

chef d'entreprise[1] et que, d'autre part, les institutions représentatives du personnel seront entendues lors de l'audience ayant à statuer sur l'ouverture de la procédure[2].

Que l'on soit sous l'empire de la législation antérieure à la loi de sauvegarde des entreprises ou sous l'empire de cette législation, l'ancien dirigeant de la société débitrice n'a pas qualité pour interjeter appel[3], même s'il peut encore faire l'objet de sanctions pécuniaires. Il devrait, en revanche, avoir qualité pour former une tierce opposition.

En cas d'appel d'un jugement de conversion, le principe même d'ouverture de la procédure ne pourra plus être discuté, si le jugement d'ouverture est devenu définitif[4].

L'appel pourra porter à la fois sur la conversion du redressement en liquidation judiciaire et sur l'ouverture de la procédure, si le jugement d'ouverture n'est pas encore définitif[5].

Mais l'appel pourrait ne porter que sur le jugement d'ouverture, même si le jugement de conversion du redressement en liquidation judiciaire est définitif, dès lors que l'anéantissement du premier jugement entraînerait, par voie de conséquence, mise à néant du second[6].

Le représentant des créanciers, devenu liquidateur, n'a pas qualité pour interjeter appel d'un jugement de liquidation fût-ce de celui rendu sur extension au membre ou associé indéfiniment et solidairement responsable du passif de la personne morale, de la procédure ouverte contre la personne morale[7]. Le représentant des créanciers de la première procédure ouverte contre le dirigeant ne peut davantage exercer de recours contre la décision ayant prononcé l'ouverture de la seconde procédure, une liquidation judiciaire, à titre de sanction. Il ne peut au plus qu'être intervenant volontaire accessoire, ce qui suppose que le dirigeant fasse lui-même le recours et ne s'en désiste pas[8].

De même, le représentant des créanciers désigné après ouverture d'une procédure de redressement judiciaire sans résolution du plan dont bénéficie le débiteur, ce qui au demeurant est contraire aux solutions jurisprudentielles en la matière (v. ss n° 524.13) – n'a pas qualité pour interjeter appel de ce jugement, fût-ce en nullité puisqu'il n'est pas partie à ce jugement d'ouverture[9].

Le liquidateur étant une partie au jugement prononçant la liquidation judiciaire ne peut évidemment former tierce-opposition[10].

Si la procédure a été ouverte sur assignation d'un créancier, le débiteur appelant devra l'intimer[11].

Par principe, l'appel des décisions rendues en matière de procédure collective est formé dans les dix jours de la notification de la décision aux parties. Cependant, les délais d'appel de dix jours ouvert au procureur de la République et celui de quinze jours ouvert au procureur général courent de la réception par le procureur de la République de l'avis qui lui est donné de la décision. L'alinéa 4 de l'article R. 661-3 du code de commerce est modifié par l'article 115 du décret du 12 février 2009[12]. Il en résulte que le délai d'appel du parquet général est, pour les procédures ouvertes à compter du 15 février 2009, le même que celui du procureur de la République, alors qu'il était auparavant de quinze jours. Son point de départ reste en revanche, inchangé.

Une difficulté se présente cependant pour déterminer le délai d'appel, lorsque la décision refuse l'ouverture de la procédure sur l'assignation d'un créancier. Le délai de principe du droit des entreprises en difficulté de dizaine doit-il être respecté ? L'articulation de la loi et du décret, qui s'exprime en termes généraux en visant les décisions susceptibles d'appel, et spécialement les dispositions de l'alinéa 1 de l'article R. 661-3 du code de commerce, semblent conduire à une réponse positive[13].

233.53 Appel limité. L'appel peut être limité à certains chefs du jugement d'ouverture. Ainsi, l'ouverture de l'appel au créancier assignant peut être exactement comprise. Si la procédure est ouverte, il n'a pas succombé. L'appel lui est donc fermé. Il ne pourra, en conséquence, s'agir que d'un appel limité

1. Interv. de Roux, *JOAN CR*, 2e séance du 3 mars 2005, p. 1645.
2. Interv. Perben, *JOAN CR*, 2e séance du 3 mars 2005, p. 1645.
3. Paris, 3e ch. C, 7 mars 2003, RG n° 2002/16871, *RD banc. fin.* 2003, n° 145, obs. Lucas – Paris, 3e ch. B, 5 sept. 2003, RG n° 2002/21570.
4. Com. 19 nov. 2003, n° 01-02.529, NP, *Act. proc. coll.* 2004/1, n° 13; *RD banc. fin.* 2004, n° 73, obs. Lucas.
5. Com. 3 déc. 1996, n° 94-18.789, *Bull. civ.* IV, n° 303; *Rev. proc. coll.* 1998, p. 413, n° 8, obs. Cadiou.
6. Com. 1er oct. 2002, n° 98-21.681, NP, *Act. proc. coll.* 2002/19, n° 258; *Rev. proc. coll.* 2004, p. 45, n° 6, obs. Lebel.
7. Com. 20 mars 2001, nos 98-19.014, 98-21.455, *Bull. civ.* IV, n° 64; *D.* 2001. AJ 1469; *Act. proc. coll.* 2001, n° 117; *Rev. sociétés* 2002. 754, note Guyon; *Dr. sociétés* 2001, n° 114, note Legros; *Dr. et patr.* 2001, 113, obs. Monsérié-Bon.
8. Com. 3 mai 2006, n° 04-18.394, NP.
9. Com. 10 mai 2005, n° 03-12.895, NP, *Gaz. proc. coll.* 2005/3, p. 15, obs. Lebel.
10. Rennes, 2e ch. com., 21 nov. 2001, *Act. proc. coll.* 2002/13, n° 175.
11. Com. 28 avr. 1998, n° 96-18.741, *Bull. civ.* IV, n° 135; *Act. proc. coll.* 1998/2, n° 31; *JCP E* 1998. Pan. 972 – Riom, 27 nov. 1996, *Rev. proc. coll.* 1998, p. 235, n° 24, obs. Cadiou.
12. D. n° 2009-160, 12 févr. 2009, préc.
13. EN CE SENS AUSSI : VALLENS, 2015, tableau n° 4859.

à la seule fixation de la date de cessation paiements[1].

Le débiteur, qui a sollicité l'ouverture de procédure, n'est pas davantage recevable à faire appel du jugement d'ouverture[2], à moins de faire appel limité, par exemple à la fixation de la date de cessation des paiements[3] (v. aussi s^s n° 222.36). Ainsi le débiteur ne peut faire un appel limité à la seule désignation du représentant des créanciers[4], puisqu'il n'a pas qualité pour faire appel de la décision de nomination de cet organe (v. s^s n° 351.6). La même solution s'imposerait pour le créancier assignant, désirant limiter son appel à la seule nomination d'un administrateur judiciaire. Le fait que, dans la procédure de sauvegarde, le débiteur puisse, pour les procédures ouvertes à compter du 15 février 2009, proposer le nom d'un administrateur judiciaire ne semble pas de nature à infléchir le principe selon lequel le débiteur ne peut former un recours sur la désignation et le remplacement des organes.

233.54 Tierce opposition à l'encontre du jugement d'ouverture[5] – assimilation du jugement d'extension à un jugement d'ouverture. Les personnes qui ne sont pas des parties au jugement d'ouverture sont recevables à former une tierce opposition. Il en est ainsi du dirigeant démissionnaire, peu important que sa démission n'ait pas été publiée[6], la cour d'appel, dont la décision a été cassée dans cette affaire, ayant décidé le contraire[7].

La recevabilité de la tierce opposition suppose cependant que la cour d'appel ne soit pas saisie d'un appel. S'il y a eu désistement de l'appel, la tierce opposition redevient recevable[8].

Il a été jugé que la veuve du débiteur, irrecevable à faire appel, peut former une tierce opposition[9].

Le conjoint collaborateur a intérêt à faire tierce opposition au jugement d'ouverture de la procédure à l'encontre de son époux, dès lors que, dans le cadre de la procédure de divorce, la jouissance du fonds de commerce et de l'immeuble d'habitation situé au-dessus du fonds de commerce, dont il est propriétaire à hauteur de 40 %, lui est attribuée, car l'ouverture de la procédure collective porte atteinte à ses droits tant de gestion que de propriété[10].

Une difficulté se présente pour l'associé de la personne morale débitrice. En effet, il est représenté à l'instance par le dirigeant social, ce qui a, dans un premier temps, conduit la jurisprudence à lui fermer la voie de la tierce opposition, en application de l'article 583 du code de procédure civile[11].

La gravité de l'ouverture d'une liquidation judiciaire pour l'associé qui répond des dettes sociales a conduit la Cour de cassation à modifier sa position[12]. La recevabilité de la tierce opposition a ainsi été admise pour l'associé d'une société civile professionnelle par exemple un huissier[13], à une époque où la responsabilité des associés de société civile professionnelle était solidaire et indéfinie.

La même solution vaut pour l'associé d'une société civile immobilière. Le droit effectif au juge implique, selon la Cour de cassation, « que l'associé d'une société civile immobilière, qui répond indéfiniment des dettes sociales à proportion de sa part dans le capital social, soit recevable à former une tierce opposition à l'encontre du jugement ouvrant la liquidation judiciaire de la société civile immobilière »[14]. Or le droit effectif au juge, norme européenne supérieure aux lois et décrets du droit interne, l'emporte sur le principe posé par l'article 583 du code de procédure civile. La justification de la Cour de cassation a été critiquée. Selon un auteur, il aurait été préférable de mettre en avant le caractère artificiel de la représentation de l'associé par la société à l'instance d'ouverture de la procédure collective[15].

1. ILLUSTR. : Com. 26 janv. 2010, n° 09-12.081, NP.
2. Bordeaux, 2e ch., 11 janv. 2012, RG n° 11/02728, *Rev. proc. coll.* 2012, p. 32, n° 21, note Mélin-Soucramanien.
3. AINSI : Riom, 27 nov. 1996, *Rev. proc. coll.* 1998, p. 245, n° 45, obs. Cadiou.
4. Douai, 2e ch. civ., 16 déc. 1993, *Caron c/Poulain*, cité par SOINNE, note 1989-1.
5. SUR LA QUESTION : Fricero, « Tierce opposition et procédures collectives », *LPA* 28 nov. 2008, n° 239, p. 26 s.
6. Com. 12 mai 2015, n° 14-12.483, *Bull. civ.* IV [à paraître]; *BJE* sept. 2015, 301, note Favario; *Dr. sociétés* 2015, comm. 137, note Legros.
7. Paris, pôle 5, 8e ch., 28 janv. 2014, RG n° 13/04432, *Dr. sociétés* 2015, comm. 56, note Legros.
8. Paris, 3e ch. A, 13 juin 2006, RG n° 2005/25504.
9. Com. 13 nov. 2001, n° 98-22.457, NP, *Rev. proc. coll.* 2003, p. 109, n° 14, obs. Gorrias.
10. Paris, pôle 5, 9e ch., 23 févr. 2012, RG n° 11/18845.
11. AINSI : Com. 15 juill. 1975, n° 74-12.308, *Bull. civ.* IV, n° 207 – Civ. 3e, 29 mars 2000, n° 98-18.520, *Bull. civ.* III, n° 76 – Com. 23 mai 2006, n° 04-20.149, *Bull. civ.* IV, n° 129.
12. *Rapp. C. cass.* 2006, p. 355 – SUR LA QUESTION : Cérati-Gauthier, « Loi de sauvegarde des entreprises du 26 juillet 2005 : associés de la société débitrice et voies de recours », *JCP E* 2008. 1716, sp. n°s 12 s.
13. Com. 13 juin 2006, n° 05-12.748, NP, *Gaz. proc. coll.* 2006/4, p. 13, note Rohart-Messager.
14. Com. 19 déc. 2006, n° 05-14.816, *Bull. civ.* IV, n° 254; n° 1498 FS-P+B+I+R; *D.* 2007. AJ 157, obs. Lienhard; *Gaz. proc. coll.* 2007/2, p. 24, note Lebel; *JCP E* 2007. 1186, note Cholet et 1450, p. 19, n° 1, obs. M. Cabrillac; *Bull. Joly*, févr. 2007, éditorial, note Lucas; *Bull. Joly* 2007. 466, § 122, note Cagoli et Vallansan; *Dr. sociétés* 2007, n° 24, note Lucas; *Rev. sociétés* 2007. 401, note Bonneau; *Defrénois* 2007. 890, n° 7, note Gibirila; *JCP E* 2007. 1877, p. 35, n° 9, obs. Caussain, Deboissy et Wicker; *Rev. proc. coll.* 2007/3, p. 169, n° 16, obs. Lebel; *LXB hebdo* 17 janv. 2007, n° N7781A93, note Le Corre – Com. 26 juin 2010, n° 09-14.241, NP, *D.* 2010. 1782, note Lienhard.
15. Lucas, note s^s Com. 19 déc. 2006, n° 05-14.816, *Bull. Joly* févr. 2007, éditorial.

Il a été remarqué que la Cour de cassation n'avait pas visé le jugement d'ouverture de la procédure collective, mais seulement le jugement de liquidation judiciaire[1]. Or ce jugement permettra seul la poursuite des associés de la société civile immobilière. En conséquence, il est probable que l'associé d'une telle société soit irrecevable à former tierce opposition à l'encontre du jugement ouvrant la sauvegarde ou le redressement judiciaire. Sa qualité ne serait pas en cause, mais son défaut d'intérêt à agir pourrait être discuté, puisqu'il ne serait pas actuel[2].

La Cour de cassation a encore admis la recevabilité de la tierce opposition émanant d'une personne, qui avait la double qualité d'associée et de loueur d'un fonds de commerce, dont les droits étaient affectés par le jugement de liquidation judiciaire, dans lequel il avait été décidé que le fonds de commerce et les salariés qui lui étaient attachés feraient retour au loueur, au terme de la poursuite provisoire d'activité autorisée en liquidation judiciaire. La tierce opposition a été déclarée recevable du chef de la qualité de cocontractant dont les droits se trouvaient affectés, non du chef de la qualité d'associée[3].

Les créanciers auront également qualité pour former une tierce opposition, à l'exception du créancier assignant, qui est une partie, et qui est donc recevable à former appel. Étant des tiers, ils ne sauraient avoir qualité pour faire appel, fut-ce aux fins d'obtenir la nullité du jugement d'ouverture[4], cependant qu'ils sont recevables à intervenir en cause d'appel du jugement d'ouverture[5].

En présence d'un débiteur entrepreneur individuel à responsabilité limitée, la tierce opposition à l'encontre du jugement d'ouverture ne pourra émaner que de créanciers du patrimoine concerné par la procédure collective. L'intérêt à agir justifie la solution.

Dans la sauvegarde financière accélérée, les créanciers autres que ceux membres du comité des établissements de crédit ou obligataires, ne semblent pas davantage recevables à exercer une tierce-opposition, faute d'intérêt à agir.

La recevabilité de la tierce-opposition de la part des créanciers résultait, sous l'empire de la loi du 25 jan 1985[6] dans sa rédaction initiale, du silenc la loi. Puisqu le code de commerce n'avais explicitement ermé la voie de recours, celle-cvait être ouverte[7]. Depuis la loi du 10 juin 1994[8] les décisions statuant sur l'ouverture de la procée sont susceptibles de tierce opposition » (L. 25nv. 1985, art. 171-1, devenu C. com., art. L. 62). La loi de sauvegarde des entreprises[9] reconit la solution (C. com., art. L. 661-2, al. 1er), en l'dant au jugement d'ouverture de la procédure sauvegarde.

Fa-il limiter l'ouverture de cette voie de recours aux éanciers privilégiés ou peut-on aussi l'admettre profit des créanciers chirographaires ?

Ifaut d'abord bserver que le créancier, fût-il chigraphaire, a, qualité à agir, car il n'est pas représené à l'instance d'ouverture[10], par le représentant descréanciers – mandataire judiciaire – celui-ci n'entrant en fonction qu'une fois le jugement d'ouverture rendu[11].

Dans une vision classique, il est toutefois estimé que les créanciers sont représentés par le débiteur au prétexte d'une prétendue communauté d'intérêts, difficilement justifiable toutefois lorsqu'il est question pour un créancier de discuter l'ouverture de la procédure collective de son débiteur[12]. Une juridiction du fond a d'ailleurs clairement jugé que le créancier n'était pas représenté par le débiteur dans le cadre de l'ouverture d'une procédure de sauvegarde[13]. La solution avait été posée antérieurement pour les procédures de redressement et de liquidation judiciaires[14].

Mais d'autres obstacles tirés du droit commun de la tierce opposition posé par l'article 583 du code de procédure civile peuvent encore conduire à la rendre irrecevable. Les créanciers ne peuvent agir que dans deux cas : la fraude à leurs droits ou le fait d'invoquer des moyens qui leur sont propres.

Si l'on excepte l'hypothèse de la fraude, la difficulté tient au fait que le créancier chirographaire

1. Lienhard, obs. ss Com. 19 déc. 2006, n° 05-14.816, *D.* 2007. AJ 157.
2. Lebel, obs. ss Com. 19 déc. 2006, n° 05-14.816, *Gaz. proc. coll.* 2007/2, p. 24.
3. Com. 7 févr. 2012, n° 10-26.626, *Bull. civ.* IV, n° 30; n° 179 FS-P+B; *D.* 2012. Actu. 494, obs. Lienhard; *Gaz. Pal.* 28 avr. 2012, n° 118, p. 14, note Reille; *Rev. proc. coll.* 2012, comm. 128, note Roussel Galle.
4. Com. 19 nov. 1996, n° 94-19.533, *Bull. civ.* IV, n° 279; *LPA* 1998, n° 57, p. 27, note Courtier.
5. Paris, 3e ch. C, 20 juin 1997, *Rev. proc. coll.* 1998, p. 231, n° 13, obs. Cadiou.
6. L. n° 85-98, 25 janv. 1985, préc.
7. SAINT-ALARY-HOUIN, 4e éd., n° 460.
8. L. n° 94-475, 10 juin 1994, préc.
9. L. n° 2005-845, 26 juill. 2005, préc.
10. AINSI : T. com. Paris, 1re ch. A, 15 janv. 2007, RG n° 2006/058654, *D.* 2007. AJ 313, obs. Lienhard.
11. RAPPR. : VALLENS, 2015, n° 3132.
12. RAPPR. : Cagnoli, note ss Paris, 3e ch. B, 29 nov. 2007, RG n° 07/05754, *Act. proc. coll.* 2008/3, n° 50.
13. Paris, 3e ch. B, 29 nov. 2007, RG n° 07/05754, *D.* 2008. AJ 12, obs. Lienhard; *JCP E* 2008. 1087, note Schoastique; *Act. proc. coll.* 2008/3, n° 50, note Cagnoli; *Dr. et patr.* 2008, n° 172, p. 104, note Saint-Alary-Houin; *RTD com.* 2008. 424, obs. Vallens; CASSÉ pour un autre motif par : Com. 30 juin 2009, n° 08-11.902, *Bull. civ.* IV, n° 88; n° 661 FS-P+B+R.
14. Paris, 3e ch. A, 17 févr. 2004, RG n° 2003/10109.

n'a, par principe du moins, pas d'intérêt distinct de celui de la collectivité des créanciers, représentée par le représentant des créanciers – mandataire judiciaire. Son absence d'intérêt à agir conduira par principe à l'irrecevabilité de son recours[1]. La solution avait spécialement été posée à l'encontre de créanciers tiers opposants à la procédure de sauvegarde dans le dossier Eurotunnel[2].

Le créancier chirographaire, pour former tierce opposition à l'encontre du jugement d'ouverture, doit donc invoquer des moyens propres, et pour cela, doit démontrer un intérêt distinct de celui de la collectivité des créanciers. Il faut qu'il prouve que l'ouverture de la procédure aura pour lui des conséquences inconnues des autres créanciers chirographaires.

Il en est ainsi, dans la procédure de sauvegarde, pour l'assureur-crédit, car l'ouverture de la procédure constitue un des faits générateurs du risque d'impayés qu'il a accepté de supporter[3]. Ce type de créanciers devra cependant articuler des moyens sérieux de fond, sauf à s'exposer à des dommages et intérêts s'ils rendent plus difficile la poursuite d'exploitation, du fait de leur recours, mais il appartient au débiteur de justifier du préjudice exact subi s'il veut prétendre à une indemnisation[4].

Il en est de même pour un créancier bénéficiant d'un cautionnement émanant d'une personne physique, lorsqu'il conteste la procédure choisie, une sauvegarde, alors que, au jour de l'ouverture de cette procédure, il y avait cessation des paiements[5].

Il en est également ainsi, dans la procédure de sauvegarde, lorsque cette procédure est sollicitée aux fins de faire échec à l'impossibilité juridique dans laquelle le débiteur se trouve d'imposer unilatéralement la modification d'un contrat de prêt, en obtenant indirectement, mais nécessairement, du juge, par le seul effet de l'ouverture de la procédure sollicitée, la suspension des clauses contractuelles, qu'il n'avait pas antérieurement réussi à faire modifier d'un commun accord avec son cocontractant à la suite du refus d'un créancier de reporter les échéances d'un prêt[6].

Il n'y a pas d'intérêt distinct pour un créancier qui forme une tierce opposition contre le jugement plaçant le débiteur en liquidation judiciaire, s'il se contente de soutenir que sa seule chance d'être payé serait que le débiteur obtienne un plan de continuation. *C'est en effet également le désir de tous les* créanciers chirographaires et il n'y a donc ici pas un intérêt distinct de celui de la collectivité des créanciers justifiant la recevabilité de la tierce opposition[7].

Dans une première phase, les juridictions du fond n'avaient pas articulé la réglementation de la tierce opposition avec le Règlement communautaire du 29 mai 2000[8]. On peut ainsi faire état d'une décision du tribunal de commerce de Lons-le-Saunier, qui avait dénié à des créanciers espagnols, le droit de former une tierce opposition à l'encontre du jugement d'ouverture d'une sauvegarde, alors qu'ils contestaient la compétence du tribunal[9].

Rapidement, il est apparu que les principes régissant la tierce opposition devaient être combinés avec les principes du Règlement communautaire du 29 mai 2000 et le droit d'accès au juge résultant de l'article 6 § 1 de la Convention EDH. Il s'agit, comme

1. Paris, 3e ch. A, 17 févr. 2004, RG no 2003/10109.
2. Paris, 3e ch. B, 29 nov. 2007, RG no 07/05754, préc. (v. ss préSt no) – *Adde*, CRITIQUANT la solution retenue : Menjucq, « Réflexions critiques sur les arrêts du 29 novembre 2007 de la cour d'appel de Paris dans l'affaire Eurotunnel », *Rev. proc. coll.* 2008, p. 9; CASSÉ par : Com. 30 juin 2009, no 08-11.902, *Bull. civ.* IV, no 88; no 661 FS-P+B+R.
3. Lyon, 3e ch. civ., 31 mai 2006, RG no 2006/02245, *Gaz. proc. coll.* 2006/4, p. 5, note Lebel; *JCP E* 2006. 379, p. 1509, note Roussel Galle; *Rev. proc. coll.* 2006, p. 253, obs. Roussel Galle; *RTD com.* 2006. 675, no 12, obs. Vallens; *RJ com.* 2007. 71, note Sortais.
4. Lyon, 3e ch. civ., 31 mai 2006, RG no 2006/02245, préc. (v. ss prést no).
5. Caen, 2e ch. civ. et com., 24 janv. 2013, RG no 11/03631, *Act. proc. coll.* 2013/5, comm. 59, note Vallansan.
6. Paris, pôle 5, 9e ch., 25 févr. 2010, RG no 09/22756, *D.* 2010. AJ 579, obs. Dammann et Podeur; *Gaz. Pal.* 16, 17 avr. 2010, nos 106, 107, p. 13, note Le Corre; *Bull. Joly* 2010. 211, note Lucas; *Act. proc. coll.* 2010, no 112, note Saintourens; *JCP E* 2010. Chron. 1742, no 1, obs. Pétel; *JCP E* 2010. 1475, note Saintourens; *RD banc. fin.* 2010, no 94, note Cerles; *Rev. proc. coll.* 2010, no 152, p. 46, note Saintourens; *LPA* 9 mars 2010, no 48, p. 12, note Teboul; *Dr. et patr.* 2010, no 196, p. 85, note Saint-Alary-Houin et Monsérié-Bon – *Adde*, Menjucq, « Affaire *Heart of La Défense* : incertitude sur le critère d'ouverture de la procédure de sauvegarde », *Rev. proc. coll.* 2010/3, no 11, p. 13 : ET SUR POURVOI : Com. 8 mars 2011, nos 10-13.988, 10-13.989, 10-13.990, *Bull. civ.* IV, no 33; no 240 FS-P+B+R+I; *D.* 2011. Actu. 743, obs. Lienhard; *D.* 2011. Jur. 919, note Le Corre; *D.* 2011. Pan. 2069, obs. Lucas; *Gaz. Pal. entr. diff.* 1-2 avr. 2011, p. 7, note Reille; *JCP E* 2011. 1215, note Couret et Dondéro; *Act. proc. coll.* 2011, no 106, note Saintourens; *JCP E* 2011. Chron. 1263, no 1, obs. Pétel; *Rev. proc. coll.* 2011. Repère 2, note Menjucq; *Bull. Joly* 2011. 281, obs. Lucas; *Rev. sociétés* 2011. note Roussel Galle; *Rev. sociétés* 2011. 404, note Grelon; *Procédures* 2011, no 179, note Rolland; *RTD com.* 2011. 420, no 8, obs. Vallens; *Dr. et patr.* 2011, no 206, note Saint-Alary Houin; *Dr. sociétés* 2011, no 160, note Legros; *LPA* 19 juill. 2011, no 142, p. 7, note Thomassin; *LXB hebdo* 17 mars 2011, no 243, note Le Corre-Broly.
7. Paris, 3e ch. B, 8 déc. 2005, RG no 2004/22940.
8. Règl. (CE) no 1346/2000, Conseil, 29 mai 2000, préc.
9. T. com. Lons le Saunier, 7 sept. 2007, cité *in* Martinez, « La mise en œuvre des procédures d'insolvabilité d'un groupe français implanté en Espagne », *Rev. proc. coll.* 2009, étude 20, no 4.

il a été écrit, « de concilier une perception universelle du droit à l'accès au juge avec une conception française de la notion de tiers auquel est ouverte la tierce opposition »[1]. Se fondant sur ces deux règles, la Cour de cassation, dans le dossier Eurotunnel a censuré l'arrêt de la cour d'appel de Paris[2], qui avait dénié aux créanciers étrangers le droit de former une tierce-opposition, dès lors qu'ils ne démontraient pas une fraude et ne faisaient pas état d'un moyen propre. La Cour de cassation pose en règle que « les créanciers domiciliés dans un État membre autre que celui de la juridiction qui a ouvert une procédure d'insolvabilité ne peuvent être privés de la possibilité effective de contester la compétence assumée par cette juridiction »[3]. Les créanciers étrangers ne pourront donc former une tierce-opposition que pour contester la compétence, non les conditions de fond d'ouverture de la procédure[4]. Ainsi, si les principes de droit commun selon lesquels la tierce opposition ne peut être invoquée qu'en cas de fraude ou de moyen propre subsistent, en droit interne, il en va différemment pour des créanciers domiciliés dans un État membre différent de celui de l'ouverture de la procédure collective transnationale, en application du Règlement communautaire. À cet égard, il n'est pas neutre d'observer que la Cour de cassation, dans le dossier Eurotunnel, n'a pas visé l'article 583 du code de procédure civile. En revanche, le visa de l'article 6 § 1 de la Convention EDH impose de considérer que la solution posée ne pourrait l'être si les créanciers étrangers n'étaient pas ressortissants de l'Union européenne. La cour d'appel de renvoi a cru devoir compléter l'analyse en observant que le créancier étranger a nécessairement un intérêt spécifique, qui ne se confond pas avec celui du débiteur ou celui de la collectivité des créanciers[5]. Cette précision nous semble inopérante, dès lors que la question de l'intérêt *distinct n'est pas*, pour la Cour de cassation qui écarte le droit commun de l'article 583 du code de procédure civile, une condition de recevabilité de la tierce-opposition émanant du créancier étranger. La solution peut aussi se justifier par l'idée qu'il est inconcevable pour le Règlement communautaire de poser un principe de confiance mutuelle qui ne serait pas contrebalancé par le droit pour les créanciers étrangers d'être entendus[6].

L'intérêt à former une tierce opposition s'apprécie à la date de la tierce opposition. Peu importe, en conséquence, que les créanciers aient ultérieurement cédé leur créance[7].

Un syndicat, faute d'intérêt à agir, ne peut former une tierce opposition à l'encontre d'un jugement qui refuse l'ouverture de la procédure collective[8].

La loi du 25 janvier 1985, comme l'article L. 661-2 du code de commerce, sous l'empire de la loi de sauvegarde des entreprises, gardaient le silence à propos des jugements de conversion et à propos des jugements d'extension. Ce dernier texte disposait que « Les décisions statuant sur l'ouverture de la procédure sont susceptibles de tierce opposition ».

La Cour de cassation, dans le silence des textes sur la question, avait admis la recevabilité de la tierce opposition à l'encontre du jugement d'extension sur le fondement de la fictivité ou de la confusion des patrimoines, du fait de l'assimilation du jugement d'extension à un jugement d'ouverture[9]. Le point de départ du délai de tierce opposition est fixé à la publication au *Bodacc* du jugement d'extension[10]. La tierce opposition incidente est également

1. Bonhomme, concl. sur Com. 30 juin 2009, *Rev. proc. coll.* 2009, 16, p. 11, n° 6.
2. Paris, 3e ch. B, 29 nov. 2007, RG n° 07/05754, *D.* 2008. AJ 12, obs. Lienhard; *JCP E* 2008. 1087, note Scholastique; *Act. proc. coll.* 2008/3, n° 50, note Cagnoli; *Dr. et patr.* 2008, n° 172, note Saint-Alary-Houin.
3. Com. 30 juin 2009, n° 08-11.902, *Bull. civ.* IV, n° 88; n° 661 FS-P+B+R; *D.* 2009. AJ 1886, obs. Lienhard; *D.* 2009. Jur. 2591, note Moreil; *Gaz. proc. coll.* 2009/3, p. 7, note Fricero; *Gaz. proc. coll.* 2009/4, 2e partie, p. 6, note Reille; *Bull. Joly* 2009. 641, note Lucas; *Rev. proc. coll.* 2009, étude 16; *Rev. proc. coll.* 2009, étude 4, note Menjucq; *Act. proc. coll.* 2009, n° 224, note Dom; *RTD com.* 2009. 625, n° 10, obs. Vallens; *Rev. proc. coll.* 2009/6, n° 147, note Mastrullo; *RTD civ.* 2009. 776, n° 3, obs. Théry; *JCP E* 2009. 1974, note Rolland; *JCP E* 2010. Chron. 1011, n° 2, obs. Pétel; *Dr. sociétés* 2009, n° 230, note Legros; *Procédures* 2009, n° 317, note Nourissat; *RTD com.* 2010. 208, n° 27, obs. Vallens; *Dr. et patr.* 2010, n° 196, p. 87, note Saint-Alary-Houin et Monsérié-Bon – Com. 30 juin 2009, nos 08-11.903, 08-11.904, 08-11.905, 08-11.906, 4 esp., NP.
4. Paris, pôle 5, 8e ch., 26 juin 2012, RG nos 09/29110, 09/29113, 09/29121, 09/29122 et 09/29123, 5 esp., *Rev. proc. coll.* 2012, n° 186, note Menjucq.
5. Paris, pôle 5, 8e ch., 26 juin 2012, RG nos 09/29110, 09/29113, 09/29121, 09/29122, 09/29123, 5 esp., préc. (v. ss prést n°).
6. RAPPR. : Mastrullo, note ss Com. 30 juin 2009, n° 08-11.902, *Rev. proc. coll.* 2009, n° 147.
7. Paris, pôle 5, 8e ch., 26 juin 2012, RG nos 09/29110, 09/29113, 09/29121, 09/29122, 09/29123, 5 esp., préc. (v. ss prést n°).
8. Aix-en-Provence, 6 oct. 2004, *Rev. proc. coll.* 2005/2, p. 127, n° 2, obs. Gorrias.
9. Com. 4 juill. 2000, 98-12.117, *Bull. civ.* IV, n° 138; *Act. proc. coll.* 2000/14, n° 173; *D.* 2000. Jur. 375, note Lienhard – Com. 8 oct. 2003, n° 00-19.730, NP, *D.* 2003. AJ 2817, note Le Corre; *LXB hebdo* n° A7124C9Q, note Le Corre; *LPA* 16 févr. 2004, n° 33, p. 9, note Lécuyer – Com. 16 mai 2006, n° 05-14.595, *Bull. civ.* IV, n° 122; *Gaz. proc. coll.* 2006/3, p. 15, obs. Lebel; *Gaz. proc. coll.* 2006/3, p. 18, obs. Rohart-Messager; *LXB* n° N0179AL9, note Le Corre.
10. Com. 16 mai 2006, n° 05-14.595, *Bull. civ.* IV, n° 122; *D.* 2006. AJ 1530, obs. Lienhard; *Gaz. proc. coll.* 2006/3, p. 15, obs. Lebel; *Gaz. proc. coll.* 2006/3, p. 18, obs. Rohart-Messager; *LXB* n° N0179AL9, note Le Corre.

ouverte[1]. La difficulté déjà signalée pour la receval lité de la tierce opposition à l'encontre du jugeme d'ouverture, lorsqu'elle émane de créanciers chir graphaires, vaut identiquement pour le jugeme d'extension. Ainsi, par principe, les créanciers cl rographaires n'auront pas de droit propre renda recevable leur tierce opposition, alors surtout que demande d'extension émane du défenseur de l'in rêt collectif des créanciers[2].

L'article 147 de l'ordonnance du 18 décemb 2008 consacre cette jurisprudence. Pour cela, modifie la première phrase de l'article L. 661-2 code de commerce, qui énonce désormais que « l décisions mentionnées au 1° à 5° du I de l'artic L. 661-1, à l'exception du 4°, sont susceptibles tierce opposition ».

Ainsi, sont susceptibles de tierce opposition : s décisions statuant sur l'extension des procédures

Le jugement qui ordonne la jonction des procédures ne peut, en revanche, être assimilé à un jugement d'ouverture, de sorte que l'intérêt à agir du tiers opposant n'existe pas, *a priori*, fût-il créancier hypothécaire. En effet, la jonction des procédures n'a pas d'impact patrimonial[3], au contraire du jugement prononçant l'extension sur le fondement de la confusion des patrimoines.

À peine d'irrecevabilité, la tierce opposition doit être formée par déclaration au greffe du tribunal (D. 27 déc. 1985, art. 156, al. 1er, C. com., art. R. 661-2, al. 2 [anct D. 28 déc. 2005, art. 329, al. 2]), dans les dix jours de la publication au *Bodacc* du jugement ouvrant la procédure (D. 27 déc. 1985, art. 156, al. 2, C. com., art. R. 661-2 [anct D. 28 déc. 2005, art. 329, al. 2])[4]. L'indication de la date de cessation des paiements n'est pas au rang des mentions exigées dans la publication au jugement d'ouverture. Son absence ne peut donc constituer une irrégularité empêchant le cours du délai de tierce opposition[5]. En revanche, si la publication au *Bodacc* mentionne une date inexacte de cessation des paiements, cela rend sans intérêt, compte tenu de la date d'inscription du nantissement litigieux, l'existence à ce moment de la tierce opposition par la banque pour critiquer la date de cessation des paiements, puisque l'inscription de la sûreté, compte tenu de cette erreur, ne pouvait être considérée comme prise en période suspecte. Il en résulte que le délai de recours n'a pu courir contre cette banque[6].

Faute pour le texte de l'article 156 du décret du 27 décembre 1985 et de l'article R. 661-2, alinéa 2 du code de commerce (anct D. 28 déc. 2005, art. 329, al. 2) de distinguer entre tierce opposition principale et tierce opposition incidente, cette dernière est soumise au même délai de dizaine, qui court identiquement à compter de la publication au *Bodacc* du jugement d'extension[7]. Puisque ce délai ne commence à courir qu'à compter de la publication au *Bodacc* du jugement d'ouverture, il n'y a pas contrariété à l'exigence du droit à un procès équitable posé par l'article 6 § 1 de Convention européenne de sauvegarde des droits de l'homme et des libertés fondamentales, dès lors que la décision d'ouverture est portée à la connaissance de tout intéressé par voie de publicité dans un journal d'annonces légales et que le délai pour former le recours ne court que de cette publicité[8].

La tierce opposition faite par voie d'assignation est irrecevable. La solution a été posée à propos de la tierce opposition à l'encontre de l'arrêt d'appel ayant confirmé le jugement d'ouverture, laquelle aurait dû être formée par déclaration au greffe de la cour[9].

La tierce opposition peut être limitée à certains chefs du jugement, telle la fixation de la date de cessation des paiements. Mais elle ne saurait être limitée à un chef de jugement, non susceptible par lui-même d'ouvrir la voie de recours, telle la nomination de l'administrateur judiciaire[10].

Sous l'empire de la législation antérieure à la loi de sauvegarde des entreprises, l'article L. 623-2 du code ouvre la tierce opposition sur l'ouverture de la procédure, mais garde le silence sur la recevabilité de l'appel à l'encontre des décisions statuant sur la tierce opposition à l'encontre des jugements d'ouverture. Il en est déduit que cet appel est irrecevable[11],

1. Com. 9 nov. 2004, n° 03-12.920, NP.
2. Com. 12 nov. 2008, n° 07-19.298, NP, *Gaz. proc. coll.* 2009/1, p. 27, n° 2, note Reille.
3. Com. 16 mai 2006, n° 04-14.906, NP, *Gaz. proc. coll.* 2006/3, p. 16, obs. Lebel.
4. Com. 8 oct. 2003, n° 00-19.730, NP, *D.* 2003. AJ 2817, note Le Corre.
5. Douai, 2e ch., 2e sect., 28 mai 2013, RG n° 12/03784, *Act. proc. coll.* 2013/15, comm. 215.
6. Com. 27 janv. 2015, n° 13-24.619, *Bull. civ.* IV [à paraître], n° 89 FS-P+B; *Act. proc. coll.* 2015/4, comm. 64, note Vallansan; *RTD com.* 2015. 376, n° 8, obs. Martin-Serf; *JCP E* 2015. 1108, note Brignon et chron. 1204, n° 8, obs. Pétel; *BJE* mai 2015, 151, note Thullier; *LXB* édition affaires n° 413, 19 févr. 2015, note Le Corre.
7. Com. 9 nov. 2004, n° 03-12.920, NP – Com. 16 mai 2006, n° 05-14.426, NP.
8. Com. 29 nov. 2005, n° 03-15.987, NP – *Adde*, Com. 29 nov. 2005, nos 03-15.988 à 03-16.018, 03-16.020 à 03-16.024, 03-16.027, 03-16.029 à 03-16.034, 03-16.037 à 03-16.042, 03-16.045 à 03-16.057, 03-16.061, 63 esp.
9. Com. 4 oct. 2005, n° 04-15.664, NP.
10. T. com. Paris, 8 nov. 1990, *RJ com.* 1991. 190.
11. Com. 19 févr. 2008, n° 06-16.527, *Bull. civ.* IV, n° 40; *D.* 2008. AJ 688, obs. Lienhard; *D.* 2008. Chron. 1235, n° 7, note Orsini; *Act. proc. coll.* 2008/12, n° 201, note Legros; *Rev. proc. coll.* 2008, n° 59, note Gorrias; *JCP E* 2008. 1975, note Legros; *JCP E* 2008. Chron. 2062, n° 2, ▶

sur l'observation que l'appel formé contre un jugement rendu sur tierce opposition à un jugement statuant sur l'ouverture de la procédure est un appel contre un jugement statuant sur l'ouverture de la procédure, lequel est fermé à tous à l'exception des personnes ayant, d'après le code de commerce, qualité à interjeter appel du jugement d'ouverture[1]. La solution s'applique identiquement au jugement rejetant la tierce opposition formée à l'encontre d'un jugement d'extension sur le fondement de la confusion des patrimoines[2] (v. toutefois, s[s] n° 213.35).

Au contraire, l'article L. 661-2 du code, tel qu'il résulte de la loi de sauvegarde des entreprises, prévoit explicitement que « le jugement statuant sur la tierce-opposition est susceptible d'appel et de pourvoi en cassation de la part du tiers opposant ». Cette disposition est inapplicable aux procédures ouvertes avant le 1er janvier 2006[3].

Le débiteur qui s'en rapporte à justice sur la tierce-opposition formée contre le jugement qui le place en liquidation judiciaire ne peut exercer de recours sur le jugement rejetant la demande de rétractation[4].

233.55 Effets de l'annulation, de la réformation ou de la rétractation du jugement d'ouverture. Indiquons d'abord que si la juridiction de première instance était incompétente, cela restera sans incidence si la cour est juridiction d'appel de la juridiction saisie et de celle qui aurait dû l'être (C. pr. civ. art. 89)[5].

Précisons également que la tierce opposition en matière de procédure collective présente un caractère indivisible. La solution est justifiée par le fait que le jugement ouvrant une procédure collective produit effet *erga omnes*. Il a autorité absolue de chose jugée et non pas seulement un effet relatif. Le principe de l'inopposabilité de la décision au tiers opposant est ici écarté car la décision, par son efficacité *erga omnes*, ne peut exister au profit de certains et non au profit d'autres[6]. Le jugement qui admet la tierce opposition à un jugement d'ouverture ou à un jugement d'extension n'est donc pas plement inopposable au tiers opposant mais, largement, est rétracté[7].

i le jugement d'ouverture est annulé, réformé cà la suite d'une tierce opposition, rétracté, le dteur redevient, par principe, *in bonis*. Il en rlte que les paiements effectués entre l'anéantissent de la décision et l'ouverture d'une nouvelle pédure, sont valablement effectués[8], la règle de l'erdiction des paiements de créances antérieures rant pas vocation à jouer pendant cette période. Lpaiements de créances détenues par le débiteur sdes tiers, reçus par les mandataires de justice de lersonne dont l'ouverture de la procédure collecti est anéantie, doivent être restitués au débiteur[9].

.a rétractation du jugement de sauvegarde, à la ste d'une tierce opposition, permet au débiteur dedevenir *in bonis*, alors même que la rétraction auait été fondée sur l'état de cessation des paiemnts[10]; faute de texte en ce sens, la saisine concomiante du tribunal aux fins d'ouverture d'un redressenent judiciaire n'est pas prévue[11].

L'anéantissement du jugement d'ouverture entraîne par voie de conséquence l'anéantissement du jugement de conversion du redressement en liquidation judiciaire. Ainsi, la cassation de l'arrêt ayant confirmé l'ouverture du redressement entraîne l'annulation par voie de conséquence de l'arrêt qui s'y rattache par un lien de dépendance nécessaire, dès lors qu'il conforme la conversion du redressement en liquidation judiciaire[12].

L'anéantissement du jugement d'ouverture aura également des effets sur le jugement arrêtant le plan de cession. La Cour de cassation a eu l'occasion de statuer à deux reprises sur la question.

Dans la première affaire, le jugement d'ouverture du redressement judiciaire avait été frappé d'appel. Un repreneur avait présenté des offres de cession. Avant que le tribunal n'adopte le plan de cession, la cour d'appel met à néant le jugement d'ouverture, sans ouvrir une nouvelle procédure. Autrement dit, la cour d'appel, qui peut s'appuyer sur l'effet dévolutif de l'appel pour, le cas échéant, statuer à nouveau, s'était contentée d'infirmer le jugement d'ouverture du redressement judiciaire et n'avait pas statué à nouveau pour ouvrir elle-même un redressement judiciaire. Puis, après infirmation du jugement

► obs. Pétel; *Bull. Joly* 2008. 501, § 109, note Roussel Galle; *Dr. sociétés* 2008, n° 153, note Legros; *RJ com.* 2008. 395, note Sortais et Roussel Galle – *Adde*, Cérati-Gauthier, « Loi de sauvegarde des entreprises du 26 juillet 2005 : associés de la société débitrice et voies de recours », *JCP E* 2008. 1716, sp. n°s 15 et 16.

1. Com. 14 déc. 1993, n° 90-19.382, *Bull. civ.* IV, n° 470 – Paris, 3e ch. A, 16 mai 2006, RG n° 2005/18137 – Douai, 2e ch., 8 févr. 2007, RG n° 05/06635, *D.* 2007. AJ 804.
2. Paris, 3e ch. A, 25 sept. 2007, RG n° 06/11608.
3. Com. 19 févr. 2008, n° 06-16.527, préc. (v. s[s] prés[t] n°).
4. Com. 29 avr. 2014, n° 13-10.651, NP, n° 415 F-D.
5. Com. 6 févr. 2001, NP, *Rev. proc. coll.* 2003, p. 106, n° 5, obs. Gorrias.
6. Guinchard (dir.), *Droit et pratique de la procédure civile*, 8e éd., « Dalloz action », 2014, n° 551.273, par d'Ambra.
7. Com. 13 févr. 2007, n° 06-11.510, NP.
8. Com. 14 mai 2002, n° 99-12.449, *Bull. civ.* IV, n° 84; *D.* 2002. AJ 1904; *Act. proc. coll.* 2002, n° 147.
9. Com. 8 juill. 2003, n° 00-18.881, NP.
10. Caen, 2e ch. civ. et com., 24 janv. 2013, RG n° 11/03631, *Act. proc. coll.* 2013, n° 59, note Vallansan.
11. Vallansan, note s[s] Caen, 2e ch. civ. et com., 24 janv. 2013, RG n° 11/03631, préc.
12. Com. 5 mai 2015, n°s 14-11.381, 14-11.388, NP; n° 423 F-D; *Dr. sociétés* 2016, comm. 111, note Legros.

d'ouverture, le tribunal, sans doute insuffisamment informé des suites données à l'appel formé à l'encontre de son jugement d'ouverture du redressement judiciaire, avait adopté un plan de cession. La solution est alors simple : comme l'énonce un auteur[1] exposant la solution de la Cour de cassation[2], « l'annulation du jugement de redressement judiciaire prive de tout fondement juridique le jugement postérieur à l'annulation ayant arrêté le plan de cession ». Le plan de cession est lui-même anéanti par suite de l'anéantissement du jugement de redressement judiciaire en application duquel il avait été adopté, et qui n'en était donc qu'une conséquence.

Dans la seconde affaire, le jugement d'ouverture du redressement judiciaire avait identiquement été frappé d'appel. Un repreneur avait présenté des offres de cession. Le tribunal adopte le plan de cession. Puis, la cour d'appel annule le jugement d'ouverture du redressement judiciaire. Faisant application de l'effet dévolutif de l'appel, la cour d'appel ouvre elle-même le redressement judiciaire. En ce cas, et fort logiquement, l'annulation du jugement d'ouverture par la cour d'appel n'entraîne pas anéantissement du jugement adoptant le plan de cession, qui est certes privé de fondement juridique au regard du jugement d'ouverture initial, mais qui retrouve son fondement juridique, du fait de la décision de la juridiction d'appel qui ouvre elle-même la procédure. Le plan de cession est, en ce cas, maintenu[3].

La différence entre les deux solutions ne réside pas tant dans l'antériorité ou la postériorité de l'adoption du plan de cession par rapport à la décision mettant à néant l'ouverture de la procédure collective, que dans le fait que la décision d'anéantissement du jugement d'ouverture soit ou non suivie d'une ouverture de la procédure collective par la cour d'appel, en application de l'effet dévolutif de l'appel. L'anéantissement du jugement d'ouverture n'entraînera anéantissement du plan de cession qu'à défaut d'ouverture d'une nouvelle procédure collective.

Identiquement, le plan de continuation, de redressement ou de sauvegarde serait privé d'effet. Il en résulte que la saisie pratiquée par un créancier après adoption du plan est rétroactivement efficace, le débiteur du fait de l'infirmation du jugement d'ouverture étant redevenu *in bonis*[4].

L'annulation du jugement d'ouverture de la liquidation judiciaire a pour effet d'entraîner l'annulation du jugement d'adjudication de l'immeuble de la société débitrice, laquelle revient *in bonis*. Il y a place à remise des parties en l'état antérieur au jugement d'adjudication, ce qui oblige le débiteur, et non son liquidateur qui a cessé ses fonctions et ne représente donc plus le débiteur qui n'est plus dessaisi, à restituer le prix en contrepartie de celle du bien[5].

La tierce opposition à l'encontre du jugement ouvrant la liquidation peut aussi tendre à obtenir le redressement judiciaire, si les chances de redressement existent[6].

On réservera encore la possibilité, pour la cour d'appel, après avoir réformé ou annulé le jugement d'ouverture, d'ouvrir le redressement ou la liquidation judiciaire (v. s^s^ n° 231.51). En cette hypothèse, les délais de déclaration de créance ou de revendication ne commenceront à courir qu'à compter de l'insertion au *Bodacc* de l'avis du jugement d'ouverture prononcé par la cour d'appel (v. aussi s^s^ n° 665.32).

Cependant, la jurisprudence considère, en pareille hypothèse, et dans le seul souci de protection des créanciers, que la déclaration de créance faite dans le cadre de la procédure initialement ouverte, puis annulée, conserve son efficacité dans la procédure ouverte par la cour d'appel, sur évocation[7].

La solution est la même en cas d'infirmation de la décision, la déclaration de créance faite dans le cadre de la procédure infirmée conservant son efficacité dans la procédure ouverte sur évocation par la cour d'appel[8].

Peu importe, en conséquence, dans ces deux hypothèses, que le créancier ayant déclaré à la liquidation judiciaire ait à nouveau déclaré sa créance au redressement judiciaire, de manière irrégulière[9]. La

1. VALLENS, 2015, n° 3145.
2. Com. 29 févr. 2000, n° 97-11.852, *Bull. civ.* IV, n° 43; *RLDA* 2000/28, n° 1770; *JCP E* et *A* 2000. Pan. 681.
3. Com. 14 déc. 1993, n° 91-18.635, *Bull. civ.* IV, n° 475; *RJDA* 1994, comm. 573.
4. Com. 2 mai 2001, n° 98-15.344, NP, *RJDA* 2001/10, n° 993.
5. Com. 7 févr. 2006, n° 05-13.467, *Bull. civ.* IV, n° 28; *D.* 2006. AJ 578, obs. Lienhard; *Gaz. proc. coll.* 2006/2, p. 34, obs. Voinot; *RJ com.* 2006/3, p. 239, note Sortais – Com. 7 févr. 2006, n° 05-13.466, NP – Com. 7 févr. 2006, NP, n° 05-13.468, NP.
6. Paris, 3e ch. A, 13 juin 2006, RG n° 2005/25504.
7. Com. 25 mai 1993, n° 91-13.705, NP, *JCP E* 1993. 3721, obs. Pétel; *Bull. Joly* 1993. 761, note Chaput; *Bull. Joly* 1993. 716, note Chaput; *RTD com.* 1994. 569, obs. Martin-Serf – Com. 1er juill. 1997, *JCP E* 1998. Chron. 31, n° 3-b-2, obs. M. Cabrillac – Com. 19 mai 2004, n°s 02-15.672 à 02-15.674, 02-17.914, 02-17.915, 02-19.656, 02-20.107, NP – Paris, 3e ch. B, 26 mars 2004, RG n° 2003/05755 – Paris, 3e ch. B, 2 avr. 2004, RG n° 2003/05768 (v. aussi s^s^ n° 665.32).
8. Com. 22 janv. 2013, n° 11-25.310, *Bull. civ.* IV, n° 15; n° 69 F-P+B; *D.* 2013. Pan. 2371, obs. Le Corre; *Gaz. Pal.* 1er mai 2013, n° 121, p. 29, note Le Corre; *BJE* mai 2013, comm. 78, note Rolland; *Act. proc. coll.* 2013, comm. 44. note Blanc; *JCP E* 2013. Chron. 1216, n° 5, obs. Pétel; *RTD com.* 2013. 339, n° 1, obs. Martin-Serf.
9. Com. 25 nov. 2008, n° 07-16.964, NP.

caution ne pourrait se prévaloir de l'irrégularité attachée à la seconde déclaration de créance[1].

Il n'y a pas de difficulté à étendre ces solutions à la revendication.

L'annulation ou la réformation du jugement d'ouverture laisse subsister les effets liés à l'exécution provisoire. Plusieurs conséquences peuvent être tirées de cette affirmation.

C'est ainsi que si le jugement d'ouverture est réformé ou annulé, les frais de la procédure resteront à la charge du débiteur, la solution se justifiant par le constat que les effets du jugement liés à l'exécution provisoire ne pourront être effacés[2]. Il n'est donc nul besoin de justifier le support des frais par le débiteur par son attitude, comme on le constate parfois[3]. En principe, les frais de publication et de signification des jugements sont payés immédiatement. Si les fonds disponibles du débiteur n'y suffisent, il y a place à avance de ces fonds par le Trésor public, en application de l'article L. 627-3 du code de commerce (anc[t] L. 25 janv. 1985[4], art. 215), devenu l'article L. 661-3 sous l'empire de la loi du 26 juillet 2005[5]. Par subrogation, le Trésor public bénéficiera alors du privilège des frais de justice pour en obtenir remboursement.

L'anéantissement du jugement de liquidation judiciaire ne fait pas disparaître rétroactivement les effets du dessaisissement[6].

De même, les licenciements effectués par le liquidateur alors en fonction restent efficaces, malgré la réformation ou l'annulation ultérieure du jugement de liquidation judiciaire. Il en résulte que les créances résultant de ces licenciements restent opposables à l'employeur[7].

La cassation d'un arrêt d'appel ayant procédé à la désignation d'un organe de la procédure entraîne l'annulation de cette décision. L'organe est ainsi réputé ne jamais avoir été désigné et ne peut donc représenter le débiteur, par exemple pour se constituer en cause d'appel, après le renvoi opéré par la Cour de cassation[8].

En revanche, la cassation d'un arrêt d'appel confirmant le jugement d'ouverture replace les parties en l'état de ce jugement. Il en résulte que la décision d'admission au passif intervenue dans la procédure collective n'est pas affectée par la cassation[9].

1. Com. 25 nov. 2008, n° 07-16.964, NP.
2. Com. 2 juill. 2013, n° 12-20.730, NP; n° 701 F-D.
3. AINSI : Paris, 3e ch. A, 19 oct. 2004, RG n° 2004/5030.
4. L. n° 85-98, 25 janv. 1985, préc.
5. L. n° 2005-845, 26 juill. 2005, préc.
6. Com. 2 juill. 2013, n° 12-20.730, préc. (v. s[s] prés[t] n°).
7. Soc. 28 juin 2006, n°s 04-43.286, 04-43.287, NP.
8. Com. 29 avr. 2002, n° 99-10.629, *Bull. civ.* IV, n° 76; *D.* 2002. AJ 1905; *Act. proc. coll.* 2002, n° 148.
9. Com. 30 oct. 2012, n° 10-11.499, NP; n° 1081 F-D.

CHAPITRE

234. Exécution provisoire attachée aux décisions rendues en matière de procédure collective

SECTION 0

ORIENTEUR

234.00 **Plan du chapitre.**

Sect. 234.10 Exécution provisoire attachée aux décisions rendues en matière de redressement et de liquidation judiciaires

Sect. 234.20 Arrêt de l'exécution provisoire attachée aux décisions rendues en matière de sauvegarde, de redressement et de liquidation judiciaires

234.01 **Textes applicables.** (V. les références complètes s[s] n° 011).

> Législation antérieure à la loi de sauvegarde des entreprises.

C. com., art. L. 623-1, II

D. n° 85-1388, 27 déc. 1985, art. 155

> Législation issue de la loi de sauvegarde des entreprises.

C. com., art. L. 661-9

C. com., art. R. 661-1 (anc[t] D. n° 2005-1677, 28 déc. 2005, art. 328)

> Législation issue de l'ordonnance du 18 décembre 2008.

C. com., art. L. 661-9

C. com., art. R. 661-1

234.02 **Jurisprudence de référence.**

> L'arrêt de l'exécution provisoire ne peut permettre la remise en cause des actes d'exécution accomplis ou des paiements effectués antérieurement à sa décision.

• **Civ. 2e, 24 sept. 1997,** n° 94-19.485, *Bull. civ.* II, n° 238

* V. s[s] n° 234.26

« Vu l'article 524 du Nouveau code de procédure civile; Attendu que le premier président, saisi en référé en vue d'arrêter une exécution provisoire ordonnée qui risque d'entraîner des conséquences manifestement excessives, ne peut remettre en cause les effets des actes d'exécution accomplis ou les paiements effectués antérieurement à sa décision; Attendu que, l'ordonnance attaquée suspend pour l'avenir les effets de l'exécution provisoire, en limite pour le passé les effets à une certaine somme et décide que les sommes perçues en sus seront répétées par M. M… au profit de M. D…; En quoi, le premier président a violé le texte susvisé. »

234.03 **Bibliographie indicative.** (V. les références complètes s[s] n° 031).

> Actualisables. RÉP. COM., Campana M.-J., Dizel M., Barratin L.-Ph. et Fernandez R., « Entreprises en difficulté – Redressement judiciaire (Conditions d'ouverture) », n°s 636 à 639; Pigassou P., « Entreprises en difficulté – Redressement judiciaire (Procédure et organes) », n° 327 – J.-CL. COM., Martin-Serf A., fasc. 2205, [Voies de recours], 2013.

> Ouvrages antérieurs à la loi de sauvegarde des entreprises. JACQUEMONT, n° 226 – LE CANNU, n° 617 – LE CORRE-BROLY, n°s 71 à 74 – MARTIN ET VALLENS, n°s 2603, 3533 à 3535 – PÉTEL, n°s 115, 124, 125 – RIPERT ET ROBLOT, n°s 2909, 2926 – SAINT-ALARY-HOUIN, n°s 450 à 454 – SOINNE, n°s 584, 632 à 642-1 – VALLANSAN, p. 335 à 337.

> Ouvrages postérieurs à la loi de sauvegarde des entreprises. GIBIRILA, n° 360 – JACQUEMONT et VABRES, 9e éd., n°s 317, 318 – LE CANNU, 7e éd., n°s 286, 1118 – LIENHARD, 6e éd., n° 62.11, 152.11 à 152.15 – PÉTEL, 8e éd., n°s 116, 126, 127 – SAINT-ALARY-HOUIN, 9e éd., n°s 536 à 541 – VALLANSAN *ET ALII*, 6e éd., p. 522 à 525 – VALLENS, 2015, n°s 4860 à 4867 – VIDAL ET GIORGINI, n°s 2031 à 2038.

> Articles. Argelliès V., « L'exécution provisoire des jugements rendus en matière de redressement et de liquidation judiciaires », *Gaz. Pal.* 1987. 1. Doctr. 175 – Boyer A., « Les conséquences sociales de l'arrêt de l'exécution provisoire de plein droit du jugement de liquidation judiciaire », *Rev. proc. coll.* 2011. Alerte 11 – Cadiet L., « L'exécution provisoire et les décisions rendues en matière de redressement et de liquidation judiciaires », *Rev. proc. coll.* 1987, n° 2, p. 21 – Deleneuville J.-M., « L'exécution provisoire, l'appel et la publicité des jugements », *Rev. proc. coll.* 1999, p. 1 – Guetta P., « L'exécution provisoire des décisions », *LPA* 1er juill. 1987, n° 78, p. 12 – Vallansan J., « L'exécution provisoire dans les procédures collectives », *LPA* 28 nov. 2008, n° 239, p. 31.

234.04 Questions essentielles.

• Les décisions rendues en matière de redressement et de liquidation judiciaires sont-elles assorties de l'exécution provisoire ?

* V. ss nos 234.11 et 234.12.

• À quelles conditions peut-on arrêter l'exécution provisoire attachée aux décisions rendues en matière de procédures collectives de paiement ?

* V. ss nos 234.22 à 234.25.

• Un liquidateur peut-il se voir reprocher d'avoir exécuté une décision revêtue de l'exécution provisoire ?

* V. ss n° 234.04.

SECTION 234.10
EXÉCUTION PROVISOIRE ATTACHÉE AUX DÉCISIONS RENDUES EN MATIÈRE DE REDRESSEMENT ET DE LIQUIDATION JUDICIAIRES

234.11 Principe de l'exécution provisoire attachée aux décisions rendues en matière de sauvegarde, de redressement et de liquidation judiciaires. L'exécution provisoire désigne la permission accordée par la loi ou par le juge de poursuivre l'exécution d'une décision soit immédiatement, soit à compter de sa notification ou de sa signification, nonobstant l'exercice d'une voie de recours à effet suspensif.

Le principe de l'exécution provisoire attaché aux décisions rendues en matière de redressement et de liquidation judiciaires résulte de l'article 155, alinéa 1er du décret du 27 décembre 1985[1] qui énonce que « les jugements et ordonnances rendus en matière de redressement et de liquidation judiciaires sont exécutoires de plein droit à titre provisoire ».

La formule est reproduite par l'article R. 661-1, alinéa 1er du code de commerce (anct D. 28 déc. 2005[2], art. 328, al. 1er), qui étend la solution aux décisions rendues en matière de sauvegarde. L'article 115, 1° du décret du 30 juin 2014[3] étend la solution aux décisions rendues en matière de rétablissement professionnel.

Ce principe s'applique au jugement d'ouverture en le débordant largement. Ce sont toutes les décisions rendues en matière de redressement et de liquidation judiciaires qui sont exécutoires de plein droit, à l'exception de celles énoncées par l'article 155, alinéa 1[4], sous l'empire de la législation antérieure à la loi de sauvegarde des entreprises[5], par l'article R. 661-1 alinéa 1er du code de commerce (anct D. 28 déc. 2005, art. 328), sous l'empire de la législation sauvegarde des entreprises.

L'exécution provisoire attachée au jugement d'ouverture autorise la conversion de ce jugement en liquidation judiciaire, nonobstant le fait que le jugement de redressement judiciaire ait été frappé d'appel. La solution, posée sous l'empire de la loi du 13 juillet 1967, à propos d'un règlement judiciaire frappé d'appel et converti en liquidation des biens[6], est assurément transposable sous l'empire des législations subséquentes.

L'article 155 du décret du 27 décembre 1985 doit immédiatement être rapproché de l'article 174 du même décret. L'article R. 661-1 du code de commerce (anct D. 28 déc. 2005, art. 328) doit, pour sa part être rapproché de l'article R. 662-3 du code de commerce (anct D. 28 déc. 2005, art. 339). Il faut ainsi comprendre que lorsque l'attraction de compétence au profit du tribunal de la faillite joue, la décision rendue sera, par principe, assortie de l'exécution provisoire[7].

Il en est de même lorsque le juge-commissaire est compétent, ses décisions étant par principe exécutoires de plein droit à titre provisoire. La solution a, par exemple, été posée pour les ordonnances du juge-commissaire rendues en matière d'admission des créances[8].

Les mandataires de justice décidant de mettre à exécution les décisions rendues, en dépit d'un recours exercé à leur encontre, s'assureront qu'elles ont été notifiées[9].

Les mandataires de justice, qui accomplissent les missions mises à leur charge par la loi, sur base de décisions assorties de l'exécution provisoire, même frappées d'appel, ne peuvent se voir reprocher ladite exécution. Il en est ainsi, par exemple, lorsqu'un liquidateur licencie le personnel dans les quinze jours du jugement de liquidation ou encore réalise les actifs du débiteur[10].

De même, le fait pour un liquidateur de réaliser les actifs d'un débiteur auquel une liquidation judiciaire a été étendue, sans attendre l'expiration des voies de recours sur la décision d'extension, ne constitue pas en soi une faute engageant sa respon-

1. D. n° 85-1388, 27 déc. 1985, *JO* 29 déc., p. 15281.
2. D. n° 2005-1677, 28 déc. 2005, *JO* 29 déc., p. 20324.
3. D. n° 2014-736, 30 juin 2014, *JO* 1er juill., p. 10834.
4. Guetta, « L'exécution provisoire des décisions », *LPA* 1er juill. 1987, n° 78, p. 12.
5. L. n° 2005-845, 26 juill. 2005, *JO* 27 juill., p. 12187.
6. Com. 8 juill. 2008, n° 07-10.564, NP.
7. VALLENS, 2006, n° 2464.
8. Com. 14 janv. 2004, n° 01-00.318, NP.
9. IFPPC 1999, recomm. n° 6380-5, p. 200.
10. Com. 30 oct. 2012, n° 07-10.648, NP; n° 1070 F-D; *Act. proc. coll.* 2012, comm. 281, note Vallansan; *Rev. proc. coll.* 2013, comm. 38, note Gorrias.

sabilité personnelle, indépendamment de l'un des autres circonstances de fait[1].

Réciproquement, il ne peut être reproché au liquidateur de ne pas avoir mis à exécution le jugement d'extension à une société civile immobilière sur le fondement de la confusion des patrimoines, ce qui l'aurait autorisé à rechercher un acquéreur pour un actif immobilier spécifique, abritant en l'espèce une clinique, dès lors que la cible de l'extension l'avait frappée d'appel[2].

234.12 Exceptions au principe de l'exécution provisoire attachée aux décisions rendues en matière de sauvegarde, de redressement et de liquidation judiciaires. Les exceptions sont posées par l'article 155, alinéa 1er du décret du 27 décembre 1985[3], sous l'empire de la législation de sauvegarde des entreprises[4], par l'article R. 661-1, alinéa 2 du code de commerce (anct D. 28 déc. 2005, art. 328, al. 1). Ces décisions qui ne seront donc pas revêtues de l'exécution provisoire de droit sont les suivantes :

– décision de paiement provisionnel en période d'observation (C. com., art. L. 621-25, al. [anct L. 25 janv. 1985[5], art. 34, al. 2], C. com., art. L. 622-8, al. 2, réd. loi de sauvegarde des entreprises),

– substitution de garantie (C. com., art. L. 621-25, al. 3 [anct L. 25 janv. 1985, art. 34, al. 3], C. com., art. L. 622-8, al. 3, réd. loi de sauvegarde des entreprises et C. com., art. L. 621-80 [anct L. 25 janv. 1985, art. 78, al. 3], C. com., art. L. 626-8, réd. loi de sauvegarde des entreprises),

– autorisation de vente du bien gagé ou retenu (C. com., art. L. 622-21, al. 2 [anct L. 25 janv. 1985, art. 159, al. 2], C. com., art. L. 642-25, alinéa 2, réd. loi de sauvegarde des entreprises), C. com., art. L. 642-20-1, réd. ord. 18 déc. 2008,

– de faillite personnelle ou d'interdiction de gérer (C. com., art. L. 625-8, L. 653-8, réd. loi de sauvegarde des entreprises).

La législation de sauvegarde des entreprises a ajouté, justement selon nous, à cette liste :

– les décisions prononçant une condamnation à combler l'insuffisance d'actif (C. com., art. L. 651-2) et à l'obligation aux dettes sociales (C. com., art. L. 652-1). Cette dernière précision a été supprimée par l'ordonnance du 18 décembre 2008, qui a fait disparaître l'obligation aux dettes sociales.

Elle a également ajouté :

– les décisions qui concernent les avances par le Trésor public, en application de l'article L. 663-1;

– les décisions fixant la rémunération des mandataires de justice (C. com., art. L. 663-2);

– celles permettant le versement des honoraires aux mandataires de justice dans les dossiers impécunieux (C. com., art. L. 663-3);

– celles qui allouent au juge-commissaire, sur les actifs du débiteur, des sommes au titre du remboursement de ses frais (C. com., art. L. 663-4).

On remarquera, au contraire que la décision de paiement provisionnel en liquidation judiciaire, ainsi que la décision d'attribution judiciaire du gage sont, quant à elles, exécutoires de plein droit.

On ajoutera que l'exécution provisoire des jugements de faillite personnelle et d'interdiction de gérer peut être ordonnée par le tribunal. La solution est explicitement prévue par le code de commerce (v. ss no 911.61), mais ne constitue en réalité que l'expression d'un principe général de la procédure civile énoncé par l'article 515 du code de procédure civile, selon lequel le juge peut d'office ordonner l'exécution provisoire lorsqu'elle n'est pas de droit, s'il l'estime nécessaire. Observons toutefois que, dans les cas où l'exécution provisoire n'est pas de droit, elle sera le plus souvent inopportune.

Ces décisions non exécutoires de plein droit à titre provisoires sont en réalité disparates.

Certaines attribuent un droit à un créancier au préjudice des autres : paiement provisionnel en période d'observation.

D'autres peuvent porter atteinte aux droits d'un créancier, telles les décisions de substitutions de garanties ou celles autorisant le liquidateur à vendre un bien gagé.

D'autres enfin risquent de déstabiliser gravement la vie du débiteur ou du dirigeant social de la personne morale débitrice (faillite personnelle ou interdiction de gérer, et depuis la loi de sauvegarde des entreprises, condamnation à combler l'insuffisance d'actif ou condamnation à l'obligation aux dettes sociales), alors que la décision pourrait ensuite être réformée.

Compte tenu de ces fondements divers, il n'y a pas lieu de distinguer selon que les décisions concernent le sort de l'entreprise ou des créanciers. Si l'exception n'est pas explicitement prévue par le texte, la décision concernée sera revêtue de l'exécution provisoire[6].

1. Com. 28 janv. 2014, no 12-20.059, NP; no 51 F-D.
2. Com. 12 janv. 2016, nos 14-21.393, 14-22.240, NP, no 30 F-D.
3. D. no 85-1388, 27 déc. 1985, préc.
4. L. no 2005-845, 26 juill. 2005, préc.
5. L. no 85-98, 25 janv. 1985, *JO* 26 janv., p. 1097.
6. CEP. : Paris, 27 mai 1991, *D.* 1992. Somm. 90, obs. Derrida, s'appuyant sur le fait que la décision concernait le sort des créanciers – action résolutoire – pour écarter l'exécution provisoire.

Conformément à l'article 514 du code de procédure civile, en son alinéa 1er, le fait que la décision ne précise pas qu'elle est assortie de l'exécution provisoire n'a pas pour effet de la priver de cet effet. Si l'exécution provisoire est de droit, le juge n'a pas besoin de l'indiquer dans sa décision.

Inversement, lorsque l'article 155, alinéa 1er du décret du 27 décembre 1985 et l'article R. 661-1, alinéa 2 du code de commerce (anct D. 28 déc. 2005, art. 328, al. 2), prévoient que certaines décisions ne sont pas assorties de plein droit de l'exécution provisoire, cela interdit-il au juge de prévoir cet effet ? Une réponse négative a été apportée[1]. Il convient, en conséquence, d'en revenir alors au droit commun, c'est-à-dire à la possibilité d'ordonner, à titre facultatif, l'exécution provisoire[2].

SECTION 234.20

ARRÊT DE L'EXÉCUTION PROVISOIRE ATTACHÉE AUX DÉCISIONS RENDUES EN MATIÈRE DE SAUVEGARDE, DE REDRESSEMENT ET DE LIQUIDATION JUDICIAIRES

234.21 Domaine de l'arrêt de l'exécution provisoire attachée de plein droit aux décisions rendues en matière de sauvegarde, de redressement et de liquidation judiciaires. En droit commun, lorsque l'exécution provisoire est de droit, l'arrêt en est impossible[3]. Cette règle reçoit identiquement application en sauvegarde, dans le redressement ou la liquidation judiciaire, pour toutes les décisions exécutoires de droit, qu'il s'agisse des ordonnances du juge-commissaire, par exemple les ordonnances rendues en matière d'admission des créances[4], de celles intéressant la réalisation des actifs du débiteur en liquidation judiciaire. La solution est la même pour les jugements du tribunal. Il a été ainsi jugé qu'il n'y avait pas place à arrêt de l'exécution provisoire attachée au jugement rendu à la suite de l'absence de signature de l'acte de cession par l'acquéreur de biens du débiteur, qui a déclaré la vente parfaite et constaté le transfert de propriété, qui est la suite de l'ordonnance du juge-commissaire ayant autorisé la vente de gré à gré et qui est donc rendu en matière de liquidation judiciaire au sens de l'article R. 661-1 du code de commerce[5].

la clôture des débats ayant conduit à la déci- revêtue de l'exécution provisoire, et condam- le débiteur au paiement, est antérieure à erture de la procédure collective, l'exécution soire ordonnée n'était pas interdite par la loi. rrêt n'en est donc pas interdit[6]. En outre, cution d'une décision de condamnation au nent est paralysée en cas d'ouverture d'une dure collective, fût-elle assortie de l'exécution soire[7], ce qui rend inutile son arrêt.

xécution provisoire de droit ne pouvait être ae sans texte spécifique, alors même qu'aurait élevé un excès de pouvoir ou la violation d'un pipe fondamental de la procédure civile[8]. Les juctions du fond résistaient cependant, et accepta l'arrêt de l'exécution provisoire de droit, en ca violation flagrante de la loi, caractérisant un exde pouvoir[9], ou en cas de violation d'un principssentiel de procédure civile, par exemple en cas de lation des droits de la défense[10]. La solution a été odifiée par le décret du 20 août 2004[11], portanmodification de la procédure civile[12]. Ajoutant un inéa 6 à l'article 524 du code de procédure civil l'article 8 du décret du 20 août 2004 prévoit désmais que « le premier président de la cour d'apel peut arrêter l'exécution provisoire de droit en ca de violation manifeste du principe de la contradition ou de l'article 12 et lorsque l'exécution provsoire risque d'entraîner des conséquences manifestment excessives ». Le législateur, a-t-on relevé, « a anni toute référence à la notion d'excès de pouoir »[13]. L'exécution provisoire de droit ne pourra être arrêtée que sous la condition cumulative que, d'une part, la poursuite de l'exécution provisoire risque d'entraîner des conséquences manifestement excessives et que, d'autre part, soit constatée alternativement la violation manifeste du principe de contradiction ou la violation de l'article 12 du code de procédure civile, ce qui curieusement va conduire le premier président à apprécier le fond du droit[14]. Ces nouvelles règles ont pleine vocation à s'appliquer à la matière des procédures collectives.

Par exception à la règle d'interdiction de l'arrêt de l'exécution provisoire de droit, l'article 155, alinéa 2

1. Vallens, *RTD com.* 2004. 815, no 7.
2. VALLANSAN *ET ALII*, 6e éd., p. 523.
3. Civ. 2e, 13 janv. 2000, no 99-13.265, *Bull. civ.* II, no 5 – Dijon, ord. 1er prés., 26 août 2003, *Gaz. Pal.* 21 oct. 2003. Somm. 19, p. 32.
4. Com. 14 janv. 2004, no 01-00.318, NP.
5. Com. 1er oct. 2013, no 12-23.999, *Bull. civ.* II, no 144; no 920 FS-P+B.
6. Com. 21 févr. 2012, no 10-26.066, NP; no 251 F-D; *Rev. proc. coll.* 2012, comm. 58, note Cagnoli.
7. Com. 21 févr. 2012, no 10-26.066, préc. (v. ss prést no).
8. Soc. 17 févr. 2004, no 02-40.409, NP – Soc. 18 mai 2004, no 02-19.167, NP.
9. Versailles, 25 avr. 1986, *D.* 1986. 521, note Estoup.
10. Reims, 21 janv. 1987, *JurisData* 000791.
11. D. no 2004-836, 20 août 2004, *JO* 22 août, p. 15032.
12. Perrot et Croze, « Commentaire du décret no 2004-836 du 20 août 2004 portant modification de la procédure civile », *Procédures* 2004. Étude 13.
13. Perrot et Croze, note *Procédures* 2004. Étude 13.
14. Perrot et Croze, note *Procédures* 2004. Étude 13.

du décret du 27 décembre 1985[1] et l'article R. 661-1, alinéa 3 du code de commerce (anc^t^ D. 28 déc. 2005[2], art. 328, al. 3), prévoient la possibilité d'arrêter l'exécution provisoire de certaines décisions. Pour qu'il y ait place à arrêt de l'exécution provisoire, ces jugements devront faire l'objet d'un appel, l'arrêt de l'exécution provisoire ayant précisément pour objet d'anticiper sur la réformation ou l'annulation ultérieure de la décision rendue.

> SOUS L'EMPIRE DE LA LÉGISLATION ANTÉRIEURE À LA LOI DE SAUVEGARDE DES ENTREPRISES, sont susceptibles d'arrêt de l'exécution provisoire attachée de droit aux décisions, les jugements mentionnés au deuxième alinéa de l'article L. 623-9 du code de commerce (anc^t^ L. 25 janv. 1985[3], art. 177) et ceux mentionnés aux articles L. 624-3 et L. 624-5 du code de commerce (anc^t^ L. 25 janv. 1985, art. 180 et 182).

Les jugements visés à l'article L. 623-9, alinéa 2 du code de commerce, dans sa rédaction antérieure à la loi de sauvegarde des entreprises, sont ceux statuant sur la liquidation judiciaire, arrêtant ou rejetant le plan de continuation ou de cession.

Le jugement d'ouverture du redressement judiciaire n'est pas au rang de ceux dont l'exécution provisoire peut être arrêtée[4], en ce compris le jugement d'extension sur le fondement de la fictivité ou de la confusion des patrimoines[5], quelque préjudiciable que soit la solution pour le débiteur.

La lettre de l'article L. 623-9, alinéa 2, dans sa rédaction antérieure à la loi de sauvegarde des entreprises, semble conduire à décider que seul le jugement de conversion du redressement judiciaire en liquidation judiciaire est susceptible d'arrêt de l'exécution provisoire et non le jugement ouvrant la liquidation judiciaire immédiate[6], car l'application du texte conduit à prolonger la période d'observation, ce qui présuppose qu'elle existe, ce qui n'est pas le cas lorsqu'il y a jugement d'ouverture d'une liquidation judiciaire. Les opinions divergent cependant sur ce point[7]. La Cour de cassation juge que le jugement de liquidation judiciaire résultant d'une extension est susceptible d'arrêt d'exécution provisoire, en ce qu'il constitue un jugement statuant sur la liquidation judiciaire[8].

Les jugements modificatifs de plan de continuation ou de cession ou prononçant la résolution de plan[9] ne sont pas visés et, en conséquence, sous l'empire de la législation antérieure à la loi de sauvegarde des entreprises, ne sont pas susceptibles de bénéficier, en cas d'appel, de l'arrêt de l'exécution provisoire, le contraire ayant été soutenu[10].

Les jugements prononçant la résolution d'un plan de continuation ou de cession[11] ne sont pas visés et, en conséquence, ne sont pas susceptibles de bénéficier, en cas d'appel, de l'arrêt de l'exécution provisoire, le contraire ayant été soutenu[12].

Les jugements mentionnés, sous l'empire de la législation antérieure à la loi de sauvegarde des entreprises, aux articles L. 624-3 et L. 624-5 du code de commerce sont les décisions de condamnation à combler le passif et de mise en redressement ou en liquidation judiciaire à titre de sanction d'un dirigeant d'une personne morale, – relatives à des procédures ouvertes après le 1er octobre 1994, et non celles ouvertes antérieurement[13]. On remarquera que l'article L. 624-4 (anc^t^ L. 25 janv. 1985, art. 181) n'est pas visé. Il s'agit de la mise en redressement ou en liquidation judiciaire du dirigeant ne s'acquittant pas de la condamnation à combler le passif. Il est logique qu'il n'y ait pas ici possibilité d'arrêt de l'exécution provisoire, car la décision prononcée sur ce fondement a pour objet de sanctionner l'inexécution d'une précédente décision de condamnation.

> SOUS L'EMPIRE DE LA LÉGISLATION DE SAUVEGARDE DES ENTREPRISES, les jugements pour lesquels l'exécution provisoire est de droit et dont l'exécution provisoire peut, par exception, être arrêtée, sont ceux mentionnés à l'article L. 661-1 du code de commerce et à l'alinéa 2 de l'article L. 661-9 du même code.

Les jugements mentionnés à l'article L. 661-1 du code de commerce sont :

1° Les décisions statuant sur l'ouverture des procédures de sauvegarde et de redressement judiciaire. L'arrêt de l'exécution provisoire du jugement d'ouverture du redressement judiciaire sera principalement fondé sur la démonstration que les moyens de l'appelant tirés de l'absence de caractérisation de la

1. D. n° 85-1388, 27 déc. 1985, préc.
2. D. n° 2005-1677, 28 déc. 2005, préc.
3. L. n° 85-98, 25 janv. 1985, préc.
4. EN CE SENS : Paris, ord. 1er prés., 9 août 1991, DPDE, *bull.* 1991, p. 8165.
5. Paris, 27 avr. 1993, *Dr. sociétés* 1993, n° 139, note Chaput.
6. AINSI : Paris, 3e ch. A, 26 sept. 2006, RG n° 2006/01776.
7. EN CE SENS : Pernaud, in *Le nouveau droit des défaillances d'entreprises*, « Thèmes et commentaires », Dalloz, 1995, p. 162 – *CONTRA* : Mascala, *in La réforme du droit des entreprises en difficultés*, n° 261.
8. Com. 11 mai 1999, n° 97-14.132, *Bull. civ.* IV, n° 99; *RTD com.* 1999. 760, obs. Vallens; *JCP E* et *A* 1999. Chron. 1530, n° 1-B-3, obs. Pétel; *LPA* 1er juin 1999, n° 108, p. 9, note P. M. – Com. 6 juill. 2010, n° 09-14.937, NP.
9. Com. 23 juin 1998, n° 96-12.632, *Bull. civ.* IV, n° 205; *Gaz. Pal.* 1998, pan. 248; *D. Affaires* 1998. 1535, obs. Lienhard; *D.* 1998. IR 198.
10. SOINNE, n° 637.
11. Com. 23 juin 1998, n° 96-12.632, préc. (v. s^s^ prés^t^ n°).
12. SOINNE, n° 637.
13. Com. 11 déc. 2001, n° 99-10.238, NP, *D.* 2002. Jur. 2523, note Derrida et Perdriau; *Rev. proc. coll.* 2003, p. 110, n° 19, obs. Gorrias.

cessation des paiements apparaissent sérieux[1]. Il importe ici de relever que le jugement ouvrant la liquidation judiciaire a curieusement été oublié.

Il convient toutefois d'indiquer que, à l'occasion de l'ordonnance du 18 décembre 2008[2], le texte avait été réécrit et se présentait d'une manière différente de celle existant dans la rédaction d'origine de la loi de sauvegarde. Conséquence : il devenait difficile de comprendre ce que signifiait le visa du premier alinéa du I, dans la mesure où ce texte contenait un « 1° ». Nous avions eu une compréhension extensive de cette disposition en ayant une interprétation particulière de la notion d'alinéa 1 du I de l'article L. 661-1[3], mais nous n'étions pas totalement isolé puisqu'un autre auteur avait souligné que ce visa par l'alinéa 3 de l'article R. 661-1 de l'alinéa 1 du I de l'article L. 661-1 « serait la conséquence d'une omission du législateur de prendre en compte la nouvelle numérotation des alinéas de l'article L. 661-1 »[4].

L'article 71 du décret du 23 décembre 2006[5] insère un alinéa 3 dans l'article R. 661-1 du code de commerce (anc[t] D. 28 déc. 2005, art. 328), qui prévoit notamment la possibilité d'arrêter l'exécution provisoire du jugement d'extension sur le fondement de la confusion des patrimoines ou de la fictivité. La solution est au demeurant logique, compte tenu de l'assimilation d'un tel jugement à un jugement d'ouverture (v. s[s] n° 233.54). Parce que débiteur dont la procédure doit être étendue doit être appelée en la cause, et cela même s'il est en liquidation judiciaire, du fait de son droit propre qui fait échec au dessaisissement, son absence de mise en cause peut justifier l'arrêt de l'exécution provisoire de la décision prononçant l'extension[6].

Les jugements visés à l'article L. 661-9, alinéa 2 du code de commerce, dans la rédaction que lui donne la loi de sauvegarde des entreprises, sont ceux statuant sur la liquidation judiciaire au cours de la période d'observation ou arrêtant ou rejetant le plan de sauvegarde ou le plan de redressement. Il est incontestable que le jugement de liquidation intervient ici sur conversion, puisqu'il y eu précédemment une période d'observation.

Les jugements prononçant la résolution du plan ne sont pas visés et, en conséquence, ne sont pas susceptibles de bénéficer, en cas d'appel, de l'arrêt de l'exécution provisoire. Cette solution appelle immédiatement des précisions. Si la résolution du plan de continuation de sauvegarde ou de redressement intervient sans cessation des paiements, l'arrêt d'exécution provisoire est impossible. Lorsque, au contraire, la cessation des paiements du débiteur est constatée au cours de l'exécution du plan, le tribunal décide, en application de l'article L. 626-27, I, alinéa 2 du code de commerce et R. 626-48, alinéa 2 du code de commerce (anc[t] D. 28 déc. 2005, art. 159, al. 2), sa résolution et prononce, par un même jugement, la liquidation judiciaire. Il s'ensuit, selon la Cour de cassation, que l'arrêt de l'exécution provisoire d'un tel jugement, autorisé dans les conditions prévues à l'article 328 du décret du 28 décembre 2005 (devenu C. com., art. R. 661-1), en ce qu'il statue sur l'ouverture d'une procédure de liquidation judiciaire emporte nécessairement arrêt de l'exécution provisoire du jugement puisqu'il décide la résolution du plan[7].

> Le décret du 28 décembre 2009[8] modifie les règles applicables pour les procédures ouvertes à compter du 30 décembre 2009, jour de son entrée en vigueur. L'article 7 de ce décret emporte modification des deux premières phrases du troisième alinéa de l'article R. 661-1 du code de commerce[9].

L'article R. 661-1, alinéa 3 du code de commerce a pour objet de préciser les décisions dont l'exécution provisoire peut être arrêtée, non par application du principe de droit commun de l'arrêt d'exécution provisoire posé par l'article 524 du code de procédure civile, mais sur démonstration que les moyens de l'appelant apparaissent sérieux.

Cette modification a pour objet d'élargir le champ d'application de l'arrêt de l'exécution provisoire des décisions rendues en matière de procédures collectives que peut ordonner le premier président de la cour d'appel.

L'article R. 661-1, alinéa 3 du code de commerce conserve les décisions visées au 1° du I de l'article

1. AINSI : Basse-Terre, ord. 1er prés., 20 déc. 2006, RG n° 2006/00061 – Poitiers, ord. 1er prés., 1er avr. 2008, RG n° 08/00013.
2. Ord. n° 2008-1345, 18 déc. 2008, *JO* 19 déc., p. 19462.
3. Le Corre, *Droit et pratique des procédures collectives*, 5e éd., « Dalloz action », 2010, n° 234.21.
4. Staes, « Clarification et harmonisation du traitement procédural des entreprises en difficulté », *Dr. et patr.* déc. 2009, n° 187, p. 53, sp. p. 58.
5. D. n° 2006-1709, 23 déc. 2006, *JO* 29 déc., p. 19846.
6. Aix-en-Provence, ord. réf., 23 nov. 2009, *Gaz. Pal.* 2010. 237, note Brignon.
7. Com. 18 sept. 2007, n° 06-20.289, *Bull. civ.* IV, n° 202; n° 1052 FS-P+B+R+I; *D.* 2007. 2386, obs. Lienhard; *Gaz. proc. coll.* 2007/4, p. 42, note Voinot; *Gaz. proc. coll.* 2008/1, p. 34, note Lebel; *Act. proc. coll.* 2007/16, n° 194, note Vallansan; *JCP E* 2008. Chron. 1207, n° 7, obs. M. Cabrillac; *Rev. proc. coll.* 2008/3, n° 115, note Saintourens; *Dr. et proc.* 2008/2, p. 84, note Le Corre; *LXB hebdo* n° 274, 26 sept. 2007, n° N5057BCB, note Le Corre.
8. D. n° 2009-1661, 28 déc. 2009, *JO* 30 déc., p. 22686.
9. Roussel Galle, « De quelques modifications de la partie réglementaire du livre VI du code de commerce », *Rev. sociétés* 2010. 198.

L. 661-1; ouverture des procédures de sauvegarde et de redressement judiciaire.

Ensuite, sont concernées celles des 2° du I de l'article L. 661-1 (décisions statuant sur l'ouverture de la liquidation judiciaire), 3° (décisions statuant sur l'extension d'une procédure collective, que ce soit sur le fondement de laconfusion des patrimoines ou sur celui de la fictivité, qui étaient déjà en réalité concernées par la possibilité d'arrêt de l'exécution provisoire, depuis le décret du 23 décembre 2006), 5° (les décisions statuant sur le prononcé de la liquidation au cours de la période d'observation, c'est-à-dire conversion en liquidation judiciaire), 6° (décisions statuant sur l'arrêté du plan de sauvegarde ou de redressement) et 8° (décisions statuant sur la résolution du plan de sauvegarde ou de redressement).

L'article R. 661-3, alinéa 3 ne vise plus les décisions citées à l'article L. 661-9, alinéa 2. Mais cela reste sans conséquence, puisque, en visant le 5° du I de l'article L. 661-1, sont prises en compte les décisions statuant sur le prononcé de la liquidation au cours de la période d'observation, c'est-à-dire les décisions de conversion en liquidation judiciaire et que, en visant le 6° du I de l'article L. 661-1, sont prises en compte les décisions statuant sur l'arrêté du plan de sauvegarde ou de redressement.

> LE DÉCRET DU 30 JUIN 2014[1] modifie, par son article 115, une nouvelle fois la rédaction de l'article R. 661-1, alinéa 3. Le texte nouveau précise que « par dérogation aux dispositions de l'article 524 du code de procédure civile, le premier président de la cour d'appel, statuant en référé, ne peut arrêter l'exécution provisoire des décisions mentionnées aux deux premiers alinéas du présent article que lorsque les moyens à l'appui de l'appel paraissent sérieux ». Le texte conserve donc le critère dérogatoire d'arrêt de l'exécution provisoire.

L'alinéa 1 vise les décisions qui sont revêtues de l'exécution provisoire de droit : les jugements et ordonnances rendus en matière de mandat *ad hoc*, de conciliation, de sauvegarde, de redressement judiciaire, de liquidation judiciaire et de rétablissement professionnel. Ce texte est donc très vaste et l'on voit que le critère dérogatoire d'arrêt de l'exécution provisoire a un domaine très vaste.

L'alinéa 2, qui est un texte d'exception, s'intéresse aux décisions qui ne sont pas exécutoires de plein droit à titre provisoire :

- paiement provisionnel en période d'observation;
- substitution de garantie en période d'observation et en cours d'exécution d'un plan de sauvegarde ou de redressement;
- autorisation de vente du bien gagé ou retenu en liquidation judiciaire;
- faillite personnelle et interdiction de gérer;
- condamnation à combler l'insuffisance d'actif;
- avances du Trésor public;
- décision déclarant un dossier impécunieux et autorisant le paiement sur le fonds de gestion des dossiers impécunieux.

234.22 Régime général procédural attaché à l'arrêt de l'exécution provisoire. Que l'arrêt de l'exécution provisoire soit de droit ou qu'il soit laissé à l'appréciation du premier président de la cour d'appel, la décision rendue par celui-ci est susceptible d'un pourvoi en cassation immédiat, indépendamment de la décision sur le fond. Il s'agit en effet d'une décision mettant fin à l'instance autonome introduite devant ce magistrat[2].

Si l'arrêt de l'exécution provisoire est décidé, l'article 155, alinéa 2 du décret du 27 décembre 1985[3] *in fine* et l'article **R. 661-1, alinéa 3 *in fine* du code de commerce (anc^t D. 28 déc. 2005[4], art. 328, al. 3)** prévoient que le greffier de la cour d'appel devra, dès le prononcé de la décision du premier président, en informer le greffier du tribunal.

Précisons également que des circonstances nouvelles peuvent, conformément au droit commun, justifier le rapport d'une ordonnance ayant arrêté ou refusé d'arrêter l'exécution provisoire[5].

234.23 Arrêt de droit de l'exécution provisoire en cas d'appel par le ministère public des décisions rendues en matière de redressement ou de liquidation judiciaire. L'article 155, alinéa 3 du décret du 27 décembre 1985[6] prévoit qu'« en cas d'appel du ministère public d'un jugement mentionné aux articles L. 623-1 et L. 623-6, l'exécution provisoire est arrêtée de plein droit à compter du jour de cet appel »[7]. L'article R. 661-1, alinéa 4 du code de commerce (anc^t D. 28 déc. 2005[8], art. 328, al. 4), pour sa part, prévoit qu'« en cas d'appel du ministère public d'un jugement mentionné aux articles L. 661-1, à l'exception du jugement statuant sur l'ouverture de la procédure de sauvegarde ou de redressement judiciaire, L. 661-6 et L. 661-11 du

1. D. n° 2014-736, 30 juin 2014, préc.

2. Cass., ass. plén., 2 nov. 1990, n° 90-12.698, *Bull. ass. plén.*, n° 11; *JCP* 1991. II. 21631, concl. Monnet, note Estoup; *RTD civ.* 1991. 169, obs. Perrot.
3. D. n° 85-1388, 27 déc. 1985, préc.
4. D. n° 2005-1677, 28 déc. 2005, préc.
5. Bailly et Haranger, « Les circonstances nouvelles justifiant le rapport d'une ordonnance ayant arrêté ou refusé d'arrêter l'exécution provisoire », *JCP E* 2013. Étude 1617.
6. D. n° 85-1388, 27 déc. 1985, préc.
7. SUR la question : Frison-Roche et Guillot, « La réforme des voies de recours par la loi du 10 juin 1994 », *LPA* 14 sept. 1994, n° sp., p. 113.
8. D. n° 2005-1677, 28 déc. 2005, préc.

code de commerce, l'exécution provisoire est arrêtée de plein droit à compter du jour de cet appel ». Sous l'empire de la législation antérieure à la loi de sauvegarde des entreprises[1], il a été jugé qu'un jugement prononçant la caducité du plan de continuation emporte ouverture d'une nouvelle procédure. L'appel exercé à son encontre par le ministère public est en conséquence suspensif. Il en résulte que le commissaire à l'exécution du plan, resté en fonction, est recevable à exercer une voie de recours[2]. Le décret du 30 juin 2014[3] (art. 115, 3°) ajoute à la liste des décisions visées à l'alinéa 4 de l'article R. 661-1 du code, celles prononçant la clôture de la procédure de rétablissement professionnel. *A contrario*, les autres décisions rendues en matière de rétablissement professionnel susceptibles d'appel du ministère public n'autoriseront pas un appel suspensif du ministère public.

Le caractère suspensif de l'appel du ministère public, absolu sous l'empire de la législation antérieure à la loi de sauvegarde des entreprises[4], est ainsi écarté, sous l'empire de la loi de sauvegarde des entreprises, lorsque l'appel porte sur l'ouverture de la sauvegarde ou du redressement judiciaire (C. com., art. L. 661-1, II). Il s'est agi d'éviter la paralysie des procédures, qui avait été constatée dans le droit antérieur, la conséquence du recours ayant eu un effet dissuasif sur son exercice[5]. L'appel du ministère public sur l'ouverture de la procédure n'est ainsi suspensif que s'il y a liquidation judiciaire.

L'article L. 661-6, VI du code de commerce posant le principe du caractère suspensif de l'appel du ministère public est modifié par la loi de modernisation de la justice du XXIe siècle, pour tenir compte de difficultés rencontrées dans certains dossiers. Une précision est apportée par le texte nouveau, emportant une exception à l'exception et conduisant donc à un retour au principe de l'effet suspensif de l'appel du ministère public. Le caractère suspensif de l'appel émanant du ministère public à l'encontre du jugement ouvrant la sauvegarde ou le redressement judiciaire demeure si l'appel est limité à la nomination de l'administrateur, du mandataire judiciaire ou des experts.

Le caractère suspensif de l'appel du ministère public permet au premier président de la cour d'appel, saisi sur requête du procureur général, de prendre toutes mesures conservatoires pour la durée de l'instance d'appel [D. 27 déc. 1985, art. 155, al. 3, *in fine*, C. com., art. R. 661-1, al. 4 *in fine* (anc[t] D. 28 déc. 2005, art. 328, al. 4)]. Il s'agit là d'aménager l'arrêt de l'exécution provisoire, comme l'envisagent les articles 521 et 522 du code de procédure civile, et, même si le renvoi à ces dispositions n'est pas fait par l'article 155, alinéa 3 du décret du 27 décembre 1985 ou par l'article **R. 661-1, alinéa 4 du code de commerce (anc[t] D. 28 déc. 2005, art. 328, al. 4)**, il semble qu'on doive appliquer ici ces dernières, encore que, *stricto sensu*, les règles d'aménagement prévues par les articles 521 et 522 du code de procédure civile présupposent une décision du premier président de la cour d'appel qui, par hypothèse, n'est pas ici encore intervenue.

Si le ministère public fait appel, l'arrêt de l'exécution provisoire sera de droit, indépendamment de la caractérisation de conséquences manifestement excessives.

234.24 Arrêt de l'exécution provisoire en cas d'appel de certaines décisions rendues en matière de sauvegarde, de redressement ou de liquidation judiciaire. Il y a d'abord place à arrêt de droit de l'exécution provisoire si celle-ci a été ordonnée, alors qu'elle était interdite. C'est là le jeu de l'article 524, 1° du code de procédure civile. Il en serait par exemple ainsi d'une ordonnance autorisant une substitution de garantie, qui serait assortie de l'exécution provisoire.

Il y aura lieu de saisir le premier président de la cour d'appel, statuant en référé.

Il n'y a pas nécessité de caractériser l'existence de conséquences manifestement excessives, tel que cela est prévu à l'article 524, 2° du code de procédure civile. Si l'exécution provisoire a été ordonnée alors qu'elle était interdite, s'applique l'article 524, 1° du même code, et non l'article 524, 2°.

Il y a ensuite place à arrêt de l'exécution provisoire de droit, lorsque les textes du droit des entreprises en difficulté prévoient cet arrêt (v. s[s] n° 234.21). En ce cas, l'appelant devra démontrer que ses moyens sont sérieux, sans avoir besoin de démontrer l'existence de conséquences manifestement excessives.

La Cour de cassation, statuant à propos d'une condamnation à combler l'insuffisance d'actif, dans une affaire soumise à la loi du 25 janvier 1985[6] réformée, a cassé la décision d'un premier président de cour d'appel ayant rejeté la demande d'arrêt de l'exécution provisoire pour absence de caractérisation de conséquences manifestement excessives, en reprochant à la cour d'appel de ne pas avoir recher-

1. L. n° 2005-845, 26 juill. 2005, préc.
2. Com. 8 janv. 2008, n° 05-17.936, NP, *Gaz. proc. coll.* 2008/2, p. 31, n° 2, note Routier ; *Rev. proc. coll.* 2008/4, p. 58, n° 170, note Martin-Serf.
3. D. n° 2014-736, 30 juin 2014, préc.
4. L. n° 2005-845, 26 juill. 2005, préc.
5. Circ. relative à l'action du ministère public dans les procédures du Livre VI du code de commerce en conséquence de la loi de sauvegarde des entreprises, CIV 2006-08 D4/18-04-2006, NOR : JUSC0620263C, *BOMJ*, n° 102, 1er avr.-30 juin 2006, ann. 3.
6. L. n° 85-98, 25 janv. 1985, préc.

ché si les moyens invoqués par l'appelant étaient ou non sérieux[1].

Dans une autre espèce, la cassation de l'arrêt ayant prononcé l'extension de la procédure a été encourue, faute pour le premier président, saisi d'une demande d'arrêt de l'exécution provisoire, d'avoir apprécié le caractère sérieux du moyen invoqué par la cible de l'extension, se contentant, pour rejeter la demande, de retenir l'existence d'un jugement correctionnel[2].

Les moyens sérieux autorisant l'arrêt de l'exécution provisoire d'un jugement de conversion du redressement en liquidation judiciaire pourront tenir au caractère lacunaire de l'examen du projet de plan par les premiers juges, ayant omis de prendre en considération certains éléments importants[3].

234.25 Arrêt de l'exécution provisoire facultativement ordonnée. Sont ici concernées les décisions qui ne sont pas exutoires de plein droit à titre provisoire, mais pour lesquelles l'exécution provisoire n'étant pas interdite, peut, en application de l'article 515 du code de procédure civile, être ordonnée.

L'arrêt de l'exécution provisoire ne peut être obtenu qu'en cas d'appel de la décision dont l'arrêt est sollicité. La solution est évidente. Elle a été rappelée à l'occasion de l'appel formé par un tiers opposant à l'encontre du jugement déclarant irrecevable la tierce opposition formée contre le jugement de liquidation judiciaire. L'appel n'était donc pas exercé contre le jugement de liquidation judiciaire, ce qui rendait irrecevable sa demande d'arrêt de l'exécution provisoire du jugement de liquidation judiciaire[4].

Sous l'empire de la législation antérieure à la loi de sauvegarde[5], en conformité avec les dispositions de droit commun de l'article 524, alinéa 1, 2°, du code de procédure civile, il convenait de démontrer l'existence de « conséquences manifestement excessives ».

Sous l'empire de loi de sauvegarde des entreprises, l'article R. 661-1, alinéa 3 du code de commerce (anc^t D. 28 déc. 2005[6], art. 328, al. 3) s'exprime de manière générale, sans distinguer selon que la décision était revêtue de droit ou simplement facultativement de l'exécution provisoire. Dans tous les cas, il est dérogé à l'article 524 du code de procédure civile. Il faudra donc démontrer que les chances de réformation ou d'annulation de la décision sont sérieuses[7]. C'est le sens de la modification apportée par l'article 71 du décret du 23 décembre 2006[8] à l'article R. 661-1 du code de commerce (anc^t D. 28 déc. 2005, art. 328), qui a inséré dans cette disposition un alinéa 4, qui aligne le régime de l'arrêt de l'exécution provisoire facultativement ordonnée sur celui de l'exécution provisoire de droit, en utilisant l'expression « dans les mêmes conditions » que celles énoncées à l'alinéa précédent. Le premier président de la cour d'appel devra, en conséquence, apprécier, et cela souverainement[9], si les chances de réformation existent, se livrant ainsi à un pré-jugement qui, cependant, ne liera pas la cour, encore qu'en pratique, la décision, certes rendue en référé, émanera de son premier président...

La notion de chances sérieuses de réformation mérite une précision. La probabilité de réformation du jugement sera insuffisante si cette réformation est suivie, en vertu de l'effet dévolutif de l'appel, d'une nouvelle décision de la cour d'appel conduisant à une solution analogue à celle résultant de la décision attaquée. Ainsi, si l'anéantissement de la décision des premiers juges ayant ouvert le redressement judiciaire repose sur le non respect du principe de contradiction, cela ne doit pas conduire à l'arrêt de l'exécution provisoire dès lors que la cour d'appel, statuant à nouveau, va poser la même solution que les premiers juges, du fait de la caractérisation de l'état de cessation des paiements[10].

L'attitude du débiteur nous semble pouvoir constituer un élément d'appréciation. Son attitude volontariste et les bons résultats enregistrés depuis le jugement d'ouverture pourront conduire à suspendre l'exécution provisoire attachée au jugement de liquidation[11]. Inversement, le non-paiement d'un créancier et l'absence de déclaration auprès de l'Urssaf entraînant une taxation d'office, peuvent constituer des éléments de nature à inciter au rejet de la demande d'arrêt de l'exécution provisoire attachée au jugement de résolution du plan de continuation[12]. Une cour d'appel a cependant estimé que l'appréciation sur l'opportunité d'arrêter l'exécu-

1. Com. 1er févr. 2011, n° 10-10.161, NP, *JCP E* 2011. 1193, note Legros; *Dr. sociétés* 2011, n° 77, note Legros; *RTD com.* 2011. 422, n° 9, obs. Vallens; *Rev. proc. coll.* 2011, comm. 202, note Martin-Serf; *Act. proc. coll.* 2011/5, n° 93.
2. Com. 5 juin 2012, n° 11-22.466, NP; n° 646 F-D; *Rev. sociétés* 2012. 530, note Henry.
3. Riom, ch. réf., 13 mai 2015, RG n° 15/00023, *Rev. proc. coll.* 2015, comm. 100, note Lebel.
4. Com. 7 juin 2005, n° 04-12.132, NP.
5. L. n° 2005-845, 26 juill. 2005, préc.
6. D. n° 2005-1677, 28 déc. 2005, préc.
7. Service de documentation et d'études de la Cour de cassation, Q/R n° 21, *JCP E* 2006. 391.
8. D. n° 2006-1709, 23 déc. 2006, préc.
9. Com. 17 juill. 2001, n° 98-20.942, NP, *Rev. proc. coll.* 2002, p. 172, n° 27, obs. Gorrias.
10. Com. 4 juin 2013, n°s 12-30.165 à 12-30.169, 5 esp., NP, n°s 567 à 571 F-D.
11. Angers, ord. 1er prés., 30 mars 2001, *Act. proc. coll.* 2002/3, n° 43.
12. Angers, ord. 1er prés., 18 avr. 2001, *Act. proc. coll.* 2002/3, n° 43.

tion provisoire attachée à un jugement de liquidation judiciaire devait uniquement s'apprécier par référence à la viabilité de l'entreprise, indépendamment de la conduite répréhensible du débiteur[1].

Le droit commun de l'arrêt de l'exécution provisoire est ici écarté. Il ne s'agit pas, comme l'indique l'article 524, alinéa 1, 2°, du code de procédure civile, de démontrer l'existence de « conséquences manifestement excessives ». Ce serait d'ailleurs inutile, car toutes les décisions susceptibles d'arrêt de l'exécution provisoire, dans le droit du redressement ou de la liquidation judiciaire, ont des « conséquences manifestement excessives ».

Le premier président de la cour d'appel peut, plutôt que d'arrêter l'exécution provisoire, décider de l'aménager, en faisant application des articles 521 et 522 du code de procédure civile, comme l'article 524, alinéa 3 du code de procédure civile l'y autorise.

234.26 Effets de l'arrêt de l'exécution provisoire. En cas d'arrêt de l'exécution provisoire, l'appel retrouve son caractère suspensif de droit commun.

Lorsque le premier président de la cour d'appel fait droit à la demande d'arrêt de l'exécution provisoire d'une décision, le pourvoi formé contre l'ordonnance présidentielle devient sans objet, si la cour d'appel infirme ensuite la décision des premiers juges dont l'exécution provisoire avait été arrêtée[2].

Si la décision dont l'arrêt d'exécution provisoire est le jugement de liquidation judiciaire immédiate, la confirmation de la décision prononçant la liquidation judiciaire conduit à décider que la date du jugement d'ouverture est celle de l'arrêt confirmatif.

Si la décision dont l'exécution provisoire est arrêtée, à la suite d'un appel, est le jugement de conversion en liquidation judiciaire, ou le jugement arrêtant le plan de continuation ou de cession, tout doit se passer comme si l'on était encore en période d'observation. C'est ce que décide l'article L. 623-9, alinéa 2 *in fine* du code, dans la rédaction antérieure à la loi du 26 juillet 2005[3] (anc[t] L. 25 janv. 1985[4], art. 177, al. 2 *in fine*) en énonçant que, en ce cas, « la *période d'observation est prolongée jusqu'à* l'arrêt de la cour d'appel ». Cela pourra permettre de dépasser les délais légaux de période d'observation. La solution est reprise par l'article L. 661-9, alinéa 2, dans la rédaction issue de la loi du 26 juillet 2005, en cas d'arrêt d'exécution provisoire à la suite d'un appel à l'encontre du jugement de liquidation sur conversion, de celui arrêtant ou rejetant le plan de sauvegarde ou de redressement[5].

Pendant toute cette période, les créances nées régulièrement bénéficieront « de l'article 40 » (C. com., art. L. 621-32), ou pourront, sous l'empire de la législation issue de la loi de sauvegarde des entreprises, bénéficier du traitement réservé aux créances postérieures nées régulièrement, ce qui doit conduire la juridiction d'appel à statuer le plus rapidement qu'il se peut, compte tenu des dangers, pour les créanciers antérieurs, du déferlement de ce type de créances.

La renaissance de la période d'observation conduit à restaurer les pouvoirs du représentant des créanciers et de l'administrateur judiciaire, alors que l'arrêté du plan aurait pu mettre fin à la mission de ces derniers. Il en est spécialement ainsi du représentant des créanciers – mandataire judiciaire (v. s[s] n° 361.34).

L'arrêt de l'exécution provisoire n'a pas d'effet rétroactif. Il en résulte que les actes d'exécution, et notamment les licenciements effectués par le liquidateur dans le délai de quinze jours de la liquidation judiciaire, ou les paiements effectués avant les décisions arrêtant l'exécution provisoire, ne peuvent être remis en cause[6].

En résumé, l'arrêt d'exécution provisoire emporte effacement de la décision dont l'arrêt d'exécution provisoire est ordonné, mais cela sans rétroactivité, ce qui évite les complications résultant de la confirmation ultérieure de la décision en question.

1. Colmar, 1re ch. civ., 6 juill. 2007, *Act. proc. coll.* 2008/17, n° 275.
2. Com. 2 mars 2010, n° 09-13.174, NP.
3. L. n° 2005-845, 26 juill. 2005, préc.
4. L. n° 85-98, 25 janv. 1985, préc.
5. ILLUSTR. : Grenoble, ch. com., 8 oct. 2008, RG n° 07/02326, *Rev. proc. coll.* 2009/6, n° 156, note Lebel – Aix-en-Provence, 8e ch. A, 12 mars 2009, RG n° 07/07906, *Rev. proc. coll.* 2009/6, n° 157, note Lebel.
6. Civ. 2e, 24 sept. 1997, n° 94-19.485, *Bull. civ.* II, n° 238; *Rev. proc. coll.* 1999, p. 28, n° 19, obs. Cadiou – Paris, pôle 5, 9e ch., 8 nov. 2012, *Act. proc. coll.* 2013, comm. 261, note Boyer et Simon.

LIVRE

300. Les organes de la procédure

SECTION 0

ORIENTEUR

300.00 **Plan du livre.**

Titre	310	**Tribunal de la faillite**
Chap.	311	Le tribunal et son président
Chap.	312	Attraction de compétence du tribunal de la faillite
Titre	320	**Voies de recours sur les décisions du tribunal de la faillite**
Chap.	321	Voies de recours nullité
Chap.	322	Voies de recours réformation
Chap.	323	Détermination de la situation procédurale de l'intéressé au regard de la voie de recours
Titre	330	**Juge-commissaire et voies de recours sur ses décisions**
Chap.	331	Fonctions et ordonnances du juge-commissaire
Chap.	332	Voies de recours sur les ordonnances du juge-commissaire
Chap.	333	Voies de recours sur les jugements statuant sur recours à l'encontre des ordonnances du juge-commissaire
Titre	340	**Ministère public**
Titre	350	**Règles communes aux mandataires de justice**
Chap.	351	Nature et organisation des professions
Chap.	352	Dispositions relatives à la rémunération des mandataires de justice
Chap.	353	Dispositions relatives à la rémunération des mandataires de justice issues de la loi du 6 août 2015
Titre	360	**Règles spéciales au mandataire judiciaire, représentant des créanciers et liquidateur**
Chap.	361	Organe de la sauvegarde et du redressement judiciaire : mandataire judiciaire et représentant des créanciers
Chap.	362	Organe de la liquidation judiciaire : le liquidateur judiciaire
Titre	370	**Règles spéciales aux administrateurs judiciaires**
Chap.	371	Mission de l'administrateur judiciaire
Chap.	372	Responsabilité de l'administrateur judiciaire
Titre	380	**Règles spéciales aux experts**
Titre	390	**Règles spéciales aux organes de représentation des salariés**
Chap.	391	Institutions représentatives du personnel (comité d'entreprise et délégués du personnel)
Chap.	392	Représentant des salariés

TITRE

310. Tribunal de la faillite

SECTION 0

ORIENTEUR

310.00 Plan du titre.

Chap.	**311**	**Le tribunal et son président**
Sect.	311.10	Pouvoirs du tribunal
Sect.	311.20	Pouvoirs du président du tribunal
Chap.	**312**	**Attraction de compétence du tribunal de la faillite**
Sect.	312.10	Étendue de l'attraction de compétence
Sect.	312.20	Actions nées de la faillite
Sect.	312.30	Actions sur lesquelles le droit de la faillite exerce son incidence
Sect.	312.40	Actions échappant à la compétence du tribunal de la faillite

CHAPITRE
311. Le tribunal et son président

SECTION 0
ORIENTEUR

311.00 Plan du chapitre.

Sect. 311.10 Pouvoirs du tribunal
Sect. 311.20 Pouvoirs du président du tribunal

311.03 Bibliographie indicative. (V. les références complètes s[s] n° 031).

> Actualisables. RÉP. COM., Pigassou P., « Entreprises en difficulté – Redressement judiciaire (Procédure et organes) », n°s 6 à 9, 12 à 22 – J.-CL. COM., Dahan E., fasc. 2210, [Organes – Président du tribunal].

> Ouvrages antérieurs à la loi de sauvegarde des entreprises. Cagnoli P., *Essai d'analyse processuelle du droit des entreprises en difficulté*, « Bibl. dr. privé », t. 368, Lgdj, 2002 – GUYON, n°s 1153, 1154, 1156 – KERCKHOVE, n°s 277 à 282 – LE CANNU, n°s 971, 972 – LE CORRE-BROLY, n° 81 – MARTIN ET VALLENS, n°s 2708 à 2736 – PÉROCHON ET BONHOMME, n° 139 – PÉTEL, n°s 120, 121 – RIPERT ET ROBLOT, n°s 2917 à 2920.

> Ouvrages postérieurs à la loi de sauvegarde des entreprises. GIBIRILA, n°s 319 à 321 – LE CANNU, 7e éd., n° 411.

> Ouvrages postérieurs à l'ordonnance du 12 mars 2014. LIENHARD, 6e éd., n°s 31.18 à 31.22 – PÉROCHON, 10e éd., n° 445 – *PÉTEL*, 8e éd., n° 123 – VALLENS, 2015, n°s 2535 à 2554.

SECTION 311.10
POUVOIRS DU TRIBUNAL

311.11 Composition et pouvoirs du tribunal. Le tribunal sera soit le tribunal de grande instance, soit le tribunal de commerce.

Dans les tribunaux de commerce, le tribunal est composé de juges élus choisis par un collège électoral composé de commerçants et non d'artisans, ce qui pourrait être repensé, compte tenu de la compétence de cette juridiction pour connaître des procédures ouvertes contre les personnes inscrites au répertoire des métiers[1].

Dans les départements de la Guadeloupe, de la Guyane, de la Martinique et de la Réunion, il existe en outre des tribunaux de commerce mixte, dont le président est un magistrat professionnel, les juges étant des magistrats consulaires élus.

Le tribunal assure la direction générale de la procédure[2].

Le tribunal est d'abord compétent pour désigner les organes, à l'exception du représentant des salariés et des contrôleurs. Symétriquement, il procède à leur remplacement (C. com., art. L. 621-10, L. 621-68 et L. 622-1 [anc[t] L. 25 janv. 1985[3], art. 12, 67, et 148]). Ce pouvoir n'appartient pas au juge-commissaire. Si ce dernier est saisi d'une demande en ce sens, il doit la retransmettre au tribunal[4].

Même si, depuis la loi de sauvegarde des entreprises, le juge-commissaire a seul compétence pour désigner un technicien, cela n'ôte pas au tribunal la possibilité de désigner, en vue d'une mission qu'il détermine, un ou plusieurs experts (C. com., art. L. 621-4, al. 3).

Le tribunal de la faillite est seul compétent pour décider du sort de l'entreprise. Il ouvre la procédure, prolonge la période d'observation ou la raccourcit, convertit la sauvegarde en redressement ou en liquidation judiciaire, le redressement en liquidation judiciaire, décide de l'arrêt total ou partiel de l'activité. Il arrête le plan de sauvegarde, de continuation, de redressement ou de cession.

Sous l'empire de la loi du 25 janvier 1985, il autorise la conclusion d'un contrat de location-gérance et prononce sa résiliation.

1. Interv. Gérard Bapt, *JOAN CR*, 1re séance, 2 mars 2005, p. 1559.
2. Pétel, 8e éd., n° 123 – VALLENS, 2015, n° 2556.
3. L. n° 85-98, 25 janv. 1985, *JO* 26 janv., p. 1097.
4. Com. 24 nov. 1998, n° 96-17.490, NP, *RTD com.* 1999. 206, obs. Vallens.

Sous l'empire de la loi de sauvegarde des entreprises[1], il ordonne l'application des règles de la liquidation judiciaire simplifiée. Toutefois, depuis l'ordonnance du 18 décembre 2008[2], ce pouvoir est désormais partagé, en fonction des situations, avec le président du tribunal.

Une seule exception est posée, sous le régime antérieur à la loi du 26 juillet 2005, à ce principe : le juge-commissaire est compétent pour statuer sur les cessions d'unité de production en liquidation, ce qui fonctionnellement tendrait à rapprocher cette technique d'une formule de cession des actifs, plus que d'une technique de cession d'entreprise. La loi de sauvegarde des entreprises supprime cette exception, en faisant disparaître la technique de la cession d'unité de production.

Le tribunal est seul compétent pour modifier le plan de sauvegarde, de continuation ou de redressement et pour prononcer la résolution de tels plans. Enfin, le tribunal clôture la procédure de cession ou de liquidation judiciaire et, sous l'empire de la loi de sauvegarde des entreprises, la procédure de sauvegarde ou de redressement judiciaire en période d'observation, ainsi que le plan de sauvegarde ou de redressement.

Le tribunal est également compétent pour sanctionner les actes du passé. Ainsi, le tribunal a-t-il compétence pour annuler les actes accomplis pendant la période suspecte. Il est seul compétent pour décider du sort des dirigeants : éviction, sanctions pécuniaires, sanctions d'élimination de la vie des affaires : faillite personnelle ou interdiction de gérer.

Le tribunal est juridiction d'appel du juge-commissaire, du moins par principe, en statuant sur le recours formé à l'encontre des ordonnances de ce dernier.

La loi de sauvegarde des entreprises marque un recul des pouvoirs du tribunal en matière de saisine d'office. Ce recul lié au souci d'impartialité est salué par la doctrine, lorsqu'il est question de sanctions. Ce recul est accentué par la suppression de la saisine d'office, d'abord déclarée non conforme à la Constitution, puis supprimée de la législation par l'ordonnance du 12 mars 2014[3]. La suppression de la saisine d'office ne doit, en bonne logique, concerner que les véritables liaisons d'instance, ce qui n'est le cas des instances tendant à l'ouverture de la procédure collective, non les aménagements d'instances engagées, spécialement les conversions d'une procédure en une autre. C'est pourquoi la suppression de al saisine d'office a été justement critiquée, lorsqu'il n'est question que de l'organisation même de la procédure, par exemple pour le renouvellement de la période d'observation ou la modification de la mission de l'administrateur judiciaire[4].

Il y a place à nullité du jugement arrêtant un plan de cession s'il existe un doute raisonnable, objectivement justifié, sur l'inpartialité du tribunal et sur celle de sa composition susceptible d'avoir délibéré, dès lors qu'un juge de cette juridiction, présent en robe à l'audience, et marchand de biens avait manifesté de l'intérêt pour les biens cédés, à savoir un ensemble immobilier[5].

1. L. n° 2005-845, 26 juill. 2005, *JO* 27 juill., p. 12187.
2. Ord. n° 2008-1345, 18 céc. 2008, *JO* 19 déc., p. 19462.
3. Ord. n° 2014-326, 12 mars 2014, *JO* 14 mars, p. 5249.

SECTION 311.20
POUVOIRS DU PRÉSIDENT DU TRIBUNAL

311.21 Pouvoirs du président du tribunal. On précisera d'abord que l'un des rôles classiques du président de la juridiction commerciale ou civile, à savoir la juridiction des référés, est ici largement amputé par les pouvoirs du juge-commissaire. La compétence d'ordre public du juge-commissaire nous semble en effet exclure celle du juge des référés, dans son domaine d'intervention. En outre, la compétence du juge des référés ne pourrait à notre sens être maintenue que sous réserve de l'attraction de compétence dévolue au tribunal de la faillite (v. s^s^ n° 312.11). En revanche, la compétence exclusive du juge des référés pour faire cesser un trouble manifestement illicite ou prévenir un dommage imminent (C. pr. civ., art. 809 et 873) reste affirmée, empêchant le juge-commissaire d'intervenir en la matière. La solution a été posée en matière de rétablissement d'une ouverture de crédit en compte, poursuivie au titre de la continuation des contrats en cours (v. s^s^ n° 434.11).

Le président du tribunal n'est pas, en droit des procédures collectives, véritablement un organe majeur. Il ne rend que quelques décisions.

Il initiait la saisine d'office du tribunal aux fins d'ouverture de la procédure collective, avant sa suppression par l'ordonnance du 12 mars 2014[6], faisant suite aux déclarations d'inconstitutionnalité. Il constitue le relais entre le greffe et le tribunal lorsque la saisine émane du ministère public, solution d'autant plus importante depuis la suppression des saisines d'office.

Il dispose d'un pouvoir d'aménagement des règles de compétence, en ayant qualité pour demander que

4. Cagnoli, « La qualité pour agir, questions procédurales », *Rev. proc. coll.* 2006/2, p. 209 s., sp. p. 211.
5. Douai, 2e ch., 2e sect., 2 juill. 2015, RG n° 15/02762, *BJE* 2015, 369, note Delattre; *Leden* 2015, comm. 126, note Lucas.
6. Ord. n° 2014-326, 12 mars 2014, préc.

la procédure collective soit renvoyée devant une autre juridiction si les intérêts en présence le justifient. Depuis la loi de sauvegarde des entreprises [1], le président du tribunal peut autoriser que les débats, en matière de sanctions, aient lieu en chambre du conseil (C. com., art. L. 662-3, art. R. 662-91) alors que le principe, en la matière, est la tenue d'une audience publique. Depuis, l'ordonnance du 18 décembre 2008 [2], le président du tribunal ordonne, dans certains cas, l'application des règles de la liquidation judiciaire simplifiée. Il en est ainsi chaque fois que la liquidation judiciaire simplifiée n'a pas été décidée lors du jugement ouvrant ou prononçant la liquidation judiciaire.

Il est rendu destinataire d'informations, qu'il s'agisse de celles du représentant du personnel sur les faits révélateurs de l'état de cessation des paiements ou de celles du commissaire à l'exécution du plan sur le défaut d'exécution de celui-ci.

Il ordonne l'avance des frais et débours par le Trésor public.

Il arrête, dans certaines hypothèses, la rémunération des mandataires de justice. Il désigne le mandataire *ad hoc*, après clôture pour insuffisance d'actif de la liquidation judiciaire, pour terminer des instances en cours.

Il est enfin le juge de l'injonction de payer, lorsque le créancier antérieur retrouve, par exception, son droit de poursuite individuelle, après clôture par insuffisance d'actifs de la procédure.

Précisons que la loi de modernisation de la justice du XXIe siècle fait interdiction au président du tribunal, à peine de nullité du jugement du tribunal de la faillite, de siéger dans la formation de jugement ou de délibéré s'il a connu du débiteur en application du Titre 1er du livre VI, ce qui englobe la convocation du dirigeant par le tribunal, l'astreinte pour le dépôt des comptes, le mandat *ad hoc* et la conciliation.

1. L. n° 2005-845, 26 juill. 2005, préc.
2. Ord. n° 2008-1345, 18 déc. 2008, préc.

CHAPITRE

312. Attraction de compétence du tribunal de la faillite

SECTION 0 ORIENTEUR

312.00 **Plan du chapitre.**

Sect.	312.10	Étendue de l'attraction de compétence
Sect.	312.20	Actions nées de la faillite
Sect.	312.30	Actions sur lesquelles le droit de la faillite exerce son incidence
Sect.	312.40	Actions échappant à la compétence du tribunal de la faillite

312.01 **Textes applicables.** (V. les références complètes s[s] n° 011).

> **Législation antérieure à la loi de sauvegarde des entreprises.**
D. 27 déc. 1985, art. 174

> **Législation issue de la loi de sauvegarde des entreprises.**
C. com., art. R. 662-3 (anc[t] D. 28 déc. 2005, art. 339)

> **Législation issue de l'ordonnance du 18 décembre 2008.**
C. com., art. R. 662-3

312.02 **Jurisprudence de référence.**

> Le tribunal de la faillite est compétent pour connaître d'une question mettant en jeu à la règle du dessaisissement.

• **Com. 4 oct. 2005,** n° 04-12.610, *Bull. civ.* IV, n° 193; n° 1285 FS-P+B+I+R

* V. s[s] n° 312.31

> Le tribunal de la faillite n'est pas, en tant que tel, compétent pour connaître d'une action en responsabilité contre les tiers.

• **Com. 12 oct. 1999,** n° 96-18.471, NP

* V. s[s] n° 312.42

« Vu l'article 174 du décret du 27 décembre 1985; [...].

Attendu que, pour déclarer la société mal fondée en son contredit par lequel elle revendiquait la compétence du tribunal de commerce de Paris, lieu de son siège social, l'arrêt énonce que la situation de cessation des paiements ayant entraîné l'ouverture des procédures de redressement judiciaire à l'encontre de M. et de Mme D... est une conséquence directe de la faute commise par la société dans la mise en place du financement d'une opération immobilière, et que la compétence du tribunal des procédures collectives doit être retenue dès lors que les procédures de redressement judiciaire des époux D... exercent une influence juridique sur le litige;

Attendu qu'en se prononçant ainsi, alors que la contestation dont le tribunal de commerce de Dax était saisi n'était pas née des procédures collectives et n'était pas soumise à l'influence juridique de ces procédures, la cour d'appel a violé le texte susvisé. »

> Le tribunal de la faillite est compétent pour connaître d'une action en comblement de passif contre un dirigeant social étranger.

• **Com. 5 mai 2004,** n° 01-02.041, *Bull. civ.* IV, n° 82

* V. s[s] n° 312.21

> L'action paulienne échappe à l'attraction de compétence au profit du tribunal de la faillite, en ce qu'elle n'est pas née de la procédure collective et que les règles de cette dernière n'exercent pas sur elle une influence juridique.

• **Com. 16 juin 2015,** n° 14-13.970, *Bull. civ.* IV [à paraître]; n° 588 F-P+B

* V. s[s] n° 312.41

312.03 **Bibliographie indicative.** (V. les références complètes s[s] n° 031).

> **Actualisables.** RÉP. COM., Pigassou P., « Entreprises en difficulté – Redressement judiciaire (Procédure et organes) », n°s 10 et 11 – J.-CL. COM., Martin-Serf A., fasc. 2203, [Règles générales de procédure], 2015, n°s 130 à 146.

> **Ouvrages antérieurs à la loi de sauvegarde des entreprises.** Cagnoli P., *Essai d'analyse processuelle du droit des entreprises en difficulté*, « Bibl. dr. privé », t. 368, Lgdj, 2002 – CHAPUT, n° 274 – GUYON, n° 1155 – KERCKHOVE, n° 239 – LE CORRE-BROLY, n° 82 – PÉROCHON ET BONHOMME, n° 131 – PÉTEL, n° 122 – RIPERT ET ROBLOT, n°s 2921 à 2925 – SAINT-ALARY-HOUIN, n°s 379, 380 – Staes O., *Procédures collectives et droit judiciaire privé*, th., Toulouse 1995 – SOINNE, n°s 597 à 604 – VALLANSAN, p. 42 et 43.

> **Ouvrages postérieurs à la loi de sauvegarde des entreprises.** GIBIRILA, n°s 295, 319 – LIENHARD, 6e éd., n°s 31.14 à 31.17, 31.23 – PÉROCHON, 10e éd., n°s 444, 445 – PÉTEL,

8e éd., no 124 – SAINT-ALARY-HOUIN 9e éd., no 462 – VALLENS, 2015, nos 2560 à 2571 – VIDAL et GIORGINI, nos 1945 à 1950, 1953 à 1958 – VOINOT, 2e éd., 2013, no 230.

> **Articles.** Voinot, « Quelles compétences pour les tribunaux de commerce en matière de procédures collectives ? », *Procédures*, avr. 2011, dossier 12, p. 20.

312.04 Questions essentielles

• Le tribunal de la faillite est-il compétent pour connaître des actions en responsabilité contre les tiers ?
* V. ss no 312.42.

• Le tribunal de la faillite est-il compétent pour connaître du contentieux des impôts ?
* V. ss no 312.45.

SECTION 312.10
ÉTENDUE DE L'ATTRACTION DE COMPÉTENCE

312.11 Étendue de l'attraction de compétence. Les critères classiques de rattachement de compétence sont écartés, en matière de procédure collective, dans un souci d'efficacité, qu'il s'agisse de la compétence territoriale ou matérielle. La dérogation aux règles de compétence dure pendant toute la procédure, mais ne concerne pas les actions engagées avant la procédure. Elles sont poursuivies devant la juridiction initialement saisie (v. ss no 623.31). Elle ne concerne pas davantage les actions engagées après clôture de la procédure[1]. L'attraction de compétence joue en revanche pour les demandes reconventionnelles[2].

Aux termes de l'article 174 du décret du 27 décembre 1985[3], « sans préjudice des pouvoirs attribués en premier ressort au juge-commissaire, le tribunal saisi d'une procédure de redressement judiciaire connaît de tout ce qui concerne le redressement et la liquidation judiciaires, la faillite personnelle ou autres sanctions prévues par la loi du 25 janvier 1985... ». L'article R. 662-3 du code de commerce (anct D. 28 déc. 2005[4], art. 339) reprend sans changement de fond la règle édictée par l'article 174 du décret du 27 décembre 1985, en disposant que « sans préjudice des pouvoirs attribués en premier ressort au juge-commissaire, le tribunal saisi d'une procédure de sauvegarde, de redressement judiciaire ou de liquidation judiciaire connaît de tout ce qui concerne la sauvegarde, le redressement et la liquidation judiciaires, la faillite personnelle ou autres sanctions prévues par le livre VI du code de commerce... ». Le décret du 12 février 2009[5], qui modifie l'article R. 662-3 du code de commerce, y ajoute l'action en responsabilité pour insuffisance d'actif, sans qu'il s'agisse d'une modification véritable (C. com., art R. 651-1).

On remarquera d'abord l'omnipotence du tribunal de la faillite pour connaître des sanctions. La disposition de l'article 174 du décret du 27 décembre 1985 est *d'ailleurs complétée par l'article 163* du même décret selon lequel « le tribunal compétent pour statuer dans les cas prévus aux articles 180, 181 et 182 de la loi du 25 janvier 1985 [devenus C. com., art. L. 624-3 à L. 624-5] est celui qui a prononcé le redressement ou la liquidation judiciaire de la personne morale ». Celle de l'article R. 662-3 du code de commerce (anct D. 28 déc. 2005, art. 339) est complétée par d'autres dispositions qui prévoient identiquement la compétence du tribunal de la faillite pour connaître de l'action en comblement de l'insuffisance d'actif [C. com., art. R. 651-1 (anct D. 28 déc. 2005, art. 316)], de l'action en obligation aux dettes sociales (C. com., art. R. 652-1, al. 1er – anct D. 28 déc. 2005, art. D. 28 déc. 2005, art. 321, al. 1er). Cette disposition emporte dérogation aux règles de compétence matérielle, qui permet ainsi de faire juger un non commerçant par le tribunal de commerce, tel le dirigeant d'une société anonyme qui n'a pas, en tant que tel, la qualité de commerçant.

En dehors des sanctions, l'étendue de la compétence du tribunal pose difficulté. Que faut-il entendre par « tout ce qui concerne la sauvegarde, le redressement et la liquidation judiciaires » ? La solution existe dans la législation depuis 1838. L'article 112 du décret du 22 décembre 1967[6] contenait une disposition analogue qui conduisait à reconnaître compétence au tribunal dès lors que l'action était née de la procédure collective ou que les règles de la procédure collective exerçaient une influence sur la solution du litige. Cette solution est posée en jurisprudence depuis 1888[7] et est constamment réaffirmée[8]. Cette solution doit être reconduite sous l'empire de la loi de sauvegarde des entreprises.

L'ordonnance du 9 décembre 2010[9] portant adaptation du droit des entreprises en difficulté à l'entrepreneur individuel à responsabilité limitée a créé une prorogation de compétence au profit du tribunal qui connaît de la procédure collective d'un EIRL Ce tribunal connaîtra, en application de l'article L. 680-7 du code de commerce, des contestations relatives à l'affectation des éléments du patrimoine de cet entrepreneur qui s'élèvent à l'occasion

1. Req. 21 mai 1906, *S.* 1906. I. 433, note Lyon-Caen.
2. Req. 28 juill. 1937, *S.* 1937. I. 344 – *Adde*, SOINNE, no 198.
3. D. no 85-1388, 27 déc. 1985, *JO* 29 déc., p. 15281.
4. D. no 2005-1677, 28 déc. 2005, *JO* 29 déc., p. 20324.
5. D. no 2009-160, 12 févr. 2009, *JO* 13 févr., p. 2596.
6. D. no 67-1120, 22 déc. 1967, *JO* 24 déc., p. 12595.
7. Req. 29 oct. 1888, *DP* 1889, I, p. 13.
8. AINSI : Com. 8 juin 1993, no 90-13.821, *Bull. civ.* IV, no 233; *Rev. huissiers* 1994. 72, note Vidal.
9. Ord. no 2010-1512, 9 déc. 2010, *JO* 10 déc., p. 21617.

de cette procédure. La solution est extrêmement logique car, de la détermination du patrimoine de l'entrepreneur, dépendent la portée de l'effet réel de la procédure collective et le périmètre des créances soumises à la discipline collective.

312.12 Caractère d'ordre public de l'attraction de compétence. Les règles relatives à la sauvegarde, au redressement et à la liquidation judiciaires sont d'ordre public. Il en est ainsi, notamment, des règles de compétence.

Il faut en conséquence décider que l'attraction de compétence reconnue par les dispositions réglementaires au profit du tribunal de la faillite est d'ordre public. Il en résulte que sa méconnaissance peut être soulevée d'office par une juridiction[1].

312.13 Incidence de l'attraction de compétence sur la contribution à l'aide juridique. La loi du 30 décembre 2009 de finances rectificative pour 2011[2] a créé une taxe de trente-cinq euros, exigée à tout demandeur introduisant une instance devant une juridiction judiciaire, en matière civile, commerciale, prud'homale, sociale ou rurale, ou devant une juridiction administrative.

Les procédures du livre VI du code de commerce en sont exclues (C. com., art. R. 663-1-1, réd. D. 28 sept. 2011[3]). Il en est de même de toutes les demandes et procédures incidentes prévues par le livre VI. Il faut comprendre que l'attraction de compétence du tribunal de la faillite, mais aussi du juge-commissaire, conditionne l'exonération[4].

312.14 Obligation d'indiquer dans les assignations placées devant le tribunal de la faillite les diligences accomplies en vue de parvenir à une résolution amiable du litige[5]. Les articles 18 et 19 du décret du 11 mars 2015[6] obligent à mentionner, dans une assignation, les diligences accomplies en vue de parvenir à une résolution amiable du litige. La question se pose de savoir si pareille mention s'impose dans le cadre des procédures du livre VI du code de commerce. En réalité, il semble qu'il faille distinguer.

La précision des diligences accomplies en vue de parvenir à une résolution amiable du litige ne s'impose pas dans la matière gracieuse. Or tel est généralement le cas des ordonnances du juge-commissaire.

Sous l'empire de la législation antérieure à la loi de sauvegarde des entreprises, le créancier désirant assigner son débiteur en redressement ou en liquidation judiciaire devait *indiquer les mesures d'exécution* qu'il avait tentées. Mais, à partir du moment où l'on a abandonné l'idée *de l'assignation pression*, cette exigence a disparu. On voit mal dès lors obliger un créancier, confronté à un débiteur en état de cessation des paiements, à trouver un arrangement avec ce dernier, sauf à ce que cet arrangement tombe sous le coup des nullités de la période suspecte. On posera donc en règle que l'indication dans une assignation en redressement ou en liquidation judiciaire des diligences accomplies en vue de parvenir à une résolution amiable du litige est malvenue.

La procédure collective est une instance-cadre, au cours de laquelle de nombreuses instances contentieuses vont s'engager. Si elles ne relèvent pas de la compétence exclusive du tribunal de la procédure collective, il apparaît que la mention des diligences accomplies en vue de parvenir à une résolution amiable du litige s'impose. Ainsi, s'il est question pour un créancier postérieur méritant de demander le paiement de sa créance au débiteur, il nous semble qu'il doive indiquer les diligences accomplies en vue de parvenir à une résolution amiable du litige.

Que décider si, au contraire, ces instances contentieuses relèvent de la compétence exclusive du tribunal qui a ouvert la procédure collective ?

Si le résultat ne peut être obtenu que par une assignation, il nous semble que la mention des diligences accomplies en vue de parvenir à une résolution amiable du litige ne s'imposera. Par exemple, on n'imagine pas une telle précision dans une assignation en remontée de la date de cessation.

Si le résultat peut être obtenu sans assignation, alors la précision de ces mentions s'impose. Ainsi, le mandataire de justice peut-il demander au dirigeant social fautif de contribuer au paiement du passif social. Il est alors logique que ces mentions soient apposées dans une assignation en comblement de l'insuffisance d'actif.

Terminons en indiquant que l'exigence des articles 18 et 19 du décret du 11 mars 2015 ne sont pas imparties à peine de nullité de l'assignation. Le texte prévoit que le juge peut proposer aux parties une procédure de conciliation ou de médiation (C. pr. civ., art. 127).

SECTION 312.20

ACTIONS NÉES DE LA FAILLITE

312.21 Actions nées de la faillite. Est une action née de la faillite, l'action qui n'aurait pu naître sans un jugement d'ouverture de sauvegarde, de redressement ou de liquidation judiciaire.

1. VALLENS, 2015, n° 2561.
2. L. n° 2009-1674, 30 déc. 2009, *JO* 31 déc., p. 22940.
3. D. n° 2011-1202, 28 sept. 2011, *JO* 29 sept., p. 16383.
4. Circ. 30 sept. 2011, NOR : JUSC1126611C.
5. SUR LA QUESTION : Rolland, « Les articles 18 et 19 du décret n° 2015-282 du 11 mars 2015 sont-ils applicables aux procédures du livre VI du Code de commerce ? », *Rev. proc. coll.* 2015, études 16.
6. D. n° 2015-282, 11 mars 2015, *JO* 14 mars, p. 4851.

Il en est d'abord ainsi de toutes les actions spécifiques aux procédures collectives, telles les actions en nullité de la période suspecte (v. ss n° 822) ou les demandes de report de date de cessation des paiements.

Il en est de même de toutes les actions mettant en jeu des sanctions spécifiques au droit des procédures collectives, telle l'action en comblement de passif, le redressement et la liquidation judiciaires personnels sous l'empire de la législation antérieure à la loi du 26 juillet 2005[1], l'action en obligation aux dettes sociales sous l'empire de la loi du 26 juillet 2005. Cela justifie, par exemple, que le tribunal de la faillite soit compétent pour connaître d'une action en comblement de passif contre un dirigeant social étranger[2].

On peut encore citer les actions en nullité trouvant leur fondement dans l'interdiction du paiement des créances antérieures ou des créances postérieures non méritantes.

Il en est de même des actions en nullité de saisies au regard de la règle de l'arrêt des voies d'exécution, qui n'appartiennent donc pas à la compétence du juge de l'exécution[3].

Les difficultés d'exécution d'un plan de sauvegarde ou de redressement relèvent également du tribunal de la faillite et non du juge de l'exécution[4]. Il en est notamment ainsi du jugement statuant sur la résolution du plan[5]. La solution est identique pour l'action en paiement exercée par le liquidateur d'une société à l'encontre du cessionnaire de l'unité de production[6].

SECTION 312.30
ACTIONS SUR LESQUELLES LE DROIT DE LA FAILLITE EXERCE SON INCIDENCE

312.31 Actions sur lesquelles le droit de la faillite exerce son incidence. Sont également de la compétence du tribunal, les actions dont la solution dépend des règles de la procédure collective.

Il en est ainsi de toutes les actions gouvernées par les principes du droit de la faillite.

Ainsi, la détermination du domaine d'une action interdite, arrêtée ou suspendue pour raison liée au jugement d'ouverture est de la compétence exclusive du tribunal de la faillite. Il en est ainsi, par exemple, des actions paralysées par l'arrêt ou la suspension des poursuites individuelles[7], par l'arrêt des mesures conservatoires[8] ou d'exécution. Il en est de même de la détermination des paiements interdits. Pour cette raison, l'appréciation de la connexité nécessaire au jeu de la compensation pour dettes connexes, qui fait échec à la règle de l'interdiction des paiements, relève de la compétence du tribunal de la faillite, quand bien même les créances réciproques seraient nées de l'exécution de contrats administratifs, sous réserve d'une éventuelle question préjudicielle[9]. La question de la délimitation entre créance antérieure et créance postérieure au jugement d'ouverture est logiquement de la compétence du tribunal de la faillite.

Il en est de même des actions ayant pour objet la détermination des effets attachés à des règles spécifiques du droit de la faillite, telles les inopposabilités résultant du jeu de l'arrêt des inscriptions, l'arrêt des poursuites, l'arrêt des voies d'exécution[10], l'interdiction des paiements ou les règles du dessaisissement frappant le débiteur[11]. C'est ainsi que relève du tribunal de la faillite l'action tendant à faire déclarer inopposable à la procédure collective un bail conclu par le conjoint commun en biens d'un débiteur en liquidation judiciaire, en violation des règles du dessaisissement[12]. De même, la jurisprudence décide que la demande de nomination d'un mandataire *ad hoc* chargé de représenter une société dissoute par l'effet de sa liquidation judiciaire, sous l'empire de la législation antérieure à la loi de sauvegarde des entreprises, est portée devant le tribunal de la faillite, la compétence du tribunal compétent pour connaître de l'action que le mandataire de

1. L. n° 2005-845, 26 juill. 2005, *JO* 27 juill., p. 12187.
2. Com. 5 mai 2004, n° 01-02.041, *Bull. civ.* IV, n° 82; *D.* 2004. AJ 1596; *D.* 2004. Jur. 1796, note Vallens; *D.* 2004. Somm. 2145, obs. Henry; *Act. proc. coll.* 2004/12, n° 156, obs. Dom; *JCP E* 2004, jur. 1249, p. 1350, note Reifegerste; *RTD com.* 2004. 601, n° 7, obs. Mascala; *Bull. Joly* 2004. 1349, § 268, note Monsérié-Bon; *Rev. proc. coll.* 2005/2, p. 149, n° 1, obs. Martin-Serf; *LPA* 8 juill. 2005, n° 135, p. 14, note Henry; *Rev. sociétés* 2004. 715, note Le Corre.
3. Com. 29 avr. 2014, n° 13-13.572, NP; n° 392 F-D; *BJE* juill. 2014, p. 254, note Le Mesle; *Rev. proc. coll.* 2014, comm. 91, note Cagnoli.
4. Paris, 8e ch. B, 1er oct. 1998, *Gaz. Pal.* 2000. I, Somm. 499, obs. Moussa.
5. Versailles, 26 sept. 1988, *JCP E* 1989. II. 15591, n° 8, obs. Pétel; *Rev. proc. coll.* 1989/2, p. 195, obs. Soinne – Paris, 26 janv. 1989, *D.* 1989. IR 105.
6. Com. 4 oct. 2005, n° 04-13.006, NP, *Gaz. proc. coll.* 2006/1, p. 17, obs. Rohart-Messager.
7. Paris, 14e ch. B, 16 janv. 2004, RG n° 03/09969.
8. Com. 1er févr. 2000, n° 97-13.430, NP, *RJDA* 2000/5, n° 554 – Versailles, 13e ch., 28 sept. 2000, *RJDA* 2001/2, n° 184.
9. Civ. 1re, 4 mai 2012, n° 10-26.115, NP; n° 486 F-D.
10. Com. 2 oct. 1990, n° 88-13.709, *Bull. civ.* IV, n° 224.
11. Com. 4 oct. 2005, n° 04-12.610, *Bull. civ.* IV, n° 193; n° 1285 FS-P+B+I+R; *D.* 2005. AJ 2592, obs. Lienhard; *D.* 2006. Somm. 86, obs. Le Corre; *JCP E* 2006, Chron. 1066, p. 73, n° 7, obs. Pétel; *Act. proc. coll.* 2005/18, n° 230, note Régnaut-Moutier; *Gaz. proc. coll.* 2006/1, p. 42, n° 1, obs. Vauvillé; *Defrénois* 2006/8, p. 658, n° 38373, note Vauvillé; *D.* 2006. Pan. 2068, n° 3, obs. Revel – Paris, 6 mars 1991, *D.* 1991. IR 127 – Reims, ch. civ., 1re sect., 19 avr. 2010, *JCP E* 2010. 2019, note Lebel.
12. Com. 4 oct. 2005, n° 04-12.610, préc. (v. ss prést n°).

justice est chargé d'initier étant également reconnue[1].

Les actions mettant en jeu l'ordre des paiements entre les créanciers sont de la compétence du tribunal de la faillite, puisque les règles de la faillite déterminent le classement. La solution a été posée pour des créances salariales[2].

Les actions en revendication sont également de la compétence du tribunal de la faillite. Ainsi a-t-il été jugé, à propos d'une action en revendication du prix de vente de marchandises revendues par une société commerciale à un établissement public, que la compétence administrative devait être écartée au profit de celle du tribunal de la faillite[3]. La même solution est posée pour une action en responsabilité contre un établissement public se greffant sur une action en revendication, dès lors que la faute n'est pas détachable de l'action en revendication[4].

Les difficultés relatives à l'attribution judiciaire d'un gage en liquidation judiciaire sont encore de la compétence du tribunal de la faillite[5].

Les contestations relatives aux modalités de réalisation des actifs sont également de la compétence du tribunal de la faillite[6]. Il en est de même de la suppression de prérogatives appartenant à des tiers, dans le cadre de la réalisation des actifs, par exemple le problème de l'application du droit de préemption urbain en liquidation judiciaire[7].

SECTION 312.40

ACTIONS ÉCHAPPANT À LA COMPÉTENCE DU TRIBUNAL DE LA FAILLITE

312.41 Actions sur lesquelles le droit de la faillite n'exerce pas d'incidence. Dès lors que l'état de sauvegarde, de redressement ou de liquidation judiciaire du débiteur reste sans conséquence sur la résolution du litige, et dès lors que cette action aurait pu naître sans procédure collective, elle ne relève pas du tribunal de la faillite[8].

De manière générale, d'abord, les litiges qui ont leur source dans un acte ou un fait juridique antérieur au jugement d'ouverture, qui sont indépendants de la procédure collective, et qui se présenteraient de la même manière qu'il y ait ou non procédure collective[9], échappent à la compétence du tribunal de la faillite[10].

Échappe ainsi à la compétence du tribunal de la faillite, l'action en constatation d'une résiliation de contrat pour défaut de paiement antérieur au jugement d'ouverture, dont en conséquence peut connaître le juge des référés[11]. La décision de résiliation postérieure au jugement d'ouverture, après renonciation par le cocontractant concédant à se prévaloir de la résiliation intervenue avant jugement d'ouverture ne relève pas davantage du tribunal de la faillite. Le cocontractant peut donc faire jouer la clause attributive de compétence[12].

Échappe encore à la compétence du tribunal de la faillite, la contestation relative à des fautes contractuelles commises après le jugement d'ouverture et à la résiliation prononcée par le juge-commissaire, dès lors que cette contestation n'est pas née de la procédure collective et n'est pas soumise à l'influence juridique de cette procédure[13]. Il en résulte que la juridiction désignée par la clause attributive insérée au contrat de franchise reste compétente[14].

La solution est identique pour une action relative au maintien dans les lieux du preneur à bail, en liquidation judiciaire après résiliation du contrat[15].

De même, échappe à la compétence du tribunal de la faillite, un litige portant sur les opérations de clôture d'un compte d'affacturage et la restitution du fonds de garantie. En conséquence, la juridiction

1. Com. 21 mars 2006, n° 04-17.995, *Bull. civ.* IV, n° 76; *D.* 2006. AJ 1042, obs. Lienhard; *Gaz. proc. coll.* 2006/3, p. 27, obs. Voinot; *RD banc. fin.* 2006/3, p. 27, n° 110, note Lucas.
2. Soc. 3 oct. 1989, n° 87-44.686, *Bull. civ.* V, n° 557; *D.* 1990. Somm. 216, obs. Honorat.
3. T. confl. 13 nov. 2000, req. n° 3189, *Lebon*; *D.* 2001. AJ 236; *RJDA* 2001, n° 791.
4. Paris, 25e ch. A, 25 févr. 2005, RG n° 2004/03449.
5. SOUS L'EMPIRE de la loi du 13 juillet 1967 : Com. 6 mai 1986, n° 85-10.733, *Bull. civ.* IV, n° 87; *JCP E* 1987. I. 16159, n° 20, obs. M. Cabrillac et Vivant – Com. 28 oct. 1986, n° 85-10.356, *Bull. civ.* IV, n° 196; *D.* 1988. Somm. 2, obs. Derrida; *RTD com.* 1987. 412, obs. Hémard et Bouloc.
6. Com. 6 juill. 1999, NP.
7. Paris, 1re ch. B, 2 févr. 2000, *D.* 2000. Jur. 203.
8. Com. 14 avr. 1992, n° 90-15.901, *Bull. civ.* IV, n° 157 – Com. 8 juin 1993, *Rev. proc. coll.* 1994, p. 147, obs. Liénard – Com. 21 janv. 2003, NP.
9. Com. 6 mars 2001, n° 98-12.835, *Bull. civ.* IV, n° 51; *D.* 2001. AJ 1469; *RTD com.* 2001. 523, obs. Vallens; *Gaz. Pal.* 8-9 août 2001, jur. p. 16, note Brault.
10. SAINT-ALARY-HOUIN, 9e éd., n° 462 – VALLENS, 2015, n° 2566 – J.-CL. COM., Martin-Serf, fasc. 2203, [Règles générales de procédure], 2015, nos 136, 137.
11. Com. 6 juin 1995, n° 93-14.356, *Bull. civ.* IV, n° 170; *D.* 1995. Somm. 307, obs. Honorat.
12. Com. 8 janv. 2002, n° 98-21.265, NP.
13. Com. 7 févr. 2012, n° 11-10.851, *Bull. civ.* IV, n° 28; n° 150 F-P+B; *D.* 2012. Actu. 495, note Lienhard; *Act. proc. coll.* 2012/5, comm. 80, note Fin-Langer; *Rev. proc. coll.* 2012, comm. 59, note Cagnoli; DPDE *bull.* n° 335, mars 2012, p. 1, note Roussel Galle.
14. Com. 7 févr. 2012, n° 11-10.851, préc. (v. ss prést n°).
15. Com. 6 mars 2001, n° 98-12.835, *Bull. civ.* IV, n° 51; *D.* 2001. AJ 1469; *RTD com.* 2001. 523, obs. Vallens; *Gaz. Pal.* 8-9 août 2001, jur. p. 16, note Brault.

désignée par la clause attributive de compétence reste compétente[1].

Il en est de même de l'action d'un liquidateur relative au prix de vente d'un immeuble ayant définitivement échappé à la liquidation judiciaire du mari, les conséquences du divorce des époux étant définitives à cette date[2].

L'action paulienne échappe à l'attraction de compétence au profit du tribunal de la faillite, en ce qu'elle n'est pas née de la procédure collective et que les règles de cette dernière n'exercent pas sur elle une influence juridique[3].

Plus généralement, la compétence de droit commun doit être affirmée pour les actions en paiement de créances postérieures, tant sous l'empire de la législation antérieure à la loi de sauvegarde des entreprises[4] (C. com., art. L. 621-32 [anc^t^ L. 25 janv. 1985[5], art. 40])[6], que depuis la loi de sauvegarde des entreprises (C. com., art. L. 622-17, L. 631-14, I et L. 641-13). La solution autorise le juge des référés à accorder sur une telle créance une provision[7].

Il en est de même d'une action en recouvrement exercée par le liquidateur contre un client du débiteur[8], ou des actions dirigées contre des tiers non soumis à la procédure collective, telles les actions contre les cautions[9]. On précisera ici que l'interdiction de poursuivre les cautions personnelles, personnes physiques, pendant la période d'observation, règle issue du droit des procédures collectives, n'a pas pour effet d'entraîner la compétence du tribunal de la faillite, puisque cette action est dirigée contre un tiers à la procédure collective.

L'action en concurrence déloyale ne présentant pas de spécificité en droit des procédures collectives n'appartient pas davantage à la compétence du tribunal de la faillite[10].

De même, les litiges intéressant la cotation d'une société par la Banque de France ne sont pas de la compétence du tribunal de la faillite[11].

Lorsque le litige ne relève pas de la compétence du tribunal de la faillite, il ne peut être tiré argument des règles du dessaisissement du débiteur en liquidation pour justifier la compétence du tribunal de la faillite au regard du fait que le liquidateur représenterait le débiteur pour modifier la compétence naturelle de la juridiction du domicile du défendeur[12].

312.42 Actions en responsabilité contre les tiers et contre les cocontractants. Les actions en responsabilité contre les tiers posent difficulté. Sans doute, ces actions auraient-elles pu naître sans la faillite. Cependant, les règles de la faillite exercent, sinon sur le fond, du moins sur un plan procédural, des incidences sur l'action. Spécialement, leur mise en œuvre est laissée exclusivement à l'organe de défense de l'intérêt collectif des créanciers et, depuis la loi de sauvegarde des entreprises, à titre subsidiaire, aux contrôleurs. C'est pourquoi, elles devraient relever de la compétence du tribunal de la faillite[13]. La Cour de cassation n'est toutefois pas sensible à cet argument tiré du caractère attitré des actions en responsabilité contre les tiers[14].

La Cour de cassation juge que l'action en responsabilité contre les tiers ne relève pas de la compétence du tribunal de la faillite[15].

La solution est ainsi appliquée en matière d'action en responsabilité contre une banque pour rupture abusive de crédit[16]. Le fait que l'article L. 650-1 du code de commerce réglemente la question de la responsabilité du banquier pour soutien abusif n'a pas conduit au changement de la solution[17], ce qui peut être sérieusement discuté, du fait que l'article L. 650-1 du code de commerce déroge de manière très notable au droit commun de la responsabilité civile délictuelle, qui obligent le fautif à réparer les conséquences de sa faute.

1. Com. 5 févr. 2008, n° 07-14.794, NP, *Procédures* avr. 2008, n° 116, note Rolland; *Rev. proc. coll.* 2008, p. 53, n° 57, note Gorrias.
2. Orléans, ch. com., éco. et fin., 14 déc. 2000, *RJDA* 2001/4, n° 465.
3. Com. 16 juin 2015, n° 14-13.970, *Bull. civ.* IV [à paraître]; n° 588 F-P+B; *APC* 2015/13, comm. 200, note Staes; *BJE* 2015, 374, note Sautonie-Laguionie; *JCP E* 2015, chron. 1422, n° 2, note Pétel.
4. L. n° 2005-845, 26 juill. 2005, préc.
5. L. n° 85-98, 25 janv. 1985, *JO* 26 janv., p. 1097.
6. Paris, 1re ch. B, 3 mai 2000, *JCP E* et *A* 2000, pan. 223.
7. Paris, 14e ch. B, 9 déc. 2005, RG n° 05/12935.
8. Com. 28 avr. 1998, *Rev. proc. coll.* 1999, p. 25, n° 10, obs. Cadiou.
9. Com. 12 juin 2001, n° 98-10.510, NP, *Act. proc. coll.* 2001/18, n° 243; *RJDA* 2001/12, n° 1227; *Rev. proc. coll.* 2003, p. 106, n° 6, obs. Gorrias.
10. Com. 3 mars 1998, n° 94-16.715, NP, *JCP E* 1998, pan. 729.
11. Civ. 1re, 21 oct. 1997, n° 95-20.872, *Bull. civ.* I, n° 289; *Rev. proc. coll.* 1999, p. 23, n° 9, obs. Cadiou.
12. AINSI : Com. 8 juill. 2008, n° 07-18.208, NP.
13. EN CE SENS : PÉTEL, 6e éd., n° 119; SOLUTION NON REPRISE *in* 7e éd.
14. Com. 15 déc. 2009, n° 08-18.728, NP, *Gaz. Pal.* 16-17 avr. 2010, n°s 106, 107, p. 37, note Routier.
15. Com. 3 juin 1997, n° 95-13.981, *Bull. civ.* IV, n° 161; *D. Affaires* 1997. 834, n° 11-2 – Com. 12 oct. 1999, n° 96-18.471, NP, *Defrénois* 2000. 37219, n° 1, note Gibirila; *Act. proc. coll.* 1999, n° 261; *Procédures* 2000, n° 13, obs. Laporte; *Rev. proc. coll.* 2002, p. 117, n° 1, obs. Martin-Serf – Com. 15 déc. 2009, n° 08-18.728, NP – Com. 26 janv. 2010, n° 08-70.389, NP, *Rev. proc. coll.* 2010/3, § 95, p. 56, note Cagnoli – *CONTRA* : Douai, 2e ch., 12 nov. 1998, *Rev. proc. coll.* 2002, p. 117, n° 1, obs. Martin-Serf.
16. Com. 25 juin 2002, n° 99-14.761, NP, *RJDA* 2002/12, p. 1095, n° 1293.
17. Com. 12 juill. 2016, n° 14-29.429, P; n° 674 F-P+B.

De même, ne relève pas de la compétence du tribunal de la faillite, l'action engagée contre un bailleur, auquel est reproché un soutien abusif, dans la mesure où il n'a pas entrepris de démarches pour recouvrer ses loyers [1].

Identiquement, il est estimé qu'une action en responsabilité contre un commissaire aux comptes, qui avait donné une image déformée de la réalité, n'est pas de la compétence du tribunal de la faillite [2].

Le juge compétent pour connaître de contestations relatives à un impôt est également compétent pour connaître des actions en responsabilité, dès lors que la contestation n'est pas née de la procédure collective ni soumise à son influence juridique [3].

La solution n'est cependant peut-être pas définitivement posée [4], à l'observation de décisions *a priori* divergentes, telle celle retenant la compétence du tribunal de la faillite pour écarter une clause d'arbitrage dans le cadre d'une action en responsabilité introduite par un liquidateur contre un franchiseur [5].

Notons toutefois que tribunal de la faillite pourra être compétent, non en tant que tel, mais par le jeu des règles classiques de compétence si le dommage est subi dans le ressort du tribunal [6].

De manière identique à la solution posée pour l'action en responsabilité contre les tiers, la Cour de cassation considère que l'action en responsabilité contre le mandataire, à qui avait été confiée la gestion du fonds de commerce de l'entreprise débitrice, ne relève pas du tribunal de la faillite [7].

Les actions en responsabilité contractuelle échappent également à la compétence du tribunal de la faillite.

La solution est certaine lorsque la rupture abusive du contrat fondant l'action contre l'ancien partenaire contractuel est intervenue avant le jugement d'ouverture. Pour cette raison, la clause attributive de compétence insérée au contrat reste efficace. Si le représentant des créanciers est un tiers à celle-ci et peut donc discuter de son opposabilité, il n'en va pas de même du liquidateur, qui exerce, par l'effet du dessaisissement, les droits patrimoniaux du débiteur. La clause lui est donc opposable [8].

Une difficulté peut en revanche se présenter si la rupture du contrat est postérieure au jugement d'ouverture. Dès lors que la règle de la continuation des contrats en cours se trouve contrariée, les règles de la faillite exercent leur influence sur la solution du litige et il faut, semble-t-il, décider que le tribunal de la faillite est seul compétent. Au contraire, si le jeu de la continuation des contrats en cours n'est pas en cause, la responsabilité contractuelle du partenaire du débiteur sera recherchée dans le respect des règles du droit commun.

312.43 Actions en responsabilité civile professionnelle contre les mandataires de justice. L'article 174 du décret du 27 décembre 1985 [9] et l'article R. 662-3 du code de commerce (anc[t] D. 28 déc. 2005 [10], art. 339) n'excluent que les actions en responsabilité civile contre les organes (administrateur, représentant des créanciers, mandataire judiciaire, commissaire à l'exécution du plan ou liquidateur), lesquelles sont de la compétence du tribunal de grande instance. On y ajoutera les contestations d'honoraires des mandataires [11], qui relèvent identiquement du tribunal de grande instance.

312.44 Maintien du privilège de juridiction bénéficiant aux auxiliaires de justice. La compétence de principe du tribunal de la faillite ne conduit pas davantage à mettre à l'écart les dispositions de l'article 47 du code de procédure civile, lequel institue un privilège de juridiction au profit des auxiliaires de justice, autorisés en conséquence à demander le renvoi devant une juridiction limitrophe. La solution a été posée, sous l'empire de la loi du 25 janvier 1985 [12] pour un avocat assigné en comblement de passif [13]. Elle a été reproduite, sous l'empire de la loi du 26 juillet 2005 [14], pour l'ouverture de la procédure collective contre un avocat (v. s[s] n° 232.12).

312.45 Compétence exclusive d'une autre juridiction. À ces exclusions prévues par le texte, il faut ajouter les hypothèses où la compétence est attribuée à une juridiction de façon exclusive.

1. Com. 26 janv. 2010, n° 08-70.389, NP, *Rev. proc. coll.* 2010/3, § 95, p. 56, note Cagnoli.
2. Toulouse, 22 févr. 2001, *Rev. proc. coll.* 2003, p. 104, n° 1, obs. Gorrias.
3. T. confl. 15 oct. 2012, req. n° C3869, *BJE* janv. 2013, comm. 14, note Dedeurwaerder.
4. Obs. Lienhard, s[s] Com. 14 janv. 2004, n° 02-15.541, *D.* 2004. AJ 278.
5. Com. 14 janv. 2004, n° 02-15.541, *Bull. civ.* IV, n° 10; *D.* 2004. AJ 278, obs. Lienhard.
6. Montpellier, 2e ch. B, 6 avr. 1999, *Rev. proc. coll.* 2002, p. 117, n° 1, obs. Martin-Serf.
7. Com. 2 oct. 2007, n° 06-14.104, NP; n° 1042 FD; *JCP E* 2008. 1750, note crit. Lebel.
8. Com. 11 déc. 2007, n° 06-22.100, NP – Com. 19 mai 2015, n° 14-16.008, NP; n° 468 F-D; *BJE* 2015, 366, note Sortais; *Dr. sociétés* 2016, comm. 47, note Legros.
9. D. n° 85-1388, 27 déc. 1985, préc.
10. D. n° 2005-1677, 28 déc. 2005, préc.
11. Com. 31 mai 1994, n° 92-11.329, NP, *D.* 1994. IR 221.
12. L. n° 85-98, 25 janv. 1985, préc.
13. Com. 26 juin 2001, n° 98-17.823, *Bull. civ.* IV, n° 12; *D.* 2001. AJ 2593, obs. Lienhard; *Act. proc. coll.* 2001/14, n° 184; *RTD com.* 2001. 777, obs. Vallens; *D.* 2002. Somm. 82, obs. Sortais; *D.* 2002. Somm. 1481, obs. Honorat; *Dr. sociétés* 2001, obs. Legros; *RJDA* 2001/11, n° 1009; *Rev. proc. coll.* 2003, p. 161, n° 1, obs. Martin-Serf.
14. L. n° 2005-845, 26 juill. 2005, préc.

Il peut d'abord s'agir du juge administratifr exemple pour l'arrêté des comptes entre les paà un contrat administratif, tel le contrat de co-sion[2] ou pour statuer sur les contestations in-sant les créances nées d'un marché public e même, l'action en responsabilité engagée pae collectivité publique dont le préjudice serait nén défaut de déclaration de sa créance par une-sonne privée n'est pas de la compétence du trib al de la faillite, mais de celle du juge administratif.e tribunal de la faillite pourra ici relever d'office l'inc-pétence du juge judiciaire, car elle est d'ordre pub[5].

Il peut encore s'agir du juge fiscal[6]. Une décin du Tribunal des conflits énonce que, en vertde l'article 281 du livre des procédures fiscales, la jri-diction administrative est compétente pour conaî-tre des contestations relatives au recouvrement des impositions mentionnées au premier alinéa de l'arti-cle L. 199 du même livre lorsqu'elles portent sur l'existence de l'obligation de payer, le montant de la dette, l'exigibilité de la somme réclamée ou tout autre motif ne remettant pas en cause l'assiette et le calcul de l'impôt; que toutefois, le tribunal de la procédure collective est, quelle que soit la nature des créances en cause, seul compétent pour connaître des contestations relatives à la mise en œuvre des règles propres à la procédure collective »[7]. De cette règle, il tire la conséquence que la question relative à la prescription ne concerne pas la mise en œuvre des règles propres à la procédure collective. Le tribunal de la faillite n'est donc pas compétent[8] et il en va de même du juge-commissaire appelé à statuer sur une contestation de la créance fiscale.

Ainsi, le tribunal de la faillite et le juge-commissaire ne sont pas compétents pour apprécier la connexité entre des créances fiscales[9], pour les contestations relatives au recouvrement des impôts et portant sur l'existence de l'obligation de payer et sur le montant de la dette[10] ou sur l'exigibilité de la somme réclamée[11], sur le bien-fondé de l'impôt[12] ou sur celui de la procédure de taxation[13], pour vérifier l'existence des conditions d'admission d'une créance fiscale[14] et plus généralement pour apprécier la régularité de la procédure d'établissement de l'impôt[15].

Les litiges afférents à une créance fiscale ne reposant pas sur ces questions sont de la compétence du tribunal de la faillite[16] et par voie de conséquence peuvent être connues du juge-commissaire. Il en est ainsi de l'appréciation de la régularité de la déclaration de créance.

Il appartient *a priori* au tribunal de la faillite ou au juge-commissaire dans le cadre de la vérification des créances de rechercher quel est le fait générateur de la créance[17], cependant qu'une divergence existe ici entre la Cour de cassation et le Conseil d'État, ce dernier estimant que la détermination du fait générateur d'une créance fiscale échappe à la compétence du tribunal de la faillite[18].

La solution s'applique identiquement, et la compétence du tribunal de la faillite est donc écartée, au profit du tribunal des affaires de sécurité sociale, pour la détermination du fait générateur de la créance de cotisations sociales[19] ou pour le calcul

1. CE 3 févr. 1978, req. n° 01008, *Lebon* et CE 17 mars 1978, req. n°s 95331, 00014, 01525, *Lebon*; *JCP* 1979. II. 19058 – SUR LA QUESTION : Governatori, « Le droit administratif à l'épreuve des procédures collectives », *Gaz. proc. coll.* 2009/4, 1re partie, n°s 303, 304, p. 9 s., sp. p. 20.
2. Com. 1er mars 2005, n° 02-16.769, *Bull. civ.* IV, n° 39; *D.* 2005. AJ 1026, obs. Lienhard, *D.* 2005. Somm. 2016, obs. Lucas.
3. T. confl. 23 mai 2005, n° 05-03.447, *Bull. T. confl.* n° 16; *D.* 2005. AJ 1696, obs. Lienhard; *Gaz. proc. coll.* 2005/3, p. 42, n° 6, obs. Le Corre.
4. Rép. min. Sénat, n° 3174, *JO Sénat Q* 24 juill. 2008, p. 1518, *Dr. sociétés* 2008, p. 5, n° 43.
5. Com. 1er mars 2005, n° 02-16.769, *Bull. civ.* IV, n° 39.
6. T. confl. 13 janv. 1936, *Journ. faillites* 1937, 98 – *Adde*, Lagarde, « Le juge commercial et le Trésor public », *LPA* 19 mars 2001, n° 55, p. 4.
7. T. confl. 13 avr. 2015, n° 3988, *Lebon*; *D.* 2015, actu 917, note de Montecler; *Gaz. Pal.* 21 juill. 2015, n° 200, p. 22, note Le Corre; *BJE* sept. 2015, 311, note Dedeurwaerder; *Rev. proc. coll.* 2015, comm. 195, note Vabres.
8. T. confl. 13 avr. 2015, n° 3988, préc.
9. T. confl. 22 janv. 2001, n° 01-03.231, *Bull. T. confl.* n° 1; *LPA* 24 juill. 2001, n° 146, p. 22, note Lagarde; *RTD com.* 2001. 511, obs. Martin-Serf; *Rev. proc. coll.* 2003, p. 105, n° 4, obs. Gorrias.
10. T. confl. 26 mai 2003, n° 03-03.354, *Bull. T. confl.* n° 16; *D.* 2003. AJ 2010; *LPA* 7 nov. 2003, n° 223, p. 10, note Brandeau; *Act. proc. coll.* 2003/18, n° 233; *RTD com.* 2004. 153, n° 2, obs. Martin-Serf; *LXB* n° N837AA7, note Le Corre – Com. 27 mai 2003, n° 99-15.836, NP – Com. 9 nov. 2004, n° 02-18.531, NP – CE 24 nov. 2010, req. n° 328189, *LPA* 3 mai 2011, n° 87, p. 9, note Brandeau.
11. T. confl. 26 mai 2003, n° 03-03.354, préc. – Com. 27 mai 2003, n° 99-15.836, NP – Com. 9 nov. 2004, n° 02-18.531, NP.
12. Paris, 3e ch. C, 6 juin 2003, RG n° 2002/14302.
13. Paris, 3e ch. C, 6 juin 2003, RG n° 2002/13481, *RTD com.* 2004. 153, n° 2, obs. Martin-Serf.
14. Com. 28 avr. 2004, n° 01-01.649, *Bull. civ.* IV, n° 77; *D.* 2004. AJ 1735; *JCP E* 2004, Chron. 1292, p. 1387, n° 10, obs. Pétel.
15. Com. 9 nov. 2004, n° 02-13.184, NP – Com. 9 nov. 2004, n° 02-13.185, NP – Com. 9 nov. 2004, n° 02-13.186, NP.
16. T. confl. 26 mai 2003, n° 03-03.354, *Bull. T. confl.* n° 16; *D.* 2003. AJ 2010; *LPA* 7 nov. 2003, n° 223, p. 10, note Brandeau; *Act. proc. coll.* 2003/18, n° 233.
17. Com. 28 avr. 2004, n° 01-01.649, *Bull. civ.* IV, n° 77; *D.* 2004. AJ 1735; *JCP E* 2004, Chron. 1292, p. 1387, n° 10, obs. Pétel.
18. CE 9 mars 1988, req. n° 58922, *Rev. proc. coll.* 1988, p. 449, obs. Guillou.
19. Soc. 14 juin 1990, n° 87-18.761, *Bull. civ.* V, n° 288 – Com. 2 mai 1990, n° 88-16.527, *Bull. civ.* IV, n° 130; *D.* 1991. 241, note Pagès – Com. 9 juill. 1991, n° 89-19.503, *Bull. civ.* IV, n° 255; *D.* 1992. Somm. 282, obs. Honorat; *JCP E* 1991. I. 100, n° 1, obs. Pétel.

des cotisations[1]. Jugé également que le juge-commissaire, ne serait compétent pour statuer sur un litige relatif à la délivrance de l'attestation aux termes de laquelle le débiteur est à jour de ses cotisations Urssaf, ce contentieux relevant du seul tribunal des affaires de sécurité sociale[2]. Le tribunal de la faillite ne serait pas davantage compétent.

Il en est encore ainsi, en présence d'actions relevant de la compétence exclusive du conseil de prud'hommes[3], telles les questions relatives à la situation individuelle des salariés licenciés, ce qui permet à un salarié de contester l'ordre des licenciements[4], l'absence de tentative de reclassement[5], la demande de nullité d'un plan social[6] ou la régularité de la procédure de licenciement[7].

La solution est la même pour les actions relevant de la compétence exclusive du tribunal de grande instance, par exemple celles intéressant le contentieux du pétitoire[8], les actions nées du partage d'une indivision successorale[9], les actions nées de l'application du statut des baux commerciaux, qui relèvent identiquement de la compétence du président du tribunal de grande instance[10] ou les actions nées du contentieux de la copropriété[11].

Le tribunal de la faillite n'a pas non plus compétence pour annuler un jugement d'adjudication sur saisie immobilière antérieur au jugement d'ouverture, au prétexte d'une insuffisance de la publicité[12].

Les contestations en matière d'ordre, qui relèvent de la compétence du juge des ordres – désormais du juge de l'exécution depuis la réforme de la procédure de e immobilière –, tant sous l'empire de la légon antérieure à la loi de sauvegarde des entrepriC. com., art. L. 622-16, al. 5 [anc[t] L. 25 janv. 19, art. 154, al. 5]) [14], que sous l'empire de la loi du uillet 2005[15] (C. com., art. L. 642.18, al. 5), ne vent être portées à la connaissance du tribuna la faillite.

312.46 Compétence exclusive du juge-commissai La compétence du tribunal s'efface également devant la compétence du juge-commissaire (v. s[s] n° 31.33 s.). Cette dernière compétence s'impose d'autant plus que l'article 25, alinéa 2 du décret du 27 décembre 1985[16] et l'article R. 621-21 du code de commerce (anc[t] D. 28 déc. 2005, art. 67, al. 2) prévoient explicitement la saisine du tribunal en lieu et place du juge-commissaire, si ce dernier ne statue pas dans un délai raisonnable.

312.47 Compétence du juge de l'exécution. Enfin, la compétence du tribunal de la faillite s'efface devant la compétence du juge de l'exécution si est en jeu une question spécifique au droit de l'exécution[17], cependant que la compétence de la juridiction de la faillite retrouve son empire s'il s'agit de déterminer, au regard des règles de la faillite, la possibilité ou non d'entreprendre ou de continuer une exécution, au regard de la règle de l'arrêt des voies d'exécution[18]. La compétence du juge de l'exécution est maintenue, en l'absence de décision ayant déjà statué sur la compensation judiciaire, pour se prononcer sur l'exception de compensation présentée à l'appui d'une demande de mainlevée de saisie[19].

1. Com. 28 sept. 2004, n° 03-11.862, NP.
2. Caen, 2e ch. civ. et com., 24 mars 2016, RG n° 15/04363, *Act. proc. coll.* 2016/10, comm. 137.
3. Soc. 4 févr. 1998, *Rev. proc. coll.* 1999, p. 24, n° 9, obs. Cadiou – SUR LA QUESTION : Dell'Asinot, « Le redressement judiciaire et la procédure prud'homale : le principe de compétence du juge du travail avec la loi n° 85-98 du 25 janv. 1985 », *Gaz. Pal.* 1986. II, Doctr. 590 – Arséguel, « Aspects généraux du contentieux prud'homal relatif aux créances salariales depuis la loi du 25 janvier 1985 », *Dr. social* 1987, p. 807; Delebecque, « Le contentieux des procédures de redressement et de liquidation judiciaires devant le conseil de prud'hommes », *Sem. soc. Lamy* 25 juill. 1998, n° 419.
4. Soc. 6 mars 1990, n° 89-40.028, *Bull. civ.* V, n° 92.
5. Soc. 3 mars 1998, n°s 95-45.201, 95-45.203, *Bull. civ.* V, n° 112 – Soc. 10 mai 1999, n° 96-44.647, *Bull. civ.* V, n° 204 – Soc. 8 juin 1999, n° 96-44.811, *Bull. civ.* V, n° 268.
6. Soc. 15 nov. 1997, *LPA* 1998, n° 8, p. 17.
7. Soc. 12 janv. 1999, n° 96-41.756, *Bull. civ.* V, n° 11.
8. Com. 29 mai 1980, n° 78-14.800, *Bull. civ.* IV, n° 214.
9. Paris, 3e ch. 28 juin 2005, RG n° 2004/19883.
10. Versailles, 20 mai 1997, *Rev. proc. coll.* 1999, p. 24, n° 9, obs. Cadiou.
11. Paris, 1re ch. D, 3 mai 2000, *JCP E* 2000. 923.
12. Com. 19 mai 2004, n° 01-15.528, NP.
13. L. n° 85-98, 25 janv. 1985, préc.
14. Com. 19 oct. 1993, n° 91-11.385, *Bull. civ.* IV, n° 342.
15. L. n° 2005-845, 26 juill. 2005, préc.
16. D. n° 85-1388, 27 déc. 1985, préc.
17. Com. 28 avr. 1998, n° 95-18.132, *Bull. civ.* IV, n° 134; *Rev. proc. coll.* 1999, p. 24, n° 9, obs. Cadiou.
18. Com. 29 avr. 2014, n° 13-13.572, NP; n° 392 F-D; *BJE* juill. 2014, p. 254, note Le Mesle; *Rev. proc. coll.* 2014, comm. 91, note Cagnoli.
19. Com. 21 févr. 2012, n° 11-18.027, *Bull. civ.* IV, n° 44; n° 224 F-P+B; *D.* 2012. Actu. 678, note Lienhard; *Gaz. Pal.* 28 avr. 2012, n° 118, p. 28, note Roussel Galle; *Act. proc. coll.* 2012/6, comm. 86, note Cagnoli; *RTD com.* 2012. 613, n° 2, obs. Martin-Serf.

TITRE 320. Voies de recours sur les décisons du tribunal de la faillite

SECTION 0 ORIENTEUR

320.00 **Plan du titre.**

Chap.	**321**	**Voies de recours nullité**
Sect.	321.10	Fermeture de la voie de recours réformation et voies de recours nullité
Sect.	321.20	Ouverture du recours nullité
Sect.	321.30	Modalités procédurales des recours nullité
Sect.	321.40	Effet dévolutif de l'appel nullité
Chap.	**322**	**Voies de recours réformation**
Sect.	322.10	Formes des voies de recours réformation
Sect.	322.20	Délais des voies de recours réformation
Chap.	**323**	**Détermination de la situation procédurale de l'intéressé au regard de la voie de recours**
Sect.	323.10	Présentation générale de la question de la détermination de la situation procédurale de l'intéressé
Sect.	323.20	Situation procédurale du débiteur
Sect.	323.30	Situation procédurale des créanciers
Sect.	323.40	Situation procédurale des contrôleurs
Sect.	323.50	Situation procédurale du ministère public
Sect.	323.60	Situation procédurale des institutions représentatives du personnel
Sect.	323.70	Situation procédurale des candidats repreneurs
Sect.	323.80	Situation procédurale des autres personnes

320.01 **Textes applicables.** (V. les références complètes s[s] n° 011).

> Législation antérieure à la loi de sauvegarde des entreprises.

C. com., art. L. 623-1 à L. 623-10

D. 27 déc. 1985, art. 156, 162

> Législation issue de la loi de sauvegarde des entreprises.

C. com., art. L. 661-1 à L. 661-11

C. com., art. R. 661-2 à R. 661-8 (anc[t] D. 28 déc. 2005, art. 329 à 335)

> Législation issue de l'ordonnance du 18 décembre 2008.

C. com., art. L. 661-1 à L. 661-12

C. com., art. R. 661-2 à R. 661-8

> Législation issue de l'ordonnance du 12 mars 2014.

C. com., art. R. 661-2, R. 661-3

320.03 **Bibliographie indicative.** (V. les références complètes s[s] n° 031).

> Actualisables. Rép. com., Pigassou P., « Entreprises en difficulté – Redressement judiciaire (Procédure et organes) », n°s 283 à 437, 464 à 468 – J.-Cl. com., Martin-Serf A., fasc. 2205, [Voies de recours], 2004.

> Ouvrages antérieurs à la loi de sauvegarde des entreprises. Cagnoli P., *Essai d'analyse processuelle du droit des entreprises en difficulté*, « Bibl. dr. privé », t. 368, Lgdj, 2002 – Chaput, n°s 286, 287 – Guyon, n°s 1176 à 1178 – Jacquemont, n°s 656, 753 et 759 – Kerckhove, n°s 283 à 286 – Le Cannu, n° 972 – Le Corre-Broly, n°s 83 à 95 – Martin et Vallens, n°s 2737, 4175 à 4227 – Pétel, n°s 123 à 129 – Ripert et Roblot, n°s 2926-1 à 2929 – Saint-Alary-Houin, n°s 455 à 460 – Soinne, n°s 605 à 631, 643 à 710 – Staes O., *Procédures collectives et droit judiciaire privé*, th., Toulouse 1995 – Vallansan, p. 323 à 335, 337 à 339.

> Ouvrages postérieurs à la loi de sauvegarde des entreprises. Lienhard, 6e éd., n°s 151.11 à 151.75, 152.16 à 152.28 – Perochon, 10e éd., n°s 541 à 551 – Pétel, 8e éd., n°s 125, 128 à 131 – Roussel Galle, n°s 501 à 509 – Saint-Alary-Houin, 9e éd., n°s 542 à 547 – Vallens, 2015, n°s 4822 à 4859, 4868 à 4879 – Vidal et Giorgini, 1re éd., 2015/2016, n°s 2002 à 2030 – Voinot, 2e éd., 2013, n°s 316 à 320.

> Articles. Ballu Ch., « Loi de sauvegarde des entreprises : une libéralisation modérée des voies de recours », *LPA* 22 mai 2007, n° 102, p. 3 – Delmotte Ph., « L'accès au juge dans les procédures collectives », *LPA* 28 nov. 2008, n° 239, p. 50 – Fricero N., « Tierce-opposition et procédures collectives », *LPA* 28 nov. 2008, n° 239, p. 26 – Rémery J.-P., « Le ministère public et les voies de recours dans les procédures collectives », *Rapp. C. cass.* 1998, p. 139; « L'appel dans la loi de sauvegarde des entreprises », *JCP E* 2008. I. 103, p. 13; « Les voies de recours dans la réforme de la loi de sauvegarde des entreprises », *JCP E* 2009. I. 129 – Staes O., « Aspects procéduraux de la réforme des difficultés des entreprises », *Dr. et patr.* 2006/3, n° 146, p. 60; « Aspects de procédure et voies de recours », *Rev. proc. coll.* 2009/1, 5, p. 44; « Voies de recours : les pièges à éviter », *BJE* Dossier 212, « Entreprises en difficulté : les bonnes pratiques des professionnels », congrès CNAJMJ La Colle/Loup 14 et 15 juin 2012.

320.09 Caractère restrictif des voies de recours. Par rapport au droit commun, les voies de recours présentent, dans les procédures collectives, un caractère particulièrement restrictif, tant par leurs cas d'ouverture, que par la brièveté de leurs délais. Il a toutefois été noté que la loi de sauvegarde des entreprises avait « tempéré ce verrouillage législatif »[1]. L'orientation a été poursuivie par l'ordonnance du 18 décembre 2008.

Le souci du législateur est ici simple : la volonté d'aller vite est inconciliable avec une remise en cause des solutions retenues par la juridiction[2]. Le recul des intérêts individuels, par rapport à l'intérêt supérieur de l'activité et de l'emploi en sauvegarde et en redressement judiciaire, par rapport à l'intérêt des créanciers en liquidation judiciaire, est ici patent.

La restriction aux voies de recours est cependant strictement limitée aux actions appartenant à la compétence du tribunal de la faillite[3]. Il n'est pas concevable de restreindre subjectivement ou temporellement une voie de recours, dès lors que la décision attaquée n'est pas née de la faillite ou que les règles de la faillite n'exercent sur elle aucune incidence[4]. Ainsi a-t-il été jugé que le jugement d'ouverture étant resté sans effet sur une saisie-attribution ayant joué avant jugement d'ouverture, l'appel du jugement ayant condamné le créancier saisissant à rapporter à la liquidation les sommes reçues après le jugement d'ouverture restait soumis au délai de droit commun, et non au délai de dix jours applicable aux appels formés en matière de redressement ou de liquidation judiciaires[5].

En outre, il n'y a pas place à ermeture de la voie de ours, s'il n'est question que deporter la discussion sur la evabilité de la voie de recours. C'est ainsi qu'a été jugé evable l'appel à l'encontre d'un jugement statuant sur pposition à l'encontre d'une ordonnance du juge-commissaire, sous l'empire de la législation antérieure à la loi de sauvegarde des entreprises, dès lors que le jugement avait fait ne inexacte application des règles relatives aux formes et élais du recours contre l'ordonnance du juge-commissaire[7].

Les voies de recours ont assez largement ouvertes aux mandataires de justice. Il leur est conseillé de ne les exercer que si l'avantage à attendre de l'anéantissement de la décision est certain. En outre, ils éviteront d'exercer des voies de recours en présence d'une jurisprudence fermement établie, contraire à la position qu'ils soutiennent[8]. En défense à un recours, il est conseillé aux mandataires de justice de ne s'en rapporter à justice que s'ils contestent le recours. S'ils approuvent le recours ou la décision contestée, ils doivent conclure expressément en ce sens[9].

Pour étudier les voies de recours, il conviendra d'abord d'envisager les règles générales aux voies de recours réformation (v. s[s] n°s 322.11 s.). Les règles spéciales à chacune des décisions attaquées seront examinées à l'occasion de chacune des questions abordées, y compris la question des voies de recours sur les jugements statuant sur les recours formés contre les ordonnances du juge-commissaire (v. s[s] n°s 333.11 s.).

Cependant, la fermeture des voies de recours peut se révéler particulièrement dangereuse, puisqu'elle pourrait se traduire par un arbitraire du juge. Le droit processuel commun connaît une technique de mise en échec de l'arbitraire, par le recours aux voies de recours nullité. C'est pourquoi, il est particulièrement important d'envisager ici la confrontation des voies de recours réformation et des voies de recours nullité, cette étude débordant d'ailleurs le strict cadre des décisions du tribunal, pour intéresser les ordonnances du juge-commissaire.

1. Staes, « Aspects procéduraux de la réforme des difficultés des entreprises », *Dr. et patr.* 2006, n° 146, p. 60 s., sp. p. 68.
2. RAPPR. : SOINNE, n° 605.
3. Com. 20 mars 2001, *Act. proc. coll.* 2001, n° 147.
4. RAPPR. : SOINNE, n° 625.
5. Com. 5 nov. 2003, n° 99-20.223, *Bull. civ.* IV, n° 165.
6. Com. 17 juin 1997, *Rev. proc. coll.* 1998, p. 234, n° 21, obs. Cadiou.
7. Com. 16 mai 2006, n° 04-19.212, NP.
8. IFPPC 1999, recomm. n° 6385-2, p. 200.
9. IFPPC 1999, recomm. n° 6390-2, p. 200.

CHAPITRE

321. Voies de recours nullité

SECTION 0

ORIENTEUR

321.00 Plan du chapitre.

Sect.	321.10	Fermeture de la voie de recours réformation et voies de recours nullité
Sect.	321.20	Ouverture du recours nullité
Sect.	321.30	Modalités procédurales des recours nullité
Sect.	321.40	Effet dévolutif de l'appel nullité

321.01 Textes applicables. (V. les références complètes s[s] n° 011).

C. pr. civ., art. 560 et 562

321.02 Jurisprudence de référence.

> Constitue un excès de pouvoir le fait pour un juge, qui se prononce en matière de réalisation de l'actif du débiteur en liquidation judiciaire, de statuer sans que le débiteur ait été entendu ou dûment appelé.

• **Com. 16 juin 2009,** n° 08-13.565, *Bull. civ.* IV, n° 82

* V. s[s] n° 321.21

321.03 Bibliographie indicative. (V. les références complètes s[s] n° 031 – Aussi s[s] n° 320.03).

> Articles. Bernardini L., « L'excès de pouvoir dans les procédures collectives », *LPA* 28 nov. 2008, n°239, p. 21 – Bolard G., « L'appel nullité », *D.* 1988. Chron. 177 – Cadiet L., « Sur l'appel nullité dans les procédures collectives », *Rev. proc. coll.* 1988, n° 1, p. 17 – de Lajarte-Moukoko C., « L'appel-nullité en droit des procédures collectives : le point sur les conditions d'ouverture », *BJE* janv. 2014, p. 53 – Honorat A. et Mas D., « Les perspectives de l'appel en nullité, dans les questions procédurales de la législation de 1985 », *LPA* 1er juill. 1987, p. 28 – Soinne B., « Le recours en nullité dans les procédures collectives », *Gaz. Pal.* 1987. II, Doctr. 695.

321.04 Questions essentielles.

• Le plaideur est-il désarmé lorsqu'un texte lui interdit d'exercer une voie de recours ?

* V. s[s] n°s 321.11 à 321.31.

• Est-il possible d'exercer un recours nullité si le recours réformation est ouvert ?

* V. s[s] n° 321.12.

• Est-il possible d'exercer un recours nullité en cas de violation du principe du contradictoire ?

* V. s[s] n° 321.21.

SECTION 321.10

FERMETURE DE LA VOIE DE RECOURS RÉFORMATION ET VOIES DE RECOURS NULLITÉ

321.11 Critère de fermeture de la voie de recours réformation. Il convient d'abord de préciser que les voies de recours envisagées par le code de commerce, qu'il s'agisse de leur ouverture ou de leur fermeture, ne sont que les voies de recours réformation.

Il importe de déterminer le critère de fermeture de la voie de recours réformation. Suffit-il qu'elle ne soit pas explicitement ouverte ? Faut-il au contraire décider qu'en l'absence de fermeture explicite de la voie de recours, celle-ci doit être considérée comme ouverte ? La lecture des articles L. 623-1 et suivants du code de commerce (anc[t] L. 25 janv. 1985[1], art. 171 s.), dans leur rédaction antérieure à la loi de sauvegarde des entreprises, celle des articles L. 661-1 et suivants sous l'empire de la loi de sauvegarde des entreprises[2], conduit à penser que le législateur a explicitement prévu les cas d'ouverture des voies de recours, en prévoyant également leurs titulaires et, par voie de conséquence, qu'il a exclu la possibilité d'exercer des recours non explicitement envisagés. Cependant, cette impression se dissipe lorsqu'on s'aperçoit que, dans le même temps, le législateur a envisagé certaines hypothèses de fermeture des voies de recours, par exemple à l'article L. 623-5 (anc[t] L. 25 janv. 1985, art. 173), devenu

1. L. n° 85-98, 25 janv. 1985, *JO* 26 janv., p. 1097.
2. L. n° 2005-845, 26 juill. 2005, *JO* 27 juill., p. 12187.

sous l'empire de la loi de sauvegarde des entreprises, l'article L. 661-5.

La fermeture d'une voie de recours est dérogatoire au droit commun. Solution d'exception, elle ne peut exister sans texte. C'est donc fort logiquement que la jurisprudence s'est orientée dans le sens de l'ouverture de la voie de recours, lorsque celle-ci n'est pas explicitement fermée, le silence du législateur devant être interprété alors comme une permission. La voie de recours de l'appel a ainsi été ouverte sur un jugement de caducité du plan de cession[1]. Identiquement, la voie de l'appel, sous l'empire de la loi du 25 janvier 1985 - la question ne se posant plus depuis l'ordonnance du 18 décembre 2008[2] (C. com., art. L. 661-1, 7°) - a été ouverte au débiteur sur un jugement refusant la modification du plan de continuation[3]. La voie de recours est également ouverte sur un jugement de clôture des opérations du plan de cession[4]. Cette solution générale est partagée par la doctrine[5].

321.12 Fermeture de la voie de recours réformation et ouverture des voies de recours nullité[6]**.** Le code de commerce reste muet sur les voies de recours nullité, lesquelles ne résultent que du droit commun de la procédure civile, et plus spécialement des articles 560 et 562, alinéa 2 du code de procédure civile.

Le plaideur utilisera le recours nullité si le recours réformation est fermé. La nullité devra être expressément sollicitée par le plaideur, qui ne pourra donc se contenter de demander la réformation de la décision frappée d'appel[7]. Toutefois, il suffit que l'excès de pouvoir soit invoqué, avant qu'il ne soit statué, peu important que l'appel n'ait pas été qualifié par l'appelant d'appel nullité ou encore que l'appelant ait d'abord conclu à la réformation[8]. Cela revient à dire que l'appel nullité n'est pas autonome, dans ses modalités procédurales, sous réserve de sa condition de recevabilité, par rapport à l'appel réformation.

la voie de recours éformation est ouverte, la v de recours nullité st irrecevable[9]. La solution posée, par exemple à propos d'un appel nullité fné par le contract nt d'un contrat judiciairement cédé en plan de cession[10]. Toutefois, il a pu ê jugé que le recours qualifié d'appel nullité restrecevable au titre du recours réformation lorsq ce dernier est ouvert[11]. En outre, bien que l'pel nullité soit irrecevable si le plaideur dispose d'appel réformation la cour d'appel se trouve saisie par l'effet dévolutif de l'appel s'il est conclu également à la réformation. Il en résulte que le moyen tiré de l'irrecevabilité de l'appel nullité pour absence d'excès de pouvoir est sans intérêt du fait de la recevabilité de l'appel réformation[12].

SECTION 321.20

OUVERTURE DU RECOURS NULLITÉ

321.21 Fermeture de principe du recours nullité pour violation des règles essentielles de la procédure civile (v. aussi s[s] n° 333.23). Dans une première phase de la jurisprudence, le recours nullité était ouvert dans deux cas : l'excès de pouvoir et la violation d'un principe essentiel de la procédure civile. Le recours nullité venait ainsi sanctionner les vices graves[13].

Il ne faut pas confondre le recours nullité et la voie de recours qui est ouverte par les dispositions applicables à la matière, qui tendrait à obtenir l'annulation du jugement, par exemple celle exercée pour faire juger la nullité de l'acte introductif d'instance. Le recours nullité ici en cause est celui qui ne peut être exercé que lorsque le recours réformation est fermé.

Le recours nullité apparaît ainsi comme l'arme ultime du plaideur contre l'arbitraire du juge, qui s'émanciperait du respect d'une règle essentielle de la procédure civile[14]. Les principes directeurs du procès constituent un corps de règle dont le respect s'impose au juge. Leur méconnaissance est une source de nullité du jugement. Les règles du code de procédure civile se trouvent en outre aujourd'hui complé-

1. Com. 6 févr. 1996, n° 93-11.081, *Bull. civ.* IV, n° 37; *LPA* 24 avr. 1998, n° 49, p. 12, note Derrida.
2. Ord. n° 2008-1345, 18 déc. 2008, *JO* 19 déc., p. 19462.
3. Besançon, 7 mai 1997, DPDE, *bull.* 169, 17 mars 1998, *V[is] Plan de continuation*, n° 6.
4. Com. 5 mai 2004, n° 01-16.758, *Bull. civ.* IV, n° 83; *D.* 2004. AJ 1734.
5. PÉTEL, 6e éd., n° 125 – RIPERT ET ROBLOT, n° 2926-1 – KERCKHOVE, n° 274 – SOINNE, n° 625.
6. SUR LES VOIES DE RECOURS nullité en dehors des procédures collectives : Barret, « L'appel nullité », *RTD civ.* 1990. 199 – Gerbay, « Les effets de l'appel voie d'annulation », *D.* 1993. Chron. 143.
7. Com. 29 avr. 2003, n° 99-14.723, NP.
8. Civ. 2e, 8 déc. 2011, n° 10-18.413, *Bull. civ.* II, n° 222; FS-P+B; *Act. proc. coll.* 2012/3, comm. 33, note Salhi; *Dr. et proc.* févr. 2012, p. 40, note Salati; *RTD civ.* 2012. 375, obs. Perrot.
9. Com. 12 avr. 2005, n° 03-16-538, NP – Versailles, 12e ch., 2e sect., 20 janv. 2005, RG n° 2003/05810 – Paris, 3e ch. B, 18 févr. 2005, RG n° 2004/10756 – *Adde*, VALLENS, 2006, n° 4277 – Martin-Serf, J.-CL. COM., fasc. 2205, [Voies de recours], 2004, n° 107.
10. Com. 12 avr. 2005, n° 03-16-538, NP.
11. Com. 8 janv. 2008, n° 06-18.287, NP, *Rev. proc. coll.* 2008, p. 55, n° 62, note Gorrias.
12. Com. 27 févr. 2007, n° 05-17.154, NP.
13. DERRIDA *ET ALII*, n° 145, évoquant des « décisions qui déshonorent l'ordre juridique et la justice ».
14. SUR L'EXIGENCE de la violation d'une règle essentielle de la procédure civile : Com. 2 mai 2001, NP.

tées par la Convention européenne des droits de l'homme. Spécialement, l'article 6 de cette convention pose le droit pour le citoyen à un procès équitable. Le juge ne peut donc être partial. Il y a ainsi place à nullité si un juge devant lequel l'affaire a été débattue dans le cadre de l'arrêté d'un plan avait présenté une offre de reprise[1].

Dans le cadre du respect des principes directeurs du procès, le juge est obligé de limiter sa décision à ce qui lui est demandé (C. pr. civ., art. 5). S'il statue *ultra petita*, sa décision est annulable.

Le juge a l'obligation de motiver sa décision (C. pr. civ., art. 455). L'absence de motivation est une cause de nullité[2], non la simple insuffisance de motivation, la solution ayant été posée à, propos d'une ordonnance du juge-commissaire confirmée par le tribunal[3].

Le nom du juge doit figurer sur la décision qu'il rend (C. pr. civ., art. 458). C'est ainsi qu'il a été jugé que l'absence du nom du juge-commissaire au bas d'une ordonnance ne pouvait être suppléée par l'indication du nom de celui-ci dans le jugement d'ouverture[4].

Est encore sanctionné par la nullité le non-respect de la composition du tribunal (v. aussi s^s n° 333.23). Ainsi a-t-il été jugé que la juridiction ne peut être complétée par un auxiliaire de justice qui serait juge et partie. La solution a été posée pour un avocat-syndic ayant complété la juridiction en tant qu'avocat le plus ancien[5].

Il en est encore ainsi, dans les formations collégiales, du principe d'imparité des juges[6].

De même, le juge de première instance ne peut statuer dans le cadre des recours contre ses ordonnances. La solution résulte explicitement de l'article 26 du décret du 27 décembre 1985[7], de l'article R. 621-22 du code de commerce. Pas davantage, le juge qui a eu à connaître de l'affaire en première instance ne peut se retrouver juge en cause d'appel[8]. En revanche, il a été jugé que la tierce opposition étant une voie de rétraction, le principe d'impartialité du tribunal ne fait pas obstacle à la présence en son sein d'un juge ayant participé à la juridiction de jugement ayant rendu la décision dont il est demandé la rétractation[9]. La solution peut se justifier par l'idée que la tierce opposition n'est pas un deuxième degré de juridiction.

La principale illustration, en droit des procédures collectives, de l'obligation pour le juge de respecter les principes essentiels de procédure civile est celle du principe du contradictoire, posé par l'article 16 du code de procédure civile. La violation du principe de contradiction a ainsi pu être une cause fréquente de nullité des décisions, en droit de la faillite. Il en est d'abord ainsi lorsque le juge a l'obligation de convoquer une partie et qu'il s'en dispense[10]. Il en est de même lorsque le juge ne peut statuer qu'après écoulement d'un certain délai, par exemple le délai de trente jours laissé aux créanciers pour répondre à la consultation du représentant des créanciers, dans le cadre de l'élaboration d'un plan de continuation. Si le tribunal statue avant expiration du délai, il y a place à nullité[11]. En réalité, derrière le non-respect du principe de contradiction, se cache le plus souvent un excès de pouvoir lorsque les dispositions spéciales du droit des procédures collectives imposent la convocation ou la présence de telle ou telle personne à l'audience. C'est ce corps de règles qui est alors sanctionné, plutôt que la violation du principe de contradiction.

La Chambre mixte de la Cour de cassation a cependant, par un arrêt essentiel du 28 janvier 2005[12], explicitement écarté le recours nullité pour violation d'un principe essentiel de procédure civile. Ce revirement de jurisprudence doit conduire à l'abandon par la Chambre commerciale et par les autres chambres de la Cour de cassation de la jurisprudence admettant le recours nullité pour violation d'un principe essentiel de la procédure civile, ce que certains auteurs déplorent[13].

C'est ainsi que la deuxième chambre civile de la Cour de cassation juge qu'« il n'est dérogé à toute règle interdisant un recours qu'en cas d'excès de pouvoir; que ne constitue un excès de pouvoir ni la

1. Montpellier, 2e ch. A, 8 juill. 1992, cité par SOINNE, note 1723-1.
2. Com. 30 mars 1993, n° 90-21.980, *Bull. civ.* IV, n° 132; *Rev. proc. coll.* 1993, p. 413, n° 3, obs. Dureuil; *JCP E* 1993. I. 277, obs. M. Cabrillac.
3. Com. 18 janv. 2005, n° 02-14.007, NP, *Rev. proc. coll.* 2005/2, p. 131, n° 13, obs. Gorrias – Paris, 3e ch. A, 18 nov. 2003, RG n° 2003/04791.
4. T. com. Paris, 21 sept. 1990, *Rev. proc. coll.* 1991, p. 414, n° 5, obs. Dureuil.
5. AINSI : Com. 6 mars 1984, n° 82-16.892 *Bull. civ.* I, n° 86; *D.* 1984. 566, note Mas et Honorat; *RTD civ.* 1984. 568, obs. Perrot.
6. Civ. 3e, 10 févr. 1988, n° 86-17.316 *Bull. civ.* III, n° 32; *JCP* 1988. II. 21085, note Cadiet.
7. D. n° 85-1388, 27 déc. 1985, *JO* 29 déc., p. 15281.
8. Com. 22 juin 1993, n° 91-18.062, NP.
9. Com. 23 nov. 2004, n° 03-11.590, NP.
10. Paris, 9 avr. 1991, *Rev. proc. coll.* 1991, p. 58, n° 5, obs. Dureuil; *LPA* 19 févr. 1992, p. 21, note Derrida.
11. AINSI : Toulouse, 2e ch., 29 oct. 1987, *Rev. proc. coll.* 1988, p. 385, n° 1, obs. Soinne – Rennes, 2 nov. 1988, *Rev. proc. coll.* 1989, p. 194, n° 29, obs. Soinne.
12. Cass., ch. mixte, 28 janv. 2005, n° 02-19.153, *Bull. ch. mixte*, n° 1; *JCP* 2005. I. 125 § 14, obs. Amrani-Mekki; *Gaz. Pal.* 2005. I. 1127, concl. Domingo; *Procédures* 2005, comm. 87, obs. Perrot; *Dr. et proc.* 2005. 224, obs. Douchy-Oudot.
13. Rolland, « Mauvais temps sur le principe du contradictoire… (à propos de l'admission des recours-nullité par la Cour de cassation) », *JCP E* 2006. 2534, p. 1825.

violation des règles relatives à la composition des juridictions ni la violation du principe de la contradiction »[1].

La Chambre commerciale de la Cour de cassation a ainsi pu juger qu'il n'y avait pas place au recours nullité lorsqu'une irrégularité procédurale tenant à l'absence de respect de la règle du contradictoire, était alléguée, dans le cadre de la discussion sur la régularité d'une déclaration de créance[2], ou dans une procédure de constat de résiliation d'un bail[3]. De même, la Chambre commerciale a pu rejeter le recours nullité fondé sur la violation du principe posé par l'article 4 du code de procédure pénale, c'est-à-dire le sursis à statuer au civil dans l'attente de l'issue du procès au pénal[4]. Identiquement, la méconnaissance du principe de loyauté des débats n'est pas constitutive d'un excès de pouvoir[5]. De la même façon, le grief tiré de la méconnaissance de l'objet du litige n'ouvre pas le recours nullité[6]. Il en va de même du grief tiré de la violation des articles L. 622-20 et L. 641-4, alinéa 3 du code de commerce et de l'article 31 du code de procédure civile[7], autrement dit de la détermination du domaine du monopole de défense de l'intérêt collectif des créanciers ouvert au mandataire judiciaire et au liquidateur, qui conduit à la détermination corrélative du domaine des actions irrecevables si elles sont exercées par d'autres que le défenseur de l'intérêt collectif des créanciers.

La première chambre civile de la Cour de cassation a emboîté le pas[8].

Les juridictions du fond s'alignent également sur cette solution et c'est ainsi que l'on voit rejeter le recours nullité pour motif d'insuffisance des mentions d'un jugement[9].

Seul l'excès de pouvoir autorisera, en conséquence, le recours nullité.

Tempérons toutefois le propos en observant que la violation d'un principe essentiel de procédure civile peut, en notre matière, être constitutive d'un excès de pouvoir. La Cour de cassation a ainsi considéré comme un excès de pouvoir le fait pour un juge, qui se prononce en matière de réalisation de l'actif du débiteur en liquidation judiciaire, de statuer sans que le débiteur ait été entendu ou dûment appelé[10]. Cette solution a vocation à déborder le strict cadre dans lequel elle a été rendue. On peut ainsi penser que chaque fois que le juge-commissaire ou le tribunal de la faillite s'émancipera de l'obligation de convocation posée par la loi ou le règlement, la violation de cette obligation pourra trouver sa sanction dans l'excès de pouvoir. Il s'agirait alors, semble-t-il, pour le juge de respecter lui-même le principe de la contradiction, et non simplement de le faire respecter entre les parties[11]. La solution n'a toutefois d'intérêt qu'autant que la voie de recours réformation est fermée. Il pourrait en être ainsi de l'absence de convocation d'un créancier pouvant bénéficier du transfert de la charge de la sûreté, qui serait ainsi autorisé à former une tierce opposition nullité.

En ce qui concerne l'impartialité du juge, qui tiendrait au fait qu'il statue à deux stades différents de la procédure collective, par exemple, sous l'empire de la législation antérieure à l'ordonnance du 18 décembre 2008[12], comme juge de l'appel formé à l'encontre du jugement d'ouverture et comme juge d'appel à l'encontre d'un jugement rejetant le recours formé contre une ordonnance du juge-commissaire autorisant la vente des actifs du débiteur, il importe toutefois que le plaideur, qui connaissait la composition de la juridiction, fasse usage de la faculté de récusation que lui ouvre l'article 341-5 du code de procédure civile avant la clôture des débats devant la cour d'appel. À défaut, il est irrecevable à se plaindre de l'impartialité du juge devant la Cour de cassation.

Le recours à l'article 6 § 1 de la Conv. EDH, par le droit au procès équitable qu'il consacre, semblait être de nature à permettre de sanctionner les vices de procédure les plus graves, tels la partialité du

1. Civ. 2e, 17 nov. 2005, no 03-20.815, *Bull. civ.* II, no 293; *D.* 2005. AJ 3085, obs. Lienhard; *Act. proc. coll.* 2006/2, no 22, note Cagnoli; *Gaz. proc. coll.* 2006/2, p. 24, obs. Rohart-Messager.
2. Com. 29 nov. 2005, no 04-16.497, NP.
3. Com. 13 avr. 2010, no 08-18.362, NP.
4. Com. 11 mai 2010, no 09-65.960, *Bull. civ.* IV, no 87; *D.* 2010. Actu. 1277, note Lienhard.
5. Com. 8 mars 2011, no 09-71.764, *Bull. civ.* IV, no 35; no 227 F-P+B; *Act. proc. coll.* 2011/8, comm. 128, note Cagnoli; *Procédures* 2001, no 178, p. 32, note Rolland.
6. Com. 19 juin 2012, no 11-18.705, NP; no 711 F-D; *D.* 2012. Actu. 1670, note Lienhard; *Gaz. Pal. entr. diff.* 13 oct. 2012, no 286, p. 22, note Fricero.
7. Com. 19 juin 2012, no 11-18.705, préc. (v. ss prést no).
8. Civ. 1re, 20 févr. 2007, no 06-13.134, *Bull. civ.* I, no 61; *D.* 2007. AJ 803, *RTD com.* 2007. 459, no 4, obs. Vallens; *RTD civ.* 2007. 386, no 9, obs. Perrot; *RTD com.* 2007. 459, no 14, obs. Vallens.
9. Douai, 2e ch. 2e sect., 16 mai 2006, *D.* 2006. AJ 1529, obs. Lienhard.
10. Com. 16 juin 2009, no 08-13.565, *Bull. civ.* IV, no 82; *D.* 2009. AJ 1756, note Lienhard; *D.* 2009. Jur. 2521, note Théron; *Gaz. proc. coll.* 2009/3, p. 19, no 2, note Fricero; *JCP E* 2010, Chron. 1011, no 3, obs. Pétel; *Gaz. proc. coll.* 2009/4, 2e partie, p. 19, note Voinot; *Act. proc. coll.* 2009/13, no 209, note Vallansan et Cagnoli; *RTD civ.* 2009. 576, no 2, obs. Perrot; *Procédures* 2009, comm. 280, note Rolland; *Rev. proc. coll.* 2010/1, § 5, p. 25, note Gorrias et Manié; *LXB hebdo* 16 juill. 2009, no 359, note Le Corre – Com. 8 mars 2011, no 10-30.629, NP; no 238 F-D.
11. RAPPR. : Perrot, obs. ss Com. 16 juin 2009, no 08-13.565, *Bull. civ.* IV, no 82; *RTD civ.* 2009. 577, no 2.
12. Ord. no 2008-1345, 18 déc. 2008, préc.

juge, ou le non-respect du principe de contr-tion. L'article 6 § 1 de la convention a ainsi p de sanctionner des décisions de cour d'appel qu titre de leur motivation, avaient reproduit les clusions d'appel d'une partie, ce qui faisait pes doute légitime sur l'impartialité de la juridictio

En tant que tel, toutefois, la violation de l'arti § 1 de la convention ne peut constituer un exc pouvoir[2]. Il en est de même de la violatio l'article 13 de cette même convention[3].

321.22 Ouverture du recours nullité en d'excès de pouvoir. La possibilité de faire const un excès de pouvoir commis par la juridiction c-titue l'antidote à « l'ivresse du pouvoir »[4].

Il y a excès de pouvoir lorsque le juge mécoaît l'étendue de son pouvoir de juger[5]. Ainsi, mgré l'expression d'« excès de pouvoir », le juge ède ses pouvoirs non seulement lorsqu'il les outresse, mais encore lorsqu'il refuse de les utiliser, ct-à-dire lorsqu'il reste en deçà de ses pouvoirs On parle d'excès de pouvoir négatif[7], par exemplors-que le tribunal estime qu'il ne peut nommr un administrateur judiciaire en cas d'avis contre du ministère public.

La notion d'excès de pouvoir n'est pas isée à caractériser. La solution se comprend, dès lcs que la notion est plus fonctionnelle que conceptuelle, ainsi que cela a été observé par un analyste avisé[8].

Faut-il décider qu'il y a excès de pouvoir dès lors qu'il y a violation d'une règle d'ordre public ? Si la règle de droit dont la violation est invoquée est d'une interprétation exempte de problème, l'excès de pouvoir semble caractérisé. Le juge s'est refusé à appliquer un texte clair. Il y a excès de pouvoir. À l'inverse, si la règle est source d'interprétations multiples, l'excès de pouvoir semble plus difficile à caractériser (v. ainsi pour la règle de la continuation du cours des intérêts en situation de plan de sauvegarde, de continuation ou de redressement, dont la mise à l'écart n'est pas systématiquement considérée comme constitutive d'un excès de pouvoir, s[s] n° 522.19). Il faut donc, semble-t-il, rechercher l'excès de pouvoir dans la violation délibérée d'un texte d'ordre public. L'excès de pouvoir est ainsi plus que la simple méconnaissance de la règle de droit. La simple erreur de droit ou de fait sera, en conséquence, insuffisante[9]. Il a été jugé, à cet égard, que la violation de la règle de l'autorité de la chose jugée constitue un mal jugé par erreur de droit, mais non un excès de pouvoir[10].

Il y a d'abord excès de pouvoir à s'arroger un pouvoir inexistant. Les illustrations sont très nombreuses dans les procédures collectives.

L'excès de pouvoir est assez souvent constaté à l'occasion des ordonnances du juge-commissaire et, par voie de conséquence, dans les jugements qui rejettent le recours formé contre une ordonnance contenant un excès de pouvoir (v. s[s] n° 333.22).

Pour le tribunal, il y a excès de pouvoir :

– à ouvrir une procédure de redressement ou de liquidation judiciaires sans caractériser l'état de cessation des paiements, même si la procédure concerne la filiale d'une société mère ayant déclaré son état de cessation des paiements[11] ;

– à accepter l'ouverture d'une procédure de sauvegarde, alors que l'état de cessation des paiements est caractérisé ;

– à englober dans un plan de cession d'entreprise des actifs n'appartenant pas au débiteur, personne morale, mais à ses associés[12] ;

– à prononcer la résiliation d'un contrat non cédé judiciairement dans le cadre d'un plan de cession[13] ;

1. Com. 5 oct. 2010, n° 09-71.679, NP, *Gaz. Pal. entr. diff.* 7-8 janv. 2011, p. 26, note Fricero – Com. 15 févr. 2011, n° 10-30.816, NP.
2. Com. 8 mars 2011, n° 09-71.764, *Bull. civ.* IV, n° 35; n° 227 F-P+B; *Act. proc. coll.* 2011/8, comm. 128, note Cagnoli; *Procédures* 2001, comm. 178, p. 32, note Rolland; *BJE* juill./août 2011, comm. 90, p. 200, note Staes; *RTD com.* 2011. 424, n° 10, obs. Vallens – Com. 19 juin 2012, n° 11-20.066, *Bull. civ.* IV, n° 130; n° 713 F-P+B; *D.* 2012. Actu. 1670, note Lienhard – *Adde*, RABATTANT cette décision : Com. 12 juill. 2011, n° 09-71.764, *Bull. civ.* IV, n° 35; n° 227 F-P+B; *LPA* 3 janv. 2012, n° 2, p. 7, note Roussel Galle.
3. Com. 19 juin 2012, n° 11-20.066, préc. (v. s[s] prés[t] n°).
4. Bolard, « L'appel nullité », *D.* 1988. Chron. 177, n° 35, utilisant cette expression.
5. Civ. 1re, 20 févr. 2007, n° 06-13.134, *Bull. civ.* I, n° 61.
6. Civ. 2e, 17 juin 1987, n° 85-18.840, *Bull. civ.* III, n° 130; *D.* 1987. Somm. 359, obs. Julien; *RTD civ.* 1988. 184, n° 9, obs. Perrot – Com. 27 avr. 1993, n°s 91-10.867, 91-11.691, *Bull. civ.* IV, n° 152; *Rev. proc. coll.* 1994, p. 154, n° 13, obs. Liénard – Rennes, 2e ch., 9 févr. 2000, *Rev. proc. coll.* 2002, p. 171, n° 21, obs. Gorrias – *Adde*, Perdriau, « Le contrôle de la Cour de cassation en matière de faillite », *JCP* 1987. I. 3288, n° 318.
7. Rémery, « Le ministère public et le droit des entreprises en difficulté : un an de jurisprudence de la chambre commerciale de la Cour de cassation », *D.* 2012. 700 s, sp. 702.
8. Perrot, obs. s[s] Com. 26 janv. 2010, n° 08-21.330, *RTD civ.* 2010. 376, n° 4.
9. Com. 4 janv. 2005, n° 02-21.504, NP, *LXB* n° N4891ABR, note Le Corre – Com. 13 avr. 2010, n° 08-18.362, NP – Com. 18 janv. 2011, n° 09-17.350, NP, *D.* 2011. Actu. 370, note Lienhard; *Gaz. Pal. entr. diff.* 1-2 avr. 2011, p. 28, note Voinot – Paris, 3e ch. B, 30 avr. 2004, RG n° 2003/08649.
10. Com. 26 janv. 2010, n° 08-13.989, NP.
11. Com. 6 mars 2001, n°s 97-22.178 à 97-22.196, 19 arrêts, NP, *Act. proc. coll.* 2001, n° 118; *RJDA* 2001/8-9, n° 887.
12. Com. 3 mars 1992, n° 90-12.602, *Bull. civ.* IV, n° 103; *D.* 1992. 345, note Bolard; *Defrénois* 1992. 1380, obs. Sénéchal.
13. Com. 10 mars 2009, n° 07-16.325, NP, *Act. proc. coll.* 2009/8, n° 128, note Petit; *RTD com.* 2010. 191, n° 8, obs. Saint-Alary-Houin; *LXB hebdo* 23 avr. 2009, n° 347, note Le Corre.

– à imposer au débiteur, dans le cadre d'un plan de cession, une clause de non-concurrence[1];

– à arrêter un plan de cession au profit d'anciens administrateurs provisoires de l'étude d'une société civile professionnelle d'huissiers, lesquels ne sont pas des tiers par rapport à l'entreprise débitrice[2];

– à proroger la durée d'un plan de cession alors que la durée fixée par le tribunal était déjà expirée au jour de la décision de prorogation[3];

– à imposer des remises de dettes, à l'occasion de la modification d'un plan de continuation[4], l'excès de pouvoir étant identiquement caractérisé si le tribunal procède ainsi lors de l'adoption du plan de continuation.

L'excès de pouvoir peut encore résulter d'un accroissement de la compétence matérielle du juge. Ainsi, le tribunal de la faillite n'est-il pas compétent pour statuer sur des questions relevant de la compétence exclusive d'une autre juridiction[5]. L'excès de pouvoir du tribunal pourrait consister à s'attribuer un pouvoir relevant de la compétence exclusive du juge-commissaire, tels ceux relatifs à la poursuite et à la résiliation des contrats en cours.

L'excès de pouvoir peut aussi tenir à déclarer recevable un recours irrecevable. Il en est ainsi lorsque le tribunal déclare recevable le recours à l'encontre d'une l'ordonnance du juge-commissaire de la part du candidat acquéreur évincé, qui n'émet pas de prétention au sens des articles 4 et 31 du code de procédure civile[6].

Rappelons que derrière l'apparente violation du principe de contradiction, il y a bien excès de pouvoir à statuer sans convocation des parties, alors que leur présence était prévue par les textes, ou à statuer sans respecter l'écoulement d'un délai impératif (v. s[s] n° 321.21).

Il y a ensuite excès de pouvoir pour le juge à refuser de faire usage d'un pouvoir qu'il détient, ce qui se traduit par une décision d'incompétence. Les cas ɪt ici beaucoup moins fréquents. La solution a été sée en matière de résiliation de contrat, le juge-mmissaire ayant refusé de se reconnaître compétent, ce qui a ouvert le recours *nullité sur le juge*-ent statuant sur opposition ayant confirmé rdonnance du juge (v. s[s] n° 333.22). On pourrait core penser, par exemple, au cas d'un tribunal qui fuserait d'appliquer le principe de détermination s contrats à céder et qui se réfugierait derrière la ule volonté du repreneur pour décider que tel contrat sera ou non transmis au repreneur. Cette dernère illustration, incontestablement valable sous mpire de la législation antérieure à la loi de sauvede des entreprises, semble faire difficulté depuis bi du 26 juillet 2005 (v. s[s] n° 582.57).

In auteur[7] a tenté une lumineuse classification d'excès de pouvoir en trois catégories :

lorsque le juge statue alors que le litige ne relève pas sa compétence;

orsque le juge refuse de juger ou d'exercer des prérogatives que la loi lui confère;

orsque le juge use de prérogatives que la loi ne lui pas conférées.

L'recevabilité du recours nullité ne concerne pas seulement l'appel, mais encore le pourvoi en cassation. Dès lors que la cour d'appel a rendu une décision qui ne renferme aucun excès de pouvoir, le pourvoi nullité est, pour sa part, irrecevable[8].

La recevabilité du recours nullité suppose l'excès de pouvoir. Dès lors, si l'appel est recevable, il est aussi nécessairement bien fondé. Il n'est pas concevable que la cour d'appel déclare recevable l'appel nullité, mais considère qu'il est non fondé[9], sauf à commettre elle-même un excès de pouvoir.

SECTION 321.30

MODALITÉS PROCÉDURALES DES RECOURS NULLITÉ

321.31 Modalités procédurales des voies de recours nullité. Par application de la règle « voies de nullité n'ont lieu contre les jugements », il faut d'abord décider que les voies de recours nullité sont les mêmes que les voies de recours réformation, si ces dernières avaient été ouvertes[10]. Il en résulte que

1. Com. 17 mars 1998, n° 95-21.179, *Bull. civ.* IV, n° 109; *D.* 1998. Jur. 236, note Picod.
2. Com. 4 oct. 2005, n° 04-15.060, *Bull. civ.* IV, n° 203; *D.* 2006. Somm. 81, obs. Le Corre; *Gaz. proc. coll.* 2006/1, p. 16, obs. Rohart-Messager; *RD banc. fin.* janv.-févr. 2006, p. 25, n° 25, note Lucas.
3. Com. 16 mai 2006, n°s 05-12.214, 05-12.911, NP.
4. Com. 18 mars 2014, n° 12-28.986, *Bull. civ.* IV, n° 52; n° 270 F-P+B; *D.* 2014. actu 773, note Lienhard; *Gaz. Pal.* 5 oct. 2014, n° 278, p. 36, note Lebel; *BJE* juill. 2014, p. 235, note de Lajarte-Moukoko; *Rev. proc. coll.* 2014, comm. 96, note Cagnoli et comm. 163, note Fraimout.
5. AINSI : Lyon, 21 avr. 1988, cité par SOINNE, note 1747.
6. Com. 28 avr. 2009, n° 07-18.715, *Bull. civ.* IV, n° 57; *D.* 2009. AJ 1276, note Lienhard; *Gaz. proc. coll.* 2009/3, p. 18, note Fricero; *Act. proc. coll.* 2009/10, n° 160, note Vallansan; *JCP E* 2009, Chron. 1814, n° 5, note Pétel; *Defrénois* 2009. 39078, p. 475, n° 3, note Gibirila; *LXB hebdo* n° 351, 21 mai 2009, note Le Corre.
7. De Lajarte-Moukoko, « L'appel-nullité en droit des procédures collectives : le point sur les conditions d'ouverture », *BJE* janv. 2014, p. 53, sp. p. 56.
8. Com. 12 juill. 2011, n° 10-19.041, NP; n° 750 F-D.
9. AINSI : Com. 30 oct. 2012, n° 11-19.879, NP; n° 1071 F-D.
10. AFFIRMANT CE PRINCIPE en matière de procédure collective : Com. 15 janv. 1991, n° 89-18.185, *Bull. civ.* IV, n° 26; *D.* 1992. Somm. 91, obs. Derrida; *Rev. proc. coll.* 1992, p. 154, n° 17, obs. Liénard.

les parties à la décision, qui auraient pu former appel, doivent exercer un appel nullité.

C'est ainsi que si le jugement n'est pas susceptible d'appel réformation, il doit être frappé d'appel nullité, ce qui rend irrecevable le pourvoi directement formé sur la décision du tribunal[1]. Le conseiller de la mise en état est compétent pour déclarer un appel nullité irrecevable, faute pour l'article 911 du code de procédure civile de distinguer selon que le recours est un appel réformation ou un appel nullité[2].

Si la voie de recours porte sur un arrêt de cour d'appel, il s'agira d'un pourvoi nullité.

Les personnes autres que les parties, c'est-à-dire celles qui ne sont ni présentes, ni représentées en première instance, et qui, sur un plan procédural, sont des tiers, ne peuvent former appel nullité. Dépourvues de la qualité de partie, elles ne pourront faire appel pour obtenir la nullité de la décision[3]. Ainsi des créanciers, en cas d'arrêté d'un plan de continuation – de sauvegarde ou de redressement –, alors même qu'ils auraient été convoqués, sont irrecevables à former un appel nullité[4]. La solution a été posée pour un créancier fiscal, qui avait formé appel-nullité, pour contester le fait pour une juridiction d'avoir donné acte d'une remise de dette portant sur de la TVA, en contravention avec l'article 247 du livre des procédures fiscales[5].

Le propos doit toutefois être nuancé depuis l'ordonnance du 18 décembre 2008[6], qui a ouvert aux créanciers, membres des comités, un appel à l'encontre de la partie du jugement statuant sur le plan de sauvegarde ou de redressement, qui aurait rejeté la contestation formée par eux sur les modalités de fonctionnement des comités.

Sous cette réserve, leur voie de recours réformation classique étant la tierce opposition, ces personnes ne pourront exercer qu'une tierce opposition nullité.

Les personnes qui n'émettent pas de prétention, n'étant ni des tiers, ni des parties, ne peuvent exercer aucune voie de recours, fût-ce en nullité. La solution a été posée pour le candidat repreneur évincé dans le cadre d'un plan de continuation[7], pour le candidat évincé dans le cadre d'une cession d'unité de production en liquidation judiciaire[8] ou encore pour le contrôleur, du moins sous l'empire de la législation antérieure à la loi de sauvegarde des entreprises[9] (v. *supra* n° 612.31).

Les délais des voies de recours et le point du *départ des délais de recours*[10] *sont les mêmes que* ceux applicables aux voies de recours réformation[11]. Ainsi les parties feront-elles appel nullité dans le délai de principe de dix jours de la notification du jugement, pourvoi nullité dans les deux mois de la signification de l'arrêt.

Les tiers ne seront recevables à former tierce opposition nullité à l'encontre d'un jugement que dans les dix jours de la publication au *Bodacc* du jugement si la décision est soumise à publication, à compter de la décision, dans le cas contraire.

On ajoutera que la notification n'a pas à préciser l'existence, la forme ou le délai d'une voie de recours nullité[12], contrairement à la solution applicable à la voie de recours réformation, dont l'existence, les modalités d'exercice, les délais d'exercice et le point de départ du recours doivent être indiqués dans l'acte de notification[13].

SECTION 321.40
EFFET DÉVOLUTIF DE L'APPEL NULLITÉ

321.41 **Effet dévolutif de l'appel nullité.** En droit commun, l'appel réformation opère dévolution de l'affaire pour le tout, à moins que l'appel ne soit limité à certains chefs seulement de la décision attaquée (C. pr. civ., art. 562, al. 1)[14]. L'effet dévolutif de l'appel, exprimé par l'article 561 du code de procédure civile, joue identiquement, en présence d'un

1. Com. 12 avr. 2005, n° 03-11.661, NP, *RTD com.* 2005. 606, n° 16, obs. Vallens; *Gaz. proc. coll.* 2005/2, p. 14, obs. Le Corre.
2. Com. 14 mai 2008, n° 07-11.036, *Bull. civ.* IV, n° 99; *Gaz. proc. coll.* 2008/3, p. 34, note Fricero; *JCP E* 2008. 1717, note Vuitton.
3. Com. 19 nov. 1996, n° 94-19.533, *Bull. civ.* IV, n° 279; *Rev. proc. coll.* 1997, p. 425, n° 28, obs. Cadiou; *LPA* 13 mai 1998, n° 57, p. 27, note Courtier.
4. Com. 23 nov. 2004, n° 02-15.532, NP.
5. Com. 2 oct. 2012, n° 11-21.896, NP; n° 959 F-D; *Gaz. Pal.* 18 janv. 2013, n° 18, p. 28, note Lebel; *BJE* janv. 2013, comm. 20, note de Lajarte-Moukoko.
6. Ord. n° 2008-1345, 18 déc. 2008, préc.
7. Com. 3 févr. 1998, n° 95-17.329, NP, *RTD com.* 1998. 680, obs. Saint-Alary-Houin.
8. Riom, 14 oct. 1998, *JCP E* 1999, pan. 445.
9. Riom, 11 déc. 1996, *Rev. proc. coll.* 1998, p. 235, n° 22, obs. Cadiou.
10. POUR LE DÉLAI d'appel d'un jugement : Paris, 3e ch. C, 25 sept. 1998, *D. Affaires* 1998. 1746 – Montpellier, 2e ch. B, 1er juin 2004, *Rev. proc. coll.* 2005/2, p. 132, n° 16, obs. Gorrias – *Adde*, POUR LE DÉLAI de tierce opposition : Angers, 3e ch., 20 nov. 1989, *BICC* 1990, p. 35, n° 217.
11. Paris, 3e ch. A, 11 mai 2004, RG n° 2003/17624.
12. Com. 9 juin 1998, n° 95-18.486, *Bull. civ.* IV, n° 109; *RTD com.* 1998. 951, obs. Vallens – Com. 17 juill. 2001, n° 98-15.963, NP, *RTD com.* 2001. 981, obs. Vallens – Com. 28 sept. 2004, n° 02-17.943, NP – Com. 30 mars 2010, n° 09-14.520, NP, *RTD com.* 2010. 432, n° 12, note Vallens.
13. Guinchard (dir.), *Droit et pratique de la procédure civile*, 8e éd., « Dalloz Action », 2014, nos 423.111, 423.121 par Fricero.
14. Civ. 2e, 24 févr. 1988, n° 86-13.505, *Bull. civ.* II, n° 50.

appel nullité[1]. La solution est posée par l'article 562, alinéa 2 du code de procédure civile.

Par exception, cependant, si la contestation porte sur l'irrégularité ou l'inexistence de l'acte introductif d'instance, l'effet dévolutif sera mis en échec[2]. Par exception à l'exception, qui emporte donc retour au principe, l'appel nullité portant sur l'irrégularité ou l'inexistence de l'acte introductif d'instance permet le jeu de l'effet dévolutif si l'appelant conclut à titre principal au fond et seulement subsidiairement à la nullité du jugement, car ses écritures vaudront alors liaison de l'instance[3]. Cette solution a été appliquée, sous l'empire de la loi du 25 janvier 1985[4], à un dirigeant social placé en redressement judiciaire à titre de sanction, alors que l'assignation en sanction ne contenait pas l'obligation de comparaître en chambre du conseil en vue de son audition personnelle, qui avait à titre principal contesté sa mise en liquidation judiciaire et qui n'avait soulevé qu'à titre subsidiaire la nullité de l'acte introductif d'instance[5]. Au contraire, si l'appelant ne conclut qu'à titre subsidiaire sur le fond et à titre principal sur la nullité, l'effet dévolutif ne peut jouer[6].

Toutes ces règles de l'effet dévolutif de l'appel nullité doivent trouver application, faute de réglementation particulière, en droit des procédures collectives de paiement[7]. Il y a donc, par principe, place à effet d'évolutif de l'appel[8]. Il en est ainsi lorsqu'est invoquée une absence de signature du greffier sur la décision d'admission d'une créance après contestation. Puisque l'annulation du jugement ne procède pas d'une irrégularité affectant la saisine du juge-commissaire, il y a place à effet dévolutif de l'appel, alors surtout que créancier avait conclu au fond[9].

Il en va différemment si l'annulation du jugement est recherchée pour irrégularité ou absence d'acte introductif d'instance. Toutefois, même en ce cas, l'effet dévolutif de l'appel jouera si l'appelant conclut sur le fond, *alors même que l'annulation du jugement procéderait d'une irrégularité affectant* l'acte introductif d'instance.

La cour d'appel ne pourra cependant, même si elle entend rendre une décision conforme, au fond, à la décision qu'elle a d'abord annulée, confirmer la décision entreprise, la solution ayant été posée à propos d'une ordonnance d'admission au passif du juge-commissaire[10].

Une seule exception était apportée à la construction générale de l'appel nullité régie par l'article 562, alinéa 2 du code de procédure civile, par l'article 11 du décret du 27 décembre 1985[11] : l'appel nullité opérait dévolution du litige, même en l'absence d'acte introductif d'instance régulier et indépendamment de conclusions de l'appelant sur le fond, si le jugement querellé était celui d'ouverture. La solution a cependant été abandonnée par la jurisprudence (v. s^{s} n° 231.52), de sorte que l'article R. 631-6 du code de commerce (anc^{t} D. 28 déc. 2005[12], art. 175), qui reprend la solution du décret du 27 décembre 1985, recevra la même interprétation.

La décision, que rend la cour d'appel, qui, saisie d'un appel nullité, et confrontée à l'obligation de faire jouer l'effet dévolutif de l'appel, ne s'empare pas de l'entier litige, n'est pas susceptible de pourvoi en cassation, mais seulement d'une omission de statuer. En effet, la cour devait, en ce cas, statuer sur le tout, ce qu'elle a omis de faire[13].

Il faut cependant préciser que, dès lors que l'appelant ne conclut qu'à la nullité du jugement, la dévolution s'opérera néanmoins pour le tout, si la voie de recours réformation est ouverte. Si elle est fermée, il n'y a pas place à effet dévolutif, puisque la voie de recours n'est alors exercée que pour faire prononcer la nullité (v. s^{s} n° 321.12).

1. Civ. 2e, 13 juill. 2000, n° 98-18.026, *Bull. civ.* II, n° 121 – Civ. 2e, 13 juill. 2000, n° 98-15.648, *Bull. civ.* II, n° 125; *RTD civ.* 2001. 957, n° 5, obs. Perrot – Com. 3 avr. 2001, n° 99-20.363, NP, *Rev. proc. coll.* 2001, p. 273, n° 2, obs. Barret.
2. Civ. 2e, 18 déc. 1996, n° 94-16.332, *Bull. civ.* II, n° 282 – *Adde*, SUR CETTE QUESTION : Mas, *La portée de l'effet dévolutif de l'appel aux fins d'annulation d'un jugement sur le fond : Contribution à l'étude de l'appel nullité*, th., Nice, 1987, Bibl. Crajefe, 1988.
3. Civ. 2e, 25 mai 2000, n° 98-20.941, *Bull. civ.* II, n° 87; *D.* 2000. Jur. 819, note Bolard; *RTD civ.* 2001. 957, n° 5, obs. Perrot.
4. L. n° 85-98, 25 janv. 1985, préc.
5. Com. 30 janv. 2007, n° 05-12.895, NP, *Gaz. proc. coll.* 2007/2, p. 59, note Montéran.
6. Com. 24 mai 2005, n° 04-12.552, NP.
7. Com. 4 févr. 2003, n° 99-10.819, NP – Com. 8 juill. 2003, n° 00-18.691, NP – Com. 8 juill. 2003, n° 00-22.148, NP.
8. Com. 15 mars 2005, n° 03-13.951, NP – Com. 16 janv. 2007, n° 05-18.666, NP, *Gaz. proc. coll.* 2007/2, p. 23, note Lebel.
9. Com. 8 janv. 2008, n° 06-17.938, NP.
10. Com. 8 oct. 2003, n° 00-17.135, NP.
11. D. n° 85-1388, 27 déc. 1985, préc.
12. D. n° 2005-1677, 28 déc. 2005, *JO* 29 déc., p. 20324.
13. Com. 15 mars 2005, n° 02-13.415, NP.

CHAPITRE

322. Voies de recours réformation

SECTION 0

ORIENTEUR

322.00 Plan du chapitre.

Sect. 322.10 Formes des voies de recours réformation
Sect. 322.20 Délais des voies de recours réformation

322.01 Textes applicables. (V. les références complètes s[s] n° 011 – v. aussi s[s] n° 320.01).

322.03 Bibliographie indicative. (V. les références complètes s[s] n° 031 – v. aussi s[s] n° 320.03).

SECTION 322.10

FORMES DES VOIES DE RECOURS RÉFORMATION

322.11 Application aux voies de recours réformation des règles du droit commun du code de procédure civile, sauf disposition contraire. Il convient d'abord de préciser que, faute de disposition particulière du code de commerce, les formes des voies de recours obéissent au droit commun. Depuis la loi de sauvegarde des entreprises[1], la solution est explicitement posée par l'article R. 662-1, 1° du code de commerce.

L'article 160, alinéa 1er du décret du 27 décembre 1985[2] énonce que l'appel des jugements rendus en application des articles L. 623-1 et L. 623-6 du code de commerce est formé, instruit et jugé suivants les modalités de la procédure avec représentation obligatoire prévue par les articles 901 à 925 du code de procédure civile sous réserves de quelques aménagements. Précisons notamment que la cour d'appel doit statuer dans un délai de quatre mois. La solution est reproduite par l'article R. 661-6, alinéa 1er du code de commerce (anc[t] D. 28 déc. 2005[3], art. 333, al. 1er), qui vise, quant à lui, les jugements rendus en application des articles L. 661-1, L. 661-6 et L. 661-11 du code de commerce. Les jugements concernés sont les suivants : jugement statuant sur l'ouverture de la procédure, jugement de conversion en liquidation judiciaire, arrêtant ou rejetant le plan de continuation ou de redressement, modifiant ces mêmes plans, jugement statuant sur la nomination ou le remplacement des contrôleurs et des organes, à l'exception des commissaires à l'exécution des plans, jugement statuant sur la durée de la période d'observation, la continuation ou la cessation de l'activité, l'autorisation, sous l'empire de la législation antérieure à la loi de sauvegarde des entreprises, de la conclusion d'un contrat de location-gérance, jugement arrêtant, rejetant ou modifiant le plan de cession. La législation de sauvegarde des entreprises a ajouté les jugements arrêtant, rejetant ou modifiant les plans de sauvegarde, ainsi que les jugements statuant sur les sanctions civiles (C. com., art. R. 661-6, al. 1er). N'est pas visé l'arrêt statuant sur la décision qui prononce la conversion d'un redressement en liquidation judiciaire[4]. En outre, le non-respect du délai de quatre mois n'est pas sanctionné[5].

Le procureur de la République sera toujours avisé de la date de date d'audience devant la cour d'appel, lorsqu'il doit être statué sur l'un des jugements ci-dessus énoncés (D. 27 déc. 1985, art. 160, I, al. 2; C. com., art. R. 661-6, 1°, al. 2).

Par principe, la procédure ordinaire sera utilisée. Facultativement, la procédure à jour fixe sera possible (D. 27 déc. 1985, art. 160, III, C. com., art. R. 661-6, 3° – anc[t] D. 28 déc. 2005, art. 333-3). Cependant, en matière de décisions arrêtant ou rejetant le plan de cession, la procédure d'appel à jour

1. L. n° 2005-845, 26 juill. 2005, *JO* 27 juill., p. 12187.
2. D. n° 85-1388, 27 déc. 1985, *JO* 29 déc., p. 15281.
3. D. n° 2005-1677, 28 déc. 2005, *JO* 29 déc., p. 20324.
4. Com. 14 juin 2016, n° 14-28.995, NP; n° 562 F-D.
5. Com. 14 juin 2016, n° 14-28.995, préc.

fixe est seule utilisable (D. 27 déc. 1985, art. 160, II, C. com., art. R. 661-6, 2° - anc^t D. 28 déc. 2005, art. 333-2), cette solution s'imposant même pour le ministère public (v. s^s n° 323.51).

Sauf s'il est recouru à la procédure d'appel à jour fixe, et sauf le cas de l'appel des jugements arrêtant ou rejetant un plan de cession, la procédure est instruite conformément aux dispositions de l'article 905 du code de procédure civile. Le président de la chambre peut toutefois, précise l'article R. 661-6, 3° du code de commerce, (réd. D. 24 déc. 2012[1], art. 13, en vigueur depuis le 1er février 2013), décider que l'affaire sera instruite sous le contrôle d'un magistrat de la chambre dans les conditions prévues par les articles 763 à 787 du code de procédure civile. Dans cette hypothèse, appelée en pratique le circuit court, la Cour de cassation a jugé que les dispositions de l'article 908 du code de procédure civile ne s'appliquent pas[2]. Cet article, qui institue ce qu'on appelle les « délais Magendie » oblige l'appelant à conclure dans les trois mois de sa déclaration d'appel, à peine de caducité de la déclaration d'appel.

Pour comprendre l'opportunité de l'appel à jour fixe, il convient de faire état de l'article 160, VI du décret du 27 décembre 1985, de l'article R. 661-6, 6° du code de commerce. L'article 160, VI du décret du 27 décembre 1985 indique que la cour d'appel devra statuer au fond dans les quatre mois du prononcé des jugements mentionnés à l'article L. 623-6 du code de commerce. La solution est reproduite par l'article R. 661-6, 6° du code de commerce (anc^t D. 28 déc. 2005, art. 333-6), qui vise les jugements mentionnés à l'article L. 661-6 du code de commerce. Il s'agit des jugements statuant sur la nomination ou le remplacement des contrôleurs et des organes, à l'exception des commissaires à l'exécution des plans, des jugements statuant sur la durée de la période d'observation, sur la continuation ou la cessation de l'activité, sur l'autorisation, sous l'empire de la législation antérieure à la loi de sauvegarde des entreprises, de la conclusion d'un contrat de location-gérance, et des jugements arrêtant, rejetant ou modifiant le plan de cession. Il n'y a cependant aucune sanction, sur le terrain procédural, au non-respect de ce délai. Ce délai est extrêmement court, raison pour laquelle il est conseillé d'utiliser la procédure de l'appel à jour fixe, qui est d'ailleurs obligatoire pour les jugements arrêtant ou rejetant le plan de cession.

L'article 160, I du décret du 27 décembre 1985 et l'article R. 661-6, 1° du code de commerce précient que les mandataires de justice, qui ne sont s appelants, doivent être intimés. La solution est pas surprenante. Si le débiteur interjette appel dn jugement au titre de son droit propre, par emple le jugement d'ouverture, il doit impérativement, à peine d'irrecevabilité, intimer le liquidateur dans le délai d'appel. La régularisation est possible, mais, en application de l'article 126 du code de procédure civile, elle doit intervenir dans le délai du recours[3]. La difficulté peut en revanche naître si le mandataire de justice, présent en première instance, a perdu sa qualité après jugement. Il en est ainsi pour le représentant des créanciers - mandataire judiciaire -, lequel ne demeure plus en fonction, après arrêté des plans, que pour terminer les opérations de vérification du passif. Il perd sa qualité générale de défenseur de l'intérêt collectif des créanciers. Dès lors, en cas d'appel d'un jugement arrêtant un plan de continuation ou de cession, sous l'empire de la législation antérieure à la loi de sauvegarde des entreprises, un plan de redressement ou de sauvegarde, sous l'empire de la législation de sauvegarde des entreprises, il n'apparaît pas qu'il doive être intimé puisqu'il a cessé ses fonctions. Il en ira différemment si l'appel du jugement arrêtant le plan est doublé d'un arrêt de l'exécution provisoire. Lorsque cette mesure est ordonnée par le premier président de la cour d'appel, le représentant les créanciers - mandataire judiciaire - retrouve ses fonctions et doit, en conséquence, être intimé.

Lorsqu'ils ne sont pas des parties à l'instance, les représentants du comité d'entreprise ou des délégués du personnel et, en leur absence, le représentant des salariés - seulement dans la procédure de redressement judiciaire simplifié dans la loi du 25 janvier 1985 -, sont convoqués par le greffier, par lettre simple, devant la cour d'appel pour être entendus (D. 27 déc. 1985, art. 160, IV, C. com., art. R. 661-6, 4°). En cas de plan de cession, le greffier doit identiquement convoquer le cessionnaire, les cocontractants dont les contrats sont judiciairement cédés ainsi que les créanciers bénéficiaires de la règle du transfert de la charge des sûretés et le bénéficiaire de la location-gérance.

L'article 160, V du décret du 27 décembre 1985 et l'article R. 661-6, 5° du code de commerce (anc^t D. 28 déc. 2005, art. 333-5) ajoutent qu'aucune intervention ne sera recevable dans les dix jours qui précèdent la date d'audience[4]. Ces textes concernent spécialement, en pratique, les créanciers.

1. D. n° 2012-1451, 24 déc. 2012, *JO* 27 déc., p. 20504.
2. Civ. 2e, 3 déc. 2015, n° 14-20.912, *Bull. civ.* II [à paraître]; *Gaz. Pal.* 12 avr. 2016, n° 14, p. 61, note Fricero; *Gaz. Pal.* 9 févr. 2016, n° 6, p. 76, note Bléry; *Rev. proc. coll.* 2016, comm. 35, note Cagnoli.
3. Com. 3 nov. 2015, n° 14-16.750, NP; n° 936 F-D; *Gaz. Pal.* 19 janv. 2016, n° 3, p. 58, note Fricero.
4. ILLUSTR. de ce principe : Paris, 3e ch. A, 17 mai 2005, RG n° 2004/19596 – Paris, 3e ch. B, 21 févr. 2008, RG n° 2006/00956.

Le prononcé de la liquidation judiciaire à l'encontre d'une partie à une instance ne constitue pas un fait nouveau autorisant la présentation de nouvelles prétentions devant la cour d'appel. En revanche, il constitue une évolution du litige. En conséquence, il rend recevable l'intervention forcée d'un tiers devant la cour d'appel. Du fait de cette intervention forcée, la présentation de nouvelles prétentions se trouve justifiée[1].

L'appel émanant du procureur de la République et du procureur général est fait par une déclaration remise ou adressée au greffe de la cour d'appel. Le ministère d'avoué n'existe donc pas (D. 27 déc. 1985, art. 158, al. 1, C. com., art. R. 661-4, al. 1er). La déclaration peut être faite par voie postale. En ce cas, la date de l'acte d'appel est celle de l'expédition (D. 27 déc. 1985, art. 158, al. 2, C. com., art. R. 661-4, al. 2).

Lorsque l'appel du procureur de la République ou du procureur général est interjeté à l'encontre de certains jugements ci-après énoncés, l'appelant en informe immédiatement, par tout moyen, le greffier du tribunal et les mandataires de justice. Le greffier de la cour d'appel notifie par lettre simple cet appel au débiteur, aux institutions représentatives du personnel et, en leur absence, au représentant des salariés.

Les jugements concernés sont les suivants : jugement relatif à la nomination ou au remplacement de l'administrateur, du représentant des créanciers – mandataire judiciaire –, du liquidateur, des experts ou des contrôleurs, jugement statuant sur la durée de la période d'observation, sur la poursuite ou la cessation de l'activité ou sur l'autorisation de la location-gérance prévue à l'article L. 621-34 (législation antérieure à la loi de sauvegarde des entreprises), jugement qui arrête ou rejette le plan de cession de l'entreprise, jugement modifiant le plan de cession, jugement statuant sur la liquidation judiciaire « au cours de la période d'observation (législation de sauvegarde des entreprises) » ou arrêtant ou rejetant le plan de sauvegarde ou le plan de redressement judiciaire – ou de continuation.

Le cas échéant, c'est-à-dire en cas d'arrêté d'un plan de cession, cette notification est faite au cessionnaire, aux cocontractants dont les contrats sont judiciairement cédés, aux titulaires de sûretés en cas de jeu du transfert de la charge de la sûreté et au bénéficiaire de la location-gérance (C. com., art. R. 661-4, al. 3).

Lorsque l'appel émane des institutions représentatives du personnel, l'appelant doit justifier de son habilitation (D. 27 déc. 1985, art. 159, C. com., art. R. 661-5), celle-ci résultant de sa désignation par un vote (C. com., art. L. 623-10 [anc^t^ L. 25 janv. 1985, art. 226], devenu depuis la loi de sauvegarde des entreprises, l'article L. 661-10 – v. s^s^ n° 391.32).

En application de l'article 161, alinéa 2 du décret du 27 décembre 1985, de l'article R. 661-7, alinéa 2 du code de commerce, le greffier de la cour d'appel doit notifier l'arrêt aux parties, par lettre recommandée avec demande d'avis de réception (C. com., art. R. 662-1, al. 2) et au procureur général contre récépissé. Il informe les représentants du comité d'entreprise ou des délégués du personnel et, en leur absence, le représentant des salariés – seulement dans la procédure de redressement judiciaire simplifié dans la loi du 25 janvier 1985. En cas d'arrêt statuant sur un plan de cession, le greffier doit en outre informer le cessionnaire, les cocontractants dont les contrats sont judiciairement cédés ainsi que les créanciers bénéficiaires de la règle du transfert de la charge des sûretés et le bénéficiaire de la location-gérance.

Si l'arrêt infirme une décision soumise à publicité, l'article 161, alinéa 1er du décret du 27 décembre 1985 et l'article R. 661-7, alinéa 1er du code de commerce obligent le greffier de la cour d'appel à transmettre, dans les huit jours de l'arrêt, une copie de celui-ci au greffier du tribunal pour l'accomplissement des mesures de publicité.

L'opposition, voie de recours ordinaire ouverte aux parties défaillantes, et la tierce opposition, voie de recours extraordinaire ouverte aux tiers, doivent être formées par déclaration au greffe (D. 27 déc. 1985, art. 156, al. 1er; C. com., art. R. 661-2, al. 1er). Tout autre procédé, par exemple des conclusions[2] ou une assignation[3], rendrait irrecevable la voie de recours. Il a été jugé, en matière de tierce opposition, que la déclaration doit être orale, conformément au droit commun de la déclaration de tierce opposition, applicable faute de disposition contraire. Celle faite par déclaration écrite, c'est-à-dire par lettre recommandée avec demande d'avis de réception, est irrecevable[4]. Il en est de même de celle faite par télécopie[5].

Le pourvoi en cassation obéit, faute de disposition particulière, au droit commun[6]. Une réserve est

1. Com. 1er avr. 2008, n° 07-11.093, *Bull. civ.* IV; *Rev. proc. coll.* 2008, p. 52, n° 56, note Gorrias.

2. Paris, 3e ch. C, 28 mars 1997, *Rev. proc. coll.* 1997, p. 430, n° 36, obs. Cadiou.
3. Com. 6 juill. 1999, n° 97-14.158, *Bull. civ.* IV, n° 154; *D.* 2000. Somm. 329, obs. Honorat – Com. 26 avr. 2000, n° 96-19.594, NP, *Act. proc. coll.* 2000/11, n° 144 – Com. 4 oct. 2005, n° 04-15.664, NP.
4. Com. 27 sept. 2011, n° 10-10.939, NP; n° 883 F-D; *Gaz. Pal. entr. diff.* 21 janv. 2012, n° 20, p. 14, note Fricero – Com. 29 avr. 2014, n° 12-20.988, NP; n° 421 F-D.
5. Com. 29 avr. 2014, n° 12-20.988, NP; n° 421 F-D.
6. Perdriau, « Les conséquences du règlement judiciaire et de la liquidation des biens sur l'instance en cassation », *JCP* 1984. I. 3134; « Le contrôle de la Cour de cassation en matière de faillite », *JCP* 1987. I. 3288 – J.-CL. COM., Martin-Serf, fasc. 2205, [Voies de recours], 2004, n° 102.

cependant posée pour le pourvoi en cassation émanant du ministère public. L'article 162 du décret du 27 décembre 1985 et l'article R. 661-8 du code de commerce prévoient que ce pourvoi est fait par déclaration remise ou adressée au greffe de la Cour de cassation. Le renvoi opéré par l'article 162 du décret du 27 décembre 1985 à l'article 158 du décret celui opéré par l'article R. 661-8 du code de commerce à l'article R. 661-4, obligent à considérer qu, lorsque cette déclaration aura été faite par voie postale, la date du pourvoi sera celle de l'expédition.

Le respect du droit commun devrait aussi conduire au retrait du rôle de la Cour de cassation d'un pourvoi en l'absence d'exécution de la décision d'appel (C. pr. civ., art. 1009-1). Cependant, si le pourvoi émane d'un mandataire de justice agissant *ès qualités*, il sera le plus souvent dans l'impossibilité, faute de fonds disponibles dans la procédure, d'exécuter la décision frappée du pourvoi. Il pourra ainsi obtenir du conseiller délégué à la Cour de cassation la dispense de retrait du rôle, faute d'exécution de la décision d'appel[1].

Enfin, il peut être précisé que le respect du droit commun conduit à admettre la possibilité d'un désistement dans les conditions classiques[2].

SECTION 322.20
DÉLAIS DES VOIES DE RECOURS RÉFORMATION

322.21 Computation des délais des voies de recours réformation. La computation des délais se fera en respectant les règles édictées aux articles 641 et suivants du code de procédure civile. La solution, déjà non contestée sous l'empire de la loi du 25 janvier 1985[3], est absolument indiscutable, sous l'empire de la loi de sauvegarde des entreprises[4] du fait de l'article R. 662-1 du code de commerce, qui dispose que, « à moins qu'il n'en soit disposé autrement par le présent livre : 1° les règles du code de procédure civile sont applicables dans les matières régies par le présent livre VI de la partie législative du présent code ».

Si la décision doit être notifiée, la notification devra intervenir correctement. Ainsi, l'indication dans la notification du jugement d'un délai d'appel erroné, plus long que le délai du droit des procédures collectives de paiement, entraîne invalidation de la notification. Le délai d'appel sera réputé ne pas avoir couru[5]. La solution est identique si la notification fait mention d'une voie de recours erronée[6] ou s'abstient d'indiquer la voie de recours[7].

En l'absence de notification, *le délai n'a pas commencé à courir*. La solution a été posée sous l'empire de la loi du 25 janvier 1985 pour un jugement de conversion en liquidation judiciaire envoyé au débiteur par lettre avec demande d'avis de réception, ne valant pas notification[8].

En revanche, la notification sera régulière, même si elle intervient par la voie d'un procès-verbal de recherches infructueuses (C. pr. civ., art. 659), dès lors que les conditions et modalités en sont respectées. La solution a été posée en matière de faillite personnelle[9]. Il n'y aura pas contrariété à l'exigence d'un procès équitable, alors que l'intéressé dispose de la voie de droit commun du relevé de forclusion pour interjeter appel.

Il est conseillé aux mandataires de justice, lorsque la notification est à la charge du greffe du tribunal, de s'assurer de son effectivité[10].

Le délai expirant un samedi, dimanche, jour férié ou chômé, sera prorogé jusqu'au premier jour ouvrable suivant.

Les délais de distance bénéficiant aux personnes domiciliées dans les départements et territoires d'outre-mer ou à l'étranger – délai d'un mois pour les premiers, de deux mois pour les seconds –, posés par l'article 643 du code de procédure civile, trouvent également à s'appliquer[11], de sorte qu'aux délais prévus par les textes du droit de la faillite, s'ajoutera un délai d'un mois ou de deux mois, selon le cas.

L'apparence de domiciliation à l'étranger obligera celui qui prétend qu'il n'y a pas place à augmentation des délais de distance à prouver que la domiciliation étrangère n'est pas réelle[12].

322.22 Délai de l'appel réformation. Le principe est posé, sous l'empire de la législation antérieure à

1. AINSI : Cass. conseiller délégué, 24 juill. 2002, *Rev. proc. coll.* 2003, p. 119, n° 8, obs. Soinne.
2. Civ. 2e, 5 juill. 2000, n° 97-17.680, NP, *Act. proc. coll.* 2000/16, n° 214.
3. L. n° 85-98, 25 janv. 1985, *JO* 26 janv., p. 1097.
4. L. n° 2005-845, 26 juill. 2005, préc.
5. AINSI : Paris, 3e ch. C, 28 mars 1997, *Rev. proc. coll.* 1998, p. 242, n° 39, obs. Cadiou.
6. Com. 26 oct. 1999, n° 97-11.768, NP – Montpellier, 2e ch. B, 26 nov. 1996, *Rev. proc. coll.* 1998, p. 246, n° 46, obs. Cadiou – Montpellier, 20 mai 1997, *Rev. proc. coll.* 1998, p. 242, n° 39, obs. Cadiou – Montpellier, 9 sept. 1997, *Rev. proc. coll.* 1998, p. 246, n° 47, obs. Cadiou.
7. POUR UNE ORDONNANCE du juge-commissaire : Com. 13 oct. 1998, n° 96-16.668, NP, *Act. proc. coll.* 1998/11, n° 148.
8. Besançon, 2e ch., 6 déc. 1996 et Besançon, 2e ch., 20 déc. 1996, *RJ com.* 1999. 80, n° 1518, note Haennig – Versailles, 13e ch., 9 oct. 1997, *Rev. proc. coll.* 1998, p. 246, n° 48, obs. Cadiou.
9. Com. 2 mai 2001, n° 98-12.037, *Bull. civ.* IV, n° 79; *JCP E et A* 2001, pan. 1071.
10. IFPPC 1999, recomm. n° 6380-3, p. 199.
11. Douai, 2e ch., 17 mars 1997, *Rev. proc. coll.* 1997, p. 413, n° 9, obs. Cadiou.
12. Paris, 18 nov. 1997, *Rev. proc. coll.* 1999, p. 28, n° 20, obs. Cadiou.

la loi de sauvegarde des entreprises[1], par l'article 157, alinéa 1er du décret du 27 décembre 1985[2]. Il est énoncé par l'article R. 661-3, alinéa 1er du code de commerce, sous l'empire de la loi de sauvegarde des entreprises. La solution vaut, sauf dispositions contraires, pour les décisions rendues en matière de mandat *ad hoc*, de conciliation, de sauvegarde, de redressement et de liquidation judiciaires, de responsabilité pour insuffisance d'actif, de faillite personnelle et d'interdiction de gérer. Le décret du 30 juin 2014[3] (art. 117) ajoute les décisions rendues en matière de rétablissement professionnel.

Le délai d'appel est de dix jours. Il court à compter de la notification faite aux parties de la décision[4]. La solution a pu être posée pour l'appel du cessionnaire sur le jugement statuant sur la résolution du plan de cession[5]. L'article 72 du décret du 23 décembre 2006[6], pour tenir compte des hypothèses dans lesquelles le principe est écarté et pour étendre la solution à la procédure de conciliation, a cru devoir préciser à l'article R. 661-3, alinéa 1er du code de commerce, sans que cela ne change l'interprétation de la disposition en matière de procédures collectives, que le délai d'appel pour les parties est de dix jours à compter de la notification, sauf dispositions contraires, pour les décisions rendues en application du livre VI du code de commerce.

Ce délai ne s'applique cependant qu'aux décisions rendues en matière de faillite, au sens de l'article 174 du décret du 27 décembre 1985, de l'article R. 662-3 du code de commerce. C'est ainsi qu'il est inapplicable pour l'appel d'un jugement ayant condamné un créancier à rapporter à la procédure collective les sommes reçues après le jugement d'ouverture au titre d'une saisie-attribution pratiquée antérieurement[7].

Le principe est tenu en échec, non seulement pour le délai de dizaine, mais aussi pour le point de départ du délai.

Le délai de dizaine était d'abord écarté lorsque l'appel émane du parquet général. Ce délai était alors de quinze jours (D. 27 déc. 1985, art. 157, al. 3, C. com., art. R. 661-3, al. 4), alors qu'il restait de dix jours pour le procureur de la République (D. 27 déc. 1985, art. 157, al. 3, C. com., art. R. 661-3, al. 4). On pouvait s'interroger sur le point de savoir si ce délai plus long que celui ouvert aux autres plaideurs était conforme à la Conv. EDH et plus spécialement au principe d'égalité des armes. En matière pénale, il avait été jugé que le délai ouvert au procureur général violait l'article 6 § 1 de la convention[8]. La question reste posée de sa transposition en notre matière. Tenant compte de cette remarque, le décret du 12 février 2009 a abrogé le délai spécial d'appel du parquet général (C. com., art. R. 661-3, al. 4)[9].

Le point de départ du délai, qui est par principe la notification, est également écarté dans quatre hypothèses, avant la loi de sauvegarde des entreprises, une seule depuis la loi du 26 juillet 2005.

Tout d'abord, l'article 157, alinéa 1er du décret du 27 décembre 1985 l'écarte en ce qui concerne l'appel du cessionnaire. Le délai courra à compter du jugement arrêtant le plan de cession. La solution vaut tant pour l'appel réformation que pour l'appel nullité[10]. La Cour de cassation n'y voit pas de violation de l'article 6 § 1 de la convention[11], ce qui est bien discutable puisqu'il est question de faire courir un délai contre une personne restée dans l'ignorance de l'événement qui le fait courir.

L'article R. 661-3, alinéa 3 du code de commerce, plus respectueux des principes généraux gouvernant les règles de l'appel, modifie la règle et prévoit que l'appel du cessionnaire court à compter de la notification qui lui est faite de la décision.

L'article R. 661-3, alinéa 2 du code de commerce écarte également la notification comme point de départ du délai d'appel du débiteur à l'encontre du jugement arrêtant le plan de cession. Le délai d'appel courra pour le débiteur à compter du prononcé du jugement[12]. La disposition nous semble peu respectueuse du droit à un procès équitable posé par l'article 6 § 1 de la Conv. EDH.

Le point de départ du délai est également fixé, sous l'empire de législation antérieure à la loi de sauvegarde des entreprises, au prononcé du jugement pour le cocontractant, dont le contrat est cédé en plan de cession, par application de l'article 157, alinéa 2 du décret du 27 décembre 1985. Cependant, le texte de l'article 157, alinéa 2 du décret prévoit que le greffier doit informer par lettre simple, au plus tard dans les quarante-huit heures du pro-

1. L. n° 2005-845, 26 juill. 2005, préc.
2. D. n° 85-1388, 27 déc. 1985, préc.
3. D. n° 2014-736, 30 juin 2014, *JO* 1er juill., p. 10834.
4. RAPPELANT CETTE SOLUTION, pour le délai d'appel du représentant des créanciers à l'encontre d'un plan de continuation : Com. 7 déc. 1999, nos 97-10.498, 97-10.567, NP, *Act. proc. coll.* 2000/5, n° 58.
5. Com. 13 avr. 2010, n° 08-21.825, *Bull. civ.* IV, n° 79; *D.* 2010. Actu. 1071, note Lienhard.
6. D. n° 2006-1709, 23 déc. 2006, *JO* 29 déc., p. 19846.
7. Com. 5 nov. 2003, n° 99-20.223, *Bull. civ.* IV, n° 165; *Act. proc. coll.* 2004/1, n° 14.
8. CEDH 3 oct. 2006, req. n° 63879/00, *D.* 2007. Pan. 979.
9. Rémery, « Les voies de recours dans la réforme de la loi de sauvegarde des entreprises », *JCP E* 2009. I. 129, n° 8.
10. Com. 2 oct. 2007, n° 04-19.526, *Bull. civ.* IV, n° 211; *D.* 2007. AJ 2610, note Lienhard; *Act. proc. coll.* 2007/18, n° 209, note Rétif; *RTD com.* 2008. 203, n° 9, obs. Vallens; *JCP E* 2008, Chron. 1207, n° 8, p. 31, obs. M. Cabrillac.
11. Com. 2 oct. 2007, n° 04-19.526, préc. (v. s[s] prés[t] n°).
12. Com. 20 janv. 2009, n° 07-21.587, NP.

noncé du jugement, le cocontractant visé à l'article L. 621-88 du code de commerce. Il en est de même pour le bailleur en cas de cession d'un bail rural en plan de cession. La jurisprudence, appliquant ce texte, a décidé que si le greffier du tribunal n'a pas procédé à l'information du cocontractant cédé ou du bailleur, le délai d'appel n'a pas commencé à courir[1]. Plus rigoureusement, et dans le respect nous semble-t-il de la lettre du texte, il a été jugé en sens inverse que le délai d'appel court non de l'envoi de la lettre par le greffier, mais du jugement. Il importe peu, en conséquence, que le greffier ait expédié le courrier d'information selon lequel le jugement arrêtant le plan de cession avait été rendu dans le délai de 48 heures du jugement[2].

La législation de sauvegarde supprime la difficulté d'interprétation en tirant toutes les conséquences de la qualité de parties reconnues aux cocontractants dont les contrats sont judiciairement cédés. L'article R. 661-3, alinéa 3 du code de commerce prévoit en ce sens que l'appel du cocontractant, dont le contrat est judiciairement cédé, court à compter de la notification qui lui est faite, par le greffier, dans les quarante-huit heures, en lettre recommandée avec demande d'avis de réception, de la décision. La solution est identiquement applicable au bailleur des locaux professionnels et au bailleur rural, en cas de cession de ces baux, en application des législations qui leur sont spécifiquement applicables. Observons que cette solution semble pouvoir être appliquée au créancier titulaire d'une sûreté dont la charge doit être transmise au cessionnaire, puisque l'article R. 661-3, alinéa 3 du code de commerce vise, d'une manière large, le « contractant » de l'article L. 642-7, et non le cocontractant dont le contrat est cédé. Pourtant, il est généralement considéré que le créancier bénéficiant du transfert de la charge de la sûreté ne dispose pas de la voie de l'appel (v. s[s] n° 572.24).

En outre, conformément aux règles de droit commun de la procédure civile, lorsque le délai part du jour où la décision est rendue, il appartient au tribunal d'indiquer à l'audience à quelle date sera vidé son délibéré. Lorsqu'il n'est établi, ni par les mentions du jugement, ni par tout autre élément, que la date de décision a été portée à la connaissance de l'intéressé, le délai de dix jours ne peut commencer à courir[3].

Enfin, l'article 157, alinéa 3 du décret du 27 décembre 1985, l'article R. *661-3, alinéa 4 du code de* commerce, écartent la notification, comme point de départ du délai d'appel, pour *le ministère public*. Le délai d'appel, pour le procureur de la République, ainsi que pour le procureur général, court à compter de la réception par le premier de l'avis de la décision, qui lui est donné par le greffier, et cela même s'il agit en qualité de partie principale[4]. L'article 117, 2° du décret du 30 juin 2014 modifie l'alinéa dernier de l'article R. 661-3 pour viser l'article R. 645-19, c'est-à-dire l'avis du *jugement de clôture du rétablissement professionnel.*

322.23 Délais d'opposition et de tierce opposition. En droit commun, la tierce opposition est recevable pendant trente ans. Ce délai est ici écarté, par souci d'efficacité.

L'opposition ne peut être formée que dans le délai de dix jours. La tierce opposition sera enfermée dans le même délai, même si elle n'est qu'incidente[5], ce qui conduit à un raccourcissement particulièrement important du délai de recours, qui passe ainsi de trente ans à dix jours.

Ces solutions valent, sauf dispositions contraires, pour les décisions rendues en matière de mandat *ad hoc*, de conciliation, de sauvegarde, de redressement et de liquidation judiciaires, de responsabilité pour insuffisance d'actif, de faillite personnelle et d'interdiction de gérer. Le décret du 30 juin 2014[6] (art. 116) ajoute, au 1er alinéa de l'article R. 661-2 du code de commerce, les décisions rendues en matière de rétablissement professionnel.

Le point de départ du délai d'opposition et de tierce opposition sera variable.

Si la décision est soumise à publicité, le point de départ du délai sera différé à la date de publication au *Bodacc*[7], qu'il s'agisse, sous l'empire de la législation antérieure à la loi de sauvegarde des entreprises[8] de l'opposition ou de la tierce opposition (D. 27 déc. 1985[9], art. 156, al. 2). L'article R. 661-2, alinéa 3 du code de commerce (anc[t] D. 28 déc. 2005[10], art. 329, al. 3) reprend la solution.

Si la décision n'est pas soumise à publication au *Bodacc*, le délai courra à compter du prononcé de la décision, qu'il s'agisse d'une opposition (D. 27 déc.

1. AINSI : Paris, 11 juill. 1986, *D.* 1987. 55, note Fabiani – Douai, 2e ch., 12 sept. 1995, *Rev. proc. coll.* 1996, p. 97, n° 13, obs. Soinne.
2. Paris, 3e ch. B, 1er oct. 2004, RG n° 04/05211, *D.* 2005. Pan. 294, obs. Le Corre.
3. AINSI : Montpellier, 19 juin 1990, *D.* 1992. Somm. 93, obs. Derrida – Douai, 2e ch., 12 sept. 1995, préc.
4. Com. 8 juill. 2003, n° 01-13.693, *Bull. civ.* IV, n° 127; *RTD com.* 2003. 827, n° 18, obs. Vallens.
5. Com. 14 mai 2002, n°s 99-10.325, 99-10.535, *Bull. civ.* IV, n° 86; *D.* 2002. AJ 1981 – Com. 16 mai 2006, n° 05-14.426, NP.
6. D. n° 2014-736, 30 juin 2014, préc.
7. Com. 13 nov. 2001, n° 98-22.457, NP, *Act. proc. coll.* 2002/1, n° 15.
8. L. n° 2005-845, 26 juill. 2005, préc.
9. D. n° 85-1388, 27 déc. 1985, préc.
10. D. n° 2005-1677, 28 déc. 2005, préc.

1985, art. 156, al. 1er, C. com., art. R. 661-2, al. 1er) ou d'une tierce opposition (D. 27 déc. 1985, art. 156, al. 1er, C. com., art. R. 661-2, al. 2). La solution a été énoncée, sous l'empire de la législation antérieure à la loi de sauvegarde des entreprises, à propos d'un jugement d'extension de la procédure sur le fondement de la confusion des patrimoines, qui n'aurait pas, selon la décision citée, été soumis à publication au *Bodacc*[1], ce qui paraissait bien singulier. Plus récemment, la Cour de cassation fait partir le délai de tierce opposition à l'encontre d'un jugement d'extension de sa publication au *Bodacc*[2]. Faire partir le point de départ de la tierce opposition du prononcé du jugement, événement inconnu, n'a pas, d'une manière très critiquable, été jugé contraire à l'article 6 § 1 de la Conv. EDH[3], cependant qu'une cour d'appel a justement énoncé, à notre sens, le contraire[4]. Toute difficulté est supprimée depuis l'ordonnance du 18 décembre 2008, qui réglemente la publication du jugement d'extension (v. ss no 233.54).

Par dérogation au principe consistant à faire courir le délai de tierce opposition à compter de la décision lorsqu'elle n'est pas soumise à publicité, la Cour de cassation décide que le délai de tierce opposition ne court qu'à compter de la notification de la décision, lorsqu'elle concerne les droits et obligations des personnes[5]. Tel est le cas, pour des établissements de crédit, en présence d'une décision désignant un mandataire à l'effet de rechercher leur responsabilité[6]. La notification devient ainsi obligatoire en ce cas, de manière analogique à la solution posée en matière d'ordonnance du juge-commissaire (v. ss no 332.32).

322.24 Délai de pourvoi en cassation. Le délai de pourvoi en cassation ne subit aucun aménagement[7]. Il est de deux mois à compter de la signification de l'arrêt ou, si la décision frappée de pourvoi est rendue en dernier ressort, de la signification de cette décision.

Il importe de préciser que, à défaut de précision des textes sur l'obligation de notification des décisions par le greffier, seul doit s'appliquer le droit commun, duquel il résulte l'obligation pour la partie de signifier l'arrêt à son adversaire, seule la signification faisant courir le délai et rendant recevable le pourvoi[8]. Cette solution posée sous l'empire de la loi du 25 janvier 1985[9] ne peut qu'être reconduite, puisque, comme il a été relevé[10], l'article R. 662-1 du code de commerce consacre depuis la loi de sauvegarde des entreprises le principe selon lequel le droit commun de la procédure civile doit s'appliquer si les dispositions du droit des entreprises en difficulté ne les mettent pas à l'écart.

La seule exception relative au délai du pourvoi en cassation concerne le contentieux des élections du représentant des salariés, soumis à un délai de pourvoi en cassation de cinq jours.

1. T. com. Chambéry, 11 déc. 1998, *RJ com.* 2000. 34, no 244, note Legrand.
2. Com. 8 oct. 2003, no 00-19.730, NP, *D.* 2003. AJ 2817.
3. Com. 27 oct. 1998, no 96-14.988, NP, *RTD com.* 1999. 204, obs. Vallens.
4. Paris, 3e ch. A, 18 juin 2002, *D.* 2002. AJ 2331, obs. Lienhard.
5. Com. 12 janv. 2010, no 08-14.971, NP.
6. Com. 7 févr. 2006, nos 04-20.358, 04-20.692, 05-10.853, NP, *Gaz. proc. coll.* 2006/2, p. 23, obs. Rohart-Messager.
7. Perdriau, « Les conséquences du règlement judiciaire et de la liquidation des biens sur l'instance en cassation », *JCP* 1984. I. 3134; « Le contrôle de la Cour de cassation en matière de faillite », *JCP* 1987. I. 3288 – J.-CL. COM., Martin-Serf, fasc. 2205, [Voies de recours], 2004, no 102.
8. Com. 13 nov. 2007, no 05-13.248, *Bull. civ.* IV, no 243; *JCP E* 2008. 1432, no 2, obs. Pétel – Com. 3 juin 2009, no 07-15.708, NP, *Gaz. proc. coll.* 2009/3, p. 21, note Kendérian – Com. 7 juill. 2009, nos 07-17.028, 07-20.220, *Bull. civ.* IV, no 99; *D.* 2009. AJ 1965, obs. Lienhard; *Gaz. proc. coll.* 2009/4, 1re partie, nos 303, 304, p. 32, note Henry; *RTD com.* 2009. 804, no 1, obs. Martin-Serf; *JCP E* 2010, Chron. 1011, no 8, obs. Pétel; *Rev. proc. coll.* 2009/6, 149, p. 29, note Menjucq; *RTD com.* 2010. 209, no 28, obs. Vallens.
9. L. no 85-98, 25 janv. 1985, préc.
10. Pétel, note ss Com. 13 nov. 2007, no 05-13.248, *JCP E* 2008. 1432, no 2.

CHAPITRE

323. Détermination de la situation procédurale de l'intéressé au regard de la voie de recours

SECTION 0 ORIENTEUR

323.00 Plan du chapitre.

Sect.	323.10	Présentation générale de la question de la détermination de la situation procédurale de l'intéressé
Sect.	323.20	Situation procédurale du débiteur
Sect.	323.30	Situation procédurale des créanciers
Sect.	323.40	Situation procédurale des contrôleurs
Sect.	323.50	Situation procédurale du ministère public
Sect.	323.60	Situation procédurale des institutions représentatives du personnel
Sect.	323.70	Situation procédurale des candidats repreneurs
Sect.	323.80	Situation procédurale des autres personnes

323.01 Textes applicables. (V. les références complètes s[s] n° 011).

323.02 Jurisprudence de référence.

> **Est irrecevable le recours du repreneur évincé contre le jugement arrêtant le plan de cession.**

• **Com. 22 mars 1988,** n°s 87-15.901, 87-15.902, *Bull. civ.* IV, n° 113

* V. s[s] n° 323.71

« Vu les articles 4, 30, 31 et 609 du code de procédure civile, ensemble les articles 21 et 61 de la loi du 25 janvier 1985 [devenus C. com., art. L. 621-57 et L. 621-62] ainsi que les articles 32 et 86 du 1er décret du 27 décembre 1985; [...]

Mais attendu qu'avant de se prononcer sur le plan de redressement de l'entreprise, le tribunal n'est pas tenu de procéder à l'audition des candidats repreneurs et que ceux-ci, quant bien même seraient-ils entendus pour une bonne administration de la justice, n'ont pas de prétentions à soutenir au sens des articles 4 et 31 du code de procédure civile; que dès lors, la Société R... G..., qui n'était pas partie à l'instance et à l'encontre de laquelle aucune condamnation n'a été prononcée, est irrecevable à se pourvoir. »

323.03 Bibliographie indicative. (V. les références complètes s[s] n° 031 – Aussi s[s] n° 320.03).

> **Articles.** Cagnoli P., « La qualité pour agir, questions procédurales », *Rev. proc. coll.* 2006/2, p. 209 – Théron J., « Ordre et désordre dans la notion de partie », *RTD civ.* 2014. 231.

323.04 Question essentielle.

• Un contrôleur peut-il exercer une voie de recours ?

* V. s[s] n° 323.41.

• Comment les institutions représentatives du personnel peuvent-elles former une voie de recours ?

* V. s[s] n° 323.61.

SECTION 323.10 PRÉSENTATION GÉNÉRALE DE LA QUESTION DE LA DÉTERMINATION DE LA SITUATION PROCÉDURALE DE L'INTÉRESSÉ

323.11 Présentation générale de la question de la détermination de la situation procédurale de l'intéressé. La détermination de la voie de recours ouverte en fonction de la situation procédurale de l'intéressé - tiers ou partie - s'effectuera dans les conditions de droit commun. La partie disposera de l'appel, sauf décision rendue en dernier ressort, auquel cas lui sera ouvert le pourvoi en cassation. Si elle est défaillante, elle disposera de l'opposition, voie de recours ordinaire ouverte à cette catégorie de parties. Celui qui n'est ni présent, ni représenté en première instance, c'est-à-dire le tiers, disposera de la tierce opposition.

Cet énoncé simple apparaît cependant d'une mise en œuvre quelque peu complexe, en droit des procédures collectives de paiement. Il n'est pas toujours évident de savoir si l'intéressé est une partie ou un tiers.

SECTION 323.20
SITUATION PROCÉDURALE DU DÉBITEUR

323.21 Droit d'appel du débiteur sauf cas de dessaisissement. Toutes les décisions sont rendues au profit ou à l'encontre du débiteur. Il est donc partie nécessaire à toutes les décisions, ce qui lui ouvre la voie de l'appel, sauf disposition contraire des textes.

Il faut cependant tenir compte des situations dans lesquelles le débiteur se trouve dessaisi. Représenté par un organe qui peut être l'administrateur judiciaire ayant mission d'administrer l'entreprise, en redressement judiciaire, ou par le liquidateur en liquidation judiciaire, le débiteur se voit fermer la voie de l'appel, lequel est alors ouvert à son représentant. Il faut toutefois réserver l'hypothèse d'instances mettant en jeu les droits propres du débiteur, pour lesquels il conserve son droit d'appel (v. s[s] n° 552.37).

La mise en œuvre de droits propres du débiteur, qui l'autorise à interjeter appel de décisions les mettant en jeu, doit cependant être coordonnée, sous l'empire de la législation antérieure à la loi de sauvegarde des entreprises[1], avec la situation particulière du débiteur, société, qui résulterait de sa dissolution, soit après plan de cession totale, soit après liquidation judiciaire (C. civ., art. 1844-7). Si un liquidateur, au sens du droit des sociétés, ou un mandataire *ad hoc* n'a pas été nommé, le titulaire du droit d'appel, c'est-à-dire le débiteur, n'aura pas de représentant légal, pour exercer ses droits propres (v. s[s] n°s 553.31 et 553.32).

SECTION 323.30
SITUATION PROCÉDURALE DES CRÉANCIERS

323.31 Créanciers convoqués aux audiences d'arrêté de plan. Si les textes, tout d'abord, ne prévoient pas l'audition ou la convocation de l'intéressé à l'audience, il faut lui dénier la qualité de partie[2]. Il en est ainsi pour le créancier dans la totalité des jugements statuant sur l'ouverture de la procédure, le renouvellement de période d'observation ou l'issue de la procédure : liquidation judiciaire, plan de sauvegarde, de continuation, de redressement ou de cession. Il faut cependant réserver l'hypothèse où le créancier est celui qui a assigné en redressement judiciaire. Il est alors nécessairement une partie au jugement ouvrant ou refusant d'ouvrir la procédure. Il faut, en outre, depuis l'ordonnance du 18 décembre 2008[3], réserver la possibilité pour le créancier, membre d'un comité, de faire appel de la partie de la décision statuant sur le plan de sauvegarde ou de redressement, qui rejette sa contestation sur les modalités de fonctionnement des comités de créanciers.

Le fait que les textes de 1985 prévoient la convocation de l'intéressé à l'audience n'a pas, symétriquement et nécessairement, pour effet de lui conférer la qualité de partie[4]. La solution a spécialement été appliquée au groupe de créanciers représentant au moins 15 % du passif, qui pouvait demander à être entendu dans le cadre de l'arrêté du plan de continuation[5]. La solution est la même pour le contrôleur, convoqué à une audience d'arrêté de plan de continuation[6].

Une autre variété de créanciers est également convoquée dans l'hypothèse où est envisagé l'arrêté d'un plan de cession. Il s'agit des créanciers pouvant bénéficier du transfert de la charge des sûretés, par application de l'article L. 621-96, alinéa 3, du code de commerce (anc[t] L. 25 janv. 1985[7], art. 93, al. 3) sous l'empire de la législation antérieure à la loi de sauvegarde des entreprises[8], par application de l'article L. 642-12, alinéa 4 sous l'empire de la législation issue de la loi de sauvegarde des entreprises, c'est-à-dire le prêteur inscrit sur un bien financé grâce à son prêt. L'article 105 du décret du 27 décembre 1985[9] et l'article R. 642-7 du code de commerce envisagent sa convocation. La transmission de la charge de la sûreté, malgré la convocation qui l'entoure nécessairement, n'a pas pour effet de conférer au prêteur la qualité de partie (v. s[s] n° 572.24).

SECTION 323.40
SITUATION PROCÉDURALE DES CONTRÔLEURS

323.41 Absence de principe de la qualité de partie des contrôleurs. La question de la détermination

1. L. n° 2005-845, 26 juill. 2005, *JO* 27 juill., p. 12187.
2. SUR CETTE AFFIRMATION : Com. 22 mars 1988, n°s 87-15.901, 87-15.902, *Bull. civ.* IV, n° 113; *D.* 1988. 375, note Derrida et Julien; *JCP E* 1988. II. 15335, n° 9, obs. Cabrillac et Vivant – Com. 8 nov. 1988, n° 87-18.077, *Bull. civ.* IV, n° 295; *JCP CI* 1989. I. 15468, n° 7, obs. Cabrillac et Vivant.
3. Ord. n° 2008-1345, 18 déc. 2008, *JO* 19 déc., p. 19462.
4. AINSI : Paris, 20 déc. 1996, *Rev. proc. coll.* 1997, p. 425, n° 28, obs. Cadiou; *D. Affaires* 1997. 351.
5. Com. 23 juin 1998, n° 96-11.535, *Bull. civ.* IV, n° 207; *D. Affaires* 1998. 1004; *RJDA* 1998/11, p. 955, n° 1276.
6. Com. 5 nov. 2003, n° 00-17.456, NP.
7. L. n° 85-98, 25 janv. 1985, *JO* 26 janv., p. 1097.
8. L. n° 2005-845, 26 juill. 2005, préc.
9. D. n° 85-1388, 27 déc. 1985, *JO* 29 déc., p. 15281.

de la situation procédurale des contrôleurs sera examinée à l'occasion de l'étude des contrôleurs (v. s[s] n° 612.31). Contentons-nous d'indiquer que la qualité de partie doit être refusée aux contrôleurs, lesquels n'émettent pas, par principe, de prétention.

Il faut cependant réserver l'hypothèse où le contrôleur fait une demande en justice. En cette hypothèse, il est logique d'admettre que, s'il succombe, il puisse faire appel de la décision. Une seule hypothèse de cette situation existe, sous l'empire de la législation antérieure à la loi de sauvegarde des entreprises[1], dans le code de commerce : la demande de conversion du redressement en liquidation judiciaire (C. com., art. L. 621-28 [anc[t] L. 25 janv. 1985, art. 37]). La loi de sauvegarde des entreprises modifie les données du problème en reconnaissant aux contrôleurs qualité pour exercer, à tire subsidiaire, c'est-à-dire en cas de carence du mandataire judiciaire, des actions tendant à la défense de l'intérêt collectif des créanciers, ainsi que des actions en sanctions. S'ils succombent, ils sont recevables à exercer un appel, puisqu'ils sont bien alors des parties au jugement attaqué.

SECTION 323.50
SITUATION PROCÉDURALE DU MINISTÈRE PUBLIC

323.51 Droit d'appel étendu du ministère public. Le ministère public occupe, au plan procédural, une place de choix dans le droit des procédures collectives, traduite au travers du code de commerce par une très large ouverture de la voie de l'appel à son profit. Une liste des voies de recours qui lui sont ouvertes a été dressée par la circulaire de la Chancellerie relative à l'action du ministère public dans la loi de sauvegarde des entreprises[2].

Il peut faire appel des jugements statuant sur l'ouverture de la procédure, convertissant en liquidation judiciaire le redressement judiciaire, arrêtant ou rejetant le plan de continuation, de redressement ou de sauvegarde, ou encore modifiant ces plans, du jugement arrêtant ou rejetant un plan de cession ou le modifiant.

Il est même parfois seul titulaire du droit d'appel. C'est ainsi qu'il peut seul interjeter appel des jugements statuant sur le renouvellement de la période d'observation ou autorisant la conclusion d'un contrat de location-gérance, ou encore, sous l'empire de la législation issue de la loi de sauvegarde[3], des jugements statuant sur le recours formé contre les ordonnances du juge-commissaire rendues en matière de cessions d'actifs mobiliers, immobiliers ou d'unités de production, en liquidation judiciaire. Depuis l'ordonnance du 18 décembre 2008[4], les parties à l'ordonnance sont autorisées à interjeter directement appel à l'encontre des ordonnances du juge-commissaire autorisant ou ordonnant la réalisation d'actifs en liquidation judiciaire.

Cependant, sauf exception prévue par les textes, il n'est que partie jointe, c'est-à-dire d'après l'article 424 du code de procédure civile, s'il n'intervient que pour faire connaître son avis sur l'application de la loi dans des affaires dont il doit avoir communication. Il ne peut alors interjeter appel de la décision, puisqu'il n'est pas une partie. C'est ainsi que lui a été refusé, sous l'empire de la législation antérieure à la loi de sauvegarde des entreprises, le droit de faire appel à l'encontre d'un jugement refusant la condamnation à combler le passif[5] ou à l'encontre d'un jugement refusant le prononcé d'une mesure de faillite personnelle[6]. Son appel ne deviendrait à nouveau recevable que s'il démontrait une atteinte à l'ordre public[7], même si la décision attaquée est rendue en totale méconnaissance du droit des entreprises en difficulté[8]. La solution est modifiée avec la loi de sauvegarde des entreprises, car l'article L. 661-11 du code prévoit que « les décisions rendues en application des chapitres Ier, II et III du titre V sont susceptibles d'appel de la part du ministère public, même s'il n'a pas agi comme partie principale ». Il s'agit des décisions statuant en matière de sanctions civiles, pécuniaires ou non. La législation du 18 décembre 2008, pour sa part, dispose (C. com., art. L. 661-12 du code de commerce, ord. 18 déc. 2008, art. 154), que « les recours du ministère public prévus par le présent chapitre lui sont ouverts même s'il n'a pas agi comme partie principale ». Il était donc inutile, du fait du principe général posé, de conserver la précision selon laquelle « les décisions rendues en application des chapitres Ier, II et III du titre V sont susceptibles d'appel de la part du ministère public, même s'il n'a pas agi comme partie principale ».

Précisons enfin que l'article 160, II du décret du 27 décembre 1985[9] et l'article R. 661-6-2 du code de commerce prévoient que l'appel des jugements

1. L. n° 2005-845, 26 juill. 2005, préc.
2. Circ. relative à l'action du ministère public dans les *Procédures* du Livre VI du code de commerce en conséquence de la loi de sauvegarde des entreprises, CIV 2006-08 D4/18-04-2006, NOR : JUSC0620263C, *BOMJ*, n° 102, 1er avr.-30 juin 2006, ann. III.
3. L. n° 2005-845, 26 juill. 2005, préc.
4. Ord. n° 2008-1345, 18 déc. 2008, préc.
5. Com. 3 févr. 1998, n° 95-17.329, NP, *Rev. proc. coll.* 1999, p. 31, n° 25, obs. Cadiou.
6. Com. 20 janv. 1998, n° 94-20.177, *Bull. civ.* IV, n° 33; *LPA* 14 mai 1999, note Teillais.
7. Com. 3 févr. 1998, n° 95-17.329, NP, préc.
8. Com. 20 oct. 2009, n° 08-14.468, NP, *Act. proc. coll.* 2009/19, n° 295.
9. D. n° 85-1388, 27 déc. 1985, préc.

statuant sur le plan de cession doit être fait sea procédure à jour fixe, laquelle est impérative, re pour le ministère public, des solutions contıs ayant cependant été ici posées[1].

SECTION 323.60 SITUATION PROCÉDURALE DES INSTITUTIONS REPRÉSENTATIVES DU PERSONNEL

323.61 Les institutions représentatives du r-sonnel sont parties à l'instance. Le code de a-merce confère aux institutions représentativeu personnel la qualité de partie, puisqu'elle leur oe très largement la voie de recours de l'appel. Dale silence de la loi sur ce point, la solution n'auraiu être retenue. Le législateur a ainsi érigé en pae ceux qui objectivement n'auraient eu d'être coi-dérés que comme des tiers. C'est montrer, par ce traduction procédurale, toute la considération la le législateur pour la prise en compte du poinle vue des salariés.

L'appel des institutions représentatives des sa-riés, c'est-à-dire du comité d'entreprise ou, selole cas, des délégués du personnel, oblige ces instu-tions à désigner un représentant pour l'exercicde leur droit d'appel (C. com., art. L. 623-10, devnu sous l'empire de la législation de sauvegardedes entreprises[2], l'article L. 661-10 – v. s[s] n° 391.32 En l'absence de comité d'entreprise ou de délégu du personnel, l'exercice des voies de recours apparen-dra au représentant des salariés[3], qualité dot ce dernier devra justifier pour que sa voie de reours soit jugée régulière[4].

Signalons enfin que lorsque les institutions epré-sentatives ne se voient pas ouvrir l'appel, elle sont néanmoins convoquées par le greffier pour être enten-dues par la cour (D. 27 déc. 1985[5], art. 160, IV; C. com., art. R. 661-6-4).

SECTION 323.70 SITUATION PROCÉDURALE DES CANDIDATS REPRENEURS

323.71 Le candidat repreneur, une personne n'émettant pas de prétention juridique. Les divers candidats repreneurs n'ont pas à être convoqués, à l'audience d'arrêté du plan. Ils ne font pas de demande en justice, lorsqu'ils présentent une offre. À ce stade, il n'y a que proposition contractuelle. Le fait que ces propositions contractuelles soient examinées par le tribunal n'a pas pour effet de les transformer en demandes en justice. Leurs offres ne sont donc pas des prétentions dirigées contre un tiers, sur lesquelles doit statuer le tribunal. C'est donc logiquement que la jurisprudence dénie au candidat repreneur la qualité de partie. De façon plus générale, le candidat repreneur ne peut exercer aucune voie de recours, en cette qualité, faute d'émettre une prétention juridique.

Cette solution, posée en plan de cession[6], est identiquement retenue en plan de continuation, lorsque le candidat évincé a présenté un plan de continuation par reprise des actions[7]. Elle est transposable au plan de sauvegarde ou de redressement.

En revanche, le candidat repreneur retenu par le tribunal est *nécessairement une partie au jugement* arrêtant le plan, car le jugement est rendu à son profit. Il a donc qualité pour interjeter appel, ce que confirme l'article L. 623-6 du code de commerce, devenu depuis la loi du 26 juillet 2005[8], l'article L. 661-6, II, en lui ouvrant un appel limité à l'hypothèse où le tribunal augmenterait les charges souscrites dans son offre de reprise.

SECTION 323.80 SITUATION PROCÉDURALE DES AUTRES PERSONNES

323.81 Personnes s'étant engagées dans le cadre des plans de redressement ou de sauvegarde. Les personnes qui, dans le cadre de l'exécution du plan de continuation, de sauvegarde ou de redressement, se voient imposer l'exécution du plan, doivent être considérées comme parties[9] et sont, en cette qualité, et sous certaines réserves tenant au fait que le tribunal leur aurait imposé des charges non souscrites en phase d'élaboration du plan, habilitées à interjeter appel.

1. EN CE SENS : Poitiers, 25 mars 1992, *JCP* 1992. IV. 2951 – *CONTRA :* Besançon, ch. com., 2e sect., 13 févr. 2001, *Rev. proc. coll.* 2002, p. 166, n° 3, obs. Gorrias.
2. L. n° 2005-845, 26 juill. 2005, préc.
3. Com. 29 févr. 2000, n° 97-19.395, NP.
4. Com. 30 juin 2004, n° 01-13.965, NP.
5. D. n° 85-1388, 27 déc. 1985, préc.
6. Com. 22 mars 1988, n°s 87-15.901, 87-15.902, *Bull. civ.* IV, n° 113; *D.* 1988. 375, note Derrida et Julien; *Gaz. Pal.* 1988. II. 661, note Marchi – Com. 8 nov. 1988, n° 87-18.077, *Bull. civ.* IV, n° 295 – Com. 13 mai 1999, *LPA* 5 août 1999, n° 155, p. 10, note P. M.
7. Com. 24 oct. 1994, n° 93-10.095, *Bull. civ.* IV, n° 315; *D.* 1995. Somm. 4, obs. Derrida – Paris, 29 avr. 1988, *D.* 1988. IR 160.
8. L. n° 2005-845, 26 juill. 2005, préc.
9. AINSI : Paris, 3e ch. B, 29 nov. 1995, *Rev. proc. coll.* 1996, p. 469, n° 47, obs. Soinne.

TITRE

330. Juge-commissaire et voies de reours sur ses décisions

SECTION 0

ORIENTEUR

330.00 **Plan du titre.**

Chap. 331 **Fonctions et ordonnances du juge-commissaire**

Sect. 331.10 Évolution de la fonction

Sect. 331.20 Durée de la mission du juge-commissaire

Sect. 331.30 Intervention du juge-commissaire

Sect. 331.40 Dualité des ordonnances du juge-commissaire

Sect. 331.50 Ordonnances du juge-commissaire relevant de la juridiction gracieuse

Sect. 331.60 Ordonnances du juge-commissaire relevant de sa juridiction contentieuse

Sect. 331.70 Obligation pour le juge-commissaire de statuer dans un délai raisonnable

Sect. 331.80 Possibilité pour le juge-commissaire de faire partie de la formation de jugement et de participer au délibéré

Chap. 332 **Voies de recours sur les ordonnances du juge-commissaire**

Sect. 332.10 Voies de recours sur l'ordonnance du juge-commissaire ouverte à une partie

Sect. 332.20 Voies de recours sur l'ordonnance du juge-commissaire ouverte au ministère public et au tribunal

Sect. 332.30 Voies de recours sur les ordonnances du juge-commissaire ouvertes aux personnes autres que les parties

Chap. 333 **Voies de recours sur les jugements statuant sur recours à l'encontre des ordonnances du juge-commissaire**

Sect. 333.10 Fermeture de principe de l'appel sur les jugements statuant sur opposition aux ordonnances du juge-commissaire – Législation antérieure à la loi de sauvegarde des entreprises

Sect. 333.20 Ouverture exceptionnelle de l'appel à l'encontre des jugements statuant sur opposition – Législation antérieure à la loi de sauvegarde des entreprises

Sect. 333.30 Appel et pourvoi sur les jugements statuant sur opposition ou tierce opposition à l'encontre des ordonnances du juge-commissaire – Loi de sauvegarde des entreprises

330.01 **Textes applicables.** (V. les références complètes s^s n° 11).

> Législation antérieure à la loi de sauvegarde des entreprises

C. com., art. L. 621-8, L. 621-12

COJ, art. L. 412-4

D. 27 déc. 1985, art. 25, 26 et 27

> Législation issue de la loi de sauvegarde des entreprises.

C. com., art. L. 621-5, L. 621-8, L. 621-9, L. 623-2, L. 641-1, II, L. 641-7, L. 641-11, L. 661-5

C. com., art. R. 621-10 (anc^t D. 28 déc. 2005, art. 65), R. 621-20 (anc^t D. 28 déc. 2005, art. 71), R. 621-21 (anc^t D. 28 déc. 2005, art. 67), R. 621-22 (anc^t D. 28 déc. 2005, art. 68), R. 621-23 (anc^t D. 28 déc. 2005, art. 69), R. 621-25 (anc^t D. 28 déc. 2005, art. 75), R. 641-13 (anc^t D. 28 déc. 2005, art. 226), R. 661-1 (anc^t D. 28 déc. 2005, art. 328), R. 662-12 (anc^t D. 28 déc. 2005, art. 348)

D. 28 déc. 2005, art. 66 (abrogé par D. n° 2007-431, 25 mars 2007), art. 361

> Législation issue de l'ordonnance du 18 décembre 2008.

C. com., art. L. 621-5, L. 621-8, L. 621-9, L. 623-2, L. 641-1, II, L. 641-7, L. 641-11

C. com., art. R. 621-10, R. 621-20 à R. 621-23, R. 621-25, R. 641-13, R. 642-37-1, R. 642-37-3, R. 661-1, R. 662-12

> Législation issue de l'ordonnance du 12 mars 2014.

C. com., art. L. 622-7

C. com., art. R. 621-21, R. 621-23, R. 641-11, R. 662-3-1

CHAPITRE

331. Fonctions et ordonnances du juge-commissaire

SECTION 0
ORIENTEUR

331.00 **Plan du chapitre.**

Sect.	331.10	Évolution de la fonction
Sect.	331.20	Durée de la mission du juge-commissaire
Sect.	331.30	Intervention du juge-commissaire
Sect.	331.40	Dualité des ordonnances du juge-commissaire
Sect.	331.50	Ordonnances du juge-commissaire relevant de la juridiction gracieuse
Sect.	331.60	Ordonnances du juge-commissaire relevant de sa juridiction contentieuse
Sect.	331.70	Obligation pour le juge-commissaire de statuer dans un délai raisonnable
Sect.	331.80	Possibilité pour le juge-commissaire de faire partie de la formation de jugement et de participer au délibéré

331.01 **Textes applicables.** (V. s^s^ n° 330.01).

331.03 **Bibliographie indicative.** (V. les références complètes s^s^ n° 031).

> Actualisables. RÉP. COM., Pigassou, « Entreprises en difficulté – Redressement judiciaire (Procédure et organes) », n°s 23 à 37 – J.-CL. COM., Causse, fasc. 2220, [Organes – Juge-commissaire].

> Ouvrages antérieurs à la loi de sauvegarde des entreprises. CHAPUT, n° 292 – GUYON, n°s 1157, 1158 – JACQUEMONT, n°s 204 à 207 – KERCKHOVE, n°s 289 à 313 – LE CANNU, n°s 973 à 977 – LE CORRE-BROLY, n°s 96 à 102 – MARTIN ET VALLENS, n°s 2451 à 2478 – PÉROCHON ET BONHOMME, n°s 141, 142 – PÉTEL, n°s 130 à 135 – RIPERT ET ROBLOT, n°s 2930 à 2934 – SAINT-ALARY-HOUIN, n°s 405 à 410 – SOINNE, n°s 711 à 741 – VALLANSAN, p. 49, 54, 55, 374.

> Ouvrages postérieurs à la loi de sauvegarde des entreprises. GIBIRILA, n°s 322 à 328 – JACQUEMONT et VABRES, 9e éd., n°s 288 à 291 – LE CANNU, 7e éd., n°s 413 à 417 – LIENHARD, 6e éd., n°s 41.11 à 41.30 – PÉROCHON, 10e éd., n°s 486 à 492 – PÉTEL, 8e éd., n°s 132 à 137 – SAINT-ALARY-HOUIN, 9e éd., n°s 490 à 494 – VALLANSAN *ET ALII*, 6e éd., p. 65, 66, 73 et 74 – VALLENS, 2015, n°s 2572 à 2599.

> Articles. Delesalle P.-M., « La fonction arbitrale du juge-commissaire », *Rev. proc. coll.* 1986, p. 59 – Le Mesle L., « Ordonnance du 12 mars 2014 : de quelques corrections, rectifications et innovations d'ordre procédural », *BJE* mai 2014, 200 – Liénard A., « À propos du conflit de compétence entre le juge de l'exécution et le juge-commissaire d'une procédure collective », *Rev. proc. coll.* 1995, p. 15 – Lucas F.-X., « Technicien ou expert *in futurum* : à qui confier l'enquête en vue de rechercher des responsabilités », *BJE* 2015, éclairage p. 73. – Soinne B., « La règle du contradictoire devant le juge-commissaire », *LPA* 27 mars 1996, p. 12 – Vallens J.-L., « Le juge-commissaire dans la procédure de redressement et de liquidation judiciaires », *JCP E* 1985. II. 14550 – Verdot, « La double fonction du juge-commissaire dans les procédures collectives », *JCP G* 1974. I. 2601.

331.04 **Questions essentielles.**

• Dans quelles conditions le juge-commissaire peut-il désigner des techniciens ?
* V. s^s^ n° 331.31.

• Le rapport du juge-commissaire s'impose t-il en cause d'appel ?
* V. s^s^ n° 331.32.

• Que faire si le juge-commissaire tarde à rendre une ordonnance ?
* V. s^s^ n° 331.71.

• Le juge-commissaire peut-il faire partie de la juridiction de jugement ?
* V. s^s^ n° 331.82.

SECTION 331.10
ÉVOLUTION DE LA FONCTION

331.11 **Évolution de la fonction – responsabilité.** « Homme orchestre »[1], ou « chef d'orchestre de la procédure »[2], telles sont les expressions de la doc-

1. SAINT-ALARY-HOUIN, 9e éd., n° 491 – CHAPUT, n° 292 – JACQUEMONT ET VABRES, 9e éd., n° 288.
2. DERRIDA *ET ALII*, n° 90 – PÉROCHON, 10e éd., n° 487 – VALLANSAN *ET ALII*, 6e éd., p. 73.

trine pour désigner le juge-commissaire. Elles stigmatisent l'importance de ce dernier dans les procédures collectives. La seconde expression est préférable, car le juge-commissaire ne prend pas tous les rôles[1].

Son rôle n'a cessé de s'accroître au fil des évolutions législatives, pour une double raison. D'une part, le caractère d'ordre public économique assigné au redressement et à la liquidation judiciaire, ainsi qu'à la procédure de sauvegarde, justifie la « judiciarisation » de ces procédures. À chaque détour de la procédure, la présence de ce juge s'impose. D'autre part, la tendance moderne au passage de la collégialité à un juge unique explique que le tribunal de la faillite ait perdu certaines de ses attributions au profit du juge-commissaire.

Ce dernier est aujourd'hui le pivot de la procédure collective. Il éclaire le tribunal, par des rapports, lorsqu'il ne prend pas lui-même les décisions, jouant alors le rôle de véritable « juge d'instruction de la procédure collective »[2]. Le plus souvent, il autorise les acteurs de la procédure à agir. Parfois même, il tranche les litiges existant entre les organes de la procédure, le débiteur et les autres protagonistes de la procédure.

Le juge-commissaire peut engager sa responsabilité en cas de faute lourde[3].

SECTION 331.20

DURÉE DE LA MISSION DU JUGE-COMMISSAIRE

331.21 Nomination, remplacement et récusation du juge-commissaire. Le juge-commissaire est un magistrat désigné parmi les magistrats composant la juridiction d'ouverture de la procédure. Une difficulté se présente toutefois si le débiteur soulève l'article 47 du code de procédure civile (v. s[s] n° 232.12).

Il doit avoir au moins deux ans d'ancienneté en tant que juge consulaire (COJ, art. 412-4). L'article 412-4 du code de l'organisation judiciaire permet cependant d'écarter, par ordonnance du premier président de la cour d'appel, cette condition d'ancienneté.

La loi de modernisation de la justice du XXIe siècle renforce les incompatibilités entre les fonctions de juge consulaire et l'exercice de certaines professions, en excluant l'exercice des professions juridiques ou judiciaires suivantes : avocat, notaire, huissier de justice, commissaire-priseur judiciaire, greffier de tribunal de commerce, administrateur judiciaire et mandataire judiciaire. Il est également interdit de travailler au *service d'un membre de l'une de ces* professions (C. com., art. *L. 722-6-1, al. 2).*

L'article L. 621-4, alinéa 1, du code de commerce (réd. loi de modernisation de la justice du XXIe siècle) précise que le président du tribunal qui a connu du débiteur, en application du titre 1er du présent livre (art. L. 611-1 s.), ne peut être désigné juge-commissaire. L'idée est de créer une césure entre la prévention et le traitement judiciaire des difficultés. La solution est inapplicable à Wallis et Futuna. Cette disposition est inapplicable aux procédures en cours au jour de la publication de la loi de modernisation de la justice du XXIe siècle.

L'article L. 723-4 du code de commerce assouplit les conditions d'exercice d'un mandat de juge consulaire. Tout en maintenant l'impossibilité d'être élu aux fonctions de juge consulaire des personnes à l'égard desquelles une procédure de redressement ou de liquidation judiciaire a été ouverte, la disposition supprime (réd. loi de modernisation de la justice du XXIe siècle), l'impossibilité d'accéder aux fonctions de juge consulaire pour les personnes bénéficiant d'une procédure de sauvegarde. Faut-il y voir une nouvelle prime à la sauvegarde ?

L'article 23 du décret du 27 décembre 1985[4] prévoit la possibilité, dans le jugement d'ouverture, ou à tout moment de la procédure, de désigner un juge-commissaire suppléant, qui exerce les attributions du juge-commissaire momentanément empêché. La solution est reproduite par l'article R. 621-10 du code de commerce (anc[t] D. 28 déc. 2005[5]). Cependant, le juge suppléant ne peut être lui-même remplacé[6].

L'article L. 621-8 du code de commerce (anc[t] L. 25 janv. 1985[7], art. 10, al. 3), dans sa rédaction antérieure à la loi de sauvegarde des entreprises, prévoit qu'« aucun parent ou allié jusqu'au quatrième degré inclusivement du chef d'entreprise ou des dirigeants, s'il s'agit d'une personne morale, ne peut être désigné à l'une des fonctions prévues au présent article », lequel vise notamment le juge-commissaire. La solution est reproduite par l'article L. 621-5 du code de commerce, dans la rédaction que lui donne la loi de sauvegarde des entreprises[8]. Ce texte de la procédure de sauvegarde est rendu applicable en redressement par l'article L. 631-9.

1. VALLANSAN *ET ALII*, 6e éd., p. 73.
2. DERRIDA *ET ALII*, n° 107 – CHAPUT, n° 292.
3. AINSI : Com. 10 mai 1995, n° 93-17.306, *Bull. civ.* IV, n° 202.
4. D. n° 85-1388, 27 déc. 1985, *JO* 29 déc., p. 15281.
5. D. n° 2005-1677, 28 déc. 2005, *JO* 29 déc., p. 20324.
6. Besançon, 19 févr. 1993, *Rev. proc. coll.* 1994, p. 25, obs. Dureuil.
7. L. n° 85-98, 25 janv. 1985, *JO* 26 janv., p. 1097.
8. L. n° 2005-845, 26 juill. 2005, *JO* 27 juill., p. 12187.

La nomination du juge-commissaire, par principe, l'œuvre du tribunal, dans le jugement d'ouverture.

Pour respecter le principe d'impartialité, le juge qui a connu de la prévention, par exercice d'une procédure de conciliation, ne doit pas devenir juge-commissaire dans la procédure collective subséquente. Le ministère public peut présenter des réquisitions en ce sens[1].

Lorsque la procédure intéresse un professionnel libéral, il semble, compte tenu de l'alinéa [illegible] de l'article L. 641-1 du code, qui renvoie à l'alinéa 1er, que l'ordre professionnel dont dépend le professionnel libéral puisse influer sur le choix du juge-commissaire[2], ce qui apparaît curieux au regard de la nécessaire indépendance du juge. Cette difficulté a disparu depuis l'ordonnance du 18 décembre 2008[3], qui a isolé dans un alinéa du III de l'article L. 641-1, la prérogative offerte à l'ordre professionnel ou à l'autorité compétente dont relève le professionnel libéral, cette prérogative ne portant désormais très clairement que sur la possibilité de solliciter la nomination en tant que liquidateur d'une personne autre que le mandataire judiciaire.

En cas d'annulation ou d'infirmation du jugement d'ouverture et d'ouverture de la procédure directement par la cour d'appel faisant application de son pouvoir d'évocation, cette dernière peut procéder à sa désignation[4].

Les textes restaient muets sur la possibilité de remplacement du juge-commissaire. Cependant, il était prévu qu'une telle décision n'était pas susceptible de voie de recours, ce qui confortait la possibilité de son intervention. Ce remplacement aurait été obligatoire s'il avait été placé sous procédure collective ou s'il avait été dirigeant d'une société faisant l'objet de la mesure (COJ, art. L. 412-9).

Depuis l'ordonnance du 18 décembre 2008 (art. 17), il est prévu par l'article L. 621-9, alinéa 3 du code de commerce – texte de la sauvegarde applicable en redressement, mais non en liquidation judiciaire – que le président du tribunal est compétent pour remplacer le juge-commissaire empêché ou ayant cessé ses fonctions. Cette décision est une mesure d'administration judiciaire. L'article 173 de l'ordonnance du 18 décembre 2008 prévoit que cette disposition entre en vigueur pour les procédures en cours à compter du 1er janvier 2009, et a donc vocation à s'appliquer dès cette date aux procédures en cours.

Jusqu'à la loi du 26 juillet 2005, un seul juge-commissaire pouvait être désigné par le tribunal. La réforme du 26 juillet 2005 prévoit la possibilité d'en désigner plusieurs. L'article L. 621-4, alinéa 1er, qui intéresse la procédure de sauvegarde, pose la solution. Il est rendu applicable en redressement judiciaire par l'article L. 631-9.

Un amendement tendait à préciser qu'il s'agirait de juges commissaires « suppléants »[5]. Le gouvernement s'est montré défavorable à l'amendement, qui a été retiré, car il ne s'agit pas simplement de désigner des juges suppléants, mais bien de la possibilité de désigner, dans des affaires complexes, plusieurs juges[6]. Il y aura là un acte d'administration judiciaire, non susceptible de recours.

En liquidation judiciaire, faute de texte comparable, il ne pouvait y avoir qu'un seul juge-commissaire. La solution posée pour la sauvegarde et le redressement judiciaire n'avait pas été étendue à la liquidation judiciaire, sans que l'on sache exactement s'il s'agissait d'une volonté délibérée ou d'un oubli. Quoi qu'il en soit, le nouvel article L. 641-1, II, alinéa 1er du code de commerce, tel qu'issu de l'ordonnance de réforme (ord. 18 déc. 2008, art. 93), prévoit la possibilité de désigner un ou plusieurs juge-commissaires, en cas de nécessité dit le texte. Il faut comprendre qu'il doit s'agir d'une entreprise d'une certaine taille, dans laquelle le juge-commissaire est exposé à intervenir souvent par le biais d'ordonnance, du fait d'une multitude de créanciers dans la procédure de vérification et d'admission des créances, de propriétaires mobiliers dans la procédure de revendication et de restitution, et enfin d'un nombre important de biens meubles et immeubles, ce qui peut susciter du contentieux dans le cadre de la réalisation des actifs.

La partie de la décision d'ouverture désignant le juge-commissaire n'est susceptible d'aucun recours, fût-ce de la part du ministère public. Sous l'empire de la loi de sauvegarde des entreprises, l'article L. 661-4 du code de commerce disposait que « Les jugements relatifs à la nomination ou au remplacement du juge-commissaire ne sont pas susceptibles de recours. » Ce principe a été conservé par l'ordonnance du 18 décembre 2008. Le texte de l'article L. 661-4 du code de commerce est cependant modifié par l'article 149 de cette ordonnance pour tenir compte de la possibilité nouvelle offerte par le code de commerce de procéder au remplacement par

1. T. com. Valenciennes, 1er mars 2013, RG n° 2013/000988, *Rev. proc. coll.* 2013, comm. 161, note Delattre.
2. Froehlich et Sénéchal, « De l'ouverture et du déroulement de la liquidation judiciaire », *LPA* n° sp. 9 févr. 2006, n° 29, p. 4 s., sp. p. 10.
3. Ord. n° 2008-1345, 18 déc. 2008, *JO* 19 déc., p. 19462.
4. Com. 8 déc. 1987, n° 86-11.525, *D.* 1988. 52, obs. Derrida; *JCP* 1988. II. 20927, note Jeantin; *Rev. proc. coll.* 1988, p. 61, obs. Mestre et Delebecque.
5. Amend. n° 327 rectifié, interv. Grosskost, *JOAN CR*, 2e séance du 3 mars 2005, p. 1650.
6. Interv. Perben, *JOAN CR*, 2e séance du 3 mars 2005, p. 1650.

ordonnance du président du tribunal du juge-commissaire démissionnaire ou empêché. En conséquence, puisque la décision de remplacement peut être une ordonnance présidentielle, il a fallu étendre le principe d'interdiction des recours contre les jugements de nomination du juge-commissaire aux ordonnances présidentielles procédant à son remplacement. C'est l'objet de l'article 149 de l'ordonnance du 18 décembre 2008, qui modifie en ce sens l'article L. 661-4 du code de commerce. La précision contenue à l'article L. 661-4 du code de commerce est redondante par rapport à l'indication apportée par l'article L. 621-9, alinéa 3 du code de commerce, tel qu'il résulte de l'article 16 de l'ordonnance du 18 décembre 2008, qui prévoit que l'ordonnance du président du tribunal par laquelle il est pourvu au remplacement du juge-commissaire est une mesure d'administration judiciaire.

Comme tout juge, le juge-commissaire peut faire l'objet d'une récusation, conformément aux règles du code de procédure civile, si l'un des cas prévus à l'article 341 de ce code se rencontre, et ce dans les formes des articles 342 à 353 et 355 dudit code. Pour demander la récusation du juge-commissaire, il faut être une partie au litige devant lui. Tel n'est pas le cas du contrôleur, qui ne peut donc solliciter la récusation du juge-commissaire[1]. Cette solution mérite cependant d'être nuancée, depuis la loi du 26 juillet 2005. Lorsque le contrôleur émet une prétention, ce qui est le cas lorsqu'il est investi de la mission de défense de l'intérêt collectif des créanciers à titre subsidiaire, il nous apparaît qu'il peut, à ce titre, solliciter la récusation du juge-commissaire.

En application de l'article L. 141-2 du COJ, la responsabilité des juges, à raison de leur faute personnelle, est régie :

– s'agissant des magistrats du corps judiciaire, par le statut de la magistrature (ord. 22 déc. 1958[2], art. 11-1) ;

– s'agissant des autres juges, par les articles 505 et suivants de l'ancien code de procédure civile.

L'État garantit la victime du dommage commis par la faute personnelle des juges et autres magistrats, sauf son recours contre ces derniers.

La prise à partie envisagée par les articles 505 et suivants de l'ancien code de procédure civile continue à recevoir application à l'égard des magistrats composant les juridictions d'attribution,[3] telles les juridictions consulaires. Il en résulte que la prise à partie est possible à l'encontre des juge-commissaires, membres des juridictions commerciales, non à l'encontre des membres des juridictions civiles. Dans les tribunaux mixtes de commerce, les juge-commissaires qui sont des juges élus pourront être pris à partie selon les magistrats professionnels.

331.22 **de la mission du juge-commissaire.** S'il est évident que le juge-commissaire prend ses fonctions à partir du jugement d'ouverture, la question se pose de savoir à quelle date cesse sa mission.

La réponse n'est pas donnée par les textes, sous l'empire de la législation antérieure à la loi de sauvegarde des entreprises. Le juge-commissaire étant un membre de la juridiction ayant ouvert la procédure, il apparaît inconcevable que sa fonction demeure alors que le tribunal est déjà dessaisi. C'est pourquoi il faut situer la fin de sa mission à la date de clôture de la procédure, soit pour extinction du passif, soit pour insuffisance d'actif[4]. La reprise de la procédure, par application de l'article L. 622-34 du code de commerce (anc[t] L. 25 janv. 1985[5], art. 170), n'a pas pour effet de faire revivre les fonctions du juge-commissaire. En conséquence, les fonctions de cet organe seront dévolues au tribunal.

Sous l'empire de la loi de sauvegarde des entreprises[6], l'article R. 641-13 du code de commerce fixe, en liquidation judiciaire, la fin de la mission du juge-commissaire au jour où le compte rendu de fin de mission du liquidateur a été approuvé. Cette disposition est applicable aux procédures en cours au 1er janvier 2006 (D. 28 déc. 2005[7], art. 361, 3°).

En dehors de la liquidation judiciaire, l'article R. 621-25 du code de commerce prévoit que « les fonctions du juge-commissaire et des contrôleurs prennent fin au jour où le compte rendu de fin de mission de l'administrateur, du mandataire judiciaire et, le cas échéant, du commissaire à l'exécution du plan, a été approuvé ». Il faut donc comprendre que si la sauvegarde ou le redressement est clôturé sans plan, la fin de la mission du juge-commissaire est fixée par l'article R. 621-25 du code de commerce au jour où le compte rendu de fin de mission de l'administrateur judiciaire et du mandataire judiciaire a été approuvé. Si un plan de sauvegarde ou de redressement est adopté, il conviendra d'attendre le compte rendu de fin de mission du commissaire à l'exécution du plan. On ne peut donc suivre la Cour de cassation lorsqu'elle énonce que le jugement qui arrête le plan met fin aux fonctions du juge-commissaire[8].

1. Versailles, 21 avr. 1997, *JCP E* 1997, Bloc-notes.
2. Ord. n° 58-1270, 22 déc. 1958, *JO* 23 déc., p. 11551.
3. Civ. 1re, 5 mai 1981, n° 80-PP.003, *Bull. civ.* I, n° 149; *D.* 1981. IR 422.
4. DERRIDA *ET ALII*, n° 320 – J.-CL. COM., Causse, fasc. 2220, [Redressement et liquidation judiciaires – Organes – Juge-commissaire], n° 20 – PÉROCHON ET BONHOMME, 6e éd., n° 141 – KERCKHOVE, n° 295 – CEP. : Paris, 24 avr. 1992, *D.* 1992. IR 212.
5. L. n° 85-98, 25 janv. 1985, préc.
6. L. n° 2005-845, 26 juill. 2005, préc.
7. D. n° 2005-1677, 28 déc. 2005, préc.
8. Com. 16 juin 2015, n° 14-16.687, NP; n° 584 F-D.

L'article R. 626-42, alinéa 1er n'a, pourart, pas pour objet de préciser la date de fin deion du juge-commissaire. Il énonce que lor le compte rendu de mission de l'administrate du mandataire judiciaires a été approuvé, la pnure fait l'objet d'une ordonnance de clôture renpar le président du tribunal. Cette décision, qu un acte d'administration judiciaire, n'est pas sptible de recours (C. com., art. R. 626-42, al. 2tte décision, qui fait l'objet des communicationdes mentions aux registres et répertoires d'un juent d'ouverture, mais non des publicités d'un tgement (C. com., art. R. 626-42, al. 3 – v. ss nos .32 à 233.34), n'est, à notre sens, et compte tenu dlettre de l'article R. 621-25 du code de commerpas celle qui met fin, aux fonctions du juge-commire.

Au principe selon lequel les fonctions dugecommissaire prennent fin dès la reddition défiive des comptes de l'administrateur et du représent des créanciers, une exception est posée, sous l'eire de la législation antérieure à la loi de sauvegardes entreprises, en cas d'arrêté d'un plan de cessioon assorti d'un plan de continuation, s'il subsistes actifs à réaliser, en dehors du plan de cessionar application de l'article L. 621-83 du code comrce (anct L. 25 janv. 1985, art. 81, al. 4). En ceas, l'article 104, alinéa 1er du décret du 27 décere 1985 prévoit que le juge-commissaire demeuren fonction pour exercer les attributions conféréear les articles L. 622-16 et L. 622-18 du code de cmmerce (anct L. 25 janv. 1985, art. 154 à 156), cstà-dire les autorisations de réalisations d'actif Le texte ne précise pas alors à quelle date expi la fonction du juge-commissaire. Il semble que ceoit à la date de vente des biens[1] qu'il a autorisée.

Lorsque le juge-commissaire n'est plus en fnction, les décisions de sa compétence sont dévdues au président du tribunal, lorsque les textes le prévoient. Il en est ainsi de l'article 88, alinéa 1er du décret du 27 décembre 1985, précisant que l'administrateur rendra compte au président du tribunal de l'exécution des actes permettant la mise en œuvre du plan. Dans le silence du texte, la dévolution s'opère au tribunal, cependant que certains textes prévoient explicitement la solution. Il en est ainsi des décisions statuant sur le relevé ou l'inopposabilité de la forclusion (D. 27 déc. 1985, art. 70, al. 1er). En ce cas, si le tribunal relève de forclusion ou constate l'inopposabilité de la forclusion, il devra également statuer sur l'admission de la créance (D. 27 déc. 1985, art. 70, al. 1er). Pareils textes n'existent pas, sous l'empire de la loi de sauvegarde, parce que, en principe, de telles difficultés ne devraient pas se présenter.

1. En ce sens : Pérochon et Bonhomme, 6e éd., no 141.

SECTION 331.30

INTERVENTION DU JUGE-COMMISSAIRE

331.31 Information du juge-commissaire. Aux termes de l'article L. 621-12 du code de commerce (anct L. 25 janv. 1985[2], art. 14), « le juge-commissaire est chargé de veiller au déroulement rapide de la procédure ». La solution est reproduite par l'article L. 621-9, dans la rédaction que lui donne la loi de sauvegarde des entreprises[3]. Ce texte de la procédure de sauvegarde est applicable en redressement judiciaire (C. com., art. L. 631-9) et en liquidation judiciaire (C. com., art. L. 641-11, al. 1er). Derrière cette expression, il faut voir le souci du législateur de faire en sorte que les solutions qui s'imposent soient prises au plus vite.

Pour pouvoir informer, il faut d'abord avoir connaissance. L'article L. 621-11 du code de commerce (anct L. 25 janv. 1985, art. 13), dans sa rédaction antérieure à la loi de sauvegarde, dont les solutions sont reproduites sous l'empire de la loi de sauvegarde des entreprises par l'article L. 621-8, alinéa 1er, texte de la procédure de sauvegarde applicable en redressement judiciaire (C. com., art. L. 631-9) et en liquidation judiciaire (C. com., art. L. 641-11, al. 2), dispose, à cet égard, que le juge-commissaire est tenu informé, par l'administrateur judiciaire et le représentant des créanciers – mandataire judiciaire –, du déroulement de la procédure. À tout moment, il peut requérir communication des actes ou documents qu'ils détiennent.

Ces informations lui sont communiquées par des rapports établis en période d'observation. La législation antérieure à la loi de sauvegarde des entreprises prévoit un rapport deux mois après l'ouverture de la procédure en régime général (D. 27 déc. 1985[4], art. 29), un mois après cette même ouverture en régime simplifié (D. 27 déc. 1985, art. 113), ainsi qu'en cas de prolongation de la période d'observation. L'article R. 621-20 du code de commerce (anct D. 28 déc. 2005[5], art. 71), dans la législation issue de la loi de sauvegarde des entreprises, reprend la solution posée par l'article 29 du décret du 27 décembre 1985 obligeant le mandataire judiciaire et l'administrateur à faire rapport au juge-commissaire sur le déroulement de la procédure et la situation économique et financière du débiteur. La loi de sauvegarde des entreprises prévoit également, en redressement judiciaire l'établissement d'un rapport au terme d'un délai de deux mois à

2. L. no 85-98, 25 janv. 1985, préc.
3. L. no 2005-845, 26 juill. 2005, préc.
4. D. no 85-1388, 27 déc. 1985, préc.
5. D. no 2005-1677, 28 déc. 2005, préc.

compter du jugement d'ouverture (C. com., art. L. 631-15, I).

Ces rapports contiennent l'indication des résultats réalisés par l'entreprise (D. 27 déc. 1985, art. 57, C. com., art. R. 622-9). En liquidation judiciaire, l'information est trimestrielle (C. com., art. L. 622-7 [anc^{t} L. 25 janv. 1985, art. 150], et depuis la procédure de sauvegarde, C. com., art. L. 641-7). En outre, à tout moment, le juge-commissaire peut demander au liquidateur un rapport indiquant les différentes opérations de réalisation d'actifs, le montant des sommes versées à la Caisse des dépôts et consignations et l'état des répartitions faites aux créanciers (D. 27 déc. 1985, art. 123, C. com., art. R. 641-38). Ce rapport doit être communiqué au moins une fois par an. Si l'activité est poursuivie en liquidation judiciaire, le liquidateur doit informer le juge-commissaire des résultats (D. 27 déc. 1985, art. 120, C. com., art. R. 641-20).

Dans le même ordre d'idées, le juge-commissaire peut aussi obtenir communication de la part du représentant des créanciers ou de l'administrateur du solde des comptes bancaires et postaux de l'entreprise et des comptes ouverts à la Caisse des dépôts et consignations (D. 27 déc. 1985, art. 62, al. 1er). Dans la procédure de sauvegarde, il obtiendra communication de ces renseignements par le débiteur et le mandataire judiciaire (C. com., art. R. 622-16) et, dans la procédure de redressement judiciaire, par le mandataire judiciaire et l'administrateur lorsqu'il en aura été désigné un et, à défaut, par le débiteur (C. com., art. R. 631-21).

L'article L. 621-11 du code de commerce (anc^{t} L. 25 janv. 1985, art. 13, al. 2), dans sa rédaction antérieure à la loi de sauvegarde des entreprises, autorise également le juge-commissaire à solliciter du procureur de la République, tous les renseignements qu'il détient, et qui pourraient être utiles à la procédure, sans que le procureur de la République puisse se réfugier derrière le secret de l'instruction. Le ministère public, depuis la réforme du 26 juillet 2005, est visé aux lieu et place du procureur de la République (C. com., art. L. 621-8, al. 2).

Le représentant des créanciers doit lui communiquer les observations des contrôleurs (C. com., art. L. 621-39, al. 2 [anc^{t} L. 25 janv. 1985, art. 46, al. 2], réd. antérieure à la loi de sauvegarde des entreprises). La solution est reprise par la loi de sauvegarde des entreprises (C. com., art. L. 622-20, al. 2). Ce texte de la procédure de sauvegarde est applicable en redressement judiciaire (C. com., art. L. 631-14, I) et en liquidation judiciaire (C. com., art. L. 641-4, al. 3).

Le juge-commissaire peut se faire communiquer les offres de reprise reçues par l'administrateur. En l'absence d'administrateur, le juge-commissaire fait rapport au tribunal sur le projet de plan soumis au tribun. com., art. L. 621-141 [anc^{t} L. 25 janv. 1985, 145, al. 2], réd. antérieure à la loi de sauvegar entreprises, C. com., art. L. 627-4 depuis la loi uvegarde des entreprises).

Il p dans le cadre de l'élaboration du bilan éconque et social, demander des renseignement la situation économique et financière de l'entrse, par application des articles L. 621-55 et L. 626 du code de commerce (anc^{t} L. 25 janv. 1985. 19 et 140, al. 2), et, en liquidation judiciaire l'article L. 622-11 (anc^{t} L. 25 janv. 1985, art. 11, al. 1er). L'article L. 623-2 du code de comrce, issu de la rédaction que lui donne la loi du 2illet 2005, texte de la procédure de sauvegardeplicable en redressement judiciaire (C. com., art. 31-18, al. 1er) et en liquidation judiciaire (C. a., art. L. 641-11, al. 1er), prévoit que la deme de renseignements peut désormais porter égalent sur la situation sociale et patrimoniale du dteur. Il s'est agi d'étendre le périmètre de la natudes informations pouvant être demandées à des rsonnes qui ne pourront opposer au juge-comissaire le secret professionnel[1], notamment les erts comptables Il ne s'agira plus désormais seuhent de la situation économique de l'entreprismais plus largement de la situation patrimonialu débiteur, ce qui permet de tenir compte de l'enttement extra professionnel des débiteurs personS physiques.

Cte demande d'informations vise les commissair aux comptes, membres et représentants du persnnel, administrations et organismes de prévoyce et de sécurité sociale, établissements de crédit[2]ainsi que les services chargés de centraliser les risqes bancaires et incidents de paiement, telle la Banue de France. La solution avait été acceptée égalment en jurisprudence pour les experts comptables[3]. La loi du 26 juillet 2005 le prévoit explicitement à l'article L. 623-2 du code.

Dans le cadre de ce droit de communication, le juge-commissaire ne peut se voir opposer le secret professionnel. Si le juge-commissaire se voit opposer un refus, il peut, par voie d'ordonnance, ordonner la communication des documents sollicités[4]. La solution a été posée à propos de documents et livres comptables. Il s'agit là d'une décision nécessaire au déroulement rapide de la procédure et au respect des intérêts en présence[5]. Dans ce cadre, le prononcé d'une astreinte, comme la communication au minis-

1. *Rapp. Xavier de Roux*, n° 2095, p. 248.
2. AINSI : Poitiers, 12 mai 1993, *Rev. proc. coll.* 1995, p. 48, n° 5, obs. Dureuil.
3. Paris, 3e ch. A, 29 avr. 1997, *Rev. proc. coll.* 1998, p. 68, n° 8, obs. Soinne.
4. Poitiers, 2e ch. civ., 12 mai 1993, *JCP* 1993. IV. 2967.
5. Paris, 3e ch. B, 17 janv. 2008, RG n° 2007/1401.

tère public, relèvent des pouvoirs d'office de tout juge, et en conséquence de ceux du juge-commissaire. il en est de même de la demande faite par le juge-commissaire, au mandataire de justice, de saisir les ordres professionnels dont relève l'expert-comptable[1].

Ce droit de communication n'est cependant orienté que vers les opérations de redressement de l'entreprise[2] ou de sauvegarde de l'entreprise. Il est hors de question de l'utiliser pour caractériser des fautes de tiers à l'égard de créanciers[3].

Il ne semble pas que le juge-commissaire puisse déléguer ses pouvoirs d'information aux organes de la procédure[4].

Désignation des techniciens. Pour se forger son opinion, le juge-commissaire peut recueillir l'avis de personnes qualifiées, voire demander à des tiers de recueillir des informations[5]. Au besoin, il peut diligenter l'établissement d'un rapport[6]. Le plus souvent, cette demande interviendra dans le cadre des actions en nullités de la période suspecte et des sanctions pécuniaires. C'est ainsi qu'il a été jugé que l'article L. 621-12 du code commerce (anc^t L. 25 janv. 1985, art. 14) autorise le juge-commissaire à désigner une personne qualifiée afin de mener des investigations (sur le support des frais, v. s^s n° 352.18) en vue de rechercher des faits susceptibles d'établir la qualité de dirigeant de fait et de révéler des fautes de gestion[7]. Mais cette désignaton pourrait concerner les opérations de vérification des créances[8] ou la détermination de la date de cessation des paiements[9].

Le résultat des investigations de cette personne ne constitue qu'un simple rapport et non une expertise au sens du code de procédure civile. En conséquence, pour son établissement, le respect du contradictoire ne s'impose pas, les règles de l'article 145 du code de procédure civile n'ayant pas à être respectées[10]. Il n'y a donc ni violation de l'article 6 § 1 de la Conv. EDH, ni violation de l'article 16 du code de procédure civile, lorsque le rapport n'est pas établi contradictoirement[11]. Le juge-commissaire peut en conséquence ordonner la mesure sur requête sans dépasser ses pouvoirs[12]. La décision ordonnant l'expertise n'a pas à être notifiée aux dirigeants contre lesquels est envisagée une sanction[13]. Cependant, au stade des débats, le rapport devra être communiqué comme toutes pièces, pour respecter la règle du contradictoire[14]. *Rien n'interdit de solliciter du juge des référés la nomination d'un expert,* dans le cadre de l'article 145 du code de procédure civile[15].

Parce que ces mesures d'investigation ne sont pas des expertises, il est encore tiré la conséquence que l'audit comptable et financier demandé par le juge-commissaire au préposé d'un cabinet, alors qu'il a été établi par un autre, est valable. L'article 233 du code de procédure civile n'est en effet pas applicable[16].

La réforme du 26 juillet 2005 (C. com., art. L. 621-9, al. 2) prévoit que, dans le cadre de sa mission de veiller au déroulement rapide de la procédure et à la protection des intérêts en présence, le juge-commissaire est seul habile à procéder à la désignation d'un technicien en vue d'une mission qu'il détermine.

Il a été jugé que la désignation d'un cabinet comptable pour examiner sur le fond et sur la forme la comptabilité du débiteur en liquidation judiciaire n'a pas pour objet de confier à un tiers une partie des tâches que comporte l'exécution du mandat de justice et qui incombent personnellement au mandataire au sens de l'article L. 812-1, alinéa 2 du code de commerce. Elle n'a pas davantage pour but de permettre à une personne autre qu'un expert d'effectuer au profit de l'entreprise certaines tâches techniques non comprises dans les missions confiées aux mandataires de justice – en l'occurrence au liquidateur au sens des articles L. 814-6 du code de commerce (réd. ant. loi de sauvegarde) et 31 du décret du

1. Paris, 3e ch. B, 17 janv. 2008, RG n° 2007/1401.
2. Kerckhove, n° 298.
3. Paris, 2 avr. 1991 et T. com. Nice, 17 sept. 1991, *D.* 1992. Somm. 10, obs. Derrida – Reims, 3 juin 1991, *Rev. proc. coll.* 1992, p. 55, obs. Dureuil – Paris, 17 janv. 1995, *Rev. proc. coll.* 1995, p. 286, n° 2, obs. Dureuil.
4. Soinne, n° 724.
5. Com. 3 janv. 1995, *Bull. Joly* 1995. 432, note Couret.
6. Com. 12 juill. 1993, n° 89-13.432, *Bull. civ.* IV, n° 305 – Com. 15 mai 2001, *Act. proc. coll.* 2001/12, n° 150; *RJDA* 2001/10, n° 991.
7. Com. 24 mars 2004, n° 01-11.856, NP – Com. 6 oct. 2009, n° 08-10.657, NP.
8. Ainsi : Com. 22 janv. 2002, n° 99-12.912, NP, *Act. proc. coll.* 2002/8, n° 94.
9. Com. 19 mars 2002, n° 99-14.147, NP, *Act. proc. coll.* 2002/10, n° 132.
10. Com. 16 févr. 1996, n° 93-18.034, NP, *Rev. proc. coll.* 1996, p. 325, n° 3, obs. Soinne – Com. 8 juin 1999, n° 95-14.723, *Bull. civ.* IV, n° 120 – Com. 26 oct. 1999, n° 97-11.638 – Com. 1er févr. 2000, n° 97-13.343, NP et Com. 26 avr. 2000, n° 97-17.685, NP, *Rev. proc. coll.* 2000, p. 198, n° 7, obs. Soinne – Com. 19 mars 2002, n° 99-14.147, NP, *Act. proc. coll.* 2002/10, n° 132 – Paris, 3e ch. A, 8 nov. 2005, RG n° 2004/24629.
11. Com. 16 mars 2010, n° 09-12.008, NP.
12. Com. 6 oct. 2009, n° 08-10.657, NP, *Procédures* 2009, comm. 408, note Rolland.
13. Com. 11 mai 1999, n° 96-18.896, *Bull. civ.* IV, n° 97 – Paris, 3e ch. A, 8 nov. 2005, RG n° 2004/24629.
14. Com. 9 juill. 1996, *Rev. proc. coll.* 1996, p. 325, n° 3, obs. Soinne – Com. 8 juin 1999, n° 95-14.723, *Bull. civ.* IV, n° 120 – Com. 26 oct. 1999, n° 97-11.638 – Com. 1er févr. 2000, n° 97-13.343, NP et Com. 26 avr. 2000, n° 97-17.685, NP, *Rev. proc. coll.* 2000, p. 198, n° 7, obs. Soinne.
15. Com. 1er oct. 1997, n° 95-13.477, *Bull. civ.* IV, n° 238; *Rev. proc. coll.* 1998, p. 60, n° 2, obs. Dureuil.
16. Orléans, ch. com. et fin., 26 juill. 2012, RG n° 11/03846, *Rev. proc. coll.* 2012, comm. 194, note Lebel.

17 décembre 1985[1]. Il en résulte que cette désignation ne nécessite aucune des interventions du président du tribunal de la procédure collective que prévoient ces différents textes, mais, le cas échéant, une nomination par le juge-commissaire sur le fondement des dispositions de l'article L. 621-12 du code de commerce (devenu C. com., art. L. 621-9, réd. L. 26 juill. 2005)[2]. Le juge-commissaire est, en effet, seul compétent pour désigner un technicien, ce qui exclut la compétence du juge des référés saisi pour désignation d'un expert[3]. Selon un auteur, cette concentration de compétence du juge-commissaire devrait, en bonne logique, être calée sur la prorogation de compétence du tribunal de la faillite, en application de l'article R. 662-3 du code de commerce[4].

Rappelons qu'il faut distinguer les tâches qui incombent personnellement au mandataire et qui ne peuvent être déléguées que sur autorisation du président du tribunal, les frais étant supportés personnellement sur ses honoraires par le mandataire, des tâches techniques qui ne rentrent pas dans la mission du mandataire et qui supposent le recours à des tiers rémunérés par la procédure collective, le recours étant, après avis du juge-commissaire, autorisé par le président du tribunal (v. s[s] n° 351.33). Lorsque la mission en question ne constitue ni une tâche incombant personnellement au mandataire, ni une tâche technique supposant le recours à un tiers, ce dernier ne peut être désigné que par le juge-commissaire. C'est le sens de l'arrêt de la chambre commerciale du 2 juillet 2013[5].

La demande de désignation pourra émaner de tout intéressé. Elle n'est pas réservée aux organes de la procédure. Un associé de la personne morale débitrice pourrait donc saisir le juge-commissaire en ce sens[6].

Le juge-commissaire peut procéder à la désignation du technicien alors même que l'instance serait déjà entamée. La solution a été posée à propos d'une action en responsabilité pour insuffisance d'actif[7].

Une question prioritaire de constitutionnalité a été posée sur ce texte par le Tribunal de commerce de Romans/Isère[8]. La Cour de cassation a dit n'y avoir lieu à transmission, en estimant que « les dispositions de l'article L. 621-9, alinéa 2, du code de commerce, qui se bornent à conférer compétence au juge-commissaire pour désigner un technicien en vue d'une mission ne méconnaissent pas, par elles-mêmes, les droits de la défense, le principe de contradiction ou celui de l'égalité des armes »[9]. La question posée ne présente donc pas de caractère sérieux au regard des exigences qui s'attachent aux dispositions, règles et principes de valeur constitutionnelle.

Cette position annonçait un rapprochement entre l'établissement de ces rapports, pour les soumettre au droit commun de l'expertise, le plaideur ne doit pas être placé devant le fait accompli et c'est pourquoi il doit être associé à l'établissement de ces rapports. Et c'est effectivement ce qui a pu être constaté.

La Cour de cassation, s'appuyant sur le fait que le rapport établi par le technicien, en application de l'article L. 621-9 du code de commerce, n'est pas une expertise au sens des articles 155 et suivants du code de procédure civile et est établie à titre de simple renseignement, a considéré, pour refuser d'écarter des débats la mesure contestée, que l'ordonnance de désignation du technicien avait été notifiée au dirigeant dont la responsabilité était recherchée, que ce dernier n'a pas demandé qu'elle soit rapportée et a participé à la mission du technicien au cours de laquelle il a fait valoir ses observations, que le technicien avait recueilli ses explications, alors qu'il avait transmis préalablement au dirigeant les questions qui lui seraient posées et annexé au rapport le compte-rendu de cet entretien[10].

Dans une autre décision, la Cour de cassation a de nouveau précisé que la mission que le juge-commissaire peut confier à un technicien en application de l'article L. 621-9, alinéa 2 du code de commerce n'est pas une expertise et a estimé que le technicien n'était pas tenu de procéder à un échange contradictoire sur les éléments qu'il avait réunis, ni de communiquer ses conclusions avant le dépôt de son rapport. Elle a refusé de censurer la décision de la cour d'appel estimant régulier ce rapport, après avoir relevé que le dirigeant social de la société débitrice a assisté à la première réunion, qu'au cours de la

1. D. n° 85-1390, 27 déc. 1985, *JO* 29 déc., p. 15304.
2. Com. 2 juill. 2013, n° 11-28.043, NP; n° 688 F-D, *Bull. Joly* nov. 2013, 755, note Teller.
3. Com. 17 sept. 2013, n° 12-17.741, *Bull. civ.* IV, n° 134; n° 832 F-P+B; *D.* 2013. Actu. 2221, obs. Lienhard; *Act. proc. coll.* 2013/17, comm. 243, note Rolland; *Rev. sociétés* 2013. 731, note Henry; *Bull. Joly* 2013. 750, note Couturier; *Rev. proc. coll.* 2014, comm. 2, note Cagnoli; *JCP E* 2014, Chron. 1020, n° 2, obs. Pétel; *Dr. sociétés* 2014, comm. 33, note Legros; *JCP E* 2014. 1120, note Legros; *LXB hebdo* 17 oct. 2013, n° 355, note Le Corre.
4. Pétel, obs. s[s] Com. 17 sept. 2013, n° 12-17.741, *JCP E* 2014, Chron. 1020, n° 2.
5. Teller, « Désignation d'un cabinet d'expertise comptable, mission du mandataire-liquidateur et compétence du juge-commissaire », note s[s] Com. 2 juill. 2013, n° 11-28.043, *Bull. Joly* nov. 2013, 755.
6. Com. 17 sept. 2013, n° 12-17.741, préc. (v. s[s] prés[t] n°).
7. Com. 13 sept. 2016, n° 15-11.174, *Bull. civ.* IV [à paraître], n° 748 FS-P+B+I; *D.* 2016, actu 814, note Lienhard.
8. T. com. Roman, 27 oct. 2010, RG n° 2009/F00224.
9. Com. 1er févr. 2011, n° 10-40.057 QPC, NP, *D.* 2011. Actu. 513, note Lienhard; *Rev. sociétés* 2011. 193, note Roussel Galle; *Rev. sociétés* 2011, note Reille; *Act. proc. coll.* 2011/6, n° 95, note Delattre; *BJE* juill./août 2011, comm. 101, p. 204, note Rohart-Messager.
10. Com. 23 avr. 2013, n° 12-13.256, NP; n° 436 F-D; *Gaz. Pal.* 12 juill. 2013, n° 193, p. 14, note Gorrias; RECT. PAR : Com. 9 juill. 2013, n° 12-13.256, NP; n° 436 F-D.

seconde réunion, cette même personne lui a communiqué les éléments d'information qu'il jugeait pertinents et dont l'interprétation n'était pas sérieusement discutée, que ces éléments ont servi de base à l'accomplissement de la mission et que pendant son exécution, ce dirigeant social a également transmis ses observations au technicien, observations auxquelles celui-ci a répondu, de sorte que le technicien a associé le représentant de la société débitrice à ses opérations[1].

Ainsi, comme cela a été résumé, dans le déroulement même des opérations du technicien, un minimum de contradictoire est-il exigé[2].

Le texte de l'article L. 621-9, alinéa 2, applicable en sauvegarde, en redressement judiciaire (C. com., art. L. 631-9) et en liquidation judiciaire (C. com., art. L. 641-11), a, en tout cas, pour objet de clarifier la situation de sous-traitance des tâches d'expertise. Seuls les administrateurs et mandataires pouvaient demander au tribunal cette désignation. Désormais, elle appartient au juge-commissaire qui, d'une part, pourra se saisir lui-même, et qui, d'autre part, pourra être saisi par toute personne intéressée[3], et non plus seulement par les mandataires de justice.

L'article R. 621-23, alinéa 1er du code de commerce prévoit que, avant de désigner un technicien, le juge-commissaire doit recueillir les observations du débiteur. L'article R. 621-23, alinéa 1 du code de commerce a été modifié par le décret du 30 juin 2014[4] (art. 39). Il est désormais prévu que le juge-commissaire statue non contradictoirement lorsqu'il apparaît fondé de ne pas appeler de partie adverse. Cette disposition est applicable en liquidation judiciaire, ce qui a conduit à modifier la rédaction de l'article R. 641-11, alinéa 1 du code de commerce (D. 30 juin 2014, art. 94), rendant applicables en liquidation judiciaire, un certain nombre de dispositions de la sauvegarde. Le projet de décret allait plus loin puisqu'il était envisagé de donner au juge-commissaire les pouvoirs du président du tribunal dans le cadre des mesures d'instruction *in futurum* de l'article 145 du code de procédure civile.

Il appartient au juge-commissaire de définir exactement la mission de ce technicien. Dès l'achèvement de la mission du technicien, le juge-commissaire arrête sa rémunération en fonction notamment des diligences accomplies, du respect des délais impartis et de la qualité du travail fourni. Les critères posés par l'article R. 621-23, alinéa 2 du code de commerce doivent inciter le technicien à travailler vite et bien. L'alinéa 3 de même article prévoit que si le juge-commissaire envisage de fixer la rémunération du technicien en deçà du montant demandé, il doit inviter le technicien à fournir ses explications. Ce texte nous semble cependant impuissant à écarter des textes impératifs sur les émoluments tarifés alloués aux professions réglementées. Le technicien, pour obtenir paiement de ses honoraires, peut se faire délivrer un titre exécutoire par le juge-commissaire, à l'instar d'une injonction de payer rendue exécutoire.

Compte tenu de toutes ces contraintes, il est évident que le juge-commissaire doit impérativement intervenir au stade de la désignation et ne peut être mis devant le fait accompli en autorisant *a posteriori* le recours au technicien[5].

Le délai du mois pour exercer un recours à l'encontre de l'ordonnance de taxation des honoraires du technicien court, conformément au droit commun, de sa notification. Cette solution posée en dehors du droit des entreprises en difficulté est transposable à notre matière[6].

Indiquons enfin que, si le recours à une expertise est nécessaire, la compétence n'appartiendra, en vertu de l'article L. 621-4 du code de commerce, qu'au tribunal ayant ouvert la procédure et non au juge des référés sur le fondement de l'article 145 du code de procédure civile[7]. La solution s'impose spécialement si le tribunal de la procédure collective n'est pas compétent pour connaître de l'action que prépare la mesure d'instruction[8]. Un auteur conteste toutefois cette analyse[9].

331.32 Information par le juge-commissaire – rapport du juge-commissaire. Ayant ainsi accès à une information complète sur la procédure, le juge-commissaire peut, à son tour, informer le tribunal. L'article L. 624-7 du code de commerce (anct L. 25 janv. 1985[10], art. 184) prévoit d'ailleurs explicitement que le tribunal peut le charger d'obtenir communication de tous documents ou informations sur la situation patrimoniale des personnes susceptibles d'être déclarées en redressement ou en liquidation judiciaire à titre personnel ou contre lesquelles peut être prononcée une condamnation à

1. Com. 22 mars 2016, no 14-19.915, *Bull. civ.* IV [à paraître]; no 255 F-P+B; DPDE avr. 2016, p. 1, note Rémery.
2. Rémery, note ss Com. 22 mars 2016, no 14-19.915, préc.
3. *Rapp. Xavier de Roux*, no 2095, p. 193.
4. D. no 2014-736, 30 juin 2014, *JO* 1er juill., p. 10834.
5. T. com. Valenciennes, ord. juge-comm., 12 juin 2015, RG no 2015/4561, *Act. proc. coll.* 2015/13, comm. 207, note Cagnoli.
6. Civ. 2e, 26 mars 2015, no 14-14.644, *Bull. civ.* II [à paraître]; *Leden* 2015, comm. 079, note Staes.
7. Com. 17 sept. 2013, no 12-17.741, préc. – Paris, pole 5, 9e ch., 15 janv. 2015, *Leden* mars 2015, p. 1, obs. Lucas.
8. Paris, pole 5, 9e ch., 15 janv. 2015, *Leden* mars 2015, p. 1, obs. Lucas.
9. Lucas, « Technicien ou expert *in futurum* : à qui confier l'enquête en vue de rechercher des responsabilités », *BJE* 2015, éclairage p. 73.
10. L. no 85-98, 25 janv. 1985, préc.

combler le passif. La solution est reproduite par l'article L. 651-4 du code dans la rédaction que lui donne la loi de sauvegarde des entreprises, sous réserve de la suppression du redressement et de la liquidation judiciaires personnels et de son remplacement par une nouvelle sanction : l'obligation aux dettes sociales. La suppression par l'ordonnance du 18 décembre 2008[1] de l'obligation aux dettes sociales a pour conséquence de limiter désormais l'obtention de renseignements à la recherche de la condamnation en responsabilité pour insuffisance d'actif.

L'information du tribunal par le juge-commissaire est communiquée par voie de rapports. Solennellement, l'article R. 662-12, alinéa 1er du code de commerce énonce en ce sens que « le tribunal statue sur rapport du juge-commissaire sur tout ce qui concerne la sauvegarde, le redressement et la liquidation judiciaires, l'action en responsabilité pour insuffisance d'actif, la faillite personnelle ou l'interdiction prévue à l'article L. 653-8 du code de commerce ». Avant le décret du 12 février 2009[2], était également visée l'action en obligation aux dettes sociales. Sa suppression par l'ordonnance du 18 décembre 2008 a conduit à la suppression de son visa à l'article R. 662-12 du code. Ce texte doit immédiatement être rapproché de l'article R. 662-3 du code de commerce, qui attribue identiquement compétence au tribunal de la faillite pour connaître de « tout ce qui concerne la sauvegarde, le redressement et la liquidation judiciaires, la faillite personnelle ou autres sanctions prévues par le livre VI du code de commerce ». L'article 117 du décret du 12 février 2009 a ajouté à cette liste l'action en responsabilité pour insuffisance d'actif. En conséquence, chaque fois que le tribunal de la faillite sera compétent, en application de l'article R. 662-3 du code de commerce, le rapport du juge-commissaire s'imposera[3].

Le rapport ne s'impose toutefois que pour autant que le juge-commissaire est encore en fonction, ce qui n'est plus le cas au jour où le tribunal est appelé à statuer sur la résolution du plan de continuation, de sauvegarde ou de redressement[4].

Le rapport peut indifféremment être écrit ou oral[5]. Le jugement n'a d'ailleurs pas à indiquer la forme prise pour ce rapport[6]. L'article 111 du décret du 27 décembre 1985[7] prévoyait d'ailleurs explicitement la solution, dans le régime simplifié du redressement judiciaire. L'oralité du rapport du juge-commissaire n'est pas contraire à la Convention européenne de sauvegarde des droits de l'homme[8]. L'avis du juge-commissaire sera donc équivalent à un rapport[9]. En outre, l'avis était nécessairement donné si le juge-commissaire participait à l'élaboration du jugement et, *a fortiori*, s'il présidait la juridiction de jugement[10]. Il a cependant parfois été exigé que le rapport soit écrit si le juge-commissaire ne fait pas partie de la juridiction de jugement[11]. La problématique ne se pose plus, depuis l'interdiction pour le juge-commissaire de faire partie de la juridiction de jugement posée par l'article L. 662-7 du code de commerce[12].

Dans certains cas, toutefois, il est exigé que le rapport soit déposé. En ce cas, le rapport devra être écrit[13]. Il en est ainsi en matière de sanctions, mais *seulement* s'il a été fait application de l'article L. 651-4 du code de commerce et si le juge commis pour recueillir des informations est le juge-commissaire (v. *ss* n° 921.37). S'il n'a pas été fait application de l'article L. 651-4, le rapport du juge-commissaire s'impose néanmoins, mais il peut alors être simplement oral.

Le rapport du juge-commissaire est une formalité substantielle dont l'absence peut emporter nullité du jugement[14]. Pour justifier de son respect et de la régularité de la procédure, il est nécessaire d'en faire mention tant dans la note d'audience que dans le jugement[15]. Mais la sanction reste très théorique. En effet, le rapport n'est exigé qu'en première instance[16]. Or, cette irrégularité n'affectant pas la saisine du tribunal, n'interdit pas l'effet dévolutif de l'appel En conséquence, la cour d'appel peut, après

1. Ord. n° 2008-1345, 18 déc. 2008, préc.
2. D. n° 2009-160, 12 févr. 2009, *JO* 13 févr., p. 2596.
3. VALLENS, 2015, n° 2582.
4. Com. 16 juin 2015, n° 14-16.687, NP; n° 584 F-D.
5. Com. 29 mars 1989, n° 87-14.433, *Bull. civ.* IV, n° 100; *RJ com.* 1990. 40, n° 45, obs. Gallet; *JCP G* 1989. II. 21464, note Beaubrun – Com. 16 avr. 1991, n° 89-13.677, *Bull. civ.* IV, n° 145 – Com. 25 mars 1997, n° 94-16.535, NP, *Rev. proc. coll.* 1998, p. 62, n° 3, obs. Dureuil – Com. 17 juin 1997, n° 95-12.835, *Bull. civ.* IV, n° 189; *Rev. proc. coll.* 1998, p. 62, n° 3, obs. Dureuil.
6. Com. 17 juin 1997, n° 95-12.835, *Bull. civ.* IV, n° 189.
7. D. n° 85-1388, 27 déc. 1985, préc.
8. Com. 23 janv. 1996, n° 94-13.391, *Bull. civ.* IV, n° 23; *Rev. proc. coll.* 1998, p. 62, n° 3, obs. Dureuil.
9. Angers, 29 oct. 1996, *Rev. proc. coll.* 1998, p. 61, n° 3, obs. Dureuil.
10. Versailles, 2 nov. 1995 et Rennes, 15 nov. 1995, *Rev. proc. coll.* 1998, p. 61, n° 3, obs. Dureuil.
11. Dijon, 2 avr. 1996, *BICC* 1996, n° 1265.
12. CRÉÉ par Ord. n° 2014-326, 12 mars 2014, *JO* 14 mars, p. 5249, art. 92.
13. VALLENS, 2015, n° 2583.
14. Dijon, 2 avr. 1996, préc.; *Rev. proc. coll.* 1998, p. 62, n° 3, obs. Dureuil – Paris, 5e ch. B, 28 juin 2006, RG n° 05/20964 – Nancy, 2e ch. com., 28 mai 2014, RG n° 13/02336, *JurisData* 011915 – CONTRA : Chambéry, 30 juin 1997, *Rev. proc. coll.* 1998, p. 61, n° 3, obs. Dureuil.
15. Aix-en-Provence, 8e ch. A, 6 mars 2014, RG n° 10/12732, *JCP E* 1334, note Delattre.
16. SOUS L'EMPIRE de la loi du 13 juillet 1967 : Com. 24 oct. 1978, n° 77-11.659, *Bull. civ.* IV, n° 236; *D.* 1979. 89, note Derrida – Com. 17 juill. 1981, n° 79-14.392, *Bull. civ.* IV, n° 322; *D.* 1981. IR 548.

avoir annulé le jugement, statuer à nouveau, sans rapport du juge-commissaire[1], encore que le contraire ait cependant pu être jugé[2].

Ces rapports sont explicitement prévus, sous l'empire de la législation antérieure à la loi de sauvegarde, dans un grand nombre de situations. Il en est d'abord ainsi en cas de demande de modification de la mission de l'administrateur judiciaire, de demande de prorogation de la période d'observation, de demande de conversion du redressement en liquidation judiciaire, en cas de clôture de la procédure en plan de cession sous l'empire de la loi du 25 janvier 1985 (D. 27 déc. 1985, art. 106) ou en liquidation judiciaire, en cas de demande de sanctions contre les dirigeants, sous réserve ici de particularités (v. s^{s} n° 921.37).

L'article 24 du décret du 27 décembre 1985 prévoit en outre que le juge-commissaire doit faire rapport sur toutes les contestations nées du redressement ou de la liquidation judiciaire, et qui sont portées devant le tribunal. Il est cependant excepté les oppositions aux propres ordonnances du juge-commissaire. La solution est reproduite par la législation de sauvegarde des entreprises (C. com., art. R. 662-12, al. 2), qui l'étend aux sanctions.

Le juge-commissaire informe le tribunal de ce que le rapport contenant bilan économique et social n'a pas été déposé au greffe au moins dix jours avant l'expiration de la période d'observation (D. 27 déc. 1985, art. 45, en régime général du redressement judiciaire) ou au moins cinq jours avant expiration de la période d'observation pour le projet de plan, en régime simplifié du redressement judiciaire (D. 27 déc. 1985, art. 117).

Le juge-commissaire informe aussi les organes de la procédure, en transmettant à l'administrateur, aux experts (C. com., art. L. 621-56 [anc^{t} L. 25 janv. 1985, art. 20, al. 1er], réd. antérieure à la loi de sauvegarde des entreprises, C. com., art. L. 623-3 réd. issue de la loi de sauvegarde des entreprises, texte de la procédure de sauvegarde applicable en redressement judiciaire : C. com., art. L. 631-18, I) et au liquidateur (C. com., art. L. 622-12 [anc^{t} L. 25 janv. 1985, art. 153-2, al. 1er] réd. antérieure à la loi de sauvegarde des entreprises, C. com., art. L. 641-11, al. 3, sous l'empire de la loi de sauvegarde des entreprises) tous documents utiles à l'accomplissement de leur mission.

1. Com. 17 nov. 2015, n° 14-19.505, NP; n° 981 F-D – Com. 17 nov. 2015, n° 14-19.506, NP; n° 982 F-D – Paris, 5e ch. B, 28 juin 2006, RG n° 05/20964 – Nancy, 2e ch. com., 28 mai 2014, RG n° 13/02336, *JurisData* 011915.
2. Dijon, 19 avr. 1994, *Rev. huissiers* 1994. 1286; *Rev. proc. coll.* 1996, p. 52, obs. Dureuil – Besançon, 22 mars 1995 et Besançon, 21 avr. 1995, *Rev. proc. coll.* 1996, p. 52, n° 2, obs. Dureuil.

331.33 Initiatives du juge-commissaire indépendantes de toute demande. Le juge-commissaire a des initiatives indépendantes de toute demande.

C'est ainsi qu'il a d'importants pouvoirs en matière de mesures conservatoires. Il ordonne, sous l'empire de la législation antérieure à la loi de sauvegarde des entreprises[3], le *détournement du courrier*, tant en redressement qu'en liquidation judiciaire (C. com., art. L. 621-20 et L. 622-11 [anc^{t} L. 25 janv. 1985, art. 29, al. 1er, et 153-1, al. 1er]), et, sous l'empire de la législation du 26 juillet 2005, seulement en liquidation judiciaire (C. com., art. L. 641-15), fixe la rémunération du chef d'entreprise ou des dirigeants. Il peut ordonner l'apposition des scellés (D. 27 déc. 1985[4], art. 48, al. 1er) et déterminer son étendue (D. 27 déc. 1985, art. 49, al. 1er).

Ensuite, il dispose de pouvoirs de contrôle des organes de la procédure. Il peut solliciter le remplacement des organes de la procédure de sauvegarde, de celle de redressement judiciaire : représentant des créanciers – mandataire –, administrateur et expert et de l'organe de la liquidation judiciaire, le liquidateur. Si le remplacement des organes est à l'initiative de ceux-ci, il doit être saisi de la demande, qu'il présente au tribunal, jouant ainsi le rôle de courroie de transmission.

Il nomme les contrôleurs.

Il autorise l'administrateur, le liquidateur ou le débiteur à remettre au greffier et au représentant des créanciers les sommes nécessaires à l'accomplissement de leur mission (D. 27 déc. 1985, art. 28). Il autorise le cessionnaire à faire de même, à l'égard du commissaire à l'exécution du plan (D. 27 déc. 1985, art. 91).

Il autorise, sous l'empire de la législation antérieure à la loi de sauvegarde des entreprises, la continuation du contrat en période d'observation, en l'absence d'administrateur. Depuis la loi de sauvegarde des entreprises, il tranche le litige opposant le débiteur et le mandataire judiciaire sur la continuation du contrat.

Il dispose de pouvoirs dans le cadre de l'élaboration du plan. C'est ainsi qu'il peut, en régime simplifié sans administrateur, convoquer les assemblées pour statuer sur les augmentations de capital (C. com., art. L. 621-137 [anc^{t} L. 25 janv. 1985[5], art. 141, al. 2], réd. antérieure à la loi de sauvegarde des entreprises, C. com., art. L. 627-3 renvoyant au décret, sous l'empire de la loi de sauvegarde des entreprises).

3. L. n° 2005-845, 26 juill. 2005, préc.
4. D. n° 85-1388, 27 déc. 1985, préc.
5. L. n° 85-98, 25 janv. 1985, préc.

SECTION 331.40 DUALITÉ DES ORDONNANCES DU JUGE-COMMISSAIRE

331.41 Triple nature des ordonnances du juge-commissaire. Parfois, et c'est assez rare, le juge-commissaire rend des ordonnances qui n'ont pas de valeur juridictionnelle. Il s'agit de mesures d'administration judiciaire. Il en est ainsi des ordonnances de dispense de vérification du passif chirographaire en liquidation judiciaire, encore que, plus juridiquement, on devrait évoquer les ordonnances autorisant la vérification des créances chirographaires en liquidation, s'il apparaît que le produit de l'actif sera absorbé par les créanciers privilégiés (v. s^s n° 672.21).

Le plus souvent, le juge-commissaire statue par voie d'ordonnance ayant une valeur juridictionnelle.

Il en est d'abord ainsi lorsque le juge-commissaire se contente de donner une habilitation. À notre sens, ces ordonnances relèvent alors de la matière gracieuse. On rappellera que, selon l'article 25 du code de procédure civile, « le juge statue en matière gracieuse, lorsqu'en l'absence de litige, il est saisi d'une demande, dont la loi exige, en raison de la nature de l'affaire et de la qualité du requérant, qu'elle soit soumise à son contrôle ». L'article 28 du code de procédure civile dispose que « le juge peut se prononcer sans débat ».

D'autres décisions du juge-commissaire s'inscrivent dans un cadre contentieux.

Cette diversité de nature des ordonnances du juge-commissaire justifie naturellement une diversité de régime[1].

Mais, qu'elles interviennent dans le domaine gracieux ou contentieux, aucune forme n'est imposée par les textes, avant le décret du 30 juin 2014[2], pour saisir le juge-commissaire. En pratique, il s'agit le plus souvent d'une requête, prenant la forme d'un courrier recommandé, qui est envoyé au greffe du tribunal.

Le décret du 30 juin 2014 (art. 37) vient confirmer la souplesse de la forme de saisine, en indiquant que le juge-commissaire est saisi par requête ou par déclaration au greffe de la juridiction, sauf s'il en est disposé autrement (C. com., art. R. 621-21, al. 1). Notons que la présentation volontaire des parties ou encore la requête conjointe n'est pas prévue.

En outre, les ordonnances du juge-commissaire sont susceptibles d'un recours. Elles ne présentent pas, par principe, le caractère d'acte d'administration judiciaire, mais ont la nature d'actes juridictionnels. Le contraire a cependant été posé, à tort selon nous, pour une ordonnance autorisant un différé d'option sur la continuation d'un contrat en cours[3].

Véritables décisions de justice, les ordonnances du juge-commissaire doivent, à peine de nullité, être signées par le greffier qui a assisté à leur prononcé, en application des articles 456 et 458 du code de procédure civile[4].

1. COMP. : SOINNE, n° 714 et obs. *Rev. proc. coll.* 1998, p. 62, n° 4.
2. D. n° 2014-736, 30 juin 2014, préc.

SECTION 331.50 ORDONNANCES DU JUGE-COMMISSAIRE RELEVANT DE LA JURIDICTION GRACIEUSE

331.51 Domaine des ordonnances gracieuses du juge-commissaire – Délivrance d'habilitations. Les principales attributions du juge-commissaire consistent à délivrer aux organes de la procédure ou au débiteur des autorisations.

Le juge-commissaire a d'abord d'importants pouvoirs en matière de gestion de l'entreprise.

Il en est d'abord ainsi en matière de continuation de contrat. Il est seul compétent pour connaître des demandes relatives à la continuation des contrats en cours[5], et cela même si est en cause un contrat conclu par le délégataire d'un service public emportant occupation du domaine public.

Il autorise, en période d'observation, le différé d'option sur la continuation du contrat. En régime simplifié sans administrateur, sous l'empire de la législation antérieure à la loi de sauvegarde des entreprises[6], il autorise le débiteur à continuer les contrats en cours (C. com., art. L. 621-137 [anc^t L. 25 janv. 1985, art. 141, al. 2]). Cette autorisation a été supprimée, dans la législation du 26 juillet 2005, même s'il n'y a pas d'administrateur judiciaire. Il a compétence pour déterminer si un contrat est ou non en cours[7]. Il constate la résiliation des contrats, à la demande de tout intéressé (D. 27 déc. 1985[8], art. 61-1; C. com., art. R. 622-13, al. 2), même celle du bail commercial[9], mais ne peut, avant l'ordonnance du

3. Aix-en-Provence, 8e ch. A, 13 avr. 1994, *Rev. proc. coll.* 1998, p. 62, n° 4, obs. Soinne.
4. Com. 18 mars 2003, n° 01-15.264, *Bull. civ.* IV, n° 48; *Act. proc. coll.* 2003/10, n° 135, obs. Cagnoli.
5. Com. 18 juin 2013, n°s 12-14.836, 12-19.054, *Bull. civ.* IV, n° 102; n° 651 FS-P+B; *D.* 2013. Actu. 1616, obs. Lienhard; *Gaz. Pal.* 29 sept. 2013, n° 272, p. 20, note Kendérian; *Act. proc. coll.* 2013/14, comm. 193, note Kendérian; *JCP E* 2013, Chron. 1434, n° 7, obs. Pétel; *BJE* sept. 2013, p. 296, note Benilsi; *Rev. proc. coll.* 2014, comm. 158, note Roussel Galle.
6. L. n° 2005-845, 26 juill. 2005, préc.
7. Com. 16 juin 2004, n° 01-13.781, NP.
8. D. n° 85-1388, 27 déc. 1985, préc.
9. T. com. Tours, 2 mai 1996, *Rev. proc. coll.* 1998, p. 69, n° 8, obs. Soinne.

18 décembre 2008[1], la prononcer[2]. Des règles n velles ont été posées par l'ordonnance du 18 déce bre 2008, qui permettent, dans certains cas b précis, au juge-commissaire, saisi selon le cas pa débiteur, l'administrateur judiciaire ou le liqui teur, de prononcer la résiliation des contrats.

Il autorise les licenciements en période d'obser tion.

Dans le cadre de la continuation des contrats cours ou de la conclusion des contrats de prêt ap jugement d'ouverture, il autorise les délais de pa ment permettant de bénéficier des dispositions l'article L. 621-32 (anc[t] L. 25 janv. 1985[3], art. 3°) ou de celles de l'article L. 622-17, dans la lég lation du 26 juillet 2005.

Il autorise aussi le liquidateur à faire fonction les comptes bancaires et postaux du chef d'ent prise au-delà du délai de six mois par rapport prononcé de la liquidation judiciaire (D. 27 d 1985, art. 121).

Le juge-commissaire autorise également les pa ments individuels de créanciers en dehors des dist butions collectives, sous la forme de paiements p visionnels, tant en sauvegarde, qu'en redressem judiciaire ou en liquidation judiciaire. Il ordonn reversement des sommes versées à tort à titre pro sionnel (D. 27 déc. 1985, art. 55-1, al. 3). Il t compétent pour autoriser les attributions judicia de gage en liquidation judiciaire. Il autorise le p ment des créanciers antérieurs qui sont par prin interdits, dès lors qu'il s'agit d'éteindre un droi rétention, assortissant ou non un gage, tant en vegarde, qu'en redressement judiciaire ou en li dation judiciaire, qu'il est question de permett la levée d'option d'achat d'un crédit-bail penda la période d'observation ou en liquidation judici re, ou encore de rendre possible le retour dans le tri- moine du débiteur de biens transmis dans un tri- moine fiduciaire, en l'absence de convention ssu- rant au débiteur l'usage ou la détention du bie.

Le juge-commissaire n'excède pas ses pouvoirs à autoriser le paiement d'un avocat étant intervenu à la demande du liquidateur[4].

En dehors des paiements, il autorise, en sauvegarde ou en redressement judiciaire, les actes étrangers à la gestion courante de l'entreprise, les transactions ou compromis et les constitutions de sûretés. En liquidation judiciaire, il autorise également les compromis et transactions.

Il ordonne encore les substitutions de garanties en sauvegarde ou en redressement judiciaire.

1. Ord. n° 2008-1345, 18 déc. 2008, préc.
2. NOT. EN MATIÈRE de bail commercial : Dijon, 4 juill. 1995, *Rev. proc. coll.* 1998, p. 69, n° 8, obs. Soinne.
3. L. n° 85-98, 25 janv. 1985, préc.
4. Paris, 3e ch. A, 27 nov. 2007, RG n° 07/5786.

Le juge-commissaire dispose de très importants pouvoirs en matière de réalisations d'actifs, pendant la période de liquidation judiciaire.

Dans le domaine des réalisations immobilières, il choisit le mode de réalisation le plus approprié. Il ordonne les ventes sur saisies immobilières ou sur adjudication amiable et autorise les ventes de gré à gré[5]. Dans ce cadre, il peut obliger le notaire détenteur du prix d'adjudication de l'immeuble à le verser au compte ouvert par le liquidateur à la Caisse des dépôts et consignations[6]. Il autorise également les ventes mobilières, ainsi que, sous l'empire de la législation antérieure à la loi de sauvegarde des entreprises, les cessions d'unités de production, en opérant le choix entre les offres (C. com., art. L. 622-17 [anc[t] L. 25 janv. 1985, art. 155, al. 5]). La vente aux enchères publiques ordonnée par le juge-commissaire ne constitue pas un acte d'exécution forcée, mais une opération de liquidation des biens du débiteur[7]. Le juge de l'exécution est incompétent. Sa saisine est inopérante pour remettre en cause la vente intervenue. Seul le recours contre cette ordonnance obéissant aux règles du livre VI du code de commerce est envisageable. Le juge-commissaire peut accorder un délai complémentaire à l'acquéreur pour obtenir un prêt nécessaire à l'acquisition du bien[8]. En dehors de la liquidation judiciaire, il autorise la vente des meubles garnissant les lieux loués.

331.52 Modalités procédurales des ordonnances du juge-commissaire rendues en matière gracieuse. Les ordonnances rendues en matière gracieuse ne nécessitent pas de motivation[9]. Elles n'ont pas à respecter la règle du contradictoire. La solution résulte des articles 25 et 28 du code de procédure civile. Si elles sont frappées de recours, le débat devient contentieux et, par voie de conséquence, contradictoire.

Ces principes relativement clairs, consistant à écarter la règle du respect du contradictoire en présence d'une ordonnance relevant de la matière gracieuse, sont cependant largement obscurcis par les dispositions réglementaires de la loi du 25 janvier 1985[10] ou du 26 juillet 2005[11], qui prévoient par-

5. Com. 6 déc. 1994, n° 92-12.265, NP, *Rev. proc. coll.* 1995, p. 287, n° 2, obs. Dureuil.
6. Com. 28 juin 1994, n° 90-14.828, *Bull. civ.* IV, n° 238; *Rev. proc. coll.* 1995, p. 48, n° 5, obs. Dureuil.
7. Com. 11 févr. 2014, n° 12-26.208, *Bull. civ.* IV, n° 35; n° 190 F-P+B; *Gaz. Pal.* 29 juin 2014, n° 180, p. 27, note Théron; *Leden* avr. 2014, comm. 62, note Staes; *Act. proc. coll.* 2014/7, comm. 131, note Hoonakker.
8. Com. 22 nov. 1994, n° 89-20.243, NP, *Rev. proc. coll.* 1995, p. 287, n° 2, obs. Dureuil.
9. Aix-en-Provence, 6 janv. 1994, *Gaz. Pal.* 8 juill. 1994, p. 8, obs. Latil; *Rev. proc. coll.* 1995, p. 43, n° 1, obs. Dureuil.
10. L. n° 85-98, 25 janv. 1985, préc.
11. L. n° 2005-845, 26 juill. 2005, préc.

fois la convocation de diverses personnes, dans le cadre de demandes d'habilitation. Le caractère gracieux de la décision subsiste cependant, puisqu'il n'y a pas de véritable litige entre les intéressés. Le débat contradictoire n'est pas exclusif de la nature gracieuse de la décision à intervenir car l'article 28 du code de procédure civile, intéressant la matière gracieuse, prévoit que « le juge peut se prononcer sans débat ». Il a donc toute latitude d'organiser devant lui un débat, qui peut parfaitement être contradictoire. La particularité est ici que le juge « ne peut se prononcer sans débats », la latitude que lui laisse l'article 28 du code de procédure civile étant écartée. Il en va ainsi lorsque le juge-commissaire est saisi d'une demande de substitution de sûreté. Il doit convoquer le débiteur, l'administrateur, le créancier en cause et le représentant des créanciers – mandataire judiciaire. Une règle similaire est posée lorsque le juge-commissaire statue sur une demande d'autorisation présentée par l'administrateur judiciaire, pour compromettre, transiger, faire un acte de disposition étranger à la gestion courante de l'entreprise ou consentir une sûreté. La convocation du débiteur et du liquidateur s'impose également dans le cadre du choix des formes de ventes immobilières, celle du débiteur s'imposant dans le cadre de l'autorisation donnée au liquidateur de vendre les meubles.

Il est évident que, même si la décision à intervenir se situe dans le domaine gracieux, lorsque la convocation est prévue, l'absence de respect de cette formalité sera une cause de nullité de l'ordonnance[1].

Les décisions relevant de la matière gracieuse ont une nature juridictionnelle. Cela justifie, que le juge-commissaire ayant rendu une première ordonnance d'autorisation du liquidateur à vendre à une personne déterminée un bien ne puisse rendre une seconde ordonnance, même si une seconde offre meilleure se présente[2]. La fin de non-recevoir tirée de l'autorité de chose jugée attachée à la première ordonnance n'est cependant pas d'ordre public et la juridiction saisie du recours n'a pas à la soulever d'office, de sorte qu'elle ne commet pas d'excès de pouvoir en admettant, après rétractation de la première ordonnance qui n'avait pas été exécutée, que le juge-commissaire rende une seconde ordonnance[3].

Précisons enfin que les ordonnances par lesquelles le juge-commissaire se contente de délivrer une se autorisation à un organe ne sont pas revêtle l'autorité de la chose jugée, dès lors qu'elles nnchent aucune contestation dans leur disposit

SON 331.60
(ONNANCES DU JUGE-COMMISSAIRE
RVANT DE SA JURIDICTION CONTENTIEUSE

361 Domaine des ordonnances contentieuslu juge-commissaire. Dans un cadre contentx, le juge-commissaire a une compétence calq sur celle du tribunal de la faillite[5]. Il ne peut dc connaître que des litiges nés de la faillite ou siesquels celle-ci exerce une influence, au sens de l'icle 174 du décret du 27 décembre 1985[6], de l'icle R. 662-3 du code de commerce. Une difficé particulière s'était toutefois présentée en présce d'un débiteur ayant soulevé l'article 47 du ce de procédure civile devant le juge-commissaire olevant la cour d'appel statuant sur recours contres ordonnances du juge-commissaire, alors que cee même disposition n'avait pas été soulevée dent le tribunal à l'ouverture de la procédure colleve (v. s[s] n° 232.12). Cette difficulté a disparu av le décret du 30 juin 2014[7] (art. 119), qui a inré un article R. 662-3-1 dans le code de commce, aux termes duquel « les dispositions de l'acle 47 du code de procédure civile ne sont pas apicables aux litiges qui relèvent de la compétence du ul juge-commissaire ».

ès lors que l'action est née de la faillite ou que la faile exerce sur elle une influence, la compétence du jge-commissaire absorbe, sur le terrain du droit comun celle du juge des référés[8]. Il est le juge de la contestation non sérieuse, à l'instar du juge des référés[9]. Deux réserves sérieuses méritent d'être appotées. L'impossibilité pour le juge-commissaire de prnoncer des condamnations maintient la compétence du juge des référés en matière de référé-provision. En outre, lorsque la loi donne compétence exclusive au juge des référés, par exemple pour prévenir un dommage imminent ou faire cesser un trouble manifestement illicite (C. pr. civ., art. 809, pour le TGI, et 873 pour le T. com.), le juge-com-

1. Colmar, 1re ch. civ., 7 sept. 1993, *Rev. proc. coll.* 1994, p. 29, n° 6, obs. Dureuil.
2. Com. 16 mars 1999, n° 95-20.982, *Bull. civ.* IV, n° 65; *JCP E* et *A* 1999, Chron. 1533, n° 2-c-12, obs. Pétel – CONTRA : Dijon, 11 mai 1995, *Rev. proc. coll.* 1995, p. 287, n° 2, obs. Dureuil.
3. Com. 3 mai 2006, n° 04-17.793, NP, *RTD com.* 2006. 671, n° 9, obs. Vallens.
4. Com. 19 déc. 2000, n° 97-20.551, NP, *RTD com.* 2001. 520, obs. Vallens : statuant sur une ordonnance se bornant à « autoriser le liquidateur à engager en tant que de besoin toute action appropriée » à l'encontre d'un tiers.
5. Honorat, obs. s[s] Com. 6 juin 1995, n° 93-14.702, *D.* 1996. Somm. 86 – *Adde*, PÉROCHON, 9e éd., n° 474.
6. D. n° 85-1388, 27 déc. 1985, préc.
7. D. n° 2014-736, 30 juin 2014, préc.
8. SOINNE, n° 714.
9. Derrida, note s[s] Com. 8 mars 1977, *D.* 1978. Jur. 53, sp. 55, n°s 6 et 7.

missaire est incompétent pour prescrire les mesure conservatoires qui s'imposent.

Peut-on affirmer que, en dehors des mission conférées par la loi, sa compétence peut être retenu dès lors que celle du tribunal n'est pas affirmée Une réponse positive semble faire difficulté. C'e ainsi qu'il a été jugé que le juge-commissaire n'éta pas dans son office juridictionnel pour statuer, dar le cadre de la vérification des créances, sur la validit d'un contrat[1] ou sur la légitimité d'un droit c rétention[2]. Le juge-commissaire ne l'est pas davar tage pour statuer sur la contestation de créance postérieures éligibles au traitement préférentie sous l'empire de la législation antérieure à la loi c sauvegarde des entreprises[3]. Aussi, l'action née de l faillite ou sur laquelle celle-ci exerce son influenc sera-t-elle, par principe, de la compétence du tribu nal et non de celle du juge-commissaire, sauf si u texte spécial prévoit, en la matière, l'intervention d juge-commissaire. Sous l'empire de la loi de sauv garde, le juge-commissaire a compétence pour sta tuer sur la liste des créances postérieures privil giées[4], mais non sur le principe du droit de poursui du créancier postérieur. De façon générale, on rése vera la compétence du juge de l'exécution, qui do connaître des contestations relatives aux saisies[5].

Le juge-commissaire dispose cependant d'impor tants pouvoirs exclusifs en matière contentieuse.

Il est d'abord la juridiction exclusive du conten tieux de la continuation des contrats en cours[6] Ainsi, dans ce cadre, il peut ordonner à une banque de débloquer les sommes mises en réserve par celle-ci sur un compte spécial pour continuer la convention de compte-courant[7]. Il peut identiquement ordonner la poursuite des concours pendant la période d'observation, le banquier ayant, le jour du jugement d'ouverture, avisé le client de sa volonté y mettre fin par application de l'article L. 313-12 u code monétaire et financier (art. 60 de la loi ancaire), sans dénoncer la lettre de rupture des oncours à l'administrateur judiciaire[8]. Il statue sur s litiges relatifs à l'exercice de l'option sur la continuation des contrats ouverte à l'administrateur udiciaire[9]. En revanche, si le juge-commissaire a une compétence exclusive en matière d'option sur a continuation des contrats en cours, qui exclut celle du juge des référés[10], sa compétence cesse lorsqu'il n'est question que des conséquences de cette option, qui peuvent dès lors ressortir à la compétence du juge des référés[11].

Le juge-commissaire commet un excès de pouvoir à imposer au bailleur une convention d'occupation précaire au profit du repreneur[12]. Cette compétence exclusive du juge-commissaire exclut évidemment celle du président du tribunal, qui aurait désigné une personne pour accomplir une tâche technique n'entrant pas dans la compétence habituelle des mandataires de justice ou qui aurait fixé la rémunération de cette personne après accomplissement de sa mission. En conséquence, le président du tribunal ne peut se prononcer sur le sort de contrats conclus entre cette personne et le débiteur avant le jugement d'ouverture, ni substituer l'accomplissement d'une telle tâche technique à leur exécution, ni modifier, par ce moyen, les modalités de rémunération des prestations du cocontractant[13].

Le juge-commissaire est l'organe central de la vérification du passif, qui a ici une compétence exclusive[14]. Il est rendu destinataire de la liste des créances déclarées avec les propositions d'admission, de rejet, d'incompétence ou de constat d'une instance en cours. Il admet les créances sans contestation. Il admet définitivement les créances sociales ou fiscales admises à titre provisionnel. S'il y a contestation sur une créance, celle-ci est, par principe, tranchée par le juge-commissaire, dès lors qu'elles ne dépassent pas le cadre de son office juridictionnel, c'est-à-dire le cadre du juge de l'évidence. En outre, en matière de créances fiscales ou sociales, la

1. Com. 2 mai 2001, n° 97-20.953, NP, *Act. proc. coll.* 2001, n° 174.
2. Com. 6 juin 1995, n° 93-14.702, *Bull. civ.* IV, n° 169; *Rev. proc. coll.* 1995, p. 292, n° 8, obs. Dureuil – COMP. : Paris, 25 juin 1996, *Rev. proc. coll.* 1998, p. 69, n° 8, obs. Soinne.
3. Com. 11 juill. 2006, n°s 05-15.527, 05-16.016, NP, *Rev. proc. coll.* 2007/3, p. 146, n° 6, obs. Saint-Alary-Houin.
4. SUR CETTE QUESTION : Sortais, note s^s^ Com. 21 janv. 2010, n° 07-21.542, NP, *Gaz. Pal.* 16-17 avr. 2010, n°s 106, 107, p. 24, note Henry; *LPA* 13 juill. 2010, n° 138, p. 19, note Sortais.
5. Civ. 1re, 22 oct. 1997, *Rev. proc. coll.* 1998, p. 230, n° 12, obs. Cadiou – *Adde*, SUR LE CONFLIT de compétence entre le juge de l'exécution et le juge-commissaire : Liénard, « À propos du conflit de compétence entre le juge de l'exécution et le juge-commissaire d'une procédure collective », *Rev. proc. coll.* 1995, p. 15 s.
6. Com. 8 déc. 1987, n° 87-10.716, *Bull. civ.* IV, n° 267; *D.* 1988. 53, obs. Derrida.
7. Com. 11 janv. 1994, n° 91-18.426, NP, *Rev. proc. coll.* 1995, p. 47, n° 5, obs. Dureuil.
8. Com. 28 juin 1994, n° 92-10.830, *Bull. civ.* IV, n° 242; *Rev. proc. coll.* 1995, p. 47, n° 5, obs. Dureuil.
9. Com. 25 janv. 1994, n° 91-16.776, *Bull. civ.* IV, n° 36; *Rev. proc. coll.* 1995, p. 47, n° 5, obs. Dureuil.
10. Com. 8 déc. 1987, n° 87-10.716, *Bull. civ.* IV, n° 267; *D.* 1988. 53, obs. Derrida.
11. AINSI : Com. 20 févr. 1996, n° 93-18.713, *Bull. civ.* IV, n° 51.
12. Com. 20 juin 2000, n° 97-16.932, NP.
13. Com. 25 nov. 2008, n° 07-20.230, NP.
14. Com. 27 oct. 1998, n° 94-19.288, *Bull. civ.* IV, n° 262; *RTD com.* 2000. 191, obs. Vallens – Com. 8 janv. 2002, n° 98-17.373, *Bull. civ.* IV, n° 3; *Rev. proc. coll.* 2003, p. 141, n° 10, obs. Legrand – T. confl. 18 avr. 2005 et 23 mai 2005, n° C3447, *Gaz. proc. coll.* 2005/3, p. 42, n° 6, obs. Le Corre.

compétence du juge-commissaire, pour connaître des contestations portant sur le fond de la créance, s'efface devant celle du juge fiscal ou du tribunal des affaires de sécurité (v. s[s] n° 682.61). Il en est de même des contestations intéressant les créances nées d'un marché public, qui sont de la compétence du juge administratif[1].

Le juge-commissaire tranche les réclamations des personnes intéressées qui ne sont pas des parties. Il statue sur les demandes de relevé ou d'inopposabilité de forclusion. Il vise le relevé des créances salariales. En revanche, il excède ses pouvoirs à admettre au passif une créance salariale[2].

Le juge-commissaire a également des compétences importantes en matière de revendication ou de restitution. Après refus d'acquiescement du mandataire de justice compétent ou, depuis la loi de sauvegarde des entreprises, du débiteur, il est chargé de trancher la difficulté.

331.62 Modalités procédurales des ordonnances du juge-commissaire rendues en matière contentieuse. Les ordonnances rendues en matière contentieuse doivent être motivées[3], et ce en conformité avec l'article 455 du code de procédure civile. La jurisprudence, d'une manière peut-être critiquable, faute de dérogation explicite au droit commun de la procédure civile, écarte ce principe en matière d'ordonnances d'admission de créances sans contestation (v. s[s] n° 682.21). Si elles empruntent, comme c'est le plus souvent le cas, un formulaire informatique pré imprimé avec des cases cochées et d'autres vierges, ce que la jurisprudence ne prohibe pas[4], encore faut-il que leur lecture ne dénote pas une incohérence non susceptible d'être explicitée par des motifs inexistants[5].

Le principe du contradictoire doit ici être respecté, conformément à l'article 16, alinéa 1er du code de procédure civile[6].

Toutes les demandes qui tendent à imposer à un tiers une obligation rentrent dans le cadre contentieux. Il n'est pas ici question d'une simple habilitation lorsqu'un organe impose à un tiers une obligation. C'est alors nécessairement une instance entieuse qui s'engage, imposant le respect de la tradiction. Il en est ainsi lorsque le juge-comaire oblige un partenaire contractuel à reprenses relations[7].

a procédure devant le juge-commissaire est e. Les intéressés peuvent se présenter devant ce en personne, se faire représenter par avocat ou e personne de leur choix muni d'un mandat *ad n*, à l'exception cependant des contrôleurs qui, ne se présentent pas en personne, doivent se e représenter par avocat (v. s[s] n° 612.21).

On réservera cependant les instances de redressent ou de liquidation judiciaire ouverte devant les unaux de grande instance ou la représentation avocat n'est pas obligatoire, mais où, par dérogon aux règles régissant la matière commerciale, eprésentation par un tiers ne peut se faire que avocat.

On réservera également le cas de procédures vertes en **Alsace-Moselle**. La procédure est alors ite même pour les affaires devant la chambre nmerciale du tribunal de grande instance. La résentation par avocat est en conséquence oblioire devant le juge-commissaire[8]. Cette solution préconisée même pour les procédures de contestion de créance[9]. Il serait pourtant logique qu'il en t autrement, puisque la déclaration de créance ut, par exception, être faite par le créancier luiême ou tout mandataire de son choix (v. s[s] [os] 662.21 et 662.32).

L'oralité des débats a une incidence. Par application de l'article 871 du code de procédure civile, les prétentions des parties sont présumées avoir été contradictoirement débattues[10]. Il importe donc, pour se pré-constituer la preuve que les prétentions ont été formulées, de faire consigner celles-ci par le greffier, afin qu'elles puissent ensuite être retranscrites dans les ordonnances du juge-commissaire. La présence du greffier apparaît ainsi indispensable aux débats[11]. L'article 455 du code de procédure civile doit être respecté par le juge-commissaire : obligation de rappeler les prétentions des parties et leurs moyens avant d'y répondre. Cette règle de procédure est prescrite à peine de nullité de la décision[12].

1. T. confl. 23 mai 2005, req. n° 3447, *D.* 2005. AJ 1696, obs. Lienhard; *Gaz. proc. coll.* 2005/3, p. 42, n° 6, obs. Le Corre.
2. Com. 6 déc. 2011, n°s 10-22.855, 10-22.857, 10-22.860, 10-22.862, 4 esp., NP; n°s 1247, 1248, 1249, 1250 F-D; *BJE* mars 2012, comm. 44, p. 105, note Donnette.
3. AINSI : Douai, 17 juin 1993 et Angers, 6 juin 1995, *Rev. proc. coll.* 1996, p. 54, n° 4, obs. Dureuil.
4. Civ. 2e, 31 janv. 1985, n° 84-12.769, *Bull. civ.* II, n° 26; *Gaz. Pal.* 1985. I. 124, note Guinchard.
5. Dijon, 8 nov. 1994, *Rev. proc. coll.* 1996, p. 54, n° 4, obs. Dureuil.
6. Com. 6 juin 1995, n° 93-11.782, NP, *Rev. proc. coll.* 1995, p. 291, n° 7, obs. Dureuil – Com. 19 janv. 1999, NP.
7. Com. 14 févr. 1995, n° 92-20.941, *Bull. civ.* IV, n° 45; *Rev. proc. coll.* 1996, p. 323, n° 2, obs. Soinne – Com. 6 juin 1995 et Com. 19 déc. 1995, n° 92-20.908, NP, *Rev. proc. coll.* 1996, p. 324, n° 2, obs. Soinne.
8. Com. 14 janv. 1997, n° 93-18.596, *Bull. civ.* IV, n° 14.
9. VALLENS, 2015, n° 2590.
10. Civ. 1re, 25 nov. 1992, *Bull. civ.* I, n° 291.
11. Obs. Soinne, *Rev. proc. coll.* 1998, p. 63, n° 5.
12. Com. 31 janv. 1995, n° 92-21.490, NP, *Rev. proc. coll.* 1995, p. 285, n° 1, obs. Dureuil – *Adde*, Douai, 17 juin 1993, *Rev. proc. coll.* 1995, p. 285, n° 1, obs. Dureuil.

Les décisions relevant de la mère contentieuse dessaisissent le juge-commissaire. Elles sont en effet revêtues de l'autorité de la chose jugée. Cela interdit d'une part la présentation subséquente d'une requête sur le même fondement[1] et, d'autre part, la rétractation par le juge-commissaire de son ordonnance[2]. Le caractère juridictionnel des ordonnances du juge-commissaire est un trait commun à la matière contentieuse et à la matière gracieuse (v. s[s] n° 331.41).

SECTION 331.70

OBLIGATION POUR LE JUGE-COMMISSAIRE DE STATUER DANS UN DÉLAI RAISONNABLE

331.71 Appréciation du délai raisonnable et recours[3]. En droit commun, le juge n'a pas de délai pour statuer. Il n'existe, pour le plaideur, que l'illusoire protection du déni de justice, dont les contours sont relativement flous, ou la procédure de prise à partie.

Le législateur a estimé, au contraire, que le juge-commissaire devait statuer dans un délai « raisonnable ». Cet impératif se trouve d'ailleurs relayé pour toutes les juridictions par l'article 6 § 1 de la Convention européenne de sauvegarde des droits de l'homme et des libertés fondamentales accordant à toute personne le droit d'être jugé dans un délai raisonnable[4]. Du fait de l'adjectif introduit dans le texte de loi, l'imprécision est grande. Que faut-il entendre par « délai raisonnable » ? Un arrêt de la Cour de cassation, s'appropriant cependant l'appréciation portée – *a priori* souverainement par les juges du fond – a considéré qu'un délai de six semaines n'était pas un délai raisonnable, en matière de requête en restitution et en revendication[5].

Quelque imprécise que soit l'expression, l'article 25, alinéa 2 du décret du 27 décembre 1985[6] prévoit, si le juge-commissaire n'a pas statué dans un délai raisonnable, que le tribunal peut se saisir d'office. La solution sera extrêmement rare, en pratique, puisqu'il y aurait constat de la carence d'un magistrat composant la juridiction. L'aveu semble difficile... Le décret du 28 décembre 2005[7] supprime cette possibilité de saisine d'office.

En revanche, beaucoup plus importante apparaît la seconde possibilité offerte par le texte de l'article 25, alinéa 2 du décret du 27 décembre 1985, dont la solution a été reproduite par l'article R. 621-21, alinéa 2 du code de commerce. Le tribunal peut être saisi par une partie. Il n'est pas rare d'assister, après l'assignation du mandataire de justice compétent pour saisir le tribunal, à des interventions d'ordonnance du juge-commissaire dans ce délai... Le tribunal devrait avoir les plus grandes difficultés à soutenir que le délai raisonnable n'est pas expiré, alors surtout que le délai continue à courir jusqu'à ce qu'il statue.

L'article R. 621-21, alinéa 2 du code de commerce ouvre également le droit de saisine au ministère public.

Le jugement qui sera rendu sera susceptible d'appel afin de ne pas priver le justiciable du double degré de juridiction, qui est un principe essentiel de la procédure. La solution s'impose, faute de texte écartant ce principe[8].

Le tribunal ne peut cependant se substituer au juge-commissaire que dans deux situations : si ce dernier n'est plus en fonction ou s'il n'a pas statué dans un délai raisonnable, ce qu'il doit indiquer dans son jugement[9].

Précisons cependant que, même s'il n'a pas statué dans un délai raisonnable, le créancier ne peut saisir le tribunal, sur le fondement de l'article R. 621-21, alinéa 2 du code de commerce afin que ce dernier rende une décision en matière d'admission des créances, en ses lieu et place car il y a là compétence exclusive qui peut être justifiée par l'observation que le tribunal ne peut connaître des recours en la matière. La solution a été posée sous l'empire de l'article 25, alinéa 2 du décret du 27 décembre 1985[10].

En outre, dans deux hypothèses particulières, le juge-commissaire doit même statuer dans un délai précisé par le texte. Il est d'abord prévu un délai de trois jours en cas de demande de remplacement d'organes (D. 27 déc. 1985, art. 30, al. 2), délai qui a été supprimé par le décret du 28 décembre 2005, l'article R. 621-17 du code de commerce (anc[t] D. 28 déc. 2005, art. 71) ne le mentionnant plus. En outre, le décret du 27 décembre 1985 prévoit que

1. EN MATIÈRE de revendication : Grenoble, ch. urg., 28 mars 1995, *Rev. proc. coll.* 1998, p. 62, n° 4, obs. Soinne.
2. Paris, 3e ch. B, 26 janv. 2001, *Act. proc. coll.* 2001, n° 174, statuant en matière d'admission des créances.
3. Vullierme, « Le "délai raisonnable" ou la mesure du temps », *LPA* 3 janv. 2005, n° 1, p. 3.
4. ILLUSTR. : Paris, 7 nov. 1997, *D. Affaires* 1998. 80; *Rev. proc. coll.* 1999, p. 45, n° 7, obs. Martin-Serf : annulant une décision de condamnation à combler le passif rendue plus de six ans après les plaidoiries.
5. Com. 5 juill. 2005, n° 04-11.320, *Bull. civ.* IV, n° 154.
6. D. n° 85-1388, 27 déc. 1985, préc.
7. D. n° 2005-1677, 28 déc. 2005, préc.
8. SOINNE, n° 686 – *CONTRA* : M. Cabrillac, « Les aspects procéduraux du redressement et de la liquidation judiciaires d'entreprises », *Gaz. Pal.* 1987. I. 175, sp. p. 185.
9. Com. 5 déc. 1995, n° 94-10.400, NP, *D.* 1996. 125, note Derrida.
10. Com. 19 mars 2002, n° 00-11.219, NP, *Act. proc. coll.* 2002/10, n° 122.

le juge-commissaire doit statuer dans un délai de dix jours en cas de demande de nomination de contrôleur (D. 27 déc. 1985, art. 31, al. 2). Le décret du 28 décembre 2005 n'a pas davantage repris ce délai.

331.72 Modalités procédurales devant le tribunal. Le tribunal, qui se substitue au juge-commissaire, doit respecter les modalités procédurales qui concernent ce dernier. Spécialement, lorsque le juge-commissaire a l'obligation de convoquer certaines personnes avant de rendre sa décision, cette même obligation doit être respectée par le tribunal. Ainsi, à peine de nullité de l'ordonnance, le juge-commissaire doit procéder à l'audition du débiteur avant d'autoriser la vente de ses actifs (v. ss n° 561.21). Si le débiteur est une personne morale, sa dissolution résultant du jugement de liquidation judiciaire et la privation corrélative d'organe de représentation pour l'exercice de ses droits non atteints par le dessaisissement emportera cette conséquence, du moins sous l'empire de la législation antérieure à la loi de sauvegarde des entreprises, de l'irrégularité de l'ordonnance fixant le mode de réalisation des biens. La solution, applicable devant le juge-commissaire, l'est identiquement pour le tribunal qui s'est substitué au juge-commissaire[1]. La question ne se pose plus avec l'ordonnance du 12 mars 2014[2], qui a supprimé la dissolution qui résulte du jugement plaçant la société débitrice en liquidation judiciaire (C. civ., art. 1844-7, 7°, réd. ord. 12 mars 2014, art. 100).

SECTION 331.80
POSSIBILITÉ POUR LE JUGE-COMMISSAIRE DE FAIRE PARTIE DE LA FORMATION DE JUGEMENT ET DE PARTICIPER AU DÉLIBÉRÉ

331.81 Possibilité pour le juge-commissaire de faire partie de la formation de jugement et de participer au délibéré avant l'ordonnance du 12 mars 2014[3]. La participation du juge-commissaire à la formation de jugement n'est pas, sous l'empire de la législation antérieure à la loi de sauvegarde des entreprises[4], une cause de nullité (sur la question, v. aussi ss n° 921.51). Il a été jugé qu'il n'y avait pas là violation de l'article 6 § 1 de la Convention européenne de sauvegarde des droits de l'homme et des libertés fondamentales, accordant au citoyen la possibilité d'un procès équitable[5]. Une seule réserve était posée avant la loi du 26 juillet 2005 : le juge-commissaire ne pouvait faire partie de la juridiction de jugement si décision dont avait à connaître le tribunal était une opposition à une de ses ordonnances (v. ss n° 332.12), ou *si le tribunal s'était* saisi d'office pour statuer aux lieu et place du juge-commissaire n'ayant pas rendu son ordonnance dans un délai raisonnable (D. 27 déc. 1985[6], art. 26). Cette décision a été démentie par la Cour européenne des droits de l'homme en matière de sanctions (v. ss n° 921.51). La Cour de Strasbourg a, en réalité, jugé que la présence du juge-commissaire dans la formation de jugement, était affaire d'espèce[7].

La loi du 26 juillet 2005 plus respectueuse du droit à un procès équitable posé par l'article 6 § 1 de la Convention européenne de sauvegarde des droits de l'homme et des libertés fondamentales, prévoit, pour sa part, que le juge-commissaire ne pourra siéger dans la formation de jugement, ni participer au délibéré, en matière de sanctions civiles (C. com., art. L. 651-3, al. 3, L. 652-5 et L. 653-7, al. 3), ce qui, *a contrario*, valide sa participation à la formation de jugement pour les autres causes. La Cour de cassation a ainsi considéré, dans une instance où il était question de statuer sur l'adoption d'un plan de redressement, que le fait que le juge-commissaire ait établi un rapport plus que réservé, ne lui interdisait pas ensuite de participer à la juridiction de jugement, cet élément n'étant pas de nature à faire naître un doute raisonnable sur l'impartialité de la juridiction[8].

331.82 Interdiction pour le juge-commissaire de faire partie de la formation de jugement et de participer au délibéré depuis l'ordonnance du 12 mars 2014[9]. La question de l'impartialité du juge-commissaire a fait couler beaucoup d'encre. Il est vrai que ce juge a pu, avant de statuer, par sa participation active à la procédure collective, se forger des convictions et une connaissance du dossier, en amont du moment où il est question de statuer collégialement, apparaissant incompatibles avec l'impartialité attendu d'un juge, qui ne doit pas connaître le

1. Paris, 3e ch. A, 11 janv. 2005, RG n° 2004/8439, *Rev. proc. coll.* 2006/1, p. 59, n° 22, obs. Lebel.
2. Ord. n° 2014-326, 12 mars 2014, préc.
3. Ord. n° 2014-326, 12 mars 2014, préc.
4. L. n° 2005-845, 26 juill. 2005, préc.
5. Com. 16 mars 1993, n° 91-10.314, NP et Com. 3 nov. 1992, n° 90-16.751, *Bull. civ.* IV, n° 345; *D.* 1993. 538, obs. Vallens – Com. 23 janv. 1996, n° 94-13.391, *Bull. civ.* IV, n° 23; *Rev. proc. coll.* 1996, p. 326, n° 4, obs. Soinne – CEDH 6 juin 2000, req. n° 34130/96, *Act. proc. coll.* 2001/4, n° 45; *RJ com.* 2001. 20, n° 1568, note Sortais – *Adde*, obs. Soinne, *Rev. proc. coll.* 2000, p. 201, n° 13.
6. D. n° 85-1388, 27 déc. 1985, préc.
7. CEDH 18 oct. 2000, req. n° 34130/96, *Morel c/France* – *Adde*, Le Mesle, « Ordonnance du 12 mars 2014 : de quelques corrections, rectifications et innovations d'ordre procédural », *BJE* mai 2014, 200 s., sp. 201.
8. Com. 19 févr. 2013, n° 11-28.256, NP; n° 176 F-D; *Gaz. Pal.* 1er mai 2013, n° 121, p. 17, note Fricero.
9. Ord. n° 2014-326, 12 mars 2014, préc.

dossier avant d'être effectivement saisi, sauf à avoir un pré-jugement incompatible avec l'art de juger impartialement.

L'article 92 de l'ordonnance du 12 mars 2014 mène la réflexion jusqu'à son terme. Elle interdit purement et simplement au juge-commissaire, une fois désigné, de participer à la formation de jugement et aux délibérés. La solution est posée à l'article L. 662-7 du code de commerce. Le jugement rendu au mépris de cette règle est entaché de nullité. Le texte ne dit rien, en revanche, pour le juge-commissaire suppléant[1]. Tant qu'il n'a pas occupé la fonction de juge-commissaire dans le dossier, sa participation à la formation de jugement ne devrait, selon nous, pas poser de difficulté.

Sa création conduit logiquement à la suppression, par l'article 86 de l'ordonnance du 12 mars 2014, de l'alinéa 3 de l'article L. 651-3, texte prévoyant l'interdiction pour le juge-commissaire de siéger dans la formation de jugement et de participer au délibéré, en matière d'action en responsabilité pour insuffisance d'actif.

Identiquement, *l'article 86 de l'ordonnance du* 12 mars 2014 supprime l'alinéa 3 de l'article L. 653-7, posant l'interdiction pour le juge-commissaire de siéger dans la formation de jugement et de participer au délibéré, en matière d'action tendant au prononcé de la faillite personnelle ou de l'interdiction de gérer.

La participation du juge-commissaire à la formation de jugement ou au délibéré est une cause de nullité du jugement.

1. Delattre, « Le juge-commissaire suppléant peut-il siéger dans la formation de jugement », *Rev. proc. coll.* 2015, focus 9, p. 3.

CHAPITRE

332. Voies de recours sur les ordonnances du juge-commissaire

SECTION 0

ORIENTEUR

332.00 **Plan du chapitre.**

Sect. 332.10 Voies de recours sur l'ordonnance du juge-commissaire ouverte à une partie

Sect. 332.20 Voies de recours sur l'ordonnance du juge-commissaire ouverte au ministère public et au tribunal

Sect. 332.30 Voies de recours sur les ordonnances du juge-commissaire ouvertes aux personnes autres que les parties

332.01 **Textes applicables.** (V. s[s] n° 330.01).

332.02 **Jurisprudence de référence.**

> **Le point de départ du délai de recours ouvert à une partie contre une ordonnance du juge-commissaire est sa notification.**

• **Com. 16 mars 1999,** n° 96-18.978, *Bull. civ.* IV, n° 63

* V. s[s] n° 332.15

Doit être cassé, pour violation de l'article 25 du décret du 27 décembre 1985, dans sa rédaction antérieure au décret du 21 octobre 1994, l'arrêt qui, pour confirmer le jugement déclarant irrecevable la tierce opposition d'un gérant de société dirigée contre une ordonnance du juge-commissaire en date du 19 novembre 1992, retient qu'en déclarant la tierce opposition le 2 avril 1993, le demandeur n'a pas respecté le délai de dix jours à compter du prononcé de l'ordonnance, alors que le dépôt de l'ordonnance au greffe n'a pas fait courir le délai de recours prévu par l'article 25 du décret du 27 décembre 1985 à l'égard du gérant de la société, laquelle ne peut se voir privée, en l'absence de notification par le greffier, de la faculté d'exercer un recours contre une décision concernant directement ses droits et obligations, et rendue à son insu.

> **La notification de l'ordonnance par le greffe est valablement remplacée par une signification par voie d'huissier à la diligence de l'une des parties.**

• **Com. 10 mars 2015,** n° 13-22.777, *Bull. civ.* IV [à paraître]; n° 260 F-P+B

* V. s[s] n° 332.15

332.03 **Bibliographie indicative.** (V. les références complètes s[s] n° 031).

> **Actualisables.** RÉP. COM., Pigassou, « Entreprises en difficulté – Redressement judiciaire (Procédure et organes) », n°s 435 à 463 – J.-CL. COM., Causse, fasc. 2220, [Organes – Juge-commissaire].

> **Ouvrages antérieurs à la loi de sauvegarde des entreprises.** Cagnoli, *Essai d'analyse processuelle du droit des entreprises en difficulté*, « Bibl. dr. privé », t. 368, Lgdj, 2002 – JACQUEMONT, n° 208 – KERCKHOVE, n°s 314 à 318 – LE CANNU, n°s 972, 978 – LE CORRE-BROLY, n°s 103 à 107 – MARTIN ET VALLENS, n°s 2479 à 2484, 4204 à 4208 – PÉROCHON ET BONHOMME, n° 142 – PÉTEL, n° 136 – RIPERT ET ROBLOT, n° 2934 – SAINT-ALARY-HOUIN, n°s 411 à 413 – SOINNE, n°s 742 à 753 – VALLANSAN, p. 337 et 338.

> **Ouvrages postérieurs à la loi de sauvegarde des entreprises.** JACQUEMONT et VABRES, 9e éd., n° 291 – LE CANNU, 7e éd., n° 418 – LIENHARD, 6e éd., n°s 41.31 à 41.34 – PÉROCHON, 10e éd., n° 492 – PÉTEL, 8e éd., n° 138 – SAINT-ALARY-HOUIN, 9e éd., n°s 495 à 498 – VALLANSAN *ET ALII*, 6e éd., p. 66 – VALLENS, 2015, n°s 2600 à 2608.

> **Articles.** Rolland B., « Les voies de recours contre les ordonnances du juge-commissaire : droit commun et droit spécial », *Rev. proc. coll.* 2012, étude 23, p. 19.

332.04 **Questions principales.**

• Quels recours former contre une décision du juge-commissaire ?

* V. s[s] n°s 332.11 à 332.13.

• Dans quels délais faut-il former un recours à l'encontre d'une ordonnance du juge-commissaire ?

* V. s[s] n°s 332.15 et 332.16.

SECTION 332.10

VOIES DE RECOURS SUR L'ORDONNANCE DU JUGE-COMMISSAIRE OUVERTE À UNE PARTIE

332.11 **Généralités sur les voies de recours ouvertes aux parties.** Si le juge-commissaire ne statue que sur sa compétence et qu'il se déclare incompétent, il semble qu'il faille, faute de texte contraire, ouvrir la voie du contredit[1]. Cette voie de recours devra classiquement être formée dans un délai de quinze jours de la décision.

Il convient de préciser ensuite que l'erreur commise par le plaideur sur la voie de recours à exercer à l'encontre de la décision emportera irrecevabilité de celle-ci. La solution a été fréquemment posée lorsque, au lieu de saisir le tribunal d'un recours contre l'ordonnance du juge-commissaire, le plaideur a saisi la cour d'appel. L'appel a alors été déclaré irrecevable, même si ce dernier tendait à obtenir la nullité du jugement[2].

L'article 25 du décret du 27 décembre 1985[3], dont les solutions sont globalement reprises par l'article R. 621-21 du code de commerce, pose un principe, mis en échec par quelques dispositions éparses du code de commerce.

Le décret du 27 décembre 1985, dans la rédaction que lui a donné le décret du 21 octobre 1994[4] prévoit (art. 25, al. 5) que « l'examen du recours est fixé à la première audience utile du tribunal, les intéressés et les mandataires étant avisés ». Cette règle, qui a vocation à ne pas permettre l'allongement inconsidéré des procédures collectives, tout en assurant le respect du principe de contradiction, est reprise par l'article R. 621-21, alinéa 6 du code de commerce.

332.12 Principe pour une partie du recours devant le tribunal à l'encontre de l'ordonnance du juge-commissaire. Aux termes de l'article 25, alinéa 3 du décret du 27 décembre 1985[5], « *les ordonnances du juge-commissaire* [...] *peuvent faire l'objet d'un recours dans les huit jours de leur notification* ». L'article R. 621-21, alinéa 4 du code de commerce indique, pour sa part, que les « ordonnances peuvent faire l'objet d'un recours devant le tribunal dans les dix jours de la notification ».

Ces textes ne précisent pas le recours. L'article 25 du décret du 27 décembre 1985 ne précise pas la juridiction compétente. Toutefois, l'alinéa 4 dispose que « le tribunal peut se saisir d'office ou être saisie par le procureur de la République [...] aux fins d'annulation ou de réformation de celle-ci » (l'ordonnance du juge-commissaire). En outre, l'article 26 du décret du 27 décembre 1985 prévoit que « le juge-commissaire ne peut siéger, à peine de nullité du jugement, lorsque le tribunal, en vertu des dispositions de l'article précédent, s'est saisi d'office pour statuer sur un recours formé contre une de ses ordonnances ». Identiquement, l'article R. 621-22 du *code de commerce, issu de la rédaction que lui* donne le décret du 28 décembre 2005[6] (art. 68) prévoit que le juge-commissaire ne peut siéger, à peine de nullité du jugement, lorsque le tribunal statue sur un recours formé contre une de ses ordonnances. Le décret du 30 juin 2014[7] a abrogé l'article R. 621-22 (art. 38), du fait de l'interdiction générale du juge-commissaire de participer à la juridiction de jugement, posée par l'article L. 662-7 du code de commerce (réd. ord. 12 mars 2014, art. 92).

Il résulte donc clairement de ce dernier texte que le tribunal est compétent pour statuer sur les décisions du juge-commissaire. Supprimant toute difficulté d'interprétation, l'article R. 621-21 du code de commerce prévoit que le recours est porté devant le tribunal. La voie de recours ne peut donc être l'appel. La voie de recours ouverte devant le tribunal ne peut dès lors être que l'opposition.

Cette expression « d'opposition » est celle de la pratique, qui a conservé l'expression qu'employait le décret du 22 décembre 1967[8], même si, sur le terrain procédural, elle n'est pas à l'abri de reproches, l'opposition désignant techniquement une voie de recours ouverte à une partie défaillante.

L'opposition devra être formée par une personne ayant qualité. Si c'est un tiers, qui n'est pas avocat, il devra avoir un pouvoir spécial[9]. Devant le tribunal de grande instance et en Alsace-Moselle, le tiers devra être avocat, mais n'aura pas à être nécessairement du barreau (v. s[s] n°s 082.21 et 232.11).

L'opposition saisit le tribunal de l'entier litige[10]. La solution est spécialement importante en matière d'action en revendication (v. s[s] n° 813.54) Le tribunal n'a pas à renvoyer l'affaire devant le juge-commissaire, et peut donc statuer à nouveau; il n'a pas à se contenter d'examiner la correcte application de la règle de droit.

Lorsque le législateur n'a pas prévu explicitement une autre voie de recours ouverte aux parties, sur les ordonnances du juge-commissaire, le principe de l'opposition doit *a priori* être respecté.

1. Dijon, 1re ch., 4 juill. 1995, *Rev. proc. coll.* 1996, p. 330, n° 91.
2. AINSI, STATUANT sur un recours réformation : Civ. 2e, 5 mai 1993, n° 91-19.254, *Bull. civ.* II, n° 162 – Com. 6 janv. 1998, n° 95-18.110, NP, *Rev. proc. coll.* 1999/1, n° 16, obs. Cadiou – *Adde*, STATUANT sur l'irrecevabilité du recours nullité porté devant la cour d'appel : Com. 1er oct. 1997, n° 95-12.158, NP, *Gaz. Pal.* 1997, pan. 316 – Com. 2 févr. 1999, n° 96-13.311, NP.
3. D. n° 85-1388, 27 déc. 1985, *JO* 29 déc., p. 15281.
4. D. n° 94-910, 21 oct. 1994, *JO* 22 oct., p. 15019.
5. D. n° 85-1388, 27 déc. 1985, préc.
6. D. n° 2005-1677, 28 déc. 2005, *JO* 29 déc., p. 20324.
7. D. n° 2014-736, 30 juin 2014, *JO* 1er juill., p. 10834.
8. D. n° 67-1120, 22 déc. 1967, *JO* 24 déc., p. 12595.
9. AINSI : Caen, 1re ch. civ. et com., 1er juill. 1997, *Rev. proc. coll.* 1998, p. 238, n° 31, obs. Cadiou.
10. Com. 27 mai 2003, n° 00-18.571, *Bull. civ.* IV, n° 85; *D.* 2003. AJ 1693; *Act. proc. coll.* 2003/13, n° 181; *JCP E* 2003, Chron. 1396, p. 1570, n° 4, obs. Pételt.

332.13 Ouverture exceptionnelle de l'appel à l'encontre d'une ordonnance du juge-commissaire. Le recours devant le tribunal sera irrecevable lorsque le législateur prévoit explicitement que la décision du juge-commissaire, déférée à la censure, sera susceptible d'appel.

Il en est ainsi dans quatre séries d'hypothèses.

La première concerne les ordonnances statuant en matière de vérification et d'admission des créances. Deux types de décisions sont ici susceptibles d'appel.

Il y a d'abord les décisions statuant en matière de vérification et d'admission des créances. Ne constitue pas une décision rendue en matière de vérification et d'admission des créances, l'ordonnance du juge-commissaire statuant en matière de répétition de l'indu. Il en résulte que le recours contre cette ordonnance n'est pas l'appel[1]. Précisons que l'appel de l'ordonnance statuant en matière de vérification et d'admission des créances est remplacé par le pourvoi en cassation si le juge-commissaire statue en deçà du taux du ressort du tribunal ayant ouvert la procédure. Ce taux est fixé à 4 000 euros depuis le décret du 13 mai 2005[2].

Il y a ensuite, mais seulement sous l'empire de législation antérieure à la loi de sauvegarde[3], les décisions statuant sur le relevé et l'inopposabilité de la forclusion (v. s[s] n°s 665.61 et 665.91).

La deuxième catégorie de décisions pouvant être frappées d'appel est constituée des ordonnances rendues en matière de substitution de garantie (v. s[s] n° 484.31).

La troisième catégorie de décisions pouvant être frappées d'appel est représentée par les ordonnances rendues en matière d'avances de fonds par le Trésor public (v. s[s] n° 472.31).

Le décret du 12 février 2009[4] y ajoute une quatrième catégorie d'ordonnances particulièrement importantes : celles qui ordonnent la vente de biens du débiteur en liquidation judiciaire (C. com., art. R. 642-37-1 et R. 642-37-3, al. 2). La solution est inapplicable aux procédures ouvertes avant l'entrée en vigueur de l'ordonnance du 18 décembre 2008[5], soit le 15 février 2009[6].

332.14 Forme de la voie de recours sur l'ordonnance du juge-commissaire. Si la voie de recours est l'appel, les dispositions du droit commun s'appliquent. La décision conduira à une confirmation ou à une infirmation de la décision.

Si un appel-nullité est interjeté, la décision sera annulée, mais, conformément au droit commun du recours nullité, l'effet dévolutif autorisera la cour à statuer à nouveau. Elle ne pourra cependant, même si elle entend rendre une décision conforme, au fond, à la décision qu'elle a d'abord annulée, confirmer la décision entreprise[7].

Plus intéressante apparaît la déclaration de recours devant le tribunal. Celle-ci est réglementée par l'article 25, alinéa 3 du décret du 27 décembre 1985[8] et, depuis la loi de sauvegarde des entreprises[9], par l'article R. 621-21 du code de commerce. La déclaration doit être faite au greffe, selon deux formes. La première est une déclaration orale, auquel cas l'opposant doit se réserver la preuve de la saisine de la juridiction. C'est l'objet du récépissé remis par le greffe. La jurisprudence considère satisfaisante la déclaration déposée au greffe par un avocat et sur laquelle le greffe appose un cachet précisant la date[10]. La seconde est une déclaration écrite par lettre recommandée avec demande d'avis de réception. Cette seconde possibilité résulte du décret du 21 octobre 1994[11] (D. 27 déc. 1985, art. 25, al. 3, mod. par D. 21 oct. 1994). Elle n'est pas applicable aux procédures ouvertes avant l'entrée en vigueur du décret du 21 octobre 1994[12]. Elle s'inscrit dans la recherche de la simplification de la procédure et permet de mettre fin au contentieux qui s'était instauré sous l'empire du décret du 27 décembre 1985, dans sa rédaction d'origine. En effet, la jurisprudence, face à un texte ne prévoyant que la déclaration au greffe, sans autre précision, avait estimé que la saisine de la juridiction par la voie d'une lettre n'était pas équivalente à une déclaration d'opposition[13] ou de tierce opposition[14]. Elle avait également jugé irrecevable la tierce opposition formée par dépôt de conclusions au greffe[15]. L'article 74 du code procédure civile oblige à soulever cette exception avant toute défense au fond ou fin de non-

1. Com. 26 janv. 2016, n°s 14-24.212, 14-26.547, NP; n° 81 F-D.
2. D. n° 2005-460, 13 mai 2005, *JO* 14 mai, p. 8343.
3. L. n° 2005-845, 26 juill. 2005, *JO* 27 juill., p. 12187.
4. D. n° 2009-160, 12 févr. 2009, *JO* 13 févr., p. 2596.
5. Ord. n° 2008-1345, 18 déc. 2008, *JO* 19 déc., p. 19462.
6. Com. 17 mai 2011, n° 10-13.821, NP; n° 476 F-D.
7. Com. 8 oct. 2003, n° 00-17.135, NP.
8. D. n° 85-1388, 27 déc. 1985, préc.
9. L. n° 2005-845, 26 juill. 2005, préc.
10. Com. 28 janv. 1997, *Bull. civ.* IV, n° 34.
11. D. n° 94-910, 21 oct. 1994, préc.
12. Com. 11 mars 1997, n° 94-10.390, NP et Com. 22 avr. 1997, n° 95-10.530, NP, *Rev. proc. coll.* 1998, p. 66, n° 6, obs. Soinne – Com. 6 févr. 2001, n° 97-22.579, NP, *Act. proc. coll.* 2001, n° 146.
13. Com. 27 mars 1990, *Bull. civ.* IV, n° 91 – Com. 5 oct. 1993, n° 90-21.355, NP, *Rev. proc. coll.* 1994, p. 27, obs. Dureuil – Com. 11 mars 1997, n° 94-10.390, NP et Com. 22 avr. 1997, n° 95-10.530, NP, *Rev. proc. coll.* 1998, p. 66, n° 6, obs. Soinne.
14. Com. 6 juill. 1999, n° 97-14.158, *Bull. civ.* IV, n° 154; *Act. proc. coll.* 1999/14, n° 196; *JCP E* et *A* 2000, Chron. 124, n° 1-b-2, obs. M. Cabrillac; *LPA* 6 janv. 2000, n° 4, p. 8, note P. M.; *RTD com.* 1999. 990, obs. Vallens – Com. 23 nov. 2004, n° 03-13.295, NP.
15. Com. 6 juill. 1999, n° 97-14.158.

recevoir[1]. L'article R. 621-21, alinéa 4 du code de commerce, sous l'empire de la loi de sauvegarde, reprend la solution : le recours est porté devant le tribunal « par déclaration faite contre récépissé ou adressée par lettre recommandée avec demande d'avis de réception au greffe ».

Une règle particulière est prévue pour le recours émanant du ministère public (v. ss nº 3321).

332.15 Notification et dépôt au greffe de l'ordonnance du juge-commissaire – possibilité de remplacer la notification par une signification. Aux termes de l'alinéa 3 de l'article 25 du décret du 27 décembre 1985[2], les ordonnances du juge-commissaire sont « immédiatement déposées au greffe et notifiées par le greffier aux mandataires de justice, aux parties et, le cas échéant, aux personnes désignées dans l'ordonnance par lettre recommandée avec demande d'avis de réception ».

L'alinéa 3 de l'article R. 621-21 du code de commerce oblige au dépôt des ordonnances sans délai au greffe. Il reprenait, dans sa rédaction d'origine, l'obligation de notification aux mandataires de justice et aux parties, qui existait sous l'empire de la loi du 25 janvier 1985[3]. Le décret du 23 décembre 2006[4] (art. 45, 1°) assouplit le système. S'il conserve l'obligation de notifier les ordonnances aux parties, il prévoit en revanche une simple communication aux mandataires de justice, ce qui évitera la forme recommandée, mais pourra rendre délicat le calcul du délai de recours, ce dernier courant alors de la communication, ainsi que le prévoit l'article R. 621-21, alinéa 4 du code de commerce (anct D. 28 déc. 2005[5], art. 67, al. 4), tel qu'il résulte de la modification opérée par l'article 45, 2° du décret du 23 décembre 2006. En matière de décisions d'admission ou de rejet des créances déclarées, l'article R. 624-3, alinéa 4 du code de commerce et, depuis le décret du 12 février 2009[6], l'article R. 624-4, alinéa 5, prévoient que le mandataire judiciaire et l'administrateur judiciaire, s'il en a été désigné un, sont avisés des décisions rendues contre récépissé. Ce texte de la sauvegarde est applicable en redressement (C. com., art. R. 631-29, al. 1) et en liquidation judiciaire (C. com., art. R. 641-28). Cette solution nouvelle n'est pas sans conséquence sur le point de départ du recours ouvert aux mandataires de justice (ss nº 683.14).

En outre, le décret du 28 décembre 2005, plutôt que de viser « les personnes désignées dans l'ordonnance », ce qui est source d'arbitraire, et pour tenir compte des solutions de la Cour de cassation relativement au point de départ du recours, oblige le greffe du tribunal de la faillite à notifier l'ordonnance aux « parties et aux personnes dont les droits et obligations sont affectés » (C. com., art. R. 621-21, al. 3). Il s'agit également des règles de principe applicables en matière d'ordonnance sur requête.

Le texte du décret du 27 décembre 1985 poursuit en indiquant que les ordonnances sont communiquées au procureur de la République, sur sa demande. Le décret du 28 décembre 2005, classiquement, remplace le visa du procureur de la République par celui du ministère public. Si la communication est faite en courrier simple, il appartient de démontrer que le destinataire de l'ordonnance l'a bien reçue. À défaut, le délai de recours ne peut courir[7].

Sous l'empire du décret du 27 décembre 1985, dans sa rédaction initiale, le mandataire de justice n'était pas rendu destinataire des ordonnances. Il n'en recevait communication que lors de leur dépôt au greffe. Le recours courait contre lui à compter de ce dépôt, même si, par erreur, le mandataire de justice se voyait notifier l'ordonnance[8].

La sanction de l'absence de notification aux parties ou aux personnes mentionnées dans l'ordonnance, celle de l'absence de communication aux mandataires de justice, sera trouvée dans l'inopposabilité de l'ordonnance à ces personnes[9]. Il en résultera l'impossibilité de faire courir le délai d'opposition ou d'appel. Le délai ne saurait commencer à courir à compter du dépôt au greffe[10]. Les règles du code de procédure civile et le respect de l'article 6 § 1 de la Convention européenne des droits de l'homme, conduisent à la solution[11]. En revanche, si la notification est effectuée, il importe peu que le juge ait oublié de préciser le mode de notification. Le greffier peut valablement réparer l'erreur et le mode de notification le plus approprié sera choisi par ses soins. Il n'y aura donc pas grief pour l'intéressé, de sorte que le délai de voie de recours aura valablement couru contre lui[12].

1. Paris, 3 févr. 1995, *Rev. proc. coll.* 1995, p. 485, note Soinne.
2. D. nº 85-1388, 27 déc. 1985, préc.
3. L. nº 85-98, 25 janv. 1985, *JO* 26 janv., p. 1097.
4. D. nº 2006-1709, 23 déc. 2006, *JO* 29 déc., p. 19846.
5. D. nº 2005-1677, 28 déc. 2005, préc.
6. D. nº 2009-160, 12 févr. 2009, préc.
7. Civ. 2e, 21 oct. 2004, nº 02-21.343, *Bull. civ.* II, nº 472; *Act. proc. coll.* 2004/20, nº 250, note Cagnoli.
8. Com. 30 mars 1993, *Bull. civ.* IV, nº 129; *Rev. proc. coll.* 1995, p. 45, nº 3, obs. Dureuil; *Rev. huissiers* 1994. 1403, note Courtier – Com. 27 nov. 2001, nº 98-21.208, NP.
9. Com. 21 juin 2005, nº 04-10.128, NP, *Gaz. proc. coll.* 2005/3, p. 58, obs. Pérochon.
10. Com. 16 mars 1999, nº 96-18.978, *Bull. civ.* IV, nº 63; *Act. proc. coll.* 1999/7, nº 100, obs. Vallansan – Com. 26 avr. 2000, nº 97-12.720, NP, *Act. proc. coll.* 2000/11, nº 142.
11. Com. 22 oct. 1996, nº 94-19.732, NP, nos 94-19.733, 94-19.734, 94-19.735, NP, *Rev. proc. coll.* 1998, p. 64, nº 6, obs. Soinne.
12. AINSI : Com. 2 nov. 1993, nº 91-20.423, *Bull. civ.* IV, nº 374; *Rev. proc. coll.* 1995, p. 45, nº 2, obs. Dureuil.

En l'absence de notification régulière au débiteur d'une ordonnance, le tribunal commet un excès de pouvoir à déclarer irrecevable le recours comme étant tardif, alors que le délai de recours n'avait pu courir faute de notification régulière [1]. En ce cas, il a été jugé, sous l'empire de la loi du 25 janvier 1985, qui fermait par principe l'appel à l'encontre des jugements statuant sur les recours formés contre les ordonnances du juge-commissaire, que l'appel nullité contre le jugement du tribunal, puis le pourvoi nullité contre l'arrêt d'appel, sont recevables [2]. La notification sera irrégulière si elle ne mentionne pas la voie de recours, son délai et ses modalités [3].

Pour être valablement effectuée, la notification suppose que l'avis de réception soit signé par le destinataire de l'ordonnance. Si le courrier du greffe revient comme étant non réclamé, les dispositions de droit commun des articles 670 et 670-1 du code de procédure civile ne sont pas respectées et la notification est irrégulière, sauf à ce que le greffe fasse alors signifier par huissier l'ordonnance [4]. La remise de l'ordonnance à son destinataire ne suffira pas à faire courir contre lui le délai de recours, à défaut de notification régulière [5].

La notification pourra être faite, depuis la loi du 10 juin 1994 [6], à la partie ou à son mandataire. Pour les procédures ouvertes avant le 1er octobre 1994, date d'entrée en vigueur de la loi du 10 juin 1994, seule la notification à partie faisait courir le délai [7].

La notification faite au mandataire de la partie seulement fera courir le délai de recours. Si la partie a changé de mandataire, l'un ayant effectué la démarche ayant abouti à la saisine du juge-commissaire, par exemple une déclaration de créance, l'autre ayant représenté la partie devant le juge-commissaire, la notification de l'ordonnance rendue par le juge-commissaire faite au second sera régulière et fera en conséquence courir le délai du recours [8].

La notification de l'ordonnance par le greffe est valablement remplacée par une signification par voie d'huissier à la diligence de l'une des parties [9]. Il ne s'agit là que de l'application de l'article 651, alinéa 3 du code de procédure civile. La signification devra évidement préciser le délai du recours et ses modalités pour faire courir le délai de recours.

332.16 Computation des délais de voies de recours sur l'ordonnance du juge-commissaire. Le délai de recours devant le tribunal [appelé en pratique opposition] est, sous l'empire du décret du 27 décembre 1985 [10], de huit jours à compter de la notification (D. 27 déc. 1985, art. 25, al. 3). Ce délai, qui conserve le même point de départ, a été porté à dix jours par le décret du 28 décembre 2005 [11] (C. com., art. R. 621-1, al. 4). Le non respect du délai doit être relevé d'office par les juges, puisqu'il y a fin de non recevoir d'ordre public attachée à un recours [12].

Le décret du 23 décembre 2006 [13] (art. 45, 1°) a assoupli le système. S'il conserve l'obligation de notifier les ordonnances aux parties, il prévoit en revanche une simple communication aux mandataire de justice, ce qui évitera la forme recommandée. Pour tenir compte de cette modification, l'article R. 621-21, alinéa 4 du code de commerce, tel qu'il résulte de la modification opérée par l'article 45, 2° du décret du 23 décembre 2006, prévoit que le recours contre l'ordonnance du juge-commissaire court désormais soit de la notification aux parties et aux personnes dont les droits et obligations sont affectés par l'ordonnance, soit de leur communication aux mandataires de justice. Cette modification pourra rendre délicat le calcul du délai de recours, lorsque celui-ci émanera du mandataire de justice.

Le délai d'appel est, par principe, de dix jours à compter de la notification. L'article 157, alinéa 1er du décret du 27 décembre 1985 et l'article R. 661-3, alinéa 1er du code de commerce (anct D. 28 déc. 2005, art. 330, al. 1er) ne distinguent pas, en effet, selon que la décision frappée d'appel est un jugement du tribunal ou une ordonnance du juge-commissaire.

Par exception, la décision d'admission des créances sans contestation n'a pas à être notifiée au débiteur. Une juridiction a cru devoir juger qu'il pouvait en faire appel à compter du dépôt au greffe [14]. La solution apparaît douteuse, car ces ordonnances doivent être communiquées au débiteur par le greffe, par la voie d'une lettre certificat d'admission.

1. Com. 11 févr. 2014, no 12-29.312, NP; no 191 F-D; *BJE* juill. 2014, p. 255, note de Lajarte-Moussoko.
2. Com. 8 juill. 2008, no 07-14.110, NP, *LPA* 17 mars 2009, no 54, p. 13, note Sortais.
3. Com. 10 mars 2015, no 13-24.276, NP; no 262 F-D; *Dr. sociétés* 2016, comm. 16, note Legros.
4. Paris, 3e ch. A, 31 mars 2006, RG no 05/11140.
5. Com. 12 janv. 2010, no 08-21.032, NP.
6. L. no 94-475, 10 juin 1994, *JO* 11 juin, p. 8440.
7. Com. 4 janv. 2005, no 03-13.170, NP.
8. Orléans, 25 oct. 2001, DPDE, *bull.* 220, 8 janv. 2002, p. 5902, *Vo Juge-commissaire*, no 116.
9. Com. 10 mars 2015, no 13-22.777, *Bull. civ.* IV [à paraître]; no 260 F-P+B; *BJE* juill. 2015, 232, note Laroche; *Rev. proc. coll.* 2015, comm. 83, note Cagnoli; *Dr. sociétés* 2016, comm. 16, note Legros.
10. D. no 85-1388, 27 déc. 1985, préc.
11. D. no 2005-1677, 28 déc. 2005, préc.
12. Com. 17 mai 2011, no 10-16.526, *Bull. civ.* IV, no 79; no 484 F-P+B; *D.* 2011. Actu. 1550, note Lienhard; *Gaz. Pal.* 7 oct. 2011, no 280, p. 29, note Le Corre-Broly; *BJE* sept./oct. 2011, comm. 129, p. 263, note de Lajarte.
13. D. no 2006-1709, 23 déc. 2006, préc.
14. Paris, 2 févr. 1998, *D.* 1991. Somm. 239, obs. Honorat.

Par exception, le délai d'appel a été porté, par l'article 3, II du décret du 10 juin 2004[1], ajoutant un article 25-1 au décret du 27 décembre 1985, à un mois à compter de la notification, pour les ordonnances rendues en application de l'article L. 627-3 du code de commerce, c'est-à-dire les ordonnances statuant sur les demandes d'avances de fonds par le Trésor public. Ce texte n'a pas été abrogé par le décret du 28 décembre 2005 (art. 354, 3°).

L'appel des décisions du juge-commissaire statuant sur l'admission ou le rejet des créances déclarées après contestation obéit, faute de disposition spéciale, au droit commun de la procédure civile. En conséquence, il s'agira d'un délai d'un mois à compter de la notification de la décision. La solution, posée sous l'empire de la loi du 25 janvier 1985[2], reste valable sous l'empire de la loi de sauvegarde des entreprises.

La notification d'une décision doit mentionner avec précision les modalités de recours, c'est-à-dire sa forme[3] et son délai. À défaut, la notification sera tenue pour inexistante et sera impuissante à faire courir le délai du recours[4]. Il en sera de même en cas d'indication erronée de la voie de recours[5] ou du délai de recours[6].

Les règles classiques du code de procédure civile, relatives à la computation des délais, trouvent application, faute de disposition contraire du décret

En conséquence, il faut d'abord décider que par application de l'article 669 du code de procédure civile, la date d'expédition de la notification est celle qui figure sur le cachet de la poste du bureau d'émission[7].

En application des dispositions de l'article 668 du code de procédure civile, la date de la notification par voie postale est à l'égard de celui à qui elle est faite, celle de la réception, non la date de notification apposée par le greffe[8]. À défaut de preuve de la date de réception de l'ordonnance, le caractère tardif de la voie de recours ne peut être prouvé[9].

Ensuite, en application de l'article 643 du code de procédure civile, le délai de recours devant le tribunal ou d'appel sera augmenté de deux mois, pour les personnes demeurant à l'étranger[10], d'un mois pour celles résidant dans les départements ou pays d'Outre-mer si la procédure est ouverte en métropole.

Si le délai expire un samedi, dimanche, jour férié ou chômé, il est prorogé jusqu'au premier jour ouvrable suivant, en application de l'article 642 du code de procédure civile[11]. Si le délai se termine un jour ouvrable, son expiration est fixée à 0 h (C. pr. civ., art. 642). Dès lors, si l'intéressé, par suite de la fermeture des portes du greffe de la juridiction, ne peut profiter intégralement du délai qui lui est ouvert, il lui appartient de faire constater, par ministère d'huissier, l'impossibilité qui est la sienne de déclarer son recours. En pareille situation, l'intéressé sera autorisé à exercer sa voie de recours le premier jour ouvrable suivant.

SECTION 332.20
VOIES DE RECOURS SUR L'ORDONNANCE DU JUGE-COMMISSAIRE OUVERTE AU MINISTÈRE PUBLIC ET AU TRIBUNAL

332.21 Recours sur l'ordonnance du juge-commissaire pour le ministère public. Dans la rédaction initiale du décret du 27 décembre 1985[12], l'article 25, alinéa 3 se contentait de prévoir que les ordonnances du juge-commissaire étaient communiquées au procureur de la République, sur sa demande. L'alinéa 4 du même article prévoyait que le procureur de la République pouvait les frapper de recours. Faute de précision du texte, il fallait décider que le point de départ du délai de recours était le dépôt au greffe de l'ordonnance, solution classiquement retenue lorsque l'ordonnance n'avait pas à être notifiée.

L'article 3, I du décret du 10 juin 2004[13] modifie l'article 25, alinéa 4 du décret du 27 décembre 1985 en prévoyant que le délai de recours ouvert au procureur de la République est de 15 jours à compter de la communication qui lui est faite de l'ordonnance. Il faut respecter les dispositions de l'article 9 du décret du 27 décembre 1985, texte qui réglemente les modalités procédurales de convocation en cas de saisine par le procureur de la République (v. ss n° 231.61).

1. D. n° 2004-518, 10 juin 2004, *JO* 11 juin, p. 10351.
2. Com. 12 nov. 2008, n° 07-11.166, NP.
3. Paris, 3e ch. A, 9 oct. 2001, *Dr. et proc.* 2002/2, jur. p. 100, note Douchy.
4. Com. 30 mars 1999, n° 96-10.828, NP – Civ. 2e, 3 mai 2001, n° 99-18.326, *Bull. civ.* II, n° 85; *Rev. proc. coll.* 2002, p. 95, n° 9, obs. Legrand.
5. Com. 29 mai 2001, n° 98-17.469, *Bull. civ.* IV, n° 107; *Act. proc. coll.* 2001/12, n° 160, note Régnaut-Moutier; *D.* 2001. AJ 1797, obs. Lienhard.
6. Com. 29 mai 2001, n° 98-17.469, *Bull. civ.* IV, n° 107.
7. Paris, 27 janv. et Paris, 19 mai 1995, *Rev. proc. coll.* 1995, p. 484, obs. Soinne.
8. Paris, 3e ch. A, 9 déc. 2003, RG n° 2003/03982 – Paris, 3e ch. B, 7 janv. 2005, RG n° 2004/7933.
9. Paris, 3e ch. B, 7 janv. 2005, RG n° 2004/7933.
10. Civ. 2e, 26 févr. 1997, n° 94-19.233, *Bull. civ.* II, n° 60; *D.* 1997. IR 77; *Dr. sociétés* 1997, n° 62, obs. Chaput.
11. T. com. Lyon, 3 déc. 1990, *Rev. proc. coll.* 1991, p. 414, obs. Dureuil.
12. D. n° 85-1388, 27 déc. 1985, préc.
13. D. n° 2004-518, 10 juin 2004, préc.

Ce délai particulier de recours a été supprimé par le décret du 28 décembre 2005[1]. L'article R. 621-21, alinéa 5 du code de commerce indique que le recours peut être formé par le ministère public dans les dix jours de la communication de l'ordonnance. Le recours sera formé par requête motivée. Le respect de la procédure de saisine par le ministère public n'a pas été réservé par le texte. En tout cas, le respect du contradictoire devra être assuré.

332.22 Saisine par le tribunal aux fins d'annulation ou de réformation de l'ordonnance du juge-commissaire. L'article 25, alinéa 4 du décret du 27 décembre 1985[2] prévoit que « *dans les quinze jours du dépôt au greffe de l'ordonnance, le tribunal peut se saisir d'office ou être saisi par le procureur de la République, aux fins d'annulation ou de réformation de l'ordonnance* ». Cette disposition confère ainsi au tribunal un rôle de censeur du juge-commissaire, par son pouvoir de saisine d'office.

La saisine devra intervenir dans les quinze jours du dépôt au greffe de l'ordonnance.

Les modalités procédurales de la saisine d'office énoncées par l'article 8 du décret du 27 décembre 1985 devront être respectées (v. s^s^ n° 231.43). Il a été jugé que le tribunal méconnaissait le principe d'impartialité, lorsqu'il se saisissait d'office d'un recours sur l'ordonnance du juge-commissaire ayant autorisé une vente de gré à gré, alors que, dans la note du président du tribunal, il était énoncé que la pratique du tribunal était de vendre les biens aux enchères[3].

La possibilité de saisine d'office a été supprimée par la loi de sauvegarde des entreprises.

SECTION 332.30

VOIES DE RECOURS SUR LES ORDONNANCES DU JUGE-COMMISSAIRE OUVERTES AUX PERSONNES AUTRES QUE LES PARTIES

332.31 Notion de personnes autres que les parties. Conformément au pouvoir classique qu'il tient en matière de voies de recours, le procureur de la République peut également former une voie de recours contre les décisions du juge-commissaire. Le décret du 28 décembre 2005[4] étend ce pouvoir au ministère public (v. s^s^ n° 332.21).

Pour les personnes autres que les parties, le délai court à compter du dépôt au greffe du tribunal. L'article 25, alinéa 4 du décret du 27 décembre 1985[5] renvoie aux articles 8 et 9 du décret. Il en résulte que le président du tribunal fera convoquer les parties intéressées par voie d'huissier, pour qu'il soit statué sur la voie de recours exercée par le procureur de la République ou sur la saisine d'office du tribunal.

Sous l'empire de la loi de sauvegarde des entreprises, si le recours émane du ministère public, l'article R. 621-21, alinéa 5 prévoit que la saisine sera effectuée par le ministère public par requête motivée.

Ces précisions apportées, les autres personnes qui ne sont pas des parties seront classiquement les tiers.

Ces derniers peuvent avoir intérêt à attaquer les décisions rendues par le juge-commissaire. On rappellera que, pour exercer une voie de recours, il faut émettre une prétention. Tel n'est pas le cas d'un repreneur évincé, dans le cadre d'une cession d'unité de production. Il n'apparaît pas, en conséquence, recevable à exercer une tierce opposition[6].

Pour contester les décisions du juge-commissaire, par principe, les tiers disposent de la tierce opposition. Par exception, la voie de la réclamation leur sera ouverte.

332.32 Recours ouvert aux personnes dont les droits sont affectés par l'ordonnance, sans être les parties. Conformément au droit commun processuel, la voie de recours ouverte à un tiers est la tierce opposition. La pratique, relayée par les juges du fond, évoque à propos du recours formé contre les ordonnances du juge-commissaire la « tierce opposition », alors pourtant que le recours n'est pas porté devant le juge-commissaire lui-même, mais devant le tribunal.

Les personnes autres que les mandataires de justice et les parties, non prévues dans l'ordonnance comme devant être destinataires de celle-ci, ont un recours à compter du dépôt au greffe de l'ordonnance[8], lequel n'est pas assimilé au moment de son intervention[9], même si la distinction n'est pas toujours suivie[10]. Si la preuve du dépôt au greffe de l'ordonnance ne résulte pas du dossier, le délai de recours ne peut commencer à courir[11]. Toutefois, si l'ordonnance est notifiée à un tiers, le point de

1. D. n° 2005-1677, 28 déc. 2005, préc.
2. D. n° 85-1388, 27 déc. 1985, préc.
3. Pau, 2e ch. 1re sect., 12 févr. 2007, RG n° 05/01045, *Juris-Data* 339755.
4. D. n° 2005-1677, 28 déc. 2005, préc.
5. D. n° 85-1388, 27 déc. 1985, préc.
6. SOINNE, n° 746.
7. AINSI : Rouen, 2e ch. civ., 15 juin 1989 et T. com. Lille, 10 nov. 1989, cité par DERRIDA *ET ALII*, note n° 4094.
8. Com. 26 mai 1999, n° 97-14.276, *Bull. civ.* IV, n° 111 ; *LPA* 30 juin 1999, n° 129, p. 7, note P. M. ; *JCP E* et *A* 1999, Chron. 1531, n° 1, b, 7, obs. Pétel – Com. 27 févr. 2007, n° 05-20.678, NP.
9. Com. 16 mars 1993, n° 90-20.161, *Bull. civ.* IV, n° 104.
10. Paris, 3e ch. B, 18 févr. 2005, RG n° 2004/10756.
11. Com. 4 janv. 2000, n° 97-10.333, NP.

départ du délai de recours est alors fixé à la date de la notification [1].

Si l'ordonnance concerne directement les droits et obligations de l'intéressé, le dépôt au greffe de l'ordonnance n'aura pas pour effet de faire courir contre lui le délai de voie de recours. Ce délai ne commencera son cours qu'à compter de la notification. La solution revient à affirmer que les personnes dont l'ordonnance affecte directement les droits et obligations doivent recevoir la notification de l'ordonnance. La détermination de ces personnes n'est donc pas laissée discrétionnairement au pouvoir du juge-commissaire ou du greffier de juridiction. Cette solution jurisprudentielle est consacrée par le décret du 28 décembre 2005 [2]. L'article R. 621-21, alinéa 3 du code de commerce oblige le greffier à notifier l'ordonnance aux « personnes dont les droits et obligations sont affectés, par lettre recommandée avec demande d'avis de réception ». Il en résulte clairement que le délai de recours ne courra pour ces personnes qu'à compter de la notification de l'ordonnance.

La solution avait été posée, sous l'empire de la législation antérieure à la loi de sauvegarde des entreprises à propos du recours exercé par un crédit-bailleur à l'encontre d'une ordonnance ayant autorisé le liquidateur à vendre le bien crédit-baillé, alors que l'article 115 de la loi du 25 janvier 1985 [3] ne pouvait lui être opposé du fait de la continuation du contrat de crédit-bail, par application de l'article 37 [4].

Une difficulté se présente, depuis le décret du 12 février 2009 [5], qui a remplacé le recours devant le tribunal par un appel, à l'encontre de l'ordonnance du juge-commissaire statuant en matière de réalisation d'actifs du débiteur en liquidation judiciaire. L'appel est-il ouvert au créancier inscrit sur le bien vendu, par exemple un fonds de commerce nanti ?

La jurisprudence des juges du fond s'orientait vers une réponse négative, en déniant la qualité de partie au créancier inscrit, et, par voie de conséquence, en le déclarant irrecevable à faire appel [6]. La solution inverse avait toutefois été retenue par une juridiction [7]. Si l'appel était fermé, alors il fallait autoriser le créancier inscrit à exercer un recours devant le tribunal à l'encontre de l'ordonnance, car il n'aurait pas été conforme au droit au procès équitable de lui fermer tout recours, alors que du prix retiré de la vente, aurait dépendu l'efficacité de sa sûreté. De la même façon, les juges du fond refusaient au conjoint commun en biens de frapper d'appel l'ordonnance du juge-commissaire ordonnant la vente aux enchères d'un immeuble (v. s[s] n° 562.22).

Ayant eu à statuer sur le recours formé par un bailleur d'immeuble contre une ordonnance du juge-commissaire ayant ordonné la vente aux enchères de meubles, sur lesquels ce bailleur entendait faire valoir ses droits, et qui avait cru devoir saisir le juge de l'exécution, la Cour de cassation a énoncé que le recours contre l'ordonnance du juge-commissaire ne pouvait être porté que devant la cour d'appel [8]. Ainsi, les personnes dont les droits sont affectés par l'ordonnance la contesteront par la voie de l'appel, comme les parties elles-mêmes.

332.33 Réclamation à l'état des créances sur les ordonnances d'admission au passif. Par exception au principe de recevabilité de la tierce opposition sur les ordonnances du juge-commissaire, lorsque le recours n'émane pas d'une partie, cette voie de recours sera fermée en matière d'admission des créances. En effet, l'article 103 de la loi du 25 janvier 1985 [9] (texte non codifié en partie législative à l'occasion de la codification de la loi du 25 janvier 1985 par l'ordonnance du 18 septembre 2000 [10]), repris à l'article 4, 3° du décret du 25 mars 2007 [11] pour les procédures ouvertes avant le 1er janvier 2006, et repris à l'article R. 624-8, alinéa 4 (anc[t] D. 28 déc. 2005 [12], art. 109, al. 4) pour les procédures ouvertes à compter du 1er janvier 2006, ouvre une voie de recours spécifique : la réclamation l'état des créances (v. s[s] n°s 683.21 s.). La tierce opposition sera en conséquence irrecevable, même si la réclamation n'est rien d'autre qu'une variété de tierce opposition à l'encontre d'une décision du juge-commissaire.

La réclamation est enfermée dans de strictes limites. Elle ne concerne pas les voies de recours sur les décisions de relevé de forclusion [13] ou d'inopposabilité de forclusion. Les tiers feront, à l'encontre de ces décisions, une tierce opposition dans les conditions ci-dessus examinées.

1. Com. 4 janv. 2000, n° 97-10.333, NP.
2. D. n° 2005-1677, 28 déc. 2005, préc.
3. L. n° 85-98, 25 janv. 1985, préc.
4. AINSI : Com. 11 mars 1997, n° 94-14.437, *Bull. civ.* IV, n° 68 ; *D. Affaires* 1997. 483.
5. D. n° 2009-160, 12 févr. 2009, préc.
6. Paris, pôle 5, 9e ch., 21 juin 2011, RG n° 11/11484.
7. Versailles, 13e ch., 4 juill. 2013, RG n° 12/08961.
8. Com. 11 févr. 2014, n° 12-26.208, *Bull. civ.* IV, n° 35 ; n° 190 F-P+B ; *Gaz. Pal.* 29 juin 2014, n° 180, p. 27, note Théron ; *Leden* avr. 2014, comm. 62, note Staes ; *Act. proc. coll.* 2014/7, comm. 131, note Hoonakker.
9. L. n° 85-98, 25 janv. 1985, préc.
10. Ord. n° 2000-912, 18 sept. 2000, *JO* 21 sept., p. 14783.
11. D. n° 2007-431, 25 mars 2007, *JO* 27 mars, p. 5648.
12. D. n° 2005-1677, 28 déc. 2005, préc.
13. AINSI : Metz, 4 janv. 1994, *Rev. proc. coll.* 1995, p. 107, n° 4, obs. Dureuil.

CHAPITRE

333. Voies de recours sur les jugements statuant sur recours à l'encontre des ordonnances du juge-commissaire

SECTION 0
ORIENTEUR

333.00 Plan du chapitre.

Sect. 333.10 Fermeture de principe de l'appel sur les jugements statuant sur opposition aux ordonnances du juge-commissaire – Législation antérieure à la loi de sauvegarde des entreprises

Sect. 333.20 Ouverture exceptionnelle de l'appel à l'encontre des jugements statuant sur opposition – Législation antérieure à la loi de sauvegarde des entreprises

Sect. 333.30 Appel et pourvoi sur les jugements statuant sur opposition ou tierce opposition à l'encontre des ordonnances du juge-commissaire – Loi de sauvegarde des entreprises

333.01 Textes applicables. (V. les références complètes ss n° 330.01).

333.02 Jurisprudence de référence.

> L'appel nullité à l'encontre du jugement statuant sur le recours formé à l'encontre d'une ordonnance du juge-commissaire est ouvert en cas d'excès de pouvoir.

• **Com. 11 mai 1999,** n° 96-11.280, *Bull. civ.* IV, n° 98

* V. ss n° 333.22

En l'état d'une ordonnance du juge-commissaire du redressement judiciaire, autorisant l'administrateur judiciaire à vendre un bon de caisse souscrit auprès d'une banque, le prix devant être bloqué à la Caisse des dépôts et consignations, doit être cassé, pour violation de l'article 33, alinéa 3 de la loi du 25 janvier 1985 [devenu C. com., art. L. 621-24, al. 3], l'arrêt qui, pour déclarer irrecevable l'appel du jugement rendu sur le recours formé contre l'ordonnance du juge-commissaire, retient que ce dernier a agi dans le cadre de ses prérogatives alors que le juge-commissaire, qui n'a pas au préalable autorisé le retrait du gage dans les conditions prévues à l'article 33, alinéa 3 de la loi du 25 janvier 1985 a méconnu l'étendue de ses pouvoirs, ce qui rendait l'appel recevable.

333.03 Bibliographie indicative. (V. les références complètes ss n° 031 – Aussi ss n° 332.03).

333.04 Questions principales.

• Le délai d'appel formé sur le jugement statuant sur le recours à l'encontre d'une décision du juge-commissaire court-il de la notification ou de la signification du jugement ?

* V. ss n° 333.21.

• Lorsque l'appel est fermé sur le jugement statuant sur le recours à l'encontre d'une décision du juge-commissaire, tout recours est-il inconcevable ?

* V. ss n° 333.22.

SECTION 333.10
FERMETURE DE PRINCIPE DE L'APPEL SUR LES JUGEMENTS STATUANT SUR OPPOSITION AUX ORDONNANCES DU JUGE-COMMISSAIRE – LÉGISLATION ANTÉRIEURE À LA LOI DE SAUVEGARDE DES ENTREPRISES

333.11 Fermeture de principe de l'appel sur les jugements statuant sur recours à l'encontre des ordonnances du juge-commissaire. Aux termes de l'article L. 623-4 du code de commerce (anct

L. 25 janv. 1985[1], art. 173), « *ne sont susceptibles ni d'opposition ni de tierce opposition, ni d'appel ni de recours en cassation [...] deuxièmement les jugements sur lesquels le tribunal statue sur le recours formé contre les ordonnances rendues par le juge-commissaire dans la limite de ses attributions, à l'exception de ceux statuant sur les revendications* ».

Le principe est donc extrêmement simple. Les jugements statuant sur recours formé contre les ordonnances du juge-commissaire ne sont pas susceptibles de recours réformation[2], fût-ce le pourvoi en cassation[3]. À cet égard, seraient sans incidence, les précisions erronées contenues dans le jugement aux termes desquelles ce dernier est rendu en premier ressort[4]. Le tribunal statuant sur le recours contre les ordonnances du juge-commissaire est ainsi considéré comme la juridiction d'appel.

La décision du tribunal, statuant sur requête en omission de statuer, obéit aux mêmes voies de recours que la décision complétée. Si cette décision était un jugement statuant sur le recours formé contre une ordonnance du juge-commissaire, elle n'était pas susceptible de recours, avant la loi de sauvegarde des entreprises. Le pourvoi en cassation formé à son encontre était donc irrecevable[5].

Faute de disposition contraire du droit des entreprises en difficulté, en dehors des exceptions explicitement visées par le texte, et de celles résultant d'une interprétation *a contrario* du texte, les voies de recours sur les jugements statuant sur le recours formé contre les ordonnances du juge-commissaire doivent être déclarées irrecevables. Cette fin de non-recevoir doit être relevée d'office[6].

Cette restriction des voies de recours doit cependant être exactement circonscrite aux dispositions du jugement statuant sur l'ordonnance du juge-commissaire proprement dite, et non à la disposition par laquelle le tribunal tirerait, dans son jugement, les conséquences de sa décision, en décidant, par exemple, de demander, sur le fondement de la remise en cause de l'ordonnance attaquée, le remboursement de sommes encaissées par le liquidateur[7] ou encore, en présence d'une ordonnance statuant sur une demande d'attribution judiciaire du gage, à la disposition par laquelle le tribunal s'est prononcé sur la contestation du nantissement présentée pour la première fois[8]. De même, n'est pas irrecevable l'appel sur le jugement statuant sur opposition à l'ordonnance du juge-commissaire, *qui tout en statuant sur la cession de gré à gré d'un* fonds de commerce, se prononce sur la possibilité d'exercice par le bailleur de son droit de préemption[9].

Selon une solution classique, échappera cependant à l'irrecevabilité de l'appel, la demande tendant à faire juger de la recevabilité de la voie de recours[10].

En outre, il faut admettre la recevabilité de l'appel à l'encontre d'un jugement statuant sur opposition à l'encontre de l'ordonnance du juge-commissaire et qui doit trancher des questions qui n'avaient pu l'être par le juge-commissaire[11], par exemple la surenchère faite par un tiers à l'occasion de l'opposition pratiquée par un créancier inscrit sur une ordonnance autorisant la vente du fonds de commerce du débiteur[12].

Ces solutions doivent être abandonnées, par principe, depuis l'entrée en vigueur de la loi de sauvegarde, du fait de la recevabilité de principe de l'appel des décisions statuant sur les recours formés à l'encontre des ordonnances du juge-commissaire.

SECTION 333.20

OUVERTURE EXCEPTIONNELLE DE L'APPEL À L'ENCONTRE DES JUGEMENTS STATUANT SUR OPPOSITION – LÉGISLATION ANTÉRIEURE À LA LOI DE SAUVEGARDE DES ENTREPRISES

333.21 Appel des jugements rendus en matière de revendications – Extension à la matière des restitutions. Après avoir posé le principe de fermeture des recours sur les jugements statuant sur recours à l'encontre des ordonnances du juge-commissaire, l'article L. 623-4 du code de commerce (anc^t^ L. 25 janv. 1985[13], art. 173, 2°) admet la recevabilité de l'appel de pareilles décisions, en matière de revendication. La justification de cet appel doit être trouvée dans l'idée que l'inopposabilité d'un droit

1. L. n° 85-98, 25 janv. 1985, *JO* 26 janv., p. 1097.
2. Com. 26 oct. 1999, n° 96-13.186, *Bull. civ.* IV, n° 191; *D.* 2000. Somm. 330, obs. Honorat – Com. 9 janv. 2001, *Act. proc. coll.* 2001/5, n° 70 – Com. 2 juin 2004, n° 03-11.559, NP.
3. Com. 26 juin 2001, n°s 98-14.017, 98-14.247, 2 esp., NP, *JCP E* et *A* 2002, jur. 1081, note Perdriau – Com. 7 janv. 2003, n° 99-15.660, NP – Com. 2 juin 2004, n° 03-11.559, NP – Com. 12 juill. 2004, n° 03-12.913, NP – Com. 29 nov. 2005, n° 04-16.699, NP; n° 1492 FD – Com. 12 juill. 2011, n° 10-17.395, NP; n° 749 F-D.
4. Paris, 3e ch. A, 25 juin 1996, *Rev. proc. coll.* 1996, p. 329, n° 8, obs. Soinne.
5. Com. 16 oct. 2007, n° 06-10.018, NP, *Gaz. proc. coll.* 2008/1, p. 36, note Fricero.
6. Civ. 2e, 7 avr. 2011, n° 10-18.406, NP.
7. Com. 2 nov. 2005, n° 03-19.739, NP.
8. Com. 7 févr. 2006, n° 04-17.557, NP.
9. Com. 6 oct. 2009, n° 08-10.681, NP.
10. AINSI : Com. 23 janv. 1996, n° 93-19.518, NP, *Rev. proc. coll.* 1996, p. 326, n° 5, obs. Soinne.
11. Orléans, 13 janv. 2000, DPDE, *bull.* 203, 8 oct. 2000, v° « Juge-commissaire », n° 51.
12. Com. 20 mars 2001, n° 98-14.125, NP, *RJDA* 20017, n° 794.
13. L. n° 85-98, 25 janv. 1985, préc.

de propriété, qui est la question posée par l'action en revendication (v. ss n° 813.11), est chose grave et qu'il faut autoriser la voie de recours[1].

L'action en revendication, dont il est ici question, est celle régie par les articles L. 621-115 et suivants du code de commerce. Ne rentre pas dans l'exception, l'action en restitution d'une somme d'argent née de l'existence d'un dépôt de garantie[2].

La difficulté résulte cependant de la modification introduite par la loi du 10 juin 1994[3] et de l'instauration des demandes en restitution. Le législateur de 1994 n'a pas réglementé, sur le terrain procédural de l'article L. 623-4, 2°, les demandes en restitution. Il faut dès lors interpréter son silence.

Deux interprétations sont concevables.

La première part du constat que le législateur, par exception, a permis l'appel des jugements statuant sur opposition, en matière de revendication. On sait que les exceptions sont d'interprétation stricte, ce qui conduit à ne pas étendre par analogie la solution aux jugements statuant sur opposition en matière de demande en restitution.

Une seconde interprétation nous semble cependant préférable. Il apparaît impossible d'interpréter *a contrario* l'article L. 623-4, 2° ouvrant la voie de recours de l'appel sur les jugements statuant sur opposition aux ordonnances du juge-commissaire rendus en matière de revendication. Ce texte est certes un texte d'exception. Mais l'interprétation *a contrario*, qui serait ici menée, ne conduirait pas conduit pas à restaurer le principe général de recevabilité de l'appel sur le jugement. L'interprétation *a contrario* devait donc être bannie. Il faut dès lors résolument se tourner vers une interprétation analogique du texte et plus précisément vers une interprétation par *a fortiori*. La loi du 10 juin 1994 a voulu assouplir les techniques de récupération de leurs actifs par les propriétaires de meubles, dès lors qu'ils avaient publié leur contrat par lesquels la mise à disposition des biens mobiliers avait été consentie au débiteur. La loi remplace leur demande en revendication enfermée dans un délai de forclusion par une demande en restitution, facultative et dont l'introduction n'est, par voie de conséquence, enfermée dans aucun délai (v. ss n° 812.54). Il serait donc extrêmement curieux que le législateur ait pu assouplir à ce point les modalités procédurales pour les propriétaires de meubles à contrat publié, tout en leur fermant la voie de recours de l'appel sur les jugements statuant sur opposition aux ordonnances du juge-commissaire, puisque ce serait les traiter plus durement que les propriétaires dont les contrats ne sont pas publiés. Cette raison milite en faveur de la recevabilité de la voie de recours de l'appel sur les jugements statuant sur ordonnances du juge-commissaire en matière de restitution. La solution a été clairement posée par la Cour de cassation[4].

L'ouverture de l'appel à l'encontre du jugement statuant sur le recours formé contre l'ordonnance du juge-commissaire statuant en matière de revendication ou de restitution entraîne irrecevabilité du pourvoi en cassation directement formé à l'encontre du jugement[5].

Précisons enfin que le délai d'appel de dizaine courra, non à compter de la signification du jugement[6], mais comme cela a pu être décidé de manière toute prétorienne, par extension des modalités de recours à l'encontre des ordonnances du juge-commissaire, de la notification par le greffe du jugement[7].

La solution résulte aujourd'hui explicitement de l'article R. 661-3, alinéa 1er du code de commerce.

333.22 Appel des jugements statuant sur recours à l'encontre des ordonnances rendues en dehors des attributions du juge-commissaire – excès de pouvoir. L'article L. 623-4 du code de commerce (anct L. 25 janv. 1985[8], art. 173, 2°) indique explicitement que les voies de recours sur les jugements statuant sur recours à l'encontre des ordonnances du juge-commissaire sont fermées lorsque le juge-commissaire reste « dans les limites de ses attributions ». *A contrario*, si le juge-commissaire sort des limites de ses attributions, il y a ouverture des voies de recours. Le raisonnement *a contrario* s'impose ici puisque, par la mise à l'écart d'un texte d'exception, il y a retour au principe général de recevabilité de l'appel.

Le texte pose en réalité plus de difficultés qu'il n'en résout. En effet, en son silence, l'appel aurait identiquement été recevable. Il ne se serait pas agi d'un recours réformation, explicitement fermé, mais du recours en nullité fondé sur un excès de pouvoir[9] (v. ss n° 321.22). L'ouverture de la voie de recours de l'appel doit-elle, dans ces conditions, être comprise comme l'appel réformation ou comme

1. Com. 20 mars 2001, n° 98-14.125, NP, *RJDA* 20017, n° 794.
2. Versailles, 12e ch., 2e sect., 20 janv. 2005, RG n° 2003/05810.
3. L. n° 94-475, 10 juin 1994, *JO* 11 juin, p. 8440.
4. Com. 3 févr. 2009, n° 07-18.931, *Bull. civ.* IV, n° 14; *Act. proc. coll.* 2009/6, n° 102, note Petit.
5. Com. 8 janv. 2008, n° 06-15.462, NP.
6. Paris, 3e ch. C, 25 sept. 1998, *D. Affaires* 1998. 1746.
7. Com. 3 déc. 2003, n° 00-21.589, *Bull. civ.* IV, n° 195; FS-P+B+I; *D.* 2004. Jur. 1079, note Cagnoli et Le Bars; *Act. proc. coll.* 2004/2, n° 25; *RTD com.* 2004. 160, n° 8, obs. Vallens.
8. L. n° 85-98, 25 janv. 1985, préc.
9. Com. 27 mai 2003, n° 00-18.942, *Bull. civ.* IV, n° 88; *D.* 2003. AJ 2013, obs. Lienhard; *Act. proc. coll.* 2003/17, n° 225.

l'appel nullité ? Il nous semble que le visa par le législateur du dépassement des attributions du juge-commissaire évoque irrésistiblement la notion d'excès de pouvoir, certains auteurs émettant cependant un avis plus nuancé[1] et l'on voit aussi certaines décisions des juges du fond semblant établir une distinction entre le dépassement de ses attributions par le juge-commissaire et l'excès de pouvoir par lui commis[2], mais sans y attacher de conséquences. Il nous apparaît que seul le recours nullité est envisageable, ce que confirme la Cour de cassation lorsqu'elle énonce qu'il n'est dérogé à la règle de l'irrecevabilité du recours contre les jugements statuant sur les recours formés contre une ordonnance du juge-commissaire « qu'en cas d'excès de pouvoir »[3]. Il a été jugé qu'il ne peut être reproché à une cour d'appel de ne pas vérifier si le juge-commissaire n'est pas sorti de ses pouvoirs, ce qui rendrait recevable le recours réformation, dès lors qu'un appel nullité a été formé[4].

Au demeurant, les règles procédurales sont strictement identiques, qu'il s'agisse des délais ou des formes. La seule différence tiendra au dispositif de la demande qui consistera non en une demande de réformation, mais en une demande d'annulation. Mais la Cour de cassation a pu juger que l'ouverture de l'appel réformation rend inutile toute discussion sur l'existence d'un excès de pouvoir commis par le juge-commissaire, puis par le tribunal et que la mauvaise qualification de l'appel – qualifié à tort d'appel nullité par l'appelant – reste sans conséquence[5].

Le recours nullité à l'encontre du jugement statuant sur le recours formé contre l'ordonnance du juge-commissaire suppose la fermeture du recours réformation (v. sur ce principe général, s^s n° 321.12).

Le recours nullité sera fermé en l'absence d'excès de pouvoir[6]. De même, il a été jugé que le rejet de l'appel réformation à l'encontre du jugement statuant sur opposition à l'ordonnance du juge-commissaire pour absence de dépassement des attributions du juge-commissaire avait pour conséquence de rendre sans objet l'appel nullité[7].

La jurisprudence s'est fixée dans le sens de la recevabilité de l'appel nullité, en présence d'un excès de pouvoir commis par le juge-commissaire, que se refuse à sanctionner le tribunal[8]. Le reproche adressé au *juge-commissaire d'avoir entaché* sa décision d'une irrégularité grossière n'équivaut pas au fait d'invoquer un excès de pouvoir. La solution a été posée dans une espèce où le tribunal avait refusé de sanctionner l'ordonnance du juge-commissaire ayant refusé de constater la résiliation du contrat, alors que l'option pour la continuation du contrat, faisant suite à une mise en demeure, en l'absence d'administrateur judiciaire, sous l'empire de la loi du 25 janvier 1985, n'avait été faite que par le débiteur seul, sans autorisation du juge-commissaire[9].

L'excès de pouvoir doit être caractérisé au jour où le juge-commissaire statue. Il a ainsi été jugé que le fait qu'une délibération du conseil municipal, ayant autorisé une commune à se rendre acquéreur d'un immeuble vendu dans le cadre d'une liquidation judiciaire, ait été annulée postérieurement à l'ordonnance du juge-commissaire ayant autorisé la cession de gré à gré d'un immeuble, ne permet pas l'ouverture du recours nullité, faute de caractérisation de l'excès de pouvoir au jour où le juge-commissaire a statué[10].

L'excès de pouvoir supposera la violation par le juge-commissaire d'une règle d'ordre public[11].

Il y a par exemple excès de pouvoir de la part du juge-commissaire qui :

– entend connaître de difficultés d'exécution de ses ordonnances[12];

– statue sur l'admission de créances salariales[13];

– relève de forclusion un créancier au-delà du délai d'un an, sous l'empire de la loi du 25 janvier 1985[14];

– ordonne la levée de l'inaliénabilité d'un bien acquis par le débiteur sur donation[15], alors surtout

1. Cagnoli, n°s 501, 502; Lienhard, note s^s Com. 27 mai 2003, n° 00-18.942, *D.* 2003. AJ 2013.
2. ainsi : Paris, 3e ch. B, 12 mai 2006, RG n° 05/05269.
3. ainsi : Com. 5 déc. 2006, n° 05-20.272, NP, *Gaz. proc. coll.* 2007/2, p. 27, note Rohart-Messager – Civ. 1re, 20 févr. 2007, n° 06-13.134, *Bull. civ.* IV, n° 61 – Com. 27 févr. 2007, n° 05-13.415, NP – Com. 5 juin 2007, n° 05-16.964, NP, *Rev. proc. coll.* 2008, p. 69, n° 8, note Lebel – Com. 24 mars 2009, n° 07-15.879, NP – Com. 16 juin 2009, n° 08-10.334, NP, *Gaz. proc. coll.* 2009/4, 2e partie, p. 9, note Bidan.
4. Com. 27 févr. 2007, n° 05-20.678, NP.
5. Com. 3 févr. 2009, n° 07-18.931, *Bull. civ.* IV, n° 14; *Act. proc. coll.* 2009/6, n° 102, note Petit.
6. Com. 26 oct. 1999, *Bull. civ.* IV, n° 191; *D.* 2000. Somm. 330, obs. Honorat – Com. 21 nov. 2006, n° 05-13.357, NP – Com. 21 nov. 2006, n° 05-16.628, NP – Com. 21 nov. 2006, n° 05-16.629, NP – Com. 5 déc. 2006, n° 05-20.272, NP.
7. Versailles, 18 nov. 2004, *Gaz. Pal.* 3-4 juin 2005, p. 24.
8. Com. 21 janv. 2003, n° 99-21.381, NP – Com. 5 juill. 2005, n° 04-14.194, NP, *Gaz. proc. coll.* 2005/3, p. 17, n° 4, obs. Rohart-Messager – Com. 28 juin 2011, n° 10-18.624, NP; n° 665 F-D.
9. Com. 16 déc. 2008, n° 07-16.003, NP.
10. Com. 12 nov. 2008, n° 07-18.382, NP.
11. ainsi : Com. 5 déc. 2006, n° 05-20.272, NP.
12. Com. 28 avr. 1998, n° 95-18.132, *Bull. civ.* IV, n° 134; *RTD com.* 1998. 690, obs. Vallens; *JCP E* et *A* 1998, Chron. 1356, n° 1-b-1, obs. Pétel.
13. Com. 19 janv. 1999, n° 96-17.573, NP.
14. Com. 16 nov. 1993, n° 91-15.143, *Bull. civ.* IV, n° 409.
15. Com. 28 avr. 1998, n° 95-20.245, NP, *RTD com.* 1998. 691, obs. Vallens.

que la compétence appartient au tribunal de grande instance[1];

– autorise le liquidateur à procéder à la vente d'un immeuble objet d'une déclaration notariée d'insaisissabilité effectuée avant l'ouverture de la procédure collective[2];

– méconnaît une clause d'agrément insérée dans un bail[3];

– autorise le liquidateur à céder des biens du débiteur en liquidation judiciaire dont la vente est prohibée par l'effet d'une clause le liant à un tiers lui interdisant de vendre certains produits concurrençant ceux commercialisés par celui-ci[4]; en revanche, si l'ordonnance du juge-commissaire porte sur la cession de la marque, dont il peut être fait usage dans la limite de l'engagement de non-concurrence, il n'y a aucun excès de pouvoir[5];

– ordonne la vente d'un droit au bail, alors que le bail est résilié[6];

– autorise le liquidateur à résoudre amiablement le bail commercial et à engager une action à l'encontre de l'acquéreur du fonds de commerce[7];

– apprécie la régularité d'un droit de rétention[8];

– refuse de reconnaître à la banque créancière gagiste sur véhicule automobile le bénéfice des prérogatives attachées à son droit de rétention fictif, lequel constitue pourtant un droit réel opposable à la procédure collective[9];

– autorise la vente d'un bien gagé sans obliger le mandataire de justice à utiliser la technique du retrait contre paiement[10];

– autorise le retrait contre paiement au profit d'un créancier gagiste sur matériel et outillage qui ne bénéficie pourtant pas d'un droit de rétention[11];

–torise la vente de biens crédit-baillés ayant fait bjet d'une demande de restitution[12];

–ous l'empire de la législation antérieure à la loi de uvegarde des entreprises, statue sur une créance poérieure dite « de l'article 40 » (C. com., art. L. 21-32)[13];

ordonne la consignation de sommes dans l'attente de issue d'un litige entre le bailleur des locaux profeionnels et le débiteur[14];

– ordonne la cession d'un bien à la demande dn tiers, alors que seul le liquidateur pouvait lui pésenter la demande[15];

– fixe, dans l'ordonnance autorisant la cession, la partition du prix[16];

– autorise la vente de biens sur une mise à prix éduite, après avoir dans une précédente ordonance, qui avait épuisé sa saisine, autorisé la vente vec une certaine mise à prix; cette solution posée sous l'empire de la loi du 13 juillet 1967[17] conserve son actualité[18];

– impose la cession judiciaire de contrat dans le cadre de la cession de gré à gré d'un fonds de commerce[19] ou dans le cadre d'une cession d'unité de production[20];

– prescrit la vente d'un immeuble appartenant en indivision au conjoint du débiteur[21]; ou à son ex conjoint commun en biens, du fait de l'existence

1. Paris, 3e ch. B, 2 juill. 2004, RG n° 2003/12077.
2. Com. 28 juin 2011, n° 10-15.482, *Bull. civ.* IV, n° 109; n° 687 FS-P+B+R+I.
3. Com. 14 oct. 1997, n° 95-18.029, NP, *LPA* 15 juill. 1998, n° 8, p. 18, note Teilliais – Com. 3 juin 2009, n° 07-15.708, NP, *Gaz. proc. coll.* 2009/3, p. 21, note Kendérian.
4. Com. 17 sept. 2013, n° 12-23.736, NP; n° 817 F-D; *BJE* mars 2014, 90, note Boudour.
5. Com. 17 sept. 2013, n° 12-23.736, préc. (v. ss prést n°).
6. Com. 3 juin 2009, n° 07-15.708, NP, *Gaz. proc. coll.* 2009/3, p. 21, note Kendérian.
7. Com. 19 déc. 2000, n° 97-20.551, NP, *RJDA* 2001/5, n° 619.
8. Com. 6 juin 1995, n° 93-14.072, *Bull. civ.* IV, n° 169; *D.* 1996. Somm. 86, obs. Honorat; *JCP E* 1995. I. 513, n° 2, obs. M. Cabrillac; *Rev. proc. coll.* 1995, 291, obs. Dureuil.
9. Com. 22 mai 2012, n° 11-12.015, *Bull. civ.* IV, n° 108; n° 597 FS-P+B; *D.* 2012. Actu. 1398, note Lienhard; *Gaz. Pal. entr. diff.* 3 août 2012, n° 216, p. 28, note Théron; *Act. proc. coll.* 2012/11, comm. 171, note Vallansan; *LXB hebdo* 21 juin 2012, n° 301, note Le Corre-Broly.
10. Com. 11 mai 1999, n° 96-11.280, *Bull. civ.* IV, n° 98; *LPA* 1er juin 1999, n° 108, p. 8, note P. M.; *JCP E* 1999, Chron. 1532, n° 1-C-9, obs. M. Cabrillac; *D. Affaires* 1999. 943, obs. Lienhard; *RTD com.* 2000. 174, obs. Martin-Serf; *RD banc. et bourse* 2000/1, n° 22, note Lucas.
11. Com. 4 janv. 2005, n° 02-10.511, *Bull. civ.* IV, n° 1; *D.* 2005. *Jur.* 970, note Aynès; *D.* 2005. AJ 430, obs. Lienhard; *D.* 2005. Somm. 2018, obs. Lucas; *Gaz. proc. coll.* 2005/1, p. 31, n° 2-2, obs. Voinot; *Gaz. Pal.* 21-22 juin 2006, p. 45, note Robine; *JCP E* 2005, Chron. 639, p. 709, n° 8, obs. M. Cabrillac; *JCP E* 2005, Chron. 915, p. 1008, n° 20, obs. Delebecque; *RTD com.* 2005. 408, n° 6, obs. Bouloc; *Rev. proc. coll.* 2005/2, p. 133, n° 18, obs. Gorrias; *LXB* n° N4887ABM, note Le Corre.
12. Com. 3 févr. 2009, n° 07-18.932, NP, *Act. proc. coll.* 2009/6, n° 102, note Petit; *LPA* 12 oct. 2009, n° 203, p. 11, note Sortais.
13. Com. 12 mai 2009, n° 08-13.861, NP, *Gaz. proc. coll.* 2009/3, p. 41, note Le Corre-Broly – Orléans, ch. com., éco. et fin., 28 août 2001, *RJDA* 2002/3, n° 277, p. 234; *LXB hebdo* 18 juin 2009, n° 355, note Le Corre-Broly.
14. Com. 23 nov. 2004, n° 02-14.216, NP, *Rev. proc. coll.* 2005/2, p. 132, n° 15, obs. Gorrias.
15. Com. 22 janv. 2002, n° 99-14.010, NP, *Act. proc. coll.* 2002/6, n° 73.
16. Com. 7 déc. 2004, n° 02-16.164, NP, *Rev. proc. coll.* 2005/2, p. 131, n° 14, obs. Gorrias.
17. L. n° 67-563, 13 juill. 1967, *JO* 14 juill., p. 7059.
18. Com. 13 févr. 2007, n° 04-18.599, NP.
19. Com. 26 juin 2001, n° 98-15.883, NP, *Act. proc. coll.* 2001/16, n° 214; *RD banc. et bourse* 2002/1, p. 23, n° 20, obs. Lucas.
20. Limoges, ch. civ., ord. conseiller de la mise en état, 31 mars 1999, *GE Capital Équipement Finance c/Me Urbain,* ès qualités *de liquidateur SA Raynaud*, NP : rejetant une demande d'irrecevabilité de l'appel.
21. Douai, 31 mai 1994, *Rev. proc. coll.* 1996/3, p. 326, obs. Soinne – Paris, 3e ch. A, 13 nov. 2007, RG n° 06/16518.

d'une indivision post communautaire apparue avant l'ouverture de la procédure collective[1];

– retient une offre d'acquisition d'un fonds de commerce en ne se prononçant pas sur une autre offre pourtant meilleure[2];

– autorise la cession du fonds de commerce pour un prix fictif[3];

– contraint la Poste à réexpédier le courrier du débiteur en liquidation judiciaire, sans contrepartie[4];

– rejette la demande de suspension des poursuites émanant d'un débiteur rapatrié d'Algérie, au motif qu'il ne pouvait bénéficier du dispositif établi, alors que les juridictions judiciaires sont incompétentes pour apprécier la recevabilité de pareilles demandes[5];

– statue sur la qualité de dirigeant de fait d'un salarié et fixe le salaire de celui-ci[6];

– se prononce sur l'absence de qualité de salarié d'une personne et lui refuse le paiement de salaires[7];

– ordonne par ordonnance sur requête, sans débat contradictoire devant lui, une expertise aux fins de rechercher la responsabilité de sociétés, tiers à la procédure collective[8];

– se reconnaît incompétent pour constater la résiliation de plein droit d'un bail commercial pour défaut de paiement des loyers dus au titre de la période postérieure au jugement d'ouverture[9].

L'appel nullité est encore recevable lorsque le tribunal méconnaît son office en refusant de statuer sur le recours formé par la société débitrice en liquidation judiciaire, via son mandataire *ad hoc*, alors que le délai d'exercice du recours n'avait pas commencé à courir dès lors que la notification de l'ordonnance était nulle pour avoir été irrégulièrement faite et que ce grief, s'il était établi, caractérisait un excès de pouvoir[10].

La Cour de cassation a encore considéré comme un excès de pouvoir le fait pour un juge, qui se prononce en matière de réalisation de l'actif du débiteur en liquidation judiciaire, de statuer sans que le débiteur ait été entendu ou dûment appelé[11] (v. aussi s^s n° 321.21). Il n'y a en revanche aucun excès de pouvoir rendant recevable l'appel nullité lorsque le juge-commissaire, et à sa suite le tribunal, refusent de dicter au liquidateur le choix de désintéressement des créanciers postérieurs[12].

De même, le juge-commissaire n'est pas compétent pour connaître de contestations relatives à la répartition du prix de cession d'un actif immobilier, qui relèvent *avant la réforme de la saisie immobilière*, du juge des ordres, et depuis cette réforme, du juge de l'exécution. Il en résulte qu'il ne commet pas d'excès depouvoir à se déclarer incompétent et que la décision du tribunal statuant sur le recours formé à l'encontre de l'ordonnance du juge-commissaire, non susceptible de recours avant la loi de sauvegarde des entreprises, n'est pas susceptible d'appel nullité, faute d'excès de pouvoir. L'arrêt de la cour d'appel n'est, quant à lui, pas susceptible de pourvoi, faute d'avoir consacré d'excès de pouvoir[13].

La violation de l'article 670 du code de procédure civile, qui réglemente la notification des actes, n'est pas constitutive d'un excès de pouvoir[14].

De même, la violation de l'article 6 § 1 de la Conv. EDH ne peut constituer un excès de pouvoir[15]. Il en est de même de la violation de l'article 13 de cette même convention[16].

Malgré les principes très clairs en la matière, si le juge-commissaire rejette la demande de constat de la résiliation du bail commercial pour défaut de réponse à la mise en demeure et si, à sa suite, le tribunal confirme sa décision, il n'y a pas excès de pouvoir justifiant la recevabilité de l'appel nullité à l'encontre du jugement statuant sur opposition[17].

1. Com. 22 janv. 2013, n° 11-24.733, NP; n° 64 F-D.
2. Paris, 3e ch. A, 18 nov. 2003, RG n° 2002/20097.
3. Toulouse, 10 oct. 2001, *JCP E* 2002. 501.
4. Com. 7 juin 2005, n° 04-12.081, NP, *Gaz. proc. coll.* 2005/3, p. 22, n° 5, obs. Gorrias.
5. Com. 28 sept. 2004, n°s 02-16.297, 02-16.298, 02-16.299, 3 esp., NP.
6. Paris, 3e ch. A, 23 nov. 2004, RG n° 2004/2807, *Rev. proc. coll.* 2006/1, p. 47, n° 3, obs. Lebel.
7. Com. 18 janv. 2005, n° 01-03.428, NP.
8. Paris, 3e ch. B, 11 oct. 2007, RG n° 2006/19975.
9. Com. 5 juill. 2005, n° 04-14.194, NP, *Gaz. proc. coll.* 2005/3, p. 17, n° 4, obs. Rohart-Messager.
10. Com. 22 mai 2007, n° 06-11.794, *Bull. civ.* IV, n° 140; *D.* 2007. AJ 1600, obs. Lienhard; *RD banc. fin.* mai-juin 2007, n° 114, p. 22, note Lucas.
11. Com. 16 juin 2009, n° 08-13.565, *Bull. civ.* IV, n° 82; *D.* 2009. AJ 1756, obs. Lienhard; *D.* 2009. Jur. 2521, note Théron; *Gaz. proc. coll.* 2009/3, p. 19, n° 2, note Fricero; *Gaz. proc. coll.* 2009/4, 2e partie, p. 19, note Voinot; *JCP E* 2010, Chron. 1011, n° 3, obs. Pétel; *Act. proc. coll.* 2009/13, n° 209, note Vallansan et Cagnoli; *RTD civ.* 2009. 576, n° 2, obs. Perrot; *Procédures* 2009, comm. 280, note Rolland; *Rev. proc. coll.* 2010/2, comm. 8, p. 28, note Rolland; *Rev. proc. coll.* 2010/1, § 5, p. 25, note Gorrias et Manié; *LXB hebdo* 16 juill. 2009, n° 359, note Le Corre – Com. 8 janv. 2013, n° 11-26.059, *Bull. civ.* IV, n° 2; n° 14 F-P+B; *D.* 2013. Actu. 173, note Lienhard; *Gaz. Pal.* 1er mai 2013, n° 121, p. 24, note Théron; *BJE* mai 2013, comm. 39, note Sortais; *Rev. proc. coll.* 2013, comm. 41, note Cagnoli; *Gaz. Pal.* 24 mai 2013, n° 144, note Théron; *LXB hebdo* n° 324, 24 janv. 2013, note Le Corre.
12. Com. 7 mars 2006, n° 05-11.723, NP, *Gaz. proc. coll.* 2006/3, p. 18, obs. Rohart-Messager; *RTD com.* 2006. 483, n° 7, obs. Vallens.
13. Com. 11 déc. 2007, n° 06-12.921, NP.
14. Com. 27 mars 2012, n° 11-10.325, NP; n° 353 F-D.
15. Com. 19 juin 2012, n° 11-20.066, *Bull. civ.* IV, n° 130; n° 713 F-P+B; *D.* 2012. Actu. 1670, note Lienhard; *Gaz. Pal. entr. diff.* 13 oct. 2012, n° 286, p. 22, note Fricero.
16. Com. 19 juin 2012, n° 11-20.066, préc. (v. s^s prés^t n°).
17. Com. 3 mai 2006, n° 04-18.968, NP, *Rev. proc. coll.* 2006/3, p. 267, n° 4, obs. Roussel Galle.

Le fait pour le juge-commissaire d'ordonner la vente aux enchères de la totalité des biens meubles du débiteur en liquidation judiciaire ne constitue pas davantage un excès de pouvoir, dès lors que la cession n'englobe pas un outil de production propre à l'activité de l'entreprise[1].

Le fait pour le juge-commissaire d'autoriser le liquidateur à accepter l'offre d'acquisition de parts sociales détenues par le débiteur dans une société, en suivant l'estimation de l'expert désigné par le juge-commissaire, n'est pas davantage constitutif d'un excès de pouvoir[2].

Le fait pour le juge-commissaire d'autoriser le liquidateur à céder un bail à construction, droit réel immobilier, n'est pas constitutif d'un excès de pouvoir[3].

Il faut encore préciser que si le tribunal, statuant sur recours à l'encontre d'une ordonnance du juge-commissaire, annule l'ordonnance et déboute de sa demande le requérant, ce dernier est sans intérêt à critiquer par la voie d'un appel-nullité le jugement ayant annulé l'ordonnance, ce jugement renfermant une contradiction entre ses motifs et son dispositif[4].

L'appel nullité étant recevable, et la cour d'appel y ayant fait droit, le pourvoi nullité est, pour sa part, irrecevable, faute d'excès de pouvoir à sanctionner[5]. En effet, formé contre une décision de la cour d'appel qui n'est pas entachée d'excès de pouvoir et qui n'a pas consacré d'excès de pouvoir, le pourvoi nullité est irrecevable[6].

L'irrecevabilité du pourvoi directement formé contre le jugement rejetant le recours rend irrecevables les questions prioritaires de constitutionnalité portant sur la restriction des voies de recours, spécialement sur la fermeture de l'appel[7].

1. Com. 27 févr. 2007, n° 05-13.415, NP.
2. Com. 8 juill. 2008, n° 07-12.499, NP, *D.* 2008. Chron. 2751, n° 4, note Bélaval et Salomon; *Dr. sociétés* 2009, p. 33, n° 16, note Legros; *LPA* 17 mars 2009, n° 54, p. 13, note Sortais; *Bull. Joly* 2009. 161, § 33, note Barbièri.
3. Com. 16 oct. 2012, n° 11-22.541, NP; n° 1019 F-D; *Gaz. Pal.* 18 janv. 2013, n° 18, p. 30, note Théron.
4. Com. 8 janv. 2008, n° 06-15.977, NP, *Act. proc. coll.* 2008/2, n° 21, note Régnaut-Moutier.
5. Com. 22 mai 2012, n° 11-12.015, *Bull. civ.* IV, n° 108; n° 597 FS-P+B; *D.* 2012. Actu. 1398, note Lienhard; *Gaz. Pal. entr. diff.* 3 août 2012, n° 216, p. 28, note Théron; *Act. proc. coll.* 2012/11, comm. 171, note Vallansan; *LXB hebdo* 21 juin 2012, n° 301, note Le Corre-Broly – Com. 19 juin 2012, n° 11-20.066, préc. (v. s^s prés^t n°).
6. Com. 5 juin 2007, n° 05-16.964, NP, *Rev. proc. coll.* 2008, p. 69, n° 8, note Lebel – Com. 12 nov. 2008, n° 06-18.781, NP – Com. 6 oct. 2009, n° 08-18.063, NP – Com. 13 avr. 2010, n° 08-18.362, NP – Com. 11 oct. 2011, n° 10-19.444, NP; n° 972 F-D.
7. Com. 26 juin 2012, n° 11-27.515, *Bull. civ.* IV, n° 138; n° 829 F-P+B; *D.* 2012. Actu. 1734, note Lienhard.

Le pourvoi nullité est tout aussi irrecevable s'il est formé contre un arrêt de la cour d'appel qui a justement annulé le jugement attaqué pour excès de pouvoir. En effet, le pourvoi est alors formé contre une décision qui n'est pas entachée d'excès de pouvoir et qui n'en a pas consacré[8].

L'excès de pouvoir, le plus généralement commis par le juge-commissaire, peut également émaner directement du tribunal et non du juge-commissaire. En ce cas, l'appel nullité contre le jugement du tribunal, puis le pourvoi nullité contre l'arrêt d'appel, seront recevables. Il a ainsi été jugé que, en l'absence de notification régulière d'une ordonnance au débiteur, le tribunal commet un excès de pouvoir à déclarer irrecevable le recours comme étant tardif, alors que le délai de recours n'avait pu courir faute de notification régulière[9]. Au contraire, il a été jugé qu'il n'y avait pas excès de pouvoir pour le tribunal à statuer sur l'opposition à l'ordonnance du juge-commissaire, alors qu'avait été soulevé l'article 4 du code de procédure pénale, obligeant le juge civil à surseoir à statuer dans l'attente de l'issue de procès pénal[10].

Si le tribunal refuse de revenir sur la solution posée par le juge-commissaire, qui contient pourtant un excès de pouvoir, il commet lui-même un excès de pouvoir. La décision du tribunal, qui fait seule l'objet de l'appel, à l'exclusion de la décision du juge-commissaire à l'encontre de laquelle ne peut porter directement le recours devant la cour d'appel[11], sera alors annulée.

Si le tribunal déclare irrecevable le recours formé contre l'ordonnance du juge-commissaire, alors qu'il est recevable, par exemple au titre d'un droit propre du débiteur dessaisi du fait de sa liquidation judiciaire, l'appel nullité est ouvert. La solution a été posée, sous l'empire de la loi du 25 janvier 1985, qui fermait l'appel réformation sur la décision du tribunal statuant sur recours contre une ordonnance du juge-commissaire autorisant la vente de biens du débiteur en liquidation judiciaire[12].

Symétriquement, le tribunal, qui déclare recevable un recours qui n'est pas ouvert, par exemple celui émanant du candidat repreneur évincé, commet un excès de pouvoir. La cour d'appel, qui déclare irrecevable le recours nullité formé contre

8. Com. 8 mars 2011, n° 09-72.919, NP; n° 214 F-D.
9. Com. 8 juill. 2008, n° 07-14.110, NP, *LPA* 17 mars 2009, n° 54, p. 13, note Sortais.
10. Com. 11 mai 2010, n° 09-65.960, *Bull. civ.* IV, n° 87; *D.* 2010. Actu. 1277, note Lienhard.
11. Paris, 3e ch. A, 17 févr. 2004, RG n° 2003/16357.
12. Com. 5 oct. 2010, n° 09-16.602, *Bull. civ.* IV, n° 149; n° 947 F-P+B; *Gaz. Pal. entr. diff.* 7-8 janv. 2011, p. 31, note Voinot; *Rev. proc. coll.* 2010/6, comm. 246, note Berthelot; *Rev. proc. coll.* 2011, comm. 28, p. 36, note Cagnoli; *Procédures* 2011, comm. 24, obs. Rolland.

cette décision, émanant du candidat initialement retenu par le juge-commissaire, commet elle-même un excès de pouvoir[1].

La recevabilité de l'appel nullité entraîne irrecevabilité du pourvoi en cassation directement formé à l'encontre du jugement statuant sur opposition[2].

333.23 Irrecevabilité de principe de l'appel nullité pour violation d'une règle fondamentale de procédure sur les jugements statuant sur recours à l'encontre des ordonnances du juge-commissaire. La recevabilité de l'appel nullité, conforme au droit commun des voies de recours nullité, a, dans un premier temps, été étendue aux violations des règles fondamentales de la procédure civile[3], indépendamment de l'existence d'un préjudice[4].

C'est ainsi que l'appel nullité a été jugé recevable en présence d'une ordonnance du juge-commissaire ayant autorisé la vente sur adjudication amiable d'un immeuble, sans comporter de motivation. Le tribunal, qui a refusé d'annuler l'ordonnance pour défaut de motivation et qui l'a au contraire confirmé, consacre à son tour la violation d'un principe fondamental de procédure civile, qui rend recevable l'appel nullité[5]. La simple insuffisance de motivation est en revanche jugée insuffisante[6].

La participation du juge-commissaire à la formation de jugement est identiquement une violation d'une règle essentielle de la procédure civile, qui rendra recevable l'appel nullité, lorsque le tribunal n'aura pas annulé la décision du juge-commissaire[7]. Il faut cependant distinguer la participation du juge-commissaire au délibéré et la présence du juge-commissaire lors du prononcé de la décision, seule la première constituant une irrégularité[8]. L'article 26 du décret du 27 décembre 1985[9] et l'article R. 621-22 du code de commerce prévoient que le juge-commissaire ne peut siéger dans la formation de jugement qui connaît du recours formé contre l'ordonnance. Cette violation d'une règle essentielle de la procédure civile est assurément constitutive d'un excès de pouvoir.

Il en est encore ainsi de la violation des règles de saisine du tribunal, par exemple pour dépassement du délai d'opposition[10], de la violation des règles du dessaisissement du juge-commissaire qui ne l'autorise pas à annuler ou à modifier une ordonnance rendue pour y substituer une autre ordonnance[11].

Ouvre également le recours nullité, le fait pour le juge-commissaire de statuer *ultra petita* ou *extra petita*[12].

Le recours nullité est encore ouvert si le tribunal a déclaré irrecevable une opposition pourtant recevable[13].

En revanche, l'exigence d'un vice grave conduit à écarter la recevabilité de l'appel nullité pour le motif de l'absence de signature par le greffier de l'ordonnance attaquée[14].

La Chambre mixte de la Cour de cassation a, dans un second temps, rendu une décision, qui conduit, du moins par principe, à poser des solutions nouvelles. Par un arrêt essentiel du 28 janvier 2005[15], elle a explicitement écarté le recours nullité pour violation d'un principe essentiel de procédure civile. Ce revirement de jurisprudence doit conduire à l'abandon par la Chambre commerciale et par les autres chambres de la Cour de cassation de la jurisprudence admettant le recours nullité pour violation d'un principe essentiel de la procédure civile. Seul l'excès de pouvoir autorisera, en conséquence, le recours nullité. C'est ainsi que la deuxième chambre

1. Com. 28 juin 2011, n° 10-18.624, NP; n° 665 F-D.
2. Com. 28 nov. 2000, n° 98-10.594, NP, *RJDA* 2001/2, n° 208 – Com. 12 avr. 2005, n° 03-11.661, NP – Com. 18 sept. 2007, n° 06-11.223, *Bull. civ.* IV, n° 201; *D.* 2007. AJ 2476, obs. Lienhard – Com. 2 oct. 2007, n° 06-10.212, NP – Civ. 1re, 12 déc. 2007, n° 06-20.962, *Bull. civ.* I, n° 384; *D.* 2008. AJ 84; *Procédures* 2008, n° 51, note Rolland – Com. 8 janv. 2008, n° 06-17.922, NP – Com. 5 févr. 2008, n° 06-18.282, NP – Com. 19 févr. 2008, n° 06-18.202, NP – Com. 9 déc. 2008, n° 07-19.388, NP – Com. 16 mars 2010, n° 09-13.578, *Bull. civ.* IV, n° 57; *D.* 2010. 1113, note Bélaval; *Gaz. Pal. entr. diff.* 2-3 juill. 2010, nos 183, 184, p. 22, note Fricero; *RTD com.* 2010. 430, n° 10, note Vallens; *Procédures* 2010, comm. 190, obs. Rolland; *Leden* 2010/5, p. 4, obs. Staes; *Rev. sociétés* 2010. 195, note Roussel Galle; *Rev. proc. coll.* 2011, comm. 26, p. 34, note Cagnoli – Com. 7 sept. 2010, n° 09-16.442, NP – Com. 30 nov. 2010, n° 09-69.340, NP – Com. 5 avr. 2011, n° 10-15.376, NP. – Com. 12 juill. 2011, n° 10-17.395, NP; n° 749 F-D – Com. 22 mai 2013, n° 12-14.555, NP; n° 511 F-D – Com. 4 mars 2014, n° 13-10.871, NP; n° 207 F-D.
3. Com. 27 mai 2003, n° 00-18.942, *Bull. civ.* IV, n° 88; *Act. proc. coll.* 2003/13, n° 180; *Act. proc. coll.* 2003/17, n° 225.
4. Com. 18 janv. 2005, n° 02-14.007, NP, *Rev. proc. coll.* 2005/2, p. 131, n° 13, obs. Gorrias.
5. Com. 30 mars 1993, n° 90-21.980, *Bull. civ.* IV, n° 132 – Com. 18 janv. 2005, n° 02-14.007, NP.
6. Paris, 3e ch. A, 18 nov. 2003, RG n° 2003/04791.
7. Com. 28 sept. 2004, n° 03-14.549, NP.
8. Com. 3 mai 2006, n° 04-18.380, NP.
9. D. n° 85-1388, 27 déc. 1985, *JO* 29 déc., p. 15281.
10. Paris, 7 avr. 1995, *Rev. proc. coll.* 1996, p. 55, n° 5, obs. Dureuil.
11. Com. 16 mars 1999, n° 95-14.577, NP, *JCP E* et *A* 1999, pan. 1842 – *Adde*, POUR un juge-commissaire ayant prononcé une astreinte dans le cadre de l'exécution de son ordonnance : Com. 28 avr. 1998, n° 95-18.132, *Bull. civ.* IV, n° 134; *RTD com.* 1998. 690, obs. Vallens; *JCP E* et *A* 1998, Chron. 1356, n° 1-b-1, obs. Pétel.
12. Paris, 3e ch. C, 27 juin 2003, RG n° 2002/18120.
13. Versailles, 11 juin 2002, RG n° 02/00608, *LPA* 11 juill. 2003, n° 138, p. 17, note Sortais.
14. Com. 17 juill. 2001, n° 98-22.335, NP.
15. Cass., ch. mixte, 28 janv. 2005, n° 02-19.153, *Bull. ch. mixte*, n° 1.

civile de la Cour de cassation jugé qu'« il n'est dérogé à toute règle interdisant un recours qu'en cas d'excès de pouvoir; que ne constitue un excès de pouvoir ni la violation des règles relatives à la composition des juridictions ni la violation du principe de la contradiction » (v. s[s] n° 321.21. Ainsi, la Chambre commerciale rejette-t-elle le recours nullité sur le jugement statuant sur recours à l'encontre d'une ordonnance du juge-commissaire en cas de violation du principe de motivation[1], du principe de contradiction[2] ou en cas de méconnaissance de l'objet du litige[3]. De même, elle n'admet pas le recours nullité pour violation de l'article 680 du code de procédure civile [et corrélativement de l'article 693], qui oblige le greffe à préciser le recours et son délai lorsqu'il procède à la notification de la décision rendue[4].

Il convient toutefois de tempérer l'observation ci-dessus formulée. En effet, de nombreuses illustrations de la violation d'un principe essentiel de la procédure civile constituent aussi des cas d'excès de pouvoir, qui continuent, en conséquence, à rendre recevable le recours nullité. Il en sera par exemple ainsi de la participation du juge-commissaire au délibéré sur le recours formé à l'encontre de son ordonnance. En outre, le recours à l'article 6 § 1 de la Conv. EDH apparaît de nature à empêcher de tenir pour sans importance la violation des principes essentiels de procédure civile.

L'appel nullité devra être effectué dans les dix jours de la signification, et ce même si l'acte de notification ne contient pas l'indication de ce délai[5]. Rappelons en effet que la notification n'a pas à préciser l'existence, la forme ou le délai d'une voie de recours nullité[6].

Dès lors que l'appel nullité est recevable, il en va de même du pourvoi en cassation formé à l'encontre de l'arrêt de la cour d'appel[7].

1. Com. 24 mars 2009, n° 07-15.879, NP – Com. 26 janv. 2010, n° 08-21.330, *Bull. civ.* IV, n° 19; *D.* 2010. AJ 380; *RTD civ.* 2010. 375, n° 4, obs. Perrot; *Rev. proc. coll.* 2010/3, § 97, p. 58, note Cagnoli – Com. 7 sept. 2010, n° 09-16.845, NP – Com. 8 nov. 2011, n° 10-24.302, NP; n° 1117 F-D.
2. Com. 11 oct. 2011, n° 10-19.444, NP; n° 972 F-D – Com. 28 janv. 2014, n° 12-25.008, *Bull. civ.* IV, n° 28; n° 116 FS-P+B; *D.* 2014. 1017, n° 10, note Arbellot; *Gaz. Pal.* 25 mai 2014, n° 145, p. 46, note Amrani-Mekki; *Rev. proc. coll.* 2014, comm. 96, note Cagnoli.
3. Com. 28 janv. 2014, n° 12-25.008, préc. (v. s[s] prés[t] n°).
4. Com. 31 mai 2011, n° 10-16.199, NP; n° 539 F-D.
5. Com. 9 juin 1998, n° 95-18.486, *Bull. civ.* IV, n° 188; *D.* 1999. Somm. 70, obs. Honorat; *RTD com.* 1998. 951, obs. Vallens.
6. Com. 17 juill. 2001, n° 98-15.963, NP, *RTD com.* 2001. 981, obs. Vallens.
7. Com. 26 juin 2001, n° 98-15.883, NP, *JCP E* et *A* 2002, jur. 1081, note Perdriau.

333.24 Ouverture par exception de l'appel au profit du ministère public sur les jugements statuant sur recours à l'encontre des ordonnances en matière de réalisation d'actifs en *liquidation judiciaire*. Aux termes de l'article L. 623-5 du code de commerce (anc[t] L. 25 janv. 1985, art. 173-1), « *ne sont susceptibles que d'un appel ou d'un pourvoi en cassation, de la part du ministère public, les jugements statuant sur les recours formés contre les ordonnances du juge-commissaire rendues en application des articles L. 622-16, L. 622-17 et L. 622-18* [anc[t] L. 25 janv. 1985, art. 154, 155 et 156] ».

Ainsi, les jugements statuant sur recours à l'encontre des ordonnances du juge-commissaire rendues en matière d'autorisation de réalisation d'actifs immobiliers (C. com., art. L. 622-16), d'unité de production (C. com., art. L. 622-17) ou d'actifs mobiliers (C. com., art. L. 622-18), ne sont susceptibles d'appel que de la part du ministère public.

Les arrêts statuant sur appel de ces jugements ne sont eux-mêmes susceptibles de pourvoi que de la part du ministère public[8].

Le texte vise le ministère public, ce qui ouvre la voie de recours non seulement au procureur de la République, mais aussi au parquet général. On rappellera que le délai d'appel du ministère public n'était pas uniforme (v. s[s] n° 322.22 – D. 27 déc. 1985, art. 157, al. 3), avant l'intervention du décret du 12 février 2009[9], qui a aligné sur le délai d'appel du procureur de la République, celui du parquet général.

SECTION 333.30 APPEL ET POURVOI SUR LES JUGEMENTS STATUANT SUR OPPOSITION OU TIERCE OPPOSITION À L'ENCONTRE DES ORDONNANCES DU JUGE-COMMISSAIRE – LOI DE SAUVEGARDE DES ENTREPRISES

333.31 Appel sur les jugements statuant sur le recours devant le tribunal à l'encontre des ordonnances du juge-commissaire – Loi de sauvegarde des entreprises. La loi de sauvegarde des entreprises[10] a écarté le principe posé par la législation antérieure, selon lequel les jugements statuant sur recours à l'encontre des ordonnances du juge-commissaire dans la limite de ses attributions n'étaient susceptibles ni d'appel ni de pourvoi en cassation. Désormais, faute de texte écartant le jeu de l'article 543 du code de procédure civile, le principe est inverse : les jugements par lesquels le tribunal statue

8. Com. 8 juill. 2008, n° 07-12.499, préc.
9. D. n° 2009-160, 12 févr. 2009, *JO* 13 févr., p. 2596.
10. L. n° 2005-845, 26 juill. 2005, *JO* 27 juill., p. 12187.

sur le recours formé à l'encontre d'une ordonnance du juge-commissaire, fût-elle rendue dans la limite des attributions de celui-ci, sont susceptibles d'appel[1] et de pourvoi. La solution résulte d'un amendement présenté à l'Assemblée nationale[2]. La commission des lois du Sénat s'est montrée favorable à la rédaction du texte adopté à l'Assemblée nationale. Elle a estimé inopportune la multiplication des exceptions au principe selon lequel les jugements rendus contre les ordonnances du juge-commissaire ne sont pas susceptibles de recours. Elle a aussi observé que le droit à un procès équitable justifiait la solution[3]. Il peut à l'inverse être observé qu'il y a là trois degrés de juridiction[4], outre le pourvoi, contrairement au droit commun de la procédure civile[5]. C'est donc un droit au procès « très équitable » qui est ici offert et qui aboutit inéluctablement à ralentir les procédures. Peut-être, *de lege ferenda*, serait-il souhaitable de réserver le recours devant le tribunal aux litiges inférieurs à un certain montant et d'ouvrir directement sur l'ordonnance la voie de l'appel au-delà d'un certain montant, ainsi que pour les demandes d'un montant indéterminé.

L'ouverture de principe de l'appel à l'encontre des jugements statuant sur le recours à l'encontre des ordonnances du juge-commissaire entraîne l'irrecevabilité du pourvoi en cassation, formé directement contre le jugement du tribunal, celui-ci fût il, à tort, qualifié de jugement rendu en dernier ressort[6].

L'ouverture de principe de l'appel à l'encontre des jugements statuant sur le recours à l'encontre des ordonnances du juge-commissaire vide de sa principale substance le domaine de l'appel nullité, qui avait trouvé, en la matière, son terrain d'élection.

333.32 Irrecevabilité de principe de l'appel des jugements statuant sur le recours formé à l'encontre des ordonnances du juge-commissaire en matière de réalisation d'actif du débiteur en liquidation judiciaire jusqu'au décret du 12 février 2009[7]. Par exception au principe de recevabilité de l'appel et du pourvoi en cassation sur le jugement rendu sur recours formé à l'encontre d'une ordonnance du juge-commissaire, les jugements statuant sur le recours formé à l'encontre d'une ordonnance du juge-commissaire en matière de réalisation d'actifs du débiteur en liquidation judiciaire ne sont pas susceptibles d'appel. La solution, issue de la législation antérieure à la loi de sauvegarde des entreprises, a été conservée par cette législation[8] (C. com., art. L. 661-5 - v. s^s^ n° 561.23).

La solution ne contrarie pas les droits et libertés garantis par la Constitution. En effet, elle ne prive pas une partie du droit à un recours réel et effectif, puisque l'ordonnance du juge-commissaire peut être frappée d'un recours devant le tribunal. Logiquement, une question prioritaire de constitutionnalité sur ce terrain a été déclarée non sérieuse[9].

Le code réserve cependant la recevabilité de l'appel du ministère public (C. com., art. L. 661-5). Il faut en outre réserver l'excès de pouvoir, qui rendrait recevable le recours nullité.

333.33 Recevabilité de l'appel à l'encontre des ordonnances du juge-commissaire statuant sur les réalisations d'actifs du débiteur en liquidation judiciaire. L'article 118 de l'ordonnance du 18 décembre 2008[10] insère dans le code de commerce un nouvel article L. 642-19, I, selon lequel « les conditions et formes du recours contre les décisions du juge-commissaire prises en application des articles L. 642-18 et L. 642-19 sont fixés par décret en Conseil d'État ». La modification effective par rapport au droit commun des recours contre les ordonnances du juge-commissaire est opérée par les articles 99 et 100 du décret d'application de l'ordonnance de réforme en date du 12 février 2009[11]. Ces textes insèrent, à cette fin, dans le code de commerce, un article R. 642-37-1, qui intéresse les ordonnances relatives à la vente, en liquidation judiciaire, des immeubles du débiteur, et un article R. 642-37-3, dont l'alinéa 2 nous intéresse ici plus spécialement, qui intéresse la vente, en liquidation judiciaire, des meubles du débiteur. Cet article R. 642-37-3, alinéa 2 a été oublié par un auteur, ce qui lui fait écrire que notre interprétation serait trop large[12].

Le décret d'application de l'ordonnance de réforme a préféré remplacer le recours devant le tribunal par un appel direct à l'encontre de l'ordonnance du juge-commissaire statuant en matière de réalisation d'actifs du débiteur, comme cela était le cas, par exemple, en matière de contestation des décisions statuant sur l'admission des créances. Le change-

1. Com. 7 févr. 2012, n° 10-26.164, *Bull. civ.* IV, n° 29; n° 151 F-P+B+I; *D.* 2012. Actu. 430, note Lienhard; *Rev. proc. coll.* 2012, comm. 62, note Cagnoli; *LXB hebdo* 16 févr. 2012, n° 284, note Le Corre.
2. Amend. n° 330 d'Arlette Grosskost, *JOAN CR*, 8 mars 2005, p. 1803.
3. *Rapp. J.-J. Hyest*, n° 335, p. 504.
4. AUSSI : Gerbay, « La procédure d'appel dans le tourbillon des réformes », *RJ com.* 2007. 9 s., sp. p. 14, n° 13.
5. Cagnoli, « La qualité pour agir, questions procédurales », *Rev. proc. coll.* 2006/2, p. 209 s., sp. p. 211 et 212.
6. Com. 7 févr. 2012, n° 10-26.164, préc. (v. s^s^ prés^t^ n°).
7. D. n° 2009-160, 12 févr. 2009, préc.
8. Com. 9 déc. 2008, n° 07-19.388, NP – Com. 29 avr. 2014, n° 12-29.666, NP; n° 405 F-D.
9. Com. 14 déc. 2010, n° 10-40.065 QPC, NP; n° 1321 FS-D; *LPA* 29 avr. 2011, n° 85, p. 14, note Henry.
10. Ord. n° 2008-1345, 18 déc. 2008, *JO* 19 déc., p. 19462.
11. D. n° 2009-160, 12 févr. 2009, préc.
12. Soinne, « le yoyo (à propos de l'alourdissement et de l'enchevêtrement procédural du droit des procédures collectives) », *Rev. proc. coll.* 2010/5, § 5, p. 3.

ment est important et les praticiens devront y prêter la plus grande attention, pour les procédures ouvertes à compter du 15 février 2009. Un recours porté devant le tribunal sera évidemment irrecevable. En outre, l'appel nullité n'est plus recevable, du fait de l'ouverture de l'appel réformation.

Le délai d'appel est celui énoncé au nouvel article R. 661-3 du code de commerce, tel qu'il résulte de la rédaction que lui a donnée le décret d'application de l'ordonnance du 18 décembre 2008 (art. 115). Le texte dispose que « Sauf dispositions contraires, le délai d'appel des *parties est dix jours à compter de la notification qui leur est faite des décisions rendues* en matière de mandat *ad hoc*, de conciliation, de sauvegarde, de redressement et de liquidation judiciaires, de responsabilité pour insuffisance d'actif, de faillite personnelle et d'interdiction prévue à l'article L. 653-8... ».

TITRE

340. Ministère public

SECTION 0 ORIENTEUR

340.00 **Plan du titre.**

Sect. 340.10 Évolution de la fonction du ministère public dans les procédures collectives

Sect. 340.20 Information du ministère public

Sect. 340.30 Pouvoirs du ministère public

340.01 **Textes applicables.** (V. les références complètes s[s] n° 011).

C. pr. civ., art. 422, 424, 425-2

> Législation antérieure à la loi de sauvegarde des entreprises.

C. com., art. L. 621-11, L. 623-1, L. 623-5, L. 623-6, L. 623-8

D. 27 déc. 1985, art. 157, al. 2, 158, 162, 174

> Législation issue de la loi de sauvegarde des entreprises.

C. com., art. L. 621-8, L. 631-9, L. 641-11, L. 661-1, L. 661-5 à L. 661-8, L. 661-11

C. com., art. R. 621-20 (anc[t] D. 28 déc. 2005, art. 71), R. 622-16 (anc[t] D. 28 déc. 2005, art. 91), R. 642-2 (anc[t] D. 28 déc. 2005, art. 253), R. 662-10 (anc[t] D. 28 déc. 2005, art. 346)

D. 28 déc. 2005, art. 357 (non codifié)

> Législation issue de l'ordonnance du 18 décembre 2008.

C. com., art. L. 621-4, al. 5, L. 621-8, L. 631-9, L. 631-19, I, al. 1er, L. 641-1, II, al. 3 et al. 4, L. 641-1-1, al. 1er, L. 661-1, I, L. 661-6 à L. 661-8, L. 661-11

C. com., art. R. 621-20, R. 622-16, R. 631-34-1, al. 1er, R. 661-3, al. 4, R. 662-10, R. 663-2

340.03 **Bibliographie indicative.** (V. les références complètes s[s] n° 031).

> Actualisables. RÉP. COM., Pigassou P., « Entreprises en difficulté – Redressement judiciaire (Procédure et organes) », n°s 38 à 42 – J.-CL. COM., Darmstadter, fasc. 2215, [Organes – Ministère public] – J.-CL. COM., Martin-Serf A., fasc. 2203, [Règles générales de procédure], 2015, n°s 153 à 157.

> Ouvrages antérieurs à la loi de sauvegarde des entreprises. CHAPUT, n° 291 – GUYON, n°s 1167, 1168 – KERCKHOVE, n°s 319 à 329 – LE CANNU, n°s 979 à 982 – LE CANNU *ET ALII*, n°s 378 à 383 – LE CORRE-BROLY, n°s 108 à 110 – MARTIN ET VALLENS, n°s 22771 à 2775 – PÉROCHON ET BONHOMME, n° 140 – PÉTEL, n°s 137, 138 – RIPERT ET ROBLOT, n°s 2936, 2937 – SOINNE, n°s 754 à 769 – VALLANSAN, p. 53.

> Ouvrages postérieurs à la loi de sauvegarde des entreprises. GIBIRILA, n°s 330 à 334 – LE CANNU, 7e éd., n°s 419 à 423 – LIENHARD, 6e éd., n°s 32.11 à 32.19 – PÉROCHON, 10e éd., n°s 482 à 474 – PÉTEL, 8e éd., n°s 139, 140 – SAINT-ALARY-HOUIN, 9e éd., n°s 29, 52, 93 – SOUZA-GUIMARES M., « Le rôle du ministère public dans les procédures collectives », th., Toulouse I, 2011 – VALLENS, 2015, n°s 2609 à 2616 – VOINOT, 2007, n°s 121, 122.

> Articles. Delattre Ch., « L'intervention du ministère public dans la désignation des administrateurs et mandataires judiciaires », *Rev. proc. coll.* 2009/3, 11, p. 14; « Le liquidateur engage-t-il sa responsabilité en signalant des infractions au ministère public », *Rev. proc. coll.* 2009/3, 14, p. 31; « Le ministère public et le contradictoire dans la loi de sauvegarde », *Rev. proc. coll.* 2011, étude 24; « Le rôle des organes de contrôle face à la durée d'une procédure de liquidation judiciaire », *BJE* mars 2012, comm. 52, p. 129; « Le ministère public, garant du respect du droit social », *Rev. proc. coll.* 2012, dossier 9, p. 68; « L'intervention du ministère public dans la désignation des organes de la procédure doit être mesurée, opportune et utile », *Rev. proc. coll.* 2012, étude 10; « Les relations entre le ministère public et les administrateurs et mandataires judiciaires », *Rev. proc. coll.* 2012, dossier 29; « Les avis du ministère public », *Rev. proc. coll.* 2014, études 22 – Falzoi A., « Le rôle du ministère public dans le cadre des procédures collectives », *LPA* 17 sept. 2004, p. 3 – Houlette E., « Le rôle du ministère public dans la loi de sauvegarde », *JCP E* 2005. 1514, p. 1772 – Lafortune A., « Le ministère public et l'entreprise en difficulté », *LPA* 12 janv. 1994, p. 20 – Marchi J.-P.,

« Le rôle du procureur de la République », *RJ com.* n° sp. févr. 1987, 101 – Lemesle L., « Le ministère public et les procédures collectives », Rev. proc. coll. 2013, dossier 30 – Perdriau A., « La communication au ministère public des affaires de faillite », *JCP* 1986. I. 3 228 – Rémery J.-P., « Le ministère public et les voies de recours dans les procédures collectives », *Rapp. C. cass.*, 1998, p. 139; « Le ministère public et le droit des entreprises en difficulté : un an de jurisprudence de la chambre commerciale de la Cour de cassation », *D.* 2012. 700 – Renucci J.-F., « Le rôle du ministère public », *in* « L'application de la loi du 25 janvier 1985 », *LPA* 24 juill. 1991, p. 8 – Sala Y., « Rôle et pouvoirs du ministère public, sanctions pénales et loi de sauvegarde des entreprises », *LPA* 17 févr. 2006, n° 35, p. 121 – Soinne, « L'intervention du ministère public dans les procédures collectives de redressement et de liquidation », *D.* 1983. Chron. 11 – Triaulaire J.-P., « Le rôle du ministère public », *Rev. proc. coll.* 2006/2, p. 212.

331.04 **Question essentielle.**

• Quelle sanction attacher à l'absence d'avis du ministère public lorsque la loi l'exige ?

* V. s[s] n° 340.21.

SECTION 340.10 ÉVOLUTION DE LA FONCTION DU MINISTÈRE PUBLIC DANS LES PROCÉDURES COLLECTIVES

340.11 Évolution de la fonction du ministère public dans les procédures collectives. L'évolution du droit des procédures collectives s'est accompagnée d'une évolution du rôle du ministère public. Le paradoxe est à souligner, qui consiste à relever que, à la mesure du passage du droit des faillites au droit des procédures collectives de paiement, puis au droit des entreprises en difficulté, l'aspect répressif a régressé, alors que les pouvoirs du ministère public n'ont cessé de progresser. C'est la traduction de la place accordée à l'intérêt général, dans le redressement des entreprises [1], dont le ministère public a en charge la défense.

Les pouvoirs du ministère public ont été limités jusqu'à la loi du 13 juillet 1967 [2]. Il n'avait alors à être informé que des procédures dont le chiffre d'affaires dépassait 300 000 francs (soit 45 734,71 euros).

La loi du 15 octobre 1981 [3] marque une première étape importante dans l'évolution des pouvoirs du ministère public. Il n'est plus cantonné à la défense de la société dans un cadre répressif, mais devient un corps de contrôle de l'ordre public économique. Cette loi lui ouvre notamment la possibilité d'exercice des voies de recours.

Cette évolution s'est poursuivie avec la loi du 25 janvier 1985 [4], le ministère public devenant un véritable organe de la procédure [5]. *La judiciarisation* croissante des procédures *collectives et la prise en* considération des intérêts publics expliquent l'accroissement du rôle du ministère public [6].

La loi du 10 juin 1994 [7] va encore plus loin, en conférant au ministère public un droit d'appel suspensif, en contrariété avec les règles régissant la matière des procédures collectives de paiement, dans lesquelles l'exécution provisoire est de droit, rendant ainsi encore plus efficace l'intervention du ministère public.

La loi de sauvegarde des entreprises [8] revient partiellement sur la solution : l'appel du ministère public reste par principe suspensif, à l'exception de celui portant sur les décisions statuant sur l'ouverture de laprocédure de sauvegarde ou de redressement judiciaire (C. com., art. L. 661-1, II). Pour le surplus, les pouvoirs du ministère public en tant que partie jointe, par exemple par le droit de former appel qui lui est reconnu en matière de sanctions civiles, mais aussi en tant que partie principale, sont accrus par cette législation [9]. En outre, il fait son apparition dans les procédures conventionnelles de traitement des difficultés [10], puisque la procédure de conciliation doit lui être communiquée (C. com., art. L. 611-6, al. 4) et qu'il est présent ou en tout cas appelé à la procédure d'homologation (C. com., art. L. 611-9, al. 1er). L'ordonnance du 18 décembre 2008 accorde un pouvoir de contrôle très important sur la nomination des organes des procédures. Il dispose de la possibilité de s'opposer à la désignation d'un mandataire judiciaire, d'un administrateur judiciaire ou d'un liquidateur. Ce pouvoir n'existe pas en revanche, en ce qui concerne la nomination du commissaire à l'exécution du plan.

Par principe, dans la législation antérieure à la loi du 26 juillet 2005, le législateur ne vise pas le ministère public, mais le procureur de la République. Par exception, en visant le ministère public, le législa-

1. DERRIDA *ET ALII*, n° 91.
2. L. n° 67-563, 13 juill. 1967, *JO* 14 juill., p. 7059, abrogée.
3. L. n° 81-927, 15 oct. 1981, *JO* 16 oct., p. 2807.
4. L. n° 85-98, 25 janv. 1985, *JO* 26 janv., p. 1097.
5. DÉJÀ avec la loi du 15 octobre 1981 : Soinne, « L'intervention du ministère public dans les procédures collectives de redressement et de liquidation », *D.* 1983. Chron. 11.
6. Rizzi, *La protection des créanciers à travers l'évolution des procédures collectives*, « Bibl. dr. privé », t. 459, Lgdj, 2007, p. 137, n° 121.
7. L. n° 94-475, 10 juin 1994, *JO* 11 juin, 8840.
8. L. n° 2005-845, 26 juill. 2005, *JO* 27 juill., p. 12187.
9. Circ. relative à l'action du ministère public dans les procédures du Livre VI du code de commerce en conséquence de la loi de sauvegarde des entreprises, CIV 2006-08 D4/18-04-2006, NOR : JUSCO0620263C, *BOMJ*, n° 102, 1er avr.-30 juin 2006 – *Adde*, Cagnoli, « La qualité pour agir, questions procédurales », *Rev. proc. coll.* 2006/2, p. 209 s., sp. p. 210.
10. Houlette, « Le rôle du ministère public dans la loi de sauvegarde », *JCP E* 2005. 1514, p. 1772.

teur entend non seulement le procureur de la République, mais aussi le procureur général près la cour d'appel.

Au contraire, dans la législation du 26 juillet 2005, les textes visent le ministère public. Le ministère public est omniprésent dans les procédures de la loi de sauvegarde des entreprises. Cette dernière consacre une accentuation de l'information du ministère public sur l'ensemble des procédures judiciaires de traitement des difficultés des entreprises[1]. De nouvelles prérogatives sont également reconnues au ministère public pour déclencher des actions attitrées aux organes de la procédure. Une circulaire est venue préciser l'action du ministère public dans les procédures collectives[2].

Il faut bien apercevoir, en pratique, que, en même temps que le législateur augmente de manière incessante les prérogatives du parquet, ce dernier dispose de moins en moins de moyens pour les mettre en œuvre[3]. Autant dès lors partir du postulat que ces prérogatives resteront bien souvent lettre morte, lorsque la présence du parquet n'est pas rendue obligatoire par le code de commerce. La circulaire relative à l'action du ministère public dans les procédures du Livre VI du code de commerce en conséquence de la loi de sauvegarde des entreprises, traduit bien cet état de fait en lançant une invitation aux magistrats du parquet à intervenir dans les procédures « dans la mesure où cela vous sera possible »[4].

340.12 **Intervention du ministère public comme partie principale ou partie jointe.** Selon l'article 421 du code de procédure civile, le ministère public peut agir comme partie principale ou intervenir comme partie jointe. La législation du droit des entreprises en difficulté démontre cette dualité procédurale.

Dans un certain nombre de cas, assez nombreux, spécifiés par la législation des procédures collectives, il agira d'office comme partie principale (C. pr. civ., art. 422).

Dans d'autres cas, il intervient pour faire connaître son avis sur l'application de la loi dans une affaire dont il a eu communication. Il est alors partie jointe (C. pr. civ., art. 424).

1. *Rapp. J.-J. Hyest*, nº 335, p. 51.
2. Circ. relative à l'action du ministère public dans les procédures du Livre VI du code de commerce en conséquence de la loi de sauvegarde des entreprises, CIV 2006-08 D4/ 18-04-2006, NOR : JUSCO0620263C, *BOMJ*, nº 102, 1er avr.-30 juin 2006.
3. Triaulaire, « Le rôle du ministère public », *Rev. proc. coll.* 2006/2, p. 212 s., sp. p. 215.
4. Circ. relative à l'action du ministère public dans les procédures du Livre VI du code de commerce en conséquence de la loi de sauvegarde des entreprises, CIV 2006-08 D4/ 18-04-2006, NOR : JUSCO0620263C, *BOMJ*, nº 102, 1er avr.-30 juin 2006.

En cette occurrence, il était admis qu'il n'avait pas à respecter la règle du contradictoire à l'égard des autres parties[5]. Le ministère public, dans le cas où il était partie jointe, pouvait faire connaître son avis à la juridiction soit en lui adressant des conclusions écrites mises à la disposition des parties, sans qu'elles leur aient été communiquées avant l'audience[6], soit oralement à l'audience. Les parties, en application de l'article 445 du code de procédure civile avaient la possibilité de répondre à ses arguments, même après la clôture des débats. Le fait qu'une partie n'ait pas connaissance des arguments du ministère que le jour de l'audience restait donc sans conséquence, puisqu'elle pouvait faire usage de la faculté d'y répondre ultérieurement[7]. Il avait ainsi été jugé que les exigences d'impartialité et d'indépendance posées par l'article 6 § 1 de la convention sont étrangères aux membres du parquet, qui ne sont pas des juges[8].

La Cour de cassation a au contraire estimé, au visa de l'article 6 § 1 de la Conv. EDH, des articles 16 et 431 du code de procédure civile, que les conclusions doivent être communiquées aux parties afin de respecter le principe de la contradiction et celui d'égalité des armes assurant le procès équitable[9]. Une cour d'appel ne peut confirmer le jugement entrepris, après avoir affirmé que le ministère public avait conclu à la confirmation du jugement de condamnation à combler l'insuffisance d'actif, sans avoir constaté que les conclusions du ministère public avaient été communiquées au dirigeant et que ce dernier avait pu y répondre utilement[10]. Encore faut-il toutefois qu'il s'agisse de véritables conclusions; tel n'est pas le cas de la mention apposée sur le dossier avant l'audience par laquelle le ministère public s'en rapporte à justice[11] ou se contente de demander l'application de la loi[12].

Dès lors que le ministère public n'est que partie jointe, il peut faire connaître son avis oralement. Le

5. Com. 11 mai 1999, nº 98-11.392, *Bull. civ.* IV, nº 101; *RTD com.* 1999. 761, obs. Vallens; *Rev. proc. coll.* 2000, p. 209, nº 20, obs. crit. Soinne.
6. Com. 30 janv. 2007, nº 05-12.895, NP, *Gaz. proc. coll.* 2007/2, p. 59, note Montéran.
7. Com. 4 janv. 2005, nº 03-17.750, NP.
8. Douai, 1re ch., 2e sect., 24 oct. 2007, RG nº 07/03780, préc.
9. Com. 28 janv. 2014, nº 13-10.453, NP; nº 131 F-D – Com. 24 mars 2015, nº 14-11.765, NP; nº 310 F-D; *Dr. sociétés* 2015, comm. 134, note Legros – Com. 22 sept. 2015, nº 14-15.452, NP.
10. Com. 28 juin 2016, nº 14-19.160, NP; nº 606 F-D.
11. Com. 1er avr. 2014, nº 13-13.574, *Bull. civ.* IV, nº 66; nº 355 FS-P+B; *D.* 2014. 1015, nº 7, note Guillou; *Act. proc. coll.* 2014/8, comm. 159, note Cagnoli; *BJE* juill. 2014, p. 241, note Laroche; *RTD com.* 2014. 692, nº 5, note Martin-Serf; *RTD civ.* 2014. 680, nº 3, note Dross W. – Com. 23 sept. 2014, nº 13-13.467, NP; nº 833 F-D.
12. Com. 23 sept. 2014, nº 13-13.467, préc.

dirigeant social poursuivi en responsabilité pour insuffisance d'actif a la possibilité de répondre, ce qui suffit à assurer le respect du principe de contradiction[1].

Si le ministère public intervient comme partie principale, par exemple pour demander une mesure de faillite personnelle, la communication de ses conclusions écrites s'impose[2].

Y compris sur l'assignation d'un créancier, le ministère public peut faire connaître son avis sur l'ouverture de la procédure collective, en recherchant des éléments de fait susceptibles d'accréditer la situation réelle de l'entreprise. Il peut, en conséquence, produire des documents et pièces, quand bien même ces derniers ne se rapporteraient pas aux créances invoquées par le créancier assignant[3].

La récusation du ministère public est prévue par l'article 341 du code de procédure civile, qui contient des cas limitativement énumérés. Le fait pour le ministère public de rechercher la caractérisation de l'état de cessation des paiements du débiteur à l'occasion d'une assignation en redressement judiciaire ne constitue ni un acte d'inimitié envers le débiteur, ni un acte d'amitié ou un conseil à l'égard du créancier[4].

SECTION 340.20
INFORMATION DU MINISTÈRE PUBLIC

340.21 Communication au ministère public – Avis du ministère public. L'article 425-2 du code de procédure civile, dans sa rédaction antérieure à la loi de sauvegarde des entreprises[5], précise d'abord que le ministère public doit avoir communication des « *procédures de suspension provisoire des poursuites et d'apurement collectif du passif, de faillite personnelle, ou d'autres sanctions et, s'agissant de personnes morales, des procédures de redressement et de liquidation, ainsi que des causes relatives à la responsabilité pécuniaire des dirigeants sociaux* » (C. com., art. L. 624-3 et L. 624-4 [anc[t] L. 25 janv. 1985, art. 180 et 181]). Le ministère public doit ainsi se voir communiquer toutes les affaires intéressant les personnes morales. Les procédures de redressement judiciaire ou de liquidation judiciaire des personnes physiques n'ont pas à lui être obligatoirement communiquées. Pour ces dernières, le ministère public n'a obligatoirement connaissance que des actions relatives aux sanctions, qu'elles soient civiles, telles la faillite personnelle ou l'interdiction de gérer ou pénales, telle la banqueroute. Cependant, pour les personnes physiques, le ministère public peut faire application de l'article 426 du code de procédure civile et demander, en conséquence, communication des affaires dans lesquelles il est susceptible de devoir intervenir.

L'article 357 du décret du 28 décembre 2005[6], texte non codifié, modifie cette rédaction en visant désormais la communication « des procédures de sauvegarde, de redressement et de liquidation judiciaires, des causes relatives à la responsabilité pécuniaire des dirigeants sociaux et des procédures de faillite personnelle ou relatives aux interdictions prévues par l'article L. 653-8 du code de commerce ». Le ministère public ne se verra donc plus communiquer seulement les procédures intéressant les personnes morales, mais aussi celles intéressant les personnes physiques. Observons, à la suite d'un auteur[7], le caractère restrictif de la lettre du texte qui ne vise que la communication des causes intéressant la responsabilité des dirigeants sociaux, ce qui n'englobe pas les dirigeants de personnes constituées sous une autre forme. Il n'y a cependant aucune raison d'interpréter ce texte *a contrario*, l'expression « dirigeants sociaux » devant donc être comprise comme visant les dirigeants de personnes morales débitrices.

Sous l'empire de la législation antérieure à la loi de sauvegarde des entreprises, il a été jugé que si toutes les instances du redressement judiciaire ou de la liquidation judiciaire intéressant les personnes morales doivent lui être communiquées, il ne s'agit toutefois que des instances soumises au tribunal de la faillite, par application de l'article 174 du décret du 27 décembre 1985[8] (v. s[s] n°s 312.21 s.)[9]. Il en est ainsi par exemple d'une action en nullité de la période suspecte[10].

Sous l'empire de la loi de sauvegarde des entreprises, la solution mérite d'être transposée : si le ministère public doit se voir communiquer toutes les instances de la sauvegarde, du redressement et de la liquidation judiciaires, seules les instances soumises au tribunal de la faillite, par application de l'article

1. Com. 18 mai 2016, n° 14-16.895, NP; n° 435 F-D.
2. Com. 17 nov. 2015, n°s 14-17.607, 14-22.222, *Bull. civ.* IV [à paraître]; n° 990 F-P+B; *Dr. sociétés* 2016, comm. 17, note Legros et comm. 65, note Legros; *JCP E* 2016. 1002, note Delattre; *BJE* 2016. 118, note de Lajarte-Moukoko; *Rev. proc. coll.* 2016, comm. 95, note Martin-Serf.
3. Douai, 1re ch., 2e sect., 24 oct. 2007, RG n° 07/03780, *RJDA* 2008/4, p. 427, n° 435 – *Adde*, Soinne, « La récusation d'un membre du parquet en droit des procédures collectives », *Rev. proc. coll.* 2008/4 p. 32.
4. Douai, 1re ch., 2e sect., 24 oct. 2007, RG n° 07/03780, préc. (v. s[s] prés[t] n°).
5. L. n° 2005-845, 26 juill. 2005, préc.
6. D. n° 2005-1677, 28 déc. 2005, *JO* 29 déc., p. 20324.
7. LE CANNU, 7e éd., n° 420.
8. D. n° 85-1388, 27 déc. 1985, *JO* 29 déc., p. 15281.
9. SOINNE, n° 759 – J.-CL. COM., Martin-Serf, fasc. 2203, [Règles générales de procédure], n° 148.
10. Paris, 5e ch. A, 29 mars 2006, RG n° 05/20964.

R. 662-3 du code de commerce doivent lui être transmises.

L'article 428 du code de procédure civile prévoit que la communication au ministère public des causes doit être faite par le juge, s'il n'en est autrement disposé. Le ministère public doit être avisé de la date d'audience (C. pr. civ., art. 429), sans qu'aucun délai ne soit prévu. Cette solution du code de procédure civile est d'ailleurs reproduite par l'article R. 662-10, alinéa 1er du code de commerce, qui précise, en outre, que si les débats doivent avoir lieu en présence du ministère public, le greffier doit en faire expressément mention dans l'avis envoyé au ministère public. La communication avant l'ouverture des débats est donc suffisante[1].

La liste des décisions de justice communiquées au ministère public qui sont prononcées au cours des procédures a été dressée dans l'annexe IV intitulé « les informations données au Parquet » de la Circulaire de la Chancellerie du 18 avril 2006 relative à l'action du ministère public dans la loi de sauvegarde des entreprises[2].

L'obligation de communication au ministère public constitue une formalité substantielle d'ordre public, dont l'absence entraîne nullité du jugement[3]. Toute partie peut, en cause d'appel, faire annuler le jugement pour ce motif. Une solution différente est parfois posée en jurisprudence où l'on voit réserver ce droit au seul ministère public[4], en dépit de l'absence de texte posant cette solution restrictive. En revanche, le pourvoi sur ce fondement n'est ouvert, selon l'article L. 623-8 du code de commerce, qu'au ministère public[5]. La loi de sauvegarde des entreprises reprend explicitement la solution (C. com., art. L. 661-8).

Le caractère de formalité substantielle d'ordre public de la communication au ministère public est singulièrement corrigé par l'observation que la communication peut être prouvée par tous moyens[6], solution au demeurant logique puisqu'il s'agit d'un fait juridique. À cet égard, la mention de la présence à l'audience du ministère public ne sera pas jugée suffisante[7], cependant que l'obligation de communication sera prouvée, dès lors qu'il existe une mention du jugement aux termes de laquelle la cause a été débattue, le ministère public entendu en ses observations[8].

Parfois, la loi ne se contente pas de la communication au ministère public : son avis doit être recueilli. En ce cas, la simple communication est insuffisante et la cour d'appel qui se satisfait d'une simple communication est alors censurée[9]. L'avis donné pour une audience au cours de laquelle la conversion d'une procédure en liquidation judiciaire est envisagée, doit être réitéré dès lors que le tribunal n'y fait pas droit la première fois, renouvelle la période d'observation, puis lors d'une autre audience prononce la conversion[10].

L'article L. 661-8 du code de commerce, issu de la rédaction donnée par la loi de sauvegarde des entreprises, qui prévoit que le pourvoi en cassation pour défaut de communication n'est ouvert qu'au ministère public, est inapplicable lorsque l'avis du ministère public doit être recueilli[11]. Il en résulte que le débiteur peut, par exemple, former un pourvoi en cassation contre l'arrêt de la cour d'appel ayant prononcé la résolution du plan de continuation, de sauvegarde ou de redressement sans que soit rapportée la preuve que l'avis du ministère public a été recueilli[12] (v. aussi s^{s} n° 524.21).

L'article 67 du projet d'ordonnance du 12 mars 2014[13] avait entendu réagir à cette solution, en modifiant la rédaction de l'article L. 661-8 du code de commerce. Il était prévu que lorsque le ministère public doit avoir communication de ces causes ou doit donner son avis dans ces procédures, le pourvoi en cassation pour défaut de communication ou, le cas échéant, pour défaut d'avis, n'est ouvert qu'à lui seul. Le texte aurait ainsi aligné les solutions du défaut de communication et du défaut d'avis, en ce qui concerne le caractère restrictif du pourvoi en

1. Com. 11 mai 1982, n° 81-12.808, *Bull. civ.* IV, n° 176.
2. Circ. relative à l'action du ministère public dans les procédures du Livre VI du code de commerce en conséquence de la loi de sauvegarde des entreprises, CIV 2006-08 D4/18-04-2006, NOR : JUSCO0620263C, *BOMJ*, n° 102, 1er avr.-30 juin 2006, ann. IV.
3. Cass., ch. mixte, 21 juill. 1978, n° 75-147.31, *Bull. ch. mixte*, n° 5; *Gaz. Pal.* 1978. II. 579, note Viatte; *RTD civ.* 1979. 192, obs. Perrot; *Rev. sociétés* 1979. 573, note Chartier.
4. Paris, 5e ch. A, 28 juin 2006, RG n° 05/20964.
5. Com. 16 oct. 2001, n° 98-19.335, NP – Com. 19 févr. 2002, n° 98-20.579, NP, *Gaz. Pal.* 26-27 avr. 2002, Somm. 27.
6. Com. 26 févr. 1985, *Rev. sociétés* 1985. 470, obs. Honorat.
7. Com. 16 févr. 1981, n° 79-13.760, *Bull. civ.* IV, n° 83.
8. Com. 1er déc. 1987, n° 86-14.992, *Bull. civ.* IV, n° 257; *D.* 1989. Somm. 8, obs. Derrida.
9. Com. 24 mars 2015, n°s 13-26.209, 13-28.458, NP; n° 313 F-D.
10. Caen, 2e ch. civ. et com., 26 nov. 2015, RG n° 15/00977, *JCP E* 2016. 1001, note Delattre.
11. Com. 16 déc. 2008, n° 07-17.130, *Bull. civ.* IV, n° 211; *D.* 2009. AJ 94, note Lienhard; *Gaz. proc. coll.* 2009/2, p. 20, note Fricero; *Act. proc. coll.* 2009/3, n° 57, note Cagnoli; *Dr. et patr.* sept. 2009, n° 184, p. 113, note Monsérié-Bon – Com. 3 mai 2011, n° 10-14.558, *Bull. civ.* IV, n° 67; n° 420 F-P+B; *D.* 2011. Actu. 1278, obs. Lienhard; *Gaz. Pal.* 9 juill. 2011, n° 189, p. 20, note Fricero; *BJE* nov./déc. 2011, comm. 157, p. 330, note de Lajarte; *Rev. proc. coll.* 2011, comm. 183, note Fraimout.
12. Com. 3 mai 2011, n° 10-14.558, préc. (v. s^{s} prés^{t} n°) – Com. 24 mars 2015, n°s 13-26.209, 13-28.458, préc.
13. Ord. n° 2014-326, 12 mars 2014, *JO* 14 mars, p. 5249.

cassation. Mais, le texte a finalement disparu de l'ordonnance de réforme et les solutions anciennes devront donc être reconduites.

La preuve que l'avis a été recueilli résultera du fait que le ministère public a apposé son visa et a porté sur la cote du dossier la mention « vu et s'en rapporte »[1], ce qui peut paraître assez souple par rapport à l'exigence d'un avis. Pareille mention accréditerait plutôt l'impression d'une absence d'avis...

Si, par principe, l'avis écrit du ministère public doit être communiqué aux parties, le contradictoire s'imposant au parquet, l'absence de communication n'est pas sanctionnée, si l'avis du ministère public consiste pour lui à s'en rapporter à justice, puisqu'un tel avis reste sans incidence sur la solution du litige[2].

340.22 Informations reçues du procureur de la République et du ministère public pendant le déroulement de la procédure. Le terme ministère public désigne le procureur de la République, qui intervient auprès des juridictions de première instance, mais aussi le procureur général, qui intervient devant la cour d'appel.

Les informations reçues du ministre public sont aussi nombreuses que variées. La liste relative à la communication d'informations sur le déroulement des procédures a été dressée dans l'annexe IV intitulé « les informations données au Parquet » de la circulaire de la Chancellerie du 18 avril 2006 relative à l'action du ministère public dans la loi de sauvegarde des entreprises[3]. Contentons-nous d'indiquer ci-après les principales.

En amont de l'ouverture de la procédure, on précisera d'abord que le comité d'entreprise ou les délégués du personnel peuvent communiquer au procureur de la République tout fait révélant l'état de cessation des paiements. Avant l'ouverture de la procédure, si un juge a été commis par le tribunal, le procureur de la République reçoit communication de son rapport par le greffier (D. 27 déc. 1985[4], art. 13, al. 1er; C. com., art. R. 621-3, al. 2). Il était rendu destinataire de la note jointe à la requête établie par le président du tribunal, en cas de saisine d'office (D. 27 déc. 1985, art. 8, al. 3; C. com., art. R. 631-3, al. 3). Cette saisine d'office a été supprimée par l'ordonnance du 12 mars 2014[5], après avoir été déclarée non conforme à la Constitution.

Une fois la procédure ouverte, il doit continuer à être informé. Pour cela, l'article L. 621-11, alinéa 1er (anc[t] L. 25 janv. 1985[6], art. 13, al. 1er) prévoit que l'administrateur et le représentant des créanciers – mandataire judiciaire – deviennent informés le procureur de la République et, depuis la loi de sauvegarde des entreprises, le ministère public, du déroulement de la procédure, et ce par un rapport, qui leur est adressé dans les deux mois du jugement d'ouverture en régime général (D. 27 déc. 1985, art. 29), dans le mois du jugement d'ouverture en régime simplifié (D. 27 déc. 1985, art. 113) et uniformément dans un délai de deux mois sous l'empire de la loi de sauvegarde des entreprises, dans la procédure de sauvegarde (C. com., art. R. 621-20) et dans celle de redressement judiciaire, l'article R. 621-20 y étant applicable (C. com., art. R. 631-16). L'expression procureur de la République a été remplacée par celle de ministère public par la loi du 26 juillet 2005, qui reprend, en son article L. 621-8, alinéa 1er (texte de la procédure de sauvegarde applicable par renvoi en redressement), la solution posée par la législation antérieure. Ce texte n'était pas applicable en liquidation judiciaire, l'article L. 641-11, alinéa 2 se contentant d'indiquer que « les renseignements détenus par le ministère public lui (juge-commissaire) sont communiqués selon les règles prévues au deuxième alinéa de l'article L. 621-8 ». L'ordonnance du 18 décembre 2008[7] modifie la solution, en prévoyant à l'article L. 641-7 du code de commerce (Ord. 18 déc. 2008, art. 100) que « le juge-commissaire et le ministère public peuvent à toute époque requérir communication de tous actes ou documents relatifs à la procédure ».

Le procureur de la République peut solliciter des autres organes communication de tous actes ou documents relatifs à la procédure. À la fin de chaque période d'activité ou à tout moment, à la demande du ministère public ou du juge-commissaire, l'administrateur ou à défaut le débiteur doit informer le procureur des résultats d'exploitation, de la situation de trésorerie et de la capacité du débiteur à payer les dettes postérieures.

Son avis doit être recueilli dans de très nombreuses hypothèses posées soit par la loi, soit par le décret. Il en est ainsi, par exemple, lorsque le remplacement d'organes est envisagé (D. 27 déc. 1985, art. 30, al. 2, C. com., art. R. 621-17, al. 2). La liste relative aux avis obligatoires du ministère public a été dressée dans l'annexe I intitulé « les avis obliga-

1. Com. 16 déc. 2008, nº 07-17.130, *Bull. civ.* IV, nº 211 ; *D.* 2009. AJ 94, obs. Lienhard; *Gaz. proc. coll.* 2009/2, p. 20, note Fricero; *Act. proc. coll.* 2009/3, nº 57, note Cagnoli.
2. Com. 16 juin 2015, nº 14-13.810, NP; nº 594 F-D; *Rev. proc. coll.* 2016, comm. 10, note Reille.
3. L. nº 2005-845, 26 juill. 2005, préc. – Circ. relative à l'action du ministère public dans les procédures du Livre VI du code de commerce en conséquence de la loi de sauvegarde des entreprises, CIV 2006-08 D4/18-04-2006, NOR : JUSC0620263C, *BOMJ*, nº 102, 1er avr.-30 juin 2006, ann. IV.
4. D. nº 85-1388, 27 déc. 1985, préc.
5. Ord. nº 2014-326, 12 mars 2014, préc.
6. L. nº 85-98, 25 janv. 1985, préc.
7. Ord. nº 2008-1345, 18 déc. 2008, *JO* 19 déc., p. 19462.

toires du ministère public » de la circulaire de la Chancellerie du 18 avril 2006 relative à l'action du ministère public dans la loi de sauvegarde des entreprises[1].

Le ministère public est avisé de la date d'audience, lorsque le tribunal doit statuer sur l'ouverture de la procédure, sur un projet de plan ou sur la modification d'un plan. En outre, les jugements-clés de la procédure lui sont adressés : jugement d'ouverture (D. 27 déc. 1985, art. 19 et 119, al. 1er, C. com., art. R. 621-7, C. com., art. R. 631-7 et C. com., art. R. 641-1), jugement d'extension depuis l'ordonnance du 18 décembre 2008, de prolongation de la période d'observation (D. 27 déc. 1985, art. 20, al. 4, C. com., art. R. 621-9, al. 4), de modification de la mission de l'administrateur, de remplacement d'un dirigeant social, d'autorisation de conclusion d'un contrat de location-gérance sous l'empire de la législation antérieure à la loi de sauvegarde des entreprises (D. 27 déc. 1985, art. 58), arrêtant ou modifiant le plan.

Le procureur de la République peut également solliciter communication de l'administrateur du rapport contenant bilan économique et social, de toutes les offres de reprise et, en cas de liquidation judiciaire sous l'empire de la législation antérieure à la loi de sauvegarde des entreprises, des offres de cession d'unités de production (D. 27 déc. 1985, art. 139, al. 2), dont il demande communication au liquidateur.

Le procureur de la République est également informé par le commissaire à l'exécution du plan du défaut d'exécution de celui-ci (C. com., art. L. 621-68 [anct L. 25 janv. 1985, art. 67, al. 4], réd. antérieure à la loi de sauvegarde des entreprises). Il s'agit du ministère public depuis la loi de sauvegarde des entreprises (C. com., art. L. 626-25, al. 5).

En liquidation judiciaire, l'article 123 du décret du 27 décembre 1985 et l'article R. 641-38 du code de commerce prévoient que le liquidateur doit remettre au procureur de la République des informations trimestrielles et, au moins une fois par an, un rapport indiquant les différentes opérations de réalisation des actifs, le montant des sommes versées à la Caisse des dépôts et consignations et l'état des répartitions faites aux créanciers. Le ministère public joue ainsi le rôle de vérificateur des opérations intéressant les créanciers.

Dans le même ordre d'idées, il peut aussi obtenir communication, de la part des mandataires de justice, du solde des comptes bancaires et postaux de l'entreprise et des comptes ouverts à la Caisse des dépôts et consignations (D. 27 déc. 1985, art. 62, al. 1er). Dans la procédure de sauvegarde, il obtiendra communication de ces renseignements par le débiteur et le mandataire judiciaire (C. com., art. R. 622-16, al. 1er) et, dans la procédure de redressement judiciaire, du mandataire judiciaire et de l'administrateur lorsqu'il en aura été désigné un et, à défaut du débiteur (C. com., art. R. 631-21).

Si une poursuite provisoire de l'activité est autorisée en liquidation judiciaire, le liquidateur ou l'administrateur judiciaire maintenu en fonction devra l'informer des résultats de l'activité, à l'issue de cette période (D. 27 déc. 1985, art. 120, C. com., art. R. 641-10).

Dans le cadre de la poursuite des infractions pénales, le ministère public peut requérir de l'administrateur ou du liquidateur la remise de tous les actes et documents détenus par eux (C. com., art. L. 626-17 [anct L. 25 janv. 1985, art. 212] réd. antérieure à la loi de sauvegarde des entreprises, C. com., art. L. 654-18, réd. loi de sauvegarde des entreprises). L'article L. 814-12 du code de commerce fait obligation aux administrateurs judiciaires et aux mandataires judiciaires, inscrits sur les listes, de dénoncer au procureur de la République les crimes ou délits dont ils ont connaissance dans l'exercice de leurs fonctions. Le texte avait oublié de poser la même obligation à l'endroit des personnes désignées en dehors des listes de professionnels, administrateurs ou mandataires judiciaires. L'oubli était réparé par l'article 99 du projet d'ordonnance du 12 mars 2014 qui supprimait de l'article L. 814-12 les mots « inscrits sur les listes ». L'obligation de dénonciation était donc étendue aux personnes désignées hors listes. Mais l'ordonnance du 12 mars 2014 ne reprend finalement pas la solution.

Enfin, les mandataires de justice doivent informer le procureur de la République de tous faits de nature à entraîner une faillite personnelle ou une interdiction de gérer (D. 27 déc. 1985, art. 168, C. com., art. R. 653-1). Le respect de cette obligation ne peut constituer une faute susceptible d'engager la responsabilité d'un mandataire de justice[2].

340.23 Informations données par le ministère public. Ayant un pouvoir étendu de communication des informations, le procureur de République, en contrepartie, a l'obligation de communiquer au juge-commissaire, les informations dont il dispose, tant en redressement judiciaire (C. com., art. L. 621-11), qu'en liquidation judiciaire (C. com., art. L. 622-11). Le ministère public, depuis la loi du 26 juillet 2005[3], et non plus seulement le procureur de la République, a cette même obligation, tant dans

1. Circ. civ 2006-08 D4/18-04-2006, préc., annexe I.

2. Delattre, « Le liquidateur engage-t-il sa responsabilité en signalant des infractions au ministère public », *Rev. proc. coll.* 2009/3, 14, p. 31.
3. L. n° 2005-845, 26 juill. 2005, préc.

la procédure de sauvegarde (C. com., art. L. 621-8, al. 2), que dans celle de redressement (C. com., art. L. 631-9) ou de liquidation judiciaire (C. com., art. L. 641-11, al. 2).

Les pièces d'un dossier pénal peuvent être utilisées par le ministère public dans une demande en extension de procédure, puisque le secret de l'instruction ne lui est pas opposable, dès lors que ces pièces ont été régulièrement communiquées au tribunal par le procureur de la République alors même que le parquet général avait refusé la communication du dossier de la procédure pénale[1].

SECTION 340.30

POUVOIRS DU MINISTÈRE PUBLIC[2]

340.31 Attribution au ministère public d'un large pouvoir en matière de voie de recours. Le ministère public dispose d'abord des voies de recours les plus étendues dans la procédure, étant parfois le seul à pouvoir les exercer. La liste de ces voies de recours a été dressée dans l'annexe III intitulée « les voies de recours » de la circulaire de la Chancellerie du 18 avril 2006 relative à l'action du ministère public dans la loi de sauvegarde des entreprises[3].

Cette attribution capitale en fait un organe incontournable des procédures collectives, auquel certains créanciers sacrifiés ou certains candidats repreneurs injustement évincés pourront s'adresser pour assurer une juste application de la loi alors que, pour leur part, compte tenu de la fermeture drastique des voies de recours, ils auraient été privés du droit d'agir.

En dehors de cette attribution, il peut contribuer à faire rendre certaines décisions, parfois sans partage avec d'autres organes de la procédure, parfois concurremment avec ces derniers.

Notons que le principe de l'estoppel, qui interdit à un plaideur de se contredire au détriment d'autrui, ne peut être opposé au ministère public, qui peut donc conclure, en première instance, dans un sens et, en cause d'appel, dans un autre sens[4].

1. Com. 14 janv. 2014, n° 12-26.433, NP; n° 37 F-D.
2. SUR la liste des facultés d'intervention dans la procédure depuis la loi de sauvegarde des entreprises : Houlette, « Le rôle du ministère public dans la loi de sauvegarde », *JCP E* 2005. 1514, p. 1772.
3. L. n° 2005-845, 26 juill. 2005, préc. – Circ. relative à l'action du ministère public dans les procédures du Livre VI du code de commerce en conséquence de la loi de sauvegarde des entreprises, CIV 2006-08 D4/18-04-2006, NOR : JUSC0620263C, *BOMJ*, n° 102, 1er avr.-30 juin 2006, ann. III.
4. Aix-en-Provence, 8e ch. A, 6 mars 2014, RG nos 10/12732, 13/4416, 13/22188, *BJE* juill. 2014, p. 257, note Delattre.

340.32 Pouvoirs du ministère public non partagés avec d'autres organes. Le ministère public dispose d'abord de trois pouvoirs exorbitants, qu'il détient seul, le tribunal d'office n'ayant même pas ce pouvoir. Il en est ainsi du renouvellement exceptionnel de la période d'observation faisant suite à un renouvellement classique ou de la demande d'autorisation de conclusion d'un contrat de location-gérance en période d'observation, sous l'empire de la législation antérieure à la loi de sauvegarde des entreprises[5] (C. com., art. L. 621-34 [anct L. 25 janv. 1985[6], art. 42, al. 1er]). Depuis la loi du 26 juillet 2005, il peut s'opposer à la nomination en qualité d'administrateur judiciaire ou de mandataire judiciaire de la personne précédemment désignée en qualité de mandataire *ad hoc* ou de conciliateur (C. com., art. L. 621-4, al. 3)[7]. Depuis l'ordonnance du 18 décembre 2008[8], il peut en outre, indépendamment de cette succession, proposer au tribunal la désignation de certains organes : mandataire judiciaire, liquidateur et administrateur. L'idée semble d'assurer une certaine répartition des dossiers sur un secteur géographique.

Dans d'autres cas, le ministère public partageait ses pouvoirs avec le tribunal qui pouvait se saisir d'office. Il en était ainsi de la demande de résiliation d'un contrat de location-gérance en préalable au plan de cession, et de la résolution du plan de cession faisant suite à la résiliation du contrat de location-gérance.

Le pouvoir partagé avec le tribunal l'est aussi parfois avec le juge-commissaire. Il en est ainsi du remplacement du liquidateur.

Le partage du pouvoir avec le tribunal s'accompagne parfois d'un partage de pouvoir avec le débiteur. Il en est ainsi de la passerelle de l'article L. 621-134 du code de commerce (anct L. 25 janv. 1985, art. 138, al. 1er), permettant, dans la législation antérieure à la loi de sauvegarde des entreprises, le passage du régime simplifié au régime général.

Le partage intervient encore dans un cas non avec le tribunal lui-même, mais avec son président : saisine de la cour d'appel pour renvoi de l'affaire devant une autre juridiction si les intérêts en présence le justifient.

340.33 Pouvoirs du ministère public partagés avec d'autres. Le partage existe parfois avec des créanciers ou le débiteur. Il en est ainsi d'abord des pouvoirs du ministère public aux fins d'ouverture de la procédure. Il peut saisir, à cette fin, le tribunal

5. L. n° 2005-845, 26 juill. 2005, préc.
6. L. n° 85-98, 25 janv. 1985, préc.
7. POUR UNE APPLICATION du texte : Versailles, 13e ch., 5 avr. 2007 RG n° 2006/08417.
8. Ord. n° 2008-1345, 18 déc. 2008, préc.

dans le cadre général en cas d'inexécution des engagements financiers du règlement amiable (C. com., art. L. 621-3 [anc^t L. 25 janv. 1985[1], art. 5, al. 1er]), lorsque la personne physique à l'encontre de laquelle la procédure doit être ouverte est décédée, ou lorsqu'il y a radiation ou cessation d'activité du débiteur. L'ouverture de la procédure peut aussi être le résultat d'une résolution du plan demandée par le ministère public : résolution du plan de continuation, de redressement et de sauvegarde. La demande d'ouverture de la procédure peut aussi être dirigée, sous l'empire de la législation antérieure à la loi de sauvegarde des entreprises[2], contre le locataire-gérant qui n'exécute pas son engagement d'acquérir l'entreprise, au terme de la période. Il peut demander, sous l'empire de la législation antérieure à la loi de sauvegarde des entreprises, la nomination d'un mandataire *ad hoc* en cas de non-paiement par le repreneur du prix de cession.

Dans le cadre du partage de pouvoirs avec les organes, le ministère public dispose de pouvoirs liés à l'activité de l'entreprise. Il peut solliciter le renouvellement de la période d'observation. Inversement, il peut demander la cessation d'activité et la conversion en liquidation judiciaire. Il peut demander, dans la législation antérieure à la loi de sauvegarde des entreprises, la résiliation d'un contrat de location-gérance conclue en période d'observation, et avant comme sous l'empire de la loi de sauvegarde des entreprises, la résiliation d'un contrat de location-gérance en préalable au plan de cession. Depuis la loi de sauvegarde des entreprises, le ministère public peut demander l'annulation des paiements relatifs à des créances antérieures ou à des créances postérieures ne bénéficiant pas du traitement préférentiel.

Le ministère public dispose de pouvoirs importants, relativement au remplacement des organes de la procédure. S'il n'est pas l'auteur de la saisine de la juridiction, son avis doit être recueilli pour le remplacement des organes (D. 27 déc. 1985[3], art. 30, al. 3, C. com., art. R. 621-17, al. 2), à l'exception cependant de l'hypothèse de remplacement du commissaire à l'exécution du plan. Il peut demander l'adjonction d'administrateur.

Le ministère public dispose d'importants pouvoirs à l'encontre des dirigeants. Il peut demander leur éviction, la cession forcée ou l'incessibilité de leurs parts ou actions, pour permettre l'arrêté d'un plan de continuation ou de redressement et, avant l'ordonnance du 18 décembre 2008[4], d'un plan de sauvegarde. Il peut demander qu'ils supportent tout ou partie de l'insuffisance d'actif de la personne morale débitrice, soient déclarés en redressement ou en liquidation judiciaire à titre personnel sous l'empire de la législation antérieure à la loi de sauvegarde des entreprises, soient condamnés à supporter tout ou partie des dettes de la personne morale débitrice dans la législation issue de la loi de sauvegarde des entreprises, avant l'ordonnance du 18 décembre 2008, qui a supprimé l'obligation aux dettes sociales.

Le ministère public, de manière très classique, dispose de pouvoirs pour le déclenchement des sanctions contre le débiteur ou les dirigeants, qu'il s'agisse de la faillite personnelle ou de l'interdiction de gérer, de la saisine du tribunal aux fins de banqueroute ou d'autres infractions.

En préalable aux demandes de sanctions, le ministère public peut solliciter le report de la date de cessation des paiements, par exemple pour caractériser une poursuite abusive d'exploitation déficitaire.

1. L. n° 85-98, 25 janv. 1985, préc.
2. L. n° 2005-845, 26 juill. 2005, préc.
3. D. n° 85-1388, 27 déc. 1985, préc.
4. Ord. n° 2008-1345, 18 déc. 2008, préc.

TITRE

350. Règles communes aux mandataires de justice

SECTION 0
ORIENTEUR

350.00 **Plan du titre.**

Chap. 351 Nature et organisation des professions

Sect. 351.10 Nature de la profession

Sect. 351.20 Organes de représentation et titres des mandataires de justice

Sect. 351.30 Règles relatives à l'exercice de la profession

Sect. 351.40 Conditions d'accès à la profession

Sect. 351.50 Inscriptions sur les listes

Sect. 351.60 Désignation des mandataires de justice

Sect. 351.70 Contrôles et discipline des mandataires de justice

Sect. 351.80 Caisse de garantie

Sect. 351.90 Règles communes de responsabilité civile des mandataires de justice

Chap. 352 Dispositions relatives à la rémunération des mandataires de justice

Sect. 352.10 Dispositions communes aux mandataires de justice

Sect. 352.20 Honoraires de l'administrateur judiciaire avant le décret du 23 décembre 2006

Sect. 352.30 Honoraires de l'administrateur judiciaire depuis le décret du 23 décembre 2006

Sect. 352.40 Honoraires du représentant des créanciers et du liquidateur avant le décret du 23 décembre 2006

Sect. 352.50 Honoraires du mandataire judiciaire et du liquidateur depuis le décret du 23 décembre 2006

Sect. 352.60 Règles spéciales aux honoraires du liquidateur depuis le décret du 23 décembre 2006

Sect. 352.70 Rémunération de l'expert

Chap. 353 Dispositions relatives à la rémunération des mandataires de justice issues de la loi du 6 août 2015

Sect. 353.10 Principes généraux régissant le tarif des professionnels issus de la loi n° 2015-990 du 6 août 2015 et du décret n° 2016-230 du 26 février 2016

Sect. 353.20 Dispositions communes au tarif des mandataires de justice depuis le décret du 26 février 2016

Sect. 353.30 Honoraires de l'administrateur judiciaire depuis le décret du 23 décembre 2006

Sect. 353.40 Honoraires du mandataire judiciaire et du liquidateur depuis le décret du 23 décembre 2006

Sect. 353.50 Règles spéciales aux honoraires du liquidateur

Sect. 353.60 Rémunération de l'expert

CHAPITRE

351. Nature et organisation des professions

SECTION 0

ORIENTEUR

351.00 Plan du chapitre.

Sect.	351.10	Nature de la profession
Sect.	351.20	Organes de représentation et titres des mandataires de justice
Sect.	351.30	Règles relatives à l'exercice de la profession
Sect.	351.40	Conditions d'accès à la profession
Sect.	351.50	Inscriptions sur les listes
Sect.	351.60	Désignation des mandataires de justice
Sect.	351.70	Contrôles et discipline des mandataires de justice
Sect.	351.80	Caisse de garantie
Sect.	351.90	Règles communes de responsabilité civile des mandataires de justice

351.01 Textes applicables. (V. les références complètes ss n° 011).

> Législation antérieure à la loi de sauvegarde des entreprises.

C. com., art. L. 621-8, L. 621-10, L. 811-1 à L. 812-10, L. 814-1 à L. 814-6

D. 27 déc. 1985, art. 1 à 116

> Législation issue de la loi de sauvegarde des entreprises.

C. com., art. L. 621-4, al. 3 et 4, L. 621-5, L. 621-7, L. 641-1, L. 641-6, L. 662-6, L. 811-1, L. 811-10, L. 811-11, al. 5, L. 812-8

C. com., art. R. 621-12 (anct D. 28 déc. 2005, art. 54), R. 621-17 (anct D. 28 déc. 2005, art. 72), R. 631-7 (anct D. 28 déc. 2005, art. 176), R. 631-16 (anct D. 28 déc. 2005, art. 185), R. 641-10 (anct D. 28 déc. 2005, art. 223), R. 641-12 (anct D. 28 déc. 2005, art. 225), R. 662-3 (anct D. 28 déc. 2005, art. 339), R. 662-15 (anct D. 28 déc. 2005, art. 350), R. 662-16 (anct D. 28 déc. 2005, art. 351)

> Législation issue de l'ordonnance du 18 décembre 2008.

C. com., art. L. 621-4, al. 3 à 5, L. 621-5, L. 621-7, L. 641-1, II, al. 1 à 3, L. 641-6, L. 662-6, L. 811-1, L. 811-2, L. 811-10, 811-11, al. 5, L. 812-1, L. 812-2, II, L. 812-8

C. com., art. R. 621-12, R. 621-17, R. 631-7, R. 631-16, R. 641-12, R. 662-3, R. 662-15, R. 662-16

C. com., art. D. 641-10

L. n° 2011-331, 28 mars 2011, art. 20 et 21

> Législation issue de l'ordonnance du 12 mars 2014.

C. com., art. L. 621-4, L. 621-7, L. 628-3, L. 631-9, L. 641-1, L. 641-10, L. 662-8

C. com., art. R. 621-21, R. 662-18, R. 662-19, R. 662-20, R. 662-21, R. 663-13, R. 663-13-1, R. 663-31-1

> Législation issue de la loi du 6 août 2015, dite loi Macron.

C. com., art. L. 621-4-1, L. 631-9 et L. 641-1-2, L. 662-8, L. 811-1, L. 811-2, L. 811-5, L. 811-7, L. 812-2, L. 812-3, L. 812-5, L. 814-3, L. 814-12

C. com., art. R. 621-11-1, R. 641-3, R. 811-13, R. 811-17, R. 811-18, R. 811-22, R. 811-23, R. 811-25, R. 811-26, R. 811-28-1 à R. 811-28-4, R. 811-31, R. 811-60 à R. 811-68, R. 812-7, R. 812-9, R. 812-13, R. 812-14, R. 812-18-1 à R. 812-18-4, R. 812-24, R. 950-1

351.02 Jurisprudence de référence.

> Présente un caractère discrétionnaire le choix d'un mandataire de justice par la juridiction.

• Civ. 2e, 14 déc. 1992, n° 91-17.274, *Bull. civ.* II, n° 314

* V. ss n° 351.61

Doit être rejeté le pourvoi contre l'arrêt qui a retenu que si le président d'un tribunal de commerce ne pouvait ni donner d'injonction aux formations de jugement, ni rompre l'égalité entre les administrateurs judiciaires en conférant une priorité de désignation à ceux qui justifiaient d'une antériorité d'exercice, les magistrats du siège n'étaient pas liés par les recommandations critiquées, et que l'administrateur demandeur au pourvoi qui, comme les autres administrateurs, ne bénéficiait d'aucun droit à désignation, n'a pas été désigné par les autres juridictions qui pouvaient le nommer, à l'encontre desquelles il n'est invoqué aucune pratique discriminatoire ou arbitraire, cette absence de mission pouvant trouver sa justification dans la disproportion entre le nombre des mandataires de justice installés dans le ressort par rapport au nombre des affaires à traiter.

> Le mandataire de justice qui n'est jamais désigné subit un préjudice qui doit être réparé par l'État, puisqu'il est collaborateur du service public.

• Civ. 1re, 30 janv. 1996, n° 91-20.266, *Bull. civ.* I, n° 51

* V. ss n° 351.61

« Vu les principes régissant la responsabilité de la puissance publique à l'égard de ses collaborateurs;

Attendu que la victime d'un dommage subi en raison de sa qualité de collaborateur du service public peut, même en l'absence de faute, en demander réparation à l'État, dès lors que son préjudice est anormal, spécial et d'une certaine gravité;

Attendu que M. X..., inscrit en 1987 sur la liste des mandataires judiciaires à la liquidation des entreprises de la cour d'appel de Versailles, puis en 1988 de celle de Paris, n'a été désigné par aucune juridiction consulaire; qu'il a engagé contre l'État une action tendant à être indemnisé du préjudice que lui aurait causé le service de la justice en refusant systématiquement de lui confier un mandat judiciaire; que l'arrêt attaqué, après avoir retenu à bon droit que les dispositions de l'article L. 781-1 du code de l'organisation judiciaire, qui ne concernent que les usagers de la justice, n'étaient pas applicables à M. X... eu égard à sa qualité de collaborateur du service public, l'a débouté de sa demande au motif qu'il n'établissait pas l'existence d'une faute de service; Attendu qu'en statuant ainsi la cour d'appel a violé les principes susvisés. »

351.03 **Bibliographie indicative.** (V. les références complètes s[s] n° 031).

> **Actualisables.** Avant LSE : RÉP. COM., Pigassou P., « Entreprises en difficulté – Redressement judiciaire (Procédure et organes) », n°s 43 à 206 – J.-CL. COM., Azarian A., fasc. 2235, [Organes – Représentant des créanciers]; Le Cannu P., fasc. 2225, [Organes – Administrateur – Statut] – Après LSE : J.-CL. COM., Perruchot L., actualisé par Salgado M. B., fasc. 2225, [Organes – Administrateur judiciaire : statut], 2015 – J.-CL. COM., Reille, fasc. 2236, [Organes – Mandataire judiciaire : fonctions], 2013.

> **Ouvrages antérieurs à la loi de sauvegarde des entreprises.** CHAPUT, n° 315 – KERCKHOVE, n°s 330, 331, 333 à 341, 349, 352 à 359, 371, 904, 907 – LE CANNU, n°s 983, 985, 986, 989 – LE CANNU *ET ALII*, n°s 356 à 359, 370, 371 – LE CORRE-BROLY, n°s 111 à 114 – MARTIN ET VALLENS, n°s 2497 à 2552, 2564 à 2585 – PÉROCHON ET BONHOMME, n°s 146, 148 – PÉTEL, n°s 139, 144, 147 – RIPERT ET ROBLOT, n°s 2945, 2946, 2949, 2951 – Rossi P., *Du contrôle des mandataires de justice dans les procédures collectives*, th., Lille, 2001 – SAINT-ALARY-HOUIN, n°s 414 à 418, 431 à 433, 435 – Slim, *La responsabilité professionnelle des administrateurs et liquidateurs judiciaires*, Litec, 2002 – SOINNE, n°s 770 à 894, 901 à 914, 953 à 969 – Soinne, *Traité des mandataires de justice*, Litec, 2003 – VALLANSAN, p. 49 et 50.

> **Ouvrages postérieurs à la loi de sauvegarde des entreprises.** GIBIRILA, n° 366 – LE CANNU, 7e éd., n°s 424 à 431, 435, 440 – LIENHARD, 6e éd., n°s 42.11 à 42.16, 43.12 à 43.19, 44.12 à 44.16 – PÉROCHON, 10e éd., n°s 513 à 515 – PÉTEL, 8e éd., n° 142 – SAINT-ALARY-HOUIN, 9e éd., n°s 499 à 506, 511 à 514 – VALLANSAN *ET ALII*, 6e éd., p. 68 à 72 – VALLENS, 2015, n°s 2620 à 2673, 2696 à 2709 – VIDAL et GIORGINI, n°s 567 à 587, 1978 à 1982.

> **Articles.**

› *Étude d'ensemble.* André M., « Quelle réglementation pour l'activité des professionnels du traitement des entreprises en difficulté ? Le point de vue national – L'expérience française », « Le traitement des difficultés des entreprises dans le marché unique européen », Coll. Bruxelles 10 nov. 2005, *LPA* 19 oct. 2006, n° 209, p. 57 – Bauje B., *« Sauver le mandat de justice à la française, garant des conflits d'intérêts », BJE* 2016, 90 – Bolard G., « Les fonctions des mandataires de justice », *Rev. proc. coll.* 2006/2, p. 205 – Faure P., « Le partenariat constructif des greffiers des tribunaux de commerce et des mandataires de justice », *Rev. proc. coll.* 2012, dossier 30 – Froehlich Ph., « La réforme du statut des mandataires et administrateurs judiciaires », *Lamy dr. comm., Bull.* n° 152, févr. 2003, J., p. 1; « Mise en œuvre de la réforme du statut des mandataires et administrateurs judiciaires », *Lamy dr. comm., Bull.* mens oct. 2004, n° 70, p. 1 – Huertas X., « Entretien avec X. Huertas », *BJE* 2014, 356 – Discours introductif au 16e Congrès national du CNAJMJ, La Colle/loup, 18 juin 2015, *LPA* 28 mars 2015, p. 3 – Lucas F.-X., « Analyse de la loi du 3 janvier 2003 réformant le statut des administrateurs et mandataires judiciaires », *Dr. et patr.* 2003, n° 117, p. 30 – Menjucq M., Desprat F.-C., Legrand F. et Michel J., « Les modalités d'exercice de la profession de mandataire judiciaire. Réflexions sur les opportunités juridiques et fiscales », *Rev. proc. coll.* 2013/1, Table ronde 1 – Rolland B., « Présentation de la loi du 3 janvier 2003 (modifiant les livres VI et VIII du code de commerce et ratifiant l'ordonnance de codification du code de commerce) », *Procédures* 2003. Chron. 4 – Sénéchal M., « Le mandat de justice "à la française", un modèle à conserver ? », *D.* 2013. Chron. 651 – Sénéchal M., « Nous sommes des professionnels sérieux, estimables, compétents et qui rendent un véritable service de qualité », *BJE* mai 2013, comm. 93 – Soinne B., « Le droit français des procédures collectives et le statut des mandataires de justice (l'arrêt de la Cour européenne des droits de l'homme en date du 17 juillet 2003) », *Rev. proc. coll.* 2003/4, p. 303; « Une problématique délicate : L'intervention des tiers dans l'administration ou la gestion des procédures collectives », *Rev. proc. coll.* 2003, p. 96; « Les dispositions nouvelles relatives au statut des mandataires de justice (accès et exercice des professions, tarification et exécution de certaines tâches par des tiers) », *Rev. proc. coll.* 2004, p. 305; « Les dispositions nouvelles relatives au statut des mandataires de justice (accès et exercice des professions, tarification et exécution de certaines tâches par des tiers) », *Rev. proc. coll.* 2005/1, p. 1; « Le nouveau statut des mandataires de justice. L'indemnisation des dossiers impécunieux, la tarification nouvelle, les modalités et conditions d'intervention de tiers dans la procédure », *Rev. proc. coll.* 2008, p. 37 – Theetten J., « Quelle réglementation pour l'activité des professionnels du traitement des entreprises en difficulté ? Le point de vue national »; « Conclusion », *in* « Le traitement des difficultés des entreprises dans le marché unique européen », Coll. Bruxelles 10 nov. 2005, *LPA* 19 oct. 2006, n° 209, p. 59 – Vallens J.-L., « Quel avenir pour le mandat de justice face aux dernières évolutions du droit européen ? : synthèse », *Rev. proc. coll.* 2013, dossier 46.

› *Europe.* André M., « Quel avenir pour le mandat de justice français au regard des dernières évolutions du statut des syndics en Europe ? : le cas français », *Rev. proc. coll.* 2013, dossier 44 – Barnier M., « Quel avenir pour le mandat de justice face aux dernières évolutions du marché unique européen ? », *Rev. proc. coll.* 2013, dossier 39 – Cro., « Les organes de la procédure », *Mél. Perrot*, Dalloz, 1?p. 49 – Desprat F.-C., « Les formes d'exercice du mandat ıstice », *Rev. proc. coll.* 2012, dossier 26 – Fasquelle D Quelle réglementation pour l'activité des professionnels dıtement des entreprises en difficulté ? Le point de vue euren », *in* « Le traitement des difficultés des entreprises danmarché unique européen », Coll. Bruxelles 10 nov. 2005, *L*19 oct. 2006, nº 209, p. 44 ; « L'Europe : une opportuniiour les professions d'AJMJ et pour le mandat de justice »,*v. proc. coll.* 2013, dossier 32 – Fasquelle D. et Inacio « Bref regard de droit comparé sur le statut des professnels de l'insolvabilité dans l'Union européenne », *Rev. µc. coll.* 2014, études 21 – Menjucq M., « Traitement desoupes, évolutions et révolutions : regroupement, coordinon par les AJMJ... en droit interne et européen », *LPA*8 mars 2016, nº 62, p. 10 – Rossi P., « Quel avenir pour lmandat de justice face aux dernières évolutions des directivservices et reconnaissance des qualifications professiorelles ? : préliminaires », *Rev. proc. coll.* 2013, dossier 40.

› *Responsabilité civile.* Aubert F., « La responsalté civile professionnelle des mandataires de justice dans leırocédures de redressement et de liquidation judiciaires »*R.* 2003, p. 145 – Devos-Bot, « État du droit et la responsilité des professionnels », *Rev. proc. coll.* 2012, dossier 31.

› *Co-mandat.* Benilsi S., « Le développement du ı-mandat des administrateurs et des mandataires judiciaes », *BJE* 2015, 426.

› *Droit d'action.* Bolard G., « Le droit d'action des mandataires de justice dans les faillites », *Mél. Honorat*, Éd. Frison-Roche 2000, p. 27 s.

› *Blanchiment.* Buisine O., « La difficile conciliation de l'exercice du mandat de justice et du dispositif de lutte contre le blanchiment de capitaux », *Rev. proc. coll.* 2011, étude 26 – Ledan-Cabarroque S., « La portée de la norme anti-blanchiment sur les missions des administrateurs et des mandataires judiciaires », *BJE* 2016, 64 – Ballone H., « Les obligations des AJMJ relatives à la prévention de l'utilisation du système financier aux fins de blanchiment des capitaux et le financement du terrorisme », *BJE* 2016, 290.

› *Désignation.* Delattre Ch., « L'intervention du ministère public dans la désignation des administrateurs et mandataires judiciaires », *Rev. proc. coll.* 2009/3, 11, p. 14 ; « L'intervention du ministère public dans la désignation des organes de la procédure doit être mesurée, opportune et utile », *Rev. proc. coll.* 2012, étude 10, p. 25 – Ghalimi N., « Désignation des organes de la procédure : portée de la faculté d'opposition du ministère public », *Rev. proc. coll.* 2011, étude 13, p. 24 ; « L'opposition du ministère public à la désignation des organes de la procédure, suite et fin... », *Rev. proc. coll.* 2012, étude 26, p. 26 – Gorrias S., « L'ordonnance du 12 mars 2014 et les modifications intéressant la nomination des organes », *Gaz. Pal.* 6 avr. 2014, nº 96, p. 39.

› *Missions.* Gall-Heng E., « La clarification des missions ou la reconnaissance des métiers », *LPA* 17 févr. 2006, nº 35, p. 109.

› *Sociétés d'exercice.* Hovasse H., « La réforme des sociétés d'exercice des professions juridiques et judiciaires », *BJS* 2015. 535 – Monsérié-Bon M.-H., « Les structures d'exercice professionnel – Société d'exercice libéral et société de participations financières des professions libérales : le duo gagnant ? », *Rev. proc. coll.* 2012, dossier 25 – Nonorgue S., « La nouvelle société pluri-professionnelle d'exercice (SPE) », *JCP E* 2016, 1441 – Parléani G., « L'exercice en société des professions libérales – essentiellement juridiques – dans la loi Macron », *Rev. sociétés* 2015. 638.

› *Fiscalité.* Michel J., « Administrateurs judiciaires et mandataires judiciaires – incidences fiscales liées à la forme d'exercice », *Rev. proc. coll.* 2012, dossier 27.

› **Table ronde.** Menjucq M., Farges J.-P., Gorrias S, Messinesi J. et Abitbol F. « Le nouveau traitement procédural des groupes de sociétés en droit français après la loi Macron », *Rev. proc. coll.* 2016, Table ronde 2.

351.04 Questions essentielles.

• Les mandataires de justice désignés par le tribunal peuvent-ils sous-traiter leur mission ?

* V. s^s^ nºs 351.32 et 351.33.

• Les mandataires de justice désignés par le tribunal peuvent-ils être remplacés ?

* V. s^s^ nºs 351.63 et 351.64.

• Les décisions statuant sur la désignation des mandataires de justice sont-elles susceptibles de recours ?

* V. s^s^ nº 351.64.

• Est-il possible de s'opposer à la désignation des mandataires de justice ?

* V. s^s^ nº 351.61.

• Quel est le tribunal compétent pour connaître d'une a action en responsabilité civile contre un mandataire de justice ?

* V. s^s^ nº 351.91.

351.09 Présentation générale. Le statut des mandataires de justice a sensiblement évolué depuis la loi du 25 janvier 1985. Cette loi a procédé à la scission de l'ancienne profession de syndic-administrateur judiciaire en deux professions distinctes : celle de mandataire judiciaire, d'un côté, en charge de la défense de l'intérêt collectif des créanciers, et celle d'administrateur judiciaire, d'un autre côté, avec pour mission d'assurer le sauvetage de l'entreprise. Depuis lors, le statut des mandataires de justice a été retouché à plusieurs reprises, notamment par la loi du 3 janvier 2003 et, plus récemment, par la loi du 6 août 2015, dite Macron, les ordonnances qui ont suivi cette loi et la loi de modernisation de la justice du XXIe siècle. Cette dernière affiche comme ambition de renforcer l'indépendance et l'efficacité de l'action des administrateurs et mandataires judiciaires. Si le souci est louable, il apparaît paradoxal, au regard de la possibilité introduite par la loi du 6 août 2015, de désigner liquidateurs des huissiers de justice et des commissaires-priseurs judiciaires, professionnels libéraux titulaires d'un office et à la tête d'une clientèle. Le conflit d'intérêts inhérent à de telles désignations fait douter de la possibilité de renforcer ainsi l'indépendance dans l'exercice des missions de mandataires judiciaires.

SECTION 351.10
NATURE DE LA PROFESSION

351.11 Nature de la mission. Les mandataires de justice appartiennent à des professions réglementées : celle d'administrateur judiciaire et celle de mandataire judiciaire. Avant la loi de sauvegarde[1], les premiers étaient appelés mandataires judiciaires au redressement et à la liquidation des entreprises (L. 3 janv. 2003[2], art. 13), dénommés auparavant « mandataire judiciaire à la liquidation des entreprises », et antérieurement encore, avant la loi du 31 décembre 1990[3], « mandataire-liquidateur ».

Alors que l'existence d'une profession réglementée de mandataires de justice en France apparaissait, récemment encore, comme faisant figure d'exception en Europe, le modèle français a été exporté dans nombre de pays de l'Est de l'Europe et gagne du terrain[4].

Les administrateurs judiciaires, d'après l'article 1 de la loi du 25 janvier 1985[5] (devenu C. com., art. L. 811-1), sont les mandataires, chargés par décision de justice, d'administrer les biens d'autrui ou d'exercer des fonctions d'assistance ou de surveillance dans la gestion de ses biens. La loi du 26 juillet 2005 vient préciser qu'il peut s'agir de personnes physiques ou morales.

Les mandataires judiciaires, selon l'article L. 812-1 du code de commerce, sont « les mandataires chargés par décision de justice de représenter les créanciers et de procéder, éventuellement, à la liquidation d'une entreprise ».

Sous l'empire de la loi du 13 juillet 1967[6], la distinction entre les deux professions n'existait pas. Elle résulte de la loi du 25 janvier 1985 et correspond à la volonté de ne pas mettre deux qualités inconciliables sur la tête d'une même personne : celle de représentant ou d'assistant du débiteur et celle de défenseur de l'intérêt collectif des créanciers. C'est pourquoi a été décidée la suppression de la profession de syndic-administrateur judiciaire pour les dossiers ouverts à partir du 1er janvier 1986. À partir de cette date, deux catégories de professionnels, dont il n'est pas exigé au titre de l'exercice de l'option pour telle ou telle profession par les anciens syndics qu'ils prêtent serment[7], coexistent avec des attributions bien distinctes. Les mandataires judiciaires s'occupent du passif, y compris en tant que liquieur. En cette dernière qualité, ils sont égalemenargés de la réalisation des actifs et de la distribu de leur prix. Les seconds – administrateurs judices – s'emploient à trouver des solutions pour redrer les entreprises, au besoin en les administrantndant la période d'observation, voire pendantpériode de liquidation judiciaire au cours de laque, depuis la loi de sauvegarde des entreprises, un p de cession pourra être arrêté.

En000, il y avait 133 administrateurs judiciaires e 32 mandataires judiciaires à la liquidation des ereprises[8], au lieu respectivement de 145 et 340 au dt de 1998.

Au4 février 2006, il y avait 113 administrateurs et 33mandataires judiciaires. Au 1er janvier 2008, alors e le nombre d'administrateurs a augmenté (117)celui des mandataires judiciaires a, par suite d'un ombre important de retraits, sensiblement baissé310)[9].

En 012, on comptait 118 administrateurs judiciairest 315 mandataires judiciaires.

Au juillet 2016, il y avait 127 administrateurs judiciaes et 300 mandataires judiciaires[10].

Cett évolution permet d'apercevoir que le nombre d'administrateurs a progressé ces dernières années, pour rerouver à peu près le nombre existant en 2000. En revanche, le nombre de mandataires judiciaires n'a cessé de chuter, pour accuser un recul de plus de 10 % par rapport à l'année 2000. L'explication doit être trouvée dans la courbe démographique, un très grand nombre de professionnels étant partis à la retraite au cours de ces dernières années.

Les mandataires de justice sont des professionnels libéraux[11], imposés dans la catégorie des bénéfices non commerciaux, alors même qu'ils auraient été suspendus au titre des sommes encaissées par l'administrateur provisoire[12]. Ils n'ont pas de clientèle[13], bien que le contraire ait été soutenu[14]. Ils sont auxiliaires de justice, collaborateurs du service public de la justice[15], mais ne disposent d'aucune prérogative de puissance publique. Il en résulte qu'il

1. L. n° 2005-845, 26 juill. 2005, *JO* 27 juill., p. 12187.
2. L. n° 2003-7, 3 janv. 2003, *JO* 4 janv., p. 256.
3. L. n° 90-1259, 31 déc. 1990 portant réforme de certaines professions judiciaires et juridiques, *JO* 5 janv. 1991, p. 219, art. 59.
4. Sénéchal, « Le mandat de justice « à la française », un modèle à conserver ? », *D.* 2013. Chron. 651, sp. 655 – Fasquelle et Inacio, « Bref regard de droit compare sur le statut des professionnels de l'insolvabilité dans l'Union européenne », *Rev. proc. coll.* 2014, études 21.
5. L. n° 85-99, 25 janv. 1985 relative aux administrateurs judiciaires, mandataires-liquidateurs et experts en diagnostic d'entreprise, *JO* 26 janv., p. 1117.
6. L. n° 67-563, 13 juill. 1967, *JO* 14 juill., p. 7059.
7. Orléans, 26 mai 2000, *Rev. proc. coll.* 2003, p. 117, n° 6, obs. Soinne.
8. Chiffres cités par Soinne, « Le pari (à propos du projet de loi relatif au nouveau statut des mandataires de justice) », *Rev. proc. coll.* 2000, p. 155.
9. Ces chiffres émanent du CNAJMJ.
10. Remerciements à Me Bernard Baujet, président du Conseil national des AJMJ pour la communication de ces chiffres.
11. Plaquette de présentation des professions, diffusée par le CNAJMJ.
12. CE 11 juill. 2011, req. n° 331189, *Lebon*.
13. Le Cannu, 7e éd., n° 437.
14. J.-CL. COM., Perruchot, fasc. 2225, [Organes – Administrateur judiciaire – Statut], 2006, n° 12.
15. Civ. 1re, 30 janv. 1996, n° 91-20.266, *Bull. civ.* I, n° 51; *D.* 1997. 83, note Legrand; *JCP* 1996. II. 22608, rapp. Sargos; *Rev. proc. coll.* 1996, p. 337, obs. Soinne; *Gaz. Pal.* 1997. 1. 256, concl. Sainte-Rose.

n'y a pas place à application du régime spécifique intéressant ces personnes, s'estimant victimes de diffamation, qui prévoit que l'action civile ne peut être exercée indépendamment de l'action publique[1]. Pour la même raison, parce que leurs fonctions ne relèvent pas d'un service public, il leur est possible d'invoquer l'article 6 § 1 de la Convention européenne des droits de l'homme s'ils estiment que leur procès n'est pas impartial, ce texte étant en revanche sans application aux personnes employées dans un service public[2].

Le statut des mandataires de justice a été réformé par la loi du 3 janvier 2003.

Les dispositions de cette loi sont applicables à Mayotte. Pour les administrateurs judiciaires, elles s'appliquent également à Wallis-et-Futuna.

La possibilité de désignation ou d'adjonction de multiples professionnels est possible également en Polynésie française et en Nouvelle Calédonie. Elle a été réaffirmée par la loi de modernisation de la justice du XXIe siècle.

351.12 Absence de clientèle appartenant au professionnel. L'exercice de la profession ne rend pas le professionnel propriétaire d'une clientèle. En conséquence, son cabinet est théoriquement incessible[3].

La législation prend d'ailleurs le soin de prévoir que les dossiers suivis par le professionnel qui quitte ses fonctions sont répartis par la juridiction entre les autres professionnels dans un délai de trois mois (C. com., art. L. 811-8, al. 1er et L. 812-6, al. 1er [anct L. 25 janv. 1985[4], art. 9 et 24]).

Sur le plan fiscal, il en est tiré la conséquence de l'impossibilité de passer en charge le droit de présentation à la juridiction[5], cette technique étant, en pratique, utilisée pour assurer la cession des dossiers en cours.

En droit patrimonial de la famille, il en résulte que, puisque l'étude d'un administrateur judiciaire ne représente pas une valeur patrimoniale, elle ne doit pas être inscrite à l'actif de la communauté ayant existé entre l'administrateur judiciaire et son épouse[6].

1. Crim. 30 janv. 2001, n° 99-87.024, *Bull. crim.* n° 27 – Cass., ch. mixte, 4 nov. 2002, nos 00-13.524, 00-13.610, 00-15.087, 3 esp., *Bull. ch. mixte*, n° 6; *BICC* 15 déc. 2002, avis de Gouttes; rapp. Aubert; *LPA* 16 sept. 2003, n° 185, p. 6, note Gil; *Rev. proc. coll.* 2004, p. 54, n° 7, obs. Soinne; *JCP* 2003. II. 10006, note Derieux – Civ. 2e, 27 mars 2003, n° 00-19.551, *Bull. civ.* II, n° 85, *Act. proc. coll.* 2003/11, n° 139 – Civ. 2e, 18 sept. 2003, n° 02-15.187, NP.
2. CEDH 15 nov. 2001, *Rev. proc. coll.* 2003, p. 113, n° 1, obs. Soinne.
3. POUR des syndics, sur cette solution : Civ. 1re, 25 avr. 1990, nos 88-12.157, 88-12.296, *Bull. civ.* I, n° 88 – *Adde*, Soinne, obs., *Rev. proc. coll.* 2003, p. 122, n° 13.
4. L. n° 85-99, 25 janv. 1985, préc.
5. CAA Marseille, 2 nov. 1999, *Rev. proc. coll.* 2000, p. 213, n° 26, obs. Soinne.

SECTION 351.20

ORGANES DE REPRÉSENTATION ET TITRES DES MANDATAIRES DE JUSTICE

351.21 Organes de représentation des mandataires de justice. Les deux professions disposent d'un organe de représentation : le Conseil national des administrateurs judiciaires et des mandataires judiciaires[7], créé par la loi du 31 décembre 1990[8], dont le rôle a été accru par le décret du 29 décembre 1998[9], puis par la loi du 3 janvier 2003[10]. Le décret du 27 décembre 1985[11], en ses articles 54-1 à 54-15, dans la rédaction que lui a donnée le décret du 10 juin 2004[12] (art. 48 à 59), fixe ses conditions de fonctionnement et les modes d'élection de ses membres.

Cet organe de représentation a le statut d'établissement d'utilité publique et est doté, par la loi, de la personnalité morale, ce qui l'autorise à agir en justice.

Cet organe a pour mission, d'après l'article L. 814-2 du codede commerce, d'assurer la défense des intérêts collectifs des deux professions qu'ils représentent. Ainsi s'est-il vu reconnaître qualité à agir en justice afin de demander réparation d'atteintes à l'image de la profession[13]. En revanche, jusqu'à la loi du 28 mars 2011[14], le Conseil n'avait pas qualité pour se constituer partie civile, dans le cadre d'une infraction d'abus de confiance commise par un mandataire de justice, aux fins d'obtenir le remboursement des sommes exposées en exécution de ses obligations légales[15], alors même, comme il

6. Civ. 1re, 28 mai 2014, n° 13-14.884, *Bull. civ.* I, n° 97; F-P+B; *Gaz. Pal.* 18 janv. 2015, n° 18, p. 18, note Bidan; *BJE* 2014, 301, note Benilsi; *Gaz. Pal.* 2014, Jur. 3182, note Lerond.
7. Conseil national des administrateurs judiciaires et des mandataires judiciaires (CNAJMJ), Paris – Gall-Heng, « La représentation professionnelle des administrateurs judiciaires et mandataires judiciaires : ses missions et ses projets », *Gaz. proc. coll.* 2005/1, p. 11.
8. L. n° 90-1259, 31 déc. 1990, *JO* 5 janv. 1991, p. 219.
9. D. n° 85-1389, 27 déc. 1985, préc., art. 54-1 s., réglementant cette institution; créée par L. n° 90-1259, 31 déc. 1990, préc.; et mod. par D. n° 98-1232, 29 déc. 1998, *JO* 30 déc., p. 19906.
10. L. n° 2003-7, 3 janv. 2003, préc.
11. D. n° 85-1389, 27 déc. 1985, *JO* 29 déc., p. 15295.
12. D. n° 2004-518, 10 juin 2004, *JO* 11 juin, p. 10351.
13. Paris, 30 juin 2000, *Rev. proc. coll.* 2000, p. 195, n° 5, obs. Soinne.
14. L. n° 2011-331, 28 mars 2011, *JO* 29 mars, p. 5447.
15. Crim. 12 déc. 2007, n° 07-80.886, *Bull. crim.* n° 307; n° 7076; *Bull. Joly* 2008. 335, § 73, note Froehlich; *Dr. sociétés* 2008/2, p. 37, n° 41, note Salomon.

avait été relevé, que les infractions pénales liées à la procédure collective, autres que la banqueroute, n'étaient pas attitrées[1]. L'article 22 de la loi précitée confère au Conseil national qualité pour exercer, devant toutes les juridictions, les droits réservés à la partie civile relativement aux faits portant un préjudice direct ou indirect à l'intérêt collectif des professions d'administrateurs et de mandataires judiciaires.

Il a également pour mission d'assurer la formation professionnelle de ses membres, en veillant à ce que les deux catégories de mandataires entretiennent et perfectionnent leurs connaissances. Il est en charge de l'organisation des examens professionnels et de ceux d'accès au stage professionnel. Indiquons, à cet égard, que la loi de modernisation de la justice du XXIe siècle a inséré à l'article L. 814-9 du code de commerce la précision selon laquelle un décret en Conseil d'État détermine la nature et la durée des activités susceptibles d'être validées au titre de la formation continue.

Le Conseil national a encore une mission de contrôle des études.

L'article 20, 3° de la loi du 28 mars 2001[2], modifiant l'article L. 811-11 du code de commerce, applicable au 1er décembre 2011 (L. préc., art. 37), prévoit que le Conseil national doit recevoir une situation financière annuelle des administrateurs judiciaires, établie au plus tard dans les six mois de la clôture de l'exercice.

Il doit rendre compte annuellement au garde des Sceaux de l'accomplissement de ses missions.

Parmi les attributions données à ce conseil, figurait, avant la loi du 3 janvier 2003, celle d'établir un ensemble de règles professionnelles soumises à l'approbation du ministre de la Justice. Les règles professionnelles ont été approuvées par le garde des Sceaux, par arrêté du 11 avril 2001[3]. Le ministre de la justice peut demander au Conseil national de réviser ces règles dans un délai qu'il lui impartit (D. 27 déc. 1985, art. 54-1, II, al. 2). C'est ce qui a été fait à l'occasion de la loi de sauvegarde des entreprises.

Les membres des deux professions peuvent adhérer à des syndicats professionnels. Le principal d'entre eux regroupe les deux professions : l'Institut français des praticiens des procédures collectives (IFPPC)[4].

351.22 Titre d'administrateur judiciaire et de mandataire judiciaire. L'usage du titre d'administrateur judiciaire est *protégé par* l'article L. 811-16 du code de commerce, celui de *mandataire judiciaire* par l'article L. 812-10 du code de commerce. L'article 11 de l'ordonnance du 2 juin 2016[5] étend aux huissiers de justice et aux commissaires-priseurs judiciaires l'infraction s'ils font usage du titre de mandataire judiciaire en dehors des missions qui leur seront confiées[6].

S'appliquent au contrevenant les peines du délit d'usurpation de titre, visé à l'article 433-17 du code pénal : emprisonnement d'un an et amende de 15 000 euros.

Une personne faisant usage d'un titre présentant une ressemblance de nature à causer une méprise dans l'esprit du public commet l'infraction, par exemple celle faisant usage de la dénomination de « mandataire près les tribunaux de commerce »[7].

SECTION 351.30
RÈGLES RELATIVES À L'EXERCICE DE LA PROFESSION

351.31 Règles générales d'exercice de la profession de mandataire de justice[8]. Les professions d'administrateur judiciaire et de mandataire judiciaire peuvent être exercées à titre individuel. Elles peuvent aussi l'être en société (C. com., art. L. 811-1 et L. 812-1) civile professionnelle ou en société d'exercice libéral, ces dernières impliquant cependant l'existence de plusieurs associés[9]. Un décret du 20 avril 2012[10] est venu préciser les modalités de constitution, de fonctionnement, de contrôle, de dissolution et de liquidation des SPFPL d'adminis-

1. Salomon, note ss Crim. 12 déc. 2007, n° 07-80.886, *Dr. sociétés* 2008/2, p. 37, n° 41.
2. L. n° 2011-331, 28 mars 2011, préc.
3. Arr. 11 avr. 2001, *JO* 20 avr. – Ces règles peuvent être consultées au CNAJMJ, 25 avenue de l'Opéra, 75001 Paris.
4. Institut français des praticiens des procédures collectives (IFPPC), 4, rue de la Paix 75002 Paris, 01 44 50 15 60, www.ifppc.com
5. Ord. n° 2016-727, 2 juin 2016, *JO* 3 juin.
6. Rapp. président de la République sur l'ordonnance n° 2016-727, 2 juin 2016, p. 6.
7. Crim. 1er févr. 2000, n° 99-83.374, *Bull. crim.* n° 53; *Rev. proc. coll.* 2000, p. 210, n° 22, obs. Soinne : statuant sur l'usage de la dénomination de « mandataire près les tribunaux de commerce ».
8. Desprat, « Les formes d'exercice du mandat de justice », *Rev. proc. coll.* 2012, dossier 26.
9. Civ. 1re, 15 juin 1999, n° 97-12.733, *Bull. civ.* I, n° 205 – *Adde*, Soinne, « L'illégalité de la société unipersonnelle d'exercice libéral », *Rev. proc. coll.* 1996, p. 189.
10. D. n° 2012-536, 20 avr. 2012, *JO* 22 avr., p. 7217, pris en application de l'article 32 de la loi n° 2011-331 du 28 mars 2011 de modernisation des professions judiciaires ou juridiques – V. Hovasse, « Les sociétés de participations financières de professions libérales monoprofessionnelles après le décret du 23 mars 2012 », *Bull. Joly* nov. 2012, comm. 423 – Monsérié-Bon, « Les structures d'exercice professionnel – Société d'exercice libéral et société de participations financières des professions libérales : le duo gagnant ? », *Rev. proc. coll.* 2012, dossier 25.

trateurs et de mandataires judiciaires. L'exercice d l'activité peut aussi intervenir sous la forme d groupement d'intérêt économique ou de groupe ment européen d'intérêt économique.

L'article 63 de la loi du 6 août 2015[1], dite lo Macron, élargit les possibilités d'exercice en com mun de la profession d'administrateurs judiciair ou de mandataires judiciaires, en modifiant pour l premiers, l'article L. 811-7 du code de commerce e pour les seconds, l'article L. 812-5 du même code

Jusqu'alors, les groupements autorisés pour l'exe cice en commun des deux professions étaient l sociétés civiles professionnelles et les sociétés d'exe cice libéral. Ces restrictions n'existent plus. Son visées toutes entités dotées de la personnalité moral à l'exception des formes juridiques qui confèrent leurs associés la qualité de commerçant. C'est « tout sauf commerçant »[3].

Sont conservées la possibilité d'être membr d'un groupement d'intérêt économique ou d'u groupement européen d'intérêt économique ou possibilité d'être associés d'une société de particip tions régie par le titre IV de la loi du 31 décemb 1990[4] relative à l'exercice sous forme de sociétés d professions libérales soumises à un statut législat ou réglementaire ou dont le titre est protégé et au sociétés de participations financières de professio libérales.

L'alinéa 2 de chacun des articles précités déte mine les personnes pouvant, lorsque la forme ju dique d'exercice est une société, détenir le capi social et les droits de vote.

L'alinéa 3 de chacun des articles précités indiq que « Toute société doit au moins comprendre, pari ses associés, un administrateur ou mandataire judiciaire, selon le cas, remplissant les conditions requises pour exercer ses fonctions. »

L'alinéa 4 de chacun des articles précités prend soin de préciser que « au moins un membre de la profession d'administrateur ou de mandataire judiciaire, selon le cas, exerçant au sein de la société doit être membre du conseil d'administration ou du conseil de surveillance de la société. »

L'alinéa 5 de chacun des articles précités prévoit que dans le respect des règles de déontologie applicables à chaque profession, un décret en Conseil d'État détermine les conditions d'application du présent article. Il présente notamment les condi-

ons d'inscription et d'omission de ces sociétés uprès de l'autorité professionnelle compétente. Ces dispositions ont vocation à créer des « holings d'exercice »[5].

L'article 67 de la loi du 6 août 2015 modifie, our sa part, la loi du 31 décembre 1990 relative à 'exercice sous forme de sociétés des professions ibérales soumises à un statut législatif ou réglementaire ou dont le titre est protégé et aux sociétés de participations financières de professions libérales. Il s'agit de précisions relatives aux sociétés dans lesquelles il y aurait au moins soit un mandataire judiciaire, soit un administrateur judiciaire.

Devant les craintes exprimées par l'opposition parlementaire, une intervention précise a eu lieu pour apporter des précisions. « Il n'est actuellement pas possible, pour des professions juridiques et judiciaires, de s'organiser entre elles, de favoriser l'interprofessionnalité au sein de sociétés d'exercice, qu'il s'agisse de SA ou de SAS. Cet article leur donne une telle possibilité – ni plus, ni moins. Il institue même des garanties d'indépendance, de deux ordres. Premièrement, cette faculté n'est ouverte qu'aux professions juridiques et judiciaires, mais en aucun cas aux experts-comptables. Deuxièmement, le texte impose à tout professionnel de ces secteurs de détenir 100 % du capital des sociétés qui viendraient s'associer au sein de ces SA ou SAS détenues par des professionnels du droit. C'est ce qui est écrit, monsieur le député. Il n'y a donc aucun risque de financiarisation ni d'ouverture »[6].

Cette disposition, qui constitue un pas vers « l'interprofessionnalité capitalistique »[7], n'a pas été considérée contraire à la Constitution[8].

351.31-1 Sociétés pluri professionnelles d'exercice[9]. La loi du 6 août 2015[10], pour la croissance, l'activité et l'égalité des chances économiques, dite loi Macron, contient deux dispositions qui concernent la constitution de groupements comprenant en leur sein des mandataires de justice, administrateurs ou mandataires judiciaires.

L'article 65 de la loi du 6 août 2015 s'intéresse aux sociétés interprofessionnelles, dans lesquelles il y aurait au moins soit un mandataire judiciaire, soit un administrateur judiciaire. L'interprofessionna-

1. L. n° 2015-990, 6 août 2015, *JO* 7 août, p. 13537, dite loi Macron.
2. SUR LA QUESTION : Parléani, « L'exercice en société des professions libérales – essentiellement juridiques – dans la loi Macron », *Rev. sociétés* 2015. 638.
3. Parléani, préc., sp. 639, n° 6.
4. L. n° 90-1258, 31 déc. 1990, *JO* 5 janv. 1991, p. 216.
5. Parléani, préc., sp. 640, n° 11.
6. Interv. E. Macron, déb. Ass. nat. Séance 4 févr. 2015, sous art. 20-*ter*.
7. Interv. Ph. Houillon, déb. Ass. nat. Séance 4 févr. 2015, sous art. 20-*ter*.
8. Cons. const. 5 août 2015, n° 2015-715 DC, *JO* 7 août, p. 13616, n°s 118 à 125.
9. Hovasse, « Les sociétés pluri-professionnelles d'exercice de professions libérales soumises à un statut législatif ou dont le titre est protégé », *BJS* juin 2016, p. 364.
10. L. n° 2015-990, 6 août 2015, préc.

lité désigne le cas de sociétés ayant pour objet l'exercice en commun de plusieurs professions du droit et du chiffre, françaises et européennes. L'interprofessionnalité est présentée par le législateur comme devant avoir pour finalité d'améliorer les compétences, au service d'un dossier.

L'alinéa 1 de l'article 65 précise que « dans les conditions prévues à l'article 38 de la Constitution, le Gouvernement est autorisé à prendre par ordonnances, dans un délai de huit mois à compter de la promulgation de la présente loi, les mesures relevant du domaine de la loi pour :

2° Faciliter la création de sociétés ayant pour objet l'exercice en commun de plusieurs des professions d'avocat, d'avocat au Conseil d'État et à la Cour de cassation, de commissaire-priseur judiciaire, d'huissier de justice, de notaire, d'administrateur judiciaire, de mandataire judiciaire, de conseil en propriété industrielle et d'expert-comptable. »

Le c) de cette disposition précise « en préservant les principes déontologiques applicables à chaque profession; »

Le d) de cette disposition ajoute : « en prenant en considération les incompatibilités et les risques de conflits d'intérêts propres à chaque profession ».

Le texte pris en application de l'article 65 de la loi Macron est l'ordonnance du 31 mars 2016 [1] relative aux sociétés constituées pour l'exercice en commun de plusieurs professions libérales soumises à un statut législatif ou réglementaire ou dont le titre est protégé.

Les dispositions de ce texte entrent en vigueur, en application de l'article 13, aux dates qui seront fixées, pour chacune des professions concernées, par les décrets en Conseil d'État et au plus tard le 1er juillet 2017.

L'article 2 de l'ordonnance, tout d'abord, insère au I de l'article 31, 2° de la loi du 31 décembre 1990 [2], relative à l'exercice sous forme de sociétés aux sociétés constituées pour l'exercice en commun des professions libérales soumises à un statut législatif ou réglementaire ou dont le titre est protégé et aux sociétés de participations financières de professions libérales, le visa des administrateurs et mandataires judiciaires. Cet article 31-2 ne s'intéresse qu'aux sociétés de participations financières. Ce texte n'intéresse donc que la création de liens capitalistiques entre membres de plusieurs professions.

L'article 3 de l'ordonnance ajoute un article 31-3, dans cette même loi du 31 décembre 1990, pour permettre la constitution de sociétés pluri professionnelles d'exercice en commun des professions

1. Ord. n° 2016-394, 31 mars 2016, *JO* 1er avr.
2. L. n° 90-1258, 31 déc. 1990, préc.

›ocat, d'avocat au Conseil d'État et à la Cour de ‹ation, de commissaire-priseur judiciaire, d'huis- de justice, de notaire, de conseil en propriété ustrielle et d'expert-comptable, en ajoutant à ces fessions celles d'administrateur et de mandataire iciaire. Ce type de sociétés est dénommé, par ticle 31-3 de la loi du 31 décembre 1990, issu de édaction que lui donne l'article 3, la « société ri-professionnelle d'exercice » (SPE).

'article 31-7 de la loi du 31 décembre 1990, s la rédaction que lui donne l'ordonnance du mars 2016, prévoit que la dénomination sociale a société doit être immédiatement précédée ou vie de la mention « société pluri-professionnelle ercice ou des initiales "SPE", ainsi que de l'indi- on de la forme sociale choisie, des professions rcées conformément à son objet social et du ntant de son capital social ». Le nom d'un ou de sieurs associés exerçant leur profession au sein a société peut être inclus dans la dénomination iale.

a forme de la société est libre, ainsi que le précise ticle 31-4 de la loi du 31 décembre 1990 sous réserve importante : la société ne peut conférer ès associés la qualité de commerçant, ce qui dut notamment les sociétés en commandite et les iétés en nom collectif. Il pourra s'agir de sociétés ercice libéral, par exemple une Selafa, mais cela st pas obligatoire.

'article 31-4 de la loi du 31 décembre résultant d'ordonnance du 31 mars 2016, oblige au respect certaines dispositions de cette loi du 31 décembre 1‹0. Il en est ainsi de l'alinéa 3 de l'article 1er selon lequel les sociétés pluri-professionnelles d'exercice « e peuvent accomplir les actes d'une profession déterminée que par l'intermédiaire d'un de leurs membres ayant qualité pour exercer cette profession ». Autrement dit, seuls les AJ-MJ, membres de la société pourraient exercer les actes de leur profession.

De même, il faut respecter l'article 3, à l'exception de l'alinéa 3. Il faudra que la société soit inscrite sur la liste des AJ ou sur la liste des MJ. Une fois par an, la société adresse à l'ordre professionnel dont elle relève un état de la composition de son capital social.

Il faut encore respecter l'article 7. Selon ce texte, « Les dispositions des articles 5 et 6 autorisant la détention d'une part du capital social par des personnes n'exerçant pas au sein de la société ne peuvent bénéficier aux personnes faisant l'objet d'une interdiction d'exercice de la profession ou de l'une des professions dont l'exercice constitue l'objet de la société ». L'ordonnance du 31 mars 2016 précise que la référence aux articles 5 et 6 est remplacée par la référence à l'article 31-6. L'article 31-6 de la loi du 31 décembre 1990, dans la rédaction que lui donne l'ordonnance du 31 mars 2016, pe les règles relatives à la détention du capital.

La totalité du capital doit être détenue ps personnes suivantes :

1° Toute personne physique exerçant ain ou en dehors, l'une des professions mentiœes à l'article 31-3 et exercées en commun au s de la société. S'agissant des AJ-MJ, le « ou » utilisns le texte a toute sa signification, puisque le prsionnel exerce soit en société, soit à titre indivel, et ne peut exercer sa profession dans deux strures.

2° Toute personne morale dont la totté du capital et des droits de vote est détenue direment ou indirectement par une ou des personn mentionnées au 1°.

3° Toute personne physique ou moraleétablie dans un des États de l'Union européenne ouartie à l'accord sur l'espace économique européenu dans la confédération suisse, qui exerce effectement dans l'un de ces États, une activité soumise un statut législatif ou réglementaire ou subordonée à la possession d'une qualification nationale o internationale reconnue, dont l'exercice relève enFrance de l'une des professions mentionnées à l'artice 31-3 et qui est exercée en commun au sein de la société; pour les personnes morales, la totalité du capital et des droits de vote est détenue dans les conditions prévues aux 1° ou 2°. Observons ici que le praticien étranger de l'insolvabilité, associé d'une société pluri professionnelle d'exercice française, peut accomplir des missions correspondant à celles d'un administrateur judiciaire comme à celles d'un mandataire judiciaire, alors qu'il est interdit à un administrateur judiciaire d'être l'associé d'un mandataire judiciaire, et réciproquement.

Ce même article 31-6 précise que la société pluriprofessionnelle doit comprendre, parmi ses associés, au moins un membre de chacune des professions qu'elle exerce. Ainsi, la société ne pourra-t-elle exercer des missions d'administrateur que si l'un des associés est AJ, des missions de mandataire, que si l'un des associés est MJ.

Il y a encore lieu au respect de l'alinéa 1er de l'article 8. Selon ce texte, les actions des sociétés d'exercice libéral à forme anonyme, par actions simplifiée ou en commandite par actions revêtent la forme nominative.

Enfin, doit être respecté, l'article 16.

Selon l'alinéa 1 de ce texte, « Chaque associé répond sur l'ensemble de son patrimoine des actes professionnels qu'il accomplit. »

L'alinéa 2 précise que « La société est solidairement responsable avec lui ».

Cette disposition est extrêmement dangereuse. On mesure que les associés ne sont pas solidairement responsables entre eux. En revanche, il existe une solidarité entre la société et l'associé responsable d'une faute.

L'article 31-11 la loi du 31 décembre 1990 (réd. ord. 31 mars 2016, art. 3) oblige la société à souscrire une assurance couvrant les risques relatifs à la responsabilité civile professionnelle. Cette assurance présentera la particularité de couvrir autant de risques professionnels *que d'activités professionnelles* assurées. Un problème particulier peut se présenter pour les AJ-MJ car leur assurance professionnelle est chère et a pourtant été négociée avec un assureur qui n'acceptera pas nécessairement d'assurer d'autres professions, et inversement. D'autant que, en pratique, chaque profession a son assurance. L'assurance pourrait constituer, en pratique, un obstacle à ce type de sociétés.

En outre, une difficulté surgit si la faute n'est pas assurée ou si le dommage dépasse la plafond d'assurance. En ce cas, la société sera solidairement tenue avec l'associé, ce qui peut induire des conséquences financières très importantes pour la société, et, par voie de conséquence, sur les bénéfices distribuables.

L'article 31-5 de la loi du 31 décembre 1990, dans la rédaction que lui donne l'ordonnance du 31 mars 2016, précise que « la société peut exercer, à titre accessoire, toute activité commerciale dont la loi ou le décret n'interdit pas l'exercice à l'une au moins des professions qui constituent son objet social ». Dès lors que la société comprend un AJ ou un MJ, l'activité commerciale accessoire est interdite, un AJ ou un MJ ne pouvant avoir d'activité commerciale accessoire, du fait des incompatibilités frappant ces professions (C. com., art. L. 811-10, 1° pour les AJ, L. 812-8, 1° pour les MJ).

Il n'existe pas d'incompatibilité avec l'activité de consultation. Il apparaît donc qu'une société pluriprofessionnelle pourrait développer une activité de consultation juridique. L'article L. 811-10, 2° pour les AJ, l'article L. 812-8, 2° pour les MJ autorise en effet cette activité, à titre accessoire. Dans le cadre d'une société pluri-professionnelle, cette activité serait accessoire à chacun des associés de la société et pourrait donc, au final, avoir une certaine ampleur.

L'article 31-8, alinéa 1 de de loi du 31 décembre 1990, qui résulte de la rédaction que lui donne l'ordonnance du 31 mars 2016, prévoit que les statuts de la société pluri-professionnelle d'exercice doivent comporter des stipulations propres à garantir, d'une part, l'indépendance de l'exercice professionnel des associés et des salariés, et, d'autre part, le respect des dispositions réglementaires encadrant l'exercice de chacune des professions qui constitue son objet social, notamment celles relatives à la déontologie.

Il y a là un élément très important. Aucun professionnel et partant aucune profession ne doit asservir les autres. On pense spécialement ici aux experts-comptables, exerçant dans des structures très importantes, qui pourraient, par le bais de sociétés pluri-professionnelles, prendre rapidement l'ascendant sur les AJ.

Les statuts pourraient ainsi prévoir des seuils à ne pas dépasser pour être associé d'une société pluri-professionnelle. Par exemple, on pourrait limiter à deux le nombre d'experts-comptables associés d'une SPE. On pourrait instituer des ratios entre le nombre d'associés AJ et le nombre des autres professionnels et faire de même pour les sociétés comportant des MJ. Ce serait sans doute la méthode la plus sûre pour éviter la dépendance vis-à-vis des professionnels des autres professions.

On aurait pu penser que les sociétés interprofessionnelles n'auraient pu compter en leur sein tout à la fois des administrateurs judiciaires et des mandataires judiciaires. En effet, une telle pratique aurait pour effet indirect de supprimer la scission des professions, qui avait été voulu par M. Badinter en 1985, car elle seule permet, selon lui, d'éviter les conflits d'intérêts. Tel n'a pas été le choix du législateur. Le décret d'application de l'ordonnance du 31 mars 2016 rend en effet possible la constitution de sociétés pluri professionnelles d'exercice comprenant en leur sein tout à la fois des administrateurs et des mandataires judiciaires.

L'article 31-8, alinéa 2 de loi du 31 décembre 1990 traite de l'obligation de l'associé d'une société pluri professionnelle d'exercice, dès qu'il en a connaissance, d'informer la société et les autres associés de tout conflit d'intérêt susceptible de naître :

– d'une part entre sa qualité de professionnel et toute autre activité professionnelle qu'il exerce ou tout intérêt qu'il détient en dehors de la société son exercice et celui des autres associés;

– d'autre part, entre l'exercice de son activité professionnelle et l'exercice par les autres professionnels de leur activité.

Là se situe sans doute la difficulté la plus grande. Il a été démontré que l'exercice de la profession d'AJ ou de MJ supposait, pour son efficacité maximale, une éviction des conflits d'intérêts. Or chacun sait que les conflits d'intérêts seront à peu près partout pour les AJ-MJ associés d'avocats, d'huissiers de justice ou encore de notaires.

À la vérité, il n'y a pas véritablement de solution pour régler ce problème des conflits d'intérêts, qui existeront par principe.

La solution raisonnable sera, semble-t-il, de considérer que seuls les conflits d'intérêts les plus patents devront être évités. Il conviendrait dès lors d'établir une liste des conflits d'intérêts les plus significatifs, qui mériteraient d'être signalés par le professionnel, qui les conduiraient à refuser le dossier confié par la juridiction. Il faudrait *a priori* écarterette liste des conflits d'intérêts mineurs, sauf à re totalement impraticable l'exercice des missioans le cadre des sociétés multi-professionnelles.

C liste serait différente selon que l'on s'intéressux conflits d'intérêts intéressant un AJ et ceutéressant un MJ.

Lonne pratique serait que la juridiction se rapproc des AJ-MJ pressentis pour être désignés, exent sous forme de SPE, pour les interroger sur l'exince de conflits d'intérêts, ces derniers se rapprocnt alors de leurs associés des autres professions pour apporter réponse à la juridiction sous 48 hres maximum.

L'aicle 31-9, I de la loi du 31 décembre 1990 (réd. d. 31 mars 2016, art. 3) traite de l'obligation pour société pluri-professionnels d'informer le clientui envisage de contracter avec elle de la naturle l'ensemble des prestations qui peuvent lui être fornies par les différentes professions et de la possibté dont il dispose de s'adresser à l'une ou plusieurse ces professions pour les prestations qu'elles offren Cette disposition n'intéresse que de façon margiale les AJ-MJ, car ils n'ont pas de clients. Néamoins, on peut penser, par exemple, à la rédacton des actes de cession que l'on peut confier aux notaires ou aux avocats de la société.

L'article 31-9, II de la loi du 31 décembre 1990 (réd. ord. 31 mars 2016, art. 3) adapte aux AJ-MJ l'exercice professionnel par la société. Si elle exerce la profession d'AJ ou de MJ, la juridiction doit désigner en son sein le professionnel auquel est confié le mandat de justice. Cette solution existe déjà en dehors des sociétés pluri-professionnelles d'exercice.

L'article 31-10 la loi du 31 décembre 1990 (réd. ord. 31 mars 2016, art. 3) adapte la question de la confidentialité à la situation de la société pluri-professionnelle.

L'alinéa 1 de ce texte commence par rappeler le principe selon lequel le professionnel qui exerce au sein de la société pluri-professionnelle est tenu aux obligations de loyauté, de confidentialité ou de secret professionnel conformément aux règles encadrant l'exercice de sa profession.

L'alinéa 3 adapte aux AJ-MJ ce principe. Ces professionnels peuvent communiquer à d'autres professionnels toute information nécessaire à l'accomplissement des actes professionnels et à l'organisation du travail au sein de la société dans les limites de ce que lui permet le mandat de justice pour lequel il a été désigné. La communication des informations est ici plus réduite que ce qui est permis dans le cadre du fonctionnement normal de la société pluri-professionnelle posé par l'alinéa 2 de l'article 31-10. Mais, contrairement à ce qui prévoit l'alinéa 2, cette communication d'informations ne nécessite l'accord de personne, les interlocuteurs du mandataire justice n'étant pas ses clients.

L'article 31-12 de la loi du 31 décembre 19 (réd. ord. 31 mars 2016, art. 3) prévoit qu'un déc en Conseil d'État fixe les conditions d'applicati du présent titre, et notamment les règles de fon tionnement spécifiques à la société pluri-profe sionnelle d'exercice, les modalités selon lesquell les personnes physiques associées et les salariés exe cent leur profession au sein de la profession. Il s'a ici notamment de prendre en compte la situati des AJ-MJ salariés.

L'article 5 de l'ordonnance du 31 mars 201 s'intéresse spécifiquement à l'exercice de la profe sion d'administrateurs ou de mandataires judicia res, au sein des sociétés pluri-professionnels d'exe cice.

L'article L. 811-7, I, A du code de commerce, q en résulte, précise que l'administrateur judiciai peut exercer sa profession dans le cadre d'un société pluri professionnelle d'exercice.

Les dispositions des alinéas 3 et 4 de l'articl L. 811-7 sont applicables. L'alinéa 3 prévoit que « tout société doit au moins comprendre, parmi ses asso ciés, un AJ remplissant les conditions requises pou exercer ses fonctions. »

L'alinéa 4, pour sa part, dispose que « Au moin un membre de la profession d'AJ exerçant au sein d la société doit être membre du conseil d'administra tion ou du conseil de surveillance de la société ».

L'alinéa 3 de cet article dispose que « les condi tions d'application du présent article sont fixées pa décret en Conseil d'État ».

Il en est ainsi notamment des conditions d'inscrip tion sur la liste établie par la Commission nationale de son interdiction temporaire et de sa destitution ainsi que les règles applicables en cas d'empêche ment, de retrait ou de décès d'un associé exerçant la profession.

L'alinéa 1 de l'article L. 812-5, I, A précise que le mandataire judiciaire peut exercer sa profession dans le cadre d'une société pluri-professionnelle d'exercice.

Les dispositions des alinéas 3 et 4 de l'article L. 812-5 sont applicables. L'alinéa 3 prévoit que « toute société doit au moins comprendre, parmi ses associés, un MJ remplissant les conditions requises pour exercer ses fonctions. » L'alinéa 4, pour sa part, dispose que « au moins un membre de la profession de MJ exerçant au sein de la société doit être membre du conseil d'administration ou du conseil de surveillance de la société ».

L'article L. 812-5, I, A, alinéa 3 du code de commerce précise que les conditions d'application du présent article sont fixées par décret en Conseil d'État.

Il en est ainsi notamment des conditions d'inscrip- ion sur la liste établie par la Commission nationale, e son interdiction temporaire et de sa destitution insi que les règles applicables en cas d'empêche- nent, de retrait ou de décès d'un associé exerçant la rofession.

351.31-2 Incidence d'un mandat confié à une société. Avant comme après la loi du 6 août 2015[1], lorsque le mandat de justice est exercé par une société de mandataires judiciaires, le juge désigne celui ou ceux des associés qui conduiront la mission au sein de la société et en son nom. En conséquence, un mandataire judiciaire associé exerçant au sein d'une société – et cela est vrai pour un administrateur judiciaire associé – ne peut exercer sa profession à titre individuel et exerce nécessairement ses fonctions au nom de la société[2]. Il en est tiré diverses conséquences.

Si un juge-commissaire désigne un mandataire judiciaire associé pour arrêter les comptes d'une SCP d'administrateurs judiciaires en liquidation judiciaire, recouvrer les honoraires qui lui étaient dus et procéder à la mise en état de ses dossiers et à leur clôture, mission qui n'est pas étrangère à l'exercice de la profession de mandataire judiciaire, la rémunération prévue par le juge-commissaire doit revenir à la SCP de mandataires judiciaires. Dès lors, le mandataire désigné pour accomplir cette mission, qui ne reverse pas la rémunération perçue à la SCP, engage sa responsabilité[3].

L'assignation en comblement de passif délivré par le liquidateur sans mention du fait qu'il est membre d'une société n'est qu'une irrégularité de forme et ne caractérise pas un défaut de qualité et de capacité, constitutif d'une irrégularité de fond[4]. L'absence d'indication du nom de la société civile professionnelle, dans un acte d'appel, ne constitue qu'une irrégularité de forme, laquelle n'est pas de nature à entraîner une irrecevabilité de l'appel, à défaut de grief pour les personnes intimées[5].

1. L. n° 2015-990, 6 août 2015, préc.
2. Com. 27 nov. 2012, n° 11-25.628, *Bull. civ.* IV, n° 214; n° 1186 F-P+B; *D.* 2012. Actu. 2887, obs. Lienhard; *Gaz. Pal.* 18 janv. 2013, n° 18, p. 24, note Gorrias; *Act. Proc. coll.* 2013/1, comm. 14, note Cagnoli; *Rev. proc. coll.* 2013, comm. 39, note Cagnoli; *Bull. Joly* mars 2013, comm. 75, note Saintourens; *BJE* mai 2013, comm. 64, note Favario; *JCP E* 2013, Chron. 1216, n° 2, obs. Pétel – Com. 9 févr. 2016, n° 14-22.656, NP; n° 128 F-D.
3. Com. 9 févr. 2016, n° 14-22.656, préc.
4. Civ. 2e, 21 juin 2007, n° 05-21.187, NP, *Gaz. proc. coll.* 2007/4, p. 34, note Gorrias – Civ. 2e, 4 juill. 2007, nos 06-15.451, 06-15.452, NP, *Gaz. proc. coll.* 2007/4, p. 35, note Gorrias; *Bull. Joly* 2007. 1163, § 313, note Daigre – *Adde*, Orléans, ch. éco. et fin., 10 juill. 2007, RG n° 06/2826, *RJDA* 2007/12, p. 1244, n° 1267.
5. Paris, 3e ch., 16 sept. 2008, RG n° 2007/13410.

Lorsqu'une société civile professionnelle de mandataires judiciaires est désignée liquidateur, cette société peut interjeter appel d'une décision rejetant la demande de responsabilité d'une banque, action entamée par la société débitrice après obtention de son plan, alors que le mandataire-liquidateur désigné pour conduire la mission est intervenu volontairement à cette instance, après résolution du plan, sans se présenter comme étant membre de la société de mandataires judiciaires. L'appel de la société de mandataires n'est pas irrecevable[1].

Une ordonnance est valablement notifiée à un liquidateur, dès lors qu'il représente la société dans laquelle il exerce et que la mission de liquidateur avait été confiée à la société en la personne de ce mandataire de justice[2].

L'erreur commise par un créancier, dans le cadre d'une déclaration de créance, sur le mandataire nominalement désigné pour conduire la mission au sein de la société, reste sans conséquence, la déclaration de créance étant bien faite entre les mains de la société[3].

Du fait que le mandat de justice est confié à la société, non au mandataire de justice personnellement, il faut aussi tirer la conséquence que la décision qui substitue à la désignation de l'associé de la société cette dernière ne fait que mettre en conformité, avec le principe ci-avant énoncé, la situation et ne constitue pas une décision emportant remplacement de mandataire[4]. Il s'agit d'une mesure d'administration judiciaire non susceptible de recours[5]. La loi du 3 janvier 2003[6] prévoit qu'en cas de désignation d'une société, la juridiction devra préciser la personne physique qui, en son sein, la représentera dans l'exécution du mandat confié (C. com., art. L. 811-2, al. 5 et L. 812-2, III [anc[t] L. 25 janv. 1985[7], art. 2 et 20]), les personnes morales inscrites ne pouvant exercer leurs fonctions que par l'intermédiaire d'un de leurs membres lui-même inscrit sur la liste (C. com., art. L. 811-5, al. 9 et L. 812-3, al. 9 [anc[t] L. 25 janv. 1985, art. 5 et 21]).

ıis il importe de préciser que, en application rticles L. 812-2, III et R. 814-83 du code de nerce, une société de mandataires judiciaires née en qualité de liquidateur est représentée, l'accomplissement de cette mission, par le ou ıandataires judiciaires associés nommés par le nal en application de ces textes. Ayant relevé e tribunal en désignant la SCP de mandataires chargé Me T. de suivre la procédure et que la nce litigieuse avait été déclarée en son nom pro- par Me F., la créance pouvait être régulièrement arée par celui des associés désignés pour suivre rocédure agissant implicitement ou explicitet pour le compte de la société, mais non, comme 'espèce, par l'autre associé, qui ne pouvait agir à personnel[8]. Ainsi, en résumé, seul le mandae désigné peut déclarer la créance et, s'il le fait, t nécessairement au nom de la société et non en nom propre[9].

Des difficultés se présentent à propos du sort des ssiers antérieurement confiés aux professions[10]. Il est estimé que le fait que la mission ait été nfiée à un mandataire de justice, par la suite venu associé d'une société d'exercice libéral, exerce aucune influence sur le mandat qui lui a confié[11].

51.31-3 **Bureaux secondaires.** Les professionnels uvent ouvrir des bureaux secondaires ou annexes a les transférer. Ils devront en informer le président du Conseil national des administrateurs et des ıandataires et le commissaire du Gouvernement ui a procédé à son inscription. Il a été jugé que information *a posteriori* n'était pas de nature à nvalider l'autorisation donnée par le commissaire u Gouvernement auprès de la commission d'inscription[12].

351.31-4 **Délégation de signature.** Le décret du 29 décembre 1998[13] a renforcé l'organisation des professions.

Ce décret précise les conditions dans lesquelles le professionnel pourra déléguer sa signature à des

1. Com. 27 nov. 2012, n° 11-25.628, préc. (v. s[s] prés[t] n°).
2. Com. 13 oct. 2015, n°s 14-17.709, 14-19.705, NP; n° 889 F-D.
3. Com. 30 juin 2009, n° 08-13.680, NP, *Gaz. proc. coll.* 2009/4, 2e partie, p. 26, note Le Corre-Broly.
4. Com. 13 déc. 2005, n° 04-19.945, NP, *Rev. proc. coll.* 2006/3, p. 230, note Soinne – Com. 16 juin 2009, n° 08-10.584, *Bull. civ.* IV, n° 80; *D.* 2009. AJ 1822, obs. Lienhard; *Gaz. proc. coll.* 2009/4, 2e partie, p. 12, note Bidan – Paris, 3e ch. B, 18 oct. 2007, RG n° 2007/7562.
5. Com. 16 juin 2009, n° 08-10.584, *Bull. civ.* IV, n° 80; *D.* 2009. AJ 1822, obs. Lienhard; *Gaz. proc. coll.* 2009/4, 2e partie, p. 12, note Bidan.
6. L. n° 2003-7, 3 janv. 2003, préc.
7. L. n° 85-99, 25 janv. 1985, préc.
8. Com. 22 janv. 2013, n° 11-29.028, *Bull. civ.* IV, n° 16; n° 73 F-P+B; *Bull. Joly* mars 2013, comm. 75, note Saintourens; *Act. proc. coll.* 2013/5, comm. 62, note Le Bars; *Rev. proc. coll.* 2013, comm. 39, note Cagnoli; *Rev. proc. coll.* 2013, comm. 68, note Legrand et Legrand; *BJE* mai 2013, comm. 70, note Favarion; *JCP E* 2013, Chron. 1216, n° 3, obs. Pétel; *LXB hebdo* n° 328, 20 févr. 2013, note Le Corre-Broly.
9. Legrand et Legrand, note s[s] Com. 22 janv. 2013, n° 11-29.028, *Rev. proc. coll.* 2013, comm. 68.
10. Paris, 3e ch. C, *Rev. proc. coll.* 2003, p. 135, n° 26, obs. Soinne.
11. Paris, 3e ch. C, 2 juill. 2003, RG n° 2002/12072.
12. Rennes, 30 mai 2001, *Rev. proc. coll.* 2003, p. 115, n° 4, obs. Soinne.
13. D. n° 98-1232, 29 déc. 1998, préc.

salariés de son étude. Le professionnel peut valab ment donner mandat à son collaborateur d'exerc des voies de recours[1].

351.31-5 Communication électronique d actes. L'article 20, 6° de la loi du 28 mars 2001 ajoutant un article L. 814-13 au code de commerc prévoit qu'un décret en Conseil d'État, pris apr avis de la Cnil, viendra préciser la liste des actes c procédure, envoyés ou reçus par les mandataires c justice et les personnes désignées pour exercer leu fonctions, qui pourront faire l'objet d'une commu nication électronique. Il en est ainsi des déclara tions de créance, des contestations de créance et de réponses à ces contestations, des mises en demeur sur la continuation du contrat en cours, des deman des en revendication ou en restitution. Un portai commun, mis en place par le Conseil national, a plus tard le 1er janvier 2014, devra permettre d fournir un service de communication sécurisé en lien avec les professionnels du mandat de justice. Le décret n'est cependant intervenu que le 18 août 2015[3].

351.32 Exercice personnel de la mission confiée. La loi du 3 janvier 2003[4] énonce en son article 1er, ajoutant ainsi deux alinéas à l'article L. 811-1 du code de commerce (anct L. 25 janv. 1985[5], art. 1er), que « les tâches que comporte l'exécution de leur mandat leur incombent personnellement ». La solution s'inscrit dans le prolongement d'une décision remarquée de la chambre criminelle de la Cour de cassation[6], venue sanctionner des pratiques constatées antérieurement.

Cette disposition qui intéresse les administrateurs judiciaires est reproduite par l'article L. 812-1 (anct L. 25 janv. 1985, art. 19) pour les mandataires judiciaires.

Les mandataires de justice peuvent cependant solliciter du président du tribunal la possibilité de recourir à un tiers pour l'exécution d'une partie des tâches qui leur incombent. La décision du président du tribunal devra être motivée par le constat que le bon déroulement de la procédure le requiert. En ce cas, le législateur prend le soin de prévoir que, si le professionnel recourt aux services d'un tiers, pour accomplir ce qu'il aurait dû personnellement faire, il devra en assurer la charge, sur les honoraires qui lui seront alloués (C. com., art. L. 811-1, al. 3 et L. 812-1, al. 3). Cette solution issue de la loi du 3 janvier 2003, qui était déjà posée par l'article 31 du décret du 27 décembre 1985[7], doit contribuer à éviter de grever la trésorerie de l'entreprise.

La solution est conservée par l'ordonnance du 18 décembre 2008[8], qui avait cependant introduit cette précision dans le livre VI du code de commerce (ainsi, C. com., art. L. 621-4, al. dern.), avant que cette disposition ne soit abrogée par l'ordonnance du 30 janvier 2009[9] (art 11-1), en raison de l'inesthétique et dangereux doublon avec les articles L. 811-1, alinéa 2 et 3 et L. 812-1, alinéa 2 et 3 du code, contenant déjà ces dispositions.

Il a été jugé que la désignation d'un cabinet comptable pour examiner sur le fond et sur la forme la comptabilité du débiteur en liquidation judiciaire n'a pas pour objet de confier à un tiers une partie des tâches que comporte l'exécution du mandat de justice et qui incombent personnellement au mandataire au sens de l'article L. 812-1, alinéa 2 du code de commerce. Elle n'a pas davantage pour but de permettre à une personne autre qu'un expert d'effectuer au profit de l'entreprise certaines tâches techniques non comprises dans les missions confiées aux mandataires de justice – en l'occurrence au liquidateur au sens des articles L. 814-6 du code de commerce (réd. ant. loi de sauvegarde) et 31 du décret du 27 décembre 1985. Il en résulte que cette désignation ne nécessite aucune des interventions du président du tribunal de la procédure collective que prévoient ces différents textes, mais, le cas échéant, une nomination par le juge-commissaire sur le fondement des dispositions de l'article L. 621-12 du code de commerce (devenu C. com., art. L. 621-9, réd. L. 26 juill. 2005)[10].

Des questions, dans ce contexte, se posent sur le caractère licite de l'exercice de certaines professions d'assistance aux entreprises en difficultés. Si leurs missions ne font que se superposer à celles des man-

1. Com. 30 mars 1999, n° 96-17.491, NP, *Rev. proc. coll.* 2000, p. 214, n° 30, obs. Soinne.
2. L. n° 2011-331, 28 mars 2011, préc.
3. Pérochon, « Bientôt le portail électronique en dépit des insuffisances du décret du 18 août 2015 », *BJE* sept. 2015, 277 – Gorrias, « Dématérialisation des actes de procédure dans les procédures collectives », *Act. proc. coll.* 2015/16, comm. 249 – Huertas, « La mise en œuvre du portail électronique dans le cadre d'une procédure collective », *D.* 2015. entretien 2312 – Rossi, « Quelques observations sur le nouveau portail électronique confié au CNAJMJ », *Rev. proc. coll.* 2015, études 21.
4. L. n° 2003-7, 3 janv. 2003, préc.
5. L. n° 85-99, 25 janv. 1985, préc.
6. Crim. 26 sept. 2001, n° 00-86.525, *Bull. crim.* n° 190; *D.* 2001. AJ 3198, obs. Lienhard; *D.* 2002. Somm. 208, obs. Derrida; *Act. proc. coll.* 2001/19, n° 245; *LPA* 8 janv. 2002, n° 6, p. 20, note Montéran; *RTD com.* 2002. 381, n° 5, obs. Bouloc; *Rev. sociétés* 2002. 81, obs. Bouloc; *Rev. sociétés* 2002. 342, note Bouloc; *Rev. proc. coll.* 2003, p. 119, n° 9, obs. Soinne – *Adde*, Versailles, 13 mars 1996, *Gaz. Pal.* 1996. II, Somm. 539 – Aix-en-Provence, 5e ch. appel corr., 4 mai 2000, *D.* 2000. Somm. 721, note Soinne.
7. D. n° 85-1390, 27 déc. 1985, préc.
8. Ord. n° 2008-1345, 18 déc. 2008, *JO* 19 déc., p. 19462.
9. Ord. n° 2009-112, 30 janv. 2009, *JO* 31 janv., p. 1854.
10. Com. 2 juill. 2013, n° 11-28.043, NP; n° 688 F-D.

dataires de justice, elles apparaissent illicites [1]. Au contraire, si elles complètent ou dépassent les missions dévolues par la loi aux mandataires de justice, *elles sont licites*.

351.32-1 Statut d'administrateur ou de mandataire judiciaire salarié. Après avoir rappelé le principe selon lequel la mission confiée à un mandataire judiciaire ou à un administrateur lui incombe personnellement, les articles L. 811-1, alinéa 2 du code de commerce, pour les administrateurs et L. 812-1, alinéa 2, pour les mandataires judiciaires, précisent que ces mandataires de justice peuvent toutefois déléguer tout ou partie de ces tâches à un administrateur judiciaire salarié ou à un mandataire judiciaire, selon le cas, sous leur responsabilité. Est ainsi créé par l'article 236 de la loi du 6 août 2015 [2], dite loi Macron, le statut de mandataire judiciaire salarié et d'administrateur judiciaire salarié.

Ces personnes sont inscrites sur la liste nationale, en précisant cette qualité de salarié et le nom de leur employeur (C. com., art. L. 811-3 et C. com., art. L. 812-2-1, al. 2).

L'employeur peut être une personne physique ou une personne morale (C. com., art. L. 811-7-1, al. 1 et L. 812-5-1, al. 1).

L'administrateur judiciaire salarié (C. com., art. R. 811-60, al. 1) et le mandataire judiciaire salarié (C. com., art. R. 812-24) ne peuvent exercer leurs fonctions qu'au sein d'une seule étude.

Une personne physique inscrite sur cette liste ne peut pas employer plus de deux administrateurs ou mandataires judiciaires salariés (C. com., art. L. 811-7-1, al. 2 et L. 812-5-1, al. 2). Une personne morale inscrite sur la liste nationale ne peut pas employer un nombre d'administrateurs ou de mandataires judiciaires salariés supérieur au double de celui des administrateurs judiciaires associés qui y exercent la profession (C. com., art. L. 811-7-1, al. 2 et L. 812-5-1, al. 2). Si le nombre de professionnels en exercice au sein de l'étude devient inférieur à la moitié du nombre de professionnels salariés, le titulaire de l'étude a un an pour se mettre en conformité (C. com., art. R. 811-63 et R. 812-24).

On mesure ici les perspectives de carrière pour les jeunes diplômés mandataires ou administrateurs judiciaires, qui, comme dans nombre d'autres professions juridiques, commenceront leur carrière en qualité de salarié. Le nombre de professionnels devrait donc, à terme, croître sensiblement grâce à ce nouveau statut.

Le contrat de travail de l'administrateur ou du mandataire judiciaire salarié est établi par écrit sous ndition suspensive de l'inscription sur la liste et a prestation de serment (C. com., art. R. 811-al. 1 et R. 812-24). La condition est réputée aise à la date de cette prestation. Une copie est essée, dès sa signature, au président du CNAJMJ. h est de même de toute modification du contrat. Ce contrat ne peut porter atteinte aux règles ntologiques de la profession d'administrateur iciaire. Nonobstant toute clause du contrat de vail, l'administrateur judiciaire salarié peut refuà son employeur de recevoir un acte ou d'accomr une mission lorsque cet acte ou cette mission lui raissent contraires à sa conscience ou susceptibles porter atteinte à son indépendance. Toute clause non-concurrence est réputée non écrite (C. com., t. L. 811-7-1, al. 3 et L. 812-5-1, al. 3). L'article 811-62, alinéa 2 du code de commerce (R. 812-24 pur les mandataires judiciaires) précise qu'aucune lause du contrat de travail ne peut limiter la liberté d'établissement ultérieur du salarié ou porter atteinte à son indépendance.

Le décret du 1er avril 2016 « fixe les modalités d'application des articles L. 811-7-1 et L. 812-5-1, notamment les règles applicables au règlement des litiges nés à l'occasion de l'exécution d'un contrat de travail après médiation du président du Conseil national des administrateurs judiciaires et des mandataires judiciaires, celles relatives au licenciement de l'administrateur judiciaire ou du mandataire judiciaire salarié et, dans ce cas, les conditions dans lesquelles il peut être retiré de la liste mentionnée aux articles L. 811-2 ou L. 812-2. » (L. 6 août 2015, art. 236, 9°). Il s'agit des articles R. 811-64 à R. 811-68. On retiendra spécialement que, en cas de faute grave du mandataire de justice salarié, l'employeur peut notifier à l'intéressé sa mise à pied immédiate. Elle entraîne, dès la notification, la suspension des fonctions et des mandats professionnels du salarié (C. com., art. R. 811-68, al. 3 et R. 912-24).

Les textes posent le principe selon lequel l'administrateur ou le mandataire judiciaire salarié ne peut avoir de mandat à titre personnel (C. com., art. L. 811-7-1, al. 4 et L. 812-5-1, al. 4).

Les règles de droit commun du statut de mandataire ou d'administrateur judiciaire sont applicables à l'administrateur ou au mandataire judiciaire salarié, sauf disposition contraire (C. com., art. L. 811-7-1, al. 5 et L. 812-5-1, al. 5). L'article R. 811-60, alinéa 3 du code de commerce précise que la qualité d'administrateur judiciaire salarié est assimilée à celle d'administrateur judiciaire pour la collation au titre d'administrateur judiciaire honoraire.

Le deuxième alinéa de l'article L. 814-3 (L. 6 août 2015, art. 236, 7°) exempte de l'obligation de cotisation à la Caisse de garantie, les administrateurs et mandataires judiciaires exerçant leur profession en qualité de salarié. La solution se comprend dès lors

1. AINSI : Paris, 3e ch. B, 4 juill. 2003, RG n° 2003/03250, *Rev. proc. coll.* 2004, p. 56, n° 9 obs. Soinne.
2. L. n° 2015-990, 6 août 2015, préc.

que l'article R. 811-60, alinéa 2 du code de commerce énonce que le titulaire de l'étude est civilement responsable du fait de l'activité professionnelle exercée pour son compte par l'administrateur judiciaire salarié. La solution vaut pour les mandataires judiciaires (C. com., art. R. 812-24).

En revanche, ces mêmes administrateurs judiciaires et mandataires judiciaires salariés, ont comme leur employeur, l'obligation d'informer le procureur de la République des crimes et délits dont ils ont connaissance dans l'exercice de leurs fonctions (C. com., art. L. 814-12).

En vertu de L. 642-4-1, alinéa 1 du code de la sécurité sociale, résultant de l'article 59 de la loi du 6 août 2015, l'inscription sur la liste des administrateurs judiciaires ou sur celle des mandataires judiciaires comporte l'obligation de cotiser au régime complémentaire institué, en application de l'article L. 644-1, au profit de ces professions, même en cas d'affiliation au régime général de sécurité sociale. Cette précision est spécialement importante pour les administrateurs et mandataires judiciaires salariés, lesquels sont inscrits sur la liste nationale.

L'alinéa 2 du même article précise qu'« un décret fixe la répartition des cotisations entre la personne physique ou morale employeur et le professionnel lorsque celui-ci est affilié au régime général de sécurité sociale ».

L'article R. 811-61 du code de commerce interdit à un mandataire de justice salarié investi d'un mandat de membre de la commission nationale d'inscription et de discipline de participer aux délibérations et aux votes sur des questions disciplinaires concernant le professionnel titulaire de l'étude ou un des associés d'une société titulaire de l'étude. Il en est de même si les questions disciplinaires concernent un autre professionnel salarié de l'étude.

351.33 Recours à un intervenant extérieur pour des tâches ne rentrant pas dans la compétence habituelle des mandataires de justice. Le principe étant celui de l'accomplissement personnel de la mission par le professionnel, il en résulte que le recours à des tiers doit revêtir un caractère exceptionnel. L'article 31 du décret du 27 décembre 1985[1] prévoit qu'en cas de nécessité, le mandataire de justice peut, après avis du juge-commissaire, être autorisé par le président du tribunal à désigner telle personne autre qu'un expert pour accomplir des tâches techniques qui n'entrent pas dans la compétence habituelle des mandataires. L'article 814-6 du code de commerce prévoit qu'un décret en Conseil d'État doit fixer les règles de prise en charge de la rémunération de ces tiers.

Ces textes sont très flous. Le professionnel ne peut savoir, à l'avance, les missions qu'il peut confier à des tiers et pour lesquelles il doit pouvoir recourir à la trésorerie de l'entreprise et, à l'inverse, celles qu'il devra rémunérer sur les honoraires reçus pour l'accomplissement de sa mission. Il serait opportun de dresser une liste des missions qui incombent personnellement aux mandataires de justice et de celles pour lesquelles le recours à un tiers rémunéré par la trésorerie de l'entreprise est concevable. Parce que l'exhaustivité est impossible dans l'anticipation, il serait également possible de prévoir que l'appréciation serait portée par le juge-commissaire autorisant le recours à un tiers, pour les missions ne figurant ni dans une liste, ni dans une autre. Le juge-commissaire fixerait alors le régime de la rémunération applicable aux services rendus par l'intervenant extérieur.

Il est en tout cas certain que l'autorisation de recourir à un tiers pour l'accomplissement d'une mission – par exemple un contrôleur d'exploitation[2] – suppose l'autorisation du président du tribunal, non celle du juge-commissaire. Il en résulte que ce tiers ne peut pas être rémunéré par la procédure collective, mais seulement par le mandataire de justice, si l'autorisation du président du tribunal n'a pas été obtenue[3].

Une circulaire du 12 mars 2004 de la direction des affaires civiles et du sceau, relative à l'application des dispositions des articles L. 811-1 et 812-1 du code de commerce distingue trois catégories d'intervenants extérieurs.

La première est constituée des cocontractants naturels de l'entreprise. Il s'agit des experts-comptables, commissaires aux comptes, société de maintenance informatique, d'archivage ou encore de gardiennage. Ces partenaires du débiteur pourront être rémunérés par l'entreprise débitrice, sans intervention du juge-commissaire. Si la prestation est postérieure au jugement d'ouverture, la créance postérieure qui en résulte est éligible au traitement préférentiel, dans les conditions de l'article L. 622-17 du code de commerce, en ce qu'elle est utile au bon déroulement de la procédure.

La deuxième catégorie d'intervenants extérieurs est représentée par les tiers accomplissant des tâches techniques. Il en est, par exemple, ainsi des experts dont les services pourraient être utilisés pour rechercher, par l'analyse de la comptabilité, des fautes accomplies par les dirigeants. L'autorisation judiciaire est nécessaire pour leur désignation, mais, dès lors que les missions accomplies ne rentrent pas dans celles du mandataire de justice, ces techniciens seront rémunérés par l'entreprise débitrice. Il a été

1. D. n° 85-1390, 27 déc. 1985, préc.

2. Com. 16 juin 2009, n° 08-10.334, NP, *Gaz. proc. coll.* 2009/4, 2e partie, p. 9, note Bidan; SUR POURVOI DE PARIS : 3e ch. B, 18 oct. 2007, RG n° 2006/9792.

3. Com. 16 juin 2009, n° 08-10.334, préc. (v. ss présent n°).

en ce sens jugé que le président du tribunal ne pouvait désigner un cabinet pour analyser la comptabilité et mettre en évidence les mécanismes de financement de diverses sociétés d'un groupe, à la suite d'une extension de procédure, sans préciser les conditions de prise en charge des frais inhérents à cette mission[1]. Il a été jugé que la désignation d'un cabinet comptable pour examiner sur le fond et sur la forme la comptabilité du débiteur en liquidation judiciaire n'a pas pour objet de confier à un tiers une partie des tâches que comporte l'exécution du mandat de justice et qui incombent personnellement au mandataire au sens de l'article L. 812-1, alinéa 2 du code de commerce. Elle n'a pas davantage pour but de permettre à une personne autre qu'un expert d'effectuer au profit de l'entreprise certaines tâches techniques non comprises dans les missions confiées aux mandataires de justice – en l'occurrence au liquidateur au sens des articles L. 814-6 du code de commerce (réd. ant. loi de sauvegarde[2]) et 31 du décret du 27 décembre 1985. Il en résulte que cette désignation ne nécessite aucune des interventions du président du tribunal de la procédure collective que prévoient ces différents textes, mais, le cas échéant, une nomination par le juge-commissaire sur le fondement des dispositions de l'article L. 621-12 du code de commerce (devenu C. com., art. L. 621-9, réd. L. 26 juill. 2005)[3].

La troisième catégorie d'intervenants est celle des personnes accomplissant des tâches relevant des missions des mandataires de justice. L'intervention de ces tiers nécessite une autorisation judiciaire et leur rémunération devra être personnellement supportée par les mandataires de justice. L'administrateur judiciaire devra ainsi rémunérer personnellement des contrôleurs de gestion[4]. Une circulaire de la direction des affaires civiles et du sceau, relative à l'application des dispositions des articles L. 811-1 et 812-1 du code de commerce, qui ne concerne pas le recours aux avocats, vient utilement préciser les conditions de délégation par les administrateurs judiciaires et les mandataires judiciaires de certaines de leurs tâches à des tiers, en soulignant le caractère exceptionnel du recours à ces tiers. La circulaire donne quelques exemples : comptes-clients exceptionnellement importants ou nécessitant une technicité spécifique de recouvrement, recours à un contrôleur de gestion pour une mission précise et des tâches techniques particulières ou encore recours à un cabinet d'expertise comptable spécialisé en matière salariale pour traiter des créances salariales en cas d'effectif important pour faire en sorte que les salariés soient rapidement remplis de leurs droits. On est ici dans le domaine de la sous-traitance, dénommée par la Circulaire du 12 mars 2004 « délégation », laquelle peut évidemment être générale.

Au regard de la question de l'exercice personnel de la mission confiée au mandataire de justice, le recours aux avocats fait naître une difficulté. Le contentieux est peu nourri sur cette question. On signalera toutefois une décision qui a cru devoir décider que l'autorisation du juge-commissaire n'est pas nécessaire pour le recours à un avocat, sauf convention d'honoraires prévoyant des honoraires de résultat[5]. Selon une autre décision, les honoraires doivent être supportés par le mandataire de justice et non par la procédure collective si la représentation par avocat n'est pas obligatoire[6]. Cette décision ne semble pas pouvoir être suivie. La circulaire de la direction des affaires civiles et du sceau relative à l'application des dispositions des articles L. 811-1 et L. 812-1 du code de commerce exclut de son domaine le recours aux avocats[7]. En conséquence, le recours à l'avocat ne nécessitera pas l'autorisation du juge-commissaire[8], sauf convention d'honoraires de résultat, et ne sera pas, par principe, rémunéré sur les honoraires du mandataire de justice. Le juge-commissaire n'excède pas ses pouvoirs à autoriser le paiement des honoraires des avocats auxquels le liquidateur avait eu recours[9].

Selon un avis de la Cour de cassation, la représentation ou l'assistance par un avocat est une tâche technique non comprise dans la mission du mandataire de justice[10]. Il a été observé que la Cour de cassation s'était sans doute fondée, pour asseoir sa décision, sur le « droit fondamental à caractère constitutionnel que la défense constitue pour toute personne, dont l'exercice effectif exige que soit assuré l'accès de chacun, avec l'assistance d'un défenseur, au juge »[11]. La solution peut être justifiée aussi par

1. Com. 5 mai 2004, n° 01-13.210, NP.
2. L. n° 2005-845, 26 juill. 2005, préc.
3. Com. 2 juill. 2013, n° 11-28.043, NP; n° 688 F-D; *Bull. Joly* nov. 2013, 755, note Teller.
4. Comm. discipline, adm. jud., 24 nov. 2003, *Rev. proc. coll.* 2004, p. 59, n° 13, obs. Soinne.
5. TGI Avesnes sur Helpe, 2e ch., 29 juin 2006, RG n° 06/00231, *JCP E* 2006. 2635, p. 1945.
6. TGI Angoulême, ord. JC, 10 mai 2005, *Act. proc. coll.* 2005/12, n° 139, note Régnaut-Moutier; *Rev. proc. coll.* 2006/3, p. 273, n° 5, obs. Staes.
7. Circ. 12 mars 2004, Civ 2004-01 D/12-03-2004 NOR : JUSCO420062C.
8. Aix-en-Provence, 8e ch. A, 13 déc. 2000, RG n° 00/11744, *Rev. proc. coll.* 2004, p. 58, n° 13, obs. Soinne.
9. Paris, 3e ch. A, 27 nov. 2007, RG n° 07/5786.
10. Avis, 27 févr. 2006, n° 05-00.027, *Bull. avis*, n° 1; *D.* 2006. AJ 860, obs. Lienhard; *JCP E* 2006, Chron. 2331, p. 1531, n° 3, obs. Pételr; *Act. proc. coll.* 2006/7, n° 74; *Rev. proc. coll.* 2006/3, p. 273, n° 5, obs. Staes.
11. Lienhard, obs. ss Avis, 27 févr. 2006, n° 05-00.027, *D.* 2006. AJ 860 – *Adde*, Cass., ass. plén., 30 juin 1995, n° 94-20.302, *Bull. ass. plén.*, n° 4; *D.* 1995. Jur. 593, concl. Jéol, note Drago.

l'observation que le mandataire est un acteur de la procédure collective et qu'il n'a pas vocation à être le mandataire *ad litem* du débiteur dans tous les procès auquel ce dernier est une partie[1]. Le recours à l'avocat sera en conséquence pris en charge par la procédure collective et non par le mandataire de justice personnellement.

Le président du tribunal qui désigne une personne pour accomplir une tâche technique n'entrant pas dans la compétence habituelle des mandataires de justice ou qui fixe la rémunération de cette personne après accomplissement de sa mission ne peut se prononcer sur le sort de contrats conclus entre cette personne et le débiteur avant le jugement d'ouverture, ni substituer l'accomplissement d'une telle tâche technique à leur exécution, ni modifier, par ce moyen, les modalités de rémunération des prestations du cocontractant[2].

351.34 Obligations en matière de comptabilité. Les mandataires judiciaires à la liquidation des entreprises et les administrateurs judiciaires ont des obligations comptables rigoureuses (sur le détail de ces obligations, v. D. 27 déc. 1985[3], art. 58 à 70, modifiées par D. 10 juin 2004[4], art. 62 à 70)[5]. Le décret précité a entendu harmoniser les méthodes comptables utilisées.

Le professionnel est astreint à la tenue d'une comptabilité quotidienne permettant de s'assurer de la représentation des fonds appartenant à des tiers et transitant par sa comptabilité.

Il doit tenir pour chaque affaire une comptabilité spéciale de l'ensemble des mouvements affectant les comptes qu'il a ouverts à la Caisse des dépôts et consignations[6] (D. 27 déc. 1985, art. 59).

Il doit tenir aussi une comptabilité générale de son cabinet, annuellement contrôlée par un commissaire aux comptes. Ce dernier délivrera au professionnel une attestation qu'il devra être en mesure de présenter au magistrat chargé des inspections, qui en ferait la demande.

Le décret précise également les conditions dans lesquelles l'autorité qui le demande est tenue informée par le professionnel, des intérêts économiques et financiers qu'il détient.

351.35 Perquisitions au domicile professionnel d'un mandataire de justice. L'arrêté ministériel du 11 avril 2001 prévoit des règles particulières pour les perquisitions effectuées au domicile professionnel des mandataires de justice. Ces derniers peuvent se faire assister par le président du Conseil national ou son représentant. Au contraire, le code de procédure pénale n'impose la présence du représentant de l'ordre ou de l'organisation professionnelle qu'au profit de certains professionnels, au rang desquels ne figurent pas les mandataires de justice. Le code de procédure pénale prévoit seulement (art. 96, al. 3) que le juge d'instruction « a l'obligation de provoquer préalablement toutes mesures utiles pour que soit assuré le respect du secret professionnel et des droits de la défense ». Il a donc pu être jugé que la recherche d'une infraction commise par un mandataire de justice peut être faite au moyen d'une perquisition au domicile professionnel du mandataire de justice, sans que le juge d'instruction n'ait l'obligation de convoquer le président du Conseil national ou son représentant[7]. Le juge d'instruction a cependant la possibilité de convoquer le président du Conseil national au titre des « mesures utiles »[8].

351.36 Devoir d'alerte et participation à la lutte contre le blanchiment d'argent des mandataires de justice[9]. L'article 20, 6° de la loi du 28 mars 2011[10], ajoutant un article L. 814-12 au code de commerce, prévoit que tout mandataire de justice, inscrit sur les listes, qui, dans l'exercice de ses fonctions, acquiert la connaissance d'un crime ou d'un délit, a l'obligation d'en donner avis sans délai au procureur de la République. Il doit lui transmettre tous renseignements, procès-verbaux et actes relatifs à l'infraction.

L'article 21 de cette même moi modifie l'article L. 562-2, 13° du code monétaire et financier, pour préciser la participation des administrateurs et mandataires judiciaires à la lutte contre le blanchiment d'argent et le financement du terrorisme, sous réserve de la compatibilité avec leur mandat. La notion de client, appliquée à ces professionnels, s'entend, d'une part, du débiteur sous procédure collective et, d'autre part, du candidat à l'acquisition d'un actif ou de l'entreprise du débiteur (C. mon. fin., art. L. 561-3).

L'infraction de blanchiment d'argent aggravé à été retenue à l'encontre d'un liquidateur et d'un avocat, le premier, après avoir reçu les fonds d'une

1. Pétel, obs. s[s] Avis, 27 févr. 2006, n° 05-00.027, *JCP E* 2006, Chron. 2331, p. 1531, n° 3.
2. Com. 25 nov. 2008, n° 07-20.230, NP.
3. D. n° 85-1389, 27 déc. 1985, préc.
4. D. n° 2004-518, 10 juin 2004, préc.
5. IFPPC 1999, recomm. n°s 8010-1 à 8010-4, 8050 à 8090, p. 263, 269 à 272.
6. SUR cette obligation : CE, sect., 6 oct. 2000, req. n° 208765, *Lebon*.
7. Crim. 18 juin 2003, n° 03-81.979, *Bull. crim.* n° 129; *Act. proc. coll.* 2003/18, n° 234, note Cerf-Hollender.
8. Cerf-Hollender, *Act. proc. coll.* 2003/18, n° 234.
9. Buisine, « La difficile conciliation de l'exercice du mandat de justice et du dispositif de lutte contre le blanchiment de capitaux », *Rev. proc. coll.* 2011, étude 26 – Ledan-Cabarroque, « La portée de la norme anti-blanchiment sur les missions des administrateurs et des mandataires judiciaires », *BJE* 2016, 64.
10. L. n° 2011-331, 28 mars 2011, préc.

banque, les ayant placés à la Caisse des dépôts et consignations, avant de les transférer à un avocat, qui les a placés sur un compte Carpa sous couvert d'« opérations sur fonds de commerce »[1].

SECTION 351.40
CONDITIONS D'ACCÈS À LA PROFESSION

351.41 Conditions de nationalité[2] et de moralité pour l'accès à la profession. Mandataires judiciaires et administrateurs judiciaires doivent répondre à des conditions d'aptitude et de moralité, qui leur permettront d'être inscrits sur les listes.

L'intéressé doit être de nationalité française, être ressortissant de l'Union européenne[3] ou d'un État partie à l'accord sur l'espace économique européen (C. com., art. L. 811-5, 1° et L. 812-3, al. 1er [anct L. 25 janv. 1985[4], art. 5 et 21]).

Ces dispositions indiquent ensuite que l'intéressé ne doit pas avoir commis de faits contraires à l'honneur ou à la probité ayant donné lieu à une condamnation pénale (C. com., art. L. 811-5, 2° et L. 812-3, 2°) ou à une sanction disciplinaire ou administrative de destitution, de radiation, de révocation, de retrait d'agrément ou d'autorisation (C. com., art. L. 811-5, 3° et L. 812-3, 3°). L'intéressé ne doit pas avoir été frappé de faillite personnelle ou d'une des mesures de déchéance ou d'interdiction prévues par les législations sur les procédures collectives, qu'il s'agisse de celles issues du code de commerce, de la loi du 25 janvier 1985 ou de celle du 13 juillet 1967[5] (C. com., art. L. 811-5, 4° et L. 812-3, 4°).

351.42 Règles générales relatives à l'aptitude pour l'accès à la profession. Pour accéder à la profession de mandataire judiciaire ou d'administrateur judiciaire, l'intéressé doit être titulaire, par principe, de certains diplômes (D. n° 85-1389, 27 déc. 1985[6], art. 4 et 36, renvoyant à l'article 4). Il pourra s'agir d'une maîtrise en droit, en sciences économiques ou de gestion, d'un diplôme des écoles supérieures de commerce et de gestion, d'un DEA en droit ou en gestion, d'un DESS en droit, d'un DES administration des entreprises (désormais master) ou d'autres diplômes sanctionnant un deuxième cycle d'enseignement supérieur ou enfin de diplômes comptables, à savoir le DECF (désormais le DCG), le diplôme de commissaire aux comptes ou d'expert-comptable. La nomenclature des diplômes mériterait d'être revue, compte tenu des modifications ayant affecté ces derniers.

D'autres exigences assurent que l'intéressé aura les connaissances théoriques et pratiques requises pour mener à bien ses fonctions. Il faut ici distinguer selon que l'on est avant ou depuis la loi du 6 août 2015[7], dite loi Macron.

351.43 Conditions d'accès à la profession avant la loi du 6 août 2015. Avant la loi du 6 août 2015[8], dite loi Macron, pour accéder à la profession de mandataire judiciaire ou d'administrateur judiciaire, l'intéressé doit passer – et cela au maximum trois fois (D. 27 déc. 1989[9], art. 4-1, al. 2 et 36-1, réd. D. 10 juin 2004[10], art. 9 et 34) – l'examen d'inscription au stage professionnel, si au jour de l'entrée en vigueur de la loi du 3 janvier 2003[11], il n'est pas inscrit sur le registre du stage (L. 3 janv. 2003, art. 39, I). Pour cela, il doit être titulaire de l'un des diplômes ci-dessus énoncés (v. ss n° 351.42). Il s'agit là d'une condition issue de la loi du 3 janvier 2003 (C. com., art. L. 811-5, 5° et L. 812-3, 5° [anct L. 25 janv. 1985[12], art. 5 et 21]). L'examen d'accès au stage professionnel est réglementé par les articles 4, 4-1 à 4-5, 36-1 et 36-2 du décret du 27 décembre (réd. D. 10 juin 2004, art. 9 et 34). La première session de cet examen a eu lieu en 2006.

Ensuite, l'intéressé doit accomplir un stage de trois ans au moins et six ans au plus, qui devra être effectué à temps complet et de manière continue (D. 27 déc. 1985, art. 6 et 38, réd. D. 10 juin 2004, art. 10 et 36). Ce stage est préalable au passage de l'examen professionnel (pour la composition du jury, v. D. 27 déc. 1985, art. 6 et 42) particulièrement sélectif (pour le contenu de l'examen, v. D. 27 déc. 1985, art. 11 et 43) auquel ne sont reçus chaque année que de très rares candidats, cet examen ne pouvant pas être passé plus deux fois.

La commission d'inscription sur la liste des administrateurs peut procéder à la dispense de certaines personnes (D. 27 déc. 1985, art. 13 et 45, réd. D. 10 juin 2004, art. 16 et 43) de tout ou partie de l'examen professionnel[13]. Compte tenu de la sélec-

1. Crim. 4 mai 2011, n° 10-84.456, *Bull. crim.* n° 90; *D.* 2012. Chron. 1706, obs. Mascala; *RTD com.* 2011. 807, obs. Bouloc.
2. Pertek, « La libre circulation des professionnels du droit dans l'espace européen : réalisations et nouvelles perspectives », *LPA* 20 nov. 2001, p. 51.
3. SUR LA QUESTION de la liberté d'établissement en France des syndics étrangers : Fasquelle, « Quelle réglementation pour l'activité des professionnels du traitement des entreprises en difficulté ? Le point de vue européen », *in* « Le traitement des difficultés des entreprises dans le marché unique européen », Coll. Bruxelles 10 nov. 2005, *LPA* 19 oct. 2006, n° 209, p. 44, sp. p. 47 à 49.
4. L. n° 85-99, 25 janv. 1985, préc.
5. L. n° 67-563, 13 juill. 1967, préc.
6. D. n° 85-1389, 27 déc. 1985, préc.
7. L. n° 2015-990, 6 août 2015, préc.
8. L. n° 2015-990, 6 août 2015, préc.
9. D. n° 85-1389, 27 déc. 1985, préc.
10. D. n° 2004-518, 10 juin 2004, préc.
11. L. n° 2003-7, 3 janv. 2003, préc.
12. L. n° 85-99, 25 janv. 1985, préc.
13. AINSI : Paris, 30 janv. 2002, *Rev. proc. coll.* 2003, p. 113, n° 2, obs. Soinne.

tivité de l'examen professionnel, la dispense d'examen devra faire l'objet de toutes les attentions. Il a été jugé à cet égard que la dispense accordée à un avocat ayant au moins cinq ans d'ancienneté ne peut porter que sur la parte juridique de l'examen, non sur l'examen en son entier[1]. Il a été spécialement jugé qu'un ancien avocat ne pouvait, en cette qualité, être dispensé de la partie comptable de l'examen[2]. Identiquement, il a été jugé qu'un avocat ayant exercé au moins 5 ans, qui a effectué le stage professionnel pour la durée fixée par la Commission nationale d'inscription ne peut être dispensé, s'agissant de l'examen d'aptitude à la profession de mandataire judiciaire, que des épreuves à caractère juridique, à l'exception de celle relative au statut et à la déontologie de la profession, mais non des épreuves à caractère économique, comptable et de gestion[3]. Le Conseil national des administrateurs et des mandataires devra être consulté, cependant qu'il a été jugé que l'absence de consultation ne devait pas entraîner la nullité de la décision[4].

La commission d'inscription sur la liste des administrateurs peut dispenser certaines personnes d'une partie – et non de la totalité – du stage professionnel (C. com., art. L. 811-5, 5°, al. 3 et L. 812-3, 5°, al. 3). La dispense a ainsi été accordée à un avocat[5]. Elle a été refusée à un collaborateur de syndic, dont les diplômes ont été jugés insuffisants au regard des diplômes exigés d'un mandataire de justice pour l'accès à la profession[6].

351.44 Conditions d'accès à la profession depuis la loi du 6 août 2015[7]. L'article 61, I de la loi du 6 août 2015, dite loi Macron, entend libéraliser l'accès aux professions d'administrateur judiciaire et de mandataire judiciaire. Pour cela, il modifie, s'agissant des administrateurs judiciaires, le 5° de l'article L. 811-5 du code de commerce et, s'agissant des mandataires judiciaires, le 5° de l'article L. 812-3 du même code.

Précisons que la modification des textes intéressant l'accès à la profession d'administrateur judiciaire, non celle de mandataire judiciaire, est applicable à Wallis-et-Futuna (L. 6 août 2015, art. 61, II).

Jusqu'alors, l'accès à ces deux professions supposait d'avoir été reçu à un examen d'accès au stage professionnel, d'avoir accompli ce stage d'une durée de trois ans et d'avoir subi avec succès l'examen d'accès à la profession. Les alinéas 8 de l'article L. 811-5 et de l'article L. 812-3 sont modifiés pour préciser que « Un décret en Conseil d'État fixe *les conditions de compétence et d'expérience professionnelle* donnant droit à une dispense de l'examen d'accès au stage professionnel, de tout ou partie du stage professionnel et de tout ou partie de l'examen d'aptitude aux fonctions d'administrateur judiciaire [ou de mandataire judiciaire]. » Auparavant, la commission d'inscription avait en la matière un pouvoir d'appréciation pour dispenser d'une partie du stage professionnel ou de tout ou partie de l'examen d'accès au stage professionnel. Il a été dit que, « ce faisant, nous créons ce qui n'existe pas dans le code actuel, à savoir un mécanisme de valorisation des acquis de l'expérience »[8].

La voie traditionnelle d'accès subsiste, du moins pour l'heure, à côté d'une autre, qui se veut beaucoup plus souple : il suffira d'être titulaire du diplôme de master en administration et liquidation d'entreprises en difficulté[9] et remplir des conditions d'expérience ou de stage fixées par voie réglementaire.

351.45 Maintien de la voie traditionnelle d'accès. La loi du 6 août 2015[10], dite loi Macron, a maintenu la voie traditionnelle d'accès à la profession, à savoir l'examen d'accès au stage, suivi de l'examen d'aptitude à la fin du stage.

En revanche, le décret du 1er avril 2016[11] relatif aux administrateurs judiciaires et aux mandataires judiciaires, a assoupli les dispenses d'examen d'accès au stage, de stage et d'examen d'aptitude, tant pour l'accès aux professions d'administrateurs que pour celles de mandataires judiciaires. Ses dispositions sont applicables aux demandes de dispense et aux demandes d'inscription reçues par la commission nationale d'inscription et de discipline à compter de la publication du décret, soit le 3 avril 2016 (D. 1er avr. 2016, art. 22, II).

> **DISPENSES D'EXAMEN D'ACCÈS AU STAGE.** Tout d'abord, en vertu de l'article R. 811-13 du code de commerce, sont dispensés de l'examen d'accès au stage professionnel d'administrateurs judiciaire, outre, comme par le passé, les mandataires judiciaires ayant exercé au moins 3 ans, les avocats, notaires, huissiers de justice, greffiers des tribunaux de commerce,

1. Paris, 1re ch. F, 29 mai 2002, *Gaz. Pal.* 9-11 juin 2002, flash p. 40.
2. Douai, 29 avr. 2002, *Rev. proc. coll.* 2003, p. 114, n° 3, obs. Soinne.
3. Com. 3 nov. 2015, nos 14-17.127, 14-17.352, 14-50.045, NP; n° 932 F-D.
4. Metz, 1re ch., 29 juin 1999, *Rev. proc. coll.* 2003, p. 113, n° 2, obs. crit. Soinne.
5. Toulouse, 20 nov. 1989; et Versailles, 1er oct. 1990; et Versailles, 8 oct. 1990, *Rev. proc. coll.* 1991, p. 107, obs. Dureuil.
6. Civ. 1re, 29 juin 1999, n° 96-19.102, NP, *Act. proc. coll.* 1999, comm. 212.
7. L. n° 2015-990, 6 août 2015, préc.
8. Interv. E. Macron, déb. Ass. nat. 1re lect., séance 4 févr. 2015, ss art. 20.
9. Lucas, Entretien, *BJE* 2015, 420.
10. L. n° 2015-990, 6 août 2015, préc.
11. D. n° 2016-400, 1er avr. 2016, *JO* 3 avr.

experts-comptables et commissaires aux comptes ayant exercé au moins 5 ans :

– les commissaires-priseurs judiciaires, profession créée par la loi du 6 août 2015, dite loi Macron, ayant exercé au moins 5 ans;

– les personnes qui justifient d'un des titres ou diplômes visés à l'article R. 811-7 (v. s^s n° 351.42) et qui justifient de cinq ans au moins de pratique professionnelle comptable, juridique ou financière dans le domaine de l'administration, du financement, de la restructuration, dont les fusions-acquisitions, ou de la reprise d'entreprises, notamment en difficulté;

– les personnes ayant exercé les fonctions de collaborateur d'un administrateur judiciaire pendant une durée de 5 ans.

Ensuite, en vertu de l'article R. 812-7, sont dispensés de l'examen d'accès au stage professionnel d'administrateur judiciaire, outre, comme par le passé, les administrateurs judiciaires ayant exercé au moins 3 ans, les avocats, notaires, commissaires-priseurs judiciaires huissiers de justice, greffiers des tribunaux de commerce, experts-comptables et commissaires aux comptes ayant exercé au moins 5 ans :

– les personnes ayant exercé les fonctions de collaborateur d'un mandataire judiciaire pendant une durée de 5 ans;

– les personnes qui justifient d'un des titres ou diplômes visés à l'article R. 811-7 (v. s^s n° 351.42) et qui justifient de cinq ans au moins de pratique professionnelle comptable, juridique ou financière dans le domaine de l'administration, du financement, de la restructuration, dont les fusions-acquisitions, ou de la reprise d'entreprises, notamment en difficulté.

> Dispenses de stage professionnel. La réglementation du stage professionnel n'a guère changé. De manière anecdotique, on vise désormais un mémoire de stage au lieu d'un rapport (C. com., art. R. 811-23).

En revanche, les dispenses de stage professionnel ont été élargies et surtout véritablement réglementées alors qu'elles étaient auparavant laissées à l'appréciation de la Commission d'inscription.

Désormais, l'article R. 811-25 du code de commerce, pour l'accès à la profession d'administrateur prévoit explicitement des dispenses de stage professionnel, pour les mandataires judiciaires, les avocats, les notaires, les commissaires-priseurs judiciaires, les huissiers de justice, les greffiers des tribunaux de commerce, les anciens avoués, les experts-comptables, les commissaires aux comptes ayant exercé leur profession pendant 10 ans au moins. Il en est de même pour les personnes ayant été collaborateur d'un administrateur judiciaire pendant au moins 10 ans. Enfin, sont dispensées de stage professionnel, les personnes qui justifient d'un des titres ou diplômes visés à *l'article R. 811-7 (v. s^s n° 351.42)* et qui justifient de quinze ans au moins de pratique professionnelle comptable, juridique ou financière dans le domaine de l'administration, du financement, de la restructuration, dont les fusions-acquisitions, ou de la reprise d'entreprises, notamment en difficulté.

L'article R. 812-13, I du code de commerce, pour l'accès à la profession de mandataire judiciaire, dispense de stage professionnel, les administrateurs judiciaires, les avocats, les notaires, les commissaires-priseurs judiciaires, les huissiers de justice, les greffiers des tribunaux de commerce, les anciens avoués, les experts-comptables, les commissaires aux comptes ayant exercé leur profession pendant 10 ans au moins. Il en est de même pour les personnes ayant été collaborateur d'un administrateur judiciaire pendant au moins 10 ans. Enfin, sont dispensées de stage professionnel, les personnes qui justifient d'un des titres ou diplômes visés à l'article R. 811-7 (v. s^s n° 351.42) et qui justifient de quinze ans au moins de pratique professionnelle comptable, juridique ou financière dans le domaine de l'administration, du financement, de la restructuration, dont les fusions-acquisitions, ou de la reprise d'entreprises, notamment en difficulté.

> Réductions de la durée du stage professionnel. Les textes prévoient ensuite des réductions de durée du stage professionnel (C. com., art. R. 811-25, II et R. 812-13, II). Si les administrateurs judiciaires, les mandataires judiciaires, les avocats, les notaires, les commissaires-priseurs judiciaires, les huissiers de justice, les greffiers des tribunaux de commerce, les anciens avoués, les experts-comptables, les commissaires aux comptes ont exercé leur profession plus de 5 ans mais moins de 10 ans, la durée du stage est d'un an au moins. Mais il n'est indiqué de maximum, qui peut donc être la durée de trois fixée par principe.

Les personnes qui justifient d'un des titres ou diplômes visés à l'article R. 811-7 (v. s^s n° 351.42) et qui justifient de dix ans au moins et moins de 15 ans de pratique professionnelle comptable, juridique ou financière dans le domaine de l'administration, du financement, de la restructuration, dont les fusions-acquisitions, ou de la reprise d'entreprises, notamment en difficulté doivent également accomplir un stage d'une durée d'au moins un an.

> Dispenses totale ou partielle d'examen d'aptitude. Les textes prévoient enfin des dispenses d'examen d'aptitude (examen dit de sortie).

Il y a d'abord une dispense totale pour les mandataires judiciaires désireux de devenir administrateurs judiciaires (C. com., art. R. 811-26, I) et pour les administrateurs judiciaires désireux de devenir mandataires judiciaires (C. com., art. R. 812-14, I), qui ont été inscrits pendant au moins 5 ans sur la liste et qui ont le cas échéant effectué le stage. Ils sont alors inscrits, selon le cas, sur la liste des administrateurs judiciaires ou des mandataires judiciaires, sous condition suspensive de leur retrait de la liste de l'ancienne profession à laquelle ils appartenaient.

Il y a ensuite des dispenses partielles.

Sont dispensés de l'épreuve de procédure civile et de droit pénal des affaires de l'examen d'aptitude de mandataires et d'administrateurs judiciaires, les avocats, notaires, commissaires-priseurs judiciaires, les huissiers de justice, les greffiers des tribunaux de commerce (C. com., art. R. 811-26, II, 1° et R. 812-14, II, 1°), ainsi que les personnes qui justifient d'un des titres ou diplômes visés à l'article R. 811-7 (v. s[s] n° 351.42) et qui justifient de cinq ans au moins de pratique professionnelle comptable, juridique ou financière dans le domaine de l'administration, du financement, de la restructuration, dont les fusions-acquisitions, ou de la reprise d'entreprises, notamment en difficulté (C. com., art. R. 811-26, II, 2° et R. 812-14, II, 2°).

Sont dispensées de l'examen d'aptitude portant sur la gestion d'un cabinet d'administrateur ou de mandataire judiciaire, les experts-comptables et les commissaires aux comptes, ainsi que les personnes qui justifient de cinq ans au moins de pratique professionnelle comptable, juridique ou financière dans le domaine de l'administration, du financement, de la restructuration, dont les fusions-acquisitions, ou de la reprise d'entreprises, notamment en difficulté (C. com., art. R. 811-26, II, 3° et R. 812-14, II, 3°).

Sont dispensées de l'examen d'aptitude portant sur la gestion d'un cabinet d'administrateur judiciaire, les personnes ayant exercé pendant une durée de 5 ans au moins les fonctions de collaborateur d'un administrateur judiciaire (C. com., art. R. 811-26, III, 1°).

Sont dispensées de l'examen d'aptitude portant sur la gestion d'un cabinet de mandataire judiciaire, les personnes ayant exercé pendant une durée de 5 ans au moins les fonctions de collaborateur d'un mandataire judiciaire (C. com., art. R. 812-14, III, 1°).

Enfin les textes précisent (C. com., art. R. 811-26, IV et R. 812-14, IV) que les personnes dispensées de stage professionnel l'épreuve de présentation et de discussion avec le jury portant sur un mémoire de stage est remplacée par une épreuve de présentation et de discussion avec le jury portant sur l'expérience professionnel du candidat. Le mécanisme rappelle celui de la validation des acquis de l'expérience (VAE) pratiqué dans les universités.

351.46 Création du diplôme de master en administration et liquidation des entreprises en difficulté[1]. L'article 61, I de la loi du 6 août 2015[2], dite loi Macron dans le but de faciliter l'accès aux professions d'administrateur judiciaire et de mandataire judiciaire, a modifié, s'agissant des administrateurs judiciaires, le 5° de l'article L. 811-5 du code de commerce et, s'agissant des mandataires judiciaires, le 5° de l'article L. 812-3 du même code. Elle vise un diplôme de master en administration et liquidation des entreprises en difficulté.

Le décret du 1er avril 2016[3] ne réglemente pas ce diplôme, laissant ainsi ce soin aux Universités, alors même que ce diplôme va permettre, après l'accomplissement d'un stage, d'avoir le titre d'administrateur ou de mandataire judiciaire.

Le décret se contente de préciser les conditions d'expérience professionnelle et de stage que devront respecter les titulaires de ce nouveau diplôme. Ses dispositions entreront en vigueur à compter de la publication de l'arrêté prévu aux articles R. 811-28-2 et R. 812-18-2 du code de commerce.

> Conditions d'inscription sur les listes nationales pour les personnes n'ayant pas accompli le stage professionnel. L'article R. 811-28-1, 1° prévoit que le titulaire du diplôme de master en administration et liquidation des entreprises en difficulté délivré par un établissement accrédité dans les conditions prévues à l'article L. 613-1 du code de l'éducation (texte qui traite des règles générales de délivrance des diplômes) doit justifier de 5 ans au moins d'expérience professionnelle en tant que collaborateur d'administrateur judiciaire. L'article R. 812-18-1, 1° pose la même exigence pour les mandataires judiciaires, le collaborateur devant avoir été celui d'un mandataire judiciaire.

Les articles R. 811-28-1, 2° pour les administrateurs judiciaires, et R. 812-18-1, 2° pour les mandataires judiciaires précisent que le titulaire du diplôme de master en administration et liquidation des entreprises en difficulté peut aussi justifier de 8 ans au moins de pratique professionnelle comptable, juridique ou financière dans le domaine de l'administration, du financement, de la restructuration, dont les fusions-acquisitions, ou de la reprise d'entreprises, notamment en difficulté.

La commission d'inscription procède à l'audition du candidat au cours d'un entretien portant sur son expérience professionnelle dans le domaine de l'administration ou de la liquidation des entreprises en difficulté. Elle statue dans les conditions prévues aux articles R. 811-33 à R. 811-35. On imagine que la commission sera sans doute plus stricte pour les

1. Roussel Galle, « Bienvenue au master en administration et liquidation d'entreprises en difficulté », *Rev. proc. coll.* 2016, repère 2.
2. L. n° 2015-990, 6 août 2015, préc.
3. D. n° 2016-400, 1er avr. 2016, préc.

personnes n'ayant pas eu d'expérience rofessionnelle chez un administrateur ou un mandataire judiciaire.

> Conditions d'inscription sur les listes nationales pour les personnes ayant accompli le stage professionnel. L'article R. 811-28-2, alinéa 1 du code de commerce prévoit que le titulaire du diplôme de master en administration et liquidation des entreprises en difficulté qui justifie avoir accompli un stage répondant aux conditions des articles R. 811-28-3 et R. 811-28-4 d'une durée qui ne peut être inférieure à 30 mois, dans une étude d'administrateur judiciaire, peut solliciter son inscription sur la liste des administrateurs judiciaires. La même solution est posée par l'article R. 812-18-2, alinéa 1 du code, pour l'inscription sur la liste des mandataires judiciaires. Le stage devra alors être accompli chez un mandataire judiciaire.

L'alinéa 1 de chacun de ces articles prévoit que le stagiaire participe à l'activité professionnelle du maître de stage sous la direction et la responsabilité de celui-ci. Il exécute les actes juridiques et de gestion relatifs aux procédures de sauvegarde, de redressement judiciaire, de liquidation judiciaire. Les textes ajoutent les mandats *ad hoc* et l'administration provisoire des copropriétés. Curieusement, les textes ne visent pas les procédures de conciliation. La liste de ces actes est fixée par arrêté. Les textes précisent que le maître de stage, dans la mesures des mandats qui lui sont confiés, a l'obligation de faire exécuter ces actes au stagiaire.

Cette précision est importante compte tenu des obligations qui pèsent sur le stagiaire pour l'inscription future sur la liste de sa profession.

L'alinéa 2 de chacun de ces articles pose une règle particulière pour le stagiaire qui n'aurait pas, au terme d'un délai de 36 mois, accompli l'ensemble des actes fixé par arrêté. Il peut demander à être admis à se présenter à l'examen d'aptitude dans les conditions prévues aux articles L. 811-19 à R. 811-24. Ainsi, il existe une passerelle entre l'accès modernisé à la profession et l'ancienne voie d'accès, pour ce type de stagiaires. Bien évidemment, la réussite à cet examen le dispense de justifier de l'exécution de ces actes lors de sa demande d'inscription devant la commission nationale d'inscription.

Les dispositions des articles R. 811-14 (tenue du registre du stage par le secrétaire de la commission d'inscription), R. 811-16 (convention de stage), et R. 811-17 (durée du travail, rémunération) sont applicables. L'alinéa 2 de l'article R. 811-17 du code qui prévoyait la possibilité de prendre en compte pour la moitié de la durée du stage des collaborations ou stages accomplis chez un expert-comptable, un commissaire aux comptes ou une personne exerçant une profession juridique réglementée est supprimée (D. 1er avr. 2016, art. 16).

Les articles R. 811-28-3 et R. 812-18-3 règlementent la rédaction du rapport de stage et la délivrance de l'attestation de fin de stage établie par le maître de stage. Le rapport de stage, *le mémoire et cette* attestation qui contient des précisions sur la durée du stage et sur l'accomplissement de tous les actes exigés par l'arrêté sont transmis par le maître de stage à la commission d'inscription.

Les articles R. 811-28-4 et R. 812-18-4 précisent que la commission d'inscription délivre le certificat de fin de stage au stagiaire qui a satisfait à ses obligations; Si tel n'est pas le cas, la commission peut soit refuser la délivrance du certificat de fin de stage, soit prolonger le stage au sein d'une autre étude pour une période d'une année renouvelable une fois. Rappelons que le stagiaire peut préférer passer l'examen d'aptitude. La commission, en ce cas, fixe, dans sa décision de prolongation du stage, la liste des actes juridiques et de gestion restant à accomplir; elle précise s'il y a lieu à la rédaction d'un nouveau mémoire de stage.

Le stage complémentaire donne lieu à une nouvelle attestation du maître de stage, qui la transmet avec le rapport de stage, le cas échéant accompagnée du nouveau mémoire, à la commission d'inscription. Une copie du rapport de stage et de l'attestation est adressée au magistrat chargé de l'inspection (magistrat visé à l'article R. 811-40 du code de commerce). À l'issue de l'année de prorogation du stage, la commission délivre le certificat de fin de stage ou prolonge pour une ultime année le stage chez le même professionnel. À l'issue de la seconde année de prolongation, la commission délivre le certificat de fin de stage ou en refuse la délivrance.

Le respect du contradictoire doit être assuré lorsque la commission refuse la délivrance de fin de stage. L'intéressé doit être entendu ou dûment appelé 15 jours au moins avant que la commission ne statue. Les décisions de refus de délivrance ou de prolongation du stage doivent être motivées. Elles sont notifiées à l'intéressé et au président du CNAJMJ. La notification mentionne à peine de nullité le délai de recours et ses modalités. Enfin, il est précisé que le silence gardé plus de 4 mois à compter de la réception du dossier complet de la demande de délivrance de certificat de fin de stage vaut décision d'acceptation.

SECTION 351.50

INSCRIPTIONS SUR LES LISTES

351.51 Inscriptions sur les listes de mandataires judiciaires. Pour exercer leur profession, les mandataires judiciaires doivent, par principe, être inscrits sur une liste.

Les mandataires judiciaires à la liquidation des entreprises étaient inscrits sur une liste régionale établie par la commission régionale[1]. La loi du 3 janvier 2003[2] a modifié la solution en alignant la situation sur celle des administrateurs judiciaires. Désormais, les mandataires judiciaires sont inscrits sur une liste nationale (le passage de la liste régionale à la liste nationale est automatique, L. 3 janv. 2003, art. 39, II – C. com., art. L. 812-2, 1° [anc^{t} L. 25 janv. 1985[3], art. 20], divisée en sections correspondant au ressort de chaque cour d'appel.

Le décret du 16 mai 2003[4] modifiant le décret du 27 décembre 1985[5], pris en application de l'article L. 812-3, IV du code de commerce vient préciser les modalités de désignation des membres de cette commission.

La commission nationale d'inscription[6], qui a une nature administrative[7], comprend, selon l'article L. 812-2-2, les membres suivants désignés pour trois ans : un président, conseiller à la Cour de cassation, qui a voix prépondérante, un magistrat de la Cour des comptes, un magistrat d'une cour d'appel, un magistrat consulaire, un membre de l'Inspection générale des finances, un professeur de droit, de sciences économiques ou de gestion, un représentant du Conseil d'État, deux personnes qualifiées en matière économique ou sociale, trois mandataires judiciaires, l'un d'eux pouvant être remplacé par une personne inscrite sur la liste des experts en diagnostic d'entreprises et un magistrat du parquet, commissaire du Gouvernement (sur la désignation des membres de la commission, C. com., art. L. 812-2-2 et D. 27 déc. 1985, art. 34 et 35, réd. D. 10 juin 2004[8], art. 31 et 32).

L'instruction des demandes d'inscription est assurée par un magistrat du parquet et son suppléant, qui jouent le rôle de commissaire du Gouvernement auprès de la commission.

L'article 20, 2° de la loi du 28 mars 2011[9], entré en vigueur le 1er décembre 2011, modifie la composition de la commission d'inscription, pour en faire, curieusement, sortir les professionnels, et pour y faire entrer un professeur ou un maître de conférence supplémentaire.

1. SUR le renouvellement des membres de la commission d'inscription : Circ. civ. s^{s} n° 2000-09, M2, 12 juill. 2000, *BOMJ*, 1er juill.-30 sept. 2000, n° 79, p. 31.
2. L. n° 2003-7, 3 janv. 2003, préc.
3. L. n° 85-99, 25 janv. 1985, préc.
4. D. n° 2003-439, 16 mai 2003, *JO* 17 mai, p. 8490.
5. D. n° 85-1389, 27 déc. 1985, préc.
6. EN DERNIER LIEU : D. n° 2011-1160, 29 nov. 2011, *JO* 30 nov., 20157.
7. Civ. 1re, 4 févr. 1997, n° 94-20.824, NP, *Rev. proc. coll.* 2000, p. 214, n° 28, obs. Soinne.
8. D. n° 2004-518, 10 juin 2004, préc.
9. L. n° 2011-331, 28 mars 2011, préc.

Toutefois, si la commission nationale prévue à l'article L. 812-2 est saisie ou siège comme chambre de discipline, la commission comprend trois mandataires judiciaires, élus par leurs pairs.

Les frais de fonctionnement de la commission sont à la charge de l'État.

Les professionnels sont choisis, sur la liste nationale, *par le tribunal, sans limitation de compétence* territoriale comme cela existait au niveau d'une cour d'appel, avant la loi du 3 janvier 2003 (C. com., art. L. 812-7 [anc^{t} L. 25 janv. 1985, art. 26]).

Précisons que l'article 20 de la loi du 16 février 2015[10] autorise le Gouvernement à prendre par voie d'ordonnance les mesures nécessaires pour fusionner la commission nationale d'inscription et de discipline des administrateurs judiciaires et cette même commission des mandataires judiciaires. C'est chose faite avec l'ordonnance du 15 octobre 2015[11], dont les dispositions sont entrées en vigueur le 1er février 2016. La commission est désormais dénommée « Commission nationale d'inscription et de discipline ». Les articles L. 811-4 et L. 812-2-2 du code de commerce, qui précisent la composition de chacune des commissions, sont en conséquence abrogés. La composition de la commission fusionnée est désormais régie par l'article L. 814-1. Les recours à l'encontre des décisions de cette commission sont, quant à eux, réglementés par l'article L. 814-1-1 du code de commerce. Avant comme depuis l'ordonnance du 15 octobre 2015, les recours, tant en matière d'inscription ou de retrait que de discipline, sont portés devant la cour d'appel de Paris. Ces recours ont un caractère suspensif.

351.52 Inscriptions sur les listes d'administrateurs judiciaires. Les administrateurs judiciaires sont inscrits sur des listes nationales[12], divisées en sections correspondant au ressort d'une cour d'appel (C. com., art. L. 811-3 [anc^{t} L. 25 janv. 1985[13], art. 3]). Les administrateurs judiciaires ont vocation à être nommés sur tout le territoire national (C. com., art. L. 811-9 [anc^{t} L. 25 janv. 1985, art. 10]), dès lors qu'ils figurent sur la liste d'inscription. Pour les administrateurs judiciaires, l'inscription doit comprendre la mention, civile ou commerciale, de la spécialité. Les administrateurs judiciaires peuvent faire état des deux spécialités (C. com., art. L. 811-3, al. 2, réd. L. 12 juill. 2016, art. 48).

L'établissement de la liste est effectué par la commission nationale, laquelle a une nature administrative[14].

10. L. n° 2015-177, 16 févr. 2015, *JO* 17 févr., p. 2961.
11. Ord. n° 2015-1287, 15 oct. 2015, *JO* 16 oct., p. 19300 – Cagnoli, *Act. proc. coll.* 2015/18, comm. 291.
12. Civ. 1re, 4 févr. 1997, n° 94-20.824, préc. (v. s^{s} n° 351.51).
13. L. n° 85-99, 25 janv. 1985, préc.
14. Civ. 1re, 4 févr. 1997, n° 94-20.824, préc. (v. s^{s} n° 351.51).

Cette dernière comprend les membres suivants désignés pour trois ans, selon des modalités fixées tant par l'article 811-4 du code de commerce que par les articles 2, 3, 3-1 à 3-3 du décret du 27 décembre 1985[1], modifié par les articles 6 et 7 du décret du 10 juin 2004[2], par l'article 355 du décret du 28 décembre 2005[3] non codifié : un président, conseiller à la Cour de cassation, qui a voix prépondérante, un magistrat de la Cour des comptes, un magistrat d'une cour d'appel, un magistrat consulaire, un membre de l'Inspection générale des finances, un professeur de droit, de sciences économiques ou de gestion, un représentant du Conseil d'État, deux personnes qualifiées en matière économique ou sociale, trois administrateurs judiciaires (C. com., art. L. 811-4 [anc[t] L. 25 janv. 1985, art. 4]) et un magistrat du parquet qui exerce les fonctions de commissaire du Gouvernement.

L'article 20, 1° de la loi du 28 mars 2011[4], qui entré en vigueur le 1er décembre 2011, modifie la composition de la commission d'inscription, pour en faire, curieusement, sortir les professionnels, et pour y faire entrer un professeur ou un maître de conférence supplémentaire.

Toutefois, si la commission nationale prévue à l'article L. 811-2 est saisie ou siège comme chambre de discipline, la commission comprend trois administrateurs, élus par leurs pairs.

Depuis l'ordonnance du 15 octobre 2015[5], dont les dispositions sont entrées en vigueur le 1er février 2016, la commission fusionnée (v. s[s] n° 351.31), est composée, en application de l'article L. 814-1, I du code de commerce, de la façon suivante :

« 1° Un conseiller à la Cour de cassation, président de la commission, désigné par le premier président de la Cour de cassation;

2° Un membre du Conseil d'État désigné par le vice-président du Conseil d'État;

3° Un membre de la Cour des comptes désigné par le premier président de la Cour des comptes;

4° Un membre de l'inspection générale des finances désigné par le ministre chargé de l'économie;

5° Deux magistrats du siège de l'ordre judiciaire, désignés par le premier président de la Cour de cassation;

6° Un membre d'une juridiction commerciale du premier degré désigné par le premier président de la Cour de cassation;

7° Deux personnalités qualifiées en matière juridique, économique ou sociale et deux professeurs ou maîtres de conférences de droit, de sciences économiques ou de gestion, désignés par le ministre de la justice.

Un suppléant est désigné pour chaque membre de la commission, à l'exception du président, qui dispose de deux suppléants, et des deux membres mentionnés au 5° pour lesquels un seul suppléant est désigné. Les suppléants sont désignés dans les mêmes conditions que les titulaires.

Lorsqu'elle est saisie en application de l'article L. 811-6 ou de *l'article* L. 812-4 (retrait de la liste), ou lorsqu'elle siège en chambre de discipline, la commission comprend en outre trois administrateurs judiciaires ou trois mandataires judiciaires inscrits sur la liste, exerçant la même profession que la personne concernée et élus par leurs pairs dans des conditions déterminées par décret en Conseil d'État. »

Il est prévu que les membres de la commission et les suppléants sont désignés pour un mandat de trois ans renouvelable et que, en cas de vacance d'un siège, pour quelque cause que ce soit, il est procédé à la nomination, dans les conditions prévues au présent article, d'un nouveau membre pour la durée du mandat restant à courir.

Précisons que, en application de l'article 6, II de l'ordonnance du 15 octobre 2015, la commission nationale fusionnée est compétente pour statuer sur les dossiers en cours devant les commissions prévues aux articles L. 811-4 et L. 812-2-2 du code de commerce dans leur rédaction antérieure à la présente ordonnance.

Avant l'ordonnance du 15 octobre 2015, l'instruction des demandes d'inscription est assurée par un magistrat du parquet et son suppléant, qui jouent le rôle de commissaire du Gouvernement auprès de la commission. Depuis cette ordonnance, il y a désormais deux magistrats du parquet.

En application de l'article L. 814-1, III du code de commerce (réd. ord. 15 oct. 2015, art. 2), les décisions sont prises à la majorité des voix. En cas d'égalité des voix, celle du président est prépondérante. La solution était identique avant l'ordonnance du 15 octobre 2015.

Avant comme depuis l'ordonnance du 15 octobre 2015, les frais de fonctionnement de la commission sont à la charge de l'État.

Cette liste nationale est mise à jour au moins une fois par an par la Commission nationale d'inscription (D. 27 déc. 1985, art. 21, al. 1er).

351.53 Dispositions communes à l'inscription sur les listes et au retrait des listes. Les décisions d'inscription sur les listes font l'objet d'une notification faisant courir à leur encontre la voie de recours de l'appel dans le délai du mois (D. 27 déc.

1. D. n° 85-1389, 27 déc. 1985, préc.
2. D. n° 2004-518, 10 juin 2004, préc.
3. D. n° 2005-1677, 28 déc. 2005, *JO* 29 déc., p. 20324.
4. L. n° 2011-331, 28 mars 2011, préc.
5. Ord. n° 2015-1287, 15 oct. 2015, *JO* 16 oct., p. 19300.

1985[1], art. 20, pour les administrateurs, art. 50, pour les mandataires judiciaires).

La commission nationale peut procéder, par décision motivée, et après avoir recueilli les observations du professionnel concerné, au retrait de la liste (C. com., art. L. 811-6, al. 1er et L. 812-4, al. 1er [anct L. 25 janv. 1985[2], art. 6 et 22]). Sa saisine peut être faite par le ministre de la justice, le président du Conseil national des administrateurs judiciaires et mandataires judiciaires, le commissaire du gouvernement ou le procureur de la République du ressort de la juridiction auprès dans lequel est établi le professionnel. La saisine peut également intervenir d'office.

Le retrait pourra être justifié par la volonté persistante de l'intéressé de se soustraire à l'accomplissement des missions qui caractérisent l'activité d'administrateur judiciaire, de sorte que par les manquements répétés à ses obligations professionnelles, il avait révélé son inaptitude à assurer l'exercice normal de ses fonctions[3]. Le retrait sera encore motivé par le fait que l'intéressé, compte tenu de son état physique ou mental, est empêché d'assurer ses fonctions normalement ou par le fait que l'intéressé a révélé son inaptitude à assurer l'exercice normal de ses fonctions.

Lorsque le retrait de la liste n'est pas la conséquence d'une radiation, l'intéressé peut être autorisé par la juridiction, dans l'intérêt d'une bonne justice, à conserver le traitement d'un ou plusieurs dossiers. En ce cas, il reste soumis aux diverses incompatibilités établies par la législation, ainsi qu'à la surveillance, aux inspections et à la discipline de sa profession (C. com., art. L. 811-8, al. 2 et L. 812-6, al. 2 [anct L. 25 janv. 1985, art. 9 et 24]).

L'intéressé peut aussi demander son retrait de la liste. Une juridiction du fond avait considéré que la commission n'avait aucun pouvoir d'appréciation. Il en était tiré la conséquence que le retrait de la liste des administrateurs judiciaires prenait effet à compter de la demande qui était présentée, non à compter de son enregistrement par la commission[4]. La Cour de cassation n'est pas en ce sens et estime que la commission peut décider de ne pas accepter le retrait de la liste des administrateurs judiciaires dès lors que l'intéressé a encore des dossiers[5]. L'article 21 du décret du 27 décembre 1985, issu de la rédaction que lui a donnée le décret du 10 juin 2004[6], prévoit que le retrait de la liste ne peut intervenir pour les administrateurs judiciaires qu'après que la commission a vérifié que ses dossiers ont été répartis entre les autres administrateurs (D. 25 janv. 1985, art. 21, al. 3). Le décret du 23 décembre 2006[7], qui a modifié cette disposition (art. 3) ajoute que l'administrateur doit avoir procédé à la reddition des comptes des dossiers répartis. En outre, l'administrateur judiciaire démissionnaire ne doit plus détenir de fonds de tiers.

L'article 21-A du décret du 27 décembre 1985, issu de la rédaction que lui a donnée le décret du 23 décembre 2006, détaille le contenu de la demande de retrait, qui doit être adressée à la commission d'inscription.

351.54 Incompatibilités entre les professions de mandataires de justice et d'autres professions – Dérogation introduite par la loi du 6 août 2015[8] au profit des huissiers de justice et des commissaires priseurs judiciaires. Voulant délibérément rompre avec les solutions antérieures, la loi du 25 janvier 1985[9] a créé deux professions radicalement incompatibles l'une avec l'autre. Le professionnel, qui a le statut de mandataire judiciaire, ne peut avoir également celui d'administrateur judiciaire et réciproquement. Le professionnel qui a épousé l'un des statuts ne pourra être nommé par une juridiction aux fonctions de l'autre profession.

L'incompatibilité légale entre les deux professions interdit à un professionnel exerçant la profession de mandataire judiciaire, ayant été admis à s'inscrire sur la liste des administrateurs judiciaires sous condition suspensive de son retrait préalable de la liste des mandataires judiciaires, de se faire autoriser par le tribunal à conserver des dossiers de mandataire judiciaire. L'octroi d'une telle autorisation aurait selon la cour d'appel de Paris, « pour conséquence de créer les conditions d'un exercice professionnel contraire à une disposition d'ordre public et, en toute hypothèse, de porter atteinte au principe de la séparation des professions d'administrateur judiciaire et de mandataire judiciaire »[10].

1. D. nº 85-1389, 27 déc. 1985, préc.
2. L. nº 85-99, 25 janv. 1985, préc.
3. Com. 24 juin 2003, nº 00-16.821, *Bull. civ.* IV, nº 104; *D.* 2003. AJ 2175; *Act. proc. coll.* 2003/15, nº 192; *Rev. proc. coll.* 2004, p. 53, nº 5, obs. Soinne.
4. Paris, 1re ch. F, 16 déc. 1998, *Rev. proc. coll.* 2000, p. 214, nº 29, obs. Soinne.
5. Com. 24 sept. 2003, nº 00-22.525, *Bull. civ.* IV, nº 135; *D.* 2003. AJ 2503; *Act. proc. coll.* 2003/18, nº 226, note Régnaut-Moutier, *Rev. sociétés* 2004. 153, note Bouloc; *Rev. proc. coll.* 2004, p. 54, nº 6, obs. Soinne.
6. D. nº 2004-518, 10 juin 2004, préc.
7. D. nº 2006-1709, 23 déc. 2006, *JO* 29 déc., p. 19846.
8. L. nº 2015-990, 6 août 2015, préc.
9. L. nº 85-99, 25 janv. 1985, préc.
10. Paris, 3e ch. A, 16 mai 2006, RG nº 2005/21415 – Paris, 3e ch. A, 16 mai 2006, RG nº 2005/21417; ET SUR POURVOI : Com. 19 févr. 2008, nº 06-20.207, NP – Paris, 3e ch. A, 16 mai 2006, RG nos 2005/21418, 2005/21419, 2005/21422, 3 esp. – Paris, 3e ch. A, 16 mai 2006, RG nº 2005/21426; ET SUR POURVOI : Com. 19 févr. 2008, nº 06-20.206, NP – Paris, 3e ch. A, 16 mai 2006, RG nos 2005/21427, ▶

La loi est allée plus loin, puisqu'elle interdit également l'exercice de toute autre profession (C. com., art. L. 811-10, al. 1 et L. 812-8, al. 1). Une exception est apportée cependant pour les administrateurs judiciaires qui peuvent également être avocats (C. com., art. L. 811-10 [anc[t] L. 25 janv. 1985, art. 11]), ce qui peut faire naître des difficultés lorsque l'intéressé se présente dans la même affaire sous deux casquettes différentes[1]. Au contraire, curieusement, la compatibilité de la profession d'avocat avec celle de mandataire judiciaire n'a pas été posée. Au moins, la solution a-t-elle le mérite d'empêcher des pratiques curieuses consistant pour un mandataire judiciaire d'être représenté par lui-même en tant qu'avocat, ce qui devait être un « casse-tête » pour déterminer la juste rémunération de l'avocat...

La loi autorise les mandataires de justice à délivrer des consultations dans les matières relevant de leur qualification. Logiquement, ils sont également autorisés à être désignés conciliateurs ou mandataires *ad hoc*, mandataires à l'exécution de l'accord et commissaires à l'exécution du plan.

Indiquons que la loi de modernisation de la justice du XXIe siècle permet aussi aux mandataires de justice d'exercer des activités rémunérées d'enseignement (C. com., art. L. 811-10, av. dern. al. et L. 812-8, av. dern. al.). La solution est heureuse, notamment au regard de la création des masters spécialisés en administration et liquidation des entreprises en difficulté.

En outre, l'exercice de la profession d'administrateur judiciaire n'est pas incompatible avec l'accomplissement de mandats de mandataire *ad hoc* et d'administrateur provisoire pour les copropriétés en difficulté, les missions de surveillance judiciaire d'une personne morale (C. pen., art. 131-46), les missions pour le compte de l'Agence de gestion et de recouvrement des avoirs saisis et confisqués (C. com., art. L. 812-10, av. dern. al., réd. L. de modernisation de la justice du XXIe siècle).

La qualité d'administrateur inscrit n'est pas incompatible avec les mandats d'administrateur ou de liquidateur amiable, d'expert judiciaire et de séquestre amiable ou judiciaire. Toutefois, ces missions ne peuvent être acceptées, précise l'article L. 811-10, avant dernier alinéa (réd. L. de modernisation de la justice du XXIe siècle), concomitamment ou subséquemment à une mesure de prévention, de mandat *ad hoc* de procédure collective ou d'administration provisoire d'une copropriété en difficulté. Entre, ces mandats sont confiés « sans préjudice de l'article L. 663-2 » du code de commerce, qui pose le principe du caractère exclusif de toutes autres des rémunérations fixées par le code de commerce pour les procédures collectives. Cette disposition aurait sans doute mérité plus de clarté...

L'inscription sur la liste des mandataires judiciaires ne fait pas obstacle à l'accomplissement des mandats de liquidateur nommé en application du code des transports ou à l'exercice des missions pour le compte de l'Agence de gestion et de recouvrement des avoirs saisis et confisqués. Les mandats de liquidateur amiable, de liquidateur en application du code des transports, d'expert judiciaire et de séquestre amiable ou judiciaire ne peuvent être acceptées, précise l'article L. 812-8, avant dernier alinéa (réd. L. 2 juill. 2016, art. 48), concomitamment ou subséquemment à une mesure de prévention ou à une procédure collective dans laquelle le mandataire judiciaire a été désigné. En outre, ces mandats sont confiés « sans préjudice de l'article L. 663-2 » du code de commerce, qui pose le principe du caractère exclusif de toutes autres des rémunérations fixées par le code de commerce pour les procédures collectives. Cette disposition aurait sans doute mérité plus de clarté...

De façon générale, toute compatibilité de la profession de ces mandataires de justice avec l'exercice d'une autre profession libérale devrait être interdite, par les risques permanents de conflits d'intérêts. Verrait-on, par exemple, un huissier de justice, mandataire de justice, se signifier à lui-même des actes de saisies ?

Les statuts de professionnels sont également inconciliables avec la qualité d'associé en nom ou de dirigeant de société, sous quelques réserves (sur le détail de la question, C. com., art. L. 811-10 et L. 812-8 [anc[t] L. 25 janv. 1985, art. 11 et 27]).

L'une des mesures les plus spectaculaires est contenue à l'article 64 de la loi Macron. Son alinéa 1 précise que « dans les conditions prévues à l'article 38 de la Constitution, le Gouvernement est autorisé à prendre par voie d'ordonnance, dans un délai de dix mois à compter de la promulgation de la présente loi, les mesures relevant du domaine de la loi pour :

1° Permettre la désignation en justice, à titre habituel, des huissiers de justice et des commissaires-priseurs judiciaires en qualité de liquidateur dans le cadre des procédures de liquidation judiciaire prévues au titre IV du livre VI du code de commerce, ou d'assistant du juge commis dans le cadre des procédures de rétablissement professionnel prévues au même titre IV, lorsque ces procédures sont ouvertes à l'encontre de débiteurs n'employant aucun

► 2005/21428, 2 esp. – Paris, 3e ch. A, 16 mai 2006, RG n° 2005/21430; ET SUR POURVOI : Com. 19 févr. 2008, n° 06-20.205, NP, *Gaz. proc. coll.* 2008/2, p. 17, note Bidan – Paris, 3e ch. A, 16 mai 2006, RG n° 2005/21424, *Gaz. proc. coll.* 2006/4, p. 16, note Bidan.

1. Com. 26 nov. 2002, n° 99-12.155, NP, *Rev. proc. coll.* 2003, p. 116, n° 5, obs. Soinne.

salarié et réalisant un chiffre d'affaires annuel hors taxes inférieur ou égal à 100 000 €;

2° Déterminer les modalités de rémunération des fonctions mentionnées au 1° et d'application aux huissiers de justice et aux commissaires-priseurs judiciaires les exerçant des dispositions du titre VIII du code de commerce relatives à la discipline, au contrôle et à la comptabilité des mandataires judiciaires, ainsi que de celles relatives à la représentation des fonds ».

Le texte pris en application de l'article 64 de la loi Macron est l'ordonnance du 2 juin 2016[1]. Ce texte, pour l'essentiel, modifie les textes pour tenir compte de la possibilité de désigner, dans les procédures de sauvegarde, de redressement, de liquidation judiciaire et de rétablissement professionnel, les huissiers de justice et des commissaires-priseurs judiciaires, vise la « personne choisie sur le fondement ou sur le fondement du III de ce même article (C. com., art. L. 812-2). Les articles 1 à 11 de l'ordonnance sont consacrés à ces modifications, ayant pour objet d'aligner sur les conditions de désignation des mandataires de justice, les conditions de nomination des huissiers de justice et des commissaires-priseurs judiciaires. Les articles 2 à 7 modifient spécialement les textes du livre VI du code de commerce qui traitent du fond des procédures dans lesquelles les huissiers de justice et les commissaires-priseurs judiciaires pourront être désignés de manière habituelle. L'article 8 encadre spécialement la désignation des huissiers de justice et des commissaires-priseurs (C. com., art. L. 812-2). L'article 9 traite du sort des dossiers en cours au jour de la retraite des intéressés (C. com., art. L. 812-6). L'article 10 adapte, par la force des choses, le principe de l'exercice exclusif des professions (C. com., art. L. 812-8). Enfin, l'article 11 s'intéresse à l'usurpation du titre de mandataire judiciaire en étendant l'infraction aux huissiers de justice et commissaires-priseurs judiciaires qui en feraient état en dehors des mandats qui leur seraient confiés (C. com., art. L. 812-10).

L'article 12 de l'ordonnance, emportant insertion d'un alinéa 11 à l'article L. 814-1 du code de commerce, prévoit que lorsque la commission d'inscription et de discipline siège comme « chambre de discipline à l'encontre d'une personne désignée dans les conditions prévues au III de l'article L. 812-2, elle comprend en outre trois huissiers de justice ou trois commissaires-priseurs judiciaires selon le statut de l'intéressé, désignés par leurs pairs dans des conditions déterminées par décret en Conseil d'État ».

L'article 13 de l'ordonnance (C. com., art. L. 814-2, al. 2) impose l'utilisation du portail électronique aux huissiers de justice et des commissaires-priseurs judiciaires. Il conviendra de s'interroger sur la façon dont ces professionnels contribueront au coût de création et de fonctionnement de ce portail, qui incombe pour l'heure aux mandataires de justice.

L'article 14 de l'ordonnance (C. com., art. L. 814-5) étend aux huissiers de justice et aux commissaires-priseurs judiciaires, la solution posée pour les personnes désignées hors liste, à savoir l'obligation de souscription d'une garantie affectée au remboursement des fonds et d'une assurance de responsabilité professionnelle.

L'article 15 de l'ordonnance (C. com., art. L. 814-8, al. 1) étend aux huissiers de justice et aux commissaires-priseurs judiciaires l'obligation d'indiquer à la juridiction, l'importance et la nature des missions de consultation, de mandataire *ad hoc,* de conciliateur, de mandataire à l'exécution de l'accord de conciliation, de commissaire à l'exécution du plan, de séquestre amiable ou judiciaire, qu'ils auraient accompli dans les 5 ans précédents pour le débiteur, sous peine de sanctions disciplinaires. Les huissiers de justice et les commissaires-priseurs judiciaires ne devront pas, au cours des cinq années précédentes, avoir perçu à quelque titre que ce soit, directement ou indirectement, une rétribution ou un paiement de la part d'une personne physique ou morale faisant l'objet d'une mesure de redressement ou de liquidation judiciaires, mais également d'une procédure de rétablissement professionnel. Ils ne doivent pas non plus avoir perçu une quelconque rétribution de la part d'une personne qui détient le contrôle de cette personne morale ou de l'une des sociétés qu'elle contrôle. Ils ne doivent, en outre, avoir aucun intérêt dans le mandat qui leur est donné et n'être pas au nombre des anciens administrateurs ou mandataires judiciaires ayant fait l'objet d'une décision de radiation ou de retrait des listes nationales. Le rapport au Président de la république sur l'ordonnance du 2 juin 2016 insiste sur la prévention des conflits d'intérêts, lorsqu'il signale que « dans les petites et moyennes agglomérations, il ne sera pas rare qu'un créancier ait fait appel à un huissier de justice avant l'ouverture d'une procédure collective. Or, cet huissier ayant préalablement représenté l'intérêt particulier de ce créancier ne pourra pas être désigné en qualité de mandataire judiciaire dans la mesure où l'essence de la mission du mandat de justice est de représenter l'intérêt collectif des créanciers, ce qui ne revient pas à la somme de leurs intérêts particuliers »[2]. Cet exemple permet de comprendre que les conflits d'intérêts devraient être très répandus, ce qui devrait constituer un obstacle sérieux à la désignation de ces professionnels en tant que mandataire de justice.

1. Ord. n° 2016-727, 2 juin 2016, préc.

2. Rapport prés. Rép., ord. n° 2016-727, 2 juin 2016, p. 4.

L'article L. 814-9 du code de commerce, qui résulte de l'ordonnance (art. 16), astreint les huissiers de justice et les commissaires-priseurs judiciaires « à suivre une formation continue leur permettant d'entretenir et de perfectionner leurs connaissances des procédures dans lesquelles elles peuvent être désignées à titre habituel. Cette formation est organisée selon les modalités prévues par leur statut. » Il semble que l'on puisse déduire du texte que le Conseil National des AJMJ n'est pas en charge de cette formation.

L'article 17 de l'ordonnance crée les article L. 810-10-1 et L. 812-1-2.

Le premier de ces textes aligne la surveillance des personnes désignées dans les conditions prévues au III de l'article L. 812-2 sur celle des mandataires de justice. Les huissiers de justice et les commissaires-priseurs judiciaires sont placées sous la surveillance du ministère public et sont soumis, pour cette activité professionnelle, à des inspections de l'autorité publique. La solution est réaffirmée par l'article L. 812-2 du code de commerce (réd. loi de modernisation de la justice du XXIe siècle). Un décret en Conseil d'État doit préciser l'organisation et les modalités des contrôles.

Le contrôle de l'activité professionnelle est confié au Conseil National. Les personnes désignées sont tenus de désigner un commissaire aux comptes qui assure le contrôle de leur comptabilité spéciale et exerce, à ce titre, une mission permanente de contrôle de l'ensemble des fonds, effets, titres et autres valeurs appartenant à autrui, qu'ils détiennent en vertu d'un mandat reçu dans l'exercice de leurs fonctions. Les commissaires aux comptes informent, dans des conditions fixées par décret en Conseil d'État, les autorités auxquelles sont confiées la surveillance, les inspections et le contrôle des personnes mentionnées au III de l'article L. 812-2, des résultats de leur mission et signalent les anomalies ou irrégularités dont ils ont connaissance au cours de l'exécution de leur mission. La Caisse des dépôts et consignations est tenue, sans pouvoir opposer le secret professionnel, de déférer aux demandes des personnes chargées de l'inspection ainsi qu'à celles du conseil national.

Le second de ces textes (C. com., art. L. 810-10-2) traite des actions disciplinaires. Il reprend les principes posés pour les mandataires judiciaires, en les adaptant à la spécificité des huissiers de justice et les commissaires-priseurs judiciaires. Les spécificités essentielles concernent la portée des sanction d'interdiction temporaire ou définitive. Elles ne concernent que l'interdiction d'exercer toutes missions confiées en application du III de l'article L. 812-2. Le IV de l'article L. 814-10-2 du code de commerce ajoute que « toute personne mentionnée au III de l'article L. 812-2 qui fait l'objet d'une poursuite pénale ou disciplinaire peut être suspendue provisoirement de l'exercice de ces fonctions par le tribunal de grande instance du lieu où elle est établie ». Ainsi, la poursuite disciplinaire pour des faits commis dans l'exercice d'un mandat de justice peut-elle avoir des incidences sur l'exercice de la profession d'huissier de justice ou de commissaire-priseur judiciaire.

Ainsi la loi Macron prévoit-elle de rendre possible la désignation, non pas à titre occasionnel, comme cela est déjà le cas, en théorie, pour les personnes non inscrites sur les listes nationales, en application de l'alinéa 2 de l'article L. 811-2 du code de commerce, mais à titre habituel[1], des huissiers de justice pour être liquidateur dans les liquidations judiciaires sans salarié et alors que le débiteur a réalisé un chiffre d'affaires annuel hors taxes inférieur ou égal à 100 000 €. Il ne s'agit pas exactement des liquidations judiciaires simplifiées, même si le plus souvent ce sera le cas. En effet, le législateur ne raisonne pas sur la présence ou l'absence d'actif immobilier. Il peut donc y avoir un actif immobilier à réaliser. S'il s'agit de la résidence principale d'un débiteur personne physique, celle-ci est insaisissable par la liquidation judiciaire (v. s^s n° 562.14). Il ne pourrait donc être question que d'un actif immobilier affecté à l'activité professionnelle, quelle qu'en soit la valeur.

Les missions de liquidateur données aux huissiers de justice résultent, à notre sens, d'une grave méprise des rédacteurs de l'amendement ayant conduit à cette possibilité[2]. Il est possible de faire état d'une confusion très perceptible entre les petites créances et les petits passifs dans l'esprit de M. Macron. On voit ainsi affirmer par le Ministre que « le présent amendement [amendement n° 280] ne vise pas à regrouper les professions – les débats que nous avons eu en commission spéciale, éclairés par l'avis du Conseil d'État, ont permis de régler cette question –, mais à ouvrir aux huissiers, lorsqu'il s'agit de petites créances uniquement, certaines "des" fonctions de mandataire judiciaire ». Au Sénat, la même confusion est entretenue entre les petites créances, dont pourraient s'occuper les huissiers, et les petits passifs. Cet amendement est à mettre en parallèle avec l'article 56 *bis*, qui vise à ouvrir le recouvrement des toutes petites créances des huissiers à certains agents des services publics, en particulier ceux de La Poste. Un député a d'ailleurs fait observer que « petites créances », cela ne veut rien dire[3] et un sénateur d'affir-

1. Interv. P. Hetzel, déb. Ass. nat. Séance 4 févr. 2015, s[s] art. 20 *ter*.
2. n° 1628, présenté par le gouvernement.
3. Interv. Ph. Houillon, déb. Ass. nat. Séance 4 févr. 2015, après art. 20 *ter*.

mer que « évoquer de “petites créances”, pardonnez-moi, mais cela ne rime à rien ! »[1].

À l'affirmation de M. Macron selon laquelle, « le seuil proposé est trois fois inférieur à celui qui s'applique à la procédure de liquidation simplifiée; cela concerne vraiment de petites créances »[2], le député Houillon répond « de petits passifs, vous voulez dire »[3]. Et le Ministre de se reprendre « de petits passifs, oui »[4].

La confusion est donc très nette et elle a eu des conséquences, car le Ministre en conclut que « cette activité [qui concerne les petites créances] ne nécessite pas de compétences particulières »[5]. Il y a là un raccourci saisissant. Implicitement, il serait question de s'occuper de petites créances, comme le feraient les huissiers qui procéderaient au recouvrement de petites créances. Toute la question de la défense de l'intérêt collectif des créanciers, mission cardinale du mandataire judiciaire, est oubliée et l'on comprend dès lors que la question des conflits d'intérêts ne puise préoccuper les promoteurs de cet amendement.

Nous avions clairement manifesté notre inquiétude sur la possibilité de désigner les huissiers de justice en qualité de liquidateur[6]. Il n'est pas question de faire le procès de cette profession, hautement considérable, et dans laquelle nous comptons des amis, mais simplement d'alerter sur les dangers que recèlerait, pour la gestion des liquidations judiciaires, leur désignation.

Les huissiers de justice auront, comme tout liquidateur, pour mission première de défendre l'intérêt collectif des créanciers, en engageant toute action tendant à la protection ou à la conservation du gage commun. C'est ainsi qu'ils devront notamment s'opposer aux demandes en revendication ou en restitution qui leur apparaissent non fondées, introduire des actions en nullité de la période suspecte notamment contre des partenaires contractuels du débiteur ou des proches de ce dernier, résister aux déclarations de créances présentées par les créanciers. Or il importe, pour assurer efficacement leur mission, qu'ils soient à l'abri de tout conflit d'intérêt[7]. Cela a été souligné lors des débats parlementaires[8]. En outre il a été observé que « lors du débat en commission spéciale, la principale raison pour laquelle nous avions exclu les mandataires judiciaires de cette profession unique était le risque de conflit d'intérêts. Or ce risque existe tout autant pour les créances de moins de 100 000 euros[9] ! » Plus frontalement, il a même été dit qu'on créait ici « une profession extraordinaire, celle des charcutiers-coiffeurs »[10]. L'argument avait été entendu au Sénat, et l'amendement n° 1628 n'avait pas été adopté. Mais le texte a été rétabli en seconde lecture et adopté dans les conditions de l'article 49, alinéa 3 de la Constitution.

S'il est trop tard aujourd'hui pour disserter sur le bien ou le mal fondé du texte, au moins est-il utile de réfléchir à l'application qui en sera faite. Il nous apparaît que la bonne pratique des tribunaux, qui envisageront de désigner des huissiers de justice comme liquidateur, sera de leur demander la liste de leurs clients habituels, notamment celle de leurs clients institutionnels. Un nombre important de ceux-ci dans la clientèle de l'huissier constituera *ipso facto* un obstacle à sa désignation, sauf à interdire un exercice optimal des actions tendant à la défense de l'intérêt collectif des créanciers, dans la conduite de liquidations judiciaires, ce qui ne peut se concevoir. Et insistons sur un point décisif : les tribunaux n'auront pas l'obligation de désigner des huissiers de justice ou des commissaires-priseurs judiciaires en qualité de liquidateur.

Précisons également que les huissiers pourront également être désignés à titre habituel en tant qu'assistant du juge commis dans les procédures de rétablissement professionnel. Sur ce dernier aspect, la mesure peut être davantage comprise, dès lors que le rétablissement professionnel n'est pas une procédure collective. Il est question d'une enquête, sans réalisation d'actif et sans vérification des créances; les conflits d'intérêts ne sont donc ici guère à craindre, de manière aussi frappante que pour les liquidations judiciaires.

Les députés et sénateurs ont invoqué la méconnaissance de la garantie des droits par ces dispositions, dans la mesure où elles sont susceptibles d'engendrer des conflits d'intérêts; que les députés considèrent qu'il en résulte également une atteinte à l'objectif de valeur constitutionnelle de bonne administration de la justice; que, selon les sénateurs,

1. Interv. F. Pillet, déb. Sénat 1re lecture 13 avr. 2015, ss art. 20 *quater*.
2. Interv. E. Macron, déb. Sénat 1re lecture 13 avr. 2015, ss art. 20 *quater*.
3. Interv. Ph. Houillon, déb. Ass. nat. Séance 4 févr. 2015, après art. 20 *ter*.
4. Interv. E. Macron, déb. Sénat 1re lecture 13 avr. 2015, ss art. 20 *quater*.
5. Interv. E. Macron, déb. Sénat 1re lecture 13 avr. 2015, ss art. 20 *quater*.
6. P.-M. Le Corre, « Missions de procédures collectives confiées aux huissiers de justice et commissaires-priseurs judiciaires et principe d'égalité des citoyens devant la loi », *D.* 2015. 575.
7. AUSSI : Huertas, Entretien, *BJE* 2015, 400 s., sp. p. 402.
8. Interv. F. Pillet, déb. Sénat 1re lecture 13 avr. 2015, ss art. 20 *quater*.
9. Interv. G. Lurton, déb. Ass. nat. Séance 4 févr. 2015, ss art. 20 *ter*.
10. Interv. F. Pillet, déb. Sénat 1re lecture 13 avr. 2015, ss art. 20 *quater*.

le fait que soient visées les procédures de liquidation judiciaire les moins importantes a pour conséquence une méconnaissance du principe d'égalité devant les charges publiques; qu'ils invoquent également une méconnaissance des exigences de l'article 38 de la Constitution ainsi que de celles de son article 39[1].

Le Conseil Constitutionnel a réfuté les arguments de non constitutionnalité. Le Conseil a d'abord estimé que « l'article 64 a été introduit par voie d'amendement par le Gouvernement; qu'est inopérant le grief tiré de la méconnaissance des exigences relatives à la présentation des projets de loi à l'encontre de dispositions nouvelles introduites par voie d'amendement au cours de l'examen du projet de loi. »[2]

Ensuite, « aux termes du premier alinéa de l'article 38 de la Constitution : "Le Gouvernement peut, pour l'exécution de son programme, demander au Parlement l'autorisation de prendre par ordonnances, pendant un délai limité, des mesures qui sont normalement du domaine de la loi"; que cette disposition fait obligation au Gouvernement d'indiquer avec précision au Parlement, afin de justifier la demande qu'il présente, la finalité des mesures qu'il se propose de prendre par voie d'ordonnances ainsi que leur domaine d'intervention. »[3]

Le Conseil a pensé que « l'habilitation de l'article 64 est précisément définie dans son domaine et dans ses finalités; que, par suite, cette habilitation ne méconnaît pas les exigences qui résultent de l'article 38 de la Constitution »[4].

En troisième lieu, il a fait valoir que, « afin de prévenir d'éventuels conflits d'intérêts qui seraient susceptibles de résulter de la désignation en justice à titre habituel des huissiers de justice et des commissaires-priseurs judiciaires en qualité de liquidateur judiciaire ou d'assistant du juge commis dans le cadre du rétablissement professionnel, il est expressément prévu que l'habilitation du Gouvernement à légiférer par voie d'ordonnance porte conjointement sur les conditions de cette désignation en justice et sur la détermination de celles des dispositions du livre VIII du code de commerce relatives à la discipline, au contrôle et à la comptabilité des mandataires judiciaires qui seront applicables aux huissiers de justice et commissaires-priseurs judiciaires désignés en qualité de liquidateur ou d'assistant du juge commis; que le législateur a donc défini le domaine d'intervention des mesures à prendre par voie d'ordonnance dans des conditions permettant d'assurer le respect de la garantie des droits et de l'objectif de valeur constitutionnelle de bonne administration de la justice. »[5]

Enfin, en quatrième lieu, il a considéré que, « à l'occasion de la fixation des nouvelles règles de désignation en justice à titre habituel des huissiers de justice et des commissaires-priseurs judiciaires en qualité de liquidateur judiciaire ou d'assistant du juge commis dans le cadre du rétablissement professionnel, il incombera également au Gouvernement de déterminer par voie d'ordonnance les modalités de rémunération de ces fonctions; que cette habilitation ne porte pas en elle-même atteinte au principe d'égalité devant les charges publiques »[6].

1. Cons. const. 5 août 2015, n° 2015-715 DC, *JO* 7 août, p. 13616.
2. Cons. const. 5 août 2015, n° 2015-715 DC, préc.
3. Cons. const. 5 août 2015, n° 2015-715 DC, préc.
4. Cons. const. 5 août 2015, n° 2015-715 DC, préc.

SECTION 351.60

DÉSIGNATION DES MANDATAIRES DE JUSTICE

351.61 Choix de la juridiction[7]. Les auxiliaires de justice sont nommés par le tribunal, soit à l'ouverture de la procédure, soit à l'occasion du choix de l'issue de la procédure collective. La désignation peut aussi être l'œuvre de la cour d'appel lorsqu'elle ouvre la procédure. En ce cas, il lui appartient de choisir de désigner elle-même les organes[8] ou de renvoyer la procédure devant le tribunal aux fins de désignation de ceux-ci[9].

De façon générale, le mandataire de justice ne peut refuser sa nomination que pour un motif légitime, tel celui qui résulterait d'un lien d'affection avec le débiteur, non celui tenant à des revendications d'ordre professionnel[10].

Par principe, l'intéressé est désigné parce qu'il figure sur l'une des listes ci-dessus décrites (v. s^s n°s 351.51 à 351.53).

Le choix de ces mandataires par la juridiction est discrétionnaire[11]. Le tribunal n'a donc nulle obliga-

5. Cons. const. 5 août 2015, n° 2015-715 DC, préc.
6. Cons. const. 5 août 2015, n° 2015-715 DC, préc.
7. Delattre, « L'intervention du ministère public dans la désignation des organes de la procédure doit être mesurée, opportune et utile », *Rev. proc. coll.* 2012, étude 10, p. 25.
8. Com. 6 juin 2000, n° 98-12.226, *Bull. civ.* IV, n° 119; *D. Affaires* 2000. AJ 319, obs. Pisoni; *JCP* 2001. I. 298, obs. Pétel – Com. 17 juill. 2001, n° 98-19.546, NP, *Rev. proc. coll.* 2002, p. 165, n° 1, obs. Gorrias.
9. Com. 26 mai 1998, n° 96-11.491, *Bull. civ.* IV, n° 163; *RTD com.* 1998. 692, obs. Vallens; *Rev. huissiers* 1999. 618, note Courtier; *RLDA* 1998/8, n° 503, obs. Montégudet – Com. 18 janv. 2000, n° 98-12.225, NP – Com. 21 janv. 2003, n° 00-12.847, NP.
10. Rennes, 2e ch. com., 21 nov. 2001, *Dr. et proc.* 2002/2, n° 165, p. 52; *Act. proc. coll.* 2002/12, n° 150; *Rev. proc. coll.* 2003, p. 117, n° 7, obs. Soinne.
11. Civ. 2e, 14 déc. 1992, n° 91-17.274, *Bull. civ.* II, n° 314; *D.* 1993. Somm. 193, obs. Honorat – *Adde*, rép. min. *JOAN Q* 29 juill. 1996, p. 418.

tion d'assurer un équilibre entre les diverses étu(de son ressort, à l'occasion des nominations[1].

Cependant, le refus de nomination de tel ou te mandataire par la juridiction peut être source d'un dommage pour celui-ci, dont il peut demander réparation à l'État, dès lors que son préjudice est anormal, spécial et d'une certaine gravité, car il est considéré comme un collaborateur du service public[2]. La diminution du nombre de dossiers confiés participe, en revanche, de l'aléa normal auquel s'expose tout mandataire judiciaire et ne constitue pas un préjudice anormal et spécial ouvrant droit à une indemnisation de la part de l'État[3]. Il en est de même du fait que le mandataire de justice en retire un profit inférieur à celui de ses confrères désigné par la même juridiction[4]. Le préjudice réparable est celui lié à la perte d'une chance. Le montant ne peut donc être fixé aux bénéfices réalisés par le mandataire pour son activité antérieurement à la date à partir de laquelle le tribunal a systématiquement refusé de le désigner[5].

Il existe cependant des limites légales au caractère discrétionnaire du choix dans la désignation. En effet, l'article L. 621-8 du code de commerce (anc^t^ L. 25 janv. 1985[6], art. 10, al. 3), devenu l'article L. 621-5 sous le régime de la loi de sauvegarde des entreprises[7], prévoit qu'« aucun parent ou allié jusqu'au quatrième degré inclusivement du chef d'entreprise (c'est-à-dire cousin germain) ou des dirigeants, s'il s'agit d'une personne morale, ne peut être désigné à l'une des fonctions prévues au présent article ». L'incompatibilité concerne donc le mandataire judiciaire – représentant des créanciers –, l'administrateur judiciaire et l'expert. L'article L. 622-6 du code de commerce (anc^t^ L. 25 janv. 1985, art. 149), devenu l'article L. 641-6 dans le régime de la loi de sauvegarde des entreprises, étend l'incompatibilité au liquidateur.

1. Metz, 1re ch., 9 nov. 2000, *Act. proc. coll.* 2001/11, n° 134.
2. Civ. 1re, 30 janv. 1996, n° 91-20.266, *Bull. civ.* I, n° 51; *JCP* 1996. II. 22608, rap. Sargos; *Rev. proc. coll.* 1996, p. 337, n° 13, obs. Soinne; *Gaz. Pal.* 23-24 avr. 1997, concl. Sainte-Rose – Paris, 1re ch. A, 4 mai 2004, RG n° 2003/03769 – *Adde*, SUR LA QUESTION : Lemaire, « La qualité de collaborateur du service public des mandataires de justice et ses conséquences », *Rev. proc. coll.* 1999, p. 10 s.
3. Com. 12 avr. 2005, n° 03-20.579, NP, *Rev. proc. coll.* 2005/2, p. 111, note Soinne.
4. Civ. 1re, 14 févr. 2006, n° 04-15.595, *Bull. civ.* I, n° 72 (1er et 2e moyens); *D.* 2006. AJ 1042, obs. Lienhard; *Rev. proc. coll.* 2006/3, p. 240, note Soinne.
5. Civ. 1re, 26 sept. 2007, n° 06-13.772, *Bull. civ.* I, n° 305; *D.* 2007. AJ 2539, note Lienhard; *Gaz. proc. coll.* 2008/1, p. 39, note Gorrias.
6. L. n° 85-98, 25 janv. 1985, *JO* 26 janv., p. 1097.
7. L. n° 2005-845, 26 juill. 2005, préc.

L'article L. 812-8 du code de commerce, issu de la rédaction que lui a donnée la loi de sauvegarde des entreprises, pose un certain nombre d'incompatibilités. À l'alinéa 5, il est spécialement prévu que la même personne ne peut exercer successivement les fonctions de conciliateur puis de mandataire judiciaire avant l'expiration d'un délai d'un an lorsqu'il s'agit d'une même entreprise.

L'article 99 de l'ordonnance du 12 mars 2014[8] apporte une exception à ce principe, pour tenir compte d'une mission nouvelle du conciliateur : la possibilité d'organiser, sur la demande du débiteur, une cession totale ou partielle de l'entreprise. En ce cas, le conciliateur pourra être nommé mandataire judiciaire.

Cette même disposition ajoute un tempérament à cette interdiction posée par l'alinéa 5 de l'article L. 812-8 du code de commerce. Le tribunal, à l'ouverture d'une sauvegarde ou d'un redressement judiciaire, après avoir sollicité l'avis du ministère public, peut accorder une dérogation à cette incompatibilité, si celle-ci n'apparaît pas faire obstacle à l'exercice par le mandataire judiciaire, de la mission prévue par le premier alinéa de l'article L. 622-20, c'est-à-dire la mission de défense de l'intérêt collectif des créanciers.

L'ordonnance du 12 mars 2014 a considérablement modifié les règles de désignation des organes, pour « gommer le caractère abrupt des nominations »[9]. Ainsi, pourront être davantage entendus les souhaits de divers intervenants[10].

Ajoutons que la loi du 6 août 2015[11], dite loi Macron, permet aux tribunaux de désigner pour connaître de petites liquidations judiciaires [le débiteur ne doit avoir aucun salarié et son chiffre d'affaires annuel hors taxes doit être inférieur ou égal à 100 000 €] ou des procédures de rétablissements professionnels, des huissiers de justice ou des commissaires-priseurs judiciaires (v. s^s^ n° 351.54).

351.61-1 Propositions émanant du débiteur. Depuis l'ordonnance du 18 décembre 2008[12], l'article L. 621-4, alinéa 5 du code de commerce (ord. 18 déc. 2008, art. 14) prévoit que le débiteur, dans la procédure de sauvegarde, peut proposer à la désignation du tribunal un administrateur judiciaire. La disposition doit être approuvée, car la logique volontariste de la sauvegarde doit permettre les mêmes solutions que celles posées en conciliation

8. Ord. n° 2014-326, 12 mars 2014, *JO* 14 mars, p. 5249.
9. Gorrias, « L'ordonnance du 12 mars 2014 et les modifications intéressant la nomination des organes », *Gaz. Pal.* 6 avr. 2014, n° 96, p. 39, sp. p. 40.
10. Gorrias, art. préc. (v. s^s^ prés^t^ n°).
11. L. n° 2015-990, 6 août 2015, préc.
12. Ord. n° 2008-1345, 18 déc. 2008, préc.

ou en mandat *ad hoc*. Une confiance maximale doit ici régner[1]. Aussi, cette disposition n'est-elle pas applicable en redressement ou en liquidation judiciaire, procédures à caractère impératif, voire autoritaire.

L'article 17 de l'ordonnance du 12 mars 2014[2] modifie l'alinéa 5 de l'article L. 621-4 du code de commerce pour prévoir que le tribunal peut désigner plusieurs administrateurs judiciaires, à la demande du débiteur. La prérogative ne porte pas ici sur le choix du professionnel, mais uniquement sur le nombre de professionnels.

351.61-2 Propositions émanant du ministère public[3] – possibilité d'opposition du ministère public. La loi de sauvegarde des entreprises du 26 juillet 2005[4] attribue au ministère public la possibilité de s'opposer à ce que la personne antérieurement désignée en tant que mandataire *ad hoc* au conciliateur soit ultérieurement désignée en qualité de mandataire judiciaire ou d'administrateur judiciaire (C. com., art. L. 621-4, al. 3, *in fine*). L'ordonnance du 18 décembre 2008[5] étend la solution à la nomination du liquidateur (C. com., art. L. 641-1, II, al. 3, ord. 18 déc. 2008, art. 93). Il s'agit ici essentiellement de tenir compte des difficultés qu'aurait rencontrées le professionnel dans l'exercice du mandat qui lui a été précédemment confié. Il ne semblait pas, avant l'ordonnance du 18 décembre 2008, que le ministère public dût s'opposer à la demande pour un autre motif. Spécialement, le fait que le débiteur ait choisi son mandataire *ad hoc* ou son conciliateur ne devait pas conduire le ministère public à envisager la récusation du mandataire précédemment désigné[6]. Ce contrôle du ministère public atténue le caractère discrétionnaire des désignations[7].

Il n'est toutefois pas interdit au tribunal de procéder à cette désignation au seul motif de l'opposition du ministère public. Commet, en conséquence, un excès de pouvoir dit « négatif »[8], le tribunal qui s'erdit de passer outre. La cour d'appel, saisie sur ɔurs du ministère public sur la seule considéran que le tribunal ne pouvait procéder à la désination du mandataire sans tenir compte de l'opposition du ministère public, qui réforme le jugement, commet elle-même un excès de pouvoir[9].

L'ordonnance du 18 décembre 2008 est allée beaucoup plus loin. Le ministère public se voit reconnaître le droit de proposer des administrateurs ou mandataire judiciaires à la désignation du tribunal. La solution applicable en sauvegarde (C. com., art. L. 621-4, al. 5, réd. ord. 18 déc. 2008, art. 14), l'est également en redressement judiciaire (C. com., art. L. 631-9, al. 2). Il a été observé que ce pouvoir du ministère public ne peut s'exercer que lors de la nomination initiale, non lors du remplacement[10]. Il a été fait application de ce pouvoir du parquet de s'opposer à la désignation d'un administrateur judiciaire au motif que ce dernier ne s'était pas présenté en personne au tribunal depuis de nombreux mois[11].

Cette prérogative, qui constitue une mesure de défiance à l'égard de la juridiction et de ses habitudes de désignation de tel ou tel organe[12], s'inscrit dans la droite ligne de la surveillance du parquet sur les nominations d'organes, telle qu'elle résulte de la loi de sauvegarde des entreprises. Il ne s'agit pas, *a priori*, comme cela a été soutenu, d'une mesure destinée à éviter des dérives dans la désignation des professionnels en dehors des listes[13]. Il faut à cet égard rappeler que, en dépit du caractère discrétionnaire des nominations de mandataires de justice, pour les juridictions, la législation de sauvegarde des entreprises avait entendu instaurer un contrôle plus précis des désignations, en renforçant le dispositif qui existait depuis le décret du 29 décembre 1998[14], et qui était inséré aux articles 106-1 et 106-2 du décret du 27 décembre 1985[15]. En ce sens, l'article

1. AUSSI : Lienhard, « Réforme du droit des entreprises en difficulté : présentation de l'ordonnance du 18 décembre 2008 », *D.* 2009. Chron. 110 s., sp. 112.
2. Ord. n° 2014-326, 12 mars 2014, préc.
3. SUR LA QUESTION : Menjucq M., Canet P., Delattre Ch. et Gambier B., « Les nouveaux pouvoirs et les nouvelles missions des membres des juridictions après l'ordonnance du 12 mars 2014 », *Rev. proc. coll.* 2014, table ronde 3, sp. p. 77 à 80.
4. L. n° 2005-845, 26 juill. 2005, préc.
5. Ord. n° 2008-1345, 18 déc. 2008, préc.
6. SUR UNE TENTATIVE EN CE SENS : Versailles, 13e ch., 5 avr. 2007 RG n° 2006/08417.
7. J.-CL. COM., Perruchot, fasc. 2226, [Organes – Administrateur judiciaire – Statut], 2006, n° 17.
8. Rémery, « Le ministère public et le droit des entreprises en difficulté : un an de jurisprudence de la chambre commerciale de la Cour de cassation », *D.* 2012. 700, sp. 702.
9. Com. 31 janv. 2012, n° 10-24.019, *Bull. civ.* IV, n° 19; n° 100 FS-P+B; *D.* 2012. Actu. 431, note Lienhard; *Gaz. Pal.* 28 avr. 2012, n° 118, p. 17, note Bidan; *Act. proc. coll.* 2012/6, comm. 83, note Delattre; *JCP E* 2012, Chron. 1227, n° 2, obs. Pétel; *BJE* mai 2012, comm. 82, p. 166, note Sortais; *Rev. proc. coll.* 2012, comm. 24, note Lebel; *LPA* 15 juin 2012, n° 120, p. 5, note Henry.
10. Gorrias, « Le mandataire judiciaire dans l'ordonnance du 18 décembre 2008 et le décret du 12 févr. 2009 », *Gaz. Pal.* 6-7 mars 2009, p. 22.
11. T. com. Valenciennes, 24 avr. 2014, RG n° 2014002390, *Leden* juill. 2014, comm. 114, note Lucas.
12. RAPPR. : Delattre, « L'intervention du ministère public dans la désignation des administrateurs et mandataires judiciaires », *Rev. proc. coll.* 2009/3, 11, p. 14 s., sp. p. 16, n° 14.
13. Canet, « Premières remarques sur les modifications apportées par l'ordonnance n° 2008-1345 du 18 décembre 2008 en matière de liquidation judiciaire », *Rev. proc. coll.* 2009/1, p. 91, n° 4.
14. D. n° 98-1232, 29 déc. 1998, préc.
15. D. n° 85-1389, 27 déc. 1985, préc.

L. 662-6, alinéa 1er du code de commerce prévoit que « le greffe du tribunal de commerce et celui du tribunal de grande instance établissent, au terme de chaque semestre, la liste des administrateurs judiciaires et des mandataires judiciaires désignés par la juridiction et des autres personnes auxquelles un mandat afférent aux procédures régies par le présent livre a été confié par ladite juridiction, pendant cette période. Ils y font figurer, pour chacun des intéressés, l'ensemble des dossiers qui leur ont été attribués et les informations relatives aux débiteurs concernés prévues par décret en Conseil d'État ». En outre, avant l'ordonnance du 18 décembre 2008, le texte ajoutait que « Ils y annexent le montant du chiffre d'affaires qu'il a réalisé, au titre des mandats qui lui ont été confiés par la juridiction, au cours du semestre précédent ». Cette précision a été supprimée par l'ordonnance du 18 décembre 2008 (art. 157), vraisemblablement à cause de son caractère trop réglementaire. L'article R. 662-15 du code de commerce (anct D. 28 déc. 2005[1], art. 350) ajoute que cette liste « mentionne, pour chacun des débiteurs concernés, son chiffre d'affaires et le nombre de ses salariés tels qu'ils sont définis par l'article R. 621-11 du code de commerce (anct D. 28 déc. 2005, art. 53) ». L'alinéa 2 de l'article R. 662-15 du code de commerce ajoutait que les mandataires devaient transmettre au greffier du tribunal qui les a désignés, avant le terme de chaque semestre, le montant du chiffre d'affaires qu'ils ont réalisé au cours du semestre précédent, au titre de l'ensemble des mandats prévus par le livre VI du code de commerce. Ce montant devait être annexé par le greffier à la liste établie. Cet alinéa a été supprimé par l'article 120 du décret d'application de l'ordonnance de réforme, afin de tenir compte de la modification apportée à l'article L. 662-6 du code. Cet état semestriel des désignations contient les désignations en qualité de mandataire *ad hoc*, d'administrateur judiciaire, de mandataire judiciaire, de commissaire à l'exécution du plan, de liquidateur, ainsi que des mandats d'administrateur aux fins de faire fonctionner les comités de créanciers, dans les procédures de sauvegarde ou de redressement judiciaire sans administrateur judiciaire. En vertu de l'alinéa 2 de l'article L. 662-6 du code de commerce, ces informations sont portées à la connaissance du garde des Sceaux, ministre de la Justice, du ministère public du ressort concerné et des autorités chargées du contrôle et de l'inspection des administrateurs et des mandataires judiciaires. L'article R. 662-16 du code de commerce (anct D. 28 déc. 2005, art. 351) précise que l'information est portée par le greffe, dans les deux mois qui suivent le terme de chaque semestre, à la connaissance du procureur de la République près les tribunaux qui ont désigné les personnes concernées, du Conseil national des administrateurs judiciaires et des mandataires judiciaires, du magistrat inspecteur régional, du magistrat coordonnateur mentionné à l'article 55 du décret du 27 décembre 1985. Les modalités de cette information sont déterminées par l'article R. 662-16 du code de commerce (anct D. 28 déc. 2005, art. 351). Cette disposition prévoit que cette information est assurée par le greffe. En instituant cette information, pèse sur le tribunal une sorte d'obligation implicite de justifier son choix de désigner fréquemment tel mandataire ou de lui confier de manière systématique les dossiers importants[2]. On comprend dès lors que, si le tribunal peut refuser la proposition faite par le ministère public, il doit impérativement, en application de l'article L. 621-4, alinéa 5 du code de commerce, en sauvegarde, et selon l'article L. 631-9, alinéa 2, en redressement judiciaire, statuer par décision spécialement motivée.

Une application a été faite du texte par une juridiction, qui a souhaité ne pas suivre la proposition du parquet, qui entendait proposer la désignation d'un mandataire judiciaire en dehors du département, alors qu'il apparaissait au tribunal préférable de nommer un mandataire ayant son siège dans le département du siège de l'association débitrice[3].

Le ministère public peut aussi proposer la désignation de plusieurs administrateurs ou de plusieurs mandataires judiciaires. En ce cas, le tribunal qui décide de ne nommer qu'un seul mandataire doit spécialement motiver sa décision[4].

L'ordonnance du 12 mars 2014 modifie une nouvelle fois les règles applicables en la matière. L'article 17, 1° de l'ordonnance change la rédaction de l'article L. 621-4, alinéa 3 du code de commerce, pour préciser que lorsque le ministère public propose la désignation de plusieurs mandataires ou administrateurs judiciaires, le tribunal doit recueillir l'avis du débiteur.

Lorsque le ministère public soumet à la désignation du tribunal le nom d'un ou plusieurs mandataires ou administrateurs judiciaires, le tribunal doit solliciter les observations du débiteur. Le rejet de la proposition du ministère public doit être spécialement motivé (C. com., art. L. 621-4, al. 5, réd. ord. 12 mars 2014, art. 17, 2°).

L'article 51 de l'ordonnance modifie l'article L. 631-9, alinéa 1er du code de commerce, disposition qui rend applicable en redressement judiciaire,

1. D. n° 2005-1677, 28 déc. 2005, préc.

2. RAPPR. : J.-CL. COM., Perruchot, fasc. 2226, [Organes – Administrateur judiciaire – Statut], 2006, n° 14.
3. TGI Évry, 10 déc. 2009, RG n° 09/00072, *Act. proc. coll.* 2010/4, n° 56, note Cagnoli.
4. Pau, 17 janv. 2013, RG n° 12/03006, *Rev. proc. coll.* 2013, étude 9, note Delattre.

l'article L. 621-4, sous quelques réserves. Il en résulte que les règles de désignation des organes à la demande ou sur la suggestion du ministère public sont applicables tant en sauvegarde qu'en redressement judiciaire.

Enfin, l'article 67 de l'ordonnance du 12 mars 2014 modifie le cinquième alinéa de l'article L. 641-10 du code de commerce pour prévoir que, en cas de poursuite d'activité autorisée en liquidation judiciaire, le ministère public peut proposer le nom d'un administrateur judiciaire à la désignation du tribunal, qui ne peut la rejeter que par une décision spécialement motivée.

351.61-3 Observations émanant des institutions mentionnées à l'article L. 3253-14 du code du travail (AGS). Très nouvelle apparaît la solution posée par l'ordonnance du 12 mars 2014[1], qui consiste à solliciter les observations des institutions mentionnées à l'article L. 3253-14 du code du travail, c'est-à-dire l'AGS, sur la désignation du mandataire judiciaire, si la procédure est ouverte à l'égard d'un débiteur employant un certain nombre de salariés (à fixer par décret). La solution est applicable en sauvegarde (C. com., art. L. 621-4, al. 5, réd. ord. 12 mars 2014, art. 17, 2°, b) et en redressement judiciaire (C. com., art. L. 631-9, al. 1er, réd. ord. 12 mars 2014, art. 51).

L'article 61 de l'ordonnance du 12 mars 2014 insère un alinéa 4 au II de l'article L. 641-1 du code de commerce, pour prévoir que le tribunal doit solliciter les observations de l'AGS, sur la désignation du liquidateur, si la procédure est ouverte à l'égard d'un débiteur employant un certain nombre de salariés fixé par décret. L'article R. 621-2-1 du code de commerce issu du décret du 30 juin 2014[2] (art. 29) fixe à 50 le nombre de salariés du débiteur. Le texte précise que l'AGS (institutions mentionnées à l'article L. 3253-14 du code du travail) est invitée par le greffier à faire connaître la personne habilitée à la représenter à l'audience. Les observations prévues à l'article L. 621-4, alinéa 5 du code de commerce peuvent également être recueillies par écrit. Elles sont alors communiquées au débiteur et au ministère public par le greffe.

La solution est applicable en sauvegarde (C. com., art. L. 621-4, al. 5, réd. ord. 12 mars 2014, art. 17, 2°, b) et en redressement judiciaire (C. com., art. L. 631-9, al. 1er, réd. ord. 12 mars 2014, art. 51). Le tribunal est libre de ne pas suivre ces observations sans avoir besoin, à notre sens, de motiver spécialement sa décision. De plus, il n'y a pas là une prérogative de l'AGS susceptible de lui ouvrir un recours sur la désignation du mandataire judiciaire ou du liquidateur.

En outre, en cas de liquidation judiciaire prononcée sur conversion d'un redressement ou d'une sauvegarde, l'AGS peut s'opposer à la désignation comme liquidateur du mandataire judiciaire (ord. 12 mars 2014, art. 61). Il semble bien qu'il y ait là pour l'AGS une prétention au sens des articles 4 et 31 du code de procédure civile, qui devrait pouvoir lui ouvrir le recours sur la désignation.

Alors que l'ordonnance du 12 mars 2014 avait cantonné les observations de l'AGS à la nomination du mandataire judiciaire et du liquidateur, la loi de modernisation de la justice du XXIe siècle étend ces observations à la nomination de l'administrateur judiciaire, en modifiant l'article L. 621-4, alinéa 5, du code de commerce. Cette disposition est inapplicable aux procédures en cours au jour de la publication de la loi du 12 juillet 2016 (art. 54).

Signalons que les solutions retenues par le texte final de l'ordonnance du 12 mars 2014 sont très en retrait par rapport à celles contenues dans le projet d'ordonnance, lesquelles envisageaient la possibilité pour l'AGS de proposer le nom d'un mandataire judiciaire ou d'un liquidateur, ce qui nous semblait aller trop loin, au regard de l'indépendance nécessaire des mandataires de justice, fut-ce à l'égard d'une institution aussi noble que l'AGS.

351.61-4 Observations émanant du créancier poursuivant. L'article 51 de l'ordonnance du 12 mars 2014[3] prévoit, de manière nouvelle, que le tribunal sollicite les observations du créancier poursuivant sur la désignation du mandataire judiciaire (C. com., art. L. 631-9, al. 2). La solution posée pour le redressement judiciaire n'est pas reprise, étonnamment a-t-on dit[4], pour le liquidateur en liquidation judiciaire.

Le tribunal est libre de ne pas suivre ces observations sans avoir besoin, à notre sens, de motiver spécialement sa décision. En outre, il n'y a pas là une prérogative du créancier poursuivant susceptible de lui ouvrir un recours sur la désignation du mandataire judiciaire.

Le projet d'ordonnance du 12 mars 2014 allait beaucoup plus loin et s'engageait dans une voie hasardeuse, une pente dangereuse a-t-il été écrit[5], au regard de l'impérieuse nécessité d'indépendance des mandataires de justice, en prévoyant que le

1. Ord. n° 2014-326, 12 mars 2014, préc.
2. D. n° 2014-736, 30 juin 2014, *JO* 1er juill., p. 10834.
3. Ord. n° 2014-326, 12 mars 2014, préc.
4. Gorrias, « L'ordonnance du 12 mars 2014 et les modifications intéressant la nomination des organes », *Gaz. Pal.* 6 avr. 2014, n° 96, p. 39, sp. p. 41.
5. Pétel, « Entreprises en difficulté : encore une réforme ! », *JCP E* 2014. 1223, n° 29.

créancier poursuivant puisse proposer au tribunal un mandataire judiciaire.

351.61-5 Règles particulières aux sauvegardes accélérées.

> Sauvegarde financière accélérée. Une règle particulière a d'abord été prévue dans la **sauvegarde financière accélérée régie par la loi du 22 octobre 2010**[1]. La désignation de l'administrateur judiciaire est ici législativement orientée. Il s'est agi de tenir compte des délais extrêmement brefs de la procédure de sauvegarde financière accélérée, de la préparation par le conciliateur d'un projet de plan pendant la conciliation, sur lequel il ne restera plus guère qu'à faire voter les créanciers, membres du comité des établissements de crédit et obligataires. C'est pourquoi l'article L. 628-3 du code de commerce (réd. L. 22 oct. 2010, art. 57) prévoit que le tribunal désigne comme administrateur le conciliateur, s'il est inscrit sur la liste des administrateurs judiciaires. Il ne pourra désigner une autre personne que par décision spécialement motivée, précise le texte.

> Sauvegardes accélérées. La solution posée pour la sauvegarde financière accélérée par la loi du 22 octobre 2010 a été conservée par l'ordonnance du 12 mars 2014[2] (C. com., art. L. 628-3, al. 1er, réd. ord. 12 mars 2014, art. 48). Elle a été étendue à la désignation du mandataire judiciaire, si le conciliateur est inscrit sur la liste de l'article L. 812-2 (liste des mandataires judiciaires).

351.61-6 Possibilité pour le tribunal de désigner des organes communs à l'ensemble des procédures en présence d'un groupe de sociétés[3].

L'article 93 de l'ordonnance du 12 mars 2014[4] innove en prévoyant la possibilité pour des tribunaux saisis de procédures concernant des sociétés contrôlées par la même société ou contrôlant les mêmes sociétés au sens de l'article L. 233 du code de commerce[5] de désigner un administrateur judiciaire et un mandataire judiciaire commun à l'ensemble des procédures. C'est l'objet de l'article L. 662-8 du code de commerce.

La disposition répond au traitement des difficultés d'un groupe de sociétés, lorsque plusieurs procédures collectives sont ouvertes par plusieurs tribunaux, situés par hypothèse dans des ressorts différents. Il est logique que des organes communs puissent assurer le traitement ordonné des difficultés, ce qui justifie que l'article L. 662-8 du code de commerce ait prévu la possibilité pour le tribunal de confier une mission de coordination selon les modalités fixées par décret en Conseil d'État. Il s'agit, par cette disposition, d'assurer *une coopération entre les différents intervenants* au service des justiciables de la procédure collective, et non d'introduire une hiérarchisation entre les différents organes[6].

L'article R. 662-18 envisage deux hypothèses.

Dans la première, la demande de désignation d'un organe coordonnateur émane soit de chacun des administrateurs ou de chacun des mandataires judiciaires désignés (C. com., art. R. 662-18, I). Ce mandataire de justice peut être autorisé par le juge-commissaire à saisir la juridiction qui a ouvert la procédure à l'égard de la société dont l'effectif ou, à défaut, le chiffre d'affaires est le plus important afin qu'elle attribue une mission de coordination à celui des mandataires qui a été désigné dans chacune des procédures. La rémunération du coordonnateur sera arrêtée par le magistrat de la cour d'appel délégué à cette fin par le premier président de la cour d'appel dans le ressort de laquelle est située la juridiction qui a désigné le coordonnateur.

Dans la seconde hypothèse, la demande de désignation d'un organe coordinateur n'émane pas des mandataires eux-mêmes. En ce cas, le II de l'article R. 662-18 prévoit que le président de l'un des tribunaux en cause et le ministère public près l'un de ces tribunaux peuvent également saisir le premier président de la cour d'appel, ou, si les procédures concernent des juridictions de plusieurs cours d'appel, le premier président de la Cour de cassation, afin qu'il désigne un administrateur ou un mandataire judiciaire coordonnateur. La technique rappelle celle applicable à la délocalisation des procédures lorsque les intérêts en présence le justifient. Le projet de décret indiquait que le coordonnateur ne peut être choisi parmi les mandataires de justice désignés par les juridictions concernées. Ce texte n'a pas été repris dans le décret, ce qui semble autoriser, en conséquence, la désignation du coordonnateur parmi les mandataires de justice déjà désignés. Le projet de décret prévoyait que le mandataire était choisi comme l'aurait été tout mandataire de justice : soit sur la liste soit hors liste. Cette précision a disparu, ce qui accrédite l'idée que le coordonnateur sera choisi exclusivement sur la liste. Le premier président de la Cour de cassation indique, par la même décision, la cour d'appel qui statuera

1. L. n° 2010-1249, 22 oct. 2010, *JO* 23 oct., p. 18984.
2. Ord. n° 2014-326, 12 mars 2014, préc.
3. Henry, « Les groupes de sociétés et la réforme de 2014 : l'ombre du droit européen », *BJE* 2014, 290.
4. Ord. n° 2014-326, 12 mars 2014, préc.
5. SUR L'EXPLICITATION de la notion de contrôle au sens de l'article L. 233-3 du code de commerce : Saintourens, « Ouverture des procédures : mise aux normes constitutionnelles et nouveautés procédurales », *Rev. proc. coll.* 2014, dossier 16, n° 18.
6. Gorrias, « L'ordonnance du 12 mars 2014 […] », préc., sp. p. 41.

sur la rémunération du coordonnateur. Ces précisions ont disparu du décret définitif. Les décisions du premier président de la cour d'appel ou de la Cour de cassation sont communiquées aux mandataires de justice désignés par les juridictions et au ministère public et sont notifiées au mandataire coordonnateur par le greffier de la cour. Ces décisions ne sont pas susceptibles de recours. Il faut donc les tenir pour des actes d'administration judiciaire.

Les articles R. 662-19 et R. 662-20 définissent, pour les deux hypothèses, la mission du coordonnateur.

S'il s'agit d'un coordonnateur administrateur judiciaire, l'article R. 662-19 indique qu'il lui appartient d'établir un rapport avec l'assistance de chacun des administrateurs, sur la situation des sociétés ayant fait l'objet des procédures. Ce rapport peut comporter des propositions dans l'intérêt commun des sociétés qui composent ce groupe. Ce rapport établi au niveau du groupe semble intermédiaire entre un bilan économique et social – rapport sur le passé – et un projet de plan – rapport sur le futur. Ce rapport est communiqué à chacune des juridictions et au ministère public. L'administrateur coordonnateur est destinataire des projets de plan soumis aux tribunaux. Ses observations sont transmises aux juridictions concernées.

Pour sa part, l'article R. 662-20 précise la mission du mandataire judiciaire coordonnateur. Il assiste chacun des mandataires pour la vérification des créances existant entre les sociétés en cause (créances intra-groupe) et la connaissance des relations financières entre les sociétés du même groupe. Sa mission est donc circonscrite aux relations intra groupe. Il est destinataire des projets de plan soumis aux tribunaux. Ses observations sont transmises aux juridictions concernées.

L'article R. 662-21 du code précise enfin que pour l'exercice de leurs missions, les administrateurs ou mandataires judiciaires peuvent définir, d'un commun accord, les modalités de cette coordination. Le protocole établi est porté à la connaissance des juge-commissaires de chacune des procédures et au ministère public. Modalité ne signifie pas contenu. Seule la façon de travailler en commun sera négociable, non le contenu du travail.

Il n'y a pas ici unicité de procédure, comme en cas d'extension de procédure sur le fondement de la confusion des patrimoines ou de la fictivité. Il ne s'agit donc pas de la désignation unique d'organes, comme cela est le cas dans l'hypothèse d'extension d'une procédure collective à un débiteur *in bonis*, mais bien ici de la désignation par chacun des tribunaux d'un administrateur et d'un mandataire judiciaires. La solution conduit à allouer pour chaque désignation la rémunération prévue par les textes, et non une rémunération unique comme cela est le cas pour l'extension de procédure.

L'article R. 663-13-1 inséré par l'article 125 du décret du 30 juin 2014[1], pour la rémunération de l'administrateur coordinateur, l'article R. 663-31-1 inséré par l'article 127 du décret du 30 juin 2014, pour la rémunération du mandataire judiciaire coordinateur indiquent que la rémunération de ces organes est arrêtée par le magistrat de la cour d'appel délégué à cette fin par le premier président, après avoir recueilli l'avis du ministère public mentionnant l'avis de chaque procureur de la République concerné. Si la décision de nomination du mandataire coordonnateur émane du Premier Président de la Cour de cassation, il désigne la cour d'appel qui statuera sur la rémunération du coordonnateur (C. com., art. R. 662-18, II, al. 2). Sa décision répartit la charge de cette rémunération et des frais ou débours afférents à ces fonctions entre les différentes procédures. La décision peut être frappée d'un recours devant le premier président de la cour d'appel par les débiteurs et le ministère public et, selon le cas, par l'administrateur judiciaire (C. com., art. R. 663-13-1) ou le mandataire judiciaire coordonnateur (C. com., art. R. 663-31-1).

Alors même que ces dispositions n'avaient encore pas eu l'occasion de s'appliquer, la loi Macron a remplacé le dispositif par des règles de co-désignations obligatoires.

351.61-7 Co-désignations[2]. L'article 235 de la loi du 6 août 2015[3], dite loi Macron, crée des cas de co-désignations obligatoires d'organes de la sauvegarde, du redressement ou de la liquidation judiciaire. L'article L. 662-8 du code de commerce, issu de l'article 93 de l'ordonnance du 12 mars 2014[4], prévoyait déjà la possibilité pour des tribunaux saisis de procédures concernant des sociétés contrôlées par la même société ou contrôlant les mêmes sociétés au sens de l'article L. 233-3 du code de commerce[5] de désigner un administrateur judiciaire et un mandataire judiciaire commun à l'ensemble des procédures. Il ne s'agissait jusqu'alors que d'une faculté pour le tribunal. L'article L. 621-4-1 du code

1. D. n° 2014-736, 30 juin 2014, préc.
2. Benilsi, « Le développement du co-mandat des administrateurs et des mandataires judiciaires », *BJE* 2015, 426 – Menjucq M., Farges J.-P., Gorrias S., Messinesi J. et Abitbol F., « Le nouveau traitement procédural des groupes de sociétés en droit français après la loi Macron », *Rev. proc. coll.* 2016, table ronde 2.
3. L. n° 2015-990, 6 août 2015, préc.
4. Ord. n° 2014-326, 12 mars 2014, préc.
5. SUR l'explicitation de la notion de contrôle au sens de l'article L. 233-3 du code de commerce : Saintourens, « Ouverture des procédures : mise aux normes constitutionnelles et nouveautés procédurales », *Rev. proc. coll.* 2014, dossier 16, n° 18.

de commerce, issu de la loi du 6 août 2015, te la sauvegarde applicable en redressement jud (C. com., art. L. 631-9, al. 1), applicable aux p dures collectives ouvertes à compter de la pul tion du décret, soit le 3 avril 2016 (D. 1er 2016[1], art. 22, I), prévoit, pour sa part, que le t nal désigne au moins un deuxième administra judiciaire et un deuxième mandataire judici dans le jugement d'ouverture de la procédu l'encontre d'un débiteur, qui répond à l'un des d critères suivants :

– un critère relatif à la structure de la société du groupe. Soit le débiteur :

« 1° Possède un nombre d'établissements seco daires situés dans le ressort d'un tribunal où il n'st pas immatriculé au moins égal à un seuil fixé ar voie réglementaire; l'article R. 621-11-1, I du cde de commerce (réd. 1er avr. 2016, art. 2) fixe le nombre d'établissements secondaires à 3;

2° Ou détient ou contrôle, au sens desarticles L. 233-1 ou L. 233-3, au moins deux sciétés à l'encontre desquelles est ouverte une procdure de sauvegarde, de redressement ou de liqudation judiciaire;

3° Ou est détenu ou contrôlé, au sens desmêmes articles L. 233-1 ou L. 233-3, par une sdété à l'encontre de laquelle est ouverte une procéire de sauvegarde, de redressement ou de liquidatic judiciaire, cette société détenant ou contrôlar ellemême au moins une autre société à l'encorre de laquelle est ouverte une telle procédure »;

– un critère relatif au chiffre d'affaires :

« lorsque le chiffre d'affaires du débiteur ou de l'une des sociétés mentionnées aux 2° ou 3° dépasse un seuil défini par voie réglementaire », fixé à 20 millions d'euros par l'article R. 621-11-1, I, alinéa 2 du code de commerce (réd. D. 1er avr. 2016, art. 2), apprécié à la date de clôture du dernier exercice comptable.

Ces critères d'établissements secondaire et de chiffre d'affaires sont, à notre sens, cumulatifs et non alternatifs, le contraire ayant été soutenu[2]. En effet, après avoir énoncé les trois possibilités en ce qui concerne la façon dont le débiteur est structuré, le texte utilisant la conjonction de coordination « ou », le texte utilise un « et » en ce qui concerne le chiffre d'affaires.

Il ne s'agit plus d'une faculté ouverte au tribunal, mais bien d'une obligation. Là réside la modification.

L'article L. 621-4-1 du code de commerce précise que ce deuxième administrateur et ce deuxième mandataire sont, chacun en ce qui le concerne, communs au débiteur et aux sociétés mentionnées aux mêmes 2° et 3°.

L'alinéa dernier de l'article L. 621-4-1 du code de commerce précise, pour la première fois dans les textes, « que les conditions d'expérience et de moyens que doivent remplir le deuxième administrateur et le deuxième mandataire au regard de la complexité de la procédure ou de la taille des entreprises concernées sont précisés par décret en Conseil d'État ». Les administrateurs judiciaires et les mandataires judiciaires spécialisés font ici leur apparition[3]. Il a été suggéré de retenir comme critères une pratique reconnue dans le traitement des dossiers importants, complétées par la prise en compte de la structuration de l'étude et de l'existence d'une équipe étoffée[4]. L'article R. 621-11-1, II du code de commerce (réd. D. 1er avr. 2016, art. 2) précise ainsi que le deuxième administrateur judiciaire et le deuxième mandataire judiciaire doivent être inscrits sur la liste des AJ ou des MJ, selon le cas, depuis dix ans au moins. Ils doivent être titulaires, associés ou salariés d'une étude employant au moins 15 salariés.

L'article L. 641-1-2 du code de commerce est créé pour prévoir que « Lorsque sont réunies les conditions prévues à l'article L. 621-4-1, le tribunal désigne en qualité de liquidateur au moins deux mandataires judiciaires, dont un commun au débiteur et aux sociétés mentionnées aux 2° et 3° du même article. » Ainsi le second liquidateur sera désigné selon les mêmes conditions et les mêmes critères que le second mandataire judiciaire.

Les articles L. 621-4-1, L. 631-9 et L. 641-1-2 du code de commerce, dans leur rédaction résultant du présent article, sont applicables dans les îles Wallis et Futuna. Les mesures d'application prévues à l'article L. 621-4-1 du code de commerce seront fixées par l'assemblée territoriale (C. com., art. L. 956-1).

Après avoir créé des cas de co-désignations obligatoires, l'article 237 de la loi du 6 août 2015, dite loi Macron, élargit très sensiblement la saisine aux fins de co-désignation d'organes.

Jusqu'alors, dans la procédure de sauvegarde, à la seule demande du ministère public, le tribunal pouvait désigner plusieurs administrateurs et/ou mandataires judiciaires. L'alinéa 3 de l'article L. 621-4 est modifié pour autoriser le tribunal d'office à procéder à une adjonction d'organes. Le débiteur peut également présenter une demande en ce sens, si le ministère public n'a pas formé la demande.

Dans la procédure de redressement judiciaire, la saisine aux fins d'adjonction d'organes obéit aux

1. D. no 2016-400, 1er avr. 2016, préc.
2. Lucas, « Structuration des études et formation des professionnels », *BJE* 2016, éditorial, p. 149.
3. RAPPR. : JHuertas, Entretien, *BJE* 2015, 400 s., sp. p. 404.
4. Huertas, Entretien, *BJE* 2015, 400 s., sp. p. 404.

règles prévues à l'article L. 621-4, alinéa 3, sous une réserve qui résulte du premier alinéa de l'article L. 631-9. Le tribunal peut ici également être saisi par le créancier poursuivant. Le tribunal peut également, se saisir d'office pour demander la nomination d'un administrateur judiciaire lorsque la nomination de ce dernier est simplement facultative.

Dans la procédure de liquidation judiciaire ouverte immédiatement, la possibilité de désigner plusieurs liquidateurs est attribuée par la loi Macron, au débiteur, mais également au créancier poursuivant (C. com., art. L. 641-1, II, al. 2). Il est heureux, en revanche, que ni le créancier poursuivant, ni le débiteur ne puisse choisir le liquidateur. Il y va évidement de l'indépendance et donc de l'efficacité dans l'exercice du mandat de justice.

Puisque la co-désignation devient obligatoire dans des cas où ils étaient auparavant facultatifs, le décret du 26 février 2016[1] (art. 10, 7°) en tire la conséquence en abrogeant les articles R. 662-18 à R. 662-21 du code de commerce, et cela à compter de la date d'entrée en vigueur des nouvelles règles de tarification des mandataires de justice, résultant du décret du 26 février 2016, soit la date d'entrée en vigueur du premier arrêté portant fixation des tarifs.

351.62 Désignation de personnes non inscrites sur les listes nationales. L'alinéa 2 de l'article L. 811-2 du code de commerce (anc[t] L. 25 janv. 1985[2], art. 2) autorise les tribunaux, à titre exceptionnel, par décision spécialement motivée, à désigner comme administrateur judiciaire, des personnes physiques ayant une expérience ou une qualification particulière au regard de la nature de l'affaire, même si elles ne sont pas inscrites sur la liste des administrateurs judiciaires, par exemple en cas de procédure atteignant des sociétés d'officiers ministériels, tels des huissiers ou des notaires.

La solution est reproduite pour les mandataires judiciaires (C. com., art. L. 812-2, II [anc[t] L. 25 janv. 1985, art. 20]).

Le Gouvernement, pour une raison bien difficile à justifier à nos yeux, a entendu supprimer le caractère exceptionnel de la désignation de personnes non inscrites sur les listes nationales d'administrateurs et de mandataire judiciaires. L'incohérence de la solution est patente, qui consiste à pouvoir nommer de manière non exceptionnelle des personnes non assujetties aux lourdes contraintes pesant sur les professionnels[3].

Notons que la loi de modernisation de la justice du XXIe siècle a modifié l'article L. 811-2 et 812-9 du code de commerce, pour soumettre les personnes désignées hors liste à la surveillance du ministère public et aux inspections prévues pour les administrateurs et mandataires judiciaires.

L'alinéa 1er de l'article L. 811-2 du code de commerce et le I de l'article L. 812-2 du même code conservent le principe selon lequel l'administrateur judiciaire, pour le premier de ces textes, le mandataire judiciaire, pour le second, ne peuvent être désignés que s'ils sont inscrits sur une liste nationale. L'alinéa 2 de l'article L. 811-2 du code de commerce prévoit, en conséquence de la modification apportée par l'ordonnance (ord. 18 déc. 2008[4], art. 161, I), que « Toutefois le tribunal peut, après avis du procureur de la République, désigner comme administrateur judiciaire une personne physique justifiant d'une expérience ou d'une qualification particulière au regard de la nature de l'affaire et remplissant les conditions définies aux 1° à 4° de l'article L. 811-5 ».

Identiquement, l'alinéa premier du II de l'article L. 812-2 du code de commerce (ord. 18 déc. 2008, art. 161, I) dispose que « Toutefois, le tribunal peut, après avis du procureur de la République, désigner comme mandataire judiciaire une personne physique justifiant d'une expérience ou d'une qualification particulière au regard de la nature de l'affaire et remplissant les conditions définies aux 1° à 4° de l'article L. 812-3 ». Cette disposition générale comporte une ambiguïté, car le texte ne vise pas la désignation aux fonctions de mandataire judiciaire, mais la désignation « comme mandataire judiciaire », ce qui peut ne concerner que la mission de mandataire judiciaire, non celle de liquidateur judiciaire. La solution ne peut toutefois être suivie. Si l'article 67 du décret d'application de l'ordonnance de réforme abroge l'article R. 641-3 du code de commerce, selon lequel « Les dispositions de l'article R. 621-12 applicables au mandataire judiciaire le sont au liquidateur désigné par le tribunal lorsque celui-ci n'est pas inscrit sur la liste prévue par l'article L. 812-2 », il modifie, dans le même temps l'article R. 641-8 du code. C'est l'objet de l'article 70 du décret d'application de l'ordonnance de réforme. Selon le nouvel article R. 641-8 du code de commerce, « les dispositions des articles R. 621-12 et R. 621-13 applicables au mandataire judiciaire le sont au liquidateur désigné par le tribunal lorsque celui-ci n'est pas inscrit sur la liste prévue par l'article L. 812-2 ».

Il faut bien remarquer que, malgré la suppression du caractère exceptionnel de la nomination d'une

1. D. n° 2016-230, 26 févr. 2016 relatif aux tarifs de certains professionnels du droit et au fonds interprofessionnel de l'accès au droit et à la justice, *JO* 28 févr.
2. L. n° 85-99, 25 janv. 1985, préc.
3. PÉROCHON, 10e éd., n° 514.
4. Ord. n° 2008-1345, 18 déc. 2008, préc.

personne hors liste, pareille désignation rea nécessairement tout à fait exceptionnelle. En t, l'alinéa 2 de l'article L. 811-2 et le premier alinu II de l'article L. 812-2 du code de commerce i-gent le tribunal à motiver spécialement sa décin au regard de l'expérience et de la qualification p-culière de la personne qu'il va désigner hors list

Nous pensons bien connaître les vicissitudes ls à l'exercice de la profession d'administrateur ji-ciaire ou de mandataire judiciaire, et les compét-ces à déployer pour les exercer[1]. C'est pourqi nous n'avons pas peur d'affirmer que nous ima-nons assez mal qu'un non professionnel puisse sn acquitter correctement, alors que, *a priori*, si un p-fessionnel inscrit sur la liste nationale n'est s nommé, c'est implicitement, mais nécessairemt, parce que la juridiction aura estimé qu'un non p-fessionnel pourra s'acquitter mieux de la missioà lui confiée.

Les personnes choisies ne doivent pas avoir dic-tement ou indirectement d'intérêt par rapporau débiteur en redressement ou en liquidation jdi-ciaire (sur le détail, v. C. com., art. L. 811-2, al. et L. 812-2, II, al. 2).

L'article R. 621-12 du code de commerce (anct D. 28 déc. 2005[2], art. 54) prévoit que lorsqe le mandataire de justice désigné ne figure par sr les listes nationales de mandataires judiciairs ou d'administrateurs judiciaires, à la copie du jugement doit être joint un document reproduisant les termes notamment des articles 811-2 ou 812-1 du code de commerce, lesquels obligent les personnes désignées à établir une attestation sur l'honneur qu'elles ne font pas l'objet d'une incompatibilité ou d'une interdiction d'exercice et qu'elles remplissent les conditions pour être désignées, aux missions d'administrateur ou de mandataire judiciaire. Pour tenir compte d'une difficulté résultant de l'ancienne législation, le législateur oblige en effet l'intéressé à justifier d'une garantie affectée au remboursement des fonds, effets ou valeurs. Il doit également, pour accepter sa mission, souscrire une assurance de responsabilité civile professionnelle (C. com., art. L. 814-5 [anct L. n° 85-99, 25 janv. 1985, art. 36]). Il doit aussi indiquer le nom du commissaire aux comptes qui assure le contrôle de sa comptabilité spéciale.

1. Nous dirigeons un master II à la Faculté de droit de Nice « Droit des difficultés d'entreprise », ayant notamment vocation à préparer à l'examen d'accès au stage des mandataires de justice, et savons donc bien le degré d'exigence attendu des étudiants préparant cet examen d'accès, qui n'est pourtant que la première étape vers l'examen très sélectif d'accès aux professions d'administrateur judiciaire et de mandataire judiciaire.
2. D. n° 2005-1677, 28 déc. 2005, préc.

Il est dès lors logique de prévoir que les cotisations versées par les administrateurs judiciaires et les mandataires judiciaires au redressement et à la liquidation des entreprises ne soient affectées qu'à la garantie de ces seuls professionnels (C. com., art. L. 814-3, al. 4 [anct L. 25 janv. 1985, art. 34]).

L'article R. 621-12 du code de commerce (anct D. 28 déc. 2005, art. 54) prévoit que l'intéressé doit adresser au tribunal sans délai l'attestation sur l'honneur selon laquelle il remplit les conditions prévues à 4° de l'article L. 811-2 du code de commerce ou du troisième alinéa du II de l'article L. 812-2.

351.63 Remplacement de mandataires de justice.

> Solutions de la législation antérieure à la réforme du 26 juillet 2005[3]. L'article L. 621-10 du code de commerce (anct L. 25 janv. 1985[4], art. 12) prévoit, en son alinéa 1, la possibilité pour le tribunal, de procéder au remplacement de l'administrateur judiciaire, de l'expert et du représentant des créanciers d'office. Cette faculté ouverte à la juridiction ne doit pas être utilisée pour sanctionner un mandataire refusant d'exercer la voie de recours que lui imposait d'exercer le tribunal, sauf pour ce dernier à commettre un excès de pouvoir rendant recevable le recours nullité du ministère public[5].

Le tribunal peut également être saisi à la demande du juge-commissaire ou du procureur de la République. La solution est reproduite, pour le liquidateur, par l'article L. 622-2 du code de commerce (anct L. 25 janv. 1985, art. 148-1, al. 1er), lequel renvoie à l'article L. 622-5 (anct L. 25 janv. 1985, art. 148-4, al. 2). Le juge-commissaire peut également saisir à cette fin le tribunal, sur demande de l'administrateur ou du représentant des créanciers, ainsi que d'un contrôleur (C. com., art. L. 621-10 [anct L. 25 janv. 1985, art. 12, al. 2]). L'obligation de courtoisie conduira le mandataire présentant pareille demande à solliciter l'avis des autres mandataires en fonction dans le dossier[6]. Pareil texte n'existe pas pour la liquidation, ce qui signifie que le liquidateur ne peut demander au juge-commissaire de saisir le tribunal aux fins de remplacement. Il faut en tirer la conséquence que, malgré le libellé maladroit de l'article L. 621-10 (anct L. 25 janv. 1985, art. 12, al. 2), un organe ne peut demander au juge-commissaire de saisir le tribunal pour être remplacé.

Le débiteur peut également solliciter du juge-commissaire qu'il saisisse le tribunal aux fins de

3. L. n° 2005-845, 26 juill. 2005, préc.
4. L. n° 85-98, 25 janv. 1985, préc.
5. Toulouse, 12 janv. 2000, *Rev. proc. coll.* 2000, p. 197, n° 6, obs. Soinne.
6. IFPPC 1999, recomm. n° 1032-1, p. 14.

remplacement de l'administrateur ou de l'expert (C. com., art. L. 621-10 [anc[t] L. 25 janv. 1985, art. 12, al. 2]).

Cependant, il ne peut demander le remplacement du représentant des créanciers. Le débiteur peut également demander, dans les mêmes formes, le remplacement du liquidateur (C. com., art. L. 622-2 [anc[t] L. 25 janv. 1985, art. 148-1], renvoyant à l'article L. 622-5 [anc[t] L. 25 janv. 1985, art. 148-4, al. 2]). Le débiteur doit donc s'adresser au juge-commissaire pour qu'il saisisse le tribunal. Le tribunal qui procéderait au remplacement du liquidateur sur demande directe du débiteur commettrait donc un excès de pouvoir[1] (v. aussi s[s] n° 351.64).

Les créanciers, sans qu'il soit besoin qu'ils soient contrôleurs, peuvent aussi solliciter du juge-commissaire qu'il saisisse le tribunal aux fins de remplacement du représentant des créanciers (C. com., art. L. 621-10) ou du liquidateur (C. com., art. L. 622-2, renvoyant à l'article L. 622-5). Les créanciers ne peuvent, en revanche, solliciter le remplacement de l'administrateur judiciaire[2] ou de l'expert.

L'article 30 du décret du 27 décembre 1985[3] prévoit que lorsque le juge-commissaire, saisi d'une demande de remplacement d'un organe, ne s'est pas prononcé dans les trois jours, la demande peut être portée directement par assignation devant le tribunal. La saisine incombera au demandeur au remplacement de l'organe. L'alinéa 2 de l'article 30 prévoit que si la demande a été présentée par le procureur de la République, par le juge-commissaire ou si le tribunal s'est saisi d'office, il y a lieu d'appliquer les dispositions des articles 8 ou 9 du décret du 27 décembre 1985. Il y a donc place à convocation, non pas du débiteur, comme le prévoient les articles 8 et 9 du décret, mais de l'organe dont le remplacement est demandé, afin qu'il puisse faire valoir sa défense[4]. Le tribunal statuera alors sur rapport du juge-commissaire, et après avis du procureur de la République, par jugement prononcé en audience publique. Le rapport du juge-commissaire est une formalité substantielle. Son absence entraînera nullité du jugement[5].

Le mandataire de justice remplacé doit rendre ses comptes à son remplaçant, en présence du juge-commissaire, le débiteur entendu ou dûment appelé, à la diligence du greffier (D. 27 déc. 1985, art. 31). La reddition de comptes doit intervenir dans les plus brefs délais[6].

...dispositions qui précèdent s'appliquent également... la demande d'adjonction d'administrateur judi...ire (D. 27 déc. 1985, art. 30, al. 4).

...sque le remplacement d'organe est justifié par un... interdiction d'exercice atteignant le mandataire re...placé, ce dernier, malgré l'interdiction d'exerci... est tenu de rendre ses comptes à son succes-seu...

... cas de changement d'organe, l'instance à la...lle était partie l'organe remplacé se trouve interro...ue, au sens de l'article 370 du code de procédu... civile[8]. Si un administrateur provisoire est dési-g... à la place du mandataire empêché pour ac...mplir les actes nécessaires à la gestion de l'étude de... mandataire, en application de l'article 31 du dé...t n° 85-1389 du 27 décembre 1985[9], il lui est re...nnu qualité pour introduire toute action qu'aurait pu...engager la personne empêchée. La solution a été po...e à propos d'une action en comblement de passif...

...ul le comité d'entreprise ou à défaut les délégu...du personnel ou à défaut les salariés de l'entreprise... pourront procéder au remplacement du représent...nt des salariés.

> So...ution de la législation issue de la réforme du 26 ju...llet 2005[11]. La réforme du 26 juillet 2005 cons...rve globalement les solutions antérieures, les disp...sitions concernées devenant respectivement les su...vantes :

L'article L. 621-10 du code de commerce (anc[t] L. 25 janv. 1985, art. 12) devient L. 621-7.

L. 622-2, alinéa 1er du code de commerce (anc[t] L. 25 janv. 1985, art. 148-1, al. 1er) devient L. 641-1, III, alinéa 2.

L'article L. 622-5, alinéa 2 (anc[t] L. 25 janv. 1985, art. 148-4, al. 2) devient L. 641-1, II.

Les réserves ci-après méritent d'être signalées.

La loi du 26 juillet 2005 substitue au terme procureur de la République celui de ministère public, lorsqu'il est envisagé le remplacement d'organes.

Le terme de représentant des créanciers utilisé par la législation antérieure à la loi du 26 juillet 2005 est remplacé par le vocable générique de mandataire judiciaire.

Lorsque le remplacement ou la révocation de l'administrateur, de l'expert ou du mandataire judiciaire est présenté par le ministère public ou par le juge-commissaire ou lorsque le tribunal se saisit

1. Com. 2 juin 2004, n° 02-14.235, NP.
2. Chaput, n° 295.
3. D. n° 85-1388, 27 déc. 1985, *JO* 29 déc., p. 15281.
4. Montpellier, 10 août 1994, *Rev. proc. coll.* 1995, p. 290, n° 4, obs. Dureuil.
5. Paris, 17 janv. 1991, *D.* 1992. Somm. 7, obs. Derrida.
6. IFPPC 1999, recomm. n° 1032-2, p. 15.
7. À propos d'un syndic : Com. 16 oct. 2001, n° 98-22.047, NP, *Act. proc. coll.* 2001/19, n° 244.
8. Orléans, ch. com., éco. et fin., 17 févr. 2000, *RJDA* 2000/4, n° 450.
9. D. n° 85-1389, 27 déc. 1985, préc.
10. Com. 25 févr. 2004, n° 00-14.984, NP.
11. L. n° 2005-845, 26 juill. 2005, préc.

d'office, l'organe intéressé est convoqué, en application de l'article R. 621-17, alinéa 1er du code de commerce (anct D. 28 déc. 2005, art. 72, al. 1er), selon les formes et la procédure prévues à l'article R. 631-3 du code de commerce (anct D. 28 déc. 2005, art. 172), c'est-à-dire la procédure applicable à la saisine d'office du tribunal aux fins d'ouverture du redressement judiciaire (v. ss nos 231.42 et 231.43) ou selon les formes et la procédure prévues à l'article R. 631-4 du code de commerce (anct D. 28 déc. 2005, art. 173), qui intéresse la saisine par le ministère public du tribunal aux fins d'ouverture du redressement judiciaire (v. ss no 231.61). La solution est également applicable au remplacement du liquidateur (C. com., art. R. 641-12 [anct D. 28 déc. 2005, art. 225]).

La réforme du 26 juillet 2005 prévoit la possibilité, à l'article L. 621-7, alinéa 3 du code de commerce, pour l'ordre professionnel ou l'autorité professionnelle du libéral à statut, de saisir le ministère public pour que celui-ci demande au tribunal le remplacement de l'administrateur, de l'expert éventuellement nommé ou du mandataire judiciaire. L'article L. 631-9 du code rend applicable cette disposition en redressement judiciaire. L'article L. 641-1, II, alinéa 2 prévoit une solution identique pour le remplacement du liquidateur, peu important que la liquidation judiciaire soit immédiate ou qu'elle résulte de la conversion du redressement en liquidation judiciaire. Le non respect du secret professionnel par le mandataire de justice pourrait justifier ce remplacement[1].

Un amendement présenté par la commission des affaires économiques du Sénat, prévoyait que lorsque le débiteur est immatriculé au répertoire des métiers, la chambre de métiers et de l'artisanat dont il dépend peut saisir le ministère public aux fins du remplacement de l'administrateur judiciaire, de l'expert ou du mandataire judiciaire. Il se serait agi d'aligner la solution sur celle retenue pour les professionnels libéraux[2]. L'amendement a cependant été retiré au Sénat, afin de ne pas multiplier les situations exceptionnelles.

Si le débiteur est commerçant, le jugement qui remplace un ou plusieurs mandataires est mentionné d'office au registre du commerce et des sociétés (D. 30 mai 1984[3], art. 36-3, 20°, réd. D. 28 déc. 2005, art. 353, 20°).

> Solution de la législation issue de la réforme opérée par l'ordonnance du 18 décembre 2008. L'article L. 621-7, alinéa 4 du code de commerce envisage le remplacement du mandataire judiciaire. Le texte prévoyait la possibilité de son remplacement à la demande des créanciers. Le pluriel utilisé pouvait laisser entendre qu'il fallait que la demande soit présentée par au moins deux créanciers. Le doute n'est plus permis avec la nouvelle rédaction de l'article L. 621-7 du code de commerce (ord. 18 déc. 2008, *art.* 15), *qui prévoit la possibilité pour « tout* créancier » de demander le remplacement du mandataire judiciaire.

Les articles L. 641-1, II, alinéa 1er et L. 641-1, III, alinéa 2 du code de commerce prévoyaient, dans la rédaction que leur avait donné la loi de sauvegarde des entreprises, les modalités de remplacement du liquidateur.

Ces modalités sont conservées par l'article L. 641-1-1, alinéa 1er du code de commerce, dans sa rédaction issue de l'ordonnance de réforme (ord. 18 déc. 2008, art. 94), qui traite indistinctement de la liquidation judiciaire immédiate ou de la liquidation judiciaire sur conversion : il est remplacé par le tribunal soit d'office, soit sur proposition du juge-commissaire, soit sur demande du ministère public.

Du fait de la création de l'article L. 641-1-1 du code de commerce, l'article R. 641-12 du code de commerce qui régit les modalités procédurales de remplacement du liquidateur, tel qu'il résulte de la rédaction que lui donne l'article 73 du décret d'application de l'ordonnance de réforme, ne renvoie plus à l'application du II de l'article L. 641-1 du code de commerce, mais à l'article L. 641-1-1.

L'article L. 641-1-1, alinéa 1er du code de commerce étend les modalités de remplacement à l'expert et à l'administrateur judiciaire s'il en a été désigné un en cas de poursuite provisoire d'activité autorisée en liquidation judiciaire.

Le texte ancien prévoyait la possibilité pour un créancier ou le débiteur de demander au juge-commissaire de saisir le tribunal aux fins de remplacer le liquidateur. Le texte nouveau (ord. 18 déc. 2008, art. 94), l'article L. 641-1-1, alinéa 4, conserve cette possibilité pour tout créancier. L'alinéa 2 l'ouvre également, dans les mêmes conditions, au créancier nommé contrôleur – mais non au contrôleur d'office des professionnels libéraux. Cela semble faire double emploi avec la reconnaissance de cette possibilité à tout créancier. Le texte nouveau la supprime, en revanche, purement et simplement pour le débiteur, ce qui rend évidemment irrecevable toute voie de recours sur la décision déclarant irrecevable la demande[4].

Le texte issu de l'ordonnance du 18 décembre 2008 autorise aussi le créancier contrôleur à demander au juge-commissaire qu'il sollicite le remplacement de

1. Rétif, « L'extension des procédures collectives aux professions libérales », *Rev. proc. coll.* 2006/2, p. 152 s., sp. p. 154.
2. Avis no 337 de Christian Gaudin, *Doc. Sénat*, au nom de la commission des affaires économiques, p. 79.
3. D. no 84-406, 30 mai 1984, *JO* 31 mai, p. 1699.
4. Com. 17 sept. 2013, no 12-21.699, NP; no 838 F-D.

l'administrateur judiciaire ou de l'expert. Il permet également au liquidateur de demander au juge-commissaire qu'il sollicite le remplacement de l'expert ou de l'administrateur. Il permet encore à l'administrateur de demander au juge-commissaire qu'il sollicite le remplacement du liquidateur et de l'expert.

Si la procédure intéresse un professionnel libéral, l'article L. 641-1-1, alinéa 3 nouveau du code de commerce, dans la rédaction que lui donne l'ordonnance de réforme (ord. 18 déc. 2008, art. 94), prévoit que l'ordre professionnel ou l'autorité compétente dont il relève peut saisir le ministère public afin qu'il saisisse le tribunal d'une demande de remplacement du liquidateur, de l'administrateur et de l'expert.

L'article L. 641-1-1, alinéa 4 nouveau du code de commerce, issu de la rédaction que lui donne l'ordonnance de réforme (ord. 18 déc. 2008, art. 94), prévoit la possibilité pour le débiteur de demander au juge-commissaire qu'il sollicite le remplacement de l'expert.

En effet, la demande de remplacement d'organes est par principe sollicitée du tribunal. La solution peut se comprendre dès lors que la demande de remplacement n'émane pas de l'organe lui-même. Le parallélisme des formes impose la solution.

Cette lourdeur apparaît toutefois inutile lorsque la demande de remplacement est l'œuvre du mandataire lui-même. En ce cas, par dérogation, l'article L. 621-7, alinéa 5 du code de commerce (ord. 18 déc. 2008, art. 15), précise que le président du tribunal est saisi aux fins de remplacement par le juge-commissaire. L'administrateur judiciaire ou le mandataire judiciaire intéressé saisira donc le juge-commissaire, par lettre simple (C. com., art. R. 621-17, al. 3, réd. D., art. 17), aux fins qu'il présente la demande au président du tribunal. Ce dernier est compétent pour y procéder en statuant par ordonnance sur requête. La solution est reproduite en liquidation judiciaire. L'article L. 641-1-1, alinéa 5 du code de commerce, issu de la rédaction que lui donne l'ordonnance de réforme (ord. 18 déc. 2008, art. 94), précise que le président du tribunal est saisi aux fins de remplacement par le juge-commissaire. L'administrateur judiciaire ou le liquidateur judiciaire intéressé saisira donc le juge-commissaire aux fins qu'il présente la demande au président du tribunal. Ce dernier est compétent pour y procéder en statuant par ordonnance sur requête.

L'article 17 du décret d'application de l'ordonnance de réforme, insérant un alinéa 3 à l'article R. 621-17 du code de commerce, précise que l'ordonnance est communiquée au ministère public par le greffier, qui en avise par lettre simple le mandataire de justice remplacé, mais également celui nouvellement désigné, ainsi que le débiteur. La solution est applicable en redressement et en liquidation judiciaires.

Le passage obligé par le juge-commissaire nous apparaît encore comme une lourdeur excessive. La saisine directe du président du tribunal aurait été préférable.

Signalons que le ministère public, qui peut proposer un nom lors de la désignation initiale d'un mandataire, ne semble pas pouvoir disposer de cette faculté au stade du remplacement[1].

> **Solution de la législation issue de la réforme opérée par l'ordonnance du 12 mars 2014**[2]. Jusqu'alors, l'alinéa 4 de l'article L. 621-7 du code de commerce, prévoit que le débiteur peut demander au juge-commissaire de saisir le tribunal aux fins de remplacement de l'administrateur judiciaire. L'article 18 de l'ordonnance du 12 mars 2014 modifie cette disposition et prévoit que le débiteur peut également demander au juge-commissaire de saisir le tribunal aux fins de demander le remplacement du mandataire judiciaire. Il n'est pas certain que la solution nouvelle soit heureuse, car de même que le débiteur ne doit pas avoir de pouvoir sur la nomination du mandataire, il ne devrait pas en avoir sur le remplacement de cet organe.

L'alinéa 4 de l'article L. 621-7 du code de commerce, prévoit, jusqu'alors, que tout créancier peut demander au juge-commissaire de saisir le tribunal aux fins de remplacement du mandataire judiciaire. L'article 18 de l'ordonnance du 12 mars 2014 modifie cette disposition et prévoit que tout créancier peut également demander le remplacement de l'administrateur judiciaire.

L'article R. 621-17, alinéa 1 du code de commerce (réd. D. 30 juin 2014[3], art. 36) régit les modalités de la demande de remplacement des organes. Le remplacement du mandataire judiciaire, de l'administrateur ou de l'expert présentée, pour les deux premiers par un créancier, pour les trois par le débiteur, est présentée par requête au juge-commissaire, déposée ou adressée au greffe. Le greffier convoque par lettre recommandée avec demande d'avis de réception le demandeur, ainsi que, selon le cas, l'administrateur, le mandataire judiciaire ou l'expert. Il avise le ministère public de la date de l'audience.

Terminons en indiquant que l'ordonnance du 12 mars 2014 a ajouté que les mandataires de justice désignés devaient, sans délai, faire connaître au tribunal tout élément qui pourrait justifier leur remplacement (C. com., art. L. 621-4, al. 7). Cette dis-

1. Gorrias, « Le mandataire judiciaire dans l'ordonnance du 18 décembre 2008 et le décret du 12 février 2009 », *Gaz. Pal.* 6 mars 2009, p. 22 – J.-CL. COM., Reille, fasc. 2236, [Organes – Mandataire judiciaire : fonctions], n° 9.
2. Ord. n° 2014-326, 12 mars 2014, préc.
3. D. n° 2014-736, 30 juin 2014, préc.

position de la sauvegarde, applicable en red ment judiciaire (C. com., art. L. 631-9, al. 1 l'était pas en liquidation judiciaire, à la suite oubli, réparé par l'ordonnance du 26 septe 2014[1], qui a ajouté un alinéa 2 au I de l'ar L. 641-1, I du code de commerce (ord. 12 mars 2 art. 7). Selon l'alinéa 2 de l'article 13 de l'or nance du 26 septembre 2014, ce texte est applic aux procédures en cours lors de l'entrée en vigu de l'ordonnance du 26 septembre 2014, soit le 28 tembre, du fait de sa publication au *JO* du 27 s tembre.

351.64 Voies de recours sur les décisions désignation, de remplacement et d'adjonction mandataires de justice. Les voies de recours sur désignations ou remplacements d'organes sont t restrictives. L'article L. 623-6, 1 du code de co merce (anc[t] L. 25 janv. 1985[2], art. 174-1) énon que les jugements relatifs à la nomination ou a remplacement de l'administrateur, du représenta des créanciers, du liquidateur ou des experts ne so susceptibles que d'un appel de la part du ministè public, même s'il n'a pas agi comme partie princ pale. Le visa du ministère public et non du procu reur de la République permet d'ouvrir l'appel tant ce dernier, qu'au parquet général. La solution es conservée par la loi de sauvegarde des entreprise (C. com., art. L. 661-6, 1°).

Le texte n'indique plus que le ministère publi peut exercer le recours même s'il n'a pas agi comm partie principale. La solution n'est toutefois p modifiée, dans la mesure où l'article 154 de l'ordo nance du 18 décembre 2008[3], qui insère un artic L. 661-12 dans le code de commerce, érige en pri- cipe que « Les recours du ministère public prév par le présent chapitre lui sont ouverts même s'il n pas agi comme partie principale. »

Sous l'empire de la loi du 25 janvier 1985, l'appel doit être formé dans le délai de l'article 157, alinéa 3 du décret du 27 décembre 1985[4] et de l'article R. 661-3, alinéa 4 du code de commerce (anc[t] D. 28 déc. 2005[5], art. 330, al. 4) : dix jours pour le procureur de la République, quinze jours pour le procureur général, à compter de la réception par le procureur de l'avis qui lui est donné par application de l'article 19 du décret du 27 décembre 1985, de la nomination ou du changement d'organe, et ce dans les formes prévues par l'article 158 du décret du 27 décembre 1985, de l'article R. 661-4 du code de commerce (anc[t] D. 28 déc. 2005, art. 331).

1. Ord. n° 2014-1088, 26 sept. 2014, *JO* 27 sept., p. 15725.
2. L. n° 85-98, 25 janv. 1985, préc.
3. Ord. n° 2008-1345, 18 déc. 2008, préc.
4. D. n° 85-1388, 27 déc. 1985, préc.
5. D. n° 2005-1677, 28 déc. 2005, préc.

Sous l'empire de la loi de sauvegarde des entreprises[6], l'appel du ministère public est désormais unifié : procureur de la République et parquet général devront donc le former dans le délai de dizaine de la communication de la décision.

Ajoutons que l'appel du ministère public est suspensif.

Le débiteur ne peut faire de recours sur la décision de nomination, d'adjonction ou de remplacement d'organes[7]. Il en résulte que le débiteur est sans qualité à soutenir des prétentions dans une instance tendant à permettre à un mandataire judiciaire de continuer à exercer sa profession dans quelques dossiers, alors qu'il est parallèlement inscrit sur la liste des administrateurs judiciaires[8] (v. aussi s[s] n° 351.54).

Le mandataire de justice ne peut faire appel du jugement qui le nomme[9]. Il ne peut non plus faire appel du jugement qui le remplace, sauf excès de pouvoir commis par la juridiction[10], qui justifie la recevabilité de l'appel nullité. Tel est le cas du remplacement du liquidateur sur demande du débiteur sans saisine préalable du juge-commissaire[11].

Le créancier ne peut faire opposition à un arrêt rendu par défaut, sur appel du ministère public[12].

Sous l'empire de la loi du 26 juillet 2005, le texte de l'article L. 661-6, I du code de commerce avait oublié de viser le commissaire à l'exécution du plan. L'oubli est réparé par l'article 151 de l'ordonnance du 18 décembre 2008, qui modifie l'article L. 661-6, I, 1° du code, en visant désormais les jugements relatifs à la nomination ou au remplacement du commissaire à l'exécution du plan.

Le pourvoi en cassation sur l'arrêt statuant en matière de désignation, d'adjonction ou de remplacement d'organes est fermé à tous, y compris au ministère public, tant sous l'empire de la loi du 25 janvier 1985[13], que sous l'empire de la loi de sauvegarde des entreprises (C. com., art. L. 661-7, al. 1er)[14]. Un

6. L. n° 2005-845, 26 juill. 2005, préc.
7. Com. 13 déc. 2005, n° 04-19.945, NP – Com. 17 sept. 2013, n° 12-21.699, NP; n° 838 F-D.
8. Paris, 3e ch. A, 16 mai 2006, RG n°s 2005/21424, 2005/21428, 2005/21430, 3 esp., *Gaz. proc. coll.* 2006/4, p. 16, note Bidan.
9. Rennes, 2e ch. com., 21 nov. 2001, *Act. proc. coll.* 2002/13, n° 175.
10. Bordeaux, 2e ch., 7 mai 2012, RG n° 11/06890, *Rev. proc. coll.* 2012, p. 33, n° 22, note Mélin-Soucramanien.
11. Com. 2 juin 2004, n° 01-13.412, NP.
12. Com. 15 juin 2011, n° 10-19.415, NP; n° 595 F-D.
13. Com. 11 mai 1999, n° 96-20.959, *Bull. civ.* IV, n° 100; *LPA* 8 juin 1999, n° 113, p. 8, note P. M.; *JCP E* et *A* 1999, pan. 1173 – Com. 17 déc. 2003, n° 00-22.322, NP – Com. 15 févr. 2005, n° 03-16.369, *Bull. civ.* IV, n° 27, *RTD com.* 2005. 422, n° 10, obs. Vallens – Com. 15 févr. 2005, n°s 03-16.370 à 03-16.375, 03-17.742, 7 esp., NP.
14. Com. 4 juin 2013, n° 12-17.184, NP; n° 560 F-D; *Gaz. Pal.* 29 sept. 2013, n° 272, p. 19, note Bidan.

créancier ne peut donc former un pourvoi contre l'arrêt statuant sur opposition à un arrêt rendu par défaut, sur appel du ministère public [1].

Il faut toutefois réserver l'hypothèse de l'excès de pouvoir, qui rendrait recevable le pourvoi-nullité.

Seul l'appel étant ouvert, il en résulte également la fermeture de la tierce opposition, fut-ce en nullité. Le recours en cassation sur l'appel ayant confirmé l'irrecevabilité de la tierce opposition est également fermé [2].

La fermeture de la tierce opposition et du pourvoi en cassation semble devoir être étendue, par cohérence, et malgré le silence du texte, à l'ordonnance de remplacement des organes, lorsque le remplacement a été sollicité par le mandataire de justice lui-même, auprès du président du tribunal [3].

SECTION 351.70 CONTRÔLES ET DISCIPLINE DES MANDATAIRES DE JUSTICE

351.71 Contrôle des mandataires de justice. Mandataires judiciaires et administrateurs judiciaires sont placés sous le contrôle du ministère public. Ils font l'objet d'inspections qui ont été renforcées par le décret du 28 décembre 1998 [4]. Un arrêté du 26 juin 2003 [5] précise l'étendue minimale des vérifications à effectuer.

Les professionnels contrôlés par le Conseil national, ainsi que par les commissaires aux comptes, ne peuvent opposer aux personnes chargées du contrôle le secret professionnel (C. com., art. L. 811-11, al. 3 et 4 [anc^t^ L. n° 85-99, 25 janv. 1985 [6], art. 12], L. 812-9 [anc^t^ L. n° 85-99, 25 janv. 1985, 28], renvoyant, pour les mandataires judiciaires, aux dispositions intéressant les administrateurs). L'alinéa 5 de l'article L. 811-11, tel qu'il résulte de la rédaction que lui a donné la loi de sauvegarde des entreprises, prévoit en outre que « la Caisse des dépôts et consi-gn...s est tenue, sans pouvoir opposer le secret pr...onnel, de déférer aux demandes des personnes ...ergées de l'inspection ainsi qu'à celles du Conse...tional mentionné à l'article L. 814-2 pour l'e...ce du contrôle dont il est chargé, tendant à la co...unication de tout renseignement ou documents ...utiles à la connaissance des mouvements de fo... intervenus sur les comptes ouverts dans ses li... au nom de chaque administrateur judiciaire et d...mmes qui y sont déposées au titre des mandats s...esquels porte l'inspection ou le contrôle ». C... disposition, qui résulte d'un amendement p...énté par la commission des affaires économiques du Sénat « a pour objet d'accélérer la réparti...ti... des fonds détenus par les administrateurs et ...ndataires judiciaires ainsi que la clôture des pro...cures. Les inspections et les contrôles auxquels les ...ministrateurs et les mandataires judiciaires sont ...smis doivent pouvoir porter sur l'évolution du ...ntant de ces fonds à la Caisse des dépôts et con...nations. Le secret bancaire faisait obstacle à la ...ssibilité de recueillir de tels renseignements. Il ...st agi, avec la solution nouvelle, de lever ce secret ... bénéfice des magistrats chargés de l'inspection, ... Conseil national des administrateurs et des ...andataires chargés des contrôles » [7]. L'importance ... cette solution nouvelle a conduit à prévoir son ...plication immédiate. Elle régit en conséquence les ...océdures et situations en cours dès la publication ... la loi du 26 juillet 2005 [8], soit le 27 juillet 2005 (... 26 juill. 2005, art. 190).

Parmi ces contrôles auxquels sont astreints les p...fessionnels, il y a d'abord un contrôle annuel de la comptabilité des professionnels par un commiss...re aux comptes (D. n° 85-1389, 27 déc. 1985, ar... 58 et 58-2).

Tous les trois ans, depuis le décret du 10 juin 2004 [9] (art. 56), le professionnel est soumis à un contrôle portant sur l'ensemble de son activité (D. n° 85-1389, 27 déc. 1985, art. 54-16 à 54-22). Auparavant, ce contrôle était biennal.

Le président du Conseil national des administrateurs judiciaires et des mandataires judiciaires, le ministère public, le ministre de la Justice, les commissaires du Gouvernement, certains magistrats inspecteurs et le magistrat coordonnateur peuvent, en outre, à tout moment, déclencher un contrôle (D. n° 85-1389, 27 déc. 1985, art. 54-16 à 54-22, 55 à 57), ce dernier posant évidemment moins de difficultés que le contrôle qu'opèrent eux-mêmes les professionnels sur leurs confrères. Il s'agit là du contrôle occasionnel, dont le déclenchement est arbi-

1. Com. 15 juin 2011, n° 10-19.415, NP; n° 595 F-D.
2. Com. 2 nov. 2005, n° 04-12.856, *Bull. civ.* IV, n° 212; *Act. proc. coll.* 2006/2, n° 22, note Cagnoli; *Gaz. proc. coll.* 2006/1, p. 19, n° 1, obs. Gorrias; *Gaz. proc. coll.* 2006/2, p. 26, n° 1, obs. Gorrias.
3. EN CE SENS : Staes, « Clarification et harmonisation du traitement procédural des entreprises en difficulté », *Dr. et patr.* déc. 2009, n° 187, p. 53 s., sp. p. 56.
4. D. n° 98-1232, 29 déc. 1998, préc. – SUR LA QUESTION : Olivier, « Nouvelles mesures de renforcement du contrôle administratif et financier des administrateurs judiciaires et des mandataires de justice à la liquidation des entreprises », *Gaz. Pal.* 4/8 avr. 1999.
5. Arr. 26 juin 2003, *JO* 31 juill., 13054; *JCP E* 2003. 1356, n° 238; *Rev. proc. coll.* 2003, p. 255.
6. L. n° 85-99, 25 janv. 1985, préc.
7. Avis n° 337 de Christian Gaudin, *Doc. Sénat*, au nom de la commission des affaires économiques, p. 95.
8. L. n° 2005-845, 26 juill. 2005, préc.
9. D. n° 2004-518, 10 juin 2004, préc.

traire, faute de critère[1], qui peut, indique l'a 54-20 du décret n° 85-1389 du 27 décembre 1 être inopiné.

L'article 54-22, alinéa 1er du décret n° 8389 du 27 décembre 1985 prévoit que si les con urs découvrent des irrégularités tenant à la gesti t à la représentation des fonds, titres, effets et res valeurs détenus pour le compte de tiers, ils d nt en aviser immédiatement certaines autorités, nt le procureur de la République et le préside u Conseil national des administrateurs judiciair et des mandataires judiciaires. Il s'agit là d'irrégu i-tés qui font l'objet de la garantie de représenta n des fonds assurée par la Caisse de garantie.

Les contrôleurs doivent, en application de l'a cle 54-22, alinéa 2 du décret n° 85-1389 du 27 déce bre 1985, établir un projet de rapport dans les de mois de la fin des opérations de contrôle, qu'ils fon parvenir au professionnel contrôlé. Celui-ci a alors un mois pour présenter ses observations, à la suite de quoi, précise l'alinéa 3, les contrôleurs établissement un rapport définitif adressé aux autorités mentionnées au premier alinéa.

Pour éviter des complaisances dans les contrôles, l'article 54-23 du décret du 27 décembre 1985 prévoit que la négligence ou l'incapacité dans l'accomplissement des contrôles est passible de poursuites disciplinaires.

La législation met à la charge du professionnel contrôlé les frais d'inspection, dès lors qu'un manquement est constaté. Cependant, le Conseil d'État a considéré que cette disposition présentait un caractère manifestement disproportionné du fait de l'absence de précision sur le degré de gravité du manquement constaté et a, en conséquence, annulé ce texte réglementaire[2].

351.72 **Discipline des mandataires de justice.** Les contrôles peuvent donner lieu à des sanctions d'ordre disciplinaire. Les articles 22 à 32 du décret n° 85-1389 du 27 décembre 1985, en dernier lieu modifiés par le décret du 10 juin 2004[3] (art. 22 à 29) et par l'article R. 661-8 du code de commerce (anct D. 28 déc. 2005[4], art. 335), posent les règles relatives à la discipline des administrateurs. Les articles 52 à 54 concernent les mandataires à la liquidation, en dernier lieu modifiés par le décret du 10 juin 2004 (art. 47).

Les sanctions disciplinaires peuvent avoir pour origine des contraventions aux lois et règlements, des infractions aux règles professionnelles et tout manquement à la probité ou à l'honneur, se rapportant ou non à l'exercice de la profession (C. com., art. L. 811-12-A et L. 812-9, renvoyant, pour les mandataires judiciaires, aux dispositions intéressant les administrateurs [anct L. n° 85-99, 25 janv. 1985, art. 13 et 28]). Il peut en aller ainsi du fait pour un mandataire judiciaire de se soustraire de manière persistante à son obligation de paiement de l'impôt sur le revenu[5].

La faute disciplinaire peut être accomplie dans le cadre d'une mission de commissariat au plan. Il en est ainsi du manquement au dépôt du rapport au président du tribunal sur le défaut d'exécution du plan de cession, que ne peut suppléer le dépôt des états trimestriels[6], alors surtout que l'inexécution du plan peut ne pas être d'ordre financier[7].

Commet une faute disciplinaire justifiant la radiation, le mandataire de justice qui invoque les qualités différentes de créancier déclarant et de représentant des créanciers, occupant ainsi dans la procédure de vérification des créances, la position de demandeur et de défendeur, violant ainsi un principe essentiel de procédure civile qu'un professionnel du droit ne peut ignorer et qui commandait de faire désigner un mandataire *ad hoc* pour procéder à la vérification des créances qu'il avait déclarées en qualité de commissaire à l'exécution du plan, profitant de ce cumul de qualités pour tenter d'augmenter frauduleusement sa rémunération en qualité de représentant des créanciers[8].

L'action disciplinaire est engagée par le procureur de la République du ressort de la juridiction dans lequel est établi le professionnel, le ministre de la justice, le président du Conseil national des administrateurs judiciaires et mandataires judiciaires ou le commissaire du gouvernement. La loi de modernisation de la justice du XXIe siècle ajoute à cette liste le magistrat du parquet désigné pour les inspections des administrateurs judiciaires pour les faits commis par ces derniers, dès lors qu'ils ont leur domicile professionnel dans les ressorts des cours d'appel pour lesquelles ce magistrat est compétent (C. com., art. L. 811-12).

1. Soinne, « Les dispositions nouvelles relatives au statut des mandataires de justice (accès et exercice des professions, tarification et exécution de certaines tâches par des tiers) », *Rev. proc. coll.* 2005/1, p. 1 s., sp. p. 7.
2. CE 29 déc. 1999, req. nos 205077, 205115, 205140, *Lebon* T; *JCP E* et *A* 2000, act. 55.
3. D. n° 2004-518, 10 juin 2004, préc.
4. D. n° 2005-1677, 28 déc. 2005, préc.
5. AINSI : Com. 14 janv. 2014, n° 12-28.008, *Bull. civ.* IV, n° 6; n° 35 F-P+B; *Leden* avr. 2014, comm. 059, note Pelletier; *BJE* mai 2014, 160, note Favario.
6. Com. 8 juill. 2003, n° 00-21.473, *Bull. civ.* IV, n° 125; *JCP E* 2004, Chron. 151, p. 175, n° 6, obs. M. Cabrillac; *RTD com.* 2003. 812, n° 3, obs. Saint-Alary-Houin; *Rev. proc. coll.* 2004, p. 56, n° 10, obs. Soinne.
7. M. Cabrillac, note ss Com. 8 juill. 2003, n° 00-21.473, *JCP E* 2004, Chron. 151, p. 175, n° 6.
8. Com. 10 févr. 2015, n° 13-25.221, NP; n° 125 F-D.

Le commissaire du gouvernement s'est vu reconnaître la qualité de partie principale à l'instance disciplinaire[1]. Il en résulte qu'il dispose d'un droit de recours, même s'il n'a pas été demandeur à l'action disciplinaire. Il ne peut toutefois se faire représenter à l'audience[2].

Le président du Conseil national des administrateurs judiciaires et des mandataires judiciaires peut présenter ses observations à l'audience, alors même qu'il ne serait pas le demandeur. Ces observations peuvent le cas échéant, être présentées par un membre du conseil. En outre, bien que le président du conseil se voie notifier les décisions, il ne peut exercer un recours que s'il a été demandeur à l'action disciplinaire[3]. Le Conseil national est irrecevable à intervenir et a fortiori à exercer un recours, la qualité n'étant reconnue qu'à son président[4].

Le procureur général ne peut, pour sa part, intenter de recours que dans les seuls cas dans lesquels il est à l'origine des poursuites disciplinaires[5].

La démission de l'intéressé ne fait pas obstacle aux poursuites disciplinaires (C. com., art. L. 811-12, al. 1er et L. 812-9, renvoyant à l'article L. 811-12, al. 1er).

Les sanctions sont prescriptibles par dix ans (C. com., art. L. 811-14 [anct L. no 85-99, 25 janv. 1985, art. 16] et L. 812-9, renvoyant à l'article L. 811-14). La prescription court à compter de la cessation des manquements reprochés au mandataire de justice, non à compter de leur révélation. Il en résulte que la prescription a joué, si plus de dix ans se sont écoulés entre la fin de l'activité illégale de la société liquidée au titre de laquelle les manquements reprochés ont été accomplis et la date à laquelle l'action disciplinaire a été engagée[6].

L'article 20, 5° de la loi du 28 mars 2001[7], applicable aux actions disciplinaires introduites à compter du 29 mars 2011 et aux manquements pour lesquels la prescription n'est pas encore acquise à cette date, précise le point de départ du délai décennal de l'action disciplinaire. L'article L. 811-14 nouveau du code de commerce invite à distinguer selon que les faits se rapportent ou non à l'exercice professionnel. Dans le premier cas, le délai court à compter de l'achèvement de la mission à l'occasion de laquelle ils ont été commis. Dans le second cas, le délai de prescription commence son cours à compter de la commission des faits.

L'article 811-14 ajoute que si l'administrateur [ladite règle valant pour le mandataire judiciaire, du fait du renvoi opéré par l'article L. 812-9 à l'article L. 811-14] est l'auteur de faits ayant donné lieu à une condamnation pénale, l'action se prescrit par deux ans à compter de la date à laquelle la condamnation est devenue définitive.

Les sanctions sont l'avertissement, le blâme, la radiation (C. com., art. L. 811-12, et L. 812-9, renvoyant à l'article L. 811-12) ou l'interdiction temporaire. D'abord limitée à un an, puis à trois ans, l'interdiction temporaire est portée à un maximum de cinq ans par la loi de modernisation de la justice du XXIe siècle (C. com., art. L. 811-12 et L. 812-9). Le texte prévoit qu'elle peut être assortie du sursis. Si dans un délai de cinq ans ou à compter du prononcé de la sanction, le mandataire de justice commet une faute entraînant le prononcé d'une nouvelle sanction disciplinaire, celle-ci entraîne, sauf décision motivée, l'exécution de la première sanction, sans confusion possible avec la seconde (règle du non cumul des peines).

Ces sanctions sont prises par la commission d'inscription et de discipline[8] et sont susceptibles de voies de recours dans le délai d'un mois, qui sont portées devant la cour d'appel (D. no 85-1389, 27 déc. 1985, art. 28-1). Pour les administrateurs judiciaires, une compétence exclusive avait été donnée à la cour d'appel de Paris[9]. La solution est maintenue par le décret du 10 juin 2004 et est étendue aux mandataires judiciaires, l'article 53 du décret du 27 décembre 1985 rendant applicables pour ces derniers les dispositions des articles 22 à 29-6 de ce même décret.

La Commission nationale d'inscription peut suspendre provisoirement de l'exercice de ses fonctions le professionnel (C. com., art. L. 811-13). La suspension sera prononcée par le tribunal de grande instance saisi soit par le procureur de la République, soit par le président du Conseil national des administrateurs judiciaires et des mandataires judiciaires, par assignation à jour fixe (D. no 85-1389, 27 déc. 1985, art. 29, réd D. 10 juin 2004, art. 26). La décision de suspension est exécutoire par provision (D. no 85-1389, 27 déc. 1985, art. 30, réd D. 10 juin 2004, art. 27). L'appel de cette décision est formé par déclaration au greffe de la cour dans un délai de

1. Paris, 1re ch. A, 6 nov. 2007, RG no 2007/000007, *Gaz. proc. coll.* 2008/1, p. 41, note Gorrias.
2. Paris, 1re ch. A, 6 nov. 2007, RG no 2007/000007, préc. (v. ss prést no).
3. Paris, 1re ch. A, 6 nov. 2007, RG no 2007/000007, préc.
4. Paris, 1re ch. A, 6 nov. 2007, RG no 2007/000007, préc.
5. Paris, 1re ch. A, 6 nov. 2007, RG no 2007/000007, préc.
6. Com. 30 oct. 2007, no 06-17.436, *Bull. civ.* IV, no 228; *D.* 2007. AJ 2879, note Lienhard; *Gaz. proc. coll.* 2008/1, p. 40, note Gorrias.
7. L. no 2011-331, 28 mars 2011, préc.
8. POUR DES DIFFICULTÉS de compatibilité avec l'exigence d'un procès équitable : Com. 14 mai 2002, no 00-11.732, *Bull. civ.* IV, no 82; *D.* 2002. AJ 2259; *Act. proc. coll.* 2002/11, no 135.
9. SUR UN EXEMPLE de recours formé par le ministère public : Civ. 1re, 26 nov. 1991, no 90-21.835, *Bull. civ.* I, no 333.

quinze jours de la notification, sauf pour le ministère public, le délai courant en ce cas du jour de la décision (D. n° 85-389, art. 29-4 et 29-5, réd D. 10 juin 2004, art. 6). Un délai supplémentaire de huit jours d'appel incident est ouvert à l'autre partie. Le président du Conseil national ou son représentant, qui en fait la demande, peut être entendu par la cour d'appel (D. n° 85-389, 27 déc. 1985, art. 29-6, al. 1er, réd. D. 23 déc. 2006[1], art. 6). Si aucun texte ne prévoit son intervention devant la cour d'appel lorsqu'il n'est pas l'autorité poursuivante, aucun texte ne lui interdit d'intervenir à l'instance dès lors qu'il remplit les conditions de l'article 554 du code de procédure civile selon les règles applicables à la procédure sans représentation obligatoire, laquelle n'exclut pas la représentation par avocat[2].

Les actes accomplis au mépris d'une interdiction, d'une radiation ou d'une suspension peuvent être déclarés nuls sur requête de tout intéressé ou du ministère public par le tribunal, qui rend alors une décision exécutoire *erga omnes* (C. com., art. L. 811-15, al. 2 [anc[t] L. n° 85-99, 25 janv. 1985, art. 7] et L. 812-9, renvoyant à cette disposition).

L'obligation faite au mandataire de justice suspendu de s'abstenir de tout acte professionnel lui interdit d'exercer des mandats de justice, peu important qu'il n'en ait pas été déchargé par les juridictions mandantes. L'acte de procédure accompli en violation de cette obligation n'encourt pas la nullité facultative prévue par l'article L. 811-5, alinéa 1 du code de commerce, mais est entaché d'une irrégularité de fond relevant des dispositions de l'article 117 du code de procédure civile[3].

Les peines du délit d'usurpation de titre de l'article 433-17 du code pénal seront encourues par le contrevenant (C. com., art. L. 811-15, al. 3 et L. 812-9, renvoyant à cette disposition).

La loi de modernisation de la justice du XXIe siècle a inséré un article L. 811-15-1 dans le code de commerce. Son alinéa 1 vient préciser, en reprenant la solution posée par la jurisprudence, qu'en cas de suspension provisoire, d'interdiction ou de radiation, un ou plusieurs mandataires de justice, désignés et rémunérés dans des conditions fixées par décret en Conseil d'État, peuvent seuls accomplir les actes professionnels, poursuivre l'exécution des mandats en cours ou être nommés pour assurer, pendant la durée de la suspension provisoire, les nouveaux mandats confiés par la juridiction. La solution, édictée pour les administrateurs judiciaires, s'applique aux mandataires judiciaires, du fait de l'article L. 812-9, alinéa 1 qui rend applicable notamment l'article L. 811-15-1.

L'alinéa 2 de l'article L. 811-15-1 du code de commerce (réd. loi de modernisation de la justice du XXIe siècle) répond à une problématique rencontrée en pratique : *celle d'un mandataire de justice* interdit, suspendu ou radié, qui se trouve en état de cessation des paiements. L'administrateur provisoire aura la possibilité de saisir le tribunal compétent d'une demande d'ouverture d'une procédure de redressement ou de liquidation judiciaire. Il n'aura plus à se tourner vers le ministère public.

Enfin, l'alinéa 3 de l'article L. 811-15-1 du code de commerce (réd. loi de modernisation de la justice du XXIe siècle) précise que dans un délai de trois mois, à compter de l'expiration de sa mission, l'administrateur provisoire doit demander à la juridiction compétente de désigner un autre administrateur judiciaire pour exécuter les mandats en cours. La solution vaut également pour l'administrateur provisoire remplaçant un mandataire judiciaire (C. com., art. L. 812-9, rendant applicable pour les mandataires judiciaires, l'article L. 811-15-1).

SECTION 351.80

CAISSE DE GARANTIE

351.81 **Caisse de garantie.** Les mandataires de justice doivent être affiliés à la Caisse de garantie[4] (C. com., art. L. 814-3 [anc[t] L. n° 85-99, 25 janv. 1985, art. 34]), organisme doté de la personnalité morale.

La Caisse de garantie a pour objet de garantir que le professionnel pourra représenter les fonds, effets ou valeurs reçus ou gérés à l'occasion de sa mission. Au sens de l'article L. 814-3 du code de commerce, la non-représentation des fonds se distingue du défaut de paiement. Elle suppose que soit établi le droit pour le créancier, qui met en jeu la garantie, à percevoir les fonds reçus par le mandataire de justice, ce qui oblige à vérifier que le rang du créancier lui conférait le droit d'être payé sur les fonds reçus[5]. Indiquons ici que la loi de modernisation de la justice du XXIe siècle a précisé, en créant l'article L. 814-15 du code de commerce, que les fonds, titres et autres valeurs, reçus par les administrateurs et mandataires judiciaires pour le compte de débi-

1. D. n° 2006-1709, 23 déc. 2006, préc.
2. Com. 14 janv. 2014, n° 12-28.008, *Bull. civ.* IV, n° 6; n° 35 F-P+B; *Leden* avr. 2014, comm. 059, note Pelletier; *BJE* mai 2014, 160, note Favario.
3. Com. 10 mars 2015, n° 13-21.711, *Bull. civ.* IV [à paraître]; n° 267 FS-P+B.
4. Caisse de garantie des administrateurs judiciaires et des mandataires judiciaires, 13 rue des Pyramides, 75001 Paris.
5. Com. 4 juin 2013, n°s 11-26.961, 11-28.833, NP; n° 575 F-D.

teurs devant être versés à la Caisse des dépôts et consignations en application d'une disposition législative ou réglementaire, sont déposés sur un compte distinct par procédure collective lorsque le nombre de salariés ou le chiffre d'affaires du débiteur sont supérieurs à des seuils fixés par décret. Pour sa part, l'article L. 814-16 du code de commerce, qui résulte de cette même loi de modernisation de la justice du XXIe siècle, précise que lorsqu'il apparaît que le compte distinct mentionné à l'article précédent n'a fait l'objet d'aucune opération, hors inscription d'intérêts et débit par la Caisse des dépôts et consignations et consignations de frais et commissions ou d'éventuel prélèvement sur les intérêts versés au profit du fonds prévu pour la rémunération des dossiers impécunieux pendant une période de six mois consécutifs, la Caisse des dépôts et consignations en avise le magistrat désigné par le ministère de la justice et placé auprès du directeur des affaires civiles et du sceau pour coordonner l'activité des magistrats inspecteurs régionaux. Il faut donc comprendre que l'absence de mouvement du compte distinct pendant six mois constitue une anomalie apparente.

La Caisse de garantie souscrit également une assurance en faveur de chaque professionnel couvrant les conséquences pécuniaires de la responsabilité civile des professionnels. Le mandataire de justice doit impérativement déclarer son sinistre et assigner l'assureur dans le délai biennal de prescription du droit des assurances. Il ne peut reprocher un devoir de conseil et d'information au courtier d'assurance, qui avait procédé à la déclaration du sinistre, mais n'avait pas attiré l'attention du mandataire de justice sur l'obligation d'assignation de l'assureur dans le délai de deux ans, compte tenu de ses compétences et du fait qu'il était assisté d'un conseil professionnel du droit[1].

La Caisse de garantie, qui n'est qu'un intermédiaire, n'est pas, elle-même, une société d'assurance. Il en résulte que l'obligation prévue par l'article L. 113-16 du code des assurances de rembourser à l'assuré la partie de prime ou de cotisation correspondant à la période pendant laquelle le risque n'a pas couru ne s'impose pas à la Caisse de garantie[2]. Tous les adhérents de la Caisse sont soumis à la règle excluant le calcul au prorata de la cotisation due pour l'année de leur cessation d'activité, il n'y a donc pas discrimination entre cotisants placés dans la même situation, entraînant une contrariété à la Conv. EDH[3].

La Caisse de garantie peut se tourner contre la société d'assurance, sous réserve de la prescription[4].

Les ressources de la Caisse de garantie sont constituées par les cotisations annuelles versées obligatoirement par tout professionnel inscrit sur la liste. Le conseil d'administration de la Caisse a reçu le pouvoir de fixer le montant des cotisations. Le législateur lui a ainsi nécessairement laissé le soin d'en fixer les modalités, d'où il résulte que le conseil d'administration de la Caisse peut édicter des pénalités de retard, sans excéder ses pouvoirs[5].

L'absence de nomination de l'intéressé ne le dispensera pas de payer une cotisation minimale[6].

Les cotisations versées par les administrateurs judiciaires et les mandataires judiciaires ne sont affectées qu'à la garantie de ces seuls professionnels (C. com., art. L. 814-3, al. 4), les tiers exceptionnellement désignés hors liste ne pouvant prétendre à cette garantie collective.

Le non-paiement des cotisations à la Caisse de garantie, qui était obligatoirement une faute disciplinaire[7], peut depuis la réforme du statut des mandataires de justice, constituer une faute disciplinaire qui sera appréciée en fonction des circonstances[8].

Comme le passé l'a démontré, il peut arriver que les ressources de la Caisse de garantie soient insuffisantes pour remplir ses obligations. La jurisprudence a décidé que la périodicité annuelle des cotisations n'interdit pas, en présence de circonstances exceptionnelles, de procéder à un appel complémentaire de cotisations[9], sur délibérations spéciales, la question subsistant de savoir si les anciens professionnels retirés, mais terminant leurs dossiers, sont astreints au paiement de ladite cotisation exceptionnelle. La cour d'appel de Paris a estimé qu'il y avait là une question préjudicielle à faire trancher par le Conseil d'État[10]. Le Conseil d'État a considéré que les professionnels retirés de la liste n'ont pas à sup-

1. Civ. 2e, 24 oct. 2013, n° 12-27.000, *Bull. civ.* II, n° 207; F-P+B.
2. Com. 15 févr. 2011, n° 10-14.921, *Bull. civ.* IV, n° 21, n° 132; F-P+B; *Gaz. Pal. entr. diff.* 1-2 avr. 2011, p. 20, note Bidan.
3. Com. 15 févr. 2011, n° 10-14.921, préc. (v. ss prést n°).
4. Com. 4 juin 2013, nos 11-26.961, 11-28.833, préc. (v. ss prést n°).
5. Com. 15 févr. 2011, n° 10-14.921, préc. (v. ss prést n°).
6. Civ. 1re, 30 janv. 1996, n° 93-11.271, *Bull. civ.* I, n° 52; *JCP* 1996. II. 22613, rapp. Sargos; *Rev. proc. coll.* 1996, p. 341, n° 14, obs. Soinne – *Adde*, Paris, 1re ch., 3 déc. 1997, *JCP E* 1998. 102 – Colmar, 19 mars 1998, RG n° 98/315, *BICC* 1998, p. 38.
7. POUR UNE APPLICATION : Com. 13 mai 2003, n° 99-14.320, *Bull. civ.* IV, n° 80.
8. Soinne, « Les dispositions nouvelles relatives au statut des mandataires de justice (accès et exercice des professions, tarification et exécution de certaines tâches par des tiers) », *Rev. proc. coll.* 2005/1, p. 1 s., sp. p. 3.
9. Com. 13 mai 2003, n° 99-14.320, *Bull. civ.* IV, n° 80; *Act. proc. coll.* 2003/12, n° 153.
10. SUR LA QUESTION : Paris, 3e ch. A, 4 nov. 2003, RG nos 2002/12569, 2002/11749, 2002/11233, 3 esp., *Rev. proc. coll.* 2004, p. 57, n° 11, obs. Soinne.

porter cette cotisation complémentaire, même sont encore en charge des dossiers qu'ils te nent[1].

La Caisse s'était engagée à rétrocéder les som recouvrées par elle à la suite d'actions en respo bilité consécutives à un sinistre important a concerné une société d'administrateurs judicia Mais l'engagement n'avait été pris qu'à l'égard adhérents à jour de leurs cotisations. Un adhér qui n'est pas à jour de ses cotisations, ne peut d se plaindre de ne pas avoir complètement béné de la rétrocession[2].

La loi prévoit désormais explicitement la poss lité d'appel de cotisations complémentaires (C. co art. L. 814-3, al. 5).

La garantie joue sans que la Caisse de garan puisse opposer le bénéfice de discussion, à la mani d'une garantie professionnelle.

Il avait été jugé que les litiges relatifs à la fixati de la cotisation annuelle par la Caisse de garan relevaient de la compétence de la juridiction adn nistrative. La solution a été posée notamment da le cadre de l'appel de cotisations complémentaires Au contraire, le recouvrement de la cotisation éta de la compétence de la juridiction judiciaire[4]. L'art cle L. 814-3, alinéa 7 du code de commerce dispo désormais que les recours contre les décisions de Caisse de garantie sont de la compétence exclusiv du tribunal de grande instance de Paris, ce qui sem ble inclure, faute de distinction du texte, la questio de la fixation des cotisations.

La mise en jeu de la caisse de garantie n'impos pas la mise en cause de la personne responsable[5].

SECTION 351.90

RÈGLES COMMUNES DE RESPONSABILITÉ CIVILE DES MANDATAIRES DE JUSTICE

351.91 Règles communes de responsabilité civile des mandataires de justice. Les mandataires de justice sont susceptibles d'engager leur responsabilité civile délictuelle, dans les conditions de droit commun : faute, préjudice et lien de causalité entre la faute et le préjudice, sur le fondement des articles 1382 et 1383 du code civil (devenus C. civ., art. 1240 et 1241[6]). La responsabilité ne peut être retenue sur une présomption de faute[7].

La responsabilité des mandataires de justice pourra être recherchée indépendamment d'une faute détachable de leurs fonctions, puisqu'ils répondent des conséquences dommageables des fautes qu'ils commettent dans l'exercice de leurs fonctions. La solution a été posée à l'encontre d'un liquidateur[8].

Le tribunal compétent sera le tribunal de grande instance. La règle est explicitement posée par l'article 174 du décret du 27 décembre 1985[9], puis par l'article R. 662-3 du code de commerce (anc[t] D. 28 déc. 2005[10], art. 339). Le mandataire de justice ne peut donc être condamné à titre personnel par une autre juridiction, alors surtout qu'il a été appelé à l'instance *ès qualités*[11].

Territorialement, le mandataire de justice pourra soulever le privilège de juridiction instauré par l'article 47 du code de procédure civile, en tant qu'auxiliaire de justice[12]. Il devra cependant être encore en fonction, solution posée par une cour d'appel[13], puis par la Cour de cassation[14]. Tel n'est plus le cas s'il est suspendu de ses fonctions et placé sous administration provisoire[15]. Il est donc préférable de l'attraire devant le tribunal de grande instance limitrophe de celui devant lequel il exerce classiquement ses mandats. En cas de décès du mandataire recherché en responsabilité civile, ses héritiers ne peuvent se prévaloir de l'article 47 du code de procédure civile, à moins d'être eux-mêmes des auxiliaires de justice auprès de la juridiction qui connaît de l'instance[16].

La contestation de l'application de l'article 47 du code de procédure civile n'est pas une exception de procédure. Il en résulte que le contredit est irrecevable[17].

Dans une instance en responsabilité civile professionnelle contre un mandataire de justice, l'assignation doit être dirigée contre l'intéressé à titre personnel, non *ès qualités*. Il en résulte que si le

1. CE 10 août 2005, req. n°s 264622, 264935, 264942, 264943, *Lebon* T; *JCP E* 2005, n° 38, 1379, concl. Aguila.
2. Com. 15 févr. 2011, n° 10-14.921, préc. (v. s[s] prés[t] n°).
3. Paris, 3e ch. A, 4 nov. 2003, RG n°s 2002/12569, 2002/11749, 2002/11233, 2002/08712, 4 esp.
4. CE 29 déc. 1999, req. n°s 192176, 192177, 192850, *Lebon*; *JCP E* et *A* 2000, pan. 109; *Rev. proc. coll.* 2004, p. 57, n° 11, obs. Soinne.
5. Com. 22 sept. 2009, n° 08-15.843, NP, *Act. proc. coll.* 2009/16, n° 255.

6. DEPUIS le 1er oct. 2016 : Ord. n° 2016-131, 10 févr. 2016, *JO* 11 févr.
7. Com. 16 oct. 2001, n° 98-17.742, NP.
8. Com. 30 sept. 2008, n° 07-17.450, NP.
9. D. n° 85-1388, 27 déc. 1985, préc.
10. D. n° 2005-1677, 28 déc. 2005, préc.
11. Soc. 17 oct. 2001, n° 99-44.190, NP, *Gaz. Pal.* 19-20 déc. 2001, pan. p. 30.
12. POUR UNE APPLICATION : TGI Nanterre, 1re ch. A, 28 juin 1995, *Rev. proc. coll.* 1996, p. 425, n° 39, obs. Soinne.
13. Douai, 3e ch., 23 nov. 2000, *Crédit agricole du nord c/ Me Darrousez*, NP.
14. Com. 2 mars 2010, 09-10.429, *Bull. civ.* IV, n° 42; *JCP E* 2010. 1344, note Arbellot; *LPA* 29 avr. 2010, n° 85, p. 10, note Lebel.
15. Com. 2 mars 2010, 09-10.429, préc. (v. s[s] prés[t] n°).
16. Com. 11 avr. 2012, n° 11-17.197, NP; n° 433 F-D.
17. Com. 15 oct. 2015, n° 14-22.236, P.

mandataire est assigné *ès qualités*, il ne peut être condamné à titre personnel[1], faute d'acte introductif d'instance contre lui, puisqu'il n'est pas alors personnellement partie à l'instance, et cela même si la lecture de l'acte d'assignation ne peut laisser aucun doute sur la nature de l'action[2]. La solution vaut même dans le cadre d'une demande de dommages et intérêts fondée sur une procédure abusive[3], seul les dépens d'une instance pouvant être mis personnellement à charge d'un auxiliaire de justice agissant ès qualités, sur le fondement de l'article 698 du code de procédure civile. Le tribunal qui condamne à titre personnel un mandataire de justice, alors que ce dernier est assigné *ès qualités* sort des limites du litige, au sens de l'article 4 du code de procédure civile[4]. Le moyen de cassation qui invoque la responsabilité professionnelle d'un mandataire est irrecevable si le mandataire figure à l'instance ès qualités[5].

A fortiori, en cas de décès du mandataire, l'action poursuivie contre son successeur ne peut conduire à la condamnation de celui-ci, qui ne succède pas dans les obligations personnelles de son prédécesseur[6].

Il a été jugé que le professionnel désigné par la commission de discipline comme administrateur provisoire de l'étude d'un confrère suspendu peut voir sa responsabilité civile professionnelle engagée, en raison des fautes par lui commises[7]. La Cour de cassation, pour sa part, estime que dès lors que l'administrateur provisoire ne dispose pas du pouvoir de représenter en justice l'administrateur empêché juge que l'action en responsabilité professionnelle ne peut être engagée contre lui, pour répondre de fautes commises par le mandataire de justice empêché[8].

Le mandataire de justice, qui exerce son activité sous forme sociale, doit être personnellement recherché en responsabilité. L'assignation sera irrecevable si elle est formée à l'encontre de la société civile professionnelle dont fait partie le mandataire de justice assigné, alors que la responsabilité civile professionnelle ne saurait se transmettre à la société civile profe elle[9]. *A fortiori*, l'assignation sera irrecevabla demande est présentée contre une société pn sa qualité de commissaire à l'exécution du pl non contre la société à titre personnel[10]. Le mtaire de justice, qui exerce son activité sous fosociale, répond sur son patrimoine des conséqes de ses fautes, sans préjudice de la responsabiolidaire de sa société d'exercice[11].

l'absence de précision, et dès lors que l'action esentée devant le tribunal de grande instance, il faonsidérer que l'assignation vise à titre personn mandataire de justice car, pour le viser *ès qualicette* précision est indispensable[12]. Symétriquem, si le mandataire est condamné à titre personnel, ilt interjeter appel à titre personnel, et non *ès qtés*. À défaut, son appel sera irrecevable[13].

appelant, personne qui cherche à engager la ronsabilité personnelle du mandataire, doit dirigon appel contre le mandataire à titre personnel, n *ès qualités*[14].

a été jugé souplement que la dénomination de « andataire judiciaire » dans l'assignation introctive d'une instance en responsabilité peut s'applier aussi bien à un administrateur judiciaire qu'à liquidateur judiciaire[15].

Le mandataire de justice ne peut être condamné à tre personnel à une astreinte alors que la décision d'il doit exécuter l'est en tant qu'organe[16].

La Cour de cassation, au visa des articles L. 124-3 a code des assurances et L. 814-3 du code de commerce, juge que la mise en jeu de la caisse de garante n'impose pas la mise en cause de la personne responsable[17].

L'action en responsabilité est une action en responsabilité professionnelle. La responsabilité du mandataire de justice peut être recherchée par un tiers ou par le débiteur représenté ou assisté. Dans le premier cas, la responsabilité est délictuelle, dans le second elle est de nature contractuelle.

1. Com. 11 juin 2003, n° 00-16.136, NP – Com. 30 juin 2004, n° 02-19.375, NP – Com. 26 janv. 2010, n° 08-18.723, NP.
2. Civ. 2e, 1er avr. 2004, n° 02-14.864, *Bull. civ.* II, n° 44 – Com. 7 déc. 2004, n° 01-14.299, NP.
3. Civ. 2e, 23 juin 2011, n° 09-15.572, *Bull. civ.* II, n° 139, *Act. proc. coll.* 2011/14, comm. 221, note Cagnoli – Com. 10 mai 2012, n° 11-17.117, NP; n° 497 F-D; *BJE* juill. 2012, comm. 119, note Le Mesle.
4. Com. 26 janv. 2010, n° 08-18.723, NP, *Gaz. Pal.* 16-17 avr. 2010, nos 106, 107, p. 22, note Bidan.
5. Com. 20 janv. 2009, n° 07-16.655, NP.
6. Paris, 3e ch. B, 14 févr. 2003, RG n° 2002/0949.
7. Paris, 1re ch. A, 12 févr. 2002, RG n° 2001/04224, *Rev. proc. coll.* 2004, p. 58, n° 12, obs. Soinne.
8. Com. 22 sept. 2009, n° 08-15.843, NP.
9. Paris, 3e ch. A, 11 janv. 2005, RG n° 2004/5753.
10. Com. 10 mai 2012, n° 11-17.117, préc. (v. ss prést n°).
11. Paris, 3e ch. A, 13 juin 2006, RG n° 2005/09379.
12. TGI Béthune, 12 déc. 2000, *Rev. proc. coll.* 2003, p. 135, n° 25, obs. Soinne – CONTRA : Soinne, obs. ss Lyon, 3e ch., 14 janv. 1994, *Rev. proc. coll.* 1996, p. 421, n° 32 – *Adde*, SOINNE, n° 953.
13. Com. 11 juin 2003, n° 00-16.657, NP – Civ. 2e, 7 juin 2006, n° 04-20.001, NP, *Gaz. proc. coll.* 2006/4, p. 18, note Gorrias – Civ. 2e, 7 juin 2006, n° 04-20.002, NP.
14. Com. 12 juin 2003, *Act. proc. coll.* 2003/18, n° 237.
15. Paris, 3e ch. A, 11 janv. 2005, RG n° 2004/05753, *RD banc. fin.* 2005/2, p. 25, n° 52, note Lucas.
16. Com. 13 févr. 2007, n° 05-18.595, NP, *Gaz. proc. coll.* 2007/2, p. 30, note Gorrias.
17. Com. 22 sept. 2009, n° 08-15.843, NP, *Act. proc. coll.* 2009/16, n° 255.

Jusqu'à la loi du 17 juin 2008réformant le droit de la prescription, le délai de presription des actions en responsabilité était différent selon qu'était en cause l'un ou l'autre de ces deuxtypes de responsabilité.

Dans le premier cas, la responsabilité délictuelle du mandataire de justice recherchée par un tiers se prescrivait par dix ans à compter de la manifestation du dommage ou de son aggravation, en application de l'article 2270-1, alinéa 1er ducode civil[1].

Dans le second cas, aux termesde l'article 2277-1 du code civil, l'action en responsabilité exercée par le débiteur représenté ou assisté, pour obtenir réparation du dommage résultant de cette assistance ou de cette représentation, se prescrit par dix ans à compter de la fin de la mission de l'intéressé. Ce texte, dérogatoire au droit commun de la prescription des actions en responsabilité extracontractuelle de droit commun, est incontestablement applicable aux actions en responsabilité contre le mandataire de justice[2]. La solution vaut pour les héritiers du débiteur, poursuivant la réparation du préjudice causé à ce dernier[3] ou encore pour la caution *solvens*[4]. Le mandataire de justice peut donc être assigné après la fin de sa mission, dès lors que la faute qui lui est reprochée – en l'occurrence des actes argués de contrefaçon et de concurrence déloyale – a été accomplie pendant la durée de sa mission[5]. La prescription s'apprécie par rapport à la mission de l'intéressé, peu important qu'il soit nommé ensuite pour exercer une autre mission. Ainsi, le délai de prescription joue pour un administrateur judiciaire à compter de sa fin de mission d'administrateur, peu important qu'il soit ensuite désigné commissaire à l'exécution du plan[6].

Le nouvel article 2224 du code civil, qui résulte de la loi du 17 juin 2008, vient unifier, les délais de prescription des actions en responsabilité délictuelle et des actions en responsabilité contractuelle. Désormais, le délai quinquennal de droit commun s'applique à elles deux.

L'article 2224 du code civil, qui s'applique à l'action en responsabilité exercée par un tiers, dispose que le délai quinquennal de droit commun court à compter du jour où le titulaire d'un droit a connu ou aurait dû connaître les faits lui permettant de l'exercer. Ainsi, le délai de prescription ne commence pas à courir à compter du fait générateur, c'est-à-dire de la faute commise, mais à compter du jour où le titulaire du droit en a eu connaissance des faits lui permettant d'exercer son action en responsabilité. Il s'agit là d'une précision importante dans la mesure où jusqu'à présent le code civil ne fixait pas le point de départ de la prescription de droit commun. Il appartenait alors à la jurisprudence, dans le silence du législateur, de déterminer le point de départ de la prescription, dans chacune des hypothèses. Le point de départ fixé par l'article 2224 est en réalité la reprise du point de départ que les juges adoptaient classiquement.

L'article 2225 nouveau du code civil s'applique, pour sa part, s'applique à l'action en responsabilité exercée par le débiteur représenté ou assisté, pour obtenir réparation du dommage résultant de cette assistance ou de cette représentation. Comme par le passé, le point de départ du délai de prescription est la fin de la mission de l'intéressé[7].

Le mandataire de justice, en indiquant en réponse à une réclamation qu'il ne conteste pas les sommes réclamées et qu'il déclare à la Caisse de garantie le sinistre, procède par aveu extrajudiciaire susceptible d'être utilisé dans une action en responsabilité civile[8].

En revanche, une déclaration de sinistre, faite par le liquidateur à la compagnie d'assurance qui assurait contre le vol les locaux, ne constitue pas une reconnaissance implicite de responsabilité[9].

Si le mandataire de justice ou la société dont il est l'associé fait l'objet d'une procédure collective, la victime du dommage résultant de la faute du mandataire de justice doit déclarer sa créance au passif, dès lors que la faute commise est antérieure à l'ouverture de la procédure collective[10].

Le mandataire de justice, condamné en responsabilité civile, peut demander à être garanti par l'État des condamnations prononcées contre lui. Le juge judiciaire, appelé à se prononcer sur cette demande de garantie, doit appliquer les règles régissant la responsabilité de la puissance publique. Le demandeur en garantie – mandataire de justice – devra démontrer l'existence d'un préjudice anormal, spécial et d'une certaine gravité, au regard des fautes personnelles qu'il a commises[11].

1. Com. 3 juill. 2007, n° 05-21.884, *Bull. civ.* IV, n° 183; *D.* 2007. AJ 2108, note Delpech; *Act. proc. coll.* 2007/14, n° 170, note Régnaut-Moutier, *Gaz. proc. coll.* 2007/4, p. 36, note Gorrias – Com. 15 févr. 2011, n° 10-14.166, NP, *Gaz. Pal. entr. diff.* 1-2 avr. 2011, p. 18, note Bidan.
2. Rép. min. 26 avr. 1993, [Kiffer], *JOAN Q* 9 août 1993, p. 2474, n° 261 – *Adde*, Soinne, n° 959.
3. Com. 11 avr. 2012, n° 11-17.197, NP; n° 433 F-D.
4. Com. 26 janv. 2016, n° 14-23.771, NP; n° 86 F-D.
5. Paris, 4e ch. B, 13 mai 2005, RG n° 2003/12092.
6. Com. 4 nov. 2014, n° 13-20.021, NP; n° 948 F-D; *BJE* 2015, 27, note Laroche.
7. Géniteau, « La responsabilité de l'administrateur », *Rev. proc. coll.* 2010/6, § 11, p. 99 s., sp. p. 100, n° 5.
8. Paris, 3e ch. A, 25 nov. 2003, RG n° 2003/03076.
9. Paris, 3e ch. A, 19 sept. 2006, RG n° 05/17057.
10. Paris, 3e ch. A, 6 déc. 2005, RG n° 04/23917.
11. Civ. 1re, 14 juin 2005, n° 03-20.906, NP, *Gaz. proc. coll.* 2005/3, p. 20, n° 2, obs. Gorrias.

351.92 Assurance de responsabilité des mandataires de justice. Parce que l'intéressé est susceptible d'engager sa responsabilité civile professionnelle, il doit souscrire une assurance de responsabilité professionnelle (C. com., art. L. 814-4 [anc^t L. n° 85-99, 25 janv. 1985, art. 35]), qui doit prévoir une garantie minimale de cinq millions de francs, par sinistre et par an (D. n° 85-1389, 27 déc. 1985, art. 78), portée par le décret du 10 juin 2004[1] (art. 77) à huit cents milles euros.

Il a été observé que la baisse, ces dernières, de la sinistralité a conduit à une diminution des cotisations, passant de 15 787 782 euros en 2001 à 9 416 781 euros pour les exercices 2008-2009. Les cotisations entre 2010 et 2012 restent fixées autour de 9 millions d'euros. Le nombre de sinistres déclaré est passé de 392 en 2004, à 305 en 2006 et à 289 en 2008[2]. Ont été enregistrés en 2012, 263 sinistres et 283 en 2011[3].

Les principales causes de sinistres sont les loyers impayés, et, spécialement pour les mandataires judiciaires, les problèmes salariaux[4].

L'absence de nomination de l'intéressé ne le dispensera pas de payer une cotisation minimale[5].

L'assurance est en réalité souscrite par l'intermédiaire de la Caisse de garantie (C. com., art. L. 814-4). Cette assurance est d'une première importance, compte tenu de la fréquence des actions en responsabilité, ces dernières ne présentant pas un caractère subsidiaire et pouvant par conséquent être engagées indépendamment de l'obtention d'un titre de condamnation *ès qualités*[6].

L'assurance ne couvrira le dommage causé par la faute du professionnel, qu'autant que cette dernière n'a pas été intentionnelle ou dolosive. Il a ainsi été jugé que l'assurance n'avait pas à intervenir pour couvrir les agissements d'un administrateur judiciaire, qui, de manière délibérée, préférait présenter des projets de plan de cession, plutôt que de continuation, et en conséquence, avait présenté, de façon erronée et tardive, le projet de plan de continuation du débiteur, afin qu'il ne soit pas utilement comparé avec l'offre de reprise par voie de cession présentée[7].

Les personnes non inscrites sur les listes de mandataires et administrateurs judiciaires et que peuvent désigner les juridictions doivent souscrire des garanties au moins équivalentes (D. n° 85-1389, 27 déc. 1985, art. 79, réd. D. 10 juin 2004, art. 78).

1. D. n° 2004-518, 10 juin 2004, préc.
2. Chiffres de Soinne, « La Caisse de garantie des administrateurs judiciaires et des mandataires judiciaires », *Rev. proc. coll.* 2009/6, 36, p. 3.
3. Chiffres communiqués par Devos-Bot, « État du droit et la responsabilité des professionnels », *Rev. proc. coll.* 2012, dossier 31, n° 9.
4. Devos-Bot, « État du droit et la responsabilité des professionnels », *Rev. proc. coll.* 2012, dossier 31, n° 10.
5. Civ. 1re, 30 janv. 1996, n° 93-11.271, *Bull. civ.* I, n° 52, *Rev. proc. coll.* 1996, p. 341, n° 14, obs. Soinne.
6. Com. 25 nov. 1997, *Dr. sociétés* 1998, n° 23; *Rev. proc. coll.* 2000, p. 76, n° 7, obs. Soinne.
7. Civ. 2e, 16 oct. 2008, n° 07-14.373, NP.

CHAPITRE

352. Dispositions relatives à la rémunération des mandataires de justice

SECTION 0

ORIENTEUR

352.00 **Plan du chapitre.**

Sect.	352.10	Dispositions communes aux mandataires de justice
Sect.	352.20	Honoraires de l'administrateur judiciaire avant le décret du 23 décembre 2006
Sect.	352.30	Honoraires de l'administrateur judiciaire depuis le décret du 23 décembre 2006
Sect.	352.40	Honoraires du représentant des créanciers et du liquidateur avant le décret du 23 décembre 2006
Sect.	352.50	Honoraires du mandataire judiciaire et du liquidateur depuis le décret du 23 décembre 2006
Sect.	352.60	Règles spéciales aux honoraires du liquidateur depuis le décret du 23 décembre 2006
Sect.	352.70	Rémunération de l'expert

352.01 **Textes applicables.**

> Législation antérieure à la loi de sauvegarde des entreprises.

C. com., art. L. 814-6, L. 814-7

D. 27 déc. 1985 et D. 10 juin 2004

> Législation issue de la loi de sauvegarde des entreprises.

C. com., art. L. 663-2, L. 663-3

C. com., art. R. 661-1 (anc^t D. 28 déc. 2005, art. 328), R. 663-3 à 663-49

Circ. DACS n° 2007-09, 6 avr. 2007, *BOMJ*, n° 2007-03

> Législation issue de l'ordonnance du 18 décembre 2008.

C. com., art. L. 663-2, L. 663-3

C. com., art. R. 661-1, al. 1 et 2, R. 661-1, R. 663-3 à R. 663-49

> Législation issue de l'ordonnance du 12 mars 2014.

C. com., art. L. 663-2

C. com., art. R. 663-50

352.02 **Jurisprudence de référence.**

> Le représentant des créanciers qui n'est pas ensuite désigné liquidateur ne peut percevoir les honoraires de droit fixe (solution antérieure au décret du 10 juin 2014).

• Cass., ass. plén., 21 févr. 2003, n° 01-16.450, *Bull. ass. plén.*, n° 4

* V. s^s n° 352.41

« Vu les articles 2, 12 et 21 du décret n° 85-1390 du 27 décembre 1985;

Attendu qu'il résulte de ces textes que, hors le cas d'une désignation directe comme liquidateur, le droit fixe prévu à l'article 2 n'est dû au représentant des créanciers que si, la procédure de redressement judiciaire étant convertie en liquidation, il est désigné comme liquidateur;

Attendu que, pour fixer respectivement à 19 242 francs TTC et 28 004 francs TTC le montant des débours et émoluments de la SELARL. L..., y compris le droit fixe, dans la procédure de redressement judiciaire des époux X... et dans celle de la société N..., le premier président énonce que "dans le doute de savoir quelles hypothèses visent la première phrase de l'article 12, il est légitime de se référer au chapitre III dont les dispositions sont communes, donc plus générales; que la première phrase de l'article 12 vise l'ensemble de la procédure; que, dès lors, la condition "s'il est ensuite désigné liquidateur" peut ne pas s'appliquer à la procédure de redressement non suivie de liquidation qui forme un autre ensemble; que, dans ce cas, le représentant des créanciers recevrait légalement pour l'ensemble en question le droit fixe; que l'article 21, plus général, conforte cette interprétation qui reconnaît le droit à la perception du droit fixe dès le début de la procédure puisqu'exigible sans délai; que l'article 12 *in fine* est conforme au principe de l'article 21 puisque la rétrocession de la moitié du droit fixe implique la perception, donc le droit à émolument";

Attendu qu'en statuant ainsi, le premier président a violé les textes susvisés, les deux premiers par refus d'application, le troisième par fausse application. »

> La demande de taxe doit être motivée. À défaut, il y a une fin de non-recevoir d'ordre public qui doit être soulevée d'office par le juge et qui rend irrecevable le

recours du mandataire à l'encontre de la décision du juge.

• **Com. 9 nov. 2004,** n° 02-11.874, *Bull. civ.* IV, n° 194
* V. s n° 352.15

> Le droit fixe alloué au représentant des créances par créance s'entend de la somme totale des sommes dues au créancier, qui procèdent d'une même cause (solution antérieure au décret du 23 décembre 2006).

• **Com. 26 sept. 2006,** n° 05-15.361, *Bull. civ.* IV, n° 189
* V. s[s] n° 352.43

> Le droit proportionnel de recouvrement alloué au liquidateur au titre du recouvrement d'actif est du indépendamment de l'implication personnelle dans ce recouvrement.

• **Com. 19 juin 2007,** n° 06-14.242, *Bull. civ.* IV, n° 164
* V. s[s] n° 352.48

« Le recouvrement d'actif provenant d'une action en justice introduite au nom du liquidateur, représentant le débiteur dessaisi, et avec son accord, qui aboutit à la condamnation en paiement d'un tiers au profit du liquidateur *ès qualités*, entre dans les prévisions de l'article L. 622-4 du code de commerce dans sa rédaction antérieure à la loi du 26 juillet 2005 de sauvegarde des entreprises, de sorte que le liquidateur peut prétendre au bénéfice du droit proportionnel, sans avoir à démontrer une implication particulière dans le débat judiciaire nécessité par l'instance engagée dont la conduite incombe à l'avocat représentant et assistant le liquidateur, *ès qualités*. »

352.03 Bibliographie indicative. (V. les références complètes s[s] n° 031).

> **Ouvrages antérieurs à la loi de sauvegarde des entreprises.** Soinne, *Traité des mandataires de justice*, Litec, 2003.

> **Ouvrages postérieurs à la loi de sauvegarde des entreprises.** Lienhard, 6e éd., n°s 43.24 à 43.30, 44.28 à 44.32 – Saint-Alary-Houin, 9e éd., n°s 515, 516 – Vallens, 2015, n°s 2683, 2684, 2648, 2649, 2714 à 2720 – Vidal et Giorgini, n°s 1987 à 1997.

> **Articles.** Deharveng J., « L'achèvement de la mise en application de la loi de sauvegarde des entreprises », *Act. proc. coll.* 2007/1; « Le tarif des mandataires de justice, organes des procédures collectives », *JCP E* 2007. 1688, p. 31 – Froehlich Ph., « La rémunération des mandataires de justice dans la loi de sauvegarde », *Gaz. proc. coll.* 2007/1, p. 3 – Le Corre P.-M., « Mandataires et administrateurs, le tarif nouveau est arrivé (décret du 10 juin 2004) », *D.* 2004. 1790 – Soinne B., « Les frais et émoluments des mandataires de justice ou le syndrome d'une exploitation déficitaire », *Rev. proc. coll.* 2005/1, p. 35; « Le nouveau statut des mandataires de justice. L'indemnisation des dossiers impécunieux, la tarification nouvelle, les modalités et conditions d'intervention de tiers dans la procédure », *Rev. proc. coll.* 2008, p. 37; « La rémunération des mandataires de justice », *Rev. proc. coll.* 2008/4, 23, p. 10 – Vallansan J., « Organes – Rémunération », *Act. proc. coll.* 2007/1, n° 2.

352.04 Questions essentielles.

• Les mandataires ont-ils la possibilité de percevoir des provisions à valoir sur leur rémunération ?
* V. s[s] n° 352.16.

• Le débiteur peut-il contester les honoraires d'un mandataire de justice ?
* V. s[s] n° 352.15.

352.06 Principales actions

• Demande d'arrêté de la rémunération d'un mandataire de justice
* V. s[s] n°s 352.13, 352.14.

• Demande de versement d'un acompte
* V. s[s] n° 352.16.

352.07 Voies de recours sur les décisions mettant en jeu les actions, s[s] n°s 352.15 et 352.16.

• Contestation des honoraires par demande d'ordonnance de taxe auprès du président du tribunal de grande instance dans le délai du mois de la notification ou de la communication de la décision arrêtant les émoluments.

• Contestation des honoraires devant le premier président de la cour d'appel si la décision fixant les honoraires émane du juge délégué par le premier président de la cour d'appel en cas de dépassement des seuils dans le délai du mois de la notification ou de la communication de la décision arrêtant les émoluments.

SECTION 352.10
DISPOSITIONS COMMUNES AUX MANDATAIRES DE JUSTICE

352.11 Détermination des honoraires exclusivement par application de barèmes. Les honoraires des professionnels sont strictement déterminés par application de barèmes fixés par un décret, auquel renvoie l'article L. 814-6 du code de commerce : il s'agit du décret du 27 décembre 1985[1]. Le tarif des mandataires de justice ne concerne que les procédures collectives : sauvegarde, redressement et liquidation judiciaires. Il est sans application pour le mandat *ad hoc*, le règlement amiable et la conciliation. En ces domaines, la rémunération est fixée contractuellement, sous des réserves sérieuses toutefois, puisqu'elle est placée sous le contrôle du juge[2] (en dernier lieu, sous l'empire de la loi de sauvegarde des entreprises, C. com., art. L. 611-4).

Un tel tarif s'impose du fait de l'intervention de professionnels, dictée par la loi et imposée au débiteur par le juge[3]. Il est également indispensable à cause du quasi-monopole dont jouissent les profes-

1. D. n° 85-1390, 27 déc. 1985, *JO* 29 déc., p. 15304.
2. Deharveng, « Le tarif des mandataires de justice, organes des procédures collectives », *JCP E* 2007. 1688, p. 31, n° 1.
3. Deharveng, « Le tarif des mandataires de justice, organes des procédures collectives », *JCP E* 2007. 1688, p. 31, n° 2.

sionnels, qui les place dans un système échappant la concurrence, donc à la loi du marché[1].

Le décret du 27 décembre 1985 a été modifié, sous l'empire de la législation antérieure à la loi de sauvegarde des entreprises, en dernier lieu, par le décret du 10 juin 2004[2].

La loi de sauvegarde des entreprises[3] (art. 158, IV) a abrogé l'article 814-6 du code de commerce et posé une règle identique à l'article L. 663-2. Un décret doit déterminer « les modalités de rémunération des administrateurs judiciaires, des mandataires judiciaires, des commissaires à l'exécution du plan et des liquidateurs ». Il s'agit, en application de l'article 12 du décret du 23 décembre 2006[4], des articles 13 à 41 de ce décret qui modifient la rédaction du décret du 27 décembre 1985. Ce décret a fait l'objet de recours pour excès de pouvoir, lesquels ont été rejetés[5].

Le décret du 23 décembre 2006 s'appuie largement sur le dicton populaire selon lequel « toute peine mérite salaire »[6]. Lors des travaux préparatoires, le garde des Sceaux avait d'ailleurs indiqué que « seul le travail accompli mérite salaire »[7]. C'est pourquoi le décret du 23 décembre 2006 s'emploie à identifier les grandes missions des mandataires de justice, afin d'allouer, pour chacune de celle-ci, une rémunération, plutôt que de prévoir, comme par le passé, une rémunération essentiellement globale, parfois sans rapport avec les diligences réellement accomplies. Le tarif recherche une « optimisation du coût du judiciaire »[8].

L'amendement adopté à l'Assemblée nationale[9] après avoir reçu un accueil favorable de la commission des lois, a pour objectif de déplacer dans le livre VI du code de commerce, au sein d'un chapitre traitant des frais de procédure, les modalités de principe de la rémunération des mandataires. Il a été dit que « ce changement de place démontre la volonté de mettre fin aux contradictions entre le mode de rémunération des mandataires de justice et la protection des intérêts des entreprises recherchée par les procédures collectives »[10]. « Le ministère de la Justice a indiqué à votre rapporteur sa volonté de poursuivre cet effort en vue de rendre le tarif des mandataires judiciaires plus juste et plus vertueux »[11]. Le déplacement dans le livre VI d'une disposition figurant initialement dans le livre VIII doit s'interpréter, symboliquement, comme la volonté d'asseoir le tarif sur les missions véritables accomplies par les professionnels.

Avant la loi de sauvegarde des entreprises, le décret sur les honoraires s'appliquait également pour déterminer les honoraires alloués aux personnes désignées par la juridiction qui ne sont pas inscrites sur les listes (C. com., art. L. 814-6 [anc[t] L. 25 janv. 1985[12], art. 37]). La solution est conservée sous l'empire de la loi de sauvegarde des entreprises[13].

La rémunération prévue par le décret sur les honoraires est exclusive de tous autres honoraires et remboursements de frais pour les mêmes diligences. La règle, initialement posée par le décret (D. 27 déc. 1985, art. 19), figure depuis la loi de sauvegarde des entreprises, à l'article L. 663-2 du code de commerce, qui vise une rémunération hors taxes (C. com., art. R. 663-13 et R. 663-31). Elle est exprimée différemment, puisqu'il est désormais prévu que « cette rémunération est exclusive de toute autre rémunération ou remboursement de frais au titre de la même procédure ou au titre d'une mission subséquente qui n'en serait que le prolongement ». L'article 96 de l'ordonnance du 12 mars 2014[14] prévoit toutefois, en modifiant l'article L. 663-2, une exception au principe posé. La rémunération perçue comme liquidateur ne fait pas obstacle à la rémunération au titre d'un « mandat de justice confié au titre du deuxième alinéa de l'article L. 643-9 ». Il s'agit de l'hypothèse nouvelle créée par l'article 77 de l'ordonnance du 12 mars 2014, qui insère un alinéa 3 à l'article L. 643-9 pour permettre au tribunal de prononcer la clôture de la procédure en désignant un mandataire ayant pour mission de poursuivre les instances en cours et de répartir, le cas échéant, les sommes perçues à l'issue de celles-ci, lorsque cette clôture n'apparaît pas pouvoir être prononcée pour extinction du passif (v. s[s] n° 592.32). Lorsque cette mission sera confiée, des honoraires seront dus au mandataire, qui pourront lui être versés, par exception au principe énoncé à l'article L. 663-2 du code de commerce.

1. RAPPR. : Froehlich, « La rémunération des mandataires de justice dans la loi de sauvegarde », *Gaz. proc. coll.* 2007/1, p. 3.
2. D. n° 2004-518, 10 juin 2004, *JO* 11 juin, p. 10351.
3. L. n° 2005-845, 26 juill. 2005, *JO* 27 juill., p. 12187.
4. D. n° 2006-1709, 23 déc. 2006, *JO* 29 déc., p. 19846.
5. CE 18 juill. 2008, req. n°s 302120, 302123, NP, *Act. proc. coll.* 2008/18, n° 290.
6. Froehlich, « La rémunération des mandataires de justice dans la loi de sauvegarde », *Gaz. proc. coll.* 2007/1, p. 3 s., sp. p. 4.
7. Interv. Clément, Sénat, séance 30 juin 2005, *JO Sénat CR*, 1er juill. 2005, p. 4912.
8. Deharveng, « Le tarif des mandataires de justice, organes des procédures collectives », *JCP E* 2007. 1688, p. 31, n° 6.
9. Amend. n° 324 rectifié de Mme Arlette Grosskost, *JOAN CR*, 8 mars 2005, p. 1805.
10. *Rapp. J.-J. Hyest*, n° 335, p. 515.
11. *Rapp. J.-J. Hyest*, n° 335, p. 515.
12. L. n° 85-99, 25 janv. 1985, *JO* 26 janv., p. 1117.
13. Deharveng, « Le tarif des mandataires de justice [...] », préc., sp. p. 32, n° 7.
14. Ord. n° 2014-326, 12 mars 2014, *JO* 14 mars, p. 5249.

Il a été dit à cet égard que les organes de la procédure collective ne peuvent intervenir à un autre titre, pendant le déroulement de la procédure ou après sa clôture, sauf à exercer leur mission complémentaire gratuitement[1]. Cela englobera notamment le cas des nominations du liquidateur en qualité de mandataire *ad hoc*, dans les hypothèses exceptionnelles, sous l'empire de la législation de sauvegarde des entreprises, dans lesquelles le dirigeant social ne serait pas maintenu en fonction malgré la dissolution de la société liée au prononcé ou à l'ouverture de la liquidation judiciaire[2]. La réouverture de la procédure est évidemment exceptée, puisque des dispositions particulières à la rémunération sont prévues, en cas de procédures impécunieuses.

Le remboursement sur justificatif d'un compte détaillé des débours et droits de toute nature payés au Trésor, qui doivent être arrêtés par le président du tribunal ou par son délégué, peut être trimestriel (D. 27 déc. 1985, art. 19). Les mandataires ont également droit au remboursement des taxes et droits fiscaux payés par eux pour le compte de l'entreprise (D. 27 déc. 1985, art. 20).

À la demande du débiteur, le mandataire de justice lui communique le tarif de sa rémunération[3].

Par dérogation à la règle selon laquelle la rémunération des mandataires de justice est arrêtée par application exclusive de barèmes, l'article 7 du décret du 27 décembre 1985, dans la rédaction que lui a donnée l'article 14 du décret du 23 décembre 2006, prévoit des règles particulières lorsque la rémunération de l'administrateur judiciaire est supérieure à 100 000 euros (v. s[s] n° 352.14). Une solution identique est prévue par l'article 18 du décret du 27 décembre 1985, dans la rédaction que lui a donnée l'article 27 du décret du 23 décembre 2006, lorsque la rémunération du liquidateur excède 75 000 euros hors taxes (v. s[s] n° 352.51).

Il importe d'indiquer que le Conseil national des administrateurs judiciaires et des mandataires judiciaires (CNAJMJ), dans sa mission de surveillance résultant de l'article L. 814-2 du code de commerce, a été chargé par l'article R. 814-3 du code de commerce, issu du décret du 23 décembre 2006, d'inclure dans les règles professionnelles des professionnels les modalités de présentation des demandes d'arrêté de leur rémunération, ce qui assurera une uniformisation des pratiques et rendra plus facile le contrôle de la régularité du calcul de la rémunération[4].

L'article 328, alinéa 2 du décret du 28 décembre 2005[5] (devenu C. com., art. R. 661-1, al. 2) indique que les décisions qui intéressent la détermination des honoraires des mandataires de justice ne sont pas revêtues de l'exécution provisoire de droit à titre provisoire (v. s[s] n° 234.12).

Précisons que des règles particulières ont été posées en cas de redressement ou de liquidation judiciaire d'établissements de crédit et d'entreprises d'investissement[6].

352.12 Principe d'application dans le temps du décret du 23 décembre 2006. Le principe de droit transitoire posé par l'article 76, II du décret du 23 décembre 2006[7] est que les procédures ouvertes avant le 1er janvier 2006 demeurent régies par le décret du 27 décembre 1985[8], dans sa rédaction antérieure à celle que lui donne le décret du 23 décembre 2006. Au contraire, les procédures ouvertes à compter du 1er janvier 2006 sont régies par le décret du 23 décembre 2006 (art. 76, al. 1er). Cela conduit à un « dédoublement » du décret du 27 décembre 1985[9], qui recevra deux lectures différentes selon la date d'ouverture de la procédure collective. Il faut toutefois préciser que, à la suite du décret du 25 mars 2007[10], le décret du 27 décembre 1985 a été abrogé (art. 3, 37°), ce qui reste sans conséquence compte tenu de sa codification en partie réglementaire du code de commerce (C. com., art. R. 663-3 s.).

Le décret du 23 décembre 2006 réserve toutefois les procédures clôturées à la date de la publication du décret. Afin de ne pas remettre en cause les émoluments déjà perçus, il est prévu que s'ils ont été définitivement arrêtés, ils demeurent acquis. La question des procédures ouvertes après le 1er janvier 2006 et clôturées avant le 29 décembre 2006 est ainsi réglée. La rémunération aura intégralement été fixée en application du tarif ancien. Pour les procédures ouvertes après le 1er janvier 2006, mais non encore clôturées au 29 décembre 2006, le décret du 23 décembre 2006 s'applique pleinement. Toutefois, si des émoluments ont été perçus, ils sont réputés l'avoir été à titre de provisions ou d'acomptes. Les conditions nouvelles de perception des provisions ou des acomptes ne pourront remettre en cause cette perception. Le calcul en application du tarif nouveau permettra de déterminer leur sort définitif. S'ils excèdent les sommes dues en application du tarif nouveau, ils doivent être restitués.

1. Deharveng, art. préc. (v. s[s] prés[t] n°).
2. Deharveng, art. préc. (v. s[s] prés[t] n°).
3. IFPPC 1999, recomm. n° 8800-1, p. 287.
4. Deharveng, « Le tarif des mandataires de justice [...] », préc., sp. p. 32, n° 12 – Froehlich, « La rémunération des mandataires de justice dans la loi de sauvegarde », *Gaz. proc. coll.* 2007/1, p. 3 s., sp. p. 14.
5. D. n° 2005-1677, 28 déc. 2005, *JO* 29 déc., p. 20324.
6. D. n° 2000-1307, 26 déc. 2000.
7. D. n° 2006-1709, 23 déc. 2006, préc.
8. D. n° 85-1390, 27 déc. 1985, préc.
9. Froehlich, « La rémunération des mandataires de justice [...] », préc., sp. p. 4.
10. D. n° 2007-431, 25 mars 2007, *JO* 27 mars, p. 5648.

Le décret rend également applicables dès le 29 décembre 2006, aux procédures ouvertes avant le 1er janvier 2006, et non clôturées le 29 décembre 2006, les articles 7 et 18 du décret du 27 décembre 1985, dans la rédaction nouvelle qu'il leur donne. L'article 7 est relatif à l'hypothèse d'une rémunération totale de l'administrateur judiciaire dépassant, en application du tarif, 100 000 euros hors taxes. L'article 18 est son pendant pour le liquidateur lorsque la rémunération totale de celui-ci dépasse en application du tarif 75 000 euros. Il a été jugé que l'application de ces dispositions nouvelles aux situations ayant une origine antérieure à leur date d'entrée en vigueur, mais toujours en cours à cette date, n'est pas entachée de rétroactivité illégale[1].

352.13 Arrêté des émoluments (sur l'application aux mandataires de justice du privilège des frais de justice, v. ss n° 456.58). L'article 27 du décret du 27 décembre 1985[2] prévoyait que lors de la reddition de leurs comptes, les mandataires de justice devaient remettre au juge-commissaire, ou s'il avait cessé ses fonctions au président de la juridiction saisie, un compte détaillé de leurs émoluments. Il en résultait que la rémunération ne pouvait être fixée qu'après la reddition des comptes, postérieure à la clôture de la procédure. Cependant, en cas de remplacement d'organes, il était admis que le mandataire remplacé pouvait obtenir paiement des sommes qui lui étaient dues dès lors qu'elles pouvaient incontestablement être calculées. Il en était ainsi, pour un administrateur judiciaire remplacé qui réclamait, lors de la reddition de ses comptes, et donc avant clôture de la procédure, paiement du demi-droit fixe, du droit proportionnel calculé sur le montant du chiffre d'affaires réalisé pendant sa mission et de ses frais de déplacement[3].

L'article 22 du décret du 27 décembre 1985, dans la rédaction que lui a donnée le décret du 10 juin 2004[4] (art. 102) indique que le compte détaillé faisant ressortir distinctement les émoluments tarifés, les débours et les droits de toute nature payés au Trésor public, doit être remis au président de la juridiction saisie. La nouvelle rédaction de cette disposition par le décret du 23 décembre 2006[5] a supprimé l'obligation de faire apparaître distinctement les émoluments tarifés, les débours et les droits de toute nature. En réalité, les débours et les droits de toute nature sont remboursés sur justificatifs distincts, ce qui rendait inutile la précision. La jurisprudence a estimé que les frais de copies et de lettres recommandées peuvent être rangés parmi les débours, dont le mandataire de justice peut obtenir le remboursement[6]. Il a été préconisé d'y ajouter les indemnités kilométriques et les frais d'hébergement supportés par les professionnels dans le cadre de leur mission[7].

La loi de sauvegarde des entreprises a supprimé la reddition des comptes et l'a remplacée par un compte rendu de fin de mission. Ce dernier précédera nécessairement la clôture. Pour les administrateurs judiciaires, les textes précisent, pour chacun des droits fixes et proportionnels, leur moment d'acquisition. Dès lors qu'ils sont acquis, ils peuvent être arrêtés, sans qu'il y ait à attendre le compte rendu de fin de mission[8]. Pour les mandataires judiciaires, les droits fixes et proportionnels seront acquis dès qu'ils seront arrêtés par le juge. Ces arrêtés pourront être sollicités au fur et à mesure de l'accomplissement des missions[9]. L'article 22, alinéa 3, du décret du 27 décembre 1985, dans la rédaction que lui donne l'article 36, alinéa 3 du décret du 23 décembre 2006, pose toutefois une règle particulière pour la liquidation judiciaire : les émoluments sont ici arrêtés au vu du rapport de clôture déposé par le liquidateur. Il y a là une incitation financière pour le liquidateur à solliciter la clôture s'il veut percevoir ses émoluments.

L'article 28 du décret du 27 décembre 1985 prévoit qu'une décision doit intervenir pour arrêter les émoluments. Cette ordonnance, relevant de la matière gracieuse[10], émanait, avant le décret du 10 juin 2004, soit du juge-commissaire s'il était encore en fonction, soit du président du tribunal. Ce décret a modifié la règle. Les émoluments sont arrêtés par le président du tribunal (D. 27 déc. 1985, art. 22, al. 2) ou, depuis le décret du 23 décembre 2006, par le juge délégué par le président du tribunal de grande instance si la procédure relève de ce tribunal. Ils ne peuvent être perçus qu'après avoir été arrêtés. Par exception, l'article 21 du décret du 27 décembre 1985, dans sa rédaction antérieure au décret du 23 décembre 2006, prévoyait que les frais fixes étaient versés sans délai par le débiteur. La solution est con-

1. CE, sect., 18 juill. 2008, req. n° 302120, NP, *D.* 2008. AJ 2073; *Rev. proc. coll.* 2008/4, 24, p. 33, concl. Aguila.
2. D. n° 85-1390, 27 déc. 1985, préc.
3. Com. 4 oct. 2005, n° 04-14.283, NP, *Gaz. proc. coll.* 2006/1, p. 18, obs. Bidan – Com. 4 oct. 2005, n° 04-14.287, *Bull. civ.* IV, n° 194; *Gaz. proc. coll.* 2006/1, p. 18, obs. Bidan.
4. D. n° 2004-518, 10 juin 2004, préc.
5. D. n° 2006-1709, 23 déc. 2006, préc.
6. Com. 23 janv. 1990, n° 88-15.642, *Bull. civ.* IV, n° 18; *D.* 1990. Somm. 219, obs. Honorat – Amiens, 28 janv. 1994, *Rev. proc. coll.* 1998, p. 170, obs. Soinne.
7. Deharveng, « Le tarif des mandataires de justice [...] », préc., sp. p. 33, n° 22.
8. Deharveng, « Le tarif des mandataires de justice [...] », préc., sp. p. 37, n° 63.
9. Deharveng, « Le tarif des mandataires de justice [...] », préc., sp. p. 43, n° 135.
10. Com. 30 janv. 2007, n° 05-20.315, NP, *Gaz. proc. coll.* 2007/2, p. 31, note Gorrias; *RTD com.* 2007. 456, n° 11, obs. Vallens.

servée pour le droit proportionnel de l'administrateur au titre de l'élaboration du diagnostic de l'entreprise, pour le droit fixe du mandataire judiciaire, et celui du liquidateur en cas de liquidation judiciaire immédiate. Le plus souvent, cependant, la situation est telle qu'il faudra, spécialement en liquidation judiciaire, attendre les premières répartitions provenant de la vente d'actifs. Il faut également tenir compte de la possibilité pour les mandataires de justice de percevoir des acomptes et provisions autorisés.

La décision arrêtant les émoluments est notifiée, dans les quinze jours de sa date, par le greffier en chef de la juridiction, par lettre recommandée avec avis de réception, au débiteur. Ce délai n'est toutefois pas imparti à peine de caducité[1]. Avant le décret du 23 décembre 2006, il en était de même pour le mandataire de justice requérant et pour le ministère public. Depuis, il est prévu une simple communication au ministère public, et au mandataire de justice requérant, ce qui évite la notification par courrier recommandé.

La lettre de notification – expression au demeurant inexacte si le destinataire est le mandataire de justice concerné – doit comporter l'indication du délai et des modalités de contestation devant le président du tribunal de grande instance compétent. Il s'agira de la juridiction d'ouverture de la procédure ou, si la juridiction d'ouverture est le tribunal de commerce, le tribunal de grande instance dans le ressort duquel se trouve le tribunal de commerce. Sous l'empire de l'article 28 du décret du 27 décembre 1985 non réformé, il a été jugé que le tribunal de commerce était incompétent pour connaître de la contestation d'une ordonnance arrêtant les émoluments. En conséquence, l'appel de l'ordonnance – appel nullité – était recevable, ce qui rendait irrecevable le pourvoi en cassation à l'encontre de la décision du tribunal[2]. Sous l'empire du texte ancien, si la décision arrêtant les émoluments du mandataire émanait du président du tribunal, il avait pu être jugé que la compétence appartenait en ce cas au vice-président[3]. Le texte nouveau évite la difficulté. Du fait de la nécessaire délégation par le président du tribunal de grande instance à un juge de sa juridiction, le président du tribunal pourra connaître du recours.

À défaut de notification de l'ordonnance de taxe au débiteur, le délai de recours ne court pas. La décision arrêtant les émoluments ne peut devenir définitive, ce qui autorise à la contester devant le premier président de la cour d'appel ou son délégataire[4].

En revae, la nature graeuse de l'ordonnance de taxe reinapplicable l'aicle 478 du code de procédure le. L'ordonnare ne sera donc pas caduque au tif qu'elle n'a as été notifiée dans les six mois den rendu[5].

À déit de contestition, la décision du juge autorise mandataire le justice à recourir à l'exécution fée à l'encontre du débiteur[6].

Le maataire de justice qui a omis de réclamer des somrs, lors de la demande qu'il a présentée, doit répai son erreur en présentant une demande complémtaire dans les six mois de la décision arrêtant sémoluments. Les actions en la matière se prescrivenen effet par six mois (D. 27 déc. 1985, art. 30). Paé ce délai, qui court à compter de la notification, tene conservé par le décret du 23 décembre 2006, mais ui est inadapté – il faut plutôt lire communication le la décision arrêtant les émoluments –, le mandataire de justice est irrecevable à agir[7]. Cette solution, qui vaut encore pour les mandataires judiciaires, les administrateurs judiciaires et les commissaires à l'exécution du plan, est écartée pour les liquidateurs. Ces derniers ne peuvent plus, en effet, percevoir d'émoluments après approbation de leur compte rendu de fin de mission (D. 27 déc 1985, art. 22, réd. D. 23 déc. 2006).

Il faut toutefois qu'il s'agisse d'une omission, ce qui présuppose que les honoraires en question soient dus au jour de la demande présentée par le mandataire de justice. Tel n'est pas le cas, lorsque le mandataire [représentant des créanciers] a, dans un premier temps, présenté une demande de fixation de ses honoraires au titre du droit fixe par créance déclarée, qui a fait l'objet d'une décision du juge-commissaire, puis a présenté une demande au titre du droit proportionnel relatif à la contestation des créances déclarées. Il n'y a pas, en ce cas, omission dans la réclamation des sommes dues, mais bien présentation d'un compte complémentaire pour des créances d'honoraires qui n'avaient pas été arrêtées[8].

352.14 Arrêté et perception des émoluments des honoraires des mandataires de justice en cas de dépassement des *maxima* prévus par les barèmes.

> **Sous l'empire du décret du 27 décembre 1985**[9], **dans sa rédaction antérieure au décret du 23 décembre 2006**[10], l'article 6, dernier alinéa, tel qu'il résultait de la rédaction que lui avait donnée le décret du 27 avril 2001[11], prévoyait que si la rémunération de

1. Com. 11 mai 2010, n° 09-15.320, *Bull. civ.* IV, n° 86.
2. Com. 31 mai 1994, n° 92-11.329, NP, *D.* 1994. IR 221.
3. TGI Montbéliard, 26 juill. 22005, *BICC* 2005, n° 2072.
4. Com. 22 sept. 2009, n° 07-18.624, NP.
5. Com. 30 janv. 2007, n° 05-20.315, préc. (v. s^{s} prés^{t} n°).
6. IFPPC 1999, recomm. n° 8800-6, p. 289.
7. Com. 17 nov. 1992, n° 90-17.801, *Bull. civ.* IV, n° 360; *D.* 1993. Somm. 74, obs. Honorat.
8. Com. 11 mai 2010, n° 09-15.320, *Bull. civ.* IV, n° 86.
9. D. n° 85-1390, 27 déc. 1985, préc.
10. D. n° 2006-1709, 23 déc. 2006, préc.
11. D. n° 2001-373, 27 avr. 2001, *JO* 29 avr., p. 6837.

l'administrateur judiciaire due au titre de la poursuite d'activité en période d'observation, en application du barème, dépassait 68 602 euros, sa rémunération devait être arrêtée par le président du tribunal, sur proposition du juge-commissaire. Un seuil de 38 112 euros était identiquement prévu au titre des honoraires calculés sur le prix de cession. Enfin, l'administrateur pouvait faire fixer, en dehors des barèmes, sa rémunération au titre de l'élaboration du projet de plan et du bilan économique, social et environnemental, lorsque l'entreprise employait au moins 1 000 salariés au cours de l'exercice précédant l'ouverture de la procédure. La même solution était applicable si l'administrateur obtenait du président du tribunal qu'il arrête une rémunération, à ce titre, comprise dans la tranche supérieure si le nombre de taux de base alloué en fonction du nombre de salariés apparaissait insuffisant en considération du travail à effectuer, dès lors que l'entreprise employait plus de 750 salariés.

La même solution trouvait encore application si l'ensemble des honoraires versés au représentant des créanciers (D. 27 déc. 1985, art. 16) ou au liquidateur (D. 27 déc. 1985, art. 18) excédait 68 602 euros.

> Sous l'empire du décret du 23 décembre 2006. L'article 7 du décret du 27 décembre 1985, dans la rédaction que lui a donnée l'article 14 du décret du 23 décembre 2006, et 18 du même décret, dans la rédaction que lui a donnée l'article 27 du décret du 23 décembre 2006, prévoient également des règles particulières lorsque, calculée en application des barèmes, la rémunération totale de l'administrateur judiciaire est supérieure à 100 000 euros hors taxes, celle du liquidateur à 75 000 euros hors taxes. En outre, le dispositif est applicable lorsque la rémunération de l'administrateur, au titre du droit proportionnel, est assise sur un montant de chiffres d'affaires excédant 20 000 000 euros. Cette sortie du tarif s'explique d'une part au regard de l'importance du travail accompli par le professionnel dans les gros dossiers et, d'autre part, par l'inadaptation des barèmes dont l'application mécanique pourrait se révéler sans commune mesure avec la prestation effectuée[1].

Les seuils ont été sensiblement augmentés. Mais, surtout, les modalités de fixation de la rémunération ont été sensiblement modifiées.

Il est ainsi prévu que l'entière rémunération de ces deux organes est arrêtée en considération des frais engagés et des diligences accomplies par lui, sans qu'il puisse être fait référence au tarif prévu par les chapitres intéressant respectivement la rémunération de l'administrateur judiciaire et celle du liquidateur. Le texte se démarque ainsi, a-t-il été écrit, de la pratique antérieure, qui procédait volontiers à un calcul arythmique du tarif au-delà des seuils[2].

Dans cette hypothèse, la rémunération de l'administrateur ne pourra être inférieure à 100 000 euros, celle du liquidateur à 75 000 euros. La rémunération sera donc comprise entre ce plancher et un plafond, qui représente la somme qui aurait été allouée au professionnel par application du tarif. Le système instauré doit conduire à une rémunération inférieure au tarif, sauf à considérer que la disposition ne sert à rien.

Le magistrat qui va déterminer la rémunération, en faisant usage de son pouvoir souverain d'appréciation[3], devra le faire en tenant exclusivement compte des diligences accomplies, la preuve en incombant évidemment au professionnel. Les diligences nous semblent devoir s'apprécier non seulement sur un plan quantitatif, mais encore sur un plan qualitatif, la technicité des tâches pouvant constituer un élément d'appréciation.

Ne seront pas prises en compte dans ces diligences, celles qui auraient été accomplies par des tiers et qui auraient fait l'objet de facturations distinctes[4].

Ce magistrat ne sera plus, en ce cas, le président du tribunal ou son délégué, mais un magistrat de la cour d'appel délégué à cette fin par le premier président de la cour d'appel. Le magistrat s'appuiera sur une proposition du juge-commissaire, et statuera au vu d'un état de frais et d'un état descriptif des diligences accomplies par le mandataire. Il devra recueillir l'avis du ministère public et celui du débiteur. Ce dernier ne pourra se contenter de donner son accord par avance à l'administrateur judiciaire qui sera intervenu dans l'élaboration du plan. En revanche, dans l'appréciation du magistrat taxateur, le fait que le débiteur ait accepté par avance la rémunération, même si cette acceptation n'a aucune valeur légale, aura une signification particulière, si le débiteur confirme, au moment où le juge-commissaire devra porter son appréciation, la proposition d'honoraires émanant du professionnel. Cette adhésion du débiteur porte, en effet, la marque de la reconnaissance du travail accompli.

1. RAPPR. : Deharveng, « Le tarif des mandataires de justice, organes des procédures collectives », *JCP E* 2007. 1688, p. 31, n° 3.

2. Deharveng, « Le tarif des mandataires de justice [...] », préc., sp. p. 45, n° 159 – Froehlich, « La rémunération des mandataires de justice [...] », préc., sp. p. 11.

3. Com. 27 nov. 2012, n° 11-23.465, *Bull. civ.* IV, n° 215; n° 1188 F-P+B; *Gaz. Pal.* 18 janv. 2013, n° 18, p. 23, note Bidan; *BJE* mars 2013, comm. 41, note Rohart-Messager; *Rev. proc. coll.* 2013, comm. 35, note Étienne-Martin – Com. 27 nov. 2012, n° 11-23.466, NP; n° 1189 F-D; *Gaz. Pal.* 18 janv. 2013, n° 18, p. 23, note Bidan.

4. Riom, ord. taxe, 1er prés., 23 juin 2011, n° 11/11.

La décision du magistrat de la cour d'appel peut être frappée de recours devant le premier président de la cour d'appel par le débiteur, le ministère public et, selon le cas, par l'administrateur ou le liquidateur concerné. Indiquons toutefois, que à la suite d'une erreur rédactionnelle purement matérielle, le recours n'avait pas été ouvert au liquidateur dans la rédaction de l'article 18 du décret du 27 décembre 1985, telle qu'elle résultait du décret n° 2006-1709 du 23 décembre 2006. Le Conseil d'État avait cependant considéré cette erreur comme devant rester sans conséquence sur la recevabilité du recours du liquidateur[1]. L'erreur a ensuite été réparée et le visa du liquidateur ainsi assuré par l'article 8 du décret n° 2007-812 du 10 mai 2007.

Ce recours peut être formé oralement ou par écrit, dans le délai du mois à compter de la notification de l'ordonnance du magistrat délégué par le premier président. En l'absence d'autres formalités prévues par l'article R. 663-39 du code de commerce, il a été considéré que le recours pouvait être formé par télécopie[2].

Le premier président de la cour d'appel statue en matière contentieuse, ce dont il résulte que sa décision devra être prononcée publiquement. Mais l'irrégularité tenant à la tenue de l'audience en chambre du conseil ne pourra plus être invoquée après la clôture des débats[3].

L'article 76, II, alinéa 2 du décret du 23 décembre 2006 rend applicable, dès le 29 décembre 2006, aux procédures ouvertes avant le 1er janvier 2006, et non clôturées le 29 décembre 2006, les articles 7 et 18 du décret du 27 décembre 1985, dans la rédaction nouvelle qu'il leur donne. Il précise en outre (D. 23 déc. 2006, art. 76, II, al. 2) que l'article 18 est applicable dès le 29 décembre 2006 à la rémunération du commissaire à l'exécution du plan de cession désigné dans le cours d'une procédure de redressement judiciaire ouverte avant le 1er janvier 2006. Afin de dissiper toute incertitude, il précise, de manière redondante par rapport au principe, que les demandes d'arrêté de rémunération au-delà des barèmes qui sont en cours – qui n'ont pas donné lieu à une décision dit le texte (D. 23 déc. 2006, art. 76, II, al. 1er) –, sont transmises à la cour d'appel. La solution vaut également pour le commissaire à l'exécution du plan de cession (D. 23 déc. 2006, art. 76, II, al. 2).

352.15 Demande de taxe. La demande de taxe, qui selon l'article 29 du décret du 27 décembre 1985[4] peut être faite oralement ou par écrit au secrétaire du tribunal de grande instance, doit être motivée. À défaut de motivation de la demande de taxe, il y a une fin de non-recevoir d'ordre public qui doit être soulevée d'office par le juge et qui rend irrecevable le recours du mandataire à l'encontre de la décision du juge[5].

La voie de recours sur la décision arrêtant les émoluments, émanant du juge-commissaire avant le décret du 10 juin 2004[6], du président du tribunal ou du juge délégué depuis lors, prend la forme d'une demande motivée de taxe (D. 27 déc. 1985, art. 29). Elle doit être effectuée dans le délai du mois de la notification ou de la communication de la décision arrêtant les émoluments, par déclaration orale ou écrite au secrétariat du tribunal de grande instance compétent ou de la cour d'appel, si le recours est porté devant le premier président de la cour d'appel. Le recours sera porté devant la cour d'appel si la décision fixant les honoraires émane du juge délégué par le premier président de la cour d'appel en cas de dépassement des seuils (v. ss n° 352.14).

L'article 29, alinéa 1er du décret du 27 décembre 1985, dans sa rédaction antérieure au décret du 23 décembre 2006[7], ouvrait le recours à « tout intéressé ». Il pouvait donc s'agir des personnes auxquelles avait été notifiée l'ordonnance, et notamment le débiteur[8], ainsi que des tiers, par exemple des créanciers ayant intérêt à contester les honoraires du mandataire qui les auraient privés de tout ou partie de leurs droits à répartition. La difficulté pour eux était d'avoir connaissance de l'intervention de la notification qui, indistinctement, compte tenu de la lettre du texte, faisait courir contre eux le délai de contestation, et qui pouvait faire naître des difficultés de régime fiscal des honoraires perçus[9].

Le décret du 23 décembre 2006 ne prévoit plus la possibilité pour tout intéressé de contester la décision arrêtant les émoluments. S'il est certain que le débiteur pourra former une demande de taxe, dans le mois de la notification de la décision, s'il est tout aussi certain que ce droit est ouvert au ministère public et au mandataire de justice concerné dans le mois de la communication de la décision, le problème se pose pour les tiers. Le silence du texte ne doit pas, à notre sens, conduire à les écarter de la possibilité d'exercer le recours. Le délai courra alors

1. CE 18 juill. 2008, req. nos 302120, 302123, NP, *D.* 2008. AJ 2073; *Act. proc. coll.* 2008/18, n° 290.
2. Com. 27 nov. 2012, n° 11-23.465, préc. (v. ss prést n°) – Com. 27 nov. 2012, n° 11-23.466, préc. (v. ss prést n°).
3. Com. 27 nov. 2012, n° 11-23.465, préc. (v. ss prést n°) – Com. 27 nov. 2012, n° 11-23.466, préc. (v. ss prést n°).
4. D. n° 85-1390, 27 déc. 1985, préc.
5. Com. 9 nov. 2004, n° 02-11.874, *Bull. civ.* IV, n° 194; *Act. proc. coll.* 2004/20, n° 237, note Soinne.
6. D. n° 2004-518, 10 juin 2004, préc.
7. D. n° 2006-1709, 23 déc. 2006, préc.
8. IFPPC 1999, recomm. n° 8800-7, p. 289.
9. CAA Lyon, 26 avr. 2002, *Rev. proc. coll.* 2003, p. 121, n° 12, obs. Soinne.

à compter de la décision elle-même, faute pour celle-ci de leur être notifiée ou communiquée.

Les articles 709 et 711 à 718 du code de procédure civile seront applicables. La décision qu'en rendra le président de la juridiction sera susceptible, en application de l'article 714 du code de procédure civile d'un recours devant le premier président de la cour d'appel, dans le délai d'un mois à compter de sa notification à l'intéressé ou de sa communication au ministère public. Il est exclu de faire courir le délai de recours d'un commissaire à l'exécution à compter de la communication au ministère public, le recours ne pouvant courir qu'à compter de sa notification[1]. Le commissaire à l'exécution du plan a ainsi été jugé recevable à exercer un recours contre l'ordonnance de taxe arrêtée au profit du représentant des créanciers[2].

Le premier président de la cour d'appel, statuant sur appel de l'ordonnance de taxe, devra faire respecter le principe de contradiction. Il ne pourra donc statuer sans tenir d'audience ni entendre ou convoquer les parties[3]. Il ne pourra confirmer la décision du premier juge sans que les pièces de la procédure et les observations du mandataire de justice aient été communiquées au débiteur[4].

Le liquidateur ou le commissaire à l'exécution du plan, selon le cas, réglera les autres mandataires de justice en fonction dans le dossier, soit sur décision de fixation des honoraires irrévocable faute de contestation, soit sur base de l'ordonnance de taxe[5].

352.16 Versements provisionnels des honoraires des mandataires de justice et acomptes. Par principe, les honoraires ne peuvent être versés au professionnel qu'après qu'aura été rendue à son profit une décision fixant ses droits. Cependant, des versements provisionnels sont possibles. L'article 25 du décret du 27 décembre 1985[6] prévoit que si les versements provisionnels excèdent les sommes dues, il y a place à restitution immédiate de l'excédent.

Le moment du versement de cette provision était déterminé aux articles 23 et 24 du décret du 27 décembre 1985. Ces dispositions ont été abrogées par le décret du 10 juin 2004[7]. Depuis lors, il est prévu qu'une décision du président du tribunal doit intervenir pour autoriser le versement de la provision (D. 27 déc. 1985, art. 28, réd. D. 10 juin 2004, art. 107). L'ordonnance obéit au même régime que celle rendue pour arrêter les émoluments dus (v. s[s] n° 352.14).

L'article 3, alinéa 2 du décret du 27 décembre 1985 précisait, avant le décret du 23 décembre 2006[8], que l'administrateur judiciaire devait remettre un programme prévisionnel de travail pour l'élaboration du bilan économique et social et du projet de plan. L'article 8, alinéa 2 du même décret imposait une obligation identique au commissaire à l'exécution du plan, pour l'exercice de ses fonctions. Ces textes devaient permettre ensuite au juge de vérifier si des honoraires provisionnels réclamés pouvaient être versés. En effet, l'article 22 du décret du 27 décembre 1985, devenu article 23 à la suite du décret du 10 juin 2004, prévoyait qu'une provision à valoir sur la rémunération de l'administrateur judiciaire ou du commissaire à l'exécution du plan, ne pouvant excéder la moitié du montant prévu par le barème, pouvait être versée sur autorisation du président de la juridiction sur proposition du juge-commissaire.

Le décret du 23 décembre 2006 conserve la possibilité du versement d'une provision à valoir sur le droit proportionnel relatif à l'élaboration du bilan économique, social et environnemental et à l'assistance du débiteur à l'élaboration du plan de sauvegarde ou de redressement (D. 27 déc. 1985, art. 4, dern. al.), en simplifiant le système. Le président du tribunal fixe cette provision sur proposition du juge-commissaire, lequel sera en pratique saisi par l'administrateur. Cette provision ne peut excéder la moitié de ce droit. Elle ne peut davantage excéder 66 667 euros, c'est-à-dire les deux tiers de la somme prévue à l'article 7 du décret du 27 décembre 1985, à partir de laquelle la rémunération de l'administrateur n'est plus fixée en application du tarif, mais par le magistrat délégué de la cour d'appel.

L'article 25 du décret du 27 décembre 1985, devenu article 24 depuis le décret du 10 juin 2004, ouvre également la possibilité d'un versement provisionnel au représentant des créanciers et au liquidateur. Ici encore, une décision du président du tribunal, sur proposition du juge-commissaire, obéissant aux mêmes règles que la décision arrêtant les émoluments dus (v. s[s] n° 352.14), fixera le montant de l'acompte. Le premier président de la cour d'appel, statuant en matière de contestation d'honoraires, ne peut donc rendre une ordonnance d'autorisation d'acompte sur la seule exhibition de l'état des créances et la justification que d'autres diligences ont été accomplies, alors qu'au jour où il statue les acomptes à valoir sur la rémunération du mandataire doi-

1. Com. 14 mai 2008, n° 07-10.427, NP, *Gaz. proc. coll.* 2008/4, p. 46, n° 2, note Gorrias.
2. Com. 14 mai 2008, n° 07-10.427, préc.
3. Com. 15 déc. 2015, n° 14-19.767, NP.
4. Civ. 2e, 2 févr. 2010, n° 10-26.039, NP.
5. IFPPC 1999, recomm. n° 8800-8, p. 289.
6. D. n° 85-1390, 27 déc. 1985, préc.
7. D. n° 2004-518, 10 juin 2004, préc.
8. D. n° 2006-1709, 23 déc. 2006, préc.

vent être fixés sur présentation d'un état de frais et de ses justifications[1].

Dans la rédaction d'origine du décret du 27 décembre 1985, les prélèvements d'acomptes n'étaient pas limités. Le décret du 10 juin 2004 a entendu strictement encadrer le prélèvement d'acomptes. La solution a été conservée par le décret du 23 décembre 2006.

Depuis le décret du 10 juin 2004, l'acompte ne pourra excéder les deux tiers de la rémunération due. La décision sera prise sur justification de l'accomplissement des diligences pour lesquelles les honoraires sont dus. Un seul acompte par semestre est possible depuis le décret du 10 juin 2004, au lieu de trois par trimestre auparavant. Il est recommandé au professionnel d'indiquer, sur sa demande d'acompte, la date de la précédente perception d'acompte[2].

L'article 24, alinéa 3 du décret du 27 décembre 1985, dans la rédaction que lui donne le décret du 23 décembre 2006, conserve la double limitation des acomptes à un par semestre et à deux tiers de la rémunération due en application des barèmes. Il précise que le montant de ces acomptes comprend le droit fixe, ce qui résultait déjà d'une précision apportée par une circulaire[3]. Il indique également que les acomptes ne peuvent dépasser les deux tiers de la somme de 75 000 euros, seuil qui détermine l'application de l'article 18 du décret du 27 décembre 1985 (v. s[s] n° 352.14).

Le caractère strict de ces règles a été dénoncé comme pouvant être une source de problèmes pour les jeunes professionnels[4], qui devront avoir les « reins solides » lors de leur installation, en attendant les premières rentrées d'honoraires.

352.17 Nomination de mandataires de justice multiples – Remplacement de mandataires de justice. L'article R. 663-35, alinéa 1er du code de commerce, dans la rédaction que lui donne le décret du 23 décembre 2006[5], règle la question de la rémunération des mandataires de justice, lorsque plusieurs ont été nommés pour une même mission. Il commence par indiquer que les droits fixes ou proportionnels dus au titre de la procédure sont majorés de 30 % à l'exception du droit fixe pour lequel une règle particulière a été posée (v. s[s] n° 352.52). Il appartient aux mandataires de justice de s'accorder sur une clé de répartition des honoraires. À défaut d'accord, le président du tribunal ou son délégué, qui sera en pratique saisi par l'un ou plusieurs des mandataires désignés, fixera la part de chacun après avoir entendu le débiteur – qui pourrait donner des informations sur le travail effectif accompli par chacun – et recueilli l'avis du ministère public.

L'article R. 663-35, alinéa 2 du code de commerce dans la rédaction que lui donne le décret du 23 décembre 2006, règle également la délicate question de la répartition des honoraires en cas de changement de mandataires de justice en cours de procédure. Le principe est d'abord posé que les professionnels doivent régler entre eux la répartition des honoraires qui leur sont dus. À défaut d'accord entre eux, le président du tribunal ou son délégué partage les émoluments entre les professionnels en fonction des diligences accomplies par chacun, après avoir entendu le débiteur et recueilli l'avis du ministère public. Il s'agit là d'une tâche délicate pour le magistrat concerné.

352.18 Sommes versées aux techniciens, officiers publics et ministériels, aux experts ou aux avocats. L'article L. 814-6 du code de commerce prévoit explicitement qu'un décret fixe les règles de prise en charge de la rémunération des personnes appelées, sur la demande des mandataires de justice, à effectuer au profit du débiteur certaines tâches techniques non comprises dans les missions qui leur sont confiées (v. aussi s[s] n°s 351.32 et 351.33). La loi de sauvegarde des entreprises a déplacé le contenu de cet article à l'article L. 663-2 et tous les renvois opérés par les textes à l'article L. 814-6 sont remplacés par un renvoi à l'article L. 663-2.

L'article 20 du décret du 27 décembre 1985[6] prévoyait explicitement la possibilité pour les mandataires de justice d'obtenir remboursement des sommes versées aux officiers publics et ministériels, aux experts ou aux avocats, dont le concours aura été reconnu nécessaire[7]. Le libellé de cette disposition obligeait les mandataires de justice à une certaine prudence, spécialement pour le concours d'avocats.

Cette disposition a été modifiée par le décret du 10 juin 2004[8], qui ne prévoit plus le remboursement de ces intervenants. Est-ce à dire que le recours à ces personnes devra nécessairement être pris en charge par le professionnel ? Une réponse négative s'impose. L'article 31, alinéa 2 du décret du 27 décembre 1985, non modifié par le décret du 10 juin 2004, prévoit que « sur justification de l'accomplis-

1. Com. 2 nov. 2005, n° 04-16.637, NP, *Gaz. proc. coll.* 2006/1, p. 20, n° 2, obs. Gorrias.
2. Soinne, « Les dispositions nouvelles relatives au statut des mandataires de justice (accès et exercice des professions, tarification et exécution de certaines tâches par des tiers) », *Rev. proc. coll.* 2005/1, p. 1 s., sp. p. 27, n° 51.
3. Circ. 7 févr. 2005, JUSC 05.20115C.
4. Froehlich, « La rémunération des mandataires […] », préc., sp. p. 10.
5. D. n° 2006-1709, 23 déc. 2006, préc.
6. D. n° 85-1390, 27 déc. 1985, préc.
7. ILLUSTR. : Paris, 2e ch. B, 27 janv. 2005, RG n°s 2004/12898, 2004/12902, 2004/12905, 3 esp.
8. D. n° 2004-518, 10 juin 2004, préc.

sement de la mission, le président du tribunal saisi fixe la rémunération des personnes désignées à l'alinéa précédent », c'est-à-dire les techniciens. La décision du président du tribunal sera susceptible de recours dans les conditions des alinéas 1 et 2 de l'article 714 et des articles 715 à 718 du code de procédure civile. Les frais occasionnés par le recours à des techniciens pourront donc être supportés par la procédure, au titre des créances postérieures, voire par les avances du Trésor public, dans des situations dont la technicité ou le caractère exceptionnel excèdent la compétence habituelle des mandataires et des administrateurs et qui apparaissent ainsi en dehors de leur mission (v. s[s] n°s 351.32 et 351.33).

Si les mandataires de justice font appel à des personnes pour l'accomplissement de tâches entrant dans leur mission, et qui ne s'inscrivent pas dans les conditions visées à l'article 31 du décret du 27 décembre 1985, telles qu'elles sont explicitées par la circulaire précitée, ils doivent les rémunérer sur *les honoraires qui leur sont alloués*, non sur *les deniers* de l'entreprise débitrice (v. s[s] n° 351.32). La transgression de cette règle est assortie de sanctions pénales (v. s[s] n° 933.25).

La circulaire précitée indique qu'elle ne s'intéresse pas au recours aux avocats. Elle se contente de préciser que seules les conventions d'honoraires complémentaires qualifiés d'honoraires de résultat sont soumises à autorisation préalable.

Le mandataire s'abstiendra, pour rémunérer ces tiers, de toute avance sur ses fonds personnels ou sur le compte général[1].

352.19 Dispositions particulières aux dossiers impécunieux[2]. Très fréquemment, le professionnel désigné, cela étant surtout vrai pour les liquidateurs, est confronté à ne pas percevoir de rémunération, car le dossier ne permet même pas celle-ci. Pour remédier à cet état de fait, la loi du 3 janvier 2003[3] a prévu un dispositif particulier.

L'article 814-7 du code de commerce, issu de cette loi[4], prévoit que lorsque la réalisation des actifs ne permet pas la rémunération du représentant des créanciers ou du liquidateur, pour une somme au moins égale à un seuil fixé par décret, une indemnisation sera allouée au professionnel concerné. C'est le « quasi AJ » du mandataire (aide juridictionnelle), qui représente un revenu de substitution, et dont il a été dit qu'il ne devrait pas être assujetti à la TVA[5].

L'article 814-7 du code de commerce a été déplacé à l'article L. 663-3 du même code par la loi de sauvegarde des entreprises[6]. Il sera en pratique rare que le dispositif puisse bénéficier à un mandataire judiciaire, sauf en cas de conversion d'une sauvegarde ou d'un redressement judiciaire en liquidation judiciaire, lorsque le mandataire ne sera pas nommé liquidateur.

Le décret du 10 juin 2004[7], en son article 99, qui introduit dans le décret du 27 décembre 1985[8] un article 18-1 (devenu C. com., art. R. 663-48), précise le seuil : 1 500 euros, seuil qui a été conservé par le décret du 23 décembre 2006[9] (D. 27 déc. 1985, art. 18-1, réd. D. 23 déc. 2006, art. 28).

Le dispositif supposera que le dossier soit qualifié d'impécunieux par décision du tribunal, sur proposition du juge-commissaire, au vu des justificatifs produits par le professionnel. En ce sens, l'article 18-8 du décret du 27 décembre 1985, issu du décret du 23 décembre 2006 (devenu C. com., art. R. 663-48), prévoit que le juge-commissaire, qui aura en pratique été saisi en ce sens par le mandataire judiciaire ou le liquidateur, proposera au tribunal de faire application du dispositif de rémunération des dossiers impécunieux, lorsqu'il aura approuvé le compte rendu de fin de mission de ces mandataires de justice. Il joindra alors à sa proposition mentionnant le montant des émoluments déjà perçus par le mandataire de justice le compte rendu de fin de mission du mandataire de justice.

Le tribunal se saisira alors d'office pour statuer sur la demande d'indemnisation. Sa décision, dans laquelle il statue sur le caractère impécunieux du dossier, fixera le montant de l'indemnité. Elle sera susceptible d'appel de la part du ministère public, du mandataire judiciaire et du liquidateur.

Ce qui reste dû au mandataire de justice, en application du seuil visé de 1 500 euros, est prélevé sur une quote-part des intérêts servis par la Caisse des dépôts et consignations sur les fonds déposés par les professionnels. Cette quote-part a été fixée par l'arrêté du 10 septembre 2004[10] à 25 %.

La Caisse des dépôts et consignations assure la gestion administrative, financière et comptable d'un fonds destiné à la rémunération du dossier impécunieux (D. 27 déc. 1985, art. 18-3, devenu C. com., art.

1. IFPPC 1999, recomm. n° 8800-2, p. 287.
2. SUR LA QUESTION : Soinne, « Le nouveau statut des mandataire de justice. L'indemnisation des dossiers impécunieux, la tarification nouvelle, les modalités et conditions d'intervention de tiers dans la procédure », *Rev. proc. coll.* 2008, p. 37.
3. L. n° 2003-7, 3 janv. 2003, *JO* 4 janv., p. 256.
4. Obs. Soinne, *Rev. proc. coll.* 2003, p. 121, n° 11.
5. Soinne, « Le nouveau statut des mandataire de justice [...] », préc., sp. p. 40.
6. L. n° 2005-845, 26 juill. 2005, préc.
7. D. n° 2004-518, 10 juin 2004, préc.
8. D. n° 85-1390, 27 déc. 1985, préc.
9. D. n° 2006-1709, 23 déc. 2006, préc.
10. *D.* 2004. 2485.

R. 663-43), par l'intermédiaire d'un comité d'administration de ce fond (D. *27 déc.* 1985, art. 18-2), qui a la nature d'un organe administratif, dont les décisions peuvent être déférées à la connaissance des juridictions administratives[1].

Le versement est effectué par la Caisse des dépôts et consignations sur un compte bancaire ouvert au nom du bénéficiaire au vu d'un extrait de la décision du tribunal qui l'accorde (D. 27 déc. 1985, art. 18-6, devenu C. com., art. R. 663-46).

Le dispositif, qui a vocation à s'appliquer tant aux professionnels inscrits sur les listes, qu'aux personnes exceptionnellement désignées en dehors de ces listes, faute de distinction du texte, est, en revanche, sans application pour les administrateurs judiciaires, que le tribunal évitera de nommer dans un dossier impécunieux.

Le dispositif relatif aux dossiers impécunieux ne s'applique, selon le décret du 10 juin 2004, qu'aux procédures ouvertes après le 11 juin 2004 (D. 10 juin 2004, art. 108, IX)[2]. L'article 109 du décret du 10 juin 2004 prévoit toutefois que le prélèvement relatif aux dossiers impécunieux sera effectué à partir du 1er juillet 2004 sur l'ensemble des intérêts versés quelle que soit la date d'ouverture de la procédure au titre de laquelle les fonds ont été déposés.

L'article 18-9 du décret du 27 décembre 1985 (réd. D. 10 juin 2004, devenu C. com., art. R. 663-49) prévoit qu'en cas de clôture prématurée de la procédure pour insuffisance d'actif et de reprise subséquente de la liquidation judiciaire, laquelle permet le versement d'une rémunération, l'indemnisation perçue par le liquidateur est déduite de sa rémunération. Il nous apparaît, même si le mécanisme aurait été un peu plus compliqué[3], qu'il eut été préférable de prévoir que l'indemnisation perçue fût reversée, le liquidateur ayant perçu alors sa rémunération, dans le cadre de réouverture de la procédure dans les conditions normales. En effet, si la solution est neutre pour l'intéressé, elle ne l'est pas pour le fond géré par la Caisse des dépôts et consignations, seule la procédure collective ayant à supporter la rémunération du mandataire rendue possible par la réouverture de la pro[illegible]ure et le recouvrement ou la réalisation d'actif e[illegible]tué, par voie de conséquence, par le liquidat[illegible]

La so[illegible]n a été légèrement modifiée par le décret du 23 [illegible]mbre 2006. Désormais, l'article 18-9 du décret [illegible]27 décembre 1985 (devenu C. com., art. R. 663[illegible]), qui conserve le principe selon lequel il convie[illegible]de déduire le montant de l'indemnisation de la [illegible]unération au titre de la reprise de la procédure, [illegible]évoit que la demande de rémunération à ce titre [illegible]t être transmise pour avis au ministère public.

P[illegible]risons encore que l'article 328, alinéa 2 du décr[illegible] du 28 décembre 2005 (devenu C. com., art. R. 6[illegible]1-1, al. 2) indique que les décisions qui intéres[illegible]nt l'allocation d'honoraires aux mandataires de [illegible]stice ne sont pas revêtues de l'exécution provisoi[illegible]e de droit à titre provisoire (v. ss no 234.12).

[illegible]erminons en soulignant que le fond de gestion des dossiers impécunieux assurera la rémunération des mandataires judiciaires dans la procédure de rétablissement professionnel (v. ss no 594.64). Si une procédure de liquidation judiciaire est ouverte en cours de rétablissement professionnel, c'est çà dire par application de l'article L. 645-9, ou après clôture du rétablissement professionnel, dans les conditions de l'article L. 645-12, l'article R. 663-50 du code de commerce (réd. D. 30 juin 2014, art. 131) prévoit que l'indemnité versée par le fonds de gestion des dossiers impécunieux, dans le cadre de la liquidation judiciaire, est qui est fixée à 1 200 ou à 1 500 euros par l'article R. 663-41, sera amputée du montant perçue au titre de la rémunération de la procédure de rétablissement professionnel.

SECTION 352.20
HONORAIRES DE L'ADMINISTRATEUR JUDICIAIRE AVANT LE DÉCRET DU 23 DÉCEMBRE 2006

352.21 Règles générales relatives à la rémunération de l'administrateur judiciaire. Sous l'empire du décret du 27 décembre 1985[4], dans sa rédaction antérieure au décret du 23 décembre 2006[5], les règles spéciales relatives à la rémunération de l'administrateur judiciaire étaient posées par les articles 1 à 7.

L'administrateur avait d'abord un droit fixe pour toute procédure de redressement judiciaire. Il avait ensuite un droit proportionnel calculé sur le montant du chiffre d'affaires réalisé pendant la période d'observation et pendant la période comprise entre le plan de cession et la signature des actes de cession, lorsque l'entreprise poursuivait son activité, dès

1. Soinne, « Le nouveau statut des mandataires de justice. L'indemnisation des dossiers impécunieux, la tarification nouvelle, les modalités et conditions d'intervention de tiers dans la procédure », *Rev. proc. coll.* 2008, p. 37 s., sp. p. 38, no 3.
2. POUR UNE APPLICATION de la solution : Civ. 1re, 14 févr. 2006, no 04-15.595, *Bull. civ.* I, no 72 (1er et 2e moyens); *D.* 2006. AJ 1042, obs. Lienhard.
3. AUSSI SUR CE CONSTAT : Soinne, « Les dispositions nouvelles relatives au statut des mandataires de justice (accès et exercice des professions, tarification et exécution de certaines tâches par des tiers) », *Rev. proc. coll.* 2005/1, p. 1 s., sp. p. 14.
4. D. no 85-1390, 27 déc. 1985, préc.
5. D. no 2006-1709, 23 déc. 2006, préc.

lors que la gestion n'avait pas été confiée au mandataire-gérant ou au repreneur. Il avait encore droit proportionnel calculé sur le prix de cession en de cession d'entreprise.

352.22 Droit fixe alloué à l'administrateur judiciaire. L'administrateur judiciaire a droit à des honoraires de frais fixes de 2 287 euros HT (15 000 en régime général, réduit d'un tiers en régime simplifié (D. 27 déc. 1985[1], art. 2). Ce droit fixe est perçu sur présentation d'une facture[2].

Ce droit fixe peut être fixé à un montant inférieur par le président du tribunal, sur proposition du juge-commissaire, en cas de conversion du redressement en liquidation judiciaire, avant expiration de la période d'observation fixée par le tribunal.

En cas de remplacement de l'administrateur judiciaire, ce droit est partagé entre les administrateurs judiciaires.

La solution semblait devoir être étendu au cas de nomination d'administrateurs judiciaires multiples. Elle est en tout cas explicitement écartée par l'article 91 du décret du 10 juin 2004[3], qui emporte ainsi création d'un article 2-1 dans le décret du 27 décembre 1985. En cas de nomination multiple, chaque administrateur pourra percevoir le droit fixe. La disposition est d'application immédiate. Elle intéressera donc les procédures en cours à la date du 11 juin 2004 (D. 10 juin 2004, art. 108, VIII).

En cas d'extension de la procédure sur le fondement de la confusion des patrimoines ou de la fictivité, il n'y a qu'une seule procédure. Un seul droit fixe est dû[4].

Les honoraires de l'administrateur judiciaire resteront à la charge du débiteur, même en cas d'infirmation du jugement d'ouverture[5].

352.23 Droit proportionnel alloué à l'administrateur judiciaire au titre de l'élaboration du bilan économique, social et environnemental. Un droit proportionnel au titre de l'élaboration du bilan économique et social et du projet de plan est attribué à l'administrateur judiciaire. Il est exprimé en taux de base, dont le montant est fixé à 69 euros. Le nombre de taux de base dépend lui-même du nombre de salariés employés par l'entreprise lors de l'exercice précédent l'ouverture de la procédure. Le nombre de salariés est calculé par application de la moyenne arithmétique des salariés composant l'effectif à l'issue de chaque trimestre (D. 27 déc. 1985[6], art. 3). Pour le calcul du nombre de salariés, il est conseillé à l'administrateur de se faire communiquer le double des déclarations à l'Urssaf[7].

L'administrateur judiciaire peut demander au président du tribunal de fixer sa rémunération dans la tranche supérieure si elle est trop faible au regard du travail accompli.

Inversement, le juge-commissaire peut demander au président du tribunal de fixer une rémunération comprise dans la tranche inférieure, s'il estime la rémunération excessive au regard du travail accompli.

Si l'entreprise débitrice emploie au moins mille salariés, la rémunération de l'administrateur judiciaire est fixée par le président du tribunal après avis du juge-commissaire.

Un correctif est apporté par l'article 5 du décret du 27 décembre 1985, lorsque l'administrateur reçoit l'assistance d'un expert en diagnostic d'entreprise, ainsi que lorsque le bilan économique et social a été élaboré en phase de règlement amiable. En ces cas, un coefficient compris entre 0,6 et 0,9 est appliqué à la rémunération de l'administrateur.

352.23-1 DÉTERMINATION DU NOMBRE DE TAUX DE BASE

Nombre de salariés employés lors de l'exercice précédant l'ouverture de la procédure	Nombre de taux de base
De 0 à 19	15 à 25
De 20 à 49	25 à 40
De 50 à 99	50 à 80
De 100 à 199	60 à 100
De 200 à 299	90 à 250
De 300 à 499	120 à 200
De 500 à 749	190 à 400
De 750 à 999	380 à 600

352.24 Droit proportionnel alloué à l'administrateur judiciaire sur le chiffre d'affaires réalisé au titre de la poursuite d'activité. L'administrateur a droit à un pourcentage assis sur le chiffre d'affaires HT réalisé par l'entreprise au cours de la période d'observation, tel qu'il résulte des déclarations souscrites auprès de l'administration fiscale[8]. Si la rémunération des entreprises débitrices résulte de commissions, ce qui est le cas de stations essences ou des

1. D. n° 85-1390, 27 déc. 1985, préc.
2. IFPPC 1999, recomm. n° 8600-1, p. 275.
3. D. n° 2004-518, 10 juin 2004, préc.
4. Amiens, ord. 1er prés., 14 déc. 1995, *Dr. sociétés* 1997, n° 179, obs. Chaput – *CONTRA* : IFPPC 1999, recomm. nos 8600-2 et 8600-5, p. 276 et 277.
5. Paris, 2 févr. 1985, *Gaz. Pal.* 1988. II, Somm. 302.
6. D. n° 85-1390, 27 déc. 1985, préc.
7. IFPPC 1999, recomm. n° 8600-3, p. 276.
8. IFPPC 1999, recomm. n° 8600-6, p. 278.

buralistes, seules les remises ou commissions perçues au titre de ces ventes et non les encaissements doivent constituer le chiffre d'affaires sur la base duquel le droit proportionnel est attribué[1].

Ce droit est complet lorsqu'il reçoit une mission d'administration de l'entreprise. Ce droit est affecté d'un coefficient de minoration, compris entre 0,7 et 0,9 si la mission de l'administrateur judiciaire n'est que d'assistance ou de surveillance (D. 27 déc. 1985[2], art. 6).

Si l'application du barème ouvre à l'administrateur un droit supérieur à 68 602 euros, sa rémunération est arrêtée par le président du tribunal sur proposition du juge-commissaire.

Ce droit proportionnel peut également être perçu si, après adoption du plan de cession et avant accomplissement des actes de cession, l'entreprise poursuit son activité. Deux exceptions sont cependant posées : lorsque la gestion est confiée, pendant cette période, au repreneur et lorsqu'il y a eu conclusion d'une location-gérance au profit du repreneur.

Dans la rédaction initiale du décret du 27 décembre 1985, le droit proportionnel était fixé ainsi qu'il suit.

352.24-1 POURSUITE D'ACTIVITÉ. DÉTERMINATION DU DROIT PROPORTIONNEL

Tranche	Pourcentage
De 0 jusqu'à 152 450 €	2 %
De 152 450 € jusqu'à 457 350 €	1 %
De 457 350 € jusqu'à 1 524 490 €	0,5 %
De 1 524 490 € jusqu'à 4 573 470 €	0,2 %
Au-delà de 4 573 470 €	0,1 %

L'article 92 du décret du 10 juin 2004[3] a modifié ainsi qu'il suit l'article 6 du décret précité fixant les tranches :

Tranche	Pourcentage
De 0 jusqu'à 150 000 €	2 %
Au-delà de 150 000 € jusqu'à 450 000 €	1 %
Au-delà de 450 000 € jusqu'à 1 500 000 €	0,65 %
De 1 500 000 € jusqu'à 4 500 000 €	0,5 %
Au-delà de 4 500 000 €	0,35 %

Le décret arrondit en conséquence les seuils. En outre plus fondamentalement, il augmente de manière significative le montant des honoraires sur les tranches supérieures à 450 000 euros, *multipliant* par [illegible] les sommes dues sur la tranche comprise entre [illegible] 500 000 euros et 4 500 000 euros, et multipliant par 3,5 la rémunération due sur les sommes excédant 4 500 000 euros.

[illegible] disposition n'a vocation à s'appliquer qu'aux procédures ouvertes à compter du 11 juin 2004 (D. 10 juin 2004, art. 108, IX).

352.25 Droit proportionnel sur le prix de cession. En cas de plan de cession, un droit proportionnel dégressif calculé sur le montant du prix de cession, fixé par le jugement arrêtant le plan de cession, et alloué à l'administrateur judiciaire (D. 27 déc. 1985[4], art. 7). Ledroit proportionnel n'est dû que si les actes de cession sont signés[5]. Il sera alors perçu après signature des actes de cession, si le jugement de cession est définitif[6].

Ce droit proportionnel doit être calculé sur la base de la totalité des montants supportés par le cessionnaire pour acquérir l'entreprise, et notamment les sommes payées par le repreneur au titre de la prise en charge des primes et congés payés[7].

352.25-1 CESSION. DÉTERMINATION DU DROIT PROPORTIONNEL

Tranche	Pourcentage
De 0 jusqu'à 15 245 €	5 %
De 15 245 € jusqu'à 45 735 €	4 %
De 45 735 € jusqu'à 152 450 €	3 %
De 152 450 € jusqu'à 228 675 €	2 %
De 228 675 € jusqu'à 457 350 €	1 %
De 457 350 € jusqu'à 762 245 €	0,5 %
De 762 245 € jusqu'à 1 524 490 €	0,3 %
De 1 524 490 € jusqu'à 7 622 450 €	0,2 %
Au-delà de 7 622 450 €	0,1 %

Le droit proportionnel obtenu est majoré en fonction des montants comparés du prix de cession et du passif admis par décisions irrévocables[8], de la façon suivante :

1. Soinne, « Les dispositions nouvelles relatives au statut des mandataires de justice (accès et exercice des professions, tarification et exécution de certaines tâches par des tiers) », *Rev. proc. coll.* 2005/1, p. 1 s., sp. p. 24, n° 45.
2. D. n° 85-1390, 27 déc. 1985, préc.
3. D. n° 2004-518, 10 juin 2004, préc.
4. D. n° 85-1390, 27 déc. 1985, préc.
5. Com. 23 nov. 2004, n° 03-12.244, *Bull. civ.* IV, n° 199; *D.* 2004. AJ 3219.
6. IFPPC 1999, recomm. n° 8600-8, p. 278.
7. Reims, 16 févr. 2015, RG n° 15/00183, *Leden* 2015/7, comm. 101, note Lucas.
8. IFPPC 1999, recomm. n° 8600-9, p. 279.

352.25-2 Cession. Détermination de la majoration du droit proportionn[el]

Prix de cession représentant	Majoratio[n]
De 10 à moins de 30 % du passif admis	15 %
De 30 à moins de 50 % du passif admis	20 %
De 50 à moins de 70 % du passif admis	30 %
De 70 à moins de 100 % du passif admis	50 %

Pour pouvoir calculer cette majoration, si sa mi[s]sion a pris fin, alors que la vérification du pass[if] n'est pas achevée, l'administrateur sollicitera d[u] juge-commissaire ou du président du tribunal, un[e] prorogation du délai pour rendre ses comptes[1].

Si l'application du barème ouvre à l'administrateur judiciaire un droit supérieur à 38 112 euros, la rémunération de l'administrateur est arrêtée par le président du tribunal sur proposition du juge-commissaire.

Section 352.30 Honoraires de l'administrateur judiciaire depuis le décret du 23 décembre 2006

352.31 Règles générales relatives à la rémunération de l'administrateur judiciaire. Sous l'empire du décret du 27 décembre 1985[2], dans sa rédaction issue du décret du 23 décembre 2006[3], les règles spéciales relatives à la rémunération de l'administrateur judiciaire sont posées par les articles 1 à 7.

Les modalités de la rémunération de l'administrateur judiciaire ont évolué.

Il faut d'abord préciser que le droit fixe, qui existait précédemment pour toute ouverture d'une procédure de redressement judiciaire, est supprimé.

En revanche, une rémunération spéciale, qui n'existait pas dans la législation précédente, est prévue pour l'élaboration du diagnostic, dans la procédure de sauvegarde et dans celle de redressement judiciaire. La rémunération varie en fonction du nombre de salariés et du chiffre d'affaires. Elle est exprimée en taux de base, dont le montant unitaire est fixé à 100 euros (D. 27 déc. 1985, art. 1, III, réd. D. 23 déc. 2006).

Un droit proportionnel calculé sur le montant du chiffre d'affaires réalisé pendant la période d'observation est maintenu. Il est applicable tant en sauvegarde qu'en redressement judiciaire.

Un droit proportionnel est également dû pour l'élaboration du bilan économique, social et environnemental et pour l'assistance du débiteur apportée au débiteur pour la préparation d'un plan de sauvegarde ou de redressement.

Un droit proportionnel est alloué à l'administrateur en cas de comités de créanciers dans la procédure de sauvegarde et dans celle de redressement judiciaire.

Un droit proportionnel calculé sur le prix de cession est alloué pour l'arrêté d'un plan de cession soit en redressement judiciaire soit en liquidation judiciaire.

Un droit proportionnel nouveau est alloué à l'administrateur, calculé sur le montant de l'augmentation des fonds propres prévue par un plan de sauvegarde ou de redressement.

Ajoutons que le décret du 30 juin 2014[4] (art. 125) a prévu des honoraires particuliers pour l'administrateur coordonnateur (v. s[s] n° 351.61-6).

352.32 Droit proportionnel alloué au titre du diagnostic de l'entreprise. Dans le souci d'asseoir la rémunération sur les diligences accomplies et afin de rémunérer toutes les missions, le décret du 23 décembre 2006[5], d'une manière innovante, a prévu une rémunération de l'administrateur judiciaire pour les diligences relatives au diagnostic de l'entreprise dans les procédures de sauvegarde et de redressement. Cette rémunération n'est pas subordonnée à l'établissement d'un diagnostic sous forme d'un rapport écrit et distinct du bilan économique, social et environnemental[6].

Cette rémunération doit être versée sans délai, dès l'ouverture de la procédure, par le débiteur à l'administrateur judiciaire (D. 27 déc. 1985[7], art. 2, al. dern., réd. D. 23 déc. 2006). Elle remplace le droit fixe[8], qui n'était spécialement attaché à aucune mission, sous l'empire de la législation précédente.

Ce droit proportionnel est exprimé en taux de base, lesquels sont fonction du nombre de salariés de l'entreprise ou de son chiffre d'affaires. Les salariés à statut précaire sont pris en compte dans le calcul, ceux employés à temps partiel également. Pour ces derniers, il avait été suggéré une prise en compte au prorata de leur temps de travail[9]. La Cour de cas-

1. IFPPC 1999, recomm. n° 8600-10, p. 279.
2. D. n° 85-1390, 27 déc. 1985, préc.
3. D. n° 2006-1709, 23 déc. 2006, préc.
4. D. n° 2014-736, 30 juin 2014, *JO* 1er juill., p. 10834.
5. D. n° 2006-1709, 23 déc. 2006, préc.
6. Com. 8 juin 2010, n° 09-14.301, *Bull. civ.* IV, n° 107; *D.* 2010. Actu. 1551, note Lienhard; *Gaz. Pal. entr. diff.* 15-16 oct. 2010, p. 25, note Bidan; *Act. proc. coll.* 2010/13, n° 181, note Cagnoli; *Rev. proc. coll.* 2011, comm. 2, note Lebel.
7. D. n° 85-1390, 27 déc. 1985, préc.
8. Deharveng, « Le tarif des mandataires de justice, organes des procédures collectives », *JCP E* 2007. 1688, p. 31 s., sp. p. 33, n° 25.
9. Deharveng, « Le tarif des mandataires de justice […] », préc., sp. p. 33, n° 26.

sation a jugé, au contraire, que l'article R. 663-3 du code de commerce ne distingue pas entre les salariés employés dans le cadre de contrats à durée indéterminée, de contrats à temps partiel ou de contrats aidés. Une cour d'appel peut donc, à bon droit, décider qu'il n'y a pas lieu de retenir la notion d'« équivalent temps plein »[1].

Rappelons que les taux de base sont de 100 euros. Si le débiteur relève de deux tranches différentes au titre du nombre de salariés ou au titre du montant du chiffre d'affaires, la tranche la plus élevée sera retenue (D. 27 déc. 1985, art. 2, al. 7, réd. D. 23 déc. 2006, art. 14).

Le tableau ci-après est présenté après conversion en euros des taux de base exprimés par l'article 2 du décret du 27 déc. 1985 (réd. D. 23 déc. 2006, art. 14). Le tableau fait apparaître une difficulté lorsque le nombre de salariés est de 150. Pris à la lettre, le tableau conduirait à ne retenir que le montant du chiffre d'affaires. On peut suggérer en ce cas de retenir la tranche la plus élevée entre celle relative au montant du chiffre d'affaires et celle de 50 à 149 salariés. En outre, 80 taux de base, soit 8 000 euros seront versés, quels que soient le nombre de salariés du débiteur et le chiffre d'affaires, si le total du bilan du débiteur est compris entre 3 650 000 euros et 10 000 000 euros. S'il est supérieur à 10 000 000 euros, 100 taux de base seront versés, soit 10 000 euros. Le bilan s'apprécie à la date de clôture du dernier exercice comptable et est défini conformément aux dispositions du quatrième alinéa de l'article 17 du décret du 29 novembre 1983[2]. Il a été expliqué que cette règle avait pour objet de prendre en compte le cas des sociétés holding, dont la restructuration est complexe et particulièrement digne d'intérêt, alors que l'application du tarif ne permettrait, au regard du faible chiffre d'affaires et du petit nombre de salariés, qu'une rémunération très en deçà des diligences accomplies[3].

352.32-1 DÉTERMINATION DU DROIT ALLOUÉ POUR LE DIAGNOSTIC DE L'ENTREPRISE

Nombre de salariés ou chiffre d'affaires	Droit alloué
0 à 5 salariés, 0 000 à 750 000 €	1 000 €
6 à 19 salariés, 750 001 € à 3 000 000 €	2 000 €
20 à 49 salariés, 3 000 001 à 7 000 000 €	4 000 €
50 à 149 salariés, 7 000 001 à 20 000 000 €	8 000 €
151 salariés et plus, 20 000 000 € et plus	10 000 €

1. Com. 17 sept. 2013, n° 11-25.660, NP; n° 845 FS-D; *Act. proc. coll.* 2013/15, comm. 217, note Fin-Langer; *Gaz. Pal.* 12 janv. 2014, p. 19, note Bidan.
2. D. n° 83-1020, 29 nov. 1983, *JO* 1er déc., p. 3461.
3. Deharveng, « Le tarif des mandataires de justice [...] », préc., sp. p. 33, n° 30 – Froehlich, « La rémunération des mandataires de justice [...] », préc., sp. p. 5.

352 Droit proportionnel calculé sur le chiffre aires réalisé pendant la poursuite de l'activit décret du 23 décembre 2006[4] reprend, dans ses ndes lignes, le droit proportionnel *assis sur le* ch d'affaires que prévoyait le dispositif antérie L'article 3-3 du décret prévoit les cas dans lesqu le droit proportionnel assis sur le chiffre d'affaire st acquis :

lorsque le tribunal met fin à la procédure de s egarde en application de l'article L. 622-12, c'est-à ire lorsque les difficultés qui ont justifié l'ouvert e de la procédure ont disparu;

– lorsque le tribunal met fin à la procédure de edressement judiciaire, s'il apparaît, au cours de la période d'observation, que le débiteur dispose des sommes suffisantes pour désintéresser les créanciers et acquitter les frais et les dettes afférents à la procédure;

– lorsqu'il statue sur le plan de sauvegarde ou de redressement, quelle qu'en soit l'issue;

– lorsqu'il convertit en liquidation judiciaire, la sauvegarde ou le redressement. Peu importe ici la date à laquelle la conversion intervient par rapport au jugement d'ouverture;

– lorsque le tribunal arrête la cession de l'entreprise dans une procédure de liquidation judiciaire;

– lorsque le tribunal met fin au maintien de l'activité en liquidation judiciaire.

Observons que le texte ne prévoit pas la situation dans laquelle la sauvegarde prend fin à l'issue de la période d'observation sans arrêté d'un plan et sans conversion en redressement ou en liquidation judiciaire. Il ne s'agit là que d'un oubli, qui doit, à notre sens, rester sans conséquence sur le droit à honoraires de l'administrateur judiciaire.

Ainsi, quelle que soit l'issue des procédures de sauvegarde ou de redressement judiciaire, les honoraires assis sur le chiffre d'affaires sont dus à l'administrateur judiciaire. Quelle que soit la procédure ouverte, y compris donc la liquidation judiciaire, les honoraires sont également dus à l'administrateur judiciaire, dès lors qu'il y a une poursuite de l'activité. Dans tous les cas, le droit n'est acquis qu'à l'issue de la période d'observation. Aucune provision n'est ici prévue.

Le droit proportionnel est dû à l'administrateur judiciaire en cas de poursuite provisoire de l'activité en liquidation judiciaire. Si la liquidation judiciaire résulte de la conversion d'une sauvegarde ou d'un redressement judiciaire, 2 droits proportionnels distincts, dont le calcul est indépendant l'un de l'autre, sont dus[5].

4. D. n° 2006-1709, 23 déc. 2006, préc.
5. Deharveng, « Le tarif des mandataires de justice [...] », préc., sp. p. 35, n° 42.

Le chiffre d'affaires à prendre en compte est défini à l'article 1, II, a du décret du 27 décembre 1985[1], dans la rédaction que lui donne le décret du 23 décembre 2006, conformément aux dispositions de l'article 17, alinéa 5 du décret du 29 novembre 1983[2]. Le montant net du chiffre d'affaires est égal au montant des ventes de produits et services liés à l'activité courante, diminué des réductions sur ventes, de la taxe sur la valeur ajoutée et des taxes assimilées. Lorsque le débiteur est une personne morale de droit privé non commerçante, la référence au chiffre d'affaires est, le cas échéant, remplacée par la référence aux ressources hors taxes ou produits hors taxes.

Le débiteur ne peut faire reproche à l'administrateur d'avoir artificiellement poursuivi la période d'observation, pour augmenter sa rémunération, dès lors que l'administrateur judiciaire, qui n'avait reçu de la part du débiteur que des documents incomplets, avait dû faire désigner un expert-comptable, mesure à laquelle s'était opposé le débiteur, ce qui avait contribué à l'allongement de la durée de la période d'observation[3].

En diminuant les seuils à partir de la deuxième tranche, et en diminuant également les pourcentages à partir de la troisième tranche, le décret du 23 décembre 2006 ne modifie pas de manière notable la rémunération de l'administrateur judiciaire assise sur le montant du chiffre d'affaires.

Il faut toutefois noter l'application de l'article 7 du décret du 27 décembre 1985, lorsque le montant du chiffre d'affaires dépasse 20 000 000 euros.

Le décret du 23 décembre 2006 maintient l'application des coefficients pour le calcul des honoraires dus, en fonction de la mission confiée à l'administrateur judiciaire par le tribunal.

Le tableau ci-après s'applique purement et simplement, dès lors que l'administrateur s'est vu confier une mission d'assistance dans une procédure de sauvegarde ou de redressement judiciaire. En revanche, l'article 3-1 du décret prévoit une minoration de 25 % par rapport aux honoraires prévus en mission d'assistance si l'administrateur a une mission de surveillance au cours d'une sauvegarde. Au contraire, le droit prévu pour une mission d'assistance est majoré de 50 % en cas de mission d'administration, soit dans la procédure de redressement judiciaire, soit dans celle de liquidation judiciaire, lorsque la poursuite provisoire de l'activité est autorisée (D. 27 déc. 1985, art. 3-2, al. 1er). Cette majoration n'est toutefois pas due si l'administrateur est assisté, pour la gestion de l'entreprise, d'un ou de plusieurs experts (D. 27 déc. 1985, art. 3-2, al. 2).

1. D. n° 85-1390, 27 déc. 1985, préc.
2. D. n° 83-1020, 29 nov. 1983, préc.
3. Com. 8 juin 2010, n° 09-14.301, *Bull. civ.* IV, n° 107, préc. (v. s[s] n° 352.32).

352.33-1 POURSUITE D'ACTIVITÉ. DÉTERMINATION DU DROIT PROPORTIONNEL

Tranche en euros	Pourcentage
De 0 jusqu'à 150 000 €	2 %
De 150 001 € jusqu'à 750 000 €	1 %
Au-delà de 750 001 € jusqu'à 7 000 000 €	0,60 %
De 7 000 001 € jusqu'à 20 000 000 €	0,40 %
Au-delà de 20 000 000 €	Application de l'article 7 (v. s[s] n° 352.14)

352.34 Droit proportionnel alloué à l'administrateur judiciaire au titre de l'élaboration du bilan économique, social et environnemental et de l'assistance du débiteur pour l'élaboration du plan. Le droit proportionnel au titre de l'élaboration du bilan économique, social et environnemental, et de l'élaboration du plan, qui existait dans le tarif précédent, a été maintenu, mais il n'est plus calculé comme auparavant par la seule référence au nombre de salariés de l'entreprise débitrice. Il est à préciser qu'il existe en parallèle au droit proportionnel pour l'élaboration du diagnostic de l'entreprise. En outre, pour assurer une symétrie avec l'exacte mission confiée par la loi de sauvegarde[4] à l'administrateur judiciaire, il est prévu que ce droit est dû non plus pour l'élaboration du projet de plan, mais pour l'assistance du débiteur à l'élaboration du projet de plan de sauvegarde ou de redressement. La solution n'a pas été revue à l'occasion de l'ordonnance du 18 décembre 2008[5], alors qu'en sauvegarde l'administrateur n'élabore pas le plan, se contentant d'assister le débiteur dans cette tâche, au contraire du redressement judiciaire, où il élabore le plan avec le concours du débiteur.

Le droit proportionnel est dû quelle que soit la mission confiée à l'administrateur, fût-ce une mission de surveillance[6].

Il est exprimé en taux de base, dont le montant est fixé à 100 euros (D. 27 déc. 1985[7], art. 1, III). Le nombre de taux de base dépend lui-même soit du montant du chiffre d'affaires, calculé en application de l'article 1, II, a du décret du 27 décembre 1985, lequel renvoie à l'article 17, alinéa 5 du décret du 29 novembre 1983[8], soit du nombre de salariés employés par l'entreprise lors de l'exercice précédent l'ouverture de la procédure. Le nombre de salariés est celui des salariés employés par le débiteur à la date

4. L. n° 2005-845, 26 juill. 2005, préc.
5. Ord. n° 2008-1345, 18 déc. 2008, *JO* 19 déc., p. 19462.
6. Deharveng, « Le tarif des mandataires de justice [...] », préc., sp. p. 35, n° 45.
7. D. n° 85-1390, 27 déc. 1985, préc.
8. D. n° 83-1020, 29 nov. 1983, préc.

d'ouverture de la procédure (D. 27 déc. 1985, art. 1, II, c). Ce critère est plus simple que celui employé par la législation précédente (v. ss n° 352.23).

Si le débiteur relève de deux tranches différentes au titre du nombre de salariés ou au titre du montant du chiffre d'affaires, la tranche la plus élevée sera retenue (D. 27 déc. 1985, art. 4, al. 7, réd. D. 23 déc. 2006[1], art. 14).

En outre, 80 taux de base, soit 8 000 euros seront versés, quels que soient le nombre de salariés du débiteur et le chiffre d'affaires, si le total du bilan du débiteur est compris entre 3 650 000 euros et 10 000 000 euros. S'il est supérieur à 10 000 000 euros, 100 taux de base seront versés, soit 10 000 euros. Le total du bilan s'apprécie à la date de clôture du dernier exercice comptable et est défini conformément aux dispositions du quatrième alinéa de l'article 17 du décret du 29 novembre 1983.

La rémunération au titre de l'élaboration du bilan économique, social et environnemental et de l'assistance du débiteur à l'élaboration du plan se sauvegarde ou de redressement est acquise lorsque le tribunal a statué sur le plan de sauvegarde ou de redressement ou a prononcé la liquidation judiciaire du débiteur par conversion d'une sauvegarde ou d'un redressement judiciaire. Elle n'est donc pas due[2], *a contrario*, si la sauvegarde se termine en application de l'article L. 622-12 (lorsque le tribunal met fin à la procédure de sauvegarde parce que les difficultés qui ont justifié l'ouverture de la procédure ont disparu). Elle n'est pas davantage due si le redressement judiciaire s'achève en application de l'article L. 631-16 (lorsque le tribunal met fin à la procédure de redressement judiciaire, s'il apparaît, au cours de la période d'observation, que le débiteur dispose des sommes suffisantes pour désintéresser les créanciers et acquitter les frais et les dettes afférents à la procédure). Elle ne sera pas davantage due si la période d'observation prend fin sans que le tribunal n'ait statué sur le plan ou prononcé la liquidation judiciaire.

Afin de donner une incitation à l'arrêté du plan de sauvegarde ou de redressement, qui n'existait pas sous l'empire du texte ancien pour l'arrêté du plan de continuation, et de ne pas pénaliser le plan de redressement par rapport au plan de cession[3], il est prévu une majoration du droit proportionnel de 50 % si un plan de sauvegarde ou de redressement est adopté (D. 27 déc. 1985[4], art. 4, al. 9). Cette majoration n'est pas subordonnée à la circonstance que le plan ait été adopté à l'initiative de l'administrateur judiciaire, qui a donc pu le critiquer[5].

Une provision peut être versée sur ce droit proportionnel (D. 27 déc. 1985, art. 4, dern. al. – v. ss n° 352.16).

Le tableau ci-après est présenté après conversion en euros des taux de base exprimés par l'article 4 du décret du 27 déc. 1985 (réd. D. 23 déc. 2006, art. 14), lesquels, rappelons-le, sont fixés unitairement à 100 euros (D. 27 déc. 1985, art. 1, III, réd. D. 23 déc. 2006).

Le tableau fait apparaître une difficulté lorsque le nombre de salariés est de 150. Pris à la lettre, le tableau conduirait à ne retenir que le montant du chiffre d'affaires. On peut suggérer en ce cas de retenir la tranche la plus élevée entre celle relative au montant du chiffre d'affaires et celle de 50 à 149 salariés.

352.34-1 DÉTERMINATION DU DROIT ALLOUÉ POUR L'ASSISTANCE DU DÉBITEUR AU PROJET DE PLAN DE SAUVEGARDE OU DE REDRESSEMENT ET POUR L'ÉLABORATION DU BILAN ÉCONOMIQUE, SOCIAL ET ENVIRONNEMENTAL

Nombre de salariés ou chiffre d'affaires	Droit alloué
0 à 5 salariés, 0 000 à 750 000 €	1 500 €
6 à 19 salariés, 750 001 € à 3 000 000 €	2 000 €
20 à 49 salariés, 3 000 001 € à 7 000 000 €	6 000 €
50 à 149 salariés, 7 000 001 € à 20 000 000 €	10 000 €
151 salariés et plus, 20 000 000 € et plus	15 000 €

352.35 Droit proportionnel alloué pour le fonctionnement des comités de créanciers. L'article 5 du décret du 27 décembre 1985[6], dans la rédaction que lui donne le décret du 23 décembre 2006[7], tire les conséquences de la création par la loi de sauvegarde des entreprises des comités de créanciers, dans le cadre de l'élaboration des plans de sauvegarde et de redressement. Il importe ici de préciser que, dans les procédures de sauvegarde ou de redressement judiciaire avec administrateur judiciaire, ce droit proportionnel est dû à l'administrateur ayant en charge la procédure. Dans les procédures sans administrateur, un organe, qui n'a d'administrateur que le nom, est nommé par le juge-commissaire acceptant qu'il soit fait application de la procédure avec comités de créanciers en deçà des seuils à partir desquels la composition des comités de créanciers est obligatoire. Cet organe percevra alors les honoraires dus à l'administrateur dans le cadre du fonctionnement des comités de créanciers.

Il est alloué un double droit proportionnel à l'administrateur au titre du fonctionnement des

1. D. n° 2006-1709, 23 déc. 2006, préc.
2. COMP. : Froehlich, « La rémunération des mandataires [...] », préc., sp. p. 6.
3. Froehlich, art. préc. (v. ss prést n°).
4. D. n° 85-1390, 27 déc. 1985, préc.
5. Com. 8 juin 2010, n° 09-14.301, *Bull. civ.* IV, n° 107, préc. (v. ss nos 352.32, 352.33).
6. D. n° 85-1390, 27 déc. 1985, préc.
7. D. n° 2006-1709, 23 déc. 2006, préc.

comités de créanciers, destiné à inciter à recourir à la technique de la composition des comités de créanciers, en deçà des seuils à partir desquels elle est obligatoire[1].

Le premier est dû lorsque les comités de créanciers sont réunis. Il est fixé à 150 euros par créancier membre d'un comité. Il ne suffit pas que les comités soient composés, le texte exigeant qu'ils soient effectivement réunis. En revanche, faute pour le texte de distinguer, le droit proportionnel est calculé par créancier, indépendamment de leur présence effective à la réunion des comités. Peu importe, pour l'acquisition de ce droit, que le tribunal statue ensuite sur le plan.

Le second est dû lorsque le plan est arrêté conformément au projet de plan adopté par les comités. Le droit proportionnel est alors de 0,1 % des créances prises en compte en application de l'article R. 626-58 du code de commerce (anc^t D. 28 déc. 2005[2], art. 167). Il s'agit là des créances prises en compte pour déterminer la majorité des deux tiers prévue au troisième alinéa de l'article L. 626-30 du code de commerce, permettant de savoir si les créanciers membres des comités acceptent les propositions formulées par le débiteur. Ces créances doivent être calculées hors taxes. Asseoir le calcul du droit proportionnel sur les créances prises en compte pour le calcul des majorités est certes logique par rapport à l'idée selon laquelle il s'agit d'une rémunération en rapport avec l'activité des comités de créanciers. La solution nous semble néanmoins inopportune, car l'administrateur a une contre incitation à arrêter le calcul des majorités autrement que cela lui est présenté sur la base des indications du débiteur, alors pourtant que le décret du 28 décembre 2005 l'incite à ne tenir compte que des véritables créances existant huit jours avant le vote et, depuis le décret du 12 février 2009[3], au plus tard huit jours avant la date du vote (C. com., art. R. 626-58). Il eut été préférable d'opérer le calcul de la rémunération sur la base des seules créances admises au passif, qui seules seront payées dans le cadre du plan de sauvegarde ou de redressement.

352.36 Droit proportionnel sur le prix de cession. En cas de plan de cession, un droit proportionnel dégressif calculé sur le montant total hors taxes du prix de cession, fixé par le jugement arrêtant le plan de cession, est alloué à l'administrateur judiciaire (D. 27 déc. 1985[4], art. 6).

Une discussion sérieuse et complexe a porté sur le point de savoir s'il est possible d'intégrer dans le calcul du prix de cession, assiette du droit proportionnel, le montant des sommes dues au titre des échéances reprises par le repreneur dans le cadre du transfert de la charge de la sûreté. Cette même discussion existe pour les sommes dues au titre des congés par le débiteur et supportées par le repreneur au titre d'un engagement supplémentaire (v. aussi s^s n° 582.26). Une décision des juges du fond se prononce pour la négative[5]. *Elle a été confirmée par la Cour de cassation*[6], qui a jugé que la cour d'appel avait pu, à bon droit, estimer que le solde du prêt (objet du transfert de la charge de la sûreté) et le montant des congés payés, s'ils constituent des charges supplémentaires pour le repreneur, ne pouvaient être assimilés à des éléments d'actifs cédés. Dans une autre espèce, la Cour de cassation a identiquement considéré que le montant des congés payés et du treizième mois des salariés repris, s'ils constituent des charges supplémentaires pour le repreneur, ne peuvent être assimilés à des éléments d'actifs cédés[7].

Ce droit proportionnel est attribué, que le plan de cession soit arrêté en cours de redressement judiciaire ou pendant une liquidation judiciaire indépendamment au demeurant d'une poursuite provisoire d'activité en ce cas, dès lors que le plan de cession a été préparé par l'administrateur judiciaire en redressement judiciaire[8].

La rémunération de l'administrateur judiciaire sur ce poste n'a guère évolué, sous réserve de la notable augmentation des honoraires, lorsque le prix de cession est supérieur à 300 000 euros. En ce cas, le droit proportionnel est de 1 %, alors que, sous l'empire du tarif ancien, le droit proportionnel ne pouvait plus dépasser 0,5 % à partir d'un prix de cession supérieur à 457 350 euros, pour être même ramené progressivement à 0,1 % lorsque le prix de cession atteignait la somme de 7 622 450 euros. Il s'agit là d'une juste incitation, les créanciers en étant évidemment les grands bénéficiaires.

Le droit proportionnel n'est dû que si les actes de cession sont signés. Cette solution issue de la jurisprudence formée sous l'empire de la législation antérieure[9], a été retranscrite dans l'article 6, dernier alinéa du décret du 27 décembre 1985, dans la rédaction que lui donne le décret du 23 décembre 2006[10] (art. 14). Il est explicitement prévu que le droit proportionnel sur le prix de cession n'est du que sur la justification de la passation de la totalité des actes de cession, ce qui est de nature à inciter à

1. Froehlich, « La rémunération des mandataires de justice […] », préc., sp. p. 12.
2. D. n° 2005-1677, 28 déc. 2005, préc.
3. D. n° 2009-160, 12 févr. 2009, *JO* 13 févr., p. 2596.
4. D. n° 85-1390, 27 déc. 1985, préc.
5. Metz, ord. prem. prés., 10 juill. 2014, RG n° 14/00015.
6. Com. 12 juill. 2016, n° 14-24.627, NP; n° 677 FS-D.
7. Com. 12 juill. 2016, n° 15-50.008, P; n° 678 FS-P+B.
8. Deharveng, « Le tarif des mandataires de justice […] », préc., sp. p. 36, n° 58.
9. Com. 23 nov. 2004, n° 03-12.244, *Bull. civ.* IV, n° 199; *D.* 2004. AJ 3219.
10. D. n° 2006-1709, 23 déc. 2006, préc.

accélérer la signature des actes de cession[1]. La remarque est importante pour les cocontractants dont les contrats sont judiciairement cédés au repreneur ou pour les prêteurs bénéficiaires de la règle du transfert de la charge de la sûreté, dans la mesure où les obligations du repreneur à leur égard ne prennent corps, sauf disposition contraire du jugement arrêtant le plan de cession, qu'à compter de la signature des actes de cession.

Sous l'empire du tarif ancien, le droit proportionnel obtenu était majoré en fonction des montants comparés du prix de cession et du passif admis par décisions irrévocables. Cette majoration a été supprimée par le décret du 23 décembre 2006.

352.36-1 Cession. Détermination du droit proportionnel

Tranche	Pourcentage
De 0 jusqu'à 15 000 €	5 %
De 15 001 € jusqu'à 50 000 €	4 %
De 50 001 € jusqu'à 150 000 €	3 %
De 150 001 € jusqu'à 300 000 €	2 %
Au-delà de 300 000 €	1 %

352.37 Droit proportionnel assis sur le montant de l'augmentation des fonds propres. Tenant pour acquis que la prospérité d'une entreprise sous sauvegarde et sous redressement judiciaire dépend de l'importance de ses fonds propres, le décret du 23 décembre 2006[2] a innové en introduisant une rémunération particulière assise sur l'augmentation des fonds propres de l'entreprise (D. 27 déc. 1985[3], art. 6-1). Il y a là une réelle incitation pour l'administrateur judiciaire à faire en sorte que les associés de la personne morale débitrice mettent la main à la poche, en faisant des augmentations de capitaux. L'administrateur sera aussi incité à rechercher en dehors de l'entreprise ceux qui voudront bien devenir des associés, par augmentation du capital de la société débitrice.

Un droit proportionnel calculé sur le montant de l'augmentation des fonds propres sera alloué à l'administrateur judiciaire sous deux conditions. D'une part, l'augmentation des fonds propres doit être prévue par le plan de sauvegarde ou de redressement (D. 27 déc. 1985, art. 6-1, al. 1er). Les associés, voire les tiers seront, à ce titre, tenus d'exécuter le plan. D'autre part, le droit proportionnel ne sera du que sur la justification du versement des fonds (D. 27 déc. 1985, art. 6-2). Le droit proportionnel est du même s'il n'est pas démontré que l'administrateur judiciaire a eu une influence sur l'augmentation des fonds propres[4]. Il y a là une présomption irréfragable, qui n'est pas conforme à l'esprit général du décret du 23 décembre 2006, qui considère que seul le travail accompli doit être rémunéré. La circulaire du 6 avril 2007 précise que seuls les apports nouveaux ouvrent le droit proportionnel, ce qui ne sera pas le cas de la conversion de dettes en capital.

352.37-1 Détermination du droit proportionnel assis sur l'augmentation des fonds propres

Tranche	Pourcentage
De 0 jusqu'à 15 000 €	5 %
De 15 001 € jusqu'à 50 000 €	4 %
De 50 001 € jusqu'à 150 000 €	3 %
De 150 001 € jusqu'à 300 000 €	2 %
Au-delà de 300 000 €	1 %

Section 352.40
Honoraires du représentant des créanciers et du liquidateur avant le décret du 23 décembre 2006

352.41 Droit fixe alloué au représentant des créanciers. Des honoraires de droit fixe de 2 287 euros HT (15 000 F) en régime général réduit d'un tiers en régime simplifié sont alloués au représentant des créanciers, mais seulement s'il y a ensuite liquidation judiciaire[5] (D. 27 déc. 1985[6], art. 12). Le fait qu'il

1. Deharveng, « Le tarif des mandataires de justice [...] », préc., sp. p. 36, nº 54 – Froehlich, « La rémunération des mandataires de justice [...] », préc., sp. p. 7.
2. D. nº 2006-1709, 23 déc. 2006, préc.
3. D. nº 85-1390, 27 déc. 1985, préc.
4. Deharveng, « Le tarif des mandataires de justice [...] », préc., sp. p. 37, nº 59.
5. Com. 3 déc. 1996, nº 93-17.786, *Bull. civ.* IV, nº 298; *D.* 1997. Somm. 216, obs. Honorat – Com. 25 févr. 1997, nº 95-16.725, NP, *Rev. proc. coll.* 1998, p. 172, nº 21, obs. Soinne – Com. 6 mars 2001, nº 99-15.147, NP, *Act. proc. coll.* 2001/11, nº 132 – Com. 5 févr. 2002, nºs 00-11.533 à 00-11.538, 00-13.133 à 00-13.136, 99-21.331 à 99-21.336, 00-15.536 à 00-15.538, 00-11.975, 00-11.976, 21 esp., NP – Com. 19 mars 2002, nºs 00-16.197 à 00-16.209, 00-16.211 à 00-16.225, 00-16.227 à 00-16.231, 00-16.233 à 00-16.235, 36 esp., NP, *Act. proc. coll.* 2002/9, nº 108; *Rev. proc. coll.* 2003, p. 120, nº 10, obs. Soinne – Com. 25 juin 2002, nº 99-16.157, NP, *Act. proc. coll.* 2002/15, nº 188 – Com. 26 nov. 2002, nº 01-12.470, NP – Com. 26 nov. 2002, nºs 00-17.304 à 00-17.307, 00-20.801 à 00-20.803, 99-17.408, 00-21.532, 9 esp., NP – Cass., ass. plén., 21 févr. 2003, nº 01-16.450, *Bull. ass. plén.*, nº 4; *D.* 2003. AJ 695, obs. Lienhard; *D.* 2003. Somm. 1622, obs. Lucas; *RJ com.* 2004. 27, note Sortais – Com. 2 juin 2004, nº 03-11.613. NP – *Adde*, Circ. min. Justice, 8 juill. 1998, nº 98-8, M3/08-07.98, *BOMJ*, nº 7, 30 sept. 1998, p. 78, invitant les parquets à exercer des voies de recours pour faire respecter cette tarification.
6. D. nº 85-1390, 27 déc. 1985, préc.

puisse percevoir dès l'ouverture de la procédure de redressement judiciaire le droit fixe ne l'autorisera pas à le conserver[1]. Si le liquidateur désigné n'est pas le mandataire ayant été nommé représentant des créanciers, le liquidateur doit rétrocéder la moitié de sa rémunération au représentant des créanciers.

Le même droit est dû au mandataire en cas de liquidation judiciaire immédiate[2].

Le droit fixe reste acquis au liquidateur même en cas d'infirmation de la décision de liquidation judiciaire et n'est par conséquent pas susceptible d'être réduit par le juge taxateur, peu important les diligences accomplies par le liquidateur[3].

Ainsi, il s'évince de la jurisprudence rendue en la matière que le droit fixe n'est dû au mandataire de justice qu'en cas de liquidation judiciaire, que celle-ci résulte d'une conversion d'un redressement judiciaire ou qu'elle soit prononcée immédiatement[4].

Une difficulté n'avait pas été résolue. Le droit fixe était-il encore dû au liquidateur, lorsqu'il avait déjà été perçu par le représentant des créanciers, si la liquidation judiciaire résultait de la résolution du plan de continuation ? La Cour de cassation juge que, dès lors que le représentant des créanciers avait, dans le redressement judiciaire ayant débouché sur un plan de continuation, déjà perçu un droit fixe, il ne pouvait prétendre une seconde fois à ce droit fixe, lorsqu'il était désigné liquidateur, même si la liquidation judiciaire ne résultait pas de la conversion du redressement judiciaire, mais de la résolution du plan[5]. La solution est critiquable car elle méconnaît la différence fondamentale entre la conversion d'une procédure en une autre et l'ouverture d'une procédure autonome.

La solution interdisant au représentant des créanciers non désigné liquidateur de percevoir le droit fixe, que pouvait justifier le texte, était incompréhensible économiquement pour les mandataires de justice qui en faisaient les frais. Logiquement, le décret du 10 juin 2004[6] écarte explicitement la solution, en prévoyant, en son article 93, qui remplace l'article 12 du décret du 27 décembre 1985, que le représentant des créanciers reçoit, pour l'ensemble de la procédure de redressement judiciaire, le droit fixe. La disposition est d'application immédiate; elle s'applique donc aux procédures en cours à la date du 11 juin 2004 (D. 10 juin 2004, art. 108, VIII).

Le texte distingue ensuite, dans l'hypothèse où la liquidation judiciaire est prononcée par suite de la conversion du redressement judiciaire, selon que le représentant des créanciers est nommé liquidateur ou qu'un autre liquidateur est désigné. Le texte (D. 27 déc. 1985, art. 12, al. 1er, réd. D. 10 juin 2004) prévoit ainsi logiquement que si le représentant des créanciers est ensuite désigné liquidateur, il ne peut à ce titre prétendre à un autre droit fixe[7]. En revanche, si un liquidateur autre que le représentant des créanciers est désigné, le représentant des créanciers perçoit l'intégralité du droit fixe, le liquidateur percevant pour sa part la moitié du droit fixe.

Il peut ainsi être affirmé que l'ouverture du redressement judiciaire est suffisante à entraîner l'application automatique du droit fixe. Le droit fixe est intégralement dû à chacun des mandataires, même si plusieurs représentants des créanciers sont désignés (D. 10 juin 2004, art. 94, emportant création d'un article 12-2 du décret du 27 décembre 1985). La solution est d'application immédiate et a donc vocation à régir les procédures en cours à la date du 11 juin 2004.

352.42 Droit fixe alloué au liquidateur. En l'état des textes antérieurs au décret du 10 juin 2004[8], le représentant des créanciers ne pouvait prétendre au droit fixe que s'il était ensuite désigné liquidateur. Cette solution ayant été écartée, le décret du 10 juin 2004 prévoit que le liquidateur perçoit pour l'ensemble de la procédure de liquidation judiciaire le droit fixe (art. 94, créant un article 12-1 au décret du 27 décembre 1985[9]). La disposition est d'application immédiate; elle s'applique donc aux procédures en cours à la date du 11 juin 2004 (D. 10 juin 2004, art. 108, VIII).

Cette solution n'a cependant vocation à s'appliquer que dans la seule procédure de liquidation judiciaire immédiate (v. ss no 352.41). En effet, si une procédure de redressement judiciaire est précédemment ouverte, c'est le représentant des créanciers qui percevra le droit fixe, le liquidateur en cette qualité ne pouvant pas y prétendre (D. 10 juin 2004, art. 93, al. 2, introduisant un nouvel article 12, al. 1er du décret du 27 décembre 1985). Il n'en ira différemment que si un liquidateur ou plusieurs liquidateurs distincts du représentant des créanciers est nommé, chacun d'entre eux recevant alors la moitié du droit fixe (D. 10 juin 2004, art. 93, al. 2, introduisant un nouvel art. 12, al. 2 au décret du 27 décem-

1. Com. 3 déc. 2003, no 01-15.093, NP.
2. Com. 6 mars 2001, nos 99-15.147, 99-15.148, 2 esp., NP, *Act. proc. coll.* 2001, no 132 – Cass., ass. plén., 21 févr. 2003, no 01-16.450, préc. (v. ss prést no).
3. Com. 16 juin 2004, no 02-18.121, NP.
4. Com. 6 mars 2001, nos 99-15.147, 99-15.148, 2 esp., préc. (v. ss prést no) – Cass., ass. plén., 21 févr. 2003, no 01-16.450, préc. (v. ss prést no).
5. Com. 15 févr. 2011, no 10-10.005, *Bull. civ.* IV, no 22; no 126 F-P+B; *D.* 2011. Actu. 672, obs. Lienhard; *Gaz. Pal. entr. diff.* 1-2 avr. 2011, p. 21, note Gorrias; *BJE* juill./août 2011, comm. 98, p. 184, note Berthelot.
6. D. no 2004-518, 10 juin 2004, préc.
7. Com. 17 déc. 2013, no 12-25.541, NP; no 1239 F-D.
8. D. no 2004-518, 10 juin 2004, préc.
9. D. no 85-1390, 27 déc. 1985, préc.

bre 1985 et D. 10 juin 2004, art. 94, al. 4, introduisant un nouvel article 12-2, al. 2 au décret du 27 décembre 1985).

Si plusieurs liquidateurs sont nommés, chacun d'entre eux percevra le droit fixe. La solution est d'application immédiate; elle a donc vocation à régir les procédures en cours à la date du 11 juin 2004 (D. 10 juin 2004, art. 108, VIII).

En cas d'extension sur le fondement de la confusion des patrimoines ou de la fictivité, l'unicité de la procédure n'entraînera perception que d'un seul droit fixe[1].

352.43 Droit alloué au représentant des créanciers et au liquidateur pour la vérification des créances non salariales. Des honoraires de vérification des créances non salariales sont alloués au représentant des créanciers ou au liquidateur, qui sont variables en fonction du montant de la créance déclarée.

L'article 13 du décret du 27 décembre 1985[2] l'établissait comme suit : 23 euros pour une créance dont le montant est compris entre 38 et 152 euros, 38 euros au-delà.

L'article 95 du décret du 10 juin 2004[3], qui modifie l'article 13 du décret précité, porte le droit fixe par créance, et non pas par créancier contrairement à la solution posée en matière de créances salariales, à 30 euros par créance comprise entre 40 et 150 euros, et à 50 euros par créance dont le montant excède 150 euros. La disposition n'a vocation à s'appliquer qu'aux procédures ouvertes après le 11 juin 2004 (D. 10 juin 2004, art. 108, IX).

La créance s'entend de la somme totale due au créancier, qui procède d'une même cause, peu important qu'elles correspondent à plusieurs factures[4]. En matière contractuelle, il semble possible d'estimer qu'il faille raisonner par contrat, un même contrat ne pouvant faire naître plusieurs créances au sens du tarif, cependant que plusieurs contrats de même type font naître autant de créances que de contrats.

Les honoraires ne sont dus que si la créance est portée sur l'état des créances.

Avant comme depuis la loi de sauvegarde[5], le principe est qu'il n'y a pas place à vérification du passif chirographaire s'il apparaît que le produit de la distribution des actifs doit être absorbé par les créanciers privilégiés. Le juge-commissaire n'a donc pas à autoriser la dispense de vérification des créances chirographaires, puisqu'elle est légale. Cette observation n'est pas neutre et il a pu en être tiré des conséquences par la Cour de cassation sur le terrain de la rémunération du mandataire de justice, au titre de la vérification des créances. Si le mandataire de justice n'est pas autorisé à vérifier le passif chirographaire, alors que le produit de la réalisation des actifs est absorbé par les créanciers privilégiés, ses honoraires au titre de la vérification des créances chirographaires ne sont pas dus[6] (V. aussi s^s^ n° 672.21).

352.44 Droit alloué au représentant des créanciers et au liquidateur pour l'établissement des relevés des créances salariales. Pour la vérification des créances salariales, un droit est alloué au représentant des créanciers ou au liquidateur, calculé selon un barème (D. 27 déc. 1985[7], art. 14).

352.44-1 DÉTERMINATION DU DROIT ALLOUÉ POUR LA VÉRIFICATION DES CRÉANCES SALARIALES – D. N° 85-1390 27 DÉC. 1985, RÉD. D'ORIGINE

Nombre de salariés	Droit alloué
Du 1er au 9e salarié	76 € par salarié
Du 10e au 19e salarié	61 € par salarié
Du 20e au 49e salarié	46 € par salarié
Du 50e au 99e salarié	38 € par salarié
Du 100e au 199e salarié	30 € par salarié
Du 200e au 499e salarié	23 € par salarié
Au-delà du 500e salarié	15 € par salarié

Le décret du 10 juin 2004[8] procède à une revalorisation de la vérification des créances salariales, en modifiant l'article 14 du décret du 27 décembre 1985[9].

352.44-2 DÉTERMINATION DU DROIT ALLOUÉ POUR LA VÉRIFICATION DES CRÉANCES SALARIALES – DÉCRET DU 27 DÉCEMBRE 1985, RÉD. D. N° 2004-518, 10 JUIN 2004

Nombre de salariés	Droit alloué
Du 1er au 9e salarié	76 € par salarié
Du 10e au 19e salarié	61 € par salarié
Du 20e au 49e salarié	46 € par salarié
Du 50e au 99e salarié	38 € par salarié
Du 100e au 199e salarié	30 € par salarié
Du 200e au 499e salarié	23 € par salarié
Au-delà du 500e salarié	15 € par salarié

1. Com. 26 oct. 1999, n° 96-15.291, *Bull. civ.* IV, n° 192; *D.* 1999. 80.
2. D. n° 85-1388, 27 déc. 1985, *JO* 29 déc., p. 15281.
3. D. n° 2004-518, 10 juin 2004, préc.
4. Com. 26 sept. 2006, n° 05-15.361, *Bull. civ.* IV, n° 189; *D.* 2006. AJ 2461, obs. Lienhard; *Act. proc. coll.* 2006/17, n° 205, note Vallansan; *Gaz. proc. coll.* 2007/1, p. 28, note Gorrias; *RTD com.* 2007. 237, n° 7, obs. Vallens.
5. L. n° 2005-845, 26 juill. 2005, préc.
6. Com. 10 mars 2015, n° 13-26.460, NP; n° 251 F-D.
7. D. n° 85-1390, 27 déc. 1985, préc.
8. D. n° 2004-518, 10 juin 2004, préc.
9. D. n° 85-1390, 27 déc. 1985, préc.

L'article 96 du décret du 10 juin 2004[1], modifiant l'article 14 du décret du 27 décembre 1985[2], alloue au mandataire un droit fixe de 120 euros par salarié pour l'établissement de ce même relevé. Cette disposition ne s'appliquera qu'aux procédures ouvertes après le 11 juin 2004 (D. 10 juin 2004, art. 108, IX).

Il s'agit d'une augmentation sensible de la rémunération du mandataire, que l'on peut évaluer en moyenne, pour les entreprises de moins de 51 salariés – seuil du régime simplifié – à un doublement.

L'idée du seuil aurait pu être conservée pour affecter au droit fixe un coefficient de majoration pour les petites entreprises, compte tenu du temps effectif passé dans les études à s'occuper des salariés, qui n'est généralement pas proportionnel au nombre de salariés.

352.45 Droit proportionnel alloué au représentant des créanciers et au liquidateur pour la contestation des créances non salariales – Décret du 27 décembre 1985, réd. d'origine. Un droit proportionnel de 5 % de la différence entre le montant de la créance déclarée et le montant de la créance admise[3] est alloué au représentant des créanciers et au liquidateur (D. 27 déc. 1985[4], art. 15). Si la créance est rejetée en totalité, le droit est du sur l'intégralité de la créance déclarée[5].

Ce droit concerne, depuis la loi du 10 juin 1994[6], les créances fiscales, y compris celles déclarées à titre provisionnel[7], au contraire de la solution existant sous le régime initial de la loi du 25 janvier 1985[8], et spécialement de son article 106 qui prévoyait des modalités particulières de contestation des créances fiscales[9].

Ce droit est dû indépendamment des diligences accomplies par le mandataire de justice, dès lors que la créance a été contestée et est, au moins pour partie, rejetée[10]. Peu importe qu'un débat s'instaure devant le juge-commissaire. La preuve de la contestation de créance peut résulter de l'état des créances faisant apparaître les créances contestées[11].

Le droit proportionnel est du même si le créancier ne répond pas à la contestation[12].

Le droit est dû, même si la créance est nulle[13] ou encore si le créancier renonce à sa déclaration, après contestation[14] ou accepte de voir réduite sa créance[15].

Le droit est également dû si la créance est rejetée, après avoir fait l'objet d'une tentative de reprise d'une instance en cours jugée irrecevable[16] ou si la contestation émanant du débiteur a été formulée au motif qu'une instance était en cours[17]. Certes, il ne s'agit pas là d'un motif de contestation, dans la mesure où le juge-commissaire est dessaisi du seul fait qu'il constate l'existence d'une instance en cours. Mais il appartenait au débiteur de ne pas formuler de contestation, car le mandataire de justice doit la relayer sous la forme d'une lettre recommandée contenant le motif de contestation.

Ce droit n'est pas dû si la déclaration de créance est effectuée hors délai, car il n'y a pas en ce cas contestation de créance, cette créance n'étant pas soumise à vérification.

Ce droit n'est pas davantage dû si le créancier renonce à sa déclaration de créance, mais cette renonciation doit être antérieure à la lettre de contestation de la créance[18]. La solution est identique si le créancier, à la suite d'une erreur matérielle entachant sa première déclaration, procède avant contestation à une seconde déclaration de créance. En pareille situation, la Cour de cassation, plus largement, a même posé en règle que le droit proportionnel n'est pas dû si la créance est contestée à la suite d'une erreur matérielle manifeste commise par le créancier dans sa déclaration[19].

Si le mandataire de justice n'est pas autorisé à vérifier le passif chirographaire, alors que le produit de la réalisation des actifs est absorbé par les créan-

1. D. nº 2004-518, 10 juin 2004, préc.
2. D. nº 85-1390, 27 déc. 1985, préc.
3. Com. 3 déc. 1996, nº 93-17.786, *Bull. civ.* IV, nº 298; *D.* 1997. Somm. 216, obs. Honorat.
4. D. nº 85-1390, 27 déc. 1985, préc.
5. Com. 27 juin 2006, nº 04-19.841, NP, *Gaz. proc. coll.* 2006/4, p. 19, note Gorrias – Com. 27 févr. 2007, nº 06-10.529, NP.
6. L. nº 94-475, 10 juin 1994, *JO* 11 juin, p. 8440.
7. TGI Toulouse, 12 janv. 1998, *Rev. proc. coll.* 2004, p. 61, nº 14, obs. Soinne.
8. L. nº 85-98, 25 janv. 1985, *JO* 26 janv., p. 1097.
9. Com. 26 mai 1998, nº 96-11.802, *Bull. civ.* IV, nº 169.
10. Com. 8 oct. 2003, nº 01-00.854, NP, *Rev. proc. coll.* 2004, p. 61, nº 14, obs. Soinne.
11. Com. 15 avr. 2008, nº 06-21.833, NP, *Gaz. proc. coll.* 2008/4, p. 46, nº 1, note Gorrias.
12. TGI Strasbourg, 3 févr. 1998, *Rev. proc. coll.* 2004, p. 61, nº 14, obs. Soinne.
13. Com. 12 juin 2001, nº 99-18.663, NP, *Act. proc. coll.* 2001/15, nº 187.
14. Com. 8 oct. 2003, nº 01-00.854, NP, *Act. proc. coll.* 2003/19, nº 239 – Com. 16 juin 2004, nº 02-17 000, NP – Com. 13 févr. 2007, nº 05-19.407, NP, *Gaz. proc. coll.* 2007/2, p. 29, note Gorrias – Com. 16 mars 2010, nº 09-65.470, NP.
15. Com. 7 févr. 2006, nº 04-20.511, NP, *Gaz. proc. coll.* 2006/2, p. 27, nº 2, obs. Gorrias.
16. Com. 13 févr. 2007, nº 05-19.407, NP, *Gaz. proc. coll.* 2007/2, p. 29, note Gorrias.
17. Com. 21 févr. 2012, nº 11-14.559, NP; nº 249 F-D.
18. Civ. 2e, 13 déc. 1989, nº 88-15.612, NP, *Rev. proc. coll.* 1990, p. 258, obs. Guillou – Com. 12 juill. 2004, nº 03-12.592, NP – Com. 27 juin 2006, nº 04-19.841, NP – Com. 13 févr. 2007, nº 05-19.407, NP, *Gaz. proc. coll.* 2007/2, p. 29, note Gorrias.
19. Com. 23 nov. 2004, nº 02-13.947, NP.

ciers privilégiés, ses honoraires au titre de la vérification des créances chirographaires ne sont pas dus[1] (v. aussi s[s] n° 672.21).

Les honoraires de contestation ne pourront être mis par le juge-commissaire à charge du créancier[2]. En outre, le droit proportionnel reste dû en cas de négligence du créancier à indiquer, après déclaration de sa créance, qu'il a été payé par le débiteur[3]. Si cette solution peut se comprendre, elle restera d'application exceptionnelle, puisqu'il faut supposer la mise à l'écart de la règle de l'interdiction du paiement des créances antérieures. On peut penser aux hypothèses de paiement exceptionnellement autorisé par le juge-commissaire. La solution ne peut viser le cas du paiement effectué par un tiers qui, quant à lui, est indifférent sur le montant de l'admission au passif de la créance. Plus fondamentalement, il est possible d'observer que cette question ne devrait pas se poser, car l'admission de la créance doit intervenir pour le montant existant au jour du jugement d'ouverture, abstraction faite des paiements intervenus ultérieurement (v. s[s] n° 682.24).

Précisons enfin qu'un créancier peut être condamné envers le débiteur à réparer les conséquences financières, en termes d'honoraires dus au représentant des créanciers, d'une contestation de créance lorsque la créance a été déclarée pour un montant manifestement abusif[4].

352.46 Suppression du droit proportionnel alloué au représentant des créanciers et au liquidateur pour la contestation des créances non salariales – Décret du 10 juin 2004[5]. Le droit proportionnel alloué pour la contestation des créances était montré du doigt par les créanciers, qui ne comprenaient pas que le représentant des créanciers n'était pas leur défenseur individuel, mais le représentant de l'intérêt collectif des créanciers. Ils avaient en conséquence du mal à accepter l'idée qu'une lettre de contestation puisse suffire à déclencher l'application d'un tarif pouvant aboutir à la perception de sommes importantes.

La prime à la contestation de créances constituait assurément une arme du redressement de l'entreprise. Plus le passif est faible, plus les chances de redressement par plan de continuation sont grandes. Cela n'est guère discutable lorsqu'un plan de continuation est arrêté. Dans cette logique, il ne nous serait pas apparu choquant – au regard de la finalité de la législation du redressement judiciaire –, que ce droit fût conservé.

La solution était en revanche plus difficile à justifier en présence d'un plan de cession, et plus encore d'une liquidation judiciaire. L'heure est à la réalisation des actifs pour paiement des créanciers. On peut donc comprendre que les créanciers aient eu du mal à accepter cette instigation à la contestation de leurs créances, en dehors d'un plan de continuation, même si la réduction des droits de l'un profite au final à la collectivité des créanciers.

Le décret du 10 juin 2004, par son article 97, sans introduire le distinguo ci-dessus décrit, a décidé de supprimer purement et simplement le droit proportionnel de contestation de créance, en abrogeant le « fameux article 15 » du décret du 27 décembre 1985[6]. L'abrogation de cette disposition ne s'appliquera qu'aux procédures ouvertes après le 11 juin 2004 (D. 10 juin 2004, art. 108, IX). Le droit proportionnel reste en conséquence dû pour les procédures en cours à cette date.

La contestation de créances est une tache éminemment technique. Certains mandataires de justice se sont entourés d'un personnel très qualifié pour y procéder. La chose était rendue possible par la rémunération retirée de la contestation des créances. Désormais, il en va autrement. Il appartient au débiteur de s'entourer d'avocats avisés, pour procéder avec le plus d'attention possible, à la vérification des créances, permettant de déclencher les contestations de créances. Là où il y avait charge, il y avait émolument. L'émolument disparaissant, la charge doit nécessairement être amoindrie. Et les débiteurs désireux d'obtenir un plan de continuation, de redressement ou de sauvegarde, devront assurément intégrer cet élément.

352.47 Plafonnement des droits alloués au représentant des créanciers et au liquidateur pour la vérification des créances. Si les honoraires alloués pour la vérification des créances salariales et non salariales dépassent 68 602 euros, en ce compris les honoraires de contestation des créances, la rémunération due au-delà est fixée par le président du tribunal, sur proposition du juge-commissaire (D. 27 déc. 1985[7], art. 16).

Le barème prévu aux articles 13 à 15 du décret du 27 décembre 1985 sera alors sans application[8].

352.48 Honoraires alloués au liquidateur sur le recouvrement et la réalisation des actifs. L'article 18

1. Com. 10 mars 2015, n° 13-26.460, préc.
2. Com. 22 janv. 2002, n° 99-12.912, NP, *Act. proc. coll.* 2002/6, n° 78.
3. Com. 30 oct. 2000, n° 97-20.186, NP, *Act. proc. coll.* 2000/20, n° 256; *Rev. proc. coll.* 2004, p. 61, n° 14, obs. Soinne.
4. Com. 8 janv. 2002, n° 98-23.181, NP, *Act. proc. coll.* 2002/6, n° 79 – Com. 16 juin 2004, n° 02-17 000, NP.
5. D. n° 2004-518, 10 juin 2004, préc.
6. D. n° 85-1390, 27 déc. 1985, préc.
7. D. n° 85-1390, 27 déc. 1985, préc.
8. Com. 18 janv. 2000, n° 97-14.933, *Bull. civ.* IV, n° 15.

du décret du 27 décembre 1985[1] prévoit l'attribution d'honoraires pour le recouvrement d'actifs. Rien n'est prévu pour le représentant des créanciers, le barème n'ayant vocation à régir que la situation du liquidateur.

L'actif recouvré comprend la totalité des créances recouvrées et des prix perçus par le liquidateur, y compris le recouvrement des comptes clients ou autres comptes[2]. Il exclut cependant les avances de l'AGS, la restitution des provisions sur frais et les versements spontanés du débiteur, de sa famille ou de ses amis, d'une société mère ou actionnaires, ainsi que des dirigeants. Cependant, ne sont pas considérés comme versements spontanés et doivent, en conséquence être intégrés dans la base de calcul de l'actif recouvré, les versements faisant suite à une transaction ou à une réclamation[3].

L'actif recouvré comprend aussi les versements provenant de mandataires ou autres auxiliaires de justice, ainsi que des notaires ou autres officiers ministériels. Cependant, les versements provenant d'autres mandataires de justice, dans le même dossier, ne sont pas pris en compte[4].

Ces honoraires ne sont dus que s'il y a eu une démarche pour le recouvrement. Elle peut tenir à l'introduction ou à la poursuite d'une action cependant qu'une simple démarche amiable suffit. Le liquidateur peut prétendre au bénéfice du droit proportionnel, sans avoir à démontrer une implication particulière dans le débat judiciaire nécessité par l'instance engagée dont la conduite incombe à l'avocat représentant et assistant le liquidateur, *ès qualités*[5].

En revanche, les honoraires ne seront pas dus en cas de simple encaissement effectué par le mandataire de justice[6].

Les prêts consentis au débiteur ne peuvent évidemment être considérés comme des actifs recouvrés[7].

Des honoraires sont également dus au titre des réalisations d'actifs du débiteur. Une juridiction du fond avait pu juger que le liquidateur devait avoir déployé une certaine activité pour la réalisation de l'actif, sur laquelle il entendait être rémunéré[8]. La Cour de cassation a clairement posé une autre solution et juge qu'il suffit, pour que les honoraires de réalisation d'actifs soient dus, que la vente soit autorisée par le juge-commissaire sur demande du liquidateur[9] et que ce dernier comparaisse à l'acte notarié[10]. Il importe donc peu qu'un compromis de vente du bien ait pu être signé par le débiteur avant la procédure collective ou même, comme cela a pu être jugé, pendant la période d'observation de son redressement judiciaire[11]. Le degré de collaboration du débiteur dans le cadre de la réalisation du bien est donc indifférent[12].

Si le créancier inscrit, en cas d'inaction du liquidateur, se fait autoriser à vendre le bien, la question peut se poser de savoir si le liquidateur peut prétendre percevoir le droit proportionnel sur l'actif vendu, puisque la vente ne sera pas alors réalisée à son initiative. En effet, même s'il ne réalise pas le bien, il a l'obligation d'assurer la distribution du prix provenant de la vente, tâche éminemment technique devant être rémunérée. Peut-être faudrait-il allouer des honoraires spécifiques en ce cas.

Les honoraires sont dus sur la totalité des actifs recouvrés ou réalisés, et non pas seulement à concurrence des sommes utiles au désintéressement complet des créanciers, lorsque les dettes du débiteur sont inférieures au total des actifs recouvrés ou réalisés[13].

L'infirmation d'un jugement de liquidation n'exclut pas la rémunération du liquidateur[14].

Les honoraires sont dus, alors même que le liquidateur manque, de façon répétée, à son obligation d'information trimestrielle sur l'état des réalisations et des répartitions[15].

Les honoraires de recouvrement d'actifs et de réalisation d'actifs sont dégressifs en fonction du montant des actifs recouvrés ou réalisés. Ils sont fixés par un barème.

1. D. n° 85-1390, 27 déc. 1985, préc.
2. IFPPC 1999, recomm. n° 8750-4, p. 286.
3. IFPPC 1999, recomm. n° 8750-3, p. 286.
4. IFPPC 1999, recomm. n° 8750-4, p. 286.
5. Com. 19 juin 2007, n° 06-14.242, *Bull. civ.* IV, n° 164; *D.* 2007. AJ 1966, note Lienhard; *Gaz. proc. coll.* 2007/4, p. 35, note Gorrias.
6. Com. 14 oct. 1997, n° 95-10.245, *Bull. civ.* IV, n° 261; *Rev. proc. coll.* 1998, p. 174, n° 22, obs. Soinne – Com. 4 juill. 2000, n° 97-16.659, *Bull. civ.* IV, n° 135; *Act. proc. coll.* 2000/14, n° 175; *D.* 2000. jur. 414 – Com. 17 déc. 2013, n° 12-25.541, NP; n° 1239 F-D.
7. Com. 2 févr. 1999, n° 96-15.893, *Bull. civ.* IV, n° 33; *Rev. proc. coll.* 2000, p. 215, obs. Soinne.
8. Aix-en-Provence, 1er oct. 1991, *Gaz. Pal.* 1992. I, Somm. 67.
9. Com. 13 juin 2006, n° 04-18.484, NP, *Gaz. proc. coll.* 2006/4, p. 18, note Gorrias – Com. 14 mai 2008, n° 06-17.730, NP, *Gaz. proc. coll.* 2008/4, p. 47, n° 3, note Gorrias.
10. Com. 13 juin 2006, n° 04-18.484, NP, *Gaz. proc. coll.* 2006/4, p. 18, note Gorrias.
11. Com. 14 mai 2008, n° 06-17.730, NP, *Gaz. proc. coll.* 2008/4, p. 47, n° 3, note Gorrias.
12. Gorrias, note ss Com. 13 juin 2006, n° 04-18.484, *Gaz. proc. coll.* 2006/4, p. 18.
13. Com. 18 janv. 2000, n° 96-18.035, *Bull. civ.* IV, n° 13.
14. Com. 20 mars 2001, n° 98-10.648, NP, *Act. proc. coll.* 2001/11, n° 133.
15. SOL. IMPL. : Com. 17 déc. 2013, n° 12-25.541, NP, préc. (v. ss prést n°).

352.48-1 HONORAIRES POUR RECOUVREMENT ET RÉALISATION D'ACTIF (D. 27 DÉC. 1985[1], RÉD. D'ORIGINE)

Tranche	Pourcentage
De 0 jusqu'à 15 245 €	7 %
De 15 245 € jusqu'à 45 735 €	6 %
De 45 735 € jusqu'à 152 450 €	4 %
De 152 450 € jusqu'à 228 675 €	2 %
De 228 675 € jusqu'à 457 350 €	1 %
De 457 350 € jusqu'à 762 245 €	0,5 %
De 762 245 € jusqu'à 1 524 490 €	0,2 %
De 1 524 490 € jusqu'à 7 622 450 €	0,15 %
Au-delà de 7 622 450 €	0,1 %

L'article 98 du décret du 10 juin 2004[2], modifiant l'article 18 du décret précité, procède à une revalorisation sensible des tranches de rémunération au titre des réalisations d'actifs par le liquidateur. Il établit ainsi qu'il suit les tranches :

352.48-2 HONORAIRES POUR RECOUVREMENT ET RÉALISATION D'ACTIF (D. 10 JUIN 2004[3])

Tranche en euros	Pourcentage
De 0 jusqu'à 15 000 €	7 %
Au-delà de 15 000 € jusqu'à 50 000 €	6 %
Au-delà de 50 000 € jusqu'à 150 000 €	4 %
Au-delà de 150 000 € jusqu'à 300 000 €	2 %
Au-delà de 300 000 €	1 %

La modification du barème, disposition qui ne s'appliquera qu'aux procédures ouvertes après le 11 juin 2004 (D. 10 juin 2004, art. 108, IX), ne porte que sur la réalisation des actifs importants. Pour ceux-ci, les changements induits par l'application du barème sont significatifs, puisque le droit proportionnel de 1 % sera dû au-delà de 300 000 euros, sans limitation de montant, alors que l'application de l'ancien tarif n'octroyait que 0,1 % au-delà de 7 622 450 euros. La logique poursuivie par le décret est ici extrêmement simple et légitime : il faut valoriser au maximum les actifs réalisés. La tâche principale d'un liquidateur est en effet de bien vendre les actifs. C'est sa mission essentielle de défense de l'intérêt collectif des créanciers qui justifie qu'il se préoccupe de vendre au mieux les actifs du débiteur. Il est donc logique que le législateur lui rende grâce de la façon dont il s'acquittera de cette mission. Il est juste qu'une rémunération incitative soit assurée aux mandataires de justice, qui permet d'éteindre le maximum de passif. N'est-ce pas aussi d'ailleurs l'intérêt du débiteur de parvenir à la clôture de sa procédure par extinction du passif ?

352.49 Majoration des honoraires du liquidateur au titre des recouvrements et des réalisations d'actifs tenant compte du passif éteint. Les honoraires alloués au liquidateur au titre des recouvrements et des réalisations d'actifs sont majorés en fonction d'un coefficient pour tenir compte du pourcentage du passif antérieur admis au passif, qui a été éteint grâce aux répartitions, la totalité des créance étant prise en compte[4], peu important leur nature chirographaire ou privilégiée. Une discussion subsiste la jurisprudence n'étant pas véritablement fixée en la matière, pour savoir si seul le passif admis est pris en compte pour le calcul, alors même que le liquidateur aurait été dispensé de vérifier le passif chirographaire. L'IFFPC est en tout cas en ce sens[5].

352.491 HONORAIRES POUR RECOUVREMENT ET RÉALISATION D'ACTIF. MAJORATION

Extinction grâce aux répartitions de 10 % à moins de 30 % des créances admises	15 %
Extinction grâce aux répartitions de 30 % à moins de 50 % des créances admises	20 %
Extinction grâce aux répartitions de 50 % à moins de 70 % des créances admises	30 %
Extinction grâce aux répartitions de 70 % à 100 % des créances admises	50 %

Si l'application du barème prévu à cet article ouvre droit à des honoraires supérieurs à 68 602 euros, la rémunération due au-delà est fixée par le président du tribunal, sur proposition du juge-commissaire (D. 27 déc. 1985[6], art. 16). Le barème prévu à l'article 18 du décret du 27 décembre 1985 sera alors sans application, seules étant prises en compte les diligences du mandataire de justice, dont il justifiera[7], le président du tribunal n'étant pas tenu par la proposition émanant du juge-commissaire[8].

1. D. n° 85-1390, 27 déc. 1985, préc.
2. D. n° 2004-518, 10 juin 2004, préc.
3. D. n° 2004-518, 10 juin 2004, préc.
4. IFPPC 1999, recomm. n° 8750-1, p. 285.
5. IFPPC 1999, recomm. n° 8750-5, p. 286.
6. D. n° 85-1390, 27 déc. 1985, préc.
7. IFPPC 1999, recomm. n° 8750-2, p. 285.
8. Paris, 1re ch. A, 19 déc. 2001, *Rev. proc. coll.* 2003, p. 120, n° 10, obs. Soinne.

SECTION 352.50

HONORAIRES DU MANDATAIREJUDICIAIRE ET DU LIQUIDATEUR DEPUIS LE DÉCRET DU 23 DÉCEMBRE 2006

352.51 Règles générales relatives à la rémunération du mandataire judiciaire et du liquidateur. Le mandataire judiciaire et le liquidateur, ont droit en cas d'ouverture d'une sauvegarde, d'un redressement ou d'une liquidation judiciaire à percevoir un droit fixe. La nouveauté tient ici àla prévision d'un droit fixe en cas d'ouverture d'uneprocédure secondaire en application du Règlement communautaire.

Le décret du 23 décembre 2006[1] distingue bien les diverses tâches accomplies par le mandataire judiciaire et par le liquidateur et prévoit, en conséquence, une rémunération distincte pour chacune de ces tâches : un droit fixe au titre de l'enregistrement des créances déclarées, un droit fixe pour la vérification des créances autre que salariales, un droit fixe par salarié pour l'établissement des relevés de créances salariales.

Une des grandes nouveautés du décret du 23 décembre 2006 a été d'introduire un droit fixe par créance pour la contestation des créances, un droit fixe par contentieux relatif aux revendications et aux restitutions, et un droit fixe pour les instances introduites ou reprises devant le conseil des prud'hommes.

Le décret du 23 décembre 2006 accorde également un droit proportionnel au mandataire judiciaire, qui a été désigné par le tribunal pour répartir des fonds entre les créanciers.

Le décret du 23 décembre 2006 tient compte de la lourdeur de la tâche des liquidateurs, dans le cadre de la cessation d'activité d'un site pollué. C'est pourquoi, d'une manière nouvelle, il est prévu que liquidateur perçoive un droit fixe pour les obligations résultant de la cessation d'activité d'un site pollué.

Il est alloué au liquidateur un droit proportionnel calculé sur le chiffre d'affaires en cas de poursuite provisoire d'activité, s'il assure la mission d'administration de l'entreprise.

Distinguant les missions du liquidateur, le décret du 23 décembre 2006 a prévu des nouveautés pour la rémunération du liquidateur relatives aux opérations de réalisation des actifs.

Le liquidateur a d'abord un droit proportionnel sur les cessions d'actifs. À défaut d'administrateur, il perçoit un droit proportionnel sur le prix de cession, en cas de cession d'entreprise.

Le liquidateur, d'une manière nouvelle, perçoit des honoraires de répartition des fonds.

1. D. n° 2006-1709, 23 déc. 2006, préc.

Si les honoraires de réalisation des actifs ont été diminués, la création du droit proportionnel sur les répartitions conduit, *in fine*, à une augmentation des honoraires du liquidateur.

Il a également droit à un droit proportionnel sur les encaissements et recouvrement de créances.

Le liquidateur qui, en application du tarif, peut prétendre au titre de l'intégralité des diligences, à une rémunération supérieure à 75 000 euros hors taxes se voit appliquer les dispositions spéciales en cas de dépassement des *maxima* prévus par les barèmes (v. s^s n° 352.14). La solution n'a pas été envisagée pour le mandataire judiciaire. Elle sera rare, mais non inconcevable. En ce cas, faute de texte particulier, il convient, selon nous, d'appliquer purement et simplement le barème, quelle que soit la rémunération due au mandataire judiciaire.

Dans le souci de rémunérer toutes les diligences lourdes, le décret du 23 décembre 2006 a oublié une rémunération qui aurait été juste : celle relative à la procédure de licenciements économiques. Un droit fixe aurait pu être créé par procédure de licenciement économique[2].

Précisons que le décret du 30 juin 2014[3] (art. 127) a prévu des honoraires particuliers pour le mandataire judiciaire coordonnateur (v. s^s n° 351.61-6) et pour le liquidateur qui se voit confier, dans la liquidation judiciaire simplifiée, la mission d'établir l'inventaire (v. s^s n° 565.32).

352.52 Droit fixe alloué au mandataire judiciaire et au liquidateur. Reprenant la solution issue de la réglementation antérieure, le décret du 23 décembre 2006[4] maintient le droit fixe pour le représentant des créanciers, rebaptisé mandataire judiciaire, et pour le liquidateur.

Faute de précision des textes, ce droit fixe est dû par procédure, même si ces dernières sont ouvertes contre une même personne physique, au titre de patrimoines distincts, en présence d'un « un entrepreneur individuel à responsabilité limitée ».

Le mandataire judiciaire perçoit pour l'ensemble de la procédure de sauvegarde ou de redressement judiciaire, un droit fixe de 2 500 euros. Le droit fixe est du, de manière nouvelle, même s'il n'y a pas ensuite liquidation judiciaire. La solution issue du décret du 10 juin 2004[5] s'applique aux procédures en cours lors de son entrée en vigueur (D. 10 juin 2004, art. 108, VIII), ce qui est le cas lorsque le plan de continuation est toujours en cours d'exécution à cette date, dès lors qu'aucune décision fixant les

2. Froehlich, « La rémunération des mandataires de justice [...] », préc., sp. p. 8.
3. D. n° 2014-736, 30 juin 2014, préc.
4. D. n° 2006-1709, 23 déc. 2006, préc.
5. D. n° 2004-518, 10 juin 2004, préc.

honoraires du représentant des créanciers n'a été rendue à cette date[1].

En cas de conversion d'une sauvegarde en redressement, il faut considérer qu'il s'agit toujours de la même procédure et que le droit fixe n'est du qu'une seule fois. C'est d'ailleurs en ce sens que la difficulté est réglée en cas de conversion de la sauvegarde ou du redressement judiciaire en liquidation judiciaire. Le mandataire judiciaire, qui est désigné ensuite liquidateur, n'a droit, comme sous l'empire du texte ancien, qu'au droit fixe lié au jugement d'ouverture (D. 27 déc. 1985[2], art. 12, al. 1er). En revanche, l'article 12, alinéa 2 du décret du 27 décembre 1985 prévoit que lorsque le mandataire judiciaire n'est pas ensuite désigné liquidateur, il perçoit, comme sous l'empire du texte ancien, l'intégralité du droit fixe, le liquidateur n'en percevant, pour sa part, que la moitié.

Le droit fixe de 2 500 euros est dû au liquidateur en cas de liquidation judiciaire immédiate (D. 27 déc. 1985, art. 12-1). Si les solutions jurisprudentielles posées sous l'empire de la législation antérieure sont reprises[3], le droit fixe restera acquis au liquidateur même en cas d'infirmation de la décision de liquidation judiciaire.

En cas de désignation de plusieurs mandataires judiciaires, chacun d'entre eux aura droit à l'intégralité du droit fixe (D. 27 déc. 1985, art. 12-2). La solution est la même en cas de désignation de liquidateurs multiples. Les règles applicables en cas de conversion d'une sauvegarde ou d'un redressement judiciaire en liquidation judiciaire sont applicables à la désignation de liquidateurs multiples (D. 27 déc. 1985, art. 12-2).

Le décret du 23 décembre 2006 prévoit enfin le versement du droit fixe dans les procédures secondaires d'insolvabilité du Règlement communautaire du 29 mai 2000[4]. La désignation au titre d'une procédure secondaire entraîne versement d'un droit fixe. Ce droit fixe doit être versé par le débiteur sans délai dès que la décision d'ouverture d'une procédure secondaire est portée à sa connaissance. Si le mandataire est désigné dans la procédure principale, il perçoit autant de droits fixes qu'il y a de procédures secondaires (D. 27 déc. 1985, art. 12, al. 3).

L'article R. 663-19, alinéa 1er du code de commerce, dans la rédaction du décret du 28 décembre 2005, se contentait de préciser que ce droit fixe était perçu dès que la décision le désignant était portée à sa connaissance. Il fallait évidemment qu'il y ait des disponibilités dans le dossier. L'article 1er du décret du 28 décembre 2009[5] relatif aux frais de justice en matière commerciale et aux auxiliaires de justice modifie l'alinéa 1er de l'article R. 663-19 du code de commerce, en obligeant désormais le liquidateur, désireux de percevoir son droit fixe, à verser d'abord au greffier du tribunal de commerce une somme forfaitaire de 200 euros (somme prévue au dernier alinéa de la note introduisant le tableau n° 7 de l'annexe 7-5 du livre VII). La notice jointe au décret précité précise qu'il s'agit de permettre ainsi la prise en charge plus fréquente de ces frais de greffe par le débiteur. La légalité de la disposition, posée par voie réglementaire, peut être sérieusement discutée[6].

Par principe, la solution ne concernera que le cas de la liquidation judiciaire immédiate. En effet, si une procédure de redressement judiciaire est précédemment ouverte, c'est le mandataire judiciaire qui percevra le droit fixe, le liquidateur en cette qualité ne pouvant pas y prétendre (D. 10 juin 2004, art. 93, al. 2, introduisant un nouvel article 12, al. 1er du décret n° 85-1390 du 27 décembre 1985).

Il en ira différemment si un ou plusieurs liquidateurs distincts du mandataire judiciaire est nommé, chacun d'entre eux recevant alors la moitié du droit fixe (D. 10 juin 2004, art. 93, al. 2, introduisant un nouvel art. 12, al. 2 du décret du 27 décembre 1985 et D. 10 juin 2004, art. 94, al. 4, introduisant un nouvel article 12-2, al. 2 du décret du 27 décembre 1985). Il semble alors, du fait du visa général par l'article R. 663-19 du liquidateur désigné en application de l'article L. 641-1, ce qui englobe la liquidation judiciaire immédiate et celle sur conversion, que l'obligation nouvelle édictée par l'article R. 663-19 doive s'appliquer.

352.53 Droit fixe alloué au mandataire judiciaire et au liquidateur pour l'enregistrement des créances déclarées. Le décret du 23 décembre 2006[7], dont l'idée directrice est de rémunérer toutes les tâches accomplies par les organes de la procédure et seulement ces tâches, a créé un droit fixe au profit du mandataire judiciaire pour l'enregistrement des créances déclarées et non vérifiées (C. com., art. R. 663-22). Il a identiquement créé un droit fixe de même montant pour l'enregistrement des créances postérieures privilégiées – les créances de l'article L. 622-17. Ce droit fixe est de 5 euros par créance dont le montant est inférieur à 150 euros. Il est de 10 euros pour les créances dont le montant est supérieur ou égal à 150 euros. Ce droit fixe est également dû au liquidateur, en application de l'article R. 663-19, alinéa 2, qui rend applicables pour le

1. Com. 22 sept. 2009, n° 07-18.624, NP.
2. D. n° 85-1390, 27 déc. 1985, préc.
3. Com. 16 juin 2004, n° 02-18.121, NP.
4. Règl. (CE) n° 1346/2000, Conseil, 29 mai 2000 relatif aux procédures d'insolvabilité, *JOCE L* 160, 30 juin, p. 1.
5. D. n° 2009-1661, 28 déc. 2009, *JO* 30 déc., p. 22686.
6. Le Corre, « Légalité de l'article 1er du décret n° 2009-1661 du 28 décembre 2009 relatif aux frais de justice en matière commerciale et aux auxiliaires de justice », *D.* 2010. 2168.
7. D. n° 2006-1709, 23 déc. 2006, préc.

liquidateur les dispositions de l'article R. 622. Les créances postérieures, dont l'enregistrement est en cause, sont alors celles de l'article L. 641 du code de commerce. Deux difficultés se présent toutefois pour le liquidateur, qui n'est pas le mandataire judiciaire, en cas de conversion de la sauvegarde ou du redressement judiciaire en liquidation judiciaire. Les textes restent muets pour savoir qui du mandataire judiciaire, qui du liquidateur pourra percevoir le droit fixe ici en cause. En outre, faut-il inclure dans les créances postérieures, celles de l'article L. 622-17, alors que le texte n'évoque que les créances figurant sur la liste de l'article R. 641-39 du code de commerce, c'est-à-dire les créances de l'article L. 641-13. La question n'est pas de pure forme si le mandataire judiciaire a déjà enregistré des créances de l'article L. 622-17 du code de commerce, c'est dire les créances postérieures privilégiées de la période d'observation.

Le droit fixe suppose un enregistrement des créances, c'est-à-dire, selon la Circulaire du 6 avril 2007, « une opération de transcription en vue de leur conservation et non une simple réception sans traitement ».

La notion de créances est précisée par l'article R. 663-21 du décret du 27 décembre 1985 [1], ce qui devrait contribuer à éviter des discussions sur cette question, qui avait été l'objet d'un contentieux sous l'empire des textes antérieurs (v. s[s] n° 352.43).

Pour les fournisseurs, est une créance le total des sommes qui leur est due. Ainsi, il est possible d'affirmer : un fournisseur = une créance. Il faut ici comprendre fournisseurs de biens, le fournisseur de services étant un prestataire de services.

Pour les prestataires de services, la créance s'entend du total des sommes déclarées par chaque prestataire de services au titre de chacun des contrats conclus avec le débiteur. Ainsi, pour le prestataire de services, on peut affirmer : un contrat = une créance.

Pour les établissements de crédit, le total des sommes déclarées au titre de chacun des contrats. Ici encore, un contrat une créance.

Pour les organismes sociaux, le total des sommes déclarées pour chaque rang de privilège dont les créances sont assorties. Ainsi, pour les organismes sociaux, on peut affirmer : une créance par rang de privilège.

Enfin, pour le Trésor public, il y a autant de créances que de catégories de créances.

On remarquera que la rémunération à ce titre n'est pas due au liquidateur, le décret ayant estimé que cette tâche était rémunérée au titre de la rémunération générale, ce qui n'est pas conforme à l'idée du décret selon laquelle toute peine mérite salaire.

On observera ensuite que la rémunération n'est pas due si la créance déclarée est ensuite vérifiée. Elle constitue un droit fixe de substitution à la celui prévu pour la vérification des créances. Ces deux droits fixes sont donc inconciliables entre eux.

352.54 Droit fixe alloué au mandataire judiciaire et au liquidateur pour la vérification des créances non salariales déclarées. L'article R. 663-23 du code de commerce, dans la rédaction que lui donne le décret du 23 décembre 2006 [2] (art. 21), alloue au mandataire judiciaire un droit fixe pour la vérification des créances. Ce droit est de 30 euros par créance dont le montant est compris entre 40 et 150 euros. Il est de 50 euros pour les créances supérieures à 150 euros. En dessous de 40 euros, la créance n'ouvre pas droit à un droit fixe, ce qui peut se comprendre puisqu'il aurait presque absorbé à lui seul la créance, la vérification en devenant complètement inutile pour le créancier.

Comme sous l'empire de la réglementation précédente, seules les créances figurant sur l'état des créances, ouvrent le droit fixe de vérification.

Sous l'empire de la loi du 25 janvier 1985 [3], il a été jugé que si le mandataire de justice n'est pas autorisé à vérifier le passif chirographaire, alors que les actifs seront absorbés par les créanciers chirographaires, ses honoraires au titre de la vérification des créances chirographaires ne sont pas dus (v. s[s] n° 351.43).

352.55 Droit fixe au mandataire judiciaire et au liquidateur pour l'établissement du relevé des créances salariales. Reprenant le principe posé sous l'empire de la législation antérieure, le décret du 23 décembre 2006 [4] prévoit l'allocation d'un droit fixe de 120 euros par salarié, pour l'établissement du relevé des créances salariales (C. com., art. R. 663-24). Ce droit fixe est dû au mandataire judiciaire, mais aussi au liquidateur (C. com., art. R. 663-19, al. 2). Le texte reste muet sur l'hypothèse d'une conversion de la sauvegarde ou du redressement judiciaire en liquidation judiciaire, avec nomination d'un liquidateur différent du mandataire judiciaire. Qui percevra alors le droit fixe ?

352.56 Droit fixe alloué au mandataire judiciaire pour la contestation des créances autres que salariales. Le décret du 27 décembre 1985 [5], dans sa rédaction d'origine, prévoyait l'allocation d'un droit proportionnel de 5 % sur la différence entre le montant des créances déclarées et celui admis au passif.

1. D. n° 85-1390, 27 déc. 1985, préc.

2. D. n° 2006-1709, 23 déc. 2006, préc.
3. L. n° 85-98, 25 janv. 1985, préc.
4. D. n° 2006-1709, 23 déc. 2006, préc.
5. D. n° 85-1390, 27 déc. 1985, préc.

Le décret du 10 juin 2004[1] avait supprimé ce droit proportionnel.

Sans le restaurer, le décret du 23 décembre 2006[2] prévoit l'allocation au mandataire judiciaire d'un droit fixe de 100 euros par créance pour la contestation des créances déclarées autres que salariales, et qui donnent lieu à une décision du juge-commissaire (D. 27 déc. 1985, art. 14-1, 1°). Ce droit est également dû au liquidateur, en application de l'article R. 663-19, alinéa 2 du code de commerce.

La notion de créance est appréciée en application de l'article 12-3 (v. s[s] n° 352.53).

La rémunération n'est due que si le juge-commissaire est amené à statuer sur la créance, que celle-ci soit rejetée ou qu'elle soit admise. N'est pas ici rémunéré le rejet de la créance, comme sous l'empire du décret du 27 décembre 1985, dans sa rédaction d'origine, mais le contentieux auquel la contestation de la créance a conduit. Sans contentieux, il n'y a pas place à rémunération. Il en sera ainsi lorsque, avant que le juge-commissaire ne statue, le créancier se désiste de sa demande d'admission de la créance. Peu importe, nous semble-t-il, que le mandataire judiciaire ait contesté la créance. Le juge-commissaire ne semble pas devoir statuer pour confirmer la demande finale de l'auteur de la déclaration de créance, c'est-à-dire son absence de prise en compte dans la procédure collective. La réglementation du désistement unilatéral d'instance posée par les articles 394 et 395 du code de procédure civile doit ici être écartée, le débiteur et le mandataire judiciaire n'ayant aucun intérêt particulier à ce qu'une décision du juge-commissaire intervienne. L'absence d'intérêt à défendre en justice doit conduire à rendre possible le désistement unilatéral d'instance, alors même qu'une contestation de la créance, qui vaut ici conclusion au fond, aurait été déposée sur la demande.

352.57 Droit fixe alloué au mandataire judiciaire pour le contentieux portant sur une demande en revendication ou en restitution. De manière nouvelle, pour tenir compte de la charge de travail que représente pour le mandataire judiciaire le contentieux portant sur les demandes en revendication ou en restitution émanant de personnes se présentant à la procédure comme propriétaire d'un meuble, le décret du 23 décembre 2006[3] a instauré un droit fixe de 100 euros par contentieux portant sur cette question (C. com., art. R. 663-25, 2°). Ce droit peut également être perçu par le liquidateur, en application de l'article R. 663-19, alinéa 2.

Il doit y avoir véritablement contentieux, ce qui, selon le texte, présuppose que le juge-commissaire re une décision. Il s'agit donc du contentieux ref à la requête en revendication ou en restitutiet donnant lieu à une ordonnance du juge-coissaire. Il faut également, malgré le silence du te sur la question, rémunérer le contentieux qui doera lieu à une décision du tribunal, lorsque le jugcommissaire n'aura pas statué dans un délai rainnable.

ldifficulté qui naîtra du texte sera de savoir si la rémnération est due si le mandataire judiciaire ou le liuidateur se fait assister d'un avocat pour assurer a défense dans le cadre de ce contentieux. Le silere du texte sur ce point est gênant. Surtout, il contraste avec la précision apportée en matière de droit fixe alloué au mandataire judiciaire pour sa participation à une instance prud'homale (v. s[s] n° 352.58). Une réponse positive semblerait devoir être apportée, compte tenu de la modicité du droit, qui vise plus à couvrir une tâche administrative, que le suivi au fond du dossier contentieux[4]. Il s'agirait, a-t-*il* été aussi écrit, plus d'un forfait indemnitaire, que d'une rémunération[5].

352.58 Droit fixe alloué au mandataire judiciaire pour une instance prud'homale. Ici encore, pour tenir compte de la charge de travail induite par le contentieux prud'homal très fréquent dans les procédures collectives, le décret du 23 décembre 2006[6], de manière nouvelle, décide de rémunérer la participation du mandataire judiciaire à une instance prud'homale introduite ou reprise après le jugement d'ouverture (C. com., art. R. 663-25, 3°). Ce droit eut être perçu par le liquidateur (C. com., art. R. 663-19, al. 2).

L'instance doit se terminer soit par une décision judiciaire au terme d'une instance à laquelle le mandataire judiciaire ou le liquidateur était présent ou représenté. Peu importe ici que le mandataire de justice se soit fait assister à l'instance par un avocat. L'instance peut également se terminer par un accord amiable visé par le juge-commissaire, auquel le mandataire a été partie.

352.59 Droit fixe alloué au mandataire judiciaire pour la répartition de fonds entre les créanciers. Tenant compte d'une création législative reprise de la jurisprudence, celle de la possibilité de sortir de la procédure de redressement judiciaire s'il apparaît, au cours de la période d'observation, que le débiteur dispose des sommes suffisantes pour désintéresser les créanciers et acquitter les frais et les dettes afférents à la procédure, le décret du 23 décembre

1. D. n° 2004-518, 10 juin 2004, préc.
2. D. n° 2006-1709, 23 déc. 2006, préc.
3. D. n° 2006-1709, 23 déc. 2006, préc.
4. Froehlich, « La rémunération des mandataires de justice [...] », préc., sp. p. 13.
5. Deharveng, « Le tarif des mandataires de justice, organes [...] », préc., sp. p. 40, n° 104.
6. D. n° 2006-1709, 23 déc. 2006, préc.

2006[1] (C. com., art. R. 663-25) alloue au mandataire judiciaire, qui serait chargé par le tribunal de répartir des fonds au profit des créanciers afin d'éteindre le passif antérieur et postérieur à l'ouverture de la procédure, qui est exigible, un droit proportionnel. Cette mission se rapproche de celle du commissaire à l'exécution du plan et c'est pourquoi le mode de rémunération prévu par le décret est celui qui concerne la rémunération du commissaire à l'exécution du plan au titre de la perception et du versement des dividendes du plan de sauvegarde ou de redressement. Ces honoraires doivent également être rapprochés de ceux versés au titre des répartitions effectuées aux créanciers par le liquidateur. Ces derniers sont toutefois sensiblement plus élevés.

352.59-1 HONORAIRES POUR RÉPARTITION DE FONDS AUX CRÉANCIERS

Tranche en euros	Pourcentage
De 0 jusqu'à 15 000 €	3,5 %
Au-delà de 15 000 € jusqu'à 50 000 €	2,5 %
Au-delà de 50 000 € jusqu'à 150 000 €	1,5 %
Au-delà de 150 000 € jusqu'à 300 000 €	0,5 %
Au-delà de 300 000 €	0,25 %

SECTION 352.60
RÈGLES SPÉCIALES AUX HONORAIRES DU LIQUIDATEUR DEPUIS LE DÉCRET DU 23 DÉCEMBRE 2006

352.61 Droit fixe alloué au liquidateur au titre des obligations relatives aux sites pollués. Le code de commerce met à la charge du liquidateur des obligations résultant de la cessation d'activité de sites classés. Ces obligations sont lourdes. Il est donc logique, que, de manière nouvelle, le décret du 23 décembre 2006[2] ait prévu une rémunération spéciale du liquidateur au titre de cette obligation.

Il s'agit d'un droit fixe de 500 euros lorsque les installations sont soumises à déclaration. Il est de 1 500 euros lorsque l'une au moins des installations classées est soumise à déclaration. Elle est enfin de 4 500 euros lorsque l'une au moins des installations classées figure sur une liste prévue au IV de l'article L. 515-8 du code l'environnement ou est soumise aux dispositions du décret du 21 septembre 1977[3] modifié et de ses textes d'application.

Le droit fixe est doublé lorsque l'une au mois des installations classées soumises à autorisation a fait l'objet d'un arrêté de l'autorité administrative prescrivant des mesures d'urgence et de mise en sécurité du site.

Ce droit n'est acquis que par une décision du président du tribunal[4].

Cette rémunération devrait permettre, compte tenu du rang des honoraires des liquidateurs, d'assurer plus efficacement le respect de contraintes environnementales, lesquelles, au demeurant, s'accompagnent d'un arsenal répressif ayant de quoi inquiéter les liquidateurs en charge de sites pollués. Ce droit n'est du qu'au liquidateur, non au mandataire judiciaire, en dépit du visa malheureux de l'article R. 663-19 du code de commerce, dans la mesure où le mandataire judiciaire, qui n'administre pas l'entreprise, n'a pas vocation à se préoccuper de la dépollution[5].

352.62 Droit proportionnel alloué au liquidateur au titre de la poursuite provisoire de l'activité. Par exception, le maintien de l'activité peut être provisoirement autorisé en liquidation judiciaire. En ce cas, l'administrateur, en fonction dans la sauvegarde ou le redressement, peut le demeurer. Il est même possible – voire obligatoire en cas de dépassement de seuils – de nommer un administrateur, dans cette phase, spécialement lorsqu'un plan de cession est envisageable. À défaut d'administrateur, le liquidateur a en charge l'administration de l'entreprise.

Dans ce cas, et dans ce cas seulement, l'article R. 663-28 du code de commerce, dans la rédaction que lui donne le décret du 23 décembre 2006[6], prévoit l'allocation d'un droit proportionnel au liquidateur, calculé sur le chiffre d'affaires, lequel en application de l'article 1, II, a est défini hors taxes. Il s'agit du chiffre d'affaires réalisé pendant la période de maintien de l'activité en liquidation judiciaire, non de celui réalisé pendant la sauvegarde ou le redressement (v. aussi s^s^ n° 352.33). Il est à noter que le droit proportionnel versé au liquidateur est identique à celui à celui versé à l'administrateur au titre de la poursuite d'activité en liquidation si l'administrateur administre l'entreprise (D. 27 déc. 1985[7], art. 3-2).

Rien n'est prévu en liquidation judiciaire pour le liquidateur lorsque le chiffre d'affaires réalisé dépasse 3 000 000 euros, alors que la rémunération est fixée

1. D. n° 2006-1709, 23 déc. 2006, préc.
2. D. n° 2006-1709, 23 déc. 2006, préc.
3. D. n° 77-1133, 21 sept. 1977, *JO* 8 oct., p. 4897.
4. Deharveng, « Le tarif des mandataires de justice […] », préc., sp. p. 41, n° 116.
5. COMP. : Froehlich, « La rémunération des mandataires de justice […] », préc., sp. p. 13.
6. D. n° 2006-1709, 23 déc. 2006, préc.
7. D. n° 85-1390, 27 déc. 1985, préc.

en ce cas pour l'administrateur (v. s[s] n° 352.33). Il ne peut être soutenu[1] que la solution s'impose du fait que, à partir de 3 000 000 d'euros, la présence d'un administrateur judiciaire serait obligatoire. En effet, la présence obligatoire de l'administrateur dépend du chiffre d'affaires réalisé lors de l'exercice comptable précédant l'ouverture de la procédure, alors que le chiffre ici en cause s'apprécie par rapport au chiffre d'affaires réalisé pendant la période poursuite de l'activité en liquidation judiciaire[2].

352.62-1 POURSUITE PROVISOIRE D'ACTIVITÉ EN LIQUIDATION JUDICIAIRE – DÉTERMINATION DU DROIT PROPORTIONNEL

Tranche	Pourcentage
De 0 jusqu'à 150 000 €	3 %
De 150 001 € jusqu'à 750 000 €	1,5 %
Au-delà de 750 001 € jusqu'à 3 000 000 €	0,90 %

352.63 Droit proportionnel alloué au liquidateur au titre des réalisations d'actifs, des encaissements et des recouvrements de créances. D'une manière classique, le décret du 23 décembre 2006[3] alloue au liquidateur des honoraires au titre des réalisations d'actifs immobiliers et d'actifs mobiliers incorporels (C. com., art. R. 663-29), ce qui englobe notamment les cessions de fonds de commerce, de marque ou de brevets ou les cessions de clientèle libérale, celles-ci étant cessibles en dehors du plan de cession. Les droits proportionnels sont calculés sur le prix de cession de chacun des actifs cédés, le cas échéant toutes taxes comprises. Il importe ici de remarquer que chaque actif réalisé autorise le calcul d'un droit proportionnel. Le droit n'est donc pas calculé sur la totalité des actifs réalisés, la nuance étant importante, puisqu'elle atténue très sensiblement la dégressivité du barème.

Il faut également observer que, pour le calcul des honoraires, les sommes versées aux intervenants ne sont pas déduites du prix de cession, ce qui doit contribuer à avoir recours à ces intervenants habituels aux fins de valoriser au mieux ces actifs[4].

Un droit proportionnel est également accordé au liquidateur au titre de la cession d'actifs mobiliers corporels (C. com., art. R. 663-29, 1°). Il s'agit là du matériel ou encore des stocks. Le droit proportionnel est ici calculé sur le montant total des actifs cédés toutes taxes comprises, déduction faite de la rémunération des intervenants autres que le liquidateur, ce qui inclut notamment les honoraires d'huissiers, de courtiers ou de commissaires-priseurs. Il ne semble pas raisonnable d'ajouter les frais préparatoires à la vente, par exemple les frais de publicité[5]. Il importe ici de remarquer, contrairement à la solution posée pour les immeubles et les actifs mobiliers incorporels, qu'un droit proportionnel unique est dû. Il n'est donc pas calculé actif par actif, ce qui aurait été évidemment bien délicat pour les stocks. Il n'y a pas lieu de distinguer entre les catégories d'actifs mobiliers corporels cédés. La dégressivité du barème aura vocation à jouer pleinement.

Un droit proportionnel est enfin dû au titre des encaissements et des recouvrements de créances. Il est jugé que ce droit est dû au liquidateur pour la perception du solde créditeur du compte bancaire de la société débitrice[6]. D'une manière surprenante, il a été jugé que le droit proportionnel sur encaissement n'était pas dû en cas de perception du prix de vente d'un fonds de commerce vendu avant la procédure collective[7]. L'alignement du sort des encaissements et des recouvrements de créances, qui avait été refusé sous l'empire des textes antérieurs (v. s[s] n° 352.48) sur le plan de la rémunération, ce qui avait été critiqué[8], peut être discuté, dans la mesure où le recouvrement de créances suppose une démarche active du liquidateur, qui mérite une rémunération sérieuse, alors que l'encaissement ne suppose pas de démarche de sa part et aurait mérité une rémunération moindre. On aurait donc pu rémunérer davantage que ce que prévoit le barème le recouvrement d'actif, afin de rendre très attractive cette mission qui nécessite un investissement important, et prévoir en revanche une rémunération inférieure pour les simples encaissements. Une difficulté de preuve aurait peut-être rendu le calcul délicat. Quoi qu'il en soit, le droit est ici calculé sur le montant total toutes taxes comprises des sommes encaissées ou recouvrées, déduction faite de la rémunération versée aux intervenants autres que le liquidateur. Il pourra s'agir des avocats ou des sociétés de recouvrement. Ici encore, le droit est calculé sur la totalité des créances et non créance par créance.

Ces trois catégories doivent être distinguées pour faire apparaître trois droits proportionnels, ce qui contribue à minorer la dégressivité du barème. La

1. Froehlich, « La rémunération des mandataires de justice [...] », préc., sp. p. 14.
2. Deharveng, « Le tarif des mandataires de justice [...] », préc., sp. p. 41, n° 118.
3. D. n° 2006-1709, 23 déc. 2006, préc.
4. Deharveng, « Le tarif des mandataires de justice [...] », préc., sp. p. 42, n° 126.
5. Froehlich, « La rémunération des mandataires de justice [...] », préc., sp. p. 8.
6. Douai, ord. taxe, 8 sept. 2015, RG n° 14/01734.
7. Douai, ord. taxe, 10 mars 2015, RG n° 14/01834, *Leden* 2015/7, comm. 112, note crit. Lucas.
8. Soinne, « Les dispositions nouvelles relatives au statut des mandataires de justice (accès et exercice des professions, tarification et exécution de certaines tâches par des tiers) », *Rev. proc. coll.* 2005/1, p. 1 s., sp. p. 27, n° 50.

solution se recommande de deux arguments de textes. Le premier peut être trouvé dans le fait qu'au titre de la réalisation des actifs immobiliers et mobiliers incorporels, il y a autant de droits proportionnels que d'actifs cédés, ce qui rend inconcevable en cas de multiplicité de réalisations de tels actifs, l'unicité du droit proportionnel. Le second argument de texte tient au pluriel employé par l'article 17, II du décret du 27 décembre 1985[1], qui vise les droits proportionnels prévus au présent article et non le droit proportionnel, alors que les taux appliqués à chacun de ces trois droits proportionnels sont identiques.

Les intérêts servis par la Caisse des dépôts et consignations ne seront pas pris en compte pour le calcul de la rémunération du liquidateur (D. 27 déc. 1985, art. 17, II, al. 2).

Pour tenir compte de la possibilité nouvelle d'arrêter un plan de cession en liquidation judiciaire, l'article 17, III du décret du 27 décembre 1985 précise que les droits proportionnels prévus pour la réalisation et la cession des actifs ne sont pas dus pour les biens cédés en plan de cession. Seul s'appliquera alors le droit proportionnel prévu au titre du prix de cession. Si un administrateur a été désigné, ce dernier percevra le droit proportionnel sur le prix de cession. À défaut d'administrateur judiciaire, le liquidateur percevra le droit proportionnel alloué à l'administrateur judiciaire par l'article 6 du décret du 23 décembre 2006 (v. s^s^ n° 352.36).

Il faut enfin préciser que la majoration qui était prévue dans la réglementation précédente en cas de répartition aux créanciers a été supprimée. Elle a été remplacée par un droit proportionnel distinct alloué au liquidateur (v. s^s^ n° 352.64). Ainsi, même si la rémunération a été minorée sur les quatre premières tranches du barème, au titre de la réalisation et du recouvrement des créances, la majoration globale du liquidateur se trouve augmentée, du fait de la création du droit proportionnel calculé sur les répartitions.

352.63-1 HONORAIRES POUR RÉALISATION D'ACTIF, ENCAISSEMENT ET RECOUVREMENT DE CRÉANCES

Tranche	Pourcentage
De 0 jusqu'à 15 000 €	5 %
Au-delà de 15 000 € jusqu'à 50 000 €	4 %
Au-delà de 50 000 € jusqu'à 150 000 €	3 %
Au-delà de 150 000 € jusqu'à 300 000 €	1,5 %
Au-delà de 300 000 €	1 %

1. D. n° 85-1390, 27 déc. 1985, préc.

352.64 Droit proportionnel alloué au liquidateur au titre des répartitions effectuées au profit des créanciers. De manière nouvelle, pour tenir compte de cette mission spécifique et qui est sans doute la plus complexe des missions incombant au liquidateur, le décret du 23 décembre 2006[2] a créé un droit proportionnel sur les répartitions au profit des créanciers (C. com., art. R. 663-30).

Pour être plus précis, le décret du 23 décembre 2006 distingue entre les créanciers soumis à déclaration au passif, c'est-à-dire les créanciers de l'article L. 622-24 du code de commerce, et les créanciers postérieurs privilégiés, c'est-à-dire ceux de l'article L. 641-13. Les premiers participeraient à des répartitions, les seconds percevraient des paiements. La distinction est toutefois inopportune, car elle ne règle pas le cas des créanciers postérieurs privilégiés qui ne sont pas payés à l'échéance, mais par privilège dans le cadre d'une répartition. Il serait absurde de ne pas asseoir de rémunération pour le liquidateur sur les répartitions effectuées au profit des créanciers postérieurs privilégiés. D'ailleurs, la suite de la lettre de l'article R. 663-30 du code de commerce commande, nous semble-t-il, l'interprétation, en visant les sommes encaissées par l'ensemble des créanciers ou consignées à la Caisse des dépôts et consignations. Or, dans ces deux hypothèses, le règlement du créancier interviendra dans le cadre de répartitions.

Mais alors une question se pose : le liquidateur a-t-il le droit d'être rémunéré sur les paiements qu'il effectue entre les mains des créanciers postérieurs éligibles au traitement préférentiel, en application de la règle du paiement à l'échéance ? La circulaire du 6 avril 2007 y a répondu par la négative, au motif que ces paiements « n'ont, en effet, pas la même complexité et n'engagent par la même responsabilité, que la détermination d'un ordre de priorité ». Une réponse positive nous semble pourtant s'imposer, qui prend appui sur deux arguments de texte. Le premier tient à l'expression de paiements employés par le décret pour les créanciers postérieurs. Le second tient au visa des créanciers du I de l'article L. 641-13 du code de commerce, texte qui pose la règle du paiement à l'échéance. Cette solution, seule respectueuse des textes, est assurément à recommander. À défaut, pour des questions de tarif, elle va entraîner une paralysie totale du droit à être payé à l'échéance pour les créanciers postérieurs éligibles au traitement préférentiel. Ainsi, que le créancier postérieur éligible au traitement préférentiel soit payé à l'échéance, ou qu'il le soit par privilège, le droit proportionnel est dû au liquidateur. Une question demeurera : celle de savoir si le liquidateur doit

2. D. n° 2006-1709, 23 déc. 2006, préc.

être l'auteur du paiement. Il pourrait en effet s'agir de l'administrateur judiciaire, dans le cadre de la poursuite provisoire de l'activité en liquidation judiciaire. Dans les deux cas, le droit proportionnel nous semble dû, du fait de la lettre de l'article R. 663-30, qui assoit ce droit sur le montant cumulé des sommes encaissées par l'ensemble des créanciers ou consignés à la Caisse des dépôts et consignations. L'expression « sommes encaissées » est suffisamment large pour englober l'hypothèse dans laquelle le créancier ne serait pas payé par le liquidateur, mais par l'administrateur judiciaire.

Enfin l'article R. 663-30, alinéa 2 du code de commerce envisage l'hypothèse dans laquelle un seul créancier sera en mesure de percevoir un règlement total ou partiel de sa créance. En ce cas, le droit proportionnel prévu par le tableau ci-après sera réduit de moitié.

352.64-1 HONORAIRES DE RÉPARTITION AU PROFIT DES CRÉANCIERS

Tranche	Pourcentage
De 0 jusqu'à 15 000 €	4,5 %
Au-delà de 15 000 € jusqu'à 50 000 €	3,5 %
Au-delà de 50 000 € jusqu'à 150 000 €	2,5 %
Au-delà de 150 000 € jusqu'à 300 000 €	1,5 %
Au-delà de 300 000 €	0,75 %

SECTION 352.70 RÉMUNÉRATION DE L'EXPERT

352.71 Rémunération de l'expert. La rémunération de l'expert en diagnostic d'entreprise, contrairement à celle du représentant des créanciers, du liquidateur et de l'administrateur judiciaire, ne résulte pas de l'application d'un barème fixé par le décret du 27 décembre 1985[1]. Elle est fixée par le juge (C. pr. civ., art. 284, al. 1er).

L'article 5 du décret du 27 décembre 1985, dans sa rédaction antérieure au décret du 23 décembre 2006[2], prévoit que, lorsque l'administrateur reçoit l'assistance d'un expert, un coefficient compris entre 0,6 et 0,9 est appliqué à la rémunération de l'administrateur. En bonne logique, la différence devrait être allouée à l'expert.

L'article 3-2, alinéa 1er du décret du 27 décembre 1985, dans sa rédaction issue du décret du 23 décembre 2006, prévoit que si une mission d'administration est confiée à l'administrateur, le droit proportionnel qui est lui dû est majoré de 50 %. Si, précise, l'alinéa 2 du même article, un ou plusieurs experts assistent l'administrateur pour la gestion de l'entreprise, la majoration cesse d'être due. L'équivalent de cette majoration semble pouvoir être attribué par le juge à l'expert.

La décision de justice qui fixe la rémunération de l'expert est susceptible de recours devant le premier président de la cour d'appel territorialement compétente (C. pr. civ., art. 724), à compter de la notification aux parties.

1. D. n° 85-1390, 27 déc. 1985, préc.
2. D. n° 2006-1709, 23 déc. 2006, préc.

CHAPITRE 353. Dispositions relatives à la rémunération des mandataires de justice issues de la loi du 6 août 2015

SECTION 0 ORIENTEUR

353.00 Plan du chapitre.

Sect. 353.10 Principes généraux régissant le tarif des professionnels issus de la loi n° 2015-990 du 6 août 2015 et du décret n° 2016-230 du 26 février 2016

Sect. 353.20 Dispositions communes au tarif des mandataires de justice depuis le décret du 26 février 2016

Sect. 353.30 Honoraires de l'administrateur judiciaire depuis le décret du 23 décembre 2006

Sect. 353.40 Honoraires du mandataire judiciaire et du liquidateur depuis le décret du 23 décembre 2006

Sect. 353.50 Règles spéciales aux honoraires du liquidateur

Sect. 353.60 Rémunération de l'expert

353.01 Textes applicables.

> Législation issue de la loi n° 2015-990 du 6 août 2015.

C. com., art. L. 644-1 et suivants

> Législation issue du décret n° 2016-230 du 26 févr. 2016.

C. com., art. R. 444-1 à R. 444-41, R. 663-3 à R. 663-40-4

C. com., art. A. 663-3 à A. 633-29

Arr. 28 mai 2016, art. 2 à 4

353.03 Bibliographie indicative. (V. les références complètes s^s n° 031).

> Articles. Leloup-Thomas V. et Cadic C., « Réforme des tarifs des administrateurs et mandataires judiciaires », DPDE mars 2016, p. 3.

SECTION 353.10 PRINCIPES GÉNÉRAUX RÉGISSANT LE TARIF DES PROFESSIONNELS ISSUS DE LA LOI N° 2015-990 DU 6 AOÛT 2015 ET DU DÉCRET N° 2016-230 DU 26 FÉVRIER 2016

353.11 Présentation des principes généraux régissant le tarif des professionnels issus de la loi n° 2015-990 du 6 août 2015, dite loi Macron[1]. Afin, selon le texte de la loi du 6 août 2015, dite loi Macron, de « libérer l'activité », les conditions d'exercice des professions juridiques réglementées sont modifiées. Il en est ainsi des règles qui régissent le tarif des administrateurs et mandataires judiciaires.

L'article 50 de la loi Macron insère dans le code de commerce, après le titre IV du livre IV, un titre IV *bis* intitulé : « de certains tarifs réglementés ». L'article L. 444-1 du code de commerce soumet à ce titre IV les tarifs réglementés applicables aux prestations des administrateurs judiciaires et des mandataires judiciaires. Se trouve en conséquence modifié l'article L. 663-2 du code de commerce, qui renvoie désormais au titre IV *bis* du livre IV du code de commerce. Les nouvelles dispositions sont applicables à Wallis-et-Futuna (L. 6 août 2015, art. 50, V).

Les articles R. 444-1 à R. 444-21 issus du décret du 26 février 2016[2] posent les règles réglementaires relatives aux principes généraux régissant le tarif des professionnels. Le dispositif tarifaire repose sur un

1. L. n° 2015-990, 6 août 2015, *JO* 7 août, p. 13537, dite loi Macron.
2. D. n° 2016-230, 26 févr. 2016 relatif aux tarifs de certains professionnels du droit et au fonds interprofessionnel de l'accès au droit et à la justice, *JO* 28 févr.

certain nombre de prestations, que l'article R. 444-2 s'emploie à définir.

L'article R. 444-3, 1° renvoie à des articles (annexe 4-7, annexe 4-8 et annexe 4-9), qui précisent la liste des prestations des administrateurs judiciaires, des commissaires à l'exécution du plan, des mandataires judiciaires et des liquidateurs, dont le tarif est régi par le présent décret.

L'article R. 444-3, 2° renvoie à la liste des frais et débours dont les professionnels ont droit au remboursement en application du III de l'article R. 444-12.

Il résulte de l'article L. 444-1, alinéa 2 du code de commerce que, sauf disposition contraire, lorsqu'un professionnel autre qu'un mandataire ou administrateur judiciaire sera nommé pour exercer les missions de ce dernier, sa rémunération sera arrêtée conformément aux règles du tarif des administrateurs et mandataires judiciaires. Il en ira ainsi pour les autres professionnels désignés à titre occasionnel dans n'importe quelle procédure collective ou, s'agissant des huissiers de justice, à titre habituel dans les petites liquidations judiciaires et dans les rétablissements professionnels.

Si les prestations accomplies par un administrateur ou un mandataire judiciaire ne sont pas soumises à un tarif, ce qui inclut le mandat *ad hoc*, la conciliation, le mandat à l'exécution de l'accord de conciliation, les expertises [1], mais encore la consultation juridique, les honoraires rémunérant ces prestations devront tenir compte, selon les usages, de la situation de fortune du client, de la difficulté de l'affaire, des frais exposés par les professionnels concernés, de leur notoriété et des diligences de ceux-ci. Les professionnels concernés doivent conclure par écrit avec leur client une convention d'honoraires, qui précise, notamment, le montant ou le mode de détermination des honoraires couvrant les diligences prévisibles, ainsi que les divers frais et débours envisagés (C. com., art. L. 444-1, al. 3). L'article R. 444-3, 3° du code de commerce établit une liste indicative de ces prestations et le cas échéant les règles encadrant la perception des honoraires par les professionnels. L'article R. 444-13, II, interdit de demander ou de percevoir des sommes en dehors des honoraires stipulés dans la convention d'honoraires.

L'article L. 444-2, alinéa 1 du code de commerce précise que « Les tarifs mentionnés à l'article L. 444-1 prennent en compte les coûts pertinents du service rendu et une rémunération raisonnable, définie sur la base de critères objectifs ». Cette disposition a été soumise au Conseil Constitutionnel, qui n'a pas considéré la mesure contraire à la Constitution. Le Conseil a indiqué que « le législateur a précisé de manière suffisante les conditions dans lesquelles ces tarifs, applicables à des *professions réglementées, seront* fixés; que les griefs tirés de ce que les deux premiers alinéas de l'article L. 444-2 et les trois premiers alinéas de l'article L. 444-7 du code de commerce méconnaîtraient l'article 34 de la Constitution et l'objectif de valeur constitutionnelle d'accessibilité et d'intelligibilité de la loi doivent être écartés » [2].

L'alinéa 2 du même article envisage une possibilité de péréquation des tarifs applicables à l'ensemble des prestations servies. Cette péréquation peut notamment prévoir que les tarifs des prestations relatives à des biens ou des droits d'une valeur supérieure à un seuil fixé par l'arrêté conjoint prévu à l'article L. 444-3 soient fixés proportionnellement à la valeur du bien ou du droit.

Selon l'alinéa 5 de l'article L. 444-2 du code de commerce, « des remises peuvent être consenties lorsqu'un tarif est déterminé proportionnellement à la valeur d'un bien ou d'un droit en application du deuxième alinéa du présent article et lorsque l'assiette de ce tarif est supérieure à un seuil défini par l'arrêté conjoint prévu à l'article L. 444-3. Le taux des remises octroyées par un professionnel est fixe, identique pour tous et compris dans des limites définies par voie réglementaire ». Ce texte aurait ainsi pu avoir vocation à s'appliquer, par exemple, pour les réalisations d'actifs en liquidation judiciaire. Mais, heureusement, le décret du 26 février 2016 en a décidé autrement. L'article R. 444-10, IV, du code de commerce précise que « les prestations réalisées dans le cadre d'un mandat de justice ne donnent pas lieu à remise ». La solution mérite entière approbation. Celui qui consent des remises le fait à son client. Or le mandataire de justice de justice n'a pas de client. Donc, il ne peut consentir de remise.

Par dérogation à l'article R. 444-2, alinéa 5 qui envisage la possibilité de remises sur le tarif, l'article R. 444-10, IV, précise que les prestations réalisées dans le cadre d'un mandat de justice ne donnent pas lieu à remise. L'explication est simple : on fait une remise à un client. Or les mandataires de justice n'ont pas de client. Donc ils ne peuvent faire de remise.

Le Conseil Constitutionnel, saisi à propos de ces dispositions, a considéré que, « en réglementant la fixation des tarifs des professions juridiques mentionnés à l'article L. 444-1 du code de commerce, le législateur a entendu assurer une égalité dans l'accès au service juridique assuré par ces professions; qu'il a ainsi poursuivi un but d'intérêt général. » [3] Il a

1. Leloup-Thomas V. et Cadic C., « Réforme des tarifs des administrateurs et mandataires judiciaires », DPDE mars 2016, p. 4.

2. Cons. const. 5 août 2015, n° 2015-715 DC, *JO* 7 août, p. 13616, n° 38.

3. Cons. const. 5 août 2015, n° 2015-715 DC, préc., n° 40.

également estimé que « les dispositions contestées permettent que ces tarifs réglementés, lorsqu'ils sont déterminés proportionnellement à la valeur d'un bien ou d'un droit et lorsque la valeur de ce bien ou de ce droit est supérieure à un seuil défini par arrêté, fassent l'objet d'une remise; que le taux de ces remises doit être fixe, identique pour tous et compris dans des limites définies par voie réglementaire; que ces remises, qui assouplissent les conditions de fixation de tarifs réglementés, constituent une faculté pour les professionnels concernés; qu'ainsi, les dispositions contestées ne portent pas atteinte à la liberté d'entreprendre de ces professionnels. »[1]

353.12 Présentation des principes généraux régissant le tarif des professionnels issus du décret du 26 février 2016[2]. Le décret du 26 février 2016 relatif aux tarifs de certains professionnels du droit et au fonds interprofessionnel de l'accès au droit et à la justice s'emploie à préciser les principes énoncés par la loi du 6 août 2015[3], dite loi Macron. Il étend l'application de ses dispositions à Wallis et Futuna (art. 14).

Les articles R. 444-1 à R. 644-21 posent les règles réglementaires relatives aux principes généraux régissant le tarif des professionnels du mandat de justice. Le dispositif tarifaire repose sur un certain nombre de définitions, que l'article R. 444-2 s'emploie à poser, à commencer par celle de tarif. Cette notion désigne l'« ensemble des éléments permettant la détermination du montant des émoluments et des remboursements forfaitaires dus aux professionnels mentionnés au premier alinéa de l'article L. 444-1 au titre de leurs prestations soumises à une régulation ».

L'article R. 444-3, 1°, du code de commerce renvoie à des articles annexes le soin de préciser la liste des prestations des administrateurs judiciaires, commissaires à l'exécution du plan, mandataires judiciaires et liquidateurs. Le tableau 4-1 concerne les administrateurs judiciaires, le tableau 4-2 les commissaires à l'exécution du plan, et le tableau 4-3 les mandataires judiciaires et liquidateurs.

L'article R. 444-13, I, du code de commerce reprend la solution posée antérieurement, selon laquelle il est interdit à un professionnel de demander ou de percevoir des sommes autres que celles fixées par le tarif.

L'article R. 444-3, 2°, du code renvoie à ces mêmes articles annexes le soin de lister les frais et débours dont les mandataires de justice ont droit à remboursement, en application de l'article R. 444-12.

1. Cons. const. 5 août 2015, n° 2015-715 DC, préc., n° 41.
2. D. n° 2016-230, 26 févr. 2016, préc.
3. L. n° 2015-990, 6 août 2015, préc.

La perception de sommes en méconnaissance de l'article R. 444-13 oblige à restitution, sans préjudice de sanctions disciplinaires (C. com., art. R. 644-14).

L'article R. 444-3, 3°, du code de commerce renvoie à des articles annexes le soin d'établir une liste indicative des prestations et le cas échéant les règles encadrant la perception des honoraires, par les professionnels. Il s'agit là de prestations non soumises au tarif. L'article R. 444-13, II, du même code interdit de demander ou de percevoir des sommes en dehors des honoraires stipulés dans la convention.

353.13 Notion de coûts pertinents. L'article R. 444-5 du code de commerce réaffirme le principe posé par l'article L. 444-2, alinéa 1 du code de commerce, selon lequel les tarifs mentionnés à l'article L. 444-1 doivent prendre en compte les coûts pertinents du service rendu.

L'article R. 444-6 du code essaie d'affiner cette notion de « coûts pertinents » pour chaque prestation. Il doit inclure deux éléments. Tout d'abord, il doit intégrer « les coûts directs générés par la réalisation de cette prestation par un professionnel diligent ». Ensuite, il doit comprendre « une quote-part des coûts indirects résultant des charges de structure et des frais financiers exposés par ce même professionnel, calculée en proportion de l'activité régulée par rapport à son activité totale ».

353.14 Notion de rémunération raisonnable. L'article R. 444-5 du code de commerce réaffirme le principe posé par l'article L. 444-2, alinéa 1 du code de commerce, selon lequel les tarifs mentionnés à l'article L. 444-1 doivent correspondre à une rémunération raisonnable.

L'article R. 444-7 du code de commerce, tentant d'expliciter la notion, précise que la rémunération raisonnable doit prendre en compte, pour chaque prestation, la durée moyenne nécessaire à la réalisation de cette prestation par un professionnel diligent et la quote-part de la rémunération du capital investi au titre de l'activité régulée de ce professionnel.

Ce texte pose un problème assez sérieux pour les mandataires de justice pour les deux raisons qui composent la notion de rémunération raisonnable. D'une part, le décret essaie d'introduire l'idée que telle prestation doit être effectuée sans tel laps de temps. Si la solution est réaliste pour un greffier de tribunal de commerce ou un huissier de justice, elle l'est beaucoup moins pour un mandataire de justice. Le droit des entreprises en difficulté étant par nature une terre de conflits, il est presque évident que telle prestation réalisée dans telle procédure collective nécessitera telle durée et que, dans telle autre procédure, la même prestation exigera trois, quatre, voire cinq fois plus de temps. Autrement dit, la standardisation sur laquelle repose le raisonnement du décret n'existe pas vraiment en droit des entreprises en difficultés. D'autre part, il ne peut être question de rémunérer la quote-part du capital investi au titre de l'activité régulée d'un mandataire de justice, qui n'achète ni clientèle, ni office ministériel.

353.15 Principe de péréquation pour l'ensemble des prestations servies. L'alinéa 2 de l'article L. 444-2 du code de commerce a posé un principe de péréquation, qui est réaffirmée par l'article R. 444-5, alinéa 2 du même code. Cette péréquation a pour objet de favoriser l'accès aux prestations et l'installation des professionnels sur l'ensemble du territoire. Cette question est sensible pour les mandataires de justice, certaines zones géographiques constituant un véritable désert de mandataires.

L'alinéa 3 de l'article R. 444-5 du code de commerce définit les deux méthodes de péréquation. Il peut s'agir de déterminer des émoluments fixes en s'écartant de la méthode des coûts pertinents et de la rémunération raisonnable. Il peut également être question de déterminer des émoluments proportionnels, en fonction des caractéristiques d'assiette. Ainsi, le droit proportionnel sur des ventes d'immeubles pourrait ne pas être le même à Paris ou à Tarbes.

Cette péréquation a pour objet de permettre, au sein de chaque étude, de contribuer à la couverture des coûts pertinents supportés par les mandataires de justice et de dégager une rémunération raisonnable au titre d'autres prestations ou de l'ensemble des prestations servies par ces professionnels. Cette péréquation a, le cas échéant, pour objet de contribuer à l'efficacité de la procédure judiciaire dans lequel le mandataire a été désigné, ainsi que le précise l'alinéa 3 de l'article R. 444-5 du code de commerce. Il est en effet très important pour le justiciable que le service rendu soit équivalent, que le professionnel ait en théorie droit à 100 ou 500, ce qui justifie que l'on puisse alors corriger par ce mécanisme de péréquation l'application simplement arithmétique du tarif.

353.16 Création d'un fonds interprofessionnel de l'accès au droit et à la justice (FIADJ). L'alinéa 3 du même article L. 444-2, pour sa part, précise que « peut être prévue une redistribution entre professionnels, afin de favoriser la couverture de l'ensemble du territoire par les professions judiciaires et juridiques et l'accès du plus grand nombre au droit. Cette redistribution est la finalité principale d'un fonds dénommé "fonds interprofessionnel de l'accès au droit et à la justice" ». Les mandataires et administrateurs judiciaires abonderont à ce fonds interprofessionnel.

M. Macron a présenté ainsi ce fonds comme poursuivant un double objectif. « Le fonds de péréquation que le Gouvernement veut créer permettra justement que des transferts soient opérés au sein de profession, pour que les offices qui sont en meilleure santé puissent aider les plus petits. C'est donc la première fonction de ce fonds. Ensuite, ce fonds permet une seconde péréquation, entre professions, précisément pour aider à l'accès au droit. »[1]

Le III de l'article 50 de la loi du 6 août 2015[2], dite loi Macron, précisait qu'une contribution à l'accès au droit et à la justice était destinée à financer le fonds interprofessionnel de l'accès au droit et à la justice, créé par le même article 50 afin de favoriser la couverture de l'ensemble du territoire par les professions judiciaires et juridiques et l'accès du plus grand nombre au droit.

Les députés et les sénateurs ont soutenu que les dispositions instituant la contribution à l'accès au droit et à la justice méconnaissent l'article 47 de la Constitution dès lors qu'elles auraient dû être votées dans une loi de finances; qu'ils estiment qu'elles portent atteinte à l'article 34 de la Constitution en ce que l'assiette de la contribution est fixée en fonction d'un seuil pouvant être modifié par arrêté; qu'en outre, cette contribution contreviendrait au principe d'égalité devant les charges publiques; que les députés requérants soutiennent également que ces dispositions ont été adoptées en méconnaissance de l'article 45 de la Constitution dès lors qu'elles sont sans lien avec les dispositions restant alors en discussion[3]

Le Conseil Constitutionnel a suivi l'argument d'inconstitutionnalité. Il a estimé que, « en vertu de l'article 34 de la Constitution, "la loi fixe les règles concernant [...] l'assiette, le taux et les modalités de recouvrement des impositions de toutes natures"; en vertu du troisième alinéa du paragraphe III, la contribution est assise sur la valeur hors taxes de tout bien ou sur le montant hors taxes de tout droit, pour lequel le tarif est fixé proportionnellement à ceux-ci, et qui est supérieur à un seuil de 300 000 euros; qu'il résulte toutefois des dispositions des articles L. 444-2 et L. 444-3 du code de commerce, d'une part, que les prestations faisant l'objet d'un tarif proportionnel sont déterminées par le pouvoir réglementaire et, d'autre part, que le seuil de 300 000 euros peut être modifié par arrêté; que, par suite, en habilitant le pouvoir réglementaire à fixer les règles concernant l'assiette de la taxe contestée, le législateur a méconnu l'étendue de sa compétence; considérant qu'il s'ensuit que, sans qu'il soit besoin d'examiner les autres griefs, le paragraphe III de l'article 50, dont les dispositions constituent un ensemble indivisible, est contraire à la Constitution. »[4]

1. Interv. E. Macron, déb. Sénat 1re lecture 11 avr. 2015, ss art. 12.
2. L. n° 2015-990, 6 août 2015, préc.
3. Cons. const. 5 août 2015, n° 2015-715 DC, préc., n° 49.
4. Cons. const. 5 août 2015, n° 2015-715 DC, préc., nos 50 à 52.

Le fonds interprofessionnel de l'accès au drt à la justice subsiste, mais son financement n'ext plus, au sortir de la loi Macron.

Les articles R. 444-22 à R. 444-70 du code de c merce sont consacrés au fonds interprofessionne l'accès au droit et à la justice (FIADJ). Ce fond permettre l'installation (C. com., art. R. 644-23 la maintien (C. com., art. R. 444-24) des manda res de justice.

Des arrêtés du ministère de la justice vont défi les zones géographiques où peuvent être octroyé ces aides (C. com., art. R. 444-26).

Ces aides, selon l'article R. 444-27 du code, pren nent la forme de subventions, enfermés dans un dou ble plafond : 100 euros par prestation et 50 000 euro par année civile.

L'article R. 444-36 du code précise que la personne morale chargée de la gestion de ce fonds est une société anonyme dont le capital est détenu par l'État et qui a pour nom « Société de gestion du fonds interprofessionnel de l'accès au droit et à la justice (SGFIADJ) ».

L'article R. 444-38 du code institue un comité consultatif des aides à l'accès au droit et à la justice, comprenant 8 membres, dont deux universitaires, professeurs agrégés, l'un en droit, l'autre en économie, qui sont co-présidents, et six autres membres, professionnels concernés par le dispositif, dont un administrateur et un mandataire judiciaires, désignés par le Conseil National.

353.17 Interventions pour la fixation et la modification du tarif. Selon l'article L. 444-3 du code de commerce, « le tarif de chaque prestation est arrêté conjointement par les ministres de la justice et de l'économie ». Le ministère de la Justice n'aurait donc plus, comme cela était jusqu'alors le cas, la main exclusive sur le tarif. En outre, l'alinéa 2 de cet article précise que « ce tarif est révisé au moins tous les cinq ans ». L'article R. 444-4, alinéa 1 du code de commerce précise que les arrêtés fixent les tarifs pour une « période de référence », notion qui s'entend, selon l'article R. 444-2, 8°, du même code, comme étant une « période de 24 mois séparant deux révisions du tarif ». Il faut donc comprendre que la révision du tarif interviendra tous les deux ans.

Le tarif sera fixé après avoir recueilli toute donnée utile, auprès des professionnels et les informations statistiques définies par voie réglementaire, auprès des instances représentatives de ces professionnels (C. com., art. L. 444-5). Le décret du 26 février[1] en donne le détail aux articles R. 444-17 à R. 444-21.

Un décret précisera notamment, après avis de l'Autorité de la concurrence, les modes d'évaluation des coûts pertinents et de la rémunération raisonnable, les caractéristiques de la péréquation prévue au deuxième alinéa de l'article L. 444-2, le fonctionnement du fonds interprofessionnel de l'accès au droit et à la justice mentionné au troisième alinéa du même article L. 444-2 et la liste des informations statistiques mentionnées au 2° de l'article L. 444-5 et les modalités de leur transmission régulière (C. com., art. L. 444-7).

L'article L. 462-2-1 du code de commerce précise que l'Autorité de la concurrence interviendra par des avis sur la modification du tarif. Le contrôle de l'Autorité de la concurrence n'est apparu, aux yeux de l'opposition parlementaire, comme « absolument pas pertinent, le droit n'étant pas un secteur marchand »[2]. Les sénateurs ont estimé que le pouvoir donné à l'Autorité de la concurrence pour la détermination des tarifs réglementés constitue une « subdélégation abusive de compétence » méconnaissant les exigences de l'article 21 de la Constitution. Tel n'a pas été l'avis du Conseil Constitutionnel, qui a estimé que, « en vertu de l'article 21 de la Constitution et sous réserve de son article 13, le Premier ministre exerce le pouvoir réglementaire à l'échelon national; que ces dispositions ne font pas obstacle à ce que le législateur confie à une autorité de l'État autre que le Premier ministre le soin de fixer des normes permettant de mettre en œuvre une loi dès lors que cette habilitation ne concerne que des mesures de portée limitée tant par leur champ d'application que par leur contenu; qu'elles ne l'autorisent cependant pas à subordonner à l'avis conforme d'une telle autorité l'exercice, par le Premier ministre, de son pouvoir réglementaire; considérant qu'il résulte des dispositions contestées de l'article L. 462-2-1 du code de commerce que l'Autorité de la concurrence est compétente pour émettre un avis sur les prix et tarifs réglementés mentionnés à l'article L. 444-1 du même code; que cet avis ne lie pas le pouvoir réglementaire; que, par suite, les dispositions contestées ne méconnaissent pas les exigences de l'article 21 de la Constitution. »[3]

353.18 Affichage des tarifs. Selon l'article L. 444-4 du code de commerce, les administrateurs judiciaires, les mandataires judiciaires, ainsi que les personnes désignées habituellement ou occasionnellement dans les procédures collectives, doivent afficher les tarifs qu'ils pratiquent, de manière visible et lisible, dans leur lieu d'exercice et sur leur site internet, selon des modalités fixées dans les conditions prévues au premier alinéa de l'article L. 113-3 du code de la consommation (devenu C. consom., art. L. 112-1[4]).

1. D. n° 2016-230, 26 févr. 2016, préc.

2. Interv. B. Accoyer, déb. Ass. nat. 2 févr. 2015, s[s] art. 12.
3. Cons. const. 5 août 2015, n° 2015-715 DC, préc., n°s 45 et 46.
4. DEPUIS le 1er juill. 2016 : ord. n° 2016-301, 14 mars 2016, *JO* 16 mars.

SECTION 353.20
DISPOSITIONS COMMUNES AU TARIF DES MANDATAIRES DE JUSTICE DEPUIS LE DÉCRET DU 26 FÉVRIER 2016

353.21 Détermination des honoraires exclusivement par application de barèmes. Comme cela était déjà le cas avant la loi du 6 août 2015[1], dite loi Macron, les honoraires des professionnels sont strictement déterminés par application de barèmes fixés par le décret du 26 février 2016[2]. Mais contrairement à la solution existant précédemment, ce décret ne fixe plus les barèmes, mais seulement les règles applicables. Les barèmes résultent désormais d'arrêté ministériels, ce qui assure de la souplesse, et surtout permet périodiquement, des modifications, ainsi que le précise l'article R. 444-2, 8°, du code. Le premier arrêté est intervenu le 28 mai 2016[3].

Le tarif des mandataires de justice ne concerne que les procédures collectives : sauvegarde, redressement judiciaire, liquidation judiciaire et rétablissement professionnel. Il est sans application pour le mandat *ad hoc*, le règlement amiable et la conciliation. En ces domaines, la rémunération est fixée contractuellement, sous des réserves sérieuses toutefois, puisqu'elle est placée sous le contrôle du juge[4] (en dernier lieu, sous l'empire de la loi de sauvegarde des entreprises, C. com., art. L. 611-4).

Sous ces réserves, les règles posées sous l'empire des textes précédents peuvent être reconduites (v. s^s n° 352.11).

Par dérogation à la règle selon laquelle la rémunération des mandataires de justice est arrêtée par application exclusive de barèmes, l'article R. 663-13, alinéa 2 du code de commerce, pour les administrateurs judiciaires, et R. 663-31 pour les liquidateurs, conservent les règles particulières de la législation précédente (v. s^s n° 352.11) lorsque la rémunération de l'administrateur judiciaire est supérieure à 100 000 euros hors taxes (v. s^s n° 352.14) ou celle du liquidateur à 75 000 euros hors taxes (v. s^s n° 352.51).

353.22 Principe d'application dans le temps et dans l'espace du décret du 26 février 2016[5]. L'article 13, III du décret du 26 février 2016 prévoit que la détermination de l'entrée en vigueur des nouvelles dispositions tarifaires sera déterminée par la date du premier arrêté portant fixation des tarifs de la profes avec une date butoir au 31 mai 2016, ce qui est du possible par la publication *in extremis* de l'a du 28 mai 2016[6]. Cet arrêté créé les articles A. -3 à A. 663-29.

anciens tarifs resteront applicables dans leur rétion antérieure aux prestations réalisées dans le rocédures collectives ouvertes avant la date d'rée en vigueur des nouveaux tarifs, soit le 31 mai 2 (D. 26 févr. 2016, art. 13, III et A. 28 mai 2016, a 2).

es nouveaux tarifs n'ont vocation à s'appliquer jusqu'au 28 février 2018 (C. com., art. A. 663-3).

L'article 10, 7° du décret du 26 février 2016 abroge articles R. 662-18 à R. 662-21. Il s'agit des textes téressant la rémunération des administrateurs et andataires judiciaires coordonnateurs., désignés n application de l'article L. 662-8 (v. s^s n° 351.61-6), t cela à compter de la date d'entrée en vigueur des nouvelles règles de tarification des mandataires de justice, résultant du décret du 26 février 2016, soit la date d'entrée en vigueur du premier arrêté portant fixation des tarifs, le 31 mai 2016.

Précisons que les dispositions nouvelles s'appliquent à Wallis et Futuna.

353.23 Arrêté des émoluments (sur l'application aux mandataires de justice du privilège des frais de justice, *v.* s^s n° 456.58). Les règles relatives aux arrêtés des émoluments n'ont pas été modifiées par le décret du 26 février 2016[7]. Il sera donc renvoyé aux règles exposées sous l'empire de la législation antérieure (v. s^s n°s 352.13, 352.15).

353.24 Versements provisionnels des honoraires des mandataires de justice et acomptes. Les règles relatives aux versements provisionnels des honoraires des mandataires de justice et aux acomptes n'ont pas été modifiées par le décret du 26 février 2016[8]. Il sera donc renvoyé aux règles exposées sous l'empire de la législation antérieure (v. s^s n° 352.16).

353.25 Nomination de mandataires de justice multiples – Remplacement de mandataires de justice. L'article R. 663-35 du code de commerce, reproduit les solutions de la législation antérieure sur la question des honoraires en cas de nomination de mandataires de justice multiples et sur celle des honoraires dus en cas de remplacement de mandataires de justice (v. s^s n° 352.17).

Une modification mérite cependant d'être signalée. Dans la législation précédente, il était prévu que, en cas de désignation multiple, une majoration de 30 % s'appliquait sur chacun des émoluments, excepté le droit fixe (C. com., art. R. 663-35-1). Cette

1. L. n° 2015-990, 6 août 2015, préc.
2. D. n° 2016-230, 26 févr. 2016, préc.
3. *JO* 29 mai 2016.
4. Deharveng, « Le tarif des mandataires de justice, organes des procédures collectives », *JCP E* 2007. 1688, p. 31, n° 1.
5. D. n° 2016-230, 26 févr. 2016, préc.
6. *JO* 29 mai 2016.
7. D. n° 2016-230, 26 févr. 2016, préc.
8. D. n° 2016-230, 26 févr. 2016, préc.

majoration est supprimée par le no tarif, qui suit en cela l'avis de l'Autorité de la rrence[1].

353.26 Sommes versées aux techni, officiers publics et ministériels, aux experts o avocats. Les règles existant sous l'empire des es précédents sont conservées (v. s[s] n° 352.18)

353.27 Dispositions particulières dossiers impécunieux. Les dispositions relatives dossiers impécunieux posées par la législation érieure sont conservées (v. s[s] n° 352.19).

SECTION 353.30
HONORAIRES DE L'ADMINISTRATEUR JUD IRE DEPUIS LE DÉCRET DU 23 DÉCEMBRE 20

353.31 Règles générales relatives à la munération de l'administrateur judiciaire. Les dalités de la rémunération de l'administrateur jiciaire n'ont pas évolué, depuis le décret du 23 dembre 2006[2].

Il y a d'abord une rémunération spécialprévue pour l'élaboration du diagnostic, dans la pcédure de sauvegarde et dans celle de redressemt judiciaire. La rémunération varie en fonction nombre de salariés et du chiffre d'affaires. Elle t exprimée non plus en taux de base, mais en eur.

Il y a ensuite un droit proportionnel calclé sur le montant du chiffre d'affaires réalisé pedant la période d'observation. Il est applicable tanen sauvegarde qu'en redressement judiciaire.

Un droit proportionnel est égalementdû pour l'élaboration du bilan économique, socia et environnemental et pour l'assistance apportéeau débiteur pour la préparation d'un plan de sauvgarde ou de redressement.

Un droit proportionnel est alloué à l'administrateur en cas de comités de créanciers dans la procédure de sauvegarde et dans celle de redressement judiciaire.

Un droit proportionnel calculé sur le prix de cession HT de l'ensemble des actifs compris dans le plan est alloué pour l'arrêté d'un plan de cession soit en redressement judiciaire soit en liquidation judiciaire.

Un droit proportionnel est alloué à l'administrateur, calculé sur le montant de l'augmentation des fonds propres prévue par un plan de sauvegarde ou de redressement.

Le décret du 26 février 2006 a ajouté un émolument pour tout contentieux portant sur une demande de revendication ou de restitution ayant donné lieu à une décision du juge-commissaire (C. com., art. R. 663-13-1).

Ajoutons que le décret du 30 juin 2014[3] (art. 125) a prévu des honoraires particuliers pour l'administrateur coordonnateur (v. s[s] n° 351.61-6).

353.32 Droit proportionnel alloué au titre du diagnostic de l'entreprise. Les règles précédemment décrites et applicables sous l'empire du décret du 23 décembre 2006[4] sont reconductibles (v. s[s] n° 352.32). Elles résultent désormais de l'article R. 663-4 du code de commerce.

Le droit proportionnel reste exprimé en taux de base, ces derniers étant fonction du nombre de salariés de l'entreprise ou de son chiffre d'affaires.

353.32-1 DÉTERMINATION DU DROIT ALLOUÉ POUR LE DIAGNOSTIC DE L'ENTREPRISE

Nombre de salariés ou chiffre d'affaires	Droit alloué
0 à 5 salariés, 0 000 à 750 000 euros	950 euros
6 à 19 salariés, 750 001 à 3 000 000 euros	1 900 euros
20 à 49 salariés, 3 000 001 à 7 000 000 euros	3 800 euros
50 à 149 salariés, 7 000 001 à 20 000 000 euros	7 600 euros
150 salariés et plus, 20 000 000 euros et plus	9 500 euros

L'article A. 663-4, 1°, du code de commerce précise la situation lorsque le débiteur relève de deux tranches différentes au titre du nombre de salariés et du chiffre d'affaires. En ce cas, il y a lieu de se référer à la tranche la plus élevée.

Enfin, si le total du bilan est d'au moins 3 650 000 euros, la fixation de l'émolument n'est plus fonction du nombre de salariés ou du chiffre d'affaires. Une distinction s'impose. L'article A. 663-4, 2°, du même code prévoit que lorsque le total du bilan est compris entre 3 650 000 euros et 10 000 000 d'euros, l'émolument est d'un montant fixe de 7 600 euros. Si le total du bilan est supérieur à 10 000 000 d'euros, l'émolument est fixé à 9 500 euros.

353.33 Droit proportionnel calculé sur le chiffre d'affaires réalisé pendant la poursuite de l'activité. Le décret du 26 février[5] reprend, aux articles R. 663-5 à R. 663-8, le droit proportionnel assis sur le chiffre d'affaires que prévoyait le dispositif antérieur, en distinguant, comme le faisait le texte antérieur, selon la mission de l'administrateur et en précisant à quelles conditions cette rémunération lui est acquise.

1. Avis Autorité conc. n° 15-A-02, 9 janv. 2015.
2. D. n° 2006-1709, 23 déc. 2006, *JO* 29 déc., p. 19846.
3. D. n° 2014-736, 30 juin 2014, *JO* 1er juill., p. 10834.
4. D. n° 2006-1709, 23 déc. 2006, préc.
5. D. n° 2016-230, 26 févr. 2016, préc.

Observons que le texte de l'article R. 663-8 du code, issu du décret du 26 février 2016, pas plus que ne le faisait le texte antérieur, ne prévoit la situation dans laquelle la sauvegarde prend fin à l'issue de la période d'observation sans arrêté d'un plan et sans conversion en redressement ou en liquidation judiciaire. Il ne s'agit là que d'un oubli, qui doit, à notre sens, rester sans conséquence sur le droit à honoraires de l'administrateur judiciaire.

Le tableau ci-dessous, résultant de l'article A. 663-5 du code de commerce fixe le taux de l'émolument de l'administrateur judiciaire qui a une mission d'assistance, soit en sauvegarde, soit en redressement judiciaire. L'article A. 663-6 précise que ce taux est diminué de 25 % en cas de mission de surveillance, dans la procédure de sauvegarde. L'article A. 663-7 prévoit que ce droit est majoré de 50 % en cas de mission de représentation dans la procédure de redressement judiciaire.

353.33-1 Poursuite d'activité. Détermination du droit proportionnel

Tranche en euros	Pourcentage
De 0 jusqu'à 150 000 €	1,90
De 150 001 € jusqu'à 750 000 €	0,95
Au-delà de 750 001 € jusqu'à 3 000 000 €	0,57
Au-delà de 3 000 001 € jusqu'à 7 000 000 €	0,38
De 7 000 001 € jusqu'à 20 000 000 €	0,285
Au-delà de 20 000 000 €	Application de l'article R. 663-13 (v. s^s n° 352.14)

353.34 Droit proportionnel alloué à l'administrateur judiciaire au titre de l'élaboration du bilan économique, social et environnemental et de l'assistance du débiteur pour l'élaboration du plan. Le droit proportionnel au titre de l'élaboration du bilan économique, social et environnemental, et de l'élaboration du plan, qui existait dans le tarif précédent, a été maintenu (v. s^s n° 352.34).

Il est exprimé, non plus en taux de base, mais en montant. Ce dernier dépend du montant du chiffre d'affaires et du nombre de salariés employés par l'entreprise lors de l'exercice précédent l'ouverture de la procédure.

L'article A. 663-8, 1°, du code de commerce précise la situation lorsque le débiteur relève de deux tranches différentes au titre du nombre de salariés et du chiffre d'affaires. En ce cas, il y a lieu de se référer à la tranche la plus élevée.

Toutefois, si le total du bilan est d'au moins 3 650 000 euros, la fixation de l'émolument n'est plus for[illegible] du nombre de salariés ou du chiffre d'affai[illegible] Une distinction s'impose. L'article A. 663-[illegible], du même code prévoit que lorsque le total du[illegible] est compris entre 3 650 000 euros et 10 000 [illegible] d'euros, l'émolument est d'un montant fixe de [illegible]0 euros. Si le total du bilan est supérieur à 10 000 [illegible] d'euros, l'émolument est fixé à 14 25[illegible] euros (C. com., art. A. 663-8, 3°).

353.3[illegible] Détermination du droit alloué pour l'élaboration du bilan économique, social, environnemental et pour la préparation du [illegible] de sauvegarde ou de redressement

Nombre de salariés ou chiffre d'affaires	Droit alloué
0 à 5 salariés, 0 à 750 000 euros	1425 euros
6 à 1[illegible] salariés, 750 001 à 3 000 000 euros	1 900 euros
20 à [illegible] salariés, 3 000 001 à 7 000 000 euros	5 700 euros
50 à 1[illegible] salariés, 7 000 001 à 20 0[illegible]000 euros	9 500 euros
150 salariés et plus, 20 000 000 euros et plus	14 250 euros

L'[illegible]ation à l'arrêté du plan de sauvegarde ou de red[illegible]ssement subsiste (v. s^s n° 352.34). L'article A. [illegible]63-9, alinéa 1 du code précise que la rémunératio[illegible] prévue à l'article A. 663-8 est majorée de 50 % e[illegible] cas d'arrêté d'un plan de sauvegarde ou de redressement.

L'alinéa 3 de l'article R. 663-9, dans la rédaction que lui [illegible]onne le décret du 26 février 2016 [1], pour favorise[illegible] l'adoption très rapide des plans, prévoit que si le plan de sauvegarde accélérée est adopté, la rémunération prévue à l'alinéa 2 de l'article R. 663-9 est majorée de 50 %. La solution est reprise par l'article A. 663-9, alinéa 2 du code. Il faut donc comprendre qu'il y place à majorer de 50 % la majoration prévue par l'alinéa précédent, soit une majoration de 75 %.

353.35 Droit proportionnel alloué pour le fonctionnement des comités de créanciers. L'article R. 663-10 du code de commerce maintient les honoraires dus à l'administrateur dans le cadre du fonctionnement des comités de créanciers (v. s^s n° 352.35).

Il est alloué un double droit proportionnel. [2].

Le premier est dû lorsque les comités de créanciers sont réunis. Il est fixé à 142,50 euros par créan-

1. D. n° 2016-230, 26 févr. 2016, préc.
2. Froehlich, « La rémunération des mandataires de justice dans la loi de sauvegarde », *Gaz. proc. coll.* 2007/1, p. 3 s., sp. p. 12.

cier membre d'un comité (C. com., art. A. 663-10, al. 1).

Le second est dû lorsque le plan est arrêté conformément au projet de plan adopté par les comités. Le droit proportionnel est alors de 0,095 % des créances prises en compte en application de l'article R. 626-58 du code de commerce (C. com., art. A. 663-10, al. 2).

353.36 Droit proportionnel sur le prix de cession. Un droit proportionnel dégressif calculé sur le montant total hors taxes du prix de cession, prévu par les textes précédents (v. ss nº 352.36), subsiste, sous réserve des modifications induites par les barèmes résultant de l'arrêté du 28 mai 2016.

353.36-1 CESSION. DÉTERMINATION DU DROIT PROPORTIONNEL

Tranche	Pourcentage
De 0 jusqu'à 15 000 €	4,75
De 15 001 € jusqu'à 50 000 €	3,80
De 50 001 € jusqu'à 150 000 €	2,85
De 150 001 € jusqu'à 300 000 €	1,425
Au-delà de 300 000 €	0,95

353.37 Droit proportionnel assis sur le montant de l'augmentation des fonds propres. Le décret du 26 février 2006[1] conserve la solution issue du décret du 23 décembre 2006[2]. Est en conséquence maintenue, la rémunération particulière assise sur l'augmentation des fonds propres de l'entreprise (C. com., art. A. 663-12 - v. ss nº 352.37).

353.37-1 DÉTERMINATION DU DROIT PROPORTIONNEL ASSIS SUR L'AUGMENTATION DES FONDS PROPRES

Tranche	Pourcentage
De 0 jusqu'à 15 000 €	4,75
De 15 001 € jusqu'à 50 000 €	3,80
De 50 001 € jusqu'à 150 000 €	2,85
De 150 001 € jusqu'à 300 000 €	1,425
Au-delà de 300 000 €	0,95

353.38 Émolument dû en cas de contentieux des revendications ou des restitutions. De manière opportune, le décret du 26 février 2016[3] répare un oubli de la tarification antérieure. Le traitement des demandes en revendication et en restitution, qui peut être chronophage, est désormais rémunéré. L'article R. 663-13-1 du code de commerce prévoit l'allocation d'un émolument fixé à 95 euros, par l'arrêté du 28 mai 2016, pour tout contentieux portant sur une demande en revendication ou en restitution ayant donné lieu à *une décision du juge-commissaire*. Le traitement des demandes en acquiescement de revendication ou en restitution ne sera, pas plus que par le passé, rémunéré. Il faudra impérativement que le juge-commissaire ait été saisi, ce qui suppose que l'administrateur judiciaire n'ait pas acquiescé à la demande, qu'il ait gardé le silence plus d'un mois, ou qu'il ait répondu négativement à la demande.

SECTION 353.40

HONORAIRES DU MANDATAIRE JUDICIAIRE ET DU LIQUIDATEUR DEPUIS LE DÉCRET DU 23 DÉCEMBRE 2006

353.41 Règles générales relatives à la rémunération du mandataire judiciaire et du liquidateur. Le mandataire judiciaire et le liquidateur, ont droit en cas d'ouverture d'une sauvegarde, d'un redressement ou d'une liquidation judiciaire à percevoir un droit fixe, qui est conservé par le décret du 26 février 2016[4]. Il en est de même du droit fixe en cas d'ouverture d'une procédure secondaire en application du Règlement communautaire.

Le décret du 26 février 2016 reprend, comme l'avait fait avant lui, le décret du 23 décembre 2006[5], les diverses tâches accomplies par le mandataire judiciaire et par le liquidateur et prévoit, en conséquence, une rémunération distincte pour chacune d'elles (v. ss nº 352.51).

Le décret du 26 février 2016 reprend la solution selon laquelle, le liquidateur qui, en application du tarif, peut prétendre au titre de l'intégralité des diligences, à une rémunération supérieure à 75 000 euros hors taxes se voit appliquer les dispositions spéciales en cas de dépassement des *maxima* prévus par les barèmes (v. ss nº 352.14). Pas plus que ne l'avait fait la législation précédente, la solution n'a pas été envisagée par le décret du 26 février 2016 pour le mandataire judiciaire. Elle sera rare, mais non inconcevable. En ce cas, faute de texte particulier, il convient, selon nous, d'appliquer purement et simplement le barème, quelle que soit la rémunération due au mandataire judiciaire.

1. D. nº 2016-230, 26 févr. 2016, préc.
2. D. nº 2006-1709, 23 déc. 2006, préc.
3. D. nº 2016-230, 26 févr. 2016, préc.
4. D. nº 2016-230, 26 févr. 2016, préc.
5. D. nº 2006-1709, 23 déc. 2006, préc.

Dans le souci de rémunérer toutes les diligences lourdes, le décret du 26 février 2016 a oublié une rémunération qui aurait été juste : celle relative à la procédure de licenciements économiques. Est-ce une grossièreté ou une incongruité de rémunérer un travail aussi important ?

Précisons que le décret du 30 juin 2014[1] (art. 127) a prévu des honoraires particuliers pour le mandataire judiciaire coordonnateur (v. ss n° 351.61-6) et pour le liquidateur qui se voit confier, dans la liquidation judiciaire simplifiée, la mission d'établir l'inventaire (v. ss n° 565.32).

353.42 Droit fixe alloué au mandataire judiciaire et au liquidateur. Reprenant la solution issue de la réglementation antérieure, le décret du 26 février 2016[2] maintient le droit fixe pour le mandataire judiciaire, et pour le liquidateur. Les règles précédemment exposées doivent être reconduites (v. ss n° 352.52).

Le mandataire judiciaire perçoit pour l'ensemble de la procédure de sauvegarde ou de redressement judiciaire, un droit fixe de 2 375 euros (C. com., art. A. 663-18, al. 1).

Le droit fixe de 2 375 euros est dû au liquidateur désigné dans une procédure secondaire d'insolvabilité (C. com., art. A. 663-18, al. 2) et au liquidateur désigné en cas de liquidation judiciaire immédiate (C. com., art. A. 663-19).

353.43 Droit fixe alloué au mandataire judiciaire et au liquidateur pour l'enregistrement des créances déclarées. Le droit fixe, créé par le décret du 23 décembre 2006[3], au profit du mandataire judiciaire pour l'enregistrement des créances déclarées et non vérifiées (v. ss n° 352.53), est maintenu par le décret du 26 février 2016[4] (C. com., art. R. 663-22 et A. 663-20). Il est applicable au liquidateur (C. com., art. R. 663-19, al. 2).

Il en est de même du droit fixe pour l'enregistrement des créances postérieures privilégiées – les créances de l'article L. 622-17.

Ce droit fixe est fixé identiquement pour les deux types de créances enregistrées à 4,75 euros par créance dont le montant est inférieur à 150 euros. Il est de 9,50 euros pour les créances dont le montant est supérieur ou égal à 150 euros. Ce droit fixe est également dû au liquidateur, pour les créances postérieures, dont l'enregistrement est en cause, et qui sont alors celles de l'article L. 641-13 du code de commerce.

La notion de créances, posée sous l'empire des textes anciens (v. ss n° 352.53), est reprise par l'article R. 663.21 du code de commerce.

353.44 Droit fixe alloué au mandataire judiciaire et au liquidateur pour la vérification des créances non salariales déclarées. Reprenant la solution de la législation antérieure, l'article R. 663-23 du code de commerce alloue au mandataire judiciaire un droit fixe pour la vérification des créances (v. ss n° 352.54). La règle vaut également pour le liquidateur (C. com., art. R. 663-19, al. 2) Les solutions antérieures sont reprises (C. com., art. A. 663-21), sous réserve du montant du droit fixe.

Ce droit est de 28,50 euros par créance dont le montant est compris entre 40 et 150 euros. Il est de 47,50 euros pour les créances supérieures ou égal à 150 euros. En dessous de 40 euros, la créance n'ouvre pas droit à un droit fixe.

353.45 Droit fixe au mandataire judiciaire et au liquidateur pour l'établissement du relevé des créances salariales. Reprenant le principe posé sous l'empire de la législation antérieure (v. ss n° 352.55), l'article R. 663-24 du code de commerce prévoit l'allocation d'un droit fixe par salarié, pour l'établissement du relevé des créances salariales (D. 27 déc. 1985[5], art. 14). Ce droit fixe est établi à 114 euros (C. com., art. A. 663-21).

Ce droit est dû tant au mandataire judiciaire, qu'au liquidateur (C. com., art. R. 663-19, al. 2).

353.46 Droit fixe alloué au mandataire judiciaire pour la contestation des créances autres que salariales. Le décret du 23 décembre 2006[6] (C. com., art. R. 663-25) avait prévu l'allocation au mandataire judiciaire d'un droit fixe pour la contestation des créances déclarées autres que salariales, et qui donnent lieu à une décision du juge-commissaire admettant ou rejetant la créance et à inscription sur l'état des créances. Ce droit était également dû au liquidateur (C. com., art. R. 663-19, al. 2).

Ces solutions (v. ss n° 352.56) sont exactement conservées par le décret du 26 février 2016[7], aux mêmes articles. Seuls les montants ont été modifiés par l'article A. 663.22, 1°.

Le droit fixe est de 95 euros par créance.

La notion de créance est appréciée en application de l'article R. 663-21 (v. ss n° 352.53).

353.47 Droit fixe alloué au mandataire judiciaire pour le contentieux portant sur une demande en revendication ou en restitution. Le décret du 23 décembre 2006[8] avait instauré un droit fixe par contentieux portant sur une demande en revendica-

1. D. n° 2014-736, 30 juin 2014, préc.
2. D. n° 2016-230, 26 févr. 2016, préc.
3. D. n° 2006-1709, 23 déc. 2006, préc.
4. D. n° 2016-230, 26 févr. 2016, préc.
5. D. n° 85-1390, 27 déc. 1985, *JO* 29 déc., p. 15304.
6. D. n° 2006-1709, 23 déc. 2006, préc.
7. D. n° 2016-230, 26 févr. 2016, préc.
8. D. n° 2006-1709, 23 déc. 2006, préc.

tion ou en restitution (v. s[s] n° 352.57). La solution a été conservée par le décret du 26 février 2016[1] (C. com., art. R. 663-25, 2°).

Le droit peut être perçu tant par le mandataire judiciaire (C. com., art. R. 663-25, 2°) que par le liquidateur (C. com., art. R. 663-19, al. 2).

Le droit fixe est fixé à 95 euros (C. com., art. A. 663-22, 2°).

353.48 Droit fixe alloué au mandataire judiciaire pour une instance prud'homale. Le décret du 23 décembre 2006[2] avait décidé de rémunérer la participation du mandataire judiciaire à une instance prud'homale introduite ou reprise après le jugement d'ouverture (v. s[s] n° 352.58).

La solution est conservée par le décret du 26 février 2016[3]. Le droit peut être perçu tant par le mandataire judiciaire (C. com., art. R. 663-25, 3°), que par le liquidateur (C. com., art. R. 663-19, al. 2). Ce droit est fixé à 95 euros (C. com., art. A. 663-22, 3°).

353.49 Droit fixe alloué au mandataire judiciaire pour la répartition de fonds entre les créanciers. Reprenant la solution issue du décret du 23 décembre 2006[4] (v. s[s] n° 352.59), l'article R. 663-26 du code de commerce alloue au mandataire judiciaire, qui serait chargé par le tribunal de répartir des fonds au profit des créanciers, afin d'éteindre le passif antérieur et postérieur à l'ouverture de la procédure, et de clôturer ainsi le redressement judiciaire pour extinction du passif exigible, un droit proportionnel. Ce droit est établi par l'article A. 663-23 du code de commerce, qui renvoie à l'article A. 663-16.

353.49-1 HONORAIRES POUR RÉPARTITION DE FONDS AUX CRÉANCIERS

Tranche en euros	Pourcentage
De 0 jusqu'à 15 000 €	3,325
Au-delà de 15 000 € jusqu'à 50 000 €	2,375
Au-delà de 50 000 € jusqu'à 150 000 €	1,425
Au-delà de 150 000 € jusqu'à 300 000 €	0,475
Au-delà de 300 000 €	0,238

SECTION 353.50 RÈGLES SPÉCIALES AUX HONORAIRES DU LIQUIDATEUR

353.51 Droit fixe alloué au liquidateur au titre des obligations relatives aux sites pollués. Le décret du 26 février 2016[5] (C. com., art. R. 663-27 et A. 663-24) conserve le droit fixe alloué au liquidateur, au titre des obligations résultant de la cessation d'activité de sites classés (v. s[s] n° 352.61).

Il s'agit désormais d'un droit fixe de 475 euros lorsque les installations sont soumises à déclaration.

Il est de 1 425 euros lorsque l'une au moins des installations classées est soumise à déclaration.

Il est enfin de 4 275 euros lorsque l'une au moins des installations classées figure sur une liste prévue au IV de l'article L. 515-8 du code l'environnement ou est soumise aux dispositions du décret du 21 septembre 1977[6] modifié et de ses textes d'application.

Le droit fixe est doublé lorsque l'une au mois des installations classées soumises à autorisation a fait l'objet d'un arrêté de l'autorité administrative prescrivant des mesures d'urgence et de mise en sécurité du site.

353.52 Droit proportionnel alloué au liquidateur au titre de la poursuite provisoire de l'activité. Par exception, le maintien de l'activité peut être provisoirement autorisé en liquidation judiciaire. En ce cas, l'administrateur, en fonction dans la sauvegarde ou le redressement, peut le demeurer. Il est même possible – voire obligatoire en cas de dépassement de seuils – de nommer un administrateur, dans cette phase, spécialement lorsqu'un plan de cession est envisageable.

À défaut d'administrateur, le liquidateur a en charge l'administration de l'entreprise. Dans ce cas, et dans ce cas seulement, l'article R. 663-28 prévoyait prévoit l'allocation d'un droit proportionnel au liquidateur (v. s[s] n° 352.62). Ce droit est maintenu par l'article R. 663-28 et son montant fixé par l'article A. 663-26 du code de commerce.

353.52-1 POURSUITE PROVISOIRE D'ACTIVITÉ EN LIQUIDATION JUDICIAIRE – DÉTERMINATION DU DROIT PROPORTIONNEL

Tranche en euros	Pourcentage
De 0 jusqu'à 150 000 €	2,85
De 150 001 € jusqu'à 750 000 €	1,425
Au-delà de 750 001 € jusqu'à 3 000 000 €	0,855

353.53 Droit proportionnel alloué au liquidateur au titre des réalisations d'actifs, des encaissements et des recouvrements de créances. Le décret du 26 février 2016[7] reprend le droit proportionnel

1. D. n° 2016-230, 26 févr. 2016, préc.
2. D. n° 2006-1709, 23 déc. 2006, préc.
3. D. n° 2016-230, 26 févr. 2016, préc.
4. D. n° 2006-1709, 23 déc. 2006, préc.
5. D. n° 2016-230, 26 févr. 2016, préc.
6. D. n° 77-1133, 21 sept. 1977, *JO* 8 oct., p. 4897.
7. D. n° 2016-230, 26 févr. 2016, préc.

dû au liquidateur au titre des réalisations d'actifs, des encaissements ou recouvrement de créances, tel qu'il avait été établi par le décret du 23 décembre 2006[1] (v. s^s^ nº 352.63). Il est posé par l'article R. 663-29 du code de commerce et les montants fixés par l'article A. 663-27.

353.53-1 HONORAIRES POUR RÉALISATION D'ACTIF, ENCAISSEMENT ET RECOUVREMENT DE CRÉANCES

Tranche en euros	Pourcentage
De 0 jusqu'à 15 000 €	4,75
Au-delà de 15 000 € jusqu'à 50 000 €	3,80
Au-delà de 50 000 € jusqu'à 150 000 €	2,85
Au-delà de 150 000 € jusqu'à 300 000 €	1,425
Au-delà de 300 000 €	0,95

353.54 Droit proportionnel alloué au liquidateur au titre des répartitions effectuées au profit des créanciers. Le décret du 26 février 2016[2] reprend le droit proportionnel dû au liquidateur au titre des répartitions au profit des créanciers, tel qu'il avait été établi par le décret du 23 décembre 2006[3] (v. s^s^ nº 352.64). Il est posé par l'article R. 663-30 du code de commerce et les montants fixés par l'article A. 663.28.

352.54-1 HONORAIRES DE RÉPARTITION AU PROFIT DES CRÉANCIERS

Tranche en euros	Pourcentage
De 0 jusqu'à 15 000 €	4,275
Au-delà de 15 000 € jusqu'à 50 000 €	3,325
Au-delà de 50 000 € jusqu'à 150 000 €	2,375
Au-delà de 150 000 € jusqu'à 300 000 €	1,425
Au-delà de 300 000 €	0,713

353.5 Droit fixe alloué au liquidateur au titre de l'inventaire. Lorsque, en application de l'article L. 641-2 du code de commerce, le liquidateur réalise l'inventaire de la procédure de liquidation judiciaire simplifiée, il perçoit une rémunération fixe dont le montant est établi à 95 euros (C. com., art. A. 663-25).

353.5 Droit fixe alloué au liquidateur au titre des actions en faillite personnelle ou en interdiction de gérer. L'engagement d'actions tendant au prononcé de la faillite personnelle ou de l'interdiction de gérer fait l'objet d'une rémunération, dont le montant fixe est prévu par l'article A. 663-29 du code de commerce. Un droit fixe de 300 euros est prévu lorsque l'action aboutit au prononcé d'une sanction. L'émolument est doublé en cas de confirmation en cause d'appel.

SECTION 353.60 RÉMUNÉRATION DE L'EXPERT

353.61 Rémunération de l'expert. Les règles relatives à la rémunération de l'expert en diagnostic d'entreprise, contrairement à celle du mandataire judiciaire, du liquidateur et de l'administrateur judiciaire, ne résulte pas de l'application d'un barème. Elle est fixée par le juge (C. pr. civ., art. 284, al. 1er). Les solutions antérieurement posées seront reconduites (v. s^s^ nº 352.71).

L'article R. 663-7, alinéa 1 du code de commerce, tant dans sa rédaction issue du décret du 23 décembre 2006, que de celle issue du décret du 26 février 2016[4], prévoit que si une mission d'administration est confiée à l'administrateur, le droit proportionnel qui est lui dû est majoré de 50 %. Si, précise, l'alinéa 2 du même article, un ou plusieurs experts assistent l'administrateur pour la gestion de l'entreprise, la majoration cesse d'être due. L'équivalent de cette majoration semble pouvoir être attribué par le juge à l'expert.

1. D. nº 2006-1709, 23 déc. 2006, préc.
2. D. nº 2016-230, 26 févr. 2016, préc.
3. D. nº 2006-1709, 23 déc. 2006, préc.
4. D. nº 2016-230, 26 févr. 2016, préc.

TITRE

360. Règles spéciales au mandataire judiciaire, représentant des créanciers et liquidateur

SECTION 0

ORIENTEUR

360.00 **Plan du titre.**

Chap. 361 **Organe de la sauvegarde et du redressement judiciaire : mandataire judiciaire et représentant des créanciers**

Sect. 361.10 Mission principale : la défense de l'intérêt collectif des créanciers confiée au mandataire judiciaire et au représentant des créanciers

Sect. 361.20 Diverses autres missions du mandataire judiciaire et du représentant des créanciers

Sect. 361.30 Durée de la mission du représentant des créanciers et du mandataire judiciaire

Sect. 361.40 Responsabilité du mandataire judiciaire et du représentant des créanciers

Chap. 362 **Organe de la liquidation judiciaire : le liquidateur judiciaire**

Sect. 362.10 Désignation du liquidateur judiciaire

Sect. 362.20 Fonctions du liquidateur judiciaire

Sect. 362.30 Responsabilité du liquidateur judiciaire

360.09 **Avertissement au lecteur – Substitution de terminologie – du représentant des créanciers... au mandataire judiciaire.** La loi du 26 juillet 2005 prévoit que, dans tous les textes législatifs ou réglementaires, les références au représentant des créanciers sont remplacées par celles au mandataire judiciaire. En conséquence, dans tous les développements intéressant la législation antérieure à la loi de sauvegarde des entreprises, qui conservent leur actualité après l'entrée en vigueur de la loi de sauvegarde, il faudra lire « mandataire judiciaire » au lieu de « représentant des créanciers ».

CHAPITRE

361. Organe de la sauvegarde et du redressement judiciaire : mandataire judiciaire et représentant des créanciers

SECTION 0

ORIENTEUR

361.00 **Plan du chapitre.**

Sect. 361.10 Mission principale : la défense de l'intérêt collectif des créanciers confiée au mandataire judiciaire et au représentant des créanciers

Sect. 361.20 Diverses autres missions du mandataire judiciaire et du représentant des créanciers

Sect. 361.30 Durée de la mission du représentant des créanciers et du mandataire judiciaire

Sect. 361.40 Responsabilité du mandataire judiciaire et du représentant des créanciers

361.01 **Textes applicables.** (V. les références complètes s^s n° 011).

> Législation antérieure à la loi de sauvegarde des entreprises.

C. com., art. L. 621-8, L. 621-39, L. 621-67

D. 27 déc. 1985, art. 88

> Législation issue de la loi de sauvegarde des entreprises.

C. com., art. L. 621-4, al. 3 et 4, L. 621-5, L. 622-20, L. 626-2, L. 631-9, L. 631-14, I, L. 631-19

C. com., art. R. 621-17 (anc^t D. 28 déc. 2005, art. 72), R. 621-18 (anc^t D. 28 déc. 2005, art. 73), R. 621-19 (anc^t D. 28 déc. 2005, art. 70), R. 621-20 (anc^t D. 28 déc. 2005, art. 71), R. 626-38 (anc^t D. 28 déc. 2005, art. 150), R. 626-39 (anc^t D. 28 déc. 2005, art. 151), R. 626-40 (anc^t D. 28 déc. 2005, art. 152), R. 626-41 (anc^t D. 28 déc. 2005, art. 153), R. 626-42 (anc^t D. 28 déc. 2005, art. 154), R. 631-16 (anc^t D. 28 déc. 2005, art. 185), R. 641-11 (anc^t D. 28 déc. 2005, art. 21)

> Législation issue de l'ordonnance du 18 décembre 2008.

C. com., art. L. 621-4, al. 3 et 5, L. 621-5, L. 621-7, L. 622-20, L. 626-24, al. 3, L. 631-9, L. 631-14, al. 1er, L. 631-19

C. com., art. R. 621-8, R. 621-17 à R. 621-20, R. 621-43, R. 626-38 à R. 626-42, R. 631-16, R. 641-11

> Législation issue de l'ordonnance du 12 mars 2014.

C. com., art. R. 621-8, R. 631-43

361.03 **Bibliographie indicative.** (V. les références complètes s^s n° 031).

> Actualisables. RÉP. COM., Pigassou P., « Entreprises en difficulté – Redressement judiciaire (Procédure et organes) », n°s 263 à 278 – J.-CL. COM., Reille, fasc. 2236, [Organes – Mandataire judiciaire : fonctions].

> Ouvrages antérieurs à la loi de sauvegarde des entreprises. CHAPUT, n°s 296, 302, 303 – GUYON, n° 1163 – JACQUEMONT et VABRES, 9e éd., 2015, n°s 293 à 298 – KERCKHOVE, n°s 351 à 367, 906 – LE CANNU, n° 987 – LE CORRE-BROLY, n°s 123 à 130 – MARTIN ET VALLENS, n°s 2572 à 2584 – PÉROCHON ET BONHOMME, n°s 148 à 149-3 – PÉTEL, n°s 144 à 146 – RIPERT ET ROBLOT, n°s 2950, 2953 – SAINT-ALARY-HOUIN, n°s 419, 420, 421-1 – Slim H., *La responsabilité professionnelle des administrateurs et liquidateurs judiciaires*, Litec, 2002 – SOINNE, n°s 932 à 939, 1010 à 1015.

> Ouvrages postérieurs à la loi de sauvegarde des entreprises. GIBIRILA, n°s 341 à 344, 346 – JACQUEMONT, 7e éd., n°s 274 à 278 – LE CANNU, 7e éd., n°s 437 à 440 – LIENHARD, 6e éd., n°s 44.11 à 44.27 – PÉROCHON, 10e éd., n°s 523 à 531 – PÉTEL, 8e éd., n°s 143, 144 – SAINT-ALARY-HOUIN, 9e éd., n°s 504,

505 – Vallansan *et alii*, 6e éd., p. 68 et 69 – Val, 2015, nos 2710 à 2713, 2721 à 2727 – Voinot, 2e éd., nos 294 à 297.

> Articles. Aubert F., « La responsabilité civile professionnelle des mandataires de justice dans les procédures de redressement et de liquidation judiciaires », *Rapp. C. cass.* 20 p. 145 – Croze H., « Les organes de la procédure », *Mél. ot*, Dalloz, 1995, p. 49 – Soinne B., « Les répartitions ou mission impossible », *Rev. proc. coll.* 1997, p. 249 s. – Pierre S. L'indu et les erreurs de répartition dans le cadre de la liquidation judiciaire », *Rev. proc. coll.* 2000, p. 1 s. – Saint-Alary-uin C., « Des professions à « haut risque », Les professions d'administrateur et de mandataire judiciaires », *Mél. Horat*, Éd. Frison-Roche 2000, p. 193.

361.04 Question principale.

• Quelle est la durée de la mission du mandataire de justice ?

* V. ss no 361.31.

361.06 Principales actions.

• Action en responsabilité civile à titre personnel contre le mandataire judiciaire devant le tribunal de grande instance

* V. ss no 351.91.

• Délai de dix ans à compter de la fin de la mission du mandataire judiciaire

* V. ss no 351.91.

361.09 Nomination du mandataire judiciaire ou du représentant des créanciers. Le redressement judiciaire oblige, aux termes de l'article L. 621-8, alinéa 1er du code de commerce (anct L. 25 janv. 1985[1], art. 10, al. 1er), à la nomination d'un organe. Il s'agit du représentant des créanciers, que la loi du 26 juillet 2005[2] désigne sous le nouveau vocable de mandataire judiciaire, tant pour la procédure de sauvegarde (C. com., art. L. 621-4, al. 3), que pour celle de redressement judiciaire (l'article L. 631-9 rendant applicable en redressement judiciaire l'article L. 621-4). Pour reprendre une formule synthétique, le mandataire judiciaire « assure la gestion des créanciers et de leur intérêt collectif, la gestion des salariés et la redistribution des actifs et des prix de cession »[3].

Il est choisi sur la liste nationale des mandataires judiciaires au redressement et à la liquidation des entreprises (sur la nomination, v. ss no 351.61). Le tribunal peut cependant désigner une personne ne figurant pas sur la liste (v. ss no 351.62).

Si le mandataire désigné a exercé des fonctions de conseil, de mandataire *ad hoc*, de conciliateur, d'administrateur ou de liquidateur amiable, d'expert judiciaire ou de séquestre amiable ou judiciaire, il doit en informer la juridiction, sous peine de poursuites disciplinaires (C. com., art. L. 814-8).

La loi du 26 juillet 2005 va plus loin en prévoyant la possibilité pour le ministère public de récuser le mandataire judiciaire antérieurement désigné en tant que mandataire *ad hoc* ou conciliateur pour le même débiteur. Cette récusation interviendra lorsque « l'examen de ces pièces (documents de la procédure de mandat *ad hoc* ou de conciliation) fait apparaître des doutes sur l'intervention du mandataire du conciliateur ou simplement sur sa capacité à gérer le dossier »[4]. Il ne semble pas que le ministère public doive s'opposer à la demande pour un autre motif. Spécialement, le fait que le débiteur ait choisi son mandataire *ad hoc* ou son conciliateur ne doit pas conduire le ministère public à envisager la récusation du mandataire précédemment désigné[5].

Afin éviter des conflits d'intérêts, tenant en échec le droit à un procès équitable, un même professionnel ne peut être à la fois liquidateur d'une société, poursuivre le dirigeant de cette dernière en sanctions et être mandataire judiciaire dans la procédure collective ouverte à titre personnel contre ce dirigeant[6].

Dans la législation antérieure à la loi du 26 juillet 2005, le tribunal peut d'office ou sur demande du procureur de la République, désigner, dans le jugement d'ouverture, plusieurs représentants des créanciers (C. com., art. L. 621-8, al. 2 [anct L. 25 janv. 1985, art. 10]). La loi du 26 juillet 2005 conserve cette faculté de désignation de plusieurs représentants des créanciers – désormais mandataires judiciaires –, la demande n'appartenant cependant plus qu'au ministère public (C. com., art. L. 621-4, al. 3).

Dans la égislation antérieure à la loi du 26 juillet 2005, le tribunal peut, en cours de procédure, soit d'office, soit sur proposition du juge-commissaire ou à la demande du procureur de la République, adjoindre un ou plusieurs représentants des créanciers à ceux déjà nommés (C. com., art. L. 621-10 [anct L. 25 janv. 1985, art. 12]).

Sous l'empire de la législation du 26 juillet 2005, en cours de procédure, l'article L. 621-7, alinéa 2 (devenu C. com., art. L. 621-7, al. 1er, réd. ord. 18 déc. 2008[7]) prévoit que le tribunal peut adjoindre au mandataire judiciaire déjà nommé un ou plusieurs autres mandataires. À cette fin, il peut se saisir d'office, être saisi sur proposition du juge-commissaire ou à la demande du ministère public[8]. L'article R. 621-17, alinéa 3 du code de commerce prévoyait que si le tribunal se saisissait d'office, il fallait appliquer les règles régissant la saisine d'office du tribunal aux fins d'ouverture d'un redressement judiciaire (v. ss nos 231.42 et 231.43). La saisine d'office aux fins d'ouverture d'un redressement ou d'une liquidation judiciaire a été supprimée, ce qui a conduit à poser de nouvelles règles. C'est pourquoi, depuis le décret du 30 juin 2014[9], l'article R. 621-17, alinéa 2 du code vise la procédure prévue à l'article R. 631-3 du code, dans la rédaction que lui donne le décret du 30 juin 2014. Si le tribunal est saisi à cette fin par le ministère public, il faudra appliquer les règles régissant la saisine du tribunal par le ministère public aux fins d'ouverture d'un redressement judiciaire (v. ss no 231.61). Le tribunal statuera au vu du

1. L. no 85-98, 25 janv. 1985, *JO* 26 janv., p. 1097.
2. L. no 2005-845, 26 juill. 2005, *JO* 27 juill., p. 12187.
3. Gall-Heng, « La clarification des missions ou la reconnaissance des métiers », *LPA* 17 févr. 2006, p. 109.
4. Interv. Xavier de Roux, *JOAN CR*, 2e séance du 3 mars 2005, p. 1651.
5. Sur une tentative en ce sens : Versailles, 13e ch., 5 avr. 2007 RG no 2006/08417.
6. T. com. Périgueux, 6 avr. 2010, RG no 2010/001098, *Rev. proc. coll.* 2010/4, § 23, p. 36, note Delattre.
7. Ord. no 2008-1345, 18 déc. 2008, *JO* 19 déc., p. 19462.
8. Illustr. : T. com. Dijon, 2e ch., 19 mai 2009, RG no 2009/004961, *Rev. proc. coll.* 2009/5, p. 3, note Delattre.
9. D. no 2014-736, 30 juin 2014, *JO* 1er juill., p. 10834.

rapport du juge-commissaire et après avoir recueili l'avis du ministère public (C. com., art. R. 621-17, al. 2). Le eet de la proposition du ministère public de désigner plusieursmandataires judiciaires doit être spécialement motivé [1].

L'ordonnance du 12 mars 2014 [2] ouvre à un certan nombre de personnes la possibilité de demander la désignation de tel organe, de présenter des observations sur la désignation de ces organes, ou de solliciter la désignation de multiples organes (v. s[s] n°s 351.61 s.).

En outre, l'administrateur, le mandataire judiciaire ou un créancier nommé contrôleur peut demander au juge-commissaire de saisir à cette fin le tribunal. L'ordre professionnel ou l'autorité compétente d'un débiteur professionnel libéral soumis à un statut législatif ou réglementaire ou dont le titre est protégé peut saisir le ministère publi à cette fin.

Le mandataire de justice qui cesse ses fonctions doit rendre ses comptes à celui qui le remplace, en présence du juge-commissaire, le débiteur entendu ou dûment appelé à la diligence du greffier (C. com., art. R. 621-18).

SECTION 361.10

MISSION PRINCIPALE : LA DÉFENSE DE L'INTÉRÊT COLLECTIF DES CRÉANCIERS CONFIÉE AU MANDATAIRE JUDICIAIRE ET AU REPRÉSENTANT DES CRÉANCIERS

361.11 Défense de l'intérêt collectif des créanciers, monopole du mandataire judiciaire ou du représentant des créanciers. La mission générale du représentant des créanciers est fixée par l'article L. 621-39, alinéa 1er du code de commerce (anc[t] L. 25 janv. 1985 [3], art. 46, al. 1er) en ces termes : « *Le représentant des créanciers désigné par le tribunal a seul qualité pour agir au nom et dans l'intérêt des créanciers* ». Il assure la gestion des créanciers et de leur intérêt collectif.

La solution est reproduite par la législation du 26 juillet 2005 [4], qui prend le soin de préciser que l'intérêt défendu par le mandataire judiciaire est collectif. Une réserve importante doit cependant être indiquée : un pouvoir subsidiaire d'action est reconnu aux contrôleurs, en cas de carence du mandataire judiciaire (C. com., art. L. 622-20).

Cette question sera traitée à l'occasion de l'examen de la situation des créanciers antérieurs (v. s[s] n°s 611.31 s.).

361.12 Mission de vérification des créances. Dans le cadre de sa mission de défenseur de l'intérêt collectif des créanciers antérieurs, le mandataire judiciairepresentant des créanciers) se voit confier, par la lone fonction particulièrement importante : celle de ifier le passif.

Il est du destinataire des déclarations de créances. Il d informer les titulaires de sûretés spéciales publiéet des contrats de crédit-bail publiés – et plus larment les titulaires de contrats publiés depuis la loi d auvegarde des entreprises – de l'intervention de procédure, pour les inviter à déclarer leurs créanc Le décret l'oblige également à avertir les « créarers connus » (v. s[s] n° 665.41).

Le mdataire judiciaire – représentant des créanciers –st cependant dispensé de vérification du passif irographaire, en cas de plan de cession ou de liquation judiciaire, dès lors qu'il apparaît que le prodit de la réalisation des actifs sera absorbé par les créaciers privilégiés, sauf si une action en responsalité pécuniaire est envisagée contre un dirigeant e la personne morale débitrice.

Dan le cadre de sa mission de vérification des créancs, après avoir réceptionné celles-ci, il avise les crénciers de l'existence de contestations.

Il doit établir, dans le délai fixé par le tribunal à l'ouverture de la procédure, la liste des créances déclarées avec ses propositions d'admission, de rejet, d'incompétence ou de constat d'une instance en cours.

Il vérifie également les créances salariales et en établit les relevés.

361.13 Absence de mission d'administration ou d'assistance reconnue au mandataire judiciaire (représentant des créanciers). Même en l'absence d'administrateur judiciaire, le mandataire judiciaire (représentant des créanciers) n'a pas de fonction d'assistance du débiteur [5]. Il en résulte qu'il ne saurait procéder au règlement de créances postérieures et, par voie de conséquence, être condamné audit paiement [6].

361.14 Obligations d'information du représentant des créanciers. Dans le cadre de sa mission de défense de l'intérêt collectif des créanciers, le mandataire judiciaire (représentant des créanciers) a des obligations d'information. Il doit ainsi informer, de manière permanente, les autres organes de la procédure, et notamment le juge-commissaire et le procureur de la République, du déroulement de la procédure (C. com., art. L. 621-11 [anc[t] L. 25 janv. 1985 [7], art. 13], réd. antérieure à la loi de sauvegarde des entreprises [8], C. com., art. L. 621-8, réd. loi de sau-

1. Pau, 17 janv. 2013, RG n° 12/03006, *Leden* févr. 2013, comm. 29, obs. Staes.
2. Ord. n° 2014-326, 12 mars 2014, *JO* 14 mars, p. 5249.
3. L. n° 85-98, 25 janv. 1985, préc.
4. L. n° 2005-845, 26 juill. 2005, préc.
5. Com. 21 nov. 1995, n° 93-21.324, NP, *Rev. proc. coll.* 1998, p. 161, n° 4, obs. Soinne.
6. Soc. 19 févr. 1997, n°s 99-12.048, 99-12.049, 99-12.050, NP, *Rev. proc. coll.* 1998, p. 161, n° 4, obs. Soinne.
7. L. n° 85-98, 25 janv. 1985, préc.
8. L. n° 2005-845, 26 juill. 2005, préc.

vegarde des entreprises) et ce par un rapport, qui leur est adressé dans les deux mois du jugement d'ouverture en régime général (D. 27 déc. 1985[1], art. 29), dans le mois du jugement d'ouverture en régime simplifié (D. 27 déc. 1985, art. 113) et uniformément dans un délai de deux mois sous l'empire de la loi de sauvegarde des entreprises, dans la procédure de sauvegarde (C. com., art. R. 621-20) et dans celle de redressement judiciaire, l'article R. 621-20 y étant applicable (C. com., art. R. 631-16). L'expression procureur de la République a été remplacée par celle de ministère public par la loi du 26 juillet 2005, qui reprend, en son article L. 621-8, alinéa 1er (texte de la procédure de sauvegarde applicable par renvoi en redressement), la solution posée par la législation antérieure.

Les obligations d'information reposant aujourd'hui sur la tête du mandataire judiciaire, autrefois sur celle du représentant des créanciers, sont exclusives de la commission du délit de dénonciation calomnieuse[2].

Le mandataire judiciaire (représentant des créanciers) transmet son rapport à l'administrateur judiciaire[3].

Il doit signaler au procureur de la République – ministère public depuis la loi de sauvegarde des entreprises – tous faits commis par le débiteur ou les dirigeants de la personne morale débitrice, susceptibles d'entraîner leur mise en faillite personnelle ou leur interdiction de gérer (D. 27 déc. 1985, art. 168).

Le représentant des créanciers – mandataire judiciaire – doit prendre toute mesure pour informer et consulter les créanciers (D. 27 déc. 1985, art. 27, al. 1er, C. com., art. R. 621-19, al. 1er). L'information portera notamment sur l'obligation de déclarer les créances. La consultation concerne la préparation du plan de continuation, de redressement ou de sauvegarde. Le mandataire doit également informer les créanciers qui en font la demande par lettre recommandée avec accusé de réception, des étapes essentielles de la procédure (D. 27 déc. 1985, art. 27, al. 2, C. com., art. R. 621-19, al. 2). Il répond aux demandes de renseignements, dès lors qu'elles ne sont pas abusives ou trop fréquentes[4].

Pour pouvoir remplir ses obligations d'information, l'article 46, alinéa 2 du décret du 27 décembre 1985 prévoyait l'obligation, pour tout tiers détenteur, de remettre au mandataire les documents comptables du débiteur. Cependant, la nature réglementaire de la disposition empêchait de tourner l'obstacle tiré de l'existence d'un droit de rétention du tiers[5]. À l'occasion de la codification, la disposition réglementaire a été placée au rang des dispositions législatives (C. com., art. L. 621-17, devenu C. com., art. L. 622-5 depuis la loi de sauvegarde des *entreprises*).

361.15 Mises en cause du mandataire judiciaire (représentant des créanciers) – moyen procédural d'assurer la défense de l'intérêt collectif des créanciers. Pour assurer sa mission, le législateur prévoit diverses règles procédurales destinées à rendre incontournable le représentant des créanciers.

Il est d'abord prévu que, si un créancier antérieur veut poursuivre une action en paiement entamée avant jugement d'ouverture, il doit mettre en cause le mandataire judiciaire [représentant des créanciers] (C. com., art. L. 621-41 [anct L. 25 janv. 1985, art. 48], devenu l'article L. 622-22 depuis la loi de sauvegarde des entreprises[6]). S'il veut poursuivre une action ne tendant pas au paiement d'une somme d'argent, il doit identiquement le mettre en cause (C. com., art. L. 621-42 [anct L. 25 janv. 1985, art. 49], devenu l'article L. 622-23 depuis la loi de sauvegarde des entreprises). Les voies d'exécution ayant joué au jour du jugement d'ouverture, mais qui nécessitent des dénonciations au débiteur, après jugement d'ouverture, doivent également lui être dénoncées (C. com., art. L. 621-42 [anct L. 25 janv. 1985, art. 49], devenu l'article L. 622-23 depuis la loi de sauvegarde des entreprises)[7].

SECTION 361.20
DIVERSES AUTRES MISSIONS DU MANDATAIRE JUDICIAIRE ET DU REPRÉSENTANT DES CRÉANCIERS

361.21 Consultation des créanciers et association à l'élaboration du plan. C'est le mandataire judiciaire (représentant des créanciers) qui consulte les créanciers sur les délais et remises qu'ils entendent consentir au débiteur, dans le cadre de l'élaboration du plan de continuation (C. com., art. L. 621-60 et L. 621-139 [anct L. 25 janv. 1985[8], art. 24, al. 2 et 143, al. 2]) et de sauvegarde depuis la loi du 26 juillet 2005[9] (C. com., art. L. 626-5 et 627-3, al. 2, textes applicables en redressement judiciaire du fait

1. D. no 85-1388, 27 déc. 1985, *JO* 29 déc., p. 15281.
2. Crim. 14 janv. 2014, no 12-86.781, *Bull. crim.* no 9; F-P+B+I; *Gaz. Pal.* 29 juin 2014, no 180, p. 39, note Robaczewski; *BJE* juill. 2014, p. 260, note Delattre; *Act. proc. coll.* 2014, comm. 67, note Cerf-Hollender.
3. IFPPC 1999, recomm. no 1110, p. 33.
4. IFPPC 1999, recomm. no 1020-1, p. 13.
5. AINSI : Versailles, 27 févr. 1997, *D.* 1998. Somm. 101, obs. Piedelièvre.
6. L. no 2005-845, 26 juill. 2005, préc.
7. TGI Grenoble, Jex, 27 juin 1994, *JCP* 1995. II. 22417, note Martin; *Rev. proc. coll.* 1996, p. 219, obs. Canet.
8. L. no 85-98, 25 janv. 1985, préc.
9. L. no 2005-845, 26 juill. 2005, préc.

des renvois opérés par les articles L. 631-19 et 631-21). Il est entendu sur le projet de plan de continuation, de sauvegarde, de redressement ou de cession (C. com., art. L. 621-62 [anc^t L. 25 janv. 1985, art. 61, al. 1er], et, depuis la loi de sauvegarde des entreprises, C. com., art. L. 626-9). À cet égard, il exprime son avis par rapport à l'intérêt collectif des créanciers.

Une personne, qui ne serait pas membre d'une profession juridique ou judiciaire réglementée, qui s'entremet à titre onéreux entre le débiteur et les créanciers pour obtenir des délais ou remises tomberait sous le coup de la loi pénale, sur le fondement de l'article L. 321-1, 2° du code de la consommation[1] (devenu C. consom., art. L. 322-1[2]). L'article L. 322-1 du code de la consommation (devenu C. consom., art. L. 342-5[3]). punit d'un emprisonnement d'un an et d'une amende de 30 000 euros la méconnaissance de la disposition.

361.22 Demande de conversion de la sauvegarde et du redressement judiciaire. Le mandataire judiciaire peut demander la conversion de la procédure de sauvegarde en redressement ou en liquidation judiciaire (C. com., L. 622-10, al. 2).

Le représentant des créanciers, sous l'empire de la législation antérieure à la loi de sauvegarde des entreprises, peut solliciter du tribunal la cessation d'activité et la conversion du redressement en liquidation judiciaire (C. com., art. L. 621-27 et L. 621-142 [anc^t L. 25 janv. 1985[4], art. 36 et 146] et, depuis la loi de sauvegarde des entreprises[5], C. com., L. 631-15, II).

361.23 Modification et résolution des plans. Ayant perdu sa qualité, le mandataire judiciaire (représentant des créanciers) ne peut plus donner son avis, en revanche, sur la modification du plan, même s'il est encore en fonction pour terminer les opérations de vérification des créances. L'article L. 621-69 du code de commerce (anc^t L. 25 janv. 1985[6], art. 68, al. 2, dans sa rédaction antérieure à la loi de sauvegarde des entreprises[7], C. com., art. L. 626-26, al. 2 depuis la loi de sauvegarde des entreprises) ne prévoit pas de solliciter son avis. En revanche, curieusement, l'article L. 621-91 (anc^t L. 25 janv. 1985, art. 89), dans sa rédaction antérieure à *la loi de sauvegarde des entreprises*, prévoit qu'il a qualité pour demander la résolution du plan de cession en cas d'inexécution par le repreneur de ses engagements.

361.24 Nullités de la période suspecte et actions en rapport. L'article L. 621-110 du code de commerce (anc^t L. 25 janv. 1985[8], art. 110, devenu L. 632-4 depuis la loi de sauvegarde des entreprises) reconnaît qualité au mandataire judiciaire (représentant des créanciers) pour exercer les actions en nullité de la période suspecte et l'article L. 621-7 (anc^t L. 25 janv. 1985, art. 9), devenu depuis la loi de sauvegarde des entreprises[9] l'article L. 631-8, pour demander le report de la date de cessation des paiements, préalable fréquent à une action en nullité de la période suspecte. L'article L. 621-109 du code de commerce (anc^t L. 25 janv. 1985, art. 109, al. 2), devenu depuis la loi de sauvegarde des entreprises l'article L. 632-3, lui accorde également qualité pour exercer l'action en rapport contre le tireur d'une lettre de change ou le donneur d'ordre, ainsi que contre le bénéficiaire d'un chèque et le premier endosseur d'un billet à ordre. L'article L. 621-112 (anc^t L. 25 janv. 1985, art. 112), devenu depuis la loi de sauvegarde des entreprises l'article L. 624-6, dans le même esprit, lui donne qualité pour agir en rapport à l'encontre du conjoint du débiteur exerçant ses reprises.

361.25 Saisine aux fins de sanctions. L'article L. 624-6 du code de commerce (anc^t L. 25 janv. 1985[10], art. 183), dans sa rédaction antérieure à la loi de sauvegarde des entreprises[11], reconnaît qualité au représentant des créanciers pour engager une action en comblement de passif ou en redressement ou en liquidation judiciaire contre un dirigeant d'une personne morale, qui n'acquitterait pas la condamnation à combler le passif ou pour l'un des faits visés à l'article L. 624-5 (anc^t L. 25 janv. 1985, art. 182). La loi de sauvegarde des entreprises a conservé le droit de saisine du mandataire judiciaire aux fins de responsabilité pour insuffisance d'actif. Elle a supprimé le redressement et la liquidation judiciaires à titre personnel. En revanche, elle a créé l'action tendant à condamner le dirigeant à payer le passif de la personne morale – obligation aux dettes sociales. Le mandataire judiciaire ou le liquidateur ont le droit de saisir à cette fin le tribunal (C. com., art. L. 652-5 renvoyant à l'article L. 651-3).

1. Crim. 25 janv. 2005, n° 04-84.624, *Bull. crim.* n° 28; *Act. proc. coll.* 2005/7, n° 90, note Mascala; *RTD com.* 2005. 619, n° 10, obs. Bouloc; *Gaz. proc. coll.* 2005/2, p. 53, obs. Robaczewski.
2. DEPUIS le 1er juill. 2016 : ord. n° 2016-301, 14 mars 2016, *JO* 16 mars.
3. DEPUIS le 1er juill. 2016 : ord. n° 2016-301, 14 mars 2016, préc.
4. L. n° 85-98, 25 janv. 1985, préc.
5. L. n° 2005-845, 26 juill. 2005, préc.
6. L. n° 85-98, 25 janv. 1985, préc.
7. L. n° 2005-845, 26 juill. 2005, préc.
8. L. n° 85-98, 25 janv. 1985, préc.
9. L. n° 2005-845, 26 juill. 2005, préc.
10. L. n° 85-98, 25 janv. 1985, préc.
11. L. n° 2005-845, 26 juill. 2005, préc.

L'ordonnance du 18 décembre 2008[1] modifie les solutions, d'une part en supprimant la possibilité d'agir en responsabilité pour insuffisance d'actif pendant le redressement judiciaire et, d'autre part, en supprimant purement et simplement l'action en obligation aux dettes sociales.

L'article L. 625-7 (anc^t L. 25 janv. 1985, art. 191), dans sa rédaction antérieure à la loi de sauvegarde des entreprises et l'article L. 653-7, alinéa 1 dans la rédaction que lui donne la loi de sauvegarde, attribuent également qualité au mandataire judiciaire – représentant des créanciers – pour demander la faillite personnelle ou l'interdiction de gérer contre un débiteur, personne physique, ou contre un dirigeant d'une personne morale débitrice. Compte tenu des effets de ces sanctions, réduite à la seule faillite personnelle depuis la loi de sauvegarde des entreprises, qui privent le débiteur du bénéfice de la règle interdisant la reprise, à son encontre, des poursuites individuelles après clôture par insuffisance d'actif de sa procédure, cette action participe de la mission de défense de l'intérêt collectif des créanciers, même si ce n'est pas son principal objet, qui est d'écarter de la vie des affaires la personne qui n'en est pas digne.

L'article L. 626-16 (anc^t L. 25 janv. 1985, art. 211) et, depuis la loi de sauvegarde des entreprises, l'article L. 654-17, ouvrent enfin au représentant des créanciers – mandataire judiciaire – qualité pour se constituer partie civile, aux fins de prononcé d'une sanction répressive.

361.26 Attributions spécialement confiées par le législateur sans rapport direct avec la mission de défense de l'intérêt collectif des créanciers du mandataire judiciaire (représentant des créanciers). Le législateur attribue certaines prérogatives au représentant des créanciers, pour tenir compte de l'absence d'administrateur judiciaire dans certaines procédures de sauvegarde ou de redressement judiciaire. Diverses prérogatives accordées à ce dernier sont alors dévolues au mandataire judiciaire (représentant des créanciers).

Il en est ainsi, sous l'empire de la législation antérieure à la loi de sauvegarde des entreprises, en matière de revendication ou de restitution. La demande en acquiescement de revendication ou de restitution, selon le cas, est adressée, à défaut d'administrateur judiciaire, au représentant des créanciers (C. com., art. L. 621-123 [anc^t L. 25 janv. 1985[2], art. 121-1]). La solution a été modifiée par la loi de sauvegarde[3] (v. s^s n° 813.52), le mandataire judiciaire devant donner son avis sur les demandes présentées au débiteur.

L'article L. 621-137 du code de commerce (anc^t L. 25 janv. 1985, art. 141, al. 2), sous l'empire de la législation antérieure à la loi de sauvegarde des entreprises, prévoit que le représentant des créanciers exerce les fonctions dévolues à l'administrateur par l'*article L. 621-19 (anc^t L. 25 janv. 1985, art. 28) :* virement à un compte spécial bloqué, ouvert par le représentant des créanciers, des actions et certificats d'investissement ou de droit de vote détenus par le dirigeant de la personne morale débitrice (C. com., art. L. 621-19, al. 2). Le représentant des créanciers devra mentionner sur le registre de la personne morale l'incessibilité des parts ou actions des dirigeants (C. com., art. L. 621-19, al. 3).

361.27 Pouvoirs partagés avec d'autres organes. Pour bon nombre des actions appartenant au mandataire judiciaire (représentant des créanciers) (actions en rapport, nullité de période suspecte, comblement de passif, redressement ou liquidation judiciaire personnel, faillite personnelle et interdiction de gérer, constitution de partie civile), ce mandataire de justice entre en concurrence avec d'autres organes, tel l'administrateur judiciaire qui n'est pourtant pas un organe de défense de l'intérêt collectif des créanciers, ce qui dénote, de la part du législateur, un manque de cohérence par rapport à la définition qu'il pose à l'article L. 621-39, alinéa 1er (anc^t L. 25 janv. 1985[4], art. 46, al. 1er), et désormais à l'article L. 622-20 du code de commerce, mais prouve aussi le fait qu'il a noyé dans la défense de l'entreprise, la défense des créanciers[5]. Si plusieurs organes ont concurremment qualité pour agir, n'importe lequel peut décider d'engager l'action. Si un autre organe ne partage pas le point de vue du représentant des créanciers, il fera une intervention volontaire principale ou, après obtention de la décision, une voie de recours. La loi de sauvegarde des entreprises[6] est partiellement revenue sur ce partage de pouvoirs avec l'administrateur judiciaire, en distinguant mieux les deux fonctions.

SECTION 361.30
DURÉE DE LA MISSION DU REPRÉSENTANT DES CRÉANCIERS ET DU MANDATAIRE JUDICIAIRE

361.31 Changement de mission du mandataire judiciaire (représentant des créanciers). Le mandataire judiciaire (représentant des créanciers) devient, par principe, liquidateur, en cas de conversion du

1. Ord. n° 2008-1345, 18 déc. 2008, préc.
2. L. n° 85-98, 25 janv. 1985, préc.
3. L. n° 2005-845, 26 juill. 2005, préc.
4. L. n° 85-98, 25 janv. 1985, préc.
5. RAPPR. : DERRIDA *ET ALII*, n° 100.
6. L. n° 2005-845, 26 juill. 2005, préc.

redressement judiciaire en liquidation judiciaire (C. com., art. L. 622-5 [anc^t L. 25 janv. 1985[1], art. 148-4]). En cette hypothèse, il poursuit la défense de l'intérêt collectif des créanciers dont il a la charge, en redressement judiciaire, en sa qualité de représentant des créanciers. La solution n'a pas été reproduite par la loi de sauvegarde des entreprises[2], l'article L. 641-5 ne disposant pas que l'ancien mandataire judiciaire devient le liquidateur. La pratique ne devrait cependant guère évoluer, car il y a des avantages à conserver une même personne pour continuer une mission au contenu partiellement identique.

Il peut également, en cas d'arrêté d'un plan de continuation ou de cession, et même en présence d'un administrateur judiciaire, devenir commissaire à l'exécution du plan (C. com., art. L. 621-68 [anc^t L. 25 janv. 1985, art. 67, al. 1er]), alors que, en son absence, il le devient automatiquement, même si les textes ne le prévoient pas explicitement (v. cep., sol. implicite C. com., art. L. 621-143 [anc^t L. 25 janv. 1985, art. 147]). La loi de sauvegarde des entreprises modifie quelque peu la solution, du fait de la disparition du commissaire à l'exécution du plan de cession. En revanche, les solutions antérieures demeurent pour le commissariat au plan de sauvegarde et au plan de redressement.

361.32 Reddition des comptes et fin de mission du représentant des créanciers ou du mandataire judiciaire. Il convient d'abord de préciser que, sous l'empire de la législation antérieure à la loi de sauvegarde des entreprises, c'est le juge-commissaire qui met fin à la fonction du représentant des créanciers, en application de l'article 88, alinéa 2 du décret du 27 décembre 1985[3]. Pour cela, le représentant des créanciers doit procéder à la reddition de ses comptes, après achèvement des opérations de vérification du passif et paiement des créances salariales. La solution est reprise par l'article R. 626-38, alinéa 2 du code de commerce.

Sous l'empire de la législation antérieure à la loi de sauvegarde des entreprises[4], l'article 88, alinéa 3 du décret du 27 décembre 1985 prévoit que le représentant des créanciers doit notifier au débiteur et déposer au greffe, dans les deux mois qui suivent l'achèvement de sa mission, un exemplaire de ses comptes relatifs aux opérations de recettes et dépenses faites à la Caisse des dépôts et consignations. Tout créancier peut en prendre connaissance au greffe.

L'alinéa 4 de l'article 88 du décret du 27 décembre 1985 ajoute que le débiteur dispose d'un délai de huit jours à compter de la notification pour contester les comptes auprès du tribunal par *déclaration* au greffe. Observons que les créanciers, fussent-ils contrôleurs, n'étaient pas admis à la contestation, en application du texte.

La taxation définitive des honoraires par le juge-commissaire entraîne achèvement de la mission du représentant des créanciers, qui perd qualité pour solliciter la rectification d'une erreur matérielle affectant le plan de cession[5].

Les articles R. 626-39, R. 626-40 et R. 626-42 du code de commerce réglementent de manière beaucoup plus précise le compte rendu de fin de mission du mandataire judiciaire et de l'administrateur judiciaire.

L'article R. 626-39, alinéa 1er du code de commerce commence par énoncer que lorsque le mandataire judiciaire a accompli sa mission, il dépose au greffe un compte rendu de fin de mission. Tout intéressé peut en prendre connaissance.

L'article R. 626-40 du code de commerce énonce, de manière détaillée, le contenu du compte rendu de fin de mission, qui doit permettre de vérifier avec précision les frais et émoluments perçus par le mandataire de justice :

« 1° la reddition des comptes tels qu'elle ressort de l'édition analytique du mandat dans la comptabilité spéciale du mandataire judiciaire. Le classement analytique distingue, par nature, les opérations de recettes et dépenses ;

2° le détail des débours et des émoluments perçus tels qu'ils ont été arrêtés, avec la référence au tarif prévu par les textes ;

3° les rétributions que le mandataire de justice a prélevées sur sa rémunération au profit d'un intervenant extérieur au mandat, en application des articles L. 811-2 (texte intéressant les administrateurs judiciaires) et L. 812-1 du code de commerce (texte intéressant les mandataires judiciaires) ;

4° la rémunération des experts et des officiers publics désignés par le tribunal en application du dernier alinéa de l'article L. 621-4 du code de commerce ainsi que des techniciens désignés par le juge-commissaire en application du deuxième alinéa de l'article L. 621-9 ».

Il importe en outre de préciser que le Conseil national des administrateurs judiciaires et des mandataires judiciaires (CNAJMJ), dans sa mission de surveillance résultant de l'article L. 814-2 du code de commerce, a été chargé par l'article R. 814-3 du code de commerce, issu du décret du 23 décembre 2006[6],

1. L. n° 85-98, 25 janv. 1985, préc.
2. L. n° 2005-845, 26 juill. 2005, préc.
3. D. n° 85-1388, 27 déc. 1985, préc.
4. L. n° 2005-845, 26 juill. 2005, préc.
5. Com. 9 juill. 2013, n° 12-18.177, NP; n° 761 F-D.
6. D. n° 2006-1709, 23 déc. 2006, *JO* 29 déc., p. 19846.

d'inclure dans les règles professionnelles des professionnels les modalités de présentation des demandes d'arrêté de leur rémunération.

Le greffier du tribunal, au termes de l'alinéa 2 de l'article R. 626-39 du code de commerce, communique au ministère public ce compte rendu de fin de mission. Le mandataire de justice doit le notifier au débiteur et aux contrôleurs, par lettre commandée avec demande d'avis de réception (C. com., art. R. 662-1). Cette notification précise qu'ils peuvent former des observations devant le juge-commissaire dans un délai de quinze jours.

L'alinéa 3 prévoit que le juge-commissaire approuve le compte rendu de fin de mission, le cas échéant au vu des observations présentées. Il peut demander au mandataire de justice de lui produire tous justificatifs. Sa décision est déposée au greffe. Elle n'est pas susceptible de recours, contrairement à la solution prévue par la législation antérieure, laquelle n'avait pas cependant envisagé un mécanisme comparable d'instruction de ce compte rendu de fin de mission.

L'article R. 626-42, alinéa 1er du code de commerce indique enfin que, lorsque le compte rendu de fin de mission du mandataire judiciaire et de l'administrateur a été approuvé, la procédure fait l'objet d'une ordonnance de clôture rendue par le président du tribunal. Il s'agit là, selon l'alinéa 2, d'une mesure d'administration judiciaire non susceptible de recours. Cette décision, en application de l'alinéa 3, fait l'objet des communications et publicités applicables au jugement d'ouverture (v. ss nos 233.32 à 233.34). Il était visé les publicités de l'article R. 621-8. Le décret du 30 juin 2014 [1] (art. 63) vise désormais les publicités visées « aux trois premiers alinéas de l'article R. 621-8 ».

Ces solutions de la sauvegarde sont reproduites à l'article L. 631-43 pour le redressement judiciaire, texte également modifié par le décret du 30 juin 2014 (art. 87).

L'ordonnance du 18 décembre 2008 [2] ajoute à l'article L. 626-24 un alinéa prévoyant que « lorsque la mission de l'administrateur et du mandataire judiciaire est achevée, il est mis fin à la procédure dans des conditions fixées par décret en Conseil d'État ».

Ce texte n'est pas une véritable nouveauté. Le changement tient à son insertion dans la loi, alors que, sous l'empire de la loi de sauvegarde, dans sa version d'origine, seul un texte réglementaire, l'article R. 626-42 prévoyait que « lorsque le compte rendu de fin de mission de l'administrateur et du mandataire judiciaire a été approuvé, la procédure fait l'objet d'une ordonnance de clôture rendue par le président du tribunal ». L'alinéa 2 de ce même article ajoutait que « Cette décision est une mesure d'administration judiciaire non susceptible de recours ».

Il faut toutefois remarquer que la précision selon laquelle « il est mis fin à la procédure » contrarie ouvertement l'interprétation de la Cour de cassation sur la notion de « procédure en cours ». En effet, *la Cour de cassation, dans le cadre de l'interprétation des dispositions transitoires de la loi de sauvegarde des entreprises, avait pu décider qu'un plan de continuation en cours d'exécution au 1er janvier 2006 était une « procédure en cours » à cette même date* [3], ce qui permettait d'appliquer immédiatement à la résolution des plans de continuation non prononcés au 1er janvier 2006, en vertu de l'article 191, 2° de la loi du 26 juillet 2005, l'article L. 626-27 du code de commerce, texte qui régit la résolution des plans de sauvegarde ou de redressement.

L'article 36 du décret du 12 février 2009 [4] retouche la rédaction du 4° de l'article R. 626-40 du code de commerce. Le texte ancien énonçait que le compte rendu de fin de mission comporte : « 4° La rémunération des experts et des officiers publics désignés par le tribunal en application du dernier alinéa de l'article L. 621-4 du même code ainsi que des techniciens désignés par le juge-commissaire en application du deuxième alinéa de l'article L. 621-9 ». Plus adroitement, la nouvelle disposition vise « la rémunération des experts désignés par le tribunal et des techniciens désignés par le juge-commissaire, y compris les officiers publics ou ministériels ». En effet, ces derniers sont au rang des « techniciens ».

> **Compte détaillé du greffier.** L'article R. 626-41 du code de commerce prévoit que, dès le dépôt au greffe du compte rendu de fin de mission des mandataires de justice, le greffier adresse au débiteur, aux contrôleurs, ainsi qu'au ministère public, le compte détaillé de ces émoluments, de ses frais et de ses débours. Ce compte est déposé au greffe et annexé à celui des mandataires de justice. Il est complété si le greffier est appelé à régler postérieurement d'autres frais.

361.33 Date de la fin de mission du mandataire judiciaire (représentant des créanciers) en cas de conversion en liquidation judiciaire. En cas de liquidation judiciaire, la mission du mandataire judiciaire (représentant des créanciers) prend fin au jour de la conversion en liquidation judiciaire. Cette dernière solution ne fait pas difficulté, puisque le liquidateur exerce les fonctions dévolues au représentant des

1. D. no 2014-736, 30 juin 2014, préc.
2. Ord. no 2008-1345, 18 déc. 2008, préc.
3. Com. 24 juin 2008, no 07-13.720, NP, *LXB hebdo* juill. 2008, no 313, no N6495BGN, note Le Corre – *Adde*, Amiens, 20 sept. 2007, RG no 06/00784, *Act. proc. coll.* 2008/3, no 46, note Cagnoli.
4. D. no 2009-160, 12 févr. 2009, *JO* 13 févr., p. 2596.

créanciers et est donc investie de la qualité de défenseur de l'intérêt collectif des créanciers.

La conversion d'une procédure de sauvegarde en une procédure de redressement judiciaire n'exerce aucune incidence sur le mandataire judiciaire, qui demeure en fonction.

En cas de conversion du redressement ou de la sauvegarde en liquidation judiciaire, le mandataire judiciaire (représentant des créanciers) n'a plus qualité pour exercer des voies de recours. L'instance engagée par le mandataire judiciaire (représentant des créanciers) ou contre lui se trouve interrompue en cas de prononcé de la liquidation judiciaire. Elle ne peut être reprise qu'après régularisation par ou contre le liquidateur[1]. Le mandataire judiciaire (représentant des créanciers) ne peut, en liquidation judiciaire, exercer un recours contre une décision l'ayant *ès qualités* condamné en qualité de liqudateur[2].

Si le liquidateur judiciaire forme une intervention volontaire principale, le sort de cette intervention n'est pas lié à celui de l'action principale, lorsque l'intervenant exerce un droit propre[3].

361.34 Date de la fin de mission du mandataire judiciaire (représentant des créanciers) en cas d'arrêté d'un plan de redressement. La détermination de la date à laquelle prend fin la mission du mandataire judiciaire (représentant des créanciers) est délicate, en cas de plan de redressement. Tout d'abord, le commissaire à l'exécution du plan prolonge la mission du mandataire judiciaire (représentant des créanciers). Cependant, pour cela, encore faut-il que le mandataire judiciaire (représentant des créanciers) soit une partie à une instance, au jour du jugement arrêtant le plan. Si tel n'est pas le cas, il importe de déterminer précisément la date à laquelle sa mission prend fin, puisqu'elle conditionnera sa qualité à agir, à défendre ou à intervenir, dans une instance, après arrêté du plan.

À cet égard, l'article L. 621-67 du code de commerce alinéa 2 (anc^t L. 25 janv. 1985[4], art. 66, al. 2), dans sa rédaction antérieure à la loi de sauvegarde des entreprises[5], dispose que « le représentant des créanciers demeure en fonction, pendant le temps nécessaire à la vérification des créances ». Le plan est ici arrêté, l'article L. 621-67 figurant dans une section intitulée « jugement arrêtant le plan ». Deux lectures de ce texte sont possibles.

Dans une première, il peut être considéré que le représentant des créanciers demeure en fonction, avec toutes ses prérogatives, jusqu'à ce qu'il ait terminé les opérations de vérification des créances.

Dans une seconde lecture, il faut considérer que le représentant des créanciers ne demeure en fonction que pour terminer la vérification du passif, ce qui signifie alors qu'il perd, au jour de l'arrêté du plan, sa mission générale de défense de l'intérêt collectif des créanciers. En revanche, le représentant des créanciers peut faire appel de la décision statuant sur l'admission de la créance, non le commissaire à l'exécution du plan, à moins que ce dernier se présente comme continuateur de l'action de l'administrateur ayant reçu mission de représentation et ayant donc qualité pour faire appel de ce type de décision[6]. Le représentant des créanciers, appelé dans toute instance tendant à la constatation des créances et à la fixation de leur montant, reste en fonction le temps nécessaire à la vérification des créances. En l'état d'une compensation prononcée en première instance entre les créances connexes d'indemnité d'éviction et d'indemnité d'occupation, le litige est indivisible à l'égard du représentant des créanciers dont la mission de vérification du passif n'était pas achevée[7].

Seule l'interprétation selon laquelle le représentant des créanciers ne demeure en fonction que pour terminer la vérification du passif, et qu'il perd, au jour de l'arrêté du plan, sa mission générale de défense de l'intérêt collectif des créanciers peut être retenue[8]. En effet, elle est seule compatible avec l'article L. 621-68 du code de commerce (anc^t L. 25 janv. 1985, art. 67), qui confère qualité au commissaire à l'exécution du plan pour continuer les actions engagées par le représentant des créanciers. Comment imaginer qu'un organe soit investi de la qualité pour poursuivre les actions relevant de la mission de défense de l'intérêt collectif des créanciers, si un autre organe devait toujours être investi de cette qualité ?

C'est donc logiquement que la seconde lecture du texte a prévalu en jurisprudence. Le représentant des créanciers est ainsi dépourvu de qualité à agir, à défendre, ou à intervenir dans une instance engagée après adoption du plan. La solution est la même si l'instance a été engagée par lui ou contre lui avant l'adoption du plan[9]. C'est ainsi qu'il a été jugé, par exemple, qu'après le plan, le représentant des créanciers ne peut plus agir ou poursuivre une action en

1. Civ. 3e, 15 juin 2005, n° 04-13.029, NP, *Gaz. proc. coll.* 2005/3, p. 17, n° 3, obs. Rohart-Messager.
2. Com. 4 avr. 2006, n° 04-18.889, NP.
3. Com. 10 déc. 2002, n° 99-18.502, *Bull. civ.* IV, n° 193; *Act. proc. coll.* 2003/2, n° 25.
4. L. n° 85-98, 25 janv. 1985, préc.
5. L. n° 2005-845, 26 juill. 2005, préc.
6. Com. 13 nov. 2001, n° 98-21.778, NP, *Rev. proc. coll.* 2003, p. 111, n° 21, obs. Gorrias.
7. Com. 10 juill. 2012, n° 09-14.875, NP; n° 827 F-D.
8. Com. 3 oct. 2000, n° 97-19.036, NP, *Act. proc. coll.* 2000/18, n° 233 – Com. 8 janv. 2002, n° 99-12.048, NP, *Act. proc. coll.* 2002/6, n° 72 – Com. 26 sept. 2006, n° 03-18.527, NP, *LXB hebdo* n° 232, n° N4053ALP, note Le Corre – Paris, 14e ch. B, 21 oct. 2005, RG n° 2005/7028.
9. Com. 2 juin 2004, n° 01-13.078, *Bull. civ.* IV, n° 109.

rapport d'un effet de commerce[1], en c lement de passif[2], ou en faillite personnelle[3]. pouvoir n'appartient plus qu'au commissaire à écution du plan. De même, après le plan de redre nent, le représentant des créanciers ne demeuran fonction que pour terminer les opérations de vcation du passif, il ne peut plus exercer une action dommages et intérêts contre un tiers, auquel il repro-ché d'avoir contribué à la diminution de l'af ou à l'augmentation du passif[4] ou une action paiement[5]. Identiquement, le représentant des éanciers ne peut poursuivre une action en nulli de la période suspecte, après arrêté du plan[6]. De me, il n'a plus qualité pour interjeter un appel nullit l'un jugement interprétatif du plan de continuatio ou pour poursuivre la réformation devant la ur d'appel d'une décision statuant sur opposit à une ordonnance rendue en matière de revenca-tion[8].

La nomination d'un mandataire *ad hoc* ur engager l'action aux lieu et place du représe nt des créanciers serait tout aussi inopérante[9], puis un organe vient se substituer au représentant des créanciers, pour continuer les actions qu'il aurait introduites : le commissaire à l'exécution du plan.

Il faut cependant réserver la recevabilité des actions explicitement posées par les textes, après arrêté du plan. Il en est ainsi de la possibilité pour le représentant des créanciers d'interjeter appel du jugement arrêtant ou rejetant le plan de continuation « article 171, 2° de loi du 25 janvier 1985 » (devenu C. com., art. L. 623-1, I, 2°), avant la loi de sauvegarde des entreprises, le plan de sauvegarde ou de redressement, depuis la loi de sauvegarde des entreprises (C. com., art. L. 661-1, I, 2°). Au contraire, les jugements arrêtant ou rejetant le plan de cession ne sont pas susceptibles d'appel de la part du représentant des créanciers (C. com., art. L. 623-6, *a contrario* [anc[t] L. 25 janv. 1985, art. 174, al. 2], réd. antérieure à la loi de sauvegarde des entreprises), de la part du mandataire judiciaire (C. com., art. L. 661-6, II, réd. loi de sauvegarde des entreprises, devenu C. com., art. L. 661-6, III, réd. ord. 18 déc. 2008[10]).

Même s'il a encore qualité à agir, ce mandataire de justice devra avoir intérêt. Tel n'est plus le cas lorsqu'il exerce une action rentrant dans le cadre de sa mission de défense de l'intérêt collectif des créanciers, si le passif peut être intégralement apuré. La solution a ainsi été posée pour une action en inopposabilité d'une vente immobilière faite par le débiteur seul après sa liquidation judiciaire[11].

La loi du 26 juillet 2005 prévoit explicitement, désormais, que le mandataire judiciaire demeure en fonction pendant le temps nécessaire à la vérification et à l'établissement définitif de l'état des créances (C. com., art. L. 626-24, al. 2), ce qui est beaucoup moins restrictif que « le temps nécessaire à la vérification des créances » antérieurement visé à l'article L. 621-67, alinéa 2 du code de commerce, dans sa rédaction antérieure à la loi du 26 juillet 2005. Il s'agit de tenir compte des hypothèses où des instances sont en cours sur l'admission ou le rejet de créances, ou même, en amont, sur le relevé de la forclusion[12].

La mission du représentant des créanciers n'est cependant pas temporellement sans limite.

Sous l'empire de la loi du 25 janvier 1985, le représentant des créanciers, en vertu de l'article 88 du décret du 27 décembre 1985[13], rend compte de sa mission au juge-commissaire, qui met fin à celle-ci, après avoir constaté l'achèvement de la vérification des créances. L'article 89 du même décret, par effet réflexe, dispose que la reddition définitive des

1. Com. 23 nov. 2004, n° 03-17.141, *Bull. civ.* IV, n 00; *D.* 2004. AJ 3218, obs. Lienhard; *D.* 2005. Pan. 29 obs. Le Corre; *RD banc. fin.* 2005/1, p. 24, n° 18, note cas; *LXB hebdo* n° N4133ABP, note Le Corre.
2. Com. 3 janv. 1995, n° 91-18.044, NP, *Quot. Jur.* juin 1995; *Rev. proc. coll.* 1996, p. 60, n° 10, obs. Sone – Com. 3 oct. 2000, n° 97-19.036, NP, *Act. proc. coll.* 000/18, n° 233; *RJDA* 2001/1, n° 60 – Com. 29 oct. 002, n° 99-17.262, NP, *RD banc. fin.* 2003/2, p. 104, ° 80, obs. Lucas – Com. 24 sept. 2003, n° 00-11.010, *Bll. civ.* IV, n° 143; *D.* 2003. AJ 2438, obs. Lienhard; *JCP* 2004 Chron. 151, p. 174, n° 5, obs. Pétel; *JCP E* 2004, jur. 385, p. 423, note Legros; *Rev. sociétés* 2004. 412, note Lucas; *Rev. proc. coll.* 2005/2, p. 150, n° 3, obs. Martin-Serf; *Bull. Joly* 2003. 1265, § 265, note Cagnoli – Paris, 14e ch. B, 21 oct. 2005, RG n° 2005/7028 – Paris, 3e ch. A, 8 nov. 2005, RG n° 03/22198.
3. Com. 24 sept. 2003, n° 00-11.010, préc. (v. s[s] prés[t] n°) – Paris, 3e ch. A, 7 oct. 2003, RG n° 2002/10429 – CONTRA : Paris, 3e ch., 1er déc. 2000, *Rev. proc. coll.* 2001, p. 273, n° 1, obs. Barret.
4. Com. 12 juill. 1994, n° 92-14.349, *Bull. civ.* IV, n° 265; *D.* 1995. Somm. 1, obs. Derrida – Com. 3 janv. 1995, n° 91-18.044, NP, *Bull. Joly* 1995. 266, note Couret – Com. 15 oct. 2002, n° 98-17.358, NP, *RD banc. fin.* 2003/2, p. 103, n° 79, obs. Lucas – Paris, 14e ch. B, 21 oct. 2005, RG n° 2005/7028.
5. Com. 28 mars 2000, n° 97-12.243, *Bull. civ.* IV, n° 72; *JCP E* et *A* 2000, Chron. 1561, n° 2-b-3, obs. Pétel – Paris, 3e ch. A, 4 mai 2004, RG n° 2003/10553.
6. Com. 17 déc. 2003, n° 01-14.748, NP, *Rev. proc. coll.* 2004, p. 382, n° 1, obs. Blanc.
7. Com. 20 janv. 1998, n° 95-13.565, *Bull. civ.* IV, n° 31; *JCP E* 1998, pan. 399.
8. Nancy, 2e ch. com., 21 juin 2000, *Hombert Tourisme et Me Douillet* ès-qual. *c/Loxxia Bail*, NP.
9. Com. 28 mars 2000, n° 97-12.243, préc. – Com. 26 sept. 2006, n° 03-18.527, NP, *LXB hebdo* n° 232, n° N4053ALP, note Le Corre.
10. Ord. n° 2008-1345, 18 déc. 2008, préc.
11. Douai, 2e ch., 20 mai 1999, *Banque Sovac immobilier c/ Me Soinne* ès-qual. *Théry*, NP.
12. *Rapp. Xavier de Roux*, n° 2095, p. 306.
13. D. n° 85-1388, 27 déc. 1985, préc.

comptes du représentant des créanciers met fin aux fonctions du juge-commissaire. Ainsi, un jugement de clôture des opérations de plan de continuation ne pourrait constituer le terme de la mission du représentant des créanciers[1].

La loi de sauvegarde des entreprises a précisément réglementé cette question (v. s^{s} n° 361.32).

Il ne peut, en outre, demeurer en fonction après la résolution du plan de continuation, de redressement ou de sauvegarde. En ce cas, une seconde procédure est ouverte entraînant désignation d'un nouveau représentant des créanciers. Il avait été jugé que l'instance de vérification d'une créance déclarée dans la première procédure et non terminée au jour de la seconde procédure est interrompue et ne peut reprendre son cours. La créance sera vérifiée dans le cadre de la seconde procédure, en l'état de la décision rendue avant la résolution du plan. Si le débat a été porté devant la Cour de cassation et qu'un renvoi après cassation est intervenu devant une cour d'appel de renvoi, la créance sera fixée au passif de la première procédure en l'état de la décision de première instance, seule objet du débat devant la cour d'appel de renvoi[2]. La solution pouvait aussi se justifier par l'observation que ne peuvent coexister deux procédures de vérification et d'admission des créances, compte tenu du principe d'unicité de la procédure collective, qui interdit l'ouverture et le maintien de deux procédures collectives contre une même personne. La Cour de cassation a cependant censuré cette décision, sans se prononcer sur l'impossible coexistence de deux procédures de vérification que postulait, à notre sens la solution posée, selon laquelle le rejet de la créance dans une première procédure pour irrégularité affectant la déclaration de créance interdit l'admission de la créance au passif de la seconde procédure ouverte suite à la résolution du plan. L'instance portant sur la régularité de la déclaration de créance au passif de la première procédure, toujours en cours au jour de l'ouverture de la seconde procédure suite à la résolution du plan, n'était pas éteinte du fait de l'ouverture de cette seconde procédure[3].

Lorsque le tribunal par jugement met fin aux fonctions du représentant des créanciers – mandataire judiciaire –, ce dernier perd pouvoir à exercer une voie de recours. Cette décision de la juridiction est exécutoire de plein droit à titre provisoire. Le pourvoi exercé sur l'arrêt d'appel par le représentant des créanciers – mandataire judiciaire – tendant à la désignation d'un administrateur judiciaire est en conséquence irrecevable. La solution ne serait différente qu'eas d'appel du ministère public sur la décision dribunal, du fait du caractère suspensif de cet appdepuis la loi du 10 juin 1994[4].

SECTION 1.40
RESPONBILITÉ DU MANDATAIRE JUDICIAIRE ET DU RÉSENTANT DES CRÉANCIERS

361.4 Responsabilité du mandataire judiciaire et repsentant des créanciers. Le représentant des créaners – mandataire judiciaire depuis la loi de sauvarde des entreprises –, comme tout mandataire justice, est susceptible d'engager sa responsabi civile délictuelle, dans les conditions de droitommun : faute, préjudice et lien de causalité entra faute et le préjudice, sur le fondement des artic 1382 et 1383 du code civil (devenus C. civ., art. 40 et 1241[5]).

Mne si le représentant des créanciers – mandataireadiciaire – n'a pas de pouvoir de gestion, il se voit connaître par la loi la possibilité de demander la coversion de la sauvegarde ou du redressement judiciaire en liquidation judiciaire, si l'entreprise en cession des paiements, ne peut d'évidence obtenir un pn. Il engage sa responsabilité à ne pas présenter cte demande au tribunal, lorsqu'il en résulte, pourun créancier, un préjudice[6]. La solution est ainsiposée en présence d'une importante dette de loyer existant au jour du jugement d'ouverture, qui a augmenté du fait de la longueur de la période d'observation, le représentant des créanciers ayant laissé perdurer la situation en s'abstenant de présenter une demande de conversion du redressement en liquidation judiciaire[7]. Il n'engage pas sa responsabilité à solliciter la conversion du redressement en liquidation judiciaire, même si par la suite la décision de conversion sera infirmée, dès lors que le plan présenté en première instance n'est pas réaliste[8].

Par principe, le représentant des créanciers ne saurait engager sa responsabilité dans le cadre de l'arrêté d'un plan de continuation ou de cession, lesquelles ne résultent pas de ses diligences. Cependant, à l'occasion de l'arrêté de ces plans, il doit être entendu pour faire des observations destinées à éclairer le tribunal sur l'opportunité de l'arrêté du plan, au regard de la situation qui est réservée aux

1. Com. 11 mai 2010, n° 09-15.320, *Bull. civ.* IV, n° 86.
2. Limoges, aud. sol., 1re et 2e ch. réunies, 12 mars 2003, RG n° 00/00102, *Ép^{x} Berbudeau/Enténial*, NP.
3. Com. 12 avr. 2005, n° 03-21.180, NP.
4. Com. 21 mars 2006, n° 04-15.148, NP, *Gaz. proc. coll.* 2006/3, p. 20, obs. Bidan.
5. DEPUIS le 1er oct. 2016 : Ord. n° 2016-131, 10 févr. 2016, *JO* 11 févr.
6. Com. 16 mai 2006, n° 04-18.042, NP, *Gaz. proc. coll.* 2006/4, p. 17, note Gorrias.
7. Com. 13 nov. 2007, n° 06-18.516, NP.
8. Com. 26 janv. 2016, n° 14-23.771, NP; n° 86 F-D.

créanciers. Dès lors, il peut engager sa responsabilité s'il omet de présenter ses observations, en ne comparaissant pas à l'audience d'arrêté du plan[1]. La solution est transposable au plan de sauvegarde et de redressement.

Il peut engager sa responsabilité envers un syndicat de copropriété, à ne pas informer le tribunal sur l'existence d'une mesure de faillite personnelle ayant frappé une personne dans la procédure de laquelle il est représentant des créanciers, conduisant le tribunal à accepter la continuation d'une activité de syndic de copropriété et à autoriser la conclusion d'un contrat de location-gérance de cette activité avec une personne qui n'est pas titulaire de la carte professionnelle[2].

Les reproches essentiellement formulés contre lui tiendront à la procédure de vérification et d'admission des créances (v. s[s] n°s 671.21 s.) et à l'abstention d'engagement d'actions concourant à la défense de l'intérêt collectif.

L'intéressé devra justifier d'un préjudice personnel particulier, lequel ne peut résulter du seul non-paiement de sa créance[3]. Cependant, si les lenteurs de la procédure de vérification des créances, imputables au représentant des créanciers, causent à un créancier un préjudice, il peut engager la responsabilité du représentant des créanciers, pour l'immobilisation injustifiée de sa créance[4].

Il peut lui être reproché de ne pas avoir averti un créancier connu, ce dernier ayant vu s'éteindre sa créance, par suite d'absence de déclaration dans les délais (v. s[s] n° 665.74).

À l'inverse il peut lui être reproché par le débiteur d'avoir proposé au juge-commissaire, de sa propre autorité, l'admission d'un créancier qui a déclaré tardivement sa créance[5]. De même, le fait de ne pas convoquer le débiteur à la procédure de vérification des créances est une faute de nature à engager la responsabilité du mandataire judiciaire, dès lors que le débiteur est ainsi privé de la possibilité d'invoquer la tardiveté de la déclaration de créance d'un créancier, en l'occurrence l'AGS[6].

Il peut ensuite lui être reproché de ne pas avoir contesté une créance qui lui a été adressée, privant un créancier y ayant intérêt du droit à répartition. Le reproche pourrait ainsi tenir à l'admission d'un créancier à titre privilégié, alors qu'elle aurait dû intervenir à titre chirographaire, si le représentant des créanciers avait exercé correctement sa mission de vérification des créances[7]. Inversement, si le représentant des créanciers conteste le créancier et propose son admission à titre chirographaire alors qu'elle aurait dû intervenir à titre privilégié, il ne peut engager sa responsabilité[8], le créancier disposant de la voie de recours de l'appel, pour contester la décision rendue par le juge-commissaire, qui suivrait la position du représentant des créanciers. De la sorte, il n'y aurait pas de lien de causalité entre la faute prétendue du mandataire de justice et le préjudice subi par le créancier.

Le représentant des créanciers pourrait aussi se voir reprocher de ne pas avoir soutenu la contestation de la créance formulée par le débiteur[9], la responsabilité n'étant retenue, en pareil cas, que si la démonstration est rapportée que la créance aurait eu des chances sérieuses d'être rejetée. Le même reproche sera formulé si le représentant des créanciers n'exerce pas de voie de recours à l'encontre d'une décision relevant un créancier de la forclusion au-delà du délai d'un an du jugement d'ouverture prévu par les textes, pour l'introduction de l'action.

Dans ces hypothèses, le lien de causalité sera cependant contesté car le créancier intéressé par le rejet d'une créance déclarée par un autre dispose d'une voie de recours à cette fin : la réclamation à l'état des créances. Il lui sera donc reproché de ne pas avoir exercé cette voie de recours, cependant qu'est envisageable un partage de responsabilité entre le représentant des créanciers et ce créancier, dans la réalisation du préjudice qu'il subit.

Il pourra encore être reproché au représentant des créanciers d'avoir fait admettre un créancier qui avait déclaré après expiration du délai de forclusion. Sa responsabilité pourra alors être recherchée par une caution, tenue au paiement du fait de l'admission de la créance[10]. Il n'entre en effet pas dans sa mission de défendre un créancier contre l'intérêt du groupement des créanciers. C'est pourquoi, il est possible d'estimer qu'il ne peut être reproché à un représentant des créanciers de ne pas défendre ou conseiller un créancier dans la défense de ses droits propres ou de son intérêt individuel.

1. AINSI : Paris, 1re ch. B, 12 oct. 1995, *Rev. proc. coll.* 1998, p. 407, n° 24, obs. Soinne.
2. Civ. 1re, 11 janv. 2005, n° 00-19.009, *Bull. civ.* I, n° 7.
3. SOUS L'EMPIRE de la loi du 13 juillet 1967 : Com. 12 nov. 1997, n° 95-11.206, NP, *Rev. proc. coll.* 1998, p. 199, n° 43.
4. Paris, 1re ch. A, 3 févr. 1998, *Act. proc. coll.* 1998/2, n° 30.
5. Com. 30 juin 2004, n° 02-20.729, NP, *RD banc. fin.* 2004/6, p. 413, n° 252, obs. Lucas.
6. Com. 27 janv. 2015, n° 13-27.081, NP; n° 80 F-D.
7. AINSI, RETENANT la responsabilité du mandataire : Com. 5 déc. 1995, n° 92-21.828, *Bull. civ.* IV, n° 287; *Rev. proc. coll.* 1998, p. 195, n° 38, obs. Soinne.
8. Com. 3 déc. 1996, n° 94-15.753, NP, *Rev. proc. coll.* 1998, p. 196, n° 38, obs. Soinne.
9. Agen, 29 avr. 1992, *Rev. proc. coll.* 1994, p. 100, n° 19, obs. Soinne.
10. Com. 7 janv. 2003, n° 99-10.781, *Bull. civ.* IV, n° 1; *Act. proc. coll.* 2003/3, n° 35, obs. Vallansan; *RTD com.* 2003. 564, n° 2, obs. Martin-Serf.

Il pourra encore lui être reproché de pas avoir exercé d'actions contribuant à la défense de l'intérêt collectif des créanciers, et qui auraient, en conséquence, pu profiter au demandeur en responsabilité, par exemple une action en nullité de la période suspecte, ou une action en responsabilité contre un tiers, notamment contre un dispensateur de crédit sur le fondement de la rupture ou de l'octroi abusif de crédit. La responsabilité ne saurait toutefois être engagée par la caution *solvens*, dès lors que le débiteur, redevenu *in bonis* à la suite de l'adoption de son plan, a lui-même engagé l'action en responsabilité dont il a été débouté et alors surtout que le commissaire à l'exécution du plan s'était joint à l'action. La responsabilité pour abstention d'action suppose en effet que l'action ait une chance sérieuse de réussir[1].

Le reproche pourrait également lui être adressé pour le défaut d'engagement d'action en comblement de passif[2].

La question se pose de savoir si ces solutions sont différentes depuis la loi de sauvegarde des entreprises, qui a érigé les contrôleurs en organes subsidiaires de défense de l'intérêt collectif des créanciers (v. s^s n° 612.24).

En revanche, par principe, le mandataire judiciaire ou le liquidateur ne saurait engager sa responsabilité et être condamné à des dommages et intérêts pour procédure abusive lorsqu'il engage une action en responsabilité pécuniaire. Dès lors qu'il a obtenu, ne serait-ce que partiellement gain de cause en première instance, cela suffit à établir la légitimité de l'action en justice[3]. La condamnation pour procédure abusive ne pourrait être envisagée, a-t-on relevé, qu'en cas d'action manifestement irrecevable ou particulièrement mal fondée[4]. En outre, cette condamnation ne saurait intervenir que dans une instance où le mandataire judiciaire ou le liquidateur aurait été appelé personnellement, non dans une instance où il figure ès qulités (v. s^s n° 362.31)[5].

Précisons que, en l'absence d'administrateur judiciaire, le mandataire judiciaire est tenu d'assurer la protection des droits du créancier revendiquant. Il en est ainsi lorsqu'il est saisi d'une demande en revendication avant la nomination d'un administrateur judiciaire et que l'inventaire est établi avant cette même nomination. Il ne peut soutenir que son obligation de protection des droits du créancier revendiquant ne commence qu'à compter de la conversion en liquidation judiciaire[6].

1. Com. 26 janv. 2016, n° 14-23.771, NP; n° 86 F-D.
2. Rép. min. n° 5420, *JOAN Q* 16 janv. 1989, p. 276; *Bull. Joly* 1989. 202, § 63 – *Adde*, Vallansan, 2e éd., p. 351.
3. Civ. 2e, 4 juin 2009, n° 08-11.019, NP, *Gaz. Pal.* 8-10 janv. 2010, n°s 8 et 9, p. 45, note Montéran.
4. Montéran, note s^s Civ. 2e, 4 juin 2009, n° 08-11.019, *Gaz. Pal.* 8-10 janv. 2010, n°s 8 et 9, p. 45.
5. Civ. 2e, 23 juin 2011, n° 09-15.572, *Bull. civ.* II, n° 139; F-P+B.
6. Com. 1er déc. 2015, n° 14-19.930, NP; n° 1023 F-D; *Leden* 2016/1, comm. 005, note Laroche.

CHAPITRE

362. Organe de la liquidation judiciaire : le liquidateur judiciaire

SECTION 0

ORIENTEUR

362.00 **Plan du chapitre.**

Sect. 362.10 Désignation du liquidateur judiciaire

Sect. 362.20 Fonctions du liquidateur judiciaire

Sect. 362.30 Responsabilité du liquidateur judiciaire

362.01 **Textes applicables.** (V. les références complètes s[s] n° 011).

> Législation antérieure à la loi de sauvegarde des entreprises.

C. com., art. L. 622-5, L. 622-6

> Législation issue de la loi de sauvegarde des entreprises.

C. com., art. L. 641-1, L. 641-4, al. 3, L. 641-5, L. 641-6, L. 641-11, al. 3

C. com., art. R. 641-11 (anc[t] D. 28 déc. 2005, art. 224), R. 641-12 (anc[t] D. 28 déc. 2005, art. 225)

> Législation issue de l'ordonnance du 18 décembre 2008.

C. com., art. L. 641-1, L. 641-1-1, L. 641-4, al. 3, L. 641-5 à L. 641-7, L. 641-11, al. 3

C. com., art. R. 641-11, R. 641-12

> Législation issue de l'ordonnance du 12 mars 2014.

C. com., art. R. 641-35

362.03 **Bibliographie indicative.** (V. les références complètes s[s] n° 031).

> Actualisables. RÉP. COM., Pigassou P., « Entreprises en difficulté – Redressement judiciaire (Procédure et organes) », n°s 263 à 278 – J.-CL. COM., Reille, fasc. 2236, [Organes – Mandataire judiciaire : fonctions].

> Ouvrages antérieurs à la loi de sauvegarde des entreprises. JACQUEMONT, 6e éd., n°s 770 à 784 – KERCKHOVE, n°s 367 à 370 et 906 – LE CANNU, n° 988 – LE CORRE-BROLY, n°s 131 à 133 – MARTIN ET VALLENS, n°s 2585 à 2592 – PÉROCHON ET BONHOMME, n° 150 – PÉTEL, n° 150 – SAINT-ALARY-HOUIN, n°s 421, 421-1, 1009 à 1015-1 – Slim, *La responsabilité professionnelle des administrateurs et liquidateurs judiciaires*, Litec, 2002 – SOINNE, n°s 2353 à 2358 – VALLANSAN, p. 287 et 288.

> Ouvrages postérieurs à la loi de sauvegarde des entreprises. GIBIRILA, n°s 345, 346 – JACQUEMONT et VABRES, 9e éd., n°s 889 à 892, 907 à 911 – LE CANNU, 7e éd., n°s 1126 à 1129 – PÉROCHON, 10e éd., n°s 535, 536 – PÉTEL, 8e éd., n° 147 – SAINT-ALARY-HOUIN, 9e éd., n°s 1200 à 1211 – VALLANSAN *ET ALII*, 6e éd., p. 359 à 361 – VALLENS, 2015, n°s 4390 à 4400 – VOINOT, 2e éd., n°s 300 à 306.

> Articles. Aubert F., « La responsabilité civile professionnelle des mandataires de justice dans les procédures de redressement et de liquidation judiciaires », *Rapp. C. cass.* 2003, p. 145 – Gorrias, « la responsabilité du mandataire judiciaire », *Rev. proc.* 2010/6, § 12, p. 107 – Perdriau A., « La responsabilité civile des mandataires de justice dans les procédures collectives », *JCP E* 1989. II. 15547 – Soinne B., « Les répartitions ou la mission impossible », *Rev. proc. coll.* 1997, p. 249 s. – Pierre S., « L'indu et les erreurs de répartition dans le cadre de la liquidation judiciaire », *Rev. proc. coll.* 2000, p. 1 s. – Saint-Alary-Houin C., « Des professions à « haut risque », Les professions d'administrateur et de mandataire judiciaires », *Mél. Honorat*, Éd. Frison-Roche, 2000, p. 193 – Sapin B., « Le rôle des mandataires de justice en présence dune atteinte portée à l'environnement », *Rev. proc. coll.* 2004, p. 170.

> Table ronde. « La responsabilité civile des professionnels des procédures collectives », (Menjucq. M, Blanc J.-F., de Salve de Bruneton J., Risks C., Fabre J.-P. et Guigon P), *Rev. proc. coll.* 2015, Table ronde 3.

362.06 **Principales actions.**

• Action en responsabilité civile à titre personnel contre le liquidateur devant le tribunal de grande instance

* V. s[s] n° 351.91.

• Délai de dix ans à compter de la fin de la mission du liquidateur

* V. s[s] n° 351.91.

SECTION 362.10
DÉSIGNATION DU LIQUIDATEUR JUDICIAIRE

362.11 Désignation du liquidateur judiciaire. Dans le jugement de liquidation judiciaire, le tribunal nomme un liquidateur. Initialement, la loi était restée muette sur le point de savoir si plusieurs liquidateurs pouvaient être nommés. La jurisprudence l'avait admis[1]. La loi du 3 janvier 2003[2] le prévoit explicitement en modifiant en ce sens l'article L. 622-2, alinéa 1er du code de commerce.

De même, le tribunal, en cours de procédure, pourra adjoindre à ceux déjà nommés, un ou plusieurs liquidateurs. À cette fin, il peut se saisir d'office, être saisi sur proposition du juge-commissaire ou à la demande du ministère public. La loi de sauvegarde des entreprises conserve ces solutions (C. com., art. L. 641-1, II), en ajoutant que l'ordre professionnel ou l'autorité compétente d'un débiteur professionnel libéral soumis à un statut législatif ou réglementaire ou dont le titre est protégé peut saisir le ministère public à cette fin.

L'article L. 641-1, II, alinéa 2 nouveau du code de commerce, issu de la rédaction que lui donne l'ordonnance du 18 décembre 2008 (ord. 18 déc. 2008[3], art. 93), prévoit la possibilité pour le tribunal de désigner plusieurs liquidateurs dans le jugement d'ouverture, alors que seule existait, dans la loi de sauvegarde[4], la possibilité d'adjoindre un ou plusieurs liquidateurs à ceux déjà nommés.

La désignation de liquidateurs multiples peut être faite d'office ou à la demande du ministère public.

En cas de désignation de liquidateurs multiples, chacun des liquidateurs a le pouvoir de représenter seul le débiteur[5]. Le tribunal ne semble pas avoir le pouvoir de moduler les attributions respectives des co-liquidateurs, du fait que les pouvoirs du liquidateur sont légaux et invariables[6].

Le choix dans la nomination relève du pouvoir souverain des juges du fond[7]. Toutefois, avant comme après la loi de sauvegarde des entreprises, aucun parent ou allié jusqu'au quatrième degré ne peut être nommé à cette fonction. L'article L. 641-6 du code de commerce, dans sa rédaction issue de l'ordonnance du 18 décembre 2008 (ord. 18 déc. 2 art. 99), prévoit plus largement, qu'aucun dnt ou partenaire allié par un pacte de solidaqu'aucun parent ou allié, jusqu'au quatrième inclusivement, du débiteur, et non plus du d'entreprise, ou des dirigeants s'il s'agit d'une nne morale, ne peut être nommé à l'une des tions prévues à l'article L. 641-1 ou L. 641-10. ainsi visées les incompatibilités pour la désiion au poste de liquidateur, notamment.

orsque la procédure intéresse un professionnel ral, il semble, compte tenu de l'alinéa 2 de l'artiL. 641-1 du code, qui renvoie à l'alinéa 1er, que rdre professionnel dont dépend le professionnel éral puisse influer sur le choix du liquidateur[8], ce i apparaît doublement curieux : d'abord au regard la nécessaire indépendance de l'organe par rapport au débiteur, ensuite parce que cette règle existe pas pour le choix du mandataire judiciaire. ans doute ne fallait-il voir là qu'une inadvertance législative dans le renvoi opéré d'un alinéa à l'autre. Quoi qu'il en soit, cette possibilité n'existe plus avec la nouvelle rédaction du texte issue de l'ordonnance du 18 décembre 2008.

L'ordonnance du 12 mars 2014[9] accorde à certaines personnes la faculté de demander la désignation de tel liquidateur ou de présenter leurs observations sur cette désignation (v. ss nos 351.61 s.).

En cas de conversion du redressement en liquidation judiciaire, le représentant des créanciers sera par principe nommé liquidateur, sous réserve que, par mesure de défiance[10], l'administrateur, un créancier ou le procureur de la République ne fasse une demande au tribunal, pour nommer un liquidateur autre que le représentant des créanciers (C. com., art. L. 622-5 [anct L. 25 janv. 1985[11], art. 148-4, al. 1er]). La solution n'est plus explicitement posée par la loi de sauvegarde des entreprises. Il semble cependant qu'il n'y ait pas de raison logique de modifier, en pratique, ces solutions de la législation antérieure. L'ordonnance du 18 décembre 2008 conserve la possibilité de désigner en qualité de liquidateur une personne autre que celle désignée mandataire judiciaire dans la procédure de sauvegarde ou de redressement judiciaire. Comme par le passé, cette désignation interviendra par décision motivée, sur la demande de l'administrateur, d'un créancier, du débiteur ou du ministère public. L'article L. 641-1, III, alinéa 2 du code de commerce, dans sa rédaction issue de l'ordonnance du 18 décembre 2008 (art. 93), prévoit d'une manière plus précise que sous l'empire

1. GUYON, no 1296.
2. L. no 2003-7, 3 janv. 2003, *JO* 4 janv., p. 256.
3. Ord. no 2008-1345, 18 déc. 2008, *JO* 19 déc., p. 19462.
4. L. no 2005-845, 26 juill. 2005, *JO* 27 juill., p. 12187.
5. Civ. 2e, 8 janv. 1997, no 95-11.954, *Bull. civ.* II, no 1; *RJ com.* 1998. 292, no 90; obs. Saint-Alary-Houin; *JCP E* 1997. I. 651, no 5, obs. Pétel.
6. J.-CL. COM., Vallansan et Beaubrun, fasc. 2702, [Liquidation judiciaire – Régime – Administration de l'entreprise – Liquidation judiciaire simplifiée], no 5.
7. Rép. min. no 39926, *JOAN Q* 29 juill. 1996, 4180.
8. Froehlich et Sénéchal, « De l'ouverture et du déroulement de la liquidation judiciaire », *LPA* no sp. 9 févr. 2006, no 29, p. 4 s., sp. p. 10.
9. Ord. no 2014-326, 12 mars 2014, *JO* 14 mars, p. 5249.
10. JUSTIFIANT ainsi la mesure : GUYON, no 1296.
11. L. no 85-98, 25 janv. 1985, *JO* 26 janv., p. 1097.

du texte ancien, que la demande de désignation qualité de liquidateur d'une personne autre que mandataire judiciaire peut être présentée, lorsque procédure intéresse un professionnel libéral, p l'ordre professionnel ou l'autorité compétente professionnel libéral. L'ordonnance du 12 mars 20 (art. 61) modifie le premier alinéa du III de l'arti L. 641-1 du code de commerce, pour prévoir que, cas de liquidation judiciaire prononcée sur conve sion d'un redressement ou d'une sauvegarde, l'u des institutions mentionnées à l'article L. 3253-1 du code de commerce, c'est-à-dire l'AGS, peut s'oppo ser, comme cela est déjà possible au profit du débiteu ou du ministère public, à la désignation comm liquidateur du mandataire judiciaire.

L'article L. 641-1, III du code de commerce, dan la rédaction que lui donne la loi de sauvegarde de entreprises, prévoit la possibilité pour le tribunal lorsque la liquidation intervient sur conversion d'une sauvegarde ou d'un redressement judiciaire d'adjoindre au liquidateur déjà désigné un ou plusieurs autres liquidateurs. L'article R. 641-12 du code de commerce prévoit en ce cas l'application des dispositions de l'article R. 621-17, texte qui intéresse notamment l'adjonction d'un administrateur (v. s[s] n° 371.11).

L'article R. 643-19 du code de commerce dispose que, dans les deux mois de l'achèvement de sa mission, le liquidateur dépose un compte rendu de fin de mission dans les conditions des articles R. 626-39 et R. 626-40. L'article R. 626-41 est applicable (v. s[s] n° 361.32). Cette disposition s'applique aux procédures en cours au 1er janvier 2006 (D. 28 déc. 2005[1], art. 361).

Le remplacement d'un liquidateur obéit également aux règles posées pour le remplacement de l'administrateur, l'article R. 641-12 du code de commerce renvoyant, ici encore, à l'article R. 621-17 (v. s[s] n° 351.63). Le liquidateur qui cesse ses fonctions doit rendre ses comptes à celui qui le remplace, en présence du juge-commissaire, le débiteur entendu ou dûment appelé à la diligence du greffier (D. 27 déc. 1985[2], art. 31, C. com., R. 621-18, rendu applicable du fait du renvoi opéré à cet article par l'article R. 641-11, al. 1er).

SECTION 362.20

FONCTIONS DU LIQUIDATEUR JUDICIAIRE

362.21 Fonctions classiques du liquidateur. Le liquidateur a une fonction très large, à multiples facettes[3]. Pour la remplir, il a la possibilité de solliciter la nomination d'expert[4].

Il est d'abord investi des pouvoirs du représentant des créanciers – mandataire judiciaire. Il procède à la vérification du passif ou termine celle-ci. L'article R. 641-35 du code de commerce, inséré par le décret du 30 juin 2014[5] (art. 97) prend le soin de préciser que, « sauf dispositions contraires du présent titre [titre IV consacré à la liquidation judiciaire], les dispositions réglementaires relatives aux actions qui relèvent de la compétence du mandataire judiciaire sont applicables lorsqu'elles sont poursuivies ou introduites par le liquidateur conformément à l'article L. 641-4 ».

Il est investi ensuite de la mission de défense de l'intérêt collectif des créanciers. En cette qualité, il peut demander à une caution d'exécuter les engagements souscrits au titre de l'exécution d'un plan de continuation résolu[6].

Il doit évidemment préciser dans les actions qu'il initie et dans les recours qu'il exerce, qu'il intervient en qualité de liquidateur de telle personne physique ou morale. S'il exerce un recours sans apporter cette précision dans l'acte d'appel contre une décision qui l'a débouté es qualités de liquidateur, l'omission de cette précision peut être réparée par voie de conclusions, fussent-elles établies en dehors du délai d'appel[7].

De façon plus générale, il continue les actions introduites par le représentant des créanciers – mandataire judiciaire.

Il est également investi de certaines des missions de l'administrateur judiciaire. Il procède aux opérations de licenciement et peut opter pour la continuation des contrats en cours.

Il représente le débiteur, au titre du dessaisissement, c'est-à-dire aux fins de protection et de reconstitution du gage commun. Dans ce cadre, l'article 121 du décret du 27 décembre 1985[8] prévoit que le liquidateur peut faire fonctionner, sous sa signature, les comptes bancaires ou postaux du débiteur pendant un délai de six mois à compter de la liquidation judiciaire. Au-delà de ce délai, l'utilisation de ces comptes est subordonnée à l'autorisation du juge-commissaire et à l'avis du procureur de la République. La solution est reprise par l'article R. 641-37, alinéa 1er du code de commerce, sous réserve du visa du ministère public au lieu du procureur de la République. En outre, cette dernière disposition prévoit

1. D. n° 2005-1677, 28 déc. 2005, *JO* 29 déc., p. 20324.
2. D. n° 85-1388, 27 déc. 1985, *JO* 29 déc., p. 15281.
3. ÉVOQUANT le « Janus de la procédure de liquidation judiciaire » : Vallens, *RTD com.* 2001. 979.
4. Com. 14 nov. 2000, n° 97-16.496, NP, *Act. proc. coll.* 2001/1, n° 12.
5. D. n° 2014-736, 30 juin 2014, *JO* 1er juill., p. 10834.
6. Paris, 15e ch. B, 1er juin 2006, RG n° 04/24640.
7. Civ. 2e, 13 nov. 2015, n° 14-24.468, NP.
8. D. n° 85-1388, 27 déc. 1985, préc.

que cette durée peut excéder six mois en cas de maintien provisoire de l'activité, ce qui présuppose que l'on raisonne sur une exploitation agricole.

Toutes les opérations faites sur le compte par un autre que le liquidateur, sous réserve de la poursuite d'activité avec un administrateur judiciaire, à partir du jugement de liquidation judiciaire qui fera alors fonctionner le compte, sont inopposables au liquidateur, qui pourra ainsi demander réintégration des sommes sorties du compte, indépendamment de la bonne foi du banquier[1]. On fera cependant état d'une décision curieuse d'un tribunal de commerce qui a cru devoir juger que la bonne foi du tiers, en l'occurrence le service bancaire des postes, l'autorisait à méconnaître cette obligation, dès lors que le débiteur n'avait pas fait connaître à la poste le changement dans sa condition civile ou légale, alors que le titulaire d'un compte-chèques en a l'obligation[2]. Cette décision a été justement cassée[3].

Parce qu'il représente le débiteur, il exerce les droits et actions concernant le patrimoine de ce dernier. Pour cette raison, il continue les actions introduites par l'administrateur. À ce titre, il a pu être jugé que s'il agit en responsabilité contre un notaire, qui a distribué l'intégralité du prix de vente d'un immeuble réalisé pendant la liquidation judiciaire à un créancier hypothécaire, il n'y a pas place à limiter le montant de la condamnation du notaire au montant du passif admis, au prétexte que le liquidateur agirait exclusivement en qualité de mandataire liquidateur et non comme représentant le débiteur et que, en conséquence, le liquidateur n'aurait pas qualité pour demander la réparation du préjudice subi par le débiteur du fait d'un excédent d'actif devant lui revenir[4]. En effet, les droits et actions du débiteur concernant son patrimoine sont exercés pendant la liquidation judiciaire par le liquidateur, lequel n'est donc pas seulement un organe de défense de l'intérêt collectif des créanciers, mais aussi le représentant du débiteur dessaisi.

S'il faut reconnaître au liquidateur la qualité de représentant du débiteur, il faut aussi considérer que, par rapport à ce dernier, il a la qualité de tiers en tant qu'organe de défense de l'intérêt collectif des créanciers[5]. Cette dualité de fonctions, a-t-il été justement remarqué, doit conduire à une superposi-tdes qualités, non à une exclusion de l'une au pt de l'autre[6].

rce qu'il a cette qualité de tiers par rapport au deur, il peut faire déclarer inopposable à la liquion judiciaire une cession de parts sociales pour dut des formalités de publicité[7].

e liquidateur procède aux opérations de liquidat, c'est-à-dire aux réalisations d'actif, y compris, uis la loi de sauvegarde des entreprises, par voie olan de cession, cependant qu'il est possible, en lidation judiciaire, de nommer un administrair pour préparer un tel plan.

Le liquidateur a l'obligation de verser immédiatement, en compte de dépôts et consignations, tou-sommes reçues dans l'exercice de ses fonctions . 25 janv. 1985[8], C. com., art. L. 622-8; L. 26 juill. 005[9], C. com., art. L. 641-8). Le non-respect de tte obligation est source d'une sanction explicite : Le liquidateur, en cas de retard, doit, pour les sommes qu'il n'a pas versées, un intérêt dont le taux est gal au taux de l'intérêt légal majoré de cinq oints ». Il faut ajouter que, si un créancier subit un réjudice du fait de la carence du liquidateur à consigner et qu'une saisie consécutive est faite entre ses nains, pour les sommes non consignées, il doit pouoir engager la responsabilité civile du liquidateur[10].

Cette sanction financière ne vaut que pour les ommes que détient le liquidateur, non pour celles étenus par un notaire instrumentaire[11].

En outre, le liquidateur ne peut, sauf à commettre délit de détournement d'objet placé sous main de istice, placer à la Caisse des dépôts et consignaions, sans en informer le juge d'instruction, les ommes bloquées dans le cadre d'une information udiciaire[12].

Le liquidateur doit tenir informé le juge-commissaire et le procureur de la République – ministère public depuis la loi de sauvegarde des entreprises, du déroulement des opérations et ce au moins tous les trois mois (C. com., art. L. 622-7 [anc[t] L. 25 janv. 1985, art. 150], devenu C. com., art. L. 641-7, depuis la loi du 26 juillet 2005). La pratique évoque les états trimestriels.

1. AINSI : Aix-en-Provence, 25 nov. 1987, *RD banc. et bourse* 1989, n° 1, p. 36.
2. T. com. Dax, 9 sept. 1997, *Rev. proc. coll.* 1998, p. 228, n° 7, obs. Cadiou.
3. Com. 18 janv. 2000, n° 97-20.587, NP, *JCP E* et *A* 2000, pan. 297.
4. Com. 18 sept. 2012, n° 11-14.448, NP; n° 884 F-D; *Gaz. Pal.* 18 janv. 2013, n° 18, p. 23, note Gorrias.
5. Com. 23 janv. 2001, n° 98-10.974, *Bull. civ.* IV, n° 20; *D.* 2001. AJ 779, obs. Lienhard.
6. J.-CL. COM., Reille, fasc. 2236, [Organes – Mandataire judiciaire : fonctions], n° 145.
7. Com. 25 sept. 2012, n° 11-30.018, *Bull. civ.* IV, n° 165, *Act. proc. coll.* 2012/17, comm. 262, note Fin-Langer; *Rev. sociétés* 2012. 729, note Henry; *Dr. et proc.* déc. 2012, p. 287, note Reille; *JCP E* 2012, jur. 1759, note Lebel; *BJE* janv. 2013, comm. 16, note Tagliarino-Vignal; *Bull. Joly* déc. 2012, comm. 473, note Lucas; *LPA* 15 avr. 2013, n° 75, p. 12, note Thomas.
8. L. n° 85-98, 25 janv. 1985, préc.
9. L. n° 2005-845, 26 juill. 2005, préc.
10. RAPPR. : SOINNE, n° 2357.
11. Com. 8 mars 2011, n° 09-72.423, NP; n° 228 F-D.
12. Crim. 4 mai 2011, n° 10-84.456, *Bull. crim.* n° 90; *BJE* sept./oct. 2011, comm. 114, p. 276, note Sordino.

L'article 123 du décret du 27 décembre 1985 et l'article R. 641-38 du code de commerce complètent cette obligation en indiquant que le liquidateur doit, en outre, remettre à tout moment, et au moins une fois par an, au juge-commissaire et au procureur de la République, un rapport indiquant :

– l'état des opérations de réalisation d'actif;

– l'état des sommes versées à la Caisse des dépôts et consignations;

– l'état de répartition aux créanciers.

L'article R. 641-38 du code de commerce ajoute deux autres mentions :

– le montant du passif admis ou, à défaut, l'état de la vérification des créances;

– les perspectives d'évolution et de clôture de la procédure.

Ces informations, outre qu'elles permettent au juge-commissaire et au procureur de la République de suivre l'évolution de la procédure, sont spécialement importantes pour les créanciers et leur permettent d'être informés de l'évolution du dossier. C'est pourquoi l'article 123 du décret du 27 décembre 1985 et l'article R. 641-38 du code de commerce prévoient que tout créancier peut prendre connaissance au greffe de ce rapport.

L'article R. 641-38 du code de commerce a ajouté que le débiteur peut également prendre connaissance de ce rapport, ce qui semble bien la moindre des choses, que n'avait pourtant pas prévu le décret du 27 décembre 1985.

362.22 Particularités des fonctions du liquidateur en cas de liquidation d'une entreprise d'investissement ou d'un établissement de crédit. Le liquidateur a, par principe, une mission très importante. Une dérogation est cependant apportée par l'article 46-5 de la loi du 24 janvier 1984[1], issue de la rédaction que lui a donnée la loi du 25 juin 1999, réglementant les procédures collectives atteignant les établissements de crédit et les entreprises d'investissement. Le liquidateur voit alors ses prérogatives réduites à celle d'un représentant des créanciers : vérification des créances et défense de l'intérêt collectif des créanciers, outre l'établissement de l'ordre. En revanche, les réalisations d'actifs et les licenciements sont du pouvoir du liquidateur « bancaire » nommé par la Commission bancaire.

SECTION 362.30
RESPONSABILITÉ DU LIQUIDATEUR JUDICIAIRE

362.31 Présentation générale de la responsabilité du liquidateur (sur la responsabilité du liquidateur en lien avec l'exécution provisoire, v. s[s] n° 234.11). La responsabilité du liquidateur pourra être recherchée indépendamment d'une faute détachable de ses fonctions, puisqu'il répond des conséquences dommageables des fautes qu'il commet dans l'exercice de ses fonctions[2].

La responsabilité du liquidateur est assez comparable à celle de l'administrateur judiciaire. Comme l'administrateur, il a les obligations légales du chef d'entreprise, ce qui est source de responsabilité[3]. Il en est ainsi, selon une réponse ministérielle[4] opérant par transposition avec la solution retenue par la Chambre criminelle de la Cour de cassation pour l'administrateur judiciaire (v. s[s] n° 372.11) à propos de l'obligation de convocation des assemblées de sociétés, dans les six mois de la clôture de l'exercice, lorsque la période d'observation s'est terminé avant l'expiration du délai de six mois. Il a toutefois été observé que, après l'entrée en vigueur de la loi de sauvegarde, le maintien en fonction du dirigeant social devrait aboutir à poser une solution différente, seul le dirigeant ayant en effet qualité pour convoquer l'assemblée générale, ce droit n'étant pas soumis au dessaisissement[5].

De même, le liquidateur peut engager sa responsabilité en cas de non-respect des obligations liées aux sites classés. Toutefois, dès lors que les informations relatives aux difficultés financières rencontrées pour l'enlèvement des déchets ont été accomplies, que le liquidateur a contesté au motif de l'impécuniosité du dossier l'arrêté préfectoral de remise en état du site pollué, le liquidateur ne peut engager sa responsabilité s'il ne dispose pas des sommes suffisantes pour payer, dans le respect des règles régissant les dettes postérieures, l'enlèvement de ces déchets[6].

En cas de poursuite provisoire d'activité, le seul fait que des commandes destinées à permettre d'écouler le stock n'aient pas été payées sera insuffisant. Il faudra se placer à la date des commandes pour savoir si son attitude est fautive, en tenant compte des perspectives attendues[7].

Le liquidateur, qui a l'obligation d'assurer le gardiennage des biens susceptibles de revendication et

1. L. n° 84-46, 24 janv. 1984, *JO* 25 janv., p. 390.
2. Com. 30 sept. 2008, n° 07-17.450, NP.
3. Crim. 10 déc. 1998, n° 97-83.823, NP, *Rev. proc. coll.* 2000, p. 69, n° 1, obs. Soinne.
4. Rép. min., Sénat, n° 1841, *JOAN Q* 21 août 2008, p. 1694; *Dr. sociétés* 2008, 49, p. 3 – Cérati-Gauthier, « Responsabilité pénale du liquidateur judiciaire pour défaut de convocation d'une assemblée générale », *JCP E* 2008. 1904; *Rev. sociétés* 2008. 453.
5. Cérati-Gauthier, « Responsabilité pénale du liquidateur judiciaire pour défaut de convocation d'une assemblée générale », *JCP E* 2008. 1904, sp. n° 10.
6. Paris, 3e ch. A, 28 mars 2006, RG n° 05/12523.
7. Paris, 3e ch. A, 31 août 2004, RG n° 2003/19673.

d'en payer les frais (v. s[s] n° 813.71), ne peut être tenu du non paiement desdits frais, dès lors que, au moment de la commande, il disposait de la trésorerie suffisante, mais que les frais ont considérablement augmenté du fait de la lenteur de la procédure de revendication tenant à un contentieux[1].

Le liquidateur exerce une fonction qui n'est pas sans risque.

Il peut engager sa responsabilité tout d'abord dans son abstention. Il en est spécialement ainsi lorsqu'une demande précise avait été faite en ce sens par un contrôleur[2], du moins sous l'empire de la législation antérieure à la loi de sauvegarde des entreprises, du fait du droit du contrôleur, depuis cette loi, d'agir à la place du liquidateur.

Le débiteur dessaisi peut rechercher la responsabilité civile de son liquidateur. Mais, pour cela, il doit faire désigner un mandataire *ad hoc* qui exercera l'action, dès lors qu'il s'agit d'une action à caractère patrimonial (v. s[s] n° 552.22). Cette responsabilité peut être engagée par le débiteur pour perte d'une chance de recouvrer des fonds faute d'avoir poursuivi une instance. La charge de la preuve de la perte de chance incombe au demandeur à l'action en responsabilité[3]. A été cassée la décision d'une cour d'appel ayant caractérisé la faute du liquidateur de ne pas avoir agi en nullité du congé donné par un locataire, cette faute ayant entraîné la perte d'une chance de voir diminuer le passif, la cour d'appel devant dès lors rechercher si les sommes obtenues n'auraient pas permis au débiteur personne physique d'obtenir un boni de liquidation en cas de clôture pour extinction du passif, ou d'éviter la reprise de poursuites individuelles du fait de la condamnation du débiteur à l'interdiction de gérer, justifiant avant la loi de sauvegarde des entreprises, la reprise des poursuites individuelles par des créanciers[4].

Plus souvent, le liquidateur engagera sa responsabilité par ses actions. Il pourra d'abord en aller ainsi si l'action qu'il poursuit est abusive[5]. Il a pu ainsi être jugé qu'est abusive l'action d'un liquidateur contre un dirigeant social en responsabilité pour insuffisance d'actif, alors que ni l'administrateur judiciaire ni le précédent liquidateur n'avaient relevé de faute à son encontre, et qu'il n'a pas répondu à l'argumentation circonstanciée du dirigeant, se contentant de généralités[6].

Tel n'est pas le cas d'une demande d'extension de la procédure collective sur le fondement de la confusion des patrimoines, qui a été accueillie par les juges du fond, avant que la décision de ces deniers ne soit cassée, dès lors que l'action a pu aboutir sans que le liquidateur n'ait présenté d'informations volontairement tronquées pour emporter la conviction des juges du fond[7]. Cette solution a été rappelée, à propos d'une assignation en extension émanant d'un liquidateur à l'encontre d'une société cible ayant déjà obtenu un plan de continuation. Il n'y a pas là dégénérescence en abus de droit de cette action en justice, du fait que la légitimité de cette dernière avait été reconnue par les juges du fond. Il en résulte qu'il n'y a pas place à condamnation du liquidateur sur le terrain de la responsabilité civile professionnelle[8]. A également été rejetée l'action en responsabilité exercée par une société à laquelle la procédure d'une autre avait été étendue, avant que cette décision ne soit infirmée, et qui reprochait au liquidateur sa passivité en qualité de mandataire judiciaire, qui aurait, selon elle, conduit à la liquidation judiciaire de la société, dont la procédure a été étendue, de sorte que les fautes de gestion reprochées au mandataire judiciaire auraient conduit à l'ouverture de la liquidation judiciaire ensuite étendue. Le grief tenant à un manquement à l'obligation de conseil relatif à la procédure de redressement judiciaire ne se rattache pas, par un lien suffisant, à l'instance en responsabilité introduite après infirmation de la décision d'extension de la liquidation judiciaire[9].

Cette condamnation ne saurait toutefois intervenir que dans une instance où le liquidateur aurait été appelé personnellement, et non dans une instance où il figure ès qualités[10]. De cette solution, on rapprochera la possibilité pour une juridiction ayant à connaître d'une telle action, de prononcer une condamnation à l'article 700 du code de procédure civile à titre personnel, sur le fondement de l'article 698 du code de procédure civile, alors que l'action a été introduite par le mandataire *ès qualités*[11].

1. Com. 29 sept. 2015, n° 13-26.529, NP.
2. SUR UNE DEMANDE D'ACTION en comblement ou en redressement judiciaire personnel contre un dirigeant social condamné pour abus de biens sociaux : Paris, 3 févr. 1998, *Rev. proc. coll.* 2000, p. 83, n° 18, obs. Soinne.
3. Com. 13 nov. 2012, n° 11-21.148, NP, *Rev. proc. coll.* 2013, comm. 37, note Gorrias.
4. Com. 5 mai 2015, n° 14-50.035, NP; n° 408 F-D.
5. AINSI, POUR UNE ACTION en extension sur le fondement de la confusion des patrimoines qui était manifestement infondée : Com. 27 oct. 1998, n° 95-13.469, NP, *Rev. proc. coll.* 2000, p. 83, n° 18, obs. Soinne; *RJDA* 1999/1, n° 64.
6. Com. 14 janv. 2014, n° 12-29.760, NP; n° 38 F-D; *Rev. proc. coll.* 2014, comm. 173, note Martin-Serf.
7. Com. 31 janv. 2012, n° 10-27.262, NP; n° 89 F-D.
8. Com. 1er oct. 2013, n° 12-15.199, NP; n° 914 F-D; *Gaz. Pal.* 12 janv. 2014, p. 21, note Gorrias.
9. Com. 28 janv. 2014, n° 12-29.937, NP; n° 102 F-D.
10. Civ. 2e, 23 juin 2011, n° 09-15.572, *Bull. civ.* II, n° 139, *Act. proc. coll.* 2011/14, comm. 221, note Cagnoli.
11. Com. 23 mai 2000, *LPA* 16 août 2000, n° 163, p. 11, note Perdriau – Civ. 2e, 23 juin 2011, n° 09-15.572, préc. (v. s[s] prés[t] n°).

Du fait du dessaisissement atteignant le débiteur en liquidation judiciaire, ce dernier ne peut conclure d'actes d'administration ou de disposition. Le liquidateur engage sa responsabilité en laissant naître des dettes au titre de la gestion de biens du débiteur – par exemple des mandats de gestion d'immeubles donnés à des syndics de copropriété alors qu'il lui appartenait de requérir du conservateur des hypothèques un extrait de fichier immobilier pour appréhender la consistance du patrimoine immobilier du débiteur[1].

Les règles du dessaisissement exercent également une incidence sur la possibilité pour le débiteur d'engager la responsabilité du liquidateur (v. ss n° 552.22).

Sa responsabilité sera recherchée dans divers domaines, ceux classiques dans lesquels la responsabilité du mandataire judiciaire – représentant des créanciers – dont il poursuit les fonctions est engagée, tel celui de la vérification du passif (v. ss n° 361.41).

362.32 Responsabilité du liquidateur dans le domaine des réalisations et des recouvrements d'actifs – problème des biens susceptibles de revendication. Le domaine des réalisations d'actifs constitue une importante source de responsabilité pour le liquidateur. La Cour de cassation pose en règle que le liquidateur est en effet personnellement tenu, en tant qu'organe de la procédure, de veiller à la régularité des opérations de réalisation des actifs du débiteur[2].

Le liquidateur engage ainsi sa responsabilité à vendre un bien revendiqué[3] ou susceptible de l'être[4], spécialement si la vente du bien est intervenue avant expiration du délai de revendication[5], alors surtout qu'il n'y a pas eu établissement d'un inventaire[6]. La solution n'est cependant pas toujours suivie et la responsabilité est parfois écartée alors que le liquidateur avait vendu des biens, autorisés en cela par le juge-commissaire, avant expiration du délai de revendication[7]. Dès lors que le liquidateur, tenu d'une obligation de moyens, ne peut savoir que les biens qu'il vend n'appartiennent pas à la société débitrice, il ne commet pas de faute. Il en est ainsi lorsque les cartes grises sont établies au nom de la société débitrice, que le commissaire-priseur a établi un inventaire aux termes duquel la société débitrice détenait les véhicules et enfin que le dirigeant de droit de la société, véritable propriétaire des véhicules et, par *ailleurs dirigeant de fait de la société débitrice* n'avait élevé aucune protestation contre l'ordonnance du juge-commissaire autorisant la vente des véhicules litigieux[8].

Du fait du caractère facultatif de l'action en restitution émanant du propriétaire titulaire d'un contrat publié, le liquidateur engage sa responsabilité, en l'absence de toute demande en restitution, s'il vend les biens appartenant à des propriétaires dispensés d'avoir à revendiquer, sans les mettre préalablement en demeure d'avoir à reprendre leur bien et sans consigner le prix provenant de la vente desdits biens[9]. Mais le seul fait que le revendiquant n'ait pas pu reprendre possession de son bien ne justifie pas l'engagement de la responsabilité du liquidateur, en l'absence d'opposition, de la part de celui-ci, à la reprise du bien et sans que sa négligence soit démontrée[10].

La responsabilité du liquidateur, en pareille hypothèse, pourra être retenue à l'égard du cessionnaire qui aurait immobilisé des fonds pour une acquisition impossible de biens n'appartenant pas au débiteur. Le liquidateur ne sera toutefois responsable que si le préjudice subi du fait de l'immobilisation des fonds n'est pas imputable au candidat acquéreur, qui avait remis un chèque sans obligation de sa part et n'avait pas effectué de démarche pour le récupérer et alors qu'il soutenait être en droit d'acquérir des biens qui n'étaient pas la propriété du débiteur, ayant ainsi contribué à la création de son propre préjudice[11].

L'autorisation qu'il a reçue du juge-commissaire de vendre le bien n'est pas opposable au tiers qui invoque sur le bien un droit réel.

La responsabilité ne sera cependant engagée que si le liquidateur est dans l'impossibilité de représenter le produit de la vente[12] ou si, pouvant remettre

1. Paris, 3e ch. A, 17 janv. 2006, RG n° 05/3698.
2. Com. 14 janv. 2004, n° 01-03.384, NP.
3. Com. 22 janv. 2002, n° 99-12.586, NP, *Act. proc. coll.* 2002/8, n° 105, obs. Régnaut-Moutier; *RTD com.* 2003. 569, n° 6, obs. Martin-Serf.
4. Com. 4 mars 2003, n° 99-17.508, NP, *Act. proc. coll.* 2003/12, n° 156.
5. Com. 5 déc. 1995, n° 93-21.339, *Bull. civ.* IV, n° 280; *Rev. proc. coll.* 1998, p. 187, n° 31, obs. Soinne – Com. 6 juill. 1999, n° 97-12.613, *Bull. civ.* IV, n° 150; *D. Affaires* 1999. 1366, obs. Lienhard; *LPA* 6 janv. 2000, n° 4, p. 10, note P. M.; *RTD civ.* 1999. 885, obs. Crocq; *Rev. proc. coll.* 2000, p. 81, n° 14, obs. Soinne.
6. Com. 6 juill. 1999, n° 97-12.613, *Bull. civ.* IV, n° 150; *D. Affaires* 1999. 1366, obs. Lienhard; *LPA* 6 janv. 2000, n° 4, p. 10, note P. M.; *RTD civ.* 1999. 885, obs. Crocq; *Rev. proc. coll.* 2000, p. 81, n° 14, obs. Soinne.
7. Paris, 3e ch. A, 8 févr. 2005, RG n° 2004/8894.
8. Com. 1er déc. 2015, n° 14-19.556, NP; n° 1022 F-D; *Gaz. Pal.* 28 juin 2016, n° 24, p. 59, note Berthelot; *BJE* 2016, 110, note Laroche; *Leden* 2016/1, comm. 007, note Pelletier.
9. Com. 2 juin 2015, n° 14-13.116, NP; n° 545 F-D; *Gaz. Pal. entr. diff.* 20 oct. 2015, n° 291, p. 31, note Le Corre-Broly; *BJE* sept. 2015, 298, note Laroche; *Rev. proc. coll.* 2015, comm. 163, note Lebel.
10. Com. 24 juin 2003, n° 00-18.751, NP.
11. Com. 25 oct. 2011, n° 10-23.471, NP; n° 1052 F-D.
12. Com. 6 juill. 1999, n° 97-12.613, préc. (v. ss prést n°) – Colmar, 12 mars 1999, DPDE, *bull.* 192, 9 janv. 2000, 6362, *V° Juge-commissaire*, n° 95.

au propriétaire le prix de revente, ce dernier est inférieur au prix qui aurait été retiré par le propriétaire. Ce dernier devra donc verser aux débats une estimation du bien[1] au jour de la revendication. La preuve de la différence, seule constitutive du préjudice du propriétaire, incombera à ce dernier. Elle résultera notamment d'une offre écrite qui avait été faite au propriétaire par un tiers, candidat acquéreur. En effet, si le liquidateur ne peut restituer les biens revendiqués, le préjudice équivalent à la valeur des biens s'apprécie au jour de la revendication[2].

Le liquidateur, qui s'oppose à la demande en revendication pour des motifs procéduraux, n'exerce pas abusivement une action en justice ou une voie de recours et ne peut donc être condamné lorsque, du fait de la voie de recours, les marchandises revendiquées n'ont pas été vendues et sont ensuite dépréciées et ne peut donc être condamné à des dommages et intérêts[3]. Il faut en outre observer que la sagesse commande aux parties, en cas de contentieux sur la revendication, de s'accorder sur le principe de la vente, en consignant le prix au profit de la partie qui obtiendra gain de cause à l'issue du litige. Ainsi, tout risque de dépréciation de la valeur des biens se trouve écarté.

Le liquidateur engage sa responsabilité à ne pas souscrire d'assurance pour garantir un navire confié au débiteur au titre d'un contrat d'« hivernage »[4]. Le reproche adressé au liquidateur de ne pas souscrire de contrats d'assurance intéressant les biens confiés au débiteur ne peut toutefois être adressé, à notre sens, que si le liquidateur dispose des fonds suffisants pour payer les polices d'assurance, selon la solution jurisprudentielle retenue pour l'administrateur judiciaire (v. ss no 372.24). Mais indiquons que certaines compagnies d'assurance admettent de n'être payées que de leur prime qu'une fois la vente du bien assuré intervenue[5].

Le liquidateur ne peut engager sa responsabilité en cas de vol des biens revendiqués, après réalisation de l'inventaire et alors que le lendemain de l'inventaire, il avait fait procéder à un changement des serrures[6].

En revanche, le liquidateur n'engage pas sa responsabilité en cas de vol de biens appartenant non au débiteur, mais à des tiers, qui devaient seuls en assurer la conservation[7].

Le liquidateur, dans le cadre de la vente d'un fonds de commerce, pourrait engager sa responsabilité à vendre des immeubles par destination[8].

Plus généralement, le liquidateur engage sa responsabilité à vendre un bien sans s'être assuré de l'existence des droits mis en vente[9]. C'est ainsi qu'il a été reconnu responsable dans le cadre de la vente d'un fonds de commerce, pour avoir dissimulé l'existence d'un contrat de travail intéressant un salarié protégé, alors qu'il n'avait pas obtenu l'autorisation de l'administration du travail pour procéder au licenciement, ce qui a conduit, par application de l'article L. 1224-1 du code du travail (anct L. 122-12, al. 2), à la reprise automatique du contrat par l'acquéreur, qui avait pris soin de l'exclure de son offre[10]. La responsabilité est également engagée si le liquidateur ne se préoccupe pas de l'usufruit grevant le bien aliéné[11]. Elle est encore engagée à l'égard du cessionnaire, si le liquidateur, qui, sous l'empire de la législation du 25 janvier 1985[12], n'a pas répondu à la mise en demeure d'avoir à opter sur le bail commercial, ayant ainsi encouru la résiliation du bail, cède le fonds de commerce avec le bail, sans aucune mise en garde du cessionnaire[13].

Il a en revanche été jugé que le liquidateur n'engage pas sa responsabilité à vendre à bas prix un actif immobilier, sur saisie immobilière, dès lors que les conditions de la publicité ont été respectées[14].

Le liquidateur n'engage pas sa responsabilité à avoir tardé pendant 15 ans à vendre les immeubles du débiteur, si, pendant 10 ans, le débiteur a encaissé

1. Com. 29 avr. 2003, no 00-14.144, NP.
2. Com. 1er déc. 2015, no 14-19.930, NP; no 1023 F-D; *Leden* 2016/1, comm. 005, note Laroche.
3. Com. 11 juill. 2006, no 05-13.659, *Bull. civ.* IV, no 174 (sur un autre moyen); *D.* 2006. AJ 2100, obs. Lienhard; *Gaz. proc. coll.* 2006/4, p. 35, note Le Corre-Broly; *JCP E* 2007, Chron. 1004, p. 24, no 12, obs. M. Cabrillac – *Act. proc. coll.* 2006/15, no 177, note Vallansan; *Rev. proc. coll.* 2006/4, p. 363, no 6, obs. Monsérié-Bon; *RTD civ.* 2006. 800, no 4, obs. Crocq; *RTD com.* 2007. 231, no 3, obs. Martin-Serf.
4. Com. 16 sept. 2008, no 07-11.012, NP, *Gaz. proc. coll.* 2008/4, p. 44, no 3, note Gorrias.
5. Guigon, *in* « La responsabilité civile des professionnels des procédures collectives », (Menjucq. M, Blanc J.-F., de Salve de Bruneton J., Risks C., Fabre J.-P. et Guigon P.), *Rev. proc. coll.* 2015, table ronde 3, p. 69.
6. Com. 22 juin 2010, no 09-14.193, NP; no 700 F-D; *RTD com.* 2011. 175, no 8, obs. Martin-Serf.
7. Paris, 3e ch. A, 19 sept. 2006, RG no 05/17057.
8. SUR une difficulté de cette nature : Civ. 3e, 25 janv. 2006, no 03-16.517, NP, *Gaz. proc. coll.* 2006/2, p. 27, no 3, obs. Gorrias.
9. AINSI : Paris, 1re ch. B, 22 oct. 1993, *Rev. proc. coll.* 1996, p. 413, no 27, obs. Soinne – *Adde*, Paris, 5e ch. A, 4 oct. 1995, *Rev. proc. coll.* 1996, p. 413, no 27, obs. Soinne, statuant sur l'hypothèse d'une vente de motocyclettes faisant l'objet d'un droit de rétention – L'existence d'une transaction relative au bien (un fonds de commerce) ne change pas la solution : Com. 28 mai 2002, no 99-16.265, NP, *RJDA* 2002/11, no 1173, p. 989.
10. Versailles, 13e ch., 22 juin 2000, *D.* 2000. Jur. 383, obs. Pisoni.
11. Civ. 3e, 18 juill. 2001, no 99-15.924, NP, *Act. proc. coll.* 2001/18, no 241.
12. L. no 85-98, 25 janv. 1985, préc.
13. Com. 8 mars 2011, no 10-30.287, NP; no 216 F-D.
14. Paris, 3e ch. A, 30 mars 2004, RG no 2003/12107.

des loyers procurés par la location desdits immeubles qui auraient pu servir à payer son passif, s'il les avait reversés au liquidateur[1].

Le liquidateur engage encore sa responsabilité s'il ne respecte pas les obligations qui lui incombent de faire notifier au débiteur l'ordonnance autorisant la vente de son immeuble d'habitation, dès lors qu'il s'en suit la nullité de l'adjudication[2].

Le liquidateur peut encore engager sa responsabilité dans la tardiveté à réaliser les biens du débiteur s'il en résulte un préjudice.

Ce préjudice pourrait d'abord exister au profit de cautions du débiteur, contraintes de payer, s'il est démontré que le créancier aurait pu espérer recouvrer sa créance rapidement dans la procédure collective, ce qui aurait supposé une répartition anticipée au profit du créancier[3], car si les cautions sont solidaires, l'impossibilité de soulever le bénéfice de discussion rend possible leur poursuite avant réalisation des biens du débiteur. Identiquement, le liquidateur engage sa responsabilité envers des cautions lorsqu'il intervient dans la vente d'un bien immobilier qui n'est pas la propriété du débiteur et que le prix de vent du bien tarde à être distribué – en l'occurrence sept ans après la vente – laissant ainsi grossir la dette des cautions à l'égard du créancier prêteur[4].

Ce préjudice peut aussi être constitué lorsque le liquidateur tarde à vendre des biens entreposés dans un local appartenant à un tiers. Le liquidateur ne peut se réfugier derrière l'existence du droit de rétention de ce tiers sur les biens à vendre car le liquidateur peut, nonobstant le droit de rétention, vendre les biens retenus, le droit de rétention étant alors reporté sur le prix[5].

Le liquidateur, pour parvenir à la vente des actifs du débiteur, doit parfois engager des dépenses, par exemple pour effectuer le transport des marchandises à vendre. Dans le cadre de la réalisation des actifs, le liquidateur n'est, selon la Cour de cassation, tenu ni à une obligation de résultat ni à une garantie de paiement. Il en résulte qu'il n'engage pas sa responsabilité pour non paiement du prestataire de services, tel le transporteur, lorsque la vente des actifs n'est pas suffisante pour payer la prestation commandée[6].

Le liquidateur peut engager également sa responsabilité en matière de recouvrement d'actifs. Du fait du dessaisissement du débiteur, seul le liquidateur a qualité pour recouvrer les créances que détient le débiteur sur ses débiteurs. C'est ainsi qu'il a pu être reproché à faute à un liquidateur de ne pas avoir recouvré le dépôt de garantie versé par un locataire-gérant au loueur du fonds. Alors que le liquidateur avait mis en vain le loueur en demeure de rembourser le dépôt de garantie, près de trois ans s'étaient écoulés entre la première mise en demeure et la liquidation judiciaire du loueur. Il a pu être reproché au liquidateur de ne pas avoir pratiqué des saisies conservatoires qui auraient pu permettre le remboursement du dépôt de garantie au locataire-gérant[7].

Il peut encore être reproché au liquidateur de ne pas s'être préoccupé du recouvrement de créances de *carry-back* (créances de report en arrière), détenues contre l'État. La responsabilité sera toutefois écartée, s'il est démontré que le Trésor public, du fait de ses autres créances, aurait absorbé le montant non recouvré, peu important que le Fisc ait abandonné la procédure d'admission définitive de ses créances déclarées à titre provisionnel, du fait de l'impécuniosité de la procédure collective de la société débitrice[8]. La solution ne peut toutefois être posée que dans la mesure où l'intégralité des sommes à recouvrer serait appréhendée par un seul créancier, l'intérêt collectif des créanciers affecté par la négligence du liquidateur ne pouvant se réduire au préjudice subi par un seul créancier.

La responsabilité du liquidateur a en revanche été rejetée, face au reproche adressé par un créancier de ne pas avoir initié une demande de report de date des cessations des paiements, afin de pouvoir recouvrer des actifs, dès lors que l'issue de l'action en report et celle de l'action en nullité de la période suspecte était incertaine[9].

Indiquons que, au plan statistique, la gestion des actifs représente 42 % des sinistres déclarés auprès de la Caisse de Garantie[10].

362.33 Responsabilité du liquidateur dans le domaine des répartitions. Le deuxième domaine de responsabilité est celui des répartitions[11]. Le liqui-

1. Com. 27 mai 2014, n° 13-15.506, NP; n° 525 F-D.
2. Com. 14 janv. 2004, n° 01-03.384, NP.
3. Com. 5 juill. 2005, n° 04-14.739, NP, *Gaz. proc. coll.* 2005/3, p. 20, n° 1, obs. Gorrias.
4. Com. 15 nov. 2005, n° 04-15.837, NP, *Gaz. proc. coll.* 2006/1, p. 21, n° 3, obs. Gorrias.
5. Com. 13 févr. 2007, n° 05-18.595, NP, *Gaz. proc. coll.* 2007/2, p. 30, note Gorrias.
6. Com. 21 mars 2006, n° 04-20.522, NP.
7. Com. 5 déc. 2006, n° 05-13.496, NP, *Gaz. proc. coll.* 2007/2, p. 32, note Gorrias.
8. Com. 10 juill. 2012, n° 11-19.983, NP; n° 825 F-D; *BJE* nov. 2012, comm. 199, note Borga.
9. Bordeaux, 2e ch., 19 mars 2007, RG n° 06/02610, *Rev. proc. coll.* 2008, p. 59, n° 67, note Blanc.
10. Guigon, *in* « La responsabilité civile des professionnels des procédures collectives », (Menjucq. M, Blanc J.-F., de Salve de Bruneton J., Risks C., Fabre J.-P. et Guigon P.), *Rev. proc. coll.* 2015, table ronde 3, p. 66.
11. SUR LA QUESTION : Soinne, « Les répartitions ou la mission impossible », *Rev. proc. coll.* 1997, p. 249 s. – Pierre, « L'indu et les erreurs de répartition dans le cadre de la liquidation judiciaire », *Rev. proc. coll.* 2000, p. 1 s.

dateur engage sa responsabilité à effectuer des répartitions juridiquement incorrectes par rapport à l'ordre des créanciers[1]. La jurisprudence est cependant venue partiellement à son secours en considérant que l'action en répétition de l'indu pouvait prospérer contre un créancier chirographaire payé à tort par le liquidateur avec l'argent de la liquidation judiciaire[2], solution écartée en revanche, jusqu'à l'ordonnance du 12 mars 2014[3], si le paiement intéresse un créancier privilégié (v. s^s n° 591.51). Identiquement, et de manière cette fois incontestable, il y a place à répétition, si les fonds versés au créancier ne proviennent pas des actifs de la liquidation judiciaire[4]. L'action en répétition de l'indu sera engagée par le créancier qui aurait dû être payé en lieu et place du créancier *accipiens*.

Le liquidateur de la société cédante de la créance engage sa responsabilité envers le cessionnaire à ne pas reverser les loyers perçus après l'ouverture de la procédure collective par cette société, alors que la créance de loyers avait été cédée avant le jugement d'ouverture[5]. De même, il a été jugé que le liquidateur engage sa responsabilité à ne pas reverser au créancier nanti le montant de loyers qui avaient été cédés au créancier nanti sur créance, alors que la cession avait été signifiée aux locataires, que le créancier jusqu'à l'ouverture de la procédure collective du débiteur cédant avait été payé directement par les locataires parfaitement informés du nantissement de la créance de loyers, le paiement étant intervenu avec l'accord du débiteur cédant. De ces éléments résultait l'opposabilité de la cession de créance au liquidateur de la société cédante. Le créancier avait, quelques jours avant les répartitions effectuées par le liquidateur, rappelé qu'il était titulaire d'un nantissement de créance de loyers et réclamait, sur ce fondement, au liquidateur répartition des sommes que celui-ci avait reçues[6].

La responsabilité du liquidateur au titre des répartitions ne peut cependant, de manière évidente, être engagée qu'autant qu'un préjudice a été subi par le créancier. Tel n'est pas le cas d'un créancier, qui a été colloqué à tort dans un ordre hypothécaire pour plus que les sommes lui revenant, et qui a intégralement perçu les sommes devant lui être attribuées[7].

Si le créancier bénéficie de la continuation du cours des intérêts, la réparation qui lui est allouée doit en tenir compte[8].

Il ne peut être reproché à faute à un liquidateur de ne pas avoir payé un créancier postérieur, dès lors qu'au jour de la mise en demeure du créancier, le liquidateur, qui avait placé les fonds à la Caisse des dépôts et consignations, connaissait l'existence de créanciers postérieurs de rang préférable, outre l'existence d'une créance super privilégiée[9].

362.34 Responsabilité du liquidateur en matière de bail et de crédit-bail. Un des principaux domaines de responsabilité du liquidateur est celui de la continuation et de la résiliation des contrats.

En matière de bail commercial, se pose le problème de la restitution des lieux loués. Cette question présente des analogies certaines avec celle de la continuation du contrat de bail commercial par l'administrateur judiciaire (v. s^s n° 372.23). Deux préjudices sont susceptibles d'apparaître. Il peut d'abord s'agir de la perte de loyers. Ce préjudice n'est pas apprécié par rapport au montant des loyers restés impayés, mais par rapport à la perte de la chance de relouer les locaux[10]. Il peut en outre s'agir d'une dégradation des lieux loués, ce qui suppose, de la part du bailleur, la démonstration de l'état des lieux au jour de la liquidation judiciaire, par rapport à celui existant au jour de la reprise des lieux par le bailleur[11].

Le liquidateur doit restituer immédiatement les locaux en présence d'une décision définitive prononçant la résiliation du bail[12]. Il en est de même du liquidateur qui occupe sans droit ni titre les locaux appartenant à un tiers. Il ne peut se réfugier derrière l'attente d'une décision d'extension de la procédure du débiteur, occupant sans droit ni titre des locaux, pour ne pas restituer ces locaux à son propriétaire[13].

1. Com. 6 juill. 1999, n° 97-12.613, *Bull. civ.* IV, n° 150; *JCP E* et *A* 1999, pan. 156.
2. Com. 17 nov. 1992, n° 90-19.013, *Bull. civ.* IV, n° 361; *Rev. proc. coll.* 1994, p. 124, n° 34, obs. Soinne; *JCP* 1993. II. 22140, obs. Dagorne; *D.* 1993. 341, obs. Sortais; *D.* 1993. Somm. 191, obs. Honorat.
3. Ord. n° 2014-326, 12 mars 2014, préc.
4. AINSI : Civ. 1re, 7 juill. 1993, n° 91-20.717, NP, *Rev. proc. coll.* 1994, p. 124, obs. Soinne.
5. Com. 26 mai 2010, n° 09-13.388, *Bull. civ.* IV, n° 94; n° 560 F-P+B; *D.* 2010. AJ 1340, obs. Lienhard; *D.* 2011. Pan. 4101 obs. Crocq; *RTD civ.* 2010. 97, n° 4, obs. Crocq; *Rev. proc. coll.* 2010/5, comm. 176, p. 31, note Pérochon; *Dr. et proc.* 2010. 242, note Putman; *BJE* mars/avr. 2011, p. 28, note Houin-Bressand; *JCP E* 2011, Chron. 1251, n° 19, obs. Delebecque; *RTD com.* 2010. 785, n° 3, obs. Martin-Serf.
6. Com. 1er oct. 2013, n° 12-19.814, NP; n° 906 F-D; *Gaz. Pal.* 12 janv. 2014, p. 22, note Gorrias.
7. Com. 30 oct. 2007, n° 06-17.595, NP.
8. AINSI : Orléans, ch. éco. et fin., 31 mai 2007, RG n° 06/2141, *RJDA* 2007/10, p. 969, n° 1000.
9. Com. 10 mars 2009, n° 07-19.738, NP.
10. Com. 24 juin 2003, n° 00-13.003, NP – Paris, 1re ch. B, 29 mars 1996, *JCP E* 1996, pan. 553 – RAPPR. : Com. 3 avr. 2001, n° 98-12.368, NP, *RJDA* 2001/8-9, n° 884 : évoquant la privation pour le bailleur des revenus légitimes de son bien.
11. Com. 11 juin 2003, n° 00-17.873, NP, *AJDI* 2004. 118, note Le Corre; *LXB hebdo* n° N7873AAT, note Le Corre.
12. Com. 3 avr. 2001, n° 98-14.364, NP, *RJDA* 2001/8-9, n° 884 – Paris, 25 oct. 2002, *JCP E* 2003, Chron. 1028, p. 1142, n° 7.
13. Com. 12 janv. 2016, n°s 14-21.393, 14-22.240, NP; n° 30 F-D; *Gaz. Pal.* 28 juin 2016, n° 24, p. 60, note Berthelot.

Il a toutefois été jugé que le liquidateur n'er geait pas sa responsabilité à restituer les locaux t mois après sa décision de mettre fin au bail. Ce d est raisonnable, dès lors que le liquidateur a du p céder aux opérations d'inventaire et de vente biens occupant les lieux loués[1].

Sous l'empire de la loi du 25 janvier 1985[2], l'absence de réponse à une mise en demeure sur continuation du contrat de bail des locaux profe sionnels, le bailleur doit restituer au plus tard l'expiration du délai du mois, les clés au baille sauf à engager sa responsabilité[3]. La restitution d lieux loués s'impose dès que le bail est résilié. appartient au liquidateur de remettre les clés a bailleur et il est responsable en cas de dégradation d lieux après résiliation, alors même que le baille n'a pas pris l'initiative de reprendre possession d lieux[4].

Le liquidateur ne pourra utilement se retranche derrière le fait qu'il envisageait la cession de deu fonds contigus appartenant à deux débiteurs, alor que les actifs qui y étaient stockés avaient été ven dus[5]. Le liquidateur commet également une faute céder un droit au bail alors qu'il a connaissance d fait que le bail est résilié et qu'il s'abstient d'e informer le cessionnaire[6].

Si le liquidateur n'est pas en mesure de payer le loyers, il doit immédiatement restituer les locaux[7]. Sous l'empire de la loi du 25 janvier 1985 no réformée, une distinction devait cependant ête opérée, selon que la cession du fonds présentait une véritable valeur, était ou non sérieusement envisageable. Dans le premier cas, le non-paiement des loyers n'était pas source de responsabilité, dès lors que le liquidateur n'avait pas fait au bailleur des promesses imprudentes[8]. Depuis la loi du 10 juin 1994[9], la solution, à lire les textes, ne semblait pas pouvoir être reconduite. Le liquidateur semblait devoir s'assurer qu'il disposerait des fonds nécessaires à la poursuite du bail. Pourtant, les solutions n'ont pas été modifiées. La responsabilité du liquidateur ne peut par principe être recherchée au prétexte qu'il aurait laissé se poursuivre le bail, dès lors qu'il a des perspectives de réalisation de l'actif avec le droit au bail[10]. Il appartient au bailleur de rechercher la résiliation du bail[11]. Il est ainsi jugé que le liquidateur n'engage pas sa responsabilité pour défaut de paiement des loyers du bail commercial, faute d'avoir été mis en demeure de les payer et faute pour le bailleur d'avoir recherché la résiliation judiciaire du bail, comme l'y autorise l'article L. 641-12, 3° du code de commerce[12]. La jurisprudence fait, en la matière, une interprétation raisonnable de textes manifestement trop stricts[13].

La responsabilité du liquidateur, pour non-paiement de loyers de contrats de crédit-bail mobilier a pu être écartée, dans l'hypothèse d'une continuation justifiée par le souci de veiller aux intérêts de l'ensemble des créanciers, qui s'inscrivait dans une perspective raisonnable de cession des immeubles[14]. La solution n'apparaît pas à l'abri de reproches, dans la mesure où le liquidateur ne disposait pas des fonds suffisants pour prendre l'option de continuation des contrats et où, du fait de la liquidation judiciaire, ces contrats ne pouvaient faire l'objet d'une cession judiciaire à l'acquéreur des immeubles.

362.35 Responsabilité du liquidateur en matière de contrat de travail. En matière de contrat de travail, le liquidateur, sauf poursuite provisoire d'activité, et depuis la loi de sauvegarde des entreprises, si un plan de cession est envisagé, doit procéder aux licenciements dans les quinze jours de son entrée en fonction. Précisons immédiatement, mais sans entrer dans le détail, que ce délai n'est plus uniforme aujourd'hui. À défaut de respect du délai, la couverture de l'AGS n'est pas due, ce qui entraîne engagement de la responsabilité du liquidateur (v. s[s] n° 693.54). Il prendra également soin de respecter les diverses obligations pesant sur lui en droit social[15].

362.36 Responsabilité fiscale du liquidateur. Le liquidateur judiciaire, comme le liquidateur amiable, est tenu au respect des obligations fiscales du débiteur dont il a en charge la liquidation, sur le fondement de l'article L. 265 du Livre des procédures fiscales. La validité des poursuites fiscales sur le

1. TGI Nanterre, 7e ch. B, 5 juill. 2005, RG n° 04/04247, *Juris-Data* 279134.
2. L. n° 85-98, 25 janv. 1985, préc.
3. Com. 24 juin 2003, n° 00-13.003, NP.
4. Com. 7 juin 2005, n° 03-17.439, NP, *Gaz. proc. coll.* 2005/3, p. 21, n° 3, obs. Gorrias – RAPPR. : Com. 19 juin 2007, n° 06-12.848, NP, *Gaz. proc. coll.* 2007/4, p. 37, note Gorrias.
5. Paris, 3e ch. B, 19 mai 2000, *JCP E et A* 2000, pan. 1981.
6. Com. 28 sept. 2004, n° 02-14.257, NP.
7. Com. 22 nov. 1994, *Rev. proc. coll.* 1996, p. 358, n° 18, obs. Soinne : statuant sur un crédit-bail immobilier.
8. AINSI : Com. 17 déc. 1996, n° 91-16.586, NP, *Rev. proc. coll.* 1998, p. 188, n° 33, obs. Soinne.
9. L. n° 94-475, 10 juin 1994, *JO* 11 juin, p. 8440.
10. Caen, ch. civ., 1re sect. civ. et com., 31 mars 2011, RG n° 10/267, *Act. proc. coll.* 2011/11, comm. 172.
11. Com. 7 juin 2005, n° 03-17.439, NP, *Gaz. proc. coll.* 2005/3, p. 21, n° 3, obs. Gorrias – RAPPR. : Com. 19 juin 2007, n° 06-12.848, NP, *Gaz. proc. coll.* 2007/4, p. 37, note Gorrias.
12. Com. 31 mai 2016, n° 14-23.946, NP; n° 502 F-D.
13. SUR CETTE APPRÉCIATION : « La responsabilité civile des professionnels des procédures collectives », (Menjucq M., Blanc J.-F., de Salve de Bruneton J., Risks C., Fabre J.-P. et Guigon P.), *Rev. proc. coll.* 2015, table ronde 3.
14. Com. 28 janv. 2004, n° 01-03.924, NP.
15. SUR LA QUESTION : obs. Soinne, *Rev. proc. coll.* 2003, p. 130, n° 16,

fondement de ces textes suppose que l'administration fiscale obtienne d'abord un titre de condamnation contre lui. Il en va ainsi en cas de non-paiement des causes d'un avis à tiers détenteur, pourtant possible, compte tenu des fonds à l'époque détenus par le liquidateur[1] (v. aussi s[s] n° 552.24).

Selon une réponse ministérielle[2] opérant par transposition avec la solution retenue par la Chambre criminelle de la Cour de cassation pour l'administrateur judiciaire à propos de l'obligation de convocation des assemblées de sociétés, dans les six mois de la clôture de l'exercice, le liquidateur aurait été responsable pénalement de l'absence de convocation des assemblées afin qu'il soit statué sur l'approbation des comptes annuels.

Pour écarter, semble-t-il[3], cette solution, l'article L. 641-3, alinéa 3 nouveau du code de commerce, issu de la rédaction que lui donne l'ordonnance de réforme (ord. 18 déc. 2008[4], art. 97), dispense du respect de ces obligations les personnes morales en liquidation judiciaire. Les obligations relatives à l'arrêté et à l'approbation des comptes annuels sont tfois maintenues pendant le maintien provisde l'activité autorisée en liquidation judiciaire.

337 Divers autres cas de responsabilité – assure. Il a été jugé que le liquidateur engage sa respabilité à ne pas rechercher le nom de l'assureur esponsabilité d'un constructeur placé en liquion judiciaire, empêchant ainsi la mise en cause celui-ci par un client de ce constructeur, alors ce renseignement lui avait été demandé par le nt du débiteur placé en liquidation judiciaire, et s que le liquidateur pouvait obtenir ces renseiments de la part du dirigeant social, avec le conrs si nécessaire du juge-commissaire[5].

Le liquidateur a encore vu sa responsabilité enga-, d'une manière nous semble-t-il bien sévère, en qualité de représentant de l'entreprise en liquidan judiciaire, qui avait souscrit une assurance upe, pour ne pas avoir averti l'assureur de l'arrêtaladie d'un salarié bénéficiant de la souscription ce contrat, au mépris de son obligation d'information et de conseil[6].

1. Com. 3 oct. 1995, n° 93-20.762, NP, *RJF* 1996/1, n° 126; *Rev. proc. coll.* 2003, p. 135, n° 24, obs. Soinne.
2. Rép. min., n° 4657, *JOAN Q* 6 mai 2008, p. 3851; *Act. proc. coll.* 2008/10 – Cérati-Gauthier, « Responsabilité pénale du liquidateur judiciaire pour défaut de convocation d'une assemblée générale », *JCP E* 2008. 1904; *Rev. sociétés* 2008. 453.
3. Lienhard, « Réforme du droit des entreprises en difficulté : présentation de l'ordonnance du 18 décembre 2008 », *D.* 2009. Chron. 110, sp. 119 – Legros, « L'ordonnance du 18 décembre 2008 réformant la loi de sauvegarde des entreprises, Seconde partie : redressement, obligataires, liquidation et sanctions », *Dr. sociétés* 2009. Étude 8, n° 29.
4. Ord. n° 2008-1345, 18 déc. 2008, préc.
5. Com. 15 avr. 2008, n° 07-12.153, NP, *Gaz. proc. coll.* 2008/4, p. 44, n° 2, note Gorrias.
6. Civ. 2e, 17 déc. 2009, n° 09-10.321, NP.

TITRE

370. Règles spéciales aux administrateurs judiciaires

SECTION 0

ORIENTEUR

370.00 Plan du titre.

Chap. 371 **Mission de l'administrateur judiciaire**

Sect. 371.10 Nomination de l'administrateur judiciaire

Sect. 371.20 Information de l'administrateur

Sect. 371.30 Pouvoirs de l'administrateur

Sect. 371.40 Durée de la mission de l'administrateur judiciaire

Chap. 372 **Responsabilité de l'administrateur judiciaire**

Sect. 372.10 Responsabilité de l'administrateur pour non-respect des obligations légales et conventionnelles incombant au chef d'entreprise

Sect. 372.20 Responsabilité de l'administrateur en matière de continuation des contrats en cours

Sect. 372.30 Responsabilité de l'administrateur pour non-paiement des commandes et continuation d'activité

Sect. 372.40 Responsabilité de l'administrateur dans le cadre de la mobilisation de créances détenues par le débiteur

Sect. 372.50 Responsabilité de l'administrateur dans le domaine des revendications et des restitutions

Sect. 372.60 Responsabilité de l'administrateur pour défaut de surveillance

Sect. 372.70 Responsabilité de l'administrateur dans le cadre de l'exécution des décisions de justice

Sect. 372.80 Responsabilité de l'administrateur dans le cadre des plans

Sect. 372.90 Responsabilité de l'administrateur en matière de licenciements économiques

CHAPITRE

371. Mission de l'administrater judiciaire

SECTION 0

ORIENTEUR

371.00 Plan du chapitre.

Sect.	371.10	Nomination de l'administrateur judiciaire
Sect.	371.20	Information de l'administrateur
Sect.	371.30	Pouvoirs de l'administrateur
Sect.	371.40	Durée de la mission de l'administrateur judiciaire

371.01 Textes applicables. (V. les références complètes s[s] nº 011).

> Législation antérieure à la loi de sauvegarde des entreprises.

C. com., art. L. 621-8, L. 621-22, L. 621-67, L. 621-137

D. 27 déc. 1985, art. 88

> Législation issue de la loi de sauvegarde des entreprises.

C. com., art. L. 621-4, al. 3 et 4, L. 621-5, L. 621-7, L. 622-1, L. 622-11, L. 626-24, L. 631-9, L. 631-12, L. 631-19, L. 641-1, L. 641-10, L. 641-11, al. 3

C. com., art. R. 621-11 (anc[t] D. 28 déc. 2005, art. 53), R. 621-17 (anc[t] D. 28 déc. 2005, art. 72), R. 621-18 (anc[t] D. 28 déc. 2005, art. 73), R. 621-20 (anc[t] D. 28 déc. 2005, art. 71), R. 622-9 (anc[t] D. 28 déc. 2005, art. 85), R. 626-38, al. 1er (anc[t] D. 28 déc. 2005, art. 150, al. 1er), R. 626-39 à R. 626-42 (anc[t] D. 28 déc. 2005, art. 151 à 154), R. 631-7 (anc[t] D. 28 déc. 2005, art. 176), R. 631-9 (anc[t] D. 28 déc. 2005, art. 178), R. 631-16 (anc[t] D. 28 déc. 2005, art. 185), R. 631-20 (anc[t] D. 28 déc. 2005, art. 189), R. 641-10 (anc[t] D. 28 déc. 2005, art. 223), R. 641-19 (anc[t] D. 28 déc. 2005, art. 232)

> Législation issue de l'ordonnance du 18 décembre 2008.

C. com., art. L. 621-4, al. 3 à 5, L. 621-5, L. 621-7, L. 622-1, L. 622-11, L. 626-24, L. 631-9, al. 1 et 2, L. 631-12, L. 631-19, L. 641-1-1, L. 641-10, al. 5 à 7, L. 641-11, al. 3

C. com., art. R. 621-11, R. 621-17, R. 621-18, R. 621-20, R. 622-9, R. 626-38, al. 1er, R. 626-39 à R. 629-42, R. 631-7, R. 631-9, R. 631-16, R. 631-20, R. 641-19

C. com., art. D. 641-10

> Législation issue de la loi du 22 octobre 2010.

C. com., art. L. 628-3

371.03 Bibliographie indicative. (V. les références complètes s[s] nº 031).

> Actualisables. RÉP. COM., Pigassou P., « Entreprises en difficulté- Redressement judiciaire (Procédure et organes) », n°s 231 à 262 – J.-CL. COM., Perruchot L., actualisé par Salgado M. B., fasc. 2226, [Organes – Administrateur judiciaire : fonctions], 2015.

> Ouvrages antérieurs à la loi de sauvegarde des entreprises. GUYON, n°s 1160 à 1162 – JACQUEMONT, n°s 216 à 219 – KERCKHOVE, n°s 332 à 349 – LE CANNU, nº 984 – LE CORRE-BROLY, n°s 115 à 121 – MARTIN ET VALLENS, n°s 2535 à 2551 – PÉROCHON ET BONHOMME, nº 147 – PÉTEL, n°s 148, 149 – RIPERT ET ROBLOT, n°s 2943, 2947 – SAINT-ALARY-HOUIN, n°s 431 à 435 – SOINNE, n°s 997 à 1004.

> Ouvrages postérieurs à la loi de sauvegarde des entreprises. GIBIRILA, n°s 336 à 339 – JACQUEMONT et VABRES, 9e éd., n°s 302 à 308 – LE CANNU, 7e éd., n°s 432 à 435 – LIENHARD, 6e éd., n°s 43.11, 43.20 à 43.23 – PÉROCHON, 10e éd., n°s 517 à 522 – PÉTEL, 8e éd., n°s 145, 146 – SAINT-ALARY-HOUIN, 9e éd., n°s 506, 509 – VALLENS, 2015, n°s 2663, 2678 à 2682 – VOINOT, 2e éd., 2013, n°s 279 à 293.

> Articles. Croze H., « Les organes de la procédure », *Mél. Perrot*, Dalloz, 1995, p. 49 – Delattre Ch., « L'intervention du ministère public dans la désignation des administrateurs et mandataires judiciaires », *Rev. proc. coll.* 2009/3, 11, p. 14 – Étienne-Martin E. et Lafontaine M.-A., « L'administrateur judiciaire : du syndic au praticien de l'entreprise », *Rev. proc. coll.* 2016, dossier 8 – Géniteau A., « L'administrateur judiciaire et le nouveau livre VI du code de commerce », *Rev. proc. coll.* 2006/1, p. 1 – Perdriau A., « La responsabilité civile des mandataires de justice dans les procédures collectives », *JCP E* 1989. II. 15547 – Sapin B., « Le rôle des mandataires de justice en présence dune atteinte portée à l'environnement », *Rev. proc. coll.* 2004, p. 170.

371.04 Questions essentielles.

• Quelle est la durée de la mission de l'administrateur judiciaire ?

* V. s[s] nº 371.41.

• Le débiteur peut-il choisir son administrateur judiciaire ?

* V. s[s] nº 371.11.

SECTION 371.10
NOMINATION DE L'ADMINISTRATEUR JUDICIAIRE

371.11 Nomination de l'administrateur judiciaire. L'article L. 621-8, alinéa 1er du code de commerce (anc^t L. 25 janv. 1985[1], art. 10, al. 1er) prévoit, sous l'empire de la législation antérieure à la loi de sauvegarde des entreprises[2], en redressement judiciaire, la désignation d'un administrateur judiciaire. Cette disposition est cependant spécifique au redressement judiciaire, en régime général. En régime simplifié, l'article L. 621-37 (anc^t L. 25 janv. 1985, art. 141) prévoit que « *l'activité est poursuivie par le débiteur sauf s'il apparaît nécessaire au tribunal de nommer un administrateur qui peut être soit un administrateur judiciaire, soit toute personne qualifiée* ». La nomination d'un administrateur est donc facultative. Il peut ainsi s'élever des contestations sur l'opportunité de cette désignation[3].

Dans la procédure de sauvegarde, la désignation d'un administrateur judiciaire n'est pas obligatoire lorsque la procédure est ouverte au bénéfice d'une personne – un débiteur, énonce l'alinéa 4 de l'article L. 621-4, dans la rédaction que lui donne l'ordonnance du 9 décembre 2010[4] portant adaptation du droit des entreprises en difficulté à l'entrepreneur individuel à responsabilité limitée, pour tenir compte de la création de ce statut[5] – dont le nombre de salariés et le chiffre d'affaires hors taxes sont inférieurs à des seuils fixés par décret en Conseil d'État (C. com., art. L. 621-4, al. 4). Cette solution de la procédure de sauvegarde est applicable au redressement judiciaire, depuis la loi du 26 juillet 2005.

L'article R. 621-11 du code de commerce, texte de la procédure de sauvegarde, applicable également en redressement judiciaire (C. com., art. R. 631-7), l'est aussi en liquidation judiciaire si le tribunal décide la continuation provisoire de l'activité (C. com., art. R. 641-19). L'administrateur judiciaire n'a pas à être nommé en liquidation judiciaire, si aucune poursuite d'activité n'est décidée, contrairement à ce que décident, à tort, certaines juridictions du fond[6].

Une règle différente est prévue dans la sauvegarde financière accélérée. La désignation de l'administrateur judiciaire y est non seulement obligatoire, mais elle est en outre législativement orientée. En effet, pour tenir compte des délais extrêmement brefs de la procédure de sauvegarde financière accélérée, et de la préparation par le conciliateur d'un projet de plan pendant la conciliation, sur lequel il ne restera plus guère qu'à faire voter les créanciers, membres du comité des établissements de crédit et obligataires, l'article L. 628-3 du code de commerce (réd. L. 22 oct. 2010[7], art. 57) prévoit que le tribunal désigne comme administrateur le conciliateur s'il est inscrit sur la liste des administrateurs judiciaires. Il ne pourra désigner une autre personne que par décision spécialement motivée, précise le texte. La solution est conservée par l'ordonnance du 12 mars 2014, dans la sauvegarde accélérée et, par voie de conséquence, de la sauvegarde financière accélérée qui emprunte l'essentiel de ses règles à la sauvegarde accélérée.

L'article R. 621-11 du code de commerce précise les seuils, qui, en présence d'un entrepreneur individuel à responsabilité limitée, sont appréciés par référence à l'entreprise logée dans le patrimoine concerné par la procédure collective, en application du principe posé par l'article L. 680-1 du code de commerce (réd. ord. 9 déc. 2010).

Le chiffre d'affaires hors taxes est fixé à 3 000 000 d'euros. Le montant de ce chiffre d'affaires est défini conformément à l'article 17, alinéa 5 du décret du 29 novembre 1983[8]. Il s'apprécie à la date de clôture du dernier exercice comptable (v. s^s n° 412.21).

Le nombre de salariés, qui s'apprécie dans la procédure de sauvegarde à la date de la demande d'ouverture de la procédure (C. com., art. R. 621-11) et en redressement judiciaire à la date de la demande ou, en cas de saisine d'office, laquelle a été supprimée à la suite des décisions d'inconstitutionnalité, par l'ordonnance du 12 mars 2014[9], à la date de la convocation du débiteur (C. com., art. R. 631-9) est fixé à vingt. Observons que le renvoi par l'article R. 641-19 du code de commerce à l'article R. 621-11 du même code fait naître une difficulté pour la liquidation judiciaire. Si cette procédure n'est pas demandée, mais est ouverte d'office, la seule possibilité est alors, malgré la lettre du texte, d'apprécier le nombre de salariés à la date de la convocation du débiteur comme pour le redressement judiciaire. Cette difficulté a disparu avec la suppression de la saisine d'office aux fins d'ouverture d'une liquidation judiciaire.

Une deuxième difficulté se présentait avant l'intervention de l'ordonnance du 18 décembre 2008[10]. En effet, l'article R. 641-19 prévoyait que « les seuils au-delà desquels le tribunal désigne un administrateur pour administrer l'entreprise sont identiques

1. L. n° 85-98, 25 janv. 1985, préc.
2. L. n° 2005-845, 26 juill. 2005, *JO* 27 juill., p. 12187.
3. AINSI : Douai, 2e ch., 29 juin 1995, *Rev. proc. coll.* 1996, p. 52, n° 2, obs. Dureuil.
4. Ord. n° 2010-1512, 9 déc. 2010, *JO* 10 déc., p. 21617.
5. Rapport au président de la République sur l'ordonnance n° 2010-1512 du 9 déc. 2010.
6. AINSI : T. com Créteil, 14 mars 2007, RG n° 2007/P002999.
7. L. n° 2010-1249, 22 oct. 2010, *JO* 23 oct., p. 18984.
8. D. n° 83-1020, 29 nov. 1983, *JO* 1er déc., p. 3461.
9. Ord. n° 2014-326, 12 mars 2014, *JO* 14 mars, p. 5249.
10. Ord. n° 2008-1345, 18 déc. 2008, *JO* 19 déc., p. 19462.

aux seuils fixés par l'article R. 621-11 ». L'alinéa 1er de l'article R. 621-11 disposait, quant à lui, que « les seuils fixés en application du quatrième alinéa de l'article L. 621-4 du code de commerce sont pour le chiffre d'affaires hors taxes de 3 000 000 d'euros et pour le nombre de salariés de vingt ». La combinaison de ces textes conduisait à décider que la présence d'un administrateur judiciaire était obligatoire à partir de 21 salariés ou si l'entreprise réalise plus de 3 000 000 d'euros hors taxes de chiffres d'affaires (C. com., art. R. 641-19). La solution n'était pas conforme à celle applicable pour la nomination obligatoire d'un administrateur judiciaire dans la procédure de sauvegarde ou de redressement judiciaire. En effet, la désignation d'un administrateur judiciaire n'était pas obligatoire lorsque la procédure était ouverte au bénéfice d'une personne dont le nombre de salariés et le chiffre d'affaires hors taxes étaient inférieurs à des seuils fixés par décret en Conseil d'État (C. com., art. L. 621-4, al. 4). Si l'entreprise avait moins de vingt salariés et réalisait moins de 3 000 000 d'euros hors taxes de chiffres d'affaire par an, la nomination d'un administrateur était facultative. Cela revenait à dire que la nomination d'un administrateur judiciaire, en sauvegarde ou en redressement judiciaire, était obligatoire à **partir de** vingt salariés ou de 3 000 000 d'euros hors taxes de chiffres d'affaire par an, alors que dans la liquidation judiciaire, cette nomination ne s'imposait que si l'entreprise employait au moins vingt-et-un salariés ou réalisait plus de 3 000 000 euros hors taxes de chiffres d'affaire par an. Cette asymétrie est supprimée. Les solutions applicables en sauvegarde et en redressement judiciaire, qui au demeurant n'ont pas été modifiées par l'ordonnance de réforme, sont transposables. Désormais, le texte de l'article L. 641-10, alinéa 3 du code de commerce, issu de la rédaction que lui donne l'ordonnance du 18 décembre 2008 (ord. 18 déc. 2008, art. 102), prévoit que « lorsque le nombre des salariés ou le chiffre d'affaires est supérieur **ou égal** à des seuils fixés par décret en Conseil d'État ou, en cas de nécessité, le tribunal désigne un administrateur judiciaire pour administrer l'entreprise ».

En conséquence, si l'entreprise a moins de vingt salariés et réalise moins de 3 000 000 euros hors taxes de chiffres d'affaire par an, la nomination d'un administrateur est facultative.

Si l'entreprise atteint l'un de ces seuils, la désignation d'un administrateur judiciaire est obligatoire. Mais elle ne résulte pas du seul fait que la procédure de sauvegarde ou de redressement judiciaire est convertie en liquidation avec poursuite d'activité, ce qui a des conséquences sur l'auteur des licenciements, qui demeure, en l'absence de désignation effective d'un administrateur, le liquidateur[1].

Le seuil relatif au nombre de salariés est substantiellement réduit par le texte issu de la loi de sauvegarde des entreprises : vingt salariés au lieu des cinquante exigés par la loi du 25 janvier 1985. Il s'agit là de mettre en conformité les textes avec la pratique qui ne permettait guère de rencontrer des entreprises en redressement judiciaire employant plus de vingt salariés pour lesquels le tribunal ne désignait pas d'administrateur judiciaire.

Tenant compte de la suppression de la distinction, qui existait sous l'empire de la loi du 25 janvier 1985, du régime simplifié et du régime général, et de la suppression de la passerelle entre le régime simplifié et le régime général, l'article L. 621-4, alinéa 4 prévoit la possibilité pour le tribunal, jusqu'au jugement arrêtant le plan de sauvegarde, à la demande du débiteur, du mandataire judiciaire ou du ministère public, de nommer un administrateur judiciaire. Cette disposition est applicable en redressement judiciaire, du fait du renvoi opéré à cette disposition par l'article L. 631-9. En outre, l'article L. 631-9, alinéa 1er du code prévoit, pour la procédure de redressement judiciaire, que la saisine d'office appartient également au tribunal.

Si le mandataire désigné a exercé des fonctions de conseil, de mandataire *ad hoc*, de conciliateur, d'administrateur ou de liquidateur amiable, d'expert judiciaire ou de séquestre amiable ou judiciaire, il doit en informer la juridiction, sous peine de poursuites disciplinaires (C. com., art. L. 814-8).

La loi du 26 juillet 2005 va plus loin en prévoyant la possibilité pour le ministère public de s'opposer à la nomination de l'administrateur judiciaire. Il en est ainsi s'il est désigné moins de dix huit mois après un mandat *ad hoc* ou une conciliation, dans lesquels il a été mandataire *ad hoc* ou conciliateur. Il a été estimé que le tribunal peut, sans commettre d'excès de pouvoir, passer outre[2]. Plus justement, nous semble-t-il, le tribunal ne semble pas avoir la possibilité de passer outre à l'opposition du ministère public, les textes ne réservant pas cette possibilité, contrairement à l'hypothèse de désignation d'un administrateur proposé par le ministère public[3].

Cette possibilité d'opposition ouverte au ministère public doit s'interpréter strictement, puisqu'elle

1. Soc. 15 nov. 2011, n° 10-17.015, *Bull. civ.* V, n° 263; FS-P+B; *D.* 2011. Actu. 2863, obs. Lienhard; *Act. proc. coll.* 2011/20, comm. 311.
2. Versailles, 13e ch., 5 avr. 2007, RG n° 2006/08417 – *Adde*, T. com. Évry, 1re ch., 7 sept. 2009, RG n° 2009/P00698, *Rev. proc. coll.* 2010, étude 4, p. 20.
3. Paris, pôle 5, 8e ch., 29 juin 2010, RG n° 10/09883, *Act. proc. coll.* 2010/13, n° 185; *Rev. proc. coll.* 2010/6, § 31, p. 3, note Delattre – *Adde*, SUR LA QUESTION : Ghalimi, « Désignation des organes de la procédure : portée de la faculté d'opposition du ministère public », *Rev. proc. coll.* 2011, étude 13, p. 24.

est dérogatoire au principe de libre du choix de l'adı nistrateur judiciaire par le tribunal. C'est pourqu le droit d'opposition n'existe pas lorsque l'orga avait été désigné conciliateur d'autres sociétés groupe, non de la filiale pour laquelle il est désig administrateur[1].

Cette récusation interviendra lorsque « l'exam de ces pièces (documents de la procédure de manc *ad hoc* ou de conciliation) fait apparaître des dout sur l'intervention du mandataire ou simplement s sa capacité à gérer le dossier »[2]. Il ne semble pas q le ministère public doive s'opposer à la deman pour un autre motif. Spécialement, le fait que le déb teur ait choisi son mandataire *ad hoc* ou son concili teur ne doit pas conduire le ministère public à env sager la récusation du mandataire précédemme désigné[3]. À l'inverse, le conflit qui aurait pu exist pendant la conciliation ou le mandat *ad hoc* entre mandataire et le débiteur doit inciter le tribunal à ne pas nommer le mandataire en qualité d'administrateur judiciaire, un lien de confiance devant régner entre le débiteur et cet organe. Ce conflit justifiera l'opposition du ministère public.

L'ordonnance du 18 décembre 2008 marque une avancée supplémentaire, en prévoyant la possibilité pour le ministère public de proposer un administrateur à la désignation du tribunal (v. s[s] n° 351.61).

Entendant en outre rendre plus attractive la procédure de sauvegarde et tirant les conséquences de son caractère facultatif et volontariste, l'article L. 621-4, alinéa 5 du code de commerce (ord. 18 déc. 2008, art. 14) prévoit que le débiteur peut proposer à la désignation du tribunal un administrateur judiciaire. La disposition doit être approuvée, encore que mandat de justice et clientèle ne fasse pas bon ménage, car la logique volontariste de la sauvegarde doit permettre les mêmes solutions que celles posées en conciliation ou en mandat *ad hoc*. Une confiance maximale doit ici régner[4]. Aussi, cette disposition n'est-elle pas applicable en redressement ou en liquidation judiciaire, procédures à caractère impératif, voire autoritaire.

L'ordonnance du 12 mars 2014 modifie quelque peu les règles relatives à la désignation de l'administrateur judiciaire (v. s[s] n°s 351.61 s.).

La loi du 26 juillet 2005 (C. com., art. L. 621-4, al. 3 pour la procédure de sauvegarde) maintient la possibilité prévue dans la législation antérieure de désigner, à l'ouverture de la procédure, plusieurs administrateurs judiciaires (C. com., art. L. 621-8, al. 2). Cependant, la demande ne pourra plus désormais être présentée que par le ministère public. Le tribunal, dans la procédure de redressement judiciaire peut identiquement, sur demande du ministère public, désigner, dans le jugement d'ouverture, plusieurs administrateurs judiciaires (C. com., art. L. 631-9). Mais, contrairement à la solution retenue pour la procédure de sauvegarde, le tribunal peut aussi d'office désigner plusieurs administrateurs judiciaires. Le rejet de la proposition du ministère public de désigner plusieurs administrateurs judiciaires doit être spécialement motivé[5]. Ici encore, l'ordonnance du 12 mars 2014 élargit les possibilités de désignation de multiples administrateurs (v. s[s] n°s 351.61 s.).

Le tribunal sous l'empire de la législation antérieure à la loi du 26 juillet 2005, peut, en cours de procédure, soit d'office, soit sur proposition du juge-commissaire ou à la demande du procureur de la République, procéder à l'adjonction d'un ou de plusieurs administrateurs à ceux déjà nommés (C. com., art. L. 621-10, al. 2).

Sous l'empire de la législation du 26 juillet 2005, en cours de procédure de sauvegarde, l'article L. 621-7, alinéa 2, devenu l'article L. 621-7, alinéa 1er avec l'ordonnance du 18 décembre 2008, prévoit que le tribunal peut adjoindre à l'administrateur judiciaire déjà nommé un ou plusieurs autres administrateurs. À cette fin, il peut se saisir d'office, être saisi sur proposition du juge-commissaire ou à la demande du ministère public. En outre, l'administrateur, le mandataire judiciaire ou un créancier nommé contrôleur peut demander au juge-commissaire de saisir à cette fin le tribunal. L'ordre professionnel ou l'autorité compétente d'un débiteur professionnel libéral soumis à un statut législatif ou réglementaire ou dont le titre est protégé peut également saisir le ministère public à cette fin (C. com., art. L. 621-7, al. 3). L'article R. 621-17, alinéa 3 du code de commerce prévoyait que si le tribunal se saisissait d'office, il fallait appliquer les règles régissant la saisine d'office du tribunal aux fins d'ouverture d'un redressement judiciaire (v. s[s] n°s 231.42 et 231.43). La saisine d'office aux fins d'ouverture d'un redressement ou d'une liquidation judiciaire a été supprimée, ce qui a conduit à poser de nouvelles règles. C'est pourquoi, depuis le décret du 30 juin 2014[6], l'article R. 621-17, alinéa 2 du code vise la procédure prévue à l'article R. 631-3 du code, dans la rédaction que lui donne le décret du 30 juin

1. Paris, pôle 5, 8e ch., 29 juin 2010, RG n° 10/09892, *Act. proc. coll.* 2010/16, n° 227.
2. Interv. Xavier de Roux, *JOAN CR*, 2e séance du 3 mars 2005, p. 1651.
3. SUR UNE TENTATIVE EN CE SENS : Versailles, 13e ch., 5 avr. 2007 RG n° 2006/08417.
4. AUSSI : Lienhard, « Réforme du droit des entreprises en difficulté : présentation de l'ordonnance du 18 décembre 2008 », *D.* 2009. Chron. 110, sp. 112.
5. Pau, 17 janv. 2013, RG n° 12/03006, *Leden* févr. 2013, comm. 29, obs. Staes.
6. D. n° 2014-736, 30 juin 2014, *JO* 1er juill., p. 10834.

2014. Si le tribunal est saisi à cette fin par le ministère public, il faut appliquer les règles régissant la saisine du tribunal par le ministère public aux fins d'ouverture d'un redressement judiciaire (v. s[s] n° 231.61). Le tribunal statuera après avoir recueilli l'avis du ministère public s'il n'est pas demandeur (C. com., art. R. 621-17, al. 2). Indiquons que cette disposition de la procédure de sauvegarde est applicable en redressement (C. com., art. R. 631-16) et en liquidation judiciaire (C. com., art. R. 641-11).

L'administrateur judiciaire qui cesse ses fonctions doit rendre ses comptes à celui qui le remplace, en présence du juge-commissaire, le débiteur entendu ou dûment appelé à la diligence du greffier (D. 27 déc. 1985[1], réd. ant. LSE art. 31, C. com., art. R. 621-18). Ce texte de la procédure de sauvegarde est applicable tant en redressement (C. com., art. R. 631-16) qu'en liquidation judiciaire (C. com., art. R. 641-10).

Avant comme après la loi de sauvegarde des entreprises, aucun parent ou allié jusqu'au quatrième degré ne peut être nommé à cette fonction. L'article L. 641-6 du code de commerce, dans sa rédaction issue de l'ordonnance du 18 décembre 2008 (ord. 18 déc. 2008, art. 99), prévoit plus largement, qu'aucun conjoint ou partenaire allié par un pacte de solidarité, qu'aucun parent ou allié, jusqu'au quatrième degré inclusivement, du débiteur, et non plus du chef d'entreprise, ou des dirigeants s'il s'agit d'une personne morale, ne peut être nommé à l'une des fonctions prévues à l'article L. 641-1 ou L. 641-10. Sont ainsi visées les incompatibilités pour la désignation au poste d'administrateur judiciaire, notamment.

La question du remplacement d'organes fait l'objet de développements séparés (v. s[s] n° 351.63).

SECTION 371.20
INFORMATION DE L'ADMINISTRATEUR

371.21 Obligations d'information de l'administrateur. L'administrateur judiciaire a d'abord des obligations générales d'information. C'est ainsi qu'il doit faire rapport au juge-commissaire, dans les deux mois du jugement d'ouverture en régime général (D. 27 déc. 1985[2], art. 29), dans le mois de ce jugement, en régime simplifié (D. 27 déc. 1985, art. 113). La solution est reprise par l'article R. 621-20 du code de commerce (anc[t] D. 28 déc. 2005[3], art. 71), qui oblige à la communication de ce rapport dans le délai unique de deux mois à compter du jnent d'ouverture, le visa du procureur de la ſblique étant remplacé par celui du ministère ṗc, depuis la loi de sauvegarde des entreprises. (xte de la procédure de sauvegarde est applicable edressement judiciaire (C. com., art. R. 631-16 [t D. 28 déc. 2005, art. 185]), mais non en liquidon judiciaire, les obligations d'information incomb ici au liquidateur (C. com., art. R. 641-11, a [anc[t] D. 28 déc. 2005, art. 224, al. 3]).

:e rapport doit également être communiqué au ɛureur de la République (D. 27 déc. 1985, art. 29 e 13). Depuis la loi de sauvegarde des entreprises, lapport doit être communiqué au ministère public tit en sauvegarde (C. com., art. R. 621-20) qu'en rlressement judiciaire (C. com., art. R. 631-16). Ldministrateur transmettra son rapport au représntant des créanciers[4] et désormais au mandataire jdiciaire.

À la fin de chaque période, il doit informer le ministère public, le représentant des créanciers – mandataire judiciaire – et les contrôleurs des résultats de l'exploitation, de la situation de trésorerie et de la capacité du débiteur à faire face aux dettes dites postérieures (D. 27 déc. 1985, art. 57), y compris lorsque, sous l'empire de la législation antérieure à la loi de sauvegarde des entreprises, un contrat de location-gérance est conclu (D. 27 déc. 1985, art. 59, al. 1er). La solution est reprise sous l'empire de la loi de sauvegarde des entreprises, tant en sauvegarde (C. com., art. R. 622-9), qu'en redressement judiciaire (C. com., art. R. 631-120), sous la réserve qu'il n'est plus envisageable d'établir un rapport en location-gérance, celle ci n'étant plus possible pendant la période d'observation.

Ces informations devront être également communiquées, à tout moment, sur demande du ministère public ou du juge-commissaire.

L'administrateur judiciaire a l'obligation d'informer le juge-commissaire et le ministère public des résultats de l'activité à l'issue de la période de poursuite provisoire d'activité autorisée en liquidation judiciaire (D. 27 déc. 1985, art. 120, C. com., art. R. 641-20).

Il doit informer le mandataire judiciaire – représentant des créanciers – et les contrôleurs des délais qu'il a fixés pour la réception des offres et procéder à l'information sur le contenu de ces offres.

Il doit informer la juridiction, en lui faisant rapport sur le projet de plan de continuation, de redressement ou de sauvegarde, sur l'existence de possibilités sérieuses de redressement et d'apurement du passif permettant l'arrêté d'un plan et sur le sérieux des offres de reprise présentées par des tiers.

1. D. n° 85-1388, 27 déc. 1985, *JO* 29 déc., p. 15281.
2. D. n° 85-1388, 27 déc. 1985, préc.
3. D. n° 2005-1677, 28 déc. 2005, *JO* 29 déc., p. 20324.
4. IFPPC 1999, recomm. n° 1110, p. 33.

Il devait, sous l'empire de la législation antérieure à la loi de sauvegarde des entreprises[1], informer le tribunal sur tout fait de nature à entraîner des sanctions personnelles à l'encontre du débiteur ou des dirigeants de la personne morale débitrice (D. 27 déc. 1985, art. 168). La solution n'a pas été reproduite par le décret du 28 décembre 2005 pour tenir compte de la suppression de la saisine par l'administrateur judiciaire aux fins de sanctions.

Il répondra aux demandes de renseignements émanant des créanciers, dès lors qu'elles ne sont pas abusives ou trop fréquentes[2].

La loi de modernisation sociale n° 2002-73 du 17 janvier 2002[3] a inséré à l'article L. 621-8 du code de commerce un alinéa 3, obligeant l'administrateur judiciaire à informer par courrier recommandé avec demande d'avis de réception le maire de la commune et le président de l'établissement public de coopération intercommunale, s'il existe, de l'ouverture d'une procédure de redressement judiciaire ouverte vis-à-vis d'une société ayant son siège sur le territoire de la commune[4]. Remarquons que l'obligation, qui n'est applicable qu'aux procédures ouvertes à compter du 17 janvier 2002, n'intéresse pas les débiteurs, personnes physiques, non plus que les personnes morales autres que les sociétés. Elle ne concerne ni les procédures de redressement judiciaire soumises au régime simplifié sans administrateur, ni les liquidations judiciaires. La solution ne semble pas devoir être reconduite sous l'empire de la loi de sauvegarde des entreprises, l'article L. 621-4 du code de commerce issu de la loi de sauvegarde des entreprises, pendant de l'ancien article L. 621-8 observant le mutisme sur la question[5].

371.22 Obligation de dénoncer les procédures à l'administrateur. L'administrateur judiciaire doit être mis en cause, dans le cadre de diverses instances, ce qui l'autorisera à faire valoir son point de vue à la juridiction saisie. En présence d'un entrepreneur individuel à responsabilité limitée, la nécessité de ces mises en cause est appréciée par référence à l'entreprise logée dans le patrimoine concerné par la procédure collective dans laquelle l'administrateur a été nommé.

Ainsi l'administrateur judiciaire doit-il être mis en cause en cas de reprise d'actions en paiement entamées avant jugement d'ouverture (C. com., art. L. 621-41 [anc[t] L. 25 janv. 1985[6], art. 48], réd. antérieure à la loi de sauvegarde des entreprises[7], C. com., art. L. 622-22, réd. loi de sauvegarde des entreprises) ou d'actions autres que les actions en paiement (C. com., art. L. 621-42 [anc[t] L. 25 janv. 1985, art. 49], réd. antérieure à la loi de sauvegarde des entreprises, C. com., art. L. 622-23, loi de sauvegarde des entreprises), mais seulement, pour ce dernier type d'actions, depuis l'ordonnance du 18 décembre 2008[8], si l'administrateur a une mission d'assistance en sauvegarde, d'assistance ou de représentation en redressement judiciaire. Les saisies engagées avant jugement d'ouverture et ayant joué au jour dudit jugement, si elles n'ont pas été signifiées au débiteur avant jugement, doivent être signifiées à l'administrateur judiciaire (C. com., art. L. 621-42, réd. antérieure à la loi de sauvegarde des entreprises, C. com., art. L. 622-23, loi de sauvegarde des entreprises), mais seulement, depuis l'ordonnance du 18 décembre 2008, si l'administrateur a une mission d'assistance en sauvegarde, d'assistance ou de représentation en redressement judiciaire. La mise en cause de l'administrateur judiciaire est une condition de la reprise d'instance, laquelle s'est trouvée interrompue, au sens de l'article 369 du code de procédure civile, par la survenance du redressement judiciaire[9] ou de la sauvegarde. En ce qui concerne les saisies, celles ayant joué avant le jugement d'ouverture doivent lui être dénoncées après ledit jugement, si, d'une part, moins de huit jours se sont écoulés entre la saisie et le jugement d'ouverture et si, d'autre part, la saisie n'a pas été dénoncée au débiteur avant ledit jugement. Les saisies faites après jugement d'ouverture, pour paiement de créances postérieures devront lui être dénoncées s'il représente le débiteur, ce qui suppose une mission d'administration[10]. S'il a mission d'assistance, la saisie devra être dénoncée tant au débiteur qu'à l'administrateur judiciaire. Au contraire, s'il a seulement mission de surveillance, les saisies n'auront pas à lui être dénoncées.

L'administrateur judiciaire devra être également mis en cause, lorsqu'il a mission d'administration, pour l'audition des créanciers contestés puisqu'il est alors une partie à la procédure de vérification et d'admission des créances (C. com., art. L. 621-104 [anc[t] L. 25 janv. 1985, art. 101, al. 2], réd. antérieure à la loi de sauvegarde des entreprises, C. com., art. L. 624-2, loi de sauvegarde des entreprises).

1. L. n° 2005-845, 26 juill. 2005, préc.
2. IFPPC 1999, recomm. n° 1020-1, p. 13.
3. L. n° 2002-73, 17 janv. 2002 de modernisation sociale, *JO* 18 janv., p. 1008.
4. Soinne, « L'article L. 621-8 nouveau du code de commerce (à propos de l'obligation désormais établie d'une information du maire) », *Rev. proc. coll.* 2002, p. 1.
5. Le Cannu, 7e éd., n° 433.
6. L. n° 85-98, 25 janv. 1985, préc.
7. L. n° 2005-845, 26 juill. 2005, préc.
8. Ord. n° 2008-1345, 18 déc. 2008, préc.
9. Com. 18 avr. 1989, *RTD com.* 1989. 752, obs. Grelon – Com. 29 oct. 1991, n° 90-11.297, *Bull. civ.* IV, n° 319; *D.* 1992. 293, note Rossi; *D.* 1992. Somm. 254, obs. Derrida – Com. 7 janv. 1992, n° 89-15.819, *Bull. civ.* IV, n° 4; *D.* 1992. Somm. 255, obs. Derrida.
10. Paris, 14 sept. 1995, *Rev. proc. coll.* 1996, p. 219, obs. Canet.

L'ordonnance rendue sans convocation de cet organe serait entachée de nullité[1].

L'administrateur judiciaire devra être également mis en cause, dans la procédure de redressement judiciaire, lorsqu'il a mission d'administration, pour la poursuite des instances prud'homales en cours au jugement d'ouverture (C. com., art. L. 621-126 [anc[t] L. 25 janv. 1985, art. 124, al. 1er], réd. antérieure à la loi de sauvegarde des entreprises; C. com., art. L. 631-18, II, al. 3, réd. loi de sauvegarde des entreprises). En revanche, sa mise en cause ne s'imposait pas dans la procédure de sauvegarde seul devant être appelé le mandataire judiciaire. L'article L. 625-3, alinéa 1er du code, issu de l'ordonnance du 18 décembre 2008 (ord. 18 déc. 2008, art. 47), prévoit désormais la mise en cause de l'administrateur judiciaire, dans la procédure de sauvegarde, lorsqu'il a une mission d'assistance. Il n'aura pas, en revanche, à être mis en cause dans la procédure de sauvegarde s'il n'a qu'une mission de surveillance.

SECTION 371.30
POUVOIRS DE L'ADMINISTRATEUR

371.31 Pouvoirs de l'administrateur nécessitant l'autorisation du juge-commissaire. L'administrateur peut d'abord faire des actes interdits, en y étant autorisé par le juge-commissaire, tant dans la procédure de sauvegarde, que dans celle de redressement judiciaire. Ces actes ne pourront, en présence d'un entrepreneur individuel à responsabilité limitée, être effectués que sur des biens, droits, obligations ou sûretés compris dans le patrimoine concerné par la procédure collective dans laquelle l'administrateur aura été nommé.

Dans tous les cas, il devra présenter une requête au juge-commissaire et obtenir de lui une ordonnance. C'est ainsi qu'il pourra compromettre[2], transiger ou constituer des sûretés sur les biens de l'entreprise. Il peut proposer au créancier une substitution, à la sûreté existante, d'une autre sûreté. Il peut payer certains créanciers antérieurs, qu'il s'agisse de retirer le gage ou la chose retenue, de bloquer la revendication d'un vendeur sous clause de réserve de propriété, ou de payer les créances super privilégiées de salaire. Il peut vendre les meubles garnissant les locaux professionnels loués, dès lors qu'il envisage la libération des lieux, c'est-à-dire la résiliation du contrat de bail professionnel.

L'ordonnance du *18 décembre 2008*[3] *a ajouté* la possibilité pour l'administrateur d'être autorisé par le *juge-commissaire à payer* une créance antérieure, soit pour lever l'option d'achat d'un crédit-bail, soit pour obtenir le retour dans le patrimoine du débiteur de biens transférés dans un patrimoine fiduciaire, si ces biens ne sont pas restés à l'usage ou la jouissance du débiteur.

En même temps qu'elle reconnaît de nouveaux pouvoirs à l'administrateur judiciaire, l'ordonnance du 18 décembre 2008 distingue soigneusement selon que le débiteur est resté ou non aux commandes. En sauvegarde, si l'administrateur n'a qu'une mission de surveillance, l'habilitation donnée par le juge-commissaire pour faire les actes interdits sera sollicitée par le débiteur. En redressement judiciaire et en sauvegarde, si l'administrateur a une mission d'assistance la requête aux fins d'habilitation sera présentée conjointement par le débiteur et l'administrateur. Enfin, dans la procédure de redressement judiciaire, si l'administrateur a une mission d'administration, l'habilitation sera sollicitée par lui seul.

Il peut ensuite procéder, dans la procédure de redressement judiciaire, aux licenciements qui s'imposent, pendant la période d'observation (C. com., art. L. 621-37, réd. antérieure à la loi de sauvegarde des entreprises[4], C. com., art. L. 631-17, loi de sauvegarde des entreprises).

371.32 Pouvoirs de l'administrateur partagés avec d'autres organes. Il a d'abord des pouvoirs liés à la poursuite de l'activité.

C'est ainsi qu'il peut demander le renouvellement de la période d'observation (C. com., art. L. 621-6 [anc[t] L. 25 janv. 1985[5], art. 8], réd. antérieur à la loi de sauvegarde des entreprises[6], C. com., art. L 621-3, al. 1er, réd. loi de sauvegarde des entreprises).

Il peut saisir le tribunal aux fins de cessation partielle ou totale de l'activité ou de conversion du redressement en liquidation judiciaire (C. com., art. L. 621-27 et L. 621-142 [anc[t] L. 25 janv. 1985, art. 36, al. 1 et 146], réd. antérieure à la loi de sauvegarde des entreprises, C. com., art. L. 622-10, al. 1er, réd. loi de sauvegarde des entreprises). L'ordonnance du 18 décembre 2008[7] conserve cette possibilité pour le redressement judiciaire (C. com., art. L. 631-15, II), mais la supprime en sauvegarde (C. com., art. L. 622-10, al. 1er – ord. 18 déc. 2008, art. 24). Le maintien aux commandes du chef d'entreprise, dans cette procédure, conduit à lui lais-

1. Rouen, 22 oct. 1987, *Rev. proc. coll.* 1988, p. 87, obs. Dureuil – Nancy, 20 févr. 1989, *Banque et droit* 1989. 184.
2. SUR LA NULLITÉ d'un compromis sans intervention de l'administrateur judiciaire et sans autorisation du juge-commissaire : Paris, 10 févr. 1994, *D.* 1994. IR 79.
3. Ord. n° 2008-1345, 18 déc. 2008, préc.
4. L. n° 2005-845, 26 juill. 2005, préc.
5. L. n° 85-98, 25 janv. 1985, préc.
6. L. n° 2005-845, 26 juill. 2005, préc.
7. Ord. n° 2008-1345, 18 déc. 2008, préc.

ser une telle initiative. L'article 22 du décret du 12 février 2009[1], qui réécrit l'article R. 622-10 du code de commerce, prévoit que le tribunal est saisi par voie de requête.

Depuis la loi de sauvegarde des entreprises, il peut solliciter la conversion de la procédure de sauvegarde en redressement judiciaire en cas de caractérisation de l'état de cessation des paiements (C. com., art. L. 622-10, al. 2).

Il peut demander la résolution d'un contrat de location-gérance autorisé en période d'observation, si le locataire-gérant accomplit un acte de nature à porter atteinte aux éléments pris en location-gérance, ou s'il diminue les garanties qu'il avait données (C. com., art. L. 621-35 [anc^{t} L. 25 janv. 1985, art. 43, al. 2], réd. antérieure à la loi de sauvegarde des entreprises).

Il peut saisir le tribunal aux fins de remplacement des dirigeants (C. com., art. L. 621-59 [anc^{t} L. 25 janv. 1985, art. 23, al. 1er], réd. antérieure à la loi de sauvegarde des entreprises, C. com., art. L. 626-4, al. 1er, réd. loi de sauvegarde des entreprises), ou de prononcé de l'incessibilité des parts ou actions de ces dirigeants (C. com., art. L. 621-59, al. 2, réd. antérieure à la loi de sauvegarde des entreprises, C. com., art. L. 626-4, al. 2, réd. loi de sauvegarde des entreprises). Observons que depuis l'ordonnance du 18 décembre 2008, cette possibilité n'existe plus qu'en redressement judiciaire (C. com., art. L. 631-22). Elle est supprimée en sauvegarde.

L'administrateur judiciaire a ensuite des pouvoirs liés à la reconstitution des actifs du débiteur ou à la préservation de ses actifs, contre les atteintes que pourraient y porter des tiers. C'est ainsi qu'il peut, dans la procédure de redressement judiciaire, agir en rapport contre le tireur d'une lettre de change ou le donneur d'ordre, contre le bénéficiaire d'un chèque ou le premier endosseur d'un billet à ordre (C. com., art. L. 621-109 [anc^{t} L. 25 janv. 1985, art. 109, al. 2], réd. antérieure à la loi de sauvegarde des entreprises, C. com., art. L. 632-3, al. 2, réd. loi de sauvegarde des entreprises).

Il peut identiquement agir, tant dans la procédure de sauvegarde, que dans celle de redressement judiciaire, en rapport contre le conjoint effectuant des reprises (C. com., art. L. 621-112 [anc^{t} L. 25 janv. 1985, art. 112], réd. antérieure à la loi de sauvegarde des entreprises, C. com., art. L. 624-6, réd. loi de sauvegarde des entreprises).

Il peut agir en nullité de la période suspecte, en redressement judiciaire, mais non en sauvegarde (C. com., art. L. 621-110 [anc^{t} L. 25 janv. 1985, art. 110], réd. antérieure à la loi de sauvegarde des entreprises, C. com., art. L. 632-4, réd. loi de sauvegarde des entreprises), et, pour anticiper cette action, solliciter, en redressement judiciaire, mais non en sauvegarde, un report de la date de cessation des paiements (C. com., art. L. 621-7, réd. antérieure à la loi de sauvegarde des entreprises, C. com., art. L. 631-8, al. 3, réd. loi de sauvegarde des entreprises).

Il peut agir en comblement de passif ou en redressement ou en liquidation judiciaire à titre personnel contre un dirigeant de la personne morale débitrice (C. com., art. L. 624-6 [anc^{t} L. 25 janv. 1985, art. 183]), dans la législation antérieure à la loi de sauvegarde des entreprises. Il ne peut, en revanche, agir en responsabilité pour insuffisance d'actif ou en obligation aux dettes sociales, sous l'empire de la loi de sauvegade des entreprises.

Il peut agir en faillite personnelle ou en interdiction de gérer contre ces mêmes dirigeants ou contre le débiteur (C. com., art. L. 625-8 [anc^{t} L. 25 janv. 1985, art. 192]), sous l'empire de la législation antérieure à la loi de sauvegarde des entreprises, mais non sous l'empire de la loi de sauvegarde des entreprises

Il peut se constituer partie civile devant la juridiction répressive, dans le cadre d'infractions commises par le débiteur ou le dirigeant de la personne morale débitrice (C. com., art. L. 626-16 [anc^{t} L. 25 janv. 1985, art. 211] réd. antérieure à la loi de sauvegarde des entreprises, C. com., art. L. 654-17, réd. loi de sauvegarde des entreprises).

371.33 Pouvoirs de l'administrateur judiciaire relatifs à la poursuite d'activité s'exerçant sans partage. L'administrateur a des pouvoirs qu'il détient seul. Ils sont orientés vers le sauvetage de l'entreprise, lequel commande une poursuite de l'activité. En présence d'un entrepreneur individuel à responsabilité limitée, il ne s'agira que de l'entreprise concernée par la procédure collective dans laquelle l'administrateur aura été nommé. Dans ce cadre, ses pouvoirs sont importants.

L'administrateur a d'abord en charge la gestion de l'entreprise, pendant la période d'observation. Ces pouvoirs sont cependant ici très variables, en fonction de la mission que lui aura confiée le tribunal : simple mission de surveillance, mission d'assistance, ou encore mission complète d'administration de l'entreprise. En régime simplifié, sous l'empire de la législation du 25 janvier 1985[2], la mission de surveillance n'existe pas (C. com., art. L. 621-137 [anc^{t} L. 25 janv. 1985, art. 141, al. 1er]). Comme il a été justement relevé, un administrateur qui n'administre pas nécessairement porte mal son nom[3]. Le détail de cette question sera examiné avec

1. D. n° 2009-160, 12 fév7r. 2009, *JO* 13 févr., p. 2596.

2. L. n° 85-98, 25 janv. 1985, préc.
3. DERRIDA *ET ALII*, n° 95.

l'étude de la situation générale du débiteur pendant la période d'observation (v. s[s] n°s 421.13 s.). La loi de sauvegarde des entreprises[1] modifie la solution. Dans la procédure de redressement, sa mission sera de représentation ou d'assistance. Dans la procédure de sauvegarde, l'administrateur aura une mission d'assistance ou de surveillance. La mission de l'administrateur doit en effet respecter le principe de responsabilité de l'administration de l'entreprise reposant, dans la procédure de sauvegarde, sur le dirigeant[2].

En période de poursuite provisoire d'activité autorisée en liquidation judiciaire, l'administrateur aura en charge l'administration de l'entreprise (C. com., art. L. 622-10 [anc[t] L. 25 janv. 1985, art. 153, al. 1er], réd. antérieure à la loi de sauvegarde des entreprises, C. com., art. L. 641-10, al. 5, réd. loi de sauvegarde des entreprises). Pour accomplir sa mission, il pourra se faire remettre, par le liquidateur, les sommes nécessaires (C. com., art. L. 622-10, al. 3, réd. antérieure à la loi de sauvegarde des entreprises, C. com., art. L. 641-10, al. 6, réd. loi de sauvegarde des entreprises).

Ayant en charge au moins la surveillance de la gestion de l'entreprise, l'administrateur veille également, dans la procédure de redressement judiciaire sous l'empire de la législation antérieure à la loi de sauvegarde des entreprises, au respect des engagements du locataire-gérant, en cas de location-gérance conclue en période d'observation (C. com., art. L. 621-35 [anc[t] L. 25 janv. 1985, art. 43, al. 1er]).

Parce que la continuation de l'activité n'est pas envisageable sans continuation des liens contractuels avec les partenaires de l'entreprise, l'administrateur judiciaire a ensuite seul mission d'opter pour la continuation ou la résiliation des contrats en cours (C. com., art. L. 621-28 et L. 621-137 [anc[t] L. 25 janv. 1985, art. 37 et 141, al. 2], réd. antérieure à la loi de sauvegarde des entreprises, C. com., art. L. 622-13, réd. loi de sauvegarde des entreprises). La législation antérieure à la loi de sauvegarde des entreprises prévoyait, en ce sens, qu'il pouvait notamment demander la résiliation d'un contrat d'assurance. L'option exercée par le débiteur ne vaudra pas continuation du contrat, ce qui aura des répercussions sur la régularité de naissance de la créance postérieure, condition du traitement préférentiel réservé aux créanciers postérieurs (v. s[s] n°s 452.21 s.) et, avant l'ordonnance du 18 décembre 2008[3], sur les délais de l'action en revendication (v. s[s] n° 813.53).

L'administrateur continuera à exercer ses pouvoirs, pendant la poursuite provisoire d'activité en liquidation judiciaire. Dans cette même période, il procédera aux licenciements (C. com., art. L. 622-10 [anc[t] L. 25 janv. 1985, art. 153, al. 2], réd. antérieure à la loi de sauvegarde des entreprises, C. com., art. L. 641-10, al. 3, réd. loi de sauvegarde des entreprises).

La continuation de l'activité, et spécialement des contrats, suppose le règlement des partenaires contractuels. Si le débiteur est interdit bancaire, c'est l'administrateur judiciaire qui fait fonctionner ses comptes bancaires (C. com., art. L. 621-22 [anc[t] L. 25 janv. 1985, art. 31, al. 4], réd. antérieure à la loi de sauvegarde des entreprises, C. com., art. L. 622-1, V, réd. loi de sauvegarde des entreprises). En revanche, il a été jugé que, en liquidation judiciaire assortie d'une poursuite d'activité, le compte bancaire devait fonctionner sous la signature du liquidateur, non celle de l'administrateur[4].

L'équilibre de l'entreprise, pendant cette période, est fragile. Il importe de préserver celle-ci contre ses débiteurs. C'est pourquoi l'administrateur tient des alinéas 1 et 2 de l'article L. 621-16 du code de commerce (anc[t] L. 25 janv. 1985, art. 26), dans sa rédaction antérieure à la loi de sauvegarde des entreprises, de l'article L. 622-4, dans la rédaction que lui donne la loi de sauvegarde des entreprises, pouvoir de faire les actes conservatoires des droits de l'entreprise du débiteur énonce désormais l'alinéa 1er de l'article L. 622-4 – contre ses débiteurs.

Il importe aussi de préserver l'entreprise contre le dépècement dont elle pourrait faire l'objet de la part de personnes se présentant comme propriétaire. L'administrateur a, dès lors, en charge les demandes en acquiescement de revendication ou de restitution (C. com., art. L. 621-123 [anc[t] L. 25 janv. 1985, art. 121-1], réd. antérieure à la loi de sauvegarde des entreprises, C. com., art. L. 624-17, réd. loi de sauvegarde des entreprises).

L'administrateur peut marquer une défiance vis-à-vis du débiteur. Il peut réceptionner son courrier, s'il sollicite, sous l'empire de la législation antérieure à la loi de sauvegarde des entreprises, dans la procédure de redressement judiciaire, un détournement de celui-ci (C. com., art. L. 621-20 [anc[t] L. 25 janv. 1985, art. 29, al. 1er]).

371.34 Pouvoirs de l'administrateur judiciaire en rapport avec l'élaboration des plans de redressement s'exerçant sans partage. L'administrateur judiciaire a ensuite des pouvoirs relatifs à l'élaboration et à la mise en œuvre du plan de redressement de l'entreprise. En présence d'un entrepreneur individuel à responsabilité limitée, il ne s'agira que de l'entreprise concernée par la procédure collective dans laquelle l'administrateur aura été nommé.

1. L. n° 2005-845, 26 juill. 2005, préc.
2. Amend. n° 123, Interv. Xavier de Roux, *JOAN CR*, 2e séance du 8 mars 2005, p. 1747.
3. Ord. n° 2008-1345, 18 déc. 2008, préc.
4. Amiens, 25 oct. 2001, *Rev. proc. coll.* 2003, p. 131, obs. Soinne.

Il élabore le bilan économique et social, le projet de plan de redressement ou de continuation. Sous l'empire de la loi de sauvegarde[1], dans sa rédaction d'origine, l'administrateur élabore également le projet de plan de sauvegarde. L'ordonnance du 18 décembre 2008[2] modifie la solution, en prévoyant que le projet de plan de sauvegarde est élaboré par le débiteur avec l'assistance du débiteur. Il établit un rapport sur le projet de plan[3]. Il a théoriquement seul qualité pour présenter le projet de plan de continuation ou de redressement. Cependant, la jurisprudence accorde également ce pouvoir au débiteur (v. s[s] n° 492.11). Depuis l'ordonnance du 18 décembre 2008, il appartient au débiteur de présenter son plan de sauvegarde.

Si un plan de continuation est envisagé, l'administrateur judiciaire a le pouvoir de convoquer l'assemblée des associés pour statuer sur la modification du capital social (C. com., art. L. 621-58 [anc[t] L. 25 janv. 1985, art. 22], réd. antérieure à la loi de sauvegarde des entreprises). Il réceptionne les offres de cession, qui tendent soit à une cession des actions, dans le cadre d'un plan de continuation ou de redressement, soit à un plan de cession.

Une fois le plan de cession arrêté, le tribunal fixe la mission de l'administrateur, dans le cadre de la mise en œuvre du plan. Dans tous les cas, il passe les actes nécessaires à la cession, même s'il est nommé en liquidation judiciaire, selon la solution désormais possible de la loi de sauvegarde des entreprises. Dans l'attente de ces actes, il peut dans la législation antérieure à la loi de sauvegarde des entreprises, sous sa responsabilité, confier la gestion de l'entreprise au repreneur (C. com., art. L. 621-89, al. 2). La solution est différente, sous l'empire de la loi de sauvegarde des entreprises, puisqu'il appartient maintenant au tribunal, dans des conditions restrictives, de confier la gestion de l'entreprise au repreneur, sous la responsabilité de ce dernier, dans l'attente de la signature des actes de cession (C. com., art. L. 642-8).

SECTION 371.40 DURÉE DE LA MISSION DE L'ADMINISTRATEUR JUDICIAIRE

371.41 Durée de la mission de l'administrateur judiciaire. La mission de l'administrateur judiciaire cesse, par principe, au jour du prononcé de la liquidation judiciaire (C. com., art. L. 621-27 [anc[t] L. 25 janv. 1985[4], art. 36, al. 3], réd. antérieure à la loi de sauvegarde des entreprises[5], C. com., art. L. 622-11, réd. loi de sauvegarde des entreprises). À compter de cette date, il cessera, par exemple, de continuer à faire fonctionner les comptes bancaires ou à *retenir des sommes appartenant à l'entreprise*[6].

Par dérogation, cependant, le tribunal peut autoriser une poursuite provisoire d'activité (C. com., art. L. 622-10 [anc[t] L. 25 janv. 1985, art. 153, al. 1er], réd. antérieure à la loi de sauvegarde des entreprises, C. com., art. L. 641-10, réd. loi de sauvegarde des entreprises). Pendant cette période, l'administration de l'entreprise est assurée par l'administrateur, qui reste en fonction, par dérogation aux dispositions de l'article L. 621-27 du code de commerce dans sa rédaction antérieure à la loi de sauvegarde des entreprises (anc[t] L. 25 janv. 1985, art. 36). Il peut même être spécialement nommé pour administrer l'entreprise en cette période (C. com., art. L. 641-10, al. 2, réd. loi de sauvegarde des entreprises).

Lorsqu'un plan de redressement est arrêté, la détermination de la durée de la mission de l'administrateur judiciaire est plus complexe. Quoi qu'il en soit, l'administrateur judiciaire cesse d'avoir la mission qui était la sienne pendant la période d'observation. Sa mission se résume à finaliser la mise en œuvre du plan[7].

Il résulte d'abord de l'article L. 621-67 du code de commerce, dans la rédaction antérieure à la loi de sauvegarde des entreprises, que la mission de l'administrateur judiciaire ne cesse pas au jour de l'arrêté du plan, puisque « le tribunal fixe (sa) mission » et lui attribue les pouvoirs nécessaires à la mise en œuvre du plan. L'article L. 626-24, dans la rédaction que lui donne la loi de sauvegarde des entreprises, pour sa part, dispose que « le tribunal peut charger l'administrateur d'effectuer les actes nécessaires à la mise en œuvre du plan, qu'il détermine ».

La solution est confirmée, sous l'empire de la législation antérieure à la loi de sauvegarde des entreprises, par l'article L. 621-89 du code de commerce, qui prévoit que, « en exécution du plan arrêté par le tribunal, l'administrateur passe tous les actes nécessaires à la réalisation de la cession ». La solution est reprise, *mutatis mutandis*, par l'article L. 642-8 du code, dans la rédaction que lui donne la loi de sauvegarde des entreprises, qui énonce que

1. L. n° 2005-845, 26 juill. 2005, préc.
2. Ord. n° 2008-1345, 18 déc. 2008, préc.
3. SUR LE CARACTÈRE IMPÉRATIF DU RAPPORT : Toulouse, 19 janv. 1988, *Rev. proc. coll.* 1989, p. 163, obs. Soinne – *CONTRA :* Aix-en-Provence, 26 févr. 1988, *Rev. proc. coll.* 1989, p. 168, obs. Soinne.
4. L. n° 85-98, 25 janv. 1985, préc.
5. L. n° 2005-845, 26 juill. 2005, préc.
6. Amiens, 25 oct. 2001, *Rev. proc. coll.* 2003, p. 131, n° 17, obs. Soinne.
7. Civ. 3e, 7 juin 2001, *Act. proc. coll.* 2001/16, n° 212, obs. Régnaut-Moutier – *Adde*, VALLANSAN ET ALII, 6e éd., p. 264.

« en exécution du plan arrêté par le tribunal, le liquidateur ou l'administrateur lorsqu'il en a été désigné, passe tous les actes nécessaires à la réalisation de la cession ». L'article 88, alinéa 1er du décret du 27 décembre 1985 prévoit que « l'administrateur rend compte au juge-commissaire s'il est encore en fonction ou au président du tribunal, de l'exécution des actes permettant la mise en œuvre du plan conformément à l'article L. 621-67 du code de commerce ». La solution est reprise, sous quelques adaptations, par l'article R. 626-38, alinéa 1er du code de commerce, qui prévoit que « l'administrateur rend compte au juge-commissaire de l'exécution des actes permettant la mise en œuvre du plan ».

L'article 106, alinéa 1er du décret du 27 décembre 1985 [1] prévoit que « dès l'accomplissement des actes de cession [...], les mandataires chargés de ces missions en font rapport. Le juge-commissaire saisit alors le tribunal aux fins de clôture de la procédure ». Ainsi, faut-il décider que, en plan de cession, sa mission cessera lorsqu'il aura passé les actes nécessaires à la cession. L'article R. 642-11 du code de commerce, pour sa part, prévoit que l'administrateur rend compte au juge-commissaire de l'exécution des actes permettant la mise en œuvre du plan. Lorsqu'il a accompli sa mission, il dépose au greffe un compte rendu de mission, qui après approbation, entraînera fin de sa mission, selon les règles posées par les articles R. 626-38 à R. 626-40 et R. 626-42 du code de commerce (v. ss no 361.32).

Faute pour l'administrateur judiciaire d'être investi d'une mission de passer des actes en plan de continuation, de sauvegarde ou de redressement, il faut décider que, par principe, sa mission prend fin au jour du jugement arrêtant le plan, sauf si le jugement qui arrête le plan en décide autrement, ce qui est le cas dans deux séries d'hypothèses. Il peut d'abord être donné mandat à l'administrateur judiciaire de convoquer l'assemblée devant statuer sur les modifications statutaires prévues pour le plan (C. com., art. L. 621-74 [anct L. 25 janv. 1985, art. 72], réd. antérieure à la loi de sauvegarde des entreprises, C. com., art. L. 626-16, réd. loi de sauvegarde des entreprises). Le jugement peut encore prévoir, qu'il s'agisse d'un plan de continuation, de sauvegarde ou de redressement ou encore d'un de plan de cession, des licenciements auxquels devra procéder l'administrateur, dans le délai fixé par le plan. Dans ces deux hypothèses, la mission de l'administrateur judiciaire ne prendra fin qu'une fois exécutées ses obligations.

Après achèvement de sa mission, l'administrateur ne peut plus agir en justice. Ainsi a-t-il été jugé, sous l'empire de la législation antérieure à la loi de sauvegarde des entreprises, que l'administrateur, après arrêté du plan de redressement, ne peut plus assigner le débiteur ou le dirigeant de la personne morale débitrice aux fins de prononcé de la faillite personnelle [2]. La question ne peut plus se poser puisque, sous l'empire de la législation issue de la loi de sauvegarde des entreprises, l'administrateur n'a plus qualité pour assigner en sanctions civiles. Il ne peut davantage déposer un mémoire en cassation [3]. La régularisation pourra intervenir, par substitution à l'administrateur, du commissaire à l'exécution du plan. Encore faudra-t-il, cependant, que ce dernier soit toujours en fonction au jour de la tentative de régularisation. La solution a été posée à propos d'une action en nullité de la période suspecte [4].

L'ordonnance du 18 décembre 2008 [5] ajoute à l'article L. 626-24 du code de commerce un alinéa prévoyant que « lorsque la mission de l'administrateur et du mandataire judiciaire est achevée, il est mis fin à la procédure dans des conditions fixées par décret en Conseil d'État » (v. ss no 361.32).

1. D. no 85-1388, 27 déc. 1985, préc.

2. Com. 24 sept. 2003, no 00-11.010, *Bull. civ.* IV, no 143; *D.* 2003. AJ 2438, obs. Lienhard; *JCP E* 2004, Chron. 151, p. 174, no 5, obs. Pétel; *Bull. Joly* 2003. 1265, § 265, note Cagnoli; *JCP E* 2004, jur. 385, p. 423, note Legros; *Rev. sociétés* 2004. 412, note Lucas.
3. Soc. 6 nov. 2001, no 98-46.033, NP, *Act. proc. coll.* 2002/1, no 10.
4. Com. 1er févr. 2000, no 96-21.470, NP.
5. Ord. no 2008-1345, 18 déc. 2008, préc.

CHAPITRE
372. Responsabilité de l'administrateur judiciaire

SECTION 0
ORIENTEUR

372.00 **Plan du chapitre.**

Sect. 372.10 Responsabilité de l'administrateur pour non-respect des obligations légales et conventionnelles incombant au chef d'entreprise

Sect. 372.20 Responsabilité de l'administrateur en matière de continuation des contrats en cours

Sect. 372.30 Responsabilité de l'administrateur pour non-paiement des commandes et continuation d'activité

Sect. 372.40 Responsabilité de l'administrateur dans le cadre de la mobilisation de créances détenues par le débiteur

Sect. 372.50 Responsabilité de l'administrateur dans le domaine des revendications et des restitutions

Sect. 372.60 Responsabilité de l'administrateur pour défaut de surveillance

Sect. 372.70 Responsabilité de l'administrateur dans le cadre de l'exécution des décisions de justice

Sect. 372.80 Responsabilité de l'administrateur dans le cadre des plans

Sect. 372.90 Responsabilité de l'administrateur en matière de licenciements économiques

372.01 **Textes applicables.** (V. les références complètes s[s] n° 011).

372.02 **Jurisprudence de référence.**

> L'administrateur judiciaire engage sa responsabilité si le contrat est résilié, par suite de sa négligence à répondre à la mise en demeure d'avoir à opter, alors que le contrat en cause avait pour l'entreprise une importance primordiale.

• Com. 9 juin 1998, n°s 95-12.338, 95-12.841, *Bull. civ.* IV, n° 185

* V. s[s] n° 372.21

> L'administrateur judiciaire engage sa responsabilité pénale pour non-convocation de l'assemblée.

• Crim. 21 juin 2000, n° 99-85.778, *Bull. crim.* n° 241

* V. s[s] n° 372.11

Aux termes de l'article 31 de la loi du 25 janvier 1985 (devenu C. com., art. L. 621-22), l'administrateur judiciaire est tenu, dans sa mission, au respect des obligations légales et conventionnelles incombant au chef d'entreprise; ce texte n'apporte aucune restriction à l'étendue de ces obligations. Dès lors, méconnaît l'article 31 précité, ensemble l'article 441 de la loi du 24 juillet 1966 (devenu C. com., art. L. 242-10), la cour d'appel qui relaxe un administrateur pour avoir omis de réunir l'assemblée générale des actionnaires dans les six mois de la clôture de l'exercice, aux fins d'approbation des comptes, alors qu'avant l'expiration du délai de six mois précité, le prévenu, seul investi des obligations incombant au chef d'entreprise, devait convoquer cette assemblée.

372.03 **Bibliographie indicative.** (V. les références complètes s[s] n° 031).

> Actualisables. RÉP. COM., Pigassou P., « Entreprises en difficulté – Redressement judiciaire (Procédure et organes) », n°s 231 à 262 – J.-CL. COM., Le Cannu P., fasc. 2226, [Organes – Administrateur – Fonctions (régime général)].

> Ouvrages antérieurs à la loi de sauvegarde des entreprises. GUYON, n° 1162 – KERCKHOVE, n°s 350, 905 – LE CORRE-BROLY, n° 122 – MARTIN ET VALLENS, n°s 2552 à 2563 – RIPERT ET ROBLOT, n° 2948 – SAINT-ALARY-HOUIN, n° 434 – Slim, *La responsabilité professionnelle des administrateurs et liquidateurs judiciaires*, Litec, 2002 – SOINNE, n°s 916 à 931.

> Ouvrages postérieurs à la loi de sauvegarde des entreprises. GIBIRILA, n° 340 – LE CANNU, 7e éd., n° 436 – LIENHARD, 6e éd., n°s 43.22 et 43.23 – SAINT-ALARY-HOUIN, 9e éd., n°s 510, 562 – VALLENS, 2015, n°s 2685 à 2695, 3255.

> Articles. Aubert F., « La responsabilité civile professionnelle des mandataires de justice dans les procédures de redressement et de liquidation judiciaires », *Rapp. C. cass.* 2003, p. 14 – Delattre Ch., « Le liquidateur engage-t-il sa responsabilité en signalant des infractions au ministère public », *Rev. proc. coll.* 2009/3, 14, p. 31 – Géniteau A., « La responsabilité de l'administrateur », *Rev. proc. coll.* 2010/6, § 11, p. 99

– Saint-Alary-Houin C., « Des professions à « haut risqu les professions d'administrateur et de mandataire judiciaire *Mél. Honorat*, Éd. Frison-Roche 2000, p. 13.

> **Table ronde.** « La responsabilité civile des professionn des procédures collectives », (Menjucq. M, Blanc J.-F., Risks Fabre J.-P. et Guigon P), *Rev. proc. coll.* 2015 table ronde

372.04 Questions essentielles.

• À quelles conditions l'administrateur judiciaire peut-il engager sa responsabilité pour non-paiement des commandes ?
* V. s[s] n° 372.31.

• À quelles conditions l'administrateur judiciaire peut-il engager sa responsabilité pour non-paiement des sommes dues au titre de la poursuite des contrats en cours ?
* V. s[s] n°s 372.22 et 372.23.

372.06 Principales actions.

• Action en responsabilité civile à titre personnel contre l'administrateur judiciaire devant le tribunal de grande instance
* V. s[s] n° 351.91.

• Délai de dix ans à compter de la fin de la mission de l'administrateur judiciaire
* V. s[s] n° 351.91.

372.09 Généralités sur la responsabilité de l'administrateur. Les administrateurs judiciaires engagent leur responsabilité pour les fautes accomplies dans l'exercice de leur fonction. Leur responsabilité est exclue si les obligations mises à leur charge ont été intégralement acquittées, spécialement les obligations nées d'un contrat poursuivi pendant la période d'observation, peu important ensuite, qu'en liquidation judiciaire, aucun paiement n'ait été effectué, l'administrateur n'étant plus en fonction[1].

Cette responsabilité peut d'abord être pénale. Il s'agira d'infractions de droit commun, mais aussi d'infractions spécifiques au droit des procédures collectives (v. s[s] n°s 933.25 et 933.26), tel le délit de malversation prévu par l'article L. 626-12 du code de commerce (anc[t] L. 25 janv. 1985[2], art. 207), dans la rédaction antérieure à la loi de sauvegarde des entreprises[3], par l'article L. 654-12, I, sous l'empire de la loi de sauvegarde des entreprises, ou encore le délit d'acquisition ou d'utilisation des biens du débiteur prévu par l'article L. 626-12, II, dans la rédaction antérieure à la loi de sauvegarde des entreprises, par l'article L. 654-12, II, sous l'empire de la loi de sauvegarde des entreprises.

Les administrateurs peuvent engager, de manière exceptionnelle, leur responsabilité contractuelle lorsqu'ils prennent des engagements personnels, et non *ès qualités*, dans le cadre de leur mission. La solution a été posée à propos d'une lettre d'intention souscrite par l'administrateur envers un banquier ayant consenti des concours à la société débitrice pendant la période d'observation[4].

Mais les administrateurs judiciaires n'engagent, par principe, que leur responsabilité civile délictuelle pour les fautes accomplies dans l'exercice de leur fonction[5]. Elle pourra être engagée par le débiteur, un autre organe de la procédure, notamment le mandataire judiciaire, mais surtout par les créanciers et propriétaires. Les reproches formulés seront évidemment différents en fonction de leurs auteurs.

Lorsque l'action en responsabilité a pour fondement le non-paiement d'une créance, elle ne présente pas de caractère de subsidiarité par rapport à l'action en paiement formée contre le débiteur et sa recevabilité n'est pas subordonnée à la preuve de la défaillance du débiteur[6].

L'action en paiement n'a donc pas à être exercée contre l'administrateur ès *qualités* avant de pouvoir obtenir sa condamnation à titre personnel, qui est indépendante du titre de condamnation prononcé contre lui ès *qualités*[7]. Le fait que la prestation assurée par le cocontractant du débiteur soit illicite, comme empiétant sur les fonctions dévolues aux mandataires de justice, n'interdit pas au cocontractant le droit de rechercher la responsabilité de l'administrateur judiciaire qui, en exécutant en connaissance de cause la convention signée par le débiteur, ne peut ensuite prétendre refuser le paiement des prestations effectuées en contrepartie de ce contrat qu'il a implicitement continué[8].

Symétriquement, le fait que l'action en paiement ait été exercée et ait abouti à une condamnation n'entraîne pas interdiction d'exercer l'action en responsabilité professionnelle[9].

La créance en remboursement appartenant à un administrateur judiciaire condamné à titre personnel en responsabilité, si la décision de condamnation est réformée, prend naissance lors de la décision de réformation[10].

L'administrateur judiciaire engagera sa responsabilité dans diverses hypothèses.

SECTION 372.10

RESPONSABILITÉ DE L'ADMINISTRATEUR POUR NON-RESPECT DES OBLIGATIONS LÉGALES ET CONVENTIONNELLES INCOMBANT AU CHEF D'ENTREPRISE

372.11 Responsabilité de l'administrateur pour non-respect des obligations légales et conventionnelles incombant au chef d'entreprise. L'administrateur judiciaire est d'abord tenu, aux termes de l'article L. 621-22, III (anc[t] L. 25 janv. 1985[11], art. 31, al. 6), dans la rédaction antérieure à la loi de sauvegarde

1. Com. 24 sept. 2003, n° 00-18.059, NP.
2. L. n° 85-98, 25 janv. 1985, *JO* 26 janv., p. 1097.
3. L. n° 2005-845, 26 juill. 2005, *JO* 27 juill., p. 12187.
4. Com. 12 juill. 2004, n° 02-16.034, NP.
5. SUR LA QUESTION : Guyon, « Le nouveau régime de la responsabilité de l'administrateur judiciaire », *Rev. proc. coll.* 1988, Doctr. 159.
6. Com. 18 sept. 2007, n° 06-12.398, NP, *Gaz. proc. coll.* 2008/1, p. 38, note Bidan.
7. Com. 6 juin 1995, n° 90-11.853, *Bull. civ.* IV, n° 171; n° 1185 F-P; *RJDA* 1995. 1109; *Rev. proc. coll.* 1996, p. 245, n° 6, obs. crit, Soinne.
8. Paris, 3e ch., 28 oct. 2008, RG n° 2008/11193.
9. Com. 18 sept. 2007, n° 06-12.398, NP, *Gaz. proc. coll.* 2008/1, p. 37, note Bidan.
10. Paris, pôle 5, 8e ch., 22 sept. 2009, RG n° 08/16042.
11. L. n° 85-98, 25 janv. 1985, préc.

des entreprises, et de ceux de l'article L. 622-II, dans la rédaction que lui donne la loi de sauvegarde des entreprises, au respect des obligations légales et conventionnelles incombant au chef d'entreprise. Justement, l'ordonnance du 18 décembre 2008 supprime cette obligation, dans la procédure de sauvegarde, lorsque l'administrateur judiciaire n'a qu'une mission de surveillance, pour ne la maintenir que lorsque l'administrateur judiciaire reçoit une mission d'assistance (ord. 18 déc. 2008, art. 18)[1]. L'article L. 622-1, III, dans la rédaction que lui donnait la loi de sauvegarde des entreprises, ne faisait aucune distinction selon la mission confiée à l'administrateur judiciaire. Or il apparaissait illogique de lui faire supporter pareille obligation alors qu'il n'était même pas partiellement aux commandes. Faute d'être ne serait-ce qu'en partie le chef d'entreprise, l'administrateur ne doit corrélativement pas supporter les obligations inhérentes à une fonction qui n'est pas la sienne.

Le respect des obligations légales et conventionnelles s'impose d'abord en droit du travail. Le chef d'entreprise reste tenu, sous peine de commettre le délit d'entrave au fonctionnement du comité d'entreprise, aux diverses obligations d'information des salariés sur la marche générale de l'entreprise[2].

L'administrateur doit scrupuleusement respecter les délais de notification des licenciements économiques, pour prise en charge des indemnités par l'AGS, sauf à s'exposer à un engagement de sa responsabilité[3].

L'administrateur d'une entreprise dépassant cinq millions de francs doit payer la TVA par virement. À défaut, il s'expose, sur le fondement du non-respect des obligations légales incombant au chef d'entreprise, à une amende de 0,2 % de la TVA payée (CGI, art. 1695 *ter*)[4].

C'est encore sur ce fondement que l'administrateur judiciaire a été reconnu responsable de ne pas avoir payé les primes d'assurance en vertu d'un contrat d'assurance de groupe imposé par la convention collective à l'employeur[5].

De même, engage sa responsabilité l'administrateur qui, par défaut de surveillance du débiteur, ne veille pas à ce que la garantie de livraison d'un contrat de construction incluse dans le contrat de construction passé par le débiteur seul ait été souscrite par ce dernier[6].

1. Ord. n° 2008-1345, 18 déc. 2008, *JO* 19 déc., p. 19462.
2. Morvan, « Le droit social dans la réforme du droit des entreprises en difficulté », *JCP E* 2005. 1511, p. 1751 s., sp. p. 1754, n° 16.
3. Soc. 10 juill. 2002, n° 00-42.340, *Bull. civ.* V, n° 242; *D.* 2002. AJ 2678, obs. Lienhard.
4. Rép. min. n° 23678, *JO Sénat Q* 24 août 2000, p. 2920; *Act. proc. coll.* 2000/17, n° 219, note Régnaut-Moutier.
5. Com. 11 déc. 2001, n° 98-21.933, NP, *Act. proc. coll.* 2002/5, n° 67; *Rev. proc. coll.* 2003, p. 134, n° 23, obs. Soinne.

Il pourra également s'agir de l'absence de convocation de l'assemblée générale d'une société anonyme dans les six mois de la clôture de l'exercice[7], qui peut être source tant de responsabilité civile, que de responsabilité pénale[8]. La solution contraire avait été retenue par une cour d'appel[9]. Selon une opinion, la Cour de cassation confondrait ici la direction générale de l'*entreprise et les fonctions structurelles* des organes internes de la société[10]. Il a également été reproché à cette jurisprudence d'utiliser la notion de chef d'entreprise, qui relève du droit du travail, pour lui faire produire des effets en droit des sociétés[11].

Cette responsabilité n'est en tout cas encourue que pour les actes accomplis à partir de son entrée en fonction[12]. L'administrateur ne saurait se réfugier derrière une délégation de pouvoir qu'il aurait consentie au débiteur[13]. En revanche, la responsabilité de l'administrateur n'exonère pas le débiteur ou le dirigeant social de sa propre responsabilité de chef d'entreprise[14]. Cependant, en ce qui concerne la responsabilité pénale de ces derniers, il faudra tenir compte du jeu éventuel de délégations de pouvoirs, dès lors que celles-ci sont régulières.

SECTION 372.20 RESPONSABILITÉ DE L'ADMINISTRATEUR EN MATIÈRE DE CONTINUATION DES CONTRATS EN COURS

372.21 Responsabilité de l'administrateur en cas de non poursuite des contrats en cours. L'un des

6. Com. 30 juin 2004, n° 02-21.483, NP.
7. Crim. 21 juin 2000, n° 99-85.778, *Bull. crim.* n° 241; *Act. proc. coll.* 2000/15, n° 199, note Legros; *D.* 2000. Jur. 352, obs. Lienhard; *D.* 2002. Somm. 207, obs. Derrida; *JCP E* et *A* 2000, jur. 1815, note Couret; *JCP E* et *A* 2001, Chron. 174, n° 1-C-4, obs. M. Cabrillac; *Bull. Joly* 2000, n° 279, note Vallansan; *Rev. proc. coll.* 2000, p. 209, n° 21, obs. Soinne; *Rev. proc. coll.* 2002, p. 92, n° 8, obs. Lebel; *Gaz. Pal.* 22-23 déc. 2000, Chron. n° 3, obs. Doucet; *RTD com.* 2000. 753, obs. Bouloc; *RTD com.* 2001. 159, obs. Champaud et Danet.
8. AINSI : Crim. 3 mars 1998, n° 95-85.808, *Bull. crim.* n° 82; *Rev. proc. coll.* 2000, p. 70, n° 1, obs. Soinne – *Adde*, Guyon, « Le nouveau régime de la responsabilité de l'administrateur judiciaire », *Rev. proc. coll.* 1988, Doctr. 159 – Soinne, « Le statut des mandataires. La profession d'administrateur judiciaire », *Rev. proc. coll.* 1986, p. 1 s.
9. Metz, 21 juill. 1999, *Bull. Joly* 2000. 145, § 27, note Vallansan.
10. VALLANSAN, 2e éd., p. 70.
11. LE CANNU, 7e éd., n° 313.
12. Reims, 2 nov. 1995, *Rev. proc. coll.* 1996, p. 57, n° 7, obs. Soinne; *Rev. proc. coll.* 1996, p. 260, n° 14, obs. Soinne.
13. Crim. 28 nov. 1995, n° 95-81.937, NP, *Dr. pénal* 1999, n° 164.
14. Reims, 2 nov. 1995, préc. (v. ss prést n°).

moyens indispensables à la poursuite de l'activité et à l'élaboration subséquente d'un plan de redressement est la poursuite des contrats en cours. Toute faute commise par l'administrateur peut, dans ce cadre, entraîner engagement de sa responsabilité, si elle conduit à compromettre les chances de redressement.

Il en sera spécialement ainsi si le contrat est résilié, par suite de la négligence de l'administrateur judiciaire, mis en demeure d'avoir à opter alors que le contrat en cause avait pour l'entreprise une importance primordiale[1]. De même, il engagera sa responsabilité à de pas continuer le contrat de bail, alors que la situation de trésorerie le permettait, empêchant ainsi la cession subséquente du fonds de commerce.

L'administrateur engage sa responsabilité à vendre un immeuble appartenant à la société de promotion immobilière qu'il administre, alors que cet immeuble avait fait l'objet d'un contrat de réservation par un client ayant versé la quasi-totalité du prix à la société, dès lors que les sommes versées ne peuvent être restituées à cette personne[2].

En outre, sous l'empire de loi du 25 janvier 1985[3], dans sa rédaction d'origine, il n'appartenait pas à l'administrateur judiciaire d'imposer la résiliation unilatérale d'un contrat, la non continuation n'équivalant pas, à l'époque, à sa résiliation. Cette attitude est fautive[4].

En revanche, l'administrateur ne commet pas de faute envers un créancier non payé de prestations fournies après le jugement d'ouverture, en l'absence de mise en demeure par le cocontractant d'avoir à opter sur la continuation du contrat, dès lors que rien, dans son attitude, ne peut laisser croire que le contrat serait poursuivi[5].

L'administrateur n'engage pas davantage sa responsabilité pour non paiement de loyers si, mis en demeure, il a opté pour la non continuation, peu important que certains loyers aient été payés pendant la période d'observation[6].

La créance de dommages et intérêts déclarée au passif en cas de résiliation du contrat, née du chef du débiteur, ne fait pas double emploi avec la créance de dommages et intérêts liée à l'engagement de la responsabilité personnelle de l'administrateur judiciaire.

372.2 Responsabilité de l'administrateur en cas de poursuite des contrats en cours et de conclusion de contrats nouveaux. Si l'absence de poursuite d'un contrat en cours peut être source de responsabilité, plus nombreux seront les cas où la responsabilité sera engagée, pour **continuation d'un contrat**, sans paiement de la contrepartie attendue.

L'article L. 621-28 du code de commerce (anc[t] L. 25 janv. 1985[8], art. 37), dans la rédaction que lui a donnée la loi du 10 juin 1994[9] et l'article L. 622-13, alinéa 2, tel qu'issu de la loi de sauvegarde des entreprises[10] obligent l'administrateur à s'assurer qu'il disposera des fonds nécessaires au paiement des contrats continués, au vu des documents prévisionnels dont il dispose, et ce au moment où il opte pour la continuation[11].

La rédaction d'origine de l'article 37 de la loi du 25 janvier 1985 ne posait pas pareille obligation. Il a pu en être tiré la conséquence que la responsabilité de l'administrateur ne s'appréciant qu'à la date à laquelle il avait opté pour la continuation du contrat, sa responsabilité était exclue si, lors de l'option, la situation autorisait la poursuite du contrat. Il suffisait alors que l'administrateur puisse escompter qu'il disposerait des fonds nécessaires à la poursuite de l'activité[12]. Il a également pu en être déduit que l'administrateur, qui ne dénonce pas le contrat avant l'expiration d'un terme de trois mois, n'engage pas sa responsabilité, en dépit du non-paiement de la contrepartie du contrat, dès lors que l'État et les collectivités territoriales avaient manifesté leur volonté de participer à l'élaboration et au financement d'un plan de trésorerie permettant de préserver l'outil industriel[13].

Pour les procédures collectives ouvertes à compter du 1er octobre 1994, date d'entrée en vigueur de la loi du 10 juin 1994, la faute est établie si l'administrateur opte sur la continuation du contrat sans s'être assuré qu'il dispose des fonds suffisants[14]. L'action en responsabilité ne peut être rejetée au motif que le demandeur ne démontre pas que l'admi-

1. Com. 9 juin 1998, n° 95-12.841, *Bull. civ.* IV, n° 185; *D.* 1998. Somm. 329, obs. Honorat; *Rev. proc. coll.* 1999, p. 225, n° 1, obs. Laude; *Rev. proc. coll.* 2000, p. 78, n° 12, obs. Soinne.
2. Com. 28 janv. 2014, n° 12-15.903, NP.
3. L. n° 85-98, 25 janv. 1985, préc.
4. Com. 7 nov. 2006, n° 05-16.978, NP, *Gaz. proc. coll.* 2007/1, p. 26, note Bidan – Com. 10 mai 2005, n° 04-13.112, NP, *Gaz. proc. coll.* 2005/3, p. 18, obs. Bidan.
5. Paris, 3e ch. B, 8 janv. 1999, RG n° 07/22294, *Act. proc. coll.* 2009/7, n° 117 – Com. 10 mai 2005, n° 04-13.112, NP, *Gaz. proc. coll.* 2005/3, p. 18, obs. Bidan.
6. Paris, 3e ch. B, 8 janv. 1999, RG n° 07/22294, *Act. proc. coll.* 2009/7, n° 117.
7. Com. 7 nov. 2006, n° 05-16.978, NP, *Gaz. proc. coll.* 2007/1, p. 26, note Bidan.
8. L. n° 85-98, 25 janv. 1985, préc.
9. L. n° 94-475, 10 juin 1994, *JO* 11 juin, p. 8440.
10. L. n° 2005-845, 26 juill. 2005, préc.
11. Com. 15 oct. 2002, n° 99-18.914, NP, *JCP E* 2003, Chron. 1028, p. 1142, n° 3; *Rev. proc. coll.* 2003, p. 132, n° 19, obs. Soinne.
12. Com. 14 oct. 2008, n° 07-16.109, NP; n° 1015 F-D; *Gaz. proc. coll.* 2009/1, p. 30, note Bidan.
13. Paris, 3e ch. B, 27 oct. 2005, RG n° 04/21482.
14. Paris, 25e ch. A, 14 mars 2003, RG n° 2002/00576.

nistrateur judiciaire savait ou ne pouvait pas igr que la société administrée serait dans l'impossé de payer, sans rechercher si à la date de la dén de poursuite du contrat de fourniture, l'admin-teur judiciaire s'était assuré que la trésorere l'entreprise permettrait le paiement du cocon-tant[1].

Il a en revanche été jugé que l'administrar n'engageait pas sa responsabilité en demandante continuation de l'exploitation, malgré les imps d'un crédit-bail mobilier, s'il estimait pouvoir o-nir la nullité des contrats de crédit-bail, d'où il set résulté l'absence de dette de loyers[2].

Le fait que les contrats poursuivis soient absc-ment indispensables à la poursuite de l'activité peut suffire, à notre sens, pour exonérer l'admir-trateur judiciaire de sa responsabilité[3]. S'il ne is-pose pas des fonds suffisants, il ne peut opter ur leur continuation. Signalons toutefois une décion en sens contraire, qui a exonéré l'administrateuau motif du caractère indispensable du contrat pur-suivi pour la continuation de l'activité[4]. Mais, enré-sence de contrats indispensables à la poursui de l'activité, il n'y a pas place à engagement de la reon-sabilité de l'administrateur si le débiteur e en mesure de poursuivre son activité dans des codi-tions satisfaisantes et par conséquent d'honor le paiement des contrats continués, alors que l'ami-nistrateur a demandé la conversion en liquidation judiciaire en septembre, qu'il a été mis fin à sa mis-sion en septembre, et que les paiements n'ont cessé qu'en août[5].

L'administrateur devra mettre fin au contrat s'il apparaît qu'il ne disposera pas des fonds nécessaires pour remplir les obligations du terme suivant[6]. Ainsi, l'article L. 621-28, alinéa 2 du code de commerce (anc[t] L. 25 janv. 1985, art. 37, al. 2), dans la rédaction que lui a donnée la loi du 10 juin 1994, l'article L. 622-13, alinéa 2, tel qu'issu de la loi de sauvegarde des entreprises, dans sa rédaction d'origine, et l'article L. 622-13, II, alinéa 2, dans la rédaction issue de l'ordonnance du 18 décembre 2008[7], obligent l'administrateur à vérifier d'une part, au moment de l'option, qu'il peut continuer le contrat et, d'autre part, en cours d'exécution, qu'il peut continuer celui-ci. La solution a été posée pour les loyers d'un bail commercial[8] et pour des contrats d'abonnement à des péages d'autoroute[9]. La faute pourra ainsi intervenir à deux niveaux. La vérification des documents comptables sera décisive dans cette appréciation. Le caractère inexploitable de la comptabilité devra conduire l'administrateur judiciaire à la plus grande prudence sur la continuation du contrat[10].

Dès lors, si au jour de l'option, la situation de l'entreprise autorise la poursuite du contrat, le non-paiement de certaines sommes au titre du contrat continué ne sera, par principe, pas fautif[11]. Mais il en sera autrement si la situation perdure, l'administrateur devant alors mettre fin au contrat, faute de pouvoir payer les termes suivants ou la contrepartie des abonnements[12]. S'il est reproché à l'administrateur judiciaire de ne pas suivre les règlements à effectuer par le débiteur, il importe au demandeur à l'action en responsabilité de démontrer en quoi le suivi des règlements aurait permis d'empêcher les impayés[13].

Le fait que le contractant n'ait pas sollicité un constat de la résiliation du contrat pour défaut de paiement à bonne date de la contrepartie du contrat continué est un élément important d'appréciation, qui conduit au rejet de la demande de responsabilité, car, en s'abstenant de se prévaloir de la résiliation du contrat, le cocontractant prend sciemment le risque de poursuivre ses relations commerciales[14]. Cet élément est parfois associé à l'absence d'assurance imprudemment donnée au contractant qu'il sera payé[15]. Ces quasi-causes d'exonération sont précieuses pour les administrateurs judiciaires, même s'il faut bien concéder qu'elles s'inscrivent assez difficilement dans la logique des textes, qui obligent les administrateurs à s'assurer qu'ils disposeront des fonds suffisants pour payer la contrepartie du contrat continué.

1. Com. 30 juin 2009, n° 07-21.212, NP; n° 653 F-D; *Gaz. proc. coll.* 2009/4, 2e partie, p. 10, note Bidan.
2. Com. 19 nov. 2003, n° 01-00.632, NP, *Rev. proc. coll.* 2004, p. 220, n° 20, obs. Lebel.
3. EN CE SENS : Com. 6 juill. 2010, n° 09-66.801, NP; n° 765 F-D; *Gaz. Pal. entr. diff.* 15-16 oct. 2010, p. 26, note Bidan; *Rev. proc. coll.* 2011, comm. 8, note Roussel Galle.
4. Rennes, 2e ch. com. 29 sept. 2009, RG n° 08/06712, *Rev. proc. coll.* 2010/2, comm. 55, p. 48, note Lebel.
5. Com. 19 mai 2015, n° 12-35.159, NP; n° 477 F-D.
6. Montpellier, 1re ch. A, 7 mai 1998, *BICC* 1er oct. 1999, n° 1075 – Paris, 21 déc. 2001, *Rev. proc. coll.* 2003, p. 132, n° 19, obs. Soinne.
7. Ord. n° 2008-1345, 18 déc. 2008, préc.
8. Com. 26 nov. 2002, n° 99-18.007, NP, *Rev. proc. coll.* 2003, p. 133, n° 21, obs. Soinne.
9. Com. 5 avr. 2016, n° 14-21.664, *Bull. civ.* IV [à paraître]; n° 333 F-P+B; *Gaz. Pal.* 28 juin 2016, n° 24, p. 58, note Bidan; *BJE* 2016, 263, note Laroche.
10. Com. 19 mars 1996, n°s 93-15.806, 93-17.914, NP; n° 584 F-D; *Rev. proc. coll.* 1996, p. 265, n° 17, obs. Soinne.
11. Com. 8 juill. 2003, n° 00-17.819, NP.
12. Com. 5 avr. 2016, n° 14-21.664, préc.
13. Com. 2 juill. 2013, n° 12-18.196, NP; n° 705 F-D; *Gaz. Pal.* 29 sept. 2013, n° 272, p. 19, note Bidan.
14. Com. 2 oct. 2012, n° 11-21.934, NP; n° 952 F-D; *Gaz. Pal.* 18 janv. 2013, n° 18, p. 22, note Bidan; *Act. proc. coll.* 2012/19, comm. 287, note Vallansan – RAPPR. : Com. 27 nov. 2001, n° 98-22.545, NP.
15. Com. 27 nov. 2001, n° 98-22.545, NP.

En sens inverse, la Cour de cassation juge que l'administrateur ayant mission d'assistance commet une faute à poursuivre l'activité, ce qui génère du passif impayé, dès lors que la situation de trésorerie démontrait, sans qu'il puisse l'ignorer, que les fonds nécessaires au règlement de la créance d'un partenaire contractuel n'existaient pas. L'administrateur judiciaire tenu d'une obligation de prudence et de diligence dans le cadre de sa mission d'assistance, doit faire preuve d'une vigilance suffisante quant à la création du passif d'exploitation. L'administrateur judiciaire commet une faute en ne mettant pas suffisamment en garde ses interlocuteurs et notamment les cocontractants sur les risques d'impayés « générés par la poursuite d'activité », et en ne prenant aucune mesure dans la perspective de remédier à la détérioration de la situation[1].

La faute est encore caractérisée, si l'administrateur, après avoir dans un premier temps, exécuté la convention en connaissance de cause, ce qui résulte du contreseing apposé sur des chèques établis en règlement de la prestation, refuse ensuite son exécution[2].

Depuis la loi du 10 juin 1994, la question peut se poser de savoir s'il n'y a pas faute pour l'administrateur à demander une prorogation du délai d'option sur la poursuite du contrat alors qu'il ne dispose pas des fonds nécessaires au payement des sommes dues pendant ladite prorogation. Il est possible de faire état d'une décision écartant la responsabilité de l'administrateur judiciaire en ce cas, et qui énonce que cette responsabilité ne peut être retenue avant l'option[3]. La Cour de cassation, pour sa part, juge que l'administrateur judiciaire, qui obtient un délai supplémentaire pour prendre parti sur la poursuite du bail, respecte les dispositions légales qui lui imposent, avant toute décision, d'établir un bilan aussi précis que possible de l'entreprise dans l'optique de dégager de potentielles perspectives d'avenir. Dès lors, il n'engage pas sa responsabilité, même si les causes du bail ne sont pas payées pendant cette prorogation du délai d'option[4].

Le seul défaut de paiement des sommes dues pendant la prorogation du délai d'option est insuffisant, dès lors que l'administrateur avait demandé à l'entreprise de lui faire parvenir les fonds nécessaires, dans la mesure où la continuation du contrat s'avérait nécessaire à la poursuite de l'activité[5]. La ıtion suppose cependant que l'administrateur ne pas investi d'une mission de représentation.

'administrateur judiciaire ne pourra toutefois se réfugier derrière le fait qu'il n'a pas opté pour continuation du contrat, en obtenant des prorogations d'option du juge-commissaire, dès lors elles l'ont été sans que le juge-commissaire ait exactement informé de la situation, c'est-à-dire l'existence d'impayés et de demande de constat acquisition de la clause résolutoire du contrat de édit-bail immobilier[6].

Le fait que les contrats, pour la poursuite desquels administrateur judiciaire a opté, n'aient pas été dés au repreneur est insuffisant à caractériser une ute de l'administrateur, dès lors que le paiement s loyers a été assuré jusqu'à une date proche de rrêté du plan de cession[7].

De même, l'administrateur judiciaire n'engage p sa responsabilité s'il continue un contrat indispsable à l'activité sociale, dès lors que les échéanceimpayées n'étaient pas exigibles au jour de la coversion en liquidation judiciaire, que l'administreur n'a pas tardé à solliciter[8].

la société débitrice dispose de la trésorerie suffisate pour payer et que l'administrateur incite à l'inerruption du contrat de location de zones de stockage, sans payer et sans mettre lui-même fin au conrat, il engage sa responsabilité, non pas seulement pour perte d'une chance de pouvoir immédiatement solliciter la résiliation du contrat ou de relouer les zones de stockage, mais pour faute ayant fait perdre au cocontractant la certitude d'être payé[9].

L'administrateur judiciaire engage encore sa responsabilité lorsqu'il conclut des **contrats nouveaux**, alors que la situation de trésorerie au regard des documents provisionnels ne le permettait pas. S'il contracte un engagement bancaire en se portant personnellement garant, une difficulté se présente. En effet, l'assurance de responsabilité professionnelle ne couvre pas les engagements personnels, mais seulement les fautes commises dans l'exercice de la profession. La qualification d'acte professionnel peut toutefois être rétablie sur le constat que l'engagement était pris sur un papier à en tête professionnel et qu'il a été suivi d'un second engagement faisant état d'une assurance donnée au banquier selon

1. Com. 6 juill. 2010, n° 09-66.801, NP; n° 765 F-D.
2. Paris, 3e ch., 28 oct. 2008, RG n° 2008/11193.
3. Versailles, 3e ch., 12 janv. 2007, RG n° 05-8544, *RJDA* 2007/5, p. 495, n° 520.
4. Com. 7 juill. 2009, n° 08-18.635, NP; n° 715 F-D; *Gaz. proc. coll.* 2009/4, 2e partie, p. 11, note Bidan.
5. Com. 12 oct. 2004, n° 02-16.626, NP.
6. Com. 29 avr. 2003, n° 00-16.138, NP.
7. Com. 29 avr. 2002, n° 99-14.230, NP, *Act. proc. coll.* 2002/13, n° 167; *RJDA* 2002/10, n° 1049, p. 889 – Com. 15 oct. 2002, *Rev. proc. coll.* 2003, p. 132, n° 19, obs. Soinne.
8. Paris, 3e ch. B, 17 janv. 2008, *Rev. proc. coll.* 2008/3, p. 47, n° 123, note Lebel.
9. Com. 1er oct. 2013, n° 12-20.657, NP; n° 915 F-D; *Gaz. Pal.* 12 janv. 2014, p. 20, note Bidan.

laquelle la créance serait couverte par les dispositions applicables aux créances postérieures [1].

372.23 Responsabilité de l'administrateur en matière de bail et de crédit-bail des locaux professionnels. Un nombre d'actions important est exercé par les bailleurs de locaux professionnels. Ceux-ci peuvent, sous l'empire de la loi du 25 janvier 1985 [2], mettre en demeure, dès l'ouverture de la procédure, l'administrateur judiciaire d'avoir à opter sur la continuation du contrat. S'ils ne le font pas, bien que leur créance bénéficie du traitement réservé aux créances nées régulièrement postérieurement au jugement d'ouverture, ils ne semblent pas pouvoir reprocher à faute le non-paiement à l'administrateur judiciaire qui n'a pas, spontanément, à prendre l'initiative de continuer le contrat. En revanche, s'ils mettent celui-ci en demeure d'avoir à opter, la responsabilité pourra être engagée. Elle ne le sera pas si l'administrateur a opté alors que la situation comptable le permettait. Il appartient en ce cas au bailleur de demander la résiliation du bail au premier impayé. La responsabilité de l'administrateur est exclue si, au lieu d'une demande en résiliation, le bailleur accorde au débiteur un moratoire [3]. La responsabilité est également exclue si, après avoir payé spontanément un loyer, deux mois après le jugement d'ouverture, l'administrateur fait savoir au bailleur qu'il ne s'opposera pas à la demande de résiliation du bail qu'envisage d'introduire le bailleur [4].

Sous l'empire de la loi de sauvegarde des entreprises [5], dans sa rédaction d'origine, un doute existait sur la portée de la mise en demeure d'avoir à opter, en matière de bail des locaux professionnels. Depuis l'ordonnance du 18 décembre 2008 [6], les choses sont plus claires : la mise en demeure d'avoir à opter est dépourvue d'effet. L'administrateur décide seul de la continuation ou de la résiliation du contrat (v. s^s^ n° 433.21).

Indépendamment de cette question, la responsabilité sera engagée si l'administrateur judiciaire reste dans les lieux alors qu'aucune perspective de redressement de l'entreprise, de cession de celle-ci ou du fonds de commerce n'existe, et, *a fortiori*, si une décision de condamnation à quitter les lieux est rendue [7]. L'administrateur judiciaire engage également sa responsabilité si, après avoir eu une prorogation du délai d'option pour obtenir du bailleur une réponse sur la question de savoir s'il accepterait une division des locaux loués, qui seule pouvait permettre la cession d'une partie de l'activité, et après avoir appris que le bailleur s'y opposait, a néanmoins opté pour la continuation du bail, alors que la situation ne permettait pas de payer les loyers, et alors que le bailleur avait mis en œuvre la clause résolutoire au jeu de laquelle s'était opposé l'administrateur [8]. Il engage encore sa responsabilité à poursuivre plusieurs baux alors qu'il sait que le débiteur est dans l'impossibilité de payer les loyers correspondant et qu'il ne résilie pas ces contrats lorsqu'il est averti du non-paiement récurrent des loyers [9].

Au contraire, la responsabilité sera écartée si le contrat de bail est poursuivi pendant une courte période d'observation, après prorogation du délai d'option, pour permettre la cession de l'entreprise, seule solution envisageable. Le non paiement des loyers, qui ne résulte pas de la volonté de l'administrateur, mais d'un manque de trésorerie, n'est pas fautif, si les paiements d'autres créanciers sont tous intervenus à partir de la réalisation des actifs – c'est-à-dire autrement que par la règle du paiement à l'échéance – et s'ils ont été effectués à des créanciers de rang préférable [10].

Il est jugé, sous l'empire de la législation antérieure à l'ordonnance du 18 décembre 2008, que l'administrateur, qui n'a qu'une mission d'assistance, n'engage pas sa responsabilité, si, après avoir obtenu une prorogation du délai d'option, il garde le silence sur l'option relative à la continuation du bail, ce qui permet au bailleur de saisir immédiatement le juge-commissaire, dès lors qu'il n'est pas démontré qu'il a fait obstacle à l'exécution des décisions de justice ordonnant l'expulsion du locataire en redressement judiciaire [11].

Le retard de l'administrateur à restituer les lieux loués alors que le contrat de crédit-bail a été résilié avant jugement d'ouverture est source d'engagement de sa responsabilité [12].

Le préjudice à indemniser sera alors, non le montant des loyers impayés, mais la perte de la chance de relouer les locaux [13]. La preuve peut être rappor-

1. Paris, 15e ch. B, 22 juin 2006, RG n° 2005/22104.
2. L. n° 85-98, 25 janv. 1985, préc.
3. Com. 13 mai 2003, n° 01-15.572, *Bull. civ.* IV, n° 77; *D.* 2003. AJ 2012; *Act. proc. coll.* 2003/12, n° 167.
4. Rouen, 1re ch. civ., 6 sept. 2006, RG n° 03/04863, *Rev. proc. coll.* 2007/3, p. 126, n° 5, obs. Lebel.
5. L. n° 2005-845, 26 juill. 2005, préc.
6. Ord. n° 2008-1345, 18 déc. 2008, préc.
7. Aix-en-Provence, 31 mai 1988, *Rev. proc. coll.* 1989, p. 49, obs. Soinne – Paris, 1re ch. A, 13 mai 1993, *Rev. proc. coll.* 1996, p. 357, n° 18, obs. Soinne – *Adde*, SOUS L'EMPIRE de la loi du 13 juillet 1967 : Com. 12 mai 1992, *Rev. proc. coll.* 1996, p. 357, n° 18, obs. Soinne.
8. Paris, 3^e^ ch. A, 13 juin 2006, RG n° 2005/09379.
9. Montpellier, 2^e^ ch., 27 mai 2014, RG n° 13/02682, *JurisData* 015645.
10. Com. 30 oct. 2012, n° 11-26.530, NP; n° 1073 F-D; *Gaz. Pal.* 18 janv. 2013, n° 18, p. 20, note Bidan.
11. Com. 7 juill. 2009, n° 08-18.635, NP, *Gaz. proc. coll.* 2009/4, 2^e^ partie, p. 11, note Bidan.
12. Com. 28 sept. 2004, n° 03-10.942, NP.
13. Paris, 26 sept. 2001, *JCP E* et *A* 2002, Chron. 916, p. 996, n° 6, obs. Pasqualini et Pasqualini-Salerno – Paris, 3e ch. A, 13 juin 2006, RG n° 2005/09379 – Montpellier, 2e ch., 27 mai 2014, RG n° 13/02682, *JurisData* 015645.

tée par la relocation des lieux rapidement après le départ du débiteur. Le montant du nouveau loyer hors taxes pourra alors servir de référence pour le calcul du préjudice du bailleur[1].

Indiquons, au plan statistique, que 22 % des sinistres déclarées auprès de la Caisse de garantie concernent le bail[2].

372.24 Responsabilité de l'administrateur en matière de contrat d'assurance. Les contrats d'assurances doivent être continués par l'administrateur judiciaire. Il engagerait sa responsabilité à ne pas en souscrire, pour garantir les actifs importants du débiteur, tels des immeubles[3], ou des fonds de commerce. Mais encore faut-il qu'il ait les liquidités suffisantes. En l'absence de celles-ci, il ne saurait engager sa responsabilité[4]. Si les actifs n'étaient pas correctement assurés, il pourra engager sa responsabilité, alors même qu'il se serait entouré des conseils d'un expert qui a lui-même commis une erreur d'appréciation, ce dernier étant également responsable. La solution a été posée sous l'empire de la loi du 13 juillet 1967[5].

L'administrateur judiciaire, chargé d'une mission d'assistance, doit s'assurer de l'efficacité de l'assurance de responsabilité décennale souscrite par le débiteur, en vérifiant que le risque avait été exactement déclaré. Il engage, en conséquence, sa responsabilité, lorsque le débiteur n'a pas demandé la modification de sa police d'assurance, souscrite alors qu'il n'avait pas de salarié, après l'embauche d'un salarié, malgré le fait que la souscription d'un contrat d'assurance responsabilité soit un acte de gestion courante[6].

En cas de défaut d'assurance de l'immeuble loué, l'administrateur judiciaire doit procéder au plus tôt à sa restitution[7].

Il faut bien apercevoir que la soumission du contrat d'assurance au droit commun de la continuation des contrats en cours par la loi de sauvegarde des entreprises[8] a simplifié la tâche des administrateurs judiciaires, qui ne s'exposent plus à des résiliations de contrats d'assurance *pour défaut de paiement* des primes couvrant un risque antérieur au jugement d'ouverture (v. s[s] n° 435.32).

SECTION 372.30 RESPONSABILITÉ DE L'ADMINISTRATEUR POUR NON-PAIEMENT DES COMMANDES ET CONTINUATION D'ACTIVITÉ[9]

372.31 Responsabilité de l'administrateur pour non-paiement des commandes. Le non-règlement de commandes est également source de responsabilité pour l'administrateur judiciaire. Il ne peut continuer une activité déficitaire. Il doit au plus tôt solliciter du tribunal la conversion en liquidation judiciaire et ne saurait se réfugier derrière une simple information donnée au tribunal sur la situation dégradée de l'entreprise[10].

La faute de l'administrateur s'apprécie à la date à laquelle la créance contractuelle prend naissance, c'est-à-dire au jour de la commande[11].

De façon synthétique, la faute de l'administrateur, au titre des dettes d'exploitation, tient soit à passer, voire à laisser passer par le débiteur, des commandes, alors que la situation, au jour de la commande, ne le permettait pas, soit à avoir donné imprudemment au fournisseur des assurances de paiement.

La première série de fautes tient au fait de passer des commandes, alors que la situation ne leur permet pas.

S'il passe lui-même les commandes ou les vise, il y a faute à ne pas s'assurer que la trésorerie permettra leur paiement[12]. Cela sera d'autant plus facile à établir que la comptabilité du débiteur est inexploi-

1. Paris, 3e ch. A, 13 juin 2006, RG n° 2005/09379.
2. Guigon, *in* « La responsabilité civile des professionnels des procédures collectives », (Menjucq M., Blanc J.-F., Risks C., Fabre J.-P. et Guigon P.), *Rev. proc. coll.* 2015, table ronde 3, p. 66.
3. Com. 27 mars 1990, n° 88-20.472, *Bull. civ.* IV, n° 89, *Rev. proc. coll.* 1991, p. 461, n° 22, obs. Soinne.
4. Rennes, 30 oct. 1990, *Rev. proc. coll.* 1991, p. 461, n° 22, obs. Soinne.
5. L. n° 67-563, 13 juill. 1967, *JO* 14 juill., p. 7059 – Com. 5 mars 2002, n° 99-13.386, NP, *Rev. proc. coll.* 2003, p. 129, n° 15, obs. Soinne.
6. Civ. 3e, 22 oct. 2014, n° 13-25.430, *Bull. civ.* III, n° 135; n° 1247 FS-P+B; *D.* 2014. actu 2172; *Act. proc. coll.* 2014, comm. 356, note Raschel; *Gaz. Pal.* 18 janv. 2015, n° 18, p. 19, note Bidan; *Rev. proc. coll.* 2015, comm. 19, note Lebel; *Dr. sociétés* 2015, comm. 97, note Legros.
7. Rennes, 30 oct. 1990, *Rev. proc. coll.* 1991, p. 461, n° 22, obs. Soinne.
8. L. n° 2005-845, 26 juill. 2005, préc.
9. 13 % des sinistres déclarés auprès de la Caisse de garantie concernent les dettes d'exploitation : Guigon, *in* « La responsabilité civile des professionnels des procédures collectives », (Menjucq M., Blanc J.-F., Risks C., Fabre J.-P. et Guigon P.), *Rev. proc. coll.* 2015, table ronde 3, p. 66.
10. Com. 18 janv. 2000, n° 98-19.692, NP, *Rev. proc. coll.* 2000, p. 75, n° 6, obs. Soinne.
11. Com. 15 oct. 2002, n° 99-15.422, NP, *Act. proc. coll.* 2003/3, n° 27 – Com. 10 mars 2004, n° 01-11.803, NP – Com. 16 juin 2004, n° 01-16.912, NP – Com. 1er avr. 2008, n° 07-10.357, NP; n° 449 F-D; *Gaz. proc. coll.* 2008/3, p. 36, note Bidan; *Rev. proc. coll.* 2008/3, p. 45, n° 121, note Lebel – Paris, pôle 5, 8e ch., 22 sept. 2009, RG n° 08/16042.
12. Com. 30 nov. 1993, n° 91-16.735, *Bull. civ.* IV, n° 441; *Rev. proc. coll.* 1996, p. 247, n° 7, obs. Soinne – Com. 26 oct. 1999, *Act. proc. coll.* 1999/20, n° 278.

table[1] ou que l'administrateur a passé ou visé les commandes sans attendre des résultats du compte d'exploitation prévisionnel. Il a été jugé que le non paiement de travaux commandés à un expert-comptable pour l'évaluation de la situation financière du débiteur engageait la responsabilité de l'administrateur, ce dernier ne pouvant se réfugier derrière le fait que la poursuite d'activité avait été autorisée par le tribunal et qu'il lui incombait, en conséquence, de faire procéder à cette évaluation. L'administrateur judiciaire aurait du s'assurer que les travaux commandés pourraient être payés[3].

De même, l'administrateur engage sa responsabilité en permettant un paiement à date éloignée (soixante jours), puisqu'il reporte d'autant ses possibilités de contrôle sur la capacité du débiteur à payer les commandes[4].

Au contraire, le fait pour un administrateur judiciaire de contresigner des chèques, qui ne seront pas ultérieurement payés faute de provision, n'entraînera sa condamnation que si, à la date de la commande, la trésorerie ne permettait pas de la payer[5].

Il y a faute à laisser le débiteur passer des commandes, en pleine connaissance de la situation comptable, qui démontrait une situation irrémédiablement compromise[6]. La preuve en sera rapportée le plus souvent dans le rapport établi à la fin de la période d'observation. L'administrateur judiciaire doit alors solliciter la conversion du redressement en liquidation judiciaire, pour éviter le déferlement des dettes postérieures bénéficiant du traitement préférentiel. En revanche, le simple contreseing d'un chèque d'acompte relatif à une commande passée par le débiteur seul ne sera pas source de responsabilité pour l'administrateur, alors que ce chèque sera payé, mais non le solde de la commande[7].

La seconde série de fautes tient au fait de donner imprudemment au fournisseur des assurances de paiement.

La faute sera facile à établir si l'administrateur n'avait pas l'obligation de signer les commandes, par exemple s'il n'avait qu'une mission de surveillance. En signant les commandes ou en apposant son visa sur celles-ci, il donne alors au fournisseur une assurance de paiement[8]. Il en est de même, lorsque l'administrateur a une mission d'assistance ou d'administration, s'il vise les commandes alors qu'il s'agit là d'actes de gestion courante ne nécessitant pas son intervention[9]. En sens inverse, il est cependant aussi jugé que le seul contreseing sur une commande ne suffit pas à mettre en confiance le fournisseur et est donc insuffisant à permettre l'engagement de la responsabilité de l'administrateur[10].

La faute sera encore établie s'il a signé ou contresigné des chèques en règlement de précédentes factures. Il doit s'assurer que les commandes suivantes pourront être réglées car il a donné, par ses signatures précédentes de chèques, une confiance injustifiée au fournisseur[11]. Même si la signature d'effets de commerce par l'administrateur judiciaire pour régler les commandes actuelles n'a pas pour effet de le constituer garant du paiement[12], la signature n'intervenant que *ès qualités*, elle peut être source d'assurance pour le fournisseur et justifie l'engagement de la responsabilité, si les effets reviennent impayés alors que la situation de l'entreprise ne permettait pas que les commandes soient passées[13]. La solution est la même, si la signature intervient sur un chèque[14].

Au contraire, l'existence de la provision pour le paiement du chèque au moment de sa signature est exclusive de faute de la part de l'administrateur si la provision n'existe plus lors de la présentation du chèque au paiement[15]. C'est pourquoi le seul fait pour un administrateur judiciaire de contresigner des chèques, qui ne seront pas ultérieurement payés faute de provision, n'entraînera sa condamnation

1. SOUS L'EMPIRE de la loi du 13 juillet 1967 : Com. 25 oct. 1994, n° 92-18.924, NP, *Rev. proc. coll.* 1996, p. 252, n° 10, obs. Soinne.
2. Com. 13 nov. 2002, n° 99-19.422, NP, *Me Rémi Saint Pierre c/Sarl Citel*; n° 1863 F-D.
3. Com. 14 mai 2008, n° 07-17.455, NP; n° 580 F-D; *Gaz. proc. coll.* 2008/3, p. 36, note Bidan; *Act. proc. coll.* 2008/10, n° 157, note Vallansan.
4. Com. 8 oct. 2003, n° 00-21.466, NP, *Act. proc. coll.* 2003/20, n° 264.
5. Com. 1er avr. 2008, n° 07-10.357, préc. (v. ss prést n°).
6. Rennes, 7 juill. 1993 et Metz, ch. civ., 16 nov. 1994, *Rev. proc. coll.* 1996, p. 247, n° 7, obs. Soinne – Paris, 3e ch. B, 16 avr. 1999, *RJDA* 1999/8-9, 763 – Paris, 3e ch. A, 9 déc. 2003, RG n° 2003/04075.
7. Com. 6 févr. 2001, n° 98-10.774, NP, *RJDA* 2001/6, n° 708.
8. Com. 5 oct. 1993, n° 91-14.361, *Bull. civ.* IV, n° 318; *Rev. proc. coll.* 1994, p. 88, n° 13, obs. Soinne; *D.* 1994. Somm. 8, obs. Honorat – Com. 6 juill. 1999, *Act. proc. coll.* 1999/14, n° 182; *Rev. proc. coll.* 2000, p. 78, n° 11, obs. Soinne – Com. 11 déc. 2001, *RJDA* 2002/4, n° 406, p. 347, retenant les assurances de paiement imprudemment données.
9. Com. 10 mai 2005, n° 04-11.222, NP, *D.* 2005. AJ 1475, obs. Lienhard; *Gaz. proc. coll.* 2005/3, p. 18, obs. Bidan.
10. Paris, 3e ch. A, 7 sept. 2004, RG n° 2003/18791.
11. Com. 11 juin 1996, n° 94-12.095, NP, *JurisData* 002646, *Rev. proc. coll.* 1998, p. 191, n° 34, obs. Soinne.
12. Com. 6 févr. 2001, n° 98-10.978, *Bull. civ.* IV, n° 34; *D.* 2001. AJ 860; *Act. proc. coll.* 2001/5, n° 69; *RJDA* 2001/5, n° 603.
13. SOUS L'EMPIRE de la loi du 13 juillet 1967 : Com. 14 mars 1995, n° 92-21.027, *Bull. civ.* IV, n° 85; n° 562 F-D; *Rev. proc. coll.* 1996, p. 253, n° 1, obs. Soinne.
14. SOUS L'EMPIRE de la loi du 13 juillet 1967, Com. 11 avr. 1995, n° 92-15.489, NP, *Rev. proc. coll.* 1996, p. 253, n° 11, obs. Soinne.
15. Com. 9 janv. 2001, n° 98-11.372, NP, *RJDA* 2001/5, n° 604.

que si, à la date de la commande, la trésorerie ne permettait pas de la payer[1].

A fortiori, l'administrateur judiciaire engage-t-il sa responsabilité s'il se porte, *ès qualités*, avaliste des effets de commerce remis en règlement des commandes, laissant supposer qu'il s'était assuré du règlement effectif[2].

De façon générale, l'assurance de paiement que donne l'administrateur à un fournisseur sera donc source d'engagement de sa responsabilité si, par la suite, le paiement n'intervient pas[3].

En l'absence de caractérisation de la situation irrémédiablement compromise, au moment des commandes et en l'absence d'assurances imprudemment données sur le paiement, l'administrateur judiciaire n'engage pas sa responsabilité, si le non-paiement des commandes ne pouvait être prévu, compte tenu des documents présentés[4].

La responsabilité sera d'abord écartée si l'administrateur n'a pris aucun engagement explicite de paiement[5]. En l'absence de visa, et alors que les commandes ont été passées sans son intervention ni même son avis, l'administrateur judiciaire n'engage pas sa responsabilité[6], alors même qu'il avait contresigné le chèque de règlement[7].

Même en présence du visa de l'administrateur sur la commande, il n'y a pas engagement de la responsabilité de l'administrateur, alors même qu'il a contresigné le chèque de règlement qui se révélera sans provision, s'il n'a donné aucune assurance de paiement au fournisseur et qu'il a passé commande à une époque où la situation de trésorerie le permettait[8].

Si l'administrateur n'est pas l'auteur de la commande et s'abstient de donner une assurance de paiement, sa responsabilité ne sera, par principe, pas ...antage retenue[9]. Il en...a toutefois différemment ...reste dans l'ignoran... des commandes passées, ...rs qu'il a une missio... de représentation. Le fait ...gnorer les command... passées serait, selon une ...ur d'appel, révélateu... la défaillance dans sa ...ission de représentatio...[10].

Une décision a pu c...nsidérer que l'administra...eur, ayant reçu missi... d'assistance, n'a pas à sur...eiller l'encaissement d'un chèque tiré sur le compte ...e son administré, qui n'est pas dessaisi, et n'engage, en conséquence, pas sa responsabilité si le compte est clôturé alors que le chèque n'a pas été encaissé[11]. Une solution différente aurait sans doute été posée si l'administrateur avait reçu une mission de représentation, puisqu'il est alors seul responsable du fonctionnement du compte bancaire.

S...CTION 372.40
...SPONSABILITÉ DE L'ADMINISTRATEUR ...ANS LE CADRE DE LA MOBILISATION ... CRÉANCES DÉTENUES PAR LE DÉBITEUR

...72.41 Responsabilité de l'administrateur dans ...e cadre de la mobilisation de créances détenues par ...e débiteur. L'administrateur judiciaire peut encore engager sa responsabilité, en cas de signature de cessions de créances par bordereau Dailly ou de quittances subrogatives dans le cadre de contrats d'affacturage. L'administrateur judiciaire a l'obligation de vérifier les justifications comptables des prestations facturées. S'il s'abstient d'opérer ces vérifications, il engage sa responsabilité, à l'égard du banquier cessionnaire de créances par le mécanisme du bordereau Dailly, par exemple en cas de « Dailly creux », c'est-à-dire reposant sur des factures fictives[12], ou à l'égard de la société d'affacturage[13]. Au contraire, l'absence de paiement de la créance transmise par bordereau Dailly ou par quittance subrogative n'autorisera pas l'engagement de sa responsabilité, s'il a procédé aux vérifications qui s'imposaient[14].

L'administrateur judiciaire engage encore sa responsabilité, quelque soit sa mission, lorsqu'il a la gestion des comptes bancaires du débiteur, interdit

1. Com. 1er avr. 2008, n° 07-10.357, NP; n° 449 F-D; *Gaz. proc. coll.* 2008/3, p. 36, note Bidan; *Rev. proc. coll.* 2008/3, p. 45, n° 121, note Lebel – RAPPR. : Com. 12 mars 2013, n° 11-23.375, NP, *Leden* mai 2013, comm. 74, note Cavelier.
2. Rennes, 26 mars 1996, *Rev. proc. coll.* 1998, p. 192, n° 34, obs. Soinne.
3. Com. 12 oct. 2004, n° 02-12.541, NP.
4. Com. 16 juin 2004, n° 02-19.015, NP.
5. Com. 10 mars 2004, n° 01-11.803, NP.
6. Com. 8 déc. 1998, n° 96-17.731, *Bull. civ.* IV, n° 293; *JCP E* 1999, pan. 153; *D. Affaires* 1999. 153; *RJDA* 1999/3, n° 306; *Rev. proc. coll.* 2000, p. 77, n° 10, obs. Soinne – Com. 16 juin 2004, n° 02-19.015, NP – Com. 3 oct. 2006, n° 05-18.229, NP; n° 1134 F-D; *Gaz. proc. coll.* 2007/1, p. 25, note Bidan; *Rev. proc. coll.* 2007/1, p. 43, n° 5, obs. Lebel.
7. Com. 6 févr. 2001, n° 98-10.774, NP, *Act. proc. coll.* 2001/7, n° 93 – Grenoble, 1re ch. civ., 10 oct. 2000, *JCP E* et *A* 2001, pan. 686.
8. Com. 16 juin 2004, n° 01-16.912, NP.
9. Com. 14 mars 2000, *Gaz. Pal.* 27-29 janv. 2002, jur. p. 27, note Courtier – Com. 30 juin 2004, n° 02-20.487, NP – Paris, 3e ch. A, 9 déc. 2003, RG n° 2003/04075.
10. Paris, 3e ch. B, 28 févr. 2008, *Rev. proc. coll.* 2008/3, p. 46, n° 122, note Lebel.
11. Paris, 15e ch. B, 20 déc. 2007, RG n° 06/18339.
12. Versailles, 28 mai 1998, *D. Affaires* 1998. 1589, obs. Lienhard – Paris, 3e ch. B, 29 sept. 2000, *D.* 2000. Jur. 405; *RJDA* 2001/3, n° 340.
13. Rouen, 2 déc. 1993, *Rev. proc. coll.* 1996, p. 249, n° 7, obs. Soinne.
14. Paris, 1re ch. B, 9 juill. 1993, *Rev. proc. coll.* 1996, p. 249, n° 7, obs. Soinne.

bancaire, s'il ne représente p à la banque cessionnaire, les fonds versés par ledébiteurs cédés, après le jugement d'ouverture, su le compte de l'entreprise au titre d'un mandat 'encaissement dans le cadre d'une cession le crances par bordereau Dailly non notifiée[1]. La nême solution serait applicable si l'administrateur vat la mission d'administration, alors même que e débiteur ne serait pas interdit bancaire.

SECTION 372.50 RESPONSABILITÉ DE L'ADMINISTRATEUR DANS LE DOMAINE DES REVENDICATIONS ET DES RESTITUTIONS

372.51 Responsabilité de l'administrateur dans le domaine des revendications et des restitutions. Dans les grandes lignes, l'administrateur judiciaire engage sa responsabilité, en matière de revendication, comme le liquidateur.

Il engage d'abord sa responsabilité si le bien revendiqué n'est pas retrouvé chez le débiteur, alors que la preuve est rapportée de son entrée dans les magasins de celui-ci, dès lors que l'administrateur judiciaire n'a pas fait procéder à un inventaire qui avait été prescrit ou qu'il n'a pas, depuis la loi du 10 juin 1994[2], fait procéder à l'inventaire qui est obligatoire[3].

Il engage également sa responsabilité, en présence d'une revendication exercée, s'il utilise le bien et est dans l'incapacité de représenter les fonds provenant de la vente du bien vendu en période d'observation[4].

Il engage encore sa responsabilité à inclure dans le périmètre d'une cession d'entreprise un bien objet d'un contrat de location[5]. La solution a été posée sous l'empire de la loi du 25 janvier 1985[6], alors que le contrat avait été continué, ce qui faisait obstacle à la revendication. L'obligation, depuis l'ordonnance du 18 décembre 2008[7] de revendiquer dans les trois mois de la publication au *Bodacc* du jugement d'ouverture, alors même que le contrat serait continué, pourrait conduire à introduire une distinction, selon que le bien a été revendiqué au jour de l'adoption du plan. La consultation de l'inventaire doit également être prise en compte dans l'appréciation de la responsabilité de l'administrateur.

En effet, l'administrateur engage sa responsabilité s'il inclut dans le périmètre de la cession des biens déjà revendiqués, sans pouvoir affecter le prix de revente au paiement du vendeur réservataire[8], alors surtout qu'il connaissait, pour avoir fait dresser l'inventaire, l'existence de la clause de réserve de propriété affectant les biens qu'il a vendus[9]. La Cour de cassation énonce ainsi qu'« il appartient à l'administrateur de prendre les dispositions appropriées à assurer la protection des droits des revendiquants et leur éventuelle indemnisation ». L'administrateur doit ainsi, lorsqu'il est informé de l'existence du bien objet d'une demande de restitution, « isoler ce matériel pour empêcher son transfert au cessionnaire »[10].

Il engage encore sa responsabilité à paralyser l'action d'un vendeur sous clause de réserve de propriété contre engagement de payer l'intégralité du prix, s'il ne peut, par la suite, s'exécuter[11]. Le fait que la créance du prix soit, depuis la loi du 10 juin 1994, assimilée à une créance postérieure ne doit pas changer la solution[12]; c'est en effet l'initiative de l'administrateur qui l'a faite naître. Si le mandataire de justice ou la société dont il est l'associé fait l'objet d'une procédure collective, la victime du dommage résultant de la faute du mandataire de justice doit déclarer sa créance au passif, dès lors que la faute commise est antérieure à l'ouverture de la procédure collective. Il a été jugé à cet égard que la faute commise par l'administrateur judiciaire, qui n'inclut pas un bien revendiqué dans le périmètre de la cession alors qu'il en avait pris l'engagement envers le propriétaire revendiquant, résulte du dépôt du rapport et non du jugement arrêtant le plan de cession[13].

Il appartient au propriétaire d'exercer au plus tôt sa demande en revendication, afin d'attirer l'atten-

1. Com. 18 sept. 2012, n° 11-19.204, NP; n° 885 F-D; *Gaz. Pal.* 18 janv. 2013, n° 18, p. 21, note Bidan; *Rev. proc. coll.* 2012, comm. 195, note Lebel.
2. L. n° 94-475, 10 juin 1994, préc.
3. SOUS L'EMPIRE de la loi du 13 juillet 1967 : Com. 5 juill. 1988, n° 86-18.930, *Bull. civ.* IV, n° 230.
4. Com. 11 juill. 1995, n° 94-11.540, NP, *Rev. proc. coll.* 1996, p. 259, n° 13, obs. Soinne – Com. 4 janv. 2000, *JCP E* et *A* 2000, Chron. 701, n° 2-b-6, obs. M. Cabrillac – Com. 11 déc. 2001, *RJDA* 2002/4, n° 408, p. 348.
5. Com. 5 févr. 2013, n° 11-28.052, NP; n° 125 F-D; *Gaz. Pal.* 29 sept. 2013, n° 272, p. 17, note Bidan; *BJE* mai 2013, comm. 69, note Laroche; *Rev. proc. coll.* 2013, comm. 136, note Monsérié-Bon.
6. L. n° 85-98, 25 janv. 1985, préc.
7. Ord. n° 2008-1345, 18 déc. 2008, préc.
8. Com. 4 janv. 2000, n° 96-18.638, *Bull. civ.* IV, n° 5; *RTD com.* 2000. 708, n° 7, obs. Bouloc; *Rev. proc. coll.* 2000, p. 81, n° 14, obs. Soinne.
9. Paris, 3e ch. B, 14 févr. 2003, RG n° 2002/08611.
10. Com. 30 juin 2004, n° 02-17.771, *Bull. civ.* IV, n° 318; *JCP E* 2005, Chron. 31, p. 30, n° 11, obs. M. Cabrillac; *Rev. proc. coll.* 2006/1, p. 53, n° 12, obs. Lebel.
11. AINSI SOUS L'EMPIRE de la loi du 25 janvier 1985 non réformée : Paris, 20 sept. 1996, *Rev. proc. coll.* 1998, p. 188, n° 32, obs. Soinne.
12. *CONTRA* : Soinne, *Rev. proc. coll.* 1998, p. 188, n° 32.
13. Paris, 3e ch. A, 6 déc. 2005, RG n° 04/23917.

tion de l'administrateur sur le statut de tel ou tel bien, spécialement pour les marchandises vendues sous clause de réserve de propriété. En effet, si la revente de biens vendus sous clause de réserve de propriété intervient avant l'exercice d'une revendication, la responsabilité de l'administrateur sera écartée, dès lors que l'inventaire établi ne mentionne pas l'existence de biens vendus sous réserve de propriété et que le dirigeant n'a pas signalé à l'administrateur le statut exact des marchandises revendues[1]. *A fortiori*, en l'absence de revendication du propriétaire, dans le délai légal, l'administrateur ne saurait engager sa responsabilité à vendre le bien litigieux[2], du fait, en ce cas, de l'inopposabilité du droit de propriété à la procédure collective.

L'administrateur judiciaire, qui reçoit une demande en acquiescement de revendication dans le délai légal, engage sa responsabilité à l'égard du vendeur si ce dernier récupère, malgré l'absence d'acquiescement à la revendication, les marchandises impropres à la revente, du fait de leur décongélation, avant expiration du délai qui lui était imparti pour présenter une requête en revendication[3].

Il n'y a, en revanche, pas place à engagement de la responsabilité de l'administrateur, en l'absence de revendication du bien par le propriétaire, titulaire d'un contrat non publié, au prétexte de l'insuffisance du bilan économique et social qui n'aurait pas réparé l'omission de l'inventaire concernant le matériel, le bilan économique et social n'ayant nullement cette fonction[4].

De même, l'administrateur judiciaire n'engage pas sa responsabilité à ne pas acquiescer à une demande en revendication, l'acquiescement n'étant en effet qu'une faculté[5].

Il ne peut être reproché par le vendeur sous clause de réserve de propriété de faute à l'administrateur judiciaire s'il ne peut récupérer l'intégralité de ce qu'il a livré, dès lors qu'un protocole transactionnel avait été établi prévoyant la reprise par le propriétaire des stocks restants, des biens issus de leur transformation après jugement d'ouverture de la procédure collective pour revente, dès lors que le défaut de mise en œuvre du protocole incombe au propriétaire[6].

1. Com. 1er avr. 2003, n° 00-17.171, NP.
2. Com. 14 mars 1995, n° 93-11.069, NP, *Rev. proc. coll.* 1996, p. 255, n° 13, obs. Soinne.
3. Com. 23 nov. 2004, n° 02-17.598, NP.
4. Grenoble, ch. com., 13 oct. 2011, n° 09/01853, *Rev. proc. coll.* 2012, comm. 25, note Lebel.
5. Com. 5 avr. 2016, nos 14-13.247, 14-22.733, *Bull. civ.* IV [à paraître]; n° 319 F-P+B; *Gaz. Pal.* 28 juin 2016, n° 24, p. 59, note Bidan; *BJE* 2016, 269, note Laroche.
6. Com. 5 avr. 2016, nos 14-13.247, 14-22.733, préc.

SECTION 372.60 RESPONSABILITÉ DE L'ADMINISTRATEUR POUR DÉFAUT DE SURVEILLANCE

372.61 Responsabilité de l'administrateur pour défaut de surveillance. L'administrateur judiciaire engage aussi sa responsabilité s'il résulte un préjudice d'un défaut de surveillance du débiteur, pendant la période d'observation. Ainsi, a été condamné l'administrateur qui n'avait pas assuré suffisamment de contrôle, alors qu'il avait une mission d'assistance du débiteur, concessionnaire automobile, lequel a réussi, par établissement de faux duplicata de cartes grises, pendant un laps de temps relativement long, à vendre des véhicules[7].

La responsabilité sera aussi retenue, en cas de perte de valeur, s'il laisse s'opérer l'entrée en jouissance du repreneur avant signature des actes de cession[8], lesquels ne seront finalement pas signés.

SECTION 372.70 RESPONSABILITÉ DE L'ADMINISTRATEUR DANS LE CADRE DE L'EXÉCUTION DES DÉCISIONS DE JUSTICE

372.71 Exécution normale par l'administrateur des décisions de justice. Pendant la période d'observation, diverses décisions de justice seront rendues. Par principe, elles sont exécutoires. Il ne peut donc être reproché à l'administrateur de les porter à exécution. Cependant, lorsqu'elles sont frappées de recours par hypothèse non suspensifs, une trop grande précipitation pourrait être reprochée, spécialement si l'attention du mandataire est attirée sur les chances sérieuses de réformation. La responsabilité a été écartée dans l'hypothèse d'une ordonnance du juge-commissaire autorisant la vente d'un immeuble, le débiteur ayant formé une voie de recours à l'encontre du jugement pour contester seulement la compétence de la juridiction d'ouverture[9].

La responsabilité a encore été écartée en présence de décisions de renouvellement de la période d'observation, préjudiciables aux intérêts de certains créanciers – en l'occurrence des salariés – ces renouvellements ne relevant pas de la responsabilité de l'administrateur, dès lors que celui-ci mettait clairement en lumière la situation financière constamment déficitaire de la société débitrice[10].

7. Toulouse, 2e ch., 6 mai 1999, *JCP E* et *A* 2000, pan. 108.
8. Com. 1er avr. 2003, n° 99-12.499, NP.
9. Paris, 16 déc. 1997, *Rev. proc. coll.* 2000, p. 82, n° 15, obs. Soinne.
10. Paris, pôle 5, 8e ch., 11 mars 2014, RG n° 12/21730, *Juris-Data* 005583.

SECTION 372.80 RESPONSABILITÉ DE L'ADMINISTRATEUR DANS LE CADRE DES PLANS

372.81 Responsabilité de l'administrateur cas d'arrêté de plan de sauvegarde ou de redressement non sérieux. Dans le cadre de l'arrêté des plans de redressement, l'administrateur doit attirer l'attention du tribunal sur l'existence d'un passif postérieur au jugement d'ouverture, si un plan de continuation est envisagé. À défaut, il peut engager sa responsabilité à l'égard d'un créancier privilégié qui a perdu la chance d'être payé dans le cadre d'une liquidation judiciaire et qui ne l'a pas été du fait de l'arrêté d'un plan de continuation[1].

La solution est la même, en cas de plan de sauvegarde ou de redressement arrêté en application de la loi de sauvegarde des entreprises[2]. Il faut cependant nuancer les propos, lorsque le plan aura été adopté après un vote des comités à la majorité. Il est en effet plus délicat de parler alors de plan non sérieux.

372.82 Responsabilité de l'administrateur dans le choix du cessionnaire. L'administrateur judiciaire peut répondre du choix du cessionnaire, dès lors qu'il n'a pas procédé à une vérification de sa solvabilité et que ce dernier est dans l'impossibilité de payer le prix de cession[3].

Mais l'administrateur n'engagera sa responsabilité, en cas de cession, que si la chance pour le créancier d'être payé subsistait au jour de l'arrêté du plan, ce qui n'est pas le cas lorsque la cession porte sur une entreprise vidée de toute sa substance, impliquant un prix de cession très faible[4].

372.83 Responsabilité de l'administrateur en cas de substitution de cessionnaire. L'administrateur est responsable à laisser s'opérer, sans autorisation du tribunal, une substitution de cessionnaire, s'il en résulte un préjudice pour les créanciers, par absence de paiement du prix de cession[5].

372.84 Responsabilité de l'administrateur en cas de signature tardive des actes de cession. L'administrateur peut encore engager sa responsabilité envers les créanciers du débiteur à ne pas faire en sorte que les actes de cession puissent être passés dans des délais raisonnables[6]. Certains créanciers en subiront un préjudice particulier. On pense spécialement aux cocontractants dont les contrats ont été judiciairement cédés ou aux prêteurs qui bénéficient du transfert de la charge de la sûreté. En effet, le début des obligations du repreneur à leur égard dépendra, le plus souvent, de la date à laquelle les actes de cession seront passés.

372.85 Responsabilité de l'administrateur en l'absence de défaut d'information du repreneur. L'administrateur judiciaire engage sa responsabilité à céder, en plan de cession, des biens immobiliers, sans préciser qu'ils font l'objet de baux commerciaux[7]. Les informations sur le statut juridique des biens repris doivent être données par l'administrateur au moment de la présentation des offres de cession. La responsabilité de l'administrateur ne saurait être écartée sur démonstration qu'au jour de la signature des actes de cession, le statut juridique des biens repris était connu du repreneur, dans la mesure où ce dernier ne peut se soustraire à la signature des actes de cession[8].

La responsabilité de l'administrateur sera identiquement engagée s'il ne précise pas les sûretés grevant les actifs cédés et qui entraînent le jeu du transfert de la charge de la sûreté.

L'administrateur judiciaire engage également sa responsabilité en n'informant pas le repreneur d'une instance engagée par un salarié en paiement de la contrepartie financière d'une clause de non-concurrence, mise à charge du repreneur. La responsabilité a été retenue pour perte d'une chance pour le repreneur de renoncer à son projet de reprise de l'entreprise[9].

L'administrateur engage encore sa responsabilité en n'informant pas, en vue de l'accomplissement de sa mission légale de passer tous les actes nécessaires à la réalisation de la cession des actifs, le futur repreneur de la situation de l'exploitation au regard de la législation pertinente. Il doit notamment indiquer aux repreneurs potentiels l'irrégularité de la situation de l'entreprise au regard de la législation relative aux installations classées pour la protection de l'environnement[10].

372.86 Responsabilité de l'administrateur en cas de cession de contrat non cessible. L'administra-

1. Paris, 1re ch. A, 11 sept. 2001, *JCP E* 2001, pan. 1554.
2. L. n° 2005-845, 26 juill. 2005, préc.
3. Bourges, 20 déc. 1995, *Rev. proc. coll.* 1998, p. 193, n° 36, obs. Soinne – RAPPR. : Paris, 1re ch. A, 11 sept. 2000, *JCP E* 2001, pan. 1554.
4. AINSI : Com. 27 nov. 2001, NP.
5. Paris, 3e ch., 20 juin 1995, *Rev. proc. coll.* 1996, p. 406, n° 23, obs. Soinne.
6. SUR DES DIFFICULTÉS de cette nature : Paris, 1re ch. A, 7 oct. 2003, *Gaz. Pal.* 25-27 juill. 2004, Somm. 20, note Vray.
7. Com. 12 oct. 2004, n° 02-12.790, NP.
8. Com. 8 janv. 2008, n° 07-10.079, NP, *JCP E* 2008. 1511, p. 30, note Rolland; *Rev. proc. coll.* 2009/1, p. 28, n° 12, note Fraimout.
9. Com. 13 déc. 2005, n° 04-15.663, NP, *Gaz. proc. coll.* 2006/2, p. 25, obs. Bidan.
10. Com. 30 nov. 2010, n° 09-71.954, NP, *Gaz. Pal. entr. diff.* 1-2 avr. 2011, p. 18, note Bidan; *JCP E* 2011. 1152, note Rolland; *BJE* mai/juin 2011, § 60, p. 138, note Vincent; *Rev. proc. coll.* 2011, comm. 122, p. 58, note Ruffié; *JCP E* 2011. 1786, n° 50, note Trébulle.

teur judiciaire doit s'assurer des droits cédés dans le plan de cession. Dans le domaine de la cession judiciaire des contrats, l'administrateur judiciaire ne peut, sans engager sa responsabilité, être partie à une demande de résiliation de contrat et simultanément accepter le principe de la cession de ce contrat. Dans une espèce, le crédit-preneur avait introduit, sur le fondement d'un mandat d'ester en justice, une action en résolution de la vente conclue entre le fournisseur du matériel et la société de crédit-bail. Il avait obtenu gain de cause, par décision revêtue de l'exécution provisoire, après avoir été placé en redressement judiciaire. Cela entraînait, en conséquence, résiliation du contrat de crédit-bail à la date d'introduction de la demande en résolution de la vente. Le contrat de crédit-bail avait néanmoins été cédé judiciairement au repreneur dans le cadre d'un plan de cession. Le repreneur avait ensuite levé l'option d'achat du crédit-bail. La décision ayant prononcé la résolution de la vente avait été frappée d'appel et confirmée par le cour d'appel. La société fournisseur du matériel a alors assigné l'administrateur judiciaire en réparation du préjudice subi du fait du maintien de l'action en résolution de la vente concomitamment à la revente au cessionnaire des actifs de la société débitrice et l'administrateur a été condamné à réparer le préjudice occasionné au four eur du fait de l'impossibilité de restitution en nre du bien par suite de sa revente au repreneu insi, l'obligation de restitution de la machine, même on définitive, mise à la charge de la société débie à la suite de la résolution de la vente et par voie conséquence à la résiliation du contrat de crédbail interdisait à l'administrateur de laisser ven ce bien dans le cadre du plan de cession[1].

SEON 372.90

REONSABILITÉ DE L'ADMINISTRATEUR

ENIATIÈRE DE LICENCIEMENTS ÉCONOMIQUES

37.91 Responsabilité de l'administrateur en cas deon-respect des obligations relatives aux licencieents économiques. La procédure de licenciemt économique est très lourde et son non-respect pet exposer l'administrateur à engager sa responsabité.

Sa responsabilité pourra ainsi être engagée envers l'AGS, qui aurait à indemniser les conséquences d'un licenciement irrégulier. Il en est ainsi lorsque l'administrateur judiciaire ne respecte pas l'obligation de reclassement, dès lors que l'AGS ne pourra, compte tenu de son rang, être remboursée de ses avances[2].

1. Com. 5 avr. 2011, nº 10-14.080, NP, *Gaz. Pal.* 9 juill. 2011, nº 189, p. 21, note Bidan; *Act. proc. coll.* 2011/9, comm. 137, note Vallansan.
2. Paris, 13 oct. 2015, RG nº 14/19455, *Leden* 2015, comm. 167, note Lucas.

TITRE

380. Règles spéciales aux experts

SECTION 0

ORIENTEUR

380.00 Plan du titre.

Sect. 380.10 Expert en diagnostic d'entreprises

Sect. 380.20 Expert en gestion

380.01 Textes applicables.

> Législation antérieure à la loi de sauvegarde des entreprises.

C. com., art. L. 621-8, L. 621-139, L. 813-1, L. 813-2

> Législation issue de la loi de sauvegarde des entreprises.

C. com., art. L. 621-4, al. 3, L. 621-5, L. 627-3, al. 1er, L. 631-9, L. 631-12, L. 813-1

380.03 Bibliographie indicative. (V. les références complètes ss n° 031).

> Actualisables. RÉP. COM., Pigassou P., « Entreprises en difficulté – Redressement judiciaire (Procédure et organes) », nos 279 à 282 – J.-CL. COM., Vadon J., fasc. 2050, [Expert en diagnostic].

> Ouvrages antérieurs à la loi de sauvegarde des entreprises. CHAPUT, n° 297 – GUYON, n° 1171 – JACQUEMONT, n° 222 – LE CANNU, n° 983 – LE CANNU *ET ALII*, nos 390, 391 – LE CORRE-BROLY, n° 122 – MARTIN ET VALLENS, nos 2593 à 2595 – PÉROCHON ET BONHOMME, n° 147 – Peyramaure Ph. et Sardet P., *L'entreprise en difficulté : Prévention – Restructuration – Redressement,* 3e éd., Delmas, 2002 – RIPERT ET ROBLOT, nos 2954, 2955 – SAINT-ALARY-HOUIN, nos 267, 437, 438 – SOINNE, nos 580, 831 à 835, 875 à 878 – VALLANSAN, p. 51.

> Ouvrages postérieurs à la loi de sauvegarde des entreprises. GIBIRILA, n° 349 – JACQUEMONT et VABRES, 9e éd., nos 312, 364 – PÉROCHON, 10e éd., nos 520, 856 – SAINT-ALARY-HOUIN, 9e éd., nos 517 à 519 – VALLANSAN *ET ALII*, 6e éd., p. 69 – VALLENS, 2015, nos 2728 à 2730.

> Articles. Galens J. et Dessart F., « L'expert en diagnostic d'entreprise – Institution mort-née ou contribution à la prévention des défaillances d'entreprises », *LPA* 25 nov. 1992, p. 21 – Guillou Y., « L'expert en diagnostic », *Rev. proc. coll.* 1986, p. 47 s. - Gaudur H., « L'expertise judiciaire en diagnostic d'entreprise », *Gaz. Pal.* 1985. II, Doctr. 698 – Le Cannu P., « Éléments de réflexion sur la nature de l'expertise judiciaire de gestion », *Bull. Joly* 1988. 553, n° 1 – Olivier M., « Un nouveau venu en matière d'expertise, l'expert en diagnostic d'entreprises », *Gaz. Pal.* 1985. I, Doctr. 191.

SECTION 380.10

EXPERT EN DIAGNOSTIC D'ENTREPRISES

380.11 Statut de l'expert en diagnostic d'entreprises. Aux termes de l'article L. 621-8, alinéa 2 du code de commerce (anct L. 25 janv. 1985[1], art. 10, al. 2), sous l'empire de la législation antérieure à la loi de sauvegarde des entreprises[2], l'administrateur judiciaire peut demander la désignation d'un ou plusieurs experts. L'article L. 621-4, alinéa 3, sous l'empire de la législation issue de la loi de sauvegarde des entreprises, conserve la possibilité de désignation d'un ou de plusieurs experts, sans préciser cependant que la demande doit être formulée par l'administrateur judiciaire. En pratique, il s'agira le plus souvent d'experts en diagnostic d'entreprise[3], visés par l'article L. 813-1 du code de commerce (anct L. 25 janv. 1985[4], art. 30).

1. L. n° 85-98, 25 janv. 1985, *JO* 26 janv., p. 1097.
2. L. n° 2005-845, 26 juill. 2005, *JO* 27 juill., p. 12187.
3. Guillou, « L'expert en diagnostic », *Rev. proc. coll.* 1986, p. 47 s. – Olivier, « Un nouveau venu en matière d'expertise, l'expert en diagnostic d'entreprises », *Gaz. Pal.* 1985. I, Doctr. 191 – Gaudur, « L'expertise judiciaire en diagnostic d'entreprise », *Gaz. Pal.* 1985. II, Doctr. 698 – Le Cannu, « Éléments de réflexion sur la nature de l'expertise judiciaire de gestion », *Bull. Joly* 1988. 553, n° 1.
4. L. n° 85-99, 25 janv. 1985, *JO* 26 janv., p. 1117.

Les experts en diagnostic d'entreprise font partie des experts judiciaires, régis à ce titre par la loi du 29 juin 1971[1] et le décret du 31 décembre 1974[2] modifié par le décret du 27 décembre 1985[3].

Ils sont inscrits par la cour d'appel, pour trois ans, sur une liste nationale depuis la loi du 3 janvier 2003[4] (liste auparavant régionale), après avis de la commission nationale visée à l'article L. 812-2 du code de commerce, c'est-à-dire la liste d'inscription des mandataires judiciaires au redressement et à la liquidation des entreprises (C. com., art. L. 813-1, al. 3) [cet avis ayant été supprimé par l'article 20, 4° de la loi du 28 mars 2011[5]], *a priori* pour leur compétence en matière de gestion. Au terme de ce délai, ils peuvent demander leur réinscription sur la liste. À défaut d'une telle demande, ils ne peuvent plus être désignés[6].

Un administrateur judiciaire peut être inscrit sur cette liste[7].

Sous l'empire de la loi du 25 janvier 1985[8], le débiteur, à défaut d'administrateur judiciaire peut également avoir l'assistance d'un expert (C. com., art. L. 621-139, al. 1er). La solution est conservée dans les procédures de sauvegarde et de redressement, sous l'empire de la législation issue de la loi de sauvegarde des entreprises[9] (C. com., art. L. 627-3, al. 1er).

Ces experts peuvent également être choisis sur des listes d'experts judiciaires (C. com., art. L. 813-1, al. 2)[10].

Des interdictions de nomination ont été posées lorsque l'intéressé a des intérêts directs ou indirects avec le débiteur (sur le détail, C. com., art. L. 813-1, al. 2).

La détermination de la rémunération des experts ne résulte pas de l'application de barèmes. Elle est fixée par le président de la juridiction (v. ss no 352.71).

380.12 Caractère facultatif de la désignation des experts en diagnostic d'entreprise. La désignation d'un ou plusieurs experts est toujours facultative.

En régime général, la demande en incombe à l'administrateur judiciaire (C. com., art. L. 621-8 [anct L. 25 janv. 1985[11], art. 10, al. 2]). Celui-ci doit s'assurer que l'entreprise pourra supporter la charge de la rémunération de l'expert[12].

En régime simplifié, *sans administrateur, l'initiative* de la nomination incombe au tribunal (C. com., art. L. 621-139 [anct L. 25 janv. 1985, art. 143, al. 1er]). La taille de l'entreprise ne justifiera pas ici la présence éventuelle de plusieurs experts.

La loi du 26 juillet 2005[13] ne limite plus la demande de nomination d'un expert à l'administrateur judiciaire[14].

380.13 Mission de l'expert en diagnostic d'entreprise. La mission de l'expert est précisée par l'article L. 813-1, alinéa 1er du code de commerce. Il doit fournir à l'administrateur, ou selon le cas, au débiteur, les éléments utiles à l'établissement du bilan économique et social[15].

En régime général, l'expert ne fait qu'apporter son concours à l'administrateur judiciaire pour lui permettre d'élaborer le bilan économique et social. Dans le régime simplifié, l'expert a pour mission d'assister le débiteur et l'administrateur à élaborer le projet de plan (C. com., art. L. 621-139 [anct L. 25 janv. 1985[16], art. 143, al. 1er]).

Le tribunal détermine précisément sa mission, sans que celle-ci puisse déborder sur celle d'autres organes. L'expert n'est donc qu'un assistant. Il ne devra pas être l'auteur du rapport contenant bilan économique et social ou du projet de plan[17].

L'expert, qui est visé au troisième alinéa de l'article L. 621-4 du code de commerce, ne peut être nommé pour réaliser l'inventaire et la prisée des biens du débiteur, cette tâche incombant exclusivement, selon les articles L. 621-4, L. 631-9 et L. 641-1 du code de commerce, aux commissaires-priseurs judiciaires, aux huissiers de justice, aux notaires ou aux courtiers assermentés en marchandises[18].

Le document établi par l'expert n'est pas, au sens procédural du terme, un rapport d'expertise. Il en résulte que, pour son établissement, la règle du contradictoire n'a pas à être respectée. Il suffira que le rapport de l'expert, comme les observations écrites de l'administrateur, ait fait l'objet devant la juridiction d'un débat contradictoire[19].

1. L. no 71-498, 29 juin 1971 relative aux experts judiciaires, *JO* 30 juin, p. 6300.
2. D. no 74-1184, 31 déc. 1974, *JO* 5 janv. 1975, p. 264.
3. D. no 85-1389, 27 déc. 1985, *JO* 29 déc., p. 15295.
4. L. no 2003-7, 3 janv. 2003, *JO* 4 janv., p. 256.
5. L. no 2011-331, 28 mars 2011, *JO* 29 mars, p. 5447.
6. Civ. 1re, 18 juin 1996, no 96-10.050, NP.
7. Civ. 1re, 7 juin 1988, no 86-19.338, *Bull. civ.* I, no 177; *D.* 1989. Somm. 77, obs. Honorat.
8. L. no 85-98, 25 janv. 1985, préc.
9. L. no 2005-845, 26 juill. 2005, préc.
10. Guillou, « L'expert en diagnostic », *Rev. proc. coll.* 1986, p. 47 s. – SOINNE, no 831 – DERRIDA *ET ALII*, no 106.
11. L. no 85-98, 25 janv. 1985, préc.
12. IFPPC 1999, recomm. no 1012, p. 11.
13. L. no 2005-845, 26 juill. 2005, préc.
14. Avis no 337 de Christian Gaudin, *Doc. Sénat*, au nom de la commission des affaires économiques, p. 33.
15. Peyramaure et Sardet, *L'entreprise en difficulté : Prévention – Restructuration – Redressement*, 3e éd., Delmas, 2002, p. 138, no 836.
16. L. no 85-98, 25 janv. 1985, préc.
17. DERRIDA *ET ALII*, no 107.
18. Rép. min. no 90963, *JOAN Q* 8 mars 2011, p. 2312, *D.* 2011. Actu. 745.
19. Com. 28 mars 1995, no 92-13.752, NP, *Rev. proc. coll.* 1995, p. 11, obs. Soinne.

SECTION 380.20
EXPERT EN GESTION

380.21 Désignation de l'expert assistant en gestion. Pour tenir compte de la pratique des administrateurs judiciaires, un amendement a été présenté et adopté à l'Assemblée nationale au cours de la préparation de la loi de sauvegarde des entreprises[1], afin d'institutionnaliser la profession d'experts en gestion opérationnelle. La commission des lois du Sénat, sans contester l'utilité de ces experts, a fait observer qu'il ne s'agit pas d'une profession réglementée et c'est pourquoi elle a proposé un amendement visant à supprimer l'expression « en gestion opérationnelle » figurant derrière le vocable « expert »[2].

La loi de sauvegarde des entreprises enferme dans des conditions précises la désignation de ces experts assistants en gestion. Ces experts seront nommés par le tribunal aux fins d'assister le ou les administrateurs dans la gestion de l'entreprise. Ils ne pourront pas être nommés dans la procédure de sauvegarde. En revanche, la désignation par le tribunal de tels experts sera obligatoire, en redressement judiciaire, dans des cas extrêmement limités : pour les entreprises dans lesquelles la nomination d'un administrateur est, compte tenu des seuils, obligatoire et seulement si l'administrateur judiciaire exerce une mission d'administration, assumant seul la charge la gestion opérationnelle de l'entreprise[3]. En dehors de ces cas, leur nomination est, en redressement judiciaire, facultative (C. com., art. L. 631-12). Elle interviendra lorsque le tribunal le jugera nécessaire, sans qu'il soit besoin d'une demande en ce sens.

La rémunération de ces experts, arrêtée par le président du tribunal, est selon l'article L. 631-12, alinéa 2, mise à la charge de la procédure. Cela revient donc à dire qu'elle ne sera pas prélevée sur les honoraires de l'administrateur[4], comme cela est le cas lorsque l'administrateur s'assure le concours d'un tiers pour accomplir tout ou partie de sa mission.

Le décret du 27 décembre 1985[5] alloue à l'administrateur judiciaire un droit proportionnel assis sur le chiffre d'affaires réalisé au titre de la poursuite d'activité (v. s[s] n° 352.33). Le droit prévu pour une mission d'assistance est majoré de 50 % en cas de mission d'administration (*D. 27 déc. 1985*, art. 3-1, réd. D. 23 déc. 2006[6]). Cette majoration n'est toutefois pas due si l'administrateur est assisté, pour la gestion de l'entreprise, d'un ou de plusieurs experts (D. 27 déc. 1985, art. 3-2, al. 2). On peut estimer que cette absence de majoration a pour objet de compenser le coût de la rémunération à allouer à l'expert.

380.22 Mission de l'expert assistant en gestion. Sous l'empire de la législation de sauvegarde des entreprises, dans la procédure de redressement judiciaire, l'expert nommé en application de l'article L. 631-12, soit à titre obligatoire, si les conditions sont réunies, soit à titre facultatif, dans le cas contraire, aura pour mission d'assister l'administrateur judiciaire dans sa mission de gestion. Ces experts n'ont donc pas la même mission que les experts en diagnostic d'entreprise qui pouvaient être nommés avant la loi de sauvegarde des entreprises, ou même depuis cette loi, tant dans la procédure de sauvegarde, que dans celle de redressement judiciaire. Ils n'ont pas pour rôle d'assister à l'établissement du bilan économique et social.

Il importe d'ailleurs de remarquer que ces experts en gestion ne peuvent être nommés dans la procédure de sauvegarde. Ils seront là pour gérer l'entreprise, aux côtés de l'administrateur judiciaire, comme le faisaient en pratique, d'une manière non encadrée par les textes, les contrôleurs de gestion, encore dénommés sapiteurs. Ils ne peuvent assister l'administrateur judiciaire ou le débiteur dans l'élaboration d'un plan de redressement.

1. L. n° 2005-845, 26 juill. 2005, préc.
2. *Rapp. J.-J. Hyest*, n° 335, p. 335.
3. Amend. n° 291 rectifié, Jérôme Chartier, *JOAN CR*, 2e séance du 8 mars 2005, p. 1759.
4. *Rapp. J.-J. Hyest*, n° 335, p. 335 – *Adde*, Marly, « De l'ouverture et du déroulement du redressement judiciaire », *LPA* n° sp. 8 févr. 2006, n° 28, p. 94 s., sp. p. 99.
5. D. n° 85-1390, 27 déc. 1985, préc.
6. D. n° 2006-1709, 23 déc. 2006, *JO* 29 déc., p. 19846.

TITRE

390. Règles spéciales aux organes de représentation des salariés

SECTION 0

ORIENTEUR

390.00 **Plan du titre.**

Chap.	391	Institutions représentatives du personnel (comité d'entreprise et délégués du personnel)
Sect.	391.10	Audition du comité d'entreprise ou des délégués du personnel
Sect.	391.20	Informations et consultations du comité d'entreprise ou des délégués du personnel
Sect.	391.30	Voies de recours exercées par le comité d'entreprise et les délégués du personnel
Chap.	392	Représentant des salariés
Sect.	392.10	Désignation du représentant des salariés
Sect.	392.20	Fonctions du représentant des salariés

390.01 **Textes applicables.** (V. les références complètes s^{s} n° 011).

> Législation antérieure à la loi de sauvegarde des entreprises.

C. com., art. L. 621-4, L. 621-8, L. 621-9, L. 621-10, L. 621-36, L. 621-135, L. 623-9, L. 623-10, L. 627-5

D. 27 déc. 1985, art. 12, 15, 16, 17

> Législation issue de la loi de sauvegarde des entreprises.

C. com., art. L. 621-4, L. 621-5, L. 621-6, L. 621-7, al. 5, L. 625-, L. 631-6, L. 631-9, L. 631-18, I, L. 640-6, L. 641-1, II, al. 3, L. 661-1, L. 661-10, L. 662-4, al. 4 et 5

C. com., art. R. 621-2 (anc^{t} D. 28 déc. 2005, art. 51), R. 621-3 (anc^{t} D. 28 déc. 2005, art. 52), R. 621-14 à R. 621-16 (anc^{t} D. 28 déc. 2005, art. 57 à 59), R. 631-7 (anc^{t} D. 28 déc. 2005, art. 176), R. 641-1 (anc^{t} D. 28 déc. 2005, art. 214), R. 661-5 (anc^{t} D. 28 déc. 2005, art. 332)

> Législation issue de l'ordonnance du 18 décembre 2008.

C. com., art. L. 621-4, L. 621-5, L. 621-6, L. 621-7, al. 6, L. 625-2, L. 631-6, L. 631-9, L. 631-18, al. 1er, L. 640-6, L. 641-1, II, al. 4, L. 661-1, I et III, L. 661-10, L. 662-4, al. 4 et 5

C. com., art. R. 621-2, R. 621-3, R. 621-14 à R. 621-16, R. 631-7, R. 641-1, R. 661-5

> Législation issue de l'ordonnance du 12 mars 2014.

C. com., art. L. 641-1, II

CHAPITRE

391. Institutions représentatives du personnel (comité d'entreprise et délégués du personnel)

SECTION 0

ORIENTEUR

391.00 **Plan du chapitre.**

Sect. 391.10 Audition du comité d'entreprise ou des délégués du personnel

Sect. 391.20 Informations et consultations du comité d'entreprise ou des délégués du personnel

Sect. 391.30 Voies de recours exercées par le comité d'entreprise et les délégués du personnel

391.01 **Textes applicables.** (V. s^{s} n° 390.01).

391.02 **Jurisprudence de référence.**

> Ne respecte pas les exigences légales, le tribunal qui arrête le plan prévoyant des licenciements, alors que les délégués du personnel n'avaient été informés que la veille de l'audience, à l'expiration de la période d'observation et n'avaient pu faire valoir leurs observations.

• **Soc. 12 sept. 2007,** n° 06-13.667, *Bull. civ.* V, n° 125

* V. s^{s} n° 391.21

> L'administrateur judiciaire qui n'informe pas et ne consulte pas les institutions représentatives du personnel pendant l'élaboration du plan de redressement commet le délit d'entrave au fonctionnement de ces institutions.

• **Crim. 30 janv. 1996,** n° 94-83.507, NP

* V. s^{s} n° 391.21

L'administrateur judiciaire engage sa responsabilité pénale pour atteinte à l'exercice régulier des fonctions de délégué du personnel en l'absence d'information et de consultation des délégués du personnel sur l'avancement de ses travaux et sur son rapport en application des articles 20 et 25 de la loi du 25 janvier 1985 (devenus C. com., art. L. 621-56 et L. 621-61).

> Le comité d'entreprise a qualité pour interjeter un appel nullité à l'encontre de la décision arrêtant le plan de cession.

• **Com. 17 févr. 2015,** n° 14-10.279, *Bull. civ.* IV [à paraître]; n° 210 FS-P+B

* V. s^{s} n° 391.31

391.03 **Bibliographie indicative.** (V. les références complètes s^{s} n° 031).

> Actualisables. RÉP. COM., Teyssié B., « Entreprises en difficulté – Redressement judiciaire (Salariés) », n°s 4 à 53.

> Ouvrages antérieurs à la loi de sauvegarde des entreprises. Boyer A., *Protection des salariés et sauvetage de l'entreprise : quête d'un équilibre*, PUAM, 2006 – CHAPUT, n°s 298, 299 – GUYON, n° 1169 – KERCKHOVE, n°s 382 à 386 – LE CORRE-BROLY, n° 134 – MARTIN ET VALLENS, n°s 3600 à 3603, 3606 – PÉTEL, n° 152 – RIPERT ET ROBLOT, n°s 2956, 2957, 3081 à 3086 – SAINT-ALARY-HOUIN, n° 429 – SOINNE, n°s 987 à 993 – VALLANSAN, p. 51.

> Ouvrages postérieurs à la loi de sauvegarde des entreprises. LIENHARD, 6e éd., n°s 35.11 à 35.20 – PÉROCHON, 10e éd., n° 495 – PÉTEL, 8e éd., n° 149 – SAINT-ALARY-HOUIN, 9e éd., n° 528 – VALLENS, 2015, n°s 3979 à 3986.

> Articles. Fin-Langer L. et Gaihbaud Ch., « Les représentants du personnel et les plans », *Rev. proc. coll.* 2015, dossier 47, p. 92 – Gailhbaud C. et Jacotot D., « Apports de la réforme du livre VI du code de commerce en matière de droit du travail », *Gaz. Pal.* 5 oct. 2014, n° 278, p. 11 – Gandin M., « Information et consultation des représentants des salariés dans le cadre de la prévention des difficultés – Loi du 26 juillet 2005 de sauvegarde des entreprises », *JCP E* 2006, Chron. 2557, p. 1838 – Jacotot D. et Fin-Langer L., « La naissance d'un droit social des entreprises en difficulté ? », *Rev. proc. coll.* 2014, dossier 24 – Morvan P., « Le comité d'entreprise et ses doubles dans le droit des procédures collectives », *JCP E* 2000, comm. 1625, p. 1852 ; « Le droit social dans la réforme du droit des entreprises en difficulté », *JCP E* 2005, n° 42, 1511, p. 1751 – Saintourens B. et Duprat Ph., « Les droits des salariés dans l'ordonnance du 18 décembre 2008 portant réforme du droit des entreprises en difficulté », *Gaz. Pal.* 8-10 mars 2009, n° sp. p. 40 – Urban Q., « Quelle est l'implication des institutions représentatives du personnel dans le traitement des difficultés des entreprises depuis la loi du 26 juillet 2005 ? », *Rev. proc. coll.* 2008, p. 35.

391.04 Question essentielle.

• Comment les institutions représentatives des salariés peuvent-elles exercer des voies de recours ?

* V. s[s] n° 391.32.

391.09 Place des salariés dans les procédures collectives. Avant la loi du 25 janvier 1985[1], les salariés n'existaient dans les procédures collectives qu'en qualité de titulaires de créances salariales. Les procédures collectives dites de paiement n'avaient pas alors pour finalité la protection des salariés.

La loi du 25 janvier 1985 les a érigés en « citoyens de l'entreprise »[2]. Depuis lors, ils occupent dans le code de commerce une place de choix. Il a été écrit que, avec la loi du 25 janvier 1985, « l'on assiste à une compénétration du droit des affaires et du droit du travail, par laquelle les salariés se voient véritablement reconnus en tant que partenaires de l'entreprise, intéressés au premier chef par les difficultés qu'elle rencontre »[3].

À l'occasion de la réforme de la loi du 26 juillet 2005[4], un très grand nombre d'amendements, présentés par les groupes communistes et socialistes, très majoritairement rejetés, ont été présentés pour accroître encore leur rôle.

L'économie générale de la loi du 25 janvier 1985 était de mieux assurer la défense des salariés sous deux aspects : comme partenaires de l'entreprise en difficulté et comme créanciers[5]. C'est pourquoi, dans les procédures collectives, les salariés ont deux organes de représentation. Le premier de ces organes est le comité d'entreprise ou à défaut les délégués du personnel, qui assurent la défense du premier aspect : le contrat de travail. Ces institutions sont « l'expression collective des salariés dans la prise de décision sur le sort de l'entreprise »[6]. Le second organe est le représentant des salariés, qui se préoccupe de la défense du second aspect : les créances salariales.

La loi du 25 janvier 1985 prévoyait que le représentant des salariés exerçait les fonctions dévolues au comité d'entrepris aux délégués du personnel dans les entreprises qui n'atnent pas les seuils à partir desquels la présence de ces instions représentatives du personnel était obligatoire. L'ae L. 621-135, alinéa 2 du code de commerce (anc[t] L. 2nv. 1985, art. 139, al. 2), dans la rédaction issue de la loi 10 juin 1994, ajoutait que le représentant des salariés exeit les fonctions dévolues au comité d'entreprise ou aux délués du personnel dans les entreprises qui n'en étaient pastées[7], en raison, par exemple, d'un défaut de candidature. La solution est reprise par l'article L. 621-4, alinéa 2, sou l'empire de la législation du 26 juillet 2005. Cette solution de la procédure de sauvegarde s'applique identiquement du it du renvoi à cette disposition par l'article L. 631-9 en redressement judiciaire, et par l'article L. 641-1, II, en liquidation judiciaire.

n l'absence de comité d'entreprise et de délégués du personnel, le représentant des salariés, n'exerce les fonctions dévolues à ces institutions que par les dispositions du présent titre (sous l'empire de la loi du 25 janvier 1985), c'est-à-dire les articles L. 620 et suivants du code de commerce. Il faut comprendre aujourd'hui les procédures de sauvegarde, de redressement et de liquidation judiciaires. Il en a été tiré la conséquence que la seule intervention du représentant des salariés dans la procédure de licenciement, en l'absence de comité d'entreprise ou de délégué du personnel, ne couvre pas l'irrégularité dont la procédure est atteinte du fait du défaut de mise en place de ces institutions, sans qu'un procès-verbal de carence ait été établi[8]. La procédure de licenciement est en conséquence présumée irrégulière, irréfutablement semble-t-il[9], du fait du défaut d'organisation des élections des institutions représentatives du personnel et de l'absence du procès-verbal de carence, alors même que le représentant des salariés avait été consulté, ce qui dénote un manque de souplesse incontestable de la Chambre sociale de la Cour de cassation, qui ne fait guère jouer de rôle au représentant des salariés, et en tout cas pas le rôle qu'on aurait été en droit d'attendre de cette institution spécifique du droit des entreprises en difficultés. Soit on lui fait jouer un véritable rôle, soit on le supprime. Il n'y a pas d'autre choix.

SECTION 391.10
AUDITION DU COMITÉ D'ENTREPRISE OU DES DÉLÉGUÉS DU PERSONNEL

391.11 Cas d'audition du comité d'entreprise ou des délégués du personnel. La loi prévoit les cas où le comité d'entreprise ou les délégués du personnel doivent être entendus par la juridiction : à l'ouverture de la procédure de redressement judiciaire (C. com., art. L. 621-4 [anc[t] L. 25 janv.

1. L. n° 85-98, 25 janv. 1985, *JO* 26 janv., p. 1097.
2. Interv. Badinter, *JOAN CR* 10 avr. 1984, p. 1413.
3. Blaise, « La sauvegarde des intérêts des salariés dans les entreprises en difficulté, loi du 25 janvier 1985 relative au redressement et à la liquidation judiciaires des entreprises », *Dr. social* 1986, n° 6, p. 449-457, sp. p. 449, § 2.
4. L. n° 2005-845, 26 juill. 2005, *JO* 27 juill., p. 12187.
5. Vallens, 2012, n° 3922.
6. A. Mazeaud, « "Faillite" et droit du travail, » *in Le code de commerce 1807-2007 : Livre du bicentenaire*, Dalloz, 2006, p. 561 s., sp. p. 572, n° 16.
7. Morvan, « Le droit social dans la réforme du droit des entreprises en difficulté », *JCP E* 2005. 1511, p. 1751 s., sp. p. 1752, n° 5.
8. Soc. 23 sept. 2008, n°s 06-45.528, 06-45.529, *Bull. civ.* IV, n° 170 ; *Act. proc. coll.* 2008/19, n° 298, note Fin-Langer.
9. Fin-Langer, note s[s] Soc. 23 sept. 2008, n°s 06-45.528, 06-45.529 ; FS-P+B ; *Act. proc. coll.* 2008/19, n° 298.

1985[1], art. 6, al. 1er]) et de liquidation judiciaire (C. com. art. L. 622-1 [anct L. 25 janv. 1985, art. 148, al. 2]), dans la rédaction antérieure à la loi de sauvegarde des entreprises[2]. La solution est reprise par la loi de sauvegarde des entreprises, tant pour la procédure de sauvegarde (C. com., art. L. 621-1, al. 1er), que pour celle de redressement (C. com., art. L. 631-7 renvoyant à l'article L. 621-1) et de liquidation judiciaires (C. com., art. L. 641-1, I, renvoyant à l'article L. 621-1). L'absence de convocation des institutions représentatives du personnel est source de nullité du jugement d'ouverture[3], que ne peuvent cependant invoquer que les institutions représentatives des salariés, non le débiteur[4].

L'audition est aussi prévue pour le remplacement des dirigeants ou la cession forcée de leurs parts ou actions (C. com., art. L. 621-59 [anct L. 25 janv. 1985, art. 23, al. 3], réd. antérieure à la loi de sauvegarde des entreprises, C. com., art. L. 626-4, al. 3, réd. loi de sauvegarde des entreprises). Depuis l'ordonnance du 18 décembre 2008[5], ce remplacement n'est prévu que dans la procédure de redressement judiciaire (C. com., art. L. 631-19-1, al. 3). L'article L. 2323-45, 1° du code du travail a été toiletté par l'article 112 de l'ordonnance du 12 mars 2014 qui supprime dans ce texte le visa de l'article L. 626-4 du code de commerce.

L'audition est aussi prévue pour l'arrêt de l'activité ou la conversion du redressement en liquidation judiciaires (C. com., art. L. 621-27 [anct L. 25 janv. 1985, art. 36, al. 2], réd. antérieure à la loi de sauvegarde des entreprises, C. com., art. L. 622-10, al. 3, réd. loi de sauvegarde des entreprises), pour l'adoption d'un plan de redressement (C. com., art. L. 621-62 [anct L. 25 janv. 1985, art. 61, al. 1er], réd. antérieure à la loi de sauvegarde des entreprises, C. com., art. L. 626-9, réd. loi de sauvegarde des entreprises, texte de la procédure de sauvegarde applicable en redressement judiciaire : C. com., art. L. 631-19), pour la modification dans les moyens du plan de redressement (C. com., art. L. 621-69 [anct L. 25 janv. 1985, art. 68, al. 2] réd. antérieure à la loi de sauvegarde des entreprises, C. com., art. L. 626-26, al. 2, réd. loi de sauvegarde des entreprises, texte de la procédure de sauvegarde applicable en redressement judiciaire : C. com., art. L. 631-19). Il a cependant été considéré que le fait que le représentant des salariés, faisant office dans la procédure en cause de comité d'entreprise ou de délégué du personnel, n'ait pas été convoqué à l'occasion de l'audience au cours de laquelle devait être débattu le plan de continuaton, était une irrégularité que ne pouvait invoquerle débiteur[6]. Curieusement, les textes ne prévoient pas cette audition en cas de résolution du plan.

391.12 Modaltés des auditions du comité d'entreprise ou des délégués du personnel. L'article 12 du décret du 27 décembre 1985[7], dans la législation antérieure à la loi de sauvegarde des entreprises et l'article R. 621-2 du code de commerce, dans la législation issue de la loi de sauvegarde des entreprises, posent l'obligation pour le tribunal d'entendre les institutions représentatives du personnel lors de l'audience au cours de laquelle il doit être statué sur l'ouverture de la procédure. Pour cela, le greffier du tribunal est obligé, à la demande du président, d'aviser le représentant légal de la personne morale débitrice ou le débiteur personne physique, avant de statuer sur l'ouverture de la procédure, qu'il a l'obligation de réunir le comité d'entreprise ou à défaut les délégués du personnel, afin qu'ils désignent les personnes habilitées à être entendues par le tribunal et à exercer les voies de recours au nom des institutions représentatives du personnel. L'article 12 du décret du 27 décembre 1985 prévoyait que le greffier du tribunal devait informer les institutions représentatives du personnel que leurs représentants pouvaient prendre connaissance au greffe du rapport et leur indiquait la date d'audience. Plus efficacement, l'article R. 621-2 du code de commerce prévoit désormais qu'une copie de cet avis doit être adressée par le greffier au secrétaire du comité d'entreprise ou à défaut aux délégués du personnel. Cette même disposition prévoit que le procès-verbal de désignation est déposé au tribunal.

Compte tenu de la rédaction des textes s'intéressant à l'audition des institutions représentatives du personnel et qui visent « les représentants du comité d'entreprise ou, à défaut, des délégués du personnel », par exemple le texte relatif à l'audition lors de l'ouverture sur la procédure, il semble qu'il faille entendre tous les membres de ces institutions représentatives du personnel.

Pour supprimer la difficulté d'application du texte qui résulte de cette interprétation, il peut être suggéré d'étendre les dispositions de l'article L. 623-10 du code de commerce (anct L. 25 janv. 1985[8], art. 226), devenu l'article L. 661-10 avec la loi du 26 juillet 2005, et qui dispose que « pour l'application du présent titre, les membres du comité d'entreprise ou les délégués du personnel désignent parmi eux la personne habilitée à exercer en leur

1. L. n° 85-98, 25 janv. 1985, préc.
2. L. n° 2005-845, 26 juill. 2005, préc.
3. Paris, 3e ch. C, 2 juill. 2003, RG n° 2002/12072.
4. Paris, 3e ch. A, 15 juin 2004, RG n° 2003/22361.
5. Ord. n° 2008-1345, 18 déc. 2008, *JO* 19 déc., p. 19462.
6. Com. 15 déc. 1992, n° 91-12.468, *Bull. civ.* IV, n° 418; *RJDA* 1993/5, n° 445.
7. D. n° 85-1388, 27 déc. 1985, *JO* 29 déc., p. 15281.
8. L. n° 85-98, 25 janv. 1985, préc.

nom les voies de recours ». Ainsi, rien ne semble interdire qu'un seul membre de linstitution représentative du personnel intervienne. Il est ainsi possible de désigner, conformément à l'article L. 623-10 du code, devenu l'article L. 661-10 avec la loi du 26 juillet 2005, un membre de l'institution pour être entendu devant le tribunal, qui sera en pratique le même que celui désigné pour l'exercice des voies de recours.

SECTION 391.20
INFORMATIONS ET CONSULTATIONS DU COMITÉ D'ENTREPRISE OU DES DÉLÉGUÉS DU PERSONNEL

391.21 Informations et consultations du comité d'entreprise ou des délégués du personnel. Les consultations et informations du comité d'entreprise ou des délégués du personnel sont multiples.

Il en est ainsi à divers stades de la procédure. Les institutions représentatives du personnel sont d'abord informées de l'état d'avancement du bilan économique et social élaboré par l'administrateur judiciaire (C. com., art. L. 621-56, réd. antérieure à la loi de sauvegarde des entreprises [1], C. com., art. L. 623-3, al. 4), et sont consultées sur les propositions pour le règlement des dettes, tant dans la procédure de redressement judiciaire (C. com., art. L. 621-60, réd. antérieure à la loi de sauvegarde des entreprises), que dans celle de sauvegarde (C. com., art. 623-3, al. 4, réd. loi de sauvegarde des entreprises, texte applicable en redressement judiciaire : C. com., art. L. 631-18, I).

Les institutions représentatives du personnel sont informées et consultés sur le rapport contenant le bilan économique et social (C. com., art. L. 621-61 [anc[t] L. 25 janv. 1985 [2], art. 25, al. 1er], réd. antérieure à la loi de sauvegarde des entreprises, C. com., art. L. 626-8, al. 1er). L'ordonnance de réforme de la loi de sauvegarde (ord. 18 déc. 2008 [3], art. 56), pour tenir compte du fait que les mesures de sauvetage de l'entreprise sont l'œuvre du débiteur, ne prévoit plus la consultation de celui-ci. En outre, si les autres consultations sont conservées, elles ne portent plus sur le rapport, mais directement sur le bilan économique et social et sur le projet de plan, ce document leur étant communiqué par l'administrateur, ainsi que le détaille l'article R. 623-1 du code de commerce, issu de la rédaction que lui donne l'article 28 de l'ordonnance du 18 décembre 2008. En revanche, la solution de la législation antérieure est maintenue en redressement judiciaire (C. com., art. L. 631-19, al. 2).

Les institutions représentatives du personnel sont consultées sur l'autorisation d'une location-gérance en période d'observation, sous l'empire de la législation antérieure à la loi de sauvegarde des entreprises (C. com., art. L. 621-34 [anc[t] L. 25 janv. 1985, art. 42, al. 1er]), et, sous cette même législation, sur la résolution d'un contrat de location-gérance (C. com., art. L. 621-35 [anc[t] L. 25 janv. 1985, art. 43, al. 1er]).

Les consultations et informations du comité d'entreprise ou des délégués du personnel doivent également être menées pour les licenciements envisagés au cours de la période d'observation du redressement judiciaire (C. com., art. L. 621-37, réd. antérieure à la loi de sauvegarde des entreprises, C. com., art. L. 631-17, al. 2, réd. loi de sauvegarde des entreprises), dans le cadre du plan de redressement (C. com., art. L. 621-64, réd antérieure à la loi de sauvegarde des entreprises, C com., art. L. 631-19, II, réd. loi de sauvegarde des entreprises) et en liquidation judiciaire (C. com., art. L. 622-10, al. 2, réd. antérieure à la loi de sauvegarde des entreprises, C. com., art. L. 641-4, al. 6, réd. loi de sauvegarde des entreprises). La consultation des institutions représentatives ne doit pas être purement formelle. Dès lors, ne respecte pas les exigences légales, le tribunal qui arrête le plan prévoyant des licenciements, alors que les délégués du personnel n'avaient été informés que la veille de l'audience, à l'expiration de la période d'observation et n'avaient pu faire valoir leurs observations [4]. La même solution s'applique en présence d'un projet de licenciement intervenant dans une liquidation judiciaire, la déléguée du personnel n'ayant été consultée que la veille du jour de la notification des licenciements [5].

Le comité d'entreprise ou les délégués du personnel doivent aussi recevoir des informations par le commissaire à l'exécution du plan sur le défaut d'exécution du plan, qu'il s'agisse du plan de continuation ou de cession, sous l'empire de la législation antérieure à la loi de sauvegarde des entreprises (C. com., art. L. 621-68 [anc[t] L. 25 janv. 1985, art. 67, al. 4]), ou du plan de sauvegarde de l'entreprise, sous l'empire de la loi de sauvegarde des entreprises (C. com., art. L. 626-25, al. 5, disposition applicable au plan de redressement : C. com., art. L. 631-19) ou lorsque le repreneur envisage d'aliéner un bien avant complet paiement du prix de cession (C. com., art. L. 621-91 [anc[t] L. 25 janv. 1985, art. 89, al. 2], réd. antérieure à la loi de sauvegarde des

1. L. n° 2005-845, 26 juill. 2005, préc.
2. L. n° 85-98, 25 janv. 1985, préc.
3. Ord. n° 2008-1345, 18 déc. 2008, préc.
4. Soc. 12 sept. 2007, n° 06-13.667, *Bull. civ.* V, n° 125; *Act. proc. coll.* 2007/17, n° 202, note Fin-Langer.
5. Soc. 16 déc. 2008, n°s 07-43.285 à 07-43.297, *Bull. civ.* V, n° 253; *LPA* 16 juin 2009, n° 119, p. 18, note Bizeur.

entreprises, C. com., art. L. 624-9, al. 2, réd. l. sauvegarde des entreprises).

L'absence d'information ou de consultation comité d'entreprise ou des délégués du person peut entraîner, à l'encontre de l'administrateur ju ciaire, notamment en cas de licenciements coll tifs pour motif économique, constitution du d d'entrave au fonctionnement des institutio représentatives du personnel[1].

SECTION 391.30

VOIES DE RECOURS EXERCÉES PAR LE COMITÉ D'ENTREPRISE ET LES DÉLÉGUÉS DU PERSONNEL

391.31 Voies de recours ouvertes au comité d'entreprise et aux délégués du personnel. Le comité d'entreprise ou les délégués du personnel ont en charge la défense des emplois, et plus généralement le devenir des salariés et de l'entreprise. C'est pourquoi, le législateur leur reconnaît des pouvoirs considérables, en matière de voies de recours. Ils constituent une partie et se voient largement ouvrir la voie de l'appel. Pour cela, ils doivent désigner parmi eux la personne habilitée à exercer en leur nom les voies de recours, en application de l'article L. 623-10 du code de commerce (réd. L. 25 janv. 1985[2]), de l'article L. 661-10 (réd. loi de sauvegarde des entreprises[3]).

Le comité d'entreprise ou les délégués du personnel ne peuvent relever appel du jugement arrêtant ou rejetant le plan de cession[4], pas plus que le représentant des salariés. La solution ne fait pas difficulté en ce qui concerne l'appel réformation[5], du fait des textes clairs sur la question. La solution a parfois été étendue à l'appel nullité[6]. Mais la solution contraire avait également été posée en jurisprudence, l'appel nullité étant ainsi déclaré recevable[7]. La Cour de cassation a nettement affirmé la possibilité pour le comité d'entreprise – et la solution vaudrait pour les délégués du personnel – d'interjeter un appel nullité à l'encontre de la décision arrêtant le plan de cession[8]. La solution ne peut qu'être approuvée, car les institutions représentatives du personnel sont biens des parties au jugement statuant sur le plan de cession, et elles peuvent donc émettre des prétentions juridiques sur de telles décisions. Conformément aux principes en la matière, l'appel nullité supposera de caractériser un excès de pouvoir. Tel n'est pas le cas, et l'appel nullité est irrecevable, lorsque le tribunal a retenu une offre de cession moins avantageuse qu'une autre, sur le terrain de la conservation des emplois[9]. En outre, l'appel ne peut être exercé à l'encontre d'une décision du tribunal qui déclare recevable une offre, sans statuer sur le fond[10]. Cependant, si le représentant des salariés avait demandé la conversion du redressement judiciaire en liquidation judiciaire, il retrouve qualité pour interjeter appel, sur la partie du jugement ayant rejeté sa demande de liquidation judiciaire[11].

391.32 Nomination de la personne devant être entendue et habilitée à exercer les voies de recours au nom du comité d'entreprise ou des délégués du personnel. L'article 12 du décret du 27 décembre 1985[12] indique qu'« *avant qu'il ne soit statué sur l'ouverture de la procédure, le greffier, à la demande du président du tribunal, avise le chef d'entreprise qu'il doit réunir le comité d'entreprise ou, à défaut, les délégués du personnel, pour que soient désignées les personnes habilitées à être entendues par le tribunal et à exercer les voies de recours* ». La solution est reprise, sous quelques réserves par l'article R. 621-2 du code de commerce (v. aussi s^s^ n° 233.21). Le nom des personnes désignées est communiqué au greffier (D. 27 déc. 1985, art. 12). Depuis la loi de sauvegarde[13], il est prévu que le procès-verbal de désignation est déposé au greffe (C. com., art. R. 621-2).

Il importe que cette désignation intervienne au plus tard au jour du jugement d'ouverture car le comité d'entreprise ou les délégués du personnel doivent être convoqués, dans le cadre de l'ouverture de la procédure (C. com., art. L. 621-4]). L'absence de nomination résultant d'une absence de convocation par le chef d'entreprise serait constitutive du délit d'entrave au fonctionnement du comité d'entreprise[14].

1. ILLUSTR. : Crim. 30 janv. 1996, n° 94-83.507, NP, *Rev. proc. coll.* 1996, p. 239, n° 3, obs. Soinne.
2. L. n° 85-98, 25 janv. 1985, préc.
3. L. n° 2005-845, 26 juill. 2005, préc.
4. Paris, 13 janv. 1987, *Gaz. Pal.* 1987. I. 199, note Marchi – Paris, 6 févr. 1987, *D.* 1987. IR 42 – Amiens, 9 févr. 1989, *D.* 1990. Somm. 3, obs. Derrida – Paris, 22 févr. 1989, *D.* 1989. IR 91.
5. Com. 17 févr. 2015, n° 14-10.279, *Bull. civ.* IV [à paraître]; n° 210 FS-P+B; *JCP E* 2015, chron. 1204, n° 6, obs. Pétel; *BJE* 2015, 245, note de Lajarte-Moukoko; *Rev. sociétés* 2015. 411, note Henry; *Rev. proc. coll.* 2015, comm. 84, note Cagnoli.
6. Limoges, 13 août 1986, *D.* 1987. 44, note Derrida; *JCP* 1986. II. 20693, note M. Cabrillac; *Gaz. Pal.* 1986. II. 722, note Martin – Amiens, 7 nov. 2013, RG n° 13/03853, *Leden* déc. 2013, comm. 191, note Dedessus-Le-Moustier.
7. Rennes, 7 juill. 1993, *D.* 1996. Somm. 7, obs. Derrida.
8. Com. 17 févr. 2015, n° 14-10.279, préc.
9. Paris, pôle 5, 8e ch., 5 avr. 2011, RG n° 11/02641, *Rev. proc. coll.* 2011, comm. 189, note Fraimout.
10. Paris, pôle 5, 8e ch., 5 avr. 2011, RG n° 11/03928, *Rev. proc. coll.* 2011, comm. 189, note Fraimout.
11. Com. 1er oct. 1997, n° 95-17.113, NP, *Rev. proc. coll.* 1998, 245, n° 46, obs. Cadiou.
12. D. n° 85-1388, 27 déc. 1985, préc.
13. L. n° 2005-845, 26 juill. 2005, préc.
14. CHAPUT, n° 279.

L'article 159 du décret du 27 décembre 1985 prévoit que la personne exerçant une voie de recours au nom du comité d'entreprise ou des délégués du personnel, ou le représentant des salariés, sous l'empire de la législation antérieure à la loi de sauvegarde des entreprises, en l'absence d'institution représentative du personnel, doit, à peine d'irrecevabilité, justifier de son habilitation. La solution est reprise par l'article R. 661-5 du code de commerce, qui prévoit identiquement que la personne exerçant une voie de recours au nom du comité d'entreprise ou des délégués du personnel, ou le représentant des salariés sous l'empire de la législation de sauvegarde des entreprises, en l'absence d'institution représentative du personnel, doit, à peine d'irrecevabilité, justifier de son habilitation. Ce texte fait clairement apparaître que, au stade des voies de recours, une seule personne intervient, alors que, au stade des auditions devant le tribunal, plusieurs personnes peuvent, *a priori*, représenter le comité d'entreprise[1].

oi du 26 juillet 2005 prévoit que, à défaut de co d'entreprise ou de délégués du personnel, les vode recours reconnues à ces institutions représetives des salariés seront exercées par le représent des salariés (C. com., art. L. 661-1, III). La scion est beaucoup plus large que celle posée par l'icle L. 621-135 du code de commerce, dans sa rction antérieure à la loi de sauvegarde des entrepes, et qui ne visait que les règles du redressement jiciaire. Il ne s'agit plus, comme dans la législan antérieure, de limiter l'application de la règle fonctionnement du redressement judiciaire simifié et qui en rendait impossible l'application en quidation judiciaire. Rappelons que, sous l'empire e la législation antérieure à la loi de sauvegarde des ntreprises, la Cour de cassation a refusé de reconnaître au représentant des salariés le statut d'institution représentative du personnel, alors que, en régime simplifié, il exerçait les fonctions des délégués du personnel ou du comité d'entreprise (v. s[s] n° 392.21).

1. SAINT-ALARY-HOUIN, 9e éd., n° 528.

CHAPITRE

392. Représentant des salariés

SECTION 0

ORIENTEUR

392.00 Plan du chapitre.

Sect. 392.10 Désignation du représentant des salariés
Sect. 392.20 Fonctions du représentant des salariés

392.01 Textes applicables. (V s[s] nº 390.01).

392.02 Jurisprudence de référence.

> Le représentant des salariés n'est pas une institution représentative du personnel au sens du code du travail.

• **Soc. 4 févr. 2003,** nº 00-45.820, *Bull. civ.* V, nº 39

* V. s[s] nº 392.21

> Le représentant des salariés est un salarié protégé à compter de son élection. En revanche, il n'est pas un salarié protégé au seul motif qu'il était candidat à ce poste. L'article L. 627-5 du code de commerce limite la protection contre les licenciements du représentant des salariés à la durée de son mandat de représentant des salariés.

• **Soc. 1er mars 2005,** nº 02-44.293, *Bull. civ.* V, nº 74

* V. s[s] nº 392.21

392.03 Bibliographie indicative. (V. les références complètes s[s] nº 031).

> Actualisables. RÉP. COM., Pigassou P., « Entreprises en difficulté – Redressement judiciaire (Procédure et organes) », n°s 208 à 219; Teyssié B., « Entreprises en difficulté – Redressement judiciaire (Salariés) », n°s 54 à 96 – J.-CL. COM., Jeantin, fasc. 2240, [Représentant des salariés], mis à jour par Blondel.

> Ouvrages antérieurs à la loi de sauvegarde des entreprises. Boyer, *Protection des salariés et sauvetage de l'entreprise : quête d'un équilibre*, PUAM, 2006 – CHAPUT, n°s 300, 301 – GUYON, nº 1169 – JACQUEMONT, nº 214 – KERCKHOVE, n°s 387 à 389 – LE CANNU, n°s 990 à 998 – LE CORRE-BROLY, n°s 135, 136 – MARTIN ET VALLENS, n°s 3604, 3605, 3607 – PÉROCHON ET BONHOMME, nº 144 – PÉTEL, nº 153 – RIPERT ET ROBLOT, n°s 2957 à 2960 – SAINT-ALARY-HOUIN, n°s 422 à 428 – SOINNE, n°s 977 à 986 – VALLANSAN, p. 50 à 52.

> Ouvrages postérieurs à la loi de sauvegarde des entreprises. GIBIRILA, n°s 350 à 354 – JACQUEMONT et VABRES, 9e éd., n°s 299, 300 – LE CANNU, 7e éd., n°s 284, 441 à 449 – LIENHARD, 6e éd., n°s 35.21 à 35.26 – PÉROCHON, 10e éd., n°s 493 à 497 – PÉTEL, 8e éd., nº 150 – SAINT-ALARY-HOUIN, 9e éd., n°s 520 à 528 – VALLANSAN *et ALII*, 6e éd., p. 67 – VALLENS, 2015, n°s 3984 à 3990 – VIDAL et GIORGINI, n°s 626 à 631 – VOINOT, 2e éd., 2013, nº 310.

> Articles. Fin-Langer L., « Le statut du représentant des salariés », *Rev. proc. coll.* 2013, étude 14 – Jacotot D. et Fin-Langer L., « La naissance d'un droit social des entreprises en difficulté ? », *Rev. proc. coll.* 2014, dossier 24 – Morvan P., « Le droit social dans la réforme du droit des entreprises en difficulté », *JCP E* 2005, nº 42, 1511, p. 1751 – Serfati-Apter L et Lafarge P., « Le représentant des salariés de la loi du 25 janvier 1985 », *Gaz. Pal.* 2-4 nov. 1986, p. 6 s – Saintourens B. et Duprat Ph., « Les droits des salariés dans l'ordonnance du 18 décembre 2008 portant réforme du droit des entreprises en difficulté », *Gaz. Pal.* 8-10 mars 2009, nº sp. p. 40 – Urban Q., « Quelle est l'implication des institutions représentatives du personnel dans le traitement des difficultés des entreprises depuis la loi du 26 juillet 2005 ? », *Rev. proc. coll.* 2008, p. 35.

392.04 Question essentielle.

• Le représentant des salariés représente-t-il les salariés ?

* V. s[s] nº 392.21.

SECTION 392.10

DÉSIGNATION DU REPRÉSENTANT DES SALARIÉS

392.11 Mode de désignation du représentant des salariés. L'article L. 621-8, alinéa 1er du code de commerce, dans la rédaction antérieure à la loi du 26 juillet 2005[1] prévoit que, dans le jugement

1. L. nº 2005-845, 26 juill. 2005, *JO* 27 juill., p. 12187.

d'ouverture, le tribunal invite le comité d'entreprise ou, à défaut, les délégués du personnel ou, à défaut de ceux-ci, les salariés, à désigner, au sein de l'entreprise, un représentant des salariés. L'article L. 622-2 (réd. antérieure. à la loi de sauvegarde des entreprises) renvoie, en liquidation judiciaire, aux dispositions de l'article L. 621-8. La solution est reproduite par la loi du 26 juillet 2005. L'article L. 621-4, qui intéresse la procédure de sauvegarde pose la solution. Il est rendu applicable en redressement judiciaire par l'article L. 631-9. Il est renvoyé à cette disposition par l'article L. 641-1, II, alinéa 3 en liquidation judiciaire.

En présence d'un entrepreneur individuel à responsabilité limitée, le salarié ne pourra être choisi que dans l'entreprise logée dans le patrimoine concerné par la procédure collective, en application du principe posé par l'article L. 680-1 du code de commerce (réd. ord. 9 déc. 2010[1]). Si cette entreprise n'emploie aucun salarié, il n'y a pas place à nomination d'un représentant des salariés, même si l'entrepreneur, au titre d'une entreprise logée dans un patrimoine autre que celui concerné par la procédure collective, emploie un ou plusieurs salariés.

Le représentant des salariés ne peut être élu avant l'ouverture de la procédure[2]. Si le comité d'entreprise ou les délégués du personnel ne parviennent pas à faire élire un représentant des salariés, il y a lieu d'organiser le vote direct par les salariés, pour qu'il soit procédé à cette élection[3].

L'article 15, alinéa 1er du décret du 27 décembre 1985[4] prévoit l'obligation pour le débiteur, assisté éventuellement de l'administrateur, de convoquer le comité d'entreprise, les délégués du personnel ou, à défaut, les salariés pour l'élection, et ce dans les dix jours du jugement d'ouverture. À défaut d'initiative en ce sens, il sera prudent que l'administrateur judiciaire qui aurait été nommé, procède aux convocations[5]. À défaut d'administrateur judiciaire, le représentant des créanciers veillera au respect des obligations incombant au chef d'entreprise[6].

La désignation du représentant des salariés par les seuls salariés présents lors du vote, en l'absence de toute convocation à cette fin, est nulle[7].

Le décret du 28 décembre 2005[8] reproduit sensiblement dans les mêmes termes la solution. L'article R. 621-14, alinéa 1er du code de commerce prévoit que « dans les dix jours du jugement d'ouverture, le représentant de la personne morale débitrice ou le débiteur personne physique, assisté de l'administrateur judiciaire s'il en a été désigné, réunit le comité d'entreprise, les délégués du personnel ou, à défaut, les salariés pour qu'ils désignent le représentant des salariés ».

Dès la désignation effectuée, il y a lieu de déposer au greffe le procès-verbal de désignation, qui seul fait courir le délai de contestation (v. ss no 392.14). En cas d'impossibilité d'organiser la désignation, un procès-verbal de carence doit être établi (C. com., art. L. 621-8, al. 6, réd. antérieure à la loi de sauvegarde des entreprises), ce à quoi doit veiller l'administrateur[9]. La tâche incombera en liquidation judiciaire au liquidateur.

La loi du 26 juillet 2005 reprend la solution et prévoit que si aucun représentant des salariés ne peut être désigné, un procès-verbal de carence est établi par le chef d'entreprise, dans la procédure de sauvegarde (C. com., art. L. 621-4, al. 2; C. com., art. R. 621-14, al. 2), l'ordonnance du 18 décembre 2008[10] visant le débiteur au lieu du chef d'entreprise. Cette solution est rendue applicable dans la procédure de redressement judiciaire par l'article L. 631-9. La solution s'applique aussi en liquidation judiciaire (C. com., art. L. 641-1, II, al. 3).

La désignation intervient, selon les textes, par voie d'élection, par vote secret au scrutin uninominal à un tour (C. com., art. L. 621-8, réd. antérieure à la loi de sauvegarde des entreprises, C. com., art. R. 621-14, al. 1er, réd. lég. issue de la loi de sauvegarde des entreprises)[11].

Le salarié devra avoir au moins dix-huit ans. Il ne doit pas, dans la législation antérieure à la loi du 26 juillet 2005, avoir encouru de condamnation par application des articles 5 et 6 du code électoral (C. com., art. L. 621-9). La loi du 26 juillet 2005 a supprimé la référence à l'article 5 du code électoral, ce texte ayant été modifié par la loi du 16 décembre 1992[12] et ne comporte plus aucune peine. Puis, la loi du 11 février 2005[13] a remplacé ce texte par une impossibilité d'inscription sur les listes électorales des majeurs sous tutelle. En conséquence, n'est plus maintenu, depuis la loi du 26 juillet 2005 que le

1. Ord. no 2010-1512, 9 déc. 2010, *JO* 10 déc., p. 21617.
2. Paris, 3e ch. B, 4 juill. 1997, *Rev. proc. coll.* 1998, p. 76, no 14, obs. Soinne – *Adde*, SOL. IMPL. : Soc. 12 nov. 1996, no 95-61.000, *Bull. civ.* V, no 374; *Rev. proc. coll.* 1998, p. 76, no 14, obs. Soinne.
3. Chambéry, 14 mars 1986, *Gaz. Pal.* 1986. I, Somm. 142.
4. D. no 85-1388, 27 déc. 1985, *JO* 29 déc., p. 15281.
5. IFPPC 1999, recomm. no 1031-1, p. 14.
6. IFPPC 1999, recomm. no 1031-3, p. 14.
7. TI Paris, 28 mars 1986, *Gaz. Pal.* 1986. I, Jur. 329, note Marchi; *JCP E* 1986. I. 15774, no 18, obs. M. Cabrillac et Vivant.
8. D. no 2005-1677, 28 déc. 2005, *JO* 29 déc., p. 20324.
9. IFPPC 1999, recomm. no 1031-2, p. 14.
10. Ord. no 2008-1345, 18 déc. 2008, *JO* 19 déc., p. 19462.
11. POUR une élection irrégulière : TI Paris, 28 mars 1986, *Gaz. Pal.* 1986. I. 329, note Marchi; *JCP E* 1986. I. 15774, no 18, obs. M. Cabrillac et Vivant.
12. L. no 92-1336, 16 déc. 1992, *JO* 23 déc., p. 17568.
13. L. no 2005-102, 11 févr. 2005, *JO* 12 févr., p. 2353.

visa de l'article 6 du code électoral. La loi de sauvegarde, maladroitement, ne rendait applicable en liquidation judiciaire que l'article L. 621-4 non l'article L. 621-6 posant les règles d'âge et l'absence de condamnation en matière électorale. L'ordonnance du 18 décembre 2008 répare la malfaçon en posant explicitement ces règles dans une disposition spécifique à la liquidation judiciaire (C. com., art. L. 641-1, II, al. 4)[1].

Aucun parent ou allié jusqu'au quatrième degré inclusivement du débiteur ou des dirigeants de la personne morale débitrice ne peut être nommé représentant des salariés à moins que cette incompatibilité ne rende impossible la désignation du représentant des salariés dans les structures familiales. La solution, applicable sous l'empire de la législation antérieure à la loi de sauvegarde des entreprises (C. com., art. L. 621-8 et C. com., art. L. 622-2), n'a pas été modifiée par la loi du 26 juillet 2005 (C. com., art. L. 621-4-1, C. com., art. L. 631-9 et art. L. 641-1, II, al. 3). Le texte nouveau de l'article L. 641-6 du code de commerce, dans sa rédaction issue de l'ordonnance du 18 décembre 2008 (ord. 18 déc. 2008, art. 99), prévoit plus largement, qu'aucun conjoint ou partenaire allié par un pacte de solidarité, qu'aucun parent ou allié, jusqu'au quatrième degré inclusivement, du débiteur, et non plus du chef d'entreprise, ou des dirigeants s'il s'agit d'une personne morale, ne peut être nommé à l'une des fonctions prévues à l'article L. 641-1 ou L. 641-10. Sont ainsi visées les incompatibilités pour la désignation aux fonctions de représentant des salariés, le texte écartant toutefois ces incompatibilités si elles rendent impossible toute désignation. Mais la disposition n'est applicable, curieusement, qu'en liquidation judiciaire[2].

Le dirigeant ou le directeur salarié, jouant le rôle d'employeur, ne peut être élu[3]. En revanche, un salarié licencié, en cours d'exécution de préavis, peut être élu[4]. La fin du contrat de travail de ce salarié ne met pas fin à ses fonctions, dès lors qu'il est le seul salarié[5]. La solution peut apparaître curieuse car l'article L. 627-5 du code de commerce (anc^{t} L. 25 janv. 1985, art. 228), et 17 du décret du 27 décembre 1985, textes de la législation antérieure à la loi de sauvegarde des entreprises, soumettent son licenciement à des conditions strictes puisqu'il devient salarié protégé. Il faut dès lors décider que le licenciement antérieur à sa nomination rend inapplicables les dispositions de l'article L. 627-5.

Le mandat de représentant des salariés n'est pas incompatible avec celui de représentant du comité d'entreprise prévu par l'article L. 661-10 du code de commerce (personne désignée pour exercer les voies de recours au nom des institutions représentatives du personnel), non plus qu'avec un autre mandat de représentant des salariés exercé dans une autre entité juridique, fût-elle incluse dans une même unité économique et sociale[6].

392.12 Remplacement du représentant de salariés. Les conditions de remplacement du représentant des salariés sont fixées par les textes. Sous l'empire de la législation antérieure à la loi du 26 juillet 2005[7], l'article L. 621-10, alinéa 3 du code de commerce, en redressement judiciaire, auquel renvoie en liquidation judiciaire l'article L. 622-2, alinéa 2 dispose que « *Le comité d'entreprise ou, à défaut les délégués du personnel ou, à défaut, les salariés de l'entreprise peuvent seuls procéder au remplacement du représentant des salariés* ». La solution est reprise par l'article L. 621-7, alinéa 5 pour la procédure de sauvegarde, auquel renvoient l'article L. 631-9 en redressement judiciaire et l'article L. 641-1, II, alinéa 3 en liquidation judiciaire. Malgré le silence des textes, ce remplacement devra intervenir, comme la nomination, par un vote.

392.13 Licenciement du représentant des salariés – fin de mission. Le licenciement du représentant des salariés obéit à des conditions particulières. La durée de sa mission sera précisée à l'occasion de l'examen des règles intéressant son licenciement (v. s^{s} n° 432.27).

392.14 Contentieux de la désignation du représentant des salariés. Le contentieux relatif à la désignation du représentant des salariés est de la compétence du tribunal d'instance statuant en dernier ressort (C. com., art. L. 621-9, réd. antérieure à la loi de sauvegarde des entreprises[8], C. com., art. L. 621-6, al. 2, réd. loi de sauvegarde des entreprises).

Le tribunal d'instance doit être saisi dans les deux jours de la désignation (D. 27 déc. 1985[9], art. 16, al. 2, C. com., art. R. 621-15, al. 2). Ce délai sera le seul lorsque l'élection du représentant des salariés

1. Saintourens et Duprat, « Les droits des salariés dans l'ordonnance du 18 décembre 2008 portant réforme du droit des entreprises en difficulté », *Gaz. Pal.* 8-10 mars 2009, n° sp. p. 40 s., sp. p. 41.
2. Saintourens et Duprat, « Les droits des salariés dans l'ordonnance du 18 décembre 2008 portant réforme du droit des entreprises en difficulté », *Gaz. Pal.* 8-10 mars 2009, n° sp. p. 40 s., sp. p. 41.
3. TI Mantes-la-Jolie, 13 sept. 1991, *D.* 1992. Somm. 86, obs. Derrida.
4. Soc. 16 janv. 1991, n° 89-61.542, *Bull. civ.* IV, n° 22; *JCP E* 1991. II. 208, note Serret.
5. TGI Paris, ord. juge instr., 19 oct. 1994, *Dr. sociétés* 1994, n° 200, obs. Chaput.
6. Soc. 5 déc. 2012, n° 11-61.183, NP, *Leden* 2013, comm 18, obs. Dedessus-Le-Moustier.
7. L. n° 2005-845, 26 juill. 2005, préc.
8. L. n° 2005-845, 26 juill. 2005, préc.
9. D. n° 85-1388, 27 déc. 1985, préc.

aura fait l'objet d'une proclamation nominative. À défaut de cette proclamation, le délai de contestation ne courra que du dépôt du procès-verbal de désignation au greffe du tribunal d'ouverture de la procédure collective[1].

Le tribunal d'instance doit ensuite statuer dans les cinq jours de sa saisine, en avertissant deux jours à l'avance les parties intéressées (D. 27 déc. 1985, art. 16, al. 3, C. com., art. R. 621-15, al. 3).

La décision du tribunal d'instance est notifiée par lettre recommandée avec demande d'avis de réception par le greffe, dans les deux jours de son intervention.

Le délai du pourvoi en cassation est de cinq jours. Ce dernier est soumis aux règles des articles 999 à 1008 du code de procédure civile (D. 27 déc. 1985, art. 16, al. 5, C. com., art. R. 621-15 al. 5), c'est-à-dire au régime du pourvoi intéressant le contentieux électoral.

En cas de désignation illégale d'un représentant des salariés avant l'ouverture de la procédure, les règles de droit commun trouvent application pour la contestation du jugement qui statue sur cette désignation. Il en résulte que ce jugement est susceptible d'appel[2]. L'irrégularité affectant cette désignation ne peut toutefois être invoquée dans le cadre de la procédure de licenciement du représentant des salariés, pour prétendre que les règles spéciales de licenciement de ce salarié protégé n'ont pas à être respectées, dès lors que la désignation n'a pas fait l'objet d'une annulation[3].

Lorsque le représentant des salariés est remplacé, il peut contester son remplacement, dans les mêmes conditions que celles existant pour l'élection. Ainsi, à défaut de proclamation de l'élection du remplaçant, le délai de contestation ne courra que du dépôt du procès-verbal de désignation du nouveau représentant des salariés, au greffe du tribunal d'ouverture de la procédure collective[4].

Précisons pour terminer que les contestations sur la désignation du représentant des salariés n'ont pas d'effet suspensif. Le représentant des salariés pourra donc valablement être consulté malgré la contestation en cours portant sur sa désignation[5].

1. Soc. 15 juin 2011, n°s 10-60.392, 10-60.393, *Bull. civ.* V, n° 156; n° 1458 FS-P+B; *Gaz. Pal.* 7 oct. 2011, n° 280, p. 32, note Gailhbaud; *Act. proc. coll.* 2011/13, comm. 196, note Fin-Langer; *JCP S* 2011. Actu. 271, note Dauxerre; *BJE* nov./déc. 2011, comm. 140, p. 344, note Donnette; *LPA* 3 janv. 2012, n° 2, p. 8, note Jacotot – Soc. 28 nov. 2012, n° 12-60.147, NP; n° 2518 FS-D; *Gaz. Pal.* 18 janv. 2013, n° 18, p. 38, note Duprat; *BJE* mars 2013, comm. 31, note Donnette.
2. Soc. 12 nov. 1996, n° 95-61.000, *Bull. civ.* V, n° 374.
3. Soc. 23 sept. 2009, n° 08-40.603, *Bull. civ.* IV, n° 197; *Act. proc. coll.* 2009/17, n° 257, note Fin-Langer; *JCP E* 2010, Chron. 1011, n° 14, obs. Pétel.
4. Soc. 28 nov. 2012, n° 12-60.147, préc. (v. s^{s} prés^{t} n°).

SECTION 392.20

FONCTIONS DU REPRÉSENTANT DES SALARIÉS

392.21 Fonctions du représentant des salariés. Le représentant des salariés est un salarié protégé, à condition cependant que sa nomination soit régulière. Cela a une incidence sur ses modalités de licenciement (v. s^{s} n° 432.27). L'article L. 627-5, alinéa 4 du code de commerce (réd. antérieure à la loi de sauvegarde des entreprises[6]) et l'article L. 662-4, alinéa 4 (réd. loi de sauvegarde des entreprises) limitent cependant la réglementation particulière de son licenciement à la durée de son mandat. Le représentant des salariés n'est donc un salarié protégé qu'à compter de son élection, et non parce qu'il était candidat à ce poste[7]. Il a été jugé que lorsqu'une entreprise ne comprend qu'un seul salarié, la cessation des fonctions de celui-ci n'emporte pas cessation de sa mission de représentant des salariés[8]. Une fois que le représentant des salariés a été licencié avec l'autorisation administrative, il ne peut plus agir à l'expiration du préavis qui met fin à son mandat[9].

Il a un rôle beaucoup plus restreint que celui du comité d'entreprise ou des délégués du personnel. Il n'est pas, par principe du moins, une institution représentative du personnel au sens du code du travail, ses attributions étant limitées aux seuls actes relatifs à la procédure collective de l'entreprise qui l'emploie[10]. Il n'a pas de pouvoir général de représentation des salariés et ne peut donc transiger en leur nom, sauf à détenir un pouvoir spécial de chaque salarié, l'homologation ultérieure de la transaction ne permettant pas de suppléer cette absence de pouvoir[11].

Ainsi, porte-t-il relativement mal son nom. Selon une heureuse expression, il doit plutôt être consi-

5. Rép. min., QE n° 9836, *JOAN.* 10 nov. 1986, p. 4176.
6. L. n° 2005-845, 26 juill. 2005, préc.
7. Soc. 1er mars 2005, n° 02-44.293, *Bull. civ.* V, n° 74.
8. TGI Paris, 19 oct. 1994, *Dr. sociétés* 1994, n° 200, obs. Chaput.
9. Soc. 4 juill. 2007, n° 05-19.112, *Bull. civ.* V, n° 115.
10. Soc. 27 juin 2002, n° 00-41.893, *Bull. civ.* V, n° 223; *Act. proc. coll.* 2002/14, n° 176; *Rev. proc. coll.* civ. et com. 2002, p. 290, n° 4, obs. Taquet – Soc. 4 févr. 2003, n° 00-45.820, *Bull. civ.* V, n° 39; *Act. proc. coll.* 2003/9, n° 109, obs. Lebel; *Rev. proc. coll.* 2003, p. 159, n° 14, obs. Taquet – Soc. 4 juin 2003, n° 01-40.202, NP, *Rev. proc. coll.* 2003, p. 248, n° 10, obs. Taquet – Paris, 15 janv. 2013, RG n° 11/02814, *Leden* mai 2013, comm. 77, note Dedessus-Le-Moustier.
11. Soc. 31 mars 2009, n° 06-46.378, *Bull. civ.* V, n° 98; *Act. proc. coll.* 2009/9, n° 145, note Fin-Langer; *JCP E* 2009, Chron. 1814, n° 12, note Pétel.

déré comme un salarié contrôleur[1], son rôle essentiel étant de surveiller l'établissement des créances salariales par le mandataire judiciaire – représentant des créanciers – ou le liquidateur. Il joue un rôle d'intermédiaire entre les salariés et le mandataire judiciaire[2]. À cette fin, l'article L. 621-36 du code de commerce prévoit que le représentant des créanciers doit lui communiquer tous documents et informations utiles. En cas de difficultés, le représentant des salariés peut s'adresser à l'administrateur et, le cas échéant, saisir le juge-commissaire. En liquidation, l'article L. 622-2 du code de commerce pose la même obligation pour le liquidateur.

L'article L. 621-125, alinéa 2 du code de commerce, applicable également en liquidation judiciaire (C. com., art. L. 622-14), dans la rédaction antérieure à la loi de sauvegarde des entreprises et l'article L. 625-1, alinéa 2, dans la rédaction issue de la loi de sauvegarde des entreprises – disposition de la procédure de sauvegarde applicable également en redressement (C. com., art. L. 631-18, I) et en liquidation judiciaires (C. com., art. L. 641-14, al. 1er) –, prévoient que, sur demande du salarié, il peut assister celui-ci devant le conseil des prud'hommes pour l'établissement d'une créance salariale ne figurant pas sur le relevé des créances salariales établi par le représentant des créanciers. L'article L. 621-127, alinéa 3, applicable également en liquidation judiciaire (C. com., art. L. 622-14), dans la rédaction antérieure à la loi de sauvegarde des entreprises et l'article L. 625-4, alinéa 3, dans la rédaction issue de la loi de sauvegarde des entreprises – disposition de la procédure de sauvegarde applicable également en redressement (C. com., art. L. 631-18, I, devenu. ord. 18 déc. 2008[3], C. com., art. L. 631-18, al. 1) et en liquidation judiciaires (C. com., art. L. 641-14, al. 1er) –, prévoient également que le salarié peut demander au représentant des salariés de l'assister ou de le représenter devant le conseil des prud'hommes lorsque l'AGS refuse de régler une créance figurant sur le relevé des créances salariales établi par le représentant des créanciers. Ce dernier devra en informer immédiatement le représentant des salariés (al. 1er de ces dispositions).

La fixation d'une créance salariale peut intervenir dans le cadre d'une instance prud'homale. Tenant compte de cet élément, le représentant des salariés a aussi pour mission d'assister un salarié dans sa demande, devant le conseil des prud'hommes, pour la fixation de sa créance.

À côté de ce rôle essentiel, des missions spéciales lui sont confiées par des dispositions particulières. Ainsi, dans les entreprises ayant moins de onze salariés, il exerce la fonction dévolue aux institutions représentatives du personnel, dans la procédure de régime général de la législation antérieure à la loi de sauvegarde des entreprises (C. com., art. L. 621-135).

La solution est reprise par l'article L. 621-4, alinéa 2, sous l'empire de la législation du 26 juillet 2005. Cette solution de la procédure de sauvegarde s'applique identiquement du fait du renvoi à cette disposition par l'article L. 631-9 en redressement judiciaire, et par l'article L. 641-1, II, en liquidation judiciaire. En liquidation judiciaire, avant l'ordonnance du 12 mars 2014[4], il n'était pas explicitement renvoyé à l'article L. 621-4, alinéa 2. L'article L. 641-1, II, alinéa 4 se contentait de prévoir que le représentant des salariés exerce la mission prévue à l'article L. 625-2, c'est-à-dire la mission générale. Toutefois, l'affirmation était déjà clairement posée que, en liquidation judiciaire, le représentant des salariés exerçait les fonctions dévolues aux institutions représentatives du personnel, en leur absence. L'article 61 de l'ordonnance du 12 mars 2014 répare l'oubli en complétant le quatrième alinéa du II de l'article L. 641-1 par la précision suivante : « en l'absence de comité d'entreprise et de délégués du personnel, le représentant des salariés exerce les fonctions dévolues à ces institutions par les dispositions du présent titre ».

La solution est spécialement importante pour l'exercice des voies de recours. L'article L. 661-1, III du code, dans sa rédaction issue de la loi de sauvegarde des entreprises, prévoit désormais clairement – alors que cela faisait difficulté sous l'empire de la loi antérieure – que le représentant des salariés exerce les voies de recours ouvertes aux institutions représentatives du personnel par le présent article (v. aussi s[s] n° 323.61). Une juridiction en a aussi tiré la conséquence qu'il devait, comme les institutions représentatives du personnel, être rendu destinataire de l'ordonnance autorisant les licenciements économiques en période d'observation[5].

Dans les entreprises devant être dotées d'institutions représentatives du personnel et qui n'en sont pas dotées, le représentant des salariés n'exerce pas les fonctions de ces institutions. Il a ainsi été jugé qu'il y avait une irrégularité dans la procédure de licenciement de salariés pour motif économique, l'intervention du représentant des salariés n'étant pas de nature à la couvrir[6]. La solution ne doit pas être modifiée après l'ordonnance du 12 mars 2014, puisque cette dernière ne fait qu'étendre à la liqui-

1. GUYON, n° 1169.
2. Boyer, *Protection des salariés et sauvetage de l'entreprise : quête d'un équilibre*, PUAM, 2006, n° 166.
3. Ord. n° 2008-1345, 18 déc. 2008, préc.
4. Ord. n° 2014-326, 12 mars 2014, *JO* 14 mars, p. 5249.
5. Paris, 15 janv. 2013, RG n° 11/02814, *Leden* mai 2013, comm. 77, note crit. Dedessus-Le-Moustier.
6. Soc. 23 nov. 2008, n° 06-45.528, *Bull. civ.* V, n° 170; *Gaz. proc. coll.* 2009/1, p. 46, n° 2, note Saintourens.

dation judiciaire la solution précédemment posée en sauvegarde et en redressement judiciaire.

Le représentant des salariés peut aussi, par application de l'article L. 626-16 (anc[t] L. 25 janv. 1985, art. 125, al. 211), dans la rédaction antérieure à la loi de sauvegarde des entreprises et de l'article L. 654-17, dans la rédaction issue de la loi de sauvegarde des entreprises, se constituer partie civile et saisir la juridiction répressive d'infractions de banqueroute ou de toute autre infraction en rapport avec la situation de l'entreprise, sans qu'il soit *a priori* besoin qu'il rapporte la preuve d'un préjudice causé aux salariés[1]. La réparation ne pourra être allouée aux salariés que sur démonstration que la faute du chef d'entreprise leur a causé un préjudice distinct de celui de la collectivité des créanciers. Signalons qu'en cas de relaxe, les frais de la poursuite seront mis à charge du Trésor public (C. com., art. L. 654-19).

Le représentant des salariés, depuis la loi de sauvegarde des entreprises, peut solliciter que les débats aient lieu en audience publique (C. com., art. L. 662-3).

Dans l'exercice de sa mission, il est tenu à l'obligation de discrétion de l'article L. 2325-5 du code du travail, qui peut trouver sa sanction sur le plan civil, mais non sur le plan pénal, puisqu'il n'est pas astreint au secret professionnel (C. com., art. L. 621-36 [anc[t] L. 25 janv. 1985, art. 44], réd. antérieure à la loi de sauvegarde des entreprises, C. com., art. L. 625-2, réd. issue de la loi de sauvegarde des entreprises)[2].

La possibilité pour les salariés d'engager sa responsabilité est discutée[3].

On précisera enfin que le temps passé par le représentant des salariés, dans l'exercice de ses fonctions, est considéré comme temps de travail (C. com., art. L. 621-36 [anc[t] L. 25 janv. 1985, art. 44], réd. antérieure à la loi de sauvegarde des entreprises, C. com., art. L. 625-2, réd. issue de la loi de sauvegarde des entreprises). Il s'agit plus précisément d'un crédit d'heures fixé par le juge-commissaire et bénéficiant du régime général applicable aux heures de délégation[4]. Le mécanisme des heures de dépassement semble utilisable lorsque le représentant des salariés aura dépassé le crédit d'heures initialement fixé[5]. L'intervention du juge-commissaire s'imposera alors[6]. Il n'est plus précisé, depuis l'ordonnance du 18 décembre 2008, que le paiement sera effectué « par l'employeur, l'administrateur ou le liquidateur, selon le cas ». Cela évitera, a-t-on écrit, de sanctionner l'erreur commise par l'employeur. Il lui suffira, dans tous les cas, de s'adresser à son employeur[7], qui, le cas échéant, répercutera la demande à l'organe compétent, si l'employeur est dessaisi.

1. Derrida *et alii*, n° 119.
2. Le Cannu, 7e éd., n° 446.
3. Cagnoli, « La responsabilité des autres acteurs de la procédure collective », *Rev. proc. coll.* 2010/6, § 13, p. 111 s., sp. p. 114, nos 15 à 17.
4. Blanc-Jouvan, « Du règlement des créances résultant du contrat de travail », *LPA* n° sp., 8 févr. 2006, n° 28, p. 70 s., sp. p. 71.
5. Blanc-Jouvan, « Du règlement des créances résultant du contrat de travail », *LPA* n° sp., 8 févr. 2006, n° 28, p. 70 s., sp. p. 71.
6. Le Cannu, 7e éd., n° 445.
7. Saintourens et Duprat, « Les droits des salariés dans l'ordonnance du 18 décembre 2008 portant réforme du droit des entreprises en difficulté », *Gaz. Pal.* 8-10 mars 2009, n° sp. p. 40 s., sp. p. 45.

LIVRE

400. La période d'observation

SECTION 0

ORIENTEUR

400.00 **Plan du livre.**

Titre	**410**	**Présentation des règles générales relatives à la période d'observation**
Chap.	411	Durée de la période d'observation dans les procédures de redressement judiciaire et de sauvegarde
Chap.	412	Régime général et régime simplifié du redressement judiciaire – Législation antérieure à la loi du 26 juillet 2005
Titre	**420**	**Poursuite de l'activité en période d'observation**
Chap.	421	Règles générales de répartition des pouvoirs entre le débiteur ou les dirigeants sociaux et l'administrateur judiciaire pendant la période d'observation
Chap.	422	Habilitations données par le juge-commissaire
Chap.	423	Poursuite de l'activité en location-gérance sous l'empire de la législation antérieure à la loi du 26 juillet 2005
Titre	**430**	**Continuation des contrats en cours**
Chap.	431	Règles communes de continuation des contrats en cours
Chap.	432	Contrat de travail
Chap.	433	Baux des locaux professionnels
Chap.	434	Concours bancaires
Chap.	435	Autres contrats soumis à une réglementation particulière
Titre	**440**	**Délimitation des créances antérieures et des créances postérieures**
Chap.	441	Règles générales relatives au fait générateur de la créance
Chap.	442	Fait générateur d'une créance d'origine contractuelle ou d'une mission confiée à un professionnel
Chap.	443	Fait générateur de la créance d'origine extra contractuelle
Titre	**450**	**Créances postérieures**
Chap.	451	Temps de la naissance de la créance éligible au traitement préférentiel
Chap.	452	Régularité de la naissance de la créance éligible au traitement préférentiel
Chap.	453	Critères téléologiques d'attribution du traitement préférentiel sous le régime issu de la loi du 26 juillet 2005
Chap.	454	Créances nées après jugement d'ouverture ne bénéficiant pas du traitement préférentiel
Chap.	455	Règle du paiement à l'échéance des créanciers postérieurs bénéficiant du traitement préférentiel
Chap.	456	Règle du paiement par priorité ou par privilège des créanciers postérieurs bénéficiant du traitement préférentiel
Titre	**460**	**Préservation des actifs – Mesures conservatoires**
Chap.	461	Détournement du courrier et remise des documents et livres comptables
Chap.	462	Préservation des actifs du débiteur
Chap.	463	Règles relatives aux parts et actions des dirigeants de la personne morale débitrice
Titre	**470**	**Dispositions d'ordre financier**
Chap.	471	Dispositions d'ordre financier intéressant le débiteur et les dirigeants de la personne morale débitrice
Chap.	472	Avances du Trésor public

Titre	**480**	**Réalisations de biens en période d'observation**
Chap.	481	Règles générales de réalisation des biens en période d'observation
Chap.	482	Principe de consignation du prix de vente des biens vendus en période d'observation
Chap.	483	Paiement provisionnel en période d'observation, tempérament au principe de consignation
Chap.	484	Substitution de garantie, exception au principe de consignation du produit des réalisations d'actifs en période d'observation
Titre	**490**	**Bilan économique, social et environnemental – Projet de plan**
Chap.	491	Bilan économique, social et environnemental
Chap.	492	Projet de plan

TITRE

410. Présentation des règles générales relatives à la période d'observation

SECTION 0

ORIENTEUR

410.00 Plan du titre.

Chap. 411		**Durée de la période d'observation dans les procédures de redressement judiciaire et de sauvegarde**
Sect.	411.10	Variabilité de la durée de la période d'observation
Sect.	411.20	Renouvellement de la période d'observation
Chap. 412		**Régime général et régime simplifié du redressement judiciaire – Législation antérieure à la loi du 26 juillet 2005**
Sect.	412.10	Présentation générale du régime général et du régime simplifié
Sect.	412.20	Critères du régime général et du régime simplifié
Sect.	412.30	Passerelle du régime simplifié au régime général
Sect.	412.40	Suppression de la distinction régime général – régime simplifié par la réforme du 26 juillet 2005

410.01 Textes applicables. (V. les références complètes s[s] n° 011).

> Législation issue de la loi de sauvegarde des entreprises.
C. com., art. L. 622-11, L. 622-12, L. 631-15, II, al. 3, L. 631-16
C. com., art. R. 626-18 (anc[t] D. 28 déc. 2005, art. 134)

> Législation issue de l'ordonnance du 18 décembre 2008.
C. com., art. L. 622-11, L. 622-12

> Législation issue de la loi du 22 octobre 2010.
C. com., art. L. 628-6

410.03 Bibliographie indicative. (V. les références complètes s[s] n° 031).

> Actualisables. RÉP. COM., Monsérié-Bon M.-H., « Entreprises en difficulté – Redressement judiciaire (Période d'observation) », n°s 13 à 17, 21 à 24.

> Ouvrages antérieurs à la loi de sauvegarde des entreprises. CHAPUT, n°s 320, 321 – GUYON, n°s 1181 – JACQUEMONT, n°s 237 à 241 – KERCKHOVE, n°s 406 à 408 – LE CANNU, n°s 627 à 631 – LE CORRE-BROLY, n° 68 – MARTIN ET VALLENS, n°s 2963 à 2968 – PÉROCHON et BONHOMME, n°s 231 à 234 – PÉTEL, n°s 157, 158 – RIPERT et ROBLOT, n°s 3172 à 3172-3 – SAINT-ALARY-HOUIN, n°s 441 à 447 – SOINNE, n°s 1034 à 1037 – VALLANSAN, p. 44 à 46, 276, 277.

> Ouvrages postérieurs à la loi de sauvegarde des entreprises. COQUELET, 5e éd., n°s 158 à 161 – GIBIRILA, n°s 367 à 370 – JACQUEMONT ET VABRES, 9e éd., n°s 328 à 339 – LE CANNU, 7e éd., n°s 829 à 846 – LIENHARD, 6e éd., n°s 71.11 à 72.17, 73.23, 76.13 à 76.17, 95.11, 95.12, 96.22, 111.20 à 111.26, 115.11, 115.22, 115.23 – PÉROCHON, 10e éd., n°s 556 à 558, 1122, 1123 – PÉTEL, 8e éd., n°s 236 à 238 – ROUSSEL GALLE, n°s 240, 241 – SAINT-ALARY-HOUIN, 9e éd., n°s 484 à 487, 1090, 1091 – VALLANSAN ET ALII, 6e éd., p. 63, 64, 99, 316 – VALLENS, 2015, n°s 3182 à 3190 – VIDAL et GIORGINI, n°s 1122, 1123 – VOINOT, 2e éd., 2013, n°s 551 à 562.

> Articles. Berthelot G., « La période d'observation, une notion temporelle à l'acception atemporelle », *Rev. proc. coll.* 2015, études 9, p. 16 – Delattre Ch., « Une période d'observation illimitée ne devient-elle pas une zone de non-droit » ?, *Rev. proc. coll.* 2013, étude 30 – Gorrias S. et Urbain P., « Clôture de la période d'observation pour extinction du passif ou adoption d'un plan de redressement court : une alternative non dénuée de conséquences sur le sort de certaines créances », *Rev. proc. coll.* 2013, étude 29 – Kriegk C. et Étienne-Martin E., « Le renouvellement par anticipation de la période d'observation : une voie d'accès aux marchés publics pour les entreprises en difficulté », *Rev. proc. coll.* 2015, études 5 – Le Corre P.-M., « Les clôtures », *Rev. proc. coll.* 2008/2, p. 136; « Pour faciliter le rebond : les clôtures anticipées en période d'observation », *LPA* 25 mars 2009, n° 60, p. 3.

410.09 Notion de période d'observation. La période d'observation est un concept initié par la loi du 25 janvier 1985[1], qui a été repris par les législations subséquentes.

Comme son nom l'indique, la période d'observation est une phase destinée à diagnostiquer les difficultés de l'entreprise, en déterminer les causes, pour savoir si des possibilités de sauvetage sont envisageables. La période d'observation est la phase préparatoire à l'adoption d'un plan. Avec la loi du 26 juillet 2005[2], la période d'observation est la phase commune aux procédures de sauvegarde et de redressement judiciaire. La législation prévoit d'abord un corps de règles applicables à la procédure de sauvegarde. Ce corps de règles est ensuite, sauf exception, applicable à la procédure de redressement judiciaire.

La période d'observation désigne la période s'étendant du jour du jugement d'ouverture jusqu'au jour du jugement arrêtant le plan ou prononçant la liquidation judiciaire. L'article L. 622-11 du code de commerce, issu de la loi de sauvegarde des entreprises, dispose que « lorsque le tribunal prononce la liquidation, il met fin à la période d'observation et, sous réserve des dispositions de l'article L. 641-10, à la mission de l'administrateur ». Pourtant, l'énoncé de cette définition, parfaitement valable sous l'empire de la législation antérieure à la loi de sauvegarde des entreprises, ne l'est plus complètement sous l'empire de la loi de sauvegarde des entreprises, et cela pour plusieurs raisons.

D'abord, il peut être mis fin à la sauvegarde, mais aussi au redressement sans solution. En ce cas, la période d'observation désignera le laps de temps s'écoulant entre le jugement d'ouverture et la clôture de la sauvegarde ou du redressement judiciaire.

Ensuite, le tribunal peut arrêter, en phase de redressement judiciaire, un plan de cession. Or, l'article L. 631-22 du code de commerce énonce que « lorsque la cession totale ou partielle de l'entreprise a été ordonnée, la procédure est poursuivie dans les limites prévues par l'article L. 621-3 du code de commerce aux fins, selon le cas, de l'arrêté d'un plan de redressement ou de la liquidation du débiteur ». Il y a ici place à deux jugements. Alors que le premier scelle le sort de l'entreprise, le second statue sur le devenir du débiteur. C'est ce dernier jugement qui mettra alors fin à la période d'observation. La période d'observation du redressement judiciaire peut dès lors être définie comme le laps de temps s'écoulant entre le jugement d'ouverture du redressement judiciaire et la décision fixant le sort du débiteur.

Au cas où il n'existe pas de possibilité sérieuse pour l'entreprise d'être sauvegardée, le tribunal dispose de trois possibilités conformément aux dispositions de l'article L. 622-10.

Le tribunal peut d'abord ordonner la cessation partielle de l'activité. S'il y a cession d'une ou de plusieurs activités, les dispositions applicables seront celles que prévoit la section I du chapitre II du titre IV. Il s'agit de la section relative à la cession de l'entreprise dans le chapitre relatif à la réalisation de l'actif du titre IV en liquidation judiciaire (C. com., art. L. 622-10, al. 1).

La deuxième possibilité pour le tribunal est de convertir la procédure en un redressement judiciaire si les conditions en sont réunies, c'est-à-dire si, d'une part, il y a cessation des paiements et si, d'autre part, il existe une possibilité de redressement de l'entreprise. Relevons, à cet égard, que l'Assemblée nationale a utilement supprimé une ambiguïté du texte du projet de loi de sauvegarde des entreprises, en modifiant la rédaction du texte, telle que la proposait le projet de loi initial. Celui-ci prévoyait en effet, que, au vu du bilan économique et social de l'entreprise, l'administrateur judiciaire pouvait proposer soit un plan de sauvegarde soit, si les conditions en étaient remplies, la liquidation judiciaire. La solution du redressement judiciaire pouvait alors apparaître comme exclue. Depuis l'ordonnance du 18 décembre 2008[3], la conversion de la sauvegarde en redressement judiciaire est possible sur la demande exclusive du débiteur, si, d'une part, le plan de sauvegarde ne peut être adopté et, si, d'autre part, la cessation des paiements est imminente (C. com., art. L. 622-10, al. 3).

Enfin, la troisième possibilité offerte au tribunal est de prononcer la liquidation judiciaire si les conditions en sont réunies, c'est-à-dire, d'une part, si le débiteur est en état de cessation des paiements et si, d'autre part, tout redressement est manifestement impossible.

Par rapport aux législations précédentes, la loi de sauvegarde des entreprises a considérablement innové en prévoyant de multiples façons de sortir de la période d'observation et, par le fait même, de la procédure de sauvegarde ou de redressement judiciaire.

La période d'observation peut ainsi, depuis la loi de sauvegarde des entreprises, être la phase de la procédure qui s'écoule entre le jugement d'ouverture de la procédure et le constat de la disparition des difficultés ayant justifié l'ouverture de la procédure de sauvegarde (v. s^s^ n° 411.14).

Une autre sortie de la procédure de sauvegarde est envisagée par les textes. Dans le droit commun de la sauvegarde, elle est prévue par l'article R. 626-18 du code de commerce (anc^t^ D. 28 déc. 2005[4], art. 134) et, dans le droit spécial de la sauvegarde accélérée, par l'article L. 628-8, alinéa 2 du même code.

La loi de sauvegarde des entreprises a également imaginé une sortie du redressement judiciaire sans plan et sans liquidation judiciaire. L'article L. 631-16 alinéa 1 du code dispose en effet que « s'il apparaît, au cours de la période d'observation, que le débiteur dispose des sommes suffisantes pour désintéresser les créanciers et acquitter les frais et les dettes afférents à la procédure, le tribunal peut mettre fin à celle-ci ». Dans cette hypothèse, il y aura place à une « clôture » de la procédure pour extinction du passif exigible par décision judiciaire. Relevons que cette solution aujourd'hui prévue par les textes, n'est que la reproduction de la solution posée antérieurement par la Cour de cassation (v. s^s^ n° 592.22).

Rompant avec l'hypocrisie de la loi du 25 janvier 1985 qui conduisait, dans le respect des textes, à l'obligation d'ouvrir

1. L. n° 85-98, 25 janv. 1985, *JO* 26 janv., p. 1097.
2. L. n° 2005-845, 26 juill. 2005, *JO* 27 juill., p. 12187.
3. Ord. n° 2008-1345, 18 déc. 2008, *JO* 19 déc., p. 19462.
4. D. n° 2005-1677, 28 déc. 2005, *JO* 29 déc., p. 20324.

une période d'observation, alors même qu'il n'y avait plus rien à observer, dans la logique du sauvetage des canards boiteux, depuis la loi du 10 juin 1994 a été offerte aux tribunaux la possibilité du prononcé immédiat de la liquidation judiciaire (v. s[s] n°s 233.26, 233.27). Si l'entreprise, au jour du jugement d'ouverture, n'a aucune chance de se redresser, la période d'observation n'a pas à exister. Il apparaît ainsi nettement que la période d'observation a pour seule finalité de préparer une solution de sauvetage de l'entreprise.

L'entreprise débitrice n'aura la possibilité de se redresser que dans la mesure où une solution de continuité de l'exploitation est trouvée. Cependant, l'ouverture de la procédure est nécessairement inquiétante pour les partenaires du débiteur. Les créanciers chirographaires, spécialement, connaissent l'équation classique qui existe entre le passage en pertes de leurs créances et l'ouverture de la procédure collective de leur débiteur. Le réflexe naturel est donc d'essayer de ne pas augmenter l'addition avec leur partenaire aujourd'hui défaillant et peut-être demain inexistant, sinon juridiquement en présence d'une personne physique, du moins économiquement. Cette démarche que l'on peut aisément comprendre est pourtant radicalement inconciliable avec le redressement recherché. C'est pourquoi le législateur a posé un certain nombre de règles qui sont toutes tendues vers la même finalité : éviter de donner libre cours à l'initiative individuelle des partenaires du débiteur pour pouvoir assurer une continuation de l'exploitation, qui seule autorisera l'espoir d'un redressement. Ces règles constituent autant d'armes pour assurer la poursuite d'activité en période d'observation.

Jusqu'à la loi du 26 juillet 2005, la période d'observation était destinée *à permettre l'élaboration d'un plan de continuation*. À l'issue de celle-ci, un jugement pouvait décider soit l'adoption d'un plan de continuation soit l'adoption d'un plan de cession, soit enfin la liquidation judiciaire.

Avec la loi de sauvegarde, le jugement mettant fin à la période d'observation de la sauvegarde pourra tendre à l'adoption d'un plan de sauvegarde ou à la liquidation judiciaire. Il pourra aussi prononcer la clôture de la procédure sans solution.

Le jugement mettant fin à la période d'observation d'un redressement judiciaire tendra à l'adoption d'un plan de redressement, après le cas échéant l'adoption d'un plan de cession, ou au prononcé de la liquidation judiciaire, laquelle n'est cependant plus inconciliable avec l'arrêté d'un plan de cession.

1. L. n° 94-475, 10 juin 1994, *JO* 11 juin, p. 8440.

CHAPITRE

411. Durée de la période d'observation dans les procédures de redressement judiciaire et de sauvegarde

SECTION 0

ORIENTEUR

411.00 **Plan du chapitre.**

Sect. 411.10 Variabilité de la durée de la période d'observation

Sect. 411.20 Renouvellement de la période d'observation

411.01 **Textes applicables.** (V. les références complètes s[s] n° 011).

> Législation antérieure à la loi de sauvegarde des entreprises.

C. com., art. L. 621-6, L. 621-27, L. 621-134, L. 621-136, L. 621-138, L. 623-6

D. 27 déc. 1985, art. 1, al. 3, 20, 111

> Législation issue de la loi de sauvegarde des entreprises.

C. com., art. L. 621-3, L. 622-10, L. 631-15, L. 661-6

C. com., art. R. 621-9 (anc[t] D. 28 déc. 2005, art. 64), R. 622-9 (anc[t] D. 28 déc. 2005, art. 85), R. 631-20 et R. 631-21 (anc[t] D. 28 déc. 2005, art. 189 et 190)

> Législation issue de l'ordonnance du 18 décembre 2008.

C. com., art. L. 622-10, L. 631-15, II, al. 1, L. 661-6, I, 2°

C. com., art. R. 621-9, R. 622-9, R. 631-20, R. 631-21

> Législation issue de la loi du 22 octobre 2010.

C. com., art. L. 628-6, al. 1

> Législation issue de l'ordonnance du 12 mars 2014.

C. com., art. L. 628-8 et L. 628-10

C. com., art. R. 621-9

411.02 **Jurisprudence de référence.**

> Le débiteur peut interjeter appel du jugement de conversion en liquidation judiciaire, alors même que les délais maxima de période d'observation sont atteints.

• **Com. 10 juin 2008,** n° 07-17.043, *Bull. civ.* IV, n° 115; n° 682 F-P+B

* V. s[s] n° 411.11

> La clôture du redressement judiciaire fondée sur la possibilité pour le débiteur de payer tout son passif est une faculté pour le tribunal.

• **Com. 16 déc. 2008,** n° 07-22.033, *Bull. civ.* IV, n° 212; n° 1358 F-P+B

* V. s[s] n° 411.15

411.03 **Bibliographie indicative.** (V. les références complètes s[s] n° 031 – Aussi s[s] n° 410.03).

411.04 **Questions essentielles.**

• Des conséquences sont-elles attachées au dépassement de la durée légale de la période d'observation ?

* V. s[s] n° 411.11.

• Le débiteur ou un créancier peut-il faire une voie de recours sur une décision prolongeant la période d'observation ?

* V. s[s] n° 411.22.

SECTION 411.10

VARIABILITÉ DE LA DURÉE DE LA PÉRIODE D'OBSERVATION

411.11 **Variabilité de la durée de la période d'observation.** Véritable havre de paix pour le débiteur[1], période sacrificielle pour ses créanciers, cauchemar concurrentiel pour ses concurrents, la période d'observation doit être enfermée dans de strictes limites. Sa durée est pourtant très variable.

Sous l'empire de la législation antérieure à la loi de sauvegarde des entreprises[2], l'article 20 du décret du 27 décembre 1985[3] la fixe, en régime général

1. RAPPR. : PÉROCHON, 10e éd., n° 556.
2. L. n° 2005-845, 26 juill. 2005, *JO* 27 juill., p. 12187.
3. D. n° 85-1388, 27 déc. 1985, *JO* 29 déc., p. 15281.

(sur cette notion, v. s[s] n° 411.22) à six mois maximum, renouvelable une fois pour une durée égale. En outre, elle peut être exceptionnellement prolongée pour une durée de huit mois maximum, sur demande du ministère public[1].

Sous l'empire de la loi du 25 janvier 1985 non réformée, jusqu'à la loi du 10 juin 1994[3], la période d'observation du régime simplifié se décomposait en deux phases : une période d'enquête qui était obligatoire (L. 25 janv. 1985, art. 140, al. 1, dans sa rédaction initiale), laquelle était suivie soit d'une liquidation judiciaire, soit d'une période de poursuite d'activité. La loi du 10 juin 1994 a supprimé la période d'enquête.

L'article 111 du décret du 27 décembre 1985 fixe, sous l'empire de la législation antérieure à la loi de sauvegarde des entreprises, la durée de la période d'observation, en régime simplifié (sur la notion, v. s[s] n° 412.21) à quatre mois maximum, renouvelable une fois. Cette durée peut être allongée, pour les entreprises agricoles, jusqu'à la fin de l'année culturale, afin de ne pas faire cesser l'activité alors que la récolte n'a pas encore été faite ou que le cycle d'élevage n'est pas terminé (D. 27 déc. 1985, art. 111; et C. com., art. L. 621-136 [anc[t] L. 25 janv. 1985, art. 140, al. 1]). Le mandataire de justice informera le tribunal de la durée du cycle de production et des risques de création d'un passif postérieur[4].

Le projet de loi de sauvegarde des entreprises n'avait enfermé la durée de la période d'observation de la procédure de sauvegarde dans aucun délai. La commission des affaires économiques et sociales du Sénat a proposé un amendement fixant à six mois la durée maximale de la période d'observation de la procédure de sauvegarde ainsi que de la procédure de redressement judiciaire. « Afin de faire en sorte que la procédure collective se déroule dans des délais raisonnables, il lui est apparu souhaitable de donner un caractère législatif à la durée de cette période durant laquelle il est établi un bilan économique et social de l'entreprise et sont élaborées des propositions tendant à la continuation de l'activité de ladite entreprise »[5]. Cet amendement a été adopté et c'est ainsi que l'article L. 621-3 alinéa 1 du code de commerce indique que le tribunal fixe une « période d'observation d'une durée maximale de six mois qui peut être renouvelée une fois par décision motivée à la demande de l'administrateur, du débiteur ou du ministère public ». Elle peut en outre être exceptionnellement prolongée à la demande du procureur de la République par décision motivée du tribunal pour une durée fixée par décret en Conseil d'État. Il faut noter que la durée de la période d'observation ne dépend plus, contrairement à la législation précédente, de l'importance de l'entreprise[6].

La loi du 26 juillet 2005 prévoit également la possibilité de prorogation de la période d'observation, pour les entreprises agricoles, sans distinction de taille, du fait de la suppression de la distinction régime général – régime simplifié. Le tribunal pourra proroger la durée de la période d'observation en fonction de l'année culturale en cours et des usages spécifiques aux productions de l'exploitation (C. com., art. L. 621-3, al. 2)[7].

Des précisions méritent d'être apportées pour les procédures de sauvegarde spéciales instituées par le législateur depuis 2010 (v. s[s] n°s 411.16 à 411.18).

Sous réserve des règles propres aux procédures de sauvegarde accélérée, les solutions posées par la loi de sauvegarde des entreprises pour la procédure de sauvegarde sont identiquement applicables à la procédure de redressement judiciaire (C. com., art. L. 631-7 rendant applicable en redressement judiciaire l'article L. 621-3).

Les délais prévus par ces textes sont toujours des maxima[8]. Il est donc interdit au tribunal d'autoriser une poursuite d'activité au-delà.

Cependant, le dépassement des délais n'est, par principe, pas sanctionné[9]. Il n'a pas pour effet d'entraîner l'irrégularité du jugement arrêtant le plan[10], encore que la juridiction puisse en tirer argument pour empêcher le dépôt du projet de plan[11], sans y être cependant astreinte[12]. Le tribunal n'a en effet pas l'obligation de prononcer la liquidation judiciaire, au seul prétexte de l'expiration des délais de la période d'observation[13]. De même, il a été jugé que la loi de sauvegarde des entreprises et son décret d'application ne sanctionnent ni le dépassement des délais de la période

1. SUR LE CARACTÈRE EXCEPTIONNEL de cette possibilité, dans les travaux préparatoires de la loi du 25 janvier 1985 : intervention Badinter, débats Assemblée nationale, 2e séance, 6 avr. 1984, *JOAN CR.* 6 avr. 1984, p. 1240.
2. L. n° 85-98, 25 janv. 1985, *JO* 26 janv., p. 1097.
3. L. n° 94-475, 10 juin 1994, *JO* 11 juin, p. 8440.
4. IFPPC 1999, recomm. n° 2082, p. 56.
5. Avis n° 337 de Christian Gaudin, *Doc. Sénat*, au nom de la Commission des affaires économiques, p. 75.
6. RAPPR. : ROUSSEL GALLE, n° 240.
7. SUR LA QUESTION : J.-CL. COM. Lebel Ch., fasc. 1715, [Procédures collectives agricoles], 2015, n°s 95, 96.
8. Delattre, « Une période d'observation illimitée ne devient-elle pas une zone de non-droit ? », *Rev. proc. coll.* 2013, étude 30.
9. Pau, 9 sept. 1992, *Rev. proc. coll.* 1994, 181, n° 2, obs. Soinne – PÉROCHON, 10e éd., n° 557.
10. Rouen, 5 mars 1987, *D.* 1987. 410, note Derrida – Paris, 14 oct. 1988, *D.* 1988. IR 266 – Douai, 6 juill. 1993, *Rev. proc. coll.* 1993, 473, obs. Soinne.
11. Rouen, 19 déc. 1996, *RJDA* 1997, n° 572 – Paris, 3e ch. B, 23 mai 2003, RG n° 2002/22090.
12. Dijon, 1re ch., 1re sect., 19 déc. 2000, *Act. proc. coll.* 2001/12, n° 149, note Lebel.
13. Com. 6 oct. 1992, n° 89-16.557, *Bull. civ.* IV, n° 285.

d'observation, ni sa prolongation exceptionnelle, en l'absence de demande du procureur de la République. Il a pu en être tiré la conséquence que le débiteur pouvait interjeter appel du jugement de conversion en liquidation judiciaire, alors même que les délais maxima de période d'observation étaient atteints[1]. On voit bien ici que le respect de la loi, auquel doit veiller et en l'occurrence avait veillé le ministère public, heurte frontalement l'idée qu'il faut sauver les entreprises. Mais, comme il a pu être relevé, cela doit-il être fait en parfaite violation des dispositions légales[2] ?

Du fait de cette absence de sanction du dépassement des délais de la période d'observation, il a été suggéré la possibilité d'un renouvellement anticipé de la période d'observation, autrement dit de fixer des délais de période d'observation supérieurs à six mois, pour permettre aux entreprises de soumissionner aux marchés publics, en ayant dès le départ une durée de poursuite d'activité alignée sur celle de l'exécution du marché[3]. La solution a été suivie par une juridiction du fond[4]. Mais un autre praticien[5], relayé par un auteur[6], ne partage pas cette analyse.

Le dépassement des délais de période d'observation restera également indifférent quant à la possibilité de naissance des créances postérieures (v. ss n° 452.11), des auteurs se demandant toutefois si les créances postérieures sont alors nées régulièrement[7].

La Cour de cassation a cependant jugé, sous l'empire de la législation antérieure à la loi de sauvegarde des entreprises, que le dépassement des délais de la période d'observation pouvait avoir un retentissement, lorsque des textes posent des règles spécifiquement applicables en période d'observation. Ainsi a-t-il été jugé que le défaut d'exploitation dans le cadre d'un bail commercial, qui reste sans conséquence pendant la période d'observation, autorise le bailleur à se prévaloir de la résiliation après expiration des délais légaux de la période d'observation[8]. De sorte, il semble que si le dépassement des délais est susceptible de nuire à un tiers, ce dernier puisse en tirer les conséquences.

L'article L. 621-27 du code de commerce (anct L. 25 janv. 1985, art. 36), dans sa rédaction antérieure à la loi de sauvegarde des entreprises, prévoit que, « à tout moment, le tribunal peut ordonner la liquidation judiciaire ». La solution est reproduite, en régime simplifié, par l'article L. 621-138 (anct L. 25 janv. 1985, art. 142) qui énonce que « le tribunal peut décider soit la poursuite de l'activité en vue de l'élaboration d'un projet de plan de redressement de l'entreprise, soit la liquidation judiciaire ». La loi de sauvegarde reprend la solution. L'article L. 622-10 prévoit la possibilité de conversion, à tout moment de la période d'observation, de la procédure de sauvegarde en liquidation judiciaire (C. com., art. L. 622-10, al. 2). L'article L. 631-15, II prévoit identiquement la possibilité de conversion, à tout moment de la période d'observation, de la procédure de redressement judiciaire en liquidation judiciaire.

Même si le représentant des créanciers n'a pas de pouvoir de gestion, il informera rapidement le tribunal de toute création d'un passif postérieur, afin de mesurer l'opportunité d'une conversion du redressement judiciaire en liquidation judiciaire[9] ou désormais d'une conversion d'une sauvegarde en liquidation judiciaire. S'il est évident que la poursuite d'activité ne pourra tendre à l'arrêté d'un plan, le représentant des créanciers – mandataire judiciaire – doit demander la conversion en liquidation judiciaire, sauf à engager sa responsabilité civile (v. ss n° 361.41).

L'extension de la procédure ouverte à un autre débiteur ne doit pas conduire à retarder la conversion en liquidation judiciaire, dès lors qu'il n'y a pas de perspective de redressement[10].

L'existence d'une période de location-gérance, sous l'empire de la législation antérieure à la loi de sauvegarde des entreprises, ne permet pas d'écarter le jeu de ces dispositions, de sorte que la liquidation judiciaire peut être prononcée avant l'expiration de cette période[11].

411.12 Durée de la période d'observation en cas de conversion de la procédure de sauvegarde en redressement judiciaire. Le redressement judiciaire peut succéder à la sauvegarde avant la fin de celle-ci, du fait de la conversion par le tribunal de la procé-

1. Com. 10 juin 2008, n° 07-17.043, *Bull. civ.* IV, n° 115; n° 682 F-P+B; *D.* 2008. AJ 1764, note Lienhard; *Gaz. proc. coll.* 2008/3, p. 20, note Le Corre; *Act. proc. coll.* 2008/13, n° 207, note Delattre; *JCP E* 2008, Chron. 2062, n° 3, obs. crit. Cabrillac et Pétel; *Rev. proc. coll.* 2008/3, p. 44, n° 119, note Lebel; *RTD com.* 2008. 871, n° 20, obs. Vallens; *Rev. proc. coll.* 2009/1, p. 22, n° 4, note Fraimout.
2. Cabrillac et Pétel, obs sous Com. 10 juin 2008, n° 07-17.043; n° 682 F-P+B; *JCP E* 2008, Chron. 2062, n° 3.
3. Kriegk et Étienne-Martin, « Le renouvellement par anticipation de la période d'observation : une voie d'accès aux marchés publics pour les entreprises en difficulté », *Rev. proc. coll.* 2015, études 5.
4. T. com. Saint-Étienne, 11 mai 2016, n° 2016L00852, *BJE* sept.-oct. 2016, p. 313, note crit. Delattre.
5. Berthelot G., « La période d'observation, une notion temporelle à l'acception atemporelle », *Rev. proc. coll.* 2015, études 9, p. 16.
6. Jacquemont et Vabres, 9e éd., n° 331.
7. Vallens, 2015, n° 3189 – Lienhard, 6e éd., n° 72.15.
8. Civ. 3e, 12 juill. 2000, n° 98-21.945, *Bull. civ.* III; n° 140, *LPA* 23 mars 2001, n° 59, p. 11, note Keita – Civ. 3e, 16 mai 2001, n° 97, p. 17, note, Gallet.
9. IFPPC 1999, recomm. n° 2090-2, p. 57.
10. Paris, 3e ch. A, 27 nov. 2001, *RJDA* 2002/4, n° 404, p. 346.
11. Com. 7 juill. 1998, n° 96-10.620, *Bull. civ.* IV, n° 218; *RJDA* 1998/11, n° 1249.

dure sans ouverture d'une nouvelle procédure. La durée de la période d'observation ne devrait, en principe, pas être modifiée, en cas de conversion de la procédure de sauvegarde en procédure de redressement judiciaire[1]. La continuité de la notion de période d'observation, utilisée tant dans le redressement judiciaire que dans la procédure de sauvegarde, autorise le calcul de la durée de la période d'observation déjà écoulée. Il n'y a donc pas interruption de la période initiale de période d'observation[2]. Il en résulte qu'il faut imputer la durée de la période écoulée au titre de la procédure de sauvegarde sur celle restant à courir de la période d'observation.

Toutefois, il faut laisser au tribunal la possibilité d'examiner de nouvelles solutions. C'est pourquoi il apparaît « de bon sens de permettre au tribunal de fixer comme il l'entend la période d'observation à la suite de la conversion »[3]. C'est le sens de l'article L. 622-10 alinéa 4 du code de commerce, qui prévoit que « lorsqu'il convertit la procédure de sauvegarde en procédure de redressement judiciaire, le tribunal peut, si nécessaire, modifier la durée de la période d'observation restant à courir ». C'est aussi la portée de l'article L. 621-12 alinéa 1 du code de commerce, qui, envisageant l'hypothèse de la conversion de la sauvegarde en redressement judiciaire à la suite d'une erreur d'appréciation sur l'absence d'existence de la cessation des paiements du débiteur au jour d'ouverture de la sauvegarde, prévoit qu'en cas de conversion en redressement judiciaire, « si nécessaire, il – le tribunal – peut modifier la durée de la période d'observation restant à courir ». En ce second cas, la possibilité de modifier la durée de la période d'observation correspond à la préoccupation de réparer l'erreur d'appréciation du tribunal[4]. Il faudra toutefois que, dans les deux situations, un plan de redressement soit envisageable.

Ces solutions résultent de la loi de sauvegarde des entreprises[5], dans sa rédaction d'origine, et n'ont pas été modifiées par l'ordonnance du 18 décembre 2008[6]. Elles ne couvrent que l'hypothèse d'une conversion pour apparition de l'état de cessation des paiements. Le législateur, en revanche, a gardé le silence sur le cas de la conversion de la sauvegarde en redressement judiciaire, résultant de l'ordonnance du 18 décembre 2008 : celui dans lequel un plan de sauvegarde ne peut être adopté alors que le débiteur n'est pas encore en état de cessation des paiements, ce dernier étant imminent. Il est tentant de poser, en ce cas, un principe de neutralité de la conversion sur la durée de la période d'observation, qui obligerait, dès lors, à décompter du temps restant à courir au titre de la période d'observation du redressement judiciaire, celui déjà écoulé dans la période d'observation de la sauvegarde.

411.13 Nouvelle période d'observation en cas d'infirmation de décisions et en cas d'arrêt de l'exécution provisoire. Un nouveau délai de période d'observation peut être accordé par la cour d'appel en cas d'infirmation du jugement d'ouverture et de renvoi de l'affaire devant le tribunal. Il ne s'agit pas d'une prolongation de la période d'observation déjà écoulée, mais bien d'un délai nouveau[7], ce qui peut permettre de dépasser les délais *maxima* de la période d'observation[8].

De même, la durée de la période d'observation est prolongée en cas d'arrêt de l'exécution provisoire à la suite d'un appel à l'encontre du jugement de conversion en liquidation judiciaire (v. s[s] n° 234.26), ou du jugement arrêtant le plan de continuation ou de cession, sous l'empire de la législation antérieure à la loi du 26 juillet 2005[9], en cas d'arrêt de l'exécution provisoire à la suite d'un appel du jugement de liquidation sur conversion, du jugement arrêtant ou rejetant le plan de sauvegarde et de redressement, sous l'empire de la législation du 26 juillet 2005 (v. s[s] n° 234.26). Dans toutes ces hypothèses, la durée de la période d'observation ne sera prolongée que si le premier président de la cour d'appel, saisi d'une demande d'arrêt de l'exécution provisoire, y fait droit[10].

411.14 Fin de la période d'observation liée à la clôture de la sauvegarde en cas de disparition des difficultés ayant conduit à l'ouverture de la sauvegarde[11]. La période d'observation peut, depuis la loi de sauvegarde des entreprises[12], être la phase de la procédure qui s'écoule soit entre le jugement d'ouverture de la procédure et le constat de la disparition des difficultés ayant justifié l'ouverture de la procédure de sauvegarde. En ce cas, en effet, le tribunal, à la demande du débiteur, mettra fin à la pro-

1. *Rapp. Xavier de Roux*, n° 2095, p. 199.
2. *Rapp. Xavier de Roux*, n° 2095, p. 176, 177.
3. *Rapp. Xavier de Roux*, n° 2095, p. 199.
4. RAPPR. : LIENHARD, 6e éd., 2014, n° 72.16.
5. L. n° 2005-845, 26 juill. 2005, préc.
6. Ord. n° 2008-1345, 18 déc. 2008, *JO* 19 déc., p. 19462.
7. Lyon, 3e ch. A, 24 oct. 2013, RG n° 13/04354, *Rev. proc. coll.* 2014, comm. 59, note Lebel.
8. Grenoble, 8 oct. 2008, *Rev. proc. coll.* 2009, comm. 157, note Lebel – Paris, pôle 5, 9e ch., 25 mars 2010, RG n° 09/24599, *Rev. proc. coll.* 2010/4, comm. 154, note Lebel.
9. L. n° 2005-845, 26 juill. 2005, préc.
10. Soc. 21 sept. 2005, n° 04-40.529, *Bull. civ.* V, n° 267; *Act. proc. coll.* 2005/17, n° 217, note Vallansan; *Rev. proc. coll.* 2006/1, p. 69, n° 5, obs. Taquet.
11. Gorrias et Urbain, « Clôture de la période d'observation pour extinction du passif ou adoption d'un plan de redressement court : une alternative non dénuée de conséquences sur le sort de certaines créances », *Rev. proc. coll.* 2013, étude 29.
12. L. n° 2005-845, 26 juill. 2005, préc.

cédure de sauvegarde, donc à la période d'observation (C. com., art. L. 622-12). Il semble exact de considérer que le tribunal ne dispose pas, si ces conditions sont réunies, d'un pouvoir d'appréciation sur l'opportunité de la mesure[1], au contraire de la solution posée pour la clôture du redressement judiciaire (C. com., art. L. 631-16[2] – v. s[s] n° 411.15). Cependant, le tribunal doit procéder à certaines vérifications. D'abord, le tribunal doit s'assurer que le débiteur n'est pas en état de cessation des paiements. Peu importe, à ce stade, que l'état de cessation des paiements ait existé à l'ouverture de la sauvegarde, dès lors qu'il n'existe plus lors de la demande de clôture[3]. Ensuite, il doit s'assurer que les difficultés qui ont conduit à l'ouverture de la procédure ont bien disparu. Les créanciers, qui pourraient y avoir intérêt, notamment ceux qui n'ont pas déclaré leur créance au passif et qui pourraient ainsi reprendre leurs poursuites, n'ont pas ce droit[4].

Il a été jugé que la clôture anticipée pouvait être obtenue lorsque le débiteur propose de régler le passif grâce au prix retiré de la cession amiable de son fonds de commerce[5]. Au regard de la lettre des textes, pareille solution apparaît curieuse. Les difficultés n'ont évidemment pas disparu si, pour régler le passif, il faut vendre le fonds de commerce. Il apparaît plutôt que la nécessité de se préoccuper du passif traduirait l'état de cessation des paiements. En l'absence de cessation des paiements, il aurait été préférable de faire application du texte nouveau de l'article L. 622-10, alinéa 3, dans la rédaction que lui a donnée l'ordonnance du 18 décembre 2008[6], qui permet la conversion en redressement judiciaire de la sauvegarde en cas d'impossibilité manifeste d'adoption d'un plan de sauvegarde et d'imminence de la cessation des paiements. Une fois la conversion intervenue, le fonds de commerce aurait été vendu en période d'observation et la clôture serait intervenue pour extinction du passif exigible pendant le redressement judiciaire.

Il a été relevé que le texte fait naître une difficulté. Que décider en effet si de nouvelles difficultés sont apparues après l'ouverture de la procédure ? Faudra-t-il mettre fin à la sauvegarde alors que ces nouvelles difficultés justifieraient l'ouverture de cette procédure ? La lettre du texte le justifierait[7]. La question a cependant peu de portée pratique puisque seul *le débiteur peut saisir à cette fin le tribunal*. Pourquoi demanderait-il qu'il soit mis fin à la sauvegarde s'il éprouve d'autres difficultés, sans pour autant être en état de cessation des paiements ? Il n'est pas exigé par les textes que le débiteur soit en état de payer ses dettes, ce qui peut se comprendre du fait qu'il n'est pas en état de cessation des paiements. Dans le cas contraire, il devrait être placé en redressement judiciaire.

Le code de commerce reste muet sur les voies de recours à l'encontre d'une décision qui met fin à la sauvegarde par le constat que les difficultés qui ont conduit à son ouverture ont disparu. Le droit commun doit donc trouver à s'appliquer. Le débiteur qui se voit refuser la clôture de la procédure, peut former un appel[8], non dans le délai de droit commun, l'opinion contraire ayant été émise[9], mais dans le délai classique du droit de la faillite, puisque la procédure collective existe toujours. Si le tribunal accepte la demande, les mandataires de justice et le ministère public doivent pouvoir exercer également un appel[10]. Les créanciers doivent pouvoir être reçus en leur tierce opposition[11].

Les effets de la fin de la procédure de sauvegarde n'ont pas été précisés et ne pouvaient d'ailleurs pas, à notre sens, l'être. Le débiteur n'est plus sous procédure collective. Les créanciers recouvrent l'intégralité de leurs droits. Si des créanciers postérieurs à l'ouverture de la procédure et éligibles au traitement préférentiel n'ont pas été réglés, ils ne pourront prétendre, dans le cadre d'une procédure subséquente, au privilège des créanciers de l'article L. 622-17 du code de commerce que si les formalités de conservation de leur privilège ont été effectuées[12].

411.15 Fin de la période d'observation liée à la clôture du redressement judiciaire par extinction du passif exigible en redressement judiciaire[13]. Sous l'empire de la législation du 25 janvier 1985[14], la clôture pour extinction du passif n'était envisagée qu'en situation de liquidation judiciaire. Fallait-il pour autant l'exclure en redressement judiciaire ?

1. Becqué-Ickowicz, « De l'entreprise au cours de la période d'observation », *LPA* n° sp., 8 févr. 2006, n° 28, p. 39 s., sp. p. 47 – ILLUSTR. : T. com. paris, 2e ch. suppl., 24 févr. 2010, RG n° 2010/007590.
2. Becqué-Ickowicz, « De l'entreprise au cours de la période d'observation », *LPA* n° sp., 8 févr. 2006, n° 28, p. 39 s., sp. p. 48.
3. Orléans, 28 juin 2012, RG n° 11/003291.
4. LE CANNU, 7e éd., n° 246.
5. T. com. Caen, 12 juin 2009, RG n° 2009/003792, *Act. proc. coll.* 2009/14, n° 222, note Fin-Langer.
6. Ord. n° 2008-1345, 18 déc. 2008, préc.
7. ROUSSEL GALLE, n° 241, p. 157 – RAPPR. : J.-CL. COM., Dumont-Lefrand, fasc. 2152, [Procédure de sauvegarde], 2006, n° 29.
8. LE CANNU, 7e éd., n° 836.
9. LE CANNU, 7e éd., n° 836.
10. LE CANNU, 7e éd., n° 836.
11. LE CANNU, 7e éd., n° 836.
12. RAPPR. : LE CANNU, 7e éd., n° 838.
13. Gorrias et Urbain, « Clôture de la période d'observation pour extinction du passif ou adoption d'un plan de redressement court : une alternative non dénuée de conséquences sur le sort de certaines créances », *Rev. proc. coll.* 2013, étude 29.
14. L. n° 85-98, 25 janv. 1985, préc.

La Cour de cassation a cru devoir, sous l'empire de la législation antérieure à la loi de sauvegarde des entreprises[1], apporter à la question une réponse négative en jugeant que les articles L. 621-6 et L. 622-30 du code de commerce n'interdisent pas de prononcer la clôture de la procédure en redressement judiciaire lorsqu'au cours de la période d'observation, il est constaté que le débiteur met à la disposition de ses créanciers des sommes suffisantes pour payer les dettes exigibles[2]. Certes, l'absence d'interdiction textuelle peut justifier le principe d'autorisation. En sens inverse, il peut être observé que, si le débiteur continue son activité, le fait qu'il puisse payer tout son passif exigible ne lui interdit absolument pas d'obtenir un plan de continuation. Pourquoi paierait-il plus vite ce qu'il doit, alors que la législation l'autorise à obtenir des délais ? Cette observation est cependant de pure opportunité et ne peut infléchir la règle légale. À l'inverse, si le débiteur ne continue pas son activité, il faut tenir compte du fait que le plan de continuation ne peut avoir pour seul objet le paiement du passif. Dès lors, faute de remplir les conditions pour obtenir un plan, le débiteur sera placé en liquidation. Très rapidement le jugement de clôture de la liquidation pour extinction du passif pourrait alors intervenir.

La solution retenue par la Cour de cassation est néanmoins source de danger, si elle est appliquée sans nuance. En effet, la solution retenue ne se préoccupe absolument pas du passif non exigible au jour où la clôture est sollicitée. Si, juste après avoir obtenu la clôture par extinction du passif, le débiteur se trouve dans l'impossibilité de régler ses dettes devenues depuis exigibles, que va-t-il se passer ? Faudra-t-il ouvrir un nouveau redressement judiciaire ? La réponse affirmative n'est pas douteuse. Mais alors, le gain de temps procuré en amont par la clôture de la procédure en redressement judiciaire sera la source, en aval, d'une perte de temps, l'issue de la procédure se trouvant reportée. Il faudrait donc poser le principe de la possibilité de clôture de la procédure en redressement judiciaire si, d'une part, le débiteur peut payer tout son passif exigible, et si, d'autre part, il apparaît qu'il n'aura pas de difficulté à régler son passif à échoir, au fur et à mesure des échéances. Si ces deux conditions cumulatives ne sont pas remplies, la sagesse commande d'arrêter un plan de continuation, pour que le débiteur puisse profiter de délais suffisants.

Remarquons que, pour les sociétés, l'opportunité commandait avant l'ordonnance du 12 mars 2014[3], de ne pas attendre la liquidation judiciaire pour obtenir une clôture par extinction du passif. En effet, cette dernière n'avait pas pour effet de remettre en cause la dissolution de la société qui résultait de la liquidation judiciaire[4]. La solution a été repensée par *l'ordonnance du 12 mars 2014, qui* réserve la dissolution de la société à l'hypothèse de la clôture de la liquidation judiciaire pour insuffisance d'actif.

La difficulté ne se présente pas pour les autres personnes morales, notamment les associations, car elles n'ont jamais été dissoutes par l'effet du jugement de liquidation judiciaire[5].

La loi de sauvegarde des entreprises a consacré législativement la possibilité de clôture de la procédure de redressement judiciaire par extinction du passif, s'inspirant tout à la fois des solutions de la législation du 13 juillet 1967 et de celles posées pour la procédure de sauvegarde[6]. En ce sens, l'article L. 631-16, alinéa 1 du code de commerce prévoit que, à tout moment de la période d'observation, le tribunal peut mettre fin à celle-ci s'il apparaît que le débiteur dispose des sommes suffisantes pour désintéresser les créanciers et acquitter les dettes et frais afférents à la procédure. Il n'est pas distingué entre créanciers antérieurs et créanciers postérieurs. Il n'est pas fait référence aux dettes nées régulièrement après le jugement d'ouverture. Dès lors, la clôture ne pourra intervenir que si le débiteur est en mesure de payer non seulement ses dettes antérieures, mais encore ses dettes postérieures[7]. Toutefois, l'inopposabilité à la procédure des dettes nées irrégulièrement après jugement d'ouverture, ainsi que l'inopposabilité à la procédure collective des créances antérieures non déclarées régulièrement, nous conduisent à poser en règle que la clôture de la pro-

1. L. n° 2005-845, 26 juill. 2005, préc.
2. Com. 8 juill. 2003, n° 00-19.236; *Bull. civ.* IV, n° 128; *D.* 2003. AJ 2008, obs. Lienhard; *JCP E* 2004, Chron. 151, p. 173, n° 3, obs. M. Cabrillac; *RTD com.* 2003. 814, n° 6, obs. Saint-Alary-Houin; *Rev. proc. coll.* 2004, p. 74, note Canet; *D.* 2004. Somm. 57, obs. Le Corre – Paris, 3e ch. A, 5 sept. 2006, RG n° 2005/22709.
3. Ord. n° 2014-326, 12 mars 2014, *JO* 14 mars, p. 5249.
4. Com. 26 oct. 1999, n° 97-12.640, *Bull. civ.* IV, n° 196; *Bull. Joly* 2000. 49, n° 8, note Le Cannu; *Act. proc. coll.* 1999/18, n° 242; *D.* 1999. AJ 77, obs. Lienhard; *LPA* 14 mars 2000, n° 52, p. 11, note Courtier; *RJ com.* 2000. 130, note Convert; *JCP E* 2000, Chron. 128, n° C-10, obs. M. Cabrillac et Pétel; *RTD com.* 2000. 124, obs. Champaud et Danet; *Defrénois* 2000. 37219, n° 3, obs. Gibirila.
5. Com. 8 juill. 2003, n° 01-02.050, *Bull. civ.* IV, n° 126; *D.* 2003. AJ 2008, obs. Lienhard; *Act. proc. coll.* 2003/15, n° 201, obs. Legros; *Bull. Joly* 2004. 103, § 16, note Neau-Leduc; *JCP E* 2004, Chron. 151, p. 175, n° 7, obs. Pétel; *Rev. proc. coll.* 2003, p. 345, n° 1, obs. Lebel – Com. 14 déc. 2004, n° 02-11.024, n° 02-16.094, NP, *JCP E* 2005. 640, p. 713, note Lucas – Com. 15 mars 2005, n° 01-01.419, NP, *Gaz. proc. coll.* 2005/2, p. 17, obs. Voinot.
6. *Rapp. J.-J. Hyest*, n° 335, p. 341.
7. IMPLICITEMENT EN CE SENS : Caen, 1re ch., civ. et com., 6 déc. 2007, *JCP E* 2008. 2178, note Lebel.

cédure pourra intervenir nonobstant l'existence de telles dettes, parce que leur paiement ne peut être obtenu tant que dure la procédure.

Il importe toutefois d'indiquer qu'il n'est pas opportun pour le débiteur de solliciter la clôture du redressement judiciaire si certaines créances importantes n'ont pas été régulièrement déclarées. En effet, leur inopposabilité à la procédure collective ne dure logiquement que le temps de la procédure collective, de sorte que le créancier retrouve son droit de poursuites individuelles après la clôture du redressement judiciaire pour insuffisance d'actif. Au contraire, depuis l'ordonnance du 18 décembre 2008[1], une règle spéciale prévoit que l'inopposabilité de la créance non déclarée subsiste après complète exécution du plan de sauvegarde ou de redressement. Il est donc largement préférable pour le débiteur désireux de se débarrasser d'une partie de son passif, en présence d'importantes créances non déclarées régulièrement, d'obtenir un plan de redressement plutôt que de solliciter la clôture de sa procédure de redressement judiciaire.

Le redressement judiciaire ne rend pas exigibles les dettes non échues. En conséquence, seules les créances exigibles au jour où le tribunal doit statuer sur la clôture doivent être prises en compte, sans distinguer selon qu'elles sont antérieures ou postérieures au jugement d'ouverture.

L'article L. 631-16 du code de commerce n'ajoute, *a priori*, pas d'autres conditions. Notamment, il n'est pas nécessaire, selon ce texte, que la pérennité de l'entreprise soit assurée.

L'article L. 631-16 du code de commerce ne fait aucune obligation au juge de prononcer la clôture de la procédure si les conditions de cette disposition sont réunies, c'est-à-dire si le débiteur dispose des sommes suffisantes pour désintéresser les créanciers et acquitter les frais et les dettes afférents à la procédure. En effet, l'article L. 631-16 du code de commerce précise que « le tribunal peut mettre fin à celle-ci », c'est-à-dire à la procédure collective si les conditions sont réunies. Le texte n'ouvre donc au tribunal qu'une faculté. La Cour de cassation l'a bien précisé dans une décision « la cour d'appel n'a fait qu'user du pouvoir souverain qu'elle tient de l'article L. 631-16 du code de commerce, dans sa rédaction issue de la loi du 26 juillet 2005 de sauvegarde des entreprises, en ne faisant pas usage de la faculté offerte par ce texte de mettre fin au redressement judiciaire »[2]. Ainsi, seule importe à la Cour de cassation, le fait que la cour d'appel ait fait usage de sa faculté, ce qui suppose qu'elle apprécie les éléments de nature à la conduire à décider que la clôture de la procédure doit ou non intervenir. Il y a là une appréciation en opportunité. Parmi les éléments d'appréciation de l'opportunité, peut figurer la pérennité de l'entreprise. L'importance de cet élément nous paraît pourtant devoir être singulièrement relativisé. Pourquoi ? Tout simplement parce qu'un débiteur qui a cessé son activité peut obtenir un redressement judiciaire, voire, depuis la loi de sauvegarde des entreprises, un plan de redressement. La pérennité de l'entreprise n'étant pas un critère d'ouverture du redressement judiciaire et ne constituant pas davantage un critère d'adoption du plan de redressement, cette dernière ne doit pas être érigée en élément déterminant de la clôture du redressement judiciaire pour extinction du passif. Le débiteur peut parfaitement souhaiter mettre un terme à son activité, après avoir payé tout son passif.

Les modalités procédurales de la clôture sont précisées : le tribunal doit statuer à la demande du débiteur. Lui seul a donc qualité pour solliciter cette clôture, alors que d'autres y ont intérêt, notamment les créanciers postérieurs dont la créance est née irrégulièrement et qui ne pourront être payés, par principe, pendant la procédure, leurs créances étant « hors procédure », ou encore les créanciers astreints à déclarer leur créance au passif et qui s'en sont abstenus et dont la créance est inopposable à la procédure collective, mais qui peuvent, après clôture, reprendre leurs poursuites.

L'audition du débiteur, de l'administrateur, du mandataire judiciaire, des contrôleurs, des représentants du comité d'entreprise ou défaut des délégués du personnel s'impose. L'avis du ministère public doit être recueilli. Le respect de ces obligations semble conduire à décider qu'une cour d'appel, saisie d'une demande de réformation du jugement de liquidation judiciaire, ne pourrait directement décider la clôture du redressement judiciaire. Elle semble devoir réformer le jugement de liquidation judiciaire et renvoyer l'affaire devant le tribunal, aux fins que ce dernier, dans un second temps, prononce la clôture du redressement judiciaire[3].

L'article R. 631-25 du code de commerce prévoit que cette décision de clôture de la procédure est immédiatement suivie d'un compte rendu de fin de mission déposé par les mandataires de justice dans les conditions des articles R. 626-39 et R. 626-40, l'article R. 626-41 étant applicable (v. s^s n° 361.32). Il faut ici noter que le compte rendu de fin de mission est postérieur à la clôture, ce que ne prévoyait

1. Ord. n° 2008-1345, 18 déc. 2008, préc.

2. Com. 16 déc. 2008, n° 07-22.033, *Bull. civ.* IV, n° 212; n° 1358 F-P+B; *D.* 2009. AJ 94, note Lienhard; *JCP E* 2009. 1347, n° 2, obs. M. Cabrillac; *Act. proc. coll.* 2009/2, n° 32, note Régnaut-Moutier; *Defrénois* 2009. 38973, p. 1405, n° 6, note Gibirila; *LXB hebdo* n° 334, 22 janv. 2009, n° A9120eBE, note Le Corre.

3. AINSI : Paris, 16 déc. 2008, RG n° 08/10687.

pas le projet de décret dans sa version d'origine, qui indiquait, au contraire, que la décision était rendue au vu d'un compte rendu de mission. La modification a pour objet l'accélération de la clôture, car la procédure est pénalisante pour le débiteur, alors que, par hypothèse, elle n'est plus justifiée.

Cette décision est communiquée, comme le jugement d'ouverture, aux mandataires de justice désignés par la juridiction, au procureur de la République et au trésorier-payeur général du département dans lequel le débiteur a son siège ainsi qu'à celui du département dans lequel il a son principal établissement (C. com., art. R. 631-25 [anc[t] D. 28 déc. 2005[1], art. 193]). Elle fait l'objet des publicités prévues à cet article, notamment la publicité au *Bodacc* (v. s[s] n° 233.34). Si le débiteur est commerçant, le jugement mettant fin au redressement judiciaire est mentionné d'office au registre du commerce et des sociétés (D. 30 mai 1984[2], art. 36-3, 9°, réd. D. 28 déc. 2005, art. 353, 9°).

Lorsqu'une créance a été déclarée au passif, mais qu'aucune décision n'est intervenue sur cette créance, la clôture pour extinction du passif du redressement ou de la liquidation judiciaire ne fait pas obstacle à la possibilité pour le créancier de poursuivre le recouvrement de sa créance devant sa juridiction naturelle[3].

411.16 Durée de la période d'observation dans la sauvegarde financière accélérée issue de la loi du 22 octobre 2010[4]. La sauvegarde financière accélérée a été créée par l'article 57, I de la loi du 22 octobre 2010. L'article L. 628-6, alinéa 1 du code de commerce (réd. L. 22 oct. 2010, art. 57) pose une règle particulière pour l'adoption du plan de sauvegarde financière accélérée. La solution a été conservée par l'ordonnance du 12 mars 2014[5] (C. com., art. L. 628-10, al. 2 – v. s[s] n° 411.18).

Le tribunal doit ici arrêter le plan dans le mois à compter du jugement d'ouverture de la procédure. Le tribunal doit, dans le jugement d'ouverture, fixer la date de l'audience. Dans les huit jours, sont informés par le greffier de la date de cette audience, le ministère public, l'administrateur judiciaire et le mandataire judiciaire. Le débiteur, les contrôleurs et les institutions représentatives du personnel sont convoqués par lettre recommandée avec demande d'avis de réception. Ce délai peut être prorogé d'un mois. Il est ajouté que, à défaut d'adoption du plan dans ces délais, le tribunal met fin à la procédure, par voie de saisine d'office, précise le décret. Il peut également être saisi à cette fin, par voie de requête, par le ministère public, l'administrateur, le mandataire judiciaire. Dans tous ces cas, le débiteur est convoqué par le greffier par lettre recommandée avec demande d'avis de réception. Le tribunal peut enfin être saisi par voie d'assignation, par un créancier. Le jugement de clôture est notifié au débiteur et communiqué aux personnes citées à l'article R. 621-7. Il fait l'objet des publicités de l'article R. 621-8.

L'administrateur et le mandataire judiciaires déposent, sans délai, un compte rendu de fin de mission, dans les conditions classiques.

Il n'y a donc pas place à une conversion en sauvegarde classique. La solution se justifie par l'observation que la sauvegarde financière accélérée ne concerne que certains créanciers – ceux membres du comité des établissements de crédit et les obligataires. Il nous semble également inconcevable, même si la lettre des textes ne l'interdit pas expressément[6], que la sauvegarde financière accélérée soit convertie en redressement judiciaire ou en liquidation judiciaire en cas d'apparition de l'état de cessation des paiements[7]. Cet état conduira à mettre fin à la sauvegarde pour impossibilité de présentation d'un plan de sauvegarde financière accélérée. Un argument d'analogie semble utilisable. Le législateur n'accepte pas le passage de la sauvegarde financière accélérée à la sauvegarde de droit commun car il ne peut être question de faire courir des délais d'action contre les créanciers initialement non concernés par cette procédure semi collective et c'est pourquoi il importe qu'une véritable rupture entre les procédures soit assurée. Cette observation vaut que l'on envisage la conversion de la sauvegarde financière accélérée en une sauvegarde de droit commun ou la conversion de cette première procédure en un redressement ou en une liquidation judiciaire.

À la réflexion, il semble bien que puisse prospérer une analyse très tranchée, selon laquelle, en sauvegarde financière accélérée, il n'y a pas de période d'observation[8]. D'autres auteurs évoquent une procédure « pratiquement dépourvue de période d'observation »[9].

Il y a certes une période de préparation du plan, extrêmement réduite, mais l'observation de l'entreprise, en tant que telle, a eu lieu en amont, pendant la procédure de conciliation. Bien que l'article L. 628-1, alinéa 1 du code de commerce (réd. L. 22 oct. 2010) énonce que la sauvegarde financière accélérée est soumise aux règles applicables à la

1. D. n° 2005-1677, 28 déc. 2005, *JO* 29 déc., p. 20324.
2. D. n° 84-406, 30 mai 1984, *JO* 31 mai, p. 1699.
3. Com. 15 avr. 2008, n° 07-10.359, NP; n° 521 F-D; *Act. proc. coll.* 2008/8, n° 128, note Régnaut-Moutier; *JCP E* 2008, Chron. 2062, n° 17, obs. Pétel.
4. L. n° 2010-1249, 22 oct. 2010, *JO* 23 oct., p. 18984.
5. Ord. n° 2014-326, 12 mars 2014, préc.
6. LIENHARD, 4e éd., n° 94.17.
7. PÉROCHON, 10e éd., n° 1090.
8. RAPPR. : Vallens, « La sauvegarde financière accélérée est-elle une procédure collective », *RTD com.* 2011. 644.
9. PÉROCHON, 10e éd., n° 555.

sauvegarde, d'où se déduirait l'application des règles de la période d'observation, il faut bien apercevoir qu'il n'existe ici pas d'élaboration d'un bilan économique et social. Plus fondamentalement, les délais de la procédure sont incompatibles avec certains corps de règles, notamment celles relatives à la continuation des contrats en cours ou encore celles intéressant les revendications des propriétaires de meubles. En effet, l'administrateur judiciaire, qui a seul qualité pour se positionner sur la continuation des contrats en cours, cessera d'être en fonction avant expiration des délais pour répondre sur la poursuite des contrats en cours. Le délai de l'action en revendication n'aura, le plus souvent, même pas commencé à courir lorsque la procédure de sauvegarde financière accélérée aura pris fin, alors que, ici encore, lui seul doit se prononcer sur une demande en revendication.

Ce sont, peut-être là, autant de difficultés que le législateur n'avait pas aperçues, lorsqu'il a posé en règle que la sauvegarde financière accélérée n'était qu'une variante de la sauvegarde. Quoi qu'il en soit, le fait que l'article L. 628-1, alinéa 1 du code de commerce, fasse, *in fine*, réserve des dispositions du présent chapitre autorise une telle dérogation.

Au final, il faut donc comprendre que seules les règles relatives à l'élaboration et à l'adoption du plan de sauvegarde s'appliquent à la sauvegarde financière accélérée, non celles relatives à la période d'observation. D'ailleurs, des règles extrêmement aménagées concernent la question de la déclaration de créance, qui relève aussi, selon le code de commerce, de la période d'observation de la sauvegarde, puisqu'elles figurent dans le chapitre 2 du titre 2 du livre VI du code de commerce (C. com., art. L. 622-24 s.). De même, des règles particulières sont prévues pour la désignation des contrôleurs (v. s^s^ n° 612.11).

411.17 Durée de la période d'observation dans la sauvegarde accélérée. L'ordonnance du 12 mars 2014[1] a créé la procédure de sauvegarde accélérée en reprenant les règles de la sauvegarde financière accélérée posées par la loi du 22 octobre 2010[2], aux articles L. 628-1 à L. 628-8 du code de commerce, mais en allongeant le délai d'adoption du plan de sauvegarde pour le porter à trois mois, ce délai n'étant pas renouvelable. À défaut d'adoption d'un plan dans ce délai, il est mis fin à la procédure. Il n'y a pas ici place à conversion[3].

411.18 Durée de la période d'observation dans la sauvegarde financière accélérée issue de l'ordonnance du 12 mars 2014[4]. Après avoir créé la sauvegarde accélérée, l'ordonnance du 12 mars 2014 précise que, dans certaines circonstances (v. s^s^ n° 225.13), le tribunal pourra, à la demande du débiteur, limiter la procédure aux seuls créanciers *financiers* (*C. com.*, art. L. 628-9). Il y aura alors sauvegarde financière accélérée. Cette procédure devient une variante de la sauvegarde accélérée, à laquelle elle emprunte nombre de ses règles. Le plan devra ici être adopté, comme cela était déjà le cas sous l'empire de la loi du 22 octobre 2010[5] (v. s^s^ n° 411.16), dans le délai d'un mois, ce délai étant renouvelable une fois. À défaut, il est mis fin à la procédure, sans conversion possible.

SECTION 411.20

RENOUVELLEMENT DE LA PÉRIODE D'OBSERVATION

411.21 Possibilité de renouvellement de la période d'observation. La période d'observation peut faire l'objet d'un renouvellement. Sous l'empire de la législation antérieure à la loi de sauvegarde des entreprises[6], la demande aux fins de renouvellement de la période d'observation pouvait émaner, tant en régime général (C. com., art. L. 621-6, al. 2), qu'en régime simplifié (C. com., art. L. 621-136) du débiteur, du procureur de la République ou de l'administrateur, s'il en avait été nommé un. Le renouvellement pouvait également intervenir d'office.

La loi de sauvegarde des entreprises reprend partiellement les solutions, mais modifie l'auteur de la saisine sur deux points : le renouvellement de la période d'observation peut être demandé au tribunal par l'administrateur judiciaire, le débiteur et le ministère public, qui remplace ici le procureur de la République (C. com., art. L. 621-3, texte de la procédure de sauvegarde applicable en redressement judiciaire : C. com., art. L. 631-7). Dans la logique de la suppression des pouvoirs de saisine d'office du tribunal, la législation du 26 juillet 2005 supprime la possibilité pour le tribunal de renouveler d'office la période d'observation.

Le renouvellement est décidé par un jugement rendu après rapport du juge-commissaire, et après avis du procureur de la République, les observations du débiteur, de l'administrateur, du représentant des créanciers et des contrôleurs étant recueillies (D. 27 déc. 1985[7], art. 20, al. 3). Les avis du mandataire de justice seront motivés et donnés par écrit

1. Ord. n° 2014-326, 12 mars 2014, préc.
2. L. n° 2010-1249, 22 oct. 2010, préc.
3. LIENHARD, 6e éd., n° 95.15.
4. Ord. n° 2014-326, 12 mars 2014, préc.
5. L. n° 2010-1249, 22 oct. 2010, préc.
6. L. n° 2005-845, 26 juill. 2005, préc.
7. D. n° 85-1388, 27 déc. 1985, préc.

s'ils sont négatifs[1]. Le président du tribunal doit fixer l'affaire au rôle du tribunal au plus tard dix jours avant l'expiration de chaque période fixée par celui-ci. Le greffier convoque à cette audience, appelée en pratique « audience de renouvellement de période d'observation » le débiteur, les mandataires, les contrôleurs et en avise le procureur de la République (D. 27 déc. 1985, art. 20, al. 2 et 111, al. 2).

La loi de modernisation de la justice du XXIe siècle, dont la disposition en cause ne sera pas applicable aux procédures en cours, modifie l'article L. 621-3, alinéa 1, pour préciser que le renouvellement est enfermé dans une durée maximale de six mois. Il nous semble cependant que cette disposition est interprétative.

Le législateur de 1994 avait pris diverses mesures pour éviter le déferlement de dettes de l'article 40 restant impayées à l'issue de la période d'observation, et même à la clôture de la procédure. Signalons ainsi l'obligation d'information à la fin de chaque période de poursuite d'activité fixée par le tribunal, cette obligation étant maintenue dans la législation de sauvegarde des entreprises (v. s[s] n° 421.12).

L'importance des dettes postérieures non payées est toujours d'actualité. C'est pour lutter contre cet état de fait que le projet de loi de sauvegarde des entreprises entendait aller plus loin et envisageait l'obligation pour l'administrateur et, en son absence, pour le débiteur, de remettre au juge-commissaire un rapport sur la capacité du débiteur à payer ses dettes d'exploitation nées après le jugement d'ouverture (art. 29 du projet intéressant la sauvegarde applicable également en redressement judiciaire). L'Assemblée nationale[2] a fait disparaître ce rapport dans le cadre de la procédure de sauvegarde, le maintenant en revanche, pour la procédure de redressement judiciaire. Le Sénat s'est contenté de réécrire la disposition, sans la modifier sur le fond. Il résulte, en conséquence, de l'article L. 631-15, I, du code, texte applicable en redressement judiciaire et non en sauvegarde, que, au vu de ce rapport, le tribunal statue au plus tard au terme d'un délai de deux mois à compter du jugement d'ouverture sur la poursuite d'activité. Il est donc impératif que ce rapport soit établi avant l'expiration de ce délai de deux mois. Au vu de ce rapport, le tribunal décidera, en application de l'article L. 631-15, I, du code de commerce, la poursuite de la période d'observation. Il ne peut être affirmé, contrairement à l'opinion d'un auteur, que, en redressement judiciaire, la durée initiale de la période d'observation ne peut être supérieure à deux mois[3]. Il est en revanche vrai de soutenir qu'une durée initiale fixée au-delà de deux mois sera nécessairement conditionnelle[4], un rapport contenant des éléments négatifs sur la capacité de l'entreprise à payer ses dettes d'exploitation couvertes par le traitement préférentiel réservé aux créances postérieures devant logiquement avoir pour effet d'entraîner une décision mettant fin à la période d'observation. *Si le mandataire judiciaire ne dispose* d'aucun élément lui permettant de prendre position sur le renouvellement de la période d'observation et sur la faculté de présentation d'un plan de redressement, alors qu'il a réclamé au débiteur une situation comptable depuis l'ouverture de la procédure, ainsi qu'une situation provisionnelle et ses propositions de redressement, le renouvellement de la période d'observation s'avère impossible et il y a place à conversion du redressement en liquidation judiciaire[5].

Pour les agriculteurs, la date fixée par le tribunal en fonction de l'expiration de l'année culturale conditionne la date à laquelle il statuera sur la poursuite d'activité au vu du rapport. L'article L. 631-15, I, alinéa 1 énonce ainsi que « lorsque le débiteur exerce une activité agricole, ce délai (de dépôt du rapport) peut être modifié en fonction de l'année culturale en cours et des usages spécifiques aux productions de cette exploitation ».

Le tribunal décidera la poursuite de l'activité si l'entreprise dispose de capacités de financement suffisantes pour payer ses dettes d'exploitation. En clair, l'impossibilité de payer les dettes postérieures nées régulièrement pour les besoins de la procédure, de la période d'observation ou en contrepartie d'une prestation fournie au débiteur pendant la période d'observation – uniquement pour les besoins de l'activité professionnelle sous l'empire de la rédaction d'origine de la loi de sauvegarde des entreprises –, constitue le critère de conversion immédiate en liquidation judiciaire. La solution ne peut qu'être approuvée. En effet, si l'entreprise ne peut pas payer ses dettes courantes d'exploitation, on voit mal qu'elle puisse obtenir un plan de redressement, pendant le déroulement duquel elle devra payer, non seulement ses dettes courantes d'exploitation, mais encore son passif antérieur, qui aura fait l'objet d'un moratoire.

En l'absence d'administrateur judiciaire, ce rapport devra être établi par le débiteur (C. com., art. L. 631-15, I, al. 2).

Le tribunal qui n'est pas en possession du rapport, au jour où il doit statuer sur la poursuite d'exploitation, n'a, *a priori*, qu'une seule possibilité :

1. IFPPC 1999, recomm. n° 2081-1, p. 55.
2. Amend. n° 151, Xavier de Roux, *Rapp. Xavier de Roux*, n° 2095, p. 355, 356.
3. VIDAL, 2206, n° 528.
4. JACQUEMONT ET VABRES, 9e éd., n° 331.
5. Paris, 3e ch., 23 sept. 2008, RG n° 2007/16902.

convertir le redressement en liquidation judiciaire, à moins d'être convaincu de l'existence de capacités suffisantes de financement de la période d'observation[1].

La technique devrait être protectrice des administrateurs judiciaires très souvent assignés en responsabilité civile pour des dettes d'exploitation non payées, car ils ne seront plus au premier rang, dès lors qu'ils auront fait leur rapport objectif. La décision de conversion peut en effet être librement et de façon éclairée prise par le tribunal.

Le jugement de renouvellement de la période d'observation n'a pas à être publié au *Bodacc*. Il est seulement mentionné aux registres et répertoires prévus à l'article 21 du décret du 27 décembre 1985, de l'article R. 621-8 du code de commerce (anc^t D. 28 déc. 2005[2], art. 63). L'article R. 621-9, alinéa 3, issu de la rédaction que lui donne le décret du 30 juin 2014[3] (art. 35) vise plus précisément les registres ou répertoires visés aux trois premiers alinéas de l'article R. 621-8. Il doit être communiqué aux personnes visées à l'article R. 621-7 : mandataires de justice, procureur de la République, contrôleurs et trésorier-payeur général du département dans lequel le débiteur a son siège ou son principal établissement.

L'article 20 alinéa 5 du décret du 27 décembre 1985 prévoit que si la période d'observation est prolongée, les délais prévus au titre I et II du présent décret (ces titres étant respectivement consacrés au régime général et au régime simplifié) peuvent être allongés par ordonnance du juge-commissaire rendue d'office ou à la demande de l'administrateur, du débiteur ou du représentant des créanciers. Ce texte exclut cependant les délais de saisine des juges et des voies de recours, ce qui doit, à notre sens, conduire à exclure l'application du texte aux délais de déclaration de créances et de revendication.

L'article R. 621-9 du code de commerce (anc^t D. 28 déc. 2005, art. 64) ne reprend pas la solution, qui faisait naître plus de doute qu'elle ne réglait de problèmes.

Si le tribunal prolonge la période d'observation, l'administrateur, dans son rapport d'activité visé à l'article 57 du décret du 27 décembre 1985, à l'article R. 622-9 du code de commerce (anc^t D. 28 déc. 2005, art. 85), veillera à informer le tribunal de l'évolution de l'activité, des perspectives de règlement du passif d'exploitation et des perspectives éventuelles de redressement[4].

Si le débiteur est commerçant, la décision de prolongation de la période d'observation est mentionnée d'office au registre du commerce et des sociétés, avec l'indication, le cas échéant, des pouvoirs de l'administrateur judiciaire (D. 30 mai 1984[5], art. 36-3, 3°, réd. D. 28 déc. 2005, art. 353, 3°, disposition non codifiée).

> Renouvellement exceptionnel de la période d'observation. L'article L. 621-6 du code de commerce, sous l'empire de la législation antérieure à la loi de sauvegarde des entreprises, qui n'intéresse que la procédure de redressement judiciaire du régime général, prévoit la possibilité d'un renouvellement exceptionnel de la période d'observation. La demande ne peut être présentée que par le procureur de la République.

L'article L. 621-3 alinéa 1, dans la rédaction que lui donne la loi du 26 juillet 2005, confirme la possibilité d'un renouvellement exceptionnel de la période d'observation de la procédure de sauvegarde. Il réserve cette initiative au procureur de la République, sans l'attribuer au ministère public, contrairement à la reconnaissance de principe opérée par la loi de sauvegarde des entreprises des prérogatives du procureur de la République au ministère public. Ce texte s'applique par renvoi de textes à la procédure de redressement judiciaire (C. com., art. L. 631-7).

L'article R. 621-9, alinéa 1 du code de commerce précise que le renouvellement de la période d'observation est limité à six mois. La loi de modernisation de la justice du XXIe siècle modifie l'article L. 621-3, alinéa 1, pour préciser que le renouvellement de la période d'observation est enfermé dans une durée maximale de six mois. Ainsi, la durée du renouvellement exceptionnel est-elle désormais enfermée dans les contraintes de la loi, et non plus seulement du règlement.

L'article 20 alinéa 2 du décret du 27 décembre 1985 et l'article R. 621-9 alinéa 2 du code de commerce (anc^t D. 28 déc. 2005, art. 64, al. 2) précisent qu'il appartient au président du tribunal de fixer l'affaire au rôle de la juridiction au plus tard dix jours avant l'expiration de chaque période d'observation. Sont convoqués à cette audience par le greffier, les organes de la procédure, le débiteur et les contrôleurs. Le procureur de la République et, sous l'empire de la loi de sauvegarde des entreprises, le ministère public, sont avisés. Le tribunal statue, précisent l'alinéa 3 des articles 20 du décret du 27 décembre 1985 et R. 621-9 du code de commerce (anc^t D. 28 déc. 2005, art. 64, al. 3), au vu du rapport du juge-commissaire et de l'avis du procureur de la République – ministère public depuis la

1. *Rapp. J.-J. Hyest*, n° 335, p. 338.
2. D. n° 2005-1677, 28 déc. 2005, préc.
3. D. n° 2014-736, 30 juin 2014, *JO* 1er juill., p. 10834.
4. IFPPC 1999, recomm. n° 2110, p. 58.
5. D. n° 84-406, 30 mai 1984, préc.

loi de sauvegarde des entreprises. La capacité de financer les dettes de la période d'observation et le sérieux de l'éventualité d'un plan seront éléments décisifs dans cette appréciation.

La durée du renouvellement est limitée à huit mois par l'article 20 alinéa 1 du décret du 27 décembre 1985.

Le décret du 28 décembre 2005 limite ce renouvellement à six mois (C. com., art. R. 621-9, al. 1). La loi de modernisation de la justice du XXIe siècle modifie l'article L. 621-3, alinéa 1, pour préciser que le renouvellement exceptionnel de la période d'observation est enfermé dans une durée maximale de six mois. Ainsi, la durée du renouvellement exceptionnel est-elle désormais enfermée dans les contraintes de la loi, et non plus seulement du règlement.

Ce renouvellement à la demande du procureur de la République doit, comme l'indique le texte, rester exceptionnelle. Les travaux préparatoires, à l'occasion de la loi du 25 janvier 1985[1], ont insisté sur ce caractère[2]. La loi de sauvegarde ne fait que reprendre le dispositif antérieur. Ce caractère très exceptionnel subsiste donc. C'est pourquoi le ministère public doit être suffisamment éclairé par les organes de la procédure collective, et spécialement l'administrateur judiciaire, pour solliciter ce renouvellement exceptionnel[3].

411.22 Voies de recours sur les jugements de renouvellement de la période d'observation. Les décisions autorisant le renouvellement de la période d'observation ne sont, par principe, pas susceptibles de voie de recours.

Les tiers ne peuvent d'abord former de tierce opposition.

Les parties, ensuite, ne peuvent les frapper d'appel, solution posée par exemple pour le débiteur[4], qui est en conséquence irrecevable en sa demande d'omission de statuer sur l'arrêté du plan présenté[5]. Le débiteur ne peut davantage, à l'occasion d'une instance statuant sur le renouvellement de la période d'observation, contester la compétence du tribunal qui a ouvert la procédure collective[6].

Seul le ministère public a qualité pour interjeter appel d'un jugement renouvelant la période d'observation, tant sous le régime antérieur à la loi du 26 juillet 2005[7] (C. com., art. L. 623-6), que sous le régime de la loi du 26 juillet 2005 (C. com., art. L. 661-6, I, 2°). Sa décision pourra être motivée par le constat du dépassement des durées de période d'observation, ce qui interdit par principe toute prorogation de période d'observation. Elle pourra aussi trouver sa raison d'être dans le constat de l'impossibilité d'assurer le redressement recherché.

L'arrêt que rend la cour d'appel n'est susceptible ni de tierce opposition, ni de pourvoi en cassation (C. com., art. L. 623-7, avant la loi de sauvegarde, C. com., art. L. 661-7, depuis la loi de sauvegarde).

Les décisions refusant le renouvellement de la période d'observation ont aussi pour effet d'entraîner le prononcé d'une solution pour l'entreprise. Le principe n'est plus absolu, depuis la loi de sauvegarde des entreprises, du fait de la fin obligatoire de la procédure collective si, à l'issue de la période d'observation de la sauvegarde, un plan de sauvegarde n'est pas adopté, sans conversion de la procédure en redressement ou en liquidation judiciaire. Quoi qu'il en soit, les décisions refusant le renouvellement de la période d'observation ne sont réglementées que sous l'angle de la décision qui arrête une solution, quant à la détermination des voies de recours susceptibles d'être exercées à leur encontre.

1. L. n° 85-98, 25 janv. 1985, préc.
2. Interv. Badinter, 2e séance, 6 avr. 1984, *JOAN CR 6 avr.* 1984, p. 1240.
3. T. com. Valenciennes, 2e ch., 1er déc. 2014,3 jugements, *Act. proc. coll.* 2015/6, comm. 85, note Cagnoli.
4. Civ. 2e, 21 oct. 2004, n° 02-20.728, *Bull. civ.* II, n° 463; *JCP E* 2005, jur. 182, p. 191, note Legros.
5. Civ. 2e, 21 oct. 2004, n° 02-20.728, préc.
6. Montpellier, 2e ch., 16 févr. 2010, RG n° 08/09082, *Rev. proc. coll.* 2011, comm. 1, note Lebel.
7. L. n° 2005-845, 26 juill. 2005, préc.

CHAPITRE

412. Régime général et régime simplifié du redressement judiciaire – Législation antérieure à la loi du 26 juillet 2005

SECTION 0

ORIENTEUR

412.00 **Plan du chapitre.**

Sect.	412.10	Présentation générale du régime général et du régime simplifié
Sect.	412.20	Critères du régime général et du régime simplifié
Sect.	412.30	Passerelle du régime simplifié au régime général
Sect.	412.40	Suppression de la distinction régime général – régime simplifié par la réforme du 26 juillet 2005

412.01 **Textes applicables.** (V. les références complètes s[s] n° 011).

> Législation antérieure à la loi de sauvegarde des entreprises.

C. com., art. L. 620-2, L. 621-133, L. 621-134

D. 27 déc. 1985, art. 1, al. 3

412.03 **Bibliographie indicative.** (V. les références complètes s[s] n° 031).

> Actualisables. RÉP. COM., Monsérié-Bon M.-H., « Entreprises en difficulté – Redressement judiciaire (Période d'observation) », n°s 9 à 12, 18 à 20; Vauvillé F. et Dekeuwer-Défossez F., « Entreprises en difficulté – Redressement judiciaire (Procédure simplifiée) » – J.-CL. COM., Saintourens B., fasc. 3000, [Généralités sur la procédure simplifiée].

> Ouvrages antérieurs à la loi de sauvegarde des entreprises. CHAPUT, n°s 275, 276 – GUYON, n°s 1124, 1125 – KERCKHOVE, n° 200 – LE CANNU, n°s 590 à 592 – LE CORRE-BROLY, n° 70 – MARTIN ET VALLENS, n°s 3353 à 3371 – PÉROCHON ET BONHOMME, n° 138 – PÉTEL, n°s 141, 142 – RIPERT ET ROBLOT, n° 2916 – SAINT-ALARY-HOUIN, n°s 395 à 398 – SOINNE, n°s 1029-1 à 1032 – VALLANSAN, p. 23, 24, 274, 275.

> Ouvrages postérieurs à la loi de sauvegarde des entreprises. ROUSSEL GALLE, n° 319.

> Articles. May J.-Cl., « L'utilisation des seuils dans le nouveau droit des entreprises en difficulté », *LPA* 25 oct. 1985, n° 128.

412.04 **Question essentielle.**

• Une entreprise soumise au régime simplifié peut-elle bénéficier des règles du régime général ?

* V. s[s] n° 412.31.

SECTION 412.10

PRÉSENTATION GÉNÉRALE DU RÉGIME GÉNÉRAL ET DU RÉGIME SIMPLIFIÉ

412.11 **Règles générales.** Le code de commerce consacre son livre sixième aux difficultés d'entreprises. Le titre II traite « du redressement et de la liquidation judiciaires des entreprises ». Le code de commerce et le décret d'application de la loi du 25 janvier 1985 [1] prévoient un corps de règles de principe, dans le chapitre premier intitulé « du redressement judiciaire ». Il s'agit des articles L. 621-1 à L. 621-15, L. 621-16, L. 621-18 à L. 621-53, L. 621-54 à L. 621-61, L. 621-62 à L. 621-132 du code de commerce (anc[t] L. 25 janv. 1985, art. 3 à 136) et dans le décret, des articles 6 à 109. Bien qu'elles soient présentées comme des règles de principe, elles n'ont qu'une application d'exception. En effet, les entreprises ne se voient appliquer les dispositions du

1. L. n° 85-98, 25 janv. 1985, *JO* 26 janv., p. 1097.

régime général que si elles répondent à certains critères restrictifs.

Le chapitre premier ci-dessus évoqué contient une section V consacrée à la « procédure simplifiée applicable à certaines entreprises ». Il en est de même du titre II du décret. Dans le code de commerce, il s'agit des articles L. 621-133 à L. 621-143 dans le décret des articles 110 à 118.

412.12 Appréciation du dispositif légal. Malgré la lettre du texte visant une procédure « applicable à certaines entreprises », ce qui laisserait entendre qu'il s'agit là d'une application d'exception, ces règles constituent de très loin le principe[1]. La méthode législative consistant à considérer comme exceptionnelles les règles qui statistiquement auront vocation à s'appliquer n'est pas exempte de critique, car elle rend plus délicate l'appréhension immédiate des règles concernant l'immense majorité des procédures ouvertes en France. Cependant, ce reproche ne doit pas être exagéré. En effet, il faut décider que, à défaut de texte contraire posé par la section V du chapitre premier du livre II du livre sixième du code de commerce et par le titre II du décret du 27 décembre 1985[2], les règles du régime général auront vocation à s'appliquer au régime simplifié (C. com., art. L. 621-133). L'essentiel des adaptations tient en réalité à deux données : la présence facultative, en régime simplifié, de l'administrateur judiciaire (v. s^s^ n° 371.11) et le raccourcissement des délais de la période d'observation en régime simplifié.

SECTION 412.20
CRITÈRES DU RÉGIME GÉNÉRAL ET DU RÉGIME SIMPLIFIÉ

412.21 Critères du régime général et du régime simplifié. Pour bénéficier des règles du régime général, les entreprises doivent employer au moins 51 salariés ou réaliser au moins 20 millions de chiffre d'affaires hors taxes par an, soit, à compter du 1er janvier 2002, 3 000 000 euros.

Le chiffre d'affaires est défini conformément aux dispositions de l'article 17 alinéa 5 du décret du 29 novembre 1983[3]. Le montant net du chiffre d'affaires est égal au montant des ventes de produits et services liés à l'activité courante, diminué des réductions sur ventes, de la taxe sur la valeur ajoutée et des taxes assimilées. Le seuil relatif au chiffre d'affaires s'apprécie à la date de la clôture du dernier exercice comptable.

Le nombre de salariés pris en compte est celui existant à la date de la saisine de la juridiction (D. 27 déc. 1985[4], art. 1er, al. 3).

Dès lors que l'un de ces deux critères existe, l'entreprise relèvera du régime général[5].

Les règles du régime simplifié trouvent application, dès lorsque l'entreprise a au plus cinquante salariés et réalise moins de vingt millions de chiffre d'affaires hors taxes par an (C. com., art. L. 620-2 [anc^t^ L. 25 anv. 1985[6], art. 2, al. 3]). Les critères sont ici cumulatifs, même si des solutions jurisprudentielles divergentes ont pu exister sur la question[7].

SECTION 412.30
PASSERELLE DU RÉGIME SIMPLIFIÉ AU RÉGIME GÉNÉRAL

412.31 Passerelle du régime simplifié au régime général. Il existe une possibilité de passerelle du régime simplifié au régime général. La pratique évoque la passerelle de l'article L. 621-134 du code de commerce. En effet, l'article L. 621-134 (anc^t^ L. 25 janv. 1985[8], art. 138) prévoit que « *jusqu'au jugement arrêtant le plan, le tribunal, à la demande du débiteur, du procureur de la République ou d'office, peut décider de faire application intégrale de la procédure prévue par le titre premier, s'il estime qu'elle est de nature à favoriser le redressement de l'entreprise* ». La disposition n'a vocation à s'appliquer que si un plan de redressement est envisagé[9]. Elle a, en pratique, pour objectif premier d'empêcher le dépassement des délais maxima de période d'observation et de poursuite d'activité. Par principe, le passage du régime simplifié au régime général est impossible en cas d'expiration des délais de la période d'observation du régime simplifié. Il en ira cependant différemment si la décision est prise par la cour d'appel, qui, annulant ou infirmant la décision des premiers juges, statue à nouveau par application de l'effet dévolutif de l'appel[10].

1. *Infostat Justice* nov. 1994, n° 39, p. 2 et *Infostat Justice* n° 18, nov.-déc. 1990, faisant état de plus de 90 % de procédures relevant du régime simplifié.
2. D. n° 85-1388, 27 déc. 1985, *JO* 29 déc., p. 15281.
3. D. n° 83-1020, 29 nov. 1983, *JO* 1er déc., p. 3461.
4. D. n° 85-1388, 27 déc. 1985, préc.
5. Amiens, 15 sept. 1986, *D.* 1987. IR 6, obs. Derrida – Douai, 11 déc. 1986, *Rev. proc. coll.* 1987/2, p. 15, obs. Cadiet.
6. L. n° 85-98, 25 janv. 1985, préc.
7. EN CE SENS : Angers, 12 mars 1986, *D.* 1986. 262, note Derrida – Dijon, 23 avr. 1986, *Gaz. Pal.* 1986. I, Somm. 220 – *CONTRA* : Nîmes, 2e ch., 4 déc. 1986, *Gaz. Pal.* 1987. I. 192, note Soinne; *JCP E* 1987. 16619, p. 312, n° 3, obs. M. Cabrillac et Vivant.
8. L. n° 85-98, 25 janv. 1985, préc.
9. V. Monsérié-Bon, citant diverses DÉCISIONS EN CE SENS : *Rev. proc. coll.* 2000, p. 9, n° 2.
10. Paris, 3e ch. C, 14 févr. 2003, RG n° 2002/18194.

À l'occasion d'une audience de renouvellement de période d'observation, le tribunal décidera de passer du régime simplifié au régime général. L'article L. 621-134 alinéa 2 du code de commerce prévoit, en ce cas, que « la durée de la période d'observation déjà écoulée s'impute sur celle prévue au 2e alinéa de l'article L. 621-6 [anct L. 25 janv. 1985, art. 8, al. 2] » (période d'observation du régime général)[1]. Le tribunal initialement saisi le restera, même s'il n'est pas compétent pour connaître des procédures relevant du régime général. En effet, le critère de compétence ne dépend pas du choix de la procédure par le tribunal, mais de critères objectifs qui n'existent pas, au jour où la procédure a été ouverte, ce qui justifie le maintien de la connaissance de l'affaire par le tribunal initialement saisi.

Le tribunal pourrait également décider d'appliquer les règles du régime général dès l'ouverture de la procédure[2].

La décision de passerelle s'analyse en une mesure d'administration judiciaire, le texte de l'article L. 621-134 évoquant une utilité, notion qui se rapproche du souci de bonne administration de la justice. En conséquence, aucune voie de recours n'apparaît recevable, même si la solution contraire a parfois été posée[3].

On précisera enfin que si aucun administrateur judiciaire n'avait été nommé, le tribunal aura l'obligation d'en nommer un[4]. Cet organe est en effet obligatoire en régime général. Sa présence aura des effets sur les nouveaux pouvoirs du débiteur (v. ss nos 421.25 s.).

SECTION 412.40
SUPPRESSION DE LA DISTINCTION RÉGIME GÉNÉRAL – RÉGIME SIMPLIFIÉ PAR LA RÉFORME DU 26 JUILLET 2005

412.41 Suppression de la distinction Régime général – Régime simplifié en redressement général. La loi du 26 juillet 2005 supprime la distinction entre le régime général et le régime simplifié du redressement judiciaire. Cela a le mérite de la cohérence, en évitant de faire passer comme une solution de principe les règles du régime général – ce qui, en pratique, ne concerne que peu des *entreprises* soumises à une procédure collective. Signalons ainsi que, en 2003, [illegible],2 % des entreprises françaises employaient au moins 50 salariés[5], alors que le seuil du régime général, au regard du nombre de salariés, était de [illegible]1 salariés.

Les deux intérêts de cette distinction tiennent, d'une part, à la durée de la période d'observation et, d'autre part, à la présence facultative ou obligatoire d'un administrateur judiciaire.

Sur le premier point, la durée de la période d'observation sera étroitement dépendante, en redressement judiciaire, du rapport prévu sur les possibilités de paiement des dettes postérieures d'exploitation.

Sur le second point, le principe est celui de la désignation d'un administrateur judiciaire, tant dans la procédure de sauvegarde, que dans la procédure de redressement judiciaire. Par dérogation, le tribunal peut ne pas nommer – c'est une faculté – un administrateur, si l'entreprise emploie moins d'un certain nombre de salariés et réalise moins d'un certain chiffre d'affaires, les seuils devant être fixés par décret. Le chiffre d'affaires est fixé à 3 000 000 d'euros et le nombre de salariés à 20 (C. com., art. R. 621-11 [anct D. 28 déc. 2005[6], art. 53 - v. ss no 371.11]). En ce cas, des dispositions particulières sont prévues. Il s'agit en réalité de certaines des anciennes règles du régime simplifié, la plupart des règles spécifiques au régime simplifié étant cependant abrogées par la loi du 26 juillet 2005[7], à savoir les articles L. 621-135, L. 621-136, L. 621-138, L. 621-140, L. 621-142 et L. 621-143. Dans ces conditions, au titre des dispositions spécifiques demeurent essentiellement : l'élaboration des plans de redressement – mais aussi désormais de sauvegarde – par le débiteur seul et le dépôt au greffe de ce projet. Demeurent également, dans la procédure de redressement judiciaire, les dispositions relatives aux licenciements.

1. ILLUSTR. : Com. 26 oct. 1999, no 97-11.805, NP.
2. T. com. Paris, 27 janv. 1986, *Gaz. Pal.* 1986. I, no 141.
3. Rennes, 21 mai 1986, *D.* 1987. IR 10, obs. Derrida – DERRIDA ET *ALII*, no 74.
4. SOINNE, no 1032.
5. *Rapp. J.-J. Hyest*, no 335, p. 170.
6. D. no 2005-1677, 28 déc. 2005, *JO* 29 déc., p. 20324.
7. L. no 2005-845, 26 juill. 2005, *JO* 27 juill., p. 12187.

TITRE

420. Poursuite de l'activité en période d'observation

SECTION 0
ORIENTEUR

420.00 Plan du titre.

Chap. 421 Règles générales de répartition des pouvoirs entre le débiteur ou les dirigeants sociaux et l'administrateur judiciaire pendant la période d'observation

Sect. 421.10 Poursuite de plein droit de l'activité en période d'observation

Sect. 421.20 Répartition des pouvoirs pendant la période d'observation

Sect. 421.30 Détermination de la mission de l'administrateur par le tribunal

Sect. 421.40 Modification de la mission de l'administrateur judiciaire

Sect. 421.50 Durée de la restriction de pouvoirs du débiteur

Sect. 421.60 Sanctions des règles relatives à la répartition des pouvoirs

Chap. 422 Habilitations données par le juge-commissaire

Sect. 422.10 Fondement du dispositif d'habilitation judiciaire

Sect. 422.20 Domaine des habilitations données par le juge-commissaire

Sect. 422.30 Compromis et transaction

Sect. 422.40 Sanctions des actes accomplis sans habilitation judiciaire – Actes purement et simplement interdits

Chap. 423 Poursuite de l'activité en location-gérance sous l'empire de la législation antérieure à la loi du 26 juillet 2005

Sect. 423.10 Conditions de la location-gérance

Sect. 423.20 Régime de la location-gérance

Sect. 423.30 Offre de reprise présentée par le locataire-gérant

Sect. 423.40 Voies de recours sur la décision autorisant la conclusion d'un contrat de location-gérance

Sect. 423.50 Suppression par la loi de sauvegarde de la location-gérance en période d'observation

420.01 Textes applicables. (V. les références complètes s[s] n° 011).

> Législation antérieure à la loi de sauvegarde des entreprises.

C. com., art. L. 621-22, L. 621-24, L. 621-26, L. 621-27, L. 621-137

D. 27 déc. 1985, art. 54, 57, 113, 115

> Législation issue de la loi de sauvegarde des entreprises.

C. com., art. L. 622-1, L. 622-3, L. 622-7, L. 622-9, L. 622-10, L. 627-1, L. 631-12, L. 631-15, L. 631-21

C. com., art. R. 621-20 (anc[t] D. 28 déc. 2005, art. 71), R. 622-1 (anc[t] D. 28 déc. 2005, art. 77), R. 622-6 (anc[t] D. 28 déc. 2005, art. 82), R. 622-9 (anc[t] D. 28 déc. 2005, art. 85), R. 622-10 à R. 622-12 (anc[t] D. 28 déc. 2005, art. 86, I, 86, II, et 87), R. 631-16 et R. 631-17 (anc[t] D. 28 déc. 2005, art. 185 et 186), R. 631-19 à R. 631-22 (anc[t] D. 28 déc. 2005, art. 188 à 191), R. 641-20 (anc[t] D. 28 déc. 2005, art. 233)

> Législation issue de l'ordonnance du 18 décembre 2008.

C. com., art. L. 622-1, L. 622-3, L. 622-7, L. 622-9, L. 622-10, L. 627-1, L. 631-12, L. 631-15, L. 631-21

C. com., art. R. 621-20, R. 622-1, R. 622-6, R. 622-9 à R. 622-12, R. 631-16, R. 631-17, R. 631-19 à R. 631-22, R. 641-20

> Législation issue de l'ordonnance du 9 déc. 2010.

C. com., art. L. 680-1, L. 680-4, L. 680-6

> Législation issue de l'ordonnance du 12 mars 2014.

C. com., art. L. 622-7, II, L. 622-10

C. com., art. R. 621-9, R. 622-1, R. 622-6, R. 631-23

420.03 **Bibliographie indicative.** (V. les références complètes s^s^ n° 031).

> Actualisables. Avant LSE : RÉP. COM., Monsérié-Bon M.-H., « Entreprises en difficulté – Redressement judiciaire (Période d'observation) », n°s 56 à 130, 261 à 283 – J.-CL. COM., Amlon G., fasc. 2315, [Sort des dirigeants] – Delebecque Ph., fasc. 2325, [Poursuite d'activité]; fasc. 2330, [Administration de l'entreprise]; Mascala C., fasc. 2345, [Location-gérance] – Depuis LSE : J.-CL. COM., Dumont-Lefrand M.-P., fasc. 2325, [Situation du débiteur], 2008 – J.-CL. COM., Martin-Serf A., fasc. 2330, [Administration de la personne morale], 2013 – Houin-Bressand C. et Saint-Alary-Houin C., fasc. 2345, [Location-gérance], 2010 – J.-CL. COM., Legros J.-P., [sort des dirigeants], 2014.

> Ouvrages antérieurs à la loi de sauvegarde des entreprises. CHAPUT, n°s 320 à 346 – GUYON, n°s 1180, 1183, 1197, 1203 à 1205, 1210 à 1220 – JACQUEMONT, n°s 258 à 263, 276, 277 – LE CANNU ET *ALII*, n°s 399 à 402, 550 à 552, 555, 597 à 600, 633 à 641, 647 à 663, 1528, 1529, 1531 à 1537 – LE CORRE-BROLY, n°s 138 à 154 – MARTIN ET VALLENS, n°s 2990 à 3006 – PÉROCHON ET BONHOMME, n°s 158 à 174, 226 à 228 – PÉTEL, n°s 157 à 174, 181 à 183 – Prat, *La concurrence des pouvoirs dans les sociétés en difficulté*, th., Toulouse, 2001 – RIPERT ET ROBLOT, n°s 2939 à 2941, 2943, 3033 à 3037, 3044, 3045, 3067 à 3069-1 – SAINT-ALARY-HOUIN, n°s 491 à 515, 523 à 525, 533 à 535 – SOINNE, n°s 1033-1, 1230 à 1236, 1278 à 1303, 1428 à 1439, 1789 à 1794, 2452 à 2459 – VALLANSAN, p. 79 à 81, 104 à 106, 277 à 279.

> Ouvrages postérieurs à la loi de sauvegarde des entreprises. COQUELET, 5e éd., n°s 162 à 180, 190, 191 – GIBIRILA, n°s 383 à 398 – JACQUEMONT et VABRES, 9éd., n° 356 à 375, 392 à 394, 399 à 402 – LE CANNU, 7e éd., n°s 298 à 319, 847 à 849, 852 – LIENHARD, 6e éd., n°s 75.11 à 75.17, 75.25 à 75.28, 76.11 à 76.15, 115.21, 115.22 – PÉROCHON, 10e éd., n°s 658 à 689, 1113 à 1115 – PÉTEL, 8e éd., n°s 157 à 169, 177 – SAINT-ALARY-HOUIN, 9e éd., n°s 551 à 580, 588, 589, 591 à 594 – VALLANSAN ET *ALII*, 6e éd., p. 81 à 85, 93 à 96, 98, 99, 319, 320 – VALLENS, 2015, n°s 3211 à 3220, 3225, 3227 à 3229, 3243, 3244 – VIDAL et GIORGINI, n°s 596 à 603, 733 à 740, 1124 à 1130 – VOINOT, 2e éd., 2013, n°s 285 à 293, 352 à 358, 563 à 567.

> Articles. Bachasson D., « La représentation du débiteur et des créanciers dans les procédures collectives », *Gaz. Pal.* 12 déc. 1998, Doctr. 2 s. – Brandeau J., « La qualité pour agir et le contentieux fiscal dans les procédures collectives », *LPA* 7 sept. 2009, n° 178, p. 3 – Le Cannu P., « La poursuite de l'activité », *Dr. et patr.* déc. 2009, n° 187, p. 68 – Lebel Ch., « Le princ de l'unité du patrimoine à l'épreuve des procédures coll ives », *Mél. Goubeaux*, Dalloz – Lgdj, 2009, p. 331 – M cier J.-L., « Le périmètre de la gouvernance – Que reste de la gouvernance *dans une entreprise en difficulté* », *G. Pal.* 24 août 2014, n° 236, p. 76 – Monsérié-Bon M.-H., « es pouvoirs de gestion dans le redressement judiciaire », *Re proc. coll.* 2003, p. 167 – Rakotovahiny M.-A., L'inopposabi dans les procédures collectives », *LPA* 5 juill. 2011, n° 132, p 6.

420.09 **App cation de principe au redressement judiciaire des règles de la sauvegarde – règles particulières à l'EIRL.** La loi du 26 juillet 2005[1] a créé la procédure de sauvegarde, qui doit être regardée comme la procédure de référence. Les règles de cette procédure, qui emprunte très largement aux règles de la procédure de redressement judiciaire, telles qu'elles étaient posées sous l'empire de la législation antérieure à la loi du 26 juillet 2005, s'appliquent, par principe, à la procédure de redressement judiciaire régie par la loi de sauvegarde des entreprises. C'est ainsi que sont purement et simplement applicables au redressement judiciaire, les articles L. 622-2 à L. 622-9, L. 622-13 à L. 622-33, en vertu de l'article L. 631-14, Il en est de même, par application de l'article L. 631-18, I, des articles L. 623-1 à L. 625-9, des articles L. 626-1 à L. 626-35, en application de l'article L. 631-19, des articles L. 627-1 à L. 627-4, en application de l'article L. 631-21 alinéa 1. Ainsi, la très grande majorité des textes applicables à la procédure de sauvegarde s'applique, par renvoi en redressement judiciaire, tant pour la période d'observaton que pour le plan de redressement. Il n'en ira autrement qu'en présence de règles qui soit écartent explicitement l'application des règles de la sauvegarde, soit édictent un régime spécial pour le redressement judiciaire. Les exceptions se sont multipliées avec l'ordonnance du 18 décembre 2008[2], qui a entendu doter la sauvegarde d'une autonomie renforcée par rapport au redressement judiciaire, afin de mieux traduire le fait que le débiteur reste aux commandes dans la sauvegarde, ce qui n'est pas le cas en redressement judiciaire, lorsqu'un administrateur judiciaire a été nommé.

En présence d'un entrepreneur individuel à responsabilité limitée, il y a lieu de prendre en compte les articles L. 680-1 et L. 680-4 du code de commerce (réd. ord. 9 déc. 2010[3]). Les règles relatives à la continuation de l'activité et à la répartition des pouvoirs entre les organes de la procédure et le débiteur, et plus généralement les restrictions de pouvoirs atteignant le débiteur dans la gestion de son entreprise, doivent s'apprécier au seul regard de l'entreprise logée dans le patrimoine concerné par la procédure collective.

1. L. n° 2005-845, 26 juill. 2005, *JO* 27 juill., p. 12187.
2. Ord. n° 2008-1345, 18 déc. 2008, *JO* 19 déc., p. 19462.
3. Ord. n° 2010-1512, 9 déc. 2010, *JO* 10 déc., p. 21617.

CHAPITRE

421. Règles générales de répartition des pouvoirs entre le débiteur ou les dirigeants sociaux et l'administrateur judiciaire pendant la période d'observation

SECTION 0

ORIENTEUR

421.00 Plan du chapitre.

Sect. 421.10 Poursuite de plein droit de l'activité en période d'observation

Sect. 421.20 Répartition des pouvoirs pendant la période d'observation

Sect. 421.30 Détermination de la mission de l'administrateur par le tribunal

Sect. 421.40 Modification de la mission de l'administrateur judiciaire

Sect. 421.50 Durée de la restriction de pouvoirs du débiteur

Sect. 421.60 Sanctions des règles relatives à la répartition des pouvoirs

421.01 Textes applicables. (V. s[s] n° 420.01).

421.02 Jurisprudence de référence.

> Si la voie de recours est exercée par le débiteur seul, l'administrateur judiciaire, qui a reçu mission d'assistance, n'interviendra utilement pour la régulariser que s'il est dans le délai d'exercice de celle-ci.

• **Com. 12 juin 2001**, n° 97-20.623, *Bull. civ.* IV, n° 117

* V. s[s] n° 421.33

> Des ventes d'appartements, en fonction de l'activité du débiteur, peuvent constituer des actes de gestion courante.

• **Com. 27 nov. 2001**, n° 99-10.378, *Bull. civ.* IV, n° 190

* V. s[s] n° 431.28

« Vu les articles 32 et 33 de la loi du 25 janvier 1985, devenus les articles L. 621-23 et L. 621-24 du code de commerce; Attendu, selon l'arrêt déféré, que la société C… a été mise en redressement judiciaire le 17 décembre 1991; que le 5 mars 1992, Mme F… et M. D… ont signé avec la C…, représentée par son seul président et directeur général, un contrat préliminaire de réservation de deux appartements, et versé un dépôt de garantie; qu'ils ont ensuite demandé l'annulation du contrat et la restitution du dépôt; Attendu que, pour accueillir cette demande, la cour d'appel, faisant application de l'article 33 susvisé, en a déduit que le contrat se trouvait entaché d'une nullité absolue; Attendu qu'en statuant ainsi, alors que les actes de gestion courante qu'accomplit seul le débiteur sont réputés valables à l'égard des tiers de bonne foi et que, compte tenu de l'activité de la C…, les ventes d'appartements constituaient des actes de gestion courante, la cour d'appel a violé les dispositions susvisées. »

> Les diligences commandées par le gérant d'une Sarl débitrice à une société d'avocat, générant un coût élevé pour le débiteur, ne constituent pas un acte de gestion courante.

• **Com. 30 mars 2010**, n° 09-10.729, *Bull. civ.* IV, n° 66; n° 383 F-P+B

* V. s[s] n° 431.28

421.03 Bibliographie indicative. (V. s[s] n° 420.03).

421.04 Questions essentielles.

• L'administrateur judiciaire a-t-il toujours la même mission ?

* V. s[s] n°s 421.31 à 421.34.

• Qu'est-ce qu'un acte de gestion courante ?

* V. s[s] n°s 421.28.

• Les actes du débiteur accomplis sans l'intervention de l'administrateur judiciaire sont-ils efficaces ?

* V. s[s] n°s 421.28, 421.61.

SECTION 421.10 POURSUITE DE PLEIN DROIT DE L'ACTIVITÉ EN PÉRIODE D'OBSERVATION

421.11 Poursuite de plein droit de l'activité en période d'observation – cessation partielle de l'activité. L'ouverture d'une procédure de redressement judiciaire oblige la juridiction, sous l'empire de la législation antérieure à la loi de sauvegarde des entreprises[1], par principe en fonction de critères objectifs (sauf application de la technique de la passerelle, v. s^{s} n° 412.31), à préciser si les règles applicables sont celles du régime général ou celles du régime simplifié. Dans les deux cas, l'ouverture d'un redressement judiciaire entraîne continuation de plein droit de l'activité, la cessation d'activité étant d'ailleurs un critère de prononcé immédiat de la liquidation judiciaire (v. s^{s} n°s 233.26, 233.27). La solution résulte de l'article L. 621-26 du code de commerce (anc^{t} L. 25 janv. 1985[2], art. 35) qui énonce que « l'activité de l'entreprise est poursuivie pendant toute la période d'observation ». Aucune autorisation du tribunal en ce sens n'est nécessaire[3]. On peut même poser en règle qu'il n'est pas possible d'ouvrir un redressement judiciaire tout en interdisant la poursuite de l'activité. La solution est logique dès lors qu'on observe que la période d'observation est une phase conçue pour le redressement de l'entreprise et qu'elle a pour seule tension cette recherche. La loi de sauvegarde des entreprises enferme cependant la poursuite d'activité du redressement judiciaire, non de la sauvegarde, dans des conditions particulières, en prévoyant un rapport au terme d'un délai de deux mois (v. s^{s} n° 421.12).

Bien que l'activité doive être poursuivie pendant la période d'observation et que, en conséquence, l'activité ne doit pas se trouver, par principe, perturbée en cette phase, les entreprises ne peuvent plus soumissionner aux marchés publics, faute de pouvoir obtenir l'attestation de régularité fiscale et sociale indispensable pour ce soumissionnement. La solution est liée à l'état de cessation des paiements, ce qui conduit à décider qu'elle est applicable en redressement et en liquidation judiciaires, mais non en sauvegarde, et qu'elle cesse au jour de l'arrêté du plan de redressement. Elle aurait également vocation à jouer en conciliation, si le débiteur est en état de cessation des paiements[4].

La lettre de l'article L. 621-27 du code de commerce autorise, en cours de période d'observation, le tribunal à ordonner l'arrêt total ou partiel de l'activité. Cette faculté, au regard de la lettre du texte de l'article L. 621-138 du code (anc^{t} L. 25 janv. 1985, art. 142), n'existe pas en régime simplifié[5]. Ainsi, dans le régime général, l'arrêt d'activité ordonné par le tribunal n'entraîne-t-il pas nécessairement conversion du redressement en liquidation judiciaire, une opinion différente ayant cependant été émise[6], au contraire de la solution littérale en régime simplifié. Cette différence est difficilement compréhensible et semblait résulter d'une inadvertance législative.

La loi du 26 juillet 2005, qui a supprimé la distinction du régime général et du régime simplifié, a rectifié cette dernière rédaction. Désormais, la cessation totale d'activité sans liquidation ne sera jamais prononcée[7].

La loi du 26 juillet 2005 maintient la possibilité, à tout moment de la période d'observation, d'ordonner la cessation partielle de l'activité (C. com., art. L. 622-10, al. 1 en sauvegarde, L. 631-15, II, al. 1 en redressement judiciaire).

L'ordonnance du 18 décembre 2008[8] pose des solutions différenciées pour la sauvegarde et pour le redressement judiciaire. La demande de cessation partielle de l'activité au cours de la période d'observation de la sauvegarde est laissée à l'initiative du seul débiteur (C. com., art. L. 622-10, al. 1 – ord. 18 déc. 2008, art. 24). Elle n'appartient plus à l'administrateur, conformément à l'idée de maintien aux commandes du chef d'entreprise. L'article 22 du décret du 12 février 2009[9], qui réécrit l'article R. 622-10 du code de commerce, prévoit que le tribunal est saisi par voie de requête.

La solution de la législation antérieure est conservée pour le redressement judiciaire. Elle résulte désormais de l'article L. 631-15, I, alinéa 1 du code de commerce (ord. 18 déc. 2008, art. 81). L'article 55 du décret du 12 février 2009 procède à la réécriture complète de l'article R. 631-23 du code de commerce, qui s'intéresse aux modalités procédurales de la cessation partielle de l'activité.

L'alinéa 1 de l'article R. 631-23 du code commence par préciser la saisine du tribunal. Celle-ci intervient par voie de requête, si elle est l'œuvre du débiteur, de l'administrateur, du mandataire judiciaire ou d'un contrôleur. Si le tribunal est saisi par le ministère public, il y aura lieu de respecter les modalités de l'article R. 631-4 du code. Si le tribunal se saisit d'office, il y aura lieu de respecter les modalités de l'article L. 631-3 du code.

1. L. n° 2005-845, 26 juill. 2005, *JO* 27 juill., p. 12187.
2. L. n° 85-98, 25 janv. 1985, *JO* 26 janv., p. 1097.
3. CHAPUT, n° 341 – SOINNE, n° 1231.
4. LIENHARD, 6e éd., n° 71.12 – Teboul, « L'entreprise en difficulté et les marchés publics », *Gaz. Pal.* 18-19 juill. 2008, p. 2.
5. EN CE SENS : LE CANNU ET *ALII*, n° 555.
6. VALLANSAN, 2e éd., p. 80.
7. *Rapp. Xavier de Roux*, n° 2095, p. 213.
8. Ord. n° 2008-1345, 18 déc. 2008, *JO* 19 déc., p. 19462.
9. D. n° 2009-160, 12 févr. 2009, *JO* 13 févr., p. 2596.

L'une des difficultés de la poursuite d'activité sera de trouver la trésorerie nécessaire. Elle pourra provenir parfois des associés, et notamment de la société-mère d'une filiale en difficulté. À cet égard, il a pu être jugé que la convention par laquelle la société-mère s'engage à mettre à disposition de l'administrateur pendant la période d'observation les liquidités nécessaires pour financer la poursuite d'activité de la filiale et lui permettre de présenter un plan de redressement n'est pas un engagement à couvrir les pertes d'exploitation de cette filiale[1].

> Conversion de la sauvegarde en redressement judiciaire. Diverses hypothèses de conversion de la sauvegarde en redressement judiciaire ont été posées par le code de commerce. Elles ont en commun de ne pas remettre en cause la poursuite de l'activité.

L'article L. 622-10, alinéa 2 du code dans la rédaction que lui donne la loi de sauvegarde des entreprises, prévoit d'abord l'éventualité de la conversion de la sauvegarde en redressement judiciaire si la cessation des paiements est caractérisée. En ce cas, le tribunal peut, si nécessaire, modifier la durée de la période d'observation restant à courir.

L'une des grandes nouveautés du texte (ord. 18 déc. 2008, art. 24) est de prévoir la possibilité de conversion en redressement judiciaire, à la seule demande du débiteur, si l'adoption d'un plan de sauvegarde est manifestement impossible et si la clôture de la procédure de sauvegarde devait conduire, de manière certaine et à bref délai, à la cessation des paiements (C. com., art. L. 622-10, al. 3). Il faut en effet comprendre que si la clôture de la procédure de sauvegarde intervient pour absence de présentation d'un plan de sauvegarde dans les délais théoriques de la période d'observation, les créanciers peuvent immédiatement recouvrer leur droit de poursuites individuelles, ce qui peut provoquer la cessation des paiements du débiteur. La demande de conversion en redressement émanant ici du seul débiteur, le tribunal est saisi par voie de requête, ainsi que le précise l'article R. 622-11, dans la rédaction que lui donne l'article 23 du décret du 12 février 2009.

Cette possibilité a été justifiée pour permettre la préparation d'un plan de cession en redressement judiciaire[2]. En effet, jusqu'alors, si un plan de sauvegarde était impossible et si seule une cession totale était envisageable, il fallait d'abord, en théorie en tout cas, faute de cessation des paiements, mettre fin à la sauvegarde et ouvrir un redressement judiciaire lorsque la cessation des paiements était caractérisée et non pas seulement convertir la sauvegarde en un redressement judiciaire[3]. Une telle rupture entre les procédures avait été dénoncée[4].

Cette possibilité de saisir le tribunal aux fins de conversion en redressement judiciaire pourrait également constituer une réponse du débiteur, à l'initiative d'un créancier de demander, comme il en a le droit, *afin de reprendre ses poursuites individuelles*, la clôture de la sauvegarde pour défaut de présentation d'un plan à l'issue de la période d'observation. Le tribunal, saisi des deux demandes concurrentes, devrait logiquement faire droit à celle du débiteur, afin d'anticiper sur des difficultés futures conduisant à une seconde procédure à brève échéance, ce qui amènera le tribunal à déclarer irrecevable la demande du créancier, comme étant atteinte d'une fin de non-recevoir.

L'article 22 de l'ordonnance du 12 mars 2014[5] étend la solution ci-dessus exposée à une autre hypothèse : celle dans laquelle aucun plan de sauvegarde n'a été adoptée par le vote des comités de créanciers et le cas échéant de l'assemblée des obligataires. Avant l'ordonnance du 12 mars 2014, il existe plusieurs options possibles. Le tribunal peut d'abord décider de poursuivre la procédure aux fins d'adoption d'un plan par le biais de la consultation individuelle des créanciers. De manière nouvelle, le tribunal peut aussi proroger le délai d'adoption du plan avec vote des comités, en même temps qu'il renouvelle la période d'observation. Mais, pour cela, il faut qu'un plan de sauvegarde soit envisageable. Si tel n'est pas le cas, avant l'ordonnance du 12 mars 2014, il est mis fin à la procédure de sauvegarde. Le débiteur sort de la procédure collective. Pour autant, ses difficultés ne sont pas réglées. Aussi faut-il comprendre tout l'intérêt de prévoir cette conversion de la sauvegarde en redressement judiciaire, en pareille hypothèse. C'est l'objet de l'alinéa 3 de l'article L. 622-10 du code de commerce (réd. ord. 12 mars 2014, art. 22). La conversion ne sera pas ici sollicitée par le débiteur, mais par le ministère public, le mandataire judiciaire ou l'administrateur judiciaire.

Si ces solutions, se comprennent, il n'en demeure pas moins qu'elles présentent une singularité qui mérite d'être signalée : le débiteur va être placé en redressement judiciaire sans être en cessation des paiements. Voilà assurément du pragmatisme aux antipodes du dogmatisme. Il faut toutefois remar-

1. Bordeaux, 2e ch. civ., 2 juin 2009, RG n° 08/04356, *Rev. proc. coll.* 2010/2, comm. 57, p. 49, note Lebel.
2. Rapport au président de la République sur l'ordonnance n° 2008-1345 du 18 déc. 2008, *JO* 19 déc. 2008, Titre I, chap. II-3, s^s art. 24.
3. Roussel Galle, « Premier aperçu sur l'ordonnance du 18 décembre 2008 réformant le droit des entreprises en difficulté », *LPA* 24 déc. 2008, n° 257, p. 3 s., sp. p. 8, n° 22.
4. Bayle, « l'enchaînement des procédures de prévention et de traitement de la cessation des paiements, », *LPA* 23 oct. 2008, p. 3 s., sp. p. 8.
5. Ord. n° 2014-326, 12 mars 2014, *JO* 14 mars, p. 5249.

quer les précautions prises par le législateur : la cessation des paiements doit survenir de manière certaine et à bref délai.

Si la conversion en redressement judiciaire doit déboucher sur un plan de cession, la solution est opportune.

Si, en revanche, elle est destinée à permettre au débiteur d'obtenir un plan de redressement, qu'il nous soit permis de douter de l'efficience de la mesure. Si le débiteur n'a pas obtenu son plan de sauvegarde, pourquoi et comment pourrait-il obtenir un plan de redressement ? Il faut toutefois réserver le cas dans lequel le débiteur, qui n'avait pas prévu de licencier à l'ouverture de la sauvegarde, se trouve contraint de le faire au jour de l'arrêté du plan. En effet, les délais de licenciements économiques diffèrent selon qu'il y a plan de sauvegarde, obligeant au respect du droit commun, ou selon qu'il y a plan de redressement permettant un raccourcissement des délais de licenciement. Sous cette réserve, la seule utilité de la mesure, qui n'apparaît qu'en filigrane est qu'il serait ici question de tourner les délais obligatoires de présentation des plans, c'est-à-dire de prolonger, par ce biais, au-delà des limites légales, la période d'observation. En effet, l'article L. 622-10, alinéa 5 du code reprend sans modification la solution de la législation de sauvegarde des entreprises, dans sa version d'origine, selon laquelle « lorsqu'il convertit la procédure de sauvegarde en procédure de redressement judiciaire, le tribunal peut, si nécessaire, modifier la durée de la période d'observation restant à courir ».

Ainsi, il aurait été préférable de prévoir que la conversion de la sauvegarde en redressement judiciaire, sans cessation des paiements, est possible si et seulement si un plan de cession est envisageable, à l'instar de l'une des motivations posées pour autoriser une poursuite provisoire dans la liquidation judiciaire.

> Conversion du redressement judiciaire en liquidation judiciaire. Lorsque le débiteur est en redressement judiciaire, alors que le redressement recherché ne peut, de toute évidence, pas être obtenu, la période d'observation ne sert plus à rien et il faut y mettre fin au plus tôt, dans l'intérêt bien compris des créanciers, mais aussi du débiteur, car la poursuite d'une exploitation qui ne peut déboucher sur un redressement a toutes les chances d'absorber le peu d'actifs sur lesquels les créanciers pouvaient espérer quelques répartitions, grevant ainsi encore davantage la situation du débiteur. Dans cette logique, l'article L. 621-27 du code de commerce, dans sa rédaction antérieure à la loi de sauvegarde des entreprises, prévoit la possibilité pour le tribunal de mettre fin à la période d'observation et de prononcer, sur conversion du redressement judiciaire, une liquidation judiciaire, laquelle ne sera pas une procédure autonome.

Aux fins de *prononcé de la liquidation judiciaire,* le tribunal est saisi par voie de requête ou selon les formes applicables à la saisine d'office ou par le ministère public aux fins d'ouverture du redressement judiciaire (v. s^s^ n° 551.21).

La loi du 26 juillet 2005 maintient la possibilité, à tout moment de la période d'observation, de prononcer la liquidation judiciaire (C. com., art. L. 622-10, al. 2, en sauvegarde, C. com., art. L. 631-15, II, al. 1 en redressement judiciaire). L'article R. 622-11 du code de commerce (anc^t^ D. 28 déc. 2005[1], art. 86, II, al. 1) prévoit que le tribunal est saisi par voie de requête dans les formes et selon la procédure prévue aux articles 172 et 173 du décret du 28 décembre 2005 (devenus C. com., art. R. 631-3 et R. 631-4). Il s'agit des règles de la saisine d'office ou par le ministère public aux fins d'ouverture d'un redressement judiciaire (v. s^s^ n°s 231.42, 231.43, 231.61). Le jugement qui convertit la sauvegarde ou le redressement judiciaire doit être notifié au débiteur par lettre recommandée avec demande d'avis de réception (C. com., art. R. 662-1 [anc^t^ D. 28 déc. 2005, art. 336, 2°) dans les huit jours de son prononcé (C. com., art. R. 622-11, al. 2 [anc^t^ D. 28 déc. 2005, art. 86, II, al. 2]). Si le débiteur n'est pas demandeur à la conversion, le jugement de conversion ne lui est pas notifié, mais signifié (C. com., art. R. 622-11, al. 2 [anc^t^ D. 28 déc. 2005, art. 86, II, al. 2]), ce qui suppose un acte extrajudiciaire, qui seul fera courir le délai d'appel.

Comme sous l'empire de la législation antérieure, le prononcé de la liquidation judiciaire entraîne la fin de la période d'observation et, par principe, de la mission de l'administrateur judiciaire, à moins qu'une poursuite d'activité ne soit autorisée en liquidation judiciaire.

Le jugement de conversion de la sauvegarde en redressement ou en liquidation judiciaire, ainsi que le jugement de conversion du redressement en liquidation judiciaire sont signifiés – et non pas seulement notifiés – à la diligence du greffier dans les huit jours de la décision aux personnes qui ont qualité pour en interjeter appel (C. com., art. R. 622-11, al. 3 [anc^t^ D. 28 déc. 2005, art. 86, II, al. 3]).

> Règles de procédure. Le jugement de cessation partielle d'activité, le jugement de conversion de la sauvegarde en redressement ou en liquidation judiciaires et le jugement de conversion du redressement en liquidation judiciaire ne peuvent intervenir qu'après que le tribunal aura entendu ou dûment appelé le débiteur, l'administrateur, le mandataire judiciaire et les représentants du comité d'entreprise

1. D. n° 2005-1677, 28 déc. 2005, *JO* 29 déc., p. 20324.

ou, à défaut, des délégués du personnel. Sous l'empire de la loi du 26 juillet 2005, le tribunal ne pourra statuer qu'après avoir recueilli l'avis du ministère public. Seront également entendus ou dûment appelés les contrôleurs – et non plus comme dans la rédaction de la législation antérieure « un contrôleur ». Le contrôleur d'office des professions réglementées sera également entendu, sous l'empire de la loi du 26 juillet 2005. Ces jugements sont communiqués aux mêmes personnes que le jugement d'ouverture, à savoir aux mandataires de justice désignés, au procureur de la République et au trésorier-payeur général du département dans lequel le débiteur a son siège et à celui dans lequel il a son principal établissement. Ils sont mentionnés comme le jugement d'ouverture aux registres et répertoire prévus à l'article R. 621-8 du code de commerce (anc^{t} D. 28 déc. 2005, art. 63 – v. s^{s} n° 233.34). En revanche, il n'est pas prévu l'insertion d'un avis au *Bodacc*, ce qui peut paraître curieux car la tierce opposition, dans ces conditions, ne peut courir que de la décision de conversion, événement inconnu, sauf à considérer que la tierce opposition réformation est fermée sur ces jugements de conversion. Si le débiteur est commerçant, le jugement de cessation partielle de l'activité est mentionné d'office au registre du commerce et des sociétés (D. 30 mai 1984, art. 36-3, 5°, réd. D. 28 déc. 2005, art. 353, 5°).

Les jugements qui prononcent la cessation partielle de l'activité, en sauvegarde (C. com., art. R. 622-10) ou en redressement judiciaire (C. com., art. R. 631-23 [anc^{t} D. 28 déc. 2005, art. 192, I]), ou qui prononcent en redressement judiciaire la liquidation judiciaire (C. com., art. R. 631-24, al. 4 [anc^{t} D. 28 déc. 2005, art. 192, II, al. 4]) font l'objet des mêmes communications que le jugement d'ouverture (v. s^{s} n° 233.32) et sont mentionnés comme le jugement d'ouverture aux registres et répertoire prévus à l'article R. 621-8 du code de commerce (anc^{t} D. 28 déc. 2005, art. 63 – v. s^{s} n° 233.34). Depuis le décret du 30 juin 2014[2] (art. 45 pour la sauvegarde, art. 84 pour le redressement judiciaire), sont visés plus précisément les trois premiers alinéas de l'article R. 621-8. Si le débiteur est commerçant, le jugement de cessation partielle de l'activité est mentionné d'office au registre du commerce et des sociétés (D. 30 mai 1984[3], art. 36-3, 5°, réd. D. 28 déc. 2005, art. 353, 5°).

Les jugements qui prononcent, en phase de sauvegarde (C. com., art. R. 622-10) ou de redressement judiciaire la liquidation judiciaire (C. com., art. R. 631-24, al. 4 [anc^{t} D. 28 déc. 2005, art. 192, II, al. 4]), outre qu'ils font l'objet des mêmes communications que le jugement d'ouverture (v. s^{s} n° 233.32), font l'objet des publicités prévues à l'article R. 621-8 (publicités et mentions aux registres et répertoires du jugement d'ouverture), et notamment l'objet d'un avis d'insertion au *Bodacc*.

> Fin de la procédure de sauvegarde en cas de disparition des difficultés ayant conduit à *son ouverture*. Le tribunal peut, à la demande *du débiteur, mettre* fin à la procédure de sauvegarde, lorsque disparaissent les difficultés qui ont justifié son ouverture (C. com., art. L. 622-12). Cette situation pourra se présenter soit à la suite d'une erreur d'appréciation sur les prévisions économiques, soit en raison d'un effet positif sur les partenaires commerciaux de l'ouverture de la procédure de sauvegarde, et spécialement par les discussions menées en comité de créanciers[4]. L'article R. 622-12 du code de commerce prévoit que la décision de clôture de la procédure de redressement est sans délai suivie d'un compte rendu de fin de mission déposé par les mandataires de justice dans les conditions des articles R. 626-39 et R. 626-40 du code de commerce. Cette décision est communiquée aux mandataires de justice désignés par la juridiction, au procureur de la République et au trésorier-payeur général du département dans lequel le débiteur a son siège ainsi qu'à celui du département dans lequel il a son principal établissement. Elle est mentionnée aux mêmes registres et répertoires que ceux prévus pour le jugement d'ouverture (v. s^{s} n° 233.34). Elle fait l'objet des publicités prévues pour le jugement d'ouverture, spécialement l'avis d'insertion au *Bodacc*. Si le débiteur est commerçant, le jugement mettant fin à la sauvegarde est mentionné d'office au registre du commerce et des sociétés (D. 30 mai 1984, art. 36-3, 9°, réd. D. 28 déc. 2005, art. 353, 9°).

Le greffier fait parvenir au débiteur et aux contrôleurs le compte détaillé de ses émoluments. Ce compte est déposé au greffe et annexé à celui des mandataires de justice.

> Clôture du redressement judiciaire. La loi de sauvegarde des entreprises, reprenant une solution posée par la jurisprudence sous l'empire de la législation antérieure (v. s^{s} n° 411.15), prévoit identiquement, pour le redressement judiciaire, que « s'il apparaît, au cours de la période d'observation, que le débiteur dispose des sommes suffisantes pour désintéresser les créanciers et acquitter les frais et les dettes afférents à la procédure, le tribunal peut mettre fin à celle-ci » (C. com., art. L. 631-16). En ces hypothèses, toutes les règles restrictives liées à l'ouverture de la procédure disparaissent, et notamment la suspension ou l'arrêt des poursuites et l'interdiction des paiements de créances antérieu-

1. *Rapp. Xavier de Roux*, n° 2095, p. 213.
2. D. n° 2014-736, 30 juin 2014, *JO* 1er juill., p. 10834.
3. D. n° 84-406, 30 mai 1984, *JO* 31 mai, p. 1699.
4. *Rapp. Xavier de Roux*, n° 2095, p. 214.

res. La saisine n'appartient qu'au débiteur. Peut-être eût-il été opportun de prévoir également la saisine par le ministère public. En effet, le débiteur bénéficiera d'une procédure qui n'est plus justifiée et qui peut être préjudiciable à ses créanciers et à ses concurrents.

421.12 **Information du tribunal pendant la poursuite de plein droit de l'activité en période d'observation.** Afin d'être exactement informé, le tribunal pourra compter sur les informations que lui retransmettra le juge-commissaire, lequel, en même temps que le procureur de la République, sera tenu au courant de la situation de l'entreprise, par l'administrateur et, à son défaut, par le représentant des créanciers, dans les deux mois de l'ouverture de la procédure de redressement judiciaire. La solution est posée par l'article 29 du décret du 27 décembre 1985 [1], dont les solutions ont été reprises par l'article R. 621-20 du code de commerce, le visa du procureur de la République ayant été remplacé par celui du ministère public. À la suite d'une erreur dans l'adaptation par renvoi des textes de la sauvegarde au redressement judiciaire, cet article était applicable en redressement judiciaire (C. com., art. R. 631-16). L'article 59 du décret du 23 décembre 2006 [2] a modifié l'article 185 du décret du 28 décembre 2005 [3] pour exclure en redressement judiciaire l'application de l'article R. 621-20 du code de commerce. La solution est justifiée par l'observation qu'en redressement judiciaire, un rapport spécial est fait sur la capacité du débiteur à payer ses dettes d'exploitation au terme d'un délai de deux mois à compter du jugement d'ouverture (C. com., art. L. 631-15, I, al. 2).

En outre, pour tenir compte des délais de la période d'observation qui peuvent être longs (sur la question, v. ss no 411.11), d'autres informations du juge-commissaire et du ministère public qui en feraient la demande sont prévues. Elles sont faites par l'administrateur ou, à son défaut par le débiteur. La solution résulte de l'article 57 du décret du 27 décembre 1985 prévoyant cette information à la fin de chaque période d'activité, sur les résultats de l'exploitation, la situation de trésorerie et la capacité prévisible du débiteur à payer son passif d'exploitation, c'est-à-dire son passif postérieur au jugement d'ouverture devant être payé à l'échéance. L'information est communiquée au représentant des créanciers et aux contrôleurs. La solution est reprise par l'article R. 622-9 du code de commerce (anct D. 28 déc. 2005, art. 85), dans la procédure de sauvegarde. Le fait que, dans la procédure de sauvegarde, le chef d'entreprise reste aux commandes induit cette conséquence que l'obligation d'information est à la charge du débiteur, non à celle de l'administrateur judiciaire. En conséquence, ce dernier doit identiquement être rendu destinataire de l'information. L'article R. 631-20 du code de commerce (anct D. 28 déc. 2005, art. 189) rend applicable cette disposition en redressement judiciaire. L'article R. 631-21 du code de commerce (anct D. 28 déc. 2005, art. 190) prévoit toutefois que cette obligation d'information incombe, en redressement judiciaire à l'administrateur, s'il en a été nommé un et non au débiteur.

Le projet de loi de sauvegarde des entreprises [4] prévoyait l'obligation de déposer un rapport sur la capacité de l'entreprise à financer la poursuite de l'activité, dans les deux mois du jugement d'ouverture de la procédure de sauvegarde. Il s'agissait, en quelque sorte, de réintroduire la technique du rapport d'enquête, utilisé dans la procédure de redressement judiciaire en régime simplifié dans la loi du 25 janvier 1985 [5], que la loi du 10 juin 1994 [6] avait supprimé. Un amendement a été présenté pour supprimer ce rapport car, a-t-il été dit, « si l'on maintient ce type de rapport, les créanciers vont attendre son dépôt, c'est-à-dire que rien ne se passera pendant deux mois. Or, en matière de sauvegarde, il faut généralement aller rapidement » [7]. Le rapport restera possible, sans être obligatoire, par exemple dans le cadre de l'élaboration du bilan économique et social prévu à la fin de la période d'observation [8].

Ce rapport sur la capacité de l'entreprise à faire face au paiement des dettes de la période d'observation existe en revanche dans le redressement judiciaire. L'existence de la cessation des paiements dans cette procédure justifie la différence avec la solution de la procédure de sauvegarde. En ce sens, l'article L. 631-15, I, alinéa 1 du code de commerce pose en règle qu'« au plus tard au terme d'un délai de deux mois à compter du jugement d'ouverture, le tribunal ordonne la poursuite de la période d'observation s'il lui apparaît que l'entreprise dispose à cette fin de capacités de financement suffisantes. Toutefois, lorsque le débiteur exerce une activité agricole, ce délai peut être modifié en fonction de l'année culturale en cours et des usages spécifiques aux productions de cette exploitation ». L'alinéa 2 ajoute que « le tribunal se prononce au vu d'un rapport, établi par l'administrateur ou, lorsqu'il n'en a pas été désigné, par le débiteur ».

L'administrateur judiciaire doit exiger du débiteur la tenue d'une comptabilité. À défaut de tenue

1. D. no 85-1388, 27 déc. 1985, *JO* 29 déc., p. 15281.
2. D. no 2006-1709, 23 déc. 2006, *JO* 29 déc., p. 19846.
3. D. no 2005-1677, 28 déc. 2005, préc.
4. L. no 2005-845, 26 juill. 2005, préc.
5. L. no 85-98, 25 janv. 1985, préc.
6. L. no 94-475, 10 juin 1994, *JO* 11 juin, p. 8440.
7. Amend. no 61, Interv. Xavier de Roux, *JOAN CR*, 2e séance du 3 mars 2005, p. 1657.
8. *Rapp. Xavier de Roux*, no 2095, p. 214.

de comptabilité, il est conseillé à l'administrateur de solliciter l'arrêt de l'exploitation.

L'administrateur peut solliciter du dirigeant la personne morale débitrice l'engagement de payer les dettes nées de la poursuite d'activité. Il s'agit d'un cautionnement, dont le tribunal donnera acte au dirigeant à l'occasion des jugements de renouvellement de la période d'observation. En cas de renouvellements multiples de la période d'observation, l'engagement ne vaudra, sauf stipulation particulière, que pour le renouvellement qu'il a permis au dirigeant d'obtenir[2].

421.13 Principe de continuation de l'activité en gestion directe. La continuation de l'activité en gestion directe est celle de principe envisagée par le législateur, même s'il ne le précise pas[3]. Il ne l'oppose pas, sous l'empire de la législation antérieure à la loi du 26 juillet 2005[4], à l'hypothèse d'une continuation d'activité par le recours à une location-gérance, n'envisageant cette dernière que comme un incident de la poursuite d'activité en gestion directe. Les articles L. 621-22 et suivants du code de commerce (anc^{t} L. 25 janv. 1985[5], art. 31 s.) réglementent ce mode de continuation de l'activité. Cette problématique a disparu avec la loi de sauvegarde des entreprises, qui a supprimé, en période d'observation, le recours à la location-gérance, ne la laissant subsister qu'en prélude à un plan de cession.

Les textes antérieurs à la loi de sauvegarde des entreprises, comme ceux issus de la loi du 26 juillet 2005, ont pour objet de définir une répartition des tâches entre le chef d'entreprise et l'administrateur judiciaire. La même approche est faite par le législateur lorsque trouvent application, sous l'empire de la législation antérieure à la loi de sauvegarde des entreprises, les règles du régime simplifié, dès lors du moins qu'un administrateur a été nommé, puisque sa présence est alors facultative (C. com., art. L. 621-137 [anc^{t} L. 25 janv. 1985, art. 141]). Il conviendra ainsi d'envisager, pendant cette période dite d'observation, les pouvoirs du débiteur et des dirigeants de la personne morale débitrice.

SECTION 421.20 RÉPARTITION DES POUVOIRS PENDANT LA PÉRIODE D'OBSERVATION

421.21 Présentation générale des répartitions de pouvoirs pendant la période d'observation dans le régime antérieur à la loi du 26 juillet 2005[6]. La répartition des pouvoirs qui se produit, par l'effet du jugement d'ouverture, entre le débiteur et l'administrateur judiciaire, est classiquement dénommée administration contrôlée. Elle entraîne au préjudice du débiteur une confiscation variable de pouvoirs, qui sont corrélativement transférés à l'administrateur judiciaire.

Contrastant avec la solution retenue par la législation de 1967[7], laquelle conférait au syndic-administrateur le soin d'assister, de manière systématique, le débiteur déclaré en règlement judiciaire, le législateur de 1985[8] ayant pris le parti du redressement de l'entreprise, et ayant eu le souci d'humaniser la procédure[9], a proportionné la réduction des pouvoirs du débiteur aux seuls besoins du redressement. La tâche est d'autant plus ardue que l'entreprise du débiteur est importante. C'est pourquoi, le régime général qui intéresse les entreprises d'une certaine taille (sur le critère, v. s^{s} n° 412.21), rend obligatoire, aux côtés du débiteur, un administrateur judiciaire.

Le législateur de 1985 a entendu établir une distinction nette entre la situation du débiteur pendant le redressement judiciaire et sa situation en liquidation judiciaire.

En phase de redressement judiciaire, la situation du débiteur sera extrêmement variable. Certains actes lui seront interdits. D'autres seront soumis à une autorisation judiciaire, ce qui marque une judiciarisation certaine de la procédure collective[10]. D'autres encore pourront être réalisés par le débiteur seul ou par son administrateur judiciaire, la présence de ce dernier n'étant pas obligatoire dans toutes les procédures. La situation du débiteur en redressement judiciaire est donc complexe et se caractérise par son caractère protéiforme, source d'une grande insécurité pour ses partenaires, obligés en permanence de vérifier l'étendue des pouvoirs laissés au débiteur.

En phase de liquidation judiciaire, la situation du débiteur est beaucoup plus simple. Il est soumis à un régime dénommé « dessaisissement ». Cette question sera étudiée avec les règles de la liquidation judiciaire (v. s^{s} n°s 552.09 s.).

421.22 Présentation générale des répartitions de pouvoirs pendant la période d'observation dans le régime issu de la législation du 26 juillet 2005[11]. La détermination de la mission de l'administrateur judiciaire est un des principaux éléments

1. IFPPC 1999, recomm. n° 2010-2, p. 43.
2. Paris, 3e ch. C, 27 juin 2003, RG n° 2002/20200.
3. LE CANNU, 7e éd., n° 847.
4. L. n° 2005-845, 26 juill. 2005, préc.
5. L. n° 85-98, 25 janv. 1985, préc.
6. L. n° 2005-845, 26 juill. 2005, préc.
7. L. n° 67-563, 13 juill. 1967, *JO* 14 juill., p. 7059.
8. L. n° 85-98, 25 janv. 1985, préc.
9. VALLENS, 2007, n° 3023.
10. VALLENS, 2007, n° 3023.
11. L. n° 2005-845, 26 juill. 2005, préc.

de la différenciation entre la procédure de sauvegarde et la procédure de redressement judiciaire.

Dans la procédure de sauvegarde, où souffle un vent de philosophie volontariste et entrepreneuriale, le principe est que le chef d'entreprise conserve la maîtrise des opérations. Il reste le « manager ». L'article L. 622-1, I, du code prévoit en ce sens que « l'administration de l'entreprise est assurée par son dirigeant ». Le chef d'entreprise n'est donc jamais dessaisi. Ce choix de principe s'impose « pour éviter de dissuader le chef d'entreprise, par la menace d'une perte immédiate de contrôle de l'entreprise, de demander l'ouverture d'une procédure de sauvegarde »[1]. Il a été justement remarqué que la formule employée par le législateur à l'article L. 622-1, dans la procédure de sauvegarde, selon laquelle « le débiteur continue à exercer sur son patrimoine les actes de disposition et d'administration, ainsi que les droits et actions qui ne sont pas compris dans la mission de l'administrateur » est inutile[2], par son caractère tautologique, le principe étant le maintien des pouvoirs du dirigeant.

Le fait que, pendant la période d'observation « l'administration de l'entreprise est assurée par son dirigeant » ne signifie pas pour autant que les autres organes, notamment le conseil d'administration ou le directoire, selon le cas, perdent leur pouvoir. La question avait été posée lors des travaux préparatoires[3]. Plus exactement, cela veut dire que les pouvoirs de direction et d'administration d'une société ne sont pas modifiés, sous réserve des pouvoirs confiés à l'administrateur judiciaire.

Les pouvoirs invariables, que la loi confie à l'administrateur judiciaire, en cas de redressement judiciaire, s'appliquent identiquement dans la procédure de sauvegarde. Seuls les pouvoirs variables sont aménagés.

L'administrateur ne peut, dans la procédure de sauvegarde, se voir confier la mission d'administration, dite encore mission de représentation. Il n'aura qu'un pouvoir de surveillance de la gestion du débiteur, ou un pouvoir d'assistance pour les actes que le tribunal aura déterminés. Une juridiction a même cru devoir juger que le tribunal doit caractériser en quoi une mission d'assistance s'impose plus qu'une mission de surveillance, dans une procédure de sauvegarde, lorsqu'aucun problème de compétence ou de confiance ne se présente à l'égard du chef d'entreprise[4].

Dans la procédure de redressement judiciaire, au contraire, le principe est la mission d'assistance. C'est pourquoi cette mission sera celle confiée à l'administrateur judiciaire, lorsque le tribunal se contentera d'indiquer que l'administrateur exercera sa mission conformément aux articles L. 631-12 et L. 622-1 du code de commerce[5].

L'ordonnance du 18 décembre 2008[6] amplifie la différence de régime entre la sauvegarde et le redressement judiciaire, au regard de certaines actions en justice, tant en demande qu'en défense.

La procédure de redressement judiciaire n'est pas sensiblement modifiée par la loi du 26 juillet 2005. La modification la plus importante consiste en la suppression de la mission de surveillance, que le tribunal pouvait, sous l'empire de la législation antérieure, confier à l'administrateur judiciaire dans la procédure relevant du régime général. La philosophie du redressement judiciaire est plus interventionniste que celle de la sauvegarde[7].

421.23 Régime simplifié sans administrateur en redressement judiciaire sous l'empire de la législation antérieure à la loi du 26 juillet 2005[8]. En régime simplifié sans administrateur, le débiteur ou les dirigeants de la personne morale restent pleinement maîtres de leurs droits. Ils sont toujours les chefs d'entreprise et la poursuite de l'activité est effectuée par le débiteur[9].

Le débiteur, qui n'est pas interdit bancaire, fait seul fonctionner les comptes bancaires, le banquier ne commettant pas de faute à lui laisser cette maîtrise, alors même que le plan de continuation serait résolu dès lors que le débiteur est placé en redressement judiciaire[10] et non en liquidation judiciaire.

Il en résulte aussi que le dirigeant social reste tenu des obligations légales du chef d'entreprise et qu'il lui incombe de convoquer, dans les six mois de la clôture de l'exercice, l'assemblée générale[11] (v. aussi ss n° 372.11). Le représentant des créanciers – man-

1. *Rapp. Xavier de Roux*, n° 2095, p. 202.
2. Becqué-Ickowicz, « De l'entreprise au cours de la période d'observation », *LPA*, n° sp., 8 févr. 2006, n° 28, p. 39 s., sp. p. 41.
3. Interv. Giaccobi, *JOAN CR*, 2e séance du 3 mars 2005, p. 1640.
4. Paris, pôle 5, 8e ch., 25 oct. 2011, RG n° 11/16438, *BJE* avr. 2012, comm. 169, note Cérati-Gauthier.
5. Colmar, 1re ch. A, 29 mai 2012, RG n° 12/01622, *Rev. proc. coll.* 2012, comm. 196, note Lebel.
6. Ord. n° 2008-1345, 18 déc. 2008, préc.
7. Le Cannu, 7e éd., n° 304.
8. L. n° 2005-845, 26 juill. 2005, préc.
9. Com. 28 mai 2002, n° 99-15.040, NP, *Act. proc. coll.* 2002/16, n° 201.
10. Com. 7 mars 2006, n° 02-16.365, NP; n° 296 F-D.
11. Crim. 4 avr. 2001, n° 00-85.146, NP – Crim. 21 juin 2000, n° 99-85.778, *Bull. crim.* n° 241; *Act. proc. coll.* 2000/15, n° 199, note Legros; *D.* 2000. jur. 352, obs. Lienhard; *D.* 2002. Somm. 207, obs. Derrida; *JCP E* et *A* 2000, jur. 1815, note Couret; *JCP E* et *A* 2001, Chron. 174, n° 1-C-4, obs. M. Cabrillac; *Bull. Joly* 2000, n° 279, note Vallansan; *Rev. proc. coll.* 2000, p. 209, n° 21, obs. Soinne; *Rev. proc. coll.* 2002, p. 92, n° 8, obs. Lebel; *Gaz. Pal.* 22-23 déc. 2000, Chron. n° 3, obs. J. Doucet; *RTD com.* 2000. 753, obs. Bouloc; et *RTD com.* 2001. 159, obs. Champaud et Danet.

dataire judiciaire – s'abstiendra de toute immixtion dans la gestion de l'entreprise[1].

Les seuls pouvoirs confisqués au débiteur, qui n'est pas sous administration contrôlée, sont énoncés par l'article L. 621-137 du code de commerce. Ils sont de moindre importance et ne sont pas, au surplus, systématiquement ôtés au débiteur. Dans les deux cas, la solution n'intéresse que le dirigeant social. Le premier tient au pouvoir transmis au représentant des créanciers d'ouvrir un compte spécial bloqué où sont virés les actions et certificats d'investissement ou de droit de vote détenus par les dirigeants de la personne morale débitrice (C. com., art. L. 621-19 [anc^t^ L. 25 janv. 1985[2], art. 28]). Le second est relatif à la convocation de l'assemblée générale extraordinaire de la personne morale débitrice appelée à statuer sur une augmentation de capital à laquelle est subordonné l'arrêté d'un plan de continuation ou à la convocation de l'assemblée générale appelée à statuer sur la reconstitution des capitaux propres (C. com., art. L. 621-58 [anc^t^ L. 25 janv. 1985, art. 22]). Le pouvoir enlevé au dirigeant social est alors conféré au juge-commissaire.

On ajoutera que le débiteur, en régime simplifié, devra se faire autoriser par le juge-commissaire pour continuer un contrat en cours (C. com., art. L. 621-137; sur les règles relatives à la continuation des contrats en cours, v. s^s^ n°s 431.11 s.).

En revanche, le débiteur peut seul souscrire des contrats nouveaux[3]. Il a été jugé qu'aucun texte n'obligeait en ce cas le débiteur à informer son partenaire contractuel qu'il était en redressement judiciaire[4].

421.24 Procédure de sauvegarde ou de redressement judiciaire ouverte sans administrateur judiciaire sous l'empire de la loi du 26 juillet 2005[5]. L'article L. 627-1 du code de commerce, texte de la procédure de sauvegarde, applicable, du moins par principe, en redressement judiciaire, du fait du renvoi opéré par l'article L. 631-21 alinéa 1, est consacré à la procédure de sauvegarde ouverte sans désignation d'un administrateur judiciaire. Il s'agit là de la reproduction partielle des articles L. 621-133 à L. 621-143 du code de commerce dans la rédaction antérieure à la loi du 26 juillet 2005, qui s'appliquaient à la procédure de redressement judiciaire simplifié, laquelle a été supprimée par la réforme.

Le principe est que les dispositions applicables lorsqu'un administrateur judiciaire a été nommé s'appliquent identiquement en l'absence d'administrateur judiciaire, à moins de dispositions contraires prévues par le chapitre VII. Ces règles spécifiques sont contenues aux articles L. 627-2 à L. 627-4.

D'autres règles applicables à la procédure de sauvegarde avec administrateur judiciaire que celles visées aux articles L. 627-2 à L. 627-4 sont concevables. Il a cependant été indiqué, lors des travaux préparatoires, que l'instauration de comités de créanciers semblait inconciliable avec l'absence d'un administrateur judiciaire[6]. C'est pourquoi le décret du 28 décembre 2005[7] a prévu la nomination d'un administrateur judiciaire qui a pour seule mission de faire fonctionner les comités de créanciers (C. com., art. R. 626-53).

La poursuite de l'activité est confiée ici au seul débiteur. Ce dernier, à moins d'avoir été interdit d'émettre des chèques, fait fonctionner ses comptes bancaires, professionnels ou personnels. Il en résulte qu'il peut, après jugement d'ouverture, procéder à un virement de son compte professionnel à son compte joint. Le banquier ne peut opérer une contre-passation de l'opération, et demander le paiement du solde débiteur du compte joint au conjoint, après avoir clôturé ce compte, en se fondant sur la violation du paiement des créances antérieures, sauf à prouver que le virement aurait permis de payer une créance antérieure ou une créance postérieure non éligible au traitement préférentiel[8].

Le débiteur, sans autorisation du juge-commissaire, peut conclure un nouveau contrat. Il peut ainsi embaucher un nouveau salarié[9].

Cependant, la procédure de sauvegarde ne contenant pas de dispositions particulières aux licenciements économiques, ne prévoit pas la possibilité pour le débiteur de mettre en œuvre les licenciements pendant la période d'observation. Il appartient, en revanche, au chef d'entreprise, dans la procédure de redressement judiciaire, de mettre en œuvre les licenciements urgents, inévitables et indispensables, pendant la période d'observation (C. com., art. L. 631-21, al. 2) et de procéder aux notifications de ces licenciements aux salariés concernés (C. com. art. L. 631-21, al. 2). En outre, il appartiendra au mandataire judiciaire, dans la pro-

1. IFPPC 1999, recomm. n° 2090-1, p. 57.
2. L. n° 85-98, 25 janv. 1985, préc.
3. Paris, 2e ch. B, 27 févr. 2003, RG n° 2002/12978, *Rev. proc. coll.* 2004, p. 44, n° 2, obs. Lebel.
4. Com. 24 sept. 2003, n° 00-21.863, NP.
5. L. n° 2005-845, 26 juill. 2005, préc.
6. *Rapp. Xavier de Roux*, n° 2095, p. 332, 333.
7. D. n° 2005-1677, 28 déc. 2005, préc.
8. Com. 3 nov. 2010, n° 09-69.533, *Bull. civ.* IV, n° 167; n° 1088 F-P+B; *D.* 2010. 2644, note Lienhard; *Gaz. Pal. entr. diff.* 7-8 janv. 2011, p. 35, note Roussel Galle; *JCP E* 2011. 1002, note Lebel; *Rev. proc. coll.* 2011, comm. 76, p. 75, note Dumont-Lefrand; *LPA* 29 avr. 2011, n° 85, p. 5, note Zattara-Gros; *RTD com.* 2011. 638, n° 4, obs. Martin-Serf.
9. Soc. 19 janv. 2011, n° 09-68.488, NP, *Rev. proc. coll.* 2012, comm. 28, note Lebel – Soc. 4 mai 2011, n° 10-16.626, NP, *Rev. proc. coll.* 2012, comm. 28, note Lebel.

cédure de redressement judiciaire, de virer les titres de capital ou valeurs mobilières donnant accès au capital à un compte spécial bloqué, qu'il ouvrira au nom du titulaire et tenu par la société ou l'intermédiaire financier selon le cas. C'est ce même mandataire qui fera, le cas échéant, mentionner sur les registres de la personne morale l'incessibilité des parts des dirigeants (C. com., art. L. 631-21, al. 3, renvoyant à l'art. L. 631-10).

L'article L. 627-2 du code, qui précise la mission du débiteur, indique qu'il exerce la faculté ouverte à l'administrateur de poursuivre les contrats en cours, d'acquiescer à une demande en restitution ou en revendication. Dans tous ces cas, il doit cependant avoir reçu l'avis conforme du mandataire judiciaire, c'est-à-dire son accord [1]. Ce texte de la procédure de sauvegarde s'applique identiquement en redressement judiciaire (C. com., art. L. 631-21, al. 1).

Il importe de remarquer, s'agissant de la continuation des contrats en cours, l'absence d'autorisation à donner par le juge-commissaire, contrairement à la solution résultant de la législation antérieure, lorsque le débiteur voulait opter pour la continuation des contrats en cours. L'autorisation du juge-commissaire est ici remplacée par l'avis conforme du mandataire judiciaire. Si celui-ci n'est pas d'accord avec le débiteur, ce dernier pourra saisir le juge-commissaire. En effet, l'article L. 627-2 prend le soin d'indiquer que, en cas de désaccord, le juge-commissaire peut être saisi par tout intéressé, ce qui vise non seulement un créancier, mais encore le débiteur.

L'article L. 624-16 alinéa 4 du code de commerce, texte de la procédure de sauvegarde, applicable en redressement judiciaire (C. com., art. L. 631-18, I), confie, en revanche, au juge-commissaire, l'autorisation donnée au débiteur - comme à l'administrateur judiciaire d'ailleurs - de payer immédiatement le prix d'un bien vendu avec une clause de réserve de propriété [2].

421.25 Pouvoirs invariables de l'administrateur judiciaire. Quelle que soit la mission que lui confie le tribunal, l'administrateur a, en redressement judiciaire des pouvoirs intangibles, qui sont identiques que l'on soit sous l'empire de la législation antérieure à la loi du 26 juillet 2005 [3] ou sous celui de la législation du 26 juillet 2005, et que l'on soit en procédure de sauvegarde ou en procédure de redressement judiciaire.

Il est d'abord seul habilité à exercer l'option sur la continuation des contrats en cours. Il s'agit là d'un pouvoir essentiel au redressement de l'entreprise. La richesse de celle-ci et ses possibilités d'exploitation se mesurent à la *qualité de ses partenaires contractuels*. Ce choix *ne pouvait être laissé au débiteur, dès lors qu'un administrateur judiciaire était nommé*. L'administrateur dispose seul de l'option de continuer ou non le contrat en cours. En revanche, le pouvoir de conclure un nouveau contrat n'est pas propre à l'administrateur judiciaire et dépendra de sa mission.

L'administrateur judiciaire dispose également seul du pouvoir de faire fonctionner les comptes bancaires, lorsque le débiteur est interdit bancaire. En pratique, cette interdiction rend obligatoire la nomination d'un administrateur judiciaire, alors même que sa présence n'apparaissait pas indispensable. De *lege ferenda*, il serait souhaitable d'édicter une suspension de l'interdiction bancaire pendant la période d'observation, le banquier conservant le pouvoir de rompre unilatéralement, pour comportement gravement répréhensible qui pourrait résulter d'un fonctionnement anormal du compte, ses concours sur le fondement de l'article L. 313-12 du code monétaire et financier (anc^{t} L. bancaire, 24 janv. 1984 [4], art. 60, al. 2).

L'administrateur est *a priori* seul compétent pour préparer un projet de plan de redressement. La jurisprudence est cependant ici laxiste, en faveur du débiteur. Il est d'abord admis que ce dernier a qualité pour présenter un plan de continuation que se refuserait à présenter l'administrateur judiciaire. La jurisprudence admet également les projets de plan de continuation concurrents, l'administrateur présentant un plan de continuation externe, c'est-à-dire par voie de cession des actions, le débiteur un plan de continuation par voie interne. Dans le régime simplifié de la législation antérieure à la loi de sauvegarde des entreprises, enfin, la jurisprudence admet, de façon générale, la présentation d'un plan de redressement par le débiteur [5].

Dans la procédure de sauvegarde, la loi du 26 juillet 2005 ne posait pas davantage en règle que le débiteur devait élaborer le plan. La distinction avec la procédure de redressement judiciaire n'était donc pas très nette. Depuis l'ordonnance du 18 décembre 2008 [6], en revanche, pour tenir compte du fait que le chef d'entreprise reste aux commandes, l'article L. 626-2, alinéa 1 du code, tel qu'il résulte de l'ordonnance de réforme (ord. 18 déc. 2008, art. 52) prévoit désormais que le débiteur propose, au vu du bilan économique et social et le cas échéant environnemental, le projet de plan. Il reçoit ici le concours de l'administrateur. Il s'est imposé comme une évi-

1. *Rapp. Xavier de Roux*, n° 2095, p. 333.
2. Amend. n° 143, *in Rapp. Xavier de Roux*, n° 2095, p. 335.
3. L. n° 2005-845, 26 juill. 2005, préc.
4. L. n° 84-46, 24 janv. 1984, *JO* 25 janv., p. 390.
5. Com. 25 nov. 1997, n° 94-22.000, NP, *Rev. proc. coll.* 1999, 33, n° 1, obs. Monsérié.
6. Ord. n° 2008-1345, 18 déc. 2008, préc.

dence de bien faire apparaître que, dans la procédure de sauvegarde, le chef d'entreprise décide des mesures à prendre, ne recevant en cela que l'appui de l'administrateur. La seconde phrase de l'alinéa 4 de l'article L. 623-3 du code de commerce a, en conséquence, été supprimée (ord. 18 déc. 2008, art. 37). La solution contraste avec es solutions contenues dans le code de commerce, dans la rédaction d'origine de la loi de sauvegarde. Pour tenir compte du fait que la procédure de sauvegarde est maîtrisée par le débiteur, il est désormais prévu que les mesures envisagées sont celles que le débiteur envisage de prendre.

L'administrateur est seul apte à se prononcer sur les demandes en acquiescement de revendication ou en restitution, présentées par les propriétaires de meubles.

421.26 Actes de disposition et d'administration non compris dans la mission de l'administrateur. Les actes de disposition et d'administration non compris dans la mission de l'administrateur semblaient, sous l'empire de la législation antérieure à la loi du 26 juillet 2005 [1], concerner le patrimoine extraprofessionnel du débiteur, personne physique. Le débiteur aura conservé le pouvoir d'exercer seul les actions en justice relatives à son patrimoine extraprofessionnel [2]. La solution aurait été justifiée par la lettre du code de commerce évoquant, à l'article L. 621-22 (anc[t] L. 25 janv. 1985 [3], art. 31, 3°), la mission d'administration de « l'entreprise ». L'article L. 621-23 (anc[t] L. 25 janv. 1985, art. 32), pour sa part, énonce que « le débiteur continue à exercer sur son patrimoine les actes de disposition et d'administration, ainsi que les droits et actions qui ne sont pas compris dans la mission de l'administrateur ». Les textes semblaient ainsi créer une dichotomie entre l'entreprise et le patrimoine du débiteur. Cependant, cette impression ne pouvait être suivie, car si le débiteur était une personne physique, il n'avait qu'un seul patrimoine. L'article L. 621-23 ne pouvait donc conduire à soustraire son patrimoine, lequel intégrait son entreprise, à l'administration contrôlée. La règle de l'unité du patrimoine condamnait la solution. Il fallait donc décider, à la suite de la doctrine unanime, avant la loi de sauvegarde des entreprises, que l'administrateur pouvait avoir mission d'administrer les biens non professionnels du débiteur personne physique [4], ce qui conduisait à englober dans le cadre de l'administration contrôlée, tous les biens communs. La jurisprudence est également majoritairement en ce sens [5]. Cependant, la solution aurait pu être inopportune, mais le pouvoir de soustraire certains biens de l'administration contrôlée, offert au tribunal par les textes, permettait d'éviter cet écueil.

Les solutions sont transposables sous l'empire de a législation du 26 juillet 2005 [6], dans la procédure le redressement judiciaire et, *a fortiori*, dans la proédure de sauvegarde, puisque le débiteur n'y est pas essaisi de l'administration de ses droits patrimoiaux.

21.27 Droits et actions non compris dans la issión de l'administrateur. Indiquons d'abord que, n présence d'un entrepreneur individuel à responbilité limitée, il y a lieu de prendre en compte article L. 680-4 du code de commerce (réd. ord. déc. 2010 [7]). Les actes de disposition et d'administration ne se rattachant pas à l'entreprise logée dans e patrimoine concerné par la procédure collective échapperont nécessairement à la mission de l'administrateur judiciaire.

Pour le surplus, parmi les droits et actions non compris dans la mission de l'administrateur, figurent les droits propres et les droits extrapatrimoniaux du débiteur, qu'il conserve ici comme il les conserve en cas de dessaisissement résultant d'un jugement de liquidation judiciaire. Cette question sera traitée ultérieurement (v. s[s] n°s 552.31 à 552.37).

Comme il a été relevé, en évoquant l'interdiction des actes de disposition étrangers à la gestion courante de l'entreprise, alors que sont valables à l'égard des tiers de bonne foi les actes de gestion courante, le législateur entend laisser au débiteur la possibilité d'accomplir seul et sans autorisation des actes étrangers à la gestion courante, qui ne sont pas des actes de disposition, dès lors qu'ils n'intéressent pas l'entreprise [8].

Il faut aussi, semble-t-il, laisser au professionnel libéral les actions qui relèvent de l'exercice de sa profession, et notamment l'établissement des actes relevant de la profession [9], l'administrateur judiciaire ne se voyant investi que des aspects patrimoniaux. Le droit de regard de l'administrateur sur la

1. L. n° 2005-845, 26 juill. 2005, préc.
2. Poitiers, 10 nov. 1987, *Rev. proc. coll.* 1988, 367, obs. Mestre et Delebecque.
3. L. n° 85-98, 25 janv. 1985, préc.
4. NOT. : SOINNE, n° 1282 – GUYON, n° 1210 – KERCKHOVE, n° 435.
5. Com. 27 nov. 1991, n° 90-11.122, *Bull. civ.* IV, n° 360; *D.* 1992. 81, obs. Derrida; *JCP E* 1 992. I. 136, n° 3, obs. Pétel; *RTD com.* 1 992. 684, obs. Martin-Serf – Com. 9 juin 1992, n° 90-16.648, NP, *RJDA* 1992, n° 950 – Com. 22 juin 1993, n° 90-17.418, *Bull. civ.* IV, n° 264 – *Adde*, Versailles, 1re ch. A, 15 janv. 1998, *Gaz. Pal.* 4-5 nov. 1998, Somm. 13.
6. SAINT-ALARY-HOUIN, 7e éd., n° 520 – VALLANSAN ET *ALII*, 6e éd., p. 82.
7. Ord. n° 2010-1512, 9 déc. 2010, *JO* 10 déc., p. 21617.
8. PÉROCHON ET BONHOMME, 10e éd., n° 673.
9. POUR LE CAS des notaires : Varin, « Les professions libérales – Aspects pratiques », *Rev. proc. coll.* 2006/2, p. 157 s., sp. p. 158.

fixation des honoraires et sur leur éventuel abandon nous semble cependant évident. Cela rentre dans ses attributions naturelles. L'indépendance de principe du professionnel libéral doit ici, à notre sens, céder devant la nécessité de redresser son entreprise[1].

421.28 Actes de gestion courante. À l'exception des droits propres du débiteur, les pouvoirs de celui-ci représentent le cliché négatif des pouvoirs non confiés à l'administrateur judiciaire. Ils sont donc fonction de la mission confiée par le tribunal à l'administrateur judiciaire. Cependant, afin de protéger les tiers de bonne foi, le Code de commerce valide les actes de gestion courante accomplis par le débiteur seul, alors qu'il aurait dû être assisté en sauvegarde ou en redressement judiciaire ou qu'il aurait dû être représenté, en redressement judiciaire, par l'administrateur judiciaire. Sous l'empire de la loi du 25 janvier 1985[2], la solution résulte de l'article L. 621-23 du code de commerce (anc[t] L. 25 janv. 1985, art. 32, al. 2). Sous l'empire de la loi de sauvegarde[3], elle est posée par l'article L. 622-3 alinéa 2, texte de la procédure de sauvegarde applicable en redressement judiciaire (C. com., art. L. 631-14, I, devenu C. com., L. 631-14, al. 1). Deux notions doivent ici être définies : celle de l'acte de gestion courante et celle du tiers de bonne foi.

Le code ne définit pas la notion d'acte de gestion courante. Cependant, il exclut, dans ces articles, certaines dispositions, ce qui négativement, permet de ne pas englober dans le périmètre de la notion d'acte de gestion courante un certain nombre d'opérations[4].

Il en est d'abord ainsi des paiements. Cependant, une juridiction du fond a estimé que des actes par lesquels est constaté le jeu de la compensation ou se bornant à faire le compte entre les parties constituent des actes de gestion courante[5]. Une autre juridiction a pu estimer comme un acte de gestion courante la perception d'une avance prévue contractuellement[6].

Ne sont pas davantage des actes de gestion courante de l'entreprise, les constitutions de sûretés, les compromis et transactions (C. com., art. L. 621-24 [anc[t] L. 25 janv. 1985, art. 33, al. 2], réd. antérieure à la loi de sauvegarde des entreprises, C. com., art. L. 622-7, al. 2, réd. loi de sauvegarde des entreprises).

La continuation des contrats en cours échappe également à la notion d'acte de gestion courante. Le débiteur ne pourra seul, alors qu'un administrateur judiciaire a été nommé, opter pour la continuation du contrat, même si le cocontractant est de bonne foi.

Positivement, l'acte de gestion courante apparaît comme l'acte permettant à l'entreprise de fonctionner au quotidien[7], par exemple par la conclusion de contrats d'assurance[8], de contrats de transport pour l'acheminement de la marchandise vendue[9] ou par le jeu de commandes effectuées pour les besoins de l'activité commerciale[10], ou inversement de contrats de vente de biens achetés pour être vendus ou fabriqués pour la vente[11]. C'est ainsi que, pour une société de construction, la vente d'appartements est un acte de gestion courante[12]. Pour une société de promotion immobilière, il en est de même de la conclusion d'un contrat de réservation d'appartement[13]. De même, constitue un acte de gestion courante pour une société dont l'objet est l'hébergement touristique, la conclusion de baux afin de permettre l'hébergement des clients[14]. Pour un lycée agricole propriétaire d'un centre équestre qui exerce la formation dans le domaine de l'élevage, la vente de neuf poneys, pouliches ou juments constitue un acte de gestion courante, dans la mesure où il doit, pour les besoins de son activité, procéder à des acquisitions et à des cessions de chevaux[15]. Pour une entreprise de garage et de réparation automobile, la vente de véhicules est un acte de gestion courante[16]. Pour une chaîne de télévision, la commande de films, de documentaires et de clips procède des actes de gestion courante[17].

1. COMP. : Rétif, « L'extension des procédures collectives aux professions libérales », *Rev. proc. coll.* 2006/2, p. 152 s., sp. p. 154.
2. L. n° 85-98, 25 janv. 1985, préc.
3. L. n° 2005-845, 26 juill. 2005, préc.
4. RAPPR. : CHAPUT, n° 338.
5. Paris, 5e ch. B, 10 juin 2004, RG n° 2002/3564.
6. Poitiers, 2e ch. civ., 18 déc. 2012, RG n° 12/00694, *Rev. proc. coll.* 2013, comm. 44, note Lebel.
7. RAPPR. : GIBIRILA, n° 397.
8. Civ. 1re, 23 sept. 2003, n° 99-11.379, NP, *Act. proc. coll.* 2003/19, n° 241.
9. Com. 9 janv. 2001, n° 98-10.876, NP, *Act. proc. coll.* 2001/5, n° 58; *Rev. proc. coll.* 2002, p. 90, n° 3, obs. Lebel.
10. Com. 11 juin 1996, n° 94-12.125, NP, *RJDA* 1996/12, n° 1533.
11. Versailles, 28 nov. 1996, *D. Affaires* 1997, 222; *RJDA* 1997, n° 555.
12. Com. 27 nov. 2001, n° 99-10.378, *Bull. civ.* IV, n° 190; *D.* 2002. AJ 401, obs. Lienhard; *Act. proc. coll.* 2002/1, n° 2, obs. Vallansan; *JCP E* 2002, Chron. 763, p. 805, n° 3, obs. M. Cabrillac; *Dr. et patr.* 2002, n° 103, p. 99, obs. Monsérié-Bon; *Rev. proc. coll.* 2003/1, p. 11, n° 6, obs. Lebel.
13. Com. 22 mai 2007, n° 04-20.801, NP, *Rev. proc. coll.* 2007/3, p. 125, n° 4, obs. Lebel.
14. Chambéry, ch. com., 6 mars 2007, *Rev. proc. coll.* 2008, p. 70, n° 9, note Lebel.
15. Grenoble, 1re ch. civ., 19 mai 2008, RG n° 05/04082, *Act. proc. coll.* 2008/12, n° 188; *Rev. proc. coll.* 2009/2, p. 33, n° 35, note Lebel.
16. Com. 28 mai 2002, n° 99-15.040, NP, *Dr. sociétés* 2002, comm. 40, note Legros; *Rev. proc. coll.* 2003, p. 15, n° 16, obs. Lebel et 2004, p. 45, n° 5, obs. Lebel.
17. Paris, pôle 5, 8e ch., 22 sept. 2009, RG n° 08/16042.

La mobilisation de créances professionnelles par le débiteur est également un acte de gestion courante. La solution a été posée pour des cessions de créance par le mécanisme du bordereau Dailly[1]. Elle a également été posée pour une délégation de paiement consentie par une Sarl ayant pour objet le bâtiment et les travaux publics réalisant un chantier pour une SCI, au profit d'un fournisseur[2]. Elle vaut aussi pour l'émission et l'escompte d'une lettre de change par une société de construction portant sur un montant de 60 000 euros, eu égard à la nature de l'activité de la société débitrice, de son effectif de plus de cent salariés et du prix des deux marchés à l'occasion desquels a été tirée la lettre de change[3].

Le fait de passer des encarts publicitaires par une société dont tous les clients sont ainsi apportés est encore un acte de gestion courante[4].

Les actions en justice tendant au recouvrement d'une créance détenue par le débiteur sur un tiers sont également des actes de gestion courante[5], le contraire ayant cependant également été jugé[6]. L'action en justice engagée contre le débiteur pour obtenir paiement d'une créance postérieure née régulièrement et autorisant le traitement préférentiel sera identiquement un acte de gestion courante, dès lors que la créance correspond à un acte pouvant lui-même recevoir la qualification d'acte de gestion courante, telle une commande de biens nécessaires à l'activité professionnelle.

À l'inverse, les actes qui ne présentent pas un caractère répétitif ne peuvent être considérés comme des actes de gestion courante. Ce ne sont pas des actes « courants ». Il en est ainsi de la signature d'un cautionnement[7] ou d'un contrat de bail[8], de la signature d'un bail précaire[9], de la cession d'actions[10] ou de la vente d'un fonds de commerce[11] ou d'un immeuble par le débiteur et son conjoint[12], d'une convention d'honoraires d'avocat portant sur des montants élevés[13] ou les diligences commandées par le gérant de la Sarl débitrice à une société d'avocat générant un coût élevé pour le débiteur[14].

De même, n'est pas un acte de gestion courante, l'embauche d'un salarié de haut niveau[15], alors que, au contraire, il a été jugé que l'embauche d'un chauffeur-livreur par une entreprise de transport, pour une période courte afin de faire face à un surcroît de travail, était un acte de gestion courante[16]. On a justement fait observer que les précautions prises par la Cour de cassation, sur cette dernière solution, semblent accréditer l'idée que la signature d'un contrat de travail ne sera pas, par principe, un acte de gestion courante[17]. Cette solution devait d'ailleurs être posée peu après[18]. Un contrat de travail qui s'inscrit dans une multitude d'embauches justifiées n'est pas un acte de gestion courante[19]. L'engagement d'un salarié selon un contrat de professionnalisation de 17 mois n'est pas un acte de gestion courante[20].

N'est pas un acte de gestion courante, le licenciement pour faute grave d'un salarié[21].

1. Versailles, 13 juin 1996, *D. Affaires* 1996, 1103.
2. Toulouse, 2e ch. 1re sect., 30 avr. 2008, *Rev. proc. coll.* 2009/3, p. 41, no 73, note Lebel.
3. Com. 13 sept. 2011, no 10-24.126, NP; no 815 F-D; *Gaz. Pal. entr. diff.* 21 janv. 2012, no 20, p. 15, note Bidan; *BJE* janv. 2012, comm., p. 6, p. 12, note Delmotte; *Rev. proc. coll.* 2012, comm. 31, note Lebel.
4. Paris, 3e ch. C, 10 mars 2000, *Rev. proc. coll.* 2002, p. 90, no 2, obs. Lebel.
5. Paris, 4 oct. 1996, *D. Affaires* 1996, 1395.
6. Caen, sect. civ. et com., 11 déc. 2008, *Rev. proc. coll.* 2009/6, 159, p. 37, note Lebel.
7. Nîmes, 7 déc. 2004, *LPA* 4 avr. 2005, p. 14, note Derrida.
8. Paris, 13e ch., 9 avr. 1998, *RJDA* 1998/11, no 1250, p. 939; *D. Affaires* 1998, 1051.
9. Com. 29 sept. 2015, no 14-17.374, NP, *Rev. proc. coll.* 2015, comm. 179, note Lebel; *Defrénois* 2016, 280, note Vauvillé.
10. Lyon, 30 juin 1995, *Dr. sociétés* 1996, no 100, obs. Chaput.
11. Toulouse, 13 mai 1987, *RD banc. et bourse* 1988, 138, obs. Dekeuwer-Défossez – Aix en Provence, 8e ch. A, 22 mars 2012, no 11/14367, *Rev. proc. coll.* 2012, comm. 197, note Lebel.
12. Com. 30 mai 2006, no 04-19.056, NP.
13. Civ. 1re, 13 nov. 1997, no 95-19.937, NP, *RJDA* 1998, no 456.
14. Com. 30 mars 2010, no 09-10.729, *Bull. civ.* IV, no 66; no 383 F-P+B; *D.* 2010. 958, note Lienhard; *D.* 2010. 1110, note Bélaval; *Act. proc. coll.* 2010/10, no 143, note Régnaut-Moutier; *Rev. proc. coll.* 2010/4, comm. 156, note Lebel et mars 2012, comm. 40, note Saint-Alary Houin; *JCP E* 2010, Chron. 1742, no 5, obs. M. Cabrillac; Teboul; *Dr. et patr.* 2010, no 196, p. 91, note Saint-Alary-Houin et Monsérié-Bon; *Dr. et patr.* sept. 2011, no 206, 73, note Saint-Alary Houin; *RTD com.* 2010. 612, no 6, obs. Martin-Serf.
15. Com. 3 avr. 1990, no 85-46.530, *Bull. civ.* IV, no 115 – Com. 5 oct. 1993, no 91-14.361, *Bull. civ.* IV, no 318; *D.* 1994. Somm. 81, obs. Honorat – Soc. 30 mai 2001, no 99-42.769, NP, *Act. proc. coll.* 2001/16, no 203, obs. Régnaut-Moutier – *Adde*, Soc. 7 nov. 2007, no 06-40.896, NP; no 2331 F-D; *RJDA* 2008/4, p. 428, no 436.
16. Soc. 21 sept. 2005, no 03-41.598, *Bull. civ.* V, no 261; *D.* 2006. Somm. 79, obs. Le Corre; *JCP E* 2006, Chron. 1066, p. 71, no 2, obs. Pételo; *RJ com.* 2006/1, p. 41, note Sortais; *LXB* no N6356AKM, note Le Corre.
17. Obs. Pétel, ss Soc. 21 sept. 2005, no 03-41.598, *Bull. civ.* V, no 261; *JCP E* 2006, Chron. 1066, p. 71, no 2.
18. Soc. 17 oct. 2006, no 04-45.827, NP, *Act. proc. coll.* 2007/2, no 9, note Fin-Langer – Soc. 29 mai 2013, no 12-17.158, NP, *Rev. proc. coll.* 2014, comm. 58, note Lebel – Paris, pôle 6, 5e ch., 28 mai 2009, RG no 07/05433, *Rev. proc. coll.* 2009/6, 160, p. 38, note Lebel.
19. Reims, ch. soc., 14 déc. 2011, no 10/02468, DPDE sept. 2012, p. 12, note Roussel Galle.
20. Soc. 26 nov. 2015, no 14-19.680, NP, *Rev. proc. coll.* 2016, comm. 27, note Taquet; *Rev. proc. coll.* 2016, comm. 39, note Lebel et comm. 56, note Jacotot; *Leden* 2016/1, comm. 012, note Dedessus-Le-Moustier.
21. Versailles, 15 mars 2016, RG no 15/01342, *Act. proc. coll.* 2016/9, comm. 117.

Il est admis que la signature d'un contrat d'apprentissage est un acte de gestion courante[1], à moins qu'il ne corresponde pas au fonctionnement quotidien de l'entreprise[2].

N'est pas davantage un acte de gestion courante, la clause signée par le débiteur en redressement judiciaire, qui prévoit la mise en œuvre d'une astreinte contre lui et qui constitue un acte de disposition étranger à la gestion courante en ce qu'elle est susceptible d'aggraver son passif[3].

N'apparaît comme un acte de gestion courante, l'action en responsabilité exercée par le débiteur de la société débitrice contre un tiers, la solution contraire ayant toutefois été posée par une juridiction du fond[4].

La seconde notion à définir est celle de tiers de bonne foi. Ce sont les personnes restées dans l'ignorance de la restriction de pouvoirs atteignant le débiteur, du fait de l'application des règles de l'administration contrôlée[5]. Ne peut être suivie l'opinion d'un auteur, qui estime que le tiers de bonne foi est celui resté dans l'ignorance non de l'ouverture de la procédure, mais du fait que l'acte en cause n'est pas de type courant[6].

Faut-il limiter à la seule hypothèse de mauvaise foi du tiers la validation des actes de gestion courante ? Le problème est en réalité de savoir quels sont les actes que le tribunal a confiés à l'administrateur judiciaire, dans le jugement d'ouverture ou dans le jugement modifiant la mission de l'administrateur. Si le tribunal, en confiant à l'administrateur judiciaire une mission de représentation, lui a donné le pouvoir d'accomplir seul tous les actes de gestion courante, ce qui devrait être extrêmement rare au regard de la lourdeur de la tâche, les actes de gestion courante accomplis par le débiteur n'échapperont pas, par principe, à la sanction de l'inopposabilité à la procédure collective, à moins que le tiers soit de bonne foi. Si le dessaisissement du débiteur est partiel, la mission d'administration ayant également ce caractère, le jugement dresse la liste des actes relevant de la seule compétence de l'administrateur[7]. Si l'acte de gestion courante accompli rentre dans le cadre de l'administration contrôlée, il ne sera efficace qu'en cas de bonne foi du tiers. Si le tribunal a confié à l'administrateur judiciaire une mission d'assistance, il ne lui aura pas, en pratique, donné mission d'accomplir les actes de gestion courante. En ce cas, l'acte de gestion courante sera toujours valable même si le tiers est de mauvaise foi[8]. L'examen de la jurisprudence permet de constater que les juridictions ne semblent guère s'embarrasser de ces considérations techniques et peu leur importe, en réalité, la bonne foi du tiers. Dès lors que l'acte est de gestion courante, cela suffit en pratique pour lui assurer une opposabilité à la procédure collective[9].

Notons aussi que, en l'absence d'administrateur judiciaire, l'acte de gestion courante pourra être accompli par le débiteur seul, sans autorisation du juge-commissaire, au contraire de l'acte étranger à la gestion courante. La solution a pu être posée pour la signature d'un contrat de travail[10].

Conformément au droit commun, la bonne foi du tiers est présumée. Le seul fait de connaître le jugement d'ouverture est insuffisant, dès lors que la restriction de pouvoirs ne l'est pas[11]. On peut toutefois suggérer que l'appréciation soit différente, dès lors que l'acte est accompli après publication régulière au *Bodacc* du jugement d'ouverture, en fonction de la qualité du tiers et de la plus ou moins grande difficulté d'accès, pour lui, à l'information.

Pour supprimer la difficulté d'appréciation sur la notion d'acte de gestion courante, il a été suggéré de faire fixer par le tribunal un seuil au-delà duquel l'acte ne pourra plus être un acte de gestion courante[12]. Mais encore faudrait-il que le partenaire contractuel du débiteur en ait connaissance, ce qui ne peut passer que par une mesure de publicité, identique à celle existant pour la mission de l'administrateur. La publicité ne sera cependant efficace que si elle est prévue par la loi.

Précisons enfin que si l'acte n'est pas considéré comme relevant de la gestion courante, les juges du fond n'ont pas à rechercher si le partenaire contractuel du débiteur était de mauvaise foi pour considérer comme inefficace l'acte en question[13].

1. Rouen, ch. soc., 13 oct. 2009, *Rev. proc. coll.* 2010/4, comm. 157, note Lebel.
2. Poitiers, ch. soc., 28 oct. 2015, RG n° 14/04650, *Rev. proc. coll.* 2015, comm. 178, note Lebel.
3. Com. 4 oct. 2005, n° 04-13.739, NP; n° 1290 F-D; *Gaz. proc. coll.* 2006/1, p. 18, obs. Bidan; *Rev. proc. coll.* 2006/4, p. 357, n° 3, obs. Lebel.
4. Douai, 3e ch., 7 févr. 2013, RG n° 05479, *Rev. proc. coll.* 2013, comm. 43, note Lebel.
5. CLAIREMENT, EN CE SENS : Com. 13 sept. 2011, n° 10-24.126, NP; n° 815 F-D; *Gaz. Pal. entr. diff.* 21 janv. 2012, n° 20, p. 15, note Bidan; *BJE* janv. 2012, comm., p. 6, p. 12, note Delmotte.
6. LE CANNU, 7e éd., n° 309.
7. COQUELET, 3e5e éd., 2015, n° 169171.
8. RAPPR. : PÉROCHON, 10e éd., nos 647 et 667687.
9. RAPPR. : JACQUEMONT et VABRES, 9e éd., 2015, n° 373.
10. Soc. 29 mai 2013, n° 11-22.834, NP, *Rev. proc. coll.* 2014, comm. 58, note Lebel.
11. Com. 13 sept. 2011, n° 10-24.126, NP; n° 815 F-D; *Gaz. Pal. entr. diff.* 21 janv. 2012, n° 20, p. 15, note Bidan; *BJE* janv. 2012, comm., p. 6, p. 12, note Delmotte.
12. PÉROCHON, 10e éd., n° 680.
13. Com. 30 mars 2010, n° 09-10.729, *Bull. civ.* IV, n° 66; n° 383 F-P+B; *D.* 2010. 958, note Lienhard; *D.* 2010. 1110, note Bélaval; *Act. proc. coll.* 2010/10, n° 143, note Régnaut-Moutier; *Rev. proc. coll.* 2010/4, comm. 156, note Lebel.

SECTION 421.30

DÉTERMINATION DE LA MISSI(DE L'ADMINISTRATEUR PAR LEBUNAL

421.31 Choix du tribunalativement aux pouvoirs variables de l'adnistrateur. Sous l'empire de la législation anieure à la loi du 26 juillet 2005[1], en redressemejudiciaire, l'article L. 621-22 du code de commer (anc[t] L. 25 janv. 1985[2], art. 31), prévoit quele tribunal charge l'administrateur judiciaire oues administrateurs judiciaires, ensemble ou séparément :

1° soit de surveiller les cpértions de gestion;

2° soit d'assister le débiteu pour tous les actes concernant la gestion ou cetans d'entre eux;

3° soit d'assurer seul, enirement ou en partie, l'administration de l'entreprie.

Le choix du tribunal est donc triple en régime général.

En régime simplifié, au contraire, la première mission, c'est-à-dire celle de surveillance du débiteur, n'existe pas. L'article L 621-137 du code de commerce (anc[t] L. 25 janv. 1985, art. 141, al. 1) prévoit que l'administrateur représente le débiteur ou l'assiste.

Aucune autre mission que celle prévue par les textes, c'est-à-dire de surveillance, d'assistance ou de représentation, ne peut être accordée à l'administrateur judiciaire[3]. Cependant, on remarquera que le II, 2° de l'article L. 621-22 du code de commerce (anc[t] L. 25 janv. 1985, art. 31) permet au tribunal de décider d'une mission d'assistance pour certains actes seulement. En ce cas, la mission sera par principe de simple surveillance et, pour les actes précisés par le tribunal, d'assistance. Le tribunal pouvant faire du « sur-mesure »[4], est, en quelque sorte, le « tailleur » du redressement judiciaire. Il semble délicat d'admettre, même si l'opinion contraire a pu être émise[5], que l'administrateur pourrait avoir pour certains actes une mission de surveillance, pour d'autres une mission d'administration ou d'assistance. Outre que ce panachage n'est pas prévu par les textes, il recèle de grands dangers pour les tiers, en créant une très grande insécurité sur le titulaire du pouvoir de conclure les actes. En revanche, en cas de nomination de plusieurs administrateurs judiciaires, chacun d'eux pourrait recevoir une mission différente[6], ce dont les tiers seront ici parfaitement informés par la consultation du registre du commerce et des sociétés, du répertoire des métiers (registre des entreprises en Alsace-Moselle) ou du registre spécial tenu au greffe du tribunal de grande instance. En effet, le jugement d'ouverture est mentionné à ces registres professionnels avec l'indication des pouvoirs de l'administrateur judiciaire. Il en est de même du jugement modifiant la mission de l'administrateur judiciaire (v. s[s] n° 421.41).

Lorsque l'administrateur n'aura reçu qu'une mission d'assistance limitée à la gestion d'un bien, par exemple le fonds de commerce, le débiteur, en dehors des pouvoirs propres de l'administrateur judiciaire, conservera tous ses pouvoirs, et pourra, par exemple, valablement exercer des voies de recours[7].

Si une difficulté surgit quant à l'étendue de la mission de l'administrateur, ce dernier doit demander au tribunal une interprétation sur celle-ci[8].

Sous l'empire de la législation du 26 juillet 2005, la solution antérieure comporte une modification, en redressement judiciaire : la mission de surveillance a disparu (C. com., art. L. 631-12, al. 2). Dans la procédure de sauvegarde, le tribunal ne peut confier à l'administrateur une mission de représentation. Il a le choix entre la mission de surveillance et celle d'assistance (C. com., art. L. 622-1, II). Il a toutefois été noté que la mesure d'assistance s'accorde mal avec la nature de la procédure de sauvegarde[9]. Afin de rendre plus attractive la procédure de sauvegarde, ainsi que cela avait été suggéré[10], l'article L. 622-1, II du code de commerce, tel qu'il résultait de la rédaction qu'envisageait de lui donner le projet d'ordonnance, dans sa version du 27 mars 2008, prévoyait que la mission d'assistance ne pouvait être confiée à l'administrateur judiciaire qu'à la demande du débiteur ou du ministère public. Le caractère volontariste de la procédure de sauvegarde commandait en effet, *a priori*, que la mission de l'administrateur judiciaire fut de simple surveillance. L'incompétence ou la malhonnêteté du débiteur ou des dirigeants de la personne morale débitrice auraient, *a priori*, seules justifié la demande du ministère public tendant à conférer à l'administrateur judiciaire une mission d'assistance. La solution a toutefois été abandonnée dans le projet d'ordonnance, dans sa version d'octobre 2008, et n'a pas été reprise par la suite.

Indiquons enfin que, en présence d'un entrepreneur individuel à responsabilité limitée, sauf à contrarier la règle posée par l'article L. 680-4 du code de

1. L. n° 2005-845, 26 juill. 2005, préc.
2. L. n° 85-98, 25 janv. 1985, préc.
3. SOINNE, n° 1288.
4. PÉROCHON, 10e éd., n° 682.
5. LE CANNU, 7e éd., n° 319 – VOINOT, 2e éd., n°s 290.
6. VALLENS, 2015, n° 3212 – PÉROCHON, 10e éd., n° 682.
7. AINSI : Com. 14 mars 2002, *Rev. proc. coll.* 2002, p. 92, n° 9, obs. Lebel.
8. IFPPC 1999, recomm. n° 2010-6, p. 44.
9. PÉTEL, 8e éd., n° 158.
10. Montéran, « Pour améliorer le droit des entreprises en difficulté, osons la réforme », *Gaz. Proc. coll.* 2008/1, p. 3 s., sp. p. 7.

commerce (réd. ord. 9 déc. 2010[1], le tribunal ne pourrait confier une quelconque mission à l'administrateur judiciaire sur des biens, droits, obligations et sûretés compris dans un patrimoine autre que celui concerné par la procédure collective.

421.32 Mission de surveillance de l'administrateur judiciaire. Cette mission, qui ne pouvait, sous l'empire de la législation antérieure à la loi du 26 juillet 2005[2], être conférée à l'administrateur qu'en régime général du redressement judiciaire, était d'application rare. Elle supposait que le tribunal ait une confiance complète dans le débiteur ou les dirigeants de la personne morale débitrice, et, en outre, que leurs compétences ne puissent en aucune manière être remises en cause. Cette mission a disparu dans le redressement judiciaire, sous l'empire de la législation du 26 juillet 2005. En revanche, elle peut être confiée en procédure de sauvegarde.

Il pouvait apparaître curieux que, dans le redressement judiciaire, le législateur ait cru bon d'instituer un « démembrement d'administrateur judiciaire », qui n'administre rien. La solution est davantage justifiée dans la procédure de sauvegarde, le chef d'entreprise restant maître à bord. Si l'on excepte les pouvoirs invariables de l'administrateur judiciaire, celui-ci ne sera en fonction que pour surveiller la gestion du débiteur, c'est-à-dire, en réalité, empêcher la réalisation d'actes préjudiciables à l'entreprise. Ce pouvoir de surveillance s'exercera tant en légalité, qu'en opportunité[3].

Cette mission « a postérioriste »[4] ne permet pas à l'administrateur judiciaire d'exiger du débiteur l'accomplissement de tel ou tel acte. Pas davantage, l'administrateur judiciaire ne saurait s'opposer à la conclusion d'un acte par le débiteur[5]. La seule possibilité pour l'administrateur judiciaire sera, en cas de difficultés, de solliciter une modification de sa mission.

Cette mission n'autorise pas l'administrateur à signer les chèques, les effets de commerce ou les autres documents bancaires[6].

Le débiteur aura ainsi toute liberté d'agir seul en justice, comme s'il n'y avait pas d'administrateur judiciaire[7]. Le représentant des créanciers ou, après arrêté du plan, le commissaire à l'exécution du plan, n'aura pas à être mis en cause. La solution sera identique lorsque le débiteur occupe la situation procédurale de défendeur, sous réserve du jeu des règles relatives aux instances en cours au jour du jugement d'ouverture (v. n° 623.32) ou des instances concernant les créances antérieures, mais non affectées par l'arrêt des poursuites individuelles (v. s[s] n° 621.91). Les saisies portant sur des créances postérieures n'ont pas à être dénoncées à l'administrateur judiciaire, mais seulement au débiteur saisi[8]. On réservera le cas des saisies en cours, au jour du jugement d'ouverture (v. s[s] n° 622.72).

421.33 Mission d'assistance de l'administrateur judiciaire. La mission d'assistance sera le plus logiquement utilisée, dans la procédure de redressement judiciaire, à moins que le tribunal ne considère le débiteur ou les dirigeants de la personne morale débitrice comme incompétents ou malhonnêtes. Dans la procédure de sauvegarde, elle devra, semble-t-il, être justifiée par le tribunal, le principe étant, dans cette procédure la mission de surveillance (v. s[s] n° 421.31).

L'article L. 621-22 du code de commerce (anc[t] L. 25 janv. 1985[9], art. 31, 2°), sous l'empire de la législation antérieure à la loi du 26 juillet 2005[10], l'article L. 622-1, II, en sauvegarde, L. 631-12 alinéa 2, en redressement judiciaire sous l'empire de la législation du 26 juillet 2005, envisagent une portée variable au pouvoir de l'administrateur judiciaire, qui peut assister le débiteur dans tous les actes de gestion de l'entreprise ou seulement dans certains d'entre eux. Cette modularité oblige le juge saisi d'une demande tendant à l'inopposabilité de l'acte comme étant passé par le débiteur seul à vérifier l'étendue exacte des pouvoirs de l'administrateur judiciaire[11]. En pratique, la mission d'assistance ne conférera pas à l'administrateur le soin d'accomplir les actes de gestion courante (v. s[s] n° 421.28).

La mission d'assistance, sans restriction de pouvoir, suppose l'intervention aux actes concernés du débiteur et de l'administrateur judiciaire. Ainsi est exigée l'intervention de l'administrateur pour procéder à un licenciement, sauf à ce que ce licenciement soit inopposable s'il est effectué par le débiteur seul[12]. Il y a administration conjointe de l'entreprise. Le débiteur et l'administrateur judiciaire sont dans une situation comparable à celle d'époux mariés sous le régime de la communauté. Sauf pouvoir pro-

1. Ord. n° 2010-1512, 9 déc. 2010, préc.
2. L. n° 2005-845, 26 juill. 2005, préc.
3. GUYON, n° 1214.
4. AUSSI : COQUELET, 5e éd., n° 169.
5. SAINT-ALARY-HOUIN, 9e éd., n° 559 – PÉROCHON, 10e éd., n° 685.
6. IFPPC 1999, recomm. n° 2021-1, p. 45.
7. EN CE SENS : Orléans, 8 févr. 1995, *Rev. proc. coll.* 1996, 82, n° 20, obs. Monsérié.
8. Lyon, 10 mai 1995, *Rev. proc. coll.* 1998, 90, n° 12, obs. crit. Canet.
9. L. n° 85-98, 25 janv. 1985, préc.
10. L. n° 2005-845, 26 juill. 2005, préc.
11. Com. 12 mai 1998, n° 95-17.563, NP, *RJDA* 1998/10, p. 838, n° 1130.
12. Soc. 28 juin 2001, n° 00-40.986, NP, *Act. proc. coll.* 2001/14, n° 175 – Soc. 19 sept. 2007, n° 05-45.628, NP, *Bull. Joly* 2008. 49, § 14, note Pétel – Lyon, ch. soc. A, 6 déc. 2010, RG n° 10/00950.

pre de l'un ou de l'autre, leur intervention conjointe sera nécessaire. Trois traductions importantes peuvent en être trouvées.

La première concerne le fonctionnement des comptes bancaires, qui suppose la co-signature du débiteur et de l'administrateur judiciaire[1]. Un ordre de virement ne peut être donné par le débiteur seul. La créance de restitution qui en résulterait, au profit du banquier l'ayant exécuté dans l'ignorance du redressement judiciaire, serait née irrégulièrement[2].

Une décision a toutefois pu considérer que l'administrateur, ayant reçu mission d'assistance, n'a pas à surveiller l'encaissement d'un chèque tiré sur le compte de son administré qui n'est pas dessaisi, et n'engage, en conséquence, pas sa responsabilité si le compte est clôturé alors que le chèque n'a pas été encaissé[3]. Une solution différente aurait sans doute été posée si l'administrateur avait reçu une mission de représentation, puisqu'il est alors seul responsable du fonctionnement du compte bancaire.

La deuxième est relative aux actions en justice et plus généralement aux actes de procédure.

En demande, l'action ou la voie de recours[4], ne pourra être exercée que par l'administrateur judiciaire et le débiteur. Si la voie de recours est exercée par le débiteur seul, elle est irrecevable[5]. L'administrateur judiciaire n'interviendra utilement pour la régulariser que s'il est dans le délai d'exercice de celle-ci[6]. Ainsi, s'agissant d'un pourvoi en cassation, l'administrateur devra régulariser la procédure en intervenant dans le délai de dépôt du mémoire ampliatif[7], à moins que l'arrêt attaqué n'ait été signifié à l'administrateur judiciaire, auquel cas il ne disposera que d'un délai de deux mois[8]. Il ne peut en effet, selon l'article 126 du code de procédure civile y avoir régularisation que si la personne ayant qualité pour agir devient partie à l'instance avant toute forclusion. *Faute d'appeler l'administrateur* désigné à l'instance, la voie de recours est irrecevable[9]. L'action en justice exercée par l'administrateur judiciaire seul est également irrecevable. La solution a été posée pour une action en responsabilité contractuelle[10]. Il y a là vice de fond au sens de l'article 117 du code de procédure civile et non pas simplement vice de forme. Précisons que si la voie de recours a été exercée avant le jugement d'ouverture, à une époque où le débiteur avait qualité, le jugement d'ouverture provoque une interruption de l'instance jusqu'à l'intervention ou la mise en cause de l'administrateur, à moins que l'instance ne concerne un droit propre du débiteur.

De même, l'administrateur judiciaire ayant mission d'assistance ne peut seul recourir à des mesures d'exécution forcée. Ces actes d'administration doivent être effectués conjointement par le débiteur et l'administrateur judiciaire[11].

En défense, l'action devra être dirigée conjointement contre le débiteur et l'administrateur judiciaire. Il en ira de même de la notification des actes de procédure[12] ou de saisie[13]. Si la voie de recours est exercée par le débiteur avant l'ouverture de la procédure collective avec désignation d'un administrateur judiciaire ayant mission d'assistance, l'ouverture de la procédure emporte interruption de l'instance. L'administrateur judiciaire devra intervenir aux côtés du débiteur pour que l'instance puisse être régulièrement reprise[14].

Il y a également interruption de l'instance lorsqu'un commissaire à l'exécution du plan exerce un recours, que le plan de sauvegarde est résolu et qu'il y a ouverture d'un redressement judiciaire

1. Com. 4 juin 2013, n° 12-17.203, *Bull. civ.* V, n° 93; n° 574 F-P+B; *D.* 2013. Actu 1470, note Lienhard; *Gaz. Pal.* 29 sept. 2013, n° 272, p. 18, note Bidan; *Act. proc. coll.* 2013/12, comm. 163, note Jazottes; *JCP E* 2013, Chron. 1434, n° 8, obs. Pétel; *Rev. sociétés* 2013. 523, note Henry; *BJE* sept. 2013, p. 278, note Benilsi; *JCP E* 2013, Chron. 1662, n° 16, obs. Salgueiro; *Gaz. Pal.* 8 nov. 2013, n° 312, p. 15, note Houin-Bressand; *Rev. proc. coll.* 2014, comm. 57, note Lebel.
2. Com. 4 mars 2014, n° 13-14.410, NP; n° 216 F-D; *BJE* juill. 2014, p. 249, note Bonhomme.
3. Paris, 15e ch. B, 20 déc. 2007, RG n° 06/18339.
4. Soc. 7 nov. 1990, n° 89-42.268, *Bull. civ.* V, n° 517; *D.* 1992. Somm. 254, obs. Derrida.
5. Com. 28 mai 2013, n° 11-23.586, NP, *Dr. sociétés* 2014, comm. 53, note Legros – Com. 27 mai 2014, n° 13-14.406, NP; n° 534 F-D – Com. 5 avr. 2016, nos 14-13.247, 14-22.733, *Bull. civ.* IV [à paraître]; n° 319 F-P+B; *Gaz. Pal.* 28 juin 2016, n° 24, p. 59, note Bidan; *BJE* 2016, 269, note Laroche.
6. Com. 12 juin 2001, n° 97-20.623, *Bull. civ.* IV, n° 117; *Act. proc. coll.* 2001/13, n° 161; *D.* 2001. AJ 2301, obs. Lienhard; *RTD com.* 2001. 775, obs. Vallens; *JCP E* 2002, Chron. 121, p. 127, n° 4; *RJDA* 2001/12, n° 1240; *RTD civ.* 2001. 956, n° 4, obs. Perrot; *Rev. proc. coll.* 2002, p. 169, n° 15, obs. Gorrias – Com. 27 mai 2014, n° 13-14.406, NP; n° 534 F-D – Com. 10 mars 2015, n° 13-27.227, NP; n° 252 F-D; *Rev. proc. coll.* 2015, comm. 97, note Lebel – Colmar, 1re ch. civ., sect. B, 24 nov. 2011, n° 11/02703, *Rev. proc. coll.* 2012, comm. 29, note Lebel.
7. Com. 28 mai 2013, n° 11-23.586, NP, préc. – Com. 5 avr. 2016, nos 14-13.247, 14-22.733, préc.
8. Com. 10 mars 2015, n° 13-27.227, préc.
9. Com. 3 déc. 2003, n° 01-00.485, *Bull. civ.* IV, n° 194; *D.* 2004. AJ 139; *Act. proc. coll.* 2004/2, n° 26.
10. Com. 3 nov. 2015, n° 13-25.510, NP; n° 934 F-D; *Gaz. Pal.* 19 janv. 2016, n° 3, p. 59, note Bidan.
11. Com. 31 mai 2016, n° 14-28.056, *Bull. civ.* IV [à paraître]; n° 509 F-P+B; *Act. proc. coll.* 2016/11, comm. 148, note Cagnoli.
12. Angers, ch. com., 3 juin 2008, *Rev. proc. coll.* 2009/3, p. 40, n° 71, note Lebel – Bordeaux, 1re ch. civ., 2 déc. 2008, RG n° 08/05394, *Rev. proc. coll.* 2010/2, comm. 55, p. 48, note Lebel.
13. À PROPOS DE CONTRAINTES des organismes sociaux : Com. 30 mars 1993, n° 90-21.486, *Bull. civ.* IV, n° 133.
14. Com. 9 avr. 2013, n° 11-28.644, NP; n° 391 F-D.

dans lequel l'administrateur judiciaire reçoit mission d'assistance[1].

Le pourvoi en cassation devra être dirigé contre le débiteur et l'administrateur[2]. Toutefois, les mises en demeure préparatoires aux saisies émanant de créanciers ou aux contraintes délivrées par les organismes sociaux n'ont pas à être délivrées à l'administrateur judiciaire, dans la mesure où elles ne sont pas contentieuses[3].

La troisième concerne les actes juridiques. Un redressement fiscal devra être notifié tant au débiteur qu'à son administrateur[4]. Un débiteur assisté d'un administrateur judiciaire ne peut seul procéder à la déclaration notariée d'insaisissabilité d'un immeuble[5].

La mission d'assistance n'impose pas à l'administrateur de prendre des initiatives dans l'administration de l'entreprise. Ainsi a-t-il été jugé qu'il n'avait pas à solliciter la prorogation d'un permis de construire accordé à la société débitrice[6]. Il s'abstiendra de passer des commandes[7]. Elle ne confère pas à l'administrateur le pouvoir d'accomplir des actes d'administrations, tels celui d'effectuer des paiements de dettes du débiteur[8]. Dans le même sens, il a été jugé que la mission d'assistance n'emporte pas cette conséquence de conférer qualité à l'administrateur judiciaire pour s'ériger séquestre des fonds qui lui sont remis au titre d'un paiement destiné au débiteur, de sorte que son rôle consiste à transmettre la somme à son légitime propriétaire. Ainsi, en cas de mainlevée d'une saisie attribution, dans laquelle le débiteur est le saisi, l'administrateur, qui reçoit du tiers saisi les fonds, doit les reverser dans la trésorerie de l'entreprise débitrice[9].

421.34 Mission de représentation (d'administration) de l'administrateur judiciaire. Cette mission, qui n'existe que dans le redressement judiciaire, non dans la procédure de sauvegarde issue de la loi du 26 juillet 2005[10], se rapproche très sensiblement de celle du liquidateur, en liquidation judiciaire. L'article L. 621-137 du code de commerce (anc. L. 25 janv. 1985[11], art. 141, al. 1), sous l'empire de la loi du 25 janvier 1985, le confirmait explicitement en indiquant qu'en ce cas, le débiteur est dessaisi et représenté par l'administrateur judiciaire. Les règles du dessaisissement applicables en liquidation judiciaire (v. ss nos 552.09 s.) trouvaient donc à jouer, *mutatis mutandis*, en redressement judiciaire, l'administrateur judiciaire remplaçant alors le liquidateur.

Certains auteurs entendent cependant distinguer l'administration contrôlée du redressement judiciaire du dessaisissement en liquidation judiciaire, en limitant la représentation en redressement judiciaire à l'entreprise[12]. La solution n'est cependant pas conforme à la vision de la Cour de cassation, qui fait porter la représentation en redressement judiciaire sur tous les biens du débiteur, et non pas seulement sur ses biens professionnels (v. ss no 421.26).

Bien que l'article L. 631-12 du code de commerce, dans la rédaction que lui donne la loi de sauvegarde des entreprises, n'ait pas repris la formulation, l'interprétation ne doit pas s'en trouver modifiée.

En dehors des pouvoirs propres du débiteur, l'acte devra être passé par l'administrateur judiciaire seul.

En demande, les actions en justice seront exercées par le seul administrateur judiciaire. En défense, elles le seront contre l'administrateur judiciaire seul. Les conclusions prises à l'instance par le débiteur seront en conséquence irrecevables[13].

Si une voie de recours est exercée après le jugement d'ouverture, elle doit l'être, à peine d'irrecevabilité, par l'administrateur judiciaire, non par le débiteur. Le pourvoi en cassation pourra toutefois être régularisé par une intervention de l'administrateur dans le délai du mémoire ampliatif.

Si une voie de recours est exercée avant le jugement d'ouverture par le débiteur, le jugement d'ouverture a un effet interruptif de l'instance, jusqu'à l'intervention ou la mise en cause de l'administrateur, à moins que l'instance ne concerne un droit propre du débiteur.

Les actes de notification devront être adressés à l'administrateur judiciaire. Ainsi jugé que le délai d'appel d'une ordonnance de référé n'avait pu commencer à courir contre la société alors qu'un administrateur judiciaire avait été nommé et que la décision lui avait été notifiée en son ancienne qualité

1. Com. 29 avr. 2014, no 12-28.040, NP; no 390 F-D.
2. Civ. 1re, 5 juin 2008, no 07-12.862, NP, *Dr. sociétés* 2008, 181, p. 24, note Legros.
3. Com. 12 janv. 2010, no 08-20.659, *Bull. civ.* IV, no 3; no 14 F-P+B; *D.* 2010. AJ 264, note Lienhard; *D.* 2010. 1110, note Bélaval; *Gaz. Pal.* 16-17 avr. 2010, nos 106, 107, p. 32, note Bidan; *JCP E* 2010, Chron. 1296, no 4, obs. M. Cabrillac; Teboul; *Dr. et patr.* 2010, no 196, p. 90, note Saint-Alary-Houin et Monsérié-Bon.
4. Douai, 2e ch. 1re sect., 17 janv. 2002, *Rev. proc. coll.* 2004, p. 45, no 4, obs Lebel.
5. Montpellier, 2e ch., 1er mars 2016, RG no 15/07668, *Gaz. Pal.* 24 mai 2016, no 19, p. 38.
6. Com. 13 nov. 2002, no 98-11.366, *Bull. civ.* IV, no 162; *Rev. proc. coll.* 2004, p. 44, no 3, obs. Lebel; *Act. proc. coll.* 2002/20, no 259; *D.* 2003. AJ 204.
7. IFPPC 1999, recomm. no 2021-2, p. 45.
8. Paris, 8e ch. B, 17 avr. 2008, *Rev. proc. coll.* 2009/3, p. 40, no 72, note Lebel.
9. Com. 11 avr. 2012, no 11-11.385, NP; no 431 F-D.
10. L. no 2005-845, 26 juill. 2005, préc.
11. L. no 85-98, 25 janv. 1985, préc.
12. Vallansan et Beaubrun, J.-CL. COM. fasc. 2702, [Liquidation judiciaire – Régime – Administration de l'entreprise – Liquidation judiciaire simplifiée], 2007, no 26.
13. Com. 5 janv. 1999, NP.

d'administrateur provisoire[1]. Symétriquement, il est jugé que la notification de l'arrêt d'une cour d'appel à l'administrateur judiciaire investi d'une mission d'administration avait fait courir le délai du pourvoi en cassation[2].

Il en est de même d'une notification de redressement fiscal[3].

En présence d'une saisie à deux personnes, la saisie sera signifiée à l'administrateur judiciaire. Si la saisie nécessite un tiers saisi, comme cela est le cas, par exemple, dans la saisie-attribution, la saisie sera dénoncée à l'administrateur, sa dénonciation au débiteur ne s'imposant pas.

Le transfert de pouvoirs à l'administrateur judiciaire n'a cependant pas pour effet d'exonérer le débiteur de sa responsabilité de chef d'entreprise, et spécialement en matière de sécurité du travail[4], même si l'article L. 621-22, III du code de commerce (anc[t] L. 25 janv. 1985, art. 31, al. 3) et depuis la loi du 26 juillet 2005, l'article L. 631-12 alinéa 3 disposent que l'administrateur judiciaire est tenu des obligations légales qui incombent au chef d'entreprise (v. s[s] n° 372.11).

SECTION 421.40
MODIFICATION DE LA MISSION DE L'ADMINISTRATEUR JUDICIAIRE

421.41 Possibilité de modification de la mission de l'administrateur judiciaire. La mission de l'administrateur a été décidée dans le jugement d'ouverture ou dans le jugement subséquent de nomination de cet organe. Il peut être nécessaire d'envisager, généralement en l'étendant, la mission de cet organe.

Sous l'empire de la législation antérieure à la loi du 26 juillet 2005[5], cette mission peut être modifiée à tout moment, sur demande de l'administrateur judiciaire, du représentant des créanciers, du procureur de la République ou d'office (C. com., art. L. 621-22, IV [anc[t] L. 25 janv. 1985[6], art. 31, al. 3]).

La loi de sauvegarde des entreprises reprend la solution, tant dans la procédure de sauvegarde (C. com., art. L. 622-1, IV), que dans celle de redressement judiciaire (C. com., art. L. 631-12, al. 4), sous deux réserves. La première tient au fait que, dans la procédure de sauvegarde, le tribunal ne peut d'office modifier la mission, alors que la saisine d'office demeure possible en redressement judiciaire. La seconde tient à la substitution classique du ministère public au procureur de la République et à la substitution à l'expression « représentant des créanciers » à *celle de « mandataire judiciaire »*.

Il aurait été opportun de permettre au débiteur, dans la procédure volontariste de sauvegarde, de solliciter la modification de la mission de l'administrateur judiciaire. Le projet d'ordonnance avait prévu la possibilité pour le débiteur et un contrôleur de demander la modification de la mission de l'administrateur judiciaire. L'idée a été ensuite abandonnée, ce qui semble traduire l'idée que l'administrateur judiciaire serait le mieux placé que n'importe qui pour apprécier l'opportunité d'une modification de sa mission. La possibilité maintenue pour le ministère public de présenter cette même demande doit conduire le parquet à se prononcer sur l'opportunité de la demande de modification. Notons toutefois une décision de cour d'appel qui a accepté, sur appel de la décision d'ouverture de la sauvegarde, par le débiteur, de revoir à la baisse la mission de l'administrateur, estimant inadaptée à la taille importante de l'entreprise, la mission d'assistance qui lui avait été initialement confiée[7].

La demande de modification de la mission de l'administrateur judiciaire est adressée par requête au tribunal qui statue sur rapport du juge-commissaire et après avoir recueilli les observations du débiteur ainsi que de l'administrateur judiciaire, du mandataire judiciaire et du ministère public, lorsque ces personnes ne sont pas demandeurs de la modification de mission (C. com., art. R. 622-1, al. 1 [anc[t] D. 28 déc. 2005[8], art. 77, al. 1]). Observons que le tribunal ne peut, dans le cadre de la modification de la mission de l'administrateur, décider que ce dernier représentera le débiteur dans la procédure de sauvegarde, pas plus qu'il ne pourrait confier à l'administrateur une mission de surveillance dans le redressement judiciaire soumis à la législation de sauvegarde des entreprises. Soulignons aussi qu'en cas de conversion d'une sauvegarde en redressement judiciaire, la modification de mission de l'administrateur judiciaire s'imposera s'il avait reçu une mission de surveillance.

La décision de modification de la mission de l'administrateur, qui a un impact sur les pouvoirs du débiteur, est notifiée au débiteur. Elle est communiquée, en application de l'article R. 622-1 alinéa 2 du code de commerce (anc[t] D. 28 déc. 2005, art. 77,

1. Paris, 14e ch. B, 12 sept. 2003, RG n° 2003/01137.
2. Com. 25 oct. 2011, n° 10-21.482, NP; n° 1051 F-D; *Gaz. Pal. entr. diff.* 21 janv. 2012, n° 20, p. 16, note Bidan.
3. Versailles, plén., 22 déc. 2005, RG n° 03/1596, *JCP E* 2006. 1972, p. 1091, note D. F.
4. Reims, 2 nov. 1995, *Rev. proc. coll.* 1996, 57, n° 7, obs. Soinne.
5. L. n° 2005-845, 26 juill. 2005, préc.
6. L. n° 85-98, 25 janv. 1985, préc.
7. Paris, pôle 5, 8e ch., 25 oct. 2011, n° 11/16438, *Rev. proc. coll.* 2012, comm. 30, note Lebel.
8. D. n° 2005-1677, 28 déc. 2005, préc.

al. 2) aux mêmes personnes que le jugement d'ouverture, à savoir aux mandataires de justice désignés, au procureur de la République et au trésorier général du département dans lequel le débiteur a son siège et à celui du département dans lequel se trouve son principal établissement. Elle fait, en application du même article, l'objet des mêmes mesures de publicité que le jugement d'ouverture (v. s[s] n° 233.33). Si le débiteur est commerçant, elle est mentionnée d'office au registre du commerce et des sociétés, avec l'indication, le cas échéant, des pouvoirs de l'administrateur judiciaire (D. 30 mai 1984[1], art. 36-3, 4°, réd. D. 28 déc. 2005, art. 353, 4°). L'article 41 du décret du 30 juin 2014[2] modifie la rédaction de l'alinéa 2 de l'article R. 622-1 du code de commerce, pour préciser que la décision modifiant la mission de l'administrateur est mentionnée aux registres ou répertoires prévus aux trois premiers alinéas de l'article R. 621-8. Il n'est pas prévu d'insertion au *Bodacc* de cette décision.

SECTION 421.50

DURÉE DE LA RESTRICTION DE POUVOIRS DU DÉBITEUR

421.51 Durée de la restriction de pouvoirs. La durée de la restriction de pouvoirs sera égale à celle de la procédure elle-même. Ainsi, sous l'empire de la législation antérieure à la loi de sauvegarde des entreprises[3], si la procédure se termine par un plan de cession, le débiteur retrouve la totalité de ses pouvoirs sous la triple réserve de ceux que le tribunal a attribués à l'administrateur judiciaire pour la mise en œuvre du plan, au commissaire à l'exécution du plan pour la surveillance de celui-ci[4], et pour la réalisation des biens non compris dans le plan de cession[5]. Il se produit une distorsion entre les droits recouvrés du débiteur et ceux de ses créanciers, lesquels ne pourront, de manière exceptionnelle, reprendre leur droit de poursuite individuelle qu'après clôture des opérations de cession[6].

En plan de redressement judiciaire, les missions d'assistance ou de représentation de l'administrateur judiciaire prennent fin au jour de l'arrêté du plan de continuation ou de redressement[7]. La solution est transposable, *en ce qui concerne la mission* d'assistance, pour la procédure de sauvegarde. Il en résulte que l'instance introduite contre un débiteur ultérieurement déclaré en redressement judiciaire, interrompue par l'effet du jugement d'ouverture, peut se poursuivre valablement après arrêté du plan de continuation, puisque le débiteur redevient, à cette date, maître de ses droits[8]. Le jugement rendu au mépris de la règle de l'arrêt des poursuites individuelles, qui est réputé non avenu, peut valablement à cette date être confirmé par le débiteur, au profit de qui l'interruption d'instance a été posée[9]. Identiquement, le débiteur a pouvoir pour interjeter seul appel, après arrêté du plan de continuation, d'une décision rendue avant ledit arrêté[10], alors même qu'elle aurait été introduite par l'administrateur judiciaire[11].

L'action en paiement d'une créance postérieure, bénéficiant d'un traitement préférentiel, ne peut d'ailleurs plus être suivie que contre le débiteur[12].

De la même façon, après arrêté d'un plan de continuation, de sauvegarde ou de redressement, la saisie pratiquée contre le débiteur doit être dénoncée à ce dernier, non au commissaire à l'exécution du plan.

SECTION 421.60

SANCTIONS DES RÈGLES RELATIVES À LA RÉPARTITION DES POUVOIRS

421.61 Sanctions des règles relatives à la répartition des pouvoirs. Le non-respect de la répartition des pouvoirs entre administrateur judiciaire et débiteur sera sanctionné, non par la nullité de l'acte accompli, mais par son inopposabilité. En pratique, cela signifie que l'acte ne pourra être invoqué par le partenaire contractuel du débiteur, mais pourra en revanche lui être opposé.

La sanction de l'inopposabilité à la procédure collective a été posée à propos d'un licenciement opéré

1. D. n° 84-406, 30 mai 1984, préc.
2. D. n° 2014-736, 30 juin 2014, préc.
3. L. n° 2005-845, 26 juill. 2005, préc.
4. Soc. 20 janv. 1993, n° 88-42.702, *Bull. civ.* V, n° 16; *D.* 1994. Somm. 40, obs. Derrida – Soc. 3 mars 1994, n° 91-45.561, NP, *Rev. proc. coll.* 1994, 232, obs. Soinne.
5. Com. 30 nov. 1993, n° 91-18.067, *Bull. civ.* IV, n° 442; *Rev. proc. coll.* 1994, 217, n° 34, obs. Soinne.
6. Com. 6 déc. 1994, n° 92-16.931, *Bull. civ.* IV, n° 367; *JCP E* 1995. I. 455, obs. M. Cabrillac; *Rev. proc. coll.* 1995, 127, n° 7, obs. Soinne – Com. 5 févr. 1997, *Rev. proc. coll.* 1998, 397, n° 62, obs. Soinne.
7. Com. 30 mars 1993, n° 91-10.173, NP, *D.* 1995. Somm. 6, obs. Derrida.
8. Civ. 3e, 7 juin 2001, n° 97-17.407, NP, *Act. proc. coll.* 2001/16, n° 212, obs. Régnaut-Moutier.
9. Civ 3e, 7 juin 2001, n° 97-17.407, NP, *Act. proc. coll.* 2001/16, n° 212, obs. Régnaut-Moutier.
10. Soc. 13 juin 2001, n° 99-43.161, NP, *Act. proc. coll.* 2001/15, n° 199.
11. Com. 15 oct. 2002, n° 99-17.892, NP, *RD banc. fin.* 2003/2, p. 105, n° 81, obs. Lucas; *RTD com.* 2003. 168, n° 6, obs. Vallens.
12. Soc. 27 nov. 2001, n° 00-40.771, *Bull. civ.* V, n° 366; *Act. proc. coll.* 2002/1, n° 11.

par le débiteur seul, sans intervention de l'administrateur ayant mission d'assistance[1] (v. aussi s[s] n° 432.24). Il en résulte l'absence de prise en charge par l'AGS des créances nées de sa rupture[2]. Le dirigeant social, qui licencie des salariés après le jugement d'ouverture sans l'assistance de son administrateur judiciaire commet une faute, qui engage sa responsabilité à l'égard des tiers, sur le fondement de l'article 1240 du code civil[3] (ex art. 1382), du fait des indemnités qu'il convient de verser aux salariés au titre de la rupture fautive de contrats de travail[4]. La sanction de l'inopposabilité, et par voie de conséquence, la mise à l'écart de la nullité, permet également au salarié d'opposer à l'employeur, qui succède à l'employeur en redressement judiciaire, la clause de majoration de l'indemnité de licenciement convenue entre le salarié et son employeur, au mépris des règles de l'administration contrôlée. Le nouvel employeur ne pouvait invoquer l'inopposabilité, le juge ayant seulement le pouvoir de réduire l'indemnité manifestement excessive[5].

La sanction de l'inopposabilité vaut pour l'embauche d'un salarié[6], sauf acte de gestion courante (v. s[s] n° 421.28). Toutefois, l'administrateur peut ratifier *a posteriori* l'acte inopposable. Tel a été le cas pour un contrat de travail conclu par le débiteur seul, alors qu'il était assisté. La solution est importante pour le salarié : elle l'autorisera à opposer sa créance à la procédure et ainsi à pouvoir faire jouer les avances de l'AGS[7]. La ratification suppose une approbation non équivoque de l'embauche du salarié, qui ne résulte pas du seul fait que l'administrateur ait assuré, en même temps que celles autres salaires, la paie de ce salarié embauché par le débiteur[8].

Certains auteurs sont cependant plutôt favorables à la nullité de l'acte[9]. Une distinction est parfois introduite par d'autres selon que l'acte a été passé par le débiteur seul ou par l'administrateur judiciaire seul. Est évoquée une inopposabilité dans le premier cas, une nullité de l'acte dans le second cas pour excès de pouvoir[10]. Un argument de texte a pu être utilisé : il tient à l'article L. 621-23 alinéa 2, dans la rédaction antérieure à la loi du 26 juillet 2005, qui répute valables à l'égard des tiers de bonne foi les actes de gestion contraire, semblant ainsi opposer de tels actes aux autres. La relativité de l'inefficacité fait donc pencher vers une inopposabilité. Notons, dans ce débat, que l'article 1156 du code civil, résultant de la rédaction que l'ordonnance du 10 février 2016 ayant réformé le droit des obligations, indique que l'acte passé sans pouvoirs ou au-delà de ses pouvoirs par le représentant est inopposable au représenté.

Comme en matière de dessaisissement et pour les mêmes raisons (v. s[s] n° 552.41), le non-respect des règles de l'administration contrôlée ne peut être invoqué que pendant la durée de la procédure collective. L'arrêté d'un plan de sauvegarde, de continuation ou de redressement y fera obstacle.

L'acte de procédure accompli au mépris des règles de répartition des pouvoirs sera la nullité, sauf régularisation[11], devant intervenir dans les délais légaux. Il en est ainsi de saisies-attributions, effectuées par l'administrateur seul, en mission d'assistance[12].

La voie de recours exercée sans respecter les règles de répartition des pouvoirs sera, quant à elle, irrecevable.

Le jugement décidant de l'assistance, en sauvegarde ou en redressement judiciaire, de la représentation en redressement ou en liquidation judiciaire, emporte de plein droit interruption de l'instance[13], qui serait en cours au jour du jugement d'ouverture. Il s'opère en effet un changement dans les pouvoirs du débiteur, même si celui-ci ne devient pas incapa-

1. Soc. 28 juin 2001, n° 00-40.986, NP, *Act. proc. coll.* 2001/14, n° 175 – Soc. 19 sept. 2007, n° 05-45.628, NP, *Bull. Joly* 2008. 49, § 14, note Pétel – Soc. 26 nov. 2015, n° 14-19.680, NP, *Rev. proc. coll.* 2016, comm. 27, note Taquet; *Rev. proc. coll.* 2016, comm. 39, note Lebel et comm. 56, note Jacotot; *Leden* 2016/1, comm. 012, note Dedessus-Le-Moustier – Lyon, ch. soc. A, 6 déc. 2010, RG n° 10/00950 – Lyon, ch. soc., sect. B, 1er avr. 2015, RG n° 13/04718, arrêt aimablement communiqué par Me P. Forest, avocat au Barreau de l'Ain – Versailles, 15 mars 2016, RG n° 15/01342, *Act. proc. coll.* 2016/9, comm. 117.
2. Soc. 26 nov. 2015, n° 14-19.680, préc.
3. DEPUIS le 1er oct. 2016 : Ord. n° 2016-131, 10 févr. 2016, *JO* 11 févr.
4. Paris, 3e ch. A, 7 juin 2005, n° 2004/14373.
5. Soc. 5 nov. 2014, n° 13-19.662, *Bull. civ.* V, n° 253; n° 1982 FS-P+B; *Gaz. Pal.* 18 janv. 2015, n° 18, p. 32, note Gailhbaud; *Leden* 2014, comm. 181, note Dedessus-Le-Moustier; *Act. proc. coll.* 2015, comm. 4, note Pédemons; *Rev. proc. coll.* 2015, comm. 1, note Fin-Langer et comm. 21, note Lebel.
6. Soc. 7 nov. 2007, n° 06-40.896, NP; n° 2331 F-D; *RJDA* 2008/4, p. 428, n° 436 – Toulouse, 4e ch. soc., 1re sect., 16 mars 2006, *Rev. proc. coll.* 2006/3, p. 276, n° 2, obs. Blanc – Paris, pôle 6, 5e ch., 28 mai 2009, RG n° 07/05433, *Rev. proc. coll.* 2009/6, 160, p. 38, note Lebel – Soc. 29 mai 2013, n° 11-22.834, NP, *Gaz. Pal.* 29 sept. 2013, n° 272, p. 33, note Duprat; *Leden* juill. 2013, comm. 109, note Dedessus-Le Moustier.
7. Soc. 17 oct. 2006, n° 04-45.827, NP, *Act. proc. coll.* 2007/2, n° 9, note Fin-Langer.
8. Soc. 7 nov. 2007, n° 06-40.896, préc.
9. VALLANSAN ET *ALII*, 6e éd., p. 83 – LE CANNU, 7e éd., n° 305.
10. PÉROCHON, 10e éd., n° 688 – *Adde*, DERRIDA ET *ALII*, n° 385 – LE CANNU ET *ALII*, n° 638.
11. PÉROCHON, 10e éd., n° 687.
12. Com. 31 mai 2016, n° 14-28.056, *Bull. civ.* IV [à paraître]; n° 509 F-P+B; *Act. proc. coll.* 2016/11, comm. 148, note Cagnoli.
13. RIPERT ET ROBLOT, n° 3037.

ble. Les jugements rendus sans reprise d'instance seront réputés non avenus. Il s'agit là d'un moyen d'ordre public, pouvant en conséquence être relevé d'office.

La sanction du non-respect de la répartition des pouvoirs entre le débiteur et l'administrateur judiciaire, à savoir l'inopposabilité, contraste avec la solution explicitement prévue pour les actes accomplis au mépris d'une interdiction ou d'une absence d'habilitation judiciaire (v. s[s] n° 422.42).

CHAPITRE

422. Habilitations données par le juge-commissaire

SECTION 0
ORIENTEUR

422.00 Plan du chapitre.

Sect. 422.10 Fondement du dispositif d'habilitation judiciaire

Sect. 422.20 Domaine des habilitations données par le juge-commissaire

Sect. 422.30 Compromis et transaction

Sect. 422.40 Sanctions des actes accomplis sans habilitation judiciaire – Actes purement et simplement interdits

422.01 Textes applicables. (v. s[s] n° 420.01).

422.02 Jurisprudence de référence.

> L'absence de déclaration de créance interdit, en application de la règle de l'arrêt des poursuites individuelles, la possibilité de saisir après jugement d'ouverture le tribunal arbitral.

• **Com. 2 juin 2004,** n° 02-13.940, *Bull. civ.* IV, n° 112

* V. s[s] n° 422.33

> Le juge-commissaire, qui vérifiera la régularité de la déclaration de créance, ne pourra alors se reconnaître compétent, sauf si la convention d'arbitrage est manifestement nulle ou inapplicable.

• **Com. 2 juin 2004,** n° 02-18.700, *Bull. civ.* IV, n° 110

* V. s[s] n° 422.33

422.03 Bibliographie indicative. (V. s[s] n° 420.03).

> Articles. Croze H. et Reinhard Y., « Procédures collectives et arbitrage : conseils pratiques aux parties et aux arbitres », *JCP E* 2005, comm. 567, p. 612 – Neveu P. et Guéry D., « L'arbitrage Tapie vu sous l'angle de la procédure collective », *Rev. proc. coll.* 2013, étude 32 – Touchent D., « Les effets d'une clause d'arbitrage après l'ouverture d'une procédure collective », *LPA* 21 juill. 2004, n° 145, p. 15 – Vidal D., « Procédure collective et procédure d'arbitrage : quelle rencontre ? », *Gaz proc. coll.* 2009/4, 1re partie, n°s 303, 304, p. 3.

422.04 Questions essentielles.

• Peut-on transiger en période d'observation ?

* V. s[s] n°s 422.31, 422.34.

• Quelle est la sanction d'un acte interdit ?

* V. s[s] n° 422.41.

SECTION 422.10
FONDEMENT DU DISPOSITIF D'HABILITATION JUDICIAIRE

422.11 Fondement du dispositif d'habilitation judiciaire. La gravité de certains actes pour l'entreprise justifie leur interdiction, tant pour l'administrateur judiciaire, que pour le débiteur. Cette question est en réalité commune à la période d'observation et à celle de liquidation. Aussi sera-t-elle traitée au regard des règles générales, par commodité, en son entier ici. Des développements spécifiques au compromis et à la transaction en liquidation judiciaire seront toutefois réservés avec l'étude de la liquidation (v. s[s] n°s 567.11 s.).

Afin d'introduire dans le système d'interdiction une certaine souplesse, que nécessite parfois le redressement de l'entreprise ou l'intérêt collectif des créanciers, selon le cas, le législateur a prévu des habilitations judiciaires.

SECTION 422.20
DOMAINE DES HABILITATIONS DONNÉES PAR LE JUGE-COMMISSAIRE

422.21 Domaine général et modalités procédurales des habilitations données par le juge-commissaire. Le domaine des habilitations est déterminé par trois dispositions du code de commerce : l'article L. 621-24 en ses alinéas 2 et 3, l'article L. 622-20 et l'article L. 622-21 alinéa 1 (anc^t^ L. 25 janv. 1985[1], art. 33, al. 2 et 3, 158 et 159), dans leur rédaction antérieure à la loi de sauvegarde des entreprises[2], devenus respectivement, dans la rédaction issue de la loi du 26 juillet 2005, les articles L. 622-7 alinéas 2 et 3 (applicable en redressement judiciaire : C. com., art. L. 631-14, I), L. 642-24 et L. 642-25 alinéa 1, puis, dans la rédaction issue de l'ordonnance du 18 décembre 2008[3], les articles L. 622-7, II (applicable en redressement judiciaire : C. com., art. L. 631-14, al. 1), L. 642-24 et L. 641-3, al. 2. Le retrait contre paiement sera traité ultérieurement (v. s^s^ n°s 633.31 s., 563.61 s.).

En présence d'un entrepreneur individuel à responsabilité limitée, le domaine des habilitations doit être, en application de l'article L. 680-4 du code de commerce (réd. ord. 9 déc. 2010[4]), strictement limité aux biens, droits, obligations et sûretés compris dans le patrimoine concerné par la procédure collective.

Sous cette réserve, tous les textes susvisés font de l'autorisation préalable du juge-commissaire une condition de validité de l'opération. Le juge-commissaire ne pourra donc autoriser, après coup, l'opération. En liquidation judiciaire, l'autorisation du juge-commissaire sera sollicitée par requête présentée par le liquidateur. En redressement judiciaire ou en sauvegarde, elle le sera par le débiteur, en l'absence d'administrateur ou si celui-ci a, en sauvegarde, reçu une mission de surveillance. Elle le sera par l'administrateur, si ce dernier a mission de représentation, en redressement judiciaire. Elle le sera conjointement par les deux si l'administrateur a mission d'assistance, en redressement judiciaire[5] ou en sauvegarde.

Les actes en cause altèrent gravement et durablement le patrimoine du débiteur[6]. Il est logique de les soumettre à autorisation judiciaire, dans la mesure où ils ne sont, *a priori*, pas conformes à l'idée de préparation d'un plan de sauvegarde ou de redressement, qui est la seule préoccupation de la période d'observation[7]. Ils ne seront, en tout état de cause, autorisés que dans la mesure de leur compatibilité avec la perspective de sauvetage de l'entreprise[8].

L'habilitation doit être donnée même si l'acte n'intéresse pas l'activité professionnelle du débi-
r[9], malgré la lettre du texte de l'article L. 621-24 iéa 2 (C. com., art. L. 622-7, al. 2, réd. loi de vegarde des entreprises) qui vise non le débiteur, is le chef d'entreprise et aurait autorisé le cannement de la solution aux seuls actes intéressts les biens professionnels.

'habilitation doit être spéciale[10]. Il ne saurait ê question de vider la législation de toute portée ermettant, dès l'ouverture de la procédure, à l'ministrateur d'accomplir tous les actes visés à l'ticle L. 621-24 du code de commerce (anc^t^ L5 janv. 1985, art. 33), devenu dans la rédaction da loi de sauvegarde des entreprises, l'article L22-7. Cependant, il apparaît délicat de décider, me si le contraire a été soutenu[11], que les actes n visés au texte pourraient être autorisés, le texte éit d'exception par rapport au principe posé, qui ecelui de l'interdiction des actes de disposition étngers à la gestion courante.

4?.22 Application aux créances postérieures. Ldomaine de l'habilitation quant aux créanciers ccernés doit être précisé. Certains auteurs, devant learactère général des textes, considèrent qu'elle inéresse tant les créanciers antérieurs que les crnnciers postérieurs[12]. D'autres entendent limiter l'hbitation aux seuls créanciers postérieurs[13], la redant ainsi impossible pour les créanciers antérieurs. La Cour de cassation, statuant à propos des compromis et transactions, considère obligatoire l'autorisation du juge-commissaire pour les actes mettant en jeu les créances postérieures[14], laissant entière la question de la possibilité de l'habilitation pour des actes mettant en jeu des créances antérieures. La position de la Cour de cassation soumettant les actes intéressant les créanciers postérieurs à l'habilitation judiciaire nous paraît critiquable. Il est possible d'observer que le créancier postérieur méritant a toute latitude pour poursuivre en paiement le débiteur, et obtenir l'exécution de son titre. Pourquoi, dans ces conditions, lui interdire par exemple la prise de sûreté ? Il nous semble que le créancier postérieur devrait être dispensé de toute autorisa-

1. L. n° 85-98, 25 janv. 1985, *JO* 26 janv., p. 1097.
2. L. n° 2005-845, 26 juill. 2005, *JO* 27 juill., p. 12187.
3. Ord. n° 2008-1345, 18 déc. 2008, *JO* 19 déc., p. 19462.
4. Ord. n° 2010-1512, 9 déc. 2010, *JO* 10 déc., p. 21617.
5. SOINNE, n° 1321.
6. SAINT-ALARY-HOUIN, 9e éd., n° 578.
7. RAPPR. : LE CANNU, 7e éd., n° 316.
8. RAPPR. : LE CANNU, 7e éd., n° 318.
9. Com. 9 juin 1992, n° 90-15.981, NP, *RJDA* 1992, n° 950 – Versailles, 1re ch. A, 15 janv. 1998, *Gaz. Pal.* 4-5 nov. 1998, Somm. 13.
10. SAINT-ALARY-HOUIN, 9e éd., n° 591 – DERRIDA ET *ALII*, n° 382 – CHAPUT, n° 339 – LE CANNU, 7e éd., n° 317.
11. SAINT-ALARY-HOUIN, 9e éd., n° 591 – DERRIDA ET *ALII*, n° 382 – LE CANNU, 7e éd., n° 317.
12. SOINNE, n° 1321.
13. SAINT-ALARY-HOUIN, 9e éd., n° 588.
14. Com. 5 janv. 1999, n° 96-20.561, *Bull. civ.* IV, n° 4; *JCP E et A* 1999, Chron. 809, 1-c-2, obs. M. Cabrillac; *Act. proc. coll.* 1999/3, n° 31, obs. Dom; *Rev. proc. coll.* 1999, 176, n° 2, obs. Canet; *D.* 1999. Somm. 350, obs. Honorat – *Adde*, T. com. Paris, 20 mai 1997 et Douai, 15 oct. 1998, *Rev. proc. coll.* 1999, 219, n° 5, obs. Saint-Alary-Houin.

tion pour obtenir de son débiteur une sûreté, laquelle aurait comme contrepartie immédiate un report d'échéance, alors que la règle posée par l'article L. 621-32 du code de commerce (anc[t] L. 25 janv. 1985[1], art. 40), et depuis la loi de sauvegarde des entreprises[2], par l'article L. 622-17, est celle du paiement à l'échéance (v. s[s] n°s 455.21 s.).

Quoi qu'il en soit, il apparaît exclu de limiter le jeu des habilitations aux seules créances postérieures. Il faut d'abord observer que le texte de l'article L. 621-24 alinéa 2 du code de commerce, devenu l'article L. 622-7 alinéa 2, depuis la loi de sauvegarde des entreprises et l'article L. 622-7, II, alinéa 1 depuis l'ordonnance du 18 décembre 2008[3], ne contient pas de restriction, ce qui interdit à l'interprète de distinguer là où la loi ne distingue pas. Certes, l'intérêt pour le débiteur de constituer une sûreté en garantie d'une dette antérieure ne paraît pas évident. Mais on peut le trouver, par exemple, dans la volonté d'éteindre un droit de rétention, ou encore d'empêcher la reprise d'un bien revendiqué.

422.23 **Actes de disposition étrangers à la gestion courante – Constitution de sûretés.** La gravité de certains actes pour l'entreprise justifie leur interdiction, tant pour l'administrateur judiciaire, que pour le débiteur. Il en est ainsi des actes de disposition étrangers à la gestion courante, de la constitution d'hypothèque, de gage, de nantissement, des compromis et des transactions.

Afin d'introduire dans le système d'interdiction une certaine souplesse, que nécessite parfois le sauvetage de l'entreprise, le législateur a prévu, à l'article L. 622-7, II, alinéa 1 du code de commerce, des habilitations judiciaires. Ces actes altèrent gravement et durablement le patrimoine du débiteur[4]. Il est logique de les soumettre à autorisation judiciaire, dans la mesure où ils ne sont, *a priori*, pas conformes à l'idée de préparation d'un plan de sauvegarde ou de redressement, qui est la seule préoccupation de la période d'observation[5]. Ils ne doivent donc, en tout état de cause, être autorisés que dans la mesure de leur compatibilité avec la perspective de sauvetage de l'entreprise[6].

Si cela ressort de l'interprétation doctrinale, la loi ne l'indique pas suffisamment clairement. C'est ce qu'entend réparer l'article 21 de l'ordonnance du 12 mars 2014[7]. En ce sens, une phrase est ajoutée à l'alinéa 1 du II de l'article L. 622-7 du code de commerce, pour prévoir que si l'acte visé à l'alinéa 1 du II de l'article L. 622-7 « *est susceptible d'une incidence déterminante sur l'issue de la procédure, le juge-commissaire ne peut statuer qu'après avoir recueilli l'avis du ministère public* ».

La demande d'autorisation d'accomplir un tel acte doit, selon l'article R. 622-6, alinéa 2 (réd. D. 30 juin 2014[8], art. 44) être formée par requête, qui est la seule forme ici autorisée contrairement à la liberté laissé par l'article R. 621-21, alinéa 2 du code de commerce. À défaut d'administrateur, elle est présentée par le débiteur, tant en sauvegarde qu'en redressement. En redressement judiciaire, elle est présentée par l'administrateur judiciaire. En sauvegarde, elle est présentée par ce dernier s'il a une mission d'assistance, par le débiteur s'il n'a qu'une mission de surveillance (C. com., art. R. 622-6, al. 2). Sur la demande du juge-commissaire, le greffe du tribunal adresse copie de la requête au ministère public au plus tard huit jours avant la date de l'audience.

L'encadrement des pouvoirs du juge-commissaire pour autoriser l'accomplissement d'actes particulièrement graves, et de nature à compromettre le sauvetage de l'entreprise apparaît opportun. Mais, il faut bien apercevoir que le texte est insuffisant. Ce texte est restrictif de droits. Comme tel, il mérite une interprétation restrictive et ne peut donc être étendu au-delà de sa lettre. Or, en l'état actuel du texte, seules les sûretés visées au texte sont concernées. En outre, seuls les actes de disposition sont frappés par le principe d'interdiction, non certains actes d'administration qui pourtant sont susceptibles d'avoir de graves conséquences. On pense spécialement à la mise en location-gérance d'un fonds de commerce. Aussi conviendrait-il de modifier la première phrase de l'alinéa 1 du II de l'article L. 622-7 pour prévoir que « *le juge-commissaire peut autoriser le débiteur à faire un acte étranger à la gestion courante de l'entreprise, à consentir une sûreté personnelle ou réelle, à compromettre ou transiger* ».

L'article L. 622-7, II, alinéa 1 du code de commerce vise d'abord les actes de disposition étrangers à la gestion courante. Ces actes, comme l'indique le texte, peuvent être opposés aux actes de gestion courante. Ce sont donc tous les actes autres que ceux qui permettent à l'entreprise de fonctionner au quotidien. Ils sont représentés, pour l'essentiel, par les ventes de biens autres que ceux que l'entreprise fabrique ou a achetés pour revendre. Ces ventes seront spécialement envisagées avec l'étude des réalisations en période d'observation (v. s[s] n°s 481.11 s.). Contentons-nous d'indiquer que l'acquisition par le débiteur en redressement judiciaire d'un immeuble – solution transposable à la procédure de sauvegarde

1. L. n° 85-98, 25 janv. 1985, préc.
2. L. n° 2005-845, 26 juill. 2005, préc.
3. Ord. n° 2008-1345, 18 déc. 2008, préc.
4. Saint-Alary-Houin, 9e éd., n° 578.
5. Rappr. : Le Cannu, 7e éd., n° 316.
6. Rappr. : Le Cannu, 7e éd., n° 318.
7. Ord. n° 2014-326, 12 mars 2014, *JO* 14 mars, p. 5249.
8. D. n° 2014-736, 30 juin 2014, *JO* 1er juill., p. 10834.

…ger à la gestion courante de …ssite une ordonnance du juge-…ple courrier du juge-commis-…nt insuffisant[1]. Les cessions …de d'observation ne sont pas …ance du juge-commissaire qui les autorise, contrairement à la solution posée en matière de réalisation d'actifs intervenant en phase de liquidation judiciaire. Il en résulte que le candidat à la cession des droits issus d'un contrat de crédit-bail immobilier ne peut être condamné à payer des arriérés de loyer de crédit-bail, faute de perfection de la cession[2].

Feront l'objet de développements séparés, la question des compromis (v. s[s] n°s 422.31 à 422.33) et celle des transactions (v. s[s] n°s 422.31, 422.32, 422.34).

Enfin le texte s'intéresse à la constitution des sûretés. L'article L. 621-24 alinéa 2 du code de commerce (anc[t] L. 25 janv. 1985, art. 33, al. 2), devenu l'article L. 622-7 alinéa 2, depuis la loi de sauvegarde des entreprises, et l'article L. 622-7, II, alinéa 1 depuis l'ordonnance du 18 décembre 2008, prévoient que « le juge-commissaire peut autoriser le chef d'entreprise ou l'administrateur à consentir une hypothèque ou un nantissement ». Pareil texte n'existe pas en liquidation judiciaire. Il faut y voir le souci exclusif du législateur de favoriser le redressement de l'entreprise. Le texte visait d'ailleurs le « chef d'entreprise » et non le débiteur, ce qui illustrait davantage, s'il en était besoin, son fondement. L'ordonnance du 18 décembre 2008 a toutefois systématiquement préféré le concept de débiteur plutôt que celui de chef d'entreprise et l'article L. 622-7, II, alinéa 1 du code procède ainsi.

Le domaine de la disposition doit être précisé. Malgré le visa des hypothèques ou nantissement, étendu aux gages par l'ordonnance du 18 décembre 2008, il semble que toutes sûretés réelles mobilières ou immobilières puissent être constituées, puisqu'il n'y a pas de raison d'autoriser certaines d'entre elles, et d'interdire purement et simplement les autres. Il en est ainsi de la fiducie-sûreté[3]. En revanche, il n'apparaît pas que l'autorisation puisse s'étendre à la constitution par le débiteur d'un cautionnement, encore que l'opinion contraire ait été émise[4] et, *a fortiori*, d'une garantie autonome.

La difficulté essentielle de détermination du domaine du texte est ailleurs. Faut-il appliquer le texte aux sûretés données en garantie d'une créance posture ? Faut-il cantonner le texte aux sûretés conties en garantie d'une créance antérieure ? Faut décider que le texte est d'application générale ? Il a répondu (v. s[s] n° 422.22) que *le texte avait* voca… à régir tant les sûretés consenties en garantie … de créance antérieure, que celles consenties en …antie d'une créance postérieure.

SE…ON 422.30

C…MPROMIS ET TRANSACTION

…2.31 Règles générales de fond relatives aux …mpromis et transactions[5]. L'article L. 621-24 ali…a 2 du code de commerce (anc[t] L. 25 janv. 1985[6], …t. 33, al. 2), devenu l'article L. 622-7 alinéa 2, depuis … loi de sauvegarde des entreprises[7], et l'article L. 622-…, II, alinéa 1 depuis l'ordonnance du 18 décembre 2008[8], prévoient que « le juge-commissaire peut autoriser le chef d'entreprise ou l'administrateur à compromettre ou transiger ». Ces actes, assurément, ne relèvent pas de l'exploitation normale de l'entreprise. À ce titre, ils n'auraient donc pas pu être accomplis. Logiquement, le code les soumet donc à l'autorisation du juge-commissaire. L'ordonnance du …2 mars 2014[9] les encadre même plus strictement encore (v. s[s] n° 422.23).

Le texte ne distingue pas selon que le compromis ou la transaction intéresse des créanciers antérieurs ou postérieurs. Il a été observé qu'en autorisant le compromis ou la transaction sur des créances antérieures, ce serait déposséder le juge-commissaire de ses prérogatives[10]. L'argument n'est pas incontournable car, si le juge-commissaire a été dépossédé de ses attributions en matière de déclaration de créance, c'est parce qu'il l'a décidé en autorisant la transaction ou le compromis. D'ailleurs, ces actes pourront être autorisés par le juge-commissaire dans le cadre de la vérification des créances[11]. Dès lors, faute pour le texte de distinguer, il nous apparaît possible d'admettre les compromis et transactions, tant sur les créances postérieures, que sur celles antérieures au jugement d'ouverture[12]. L'autorisation devra être obtenue du juge-commissaire, alors même que le compromis ou la transaction porterait sur une

1. Civ. 1re, 27 janv. 2004, n° 99-18.688, NP.
2. Com. 4 nov. 2014, n° 13-23.397, NP; n° 950 F-D; *BJE* 2015, 16, note Théron; *Rev. proc. coll.* 2015, comm. 22, note Lebel.
3. Le Cannu, « La poursuite de l'activité », *Dr. et patr.* déc. 2009, n° 187, p. 68 s., sp. p. 72.
4. Saint-Alary-Houin, 9e éd., n° 588.
5. Colin, « Transaction et action en comblement de passif », *LPA* 16 juill. 1999, n° 141, p. 4.
6. L. n° 85-98, 25 janv. 1985, préc.
7. L. n° 2005-845, 26 juill. 2005, préc.
8. Ord. n° 2008-1345, 18 déc. 2008, préc.
9. Ord. n° 2014-326, 12 mars 2014, préc.
10. Derrida et *alii*, note 1539 – Saint-Alary-Houin, 9e éd., n° 589.
11. Soinne, n° 1320.
12. Ainsi : Civ. 1re, 1er avr. 2015, n° 14-14.552, *Bull. civ.* I [à paraître]; n° 345 F-P+B; *JCP E* 2015, 1273, note Lebel; *Leden* 2015, comm. 081, note Lucas.

créance postérieure[1], solution à notre sens critiquable (v. s[s] n° 422.22).

La formalité de l'autorisation préalable du juge-commissaire devra être respectée, alors même que le compromis ou la transaction n'emporteraient pas paiement. La solution a été spécialement posée pour une transaction en liquidation judiciaire[2].

422.32 Modalités générales du compromis et de la transaction. Les modalités du compromis et de la transaction sont fixées par l'article L. 621-24 alinéa 2 du code de commerce (anc[t] L. 25 janv. 1985[3], art. 33, al. 2), devenu d'abord l'article L. 622-7 alinéa 2, avec la loi de sauvegarde des entreprises[4], puis l'article L. 622-7, II, alinéa 1 avec l'ordonnance du 18 décembre 2008[5], et l'article 55 du décret du 27 décembre 1985[6], devenu l'article R. 622-6 (anc[t] D. 28 déc. 2005[7], art. 82). L'autorisation judiciaire doit être préalable, sous peine de nullité[8]. La solution a été posée en présence d'une transaction.

Le texte légal intéresse l'hypothèse où il y a nomination d'un administrateur judiciaire. Il prévoit que le compromis ou la transaction peut être sollicité par le chef d'entreprise ou l'administrateur judiciaire. Il faut en tirer la conséquence que ce droit n'est pas propre à l'administrateur judiciaire. La demande sera présentée par l'administrateur si ce dernier a mission de représentation, par le débiteur si l'administrateur a mission de surveillance, conjointement par les deux, en cas de mission d'assistance. En ce dernier cas, la requête aux fins de transaction présentée par l'administrateur seul est donc irrecevable[9]. Celui qui aura reçu l'autorisation pour transiger ou compromettre signera seul les actes contractuels correspondants[10].

L'ordonnance du 18 décembre 2008 modifie les solutions dans la procédure de sauvegarde. Quelle que soit la mission de l'administrateur, la demande émanera toujours du seul débiteur (C. com., art. L. 622-7, II, al. 1). Les solutions restent en revanche inchangées en redressement judiciaire (C. com., art. L. 631-1, al. 3). La requête aux fins de transaction présentée par l'administrateur seul est donc irrecevable[11], si celui-ci a, en redressement judiciaire, une mission d'assistance.

Évidemment, dans les procédures de sauvegarde ou de redressement judiciaire sans administrateur, l'autorisation sera sollicitée par le débiteur seul.

L'article 55 du décret du 27 décembre 1985 et l'article R. 622-6 (anc[t] D. 28 déc. 2005, art. 82) obligent le greffier, avant que le juge-commissaire ne statue, à convoquer le représentant des créanciers – mandataire judiciaire – et le débiteur. L'ordonnance du 18 décembre 2008 y ajoute l'administrateur.

L'ordonnance du juge-commissaire qui autorise un compromis ou une transaction sera, conformément au droit commun des procédures collectives, susceptible d'un recours devant le tribunal, qualifié par la pratique d'opposition. Le recours réformation – appel – est, sous l'empire de la législation antérieure à la loi de sauvegarde des entreprises, fermé sur le jugement vidant l'opposition, alors qu'il est ouvert, sous l'empire de la loi de sauvegarde des entreprises.

422.33 Règles spécifiques au compromis. Le compromis, tel qu'il est envisagé par l'article 2059 du code civil, désigne la convention d'arbitrage conclu une fois le litige né, par opposition à la clause compromissoire, emportant dérogation aux règles de compétence d'attribution, insérée dans la convention *ab initio*. Aux termes de l'article 2059 du code civil, « toutes personnes peuvent compromettre sur les droits dont elles ont la libre disposition ». L'article 2060 du code civil, pour sa part, énonce qu'« on ne peut compromettre, dans toutes les matières qui intéressent l'ordre public ». La réglementation des procédures collectives étant d'ordre public, il faudrait en déduire qu'on ne pourrait compromettre.

La réglementation établie par l'article L. 621-24 alinéa 2 du code de commerce, devenu l'article L. 622-7 alinéa 2, depuis la loi de sauvegarde des entreprises[12], ne concerne que la faculté de compromettre, c'est-à-dire le compromis postérieur au jugement d'ouverture.

Le redressement judiciaire ou la procédure de sauvegarde n'ont pas pour effet d'entraîner la nullité ou plus généralement l'inefficacité d'une clause d'arbitrage insérée dans un contrat avant le jugement d'ouverture. Mais encore faudra-t-il, au moment où le jeu de la clause d'arbitrage est sollicité, que le contrat soit en cours. Tel ne sera pas le cas lorsque le contrat, non cédé au repreneur dans le plan de cession, aura été résilié par le jugement arrêtant le plan

1. Com. 5 janv. 1999, n° 96-20.561, *Bull. civ.* IV, n° 4; *JCP E et A* 1999, Chron. 809, 1-c-2, obs. M. Cabrillac; *Act. proc. coll.* 1999/3, n° 31, obs. Dom.
2. Com. 5 janv. 1999, n° 96-20.561, *Bull. civ.* IV, n° 4; *LPA* 26 janv. 1999, p. 18, n° 5; *D. Affaires* 1999, 174; *Rev. proc. coll.* 1999, 176, n° 2, obs. Canet; *D.* 1999. Somm. 350, obs. Lienhard.
3. L. n° 85-98, 25 janv. 1985, préc.
4. L. n° 2005-845, 26 juill. 2005, préc.
5. Ord. n° 2008-1345, 18 déc. 2008, préc.
6. D. n° 85-1388, 27 déc. 1985, *JO* 29 déc., p. 15281.
7. D. n° 2005-1677, 28 déc. 2005, *JO* 29 déc., p. 20324.
8. Com. 26 nov. 2002, n° 99-18.007, NP, *Rev. proc. coll.* 2004, p. 49, n° 12, obs. Lebel – Douai, 28 mars 2013, RG n° 12/02676, *BJE* sept. 2013, p. 277, note Favario.
9. Com. 23 sept. 2014, n° 13-21.686, *Bull. civ.* IV, n° 139; n° 786 FS-P+B; *Gaz. Pal.* 18 janv. 2015, n° 18, p. 18, note Bidan; *Dr. sociétés* 2015, comm. 98, note Legros.
10. IFPPC 1999, recomm. n° 2030-4, p. 46.
11. Com. 23 sept. 2014, n° 13-21.686, préc.
12. L. n° 2005-845, 26 juill. 2005, préc.

de cession[1]. Sous cette réserve, deux situations doivent alors être distinguées.

Dans une première hypothèse, l'instance arbitrale est en cours au jour du jugement d'ouverture. Il en sera ainsi si, à cette date, le tribunal arbitral est définitivement constitué et peut donc être saisi du lige, c'est-à-dire à partir de l'acceptation par tous les arbitres de leur mission (v. s^s n° 623.24). Il y aura cependant suspension de l'arbitrage jusqu'à ce que le créancier ait déclaré sa créance, et qu'il en soit justifié aux arbitres. C'est la solution classique applicable aux instances en cours au jour du jugement d'ouverture. Le juge-commissaire appréciera si la créance a été régulièrement déclarée. Il est en revanche incompétent pour statuer sur le bien fondé de la créance[2]. L'extinction de la créance par suite de l'absence de déclaration au passif, sous l'empire de la législation antérieure à la loi de sauvegarde des entreprises, empêchera la poursuite de l'instance arbitrale (v. s^s n° 623.31). La solution ne doit pas changer après l'entrée en vigueur de la loi de sauvegarde des entreprises, même si la sanction de l'absence de déclaration au passif ne doit plus être trouvée dans l'extinction de la créance, mais dans son inopposabilité à la procédure (v. s^s n° 665.75). Le juge-commissaire appréciera également si la clause compromissoire dont il est demandé l'application n'est pas manifestement nulle ou inapplicable[3].

Dans une seconde hypothèse, l'instance arbitrale n'est pas en cours au jour du jugement d'ouverture. Le créancier doit commencer par déclarer sa créance. L'absence de déclaration de créance interdit, en effet, en application de la règle de l'arrêt des poursuites individuelles, la possibilité de saisir après jugement d'ouverture le tribunal arbitral[4]. Une fois la déclaration de créance effectuée, le juge-commissaire appréciera la régularité de la déclaration de créance, mais sera incompétent pour apprécier le bien-fondé de la créance. Il est alors possible de demander la constitution du tribunal arbitral, par hypothèse non constitué avant le jugement d'ouverture, et l'instance arbitrale pourra prospérer après ledit jugement.

Les règles de compétence du droit des procédures collectives de paiement sont d'ordre public. Dès lors, il y a interdiction du compromis si l'action est née de la faillite ou si les règles exercent sur elle une influence sur la solution du litige. C'est la règle de compétence classiquement établie par l'article 174 du décret du 27 décembre 1985[5], l'article R. *662-3* du code de commerce (anc^t D. 28 déc. 2005, art. 339 – v. s^s n°s 312.11 s.). Le compromis est donc possible, sur autorisation judiciaire, si, sous l'empire de la législation du 25 janvier 1985[6], la règle de l'article 174 du décret n'est pas contrariée[7] ou si, sous l'empire de la loi de sauvegarde des entreprises, celle de l'article R. 662-3 du code de commerce (anc^t D. 28 déc. 2005[8], art. 339) n'est pas tenue en échec[9]. Il en sera ainsi d'un compromis relatif à l'exécution d'un contrat en cours, puisque la compétence du tribunal de la faillite, dès lors qu'il n'est pas question d'option sur la continuation, mais seulement des modalités d'exécution du contrat, n'est pas en cause[10]. Peu importera que le litige soit né avant ou après le jugement d'ouverture de la procédure[11]. Au contraire, si la question à trancher ne relève pas de la compétence du tribunal de la faillite, en ce que les règles de la faillite n'exercent sur cette action aucune incidence, par exemple l'appréciation de la connexité entre créances réciproques, la clause d'arbitrage doit jouer, à moins qu'elle ne soit manifestement nulle ou inapplicable[12].

La clause compromissoire ne concerne que les litiges entre les parties au contrat. Dès lors qu'un organe de la procédure exerce les droits et actions du débiteur, la clause peut être appliquée. Au contraire, si l'action exercée par l'organe tend à la défense de

1. Com. 10 mai 2000, n° 96-22.247, NP.
2. Besançon, 2e ch. com., 4 juin 2002, *JCP E* 2003, jur. 447, p. 518, note P. M.
3. Com. 2 juin 2004, n° 02-18.700, *Bull. civ.* IV, n° 110; *D.* 2004. AJ 1732, obs. Lienhard; *Act. proc. coll.* 2004/13, n° 158, obs. Vallansan; *LPA* 21 juill. 2004, n° 145, p. 15, note Touchent; *Rev. proc. coll.* 2004, p. 235, n° 1, obs. Staes; *JCP E* 2004, Chron. 1292, p. 1387, n° 9, obs. Pétel; *RTD com.* 2004. 808, n° 2, note Martin-Serf; *Dr. et patr.* 2004, n° 130, p. 119, obs. Monsérié-Bon; *Defrénois* 2004. 38066, p. 1671, n° 10, note Gibirila; *LXB* n° N1849AB4, note Petitjean.
4. Com. 2 juin 2004, n° 02-13.940, *Bull. civ.* IV, n° 112; *D.* 2004. AJ 1732, obs. Lienhard; *Act. proc. coll.* 2004/13, n° 158, obs. Vallansan; *LPA* 21 juill. 2004, n° 145, p. 15, note Touchent; *Rev. proc. coll.* 2004, p. 235, n° 1, obs. Staes; *JCP E* 2004, Chron. 1292, p. 1387, n° 9, obs. Pétel; *RTD com.* 2004. 808, n° 2, note Martin-Serf; *Dr. et patr.* 2004, n° 130, p. 119, obs. Monsérié-Bon; *D.* 2004. AJ 1451, concl. de Gouttes, obs. Lienhard; *D.* 2004. Somm. 2142, obs. Le Corre; *Act. proc. coll.* 2004/10, n° 121, note Régnaut-Moutier; *JCP E* 2004, jur. 1059, p. 1156, note Demoustier; *Rev. proc. coll.* 2004, p. 222, n° 1, obs. Roussel Galle; *JCP E* 2004, Chron. 1292, p. 1389, n° 14, obs. Pétel; *Defrénois* 2004. 38066, p. 1671, n° 10, note Gibirila; *LXB* n° N1849AB4, note Petitjean.
5. D. n° 85-1388, 27 déc. 1985, préc.
6. L. n° 85-98, 25 janv. 1985, préc.
7. IFPPC 1999, recomm. n° 2030-3, p. 46.
8. D. n° 2005-1677, 28 déc. 2005, préc.
9. VIDAL, 2006, n° 697.
10. J.-CL. CIV., Veaux, art. 2059 à 2061, fasc. 2, [Arbitrage – Convention d'arbitrage, compromis et clauses compromissoires], n° 16 – *Adde*, SOUS L'EMPIRE de la loi du 13 juillet 1967 : Com. 19 juill. 1982, n° 80-17.183 *Bull. civ.* IV, n° 280; *D.* 1983. IR 6, obs. Derrida – Com. 4 févr. 1986, n° 84-16.565, *Bull. civ.* IV, n° 3 : admettant le compromis dans le cadre de la continuation d'un contrat en cours.
11. SOINNE, n° 2453.
12. Com. 3 mai 2016, n° 14-28.982, NP, *BJE* 2016, 272, note Lemesle.

l'intérêt collectif des créanciers, la convention d'arbitrage est inapplicable[1].

Par principe, les règles relatives à la déclaration et à la vérification des créances ne peuvent être tenues en échec par une clause attributive de compétence. Cependant, si le litige porte sur l'exécution du contrat, le juge-commissaire, statuant dans le cadre de la vérification et de l'admission des créances n'est plus dans son office juridictionnel pour statuer sur le moyen de défense soulevé par le débiteur ou le mandataire de justice (v. s[s] n° 682.15). Il en résulte que la clause attributive est efficace[2].

L'annulation d'une clause d'arbitrage n'est encourue sur le fondement de l'article 1492, 5° du code de procédure civile que lorsque la solution donnée au litige heurte l'ordre public. Le juge de l'annulation n'a toutefois pas le pouvoir de contrôler le contenu de la motivation de la sentence ni de procéder à sa révision au fond. Il ne peut donc, sous le couvert d'un moyen tiré de la violation de l'ordre public, tel celui tiré du non-respect des conditions du jeu de l'article L. 650-1 du code de commerce, pour engager la responsabilité d'un apporteur de concours, remettre en cause la pertinence du raisonnement des arbitres ayant statué en amiables compositeurs[3].

422.34 Règles spécifiques à la transaction. La transaction est définie par l'article 2044 du code civil comme le « contrat par lequel les parties terminent une contestation née ou préviennent une contestation à naître ». Elle supposera également une autorisation judiciaire. Elle est plus grave encore que le compromis, puisqu'il peut être question, pour le débiteur, d'abandonner des droits, ce qui pourrait, en période d'observation, compromettre le redressement de l'entreprise, et qui revêt une importance particulière pour les créanciers.

Il est conseillé à l'administrateur, quelle que soit sa mission, de recueillir l'accord du débiteur[4].

Le détail de la question est examiné en liquidation judiciaire (v. s[s] n° 567.21).

SECTION 422.40
SANCTIONS DES ACTES ACCOMPLIS SANS HABILITATION JUDICIAIRE – ACTES PUREMENT ET SIMPLEMENT INTERDITS

422.41 Énoncé de la sanction des actes accomplis sans habilitation du juge-commissaire – actes purement et simplement interdits. Seuls les actes visés aux articles L. 621-24 alinéas 2 et 3 du code de commerce (anc[t] L. 25 janv. 1985[5], art. 33, al. 2 et 3), en redressement judiciaire, dans leur rédaction antérieure à la loi de sauvegarde des entreprises, devenus respectivement, dans la rédaction issue de la loi du 26 juillet 2005[6], les articles L. 622-7, alinéas 2 et 3 (texte de la sauvegarde applicable en redressement judiciaire : *C. com., art. L. 631-14, I*), puis, dans la rédaction issue de l'ordonnance du 18 décembre 2008[7], les articles L. 622-7, II (applicable en redressement judiciaire : C. com., art. L. 631-14, al. 1), et en liquidation judiciaire, les articles L. 622-20 et L. 622-21, sous l'empire de la loi du 25 janvier 1985[8], devenus depuis la loi de sauvegarde, les articles L. 642-24 et L. 642-25, alinéa 1 peuvent être autorisés par le juge-commissaire.

Certains autres actes sont purement et simplement interdits.

Il en est d'abord ainsi du paiement des créances autres que celles postérieures éligibles au traitement préférentiel (v. s[s] n°s 631.11 s.), sous réserve des créances alimentaires.

Il en est de même de la constitution ou de la réalisation d'un pacte commissoire (v. s[s] n° 631.12).

L'ordonnance du 9 décembre 2010[9], portant adaptation du droit des entreprises en difficulté à l'entrepreneur individuel à responsabilité limitée, a introduit un nouvel acte purement et simplement interdit, qui ne peut donc même pas être autorisé par le juge-commissaire. Il s'agit de l'interdiction faite à l'EIRL d'appauvrir le patrimoine concerné par l'ouverture de la procédure, jusqu'à sa clôture ou la fin des opérations de plan. Il pourra s'agir du patrimoine non affecté. En, ce cas, l'affectation à un autre patrimoine d'un bien de ce patrimoine est interdite. Il pourra s'agir du patrimoine affecté. En ce cas, il sera interdit de désaffecter un bien de ce patrimoine, soit pour le faire rentrer dans le patrimoine non affecté, soit pour le faire migrer vers un autre patrimoine affecté. Ce principe, posé par l'article L. 680-6 du code de commerce (réd. ord. 9 déc. 2010), doit immédiatement être rapproché de l'interdiction des actes étrangers à la gestion courante posée par l'article L. 622-7. La sanction est d'ailleurs la même, mais est ici explicitement prévue par l'article L. 680-6, alinéa 2 du code de commerce : la nullité de l'acte à la demande de tout intéressé dans le délai de trois ans à compter de sa date. On remarquera que la publicité de l'acte reste indifférente quant au point de départ du délai triennal de prescription.

1. Com. 13 juin 2006, n° 03-16.695, NP; n° 771 F-D; *Gaz. proc. coll.* 2006/4, p. 14, note Bidan.
2. Com. 21 juin 2005, n° 04-10.868, NP.
3. Com. 30 juin 2015, n° 14-19.119, NP; n° 653 F-D; *RTD com.* 2015. 570, n° 3, note Legeais.
4. IFPPC 1999, recomm. n° 2030-1, p. 45.
5. L. n° 85-98, 25 janv. 1985, préc.
6. L. n° 2005-845, 26 juill. 2005, préc.
7. Ord. n° 2008-1345, 18 déc. 2008, préc.
8. L. n° 85-98, 25 janv. 1985, préc.
9. Ord. n° 2010-1512, 9 déc. 2010, préc.

Les actes purement et simplement interdits, comme les actes pouvant être autorisés par le juge-commissaire et qui n'auraient pas reçu l'autorisation préalable, sont soumis à une même sanction, édictée en ces termes par l'article L. 621-24 alinéa 4, devenu successivement l'article L. 622-7 alinéa 4 dans la loi de sauvegarde des entreprises, puis, avec l'ordonnance du 18 décembre 2008, le III de l'article L. 622-7 : « Tout acte ou tout paiement passé en violation des dispositions du présent article est annulé à la demande de tout intéressé, présentée dans un délai de trois ans à compter de la conclusion de l'acte ou du paiement de la créance. Lorsque l'acte est soumis à publicité, le délai court à compter de celle-ci ». Il existe ainsi une sanction civile. L'article L. 626-8 du code, devenu avec la loi de sauvegarde des entreprises, l'article L. 654-8, relaie le dispositif en édictant une sanction pénale.

422.42 Sanction civile des actes accomplis sans autorisation du juge-commissaire – sanction civile des actes nécessitant l'avis du ministère public. L'article L. 621-24 alinéa 4 du code de commerce, sous l'empire de la législation antérieure à la loi du 26 juillet 2005[1] (anc^t^ L. 25 janv. 1985[2], art. 33, al. 4), et dans la législation du 26 juillet 2005, l'article L. 622-7, alinéa 4, devenu l'article L. 622-7, III avec l'ordonnance du 18 décembre 2008[3], pour la procédure de sauvegarde, applicable en redressement judiciaire du fait du renvoi opéré par l'article L. 631-14, I, devenu avec l'ordonnance du 18 décembre 2008, l'alinéa 1er de l'article L. 631-14, édictent la sanction civile de l'acte interdit ou non préalablement autorisé. Cet acte est passible d'une nullité absolue[4].

Il a été jugé, à cet égard, que l'autorisation donnée par le juge-commissaire au débiteur par lettre simple de conclure l'acte soumis à son habilitation est insuffisante. Une ordonnance est exigée[5].

L'acte non autorisé est nul. La solution a été posée à propos d'une vente d'immeuble d'un débiteur en redressement judiciaire. Il est ici question de sanctionner un vice de formation de la vente, laquelle ne peut donc être résolue[6]. La solution est la même pour la promesse de vente conclue par le débiteur[7]. Il en est de même pour une transaction non autorisée[8].

Le juge-commissaire ne peut ratifier l'acte nul, par exemple une promesse de vente conclue par le débiteur en redressement judiciaire[9]. Seule une habilitation antérieure à l'acte peut permettre de conclure valablement un acte dépassant la gestion courante.

L'action en nullité, incontestablement née de la faillite, est, à ce titre, de la compétence du tribunal de la faillite[10].

L'acte est annulable à la demande de « tout intéressé ».

Il pourra, en conséquence, s'agir d'un organe de la procédure, mais aussi de tout créancier. Le monopole de représentation conféré au représentant des créanciers (v. s^s^ n° 611.31) pour assurer la défense de l'intérêt collectif des créanciers ne doit pas conduire à déclarer irrecevable l'action d'un créancier, individuellement, même s'il ne fait pas état d'un préjudice personnel, sauf à méconnaître la lettre de l'article L. 621-24 alinéa 4, laquelle nous semble écarter l'application de l'article L. 621-39 du code de commerce (anc^t^ L. 25 janv. 1985, art. 46) et, depuis la loi de sauvegarde des entreprises, celle de l'article L. 622-20 du même code.

Il pourra s'agir du débiteur lui-même[11], dès lors du moins qu'il n'est pas dessaisi. Bien que l'on soit dans le domaine des actes illicites entraînant répétition, il ne semble pas que la maxime *Nemo auditur...*, cantonnée à la matière de l'immoral, puisse faire obstacle à la recevabilité de l'action du débiteur[12].

Il pourra s'agir du cocontractant du débiteur, par exemple le vendeur d'un immeuble non payé, du fait de l'état de redressement judiciaire de ce dernier[13].

Tout intéressé est recevable à demander la restitution des sommes versées à la suite de l'annulation du paiement[14]. Les paiements effectués par le banquier du débiteur posent problème (v. s^s^ n° 631.22).

La loi du 26 juillet 2005 accorde également la possibilité d'agir en nullité au ministère public (C. com., art. L. 622-7 en sauvegarde, L. 631-14, I [devenu depuis l'ordonnance du 18 décembre 2008, C. com., art. L. 622-7, II en sauvegarde, texte applicable en redressement judiciaire (C. com. art. L. 631-

1. L. n° 2005-845, 26 juill. 2005, préc.
2. L. n° 85-98, 25 janv. 1985, préc.
3. Ord. n° 2008-1345, 18 déc. 2008, préc.
4. Vallens, 2015, n° 3228.
5. Civ. 1re, 27 janv. 2004, n° 99-18.688, NP.
6. Com. 30 mai 2006, n° 04-19.056, NP; n° 705 F-D; *Gaz. proc. coll.* 2006/4, p. 14, note Bidan.
7. Montpellier, 1re ch., 2e sect., 2 oct. 2007, *Rev. proc. coll.* 2008/3, p. 45, n° 120, note Lebel.
8. Com. 5 janv. 1999, n° 96-20.561, *Bull. civ.* IV, n° 4; *D.* 1999. Somm. 350, obs. Honorat; *JCP E* 1999. 809, note. M. Cabrillac; *RJ com.* 1999. 408, note Gallet.
9. Montpellier, 1re ch. A, 2 oct. 2007, RG n° 036/02823, *Act. proc. coll.* 2008/9, n° 145.
10. Kerckhove, n° 447.
11. Com. 4 déc. 2001, n° 98-19.169, NP, *Rev. proc. coll.* 2003/1, p. 15, n° 15, obs. Lebel.
12. Soinne, n° 1430.
13. Civ. 1re, 27 janv. 2004, n° 99-18.688, NP.
14. Com. 30 mai 2006, n° 04-19.056, NP; n° 705 F-D; *Gaz. proc. coll.* 2006/4, p. 14, note Bidan.

14, al. 1)], et L. 641-3, al. 1 en liquidation judiciaire), dans un objectif de rigueur afin d'augmenter l'efficacité de la sanction instituée. La règle permet en outre d'améliorer l'implication du parquet dans les procédures collectives[1].

Le prononcé par le tribunal de la faillite de la nullité de l'acte interviendra indépendamment de la bonne ou mauvaise foi du tiers[2]. Ainsi, le paiement reçu, alors que le tiers ne connaissait pas l'ouverture de la procédure collective atteignant le débiteur, et alors même que le jugement d'ouverture n'est pas encore publié au *Bodacc*, sera nul[3].

Les fondements de l'action justifient son caractère d'ordre public[4].

L'action est cependant enfermée dans un délai préfix[5] triennal. Le délai court à compter de l'acte effectué, si l'acte n'est pas soumis à publicité, par exemple un paiement ou la constitution d'une sûreté, non soumise à publicité. La solution a été posée à propos d'un nantissement en numéraire autorisé pour un certain montant, qui avait été dépassé, sans que la nullité ait été invoquée dans les trois ans de la constitution[6]. Si l'acte est soumis à publicité, telle la vente d'un fonds de commerce ou d'un d'immeuble, ou la constitution d'une sûreté soumise à publicité, le délai de l'action en nullité court à compter de la publicité.

L'assignation en nullité d'une vente d'immeuble doit être publiée à la conservation des hypothèques. Mais peu importe qu'elle le soit à l'intérieur du délai triennal de prescription. Le fait que l'assignation n'ait pas été publiée n'est pas une cause de nullité, mais simplement une fin de non-recevoir, qui, comme telle, peut être régularisée jusqu'à ce que le juge statue[7].

Pour la doctrine, la clôture de la procédure ne fera pas obstacle à l'exercice de l'action[8]. La solution n'apparaît cependant praticable que si l'action est engagée à la suite d'une réouverture de la procédure, laquelle est rendue possible par la perspective de la distribution d'un actif nouveau. L'article L. 622-34 du code de commerce (anct L. 25 janv. 1985, art. 170), dans sa rédaction antérieure à la loi de sauvegarde des entreprises, l'article L. 643-13 alinéa 1 dans la rédaction que lui donne la loi de sauvegarde des entreprises, envisagent d'ailleurs explicitement le cas d'une action qui n'a pas été engagée, dès lors qu'elle est dans l'intérêt des créanciers.

Y a-t-il place à sanctionner également les personnes qui ont rendu possible un acte nul, par exemple un paiement ? La doctrine se prononce pour l'affirmative[9], cependant que la jurisprudence exige la démonstration que le complice du débiteur a agi en connaissance de l'état de redressement ou de liquidation judiciaire de celui-ci[10].

Depuis l'ordonnance du 12 mars 2014[11], si l'acte visé à l'alinéa 1er du II de l'article L. 622-7 « *est susceptible d'avoir une incidence déterminante sur l'issue de la procédure, le juge-commissaire ne peut statuer qu'après avoir recueilli l'avis du ministère public* ». À défaut d'avis, il y a place à nullité de la décision d'habilitation du juge-commissaire.

422.43 Effets de la nullité des actes accomplis sans autorisation du juge-commissaire ou sans l'avis du ministère public en cas d'avis obligatoire. La nullité de l'acte obligera à une remise des parties en l'état antérieur. Si l'acte nul est un paiement, l'*accipiens* devra restituer.

Si l'acte nul est une sûreté, cela conduit à conférer à son bénéficiaire la qualité de créancier chirographaire. Il devra donner, le cas échéant, mainlevée, sauf à y être contraint judiciairement.

Si l'acte nul est une vente, il y a réintégration dans le patrimoine du débiteur du bien vendu. Il ne semble pas que l'acquéreur d'un bien mobilier de bonne foi puisse être protégé par l'article 2276 du code civil (anct C. civ., art. 2279), faute d'exclusion du texte. L'acheteur sera alors dans une position particulièrement délicate, puisque sa créance de remboursement trouve sa source dans un acte irrégulier. Il ne pourra, en conséquence, bénéficier du traitement préférentiel réservé aux créanciers postérieurs. Il sera créancier hors procédure (sur cette notion, v. ss no 454.11).

La sanction civile de la nullité se trouve relayée sur le terrain pénal.

422.44 Sanction pénale des actes accomplis sans autorisation du juge-commissaire (v. aussi ss nos 933.11, 933.12). L'article L. 626-8, 1° du code de commerce (anct L. 25 janv. 1985, art. 203, 1°), dans sa rédaction antérieure à la loi de sauvegarde des entreprises[12], punit d'un emprisonnement de deux ans et d'une amende de 30 000 euros (soit 200 000 F) tout commerçant, toute personne inscrite au répertoire des métiers, tout agriculteur, ou

1. *Rapp. Xavier de Roux*, no 2095, p. 208.
2. Montpellier, 1re ch., 2e sect., 2 oct. 2007, *Rev. proc. coll.* 2008/3, p. 45, no 120, note Lebel – J.-CL. COM., Delebecque, fasc. 2330, [Redressement et liquidation judiciaires – Administration de l'entreprise], no 75 – PÉTEL, 6e éd., no 164.
3. Paris, 3e ch. B, 4 juin 2004, RG no 2003/11073.
4. SOINNE, no 1429 – Paris, 10 févr. 1994, *D.* 1994. IR 79.
5. Paris, 10 févr. 1994, *D.* 1994. IR 79.
6. Com. 4 déc. 2001, no 99-14.558, NP.
7. Civ. 3e, 26 nov. 2003, no 02-13.438, *Bull. civ.* III, no 212; *Act. proc. coll.* 2004/3, no 31, note Le Bars.
8. DERRIDA ET *ALII*, no 385 – GUYON, no 1212 – SOINNE, no 1430.
9. SOINNE, no 1431.
10. SOINNE, no 1431.
11. Ord. no 2014-326, 12 mars 2014, préc.
12. L. no 2005-845, 26 juill. 2005, préc.

tout dirigeant d'une personne morale qui, pendant la période d'observation, « a consenti une hypothèque ou un nantissement ou fait un acte de disposition sans l'autorisation prévue par l'article L. 621-24 [anc^t L. 25 janv. 1985[1], art. 33] ou payé, en tout ou partie, une dette née antérieurement à la décision d'ouverture de la procédure ». La solution est reprise par l'article L. 654-8, 1° dans la rédaction que lui donne la loi de sauvegarde des entreprises, sous deux réserves. D'une part, cette disposition s'applique à « toute personne mentionnée à l'article L. 654-1 », ce qui englobe toute personne physique exerçant une activité professionnelle indépendante, y compris une profession libérale soumise à un statut législatif ou réglementaire, ou dont le titre est protégé. D'autre part, il est procédé par l'article L. 654-8, 1°, du code de commerce au visa de l'article L. 622-7. Or cette disposition, contrairement à l'article L. 621-24 du code de commerce, avant la loi de sauvegarde des entreprises, ne sanctionne plus seulement le paiement interdit d'une créance antérieure, mais plus généralement le paiement d'« une dette en violation de l'interdiction mentionnée au premier alinéa de cet article », ce qui est plus large, plus que cela englobe également le paiement des créances postérieures non éligibles au traitement préférentiel, à l'exclusion toutefois des dettes alimentaires et, pour les procédures ouvertes entre le 1er janvier 2006 et le 14 février 2009, c'est-à-dire sous l'empire de la loi de sauvegarde des entreprises non réformée, de celles de la vie courante (v. s^s n° 631.23).

La sanction est également applicable, aux termes de l'article L. 626-8, 3°, du code de commerce, devenu l'article L. 654-8, 3°, dans la rédaction de la loi de sauvegarde des entreprises, à toute personne qui, pendant la période d'observation, a passé avec le débiteur l'un des actes mentionnés au 1° ci-dessus ou en a reçu un paiement irrégulier. Sa bonne foi, exclusive de l'application à son encontre du délit, résultera de son ignorance de la procédure collective. Elle pourrait aussi, semble-t-il, tenir au fait de sa croyance que la créance, source du paiement, avait un fait générateur postérieur au jugement d'ouverture. La délimitation des créances antérieures et postérieures est en effet loin d'être évidente (v. s^s n°s 441.11 s.). En outre, depuis la loi de sauvegarde, le paiement d'une créance postérieure non éligible au traitement préférentiel est interdit. Incontestablement, des difficultés de détermination des créances dont le paiement est interdit se présenteront, alors surtout que, à l'intérieur des créances non éligibles au traitement préférentiel, figurent des créances pouvant néanmoins être payées, telles celles nées pour les besoins de la vie courante, pour les procédures ouvertes entre le 1er janvier 2006 et le 14 février 2009, c'est-à-dire sous l'empire de la loi de sauvegarde des entreprises non réformée (v. s^s n°s 631.12, 454.21).

On remarquera que la sanction pénale n'aura vocation à s'appliquer que si l'acte litigieux a été effectué en période d'observation. La solution peut surprendre, dès lors que l'article L. 621-24 alinéa 1 (anc^t L. 25 janv. 1985, art. 33, al. 1), sous l'empire de législation antérieure à la loi de sauvegarde des entreprises pour sa part, joue tant en période d'observation, qu'en liquidation judiciaire. Le législateur est sans doute parti du postulat que, du fait du dessaisissement frappant le débiteur en liquidation judiciaire, celui-ci n'effectuerait pas d'acte sans autorisation du juge-commissaire. Ce postulat est malheureux et supprime d'une partie de son efficacité le texte répressif.

La loi de sauvegarde des entreprises n'a pas modifié la solution, même si l'article L. 622-7 alinéa 1 a vocation à jouer tant en sauvegarde et en redressement judiciaire, qu'en liquidation judiciaire (C. com., art. L. 641-3, al. 1).

En outre, les compromis et transactions échappant à la sanction, il ne saurait être question d'étendre les termes de l'article L. 626-8, devenu avec la loi de sauvegarde des entreprises, l'article L. 654-8. En sens contraire, il a cependant été estimé que le compromis et la transaction sont des actes de disposition étrangers à la gestion courante et, comme tels, soumis au texte[2].

Inversement, pour renforcer l'efficacité du dispositif, la juridiction répressive saisie pourra ordonner après relaxe, la réintégration dans le patrimoine du débiteur des biens, droits ou actions frauduleusement soustraits (C. com., art. L. 626-11 [anc^t L. 25 janv. 1985, art. 206, 1], devenu avec la loi de sauvegarde des entreprises, C. com., art. L. 654-11, 1°). Dans un souci de sécurité de la répétition du paiement irrégulier, l'organe qui agira aura intérêt à porter son action devant le tribunal de la faillite, car la nullité du paiement y est de droit[3], alors que la réintégration dans le patrimoine du débiteur est, pour la juridiction répressive, purement facultative, en cas de relaxe.

1. L. n° 85-98, 25 janv. 1985, préc.

2. DERRIDA ET *ALII*, note 1562.
3. SOINNE, n° 1431.

CHAPITRE

423. Poursuite de l'activité en location-gérance sous l'empire de la législation antérieure à la loi du 26 juillet 2005

SECTION 0

ORIENTEUR

423.00 Plan du chapitre.

Sect. 423.10 Conditions de la location-gérance

Sect. 423.20 Régime de la location-gérance

Sect. 423.30 Offre de reprise présentée par le locataire-gérant

Sect. 423.40 Voies de recours sur la décision autorisant la conclusion d'un contrat de location-gérance

Sect. 423.50 Suppression par la loi de sauvegarde de la location-gérance en période d'observation

423.01 Textes applicables. (V. les références complètes s^s n° 420.01).

423.02 Jurisprudence de référence.

> La location-gérance ne peut être conclue pour une période supérieure à vingt-quatre mois. Sa durée prolonge, à due concurrence, la durée de la période d'observation, ce qui n'interdit cependant pas au tribunal de mettre fin à la période d'observation à tout moment.

• **Com. 7 juill. 1998,** n° 96-10.620, *Bull. civ.* IV, n° 218

* V. s^s n° 423.21

423.03 Bibliographie indicative. (V. les références complètes s^s n° 031 – Aussi s^s n° 420.03).

423.04 Question essentielle.

• À quelles conditions peut être autorisée une location-gérance pendant la période d'observation ?

* V. s^s n° 423.11.

SECTION 423.10

CONDITIONS DE LA LOCATION-GÉRANCE

423.11 Conditions de la location-gérance. La location-gérance en période d'observation est réglementée par les articles L. 621-34 et L. 621-35 du code de commerce (anc^t L. 25 janv. 1985[1], art. 42 et 43). Le recours à cette technique est extrêmement restrictif, pour écarter toute velléité d'essayer une entreprise, par des tours de chauffe, comme on essaie une voiture, pour s'en débarrasser après essai non concluant, oubliant au passage qu'une entreprise compte des salariés[2] et qu'elle n'est en conséquence pas réductible à un simple tas de ferraille. En outre, le recours à la location-gérance apparaît contradictoire par rapport à l'objet de la période d'observation. Cette dernière est préparatoire à un plan alors que la location-gérance est déjà une solution « semi-définitive[3] ».

Le contrat ne peut-être conclu que si l'autorisation en est donnée par le tribunal et seulement si la demande est présentée par le ministère public[4], après consultation du comité d'entreprise, ce qui démontre à l'évidence que la décision dépasse largement les simples intérêts privés. D'ailleurs, dans

1. L. n° 85-98, 25 janv. 1985, *JO* 26 janv., p. 1097.
2. SUR CES PRÉOCCUPATIONS dans la loi du 13 juillet 1967 : Soinne, « Le sort des contrats de travail d'une entreprise gérante en difficulté », *JCP CI* 1983, 13945.
3. GUYON, n° 1217.
4. T. com. Paris, 17 févr. 1986, *Rev. proc. coll.* 1986/4, p. 60, obs. Mestre et Delebecque; *Gaz. Pal.* 1986. I. 142, note Marchi.

cette logique, l'autorisation ne sera donnée que « lorsque la disparition de l'entreprise serait de nature à causer un trouble grave à l'économie nationale ou régionale ».

Même si la location-gérance est possible en régime simplifié, le trouble envisagé par la disparition de l'entreprise semble assez peu compatible avec la taille d'une entreprise soumise au régime simplifié. La solution sera donc extrêmement rare[1]. Inversement, la législation n'exclut pas la location-gérance des fonds artisanaux ou agricoles, faute d'indication que la location-gérance doit obéir aux règles générales de la loi du 20 mars 1956[2]. Il importe peu également que le fonds de commerce mis en location-gérance soit celui qui ait généré l'ouverture de la procédure, lorsque le débiteur a plusieurs fonds de commerce, faute de restriction en ce sens de la loi, même si une juridiction du fond a pu juger le contraire[3].

Le contrat sera signé par l'organe compétent. L'administrateur signera seul le contrat s'il a mission d'administration. S'il a une mission d'assistance, le contrat sera signé par le débiteur et l'administrateur. S'il n'a qu'une mission de surveillance, seul le débiteur signera le contrat[4]. Le refus du débiteur de signer le contrat, lorsque sa signature sera nécessaire, obligera l'administrateur judiciaire à en faire rapport au tribunal[5].

Quelle que soit sa durée, le contrat de location-gérance devra être publié, ce à quoi veillera l'administrateur judiciaire[6].

Le jugement qui autorise la location-gérance est publié au *Bodacc* (D. 27 déc. 1985[7], art. 58).

SECTION 423.20

RÉGIME DE LA LOCATION-GÉRANCE

423.21 Durée de la location-gérance en période d'observation. La location-gérance ne peut être conclue pour une période supérieure à vingt-quatre mois. Sa durée prolonge, à due concurrence, la période d'observation (C. com., art. L. 621-34 [anc^{t} L. 25 janv. 1985[8], art. 42, al. 2]), ce qui n'interdit cependant pas au tribunal de mettre fin à la période d'observation à tout moment[9], l'article L. 621-27 du code de commerce (anc^{t} L. 25 janv. 1985, art. 36) qui pose la solution de principe n'étant pas ici écarté. La résiliation du contrat de location-gérance ne doit pas nécessairement conduire à la liquidation judiciaire si des solutions de redressement subsistent[10]. Si le locataire-gérant peut prendre l'engagement d'acquérir au terme de la période, cet engagement sera unilatéral puisque le sort de l'entreprise ne sera scellé qu'à l'issue de la période d'observation.

423.22 Exclusion de certaines règles de droit commun de la location-gérance. L'article L. 621-34 du code de commerce (anc^{t} L. 25 janv. 1985[11], art. 42, al. 3) exclut l'application de certaines dispositions du code de commerce : les articles L. 144-3, L. 144-4 et L. 144-7 (anc^{t} L. 20 mars 1956[12], réglementant la location-gérance, art. 4, 5 et 8).

L'article L. 144-3 du code de commerce est relatif à la durée préalable de la qualité de commerçant (sept ans), condition d'ailleurs supprimée par l'ordonnance du 25 mars 2004[13], et à la durée préalable de l'exploitation du fonds (deux ans [anc^{t} L. 20 mars 1956, art. 4]), exigence supprimée par l'ordonnance du 25 mars 2004, pour le conjoint attributaire du fonds à la suite de la dissolution du lien matrimonial.

L'article L. 144-4 constitue un corps de règles dérogatoires à l'article L. 144-3 pour autoriser la conclusion du contrat, nonobstant l'absence de l'une des deux conditions cumulativement énumérées à l'article L. 144-3 (anc^{t} L. 20 mars 1956, art. 5).

L'article L. 144-7, quant à lui, établit une solidarité entre le locataire-gérant et le bailleur du fonds, pour les dettes contractées à l'occasion de l'exploitation du fonds, du jour de la conclusion du contrat jusqu'à l'expiration d'un délai de six mois suivant la publication du contrat (anc^{t} L. 20 mars 1956, art. 8). La mise à l'écart de la règle, en phase de période d'observation, oblige en conséquence à considérer que seul le locataire-gérant est responsable des dettes contractées pendant cette phase, le débiteur n'en étant pas tenu.

Toute clause interdisant la continuation du contrat par le locataire-gérant sera réputée non écrite selon l'article L. 621-34 alinéa 1 du code de commerce. Cela ne signifie pas pour autant que le locataire-gérant soit titulaire de l'option de continuation[14]. Elle est toujours exclusivement attachée à la personne de l'administrateur, et, en son absence, à

1. ILLUSTR. : T. com. Paris, 17 févr. 1986, *Gaz. Pal.* 1986. II. 569, note Marchi.
2. L. n° 56-277, 20 mars 1956, *JO* 21 mars, p. 2703 – DERRIDA ET *ALII*, n° 325 – SOINNE, n° 1234 – *CONTRA* : LE CANNU, n° 643.
3. T. com. Antibes, 19 déc. 1986, *D.* 1987. 372, note Derrida.
4. IFPPC 1999, recomm. n° 2100-1, p. 57.
5. IFPPC 1999, recomm. n° 2100-2, p. 57.
6. IFPPC 1999, recomm. n° 2100-5, p. 58.
7. D. n° 85-1388, 27 déc. 1985, *JO* 29 déc., p. 15281.
8. L. n° 85-98, 25 janv. 1985, préc.
9. Com. 7 juill. 1998, n° 96-10.620, *Bull. civ.* IV, n° 218; *RJDA* 1998/11, n° 1249; *JCP E* 1998. 2063, obs. M. Cabrillac et Pétel; *Dr. et patr.* 1998, 95, obs. Monsérié.
10. DERRIDA ET *ALII*, n° 324; SOINNE, n° 1236; CHAPUT, n° 346.
11. L. n° 85-98, 25 janv. 1985, préc.
12. L. n° 56-277, 20 mars 1956, préc.
13. Ord. n° 2004-274, 25 mars 2004, *JO* 27 mars, p. 5871.
14. SOINNE, n° 1235 – LE CANNU ET *ALII*, n° 662 – LE CANNU, n° 643.

celle du débiteur, faute de texte contraire. Cela ne signifie pas davantage que le locataire-gérant soit de plein droit substitué au débiteur dans la poursuite du contrat[1]. Il ne semble pas que le juge-commissaire puisse imposer la cession du contrat au locataire-gérant. Ce pouvoir n'appartient pas davantage au tribunal, faute de texte exprès posant une solution dérogatoire au droit commun des obligations.

423.23 Sort des contrats de travail. Les contrats de travail sont transférés de plein droit au locataire-gérant, par application de l'article L. 1224-1 du code du travail (anc[t] C. trav., art. L. 122-12, al. 2)[2]. En cas de liquidation judiciaire du locataire-gérant, le retour du fonds dans le patrimoine du bailleur entraîne transfert en sens inverse des contrats de travail[3].

Les licenciements prononcés depuis la conclusion du contrat de location-gérance sont alors dépourvus d'effet[4].

Les difficultés économiques du débiteur placé en liquidation judiciaire, auquel le fonds de commerce avait été donné en location-gérance, n'impliquent pas en elles-mêmes que la cause économique du licenciement par le repreneur du fond soit justifiée[5].

En cas de ruine du fonds, les contrats de travail ne font pas retour au propriétaire du fonds[6]. La « ruine » du fonds est laissée à l'appréciation souveraine des juges du fond[7]. En ce cas, si les licenciements interviennent dans le délai de quinze jours de la liquidation à l'initiative du liquidateur, l'AGS doit sa garantie[8].

Le caractère inexploitable du fonds, au prétexte que locataire-gérant aurait transformé un fonds de commerce sans salarié en un fonds avec cinq salariés, est parfois abusivement, à notre sens, assimilé à la ruine du fonds pour ne pas faire supporter au propriétaire le licenciement des salariés[9], la non-rentabilité en l'état du fonds ne pouvant être assimilée à sa ruine.

423.24 Surveillance des engagements du locataire-gérant. L'article L. 621-35 du code de commerce (anc[t] L. 25 janv. 1985[10], art. 43) prévoit que l'administrateur veille au respect des engagements du locataire-gérant. Ce dernier ne peut accomplir aucun acte de nature à porter atteinte aux éléments donnés en location-gérance ou aux garanties consenties, sauf à encourir une résiliation judiciaire du contrat, soit d'office, soit à la demande du représentant des créanciers, du procureur de la République ou de l'administrateur[11], ce dernier devant informer le juge-commissaire, le ministère public et le représentant des créanciers de toute violation séreuse des obligations du locataire-gérant. Le tribunal dispose d'un pouvoir d'appréciation pour prononcer ou non la résiliation en fonction de la gravité du manquement constaté.

SECTION 423.30
OFFRE DE REPRISE PRÉSENTÉE PAR LE LOCATAIRE-GÉRANT

423.31 Offre de reprise présentée par le locataire-gérant. Au terme de la période d'observation, le locataire-gérant pourra présenter une offre de reprise en plan de cession, cependant qu'il n'en a pas ici l'obligation. Cette offre de reprise pourrait d'ailleurs s'accompagner d'une période de location-gérance, s'inscrivant dans le cadre de l'arrêté du plan. Il y aura alors succession de deux périodes de location-gérance, l'une en période d'observation, l'autre en plan de cession[12].

SECTION 423.40
VOIES DE RECOURS SUR LA DÉCISION AUTORISANT LA CONCLUSION D'UN CONTRAT DE LOCATION-GÉRANCE

423.41 Voies de recours sur la décision autorisant la conclusion d'un contrat de location-gérance. L'article L. 621-34 du code de commerce (anc[t] L. 25 janv. 1985[13], art. 42) permet au tribunal d'autoriser, pendant la période d'observation, un contrat de location-gérance. Cette décision, dont la motivation essentielle est l'intérêt de l'emploi, est fortement teintée de préoccupations de politique économique. Il n'est donc pas étonnant que le procureur de la République soit habile à en interjeter appel. Mais, comme pour les décisions statuant sur la prolongation de la période d'observation, il est le seul à pouvoir exercer une voie de recours (C. com.,

1. PÉROCHON ET BONHOMME, n° 228 – GUYON, n° 1217 – *Adde*, EN CE SENS SOUS L'EMPIRE de la loi du 13 juillet 1967 : Com. 3 févr. 1981, *D.* 1981. 377.
2. Soc. 18 déc. 2000, n° 98-41.178, *Bull. civ.* V, n° 425.
3. Soc. 20 mars 2001, n° 99-41.392, *Bull. civ.* V, n° 98; *Act. proc. coll.* 2001/10, n° 129.
4. Soc. 11 mai 1999, n° 97-42.026, *Bull. civ.* V, n° 210; *Act. proc. coll.* 1999/11, n° 151.
5. Soc. 3 mai 2011, n° 09-68.692, NP, *Act. proc. coll.* 2011/11, comm. 168.
6. Soc. 22 oct. 2003, n° 01-45.731 à n° 01-45.735, NP.
7. Soc. 15 mai 2002, *Act. proc. coll.* 2002/13, n° 171.
8. Soc. 22 oct. 2003, n°s 01-45. 731 à 01-45.735, NP.
9. AINSI : Aix-en-Provence, 4e ch. A, 13 janv. 2006, *JCP E* 2006. 2439, p. 1693.
10. L. n° 85-98, 25 janv. 1985, préc.
11. IFPPC 1999, recomm. n° 2120, p. 58.
12. SUR CETTE POSSIBILITÉ : DERRIDA ET *ALII*, n° 425.
13. L. n° 85-98, 25 janv. 1985, préc.

art. L. 623-6 [anc^t L. 25 janv. 1985, art. 174, 2°]). Seront donc fermés la tierce opposition et, pour les autres parties, l'appel. L'arrêt de la cour d'appel, pour sa part, ne sera susceptible ni de tierce opposition, ni de pourvoi en cassation (C. com., art. L. 623-7).

SECTION 423.50

SUPPRESSION PAR LA LOI DE SAUVEGARDE DE LA LOCATION-GÉRANCE EN PÉRIODE D'OBSERVATION

423.51 Suppression de la location-gérance pendant la période d'observation dans le régime de la loi du 26 juillet 2005 [1]. La loi de sauvegarde des entreprises a supprimé le dispositif spécial d'autorisation du recours à la location-gérance en période d'observation. Il reste à interpréter le nouveau silence législatif sur la location-gérance en période d'observation. Le recours au droit commun de la location-gérance est exclu [2]. *Le juge-commissaire ne* pourrait davantage autoriser la conclusion d'un contrat de location-gérance [3]. La conclusion d'une location-gérance portant sur le fond du débiteur apparaît donc impossible en période d'observation.

Le législateur a toutefois maintenu le recours à la location-gérance dans le jugement qui arrête le plan de cession (C. com., art. L. 642-13). Le tribunal peut ainsi autoriser la conclusion d'un contrat de location-gérance en phase de liquidation judiciaire, mais également dans le cadre d'un plan de cession arrêté en redressement judiciaire, puisque l'article L. 631-22 prévoit qu'« à l'exception du I de l'article L. 642-2, les dispositions de la section I du chapitre II du titre IV sont applicables à cette cession », ce qui est le cas de l'article L. 642-13, situé dans la section 1 du chapitre II du titre IV du livre VI du code de commerce.

1. L. n° 2005-845, 26 juill. 2005, *JO* 27 juill., p. 12187.

2. JACQUEMONT, 7e éd., n° 378.
3. LE CANNU, 7e éd., n° 848.

TITRE

430. Continuation des contrats en cours

SECTION 0
ORIENTEUR

430.00 **Plan du titre.**

Chap. 431		**Règles communes de continuation des contrats en cours**
Sect.	431.10	Dérogations au droit commun des obligations
Sect.	431.20	Domaine de la règle de la continuation des contrats en cours
Sect.	431.30	Continuation du contrat et liquidation judiciaire
Sect.	431.40	Option sur la continuation du contrat
Sect.	431.50	Conséquences de l'option sur la continuation du contrat
Chap. 432		**Contrat de travail**
Sect.	432.10	Exclusion du contrat de travail du dispositif de continuation des contrats en cours
Sect.	432.20	Licenciements économiques
Chap. 433		**Baux des locaux professionnels**
Sect.	433.10	Règles gouvernant la continuation des baux des locaux professionnels
Sect.	433.20	Règles gouvernant la résiliation des baux des locaux professionnels pendant la procédure
Chap. 434		**Concours bancaires**
Sect.	434.10	Règles de continuation des concours bancaires
Sect.	434.20	Rupture des concours bancaires – Absence de fournitures de concours bancaire
Sect.	434.30	Fonds de garantie des déposants
Chap. 435		**Autres contrats soumis à une réglementation particulière**
Sect.	435.10	Baux ruraux
Sect.	435.20	Contrat d'édition
Sect.	435.30	Contrat d'assurance
Sect.	435.40	Contrat d'intermédiation financière
Sect.	435.50	Contrat de société
Sect.	435.60	Contrat de Mandat

430.09 **Généralités – Règles applicables à l'EIRL – Sauvegarde accélérée.** Le législateur de 1985[1] a pris conscience, à la suite du législateur de 1967[2] (L. 13 juill. 1967, art. 38), dans les législations du droit des procédures collectives, que le contrat était source de richesse[3]. Le réseau contractuel du débiteur apparaît indispensable à son redressement. L'entreprise en difficulté, a-t-il été écrit, est « logée et nourrie par ses contrats dont le maintien est indispensable à sa survie et même à sa liquidation dans de bonnes conditions »[4].

En outre, le contrat se « patrimonialise »[5], ce qui intéresse non seulement le débiteur, mais aussi ses créanciers. C'est la raison pour laquelle le législateur a posé en règle l'absence de choix dans la continuation de la relation contractuelle. En contrepartie de la privation de ce choix, une situation relativement équilibrée est assurée au partenaire obligé du débiteur.

La loi de sauvegarde des entreprises[6] rend applicable à la procédure de sauvegarde les règles relatives à la continuation des contrats en cours. Plus exactement même, compte tenu de la rédaction du code de commerce induite par cette loi, les règles de continuation des contrats en cours posées dans le régime de la sauvegarde sont applicables en redressement judiciaire. En ce sens, les articles L. 622-13 à 622-16, qui concernent la procédure de sauvegarde sont rendus applicables en redressement judiciaire par l'article L. 631-14. Des textes spécifiques sont posés en liquidation judiciaire par les articles L. 641-11 et L. 641-12 et, depuis l'ordonnance du 18 décembre 2008[7], par les articles L. 641-11 à L. 641-12-1.

1. L. n° 85-98, 25 janv. 1985, *JO* 26 janv., p. 1097.
2. L. n° 67-563, 13 juill. 1967, *JO* 14 juill., p. 7059.
3. RAPPR. : PÉROCHON, 10e éd., n° 912.
4. Roussel Galle, « Les "nouveaux" régimes des contrats en cours et du bail », *Rev. proc. coll.* 2009/1, 7, p. 55, n° 1.
5. Monsérié-Bon, *Les contrats dans le redressement et la liquidation judiciaire des entreprises,* Litec, 1994, nos 413 s.
6. L. n° 2005-845, 26 juill. 2005, *JO* 27 juill., p. 12187.
7. Ord. n° 2008-1345, 18 déc. 2008, *JO* 19 déc., p. 19462.

L'ordonnance du 9 décembre 2010[1] portant adaptation du droit des entreprises en difficulté à l'entrepreneur individuel à responsabilité limitée [EIRL] contient une disposition particulière, qui a vocation à déterminer le périmètre de la continuation des contrats en cours[2]. L'article L. 680-4 du code de commerce, qui en résulte, dispose en effet que les références faites par les titres Ier à VI du livre VI du code de commerce au contrat s'entendent, si un patrimoine est affecté à l'entreprise en difficulté, du contrat passé à l'occasion de l'exercice de cette activité ou, si l'activité est exercée sans affectation de patrimoine, du contrat passé en dehors de la ou des activités auxquelles un patrimoine est affecté. Les références faites au cocontractant s'entendent de celui ayant conclu le contrat mentionné au précédent alinéa.

Il faut donc comprendre que les règles relatives à la continuation des contrats en cours s'appliqueront au contrat en question s'il est conclu à l'occasion de l'activité concernée par la procédure collective. Si le contrat se rapporte à l'entreprise logée dans le patrimoine concerné par la procédure collective, il n'y a donc pas besoin d'une affectation spéciale du contrat au patrimoine affecté[3]. Il suffit que ce contrat se rattache à l'exploitation, sans avoir besoin de se demander s'il est nécessaire ou simplement utile à cette activité. Si le contrat ne se rapporte pas à l'activité de l'entreprise logée dans le patrimoine concerné par la procédure collective, qu'il s'agisse du patrimoine affecté ou de celui qui ne l'est pas, les règles relatives à la continuation des contrats en cours sont sans application.

Que décider si le contrat a été conclu pour les besoins de l'activité d'une entreprise autre que celle concernée par la procédure collective, mais que le bien, qui en est l'objet, est utilisé par cette entreprise, du chef de laquelle l'entrepreneur individuel a été placé sous procédure collective ? Le contrat n'a certes pas été conclu pour l'exercice de cette activité. Peut-on dire pour autant qu'il n'a pas été passé à l'occasion de l'exercice de cette activité ? Une réponse négative nous semble s'imposer. Même si le rapport au Président de la République sur l'ordonnance du 9 décembre 2010 ne s'explique pas sur ce point, la souplesse de l'expression « contrat passé à l'occasion de l'exercice de l'activité » semble permettre de soumettre un tel contrat aux règles de la continuation des contrats en cours, sous la réserve qu'il ait été conclu après le démarrage de cette activité.

La réglementation de la sauvegarde financière accélérée issue de la loi du 22 octobre 2010[4] ne contenait aucune disposition relative à la continuation des contrats en cours, d'où il fallait curieusement déduire l'application *du droit commun* de ces règles dans cette procédure.

L'article L. 628-1, alinéa du code de commerce, dans la rédaction que lui donne l'ordonnance du 12 mars 2014[5] (art. 48) prévoit certes que la sauvegarde accélérée est soumise aux règles applicables à la procédure de sauvegarde sous réserve des dispositons du présent chapitre. Mais il précise désormais que les dispositions du III et du IV de l'article L. 622-13 du présent livre ne sont pas applicables à la sauvegarde accélérée.

Il faut donc comprendre que les règles relatives à l'option sur la continuation des contrats en cours et les règles régissant les suites de cette option (C. com., art. L. 622-13, III et IV) sont inapplicables dans la sauvegarde accélérée. La solution est éminemment logique. Les délais de cette procédure sont inconciliables avec les règles de la mise en demeure sur la continuation des contrats en cours, qui imposent à l'administrateur judiciaire de répondre, alors que les délais de la procédure seront peut-être déjà expirés lorsque le cocontractant se décidera à mettre en demeure l'organe compétent.

Il en est d'abord ainsi des règles relatives à l'option sur la continuation des contrats en cours, qui sont posées par le III de l'article L. 622-13. Ainsi, le silence gardé par l'administrateur judiciaire à la mise en demeure sur la continuation du contrat ne sera pas ici sanctionné par une résiliation de plein droit. De même, le défaut de paiement à l'échéance ne sera pas ici sanctionné par une résiliation de plein droit, puisque cette résiliation avait comme condition *sine qua non* la préalable option pour la continuation du contrat. Enfin, l'administrateur ne pourra ici solliciter la résiliation du contrat auprès du juge-commissaire au motif qu'elle serait nécessaire à la sauvegarde du débiteur, en application du IV de l'article L. 622-13. Restent, en revanche, applicables les autres dispositions relatives à la continuation des contrats en cours. L'ouverture d'une sauvegarde accélérée ne pourra entraîner la résiliation d'un contrat. En outre, le cocontractant devra remplir ses obligations nonobstant une inexécution financière antérieure à l'ouverture de la procédure.

1. Ord. n° 2010-1512, 9 déc. 2010, *JO* 10 déc., p. 21617.
2. Monsérié-Bon, « Brèves réflexions sur les contrats et l'EIRL », *BJE* mars/avr. 2011, p. 65 – Roussel Galle, « EIRL : contracter et revendiquer avec soi-même… quelle drôle d'idée… », *Rev. proc. coll.* 2011, dossier 24, p. 97.
3. AINSI : Monsérié-Bon, « Brèves réflexions sur les contrats et l'EIRL », *BJE* mars/avr. 2011, p. 65 s., sp. p. 67.
4. L. n° 2010-1249, 22 oct. 2010, *JO* 23 oct., p. 18984.
5. Ord. n° 2014-326, 12 mars 2014, *JO* 14 mars, p. 5249.

CHAPITRE

431. Règles communes de continuation des contrats en cours

SECTION 0
ORIENTEUR

431.00 Plan du chapitre.

Sect. 431.10 Dérogations au droit commun des obligations

Sect. 431.20 Domaine de la règle de la continuation des contrats en cours

Sect. 431.30 Continuation du contrat et liquidation judiciaire

Sect. 431.40 Option sur la continuation du contrat

Sect. 431.50 Conséquences de l'option sur la continuation du contrat

431.01 Textes applicables. (V. les références complètes s^s n° 011).

> Législation antérieure à la loi de sauvegarde des entreprises.

C. com., art. L. 621-27, L. 621-28, L. 621-137

D. 27 déc. 1985., art. 61, 61-1, 66, al. 2

> Législation issue de la loi de sauvegarde des entreprises.

C. com., art. L. 622-13, L. 627-2, L. 631-14-1, L. 631-21, al. 1, L. 641-11, al. 1

C. com., art. R. 622-13 (anc^t D. 28 déc. 2005, art. 88), R. 627-1 (anc^t D. 28 déc. 2005, art. 169), R. 631-20 (anc^t D. 28 déc. 2005, art. 189), R. 631-38 (anc^t D. 28 déc. 2005, art. 206), R. 641-21

> Législation issue de l'ordonnance du 18 décembre 2008.

C. com., art. L. 622-13, L. 627-2, L. 641-11-1, L. 641-12-1

C. com., art. R. 622-13, R. 627-1, R. 641-21

> Législation issue de l'ordonnance du 9 décembre 2010.

C. com., art. L. 680-4

> Législation issue de l'ordonnance du 12 mars 2014.

C. com., art. L. 622-13, L. 628-1, L. 631-14

431.02 Jurisprudence de référence.

> Le prêt débloqué avant jugement d'ouverture n'est pas un contrat en cours.

• Com. 2 mars 1993, n° 90-21.353, *Bull. civ.* IV, n° 89

* V. s^s n° 431.29

Des contrats de prêt ne sont pas des contrats en cours au sens de l'article 37 de la loi du 25 janvier 1985 (devenu C. com., art. L. 621-28), dès lors qu'il n'est pas allégué que les fonds n'ont pas été intégralement remis à l'emprunteur avant l'ouverture du redressement judiciaire.

> La vente avec clause de réserve de propriété n'est pas un contrat en cours au jour du jugement d'ouverture si la chose a été délivrée avant ce jugement.

• Com. 5 mai 2004, n° 01-17.201, n° 01-17.590, *Bull. civ.* IV, n° 81

* V. s^s n° 431.28

> L'option spontanée de l'administrateur judiciaire pour la non-continuation n'entraîne pas résiliation de plein droit du contrat.

• Com. 19 mai 2004, n° 01-13.542, *Bull. civ.* IV, n° 100

* V. s^s n° 431.41

> La résiliation de plein droit pour défaut de paiement au comptant ne peut jouer que si l'organe compétent a d'abord décidé de continuer ce contrat.

• Com. 7 nov. 2006, n° 05-17.112, *Bull. civ.* IV, n° 217; n° 1214 FS-P+B+I+R

* V. s^s n° 431.41

> Est interdite toute clause qui modifie les conditions de poursuite d'un contrat en cours en diminuant les droits ou en aggravant les obligations du débiteur du seul fait de sa mise en redressement judiciaire.

• Com. 14 janv. 2014, n° 12-22.909, *Bull. civ.* IV, n° 7; n° 53 F-P+B

* V. s^s n° 431.14

431.03 Bibliographie indicative. (V. les références complètes s^s n° 031).

> Actualisables. Avant LSE : REP. COM., Monsérié-Bon M.-H., « Entreprises en difficulté – Redressement judiciaire (Période d'observation) », n°s 131 à 181 – J.-CL. COM., Vallansan J., fasc. 2335, [Continuation des contrats en cours].

Après LSE : J.-CL. COM., Vallansan J., fasc. 2335, [Continuation des contrats en cours], 2007.

> Ouvrages antérieurs à la loi de sauvegarde des entreprises. CHAPUT, n°s 347 à 350, 352 à 354 – GUYON, n°s 1206 à

1208 – Jacquemont, n°s 288 à 310 – Jouffin E., *Le sort des contrats en cours conclu par les entreprises soumises à une procédure collective*, Lgdj, 1997, t. CCCVII – Kerckhove, n°s 451 à 456, 459 à 470 – Le Cannu, n°s 646 à 660 – Le Corre-Broly, n°s 155 à 169 – Martin et Vallens, n°s 3022 à 3039 – Monsérié-Bon M.-H., *Les contrats dans le redressement et la liquidation judiciaire des entreprises*, Litec 1994 – Pérochon et Bonhomme, n°s 189 à 201 – Pétel, n°s 230 à 246 – Ripert et Roblot, n°s 3046 à 3056 – Roussel Galle Ph, *Les contrats en cours dans le redressement et la liquidation judiciaires de l'entreprise*, th., Dijon 1997 – Sabathier S., *Le droit des obligations à l'épreuve des procédures collectives*, th., Dact., Toulouse, 2000 – Saint-Alary-Houin, n°s 536 à 558 – Soinne, n°s 1325 à 1346 – Vallansan, p. 81 à 89 – Villa-Nys, *Le contrat en cours (pour sa promotion en droit commun des contrats)*, th., Aix-Marseille III, 2001.

> Ouvrages postérieurs à la loi de sauvegarde des entreprises. Coquelet, 5e éd., n°s 192 à 215 – Gibirila, n°s 400 à 418 – Jacquemont et Vabres, 9e éd., n°s 403 à 425, 901 à 903 – Le Cannu, 7e éd., n°s 685 à 724 – Lienhard, 6e éd., n°s 76.21 à 76.38 – Pérochon, 10e éd., n°s 691 à 748, 1179 à 1182 – Pétel, 8e éd., n°s 239 à 256 – Roussel Galle, n°s 252, 253, 255, 320, 321 – Saint-Alary-Houin, 9e éd., n°s 595 à 622 – Vallansan et *alii*, 6e éd., p. 99 à 109, 375 à 377 – Vallens, 2015, n°s 3245 à 3254, 3256 à 3265, 4426 à 4429 – Vidal et Giorgini, n°s 741 à 765, 1121 – Voinot, 2e éd., n°s 572 à 586.

> Articles.

› *Étude d'ensemble.* Benilsi S., « Contrats en cours : un équilibre enfin atteint ? », *BJE* mai 2014, 183 – Derrida F., « La notion de contrat en cours à l'ouverture de la procédure de redressement judiciaire », *RJDA* 1993. 399 – Guyon Y., « Le droit des contrats à l'épreuve des procédures collectives », *Mél. Ghestin*, Lgdj, 2001, p. 405 – Le Cannu P., « La poursuite de l'activité », *Dr. et patr.* déc. 2009, n° 187, p. 68 – Monsérié-Bon M.-H., « Brèves réflexions sur les contrats et l'EIRL », *BJE* mars/avr. 2011, p. 65 s. – Montéran Th., « L'influence des procédures collectives sur la poursuite et la fin des contrats », *Gaz. Pal.* Doctr. 28-30 sept. 2003, p. 2 – Rémery J.-P., « Location financière et ouverture d'une procédure collective dans la jurisprudence de la Cour de cassation », *D.* 2013. Chron. 1634 – Roussel Galle Ph., « Risques et responsabilités des cocontractants », *Rev. proc. coll.* 2010/6, comm. 9, p. 89; « Contrats et droit des entreprises en difficulté », Roussel Galle (dir.), *Entreprises en difficulté*, « Droit 360° », LexisNexis, 2012, p. 287; « Contrats en cours : la boucle est bouclée », *Rev. proc. coll.* 2016, dossier 9 – Saint-Alary-Houin C., « L'influence de la crise sur l'exécution des contrats et la mise en œuvre des procédures collectives », *RDI* 2010. 34 – Teboul G., « Le sort des contrats pendant les procédures collectives : quels choix opérer », *Gaz. Pal.* 23-24 avr. 2004, p. 7 – Vidal D., « La réception par les procédures collectives du décret du 13 janvier 2011 portant réforme de l'arbitrage », *BJE* mai/juin 2011, § 61, p. 164.

› *Régime des contrats en cours.* Brunetti-Pons C., « La spécificité du régime des contrats en cours dans les procédures collectives », *RTD com.* 2000. 783 – Le Corre-Broly E., « Les modifications apportées au droit commun de la continuation des contrats en cours », *D.* 2009. 663 – Macorig-Venier F., « La rupture des contrats », *LPA* 6 sept. 2000, n° 178, p. 36 – Martin-Serf A., « Les contrats en cours avant option de l'administrateur », *RJ com.* n^{o} sp., nov. 1992, p. 9 s. – Rakotovahiny M.-A., « *Le maintien forcé du contrat ou l'éviction de la volonté individuelle* », *LPA* 2 août 2011, n° 152, p. 6 – Roussel Galle Ph., « Les "nouveaux" régimes des contrats en cours et du bail », *Rev. proc. coll.* 2009/1, 7, p. 55.

› *Résiliation des contrats en cours.* Bougon J.-F. et Hazard C., « Le contrôle du détournement de la procédure par le juge-commissaire lors de la demande de résiliation des contrats en cours », *BJE* 2016, 206 – Le Corre P.-M., « Droit commun de la résiliation des contrats en cours : questions – réponses », *Gaz. Pal.* 29 juin 2014, n° 180, technique 41 – Le Corre-Broly E., « La résiliation de plein droit des contrats du fait de la liquidation judiciaire non assortie d'une période de poursuite provisoire d'activité », *JCP E* 2002, comm. 1423, p. 1565.

› *Contrat de droit public en cours.* Governatori J.-J., « Le droit administratif à l'épreuve des procédures collectives », *Gaz. proc. coll.* 2009/4, 1re partie, n°s 303, 304, p. 9 – Guimet J., « Marchés publics et procédures collectives », *Marchés public* 1994, oct., n° 284, p. 37.

› *Relations commerciales établies.* Kuntz J.-E. et Cavelier J., « Rupture des relations commerciales établies et procédures collectives », *BJE* 2016, 131.

431.04 Questions essentielles.

• Qu'est-ce qu'un contrat en cours au jour du jugement d'ouverture ?

* V. s^{s} n° 431.21.

• La liquidation judiciaire entraîne-t-elle résiliation d'un contrat ?

* V. s^{s} n°s 431.31 à 431.33.

• L'administrateur judiciaire peut-il demander la résiliation d'un contrat ?

* V. s^{s} n° 431.53.

Section 431.10
Dérogations au droit commun des obligations

431.11 Caractère dérogatoire au droit commun des règles générales de continuation des contrats en cours – Compétence du juge-commissaire. Aux termes de l'article L. 621-28, alinéa 1 du code de commerce, dans sa rédaction antérieure à la loi de sauvegarde des entreprises[1], (anc^{t} L. 25 janv. 1985[2], art. 37, al. 1), « l'administrateur a seul la faculté d'exiger l'exécution des contrats en cours ». La règle est relayée en régime simplifié par l'article L. 621-137 alinéa 2 (anc^{t} L. 25 janv. 1985, art. 141, al. 2). La solution est reproduite par l'article L. 622-13 alinéa 1, dans la rédaction que lui donne la loi de sauvegarde des entreprises, pour la procédure de sauvegarde, rendue applicable en redressement judi-

1. L. n° 2005-845, 26 juill. 2005, *JO* 27 juill., p. 12187.
2. L. n° 85-98, 25 janv. 1985, *JO* 26 janv., p. 1097.

ciaire par l'article L. 631-14, I. La solution est conservée par l'ordonnance du 18 décembre 2008[1].

Une option est ainsi ouverte, doublement dérogatoire au droit commun. L'entorse au droit commun des obligations doit être analysée comme « une pièce en mouvement insérée dans un processus dynamique de protection de l'entreprise »[2].

D'une part, l'administrateur ou le débiteur, mais non le codébiteur[3] pourra imposer la continuation d'un contrat sans que le cocontractant puisse lui opposer une exception d'inexécution fondée sur le non-paiement de créances antérieures au jugement d'ouverture[4]. Il se produit ainsi une purge des inexécutions financières antérieures au jugement d'ouverture. La solution a été spécialement posée pour l'impossibilité de fonder une résiliation des concours bancaires sur une inexécution antérieure[5]. Du fait de l'impossibilité pour le cocontractant de se prévaloir d'une inexécution financière antérieure au jugement d'ouverture, la mise en demeure de payer à la fois des créances antérieures et des créances postérieures au jugement d'ouverture est dépourvue de tout effet en ce qui concerne les créances antérieures et ne peut évidemment fonder la résiliation du contrat[6]. Un auteur a évoqué à cet égard « des maintiens forcés de contrats préalablement inexécutés, qui survivent ainsi de manière en quelque sorte hémiplégique, légalement purgés de leur synallagmatisme originaire »[7]. L'impossibilité de se prévaloir d'une inexécution financière antérieure au jugement d'ouverture interdit à un créancier de déclarer une créance au passif sans tenir compte de la transaction intervenue avant ledit jugement et limitant le montant de cette créance, l'inexécution ne permettant pas de faire échec à l'autorité de la chose jugée attachée à la transaction[8]. Mais cette purge est limitée aux seules inexécutions financières[9]. L'exception d'inexécution peut donc prospérer, si elle n'a pas pour fondement des inexécutions pécuniaires. Il s'agit de « passer l'éponge sur les incidents liés à l'insolvabilité, et non sur n'importe quel manquement à la loi du contrat »[10]. Il a été relevé que la réglementation autonome des règles de la continuation des contrats en cours en phase de liquidation judiciaire établie par l'ordonnance du 18 décembre 2008, même si elle est calquée sur celle de la période d'observation, établit plus nettement que par le passé le fait que, en cas de conversion en liquidation judiciaire, les inexécutions financières en cause, qui ne peuvent justifier la résiliation du contrat, sont celles antérieures au jugement d'ouverture, non celles de la période d'observation précédant la conversion en liquidation judiciaire. Les inexécutions financières de la période d'observation peuvent donc incontestablement fonder une résiliation du contrat après le jugement d'ouverture[11]. Encore faut-il que les créances impayées soient éligibles au traitement préférentiel réservé à certaines créances postérieures (C. com., art. L. 622-21, I, 2°, arg. *a contrario*).

D'autre part, l'administrateur ou le débiteur pourront décider de ne pas continuer un contrat qu'ils jugent non nécessaire, ouvrant ainsi une possibilité de résiliation unilatérale.

Afin de permettre à l'administrateur judiciaire d'être exactement informé, il était préconisé à ce dernier, avant la loi de sauvegarde des entreprises, de demander au débiteur, dès l'ouverture de la procédure, communication de la liste des contrats en cours[12]. Il s'agit désormais d'une obligation légale reposant sur le débiteur (C. com., art. L. 622-6, al. 2).

Le juge-commissaire est seul compétent pour connaître des demandes relatives à la continuation des contrats en cours[13], et cela même si est en cause un contrat conclu par le délégataire d'un service public emportant occupation du domaine public.

431.12 Mise à l'écart des clauses de résiliation de plein droit pour survenance de la sauvegarde, du redressement ou de la liquidation judiciaire – absence de caducité des contrats du fait de l'ouver-

1. Ord. n° 2008-1345, 18 déc. 2008, *JO* 19 déc., p. 19462.
2. Rizzi, *La protection des créanciers à travers l'évolution des procédures collectives*, « Bibl. dr. privé », t. 459, Lgdj, 2007, p. 222, n° 227.
3. Com. 13 mars 2001, n° 98-15.673, NP, *Act. proc. coll.* 2001/11, n° 140.
4. Com. 28 juin 2011, n° 10-19.463, *Bull. civ.* IV, n° 110; n° 669 F-P+B; *Gaz. Pal.* 7 oct. 2011, n° 280, p. 24, note Kendérian; *JCP E* 2011. 1713, note Lebel; *Rev. proc. coll.* 2012, comm. 129, note Roussel Galle.
5. Com. 1er juill. 1997, n° 95-15.440, *Bull. civ.* IV, n° 214; *Rev. proc. coll.* 1998, 277, n° 1, obs. Mestre et Laude.
6. Com. 17 nov. 2009, n° 08-19.537, *Bull. civ.* IV, n° 148; n° 1054 F-P+B; *D.* 2009. AJ 2862, note Lienhard; *Gaz. Pal.* 8-10 janv. 2010, nos 8, 9, p. 20, note Kendérian.
7. Mestre, « Difficultés de l'une des parties et sort du contrat », *RTD civ.* 1991. 115, n° 5.
8. Civ. 1re, 10 sept. 2015, n° 14-20.917, *Bull. civ.* I [à paraître]; n° 931 F-P+B; *Gaz. Pal.* 19 janv. 2016, n° 3, p. 60, note Kendérian; *Act. proc. coll.* 2015/15, comm. 244, note Vallansan; *LPA* 14 déc. 2015, n° 248, p. 9, note Niel.
9. Com. 28 mai 1996, n° 93-16.125, *Bull. civ.* IV, n° 149; *JCP E* 1996. I. 584, obs. Pétel.
10. Pétel, 8e éd., n° 250.
11. Le Corre-Broly, « Les modifications apportées au droit commun de la continuation des contrats en cours », *D.* 2009. 663 s., sp. 667, n° 16.
12. IFPPC 1999, recomm. n° 2050-1, p. 49.
13. Com. 18 juin 2013, nos 12-14.836, 12-19.054, *Bull. civ.* IV, n° 102, n° 651 FS-P+B; *D.* 2013. Actu. 1616, note Lienhard; *Gaz. Pal.* 29 sept. 2013, n° 272, p. 20, note Kendérian; *Act. proc. coll.* 2013/14, comm. 193, note Kendérian; *JCP E* 2013, Chron. 1434, n° 7, obs. Pétel; *BJE* sept. 2013, p. 296, note Benilsi; *Rev. proc. coll.* 2014, comm. 158, note Roussel Galle.

ture de la procédure collective. L'article L. 621-28, alinéa 6 du code de commerce, dans sa rédaction antérieure à la loi de sauvegarde des entreprises[1] (anc L. 25 janv. 1985[2], art. 37, al. 6), invalide les clauses de résiliation de plein droit pour survenance du redressement judiciaire. La solution est reprise par la loi de sauvegarde des entreprises, le texte de l'article L. 622-13, alinéa 6 (devenu C. com., art. L. 622-13, I, al. 1er, réd. ord. 18 déc. 2008[3]) visant la procédure de sauvegarde. Ce texte est rendu applicable à la procédure de redressement judiciaire par l'article L. 631-14.

Il faut y assimiler les clauses de résiliation de plein droit fondées sur l'état de cessation des paiements, puisque le constat d'un tel état conduit à l'ouverture de la procédure[4]. La résiliation de plein droit pour insolvabilité ne semble pas davantage pouvoir produire effet, encore que le contraire ait été soutenu[5].

Aucune des parties ne peut se prévaloir d'une clause aux termes de laquelle la résiliation du contrat est possible par lettre simple en cas de procédure collective atteignant l'une des parties, fût-ce pour conclure à l'irrecevabilité des demandes présentées par l'autre contre elle[6].

Mais la règle n'a été posée que dans l'intérêt de l'entreprise en sauvegarde, en redressement ou en liquidation judiciaire. Elle ne peut donc pas être invoquée par un tiers, tel un co-assuré du débiteur[7] ou un codébiteur *in bonis*[8].

La disposition ne visant, sous l'empire de la législation antérieure à la loi de sauvegarde des entreprises, que la survenance du redressement judiciaire, faut-il valider la clause de résiliation de plein droit pour survenance d'une liquidation judiciaire ?

La question commandait, sous l'empire de la loi du 25 janvier 1985, dans sa rédaction initiale, une réponse négative car la liquidation judiciaire n'était que l'une des issues du redressement judiciaire. La solution, nonobstant une modification des textes, n'a pas changé sous l'empire de la loi du 10 juin 1994[9]. La liquidation judiciaire, même sans poursuite d'activité, n'entraîne pas davantage résiliation de plein droit des contrats (v. ss n° 431.31), de sorte que la clause de résiliation pour survenance d'une liquidation judiciaire doit, *a priori, identiquement être réputée non écrite*[10].

La question rebondit avec la *loi de sauvegarde des entreprises. A priori*, le contrat ne peut être continué en l'absence de poursuite provisoire d'activité et hors l'hypothèse du bail des locaux professionnels (v. ss n° 431.32). Rien ne semblerait donc s'opposer à la validité de la clause de résiliation de plein droit pour survenance de la liquidation judiciaire. Toutefois, compte tenu d'une rédaction voisine des textes avant et après la loi de sauvegarde des entreprises, il est probable que la jurisprudence reste campée sur la position qui était la sienne avant la loi de sauvegarde, de sorte que la clause de résiliation de plein droit pour survenance de la liquidation judiciaire serait réputée non écrite. Depuis l'ordonnance du 18 décembre 2008, le doute n'est plus permis. Après avoir rendu explicitement possible la continuation des contrats en liquidation judiciaire, même en dehors de la poursuite provisoire de l'activité, le code de commerce prévoit explicitement que la clause de résiliation de plein droit pour survenance de la liquidation judiciaire est réputée non écrite (C. com., art. L. 641-11-1, I, al. 1).

Il ne semble pas y avoir d'obstacle, en revanche, à valider la clause de résiliation de plein droit pour non-poursuite du contrat. Si la non-poursuite du contrat résulte d'une option spontanée, c'est-à-dire sans mise en demeure, la clause permettra la résiliation sans avoir besoin d'une décision judiciaire prononçant la résiliation, comme l'exige en ce cas la jurisprudence (v. ss n° 431.41).

L'ouverture d'une procédure collective n'entraîne pas la caducité des contrats en cours au jour de l'ouverture de la procédure collective. Il s'en déduit qu'en cas de procédure collective atteignant le partenaire contractuel qui doit assurer la maintenance, le contrat de maintenance n'est pas caduc. Par voie de conséquence, en présence de contrats incluant une location financière, qui sont interdépendants, l'anéantissement du contrat principal est un préalable nécessaire à la caducité, par voie de conséquence du contrat de location. En l'absence de cet anéantissement, le contrat de location financière n'est pas atteint de caducité[11].

431.13 Mises à l'écart des clauses d'indivisibilité. Les textes ci-dessus privent également d'efficacité les clauses d'indivisibilité. La rédaction de ces textes laisse cependant perplexe, car seules les clauses d'indivisibilité résultant de l'ouverture de la procédure seraient inefficaces. En pratique, il est difficile

1. L. n° 2005-845, 26 juill. 2005, préc.
2. L. n° 85-98, 25 janv. 1985, préc.
3. Ord. n° 2008-1345, 18 déc. 2008, préc.
4. Com. 2 mars 1993, n° 90-21.849, *Bull. civ.* IV, n° 87; *Rev. huissiers* 1993. 866, note Vidal – Paris, 3e ch. B, 12 janv. 2001, *Rev. proc. coll.* 2002, p. 189, n° 1, obs. Roussel Galle.
5. RAPPR. : PÉROCHON ET BONHOMME, 6e éd., n° 193.
6. Paris, 5e ch. B, 14 sept. 2006, RG n° 03/13950.
7. Com. 19 déc. 1995, n° 93-20.398, *Bull. civ.* IV, n° 306.
8. Com. 13 mars 2001, n° 98-15.673, NP, *Rev. proc. coll.* 2002, p. 189, n° 1, obs. Roussel Galle.
9. L. n° 94-475, 10 juin 1994, *JO* 11 juin, p. 8440.
10. Paris, 15e ch. B, 23 mars 2006, RG n° 04/20605.
11. Com. 4 nov. 2014, n° 13-24.270, *Bull. civ.* IV, n° 159; n° 989 FS-P+B.

d'imaginer la rédaction de clauses d'indivisibilité prévues pour l'hypothèse de redressement judiciaire, de sauvegarde ou de liquidation judiciaire. Dès lors, pour donner un sens au texte, il est préférable de comprendre qu'il sera loisible à l'administrateur, ou en son absence au débiteur ou au liquidateur, de continuer un contrat indépendamment de la continuation d'un autre contrat, qui serait par convention indivisiblement lié au premier. Seule l'indivisibilité conventionnelle est prohibée. Il est évident que l'indivisibilité objective ne saurait être écartée, puisque la continuation d'un des contrats ne présenterait alors, par hypothèse, aucun intérêt si l'autre contrat n'était pas continué. En outre, l'indivisibilité stipulée entre les obligations ne peut tenir en échec la distinction des créances antérieures et des créances postérieures et les conséquences qui y sont attachées, ce qui oblige le cocontractant à continuer le contrat, malgré l'inexécution financière antérieure au jugement d'ouverture du débiteur.

431.14 Mises à l'écart des clauses affectant la situation du débiteur du fait de l'ouverture d'une procédure collective. Élargissant la solution posée par l'article L. 622-13, I, alinéa 1er du code de commerce, disposition rendue applicable en redressement judiciaire par l'article L. 631-14, I du même code, la Cour de cassation a justement posé en principe que « *est interdite toute clause qui modifie les conditions de poursuite d'un contrat en cours en diminuant les droits ou en aggravant les obligations du débiteur du seul fait de sa mise en redressement judiciaire* »[1].

En vertu du principe posé, est donc nulle la clause d'un contrat d'assurance stipulant que l'assureur ne garantissait pas la perte de valeur vénale du fonds de commerce consécutive à un sinistre survenu après ouverture d'une procédure collective[2].

Comme le relève un auteur, « *la solution se rattache à la jurisprudence assimilant les effets indirects équivalents aux clauses réputées non écrites en ce qu'elles sont directement contraires à une disposition d'ordre public* »[3].

1. Com. 14 janv. 2014, no 12-22.909, *Bull. civ.* IV, no 7; no 53 F-P+B; *D.* 2014. Actu. 206, note Lienhard; *D.* 2014. pan. 2151, note Le Corre; *Gaz. Pal.* 29 juin 2014, no 180, p. 23, note Kendérian; *Act. proc. coll.* 2014/4, comm. 53, note Roussel Galle; *Rev. sociétés* 2014. 200, note Henry; *BJE* mars 2014, 81, note Le Mesle; *JCP E* 2014, Chron. 1173, no 7, note Pétel; *LPA* 1er mai 2014, no 87, p. 14, note Stefania; *LPA* 7 mai 2014, no 91, p. 10, note Teffo; *Rev. proc. coll.* 2014, comm. 157, note Roussel Galle; *LXB hebdo* 20 févr. 2014, no 559, note Le Corre.
2. Com. 14 janv. 2014, no 12-22.909, *Bull. civ.* IV, no 7; no 53 F-P+B; préc.
3. Lienhard, note ss Com. 14 janv. 2014, no 12-22.909; no 53 F-P+B; *D.* 2014. Actu. 206.

SECTION 431.20

DOMAINE DE LA RÈGLE DE LA CONTINUATION DES CONTRATS EN COURS

431.21 Notion de contrat en cours. L'article L. 621-28 du code de commerce, dans sa rédaction antérieure à la loi de sauvegarde des entreprises[4] (anct L. 25 janv. 1985[5], art. 37) vise la possibilité d'exiger l'exécution des contrats en cours. La solution est reprise par la loi de sauvegarde des entreprises, le texte de l'article L. 622-13 visant la procédure de sauvegarde. Elle est reprise par l'ordonnance du 18 décembre 2008[6] (C. com., art. L. 622-13, II, al. 1). Ce texte est rendu également applicable à la procédure de redressement judiciaire par l'article L. 631-14, I (devenu C. com., art. L. 631-14, alinéa 1, réd. ord. 18 déc. 2008).

Il convient de s'interroger sur la notion de contrat en cours.

Il importe d'abord d'insister sur le fait que seuls les contrats sont concernés par la règle, et non les statuts obligatoires, telle, par exemple, l'adhésion à un régime d'assurance-maladie[7]. La Cour de cassation estime toutefois que, sous réserve de la mise en œuvre du régime spécial de résiliation prévu à l'article L. 932-10 du code de la sécurité sociale, les relations entre une institution de prévoyance relevant du titre neuvième du code de la sécurité sociale relatif à la protection complémentaire de l'entreprise adhérente sont, en cas de procédure collective de celle-ci, soumises au régime général des contrats en cours. Il en résulte que le défaut de règlement intégral de cotisations antérieures au jugement d'ouverture n'a pas pour conséquence de priver les membres participants de l'entreprise adhérente de tout droit aux garanties collectives complémentaires[8]. La différence entre le cas de l'affiliation obligatoire à un statut et le cas de l'adhésion à un régime facultatif tient à la liberté, qui permet de considérer que, dans le second cas, on est en présence d'un contrat.

Par rapprochement, il convient d'indiquer que les règles relatives à la continuation des contrats en cours ont vocation à s'appliquer pour l'adhésion volontaire à une association, par exemple l'adhésion à l'association pour la protection des patrons indépendants[9].

4. L. no 2005-845, 26 juill. 2005, préc.
5. L. no 85-98, 25 janv. 1985, préc.
6. Ord. no 2008-1345, 18 déc. 2008, préc.
7. Soc. 13 mars 1997, no 95-18.358, *Bull. civ.* IV, no 109; *D. Affaires* 1997, 540; *Rev. proc. coll.* 1997, 235, obs. Taquet.
8. Com. 28 juin 2011, no 09-16.646, *Bull. civ.* IV, no 108; no 686 FS-P+B; *D.* 2012. Actu. 2011, 1814, note A Lienhard; *BJE* nov./déc. 2011, comm. 141, p. 340, note Donette; *JCP E* 2011, Chron. 1596, no 9, obs. Pétel.
9. Com. 19 mai 2004, no 01-16.900, NP, *Dr. sociétés* 2005, comm. 4, obs. Lucas – Com. 9 nov. 2004, no 02-21.610, NP, *Dr. sociétés* 2005, comm. 64, obs. Lucas.

Le contrat par lequel l'adhérent à une coopérative s'engage à faire apport de sa production à la coopérative est un contrat en cours, fût-il lié au contrat de société, c'est-à-dire à l'adhésion à la coopérative[1].

Négativement, d'abord, un contrat en cours sera un contrat qui n'est pas arrivé à son terme[2].

Négativement ensuite, un contrat en cours ne doit pas être résilié.

La résiliation peut être établie par le jeu d'une clause résolutoire de plein droit. En ce cas, si la résiliation intervient par voie postale, sa date sera celle de la réception de la lettre de résiliation[3]. C'est là le jeu de l'article 668 du code de procédure civile.

La résiliation peut également intervenir par le jeu d'une décision judiciaire prononçant la résiliation.

Par principe, la résiliation qui a joué de plein droit n'a pas à être judiciairement constatée. Une exception est cependant posée en matière de bail commercial (v. ss n° 433.13).

La résiliation devra être intervenue avant jugement d'ouverture. Le seul fait qu'une inexécution non financière soit établie avant le jugement d'ouverture ne peut permettre de considérer que le contrat n'est plus en cours[4].

Cependant, si une action en résiliation est entamée avant jugement d'ouverture, elle peut, après jugement d'ouverture, être continuée si elle n'a pas pour fondement le non-paiement d'une créance antérieure. Il en sera ainsi lorsqu'elle est fondée sur l'inexécution d'une obligation de faire. Il en résulte que l'organe compétent ne pourra s'opposer à la demande de résiliation en se prévalant du jeu de la règle de la continuation des contrats en cours[5].

Si le contrat met à la charge d'une partie un délai de préavis pour sa rupture, la dénonciation du contrat avant jugement d'ouverture entraînera inexorablement cours du délai de préavis après jugement d'ouverture. Il en est ainsi, par exemple, en matière de contrat bancaire. Le contrat sera donc résilié, même si le début du préavis ne court qu'après jugement[6].

Des difficultés peuvent se présenter lorsque les relations existant entre les parties ne sont pas véritablement définies contractuellement. Il en est ainsi lorsque seul un tarif horaire est précisé dans les relations entre les parties. Il ne peut être alors soutenu qu'il y a bien un contrat en cours, la solution ayant été posée à propos de prestations d'expertise comptable[7].

La difficulté existe aussi pour des relations commerciales établies, qui ne peuvent obéir aux règles de la continuation des contrats en cours[8].

Positivement, est un contrat en cours, le contrat qui laisse subsister des effets essentiels à la charge du cocontractant du débiteur. D'une autre manière, il est considéré qu'est en cours le contrat n'ayant pas épuisé ses effets fondamentaux au jour du jugement[9] ou dont les principales prestations attendues[10] ou la prestation principale et caractéristique n'ont pas encore été fournies[11]. En revanche, si le contrat ne laisse subsister que les obligations de garantie, telles celles contre les vices cachés, le contrat n'est plus en cours[12].

Au regard de cette définition, la transaction conclue avant le jugement d'ouverture ne devrait pas s'analyser en un contrat en cours, l'effet caractéristique de la transaction s'étant produit avant le jugement d'ouverture, du fait de son caractère déclaratif, en ce qu'elle reconnaît et renforce un droit préexistant[13]. La première chambre civile de la Cour de cassation a cependant jugé le contraire[14], pour considérer que le fait que la transaction conclue avant le jugement d'ouverture n'interdisait pas à l'une des parties de déclarer au passif de l'autre la créance en son intégralité, avant la remise résultant de la transaction, l'autorité de la chose jugée attachée à la transaction ne pouvant être opposée puisque la transaction ne met fin au litige que sous réserve de son exécution. Il aurait été préférable de justifier la solution sur le fondement de l'interdiction de payer des créances antérieures[15].

Les règles relatives à la continuation des contrats en cours ayant pour seul objet de permettre d'exercer la faculté de continuation du contrat ne peuvent

1. Com. 19 févr. 2013, n° 12-23.146, NP; n° 192 F-D; *BJE* mai 2013, comm. 72, note Monsérié-Bon; *JCP E* 2013. 1277, note Legros; *JCP E* 2013, Chron. 1216, n° 8, obs. Pétel; *Dr. sociétés* 2013, comm. 109, note Legros; *Bull. Joly* juin 2013, comm. 185, note Dondéro.
2. Com. 30 oct. 2000, n° 97-14.774, NP, *RJDA* 2001/2, n° 186.
3. Com. 11 avr. 1995, n° 93-12.918, NP, *Rev. proc. coll.* 1995, 293, n° 1, obs. Mestre et Laude.
4. Com. 9 mars 2010, n° 09-10.571, NP.
5. Com. 28 mai 1996, n° 93-16.125, *Bull. civ.* IV, n° 149; *JCP E* 1996. I. 584, n° 13, obs. Pétel;
6. SOINNE, n° 1327.
7. Com. 13 juin 2006, n° 05-14.427, NP; n° 774 F-D; *Gaz. proc. coll.* 2007/1, p. 29, note Dumont.
8. SUR CETTE QUESTION : Kuntz et Cavelier, « Rupture des relations commerciales établies et procédures collectives », *BJE* 2016, 131.
9. RIPERT ET ROBLOT, n° 3047.
10. DERRIDA ET ALII, n° 392.
11. PÉTEL, 7e8e éd., n° 240247.
12. SOINNE, n° 1327.
13. Pétel, note ss Civ. 1re, 10 sept. 2015, n° 14-20.917, *JCP E* 2016, chron. 1000, n° 7.
14. Civ. 1re, 10 sept. 2015, n° 14-20.917, *Bull. civ.* I [à paraître]; *JCP E* 2016, chron. 1000, n° 7, note crit. Pételt; *Act. proc. coll.* 2015, comm. 244, note Vallansan.
15. Pételt, note ss Civ. 1re, 10 sept. 2015, n° 14-20.917, *JCP E* 2016, chron. 1000, n° 7.

être invoquées que par le débiteur, l'administrateur ou le liquidateur, non par d'autres[1].

Le juge-commissaire a une compétence d'attribution pour apprécier si un contrat est ou non en cours au jour du jugement d'ouverture (v. ss n° 331.51).

431.22 Contrat en cours au jour du jugement d'ouverture ou au jour de l'option. Le contrat doit-il être en cours au jour du jugement d'ouverture ou au jour de l'option ? Dès lors que le contrat ne pourra être exécuté après son arrivée à terme, il apparaît que seul le contrat en cours au jour de l'option pourra être continué. La solution a été posée en matière de bail commercial arrivé à terme au jour de l'option ouverte à l'administrateur judiciaire[2].

Le code de commerce s'intéressant à l'exécution du contrat en cours, il semble qu'il faille considérer que seul le contrat en cours d'exécution est susceptible de continuation[3]. Le contrat ne devra donc pas être complètement exécuté[4]. Le contrat simplement en cours de formation ne sera pas en cours au sens du code[5]. La formation des contrats n'est, par principe, pas successive. Une rencontre de volonté entre une offre et une acceptation l'établit. Dans certaines situations cependant, la formation du contrat est successive. Il en va par exemple ainsi lorsqu'un délai de réflexion est imposé avant l'acceptation de l'offre. Pendant le délai de réflexion, il n'y a pas formation du contrat et la disposition analysée ne trouve pas à s'appliquer[6]. La difficulté est accrue si l'acceptation de l'offre peut être sujette à rétractation, par exemple pour un contrat de location avec option d'achat. Le contrat est alors formé.

La disposition envisageant l'exécution des contrats en cours semblait limitée aux contrats à exécution successive. En réalité, le contrat à exécution instantanée peut être considéré comme un contrat en cours, dès lors que son exécution n'est pas encore intervenue[7].

431.23 Situation du contrat avant l'option. Tant que l'option sur la continuation du contrat n'est pas intervenue, et dès lors que le contrat n'est pas arrivé à terme, il reste en cours. Il en résulte l'obligation pour le cocontractant de fournir la prestation promise. En contrepartie, logiquement, il bénéficie du régime applicable aux créances nées régulièrement après jugement d'ouverture, pour les prestations comprises entre le jugement d'ouverture et l'option, et ce quelle que soit l'option qui sera prise[8]. La solution posée sous l'empire de la loi du 25 janvier 1985[9] nous semble reconductible, sous l'empire de la loi de sauvegarde des entreprises[10], l'opinion contraire ayant toutefois été soutenue[11]. Ainsi le liquidateur est-il tenu de payer les loyers d'un bail commercial afférents à la période comprise entre la date d'ouverture de la procédure et la date d'expiration du délai d'option[12]. De même, il est tenu de payer les loyers d'un crédit-bail et ne peut donc prétendre lever d'option d'achat du contrat sans payer ces loyers postérieurs au jugement d'ouverture, le contrat étant en cours, faute de mise en demeure et d'option du liquidateur sur le contrat[13].

Tant que l'option n'est pas intervenue, le contrat ne peut être résilié, même si la contrepartie attendue du débiteur ou de l'administrateur n'est pas fournie, encore que le contraire ait pu être jugé[14]. La résiliation de plein droit pour défaut de paiement au comptant ne peut donc jouer que si l'organe compétent a d'abord décidé de continuer ce contrat[15].

431.24 Généralité du domaine de la continuation des contrats en cours. Le code de commerce

1. Com. 19 déc. 1995, n° 93-20.398, *Bull. civ.* IV, n° 306; *D.* 1996. Somm. 283, obs. Honorat.
2. Com. 17 févr. 1998, n° 95-13.296, *Bull. civ.* IV, n° 72; *JCP E* 1998, jur. 1361, note Brault – et DANS LA MÊME AFFAIRE : Cass. ass. plén., 7 mai 2004, n° 02-13.225, *Bull. ass. plén.*, n° 9; *D.* 2004. AJ 1451, concl. De Gouttes, obs. Lienhard; *D.* 2004. Somm. 2142, obs. Le Corre; *Act. proc. coll.* 2004/10, n° 121, note Régnaut-Moutier; *JCP E* 2004, jur. 1059, p. 1156, note Demoustier; *Rev. proc. coll.* 2004, p. 222, n° 1, obs. Roussel Galle; *JCP E* 2004, Chron. 1292, p. 1389, n° 14, obs. Pétel; *LPA* 8 déc. 2004, n° 245, p. 7, note Serra; *LPA* 18 janv. 2005, n° 12, p. 7, note Mercier; *Defrénois* 2004. 38066, p. 1666, n° 9, note Gibirila; *JCP E* 2005, Chron. 863, p. 964, n° 38, obs. Monéger.
3. PÉROCHON, 10e éd., n° 699 – Martin-Serf, « Les contrats en cours avant option de l'administrateur », *RJ com.*, n° sp., nov. 1992, p. 9 s. – SAINT-ALARY-HOUIN, 9e éd., n° 602.
4. Com. 26 mai 1998, n° 96-11.839, NP, *RJDA* 1998/10, p. 839, n° 1132.
5. SAINT-ALARY-HOUIN, 9e éd., n° 603 – COQUELET, 5e éd., 2015, n° 194.
6. RAPPR. : SOINNE, n° 327.
7. PÉROCHON, 10e éd., n° 699 – PÉTEL, 8e éd., n° 242 – JACQUEMONT, 7e éd., n° 380.
8. Com. 2 févr. 1993, n° 91-10.463, *Bull. civ.* IV, n° 35; *Gaz. Pal.* 1993. II. 570, note Brault; *JCP* 1994. II. 22212, note Levy; *Rev. loyers* 1994. 157, note Gallet – Com. 20 janv. 1998, n° 95-16.728, NP.
9. L. n° 85-98, 25 janv. 1985, préc.
10. L. n° 2005-845, 26 juill. 2005, préc. – COQUELET, 5e éd., 205, n° 209.
11. VALLANSAN ET *ALII*, 6e éd., p. 109.
12. Paris, 14e ch. A, 11 juin 2003, RG n° 2002/20802.
13. Com. 17 févr. 2009, n° 07-20.660, NP; n° 152 F-D; *LPA* 20/21 août 2009, n° 166/167, p. 8, note Sortais; *Rev. proc. coll.* 2009/6, 163, p. 40, note Roussel Galle.
14. Versailles, 13e ch., 19 févr. 1998, *D. Affaires* 1998, 625.
15. Com. 7 nov. 2006, n° 05-17.112, *Bull. civ.* IV, n° 217; n° 1214 FS-P+B+I+R; *D.* 2006. AJ 2846, obs. Lienhard; *D.* 2007. Pan. 48, obs. Le Corre; *Gaz. proc. coll.* 2007/1, p. 45, note Pérochon; *JCP E* 2007. 1003, p. 15, note Le Corre-Broly; *JCP E* 2007, Chron. 1004, p. 25, n° 14, obs. M. Cabrillac; *Act. proc. coll.* 2006/19, n° 236, note Roussel Galle; *Defrénois* 2007/11, 38605, p. 87, n° 2, note Gibirila; *RTD com.* 2007. 239, n° 9, obs. Vallens; *Rev. proc. coll.* 2008, p. 73, n° 13, note Roussel Galle.

s'exprime en termes très généraux. Il ne distingue pas selon le type de contrats. Faute d'exclusion résultant de dispositions particulières d'autres législations ou du code de commerce lui-même, tous les contrats obéissent aux règles de continuation des contrats en cours, sous réserve des règles particulières à l'EIRL (v. s[s] n° 430.09).

C'est ainsi que les contrats administratifs obéissent aux règles générales de continuation des contrats en cours[1]. Observons toutefois qu'il a été jugé que le débiteur en redressement judiciaire, qui n'a pas encore obtenu son plan, ne peut soumissionner à un appel d'offres de marchés publics, dans la mesure où il ne peut justifier de son aptitude à poursuivre son activité pendant la durée prévisible d'exécution du marché[2]. Il a, en outre été jugé, que l'entreprise qui soumissionne aux marchés publics doit, si elle fait l'objet d'un redressement judiciaire postérieurement à sa candidature, en informer sans délai le pouvoir adjudicateur[3], d'où l'on déduit que la sanction pourrait être trouvée dans une irrecevabilité de l'offre[4]. Précisons ici qu'il découle de la règle de l'interdiction du paiement des créances antérieures que les créances en cause ne sont plus exigibles. Dès lors l'Urssaf ne peut refuser de délivrer une attestation aux termes de laquelle le débiteur a respecté ses obligations déclaratives et de paiement en faisant état d'impayés antérieurs au jugement d'ouverture[5]. Cette attestation est précieuse puisqu'elle permet au débiteur de soumissionner aux marchés publics.

Une réponse ministérielle[6] est venue préciser que l'autorisation d'occupation du domaine public a un régime différent selon qu'elle prend ou non la forme d'une convention contractuelle. Si tel est le cas, elle est soumise aux règles de continuation des contrats en cours, le juge compétent étant le juge-commissaire. Au contraire, l'autorisation qui résulte d'un acte unilatéral de l'administration, prenant la forme d'un arrêté, revêt un caractère précaire et révocable selon les termes de l'article 2122-3 du code général de la propriété des personnes publiques. L'autorisation est alors révocable et sans préavis, dès lors qu'elle est motivée et fondée sur un motif d'intérêt général. Lorsque l'occupant n'est plus en mesure de s'aquitter de la redevance due en échange de l'occupation du domaine public, l'autorisation peut être révoquée.

Le juge-commissaire est seul compétent pour connaître des demandes relatives à la continuation des contrats en cours, et cela même si est en cause un contrat conclu par le délégataire d'un service public et portant occupation du domaine public. L'article L. 1523-4 du code général des collectivités territoriales prévoit une règle particulière pour les sociétés d'économie mixte locales. Si elles sont placées en liquidation judiciaire, les concessions ou les contrats de délégation de service public sont résiliées de plein droit. Il est fait retour gratuit à la collectivité ou au groupement des biens apportés par eux[8].

Sont exclus de la réglementation des contrats en cours par le code de commerce les contrats de travail.

Il en est de même des contrats de garantie financière et des opérations sur instruments financiers, exclus par le code monétaire et financier du domaine de la continuation des contrats en cours (C. mon. fin., art. L. 311-4 et L. 431-7). La sécurité des marchés financiers interdit l'application pure et simple du droit des procédures collectives.

En outre, depuis l'ordonnance du 18 décembre 2008[9], il faut ajouter à la liste des contrats exclus de la régementation des contrats en cours, le contrat de fiducie.

En revanche, la convention qui assure la conservation de la jouissance ou de l'usage des biens transférés dans un patrimoine fiduciaire, du moins en période d'observation et en phase d'exécution du plan de sauvegarde ou de redressement, obéit, selon l'article L. 622-13, VI du code de commerce, aux règles de la continuation des contrats en cours. Elle est essentielle. Elle seule justifie que le bénéficiaire ne puisse faire jouer la fiducie-sûreté dès l'ouverture de la sauvegarde ou du redressement judiciaire. Le débiteur ou l'administrateur judiciaire devront porter la plus grande attention à une parfaite exécution de cette convention. Sa résiliation autoriserait, en effet, le fiduciaire à obtenir le retour des biens entre ses mains, ce qui, par voie de conséquence, priverait l'entreprise débitrice de biens nécessaires à la pour-

1. Com. 16 juin 2004, n° 01-13.781, NP, *Rev. proc. coll.* 2004, p. 224, n° 4, obs. Roussel Galle; *Rev. proc. coll.* 2005/2, p. 128, n° 6, obs. Gorrias – Rep. min. n° 18705, *JO Sénat Q* 12 avr. 2012 – SUR LA QUESTION : Governatori, « Le droit administratif à l'épreuve des procédures collectives », *Gaz. proc. coll.* 2009/4, 1re partie, n°s 303, 304, p. 9 s., sp. p. 13.
2. CAA Versailles, 3e ch., 5 févr. 2009, req. n° 07VE02058, *Rev. proc. coll.* 2009/6, 158, p. 37, note Lebel.
3. CE 26 mars 2014, req. n° 374387, *Lebon, Act. proc. coll.* 2014/9, comm. 165, note Reille.
4. Reille, note s[s] CE 26 mars 2014, n° 374387, *Lebon, Act. proc. coll.* 2014/9, comm. 165.
5. Civ. 2e, 16 juin 2016, n° 15-20.231, *Bull. civ.* II [à paraître]; n° 1014 F-P+B.
6. Rép. min. n° 13075, *JO Sénat Q* 7 janv. 2016, p. 57.
7. Com. 18 juin 2013, n°s 12-14.836, 12-19.054, *Bull. civ.* IV, n° 102; n° 651 FS-P+B; *D.* 2013. Actu. 1616, note Lienhard; *Gaz. Pal.* 29 sept. 2013, n° 272, p. 20, note Kendérian; *Act. proc. coll.* 2013/14, comm. 193, note Kendérian; *JCP E* 2013, Chron. 1434, n° 7, obs. Pétel; *BJE* sept. 2013, p. 296, note Benilsi; *Rev. proc. coll.* 2014, comm. 158, note Roussel Galle.
8. Vallansan, J.-CL. COM., fasc. 2335, [Continuation des contrats en cours], 2007, n° 47 – VALLENS, 2015, n° 4429.
9. Ord. n° 2008-1345, 18 déc. 2008, préc.

suite de l'activité et permettrait au bénéficiaire d'obtenir le transfert à son profit des biens figurant dans le patrimoine fiduciaire, si les conditions de mise en œuvre de la fiducie-sûreté, spécialement celles relatives à l'exigibilité de la créance garantie sont réunies. En liquidation judiciaire, en revanche, cette convention assurant au débiteur la jouissance ou l'usage des biens transférés dans le patrimoine fiduciaire n'est pas soumise à la règle de la continuation des contrats en cours. Le bénéficiaire pourra, en conséquence, demander la résiliation de ce contrat[1], afin de lui permettre d'obtenir le transfert à son profit des biens transférés dans le patrimoine fiduciaire.

En distinguant selon que l'on est en période d'observation ou en liquidation judiciaire, en établissant une différence, en période d'observation, selon qu'il existe ou non une convention qui assure au débiteur la conservation de la jouissance ou de l'usage des biens transférés dans un patrimoine fiduciaire, l'ordonnance du 18 décembre 2008 a entendu trouver un équilibre entre la volonté de protéger le créancier bénéficier de la fiducie, et le souci de ne pas mettre d'obstacles au sauvetage de l'entreprise[2].

431.25 Nécessité du contrat pour la poursuite de l'activité. Le code de commerce n'exige pas que le contrat dont la continuation est sollicitée par l'administrateur soit nécessaire à la poursuite de l'activité. La Cour de cassation a explicitement posé la solution[3]. Celle-ci contraste avec la règle posée en matière de plan de cession. Sans doute, l'administrateur judiciaire n'exigera-t-il pas la continuation d'un contrat inutile à l'entreprise. Cependant, en présence d'un débiteur personne physique, l'unité du patrimoine interdit de distinguer entre utilité pour l'entreprise et utilité pour le débiteur. Ainsi, un contrat de location avec option d'achat portant sur un véhicule de tourisme affecté aux besoins familiaux ne présente-t-il pas, pour l'entreprise, un intérêt particulier. Cependant, sa continuation peut être intéressante, dès lors qu'elle permet au débiteur de faire entrer dans son patrimoine un élément d'actif, qui pourra ensuite être vendu.

La loi de sauvegarde des entreprises[4], dans sa rédaction d'origine, semblait avoir renouvelé les termes du débat. En effet, seules les créances postérieures éligibles au traitement préférentiel pouvaient être payées à l'échéance. Or si le contrat était sans relation avec l'activité professionnelle, le cocontractant, qui aurait eu à subir la continuation du contrat n'aurait curieusement pu obtenir la contrepartie attendue de la poursuite du contrat. Il semblait donc possible de poser en règle, sous l'empire de la loi de sauvegarde, dans sa rédaction d'origine, que seul un contrat permettant au cocontractant de percevoir la contrepartie de la poursuite du contrat pouvait être continué. Autant dès lors affirmer que seuls les contrats, qui étaient nécessaires à la poursuite de l'activité, pouvaient être continués[5].

L'ordonnance du 18 décembre 2008[6] conduit à abandonner cette solution. En effet, sont éligibles au traitement préférentiel, les créances nées en contrepartie d'une prestation fournie au débiteur. Peu importe que ces prestations soient en rapport avec la poursuite d'activité. Dès lors, un contrat non nécessaire à la poursuite de l'activité pourra être, comme antérieurement à la loi de sauvegarde des entreprises, poursuivi, puisque le cocontractant pourra en obtenir la contrepartie. La solution ne peut toutefois être posée que pendant la période d'observation et pendant la poursuite provisoire de l'activité autorisée en liquidation judiciaire. En dehors de cette poursuite d'activité, en liquidation judiciaire, la créance, contrepartie d'une prestation fournie au débiteur, n'est pas éligible au traitement préférentiel. Elle ne peut donc être payée. Dès lors, même si le législateur a posé en règle nouvelle, depuis l'ordonnance du 18 décembre 2008, la possibilité de continuer un contrat en dehors de la poursuite provisoire de l'activité en liquidation judiciaire, l'impossibilité d'assurer au cocontractant le paiement de sa créance nous incline à penser que l'administrateur ou le liquidateur ne pourront sérieusement, c'est-à-dire sans prendre de risque d'engager leur responsabilité civile professionnelle, prendre la décision de continuer un tel contrat. Il devra en outre y être mis fin, faute d'assurer le paiement de la contrepartie attendue au cocontractant, si ce contrat a été continué, dans un premier temps, en période d'observation, avant le prononcé de la liquidation judiciaire. Ajoutons que, depuis l'ordonnance du 12 mars 2014[7], si, en dehors même de la poursuite provisoire d'activité, le liquidateur décide de continuer le contrat ou si le contrat s'inscrit dans les besoins de la vie courante du débiteur personne physique, les créances qui en sont issues bénéficieront du traitement préférentiel réservé aux créances postérieures.

431.26 Contrat *intuitu personae*. Le code de commercer ne distingue pas selon que le contrat est con-

1. Grimaldi et Dammann, « La fiducie sur ordonnances », *D.* 2009. 670 s., sp. 676, n° 22.
2. Rapport au président de la République sur l'ordonnance n° 2008-1345 du 18 déc. 2008, *JO* 19 déc. 2008, introduction.
3. Com. 19 mai 2004, n° 01-16.900, NP, *Rev. proc. coll.* 2004, p. 224, n° 3, obs. Roussel Galle.
4. L. n° 2005-845, 26 juill. 2005, préc.
5. AUSSI, PARTAGEANT L'ANALYSE : Vallansan, « Rapport introductif », colloque Caen janv. 2006, *Rev. proc. coll.* 2006/2, p. 119 s., sp. p. 120.
6. Ord. n° 2008-1345, 18 déc. 2008, préc.
7. Ord. n° 2014-326, 12 mars 2014, *JO* 14 mars, p. 5249.

clu *intuitu personae* ou pas. Faute de distinction du texte, le contrat *intuitu personae* peut donc, comme les autres contrats, être continué. La solution a été spécialement posée à propos des concours bancaires[1]. La jurisprudence a ici abandonné la solution posée sous l'empire de la loi du 13 juillet 1967[2]. La règle nouvelle est aisée à justifier. En loi de 1967, le contrat était continué, non pour le débiteur lui-même, mais pour la masse des créanciers. Une personne morale nouvelle se substituait au débiteur d'origine. Dans ces conditions, on comprend que si le contrat était conclu *intuitu personae*, le changement dans la personne du cocontractant exerçait une influence décisive[3]. La loi du 25 janvier 1985[4] a supprimé la masse des créanciers (v. toutefois ss n° 611.21), suppression sur laquelle la loi de sauvegarde des entreprises[5] n'est pas revenue. Le contrat est continué non dans l'intérêt des créanciers, mais dans celui de l'entreprise. Aucune substitution de cocontractant n'intervient. Il est logique de décider que le caractère *intuitu personae* du contrat reste, dès lors, sans incidence sur sa possible continuation.

431.27 Application de la notion de contrat en cours à la vente – Rente viagère. Le contrat devente n'est pas en cours au jour du jugement d'ouverture si l'exécution de l'obligation de délivrance est intervenue à cette date. Certains auteurs, pour apprécier si le contrat de vente est en cours, raisonnent exclusivement par rapport au transfert de propriété[6]. La solution ne peut être suivie, ce que confirme l'analyse en matière de vente avec clause de réserve de propriété (v. ss n° 431.28), qui, à les suivre, serait toujours un contrat en cours.

Il faut cependant qu'il s'agisse véritablement d'un contrat de vente, non d'un contrat d'entreprise, lequel est un contrat en cours si subsistent des obligations de fabrication[7].

Il est logique de décider que la vente en l'état futur d'achèvement est un contrat en cours, dès lors que l'achèvement n'a pas eu lieu au jour du jugement d'ouverture[8]. La simple obligation de payer le prix après jugement d'ouverture ne permet pas d'infléchir la solution, même si elle intervient sous forme de dation[9], car la créance du prix a la nature de créance antérieure au jugement d'ouverture si la délivrance de la chose est intervenue, dès avant cette date.

La solution a été appliquée en cas de vente de parts de société, au prétexte que le transfert de propriété des parts est intervenu avant le jugement d'ouverture[10], peu important que le prix n'en ait pas été complètement payé. La solution pouvait être discutée puisque les parts n'avaient été que déposées en gage chez un notaire et non remises à l'acquéreur.

Logiquement, la promesse unilatérale de vente doit être considérée comme un contrat en cours, dès lors qu'avant le jugement d'ouverture, la levée d'option n'est pas intervenue[11]. Si le bénéficiaire de la promesse de vente est sous procédure collective, l'indemnité d'immobilisation, contrepartie de l'interdiction de vente du bien par le propriétaire, n'est due qu'en cas de continuation du contrat[12].

La promesse synallagmatique de vente prévoyant le transfert de propriété et le paiement du prix à la signature de l'acte authentique – promesse synallagmatique de vente ne valant pas vente – est un contrat en cours. L'administrateur ne peut exiger la signature qu'en payant le prix[13].

Le contrat de vente avec rente viagère n'est pas un contrat en cours lorsque l'immeuble a été transféré avant jugement d'ouverture[14]. Il en résulte que seule une fixation de la créance peut être poursuivie contre le débirentier sous procédure collective, le codébiteur *in bonis* pouvant cependant être condamné à la totalité[15]. Le débiteur ne peut donc, après juge-

1. Com. 8 déc. 1987, n° 87-11.501, *Bull. civ.* IV, n° 266; *D.* 1988. 52, note Derrida; *JCP* 1988. II. 20927, note Jeantin; *Banque* 1988. 96, obs. Rives-Langes; *JCP N* 1988. II. 49, note Martin; *RD banc. et bourse* 1988, 61, obs. Crédot et Gérard; *RD banc. et bourse* 1988, 69, obs. Dekeuwer-Défossez; *Rev. proc. coll.* 1988, 37, obs. Mestre et Delebecque – Com. 28 juin 1994, n° 92-10.830, *Bull. civ.* IV, n° 242; *RD banc. et bourse* 1995, 83, obs. Campana et Calendini.
2. L. n° 67-563, 13 juill. 1967, *JO* 14 juill., p. 7059.
3. SOINNE, n° 1329.
4. L. n° 85-98, 25 janv. 1985, préc.
5. L. n° 2005-845, 26 juill. 2005, préc.
6. Vallansan, J.-CL. COM., fasc. 2335, [Continuation des contrats en cours], 2007, n° 15.
7. Reims, 1re ch civ., 14 févr. 2001, *Rev. proc. coll.* 2002, p. 190, n° 3, obs. Roussel Galle.
8. IMPLICIT. : Com. 31 janv. 2012, n° 10-28.408, NP, *Gaz. Pal.* 1er mars 2013, p. 41, note Zalewski – Lyon, 14 déc. 1990, *RDI* 1993. 388, obs. Groslière et Saint-Alary-Houin – Versailles, 27 janv. 1995, *Rev. loyers* 1995. 522, note Gallet.
9. Civ. 3e, 18 juill. 1995, n° 93-17.968, NP, *D.* 1996. 70, note crit. Derrida; *RTD com.* 1996. 343, obs. Martin-Serf.
10. Aix-en-Provence, 4e ch. B, RG n° 01/02618.
11. Besançon, 2e ch. com., 4 mars 2003, *Rev. proc. coll.* 2004, p. 65, n° 2, obs. Rousel Galle.
12. Com. 1er févr. 2000, n° 97-21.642, NP, *Rev. proc. coll.* 2003/1, p. 18, obs. Roussel Galle.
13. Com. 22 oct. 1996, n° 94-12.546, *Bull. civ.* IV, n° 253.
14. Com. 2 mars 1999, n° 96-19.743, NP, *Act. proc. coll.* 1999/7, n° 91 – Com. 4 mars 2003, *Rev. proc. coll.* 2003, p. 319, n° 9, obs. Legrand – Com. 12 janv. 2010, n° 07-20.476, n° 1 F-D; *Gaz. Pal.* 16-17 avr. 2010, nos 106, 107, p. 26, note Kendérian; *Rev. proc. coll.* 2010/4, comm. 158, note Roussel Galle – Paris, 2e ch. B, 9 mars 2000, *Rev. proc. coll.* 2002, p. 189, n° 2, obs. Roussel Galle – Aix-en-Provence, 23 mai 2001, *Rev. proc. coll.* 2002, p. 189, n° 2, obs. Roussel Galle – Paris, 17 oct. 2002, RG n° 2001/05954, *LPA* 6 nov. 2003, n° 222, p. 16, note Sortais – CONTRA : Agen, 5 sept. 1995, *Cah. jurispr. Aquitaine* 1995, n° 2, p. 89.
15. Paris, 30 janv. 2003, RG n° 2002/16615, *LPA* 6 nov. 2003, n° 222, p. 16, note Sortais.

ment d'ouverture, continuer à payer le crédit-rentier, en violation de l'interdiction du paiement des créances antérieures, et, lorsqu'il est en liquidation, en violation du dessaisissement.

En cas de résolution du contrat de vente avec rente viagère, avant le jugement d'ouverture de la procédure collective de l'acheteur, pour défaut de paiement de la rente, le vendeur doit restituer les sommes reçues et l'acheteur restituer l'immeuble. Le contrat peut prévoir, à titre de clause pénale, la conservation par le vendeur des sommes reçues. Quel sort réserver à cette clause en cas de procédure collective atteignant l'acheteur ? Une cour d'appel a cru devoir juger qu'il y avait lieu à restitution des sommes perçues par le vendeur, sans pouvoir faire jouer la compensation avec des sommes qui lui étaient dues, dès lors que le vendeur n'avait pas déclaré sa créance au passif[1]. La solution peut surprendre, dès lors que l'on observe que le vendeur n'était pas créancier, mais débiteur d'une dette de restitution, qu'il n'avait donc pas à déclarer.

En matière de donation avec rente viagère, il est jugé que les créances d'arrérages des donateurs, même venues à échéance après l'ouverture de la procédure collective, ayant leur origine avant l'ouverture de celle-ci, constituent des créances antérieures, devant comme telles être déclarées au passif[2].

431.28 Application de la notion de contrat en cours à la vente – Vente avec clause de réserve de propriété[3] et vente à terme. La situation est-elle différente en présence d'une vente avec clause de réserve de propriété ? Tout dépend de l'analyse qui est faite du transfert de propriété. S'agit-il, nonobstant la stipulation d'une clause de réserve de propriété, d'un effet automatique du contrat de vente ou d'une obligation à la charge du vendeur ? Nous opterons pour la première analyse. Le législateur de 1985[4] – et la solution a été reprise par la loi du 26 juillet 2005[5] – a procédé identiquement en indiquant que le blocage de la revendication pouvait avoir lieu contre paiement complet, lequel pouvait intervenir avec des délais, dès lors que le vendeur y consentait. En pareille hypothèse, la créance du vendeur n'est pas une créance postérieure, mais seulement assimilée à une telle créance. La solution est encore plus nette, depuis la loi de sauvegarde des entreprises[6]. En effet, l'article L. 624-16, alinéa 4 du code de commerce dispose que « Dans tous les cas, il n'y a pas lieu à revendication si, sur décision du juge-commissaire, le prix est payé immédiatement. Le juge-commissaire peut également, avec le consentement du créancier requérant, accorder un délai de règlement. *Le paiement du prix est alors* assimilé à celui des créances mentionnées au I de l'article L. 622-17 ». Il est donc clair que le législateur procède par une fiction juridique, puisque le paiement du prix est simplement « assimilé » à celui d'une créance postérieure. La fiction étant exclusive de la réalité, il faut en tirer la conséquence que le contrat de vente avec clause de réserve de propriété n'est pas un contrat en cours, au jour du jugement d'ouverture. C'est la solution retenue par la Cour de cassation[7]. Une solution contraire aurait eu, avant l'ordonnance du 18 décembre 2008[8], une conséquence sur le point de départ du délai de revendication. Au contraire, la solution retenue oblige à considérer que le point de départ du délai de revendication reste invariablement fixé à la publication au *Bodacc* du jugement d'ouverture[9]. Il ne se situe pas à l'arrivée à terme où à la résiliation du contrat, solution techniquement possible avant l'ordonnance du 18 décembre 2008, du fait de la fixation d'un point de départ différent du délai de l'action en revendication, selon que le contrat était ou non en cours au jour du jugement d'ouverture. Ces deux dernières solutions sont en effet inconciliables avec un contrat non susceptible de continuation.

La solution appliquée à la vente avec clause de réserve de propriété l'est identiquement pour le prêteur subrogé dans les droits du vendeur. Le contrat n'est plus en cours au jour du jugement d'ouverture si la chose a été livrée à l'acheteur emprunteur, ce qui oblige le prêteur à revendiquer, même avant l'ordonnance du 18 décembre 2008, dans le délai de

1. Aix-en-Provence, 6e ch. D, 23 mars 2016, RG no 15/07496, décision aimablement communiquée par Me P. Neveu, avocat au barreau de Nice.
2. Civ. 1re, 27 mars 2007, no 05-13.566, NP; no 434 F-D; *Rev. proc. coll.* 2008, p. 75, no 16, note Roussel Galle – Angers, 1re ch., 8 mars 2004, RG no 02/01225, *Rev. proc. coll.* 2004, p. 223, no 2, obs. Roussel Galle.
3. SUR LA QUESTION : Devesa, « De l'alternative : action en revendication de l'objet ou action en résolution du contrat de vente », *Gaz. Pal.* 27-29 janv. 2002, Doctr. 11.
4. L. no 85-98, 25 janv. 1985, préc.
5. L. no 2005-845, 26 juill. 2005, préc.
6. L. no 2005-845, 26 juill. 2005, préc.
7. Com. 3 avr. 2001, no 98-11.169, *Bull. civ.* IV, no 72; *D.* 2001. AJ 1621, obs. Avéna-Robardet; *Act. proc. coll.* 2001/9, no 110, obs. Vallansan; *JCP E* 2001, Chron. 1472, p. 1431, no 13, obs. M. Cabrillac et Pétel; *RTD com.* 2002. 160, no 11, obs. Martin-Serf; *RTD civ.* 2001. 631, obs. Crocq; *Rev. proc. coll.* 2002, p. 101, no 5, obs. Saint-Alary-Houin – Com. 28 avr. 2004, no 01-01.649, *Bull. civ.* IV, no 77; *D.* 2004. AJ 1735; *JCP E* 2004, Chron. 1292, p. 1387, no 11, obs. M. Cabrillac; *JCP E* 2004, jur. 1294, p. 1394, note Reifegerste – Com. 5 mai 2004, no 01-17.201, no 01-17.590, *Bull. civ.* IV, no 81; *D.* 2004. AJ 1525, obs. Lienhard; *D.* 2004. Somm. 2144, obs. Lucas, *Rev. proc. coll.* 2004, p. 225, no 5, obs. Roussel Galle; *Rev. proc. coll.* 2004, p. 381, no 8, obs. Monsérié-Bon; *RTD civ.* 2004. 760, no 3, obs. Crocq; *Act. proc. coll.* 2004/11, no 139, note Pérochon; *JCP E* 2004, Chron. 1292, p. 1387, no 11, obs. M. Cabrillac.
8. Ord. no 2008-1345, 18 déc. 2008, préc.
9. Com. 3 avr. 2001, no 98-11.169, préc. (v. ss prést no) – Com. 5 mai 2004, nos 01-17.201, 01-17.590, préc.

trois mois de la publication du jugement d'ouverture au *Bodacc*[1].

La solution ci-dessus décrite contraste avec celle retenue par la Cour de cassation, dans le domaine voisin du contrat de vente d'immeubles à terme, assorti d'un crédit. Elle considère que la vente à terme est un contrat en cours, lorsque le transfert de propriété ne s'est pas opéré, faute de paiement[2].

Identiquement, elle a estimé qu'en cas de cession des parts d'une société à une société déclarée en redressement judiciaire, le contrat était en cours, au motif de l'absence de transfert de propriété des parts au jour du jugement d'ouverture[3].

Ces deux dernières décisions semblent bien inconciliables avec la règle générale posée par la Cour de cassation en matière de vente avec clause de réserve de propriété.

431.29 Application de la notion de contrat en cours au contrat de prêt. Le contrat de prêt consenti avant l'ouverture de la procédure collective n'est pas un contrat en cours à cette date. La solution a été clairement posée par la Cour de cassation en présence d'un prêteur professionnel du crédit[4].

Encore faut-il s'entendre sur la notion de « prêt consenti ». Si les fonds ont été remis à l'emprunteur avant jugement d'ouverture, il est certain que le contrat de prêt n'est pas en cours à cette date[5]. Le fait que l'exécution de l'obligation de remboursement intervienne après jugement d'ouverture ne modifie pas la solution. Il en est tiré la conséquence que le « déposit » conclu en vue d'assurer l'exécution du contrat ne peut, après jugement d'ouverture, se compenser avec les sommes dues au titre du prêt[6].

Il avait été estimé, à l'inverse, que si le prêt n'avait pas été entièrement débloqué avant jugement d'ouverture, le contrat restait en cours pour la fraction non débloquée à cette date[7]. La Cour de cassation est ensuite venue juger le contraire en énonçant qu'un contrat de prêt prévoyant un versement échelonné des fonds n'est pas un contrat en cours au sens du code de commerce[8]. La solution est suivie par les juges du fond[9]. Elle n'est pas conforme à l'analyse du contrat de prêt en un contrat réel.

Mais il est vrai que le caractère consensuel et non point réel du contrat de prêt a été posé par la Cour de cassation dans le domaine des crédits soumis au code de la consommation, qu'il s'agisse des crédits immobiliers ou des crédits à la consommation (v. s[s] nº 442.16), puis, de façon plus générale, pour tous les contrats de prêt consentis par des établissements de crédit[10], seuls demeurant réels les prêts consentis par des personnes n'ayant pas la qualité d'établissement de crédit. C'est la raison pour laquelle la date de déblocage des fonds reste indifférente pour apprécier si ces contrats consentis par des établissements de crédit sont en cours au jour du jugement d'ouverture, seule important la date de leur conclusion ou de l'acceptation de l'offre préalable lorsqu'ils en sont précédés.

En revanche, il peut toujours être estimé que si le prêt est consenti par une personne qui n'est pas un établissement de crédit, le contrat de prêt, qui demeure un contrat réel, est en cours en l'absence de déblocage des fonds au jour du jugement d'ouverture et fait, en conséquence, naître une créance de remboursement postérieurement au jugement d'ouverture.

SECTION 431.30 CONTINUATION DU CONTRAT ET LIQUIDATION JUDICIAIRE

431.31 Continuation du contrat et liquidation judiciaire avant la loi de sauvegarde des entreprises[11] (v. aussi s[s] n°s 555.11, 555.12). Sous l'empire de la législation antérieure à la loi de sauvegarde des

1. Com. 28 sept. 2004, nº 03-13.696, NP, *D.* 2005. Pan. 299, obs. Le Corre.
2. Com. 1er févr. 2000, nº 97-15.263, *Bull. civ.* IV, nº 23; *Act. proc. coll.* 2000/5, nº 52; *D.* 2000. AJ 144, obs. Lienhard; *Rev. proc. coll.* 2000, 100, nº 1, obs. Laude; *Rev. proc. coll.* 2002, p. 182, nº 2, obs. Macorig-Venier – Com. 15 févr. 2000, NP, *Rev. proc. coll.* 2002, p. 182, nº 2, obs. Macorig-Venier.
3. Com. 22 oct. 1996, nº 94-12.546, *Bull. civ.* IV, nº 253; *Defrénois* 1997. 467, note Le Cannu.
4. Com. 9 févr. 2016, nº 14-23.219, *Bull. civ.* IV [à paraître]; nº 138 F-P+B; *D.* 2016. actu 423, note Lienhard; *Gaz. Pal.* 12 avr. 2016, nº 14, p. 72, note Le Corre-Broly et nº 23, p. 33, note Dumont-Lefrand; *BJE* 2016, 175, note Reille; *JCP E* 2016, 1280, note Stefania; *Rev. proc. coll.* 2016, comm. 85, note Fraimout – Com. 9 févr. 2016, nº 14-23.229, NP; nº 139 F-D.
5. Com. 3 mars 1992, nº 90-12.304, *Bull. civ.* IV, nº 102; *D.* 1992. Somm. 260, obs. Derrida; *Defrénois* 1 992. 1371, note Le Cannu; *JCP E* 1 992. I. 192, nº 2, obs. crit. Pétel – Com. 2 mars 1993, nº 90-21.353, *Bull. civ.* IV, nº 89; *D.* 1993. 572, note Devesa; *Rev. huissiers* 1993. 1434, note Vidal – Com. 14 déc. 1993, nº 92-11.647, *Bull. civ.* IV, nº 477 – Com. 13 avr. 1999, nº 97-11.383, *Bull. civ.* IV, nº 87; *LPA* 25 mai 1999, nº 103, p. 10, note P. M.; *D. Affaires* 1999, 801, obs. Lienhard – Civ. 1re, 29 oct. 2002, nº 00-15.141, NP, *Rev. proc. coll.* 2003/1, p. 17, nº 2, obs. Roussel Galle – Com. 16 juin 2004, nº 01-17.030, NP.
6. Civ. 1re, 29 oct. 2002, nº 00-15.141, NP, *Rev. proc. coll.* 2003/1, p. 17, nº 2, obs. Roussel Galle.
7. Paris, 15e ch. A, 17 nov. 1998, *Act. proc. coll.* 1999/3, nº 38.
8. Com. 16 juin 2004, nº 01-17.030, NP.
9. Versailles, 12e ch., 2e sect., 23 mai 2006, *JCP E* 2006. 2561, p. 1841.
10. Civ. 1re, 7 mars 2006, nº 02-20.374, *Bull. civ.* I, nº 138; *D.* 2007. Pan. 759, obs. Martin; *JCP E* 2006, jur. 2195, p. 1378, note Piedelièvre; *RLDC* déc. 2006, nº 33, 2292, p. 5, note Viret; *D.* 2007. Pan. 759, obs crit. Marti – Com. 7 avr. 2009, nº 08-12.192, *Bull. civ.* IV, nº 54; *D.* 2009. Jur. 2080, note Ghestin; *D.* 2009. AJ 1203, note Avéna-Robardet; *D.* 2009. 1049, note Martin; *RTD com.* 2009. 598, obs. Legeais; *Banque et droit* 2009, nº 126, p. 18, note Bonneau.
11. L. nº 2005-845, 26 juill. 2005, préc.

entreprises, l'article L. 621-28 du code de commerce (anc[t] L. 25 janv. 1985[1], art. 37), en régime général et l'article L. 621-137 alinéa 2 (anc[t] L. 25 janv. 1985, art. 141, al. 2), en régime simplifié, restent muets sur la possibilité de continuation des contrats en liquidation judiciaire. Sous l'empire de la loi du 25 janvier 1985, dans sa rédaction initiale, la liquidation judiciaire n'était pas une procédure autonome, mais l'une des issues du redressement judiciaire. Il en était tiré la conséquence que l'article 37 de la loi du 25 janvier 1985 trouvait application tant en redressement judiciaire, qu'en liquidation judiciaire[2]. La règle était donc que les contrats en cours n'étaient pas résiliés par le seul fait de la survenance du jugement de liquidation judiciaire. Une dérogation était cependant apportée pour le contrat de compte-courant, qui prenait fin par l'effet de la liquidation judiciaire (v. s[s] n° 434.11).

La discussion a été renouvelée avec l'entrée en vigueur de la loi du 10 juin 1994[3], qui a rendu possible la liquidation judiciaire immédiate. L'article L. 622-14 (anc[t] L. 25 janv. 1985, art. 153-4, réd. L. 10 juin 1994), rend applicables à la liquidation judiciaire les articles L. 621-51 à L. 621-53 et L. 621-103 à L. 621-129 (anc[t] L. 25 janv. 1985, art. 58 à 60, 100 à 127). L'article L. 621-28 (anc[t] L. 25 janv. 1985, art. 37) n'est pas visé. Aucune disposition spécifique à la liquidation judiciaire ouverte sans période d'observation ou à la liquidation judiciaire prononcée après une période d'observation ne réglemente la continuation des contrats en cours. Au rang des dispositions communes, l'article L. 622-10 (anc[t] L. 25 janv. 1985, art. 153) s'intéresse à la poursuite de l'activité autorisée par le tribunal. Le libellé du texte permet de considérer qu'en l'absence de décision du tribunal, en ce sens, l'activité doit cesser. S'il en est ainsi, peut-il être envisagé une continuation des contrats en cours ? Une réponse négative semble s'imposer. L'article L. 622-10 ne s'intéresse qu'à l'hypothèse de poursuite de l'activité. Si tel est le cas, il est logique de permettre la continuation des contrats en cours, car sans pareille possibilité, la continuation de l'activité s'avérera, le plus souvent, impossible. L'article L. 622-12 (anc[t] L. 25 janv. 1985, art. 153-2) alinéa 2 énonce que « l'administrateur dans le cas mentionné au deuxième alinéa de l'article L. 622-10, ou à défaut, le liquidateur, a la faculté d'exiger l'exécution des contrats en cours dans les conditions prévues à l'article L. 621-28 ». Deux arguments militent en faveur du cantonnement de cette disposition à l'hypothèse de la liquidation judiciaire avec poursuite d'activité. Le premier tient au visa de l'administrateur. Ce dernier ne peut être maintenu en fonction que s'il y a poursuite de l'activité. Ce n'est que si aucun administrateur n'a été nommé que la compétence appartiendra au liquidateur, pour opter sur la continuation du contrat. Le second argument tient au constat que l'article L. 622-12 alinéa 2 vise explicitement le deuxième alinéa de l'article L. 622-10, texte incontestablement limité à la poursuite de l'activité autorisée en liquidation judiciaire. Dès lors, le mutisme de la loi de 1985 sur la possibilité de continuation des contrats, en dehors de la poursuite de l'activité, aurait dû conduire, depuis la loi du 10 juin 1994, à son exclusion[4]. La solution s'imposait, d'autant plus que l'article L. 622-13 du code de commerce (anc[t] L. 25 janv. 1985, art. 153-3) écartait spécialement la solution pour le bail des immeubles affectés à l'activité de l'entreprise, en prenant le soin d'édicter que « la liquidation judiciaire n'entraîne pas de plein droit la résiliation du bail des immeubles » (v. s[s] n° 433.12). L'argument *a contrario* semblait devoir conduire à décider, en conséquence, que le domaine de l'option sur la continuation du contrat était limité à la période d'observation et à la période de poursuite provisoire de l'activité autorisée en liquidation judiciaire.

La Cour de cassation a décidé le contraire. L'ouverture d'une procédure de liquidation judiciaire, n'entraîne aucune résiliation des contrats[5]. Le pro-

1. L. n° 85-98, 25 janv. 1985, préc.
2. Com. 17 oct. 1989, n° 88-12.261, *Bull. civ.* IV, n° 251; *D.* 1990. Somm. 2, obs. Derrida; *RTD com.* 1990. 101, obs. Martin-Serf – Com. 12 févr. 1991, n° 89-16.860, *Bull. civ.* IV, n° 65; *D.* 1991. Somm. 241, obs. Honorat – Com. 5 déc. 1995, n° 93-18.936, NP, *Rev. loyers* 1996. 295, note Gallet; *JurisData* 1996, n° 352, obs. Brault et Mutelet.
3. L. n° 94-475, 10 juin 1994, préc.
4. Nancy, 2e ch., 18 mars 1998, *D. Affaires* 1998, 114, note Le Corre-Broly – Douai, 2e ch., 29 juin 2000, *Act. proc. coll.* 2000/20, n° 264, obs. Régnault-Moutier – CONTRA : PÉROCHON ET BONHOMME, 6e éd., n° 377 – SAINT-ALARY-HOUIN, 4e éd., n° 548 – RIPERT ET ROBLOT, n° 3047 – Macorig-Venier, « La rupture des contrats », *LPA* 6 sept. 2000, n° 178, p. 36.
5. Com. 22 janv. 2002, n° 99-20.003, NP, *Act. proc. coll.* 2002/8, n° 102 – Com. 28 sept. 2004, n° 03-13.803, NP; n° 1422 F-D; *LXB* n° N3161ABP, note Le Corre-Broly; *Rev. proc. coll.* 2005/1, p. 44, n° 4, obs. Roussel Galle – Com. 15 févr. 2005, n° 03-17.604, *Bull. civ.* IV, n° 28; *D.* 2005. AJ 641, note Lienhard; *D.* 2005. Somm. 2018, obs. Lucas; *RTD com.* 2006. 206, n° 5, obs. Martin-Serf; *Gaz. proc. coll.* 2005/1, p. 47, obs. Le Corre-Broly; *JCP E* 2005, Chron. 1274, p. 1424, n° 8, obs. Pétel; *Act. proc. coll.* 2005/5, n° 56, note Vallansan – Com. 5 juill. 2005, n° 04-13.834, *Bull. civ.* IV, n° 151; n° 1032 F-P+B; *D.* 2005. AJ 2147, obs. Lienhard; *D.* 2006. Somm. 80, obs. Le Corre; *Gaz. proc. coll.* 2005/3, p. 24, n° 2, obs. Dumont; *RJ com.* 2005/5, p. 444, note Sortais – Com. 16 sept. 2008, n° 07-11.012, NP; n° 846 F-D; *Gaz. proc. coll.* 2008/4, p. 59, note Le Corre-Broly – Com. 16 sept. 2008, n° 07-17.272, NP; n° 852 F-D – Com. 25 nov. 2008, n° 07-20.230, NP; n° 1227 F-D – Com. 17 févr. 2009, n° 06-19.698, NP; n° 146 F-D – Com. 17 févr. 2009, n° 06-19.699, NP; n° 147 F-D – Civ. 1re, 19 nov. 2009, n° 08-19.113, NP, *Dr. sociétés* 2010, comm. 124, note Legros – Com. 16 mars 2010, n° 09-12.572, NP; n° 314 F-D – *Adde*, POUR UNE SYNTHÈSE : Roussel Galle, obs. *Rev. proc. coll.* 2003, p. 241, n° 8.

noncé de la résiliation du contrat après jugement de liquidation judiciaire ne pourra intervenir qu'en présence du liquidateur[1].

De l'absence de résiliation du contrat par le seul effet de la liquidation judiciaire, il peut être tiré plusieurs conséquences.

Il a ainsi été tiré comme première conséquence que le prêteur n'est pas en faute à débloquer un crédit accessoire à une prestation de service, alors que le prestataire de services avait été placé en liquidation judiciaire. L'emprunteur doit en conséquence rembourser le crédit[2].

Il a ensuite été tiré comme deuxième conséquence que faute de mise en demeure du liquidateur sur la continuation du contrat, il ne pouvait y avoir eu résiliation de ce contrat[3]. Le fait d'indiquer au liquidateur que les loyers du crédit-bail ne sont pas payés et qu'il y aurait en conséquence résiliation du contrat n'équivaut pas à une mise en demeure[4].

La solution conduit à générer des créances « de l'article 40 » (C. com., art. L. 621-32), ce qui aurait pu être évité, non seulement au regard des textes, mais encore, par souci de pragmatisme, car il est bien difficile d'apercevoir l'utilité du maintien de liens contractuels, en dehors de ceux expressément réservés par le législateur, auxquels il aurait fallu ajouter les contrats d'assurance, lorsque l'activité a cessé, sauf à introduire la distinction proposée par un auteur, qui considère que la résiliation de plein droit doit être écartée lorsque le maintien du contrat permet la préservation d'une valeur d'actif[5].

Indiquons cependant que le contrat de compte-courant est résilié par l'effet de la liquidation judiciaire (v. s[s] n° 434.11).

431.32 Continuation du contrat et liquidation judiciaire sous l'empire de la loi de sauvegarde des entreprises[6] dans sa rédaction d'origine. Prenant en compte les critiques adressées par une partie minoritaire de la doctrine, la loi de sauvegarde des entreprises nous semble avoir modifié la règle de continuation des contrats en cours en phase de liquidation judiciaire. Lors des travaux préparatoires de la loi de sauvegarde des entreprises, il a pu être écrit que « la poursuite forcée des contrats serait en effet peu justifiée quand l'activité n'est pas poursuivie et quand le débiteur ne paye plus ses échéances »[7]. En conséquence, la poursuite des contrats en cours, sauf règle spéciale, ne devrait être possible en liquidation judiciaire que s'il y a maintien de l'activité[8]. Logiquement, il faudrait également décider que la poursuite du contrat ne pourrait exister que pour la période de maintien de l'activité, le fondement de la poursuite des contrats en cours en liquidation judiciaire justifiant la règle.

L'analyse n'est cependant pas partagée par tous les auteurs, certains considérants, malgré la place du texte dans le code, que la disposition continue à avoir la une portée générale que la jurisprudence rendue sous l'empire de la législation antérieure lui avait donnée et ne suppose donc pas une poursuite provisoire de l'activité[9].

La lecture du décret du 28 décembre 2005[10] confortait, dans sa rédaction d'origine, l'analyse. En effet, son article 88, qui s'intéresse au constat par le juge-commissaire de la résiliation des contrats dans les cas prévus aux premier et troisième alinéas de l'article L. 622-13 et L. 622-14 du code de commerce, et qui est rendu applicable en redressement judiciaire par l'article 189, n'était en revanche pas applicable en liquidation judiciaire. Le décret du 23 décembre 2006[11] a modifié les choses. L'article 233-1 du décret du 28 décembre 2005 (devenu C. com., art. R. 641-21), inséré par le décret du 23 décembre 2006, rend applicable en liquidation judiciaire le dispositif de constat de la résiliation des contrats par le juge-commissaire.

Il n'en demeure pas moins que l'architecture des textes nous semble impliquer une distinction selon que la liquidation judiciaire est ou non assortie d'une période de poursuite provisoire de l'activité.

Le texte de l'article L. 641-10 alinéa 2 du code, qui ne s'intéresse qu'à l'hypothèse d'une liquidation judiciaire avec poursuite provisoire de l'activité, ne règle pas le sort des contrats qui ne pourront être continués, du fait du prononcé d'une liquidation judiciaire non assortie d'une poursuite provisoire d'activité. Faut-il décider qu'ils sont, *ipso facto*, résiliés ? Faute de texte en ce sens, l'hésitation est permise. Puisque le cocontractant ne peut plus poursuivre la relation contractuelle, il y a, par le fait même, inexécution du contrat. Dès lors, même s'il

1. Com. 17 févr. 2009, n° 06-19.698, NP; n° 146 F-D.
2. Civ. 1re, 19 nov. 2009, n° 08-19.113, NP, *Act. proc. coll.* 2010/1, n° 5.
3. Com. 16 mars 2010, n° 09-12.572, NP; n° 314 F-D; *Rev. proc. coll.* 2010/4, comm. 159, note Roussel Galle.
4. Com. 16 mars 2010, n° 09-12.572, NP; n° 314 F-D; *Rev. proc. coll.* 2010/4, comm. 159, note Roussel Galle.
5. PÉTEL, 5e éd., n° 292.
6. L. n° 2005-845, 26 juill. 2005, préc.
7. *Rapp. Xavier de Roux*, n° 2095, p. 370.
8. PARTAGEANT L'ANALYSE : Vallansan, « Rapport introductif », colloque Caen janv. 2006, *Rev. proc. coll.* 2006/2, p. 119 – Vallansan, J.-CL. COM., fasc. 2335, [Continuation des contrats en cours], 2007, n° 55; VALLANSAN, 4e éd., n° 409; JACQUEMONT, 5e éd., n° 727.
9. Froehlich et Sénéchal, « Du jugement de liquidation judiciaire », *LPA* n° sp. 9 févr. 2006, n° 29, p. 8 s., sp. p. 15 – PÉROCHON ET BONHOMME, 7e éd., n° 418; LE CANNU, 7e éd., n° 1142 – PÉTEL; 5e éd., n° 292; VALLENS, 2007, n° 4056.
10. D. n° 2005-1677, 28 déc. 2005, *JO* 29 déc., p. 20324.
11. D. n° 2006-1709, 23 déc. 2006, *JO* 29 déc., p. 19846.

ne peut être affirmé que la liquidation judiciaire entraîne *ipso facto* résiliation du contrat, l'impossibilité d'exécution dudit contrat, voire l'interdiction d'exécution, justifient la résiliation pour inexécution de plein droit, au moins dans une hypothèse : celle dans laquelle le contrat avait été, pendant la période d'observation, initialement poursuivi.

Peut-on aller plus loin et ériger en principe la résiliation de plein droit des contrats en cas de prononcé d'une liquidation judiciaire sans poursuite d'activité[1] ? La notion de contrat en cours, qui s'ajoute à celle de contrats continués et à celle de contrats résiliés permettrait-elle de tenir en échec la résiliation de plein droit ici suggérée ? Il faut d'abord remarquer qu'il serait illogique pour le cocontractant de mettre en demeure le liquidateur d'avoir à se prononcer sur le sort d'un contrat qu'il ne peut, de toute façon, pas continuer. Aussi, faute de pouvoir exiger du cocontractant qu'il mette en demeure un organe sur le sort du contrat, il faut, nous semble-t-il, décider que le contrat se trouve résilié de plein droit par l'effet de la liquidation judiciaire non assortie d'une poursuite provisoire d'activité. Toute autre solution introduirait des complications et serait source de spoliation injustifiée du cocontractant, par hypothèse victime d'une inexécution juridiquement promise. Cela empêcherait, par exemple, le bailleur financier de reprendre le matériel loué alors qu'il sait qu'il ne pourra compter sur la contrepartie promise, qui seule pourtant cause juridiquement le maintien du lien contractuel.

Lorsqu'il y a maintien provisoire de l'activité en liquidation judiciaire, le titulaire de l'option sur la continuation des contrats en cours sera, par principe le liquidateur. Par dérogation, si un administrateur judiciaire a été nommé pour assurer la poursuite de l'activité pendant la liquidation judiciaire, il lui appartient d'opter pour la continuation des contrats.

431.33 Continuation du contrat en liquidation judiciaire sous l'empire de l'ordonnance du 18 décembre 2008[2]. L'article L. 641-11-1 du code de commerce, issu de la rédaction que lui donne l'ordonnance de réforme du 18 décembre 2008 (ord. 18 déc. 2008, art. 104), est consacré aux règles générales intéressant la continuation et la résiliation des contrats en cours. L'alinéa 5 de l'article R. 641-21, qui résulte de l'article 75 du décret du 12 février 2009[3], précise que « les dispositions relatives à la continuation et à la résiliation des contrats en cours s'appliquent qu'il y ait ou non maintien provisoire de l'activité ».

Le texte est clairement déconnecté de la poursuite provisoire de lactivité et a donc vocation à embrasser toutes les liquidations judiciaires, qu'elles soient ou non assorties d'une poursuite d'activité. Il s'est agi de tenir compte des acquis de l'expérience, laquelle a dénonté *l'utilité de continuer des contrats utiles* à la conservation des actifs, indépendamment de toute poursuite d'activité[4].

Le texte reprend un principe posé pour la sauvegarde, celui de la neutralité de l'ouverture de la sauvegarde sur le contrat en cours, aucune clause contractuelle ne pouvant prévoir une indivisibilité, une résiliation ou une résolution d'un contrat en cours pour cause de survenance d'une liquidation judiciaire (C. com., art. L. 641-11-1, I, al. 1). Ce principe n'était pas posé sous l'empire de la loi de sauvegarde[5], de sorte qu'une discussion pouvait exister sur le point de savoir si une clause de résiliation du contrat pour cause de survenance d'une liquidation judiciaire devait être tenue pour non écrite.

Pas plus qu'en sauvegarde et en redressement judiciaire, le contrat de fiducie n'est soumis aux règles de la continuation des contrats en cours en liquidation judiciaire (C. com., art. L. 641-11-1, VI). Il est possible, dans le mécanisme de la fiducie-sûreté, de prévoir que les biens transférés dans le patrimoine fiduciaire resteront à disposition du débiteur. En ce cas, une convention doit régler les modalités de conservation de l'usage ou de la jouissance de ces biens. Cette convention liant le fiduciaire et le débiteur constituant reste, dans la procédure de sauvegarde et de redressement judiciaire, soumise aux règles de continuation des contrats en cours. En revanche, cette même convention n'est pas soumise aux règles de continuation et de résiliation des contrats en cours posées par l'article L. 641-11-1 du code de commerce, ainsi que le précise le VI de cet article. Cela signifie que la réalisation de la fiducie-sûreté, dans laquelle, en pratique, on rencontrera ce type de convention qui permet de conserver l'usage ou la jouissance de biens transférés dans un patrimoine fiduciaire, ne sera pas paralysée en phase de liquidation judiciaire, puisqu'il suffira au bénéficiaire de demander la résiliation de cette convention de mise à disposition[6].

Signalons enfin que, en application de l'article L. 641-12-1 nouveau du code de commerce, dans sa rédaction issue de l'ordonnance de réforme (ord.

1. EN CE SENS : JACQUEMONT, 4e éd., *op. cit.*, no 718 – MAIS *CONTRA* : JACQUEMONT, 5e éd., no 727.
2. Ord. no 2008-1345, 18 déc. 2008, préc.
3. D. no 2009-160, 12 févr. 2009, *JO* 13 févr., p. 2596.
4. Rapport au président de la République sur l'ordonnance no 2008-1345 du 18 déc. 2008, *JO* 19 déc. 2008, Titre I, chap. IV-1, ss art. 104.
5. L. no 2005-845, 26 juill. 2005, préc.
6. Grimaldi et Dammann, « La fiducie sur ordonnances », *D.* 2009. 670 s., sp. 676, no 22.

18 déc. 2008, art. 106), l'ouverture ou le prononcé de la liquidation judiciaire entraîne la résiliation de plein droit du contrat de fiducie dans une hypothèse très précise : celle dans laquelle le débiteur est tout à la fois le constituant et le seul bénéficaire. Il ne faut pas que par le biais d'un contrat de fiducie, le débiteur puisse faire échapper tout ou partie de ses droits et biens à l'effet de saisie collective de la liquidation judiciaire. La résiliation du contrat de fiducie a pour effet d'entraîner le retour dans son patrimoine des biens et droits transférés dans le patrimoine fiduciaire.

Ce texte, restrictif de droits, mérite assurément une interprétation stricte. Il ne peut en conséquence s'étendre à l'hypothèse d'un débiteur constituant qui ne serait pas le bénéficiaire unique. Ainsi, si le débiteur est bénéficiaire alternatif, la liquidation judiciaire n'entraînera pas résiliation du contrat de fiducie.

SECTION 431.40

OPTION SUR LA CONTINUATION DU CONTRAT

431.41 Exercice de l'option en l'absence de mise en demeure. La mise en demeure ne présente aucun caractère obligatoire[1]. Il s'agit d'une modalité de dissipation de l'incertitude sur le sort du contrat, laquelle a des incidences sur la possibilité de reprise du bien, objet du contrat (v. s^s^ n° 813.53), du moins avant l'ordonnance du 18 décembre 2008[2].

La volonté de ne pas continuer le contrat ne doit pas être entachée d'équivoque.

Sous l'empire de la loi du 25 janvier 1985[3]**, dans sa rédaction initiale,** en présence d'une simple intention de ne pas continuer le contrat, il avait été estimé qu'il n'y avait pas option pour la non-continuation, de sorte que les créances postérieures pouvaient continuer à naître. La solution avait été posée pour un bail[4].

Sous l'empire de la loi du 25 janvier 1985, dans la rédaction que lui a donnée la loi du 10 juin 1994[5], la jurisprudence est allée plus loin. Elle pose en effet en règle que, en l'absence de mise en demeure par le cocontractant, la renonciation de l'administrateur à continuer le contrat n'entraîne pas la résiliation de plein droit à son initiative, mais confère au seul contractant *le droit de la faire prononcer en justice*[6]. La solution est identique en cas d'option spontanée exercée par le liquidateur[7].

La jurisprudence a étendu la solution à l'hypothèse dans laquelle l'administrateur, qui avait dans un premier temps décidé de continuer le contrat, sans avoir été mis en demeure, décide, dans un second temps d'y mettre fin, ce qui, estime la Cour de cassation, ne vaut pas résiliation[8].

Il a été dit que le contrat était en ce cas « suspendu »[9], ce qui interdit au cocontractant de réclamer paiement des sommes dues au titre du contrat à exécution successive. La solution a été posée à propos d'un bail commercial. Le bailleur n'a pu réclamer les loyers après option spontanée de non continuation[10]. Il importe de préciser que dans l'espèce en cause, le locataire avait quitté les lieux, concomitamment à l'option de non continuation. La Cour de cassation juge que la créance fondée sur le manque à gagner résultant de la renonciation par le mandataire judiciaire à la poursuite du contrat de crédit-bail « équivaut à une créance au titre de la résiliation » du contrat, exclue de la priorité de paiement reconnue pour les créances postérieures et doit, en conséquence, être déclarée au passif[11]. La Cour de cassation aligne ainsi le sort de la créance née du manque à gagner sur celui d'une indemnité

1. Com. 2 avr. 1996, n° 94-14.651, *Bull. civ.* IV, n° 108; *Rev. proc. coll.* 1997, 68, obs. Saint-Alary-Houin – Com. 20 juin 2000, n° 97-18.204, *Bull. civ.* IV, n° 130; *D.* 2000. AJ 343, obs. Pisoni; *RTD com.* 2000. 1007, obs. Laude – *Adde*, PÉROCHON, 9e éd., n° 705.
2. Ord. n° 2008-1345, 18 déc. 2008, préc.
3. L. n° 85-98, 25 janv. 1985, préc.
4. Com. 9 avr. 1991, n° 89-16.742, *Bull. civ.* IV, n° 137; *D.* 1993. Somm. 3, obs. Derrida; *JCP E* 1 992. I. 100, note Le Corre.
5. L. n° 94-475, 10 juin 1994, préc.
6. Com. 19 mai 2004, n° 01-13.542, *Bull. civ.* IV, n° 100, *D.* 2004. AJ 1668, obs. Lienhard; *Act. proc. coll.* 2004/12, n° 146, note Régnaut-Moutier; *Rev. proc. coll.* 2004, p. 228, n° 8, obs. Roussel Galle; *JCP E* 2004, Chron. 1292, p. 1388, n° 13, obs. Pétel; *LPA* 6 août 2004, n° 157, p. 17, note Le Corre; *Gaz. Pal.* 15-16 déc. 2004, jur. p. 14, note Le Corre; *LXB* n° N2356ABU, note Le Corre – Com. 7 déc. 2004, n° 03-15.164, NP; n° 1791 F-D; *Rev. proc. coll.* 2005/1, p. 41, n° 2, obs. Roussel Galle – Com. 1er oct. 2013, n° 12-23.921, NP; n° 893 F-D – Caen, 1re ch., sect. civ., 11 mai 2001, *Rev. proc. coll.* 2002, p. 192, n° 6, obs. approb. Roussel Galle.
7. Com. 5 juill. 2005, n° 04-13.834, *Bull. civ.* IV, n° 151; n° 1032 F-P+B; *D.* 2005. AJ 2147, obs. Lienhard; *D.* 2006. Somm. 80, obs. Le Corre; *RD banc. fin.* 2005/5, p. 24, n° 176, obs. Lucas; *Gaz. proc. coll.* 2005/3, p. 24, n° 2, obs. Dumont; *RJ com.* 2005/5, p. 444, note Sortais – Com. 10 mars 2009, n° 07-13.835, NP; n° 224 F-D; *Gaz. proc. coll.* 2009/3, p. 37, n° 4, note Le Corre-Broly; *LXB hebdo* 23 avr. 2009, n° 347, note Le Corre-Broly – Paris, 15e ch. B, 27 janv. 2006, RG n° 04/9325.
8. Com. 4 juin 2013, n° 12-17.792, NP; n° 555 F-D; *BJE* sept. 2013, p. 280, note Reille.
9. PÉTEL, 8e éd., n° 255.
10. Com. 12 nov. 2008, n° 07-21.731, NP; n° 1168 F-D.
11. Com. 18 sept. 2007, n° 06-13.824, *Bull. civ.* IV, n° 200; n° 1006 FS-P+B; *Gaz. proc. coll.* 2007/4, p. 39, note Henry; *Gaz. proc. coll.* 2008/1, p. 42, note Reille; *Act. proc. coll.* 2007/17, n° 197, note Régnaut-Moutier; *JCP E* 2008, Chron. 1207, n° 13, p. 33, obs. Pétel; *Rev. proc. coll.* 2008, p. 74, n° 14, note Roussel Galle; *LXB hebdo* n° 278, 25 oct. 2007, n° N9001BCD, note Le Corre-Broly.

de résiliation, ce qui rend pour le moins étrange distinguo établi par la Cour de cassation entre résiliation du contrat non continué sur option sui à une mise en demeure et la non résiliation du contrat en cas d'option spontanée pour la non-continuation. Le seul intérêt de la distinction semble alors tenir au point de départ de l'action en revendication, du moins avant l'ordonnance du 18 décembre 2008.

Suite à une option de non continuation, la demande tendant au prononcé et non au simple constat de la résiliation du contrat n'est pas de la compétence du juge-commissaire[1]. La solution peut se recommander, avant l'ordonnance du 18 décembre 2008, de la lettre de l'article 61-1 du décret du 27 décembre 1985[2], qui envisage de manière restrictive les hypothèses dans lesquelles le juge-commissaire peut constater la résiliation de plein droit. Par rapport à l'article L. 621-28 du code de commerce, elle introduit en revanche une distinction non prévue par le législateur et difficile à comprendre en opportunité, qui peut être source de complication en matière de revendication, pour la détermination du point de départ du délai de la demande en acquiescement de revendication, du moins sous l'empire de la législation antérieure à l'ordonnance du 18 décembre 2008 (v. s^s n° 813.53) ou de la déclaration de l'indemnité de résiliation (v. s^s n° 665.34). La solution n'est d'ailleurs pas toujours suivie en jurisprudence et l'on voit poser en règle contraire que la renonciation à continuer le contrat, en l'absence de toute mise en demeure, vaut résiliation du contrat[3].

Cette initiative spontanée pourra résulter d'un courrier adressé par l'organe compétent au cocontractant. Ce courrier n'aura pas nécessairement à mentionner qu'il s'agit d'une option sur la continuation du contrat. L'option pourra en effet résulter du contenu du courrier. Ainsi, il a été jugé que le courrier de l'administrateur judiciaire informant le cocontractant, en l'occurrence un agent immobilier ayant reçu un mandat de vente, de ce qu'il était prêt à étudier toute proposition sérieuse et à la soumettre au tribunal dans le cadre d'un plan de cession, manifeste son intention de continuer le mandat de vente en cours au jour du jugement d'ouverture[4].

Il pourra encore s'agir d'une prise de position, dans ses conclusions, par l'organe compétent, dans le cadre d'une instance l'opposant au bailleur[5].

Il pourra également s'agir de l'exécution du contrat, laquelle manifestera implicitement, mais nécessairement, la volonté de continuer le contrat[6]. Le paiement pourra émaner de l'administrateur judiciaire. En sa présence, le paiement effectué par le débiteur pourra valoir continuation du contrat si l'administrateur, qui en a eu connaissance, ne s'y oppose pas. En ce cas, s'il refuse ensuite de payer le cocontractant, il est susceptible d'engager sa responsabilité. Une telle solution a été posée dans une hypothèse où le contrat avait été conclu après jugement d'ouverture (v. s^s n° 452.22). Mais elle est transposable, nous semble-t-il, compte tenu de l'identité de problématique. Si l'administrateur, après avoir dans un premier temps, exécuté la convention en connaissance de cause, ce qui résulte du contreseing apposé sur des chèques établis en règlement de la prestation, refuse ensuite son exécution, il engage sa responsabilité, car ce contrat a été implicitement continué. À cet égard, l'administrateur judiciaire ne pourrait se réfugier derrière le caractère mécanique du contreseing qu'il appose, car il est estimé qu'il a pour tâche de vérifier l'exigibilité des sommes dont le paiement lui est réclamé par des tiers se présentant comme des créanciers du débiteur qu'il administre[7].

Le fait pour un avocat de poursuivre l'exécution de sa prestation après le redressement puis la liquidation judiciaires de la société, et le fait pour le liquidateur de choisir un autre avocat pour le représenter, loin d'entraîner la rupture du contrat, dès lors que le liquidateur s'était borné, sans les modifier ni les reproduire, à s'associer aux conclusions de la société débitrice établies par l'avocat de cette dernière, s'analysent en une option implicite de continuation du contrat[8].

Au contraire, nonobstant le paiement effectué par le débiteur, il n'y aura pas continuation du contrat si l'organe compétent manifeste son désaccord quant à la continuation du contrat. Lui seul, en effet, est titulaire de l'option sur la continuation du contrat.

Le paiement effectué par le débiteur, en l'absence d'administrateur judiciaire, ne vaudra pas conti-

1. Com. 19 mai 2004, n° 01-13.542, préc. (v. s^s prés^t n°) – Com. 7 déc. 2004, n° 03-15.164, préc. (v. s^s prés^t n°) – Caen, 1re ch. civ., 11 mai 2001, *Rev. proc. coll.* 2002, p. 192, n° 6, obs. approb. Roussel Galle.
2. D. n° 85-1388, 27 déc. 1985, *JO* 29 déc., p. 15281.
3. Paris, 16e ch. A, 22 sept. 2004, RG n°s 2002/6593, 2002/6594, 2 arrêts.
4. Civ. 1re, 13 juill. 2004, n° 02-10.991, NP.
5. Paris, 16e ch. A, 22 sept. 2004, RG n°s 2002/6593, 2002/6594, 2 arrêts.
6. Com. 3 déc. 1996, n° 94-20.669, *Bull. civ.* IV, n° 302 – Paris, 14e ch. A, 7 juin 2006, RG n° 06/06571.
7. Paris, 3e ch., 28 oct. 2008, RG n° 2008/11193.
8. Com. 24 mars 2015, n° 14-15.139, *Bull. civ.* IV [à paraître]; n° 323 FS-P+B; *D.* 2015. actu 800, note Lienhard; *Gaz. Pal.* 21 juill. 2015, n° 200, p. 16, note Boustani; *Rev. sociétés* 2015. 408, note Roussel Galle; *Act. proc. coll.* 2015/8, comm. 116, note Martineau-Bourgninaud; *BJE* 2015, 229, note Reille; *Rev. proc. coll.* 2015, comm. 116, note Saint-Alary Houin; *RTD com.* 2015. 587, n° 3, note Martin-Serf; *LXB hebdo* 16 avr. 2015, n° 420, note Le Corre-Broly.

nuation du contrat, à moins qu'il n'ait été autorisé, sous l'empire de la loi du 25 janvier 1985, par le juge-commissaire à continuer le contrat[1]. Depuis la loi de sauvegarde des entreprises, le débiteur, par principe, n'a plus à obtenir l'autorisation du juge-commissaire. Il doit, en revanche, avoir l'avis conforme du mandataire judiciaire. À défaut d'avis conforme de ce dernier, le débiteur ou le cocontractant peuvent saisir le juge-commissaire aux fins d'autoriser le premier à continuer le contrat. Si, avant la loi de sauvegarde des entreprises, comme depuis cette législation, la poursuite du contrat n'est pas contestée pendant la procédure collective, cette irrégularité restera sans conséquence. La solution a été posée alors que l'argument n'avait été invoqué qu'après l'arrêté du plan de continuation[2].

En l'absence d'option spontanée, le contrat reste en cours. Il en est de même en l'absence de mise en demeure, dès lors que l'administrateur – et plus généralement l'organe compétent – ne prend pas spontanément parti sur la continuation ou non du contrat[3]. Il faut assimiler à l'absence de mise en demeure celle envoyée à un organe incompétent pour se prononcer sur la poursuite du contrat[4]. Aucune présomption de non-continuation ne pourra, en ces circonstances, exister[5]. Il en résulte que le non-paiement des créances postérieures ne pourra entraîner la résiliation du contrat avant que l'option ne soit exercée[6], le contraire ayant cependant été jugé[7].

1. Douai, 14 nov. 1996, *Rev. proc. coll.* 1997, 446, n° 1, obs. Mestre et Laude.
2. Com. 28 janv. 2004, n° 01-03.709, NP, *Act. proc. coll.* 2004/7, n° 85, note Vallansan.
3. Com. 5 juill. 2005, n° 04-12.337, NP; n° 1040 F-D; *Gaz. proc. coll.* 2005/3, p. 23, n° 1, obs. Dumont.
4. Versailles, 13e ch., 28 sept. 2000, *RJDA* 2001/1, n° 46.
5. Com. 19 oct. 1993, n° 91-15.310, *Bull. civ.* IV, n° 343; *Rev. loyers* 1995. 111, note Gallet – Com. 28 janv. 1997, n° 94-22.057, NP et Com. 25 mars 1997, *Rev. proc. coll.* 1998, 276, n° 1, obs. Mestre et Laude.
6. Com. 7 nov. 2006, n° 05-17.112, *Bull. civ.* IV, n° 217; n° 1214 FS-P+B+I+R; *D.* 2006. AJ 2846, obs. Lienhard; *D.* 2007. Pan. 48, obs. Le Corre; *Gaz. proc. coll.* 2007/1, p. 45, note Pérochon; *JCP E* 2007. 1003, p. 15, note Le Corre-Broly; Chron. 1004, p. 25, n° 14, obs. M. Cabrillac; *Act. proc. coll.* 2006/19, n° 236, note Roussel Galle; *Defrénois* 2007/11, 38605, p. 87, n° 2, note Gibirila; *RTD com.* 2007. 239, n° 9, obs. Vallens; *Rev. proc. coll.* 2007/4, p. 225, n° 2, obs. Monsérié-Bon – Com. 17 févr. 2015, n° 13-17.076, *Bull. civ.* IV [à paraître]; n° 212 FS-P+B; *JCP E* 1235, note Brignon et chron. 1204, n° 11, obs. Pétel; *RTD com.* 2015. 381, n° 11, note Vallens; *Act. proc. coll.* 2015/7, comm. 95, note Reille; *BJE* 2015, 218, note Monsérié-Bon; *RTD com.* 2015. 381, n° 11, note Vallens; *Dr. et patr.* sept. 2015, n° 250, chron. 92, n° 5, note Monsérié-Bon; *Rev. proc. coll.* 2016, comm. 45, note Roussel Galle; *LXB hebdo* 19 mars 2015, n° 416, note Le Corre-Broly – RAPPR. : Com. 16 mars 2010, n° 09-12.572, n° 314 F-D; *Rev. proc. coll.* 2010/4, comm. 159, note Roussel Galle.
7. Versailles, 13e ch., 19 févr. 1998, *D. Affaires* 1998, 629.

La loi de sauvegarde des entreprises, dans sa rédaction d'origine, ne semble pas de nature à mettre un terme à la jurisprudence de la Cour de cassation, selon laquelle l'option spontanée pour la non-continuation du contrat n'entraînerait pas sa résiliation[8]. En effet, l'article L. 622-13, alinéa 5 reprend la formulation employée par l'article L. 621-28 alinéa 5 du code, dans sa rédaction antérieure à la loi de sauvegarde des entreprises.

L'ordonnance du 18 décembre 2008, pour sa part, a créé de nouveaux cas de résiliation.

L'article L. 622-13, IV, du code de commerce, texte de la sauvegarde applicable en redressement judiciaire (C. com., art. L. 631-14, al. 1) prévoit une hypothèse nouvelle de résiliation judiciaire du contrat en période d'observation. Le texte énonce que, « à la demande de l'administrateur, la résiliation est prononcée par le juge-commissaire si elle est nécessaire à la sauvegarde du débiteur et ne porte pas une atteinte excessive aux intérêts du cocontractant ». L'article L. 627-2 du code de commerce reconnaît au débiteur, en l'absence d'administrateur, la faculté de demander au juge-commissaire la résiliation du contrat. Cette question sera abordée isolément (v. *s* n° 431.53).

Que décider en dehors de ce cas ? En période d'observation, si l'administrateur ou à défaut le débiteur fait connaître, sans avoir été mis en demeure, sa décision de ne pas continuer le contrat, la solution posée sous l'empire de la loi du 25 janvier 1985 subsiste : le contrat n'est pas résilié, le cocontractant pouvant seulement saisir le juge compétent pour qu'il prononce la résiliation[9]. Comme le résume un auteur : « pas de mise en demeure, pas de résiliation de plein droit »[10]. Dès lors ne respecte pas les modalités de résiliation du contrat, le gérant d'une société en redressement judiciaire qui résilie le contrat sans saisir le juge-commissaire[11]. Ce dirigeant engage sa responsabilité envers le cocontractant[12].

En liquidation judiciaire, deux nouvelles hypothèses de résiliation ont été posées, à la suite d'une option spontanée de l'administrateur ou, en son absence du liquidateur, respectivement par les articles L. 641-11-1, III, 3° qui régit un cas de résiliation de plein droit et l'article L. 641-11-1, IV qui réglemente un cas de résiliation judiciaire du con-

8. Pérochon et Bonhomme, 7e éd., n° 301.
9. Com. 1er mars 2016, n° 14-19.875, *Bull. civ.* IV [à paraître]; n° 215 F-P+B; *D.* 2016. actu 599, note Lienhard; *BJE* 2016, 167, note Benilsi; *Rev. proc. coll.* 2016, comm. 44, note Roussel Galle; *Rev. sociétés* 2016. 397, note Henry.
10. Roussel Galle, note *s* Com. 1er mars 2016, n° 14-19.875, *Rev. proc. coll.* 2016, comm. 44.
11. Montpellier, 2e ch., 15 sept. 2015, RG n° 13/05478, *Gaz. Pal.* 2015, n° 3939.
12. Montpellier, 2e ch., 15 sept. 2015, RG n° 13/05478, préc.

trat. Cette question sera examinée séparém v. s n° 431.53). Il importe ici spécialement d quer que le liquidateur peut, sans avoir été en demeure, décider de ne pas continuer le cot. Si la prestation du débiteur porte sur le paent d'une somme d'argent, cette décision vaut lia- tion de plein droit, ce qui met fin à la jurispınce rendue, sous l'empire de la loi de 1985, en de liquidation judiciaire.

431.42 Exercice de l'option en présence ıne mise en demeure. L'option sur le sort du crat pourra aussi résulter du jeu d'une mise en deıre d'avoir à opter, adressée à l'organe compétent, le cocontractant. Le code de commerce ne réglemte pas la forme de la mise en demeure. En pratiq il s'agira d'un courrier recommandé avec demde d'avis de réception. Observons cependant que le dcet du 28 décembre 2005[1] prévoit explicitement la fone de la lettre recommandée, en l'absence d'admirs- trateur (C. com., art. R. 627-1 [anc[t] D. 28 dc. 2005, art. 169, al. 1er]).

La mise en demeure doit être dépourvue d'équivoque, au regard de l'importance de ses effets. Une simple demande quant à la conduite à tenir pour les créances antérieures et postérieures à la date de la mise en redressement judiciaire, ne vaut pas mise en demeure[2]. De même, ne peut valoir mise en demeure déclenchant la résiliation de plein droit du contrat à défaut de réponse de l'organe compétent, le commandement au liquidateur de payer l'arriéré locatif et l'avertissant que le crédit-bailleur immobilier entendait se prévaloir de la clause de cession du contrat, clause prévoyant l'engagement d'un tiers de devenir cessionnaire du contrat en cas de manquement du locataire à son obligation de paiement d'une échéance[3].

L'article L. 621-28 alinéa 1 du code de commerce, dans la rédaction antérieure à la loi de sauvegarde des entreprises[4] (anc[t] L. 25 janv. 1985, art. 37, al. 1er), prévoit que « le contrat est résilié de plein droit, après une mise en demeure adressée à l'administrateur restée plus d'un mois sans réponse ». La solution est reproduite depuis cette loi par l'article L. 622-13 alinéa 1er, pour la procédure de sauvegarde, rendue applicable en redressement judiciaire par l'article L. 631-14, I et en liquidation judiciaire assortie d'une poursuite d'activité par l'article L. 641-10 alinéa 2. L'ordonnance du 18 décembre 2008[5] reprend ses solutions (C. com., art. L. 622-13, III, 1°, rendu applicable en redressement judiciaire par l'article L. 631-14, alinéa 1er et en liquidation judiciaire par l'article L. 641-11-1, III, 1°).

Sous l'empire de la loi de 1985, dans sa rédaction initiale, il était prévu que le défaut de réponse entraînait présomption de renonciation à la continuation du contrat (L. 25 janv. 1985, art. 37, al. 3). Cette présomption avait été jugée irréfragable[6], de sorte que l'exécution du contrat ne pouvait la mettre en échec[7], pas plus que la cession du contrat au repreneur[8].

Depuis la loi du 10 juin 1994[9], le défaut de réponse à la mise en demeure, dans le délai du mois, entraîne résiliation du contrat. Pour qu'il en soit ainsi, la mise en demeure devra être adressée à l'organe compétent. La mise en demeure adressée au représentant des créanciers, spécialement, est sans effet[10]. Si, dans le délai du mois de la mise en demeure, il y a paiement par l'administrateur ou en son absence par le débiteur, le contrat est valablement continué[11], encore qu'en ce dernier cas, la solution puisse être discutée si le juge-commissaire n'a pas donné son autorisation, si, sous l'empire de la loi de sauvegarde des entreprises, le mandataire judiciaire n'a pas donné son avis conforme, à moins que, en ce cas, le juge-commissaire n'ait autorisé la continuation du contrat.

La résiliation – ou la non-continuation depuis la loi du 10 juin 1994 – résultant du défaut d'option dans le délai du mois, sera source d'engagement de la responsabilité de l'administrateur judiciaire, si le débiteur en subit un préjudice[12]. La solution est transposable au liquidateur, lorsque la continuation du contrat est possible, si les créanciers en subissent

1. D. n° 2005-1677, 28 déc. 2005, préc.
2. Paris, 3e ch. B, 28 févr. 2008, RG n° 07/06504, *Rev. proc. coll.* 2009/6, 164, p. 41, note Roussel Galle.
3. Com. 17 févr. 2015, n° 13-17.076, préc.
4. L. n° 2005-845, 26 juill. 2005, préc.
5. Ord. n° 2008-1345, 18 déc. 2008, préc.
6. Com. 11 déc. 1990, n° 89-16.246, *Bull. civ.* IV, n° 319; *RTD com.* 1991. 103, obs. Chaput – Com. 15 oct. 1991, n° 90-10.904, *Bull. civ.* IV, n° 292; *Defrénois* 1 992. 581, obs. Le Cannu et Sénéchal; *D.* 1992. Somm. 260, obs. Derrida – Com. 4 févr. 1992, n° 90-16.399, *Bull. civ.* IV, n° 57; *D.* 1993. Somm. 2, obs. Derrida – Com. 20 févr. 1996, n° 93-18.713, *Bull. civ.* IV, n° 57, *JCP E* 1996, pan. 524; *D. Affaires* 1996, 488 – Com. 28 avr. 1998, n° 95-21.865, *Bull. civ.* IV, n° 137, *JCP E* 1998, pan. 973; 13 oct. 1998, *JCP E* 1998, act. 1858; *D. Affaires* 1998, 1896, obs. A.-L. M.-D.; *Act. proc. coll.* 1998/11, n° 143 – Com. 13 nov. 2001, n° 98-20.642, NP.
7. Com. 20 mai 1997, n° 95-13.957, *Bull. civ.* IV, n° 150; *JCP E* 1997, pan. 763 – Com. 13 oct. 1998, n° 96-15.062, *Bull. civ.* IV, n° 241, *Act. proc. coll.* 1998/11, n° 143; *D. Affaires* 1998, 1896, obs. A.-L.
8. Com. 13 nov. 2001, n° 98-20.642, NP.
9. L. n° 94-475, 10 juin 1994, préc.
10. Paris, 14e ch. A, 23 févr. 2005, RG n° 2004/18332.
11. Com. 4 janv. 2000, n° 97-12.690, NP, *RJDA* 2000/3, n° 306 – Paris, 3e ch. B, 14 févr. 2003, RG n° 2002/07034.
12. Com. 9 juin 1998, n° 95-12.338, n° 95-12.841, *Bull. civ.* IV, n° 185; *D. Affaires* 1998, 1177, obs. Lienhard; *Gaz. Pal.* 1998, pan. 235; *JCP E* 1998, pan. 1333.

un préjudice, par exemple en ne levant pas, alors que rien ne l'interdisait, l'option d'achat d'un crédit-bail qui aurait permis la création d'un actif au profit du débiteur.

À défaut d'administrateur, la mise en demeure sera adressée au débiteur, lequel exercera la faculté ouverte à l'administrateur judiciaire. En liquidation judiciaire, cette mise en demeure sera adressée à l'administrateur judiciaire ou, à son défaut au liquidateur (antérieurement à la loi de sauvegarde des entreprises, C. com., art. L. 622-12, depuis la loi de sauvegarde des entreprises, C. com., art. L. 641-10, al. 2, réd. L. 26 juill. 2005, C. com., art. L. 641-11-1, II, réd. ord. 18 déc. 2008)[1]. La mise en demeure adressée à un organe incompétent doit être tenue pour inexistante. En outre, il faut qu'il s'agisse d'une véritable mise en demeure et non de la simple manifestation écrite de volonté du cocontractant de ne pas poursuivre les relations contractuelles[2]. Le fait que la mise en demeure soit adressée pendant la période des vacances d'été ne peut être considéré comme un abus de droit[3].

L'organe compétent a un mois pour répondre à la mise en demeure. Il a cependant été jugé, avec une certaine souplesse par rapport au texte, que l'épouse du débiteur malade, en l'absence d'administrateur judiciaire, répond valablement à la mise en demeure[4].

La forme de la réponse à la mise en demeure n'est pas précisée par le code. Il s'agira, en pratique, d'une lettre recommandée avec demande d'avis de réception. Il est conseillé au mandataire de justice de répondre en recommandé[5]. En effet, la charge de la preuve de la réponse à la mise en demeure lui incombe[6]. Mais il pourra s'agir d'une sommation interpellative faite par huissier. Si la mise en demeure est envoyée par voie postale, le délai du mois courra à compter de sa réception par son destinataire[7], l'opinion contraire ayant été soutenue[8]. Ce dernier aura répondu dans le délai du mois s'il a expédié son courrier dans ce délai, même si le cocontractant ne l'a pas reçu à l'intérieur de ce délai (C. pr. civ., art. 668 et 669).

L'option manifestée dans la réponse à la mise en demeure pourra viser indistinctement tous les contrant le cocontractant au débiteur[9]. Si une conven de découvert en compte accompagne le coe, l'option pour la continuation du compte emera continuation de l'autorisation de découve

aut enfin préciser que la mise en demeure sur latinuation du contrat peut être analysée en une renciation à se prévaloir de la résiliation du contr[1], la jurisprudence étant cependant divisée sur laestion[12].

4.43 Titulaire de l'option relative à la contintion des contrats en cours.

>us l'empire de la législation de la loi du 25 janv 1985[13], l'article L. 621-28 alinéa 1 du code de cmmerce (anc[t] L. 25 janv. 1985, art. 37, al. 1er) énce que l'administrateur judiciaire peut seul exig l'exécution du contrat en cours. En régime génér, il aura ainsi compétence exclusive. Il y a là un puvoir propre, qui existe quelle que soit la mission qui lui est confiée. S'il n'a qu'une mission de surveillance, il en avisera le cocontractant en invitant ce dernier à lui faire connaître toute difficulté d'exécution[14]. La volonté du débiteur sera absolument indifférente. Elle ne pourrait produire aucun effet, l'opinion contraire ayant été soutenue[15].

Faute de disposition en ce sens, l'administrateur judiciaire n'a besoin d'aucune habilitation du tribunal ou du juge-commissaire, pour opter en faveur de la continuation ou de la non-continuation du contrat.

En régime simplifié, en l'absence d'administrateur judiciaire, l'option pour la continuation du contrat en cours est régie par l'article L. 621-137, alinéa 2 du code (anc[t] L. 25 janv. 1985, art. 141). Il est explicitement prévu que le débiteur « exerce la faculté ouverte [...] par l'article L. 621-28 s'il y est autorisé par le juge-commissaire ». La faculté ouverte par l'article L. 621-28 est celle d'exiger la continuation du contrat. Il en résulte que le débiteur doit obtenir l'autorisation du juge-commissaire pour continuer le contrat, même si le cocontractant a manifesté son accord à la continuation[16], cepen-

1. IFPPC 1999, recomm. n° 6037-1, p. 166.
2. Paris, 9 nov. 1994, *D.* 1995. IR 18.
3. Com. 18 janv. 2000, n° 97-17.912, NP, *Act. proc. coll.* 2000/6, n° 60; *Rev. proc. coll.* 2003/1, p. 18, n° 4, obs. Roussel Galle.
4. Aix-en-Provence, 8e ch. A, 3 janv. 2001, *Rev. proc. coll.* 2003/1, p. 20, n° 6, obs. Roussel Galle.
5. IFPPC 1999, recomm. n° 2050-3, p. 49.
6. Dijon, ch. civ. B, 29 juin 2004, RG n° 04/00219, *Rev. proc. coll.* 2005/1, p. 40, n° 1, obs. Roussel Galle.
7. Com. 11 avr. 1995, n° 93-12.918, NP, *Rev. proc. coll.* 1995, 293, obs. Mestre et Laude.
8. DERRIDA ET *ALII*, n° 395, note 1592.
9. Com. 28 janv. 1997, n° 94-22.057, NP, *Rev. proc. coll.* 1998, 276, n° 1, obs. Mestre et Laude.
10. Com. 28 janv. 1997, n° 94-22.057, préc. (v. s[s] prés[t] n°).
11. EN CE SENS AUSSI : PÉROCHON, 10e éd., n° 700.
12. EN CE SENS : Aix-en-Provence, 2e ch. com., 5 oct. 2000, *Me Douhaire ès qual. Clinique de la Maison Blanche c/ Loxxia Bail*, NP – *CONTRA* : Paris, 24 mai 1995, *Administrer* févr. 1996, 35, obs. Boccara.
13. L. n° 85-98, 25 janv. 1985, préc.
14. IFPPC 1999, recomm. n° 2050-2, p. 49.
15. PÉROCHON ET BONHOMME, 7e éd., n° 309; CITANT EN SON SENS : Versailles, 28 nov. 1996, *D.* 1997. 508, note Pérochon.
16. Com. 20 janv. 1998, n° 95-18.804, NP, *Rev. proc. coll.* 1998, 281, n° 15, obs. Mestre et Laude.

dant qu'il est dispensé d'autorisation pour opter pour la non-continuation du contrat[1].

L'exercice de l'option de cotinuation par le débiteur seul est irrégulier. L'option est dès lors tenue pour inexistante[2]. Si l'option fait suite à une mise en demeure adressée par le cocontractant, il en résulte que cette dernière sera considérée comme étant restée sans réponse plus d'un mois. Si l'option est exercée spontanément par le débiteur, le contrat sera considéré comme étant encore en cours, tant que le cocontractant n'aura pas adressé au débiteur une mise en demeure d'avoir à opter.

La mise en demeure adressée au juge-commissaire est également dépourvue d'effet[3].

En situation de liquidation judiciaire, l'option pour la continuation appartient à l'administrateur et, à son défaut, au liquidateur (C. com., art. L. 622-12 et L. 622-13 [anc^t L. 25 janv. 1985, art. 153-2, al. 2 et 153-3, al. 2]).

> **Sous l'empire de la législation issue de la loi de sauvegarde des entreprises**[4], en présence d'un administrateur judiciaire, lui seul est titulaire de l'option sur la continuation du contrat. Ce monopole a été critiqué dans la sauvegarde, surtout depuis l'ordonnance du 18 décembre 2008[5], qui s'est appliquée à restituer au débiteur la maîtrise des opérations[6].

Le régime simplifié n'existe plus depuis la loi de sauvegarde des entreprises, que l'on soit dans la procédure de sauvegarde ou dans la procédure de redressement judiciaire. En revanche, ces deux procédures peuvent être ouvertes sans nomination d'un administrateur judiciaire. En ce cas, l'option sur la poursuite des contrats en cours appartient au seul débiteur. Il n'a plus, pour opter pour la continuation des contrats en cours, à obtenir l'autorisation du juge-commissaire, comme cela était le cas sous l'empire de la loi du 25 janvier 1985. En revanche, il doit avoir recueilli l'avis conforme du mandataire judiciaire, c'est-à-dire son accord[7]. Le cocontractant, précise l'article 169, alinéa 1 du décret du 28 décembre 2005[8], texte de la procédure de sauvegarde applicable en redressement judiciaire (C. com., art. R. 631-38 [anc^t D. 28 déc. 2005, art. 206]), doit rendre destinataire, par lettre recommandée avec demande d'avis de réception, le mandataire judiciaire d'une copie de la mise en demeure envoyée au débiteur. Le mandataire judiciaire, précise l'article R. *627-1 alinéa 2 du code de commerce (anc^t* D. 28 déc. 2005, art. 169, al. 2), doit sans délai faire part de son avis au débiteur et au cocontractant.

Pour éviter l'écoulement du délai du mois de la mise en demeure, qui entraînerait résiliation du contrat, le débiteur, qui n'a pas reçu de réponse du mandataire judiciaire, peut saisir le juge-commissaire, par requête, après l'expiration d'un délai de quinze jours faisant suite à la réception du courrier de mise en demeure (C. com., art. R. 627-1, al. 3 [anc^t D. 28 déc. 2005, art. 169, al. 3]). Il dispose donc d'un délai courant entre le 16e jour qui suit la réception par ses soins de la mise en demeure d'avoir à opter sur le sort du contrat et l'expiration du délai du mois courant à compter de la réception de la mise en demeure. La saisine du juge-commissaire a alors pour effet de suspendre le délai du mois imparti au débiteur pour répondre à la mise en demeure (C. com., art. R. 627-1, al. 4). L'article 46 du décret du 12 février 2009[9] modifiant cette disposition ajoute que le greffier avise le cocontractant de cette saisine du juge-commissaire et de son effet suspensif.

En cas de désaccord entre le débiteur et le mandataire judiciaire, le juge-commissaire peut être saisi par tout intéressé. Il s'agira aussi bien du débiteur que du cocontractant. Le juge-commissaire pourra alors autoriser la poursuite des contrats en cours (C. com., art. L. 627-2). La solution est identique dans la procédure de redressement judiciaire (C. com., art. L. 631-21, al. 1, renvoyant aux dispositions du chapitre VII du titre II, qui englobe l'article L. 627-2). Il en sera de même dans l'hypothèse de saisine du juge-commissaire dans le délai de quinze jours faisant suite à la réception de la mise en demeure, à défaut de réponse du mandataire judiciaire.

Le débiteur ne semble pas devoir recueillir l'accord du mandataire judiciaire pour opter pour la non continuation du contrat, à l'instar de la solution du droit antérieur limitant l'accord du juge-commissaire à la seule hypothèse d'option pour la continuation du contrat[10]. L'opinion contraire a toutefois

1. Com. 9 janv. 1996, n° 93-21.719, *Bull. civ.* IV, n° 13; *Quot. Jur.* 13 févr. 1996, p. 5, note P. M.; *JCP E* 1996. I. 554, n° 21, obs. M. Cabrillac; *Rev. proc. coll.* 1996, 214, n° 3, obs. Mestre et Laude – Com. 22 oct. 1996, n° 93-20.258, NP, *RJDA* 1997, n° 265; *JurisData* 1997, n° 114, note J. Brault.
2. Com. 6 mai 1997, n° 95-10.933, *Bull. civ.* IV, n° 125; *JCP E* 1997. I, Chron. 861, n° 13, obs. Pételer; *Quot. Jur.* 19 juin 1997, p. 8, note P. M.; *Rev. proc. coll.* 1997, 446, n° 1, obs. Mestre et Laude – Com. 20 janv. 1998, n° 95-16.728, NP, *Rev. proc. coll.* 1998, 281, n° 4, obs. Mestre et Laude.
3. Versailles, 13e ch., 28 sept. 2000, *Rev. proc. coll.* 2002, p. 191, n° 5, obs. Roussel Galle.
4. L. n° 2005-845, 26 juill. 2005, préc.
5. Ord. n° 2008-1345, 18 déc. 2008, préc.
6. Roussel Galle, « Les "nouveaux" régimes des contrats en cours et du bail », *Rev. proc. coll.* 2009/1, 7, p. 55 s., sp. 59, n° 17.
7. EN CE SENS AUSSI : PÉROCHON, 10e éd., n° 720.
8. D. n° 2005-1677, 28 déc. 2005, préc.
9. D. n° 2009-160, 12 févr. 2009, préc.
10. EN CE SENS AUSSI : ROUSSEL GALLE, n° 321 – J.-CL. COM., Dumont-Lefrand, fasc. 2152, [Procédure de sauvegarde], 2006, n° 61 – Vallansan, J.-CL. COM., fasc. 2335, [Continuation des contrats en cours], 2007, n° 61 – GIBIRILA, n°s 407 et 409 – SAINT-ALARY-HOUIN, 9e éd., n° 610 – VALLENS, 2015, n° 3257.

été soutenue[1] et semble avoir été posée par une juridiction du fond, qui considère irrégulière l'option spontanée du débiteur pour la non continuation du contrat[2].

En liquidation judiciaire, le pouvoir d'opter sur la continuation des contrats en cours appartient au liquidateur, sauf dans la poursuite d'activité avec administrateur judiciaire, lorsque ce dernier a été nommé. Il est alors titulaire de l'option.

Le jugement ouvrant ou prononçant la liquidation judiciaire ne peut se prononcer sur le sort des contrats en cours. Il ne peut, par exemple, indiquer que le fonds de commerce et les salariés attachés au fonds feront retour au loueur du fonds, à l'expiration de la poursuite provisoire d'activité autorisée en liquidation judiciaire[3].

Sous les deux régimes, si l'option est irrégulièrement exercée, l'option est nulle[4] et doit donc être tenue pour inexistante. Cela empêche la naissance de créance postérieure régulière (v. s[s] n° 452.21) et entraîne en outre résiliation du contrat[5], puisqu'aucune option en faveur de la continuation du contrat ne sera réputée intervenue après une mise en demeure.

431.44 Option relative à la continuation des contrats en cours et plan de redressement. Après arrêté d'un plan, le commissaire à l'exécution du plan n'a pas qualité pour exiger la continuation d'un contrat[6].

La solution n'emporte pas de conséquence en cas de plan de continuation, puisque le débiteur peut continuer le contrat, qui est resté en cours pendant la période d'observation.

La règle empêche, sous l'empire de la législation antérieure à la loi de sauvegarde des entreprises[7], depuis la loi du 10 juin 1994[8], la cession du contrat en plan de cession. La suppression du commissariat au plan de cession par la loi de sauvegarde des entreprises a fait disparaître la difficulté.

431.45 Modification du délai de l'option relative à la continuation des contrats en cours. Il convient d'abord de préciser que le délai d'option est unique. La conversion du redressement judiciaire en liquidation judiciaire n'a pas pour effet d'entraîner ouverture d'un nouveau délai, pas plus qu'elle n'interrompt ou ne suspend ce délai. Dès lors, une mise en demeure n'a pas à être adressée au *liquidateur*, si, en redressement judiciaire, une mise en demeure avait été adressée à l'administrateur ou au débiteur, selon le cas[9]. La solution est la même en cas de conversion d'une sauvegarde en redressement ou en liquidation judiciaire.

L'article L. 621-2, alinéa 1 *in fine* du code de commerce, dans la rédaction antérieure à la loi de sauvegarde des entreprises[10] (anc[t] L. 25 janv. 1985[11], art. 37, al. 1er), prévoit qu'« avant l'expiration de ce délai [d'option], le juge-commissaire peut impartir à l'administrateur un délai plus court ou lui accorder une prolongation, qui ne peut excéder deux mois, pour prendre parti ». La solution est reproduite depuis cette loi par l'article L. 622-13 alinéa 1 (devenu C. com., art. L. 622-13, III, 1°, ord. 18 déc. 2008[12]), pour la procédure de sauvegarde, rendue applicable en redressement judiciaire par l'article L. 631-14, I (devenu C. com., art. L. 631-14, al. 1er, ord. 18 déc. 2008). L'article L. 622-12 du code de commerce, dans la rédaction antérieure à la loi de sauvegarde des entreprises (anc[t] L. 25 janv. 1985, art. 153-2) et l'article L. 641-11 alinéa 1 depuis la loi de sauvegarde des entreprises (devenu C. com., art. L. 641-11-1, III, 1°, ord. 18 déc. 2008) reproduisent la solution en liquidation judiciaire. Le juge-commissaire autorisera alors le liquidateur ou s'il est encore en fonction pendant la poursuite provisoire de l'activité, l'administrateur judiciaire.

En pratique, le raccourcissement du délai est exceptionnel. En revanche, la faculté de prorogation du délai est assez fréquemment utilisée par les administrateurs judiciaires. Sous l'empire de la loi du 25 janvier 1985, dans sa rédaction d'origine, il y avait un intérêt spécial à ne pas s'engager dans une option pouvant être source de dommages et intérêts, bénéficiant de l'article 40, en cas de résiliation faisant suite à une option de continuation de contrat. Depuis la loi du 10 juin 1994[13], l'intérêt du différé d'option n'apparaît plus clairement, du fait de la nature antérieure reconnue à la créance d'indemnité de résiliation du contrat primitivement continué (v. s[s] n° 442.25). Il a en tout cas été jugé que l'usage de cette faculté de différé l'option sur la continuation du contrat, motivé par un motif fallacieux et n'ayant d'autre objet que de faire supporter au

1. PÉROCHON, 10e éd., n° 740.
2. Montpellier, 2e ch., 15 sept. 2015, RG n° 13/05478, préc.
3. Com. 7 févr. 2012, n° 10-26.626, *Bull. civ.* IV, n° 30; n° 179 FS-P+B; *D.* 2012. Actu. 494, note Lienhard; *Gaz. Pal.* 28 avr. 2012, n° 118. p. 14, note Reille; *Rev. proc. coll.* 2012, comm. 128, note Roussel Galle.
4. AUSSI : JACQUEMONT ET VABRES, 9e éd., n° 412 – PÉROCHON, 10e éd., n° 726 – COQUELET, 5e éd., n° 202 – Vallens, 2015, n° 3257.
5. EN CE SENS AUSSI : PÉROCHON, 10e éd., n° 726.
6. Paris, 15e ch. A, 17 nov. 1998, *Act. proc. coll.* 1999/3, n° 38.
7. L. n° 2005-845, 26 juill. 2005, préc.
8. L. n° 94-475, 10 juin 1994, préc.
9. Com. 23 mai 1995, n° 92-20.405, *Bull. civ.* IV, n° 152; *D.* 1995. Somm. 308, obs. Honorat; *JCP E* 1995. I. 513, n° 15, obs. M. Cabrillac; *Rev. proc. coll.* 1996, 212, n° 2, obs. Mestre.
10. L. n° 2005-845, 26 juill. 2005, préc.
11. L. n° 85-98, 25 janv. 1985, préc.
12. Ord. n° 2008-1345, 18 déc. 2008, préc.
13. L. n° 94-475, 10 juin 1994, préc.

cocontractant le poids de la dette pendant le différé d'option, justifiait l'engagement de la responsabilité civile délictuelle de l'administrateur judiciaire[1].

Le différé d'option doit être autorisé avant expiration du délai d'option[2]. À défaut, la mise en demeure serait infructueuse plus d'un mois, ce qui entraînerait résiliation du contrat. L'ordonnance du juge-commissaire devra, en conséquence intervenir dans le délai d'option. En outre, le différé d'option est au maximum de deux mois. Le juge-commissaire n'accorde pas un nouveau délai. Il accorde une prolongation du délai d'option. La prolongation est définie[3] comme « le temps ajouté à la durée normale de quelque chose ». Il faut donc décider qu'une prolongation de deux mois du délai d'option sur la continuation du contrat équivaut à un délai de trois mois[4], qui court à compter de la réception par le mandataire de justice interrogé sur sa volonté de continuer ou non le contrat.

Le titulaire de l'option doit manifester celle-ci avant l'expiration du délai allongé. À défaut, il y a résiliation de plein droit du contrat, tant sous l'empire de la loi du 25 janvier 1985[5], que sous l'empire de la loi de sauvegarde.

Le cocontractant ne peut, avant expiration du délai allongé, disposer de son contrat en contractant avec un tiers. Il a été jugé que pareille démarche serait inopposable à la liquidation judiciaire[6].

La violation de ces règles, par exemple le dépassement du délai de prorogation d'option, constituerait, de la part du juge-commissaire, d'un excès de pouvoir. Cependant, en pratique, il ne pourra être que rarement sanctionné, même si l'article 61 du décret du 27 décembre 1985[7] (réd. 21 oct. 1994[8]), et l'article 88, alinéa 1 du décret du 28 décembre 2005[9], prévoient que le greffier doit aviser le cocontractant de la décision de différé d'option. La solution est d'ailleurs reproduite en liquidation judiciaire, depuis la modification introduite par l'article 62 du décret du 23 décembre 2006[10], qui a inséré un article 233-1 dans le décret du 28 décembre 2005 (devenu C. com., art. R. 641-21), lorsque le juge-commissaire accorde au liquidateur ou à l'administrateur lorsqu'il en a été désigné, une prorogation du délai d'option. Le délai d'instruction de l'opposition à l'ordonnance *conduirait en effet, en pratique, à une réformation* de l'ordonnance postérieurement à l'expiration du délai de prorogation imparti par le juge-commissaire. Un auteur a d'ailleurs considéré, au motif que l'ordonnance n'était pas notifiée, mais seulement communiquée, qu'aucun recours n'était ouvert à son encontre[11].

1. Versailles, 1re ch. civ., 4 déc. 2003, *Gaz. Pal.* 2-3 avr. 2004, Somm. 18; *Rev. proc. coll.* 2004, p. 226, n° 6, obs. Roussel Galle.
2. Com. 4 févr. 1992, n° 90-16.399, *Bull. civ.* IV, n° 57; *D.* 1993. Somm. 2, obs. Derrida – Paris, pôle 5, 8e ch., 20 oct. 2009, *Rev. proc. coll.* 2010/2, comm. 58, p. 50, note Roussel Galle.
3. *Dictionnaire encyclopédique Larousse*.
4. Paris, 14e ch. B, 20 juin 2003, RG n° 2003/00130 – Vallens, 2015, n° 3258.
5. Com. 11 avr. 2012, n° 10-20.505, *Bull. civ.* IV, n° 80; n° 445 FS-P+B; *Act. proc. coll.* 2012/9, comm. 129, note Cagnoli; *Rev. proc. coll.* 2012, comm. 127, note Pérochon; *BJE* juill. 2012, comm. 118, note Monsérié-Bon; *Dr. et patr.* sept. 2012, n° 217, p. 97, note Monsérié-Bon; *LXB hebdo* 17 mai 2012, n° 296, note Le Corre-Broly.
6. Paris, 14e ch. B, 20 juin 2003, RG n° 2003/00130.
7. D. n° 85-1388, 27 déc. 1985, préc.
8. D. n° 94-910, 21 oct. 1994, *JO* 22 oct., p. 15019.
9. D. n° 2005-1677, 28 déc. 2005, préc.

SECTION 431.50

CONSÉQUENCES DE L'OPTION SUR LA CONTINUATION DU CONTRAT

431.51 Conséquences de l'option de non-continuation sous l'empire de la loi du 25 janvier 1985[12] non réformée. Sous l'empire de la loi du 25 janvier 1985, la non-continuation du contrat crée une situation particulière, intermédiaire entre la notion de contrat en cours et celle de contrat continué. Le contrat non continué, en effet, pouvait valablement être cédé (v. ss n° 582.52), ce qui postulait que la non-continuation ne soit pas équivalente à la résiliation[13]. Le cocontractant pouvait, se prévalant de la non-continuation, faire prononcer, sur ce fondement, la résiliation du contrat[14]. Ce pouvoir n'appartenait pas au débiteur, à l'administrateur ou au liquidateur, responsable de l'inexécution[15]. La décision prononçant la résiliation entraînait ouverture d'un délai de déclaration de créance des conséquences de la résiliation, c'est-à-dire, en pratique, de l'indemnité de résiliation (D. 27 déc. 1985[16], art. 66, al. 4, anct).

431.52 Conséquences de l'option de non-continuation depuis la loi du 10 juin 1994[17]. La loi du

10. D. n° 2006-1709, 23 déc. 2006, préc.
11. Gibirila, n° 411.
12. L. n° 85-98, 25 janv. 1985, préc.
13. Com. 28 avr. 1998, n° 95-21.865, *Bull. civ.* IV, n° 137; *JCP E* 1998, pan. 973; *Gaz. Pal.* 1998, pan. 203; *D.* 1998. IR 163 – Com. 13 oct. 1998, n° 96-15.062, *Bull. civ.* IV, n° 241; *JCP E* 1998, act. 1858; *D. Affaires* 1998, 1896, obs. Lienhard; *Act. proc. coll.* 1998/11, n° 144 – Com. 13 mai 2003, n° 00-15.484, NP.
14. Com. 28 avr. 1998, n° 95-21.865, préc. – Com. 13 oct. 1998, n° 96-13.140, NP, *JCP E* 1998, act. 1858; *D. Affaires* 1998, 1896, obs. Lienhard; *Act. proc. coll.* 1998/11, n° 144 – Com. 8 oct. 2003, n° 01-00.459, NP.
15. Derrida et alii, n° 404 – Soinne, n° 1343.
16. D. n° 85-1388, 27 déc. 1985, préc.
17. L. n° 94-475, 10 juin 1994, préc.

10 juin 1994 a réformé le dispositif établi, en posant la règle selon laquelle l'absence de réponse dans le délai du mois emporte désormais résiliation de plein droit du contrat (C. com., art. L. 621-28 [anc[t] L. 25 janv. 1985[1], art. 37]). La loi de sauvegarde des entreprises[2] a repris la solution à l'article L. 622-11, applicable en redressement judiciaire du fait du renvoi qu'opère l'article L. 631-14, et en liquidation judiciaire du fait du renvoi opéré par l'article L. 641-10, alinéa 2.

La solution est, *a fortiori*, transposable à l'hypothèse d'option expresse pour la non-continuation[3], sous une réserve importante introduite par la Cour de cassation, sous l'empire de la législation antérieure à la loi de sauvegarde des entreprises, et maintenue sous l'empire de la loi de sauvegarde des entreprises : l'option doit faire suite à une mise en demeure d'avoir à prendre parti sur le sort du contrat (v. s[s] n° 431.41).

La non-continuation du contrat constitue une cause de résiliation anticipée[4], permettant le jeu des clauses contractuelles réglementant cette hypothèse, notamment les clauses relatives à l'indemnité de résiliation[5]. Ces clauses n'étant pas spécialement stipulées pour cause de procédure collective sont pleinement efficaces[6]. La décision de l'organe compétent de ne pas continuer le contrat entraîne résiliation de celui-ci à la date de l'option, peu important qu'un préavis de six mois ait été prévu dans le contrat[7].

Les clauses contractuelles régissant la restitution d'un bien à la fin du contrat sont opposables aux mandataires de justice, même après option de non continuation du contrat[8]. Le mandataire de justice qui opte pour la non continuation d'un contrat qui obligeait le débiteur à effectuer des travaux, ne peut demander au cocontractant, victime de l'inexécution, paiement du solde de la commande, puisque cette contrepartie financière est dépourvue de cause du fait de l'inexécution contractuelle[9].

En revanche, il est estimé que la clause, qui s'analyse en une clause pénale en nature, par laquelle en cas de résiliation du bail du fait du preneur, la licence – en l'occurrence de débit de boissons – sera transférée au bailleur est dépourvue d'effet en cas de procédure collective du preneur, car sa mise en œuvre aboutit à attribuer un élément d'actif au bailleur, ce qui contrarie les règles de réalisation des actifs en liquidation judiciaire ainsi que l'ordre des privilèges. C'est pourquoi cette clause est inopposable à la procédure collective[10].

Le cocontractant n'a plus à faire judiciairement prononcer ni même constater la résiliation[11]. Il en résulte la conséquence que le délai de déclaration de créance des conséquences de la résiliation (v. s[s] n° 665.34), part de la date de réception par le cocontractant de la réponse sur l'option en faveur de la non-continuation si elle intervient dans le délai du mois imparti à l'organe compétent pour opter[12], ou, à défaut d'option, de l'expiration du délai du mois imparti au mandataire de justice ou au débiteur, selon le cas, pour répondre, sous réserve du jeu, sous l'empire de la loi de sauvegarde des entreprises, de l'article R. 627-1 alinéas 3 et 4 (anc[t] D. 28 déc. 2005[13], art. 169, al. 3 et 4 – v. s[s] n° 431.43). En outre, cette même date constitue le point de départ du délai de revendication ouvert par le code, jusqu'à l'ordonnance du 18 décembre 2008[14] (v. s[s] n° 813.53). Ainsi, le délai de l'action en revendication court-il de la date de la résiliation, non de sa constatation par le juge-commissaire. Dans le régime simplifié sans administrateur judiciaire, sous l'empire de la législation antérieure à la loi de sauvegarde des entreprises, le délai de l'action en revendication court de la date de refus par le juge-commissaire d'autoriser la continuation du contrat et non, comme cela a été jugé d'une manière critiquable par une cour d'appel, de la date du jugement statuant sur opposition à l'encontre de l'ordonnance du juge-commissaire ayant refusé l'autorisation de continuer le contrat[15]. L'exécution provisoire atta-

1. L. n° 85-98, 25 janv. 1985, préc.
2. L. n° 2005-845, 26 juill. 2005, préc.
3. Com. 18 mars 2003, n° 00-12.693, *Bull. civ.* IV, n° 47; *D.* 2003. AJ 972, obs. Lienhard; *Act. proc. coll.* 2003/8, n° 96, obs. Régnaut-Moutier; *JCP E* 2003, Chron. 1396, p. 1573, n° 12, obs. M. Cabrillac; *JCP E* 2003, Chron. 1665, p. 1915, n° 11, obs. Monéger; *RD banc. fin.* 2003/5, p. 292, n° 191, obs. Lucas; *RTD com.* 2004. 152, n° 1, obs. Martin-Serf; *Rev. proc. coll.* 2003, p. 234, n° 1, obs. Roussel Galle; *LXB* n° N7189AAI, note Le Corre-Broly.
4. Com. 11 juill. 2000, n° 98-13.366, NP, *Act. proc. coll.* 2000/16, n° 205, note Vallansan.
5. Com. 16 juin 2004, n° 01-11.356, NP.
6. Com. 13 juin 2006, n° 05-14.138, NP, *Rev. proc. coll.* 2008, p. 75, n° 15, note Roussel Galle.
7. Paris, 3e ch. B, 27 sept. 2007, RG n° 2006/6219.
8. Com. 18 sept. 2007, n° 06-13.824, *Bull. civ.* IV, n° 200; n° 1006 FS-P+B; *Gaz. proc. coll.* 2007/4, p. 39, note Henry; *Gaz. proc. coll.* 2008/1, p. 42, note Reille; *Act. proc. coll.* 2007/17, n° 197, note Régnaut-Moutier; *JCP E* 2008, Chron. 1207, n° 13, p. 33, obs. Pétel; *Rev. proc. coll.* 2008, p. 74, n° 14, note Roussel Galle; *LXB hebdo* n° 278, 25 oct. 2007, n° N9001BCD, note Le Corre-Broly.
9. Com. 24 sept. 2003, n° 01-00.572, *Bull. civ.* IV, n° 142; *D.* 2003. AJ 2503; *Act. proc. coll.* 2003/19, n° 244, note Boulay; *JCP E* 2003, jur. 1748, p. 2018, note Keita; *JCP E* Chron. 202, p. 226, n° 10, obs. Pétel; *Rev. proc. coll.* 2004, p. 67, n° 4, obs. Roussel Galle.
10. Douai, 2e ch., 1re sect., 21 mai 2015, *D.* 2015. 2114, note Lemay.
11. Com. 18 mars 2003, n° 00-12.693, préc.
12. Com. 18 mars 2003, n° 00-12.693, préc. (v. s[s] prés[t] n°).
13. D. n° 2005-1677, 28 déc. 2005, préc.
14. Ord. n° 2008-1345, 18 déc. 2008, préc.
15. Montpellier, 2e ch., 10 janv. 2008, RG n° 06/06976, *Act. proc. coll.* 2008/12, n° 191, note crit. Cagnoli.

chée à l'ordonnance justifie la solution[1]. L'ord nance du 18 décembre 2008 a modifié cette solutic désormais, le délai de l'action en revendicat court uniformément de la date de la publication *Bodacc* du jugement d'ouverture.

L'article 61-1 du décret du 27 décembre 198 issu de la rédaction du décret du 21 octobre 199 prévoit que « le juge-commissaire constate, su demande de tout intéressé, la résiliation de pl droit des contrats dans les cas prévus aux prem et troisième alinéas de l'article L. 621-28 du code commerce et à l'article L. 621-29 (anc^t L. 25 ja 1985, art. 37 et 38), ainsi que la date de ce résiliation ». La solution est reproduite par l'art R. 622-13, alinéa 2 du code de commerce (a^t D. 28 déc. 2005, art. 88). Ce texte de la sauvegarde est applicable en redressement judiciaire. Ces tes renvoient aux cas prévus aux premier et troisième alinéas de l'article L. 622-13 et à l'article L. 622-14 et, depuis le décret du 12 février 2009[4], au II de l'article L. 622-13 et à l'article L. 622-14. Depuis le décret du 23 décembre 2006 (art. 62), la solution est applicable en liquidation judiciaire (D. 28 déc. 2005, art. 233-1, al. 2, réd. D. 23 déc. 2006[5], devenu C. com., art. R. 641-21). Le texte renvoie aux cas de résiliation de plein droit visés aux premier et troisième alinéas de l'article L. 622-13 et à l'article L. 641-12. Depuis le décret du 12 février 200 l'article R. 641-21, alinéa 2 du code vise les cas de résiliation de plein droit prévus au III de l'article L. 641-11-1 et à l'article L. 641-12.

Le constat de la résiliation apparaît comme une simple faculté ouverte au cocontractant[6]. Le seul défaut de réponse à la mise en demeure ou la réponse négative à cette mise en demeure est suffisant. Le texte de l'article 61-1 du décret du 27 décembre 1985, ceux de l'article R. 622-13 du code de commerce (anc^t D. 28 déc. 2005, art. 88) et R. 641-21 alinéa 2 (anc^t D. 28 déc. 2005, art. 233-1, al. 2), précisent bien qu'il ne s'agit que d'un constat de la résiliation. En réalité, cette règle est destinée à éviter les discussions sur le point de départ des délais de déclaration de créance de l'indemnité de résiliation et, avant l'ordonnance du 18 décembre 2008, de l'action en revendication. Elle offre en outre aux intéressés la possibilité de mettre à l'écart la résiliation intervenue[7]. Le cocontractant du débiteur semble en effet pouvoir renoncer à cette résiliation. La solution avait été posée sous l'empire de la loi du 25 janvier 1985 non réformée[8]. La demande de constat présentée au juge-commissaire conduira alors à une ordonnance constatant qu'il n'y a pas résiliation du contrat.

L'ordonnance du 18 décembre 2008, pour sa part, a introduit un mécanisme de résiliation prononcée par le juge-commissaire, sur la demande, en période d'observation, de l'administrateur et à son défaut, du débiteur, lorsque la résiliation est nécessaire à la sauvegarde du débiteur et ne porte pas une atteinte excessive aux intérêts du cocontractant (C. com., art. L. 622-13, IV, et L. 627-2). La même solution est posée en liquidation judiciaire, lorsque la prestation du débiteur ne porte pas sur le paiement d'une somme d'argent. La demande appartient alors à l'administrateur et, à son défaut, au liquidateur (C. com., art. L. 641-11-1, IV, et L. 641-10, al. 5) (v. s^s n° 431.53).

L'ordonnance du 18 décembre 2008 a, en outre, introduit un nouveau cas de résiliation de plein droit, permettant à l'administrateur judiciaire et, à son défaut, au liquidateur (C. com. art. L. 641-10, al. 5), de décider de ne pas continuer le contrat en cours lorsque la prestation du débiteur porte sur le paiement d'une somme d'argent (C. com., art. L. 641-11-1, III, 3°). Le contrat est alors résilié de plein droit, alors même que l'option de non-continuation du contrat serait spontanée, c'est-à-dire ne serait pas la suite d'une option d'avoir à opter sur le sort du contrat (v. s^s n° 431.53).

Que l'option de l'organe compétent pour la non-continuation du contrat soit spontanée ou soit la suite d'une mise en demeure sur le sort du contrat, il est exclu de condamner l'organe compétent ou le débiteur au paiement de loyers couvrant une période postérieure à l'option. Ces créances ne peuvent être traitées comme des créances postérieures, avant[9], comme depuis la loi de sauvegarde des entreprises. Le cocontractant du débiteur déclarera au passif les dommages et intérêts résultant de l'inexécution, lesquels seront réputés avoir un fait générateur antérieur au jugement d'ouverture (avant la loi de sauvegarde des entreprises, C. com., art. L. 621-28, al. 5; depuis la loi de sauvegarde des entreprises, C. com., art. L. 622-13, al. 5). Le jeu du droit commun des clauses pénales trouvera ici application (v. s^s n° 671.23). Il y aura place à réduction, si la clause pénale est manifestement excessive.

1. Cagnoli, note s^s Montpellier, 2e ch., 10 janv. 2008, RG n° 06/06976, *Act. proc. coll.* 2008/12, n° 191.
2. D. n° 85-1388, 27 déc. 1985, préc.
3. D. n° 94-910, 21 oct. 1994, préc.
4. D. n° 2009-160, 12 févr. 2009, préc.
5. D. n° 2006-1709, 23 déc. 2006, préc.
6. Com. 18 mars 2003, n° 00-12.693, préc. (v. s^s prés^t n°).
7. CHAPUT, n° 349.
8. Versailles, 13e ch., 7 juill. 1994, *JurisData* 044536.
9. Com. 18 sept. 2007, n° 06-13.824, *Bull. civ.* IV, n° 200; n° 1006 FS-P+B; *Gaz. proc. coll.* 2007/4, p. 39, note Henry; *Gaz. proc. coll.* 2008/1, p. 42, note Reille; *Act. proc. coll.* 2007/17, n° 197, note Régnaut-Moutier; *JCP E* 2008, Chron. 1207, n° 13, p. 33, obs. Pétel; *Rev. proc. coll.* 2008, p. 74, n° 14, note Roussel Galle; *LXB hebdo* n° 278, 25 oct. 2007, n° N9001BCD, note Le Corre-Broly.

À cet égard, il importe de préciser que les indemnités de résiliation stipulées aux contrats de location financière ou de crédit-bail s'analysent en des clauses pénales[1]. Le juge-commissaire a un pouvoir discrétionnaire de les modérer ou non[2], en estimant, conformément au droit commun, si elles sont ou non manifestement excessives[3]. La déclaration des dommages et intérêts pourra autoriser une compensation entre la dette de restitution d'acompte, perçue par le cocontractant, et le montant des dommages et intérêts qui lui sont dus. Le code de commerce prévoit d'ailleurs explicitement la solution, en autorisant le cocontractant à différer la restitution des acomptes, jusqu'à ce que le juge-commissaire ait statué sur l'admission de la créance de dommages et intérêts.

Il faut toutefois réserver l'hypothèse d'une résiliation du contrat intervenue suite au jeu de l'option, mais suivie d'une poursuite des relations contractuelles. En ce cas, les juges du fond peuvent constater l'existence d'un nouveau contrat de même contenu que le précédent, qui avait été résilié, de sorte que la résiliation de ce nouveau contrat est soumise aux dispositions contractuelles[4]. Comme il a été observé, l'identité de contenu des deux contrats – celui résilié et le nouveau – est une présomption[5], qu'il est permis de combattre.

431.53 **Résiliation du contrat sur option spontanée sous l'empire de l'ordonnance du 18 décembre 2008**[6]. Commençons d'abord par rappeler que l'ordonnance du 18 décembre 2008 ne conduit pas à remettre en cause le principe selon lequel l'option spontanée de l'organe compétent pour la non-continuation du contrat n'entraîne pas la résiliation du contrat. En effet, cette solution n'est écartée que de manière exceptionnelle[7]. La solution de la loi de 1985[8] continuera à jouer, en période d'observation, l'administrateur ou à défaut le débiteur fait connaître, sans avoir été mis en demeure, sa décision de ne pas continuer le contrat, et sans saisir le juge-commissaire d'une demande tendant au prononcé de la résiliation. C'est la solution posée par la Cour de cassation, dans une espèce où l'administrateur après avoir d'abord opté spontanément pour la continuation du contrat a ensuite opté spontanément pour sa non continuation[9]. Cette même solution s'appliquera en liquidation judiciaire si le liquidateur sans avoir été mis en demeure, opte pour la non-continuation du contrat, alors que la prestation du débiteur n'est pas financière. En dehors de ces cas, les solutions résultant de la loi de sauvegarde[10] doivent être exposées, en distinguant la situation en période d'observation et celle en liquidation judiciaire.

En période d'observation, l'article L. 622-13, IV, du code de commerce, texte de la sauvegarde applicable en redressement judiciaire (C. com., art. L. 631-14, al. 1) prévoit une hypothèse nouvelle de résiliation judiciaire du contrat en période d'observation. Le texte énonce qu'« à la demande de l'administrateur, la résiliation est prononcée par le juge-commissaire si elle est nécessaire à la sauvegarde du débiteur et ne porte pas une atteinte excessive aux intérêts du cocontractant ».

L'article L. 627-2 du code de commerce reconnaît au débiteur, en l'absence d'administrateur, la faculté ouverte à l'administrateur de poursuivre des contrats en cours. À la lettre, ce texte n'autoriserait pas le débiteur à demander la résiliation du contrat au juge-commissaire si elle est nécessaire à sa sauvegarde et ne porte pas une atteinte excessive aux intérêts du cocontractant[11]. En revanche, la disposition réglementaire est plus explicite et supprime toutes difficultés d'interprétation. En effet, l'article R. 627-1, en son alinéa 4, tel qu'il résulte de la rédaction que lui a donnée l'article 46 du décret du 12 février 2009[12], prévoit que « les dispositions de l'article R. 622-13 sont applicables lorsque le débiteur exerce la faculté ouverte à l'administrateur de demander la résiliation des contrats en cours ». Il peut exercer cette option seul, sans avoir besoin de l'avis conforme du mandataire judiciaire[13].

1. Com. 24 mai 2005, n° 04-12.369, NP – Civ. 3e, 21 mai 2008, n° 07-12.848, *Bull. civ.* III, n° 94; n° 575 FS-P+B; *D.* 2008. AJ 1619 – Rouen, ch. civ. et com. 11 sept. 2014, RG n° 13/05894.
2. Com. 5 nov. 2013, n° 12-20.263, *Bull. civ.* IV, n° 164; n° 1052 FS-P+B; *D.* 2013. Actu. 2639, note Lienhard; *Gaz. Pal.* 12 janv. 2014, p. 30, note Le Corre; *Act. proc. coll.* 2013/19, comm. 281, note Cagnoli; *BJE* janv. 2014, p. 28, note Benilsi; *RTD com.* 2014. 186, n° 3, note Martin-Serf.
3. Rouen, ch. civ. et com. 11 sept. 2014, RG n° 13/05894.
4. Com. 11 avr. 2012, n° 10-20.505, *Bull. civ.* IV, n° 80; n° 445 FS-P+B; *Act. proc. coll.* 2012/9, comm. 129, note Cagnoli; *Rev. proc. coll.* 2012, comm. 127, note Pérochon; *BJE* juill. 2012, comm. 118, note Monsérié-Bon; *LXB hebdo* 17 mai 2012, n° 296, note Le Corre-Broly.
5. Monsérié-Bon, note ss Com. 11 avr. 2012, n° 10-20.505, *BJE* juill. 2012, comm. 118, sp. p. 213.
6. Ord. n° 2008-1345, 18 déc. 2008, préc.
7. Le Corre-Broly, « Les modifications apportées au droit commun de la continuation des contrats en cours », *D.* 2009. 663 s., sp. 665, n° 7.
8. L. n° 85-98, 25 janv. 1985, préc.
9. Com. 1er mars 2016, n° 14-19.875, *Bull. civ.* IV [à paraître]; n° 215 F-P+B; *D.* 2016. actu 599, note Lienhard; *BJE* 2016, 167, note Benilsi; *Rev. proc. coll.* 2016, comm. 44, note Roussel Galle; *Rev. sociétés* 2016. 397, note Henry.
10. L. n° 2005-845, 26 juill. 2005, préc.
11. SUR LE DOUTE né du texte : Roussel Galle, « Les "nouveaux" régimes des contrats en cours et du bail », *Rev. proc. coll.* 2009/1, 7, p. 55 s., sp. p. 58, n° 13.
12. D. n° 2009-160, 12 févr. 2009, préc.
13. COQUELET, 5e éd., n° 206.

L'article L. 622-13, IV, autorise l'adminisur judiciaire à saisir le juge-commissaire, par le requête, pour faire prononcer la résiliation dn-trat. La solution législative apparaît ainsi comn compromis entre reconnaître à l'option spone pour la non continuation du contrat valeur dé-liation et obliger le cocontractant à saisir le compétent pour prononcer la résiliation. Peute aurait-il été préférable de prévoir purement et -plement un droit d'option spontanée pour la n continuation valant résiliation du contrat, s réserve de l'atteinte excessive aux intérêts du coc-tractant, alors surtout que l'absence de répon à une mise en demeure produit un effet de résiliati. *A fortiori*, aurait-il dû en être ainsi de l'option spo-tanée pour la non continuation.

Quoi qu'il en soit, la solution apparaît oppo-tune, en évitant à l'administrateur judiciaire ou au débiteur de rester prisonnier d'un contrat, dans l'hypothèse où le cocontractant ne prendrait pas l'initiative d'une mise en demeure[1]. Elle est de nature à apporter une réponse législative à une impasse jurisprudentielle dans laquelle se trouvaient engouffrés les administrateurs judiciaires, ne pouvant mettre fin à un contrat, dont l'inutilité était patente, lorsque la contrepartie financière du contrat était captée par le jeu d'un avis à tiers détenteur, d'une saisie-attribution ou encore d'une cession de créances Dailly, portant sur des créances à exécution successive[2]. La possibilité de solliciter la résiliation du contrat, en pareille situation, pourrait, peut-être, permettre de trouver une transaction, pour que, en contrepartie de l'abandon de la demande de résiliation du contrat, une partie des sommes normalement captées par des créanciers revienne dans les faits au débiteur ou à son administrateur judiciaire. De façon plus générale, cette nouvelle hypothèse de résiliation concernera des contrats dont la contrepartie est trop coûteuse ou qui procurent un gain insuffisant ou créent des pertes[3].

Le souhait de l'administrateur judiciaire de faire réaliser une meilleure opération financière à son administré, par rapport à celle initialement souscrite, comme celui du débiteur de valoriser ses actifs immobiliers au meilleur prix, ne constitue pas, selon une cour d'appel, une nécessité au sens de l'article L. 622-13, IV, du code et en tel cas, la résiliation du contrat – un compromis de vente – porte une atteinte excessive aux intérêts du cocontractant[4]. Précisons que l'entrée de l'imprévision à l'article 1195 du code civil, à la suite de la réforme du droit des obligations résultant de l'ordonnance du 10 février 2016[5] apparaît de nature à modifier cette solution, dès lors qu'un changement de circonstances imprévisible lors de la conclusion du contrat rend l'exécution excessivement onéreuse pour une partie qui n'avait pas accepté d'en assumer le risque.

Cette solution emporte une conséquence importante. Puisque la résiliation est ici prononcée et non pas simplement constatée par le juge-commissaire, la date de résiliation sera fixée à la date de notification de la décision du juge-commissaire la prononçant. Cette date fera courir le délai de la déclaration de l'indemnité de résiliation.

L'alinéa 3 de l'article R. 622-13 du code de commerce, qui résulte de l'article 24, 3° du décret du 12 février 2009, fait clairement apparaître le caractère contradictoire de la procédure de résiliation. Il précise que la demande de résiliation prend la forme d'une requête adressée ou déposée au greffe par l'administrateur. Le greffier doit convoquer le débiteur et le cocontractant par lettre recommandée avec demande d'avis de réception. L'administrateur doit être avisé de la date de l'audience. La solution est adaptée, en l'absence d'administrateur, si le débiteur sollicite auprès du juge-commissaire la résiliation du contrat. L'article R. 627-1, alinéa 4, du code de commerce dans la rédaction que lui donne l'article 46 de du décret du 12 février 2009, prévoit que « le débiteur joint à sa requête l'avis conforme du mandataire judiciaire s'il a obtenu. Le greffier avise le mandataire judiciaire, aux lieu et place de l'administrateur, de la date de l'audience ». Il a été relevé que la formulation du texte permet de considérer que l'avis conforme du mandataire judiciaire n'est nullement obligatoire pour permettre au débiteur de demander au juge-commissaire la résiliation du contrat[6].

Il ne s'agit pas là d'une résiliation de plein droit, le juge-commissaire ne constatant pas la résiliation. Il a clairement le pouvoir de la prononcer, en appréciant, ainsi que l'indique l'article L. 622-13, IV, du code de commerce, si, d'une part, la résiliation est nécessaire à la sauvegarde – ou au redressement judiciaire – et si, d'autre part, elle ne porte pas une atteinte excessive aux intérêts du cocontractant. Cette atteinte excessive pourrait être trouvée dans l'hypothèse d'un bail dans lequel le bailleur est en sauvegarde ou en redressement judiciaire[7]. Cela ne doit pas autoriser la résiliation du contrat de bail,

1. Roussel Galle, « Les "nouveaux" régimes des contrats en cours et du bail », *Rev. proc. coll.* 2009/1, 7, p. 55 s., sp. p. 58, n° 12 – LIENHARD, 6e éd., n° 76.29.
2. Le Corre-Broly, art. préc., sp. 665, n° 8 – *Adde*, Kendérian, « Le bail des locaux professionnels dans les procédures collectives après l'ordonnance du 18 décembre 2008 », *Gaz. Pal.* 6-7 mars 2009, n° sp. p. 31 s., sp. p. 37, n° 20.
3. Le Cannu, « La poursuite de l'activité », *Dr. et patr.* déc. 2009, n° 187, p. 68 s., sp. p. 70.
4. Paris, pôle 5, 9e ch., 22 sept. 2011, RG n° 10/11758.
5. Ord. n° 2016-131, 10 févr. 2016, *JO* 11 févr.
6. Le Corre-Broly, art. préc., sp. 666, n° 9.
7. AUSSI, POUR CET EXEMPLE : Roussel Galle, « Les "nouveaux" régimes des contrats en cours et du bail », *Rev. proc. coll.* 2009/1, 7, p. 55 s., sp. p. 58, n° 13.

même s'il y va de l'intérêt du débiteur. Il a, de façon plus générale, été indiqué que le juge devrait éviter de prononcer la résiliation lorsque le contrat correspond à l'activité exclusive du cocontractant, par exemple pour les contrats de distribution comme la franchise ou la concession, ou de sous-traitance[1]. La question peut encore se poser de savoir si le juge-commissaire devra prendre en compte l'impact des licenciements éventuels que provoquerait chez le cocontractant la résiliation du contrat. Une réponse affirmative ne nous paraît pas douteuse[2].

En liquidation judiciaire, deux nouvelles hypothèses de résiliation ont été posées, à la suite d'une option spontanée de l'administrateur ou, en son absence du liquidateur, respectivement par les articles L. 641-11-1, III, 3° qui régit un cas de résiliation de plein droit et l'article L. 641-11-1, IV, qui réglemente un cas de résiliation judiciaire du contrat.

L'article L. 641-11-1, III, du code de commerce, dans la rédaction que lui donne l'ordonnance du 18 décembre 2008, prévoit tout d'abord que « le contrat en cours est résilié de plein droit : 3° lorsque la prestation du débiteur porte sur le paiement d'une somme d'argent, au jour où le cocontractant est informé de la décision du liquidateur de ne pas poursuivre le contrat ». Il ne s'agit pas ici, comme en période d'observation, d'une résiliation judiciaire, mais bien d'une résiliation de plein droit, qui ne nécessite pas l'intervention du juge-commissaire. Cette nouvelle solution a été voulue pour permettre d'éviter à la liquidation judiciaire de se retrouver prisonnière d'un contrat dont elle n'a plus besoin. Les intérêts du cocontractant ne sont pas ici pris en compte. La solution est justifiée par la présomption selon laquelle la trésorerie de l'entreprise ne permet pas le paiement de la contrepartie du contrat[3]. Dans ces conditions, autant autoriser l'administrateur, ou à son défaut, le liquidateur, à obtenir de plein droit la résiliation du contrat. Même si la solution constitue une atteinte grave au droit commun des obligations, elle a le mérite de supprimer l'hypocrisie du système antérieur.

L'alinéa 2 de l'article R. 641-21 du code de commerce, dans la rédaction que lui donne l'article 75 du décret du 12 février 2009, précise que « le juge-commissaire constate la résiliation de plein droit des contrats dans les cas prévus au III de l'article L. 641-11-1 ainsi que la date de cette résiliation ».

1. Le Cannu, « La poursuite de l'activité », *Dr. et patr.* déc. 2009, n° 187, p. 68 s., sp. p. 70.
2. Le Cannu, art. préc., sp. p. 70.
3. Monsérié-Bon, DPDE, n° sp. 302-1, mars 2009, « Réforme du droit des entreprises en difficulté », 4171 – Roussel Galle, « Les "nouveaux" régimes des contrats en cours et du bail », *Rev. proc. coll.* 2009/1, 7, p. 55 s., sp. p. 60, n° 22 – LIENHARD, 3e éd., n° 936-1.

article L. 641-11, IV, du code de commerce rise également l'administrateur judiciaire, ou à défaut le liquidateur, à demander au juge-com- saire de prononcer la résiliation du contrat, lors- la prestation du débiteur ne porte pas sur le ement d'une somme d'argent, si elle est néces- e aux opérations de liquidation et ne porte pas atteinte excessive aux intérêts du cocontractant. retrouve ici les limites posées en période d'obser- ion, cependant qu'en cette phase de la procédure, l'est pas distingué selon que la prestation du débi- ır porte ou non sur le paiement d'une somme ırgent. L'obligation du débiteur consistera ici néces- ırement en une obligation de faire[4].

Les limites au jeu de la résiliation sont doubles.

D'une part, il faudra que la résiliation soit rendue nécessaire par les besoins de la liquidation judiciaire et, d'autre part, qu'elle ne porte pas une atteinte excessive aux intérêts du cocontractant. En outre, il ne s'agit pas ici d'une résiliation de plein droit, mais d'une résiliation judiciaire. Cette résiliation doit être en effet prononcée en le juge-commissaire, qui appréciera si les conditions sont réunies. Le caractère impératif de la résiliation s'impose moins que lorsque la prestation porte sur le paiement d'une somme d'argent. Aucune présomption d'impécuniosité du débiteur ne la justifie ici[5].

Le juge-commissaire a un pouvoir d'appréciation. On peut prendre ici un exemple dans lequel le juge-commissaire devrait refuser la résiliation du contrat : il s'agit de l'hypothèse dans laquelle le débiteur est un bailleur à usage d'habitation. Certes, la résiliation du bail serait profitable à la liquidation judiciaire car un immeuble vide vaut plus cher qu'un immeuble occupé. Mais, mettre dehors le locataire qui exécute parfaitement ses obligations au prétexte que son bailleur est en liquidation judiciaire semble être une atteinte excessive aux intérêts du cocontractant du débiteur, le preneur à bail[6]. La même solution vaudrait pour la demande de résiliation judiciaire d'un contrat de location-gérance, dans lequel le débiteur serait le loueur du fonds. Il a été dit que cette prérogative nouvelle était source de dangers et, à tout le moins, de contentieux[7]. Une cour d'appel a néanmoins cru devoir prononcer la résiliation d'un bail rural, en présence d'un bailleur en liquidation judiciaire, alors que le preneur à bail était lui-même en redressement, ce qui pouvait conduire à l'impossibilité de son sauvetage[8]. Il est vrai

4. Le Corre-Broly, art. préc., sp. 665, n° 8.
5. LIENHARD, 3e éd., n° 936-1.
6. RAPPR. : PÉROCHON, 10e éd., n° 743.
7. Pétel, 6e éd., n° 244.
8. Nîmes, 2e ch. com., sect. B, 26 sept. 2013, RG n° 12-01.493, *Rev. proc. coll.* 2014, comm. 137, note Lebel; *BJE* 2014, 372, note Roussel.

que dans cette espèce, le dirigeant de la société bailleresse et celle de la société preneuse à bail était le même et que le bail avait été signé quelques jours avant la résolution du plan de continuation et la liquidation judiciaire du bailleur.

La demande de résiliation sera présentée par l'administrateur et à son défaut par le liquidateur, par voie de requête adressée ou déposée au greffe. *Il* appartient au greffier de convoquer le débiteur et le cocontractant par lettre recommandée avec demande d'avis de réception. L'administrateur et, à défaut, le liquidateur sont avisés de la date de l'audience (C. com., art. R. 641-21, al. 4, réd. D. 12 févr. 2009, art. 75).

Les voies de recours sur l'ordonnance que rendra le juge-commissaire seront, de manière classique, portées devant le tribunal, dans le délai de dizaine de la notification par le greffe, à charge d'appel.

431.54 Conséquence de l'option de continuation du contrat. L'article L. 621-28 alinéa 1er du code de commerce, dans la rédaction antérieure à la loi de sauvegarde des entreprises[1] (anct L. 25 janv. 1985[2], art. 37, al. 1er), édicte que l'administrateur, qui a seul la faculté d'exiger la continuation des contrats en cours, doit fournir la prestation promise. La solution est reproduite, sous l'empire de la loi de sauvegarde des entreprises, par l'article L. 622-13, II, alinéa 1er (réd. ord. 18 déc. 2008[3]), qui ne vise plus la procédure de redressement judiciaire, mais la procédure de sauvegarde. Ce texte est rendu applicable en redressement judiciaire par l'article L. 631-14, I, (devenu C. com., art. L. 631-14, al. 1, réd. ord. 18 déc. 2008) et en liquidation judiciaire par l'article L. 641-10 alinéa 2, avant l'ordonnance du 18 décembre 2008. L'article L. 641-11-1, alinéa 1, qui résulte de l'ordonnance du 18 décembre 2008 reproduit la solution posée en sauvegarde. Le contrat est donc continué aux conditions contractuelles.

Le cocontractant du débiteur doit s'exécuter de ses obligations sitôt l'option formulée. Toute tergiversation de sa part sera source d'engagement de sa responsabilité contractuelle s'il en résulte, pour l'entreprise débitrice, un préjudice[4].

Le contrat doit être continué exactement aux conditions contractuelles sinon d'origine, du moins celles qui existaient au jour du jugement d'ouverture, sous réserve cependant, depuis la réforme du droit des obligations résultant de l'ordonnance du 10 février 2016[5], de l'imprévision régie par l'article 1195 du code civil.

1. L. n° 2005-845, 26 juill. 2005, préc.
2. L. n° 85-98, 25 janv. 1985, préc.
3. Ord. n° 2008-1345, 18 déc. 2008, préc.
4. Paris, 3e ch. B, 29 mars 2002, *Rev. proc. coll.* 2003/1, p. 20, n° 7, obs. Roussel Galle.
5. Ord. n° 2016-131, 10 févr. 2016, préc.

En application de cette règle, il a pu être jugé que lorsqu'un contrat de prestation de logistique prévoit la reprise de l'ensemble du personnel affecté à l'activité de logistique du cocontractant et la réintégration du personnel repris en cas de résiliation du contrat dans un délai de six ans, le débiteur qui avait souscrit l'engagement de reprise du personnel doit procéder à la *réintégration des salariés, en cas de* résiliation du contrat[6].

De même, l'octroi de délais de paiement s'inscrivant dans une opération pouvant être qualifiée de compte-courant, du fait de la possibilité de remises réciproques entre les parties, avec ouverture de crédit en compte, doit être continué, malgré l'ouverture de la procédure collective[7].

Le président du tribunal qui désigne une personne pour accomplir une tâche technique n'entrant pas dans la compétence habituelle des mandataires de justice ou qui fixe la rémunération de cette personne après accomplissement de sa mission ne peut se prononcer sur le sort de contrats conclus entre cette personne et le débiteur avant le jugement d'ouverture, ni substituer l'accomplissement d'une telle tâche technique à leur exécution, ni modifier, par ce moyen, les modalités de rémunération des prestations du cocontractant[8].

L'inexécution du contrat pour cause autre que financière après jugement d'ouverture n'entraîne pas sa résiliation de plein droit, mais autorise seulement le cocontractant à en demander judiciairement la résiliation. Dans la procédure de sauvegarde ou de redressement judiciaire, le mandataire judiciaire doit être mis en cause, dans tous les cas. Dans la procédure de sauvegarde, en présence d'un administrateur ayant mission d'assistance, la demande de résiliation devra être dirigée contre le débiteur et contre l'administrateur. Si l'administrateur a une mission de surveillance, sa mise en cause n'est plus nécessaire depuis l'ordonnance du 18 décembre 2008, alors qu'elle semblait l'être auparavant. Dans la procédure de redressement judiciaire avec un administrateur ayant mission d'administration, la demande devra être dirigée contre lui seul, alors qu'elle devra l'être contre lui et contre le débiteur, si l'administrateur judiciaire a une mission d'assistance En liquidation judiciaire, la demande sera dirigée contre le liquidateur[9].

Le débiteur, l'administrateur judiciaire et le liquidateur sont en droit d'opposer au cocontractant l'exception d'inexécution pour refuser de s'acquitter des sommes mises à leur charge. La solution a été posée dans le cadre de la continuation d'un bail

6. Com. 19 déc. 2006, n° 06-14.431, NP; n° 1506 FS-D.
7. Com. 28 juin 2011, n° 10-17.456, NP; n° 682 F-D.
8. Com. 25 nov. 2008, n° 07-20.230, NP; n° 1227 F-D.
9. Com. 24 avr. 2007, n° 05-17.405, NP; n° 619 F-D.

commercial, le bailleur n'ayant pas correctement exécuté son obligation d'assurer la jouissance paisible[1].

Il résulte de la continuation du contrat continué aux conditions contractuelles que les **clauses d'arbitrage** continueront à produire effet[2], dès lors du moins que l'action initiée est relative à l'exécution du contrat lui-même, non à une action en responsabilité délictuelle initiée par un mandataire de justice contre le cocontractant, car le litige est alors étranger à la clause d'arbitrage[3]. Le liquidateur, qui représente le débiteur, et ne peut donc être considéré comme un tiers au contrat, doit donc respecter la clause d'arbitrage dans le cadre d'une demande tendant à l'annulation d'un contrat de cession d'actions[4] ou dans la cadre d'une action en paiement dirigée contre le partenaire contractuel[5]. Il en va différemment si l'action contre le partenaire contractuel engagée par le liquidateur repose sur les nullités de la période suspecte. En effet, en introduisant une action en nullité de la période suspecte, le liquidateur ne se substitue pas au débiteur dessaisi pour agir en son nom, mais exerce une action au nom et dans l'intérêt collectif des créanciers. Il en résulte que la clause compromissoire stipulée à l'acte litigieux – un contrat de franchise – est inapplicable au litige[6].

> **Règle du paiement au comptant avant l'ordonnance du 12 mars 2014**[7]. Bien que le principe soit celui de l'exécution du contrat continué selon les conditions contractuelles existant au jour de l'ouverture de la procédure collective, il importe d'indiquer une dérogation de première importance, qui peut même être qualifiée de bizarrerie juridique. Le code de commerce oblige en effet à payer au comptant la contrepartie d'un contrat continué, alors même que le débiteur aurait eu, avant l'ouverture de la procédure collective, la possibilité de payer ses partenaires contractuels avec le bénéfice de délais de paiement. Toutefois, en pratique, seul le contrat à exécution instantanée peut faire l'objet d'un paiement comptant, et celui à exécution successive d'un paiement aux termes convenus[8]. En effet, qui irait prétendre que le débiteur doive payer immédiatement les loyers d'un bail financier continué après le jugement d'ouverture, alors que le contrat prévoit un paiement mensuel ? Cela est un nonsens, qui figure portant encore dans la loi, sauf à admettre, en rupture avec l'analyse civiliste dominante, qu'il n'est évidemment pas possible de payer des créances qui ne sont pas encore nées, ce qui peut être soutenu en présence d'un contrat à exécution successive tel le bail (v. s[s] n° 442.12).

Dans les textes préparatoires à l'ordonnance du 18 décembre 2008, l'idée avait été avancée que, dans la sauvegarde, le débiteur devrait pouvoir compter sur les délais accordés par les fournisseurs et ainsi, dans le cadre de la continuation de son contrat, aurait pu prétendre conserver ces délais de paiement. La solution n'a finalement pas été retenue, ce qui est dommageable pour l'entreprise[9] qui, par définition dans une situation délicate, se trouve pénalisée du seul fait de l'ouverture de la procédure collective, puisqu'elle va devoir payer ses fournisseurs au comptant, alors qu'avant la procédure collective, elle pouvait payer avec le bénéfice de certains délais. Pareille règle n'est pas posée dans la procédure de conciliation. Heureusement, toutefois, les partenaires contractuels ont la possibilité d'accorder au débiteur des délais de paiement. Mais le feront-ils, alors que le législateur leur montre le mauvais exemple ? Quoi qu'il en soit, il a été observé que la règle du paiement au comptant apparaît comme un bon moyen d'éviter à l'administrateur judiciaire d'engager sa responsabilité, car le respect des délais de paiement fournisseurs aurait pu, au contraire, être une importante source d'engagement de celle-ci[10].

> **Règle du paiement au comptant depuis l'ordonnance du 12 mars 2014.** L'article 23 de l'ordonnance du 12 mars 2014 modifie l'article L. 622-13, II du code de commerce en créant, pour la procédure de sauvegarde, un régime particulier de continuation des contrats en cours. Jusqu'alors, le régime de la continuation des contrats en cours est commun à la sauvegarde et au redressement judiciaire. Le débiteur doit donc payer la contrepartie du contrat continué au comptant. Cela revient à dire que si le débiteur, avant le jugement d'ouverture,

1. Paris, 14e ch., 9 déc. 2005, RG n° 05/12935.
2. AINSI : Paris, 14e ch. A, 13 févr. 2002, *Rev. proc. coll.* 2003, p. 310, n° 2, obs. Staes – Besançon, ch. com., 4 juin 2002, *JCP E* 2003. 518, note P.-M. ; *Rev. Arb.* 2003, p. 134, note Fouchard ; *RD banc. fin.* 2004/1, p. 27, n° 25, obs. Lucas.
3. Com. 14 janv. 2004, n° 02-15.541, *Bull. civ.* IV, n° 10 ; *D.* 2004. AJ 278, obs. Lienhard ; *Act. proc. coll.* 2004/6, n° 77, note Fricero.
4. Civ. 1re, 29 janv. 2014, n° 12-29.104, NP.
5. Civ. 1re, 1er avr. 2015, n° 14-14.552, *Bull. civ.* I [à paraître] ; n° 345 F-P+B ; *JCP E* 2015, 1273, note Lebel ; *Leden* 2015, comm. 081, note crit. Lucas.
6. Com. 17 nov. 2015, n° 14-16.012, *Bull. civ.* IV [à paraître] ; n° 988 F-P+B ; *D.* 2015. actu 2439, note Lienhard ; *Gaz. Pal.* 12 avr. 2016, n° 14, p. 68, note Roussel Galle ; *Act. proc. coll.* 2015/20, comm. 319, note Fin-Langer ; *Rev. sociétés* 2016. 198, note Roussel Galle ; *JCP E* 2016, 1135, note Lebel ; *BJE* 2016, 121, note Vidal ; *Rev. proc. coll.* 2016, comm. 47, note Reille.
7. Ord. n° 2014-326, 12 mars 2014, préc.
8. AINSI, Bordeaux, 13 mars 2014, RG n° 12/02158, *Rev. proc. coll.* 2015, chron. 1, n° 7, note Sautonie-Laguionie.
9. PÉROCHON, 9e éd., n° 712.
10. Roussel Galle, « Les "nouveaux" régimes des contrats en cours et du bail », *Rev. proc. coll.* 2009/1, 7, p. 55 s., sp. p. 57, n° 6.

bénéficiait de délais de paiement fournisseur, ces délais sont supprimés. Le débiteur est ainsi plus mal traité, alors que, par hypothèse, il rencontre des difficultés, que le cocontractant de droit commun. La solution est injustifiable dans la sauvegarde, procédure ouverte sans cessation des paiements. Le législateur a entendu l'observation et prévoit désormais au second alinéa du II de l'article L. 622-13 que « *au vu des documents prévisionnels dont il dispose, l'administrateur s'assure au moment où il demande l'exécution du contrat, qu'il disposera des fonds nécessaires pour assurer le paiement en résultant* ». Le texte supprime la phrase selon laquelle lorsque la prestation du débiteur porte sur le paiement d'une somme d'argent, celui-ci doit se faire au comptant.

La disposition ne vaut que pour la procédure de sauvegarde. Le paiement, en redressement judiciaire, continue à devoir intervenir au comptant. Cela oblige à l'écriture d'une disposition spéciale pour le redressement judiciaire, qui est en réalité la reprise de la disposition existant dans le droit antérieur pour la sauvegarde. C'est l'objet de l'article 53 de l'ordonnance qui insère un alinéa 4 à l'article L. 631-14. La contrepartie du contrat continué doit être payée au comptant, sauf obtention de délais de paiement accordés par le cocontractant.

La différenciation de la sauvegarde et du redressement judiciaire s'intensifie. Le maintien de la solution antérieure en redressement judiciaire nous semble justifié. N'oublions pas que le débiteur a cessé ses paiements et que continuer un contrat présente pour le partenaire contractuel un risque important. Il est normal qu'il puisse escompter le paiement au comptant.

431.55 **Résiliation du contrat primitivement continué en cas d'inexécution.** Le code de commerce oblige à payer au comptant la contrepartie du contrat continué, alors même que le débiteur aurait eu, avant l'ouverture de la procédure collective, la possibilité de payer ses partenaires contractuels avec le bénéfice de délais de paiement. Toutefois, en pratique, seul le contrat à exécution instantanée peut faire l'objet d'un paiement comptant, et celui à exécution successive d'un paiement aux termes convenus.

Si l'exécution n'intervient pas dans les conditions contractuelles existant au jour du jugement d'ouverture, si la contrepartie du contrat continué n'est pas payée au comptant, ou du moins, en présence d'un contrat à exécution successive, tel un bail financier, aux échéances contractuelles convenues, il y a place, selon l'article L. 621-28 alinéa 3 du code de commerce, dans la rédaction antérieure à la loi de sauvegarde des entreprises[1] (anc^{t} L. 25 janv. 1985[2], art. 37, al. 3), à résiliation de plein droit. La solution est reproduite depuis cette loi par l'article L. 622-13 alinéa 3 (devenu C. com., art. L. 622-13, III, al. 2, réd. ord. 18 déc. 2008[3]), pour la procédure de sauvegarde, rendue applicable en redressement judiciaire par l'article L. 631-14, I (devenu C. com., art. L. 631-14, al. 1, réd. ord. 18 déc. 2008) et en liquidation judiciaire par l'article L. 641-10 alinéa 2, avant l'ordonnance du 18 décembre 2008, par l'article L. 641-11, *III, al. 2, depuis l'ordonnance du* 18 décembre 2008.

L'article 61-1 du décret du 27 décembre 1985[4] prévoit que le juge-commissaire constate, sur la demande de tout intéressé, la résiliation de plein droit des contrats dans le cas prévu à l'article L. 621-28 alinéa 3. La solution est reproduite, depuis la loi de sauvegarde, par l'article R. 622-13 alinéa 2 du code de commerce (anc^{t} D. 28 déc. 2005[5], art. 88, al. 2), selon lequel « le juge-commissaire constate, sur la demande de tout intéressé, la résiliation de plein droit des contrats dans les cas prévus aux premier et troisième alinéas de l'article L. 622-13 et à l'article L. 622-14 du même code, ainsi que la date de cette résiliation ». Depuis le décret du 12 février 2009[6], qui conserve la règle, sont visés les cas prévus au III de l'article L. 622-13 et à l'article L. 622-14. En liquidation judiciaire, la solution est reproduite par l'article R. 641-21, alinéa 2 du code. Selon ce texte, « le juge-commissaire constate, sur la demande de tout intéressé, la résiliation de plein droit des contrats dans les cas prévus au III de l'article L. 641-11-1 et à l'article L. 641-12 ainsi que la date de cette résiliation ».

L'obligation pour le débiteur de payer au comptant est exclusive de responsabilité de la part du cocontractant qui modifie ses conditions de paiement, pour se conformer à l'exigence du paiement comptant posée par le texte[7].

La résiliation peut cependant être écartée si le cocontractant accorde des délais de paiement. La résiliation de plein droit prévue par le texte est une protection du cocontractant et une incitation pour l'administrateur ou le débiteur à exécuter correctement le contrat. Cette mesure de protection du cocontractant ne peut se retourner contre lui. Il faut en conséquence décider, conformément au droit commun, qu'il peut renoncer à se prévaloir de la résiliation[8]. Cette renonciation devrait être non équivoque. Le cocontractant accordera ainsi un nouveau

1. L. n° 2005-845, 26 juill. 2005, préc.
2. L. n° 85-98, 25 janv. 1985, préc.
3. Ord. n° 2008-1345, 18 déc. 2008, préc.
4. D. n° 85-1388, 27 déc. 1985, préc.
5. D. n° 2005-1677, 28 déc. 2005, préc.
6. D. n° 2009-160, 12 févr. 2009, préc.
7. Dijon, ch. civ., sect. B, 1er mars 2005, RG n° 2003/01331.
8. SOINNE, n° 1346-1.

délai de régularisation à l'administrateur ou au débiteur, selon le cas. Cette faveur accordée par le cocontractant risque toutefois de se retourner contre lui[1], puisqu'il ne pourra plus ensuite imputer à faute à l'administrateur judiciaire le défaut de paiement, alors qu'il a accordé un moratoire[2].

En cas de résiliation du contrat, la créance d'indemnité de résiliation aura une nature antérieure (v. s[s] n° 442.25).

Enfin, en cas de résiliation du contrat primitivement continué, le parquet, l'administrateur, le représentant des créanciers – mandataire judiciaire – ou un contrôleur peut saisir le tribunal aux fins de conversion de la sauvegarde ou du redressement judiciaire en liquidation judiciaire. On notera ici que le contrôleur émet une véritable prétention, puisqu'il saisit d'une demande en justice le tribunal. Si sa demande est rejetée, il doit pouvoir interjeter appel, car il est une partie à une instance (v. s[s] n° 612.31).

Une protection indirecte du cocontractant est ici établie. Il pourra ainsi faire pression sur le débiteur ou l'administrateur judiciaire, afin que ces derniers exécutent le contrat s'ils ne veulent pas encourir la conversion du redressement judiciaire ou de la sauvegarde en liquidation judiciaire. La pression du cocontractant sera d'autant plus grande, s'il est contrôleur.

431.56 Résiliation du contrat primitivement continué sur option. Si l'administrateur judiciaire, ou à son défaut, le débiteur, opte, dans un premier tem|après avoir été mis e demeure, pour la continuu|on du contrat, il le|r est possible, dans un seco|temps, de mettre fi|n, sur option, à ce contrat, s|leur apparaît qu'il| ne seront pas en mesure de pa| la contrepartie p|omise.

En | cas, il y a résilia|on de plein droit du contrat, c|qui donne lieu à |aissance de dommages et intérêts|La loi de sauvega|e des entreprises[3] (C. com., art. L. ‹2-13, al. 5, en|sauvegarde, rendu applicable par |article L. 631-4, I, en redressement judiciaire e|par l'article L641-10, al. 2 en liquidation judiciai|), de maniè| interprétative, pose clairement la|ègle d'équi|alence entre option de non-continua|ion du cont|at et option pour la résiliation du contr|t. Dans les| deux cas, il y a résiliation, ce qui fait ma|ître des d|ommages et intérêts devant être déclarés au passif[4].

En revanche, sous l'empire de la loi du 25 janvier 1985[5], dans l'hypothèse où l'administrateur décide, dans un pre|mier temps de continuer le contrat, sans avoir été m|is en demeure, puis, dans un second temps, pre|d la décision d'y mettre fin, la Cour de cassation e|stime qu'il n'y a pas résiliation de plein droit. Le cocontractant a seulement, en ce cas, le droit de faire prononcer la résiliation par le juge de droit commun[6].

La solution n'est pas modifiée sous l'empire de la loi de sauvegarde, dans sa rédaction d'origine, c'est-à-dire pour les procédures ouvertes entre le 1er janvier 2006 et le 15 février 2009. L'ordonnance du 18 décembre 2008[7], en revanche, a créé de nouveaux cas de résiliation (v. s[s] n° 431.41).

1. PÉROCHON, 10e éd., n° 735.
2. Com. 13 mai 2003, n° 01-15.572, *Bull. civ.* IV, n° 77.
3. L. n° 2005-845, 26 juill. 2005, préc.
4. *Rapp. Xavier de Roux*, n° 2095, p. 215.
5. L. n° 85-98, 25 janv. 1985, préc.
6. Com. 4 juin 2013, n° 12-17.792, NP; n° 555 F-D; *BJE* sept. 2013, p. 280, note Reille.
7. Ord. n° 2008-1345, 18 déc. 2008, préc.

CHAPITRE

432. Contrat de travail

SECTION 0

ORIENTEUR

432.00 Plan du chapitre.

Sect. 432.10 Exclusion du contrat de travail du dispositif de continuation des contrats en cours

Sect. 432.20 Licenciements économiques

432.01 Textes applicables. (V. les références complètes s^{s} n° 011).

> Législation extérieure au code de commerce.

C. trav., art. L. 1224-1, L. 1231-1, L. 1234-7, L. 1234-10, L. 1234-12, L. 1233-5, L. 1233-58, L. 1233-60 (anc^{t} C. trav., art. L. 122-4, L. 122-12, L. 321-1-1, L. 321-8, L. 321-9)

> Législation antérieure à la loi de sauvegarde des entreprises.

C. com., art. L. 621-28, al. dern., L. 621-37, L. 621-64, L. 621-135

D. 27 déc. 1985., art. 63, 64

> Législation issue de la loi de sauvegarde des entreprises.

C. com., art. L. 622-13, al. 7, L. 631-17, L. 631-19, L. 631-21, al. 2 et 3, L. 641-4, al. 6

C. com., art. R. 621-16 (anc^{t} D. 28 déc. 2005, art. 59), R. 631-26 (anc^{t} D. 28 déc. 2005, art. 194), R. 631-36 (anc^{t} D. 28 déc. 2005, art. 204), R. 642-3 (anc^{t} D. 28 déc. 2005, art. 254)

> Législation issue de l'ordonnance du 18 décembre 2008.

C. com., art. L. 622-13, VI, L. 631-17, L. 631-19, II, al. 3, L. 631-21, al. 2 et 3, L. 641-4, al. 4

C. com., art. R. 621-16, R. 631-26, R. 631-36, R. 642-3

> Législation issue de l'ordonnance du 12 mars 2014.

C. com., art. L. 631-19, III, L. 641-4, L. 642-5

C. trav., art. L. 1222-6, L. 1233-58, L. 1233-60-1, L. 2323-45, L. 2411-1, L. 6222-18

> Législation issue de l'ordonnance du 26 juin 2014.

C. com., art. L. 631-19, L. 641-4, L. 642-5

C. trav. art. L. 1233-58

432.02 Jurisprudence de référence.

> Le contrat de travail n'est pas résilié du seul fait de la liquidation judiciaire.

• Soc. 20 juin 2001, n° 99-43.793, NP

* V. s^{s} n° 432.13

La liquidation judiciaire n'entraîne pas en soi la rupture des contrats de travail ouvrant droit à la garantie de l'AGS en application de l'article L. 143-11-1 alinéa 2 2°, du code du travail.

> Une fois l'ordonnance du juge-commissaire passée en force de chose jugée, le caractère économique du licenciement ordonné en période d'observation ne pourra plus être discuté.

• Soc. 9 juill. 1996, n° 93-41.877, *Bull. civ.* V, n° 268

* V. s^{s} n° 432.23

> La lettre de licenciement devra, pour que le licenciement en période d'observation ne soit pas considéré comme étant sans cause réelle et sérieuse, impérativement viser l'ordonnance du juge-commissaire.

• Cass., ass. plén., 24 janv. 2003, n° 00-41.741, *Bull. ass. plén.*, n° 1

* V. s^{s} n° 432.23

> La lettre qui indique que le licenciement intervient en application du jugement de liquidation est suffisamment motivée.

• Soc. 2 mars 2004, n°s 02-41.931, 02-41.933, 02-41.934, 02-41.935, 02-42.079, 02-42.080, 02-42.081, 02-42.082, NP

* V. s^{s} n° 432.25

432.03 Bibliographie indicative. (V. les références complètes s^{s} n° 031).

> Actualisables.

› AVANT LSE. REP. COM., Teyssié B., « Entreprises en difficulté – Redressement judiciaire (Salariés) », n°s 171 à 216 – J.-CL. COM., Jeantin, fasc. 2350, [Situation des salariés], mis à jour par Kerckhove E.

› DEPUIS LSE. J.-CL. COM., Tagliarino-Vignal N., [sort des salariés], 2015.

> Ouvrages antérieurs à la loi de sauvegarde des entreprises. Boyer A., *Protection des salariés et sauvetage de* *l'entreprise : quête d'un équilibre*, PUAM 2006 – Chaput, n°s 510, 594 à 600 – Guyon, n° 1260 – Jacquemont, n°s 922 à 935 – Kerckhove, n°s 511 à 516 – Le Cannu, n°s 663, 667 à 670, 967 – Le Corre-Broly, n°s 170, 171 – Martin et Vallens, n°s 3609 à 3624 – Pérochon et Bonhomme, n° 206 – Pétel, n° 247 – Ripert et Roblot, n°s 3088 à 3091-1 – Saint-Alary-Houin, n°s 526 à 531, 561, 846 à 849 – Soinne, n°s 1370 à 1419 – Vallansan, p. 89, 90, 375.

> Ouvrages postérieurs à la loi de sauvegarde des entreprises. Boyer A., *Protection des salariés et sauvetage de l'entreprise : quête d'un équilibre*, PUAM 2006 – Coquelet, 5e éd., n° 217 – Gibirila, n°s 632 à 643 – Jacquemont et Vabres, 9e éd., n°s 1183 à 1204 – Le Cannu, 7e éd., n°s 447, 742 à 748, 944 à 947, 982, 1032, 1086, 1141 – Lienhard, 6e éd., n°s 77.34, 116.12, 122.42, 124.28 – Pérochon, 10e éd., n°s 697, 1077, 1108 à 1110 – Pétel, 8e éd., n° 242 – Roussel Galle, n° 324 – Saint-Alary-Houin, 9e éd., n°s 671, 1005, 1006, 1105 à 1113, 1178 à 1180, 1234, 1299, 1300 – Vallansan et *alii*, 6e éd., p. 109, 320 à 322, 325, 326, 360, 361, 373, 374 – Vallens, 2015, n°s 3987 à 3989, 3991 à 4022, 4076, 4077 – Vidal et Giorgini, n°s 768, 769, 1772 à 1890 – Voinot, 2e éd., n°s 587, 697, 698, 839 à 845.

> Articles.

› *Étude d'ensemble.* Arséguel A. et Méteyé Th., « Les aspects sociaux de la procédure de sauvegarde », *Rev. proc. coll.* 2008/2, p. 117 – Boyer A., « Un droit social contre-productif dans les entreprises en difficulté », *Gaz. Pal.* 16-17 avr. 2010, n°s 106, 107, p. 8 – Césaro J.-F., « Procédures collectives et article L. 122-12, alinéa 2 du code du travail », in *Entreprises en difficulté et droit du travail*, « Ceprisca », PUF, 2007, p. 9 – de Frémont H., « Droit du travail et procédure collective : une réforme impossible ? », *BJE* mars 2014, p. 123 – Decoopman N., « Entreprises en difficulté et droit du travail », in *Entreprises en difficulté et droit du travail*, « Ceprisca », PUF, 2007 – Delteil M. et Lautrette L., « Le sort des contrats de travail dans la loi de sauvegarde des entreprises », *LPA* 17 févr. 2006, n° 35, p. 42 – Donnette A., « Droit des entreprises en difficulté et droit du travail : tentative de clarifications », *BJE* mai 2014, 203 – Driguez L., « La sécurisation de l'emploi et les procédures collectives font-elles bon ménage », *BJE* juill. 2013, éclairage p. 207 – Fin-Langer L., « Les risques subis par les salariés », *Rev. proc. coll.* 2010/6, § 10, p. 93 – Gailhbaud Ch., « Les dispositions relatives aux salariés dans l'ordonnance n° 2014-326 du 12 mars 2014 », *Gaz. Pal.* 6 avr. 2014, n° 96, p. 52; « Les dispositions concernant les salariés de l'ordonnance du 12 mars 2014 », *D.* 2014. 755 – Gailhbaud Ch. et Jacotot D., « Apports de la réforme du livre VI du code de commerce en matière de droit du travail », *Gaz. Pal.* 5 oct. 2014, n° 278, p. 11 – Jacotot D., « Le traitement des difficultés de l'entreprise à l'épreuve de la loi sur la sécurisation de l'emploi : adaptations à prévoir », *BJE* sept. 2013, p. 325; « Les apports de la loi de sécurisation de l'emploi applicables aux entreprises en difficulté », *Rev. proc. coll.* 2013, étude 24; « Liquidation judiciaire d'une filiale française d'un groupe et droit du travail », *Rev. proc. coll.* 2013, dossier 56; « Quelques modifications intéressant les salariés », interv. Colloque Besançon 10 oct. 2014, *Gaz. Pal.* 31 déc. 2014, n° 365, 29 – Jacotot D. et Fin-Langer L., « La naissance d'un droit social des entreprises en difficulté ? », *Rev. proc. coll.* 2014, dossier 24; « La loi Macron et le droit social », *Rev. proc. coll.* 2015, études 17 – Lelc-Thomas V. et Jacotot D., « Le droit social des entreprises en difficulté », *Rev. proc. coll.* 2014, dossier 38 – Ma-Germain N., « La dualité contentieuse, tribunal de commerce – conseil de prud'hmmes, dans le règlement des défaillances d'entreprises », *LPA* 12 août 1998, p. 3 – Mazeaud A., « Faillite et droit du travail », in *Le code de commerce 1807-2007 : Livre du bicentenaire*, Dalloz, 2006, p. 1 – Morvan P., « Le roit social dans la réforme du droit dentreprises en difficulté », *JCP E* 2005, n° 42, 1511 – Ne-Leduc Ch., « Brèves remarques d'actualité sur les procédures collectives, les salariés et les groupes de sociétés », *Rev. proc. coll.* 2011, Colloque 5, p. 45 – Roussel Galle Ph., Brbouloux H. et Couturier G., « Le groupe de sociétés en procédure collective », *LPA* 22 avr. 2010, n° 80, p. 54 s., sp. p9, n°s 26 s. – Saint-Alary Houin, « Le droit social dans les procédures collectives : entre inadaptation, idéalisme et voiement », résumé des interventions à la journée d'étude de l'*AJDE*, Toulouse 14 octobre 2011, *BJE* nov./déc. 2011, comm. 163, p. 302 – Saintourens B. et Duprat Ph., « Les droits des salariés dans l'ordonnance du 18 décembre 2008 portant réforme du droit des entreprises en difficulté », *Gaz. Pal.* 8-10 mars 2009, n° sp. p. 40 – Taquet F., « Aperçu rapide des modifications en matière sociale résultant de l'ordonnance n° 2008-1345 du 18 décembre 2008 portant réforme du droit des entreprises en difficulté », *Rev. proc. coll.* 2009/1, p. 96 – Teboul G., « Le code du travail : un divorce avec le droit des entreprises en difficulté ? », *LPA* 1er et 2 janv. 2008, n°s 1, 2, p. 7.

› *Co-emploi.* Arséguel A., « Droit du travail, droit décapants : à propos du co-employeur », *Rev. proc. coll.* 2012, dossier 6, p. 62 – Bailly P., « Le co-emploi, une situation exceptionnelle », *JCP S* 2013. 1441 – Gailhbaud Ch., « De la théorie du co-employeur à la notion de co-emploi », *Gaz. Pal.* entr. diff. 3 août 2012, n° 216, p. 11 – Gall-Heng E., « Une "subtilité complémentaire" dans l'analyse de l'obligation de reclassement : la théorie du co-employeur », *Rev. proc. coll.* 2012, dossier 8, p. 66.

› *Rupture.* Aufort-Duprat et Duprat Ph., « Résiliation judiciaire du contrat de travail et procédures collectives », *Rev. proc. coll.* 2012, dossier 3, p. 53 – Jacotot D., « Droit social et droit des entreprises en difficulté. La rupture du contrat de travail », Roussel Galle (dir.), « Droit 360° », LexisNexis, 2012, p. 531.

› *Transfert/ Reprise.* Bailly P., « Le contrat de travail et le transfert de l'entreprise en difficulté », *Gaz. Pal.* 2002. 1359 – Béraud S., « En finir avec les incertitudes pesant sur le sort des contrats de travail en matière de cession d'unité de production », *Rev. proc. coll.* 2003, p. 91 – Dumont F., « L'impact pour les salariés de la suggestion de reprise dans les procédures collectives », *Rev. proc. coll.* 2004, p. 297 – Fin-Langer L., « Les aspects sociaux de l'opération de reprise de l'entreprise en difficulté », *Rev. proc. coll.* 2010/3, comm. 17 – Fin-Langer L. et Jacotot D., « Les salariés, acteurs de la reprise d'entreprise en difficulté », *Rev. proc. coll.* 2015, dossier 54 – Labasque F., « Le sort des contrats de travail en cas de cession d'unité de production après le prononcé d'une liquidation judiciaire », *LXB* n° N4505ABH – Mazeaud A., « Le maintien de l'emploi en cas de transfert de l'entreprise en difficulté 1985-2005 : un bilan, une réforme ? », Lamy

AFFAIRES mars 2005, suppl. n° 80, p. 83 – Przemyski Pl « Transfert des contrats de travail et procédures collectives *Dr. et proc.* 2004/4, p. 197 – Saintourens B., « Reprise d l'entreprise par les salariés licenciés et principe du mainti des contrats de travail », *Rev. proc. coll.* 2012, dossier 4, p. 55

› *Licenciement.* Bailly P., « Les licenciements et les procédu res collectives », *Gaz. proc. coll.* 2008/4, p. 3 – Boyer A. « Les conséquences sociales de l'arrêt de l'exécution provi soire de plein droit du jugement de liquidation judiciaire », *Rev. proc. coll.* 2011, Alertes 11, p. 3; « La maternité et la liquidation judiciaire », *Rev. proc. coll.* 2012, étude 14, p. 40 – Calomili C. et Gatto C., « Les licenciements économiques dans les plans de cession », *LPA* 28 nov. 2008, n° 239, p. 8 - Chagny Y., « Quelques aspects de la garantie des créance résultant du licenciement pour motif économique par l'entr prise en difficulté », *Gaz. Pal.* 20-21 sept. 2002, Doctr. 56 de Frémont H., « Les licenciements et les procédu collectives : un compromis acceptable ? », *Gaz. proc. c* 2009/1, p. 11 – Driguez L., « Un pas de plus vers la sécur tion des licenciements collectifs des entreprises en redre ment et liquidation judiciaires », *BJE* 2015, 437 – Dumor F., « La cause économique du licenciement en procédure de sauvegarde : inquiétude quant à la mise en œuvre du régime de droit commun », *Rev. proc. coll.* 2007/2, p. 55 – Jacotot D., « Le licenciement des salariés d'une composante d'un groupe en liquidation judiciaire : entre droit du travail et droit civil », *Rev. proc. coll.* 2012, étude 1, p. 15; « Licenciement économique : quelle évolution pour les entreprises en difficulté », *Rev. proc. coll.* 2016, dossier 18 – Météyé, Dedessus-le-Moustier, Jeannerot et Pellie, « Licenciements et cession : de la préparation à l'exécution », *LPA* 28 mars 2016, n° 62, Atelier n° 2, La Colle/Loup 2015 – Morvan P., « Le contrôle judiciaire des licenciements pour motif économique prononcés au cours d'une procédure collective », *Dr. soc.* 1998. 443, n° 5; « Les grands licenciements collectifs au cours d'une procédure collective (loi du 14 juin 2013 et l'ordonnance du 12 mars 2014) », *BJE* 2014, 416 – Taquet F., « Les nouvelles dispositions relatives au licenciement économique issues de la loi de cohésion sociale (Loi n° 2005-32 du 18 janvier 2005) », *Rev. proc. coll.* 2005/2, p. 114 – Vallens J.-L., « Le juge et le licenciement pour motif économique, les licenciements économiques et les procédures collectives », *Cah. dr. entr.* 2003, n° 6, p. 14 – Verkindt P.-Y., « Procédures collectives et licenciements économiques », in *Entreprises en difficulté et droit du travail*, « Ceprisca », PUF, 2007, p. 17.

› *Plan de sauvegarde de l'emploi.* Bailly P., « La sanction de l'insuffisance d'un plan de sauvegarde de l'emploi dans une procédure collective », *Sem. soc. Lamy* 6 févr. 2006, n° 1247 – Boyer A., « Contenu et financement du PSE et nouvelles mesures d'accompagnement », *LPA* 22 avr. 2010, n° 80, p. 12 – Frouin C. et Frouin J.-Y., « La sanction de l'insuffisance d'un plan de sauvegarde de l'emploi établi dans le cadre d'une procédure collective », *RJS* 2006. 251 – Gailhbaud Ch. et Jacotot D., « Les plans et le maintien de l'emploi », *Rev. proc. coll.* 2015, dossier 46, p. 89 – Météyé, Gorrias, Merly et Farmine, « Plan de sauvegarde de l'emploi et plan de cession », *BJE* Dossier 209, « Entreprises en difficulté : les bonnes pratiques des professionnels », congrès CNAJMJ La Colle/Loup 14-15 juin 2012 – Pétel Ph., « Groupes de sociétés et plan de sauvegarde de l'emploi », *JCP E* 2007. 1423, p. 33.

› *Reclassement.* Fin-Langer L., « L'obligation de reclassement à l'étranger », *Rev. proc. coll.* 2009/1, 3, p. 13 – Gailhbaud Ch., « Le reclassement des salariés », *Rev. proc. coll.* 2012, dossier 7, p. 64 – Gall-Heng E., « Une "subtilité complémentaire" dans l'analyse de l'obligation de reclassement : la théorie du co-employeur », *Rev. proc. coll.* 2012, dossier 8, p. 66 – Jacotot D., « Obligation de reclassement des salariés et liquidation judiciaire : les frontières entre le possible et l'impossible », *LPA* 18 juill. 2011, n° 141, p. 4 – Savenier J.-J., « L'obligation de reclassement », *Rev. proc. coll.* 2001, p. 224.

› **Tables rondes.** Sénéchal M., Chriqui H., Météyé Th. et Clerc A., « Les procédures collectives et les droits des salariés », *Rev. proc. coll.* 2011, table ronde 3, p. 65 – Kerouaz N., Jeannerot Ph., Météyé Th., Legrand F. et Menjucq Michel, « Les licenciements économiques dans les procédures collectives », *Rev. proc. coll.* 2016, Table ronde 1, p. 79.

432.04 Questions essentielles.

- La liquidation judiciaire entraîne-t-elle rupture des contrats de travail ?
  * V. s[s] n° 432.13.
- Quel est le sort des contrats de travail en cas de cession de l'entreprise ?
  * V. s[s] n° 432.18.
- La réglementation relative aux salariés protégés s'applique-t-elle dans le redressement et la liquidation judiciaires ?
  * V. s[s] n° 432.27.
- L'obligation de reclassement s'impose-t-elle en cas de licenciement intervenant en liquidation judiciaire ?
  * V. s[s] n° 432.28.

432.05 Renvoi. Sur les créances nées du contrat de travail, v. s[s] n°s 690.09 s.

SECTION 432.10

EXCLUSION DU CONTRAT DE TRAVAIL DU DISPOSITIF DE CONTINUATION DES CONTRATS EN COURS

432.11 Énoncé du principe de continuation de plein droit du contrat de travail. La période d'observation est une phase préparatoire à l'adoption d'un plan de redressement ou de sauvegarde. Si aucun plan n'est envisageable, il-y-a en effet lieu au prononcé d'une liquidation judiciaire. Dans ces conditions, la période d'observation s'accompagne, par principe, d'une poursuite d'activité qui présuppose la continuation des contrats de travail en cours. L'article L. 621-28 du code de commerce (anc[t] L. 25 janv. 1985[1], art. 37), dans sa rédaction antérieure à la loi de sauvegarde des entreprises[2], retranscrit cette vision en ayant cependant pour les salariés une déférence qu'il n'a pas pour les autres cocontractants. Selon son alinéa 7, « les dispositions du pré-

1. L. n° 85-98, 25 janv. 1985, *JO* 26 janv., p. 1097.
2. L. n° 2005-845, 26 juill. 2005, *JO* 27 juill., p. 12187.

sent article ne concernent pas les contrats de trava La solution est reproduite par l'article L. 622 alinéa 7, dans la rédaction que lui donne la lo sauvegarde des entreprises, devenu depuis l'ord nance du 18 décembre 2008[1], l'article L. 622-13, Ce texte de la procédure de sauvegarde est applica en redressement judiciaire (C. com., art. L. 631-1 devenu C. com., art. L. 631-14, al. 1, réd. ord. 18 c 2008).

La première conséquence de la règle est la con nuation de plein droit des contrats de travail cours au jour de l'ouverture de la procédure. Le sal rié n'a pas à mettre en demeure l'administrateur ou à son défaut, le débiteur pour savoir s'il y a option pour la continuation de son contrat. Seule la rupture du contrat de travail se trouve ainsi aménagée, laquelle ne résultera pas, contrairement au droit commun, du jeu d'une option.

Aucune réglementation particulière n'a été posée pour les contrats à durée déterminée. Conformément au droit commun, il en résulte l'impossibilité pour l'employeur de leur rupture avant le terme. Le redressement judiciaire ne constitue pas un cas de force majeure, au sens de l'article L. 1243-1 du code du travail (anc[t] C. trav., art. L. 122-3-8), autorisant leur rupture avant le terme. La solution a été posée à propos d'un contrat de qualification[2].

La jurisprudence a posé en règle que l'apprenti a droit à une indemnité égale aux rémunérations qu'il aurait perçues jusqu'à la fin de son contrat[3]. L'article 114 de l'ordonnance du 12 mars 2014[4] insère un alinéa 3 à l'article L. 6222-18 du code du travail, pour faire siennes ces solutions. Il prévoit, d'une manière interprétative, que, en cas de liquidation judiciaire sans maintien de l'activité ou lorsqu'il est mis fin au maintien de l'activité et qu'il doit être mis fin au contrat d'apprentissage, le liquidateur notifie la rupture du contrat à l'apprenti. Cette rupture ouvre droit pour l'apprenti à des dommages et intérêts d'un montant au moins égal aux rémunérations qu'il aurait perçues jusqu'au terme du contrat.

Le contrat de travail simplement suspendu est toujours en cours. Il en est ainsi lorsqu'un salarié est devenu mandataire social[5]. En cas de liquidation judiciaire de son employeur, il est en droit de présenter devant le conseil de prud'hommes des demandes relatives à l'exécution et à la rupture de son contrat de travail[6].

432.12 ***Continuation du contrat de travail aux mêmes conditions.*** Le contrat de travail étant continué aux mêmes conditions conventionnelles et légales que celles existant avant le jugement d'ouverture, il en résulte l'obligation pour l'administrateur ou l'employeur, selon le cas, de respecter l'article L. 1222-6 du code du travail (anc[t] C. trav., art. L. 321-1-2) relatif à la **modification du contrat de travail** pour un motif économique. En droit commun, l'alinéa 2 de l'article L. 1222-6 prévoit que la lettre de notification, qui contient la proposition de modification du contrat de travail, informe le salarié qu'il dispose d'un mois pour faire connaître son refus. Il a été observé que ce régime, compte tenu de la longueur des délais impartis pour la procédure de modification des contrats de travail, était inadapté aux exigences d'une entreprise en difficulté[7]. La marque a été entendue et l'article 109 de l'ordonnance du 12 mars 2014[8] fait passer ce délai à quinze jours si l'entreprise est en redressement ou en liquidation judiciaire. En droit commun, l'alinéa 3 de l'article L. 1222-6 du code du travail précise que, à défaut de réponse dans le délai d'un mois, le salarié est réputé avoir accepté la modification proposée. L'article 109 susvisé raccourcit ce délai à quinze jours si l'entreprise est en redressement ou en liquidation judiciaire. Observons que dans ces deux textes, l'entreprise sous sauvegarde n'est pas visée. Le droit commun de l'article L. 1222-6 du code du travail continuera à s'y appliquer. Le salarié sera licencié si la modification proposée au salarié d'un élément essentiel du contrat de travail est refusée.

L'employeur en redressement ou en liquidation judiciaire, qui propose la modification du contrat de travail pour des motifs économiques ou en raison des mutations technologiques, en fait la proposition au salarié par lettre recommandée avec demande d'avis de réception. La lettre de notification informe le salarié qu'il dispose de quinze jours – au lieu du délai d'un mois en droit commun, qui s'applique en sauvegarde[9] – à compter de sa réception pour répondre. À défaut de réponse dans ce délai de quinze jours, le salarié est réputé avoir accepté la modification proposée (C. trav., art. L. 1233-60-1, réd. ord. 12 mars 2014, art. 111).

Les règles spéciales à la modification des contrats de travail de plus de dix salariés s'imposent également (C. trav., art. L. 321-1-3, réd. L. 18 janv.

1. Ord. n° 2008-1345, 18 déc. 2008, *JO* 19 déc., p. 19462.
2. Soc. 18 oct. 1994, n° 91-42.607, NP, *Rev. proc. coll.* 1995, 335, obs. Taquet.
3. Soc. 22 mars 2007, n° 04-46.745, NP, *Rev. proc. coll.* 2007/3, p. 148, n° 2, obs. Taquet – Soc. 7 juill. 2009, n° 08-40.870, NP, *Act. proc. coll.* 2009/17, n° 261, note Fin-Langer – Soc. 23 nov. 2011, n° 10-26.918, NP.
4. Ord. n° 2014-326, 12 mars 2014, *JO* 14 mars, p. 5249.
5. Soc. 9 nov. 2004, n° 02-43.063, NP, *Rev. proc. coll.* 2005/1, p. 47, n° 7, obs. Taquet – Soc. 25 oct. 2006, n° 04-47.093, NP, *Rev. proc. coll.* 2007/1, p. 54, obs. Taquet.
6. Soc. 9 nov. 2004, n° 02-43.063, NP, *Rev. proc. coll.* 2005/1, p. 47, n° 7, obs. Taquet.
7. Boyer, *Protection des salariés et sauvetage de l'entreprise : quête d'un équilibre*, PUAM, 2006, n° 131.
8. Ord. n° 2014-326, 12 mars 2014, préc.
9. Vidal et Giorgini, n° 1780.

2005[1], devenu C. trav., art. L1233-25). Il aura donc place à notifier par lettre recommandée avec demande d'avis de réception la mesure de licenciement liée au plan social, la notification faisant courir le délai du mois ouvert au salarié pour faire connaître son refus[2].

Rien n'interdit cependant au salarié de demander la résiliation du contrat, avant le terme si l'employeur ne satisfait pas à son obligation de fournir un salarié du travail[3]. Il s'agit de la prise d'acte de salarié, laquelle constitue un mode de rupture non régi par le code du travail, mais reconnu par la Cour de cassation, qui produit les effets d'un licenciement sans cause réelle et sérieuse si les faits invoqués par le salarié sont établis, ceux d'une démission, dans le cas contraire. Le non-paiement des salaires, en raison d'un état de cessation des paiements, a été considéré comme justifiant la prise d'acte du salarié produisant les effets d'un licenciement sans cause réelle et sérieuse[4], ce qui n'est sans incidence sur la garantie due par l'AGS, compte tenu de la date d'effet de la résiliation judiciaire du contrat (v. s[s] n° 693.54).

432.13 Continuation du contrat de travail en liquidation judiciaire. Le principe de la continuation de plein droit du contrat de travail, spécialement posé par le législateur pour la période d'observation, peut également se vérifier pendant la liquidation judiciaire. La liquidation judiciaire n'entraîne en effet pas, par elle-même, résiliation des contrats de travail[5], fussent-ils à durée déterminée[6], pas plus d'ailleurs que des contrats d'apprentissage[7]. Peu importe que l'employeur fournisse du travail à son salarié, dès lors que ce dernier se tient à sa disposition. En conséquence, les salaires restent dus[8]. Si une instance prud'homale est en cours au jour de la liquidation judiciaire, et qu'elle a débuté pendant le redressement judiciaire précédent, la liquidation judiciaire ne met pas fin au contrat de travail, la résiliation de ce dernier n'intervenant qu'au jour de la décision qui la prononce[9].

Le législateur réglemente les licenciements, ce qui démontre que les contrats ne sont pas résiliés du seul fait de la liquidation judiciaire, nonobstant la cessation d'activité[10]. La solution a pu être critiquée[11]. Et l'on pourrait comprendre, dans une saine vision économique des choses, que la liquidation judiciaire non assortie d'une poursuite d'activité puisse emporter résiliation de plein droit du contrat de travail.

Événement non imprévisible et non extérieur, la liquidation judiciaire n'est pas un cas de force majeure exonératoire de responsabilité pour l'employeur[12]. Elle ne l'autorise donc pas à rompre un contrat de travail à durée déterminée[13].

Le simple fait que l'entreprise soit placée en liquidation judiciaire ne suffit pas à décharger le salarié de son obligation de non-concurrence et il peut donc demander le versement de la contrepartie financière[14].

Par principe, cependant, le maintien des contrats de travail après prononcé de la liquidation judiciaire n'est pas de première utilité pour l'entreprise, puisque celle-ci cesse son activité. C'est pourquoi d'ailleurs, le législateur invite le liquidateur à procéder rapidement aux licenciements. Il ne dispose que d'un délai bref s'il veut que les conséquences financières en soient prises en charge par l'AGS (v. s[s] n° 693.54). Ce délai est cependant augmenté en liquidation judiciaire, sous l'empire de la loi de sauvegarde des entreprises, si est envisagé un plan de cession. En ce cas, les licenciements pourront intervenir dans le mois du jugement arrêtant le plan, l'AGS continuant à devoir sa garantie (v. s[s] n°s 432.25 s.).

La continuation des contrats de travail est indispensable si le tribunal autorise une poursuite provisoire de l'activité. Une difficulté se présentait alors, sous l'empire de la loi de sauvegarde des entreprises non réformée.

432.14 Cession des contrats de travail dans la cession d'unité de production. La continuation des contrats de travail est utile si, sous l'empire de la législation antérieure à la loi de sauvegarde des

1. L. n° 2005-32, 18 janv. 2005, *JO* 19 janv., p. 864.
2. Soc. 28 nov. 2000, n° 98-42.852, *Bull. civ.* V, n° 393; *Act. proc. coll.* 2001/2, n° 22, obs. Taquet.
3. Soc. 14 janv. 2004, n° 01-40.489, *Bull. civ.* V, n° 8.
4. Soc. 30 juin 2010, n° 09-41.456, *Bull. civ.* V, n° 155; FS-P+B; *Act. proc. coll.* 2010/15, n° 216, note Fin-Langer.
5. Civ. 1[re], 7 juill. 1998, n° 96-15.280, NP – Soc. 24 mai 2000, n° 98-42.343, NP – Soc. 3 mai 2001, n° 99-41.387, NP, *Rev. proc. coll.* 2001, p. 258, n° 8, obs. Taquet – Soc. 7 juill. 2004, n° 02-43.382, NP, *Rev. proc. coll.* 2005/1, p. 48, n° 10, obs. Taquet – Soc. 1[er] mars 2006, n° 03-46.356, NP, *Rev. proc. coll.* 2006/3, p. 286, n° 20, obs. Taquet – Soc. 22 mars 2007, n° 05-44.591, NP, *Rev. proc. coll.* 2007/3, p. 148, n° 1, obs. Taquet – Soc. 26 nov. 2015, n° 14-19.263, NP. et Soc. 26 nov. 2015, n° 14-14.822, NP, *Rev. proc. coll.* 2016, comm. 29, note Taquet.
6. Soc. 20 juin 2001, n° 99-43.793, NP, *LXB* n° A6366ATX.
7. Soc. 23 mai 2000, n° 97-45.187, *Bull. civ.* V, n° 192; *Gaz. Pal.* 27-29 janv. 2002, jur. p. 35, note Dumont.
8. Soc. 19 janv. 2012, n° 09-72.019, NP.
9. Soc. 26 nov. 2015, n° 14-19.263, préc., *Gaz. Pal.* 19 janv. 2016, n° 3, p. 76, note Duprat.
10. Soc. 20 juin 2001, n° 99-43.793, NP, *Act. proc. coll.* 2001/18, n° 240.
11. Boyer, « Un droit social contre-productif dans les entreprises en difficulté », *Gaz. Pal.* 16-17 avr. 2010, n°s 106, 107, p. 8.
12. Douai, ch. soc., 30 juin 1999, *Rev. proc. coll.* 2000, 60, n° 2, obs. Taquet.
13. Soc. 16 oct. 2002, n° 00-40.869.
14. Soc. 21 janv. 2015, n° 13-26.374, *Bull. civ.* V [à paraître].

entreprises[1], une cession d'unité de production, dans les conditions de l'article L. 642-17 du code de commerce (anc^t L. 25 janv. 1985[2], art. 155) est envisagée[3]. En ce cas, l'article L. 642-17 alinéa 3 du code prévoit que l'offre de cession doit comporter notamment les indications prévues à l'article L. 621-85, 4° du code (anc^t L. 25 janv. 1985, art. 83, 4°), c'est-à-dire, « le niveau et les perspectives d'emploi ». Le repreneur devrait ainsi pouvoir contrôler, comme cela est le cas en matière de plan de cession, le nombre de salariés repris, compte tenu des souhaits exprimés dans l'offre de reprise.

La cession n'est pas judiciaire, à l'identique de la solution retenue en cas de plan de cession, avec cette justification supplémentaire ici que le dispositif de cession judiciaire des contrats institués par l'article L. 621-88 du code de commerce (anc^t L. 25 janv. 1985, art. 86) est inapplicable en cas de cession d'unité de production (v. s^s n° 564.61).

Les contrats de travail font ici l'objet d'une cession légale, en application de plein droit de l'article L. 1224-1 du code du travail (anc^t C. trav., art. L. 122-12, alinéa 2). La chambre sociale de la Cour de cassation, a posé en principe que la cession d'unité de production entraîne de plein droit le transfert d'une entité économique autonome conservant son identité, et, par voie de conséquence la poursuite avec le cessionnaire des contrats de travail des salariés de l'unité de production transférée[4].

Cette cession légale joue même au profit d'un salarié de l'entreprise débitrice qui exerce un mandat social dans la société repreneur[5]. Cette cession légale ne peut être tenue en échec par une demande d'autorisation de licencier un salarié protégé présentée par l'ancien employeur après la cession[6].

Le fait que l'activité ait cessé avant que ne soit autorisée la cession de l'unité de production n'empêche pas le jeu de l'article L. 1224-1 du code du travail[7]. Cependant, le repreneur devra continuer l'activité du débiteur. À défaut, aucune entité économique ne sera transférée et l'article L. 1224-1 du code du travail sera inapplicable[8]. En outre, il ne peut y avoir cession légale du contrat de travail que s'il y a transfert d'une entité économique, ce que n'est pas le simple rachat de stocks du débiteur[9].

Cette jurisprudence désastreuse, qui n'avait sans doute pas d'autre objectif que d'interdire toute cession d'unité de production, du fait des risques qu'elle faisait courir aux salariés, faute de sanction du repreneur en cas d'inexécution, contrairement aux règles régissant le plan de cession, a été vivement critiquée[10]. Il en a, en tout cas, été tiré un certain nombre de conséquences.

Tout d'abord, la cession légale des contrats de travail s'opérera même si les salariés ont été licenciés par le mandataire-liquidateur avant la cession[11].

Si les salariés sont licenciés par le liquidateur puis embauchés par le repreneur, leur ancienneté sera appréciée par rapport à leur entrée au service de leur précédent employeur en liquidation judiciaire[12]. En conséquence, le licenciement prononcé par le liquidateur, sur la demande du repreneur pour déroger aux règles de l'article L. 1224-1 de ce code, spécialement pour mettre à l'écart les règles relatives à l'ancienneté des salariés finalement repris, est privé d'effet[13].

La chambre sociale a encore précisé qu'un salarié licencié avant la cession d'unité de production est, du fait de la cession de l'unité de production, repris par le repreneur. Son licenciement prononcé avant la cession est en conséquence dépourvu d'effet[14], alors même que le contrat de travail serait à durée

1. L. n° 2005-845, 26 juill. 2005, préc.
2. L. n° 85-98, 25 janv. 1985, préc.
3. Béraud, « En finir avec les incertitudes pesant sur le sort des contrats de travail en matière de cession d'unités de production », *Rev. proc. coll.* 2003, p. 91.
4. Soc. 27 oct. 1999, n° 97-43.194, *Bull. civ.* V, n° 415; *Rev. proc. coll.* 2000, 65, n° 14, obs. Taquet – Soc. 27 avr. 2000, n° 98-40.064, *Bull. civ.* V, n° 156; *Gaz. Pal.* 27-29 janv. 2002, jur. p. 34, note Dumont – Soc. 28 juin 2000, n° 97-43.606, *Bull. civ.* V, n° 254; *LXB* n° A8741AH9 – Soc. 10 mai 2001, n° 99-41.391, *Bull. civ.* V, n° 162; *Act. proc. coll.* 2001/12, n° 156 – Soc. 20 juin 2002, n° 00-43.610, NP, *Act. proc. coll.* 2002/16, n° 212 – Soc. 26 févr. 2003, n° 01-41.482, *Bull. civ.* V, n° 68; *LXB* n° A2925A7H – Soc. 5 nov. 2003, n°s 01-45.161, 01-45.162, 01-45.163, NP, *LXB* n° A0679DAE.
5. Soc. 30 avr. 2002, n° 00-41.262, NP, *Act. proc. coll.* 2002/14, n° 183.
6. Soc. 10 mai 2001, n° 99-41.391, *Bull. civ.* V, n° 162; *Act. proc. coll.* 2001/12, n° 156.
7. Soc. 27 avr. 2000, n° 98-40.064, *Bull. civ.* V, n° 156; *LXB* n° A8184AG9 – Soc. 20 juin 2002, n° 00-43.610, NP, *Act. proc. coll.* 2002/16, n° 212.
8. Soc. 12 mars 2003, n° 01-40.174, NP, *Act. proc. coll.* 2003/11, n° 144.
9. Metz, ch. soc., 18 juin 2002, RG n° 97/03805, *Rev. proc. coll.* 2003, p. 346, n° 3, obs. Lebel.
10. Morvan et Moreuil, « Cession d'unité de production après liquidation judiciaire et transfert des contrats de travail : un revirement ou une réforme s'impose », *JCP E* 2004. I. 1897.
11. Soc 19 avr. 2005, n° 03-43.240, *Bull. civ.* V, n° 143; *D.* 2005. AJ 1352, obs. Lienhard; *D.* 2005. Somm. 2017, obs. Lucas – Soc. 21 févr. 2006, n°s 03-48.243, 03-48.244, NP – Soc. 13 mai 2009, n°s 08-41.434, 08-41.453, NP; n° 954 F-D.
12. Soc. 27 avr. 2000, n° 98-40.064, *Bull. civ.* V, n° 156; *Gaz. Pal.* 27-29 janv. 2002, jur. p. 34, note Dumont.
13. Soc. 15 déc. 1998, n° 96-44.233, *Bull. civ.* V, n° 529 – *Adde*, IFPPC 1999, recomm. n°s 6100-3, 6100-4, p. 177.
14. Soc. 19 avr. 2005, n° 03-43.240, *Bull. civ.* V, n° 143 – Soc. 24 oct. 2006, n°s 04-45.673, 04-45.851, 04-45.852, 04-46.022, *Bull. civ.* V, n° 316; n° 2382 FS-P+B; *D.* 2006. AJ 2789, obs. Lienhard; *Act. proc. coll.* 2007/1, n° 6, note Fin-Langer – Soc. 13 mai 2009, n°s 08-41.434, 08-41.453, NP; n° 954 F-D.

déterminée[1], et cela quelque que soit la volonté intéressés[2]. Les salariés concernés ne peuvent ol nir leur indemnisation par l'AGS[3] et, s'ils l' obtenu à la suite du licenciement effectué pa liquidateur, ils doivent rembourser l'AGS, l licenciement étant privé d'effet du fait de la cess d'unité de production[4].

La Cour de cassation a ensuite offert un choix salarié. Si, du fait de la cession, le licenciement privé d'effet, le salarié peut demander la poursı de son contrat de travail au repreneur ou la répa tion de son préjudice à l'entreprise débitrice, ancien employeur[5]. Lorsque la perte de l'emp résulte à la fois du cédant qui l'a licencié – l'occurrence le liquidateur – et du cessionnaire, a refusé de poursuivre le contrat de travail ai rompu, le salarié peut diriger son action contre l et l'autre, sauf un éventuel recours entre eux[6]. Si contraire, le cessionnaire notifie au salarié n intention de poursuivre le contrat de travail avt l'expiration du délai de préavis, le choix n'exe plus pour le salarié, qui ne peut plus alors demaner de dommages et intérêts au débiteur cédant[7] et, en conséquence, l'intervention de l'AGS. Il faudra toutefois que le contrat de travail ne subisse pas une modification substantielle. En ce cas, le salarié est libre de ne pas accepter la modification et le contrat ne sera pas transféré[8].

Le cessionnaire de l'unité de production n'est pas tenu du paiement de l'indemnité de congés payés afférente à la période antérieure à la cession[9], à moins qu'il n'ait contracté cette obligation dans son offre[10].

La chambre mixte de la Cour de cassation, saisie de la difficulté, n'a pas voulu s'engager dans la voie d'un revirement, sans doute guidée par l'idée que ce revirement serait bien tardif, alors que la loi de sauvegarde des entreprises a supprimé le mécanisme de la cession d'unité de production[11]. Et c'est pourquoi, dans le prolongement de cette jurisprudence, elle décide que la clause de la convention de cession d'une entité économique, qui ne prévoit que la reprise d'une partie des salariés, contraire aux dispositions d'ordre public de l'article L. 1224-1 du code du travail, doit être réputée non écrite, sans qu'en soit affectée entre les parties la validité de la convention de cession[12].

1. Soc. 24 sept. 2002, n° 00-41.643, NP, *Act. proc. coll.* 2002/19, n° 255.
2. Soc. 28 juin 2000, n° 97-43.606, *Bull. civ.* V, n° 254; *LXB* n° A8741AH9.
3. Soc. 20 juin 2002, n° 00-43.610, NP, *Act. proc. coll.* 2002/16, n° 212.
4. Soc. 26 févr. 2003, n° 01-41.482, *Bull. civ.* V, n° 68; *LXB* n° A2925A7H – Soc. 5 nov. 2003, n°s 01-45.161, 01-45.162, 01-45.163, NP, *LXB* n° A0679DAE.
5. Soc. 13 mai 2009, n°s 08-41.434, 08-41.453, NP; n° 954 F-D.
6. Soc. 13 mai 2009, n°s 08-41.434, 08-41.453, NP; n° 954 F-D.
7. Soc. 11 mars 2003, n° 01-41.842, *Bull. civ.* V, n° 86 – Soc. 30 mai 2007, n° 05-45.104, NP, *Act. proc. coll.* 2007/14, n° 166, note Fin-Langer.
8. Fin-Langer, note s^s^ Soc. 30 mai 2007, n° 05-45.104, NP, *Act. proc. coll.* 2007/14, n° 166.
9. Soc. 9 oct. 2001, n° 99-43.217, *Bull. civ.* V, n° 302; *Act. proc. coll.* 2001/19, n° 252.
10. SUR CETTE SOLUTION, en plan de cession : Soc. 16 oct. 2001, n° 98-14.662, NP, *Act. proc. coll.* 2001/19, n° 253.

432.15 Cession des contrats de travail en cas de cession d'un fonds de commerce ou d'éléments d'actifs en liquidation judiciaire – reprise de fait de l'activité. L'article L. 1224-1 du code du travail, anciennement L. 122-12, alinéa 2 et qui date de 1928, est applicable à « tout transfert d'une entité économique conservant son identité et dont l'activité est poursuivie et reprise, même en l'absence de lien de droit entre les employeurs successifs »[13]. La solution vaut en cas de cession d'un fonds de commerce en liquidation judiciaire[14]. Les juges du fond seront donc censurés s'ils écartent l'application de l'article L. 1224-1 du code du travail sans rechercher si la cession du fonds de commerce correspond au transfert d'une entité économique autonome ayant conservé son identité[15]. L'application de l'article L. 1224-1 du code du travail est donc ici conditionnelle[16], contrairement à l'automaticité de la solution en cas de plan de cession. Mais contrairement à la situation du repreneur, en plan de cession, qui peut limiter le nombre de salariés repris et jouer ainsi sur l'article L. 1224-1 du code du travail, l'acquéreur d'un fonds de commerce ne peut limiter son acquisition au fonds ou limiter le nombre de salariés repris. L'article L. 1224-1 du code du travail lui interdit cette démarche[17].

Les salariés ne peuvent obtenir la condamnation du cédant à leur verser une indemnité pour perte d'emploi, alors que la relation de travail s'est pour-

11. Obs. Lienhard, s^s^ Cass., ch. mixte, 7 juill. 2006, n° 04-14.788, *Bull. ch. mixte*, n° 5; n° 242 P+B+R+I; *D.* 2006. AJ 1954.
12. Cass., ch. mixte, 7 juill. 2006, n° 04-14.788, *Bull. ch. mixte*, n° 5; n° 242 P+B+R+I; *D.* 2006. AJ 1954, obs. Lienhard; *Gaz. proc. coll.* 2006/4, p. 20, note Voinot; *JCP E* 2007, Chron. 1004, p. 22, n° 8, obs. Pétel; *Act. proc. coll.* 2006/14, n° 171, note Régnaut-Moutier.
13. Cass. ass. plén., 16 mars 1990, n° 89-45.730, n° 86-40.686, *Bull. ass. plén.*, n° 4, 2 esp.; *D.* 1990. Jur. 305, note Lyon-Caen.
14. SUR LA QUESTION : Boyer, *Protection des salariés et sauvetage de l'entreprise : quête d'un équilibre*, PUAM, 2006, n°s 96 à 103.
15. AINSI : Soc. 23 mai 2000, n° 97-44.492, NP, *RJS* 2000, n° 773, p. 542.
16. Boyer, *Protection des salariés et sauvetage de l'entreprise : quête d'un équilibre*, PUAM, 2006, n° 96.
17. RAPPR. : JACQUEMONT, 6e éd., n° 1094.

suivie avec le repreneur. En outre, le cédant n' pas, en principe, responsable des modifications app tées par le cessionnaire aux contrats transférés[1].

Ainsi, peu importe que l'ordonnance du jug commissaire autorisant la vente du fonds de con merce limite à certains salariés la poursuite de leu contrat de travail puisqu'il n'en a pas le pouvoir Peu importe encore que le liquidateur ait licencié l salarié avant la cession du fonds de commerce, l salarié pouvant, à son choix, demander au repre neur la poursuite de son contrat de travail[3] ou demander réparation du préjudice résultant de la perte de son emploi à la personne qui l'a licencié[4].

Il en résulte que le repreneur du fonds de commerce, qui n'entend reprendre qu'une partie du personnel, doit garantir le cédant des indemnités mises à sa charge en réparation de préjudices résultant de licenciements dépourvus de cause réelle et sérieuse. En effet, ces licenciements prononcés à la suite de l'ordonnance du juge-commissaire autorisant la cession du fonds de commerce ont pour origine les conditions insérées dans son offre de reprise par le cessionnaire[5].

Il en est aussi tiré la conséquence que le cédant, qui exclut de la cession du fonds de commerce un ou plusieurs contrats de travail, est responsable de la rupture de ces contrats. Les créances de ces salariés doivent être intégrées à la procédure de liquidation judiciaire ouverte à l'égard du cédant après la cession[6].

Il y a là un véritable frein à la reprise d'entreprise[7].

Il n'est évidemment pas interdit au repreneur du fonds de commerce de licencier pour faute grave le salarié repris en vertu de l'article L. 1224-1 du code du travail[8].

Lorsque le salarié est licencié sous réserve d'une éventuelle cession du fonds, le repreneur doit l'informer de ses intentions à son égard. Le salarié n'est tenu de changer d'employeur que si le cessionnaire l'informe avant la fin de son préavis de son intention de poursuivre, sans modification, son contrat de travail. En l'absence d'une telle information, le cessionnaire manque à son obligation de poursuivre le contrat de travail et la rupture du contrat de travail lui est alors imputable[9].

Il ne peut toutefois y avoir cession légale du contrat de travail que si les conditions d'application de l'article L. 1224-1 du code du travail existent.

La jurisprudence a rendu sur la question un nombre impressionnant de décisions, pour déterminer le périmètre de cette disposition. Le principe en la matière, depuis que la Cour de cassation s'est mise u diapason de la jurisprudence de la Cour de Jusice des communautés européennes, peut être ainsi osé : l'article L. 1224-1 du code du travail « s'applique à tout transfert d'une entité économique conservant son identité et dont l'activité est poursuivie u reprise, même en l'absence d'un lien de droit ntre les employeurs successifs »[10].

Le simple rachat de stocks du débiteur n'emporte as transfert d'unité économique[11].

La cession d'un fichier clients entraîne-t-elle application de l'article L. 1224-1 du code du travail ? la solution posée par la Cour de cassation, depuis l'arrêt *MGEN*, même s'il ne portait pas sur la question précise, semble permettre d'apporter une réponse. Il importe qu'il y ait cession d'une entité économique. Or cette dernière se définit comme « un ensemble organisé de personnes et d'éléments corporels ou incorporels permettant l'exercice d'une activité économique qui poursuit un objectif propre »[12]. Comme un auteur a pu le relever, à la lecture de cette définition, « l'entité économique doit être dotée d'une certaine organisation, de l'activité, de personnes et d'éléments corporels ou incorporels »[13]. Dès lors, la simple cession d'un fichier clients ne doit pas permettre l'application de l'article L. 1224-1 du code du travail, à moins que derrière cette cession de fichier clients, ne soit dissimulée la véritable cession d'une entité économique. Cela supposera, en pratique, la cession d'autres éléments.

La cession des dossiers d'un cabinet d'avocat a été analysée en une entité économique autonome imposant le jeu de l'article L. 1224-1 du code du travail[14].

1. Soc. 27 nov. 2013, n° 12-18.470, NP, *Rev. proc. coll.* 2014, comm. 72, note Jacotot.
2. Soc. 11 oct. 2006, n° 04-45.212, NP, *Act. proc. coll.* 2007/1, n° 6, note Fin-Langer.
3. AINSI : Versailles, 17e ch., 5 févr. 2014, RG n° 13/01258.
4. Soc. 26 juin 2012, nos 11-10.408, 11-21.752, NP, *Act. proc. coll.* 2012/13, comm. 192, note Fin-Langer.
5. Soc. 4 juill. 2006, nos 04-45.466, 04-45.467, NP; n° 1736 F-D.
6. Soc. 15 avr. 2008, n° 06-46.495, NP, *Gaz. proc. coll.* 2008/3, p. 54, note Saintourens.
7. Legrand F., *in* « Les licenciements économiques dans les procédures collectives », Kerouaz N., Jeannerot Ph., Météyé Th., Legrand F. et Menjucq M., *Rev. proc. coll.* 2016, table ronde 1, p. 79 s., sp. 80.
8. Soc. 28 mars 2012, n° 11-10.109, NP.
9. Com. 22 juin 2011, n° 09-41.229, NP.
10. Cass. ass. plén., 16 mars 1990, nos 89-45.730, 86-40.686, *Bull. ass. plén.*, n° 4, 2 esp.; *Dr. soc.* 1990, n° 5, p. 399.
11. Metz, ch. soc., 18 juin 2002, RG n° 97/03805, *Rev. proc. coll.* 2003, p. 346, n° 3, obs. Lebel.
12. Soc. 7 juill. 1998, n° 96-21.451, *Bull. civ.* V, n° 363; *Dr. soc.* 1998, n° 11, p. 948, note A. Mazeaud.
13. Boyer, *Protection des salariés et sauvetage de l'entreprise : quête d'un équilibre*, PUAM, 2006, n° 97, p. 168.
14. Soc. 25 sept. 2007, n° 06-41.892, NP, *Gaz. Pal.* 21-23 oct. 2007.

La reprise des marchés d'une société en liqui tion judiciaire par une autre oblige également respect de l'article L. 1224-1 du code du travail[1].

La question est plus délicate pour la cessi d'encours de production. Il faut en *réalité distingu* selon que cette cession s'accompagne ou *non d* moyens nécessaires à la réalisation de *l'activi*. Dans l'affirmative, il y a bien là, ainsi que cela a é relevé dans l'arrêt *MGEN*, une organisation d moyens permettant une activité autonome, donc une entité économique, dont la cession nous semble imposer le jeu de l'article L. 1224-1 du code du travail.

La **cession du droit au bail** pose également des difficultés. La Cour de cassation oblige à distinguer nettement deux hypothèses. Dans une première situation, le cessionnaire du droit au bail va exercer dans les locaux la même activité. En ce cas, *il* y a place à application de l'article L. 1224-1 du code du travail. La solution a été posée à propos d'un garagiste. L'ancien exploitant exerçait l'activité de garagiste en louant l'immeuble. La cession du droit au bail à un nouvel exploitant d'un garage a emporté application de l'article L. 1224-1 du code du travail[2]. À l'inverse, l'application de l'article L. 1224-1 du code du travail a été écartée lorsque le cédant d'un droit au bail exploitait une activité de vente de tissus, alors que le cessionnaire tenait un commerce de prêt-à-porter[3]. Le critère d'application de l'article L. 1224-1 du code de du travail, en cas de cession du droit au bail, tient donc exclusivement à la continuation dans les locaux de la même activité.

En cas de **reprise de fait de l'activité** d'une personne morale débitrice en liquidation judiciaire, il y a place à application de l'article L. 1224-1 du code du travail. La solution a été posée pour la reprise de fait par une commune de l'activité d'une association placée en liquidation judiciaire[4]. La solution a identiquement été posée en cas de reprise de fait de l'activité d'un locataire-gérant placé en liquidation judiciaire, à la suite d'un détournement de clientèle[5]. En cas de liquidation judiciaire atteignant le locataire-gérant, si l'activité du fonds de commerce est poursuivie par des personnes désireuses d'acquérir le fonds, ces dernières sont tenues des obligations des contrats de travail des salariés, lors de la cessation de leur activité par suite de l'abandon du projet d'acquisition, dès lors que le contrat de location-gérance n'avait pas pris fin[6].

Précisons enfin que si les conditions d'application de l'article L. 1224-1 du code du travail ne sont pas réunies, le transfert du contrat de travail ne peut intervenir qu'avec le consentement exprès du salarié. Ce principe n'est toutefois édicté que dans l'intérêt du salarié, ce *dont il se déduit que la méconnaissance* de ce principe ne peut être soulevée que par le salarié. Elle ne peut l'être, par exemple, par le dirigeant social de l'entreprise placée en liquidation judiciaire, qui avait personnellement continué le contrat de travail. Il est donc seul responsable de sa rupture[7].

432.16 Solidarité passive entre employeurs successifs. La solidarité entre employeurs successifs pour le paiement des dettes salariales subsistant au jour de la modification de la situation juridique, instituée par l'article L. 1224-2 du code du travail (anc[t] C. trav., art. L. 122-12-1), est écartée si la modification juridique trouve sa source dans la procédure collective. Mais cette exclusion n'existe plus si la modification juridique est intervenue avant la procédure collective atteignant le second employeur[8].

C'est ainsi que le nouvel employeur n'est tenu au paiement de l'indemnité de congés payés que pour la période postérieure à la reprise des contrats de travail[9]. De même, la prime de treizième mois incombe au repreneur, car elle naît au 31 décembre de l'année pour laquelle elle est due[10].

432.17 Continuation du contrat de travail en plan de sauvegarde, de continuation et de redressement. Le principe de la continuation de plein droit du contrat de travail, spécialement posé par le législateur pour la période d'observation, peut également se vérifier au jour de l'arrêté des plans de sauvegarde, de continuation et de redressement. Ces plans ne constituent pas des causes de résiliation des contrats de travail.

L'article L. 621-63 alinéa 2 du code de commerce (anc[t] L. 25 janv. 1985[11], art. 62, al. 2), dans sa rédaction antérieure à la loi de sauvegarde des entre-

1. Soc. 23 sept. 2014, n° 13-21.303, NP.
2. Soc. 13 juin 1990, n°s 86-44.114, 86-44.927, 86-44.921, 86-44.115, *Bull. civ.* V, n° 276.
3. Soc. 9 mai 1989, n° 85-43.623, NP, *CSB* 1989, 151, S. 83.
4. Soc. 23 oct. 2007, n° 06-45.289, *Bull. civ.* V, n° 170; FS-P+B; *Act. proc. coll.* 2008/1, n° 15, note Fin-Langer.
5. Soc. 16 déc. 2009, n°s 08-41.196, 08-41.197, 08-41.677, 08-41.678, NP, *Act. proc. coll.* 2010/3, n° 49.
6. Soc. 19 déc; 2012, n° 10-12.010, NP; n° 2713 F-D.
7. Soc. 10 avr. 2008, n° 06-45.835, NP, *Gaz. proc. coll.* 2008/3, p. 57, note Duprat – Soc. 10 avr. 2008, n° 06-45.836, NP, *Gaz. proc. coll.* 2008/3, p. 57, note Duprat; *Act. proc. coll.* 2008/12, n° 196, note Fin-Langer – Soc. 10 avr. 2008, n° 06-45.839, NP, *Gaz. proc. coll.* 2008/3, p. 57, note Duprat.
8. SUR CETTE QUESTION : Soc. 24 sept. 2002, n° 00-44.939, *Bull. civ.* V, n° 274; *Act. proc. coll.* 2002/17, n° 222, obs. Fin-Langer.
9. Soc. 19 févr. 1992, n° 89-45.112, *Bull. civ.* V, n° 93; *RJS* 1992, n° 411, p. 241.
10. Soc. 11 mars 1992, n° 88-43.447, *Bull. civ.* V, n° 169; *RJS* 1992, n° 410, p. 240.
11. L. n° 85-98, 25 janv. 1985, préc.

prises[1], dispose que « le plan expose et justifie le niveau et les perspectives d'emploi ». L'alinéa 3 de ce même article indique que « les personnes qui exécuteront le plan [...] ne peuvent pas se voir imposer des charges autres que les engagements souscrits au cours de sa préparation ». La solution est reproduite par l'article L. 626-10 alinéa 2 et alinéa 3, résultant de la loi de sauvegarde des entreprises, applicable en redressement judiciaire (C. com., art. L. 631-19, al. 1). Il résulte de ces dispositions que les personnes qui exécuteront le plan détermineront le nombre de contrats de travail qu'elles continueront. Le tribunal ne pourra leur en imposer davantage.

432.18 Cession du contrat de travail en plan de cession[2]. En plan de cession, le doute sur la détermination du titulaire du choix pour la continuation des contrats de travail, par voie de cession, peut naître du fait que, sous l'empire de la législation antérieure à la loi de sauvegarde des entreprises[3], l'article L. 621-63 alinéa 3 *in fine* réserve le jeu de l'article L. 621-88 (anc[t] L. 25 janv. 1985[4], art. 86), c'est-à-dire les dispositions relatives à la cession judiciaire des contrats en plan de cession. Mais ces dispositions sont, comme on le verra, inapplicables à la poursuite par le repreneur des contrats de travail. Il en résulte que le tribunal, lorsqu'il arrêtera le plan, devra respecter le nombre de contrats de travail que le repreneur veut poursuivre. Ce n'est pas le tribunal qui décide des contrats de travail nécessaires à la poursuite de l'activité, mais le repreneur. Cela obligera, corrélativement, le tribunal à autoriser un nombre de licenciements correspondant à la différence entre l'effectif de l'entreprise au jour de la décision arrêtant le plan et le nombre de salariés qu'entend conserver le repreneur. Si le tribunal s'émancipe de cette obligation, il y a augmentation des charges souscrites, qui autorise le repreneur à interjeter appel de la décision arrêtant le plan[5].

La cession des contrats de travail au repreneur n'intervient pas par application de l'article L. 621-88 du code de commerce (anc[t] L. 25 janv. 1985, art. 86), dans sa rédaction antérieure à la loi de sauvegarde des entreprises, de l'article L. 642-7, dans la rédaction de la loi de sauvegarde des entreprises, qui sont inapplicables au contrat de travail. La solution est heureuse, car, dans le cas contraire, du moins sous l'empire de la législation antérieure à la loi de sauvegarde des entreprises, le tribunal aurait eu le pouvoir d'imposer, en application de l'article L. 621-88, des délais aux salariés pour le paiement urs créances, ce qui aurait constitué une source use de conflit entre les salariés et leur nouvel loyeur.

a cession intervient en application de l'article 1224-1 du code du travail (anc[t] C. trav., art. 122-12, al. 2). Il s'agit d'une application de plein oit de la disposition sous une réserve très importe : elle est limitée au nombre de salariés repris ans le jugement arrêtant le plan de cession, en pplication de l'offre de cession[6]. Autrement dit, l'article L. 1224-1 est inapplicable aux contrats de travail concernés par les licenciements envisagés dans le plan de cession[7]. Mais, pour qu'il en soit ainsi, il faut que le licenciement du salarié soit prévu dans le plan de cession. Il ne suffit donc pas que le repreneur ait indiqué reprendre tel nombre de salariés. Ainsi, le salarié inconnu est-il transféré au repreneur choisi par le tribunal[8]. De même, il importe peu que le salarié figure sur la liste des contrats repris, puisqu'il n'y a pas ici jeu de la cession judiciaire des contrats. De plus, le fait que le bien – un bateau citerne – ne figure pas dans les biens compris dans la cession reste sans conséquence sur la reprise du salarié, conducteur de ce bateau, par le repreneur[9].

Et il faut encore que le jugement arrêtant le plan de cession ait expressément prévu le licenciement des salariés non repris, ainsi que les activités et les catégories professionnelles concernées, comme l'énoncent les textes réglementaires en la matière. À défaut, il y a place au jeu de l'article L. 1224-1 du code du travail[10].

Est en conséquence transféré de plein droit, nonobstant toute stipulation contraire, le contrat de travail liant un associé majoritaire de Sarl à la société en redressement judiciaire, du fait de son caractère apparent, faute pour le repreneur de démontrer son caractère fictif[11].

1. L. n° 2005-845, 26 juill. 2005, préc.
2. Fin-Langer, « Les salariés, objets ou sujets de la cession de l'entreprise en difficulté », *Rev. proc. coll.* 2016, dossier 17.
3. L. n° 2005-845, 26 juill. 2005, préc.
4. L. n° 85-98, 25 janv. 1985, préc.
5. Pérochon et Bonhomme, 6e éd., n° 348.
6. Soc. 13 janv. 1999, n° 96-42.536, NP, *RJS* 1999, n° 161, p. 108 – Soc. 6 juill. 1999, n° 97-42.231, *Bull. civ.* V, n° 322; *D.* 2000. n° 1, p. 1, obs. Derrida; *Dr. soc.* 1999, n° 11, p. 959, obs. Radé.
7. Voinot, note s[s] Cass., ch. mixte, 7 juill. 2006, n° 04-14.788, *Bull. Ch. mixte* n° 5; n° 242 P+B+R+I; *Gaz. proc. coll.* 2006/4, p. 20 – Morvan, « Le droit social dans la réforme du droit des entreprises en difficulté », *JCP E* 2005, n° 42, 1511.
8. Soc. 31 mars 2015, n° 13-25.537, NP, *Rev. proc. coll.* 2015, comm. 57, note Fin-Langer.
9. Soc. 22, mars 2011, n° 09-72.751, NP; n° 298 F-D; *Rev. proc. coll.* 2011, comm. 186, note Fraimout.
10. Soc. 12 févr. 2008, n° 06-45.801, n° 06-45.823, NP, *Gaz. proc. coll.* 2008/2, p. 35, n° 2, note Saintourens – Soc. 15 mars 2011, n° 09-70.801, NP, *Rev. proc. coll.* 2011, comm. 93, p. 53, note Taquet.
11. Soc. 30 avr. 2014, n° 12-35.219, *Bull. civ.* V [à paraître]; FS-P+B; *Leden* juin 2014, comm. 096, note Dedessus-Le-Moustier; *BJE* 2014, 324, note Donnette-Boissière; *Rev. proc. coll.* 2014, comm. 97, note Fin-Langer et comm. 166, note Fraimout.

L'exploitation du fonds de commerce en **location-gérance** appelle quelques remarques. Les contrats de travail sont transférés de plein droit au locataire-gérant, par application de l'article L. 1224-1 du code du travail (anc[t] C. trav., art. L. 122-12, al. 2). En cas de liquidation judiciaire du locataire-gérant, le retour du fonds dans le patrimoine du bailleur entraîne transfert en sens inverse des contrats de travail[2]. Il en va toutefois différemment en cas de ruine du fonds. Le seul fait qu'une offre de reprise ait été émise ne peut suffire à faire considérer qu'il n'y avait pas ruine du fonds, dès lors qu'au moment de la résiliation du contrat, résultant de l'abandon du fonds de commerce à la procédure collective par le loueur du fonds, la clientèle, élément essentiel du fonds de commerce n'existait plus et que le fonds était inexploitable. Les salariés ne repassent donc pas, en pareil cas, à l'ancien loueur du fonds.

Dès lors que la poursuite de son contrat de travail lui est proposée par le repreneur, pendant son préavis, qu'il soit ou non exécuté, le salarié ne peut plus être indemnisé en raison de son licenciement à l'occasion du transfert[4].

La requalification, après l'adoption du plan de cession, d'un contrat de travail à durée déterminée en un contrat à durée indéterminée, emporte pour conséquence nécessaire qu'il est en cours au jour du transfert et doit donc se poursuivre avec le cessionnaire[5].

Le transfert d'une quote-part du contrat de travail est impossible. Faute pour les salariés d'accepter une modification de leur contrat de travail dans le cadre de la cession, à savoir le passage d'un temps complet à un temps partiel, l'offre de reprise de l'entreprise ne peut aboutir[6].

Les salariés licenciés en application du plan de cession ne font évidemment pas partie de l'effectif du repreneur, et n'ont donc pas à être pris en compte pour le calcul de sièges à pourvoir pour les élections des délégués du personnel[7].

Le plan de cession ne peut toutefois exclure de la reprise des salariés dont le contrat de travail n'est pas en cours à sa date, par exemple un salarié dont le contrat avait été suspendu à la suite d'un accident du travail[8] ou à la suite d'un mandat spécial confié au salarié[9]. Le licenciement de ce salarié doit, en conséquence, être annulé.

Bien que la liste du personnel ne mentionne pas l'existence d'un contrat de travail suspendu par l'effet de la maladie, le contrat de travail de ce salarié est transmis au repreneur, en application de l'article L. 1224-1 du code du travail. Il appartient au repreneur de tirer les conséquences de l'inaptitude de ce salarié en recherchant les mesures de reclassement et à défaut en le licenciant[10].

A fortiori, le repreneur ne saurait engager la responsabilité de l'administrateur, du fait de son obligation d'indemniser un salarié en arrêt maladie, alors que l'offre de cession présentée ne prévoyait aucun licenciement, mais la reprise de tous les salariés[11].

Le licenciement est en conséquence irrégulier du fait du jeu de l'article L. 1224-1 du code du travail, si la reprise d'un salarié est subordonnée à sa renonciation à une déclaration de créance et à son désistement d'une instance prud'homale, ce dont il résulte que le licenciement de ce salarié n'est pas prévu dans le plan et ne peut donc être mis en œuvre ensuite par l'administrateur judiciaire[12]. La responsabilité de l'administrateur judiciaire peut être mise en jeu s'il n'a pas sollicité du tribunal, à l'occasion de l'arrêté du plan de cession, l'autorisation de licencier ce salarié, pour omission du projet de licenciement, alors que le repreneur avait clairement exprimé sa volonté de ne pas reprendre le salarié en question[13].

La volonté du repreneur conditionne ici l'ampleur des licenciements autorisés par le plan de cession (v. aussi s[s] n°s 432.26 s.) et, en conséquence, le nombre de salariés repris dans le plan de cession.

Les salariés non licenciés dans le cadre du jugement arrêtant le plan de cession sont repris. Il y a en ce cas cession légale des contrats, laquelle joue de plein droit, alors même que le repreneur n'aurait pas eu connaissance du contrat de travail de l'intéressé[14].

Cette cession joue tant en plan de cession totale, qu'en plan de cession partielle[15]. Cela permettra, pour les salariés non repris par le cessionnaire, de faire jouer les règles simplifiées du licenciement économique, même pour les cessions partielles intervenant dans le cadre de la procédure de sauve-

1. Soc. 18 déc. 2000, n° 98-41.178, *Bull. civ.* V, n° 425.
2. Soc. 20 mars 2001, n° 99-41.392, *Bull. civ.* V, n° 98; *Act. proc. coll.* 2001/10, n° 129.
3. Soc. 17 déc. 2013, n° 12-22.167, NP; n° 1226 F-D.
4. Soc. 4 mai 2011, n° 10-15.393, NP.
5. Soc. 22 sept. 2011, n° 10-15.425, NP.
6. TGI Valenciennes, 26 mars 2015, RG n° 14/03278, *Rev. proc. coll.* 2015, comm. 58, note Fin-Langer.
7. Soc. 23 mars 2011, n° 10-60.175, NP.
8. Soc. 24 mars 2010, n° 09-40.645, NP, *Act. proc. coll.* 2010/9, n° 133, note Fin-Langer – Soc. 6 oct. 2010, n° 09-40.976, NP, *Act. proc. coll.* 2010/20, n° 288.
9. Soc. 9 nov. 2010, n° 08-45.627, NP, *BJE* mai/juin 2011, § 48, p. 144, note Bernard-Menoret.
10. Soc. 22 sept. 2011, n° 10-16.775, NP.
11. Com. 24 mars 2009, n° 08-10.851, NP; n° 280 F-D.
12. Com. 16 janv. 2007, n° 04-16.943, NP; n° 35 F-D; *Gaz. proc. coll.* 2007/2, p. 28, note Bidan.
13. Com. 16 janv. 2007, n° 04-16.943, préc. (v. s[s] prés[t] n°).
14. Saint-Alary-Houin, 9e éd., n° 1299.
15. Ripert et Roblot, n° 3197-2.

garde (v. aussi s[s] n° 511.11). Peu importe que les licenciements aient été autorisés par le jugement arrêtant le plan de cession partielle sans continuation. Si une offre de cession est présentée ultérieurement pour la branche d'activité qui n'avait pas fait l'objet de la cession partielle, il y a place à application de l'article L. 1224-1 du code du travail[1]. En cas de cession partielle, le cessionnaire de l'une des branches d'activité ne peut calculer les indemnités dues au salarié sur une base réduite. Il n'y a donc pas de cession partielle du contrat de travail, ce qui oblige le cessionnaire à assumer le coût intégral du licenciement incluant les droits acquis au sein de l'entreprise, alors même qu'il n'acquiert qu'une partie de l'activité[2]. Il a été jugé que le transfert d'un salarié demandant l'organisation d'élections professionnelles doit être autorisé par les autorités administratives en cas de cession partielle[3].

Si la cession de l'entreprise intervient au profit d'une société coopérative ouvrière de production (SCOP), l'article L. 1224-1 du code du travail est sans application. La Cour de cassation juge en effet que les contrats sont rompus par la société sous procédure collective pour permettre la constitution de la SCOP. Les contrats liant les salariés à la SCOP sont en conséquence nouveaux[4].

Le transfert des contrats de travail s'impose aux salariés non licenciés. S'ils ne désirent pas travailler pour le repreneur, leur licenciement par le cédant, pour ce motif, sera sans effet[5]. Le salarié sera alors considéré comme démissionnaire[6].

Le transfert des contrats de travail s'opère à la date de transfert de propriété des actifs fixée par le tribunal. À défaut de fixation de cette date, il s'agira de la date de passation des actes[7]. Cependant, si la gestion de l'entreprise est confiée par l'administrateur au repreneur avant cette date, c'est à compter du transfert de gestion que s'opère le transfert du contrat de travail, le repreneur devenant alors le chef d'entreprise et donc le nouvel employeur[8].

Les obligations du repreneur ne commencent donc, à l'égard des salariés, qu'à cette date. Pour cette raison, le repreneur n'est pas tenu des salaires échus avant la cession[9], pas plus qu'il n'a à supporter la charge des indemnités de repos compensateur[10] ou les indemnités de congés payés pour la période antérieure à son entrée en jouissance, à moins qu'il n'ait contracté cette obligation dans son offre[11]. Dans ce cas, le tribunal pourrait, dans le jugement arrêtant le plan de cession, fixer provisoirement le montant des sommes dues à ce titre par le repreneur et, dès lors que le principe du support par le repreneur des sommes dues au titre des congés payés est acquis, il est possible ensuite de prononcer une condamnation pour un montant supérieur si les sommes réellement dues sont supérieures au montant provisoirement fixé, sans contrariété à l'autorité de la chose jugée attachée au jugement arrêtant le plan de cession[12].

De façon générale, le repreneur peut s'engager dans le cadre d'un plan de cession à prendre en charge les droits attachés aux contrats de travail transférés alors pourtant qu'il s'agit de dettes incombant au débiteur. Cet engagement est licite et plein effet doit lui être attaché[13]. Assez souvent, le repreneur s'engage ainsi à reprendre tout ou partie des sommes dues au titre des congés payés. Il s'agit là de charges augmentatives du prix, dès lorsqu'il n'est pas ici question d'une obligation légale à la charge du repreneur. En conséquence, il y a place à perception du droit d'enregistrement sur ces sommes au titre du transfert du fonds de commerce[14].

Puisque les obligations du repreneur ne débutent qu'à compter de son entrée en jouissance, les sommes dues aux salariés avant l'adoption du plan de cession le sont par le débiteur ou, en cas de liquidation judiciaire, par le liquidateur[15].

En revanche, le repreneur est seul tenu de verser les salaires dus à un salarié après le jugement adoptant le plan de cession, alors même que ces salaires correspondent à une prestation de travail fournie avant le transfert et au profit du cédant[16].

1. Soc. 24 oct. 2006, n°s 04-45.673, 04-45.851, 04-45.852, 04-46.022, *Bull. civ.* V, n° 316; n° 2382 FS-P+B; *D.* 2006. AJ 2789, obs. Lienhard; *Act. proc. coll.* 2007/1, n° 6, note Fin-Langer.
2. Soc. 15 févr. 2012, n° 10-20.736, NP, *Rev. proc. coll.* 2012, comm. 87, note Fraimout.
3. Soc. 28 oct. 2015, n° 14-12.598, *Bull. civ.* V [à paraître]; *Rev. proc. coll.* 2016, comm. 58, note Fin-Langer.
4. Soc. 20 déc. 2006, n° 04-44.787, *Bull. civ.* V, n° 388; F-P+B; *Act. proc. coll.* 2007/6, n° 65, note Fin-Langer – Soc. 3 mai 2011, n°s 09-70.813, 09-71.037, *Bull. civ.* V, n° 103; *Act. proc. coll.* 2011/10, comm. 159, note Fin-Langer – *Adde*, SUR LA QUESTION : Saintourens, « Reprise de l'entreprise par les salariés licenciés et principe du maintien des contrats de travail », *Rev. proc. coll.* 2012, dossier 4, p. 55.
5. Soc. 27 juin 2002, n° 00-44.006, *Bull. civ.* V, n° 221 – Soc. 20 avr. 2005, *Jur. soc. Lamy* 2005, n° 168, p. 19, obs. Rérolle.
6. Boyer, *Protection des salariés et sauvetage de l'entreprise : quête d'un équilibre*, PUAM 2006, n° 109.
7. Com. 26 janv. 1993, n° 91-40.308, *Bull. civ.* V, n° 30; *RJS* 1993, n° 723, p. 159.
8. Soc. 26 nov. 1996, n° 95-42.006, *Bull. civ.* V, n° 402; *D.* 1998. Somm. 8, obs. Derrida.
9. Soc. 23 sept. 2008, n° 07-41.615, NP; n° 1572 F-D; *Gaz. proc. coll.* 2009/1, p. 45, n° 1, note Saintourens.
10. Soc. 13 mai 2009, n° 07-45.502, NP; n° 955 F-D.
11. Soc. 16 oct. 2001, n° 98-14.662, NP, *Act. proc. coll.* 2001/19, n° 253.
12. Com. 20 sept. 2005, n° 04-12.925, NP.
13. AINSI, Soc. 30 juin 2016, n° 14-26.172, *Bull. civ.* V [à paraître]; n° 1306 FS-P+B.
14. Com. 27 mai 2015, n° 14-14.744, NP.
15. Soc. 24 oct. 2012, n° 11-18.584, NP.
16. Soc. 10 mars 2010, n° 08-44.395, NP.

Contrairement à une règle de droit commun du droit social, la charge des dommages et intérêts dus au salarié par l'ancien employeur au titre d'un manquement aux obligations nées du contrat de travail n'est pas transmise au repreneur[1]. Il importe de préciser que cette solution est générale en cas d'ouverture d'une procédure collective et dépasse en conséquence la seule hypothèse du plan de cession. Elle intéresse, par exemple, le cas de la cession du fonds de commerce accompagnée de la cession des contrats de travail et, sous l'empire de la législation antérieure à la loi de sauvegarde des entreprises, l'hypothèse de la cession d'unité de production.

Il n'y a pas d'obstacle au licenciement dans le plan de cession d'un salarié réembauché par le repreneur, dès lors du moins que son ancien poste a été supprimé et qu'il est embauché à un poste nouveau[2]. Si la branche d'activité cédée n'est pas celle à laquelle est rattaché le salarié, ce dernier ne pourra utilement contester son licenciement mis régulièrement en œuvre par l'administrateur judiciaire[3].

Au contraire, sera dépourvu de cause réelle et sérieuse, le licenciement d'un salarié, dans le cadre du plan de cession, suivi de la reprise de ce même salarié, au même poste, par le repreneur[4]. En pareil cas, les licenciements autorisés par le plan de cession sont dépourvus d'effet et, sauf collusion frauduleuse entre les employeurs successifs, les salariés ne peuvent prétendre à l'égard du cédant à une indemnité pour perte d'emploi, qui serait garantie par l'AGS[5].

En cas d'embauche au même poste d'un autre salarié, l'AGS est obligée à garantir les dommages et intérêts à verser au salarié licencié par fraude[6]. La solution a pu être critiquée sur la juste observation que la fraude émanait non de la procédure collective, mais du repreneur, qui aurait du seul être tenu à indemniser[7].

De même, le salarié repris ne peut être licencié pour motif économique par le repreneur sur le fondement des difficultés économiques rencontrées par l'entreprise cédée. En ce cas, le licenciement est dépourvu de cause réelle et sérieuse[8].

En revanche, la cession du contrat de travail au repreneur, avec engagement de conservation des salariés pendant une certaine durée, n'a pas pour effet de lui interdire de licencier, pour motif disciplinaire, un salarié repris, avant le terme de son engagement de conservation du salarié[9].

Les contrats de travail sont transférés au nouvel employeur sans modification. Le repreneur ne peut s'émanciper du jeu de l'ancienneté du salarié repris[10]. En pratique, cela signifie que la date d'entrée au service de l'employeur figurant sur le bulletin de paie doit être celle du cédant[11]. La reprise d'un salarié à des conditions différentes de celles existant avec le cédant justifie la demande d'indemnisation de licenciement sans cause réelle et sérieuse à l'égard du cédant, dans la mesure où le contrat de travail n'a pas été poursuivi sans modification par le cessionnaire[12].

Le salarié licencié dans le cadre du plan de cession – et la règle est identique en cas de cession d'unité de production – repris par le repreneur, ne pourra se voir opposer les conditions mises à sa reprise par son nouvel employeur[13]. C'est ainsi qu'il pourra obtenir des rappels de salaire, si sa rémunération a été diminuée par son nouvel employeur[14].

Pour la Cour de cassation, les usages, les engagements unilatéraux ou encore les accords atypiques s'imposent au cessionnaire[15], alors même que le repreneur aurait indiqué dans son offre ne pas vouloir les reprendre[16]. Si les sources professionnelles

1. Soc. 2 févr. 2006, nº 04-40.474, *Bull. civ.* V, nº 54; nº 336 F-P+B; *LPA* 13 sept. 2006, nº 183, p. 10, note Vignal – Soc. 23 sept. 2008, nº 07-41.615, NP; nº 1572 F-D; *Gaz. proc. coll.* 2009/1, p. 45, nº 1, note Saintourens.
2. Soc. 30 juin 1992, *RJS* 1992, nº 964, 2e esp. – *Adde*, Boyer, *Protection des salariés et sauvetage de l'entreprise : quête d'un équilibre*, PUAM, 2006, nº 108.
3. Soc. 23 févr. 2005, nos 03-41.466, 03-41.537, NP.
4. Soc. 30 juin 1992, nº 90-44.057, *Bull. civ.* V, nº 427; *RJS* 1992. 964, 1re esp. – Soc. 20 janv. 1998, nº 95-40.812, *Bull. civ.* V, nº 16; *JCP E* 1998. 10027, rapp. Wacquet – Soc. 14 déc. 1999, nº 98-41.520, *Bull. civ.* V, nº 483; *Rev. proc. coll.* 2001, 47, nº 33, obs. Taquet – Soc. 2 oct. 2001, nº 99-45.033, NP, *Act. proc. coll.* 2002/2, nº 20 – Soc. 4 nov. 2015, nos 14-22.193 à 14-22.196, 14-22.199 à 14-22.202, NP.
5. Soc. 4 nov. 2015, préc., *Rev. proc. coll.* 2016, comm. 70, note Fin-Langer.
6. Soc. 13 févr. 2008, nº 06-44.971, NP; nº 298 F-D; *Gaz. proc. coll.* 2008/2, p. 37, nº 2, note Duprat.
7. Duprat, note ss Soc. 13 févr. 2008, nº 06-44.971, NP; nº 298 F-D; *Gaz. proc. coll.* 2008/2, p. 37, nº 2.
8. Soc. 26 janv. 2010, nº 08-44.009, NP, *Act. proc. coll.* 2010/6, nº 90, note Fin-Langer.
9. Soc. 17 mai 2011, nº 09-43.003, *Bull. civ.* V, nº 110; nº 1138 FS-P+B; *Act. proc. coll.* 2011/12, comm. 188, note Fin-Langer; *Rev. proc. coll.* 2011, comm. 187, note Fraimout.
10. Soc. 10 oct. 2000, nº 98-42.189, *Bull. civ.* V, nº 315; *Act. proc. coll.* 2000/20, nº 265 – Soc. 13 mai 2009, nos 08-40.447, 08-40.898, *Bull. civ.* V, nº 127; nº 938 FS-P+B; *Rev. proc. coll.* 2009, étude 19, p. 29, note Fin-Langer.
11. Boyer, *Protection des salariés et sauvetage de l'entreprise : quête d'un équilibre*, PUAM, 2006, nº 111.
12. Soc. 13 mai 2009, nos 08-40.447, 08-40.898, *Bull. civ.* V, nº 127; nº 938 FS-P+B; *Rev. proc. coll.* 2009, étude 19, p. 29, note Fin-Langer.
13. Soc. 13 mai 2009, nº 07-40.094, NP; nº 948 F-D.
14. Soc. 9 mars 2004, nº 02-42.140, NP – Soc. 9 mars 2004, nº 02-42.141, NP.
15. Boyer, *Protection des salariés et sauvetage de l'entreprise : quête d'un équilibre*, PUAM, 2006, nº 113.
16. Soc. 12 mars 2008, nº 06-45.147, *Bull. civ.* V, nº 59; F-P+B; *Gaz. proc. coll.* 2008/2, p. 35, nº 3, note Duprat; *LXB hebdo* 27 mars 2008, nº 298, nº N4673BES, note Radé.

non négociées, au jour du transfert des contrats de travail, ne sont pas dénoncées, elles suivent le sort des contrats de travail[1]. Le repreneur ne sera en revanche pas nécessairement tenu par un accord collectif conclu entre les salariés et l'ancien employeur. Spécialement, l'accord ne s'imposera pas à *lui* en cas de caducité de l'objet de l'accord, qui s'inscrivait dans des données précises, modifiées par l'ouverture de la procédure collective[2].

L'entreprise, qui cède l'un de ses établissements à un repreneur ultérieurement placé en redressement, puis en liquidation judiciaire, n'est tenue d'aucune information individuelle sur les conditions du transfert à l'égard de chacun des salariés concernés par le transfert et n'est pas tenue de soutenir l'activité de la société cessionnaire dans l'avenir au-delà des engagements pris à cette fin[3].

En cas de souscription d'un contrat d'assurance par l'employeur destiné à couvrir les indemnités de fin de carrière de ses salariés, bien que les contrats ne confèrent aux salariés aucun droit direct, le produit des cotisations est exclusivement destiné au remboursement des indemnités payées à ces salariés par l'employeur. Ce dernier ne peut en obtenir la restitution, même en cas de résiliation des contrats de travail. Il en résulte que les sommes disponibles entre les mains de l'assureur doivent être conservées par lui et gérées selon la finalité prévue pour le compte du repreneur, qui aura la charge future du paiement des indemnités aux salariés[4]. Il a été observé que le repreneur tire avantage d'un tel contrat, de sorte qu'il doit être pris en compte dans le prix de cession[5].

Le repreneur est tenu de respecter les coefficients de rémunération correspondant à la nature des fonctions exercées, alors même que le cédant aurait manqué à ses obligations[6]. La solution a été posée pour une personne embauchée comme secrétaire, devenue ensuite adjointe du directeur technique, alors que sa rémunération n'avait guère évolué.

En cas d'annulation du licenciement avant jugement arrêtant le plan de cession d'un salarié protégé, celui-ci sera repris de plein droit, en vertu de l'article L. 1224-1 du code du travail. Le cessionnaire devra en conséquence payer au salarié les indemnités dues entre le licenciement et l'expiration du délai de deux mois dans lequel doit être présentée la demande de réintégration[7].

Au contraire, si l'autorisation de licencier le salarié protégé a été demandée à l'inspection du travail par l'administrateur judiciaire et qu'elle a été refusée, le repreneur est tenu de maintenir le contrat de travail. Le salarié protégé qui en fait la demande doit être réintégré chez le cessionnaire[8]. Ce dernier pourrait être poursuivi pour délit d'entrave[9]. Le salarié qui ne demande pas sa réintégration peut obtenir une indemnisation de la part du débiteur cédant[10].

Si, à la suite d'un recours à l'encontre de la décision de refus de l'inspection du travail, le licenciement du salarié est accepté, le licenciement peut valablement être effectué en application du jugement arrêtant le plan de cession[11].

Le jugement arrêtant le plan de cession peut reprendre l'engagement du repreneur de ne pas licencier pendant la durée du plan de cession sans l'autorisation préalable du tribunal saisi en ce sens par le commissaire à l'exécution du plan. Cette clause du plan de cession, malgré son absence de précision sur ce point, ne peut concerner que les licenciements économiques et ne prive pas l'employeur de son pouvoir disciplinaire de licencier pour faute grave[12].

L'auteur de l'offre de cession, assortie d'une faculté de substitution, n'est pas déchargé des obligations souscrites en vue de la cession. Il en résulte qu'il reste personnellement tenu des engagements nés du plan de cession, tel celui relatif à la garantie d'emploi[13], et ne peut, en conséquence, invoquer la cession volontaire à sa filiale pour s'exonérer de son obligation de ne pas licencier le personnel pendant deux ans[14].

On précisera enfin que le salarié qui aurait été licencié par le repreneur au mépris des engagements

1. Boyer, *Protection des salariés et sauvetage de l'entreprise : quête d'un équilibre*, PUAM; 2006, n° 113.
2. AINSI : Soc. 17 juin 2003, n° 01-15.710, *Bull. civ.* V, n° 198; *Act. proc. coll.* 2003/14, n° 189, obs. Fin-Langer.
3. Soc. 15 déc. 2010, n° 08-43.082, NP, *Act. proc. coll.* 2011/4, n° 76.
4. Com. 18 janv. 2011, n° 10-12.005, *Bull. civ.* IV, n° 6; n° 22 FS-P+B; *Gaz. Pal. entr. diff.* 1-2 avr. 2011, p. 41, note Gailhbaud; *Act. proc. coll.* 2011/4, n° 75, note Fin-Langer; *JCP E* 2011, Chron. 1263, n° 4, obs. Pétel; *Rev. proc. coll.* 2011, comm. 51, p. 56, note Fraimout.
5. Pétel, obs. s[s] Com. 18 janv. 2011, n° 10-12.005; n° 22 FS-P+B; *JCP E* 2011, Chron. 1263, n° 4.
6. Soc. 13 mai 2009, n° 07-40.094, NP; n° 948 F-D.
7. Soc. 26 févr. 2003, n° 01-41.482, *Bull. civ.* V, n° 68; *Rev. proc. coll.* 2003, p. 250, n° 18, obs. Taquet.
8. Soc. 10 juill. 1995, n° 93-46.399, *Bull. civ.* V, n° 240.
9. Crim. 30 mai 1995, n° 94-80.355, *Bull. crim.* n° 198 – *Adde*, VALLENS, 2007, n° 3701 – Boyer, « Un droit social contre-productif dans les entreprises en difficulté », *Gaz. Pal.* 16-17 avr. 2010, n°s 106, 107, p. 8.
10. Soc. 28 oct. 1996, n° 95-40.994, 95-41.617, *Bull. civ.* V, n° 354 – Soc. 10 déc. 1996, n° 94-43.163, *Bull. civ.* V, n° 431.
11. Soc. 14 mars 2007, n° 05-45.458, *Bull. civ.* V, n° 48; n° 574 FS-P+B.
12. Soc. 16 mai 2007, n° 06-40.496, *Bull. civ.* V, n° 79; n° 1009 FS-P+B; *JCP E* 2007, pan. 1887.
13. Soc. 12 nov. 2015, n°s 14-16.489, 14-16.567, 14-16.814, NP, *Rev. proc. coll.* 2016, comm. 59, note Fin-Langer.
14. Soc. 14 mars 2012, n°s 07-04.491, 07-04.492, 07-44.943, NP, *BJE* mai 2012, comm. 85, p. 150, note Vincent.

sociaux souscrits peut agir en responsabilité contre le repreneur, sans pouvoir, *a priori*, pouvoir remettre en cause en cause le plan de cession, l'action appartenant à l'organe ayant en charge la surveillance de l'exécution du plan de cession, c'est-à-dire, avant la loi de sauvegarde des entreprises, le commissaire à l'exécution du plan[1].

SECTION 432.20

LICENCIEMENTS ÉCONOMIQUES

432.21 Règles générales relatives aux licenciements économiques – Licenciements économiques en période d'observation de la sauvegarde. La rupture des contrats de travail n'est réglementée spécialement par le code de commerce que pour les licenciements économiques, non pour les licenciements pour faute[2]. Le licenciement pour faute peut intervenir si un salarié ne respecte pas les consignes données par l'administrateur judiciaire. Il en a été ains d'un directeur commercial qui n'avait pas infmé l'administrateur judiciaire de la société débitric ni sollicité son accord préalable avant de conclure ne opération promotionnelle à perte pour l'entrepris contrairement à ce qui lui avait demandé l'admini trateur[3]. On précisera seulement que le licenci ment d'un salarié pour faute grave n'est pas un ac de gestion courante (v. s[s] n°s 421.28 et 421.61).

En réalité, seuls les licenciements intervenant e période d'observation ou dans le cadre des plans d redressement sont expressément qualifiés de « licen ciements pour motif économique ». Mais, malgré l silence du législateur en phase liquidative, la solu tion n'est pas différente, par le renvoi opéré par le textes de la liquidation judiciaire aux articles du code de travail régissant ces licenciements, spéciale ment les articles L. 1233-60 et L. 1233-58 (anc C. trav., art. L. 321-8 et L. 321-9)[4].

En présence d'un entrepreneur individuel à responsabilité limitée, les règles spéciales applicables aux licenciements économiques intervenant au cours d'une procédure collective ne s'appliqueront qu'aux salariés de l'entreprise logée dans le patrimoine concerné par la procédure collective. Il eut été opportun pour le législateur de le préciser et il est à craindre que l'identité d'employeur ne soit invoquée contre l'EIRL à la tête de plusieurs entreprises.

1. Nancy, 3 avr. 1996, *JCP E* 1997, n°s 7-8, p. 250.
2. AINSI : Soc. 28 mars 2012, n° 11-10.109, NP.
3. Soc. 21 nov. 2012, n° 11-21.651, NP, *Gaz. Pal.* 1er mai 2013, n° 121, p. 40, note Duprat.
4. Chagny, « Quelques aspects de la garantie des créances résultant du licenciement pour motif économique par l'entreprise en difficulté », *Gaz. Pal.* 20-21 sept. 2002, Doctr. 56 s., sp. p. 57, n° 5.

…re faut-il préciser que la loi du 17 janvier 2… de modernisation sociale, qui modifie les r…u licenciement économique, s'applique aux e…ises en difficulté qui ne sont pas soumises à u…océdure de redressement ou de liquidation j…ire[6].

…i de sauvegarde des entreprises[7] ne contient …e disposition relative aux licenciements éco…iques pendant la procédure de sauvegarde. Dans …rojet de loi de sauvegarde des entreprises, déjà, la …cédure de sauvegarde ne bénéficiait d'aucun allé…ment de procédure par rapport au droit commun … licenciement économique, contrairement au …dressement judiciaire.

L'opposition parlementaire est intervenue abon…amment, lors des travaux parlementaires, pour …aire part de ses inquiétudes en matière de droit des licenciements.

L'idée a germé au sein de la majorité parlementaire, pendant le cours des travaux parlementaires, d'une procédure de licenciement adaptée à la procédure de sauvegarde, dont les délais et formalités seraient moins contraignants que ceux applicables aux licenciements économiques de droit commun, tout en n'étant pas aussi simplifiés et rapides que ceux mis en œuvre dans le cadre du redressement et de la liquidation judiciaires. Il fallait, en quelque sorte, trouver une formule intermédiaire entre les licenciements économiques de droit commun et les licenciements économiques réglementés par la législation spécifique du redressement et de la liquidation judiciaires. Le gouvernement a clairement indiqué son désaccord pour que d'autres règles que celles intéressant les licenciements économiques de droit commun soient applicables à la procédure de sauvegarde. Le garde des Sceaux a précisé que, dans son projet tel qu'il l'a présenté à l'Assemblée nationale, le droit commun du licenciement s'applique en cas de sauvegarde[8].

Plus radicalement, le rapporteur au nom de la commission des lois de l'Assemblée nationale, a jugé impossible de parvenir à sauvegarder l'entreprise si les dispositions sociales applicables à la procédure de redressement judiciaire permettant de réduire les coûts salariaux avec des délais plus courts de consultation des instances représentatives des salariés ne pouvaient pas être mises en œuvre[9].

Un amendement a été proposé par le groupe socialiste à l'Assemblée nationale pour faire inscrire dans le texte que les licenciements économiques

5. L. n° 2002-73, 17 janv. 2002, *JO* 18 janv., p. 1008.
6. *Act. proc. coll.* 2002/3, n° 31, obs. Fin-Langer.
7. L. n° 2005-845, 26 juill. 2005, préc.
8. Interv. Perben, *JOAN CR*, 3e séance du 3 mars 2005, p. 1672.
9. *Rapp. Xavier de Roux*, n° 2095, p. 178.

effectués pendant la procédure de sauvegardese soumis au droit commun des licenciement éc miques[1]. L'amendement a été rejeté[2], la dicu sur la question des licenciements éconmi n'étant pas encore à l'ordre du jour. Elle a n été reportée après l'article 88 du projet de lode vegarde, sans que la position de la majorit pa mentaire n'apparaisse clairement. C'est alrs q par effet de surprise, le président de la commissi des lois de l'Assemblée nationale a annoncé le retr de l'amendement n° 127[3], qui contenait l'idée d'u dérogation au droit commun des licenciements éc nomiques, en envisageant soit l'application des règle de consultation du comité d'entreprise prévue pa les accords de méthode régis par la loi de cohésion sociale (C. trav., art. L. 320-3 [devenu C. trav., art. L. 1233-21]), soit, à défaut d'existence d'un tel accord, l'application d'une procédure identique à celle prévue pour les entreprises en situation de redressement judiciaire[4]. La crainte a été aussitôt énoncée par l'opposition parlementaire, du fait de l'existence d'autres amendements prévus après l'article 187 du projet de sauvegarde[5]. L'amendement n° 253, qui avait pour objet d'aligner le régime des licenciements économiques de la procédure de sauvegarde sur celui applicable en redressement judiciaire, a également été retiré[6].

La conséquence est donc extrêmement claire : les licenciements économiques dans la procédure de sauvegarde, contrairement aux solutions retenues en redressement et en liquidation judiciaires, obéiront au droit commun. Il faut considérer que l'ordonnance du juge-commissaire n'est pas nécessaire. En revanche, la lettre de licenciement devra impérativement, conformément au droit commun, comporter deux précisions, à défaut desquelles le licenciement sera dépourvu de cause réelle et sérieuse. La première précision est relative à la mesure concrète à l'origine des licenciements (suppression ou transformation d'emplois, modification du contrat de travail non acceptée). La seconde tient à la raison économique (difficultés économiques, restructurations, mutations technologiques, par exemple). Ainsi, la lettre de licenciement ne pourra se contenter de se référer, comme en cas de liquidation judiciaire, au jugement ouvrant la procédure[7].

Après 10 ans d'application de la loi de sauvegarde, des praticiens dénoncent l'application du droit commun en sauvegarde et, s'ils admettent l'idée que l'AGS n'a pas à intervenir pour garantir les licenciements économiques dans une telle procédure, se montrent favorables à une *application des* règles du redressement judiciaire aux licenciements économiques en sauvegarde[8], afin de ne plus limiter la sauvegarde aux entreprises ayant des difficultés conjoncturelles et de l'écarter pour celles ayant des difficultés structurelles.

Le fait que la procédure de sauvegarde tende à la réorganisation de l'entreprise et que la réorganisation de l'entreprise effectuée pour sauvegarder la compétitivité de celle-ci justifie le licenciement économique a pu faire considérer à un auteur que le licenciement économique s'en trouverait facilité dans la sauvegarde[9]. Le tribunal n'a-t-il pas, par avance, justifier le caractère économique du licenciement ? La réponse à la question dépendra du point desavoir si la procédure de sauvegarde en cause va ou non tendre à la réorganisation de l'entreprise. De même, le fait que le plan de sauvegarde, à la suite du ret de plan, doive exposer et justifier le niveau et perspectives d'emploi, ainsi que les conditions iales envisagées pour la poursuite d'activité, a pu réditer l'idée chez un auteur que le salarié pourt difficilement discuter du caractère économique son licenciement, si celui-ci s'inscrit dans le dre du plan[10].

L'application, en sauvegarde, du droit commun s licenciements emportera cette conséquence fonamentale que le motif économique du licenciement pourra être discuté devant le conseil des rud'hommes[11]. En outre, l'application des dispositions de la loi de programmation pour la cohésion ociale du 18 janvier 2005[12] s'imposera. Les allégements au titre des réunions et consultation des représentants du personnel, qui existent en redressement judiciaire, seront ici inapplicables. Les licenciements devront être notifiés à l'autorité administrative compétente dans les conditions de l'article L. 1233-46 du code du travail (anc^t C. trav., art. L. 321-7). Sans contestation possible, la solution ne sera pas neutre dans le choix des procédures et

1. Amend. n° 553, interv. Alain Viladies, *JOAN CR*, 3e séance du 3 mars 2005, p. 1670.
2. *JOAN CR*, 3e séance du 3 mars 2005, p. 1673.
3. Interv. Xavier de Roux, *JOAN CR*, 2e séance du 8 mars 2005, p. 1748.
4. *Rapp. Xavier de Roux*, n° 2095, p. 310.
5. Interv. Arnaud Montebourg, *JOAN CR*, 2e séance du 8 mars 2005, p. 1748.
6. *JOAN CR*, 3e séance du 8 mars 2005, p. 1816, 1817.
7. Arséguel et Météyé, « Les aspects sociaux de la procédure de sauvegarde », *Rev. proc. coll.* 2008/2, p. 117 s., sp. p. 119, n° 14.
8. Jeannerot Ph., *in* « Les licenciements économiques dans les procédures collectives », Kerouaz N., Jeannerot Ph., Météyé Th., Legrand F. et Menjucq M., *Rev. proc. coll.* 2016, Table ronde 1, p. 79 s., sp. p. 81.
9. Dumont, « La cause économique du licenciement en procédure de sauvegarde : inquiétude quant à la mise en œuvre du régime de droit commun », *Rev. proc. coll.* 2007/2, p. 65 s., sp. p. 66, n° 3.
10. Dumont, art. préc., sp. p. 68, 69, n°s 9, 10.
11. Pétel, « La réforme des plans de redressement », *LPA* 10 juin 2004, n° 117, p. 36.
12. L. n° 2005-32, 18 janv. 2005, préc.

pourrait gravement pénaliser la sauvegarde par rapport au redressement judiciaire[1].

Toutes les réunions qui doivent classiquement être tenues dans le droit commun des licenciements économiques s'imposeront, ce qui est extrêmement pénalisant pour l'entreprise qui a besoin de se réorganiser. Il faut cependant réserver la possibilité d'utiliser les accords de méthode, en amont de l'ouverture de la procédure ou même pendant celle-ci, cette utilisation permettant de gagner du temps par rapport aux réunions obligatoires que nécessite la procédure de licenciement économique de droit commun[2].

Les règles régissant l'élaboration de l'ordre du jour des réunions du comité d'entreprise doivent être respectées (C. trav., art. L. 2325-15). Même si sont en cause des consultations rendues obligatoires par la loi, comme cela est le cas en matière de licenciements économiques, le principe demeure celui de l'élaboration conjointe de l'ordre du jour. Le chef d'entreprise ne peut donc fixer unilatéralement l'ordre du jour de la réunion du comité d'entreprise qu'après une tentative d'élaboration conjointe. La violation de cette règle entraîne, pour la Cour de cassation, violation de la procédure de licenciement économique collectif, justifiant le versement d'une indemnité[3].

Parce que, dans la procédure de sauvegarde, les licenciements économiques obéissent au droit commun, contrairement aux règles posées en redressement judiciaire, la Cour de cassation a considéré que la consultation pour avis du comité d'entreprise, effectuée en période d'observation de la sauvegarde, ne valait pas consultation dudit comité dans la procédure de redressement judiciaire prononcée sur conversion de la sauvegarde. Il en résulte que la procédure d'autorisation des licenciements économiques de la procédure de redressement judiciaire, qui repose sur une autorisation du juge-commissaire donnée au vu d'un avis du comité d'entreprise n'a pas été respectée[4].

Il faut cependant tenir compte du cas particulier de la cession partielle intervenant en sauvegarde. En ette hypothèse, en effet, l'article L. 626-1 alinéa 2 révoit que « les cessions faites en application du résent article sont soumises aux dispositions de la ction I du chapitre II du titre IV ». S'appliquent en nséquence les règles du plan de cession arrêtées liquidation judiciaire et notamment les règles atives à la détermination des salariés repris par le reneur. Le jeu de l'article L. 1224-1 du code du tvail (anc[t] C. trav., art. L. 122-12, al. 2) est écarté e es salariés non repris doivent être licenciés. Le pblème est alors de faire supporter au débiteur le cct de ces licenciements, ce qui viendra grever lodement son plan de sauvegarde[5].

432.22 Procédure d'autorisation des licenciements en période d'observation du redressement judiciaire. Pendant la période d'observation du rressement judiciaire, l'article L. 621-37 du code dcommerce (anc[t] L. 25 janv. 1985[6], art. 45, al. 1) pvoit que, lorsque des licenciements pour motif éonomique présentent un caractère urgent, inévitble et indispensable, l'administrateur peut être utorisé par le juge-commissaire à y procéder. La même solution est posée en régime simplifié par l'article L. 621-137 (anc[t] L. 25 janv. 1985, art. 141). L'article L. 631-17 du code, dans la rédaction que lui donne la loi du 26 juillet 2005[7], reprend très fidèlement les règles posées par l'article L. 621-37 du code de commerce, pour les licenciements économiques en période d'observation du redressement judiciaire, dans la rédaction antérieure à la loi du 26 juillet 2005.

La réglementation établie ne concerne que les licenciements pour motif économique. Pour les licenciements ayant une autre cause, le droit commun doit être respecté[8].

Préalablement à la saisine du juge-commissaire[9], l'administrateur ou, à son défaut, le débiteur doit consulter le comité d'entreprise ou les délégués du personnel, et à leur défaut le représentant des salariés, dans les conditions de l'article L. 1233-58 du code du travail (anc[t] C. trav., art. L. 321-9).

1. Vatinet, « Sur la place faite aux salariés par la loi de sauvegarde des entreprises du 26 juillet 2005 », *JCP S* oct. 2005, n° 7 – Lucas, « Du plan de sauvegarde », *LPA* n° sp., 8 févr. 2006, n° 28, sp. p. 75 – Morvan, « Le droit social dans la réforme du droit des entreprises en difficulté », *JCP E* 2005. 1511, p. 1751 s., sp. p. 1755, n° 21 à 23 – RAPPR. : Teboul, « Le code du travail : un divorce avec le droit des entreprises en difficulté ? », *LPA* 1er et 2 janv. 2008, nos 1, 2, p. 7 s., sp. p. 8.
2. Arséguel et Méteyé, « Les aspects sociaux de la procédure de sauvegarde », *Rev. proc. coll.* 2008/2, p. 117 s., sp. p. 118, n° 10.
3. Soc. 12 juill. 2010, n° 08-40.740, *Bull. civ.* V, n° 165; *Rev. proc. coll.* 2010/5, comm. 191, note Taquet; *LPA* 20 déc. 2010, n° 252, p. 15, note Jacotot.
4. Com. 5 nov. 2013, n° 12-25.362, *Bull. civ.* IV, n° 161; n° 1049 FS-P+B; *Gaz. Pal.* 12 janv. 2014, p. 36, note Gailhbaud; *Rev. sociétés* 2013. 732, note Roussel Galle; *BJE* janv. 2014, p. 21, note Jacotot; *Act. proc. coll.* 2013/20, comm. 294, note Fin-Langer; DPDE nov. 2013, p. 2.
5. AUSSI : Dumont, « La cause économique du licenciement en procédure de sauvegarde : inquiétude quant à la mise en œuvre du régime de droit commun », *Rev. proc. coll.* 2007/2, p. 65 s., sp. p. 70, n° 14.
6. L. n° 85-98, 25 janv. 1985, préc.
7. L. n° 2005-845, 26 juill. 2005, préc.
8. Boyer, *Protection des salariés et sauvetage de l'entreprise : quête d'un équilibre*, PUAM 2006, n° 20.
9. SUR CETTE EXIGENCE ET LES CRITIQUES qu'elle soulève : Boyer, *Protection des salariés et sauvetage de l'entreprise : quête d'un équilibre*, PUAM, 2006, n° 18.

La loi du 14 juin 2013 [1], **dite de sécurisation de l'emploi,** s'intéresse à la procédure de licenciement collectif pour motif économique. Cette législation du licenciement économique est entrée en vigueur le 1er juillet 2013. Plus exactement, les procédures de licenciement dont la date d'envoi de la convocation à la première réunion du comité d'entreprise est postérieure au 1er juillet 2013 sont concernées par le nouveau dispositif. Cette loi transpose l'Accord national interprofessionnel du 11 janvier 2013 [2].

Cette loi a modifié la rédaction de l'article L. 1233-58. Il résulte de l'alinéa 1er du I de ce texte que, en cas de redressement ou de liquidation judiciaire, l'employeur, l'administrateur ou le liquidateur, selon le cas, qui envisage des licenciements économiques, met en œuvre un plan de sauvegarde de l'emploi dans les conditions prévues aux articles L. 1233-24-1 à L. 1233-24-4. L'alinéa 2 ajoute que l'employeur, l'administrateur ou le liquidateur, selon le cas, réunit et consulte le comité d'entreprise ou, à défaut, les délégués du personnel dans les conditions prévues à l'article L. 2323-15 ainsi qu'aux articles :

1° L. 1233-8, pour un licenciement collectif de moins de dix salariés;

2° L. 1233-59, alinéa 1er, pour un licenciement d'au moins dix salariés dans une entreprise de moins de 50 salariés;

3° L. 1233-30, I, à l'exception du dernier alinéa, et des deux derniers alinéas du II, pour un licenciement d'au moins dix salariés dans une entreprise d'au moins 50 salariés;

4° (réd. ord. 12 mars 2014 [3], art. 110) L. 1233-34 et L. 1233-35, alinéa 1er, et le cas échéant, L. 4612-8 et L. 2323-27 du code du travail relatifs au recours à l'expert;

5° (anct 4° avant ord. 12 mars 2014, art. 110) L. 1233-31 à L. 1233-33, L. 1233-48 et L. 1233-63, relatifs à la nature des renseignements et au contenu des mesures sociales adressées aux représentants du personnel et à l'autorité administrative;

6° (anct 5° avant ord. 12 mars 2014, art. 110) L. 1233-49, L. 1233-61 et L. 1233-62, relatifs au plan de sauvegarde de l'emploi;

7° (anct 6° avant ord. 12 mars 2014, art. 110) L. 1233-57-5 et L. 1233-57-6, pour un licenciement d'au moins 10 salariés dans une entreprise d'au moins 50 salariés.

Le délai de transmission du procès-verbal du comité d'entreprise a été réduit à un jour par le décret du 12 avril 2016 [4], *en cas de redressement ou* de liquidation judiciaire, en présence d'un grand licenciement économique. Rappelons que, en droit commun, ce délai de transmission à l'employeur est de 15 jours, ramené à 3 jours en cas de grand licenciement économique.

Il importe de souligner la réduction des délais laissés à l'administration du travail pour valider l'accord majoritaire ou homologuer le plan de sauvegarde de l'emploi. Le délai de droit commun prévu par le nouvel article L. 1233-57-4, alinéa 1 du code du travail pour valider l'accord majoritaire (prévu à l'article L. 1233-24-1) est de quinze jours à compter de la réception de l'accord collectif. Pour homologuer le plan de sauvegarde de l'emploi, le délai de droit commun prévu par l'article L. 1233-57-4, alinéa 1 est de vingt-et-un jours à compter de la réception du document complet (mentionné à l'article L. 1233-24-4) élaboré par l'employeur.

Le délai est réduit, à compter de la dernière réunion du comité d'entreprise, à huit jours en cas de redressement judiciaire.

Parce que, dans la procédure de sauvegarde, les licenciements économiques obéissent au droit commun, contrairement aux règles posées en redressement judiciaire, la Cour de cassation a considéré que la consultation pour avis du comité d'entreprise, effectuée en période d'observation de la sauvegarde, ne valait pas consultation dudit comité dans la procédure de redressement judiciaire prononcée sur conversion de la sauvegarde. Il en résulte que la procédure d'autorisation des licenciements économiques de la procédure de redressement judiciaire, qui repose sur une autorisation du juge-commissaire donnée au vu d'un avis du comité d'entreprise, n'a pas été respectée [5].

Lorsque plusieurs sociétés concernées par des licenciements font partie d'un groupe, les comités d'entreprise de chacune d'elles doivent être consultés, à moins qu'une seule représentation du personnel ait été mise en place par un jugement ou un accord collectif de groupe reconnaissant une unité économique et sociale [6].

En présence d'un administrateur, celui-ci réunira le représentant de l'entreprise et les représentants du personnel. Un procès-verbal de la réunion sera dressé et signé des divers participants [7]. L'intégralité de la procédure doit être suivie, faute de restriction du texte, ce qui oblige à respecter les délais de con-

1. L. n° 2013-504, 14 juin 2013, *JO* 16 juin, p. 9958.
2. ANI 11 janv. 2013, pour un nouveau modèle économique et social au service de la compétitivité des entreprises et de la sécurisation de l'emploi et des parcours professionnels des salariés. L'ANI ne contient aucune mesure concernant les entreprises en difficulté.
3. Ord. n° 2014-326, 12 mars 2014, préc.
4. D. n° 2016-453, 12 avr. 2016, *JO* 14 avr.
5. Com. 5 nov. 2013, n° 12-25.362, préc. (v. ss n° 432.21).
6. Soc. 26 sept. 2012, n° 10-27.184, NP – Soc. 26 sept. 2012, n° 10-27.306, NP.
7. IFPPC 1999, recomm. n° 2060-1, p. 53.

vocation et à convoqu tous les membres du comité d'entreprise ou tous l délégués du personnel[1]. L'article L. 621-37 du code de commerce, antérieurement à la loi de sauvegarde des entreprises, l'article L. 631-17 du code, depuis la loi de sauvegarde des entreprises, obligent aussi l'administrateur ou le débiteur à informer l'autorité administrati, c'est-à-dire la direction départementale du travail et de l'emploi.

À l'appui de sa requête au juge-commissaire, l'administrateur, selon l'article 63 du décret du 27 décembre 1985[2], doit joindre l'avis recueilli et les justifications de ces diligences en vue de faciliter l'indemnisation et le reclassement d salariés. À défaut de respect de l'obligation le reclassement, le salarié qui ne peut plus contester caractère économique du licenciement autorisé par juge-commissaire, reste recevable à élever des pentions relatives à sa situation individuelle et peut donc demander une indemnisation pour la violation de l'obligation de reclassement[3]. En régime simplifié sans administrateur, la saisine du juge-commissaire sera l'œuvre du débiteur (C. com., art. L. 621-7, al. 2). Cette solution de la législation antérieure à la loi du 26 juillet 2005 est reprise par la loi de sauvegarde des entreprises. L'article L. 631-21 alinéa 2 indique en effet que le débiteur « exerce les prérogatives dévolues à l'administrateur par l'article L. 631-17 ».

Du fait de la rétroactivité du jugement de redressement judiciaire à zéro heure de sa date, le licenciement effectué le jour du jugement d'ouverture est réputé être intervenu après jugement d'ouverture. Il en résulte qu'il est irrégulier s'il n'a pas été autorisé par le juge-commissaire[4].

L'autorisation doit en effet être antérieure au licenciement. Le licenciement qui intervient alors que l'ordonnance du juge-commissaire est postérieure est privé de cause réelle et sérieuse et justifie, en conséquence, l'allocation de dommages et intérêts[5]. Peu importe en revanche que la procédure de licenciement ait été entamée avant l'autorisation du juge-commissaire, dès lors que la lettre de notification du licenciement est postérieure à l'ordonnance[6]. Cette solution vaut également lorsqu'une convention de conversion a été proposée au salarié. La procédure de licenciement peut être entamée sans attendre l'expiration du délai de réponse du salarié, dès lors que ce délai expire avant l'ordonnance du juge-commissaire[7].

Si le jugement d'ouverture ou d'extension, sur le fondement duquel est rendue l'ordonnance du juge-commissaire autorisant le licenciement est réformé ou anéanti, le licenciement consécutif est privé de cause réelle et sérieuse[8].

Le contrôle du juge-commissaire porte sur les caractères « urgent, inévitable et indispensable » des licenciements, le nombre de salariés et les catégories professionnelles concernées. Le fait que la procédure de licenciement ait été entamée avant le jugement d'ouverture ne supprime pas l'obligation pesant sur le juge-commissaire de vérifier que les critères énoncés sont respectés[9]. Ces critères doivent être appréciés par rapport à la productivité et à l'origine des difficultés[10].

Le caractère redondant des adjectifs utilisés a été mis en avant par la doctrine pour souligner le caractère exceptionnel des licenciements à opérer en période d'observation[11]. Le caractère « urgent » des licenciements semble être inconciliable avec l'idée de procéder à des licenciements préparatoires à un plan de continuation ou de redressement. Mais la solution, au regard de l'objectif de sauvetage de l'entreprise, n'est pas logique. Aussi est-il préférable de considérer que des licenciements pourront intervenir en période d'observation s'ils sont une condition *sine qua non* du plan de continuation ou de redressement. Il faut donc que ce dernier soit envisagé.

Même s'ils ont été autorisés par une ordonnance du juge-commissaire, les licenciements des salariés en période d'observation du redressement sont dépourvus de cause réelle et sérieuse si les salariés licenciés sont immédiatement remplacés dans leur emploi. L'ordonnance a alors été obtenue par fraude[12].

432.23 Ordonnance d'autorisation des licenciements en période d'observation – Recours à l'encontre de l'ordonnance autorisant les licenciements. L'article 63 alinéa 1 du décret du 27 décembre

1. Versailles, 19 sept. 1989, *D.* 1991. Somm. 107, obs. Derrida.
2. D. n° 85-1388, 27 déc. 1985, *JO* 29 déc., p. 15281.
3. Soc. 1er mars 2000, n° 97-45.977, NP, *Gaz. Pal.* 2000, pan. 14 à 16 mai 2000, p. 28.
4. Soc. 12 mai 1998, n° 96-40.606, *Bull. civ.* V, n° 243; *D.* 1998. IR 148.
5. Soc. 3 mai 2001, n° 99-41.813, *Bull. civ.* V, n° 151; *JCP E* 2001, pan. p. 1075.
6. Soc. 18 juin 1997, n° 96-40.279, *Bull. civ.* V, n° 226; *Rev. proc. coll.* 1997, 352, obs. Taquet – CONTRA : GUYON, n° 1260.
7. Soc. 18 juill. 2000, n° 98-42.929, NP, *Rev. proc. coll.* 2001, 38, n° 6, obs. Taquet.
8. Soc. 24 juin 2008, n° 07-41.972, n° 07-41.976, *Bull. civ.* V, n° 139; n° 1242 FS P+B; *Gaz. proc. coll.* 2009/1, p. 49, n° 6, note Duprat; *Act. proc. coll.* 2008/12, n° 197; *LXB hebdo* n° 313, 16 juill. 2008, note Auzéro.
9. Soc. 12 mai 1998, n° 96-40.606, *Bull. civ.* V, n° 243; *D.* 1998. IR 148.
10. Boyer, *Protection des salariés et sauvetage de l'entreprise : quête d'un équilibre*, PUAM, 2006, n° 19.
11. SAINT-ALARY-HOUIN, 9e éd., n° 1108 – LE CANNU, 7e éd., n° 744 – RAPPR. : GUYON, n° 1260.
12. Soc. 17 mars 2015, nos 13-26.602 à 13-26.617, NP, *Rev. proc. coll.* 2015, comm. 48, note Fin-Langer.

1985[1] et l'article R. 631-26, alinéa 1 du code de commerce (anc^{t} D. 28 déc. 2005[2], art. 194, al. 1) prévoient que l'ordonnance rendue par le juge-commissaire indique le nombre des salariés, dont le licenciement est autorisé, ainsi que les activités et catégories professionnelles concernées.

L'ordonnance, qui énonce nominativement les salariés licenciés sans préciser les activités et catégories professionnelles concernées est irrégulière (v. aussi s^{s} n° 432.24).

Sous l'empire de la législation de sauvegarde des entreprises, il est prévu que l'ordonnance autorisant les licenciements doit être transmise au ministère public et aux mandataires de justice (C. com., art. R. 631-26, al. 2 [anc^{t} D. 28 déc. 2005, art. 194, al. 2]), ce que ne prévoyait pas la législation antérieure.

L'ordonnance doit être notifiée au comité d'entreprise ou à défaut aux délégués du personnel et, dans les entreprises ayant au plus dix salariés, au représentant des salariés (D. 27 déc. 1985, art. 63, al. 2, C. com., art. R. 631-26, al. 2 [anc^{t} D. 28 déc. 2005, art. 194, al. 2]). Ces derniers peuvent donc former à son encontre un recours devant le tribunal[3], encore que l'opinion contraire ait pu être émise[4], dans les conditions classiques, c'est-à-dire, notamment, dans le délai de huit jours de la notification, sous l'empire de la loi du 25 janvier 1985[5], délai porté à dix jours par la législation de sauvegarde des entreprises. Les syndicats sont en revanche sans qualité pour exercer un recours[6]. Sous l'empire de la législation antérieure à la loi de sauvegarde des entreprises[7], le jugement qui statue sur le recours sur l'ordonnance n'est susceptible ni d'appel ni de pourvoi en cassation[8]. Cette solution est abandonnée par la loi de sauvegarde des entreprises qui autorise, par principe, l'appel à l'encontre du jugement statuant sur le recours contre l'ordonnance du juge-commissaire.

En revanche, l'ordonnance n'a pas à être notifiée aux salariés[9]. Ce qui peut *a priori* apparaître singulier est pourtant non seulement logique, mais aussi incontournable. En effet, l'ordonnance qui doit préciser le nombre de salariés dont le licenciement est autorisé ainsi que les catégories professionnelles concernées, n'a pas à viser nominativement les salariés[10]. Il en résulte qu'elle ne peut leur être notifiée[11].

Les salariés n'étant pas parties à l'ordonnance ne peuvent en conséquence la frapper de recours devant le tribunal[12], l'opinion contraire ayant toutefois été émise[13] avant semble t-il d'avoir été abandonnée. Ils ne peuvent davantage former un appel à son encontre, encore que l'opinion contraire ait pu être soutenue[14].

Lorsqu'un licenciement a été autorisé par le juge-commissaire, en application de l'article L. 631-17 du code de commerce, le caractère économique du licenciement et la régularité de l'ordonnance ne peuvent être discutés devant l'administration[15], et cela même si le licenciement concerne un salarié protégé pour lequel l'autorisation administrative de licencier est en outre nécessaire.

Dans le cadre de ce recours, la discussion ne pourra porter sur les conséquences individuelles des licenciements mais seulement sur la régularité de la procédure de licenciement au regard des dispositions de l'article L. 621-37 du code de commerce (anc^{t} L. 25 janv. 1985, art. 45), dans la rédaction antérieure à la loi de sauvegarde des entreprises, de l'article L. 631-17, dans la rédaction issue de la loi de sauvegarde des entreprises. La décision à intervenir ne sera pas susceptible d'appel réformation[16], sous l'empire de la législation antérieure à la loi de sauvegarde des entreprises, mais seulement d'appel nullité en cas d'excès de pouvoir. Sous l'empire de la législation issue de la loi de sauvegarde des entreprises, l'appel réformation est ouvert sur le jugement statuant sur le recours formé à l'encontre d'une ordonnance du juge-commissaire[17].

La discussion sur les conséquences individuelles des licenciements sera menée plus tard.

Une fois l'ordonnance passée en force de chose jugée, le caractère économique du licenciement ne

1. D. n° 85-1388, 27 déc. 1985, préc.
2. D. n° 2005-1677, 28 déc. 2005, *JO* 29 déc., p. 20324.
3. T. com. Paris, 14 janv. 1988, *Gaz. Pal.* 1989. I. 354, note Marchi.
4. Urban, « Quelle est l'implication des institutions représentatives du personnel dans le traitement des difficultés des entreprises depuis la loi du 26 juillet 2005 ? », *Rev. proc. coll.* 2008, p. 35 s., sp. p. 39, n° 30.
5. L. n° 85-98, 25 janv. 1985, préc.
6. T. com. Lille, 30 janv. 1989, *LPA* 29 mars 1989.
7. L. n° 2005-845, 26 juill. 2005, préc.
8. Com. 4 oct. 2005, n° 03-19.455, NP.
9. Soc. 5 mars 1997, n° 95-41.230, NP, *D.* 1997. 522, note Bailly.
10. Soc. 18 juin 1997, n° 96-40.279, *Bull. civ.* V, n° 226; *Dr. soc.* 1997. 983, note Vatinet.
11. AINSI : Versailles, 6e ch. soc., 20 févr. 2001, *Gaz. Pal.* Somm. 12-13 oct. 2001, p. 30.
12. EN CE SENS AUSSI : VOINOT, 2007, n° 534.
13. JACQUEMONT, 7e éd., n° 1128.
14. Delteil et Lautrette, « Le sort des contrats de travail dans la loi de sauvegarde des entreprises », *LPA* 17 févr. 2006, n° 35, p. 42 s., sp. p. 46.
15. Soc. 23 mars 2016, n°s 14-22.950, 14-22.960, 14-22.961, 14-22.963, *Bull. civ.* V [à paraître]; n° 623 FS-P+B+I; *Gaz. Pal.* 28 juin 2016, n° 24, p. 49, note Gailhbaud; *Act. proc. coll.* 2016/9, comm. 124, note Fin-Langer; *Gaz. Pal.* 14 juin 2016, n° 22, p. 67, note Ronet-Yague.
16. Soc. 9 juill. 1996, n° 93-41.877, *Bull. civ.* V, n° 268.
17. AUSSI : VALLENS, 2015, n° 3999.

pourra plus être discuté[1]. C'est l principe validé pa le Conseil d'État[2]. En revanche, l'autorité de chos jugée attachée à cette ordonnance ne supprimer pas la possibilité pour un syndicat de rechercher devant le tribunal de grande instance, la nullit d'un plan social. Cette compétence de droit com mun doit être respectée, dès lors que le litige aura pu naître indépendamment de l'ouverture du redre sement judiciaire[3].

432.24 Mise en œuvre des licenciements période d'observation – Situation individuelle d salariés. L'administrateur ou à son défaut le dél teur est ensuite chargé de mettre en œuvre les lice ciements autorisés.

Si l'administrateur judiciaire a une mission d'as tance, la lettre de licenciement doit être signée l'administrateur et le débiteur. Si l'administrateu une mission de représentation, la lettre de licen ment doit être signée par l'administrateur seul.

Il reste à déterminer la sanction attachée à lettre de licenciement n'ayant pas le bon auteur. été jugé, dans un premier temps, que le licen ment mis en œuvre par le débiteur seul, alors qu a un administrateur ayant mission d'assistance, n pas nul. Il est seulement irrégulier en la forme[4] conséquence, il appartiendra à la juridiction d'ap cier la réalité et le sérieux du motif invoqué[5], p ouvrir droit au profit du salarié à des dommaget intérêts.

Puis, dans une seconde phase de la jurisprudence, la sanction de l'inopposabilité à la procédure col tive a été posée à propos d'un licenciement oré par le débiteur seul, sans intervention de l'administrateur ayant mission d'assistance[6]. Pareil licenciement qui ne respecte pas la répartition des pouvoirs entre le débiteur et l'administrateur est inopposable non seulement à la procédure collective, mais encore à l'AGS[7].

Le dirigeant social, qui licencie des salariés après le jugement d'ouverture sans l'assistance de son administrateur judiciaire commet une faute, qui engage sa responsabilité à l'égard des tiers, sur le fondement de l'*article 1382* du code civil [devenu C. civ., art. 1240[8]], du fait des indemnités qu'il convient de verser aux salariés au titre de la rupture fautive des contrats de travail[9]. La sanction de l'inopposabilité, et par voie de conséquence, la mise à l'écart de la nullité permet également au salarié d'opposer à l'employeur, qui succède à l'employeur en redressement judiciaire, la clause de majoration de l'indemnité de licenciement convenue entre le salarié et son employeur au mépris des règles de l'administration contrôlée. Le nouvel employeur ne pouvait invoquer l'inopposabilité, le juge ayant seulement le pouvoir de réduire l'indemnité manifestement excessive[10].

Le fait que le salarié accepte la convention de reclassement personnalisé ne fait pas disparaître l'irrégularité et conserve donc la possibilité de contester la régularité du licenciement[11].

L'administrateur doit s'en tenir strictement au contenu de l'ordonnance. Tout licenciement intervenant en marge de l'ordonnance est dépourvu de cause réelle et sérieuse. La solution a été posée à propos du licenciement d'une directrice, alors que seul était autorisé, par l'ordonnance, le licenciement de la directrice adjointe[12].

L'administrateur judiciaire qui procède au licenciement économique d'un salarié peut le dispenser d'exécuter son préavis[13]. La solution est la même pour le débiteur ou le liquidateur.

Pour la mise en œuvre des licenciements, une distinction s'impose, en application de l'article L. 1233-

1. Soc. 9 juill. 1996, nº 93-41.877, *Bull. civ.* V, nº 268/*JCP* 1997. I. 4004, nº 9, obs. Pétel – Soc. 5 mars 1997, nº 95-41.230, NP, *D.* 1997. jur. 522, note Bailly – Soc. 2 mai 1999, nº 97-40.803, *Bull. civ.* V, nº 235 – Soc. 5 oct. 1999, nº 96-40.746, *Bull. civ.* V, nº 367, nº 3389-P.
2. CE 3 juill. 2013, req. nº 361066, Élixens France (Sté), *Lebon*; *AJDA* 2013. 2129; *RDT* 2013. 551, concl. G. Dumortier; *Rev. proc. coll.* 2014, comm. 54, note Jacotot.
3. Soc. 14 oct. 1997, nº 96-18.876, *Bull. civ.* V, nº 312; *JCP E* 1998, Chron. 32, nº 13, obs. Pétel; *JCP E* 1998, nº 11, p. 424, note Duquesne.
4. Soc. 11 juin 2008, nº 07-40.352, *Bull. civ.* V, nº 131; F-P+B; *Gaz. proc. coll.* 2009/1, p. 48, nº 4, note Duprat; *Act. proc. coll.* 2008/14, nº 224, note crit. Fin-Langer – Soc. 17 déc. 2013, nº 12-23.726, *Bull. civ.* V, nº 305; *Act. proc. coll.* 2014/3, comm. 43, note Fin-Langer; *BJE* mars 2014, p. 84, note Jacotot.
5. Soc. 28 juin 2001, nº 00-40.986, NP, *Gaz. Pal.* 10-11 oct. 2001, pan. p. 25; *Rev. proc. coll.* 2002, p. 59, obs. Taquet – Soc. 11 juin 2008, nº 07-40.352, *Bull. civ.* V, nº 131; F-P+B; *Gaz. proc. coll.* 2009/1, p. 48, nº 4, note Duprat; *Act. proc. coll.* 2008/14, nº 224, note crit. Fin-Langer.
6. Soc. 28 juin 2001, nº 00-40.986, NP, *Act. proc. coll.* 2001/14, nº 175 – Soc. 19 sept. 2007, nº 05-45.628, NP, *Bull. Joly* 2008. 49, § 14, note Pétel – Lyon, ch. soc. A, 6 déc. 2010, RG nº 10/00950.
7. Lyon, ch. soc. B, 1er avr. 2015, RG nº 13/04718; décision aimablement communiquée par Me P. Forest, avocat au barreau de l'Ain.
8. DEPUIS le 1er oct. 2016 : Ord. nº 2016-131, 10 févr. 2016, *JO* 11 févr.
9. Paris, 3e ch. A, 7 juin 2005, RG nº 2004/14373.
10. Soc. 5 nov. 2014, nº 13-19.662, *Bull. civ.* V, nº 253; nº 1982 FS-P+B; *Gaz. Pal.* 18 janv. 2015, nº 18, p. 32, note Gailhbaud; *Leden* 2014, comm. 181, note Dedessus-Le-Moustier; *Act. proc. coll.* 2015, comm. 4, note Pédemons; *Rev. proc. coll.* 2015, comm. 1, note Fin-Langer et comm. 21, note Lebel.
11. Soc. 17 déc. 2013, nº 12-23.726, préc. (v. ss prést nº).
12. Paris, pôle 6, 11e ch., 30 sept. 2010, RG nº 06/12501, *Rev. proc. coll.* 2011, comm. 6, note Lebel.
13. Soc. 22 oct. 2008, nº 07-42.140, *Bull. civ.* V, nº 199; F-P+B; *Gaz. proc. coll.* 2009/2, p. 37, nº 1, note Saintourens; *Act. proc. coll.* 2009/2, nº 35.

38 du code du travail (anc[t] C. trav. art. L. 122-14, al. 3), selon que les licenciements économiques à intervenir sur une même période de trente jours, sont inférieurs à 10 ou supérieurs ou égaux à ce chiffre.

Si le nombre de licenciements devant intervenir dans une même période de trente jours est supérieur ou égal à 10, l'obligation de réunion et de consultation des institutions représentatives du personnel se substitue à l'entretien préalable de licenciement. Cela suppose toutefois que les institutions représentatives du personnel ne soient pas défaillantes[1]. La loi de modernisation sociale du 19 janvier 2000 imposait l'obligation de deux réunions si l'entreprise avait au moins cinquante salariés et était dotée d'un comité d'entreprise : celle prévue par le livre III du code du travail relative au projet de restructuration (C. trav., art. L. 321-2,1° [devenu C. trav., art. L. 1233-8 et L. 1233-19]) et celle prévue par le livre IV relative au projet de licenciement économique lui-même (C. trav., art. L. 432-1 [devenu C. trav., art. L. 2323-15]), alors que la jurisprudence antérieure avait admis la possibilité de concentrer en une seule réunion ces deux consultations[2]. La loi n° 2005-32 du 18 janvier 2005 de cohésion sociale consacre cette jurisprudence et revient ainsi à la faculté de procéder à ces opérations de manière concomitante (C. trav., art. L. 321-3, al. 2 [devenu C. trav., art. L. 1233-30]). Cette possibilité n'est pas posée par les textes, lorsque l'entreprise emploie moins de 50 salariés où il n'y a que des délégués du personnel (C. trav., art. L. 321-3, al. 1 [devenu C. trav., art. L. 1233-29]).

Si le nombre de licenciements devant intervenir dans une même période de trente jours est inférieur à dix, l'administrateur ou le débiteur, selon le cas, devra convoquer les salariés dont le licenciement a été autorisé à un entretien individuel préalable (C. trav., art. L. 1233-38 [anc[t] C. trav., art. L. 122-14, al. 3]). Avant l'ordonnance du 24 juin 2004[3], l'administrateur ou le débiteur, selon le cas, devait ensuite notifier par lettre recommandée avec avis de réception, leur licenciement aux intéressés, dans le délai d'un jour franc à compter de l'entretien préalable. Ce délai a été porté par l'ordonnance précitée à deux jours ouvrables. Les dispositions de l'article L. 1233-38 du code du travail, qui imposent le respect de délais entre la date de l'entretien préalable et la date d'envoi de la lettre de licenciement sont inapplicables en cas de redressement et de liquidation judiciaires (C. trav., art. L. 1233-59 [anc[t] C. trav., rt. L. 122-14-1, al 4]), car elles sont inconciliables vec les délais de licenciement impartis pour la prise n charge par l'AGS des indemnités de rupture[4]. En vanche, ces dispositions restent applicables en uvegarde.

Il est recommandé à l'administrateur de ne proder aux licenciements des dirigeants que sous serve de la validité de leur contrat de travail au ard des règles de cumul du contrat de travail avec mandat social[5].

La lettre de licenciement devra, pour que le licenment ne soit pas considéré comme étant sans se réelle et sérieuse, impérativement viser l'ordonce du juge-commissaire[6], laquelle devra donc antérieure. Le simple visa des formalités légales s la lettre de licenciement ne vaut pas visa de llonnance du juge-commissaire[7]. Sera irrégulier lcenciement notifié en visant une ordonnance à vr du juge-commissaire[8]. De même, le licenciement sera irrégulier si la lettre de licenciement se be à faire état d'une autorisation du juge-commaire, sans préciser sa nature, ni sa date[9]. Nécess, le renvoi à l'ordonnance du juge-commissaire ait autorisé le licenciement est aujourd'hui suffis[10]. Il a ainsi été jugé que la lettre de licenciemt qui se réfère au jugement de redressement juiaire et mentionne qu'il en résulte que l'inté-

1. Boyer, *Protection des salariés et sauvetage de l'entreprise : quête d'un équilibre*, PUAM, 2006, n° 66.
2. Soc. 17 juin 1997, n° 95-18.904, *Bull. civ.* V, n° 223; *RJS* 1997/8-9, n° 990.
3. Ord. n° 2004-602, 24 juin 2004, *JO* 26 juin.
4. ALLENS, 2012, n° 3942.
5. PPC 1999, recomm. n° 1040-6, p. 16.
6. oc. 12 janv. 2000, n° 97-43.401, NP, *Rev. proc. coll.* 2000, 02, n° 4, obs. Taquet; *Gaz. Pal.* 27-29 janv. 2002, jur. 36, note Dumont – Soc. 22 févr. 2000, n° 97-43.780, P, *Rev. proc. coll.* 2000, 102, n° 4, obs. Taquet – Soc. 8 mars. 2000, n° 97-43.923, NP, *Gaz. Pal.* 27-29 janv. 002, jur. p. 41, note Dumont; *Rev. proc. coll.* 2001, 101, 2, obs. Taquet – Soc. 28 juin 2000, n° 98-42.969, NP, ev. *proc. coll.* 2001, 101, n° 2, obs. Taquet – Soc. 26 juin 001, n° 99-43.078, NP, *Act. proc. coll.* 2001/16, n° 209 – ass. ass. plén., 24 janv. 2003, n° 00-41.741, *Bull. ass. lén.*, n° 1; *Act. proc. coll.* 2003/4, n° 47, note Taquet; az. *Pal.* jur. 21-22 févr. 2003, p. 33, note Pansier; *JCP E* 003, Chron. 760, p. 853, n° 12, obs. Pétel; *Rev. proc. oll.* 2003, p. 158, n° 10, obs. Taquet; *RJ com.* 2003. 1621, 274, note Courtier; *LXB* n° N5939AA9, note Le Corre – Soc. 3 mars 2004, n° 02-43.415, NP, *Rev. proc. coll.* 2004, 251, n° 17, obs. Taquet; *JCP E* 2004, Chron. 1639, 1779, n° 16, obs. Morvan – Soc. 31 mars 2004, n°s 03-40.703, 03-40.704, 03-40.705, 03-40.706, NP, *Rev. proc. coll.* 2004, p. 392, n° 7, obs. Taquet – Soc. 12 juill. 2010, n° 08-40.740, *Rev. proc. coll.* 2010/5, comm. 191, note Taquet; *LPA* 20 déc. 2010, n° 252, p. 15, note Jacotot – Lyon, ch. soc. C, 25 août 2009, *Rev. proc. coll.* 2011, comm. 57, p. 61, note Taquet.
7. Soc. 19 mars 2003, n° 01-44.376, *Bull. civ.* V, n° 104; *Act. proc. coll.* 2003/8, n° 101.
8. Soc. 11 juill. 2000, n° 98-43.545, NP, *Act. proc. coll.* 2000/16, n° 213.
9. Com. 4 juin 2003, n° 01-42.100, NP, *Rev. proc. coll.* 2003, p. 246, n° 5, obs. Taquet.
10. Soc. 27 janv. 2009, n° 07-42.680, NP, *Rev. proc. coll.* 2009/2, p. 25, n° 22, note Taquet.

gralité des postes de travail est supprimée est m vée conformément aux exigences légales [1]. La ju prudence ancienne selon laquelle la lettre licenciement devait contenir une motivation sur causes économiques justificatives du licencieme est abandonnée. Le caractère fluctuant de la ju prudence en la matière conduit, par prudence recommander à l'administrateur, pour la déterm nation du caractère réel et sérieux du motif de lic ciement, de qualifier précisément les faits [3].

Toutefois, le visa de l'ordonnance du juge-co missaire autorisant les licenciements économiqu pendant la période d'observation doit impérati ment être mentionné dans un écrit remis au sala au plus tard au moment de l'acceptation de la co vention de reclassement personnalisé. À défaut, le licenciement est dépourvu de cause réelle et sérieuse.

Si le caractère économique du licenciement ne peut être discuté que devant le tribunal de la faillite, en revanche, le conseil des prud'hommes est seul compétent pour connaître des questions relatives à la situation individuelle des salariés licenciés [5]. Si « le juge consulaire est le pivot sur lequel repose l'ensemble de l'édifice » (du licenciement dans les procédures collectives)..., « le juge prud'homal reste, non sans heurts, le juge du contrat de travail » [6]. Le conseil des prud'hommes sera compétent pour connaître de « tous les actes qui conduisent à l'individualisation de l'autorisation judiciaire de licencier » [7]. Par conséquent, le conseil des prud'hommes est compétent pour contrôler non seulement les formalités individuelles, par exemple l'entretien individuel ou la convocation du salarié, mais encore les formalités collectives, c'est-à-dire les formalités relatives à la consultation et à l'information des institutions représentatives du personnel [8]. Depuis la loi du 18 janvier 2005 [9], la contestation sur la régularité de la procédure de licenciement doit être menée dans les douze mois à compter de la dernière réunion du comité d'entreprise, en cas de contestation collective ou de la notification du licenciement, en cas de contestation individuelle. Ce délai se substitue au délai de quatre mois de la législation précédente. L'opportunité de la discussion devant le conseil des prud'hommes est sujette à critique lorsque l'entreprise est sous procédure collective. Le délai de douze mois est en tout cas beaucoup trop long en ce cas [10].

Au titre des discussions sur la situation individuelle des salariés, il faut d'abord placer la question de l'**ordre des licenciements**, dont les règles sont posées par l'article L. 1233-5 du code du travail (anc^t C. trav., L. 321-1-1), que l'administrateur judiciaire, sous peine d'engager sa responsabilité [11], ou, à son défaut, le débiteur devra respecter [12]. L'ensemble des critères d'ordre des licenciements posés par cet article doit être respecté, conformément au droit commun [13]. Le non-respect de l'ordre des licenciements ne prive pas les licenciements de cause réelle et sérieuse, mais autorise néanmoins les salariés concernés à demander des dommages et intérêts au titre de cette irrégularité, dont le montant sera fixé par le juge en fonction du préjudice [14]. La chambre sociale de la Cour de cassation considère que pareille demande équivaut implicitement à une demande d'indemnisation en réparation du préjudice fondé sur la violation de l'ordre des licenciements [15]. Cependant, il a été jugé que si le salarié licencié appartient à la catégorie des salariés devant être licenciés telle que fixée dans l'ordonnance non nominative de licenciement, il n'y a pas lieu de suivre un ordre des licenciements [16].

La contestation de l'ordre des licenciements relève du juge judiciaire, même si elle émane d'un salarié protégé licencié dans le cadre d'un licencie-

1. Com. 26 sept. 2012, n° 10-27.306, NP, *Rev. proc. coll.* 2012, comm. 203, note Taquet.
2. Soc. 21 févr. 1996, n° 93-41.310, NP, *D.* 1997. 60, note Bailly; *JCP E* 1996. II. 862, note Serret.
3. IFPPC 1999, recomm. n° 2060-3, p. 53.
4. Soc. 21 mai 2014, n° 13-10.840, NP, *Rev. proc. coll.* 2014, comm. 115, note Taquet.
5. Soc. 3 oct. 1989, n° 88-42.835, *Bull. civ.* V, n° 559 – Soc. 6 mars 1990, n° 88-40.028, *Bull. civ.* V, n° 92; *D.* 1990. Somm. 218, obs. Honorat; *JCP E* 1991. 46, n° 18, obs. Pétel; *Rev. proc. coll.* 1991, 244, obs. Kerckhove – Soc. 5 mai 1993, n° 92-40.835, *Bull. civ.* V, n° 127 – Soc. 21 févr. 1996, n° 93-41.310, NP, *JCP E* 1996. II. 862, note Serret.
6. A. Mazeaud, « Faillite et droit du travail », *in Le code de commerce 1807-2007 : Livre du bicentenaire*, Dalloz, 2006, p. 561 s., sp. p. 566, n° 4.
7. Boyer, *Protection des salariés et sauvetage de l'entreprise : quête d'un équilibre*, PUAM, 2006, n° 34.
8. Versailles, 20 févr. 2001, *Gaz. Pal.* 2001, jur. p. 1728 – *Adde*, VALLENS, 2007, n° 3711.
9. L. n° 2005-32, 18 janv. 2005, préc.
10. AUSSI : Boyer, *Protection des salariés et sauvetage de l'entreprise : quête d'un équilibre*, PUAM, 2006, n° 36.
11. Soc. 14 mars 2000, n° 98-42.446, *Bull. civ.* V, n° 105.
12. AINSI : Versailles, 6e ch. soc., 20 févr. 2001, *Gaz. Pal.* Somm. 12-13 oct. 2001, p. 30 – *Adde*, SAINT-ALARY-HOUIN, 5e éd., n° 998 – PÉROCHON ET BONHOMME, 7e éd., n° 407 – *CONTRA* : Legras de Grandcourt, « Les modifications apportées par la loi du 2 août 1989 au droit des licenciements pour motifs économiques en cas de procédure collective », *Rev. proc. coll.* 1990, 211, p. 213, 214.
13. Soc. 29 nov. 2006, n° 05-42.144, NP, *Rev. proc. coll.* 2007/2, p. 77, n° 1, obs. Taquet.
14. Soc. 2 févr. 2006, n° 03-45.443, *Bull. civ.* V, n° 57; *Rev. proc. coll.* 2006/3, p. 284, n° 12, obs. Taquet – Soc. 25 oct. 2006, n° 04-47.634, NP, *Rev. proc. coll.* 2007/1, p. 54, n° 8, obs. Taquet – Soc. 5 déc. 2006, n° 04-47.822, NP, *Rev. proc. coll.* 2007/2, p. 81, n° 3, obs. Taquet – Soc. 3 avr. 2013, n° 11-27.365, NP; n° 622 F-D.
15. Soc. 11 juill. 2001, n° 99-43.245, NP, *Act. proc. coll.* 2001/20, n° 264.
16. Soc. 29 oct. 2003, n° 01-42.625, NP.

ment collectif, à la suite de l'autorisation de l'autorité administrative[1].

Parmi les discussions sur la situation individuelle des salariés, il faut également placer la question du respect des conséquences financières des licenciements, par exemple le non-respect de l'obligation de proposer une convention de conversion[2] ou encore du respect de l'obligation de reclassement du salarié licencié[3].

Le salarié peut aussi prétendre à l'irrégularité de la procédure[4], ce qui lui permettra de faire juger que son licenciement est dépourvu de cause réelle et sérieuse, notamment si l'ordonnance qui autorise son licenciement est irrégulière. Il en est ainsi, par exemple, d'une ordonnance qui énonce nominativement les salariés licenciés, sans préciser les activités et catégories professionnelles concernées[5].

432.25 Licenciements économiques en liquidation judiciaire.

432.25-1 Présentation générale des licenciements économiques en liquidation judiciaire. L'article L. 622-5, alinéa 4 du code de commerce (anc[t] L. 25 janv. 1985[6], art. 148-4), dans la rédaction antérieure à la loi du 26 juillet 2005[7] et l'article L. 641-4 alinéa 6, dans la rédaction de la loi du 26 juillet 2005, réglementent les licenciements en phase liquidative, que celle-ci intervienne après une période d'observation ou immédiatement. Le fait qu'une procédure de sauvegarde ait précédé la liquidation judiciaire reste sans incidence. Il importe également peu, sous l'empire de la législation antérieure à la loi de sauvegarde des entreprises, qu'une décision de poursuite provisoire de l'activité intervienne ou non (C. com., art. L. 622-10 [anc[t] L. 25 janv. 1985, art. 153, al. 2], réd. antérieure à la loi de sauvegarde des entreprises). Sous l'empire de la loi de sauvegarde des entreprises, l'application des règles de la liquidation judiciaire simplifiée n'exerce aucune incidence sur la réglementation applicable aux licenciements[8].

Il n'y a pas, pour procéder à des licenciements économiques en liquidation judiciaire, besoin d'autorisation du juge-commissaire, comme en période d'observation, ou de décision du tribunal, comme en situation de plan. La cessation de l'activité immédiatement, ou à court terme, justifie la solution.

L'article L. 641-4, alinéa 6 du code de commerce, tel qu'il résultait de la rédaction issue de la loi de sauvegarde des entreprises, prévoyait que « Les licenciements auxquels procède le liquidateur en application de la décision prononçant la liquidation sont soumis aux dispositions des L. 1233-60 et L. 1233-58 du code du travail (anc[t] C. trav., art. L. 321-8 et L. 321-9) ».

Le texte de l'alinéa 4 de l'article L. 641-4 du code de commerce, dans sa rédaction issue de l'ordonnance du 18 décembre 2008[9] (art. 98), ne vise plus spécifiquement les licenciements en application de la décision prononçant la liquidation judiciaire. Il vise, désormais, les licenciements auxquels procède le liquidateur en application de la décision ouvrant ou prononçant la liquidation judiciaire. Cette modification est interprétative, dans la mesure où maladroitement le texte ancien ne visait que l'hypothèse du jugement prononçant la liquidation judiciaire – hypothèse de la conversion –, alors qu'il n'y avait aucune raison de ne pas appliquer la solution au cas du jugement ouvrant – liquidation judiciaire immédiate – la liquidation judiciaire. Le texte prend le soin d'envisager l'hypothèse de la poursuite provisoire d'activité autorisée en liquidation judiciaire. Le liquidateur devra respecter les L. 1233-60 et L. 1233-58 du code du travail (anc[t] C. trav., art. L. 321-8 et L. 321-9), comme c'était déjà le cas, du fait de l'application en ce cas des dispositions du redressement judiciaire (C. com., art. L. 641-10, al. 3, renvoyant à C. com., art. L. 631-17), pour les licenciements intervenant au terme de la poursuite d'activité.

Depuis la loi de sauvegarde des entreprises, le plan de cession n'est plus une issue de la procédure du débiteur, mais seulement un événement au cours de celle-ci. Si le plan de cession est adopté en redressement judiciaire et que le débiteur est ensuite placé en liquidation judiciaire, qui du liquidateur ou de l'administrateur a la charge des licenciements ? La question se pose dans la mesure où, par principe, la mission de l'administrateur judiciaire prend fin au jour de la conversion en liquidation judiciaire. On sait que l'administrateur a la charge des licenciements en cas d'adoption d'un plan de cession en redressement judiciaire. À défaut d'une disposition expresse du jugement de liquidation judiciaire retirant ce pouvoir à l'administrateur judiciaire, c'est à

1. Soc. 27 oct. 2004, n° 02-46.935, *Bull. civ.* V, n° 270; *Rev. proc. coll.* 2005/1, p. 47, n° 6, obs. Taquet.
2. Soc. 4 juill. 2000, n° 98-40.765, n° 98-40.791, *Bull. civ.* V, n° 266; *D.* 2001. Somm. 115, obs. Derrida.
3. Soc. 22 nov. 2000, n° 98-45.374, NP, *Rev. proc. coll.* 2001, 47, n° 32, obs. Taquet – Soc. 21 févr. 2006, n° 03-45.383, NP, *Rev. proc. coll.* 2006/3, p. 283, n° 8, obs. Taquet.
4. Soc. 3 mars 1998, n°s 95-45.201, 95-45.203, *Bull. civ.* V, n° 112; *D.* 1998. 418, note Bailly; *JCP E* 1998. 1363, note Serret.
5. Soc. 5 oct. 2004, n° 02-42.111, *Bull. civ.* V, n° 244; *D.* 2004. AJ 2716; *D.* 2005. Pan. 293, obs. Le Corre; *Act. proc. coll.* 2004/18, n° 220, note Masquefa-Leduc; *Rev. proc. coll.* 2005/1, p. 46, n° 2, obs. Taquet.
6. L. n° 85-98, 25 janv. 1985, préc.
7. L. n° 2005-845, 26 juill. 2005, préc.
8. Vallens, 2015, n° 4010.
9. Ord. n° 2008-1345, 18 déc. 2008, préc.

ce dernier qu'il incombe de procéder aux licenciements. Cette solution pragmatique de la chambre sociale de la Cour de cassation[1] mérite entière approbation. En réalité, on ne peut considérer que la mission d'un organe a pris fin alors que certaines obligations mises à sa charge par la loi n'ont techniquement pas pu encore être accomplies.

Indiquons que les licenciements effectués au cours de la liquidation judiciaire sont cependant sans effet, sous l'empire de la législation antérieure à la loi de sauvegarde des entreprises, en cas de cession d'unité de production, à laquelle les emplois des salariés licenciés étaient attachés[2]. Il est d'ailleurs recommandé au liquidateur d'informer les représentants du personnel de l'éventualité d'une cession d'unité de production[3] (v. s[s] n° 432.14).

En cas de location-gérance, si le locataire-gérant est placé en liquidation judiciaire, la résiliation du contrat entraînera retour du fonds à son propriétaire. En conséquence, il y aura également retour des contrats de travail, par application de l'article L. 1224-1 du code du travail (anc[t] C. trav., art. L. 122-12, al. 2)[4]. Il en ira cependant différemment en cas de ruine du fonds. Les contrats de travail ne feront plus alors retour au bailleur du fonds[5].

432.25-2 Information de l'autorité administrative.

> Avant la loi du 14 juin 2013[6] dite de sécurisation de l'emploi. Comme pour les licenciements en période d'observation, l'autorité administrative en matière de travail devra être informée et les institutions représentatives du personnel consultées (v. s[s] n° 432.22). Le liquidateur réunira le représentant de l'entreprise et les représentants du personnel. Il dressera un procès-verbal de la réunion, qu'il fera signer par tous les participants[7]. La consultation des institutions représentatives ne doit pas être purement formelle. Dès lors, les exigences légales ne sont pas respectées si la déléguée du personnel n'a été consultée que la veille du jour de la notification des licenciements[8]. Les licenciements devront intervenir dans les quinze jours de la liquidation pour être couverts par l'AGS (v. s[s] n° 693.54).

Cette procédure est applicable au licenciement d'un apprenti[9]. Le liquidateur n'a donc pas à demander au conseil des prud'hommes la résiliation du contrat d'apprentissage et l'apprenti a droit à une rémunération égale à celle qu'il aurait perçue si le contrat était allé jusqu'à *son terme*[10].

> Information de l'autorité administrative et des institutions représentatives du personnel depuis la loi du 14 juin 2013 dite de sécurisation de l'emploi. Les précisions sur l'information de l'autorité administrative et les institutions représentatives du personnel ont précédemment été exposées (v. s[s] n° 432.22).

Contentons-nous ici de souligner la réduction des délais laissés à l'administration du travail pour valider l'accord majoritaire ou homologuer le plan de sauvegarde de l'emploi. Le délai de droit commun prévu par le nouvel article L. 1233-57-4, alinéa 1er du code du travail pour valider l'accord majoritaire (C. trav., art. L. 1233-24-1) est de quinze jours à compter de la réception de l'accord collectif. Pour homologuer le plan de sauvegarde de l'emploi, le délai de droit commun prévu par l'article L. 1233-57-4, alinéa 1er est de vingt-et-un jours à compter de la réception du document complet (C. trav., art. L. 1233-24-4) élaboré par l'employeur. Le délai est réduit, à compter de la dernière réunion du comité d'entreprise, à huit jours en cas de redressement judiciaire et à quatre jours en cas de liquidation judiciaire.

Il est important de souligner que le silence gardé par l'autorité administrative pendant les délais visés à l'alinéa 1er de l'article L. 1233-57-4 du code, vaut, en application de l'alinéa 3 du même article, acceptation.

S'il ne s'agit pas de revenir à la procédure d'autorisation préalable au licenciement économique instaurée par la loi du 3 janvier 1975[11] et supprimée par la loi du 3 juillet 1986, une obligation d'homologation administrative du plan de sauvegarde de l'emploi établi par l'employeur dans le cadre de l'organisation d'un grand licenciement collectif pour motif économique est posée. Cette obligation pèse aussi bien sur les employeurs *in bonis* que sur

1. Soc. 12 janv. 2016, n° 14-13.414, *Bull. civ.* V [à paraître]; n° 19 FS-P+B; *Gaz. Pal.* 12 avr. 2016, n° 14, p. 71, note Gailhabaud; *Act. proc. coll.* 2016/3, comm. 35, note Fin-Langer; *JCP E* 2016, chron. 1198, n° 5, note Pétel; *Rev. proc. coll.* 2016, comm. 69, note Fin-Langer.
2. Soc. 20 juin 2002, n° 00-43.610, NP, *Act. proc. coll.* 2002/16, n° 212.
3. IFPPC 1999, recomm. n° 6015-3, p. 138.
4. Soc. 25 sept. 2001, n° 99-44.370, NP, *Act. proc. coll.* 2001/20, n° 261.
5. Soc. 27 nov. 2001, n° 99-45.693, NP, *Act. proc. coll.* 2002/2, n° 22.
6. L. n° 2013-504, 14 juin 2013, préc.
7. IFPPC 1999, recomm. n° 6015-2, p. 138.
8. Soc. 16 déc. 2008, n°s 07-43.285 à 07-43.297, *LPA* 16 juin 2009, n° 119, p. 18, note Bizeur.
9. Soc. 6 déc. 2000, n° 98-44.053, NP, *Act. proc. coll.* 2001/2, n° 23 – Soc. 15 janv. 2002, n° 99-41.608, *Bull. civ.* V, n° 11; *Rev. proc. coll.* 2002, p. 105, n° 3, obs. Taquet.
10. Soc. 15 janv. 2002, n° 99-41.608, *Bull. civ.* V, n° 11; *Act. proc. coll.* 2002/5, n° 64; *Rev. proc. coll.* 2002, p. 105, n° 3, obs. Taquet – Com. 20 févr. 2007, n° 06-41.443, NP, *Act. proc. coll.* 2007/8, n° 93 – Soc. 19 déc. 2007, n° 06-45.396, NP, *Rev. proc. coll.* 2008, p. 68, n° 82, note Taquet – Soc. 7 juill. 2009, n° 08-40.870, NP, *Rev. proc. coll.* 2009/5, p. 59, § 136, note Taquet.
11. L. n° 75-5, 3 janv. 1975.

les employeurs en redressement ou en liquidation judiciaire[1].

La sanction du non-respect de cette obligation d'homologation administrative est trouvée dans la nullité des licenciements subséquents en droit commun et l'irrégularité des ruptures, dans les entreprises en redressement ou liquidation judiciaire, donnant droit à chaque salarié licencié à une indemnité qui ne saurait être inférieure aux salaires des six derniers mois (C. trav., art. L. 1233-58).

> Apport de l'ordonnance du 12 mars 2014[2] : avis du comité d'entreprise et du comité d'hygiène et de sécurité des conditions de travail. L'article 65 de l'ordonnance du 12 mars 2014 complète le dernier alinéa de l'article L. 641-4 du code de commerce en indiquant que l'avis du comité d'entreprise et, le cas échéant, celui du comité d'hygiène et de sécurité des conditions de travail (CHSCT) et de l'instance de coordination sont rendus au plus tard dans les douze jours de la décision prononçant la liquidation judiciaire. Le législateur a oublié le cas de l'ouverture, mais le texte doit être lu comme visant la décision ouvrant ou prononçant la liquidation judiciaire ou, si le maintien provisoire de l'activité a été autorisé par le tribunal, dans les douze jours suivant le terme de cette autorisation. Autrement dit, cet avis doit être recueilli dans les douze jours de la cessation de l'activité.

Le texte consacre la possibilité pour le comité d'entreprise de recourir à l'expert-comptable[3], dans la liquidation judiciaire, en précisant que l'absence de remise du rapport de l'expert technique ne peut avoir pour effet de reporter ce délai.

En utilisant l'expression « le cas échéant », le législateur rend obligatoire l'avis du comité d'hygiène et de sécurité lorsque l'on est dans le domaine de compétence de ce comité. En liquidation judiciaire, et sous réserve des règles relatives au plan de cession, il faut supposer qu'il y ait un transfert de salariés. La solution, en pratique, supposera la cession d'un fonds de commerce déguisant une cession d'entreprise, c'est-à-dire un fonds de commerce avec des salariés y attachés. C'est ainsi qu'une juridiction du fond a pu estimer que le liquidateur judiciaire n'avait pas à informer et à consulter le CHSCT pour procéder aux licenciements envisagés[4].

L'a20 de l'ordonnance du 26 juin 2014[5] portarplification et adaptation du droit du travail, ae en application de la loi d'habilitation du 2 ja2014[6], modifie l'ordonnance du 12 mars 2014 (4, 65, 71, 110), afin que la référence à l'intervn de l'expert du Comité d'entreprise ou du Cord'hygiène et de sécurité (CHST) soit effectuéartir des textes exacts.

L'ordance du 12 mars 2014 avait inséré la mention l'intervention de l'expert désigné soit par le co d'entreprise soit par le CHSCT dans la procédures grands licenciements pour motif économique plans de redressement et de cession d'entrepret en liquidation judiciaire. L'objectif de l'ordonnae était d'articuler les délais attachés à la remise dupport dans le cadre de la procédure de licenciemet avec les plans et le délai raccourci pour licencie n liquidation judiciaire : en plan de redressement (C. com., L. 631-19), en plan de cession (C. com., L. 642-5), en liquidation judiciaire (C. com. L. 641-4), et dans le cadre de la procédure de licenciement (C. trav., L. 1233-58).

Or, l'ordonnance du 12 mars 2014 avait inséré par erreur les références aux articles L. 2323-27 et L. 4612-8 le premier portant sur la consultation du CE sur les problèmes généraux intéressant les conditions de travail résultant de l'organisation du travail et le second étant relatif à l'obligation de consulter le CHSCT avant toute décision d'aménagement important modifiant des conditions de travail. Aucun de ces textes n'a de rapport direct avec l'expertise. Il n'était donc pas pertinent d'y faire référence au titre du droit au recours à l'expertise du CE et du CHSCT et de son articulation. L'ordonnance du 12 mars 2014 devait être la voiture-balai de la loi relative à la sécurisation de l'emploi. Grâce à la réforme de la réforme, l'ordonnance du 26 juin 2014 devient la « voiture-balai de la voiture-balai ». La rectification est ainsi faite : les textes L. 2325-35 et L. 4614-12-1 du code du travail, relatifs à l'assistance par l'expert-comptable pour le premier et l'expertise du CHSCT pour le second, remplacent les articles inadéquats, tant en plan de redressement, en plan de cession, qu'en liquidation judiciaire, ainsi que dans le texte portant sur les licenciements économiques en procédure collective.

432.25-3 Précisions sur le cas du maintien provisoire de l'activité en liquidation judiciaire. Le maintien provisoire de l'activité pendant la liquidation judiciaire ne fera pas obstacle aux licenciements, ceux-ci étant opérés sans autorisation d'un organe judiciaire, sous l'empire de la législation antérieure à la loi de sauvegarde des entreprises. Si

1. Il faut rappeler que les employeurs en règlement judiciaire ou liquidation des biens étaient exclus de l'obligation d'autorisation préalable par la loi du 3 janvier 1975 et soumis à une simple obligation d'information de l'administration du travail.
2. Ord. nº 2014-326, 12 mars 2014, préc.
3. Gailhbaud, « Les dispositions relatives aux salaries dans l'ordonnance nº 2014-326 du 12 mars 2014 », *Gaz. Pal.* 6 avr. 2014, nº 96, p. 52 s., sp. p. 54.
4. TA Paris, 22 juill. 2014, RG nº 1407751/3-1, *Rev. proc. coll.* 2014, comm. 121, note Jacotot.
5. Ord. nº 2014-699, 26 juin 2014, *JO* 27 juin, p. 10629.
6. L. nº 2014-1, 2 janv. 2014, *JO* 3 janv., p. 50.

un administrateur judiciaire est désigné, il aura la charge des licenciements (C. com., art. L. 622-10, réd. antérieure à la loi de sauvegarde des entreprises[1], C. com., art. L. 641-10, réd. loi de sauvegarde des entreprises). À défaut, ils incomberont naturellement au liquidateur. Précisons que si l'entreprise atteint l'un des seuils, la désignation d'un administrateur judiciaire est obligatoire. Mais elle ne résulte pas du seul fait que la procédure de sauvegarde ou de redressement judiciaire est convertie en liquidation avec poursuite d'activité, ce qui a des conséquences sur l'auteur des licenciements, qui demeure, en l'absence de désignation effective, le liquidateur[2].

Il a été justement observé[3] qu'une modification était intervenue dans la législation de sauvegarde des entreprises, car l'article L. 641-10, alinéa 3 du code, qui envisage les licenciements pendant la période de poursuite provisoire d'activité autorisée en liquidation judiciaire, indique que « dans les conditions prévues à l'article L. 631-17, il – le liquidateur – peut procéder aux licenciements ». Or l'article L. 631-17 pose les conditions des licenciements en période d'observation et exige leur caractère inévitable, urgent et indispensable, outre l'autorisation du juge-commissaire. Le rapprochement avec le texte de l'article L. 622-10, alinéa 2 du code, sous l'empire de la législation antérieure, permet de constater que ce texte se référait aux conditions des articles L. 1233-60 et L. 1233-58 du code du travail (anc[t] C. trav., art. L. 321-8 et L. 321-9), non à celles de l'article L. 621-37. Faut-il, dans ces conditions, exiger une intervention du juge-commissaire pour permettre d'opérer en liquidation judiciaire des licenciements économiques pendant la poursuite provisoire de l'activité ? L'examen des travaux parlementaires permet d'apporter une réponse affirmative à la question. Il est en effet indiqué que « le liquidateur disposerait de la faculté » de procéder à des licenciements dans les mêmes conditions que celles prévues en redressement judiciaire. Il pourrait ainsi mettre en œuvre un régime de licenciement pour motif économique simplifié lorsque les licenciements présentent un caractère « urgent, inévitable et indispensable »[4]. Il est donc clair que le législateur a entendu aligner purement et simplement sur le redressement judiciaire les licenciements pendant la poursuite d'activité de la liquidation judiciaire. L'habilitation du juge-commissaire supposera que ce dernier ait vérifié que les licenciements présentent un caractère urgent, inévitable et indispensable.

Si, à la suite de la poursuite provisoire de l'activité autorisée en liquidation judiciaire un plan de cession est arrêté, les licenciements qui seraient effectués en exécution de ce plan devront intervenir dans le délai du mois du plan. La solution, qui résulte d'un amendement[5], a été alignée sur celle applicable pour les autres plans, et est dérogatoire à celle existant pour la liquidation judiciaire. L'AGS continuera à devoir sa garantie. Pour cela, la loi du 26 juillet 2005 a modifié l'article L. 143-11-1 du code du travail (devenu C. trav., art. L. 3253-6 et L. 3253-8), qui intéresse les créances garanties par l'AGS, en insérant à cet article un article L. 143-11-1 *bis* (devenu C. trav., art. L. 3253-8, 3°).

Aucune règle spécifique n'était en revanche prévue, sous l'empire la loi de sauvegarde des entreprises, dans sa rédaction antérieure à l'ordonnance du 18 décembre 2008[6], si un plan de cession n'était pas arrêté. Il fallait donc appliquer la solution de principe selon laquelle, afin d'assurer une prise en charge des indemnités de rupture par l'AGS, les licenciements devaient intervenir avant expiration de la poursuite provisoire de l'activité. À défaut, l'AGS ne devait pas sa garantie[7]. La solution était pour le moins inconfortable pour les organes de la procédure collective. Les praticiens, soucieux d'éviter l'engagement de leur responsabilité, n'hésitaient sans soute pas à licencier préventivement, en anticipant sur le rejet du plan de cession[8]. Les délais de la procédure de licenciement étaient totalement inadaptés[9], du fait de la couverture de l'AGS. Il fallait toutefois relever l'opinion isolée d'un auteur, qui estimait que les formalités préalables de licenciement ne s'imposaient plus si le projet de plan de cession n'aboutissait pas ou qu'il était rejeté[10]. Pour tenir compte de ces difficultés, l'ordonnance de réforme du 18 décembre 2008 (ord. 18 déc. 2008, art. 167) modifie le d du 2° et du 4° de l'article

1. L. n° 2005-845, 26 juill. 2005, préc.
2. Soc. 15 nov. 2011, n° 10-17.015, *Bull. civ.* V, n° 263; *D.* 2011. Actu. 2863, note Lienhard; *BJE* mars 2012, comm. 45, p. 103, note Jacotot; *Gaz. Pal.* 20 oct. 2012, Jur. 30, note Coursier; *Act. proc. coll.* 2011/20, comm. 311.
3. Morvan, « Le droit social dans la réforme du droit des entreprises en difficulté », *JCP E* 2005. 1511, p. 1751 s., sp. p. 1757, n° 35.
4. *Rapp. J.-J. Hyest*, n° 335, p. 378.
5. Amend. n° 560, modifié par sous-amend. n° 650, Interv. Bernard Pousset et Xavier de Roux, *JOAN CR*, 3e séance du 8 mars 2005, p. 1813.
6. Ord. n° 2008-1345, 18 déc. 2008, préc.
7. Interv. Douhaire, Séminaire sur les premiers mois d'application de la loi n° 2005-845 de sauvegarde des entreprises, Cour de cassation 23 juin 2006, www.courdecassation.fr – *Adde*, Lienhard, 2e éd., n° 954.
8. Interv. Douhaire, Séminaire sur les premiers mois d'application de la loi n° 2005-845 de sauvegarde des entreprises, Cour de cassation 23 juin 2006, www.courdecassation.fr – *Adde*, Teboul, « Le code du travail : un divorce avec le droit des entreprises en difficulté ? », *LPA* 1er et 2 janv. 2008, nos 1, 2, p. 7 s., sp. p. 9.
9. Pérochon et Bonhomme, 7e éd., n° 445.
10. Vallens, 2007, n° 3715.

L. 3253-8 du code du travail (anc[t] art. L. 143-11- Il est en conséquence prévu que la garantie l'AGS, pour les créances résultant de la rupture contrats de travail intervenant après une poursu provisoire de l'activité en liquidation judiciaire, due, dès lorsque les licenciements sont effectués s avant l'expiration de cette période, soit dans l quinze jours qui suivent la fin du maintien de l'act vité.

432.25-4 Lettre individuelle de licenciemen Avant comme après la loi du 14 juin 2013[1], dite d sécurisation de l'emploi, le liquidateur devra, dan la lettre individuelle de licenciement envoyée au salarié, impérativement viser la décision ouvrant ou prononçant la liquidation judiciaire, faute de quoi le licenciement sera sans cause réelle et sérieuse[2]. Mais, la lettre qui indique que le licenciement intervient en application du jugement de liquidation est suffisamment motivée[3]. Ainsi, le renvoi dans la lettre de licenciement au jugement de liquidation judiciaire est-il à la fois nécessaire et suffisant. Dès lors, les exigences s'écartent singulièrement de celles existant pour la motivation de la lettre de licenciement intervenant en dehors d'une procédure collective[4].

Ne peut être suivie la décision d'une cour d'appel qui considère comme sans cause réelle et sérieuse les licenciements intervenus en application du jugement de liquidation judiciaire sans poursuite d'activité, au motif d'une faute du dirigeant social, qui pouvait expliquer la situation économique[5]. En effet, d'une part, le conseil des prud'hommes et à sa suite la cour d'appel, ne peuvent discuter du caractère économique du licenciement intervenu sur le fondement du jugement de liquidation judiciaire, seul un recours des institutions représentatives du personnel pouvant être exercé à l'encontre du jugement de liquidation judiciaire permettant de discuter du caractère économique du licenciement. D'autre part, la cessation d'activité résultant obligatoirement de la liquidation judiciaire sans poursuite d'activité justifie à elle-seule le caractère économique du licenciement.

Les licenciements réalisés en liquidation judiciaire doivent être considérés comme sans cause réelle et sérieuse[6], dès lors que le jugement ayant ouvert ou prononcé la liquidation judiciaire est réformé ou annulé, si la cour d'appel n'ouvre pas elle-même la liquidation judiciaire.

Le salarié, qui après le prononcé de la liquidation judiciaire, retrouve un emploi dans l'attente de son licenciement, ne manifeste pas, selon une vision extrêmement compréhensive de la chambre sociale de la Cour de cassation, une volonté claire et non équivoque de démissionner. En conséquence, le licenciement qu'effectue le liquidateur de ce salarié après une nouvelle embauche ne doit pas être annulé[7].

Il est recommandé au liquidateur de ne procéder aux licenciements des dirigeants que sous réserve de la validité de leur contrat de travail au regard des règles de cumul du contrat de travail avec un mandat social[8].

432.26 Licenciements dans les plans.

432.26-1 Règles applicables en plan de sauvegarde. Commençons par indiquer que les licenciements économiques doivent obéir, dans la procédure de sauvegarde, au droit commun (v. s[s] n° 432.21). Il faut toutefois réserver les licenciements effectués dans le cadre d'une cession partielle accompagnant un plan de sauvegarde. Cette cession partielle obéit en effet aux règles du plan de cession (C. com., art. L. 626-1)[9].

432.26-2 Règles applicables en plan de redressement. Si des licenciements pour motifs économiques sont envisagés dans le cadre d'un plan de redressement ou de continuation (L. 25 janv. 1985[10]), le tribunal doit en être informé. Pour cela, l'article 64 du décret du 27 décembre 1985[11], pour le plan de continuation et, depuis la législation de sauvegarde des entreprises, l'article R. 631-36 du code de commerce, pour le plan de redressement, prévoient que l'administrateur doit joindre au rapport sur le projet de plan déposé au greffe un procès-verbal de délibération du comité d'entreprise ou à défaut des délégués du personnel sur les licenciements envisagés. En effet, si un plan de redressement prévoit des licenciements pour motif économique, l'administrateur aura dû procéder à la consultation du comité d'entreprise, ou à défaut des délégués du personnel

1. L. n° 2013-504, 14 juin 2013, préc.
2. Soc. 9 juill. 2003, n° 01-43.763, NP.
3. Soc. 2 mars 2004, n°s 02-41.931, 02-41.933, 02-41.934, 02-41.935, 02-42.079, 02-42.080, 02-42.081, 02-42.082, NP, *Act. proc. coll.* 2004/8, n° 104, note Taquet; *Rev. proc. coll.* 2004, p. 250, n° 16, obs. Taquet; *JCP E* 2004, Chron. 1292, p. 1390, n° 15, obs. Pétel – Soc. 6 juill. 2005, n° 03-44.390, NP, *Rev. proc. coll.* 2006/1, p. 70, n° 7, obs. Taquet – Com. 24 mars 2009, n° 08-12.620, NP; n° 282 F-D.
4. PAR EX. : Soc. 2 mars 2004, n° 01-45.594, NP, *Rev. proc. coll.* 2004, p. 250, n° 15, obs. Taquet.
5. Aix-en-Provence, 18e ch. soc. B, 15 janv. 2016, RG n° 14/08848, *LXB hebdo* 19 mai 2016, n° 466, note Le Corre.
6. Soc. 16 déc. 2008, n° 07-43.285, *Bull. civ.* V, n° 253; *Gaz. proc. coll.* 2009/2, p. 38, n° 2, note Saintourens.
7. Soc. 13 avr. 2005, n° 03-42.467, NP.
8. IFPPC 1999, recomm. n° 6006-6, p. 128.
9. Vignal, note s[s] Soc. 2 févr. 2006, n° 04-40.474; n° 336 F-P+B; *LPA* 13 sept. 2006, n° 183, p. 10 s., sp. p. 14.
10. L. n° 85-98, 25 janv. 1985, préc.
11. D. n° 85-1388, 27 déc. 1985, préc.

(C. com., art. L. 621-64 [anc[t] L. 25 janv. 1985, art. 63, al. 1er], réd. antérieure à la loi de sauvegarde des entreprises[1], C. com., art. 631-19, II, réd. loi de sauvegarde des entreprises). En outre, il devra joindre au rapport la copie de la lettre d'information de l'autorité administrative, puisque celle-ci a dû être informée.

Le plan doit préciser les licenciements qui doivent intervenir dans le délai d'un mois de l'arrêté du plan. Les licenciements interviendront alors en application de la disposition légale, à savoir, sous l'empire de la législation antérieure à la loi de sauvegarde des entreprises, l'article L. 621-64 du code de commerce et, sous l'empire de la loi de sauvegarde des entreprises, de l'article L. 631-19, II, alinéa 2 du code (devenu C. com., art. L. 631-19, III réd. ord. 12 mars 2014[2]).

Depuis la loi de sauvegarde des entreprises, les licenciements économiques devant intervenir dans le cadre d'un plan de redressement sont régis par le II de l'article L. 631-19 du code de commerce. L'ordonnance du 12 mars 2014 procède à la réécriture de l'article L. 631-19. Le II devient le III (ord. 12 mars 2014, art. 54).

L'alinéa 1er du III de l'article L. 631-19 du code de commerce, dans la rédaction que lui donne l'article 54 de l'ordonnance du 12 mars 2014, prévoit que la procédure de l'article L. 1233-58 du code du travail devra être mise en œuvre par l'administrateur judiciaire. Cette procédure créée par la loi du 14 juin 2013[3], dite de sécurisation de l'emploi, est spéciale aux licenciements économiques au moins égaux à 10 dans une entreprise d'au moins 50 salariés.

L'article 54 de l'ordonnance du 12 mars 2014, qui procède à une nouvelle rédaction de l'alinéa 1er du III de l'article L. 631-19 du code de commerce, précise que l'avis du comité d'entreprise et, le cas échéant, celui du comité d'hygiène et de sécurité des conditions de travail et de l'instance de coordination sont rendus au plus tard le jour ouvré avant l'audience du tribunal qui statue sur le plan de redressement. L'absence de remise du rapport de l'expert technique ne peut avoir pour effet de reporter ce délai (sur les modifications opérées par l'ordonnance du 26 juin 2014[4] à l'ordonnance du 12 mars 2014, et notamment à l'article L. 631-19, v. s[s] n°s 432.25 s.).

L'article 64 alinéa 2 du décret du 27 décembre 1985[5] et l'article R. 631-36 du code de commerce (anc[t] D. 28 déc. 2005[6], art. 204) indiquent que le jugement arrêtant le plan doit préciser le nombre de salariés dont le licenciement est autorisé, ainsi que les activités et catégories professionnelles concernées.

Le fait que la consultation sur le projet de plan ait été effectuée en présentant comme existant un motif économique en réalité défaillant n'a pas pour effet d'entraîner la nullité des licenciements, mais conduit seulement à les considérer comme sans cause réelle et sérieuse et ouvre donc droit, au profit des salariés abusivement licenciés, à des dommages et intérêts[7].

On rappellera que le salarié n'a pas qualité pour exercer une voie de recours sur le jugement arrêtant le plan, celle-ci étant ouverte, et seulement sur le jugement arrêtant le plan de redressement, au comité d'entreprise, aux délégués du personnel et, à son défaut, au représentant des salariés, par l'intermédiaire du salarié désigné à cette fin. Le jugement d'arrêté de plan ne règle pas la situation individuelle du salarié.

L'administrateur judiciaire ou à son défaut le débiteur assisté par le commissaire à l'exécution du plan sous l'empire de la législation antérieure à la loi de sauvegarde des entreprises (C. com., art. L. 621-143 [anc[t] L. 25 janv. 1985, art. 147]), doit procéder aux licenciements. Pour cela, il devra respecter les obligations de convocation ou d'entretien préalable (v. s[s] n° 432.24). Puis, sans préjudice des droits de préavis prévus par la loi, les conventions ou accords collectifs du travail (C. com., art. L. 621-64, al. 2), l'administrateur, le débiteur ou le commissaire à l'exécution du plan, selon le cas, notifiera par lettre recommandée avec avis de réception, leur licenciement aux intéressés, dans le mois du jugement arrêtant le plan (C. com., art. L. 621-64, al. 2, réd. antérieure à la loi de sauvegarde des entreprises).

Ce délai du mois pour notifier les licenciements économiques pourrait se trouver prolongé en cas d'appel du jugement arrêtant le plan si l'exécution provisoire est arrêtée. En effet, en ce cas, la durée de la période d'observation sera prolongée jusqu'à l'arrêt de la cour. Mais il n'en sera ainsi que si le premier président de la cour d'appel, saisi d'une demande d'arrêt de l'exécution provisoire, y fait droit. Dans le cas contraire, le délai du mois pour procéder à la notification des licenciements devra être respecté[8]. Il importe que ce délai soit respecté,

1. L. n° 2005-845, 26 juill. 2005, préc.
2. Ord. n° 2014-326, 12 mars 2014, préc.
3. L. n° 2013-504, 14 juin 2013, préc.
4. Ord. n° 2014-699, 26 juin 2014, préc.
5. D. n° 85-1388, 27 déc. 1985, préc.
6. D. n° 2005-1677, 28 déc. 2005, préc.
7. Soc. 3 mai 2012, n° 11-20.741, *Bull. civ.* V, n° 129; FS-P+B+R+I; *Act. proc. coll.* 2012/11, comm. 158, note Fin-Langer.
8. Soc. 21 sept. 2005, n°s 04-40.529, 04-40.534, *Bull. civ.* V, n° 267; *Act. proc. coll.* 2005/17, n° 217, note Vallansan; *Rev. proc. coll.* 2006/1, p. 69, n° 5, obs. Taquet.

puisqu'il conditionne la prise en charge par l'AGS des indemnités de licenciements (v. s[s] n° 693.54).

La méconnaissance du délai du mois constitue une irrégularité de forme qui sera sanctionnée par l'octroi de dommages et intérêts aux salariés irrégulièrement licenciés[1]. Elle n'a en revanche pas pour effet de priver le licenciement de cause réelle et sérieuse[2], dès lors d'une part que le jugement arrêtant le plan a autorisé les licenciements et, d'autre part, que la lettre de licenciement vise bien le jugement qui arrête le plan et autorise les licenciements.

En effet, pour que les licenciements ne soient pas considérés comme étant sans cause réelle et sérieuse, la lettre de licenciement devra impérativement viser le jugement arrêtant le plan et autorisant les licenciements[3]. La solution vaut identiquement si le licenciement intervient en application du jugement modifiant le plan. Est doublement dépourvu de cause réelle et sérieuse, le licenciement qui intervient, alors que le jugement ne fait pas mention des activités et catégories professionnelles concernées et alors que la lettre de licenciement ne vise pas le jugement modifiant le plan[4]. La lettre de licenciement peut se contenter de se référer au jugement arrêtant le plan, solution posée notamment pour un plan de cession[5]. La référence dans la lettre à une décision du tribunal inexistante, du fait d'une erreur dans l'indication de la date de la décision arrêtant le plan, rend le licenciement sans cause réelle et sérieuse[6].

Cependant, le renvoi de la lettre de licenciement au jugement arrêtant le plan n'est possible que si le plan prévoit des licenciements[7]. En outre, lorsque l'entreprise débitrice comporte plusieurs entités économiques, lorsque le salarié relève de l'entité cédée, son licenciement doit être autorisé par le plan. À défaut, même si la lettre de licenciement se réfère au jugement arrêtant le plan, le motif énoncé dans la lettre de licenciement est inexact et le licenciement prononcé en méconnaissance de l'article L. 121 du code du travail ouvre droit à indemnisation.

Le salarié qui aura reçu notification de son licenciement pourra le contester et saisir le conseil des prud'hommes. Il s'agira là de questions relatives à sa situation individuelle[9], par exemple celle de l'ordre des licenciements[10], dans les mêmes conditions que celles posées pour les licenciements en période d'observation (v. s[s] n° 432.24). Il ne pourra, en revanche, devant le conseil des prud'hommes, discuter de la régularité de son licenciement, au regard de l'article L. 621-64 du code de commerce (anc[t] L. 25 janv. 1985, art. 63), dans sa rédaction antérieure à la loi de sauvegarde des entreprises, de l'article L. 631-19, II, dans la rédaction de la loi de sauvegarde des entreprises.

432.26-3 Règles applicables en plan de cession. Si des licenciements pour motifs économiques sont envisagés dans le cadre d'un plan de cession, le tribunal doit en être informé. Pour cela, l'article 64 du décret du 27 décembre 1985[11], et, depuis la législation de sauvegarde des entreprises, l'article R. 642-3 du code de commerce prévoient que le liquidateur ou l'administrateur doit joindre au rapport sur le projet de plan déposé au greffe un procès-verbal de délibération du comité d'entreprise ou à défaut des délégués du personnel sur les licenciements envisagés. En outre, il devra joindre au rapport la copie de la lettre d'information de l'autorité administrative, puisque celle-ci aura dû être informée.

L'article 64 du décret du 27 décembre 1985 autorise cependant l'administrateur à communiquer ces éléments à l'audience d'arrêté de plan. Cette solution n'avait pas été reprise dans le décret du 28 décembre 2005[12]. Le décret du 23 décembre 2006[13] a modifié, en ce sens, l'article 254 du décret du 28 décembre 2005, en ajoutant un alinéa second (devenu C. com., art. R. 642-3, al. 2). Il est désormais prévu que le liquidateur ou l'administrateur lorsqu'il en a été désigné, produit à l'audience les documents mentionnés à l'article R. 631-36 du code de commerce.

L'alinéa 5 de l'article L. 642-5 du code de commerce, dans la rédaction que lui donne l'article 71 de l'ordonnance du 12 mars 2014[14], prévoit que le

1. Soc. 10 juill. 2002, n° 00-42.340, *Bull. civ.* V, n° 242; *Act. proc. coll.* 2002/14, n° 182, obs. Régnault-Moutier; *D.* 2002. AJ 2678, obs. Lienhard; *JCP E* 2003, Chron. 194, p. 219, n° 2, obs. Pétel.
2. Soc. 21 sept. 2005, n°s 04-40.529, 04-40.534, préc.
3. Soc. 22 févr. 2000, n° 97-43.780, NP, *Gaz. Pal.* 14-16 mai 2000, pan. 29 – Soc. 12 juill. 2010, n° 08-40.740, *Rev. proc. coll.* 2010/5, comm. 191, note Taquet; *LPA* 20 déc. 2010, n° 252, p. 15, note Jacotot.
4. Orléans, ch. soc., 20 sept. 2012, RG n° 11/03566, *Rev. proc. coll.* 2013, comm. 22, note Fraimout.
5. Soc. 17 mai 2006, n° 04-41.690, NP, *Rev. proc. coll.* 2006/3, p. 283, n° 10, obs. Taquet.
6. Soc. 21 sept. 2005, n° 03-43.849, NP, *Rev. proc. coll.* 2006/1, p. 69, n° 6, obs. Taquet.
7. Soc. 29 mai 2002, n° 00-41.965, NP, *Rev. proc. coll.* civ. et com. 2002, p. 291, n° 9, obs. Taquet.
8. Soc. 5 déc. 2006, n° 05-45.697, *Bull. civ.* V, n° 367; n° 2870 FS-P+B; *D.* 2007. AJ 229, obs. Lienhard; *Act. proc. coll.* 2007/3, n° 30, note Neau-Leduc.
9. Soc. 3 oct. 1989, n° 88-42.835, *Bull. civ.* V, n° 559; *Dr. ouvrier* 1990. 289, note Rochoix.
10. Soc. 17 oct. 2007, n° 05-41.531, NP, *Gaz. proc. coll.* 2008/1, p. 62, note Saintourens – Cons. prud'h. Caen, 11 sept. 2007, RG n° F04/034, *Act. proc. coll.* 2007/18, n° 206, note Fin-Langer.
11. D. n° 85-1388, 27 déc. 1985, préc.
12. D. n° 2005-1677, 28 déc. 2005, préc.
13. D. n° 2006-1709, 23 déc. 2006, *JO* 29 déc., p. 19846.
14. Ord. n° 2014-326, 12 mars 2014, préc.

plan de cession, qui prévoit des licenciements économiques, ne pourra être arrêté qu'après la procédure prévue au I de l'article L. 1233-58 du code du travail aura été mise en œuvre. Elle le sera soit par l'administrateur, soit, à son défaut, par le liquidateur.

Cette procédure créée par la loi du 14 juin 2013[1], dite de sécurisation de l'emploi, est spécifique aux licenciements économiques au moins égaux à 10 dans une entreprise d'au moins 50 salariés. C'est à la date à laquelle le projet de plan est établi que doit s'apprécier l'effectif de l'entreprise[2].

L'article 71 de l'ordonnance du 12 mars 2014, qui procède à une nouvelle rédaction de l'alinéa de l'article L. 642-5 du code de commerce, précise que l'avis du comité d'entreprise et, le cas échéant, celui du comité d'hygiène et de sécurité des conditions de travail et de l'instance de coordination sont rendus au plus tard le jour ouvré avant l'audience du tribunal qui statue sur le plan de cession. L'absence de remise du rapport de l'expert technique ne peut avoir pour effet de reporter ce délai (sur les modifications opérées par l'ordonnance du 26 juin 2014[3] à l'ordonnance du 12 mars 2014, et notamment à l'article L. 642-5, v. s[s] n°s 432.25 s.).

Le plan doit préciser les licenciements qui doivent intervenir dans le délai d'un mois de l'arrêté du plan. Les licenciements interviendront alors en application de la disposition légale, à savoir, sous l'empire de la législation antérieure à la loi de sauvegarde des entreprises, l'article L. 621-64 du code de commerce, et, sous l'empire de la loi de sauvegarde des entreprises, l'article L. 642-5, alinéa 4.

Les licenciements prononcés en application du jugement arrêtant le plan de cession sont dépourvus de cause réelle et sérieuse si le jugement arrêtant le plan n'indique pas le nombre des licenciements autorisés et les catégories concernées[4]. Le jugement ne peut ainsi se contenter d'indiquer le nombre de salariés repris, en autorisant l'administrateur à licencier les autres salariés. La méthode doit être inverse et l'erreur ainsi commise ne peut être réparée par la technique de la rectification d'erreur matérielle[5].

Il avait été jugé, au contraire, que les licenciements n'étaient pas dépourvus de cause réelle et sérieuse, si, au lieu d'être indiqués dans le jugement arrêtant le plan de cession, ils sont mentionnés dans l'annexe du jugement signé du seul président[6]. Cette solution n'est pas celle de la Cour de cassation, qui estime au contraire que les licenciements économiques ne peuvent être valablement prononcés en vertu d'une décision de licencier donnée par la juridiction qui arrête le plan de cession qu'à la condition que cette décision précise, dans son dispositif, le nombre des salariés dont le licenciement est autorisé, ainsi que les salariés et catégories professionnelles concernées. La décision ne peut, en conséquence, renvoyer à une annexe, qui n'était même pas signée. Il en résulte que les licenciements pour motif économique sont sans cause réelle et sérieuse[7].

En revanche, les licenciements effectués sans autorisation du tribunal permettent aux salariés de demander réparation, non seulement au cédant qui a licencié à tort, mais également au cessionnaire qui a refusé de poursuivre les contrats de travail sans modification[8].

Les licenciements intervenus en application du plan de cession sont sans effet si les salariés sont ensuite repris par le repreneur[9].

L'article 64, alinéa 2 du décret du 27 décembre 1985 indique que le jugement arrêtant le plan doit préciser le nombre de salariés dont le licenciement est autorisé, ainsi que les activités et catégories professionnelles concernées. La solution est reproduite par l'article R. 642-3, alinéa 2 du code de commerce, inséré par l'article 63 du décret du 23 décembre 2006, pour le plan de cession arrêté en liquidation judiciaire. À défaut, le licenciement doit être considéré comme n'ayant pas été autorisé[10]. Une liste nominative n'a pas à être dressée. Si elle l'a été, elle est sans valeur[11].

L'autorité du jugement arrêtant le plan de cession interdit de rechercher si les emplois de salariés non repris ont effectivement été supprimés[12]. Seule la fraude est réservée, qui consisterait à réembaucher le salarié non repris pour s'émanciper de l'obligation de respecter l'ancienneté (v. s[s] n° 432.18).

1. L. n° 2013-504, 14 juin 2013, préc.
2. Soc. 19 mai 2015, n°s 13-26.669 à 13-26.677, *Bull. civ.* V [à paraître]; *Gaz. Pal. entr. diff.* 20 oct. 2015, n° 291, p. 32, note Gailhbaud.
3. Ord. n° 2014-699, 26 juin 2014, préc.
4. Soc. 3 mars 2009, n° 08-40.091, NP, *Rev. proc. coll.* 2009/2, p. 25, n° 23, note Taquet.
5. Civ. 2e, 28 juin 2012, n° 11-19.193, NP.
6. Cons. prud'h. Caen, 11 sept. 2007, RG n° F04/034, *Act. proc. coll.* 2007/18, n° 206, note Fin-Langer.
7. Soc. 23 mars 2016, n°s 14-22.950, 14-22.960, 14-22.961, 14-22.963, *Bull. civ.* V [à paraître]; n° 623 FS-P+B+I; *Gaz. Pal.* 28 juin 2016, n° 24, p. 49, note Gailhabaud; *Act. proc. coll.* 2016/9, comm. 124, note Fin-Langer; *Gaz. Pal.* 14 juin 2016, n° 22, p. 67, note Ronet-Yague.
8. Soc. 12 mars 2008, n° 06-41.470, NP, *Act. proc. coll.* 2008/7, n° 118.
9. Soc. 28 mai 2015, n° 14-14.508, NP.
10. Soc. 10 juill. 2001, n° 99-44.466, *Bull. civ.* V, n° 254; *Gaz. Pal.* 10-11 oct. 2001, pan. p. 25.
11. Soc. 26 juin 1991, n° 90-46.055, *Bull. civ.* V, n° 328; *JCP E* 1992. II. 274, note Serret.
12. Soc. 4 juill. 2006, n° 04-43.976, NP; n° 1741 F-D.

Le salarié n'a pas qualité pour exercer une voie de recours sur le jugement arrêtant le plan de cession.

L'administrateur judiciaire ou à son défaut le débiteur assisté par le commissaire à l'exécution du plan sous l'empire de la législation antérieure à la loi de sauvegarde des entreprises (C. com., art. L. 621-143 [anc[t] L. 25 janv. 1985, art. 147]), doit procéder aux licenciements. Pour cela, il devra respecter les obligations de convocation ou d'entretien préalable (v. s[s] n° 432.24). Puis, sans préjudice des droits de préavis prévus par la loi, les conventions ou accords collectifs du travail (C. com., art. L. 621-64, al. 2), l'administrateur, le débiteur ou le commissaire à l'exécution du plan, selon le cas, notifiera par lettre recommandée avec avis de réception, leur licenciement aux intéressés, dans le mois du jugement arrêtant le plan (C. com., art. L. 621-64, al. 2, réd. antérieure à la loi de sauvegarde des entreprises).

L'administrateur ne peut procéder à la rétractation du licenciement opéré qu'en étant autorisé en ce sens par le tribunal[1]. La solution est justifiée par l'observation que l'administrateur n'est pas l'employeur et qu'il ne peut donc utiliser les prérogatives de ce dernier pour revenir sur un licenciement dès lorsque le salarié l'a accepté.

Sous l'empire de loi de sauvegarde des entreprises, des distinctions s'imposent.

Si le plan de cession est arrêté en liquidation judiciaire sans administrateur judiciaire, les licenciements seront notifiés par le liquidateur (C. com., art. L. 642-5, al. 3).

Si le plan de cession est arrêté en liquidation judiciaire avec un administrateur judiciaire, les licenciements seront notifiés par l'administrateur judiciaire (C. com., art. L. 642-5, al. 3).

Si le plan de cession est arrêté en redressement judiciaire, l'article L. 631-22 du code précise que les dispositions de la section I du chapitre II du titre IV sont applicables. Il en résulte l'applicabilité de l'article L. 642-5, alinéa 3 ci-dessus visé. L'administrateur procédera aux licenciements. L'opinion qui s'appuie sur le fait que ce même article L. 631-22, en son alinéa 2, précise que « l'administrateur reste en fonction pour passer tous les actes nécessaires à la réalisation de la cession », ce qui n'engloberait pas la charge des licenciements, ne peut être suivie[2]. La Cour de cassation a d'ailleurs jugé que, à défaut d'une disposition expresse du jugement de liquidation judiciaire retirant ce pouvoir à l'administrateur judiciaire, c'est à ce dernier qu'il incombe de procé-der licenciements d'un plan de cession arrêté en re…ment judiciaire. Cette solution pragmatique de…hambre sociale de la Cour de cassation[3] m… entière approbation. En réalité, on ne peut c…dérer que la mission d'un organe a pris fin a…que certaines obligations mises à sa charge par l… n'ont techniquement pas pu encore être …mplies.

… défaut d'administrateur, la compétence doit … dévolue au mandataire judiciaire, qui exerce, en …plication de l'alinéa 1 de l'article L. 631-22, les …issions dévolues au liquidateur. La solution n'est …us possible, depuis l'ordonnance du 18 décembre …008[4], qui oblige le tribunal, lorsqu'il apparaît, en …edressement judiciaire, qu'un plan de cession est envisageable, à nommer un administrateur judiciaire. Ce dernier aura seul la charge des licenciements si un plan de cession est arrêté en redressement[5].

Ce délai du mois pour notifier les licenciements économiques pourrait se trouver prolongé en cas d'appel du jugement arrêtant le plan si l'exécution provisoire est arrêtée. En effet, en ce cas, la durée de la période d'observation sera prolongée jusqu'à l'arrêt de la cour. Mais il n'en sera ainsi que si le premier président de la cour d'appel, saisi d'une demande d'arrêt de l'exécution provisoire, y fait droit. Dans le cas contraire, le délai du mois pour procéder à la notification des licenciements devra être respecté[6]. Il importe que ce délai soit respecté, puisqu'il conditionne la prise en charge par l'AGS des indemnités de licenciements (v. s[s] n° 693.54).

Les observations apportées en matière de plan de redressement valent identiquement pour le plan de cession, en ce qui concerne le respect du délai du mois pour procéder aux licenciements.

L'obligation de non-concurrence ayant une contrepartie financière souscrite par le salarié envers la société débitrice dans le cadre de son licenciement autorisé par le plan de cession se transmet à la société cessionnaire[7].

Notons que le salarié devra prendre la précaution, sous l'empire de la législation antérieure à la loi de sauvegarde des entreprises, de faire nommer un mandataire *ad hoc*, si son employeur est une société. En

1. Angers, ch. soc., 17 nov. 2009, RG n° 08/03165, *Rev. proc. coll.* 2011, comm. 195, note Taquet.
2. SUR CETTE DIFFICULTÉ : Froehlich, « Premiers regards de la profession d'administrateur et mandataire judiciaire sur la réforme du droit des entreprises en difficulté », *Bull. Joly* 2009. 198, sp. 203, § 41.
3. Soc. 12 janv. 2016, n° 14-13.414, *Bull. civ.* V [à paraître]; n° 19 FS-P+B; *Gaz. Pal.* 12 avr. 2016, n° 14, p. 71, note Gailhbaud; *Act. proc. coll.* 2016/3, comm. 35, note Fin-Langer; *JCP E* 2016, chron. 1198, n° 5, note Pétel; *Rev. proc. coll.* 2016, comm. 69, note Fin-Langer.
4. Ord. n° 2008-1345, 18 déc. 2008, préc.
5. Froehlich, « Premiers regards de la profession d'administrateur et mandataire judiciaire sur la réforme du droit des entreprises en difficulté », *Bull. Joly* 2009. 198, sp. 203, § 41.
6. Soc. 21 sept. 2005, n°s 04-40.529, 04-40.534, préc.
7. Soc. 6 déc. 1994, n° 91-42.173, *Bull. civ.* V, n° 326.

effet, le plan de cession totale entraîne dissoon de la société débitrice, de sorte que l'employeu sera pas représenté à l'instance devant le corl des prud'hommes. Le jugement rendu dans cendi-tions, qui viendrait à annuler le licenciemeserait nul[1].

432.26-4 Règles communes au plan : spect par l'auteur des licenciements économiques:s critères d'ordre des licenciements. L'auteur delicenciements devra, tant en plan de redressemet qu'en plan de cession, mettre en œuvre les **critèred'ordre des licenciements** (v. aussi s[s] n° 432.24). Cst pourquoi, la clause qui subordonne la cession è l'entreprise en redressement judiciaire au mntien du contrat de travail d'un salarié nommémnt désigné est dépourvue d'effet à l'égard des aures salariés relevant de la même catégorie professionnelle[2]. Pour des motifs liés au redressementde l'entreprise, il est possible d'introduire dans lescritères légaux d'ordre des licenciements une certaine souplesse[3].

En cas de cession partielle, les critères d'ordre des licenciements des salariés des établissements qui ne constituent pas à eux seuls des entités économiques autonomes doivent être mis en œuvre au niveau de l'entreprise, non au niveau de ces établissements[4]. Cette solution avait été posée, en dehors des procédures collectives de paiement, par la Cour de cassation[5].

Toutefois, un accord collectif conclu au niveau de l'entreprise peut prévoir un périmètre pour l'application des critères déterminant l'ordre des licenciements inférieur à celui de l'entreprise[6]. À défaut d'accord collectif, l'ordre des licenciements doit intervenir au niveau de l'entreprise[7].

Le repreneur qui se contente de suggérer cet ordre à l'administrateur, n'engage pas sa responsabilité, puisqu'il n'est pas l'auteur du licenciement[8].

432.26-5 Licenciements effectués en dehors des prévisions du jugement arrêtant le plan. Si les licenciements effectués en dehors des prévisions du jugement arrêtant le plan sont peu nombreux, ils relèvent du droit commun des licenciements économiques[9]. La contestation de ce caractère pourra ouvrir droit à des dommages et intérêts particuliers, du fait de la violation caractérisée des engagements sociaux contractés dans le cadre du plan par le débiteur ou le repreneur[10]. En outre, le licenciement économique d'un salarié en dehors des prévisions du plan ne pourra être motivé par des causes antérieures au plan. À défaut, le licenciement sera dépourvu de cause réelle et sérieuse[11].

Si le nombre de licenciements intervenant en dehors des prévisions du plan est important, il y aura lieu de respecter la procédure de modification substantielle dans les moyens du plan[12].

432.27 Règles applicables aux salariés protégés[13]. L'article 227 de la loi du 25 janvier 1985[14] (disposition non codifiée), modifiant les articles L. 412-18, L. 425-1 et L. 436-1 du code du travail (devenus C. trav., art. L. 2411-1, L. 2411-3 et L. 2421-3) – cette dernière disposition ayant été modifiée par l'ordonnance du 24 juin 2004[15] – oblige au respect de la procédure spéciale de licenciement des salariés protégés, exerçant un mandat de représentation des salariés.

Le représentant des salariés a été rangé par la loi de 1985 parmi ces salariés protégés[16]. La réglementation protectrice ne s'appliquera cependant qu'autant qu'il aura été régulièrement désigné[17] et seulement pendant la période de protection qui lui est accordée par la loi, ainsi que cela est expliqué ci après. La protection ne joue pour le simple candidat à l'élection de représentant des salariés[18]. Le licenciement de ce

1. Soc. 13 sept. 2005, n° 04-42.876, *Bull. civ.* V, n° 255; n° 1775 FS-P; *D.* 2006. Somm. 80, obs. Le Corre; *LXB* n° N9939AIX, note Le Corre.
2. Soc. 29 janv. 2008, n° 06-42.712, *Bull. civ.* V, n° 26; F-P; *Gaz. proc. coll.* 2008/2, p. 34, n° 1, note Saintourens; *Act. proc. coll.* 2008/8, n° 132, note Fin-Langer.
3. AINSI : Soc. 14 mars 2000, n° 98-42.446, *Bull. civ.* V, n° 105; *Rev. proc. coll.* 2000, 113, n° 30, obs. Taquet – COMP. : Colmar, 31 mars 1991, *Rev. proc. coll.* 1992, 88, n° 2, obs. Kerckhove – *Adde*, Pezzino, « Les licenciements (l'ordre des licenciements, les exigences des repreneurs éventuels et les salariés protégés) », *Rev. proc. coll.* 2001, p. 230.
4. Caen, 3e ch., sect. soc., 14 avr. 2006, *Act. proc. coll.* 2007/11, n° 128, note Fin-Langer.
5. Soc. 24 mars 1993, n° 90-42.002, *Bull. civ.* V, n° 97 – Soc. 1er déc. 1998, n° 96-43.655, NP, *RJS* 1999, n° 37.
6. Soc. 14 oct. 2015, n° 14-14.339, *Bull. civ.* V [à paraître]; *Rev. proc. coll.* 2016, comm. 65, note Fin-Langer.
7. CE 7 déc. 2015, req. n° 386582, Mory-Ducros (Sté), *Lebon* T; *Leden* 2016, comm. 026, note de Frémont; CONFIRMANT : CAA Versailles, 4e ch., 22 oct. 2014, req. n° 14VE02408, *Rev. proc. coll.* 2015, comm. 10, note Jacotot.
8. Soc. 21 mars 2001, n° 99-42.063, NP, *Gaz. Pal.* 4-5 juill. 2001, pan. p. 23.
9. PÉROCHON ET BONHOMME, 7e éd., n° 407 – KERCKHOVE, n° 736.
10. Aix-en-Provence, 29 oct. 1991, *D.* 1 992. 130, note Derrida.
11. Soc. 12 déc. 2001, n° 99-45.960, *Bull. civ.* V, n° 382; *JCP E et A* 2002, Chron. 807, p. 853, n° 13, obs. Pétel.
12. Nancy, 3 avr. 1996, *JCP E* 1998, pan. rap. p. 250 – *Adde*, Kerckhove, n° 736 – DERRIDA ET *ALII*, n° 489 – RIPERT ET ROBLOT, n° 3090 – Boyer, *Protection des salariés et sauvetage de l'entreprise : quête d'un équilibre*, PUAM, 2006, n° 26.
13. Teboul, « Des rapports entre le droit des entreprises en difficulté et le droit social », *Gaz. Pal.* 31 oct. à 4 nov. 2010, p. 6.
14. L. n° 85-98, 25 janv. 1985, préc.
15. Ord. n° 2004-602, 24 juin 2004, préc.
16. IFPPC 1999, recomm. n°s 2060-6, 6015-6, p. 53, 138.
17. Soc. 12 févr. 2003, n° 00-45.764, NP, *Act. proc. coll.* 2003/7, n° 80.
18. Soc. 1er mars 2005, n° 02-44.293, *Bull. civ.* V, n° 74; *Act. proc. coll.* 2005/6, n° 67; *Bull. IFPPC* nov. 2005, n° 7, p. 9, note Tourmanoff.

dernier n'est pas soumis à l'avis du comité d'entreprise ni à l'autorisation de l'inspection du travail.

Le licenciement du représentant des salariés, qu'il émane du chef d'entreprise, de l'administrateur ou du liquidateur, suppose un avis du comité d'entreprise, en application de l'article L. 627-5 alinéa 1 du code, dans la rédaction antérieure à la loi du 26 juillet 2005[1], de celle de l'article L. 662-4 alinéa 1, dans la rédaction issue de la loi du 26 juillet 2005. L'article 17 du décret du 27 décembre 1985[2], sous l'empire de la législation antérieure à la loi de sauvegarde des entreprises et l'article R. 621-16 du code de commerce (anc^t D. 28 déc. 2005[3], art. 59), sous l'empire de la législation issue de la loi de sauvegarde des entreprises, prévoient que le licenciement du représentant des salariés est régi par les dispositions des articles R. 2421-8, R. 2421-6 et R. 2421-14, R. 2421-15 du code du travail (anc^t C. trav., art. R. 436-1 à R. 436-8 et R. 436-10).

Le représentant des salariés est au rang des salariés protégés. La solution résulte de l'article L. 2411-1 du code du travail, qui prévoit que la protection contre le licenciement profite à un certain nombre de salariés, y compris lors d'une procédure de sauvegarde, de redressement ou de liquidation judiciaire. Cet article énonce les salariés concernés par cette protection. Au 11°, figure le représentant des salariés. Le texte précisait que cette protection s'appliquait lors d'un redressement ou d'une liquidation judiciaire. La précision, d'une part, faisait partiellement double emploi avec l'énoncé de principe, et, d'autre part, elle était incomplète. L'article 113 de l'ordonnance du 12 mars 2014[4] toilette le texte et supprime au 11° de l'article la précision « lors d'un redressement ou d'une liquidation judiciaire ».

Le licenciement des salariés protégés suppose l'autorisation de l'inspection du travail. Pour bénéficier de la protection, le salarié doit mentionner ce mandat, au plus tard lors de l'entretien, en vertu d'une réserve d'interprétation émise par le Conseil Constitutionnel[5].

La question s'est posée de savoir quelle sanction trouvait application lorsque l'employeur ou le liquidateur omet de mentionner l'existence d'un mandat dans sa demande d'autorisation. La Cour de cassation répond que l'omission emporte annulation de la décision d'autorisation du licenciement. Cependant, elle ne place pas le salarié dans la situation d'un salarié licencié en l'absence d'autorisation administrative, le licenciement n'est donc pas nul. Il peut demander sa réintégration dans son emploi et, sous certaines conditions, dans son mandat. S'il ne le fait pas, il peut conserver ou obtenir les indemnités de licenciement et demander la réparation de son préjudice matériel et moral.

Cette protection bénéficie, par exemple, au représentant des salariés, en application de l'article L. 627-5 alinéa 2 du code, dans la rédaction antérieure à la loi du 26 juillet 2005, celle de l'article L. 662-4 alinéa 2, dans la rédaction issue de la loi du 26 juillet 2005[7], et cela même si sa désignation est irrégulière, pour être intervenue avant le jugement d'ouverture, dès lors qu'elle n'a pas été annulée[8].

Il en est de même pour un conseiller prud'homal[9] ou un conseiller du salarié figurant sur la liste établie par la préfecture (C. trav., art. L. 1232-4 et D. 1234-4 s.), alors même que le liquidateur ignorerait son existence, la protection du conseiller du salarié prenant effet à compter de son inscription sur la liste, indépendamment de la mesure de publicité qui doit en être faite[10].

Dès lors qu'il y a un comité d'entreprise, la consultation préalable à la demande d'autorisation administrative de licencier de celui-ci s'impose. Il y a place à retrait de l'autorisation administrative de licencier si la consultation a lieu, alors que le mandat des représentants du comité d'entreprise est expiré sans prorogation expresse, peu important l'impossibilité matérielle d'organiser à temps de nouvelles élections[11].

À défaut de comité d'entreprise, ces textes indiquent que l'inspecteur du travail est saisi directement.

En cas de faute grave, la mise à pied immédiate peut être décidée dans l'attente de la décision de l'inspection du travail. En cas de refus, le salarié est réintégré, la mise à pied étant annulée (C. com., art. L. 627-5, al. 3 du code, dans la rédaction antérieure à la loi du 26 juillet 2005, L. 662-4, al. 3, dans la rédaction issue de la loi du 26 juillet 2005).

La protection accordée au représentant des salariés cesse, par principe, lorsque toutes les sommes versées au représentant des créanciers ou au liquida-

1. L. n° 2005-845, 26 juill. 2005, préc.
2. D. n° 85-1388, 27 déc. 1985, préc.
3. D. n° 2005-1677, 28 déc. 2005, préc.
4. Ord. n° 2014-326, 12 mars 2014, préc.
5. Cons. const. 14 mai 2012, n° 2012-242 QPC, *JO* 15 mai, p. 9096; *Rec.* 259; *Act. proc. coll.* 2012, comm. 210, note Fin-Langer.
6. Soc. 3 févr. 2016, n° 14-17.886, *Bull. civ.* V [à paraître]; *Act. proc. coll.* 2016/6, comm. 76, note Fin-Langer.
7. Soc. 5 mai 1993, n° 92-40.835, *Bull. civ.* V, n° 127.
8. Soc. 23 sept. 2009, n° 08-40.603, *Bull. civ.* V, n° 197; n° 1804 FS-P+B; *Act. proc. coll.* 2009/17, n° 257, note Fin-Langer.
9. Crim. 25 mai 2004, *Act. proc. coll.* 2004/14, n° 171, obs. Fin-Langer.
10. Soc. 22 sept. 2010, n° 08-45.227, *Bull. civ.* V, n° 190; FS-P+B+R; *Act. proc. coll.* 2010/18, n° 254, note Fin-Langer.
11. CE réunies, 9 mai 2011, req. n° 333241, *Act. proc. coll.* 2011/10, comm. 152.

teur par l'AGS (et désormais au mandataire judiciaire) auront été reversées aux salariés (C. com., art. L. 627-5, al. 4 du code, dans la rédaction antérieure à la loi du 26 juillet 2005, L. 662-4 al. 4, dans la rédaction issue de la loi du 26 juillet 2005). La solution vaut même si le représentant des salariés licencié avant complet reversement des sommes garanties par l'AGS est repris, dans le cadre d'un plan de cession, par le repreneur[1].

Toutefois, si le représentant des salariés exerce également les fonctions du comité d'entreprise ou, à défaut, des délégués du personnel, la protection cesse au terme de la dernière audition ou consultation précédant l'adoption d'un plan de redressement (C. com., art. L. 662-4, al. 2)[2].

Sous l'empire de la législation antérieure à la loi de sauvegarde des entreprises, dans la procédure de redressement judiciaire du régime simplifié, le représentant des salariés exerce le rôle dévolu aux institutions représentatives des salariés. La protection qui lui est accordée cesse au terme de la dernière audition ou consultation prévue par la procédure de redressement judiciaire (C. com., art. L. 627-5, al. 4 du code). La loi de sauvegarde des entreprises prévoit, pour sa part, que la protection qui lui est accordée cesse lorsque toutes les sommes versées par l'AGS au mandataire judiciaire ont été reversées par lui aux salariés (C. com., art. L. 662-4, al. 4). Cette disposition est applicable aux procédures en cours lors de l'entrée en vigueur, le 1er janvier 2006, de la loi de sauvegarde des entreprises (L. 26 juill. 2005, art. 191).

Cette durée de protection doit être coordonnée avec celle prévue à l'alinéa précédent, qui concerne le versement des sommes par l'AGS : c'est la plus tardive des dates qui doit être évidemment prise en compte.

Cette procédure dérogatoire de licenciement, beaucoup plus lourde, s'ajoute à celle spécifiquement prévue pour les salariés, en fonction de la phase où intervient le licenciement[3] (sur la garantie AGS, v. s[s] n° 693.61). C'est ainsi, par exemple, que si le licenciement du salarié protégé intervient pendant la période d'observation, outre l'autorisation de l'inspection du travail, il faudra celle du juge-commissaire[4]. Cette double réglementation s'impose à tous les stades de la procédure[5], faute de disposition contraire. Elle a été présentée comme étant contre-productive[6].

Selon le Conseil Constitutionnel, la disposition prévoyant que le licenciement d'un salarié exerçant un mandat de membre du conseil ou d'administrateur d'une caisse de sécurité sociale doit être préalablement autorisé par l'inspecteur du travail poursuit un but d'intérêt général. Par conséquent, cette disposition ne porte une atteinte disproportionnée ni à la liberté d'entreprendre, ni à la liberté contractuelle[7].

Les constatations de l'inspecteur du travail constituant le soutien nécessaire de sa décision de refus d'autorisation de licencier le salarié protégé s'imposent au juge judiciaire saisi d'une demande de résiliation judiciaire du contrat de travail[8].

Parmi les salariés protégés, figurent les bénéficiaires d'un congé de maternité[9]. Les femmes enceintes ne peuvent être licenciées que pour deux motifs : la faute grave ou l'impossibilité de maintenir le contrat de travail pour une raison étrangère à la grossesse. Il est ainsi possible de fonder le licenciement sur l'absence de reprise de l'activité en liquidation judiciaire[10]. Il est en revanche impossible de notifier le licenciement pendant le congé de maternité, même en reportant ses effets à la fin de la période de protection. Le licenciement opéré pendant cette période, fût-ce par le liquidateur en dehors de toute poursuite d'activité, est nul et la salariée licenciée prématurément a droit des dommages et intérêts[11].

Le salarié protégé irrégulièrement licencié doit être réintégré, dans la mesure cependant de la possibilité de réintégration. Toutefois, l'obligation de réintégration porte une atteinte disproportionnée à la liberté d'entreprendre et à la liberté contractuelle, lorsque le salarié n'a pas informé son employeur d'un mandat électif faisant de lui un salarié protégé[12].

1. Soc. 23 sept. 2009, n° 08-40.603, *Bull. civ.* V, n° 197; n° 1804 FS-P+B; *Act. proc. coll.* 2009/17, n° 257, note Fin-Langer.
2. Soc. 30 janv. 2013, n° 11-22.979, *Bull. civ.* V, n° 23; n° 164 FS-P+B; *Gaz. Pal.* 1er mai 2013, n° 121, p. 39, note Duprat; *Act. proc. coll.* 2013/5, comm. 58, note Jacotot; *Rev. proc. coll.* 2013, comm. 33, note Roussel Galle.
3. Soc. 2 oct. 2001, *Act. proc. coll.* 2001/18, n° 239 : statuant sur un plan de cession.
4. KERCKHOVE, n° 515.
5. Com. 15 oct. 1991, *JCP E* 1 992. I. 168, p. 383, obs. Pétel – *Adde*, SOINNE, n° 2956.
6. Boyer, « Un droit social contre-productif dans les entreprises en difficulté », *Gaz. Pal.* 16-17 avr. 2010, n°s 106, 107, p. 8 s., sp. p. 9.
7. Cons. const. 14 mai 2012, déc. n° 2012-242 QPC, *JO* 15 mai, p. 9096; *Rec.* 259; *Act. proc. coll.* 2012/14, comm. 210, note Fin-Langer; *D.* 2012. 2622, obs. P. Lokiec et J. Porta; *Dr. soc.* 2012. 796, note J. Bonnet; *Constitutions* 2012. 459, chron. C. de Radé; *RSC* 2012. 871, obs. A. Cerf-Hollender.
8. Soc. 8 avr. 2014, n° 13-10.969, *Bull. civ.* V, n° 101; FS-P+B; *Leden* juin 2014, comm. 095, note Dedessus-Le-Moustier.
9. Boyer, « La maternité et la liquidation judiciaire », *Rev. proc. coll.* 2012, étude 14, p. 40.
10. Soc. 17 oc. 2012, n° 11-22.123, NP.
11. Soc. 19 mars 2008, n° 07-40.599, *Bull. civ.* V, n° 69; F-P+B; *Act. proc. coll.* 2008/10, n° 162, note Fin-Langer.
12. Cons. const. 14 mai 2012, n° 2012-242 QPC, *JO* 15 mai, p. 9096; *Rec.* 259; *Act. proc. coll.* 2012/14, comm. 210, note Fin-Langer, préc.

La réintégration est impossible si l'entreprise, en liquidation judiciaire, a cessé toute activité. Le salarié peut souhaiter ne pas être réintégré. En ce cas, il sera indemnisé par le cédant, c'est-à-dire l'entreprise débitrice[2]. Cette solution subsiste lorsque l'irrégularité du licenciement résulte de l'annulation ultérieure de l'autorisation de licencier, peu important qu'à la date de l'annulation, le salarié soit parti à la retraite[3].

En cas de plan de cession, elle s'applique même si la cession n'est que partielle[4]. Si l'autorisation n'a pas été donnée, les salariés seront repris contre la volonté du cessionnaire, dont l'offre était précise et excluait la reprise de ces salariés[5]. Il est à noter ici que la décision judiciaire fixant le nombre de salarié repris, bien que couverte par l'autorité de la chose jugée, doit s'incliner devant une autorisation administrative[6]. La reprise du salarié par le repreneur s'imposera également en cas d'annulation de l'autorisation administrative[7]. Toutefois, le salarié peut, par transaction, renoncer à sa réintégration[8]. Le repreneur est en droit de se prévaloir de cette renonciation[9]. En outre, il n'y aura pas place à réintégration du salarié, et par là même à reprise par le repreneur si, au jour de la notification du licenciement, la protection dont bénéficie l'intéressé n'existe plus[10].

En liquidation judiciaire, le licenciement d'un salarié protégé ne sera pas dépourvu de cause réelle et sérieuse au seul motif que la lettre de licenciement ne contient pas le visa de l'autorisation administrative de licencier, dès lors, d'une part, que cette autorisation a été donnée et, d'autre part, que la lettre vise le jugement de liquidation judiciaire[11]. De même, il a été jugé que, dès lors que le licenciement du salarié protégé a été autorisé par l'inspection du travail, au vu de la décision du juge-commissaire à la procédure collective de l'employeur, et que la lettre de licenciement ensuite adressée aux salariés renvoyait à cette autorisation, le salarié ne pouvait contester le caractère réel et sérieux de son licenciement[12].

Jugé en revanche que le seul fait qu'il y ait eu liquidation judiciaire sans poursuite d'activité est insuffisant pour en déduire que le motif économique du licenciement est établi[13]. La solution est justifiée notamment par le fait que le salarié aurait pu ne pas être licencié en cas de cession de d'entreprise ou de fonds de commerce, alors que les délais du licenciement sont inconciliables avec cette vérification.

Dès lors que le licenciement est autorisé par une ordonnance du juge-commissaire, qui ne peut prendre en compte que la situation économique de l'entreprise débitrice, non celle du groupe auquel elle appartient, l'inspecteur du travail ne peut apprécier le caractère économique du licenciement en se référant à la situation économique du groupe[14].

Les assurances imprudentes données par l'administrateur seraient susceptibles d'engager sa responsabilité. Le cessionnaire ne pourra en tout cas s'en emparer pour prétendre ne pas payer le prix de cession[15].

L'utilité de cette autorisation en liquidation apparaît cependant douteuse[16], pour ne pas dire extrêmement critiquable. La solution mériterait sans doute d'être repensée. À tout le moins, le maintien de la protection des salariés protégés devrait-il, en liquidation judiciaire, être limité au seul représentant des salariés.

Si l'autorisation a été refusée dans le cadre du plan de cession, la solution est opposable au repreneur[17].

Le non-respect de la procédure spécifique d'autorisation entraîne, au plan civil, nullité du licenciement, ce qui obligera à la réintégration du salarié protégé. Cette règle s'impose même au repreneur, alors pourtant que le poste du salarié protégé n'était pas repris dans l'offre de cession[18]. Au plan pénal, il peut y avoir commission du délit d'entrave aux

1. Soc. 20 juin 2006, nº 05-44.256, *Bull. civ.* V, nº 221; nº 1645 FS-P+B.
2. Soc. 10 déc. 1996, nº 94-43.163, *Bull. civ.* V, nº 431; *Cah. prud'h.* 2000, nº 10, p. 149.
3. Soc. 27 mars 2012, nº 11-11.221, *Bull. civ.* V, nº 107; *Act. proc. coll.* 2012/8, comm. 117, note Fin-Langer.
4. Crim. 30 janv. 1996, nº 94-83.509, *Bull. crim.* nº 54.
5. Soc. 16 oct. 2001, nº 99-21.586, NP, *Act. proc. coll.* 2002/2, nº 21.
6. RAPPR. : Boyer, *Protection des salariés et sauvetage de l'entreprise : quête d'un équilibre*, PUAM, 2006, nº 117.
7. Soc. 26 févr. 2003, nº 01-41.482, *Bull. civ.* V, nº 68; *Act. proc. coll.* 2003/8, nº 103.
8. Soc. 5 févr. 2002, nº 99-45.861, *Bull. civ.* V, nº 54.
9. Soc. 20 nov. 2013, nº 10-28.582, *Bull. civ.* V, nº 277; P+B; *BJE* mars 2014, 106, note Donnette.
10. Soc. 1er oct. 2003, nº 01-42.299, *Bull. civ.* V, nº 250.
11. Soc. 25 mai 2004, nº 03-42.063, nºs 03-42.287 à 03-42.290, *Bull. civ.* V, nº 137; *Rev. proc. coll.* 2004, p. 249, nº 14, obs. Taquet.
12. Soc. 14 févr. 2007, nº 05-40.213, *Bull. civ.* V, nº 23; FS-P+B; *JCP E* 2007. 1467, p. 45, note Taquet; *Rev. proc. coll.* 2007/2, p. 78, nº 4, obs. Taquet.
13. CE 22 mai 2015, req. nº 371061, min. Travail, Emploi, Formation professionnelle et Dialogue social, *Lebon* T; *Leden* 2015/7, comm. 105, note Dedessus-Le-Moustier; *Dr. soc.* 2015. 602, étude M. Gadrat.
14. CE 3 juill. 2013, req. nº 361066, Élixens France (sté), *Lebon*; *Act. proc. coll.* 2013/20, comm. 290, note Jacotot; *AJDA* 2013. 2129; *RDT* 2013. 551, concl. G. Dumortier.
15. Paris, 28 mai 1999, *Rev. proc. coll.* 2001, 98, nº 57, obs. Soinne.
16. Taquet, obs. *Rev. proc. coll.* 1996, 268 – RAPPR. : RIPERT ET ROBLOT, nº 3091-1.
17. Com. 26 juin 1991, nº 90-46.055, *Bull. civ.* V, nº 328; *RJDA* 1991/10, nº 847.
18. Soc. 30 mars 1993, nº 91-41.433, NP, *Rev. proc. coll.* 1993, 311, obs. Soinne.

fonctions du comité d'entreprise ou des délégués du personnel[1].

Les salariés protégés, dont le licenciement a été autorisé par l'inspection du travail, peuvent contester, devant le conseil des prud'hommes, la régularité du plan de sauvegarde de l'emploi[2]. Corrélativement, il n'appartient pas à l'inspecteur du travail d'apprécier la validité du plan de sauvegarde de l'emploi[3], puisque l'autorisation de licenciement ne fait pas obstacle à ce que le salarié puisse ultérieurement contester sa validité devant la juridiction compétente.

Il en va différemment si le salarié protégé a adhéré à la convention FNE. En ce cas il ne peut remettre en cause la régularité et la légitimité de la rupture de son contrat de travail, ni se prévaloir de l'insuffisance du plan de sauvegarde de l'emploi pour être indemnisé, sauf à établir une fraude à ses droits ou l'existence d'un vice du consentement[4]. Ces mêmes salariés ne peuvent contester devant le juge judiciaire le non-respect d'une obligation de reclassement conventionnelle[5].

En revanche, lorsqu'une autorisation administrative de licencier a été accordée à l'employeur, le juge judiciaire ne peut, sauf à violer le principe de la séparation des pouvoirs, apprécier le caractère réel et sérieux de la cause du licenciement, ni la régularité de la procédure antérieure à la saisine de l'inspection du travail[6].

432.28 Règles communes applicables aux licenciements économiques – Mesures d'accompagnement des licenciements[7].

432.28-1 Obligation de reclassement. Les entreprises faisant l'objet d'une procédure collective, comme celles qui n'y sont pas soumises, sont, à l'occasion de licenciements économiques, assujetties à l'obligation de reclassement des salariés licenciés.

L'obligation de reclassement[8] a pour objet de proposer aux salariés, dont le licenciement est envisagé, les emplois devenus disponibles dans la même catégorie professionnelle ou des emplois équivalents. La loi du 18 mai 2010[9] ajoute que le reclassement doit s'opérer à rémunération équivalente. Cette même loi, en insérant dans le code du travail un article L. 1233-4-1, entérine la pratique des questionnaires préalables par lesquels l'employeur interroge le salarié sur l'acceptation éventuelle de poste à l'étranger. Le salarié, à réception de la proposition contenant la question, disposera de six jours ouvrables pour faire connaître sa réponse, le silence valant refus.

L'obligation de reclassement est respectée, dès lorsqu'il n'y a pas, dans l'entreprise en redressement judiciaire, de poste disponible en rapport avec les compétences et les aptitudes du salarié au moment du licenciement, peu important que l'entreprise ait ensuite recruté des salariés d'un grade très inférieur, dès lors que le salarié n'a pas sollicité la priorité de réembauchage[10].

Un administrateur judiciaire respecte son obligation de reclassement en licenciant un directeur technique entretien d'une compagnie aérienne, sans lui proposer d'autres postes, qui auraient nécessité l'obtention d'agrément administratif et une formation relativement longue[11].

Lorsque l'employeur est tenu de saisir une commission territoriale de l'emploi, en vertu d'une obligation prévue par des accords collectifs, cette obligation doit être respectée même en cas de redressement judiciaire de cet employeur[12]. En revanche, lorsque l'employeur n'a adhéré à aucune organisation patronale ayant signé un accord interprofessionnel, la saisine de cette commission ne s'impose pas[13].

Même quand un plan de sauvegarde de l'emploi a été établi, il appartient à tout employeur, et donc le cas échéant au liquidateur de l'entreprise employeur, de rechercher s'il existe des possibilités de reclassement, prévues ou non dans le plan, et de proposer aux salariés dont le licenciement est envisagé, des emplois disponibles[14]. Il faut donc comprendre que, dans les entreprises tenues de mettre en place un plan de sauvegarde de l'emploi, deux obligations

1. Crim. 17 mars 1992, n° 91-81.360, *Bull. crim.* n° 117.
2. Soc. 24 sept. 2008, n° 06-45.766, NP, *Act. proc. coll.* 2009/3, n° 55, note Fin-Langer.
3. CE 25 févr. 2015, req. n° 375590, *Lebon* T; *Leden* 2015, comm. 060, note Dedessus-Le-Moustier.
4. Soc. 15 déc. 2010, n° 09-66.040, NP, *Act. proc. coll.* 2011/4, n° 73; *Rev. proc. coll.* 2011, comm. 55, p. 59, note Taquet.
5. Soc. 27 mai 2015, n°s 13-26.985, 13-26.994, 13-26.999, 13-27.003, 13-27.007, 13-27.019, 13-27.020, 13-27.027, 13-27.031, 13-27.036, *Bull. civ.* V [à paraître].
6. Soc. 3 mars 2010, n° 08-42.526, *Bull. civ.* V, n° 50, *Act. proc. coll.* 2010/7, n° 103.
7. Boyer, « Contenu et financement du PSE et nouvelles mesures d'accompagnement », *LPA* 22 avr. 2010, n° 80, p. 12.
8. Gailhbaud, « le reclassement des salariés », *Rev. proc. coll.* 2012, dossier 7, p. 64.
9. L. n° 2010-499, 18 mai 2010, *JO* 19 mai, p. 9009; *Act. proc. coll.* 2010/12, n° 174, note Fin-Langer.
10. Soc. 25 oct. 2011, n° 10-19.015, NP, *Act. proc. coll.* 2011/19, comm. 295, note Fin-Langer.
11. Soc. 28 sept. 2011, n° 09-43.375, NP, *Act. proc. coll.* 2011/19, comm. 295, note Fin-Langer.
12. Soc. 30 sept. 2013, nos 12-15.940 à 12-15.943, *Bull. civ.* V, n° 223; FS-P+B; *Leden* déc. 2013, comm. 194, note Dedessus-Le-Moustier.
13. Soc. 27 mai 2015, nos 13-26.968, *Bull. civ.* V [à paraître]; *BJE* sept. 2015, 315, note Donnette-Boissière; *Act. proc. coll.* 2015/12, comm. 191, note Fin-Langer.
14. Soc. 1er juill. 2015, nos 14-15.852, 14-15.853, NP, *Rev. proc. coll.* 2015, comm. 152, note Taquet.

coexistent : l'obligation de reclassement et l'obligation d'élaborer un plan de sauvegarde de l'emploi.

L'engagement pris dans le cadre du plan de sauvegarde et de l'emploi, qui étend le périmètre de l'obligation de reclassement, lie l'employeur. Son non respect entraîne un manquement à l'obligation de reclassement préalable au licenciement économique[1].

L'obligation de reclassement subsiste nonobstant l'ordonnance du juge-commissaire autorisant les licenciements[2]. Il en est de même malgré le jugement arrêtant le plan et prévoyant les licenciement pour motif économique[3].

Son non-respect conduit à considérer comme sans cause réelle et sérieuse le licenciement opéré[4]. Ainsi, « pas de licenciement économique sans reclassement »[5]. Est jugée insuffisante, pour valoir respect de l'obligation de reclassement, une simple information par voie d'affichage des emplois disponibles dans la région[6].

En pratique, dans la procédure de liquidation judiciaire, le respect de l'obligation de reclassement pose problème, compte tenu du laps de temps extrêmement restreint dont dispose le liquidateur pour opérer les licenciements, alors que l'obligation de reclassement doit être préalable. La Cour de cassation a néanmoins rejeté la question prioritaire de constitutionnalité, qui lui a été posée, et visant l'atteinte aux droits et libertés garantis par la Constitution au regard de l'article VI de la Déclaration des droits de l'homme et du citoyen établissant le principe d'égalité des citoyens devant la loi, au motif que le principe d'égalité ne s'oppose pas à ce que le législateur règle de façon différente des situations différentes ni à ce qu'il déroge à l'égalité pour des raisons d'intérêt général, pourvu que la différence de traitement qui en résulte soit en rapport direct avec l'objet de la loi qui l'établit. Que tel est le cas de la situation de l'employeur en liquidation judiciaire, qui est tenu à la même obligation de reclassement qu'un employeur *in bonis*, alors que le salarié doit être licencié dans les quinze jours de la liquidation judiciaire. Cette différence de traitement est justifiée par le fait que les sommes dues au titre de la rupture sont prises en charge par l'AGS et que la réduction de la période couverte par la garantie satisfait à des raisons d'intérêt général. On ne peut qu'être dubitatif devant une telle position, qui ne prend pas en compte l'impossibilité matérielle du liquidateur de respecter l'obligation de reclassement qui pèse sur lui, dans le temps qui lui est imparti pour licencier. Que l'on traite différemment des situations différentes est une chose. Que l'on se voile la face sur une impossibilité de respecter une législation en est une autre ! Dans ce contexte, il faut approuver certaines juridictions du fond, qui tiennent compte du faible délai laissé au liquidateur pour licencier, afin de porter un regard sur les obligations de moyens qui sont les siennes lorsqu'il tente de respecter les obligations de reclassement[8].

Si licenciement intervient au cours d'une liquidation judiciaire, et lorsque le motif économique du licenciement non contesté par le salarié ressortit à la cessation totale de l'activité de l'entreprise, qui n'appartient pas un groupe, ce dont il résulte la suppression de tous les postes de travail et l'impossibilité du reclassement de l'intéressé, une cour d'appel peut décider que le liquidateur, tenu de licencier dans le délai légal, n'est pas tenu d'organiser une second examen pour vérifier l'inaptitude au travail du salarié en congé maladie[9], contrairement aux exigences du droit commun.

Lorsque l'entreprise ne fait pas partie d'un groupe de sociétés, sa disparition exclut tout reclassement interne. Peu importe la création ultérieure d'une nouvelle société par l'ancien gérant ayant la même activité que la société débitrice employeur[10].

En l'absence d'appartenance à un groupe, l'employeur, qui cesse son activité, et par-devers lui le liquidateur, n'est pas tenu de rechercher des reclassements à l'extérieur de l'entreprise[11].

Sauf dispositions conventionnelles étendant le périmètre de l'obligation de reclassement, l'employeur n'est pas tenu de rechercher des reclassements exté-

1. Soc. 30 sept. 2013, n° 12-13.439, *Bull. civ.* V, n° 221.
2. Soc. 28 avr. 2000, n° 98-40.282, NP, *Rev. proc. coll.* 2001, 105, n° 15, obs. Taquet – *Adde*, Savenier, « L'obligation de reclassement », *Rev. proc. coll.* 2001, p. 224.
3. Soc. 28 sept. 2010, n° 09-41.406, NP, *Rev. proc. coll.* 2011, comm. 62, p. 63, note Taquet.
4. Soc. 6 juin 2000, n°s 98-42.860, 98-42.861, *Bull. civ.* V, n° 219; *Rev. proc. coll.* 2001, 45, n° 28, obs. Taquet.
5. Soc. 1er avr. 1992, n° 89-43.494, *Bull. civ.* V, n° 228.
6. Soc. 21 sept. 2011, n° 10-19.836, NP.
7. Soc. 6 oct. 2011, n° 11-40.056 QPC, *Bull. civ.* V, n° 229; n° 2225 F-P+B; *D.* 2011. Actu. 2467, note Lienhard; *Gaz. Pal. entr. diff.* 21 janv. 2012, n° 20, p. 39, note Gailhbaud; *Act. proc. coll.* 2011/19, comm. 294, note Fin-Langer; *JCP E* 2011, Chron. 1000, n° 11, obs. Pétel; *BJE* mars 2012, comm. 39, p. 102, note Donnette; *LPA* 15 juin 2012, n° 120, p. 18, note Jacotot – Soc. 6 oct. 2011, n° 11-40.057 QPC, *Bull. civ.* V, n° 230; n° 2226 F-P+B; *Act. proc. coll.* 2011/19, comm. 294, note Fin-Langer – *Adde*, Soc. 19 avr. 2013, n° 13-40.006 QPC, *Bull. civ.* V, n° 105; *Leden* juin 2013, comm. 94, note Dedessus-Le-Moustier.
8. AINSI : Orléans, ch. soc., 20 sept. 2012, RG n° 11/02570, *Rev. proc. coll.* 2013, comm. 60, note Taquet.
9. Soc. 9 déc. 2014, n° 13-12.535, *Bull. civ.* V [à paraître]; *Act. proc. coll.* 2015/2, comm. 25, note Fin-Langer.
10. Soc. 28 sept. 2011, n° 09-69.782, NP, *Act. proc. coll.* 2011/19, comm. 295, note Fin-Langer.
11. Soc. 15 déc. 2010, n° 09-42.795, NP, *Rev. proc. coll.* 2011, comm. 59, p. 62, note Taquet.

rieurs à l'entreprise[1]. Ainsi, l'obligation de reclassement n'a pas à être mise en œuvre au niveau des sous-traitants de l'entreprise débitrice[2].

En revanche, l'obligation de reclassement s'impose au niveau du groupe auquel appartient la société débitrice[3], y compris pour les sociétés situées à l'étranger[4], peu important qu'elles appartiennent au même secteur d'activité[5].

L'article 290 de la loi du 6 août 2015[6], dite loi Macron, limite l'obligation de reclassement aux seules sociétés situées en France. Mais le salarié concerné par le licenciement peut demander à son employeur de recevoir les offres de reclassement à l'étranger. La règle nouvelle s'applique aux licenciements engagés à compter du 7 août 2015. Le décret du 10 décembre 2015[7] aménage les règles relatives aux offres de reclassement à l'étranger, en cas de licenciement économique.

L'existence d'un conflit entre la société dont la liquidation judiciaire a été prononcée et les autres sociétés du groupe ne dispense pas le liquidateur de se soumettre à l'obligation de reclassement des salariés au sein du groupe, même s'il est acquis que les autres sociétés refuseront de prêter leur concours à tout reclassement[8].

Dès lors que le liquidateur, en fonction des moyens dont il disposait et du délai qui lui était imparti par l'article L. 3253-8 du code du travail (anc[t] C. trav., art. L. 143-11-1) a procédé à une recherche de reclassement parmi les entreprises du groupe et qu'il n'existait pas de possibilité de reclassement au sein du groupe, le licenciement du salarié n'est pas dépourvu de cause réelle et sérieuse[9].

1. Soc. 15 juin 2010, n° 08-70.391, *Bull. civ.* V, n° 135 – Soc. 15 déc. 2010, n° 09-42.795, préc.
2. Soc. 23 oct. 2012, n° 11-15.530, *Bull. civ.* V, n° 272; n° 2212 FS-P+B; *Gaz. Pal.* 18 janv. 2013, n° 18, p. 36, note Gailhbaud; *Act. proc. coll.* 2012/20, comm. 299, note Fin-Langer; *LPA* 15 avr. 2013, n° 75, p. 14, note Jacotot.
3. Soc. 7 juill. 2009, n° 07-45.584, NP; n° 1614 F-D; *Gaz. proc. coll.* 2009/4, 2e partie, nos 305 à 307, p. 32, n° 2, note Duprat; *Act. proc. coll.* 2009/16, n° 248, note Fin-Langer.
4. Soc. 7 oct. 1998, n° 96-42.812, *Bull. civ.* V, n° 407 – *Adde*, SUR LA QUESTION : Fin-Langer, « L'obligation de reclassement à l'étranger », *Rev. proc. coll.* 2009/1, 3, p. 13.
5. Soc. 12 mars 2014, nos 12-28.508, 12-28.509, NP, *Rev. proc. coll.* 2014, comm. 119, note Taquet.
6. L. n° 2015-990, 6 août 2015, *JO* 7 août, p. 13537, dite loi Macron – Fin-Langer, *Act. proc. coll.* 2015/13, comm. 228 – Driguez, « Un pas de plus vers la sécurisation des licenciements collectifs des entreprises en redressement et liquidation judiciaires », *BJE* 2015, 437.
7. D. n° 2015-1638, 10 déc. 2015, *JO* 12 déc., p. 22977.
8. Soc. 7 juill. 2009, nos 07-45.584 à 07-45.586, NP; n° 1614 F-D; *Gaz. proc. coll.* 2009/4, 2e partie, nos 305 à 307, p. 32, n° 2, note Duprat; *Act. proc. coll.* 2009/16, n° 248, note Fin-Langer.
9. Soc. 2 avr. 2008, n° 06-44.525, NP, *Gaz. proc. coll.* 2008/3, p. 54, note Saintourens.

Ainsi, la chambre sociale de la Cour de cassation fixe au moment du licenciement l'appréciation de l'exécution par le liquidateur de son obligation de reclassement. Dès lors qu'il n'y a aucun emploi disponible, peu importe que le liquidateur n'ait pas mentionné nominativement les salariés en interrogeant les autres sociétés du groupe[10]. Au contraire, le liquidateur manque à son obligation de reclassement s'il notifie les licenciements sans attendre les réponses des sociétés du groupe sur les postes disponibles[11].

Cette obligation de reclassement au niveau du groupe n'est pas sans faire naître des difficultés, bien mises en évidence par un auteur[12]. L'employeur qui procède aux licenciements, son administrateur ou son liquidateur, doit solliciter le concours de son groupe. La question se pose, dans ces conditions, de savoir si l'inexécution par le groupe de ses obligations de reclassement, doit rejaillir sur l'employeur des salariés concernés, c'est-à-dire sa procédure collective ou sur le groupe. Sans ambiguïté, la réponse apportée à la question est que l'inexécution ne peut être sanctionnée que sur la tête de l'employeur, le plus souvent insolvable, ce qui reviendra à la faire supporter par la collectivité via l'AGS[13]. La solution est peinement justifiée. Le groupe n'a pas la personnalité morale. Il ne peut donc commettre de faute et encore moins être condamné à les réparer[14]. On pourrait alors tenter de faire supporter la réparation par la société dominante du groupe. L'idée a été émise[15] et la solution parfois posée en jurisprudence, dès lors du moins que la filiale, l'employeur en liquidation judiciaire, était sous la dépendante totale de la société mère[16]. La difficulté tient alors au fondement légal de pareille solution, certes économiquement opportune. Aucun texte n'édicte pareille dérogation au droit de la responsabilité civile, qui présuppose l'identification du responsable pour le condamner[17].

En présence de dispositions conventionnelles étendant le périmètre de l'obligation de reclassement à l'extérieur du groupe, la méconnaissance de cette obligation – telle celle consistant à faire appel à la commission territoriale de l'emploi –, constitue un manquement à l'obligation préalable de reclassement et prive le licenciement de cause réelle et sérieuse[18].

10. Soc. 10 juin 2015, nos 14-10.031 à 14-10.038, *Bull. civ.* V [à paraître].
11. Soc. 28 mai 2015, n° 14-12.015, NP.
12. Pétel, « Groupes de sociétés et plan de sauvegarde de l'emploi », *JCP E* 2007. 1423, p. 33.
13. Pétel, préc., sp. p. 34, n° 11.
14. Pétel, préc., sp. p. 34.
15. Morvan, « le droit social dans la réforme des entreprises en difficulté », *JCP E* 2005. 1511, n° 28.
16. Rouen, ch. soc., 22 mars 2005, RG nos 04/02545, 04/02549.
17. Pétel, « Groupes de sociétés et plan de sauvegarde de l'emploi », *JCP E* 2007. 1423, p. 33 s., sp. p. 17.
18. Soc. 26 sept. 2012, n° 10-24.104 NP – Soc. 26 sept. 2012, nos 10-25.926, 10-26.501, 10-27.954, NP.

Le débiteur de l'obligation de reclassement reste toutefois, par principe, la société employeur, non les autres sociétés du groupe[1]. Il en résulte que les autres sociétés ne peuvent être responsables d'une insuffisance des mesures de reclassement[2]. La Cour de cassation n'exclut toutefois pas la responsabilité délictuelle de différentes sociétés d'un groupe pour indemniser les salariés licenciés pour motif économique, en raison de l'insuffisance du reclassement[3]. Une cour d'appel a prononcé cette condamnation contre deux sociétés anglaises qui, par leur comportement, ont instrumentalisé le droit des faillites pour éviter de supporter le coût de la faillite annoncée de la filiale française, en la fermant, non pour sauvegarder sa compétitivité, mais pour réaliser des économies et améliorer la rentabilité du groupe, ce qui prive de cause réelle et sérieuse le motif économique tiré de la cessation d'activité de la société débitrice[4].

Il faut en outre réserver l'hypothèse d'une autre société du groupe ayant pris des engagements au titre du reclassement des salariés. Si elle ne les respecte pas, elle engage sa responsabilité extracontractuelle[5].

Lorsqu'il n'est pas démontré que les salariés licenciés n'avaient pas la capacité requise pour occuper des postes similaires à ceux supprimés, le licenciement doit être déclaré sans cause réelle et sérieuse[6].

Il a été relevé que la notion de groupe est ici entendue plus largement qu'en droit des sociétés[7]. Il suffit que la permutabilité de tout ou partie du personnel soit envisageable[8]. En revanche, il a été jugé que la seule détention d'une partie du capital d'une société par une autre n'implique pas la possibilité d'effectuer entre elles la permutation de tout ou partie du personnel et ne caractérise pas l'existence d'un groupe au sein duquel l'obligation de reclassement s'impose[9]. En outre, il a été jugé que la société de gestion d'un fonds commun de placement à risque, société qui ne possède aucune part du capital d'une société d'exploitation, et qui n'exerce que les droits appartenant à d'autres, en vertu du mandat qui lui a été confié, ne contrôle pas personnellement la société d'exploitation et ne fait pas partie d'un éventuel groupe auquel appartiendrait la société d'exploitation, au sens des besoins du reclassement des personnes concernés par un projet de licenciement[10].

Pour les salariés protégés, l'obligation de reclassement n'existait cependant, selon la jurisprudence, que dans les sociétés ayant leur siège en France[11]. À la suite d'une évolution, les salariés protégés bénéficient de la faculté de reclassement même dans les sociétés situées à l'étranger[12].

L'obligation de reclassement n'est pas à la charge du cessionnaire de l'entreprise, dès lors que les salariés dont les emplois sont supprimés ont été licenciés à la suite du jugement arrêtant le plan de cession et autorisant les licenciements[13].

432.28-2 Co-employeur[14]. S'il est de principe que l'obligation de reclassement incombe à l'employeur, il faut encore réserver l'hypothèse de la caractérisation de la qualité de **co-employeur**[15] sur la tête de la société mère. Cette seule qualité de société mère est insuffisante[16]. Il faut caractériser la confusion d'intérêts, d'activités et de direction[17], qui se mani-

1. Soc. 13 janv. 2010, n° 08-15.776, *Bull. civ.* V, n° 5; *D.* 2010. Pan. 2032, obs. Reynès; *Act. proc. coll.* 2010/4, n° 63, note Fin-Langer; *JCP E* 2010, Chron. 1296, n° 13, obs. Pétel.
2. Soc. 13 janv. 2010, n° 08-15.776, préc. (v. s[s] prés[t] n°).
3. Com. 28 sept. 2010, n° 09-41.243, NP, *Act. proc. coll.* 2010/18, n° 255, note Fin-Langer; *Gaz. Pal.* 15-16 déc. 2010, note Dondéro.
4. Versailles, 31 oct. 2011, RG n° 10/00578, *Act. proc. coll.* 2012/1, comm. 11, note Fin-Langer – *Adde*, Jacotot, « Le licenciement des salariés d'une composante d'un groupe en liquidation judiciaire : entre droit du travail et droit civil », *Rev. proc. coll.* 2012, étude 17, p. 15.
5. Soc. 15 févr. 2012, n° 10-13.897, NP, *BJE* juill. 2012, comm. 112, note Donnette.
6. Soc. 7 juill. 2009, n° 08-40.637, NP; n° 1612 F-D; *Gaz. proc. coll.* 2009/4, 2e partie, n°s 305 à 307, p. 32, n° 2, note Duprat.
7. Boyer, *Protection des salariés et sauvetage de l'entreprise : quête d'un équilibre*, PUAM, 2006, n° 38.
8. Soc. 18 nov. 2003, n° 01-44.671, NP, *RJS* 2004, n° 18, p. 38 – Soc. 3 nov. 2011, n°s 10-11.262 à 10-11.266, NP.
9. Com. 1er déc. 2010, n° 09-68.380, NP, *Gaz. Pal. entr. diff.* 7-8 janv. 2011, p. 41, note Gailhbaud.
10. Douai, 27 nov. 2009, *Bull. Joly* 2010. 265, comm. 60, note Couret et Dondéro.
11. CE 22 mai 1995, n° 157427, NP.
12. CE 4 févr. 2004, n° 255956, *Lebon*; *Rev. proc. coll.* 2004, p. 251, n° 19, obs. Taquet.
13. Soc. 4 juill. 2006, n° 04-43.976, NP; n° 1741 F-D – CE 3 avr. 2015, req. n° 373841, NP, *Rev. proc. coll.* 2016, comm 64, note Fin-Langer.
14. Bailly, « Le co-emploi, une situation exceptionnelle », *JCP S* 2013, 1441.
15. Gailhbaud, « De la théorie du co-employeur à la notion de co-emploi », *Gaz. Pal. entr. diff.* 3 août 2012, n° 216, p. 11.
16. AINSI : Soc. 29 mai 2013, n° 12-13.943, NP.
17. Soc. 20 févr. 2013, n° 11-19.305, NP, *Leden* avr. 2013, comm. 52, note Dedessus-Le-Moustier – Soc. 13 mars 2013, n° 11-26.089, NP, *Leden* mai 2013, comm. 75, note Pelletier – Soc. 25 sept. 2013, n° 12-14.353, NP, *Bull. Joly* déc. 2013, p. 824, note Morvan – Soc. 9 juin 2015, n°s 13-26.558 à 13-26.566, NP, *Rev. proc. coll.* 2016, comm. 71, note Jacotot – Soc. 10 déc. 2015, n°s 14-19.316 à 14-19.474, *Bull. civ.* V [à paraître]; *Act. proc. coll.* 2016/2, comm. 22, note Rouspide-Katchadourian; *Rev. proc. coll.* 2016, comm. 71, note Jacotot; *BJS* 2016, 115, note Géniaut; *Leden* 2016/1, comm. 016, note Lucas; *LPA* 2 juin 2016, n° 110, p. 13; *BJE* 2016, 125, note Tagliarino-Vignal – *Adde*, Cons. prud. Compiègne, 30 août 2013, RG n° F12/00162 ets., *Leden* nov. 2013, comm. 73, note crit. Dedessus-Le-Moustier – Paris, 24 oct. 2013, RG n° 11/12394, *Leden* févr. 2014, comm. 26, note Dedessus-Le-Moustier.

feste par l'immixtion de la société mère dans la g
tion du personnel de la filiale, mais aussi par la re
tion de dépendance économique entre les de
sociétés, sans qu'il soit besoin de caractériser le li
de subordination des salariés de la filiale à l'égard
la société mère[1], la direction de fait pouvant cepe
dant être prise en compte pour faire supporter
l'actionnaire les conséquences financières du pla
de sauvegarde de l'emploi[2]. La confusion d'intérêt
d'activités et de direction a pu être retenue en pré
sence de contrats de travail de deux sociétés conclu
par le même dirigeant et prévoyant surtout que le
salariés devaient rendre leurs comptes et recevoi
leurs instructions des mêmes personnes[3], ce qu
caractérise bien l'immixtion dans la gestion du personnel justifiant la qualité de co-employeur.

Comme l'indique un auteur avisé, « *le coemployeur, c'est une mère abusive* »[4]. Il résume ainsi les indices majeurs du co-emploi :

« – *une subordination collective des dirigeants et cadres dirigeants de la filiale à la direction du groupe;*

– *des choix stratégiques décidés par la société mère qui assure aussi la gestion des ressources humaines et, le cas échéant, la gestion administrative, comptable, financière, commerciale, technique ou juridique de la filiale;*

– *une perte d'autonomie industrielle, commerciale et administrative et une dépendance économique de la filiale en conséquence des décisions prises par la société mère* »[5].

S'il n'y a pas, de la part de la société mère, une gestion commune du personnel, la qualité de co-employeur doit être écartée[6].

Est ainsi jugé insuffisant à caractériser le co-emploi :

– le fait d'avoir placé un cadre dirigeant de la société mère à la tête de la filiale et d'avoir donné des instructions aux autres sociétés du groupe pour indiquer les postes disponibles[7];

– l'existence d'une équipe dirigeante identique dans les trois filiales, la mise en œuvre concomitante des licenciements dans les trois filiales, la mise à disposition de moyens nécessaires à la mise en œuvre de la cessation d'activités par la société mère[8];

– le seul fait de constater des rapports d'affaires entre une holding et l'employeur, la première assurant par définition l'unité de direction et le contrôle des activités de deux sociétés, dès lors que chacune de ces sociétés dispose d'une clientèle propre et d'une autonomie de gestion et qu'il n'est pas démontré de la part de la holding qu'elle s'intéressait directement aux décisions managériales de ces deux sociétés[9];

– le fait que les dirigeants de la filiale proviennent du groupe et que la société mère ait pris, dans le cadre de la politique du groupe, des décisions affectant le devenir de la filiale et se soit engagée à fournir les moyens nécessaires au financement des mesures sociales liées à la fermeture du site et à la suppression des emplois[10];

– le fait que la mère ait, dans les quelques mois suivant la prise de contrôle de la filiale, pris des décisions visant à sa réorganisation dans le cadre de la politique du groupe, puis ait renoncé à son concours financier destiné à éviter la liquidation judiciaire de sa filiale, tout en s'impliquant dans les recherches de reclassement des salariés au sein du groupe[11];

– les décisions tenant à l'investissement par le groupe et la diversification de la production d'une filiale, de même que la mise en place d'une trésorerie commune. Il s'agit là non d'actes d'immixtion dans la gestion économique de la filiale, mais de la domination de la société mère en vue de mettre en cohérence les activités économiques de chacune des sociétés du groupe. La société mère ne peut donc être traitée de co-employeur, faute de s'être immiscée globalement et de façon permanente dans la gestion économique de la filiale au point de la pri-

1. Soc. 22 juin 2011, n° 09-69.021, NP – Soc. 28 sept. 2011, n°s 10-12.278 s., NP, *Act. proc. coll.* 2011/19, comm. 295, note Fin-Langer; *Bull. Joly* janv. 2012, comm. 17, p. 59, note Morelli; *JCP E* 2011, Chron. 1000, n° 10, obs. Pételet – COMP. : Soc. 3 nov. 2011, n° 10-17.533, NP, *Act. proc. coll.* 2011/19, comm. 295, note Fin-Langer; *Bull. Joly* avr. 2012, comm. 127, note Dedessus-Le Moustier – Soc. 20 févr. 2013, n° 11-19.305, NP, *Act. proc. coll.* 2013/5, comm. 65 – Soc. 2 juill. 2014, n° 13-15.208, *Bull. civ.* V, n° 159; *D.* 2014. pan. 2153, note Lucas; *Leden* 2014, comm. 136, note Lucas et 129, note Dedessus-Le-Moustier; *Rev. proc. coll.* 2014, comm. 170, note Jacotot; *JCP E* 2014, 1637, n° 9, note Pétel.
2. Nîmes, ch. civ., 13 déc. 2011, RG n° 11/02640, *Bull. Joly* avr. 2012, comm. 170, note Morelli.
3. Soc. 23 sept. 2015, n° 14-16.538, NP, *BJS* 2015, 631, note Auzero.
4. Morvan, note s^{s} Soc. 25 sept. 2013, n° 12-14.353, *Bull. Joly* déc. 2013, p. 824.
5. Morvan, note s^{s} Soc. 25 sept. 2013, n° 12-14.353, préc.
6. Soc. 16 mai 2013, n° 11-25.711, NP, *Bull. Joly* sept. 2013, p. 581, note Pelletier.
7. Soc. 25 sept. 2013, n° 12-14.353, préc. (v. s^{s} prés^{t} n°).
8. Soc. 9 juin 2015, n°s 13-26.558 à 13-26.566, NP.
9. Soc. 15 sept. 2015, n° 14-10.060, NP, *BJS* 2015, 579, note Auzero.
10. Soc. 22 oct. 2015, n°s 14-15.780, 14-15.783, 14-15.786, NP, *BJS* 2016, 87, note Auzero.
11. Soc. 10 déc. 2015, n°s 14-19.316 à 14-19.474, *Bull. civ.* V [à paraître]; *Act. proc. coll.* 2016/2, comm. 22, note Rouspide-Katchadourian; *Rev. proc. coll.* 2016, comm. 71, note Jacotot; *BJS* 2016, 115, note Géniaut; *Leden* 2016/1, comm. 016, note Lucas; *LPA* 2 juin 2016, n° 110, p. 13; *BJE* 2016, 125, note Tagliarino-Vignal.

ver du pouvoir de décision et de direction sur ses salariés[1];

– le fait de s'immiscer dans la gestion de la filiale, en fixant ses objectifs, en établissant le montant des provisions annuelles qu'elle lui versait et qui conditionnait directement sa viabilité, en appliquant les stratégies qu'elle seule élaborait, en décidant de sa dissolution, en intervenant au contrat de travail en souscrivant au profit du salarié une assurance couvrant le risque accidents du travail et accidents privés[2]. Ces éléments ne caractérisent pas une immixtion dans la gestion du personnel de la filiale;

– l'existence de liens capitalistiques, l'identité de dirigeant entre les deux sociétés, l'identité de siège social et de papier à entête utilisé par le supérieur hiérarchique du salarié[3].

La qualité de co-employeur n'est toutefois pas exclusive de celle de personne physique, mais le simple mandat social sera insuffisant. Ici encore, il faudra démontrer le co-emploi[4], comme cela est le cas pour une société mère.

C'est la loi de l'État qui régit la relation de travail, qui doit s'appliquer, pour la demande de reconnaissance de la qualité de co-employeur formulée à l'encontre de la société mère de droit français[5]. L'application de la qualification de co-employeur, contre une société étrangère, permet à des salariés français de rechercher une indemnisation en France, mais aussi dans le pays du co-employeur[6]. De même, les juridictions françaises sont compétentes pour connaître de l'action du salarié d'une société étrangère dirigée contre une société française qu'il prétend être son co-employeur[7].

Le juge judiciaire est compétent pour statuer sur la situation de co-emploi, même si elle est invoquée par un salarié protégé licencié avec l'autorisation de l'inspection du travail[8]. De même, le juge judiciaire reste compétent pour se prononcer sur une situation de co-emploi, dès lors que la décision administrative qui a autorisé le licenciement du salarié ne soit pas prononcée sur cette situation, peu importe que le salarié l'ait soutenu devant le ministre du Travail, lors de l'examen du recours hiérarchique qui a confirmé l'autorisation *de licenciement*[9].

Cette création prétorienne doit être manipulée avec précaution, si l'on ne veut pas en faire un « redoutable épouvantail à investisseurs »[10]. Elle permet, en effet, de faire supporter au co-employeur, comme s'il était l'employeur, les conséquences financières des licenciements économiques, tout spécialement en cas d'insuffisance des plans de sauvegarde de l'emploi.

Apparaît préférable le recours à la responsabilité civile délictuelle pour condamner une société mère, qui, privilégiant son actionnaire unique, concourt par ses décisions à la déconfiture de sa filiale et au licenciement de ses salariés[11].

Mais n'est pas en elle-même fautive la décision de l'actionnaire d'un groupe intégré de sociétés de cesser le soutien à une filiale en difficulté quand le maintien d'un tel soutien serait de nature à l'exposer au risque de soutien abusif ou à fragiliser l'ensemble des sociétés du groupe en menaçant la totalité des emplois[12].

De même, la responsabilité de la société mère à l'égard des salariés de la filiale est écartée dès lors que le préjudice résulte directement de la défaillance du repreneur[13].

432.28-3 Plan de sauvegarde de l'emploi. La mise en œuvre d'un plan de sauvegarde de l'emploi remplace, sous un vocable plus pudique, le plan social, concept « médiatiquement chargé de toute l'horreur économique »[14].

Dans les entreprises employant au moins cinquante salariés et lorsque les licenciements économiques sont au moins au nombre de dix, deux obligations se superposent[15] : l'obligation de reclassement et la mise en œuvre d'un plan de sauvegarde de

1. SUR RENVOI APRÈS CASSATION : Bordeaux, 16 déc. 2015, RG n° 14/06191, aff. Molex, *Leden* 2016/1, comm. 016, note Lucas.
2. Soc. 4 févr. 2016, n° 14-24.050, NP, *BJS* 2016, 209, note Dammann et François.
3. Soc. 12 févr. 2016, n° 14-19.723, NP, *BJS* 2016, 209, note Dammann et François.
4. Soc. 24 juin 2014, n° 10-19.776, *Bull. civ.* V, n° 152; FS-P+B; *Leden* 2014, comm. 130, note Dedessus-Le-Moustier.
5. Soc. 8 févr. 2012, n° 10-28.537, *Bull. civ.* V, n° 63.
6. Soc. 30 nov. 2011, n°s 10-22.964, 10-22.985, 10-22.994, *Bull. civ.* IV, n° 284; *Act. proc. coll.* 2012/2, comm. 19, note Mélin.
7. Soc. 28 janv. 2015, n°s 13-22.994, 13-22.995, 13-23.003 à 13-23.006, *Bull. civ.* V [à paraître]; *BJS* 2015, 222, note Jault-Seseke.
8. Soc. 30 sept. 2015, n° 13-27.872, *Bull. civ.* V [à paraître]; *Rev. proc. coll.* 2016, comm. 72, note Fin-Langer.
9. Soc. 22 sept. 2015, n° 14-17.837, *Bull. civ.* V [à paraître]; *Leden* 2015, comm. 165, note Dedessus-Le-Moustier.
10. Lucas, obs. s^s Toulouse, 7 févr. 2013, RG n° 12/04150, *Leden* avr. 2013, comm. 060.
11. Soc. 8 juill. 2014, n° 13-15.573, *Bull. civ.* V, n° 180 et Soc. 8 juill. 2014, n° 13-15.845, NP, *D.* 2014. pan. 2154, note Lucas; *Leden* 2014, comm. 136, note Lucas et 132, note Dedessus-Le-Moustier; *Rev. proc. coll.* 2014, comm. 171, note Jacotot; *BJE* 2014, 381, note Auzero – Soc. 8 juill. 2014, n° 13-15.470, *Bull. civ.* V, n° 179; *BJE* 2014, 381, note Auzero – *Adde,* Dammann et François, « Le co-emploi : la fin de l'exception française », *BJS* 2016, 209.
12. Paris, pôle 5, 8e ch., RG n° 14/02820, *BJS* 2015, 667, note Mouial-Bassilana.
13. Paris, pôle 5, 8e ch., RG n° 14/02820, préc.
14. A. Mazeaud, « Faillite et droit du travail », *in Le code de commerce 1807-2007 : Livre du bicentenaire*, Dalloz, 2006, p. 561 s., sp. p. 562.
15. AINSI, clairement : Soc. 14 mars 2012, n° 10-26.613, NP, *Rev. proc. coll.* 2012, comm. 150, note Taquet.

l'emploi (C. trav., art. L. 1233-10 – anc[t] C. trav., art. L. 321-4, al. 1)[1].

Dans une entreprise qui comprend moins de 50 salariés au jour de l'engagement de la procédure de licenciement, le plan de sauvegarde volontairement mis en place par l'employeur n'a pas à satisfaire aux exigences des dispositions des articles L. 1233-61 et L. 1233-62 du code du travail[2].

Le liquidateur n'a pas à prendre en compte pour déterminer l'effectif de l'entreprise rendant obligatoire le plan de sauvegarde de l'emploi les salariés licenciés avant l'ouverture de la liquidation judiciaire, et cela même si les licenciements sont ensuite annulés, l'annulation n'entraînant pas à elle seule la réintégration des salariés dans l'entreprise[3]. En cas de plan de cession, il faut se placer à la date d'établissement du projet de plan pour savoir si l'effectif est atteint pour la mise en œuvre d'un plan de sauvegarde de l'emploi[4].

Le respect par le débiteur d'un premier plan de sauvegarde de l'emploi, alors que l'entreprise était *in bonis*, ne dispense pas l'administrateur judiciaire de mettre en place un second plan de sauvegarde de l'emploi, dès lors qu'il envisage un nouveau licenciement collectif d'au moins dix salariés et alors que l'entreprise emploie au moins cinquante salariés[5].

En ce qui concerne spécialement le plan de sauvegarde de l'emploi, les critères s'apprécient, par principe, au niveau de l'entreprise que dirige l'employeur, et cela à la date de l'engagement de la procédure de licenciement[6]. Toutefois, la Cour de cassation juge qu'il en va autrement lorsque la décision de licencier a été prise, dans le cadre d'une unité économique et sociale. En ce cas, les conditions imposant l'établissement d'un plan de sauvegarde de l'emploi doivent être vérifiées au niveau de cette unité[7].

L'appréciation de la pertinence du plan de sauvegarde de l'emploi doit être effectuée en fonction des moyens dont dispose l'entreprise et partant de la situation de cette dernière. Le juge de la procédure collective n'a pas le pouvoir de se prononcer sur le contenu de la valeur d'un plan social au regard des moyens de l'entreprise, une telle vérification ne relevant que du juge social[8]. Dès lors, le juge prud'homal ne peut être privé du pouvoir de se prononcer sur la valeur du plan social au regard des moyens de l'entreprise pour la seule raison que l'ordonnance du juge-commissaire a arrêté le montant des fonds que l'administrateur judiciaire était autorisé à affecter au financement du plan social et qu'à la suite de cette décision l'administrateur judiciaire a dû réduire le contenu du plan au détriment des salariés menacés de licenciement[9].

Les postes disponibles s'entendent de postes en rapport avec les compétences des salariés, au besoin en les faisant bénéficier d'une formation d'adaptation. Il ne suffit donc pas que l'emploi soit disponible pour qu'il soit proposé au reclassement[10].

Le plan de sauvegarde doit comporter, dès sa présentation au comité d'entreprise, des mesures précises et concrètes susceptibles d'assurer le reclassement des salariés à l'intérieur du groupe auquel la société appartient et, à défaut de postes disponibles, de favoriser les départs à l'extérieur du groupe[11]. Le plan de sauvegarde de l'emploi a pu être validé, en l'absence de reclassement dans le groupe, dont la situation était très difficile, dès lors que le mandataire-liquidateur avait prévu des dispositifs légaux spécifiques à certains salariés et avait ajouté la prise en charge par l'entreprise d'une cellule de reclassement à hauteur de 40 000 euros[12]. De même, a été validé le plan de sauvegarde de l'emploi, dans lequel l'administrateur judiciaire avait trouvé un financement à hauteur de 265 000 euros pour deux cent trente et un salariés licenciés, mis en place une cellule de reclassement confiée à un organisme social choisi par le comité d'entreprise et proposé aux salariés le rachat de machines de l'entreprise à un prix symbolique pour qu'ils puissent créer de nouvelles activités. Il n'existait, en l'espèce, aucune possibilité de reclassement dans le groupe, toutes les sociétés de celui-ci ayant été placées en redressement judiciaire[13].

1. Taquet, *Rev. proc. coll.* 2005/2, p. 145, n° 6 – SUR LA COMPÉTENCE pour contrôler le plan de sauvegarde de l'emploi : Boyer, *Protection des salariés et sauvetage de l'entreprise : quête d'un équilibre*, PUAM, 2006, n° 83.
2. Soc. 10 juin 2015, n°s 14-10.031 à 14-10.038, *Bull. civ.* V [à paraître]; *Leden* 2015, comm. 124, note Dedessus-le-Moustier.
3. Soc. 26 nov. 2013, n°s 12-19.247 à 12-19.267, *Bull. civ.* V, n° 279; FS-P+B; *Rev. proc. coll.* 2014, comm. 67, note Jacotot.
4. Soc. 19 mai 2015, n°s 13-26.669 à 13-26.677, *Bull. civ.* V [à paraître]; *Gaz. Pal. entr. diff.* 20 oct. 2015, n° 291, p. 32, note Gailhbaud.
5. Soc. 13 févr. 2013, n° 11-26.070, NP.
6. Soc. 13 juill. 2010, n° 09-65.182, NP, *Rev. proc. coll.* 2011, comm. 65, p. 65, note Taquet.
7. Soc. 16 nov. 2010, n° 09-69.485, *Bull. civ.* V, n° 258; FS-P+B+R; *Rev. proc. coll.* 2011, comm. 64, p. 65, note Taquet.
8. Soc. 14 oct. 1997, n° 96-18.876, *Bull. civ.* V, n° 312.
9. Soc. 2 févr. 2006, n°s 05-40.037 à 05-40.048, 05-40.050 à 05-40.155, *Bull. civ.* V, n° 58.
10. Soc. 27 mai 2015, n°s 14-10.766 à 14-10.771, 14-10.773, 14-10.774, *Bull. civ.* V [à paraître]; *Act. proc. coll.* 2015/12, comm. 190, note Fin-Langer.
11. Soc. 7 juin 2011, n°s 10-11.085 à 10-11.251, NP, *BJE* nov./déc. 2011, comm. 153, p. 342, note Gailhbaud; *Rev. proc. coll.* 2011, comm. 196, note Taquet – Soc. 9 avr. 2014, n°s 13-10.844 à 13-10.851, NP, *Rev. proc. coll.* 2014, comm. 120, note Taquet.
12. Soc. 25 oct. 2011, n° 10-17.718, NP, *Act. proc. coll.* 2011/19, comm. 295, note Fin-Langer.
13. Soc. 5 juin 2012, n°s 11-10.780, 11-10.782, NP – Soc. 5 juin 2012, n°s 11-10.781, 11-10.783, NP.

Il a été démontré le caractère inconciliable du droit des entreprises en difficulté, qui apprécie la situation au niveau de la société employeur, ce qui justifie que la société mère ne peut être condamnée à abonder à un plan de sauvegarde de l'emploi, et le droit social qui impose de prendre en compte les moyens financiers du groupe pour apprécier le caractère suffisant ou non du plan de sauvegarde de l'emploi[1]. L'article 291 de la loi du 6 août 2015[2] tire les conséquences de cette observation en limitant, en cas de redressement et de liquidation judiciaires, la prise en compte des moyens à la seule société débitrice et non plus au niveau du groupe[3]. La règle s'applique immédiatement aux licenciements engagés à compter du 7 août 2015. Le périmètre de l'ordre des licenciements s'en trouve modifié[4].

Le fait pour le liquidateur de se contenter d'adresser une lettre circulaire accompagnée de la liste nominative du personnel aux sociétés du groupe est insuffisant pour valoir recherche préalable, effective et sérieuse de reclassement des salariés dont les emplois étaient supprimés[5]. La Cour de cassation, sur un plan formel, exige que la preuve soit apportée que le plan de sauvegarde comporte en annexe une liste des postes disponibles pour assurer le reclassement des salariés et que cette liste a bien été communiquée aux représentants du personnel[6].

Le plan social qui ne contient que des mesures financées par le FNE, ne comporte aucune indication précise sur le nombre, la nature et la localisation des emplois pouvant être proposés pour un reclassement, alors que, malgré la situation de l'entreprise, il existe des postes de reclassement, est insuffisant au regard des moyens de l'entreprise[7]. De même, le plan social ne prévoyant que la conclusion de conventions de conversion est insuffisant[8]. Identiquement, le plan de sauvegarde de l'emploi est insuffisant en cas d'instauration par le liquidateur d'une cellule de reclassement qui n'indique pas le nombre, la nature et la localisation des postes de reclassement disponible dans le groupe et se contente de poser le principe d'un reclassement externe après avoir pris contact auprès des différents organismes professionnels mais sans l'assortir d'offre réelle[9].

Ni les conventions de conversion, ni les conventions ASFNE, ni le bilan de compétences ne doivent être retenus pour apprécier l'adéquation du plan social aux moyens dont dispose l'entreprise et le groupe auquel elle est éventuellement intégrée[10].

Un salarié qui se porte candidat pour un départ volontaire organisé dans le cadre d'un plan de sauvegarde de l'emploi peut ensuite contester son licenciement[11].

En dehors du droit des entreprises en difficulté, la jurisprudence décide qu'il y a place à nullité des licenciements en cas d'absence ou d'insuffisance du plan social[12]. Au contraire, si les licenciements économiques concernent une entreprise sous procédure collective, la nullité des licenciements n'est plus encourue en cas d'insuffisance d'un plan social. La solution résulte de la combinaison des articles L. 1233-61 à 62, L. 1235-10 et L. 1233-58 (anct C. trav. L. 321-4-1 et L. 321-9) du code du travail, dans leur rédaction résultant de la loi du 19 janvier 2000[13]. En revanche, cette même insuffisance du plan social a pour effet de priver de cause réelle et sérieuse les licenciements économiques et entraîne allocation de dommages et intérêts au profit des salariés licenciés[14]. Cette différence de traitement, selon que l'employeur est ou n'est pas sous procédure collective a justifié une question prioritaire de constitutionnalité, fondée sur l'article 6 de la Déclaration des droits de l'homme et du citoyen, que la Cour de cassation a jugée sérieuse[15]. Le Conseil constitutionnel n'y a pas fait droit, le législateur s'étant

1. Dammann et Gallo, « La loi de sécurisation de l'emploi et le droit des procédures collectives ne font pas bon ménage », *BJE* 2014, éditorial 281.
2. L. n° 2015-990, 6 août 2015, préc.
3. Fin-Langer, *Act. proc. coll.* 2015/13, comm. 229 – Driguez, « Un pas de plus vers la sécurisation des licenciements collectifs des entreprises en redressement et liquidation judiciaires », *BJE* 2015, 437 – Jacotot et Fin-Langer, « La loi Macron et le droit social », *Rev. proc. coll.* 2015, études 17.
4. Jacotot et Fin-Langer, « La loi Macron et le droit social », *Rev. proc. coll.* 2015, études 17.
5. Soc. 27 mai 2008, n° 07-41.128, NP, *Gaz. proc. coll.* 2008/3, p. 55, note Saintourens.
6. Soc. 15 avr. 2008, n° 06-46.129, NP, *Gaz. proc. coll.* 2008/3, p. 55, note Saintourens.
7. Soc. 28 juin 2006, n°s 04-44.599, 04-44.600, 04-44.964, 04-44.965, NP; n° 1664 F-D – RAPPR. : Soc. 11 oct. 2006, n°s 04-47.950 à 04-47.954, *Bull. civ.* V, n° 304, n° 2268 F-P+B.
8. Soc. 28 juin 2006, n°s 05-41.685 à 05-41.702, 05-41.957, NP; n° 1665 F-D.
9. Soc. 17 avr. 2013, n° 12-10.210, NP – Soc. 17 avr. 2013, n° 12-10.211, NP, *Rev. proc. coll.* 2013, comm. 140, note Taquet.
10. Soc. 28 juin 2006, n° 05-40.572, NP; n° 1670 F-D.
11. Soc. 25 sept. 2013, n° 12-15.342, NP.
12. Soc. 13 févr. 1997, n° 95-16.648, *Bull. civ.* V, n° 407; *D.* 1997. 171, note Lyon-Caen.
13. L. n° 2000-37, 19 janv. 2000, *JO* 20 janv., p. 975.
14. Soc. 2 févr. 2006, n°s 05-40.037 à 05-40.048, 05-40.050 à 05-40.155, *Bull. civ.* V, n° 58; n° 327 FS-P+B+R+I; *Act. proc. coll.* 2006/5, n° 49, note Fin-Langer – Soc. 2 févr. 2006, n° 04-40.773, *Bull. civ.* V, n° 58; FS-P; *Act. proc. coll.* 2006/5, n° 49, note Fin-Langer – Soc. 28 juin 2006, n° 05-41.685 à 05-41.702, 05-41.957, NP; n° 1665 F-D – Soc. 3 mai 2007, n° 05-45.603, *Bull. civ.* V, n° 66; n° 846 FS-P+B; *D.* 2007. AJ 1504, note Lienhard.
15. Soc. 9 janv. 2013, n° 12-40.085 QPC, *Bull. civ.* V, n° 3; n° 159 FS-P+B; *Act. proc. coll.* 2013/3, comm. 34, note Fin-Langer.

fondé sur un critère objectif et rationnel pour opposer les situations[1]. Une autre question prioritaire de constitutionnalité n'a pas davantage fait l'objet d'une transmission au Conseil Constitutionnel, comme étant dépourvue de sérieux. Elle portait sur l'indemnisation forfaitaire des salariés licenciés à la suite de l'annulation d'une décision administrative validant un plan de sauvegarde de l'emploi[2]. Il est à noter que la Cour de cassation réserve la possibilité d'une condamnation de l'État à réparer le préjudice direct et certain résultant de l'illégalité de la décision d'homologation.

La mise en œuvre d'un accord collectif comportant les dispositions d'un plan de sauvegarde de l'emploi ne peut être subordonnée à la conclusion de transactions individuelles. En conséquence, la nullité de ces dernières ne prive pas les salariés des avantages qu'ils tiennent de l'accord[3].

Précisons que la non prise en charge par l'administrateur judiciaire d'une expertise-comptable demandée par les représentants du personnel n'est pas un obstacle à la validation du plan par la Direccte[4].

432.28-4 Apport de la loi du 14 juin 2013[5] dite de sécurisation de l'emploi au plan de sauvegarde de l'emploi. La loi du 14 juin 2013 modifie en profondeur les conditions d'établissement et de validité du plan de sauvegarde de l'emploi obligatoire dans l'entreprise d'au moins cinquante salariés qui envisage de licencier au moins dix salariés sur une période de trente jours. La procédure qu'elle institue lorsqu'un plan de sauvegarde de l'emploi doit être élaboré, doit être respectée pour le plan de redressement et le plan de cession. Des règles particulières sont posées en cas de licenciements économiques prévues dans le plan de sauvegarde, en application de l'article L. 626-10 du code de commerce. Il faut supposer au moins dix licenciements économiques dans une entreprise d'au moins 50 salariés.

L'article 54 de l'ordonnance du 12 mars 2014[6], qui réécrit l'alinéa 2 du III de l'article L. 631-19 du code de commerce, pour le plan de redressement, prévoit que l'administrateur met en œuvre la procédure prévue au II de l'article L. 1233-58 du code du travail dans le délai d'un mois après le jugement arrêtant le plan de redressement. Le délai de 8 jours mentionné au II de l'article L. 1233-58 du code du travail court à compter de la date de la réception de la demande.

L'article 71 de cette même ordonnance qui réécrit l'alinéa 5 de l'article L. 642-5, prévoit que l'administrateur ou, en son absence, le liquidateur – en plan de cession – met en œuvre la procédure prévue au II de l'article L. 1233-58 du code du travail dans le délai d'un mois après le jugement arrêtant le plan de cession. Le délai de quatre jours mentionné au II de l'article L. 1233-58 du code du travail court à compter de la date de la réception de la demande.

Le II de l'article L. 1233-58 du code du travail prévoit que le plan de sauvegarde de l'emploi devra être établi soit par accord collectif majoritaire[7] avec validation auprès de l'administration du travail (la Direccte), soit par décision unilatérale homologuée par l'administration[8], à peine de nullité pour les entreprises *in bonis* ou d'irrégularité pour les entreprises sous procédure collective, des licenciements subséquents (v. aussi s[s] n°s 432.25 s.). L'article L. 1233-58, II, alinéa 3 du code du travail prévoit que l'employeur, l'administrateur ou le liquidateur ne peut procéder, sous peine d'irrégularité, à la rupture des contrats de travail avant la notification de la décision favorable de validation ou d'homologation, ou l'expiration des délais mentionnés au second alinéa du II de l'article L. 1233-58 (devenu C. trav., art. L. 1233-58, al. 3, réd. ord. 12 mars 2014, art. 110).

Lorsque la Dirrecte est saisie par les organisations syndicales d'une demande tendant au prononcé d'une injonction, et qu'il y est fait droit, l'autorité administrative doit adresser simultanément une copie de l'injonction à l'auteur de la demande, au comité d'entreprise et aux organisations syndicales représentatives en cas de négociation d'un accord. Si la Dirrecte s'écarte de ces obligations, en se contentant d'adresser à l'employeur des observations en

1. Cons. const. 28 mars 2013, n° 2013-299 QPC, *JO* 30 mars, p. 5459; *Rec.* 520; *Leden* mai 2013, comm. 076, note Dedessus-Le-Moustier; *BJE* juill. 2013, p. 248, note Tagliarino-Vignal – *Adde*, Donnette, « Un pas de plus en faveur d'un droit du travail des entreprises en difficulté », *Rev. proc. coll.* 2013, étude 21.
2. Soc. 24 mars 2016, n° 16-40.010, *Bull. civ.* V [à paraître].
3. Soc. 15 oct. 2013, n° 12-22.911, *Bull. civ.* V, n° 236; FS-P-B, *Leden* déc. 2013, comm. 192, note Dedessus-Le-Moustier; *Act. proc. coll.* 2013/20, comm. 297, note Fin-Langer.
4. CE 21 oct. 2015, req. n° 382633, *Lebon*; *Act. proc. coll.* 2015/20, comm. 310; *Leden* 2015, comm. 169, note Dedessus-Le-Moustier.
5. L. n° 2013-504, 14 juin 2013, préc.
6. Ord. n° 2014-326, 12 mars 2014, préc.
7. Le nouvel article L. 1233-24-1 du Code du travail prévoit qu'un accord collectif puisse déterminer le contenu du plan de sauvegarde de l'emploi, notamment, et qu'il soit « *signé par une ou plusieurs organisations syndicales représentatives ayant recueilli au moins 50 % des suffrages exprimés en faveur d'organisations reconnues représentatives au premier tour des dernières élections des titulaires au comité d'entreprise ou de la délégation unique du personnel ou, à défaut, des délégués du personnel, quel que soit le nombre de votants* » (projet de loi, art. 13, I).
8. POUR UN EXEMPLE de rejet d'annulation : TA Nîmes, 6 déc. 2013, req. n° 1302452, *Leden* févr. 2014, comm. 030, note Dedessus-Le-Moustier; *BJE* mars 2014, p. 105, note Driguez – POUR UN EXEMPLE d'annulation : TA Montreuil, 5e ch., 20 déc. 2013, req. n° 1309825, *Act. proc. coll.* 2014/3, comm. 44; *Leden* mars 2014, comm. 49, note Dedessus-Le-Moustier.

lien avec sa demande d'homologation, il y a place à annulation de la décision d'homologation du document unilatéral[1].

La décision de la Direccte homologuant le document unilatéral comportant un plan de sauvegarde doit être suffisamment motivée[2], sous peine d'annulation[3]. L'administration doit notamment veiller à ce que la définition des catégories professionnelles au sein desquelles seront mis en œuvre les critères pour définir l'ordre des licenciements soit conforme aux règles applicables[4]. Il appartient à l'autorité administrative d'apprécier si le montant de l'enveloppe destinée au financement des mesures d'accompagnement des salariés licenciés n'apparaît pas insuffisant au regard des moyens financiers dont le groupe disposait à la date d'établissement du plan de sauvegarde de l'emploi[5]. De façon plus générale, l'administration doit apprécier si les mesures d'accompagnement prévues par le plan de sauvegarde de l'emploi sont suffisantes[6] et adaptées[7].

Aucune disposition ne crée une situation de compétence liée de l'autorité administrative pour homologuer le document unilatéral qui lui est soumis, alors même que le jugement de liquidation judiciaire emporte la suppression de tous les postes de travail et qu'un refus d'homologation risque, au regard du délai fixé à l'article L. 3253-8 du code du travail, de faire obstacle à la mise en œuvre du régime d'assurance de paiement des salaires[8]. On mesure ainsi pleinement le fossé qui sépare qui sépare les exigences du droit du travail et celles du droit des entreprises en difficulté.

Le défaut de transmission aux représentants du personnel des réponses aux observations de la Direccte constitue une irrégularité substantielle eu égard à la nature et à l'importance des éléments ainsi portés à la connaissance des membres du comité d'entreprise justifiant la nullité du plan de sauvegarde de l'emploi[9].

La décision d'homologation ou de validation d'un plan de sauvegarde de l'emploi n'a pas à être transmise au Comité d'hygiène, de sécurité et des conditions de travail (CHSCT), lequel n'a pas qualité pour exercer de recours contre cette décision[10].

La décision d'homologation peut faire l'objet d'une procédure de référé-suspension. Mais l'urgence doit être caractérisée. Tel n'est pas le cas du seul fait pour des salariés de prétexter un risque de liquidation judiciaire, alors que la décision unilatérale avait été homologuée dans le cadre d'un redressement judiciaire. Au contraire, l'urgence commandait les licenciements pour éviter la liquidation judiciaire[11].

En cas de décision défavorable de validation ou d'homologation, l'article L. 1233-58, II, alinéa 4 du code du travail (devenu C. trav. art. L. 1233-58, al. 5, réd. ord. 12 mars 2014, art. 110) prévoit que l'employeur, l'administrateur ou le liquidateur, selon le cas, consulte le comité d'entreprise dans un délai de trois jours. Selon le cas, le document modifié et l'avis du comité d'entreprise ou un avenant à l'accord collectif sont transmis à l'autorité administrative qui se prononce dans un délai de trois jours.

L'article 110 de l'ordonnance du 12 mars 2014 prend en compte l'hypothèse où le comité d'entreprise n'aurait pas été constitué ou renouvelé. L'article L. 1233-58, II, alinéa 2 du code du travail qui en résulte prévoit que, à titre exceptionnel, au vu des circonstances et des motifs justifiant le défaut d'établissement du procès-verbal de carence mentionné à l'article L. 2324-8, l'autorité administrative peut prendre une décision d'homologation.

La loi confie le contentieux de la contestation de la décision de l'administration du travail au juge administratif et l'encadre dans des délais courts. Le recours contre la décision explicite ou implicite de l'administration doit être engagé dans le délai de droit commun de deux mois de la notification de la décision de la Direccte à l'employeur, à compter de la date à laquelle cette décision est portée à la connaissance des syndicats et des salariés. Une cour d'appel administrative a estimé que le liquidateur n'a pas à afficher la décision de la Direccte dans les locaux de l'entreprise, ce qui serait d'ailleurs inutile si les locaux sont fermés à la suite de l'arrêt d'activité. La cour estime, en ce cas, que le liquidateur doit assurer aux salariés une communication de la déci-

1. CAA Versailles, 3 févr. 2015, req. n° 14VE03183, *Leden* 2015, comm. 075, note Dedessus-Le-Moustier.
2. AINSI : CAA Marseille, 24 oct. 2014, req. n° 14MA03521, *Rev. proc. coll.* 2015, comm. 53, note Jacotot.
3. TA Cergy-Pontoise, 22 avr. 2014, req. n° 1400989, *Rev. proc. coll.* 2014, comm. 99, note Jacotot.
4. CAA Versailles, 8 oct. 2015, req. n° 15V02312, *Leden* 2015/11, comm. 171, note Dedessus-le-Moustier.
5. TA Rennes, 12 déc. 2014, req. n° 1404182, *Leden* 2015/3, comm. 046, note Dedessus-le-Moustier.
6. CAA Nantes, 1re ch., 9 oct. 2014, req. n° 14NT01839, *Rev. proc. coll.* 2015, comm. 11, note Jacotot.
7. CAA Nancy, 27 nov. 2014, req. n° 14NC01730, *Rev. proc. coll.* 2015, comm. 11, note Jacotot.
8. CAA Bordeaux, 23 nov. 2015, req. n° 15BX02968, *Leden* 2016, comm. 027, note Dedessus-Le-Moustier.
9. CAA Marseille, 7e ch., 15 avr. 2014, req. n° 14MA00387, *BJE* 2014, 325, note Gailhbaud; *Leden* juin 2014, comm. 97, note Dedessus-Le-Moustier; *Rev. proc. coll.* 2014, comm. 100, note Jacotot.
10. CE 21 oct. 2015, req. n° 386123, Syndicat CGT SKF Montigny, *Lebon* T; *AJDA* 2016. 21; *RDT* 2016. 113, obs. C. Gilbert; *Leden* 2015, comm. 170, note Dedessus-Le-Moustier.
11. CE 21 févr. 2014, req. n° 374409, Comité d'entreprise de la société IPL Atlantique, *Lebon*; *AJDA* 2014. 424; *D.* 2014. 1115, obs. P. Lokiec et J. Porta; *RDT* 2014. 353, chron. C. Mayeur Carpentier; *Leden* avr. 2014, comm. 65, note Dedessus-Le-Moustier.

sion de la Direccte par tout moyen, seule cette communication faisant courir le délai de deux mois contre les syndicats et les salariés[1].

Le tribunal administratif doit statuer dans un délai de trois mois, la cour d'appel et le Conseil d'État étant soumis au même délai par la suite. Dès lors, à l'expiration du délai de recours contentieux, le plan de sauvegarde de l'emploi ne pourra plus faire l'objet de contestation sur sa validité. Aucune appréciation ne devant être portée par l'administration du travail sur le motif économique des *licenciements*, les juridictions judiciaires restent toutefois compétentes pour apprécier la validité des licenciements, au titre du respect de l'obligation de reclassement individuel par exemple. À la « procéduralisation » du licenciement pour motif économique s'ajoute ainsi le dualisme juridictionnel que l'entreprise en difficulté connaît déjà à travers la situation des salariés protégés.

La juridiction administrative, saisie du recours, ne peut annuler la décision d'homologation ou celle qui refuse l'homologation, en prenant en compte l'insuffisance de telle ou telle mesure du plan de sauvegarde de l'emploi. Une appréciation globale doit être portée sur le plan[2].

S'il ne s'agit pas de revenir à la procédure d'autorisation préalable au licenciement économique instaurée par la loi du 3 janvier 1975[3] et supprimée par la loi du 3 juillet 1986, est posée une obligation d'homologation administrative du plan de sauvegarde de l'emploi établi par l'employeur dans le cadre de l'organisation d'un grand licenciement collectif pour motif économique. Cette obligation pèse aussi bien sur les employeurs *in bonis* que sur les employeurs en redressement ou en liquidation judiciaire[4].

La sanction du non-respect de cette obligation d'homologation administrative est trouvée dans la nullité des licenciements subséquents en droit commun et l'irrégularité des ruptures, dans les entreprises en redressement ou liquidation judiciaire, donnant droit à chaque salarié licencié à une indemnité qui ne saurait être inférieure aux salaires des six derniers mois (C. trav., art. L. 1233-58, II, al. 5; devenu C. trav., art. L. 1233-58, al. 6, réd. ord. 12 mars 2014, art. 106-3).

1. CAA Marseille, 1er juill. 2014, req. nos 14MA01963 et 14MA01909, *Act. proc. coll.* 2014, comm. 334, note Fin-Langer.
2. CAA Bordeaux, 11 mai 2015, req. no 15BX00629, *Rev. proc. coll.* 2016, comm. 66, note Jacotot.
3. L. no 75-5, 3 janv. 1975 relative aux licenciements pour cause économique, *JO* 4 janv., 202.
4. Il faut rappeler que les employeurs en règlement judiciaire ou liquidation des biens étaient exclus de l'obligation d'autorisation préalable par la loi du 3 janvier 1975 et soumis à une simple obligation d'information de l'administration du travail.

432.28-5 Convention de conversion. Divers dispositifs d'accompagnement des licenciements économiques se sont succédés. La loi du 30 décembre 1986[5] relative aux procédures de licenciements obligeait à proposer aux salariés licenciés pour motif économique une convention de conversion. Cette obligation subsistait, nonobstant l'ouverture d'une procédure de *redressement* ou de liquidation judiciaire.

En redressement judiciaire, l'administrateur ou, à son défaut, le débiteur – la solution étant identique en cas de plan de redressement –, et en liquidation judiciaire le liquidateur, devait proposer aux salariés licenciés pour motif économique une convention de conversion. Cette convention devait être proposée avant l'expiration des périodes de garanties couvertes par l'AGS (v. ss nos 693.11 s.). En pratique, elle était proposée à l'occasion de l'entretien préalable aux licenciements, du moins si celui-ci avait lieu. Le salarié disposait d'un délai de réflexion de quinze jours pour manifester son accord ou son refus.

Le fait pour le salarié d'accepter le bénéfice de la convention ne le privait pas de la possibilité de contester le caractère réel et sérieux de son licenciement. La solution a été posée dans l'hypothèse d'un groupe de sociétés, l'employeur n'ayant pas recherché de possibilité de reclassement du salarié à l'intérieur du groupe[6]. Identiquement, l'acceptation de la conversion de conversion n'était pas exclusive de la possibilité de contester l'ordre des licenciements[7] ou encore le motif économique du licenciement[8].

L'article L. 321-13-1 du code du travail prévoyait le versement à l'Assedic d'une contribution égale à un mois de salaire brut, calculée sur la moyenne des douze derniers mois de travail, en cas de non-respect de la procédure de convention de conversion. Ce texte était applicable même en redressement ou en liquidation judiciaire[9].

L'ordonnance du 24 juin 2004[10] supprime, en son article 13, I, les conventions de conversion[11]. Le système a été remplacé par le Pré-Pare, rapidement abandonné. Depuis la loi de cohésion sociale du 18 janvier 2005[12], il y a obligation de proposer aux salariés licenciés pour motif économique une convention de reclassement personnalisé, telle que pré-

5. L. no 86-1320, 30 déc. 1986, *JO* 31 déc., p. 15885.
6. AINSI : Soc. 3 mars 1998, no 95-45.201, no 95-45.203, *Bull. civ.* V, no 112 ; *D.* 1998. IR 85.
7. Caen, 3e ch., sect. soc., 19 févr. 2001, *Act. proc. coll.* 2002/13, no 171.
8. Soc. 14 janv. 2009, no 07-43.644, NP, *Rev. proc. coll.* 2009/2, p. 27, no 26, note Taquet.
9. Soc. 10 mai 1999, no 97-40.060, *Bull. civ.* V, no 203 ; *D.* 2000. Somm. 8, obs. Derrida – *Adde*, SOINNE, no 1405.
10. Ord. no 2004-602, 24 juin 2004, préc.
11. V. Fin-Langer, *Act. proc. coll.* 2004/17, no 211.
12. L. no 2005-32, 18 janv. 2005, préc.

vue à l'article L. 321-4-2 du code du travail (devenu C. trav., art. L. 1233-65). Le dispositif s'applique aux salariés concernés par une procédure de licenciement pour motif économique engagée à compter du 31 mai 2005.

432.28-6 Convention de reclassement personnalisé. La convention de reclassement personnalisé doit être proposée à l'issue de la dernière réunion des instances représentatives du personnel. La cour d'appel d'Aix-en-Provence a jugé que la convention devait être proposée au plus tard lors de l'entretien préalable[1]. Pour sa part, la cour d'appel de Paris a jugé que les recherches de reclassement devaient être antérieures à la saisine du juge-commissaire aux fins d'autoriser, en période d'observation, les licenciements économiques[2]. En conséquence, les démarches entreprises par l'employeur ou l'administrateur, selon le cas, devront être jointes à la requête présentée au juge-commissaire.

La proposition s'effectue par la remise, contre récépissé, du document de présentation de la convention de reclassement personnalisé. Le salarié complète, date et signe le récépissé et le remet à l'employeur. La date de proposition, mentionnée sur le récépissé, fait courir le délai de réflexion de quatorze jours[3]. Ainsi, est jugée insuffisante, pour valoir respect de l'obligation de reclassement, une simple information par voie d'affichage des emplois disponibles dans la région[4] ou l'envoi aux salariés d'une liste de postes à pourvoir ouverts à l'ensemble des salariés de l'entreprise[5]. En présence d'offres de reclassement transmises aux salariés fixant un délai de réponse de 4 jours, sans informer le salarié de la possibilité de prolonger le délai de réflexion, une cour d'appel peut estimer insuffisant le délai[6].

La Cour de cassation est venue préciser dans quel document l'employeur, l'administrateur ou le liquidateur, selon le cas, doit préciser le motif économique de la rupture du contrat de travail, lorsque le salarié a accepté la convention de reclassement personnalisé. Il peut s'agir soit du document écrit d'information sur cette convention remis obligatoirement au salarié concerné par le projet de licenciement, soit de la lettre qu'il est tenue d'adresser au salarié, lorsque le délai de réponse pour accepter la convention expire après le délai d'envoi de la lettre de licenciement, soit lorsqu'il n'est pas possible d'envoyer cette lettre avant l'acceptation par le salarié de la convention, de tout autre document écrit remis ou adressé au salarié au plus tard au moment de son acceptation[7].

Une cour d'appel a pu, d'une manière critiquée[8], juger que le salarié qui a accepté la convention de reclassement personnalisé ne peut plus contester le caractère économique du licenciement[9]. La jurisprudence dominante est clairement en sens contraire : l'adhésion du salarié à la convention de reclassement personnalisé ne le prive pas du droit de contester le caractère économique du licenciement[10]. Sauf fraude de l'employeur ou vice du consentement, les salariés licenciés pour motif économique qui ont personnellement adhéré à une convention passée entre leur employeur et l'État, laquelle, compte tenu de l'impossibilité de les reclasser, leur assurait jusqu'à la retraite le versement d'une allocation spéciale, ne peuvent remettre en cause la légitimité de la rupture de leur contrat de travail. Il en va spécialement ainsi lorsque la convention leur a été proposée dans le cadre d'un plan de sauvegarde de l'emploi[11]. En revanche, en l'absence de motif économique de licenciement, la convention de reclassement personnalisé devient sans cause, de sorte que l'employeur est tenu au paiement du préavis et des congés payés, le contrat de travail se poursuivant jusqu'à son terme[12]. L'employeur est également tenu de rembourser les indemnités de chômage, sous déduction de la contribution prévue à l'article L. 1233-69 du code du travail[13].

L'article L. 3253-8, 3° (anc^t C. trav., art. L. 143-11-1, al. 2 *bis*) prévoit que les créances résultant de la rupture du contrat de travail des salariés auxquels a été proposé par l'administrateur, l'employeur, ou le liquidateur, la convention de reclassement personnalisé, sont prises en charge par l'AGS, si la pro-

1. Aix-en-Provence, 9e ch. C, 10 févr. 2009, *Rev. proc. coll.* 2011, comm. 66, p. 66, note Taquet.
2. Paris, 18e ch. E, 11 juin 2004, RG n° 03/31485.
3. *Bull. IFPPC* août 2005, n° 6.
4. Soc. 21 sept. 2011, n° 10-19.836, NP.
5. Soc. 9 avr. 2014, n°s 13-13.360 à 13-13.367, NP, *Rev. proc. coll.* 2014, comm. 116, note Taquet.
6. Soc. 19 févr. 2014, n° 12-28.404, NP, *Rev. proc. coll.* 2014, comm. 117, note Taquet.
7. Soc. 26 janv. 2012, n° 10-27.245, NP.
8. Taquet, obs. s^s Douai, ch. soc., 23 févr. 2007, RG n° 06/01057, *Rev. proc. coll.* 2007/3, p. 150, n° 6.
9. Douai, ch. soc., 23 févr. 2007, RG n° 06/01057, *Rev. proc. coll.* 2007/3, p. 150, n° 6, obs. Taquet.
10. Soc. 23 juin 2009, n° 08-42.907, NP; n° 1433 F-D; *Gaz. proc. coll.* 2009/4, 2e partie, n°s 305 à 307, p. 35, n° 5, note Gailhbaud – Soc. 10 févr. 2010, n° 08-44.663, *Rev. proc. coll.* 2010/3, comm. 107, note Taquet – Soc. 19 janv. 2011, n° 09-43.522, NP, *Rev. proc. coll.* 2011, comm. 88, p. 51, note Taquet – Soc. 12 juin 2012, n° 10-14.632, *Bull. civ.* V, n° 176; *Rev. proc. coll.* 2012, comm. 146, note Taquet – Soc. 12 juin 2012, n° 11-19.641, *Bull. civ.* V, n° 177; *Rev. proc. coll.* 2012, comm. 146, note Taquet.
11. Soc. 7 juill. 2009, n° 08-42.896, NP; n° 1585 F-D; *Gaz. proc. coll.* 2009/4, 2e partie, n°s 305 à 307, p. 36, n° 6, note Gailhbaud – Soc. 27 nov. 2012, n° 11-18.921, NP, *Rev. proc. coll.* 2013, comm. 54, note Taquet.
12. Soc. 28 janv. 2014, n° 12-23.206, NP, *Rev. proc. coll.* 2014, comm. 65, note Taquet.
13. Soc. 17 déc. 2014, n° 13-26.905, NP, *Rev. proc. coll.* 2015, comm. 4, note Taquet.

position a été faite dans certains délais (v. supra n° 693.72). L'indemnisation allouée aux salariés en cas d'insuffisance du plan social est garantie par l'AGS en vertu de l'article L. 3253-8, 2° du code du travail (anc[t] C. trav., art. L. 143-11-1, 2°), peu important que cette insuffisance soit imputable à l'organe de la procédure auteur des licenciements[1].

La convention de reclassement personnalisé a été remplacée par le contrat de sécurisation professionnelle par la loi du 28 juillet 2011[2], mais a continué à s'appliquer jusqu'au 1er septembre 2011, date d'entrée en vigueur du contrat de sécurisation professionnelle[3].

432.28-7 Contrat de sécurisation professionnelle. La loi du 28 juillet 2001[4] a remplacé l'obligation de reclassement personnalisé par le contrat de sécurisation professionnelle, effectivement à compter du 1er septembre 2011[5]. L'adhésion du salarié à ce contrat emporte rupture du contrat de travail (C. trav., art. L. 1233-67).

Comme elle l'avait fait pour la convention de reclassement personnalisé, la Cour de cassation admet la possibilité pour le salarié ayant accepté d'adhérer au contrat de sécurisation professionnelle, de contester la procédure de licenciement pour motif économique. L'irrégularité de la lettre de convocation à l'entretien préalable peut donc être source d'indemnisation. L'information du salarié sur le caractère économique de son licenciement doit impérativement se faire au plus tard au moment de son acceptation du contrat de sécurisation professionnelle[6]. Mais la notification du licenciement avant l'expiration du délai accordé au salarié pour donner sa réponse aux offres de reclassement au contrat de sécurisation professionnelle n'est pas irrégulière[7]. Il faut donc comprendre que la lettre de licenciement ne vaut licenciement qu'en cas de refus de ces propositions. De façon générale, et comme cela est le cas en matière de convention de reclassement personnalisé, en l'absence de motif économique de licenciement, le contrat de **sécurisation professionnelle** devient sans cause.

L'article 293 de la loi du 6 août 2015[8], dite loi Macron, précise que la proposition doit avoir lieu pendant l'entretien individuel, si le licenciement est individuel, après la notification par la Direccte de sa décision de validation ou d'homologation du plan de sauvegarde de l'emploi, lorsqu'il y a place à un tel plan. Ces règles s'appliquent aux licenciements engagés à compter du 7 août 2015[9].

432.28-8 Priorité de réembauchage. Le salarié licencié pour motif économique en période d'observation bénéficiera, à l'égard du cessionnaire de l'entreprise, de la priorité de réembauchage. La solution sera la même si le licenciement intervient dans le plan de redressement[10] ou encore en liquidation judiciaire.

Il semble que deux situations doivent être distinguées. Soit il y a défaut de mention de la priorité de réembauchage dans la lettre de licenciement et la loi ne prévoit aucune sanction spécifique. La jurisprudence décide que la lettre de licenciement omettant le rappel de cette priorité de réembauchage est irrégulière et entraîne nécessairement un préjudice pour le salarié. Le licenciement sera, en conséquence, dépourvu de cause réelle et sérieuse, ouvrant aux salariés concernés le droit à des dommages et intérêts[11]. Cependant, la règle ne s'appliquera que si le salarié licencié était affecté à l'entité transférée[12]. Soit il y a non-respect de la priorité de réembauchage. Dans les entreprises d'au moins onze salariés, et si le salarié a au moins deux ans d'ancienneté, le non-respect de la règle de priorité est sanctionné par une indemnité égale à au moins deux mois de salaires[13].

Le repreneur doit informer tous les salariés concernés par la priorité de réembauchage et ne peut se contenter d'en informer certains[14].

Précisons encore que le délai d'un an posé par l'article L. 1233-45 (anc[t] C. trav., art. L. 321-14) pour faire usage de la priorité de réembauchage court à compter de la date à laquelle a pris fin le préavis, peu important que le salarié ait transigé sur l'intégralité des droits pouvant résulter de l'exécution comme de la rupture de son contrat de travail[15].

432.29 Règles communes applicables aux licenciements – Sanction du non-respect des règles de licenciement. Il faut d'abord préciser que les licen-

1. Soc. 28 juin 2006, n°s 04-44.599, 04-44.600, 04-44.964, 04-44.965, NP; n° 1664 F-D.
2. L. n° 2011-893, 28 juill. 2011, *JO* 29 juill., p. 12914.
3. Soc. 3 févr. 2016, n° 14-23.633, *Bull. civ.* V [à paraître]; n° 267 P+B.
4. L. n° 2011-893, 28 juill. 2011, préc.
5. Soc. 3 févr. 2016, n° 14-23.633, préc.
6. Soc. 22 sept. 2015, n° 14-16.218, *Bull. civ.* V [à paraître]; *Rev. proc. coll.* 2016, comm. 19, note Taquet.
7. Soc. 17 mars 2015, n° 13-26.941, *Bull. civ.* V [à paraître].
8. L. n° 2015-990, 6 août 2015, préc.
9. Jacotot et Fin-Langer, « La loi Macron et le droit social », *Rev. proc. coll.* 2015, études 17.
10. Soc. 5 févr. 2002, n° 99-46.345, *Bull. civ.* V, n° 52.
11. Soc. 2 mars 2004, n° 02-41.931, n°s 02-41.933 à 02-41.935, 02-42.079 à 02-42.082, NP – Soc. 28 sept. 2011, n° 09-43.374, NP, *Rev. proc. coll.* 2011, comm. 193, note Taquet.
12. Soc. 5 mars 2002, n° 00-41.429, *Bull. civ.* V, n° 52.
13. Taquet, obs. *Rev. proc. coll.* 2007/2, p. 77, n° 2.
14. Soc. 11 avr. 2012, n° 11-11.037, *Bull. civ.* V, n° 120.
15. Soc. 28 févr. 2006, n° 03-47.860, NP, *Rev. proc. coll.* 2006/3, p. 284, n° 14, obs. Taquet.

ciements effectués par l'administrateur ou par le liquidateur alors en fonction restent efficaces, malgré la réformation ou l'annulation ultérieure du jugement d'ouverture de la procédure collective. La solution a été posée pour des licenciements intervenus en liquidation judiciaire. Il en résulte que les créances résultant de ces licenciements restent opposables à l'employeur[1].

Diverses règles doivent être respectées pour procéder aux licenciements dans les procédures de redressement et de liquidation judiciaires.

Il en est ainsi, en toutes les phases de la procédure, de l'obligation d'informer la direction départementale de l'emploi et de celle consistant à consulter les délégués du personnel ou le comité d'entreprise. La violation de ces obligations n'entraînera pas la nullité du licenciement opéré[2], mais celui-ci sera dénué de cause réelle et sérieuse, ce qui exposera l'employeur à des dommages et intérêts. En outre, le défaut de consultation des institutions représentatives du personnel entraîne constitution du délit d'entrave aux fonctions du comité d'entreprise ou des délégués du personnel (C. trav., art. L. 2316-1 et L 2328-1 [anc^t^ C. trav., art. L. 482-1 et L. 483-1]). L'absence de ces consultations rend les intéressés passibles d'une amende de 3 750 euros par salarié concerné par l'infraction (C. trav., art. L. 1238-2 [anc^t^ C. trav., art. L. 321-11]).

Le licenciement opéré en période d'observation sans autorisation préalable du juge-commissaire n'est pas davantage nul[3]. La jurisprudence estime alors qu'il perd son caractère économique[4] et qu'il est effectué sans cause réelle et sérieuse, ce qui justifie l'octroi de dommages et intérêts[5].

Il en est de même du licenciement opéré sans respect de la procédure de conversion, ce qui autorise l'engagement de la responsabilité de son auteur[6].

En revanche, les licenciements opérés en plan de redressement sans que le tribunal ne les ait prévus sont nuls[7], ce qui tranche curieusement avec les autres hypothèses. Le salarié dont le licenciement n'a pas été effectué régulièrement continuera alors son contrat de travail avec le débiteur, en plan de continuation *ou* de redressement, avec le repreneur en plan de cession[8].

Il convient enfin de préciser que selon l'article L. 1233-58 du code du travail (anc^t^ C. trav., art. L. 32[illegible]), l'établissement d'un plan social est obligatoire pour les entreprises d'au moins cinquante salariés lorsque dix salariés au moins sont licenciés sur une même période de trente jours. En cas de non-respect de cette obligation, le juge saisi de la difficulté définira les conséquences de l'irrégularité, sans qu'il puisse s'agir de la nullité des licenciements (L. 19 janv. 2000[9], dite loi Aubry II).

1. Soc. 28 juin 2006, n°s 04-43.286, 04-43.287, NP; n° 1663 F-D.
2. Soinne, n° 1387.

3. Derrida et *alii*, n° 493 – Chaput, n° 598 – Soinne, n° 1394.
4. Soc. 3 mai 2001, n° 99-41.813, *Bull. civ.* V, n° 151.
5. Soc. 12 mai 1998, n° 96-40.606, *Bull. civ.* V, n° 243; *D.* 1998. IR 148 – Soc. 5 oct. 1999, n° 96-40.746, *Bull. civ.* V, n° 367; *D.* 2000. Somm. 6, obs. Derrida; *Act. proc. coll.* 1999/18, n° 239.
6. Soc. 10 mai 1999, n° 97-40.060, *Bull. civ.* V, n° 203; *D.* 2000. Somm. 8, obs. Derrida.
7. Soc. 30 juin 1992, n° 90-44.057, *Bull. civ.* V, n° 427 – *Adde*, Derrida et *alii*, n° 493 – Pérochon et Bonhomme, 6e éd., n° 321.
8. Soc. 13 juin 2001, n° 99-42.351, NP, *Act. proc. coll.* 2001/15, n° 193, obs. Vallansan.
9. L. n° 2000-37, 19 janv. 2000, préc.

CHAPITRE

433. Baux des locaux professionnels

SECTION 0

Orienteur

433.00 **Plan du chapitre.**

Sect.	433.10	Règles gouvernant la continuation des baux des locaux professionnels
Sect.	433.20	Règles gouvernant la résiliation des baux des locaux professionnels pendant la procédure

433.01 **Textes applicables.** (V. les références complète s^s n° 011).

> Législation antérieure à la loi de sauvegarde des entreprises.

C. com., art. L. 145-41, L. 621-29, L. 621-30, L. 622-13

D. 27 déc. 1985, art. 61-1

> Législation issue de la loi de sauvegarde des entreprises.

C. com., art. L. 145-41, L. 622-14 à L. 622-16, L. 631-14, I, L. 641-12

C. com., art. R. 622 13, al. 2 (anc^t D. 28 déc. 2005, art. 88, al. 2), R. 631-20 (anc^t D. 28 déc. 2005, art. 189), R. 641-21, al. 2 (anc^t D. 28 déc. 2005, art. 233-1, al. 2)

> Législation issue de l'ordonnance du 18 décembre 2008.

C. com., art. L. 145-41, L. 622-14 à L. 622-16, L. 631-14, al. 1, L. 641-12

C. com., art. R. 622-13, al. 2, R. 631-20, R. 641-21, al. 2

433.02 **Jurisprudence de référence.**

> Seule une décision passée en force de chose jugée au sens de l'article 500 du code de procédure civile, c'est-à-dire non susceptible d'un recours suspensif, au jour de l'ouverture de la procédure, conduira à une impossibilité de continuation du contrat de bail commercial.

• **Com. 12 juin 1990,** n° 88-19.808, *Bull. civ.* IV, n° 172

* V. s^s n° 433.13

> Les causes permettant la résiliation du bail en liquidation judiciaire ne peuvent être financières, si elles sont antérieures au jugement d'ouverture.

• **Com. 28 mai 2002,** n° 98-14.259, *Bull. civ.* IV, n° 93

* V. s^s n° 433.23

« Vu l'article 47 de la loi du 25 janvier 1985, devenu l'article L. 621-40 du code de commerce et l'article 153-3 alinéa 4 de la loi du 25 janvier 1985, devenu l'article L. 622-13 alinéa 4 du code de commerce – Attendu que pour accueillir l'action du bailleur, l'arrêt, après avoir énoncé que l'article 153-3 de la loi du 25 janvier 1985 constitue une exception à l'interdiction ou à la suspension résultant de l'article 47 de la même loi, retient que la demande de résiliation formée en application du premier de ces textes peut avoir pour fondement toute cause antérieure au jugement de liquidation judiciaire, y compris le non-paiement des loyers; Attendu qu'en statuant ainsi, alors que l'article L. 622-13 alinéa 4 du code de commerce ne déroge pas à l'article L. 621-40 du même code, ce dont il résulte que, sous réserve de l'application des dispositions de l'article 38 de la loi du 25 janvier 1985 devenu l'article L. 621-29 du code de commerce, les causes antérieures au jugement de liquidation judiciaire mentionnées au premier de ces textes ne peuvent concerner que des obligations autres que le paiement d'une somme d'argent, la cour d'appel a violé les textes susvisés. »

> Le bailleur dispose d'une option de compétence pour faire constater la résiliation du bail professionnel après jugement d'ouverture.

• **Com. 10 juill. 2001,** n° 99-10.397, *Bull. civ.* IV, n° 133

* V. s^s n° 433.25

« Mais attendu qu'ayant exactement retenu que la compétence donnée au juge-commissaire par l'article 61-1 du décret n° 85-1388 du 27 décembre 1985, introduit par le décret du 21 octobre 1994, pour constater la résiliation de plein droit des contrats poursuivis après l'ouverture de la procédure collective n'excluait pas la compétence du juge des référés, appelé à statuer en application de la clause résolutoire insérée au bail et de l'article 25 du décret du 30 septembre 1953 [devenu C. com., art. L. 145-41], indépendamment du déroulement de la procédure collective, la cour d'appel a légalement justifié sa décision. »

> Le bail commercial renouvelé après délivrance d'un congé n'est pas un contrat en cours.

• **Cass., ass. plén., 7 mai 2004,** n° 02-13.225, *Bull. ass. plén.*, n° 9

* V. s^s n° 433.12

« Le bail commercial renouvelé après délivrance d'un co
est un nouveau bail, le précédent cessant par l'effet
congé. Il en résulte qu'il ne constitue pas un contrat en c
dont l'administrateur du redressement judiciaire du pren
peut exiger l'exécution. »

433.03 Bibliographie indicative. (V. les références c
plètes s^s n° 031).

> Actualisables. REP. COM., Monsérié-Bon M.-H., « Entre
ses en difficulté – Redressement judiciaire (Période d'obse
tion) », n°s 183 à 198.

**> Ouvrages antérieurs à la loi de sauvegarde des entre
ses.** CHAPUT, n° 355 – JACQUEMONT, n°s 310 à 315 – KE
KHOVE, n°s 472 à 479 – LE CANNU, n° 664 – LE CORRE-BRO
n°s 172 à 175 – MARTIN ET VALLENS, n°s 3041 à 3053 – PÉ
CHON ET BONHOMME, n°s 204, 205 – PÉTEL, n°s 244, 41
RIPERT ET ROBLOT, n°s 3059 à 3059-2 – SAINT-ALARY-HOU
n°s 563 à 577 – SOINNE, n°s 1359 à 1427, 2330 à 2337 – V
LANSAN, p. 90 à 93, 295, 296.

**> Ouvrages postérieurs à la loi de sauvegarde des entrep
ses.** COQUELET, 5e éd., n°s 218 à 220 – JACQUEMONT ET VABRE
9e éd., n°s 426 à 433, 904 – Kendérian F., *Le sort du ba
commercial dans les procédures collectives*, 4e éd., Litec
2015 – LE CANNU, 7e éd., n°s 725 à 740 – LIENHARD, 6e éd.,
n°s 76.43 à 76.49, 76.51 à 76.54, 122.48 – PÉROCHON,
10e éd., n°s 749 à 761, 1183 – Reille, « Sauvegardes, redressement et liquidation judiciaires, rétablissement professionnel », *Droit et pratique des baux commerciaux*, 4e éd., « Dalloz Action », 2015, n°s 810.00 s. – ROUSSEL GALLE, n°s 256 à 260 – SAINT-ALARY-HOUIN, 9e éd., n°s 627 à 637, 640, 1209 – VALLANSAN ET *ALII*, 6e éd., p. 110 à 114, 373 à 379 – VALLENS, 2015, n°s 3269 à 3276, 4431 à 4434 – VIDAL et GIORGINI, n°s 773 à 778 – VOINOT, 2e éd., n°s 589 à 589-6, 648.

> Articles. Auque F., « Le nouveau droit de l'entreprise en difficulté : le cas particulier du bailleur », *Rev. proc. coll.* 2006/4, p. 341; « La résiliation du bail commercial en cas de procédure de sauvegarde ou de redressement judiciaire du preneur », *RJ com.* 2006. 478 – Aynes A., « Le traitement des difficultés des entreprises à l'épreuve des droits du bailleur commercial : pièges et incertitudes », *BJE* sept. 2013, p. 321 – Gall-Heng E., « La première réforme de la loi de sauvegarde "sauvegarde" le bail commercial », *Gaz. proc. coll.* 2009/3, p. 3 – Keita M., « Le bail commercial en cours à l'ouverture de la procédure collective du bailleur », *LPA* 30 juill. 2003, n° 151, p. 6 – Kendérian F., « Le bail commercial relève-t-il du régime des contrats en cours en cas de procédure collective du bailleur ? », *D.* 2003. Chron. 610; « Le bail des locaux professionnels dans les procédures collectives après l'ordonnance du 18 décembre 2008 », *Gaz. Pal.* 6-7 mars 2009, n° sp. p. 31; « La nouvelle cession-déspécialisation du bail commercial en cas de procédure collective », *Rev. proc. coll.* 2014, étude 25 – Kuntz J.-E. et Nurit V., « Le bail et la procédure collective : une valse à trois temps », 1re partie, *BJE* nov. 2011, Doctr. 154, p. 349; 2e partie, *BJE* mai 2012, Doctr. 77, p. 187; 3e partie, *BJE* juill. 2012, Doctr. 111, p. 263 – Le Cannu P., « La poursuite de l'activité », *Dr. et patr.* déc. 2009, n° 187, p. 68 – Le Corre P.-M., « Les baux commerciaux de la réforme des procédures collectives », *AJDI* 2006. 175; « Questions-réponses sur la résiliation du bail commercial après l'ouverture d'une procédure collective », *Gaz. Pal.* 18 janv. 2013, n° 18, Technique p. 43 – Macorig-Vénier F. et Monsérié-Bon M.-H., « Bail commercial et procédures collectives – questions d'actualités », *Dr. et patr.* juin 2012, n° 215, p. 81 – Monéger J., « Le bail de l'entreprise est-il encore un contrat comme les autres », *Loyers et copr.* 2005/9, p. 3; « Baux en cours et procédures collectives : deux vérités valent moins qu'une », *Loyers et copr.* 2006, repère 3 – Martin R., « Clause résolutoire et redressement judiciaire », *Ann. loyers* 1990. 1068; « Indemnité d'éviction et liquidation judiciaire du bailleur », *Ann. Loyers* 1994, p. 620 – Rohart-Messager I. et Vercken H., « Bail commercial et droit des entreprises en difficulté », Roussel Galle (dir.), *Entreprises en difficulté*, « Droit 360° », LexisNexis, 2012, p. 313 – Roussel Galle Ph., « Les "nouveaux" régimes des contrats en cours et du bail », *Rev. proc. coll.* 2009/1, 7, p. 55 – Saintourens B., « Le régime du bail commercial après la réforme des procédures collectives », *Loyers et copr.* 2005/10, n° 11, p. 7 – Teboul G., « Comment déjouer les pièges de la procédure collective du locataire », *LPA* 3 avr. 2003, n° 67, p. 3 – Tirvaudey-Bourdin C., « Le bail commercial à l'épreuve de la procédure collective du bailleur », *Rev. proc. coll.* 2004, p. 30 - Varoclier J., « Le bailleur, mal-aimé des procédures collectives », *Gaz. Pal.* entr. diff. 1-2 avr. 2011, p. 4.

433.04 Questions essentielles.

• À quelle condition un bail de locaux professionnels peut-il être considéré comme résilié au jour du jugement d'ouverture ?

* V. s^s n° 433.13.

• Les règles relatives à l'option sur la continuation des contrats en cours s'appliquent-elles aux baux des locaux professionnels ?

* V. s^s n° 433.21.

• Le constat de la résiliation du bail commercial par le juge-commissaire suppose t-il la délivrance du commandement de payer ?

* V. s^s n° 433.25.

433.06 Principales actions.

• Action tendant au constat après jugement d'ouverture du bail des locaux professionnels

* V. s^s n°s 433.23 à 433.29.

• Délai d'attente de trois mois à compter de l'ouverture de la procédure de sauvegarde ou de redressement judiciaire

* V. s^s n° 433.23.

• Délai d'action de trois mois à compter de la publication du jugement de liquidation judiciaire

* V. s^s n° 433.23.

433.07 Voies de recours sur les décisions mettant en jeu les actions (v. s^s n° 433.25).

• Recours sur l'ordonnance du juge-commissaire statuant sur le constat ou le prononcé de la résiliation du bail devant le tribunal dans le délai de dix jours à compter de la notification.

• Appel possible sur le jugement du tribunal dans le délai de dix jours de la notification.

433.08 Sanction de l'absence ou de l'échec de l'action.

• Absence de résiliation du bail.

SECTION 433.10

RÈGLES GOUVERNANT LA CONTINUATION DES BAUX DES LOCAUX PROFESSIONNELS

433.11 Bailleur en redressement ou en liquidation judiciaire. Le plus souvent, les difficultés se posent en matière de bail commercial, lorsque procédure collective est ouverte, intéressent l'hypothèse de la sauvegarde, du redressement ou la liquidation judiciaire du preneur. Mais que se passe-t-il si la procédure collective frappe le bailleur

Aux termes de l'article L. 621-28, alinéa 1 du code de commerce, dans la rédaction antérieure à la loi de sauvegarde des entreprises[1], (anc[t] L. 25 janv. 1985[2], art. 37, al. 1), « l'administrateur a seul la faculté d'exiger l'exécution des contrats en cours ». La règle est relayée en régime simplifié par l'article L. 621-137 alinéa 2 (anc[t] L. 25 janv. 1985, art. 141, al. 2). Une option est ainsi ouverte, doublement dérogatoire au droit commun. D'une part, l'administrateur ou le débiteur pourront imposer la continuation d'un contrat sans que le cocontractant puisse lui opposer une exception d'inexécution fondée sur le non-paiement de créances antérieures au jugement d'ouverture. D'autre part, l'administrateur ou le débiteur pourront décider de ne pas continuer un contrat qu'ils jugent non nécessaire, ouvrant ainsi au cocontractant une possibilité de résiliation.

Ce texte n'exige pas explicitement que l'option ainsi ouverte porte sur un contrat mettant en jeu la poursuite d'activité du débiteur. Une difficulté se présente dès lors, spécialement en matière de bail, lorsque c'est le bailleur qui est en redressement ou en liquidation judiciaire. Faut-il admettre que le mandataire de justice puisse résilier un bail soumis au statut des baux commerciaux alors que le bailleur est le débiteur ?

Cette question s'est posée dans une affaire soumise à la Cour de cassation. Celle-ci[3] devait casser la décision de la cour d'appel, en relevant qu'« en l'absence de mise en demeure par le cocontractant, la renonciation de l'administrateur à la poursuite du contrat n'entraîne pas la résiliation de plein droit de la convention à son initiative mais confère au seul cocontractant le droit de la faire prononcer en justice et qu'une telle demande n'entre pas dans les attributions du juge-commissaire ». Il n'était donc pas directement répondu à la question posée, mais la solution adoptée postulait, semble-t-il, une réponse positive.

Les juridictions du fond, qui avaient eu à connaître de la difficulté, étaient pourtant en sens contraire, estimant que les règles de continuation des contrats en cours n'avaient vocation à s'appliquer que si la procédure collective atteignait le preneur à bail commercial, non le bailleur[4]. Une solution identique était posée en présence d'un bail rural[5] ou d'une location-gérance lorsque le débiteur était le loueur du fonds[6].

La solution implicite ici posée par la Cour de cassation se recommande certes d'un argument de texte : la règle *Ubi lex*... Il est vrai que l'article L. 621-28 du code de commerce ne distingue pas selon que le contrat intéresse ou non l'activité du débiteur et la Cour de cassation est venue préciser que l'article L. 621-28 du code de commerce n'exige pas que le contrat dont la continuation est sollicitée par l'administrateur soit nécessaire à la poursuite de l'activité[7]. Est-ce une raison suffisante pour admettre une telle solution ? Il ne nous semble pas.

On remarquera d'abord que l'article L. 621-28 du code de commerce est un texte d'exception, parfaitement dérogatoire, à plusieurs égards, au droit commun de l'autonomie de la volonté en matière contractuelle. La dérogation au droit commun des obligations, qui permet ici au cocontractant responsable de l'inexécution de résilier le contrat, doit être enfermée dans les strictes limites de la finalité qu'elle poursuit. Dès lors, appliquer la règle *Ubi lex*... à un texte d'exception semble poser problème.

Ensuite, admettre que l'administrateur judiciaire ou le liquidateur puisse obtenir la résiliation d'un bail lorsque le preneur est en redressement ou en liquidation judiciaire conduirait à balayer, par le fait même, toute la protection assurée aux locataires d'un immeuble commercial. En effet, la résiliation du bailleur a un effet destructeur plus grand sur les droits des locataires que le simple refus de renouvellement. En cas de résiliation, il n'y a pas place ici à versement d'une indemnité d'éviction. Ainsi le locataire d'un bail commercial serait-il évincé, sans indemnité, au seul prétexte que le bailleur est en état de redressement ou de liquidation judiciaire.

1. L. n° 2005-845, 26 juill. 2005, *JO* 27 juill., p. 12187.
2. L. n° 85-98, 25 janv. 1985, *JO* 26 janv., p. 1097.
3. Com. 19 mai 2004, n° 01-13.542, *Bull. civ.* IV, n° 100; *Act. proc. coll.* 2004/12, n° 146, note Régnaut-Moutier; *AJDI* 2005. 31, note Le Corre.
4. Caen, 11 mai 2001, *Act. proc. coll.* 2001/14, n° 176, note Régnaut-Moutier; *Gaz. Pal.* 8-9 févr. 2002, jur. p. 24, note Brault; *RJDA* 2002/2, n° 173 – *Adde*, Kendérian, « Le bail commercial relève-t-il du régime des contrats en cours en cas de procédure collective du bailleur ? », *D.* 2003. Chron. 610.
5. Paris, 14e ch. B, 18 déc. 1998, cité dans *Act. proc. coll.* 2001/14, n° 176, note Régnaut-Moutier.
6. Paris, 14e ch. B, 18 déc. 1998, cité dans *Act. proc. coll.* 2001/14, n° 176, note Régnaut-Moutier.
7. Com. 19 mai 2004, n° 01-16.900, NP; n° 802 F-D.

Il n'apparaîtrait pas davantage justifié que le redressement ou la liquidation judiciaire d'un bailleur puisse entraîner la résiliation des baux à usage d'habitation qu'il aurait pu conclure. Les locataires seraient expulsés alors qu'une autre forme est possible, qui consiste à vendre l'immeuble appartenant au bailleur en respectant les baux consentis, comme le permet le code civil. Sans doute, les créanciers de la liquidation judiciaire du bailleur auraient à en souffrir car le prix de vente d'un immeuble occupé n'est pas nécessairement le même que celui d'un immeuble libre d'occupation. Pour autant, on comprendrait mal que les créanciers du bailleur soient mieux traités si le bailleur est en liquidation judiciaire que s'il ne l'était pas. Or, en l'absence de liquidation judiciaire, la vente de l'immeuble du bailleur n'a pas pour effet d'entraîner résiliation des contrats de location.

La « réversibilité » de l'article L. 621-28 du code de commerce ne nous semble donc nullement acquise, contrairement à l'opinion d'un auteur[1].

La **loi de sauvegarde des entreprises** a vidé de sa substance la discussion, en posant explicitement que le régime de continuation du bail des locaux professionnels est limité au seul cas où le débiteur est le locataire du local concerné par le contrat de bail. Il a été dit qu'« il n'apparaît pas justifié de permettre au débiteur qui serait lui-même bailleur d'un local de profiter de ce dispositif dérogatoire au droit commun »[2]. Ainsi, la lettre du texte de l'article L. 622-14 alinéa 1, texte de la procédure de sauvegarde, rendu applicable en redressement judiciaire par l'article L. 631-14, I, rejoint – elle désormais la logique du dispositif. Même si la lettre de l'article L. 641-12 alinéa 1 n'est pas aussi explicite, la solution n'est pas différente en liquidation judiciaire, ce texte indiquant que « la liquidation judiciaire n'entraîne pas de plein droit la résiliation du bail des immeubles affectés à l'activité de l'entreprise ». Il ne peut s'agir que de l'activité de l'entreprise débitrice. L'ordonnance du 18 décembre 2008[3] ne modifie pas la solution, puisque l'article L. 622-14, alinéa 1 du code de commerce dispose que « sans préjudice de l'application du I et du II de l'article L. 622-13, la résiliation du bail des immeubles donnés à bail **au débiteur** et affectés à l'activité de l'entreprise intervient dans les conditions suivantes... ». La modification du texte résultant de l'ordonnance du 9 décembre 2010[4], portant adaptation du droit des entreprises en difficulté à l'entrepreneur individuel à responsabilité limitée, qui remplace le mot « affectés » par celui « utilisés », afin d'éviter des ambiguïtés liées à la création du statut de l'EIRL, n'a pas pour effet de modifier l'interprétation de ce texte.

Il faut en déduire que le droit spécial de la résiliation du bail des locaux professionnels est sans application[5], lorsque la procédure collective atteint le bailleur, non le preneur à bail. En revanche, il n'y a pas lieu, à notre sens, d'écarter le droit commun de continuation des contrats en cours, en présence d'une procédure collective atteignant le bailleur des baux professionnels[6].

Précisons que si le bailleur qui délivre congé avec refus de renouvellement fait l'objet d'une procédure collective, il appartient au locataire de déclarer sa créance d'indemnité d'éviction au passif. L'avocat du locataire qui omet cette déclaration de créance engage sa responsabilité[7].

433.12 Bail commercial, artisanal ou industriel en cours au jour du jugement d'ouverture – congé avec refus de renouvellement antérieur au jugement d'ouverture. Il convient d'abord de préciser que le dispositif ci-dessous ne concerne que le bail des immeubles affectés à l'activité de l'entreprise[8]. Tel n'est pas le cas d'un contrat portant sur l'immeuble d'habitation du débiteur[9]. En outre, le dispositif ne concerne que le bail, laissant ainsi soumis à l'application du droit commun, le contrat de crédit-bail immobilier[10], le bail à construction[11], ou encore le contrat de location-accession[12].

Il se peut d'abord que, au jour du jugement d'ouverture de la procédure de sauvegarde, de redressement ou de liquidation judiciaire atteignant le preneur, le contrat de bail professionnel soit arrivé à son terme. La législation des procédures collectives reste muette sur la question. Comment interpréter ce silence ? Faute de mise à l'écart, le droit commun doit s'appliquer. Il en résulte qu'un contrat arrivé à terme avant le jugement d'ouverture ne pourra renaître pour les seuls besoins de la procédure collective. Cette solution, appliquée au bail commercial, conduit à décider que le congé avec refus de renouvellement du

1. Régnaut-Moutier, note s[s] Com. 19 mai 2004, n° 01-13.542; n° 811 FS-P+B; *Act. proc. coll.* 2004/12, n° 146.
2. *Rapp. J.-J. Hyest*, n° 335, p. 199.
3. Ord. n° 2008-1345, 18 déc. 2008, *JO* 19 déc., p. 19462.
4. Ord. n° 2010-1512, 9 déc. 2010, *JO* 10 déc., p. 21617.
5. Kendérian, *Le sort du bail commercial dans les procédures collectives*, 4e éd., LexisNexis, 2015, n° 199.
6. EN CE SENS AUSSI : VALLANSAN ET *ALII*, 6e éd., p. 110 – Auque, « Le nouveau droit de l'entreprise en difficulté : le cas particulier du bailleur », *Rev. proc. coll.* 2006/4, p. 341 s., sp. p. 343 – Le Cannu, « La poursuite de l'activité », *Dr. et patr.* déc. 2009, n° 187, p. 68 s., sp. p. 70.
7. Com. 4 janv. 2005, n° 03-10.284, *Bull. civ.* IV, n° 3; n° 34 FS P+B; *JCP E* 2005, Chron. 863, p. 965, n° 39, obs. Monéger.
8. Com. 9 mai 1995, n° 93-10.549, *Bull. civ.* IV, n° 136.
9. Angers, 25 juin 1986, *JCP E* 1987. 16003, obs. M. Cabrillac et Vivant.
10. Com. 11 mars 1997, n° 94-15.678, NP, *Dr. sociétés* 1997, n° 82, obs. Chaput.
11. Civ. 3e, 28 janv. 2004, n° 01-00.893, *Bull. civ.* III, n° 13.
12. Com. 3 avr. 2001, n° 98-14.911, NP.

bail commercial de la part du bailleur, dès lors qu'il a été régulièrement porté à la connaissance du preneur, ne peut être tenu en échec par l'administrateur judiciaire ou le liquidateur. Le jugement d'ouverture de la procédure collective atteignant le locataire reste sans effet sur le cours du délai de l'action en contestation de validité d'un congé sans offre de renouvellement, le délai n'étant pas suspendu[1].

L'Assemblée plénière de la Cour de cassation a eu à préciser, reprenant en cela la solution exprimée dans la même affaire par la chambre commerciale de la Cour de cassation[2], que « le bail commercial renouvelé après délivrance d'un congé est un nouveau bail, le précédent cessant par l'effet du congé. Il en résulte qu'il ne constitue pas un contrat en cours dont l'administrateur du redressement judiciaire du preneur peut exiger l'exécution »[3].

Il est explicitement prévu que la continuation du bail pourra intervenir en situation de liquidation judiciaire, même s'il n'y a pas poursuite provisoire de l'activité, dans la rédaction antérieure à la loi de sauvegarde des entreprises (C. com., art. L. 622-13 [anc^t L. 25 janv. 1985, art. 153-3, al. 1]). Cette règle, qui a été reprise par la loi de sauvegarde des entreprises (C. com., art. L. 641-12, al. 1), est essentielle pour permettre, dans un second temps, la vente du fonds de commerce ou, sous l'empire de la législation antérieure à la loi de sauvegarde de l'entreprise, de l'unité de production, laquelle serait rendue, dans la généralité des cas, impossible en cas de résiliation du bail. Il y va, dans les deux cas, de l'intérêt du débiteur et des créanciers *in globo*, et, dans le second cas, de l'intérêt en outre des salariés.

L'ordonnance du 18 décembre 2008 ne reprend pas explicitement le principe de continuation du bail des locaux professionnels en liquidation judiciaire. L'article L. 641-11-1 du code de commerce, issu de la rédaction que lui donne cette ordonnance (ord. 18 déc. 2008, art. 104), est consacré aux règles générales intéressant la continuation et la résiliation des contrats en cours. L'alinéa 5 de l'article R. 641-21, qui résulte de l'article 75 du décret du 12 février 2009[4], précise que « les dispositions relatives à la continuation et à la résiliation des contrats en cours s'appliquent qu'il y ait ou non maintien provisoire de l'activité ». Ainsi, le principe de continuation du bail des locaux professionnels en liquidation judiciaire se fond-il désormais dans le principe général applicable à tous les contrats, qu'il y ait ou non poursuite provisoire de l'activité.

433.13 Notion de bail commercial résilié au jour du jugement d'ouverture. La règle de droit commun selon laquelle est recevable après jugement d'ouverture l'action tendant au constat de l'acquisition d'une clause résolutoire ayant joué avant jugement d'ouverture (v. s^s n° 621.62) est écartée en matière de bail commercial. Il faut ici respecter l'article L. 145-41 du code de commerce.

Si le bail n'est pas résilié avant jugement d'ouverture, il ne peut plus l'être après, pour défaut de paiement de loyers ou de charges antérieurs au jugement d'ouverture. Ainsi, l'action introduite avant le jugement d'ouverture de la procédure collective du preneur à bail, en vue de faire constater l'acquisition de la clause résolutoire prévue au bail pour défaut de paiement des loyers ou des charges afférents à une occupation antérieure au jugement de la procédure [et non pas des loyers ou charges échus avant ce jugement comme cela est parfois énoncé[5]] ne peut, dès lors qu'elle n'a donné lieu à aucune décision passée en force de chose jugée, être poursuivie après ce jugement[6]. La règle de l'arrêt des poursuites individuelles justifie la solution[7].

Cette règle est d'ordre public et peut donc être relevée d'office par la cour d'appel[8], peu important en conséquence que le débiteur et son administrateur ne l'aient pas invoqué ou l'ait tardivement soulevé ou qu'ils se soient trompés dans le visa des articles du code de commerce, en visant les textes anciens et non ceux issus de la loi de sauvegarde des entreprises[9].

Observons que si l'action en résiliation commencée avant le jugement d'ouverture n'a pas pour fondement une inexécution de nature financière, elle pourra être poursuivie après jugement d'ouverture, puisqu'elle n'est pas soumise à la règle de l'arrêt des poursuites individuelles (v. s^s n° 433.24).

1. Civ. 3e, 8 oct. 2015, n° 14-18.881, *Bull. civ.* III [à paraître]; n° 1031 FS-P+B; *Gaz. Pal.* 19 janv. 2016, n° 3, p. 61, note Kendérian; *JCP E* 2016, chron. 1273, n° 29, note Monéger; *RTD com.* 2016. 198, n° 4, note Martin-Serf.
2. Com. 17 février 1998, n° 95-13.296, *Bull. civ.* IV, n° 72; *Gaz. Pal.* 1er-3 nov. 1998, Somm. 13, obs. Brault; *JCP E* 1998, jur. 1361, note Brault.
3. Cass. ass. plén., 7 mai 2004, n° 02-13.225, *Bull. ass. plén.*, n° 9; *D.* 2004. AJ 1451, concl. De Gouttes, obs. Lienhard; *D.* 2004. Somm. 2142, obs. Le Corre; *Act. proc. coll.* 2004/10, n° 121, note Régnaut-Moutier; *JCP E* 2004, jur. 1059, p. 1156, note Demoustier; *Rev. proc. coll.* 2004, p. 222, n° 1, obs. Roussel Galle; *JCP E* 2004, Chron. 1292, p. 1389, n° 14, obs. Pétel; *Defrénois* 2004. 38066, p. 1666, n° 9, note Gibirila; *JCP E* 2005, Chron. 863, p. 964, n° 38, obs. Monéger – SUR LA CRITIQUE de la solution : Kendérian, *Le sort du bail commercial dans les procédures collectives*, 4e éd., LexisNexis, 2015, n° 64.
4. D. n° 2009-160, 12 févr. 2009, *JO* 13 févr., p. 2596.
5. AINSI : Com. 15 févr. 2011, n° 10-12.747, NP; n° 131 F-D; *BJE* mai/juin 2011, § 67, p. 118, note Berthelot.
6. Com. 15 févr. 2011, n° 10-12.747, préc. (v. s^s prés^t n°).
7. AINSI : Paris, 14e ch. B, 19 oct. 2007, RG n° 07/07893.
8. Paris, 14e ch. B, 13 oct. 2006, RG n° 06/03503, *D.* 2006. AJ 2669 obs. Lienhard.
9. L. n° 2005-845, 26 juill. 2005, préc. – Paris, 14e ch. B, 13 oct. 2006, RG n° 06/03503, préc. (v. s^s prés^t n°).

Pour que le bail commercial soit résilié avant jugement d'ouverture, par l'effet d'une clause résolutoire de plein droit, celle-ci doit avoir joué avant jugement d'ouverture, ce qui suppose l'expiration d'un délai d'un mois à compter du commandement visant la clause résolutoire. Le bailleur devra avoir saisi, avant jugement d'ouverture, le président du tribunal de grande instance statuant en la forme des référés, pour faire constater la résiliation, le contraire ayant cependant été jugé[1]. La juridiction devra avoir rendu son ordonnance avant jugement d'ouverture, solution posée tant en redressement judiciaire[2], qu'au profit du liquidateur[3].

Bien que l'article 145-41 du code de commerce évoque une décision ayant « autorité de chose jugée », seule une décision passée en force de chose jugée au sens de l'article 500 du code de procédure civile, c'est-à-dire non susceptible d'un recours suspensif, au jour de l'ouverture de la procédure, conduira à une impossibilité de continuation du contrat[4].

Cette règle joue indépendamment du fait de savoir si le locataire ne justifie pas d'un motif légitime pour refuser de payer les loyers[5] et indépendamment du fait que le mandataire de justice, présent à la procédure, n'articule aucun moyen relatif au sort du bail dans le cadre du redressement judiciaire[6].

Tel n'est pas le cas d'une ordonnance de référé frappée d'appel avant intervention du jugement d'ouverture[7]. Peu importe à cet égard que l'ordonnance de référé constatant l'acquisition de la clause résolutoire soit exécutoire à titre provisoire[8]. Est également sans importance, le fait que la cour d'appel ait confirmé l'ordonnance constatant l'acquisition de la clause résolutoire[9]. Elle ne pouvait en effet le faire, après le prononcé du jugement d'ouverture.

Il est également sans importance que le liquidateur ne conteste ni les causes ni la régularité du commandement de payer visant la clause résolutoire[10].

Tel n'est pas davantage le cas d'une ordonnance signifiée avant le jugement d'ouverture, dès lors que moins de quinze jours se sont écoulés entre la signification et le jugement d'ouverture[11]. Il en résulte que la demande du débiteur de suspendre les effets de la clause résolutoire par octroi de délais de paiement, présentée alors que l'ordonnance de référé n'est pas définitive est sans objet[12]. Il en est aussi tiré la conséquence que l'ordonnance de référé constatant la résiliation du bail ne pourra fonder une saisie-attribution si elle est frappée d'appel au jour de l'intervention du jugement d'ouverture[13].

L'ordonnance constatant la résiliation est susceptible d'appel de la part de l'administrateur judiciaire ou du liquidateur et, faute d'être deve-

1. Aix-en-Provence, 15e ch., Jex, 28 avr. 2000, *Act. proc. coll.* 2001/1, no 8.
2. Civ. 3e, 26 mai 2016, no 15-12.750, NP.
3. Paris, 14e ch., 9 déc. 2005, RG no 05/12935.
4. Com. 12 juin 1990, no 88-19.808, *Bull. civ.* IV, no 172; *D.* 1990. 450, note Derrida – Com. 14 mai 1991, no 89-16.924, *Bull. civ.* IV, no 166; *Rev. loyers* 1993. 397, note Gallet – Civ. 3e, 26 juin 1991, no 90-11.948, *Bull. civ.* III, no 193 – Civ. 3e, 13 mai 1992, no 90-18.399, *Bull. civ* III, no 146 – Civ. 3e, 13 oct. 1993, no 91-19.434, NP, *Rev. huissiers* 1994. 185, note Vidal – Com. 30 nov. 1993, no 91-13.783, NP, *Rev. loyers* 1994. 461, note Gallet – Com. 17 janv. 1995, no 90-18.439, NP, *Rev. proc. coll.* 1995, 294, no 2, obs. Mestre et Laude – Com. 28 sept. 2004, no 02-15.818, NP – Civ. 3e, 18 sept. 2012, no 11-19.571, NP; no 1026 F-D – Paris, 14e ch. B, 19 sept. 2003, RG no 03/02326 – Paris, 14e ch. B, 12 mars 2004, RG no 2003/12975 – Paris, 14e ch. B, 12 mars 2004, RG no 03/12975 – Paris, 14e ch. A, 17 mai 2006, RG no 2005/19124 – *Adde*, IFPPC 1999, recomm. nos 2051-3, 6038-2, p. 50, 168 – Kendérian, *Le sort du bail commercial dans les procédures collectives*, 4e éd., LexisNexis, 2015, no 33.
5. Civ. 3e, 18 sept. 2012, no 11-19.571, NP; no 1026 F-D.
6. Civ. 3e, 18 sept. 2012, no 11-19.571, préc. (v. ss prést no).
7. Civ. 3e, 27 juin 2006, no 05-14.329, NP, *JCP E* 2007. 1523, p. 26, no 38, obs. Monéger; *Loyers et copr.* 2006, comm. 201, obs. Brault – Com. 30 janv. 2007, no 05-19.045, NP; no 125 F-D; *Gaz. proc. coll.* 2007/2, p. 39, note Roussel Galle; *Rev. proc. coll.* 2007/3, p. 134, no 3, obs. Macorig-Vénier – Com. 3 juill. 2007, no 05-21.030, NP; no 917 F-D; *JCP E* 4 oct. 2007, 2210, p. 38, note Rémery; *Rev. proc. coll.* 2008/3, p. 49, no 126, note Macorig-Venier; *Rev. proc. coll.* 2008/3, p. 52, no 130, note Staes – Com. 3 juill. 2007, no 05-20.519, NP; no 933 F-D; *Gaz. proc. coll.* 2007/4, p. 44, note Rohart-Messager; *JCP E* 2007. 2210, p. 38, note Rémery; *Rev. proc. coll.* 2008/3, p. 49, no 126, note Macorig-Venier; *Rev. proc. coll.* 2008/3, p. 52, no 130, note Staes – Com. 28 oct. 2008, no 07-17.662, *Bull. civ.* IV, no 184; no 1092 F-P+B; *D.* 2008. AJ 2865, note Lienhard; *JCP E* 2009. 1382, note Bourgeois – Civ. 3e, 17 mai 2011, no 10-12.866, NP; no 584 F-D; *D.* 2012. Chron. 1850, obs. Dumont-Lefrand; *Gaz. Pal.* 7 oct. 2011, no 280, p. 25, note Kendérian – Paris, 14e ch. A, 27 oct. 2004, RG no 2004/9515 – Paris, 14e ch. B, 14 oct. 2005, RG no 05/7470 – Aix-en-Provence, 1re ch. C, 14 nov. 2006, RG no 05/21833, *Rev. proc. coll.* 2007/3, p. 137, no 1, obs. Staes – Paris, 14e ch. B, 5 oct. 2007, RG no 07/04540 – Montpellier, 5e ch. A, 10 janv. 2013, RG no 12/02802, *Gaz. Pal.* 19 mai 2013, no 139, p. 15.
8. Com. 28 oct. 2008, no 07-17.662, *Bull. civ.* IV, no 184; no 1092 F-P+B; *D.* 2008. AJ 2865, note Lienhard; *JCP E* 2009. 1382, note Bourgeois; *Gaz. proc. coll.* 2009/1, p. 32, no 1, note Kendérian – Com. 15 févr. 2011, no 10-12.747, NP; no 131 F-D; *BJE* mai/juin 2011, § 67, p. 118, note Berthelot.
9. Com. 15 févr. 2011, no 10-12.747, NP; no 131 F-D; *BJE* mai/juin 2011, § 67, p. 118, note Berthelot.
10. Civ. 3e, 9 janv. 2008, no 06-21.499, *Bull. civ.* III, no 1; no 5 FS-P+B; *D.* 2008. AJ 291; *Gaz. proc. coll.* 2008/2, p. 20, note Reille; *Act. proc. coll.* 2008/2, no 22, note Moutier; *Rev. proc. coll.* 2008/3, p. 49, no 126, note Macorig-Venier; *Dr. et patr.* 2008, no 172, p. 106, note Monsérié-Bon.
11. Com. 23 nov. 2004, no 03-16.196, *Bull. civ.* IV, no 198 – Paris, 14e ch. A, 7 sept. 2005, RG no 05/03628 – Paris, 14e ch. A, 25 janv. 2006, RG no 05/10538 – Paris, 14e ch. A, 17 mai 2006, RG no 2005/20395.
12. Paris, 14e ch. A, 17 mai 2006, RG no 2005/20395.
13. Com. 30 janv. 2007, no 05-19.045, NP; no 125 F-D; *Gaz. proc. coll.* 2007/2, p. 39, note Roussel Galle.

nue définitive à la date du jugement d'rture, son infirmation s'imposera puisque le eur ne peut, après jugement d'ouverture, faire cater la résiliation du bail pour des causes financ antérieures au jugement d'ouverture[1].

L'exécution ne peut être poursuivie et lulsion ordonnée après jugement d'ouverture si écision constatant l'acquisition des effets de la ce résolutoire n'est pas définitive à cette date[2]. aution pourra prétendre être déchargée sur le foniment de l'article 2037 du code civil (devenu C. civ., 2314) dès lors que l'expulsion fautive a aggravé ette en privant les créanciers de la valeur du fond commerce[3].

Cependant, il a été jugé que si le baillei introduit, avant le jugement d'ouverture, une nande de constat de l'acquisition d'une clause réutoire, et si le locataire avant jugement d'ouverturobtenu des délais de paiement du président du trnal de grande instance, le bailleur peut, après le ement d'ouverture, se prévaloir de l'acquisition declause résolutoire avant le jugement d'ouverturees lors que l'ordonnance accordant des délais n'a paté respectée par le locataire[4]. L'ordonnance qui sund les effets de la clause résolutoire en accordant cdélais de paiement est exécutoire dès son prononcélais le bailleur ne pourra se prévaloir de la résiliatic faute de respect des délais de paiement accordéque si l'ordonnance est passée en force de chose ée au jour du jugement d'ouverture[5], ce qui n'est demment pas le cas si l'ordonnance est frappée d'pel[6].

La résiliation sera également évitée si l'donnance constatant la résiliation du bail a été s suivie d'une instance au fond devant le juge de kécution, qui décide que le locataire n'a pas encou « la déchéance du terme »[7].

À défaut du jeu d'une clause résolutoire dplein droit, la résiliation du bail commercial peutgalement résulter d'une décision de justice la pmonçant. Comme pour l'acquisition de la résiliatin par suite du jeu d'une clause résolutoire, la décison de justice, qui ne se contente pas ici de constater la résiliation, mais qui la prononce, devra être passée en force de chose jugée, à la date du jugement d'ouverture. À défaut, la résiliation ne sera pas acquise au jour du jugement d'ouverture. Il en résultera que le contrat de bail commercial sera en cours à cette date, ce qui autorisera sa continuation.

L'article L. 143-2 du code de commerce relatif à la vente et au nantissement des fonds de commerce prévoit que la demande de résiliation du bail doit être notifiée aux créanciers inscrits sur le fond. À défaut, elle leur est inopposable[8]. La voie de l'appel n'est pas ouverte à ces créanciers inscrits sur la décision constatant la résiliation intervenue[9].

La solution doit être étendue à la décision ne faisant que constater l'acquisition de la clause résolutoire[10]. Seuls les créanciers inscrits peuvent se prévaloir de l'absence de notification, à l'exclusion des autres créanciers[11], et donc du représentant des créanciers, ainsi que du locataire[12].

Les créanciers inscrits peuvent également former une tierce opposition dans le délai trentenaire de droit commun. Elle conduit à la rétractation de la décision ayant prononcé ou constaté la résiliation du bail[13], la tierce opposition ayant ici un effet indivisible, le bail ne pouvant être considéré comme résilié à l'égard des uns, non résilié à l'égard des autres.

Cette tierce opposition est ouverte indépendamment de la connaissance que peut avoir le bailleur de la survenance de la résiliation du bail[14]. Le droit propre du bailleur de s'opposer à la résiliation du bail est exclusif de la possibilité pour le mandataire judiciaire ou le liquidateur, qui ont en charge la défense de l'intérêt collectif des créanciers, non celle d'un créancier personnellement, de s'opposer à la résiliation du bail au motif de l'absence de notification de la procédure au créancier inscrit sur le fonds de commerce[15].

Les créanciers inscrits pourront préférer poursuivre la vente forcée du fonds, en ce compris le droit au bail[16]. En ce cas, la vente étant faite du chef du débiteur, constituant du gage, le droit de préférence des créanciers inscrits ne se reporte qu'à son rang

1. Paris, 14e ch. B, 14 mai 2004, RG n° 2003/21646 – Paris, 14e ch. A, 29 sept. 2004, RG n° 04/08582.
2. Com. 23 nov. 2004, n° 03-16.196, *Bull. civ.* IV, n° 198.
3. Com. 23 nov. 2004, n° 03-16.196, *Bull. civ.* IV, n° 198.
4. Civ. 3e, 4 nov. 1998, n° 96-18.554, NP, *Rev. proc. coll.* 1999, 119, n° 4, obs. Macorig-Venier; *Gaz. Pal.* 30 juin-1er juill. 1999, p. 23, note Brault; *JCP E* 1999, Chron. 1917, obs. Moneger; *Act. proc. coll.* 2000/1, n° 6; *LPA* 13 janv. 2000, n° 9, p. 7, note A. P. – Civ. 3e, 8 déc. 1999, n° 98-15.025, *Bull. civ.* III, n° 235; *D.* 2000. AJ 99, obs. Lienhard; *Act. proc. coll.* 2001, n° 6, obs. Vallansan; *AJDI* 2000. 81, note Gallet.
5. Paris, 14e ch. A, 29 sept. 2004, RG n° 2004/1526.
6. Civ. 3e, 17 mai 2011, n° 10-15.957 et autres, NP; n° 583 F-D; *D.* 2012. Chron. 1850, obs. Dumont-Lefrand; *Gaz. Pal.* 7 oct. 2011, n° 280, p. 25, note Kendérian.
7. Paris, 14e ch. B, 3 sept. 2004, RG n° 03/22370.
8. Civ. 3e, 22 janv. 1997, n° 95-10.049, NP, *Rev. loyers* 1997. 254, note Gallet – Paris, 14e ch. B, 23 nov. 2007, RG n° 07/08174.
9. Paris, 14e ch. B, 23 nov. 2007, RG n° 07/08174.
10. Civ. 3e, 22 mars 2006, n° 04-16.747, *Bull. civ.* III, n° 75.
11. Req. 14 nov. 1933, *S.* 1934. I. 66.
12. Civ. 3e, 6 déc. 1995, nos 94-11.068, 94-11.913, *Bull. civ.* III, n° 252; *D.* 1996. Somm. 386, obs. Piedelièvre.
13. Civ. 3e, 15 déc. 1976, n° 75-14.898, *Bull. civ.* III, n° 466; *RTD com.* 1977. 82, obs. Jauffret.
14. Com. 19 mai 2004, n° 01-12.814, NP.
15. Com. 19 mai 2004, n° 01-12.814, NP.
16. Civ. 3e, 14 déc. 1988, n° 87-10.620, *Bull. civ.* V, n° 183; *JCP* 1989. II. 21161.

sur le produit de la vente. Ils sernt donc primés par les créanciers de rang préférable

Précisons enfin que, si le bail esrésilié avant jugement d'ouverture, les organes dela procédure ne peuvent plus s'y opposer[2], pas plusu'ils ne peuvent s'opposer à la mesure d'expulsion dudébiteur[3]. Mais encore faut-il que la décision ordonnant l'expulsion soit définitive et n'ait donc pas été frappée d'appel[4].

Les organes de la procédure ne peuvent notamment, sur appel de l'ordonnance du président du tribunal de grande instance statuant en a forme des référés, solliciter des délais de paiement pour leur permettre de payer les causes du commandement et ainsi céder le fonds de commerce avec le droit au bail[5].

433.14 Respect des clauses contractuelles du bail continué. La cession du bail en liquidation judiciaire conduira, tant avant la loi de sauvegarde[6], que depuis cette même loi, au respect des clauses contractuelles, telles celles relatives à la destination des lieux loués[7] ou encore les clauses d'agrément[8].

433.15 Garantie du cédant. Sous l'empire de la loi du 25 janvier 1985[9], il-y-a encore lieu de respecter les clauses de solidarité entre l'ancien locataire et le nouveau, encore que des divergences puissent être constatées sur ce point[10]. L'article L. 621-30 du code de commerce (anc[t] L. 25 janv. 1985, art. 38-1) qui les prohibe en cas de redressement judiciaire n'est pas applicable à la liquidation judiciaire, faute pour l'article L. 622-14 (anc[t] L. 25 janv. 1985, art. 153-4) d'avoir étendu l'article L. 621-28 (anc[t] L. 25 janv. 1985, art. 37) à la situation de la liquidation judiciaire. Cependant, en dehors du respect de ces clauses, le bailleur qui s'opposerait abusivement à la cession du droit au bail engagerait sa responsabilité à l'égard des créanciers, si un préjudice devait survenir de l'impossibilité subséquente de cession du fonds de commerce[11].

L'article L. 621-30, issu de la loi du 10 juin 1994[12], prévoit qu'« en cas de cession du bail, toute clause isant au cédant des dispositions solidaires avecessionnaire est inopposable à l'administrateur : texte joue indiscutablement en redressementciaire, ainsi qu'en cas de plan de cession. La diffié se pose en cas de cession du bail en liquidat judiciaire. Le mutisme du texte sur la situatioplicable à cette période et le fait qu'en cette pà l'heure n'est plus à la protection de l'entrep incline à penser que la clause de solidarité du ant dans les obligations du cessionnaire sera icinement efficace[13]. En revanche, pour permetnéanmoins la cession du bail, il est possible d'ohir du tribunal de grande instance une substitn de garantie, laquelle n'aura pas à être préalab la cession[14].

La rétion de ce texte, prévoyant une inopposabilité àdministrateur, pouvait laisser perplexe, spécialent en régime simplifié sans administrateur juiaire[15]. Judicieusement, la loi de sauvegarde centreprises[16] a modifié la règle et répute non éc, en cas de cession du bail, toute clause impos au cédant des dispositions solidaires avec le cessnaire, tant en procédure de sauvegarde (C. coart. L. 622-15), qu'en procédure de redressemendiciaire (C. com., art. L. 631-14, I, devenu C. comrt. L. 631-14, al. 1, réd. ord. 18 déc. 2008[17], art. 8endant applicable l'article L. 622-13 en redresent judiciaire). Mais, et c'est l'apport essentiel deloi de sauvegarde des entreprises, la solution est la ème en liquidation judiciaire (C. com., art. L. 642, al. 2).

SECTI 433.20

RÈGL GOUVERNANT LA RÉSILIATION DES EUX DES LOCAUX PROFESSIONNELS PENDNT LA PROCÉDURE

433.1 Résiliation des baux professionnels et droitcommun de la continuation des contrats en cours

> Sous l'empire de la législation antérieure à la loi de sauvegarde des entreprises[18]. Les règles générales de continuation de contrats en cours énoncées par

1. Com. 13 avr. 1972, n° 70-13.954, *Bull. civ.* IV, n° 102.
2. Versailles, 12e ch., 2e sect., 9 déc. 1999, *Act. proc. coll.* 2000/6, n° 64.
3. Versailles, 12e ch., 2e sect., 9 déc. 1999, *Act. proc. coll.* 2000/6, n° 64 – Montpellier, 5e ch. A, 10 mai 2007, *Rev. proc. coll.* 2008/3, p. 49, n° 126, note Macorig-Venier.
4. Com. 7 déc. 2004, n° 02-14.691, NP.
5. Paris, 14e ch. A, 3 sept. 2003, RG n° 2003/05630.
6. L. n° 2005-845, 26 juill. 2005, préc.
7. AINSI : Paris, 14 févr. 1997, *Rev. proc. coll.* 2001, 92, n° 45, obs. Soinne.
8. PÉROCHON, 10e éd., n° 1183.
9. L. n° 85-98, 25 janv. 1985, préc.
10. EN CE SENS : PÉROCHON ET BONHOMME, 6e éd., n° 389 – SOINNE, n° 2360-6 – *CONTRA* : LE CANNU ET *ALII*, 6e éd., n° 722 – Bach, obs. *Rev. proc. coll.* 1994, 521.
11. Civ. 2e, 14 oct. 1999, n° 96-21.701, *Bull. civ.* II, n° 155; *RJDA* 1999/12, n° 1365.
12. L. n° 94-475, 10 juin 1994, *JO* 11 juin, p. 8440.
13. EN CE SENS : Paris, 16e ch. B, 26 févr. 1999, *RJDA* 1999/12, n° 1365 – *Adde*, Sénéchal, note s[s] Civ. 3e, 13 nov. 1997, n° 95-21.311, *Defrénois* 1998. 957, n° 5.
14. Civ. 3e, 13 nov. 1997, n° 95-21.311, *Bull. civ.* III, n° 202; *Defrénois* 1998. 957, n° 5, obs. Sénéchal; *D.* 1998. Somm. 96, obs. Honorat.
15. Reille, « Cession du bail dans le cadre de la cession d'entreprise (plan de cession) du preneur », *Droit et pratique des baux commerciaux*, 4e éd., « Dalloz Action », 2015, n°s 830.00 s.
16. L. n° 2005-845, 26 juill. 2005, préc.
17. Ord. n° 2008-1345, 18 déc. 2008, préc.
18. L. n° 2005-845, 26 juill. 2005, préc.

l'article L. 621-28 du code de commerce s'appliquent, par principe, au bail des locaux professionnels, sous réserve des dérogations explicitement posées. Il en est spécialement ainsi des règles relatives à la mise en demeure sur la poursuite du contrat. À défaut de réponse dans le mois, le contrat, conformément au droit commun (v. s[s] n° 431.42) sera résilié de plein droit[1], et cela même si, à tort, le destinataire de la mise en demeure avait cru que le contrat était déjà résilié[2]. Le bailleur pourra donc faire constater cette résiliation de plein droit par le juge-commissaire, mais aussi par le juge des référés[3], compte tenu de son option de compétence (v. s[s] n° 433.25), et cela même si parallèlement il a introduit une demande de constat de la résiliation du bail pour défaut de paiement de loyers et charges postérieurs au jugement d'ouverture[4].

La décision de l'organe compétent de ne pas continuer le contrat, après mise en demeure d'avoir à opter, entraîne résiliation de celui-ci à la date de l'option, peu important qu'un préavis de six mois ait été prévu dans le contrat[5].

Malgré les principes très clairs en la matière, si le juge-commissaire rejette la demande de constat de la résiliation du bail commercial pour défaut de réponse à la mise en demeure et si, à sa suite, le tribunal confirme sa décision, il n'y a pas excès de pouvoir justifiant la recevabilité de l'appel nullité à l'encontre du jugement statuant sur opposition[6]. Cette solution de la législation antérieure, choquante au regard des textes, ne peut pas avoir cours sous l'empire de la loi de sauvegarde des entreprises qui supprime l'irrecevabilité de l'appel à l'encontre des jugements statuant sur les recours formés contre les ordonnances du juge-commissaire.

> Sous l'empire de la loi de sauvegarde des entreprises, dans sa rédaction d'origine. Cette loi, qui modifie très sensiblement la rédaction ancienne de la disposition spécifique à la continuation des baux des locaux professionnels, reste muette sur la coordination des règles de droit commun de la continuation des contrats en cours avec les règles spécifiques applicables aux baux des locaux professionnels. Le projet de loi entendait écarter les règles du droit commun de la continuation des contrats en cours. Les travaux parlementaires de la loi de sauvegarde des entreprises sont particulièrement confus, une chose étant affirmée, mais aussi son contraire. Ainsi peut-on lire que le nouveau texte « clarifie l'articulation du régime spécifique de résiliation à la demande du bailleur, avec celui de la poursuite des contrats prévu par l'article L. 622-11 (qui deviendra l'article L. 622-13), en permettant que la résiliation ou la poursuite du bail rentre également dans le droit d'option de l'administrateur exercé à son initiative – et non uniquement à la suite d'une mise en demeure – parallèlement aux facultés de résiliation judiciaire ou de plein droit ouvertes au bailleur lui-même. En revanche, l'article L. 622-11 demeure applicable pour ce qui concerne les conditions de la poursuite du contrat »[7]. Il semble ainsi qu'il faille articuler les deux dispositions. Au Sénat, c'est l'affirmation contraire qui prévaut. Il est dit que « l'article L. 622-12 (qui deviendra l'article L. 622-14) préciserait le caractère dérogatoire des dispositions relatives au contrat de bail en cours par rapport au dispositif de droit commun... »[8]. Le texte a été modifié à chaque étape, devant l'Assemblée nationale, au Sénat et finalement par la commission mixte paritaire, sans que, à l'occasion du vote du texte, soit clairement affichée l'intention du législateur. Une chose est donc sûre : on ne peut qu'être circonspect dans les positions à prendre et il faudra malheureusement attendre la position de la Cour de cassation pour savoir comment articuler le texte du droit spécial de continuation du bail des locaux professionnels avec les règles de droit commun de la continuation des contrats en cours. D'autres auteurs ont identiquement fait état de leur sérieux doute sur l'interprétation du texte[9].

La question essentielle ici est de déterminer la portée d'une absence de réponse à une mise en demeure sur la continuation du contrat adressée par le bailleur à l'organe compétent.

Il a été soutenu que le droit commun de la continuation des contrats en cours s'applique, sauf dispositions contraires contenues à l'article L. 622-14 du code de commerce, pour la question de la poursuite du contrat et des conditions de celles-ci[10].

1. Com. 16 mai 2006, n° 04-18.578, NP; n° 614 F-D; *Gaz. proc. coll.* 2006/3, p. 22, obs. Dumont; *Rev. proc. coll.* 2006/3, p. 266, n° 3, obs. Roussel Galle – Dijon, ch. civ., sect. B, 29 juin 2004, RG n° 04/00219, *Rev. proc. coll.* 2005/1, p. 40, n° 1, obs. Roussel Galle – Versailles, 12e ch. 2e sect., 13 oct. 2005, RG n° 04/03629.
2. Paris, 16e ch. A, 30 juin 2004, RG n° 2001/1694.
3. Com. 16 mai 2006, n° 04-18.578, préc.
4. Com. 16 mai 2006, n° 04-18.578, préc.
5. Paris, 3e ch. B, 27 sept. 2007, RG n° 2006/6219.
6. Com. 3 mai 2006, n° 04-18.968, NP; n° 532 F-D; *Rev. proc. coll.* 2006/3, p. 267, n° 4, obs. Roussel Galle.
7. *Rapp. Xavier de Roux*, n° 2095, p. 216.
8. *Rapp. J.-J. Hyest*, n° 335, p. 198.
9. PLUS SP. : Saintourens, « Le régime du bail commercial après la réforme des procédures collectives », *Loyers et copr.* 2005/10, n° 11, p. 7, sp. p. 8 – Monéger, « Le bail de l'entreprise est-il encore un contrat comme les autres », *Loyers et copr.* sept. 2005, p. 3 – *Adde*, Becqué-Ickowicz, « De l'entreprise au cours de la période d'observation », *LPA*, n° sp., 8 févr. 2006, n° 28, p. 39 s., sp. p. 50.
10. RAPPR. : ROUSSEL GALLE, 2e éd., n° 452 – Saintourens, « Le régime du bail commercial après la réforme des procédures collectives », *Loyers et copr.* 2005/10, n° 11, p. 7 s., sp. p. 8 – J.-CL. COM., Dumont-Lefrand, fasc. 2152, [Procédure de sauvegarde], 2006, n° 64 – PÉROCHON ET BONHOMME, 7e éd., n° 280 – VIDAL, n° 331.

Ainsi, les règles relatives à l'option sur la continuation des contrats en cours demeuraient-elles applicables[1], et cela même en liquidation judiciaire[2], ce qui aurait pour effet d'entraîner la résiliation du bail à défaut de réponse dans le mois de la mise en demeure.

L'opinion contraire a aussi été exprimée, les règles relatives à l'option étant alors écartées[3]. Un argument convaincant nous semble avoir été présenté au soutien de cette opinion[4]. Il résulte de l'article L. 622-14, 1° du code de commerce, lorsque la résiliation est à l'initiative de l'administrateur – la solution est la même pour le débiteur ou le liquidateur. Lorsque l'administrateur décide de ne pas continuer le bail, il doit demander la résiliation de celui-ci. Ainsi, le simple silence gardé à la suite d'une mise en demeure d'avoir à opter sur la continuation du contrat est insuffisant. L'administrateur judiciaire doit manifester une décision, puisqu'il doit demander la résiliation.

Il apparaît ainsi que les conditions de la résiliation du bail des locaux professionnels sont dérogatoires au droit commun de la continuation des contrats en cours. Une juridiction du fond a statué en ce sens, pour refuser de faire produire effet à l'absence de réponse à la mise en demeure adressée à l'organe compétent[5].

C'est également en ce sens que s'est fixée la Cour de cassation. Elle juge que, en cas de redressement judiciaire du locataire, l'envoi par le bailleur à l'administrateur judiciaire d'une mise en demeure de prendre parti sur la poursuite du bail est sans effet et le bail n'est donc pas de plein droit résilié par absence de réponse à cette mise en demeure[6]. La solution est évidemment applicable en sauvegarde, mais également en liquidation judiciaire.

En outre, le texte de l'article L. 622-14, 1°, permet de manière certaine de mettre à l'écart une solution de la législation antérieure (v. s^s^ n° 431.41) : même en l'absence de mise en demeure, l'administrateur peut décider de mettre fin au contrat, ce qui entraînera sa résiliation[7], celle-ci prenant effet au jour de la réception par le bailleur du courrier de l'administrateur ou en son absence du débiteur et, en cas de liquidation judiciaire, du liquidateur.

L'article L. 621-28, alinéa 6 du code de commerce, dans la rédaction antérieure à la loi de sauvegarde des entreprises, (act L. 25 janv. 1985[8], art. 37, al. 6) invalide les clauses de résiliation de plein droit pour survenance du redressement judiciaire. L'article L. 622-13, alinéa 6 reproduit la solution depuis la loi de sauvegarde des entreprises. Ce texte de la procédure de sauvegarde est rendu applicable en redressement judiciaire par l'article L. 631-14, I. Cette règle du droit commun de la continuation des contrats en cours (v. s^s^ n° 431.12) est applicable au bail des locaux professionnels, faute de disposition contraire, et même, pourrait-on dire, par *a fortiori*. L'exclusion de la résiliation des baux professionnels en cas de liquidation judiciaire doit identiquement conduire à invalider les clauses de résiliation de plein droit pour survenance de la liquidation judiciaire.

La règle plus générale de l'arrêt des poursuites individuelles interdit les actions en justice tendant « à la résolution d'un contrat pour défaut de paiement d'une somme d'argent ». Le caractère générique de l'expression « somme d'argent » autorise l'application de la règle à toutes sortes de contrats, et notamment au contrat de bail commercial.

La créance ne peut être antérieure au jugement d'ouverture pour fonder la résiliation du contrat. Si elle est, ne serait-ce que pour partie, postérieure au

1. Paris, 14e ch. B, 14 déc. 2007, RG n° 07/10181 – AUSSI, SOL. IMPL. : Orléans, ch. éco. et fin., 28 juin 2007, RG n° 07/942, *RJDA* 2007/11, p. 1109, n° 1130 – *Adde*, *EN CE SENS AUSSI* : PÉROCHON ET BONHOMME, 7e éd., n° 418 – LIENHARD, 2e éd., n° 938 – Kendérian, *Le sort du bail commercial dans les procédures collectives*, 2e éd., LexisNexis, 2008, n° 62.
2. Froehlich et Sénéchal, « La liquidation judiciaire », Lucas et Lécuyer (dir.), *La réforme des procédures collectives...*, Lgdj, 2006, p. 309.
3. Auque, « La résiliation du bail commercial en cas de procédure de sauvegarde ou de redressement judiciaire du preneur », *RJ com.* 2006. 478 s., sp. p. 482, 483; « Le nouveau droit de l'entreprise en difficulté : le cas particulier du bailleur », *Rev. proc. coll.* 2006/4, p. 341 s., sp. p. 342 – JACQUEMONT, 5e éd., n° 338; Becqué-Ickowicz, « De l'entreprise au cours de la période d'observation », Lucas et Lécuyer (dir.), *La réforme des procédures collectives...*, Lgdj, 2006, p. 119 – D'abord plus hésitant : Monéger, « Le bail de l'entreprise est-il encore un contrat comme les autres ? », *Loyers et copr.* sept. 2005, p. 3 – Puis plus affirmatif : Monéger, obs. *JCP E* 2007. 1523, p. 27, n° 44 – J.-CL. COM., Perruchot, fasc. 2226, [Organes – Administrateur judiciaire – statut], 2006, n° 82.
4. LE CANNU, 7e éd., n° 730.
5. T. com. Roubaix-Tourcoing, ord. juge-commissaire, 22 déc. 2006, *JCP E* 2007. 1523, p. 27, n° 46, obs. approb. Monéger.
6. Com. 2 mars 2010, n° 09-10.410, *Bull. civ.* IV, n° 44; n° 266 FS-P+B+R+I; *D.* 2010. AJ 649, note Lienhard; *Gaz. Pal. entr. diff.* 2-3 juill. 2010, n°s 183, 184, p. 24, note Kendérian; *RTD com.* 2010/2, p. 278, n° 2, note Kendérian; *Act. proc. coll.* 2010/7, n° 95, note Blanc; *JCP E* 2010, Chron. 1742, obs. M. Cabrillac; *JCP E* 2010. 1553, note Brault; *Dr. et patr.* 2010, n° 196, p. 89, note Saint-Alary-Houin et Monsérié-Bon; *Defrénois* 2010, Chron. 39138, p. 1482, note Gibirila; *LXB hebdo* 18 mars 2010, n° 387, note Le Corre – *Adde*, Besançon, 2e ch. civ., 5 sept. 2012, n° 10/02268.
7. EN CE SENS AUSSI : J.-CL. COM., Dumont-Lefrand, fasc. 2152, [Procédure de sauvegarde], 2006, n° 64 – PÉROCHON, 10e éd., n° 755 – Auque, « Le nouveau droit de l'entreprise en difficulté : le cas particulier du bailleur », *Rev. proc. coll.* 2006/4, p. 341 s., sp. p. 343.
8. L. n° 85-98, 25 janv. 1985, préc.

jugement d'ouverture, l'action en résolution et le jeu de la résolution de plein droit ne peuvent en revanche être paralysés[1].

Malgré une obscurité certaine du texte de l'article L. 622-13, alinéa 4 du code de commerce, dans la rédaction antérieure à la loi de sauvegarde des entreprises (v. s^s n° 433.23), la solution ci-dessus décrite pour le redressement judiciaire doit trouver application en liquidation judiciaire.

Le législateur complète le dispositif en prévoyant, à l'article L. 621-28, alinéa 4 du code de commerce, dans la rédaction antérieure à la loi de sauvegarde des entreprises, que le cocontractant ne peut refuser de remplir son obligation en arguant de l'inexécution d'engagements antérieurs du débiteur. Se trouve ainsi paralysé le jeu de l'exception d'inexécution pour motif tiré d'une inexécution antérieure. La solution est reproduite depuis la loi de sauvegarde des entreprises, par l'article L. 622-13, alinéa 4. Ce texte de la procédure de sauvegarde est rendu applicable en redressement judiciaire par l'article L. 631-14, I. Malgré l'absence de renvoi à l'article L. 622-13, alinéa 4, en liquidation judiciaire, cette disposition doit recevoir application en cette phase, car elle s'inscrit directement dans le prolongement de la règle de l'arrêt des poursuites individuelles et de l'interdiction du paiement de créances antérieures.

Si la clause résolutoire a joué avant jugement d'ouverture, les organes de la procédure ne peuvent plus s'y opposer[2], pas plus qu'ils ne peuvent s'opposer à la mesure d'expulsion du débiteur[3].

À défaut du jeu d'une clause résolutoire de plein droit, la résiliation devra être prononcée, par décision définitive, avant le jugement d'ouverture.

> **Sous l'empire de la loi de sauvegarde des entreprises, dans la rédaction que lui donne l'ordonnance du 18 décembre 2008**[4]. Un problème particulièrement épineux, résultant d'une rédaction ambiguë, qui n'était elle-même que le « reflet fidèle » de travaux parlementaires confus, est réglé : celui de savoir s'il y a lieu de coordonner la disposition spéciale du droit des baux professionnels avec les règles de droit commun de continuation des contrats en cours.

Pour la procédure de sauvegarde, dont le dispositif est applicable en redressement judiciaire (C. com., art. L. 631-14, al. 1), l'article L. 622-14, alinéa 1 du code indique que la résiliation du bail des immeubles donnés à bail au débiteur et affectés à l'activité de l'entreprise intervient « sans préjudice de l'application du I et du II de l'article L. 622-13 du code ». La modification du texte résultant de l'ordonnance du 9 décembre 2010[5], portant adaptation du droit des entreprises en difficulté à l'entrepreneur individuel à *responsabilité limitée, qui remplace le mot* « affectés » par celui d'« utilisés », afin d'éviter des ambiguïtés liées à la création du statut de l'EIRL, n'a pas pour effet de modifier l'interprétation de ce texte.

Il faut comprendre que le droit commun de la continuation des contrats en cours n'est pas complètement inapplicable au bail des locaux professionnels par ce visa des I et du II de l'article L. 622-13 du code. *A contrario*, les III à VI de l'article L. 622-13 du code de commerce sont écartés en matière de bail des locaux professionnels.

Cela signifie que le mécanisme de l'option sur la continuation du contrat, qui résulte du jeu d'une mise en demeure, est sans application en matière de baux professionnels, puisqu'il figure au III de l'article L. 622-13. Ainsi, si l'administrateur judiciaire ou le débiteur, en l'absence d'administrateur judiciaire, ne répond pas à une mise en demeure sur la continuation du contrat, cela ne pourra valoir résiliation du contrat[6]. La Cour de cassation n'a donc, au final, qu'anticipé sur la solution de l'ordonnance du 18 décembre 2008, lorsque, sous l'empire du texte dans sa rédaction d'origine, elle a posé cette même règle. L'effet d'aubaine pour le bailleur, qui existait sous l'empire de la loi du 25 janvier 1985, et qui lui permettait parfois de profiter d'une négligence d'un débiteur, en l'absence d'administrateur, pour se débarrasser d'un locataire devenu indésirable est ainsi exclu. L'importance du bail pour le sauvetage de l'entreprise justifie incontestablement la solution[7]. De même, le défaut de paiement à bonne date des loyers ne vaudra pas résiliation de plein droit, puisqu'une règle particulière de résiliation pour défaut de paiement des loyers ou charges correspondant à une occupation postérieure est posée par l'article L. 622-14.

C'est l'administrateur judiciaire qui décide du sort du contrat de bail, ainsi que l'énonce l'article L. 622-14, II, 1° du code, qui prévoit que la résiliation du bail intervient au jour où le bailleur est informé de « la décision de l'administrateur de ne pas continuer le bail ». La solution résultant de la loi de sauvegarde, prévoyant la possibilité d'une

1. Civ. 3e, 15 nov. 2000, n° 99-12.103, NP, *Act. proc. coll.* 2001/11, n° 139 – Civ. 3e, 16 juin 2004, n° 02-19.692, NP, *AJDI* 2005. 132, note Le Corre.
2. Versailles, 12e ch., 2e sect., 9 déc. 1999, *Act. proc. coll.* 2000/6, n° 64.
3. Versailles, 12e ch., 2e sect., 9 déc. 1999, *Act. proc. coll.* 2000/6, n° 64 – RAPPR. : Civ. 2e, 18 déc. 2003, n° 02-10.765, *Bull. civ.* II, n° 399.
4. Ord. n° 2008-1345, 18 déc. 2008, préc.
5. Ord. n° 2010-1512, 9 déc. 2010, préc.
6. VALLANSAN ET *ALII*, 6e éd., p. 111 – PÉROCHON, 10e éd., n° 749.
7. Roussel Galle, « Les "nouveaux" régimes des contrats en cours et du bail », *Rev. proc. coll.* 2009/1, 7, p. 55 s., sp. p. 62, n° 30.

option spontanée de non-continuation du bail, est ainsi conservée. Le bailleur n'aura, en conséquence, pas à saisir le juge-commissaire pour faire prononcer la résiliation, puisqu'elle interviendra de plein droit, du seul fait de l'initiative de l'administrateur de mettre fin au bail.

L'article L. 627-2 du code de commerce, dans sa rédaction issue de la loi de sauvegarde des entreprises, disposait que « Le débiteur exerce, après avis conforme du mandataire judiciaire, la faculté ouverte à l'administrateur de poursuivre des contrats en cours en application de l'article L. 622-13. » Ce texte gardait le silence sur la possibilité pour le débiteur d'exercer la faculté ouverte à l'administrateur de poursuivre le bail des locaux professionnels, en application de l'article L. 622-14 du code de commerce.

Cet oubli est réparé par le nouvel article L. 627-2 du code de commerce, issu de l'ordonnance du 18 décembre 2008 (art. 73). Le débiteur pourra donc décider de continuer le bail des locaux professionnels, en l'absence d'administrateur.

Encore convient-il de préciser les modalités de cette option en faveur de la continuation du bail. L'article L. 622-14, alinéa 1 du code de commerce, texte spécial au bail des locaux professionnels, réserve notamment le jeu de l'article L. 622-13 du code. Il faut comprendre que l'administrateur a la faculté de continuer le bail, comme il a la faculté de demander la continuation des autres contrats. Puisque, selon l'article L. 627-2 du code de commerce, en l'absence d'administrateur, le débiteur exerce cette faculté, il convient de décider que pour continuer le bail des locaux professionnels, comme pour continuer tout autre contrat, le débiteur aura besoin de l'avis conforme du mandataire judiciaire.

L'article L. 627-2 du code de commerce conserve la possibilité, en cas de désaccord du mandataire judiciaire, de saisir le juge-commissaire.

De même que les textes du code de commerce, dans la rédaction que leur donnait la loi de sauvegarde des entreprises, restaient muets sur la possibilité pour le débiteur d'opter sur la continuation du bail des locaux professionnels, de même ils observaient le mutisme sur la possibilité du débiteur de résilier le bail. Cet oubli est réparé par l'article L. 627-2 du code de commerce, issu de l'ordonnance de réforme (ord. 18 déc. 2008, art. 73), qui prévoit explicitement la possibilité pour le débiteur de demander la résiliation du bail en application des articles L. 622-13 et L. 622-14.

Mais, contrairement à la solution retenue dans le droit commun de la continuation des contrats en cours, le débiteur aura ici besoin de l'accord du mandataire judiciaire ou, à défaut, de l'autorisation du juge-commissaire, pour décider de mettre fin au bail, soit dans le cadre d'une décision initiale de ne pas continuer le bail, qui entraîne sa résiliation, indépendamment d'une mise en demeure, soit, après avoir, dans un premier temps, continué le bail, pour les mêmes raisons *et dans les mêmes conditions* que l'administrateur judiciaire. La lettre de l'article L. 627-2 du Code de commerce conduit à cette interprétation, lorsqu'elle dispose que « le débiteur exerce, après avis conforme du mandataire judiciaire, la faculté ouverte à l'administrateur [...] de demander la résiliation du bail en application des articles L. 622-13 et L. 622-14 ». Ce dernier membre de phrase a été ajouté par l'ordonnance du 18 décembre 2008 (art. 73).

La résiliation prendra corps, non plus comme dans la rédaction d'origine de la loi de sauvegarde, au jour où l'administrateur demande à mettre fin au contrat, mais plus logiquement au « jour où le bailleur est informé de la décision de l'administrateur ou du débiteur, après avis conforme du mandataire judiciaire, de ne pas continuer le bail ».

Pour le surplus, l'article L. 622-14, II, 1°, reprend le principe de droit commun selon lequel l'inexécution peut donner lieu à des dommages et intérêts, dont le montant doit être déclaré au passif. Cette déclaration de créance interviendra dans le mois de la résiliation. Le bailleur pourra différer la restitution des sommes versées en excédent par le débiteur en exécution du contrat jusqu'à ce qu'il ait été statué sur les dommages et intérêts. Le bailleur pourra, en conséquence, conserver la fraction de loyer versée d'avance, ainsi que le dépôt de garantie, pour pouvoir, dans un second temps, le compenser avec sa créance de dommages et intérêts due au titre de l'inexécution. Comme le prévoit le texte, et sans discussion possible ici, la compensation supposera une déclaration de créance au passif des conséquences de l'inexécution.

Le reste du dispositif antérieur reste applicable. En conséquence, il y aura également place à résiliation lorsque le bailleur demande la résiliation ou fait constater la résiliation du bail pour défaut de paiement des loyers et charges afférents à une occupation postérieure au jugement d'ouverture, le bailleur ne pouvant agir qu'au terme d'un délai de trois mois à compter dudit jugement. Si le paiement des sommes dues intervient avant l'expiration de ce délai, il n'y a pas lieu à résiliation.

Enfin, reste applicable le principe selon lequel « Nonobstant toute clause contraire, le défaut d'exploitation pendant la période d'observation d'un ou plusieurs immeubles loués par l'entreprise n'entraîne pas résiliation du bail ».

Pour la procédure de liquidation judiciaire, l'article L. 641-12 du code de commerce réécrit entièrement le dispositif applicable à la continuation et à la résiliation du bail des locaux professionnels. Comme elle l'a fait pour la procédure de sauvegarde et celle de redressement judiciaire, l'ordonnance du 18 décembre 2008 règle le délicat problème de savoir s'il faut coordonner la disposition spéciale du droit des baux professionnels avec les règles de droit commun de continuation des contrats en cours ou faut lire de manière parfaitement autonome les deux dispositions.

L'article L. 641-12, alinéa 1 du code indique que la résiliation du bail des immeubles affectés à l'activité de l'entreprise intervient « sans préjudice de l'application du I et du II de l'article L. 641-11-1 du code ». Il faut donc comprendre *a contrario* que les III à VI de l'article L. 641-11-1 du code de commerce sont écartés en matière de bail des locaux professionnels.

Cela signifie que le mécanisme de l'option sur la continuation du contrat, qui résulte du jeu d'une mise en demeure, est sans application. Ainsi, si le liquidateur judiciaire ne répond pas à une mise en demeure sur la continuation du contrat, cela ne pourra valoir résiliation du contrat. L'importance du bail justifie la solution assurant « la survie d'une valeur patrimoniale essentielle de l'entreprise en liquidation judiciaire, constituée par le droit au bail »[1], dans la perspective de sa cession. De même, le défaut de paiement à bonne date des loyers ne vaudra pas résiliation de plein droit, puisqu'une règle particulière de résiliation pour défaut de paiement des loyers ou charges correspondant à une occupation postérieure est posée par l'article L. 641-12, 3° du code.

C'est le liquidateur judiciaire, et lui seul, qui décide du sort du contrat de bail, ainsi que l'énonce l'article L. 641-12, alinéa 1 du code, qui prévoit que la résiliation du bail intervient au jour où le bailleur est informé de « la décision du liquidateur de ne pas continuer le bail ». La solution résultant de la loi de sauvegarde, prévoyant la possibilité d'une option spontanée de non-continuation du bail, est ainsi conservée. Le bailleur n'aura, en conséquence, pas à saisir le juge-commissaire pour faire prononcer la résiliation, puisqu'elle interviendra de plein droit, du seul fait de l'initiative du liquidateur de mettre fin au bail.

La résiliation prendra corps, non plus comme dans la rédaction d'origine de la loi de sauvegarde, au jour où le liquidateur demande à mettre fin au contrat, mais plus logiquement au « jour où le bailleur est informé de la décision du liquidateur de ne pas continuer le bail ». À cet égard, l'alinéa 2 de l'article R. 641-21 du code de commerce, dans la rédaction que lui donne l'article 75 du décret du 12 février 2009[2], précise que « le juge-commissaire constate, sur la demande de tout intéressé, la résiliation de plein droit des contrats dans les cas prévus... à l'article L. 641-12 ainsi que la date de cette résiliation ».

Cette résiliation ne vaut que pour le débiteur en liquidation judiciaire et reste sans effet sur les copreneurs[3].

Indiquons encore que, *a priori*, la notification aux créanciers inscrits de la résiliation du bail en cas de décision de l'administrateur judiciaire, du débiteur ou du liquidateur, selon le cas, ne semble pas s'imposer[4].

La solution posée en sauvegarde par l'article L. 622-14, II, 1°, selon laquelle l'inexécution peut donner lieu à des dommages et intérêts, dont le montant doit être déclaré au passif, n'est pas rendue applicable en liquidation judiciaire. La solution antérieure est cependant reconductible, dans la mesure où l'article L. 641-13, III, 2°, dans sa rédaction issue de l'ordonnance du 18 décembre 2008 (art. 107 – anc^{t} 3°) prévoit que « en cas de résiliation d'un contrat régulièrement poursuivi, les indemnités et pénalités sont exclues du bénéfice du présent article ». Il faut donc comprendre que l'indemnité de résiliation d'un contrat poursuivi doit être déclarée au passif. Il en va *a fortiori* ainsi pour l'indemnité de résiliation d'un contrat non poursuivi.

433.22 Mise à l'écart de la résiliation pour défaut d'exploitation des lieux loués – Conséquence de la cessation d'exploitation de locaux supérieurs à 300 mètres carrés. On verra que, par principe, l'action en résiliation du bail peut prospérer si elle a un fondement autre que le défaut de paiement des loyers et des charges. Par dérogation, l'article L. 621-29 alinéa 2 du code de commerce, dans la rédaction antérieure à la loi de sauvegarde des entreprises[5] (anc^{t} L. 25 janv. 1985[6], art. 38), prévoit que, nonobstant toute clause contraire, le défaut d'exploitation des lieux loués pendant la période d'observation, n'entraîne pas résiliation du contrat. La solution est reprise par l'article L. 622-14 alinéa dernier, issu de la loi de sauvegarde des entreprises. Ce texte de la procédure de sauvegarde est rendu applicable en redressement judiciaire par l'article L. 631-14 du code de commerce.

Cette disposition, dérogatoire au droit commun, et particulièrement dangereuse pour le bailleur, méritait assurément une interprétation restrictive, ce qui interdisait de l'étendre à la liquidation judi-

1. Berthelot « Les aménagements de la liquidation judiciaire issus de l'ordonnance du 18 décembre 2008 », *JCP E* 2009. 1312, n° 22.
2. D. n° 2009-160, 12 févr. 2009, préc.
3. Civ. 3e, 18 févr. 2015, n° 14-10.510, *Bull. civ.* III [à paraître]; *D.* 2015. 1622, n° 3, note Dumont-Lefrand; *JCP E* 2015, 1199, note Cérati-Gauthier.
4. Kendérian, *Le sort du bail commercial dans les procédures collectives*, 4e éd., LexisNexis, 2015, n° 77.
5. L. n° 2005-845, 26 juill. 2005, préc.
6. L. n° 85-98, 25 janv. 1985, préc.

ciaire, le contraire ayant pourtant éé soutenu[1]. La Cour de cassation a en outre considéré que le dépassement par le tribunal de la durée théorique de la période d'observation permettait de considérer que le débiteur n'était plus en période d'observation. En conséquence, le bailleur retrouvait son droit à résiliation[2]. La lettre des textes a été modifiée par la loi de sauvegarde des entreprises. Il a été soutenu que le renvoi qu'opère l'article L. 641-12 alinéa 5 du code de commerce à l'alinéa 5 de l'article L. 622-14, et, depuis l'ordonnance du 18 décembre 2008[3], le renvoi qu'opère l'article L. 641-12, 3° au cinquième alinéa de l'article L. 622-14 conduiraient à décider que le défaut d'exploitation des lieux loués n'autorise pas la résiliation, même en liquidation judiciaire[4], sans qu'il y ait à distinguer selon que l'activité est ou non continuée. L'opinion ne nous semble pas pouvoir être suivie. En effet, l'article L. 641-12, alinéa 5, devenu l'article L. 641-12, 3° depuis l'ordonnance du 18 décembre 2008 ne vise que la résiliation pour défaut de paiement des loyers et charges, non pour défaut d'occupation des lieux loués. Aussi, le renvoi opéré à l'article L. 622-14 ne peut avoir que ce seul motif de résiliation du contrat, et ne peut donc englober la question de l'absence d'occupation des lieux loués, qui obéit, en conséquence, au droit commun. Faute de texte contraire particulier, la clause contractuelle prévoyant la résiliation du bail pour ce motif pourra prospérer en liquidation judiciaire, alors qu'elle est explicitement écartée en sauvegarde et en redressement judiciaire.

Selon l'article 720-5, I, 6° du code de commerce, est soumise à une nouvelle autorisation administrative « la réouverture au public, sur le même emplacement, d'un magasin de commerce de détail d'une surface de vente supérieure à 300 mètres carrés dont les locaux ont cessé d'être exploités pendant deux ans, ce délai ne courant, en cas de redressement judiciaire de l'exploitant que du jour où le propriétaire a recouvré la pleine et entière disposition des locaux ». Malgré le visa par ce texte du redressement judiciaire de l'exploitant, c'est en réalité l'ouverture de toute procédure collective à l'encontre de l'exploitant qui autorisera le jeu du texte[5]. Décider le contraire viderait de portée la loi Royer du 27 décembre 1973ujourd'hui codifiée dans le code de commercui avait réglementé l'installation des grandes sices dans le souci de protection du petit comme, car la cessation d'activité n'est évidementrègle qu'en cas de liquidation judiciaire, non eas de redressement judiciaire[7].

433.2 Actions en résolution fondées sur le non-paiem de loyers et de charges postérieurs – Refus de renvellement du bail. Conformément à la règle de l'ar des poursuites individuelles, le bailleur ne peut obnir après jugement d'ouverture, résiliation de son ntrat pour défaut de paiement de créances antériees. Cette règle générale ne vise pas le défaut de paieent des créances postérieures. Cette règle n'interd pas, en outre, au bailleur le droit de refuser le renouvellement du bail sans indemnité, pour motif grave et légitime, même *s'il fonde son refus* sur un défaut de paiement de loyers et charges antérieur au jugement d'ouverture[8].

Ces solutions générales ont reproduites par le légiateur dans le domaine spécial des locaux professonnels. En redressement judiciaire, l'article L. 21-29 alinéa 1 du code de commerce, dans la réaction antérieure à la loi de sauvegarde des entreprises[9] (anc[t] L. 25 janv. 1985[10], art. 38, al. 1), rglemente la résiliation du bail des locaux affectés à activité de l'entreprise, d'une manière protectrice es intérêts du locataire débiteur. Ce texte pose le principe de la possibilité d'obtention de la résiliation, soit par voie judiciaire, soit de plein droit, pour défaut de paiement des loyers et charges afférents à une occupation postérieure audit jugement. Il est donc impossible d'obtenir, après jugement d'ouverture, la résiliation du contrat pour défaut de paiement de loyers ou de charges antérieurs au jugement d'ouverture[11]. La solution a été reproduite, sous réserve de quelques aménagements, par la loi de sauvegarde des entreprises à l'article L. 622-14, 2°. Ce texte de la procédure de sauvegarde est rendu applicable en redressement judiciaire par l'article L. 631-14, I, devenu l'article L. 631-14, alinéa 1 depuis l'ordonnance du 18 décembre 2008[12].

L'impossibilité d'obtenir la résiliation pour défaut de paiement de loyers et charges afférents à une occupation antérieure au jugement d'ouverture rend

1. SOINNE, n° 1369.
2. Civ. 3e, 12 juill. 2000, n° 98-21.945, *Bull. civ.* III, n° 140; *LPA* 23 mars 2001, n° 59, p. 11, note Keita.
3. Ord. n° 2008-1345, 18 déc. 2008, préc.
4. Froehlich et Sénéchal, « La liquidation judiciaire », Lucas et Lécuyer (dir.), *La réforme des procédures collectives...*, Lgdj, 2006, p. 309.
5. Com. 12 juill. 2004, n° 01-15.860, *Bull. civ.* IV, n° 160; *Act. proc. coll.* 2004/14, n° 178, obs. Régnaut-Moutier; *JCP E* 2005, Chron. 31, p. 29, n° 8, obs. M. Cabrillac – Com. 12 juill. 2004, n° 01-15.861, NP, *Act. proc. coll.* 2004/14, n° 178, obs. Régnaut-Moutier.
6. L. n° 73-1194, 27 déc. 1973, *JO* 30 déc., p. 14145.
7. Obs. Régnaut-Moutier, *Act. proc. coll.* 2004/14, n° 178.
8. Civ. 3e, 14 mai 1997, n° 94-22.146, NP, *D.* 1997. Somm. 305, obs. Rozès; *Rev. huissiers* 1997. 1233, obs. Martin; *Rev. proc. coll.* 1998, p. 286, n° 4, obs. Macorig-Vénier – Paris, pôle 5, 3e ch., 19 sept. 2012, RG n° 10/22363, *JCP E* 2013. 1187, note Kendérian.
9. L. n° 2005-845, 26 juill. 2005, préc.
10. L. n° 85-98, 25 janv. 1985, préc.
11. Com. 7 nov. 2006, n° 03-21.200, NP; n° 1210 F-D; *JCP E* 2007. 1479, p. 13, note Serra.
12. Ord. n° 2008-1345, 18 déc. 2008, préc.

impossible la résiliation fondée sur le non-paiement des dividendes du plan de continuation[1], de sauvegarde ou de redressement. Si le bailleur peut faire jouer la clause résolutoire et faire constater la résiliation du bail en se fondant sur des causes non financières, par exemple l'exercice d'une activité non autorisée ou la non présentation d'une attestation de ramonage de cheminée, une cour d'appel ne peut, en bloc, fonder l'obtention de la résiliation sur le non-paiement des dividendes du plan, l'exercice d'une activité non autorisée ou la non présentation d'une attestation de ramonage de cheminée[2].

Contrairement à l'article 38 de la loi du 25 janvier 1985, dans sa rédaction d'origine, ces textes ne visent plus les loyers échus depuis le jugement d'ouverture[3], mais les prestations relatives à une « occupation postérieure » au jugement d'ouverture. Il suffit que le fait générateur de la créance du bailleur soit, ne serait-ce que pour partie[4], postérieur au jugement d'ouverture, pour que le commandement de payer ne soit pas nul. Il porte alors, en effet, non seulement sur des sommes antérieures au jugement d'ouverture, mais encore sur des causes postérieures à ce jugement[5]. Peu importe, en revanche, la date d'exigibilité des loyers ou des charges[6] Il s'agit là de créances postérieures pour lesquelles ne joue pas la règle de l'arrêt des poursuites individuelles.

Le droit commun de la résiliation pour non-paiement de causes financières au jugement d'ouverture se trouve écarté sur un certain nombre de points.

Tout d'abord, la jurisprudence a posé en règle que tant que l'option n'est pas intervenue, le contrat ne peut être résilié, même si la contrepartie attendue du débiteur ou de l'administrateur n'est pas fournie. La résiliation de plein droit pour défaut de paiement au comptant ne peut donc jouer que si l'organe compétent a d'abord décidé de continuer ce contrat (v. s[s] n° 431.21). Cette règle du droit commun de la continuation des contrats en cours est explicitement écartée en matière de bail des locaux professionnels, tant en période d'observation, qu'en situation de liquidation judiciaire. En période d'observation, l'article L. 622-14 du code énonce que « La résiliation du bail des immeubles donnés à bail au débiteur et affectés à l'activité de l'entreprise est constatée ou prononcée : 2° Lorsque le bailleur demande la résiliation ou fait constater la résiliation du bail pour défaut de paiement des loyers et charges afférents à une occupation postérieure au jugement d'ouverture, le bailleur ne pouvant agir qu'au terme d'un délai de trois mois à compter dudit jugement ». En liquidation judiciaire, l'article L. 641-12, alinéa 5 du code énonce que « Le bailleur peut également demander la résiliation judiciaire ou faire constater la résiliation de plein droit du bail pour défaut de paiement des loyers et charges afférents à une occupation postérieure au jugement de liquidation judiciaire, dans les conditions prévues aux troisième à cinquième alinéas de l'article L. 622-14 ». Ces deux textes ne font aucune référence à une continuation préalable du contrat. Le seul défaut de paiement de « loyers et charges afférents à une occupation postérieure » suffit. Il n'est pas là question du non-paiement de la contrepartie du contrat continué.

Ensuite, en droit commun de la continuation des contrats en cours, la résiliation intervient pour défaut de paiement au comptant de la contrepartie du contrat continué. La demande de constat de la résiliation n'est ici enfermée dans aucun délai. Le code de commerce institue un délai d'attente de deux mois, que la loi de sauvegarde des entreprises a porté à trois mois. Mais il n'est nul besoin d'attendre le non-paiement de deux – et désormais trois – termes mensuels de loyers, alors surtout que pourrait n'être en cause que le non-paiement de charges qui, comme les loyers d'ailleurs, peuvent ne pas être payables mensuellement. Dès lors qu'il y a une inexécution financière postérieure au jugement d'ouverture, la résiliation est possible. Ce délai de deux ou trois mois interdit l'introduction de l'action, c'est-à-dire la délivrance de l'assignation. Elle ne fait en revanche pas obstacle à la délivrance du commandement visant la clause résolutoire[7].

Une difficulté particulière se présente, sous l'empire de la législation antérieure à la loi de sauvegarde des entreprises, en **liquidation judiciaire** (v. aussi s[s] n° 433.29), du fait d'une rédaction défectueuse des textes. L'article L. 622-13 alinéa 4 du code de commerce (anc[t] L. 25 janv. 1985, art. 153-3) dispose que « le bailleur qui entend demander ou faire constater la résiliation pour des causes antérieures au jugement de liquidation judiciaire doit, s'il ne l'a déjà fait, introduire sa demande dans les trois mois du jugement ». Ce délai de trois mois concerne les « causes antérieures au jugement de liquidation judiciaire ». La difficulté tient au fait que ce texte est

1. Com. 7 juill. 2009, n° 07-12.877, NP; n° 718 F-D; *Gaz. proc. coll.* 2009/4, 2e partie, p. 16, note Kendérian; *Rev. proc. coll.* 2009/6, 165, p. 42, note Roussel Galle.
2. Com. 7 juill. 2009, n° 07-12.877, préc. (v. s[s] prés[t] n°).
3. ILLUSTR. : Com. 2 févr. 1999, n° 96-19.996, NP, *Dr. sociétés* 1999, n° 57, obs. Chaput; *Act. proc. coll.* 1999, n° 77; *AJDI* 2000. 232, note Gallet.
4. Civ. 3e, 15 nov. 2000, n° 99-12.103, NP, *Act. proc. coll.* 2001/11, n° 139 – Aix-en-Provence, 30 mai 2006, *JCP E* 2007. 1523, p. 26, n° 40, obs. Monéger; *Loyers et copr.* 2006, comm. 56, obs. Brault.
5. Civ. 3e, 16 juin 2004, n° 02-16.692, NP, *AJDI* 2005. 132, obs. Le Corre; *JCP E* 2005, Chron. 863, p. 964, n° 37, obs. Monéger.
6. PÉROCHON ET BONHOMME, 6e éd., n° 205.
7. Paris, 14e ch. B, 19 déc. 2003, RG n° 02/18466.

une disposition commune à la liquidation judiciaire suivant ou non un redressement judiciaire. Or, en visant les causes antérieures à la liquidation judiciaire, le texte peut concerner tant les causes antérieures au jugement de liquidation judiciaire immédiate, que les causes comprises entre le redressement et la liquidation judiciaires. Dans le premier cas, le texte autoriserait une résiliation du contrat pour des causes antérieures au jugement d'ouverture. Si l'inexécution était relative à des obligations financières, il y aurait ainsi violation de l'article L. 621-40, I, 2° du code de commerce (anc[t] L. 25 janv. 1985, art. 47), qui interdit, après jugement d'ouverture, une résiliation pour défaut de paiement de créances antérieures audit jugement. Logiquement, la chambre commerciale de la Cour de cassation n'a pas accepté cette interprétation[1], suivie en cela par la 3e chambre civile[2]. La solution de la Cour de cassation a également été empruntée par les juridictions du fond[3]. Les causes antérieures visées au texte ne sont que des causes non financières.

Le législateur réglementant la résiliation du bail commercial soumet celle-ci à des conditions plus strictes que celle des autres contrats. La dérogation ici introduite ne se comprendrait pas. En outre, l'article L. 622-13, alinéa 4 du code indique que les dispositions de l'article L. 621-29 du code sont applicables. Or ces dernières n'autorisent la résiliation du bail, après jugement d'ouverture, que pour le non-paiement de loyers et charges afférents à une occupation postérieure au jugement d'ouverture. Dès lors, seule la résiliation pour cause non financière, antérieure ou postérieure à la liquidation judiciaire, ou pour cause financière postérieure au redressement judiciaire et antérieure à la liquidation judiciaire, est possible.

La loi de sauvegarde des entreprises a entendu supprimer la difficulté à la suite d'un amendement présenté par la commission des lois du Sénat[4]. À la vérité, la difficulté n'a nullement été supprimée. En effet, l'alinéa 4 de l'article L. 641-12 du code dispose que « Le bailleur peut demander la résiliation judiciaire ou faire constater la résiliation de plein droit du bail pour des causes antérieures au jugement de liquidation judiciaire ou, lorsque ce dernier a été prononcé après une procédure de sauvegarde ou de redressement judiciaire, au jugement d'ouverture de la procédure qui l'a précédé. Il doit, s'il ne l'a déjà fait, introduire sa demande dans les trois mois de la publication du jugement de liquidation judiciaire ». Malgré une réécriture du texte par l'ordonnance du 18 décembre 2008, le texte étant devenu l'article L. 641-12, 2°, la difficulté n'a pas été supprimée.

Le texte commence par s'intéresser à une liquidation judiciaire immédiate, c'est-à-dire à un jugement d'ouverture. Le texte autorise ensuite le bailleur à agir pour des causes antérieures au jugement d'ouverture qui a précédé le jugement de liquidation judiciaire. La liquidation judiciaire est alors un jugement de conversion. Dans les deux situations, l'on est en présence de causes antérieures au jugement d'ouverture, sans que le texte ne distingue entre causes financières ou causes non financières. À suivre le texte à la lettre et sans introduire de distinction là où le législateur n'en a pas introduit, il faudrait estimer que la résiliation est possible après jugement d'ouverture, même pour défaut de paiement de loyers ou charges afférents à une occupation antérieure au jugement d'ouverture de la liquidation judiciaire. Pareille interprétation serait extrêmement surprenante, par la violation caractérisée de la règle de l'arrêt des poursuites individuelles. Elle contrarierait, en outre, le 1er alinéa de l'article L. 641-12 du code de commerce, qui réserve l'application du I de l'article L. 641-11-1 du même code, texte qui, en son alinéa 2, prévoit l'obligation de continuer le contrat nonobstant l'inexécution d'engagements antérieurs au jugement d'ouverture. C'est pourquoi, il faut nécessairement cantonner l'article L. 641-12 alinéa 4 du code – et, depuis l'ordonnance du 18 décembre 2008, l'article L. 641-12, 2° – aux obligations non financières[5], c'est-à-dire aux causes de résiliation non prohibées par la règle de l'arrêt des poursuites individuelles[6]. Cependant, l'opinion contraire a été soutenue[7]. L'hypothèse de la résiliation en liquidation judiciaire pour causes financières nous semble, quant à elle, régie

1. Com. 28 mai 2002, n° 98-14.259, *Bull. civ.* IV, n° 93; *D.* 2002. AJ 1980, obs. Lienhard; *Act. proc. coll.* 2002/13, n° 168; *Rev. proc. coll.* 2002, p. 181, n° 1, obs. Macorig-Venier; *RJDA* 2002/12, n° 1304, p. 1100; *AJDI* 2002. 686, obs. Le Corre; *JCP E* 2003, Chron. 194, p. 220, n° 4, obs. Pétel – Com. 30 mars 2005, n° 02-10.422, NP, *JCP E* 2005, Chron. 1733, p. 2034, n° 5, obs. Kendérian; *Gaz. proc. coll.* 2005/2, p. 15, obs. Le Corre.
2. Civ. 3e, 16 juin 2004, n° 02-16.692, NP, *AJDI* 2005. 132, obs. Le Corre; *JCP E* 2005, Chron. 863, p. 964, n° 37, obs. Monéger.
3. Paris, 25 juin 1996, *Rev. proc. coll.* 1998, 287, obs. Macorig-Venier – Grenoble, 30 avr. 1999, *Rev. proc. coll.* 1999, 119, obs. Macorig-Venier – Paris, 14e ch. A, 17 mai 2006, RG n° 2005/19124 – *CONTRA* : Dijon, 1re ch., 2e sect., 27 janv. 1998, *BICC* 1er oct. 1998, p. 37, n° 1026; *Rev. loyers* 1999. 146, note Gallet.
4. *Rapp. J.-J. Hyest*, n° 335, p. 383.
5. EN CE SENS AUSSI : Auque, « Le nouveau droit de l'entreprise en difficulté : le cas particulier du bailleur », *Rev. proc. coll.* 2006/4, p. 341 s., sp. p. 342 s., sp. p. 344.
6. VALLENS, 2015, n° 4431 – Kendérian, *Le sort du bail commercial dans les procédures collectives*, 4e éd., LexisNexis, 2015, n° 172.
7. Saintourens, « Le régime du bail commercial après la réforme des procédures collectives », *Loyers et copr.* 2005/10, n° 11, p. 7 s.

exclusivement par l'article L. 641-12 alinéa 5, devenu avec l'ordonnance du 18 décembre 2008, l'article L. 641-12, 3°. Or, selon ce texte, seule l'inexécution d'obligations financières postérieures au jugement de liquidation judiciaire immédiate ou au jugement d'ouverture qui a précédé la liquidation judiciaire fonderait une résiliation pour causes financières[1].

Le juge-commissaire ne peut, sans excéder ses pouvoirs, accorder au débiteur des délais de grâce pour permettre au liquidateur de vendre le fonds de commerce, l'article L. 145-41 du code de commerce n'autorisant les délais de grâce que pour régler les causes du commandement de payer visant la clause résolutoire[2]. En outre, les délais de grâce ne sauraient être accordés au liquidateur, alors que le bail est résilié dès avant le transfert de propriété à l'acquéreur du fonds de commerce, ledit transfert intervenant non à la date de l'ordonnance du juge-commissaire autorisant la vente du fonds de commerce ou de la décision du tribunal décidant l'application des règles de la liquidation judiciaire simplifiée et ordonnant la vente aux enchères du fonds de commerce, mais à la date de la rédaction des actes de cession[3].

433.24 Actions en résolution ne tenant pas au paiement d'une somme d'argent. Les actions en résolution qui ne sont pas initiées pour cause de défaut de paiement d'une somme d'argent ne sont pas soumises à la règle de l'arrêt des poursuites individuelles (v. s^s n° 621.61).

Le terme « résolution » ne doit pas faire obstacle à la recevabilité d'actions en résiliation, intéressant spécifiquement les contrats à exécution successive. D'ailleurs, les articles 1224 et suivants du code civil, issus de la rédaction que leur donne l'ordonnance du 10 février 2016[4], ne contiennent pas de distinction entre résolution et résiliation. Non seulement il est possible d'entamer l'action, mais encore, *a fortiori*, il est possible de continuer une telle action entamée avant jugement d'ouverture[5].

L'action en résolution pour violations contractuelles diverses, autres que le non-paiement de la créance due, n'est pas arrêtée. Sont ainsi recevables, par exemple, les actions en résiliation pour non-respect de l'obligation d'assurer le bien loué[6], de garnir les lieux loués[7], de respecter la destination des lieux loués[8], d'entretenir les lieux loués[9], de ne pas troubler les autres locataires[10], d'obtenir l'accord du bailleur pour sous-louer[11] ou encore d'effectuer des travaux[12].

L'inexécution contractuelle n'ayant pas une nature financière, même si elle est constatée avant jugement d'ouverture, autorise le jeu de la résiliation après jugement d'ouverture[13]. L'action en résiliation commencée avant le jugement d'ouverture pourra donc être poursuivie malgré la survenance du jugement d'ouverture. La solution a été posée pour une résiliation fondée sur le défaut d'entretien et de réparations des lieux loués[14]. Elle a encore été posée pour l'inexécution par le liquidateur du preneur à bail d'avoir à communiquer, pour les trois années précédentes, le certificat délivré chaque année par le préfet relatif à l'ouverture du village de vacances abrité dans l'immeuble donné à bail, la justification du contrat d'assurances et le paiement des primes s'y rapportant. À cette occasion, la Cour de cassation a jugé que le jeu de la clause résolutoire, fondée sur l'inexécution d'une obligation de faire, ne pouvait être tenu en échec par la règle de l'arrêt des poursuites individuelles[15]. Il faudra toutefois respecter les règles procédurales relatives aux instances non soumises à la règle de l'arrêt des poursuites individuelles et continuées après le jugement d'ouverture (v. s^s n° 621.92).

L'instance en résiliation du bail pour un motif non financier n'est pas indivisible de l'action en

1. AINSI : Paris, 14e ch. A, 3 oct. 2007, RG n° 07/05592.
2. Civ. 3e, 9 mars 2005, n° 02-13.390, *Bull. civ.* III, n° 60; *Dr. et proc.* 2005/4, p. 215, note Schütz; *JCP E* 2005, Chron. 863, p. 964, n° 37, obs. Monéger.
3. Com. 21 févr. 2012, n° 11-11.512, *Bull. civ.* IV, n° 42; n° 217 F-P+B; *D.* 2012. Actu. 607, note Lienhard; *Gaz. Pal.* 28 avr. 2012, n° 118, p. 20, note Kendérian; *Act. proc. coll.* 2012, comm. 99, note Vallansan; *JCP E* 2012, Chron. 1227, n° 10, obs. Pétel; *BJE* mai 2012, comm. 86, p. 155, note Benilsi; *Rev. proc. coll.* 2012, comm. 131, note Roussel Galle.
4. Ord. n° 2016-131, 10 févr. 2016, *JO* 11 févr.
5. Com. 26 oct. 1999, n° 96-21.745, *Bull. civ.* IV, n° 190; *Rev. proc. coll.* 2000, 128, n° 1, obs. Macorig-Venier; *Rev. proc. coll.* 2000, 41, note Himbert; *RJDA* 1999/12, n° 1350.
6. Com. 28 mai 1996, n° 93-16.125, *Bull. civ.* IV, n° 149; *JCP E* 1997. I. 623, n° 2, obs. M. Cabrillac – Poitiers, 22 avr. 1993, *Rev. proc. coll.* 1996, 72, n° 4, obs. Macorig-Venier.
7. Com. 11 avr. 1995, n° 93-12.093, NP, *Rev. proc. coll.* 1995, 295, obs. Mestre et Laude.
8. Com. 11 avr. 1995, n° 93-12.093, préc. (v. s^s prés^t n°).
9. Civ. 3e, 21 juill. 1999, n° 96-11.634, *Bull. civ.* III, n° 185; *D.* 1999. IR 229; *D. Affaires* 1999. 1443, obs. Avena-Robardet; *Act. proc. coll.* 1999/15, n° 199; *Rev. proc. coll.* 2000, 128, n° 1, obs. Macorig-Venier – Com. 16 oct. 2007, n° 06-16.713, NP; n° 1106 F-D.
10. Com. 26 oct. 1999, n° 96-21.745, *Bull. civ.* IV, n° 190; *LPA* 3 févr. 2000, n° 24, p. 11, note P. M.
11. Paris, 14 janv. 1993, *JurisData* 010306.
12. Paris, 16e ch., 16 janv. 1998, *Rev. proc. coll.* 1999, 119, n° 5, obs. Macorig-Venier.
13. Civ. 3e, 21 juill. 1999, n° 96-11.634, *Bull. civ.* III, n° 185; *D. Affaires* 1999. 1443, obs. Avena-Robardet; *JCP E* 2000, Chron. p. 126, n° 4, obs. Pétel; *JCP* 2000. II. 10391, note Roussel; *Rev. proc. coll.* 2000, 128, obs. Macorig-Venier.
14. Com. 16 oct. 2007, n° 06-16.713, NP; n° 1106 F-D; *Gaz. proc. coll.* 2008/1, p. 43, note Reille.
15. Com. 28 oct. 2008, n° 06-20.862, NP; n° 1066 F-D; *Gaz. proc. coll.* 2009/1, p. 33, n° 2, note Kendérian.

paiement de dommages et intérêts[1]. Il est donc possible de continuer la première, alors que la seconde est soumise à la règle de l'arrêt des poursuites individuelles. Cette dernière ne pourra être reprise, après avoir été interrompue par l'effet du jugement d'ouverture, que pour tendre à la fixation de la créance.

En revanche, si le bailleur peut faire jouer la clause résolutoire et faire constater la résiliation du bail en se fondant sur des causes non financières, par exemple l'exercice d'une activité non autorisée ou la non-présentation d'une attestation de ramonage de cheminée, une cour d'appel ne peut, en bloc, fonder l'obtention de la résiliation sur le non-paiement des dividendes du plan, l'exercice d'une activité non autorisée ou la non-présentation d'une attestation de ramonage de cheminée[2]. La cour d'appel aurait dû rejeter la demande en tant qu'elle était fondée sur le non-paiement des dividendes du plan et l'accepter en tant qu'elle s'appuyait sur des causes non financières.

433.25 Modalités du constat de la résiliation du bail après jugement d'ouverture. Il faut d'abord observer que la résiliation de plein droit ne se demande pas, mais se fait constater. Cette erreur rédactionnelle issue de la législation du 10 juin 1994[3] a été corrigée par la loi de sauvegarde des entreprises[4], qui prévoit que « le bailleur demande la résiliation ou fait constater la résiliation du bail ».

> Sous l'empire de la loi du 25 janvier 1985[5]. Le mécanisme de constatation du jeu de la résiliation est posé par l'article 61-1 du décret du 27 décembre 1985[6], lequel s'applique tant pour le jeu du droit commun de la continuation des contrats en cours, que pour celui spécifique du bail des locaux professionnels. Selon cette disposition, « Le juge-commissaire constate, sur la demande de tout intéressé, la résiliation de plein droit des contrats dans les cas prévus aux premier et troisième alinéas de l'article L. 621-28 et à l'article L. 621-29 de la loi du 25 janvier 1985, ainsi que la date de cette résiliation. »

L'alinéa 1 de l'article L. 621-28, dans la rédaction antérieure à la loi de sauvegarde des entreprises, vise le cas de la résiliation pour non-continuation du contrat. Cette disposition s'applique en matière de bail des locaux professionnels. L'organe compétent doit répondre, dans le mois de la réception de la mise en demeure, qu'il continue le contrat. Le bailleur n'a pas à notifier aux créanciers inscrits la mise en demeure sur la continuation du contrat[7]. À défaut de réponse positive pour la continuation du contrat, le bail est *résilié de plein droit*. Il en sera ainsi lorsque l'administrateur aura répondu qu'il ne peut continuer le contrat car le bail est résilié, alors même que tel n'est pas le cas[8].

L'alinéa 3 de l'article L. 621-28 du code de commerce, dans la rédaction antérieure à la loi de sauvegarde des entreprises, concerne l'hypothèse de la résiliation du contrat, consécutive à une option de continuation, lorsque l'administrateur ou le débiteur, selon le cas, ne règle pas à bonne date une créance née de cette continuation. Cette disposition n'a pas à s'appliquer du fait de l'existence spécifique en la matière de l'article L. 621-29, texte qui réglemente la résiliation du bail pour défaut de paiement des loyers et des charges qui sont afférents à une occupation postérieure audit jugement et qui présuppose un délai d'attente de deux mois à compter du jugement d'ouverture (v. s[s] n° 433.28).

L'article 61-1 du décret du 27 décembre 1985 prévoit qu'il y a place à saisine du juge-commissaire qui constatera, par voie d'ordonnance, la résiliation. Ces dispositions sont sans application à la procédure tendant au prononcé de la résiliation[9].

> Sous l'empire de la loi de sauvegarde des entreprises. La solution posée pour la procédure de sauvegarde par l'article L. 622-14 - 2° est rendue applicable en redressement judiciaire par l'article L. 631-14, I, devenu l'alinéa 1 de l'article L. 631-14, depuis l'ordonnance du 18 décembre 2008[10]. L'article L. 641-12 alinéa 4 (devenu C. com., art. L. 641-12, 2°, réd. ord. 18 déc. 2008, art. 105) prévoit identiquement en liquidation judiciaire que « le bailleur peut demander la résiliation judiciaire ou faire constater la résiliation de plein droit du bail ».

L'article R. 622-13 alinéa 2 du code de commerce (anc[t] D. 28 déc. 2005[11], art. 88, al. 2), applicable en sauvegarde et en redressement judiciaire, prévoit que « le juge-commissaire constate, sur la demande de tout intéressé, la résiliation de plein droit des contrats dans les cas prévus [...] à l'article L. 622-14 du même code, ainsi que la date de cette résiliation ». L'article R. 641-21 alinéa 2 du code de commerce (anc[t] D. 28 déc. 2005, art. 233-1, al. 2), inséré par l'article 62 du décret du 23 décembre 2006[12], dispose pour sa part, en liquidation judiciaire que « le

1. Com. 16 oct. 2007, n° 06-16.713, préc. (v. s[s] prés[t] n°).
2. Com. 7 juill. 2009, n° 07-12.877, NP; n° 718 F-D; *Gaz. proc. coll.* 2009/4, 2e partie, p. 16, note Kendérian; *Rev. proc. coll.* 2009/6, 165, p. 42, note Roussel Galle.
3. L. n° 94-475, 10 juin 1994, préc.
4. L. n° 2005-845, 26 juill. 2005, préc.
5. L. n° 85-98, 25 janv. 1985, préc.
6. D. n° 85-1388, 27 déc. 1985, *JO* 29 déc., p. 15281.
7. Paris, 14e ch. A, 26 nov. 2003, RG n° 2003/12011.
8. Paris, 14e ch. A, 26 nov. 2003, RG n° 2003/12011.
9. Pau, 2e ch. civ., 1re sect., 26 juin 2000, *Act. proc. coll.* 2000/17, n° 216, note Régnaut-Moutier; *Gaz. Pal.* 14 mars 2001, Somm. 29, note Brault.
10. Ord. n° 2008-1345, 18 déc. 2008, préc.
11. D. n° 2005-1677, 28 déc. 2005, *JO* 29 déc., p. 20324.
12. D. n° 2006-1709, 23 déc. 2006, *JO* 29 déc., p. 19846.

juge-commissaire constate, sur la demande de tout intéressé, la résiliation de plein droit des contrats dans les cas prévus [...] à l'article L. 641-12 du même code, ainsi que la date de cette résiliation ».

La loi de sauvegarde des entreprises a supprimé la résiliation du bail résultant du jeu de l'option à la suite d'une mise en demeure (v. s[s] n° 433.21). Mais la résiliation pourra résulter de la volonté de l'administrateur ou du débiteur, selon le cas, de ne pas continuer le contrat (C. com., art. L. 622-14, 1°).

L'article L. 622-14, 2° en sauvegarde, rendu applicable en redressement judiciaire par l'article L. 631-14, régit l'hypothèse de la résiliation à l'initiative du bailleur pour défaut de paiement des loyers et charges afférents à une occupation postérieure.

L'article R. 622-13, alinéa 2 du code de commerce (anc[t] D. 28 déc. 2005, art. 88, al. 2), texte de la sauvegarde applicable en redressement judiciaire, (C. com., art. R. 631-20 [anc[t] D. 28 déc. 2005, art. 189]), ainsi que l'article R. 641-21, al. 2 du code de commerce (anc[t] D. 28 déc. 2005, art. 233-1, al. 2), inséré par l'article 62 du décret du 23 décembre 2006, texte spécifique à la liquidation judiciaire qui avait été oublié dans la rédaction d'origine du décret du 28 décembre 2005[1], prévoient qu'il y a place à saisine du juge-commissaire qui constatera, par voie d'ordonnance, la résiliation. Ces dispositions sont sans application à la procédure tendant au prononcé de la résiliation.

Que l'on soit avant ou depuis la loi de sauvegarde des entreprises, dès lors que le juge-commissaire se contente de constater la résiliation sans la prononcer, il ne commet aucun excès de pouvoir. En conséquence, si le jugement rendu sur opposition confirme l'ordonnance, toute voie de recours, fût-elle en nullité, est irrecevable[2]. Mais le juge-commissaire n'a pas compétence pour allouer une provision au bailleur ou ordonner l'expulsion du locataire[3], seul le juge des référés pouvant, à cette fin, être saisi[4]. S'il alloue une provision ou ordonne la consignation de sommes, le juge-commissaire excède ses pouvoirs. En cas de confirmation de son ordonnance par le tribunal saisi sur opposition, l'appel nullité est recevable, puisque le jugement confirmant une ordonnance contenant un excès de pouvoir contient lui-même un excès de pouvoir[5]. Depuis la loi de sauvegarde des entreprises, l'appel réformation est recevable, ce qui rend inutile l'appel nullité pour excès de pouvoir.

La procédure devant le juge-commissaire s'inscrit dans le cadre d'une résiliation de plein droit, qui se substitue à la procédure de constat de l'acquisition de la clause résolutoire du bail commercial devant le président du tribunal de grande instance. Ce n'est pas à dire que *les étapes classiques de l'obtention du* constat de la résiliation d'un bail commercial doivent être écartées[6].

Tout d'abord, le bailleur qui sollicite du juge-commissaire le constat de la résiliation doit, comme s'il poursuivait le constat de la résiliation du bail devant le président du tribunal de grande instance, délivrer un commandement de payer visant la clause résolutoire. Selon la Cour de cassation, et à la suite d'opinions doctrinales[7], dès lors que le bailleur entend se prévaloir de la clause résolutoire insérée au bail, les dispositions du livre VI du code de commerce ne dérogent pas à celles de l'article L. 145-41 du même code prévoyant, en cas de clause résolutoire, la délivrance préalable d'un commandement[8]. Il agira donc comme s'il poursuivait le constat de la résiliation du bail devant le président du tribunal de grande instance. Il ne s'agit plus alors de la résiliation de plein droit envisagé par le livre VI du code de commerce. On voit parfois affirmer le contraire par les juridictions du fond, qui admettent que le juge-commissaire peut constater la résiliation du bail commercial en s'affranchissant du préalable du commandement de payer visant la clause résolutoire, la procédure devant le juge-commissaire étant exclusive de celle de droit commun[9].

S'agissant du constat d'une résiliation de plein droit, laquelle ne peut donc être évitée par un paiement effectué par un créancier inscrit, il ne semble pas qu'il y ait ici place à une notification aux créanciers inscrits.

Ensuite, il saisira par requête le juge-commissaire aux fins qu'il constate la résiliation du bail, cette

1. SUR CETTE OBSERVATION : Auque, « Le nouveau droit de l'entreprise en difficulté : le cas particulier du bailleur », *Rev. proc. coll.* 2006/4, p. 341 s., sp. p. 342.
2. Pau, 2e ch. civ., 1re sect., 26 juin 2000, préc.
3. Kendérian, *Le sort du bail commercial dans les procédures collectives*, 4e éd., LexisNexis, 2015, n° 94.
4. Bordeaux, 1re ch. C, 7 mars 2002, *Act. proc. coll.* 2002/17, n° 226 – Paris, 14e ch. A, 26 nov. 2003, RG n° 2003/12011.
5. Com. 23 nov. 2004, n° 02-14.216, NP, *AJDI* 2005. 384, note Le Corre.
6. SUR LA QUESTION : Kendérian, *Le sort du bail commercial dans les procédures collectives*, 4e éd., LexisNexis, 2015, n° 94.
7. Kendérian, *Le sort du bail commercial dans les procédures collectives*, 3e éd., LexisNexis, 2010, n° 92 – EN CE SENS AUSSI : Vallansan, J.-CL. COM., fasc. 2335, [Continuation des contrats en cours], 2007, n° 103.
8. Com. 28 juin 2011, n° 10-19.331, NP; n° 666 F-D; *D.* 2012. Chron. 1850, obs. Dumont-Lefrand; *Gaz. Pal.* 7 oct. 2011, n° 280, p. 26, note Kendérian; *Rev. proc. coll.* 2012, comm. 130, note Roussel Galle.
9. Paris, pole 5, 8e ch., 3 juill. 2012, RG n° 11/11724 – Aix-en-Provence, 8e ch. A, 21 févr. 2013, RG n° 12/07700, *D.* 2013. Pan. 1800, obs. Dumont-Lefrand; *JCP E* 2013. 1549, note Kendérian.

décision se substituant alors à celle du président du tribunal de grande instance.

À ce stade, une difficulté surgit. En effet, de manière classique, il n'entre pas dans l'office du juge-commissaire d'accorder au preneur des délais de grâce[1]. Mais on peut ici estimer que le juge-commissaire ne statue pas dans un cadre classique. Il statue comme le ferait le président du tribunal de grande instance en référés. Il ne fait, en somme, que respecter le statut des baux commerciaux, dont l'application ou l'inapplication ne peut dépendre de la saisine de telle ou telle juridiction. Aussi, et bien que cela puisse être surprenant pour un juge-commissaire, rien ne semble lui interdire d'accorder des délais de grâce, pour suspendre les effets de la clause résolutoire, comme le ferait le président du tribunal de grande instance[2]. Cette solution évitera la complication, qui consiste, pour le locataire ou celui qui le représente, à saisir le président du tribunal de grande instance, afin d'obtenir la suspension des effets de la clause résolutoire, alors que le juge-commissaire est appelé à se prononcer sur le constat de la résiliation du bail commercial, ce qui l'oblige à surseoir à statuer.

Car le bailleur n'est en effet pas obligé de suivre la procédure de constat de la résiliation devant le juge-commissaire. En effet, la Cour de cassation a estimé que la compétence du juge-commissaire pour constater la résiliation de plein droit du bail, qui résulte explicitement de l'article 61-1 du décret du 27 décembre 1985, n'exclut pas celle du juge des référés[3]. La solution, suivie par les juridictions du fond[4], est reconductible sous l'empire de la législation issue de la loi de sauvegarde[5] avec les articles R. 622-13 alinéa 2 du code de commerce (anc^t^ D. 28 déc. 2005, art. 88, al. 2), texte de la sauvegarde applicable en redressement judiciaire, (C. com., art. R. 631-20 [anc^t^ D. 28 déc. 2005, art. 189]), et R. 641-21 alinéa 2 du code de commerce (anc^t^ D. 28 déc. 2005, art. 233-1, al. 2), ce dernier texte ayant été inséré par l'article 62 du décret du 23 décembre 2006. Le bailleur disposera ainsi d'une option procédurale pour faire constater, après jugement d'ouverture, l'acquisition du jeu de la clause résolutoire. Cette option suppose toutefois qu'il ne soit pas discuté de l'existence-même du contrat de bail au jour de l'ouverture de la procédure collective, question qui ne relève que la compétence du juge-commissaire[6].

Si le bailleur décide de présenter sa demande au juge des référés, il doit évidemment respecter tout le dispositif de la législation des baux commerciaux, c'est-à-dire pour l'essentiel, la délivrance du commandement de payer visant la clause résolutoire et la notification de sa demande aux créanciers inscrits sur le fonds de commerce. Il a ainsi été jugé que la procédure de résiliation est irrégulière si, en redressement judiciaire, le commandement de payer visant la clause résolutoire n'est pas notifié au mandataire judiciaire mais seulement au débiteur[7]. Enfin, il s'expose, de la part de l'organe compétent, à une demande de délais de grâce, que la juridiction saisie est en droit de lui accorder, que l'on soit sous l'empire de la loi du 25 janvier 1985[8] ou sous l'empire de la loi de sauvegarde des entreprises[9], et cela, précise la Cour de cassation, de façon discrétionnaire[10]. Le président du tribunal de grande instance, statuant en la forme des référés, ne commet pas donc pas d'excès de pouvoir à accorder des délais de grâce, qui vont permettre au liquidateur de céder le fonds de commerce, dès lors que le liquidateur fait diligence, ce qui permet de désintéresser le bailleur[11].

Il est en tout cas acquis que si le bailleur poursuit le constat de la résiliation du bail devant le président du tribunal de grande instance, le locataire, son administrateur judiciaire ou le liquidateur ne peuvent solliciter du juge-commissaire des délais de grâce. Si la juridiction saisie de la demande de constat de l'acquisition de la clause résolutoire rend une décision définitive, le juge-commissaire ne peut plus statuer, sa saisine étant sans objet[12].

1. Paris, 14e ch. A, 27 mai 1998, *Act. proc. coll.* 1998/8, n° 105 – *Adde*, Vallansan, J.-CL. COM., fasc. 2335, [Continuation des contrats en cours], 2007, n° 96.
2. EN CE SENS : Monéger, « Baux commerciaux et réforme du droit des entreprises en difficulté », *JCP E* 1995. I. 438, spéc. n° 42 – SOINNE, n° 1368.
3. Com. 10 juill. 2001, n° 99-10.397, *Bull. civ.* IV, n° 133; *D.* 2001. AJ 2830, obs. Lienhard; *Act. proc. coll.* 2001/14, n° 177, obs. Régnaut-Moutier; *JCP E* 2001, pan. p. 1602; *Gaz. Pal.* 8-9 févr. 2002, jur. p. 31, note Brault; *JCP E* 2002, Chron. 175, p. 174, n° 14, obs. Pétel – Com. 13 mars 2007, n° 05-21.117, NP; n° 469 F-D.
4. Aix-en-Provence, 30 mai 2006, *JCP E* 2007. 1523, p. 26, n° 40, obs. Monéger; *Loyers et copr.* 2006, comm. 56, obs. Brault.
5. EN CE SENS AUSSI : LE CANNU, 7e éd., n° 735.
6. Orléans, ch. éco. et fin., 28 juin 2007, RG n° 07/942, *RJDA* 2007/11, p. 1109, n° 1130.
7. Civ. 3e, 28 avr. 2009, n° 08-12.979, NP.
8. Com. 30 oct. 2007, n° 05-17.719, NP; n° 1188 F-D – Paris, 14e ch. *B*, 3 sept. 2004, RG n° 04/03615.
9. Com. 6 déc. 2011, n° 10-25.689, *Bull. civ.* IV, n° 204; n° 1240 F-P+B; *D.* 2012. Actu. 6, note Lienhard et Chron. 1850, obs. Dumont-Lefrand; *Gaz. Pal.* 28 avr. 2012, n° 118, p. 19, note Kendérian; *JCP E* 2012. 1209, note Kendérian; *Act. proc. coll.* 2012/1, comm. 10, note Vallansan; *JCP E* 2012, Chron. 1227, n° 11, obs. Pétel; *BJE* mai 2012, comm. 86, p. 155, note Benilsi; *Rev. proc. coll.* 2012, comm. 130, note Roussel Galle; *LPA* 12 juill. 2012, n° 139, p. 15, note Kuntz; *LPA* 15 juin 2012, n° 120, p. 14, note Reille; *LXB hebdo* 19 janv. 2012, n° 280, note Le Corre.
10. Com. 13 déc. 2005, n° 04-16.255, *Bull. civ.* IV, n° 247; n° 1632 FS-P+B; *D.* 2006. AJ 229, obs. Lienhard; *Gaz. proc. coll.* 2006/2, p. 29, obs. Dumont; *LXB* n° N4683AKN, note Le Corre.
11. Com. 6 déc. 2011, n° 10-25.689, préc.
12. Com. 21 févr. 2012, n° 11-10.901, NP; n° 223 F-D.

Lorsque le débiteur, son administrate ou cas échéant son liquidateur – profite des d pour procéder à la régularisation, la résiliation du bail écartée[1]. Si le bailleur a saisi le président du tribunal de grande instance et si celui-ci a accordé alo taire des délais de grâce, le juge-commissaire ne les méconnaître. Il ne commet en conséquence aucun excès de pouvoir, en pareille circonstan refuser de constater la résiliation du bail[2].

L'article 512 du code de procédure civile, da rédaction que lui a donnée la loi du 20 déce 2007[3], prévoit que le délai de grâce ne peut accordé à un débiteur sous procédure collecti faut en conséquence décider que si la deman délai de grâce n'a pas été présentée à la date du ment d'ouverture, elle ne peut plus l'être après date[4]. Ce texte a été modifié par le décre 20 janvier 2012[5]. Il ne fait plus référence aux p dures collectives, ce qui conduit à décider de applicabilité même après ouverture d'une procé collective[6].

En outre, en dehors des deux hypothèses vs par l'article 61-1 du décret du 27 décembre 1 , du jeu de l'article L. 622-14 du code, sous l'em de la loi de sauvegarde des entreprises, le juge-c missaire perd compétence pour constater la rés tion du bail. Le droit commun devra en cor quence être respecté.

L'ordonnance du juge-commissaire qui se pro nonce sur le constat de la résiliation du bail obéit aux voies de recours classiques sur les ordonnances du juge-commissaire. Le recours devant le tribunal est ouvert.

Sous l'empire de la législation antérieure à la loi de sauvegarde des entreprises, le jugenent qui statue sur le recours n'est pas susceptible d'appel réformation. L'appel nullité n'est ouvert qu'en cas d'excès de pouvoir, ce qu'est venue, en la matière, préciser la deuxième chambre de la Cour de cassation en ces termes : « il n'est dérogé à toute règle interdisant un recours qu'en cas d'excès de pouvoir; que ne constitue un excès de pouvoir ni la violation des règles relatives à la composition des juridictions ni la violation du principe de la contradiction »[7].

1. Com. 30 oct. 2007, n° 05-17.719, NP; n° 1188 F-D.
2. Com. 13 mars 2007, n° 05-21.117, NP; n° 469 F-D.
3. L. n° 2007-1787, 20 déc. 2007, *JO* 21 déc., p. 20639.
4. Kendérian, *Le sort du bail commercial dans les procédures collectives*, 3e éd., LexisNexis, 2010, n° 28.
5. D. n° 2012-66, 20 janv. 2012, *JO* 22 janv., p. 1280.
6. Kendérian, *Le sort du bail commercial dans les procédures collectives*, 4e éd., LexisNexis, 2015, n° 30.
7. Civ. 2e, 17 nov. 2005, n° 03-20.815, *Bull. civ.* II, n° 293; n° 1782 FS-P+B; *Act. proc. coll.* 2006/2, n° 22, note Cagnoli; *Gaz. proc. coll.* 2006/2, p. 24, obs. Rohart-Messager.

Sous l'empire de la loi de sauvegarde des entreprises, le jugement qui statue sur le recours est susceptible d'appel réformation (v. ss n° 333.31).

433.26 Modalités du prononcé de la résiliation du bail. Si le bailleur veut faire prononcer, et non pas seulement constater la résiliation du bail, l'option procédurale disparaît. Le juge-commissaire sera incompétent. Le bailleur présentera sa demande devant le tribunal de grande instance et devra respecter les dispositions de droit commun de la législation sur les baux commerciaux[8].

Il lui appartiendra de délivrer, par acte extrajudiciaire, à l'organe compétent, un commandement. Ce dernier sera adressé au débiteur, à défaut d'administrateur. En présence d'un administrateur, il sera adressé au débiteur si l'administrateur a une mission de surveillance. Le commandement sera adressé à l'administrateur seul si ce dernier a mission d'administration, à l'administrateur et au débiteur s'il a mission d'assistance. En liquidation judiciaire, le commandement sera adressé au liquidateur.

433.27 Absence de délai en cas de résiliation du bail après jugement d'ouverture d'une sauvegarde ou d'un redressement judiciaire pour une cause autre que le défaut de paiement. La réglementation de la résiliation pour défaut de paiement d'une somme d'argent est sans application lorsque la résiliation est demandée pour une cause autre que financière.

En conséquence, si l'inexécution n'est pas de nature financière, le délai d'attente en période d'observation de deux mois – portée à trois mois par la loi de sauvegarde des entreprises[9] – ne s'imposera pas. Cette solution posée sous l'empire de la législation antérieure à la loi de sauvegarde des entreprises[10] est pleinement reconductible compte tenu de la rédaction des textes.

433.28 Délai d'action pour la résiliation du bail en sauvegarde et en redressement judiciaire pour défaut de paiement de créances de loyers et de charges postérieurs au jugement d'ouverture.

> Sous l'empire de la loi du 25 janvier 1985[11]. L'article L. 621-29 alinéa 1 du code de commerce, dans la rédaction antérieure à la loi de sauvegarde des entreprises[12], (anct L. 25 janv. 1985, art. 38) s'intéresse à la résiliation, en redressement judiciaire, du bail pour défaut de paiement de loyers ou de charges postérieurs au jugement d'ouverture. Cette disposition enferme l'action en résiliation ou sa constata-

8. TGI Bobigny, 7 nov. 1995, *Gaz. Pal.* 1996. I. 82 – T. com. Paris, 9 avr. 1999, *JurisData* 1999, n° 242, obs. Brault.
9. L. n° 2005-845, 26 juill. 2005, préc.
10. Saint-Alary-Houin, 4e éd., n° 575.
11. L. n° 85-98, 25 janv. 1985, préc.
12. L. n° 2005-845, 26 juill. 2005, préc.

tion par le juge-commissaire, en cas de résiliation de plein droit, dans une limite temporelle : elle ne pourra être introduite moins de deux mois après le jugement d'ouverture.

> Sous l'empire de la loi de sauvegarde des entreprises. Cette législation conserve la solution, mais a porté ce délai d'attente à trois mois, à la suite d'un amendement de la commission des lois du Sénat, afin de l'aligner sur le délai de l'action en revendication[1], ce qui n'est d'ailleurs pas exact puisque le délai d'attente court du jugement d'ouverture et non de sa publication au *Bodacc*. La solution est posée pour la procédure de sauvegarde (C. com., art. L. 622-14, 2°).

Ces délais de deux ou trois mois sont dérogatoires par rapport au droit commun de la résiliation des contrats pour non-paiement à bonne date des sommes dues au titre d'un contrat continué. En effet, il est prévu par l'article L. 621-28 alinéa 3, sous l'empire de la législation antérieure à la loi de sauvegarde des entreprises, par l'article L. 622-13 alinéa 3 depuis la loi de sauvegarde des entreprises (devenu C. com., art. L. 622-13, III, 2°, réd. ord. 18 déc. 2008[2], art. 27), une résiliation de plein droit, dès le premier impayé.

Il s'agit là d'un délai d'attente dont la nature juridique n'est pas précisée par les textes. Il s'agit d'un délai d'action. En conséquence, l'introduction de l'instance avant son écoulement entraîne l'irrecevabilité de la demande[3]. Cette solution s'éloigne de celle posée sous l'empire de la loi du 25 janvier 1985, dans sa rédaction initiale, qui conditionnait la résiliation à l'existence de loyers échus impayés depuis plus de trois mois. Il y avait là, dans le dernier état de la jurisprudence de la Cour de cassation, une condition de fond de l'action, non une condition de recevabilité[4].

Ce délai doit être mis à profit par le locataire pour régulariser les dettes « de l'article 40 » (C. com., art. L. 621-32). La solution résulte explicitement, depuis la loi de sauvegarde des entreprises, de l'article L. 622-14 alinéa 4 qui indique que « si le paiement des sommes dues intervient avant l'expiration de ce délai, il n'y a pas lieu à résiliation ». La solution est reprise en redressement judiciaire, du fait du renvoi qu'opère l'article L. 631-14 à l'article L. 622-14. À défaut, la résiliation pour défaut de paiement intervient de plein droit. Il y a ici une dérogation au régime général des créances postérieures qui doivent être payées à l'échéance. L'importance du lien contractuel ici en cause justifie assurément c distorsion par rapport au droit commun des créances postérieures, selon lequel le non-paiement à bonne date entraîne résiliation de plein droit du contrat poursuivi et autorise même *un contrôleur* à solliciter la conversion du redressement en liquidation judiciaire.

433.29 Délai d'action pour la résiliation du bail commercial en liquidation judiciaire.

> Sous l'empire de la législation antérieure à la loi de sauvegarde des entreprises[5]. L'article L. 622-13 alinéa 4 du code de commerce, dans la rédaction antérieure à la loi de sauvegarde des entreprises (anc[t] L. 25 janv. 1985[6], art. L. 153-3), prévoit que le bailleur qui entend demander ou faire constater la résiliation pour des causes antérieures au jugement de liquidation judiciaire doit, s'il ne l'a déjà fait, introduire sa demande dans les trois mois du jugement ».

On a vu (v. s[s] n° 433.23) que l'expression « causes antérieures au jugement de liquidation judiciaire » ne visait que des **causes non financières** qu'elles se rapportaient à des causes antérieures au jugement de liquidation judiciaire, mais postérieures au jugement d'ouverture. La règle de l'arrêt des poursuites individuelles oblige à cette interprétation.

Ce délai de forclusion ne s'applique pas pour les causes financières. Il convient selon l'article L. 622-13, alinéa 3 du code, pour les causes financières, qui ne peuvent qu'être postérieures au jugement d'ouverture, de fare application de l'article L. 621-29, que l'activité soit ou non poursuive. Il faut ici respecter le délai d'attente de deux mois par rapport au jugement d'ouverture, délai qui doit permettre au liquidateur de régulariser les arriérés de loyers et charges correspondant à une occupation de la période d'observation ou de celle de liquidation judiciaire.

Le liquidateur aura ainsi compris que, en présence d'une liquidation judiciaire immédiate, il doit faire diligence pour vendre le fonds de commerce. Il ne pourra plus vendre le fonds de commerce en ce compris le droit au bail s'il a encouru la résiliation pour défaut de paiement de loyers et charges afférents à une occupation postérieure, alors même que l'ordonnance du juge-commissaire prescrivant la vente du fonds prévoirait l'affectation du prix de vente au paiement prioritaire des loyers restés impayés[7], ce que d'ailleurs elle ne peut faire.

> Sous l'empire de la loi de sauvegarde des entreprises. Si la résiliation intervient en liquidation judiciaire pour des **causes non financières antérieures à l'ouverture de la procédure collective**, le bailleur doit

1. *Rapp. J.-J. Hyest*, n° 335, p. 199.
2. Ord. n° 2008-1345, 18 déc. 2008, préc.
3. Paris, 14e ch. B, 12 sept. 2003, *JCP E* 2003, Chron. 1665, p. 1916, n° 13, obs. Monéger – *Adde*, Soinne, n° 1368.
4. Com. 2 nov. 1993, n° 91-14.669, *Bull. civ.* IV, n° 373; *D.* 1993. IR 261; *JCP E* 1994. I. 351, n° 14, obs. Pételo.
5. L. n° 2005-845, 26 juill. 2005, préc.
6. L. n° 85-98, 25 janv. 1985, préc.
7. Paris, 14e ch. A, 10 sept. 2003, RG n° 2003/00584.

impérativement, s'il n'a pas déjà introduit sa demande agir dans le délai de trois mois de la publication au *Bodacc* du jugement de liquidation judiciaire, sans distinguer qu'il s'agit d'un jugement ouvrant ou prononçant la liquidation. Il s'agit là d'un délai de forclusion. Remarquons, *a contrario*, que ce délai de forclusion est inapplicable aux causes non financières postérieures à l'ouverture de la procédure collective.

Si le bailleur fonde sa demande sur des **causes financières**, qui ne peuvent être que postérieures au jugement d'ouverture, il doit, selon l'article L. 641-12 alinéa 5 (devenu C. com., art. L. 641-12, 3°, réd. ord. 18 déc. 2008[1]), agir en respectant les dispositions des articles L. 622-14 alinéas 3 à 5, c'est-à-dire en attendant trois mois à compter du jugement d'ouverture de la liquidation judiciaire, et non plus ici, curieusement, de sa publication[2]. Les sommes dues ne devront pas être payées avant l'expiration de ce délai de trois mois pour que le bailleur puisse obtenir la résiliation ou le constat de la résiliation[3]. Le délai buttoir de forclusion de trois mois visé à l'article L. 641-12 alinéa 4 (devenu C. com., art. L. 641-12, 2°, réd. ord. 18 déc. 2008) est sans application.

En cas de liquidation judiciaire sur conversion, une difficulté particulière peut se présenter. Le texte de l'article L. 641-12 alinéa 5 (devenu C. com., art. L. 641-12, 3°, réd. ord. 18 déc. 2008) ne vise que des causes financières postérieures à la liquidation judiciaire, laissant sans réglementation les causes financières postérieures à une sauvegarde ou à un redressement judiciaire antérieur. La question se pose dès lors de savoir si le bailleur peut fonder sa demande de résiliation sur ces causes financières comprises entre le jugement d'ouverture de la sauvegarde et du redressement judiciaire et le jugement de liquidation judiciaire. Une réponse positive nous semble devoir être apportée, car l'absence de réglementation de l'hypothèse de la conversion en liquidation judiciaire n'est pas ici volontaire. Nulle trace ne peut être trouvée dans les travaux parlementaires de la loi de sauvegarde des entreprises. S'il est certain que, par l'effet du renvoi effectué par l'article L. 641-12 alinéa 5 du code (devenu C. com., art. L. 641-12, 3°, réd. ord. 18 déc. 2008) aux alinéas 3 à 5 de l'article L. 622-14, l'action tendant au constat de la résiliation ne peut être introduite, lorsque sera prononcée la liquidation judiciaire, moins de trois mois après le jugement d'ouverture de la sauvegarde ou du redressement, la difficulté est ici de savoir s'il faut également attendre trois mois par rapport au jugement prononçant la liquidation judiciaire, alors qu'il a déjà patienté trois mois en période d'observation. Une réponse négative a été, justement, à notre avis, apportée à la question[4]. La solution a été suivie par la Cour de cassation, qui juge que le point de départ du délai de trois mois est soit la date du jugement d'ouverture de la liquidation judiciaire, lorsque celle-ci est prononcée immédiatement, soit celle du jugement d'ouverture de la sauvegarde ou du redressement[5]. Le bailleur n'aura donc pas à attendre un nouveau délai de trois mois à compter du jugement de conversion de la sauvegarde ou du redressement en liquidation judiciaire, puisque ce serait alors l'obliger à attendre six mois au total. Cela signifie que si un impayé a été enregistré depuis au moins trois mois pendant la période d'observation, aucun délai d'action ne sera imparti au bailleur pour faire jouer la résiliation, en liquidation judiciaire, pour des causes financières. En effet, le délai buttoir qui court à compter de la publication du jugement de liquidation judiciaire, spécifique à la résiliation en liquidation judiciaire pour causes non financières (C. com., art. L. 641-14, al. 4, devenu C. com., art. L. 641-12, 2°, réd. ord. 18 déc. 2008) n'aura pas à ici à être respecté. *De lege ferenda*, le texte gagnerait en, lisibilité par un énoncé explicite, sans renvoi, alors surtout que ce renvoi est particulièrement inadapté, l'article L. 622-14 ne s'intéressant en effet qu'à l'ouverture de la procédure de sauvegarde – et par renvoi du redressement judiciaire – en ne pouvant, par hypothèse, régir la situation de la conversion en liquidation judiciaire.

1. Ord. n° 2008-1345, 18 déc. 2008, préc.
2. Lienhard, 7e éd., n° 76.53 – Froehlich et Sénéchal, « La liquidation judiciaire », Lucas et Lécuyer (dir.), *La réforme des procédures collectives*..., Lgdj, 2006, p. 309.
3. *Rapp. J.-J. Hyest*, n° 335, p. 383.
4. Auque, « Le nouveau droit de l'entreprise en difficulté : le cas particulier du bailleur », *Rev. proc. coll.* 2006/4, p. 341 s., sp. p. 344.
5. Com. 19 févr. 2013, n° 12-13.662, *Bull. civ.* IV, n° 28; n° 198 FS-P+B; *D.* 2013. Actu. 566, note Lienhard; *D.* 2013. Pan. 1800, note Dumont-Lefrand; *Gaz. Pal.* 1er mai 2013, n° 121, p. 19, note Kendérian; *Act. proc. coll.* 2013/5, comm. 64, note Vallansan; *BJE* mai 2013, comm. 73, note Le Mesle; *JCP E* 2013. 1276, note Cérati-Gathier; *JCP E* 2013, Chron. 1216, n° 9, obs. Pétel; *Dr. et patr.* sept. 2013, p. 51, n° 003, note Monsérié-Bon; *LXB hebdo* 21 mars 2013, n° 331, note Le Corre.

CHAPITRE

434. Concours bancaires

SECTION 0

ORIENTEUR

434.00 Plan du chapitre.

Sect.	434.10	Règles de continuation des concours bancaires
Sect.	434.20	Rupture des concours bancaires – Absence de fournitures de concours bancaire
Sect.	434.30	Fonds de garantie des déposants

434.01 Textes applicables. (V. les références complètes ss n° 011).

C. mon. fin., art. L. 313-12, L. 313-12

C. com., art. L. 611-16, al. 1er

434.02 Jurisprudence de référence.

> Le compte-courant est résilié par l'effet du jugement de liquidation judiciaire, la résiliation intervenant de plein droit, c'est-à-dire indépendamment d'une lettre de rupture des concours.

• **Com. 5 nov. 2003**, n° 01-01.899, NP

* V. ss n° 434.11

434.03 Bibliographie indicative. (V. les références complètes ss n° 031).

> Ouvrage. Bouthinon-Dumas V., *Le banquier face à l'entreprise en difficulté,* « Droit », Revue Banque Édition, 2008 – Routier R., *Obligations et responsabilités du banquier,* 3e éd., « Dalloz action », 2011 – Vallens, 2012, nos 4676 à 4680.

> Articles. Delattre Ch., « Le maintien des relations bancaires en cours de gré ou de force », *BJE* mai 2012, Doctr. 92, p. 198 – Pérochon F., « La continuation des concours bancaires », Le Corre-Broly (dir.), *Contentieux bancaire des procédures collectives,* Bruylant, 2014, p. 35 – Legeais D., « Les concours consentis à une entreprise en difficulté », *JCP E* 2005. 1510, p. 1747 – Reifegerste S., « La rupture de crédit aux entreprises », *LPA* 9 oct. 2008, n° 203, p. 14 – Stoufflet J. et Mathey N., « Loi de sauvegarde des entreprises du 26 juillet 2005. Commentaire des dispositions applicables aux concours financiers », *RD banc. fin.* 2006/1, p. 54 – Teboul G., « Faut-il couper l'entreprise en difficulté de l'accès au crédit ? – les problèmes posés par les règles de cotation de la Banque de France », *LPA* 26 juin 2008, n° 128.

434.04 Question essentielle.

• Le compte « RJ » est-il un nouveau compte ?

* V. n° 434.11.

434.05 Liens entre les questions.

• Sur la responsabilité du banquier

* V. ss nos 831 s.

SECTION 434.10

RÈGLES DE CONTINUATION DES CONCOURS BANCAIRES

434.11 Règles de continuation des concours bancaires – « compte RJ ». Si, conformément au droit commun, le principe de la continuation du compte-courant ne pose pas difficulté, en redressement judiciaire ou en sauvegarde (v. ss n° 431.24), des observations particulières s'imposent en liquidation judiciaire (v. ss n° 431.31), et ses modalités sont source de problèmes. En effet, la continuation du compte-courant devrait entraîner, par le mécanisme de fusion des articles du compte, le paiement de créances antérieures au jugement d'ouverture, grâce à des remises postérieures audit jugement[1]. Pour éviter de contrarier aussi ouvertement les règles du droit des procédures collectives, et spécialement la règle de l'interdiction du paiement des créances antérieures, après ouverture de la procédure collective, la solution de la jurisprudence consiste à tirer un solde provisoire. La position du compte, non au jour du jugement d'ouverture, mais la veille, sera à

1. Sur la question : Campana, « De la continuation du compte-courant en cas de redressement judiciaire du remettant », *Banque* 1986. 952.

déclarer au passif si le solde est négatif[1]. Les rem sur le compte, subséquentes au jugement d'ou ture, ne pourront être affectées au paiement solde débiteur antérieur au jugement d'ouvert Elles seront affectées aux besoins de la procéd collective.

Le compte fonctionnera ensuite aux conditi contractuelles. Il n'y aura pas juridiquement ouv ture d'un nouveau compte, et cela même si l'adı nistrateur judiciaire a sollicité la clôture du com et l'ouverture d'un compte, que la pratique dénom « compte RJ »[2]. Dans la procédure de sauvegard y a place à création d'un compte sauvegarde fais apparaître la mission d'assistance de l'administrat

Ce nouvel intitulé s'impose d'ailleurs en prése d'un administrateur judiciaire qui a mission d'as tance[3] ou de représentation. Le banquier ne p opposer à l'administrateur, qui entend poursuivr convention d'ouverture de compte, des prétex tirés d'une impossibilité organisationnelle dissir lant en réalité sa volonté de cesser tout concours à une entreprise en redressement judiciaire, pour ne mettre en place le compte avec le nouvel intitulé

La continuation du compte-courant autoris l'administrateur ou le débiteur, en cas d'autor- tion de fonctionnement en débit, à exiger la di- rence entre le montant utilisé au jour du jugem d'ouverture et le montant total de l'autorisation l'absence d'écrit sur le montant du découvert au- risé, il y a place à un calcul des soldes moyens d- teurs. La détermination du montant du crédit peut être faite à partir du plus fort découvert, lequel peut ne résulter que d'une tolérance excepti- nelle[5]. Ce calcul doit être fait par l'examen de l'a générale du compte[6]. Il en résulte que la banque peut, sans commettre de faute, rejeter des chèques au prétexte que le découvert explicitement autorisé était dépassé, alors que la banque a, sur une période importante, toléré ces dépassements[7]. En ce cas, il y a là un droit au crédit utilisable après jugement d'ouverture. La banque ne rompt pas une ouverture de crédit, en l'absence d'autorisation même tacite de découvert, l'escompte de billets à ordre ne pouvant être interprété comme une telle autorisation de découvert[8]. De façon générale, il n'y a pas autorisation de découvert tacite, dès lors que le banquier n'a pas fait naître chez son client la croyance légitime qu'il bénéficiait d'une ouverture tacite de crédit[9].

Il faut encore noter que la rupture abusive du concours autorise le client du banquier ou son administrateur judiciaire à demander en référé le rétablissement du concours[10]. Il s'agit là, en effet, de faire cesser un trouble manifestement illicite[11].

De cette continuation du compte-courant, il est tiré la conséquence que la caution reste tenue de payer le solde de ce compte à la date de la clôture, qui interviendra généralement au jour de la liquidation judiciaire[12]. En revanche, la caution n'est pas tenue de payer le solde débiteur existant au jour du jugement d'ouverture, qui n'a pas entraîné clôture du compte[13].

Le compte-courant est en effet résilié par l'effet du jugement de liquidation judiciaire, contrairement à la solution applicable pour les autres contrats (v. s[s] n° 431.31). La solution, déjà posée sous l'empire de la loi du 25 janvier 1985[14] non réformée, [15], a été maintenue après l'entrée en vigueur de la loi du 10 juin 1994[16], avec cette précision que la

1. Com. 5 nov. 2003, n° 00-20.122, NP – *Adde*, Martin, « Incidence du maintien forcé à la convention de compte-courant sur les sûretés affectées à la garantie du solde », *Banque et droit* 1988, 54.
2. Com. 11 juin 2003, n° 00-12.382, NP, *Act. proc. coll.* 2003/15, n° 199; *Rev. proc. coll.* 2003, p. 240, n° 7, obs. Roussel Galle – Crédot, « La continuation du compte-courant par l'application de l'article L. 37 », *LPA* 23 juin 1989, p. 19 s.
3. Com. 4 juin 2013, n° 12-17.203, *Bull. civ.* IV, n° 93; n° 574 F-P+B; *D.* 2013. Actu. 1470, note Lienhard; *Gaz. Pal.* 29 sept. 2013, n° 272, p. 18, note Bidan; *Act. proc. coll.* 2013/12, comm. 163, note Jazottes; *JCP E* 2013, Chron. 1434, n° 8, obs. Pétel; *Rev. sociétés* 2013. 523, note Henry; *BJE* sept. 2013, p. 278, note Benilsi; *JCP E* 2013, Chron. 1662, n° 16, obs. Salgueiro; *Gaz. Pal.* 8 nov. 2013, n° 312, p. 15, note Houin-Bressand.
4. Com. 4 juin 2013, n° 12-17.203, préc. (v. s[s] prés[t] n°).
5. J.-CL. COM., Bouteiller, fasc. 3100, [Responsabilité du banquier], 2007, n° 37.
6. Com. 30 juin 1992, n° 90-18.639, *Bull. civ.* IV, n° 251, *RD banc. et bourse* 1992, p. 246, obs. Crédot et Gérard.
7. AINSI : Com. 23 oct. 2001, n° 99-14.078, NP, *RJDA* 2002/3, n° 292, p. 245.
8. Com. 14 oct. 2014, n° 13-13.622, NP, *Rev. proc. coll.* 2015, comm. 72, note Martin-Serf.
9. Com. 27 janv. 2015, n° 13-26.475, NP, *Rev. proc. coll.* 2015, comm. 73, note Martin-Serf.
10. AINSI : Bordeaux, 5e ch. civ., 15 févr. 2012, RG n° 09/02676.
11. Com. 3 déc. 1991, n° 90-13.714, NP, *Banque* 1 992. 734, obs. Rives Lange – *Adde*, Routier, *Obligations et responsabilités du banquier*, 3e éd., « Dalloz action », 2011, n° 753.22.
12. Com. 11 juin 2003, n° 00-12.382, NP, *Act. proc. coll.* 2003/15, n° 199; *Rev. proc. coll.* 2003, p. 240, n° 7, obs. Roussel Galle.
13. Com. 16 déc. 2008, n° 07-21.764, NP; n° 1360.
14. L. n° 85-98, 25 janv. 1985, *JO* 26 janv., p. 1097.
15. Com. 20 janv. 1998, n° 95-17.836, NP, *RTD com.* 1998. 313, obs. M. Cabrillac; *JCP E* 1999, Chron. 761, n° 14, obs. Gavalda et Stoufflet – Com. 14 mai 2002, n° 98-21.521, *Bull. civ.* IV, n° 583; *Act. proc. coll.* 2002/12, n° 155, obs. Boulay; *Rev. proc. coll.* 2003, p. 240, n° 7, obs. Roussel Galle.
16. L. n° 94-475, 10 juin 1994, *JO* 11 juin, p. 8440 – Com. 5 nov. 2003, n° 01-01.899, NP, *Act. proc. coll.* 2004/2, n° 23; *Rev. proc. coll.* 2004, p. 67, n° 5, obs. Roussel Galle – Com. 19 mai 2004, n° 02-18.570, *Bull. civ.* IV, n° 97; *D.* 2004. AJ 1813, obs. Lienhard; *Act. proc. coll.* 2004/13, n° 163, obs. Boulay – Paris, 5e ch. B, 20 nov. 2003, RG n° 2003/02832.

résiliation interviendra de plein droit, c'est-à-dire indépendamment d'une lettre de rupture des concours[1]. La loi de sauvegarde des entreprises[2] ne pose pas de règle nouvelle susceptible d'entraîner un changement en la matière, cependant que la solution est critiquée par certains auteurs[3] et que, à l'occasion de l'ordonnance du 18 décembre 2008[4], un auteur a pu émettre l'idée que la solution ne serait peut-être pas reconduite[5], opinion que nous ne partageons pas, faute d'élément véritablement nouveau dans le débat.

434.12 Comptes bancaires en présence d'époux communs en biens. Une difficulté particulière se présente si une liquidation judiciaire atteint un époux commun en biens. En effet, la liquidation judiciaire a pour effet de soumettre les biens communs du couple à la procédure collective atteignant l'un des deux époux (v. s[s] n° 741.41). Faut-il, dans ces conditions, procéder au blocage du compte de l'époux *in bonis* ? Il est estimé, en jurisprudence, que la banque qui procède au blocage du compte présumé approvisionné par des fonds communs ne commet pas de faute. Il appartient à l'époux *in bonis* de demander au liquidateur que ce dernier donne, le cas échéant, toutes instructions utiles à la banque pour que le compte soit débloqué[6].

SECTION 434.20
RUPTURE DES CONCOURS BANCAIRES – ABSENCE DE FOURNITURES DE CONCOURS BANCAIRE

434.21 Rupture des concours bancaires avec préavis – Jeu de l'article L. 313-12 du code monétaire et financier (anc[t] L. bancaire 24 janv. 1984[7], art. 60, al. 1). Commençons par indiquer que le banquier commet une faute à rompre un concours à durée déterminée, même s'il accorde à son client un préavis[8], à moins qu'il ne soit dans les cas prévus par l'article L. 313-12, alinéa 2 du code monétaire et financier[9].

La continuation des concours bancaires après jugement d'ouverture autorise le jeu de l'article L. 313-12 du code monétaire et financier (anc[t] L. bancaire 24 janv. 1984, art. 60, al. 1).

Jusqu'à la loi du 19 octobre 2009[10], cette disposition autorisait l'établissement de crédit à rompre ses concours à durée indéterminée, autre qu'occasionnels, sans motif, mais avec respect d'un préavis. La rupture devait être exprimée clairement, sans équivoque[11]. En revanche, la lettre de rupture n'avait pas à être motivée[12]. Cette faculté de rupture avec préavis ne devait toutefois pas être utilisée avec l'intention de nuire[13].

La loi du 19 octobre 2009 a modifié l'alinéa 2 de l'article L. 313-12 du code monétaire et financier en imposant désormais au banquier de fournir les raisons qui motivent la réduction ou l'interruption du concours. La rupture ou la diminution des concours à durée indéterminée n'est donc plus discrétionnaire. Il importe toutefois de souligner que la motivation n'a pas à être exposée dans le courrier de rupture ou de réduction du concours, mais seulement si le client en fait la demande.

Nul doute que si la motivation ne correspond pas à la réalité qui serait ultérieurement contestée, le prêteur engagerait sa responsabilité pour rupture abusive du crédit[14]. La motivation de la rupture ne peut être demandée que par la personne intéressée, c'est-à-dire le client de l'établissement de crédit. En cas de procédure collective, l'administrateur judiciaire ayant mission de représentation ou le liquidateur disposeront, en qualité de représentant du débiteur, de cette faculté. Il a été observé, et cela doit être déploré, que l'obligation pour le banquier de répondre n'est enfermée dans aucun délai. La mauvaise volonté du banquier nous semble devoir être combattue par une demande en référé. L'astreinte pourra être utilisée[15].

Du fait de l'obligation du banquier de maintenir ses concours pendant la durée du préavis, il ne pourra

1. Com. 5 nov. 2003, n° 01-01.899, NP, *Act. proc. coll.* 2004/2, n° 23; *Rev. proc. coll.* 2004, p. 67, n° 5, obs. Roussel Galle.
2. L. n° 2005-845, 26 juill. 2005, *JO* 27 juill., p. 12187.
3. PÉROCHON ET BONHOMME, 7e éd., n° 419.
4. Ord. n° 2008-1345, 18 déc. 2008, *JO* 19 déc., p. 19462.
5. Roussel Galle, « Les "nouveaux" régimes des contrats en cours et du bail », *Rev. proc. coll.* 2009/1, 7, p. 55 s., sp. 61, n° 24.
6. Paris, 15e ch. B, 2 juill. 2004, RG n° 2002/00094.
7. L. n° 84-46, 24 janv. 1984, *JO* 25 janv., p. 390.
8. Paris, 15e ch. B, 3 juill. 2008, RG n° 06/20946, *Gaz. proc. coll.* 2009/1, p. 22, note Routier.
9. Com. 24 mars 2015, n° 13-16.076, *Bull. civ.* IV [à paraître]; *Gaz. Pal.* 2015, n° 2340, note Moreil.
10. L. n° 2009-1255, 19 oct. 2009, *JO* 20 oct., p. 17410 – Legeais, « Loi tendant à favoriser l'accès au crédit des petites et moyennes entreprises et à améliorer le fonctionnement des marchés financiers », *RTD com.* 2009. 791 – Mathey, « Vers une remise en cause de liberté du banquier en matière de crédit », *JCP E* 2010. 1550.
11. Com. 18 mai 1993, n° 91-17.675, *Bull. civ.* IV, n° 189; *RTD com.* 1993. 552, obs. M. Cabrillac et Teyssié – Com. 5 janv. 1999, n°s 96-20.591, 96-20.621, *Bull. civ.* IV, n° 3.
12. Dammann, « Banque et banquiers responsables », in *Responsabilité et régulation économique*, vol. 5, SciencesPo – Dalloz, 2007, p. 73 s., sp. p. 80, n° 188.
13. Com. 9 mai 1990, n° 88-18.654, NP – Com. 5 mars 1996, n° 93-10.606, NP, *D.* 1996. IR 97.
14. Mathey, « Vers une remise en cause de liberté du banquier en matière de crédit », *JCP E* 2010. 1550, n° 31.
15. Mathey, art. préc., n° 15.

être tiré argument de ce maintien pour rechercher la responsabilité de l'établissement de crédit[1].

Les usages bancaires avaient fixé ce délai de préavis à trente jours pour la mobilisation de créances par bordereau Dailly ou par escompte, et à soixante jours pour les découverts en compte classiques. La Cour de cassation posait, pour sa part, en règle qu'il fallait rechercher la commune intention des parties pour la fixation du délai de préavis et, en cas d'impossibilité de l'établir, le délai devait être convenable pour que le client puisse trouver un nouveau banquier. Les délais fixés par les usages bancaires ne s'imposaient donc pas[2]. Il était ainsi jugé que, en l'absence de fixation d'un délai conventionnel de préavis, la responsabilité ne pouvait être engagée qu'en démontrant en quoi le délai de préavis accordé par la banque n'avait pas permis à son client de se procurer de nouveaux crédits[3].

L'article D. 313-14-1 ducode monétaire et financier fixe uniformément, depuis le décret du 30 décembre 2005[4], le délai minimal de rupture à soixante jours[5]. Ce texte, qui intéresse tout établissement de crédit, et notamment une société d'affacturage[6], est applicable à compter du 1er juin 2006.

Dès lors que le banquier respecte le délai de préavis, il n'engage pas sa responsabilité. Une cour d'appel ne peut ajouter à la loi, en retenant la responsabilité du banquier qui avait respecté les délais de préavis, en considérant que la société cliente avait été placée dans une situation telle qu'elle ne pouvait, dans le délai de soixante jours, trouver un autre établissement[7]. Ainsi, le banquier n'a pas à adapter le délai de préavis à la situation du débiteur[8].

Le non-respect du délai de préavis, outre qu'il engage la responsabilité de son auteur (v. ss n° 434.23), entraîne la nullité de la rupture des concours, ce qui signifie que la banque est tenue de rétablir le concours[9], au besoin en référé[10], et le cas échéant sous astreinte.

Il importe de préciser que les règles de rupture des concours bancaires à durée indéterminée sont spéciales. Il en a été tiré la conséquence que les règles relatives à la rupture brutale de relations commerciales établies sont sans application en la matière[11].

Le redressement judiciaire n'interdit pas la rupture sur le fondement de l'article L. 313-12, alinéa 1 du code monétaire et financier[12]. La solution est la même pour le jugement d'ouverture d'une procédure de sauvegarde. La coordination de cette liberté laissée au banquier avec la règle de continuation des contrats en cours selon laquelle le cocontractant doit remplir ses obligations malgré le défaut d'exécution par le débiteur d'engagements antérieurs au jugement d'ouverture interdit au banquier de motiver sa résiliation sur des faits antérieurs au jugement d'ouverture[13], et empêche même la résiliation si la preuve n'est pas rapportée par le banquier que la rupture des concours repose sur des circonstances postérieures au jugement d'ouverture[14]. Lorsque le concours est à durée déterminée, l'arrivée du terme permet au banquier d'être dégagé, sans que l'administrateur judiciaire ou le débiteur puisse exiger le renouvellement du concours[15].

Si l'ouverture de crédit est consentie sans précision de durée, mais qu'il résulte de l'échange de courriers entre les parties que le concours est limité à la durée de la période d'observation, le banquier ne peut y mettre fin avant l'arrêté du plan ou la conversion en liquidation judiciaire, sauf comportement gravement répréhensible ou situation irrémédiablement compromise difficile à caractériser pendant la période d'observation. En revanche, l'arrivée du terme – à savoir l'expiration de la période d'observation – met fin de plein droit à l'ouverture de crédit. Le banquier ne commet alors aucune faute à

1. Dammann, « Banque et banquiers responsables », in *Responsabilité et régulation économique*, vol. 5, SciencesPo – Dalloz, 2007, p. 73 s., sp. p. 79, n° 188.
2. Com. 19 juin 2001, n° 98-21.536, *Bull. civ.* IV, n° 118; *RD banc. fin.* 2001, p. 226 – Com. 11 janv. 2005, n° 02-12.370, NP, *RD banc. fin.* 2005/2, p. 15, n° 35, note Crédot et Gérard.
3. Com. 13 nov. 2007, n° 06-12.412, NP; n° 1222 F-D; *RD banc. fin.* mars/avr. 2008, p. 27, n° 36, note Crédot et Samin.
4. D. n° 2005-1743, 30 déc. 2005, *JO* 31 déc., p. 20792.
5. Piedelièvre, « Le préavis en cas de rupture de crédit à durée indéterminée », *D.* 2006. 434, n° 6 – obs. Legeais, *RTD com.* 2006. 169, n° 5.
6. Paris, 15e ch. B, 7 sept. 2007, RG n° 05/15751.
7. Com. 14 janv. 2014, n° 12-29.682, NP, *Gaz. Pal.* 12 mars 2014, n° 71, p. 8, note Lasserre Capdeville; *RTD com.* 2014. 167, n° 2, obs. Legeais.
8. Lasserre Capdeville, note ss Com. 14 janv. 2014, n° 12-29.682, *Gaz. Pal.* 12 mars 2014, n° 71, p. 8.
9. J.-CL. COM., Bouteiller, fasc. 3100, [Responsabilité du banquier], 2007, n° 35.
10. Com. 14 févr. 1989, n° 87-14.564, NP, *RJ com.* 1990. 356, note Calendini – Com. 3 déc. 1991, n° 90-13.714, NP, *Banque* juill.-août 1992, p. 734 – Aix-en-Provence, 23 févr. 1996, *Gaz. Pal.* 1996. II, jur. p. 367.
11. T. com. Paris, 6e ch., 24 janv. 2013, RG nos 2010/060778, 2010/055661, *JCP E* 2013, Chron. 1662, n° 24, obs. Routier.
12. Com. 1er oct. 1991, n° 89-13.127, *Bull. civ.* IV, n° 273; *JCP* 1992. II. 21854, note Jeantin; *D.* 1992. Somm. 261, obs. Derrida; *RTD com.* 1 992. 240, obs. Chaput; *JCP E* 1992, n° 138, obs. M. Cabrillac et Pétel.
13. Douai, 8e ch. A, 30 mars 1995, *RJ com.* 1995. 337, n° 1439, obs. Goyet – Monsérié-Bon, *Les contrats dans le redressement et la liquidation judiciaire des entreprises*, Litec, 1994, nos 209 s. – KERCKHOVE, n° 457.
14. Com. 1er juill. 1997, n° 95-14.440, NP, *Rev. proc. coll.* 1998, 277, n° 1, obs. Mestre et Laude.
15. T. com. Nanterre, 20 juill. 1987, *Banque* 1987. 981, obs. Rives-Lange.

rappeler à son client l'arrivée du terme et la fin du concours[1].

L'arrêté d'un plan de continuation ne fera pas obstacle à la rupture sur le fondement de l'article L. 313-12, alinéa 1 du code monétaire et financier, le dispositif de l'article L. 313-12, alinéa 1 du code de commerce devant être respecté[3]. La solution est transposable au plan de sauvegarde. Il en ira différemment si le banquier s'est engagé dans le cadre du plan, à maintenir ses concours. En effet, il a alors transformé son concours à durée indéterminée en un concours à durée déterminée, ce qui le prive alors de la faculté de rupture sur le fondement de l'article L. 312-12, alinéa 1 du code monétaire et financier.

Si une condamnation en responsabilité pour rupture abusive de crédit est prononcée contre un banquier au profit du débiteur, pendant l'exécution de son plan, ensuite résolu avec ouverture d'une liquidation judiciaire, le montant de la condamnation constitue le gage commun des créanciers et doit être remis au liquidateur[4].

L'arrêté d'un plan de cession totale entraînera, sous l'empire de la législation antérieure à la loi de sauvegarde des entreprises, rupture des concours bancaires, car ces derniers ne peuvent être cédés (v. s[s] nº 582.56).

La difficulté essentielle en la matière est de caractériser l'existence d'une ouverture de crédit, en l'absence d'écrit. L'enjeu de la qualification est de permettre l'engagement de la responsabilité du banquier s'il ne respecte pas le préavis. La preuve de l'ouverture de crédit suppose que la banque ait pu faire naître chez son client la croyance légitime qu'il bénéficie d'une ouverture tacite de crédit[5].

Tel est le cas si le banquier autorise un dépassement du découvert autorisé et se ravise trois jours plus tard. En ce cas, ayant promis le crédit, il engage sa responsabilité à ne pas le consentir ou ne pas le maintenir[6].

Au contraire, tel n'est pas le cas si les positions débitrices du compte sont rapidement compensées par des remises, les débordements que la société débitrice s'étaient unilatéralement accordés ne devant répondre qu'à des besoins ponctuels[7].

1. Com. 3 mai 2006, nº 04-17.075, NP; nº 529 F-D; *Gaz. proc. coll.* 2006/3, p. 41, obs. Bonhomme.
2. M. Cabrillac, « Le maintien des concours bancaires après l'adoption du plan de continuation », *D.* 1987. 261.
3. Agen, 1re ch., 2 avr. 1987, *D.* 1987. IR 162.
4. Com. 2 oct. 2012, nº 11-21.611, NP; nº 954 F-D; *BJE* janv. 2013, comm. 15, note Bréna.
5. Com. 27 janv. 2015, nº 13-26.475, NP, *RTD com.* 2015. 338, note Legeais.
6. Paris, 10 déc. 2015, RG nº 14/15218, *BJE* 2016, 42, note approb. Lasserre Capdeville.
7. Com. 27 janv. 2015, nº 13-26.475, préc.

434.22 Rupture des concours bancaires sans préavis – *Jeu de l'article L. 313-12 du code monétaire et financier* (anc[t] L. bancaire 24 janv. 1984[8], art. 60, al. 2). L'article L. 313-12 du code monétaire et financier (anc[t] L. bancaire 24 janv. 1984, art. 60, al. 2) autorise le banquier à rompre unilatéralement ses concours, à durée déterminée ou indéterminée, en cas de comportement gravement répréhensible ou de situation irrémédiablement compromise du client. La rupture intervient alors sans préavis. Néanmoins, le banquier reste tenu de notifier préalablement par écrit sa décision de rompre les concours[9].

Il a été jugé que l'obligation de confidentialité attachée à la conciliation ne justifie pas le comportement de l'emprunteur, à l'égard de son banquier, ayant fait figurer dans ses conditions contractuelles une obligation d'indiquer l'existence d'une conciliation, et qui ne l'informe pas de l'ouverture de la conciliation. Le non-respect de cette information peut être une cause de résiliation du contrat ou, en matière bancaire, de rupture des concours, pour manquement à l'obligation contractuelle de sincérité. La rupture des concours ne peut alors être considérée comme abusive et est donc exclusive de responsabilité du banquier, du fait du comportement gravement répréhensible du partenaire contractuel[10].

De manière très opportune, et pour lutter contre des clauses rapidement devenues de style, notamment dans le milieu bancaire, l'article 14 de l'ordonnance du 12 mars 2014[11] crée un article L. 611-16, alinéa 1er prévoyant que toute clause qui modifie les conditions de poursuite d'un contrat en cours, en diminuant les droits ou en aggravant les obligations du débiteur, du seul fait de la désignation d'un mandataire *ad hoc* ou de l'ouverture d'une conciliation ou d'une demande à cette fin, est réputée non écrite. La clause précédemment citée, objet de l'arrêt du 7 février 2012, semble devoir tomber sous le coup de la nouvelle disposition.

La possibilité de rupture des concours subsiste même en cas de procédure collective de paiement[12],

8. L. nº 84-46, 24 janv. 1984, préc.
9. Com. 18 mars 2014, nº 12-29.583, *Bull. civ.* IV, nº 51; nº 283 F-P+B; *Gaz. Pal.* 14 mai 2014, nº 134, p. 14, note Lasserre Capdeville et 20 juill. 2014, nº 201, p. 25, note Moreil.
10. Com. 7 févr. 2012, n°s 10-28.815, 10-28.816, NP, *Rev. proc. coll.* 2012, comm. 177, note Delattre.
11. Ord. nº 2014-326, 12 mars 2014, *JO* 14 mars, p. 5249.
12. Com. 8 déc. 1987, nº 87-11.501, *Bull. civ.* IV, nº 266; *D.* 1990. 52, obs. Derrida; *Banque* 1988. 96, obs. Rives-Langes; *RD banc. et bourse* 1988, 79, obs. Gérard et Crédot; *RD banc. et bourse* 1988, 69, obs. Dekeuwer-Défossez; *JCP* 1988. II. 20927, obs. Jeantin; *RTD com.* 1988. 97, obs. M. Cabrillac et Teyssié.

y compris en plan de continuation [1], la solution valant pour les plans de redressement ou de sauvegarde. Il faudra cependant que l'une des deux causes de résiliation visées à l'article L. 313-12 alinéa 2 du code monétaire et financier soit démontrée [2].

En dehors de ces deux cas, la rupture de concours ne peut intervenir sans préavis.

La banque engage sa responsabilité, lorsque, après s'être engagée à maintenir une ligne de crédit après de l'administrateur judiciaire pendant la période d'observation, elle rompt cette ligne de crédit et refuse l'exécution de la convention de cession de créances professionnelles, contrat en cours que l'administrateur judiciaire avait décidé de continuer [3].

434.23 Rupture des concours bancaires en cas de situation irrémédiablement compromise. La situation irrémédiablement compromise appelle quelques remarques. Elle ne se confond pas avec l'état de cessation des paiements [4], raison pour laquelle il ne saurait y avoir autorité de chose jugée d'une décision statuant sur la situation irrémédiablement compromise au regard de l'état de cessation des paiements [5].

La situation irrémédiablement compromise semblait correspondre à la situation d'une entreprise n'ayant aucune chance de se redresser [6]. *L'impossibilité pour le débiteur d'acquitter les échéances de son plan de redressement et la faiblesse du volume des commandes peut constituer cette situation irrémédiablement compromise* [7].

Si l'état de redressement judiciaire ne peut suffire à caractériser cette situation, en revanche, le prononcé de la liquidation judiciaire n'est plus exigé. Il a été jugé, en effet, par la Cour de cassation [8] que l'obtention d'un plan de continuation n'était plus exclusive de la possibilité de caractériser une situation irrémédiablement compromise car seuls des report d'exigibilité et des mesures de restructuration avaient permis à l'entreprise de se redresser et de continuer son activité. Un arrêt ultérieur a implicitement reconduit la solution, en jugeant que la cour d'appel ne s'était pas fondée, pour justifier sa décision de ne pas entrer en voie de condamnation contre un banquier au titre d'un soutien abusif, sur le seul fait qu'un plan de continuation ait été adopté, laissant clairement entendre que l'adoption d'un tel plan ne suffit pas à écarter la caractérisation d'une situation irrémédiablement compromise [9]. Cette solution ne devrait pas être étendue à l'hypothèse d'arrêté d'un plan de sauvegarde, qui postule l'absence d'état de cessation des paiements. Elle est en tout cas critiquable. En effet, la Cour de cassation admet ainsi qu'une situation momentanément compromise soit assimilée à une situation irrémédiablement compromise, ayant ainsi une acception toute particulière de la notion d'irrémédiable, cette difficulté d'ordre terminologique n'étant pas passée inaperçue [10]. Quoi qu'il en soit, la solution dégagée par la Cour de cassation permettra au banquier de se dégager plus facilement sans encourir le risque de se voir reprocher une rupture abusive, mais, symétriquement, l'obligera à se dégager plus rapidement s'il ne veut pas se voir reprocher un soutien abusif.

Il n'y a pas situation irrémédiablement compromise lorsque le débiteur n'a dépassé le découvert autorisé que de manière non systématique, sur une période assez courte (10 mois), revenant ensuite dans les limites du découvert autorisé, et alors qu'il a continué à rembourser les échéances d'un crédit [11].

La lettre de rupture du concours n'a pas à préciser les faits fondant la rupture. En d'autres termes, elle n'a pas à être motivée [12]. Seule importera, dans la discussion sur l'engagement de la responsabilité du banquier, l'existence des faits justifiant la rupture sans préavis.

L'appréciation de la situation compromise par la juridiction sera portée rétrospectivement au jour de la décision prise par le banquier de rompre les crédits [13].

La situation irrémédiablement compromise ouvre la possibilité au banquier de rompre unilatéralement

1. Com. 14 févr. 1989, n°s 87-14.564, 87-14.629, 2 esp., NP et NP, *JCP E* 1989. II. 15591, obs. M. Cabrillac et Pételᅠ; *D.* 1991. Somm. 11, obs. Derrida.
2. Com. 5 janv. 1999, n°s 96-20.591, 96-20.621, *Bull. civ.* IV, n° 3.
3. Colmar, 1re ch. B, 2 nov. 2011, RG n° 10/02130, *Rev. proc. coll.* 2012, comm. 107, note Martin-Serf.
4. Com. 23 oct. 2001, n° 98-16.286, NP, *Act. proc. coll.* 2001/20, n° 268.
5. Com. 31 mars 2004, n° 02-16.437, *Bull. civ.* IV, n° 64; *D.* 2004. AJ 1231, obs. Avéna-Robardet; *RD banc. fin.* 2004/5, p. 323, n° 195; *RTD com.* 2004. 582, n° 9, obs. Legeais; *Rev. proc. coll.* 2005/2, p. 165, n° 3, obs. Martin-Serf.
6. Com. 11 juin 1996, n° 93-19.804, NP, *Rev. proc. coll.* 1997, 180, n° 2, obs. Mestre et Laude.
7. Com. 21 nov. 2006, n° 05-18.979, NP; n° 1262 F-D; *Gaz. proc. coll.* 2007/2, p. 51, note Routier; *JCP E* 2007. 1679, p. 19, n° 35, obs. Dumoulin.
8. Com. 19 oct. 1999, n° 96-16.377, *Bull. civ.* IV, n° 167; *Act. proc. coll.* 1999/18, n° 249, note Legeais; *RTD com.* 2000. 155, obs. M. Cabrillac; *RD banc. fin.* 2000/1, n° 6, obs. Crédot et Gérard.
9. Com. 3 juin 2009, n° 08-16.439, NP; n° 501 F-D; *Rev. proc. coll.* 2009/6, 175, p. 50, note Martin-Serf.
10. V. M. Cabrillac, note s^s Com. 19 oct. 1999, n° 96-16.377, *RTD com.* 2000. 155.
11. Com. 24 mars 2015, n° 13-16.076, *Bull. civ.* IV [à paraître]; *Gaz. Pal.* 2016, n° 2340, note Moreil.
12. Com. 22 févr. 2005, n° 02-12.199, NP; n° 286 F-D; *RD banc. fin.* 2005/5, p. 10, n° 157, obs. Crédot et Gérard; *JCP E* 2006, Chron. 1850, p. 964, n°s 45 à 49, obs. Salgueiro.
13. Com. 22 févr. 2005, n° 02-12.199, préc. (v. s^s prés^t n°).

ses concours, sans préavis. Peu importera alors que le concours bancaire ne soit pas complètement utilisé[1]. Si la rupture intervient sur ce fondement, alors que la situation n'est pas irrémédiablement compromise, la banque engage sa responsabilité pour rupture abusive[2].

La poursuite provisoire d'activité autorisée en liquidation judiciaire ne permettra pas à l'administrateur, ou en son absence, au liquidateur, de prétendre continuer la relation contractuelle, si le banquier s'y oppose, le contraire ayant été soutenu[3] Ce dernier pourra légitimement se réfugier derrière l'article L. 313-12, alinéa 2 du code monétaire et financier pour faire parvenir à l'administrateur, ou au liquidateur selon le cas, une lettre de dénonciation des concours, qui paralysera l'option de l'organe compétent.

L'application de l'article L. 313-12 du code monétaire et financier est toutefois écartée si la rupture des concours à durée déterminée intervient par suite du jeu d'une clause d'exigibilité immédiate des concours conventionnellement liés entre eux par cette clause. L'exigibilité d'un prêt à la suite d'un impayé justifie alors la validité de la dénonciation de l'ouverture en compte-courant[4].

434.24 Rupture des concours bancaires en cas de comportement gravement répréhensible. Le comportement gravement répréhensible est un concept se rattachant à des hypothèses dans lequel le débiteur aura gravement trompé le banquier[5].

Il y aura comportement gravement répréhensible lorsque des faits de nature pénale auront été constatés. Il en est ainsi lorsque le banquier se voit remettre par son client un bilan inexact ou tout autre document attestant une fausse solvabilité[6]. En ce cas, la responsabilité de l'expert-comptable, qui a manqué à son obligation de vérification des comptes, peut être engagée[7].

La remise de factures imaginaires, dans le cadre d'une cession de créance professionnelle par bordereau Dailly[8], ainsi que la double mobilisation de créances, soit par voie de bordereau Dailly, soit par let de change, est également constitutive d'un coortement gravement répréhensible.

ıe grave inexécution contractuelle, sans coloration pénale, suffit à caractériser le comportement grment répréhensible. Il en est ainsi, d'abord, de la rétention volontaire par l'emprunteur d'informations qu'il était tenu de communiquer au titre de l'obligation contractuelle l'obligeant à confirmer l'exactitude et l'actualité des déclarations effectuées lors de la signature du contrat de prêt[9]. Il en est de même, ensuite, en cas de dépassement important et réitéré du découvert autorisé[10], du défaut de respect du plan conventionnel de remboursement[11], du fait de refuser de fournir les sûretés promises et de remettre les documents réclamés par la banque[12]. Il peut encore s'agir du fait de ne pas affecter le financement à son objet[13].

434.25 Absence de responsabilité en cas de refus d'octroi d'un concours bancaire. Jusqu'à la loi du 19 octobre 2009[14], le banquier ne commet pas de faute à refuser l'octroi d'un concours bancaire. Il n'existe pas de droit au crédit, contrairement au droit au compte. L'Assemblée plénière de la Cour de cassation énonce ainsi que « hors le cas où il est tenu par un engagement antérieur, le banquier est toujours libre, sans avoir à justifier sa décision qui est discrétionnaire, de proposer ou de consentir un crédit quelle qu'en soit la forme, de s'abstenir ou de refuser de le faire »[15]. Il faut donc prêter attention à ne pas confondre rupture de crédit et refus de consentir un nouveau crédit. Le refus du banquier de consentir un nouveau crédit est, *a priori*, légitime et il ne peut, au titre de ce refus, engager sa responsabilité[16].

1. Com. 8 juill. 1997, n° 95-13.371, NP, *Rev. proc. coll.* 1998, 278, n° 12, obs. Mestre et Laude.
2. AINSI : Com. 28 sept. 2004, n°s 02-13.608, 02-18.679, NP – Com. 24 mars 2015, n° 13-16.076, *Bull. civ.* IV [à paraître]; *D.* 2015. 797, obs. Avena-Robardet; *RTD com.* 2015. 338, note Legeais – Com. 24 mars 2015, n° 13-16.076, *Bull. civ.* IV [à paraître]; *APC* 2015/9, comm. 139, note Douville.
3. SOINNE, n° 1358.
4. Com. 22 mars 2005, n° 01-01.677, NP, *Gaz. proc. coll.* 2005/2, p. 35, obs. Routier.
5. SUR LA QUESTION : J.-CL. COM., Bouteiller, fasc. 3100, [Responsabilité du banquier], 2007, n° 45.
6. Com. 20 juin 2006, n° 04-16.238, *Bull. civ.* IV, n° 148; *Banque et droit* 2006, n° 110, p. 24, note Bonneau; *RTD com.* 2006. 891, n° 5, obs. Legeais – Rouen, 2e ch., 31 janv. 2008, RG n° 05/04802, *Act. proc. coll.* 2008/15, n° 238.
7. Rouen, 2e ch., 31 janv. 2008, RG n° 05/04802, *Act. proc. coll.* 2008/15, n° 238.
8. Aix-en-Provence, 14 déc. 1990, *Banque* juin 1991, p. 657, obs. Rives-Lange.
9. Com. 28 juin 2011, n° 10-27.086, NP, *RDBF* nov./déc. 2011, comm. 192, note Crédot et Samyn.
10. Com. 2 nov. 1994, n° 92-15.920, NP, *RJDA* 1995, n° 311.
11. Com. 3 janv. 1991, n° 88-17.893, NP.
12. Com. 2 juin 1992, n° 90-18.313, *Bull. civ.* IV, n° 213.
13. Paris, 15e ch. B, 15 janv. 1999, RG n° 1997/10226, *Juris-Data* 020107.
14. L. n° 2009-1255, 19 oct. 2009, préc.
15. Cass. ass. plén., 9 oct. 2006, n° 06-11.056, n° 06-11.307, *Bull. ass. plén.*, n° 11; P+B+R+I; *D.* 2006. Jur. 2933, note Houtcieff; *JCP E* 2006. 2618, p. 1924, note Viandier; *D.* 2007. Pan. 758, obs. Martin; *RLDC* nov. 2006, n° 32, 2265, p. 25; *RD banc. fin.* nov.-déc. 2006, p. 13, n° 188, note Crédot et Samin; *Rev. proc. coll.* 2007/3, p. 99, n° 4, obs. Martin-Serf.
16. Com. 22 mai 2007, n° 06-11.045, NP, *JCP E* 2007, Chron. 2377, n° 39, obs. Dumoulin – *Adde*, Com. 19 juin 2007, n° 06-11.065, NP, *JCP E* 2007, Chron. 2377, n° 39, obs. Dumoulin – Aix en Provence, 12 déc. 2013, *RTD com.* 2014. 167, n° 2, obs. Legeais.

Toutefois, la solution posée par l'Assemlé-nière de la Cour de cassation était déjà suble de recevoir un tempérament lorsque le bier, après avoir accepté le principe d'un crédit,ait d'octroyer celui-ci, à la suite de son exigenu-velle de garanties sur les biens extraprofesiels des époux exploitants, dès lors que ce refait conduit les exploitants à la liquidation judic[1].

Parce que le banquier est libre d'accorderion un nouveau crédit, il ne commet pas de fauteje-ter un prélèvement, dont l'exécution condit à dépasser le découvert tacite accordé[2].

Ce principe de liberté dans l'octroi d'urédit n'est plus total, depuis la loi du 19 octobre 2(Si, confronté à un refus dans l'octroi d'un cr:, le demandeur en fait la demande, le banquiloit motiver son refus. Plus exactement, l'article 13-12-1 du code monétaire et financier, dans lalac-tion que lui donne la loi du 19 octobre 200pré-voit que si l'intéressé le demande, le banquidoit donner une explication sur les éléments ayanon-duit aux décisions de notation le concernant. l été observé que cette obligation ne vise que lefus d'octroi des prêts, et non pas toute forme deon-cours, et n'a donc pas le même domaine d'apica-tion que l'article L. 313-12 du code monéta et financier[3]. La demande d'explications poua, à notre sens, émaner du représentant du débitr, à savoir l'administrateur ayant mission d'admintra-tion ou le liquidateur. Il y aura place à un corrôle de l'abus[4], et l'on peut penser qu'il y a place à ngagement de la responsabilité du banquier, si le refus ne peut être objectivement expliqué.

SECTION 434.30
FONDS DE GARANTIE DES DÉPOSANTS

434.31 Présentation générale du fonds de garantie. Le fonds de garantie des déposants a été créé par une loi du 25 juin 1999[5]. Tous les établissements de crédit agréés en France doivent y adhérer. Il a pour objet d'assurer aux déposants la restitution des sommes déposées auprès d'un établissement de crédit.

Le fonds de garantie intervient sur demande de la commission bancaire dans deux cas.

Il peut d'abord intervenir préventivement lorsque la situation d'un établissement laisse craindre à terme une impossibilité de restitution des fonds. Il s'agit alors de permettre une restructuration de l'établissement de crédit. Cette intervention a eu lieu très rapidement après la création de cet organisme, le 30 septembre 1999, pour le Crédit Martiniquais[6].

Il peut aussi intervenir lorsqu'un établissement de crédit ne peut, d'ores et déjà, restituer les fonds déposés.

Dans le cadre de ses interventions, le fonds de garantie peut bénéficier du privilège de la conciliation, au titre des apports en trésorerie (C. mon. fin., art. L. 312-56, II, rendant applicable au fonds de garantie C. com., art. L. 611-11).

Indiquons qu'une ordonnance du 20 août 2015[7] vient transposer pour la France la directive européenne Garantie des dépôts du 16 avril 2014[8].

434.32 Recours du fonds de garantie contre les dirigeants de l'établissement de crédit. L'article L. 312-6 du code monétaire et financier attribue une action récursoire au fonds de garantie contre les dirigeants fautifs de l'établissement de crédit pour lequel le fonds a dû intervenir.

La Cour de cassation, ayant eu à statuer dans l'affaire du Crédit Martiniquais, a précisé que le recours pouvait être fondé sur des fautes des dirigeants antérieures à la création du fonds de garantie[9]. Les membres du conseil d'administration ou du directoire d'une société anonyme, qui par leur action ou leur abstention, participent à la prise d'une décision fautive de cet organe, sauf à démontrer qu'ils se sont comportés en administrateurs prudents et diligents, notamment en s'opposant à la prise de la décision, commettent une faute individuelle justifiant l'action récursoire. Il en est ainsi s'ils ne s'opposent pas à la présentation de comptes infidèles[10].

Ces fautes de gestion doivent évidemment être prouvées. Il avait été jugé que les rapports d'inspection de la Commission bancaire sont couverts par le secret professionnel et ne peuvent donc permettre de prouver les fautes de gestion des dirigeants recherchés en responsabilité[11]. La Cour de cassation

1. AINSI : Reims, ch. civ., 5 mars 2007, RG n° 05/01692, *Rev. proc. coll.* 2008, p. 74, n° 92, note Martin-Serf.
2. Com. 30 sept. 2008, n° 07-15.872, NP ; n° 909 F-D.
3. Mathey, « Vers une remise en cause de liberté du banquier en matière de crédit », *JCP E* 2010. 1550, n° 11.
4. Mathey, art. préc., n° 27.
5. L. n° 99-532, 25 juin 1999, *JO* 29 juin, p. 9487.
6. Robine, « Faillite de banque : recours du fonds de garantie des déposants », *Act. proc. coll.* 2006/5, p. 1.
7. Ord. n° 2015-1024, 20 août 2015, *JO* 21 août, p. 14652.
8. Dir. 2014/49/UE, Parlement et Conseil, 16 avr. 2014, *JOUE* L 173, 12 juin, p. 149 – POUR UN COMMENTAIRE de cette ordonnance : Bonneau, *Rev. proc. coll.* 2015, comm. 167.
9. Com. 6 déc. 2005, n° 03-11.858, *Bull. civ.* IV, n° 239 ; FS-P+B+I ; *Act. proc. coll.* 2006/5, n° 55, note Robine.
10. Com. 30 mars 2010, n° 08-17.841, *Bull. civ.* IV, n° 69 ; P+B+R+I ; *D.* 2010. Pan. 2802, note Hallouin ; *D.* 2011. Pan. 1645, note HS ; *JCP E* 2010. 1416, note Couret ; *Rev. proc. coll.* 2010/3, comm. 136, note Bonneau ; *Gaz. Pal.* 2010. 2189, note Lasserre Capdeville ; *Rev. sociétés* 2010. 304, note Le Cannu.
11. Versailles, 29 mai 2008, *Rev. proc. coll.* 2009/1, p. 31, n° 17, note Bonneau.

a censuré la décision précitée, estimant sans application cette hypothèse de secret professionnel, lorsque la Commission bancaire est légalement autorisée à communiquer au fonds de garantie des déposants les rapports d'inspection que ce dernier peut utiliser aux fins pour lesquelles ils lui ont été communiqués[1]. La Cour de cassation a, en outre, jugé [illegible] article L. 631-1 du code monétaire et finan[illegible]dans sa rédaction issue de l'ordonnance du 1[illegible] 2007[2], qui modifie les solutions antérieur[illegible]plique aux renseignements recueillis antérieur[illegible] à son entrée en vigueur et dont l'utilisation [illegible]as fait l'objet d'un litige définitivement tranc[illegible] cette date[3].

1. Com. 30 mars 2010, n° 08-17.841, *Bull. civ.* IV, n° 69; P+B+R+I; *D.* 2010. Pan. 2802, note Hallouin; *D.* 2011. Pan. 1645, note HS; *JCP E* 2010. 1416, note Couret; *Rev. proc. coll.* 2010/3, comm. 136, note Bonneau; *Gaz. Pal.* 2010. 2189, note Lasserre Capdeville; *Rev. sociétés* 2010. 304, note Le Cannu.
2. Ord. n° 2007-544, 12 avr. 2007, *JO* 13 avr., p. 6749.
3. Com. 30 mars 2010, n° 08-17.841, préc. (v. ss prést n°).

CHAPITRE

435. Autres contrats soumis à une réglementation particulière

SECTION 0
ORIENTEUR

435.00 **Plan du chapitre.**

Sect.	435.10	Baux ruraux
Sect.	435.20	Contrat d'édition
Sect.	435.30	Contrat d'assurance
Sect.	435.40	Contrat d'intermédiation financière
Sect.	435.50	Contrat de société
Sect.	435.60	Contrat de Mandat

435.01 **Textes applicables.** (V. les références complètes s[s] n° 011).

> Législation antérieure à la loi de sauvegarde des entreprises. L. 25 janv. 1985, art. 221, 227, 232

L. 2 juill. 1996, art. 52

C. rur., art. L. 411-31, L. 411-53, L. 411-54

> Législation issue de la loi de sauvegarde des entreprises. C. com., art. L. 221-16

435.02 **Jurisprudence de référence.**

> Le non-paiement après jugement d'ouverture d'une prime antérieure à ce jugement entraîne résiliation de plein droit du contrat d'assurance, sur le fondement de l'article L. 132-20 du code des assurances (solution antérieure à la loi de sauvegarde des entreprises).

• **Com. 26 mai 1999,** n° 96-21.054, *Bull. civ.* IV, n° 106

* V. s[s] n° 435.31

> Les statuts pourraient aussi décider de la perte de la qualité d'associé par l'effet du jugement d'ouverture du redressement judiciaire ou de sauvegarde de l'associé. L'associé devient alors créancier de la valeur de ses parts, ce qui l'oblige, en cas de redressement judiciaire de la société – ou en cas de sauvegarde –, à déclarer sa créance au passif de la société.

• **Com. 8 mars 2005,** n° 02-17.692, *Bull. civ.* IV, n° 47; n° 374 F-P+B; CONFIRMANT : Montpellier, 2e ch. B, 28 mai 2002

* V. s[s] n° 435.51

> Le contrat de société liant un associé mis en procédure collective n'est pas un contrat en cours au sens de l'article L. 621-28 du code de commerce.

• **Com. 10 juill. 2007,** n° 06-11.680, *Bull. civ.* IV, n° 191; n° 970 FS-P+B

* V. s[s] n° 435.51

435.03 **Bibliographie indicative.** (V. les références complètes s[s] n° 03).

> Actualisables. RÉP. COM., Daigre J.-J., « Entreprises en difficulté – Redressement judiciaire (Personnes morales et dirigeants) », n°s 433 à 444; Monsérié-Bon M.-H., « Entreprises en difficulté – Redressement judiciaire (Période d'observation) », n°s 199 à 206.

> Ouvrages antérieurs à la loi de sauvegarde des entreprises. CHAPUT, n°s 356, 357 – GUYON, n° 1208 – JACQUEMONT, n°s 213 à 238, 787 à 791 – KERCKHOVE, n°s 480 à 482 – LE CANNU, n°s 665 à 666-1 – LE CORRE-BROLY, n°s 177, 178 – MARTIN ET VALLENS, n°s 3054 à 3058 – PÉROCHON ET BONHOMME, n° 203 – RIPERT ET ROBLOT, n°s 3060 à 3061 – SAINT-ALARY-HOUIN, n°s 562, 579 – SOINNE, n°s 1349 à 1352, 1362 – VALLANSAN, p. 310, 311.

> Ouvrages postérieurs à la loi de sauvegarde des entreprises. LE CANNU, 7e éd., n°s 749 à 752 – LIENHARD, 6e éd., n° 76.23 – PÉROCHON, 10e éd., n° 692 – ROUSSEL GALLE, n° 254 – SAINT-ALARY-HOUIN, 9e éd., n°s 641 à 644 – VALLENS, 2015, n°s 3278 à 3283.

> Articles. Bigot J., « L'incidence de la loi de sauvegarde des entreprises sur le contrat d'assurance », *JCP* 2005, n° 43, I, 180 – Gravillou J.-A., « L'incessibilité du bail rural (*de lege ferenda*) », *Cah. dr. entr.* 2005/2, p. 18 – Monsérié-Bon M.-H., « Associés de société civile et procédure collective : une rencontre réussie », *Mél. Tricot*, LexisNexis – Dalloz, 2011, p. 547 – Sala Y., « Contrat d'assurance et principe de continuation des contrats en cours : la fin d'une regrettable exception », *LPA* 17 févr. 2006, n° 35, p. 38.

SECTION 435.10
BAUX RURAUX

435.11 **Baux ruraux** (sur la cession du bail en plan de cession, v. s[s] n° 582.54). Les articles L. 411-31 et L. 411-53 du code rural prévoient que le bailleur ne peut faire résilier le bail que s'il justifie de « deux défauts de paiement de fermage ou de la part de produits revenant aux bailleurs (métayage) et ayant persisté à l'expiration d'un délai de trois mois, après mise en demeure postérieure à l'échéance ». Cette disposition est interprétée par la jurisprudence comme signifiant deux mises en demeure séparées de trois mois, peu important qu'elles portent sur les mêmes termes de loyers, ou le non-paiement de deux loyers, le délai de trois mois entre les mises en demeure n'étant plus alors nécessaire[1]. En outre, il n'y a plus place à résiliation si le défaut de paiement est provoqué par la force majeure ou des raisons sérieuses et légitimes (C. rur., art. L. 411-53, al. 2).

En cette matière, la clause de résiliation de plein droit pour défaut de paiement des fermages est interdite[2]. En conséquence, la résiliation devra être judiciaire, si elle est fondée sur le défaut de paiement des fermages. D'une manière comparable à la solution posée en matière de bail commercial, si une décision passée en force de chose jugée avant le jugement d'ouverture n'a pas prononcé ou constaté – pour cause autre que le défaut de paiement des fermages – la résiliation, le contrat de bail rural sera en cours au jour du jugement d'ouverture[3]. Conformément à la règle de l'arrêt des poursuites individuelles, le bail ne pourra être résilié après jugement d'ouverture, pour défaut de paiement des fermages antérieurs au jugement d'ouverture[4]. En revanche, si un fermier met à disposition d'une EARL ses terres, ce fermier reste seul titulaire du droit au bail. S'il ne paie pas au bailleur les loyers, la résiliation fondée sur le non paiement des loyers est possible, nonobstant l'arrêté du plan de continuation de l'EARL, peu important que les loyers correspondent à une occupation antérieure au jugement d'ouverture de l'EARL[5].

Le liquidateur appréciera l'opportunité de la résiliation du bail rural en tenant compte de l'indemnité due au preneur sortant, en application des articles L. 411-69 et suivants du code rural, et du prix du fermage. Si une indemnité est due, le mandataire de justice fera désigner un expert pour l'évaluer[6].

a mise à disposition de parcelles par le liquidat est exclusive de l'application du statut des baux aux, car elle ne peut être effectuée qu'à titre préare[7], ce qui est évidemment *inconciliable avec un* l de neuf ans en application du code rural.

ction 435.20
ontrat d'édition

5.21 Contrat d'édition. L'article 232 de la loi du janvier 1985[8] (disposition non codifiée), qui a odifié l'article L. 132-15 du code de la propriété tellectuelle (anc[t] L. 11 mars 1957[9], art. 61), relaf au contrat d'édition dont la solution a été étenue aux articles L. 132-20 et suivants du même code anc[t] L. 3 juill. 1985[10]) au contrat de production udiovisuelle[11], prévoit que l'éditeur en redressenent judiciaire doit respecter son obligation à l'égard le l'auteur, tant que le contrat n'a pas pris fin. La lifficulté sera alors de savoir si les droits d'auteur ont éligibles au traitement préférentiel réservé à ertaines créances postérieures[12]. Une réponse posiive sera apportée si l'on estime que les droits d'auteur naissent des ventes réalisées par l'éditeur.

L'auteur ne peut demander la résiliation du conrat que si l'éditeur a cessé depuis plus de trois mois on activité. Le droit d'option de l'auteur ou du débiteur est ici supprimé[13], puisque le contrat se poursuit de plein droit.

En cas de liquidation judiciaire de l'éditeur, le liquidateur ne peut vendre les exemplaires en les soldant qu'après avoir purgé le droit de préemption de l'auteur, ce qui présuppose que ce dernier soit averti de l'intention de vendre les exemplaires, par lettre recommandée avec demande d'avis de réception. Un délai de quinze jours est alors ouvert à l'auteur pour faire jouer son droit de préemption. À défaut d'accord sur le prix, ce dernier sera déterminé par expert (CPI, art. L. 132-15).

La loi de sauvegarde[14] n'a pas modifié le dispositif en la matière, la solution posée pour le redressement judiciaire devant être étendue à la sauvegarde (L. 26 juill. 2005, art. 165, II).

1. Civ. 3e, 19 nov. 1980, n° 79-10.166, *Bull. civ.* III, n° 182; *D.* 1983. 428, note Lesca – Civ. 3e, 7 janv. 1981, *Bull. civ.* III, n° 3.
2. Civ. 3e, 26 mai 1983, n° 81-16.487, *Bull. civ.* III, n° 124; *Defrénois*, 1983, 1581, obs. Vermelle – Civ. 3e, 20 nov. 1984, n° 83-14.377, *Bull. civ.* III, n° 193.
3. Derrida et *alii*, n° 402.
4. Bordeaux, ch. soc. B, 26 sept. 2006, RG n° 04/4829, *Rev. proc. coll.* 2007/3, p. 163, n° 5, obs. Lebel.
5. Civ. 3e, 6 janv. 2010, n° 08-21.536, *Bull. civ.* III, n° 33; n° 3 FS-P+B; *D.* 2010. AJ 205, note Lienhard; *Act. proc. coll.* 2010/4, n° 53, note Lebel.
6. Ifppc 1999, recomm. n° 6038-4, p. 168.
7. Civ. 3e, 11 janv. 2006, n° 04-18.710, *Bull. civ.* III, n° 11; n° 48 FS-P+B; *Act. proc. coll.* 2006/3, n° 29, note Vallansan; *AJDI* 2006. 209, obs. Prigent.
8. L. n° 85-98, 25 janv. 1985, *JO* 26 janv., p. 1097.
9. L. n° 57-298, 11 mars 1957, *JO* 14 mars, p. 2723.
10. L. n° 85-660, 3 juill. 1985, *JO* 4 juill., p. 7495.
11. Renault, « Les conséquences de la liquidation judiciaire des sociétés de production audiovisuelle », *Gaz. Pal.* 2003. 1383.
12. comp. : Le Cannu, 7e éd., n° 751.
13. Montsérié, *Les contrats dans le redressement et la liquidation judiciaire des entreprises*, Litec, 1994, n° 55 – Saint-Alary-Houin, 7e éd., n° 570.
14. L. n° 2005-845, 26 juill. 2005, *JO* 27 juill., p. 12187.

SECTION 435.30
CONTRAT D'ASSURANCE

435.31 Contrat d'assurance – solution antérieu à la loi de sauvegarde des entreprises[1]. Le cont d'assurance terrestre[2] est l'objet d'une réglement tion particulière. L'article 221 de la loi du 25 janvi 1985[3] (disposition non codifiée), modifiant l'art cle L. 113-6 du code des assurances, prévoit qu'e cas de redressement judiciaire de l'assuré, chacun des parties a le droit de résilier le contrat dans le trois mois du jugement d'ouverture. Passé ce délai, la résiliation n'est plus possible[4]. Ce texte suppose que l'assuré soit la personne sous procédure collective et non le dirigeant de celle-ci[5].

Il y a là une véritable dérogation au droit commun de la continuation des contrats en cours, l'article L. 113-6 du code des assurances étant indépendant de l'article L. 113-4 du même code, de sorte que cette faculté existe indépendamment de l'aggravation des risques couverts, laquelle autorise la résiliation en application de l'article L. 113-4[6].

Le contrat d'assurance, qui n'est pas résilié avant jugement d'ouverture, subsiste après ledit jugement. Si une mise en demeure visant la résiliation a été envoyée avant jugement d'ouverture, la résiliation ne sera acquise qu'à l'expiration d'un délai de quarante jours. Ce délai devra avoir couru avant le jugement d'ouverture. À défaut, il sera suspendu pendant la procédure collective[7].

L'avenant qui modifierait le contrat suit le régime de la continuation du contrat en cours. Il en résulte qu'en régime simplifié sans administrateur, le débiteur doit être autorisé par le juge-commissaire pour le signer[8]. Cette faculté est discrétionnaire, dès qu'elle est exercée sans ambiguïté[9].

1. L. n° 2005-845, 26 juill. 2005, préc.
2. Leclercq, « Quelles conséquences engendre le dépôt de bilan de l'assuré sur le contrat d'assurance-vie individuelle ? », *Gaz. Pal.* 27-28 sept. 2000, Doctr. 12.
3. L. n° 85-98, 25 janv. 1985, préc.
4. Paris, 7e ch. A, 28 juin 2005, RG n° 04/05639.
5. Com. 6 oct. 2009, n° 07-15.325, *Bull. civ.* IV, n° 120; n° 879 FS-P+B; *D.* 2009. AJ 2484, note Lienhard; *Gaz. Pal.* 8-10 janv. 2010, nos 8, 9, p. 24, note Voinot; *Act. proc. coll.* 2009/18, n° 278, note Cagnoli; *Rev. proc. coll.* 2009/6, 161, p. 39, note Roussel Galle; *JCP E* 2010, Chron. 1011, n° 6, obs. Pétel; *RTD com.* 2010. 191, n° 8, obs. Saint-Alary-Houin.
6. Civ. 1re, 1er avr. 2003, n° 99-21.362, *Bull. civ.* I, n° 90; *D.* 2003. AJ 1165, obs. Lienhard; *Act. proc. coll.* 2003/9, n° 113; *JCP E* 2003, Chron. 1396, p. 1574, n° 13, obs. Pétel; *LPA* 13 nov. 2003, n° 227, p. 9, note Léguevaques et Sala; *Rev. proc. coll.* 2003, p. 238, n° 5, obs. Roussel Galle; *Rev. proc. coll.* 2004, p. 234, n° 8, obs. Macorig-Venier.
7. Com. 14 mars 2000, n° 98-10.482, NP, *Rev. proc. coll.* 2003, p. 239, n° 6, obs. Roussel Galle.
8. Com. 17 déc. 1996, n° 93-13.677, NP, *JCP E* 1997. I. 651, n° 18, obs. Pétel; *Rev. proc. coll.* 1998, 449, n° 3, obs. Mestre et Laude.

Contrairement au droit commun posé par l'article L. 621-40 du code de commerce (anct L. 25 janv. 1985, art. 47), le non-paiement après jugement d'ouverture d'une prime antérieure à ce jugement entraîne résiliation de plein droit du contrat[10], sur le fondement de l'article L. 132-20 du code des assurances. La mise en demeure devra être faite au débiteur ou à l'organe compétent, spécialement l'administrateur judiciaire si ce dernier a une mission de représentation. Toutefois, après arrêté du plan de cession, l'administrateur ne reste en fonction que pour passer les actes nécessaires à la cession. Il en résulte qu'il n'a pas à être mis en demeure[11].

Il résulte de l'article L. 132-20 du code des assurances que le défaut de paiement d'une prime d'assurance n'ouvre pas à l'entreprise une action pour en exiger le paiement. En conséquence, l'entreprise d'assurances n'a pas à déclarer de créance de prime impayée au passif du souscripteur, de sorte que la non-déclaration de la créance, laquelle entraîne son extinction sous l'empire de la loi du 25 janvier 1985, ne peut faire obstacle à la résiliation du contrat pour défaut de paiement d'une prime antérieure au jugement d'ouverture[12].

435.32 Contrat d'assurance – solution issue de la loi de sauvegarde des entreprises[13]. La loi de sauvegarde des entreprises a supprimé le premier alinéa de l'article L. 113-6 du code des assurances. Il en résulte que le contrat d'assurance est désormais soumis au droit commun de la continuation des contrats en cours.

Le contrat d'assurance ne sera pas continué de plein droit, mais seulement sur option. Le droit de résiliation ouvert, sous l'empire de la loi du 25 janvier 1985[14], pour motif d'impayés avant le jugement d'ouverture disparaît[15].

La soumission du contrat d'assurance au droit commun comporte de multiples motivations. Il s'agit fondamentalement de ne pas faire obstacle au redressement de l'entreprise, qui pourrait s'avérer impossible, en cas de résiliation du contrat d'assurance. Certains professionnels, notamment les professionnels libéraux, ne peuvent exercer leur activité que sous condition d'être couverts par une assurance[16].

9. Com. 29 avr. 1997, *Rev. proc. coll.* 1997, 448, n° 3, obs. Mestre et Laude.
10. Com. 26 mai 1999, n° 96-21.054, *Bull. civ.* IV, n° 106; *LPA* 30 juin 1999, n° 129, p. 10, note P. M.; *JCP E* 1999, Chron. 1532, n° 1-C-10, obs. crit. Pétel; *Act. proc. coll.* 1999/11, n° 144.
11. Com. 6 oct. 2009, n° 07-15.325, préc. (v. ss prést n°).
12. Com. 6 oct. 2009, n° 07-15.325, préc. (v. ss prést n°).
13. L. n° 2005-845, 26 juill. 2005, préc.
14. L. n° 85-98, 25 janv. 1985, préc.
15. Paris, 17e ch. A, 17 mars 2008, RG n° 06/09638, *Act. proc. coll.* 2008/13, n° 212, note Vallansan.
16. *Rapp. Xavier de Roux*, n° 2095, p. 486.

La solution est la même dans le domaine du bât
ment et de travaux publics. Il ne faut donc pas qu
pour des impayés antérieurs au jugement d'ouvertur
la résiliation du contrat puisse intervenir. Il s'agi
en outre, de faire disparaître une inégalité de trait
ment entre les créanciers[1].

La loi du 31 juillet 2014[2] relative à l'économ
sociale et solidaire (art. 51) vient créer un nouv
article L. 154-7 du code des assurances prévoyar
qu'en cas de résiliation d'un contrat d'assurance e
application de l'article L. 622-13 du code de com
merce, la portion de prime afférente au temps per
dant lequel l'entreprise d'assurance ne couvre plu
le risque est restituée au débiteur[3].

L'article L. 113-4 du code des assurances, *pour sa*
part, ne se trouve pas affecté par la modification
résultant de la loi de sauvegarde des entreprises. Il en résulte que l'assureur pourra continuer à se protéger des conséquences d'une aggravation des risques couverts[4].

La simple ouverture d'une procédure collective apparaît toutefois insuffisante à justifier l'application du texte, parce qu'elle n'induit pas, à elle seule, une aggravation des risques au sens du texte[5].

Que décider d'une clause du contrat prévoyant une exclusion partielle de garantie au motif de l'ouverture d'une procédure collective ? La cour d'appel de Douai a considéré valide une telle clause[6]. La solution peut être discutée, car, ainsi que cela a été observé, cela revient à permettre une résiliation partielle du contrat au seul motif de l'ouverture d'une procédure collective, en violation avec le principe selon lequel le jugement d'ouverture n'entraîne pas la résiliation d'un contrat, toute clause contraire étant réputée non écrite[7].

Élargissant la solution posée par l'article L. 622-13, I, alinéa 1er du code de commerce, disposition rendue applicable en redressement judiciaire par l'article L. 631-14, I du même code, la Cour de cassation a justement posé en principe que « est interdite toute clause qui modifie les conditions de poursuite d'un contrat en cours en diminuant les droits ou en aggravant les obligations du débiteur du seul fait de sa mise en redressement judiciaire »[8]. En vertu du principe posé, est donc nulle la clause d'un contrat d'assurance stipulant que l'assureur ne garantissait pas la perte de valeur vénale du fonds de commerce

1. *Rapp. Xavier de Roux*, n° 2095, p. 486.
2. L. n° 2014-856, 31 juill. 2014, *JO* 1er août, p. 12666.
3. Roussel Galle, obs. *Rev. proc. coll.* 2014, comm. 156.
4. *Rapp. J.-J. Hyest*, n° 335, p. 553 – *Adde*, Vallansan, J.-CL. COM., fasc. 2335, [Continuation des contrats en cours], 2007, n° 42.
5. ROUSSEL GALLE, n° 254.
6. Douai, 2e ch., 2e sect., 24 mai 2012, *D.* 2012. Actu. 1952, note Dannenberger.
7. Dannenberger, note ss Douai, 2e sect., 24 mai 2012, préc.

consécutive à un sinistre survenu après ouverture d'une procédure de redressement ou de liquidation judiciaire[9]. Il en irait a fortiori ainsi de l'exclusion de la garantie pour survenance d'une sauvegarde.

Si l'assureur veut fonder sa résiliation sur le jeu de l'article L. 132-20 du code des assurances, c'est-à-dire le non paiement d'une prime d'assurance dans les dix jours de son échéance, il doit envoyer une mise en demeure informant que, à l'expiration d'un délai de quarante jours, il y aura résiliation du contrat. Cette mise en demeure n'a, après adoption du plan de cession, à être envoyée qu'au seul débiteur, non à son administrateur judiciaire[10].

435.33 Liquidation judiciaire de l'assureur. En cas de liquidation judiciaire atteignant l'assureur, il y a résiliation de plein droit à compter de l'arrêté ou de la décision retirant l'agrément administratif (C. assur., art. L. 113-6, al. 2). Les contrats prennent fin exactement le quarantième jour à midi à compter de la publication au *Journal officiel* de la décision du Comité des entreprises d'assurance ou de l'Autorité de contrôle des assurances et des mutuelles prononçant le retrait de l'agrément administratif (C. assur., art. L. 113-6 et L. 326-12).

En cas de liquidation résultant du retrait d'agrément, l'exception de compensation entre la cotisation d'assurance non payée et la partie restituable de la prime d'assurance à compter de la résiliation du contrat d'assurance n'est admissible que pour les cotisations et primes échues pendant le délai de quarante jours séparant le prononcé de ce retrait d'agrément et la résiliation consécutive du contrat d'assurance[11].

435.34 Cession du contrat d'assurance. Le contrat d'assurance n'est pas au rang des contrats judiciairement cessibles. À l'instar du bail des immeubles vendus, la transmission de la chose assurée entraîne de plein droit cession du contrat d'assurance[12]. Il y a donc cession légale et non judiciaire.

8. Com. 14 janv. 2014, n° 12-22.909, *Bull. civ.* IV, n° 7; n° 53 F-P+B; *D.* 2014. Actu. 206, note Lienhard; *Gaz. Pal.* 29 juin 2014, n° 180, p. 23, note Kendérian; *Act. proc. coll.* 2014/4, comm. 53, note Roussel Galle; *Rev. sociétés* 2014. 200, note Henry; *BJE* mars 2014, p. 81, note Le Mesle; *JCP E* 2014, Chron. 1173, n° 7, note Pétel; *LPA* 1er mai 2014, n° 87, p. 14, note Stefania; *LPA* 7 mai 2014, n° 91, p. 10, note Teffo; *Rev. proc. coll.* 2014, comm. 157, note Roussel Galle; *LXB hebdo* 20 févr. 2014, n° 559, note Le Corre.
9. Com. 14 janv. 2014, n° 12-22.909, préc. (v. ss prést n°).
10. Paris, pôle 5, 6e ch., 15 nov. 2012, RG n° 10/00912, *BJE* mars 2013, comm. 53, note Lisanti.
11. Civ. 1re, 29 mai 2013, n° 11-28.819, *Bull. civ.* I, n° 108; n° 563 F-P+B; *Gaz. Pal.* 9 août 2013, n° 221, p. 12, note Noguéro.
12. Civ. 2e, 13 juill. 2005, n° 03-12.533, *Bull. civ.* II, n° 195; *JCP E* 2006, Chron. 1006, p. 72, n° 4, obs. Pétel; *Act. proc. coll.* 2005/17, n° 218, note Monsérié-Bon.

SECTION 435.40

CONTRAT D'INTERMÉDIATION FINANCIÈRE

435.41 Contrat d'intermédiation financière. Une solution analogue à celle posée pour le co[n]t[rat] d'assurance, avant la réforme résultant de la l[oi de] sauvegarde des entreprises[1], est prévue dans l'in[ter]médiation financière[2]. Les règlements de conv[en]tion de place régissant les marchés à terme ou marchés boursiers peuvent prévoir la résiliation [de] plein droit du marché, en cas de mise en redres[se]ment ou en liquidation judiciaire de l'une des pa[r]ties. Est ainsi écartée la règle de droit commun de [la] continuation des contrats, selon laquelle sont répu[]tées non écrites les clauses de résiliation de plei[n] droit pour redressement judiciaire – ou procédure [de] sauvegarde – de l'une des parties[3].

435.42 Opérations sur instruments financier[s]. Afin de sécuriser les marchés financiers, le cod[e] monétaire et financier écarte pour les opération[s] relatives aux instruments financiers intervenant su[r] des marchés réglementés les règles du droit des pro[]cédures collectives de paiement (C. mon. fin., art[.] L. 442-6 et L. 442-7). Par cette mise à l'écart de[s] règles du droit des entreprises en difficulté, il s'agi[t] d'éviter qu'une entreprise d'investissement (u[n] adhérent) ou la chambre de compensation soit obli[]gée d'exécuter sa prestation alors qu'il y a inexécu[]tion de la part du donneur d'ordre ou de l'adhérent. Il faut fondamentalement éviter le jeu de l'article L. 622-13 alinéa 4 (devenu C. com., art. L. *622-13, I*, al. 2) selon lequel « le cocontractant doit remplir ses obligations malgré le défaut d'exécution par le débiteur d'engagements antérieurs au jugement d'ouverture »[4].

SECTION 435.50

CONTRAT DE SOCIÉTÉ

435.51 Contrat de société. Le contrat de société[5] se trouve également affecté par les règles des procédures collectives. L'article 230, I, de la loi du 25 janvier 1985[6], modifiant l'article L. 221-16 du code de commerce (anc[t] L. 24 juill. 1966[7], art. 22, al. 1) prévoit que la société en nom collectif est dissoute, lorsqu'un jugement de liquidation judiciaire ou de plan de cession totale est prononcé à l'égard de l'un des associés, à moins que la continuation de la société ne soit prévue en ce cas par une clause des statuts ou décidée à l'unanimité des autres associés.

L'article 62, I, de la loi du 26 juillet 2005[8], modifiant l'article L. 221-16 du code de commerce (art. 182) précise que la société en nom collectif ne sera dissoute qu'à compter d'un tel jugement devenu définitif, et non plus seulement à compter de son prononcé. La solution antérieure renferme en effet un danger lorsque la décision conduisant à la dissolution de la société est ensuite réformée ou annulée.

Les statuts pourraient aussi décider de la perte de la qualité d'associé par l'effet du jugement d'ouverture du redressement judiciaire ou de sauvegarde de l'associé. L'associé devient alors créancier de la valeur de ses parts, ce qui l'oblige, en cas de redressement judiciaire de la société – ou en cas de sauvegarde –, à déclarer sa créance au passif de la société[9].

Une règle comparable est posée pour les sociétés en commandite simple. La liquidation judiciaire ou le plan de cession totale décidé à l'encontre de l'un des commandités entraîne la dissolution de la société, sauf si, en présence d'autres associés commandités, une clause des statuts prévoit la continuation de la société ou qu'elle est décidée par l'unanimité des autres commandités. Mais l'article L. 222-11 du code de commerce (anc[t] L. 24 juill. 1966, art. 33), tel qu'il a été modifié par la loi du 25 janvier 1985 (L. 25 janv. 1985, art. 230, II), va plus loin en étendant la solution au redressement judiciaire de l'associé, le texte ayant parfois été appliqué de manière erronée[10]. La solution n'a pas été modifiée par la loi de sauvegarde des entreprises.

La Cour de cassation a précisé, dans un arrêt de principe, que le contrat de société liant un associé mis en procédure collective n'est pas un contrat en cours au sens de l'article L. 621-28 du code de com-

1. L. n° 2005-845, 26 juill. 2005, préc.
2. Boillot, « Droit bancaire et financier et droit des procédures collectives : exception ou contradiction ? », *D.* 2003. Chron. 2741.
3. SUR LA QUESTION : Canu et Saint-Mars, « Intermédiation financière et droit des procédures collectives ou la nécessité de traiter spécifiquement certains contractants en matière financière », *RD banc. et bourse* juill.-août 1998, n° 68, p. 119 s.
4. LE CANNU, 7e éd., n° 752.
5. SUR LA QUESTION : Schodermeier, « Le redressement ou la liquidation judiciaire de la société émettrice ou de l'actionnaire », *Rev. sociétés* 1999. 725.
6. L. n° 85-98, 25 janv. 1985, préc.
7. L. n° 66-537, 24 juill. 1966, *JO* 26 juill., p. 6402.
8. L. n° 2005-845, 26 juill. 2005, préc.
9. Com. 8 mars 2005, n° 02-17.692, *Bull. civ.* IV, n° 47; n° 374 F-P+B; *D.* 2005. AJ 839, note Lienhard; *RTD com.* 2005. 598, n° 11, obs. Martin-Serf; *Rev. sociétés* 2005/3, p. 618, note Randoux; *Act. proc. coll.* 2005/7, n° 87, note Vallansan; *Defrénois* 2005/21, p. 1720, Chron. 38265, note Honorat; *Defrénois* 2005/23, p. 1919, Chron. 38287, n° 9, note Gibirila; *Rev. proc. coll.* 2006/1, p. 50, n° 8, obs. Lebel, confirmant Montpellier, 2e ch. B, 28 mai 2002, *RD banc. fin.* 2003/4, p. 218, n° 155, obs. Lucas; *RTD com.* 2003. 521, n° 1, obs. Champaud et Danet; *Rev. proc. coll.* 2004, p. 264, n° 1, obs. Dumont.
10. T. com. Mirecourt, 3 mars 1989, *Rev. sociétés* 1989. 279, note Merle.

merce, dans sa rédaction antérieure à la loi de sauvegarde des entreprises. La solution est transposable sous l'empire de la loi de sauvegarde des entreprises pour l'article L. 622-13[1]. Plein effet doit, en conséquence, être attaché à l'article 1860 du code civil. Il y a perte de la qualité d'associé dans les sociétés civiles [et cela vaut pour les sociétés civiles de moyens de professionnels libéraux[2]], en cas de redressement judiciaire ou de liquidation judiciaire atteignant l'un des associés (C. civ., art. 1860)[3], la solution semblant devoir être étendue à l'hypothèse de l'ouverture d'une sauvegarde[4]. Il importe donc peu que seule la liquidation judiciaire entraîne dissolution de la société[5], les deux règles étant distinctes. En outre, le processus de retrait d'office de la société résultant de l'ouverture de la liquidation judiciaire à l'encontre de l'associé et de remboursement de la valeur de ses parts est distinct de la mission incombant au liquidateur de l'associé. Il ne tend pas à la cession de droits, mais seulement à leur évaluation en vue du remboursement par la société, le retrait d'office s'imposant à elle. Il en résulte que l'administrateur judiciaire de la société doit poursuivre ce processus[6].

La perte de la qualité d'associé n'est cependant effective qu'après remboursement des droits sociaux de l'associé[7], la clause statutaire contraire ne pouvant produire effet[8]. En l'absence d'accord des parties, l'évaluation des droits sociaux de l'intéressé interviendra à dire d'expert[9].

1. Com. 10 juill. 2007, n° 06-11.680, *Bull. civ.* IV, n° 191; n° 970 FS-P+B; *D.* 2007. AJ 2107, note Lienhard; *Gaz. proc. coll.* 2007/4, p. 38, note Reille; *Act. proc. coll.* 2007/14, n° 163, note Régnault-Moutier; *JCP E* 2008, Chron. 1207, n° 12, p. 32, obs. Pétel; *Bull. Joly* 2008. 46, § 13, note Lucas; *Dr. sociétés* 2007/11, p. 20, n° 196, note Legros; *Rev. proc. coll.* 2008, p. 76, n° 17, note Roussel Galle; *JCP E* 2007. 2474, note Legros.
2. J.-CL. COM., Rétif, fasc. 1750, [Professions libérales et procédures collectives], 2011, n° 35.
3. Paris, pôle 5, 9ᵉ ch., 21 janv. 2010, *Dr. sociétés* 2010/5, § 87, p. 19, note Hovasse – SUR LA QUESTION : Monsérié-Bon., « Associés de société civile et procédure collective : une rencontre réussie », *Mél. Tricot*, LexisNexis – Dalloz, 2011, p. 547 s., sp. p. 551, n° 11.
4. Lucas, note sˢ Civ. 3ᵉ, 10 oct. 2012, n° 11-21.166 NP, *Bull. Joly* janv. 2013, comm. 11.
5. Com. 10 juill. 2007, n° 06-11.680, préc. (v. sˢ présᵗ n°).
6. Civ. 3ᵉ, 10 oct. 2012, n° 11-21.166, NP, *Bull. Joly* janv. 2013, comm. 11, note Lucas.
7. Civ. 3ᵉ, 9 déc. 1998, n° 97-10.478, *Bull. civ.* III, n° 243; *JCP E* 1999, jur. 1395, note Garçon; *D.* 2000. Somm. 237, obs. Hallouin – Com. 5 mai 2015, n° 14-10.913, *Bull. civ.* IV [à paraître]; *BJE* sept. 2015, 290, note Cérati-Gauthier; *APC* 2015/11, comm. 165, note Parachkévova; *JCP E* 2015, 1577, n° 7, note Buchberger; *RTD com.* 2015. 541, n° 1, note Monsérié-Bon; *BJS* 2015, 355, note Barbièri; *Dr. sociétés* 2015, comm. 127, note Hovasse.
8. Com. 5 mai 2015, n° 14-10.913, préc.
9. Orléans, ch. com. éco. et fin., 16 janv. 2003, RG n° 01/02816, *Rev. proc. coll.* 2004, p. 261, n° 9, obs. Lebel.

e dessaisissement atteignant l'associé placé en [liqu]idation judiciaire ne fait pas obstacle à ce que le [liq]uidateur obtienne de son propre chef, le rem[bo]ursement des droits sociaux. *Le liquidateur ne [pe]ut donc se réfugier derrière son abstention pour [pr]étendre à la perte de la qualité d'associé faute de [po]ssibilité pour ce dernier d'obtenir le rembourse[m]ent de ses droits sociaux*[10]. La poursuite de la réa[li]sation de l'actif de l'associé ne constitue pas un [j]uste motif de dissolution[11].

SECTION 435.60
CONTRAT DE MANDAT

435.61 Contrat de mandat. L'article 2003 du code civil énonce que le mandat prend fin notamment par la déconfiture du mandant ou du mandataire. La règle a toujours été étendue aux procédures collectives. La solution avait été posée sous l'empire de la loi du 13 juillet 1967[12], tant en règlement judiciaire qu'en liquidation des biens[13].

Elle ne semble pas pouvoir concerner la procédure de sauvegarde, ouverte sans cessation des paiements.

Une jurisprudence ancienne considère toutefois que si la faillite du mandant met fin au mandat par lui donné uniquement dans son intérêt, cet événement reste sans influence sur le mandat conféré dans l'intérêt du mandant et de tiers pour une affaire commune à toutes les parties[14].

De la fin du mandat par l'effet de l'ouverture d'un redressement ou d'une liquidation judiciaire, il est tiré la conséquence qu'une clinique liée à des médecins par un contrat d'exercice médical conférant mandat à cette dernière d'encaisser les honoraires dus par les organismes de sécurité sociale au moyen d'un compte spécial dit « compte mandataire » ne peut plus après l'ouverture de la procédure recevoir les honoraires des praticiens, qui avaient seuls vocation à les recevoir, du fait de la fin du mandat. Le liquidateur judiciaire de la clinique commet en conséquence une faute à remettre au dirigeant de la clinique, qui était habilité à faire fonctionner le compte « mandataire », les fonds litigieux, si ce dernier les dissipe, alors qu'ils auraient dû être remis directement aux praticiens[15].

10. Com. 13 déc. 2011, n° 11-11.667, NP, *Act. proc. coll.* 2012, comm. 92, note Pagnucco; *BJE* mars 2012, comm. 48, p. 84, note Monsérié-Bon; *LPA* 27 juin 2012, n° 128, p. 17, note Boillot.
11. Com. 13 déc. 2011, n° 11-11.667, préc. (v. sˢ présᵗ n°).
12. L. n° 67-563, 13 juill. 1967, *JO* 14 juill., p. 7059.
13. Com. 20 févr. 1973, n° 71-12.638, *Bull. civ.* IV, n° 86 – Com. 20 févr. 1973, n° 71-13.288, *Bull. civ.* IV, n° 87.
14. Civ., 30 juill. 1912, DP 1913, I, 81.
15. Com. 1ᵉʳ déc. 2009, n° 07-21.441, *Bull. civ.* IV, n° 157; n° 1111 F-P+B; *D.* 2010. AJ 12, note Lienhard.

TITRE

440. Délimitation des créances antérieures et des créances postérieures

SECTION 0

ORIENTEUR

440.00 Plan du titre.

Chap. 441 Règles générales relatives au fait générateur de la créance

Sect. 441.10 Prise de position sur la nature antérieure ou postérieure d'une créance

Sect. 441.20 Prise en compte du fait générateur – Indifférence de la date d'exigibilité

Chap. 442 Fait générateur d'une créance d'origine contractuelle ou d'une mission confiée à un professionnel

Sect. 442.10 Créances nées de la continuation du contrat

Sect. 442.20 Règles communes aux créances nées de la disparition des contrats

Sect. 442.30 Règles spéciales aux créances nées de la disparition du bail, du crédit-bail et des locations financières

Sect. 442.40 Créance née d'une mission confiée à un professionnel

Chap. 443 Fait générateur de la créance d'origine extra contractuelle

Sect. 443.10 Fait générateur de la créance fiscale

Sect. 443.20 Fait générateur de la créance de cotisations sociales

Sect. 443.30 Fait générateur de la créance environnementale

Sect. 443.40 Fait générateur de diverses créances liées à des condamnations judiciaires

Sect. 443.50 Fait générateur des créances de restitution non contractuelles

Sect. 443.60 Fait générateur de la créance d'origine délictuelle

Sect. 443.70 Fait générateur de diverses autres créances

Sect. 443.80 Utilité ou inutilité de la détermination du fait générateur de la créance d'arriéré de pension alimentaire et de prestation compensatoire

440.01 Textes applicables.

> Législation antérieure à la loi de sauvegarde des entreprises.
C. com., art. L. 621-32, L. 621-40, I et II

> Législation issue de la loi de sauvegarde des entreprises.
C. com., art. L. 622-17, L. 622-21, L. 631-14, I, L. 641-3, al. 1, L. 641-13
C. com., art. R. 622-21, al. 2 (anc^t^ D. 28 déc. 2005, art. 96, al. 2)

> Législation issue de l'ordonnance du 18 décembre 2008.
C. com., art. L. 622-17, L. 622-21, L. 631-14, L. 641-13
C. com., art. R. 622-21, al. 2

> Législation issue de l'ordonnance du 12 mars 2014.
C. com., art. R. 622-15, R. 641-39

440.03 Bibliographie indicative. (V. les références complètes s^s^ n° 031).

> Actualisables. J.-CL. COM., Boutellier P. et Ribay F., fasc. 2340, [Redressement et liquidation judiciaires – Créances nées après le jugement d'ouverture], n° 19; Le Corre P.-M., fasc. 2338, [Redressement et liquidation judiciaires, le nouvel article 40 de la loi du 25 janvier 1985 (L. 10 juin 1994)], n°s 45 s. – Serlooten P., fasc. 3104, [Redressement et liquidation judiciaires – Incidences fiscales sur l'entreprise], n°s 10 à 44 s.

> Ouvrages antérieurs à la loi de sauvegarde des entreprises. CHAPUT, n°s 517, 518 – GUYON, n° 1249 – JACQUEMONT, n°s 329 à 350 – KERCKHOVE, n° 488 – LE CANNU, n° 675 – LE CORRE-BROLY, n°s 197 à 201 – MARTIN VALLENS, n°s 3061 à 3065, 3067 à 3071 – PÉROCHON ET BONHOMME, n°s 176-2, 210-1, 210-2, 212 – PÉTEL, n° 186 – RIPERT ET ROBLOT, n°s 2965, 2966 – SAINT-ALARY-HOUIN, n°s 588 à 592 – SOINNE, n°s 1101, 1114, 1115, 1122 à 1138 – VALLANSAN, p. 95 à 97.

> Ouvrages postérieurs à la loi de sauvegarde des entreprises. Audit P.-E., « La naissance des créances, Approche critique de conceptualisme juridique », th., dactyl. Paris II, 2013 – COQUELET, 5e éd., n°s 282 à 286 – GIBIRILA, n° 124 – Golhen C., *Les créances à exécution successive*, Caen, 2006 – JACQUEMONT ET VABRES, 9e éd., n°s 442 à 446 – LE CANNU, 7e éd., n°s 340 à 350 – LIENHARD, 6e éd., n° 76.59 – PÉROCHON, 10e éd., n°s 579 à 599, 767 à 778 – PÉTEL, 8e éd., n° 180 – ROUSSEL GALLE, n° 287 – SAINT-ALARY-HOUIN, 9e éd., n°s 652 à 656 – VALLANSAN ET *ALII*, 6e éd., p. 116 à 118 – VALLENS, 2015, n°s 3301 à 3305 – VOINOT, 2e éd., n°s 383 à 385.

> Articles.

› *Créance sociale.* Arséguel A., « Le recouvrement des créances sociales », *LPA* 20 mai 1992, p. 36 – Diesbecq A., « Le régime des cotisations de sécurité sociale assises sur des salaires ou indemnités de préavis versés postérieurement au jugement d'ouverture », *Gaz. Pal.* 1991. I, Doctr. 223.

› *Date de naissance des créances.* Aynès L., « Rapport de synthèse », sur « La date de naissance des créances » Colloque Cedag Paris V, 25 mars 2004, *LPA* 9 nov. 2004, n° 224, p. 61 à 63 – Baron F., « La date de naissance des créances contractuelles à l'épreuve des procédures collectives », *RTD com.* 2001. 1 s. – Béhar-Touchais M., « La date de naissance de la créance issue d'un contrat synallagmatique à exécution successive », interv. Colloque Cedag Paris V, 25 mars 2004, *LPA* 9 nov. 2004, n° 224, p. 41 à 48 – Boustani D., « Le fait générateur des créances bancaires », Le Corre-Broly (dir.), *Contentieux bancaire des procédures collectives,* Bruylant, 2014, p. 63 – Dedeurwaerder, « Le fait générateur de l'impôt en cas de non-respect par le contribuable d'un engagement fiscal », *BJE* janv. 2012, comm. 19, p. 47 – Endréo G., « Fait générateur des créances et échange économique », *RTD com.* 1984. 223 – Garreau Ch., « La saisie-attribution, la procédure collective et la date de naissance des créances contractuelles », *RTD com.* 2004. 413 – Gutman D., « La date de naissance des créances en droit fiscal », interv. Colloque Cedag Paris V, 25 mars 2004, *LPA* 9 nov. 2004, n° 224, p. 35 à 39 – Jourdain P., « La date de naissance de la créance d'indemnisation », interv. Colloque Cedag Paris V, 25 mars 2004, *LPA* 9 nov. 2004, n° 224, p. 49 à 55 – Le Corre P.-M., « Continuation des contrats en cours, date de naissance des créances et mandat », *D.* 2009. 2172 – Legeais D., « La date de naissance de la créance de recours de la caution solens », interv. Colloque Cedag Paris V, 25 mars 2004, *LPA* 9 nov. 2004, n° 224, p. 57 à 60 – Putman E., « La date de naissance des créances », Rapport introductif du Colloque Cedag Paris V, 25 mars 2004, *LPA* 9 nov. 2004, n° 224, p. 3 à 9 – Saint-Alary-Houin C., « La date de naissance des créances en droit des procédures collectives », interv. *Colloque Cedag Paris V*, 25 mars 2004, *LPA* 9 nov. 2004, n° 224, p. 11 à 18 – Soinne B., « Les notions de régime, de fait générateur et d'exigibilité de la créance en droit fiscal et dans le droit des procédures collectives », *Rev. proc. coll.* 1987/2, p. 1 s. – Thomassin N., « La date de naissance des créances contractuelles », *RTD com.* 2007. 655 – Torck S., « La date de naissance des créances en droit civil », interv. Colloque Cedag Paris V, 25 mars 2004, *LPA* 9 nov. 2004, n° 224, p. 25 à 33 – Vatinet R., « La date de naissance des créances en droit du travail », interv. Colloque Cedag Paris V, 25 mars 2004, *LPA* 9 nov. 2004, n° 224, p. 19 à 23.

› *Dépens et frais.* Cunha V., « Le fondement discuté des dépens et des frais dans les procédures collectives », *Gaz. Pal.* 2003, Doctr. 25-26 juin 2004, p. 8.

› *Créance postérieure.* Le Corre P.-M., « Nature et régime des créances postérieures », (collab. Perdereau A., Gorrias S. et Péchenard O.), *LPA* 9 avr. 2009, n° 71, p. 4 – Pérochon F., « Les créanciers postérieurs et la réforme du 26 juillet 2005 », *Gaz. proc. coll.*, n° sp., 7-8 sept. 2005, p. 57.

› *Caution.* Ruellin P., « Le recours personnel de la caution contre le débiteur en redressement judiciaire », *LPA* 21 juin 1995, p. 16.

› *Créance environnementale.* Voinot D., « Le sort des créances dans les procédures collectives – L'exemple de la créance environnementale », *RTD com.* 2001. 581.

440.04 Questions essentielles.

• Une créance exigible après jugement d'ouverture a-t-elle nécessairement la qualité de créance postérieure ?

* V. s^s n° 411.21.

• Quelle est la nature d'une créance contractuelle née entre le jugement d'ouverture et la date d'option sur la continuation du contrat ?

* V. s^s n° 442.11.

• L'indemnité de résiliation d'un contrat continué a-t-elle la nature de créance postérieure ?

* V. s^s n° 442.25.

• À quelles conditions la créance d'honoraires de résultat d'un avocat est-elle postérieure au jugement d'ouverture ?

* V. s^s n° 442.41.

• L'indemnité de l'article 700 du code de procédure civile est-elle une créance postérieure si le jugement est rendu après ouverture de la procédure, alors que les sommes en jeu sont des créances antérieures ?

* V. s^s n° 443.42.

CHAPITRE

441. Règles générales relatives au fait générateur de la créance

SECTION 0

ORIENTEUR

441.00 Plan du chapitre.

Sect. 441.10 Prise de position sur la nature antérieure ou postérieure d'une créance

Sect. 441.20 Prise en compte du fait générateur – Indifférence de la date d'exigibilité

441.01 Textes applicables. (V. s[s] n° 440.01).

441.02 Jurisprudence de référence.

> La date d'exigibilité de la créance est indifférente pour sa qualification d'antérieure ou de postérieure.

• Com. 8 nov. 1988, n° 87-11.158, *Bull. civ.* IV, n° 296

* V. s[s] n° 441.21

« Mais attendu qu'après avoir retenu exactement que les dispositions relatives à l'exigibilité des cotisations ne pouvaient prévaloir sur celles de la loi du 25 janvier 1985 qui interdisent de payer toute créance née antérieurement au jugement d'ouverture du redressement judiciaire, le jugement constate que les cotisations réclamées se rapportaient à des salaires perçus pour une période de travail antérieure à l'ouverture de la procédure collective; qu'en l'état de ces énonciations, c'est à bon droit que le tribunal a décidé qu'une telle créance était née antérieurement au jugement d'ouverture et que, par suite, peu important l'époque à laquelle les salaires correspondants avaient été payés, l'acte tendant à obtenir paiement de cette créance devait être annulé. »

> La décision d'admission des créances au passif a autorité de chose jugée quant à la date de naissance de la créance déclarée.

• Com. 3 mai 2011, n° 10-18.031, *Bull. civ.* IV, n° 63; n° 425 F-P+B

* V. s[s] n° 441.11

« La décision d'admission des créances au passif ayant autorité de chose jugée quant à la date de naissance de la créance déclarée, en application de l'article L. 621-43 du code de commerce dans sa rédaction antérieure à la loi de sauvegarde des entreprises du 26 juillet 2005, par rapport à la date d'ouverture de la procédure collective, ne peut plus être contestée. »

441.03 Bibliographie indicative. (V. s[s] n° 440.03).

441.09 Position du problème de la délimitation de la nature antérieure ou postérieure d'une créance. Pour déterminer si une créance est antérieure ou postérieure par rapport au jugement d'ouverture d'une procédure collective de paiement, il convient de se référer au fait générateur de cette créance, c'est-à-dire à l'événement qui engendre la créance[1].

Le code de commerce, sous l'empire de la législation antérieure à la loi de sauvegarde des entreprises[2], ne procède pas symétriquement, en visant à l'article L. 621-43, les créances « dont l'origine » est antérieure au jugement d'ouverture, alors que l'article L. 621-32 du même code s'intéresse aux créances « nées » après le jugement d'ouverture. La jurisprudence interprétant ces concepts le fait de manière uniforme en raisonnant en termes de fait générateur.

La loi du 26 juillet 2005 a remplacé l'expression de créance qui « a son origine » antérieurement au jugement d'ouverture par celle de créance « née » antérieurement au jugement d'ouverture, tant pour la procédure de sauvegarde (C. com., art. L. 622-21, I, applicable en redressement [C. com., art. L. 631-14, I]), que pour celle de liquidation judiciaire (C. com., art. L. 641-3, al. 1). Faut-il attacher à ce changement terminologique une importance ?

Lors des travaux parlementaires, il a été indiqué que « ces deux termes ne correspondent pas au même cas »[3].

Selon l'une de ses acceptions figurant dans le Larousse, l'origine est la cause d'un événement; l'origine d'une créance serait donc la cause de cette créance. La naissance d'une chose, pour sa part, désigne l'origine de cette chose. Ces définitions sont très voisines, ce qui ne permet pas de distinguer les deux concepts.

1. Saint-Alary-Houin, « La date de naissance des créances en droit des procédures collectives », interv. Colloque Cedag Paris V, 25 mars 2004, *LPA* 9 nov. 2004, n° 224, p. 11 s., n° 3.
2. L. n° 2005-845, 26 juill. 2005, *JO* 27 juill., p. 12187.
3. *Rapp. Xavier de Roux*, n° 2095, p. 225.

Pourtant, lorsque l'on évoque l'origine, on a l'impression de remonter plus avant dans le temps, que lorsque l'on parle de la naissance. L'origine se situerait avant la naissance[1]. Et c'est ainsi que selon une autre acceptation, l'origine marque le point de départ d'une chose, sa source. Peut-être y a-t-il, dès lors, quelques conséquences à attacher à cette modification des textes, ce passage de la créance ayant son origine avant le jugement d'ouverture à la créance née avant le jugement d'ouverture.

Quelle serait alors l'utilité de la distinction de l'origine et de la naissance de la créance ? En passant de l'origine à la naissance de la créance, le curseur semble se déplacer de l'élément causal d'une créance à l'élément qui va permettre à celle-ci d'accéder à la vie juridique. Dans certaines situations, la date de naissance de la créance se situerait plus tard que son origine. Ainsi, sans jugement d'annulation au titre des nullités de la période suspecte, la créance de restitution consécutive à l'annulation ne pourra naître, alors que son origine serait trouvée dans l'idée de remise des parties antérieure à l'acte annulé. De même, la Cour de cassation a eu à préciser que la créance du prêteur, qui a fait précéder son contrat d'une offre préalable, était une créance antérieure dès lors que l'acceptation de l'offre était intervenue avant le jugement d'ouverture[2]. Si l'on peut comprendre que la créance de remboursement ait son origine dans l'acceptation du contrat de prêt, on comprendra peut-être plus difficilement que la créance de remboursement du prêteur soit née avant la remise des fonds, car pour contracter l'obligation de rembourser les fonds prêtés, ne faut-il pas d'abord avoir eu les fonds ?

Le créancier a l'obligation de déclarer au passif sa créance de garantie, par exemple la garantie des vices cachés dans le contrat de vente, dès lors que la conclusion du contrat de vente est antérieure au jugement d'ouverture[3]. La créance de garantie des vices a incontestablement son origine dans le contrat de vente. Mais, si l'on énonce que la créance de garantie doit être née pour être déclarée au passif, ne pourrait-on décaler au jour de la découverte du vice la naissance de la créance de garantie ? Jusqu'à cette date, en effet, la créance de garantie n'est qu'éventuelle. Elle n'est donc, à notre sens, pas née[4].

Puisque, selon le texte issu de la loi de sauvegarde des entreprises, le créancier doit déclarer sa créance née avant le jugement d'ouverture, peut-on lui faire reproche de n'avoir pas déclaré dans les délais une créance qui n'est pas encore née à l'expiration du délai de déclaration de créance ? Serait-il utile pour lui de se faire relever d'une forclusion qu'il n'a pas encourue au jour de la naissance de la créance ? Cette approche permettrait de ne pas avoir à déclarer des créances éventuelles, l'éventualité de la naissance ne pouvant être assimilée à la naissance effective. La solution permettrait d'éviter des situations dans lesquelles le droit et le bon sens sont aux antipodes, telles celles résultant de l'obligation pour une personne payée pendant la période suspecte de déclarer sa créance au passif une fois intervenu le jugement d'annulation sur le fondement des nullités de la période suspecte, alors qu'elle n'est plus dans les délais pour le faire.

Il nous semblerait opportun de simplifier et d'affirmer que seules les créances effectivement nées sont soumises à déclaration au passif dans les délais classiques, celles dont la naissance effective intervient après le jugement d'ouverture étant, comme le bon sens pourrait permettre de le penser, des créances nées après le jugement d'ouverture. Il reste à savoir si la jurisprudence s'engagera dans la voie préconisée de la simplification, ce qui pourrait se faire sans frais pour le redressement de l'entreprise, dès lors que, depuis la loi de sauvegarde des entreprises, certaines créances postérieures ne bénéficient plus du traitement préférentiel. La plupart de ces créances, qui en droit positif sont nées avant jugement d'ouverture et qui pourraient ainsi naître après ledit jugement ne seraient pas éligibles au traitement préférentiel, par exemple la créance de garanties des vices cachées ou encore la créance née de l'annulation d'un paiement au titre des nullités de la période suspecte.

La question de savoir s'il fallait attacher à ce changement terminologique une importance, certains auteurs apportent avec force une réponse négative. La modification serait purement formelle[5]. C'est la solution vers laquelle semblait s'orienter la jurisprudence[6], avant que la Cour de cassation ne tranche clairement la question, en posant l'équivalence entre l'origine et la naissance d'une créance, en statuant à propos de la créance de remboursement d'un crédit immobilier précédée d'une offre[7].

La discussion est donc close. Un parallélisme est assuré au plan rédactionnel entre les créances nées avant le jugement d'ouverture et celles nées après ledit jugement, alors qu'auparavant, dans la législation antérieure, il y avait d'un côté les créances ayant une origine antérieure au jugement d'ouverture, et d'un autre côté les créances nées après le jugement d'ouverture.

Signalons encore qu'une difficulté particulière, qui ne reçoit d'ailleurs pas le même traitement avant la loi de sauvegarde des entreprises, et depuis cette loi, se présente lorsque se succèdent deux jugements d'ouverture. Il en est ainsi en cas de résolution du plan de continuation, de redressement ou de sauvegarde (sur la question, v. s[s] n° 451.12).

1. Partageant l'analyse : Régnault-Moutier, *Act. proc. coll.* 2005/16, n° 203.
2. Com. 11 févr. 2004, n° 01-11.654, *Bull. civ.* IV, n° 30.
3. Com. 8 juin 1999, n° 96-18.840, *Bull. civ.* IV, n° 121; *D. Affaires* 1999, 1116, obs. Lienhard; *LPA* 30 juin 1999, n° 129, p. 11, note P. M.; *JCP E* 2000, Chron. 131, n° 17, obs. M. Cabrillac – Com. 18 févr. 2003, n° 00-13.257, NP.
4. EN CE SENS AUSSI : J.-CL. COM., Dumont-Lefrand, fasc. 2152, [Procédure de sauvegarde], 2006, n° 38.
5. Pérochon, « Les créanciers postérieurs et la réforme du 26 juillet 2005 », *Gaz. proc. coll.* 2005, n° sp. 7-8 sept. 2005, p. 57 s., sp. p. 58, n° 11 – ROUSSEL GALLE, n° 287.
6. Versailles, 13e ch., 21 févr. 2008, RG n° 07/03747, *D.* 2008. AJ 1053, note Lienhard.
7. Com. 23 avr. 2013, n° 12-14.906, *Bull. civ.* IV, n° 72; n° 454 FS-P+B; *D.* 2013. Actu 1128, note Lienhard; *D.* 2013. Pan. 2370, note Le Corre; *Gaz. Pal.* 12 juill. 2013, n° 193, p. 15, note Henry; *Act. proc. coll.* 2013/9, comm. 118, note Fin-Langer; *Rev. sociétés* 2013. 379, note Roussel Galle; *BJE* juill. 2013, p. 240, note Benilsi; *RTD com.* 2013. 588, n° 5, obs. Martin-Serf; *Rev. proc. coll.* 2013, comm. 124, note Legrand et Legrand et 2015, comm. 109, note Saint-Alary Houin; *RDBF* sept. 2013, comm. 166, note Houin-Bressand.

Pour le surplus, les problèmes sont communs, qu'on soit avant ou après l'entrée en vigueur de la loi de sauvegarde des entreprises.

La créance qui naît entre le jugement de clôture et le jugement décidant la reprise de la procédure est analysée en créance née après l'ouverture de la procédure collective, qui est justifiée au regard de la rétroactivité attachée à la reprise de la procédure. Il en est tiré la conséquence que le recouvrement de la créance née de ce contrat de prêt échappe à la règle de l'interdiction des poursuites[2].

La preuve de la date sera établie par tous moyens, en présence d'un acte de commerce. Si l'acte est civil, la suppression de la masse des créanciers, depuis la loi du 25 janvier 1985[3], conduit à décider que l'acte fait preuve de sa date par lui-même, sans qu'il soit besoin de recourir aux formalités de la date certaine[4]. L'article 1328 du code civil (devenu C. civ., art. 1377[5]) est en effet devenu sans application, dès lors qu'on rappelle que les créanciers chirographaires ne sont pas des tiers au sens de l'article 1328 du code civil[6]. Au surplus, la date certaine de l'acte permet de lutter contre les antidates, mais non contre les postdates. Il suffirait au créancier d'attendre le jugement d'ouverture, dont il sait qu'il doit prochainement intervenir, pour procéder à l'enregistrement de son acte. Seule la crainte d'un dépôt de plainte pour faux en écriture privée (C. pén., art. 441-1), à l'encontre du créancier, pourrait permettre de combattre cette tentation[7].

La question de la délimitation de la nature antérieure ou postérieure de la créance appartient à la compétence exclusive du tribunal de la faillite[8], à l'exclusion du juge-commissaire[9]. Il faut cependant réserver l'hypothèse où le juge-commissaire a une compétence exclusive, comme en matière de déclaration et de vérification des créances[10]. Une question préjudicielle pourrait être posée à la juridiction naturelle du plaideur pour déterminer le fait générateur de la créance[11], dès lors que la détermination de la date de naissance de la créance appartient exclusivement à une juridiction d'exception. La solution a été posée, par exemple, pour la compétence exclusive du tribunal des affaires de sécurité sociale[12]. Il pourrait également y avoir lieu à un sursis à statuer sur le montant de la créance devant figurer sur la liste des créances postérieures. A été admise à cet égard la possibilité d'inscription provisionnelle de la créance postérieure sur la liste des créances postérieures au profit du Trésor public, créancier autorisé à déclarer ses créances antérieures à titre provisionnel[13].

Contrairement à la solution résultant de la loi du 13 juillet 1967[14], il n'est plus question aujourd'hui de transformer en créance antérieure une créance postérieure. L'article L. 621-32 du code de commerce (anc[t] L. 25 janv. 1985, art. 40), sous l'empire de la législation antérieure à la loi de sauvegarde des entreprises, qui établit la notion de créances nées après le jugement d'ouverture, crée au profit du créancier qui en bénéficie un droit de priorité. Il en résulte que les conditions de sa naissance doivent, comme pour un privilège, être strictement établies, sans que la volonté des organes de la procédure puisse interférer[15], sous peine pour ces derniers d'engager leur responsabilité[16]. La solution s'impose *a fortiori* avec la loi de sauvegarde des entreprises, les articles L. 622-17, I, et L. 641-13, I, qui posent la notion de créances nées après le jugement d'ouverture, font naître, au profit des titulaires de ce type de créances, un véritable privilège. Le principe « pas de privilège sans texte » justifie la solution.

SECTION 441.10

PRISE DE POSITION SUR LA NATURE ANTÉRIEURE OU POSTÉRIEURE D'UNE CRÉANCE

441.11 Incidence d'une déclaration de créance erronée. La créance antérieure doit être déclarée au passif du débiteur (v. s[s] n°s 663.11 s.), contrairement à une créance postérieure (v. s[s] n° 455.47), le principe méritant cependant des nuances depuis la loi de sauvegarde des entreprises[17]. La question est ici de savoir si une déclaration de créance faite par erreur, dans la mesure où le créancier bénéficiait du traitement préférentiel réservé aux créanciers postérieurs, va avoir une incidence sur cette créance.

En elle-même, la déclaration de créance n'exerce pas d'incidence sur la nature de la créance. C'est pourquoi la décision rejetant une demande de relevé de forclusion de la déclaration de créance, pour des loyers tant antérieurs que postérieurs au jugement d'ouverture, n'a pas autorité de chose jugée quant à la nature de ces créances[18]. Pour la même raison, il a été décidé, sous l'empire de la loi du 25 janvier 1985[19], que la déclaration irrégulière d'une créance postérieure ne pouvait entraîner son

1. Com. 24 mars 2015, n° 13-28.155, NP; n° 315 F-D; *BJE* juill. 2015, 217, note Le Mesle.
2. Com. 24 mars 2015, n° 13-28.155, préc.
3. L. n° 85-98, 25 janv. 1985, *JO* 26 janv., p. 1097.
4. Com. 16 mars 1999, n° 96-22.368, NP, DPDE, *bull.* 184, 12 avr. 1999, p. 6542, *V° Sûretés*, n° 138, rapp. Rémery.
5. DEPUIS le 1er oct. 2016 : Ord. n° 2016-131, 10 févr. 2016, *JO* 11 févr.
6. Civ., 11 févr. 1946, *D.* 1946. 389 – *Adde*, RIPERT ET ROBLOT, n° 2966.
7. SAINT-ALARY-HOUIN, 7e éd., n° 598 – SOINNE, n° 1102.
8. Angers, 24 avr. 1989, *Rev. jur. Ouest* 1990. 65, n° 1, obs. Desdevises.
9. Versailles, 9 févr. 1989, *RTD com.* 1989. 753, n° 5, obs. Grelon.
10. Com. 28 avr. 2004, n° 01-01.649, *Bull. civ.* IV, n° 77; *Act. proc. coll.* 2004/10, n° 131, note Régnaut-Moutier.
11. DERRIDA ET *ALII*, n° 408.
12. Com. 9 juill. 1991, n° 89-19.503, *Bull. civ.* IV, n° 255; *JCP N* 1992, prat. 2263, obs. Pétel.
13. Com. 27 juin 2006, n° 05-13.429, NP; n° 840 F-D.
14. L. n° 67-563, 13 juill. 1967, *JO* 14 juill., p. 7059.
15. SOINNE, n° 1100.
16. SOINNE, n° 1100.
17. L. n° 2005-845, 26 juill. 2005, préc.
18. Com. 7 févr. 2012, n° 10-15.125, NP; n° 159 F-D; *LXB hebdo* 15 mars 2012, n° 288, note Le Corre-Broly.
19. L. n° 85-98, 25 janv. 1985, préc.

extinction, dès lors qu'elle n'avait pas à être déclarée[1].

Les articles 46, 2° et 97, 1° du décret du 30 juin 2014[2] confirment l'analyse, en répondant à cette problématique très particulière : celle du créancier qui a déclaré à tort sa créance postérieure privilégiée et alors qu'il n'a pas encore été statué sur cette dernière. L'article R. 622-15, alinéa 5, pour la sauvegarde, le texte étant applicable en redressement judiciaire (C. com., art. R. 631-20), et l'article R. 641-39, alinéa 4, pour la liquidation judiciaire, disposent alors que le créancier en conserve le bénéfice. Autrement dit, il ne perd pas le bénéfice de sa créance postérieure privilégiée tant qu'il n'a pas été statué sur son admission comme s'il s'agissait d'une créance non éligible au traitement préférentiel. Il ne fait que reprendre la solution posée par la Cour de cassation : la déclaration de créance par erreur reste sans effet sur la nature de cette créance.

Le texte ne répond pas à la question de savoir ce qu'il advient de la créance postérieure privilégiée admise au passif et n'est donc pas de nature à changer les solutions sur ce point.

En revanche, il nous avait semblé que si la créance bénéficiant du traitement préférentiel réservé aux créanciers postérieurs avait été déclarée par erreur, au même titre qu'une créance antérieure, et avait fait l'objet d'une admission au passif, l'autorité de chose jugée attachée à la décision d'admission devait emporter comme conséquence la transformation de la créance postérieure en une créance antérieure. La Cour de cassation a suivi l'analyse, en considérant que « la décision d'admission des créances au passif ayant autorité de chose jugée quant à la date de naissance de la créance déclarée, en application de l'article L. 621-43 du code de commerce dans sa rédaction antérieure à la loi de sauvegarde des entreprises du 26 juillet 2005, par rapport à la date d'ouverture de la procédure collective, ne peut plus être contestée »[3]. Le créancier ne peut, en conséquence, demander le paiement de sa créance soumise à la discipline collective.

1. Com. 12 janv. 2010, n° 08-21.456, *Bull. civ.* IV, n° 4; n° 37 FS-P+B; *D.* 2010. AJ 203, note Lienhard; *D.* 2010. Pan. 1825, note Le Corre; *Rev. proc. coll.* 2010/4, comm. 160, note Pérochon; *Rev. proc. coll.* 2012, comm. 43, note Saint-Alary Houin; *LXB hebdo* 18 févr. 2010, n° 38, note Le Corre.
2. D. n° 2014-736, 30 juin 2014, *JO* 1er juill., p. 10834.
3. Com. 3 mai 2011, n° 10-18.031, *Bull. civ.* IV, n° 63; n° 425 F-P+B; *D.* 2011. Actu 1279, note Lienhard; *D.* 2011. Pan. 2077, note Le Corre; *Gaz. Pal.* 9 juill. 2011, n° 189, p. 12, note Le Corre-Broly; *JCP E* 2011. 1596, nos 7, 8, obs. Pételet; *Act. proc. coll.* 2011/10, comm. 148, note Fin-Langer; *BJE* sept./oct. 2011, comm. 127, p. 250, note Benilsi; *RTD com* 2011, 798, n° 7, obs. Martin-Serf; *Rev. proc. coll.* 2012, comm. 46, note Saint-Alary Houin; *LPA* 3 janv. 2012, n° 2, p. 6, note Zattara-Gros; *LXB hebdo* 19 mai 2011, n° 251, note Le Corre.

lution est justifiée. L'admission de la créance a, en effet, autorité de chose jugée sur la nature de la créance. Le créancier, après admission, ne pourra donc plus faire valoir les prérogatives *attachées à* une créance postérieure, devant au contraire se soumettre aux contraintes liées à la nature de créance antérieure[4]. La question a été spécialement étudiée pour les créances nées d'un contrat de crédit-bail[5], le créancier ayant tendance à maximiser sa déclaration de créance, sans mesurer exactement le risque inhérent à pareille pratique, en déclarant des loyers à échoir ».

Une juridiction du fond a ainsi pu justement juger que le crédit-bailleur ayant été admis au passif au titre des « loyers à échoir » étaient soumis aux délais du plan de redressement et perdait ainsi le bénéfice des dispositions de l'article L. 622-17 du code de commerce, qui l'auraient autorisé à obtenir son paiement à l'échéance[6].

441.12 Mandataire de justice ayant pris parti sur la nature antérieure ou postérieure de la créance. Au-delà de la question de la déclaration de créance, un mandataire de justice peut prendre parti sur la nature antérieure ou postérieure de la créance, dans le cadre d'une instance. Ainsi, le mandataire de justice qui s'oppose à la condamnation sollicitée au titre d'une créance postérieure, en prenant prétexte du défaut de poursuite de l'activité, ne peut ensuite prétendre, devant la Cour de cassation, que la créance ne peut être payée au motif qu'elle aurait la nature d'une créance antérieure[7].

SECTION 441.20

PRISE EN COMPTE DU FAIT GÉNÉRATEUR – INDIFFÉRENCE DE LA DATE D'EXIGIBILITÉ

441.21 Indifférence de la date d'exigibilité de la créance. Il est d'abord évident qu'une créance ne pourra être exigible avant d'être née. Dès lors, le problème de l'exigibilité et de la date de naissance d'une créance ne peut présenter de difficultés que si la créance est née avant jugement d'ouverture, alors qu'elle n'est exigible qu'après. En pareille hypo-

4. RAPPR. : Rémery, « Location financière et ouverture d'une procédure collective dans la jurisprudence de la Cour de cassation », *D.* 2013. Chron. 1634, sp. 1639.
5. Le Corre-Broly, « Le contenu de la déclaration de créance du crédit-bailleur ou "qui trop déclare, rien n'obtient" », *Banque et droit* janv.-févr. 1998, n° 57, p. 3; « La déclaration de créance du bailleur financier et du crédit-bailleur – L'abus de déclaration peut être dangereux pour la santé financière », *Gaz. proc. coll.* 2005/1, p. 14.
6. Lyon, 3e ch. A, 17 déc. 2015, RG n° 14/04717; arrêt aimablement communiqué par David-Emmanuel Meynet.
7. Com. 15 mars 2005, n° 03-19.041, NP.

thèse, l'exigibilité postérieure au jugement d'ouv ture n'aura pas d'effet sur la nature de la créan qui restera une créance antérieure. La solution a clairement posée dans le domaine extra contractu à propos des cotisations Urssaf assises sur des sal res payés après le jugement d'ouverture, mais c respondant à un travail effectué avant jugeme d'ouverture. La créance de cotisations demeure u créance antérieure, nonobstant sa date d'exigil lité[1], qui n'est pas liée à celle du versement effec du salaire. Elle est une créance postérieure si elle assise sur une période de travail postérieure au jug ment d'ouverture[2]. La distinction entre exigibilité naissance de la créance est ainsi clairement établ Elle a été réaffirmée avec force par la Cour de cass tion, à propos des cotisations dues par un avocat à Caisse nationale des Barreaux Français (CNBF « aux termes de l'article 34, alinéa premier, du st tut de la CNBF, si les cotisations sont exigibles a plus tard le 30 avril, elles sont dues pour l'ann entière par tout avocat inscrit au 1er janvier, et a termes de l'article R. 723-20 du Code de la sécuri sociale, le calcul ou le remboursement au prorata sont prévus qu'en faveur des avocats inscrits a tableau ou ayant cessé de l'être en cours d'année; en résulte que le fait générateur de la créance d cotisations perçues par la CNBF est l'existence d l'inscription de l'avocat à une date donnée, de sort que, pour ceux d'entre eux qui étaient inscrits au 1er janvier, la créance naît à cette date pour l'année entière, sans avoir à distinguer entre les périodes antérieures et postérieures à l'ouverture de leur procédure collective »[3].

Dans le domaine contractuel, la solution doit également être posée. Si la dette est née avant jugement d'ouverture, son exigibilité post-jugement d'ouverture n'aura pas pour effet de transformer en postérieure, une créance antérieure. La solution doit être posée, par exemple, pour un contrat de prêt débloqué avant jugement d'ouverture, comportant des échéances exigibles après jugement d'ouverture[4]. Elle est également posée pour la créance de remboursement du nominal de titres super-subordonnés, ainsi que pour la créance d'intérêts, ces deux créances étant nées à la date du contrat d'émission de ces titres[5]. Inversement, si la dette est exigible avant jugement d'ouverture, mais qu'elle correspond à une période de jouissance au titre d'un bail postérieure au jugement d'ouverture, elle est couverte par les dispositions de l'article L. 621-32[6], sous l'empire de la législation antérieure à la loi de sauvegarde des entreprises[7] par les dispositions des articles L. 622-17 et L. 641-13, sous l'empire de la loi de sauvegarde des entreprises.

Puisque la date d'exigibilité de la créance est indifférente à la détermination de sa nature antérieure ou postérieure au jugement d'ouverture, l'appréciation ne peut pas être faite à partir de la date des factures[8].

Si la date d'exigibilité apparaît ainsi indifférente à la détermination de la qualification antérieure ou postérieure de la créance, il en va différemment de son fait générateur.

441.22 Prise en compte du fait générateur de la créance. La notion de « naissance » de la créance fait immédiatement appel à celle de fait générateur, c'est-à-dire à l'événement qui fait naître la créance[9]. Pour savoir si une créance est née avant jugement d'ouverture, il faut se demander si son fait générateur est antérieur audit jugement. *A priori*, la question n'est pas complexe. La réalité est toute différente, ce qu'il est possible de vérifier tant dans le domaine contractuel, que dans le domaine extra contractuel.

1. Com. 8 nov. 1988, n° 87-11.158, *Bull. civ.* IV, n° 296; *D.* 1989. 36, obs. Honorat; *JCP E* 1989. II. 15648, obs. M. Cabrillac et Vivant; *Rev. proc. coll.* 1989, 227, obs. Dureuil; *Rev. proc. coll.* 1990, 235, obs. Saint-Alary-Houin; *RTD com.* 1989. 137, obs. Martin-Serf; *RJ com.* 1989. 187, note Gallet – Com. 5 avr. 1994, n° 90-17.597, *Bull. civ.* IV, n° 141; *Rev. proc. coll.* 1995, 224, n° 2, obs. Dureuil; *Rev. proc. coll.* 1995, 303, n° 7, obs. Saint-Alary-Houin – Soc. 19 oct. 2000, n° 98-22.798, *Bull. civ.* V, n° 338; *Rev. proc. coll.* 2001, 104, n° 12, obs. Taquet.
2. Soc. 31 mai 2001, n° 99-20.982, NP, *Rev. proc. coll.* 2002, p. 266, n° 4, obs. Dumont.
3. Com. 3 juill. 2012, n° 11-22.922, *Bull. civ.* IV, n° 127; n° 755 F-P+B; *D.* 2012. Actu 1813, note Lienhard; *D.* 2012. Pan. 2205, note Le Corre; *Gaz. Pal. entr. diff.* 13 oct. 2012, n° 286, p. 23, note Henry; *BJE* oct. 2012, comm. 156, note Favario; *Rev. proc. coll.* 2012, comm. 160, note Lebel; *RTD com.* 2013. 139, n° 1, obs. Martin-Serf; *LXB hebdo* 19 juill. 2012, n° 305, note Le Corre.
4. Rouen, 2e ch. civ., 6 juin 1996, *Rev. proc. coll.* 1998, 291, obs. Macorig-Venier – *Adde*, PÉTEL, 7e éd., n° 176 – J.-CL. COM., Boutellier et Ribay, fasc. 2340, [Redressement et liquidation judiciaires – Créances nées après le jugement d'ouverture], n° 19.
5. Com. 21 févr. 2012, n° 11-11.693, *Bull. civ.* IV, n° 45; n° 252 FS-P+B; *D.* 2012. Actu 606, note Lienhard; *Gaz. Pal.* 28 avr. 2012, n° 118, p. 23, note Lebel; *BJE* mars 2012, comm. 63, p. 78, note Dammann; *JCP E* 2012. 1228, note Bonneau; *JCP E* 2012, Chron. 1227, n° 3, obs. Pétel; *Act. proc. coll.* 2012/8, comm. 111, note Bonneau; *Rev. sociétés* 2012. 450, note Grelon; *Rev. proc. coll.* 2012, comm. 82, note Fraimout; *Dr. et patr.* sept. 2012, n° 217, p. 101, note Saint-Alary Houin; *Dr. sociétés* 2012, comm. 108, note Legros; *Bull. Joly* mai 2012, comm. 218, note Borga.
6. Com. 28 mai 2002, n° 98-14.259, *Bull. civ.* IV, n° 93; *Rev. proc. coll.* 2003, p. 148, n° 10, obs. Saint-Alary-Houin.
7. L. n° 2005-845, 26 juill. 2005, préc.
8. Com. 27 févr. 2007, n° 06-11.500, NP; n° 363 F-D.
9. V. Voinot, « Le sort des créances dans les procédures collectives – L'exemple de la créance environnementale », *RTD com.* 2001. 581.

CHAPITRE

442. Fait générateur d'une créance d'origine contractuelle ou d'une mission confiée à un professionnel

SECTION 0

ORIENTEUR

442.00 **Plan du chapitre.**

Sect.	442.10	Créances nées de la continuation du contrat
Sect.	442.20	Règles communes aux créances nées de la disparition des contrats
Sect.	442.30	Règles spéciales aux créances nées de la disparition du bail, du crédit-bail et des locations financières
Sect.	442.40	Créance née d'une mission confiée à un professionnel

442.01 **Textes applicables.** (V. s^s n° 440.01).

442.02 **Jurisprudence de référence.**

> La créance née entre jugement d'ouverture et l'option sur la continuation du contrat a la nature d'une créance postérieure.

• **Com. 16 oct. 1990,** n° 89-12.930, *Bull. civ.* IV, n° 240

* V. s^s n° 442.11

« Mais attendu qu'après avoir énoncé, exactement, que l'ouverture de la procédure collective n'avait pas entraîné la résiliation des contrats de location conclus antérieurement, la société L… s'étant ainsi trouvée dans l'obligation de remplir ses propres engagements jusqu'à la renonciation de l'administrateur, la cour d'appel a retenu à bon droit que les loyers dus par la société R… en contrepartie de la jouissance des véhicules pendant la période considérée constituaient une créance née régulièrement après le jugement d'ouverture du redressement judiciaire et relevant, à ce titre, des dispositions de l'article 40 de la loi du 25 janvier 1985 [devenu C. com., art. L. 621-32]. »

> Le loyer d'un bail, qui est « à cheval » sur une période antérieure au jugement d'ouverture et sur une période postérieure audit jugement doit être fractionné en deux créances distinctes, l'une antérieure, l'autre postérieure.

• **Com. 28 mai 2002,** n° 99-12.275, *Bull. civ.* IV, n° 94

* V. s^s n° 442.13

> La créance de remboursement d'un prêt dont l'offre préalable a été acceptée avant le jugement d'ouverture est une créance antérieure, même si les fonds ont été remis après le jugement d'ouverture.

• **Com. 11 févr. 2004,** n° 01-11.654, *Bull. civ.* IV, n° 30

* V. s^s n° 442.16

> La créance de recours de la caution *solvens* contre un cofidéjusseur, naît du contrat de cautionnement.

• **Com. 16 juin 2004,** n° 01-17.199, *Bull. civ.* IV, n° 123

* V. s^s n° 442.18

> La créance d'honoraires de résultat d'un avocat naît à la date de l'exécution de la prestation caractéristique. Est approuvée la cour d'appel qui considère qu'il s'agit de l'argumentation juridique, autrement dit de l'établissement des conclusions.

• **Com. 24 mars 2015, n° 14-15.139,** P; n° 323 FS-P+B

* V. s^s n° 442.41

442.03 **Bibliographie indicative.** (V. s^s n° 440.03).

SECTION 442.10

CRÉANCES NÉES DE LA CONTINUATION DU CONTRAT

442.11 **Liaison entre continuation du contrat et créance bénéficiant du traitement préférentiel.** La délimitation entre créance antérieure et créance postérieure, en matière de créance contractuelle, est intimement liée à celle de la continuation des contrats. L'affirmation mérite toutefois d'être nuancée car elle ne permet pas d'apporter une réponse à toutes les situations, par exemple celle de la ga des vices cachés. C'est pourquoi des développe détaillés s'imposent.

Si le contrat n'est pas continué après juge d'ouverture, la créance d'indemnité de résilia sera nécessairement appréhendée comme une cré antérieure. Seuls les contrats continués après ju ment d'ouverture donnent naissance à des créan considérées comme postérieures. Mais encore fa il, en ce cas, que la prestation promise au débite lui soit fournie en contrepartie des sommes qui l sont réclamées[1].

La continuation ou la non continuation du con trat après jugement d'ouverture suppose *que le con trat soit en cours au jour dudit jugement. S'il est en cours avant jugement d'ouverture et qu'il y a ensuite* continuation, il n'y a pas de difficulté *décider que* toutes les créances sont postérieures *u jugement* d'ouverture, sous réserve des indemnités de résiliation (v. s^s^ n° 442.25). Il en est ainsi d pénalités de retard ou de malfaçons[2] ou encore de la créance du locataire résultant de l'obligation par le bailleur, sous sauvegarde, en redressement ou en liquidation judiciaire, d'effectuer des travaux pour assurer, après jugement d'ouverture, la jouissance paisible des lieux loués. La solution est évidemment applicable à la procédure de sauvegarde.

Pour qu'il en soit ainsi, il faut toutefois que les créances naissent de la décision de poursuite du contrat liant le créancier au débiteur. Lorsqu'une personne est tenue d'assurer les obligations de son cocontractant [le débiteur sous procédure collective] en cas de défaillance de celui-ci, les créances liées à des dépenses engagées après le jugement d'ouverture, mais ayant pour origine l'exécution du mandat existant entre la première et la seconde, sont des créances antérieures dès lors que le mandat est lui-même antérieur au jugement d'ouverture[4].

Que décider pour le contrat en cours au jour du jugement d'ouverture et qui ne sera pas continué ? Tirant argument de l'impossibilité pour le cocontractant du débiteur de se délier d'un contrat en cours sans la volonté – expresse ou tacite – de l'administrateur judiciaire ou du débiteur, selon le cas, la jurisprudence décide que, du jour du jugement d'ouverture au jour de l'option sur la non continuation, la créance du cocontractant est, sous l'empire de la législation antérieure à la loi de sauvegarde des entreprises[5], couverte par l'article 40 (C. com., art. L. 621-32)[6]. L'administrateur judiciaire de la société débitrice peut donc être condamné au paiement de loyers dus entre le jugement d'ouverture et l'option, même en présence d'une option de non continuation du contrat[7]. La solution s'applique identiquement depuis la loi de sauvegarde des entreprises[8]. La créance pourra bénéficier du traitement préférentiel, si elle est en rapport avec l'activité de l'entreprise, car elle est bien la contrepartie d'une prestation assurée au débiteur[9]. L'ordonnance du 18 décembre 2008[10] a supprimé cette dernière exigence. De façon générale, les prestations exécutées après jugement d'ouverture de contrats à exécution successive bénéficieront de la qualification de créances postérieures[11]. Une opinion contraire a cependant été émise, qui considère que les créances nées entre le jugement d'ouverture et l'option ne sont plus couvertes par le traitement préférentiel, dès lors que le contrat n'est pas continué[12].

Dans cette logique, il est recommandé aux mandataires de justice de s'assurer, en l'absence d'option pour la continuation du contrat, de l'accord du cocontractant pour l'utilisation du matériel objet du contrat, en contrepartie d'une indemnité d'utilisation[13].

442.12 Notion de fait générateur dans les contrats synallagmatiques. Deux conceptions s'affrontent ici.

Dans un premier courant, le fait générateur de la créance serait toujours trouvé dans le contrat, c'est-à-dire dans sa perfection, et non dans son exécution. À partir de la perfection du contrat, pour cha-

1. Com. 9 nov. 2004, n° 02-21.607, NP – Com. 9 nov. 2004, n° 02-21.610, NP.
2. Com. 26 oct. 1999, n° 97-13.233, NP, *Act. proc. coll.* 1999/20, n° 267, note Blanc.
3. Com. 29 avr. 2002, n° 99-16.602, *Bull. civ.* IV, n° 75; *D.* 2002. AJ 1674, obs. Lienhard; *AJDI* 2002. 602, obs. Le Corre.
4. Com. 13 sept. 2011, n° 10-19.909, NP; n° 829 F-D; *Gaz. Pal. entr. diff.* 21 janv. 2012, n° 20, p. 18, note Henry.
5. L. n° 2005-845, 26 juill. 2005, *JO* 27 juill., p. 12187.
6. Com. 16 oct. 1990, n° 89-12.930, *Bull. civ.* IV, n° 240; *JCP E* 1992, jur. 100, note Le Corre; *RTD com.* 1991. 561, obs. Martin-Serf – Com. 15 oct. 1991, n° 90-10.904, *Bull. civ.* IV, n° 292; *BRDA* 15 nov. 1991, p. 9 – Com. 27 oct. 1998, *Rev. proc. coll.* 1999, 157, n° 6, obs. Saint-Alary-Houin – Versailles, 12e ch., 2e sect., 13 oct. 2005, RG n° 04/03629.
7. Com. 18 sept. 2007, n° 06-13.824, *Bull. civ.* IV, n° 200; n° 1006 FS-P+B; *Gaz. proc. coll.* 2007/4, p. 39, note Henry; *Act. proc. coll.* 2007/17, n° 197, note Régnaut-Moutier; *LXB hebdo* n° 278, 25 oct. 2007, n° N9001BCD, note Le Corre-Broly.
8. Berthelot, « Les créanciers postérieurs méritants », *Rev. proc. coll.* 2011, dossier 34, p. 84 s., sp. p. 88, n° 27.
9. Paris, 10 sept. 2009, RG n° 08/12848 – Paris, 10 sept. 2009, RG n° 08/12849, *Gaz. Pal.* 16-17 avr. 2010, n°s 106, 107, p. 25, note Henry – *Adde*, EN CE SENS : Vallansan, note s^s^ Com. 27 févr. 2007, n° 05-19.619, NP; n° 359 F-D; *Bull. Joly* 2007. 833, sp. 838, § 233.
10. Ord. n° 2008-1345, 18 déc. 2008, *JO* 19 déc., p. 19462.
11. Com. 28 sept. 2004, n° 02-18.195, NP.
12. VALLANSAN ET *ALII*, 6e éd., p. 109 – Vallansan, J.-CL. COM., fasc. 2335, [Continuation des contrats en cours], 2007, n° 130.
13. IFPPC 1999, recomm. n° 2050-5, p. 49.

cune des parties, naîtraient les obligations réciproques[1]. C'est la thèse volontariste.

Dans un second courant, il serait possible de dissocier la formation du contrat de son contenu « obligationnel ». Le fait générateur de la créance ne serait plus trouvé dans la formation du contrat, mais dans son exécution[2]. C'est la thèse économique, dite aussi matérialiste. Le fait générateur de la créance contractuelle de somme d'argent serait ainsi, dans les contrats synallagmatiques, la contrepartie attendue de l'autre partie au contrat, c'est-à-dire pour cette dernière, l'objet de son obligation. Il s'agit plus précisément de la contrepartie caractéristique, c'est-à-dire principale du contrat sur lequel il est raisonné. C'est ainsi la cause de l'obligation pour celui qui s'engage à payer qui constitue le fait générateur de la créance[3]. On parlerait du contenu du contrat, selon l'article 1128, dans la rédaction issue de l'ordonnance du 10 février 2016[4]. Cette thèse est retenue par la chambre commerciale de la Cour de cassation lorsqu'elle juge que les sommes qui sont réclamées à une entreprise, qui poursuit son activité en utilisant des services communs afin d'assurer l'exécution de ses propres prestations, ont la nature de dettes postérieures, si elles correspondent à des dépenses de fonctionnement d'un compte prorata existant entre diverses entreprises intervenant sur un chantier, réparties au prorata des montants de chaque marché, engagées après le jugement d'ouverture. La Cour de cassation refuse de trouver dans l'ouverture du compte prorata le fait générateur de telles sommes[5].

Cette seconde analyse, pour laquelle nous inclinons, est clairement rejetée par la chambre mixte de la Cour de cassation, lorsqu'elle statue à propos de la saisie-attribution de créances à exécution successive[6]. Elle considère en effet que les créances futures de loyers, qui correspondent à des périodes postérieures au jugement d'ouverture, peuvent continuer à être saisies parce qu'elles sont nées de la conclusion du bail, et non au fur et à mesure de la jouissance procurée. Cette position a ensuite été adoptée par la chambre commerciale de la Cour de cassation (v. s[s] n° 622.52).

Cette analyse est également écartée par la Cour de cassation, en matière de cession de créances à exécution successive, puisqu'elle juge que la cession de ance régulièrement signifiée avant le jugement ouverture du cédant continue à produire ses effets rès l'ouverture de la procédure collective, ce qui torise le cessionnaire à continuer à encaisser les yers[7].

Il a été justement relevé[8] que la même solution st posée en cas de fusion-absorption d'une société ropriétaire d'un immeuble donné à bail, la société absorbante, créancière des loyers par l'effet de la transmission universelle du patrimoine, bénéficie de l'intégralité du cautionnement sans qu'il soit besoin de s'arrêter à la distinction classique entre les loyers échus avant la fusion et ceux à échoir après[9].

Est-ce dire que cette solution aux aspects contagieux doit contaminer toute la matière des procédures collectives ? La solution serait plus que fâcheuse et nous ne pouvons qu'exhorter la Chambre commerciale de la Cour de cassation à ne pas changer sa position traditionnelle en ce qui concerne le fait générateur de la créance en droit des procédures collectives, dans le domaine des contrats synallagmatiques[10] Si, en effet, elle devait s'en départir, cela entraînerait, à notre sens, toute impossibilité de continuation des contrats en cours car les créances nées de ce contrats seraient considérées comme antérieures, dès lors que les contrats auraient été conclus avant le jugement d'ouverture[11]. Or, dès lors qu'il est observé que le paiement d'une créance antérieure est interdit après jugement d'ouverture, cela revient à rendre impossible toute continuation de contrat assurant au cocontractant la contrepartie attendue, après ledit jugement.

Il faut toutefois faire état d'une analyse doctrinale différente, admettant que les créances nées de contrats synallagmatiques conclus avant jugement d'ouverture, bien qu'elles soient qualifiées de créances antérieures, pourraient être payées par la simple application des règles de la continuation des contrats en cours[12]. En d'autres termes, cette applica-

1. AINSI : Putman, *La formation des créances*, th., Aix-Marseille, 1987 – Perrot, obs. *RTD civ.* 1995. 965 – Larroumet, obs. s[s] Com. 26 avr. 2000, n° 97-10.415, *D.* 2000. jur. 717.
2. Ancel, « Force obligatoire et contenu obligationnel », *RTD civ.* 1999. 772 – *Adde*, COQUELET, 5e éd., n° 285.
3. AINSI, évoquant les prestations fournies en contrepartie du paiement de cotisations d'adhésion à une association : Com. 30 oct. 2000, *RJDA* 2001/2, n° 187.
4. Ord. n° 2016-131, 10 févr. 2016, *JO* 11 févr.
5. Com. 27 févr. 2007, n° 05-19.619, NP; n° 359 F-D; *Bull. Joly* 2007. 833, § 233, note Vallansan.
6. AUSSI, sur ce constat : J.-CL. COM., Vallansan, fasc. 2352, [Déclaration et admission des créances], 2007, n° 17.
7. Com. 26 mai 2010, n° 09-13.388, *Bull. civ.* IV, n° 94; n° 560 F-P+B; *D.* 2010. 1340, note Lienhard; *D.* 2011. Pan. 411, obs. Crocq; *RTD civ.* 2010. 597, n° 4, note Crocq; *Rev. proc. coll.* 2010/5, comm. 176, p. 31, note Pérochon; *Dr. et proc.* 2010. 242, note Putman; *BJE* mars/avr. 2011, p. 28, note Houin-Bressand; *JCP E* 2011, Chron. 1251, n° 19, obs. Delebecque.
8. Boulay, « Les créanciers antérieurs dans les procédures de sauvegarde, de redressement et de liquidation judiciaires », *Rev. proc. coll.* 2006/2, p. 135 s., sp. p. 136.
9. Com. 8 nov. 2005, n° 01-12.896, *Bull. civ.* IV, n° 218; *JCP E* 2006. 1000, note Legeais.
10. AUSSI : Boulay, art. préc., sp. p. 136.
11. EN CE SENS AUSSI : J.-CL. COM., Vallansan, fasc. 2352, [Déclaration et admission des créances], 2007, n° 18.
12. Vallansan, « Quelques observations sur les créanciers antérieurs dans les procédures de sauvegarde, de redressement et liquidation judiciaires », *Rev. proc. coll.* 2008, p. 15 s., sp. p. 16, n° 12 – PÉROCHON ET BONHOMME, 8e éd., n° 306-2 – RAPPR. : PÉTEL, 7e éd., n° 244.

tion conduirait à un traitement autono: créances qualifiées d'antérieures. Cette thèsmbattue dans un premier temps[1], semble condée, ainsi que l'a finement relevé un auteur[2], par lécision de la Cour de cassation interdisant le ment de créances nées d'un bail d'habitation, pos loyers nés après la poursuite provisoire de l'acé autorisée en liquidation, cette période ne perrant plus la naissance de créances postérieures ;ibles au traitement préférentiel et par voie de céquence payables à l'échéance (v. s[s] n° 453.24).

Une autre thèse a encore été préseée, selon laquelle les créances contractuelles, nécairement nées de la conclusion du contrat, deviendraient des créances postérieures par la décision de continuer le contrat[3]. Cette opinion ne pernet toutefois pas d'expliquer pourquoi les créances nées entre le jugement d'ouverture et l'option sont couvertes par le traitement préférentiel.

Aussi, nous paraît-il plus simple, de considérer que le droit des entreprises en difficulté a clairement adopté la thèse matérialiste, seule compatible, sans contorsion juridique, avec les règlesde la continuation des contrats en cours. C'est pourquoi il faut trouver dans l'application de cette thèse l'explication de la solution posée par la Chambre commerciale de la Cour de cassation, lorsqu'elle juge que la créance relative aux loyers du crédit-bail dus pour la période de jouissance suivant l'ouverture du redressement judiciaire constitue une créance née régulièrement après ce jugement, non soumise à déclaration au passif[4]. Cette même thèse permet de justifier que des créances correspondant au traitement de feuilles de soins confiées par une mutuelle à un prestataire de services, dans le cadre d'un protocole, ne naissent qu'au fur et à mesure de la fourniture par lui des prestations correspondantes[5]. Cette thèse est également seule compatible avec l'analyse retenue en matière de cession judiciaire des contrats et de cautionnement de ces mêmes contrats judiciairement cédés.[6].

Trois illustrations essentielles de l'application en notre matière de la thèse matérialiste peuvent être données.

1. Le Corre-Broly, « Les modifications apportées au droit commun de la continuation des contrats en cours », *D.* 2009. 663 s., sp. 668, n° 18.
2. Lienhard, note s[s] Com. 12 mars 2013, n° 11-24.365; n° 262 FS-P+B+I; *D.* 2013. Actu 702.
3. PÉROCHON, 10e éd., n° 771.
4. Com. 12 janv. 2010, n° 08-21.456, *Bull. civ.* IV, n° 4; n° 37 FS-P+B.
5. Com. 13 mai 2014, n° 13-10.226, NP; n° 490 FS-D; *Gaz. Pal.* 5 oct. 2014, n° 278, p. 32, note Boustani.
6. POUR UNE DÉMONSTRATION détaillée : Le Corre, « Continuation des contrats en cours, date de naissance des créances et mandat », *D.* 2009. 2172.

442.13 Fait générateur en matière de bail. La prestation caractéristique, c'est-à-dire l'obligation essentielle du bailleur, est de procurer au locataire la jouissance du bien loué. Cette dernière constitue ainsi le fait générateur du loyer[7]. Elle se renouvelle dans le temps et a pour durée le temps du bail. La Chambre commerciale de la Cour de cassation pose clairement cette solution, lorsqu'elle juge que la créance relative aux loyers du crédit-bail dus pour la période de jouissance suivant l'ouverture du redressement judiciaire constitue une créance née régulièrement après ce jugement, non soumise à déclaration au passif[8].

Cela justifie qu'il soit possible, en présence d'un bail conclu avant jugement d'ouverture, d'être titulaire d'une créance antérieure au jugement d'ouverture et d'une créance postérieure au même jugement. Le loyer « à cheval » sur une période antérieure au jugement d'ouverture et postérieure audit jugement doit être fractionné en deux créances distinctes, l'une antérieure, l'autre postérieure[9], même si la solution contraire avait été adoptée par une cour d'appel[10]. La même solution est posée pour la créance de fermage due au titre d'une année culturale[11].

Si la dette de loyer est exigible avant jugement d'ouverture, mais qu'elle correspond à une période de jouissance postérieure au jugement d'ouverture, elle est couverte par les dispositions concernant les créances postérieures[12].

Les accessoires d'une créance de loyers auront la même nature. La solution a été posée pour une clause pénale assise sur un loyer impayé après jugement d'ouverture et ayant elle-même la qualité de créance postérieure[13].

7. Paris, 1er déc. 1994, *Rev. proc. coll.* 1996, 76, n° 13, obs. Saint-Alary-Houin.
8. Com. 12 janv. 2010, n° 08-21.456, *Bull. civ.* IV, n° 4; n° 37 FS-P+B; *D.* 2010. AJ 203, note Lienhard; *D.* 2010. Pan. 1825, note Le Corre; *Rev. proc. coll.* 2010/4, comm. 160, note Pérochon; *Rev. proc. coll.* 2012, comm. 43, note Saint-Alary Houin; *LXB hebdo* 18 févr. 2010, n° 38, note Le Corre.
9. Com. 28 mai 2002, n° 99-12.275, *Bull. civ.* IV, n° 94; *D.* 2002. AJ 2124, obs. Lienhard; *Act. proc. coll.* 2002/13, n° 172, obs. Vallansan et Golhen; *JCP E* 2003, Chron. 231, p. 269, n° 10, obs. Pétel; *RTD com.* 2002. 726, n° 3, obs. Martin-Serf; *Rev. proc. coll.* 2003, p. 146, n° 4, obs. Saint-Alary-Houin; *LPA* 19 déc. 2002, n° 253, p. 18, note Courtier – Paris, 14e ch. B, 19 déc. 2003, RG n° 02/18466.
10. Colmar, 9 juill. 1994, *Rev. proc. coll.* 1996, 77, n° 13, obs. Saint-Alary-Houin; *Dr. et patr.* 2002, n° 108, p. 113, obs. Monsérié-Bon.
11. Com. 13 mars 2007, n° 05-21.610, NP; n° 470 F-D; *Rev. proc. coll.* 2007/3, p. 144, n° 2, obs. Saint-Alary-Houin; *Rev. proc. coll.* 2007/3, p. 164, n° 7, obs. Lebel.
12. Com. 28 mai 2002, n° 99-19.766, NP, *Rev. proc. coll.* 2003, p. 148, n° 10, obs. Saint-Alary-Houin.
13. Com. 25 nov. 1997, n° 95-18.432, NP, *Rev. proc. coll.* 1998, 295, n° 13, obs. Saint-Alary-Houin.

La créance de **pas-de-porte**, lorsqu'elle s'analyse en une indemnité destinée à compenser la dépréciation de l'immeuble résultant de l'octroi au preneur de la propriété commerciale prend naissance lors de la conclusion du bail[1]. Mais la créance de pas-de-porte peut, selon l'intention des parties, avoir la nature d'un supplément de loyer, qui obéira alors au régime des loyers, non à celui des indemnités[2].

442.14 Fait générateur en matière de contrat de travail. Dans le contrat de travail, la prestation caractéristique est le travail fourni. Si ce dernier est antérieur au jugement d'ouverture, la créance de salaire est elle-même antérieure. Si le travail est fourni après jugement d'ouverture, la créance est postérieure.

Les règles relatives à la continuation des contrats en cours ne s'appliquent pas au contrat de travail.

Avant la loi du 21 janvier 2008[3], la fiction légale consistant à traiter en créance antérieure l'indemnité de résiliation du contrat poursuivi (v. s^s^ n° 442.25) ne s'applique pas au contrat de travail. En conséquence, en cas de rupture du contrat, si celle-ci intervient après jugement d'ouverture, les indemnités dues en cas de licenciement auront la qualité de créance postérieure (C. com., art. L. 621-32)[4]. Il en ira ainsi même si la rupture est consécutive à l'arrêté d'un plan de cession[5], la rupture ayant alors pour cause la non reprise du salarié par le repreneur.

Depuis la loi du 21 janvier 2008, l'article L. 3253-16, 2° du Code du travail, issu de la rédaction que lui a donnée cette loi, prévoit que les avances pour lesquelles l'AGS n'est pas subrogée sont remboursées dans les conditions prévues par les dispositions du livre VI du code de commerce pour le règlement des créances nées antérieurement au jugement d'ouverture de la procédure (v. s^s^ n° 694.52).

Le droit du salarié à l'indemnisation des congés non pris naît le jour de la résiliation du contrat[6].

La prime de treizième mois, qui n'est due qu'aux salariés présents dans l'entreprise à la date prévue pour son versement, naît de la présence du salarié à cette date[7].

442 Fait générateur en matière de contrat de ventns le contrat de vente, l'obligation essentielleendeur est la délivrance de la chose. L'obligatiour l'acheteur de payer le prix a pour contrepaa délivrance de la chose, il en résulte que la cré du prix de vente est, pour l'intégralité, une cce antérieure au jugement d'ouverture si la délnce intervient avant jugement d'ouverture[8]. ccord sur la chose et sur le prix ne constitue dopas le fait générateur de la créance de prix de vent

Selon Cour de cassation, le fait générateur de la créance prix de vente, en cas de promesse unilatérale d'chat, est situé au jour de la levée d'option d'achat[9]. Il n'en est ainsi que pour autant que la promesse de vente ne contient pas une clause différant le transfert le propriété au jour de la signature de l'acte authentique ou au jour du paiement complet du prix.

Si le débiteur a vendu son immeuble, son occupation postérieure au jugement d'ouverture fait naître une créance d'ndemnité d'occupation sans droit ni titre, qui a la qualité d'une créance postérieure[10].

Le fait que la vente soit assortie d'une clause de réserve de propriété ne modifie pas la solution. La clause de réserve de propriété n'affecte nullement la perfection de la vente. Elle a seulement pour effet de mettre en condition le transfert de propriété du bien vendu, au profit de l'acheteur. Plus fondamentalement au regard de l'analyse ci-dessus développée, il sera observé que le transfert de propriété n'est pas l'obligation caractéristique du contrat de vente, qui demeure, du côté du vendeur, la délivrance de la chose vendue. Le transfert de propriété n'est qu'une conséquence de l'effet translatif du contrat. Il en est un effet du contrat, non une obligation, car il n'appartient pas, par sa seule volonté, au vendeur d'« exécuter » le transfert de propriété. Celui-ci se produit indépendamment de toute initiative de sa part, au contraire de l'obligation de délivrance.

1. Com. 14 avr. 1992, n° 89-18.486, *Bull. civ.* IV, n° 158; *JCP* 1992. II. 21957, note Lévy; *JCP* 1993. I. 3671, n° 12, obs. Pétel.
2. Kendérian, *Le sort du bail commercial dans les procédures collectives*, 4e éd., LexisNexis, 2015, n° 44.
3. L. n° 2008-67, 21 janv. 2008, *JO* 22 janv., p. 1122.
4. Com. 19 mai 1992, n° 90-16.962, *Bull. civ.* IV, n° 193; *JCP E* 1 992. I. 168, n° 19, obs. Pétel – Soc. 2 juin 1992, *JCP E* 1 992. I. 195, n° 14, obs. Pétel.
5. Soc. 2 oct. 2001, n° 97-21.827, *Bull. civ.* V, n° 290; *D.* 2001. AJ 3122; *Act. proc. coll.* 2001/18, n° 238; *JCP E* 2001, pan. p. 1750.
6. Soc. 26 janv. 2005, n° 02-44.341, NP.
7. Com. 14 déc. 1993, n° 92-11.720, *Bull. civ.* IV, n° 480; *RJDA* 1994, n° 579.
8. Com. 15 févr. 2000, n° 96-17.884, *Bull. civ.* IV, n° 32; *JCP E* 2000, pan. 588; *RJ com.* 2001. 83, n° 1574, note Courtier – Com. 3 avr. 2001, n° 98-14.049, NP, *Rev. proc. coll.* 2002, p. 101, n° 5, obs. Saint-Alary-Houin – SOL. IMPL : Com. 17 mai 2011, n° 10-15.518, NP; n° 483 F-D; *Gaz. Pal.* 7 oct. 2011, n° 280, p. 22, note Henry; *BJE* nov./déc. 2011, comm. 155, p. 321, note Reille.
9. Com. 3 mai 2011, n° 10-18.031, *Bull. civ.* IV, n° 63; n° 425 F-P+B; *D.* 2011. Actu 1279, note Lienhard; *D.* 2011. Pan. 2077, note Le Corre; *Gaz. Pal.* 9 juill. 2011, n° 189, p. 12, note Le Corre-Broly; *JCP E* 2011. 1596, n°s 7, 8, obs. Pétel; *Act. proc. coll.* 2011/10, comm. 148, note Fin-Langer; *BJE* sept./oct. 2011, comm. 127, p. 250, note Benilsi; *RTD com* 2011, 798, n° 7, obs. Martin-Serf; *Rev. proc. coll.* 2012, comm. 46, note Saint-Alary Houin; *LPA* 3 janv. 2012, n° 2, p. 6, note Zattara-Gros; *LXB hebdo* 19 mai 2011, n° 251, note Le Corre.
10. Paris, 6e ch. C, 25 oct. 2005, RG n° 2004/05715.

L'article L. 621-122 du code de commerce (anc[t] L. 25 janv. 1985[1], art. 121, *in fine*), dans sa rédaction antérieure à la loi de sauvegarde des entreprises[2], et dont les solutions sont reproduites à l'article L. 624-16, alinéa 4, dans la rédaction que lui donne la loi de sauvegarde des entreprises, en tire d'ailleurs la conséquence. L'action en revendication du vendeur sous clause de réserve de propriété peut être paralysée contre l'engagement pris par l'acheteur ou par l'administrateur de payer immédiatement, ou dans le délai fixé par le vendeur avec autorisation du juge-commissaire, le solde du prix de vente. La créance de prix est alors assimilée à une créance postérieure. Cela fait clairement apparaître que la créance de prix d'une vente avec clause de réserve de propriété est une créance antérieure au jugement d'ouverture, pour la totalité. Le législateur procède en effet par fiction légale, en traitant comme une créance postérieure, cette créance antérieure.

En cas de revente, après le jugement d'ouverture, de la chose livrée avant le jugement d'ouverture, le vendeur initial réservataire de propriété dispose d'une créance postérieure, pour le montant des marchandises susceptibles de revendication existant au jour du jugement d'ouverture, le fait générateur étant alors trouvé dans la revente[3].

Une solution différente est posée dans le domaine voisin des ventes immobilières à terme. Faute de transfert de propriété au jour du jugement d'ouverture, le contrat de vente, selon la Cour de cassation, est en cours, susceptible comme telle faire naître des créances postérieures[4]. Cette solution, au regard de l'analyse développée pour la vente avec réserve de propriété et qui conserve sa valeur pour la vente à terme – sous la réserve que le transfert de propriété n'ait pas ici été mis en condition, mais seulement affecté d'un terme suspensif –, nous semble faire difficulté.

Dans la vente avec rente viagère, les rentes échues après jugement d'ouverture sont des créances antérieures, dès lors que le transfert de propriété de l'immeuble est intervenu avant jugement d'ouverture[5]. La clause pénale contractuelle due au vendeur avec rente viagère a son origine dans le contrat de vente et suit donc la nature antérieure ou postérieure de la créance de prix[6].

442.16 Fait générateur en matière de contrats de prêts et autres créances de remboursement. Dans les contrats unilatéraux, quel est le fait générateur de la créance de somme d'argent ? En droit civil, on répond que la contrepartie d'un contrat unilatéral à titre onéreux tient dans le fait servant de base au contrat.

Le contrat réel naît par la remise de la chose. Cette dernière constitue une condition de naissance du contrat, mais aussi le fait servant de base au contrat. L'illustration peut en être donnée avec le contrat de prêt. En ce domaine, l'obligation de l'emprunteur est de rembourser la somme prêtée. C'est la mise à disposition des fonds – remise de la chose – qui fait naître l'obligation. Celle-ci prend corps à l'exact moment de la remise des fonds. Il est cependant jugé que si le prêt est débloqué en plusieurs tranches, l'une au moins avant jugement d'ouverture, le déblocage postérieur au jugement d'ouverture ne fait pas naître une créance postérieure car le contrat n'est pas en cours (v. *supra* n° 431.29). Il en résulte que la créance de remboursement est née avant jugement d'ouverture, pour l'intégralité de la somme prêtée.

En présence d'une ouverture de crédit, laquelle constitue une promesse de prêt et donne naissance à un prêt, à concurrence des fonds utilisés par le client de la banque[7], il faut décider que seule la fraction de l'ouverture de crédit utilisée avant jugement d'ouverture est une créance antérieure. L'engagement souscrit par une banque de financer l'achèvement de travaux de construction d'une société civile immobilière, qui s'analyse en une ouverture de crédit en exécution de laquelle la banque a décaissé les sommes demandées au fur et à mesure de la réalisation des travaux, fait naître la créance de la banque. Dès lors que ces décaissements sont postérieurs au jugement d'ouverture, la créance de la banque a la nature d'une créance postérieure[8].

La solution n'aurait pas dû être différente pour les contrats de prêt, dans lesquels le prêteur est un professionnel, l'emprunteur un particulier. Mais la Cour de cassation, dans l'évident souci de protéger l'emprunteur immobilier ou le consommateur de crédit, a cru devoir décider que ces prêts étaient consensuels[9], leur perfection étant trouvée non dans la

1. L. n° 85-98, 25 janv. 1985, *JO* 26 janv., p. 1097.
2. L. n° 2005-845, 26 juill. 2005, préc.
3. Com. 26 juin 2001, n° 98-16.849, NP, *Act. proc. coll.* 2001/14, n° 183; *RJDA* 2001/12, n° 1228 – Com. 1er févr. 2011, n° 10-11.577, NP; n° 71 F-D.
4. Com. 1er févr. 2000, n° 97-15.263, *Bull. civ.* IV, n° 23; *Rev. proc. coll.* 2000, 100, n° 1, obs. Laude.
5. Com. 2 mars 1999, n° 96-19.743, NP, *Act. proc. coll.* 1999/7, n° 91 – Com. 4 mars 2003, n° 00-13. 978, NP, *Rev. proc. coll.* 2003, p. 237, n° 4, obs. Roussel Galle – Dijon, 1re ch., 2e sect., 29 févr. 2000, *Rev. proc. coll.* 2003/1, p. 17, n° 1, obs. Roussel Galle – Paris, 2e ch. B, 9 mars 2000, *D.* 2000. AJ 201, obs. Pisoni – Orléans, ch. éco. et fin., 23 mai 2002, *Rev. proc. coll.* 2003/1, p. 17, n° 1, obs. Roussel Galle – Paris, 2e ch. A, 23 nov. 2005, RG n° 2004/19165.
6. Com. 13 févr. 2007, n° 05-19.329, NP; n° 207 F-D; *Rev. proc. coll.* 2008/3, p. 420, n° 127, note Macorig-Venier.
7. Com. 21 janv. 2004, n° 01-01.129, *Bull. civ.* IV, n° 13; *Act. proc. coll.* 2004/6, n° 74, note Régnaut-Moutier; *RD banc. fin.* 2004/3, p. 178, n° 108.
8. Com. 18 nov. 2014, n° 13-11.307, NP; n° 1010 F-D.
9. Sabathier, « Les espoirs suscités par la remise en cause du caractère réel du contrat de prêt », *RTD com.* 2005. 29.

remise des fonds, mais dans l'acceptation de l'offre préalable[1]. Dans le prolongement de cette analyse, la Cour de cassation a semblé considérer que le fait générateur de la créance de remboursement pouvait être trouvé non dans la remise des fonds à l'emprunteur, mais dans l'acception de l'offre de prêt immobilier soumis au code de la consommation[2].

L'analyse du prêt en un contrat consensuel a ensuite a été généralisée à tous les contrats de prêt consentis par des établissements de crédit, y compris ceux non précédés d'offre préalable alors que les contrats de prêts consentis par des personnes n'ayant pas la qualité d'établissement de crédit demeurent des contrats réels[3].

L'occasion a été donnée à la Cour de cassation d'affirmer clairement quel devait être le fait générateur de la créance de prêt. Elle a préféré, par économie de moyens, affirmer que la distinction entre l'origine et la date de naissance d'un contrat de prêt immobilier n'exerce pas d'incidence sur la détermination du fait générateur de la créance de prêt, sans préciser où elle situait ledit fait générateur[4] (v. aussi s[s] n° 431.29).

La thèse volontariste l'emporte en conséquence pour les contrats de prêts, sans que l'on soit clairement en mesure de savoir pourquoi la thèse matérialiste prédomine au contraire dans les contrats synallagmatiques, si ce n'est peut-être, le principe même de continuation des contrats en cours, qui suffit à déroger à la construction générale, du fait de l'obligation de payer la contrepartie du contrat continué, ce qui présuppose que cette contrepartie ait la nature d'une créance postérieure, compte tenu de la règle de l'interdiction du paiement des créances antérieures.

Il est jugé que le crédit renouvelable par fractions génère une créance antérieure, dès lors qu'il est conclu avant le jugement d'ouverture et reçoit un commencement d'exécution avant l'ouverture de la procédure, du fait de l'utilisation de la carte de crédit dès avant le jugement d'ouverture[5].

La créance d'intérêts d'un contrat de prêt antérieur au jugement d'ouverture a, par voie d'accessoire, la qualité de créance antérieure, même si les intérêts continuent à courir après jugement d'ouverture[6]. Il en est de même de la créance d'intérêts de titres super-subordonnés, qui naît à la date du contrat d'émission de ces titres[7].

La créance d'indemnité de remboursement anticipé incluse dans un prêt, qui n'est exigible qu'en cas de déchéance du terme, a la nature d'une créance antérieure. Elle est née du prêt et doit en conséquence être déclarée au passif (v. s[s] n° 666.43).

La créance de remboursement du nominal de titres super-subordonnés naît à la date du contrat d'émission de ces titres[8].

Indiquons encore qu'en matière de promesse de cession de bail, la créance de remboursement détenue par le bénéficiaire qui avait versé un acompte au promettant, par la suite déclaré en redressement judiciaire et alors que la cession du bail n'avait pu intervenir par suite de la non réalisation d'une condition suspensive, était une créance antérieure trouvant son origine dans le versement de l'acompte, intervenu avant jugement d'ouverture[9].

En présence d'un contrat d'affacturage, la créance née de l'obligation de restitution du débiteur, en application de la clause du contrat constituant le subrogeant dépositaire des paiements qu'il reçoit après le jugement d'ouverture en exécution de créances qu'il a transmises à l'affactureur avant le jugement d'ouverture, est une créance postérieure[10]. Mais elle n'est pas éligible au traitement préférentiel, car elle ne répond pas aux critères

1. Civ. 1re, 28 mars 2000, n° 97-21.422, *Bull. civ.* IV, n° 105; *JCP E* 2000, jur. 898, concl. Sainte-Rose; *D.* 2000. 482, note Piedelièvre; *D.* 2000. AJ 239, obs. Faddoul; *JCP E* 2000. 1383, note Leveneur.
2. Com. 11 févr. 2004, n° 01-11.654, *Bull. civ.* IV, n° 30; *D.* 2004. AJ 567; *JCP E* 2004, Chron. 783, p. 862, n° 16, obs. Pétel; *RTD com.* 2004. 359, n° 4, obs. Legeais; *RTD com.* 2005. 171, n° 5, obs. Martin-Serf.
3. Civ. 1re, 7 mars 2006, n° 02-20.374, *Bull. civ.* I, n° 138; *JCP E* 2006, jur. 2195, p. 1378, note Piedelièvre.
4. Com. 23 avr. 2013, n° 12-14.906, *Bull. civ.* IV, n° 72; n° 454 FS-P+B; *D.* 2013. Actu 1128, note Lienhard; *D.* 2013. Pan. 2370, note Le Corre; *Gaz. Pal.* 12 juill. 2013, n° 193, p. 15, note Henry; *Act. proc. coll.* 2013/9, comm. 118, note Fin-Langer; *Rev. sociétés* 2013. 379, note Roussel Galle; *BJE* juill. 2013, p. 240, note Benilsi; *RTD com.* 2013. 588, n° 5, obs. Martin-Serf; *Rev. proc. coll.* 2013, comm. 124, note Legrand et Legrand et 2015, comm. 109, note Saint-Alary Houin; *RDBF* sept. 2013, comm. 166, note Houin-Bressand.
5. Colmar, 3e ch. A, 12 oct. 2009, RG n° 08/00759, *Act. proc. coll.* 2010/19, n° 264.
6. Dijon, 15 juin 1993, *Rev. proc. coll.* 1999, 220, n° 8, obs. Saint-Alary-Houin – Paris, 15e ch. B, 4 oct. 2007, RG n° 05/05227.
7. Com. 21 févr. 2012, n° 11-11.693, *Bull. civ.* IV, n° 45; n° 252 FS-P+B; *D.* 2012. Actu 606, note Lienhard; *Gaz. Pal.* 28 avr. 2012, n° 118, p. 23, note Lebel; *BJE* mars 2012, comm. 63, p. 78, note Dammann; *JCP E* 2012. 1228, note Bonneau; *JCP E* 2012, Chron. 1227, n° 3, obs. Pétel; *Act. proc. coll.* 2012/8, comm. 111, note Bonneau; *Rev. sociétés* 2012. 450, note Grelon; *Rev. proc. coll.* 2012, comm. 82, note Fraimout; *Dr. et patr.* sept. 2012, n° 217, p. 101, note Saint-Alary Houin; *Dr. sociétés* 2012, comm. 108, note Legros; *Bull. Joly* mai 2012, comm. 218, note Borga.
8. Com. 21 févr. 2012, n° 11-11.693, préc.
9. Com. 26 mai 1998, n° 95-10.615, NP, *RJDA* 1998/10, p. 839, n° 1131.
10. Com. 4 juin 2013, n° 12-14.561, NP; n° 581 F-D; *Gaz. Pal.* 29 sept. 2013, n° 272, p. 22, note Henry; *Act. proc. coll.* 2013/13, comm. 185, note Régnaut-Moutier; *BJE* sept. 2013, p. 289, note Borga; *RTD com.* 2013. 814, n° 7, obs. Martin-Serf.

téléologiques d'attribution du traitement préférentiel[1].

En présence d'une cession de créance selon le mécanisme du bordereau Dailly, et en l'absence de notification de la cession au débiteur cédé, le cédant de la créance est investi d'un mandat d'encaissement au nom et pour le compte du cessionnaire. Si l'encaissement de la créance intervient après le jugement d'ouverture, la créance de remboursement détenue par le banquier cessionnaire sur le cédant de la créance est née après jugement d'ouverture, de sorte que le banquier cessionnaire peut en obtenir le paiement, malgré le redressement ou la liquidation judiciaire du cédant de la créance. La solution, posée sous l'empire de la loi du 25 janvier 1985[2], est reconductible sous l'empire de la loi de sauvegarde. Cela peut générer des problèmes de responsabilité pour l'administrateur judiciaire assurant la gestion du compte du débiteur, cédant de la créance (v. ss n° 372.41). Cette créance, bien que née postérieurement au jugement d'ouverture, ne semble pas correspondre aux critères d'éligibilité au traitement préférentiel à l'instar de la solution posée en matière d'affactuage.

En présence d'une notification de la cession de créance, le mandat d'encaissement est révoqué. La jurisprudence juge alors que la créance de garantie détenue par le cessionnaire sur le cédant de la créance prend naissance à la date figurant sur le bordereau de cession de créance, ce qui oblige, dès lors que cette créance est antérieure au jugement d'ouverture, à déclarer la créance de garantie[3].

442.17 Fait générateur en matière de contrat de cautionnement. Dans le contrat de cautionnement, l'obligation de la caution est accessoire de l'obligation principale garantie[4]. Elle naît en même temps que celle-ci.

Cette solution aurait dû conduire à distinguer selon que le cautionnement est donné en garantie d'une obligation naissant instantanément ou selon qu'il est donné en garantie d'obligations naissant successivement.

Dans le premier cas, par exemple un prêt, l'obligation de la caution naît pour la totalité au moment de la remise des fonds à l'emprunteur, voire de la signature du contrat de prêt consensuel, en présence d'un prêteur établissement de crédit (v. ss n° 442.16). Pour cette raison, dès le départ, il s'agit d'une obligation de règlement. Si la remise des fonds est antérieure au jugement d'ouverture, le créancier désireux de préserver l'éventualité de son action contre la caution, sera obligé de déclarer sa créance au passif de celle-ci, alors même qu'aucune défaillance dans l'exécution du contrat n'aurait été constatée de la part du débiteur principal.

Dans le second cas, par exemple un contrat de location, l'obligation de la caution naît en même temps que l'obligation principale du locataire, c'est-à-dire au fur et à mesure de la jouissance procurée. Pour cette raison, au départ, il ne s'agit pas d'une obligation de règlement, mais seulement d'une obligation de couverture. Le créancier, confronté à la procédure collective de la caution, ne devrait pas avoir à déclarer la créance de loyers à échoir après jugement d'ouverture, parce qu'elle n'est pas encore née, mais seulement la créance de règlement à laquelle s'expose la caution, c'est-à-dire les loyers antérieurs au jugement d'ouverture de la caution qui n'auraient pas été payés par le débiteur principal.

La Cour de cassation est cependant en sens contraire. Elle oblige le créancier à déclarer au passif de la caution l'engagement de garantie de loyers, peu important la date de la fin des périodes objets de la garantie, dès lors que la garantie a été donnée avant le jugement d'ouverture[5]. La solution a été reconduite par la jurisprudence, sous l'empire de la loi de sauvegarde des entreprises[6]. Ainsi, quelque soit la nature de l'obligation principale garantie, la créance détenue contre la caution naît à la signature de l'acte de cautionnement. La thèse volontariste l'a ici clairement emporté. La solution semble avoir pour fondement la règle de l'accessoire. Un auteur, qui rejette cette règle, préférant voir comme trait principal du cautionnement son caractère subsidiaire, considère que la naissance de l'obligation de la caution devrait être décalée au jour de la défaillance du débiteur principal[7].

L'acte par lequel l'acquéreur de parts sociales consent à décharger le vendeur desdites parts de son engagement de cautionnement fait naître la créance de garantie de l'acquéreur envers le vendeur. En conséquence, si cet acte est antérieur au jugement

1. Com. 4 juin 2013, n° 12-14.561, préc. (v. ss prést n°).
2. Com. 4 janv. 2005, n° 03-11.980, NP, *Gaz. proc. coll.* 2005/1, p. 41, n° 1, obs. Bonhomme; *Act. proc. coll.* 2005/4, n° 39, note Régnaut-Moutier; *RTD com.* 2005. 391, n° 2, obs. M. Cabrillac; *Gaz. Pal.* 21-22 juin 2006, p. 45, note Robine; *LXB* n° N4651ABU, note Le Corre – Com. 18 sept. 2012, n° 11-19.204, NP; n° 885 F-D; *Gaz. Pal.* 18 janv. 2013, n° 18, p. 21, note Bidan; *Rev. proc. coll.* 2012, comm. 195, note Lebel.
3. Com. 15 nov. 2005, n° 04-17.673, NP; n° 1449 F-D; *Gaz. proc. coll.* 2006/1, p. 36, obs. Bonhomme.
4. AINSI : Paris, pôle 5, 9e ch., 5 nov. 2009, RG n° 09/05687, *Rev. proc. coll.* 2010/4, comm. 162, note Patureau et Perot-Reboul.
5. Civ. 3e, 4 juill. 2001, n° 99-21.200, NP, *Act. proc. coll.* 2001/15, n° 190.
6. L. n° 2005-845, 26 juill. 2005, préc. – Versailles, 13e ch., 21 févr. 2008, RG n° 07/03747, *D.* 2008. AJ 1053, note Lienhard – Bordeaux, 2e ch. civ., 10 juin 2008, RG n° 07/02639, *Act. proc. coll.* 2008/17, n° 268.
7. Rouvière, « Le caractère subsidiaire du cautionnement », *RTD com* 2011. 689, sp. 692, n° 6.

d'ouverture de la procédure de l'acquéreur, le vendeur, qui veut se faire garantir de la condamnation prononcée contre lui en qualité de caution, après l'ouverture de la procédure collective de l'acquéreur, devra avoir déclaré cette créance de garantie au passif[1].

442.18 Fait générateur de la créance de remboursement détenue par une caution un obligé solidaire, un obligé *in solidum* ou un garant autonome. Le droit du cautionnement fait naître une obligation de rembourser à la charge du débiteur, mais aussi des cofidéjusseurs, pour ce qui excède la part contributive de la caution solens (v. aussi s^s^ n° 726.17). Qu'est-ce qui fait naître cette obligation ?

On aurait pu penser qu'il s'agissait du paiement effectué. Dès lors, *a priori*, il aurait fallu décider que la créance de remboursement détenue par la caution sur le débiteur est postérieure au jugement d'ouverture, si le paiement du créancier intervient après ledit jugement. La réalité est plus complexe. Cela tient au double recours dont dispose la caution pour se faire rembourser. Le fait générateur de cette créance serait en conséquence variable, selon que la caution utiliserait le recours subrogatoire, auquel cas elle prendrait la place du créancier, ou le recours personnel. La nature antérieure ou postérieure de la créance détenue par le créancier conditionnerait alors la nature antérieure ou postérieure de la créance de remboursement détenue par la caution sur le débiteur.

Des divergences ont existé chez les juges du fond. Il a ainsi été admis que si la caution, dans son recours contre le débiteur, fait état du recours personnel, la nature de sa créance de remboursement dépendait de la date à laquelle était intervenu le paiement par elle effectué. Si le paiement avait lieu avant jugement d'ouverture, la créance personnelle de remboursement de la caution *solvens* était antérieure au jugement d'ouverture. Si le paiement était intervenu après jugement d'ouverture, sa créance de remboursement avait alors la qualité de créance postérieure[2]. Des solutions différentes avaient encore été posées[3]. Il avait même été jugé que le fait générateur de la créance de remboursement devait être fixé au jour de la mise en demeure envoyée à la caution[4].

n'y a pas de difficulté à considérer que si la cau- fait état, dans son action en remboursement tre le débiteur, de son recours subrogatoire, les es de la subrogation justifient *la nature de la* ance détenue par la caution. Payant une créance érieure, sa créance de remboursement a la même ure. Payant une créance postérieure, par subro- ion, elle est titulaire d'une créance de rembourse- ent elle-même postérieure (sur la question de la claration de créance de recours de la caution fai- nt état de son recours subrogatoire, elle est ainsi airement réglée par le jeu de la subrogation – v. s^s^ s 726.13, 726.15). Signalons la solution isolée une juridiction, qui a posé en règle que la créance e recours subrogatoire naissait du paiement[5].

Statuant à propos du recours de la caution *solvens* contre un cofidéjusseur, la Cour de cassation a estimé que « la créance de la caution qui a payé la dette et qui agit contre son cofidéjusseur sur le fondement de l'article 2033 du code civil (devenu C. civ., art. 2310), prend naissance à la date de l'engagement de caution »[6]. La solution, par la suite réaffirmée[7], n'avait été posée qu'en présence du recours entre cofidéjusseurs, mais elle avait vocation à régir aussi la situation de la caution *solvens* qui recourt contre le débiteur. En effet, la doctrine considère que le recours entre cofidéjusseurs de l'article 2033 du code civil peut être un recours personnel, tout aussi bien qu'un recours subrogatoire[8]. Il semblait ainsi, par extrapolation, que le recours subrogatoire ou personnel de la caution *solvens* faisait naître, quelle que soit la date du paiement, une créance antérieure, dès lors que le cautionnement avait été souscrit antérieurement au jugement d'ouverture du débiteur principal.

Cette solution a ensuite clairement été affirmée par la Cour de cassation, qui considère que la créance de recours personnel de la caution *solvens* naît de l'engagement de caution[9]. Il en est ainsi éga-

1. Com. 1er mars 2005, n° 03-20.601, NP.
2. Toulouse, 25 nov. 1992, *Rev. proc. coll.* 1997, 71, obs. Saint-Alary-Houin – TGI Saint-Nazaire, 14 sept. 1998, *JCP E* 2000, comm. 1077, note Lucas – Rennes, 1re ch. B, 31 mars 2000, *RD banc. fin.* 2000/2, n° 70, obs. Lucas – Metz, 1re ch., 21 mai 2002, *D.* 2002. AJ 2468, obs. Lienhard – *Adde*, Rubellin, « le recours personnel de la caution contre le débiteur en redressement judiciaire », *LPA* 21 juin 1995, p. 16, spéc. n°s 12 s., spéc. n° 15.
3. V. par ex., Pérochon et Bonhomme, 6e éd., n° 176-2.
4. Rennes, 21 mai 1999, *JCP E* 2000, comm. 1077, obs. Lucas.
5. Rennes, 17 févr. 2005, *Act. proc. coll.* 2005/12, n° 143.
6. Com. 16 juin 2004, n° 01-17.199, *Bull. civ.* IV, n° 123; *D.* 2004. AJ 2046; *Act. proc. coll.* 2004/15, n° 185, note Legeais; *JCP E*, 2005, Chron. 31, p. 32, n° 15, obs. M. Cabrillac; *RD banc. fin.* 2004/5, p. 326, n° 200, obs. Legeais et 2004/6, p. 410, n° 244, obs. Lucas; *RTD com.* 2004. 812, note Martin-Serf; *RTD civ.* 2004. 758, n° 2, obs. Crocq; *Gaz. Pal.* jur. 1 au 3 août 2004, p. 12, note Le Corre; *LXB* n° N2336AB7, note Le Corre.
7. Com. 1er déc. 2009, n° 07-14.199, NP; n° 1119 F-D.
8. Simler et Delbecque, *Les sûretés : La publicité foncière*, 5e éd., « Précis Dalloz », 2009, n°s 221, 227.
9. Com. 1er mars 2005, n° 02-13.176, NP, *D.* 2005. Jur. 1365, note Le Corre; *Gaz. proc. coll.* 2005/2, p. 42, obs. Le Corre; *LXB* n° N4227AIE, note Le Corre – Com. 8 janv. 2008, n° 07-10.394, NP; n° 1 F-D; *RTD com.* 2009. 211, n° 7, obs. Martin-Serf – Com. 1er avr. 2008, n° 07-12.238, NP; n° 451 F-D; *JCP E* 2008, Chron. 2013, n° 7, obs. Simler – Com. 8 juill. 2008, n° 07-16.686, NP; n° 778 F-D; ▶

lement de la créance de recours de la caution ava paiement de l'article 2309 du code civil, qui est u variété de recours personnel[1].

La même solution est posée pour la créance remboursement détenue par un obligé solidaire l'égard d'un codébiteur. La créance de rembourse ment, énonce la jurisprudence, a son origine dan l'engagement solidaire, et non dans le paiemen effectué entre les mains du créancier[2].

Il a en revanche été observé que si le paiement était effectué par un tiers non tenu à la dette, sa créance de remboursement ne pourrait, par la force des choses, naître que du paiement effectué[3].

La créance de recours de l'obligé *in solidum* contre un co-responsable naît de l'assignation en réparation du dommage[4].

La créance de recours du garant autonome contre le donneur d'ordre prend identiquement naissance à la date de souscription de l'engagement de garantie[5].

▶ *Gaz. proc. coll.* 2008/4, p. 47, n° 1, note Henry; *RTD com.* 2009. 211, n° 7, obs. Martin-Serf; *RJ com.* 2009/1, p. 70, note Sortais – Com. 30 sept. 2008, n° 07-18.479, NP; n° 923 F-D; *Gaz. proc. coll.* 2009/1, p. 31, n° 2, note Henry; *LPA* 21 sept. 2009, n° 188, p. 9, note Sortais – Com. 30 sept. 2008, n° 07-16.687, NP; n° 935 F-D; *RTD com.* 2009. 211, n° 7, obs. Martin-Serf – Com. 30 sept. 2008, n° 07-16.688, NP; n° 936 F-D; *RTD com.* 2009. 211, n° 7, obs. Martin-Serf – Paris, pôle 5, 9e ch., 26 nov. 2009, RG n° 08/24592, *Rev. proc. coll.* 2010/4, comm. 163, note Patureau et Perot-Reboul.

1. Com. 3 févr. 2009, n° 06-20.070, *Bull. civ.* IV, n° 11; n° 112 FS-P+B; *JCP E* 2009. 1347, n° 12, obs. M. Cabrillac; *JCP E* 2009. 1644, n° 11, obs. Simler; *RD banc. fin.* 2009/2, p. 48, n° 52, note Legeais; *Dr. et proc.* juill./août 2009, p. 202, note Picod; *Rev. proc. coll.* 2009/5, p. 47, § 113, note Macorig-Vénier; *RTD com.* 2009. 612, n° 1, obs. Martin-Serf.
2. Com. 30 juin 2004, n° 01-14.086, *Bull. civ.* IV, n° 142; *D.* 2004. AJ 2156; *Act. proc. coll.* 2004/15, n° 185, note Legeais; *RTD com.* 2005. 171, n° 5, obs. Martin-Serf; *Rev. proc. coll.* 2005/1, p. 53, n° 4, obs. Dumont – Paris, 2e ch. A, 19 sept. 2007, RG n° 06/08641.
3. PÉROCHON, 10e éd., n° 598.
4. Com. 13 oct. 2015, n° 14-10.664, *Bull. civ.* IV [à paraître]; n° 897 FS-P+B; *D.* 2015. actu 2125, note Lienhard; *Gaz. Pal.* 19 janv. 2016, n° 3, p. 62, note Boustani; *Act. proc. coll.* 2015/19, comm. 292, note Saint-Alary Houin; *Rev. sociétés* 2015. 764, note Henry; *JCP E* 2016, 1120, note Docq; *RTD com.* 2016. 202, n° 7, note Martin-Serf.
5. Com. 19 déc. 2006, n° 05-13.461, *Bull. civ.* IV, n° 249; n° 1449 FS-P+B+I+R; *D.* 2007. AJ 158, obs. Lienhard, *Gaz. proc. coll.* 2007/2, p. 32, note Henry; *Gaz. proc. coll.* 2007/2, p. 40, note Roussel Galle; *JCP E* 2007. 1450, p. 23, n° 12, obs. M. Cabrillac; *RD banc. fin.* mars-avr. 2007, p. 18, n° 59, note Legeais; *Lamy dr. civ.* 2007, n° 2399, obs. Ansault; *Banque et droit* janv. févr. 2007, n° 111, p. 49, note F.-J.; *RTD com.* 2007. 450, n° 5, obs. Martin-Serf; *Rev. proc. coll.* 2007/3, p. 145, n° 5, obs. Saint-Alary-Houin; *RTD com.* 2007. 837, n° 3, obs. Martin-Serf.

442.19 Fait générateur de la créance pour les autres contrats – contrat d'assurance – contrat de marchés publics. Le fait générateur de la créance de remboursement de la franchise de l'assureur sur son assuré ne naît ni du sinistre assuré, ni de la déclaration à l'assureur du sinistre, mais du contrat d'assurance[6]. Cette solution est présentée comme un défi au bon sens[7]. Dès lors que l'aléa ne s'est pas concrétisé au jour du jugement d'ouverture, cela revient à considérer comme née une créance, alors qu'elle est véritablement inexistante. La solution nous semble parfaitement discutable et ne constitue que la suite logique d'un principe civiliste, qui nous semble bien éthéré, que le réalisme et le souci d'efficacité du droit des affaires devraient cantonner à sa juste place.

Au contraire, il est jugé, en matière de contrat d'assurance prospection, qu'il s'agit là d'un contrat à exécution successive, liant la COFACE à un adhérent. La créance ne naît pas de la conclusion du contrat, mais de la continuation des prospections[8].

Le fait générateur de la créance de marchés publics est déterminé par l'établissement du décompte général définitif ou, en l'absence d'un tel décompte, par la décision du juge administratif arrêtant le solde définitif des sommes dues au titre de l'exécution ou de l'inexécution du marché[9].

SECTION 442.20
RÈGLES COMMUNES AUX CRÉANCES NÉES DE LA DISPARITION DES CONTRATS

442.21 Créance de restitution née de l'annulation ou de la caducité d'un contrat. La créance de restitution née de l'annulation d'un contrat passé avant jugement d'ouverture est une créance postérieure si l'annulation intervient après le jugement

6. Com. 5 juill. 2005, n° 04-12.185, *Bull. civ.* IV, n° 156; *Gaz. proc. coll.* 2005/3, p. 25, n° 1, obs. Henry, *Act. proc. coll.* 2005/16, n° 203, note Régnaut-Moutier – Com. 8 janv. 2008, n° 07-10.394, NP; n° 1 F-D; *Gaz. proc. coll.* 2008/2, p. 21, note Henry; *JCP E* 2008. 1432, n° 14, obs. M. Cabrillac; *Rev. proc. coll.* 2009/5, p. 51, § 119, note Saint-Alary-Houin – Com. 8 juill. 2008, n° 07-16.686, NP; n° 778 F-D; *Gaz. Proc. coll.* 2008/4, p. 47, n° 1, note Henry – Com. 30 sept. 2008, n° 07-16.687, NP; n° 935 F-D; *Gaz. proc. coll.* 2009/1, p. 31, n° 1, note Henry – Com. 30 sept. 2008, n° 07-16.688, NP; n° 936 F-D; *Rev. proc. coll.* 2009/5, p. 51, § 119, note Saint-Alary-Houin – Com. 3 févr. 2009, n° 08-11.121, NP; n° 86 F-D.
7. PÉROCHON, 10e éd., n° 581.
8. Com. 5 mai 2004, n° 01-16.566, NP, *Act. proc. coll.* 2004/11, n° 138.
9. Com. 23 sept. 2014, n° 13-17.016, NP, *BJE* 2015, 32, note Reille; *Rev. proc. coll.* 2015, comm. 118, note Saint-Alary Houin.

d'ouverture[1]. La solution vaut non seulement pour le prix de vente du bien, mais encore pour les fruits résultant de l'annulation de la vente[2]. Dans le cadre d'un contrat de vente, la solution était spécialement intéressante pour l'acquéreur qui, sous l'empire de la loi du 25 janvier 1985[3], pouvait subordonner la restitution par lui du bien acheté à la restitution du prix de vente, cette créance de restitution ayant la nature d'une créance postérieure au jugement d'ouverture, lorsque l'annulation du contrat de vente est elle-même postérieure audit jugement[4]. La solution n'est plus la même depuis la loi de sauvegarde des entreprises[5], la créance de restitution n'étant plus éligible au traitement préférentiel (v. s^s^ n° 453.23).

Observons que la créance naît du jugement prononçant la nullité, et a donc la nature d'une créance antérieure si ce jugement intervient avant l'ouverture de la procédure collective, alors même qu'il serait frappé d'appel, et que l'arrêt de la cour serait postérieur à l'ouverture de la procédure collective[6].

Une solution contraire est parfois posée en jurisprudence et l'on voit affirmer que la recevabilité de l'action en nullité ne doit pas pouvoir autoriser le jeu des restitutions pécuniaires de la part du débiteur et que le demandeur à l'action en nullité n'a [...]t, pour la récupération de sa créance de prix, [...] une déclaration au passif[7]. Cet arrêt avait repro[...] à tort les dispositions de l'article L. 622-17 du [...]e de commerce issu de la loi de sauvegarde des [...]reprises, alors qu'était applicable la loi du 25 jan[...]r 1985, et donc l'article L. 621-32. Il a fait l'objet un arrêt rectificatif[8].

La solution consistant à analyser en une créance [p]ostérieure la créance de restitution, qui doit être [a]pprouvée en opportunité sauf à priver d'action la victime, peut cependant être discutée au regard de la rétroactivité de l'annulation. Elle s'éloigne en tout cas de la solution posée en matière de nullité de la période suspecte (v. s^s^ n° 825.41).

La solution posée pour la créance de restitution née de l'annulation d'un contrat s'applique aussi à la créance de restitution née de la caducité d'un contrat. La créance naît ici de la caducité du contrat[9].

442.22 Créance de restitution née de la résiliation ou de la résolution d'un contrat. La créance de restitution née de la résiliation d'un contrat conclu avant jugement d'ouverture est une créance postérieure, dès lors que la résiliation intervient après ledit jugement[10]. Il en est de même de la créance de restitution née de la résolution après jugement d'ouverture d'un contrat conclu avant, par exemple la créance de restitution née de la résolution d'un contrat de vente[11], ce qui, sous l'empire de la loi de sauvegarde des entreprises[12], ne suffira pas à la rendre éligible au traitement préférentiel réservé aux créances postérieures (v. s^s^ n° 453.23).

La solution a été appliquée également dans une hypothèse particulière de résiliation d'un contrat de prêt interdépendant d'un contrat de vente résolu, par application de la loi du 10 janvier 1978[13], dite loi Scrivener[14]. Il a été jugé que la résiliation du prêt,

1. Com. 5 déc. 1995, n° 93-21.172, *Bull. civ.* IV, n° 283; *JCP E* 1996. I. 554, n° 3, obs. M. Cabrillac – Com. 20 juin 2000, n° 97-11.422, *Bull. civ.* IV, n° 129; *D.* 2000. jur. 368; *JCP E* 2001, Chron. 220, n° 5-b-14, obs. M. Cabrillac; *RTD com.* 2000. 1010, obs. Martin-Serf – Com. 12 oct. 2004, n° 00-13.348, NP, *D.* 2005. Pan. 293, obs. Le Corre : *LXB* n° N3489ABT, note Le Corre – Com. 23 nov. 2004, n° 02-20.868, NP, *RD banc. fin.* 2005/2, p. 24, n° 450, note Lucas – Civ. 3^e^, 28 mars 2007, n° 05-21.679, *Bull. civ.* III, n° 46; n° 331 FS-P+B; *D.* 2007. AJ 1082, note Lienhard; *Rev. proc. coll.* 2007/3, p. 168, n° 14, obs. Lebel; *Act. proc. coll.* 2007/8, n° 90; *JCP E* 2007, Chron. 2119, p. 26, n° 12, obs. M. Cabrillac; *JCP E* 2008, Chron. 1207, n° 15, p. 34, obs. M. Cabrillac – Civ. 3^e^, 11 mars 2014, n° 13-11.129, NP; n° 360 F-D; *Rev. proc. coll.* 2015, comm. 119, note Saint-Alary Houin – Douai, 2e ch., 1re sect., 29 avr. 2010, RG n° 09/07529, *Act. proc. coll.* 2010/16, comm. 230.
2. Com. 13 juin 2006, n° 04-14.404, NP; n° 762 F-D – Com. 28 avr. 2009, n° 08-14.777, NP; n° 394 F-D; *Gaz. proc. coll.* 2009/3, p. 20, note Henry.
3. L. n° 85-98, 25 janv. 1985, préc.
4. Civ. 3e, 28 mars 2007, n° 05-21.679, préc. (v. s^s^ prés^t^ n°) – Com. 20 janv. 2009, n° 08-11.098, *Bull. civ.* IV, n° 8; n° 50 F-B+R; *D.* 2009. AJ 425, note Lienhard; *Gaz. proc. coll.* 2009/2, p. 21, n° 1, note Henry; *JCP E* 2009. 1347, n° 6, obs. M. Cabrillac; *JCP E* 2009. 1381, note Lebel; *Act. proc. coll.* 2009/4, n° 65, note Vallansan; *Rev. proc. coll.* 2009/3, p. 50, n° 87, note Blanc; *Dr. sociétés* 2009, p. 36, n° 80, note Legros; *Rev. proc. coll.* 2009/5, p. 49, § 116, note Saint-Alary-Houin; *RTD com.* 2009. 616, n° 5, obs. Martin-Serf; *Defrénois* 2009. 39078, p. 469, n° 1, note Gibirila; *Dr. et proc.* 2009/3, p. 146, note Le Corre – Civ. 3e, 11 mars 2014, n° 13-11.129, NP; n° 360 F-D.
5. L. n° 2005-845, 26 juill. 2005, préc.
6. Com. 2 déc. 2014, n° 12-27.739, NP; n° 1065 F-D; RECTIFIÉ PAR : Com. 5 avr. 2016, arrêt n° 340.
7. Paris, 2e ch. A, 14 oct. 2003, RG n° 2002/12938.
8. Civ. 3e, 26 juin 2007, n° 05-21.679, *Bull. civ.* III, n° 46; n° 777 P+B; *Gaz. proc. coll.* 2007/4, p. 41, note Henry.
9. Com. 15 nov. 2005, n° 04-16.416, *Bull. civ.* IV, n° 227; n° 1436 F-P+B; *Act. proc. coll.* 2005/20, n° 253, note Régnaut-Moutier; *RTD com.* 2006. 204, n° 4, obs. Martin-Serf; *Gaz. proc. coll.* 2006/1, p. 23, obs. Henry; *LPA* 24 févr. 2006, n° 40, p. 6, note Vinckel; *RTD com.* 2006. 654, n° 6, obs. Bouloc; *Gaz. Pal.* 21-22 juin 2006, p. 44, note Robine.
10. Com. 20 mai 1997, n° 93-20.819, *Bull. civ.* IV, n° 149; *D. Affaires* 1997, 863 – Com. 6 mars 2001, n° 98-12.835, *Bull. civ.* IV, n° 51; *Act. proc. coll.* 2001/7, n° 89 – Com. 22 mai 2007, n° 06-13.978, NP; n° 745 F-D; *Gaz. proc. coll.* 2007/4, p. 40, note Henry.
11. Com. 3 déc. 2013, n° 12-28.718, NP; n° 1156 F-D; *Gaz. Pal.* 29 juin 2014, n° 180, p. 24, note Boustani; *Rev. proc. coll.* 2015, comm. 119, note Saint-Alary Houin.
12. L. n° 2005-845, 26 juill. 2005, préc.
13. L. n° 78-22, 10 janv. 1978, *JO* 11 janv., p. 299.
14. L. n° 78-22, 10 janv. 1978, *JO* 11 janv., p. 299, dite loi Scrivener.

consécutive à la résolution de la vente, interver après jugement d'ouverture, faisait naître au pro de la banque une créance de restitution des somm prêtées ayant pour fait générateur la résiliation d prêt résultant du jugement. La créance du banquie bénéficie ainsi de la qualité de créance postérieure[1]. Identiquement, la créance de l'emprunteur envers le vendeur tenant à la garantie du remboursement d'un prêt « Scrivener » (C. consom., art. L. 311-22) a pour origine, non le contrat antérieur au jugement d'ouverture, mais le jugement prononçant la résolution de la vente, par le fait du vendeur et entraînant, par voie de conséquence, résiliation du prêt Si le jugement prononçant la résolution est postérieur au jugement d'ouverture, la créance de l'emprunteur est une créance postérieure[2].

À défaut de restitution d'une mrchandise revendiquée sur le fondement d'une clause de réserve de propriété, parce qu'elle a été vendue après jugement d'ouverture par le mandataire de justice, la créance de restitution du prix de revente est une créance postérieure[3].

La créance de restitution d'une avance sur ristournes naît de la dénonciation de la convention la prévoyant[4].

Enfin, la créance d'avoir, née de la restitution avant jugement d'ouverture de marchandises invendues, a la nature de créance antérieure. Le fait générateur est en effet trouvé dans la restitution[5].

442.23 Créance née d'une obligation de non-concurrence. L'indemnité de non-concurrence naît au fur et à mesure de l'écoulement du temps. Il en résulte que l'obligation fait naître une créance antérieure pour la période de non-concurrence antérieure au jugement d'ouverture, une créance postérieure pour le temps de la non-concurrence écoulé après jugement d'ouverture[6].

442.24 Créances nées de la mauvaise exécution d'un contrat – Créance de garantie du contrat. Les créances nées de la mauvaise exécution d'un contrat ont pour fait générateur l'exécution défectueuse.

Il en résulte que la mauvaise exécution d'un contrat, antérieure au jugement d'ouverture, donnera lieu à une créance antérieure au jugement d'ouverture, devant comme telle être déclarée au passif[7]. Il en est ainsi en cas d'une contravention aux clauses d'un bail, qui serait antérieure à l'ouverture de la procédure collective[8].

Le cocontractant du débiteur ne pourra compenser cette créance de dommages et intérêts qu'en la déclarant au passif[9]. La règle vaut identiquement pour le débiteur cédé voulant opposer au cessionnaire d'une créance par bordereau Dailly des exceptions tirées de malfaçons dans l'exécution des travaux, objets de la créance cédée, du moins sous l'empire de la loi du 25 janvier 1985[10] (v. aussi s[s] n° 633.42). Il conviendra donc de rechercher la date à laquelle a été réalisée la prestation arguée de malfaçons[11]. Le caractère constitutif du jugement de condamnation n'aura pas pour effet d'altérer cette nature de la créance de responsabilité contractuelle[12], sous réserve de la mise en jeu d'une garantie.

L'exécution défectueuse postérieure au jugement d'ouverture donnera symétriquement lieu à une créance postérieure. La solution a été posée par exemple à propos de l'inexécution par le dépositaire d'apporter à la chose remise en dépôt-vente tous les soins nécessaires[13]. Le contraire a cependant été jugé[14].

1. Com. 20 mai 1997, n° 93-20.819, *Bull. civ.* IV, n° 149; *JCP E* 1997, pan 758.
2. Com. 3 févr. 1998, n° 95-19.203, *Bull. civ.* IV, n° 52; *JCP E* 1998, jur. 708, rapp. Rémery; *JCP E* 1998, Chron. 658, n° 18, obs. M. Cabrillac et Pétel; *Rev. proc. coll.* 1999, 158, n° 8, obs. Monsérié – Civ. 1re, 6 avr. 2004, n° 01-00.449, NP.
3. Com. 8 juin 1993, n° 90-21.928, *Bull. civ.* IV, n° 234; *D.* 1993. Somm. 296, obs. Pérochon – Com. 6 juin 1995, *Rev. proc. coll.* 1995, 486, obs. Soinne – Com. 10 oct. 1995, n° 93-10.808, NP, *RJDA* 1996. 122 – Com. 5 mars 1996, n° 94-11.557, NP, *BRDA* 1996, n° 7, p. 12 – Com. 11 mars 1997, n° 94-20.069, *Bull. civ.* IV, n° 70; *D. Affaires* 1997. 510.
4. Com. 10 déc. 2002, n° 00-14.367, NP, *Act. proc. coll.* 2003/4, n° 43; *Rev. proc. coll.* 2003, p. 148, n° 9, obs. Saint-Alary-Houin.
5. Versailles, 13e ch., 21 juin 2001, *RJDA* 2002/1, n° 67.
6. Lyon, ch. soc., 22 nov. 1999, *Act. proc. coll.* 2000/17, n° 218, note Régnaut-Moutier.
7. Com. 30 mars 2010, n° 09-11.805, NP; n° 384 F-D – Paris, 19e ch. A, 12 sept. 2000, *D.* 2000. AJ 405.
8. Com. 27 sept. 2011, n° 09-15.200, NP; n° 910 F-D.
9. Com. 30 mars 2010, n° 09-11.805, NP; n° 384 F-D – Com. 5 oct. 2010, n° 09-16.752, NP; n° 932 F-D; *Gaz. Pal. entr. diff.* 7-8 janv. 2011, p. 34, note Henry – Com. 17 mai 2011, n° 10-14.126, NP; n° 477 F-D – Com. 17 mai 2011, n° 10-15.518, NP; n° 483 F-D; *Gaz. Pal.* 7 oct. 2011, n° 280, p. 22, note Henry; *BJE* nov./déc. 2011, comm. 155, p. 321, note Reille – Com. 27 mars 2012, n° 11-10.147, NP; n° 352 F-D.
10. L. n° 85-98, 25 janv. 1985, préc. – Com. 17 déc. 2013, n° 12-26.706, *Bull. civ.* IV, n° 184; n° 1229 F-P+B; *Gaz. Pal.* 29 juin 2014, n° 180, p. 33, note Bonhomme; *Act. proc. coll.* 2014/3, comm. 42, note Thiberge; *LXB hebdo* 23 janv. 2014, n° 555, note Le Corre-Broly.
11. Com. 18 janv. 2005, n° 03-12.849, NP – Com. 13 févr. 2007, n° 05-20.778, NP; n° 280 F-D; *Gaz. proc. coll.* 2007/2, p. 34, note Henry – Com. 3 nov. 2009, n° 06-21.881, NP; n° 992 F-D; *Gaz. Pal.* 8-10 janv. 2010, n°s 8, 9, p. 19, note Henry – Grenoble, ch. com., 14 févr. 2007, *JCP E* 19 juill. 2007, 1902, p. 22 – Com. 17 déc. 2013, n° 12-26.706, préc. (v. s[s] prés[t] n°).
12. Com. 26 mai 1998, *Act. proc. coll.* 1998/4, n° 51.
13. Aix-en-Provence, 8e ch. A, 10 sept. 2003, *D.* 2003. AJ 2767.
14. Paris, 23e ch. A, 27 févr. 2002, *Act. proc. coll.* 2002/6, n° 74.

La créance résultant de malfaçons a son origine non dans le contrat, mais dans l'exécution de la prestation[1]. Si les prestations arguées de malfaçons sont, pour certaines, antérieures au jugement d'ouverture et, pour d'autres, postérieures audit jugement, il y a place à dissocier en deux catégories la créance de dommages et intérêts, l'une antérieure, l'autre postérieure au jugement d'ouverture[2].

La solution est identique pour le retard dans l'exécution. Si le retard dans l'exécution est antérieur au jugement d'ouverture, la créance est antérieure; si le retard a lieu après le jugement d'ouverture, la créance a une nature postérieure[3]. La créance peut être pour partie antérieure au jugement d'ouverture, si le retard a commencé avant le jugement d'ouverture[4]. Cependant, la distinction n'est pas toujours opérée et la créance est parfois considérée comme antérieure, pour l'intégralité, dès lors que le retard a commencé avant jugement d'ouverture[5].

La créance née de l'inexécution d'une obligation de faire est antérieure si l'obligation est elle-même antérieure au jugement d'ouverture[6]. Ainsi, la créance de restitution née d'un dépôt sera postérieure au jugement d'ouverture si le dépositaire est dans l'impossibilité de représenter, après jugement d'ouverture, les biens qui lui ont été remis[7]. De même, la créance indemnitaire née d'un manquement à une obligation de conseil, au stade de la conclusion d'un contrat, a une origine antérieure au jugement d'ouverture[8]. Symétriquement, la violation d'une obligation de ne pas faire entraîne la naissance d'une créance antérieure si elle intervient avant jugement d'ouverture.

Les créances nées des manquements aux obligations d'entretien et de restitution des biens loués sont des créances postérieures, dès lors que ces manquements sont eux-mêmes postérieurs[9]. Ainsi, lorsque des désordres interviennent après le jugement d'ouverture, la créance indemnitaire a la nature d'une créance postérieure[10].

En matière de mise en jeu des garanties du contrat, la créance de réparation naît de l'inexécution du contrat[11].

La garantie des vices cachés est une fausse exception. Le fait générateur de la créance de garantie est la conclusion de la vente[12], non l'apparition du vice caché, ce qui oblige le cocontractant à déclarer au passif sa créance de garantie (v. s[s] n° 663.43), pour pouvoir éventuellement la mettre en œuvre après jugement d'ouverture. La solution se justifie par l'observation que le vice caché devra être antérieur à la vente[13]. La même observation vaut pour la créance de garantie née d'un défaut de conformité de la chose venue, qui a son origine dans la conclusion de la vente, non dans l'apparition du dommage[14].

La solution est applicable à la créance de garantie de loyers incluse dans un acte de vente d'un immeuble, l'acheteur devant déclarer au passif du vendeur cette créance de garantie, dont le fait générateur est la conclusion de la vente[15].

En dehors du droit des entreprises en difficulté, la même solution est appliquée. Le fait générateur de la créance de dommages et intérêts est trouvé dans le fait dommageable. La solution a été posée, à propos de dommages et intérêts dus par un employeur à son salarié, ce qui a permis de condamner l'associé unique, auquel a été transmis universellement le patrimoine de la société dissoute, employeur, dès lors que la faute de ce dernier était antérieure à la dissolution[16].

1. Com. 21 févr. 2012, n° 11-11.514, NP; n° 248 F-D – Civ. 2e, 28 juin 2012, n° 11-18.703, NP, *Rev. proc. coll.* 2013, comm. 113, note crit. Reille.
2. V. sol. impl., Com. 3 nov. 2009, n° 06-21.881, NP; n° 992 F-D; *Gaz. Pal.* 8-10 janv. 2010, n°s 8, 9, p. 19, note Henry.
3. Com. 31 janv. 2012, n° 10-28.408, NP, *Gaz. Pal.* 1er mars 2013, n° 60, p. 41, note Zalewski – Paris, 5e ch. C, 12 nov. 1993, *Rev. proc. coll.* 1995, 302, n° 5, obs. Saint-Alary-Houin.
4. Com. 26 avr. 2000, n° 97-21.001, *Bull. civ.* IV, n° 82; *JCP E* 2000, pan. 970; *D.* 2000. AJ 293, obs. Lienhard – Paris, 16e ch. A, 22 sept. 2004, RG n°s 2002/6593, 2002/6594, 2 esp.
5. Com. 5 nov. 2003, n° 00-17.741, NP, *Act. proc. coll.* 2004/1, n° 1.
6. Civ. 3e, 13 oct. 1999, n° 97-15.994, *Bull. civ.* III, n° 203; *Act. proc. coll.* 1999/20, n° 268, note Blanc; *Gaz. Pal.* 15-16 mars 2000, jur. p. 16, note Courtier.
7. Com. 19 nov. 2003, n° 00-21.317, NP.
8. Com. 22 mai 2012, n° 11-18.551, NP; n° 561 F-D.
9. Paris, 15e ch. B, 27 janv. 2006, RG n° 04/9325.
10. Com. 15 févr. 2011, n° 09-12.749, NP; n° 120 F-D; *Gaz. Pal. entr. diff.* 1-2 avr. 2011, p. 23, note Henry.
11. Baron, « La date de naissance des créances contractuelles à l'épreuve du droit des procédures collectives », *RTD com.* 2001, spéc. 28, n°s 42 s.
12. Com. 18 janv. 2005, n° 02-12.967, NP – Civ. 3e, 23 mai 2007, n° 06-14.988, *Bull. civ.* IV, n° 85; n° 513 FS-P+B; *Act. proc. coll.* 2007/11, n° 131, note Legros; *RD banc. fin.* mai-juin 2007, p. 20, n° 112, note Lucas; *Dr. sociétés* 2007, p. 18, n° 131, note Lucas; *Rev. proc. coll.* 2007/3, p. 169, n° 15, obs. Lebel; *Bull. Joly* 2007. 1064, § 291, note Pétel – Aix-en-Provence, 29 sept. 2011, RG n° 10/21888, *Act. proc. coll.* 2012/2, comm. 23, note Fin-Langer.
13. Com. 18 févr. 2003, n° 00-13.257, NP, *Rev. proc. coll.* 2003, p. 312, n° 4, obs. Staes – Baron, « La date de naissance des créances contractuelles à l'épreuve du droit des procédures collectives », *RTD com.* 2001, spéc. 28, n°s 42 s.
14. Com. 2 oct. 2012, n° 10-25.633, *Bull. civ.* IV, n° 177; n° 950 F-P+B; *D.* 2012. Actu 2387, note Lienhard; *Gaz. Pal.* 18 janv. 2013, n° 18, p. 26, note Henry; *BJE* nov. 2012, comm. 201, note Reille; *LPA* 7 mai 2013, n° 91, p. 14, note Tabourot-Hyest; *RTD com.* 2013. 347, n° 8, obs. Martin-Serf.
15. Civ. 3e, 4 juill. 2001, n° 99-21.200, NP, *Rev. proc. coll.* 2002, p. 265, n° 12, obs. Dumont.
16. Com. 2 févr. 2010, n° 09-11.938, *Bull. civ.* IV, n° 31; n° 123 F-P+B.

442.25 **Indemnité de résiliation.** Si le contrat e résilié au jour du jugement d'ouverture, aucune diffi culté ne peut se présenter. L'indemnité de résiliatio a nécessairement la nature d'une créance antérieure[1] puisque son fait générateur, à savoir la résiliation, es fixé avant jugement d'ouverture.

Si la résiliation n'est pas intervenue avant le jugement d'ouverture, une distinction doit être opérée selon que le contrat litigieux est ou non un contrat en cours.

Commençons par l'hypothèse d'un contrat en cours au jour du jugement d'ouverture. L'indemnité peut d'abord résulter de la décision de l'organe compétent de ne pas continuer le contrat. En pareille hypothèse, le raisonnement en termes de fait générateur aurait dû conduire à décider que la créance d'indemnité de résiliation bénéficiait de l'article 40 (C. com., art. L. 621-32). Le législateur a cependant, par une fiction légale, décidé de traiter cette indemnité de résiliation comme une créance de l'article 50 (C. com., art. L. 621-43). Il énonce en effet que « si l'administrateur n'use pas de la faculté de poursuivre le contrat, l'inexécution peut donner lieu à des dommages-intérêts dont le montant sera déclaré au passif » (C. com., art. L. 621-28, al. 5 [anct L. 25 janv. 1985[2], art. 37, al. 5]).

L'indemnité de résiliation peut également résulter d'une poursuite initiale du contrat. L'organe compétent aura ici opté en faveur de la continuation. Puis, parce qu'il n'exécute pas le contrat, selon les stipulations existant au jour du jugement d'ouverture, il y a place à résiliation. Il est ici évident que la résiliation a un fait générateur postérieur au jugement d'ouverture. L'indemnité de résiliation devrait en conséquence être couverte par les dispositions de l'article 40. Faute de précision contraire dans le texte, c'est en ce sens que s'était fort logiquement prononcée la jurisprudence, sous l'empire de la loi du 25 janvier 1985 non réformée[3], même si la résiliation intervenait en liquidation judiciaire[4].

Il ressort de la lecture des travaux préparatoires de la loi du 10 juin 1994[5] que l'objectif du législateur était d'exclure les indemnités de résiliation des contrats poursuivis du traitement réservé aux créances postérieures[6]. Mais cette volonté a été maladroitement retranscrite dans le texte légal. À la lecture du texte issu de la loi du 10 juin 1994, il apparaît, compte tenu de l'emplacement de la modification apportée par la loi de 1994, que les indemnités de résiliation ne sont pas purement et simplement écartées du bénéfice de l'article 40 (C. com., art. L. 621-32)[7]. En effet, la nouvelle disposition est insérée au troisième alinéa de l'article 40 prévoyant l'ordre dans lequel doit être effectué le paiement des créances de l'article 40, et plus précisément au troisièmement qui précise qu'au troisième rang de l'article 40, sont réglées les créances résultant de l'exécution des contrats poursuivis conformément aux dispositions de l'article L. 621-28 du code de commerce (anct L. 25 janv. 1985, art. 37) et dont le cocontractant, autorisé par le juge-commissaire, accepte de recevoir un paiement différé. Il résulte de la lecture du texte qu'en cas de résiliation d'un contrat poursuivi pour lequel le cocontractant a accepté des délais de paiement, les indemnités et pénalités des contrats sont exclues du troisième rang de l'article 40 et doivent en conséquence être réglées au 5e et dernier rang, parmi « les autres créances selon leur rang ». En outre, le texte ne règle nullement le sort des indemnités de résiliation des contrats poursuivis pour lesquels des délais de règlement n'ont pas été accordés. Dès lors, les indemnités doivent pouvoir, faute de fiction légale les concernant, continuer à bénéficier de l'article 40, 5e rang.

Telles sont les solutions auxquelles aurait dû aboutir l'exacte application du nouveau texte de l'article 40 alinéa 3 de la loi du 25 janvier 1985 (C. com., art. L. 621-32, III, 3°).

Pour sa part, l'article 66 du décret du 27 décembre 1985[8], modifié par celui du 21 octobre 1994[9], prévoit que les indemnités et pénalités résultant de contrats poursuivis doivent être intégrées dans le passif antérieur au jugement d'ouverture et doivent, en conséquence, être déclarées au passif dans un délai d'un mois à compter de la résiliation de plein droit du contrat.

1. Com. 9 juill. 2002, n° 00-14.543, NP, *Act. proc. coll.* 2002/18, n° 23; *Rev. proc. coll.* 2003, p. 140, n° 5, obs. Legrand.
2. L. n° 85-98, 25 janv. 1985, préc.
3. Com. 3 mai 1994, n° 91-20.479, *Bull. civ.* IV, n° 163; *JCP* 1994. I. 3799, obs. M. Cabrillac et Pétel; *Rev. proc. coll.* 1995, 300, n° 4, obs. Saint-Alary-Houin; *RJ com.* 1995. 487, obs. Martin-Serf – Com. 5 mai 2004, n° 01-16.566, NP.
4. Paris, 12 janv. 1990, *LPA* 12 mai 1993, n° 57, p. 17, note Derrida.
5. L. n° 94-475, 10 juin 1994, *JO* 11 juin, p. 8440.
6. Interv. Méhaignerie, Ass. nat., 1re séance, 24 nov. 1993, *JOAN CR* 25 nov. 1993, p. 6263.
7. EN CE SENS : SOINNE, n° 1162 – M. Cabrillac et Pétel, *JCP* 1994. I. 3799 – Calendini, « La situation des créanciers titulaires de sûretés spéciales », *Rev. proc. coll.* 1994, 497 – Chaput, *JCP E* 1994. I. 381, n° 36 – J.-CL. COM., Le Corre, fasc. 2338, [Redressement et liquidation judiciaires, le nouvel article 40 de la loi du 25 janvier 1985 (L. 10 juin 1994)], nos 45 s. – *CONTRA* : PÉROCHON ET BONHOMME, 6e éd., n° 212 – Campana et Legeais, « Le nouvel article 40 de la loi du 25 janvier 1985 », *LPA* 1994, n° 110, p. 49 – Derrida et Sortais, « La réforme du droit des entreprises en difficulté (1er aperçu) », *D.* 1994. Chron. 270, n° 44 – GUYON, n° 1249 – SAINT-ALARY-HOUIN, 4e éd., n° 591.
8. D. n° 85-1388, 27 déc. 1985, *JO* 29 déc., p. 15281.
9. D. n° 94-910, 21 oct. 1994, *JO* 22 oct., p. 15019.

Faisant prévaloir l'esprit du texte sur sa lettre, la jurisprudence des juges du fond s'est largement prononcée dans le sens de la qualification de créance antérieure de l'indemnité de résiliation du contrat primitivement poursuivi [1]. C'est ce chemin qu'a suivi la Cour de cassation en considérant que l'indemnité de résiliation d'un contrat continué est une créance antérieure [2], à déclarer au passif dans le délai spécial de déclaration de l'indemnité de résiliation.

Toutefois, ce texte instituant une fiction juridique, consistant à tenir pour antérieure une créance postérieure d'indemnité de résiliation du contrat primitivement poursuivi, n'a pas été immédiatement rendu applicable par la législation de 1994 en Nouvelle-Calédonie. Sur ce territoire, il n'est entré en application que par la loi du 5 juillet 1996 [3] portant dispositions diverses relatives à l'Outre-mer, et seulement pour les procédures ouvertes après une date fixée par décret au 1er septembre 1998, de sorte que pour les procédures ouvertes entre le 1er octobre 1994, date d'entrée en vigueur de la loi du 10 juin 1994, et le 31 août 1998, l'indemnité de résiliation d'un contrat primitivement continué a bénéficié du traitement réservé aux créances postérieures de l'article L. 621-32 du Code de commerce (L. 25 janv. 1985, ancien art. 40) [4].

La loi du 26 juillet 2005 supprime la difficulté rédactionnelle issue de la loi du 10 juin 1994. Désormais, il est clairement établi, de manière interprétative, que si l'administrateur [ou en son absence le débiteur] n'use pas de la faculté de poursuivre le contrat ou y met fin dans les conditions du deuxième alinéa de l'article L. 622-13 du code de commerce (devenu C. com., art. L. 622-13, II, réd. ord. 18 déc. 2008 [5]), l'inexécution peut donner lieu à des dommages et intérêts dont le montant doit être déclaré au passif au profit de l'autre partie contractante. Le texte (C. com., art. L. 622-17, III, 3°, devenu C. com., art. L. 622-17, III, 2°, réd. ord. 18 déc. 2008) prévoit clairement aussi l'hypothèse dans laquelle, à la suite d'une option pour la continuation du contrat, celui-ci n'est pas correctement exécuté, ce qui entraîne sa résiliation. Il y a alors nécessairement une créance antérieure de dommages et intérêts devant être déclarée au passif. *L'ambiguïté a été supprimée* par la suppression des termes « de la présente disposition », malencontreusement employée par le législateur dans la législation du 10 juin 1994, et leur remplacement par les termes « du présent article », ce qui permet aujourd'hui clairement de comprendre que les *indemnités des contrats continués puis résiliés ne peuvent bénéficier de l'article L. 622-17 du code de commerce, réservé aux seules créances postérieures.* Ce texte de la procédure de sauvegarde est applicable en redressement judiciaire (C. com., art. L. 631-14). La solution est reproduite en liquidation judiciaire par l'article L. 641-13, III, 3° (devenu C. com., art. L. 641-13, III, 2°, réd. ord. 18 déc. 2008). Le décret du 28 décembre 2005 [6] contribue également à supprimer la difficulté d'interprétation en prévoyant, à l'article R. 622-21, alinéa 2 du code de commerce, que les créanciers d'indemnités et pénalités mentionnées au 3° (devenu le 2°, réd. D. 12 févr. 2009 [7]) du III de l'article L. 622-17 du code de commerce doivent déclarer leur créance en cas de résiliation d'un contrat régulièrement poursuivi.

Lorsqu'un contrat de prestation de logistique continué après jugement d'ouverture prévoit la reprise de l'ensemble du personnel affecté à l'activité de logistique du cocontractant et la réintégration du personnel repris en cas de résiliation du contrat dans un délai de six ans, le débiteur qui souscrit l'engagement de reprise du personnel doit procéder à la réintégration des salariés, en cas de résiliation du contrat. S'il n'y procède pas, les sommes mises à sa charge, en raison de cette inexécution, constituent une indemnité résultant de la résiliation d'un contrat régulièrement poursuivi. Il en résulte qu'elles sont exclues du traitement préférentiel réservé aux créances postérieures et soumises à déclaration au passif [8].

Il faut cependant distinguer résiliation du contrat pour inexécution monétaire et résiliation pour disparition du bien, à la suite d'un sinistre. En ce cas, l'indemnité de résiliation, peu important que l'option sur la continuation du contrat ait été manifestée au jour du sinistre, prendra corps à cette date et aura donc la nature de créance postérieure si le sinistre se produit après jugement d'ouverture [9].

Il faut, en outre, distinguer l'indemnité de résiliation des clauses contractuelles relatives à l'obligation de maintenance et de réparation des biens

1. Paris, 1re ch. C, 15 mai 1997, *Rev. proc. coll.* 1999, 220, n° 7, obs. Saint-Alary-Houin; *D. Affaires* 1998. 1956 – Lyon, 3e ch., 9 avr. 1999, *BICC* 15 janv. 2000, n° 60; *Act. proc. coll.* 2002/3, n° 42 – Paris, 5e ch. B, 21 sept. 2000, *D.* 2000. AJ 421, obs. Lienhard.
2. Com. 15 oct. 2002, n° 00-10.898, *Bull. civ.* IV, n° 145; *D.* 2002. AJ 2942, obs. Lienhard; *Act. proc. coll.* 2002/19, n° 248, note Roussel Galle; *Rev. proc. coll.* 2003/1, p. 20, n° 8, obs. Roussel Galle; *Dr. et patr.* 2003, n° 113, p. 95, obs. Monsérié-Bon; *JCP E* 2003, Chron. 194, p. 218, n° 1, obs. Pétel; *RTD com.* 2003. 166, n° 4, obs. Martin-Serf; *LXB* n° N4510AAB, note Le Corre – Com. 29 oct. 2002, n° 99-21.347, NP, *Rev. proc. coll.* 2003, p. 147, n° 8, obs. Saint-Alary-Houin et p. 236, n° 2, obs. Roussel Galle.
3. L. n° 96-609, 5 juill. 1996, *JO* 9 juill., p. 10308.
4. Com. 21 févr. 2012, n° 11-10.564, NP; n° 222 F-D.
5. Ord. n° 2008-1345, 18 déc. 2008, préc.
6. D. n° 2005-1677, 28 déc. 2005, *JO* 29 déc., p. 20324.
7. D. n° 2009-160, 12 févr. 2009, *JO* 13 févr., p. 2596.
8. Com. 19 déc. 2006, n° 06-14.431, NP; n° 1506 FS-D.
9. Com. 5 mars 2002, n° 98-20.886, NP.

loués et à leur restitution en bon état. Ces dernières clauses peuvent faire naître des créances postérieures couvertes par l'article L. 621-32 du code de commerce, sous l'empire de la loi du 25 janvier 1985[1]. Il semble possible de reconduire la solution, sous l'empire de la loi de sauvegarde des entreprises, ces créances semblant bien être nées en contrepartie de la prestation fournie au débiteur.

Si le contrat litigieux n'est pas un contrat en cours au jour du jugement d'ouverture, l'indemnité de résiliation a la nature d'une créance postérieure si la résiliation de ce contrat est elle-même postérieure au jugement d'ouverture. La solution a été posée à propos d'une vente[2].

SECTION 442.30 RÈGLES SPÉCIALES AUX CRÉANCES NÉES DE LA DISPARITION DU BAIL, DU CRÉDIT-BAIL ET DES LOCATIONS FINANCIÈRES

442.31 Dépôt de garantie. La créance de restitution du dépôt de garantie versé avant jugement d'ouverture a la nature d'une créance antérieure. Elle ne naît pas de la fin du bail après jugement d'ouverture, mais du contrat de bail lui-même[3]. Plusieurs conséquences doivent être tirées de l'analyse.

La créance de restitution du dépôt de garantie doit être déclarée au passif du bailleur, dès lors que le bail est conclu avant le jugement d'ouverture. Sous l'empire de la loi du 25 janvier 1985[4], sa non déclaration entraîne son extinction, laquelle fait obstacle à sa restitution, alors même que l'acte de cession de l'immeuble loué aurait prévu que le nouveau propriétaire du local loué ferait son affaire personnelle de la restitution du dépôt de garantie[5]. Sous l'empire de la loi de sauvegarde des entreprises[6], il a été jugé que, en l'absence de déclaration de la créance de restitution du dépôt de garantie, le liquidateur du bailleur ne peut être condamné à restituer au locataire le dépôt de garantie[7].

La créance de restitution du dépôt de garantie ne pourra être compensée avec des dettes d'un locataire que si elle a été déclarée au passif[8], et cela même sous l'empire de la législation de sauvegarde des entreprises *qui a supprimé l'extinction des créances* non déclarées.

442.32 Indemnité d'occupation après expiration du bail ou du crédit-bail. Après résiliation du bail, si le locataire se maintient dans les lieux, il y a place à une indemnité d'occupation. Si l'occupation intervient après jugement d'ouverture, la créance d'indemnité est postérieure au jugement d'ouverture, son fait générateur étant trouvé dans l'occupation sans droit ni titre[9]. Si l'occupation est pour partie antérieure et pour partie postérieure au jugement d'ouverture, il y a place à établissement d'un prorata pour distinguer les deux fractions de la créance[10].

Cette solution, applicable au bail[11], l'est également pour le crédit-bail immobilier[12], ce qui justifie la condamnation ès qualités du liquidateur et son expulsion, l'occupation des locaux après résiliation par diverses sociétés ne pouvant constituer pour le liquidateur un cas de force majeure[13]. L'indemnité sera due au crédit-bailleur, même si ce dernier ne se préoccupe pas d'engager une action en résiliation ou en expulsion[14].

1. Paris, 20 nov. 2008, RG n° 07/18021.
2. Com. 22 mai 2007, n° 06-13.978, NP; n° 745 F-D; *Gaz. proc. coll.* 2007/4, p. 40, note Henry.
3. Com. 27 mai 2003, n° 00-14.717, NP – Com. 23 janv. 2007, n° 05-13.995, *Bull. civ.* IV, n° 10; n° 72 F-P+B; *D.* 2007. AJ 448, note Lienhard; *Gaz. proc. coll.* 2007/2, p. 33, note Henry; *Rev. proc. coll.* 2007/3, p. 144, n° 3, obs. Saint-Alary-Houin – Com. 5 juin 2007, n° 06-14.151, NP; n° 809 F-D; *LXB hebdo* juin 2007, n° 265, n° N5621BBS, note Le Corre-Broly – Com. 10 janv. 2012, n° 10-26.594, NP; n° 7 F-D; *RTD com.* 2012. 515, n° 7, obs. Kendérian – Com. 18 mai 2016, n° 13-28.328, NP; n° 444 F-D.
4. L. n° 85-98, 25 janv. 1985, préc.
5. Com. 10 janv. 2012, n° 10-26.594, NP; n° 7 F-D; préc.
6. L. n° 2005-845, 26 juill. 2005, préc.
7. Com. 18 mai 2016, n° 13-28.328, préc.
8. Com. 5 juin 2007, n° 06-14.151, NP; n° 809 F-D; *Gaz. proc. coll.* 2007/4, p. 41, note Henry; *LXB hebdo* juin 2007, n° 265, n° N5621BBS, note Le Corre-Broly.
9. Com. 30 mars 2005, n° 01-11.620, *Bull. civ.* IV, n° 73, n° 546 FS P+B; *D.* 2005. AJ 1083, obs. Lienhard; *JCP E* 2005, Chron. 639, p. 711, n° 11, obs. M. Cabrillac; *RTD com.* 2006. 478, n° 3, obs. Martin-Serf – Com. 17 sept. 2013, n° 12-18.293, NP; n° 833 F-D – Versailles, 12e ch., 2e sect., 13 oct. 2005, RG n° 04/03629, *RTD com.* 2006. 478, n° 3, obs. Martin-Serf.
10. Com. 4 oct. 2005, n° 03-19.367, NP; n° 1171 F-D; *Gaz. proc. coll.* 2006/1, p. 23, obs. Henry.
11. Com. 31 mars 1992, n° 90-13.942, *Bull. civ.* IV, n° 138; *D.* 1993. Somm. 8, obs. Derrida; *JCP E* 1992. I. 166, n° 9, obs. M. Cabrillac – Com. 25 janv. 1994, n° 91-20.603, *Bull. civ.* IV, n° 33; *JCP E* 1994. II. 629, p. 235, obs. Rossi; *Rev. proc. coll.* 1995, 224, n° 2, obs. Dureuil; *Rev. proc. coll.* 1995, 301, n° 5, obs. Saint-Alary-Houin; *D.* 1994. 539, note Gallet – Com. 8 oct. 1998, *Rev. proc. coll.* 1999, 157, n° 6, obs. Monsérié – Douai, 2e ch., 8 oct. 1998, *Rev. proc. coll.* 1999, 220, n° 7, obs. Saint-Alary-Houin – Paris, 16e ch. B, 24 nov. 2000, *Gaz. Pal.* Somm. 8-9 août 2001, p. 41, note Brault; *Rev. proc. coll.* 2002, p. 101, n° 3, obs. Saint-Alary-Houin – Paris, 14e ch. A, 11 juin 2003, RG n° 2002/20802 – Paris, 6e ch. C, 25 oct. 2005, RG n° 2004/5715.
12. Com. 9 mai 1995, n° 92-19.251, NP, *Rev. proc. coll.* 1996, 77, n° 13, obs. Saint-Alary-Houin.
13. Civ. 3e, 5 oct. 2010, n° 09-70.147, NP; n° 1218 F-D.
14. Com. 19 nov. 2003, n° 00-16.802, NP.

442.33 Indemnité d'utilisation après expiration du crédit-bail ou de la location financière. En cas de disparition du contrat de crédit-bail ou de location financière, le locataire doit restituer le bien loué. À défaut de cette restitution, prend naissance une indemnité d'utilisation qui a la nature d'une créance antérieure si l'utilisation intervient avant jugement d'ouverture, celle d'une créance postérieure si l'utilisation est elle-même postérieure au jugement d'ouverture.

442.34 Créance de remise en état des lieux et de restitution du bien en bon état en matière de bail – trouble de voisinage. La créance de remise en état des lieux loués ne naît pas de la restitution des lieux loués, mais des dégradations commises[1]. Il faut donc rechercher la date de ces dégradations[2]. Si elles sont antérieures au jugement d'ouverture, la créance de remise en état des lieux loués aura la nature d'une créance antérieure[3].

Si le défaut d'entretien des lieux qui est à l'origine de la créance, est antérieur au jugement d'ouverture, la créance sera elle-même antérieure, même si la remise des clés intervient après jugement d'ouverture et si l'évaluation de la nécessité des travaux de remise en état est postérieure audit jugement[4]. Cependant, en cas de continuation du contrat après jugement d'ouverture, il y a présomption de détérioration postérieure au jugement, la créance de remise en état ayant dès lors la qualité de créance postérieure au jugement d'ouverture[5]. Les dépenses de nettoyage et d'enlèvements d'objets garnissant les lieux loués font naître une créance postérieure si l'obligation de restituer les lieux a pris naissance après jugement d'ouverture[6].

Lorsque, en application des clauses contractuelles, les biens doivent être restitués en bon état d'entretien, la créance de réparation du bien naît de la restitution[7]. La solution vaut même en cas de renonciation à continuer le contrat, les clauses contractuelles régissant la restitution du bien étant opposables au mandataire de justice exerçant l'option sur la *continuation du contrat*[8].

Lorsque des locataires sont assignés en exécution de travaux du fait d'un trouble de voisinage, que le bailleur est ensuite condamné à effectuer lesdits travaux, le fait générateur de la créance de remboursement détenue par le bailleur sur les locataires est la date de la demande d'exécution des travaux formée contre lui, la persistance du trouble de voisinage après le jugement d'ouverture étant sans effet sur la date à laquelle se situe l'origine de la créance du bailleur[9].

442.35 Créance née du refus de renouvellement d'un bail. De la résiliation du bail, on rapprochera le refus de renouvellement. Si le congé a été donné avant jugement d'ouverture, peu importe que l'exigibilité de la créance d'indemnité d'éviction n'intervienne qu'après ledit jugement. La créance du locataire éconduit est une créance antérieure, le fait générateur étant trouvé dans le congé[10].

Le droit au maintien dans les lieux existe tant que la créance d'indemnité d'éviction n'est pas payée. Mais, si le bailleur fait l'objet d'une sauvegarde, d'un redressement ou d'une liquidation judiciaire, le locataire doit impérativement déclarer sa créance. S'il ne la déclare pas, elle est, sous l'empire de la législation antérieure à la loi de sauvegarde des entreprises[11], éteinte; il ne peut plus alors prétendre être titulaire d'un droit au maintien dans les lieux. Cette solution a permis à la Cour de cassation de retenir la responsabilité de l'avocat d'un locataire qui n'avait pas déclaré la créance d'indemnité d'éviction au passif du bailleur[12].

1. Com. 13 mars 2007, n° 05-21.504, NP; n° 450 F-D; *Rev. proc. coll.* 2007/3, p. 144, n° 3, obs. Saint-Alary-Houin.
2. Com. 2 déc. 2014, n° 13-11.059, *Bull. civ.* IV [à paraître]; n° 1076 FS-P+B; *Act. proc. coll.* 2015, comm. 9, note Petit; *BJE* 2015, 101, note Rohart-Messager; *RTD com.* 2015. 154, n° 3, obs. Martin-Serf; *JCP E* 2015, 1031, note Cérati-Gauthier et chron. 1204, n° 12, obs. Pétel.
3. Com. 9 juill. 2002, n° 99-13.579, NP, *Rev. proc. coll.* 2003, p. 147, n° 9, obs. Saint-Alary-Houin – Bordeaux, 2e ch. civ., 15 mai 2014, RG n° 13/00502.
4. Com. 26 mai 1998, n° 95-19.615, *Bull. civ.* IV, n° 170; *D. Affaires* 1998. 1132; *JCP E* 1998, pan. 136; *RJDA* 1998/10, p. 840, n° 1333; *RTD com.* 1999. 510, obs. Martin-Serf.
5. Com. 20 mars 2001, n° 98-14.124, *Bull. civ.* IV, n° 63; *Rev. proc. coll.* 2002, p. 101, n° 5, obs. Saint-Alary-Houin.
6. Com. 28 mai 2002, n° 99-12.470, NP, *Rev. proc. coll.* 2003, p. 146, n° 5, obs. Saint-Alary-Houin.
7. Com. 18 sept. 2007, n° 06-13.824, *Bull. civ.* IV, n° 200; n° 1006 FS-P+B; *Gaz. proc. coll.* 2007/4, p. 39, note Henry; *Gaz. proc. coll.* 2008/1, p. 42, note Reille; *Act. proc. coll.* 2007/17, n° 197, note Régnaut-Moutier; *JCP E* 2008, Chron. 1207, n° 13, p. 33, obs. Pétel; *LXB hebdo* n° 278, 25 oct. 2007, n° N9001BCD, note Le Corre-Broly.
8. Com. 18 sept. 2007, n° 06-13.824, préc. (v. ss prést n°).
9. Com. 7 déc. 2004, n° 02-13.804, *Bull. civ.* IV, n° 217; *D.* 2005. AJ 358, note Lienhard; *Act. proc. coll.* 2005/2, n° 18, note Trébulle; *JCP E* 2005, Chron. 639, p. 711, n° 14, obs. M. Cabrillac.
10. Com. 19 mars 1996, n° 94-13.630, *Bull. civ.* IV, n° 90 – Com. 9 juill. 1996, n° 94-11.856, *Bull. civ.* IV, n° 209 – Civ. 3e, 28 juin 2000, n° 98-20.228, *Bull. civ.* IV, n° 132; *Act. proc. coll.* 2000/14, n° 178; *D.* 2000. AJ 387, note Rouquet; *RD banc. et bourse* 2000/4, n° 159, note Lucas; *JCP E* 2001, Chron. 219, n° 3-b-10, obs. M. Cabrillac; *RTD com.* 2001. 516, obs. Martin-Serf; *LPA* 19 oct. 2001, n° 209, p. 8, note Tixier; *RJDA* 2000/9-10, nos 841, 887.
11. L. n° 2005-845, 26 juill. 2005, préc.
12. Com. 4 janv. 2005, n° 03-10.284, *Bull. civ.* IV, n° 3; *Act. proc. coll.* 2005/3, n° 27, note Vallansan; *Gaz. Pal.* jur. 15-16 avr. 2005, p. 30, note Brault.

SECTION 442.40 CRÉANCE NÉE D'UNE MISSION CONFIÉE À UN PROFESSIONNEL

442.41 Mission confiée à des professionnels. Dès lors que le contrat portant sur une prestation de services est à exécution successive, si la prestation est fournie avant jugement d'ouverture, elle fait naître une créance antérieure. Si elle est fournie après jugement d'ouverture, elle fait naître une créance postérieure.

La jurisprudence applique ce principe pour déterminer si la créance d'honoraires d'un commissaire aux comptes, dont le caractère contractuel n'est qu'apparent, pour être plus véritablement d'origine légale, est antérieure ou postérieure. Elle naît successivement, au fur et à mesure des prestations accomplies. La date de la certification des comptes n'est donc pas le critère retenu dans l'appréciation[1]. Cette solution devrait également être celle applicable à un expert-comptable. À cet égard, la jurisprudence fiscale considère que les prestations d'un expert-comptable sont des prestations discontinues à échéances successives[2]. Elle doit pouvoir être transposée en notre matière.

Au contraire, pour déterminer si la créance d'un expert judiciaire est antérieure ou postérieure au jugement d'ouverture, la jurisprudence se contente d'examiner la date de dépôt du rapport de l'expert[3].

Des solutions diverses sont appliquées en matière de mandat[4].

De façon générale, la Cour de cassation jugeait que la créance naissait de la conclusion du mandat. Peu importait, en conséquence, la date des prestations effectuées en exécution du mandat[5]. Ainsi, le fait générateur de la commission due à un agent immobilier était trouvé non dans la vente, intervenue par hypothèse après jugement d'ouverture, mais dans le mandat initial. Dès lors que ce dernier était antérieur au jugement d'ouverture, la créance de l'agent immobilier était elle-même antérieure[6]. De même, il avait pu être jugé que la créance de commissions dues dans le cadre d'un mandat de recherche de partenaires avait pour fait générateur la conclusion du mandat, c'est à dire le moment où le cocontractant se trouve lié au mandant, énonçait la Cour de cassation[7].

La solution consistant à placer le fait générateur de la créance de commission au moment de la conclusion du mandat était écartée en matière de créance d'agent commercial. La créance naissait au moment où le cocontractant se trouvait lié au mandant, conformément à l'article L. 134-6 du code de commerce. Le fait que l'opération n'avait pas été exécutée ou que le client du mandat n'avait pas payé restait sans incidence sur cette appréciation[8]. La solution semblait s'appuyer sur la concomitance de la créance de l'agent commercial à l'exécution de la prestation caractéristique de ce contrat.

Mais, dans certains domaines, une autre solution était posée. Il a ainsi été suggéré que la créance d'honoraires d'un avocat puisse naître au fur et à mesure de l'exécution de son mandat[9]. La Cour de cassation a suivi la suggestion. C'est ainsi qu'une cour d'appel a été censurée pour n'avoir pas recherché si les prestations de l'avocat avaient été accomplies avant ou après le jugement d'ouverture[10]. Cette solution sera toutefois d'une mise en œuvre délicate et peut être source de difficultés lorsque l'avocat aura encaissé, selon une pratique professionnelle, des acomptes à valoir sur sa rémunération. Les acomptes pourront alors correspondre à une créance antérieure. Le paiement n'aura cependant pas à être remis en cause parce qu'il ne sera pas intervenu après le jugement d'ouverture. Or seul ce paiement est nul. En revanche, il pourrait être soutenu que le paiement n'est que provisionnel et qu'il y a place à déclaration au passif de cette créance, seule la créance définitivement éteinte avant le jugement d'ouverture n'ayant pas à être déclarée (v. s^s n° 663.12). Le raisonnement ne peut toutefois, du moins par principe, être suivi, puisque si la créance n'est pas née au jour du

1. Com. 2 oct. 2001, n° 98-22.493, *Bull. civ.* IV, n° 157; *D.* 2001. AJ 3118, obs. Lienhard; *Act. proc. coll.* 2001/18, n° 231, obs. Régnaut-Moutier; *JCP E* 2002, Chron. 175, p. 176, n° 16, obs. M. Cabrillac; *RJDA* 2002/2, n° 171; *JCP E* 2002, jur. 177, p. 181, note Pasqualini; *LPA* 20 déc. 2001, n° 253, p. 28, note Lucas; *RTD com.* 2002. 158, n° 8, obs. Martin-Serf; *Bull. Joly* 2002, n° 4, note Vidal; *D.* 2002. Jur. 88, note Derrida; *Rev. proc. coll.* 2002, p. 264, n° 1, obs. Dumont, cassant Paris, 3e ch. B, 23 oct. 1998, *D. Affaires* 1998, 1908, obs. Lienhard; *Act. proc. coll.* 1998/13, n° 174, obs. Vallansan.
2. CE réunies, 10 janv. 2005, req. n° 253490, *Lebon* T.; *JCP E* 2005. 1252, p. 1396, note D. F.
3. Com. 14 mars 1995, n° 92-20.228, *Bull. civ.* IV, n° 84; *D.* 1996. Somm. 91, obs. crit. Honorat.
4. SUR LA QUESTION : Le Corre, « Continuation des contrats en cours, date de naissance des créances et mandat », *D.* 2009. 2172.
5. Com. 13 sept. 2011, n° 10-19.909, NP; n° 829 F-D.
6. Com. 17 févr. 1998, n° 95-15.409, *Bull. civ.* IV, n° 81; *JCP E* 1998, jur. 808, rapp. Rémery; *LPA* 1999, n° 2, p. 13, note Jazottes; *RTD com.* 1998. 913, n° 13, obs. Bouloc; *RTD com.* 1998. 938, obs. Martin-Serf.
7. Com. 16 oct. 2007, n° 06-11.102, NP; n° 1087 F-D; *Gaz. proc. coll.* 2008/1, p. 44, note Henry.
8. Com. 15 nov. 2005, n° 03-13.261, *Bull. civ.* IV, n° 225; n° 1407 FS-P+B; *Gaz. proc. coll.* 2006/1, p. 22, n° 1, obs. Henry; *RTD com.* 2006. 656, n° 12, obs. Bouloc.
9. M. Cabrillac, obs. s^s Com. 2 oct. 2001, n° 98-22.493, *JCP E* 2002, Chron. 175, p. 176, n° 16.
10. Com. 19 juin 2007, n° 05-17.074, *Bull. civ.* IV, n° 168; n° 893 FS-P+B; *D.* 2007. AJ 1878, note Lienhard; *LXB hebdo* n° 269, 18 juill. 2007, n° N9341BBL, note Le Corre-Broly.

jugement d'ouverture, son fait générateur se situera après le jugement d'ouverture. Or seule la créance née avant le jugement d'ouverture est sujette à déclaration au passif. Il faut cependant tenir compte, depuis la loi de sauvegarde des entreprises [1], de la catégorie des créances postérieures non éligibles au traitement préférentiel et, par principe, soumises à déclaration au passif, pour lesquelles le raisonnement pourrait être tenu.

Quelle solution appliquer à un professionnel, pour la détermination du fait générateur de sa créance d'honoraires, en présence d'une convention prévoyant que la rémunération est fondée sur « les résultats obtenus » ? Une cour d'appel a estimé que le droit au versement d'honoraires dépendant de l'obtention effective de l'avantage, le fait générateur de la créance d'honoraires devait être fixé au jour de l'obtention du résultat, c'est-à-dire en l'occurrence le versement d'un crédit d'impôt formation [2].

La Cour de cassation a eu l'occasion de statuer sur cette question. Elle a jugé que « la date d'exigibilité de la commission ne se confond pas avec la date du fait générateur de la créance. En conséquence, la créance d'honoraires de résultat ne naît pas à la date du paiement, mais à celle de l'exécution de la prestation caractéristique » [3]. Cette décision présente un double intérêt. Le premier est de préciser la date de naissance de la créance d'honoraires de résultat, qui ne naît pas de l'obtention du résultat. Cette solution devrait s'appliquer à la créance d'honoraires de résultat de l'avocat. Le second est, à notre sens, d'opérer un revirement de jurisprudence sur le fait générateur de la créance de mandat, qui n'est plus trouvé dans la conclusion du mandat [thèse volontariste] mais dans l'exécution de ce contrat [thèse matérialiste], ce que nous avions appelé de nos vœux. Cet arrêt pourrait constituer un principe de solution applicable en matière de mandat, ce qui assurait à la matière une cohérence qu'elle n'avait pas jusqu'alors. Deux difficultés se présenteront. Il faudra d'abord déterminer, au cas par cas, ce qu'est la prestation caractéristique dont l'exécution fera naître la créance. Puis, seconde difficulté, il conviendra d'opérer une ventilation entre les créances lorsque certaines prestations caractéristiques auront été accomplies avant et d'autres après le jugement d'ouverture. Les praticiens y prêteront attention lorsqu'ils présenteront leur demande.

Statuant ensuite spécifiquement sur la créance d'honoraires de résultat de l'avocat, la Cour de cassation a reconduit la solution posée à propos du mandat, ce qui est logique puisque l'avocat est un mandataire : la créance d'honoraires de résultat naît à la date de l'exécution de la prestation caractéristique. La Cour de cassation approuve la cour d'appel d'avoir considéré qu'il s'agissait de l'argumentation juridique, autrement dit de l'établissement des conclusions [5]. La précision est éclairante. Mais, une autre interrogation surgit. Quel jeu de conclusions retenir lorsque l'affaire est plaidée en première instance, puis en appel ? La Cour de cassation semble approuver la cour d'appel de retenir celles des conclusions qui vont permettre d'obtenir la décision aboutissant au résultat définitif. Cette solution permet aussi de considérer que les conclusions à retenir, en présence de plusieurs jeux de conclusions en première instance, seront les conclusions récapitulatives, car ce sont celles qui détermineront finalement le résultat.

1. L. n° 2005-845, 26 juill. 2005, préc.
2. Versailles, 12e ch., sect. 1, 27 janv. 2005, RG n° 04/00204.
3. Com. 27 sept. 2011, n° 10-21.277, *Bull. civ.* IV, n° 142; n° 914 FS-P+B; *D.* 2011. Actu 2398, note Lienhard; *BJE* janv. 2012, comm. 9, p. 17, note Le Corre-Broly; *LXB hebdo* 20 oct. 2011, n° 269, note Le Corre; *Act. proc. coll.* 2011/17, comm. 264, note Cagnoli.
4. Le Corre, « Continuation des contrats en cours, date de naissance des créances et mandat », *D.* 2009. 2172.
5. Com. 24 mars 2015, n° 14-15.139, *Bull. civ.* IV [à paraître]; n° 323 FS-P+B; *D.* 2015. actu 800, note Lienhard; *Gaz. Pal.* 21 juill. 2015, n° 200, p. 16, note Boustani; *Rev. sociétés* 2015. 408, note Roussel Galle; *Act. proc. coll.* 2015/8, comm. 116, note Martineau-Bourgninaud; *BJE* 2015, 229, note Reille; *Rev. proc. coll.* 2015, comm. 116, note Saint-Alary Houin; *RTD com.* 2015. 587, n° 3, note Martin-Serf; *LXB hebdo* 16 avr. 2015, n° 420, note Le Corre-Broly.

CHAPITRE

443. Fait générateur de la créance d'origine extra contractuelle

SECTION 0

ORIENTEUR

443.00 **Plan du chapitre.**

Sect. 443.10 Fait générateur de la créance fiscale

Sect. 443.20 Fait générateur de la créance de cotisations sociales

Sect. 443.30 Fait générateur de la créance environnementale

Sect. 443.40 Fait générateur de diverses créances liées à des condamnations judiciaires

Sect. 443.50 Fait générateur des créances de restitution non contractuelles

Sect. 443.60 Fait générateur de la créance d'origine délictuelle

Sect. 443.70 Fait générateur de diverses autres créances

Sect. 443.80 Utilité ou inutilité de la détermination du fait générateur de la créance d'arriéré de pension alimentaire et de prestation compensatoire

443.01 **Textes applicables.** (V. s[s] n° 440.01).

443.02 **Jurisprudence de référence.**

> La créance de dépens et d'indemnité procédurale (C. pr. civ., art. 700) a la nature d'une créance postérieure dès lors que le jugement qui la prononce est postérieur au jugement d'ouverture.

• **Com. 11 juin 2002,** n° 00-12.289, *Bull. civ.* IV, n° 104

• **Civ. 3e, 12 juin 2002,** n° 00-19.038, *Bull. civ.* III, n° 138

* V. s[s] n°s 443.41 et 443.42

« Mais attendu que la créance des dépens et des frais résultant de l'application de l'article 700 du code de procédure civile, mis à la charge du débiteur, trouve son origine dans la décision qui statue sur ces dépens et frais et entre dans les prévisions de l'article L. 621-32 du code de commerce lorsque cette décision est postérieure au jugement d'ouverture de la procédure collective. »

> La créance environnementale de remise en état d'un site naît de l'injonction préfectorale de remise en état du site.

• **Com. 17 sept. 2002,** n° 99-16.507, *Bull. civ.* IV, n° 125

* V. s[s] n° 443.31

443.03 **Bibliographie indicative.** (V. s[s] n° 440.03).

SECTION 443.10

FAIT GÉNÉRATEUR DE LA CRÉANCE FISCALE

443.11 **Fait générateur de la créance fiscale.** Des textes spéciaux dont la connaissance est laissée à de juridictions spéciales, doivent être mis en œuvre pour déterminer la nature antérieure ou postérieure des créances de nature fiscale ou sociale.

En ce qui concerne les créances fiscales, ces textes sont multiples et le fait générateur de la créance d'impôt est différent presque pour chacun des impôts[1]. Il n'est donc pas question d'en faire une liste exhaustive, mais plutôt d'illustrer les propos par quelques exemples.

La TVA assise sur des prestations de services a pour fait générateur l'exécution de la prestation, celle assise sur les ventes, la date de la livraison.

La TVA qui a grevé l'acquisition d'un immeuble est déductible, tant que l'immeuble, pendant un délai de cinq ans, demeure destiné à la vente. Passé ce délai, si l'immeuble est invendu, il change d'affectation. La TVA est alors due au titre d'une livraison à soi-même de l'immeuble resté en stock. Le fait

1. SUR LA QUESTION : Soinne, « La notion d'origine, de fait générateur et d'exigibilité de la créance en droit fiscal et dans le droit des procédures collectives », *Rev. proc. coll.* 1987/2, p. 1 s. – Guillou, « Fait générateur, origine, exigibilité de l'impôt dans les procédures collectives », *Rev. proc. coll.* 1999, 57.

générateur de la créance de TVA est alors trouvé dans l'expiration du délai de cinq ans[1].

Le fait générateur de la taxe professionnelle est l'exercice de l'activité au premier jour de l'année civile, de sorte que, pour la totalité, elle est une créance antérieure, même si le jugement d'ouverture intervient le 2 janvier. Le fait générateur de la cotisation sur la valeur ajoutée des entreprises (CVAE), qui a remplacé, avec la cotisation foncière des entreprises, la taxe professionnelle, est l'exercice d'une activité imposable au 1er janvier de l'année d'imposition. La loi de finances rectificative pour 2011 institue, pour les procédures ouvertes à compter du 30 décembre 2011[2], une obligation de déclaration de la CVAE dans les soixante jours du jugement d'ouverture d'une procédure collective.

Le même système est applicable à la taxe d'habitation, qui a pour fait générateur l'occupation de l'immeuble le premier jour de l'année civile. Identiquement, le fait générateur de la taxe foncière est la propriété de l'immeuble au 1er janvier de l'année considérée.

Le fait générateur de l'impôt sur le revenu n'est pas sa perception, mais l'expiration de l'année civile de perception[3].

Le fait générateur de l'impôt sur les sociétés et de la taxe y afférente est l'expiration de l'année civile considérée ou, lorsque la clôture de l'exercice comptable ne coïncide pas avec cette expiration, cette clôture[4].

Le fait générateur de la taxe sur les véhicules terrestres à moteur (TVTS) est le fait pour l'entreprise de disposer du véhicule au 1er jour du trimestre civil.

Le fait générateur de la cotisation de l'employeur à l'effort de construction (CCH, art. L. 313-1 – et CGI, art. 235 *bis*) est la date d'expiration du délai imparti à l'employeur pour effectuer son investissement[5].

Le fait générateur de la taxe d'apprentissage et de la participation de l'employeur au développement de la formation continue est l'écoulement de l'année pour laquelle la taxe est due[6].

Le fait générateur de l'impôt en cas de non-respect par le contribuable d'un engagement fiscal est source de difficulté[7]. Ainsi, le fait générateur au titre des droits d'enregistrement, dont un marchand de biens a été exonéré dans un premier temps, sous condition de revente du bien dans le délai de 4 ans, et dont il redevient redevable en l'absence de revente dans ce délai, est l'acte de mutation[8].

Le fait générateur des droits d'enregistrement, assis sur un jugement d'adjudication immobilière est la formalité de l'enregistrement[9].

SECTION 443.2 FAIT GÉNÉRATEUR DE LA CRÉANCE DE COTISATIONS SOCIALES

443.21 Fait générateur de la créance de cotisations sociales. Les cotisations Urssaf ont pour fait générateur l'accomplissement du travail sur la rémunération duquelles sont calculées, alors pourtant que leur calcul intervient postérieurement et que leur exigibilité est postérieure (v. ss n° 441.21). Il importe peu, lorsque les cotisations sont assises sur les salaires versés au titre du préavis, que celui-ci ait été ou non exécuté[10]. Si les cotisations se rapportent pour partie à une période de travail antérieure au jugement d'ouverture et pour partie à une période postérieure audit jugement, il convient de scinder en deux fractions la créance de cotisations[11]. La créance de régularisation suit le sort applicable à la créance de cotisations à laquelle elle correspond[12].

1. Com. 16 déc. 2008, n° 07-13.081, *Bull. civ.* IV, n° 209; n° 1342 FS-P+B; *D.* 2009. AJ 164, note Lienhard; *Gaz. proc. coll.* 2009/2, p. 22, n° 2, note Henry; *JCP E* 2009. 1347, n° 9, obs. Pétel; *Act. proc. coll.* 2009/5, n° 75, note Serlooten; *Gaz. Pal.* 2009, Jur. 3081, note Gibirila; *Rev. proc. coll.* 2009/5, p. 52, § 120, note Saint-Alary-Houin; *RTD com.* 2009. 619, n° 7, obs. Martin-Serf.
2. L. n° 2011-1978, 28 déc. 2011, *JO* 29 déc., 22510, art. 53, IX.
3. Com. 28 juin 1994, n° 92-16.407, *Bull. civ.* IV, n° 241; *JCP E* 1995. I. 417, n° 19, obs. crit. Pétel – Com. 12 juill. 1994, n° 90-18.265, *Bull. civ.* IV, n° 264; *JCP E* 1995. I. 417, n° 19, obs. crit. Pétel; *LPA* 1994, n° 144, note Brandeau – Com. 14 janv. 2004, n° 01-03.663, NP, *Rev. proc. coll.* 2004, p. 244, n° 4, obs. Saint-Alary-Houin.
4. Com. 16 déc. 2008, n° 08-12.142, *Bull. civ.* IV, n° 210; n° 1307 F-P+B; *D.* 2009. AJ 164, note Lienhard; *Gaz. proc. coll.* 2009/2, p. 22, n° 3, note Henry; *Act. proc. coll.* 2009/5, n° 75, note Serlooten; *Gaz. Pal.* 2-3 oct. 2009, Jur. P. 6, note Gibirila; *Rev. proc. coll.* 2009/5, p. 52, § 120, note Saint-Alary-Houin; *RTD com.* 2009. 618, n° 6, obs. Martin-Serf – Instr. DGI, 23 sept. 1997, n° 97-102-A34.
5. Com. 7 juill. 1998, n° 96-12.014, *Bull. civ.* IV, n° 221; *Act. proc. coll.* 1998, n° 81; *RTD com.* 1999. 509, obs. Martin-Serf; *Rev. proc. coll.* 2002, p. 210, n° 8, obs. Neau-Leduc – Paris, 8e ch. B, 9 juin 2005, RG n° 04/22182 – Limoges, ch. civ., 4 févr. 2010, RG n° 08/01717, *Annonces de la Seine* 18 févr. 2010, n° 11, p. 1, note Lagarde; *RTD com.* 2010. 611, obs. Martin-Serf; *Rev. sociétés* 2010. 197, note Roussel Galle; *BJE* mars/avr. 2011, p. 25, note Macorig-Vénier; *Rev. proc. coll.* 2012, comm. 50, note Saint-Alary Houin.
6. Douai, 2e ch., 16 déc. 1999, *Act. proc. coll.* 2000/6, n° 62; *Rev. proc. coll.* 2002, p. 102, n° 6, obs. Saint-Alary-Houin.
7. Dedeurwaerder, « Le fait générateur de l'impôt en cas de non-respect par le contribuable d'un engagement fiscal », *BJE* janv. 2012, comm. 19, p. 47.
8. Com. 22 mars 2011, n° 10-16.822, NP; n° 293 F-D; *BJE* sept./oct. 2011, comm. 117, p. 252, note Sortais.
9. Com. 10 mars 2004, n° 00-22.783, *Bull. civ.* IV, n° 51; *Act. proc. coll.* 2004/9, n° 113, note Béhar-Touchais; *JCP E* 2004, Chron. 1292, p. 1390, n° 17, obs. M. Cabrillac; *JCP E* 2004, jur. 1690, p. 1839, note Keita.
10. Paris, 3e ch. A, 22 mars 2005, RG n° 2004/10852.
11. Paris, 8e ch. B, 9 oct. 2003, RG n° 2003/02588.
12. Paris, 8e ch. B, 9 oct. 2003, RG n° 2003/02588.

La cotisation de retraitecomplémentaire ré(mée au titre des indemnitésversées aux salariés avaient pris leur congé aprs le jugement d'ouv ture est une créance antérieure, dès lors qu'elle rapporte à un travail accompli avant le jugeme d'ouverture[1].

Les cotisations Urssaf assises sur les indemnit de rupture suivent la nature des créances salariale Ainsi, si le licenciement intervient après juemen d'ouverture, les cotisations sont des créancespostérieures[2]. La même solution vaut pour lesmajorations de retard[3].

En ce qui concerne les cotisations de rraite, le fait générateur de la cotisation d'assurnce est l'exercice de l'activité au premier jour durimestre civil, cependant que la cotisation est appe terme à échoir et semestriellement.

En ce qui concerne les cotisations sales dues par un avocat à la Caisse Nationale dBarreaux Français, la Cour de cassation juge qu« aux termes de l'article 34, alinéa premier, duatut de la CNBF, si les cotisations sont exigibles x plus tard le 30 avril, elles sont dues pour l'annéentière par tout avocat inscrit au 1er janvier, et son l'article R. 723-20 du Code de la sécurité sociale calcul ou le remboursement au prorata ne sontrévus qu'en faveur des avocats inscrits au tableau a ayant cessé de l'être en cours d'année; il en résute que le fait générateur de la créance des cotisations perçues par la CNBF est l'existence de l'inscription de l'avocat à une date donnée, de sorte que, pour ceux d'entre eux qui étaient inscrits au 1er janvier, la créance naît à cette date pour l'année entière, sans avoir à distinguer entre les périodes antérieures et postérieures à l'ouverture de leur procédure collective »[4].

SECTION 443.30

FAIT GÉNÉRATEUR DE LA CRÉANCE ENVIRONNEMENTALE

443.31 Fait générateur de la créance environnementale. La créance environnementale[5] de remise en état d'un site naît, non de l'activité polluante, comme la logique semblerait l'imposer[6] ou, comme il a pu parfois être jugé, de la date de l'arrêt de l'activité nuisible[7], mais de l'injonction préfectorale de remise en état du site[8]. Le préfet dispose en effet du pouvoir de mettre en œuvre la procédure d'injonction. Il s'agit d'une obligation pour l'entreprise débitrice, exploitant le site pollué, de « consigner entre les mains d'un comptable public une somme répondant au montant des travaux à réaliser, laquelle sera restituée à l'exploitant au fur et à mesure de l'exécution des mesures prescrites », en application de l'article L. 514-1 du code de l'environnement[9]. Cette possibilité subsiste nonobstant la règle de l'arrêt des poursuites individuelles (v. s^s nº 621.41).

L'obligation de faire, qui naît en liquidation judiciaire sur la tête du liquidateur, ne lui devient opposable qu'à compter de la notification à sa personne de l'arrêté préfectoral[10].

Le liquidateur doit respecter l'ordre de règlement entre les créanciers et ne peut donc consigner les sommes nécessaires à la dépollution, alors que des créances salariales super privilégiées ne sont pas payées[11].

1. Com. 14 déc. 1993, nº 92-11.720, *Bull. civ.* IV, nº 480.
2. Com. 20 oct. 1992, nº 89-18.523, *Bull. civ.* IV, nº 318; *D.* 1993. Somm. 7, obs. Derrida; *Rev. huissiers* 1993. 279, obs. Vidal.
3. Com. 2 mai 1990, nº 88-16.527, *Bull. civ.* IV, nº 130; *D.* 1991. jur. 241, note Pagès – Com. 20 juill. 1990, *Rev. huissiers* 1991. 505, note Delage.
4. Com. 3 juill. 2012, nº 11-22.922, *Bull. civ.* IV, nº 148; nº 755 F-P+B; *D.* 2012. Actu 1813, note Lienhard; *D.* 2012. Pan. 2205, note Le Corre; *Gaz. Pal. entr. diff.* 13 oct. 2012, nº 286, p. 23, note Henry; *BJE* oct. 2012, comm. 156, note Favario; *Rev. proc. coll.* 2012, comm. 160, note Lebel; *RTD com.* 2013. 139, nº 1, obs. Martin-Serf; *LXB hebdo* 19 juill. 2012, nº 305, note Le Corre.
5. Voinot, « Le sort des créances dans la procédure collective, l'exemple de la créance environnementale », *RTD com.* 2001. 581 – Rolland, « Les procédures collectives à l'épreuve du droit de l'environnement », *BJE* mai 2013, comm. 77; « Le Guide 2012 à destination des administrateurs judiciaires, mandataires judiciaires et de l'inspection des installations classées », *Act. proc. coll.* 2013/7, comm. 85.
6. Saint-Alary-Houin, *RLDA* suppl. mai 2003, p. 55, nº 17 – Saint-Alary-Houin, *LPA* 9 nov. 2004, nºs 5, 15, 21 – Vallansan., *Rev. proc. coll.* 2004, p. 150 s., sp. p. 152.
7. TGI Béthune, 13 mai 1998, *Act. proc. coll.* 1999/7, nº 95, obs. Voinot; *Rev. proc. coll.* 1999, 220, nº 6, obs. Saint-Alary-Houin – Grenoble, 31 mars 1999, *Rev. dr. envir.* 2000-78, p. 4, note crit. Voinot.
8. Com. 17 sept. 2002, nº 99-16.507, *Bull. civ.* IV, nº 125; *Act. proc. coll.* 2002/17, nº 221; *D.* 2002. AJ 2735, obs. Lienhard; *JCP E* 2003, jur. 197, p. 230, note Voinot; *JCP E* 2003, Chron. 231, p. 272, nº 14, obs. M. Cabrillac; *Gaz. Pal.* 21-22 févr. 2003, jur. p. 32, note Lavoillotte; *Rev. proc. coll.* 2003, p. 100, note Lavoillotte et p. 147, nº 7, obs. Saint-Alary-Houin; *LPA* 26 mai 2003, nº 104, p. 17, note Bourgeois; *RTD com.* 2003. 167, nº 5, obs. Martin-Serf; *LPA* 6 août 2003, nº 156, p. 15, note Rolland – Com. 28 sept. 2004, nº 02-19.348, NP, *JCP E* 2006. 1257, p. 217, nº 27, obs. Trébulle – Versailles, 1re ch. 21 sept. 2000, *Rev. proc. coll.* 2002, p. 100, nº 2, obs. Saint-Alary-Houin – Grenoble, ch. com., 31 mai 2012, RG nº 11/02571, *D.* 2012. Pan. 2206, note Le Corre; *Gaz. Pal. entr. diff.* 13 oct. 2012, nº 286, p. 24, note Henry; *RTD com.* 2013. 140, nº 2, obs. Martin-Serf.
9. CE 29 sept. 2003, req. nº 240938, Leblay, *Lebon*; *D.* 2003. AJ 2574; *JCP E* 2004, Chron. 151, p. 174, nº 4, obs. Pétel; *RDI* 2004. 427, obs. F. G. Trébulle.
10. Com. 19 nov. 2003, nº 00-16.802, NP, *Act. proc. coll.* 2004/3, nº 37; *D.* 2004. Jur. 629, note Voinot.
11. Grenoble, ch. com. 28 juin 2006, RG nº 05/03219, *Rev. proc. coll.* 2007/3, p. 144, nº 4, obs. Saint-Alary-Houin.

SECTION 443.40

FAIT GÉNÉRATEUR DE DIVERSES CRÉANCES LIÉES À DES CONDAMNATIONS JUDICIAIRES

443.41 Fait générateur de la créance de dépens. La créance de dépens qui assortit un jugement, généralement à l'encontre du succombant, peut elle être une créance postérieure, au seul motif qu'elle résulte d'un jugement après jugement d'ouverture ? La jurisprudence, après avoir apporté une réponse négative à la question et considéré que la créance de dépens avait, par voie d'accessoire, la même nature que la demande principale[1], juge désormais que le fait générateur de la créance de dépens est le jugement de condamnation[2], ce qui est logique puisque cette dernière ne peut naître sans le jugement qui la prononce.

443.42 Créance d'indemnité procédurale « article 700 ». La Cour de cassation avait jugé, dans un premier temps, de manière symétrique à la solution primitivement posée pour la créance de dépens, que la nature antérieure ou postérieure de la créance litigieuse conditionnait la nature de la créance d'indemnité procédurale[3]. Puis la solution applicable aux dépens a logiquement été transposée à l'indemnité procédurale de l'article 700 du code de procédure civile, qui naît également de la décision de condamnation[4], et cela même si la condamnation aux dépens a été prononcée en *première instance avant* le jugement d'ouverture, dès lors que la cour d'appel a confirmé la décision de condamnation, seule devant alors être prise en compte la date de la décision de la cour d'appel[5]. Il résulte de la solution ci-devant décrite que la condamnation prononcée au titre de l'article 700 du code de procédure civile avant jugement d'ouverture doit faire l'objet d'une déclaration au passif[6].

443.43 Créance de dommages et intérêts pour procédure abusive. La créance de dommages et intérêts pour procédure abusive a pour fait générateur la décision de condamnation[7].

443.44 Fait générateur de la créance d'astreinte. Une autre difficulté de la matière concerne les astreintes. Trois situations peuvent être distinguées.

Dans une première, il se peut que l'astreinte ait été prononcée à l'occasion d'une condamnation antérieure au jugement d'ouverture. En ce cas, même si elle est liquidée après le jugement d'ouverture, elle conserve sa nature de créance antérieure[8], ce qui oblige son titulaire à la déclarer au passif[9]. Son fait

1. Com. 9 déc. 1997, nº 95-18.300, *Bull. civ.* IV, nº 328; *D. Affaires* 1998. 114; *JCP E* 1998, Chron. 658, nº 5-b-17, obs. M. Cabrillac; *Rev. proc. coll.* 1998, 296, nº 14, obs. Saint-Alary-Houin; *RTD com.* 1998. 939, obs. Martin-Serf; *D.* 1998. Jur. 381, note Pasturel – Com. 17 févr. 1998, nº 95-18.686, *Bull. civ.* IV, nº 76; *RTD com.* 1998. 940, obs. Martin-Serf; *D.* 1998. jur. 381, note Pasturel; *Rev. proc. coll.* 1999, 158, nº 9, obs. Monsérié – Com. 24 nov. 1998, nº 94-19.698, *Bull. civ.* IV, nº 280; *Act. proc. coll.* 1999/1, nº 1; *RJDA* 1999/1, p. 62, nº 70-d; *D. Affaires* 1999. 561, obs. A. C.; *RTD com.* 1999. 977, obs. Martin-Serf; *D.* 1999. Somm. 188, obs. Honorat – Com. 4 janv. 2000, nº 97-12.628, NP, *Act. proc. coll.* 2000/4, nº 36 – Soc. 18 juill. 2000, nº 98-42.864, NP, *Act. proc. coll.* 2000/16, nº 204 – Com. 16 oct. 2001, nº 98-21.002, NP – Com. 3 avr. 2002, nº 99-15.174, NP, *Act. proc. coll.* 2002/11, nº 136; *Rev. proc. coll.* 2002, p. 265, nº 13, obs. Dumont.
2. Com. 11 juin 2002, nº 00-12.289, *Bull. civ.* IV, nº 104; *D.* 2002. AJ 2121, obs. Lienhard; *Dr. et proc.* 2002/5, p. 300, note Douchy; *RD banc. fin.* 2002/4, nº 145, obs. Lucas; *Act. proc. coll.* 2002/13, nº 164; *JCP E* 2003, Chron. 231, p. 271, nº 13, obs. M. Cabrillac et Pétel; *RTD com.* 2002. 724, nº 2, obs. Martin-Serf – Com. 21 janv. 2003, nº 99-21.560, NP, *Rev. proc. coll.* 2004, p. 244, nº 5, obs. Saint-Alary-Houin – Soc. 12 févr. 2003, nº 99-42.985, *Bull. civ.* V, nº 50; *D.* 2003. AJ 768; *RTD com.* 2003. 371, nº 6, obs. Martin-Serf; *Procédures* juin 2003, p. 18, nº 145, note Laporte – Com. 8 oct. 2003, nº 00-17.940, NP – Paris, 3ᵉ ch. A, 14 oct. 2003, RG nº 2002/22088 – Civ. 3ᵉ, 7 oct. 2009, nº 08-12.920, *Bull. civ.* III, nº 219; nº 1128 FS-P+B; *D.* 2009. AJ 2548, note Lienhard; *Gaz. Pal.* 8-10 janv. 2010, nᵒˢ 8, 9, p. 18, note Henry; *Act. proc. coll.* 2009/19, nº 287, note Vallansan; *JCP E* 2009. 2194, note Vallansan; *LPA* 30 avr. 2010, nº 86, p. 5, note Sortais; *RTD com.* 2010. 199, nº 16, obs. Martin-Serf.
3. Com. 17 févr. 1998 nº 95-18.686, *Bull. civ.* IV, nº 76 et Soc. 18 juill. 2000, nº 98-42.864, NP – Soc. 10 janv. 2001, nº 98-45.811, NP, *Act. proc. coll.* 2001/4, nº 46; *Rev. proc. coll.* 2002, p. 101, nº 4, obs. Saint-Alary-Houin – Com. 3 avr. 2002, nº 99-15.174, NP, *Act. proc. coll.* 2002/11, nº 136; *Rev. proc. coll.* 2002, p. 265, nº 13, obs. Dumont.
4. Civ. 3ᵉ, 12 juin 2002, nº 00-19.038, *Bull. civ.* III, nº 138; *D.* 2002. AJ 2122, obs. Lienhard; *JCP E* 2003, Chron. 231, p. 271, nº 13, obs. M. Cabrillac et Pétel; *RTD com.* 2002. 724, nº 2, obs. Martin-Serf – Com. 10 déc. 2002, nᵒˢ 00-11.560, 00-12.953, 00-12.954, 3 esp., NP, *Rev. proc. coll.* 2003, p. 146, nº 6, obs. Saint-Alary-Houin – Com. 11 févr. 2004, nº 01-11.203, NP – Com. 16 juin 2004, nᵒˢ 03-12840, 03-12.844, 03-12.845, 3 esp., NP – Civ. 3ᵉ, 7 oct. 2009, nº 08-12.920, *Bull. civ.* III, nº 219; nº 1128 FS-P+B; *D.* 2009. AJ 2548, note Lienhard; *Gaz. Pal.* 8-10 janv. 2010, nᵒˢ 8, 9, p. 18, note Henry; *Act. proc. coll.* 2009/19, nº 287, note Vallansan; *JCP E* 2009. 2194, note Vallansan; *Rev. proc. coll.* 2010/3, comm. 18, p. 49, note crit. Berthelot.
5. Paris, 3ᵉ ch. A, 14 oct. 2003, RG nº 2002/22088.
6. Paris, 15ᵉ ch. B, 8 mars 2002, *Gaz. Pal.* 21-22 févr. 2003, jur. p. 31.
7. Com. 11 juin 2003, nº 00-21.775, *Bull. civ.* IV, nº 96; *D.* 2003. AJ 2174; *Act. proc. coll.* 2003/15, nº 196, obs. Vallansan; *JCP E* Chron. 202, p. 229, nº 15, obs. M. Cabrillac; *RTD com.* 2004. 158, nº 6, obs. Martin-Serf – Com. 16 juin 2004, nᵒˢ 03-12.840, 03-12.841, 03-12.844, 03-12.845, 4 esp., NP.
8. Com. 21 janv. 2003, nº 01-01.761, *Bull. civ.* IV, nº 10; *D.* 2003. AJ 421, obs. Lienhard; *Act. proc. coll.* 2003/5, nº 55, note Voinot; *JCP E* 2003, Chron. 760, p. 855, nº 15, obs. M. Cabrillac; *RTD com.* 2003. 371, nº 7, obs. Martin-Serf; *Rev. proc. coll.* 2003, p. 145, nº 3, obs. Saint-Alary-Houin – Com. 3 mai 2006, nº 03-17.492, NP; nº 540 F-D.
9. Com. 3 mai 2006, nº 03-17.492, NP; nº 540 F-D.

générateur est en effet trouvé dans l'obligation mise à la charge du débiteur par la décision de condamnation[1].

Dans une deuxième, l'astreinte a été prononcée après le jugement d'ouverture pour une inexécution contractuelle. La créance qu'elle fait naître est postérieure au jugement d'ouverture. Sous l'empire de la loi de sauvegarde des entreprises[2], elle ne sera pas pour autant nécessairement éligible au traitement préférentiel. Ainsi, le traitement préférentiel sera refusé à la créance née de la liquidation de l'astreinte si cette dernière a été prononcée pour imposer la poursuite d'un contrat rompu avant le jugement d'ouverture et auquel l'administrateur avait, au surplus, renoncé[3].

Dans une troisième, on peut supposer que l'astreinte a été liquidée et même exécutée. Par la suite, la décision ayant liquidé l'astreinte est infirmée. Quelle nature attribuer à la créance de restitution de l'astreinte si une décision infirmative intervient après jugement d'ouverture ? La solution classiquement retenue en matière de créance de restitution s'applique ici. Cette dernière a pour fait générateur la décision infirmative. Si elle est postérieure au jugement d'ouverture, il en ira de même de la créance de restitution[4].

SECTION 443.50

FAIT GÉNÉRATEUR DES CRÉANCES DE RESTITUTION NON CONTRACTUELLES

443.51 **Fait générateur des créances de restitutions extra contractuelles.** Les créances de restitution résultant de la réformation d'une décision de justice sur le fondement de l'exécution provisoire de laquelle le paiement est intervenu ont pour fait générateur la décision de réformation[5]. Ainsi, la créance de remboursement appartenant à un administrateur judiciaire condamné à titre personnel en responsabilité, si la décision de condamnation est réformée, prend naissance lors de la décision de réformation[6]. La solution est la même pour la créance de restitution naissant de la cassation de la décision de condamnation[7].

De même, est une créance postérieure, la créance de remboursement d'un acompte en cas de retrait postérieur au jugement d'ouverture d'une subvention accordée par un organisme parapublic avant l'ouverture de la procédure, telle l'Association nationale pour l'amélioration de l'habitat (ANAH). Le fait générateur est trouvé dans la décision de retrait de la subvention[8]. Il en résulte, sous l'empire de la législation du 25 janvier 1985[9], que le juge-commissaire ne peut admettre une telle créance au passif[10]. Une cour d'appel de renvoi après cassation a toutefois jugé que le fait générateur était trouvé dans l'inexécution des engagements auxquels la société débitrice était tenue[11].

Est encore une créance postérieure, la créance de restitution consécutive à l'annulation de l'adhésion à un GAEC intervenue postérieurement au jugement d'ouverture de la procédure collective du GAEC[12].

L'état exécutoire d'où résulte l'obligation de restitution doit être notifié régulièrement au débiteur ou à son représentant, en liquidation, son liquidateur, ce qui présuppose, pour être opposable à la procédure collective, que la lettre contenant l'état exécutoire donne l'indication des voies de recours susceptibles d'être exercées à l'encontre de cette décision de retrait de la subvention[13].

Ces créances de restitution, sous l'empire de la loi de sauvegarde des entreprises[14], ne devrait pas, *a priori*, être éligible au traitement préférentiel réservé à certaines créances postérieures[15] (v. s[s] n°s 453.11 à 453.23). En conséquence, contrairement à la solution posée sous l'empire de la législation antérieure, elles devraient être déclarées au passif. C'est en ce sens que s'est prononcée la Cour de cassation,

1. Com. 26 mars 2013, n° 06-10.602, NP; n° 321 F-D; *BJE* juill. 2013, p. 238, note Benilsi – Orléans, ch. soc., 8 janv. 2013, RG n° 11/03865, *Act. proc. coll.* 2013/3, comm. 35, note Fin-Langer.
2. L. n° 2005-845, 26 juill. 2005, *JO* 27 juill., p. 12187.
3. Grenoble, 2e ch. civ., 15 mars 2011, n° 10/02239, *Act. proc. coll.* 2012/3, comm. 40.
4. Com. 8 déc. 1998, n° 96-17.793, *Bull. civ.* IV, n° 294; *Act. proc. coll.* 1999/1, n° 9; *RJDA* 1999/2, p. 154, n° 194; *D. Affaires* 1999, 133; *RTD com.* 1999. 978, obs. Martin-Serf; *D.* 1999. Somm. 190, obs. Honorat.
5. Com. 8 déc. 1998, n° 96-21.540, *Bull. civ.* IV, n° 295; *RJDA* 1999/2, p. 153, n° 193 – Com. 21 janv. 2003, n° 00-12.372, NP, *Act. proc. coll.* 2003/5, n° 54; *Rev. proc. coll.* 2003, p. 148, n° 9, obs. Saint-Alary-Houin; *LXB* n° N6213AAD, note Le Corre.
6. Paris, pôle 5, 8e ch., 22 sept. 2009, RG n° 08/16042.
7. Paris, 16e ch. A, 4 juin 2008, RG n° 07/07581, *Act. proc. coll.* 2008/17, n° 264, *Rev. proc. coll.* 2009/5, p. 48, § 115, note Saint-Alary-Houin.
8. Com. 13 mai 2003, n° 99-16.156, *Bull. civ.* IV, n° 78; *D.* 2003. AJ 1764; *Act. proc. coll.* 2003/11, n° 143, obs. Vallansan; *JCP E* 2003, Chron. 1396, p. 1575, n° 16, obs. M. Cabrillac et Pétel; *RTD com.* 2003. 821, n° 14, obs. Martin-Serf; *Rev. proc. coll.* 2004, p. 244, n° 6, obs. Saint-Alary-Houin – Com. 5 mai 2004, n° 02-10.100, NP.
9. L. n° 85-98, 25 janv. 1985, *JO* 26 janv., p. 1097.
10. Com. 15 déc. 2009, n°s 08-19.509, 08-20.220, NP; n° 1199 F-D.
11. Lyon, aud. sol., 12 juin 2006, RG n° 05/04634, *Rev. proc. coll.* 2007/3, p. 144, n° 3, obs. Saint-Alary-Houin.
12. Com. 16 déc. 2014, n° 13-24.623, NP; n° 1123 F-D.
13. Com. 7 févr. 2006, n° 05-10.607, NP; n° 159 F-D; *Gaz. proc. coll.* 2006/2, p. 30, obs. Henry; *RTD com.* 2006. 917, n° 6, obs. Martin-Serf.
14. L. n° 2005-845, 26 juill. 2005, préc.
15. Obs. Henry, *Gaz. proc. coll.* 2006/2, p. 30.

jugeant que la créance de restitution résultant de l'infirmation d'une décision de justice portant condamnation au profit du débiteur, n'est pas née en contrepartie d'une prestation fournie à ce dernier[1]. C'est encore en ce sens que s'est prononcée la Cour de cassation à propos d'une créance de restitution faisant suite à l'annulation de l'adhésion à un GAEC[2].

La créance d'un cohéritier au titre d'un rapport à succession naît au jour du décès[3].

La créance de restitution du caractère indu de prestations d'assurance-chômage naît de la décision préfectorale d'exclusion du bénéfice de ces prestations[4].

La créance de restitution de la prime d'abattage versée à un agriculteur dans le cadre d'une campagne de prophylaxie trouve identiquement son fait générateur dans la décision de retrait de la prime[5].

En revanche, il est jugé que le fait générateur de la créance de restitution des droits de douane est le fait juridique à l'origine de l'obligation de restitution de ces droits par l'administration, c'est-à-dire le versement des droits de douane, et non la restitution elle-même[6].

De même, la créance de restitution de sommes indûment versées par un preneur à bail à ferme au preneur sortant à l'occasion d'un changement d'exploitant a son fait générateur dans le paiement indûment effectué, et non dans la décision condamnant à restituer[7].

La condamnation d'une société à payer une certaine somme à un tiers, au titre d'une opération entrant dans l'objet d'une société en participation, a fait naître une créance de cette société à l'égard de son coassocié, la créance n'étant pas née au jour de la dissolution de la société en participation, mais au jour de la condamnation[8].

443.52 Créance née d'une action en répétition de l'indu. En matière d'action en répétition de l'indu, la jurisprudence a rendu un certain nombre de décisions convergentes. Le fait générateur de la créance de restitution est le paiement effectué par erreur. Il en résulte qu'il faut se *placer à la date du* paiement, pour savoir si la créance de restitution est antérieure ou postérieure au jugement d'ouverture[9].

Il en est de même en cas de paiement d'un chèque fait par erreur par un banquier[10].

Si, à la suite de l'opposition au paiement d'un chèque, et en dépit de la mainlevée de l'opposition, le paiement de ce chèque n'est pas intervenu au jour du jugement d'ouverture, la créance de répétition de l'indu née de l'encaissement du chèque n'a pas à être déclarée au passif, puisqu'elle est née après jugement d'ouverture. Elle naît en effet non de l'émission, mais de l'encaissement effectif du chèque[11]. Il reste à savoir si, comme cela a été relevé[12], une telle créance de répétition de l'indu serait éligible au traitement préférentiel sous l'empire de la loi de sauvegarde[13]. Si tel n'était pas le cas, elle devrait, malgré son origine postérieure au jugement d'ouverture, être déclarée au passif.

On isolera, pour la désapprouver, une décision ayant considéré que la créance de restitution à l'encontre d'un fournisseur payé par erreur malgré un affacturage n'avait pas pour fait générateur le paiement effectué, mais la rétention par lui de la somme, après son jugement d'ouverture et ayant en conséquence considéré la créance de restitution comme une créance postérieure, malgré le fait que le paiement était intervenu avant jugement d'ouverture[14].

1. Com. 17 déc. 2013, n° 12-28.158, NP; n° 1244 F-D; *Act. proc. coll.* 2014/2, comm. 26, note Cagnoli; *JCP E* 2014, Chron. 1173, n° 9, note Pétel; *RTD com.* 2014. 691, n° 4, note Martin-Serf; *Rev. proc. coll.* 2015, comm. 119, note Saint-Alary Houin.
2. Com. 16 déc. 2014, n° 13-24.623, préc.
3. Metz, 1re ch., 23 déc. 2008, RG n° 07/02898, *Rev. proc. coll.* 2009/5, p. 52, § 121, note Saint-Alary-Houin.
4. Paris, 4e ch., 4e sect., 8 avr. 2009, *Act. proc. coll.* 2009/10, n° 152.
5. Com. 16 mai 2006, n° 05-15.077, NP; n° 637 F-D.
6. Com. 23 janv. 2007, n° 05-13.995, *Bull. civ.* IV, n° 10; n° 72 F-P+B; *D.* 2007. AJ 448, obs. Lienhard; *Gaz. proc. coll.* 2007/2, p. 32, note Henry; *Rev. proc. coll.* 2007/3, p. 144, n° 3, obs. Saint-Alary-Houin; *RTD com.* 2007. 599, n° 4, obs. Martin-Serf.
7. Civ. 3e, 16 juin 2010, n° 09-16.115, *Bull. civ.* III, n° 122; n° 787 FS-P+B; *Gaz. Pal. entr. diff.* 15-16 oct. 2010, p. 28, note Henry.
8. Com. 8 juill. 2014, n° 13-19.010, *Bull. civ.* IV, n° 116; n° 696 FS-P+B; *Gaz. Pal.* 5 oct. 2014, n° 278, p. 31, note Boustani; *Rev. sociétés* 2014. 531, note Henry; *Act. proc. coll.* 2014/15, comm. Thiberge; *BJE* 2014, 368, note Monsérié-Bon.
9. Com. 24 nov. 1998, n° 96-17.100, *Bull. civ.* IV, n° 281; *D. Affaires* 1999. 82; *Act. proc. coll.* 1999/1, n° 3 – Com. 5 mai 2004, n° 02-13.137, NP – Com. 1er févr. 2011, n° 10-12.746, NP; n° 64 F-D; *Gaz. Pal. entr. diff.* 1-2 avr. 2011, p. 23, note Henry; *Rev. proc. coll.* 2012, comm. 45, note Saint-Alary Houin.
10. Com. 16 avr. 1996, n° 94-12.748, NP, *Rev. proc. coll.* 1998, 294, n° 12, obs. Saint-Alary-Houin.
11. Com. 5 juin 2007, n° 06-14.863, *Bull. civ.* IV, n° 164; n° 832 FS-P+B; *D.* 2007. AJ 1730, note Lienhard; *Gaz. proc. coll.* 2007/4, p. 52, note Bonhomme; *JCP E* 2007, Chron. 2119, p. 26, n° 13, obs. M. Cabrillac; *Banque et droit* sept.-oct. 2007, p. 26, note Bonneau; *RTD com.* 2007. 840, n° 6, obs. Martin-Serf; *Rev. proc. coll.* 2009/5, p. 50, § 118, note Saint-Alary-Houin.
12. M. Cabrillac, obs. ss Com. 5 juin 2007, n° 06-14.863; n° 832 FS-P+B; *JCP E* 2007, Chron. 2119, p. 26, n° 13 – Bonneau, obs. ss Com. 5 juin 2007, n° 06-14.863; n° 832 FS-P+B; *Banque et droit* sept.-oct. 2007, p. 26 – Martin-Serf, obs. ss Com. 5 juin 2007, n° 06-14.863; n° 832 FS-P+B; *RTD com.* 2007. 840, n° 6.
13. L. n° 2005-845, 26 juill. 2005, préc.
14. Paris, 2e ch., 28 avr. 1998, DPDE, *bull.* 181, 11 janv. 1999, *Vis Déclaration et vérification des créances*, n° 19.

SECTION 443.60

FAIT GÉNÉRATEUR DE LA CRÉANCE D'ORIGINE DÉLICTUELLE

443.61 Détermination du fait générateur de la créance d'origine délictuelle – obligé *in solidum*. En matière de responsabilité délictuelle, il est jugé que seule importe la date de la faute ou du fait dommageable[1]. Le caractère constitutif du jugement de condamnation n'a pas pour effet d'altérer la nature antérieure de la créance délictuelle, dès lors que le fait dommageable s'était produit avant jugement[2]. Il a également été jugé, en matière de responsabilité médicale, que seule importait la date du préjudice[3].

Ce principe conduit à décider que si une faute est reprochée à un administrateur judiciaire, membre d'une société civile professionnelle déclarée par la suite en redressement ou en liquidation judiciaire, il convient de déterminer la date de cette faute pour apprécier si la créance de dommages et intérêts est antérieure ou postérieure au jugement d'ouverture. C'est ainsi qu'il a été jugé qu'en cas d'engagement de l'administrateur judiciaire à intégrer dans un plan de cession un bien revendiqué en contrepartie de l'abandon de la prétention du vendeur sous clause de réserve de propriété de reprendre son bien, le non-respect de cet engagement constitue une faute qui naît non au moment de l'arrêté du plan de cession, mais lors du dépôt du rapport de l'administrateur judiciaire sur les offres de cession, qui matérialise le non-respect de l'engagement de l'administrateur judiciaire[4].

Ce principe aboutit également à déclarer irrecevable, comme contrariant la règle de l'arrêt des poursuites individuelles, la demande émanant d'un héritier, dirigée contre une personne à laquelle il reproche d'avoir administré sans droit une société après le décès du *de cujus*, dirigeant de cette société, qui était son associé, à avoir engagé une procédure collective et créé artificiellement un passif[5].

La créance de répétition que détient une personne ayant complètement exécuté une obligation *in solidum* contre un coresponsable, pour ses part et portion, naît de l'assignation en réparation du dommage[6].

Les créances issues de la mise en jeu de la responsabilité pénale du débiteur suivent, pour la chambre criminelle de la Cour de cassation, le même régime que celui de la responsabilité civile. Ce n'est donc pas la date du prononcé de la condamnation qui fait naître la créance, mais celle de la commission des fautes engageant la responsabilité de son auteur[7].

En matière de sanctions pécuniaires d'ordre répressif, il existe une divergence entre la chambre criminelle et la chambre commerciale de la Cour de cassation[8]. Cette dernière juge que la créance naît de la décision constitutive qui la prononce[9]. La solution est ainsi posée pour la créance de dommages et intérêts résultant du détournement d'un bien crédit-baillé[10]. De même, elle estime, en matière de droit de la concurrence, que les créances de sanctions pécuniaires naissent de la décision du Conseil[11], solution partagée par le Conseil de la concurrence[12]. Toutes ces solutions, certes respectueuses de la présomption d'innocence qui interdit de faire produire des effets juridiques avant la condamnation du présumé innocent[13], ont pour effet de dilater démesurément le domaine des créances postérieures.

La loi de sauvegarde des entreprises[14] conduit à un changement de solution, qui s'appuie sur le délai de déclaration de la créance détenue par la partie civile (v. s[s] n° 665.38). La Chambre criminelle considère, en conséquence, que la créance de la partie civile naît de la décision de condamnation, non de la commission du fait délictueux[15].

1. Com. 16 mars 2010, n° 09-13.937, NP; n° 318 F-D; *Gaz. Pal. entr. diff.* 2-3 juill. 2010, n°s 183, 184, p. 23, note Henry.
2. Paris, 3e ch. A, 21 sept. 1999, *D.* 1999. AJ 33, obs. Lienhard – Jourdain, « La date de naissance de la créance d'indemnisation », interv. Colloque Cedag Paris V, 25 mars 2004, *LPA* 9 nov. 2004, n° 224, p. 49 à 55.
3. Paris, 1re ch. B, 26 janv. 2007, *Gaz. Pal.* 13-15 avr. 2008, p. 19.
4. Paris, 3e ch. A, 6 déc. 2005, RG n° 04/23917.
5. Com. 5 févr. 2013, n° 12-11.595, NP; n° 124 F-D; *Gaz. Pal.* 1er mai 2013, n° 121, p. 18, note Henry.
6. Cass., avis, 11 avr. 2012, n° 10-25.139, NP.
7. Crim. 5 févr. 1998, n° 96-85.596, *Bull. crim.* n° 48; *JCP E* 1998. 1411, n° 19, obs. M. Cabrillac et Pétel; *RTD com.* 1998. 945, obs. Martin-Serf; *Rev. proc. coll.* 1999, 221, n° 9, obs. Saint-Alary-Houin – Crim. 17 janv. 2007, n° 06-82.251, NP, *Act. proc. coll.* 2007/6, n° 59, note Rétif; *JCP E* 2007. 1607, p. 26, note Rétif; *RTD com.* 2007. 838, n° 5, obs. Martin-Serf; *Rev. proc. coll.* 2009/5, p. 52, § 121, note Saint-Alary-Houin – Crim. 8 oct. 2008, n° 08-82.789, NP.
8. SUR L'OBSERVATION : Martin-Serf, obs. s[s] Crim. 17 janv. 2007, n° 06-82.251, NP, *RTD com.* 2007. 838, n° 5.
9. Com. 14 janv. 2004, n° 01-10.107, NP, *Rev. proc. coll.* 2004, p. 243, n° 3, obs. Saint-Alary-Houin.
10. Com. 4 avr. 2006, n° 05-12.406, NP, *LXB* n° N0183ALD, note Le Corre-Broly.
11. Com. 4 mars 1997, n° 92-21.785, *Bull. civ.* IV, n° 62; *D.* 1998. 264, note Souweine; *JCP* 1997. I. 1054, n° 1, obs. M. Cabrillac; *RTD com.* 1998. 944, obs. Martin-Serf.
12. Cons. conc., 18 févr. 2004, n° 04-D-03, *D.* 2004. AJ 877; *RTD com.* 2004. 598, n° 4, obs. Martin-Serf.
13. EN CE SENS : Bouloc, note s[s] Crim. 5 févr. 1998, n° 96-85.596, *Rev. sociétés* 1998. 421.
14. L. n° 2005-845, 26 juill. 2005, préc.
15. Crim. 1er juill. 2009, n° 08-87.407, NP, *D.* 2010. Chron. 1668, obs. Mascala; *Dr. sociétés* 2009, comm. 233, note Salomon.

La Cour de cassation estime encore que la créance de dommages et intérêts détenue par une femme sur son époux, qui avait fait supporter à la communauté des créances engendrées par la société qu'il dirigeait, et alors que les dommages et intérêts étaient sollicités dans le cadre d'une procédure de divorce, avait une nature antérieure au jugement d'ouverture, alors pourtant que la décision qui avait condamné le mari était postérieure au jugement d'ouverture[1].

L'AGS doit couvrir l'indemnité réparant le préjudice d'anxiété des salariés exposés à l'amiante (v. s^s n° 693.37). Mais il n'en est ainsi que si la créance indemnitaire de réparation du préjudice d'anxiété est antérieure au jugement d'ouverture. Or celle-ci naît, selon la Cour de cassation, des troubles psychologiques qu'engendre la connaissance du risque d'exposition à l'amiante, soit au jour de l'arrêté ministériel d'inscription de cette activité sur la liste des établissements permettant la mise en œuvre de l'allocation de cessation d'activité anticipée des travailleurs de l'amiante (Acaata)[2].

Précisons que la créance de recours de l'obligé *in solidum* contre un co-responsable naît, non de la condamnation, mais de l'assignation en réparation du dommage[3].

443.62 Détermination du fait générateur de la créance de recours de l'organisme de sécurité sociale indemnisant le salarié en cas de faute inexcusable de l'employeur. Il a pu être jugé, en cas de faute inexcusable de l'employeur, que la créance de remboursement de l'organisme social (caisse d'assurance-maladie) *solvens* avait comme fait générateur la décision retenant la responsabilité de l'employeur[4]. Il est préférable de décider, comme le fait aujourd'hui la Cour de cassation, que le recours de l'organisme, intervenant sur un fondement subrogatoire, emprunte la nature de la créance éteinte, laquelle a comme fait générateur la faute de l'employeur[5] (v. aussi s^s n° 621.21), non le jugement la constatant[6] ou la demande d'indemnisation du salarié[7].

SECTION 443.70

FAIT GÉNÉRATEUR DE DIVERSES AUTRES CRÉANCES

443.71 Fait générateur de la créance née de l'obligation de faire cesser l'état de péril d'un immeuble. L'obligation de faire cesser l'état de péril d'un immeuble est aussi d'origine légale. Son fait générateur sera postérieur au jugement d'ouverture si le rapport constatant l'état de péril est établi après jugement d'ouverture[8].

443.72 Fait générateur de la créance de cotisation d'adhésion à un groupement. Les cotisations d'adhésion à un groupement trouvent leur origine dans l'adhésion au groupement, même si elles doivent être versées annuellement[9]. Le caractère périodique et donc successif des adhésions aurait sans doute dû conduire à une autre solution, qui aurait calqué le fait générateur de la cotisation sur la période pour laquelle la cotisation est versée, avec en conséquence l'obligation de calculer un prorata, à l'identique de la solution retenue en matière de bail (v. s^s n° 442.13).

443.73 Fait générateur de la créance de soulte née d'un partage – créance de dommages et intérêts alloués au conjoint divorcé du débiteur. La créance de soulte compensant l'inégalité des lots n'est due qu'au moment du partage. Dès lors que l'état liquidatif valant partage définitif est postérieur à l'ouverture de la procédure collective d'un copartageant, la créance de soulte est née postérieurement au jugement d'ouverture et n'a donc pas, sous l'empire de la loi du 25 janvier 1985[10], à faire l'objet d'une déclaration de créance au passif[11].

1. Com. 18 janv. 2005, n° 03-12.873, NP.
2. Soc. 2 juill. 2014, n°s 12-29.788 à 12-29.801, *Bull. civ.* V, n° 160; F-P+B; *Act. proc. coll.* 2014/13, comm. 237, note Fin-Langer; *Rev. proc. coll.* 2015, comm. 111, note Saint-Alary Houin – *Adde*, Soc. 23 oct. 2014, n°s 13-22.348 à 13-22.351, 13-22.354, NP, *Gaz. Pal.* 18 janv. 2015, n° 18, p. 31, note Duprat.
3. Com. 13 oct. 2015, n° 14-10.664, *Bull. civ.* IV [à paraître]; n° 897 FS-P+B; *D.* 2015. actu 2125, note Lienhard; *Gaz. Pal.* 19 janv. 2016, n° 3, p. 62, note Boustani; *Act. proc. coll.* 2015/19, comm. 292, note Saint-Alary Houin; *Rev. sociétés* 2015. 764, note Henry; *JCP E* 2016, 1120, note Docq; *RTD com.* 2016. 202, n° 7, note Martin-Serf.
4. Riom, 4e ch. civ., *Act. proc. coll.* 2002/18, n° 233, obs. Régnaut-Moutier.
5. Com. 18 juin 2013, n° 12-19.709, *Bull. civ.* IV, n° 107; n° 622 F-P+B; *Gaz. Pal.* 29 sept. 2013, n° 272, p. 28, note Rohart-Messager; *Act. proc. coll.* 2013/13, comm. 183, note Cagnoli; *BJE* sept. 2013, p. 292, note Donnette; *Rev. proc. coll.* 2014, comm. 14, note Legrand et Legrand.
6. Soc. 19 déc. 2002, n° 01-12.214, NP, *Act. proc. coll.* 2003/4, n° 38 – Civ. 2e, 14 mars 2013, n° 12-13.611, *Bull. civ.* II, n° 49; n° 367 F-P+B.
7. Com. 30 mars 2005, n° 03-30.698, NP, *Gaz. proc. coll.* 2005/2, p. 16, obs. Le Corre.
8. Com. 27 nov. 2001, n° 99-12.941, NP, *RJDA* 2002/4, n° 409, p. 349.
9. Com. 8 juill. 2003, n° 00-15.262, NP, *Act. proc. coll.* 2003/18, n° 227; *Rev. proc. coll.* 2004, p. 243, n° 2, obs. Saint-Alary-Houin – Com. 2 juin 2004, n° 00-14.339, NP – Com. 9 nov. 2004, n° 03-12.067, NP.
10. L. n° 85-98, 25 janv. 1985, préc.
11. Com. 3 nov. 2010, n° 09-14.600, *Bull. civ.* IV, n° 164; n° 1103 F-P+B; *D.* 2010. 2700, note Lienhard; *Act. proc. coll.* 2010/20, comm. 278, note Leprovaux; *JCP E* 2011, Chron. 1263, n° 10, obs. Pétel; *Rev. proc. coll.* 2011, comm. 75, p. 74, note Dumont-Lefrand; *BJE* mai/juin 2011, § 49, p. 153, note Becqué-Ickowicz; *RTD civ.* 2011. 160, n° 1, obs. Grimaldi; *RTD com.* 2011. 639, n° 5, obs. Martin-Serf.

Il a toutefois été soutenu que la créance était n en contrepartie d'une prestation fournie au dél teur[1], la soulte ayant vocation à compenser l'entr du bien dans le patrimoine du débiteur, de sor qu'elle resterait, sous l'empire de la loi de sauve garde des entreprises[2], une créance postérieure éligi ble au traitement préférentiel. La solution nou semble discutable, dans la mesure où aucune prestation n'a été fournie par le copartageant, la créance résultant seulement du caractère inégalitaire du partage. Aussi, pareille créance nous semble devoir être déclarée au passif, dans les deux mois de son exigibilité, faute d'être éligible au traitement préférentiel réservé à certaines créances postérieures.

Les créances au titre des dommages et intérêts alloués au conjoint divorcé ne naissent pas du partage, mais du jugement de divorce[3].

Les créances au titre des dommages et intérêts résultant de l'occupation par le conjoint divorcé de l'immeuble indivis après dissolution du mariage, tant au titre de l'indemnité d'occupation due à l'indivision que des charges de copropriété acquittées par elle, ne naissent pas du partage, mais de l'occupation elle-même[4].

SECTION 443.80

UTILITÉ OU INUTILITÉ DE LA DÉTERMINATION DU FAIT GÉNÉRATEUR DE LA CRÉANCE D'ARRIÉRÉ DE PENSION ALIMENTAIRE ET DE PRESTATION COMPENSATOIRE

443.81 Inutilité de la détermination du fait générateur de la créance d'arriérés de pension alimentaire et de la créance de prestation compensatoire sous l'empire de la législation antérieure à la loi de sauvegarde des entreprises[5]. La créance relative à un arriéré de pension alimentaire échu après jugement d'ouverture devrait, nous semble-t-il, être considérée comme une créance postérieure[6]. Cependant, l'analyse n'a que peu d'importance dans la mesure où ce type de créance fait naître à la charge du débiteur une dette qui lui est personnelle et, qui, en conséquence, n'a pas à être déclarée au passif (v. ss n° 741.95).

La créance de prestation compensatoire a pour fait générateur la date de passage en force de chose jugée de la décision prononçant le divorce[7], cependant que la Cour de cassation, partant de la nature alimentaire de cette créance, la fait échapper à l'obligation de déclaration au passif (v. ss n° 741.93), en réservant toutefois la possibilité d'une déclaration de créance.

443.82 Utilité de la détermination du fait générateur de la créance d'arriérés de pension alimentaire et de la créance de prestation compensatoire sous l'empire de la loi de sauvegarde des entreprises[8]. La loi de sauvegarde des entreprises fait échapper à l'obligation de déclaration le créancier d'aliments dont la créance est postérieure au jugement d'ouverture. Sans la précision résultant de l'article L. 622-24 alinéa 5, il aurait fallu soumettre le créancier d'aliments, dont la créance est née après l'ouverture de la procédure collective, à l'obligation de déclaration de sa créance au passif, cette créance n'entrant d'évidence pas dans les critères d'attribution du traitement préférentiel réservé à certaines créances postérieures. Ce créancier, par application de l'article L. 622-7 alinéa 1er du code de commerce, aura le droit d'être payé, sans restriction, c'est-à-dire quel que soit le type de biens affectés à son paiement. Toutefois, en liquidation judiciaire, les règles du dessaisissement interdisent de poser une telle permission. Le créancier d'aliments ne pourra être payé, sous réserve du jeu du paiement direct des pensions alimentaires, que sur les biens dont le débiteur conserve la libre disposition, c'est-à-dire ceux qui ne sont pas soumis au dessaisissement. On pensera spécialement aux subsides qu'il percevrait de la procédure collective, en application de l'alinéa 1er de l'article L. 643-8 du code de commerce.

La **loi de sauvegarde des entreprises**, dans sa **rédaction d'origine**, est en revanche restée muette sur le sort des créances d'aliments nées antérieurement au jugement d'ouverture. Ce silence nous semble devoir s'interpréter comme une reconduction des solutions antérieurement posées par la jurisprudence (v. ss n° 741.96) : le créancier aura le choix de déclarer ou de ne pas déclarer sa créance. S'il déclare, il se soumet à la discipline collective, sous réserve que sa créance ne sera pas éteinte en cas de rejet. Il pourra alors profiter des répartitions et dividendes de la procédure collective, comme tout créancier chirographaire. S'il ne déclare pas sa créance, celle-ci est inopposable à la procédure collective, non à cause du défaut de déclaration, mais parce

1. Pétel, obs. ss Com. 3 nov. 2010, n° 09-14.600, *Bull. civ.* IV, n° 164; n° 1103 F-P+B; *JCP E* 2011, Chron. 1263, n° 10 – Dumont-Lefrand, note ss Com. 3 nov. 2010, n° 09-14.600; n° 1103 F-P+B; *Rev. proc. coll.* 2011, comm. 75, p. 74.
2. L. n° 2005-845, 26 juill. 2005, préc.
3. Com. 10 févr. 2015, n° 13-24.659, *Bull. civ.* IV [à paraître]; n° 150 FS-P+B; *JCP E* 2015, chron. 1204, n° 5, obs. Pétel; *Rev. proc. coll.* 2015, comm. 77, note Dumont-Lefrand et 2015, comm. 110, note Saint-Alary Houin; *JCP E* 2015, 1176, note Brignon.
4. Com. 10 févr. 2015, n° 13-24.659, préc.
5. L. n° 2005-845, 26 juill. 2005, préc.
6. Paris, 1re ch. A, 4 sept. 2000, *RTD com.* 2001. 234, obs. Martin-Serf.
7. Com. 8 oct. 2003, n° 01-17.970, NP.
8. L. n° 2005-845, 26 juill. 2005, préc.

que ce créancier ne pourra être payé que sur les biens dont le débiteur conserve la libre disposition.

Il apparaît ainsi que l'utilité de distinguer créance antérieure et créance postérieure d'aliments existe, sous l'empire de la loi de sauvegarde des entreprises.

Les critères suivants peuvent être proposés.

En ce qui concerne la créance alimentaire, nous suggérons de partir de l'idée que la créance d'aliments naît successivement, au fur et à mesure des besoins du créancier[1]. L'exigibilité de la créance d'aliments peut alors être strictement alignée sur sa naissance. Dès lors, seuls les aliments devant être versés avant le jugement d'ouverture doivent être considérés comme faisant naître une créance antérieure au jugement d'ouverture, que le créancier d'aliments choisira de déclarer ou non au passif.

La résolution de la difficulté semble être différente pour la créance de prestation compensatoire. Celle-ci a pour partie un caractère alimentaire, mais pour partie une nature indemnitaire. Son fait générateur semble devoir être trouvé dans le jugement de divorce devenu définitif qui la fixe[2].

Afin d'éviter la difficulté d'interprétation liée à la liberté de paiement des créances postérieures alimentaires, le texte ancien pouvant laisser entendre *a contrario* que l'interdiction du paiement des créances alimentaires subsistait si ces dernières étaient antérieures au jugement d'ouverture, l'article L. 622-7, alinéa 2, dans la rédaction que lui donne l'**ordonnance du 18 décembre 2008**[3] prévoit désormais que toutes les créances alimentaires, antérieures ou postérieures au jugement d'ouverture, peuvent être payées. Symétriquement, l'article L. 622-24 du code de commerce (ord. 18 déc 2008, art. 33) fait sortir du périmètre de l'obligation de déclaration des créances au passif, les créances alimentaires, qu'elles soient antérieures ou postérieures (L. 622-24, al. dern.). L'article L. 622-24, alinéa dernier, issu de la rédaction que lui donne l'ordonnance du 18 décembre 2008, précise que « les créances alimentaires ne sont pas soumises aux dispositions du présent article ». Cela signifie clairement que le créancier d'aliments n'est pas astreint à déclarer sa créance au passif. Mais rien ne nous semble interdire qu'il le fasse, se soumettant alors à la discipline collective, comme cela était déjà le cas avant la loi de sauvegarde des entreprises.

1. EN CE SENS AUSSI : Vincent, note s[s] Com. 13 juin 2006, n° 05-17.081 ; n° 785 FS-P+B+I+R ; *D.* 2006. Jur. 1969 s., sp. 1972, n° 10.
2. Vincent, note s[s] Com. 13 juin 2006, n° 05-17.081 ; n° 785 FS-P+B+I+R ; *D.* 2006. Jur. 1969 s., sp. 1972, n° 10.
3. Ord. n° 2008-1345, 18 déc. 2008, *JO* 19 déc., p. 19462.

TITRE

450. Créances postérieues

SECTION 0

ORIENTEUR

450.00 Plan du titre.

Chap. 451 Temps de la naissance de la créance éligible au traitement préférentiel

Sect. 451.10 Créances nées en période d'observation

Sect. 451.20 Créances postérieures et liquidation judiciaire

Sect. 451.30 Naissance de la créance après plan de sauvegarde ou de redressement

Chap. 452 Régularité de la naissance de la créance éligible au traitement préférentiel

Sect. 452.10 Approche globale de la notion de « régularité » de naissance de la créance

Sect. 452.20 Règles relatives aux créances contractuelles

Sect. 452.30 Règles relatives aux créances extracontractuelles

Sect. 452.40 Lien entre créance née régulièrement et activité professionnelle du débiteur

Chap. 453 Critères téléologiques d'attribution du traitement préférentiel sous le régime issu de la loi du 26 juillet 2005

Sect. 453.10 Énoncé du nouveau domaine du traitement préférentiel des créanciers postérieurs

Sect. 453.20 Créances postérieures couvertes par le traitement préférentiel

Chap. 454 Créances nées après jugement d'ouverture ne bénéficiant pas du traitement préférentiel

Sect. 454.10 Régime des créances postérieures ne bénéficiant pas du traitement préférentiel

Sect. 454.20 Particularisme des créances alimentaires et des créances liées aux besoins de la vie courante

Chap. 455 Règle du paiement à l'échéance des créanciers postérieurs bénéficiant du traitement préférentiel

Sect. 455.10 Énoncé de la règle du paiement à l'échéance

Sect. 455.20 Domaine de la règle du paiement à l'échéance

Sect. 455.30 Liste des créances postérieures bénéficiant du traitement préférentiel et règle du paiement à l'échéance

Sect. 455.40 Situation générale du créancier postérieur bénéficiant du traitement préférentiel

Chap. 456 Règle du paiement par priorité ou par privilège des créanciers postérieurs bénéficiant du traitement préférentiel

Sect. 456.10 Droit préférentiel institué par les législations

Sect. 456.20 Conflits évités avec les créanciers postérieurs pour les biens non entrés dans le patrimoine du débiteur

Sect. 456.30 Conflits évités avec les créanciers postérieurs pour les biens sortis du patrimoine du débiteur

Sect. 456.40 Conflits évités avec les créanciers postérieurs pour les biens affectés à la satisfaction exclusive du créancier

Sect. 456.50 Classement externe des créanciers postérieurs par rapport aux autres créanciers

Sect. 456.60 Classement interne aux créanciers postérieurs

450.01 Textes applicables.

> Législation antérieure à la loi de sauvegarde des entreprises.

C. com., art. L. 621-32, L. 622-10

D. 28 déc. 2005, art. 60

> Législation issue de la loi de sauvegarde des entreprises.
C. com., art. L. 622-17, L. 631-14, I, L. 641-10, L. 641-13
C. com., art. R. 622-14 et 15 (anc[t] D. 28 déc. 2005, art. 89 et 90), R. 622-22 (anc[t] D. 28 déc. 2005, art. 97), R. 631-20 (anc[t] D. 28 déc. 2005, art. 189), R. 631-27 (anc[t] D. 28 déc. 2005, art. 195), R. 641-25 (anc[t] D. 28 déc. 2005, art. 236), R. 641-39 (anc[t] D. 28 déc. 2005, art. 250)

> Législation issue de l'ordonnance du 18 décembre 2008.
C. com., art. L. 622-17, L. 631-14, al. 1er, L. 641-10, al. 1er, L. 641-13
C. com., art. R. 622-14, R. 622-15, R. 631-20, R. 631-27, R. 641-25, R. 641-39

> Législation issue de l'ordonnance du 9 décembre 2010.
C. com., art. L. 680-3

> Législation issue de l'ordonnance du 12 mars 2014.
C. com., art. L. 622-17, L. 641-13

450.02 Jurisprudence de référence.

> Les indemnités de rupture de contrats de travail intervenant en liquidation judiciaire sont éligibles au traitement préférentiel réservé aux créanciers postérieurs, en tant que créances nées pour les besoins du déroulement de la procédure.

• **Soc. 16 juin 2010,** n° 08-19.351, *Bull. civ.* V, n° 140; n° 1272 F-P+B

* V. s[s] n° 453.21

> La possibilité d'obtention d'un titre exécutoire pour une créance postérieure éligible au traitement préférentiel est indépendante de l'ordre des privilèges.

• **Com. 13 oct. 1998,** n° 94-19.892, *Bull. civ.* IV, n° 239

* V. s[s] n° 455.42

« Mais attendu que, dans l'exercice de son droit de poursuite individuelle, et sans porter ainsi atteinte à l'ordre des paiements fixé par l'article 40 de la loi du 25 janvier 1985 [C. com., art. L. 621-32], le créancier dont la créance est née régulièrement après le jugement d'ouverture peut obtenir un titre exécutoire. »

> Les sommes déposées à la Caisse des dépôts et consignations par les mandataires de justice sont insaisissables, échappent, en conséquence, aux poursuites individuelles des créanciers postérieurs et sont affectées au règlement des créanciers selon leur rang.

• **Com. 22 mai 2007,** n° 05-21.936, *Bull. civ.* IV, n° 138; n° 776 FS-P+B

* V. s[s] n° 455.46

> Le créancier postérieur éligible au traitement préférentiel conserve la possibilité de poursuivre le débiteur après clôture de sa procédure.

• **Com. 30 oct. 2000,** n° 97-17.800, NP

* V. s[s] n° 455.47

« Mais attendu que les créanciers, dont la créance est née régulièrement après l'ouverture de la procédure collective, peuvent poursuivre le recouvrement de leurs créances après la clôture de la liquidation judiciaire pour insuffisance d'actif; qu'après avoir relevé qu'il n'était pas discuté que la créance invoquée par le receveur était postérieure à la mise en redressement judiciaire de M. G..., la cour d'appel, qui a énoncé exactement que les dispositions de l'article 169 de la loi du 25 janvier 5 [C. com., art. L. 622-32] n'étaient pas applicables au veur, a légalement ustifié sa décision. »

450.03 Bibliographie indicative.

> Actuaples. Rép. com., Drruppé J., « Entreprises en difficulté – dressement judiciaire (Phase de traitement – Les créanci », n°s 770 à 77; Monsérié-Bon M.-H., « Entreprises en iculté – Redresement judiciaire (Période d'observation) » [os] 208 à 250 - J.-Cl. com., Bouteiller P., fasc. 2340, [Créaes nées après le jugement d'ouverture]; Pohé D., fasc. 15, [Règlement des créanciers]; Amlon G., fasc. 2732, [Tré public – Avis à tiers détenteur].

> Orages antérieurs à la loi de sauvegarde des entreprises. Haput, n°s 360 à 364, 545 à 551 – Guyon, n°s 1245 à 125- Jacquemont, n°s 321 à 328, 351 à 359 – Kerckhove, n°s 4 à 504 – Le Cannu, n°s 671 à 690 – Le Cannu et *alii*, n°s 52, 1265, 1275, 1359 à 1385, 1388, 1389 – Le Corre-Brol n°s 202 à 213 – Martin et Vallens, n°s 3061, 3066, 3072 3086 – Pérochon et Bonhomme, n°s 208, 209-1, 211, 213 225, 402 à 408 – Pétel, n°s 213 à 229 – Ripert et Roblc n°s 3062 à 3066, 3227 – Saint-Alary-Houin, n°s 582 à 587,93 à 604 – Soinne, n°s 1096 à 1100, 1102 à 1113, 1116 à 112 1139 à 1164-1 – Vallansan, p. 93 à 95, 97 à 103, 373, 34.

> Ouvrges postérieurs à la loi de sauvegarde des entreprises. Bostani D., *Les créanciers postérieurs d'une procédure collectiv confrontés aux enjeux du droit des entreprises en difficulté* « Bibl. dr. entreprises en difficulté », t. 4, Lgdj, 2015 – Coquelet, 5e éd., n°s 287 à 301 – Gibirila, n°s 597 à 513 – Jacquemont et Vabres, 9e éd., n°s 447 à 469, 898 à 900 – Le Cannu, 7e éd., n°s 753 à 828 – Lienhard, 6e éd, n°s 76.56 à 76.75, 122.51 à 122.53 – Pérochon, 10e éd., n°s 762 à 766, 779 à 847, 1174 à 1178 – Pétel, 8e éd., n°s 209 à 232 – Roussel Galle, n°s 261 à 273, 288 – Saint-Alary-Houin, 9e éd., n°s 657 à 670 – Vallansan et *alii*, 6e éd., p. 115, 119 à 124, 379, 380 – Vallens, 2015, n°s 3300 à 3338 – Vidal et Giorgini, n°s 780 à 800 – Voinot, 2e éd., 2013, n°s 381, 382, 386 à 398.

> Articles.

› *Étude d'ensemble.* Berthelot G., « Les créanciers postérieurs méritants », *Rev. proc. coll.* 2011, dossier 34, p. 84 et *Rev. proc. coll.* 2011, dossier 36, p. 60; « De l'avènement d'un critère téléologique ou l'art du divinatoire pour le créancier postérieur méritant », *Cah. dr. entr.* n° 4, 2016, p. 41 – Boustani D., « Les modifications intéressant les créances postérieures dans l'ordonnance du 12 mars 2014 », *Gaz. Pal.* 6 avr. 2014, n° 96, p. 43 – Cazanus M., « Le sort de la créance du syndicat des copropriétaires en liquidation judiciaire », *Dr. et patr.* 2015, n° 249, p. 18 – Desprat F.-C., « L'article L. 621-32 (ancien article 40) », *Gaz. Pal.* 28 févr.-1er mars 2001, Doctr. 55 s., sp. p. 56 – Évano M., « Les termes de l'article L. 627-1 du code de commerce », *LPA* 22 janv. 2004, n° 16, p. 13 – Le Cannu P., « La poursuite de l'activité », *Dr. et patr.* déc. 2009, n° 187, p. 68 – Le Corre P.-M., « Les créanciers dans la loi de sauvegarde des entreprises », *Rev. proc. coll.* 2006/4, p. 336; « Le créancier nanti sur comptes-titres bénéficiaire d'un paiement provisionnel confronté au super privilège des salaires », *Gaz. proc. coll.* 2009/4, 1re partie, n°s 303, 304, p. 27; « Nature et régime des créances postérieures », (collab. Perdereau A., Gorrias S. et Péchenot O.), *LPA* 9 avr. 2009, n° 71, p. 4; « Les créances postérieures et l'ordonnance du 12 mars 2014 », *BJE* mai 2014, 1 – Leguèvaques Ch., « Le sort des créanciers après la loi de sauvegarde des entreprises : entre renforcement des droits et allégements des devoirs ? », *LPA* 17 févr. 2006, n° 35, p. 3 – Lienhard A., « La légalité retrouvée de l'article 173 du décret du 27 décembre 1985 (ou les surprises de la codification à droit constant) », *D.* 2000. n° 34, Point de vue, III – Pérochon F., « Les créanciers postérieurs et la réforme du 26 juillet 2005 », *Gaz. proc. coll.* 2005, n° sp. 7-8 sept. 2005, p. 57 – Pétel Ph., « Pour une relecture de l'article L. 621-32 du code de commerce (ancien article 40 de la loi du 25 janvier 1985) », *Mél. Guyon*, Dalloz 2003, p. 917 – Pétel Ph., « Les créanciers postérieurs », *Rev. proc. coll.* 2006/2, p. 142; « Le régime des fonds versés à la Caisse des dépôts sans le cadre des procédures collectives », mél. Bloch, Bruylant, 2015, p. 181 – Reille F., « Les retouches apportées au sort des créanciers postérieurs élus », *Gaz. proc. coll.* 2009, n° sp., 6-7 mars 2009, p. 38 – Roussel Galle Ph., « Nouvel épisode relatif à la légalité à éclipses de l'article 173 du décret du 27 décembre 1985 devenu article L. 627-1 nouveau du code de commerce », *Rev. proc. coll.* 2002, p. 155 – Rolland B., « La lenteur de la faillite rattrapée par la rapidité de la course, réflexions sur l'annulation de l'article 173 du décret du 27 décembre 1985 », *LPA* 3 oct. 2000, n° 197, p. 9 – Saint-Alary Houin C., « Les avatars de l'article 40 », *Rev. proc. coll.* 2016, dossier 11 – Soinne B., « La liste article 40 ou la confusion érigée en règle de droit », *Rev. proc. coll.* 1994, 15 s. – Souweine C., « Séquestre du prix de vente d'un fonds de commerce et procédures de redressement ou de liquidation judiciaires », *RTD com.* 2004. 647 – Teboul G., « Le casse-tête des créances utiles méritantes : une tentative d'éclaircissement », *Gaz. Pal.* 28 août 2011, Doctr. 7 – Vauvillé F., « Le notaire, le liquidateur, et le percepteur », *JCP E* 1998. I. 1768.

› *Privilège*. Boustani D., « La conservation du privilège des créanciers postérieurs », Colloque *Sûretés réelles et droit des entreprises en difficulté*, Nice, 20 mars 2010, *LPA* 11 févr. 2011, n° 30, p. 15; « La règle du paiement à l'échéance des créanciers postérieurs méritants et l'exécution », in *Mesures d'exécution et procédures collectives*, Bruylant 2012, collection Procédures, p. 175 – Cabrillac M., « L'article 40 de la loi nouvelle et les nouveaux privilèges de procédure », *Rev. proc. coll.* 1986, p. 13 s. – Gréau F., « Pour un véritable privilège de procédure », *LPA* 12 juin 2008, n° 118 – Henry L.-C., « La notion de privilège de procédure dans la loi de sauvegarde », *Rev. proc. coll.* 2008, p. 20 – Jazottes G., « Le privilège des créanciers postérieurs : quel périmètre ? », LAMY AFFAIRES mars 2005, suppl. n° 80, p. 132 – Le Corre P.-M., « La règle du paiement à l'échéance des créanciers postérieurs méritants et l'obligation de payer le super privilège des salaires sur les premières rentrées de fonds », *Rev. proc. coll.* 2012, dossier 10, p. 72 – Legrand F., « Mise en œuvre des sûretés », *Dr. et patr.* déc. 2009, n° 187, p. 74 – Lienhard A., « Le nouveau privilège de procédure : entre restauration et éclatement », *Mél. Simler*, Dalloz – Litec, 2006, p. 475.

› *Créance de procédure*. Cagnoli P., « Réflexions sur l'articulation du privilège des frais de justice et du livre VI du code de commerce », *Rev. proc. coll.* 2010/2, comm. 9, p. 30 – Courtier J.-L., « La nature juridique des frais de la procédure collective », *Rev. proc. coll.* 1999/1, p. 8 – Pétel Ph. et Brénac J.-L., « Les créances de procédure », *Rev. proc. coll.* 2008/2, p. 104.

› *Crédit consenti après ouverture de la procédure*. Calendini J.-M., « Les crédits consentis après l'ouverture du redressement judiciaire », *Banque et droit* 1990, 135.

› *Hiérarchie des créances*. Desurvire D., « La hiérarchie des créances et des sûretés au regard des dispositions de l'article 40 de la loi du 25 janvier 1985 », *LPA* 27 avr. 1987, p. 6 – Dymant M. et Le Corre P.-M., « Créanciers de l'article 40, aux ordres du starter ! », *JCP E* 2000, comm. 884.

› *Créance de salaire*. Donette A., « La notion de "créances de salaires" au sens des articles L. 622-17, III, 1° et L. 641-13, III, 1° du code de commerce », *BJE* nov. 2012, doctrine 169.

› *Affacturage*. Feugère W., « Affacturage et procédures collectives – Incidence de l'ouverture d'une procédure collective sur la relation d'affacturage », *JCP E* 2003, Prat. 1201, p. 1321.

› *Voie d'exécution*. Keita M., « L'exercice des voies d'exécution par les créanciers de l'article L. 621-32 du code de commerce : évolutions récentes », *LPA* 7 oct. 2004, n° 201, p. – Monsérié-Bon M.-H., « Les créanciers postérieurs méritants et l'exécution », in *Mesures d'exécution et procédures collectives*, Bruylant 2012, collection Procédures, p. 29.

› *Fiscalité*. Le Corre P.-M., « La taxe foncière, une créance postérieure méritante ? », *Gaz. Pal.* 15-16 oct. 2010, p. 12.

450.04 Questions essentielles.

• Le créancier postérieur non payé au jour de la résolution du plan conserve-t-il son droit de priorité dans la seconde procédure ?

* V. s^s n° 451.12.

• La créance d'honoraires du conseil du débiteur, dans le cadre de la défense de ses droits propres, est-elle éligible au traitement préférentiel ?

* V. s^s n° 453.21.

• La taxe foncière est-elle une créance éligible au traitement préférentiel ?

* V. s^s n° 453.21.

• La créance de dépens est-elle éligible au traitement préférentiel ?

* V. s^s n° 453.21.

• Quel est le sort d'un créancier postérieur ne bénéficiant pas du traitement préférentiel ?

* V. s^s n° 454.11.

• Le créancier postérieur peut-il obtenir condamnation du débiteur ?

* V. s^s n° 455.42.

• Le créancier postérieur peut-il être payé alors qu'un créancier de rang préférable ne l'est pas ?

* V. s^s n° 455.43.

• Le créancier postérieur peut-il exécuter un jugement de condamnation obtenu contre le débiteur ?

* V. s^s n°s 455.43 à 455.46.

• Le créancier postérieur peut-il pratiquer des saisies attributions ?

* V. s^s n° 455.46.

• Le créancier postérieur non payé au jour de la clôture de la liquidation judiciaire pour insuffisance d'actif peut-il continuer à poursuivre en paiement le débiteur ?

* V. s^{s} n° 455.47.

450.09 Présentation de la règle du traitement préférentiel des créanciers postérieurs.

> Énoncé de la règle du traitement préférentiel des créanciers postérieurs. Aux termes de l'alinéa 1er de l'article L. 621-32 du code de commerce (anc^{t} L. 25 janv. 1985, art. 40), « les créances nées régulièrement après le jugement d'ouverture sont payées à leur échéance lorsque l'activité est poursuivie. En cas de cession totale ou lorsqu'elles ne sont pas payées à l'échéance en cas de continuation, elles sont payées par priorité à toutes les autres créances, assorties ou non de privilèges ou sûretés, à l'exception des créance garanties par le privilège établi aux articles L. 143-10, L. 143-1 L. 742-6 et L. 751-15 du code du travail (devenus L. 3252 et L. 3253-3, L. 3253-4 et L. 7313-8) ».

Malgré la codification de la loi du 25 janvier 1985 en conséquence de laquelle l'article 40 de la loi du 25 janvier 1985 est devenu l'article L. 621-32 du code de commerce, l'expression créancier ou créance de l'article 40 a continué, par commodité, à être utilisée par la pratique et une partie de la doctrine.

La loi du 26 juillet 2005[2] a modifié le domaine du traitement préférentiel réservé aux créanciers postérieurs. Il est désormais prévu, aux termes de l'article L. 622-17, I du code de commerce que « les créances nées régulièrement après le jugement d'ouverture pour les besoins du déroulement de la procédure ou de la période d'observation, ou en contrepartie d'une prestation fournie au débiteur, pour son activité, pendant cette période, sont payées à leur échéance ». L'ordonnance du 18 décembre 2008[3] élargit quelque peu le domaine de ce traitement préférentiel, en supprimant, au titre de la contrepartie fournie au débiteur, la précision selon laquelle cette contrepartie doit être fournie pour l'activité professionnelle. L'article L. 622-17, II poursuit en indiquant que « en cas de plan de sauvegarde, lorsqu'elles ne sont pas payées à l'échéance, ces créances sont payées par privilège à toutes les autres créances, assorties ou non de privilèges ou de sûretés, à l'exception des créances garanties par le privilège établi aux articles L. 143-10, L. 143-11, L. 742-6 et L. 751-15 du code du travail (devenus L. 3253-2 et L. 3253-3, L. 3253-4 et L. 7313-8) et le privilège établi par l'article L. 611-11 du présent code ». Cette disposition est applicable à la procédure de redressement judiciaire, du fait du renvoi opéré par l'article L. 631-14, I, cependant que l'ordre des créanciers est resté inchangé après la réforme du 26 juillet 2005, sous réserve de l'apparition du privilège de la conciliation. L'ordonnance du 18 décembre 2008 modifie le classement pour les créanciers postérieurs dont la créance correspond à des frais de justice nés pour les besoins du déroulement de la procédure, qui sortent du classement réservé aux créanciers postérieurs, pour être classés juste après le super privilège des salaires et avant le privilège de la conciliation.

L'idée d'opérer *une sélection entre les créances postérieures* est indiscutablement bonne. Mais une fois le principe posé, il faut s'intéresser au sort des créances qui ne seront pas éligibles au traitement préférentiel. Les choses se compliquent singulièrement, dès lors que, comme il a été relevé, ce ne sont pas moins de six régimes qui sont applicables aux créances postérieures[4]. L'on assiste à une « balkanisation des créances »[5]. Innover, ce n'est pas toujours simplifier.

La simplification et la recherche de réduction de la diversité des régimes applicables aux créances postérieures ont justifié la modification apportée par l'ordonnance du 18 décembre 2008. Cette idée explique la suppression de l'exception à l'interdiction de payer les créances postérieures non éligibles au traitement préférentiel, pour celles nées pour les besoins de la vie courante du débiteur. En contrepartie, les créances qui sont la contrepartie d'une prestation fournie au débiteur, indépendamment de son activité professionnelle, relèvent du traitement préférentiel réservé aux créanciers postérieurs. « Chassés par la porte, entrant ainsi par la fenêtre et pour trôner de surcroît au salon et non plus rester à l'office »[6], ces créanciers postérieurs, dont les créances sont nées pour les besoins de la vie courante du débiteur, sont ainsi mieux traités.

Terminons cet énoncé de la règle du traitement préférentiel des créanciers postérieurs par une précision. En présence d'un entrepreneur individuel à responsabilité limitée, le traitement préférentiel réservé aux créanciers postérieurs n'intéresse que les seuls créanciers du patrimoine concerné par la procédure collective.

> Fondement de la règle conférant un traitement préférentel au créancier postérieur. L'article 40 de la loi du 25 janvier 1985 (C. com., art. L. 621-32), devenu l'article L. 622-17, sous l'empire de la loi du 26 juillet 2005, constitue le pivot de ces législations. Par cette disposition, le législateur donne à l'entreprise en procédure de redressement judiciaire, ainsi qu'à celle en procédure de sauvegarde, depuis la loi du 26 juillet 2005, les moyens financiers de son redressement. En conférant aux créanciers postérieurs la possibilité d'être payés immédiatement et, à défaut de paiement immédiat, en leur donnant la chance d'être payés prioritairement par rapport aux autres créanciers, la disposition analysée constitue assurément l'arme du redressement de l'entreprise. Les créanciers postérieurs sont des créanciers de la procédure, et non dans la procédure, ce qui explique, dans une large mesure, qu'ils restent en dehors de la procédure. Ils n'en sont pas prisonniers.

Cette disposition reprend une idée de la législation du 13 juillet 1967[7], qui faisait prévaloir les créanciers de la masse sur les créanciers dans la masse. Mutatis mutandis, les créanciers de la masse deviennent les créanciers de l'article 40

1. L. n° 85-98, 25 janv. 1985, *JO* 26 janv., p. 1097.
2. L. n° 2005-845, 26 juill. 2005, *JO* 27 juill., p. 12187.
3. Ord. n° 2008-1345, 18 déc. 2008, *JO* 19 déc., p. 19462.
4. Pétel,« Les créanciers postérieurs », *Rev. proc. coll.* 2006/2, p. 142 s., sp. p. 147, n° 35.
5. Lucas, *LPA* 21 sept. 2006, n° 189, p. 45.
6. Pérochon, « Les interdictions de paiement et le traitement des sûretés réelles », *D.* 2009. 651 s., sp. 660, n° 34.
7. L. n° 67-563, 13 juill. 1967, *JO* 14 juill., p. 7059.

et aujourd'hui les créanciers postérieurs. Nous sommes ici en présence d'une des règles constitutives du « noyau dur » des procédures collectives, s'imposant en tous temps et en tous lieux[1].

Cependant, la législation du 25 janvier 1985 est allée beaucoup plus loin que celle du 13 juillet 1967. La priorité de paiement donnée aux créanciers de la masse par la loi de 1967 était limitée : elle ne permettait à ces derniers que de primer les créanciers chirographaires antérieurs. Elle laissait en revanche intact le droit de priorité reconnu aux créanciers privilégiés antérieurs, titulaires de sûretés spéciales.

La loi du 25 janvier 1985, dans sa quête du redressement judiciaire à tout prix, a délibérément sacrifié les créanciers antérieurs, titulaires de sûretés spéciales. Il est clairement affirmé, dans la version originale de l'article 40, que les créanciers de l'article 40 l'emportent sur les créanciers antérieurs, titulaires de sûretés spéciales ou de privilèges généraux, à la seule exception du super privilège des salaires. Ce système a rapidement conduit à la ruine du crédit hypothécaire et, plus généralement, à « détraquer » complètement le système des sûretés, laborieusement élaboré au cours des deux siècles écoulés.

La propriété et la rétention constituent les seules techniques efficaces dans ce contexte. Les établissements de crédit l'ont compris à leurs dépens, et les années 1990 ont été marquées par le phénomène du *credit crunch*. Les établissements de crédit se sont en effet montrés particulièrement frileux dans la distribution du crédit, faute de pouvoir bénéficier de sûretés sûres. Le « marché » passé entre les pouvoirs publics et les établissements de crédit a consisté à ouvrir à nouveau les vannes du crédit, en contrepartie de la restauration des sûretés classiques[2]. C'est l'un des objectifs fondamentaux de la loi du 10 juin 1994[3], qui établit un nouveau classement des créanciers de l'article 40, du moins en liquidation judiciaire, en restaurant la suprématie d'une certaine partie des sûretés réelles classiques.

Faute de restrictions du texte, la jurisprudence a largement interprété l'article L. 621-32 du code de commerce, et avant la codification, l'article 40 de la loi du 25 janvier 1985. Tous les créanciers, dont la créance est née régulièrement après jugement d'ouverture, bénéficient de la disposition, même si la créance en cause n'a aucun rapport avec la poursuite de l'exploitation. Il en résulte que la dilution de ce droit de priorité entraîne son affaiblissement[4].

La réforme du 26 juillet 2005 opère, au contraire, une sélection entre les créanciers, en limitant de manière sensible le bénéfice de la disposition de l'article L. 622-17. De la sorte, les créanciers bénéficiaires du traitement préférentiel seront moins nombreux et l'efficacité du dispositif qui leur est accordé sera, en conséquence, mécaniquement renforcée[5].

Toutefois, dans un souci de clarté, l'ordonnance du 18 décembre 2008 ouvre à nouveau les portes du traitement préférentiel à des créanciers qui en étaient privés, dans la rédaction d'origine de la loi de sauvegarde des entreprises : les créanciers titulaires de créances nées en contrepartie d'une prestation fournie au débiteur sans rapport avec l'activité professionnelle de ce dernier.

L'article L. 621-32 du code de commerce, dans sa rédaction antérieure à la loi de sauvegarde des entreprises, l'article L. 622-17, dans la rédaction que lui donne la loi de sauvegarde des entreprises, font apparaître que, pour bénéficier du traitement préférentiel, il faut que la créance soit née après jugement d'ouverture. La question de la délimitation des créances antérieures et des créances postérieures a déjà été étudiée (v. ss n°s 441.09 s.). Il ne restera qu'à s'interroger sur la date butoir de naissance de la créance postérieure.

1. Pétel, art. préc., p. 142, n° 1.
2. *Le Monde*, 19 nov. 1993, p. 21.
3. L. n° 94-475, 10 juin 1994, *JO* 11 juin, p. 8440.
4. Pérochon, « Les créanciers postérieurs et la réforme du 26 juillet 2005 », *Gaz. proc. coll.* 2005, n° sp. 7-8 sept. 2005, p. 57, n° 6 – PÉROCHON, 10e éd., n° 764.
5. *Rapp. Xavier de Roux*, n° 2095, p. 220 – Pérochon, « Les créanciers postérieurs et la réforme du 26 juillet 2005 », *Gaz. proc. coll.* 2005, n° sp. 7-8 sept. 2005, p. 57 s., sp. p. 63, n° 38.

CHAPITRE

451. Temps de la naissance de la créance éligible au traitement préférentiel

SECTION 0

ORIENTEUR

451.00 **Plan du chapitre.**

Sect. 451.10 Créances nées en période d'observation

Sect. 451.20 Créances postérieures et liquidation judiciaire

Sect. 451.30 Naissance de la créance après plan de sauvegarde ou de redressement

451.01 **Textes applicables.** (V. s[s] n° 450.01).

451.03 **Bibliographie indicative.** (V. s[s] n° 450.03).

SECTION 451.10

CRÉANCES NÉES EN PÉRIODE D'OBSERVATION

451.11 **Créances nées en période d'observation.** Il est d'abord indiscutable que des créances postérieures peuvent naître en période d'observation, tant dans la procédure de sauvegarde, que dans celle de redressement judiciaire. C'est là leur période de naissance d'élection. Il s'agit de ce qu'on appelle classiquement les dettes nées de la poursuite d'exploitation. Le seul problème résulte du fait que la loi a enfermé la durée de la période d'observation dans des limites temporelles. L'article 20 du décret du 27 décembre 1985[1] prévoit, en régime général, que la période d'observation est limitée à six mois. Elle peut être renouvelée une fois, pour une durée égale au plus à six mois et peut en outre être exceptionnellement prolongée à la demande du ministère public pour une durée n'excédant pas huit mois. En régime simplifié, l'article 111 du même décret prévoit que la période d'observation est limitée à quatre mois. Elle peut être renouvelée une fois, éventuellement prorogée lorsqu'il s'agit d'une exploitation agricole, jusqu'au terme de l'année culturale en cours. En outre, si, en préalable à l'arrêté d'un plan de cession, une période de location-gérance est décidée, la période d'observation est prolongée à due concurrence. Identiquement, la loi de sauvegarde des entreprises[2] prévoit des limites temporelles pour la période d'observation. L'article L. 621-3, texte spécifique à la sauvegarde, applicable en redressement judiciaire du fait du renvoi opéré par l'article L. 631-7, dispose que « le jugement ouvre une période d'observation d'une durée maximale de six mois qui peut être renouvelée une fois par décision motivée à la demande de l'administrateur, du débiteur ou du ministère public. Elle peut en outre être exceptionnellement prolongée à la demande du procureur de la République par décision motivée du tribunal pour une durée fixée par décret en Conseil d'État ».

Lorsqu'il s'agit d'une exploitation agricole, le tribunal peut proroger la durée de la période d'observation en fonction de l'année culturale en cours et des usages spécifiques aux productions de l'exploitation.

Une difficulté se présente pour les créances qui naissent après expiration théorique de la période d'observation (v. s[s] n° 452.11).

Les créances qui naissent après clôture de la procédure de sauvegarde pour disparition des difficultés de nature à conduire à la cessation des paiements ne peuvent bénéficier du traitement préférentiel[3], au demeurant inutile puisque la procédure collective est terminée. La même solution vaut pour la clôture du redressement judiciaire[4].

451.12 **Créances nées pendant la période d'observation et non payées au jour de la résolution du plan de continuation, de redressement ou de sau-**

1. D. n° 85-1388, 27 déc. 1985, *JO* 29 déc., p. 15281.
2. L. n° 2005-845, 26 juill. 2005, *JO* 27 juill., p. 12187.
3. LE CANNU, 7e éd., n° 761.
4. LE CANNU, 7e éd., n° 761.

vegarde. On suppos ici que la créance est en- dant la période d'observation. À l'issue de c, le débiteur a obtenu u plan de continuation que le créancier postérieur n'ait été payé. E ase d'exécution du plan, cette créance n'est en modifiée. Elle deeure une créance post re bénéficiant du traitement préférentiel. La di té va survenir si le pln de continuation fait et d'une résolution.

Sous l'empire de la loi du 25 janvier 1985 n réformée, la résolutin du plan de continu n entraînait ouverture une nouvelle procédue redressement judiciaie, laquelle pouvait ene déboucher soit sur un pan de cession, soit sue liquidation judiciaire (C com., art. L. 621-82 [t L. 25 janv. 1985, art. 8q). Sous l'empire de li du 10 juin 1994[2], la résution d'un plan de co nuation entraîne ouverture d'une liquidation ju ciaire. Dans les deux cas, i y a ouverture d'une n velle procédure. Chronoogiquement, la créan article 40 de la première procédure devient u créance antérieure, dans la seconde procédure. Sel l'expression d'auteurs, il s'agit de créances « antér postérieures »[3]. L'indépendance existant entre l deux procédures a conduit la jurisprudence à s'orien ter en ce sens[4], y compris pour des créances salariale devant en conséquence, dans la seconde procédure, être portées sur le relevé de créances salariales[5]. Le droit de priorité de l'article 40 n'apparaît ainsi pas comme un privilège. Il a été qualifié de privilège à « éclipses »[6], qui peut devenir, pour les créanciers non diligents ou trop conciliants, un « miroir aux alouettes[7] ».

Sous l'empire de la loi du 26 juillet 2005[8], les données du problème changent, à notre sens. La loi de sauvegarde des entreprises accorde aux créanciers postérieurs un véritable privilège. Il ne semble donc pas que ce privilège puisse disparaître, au prétexte de la résolution du plan de redressement ou de sauvegarde. Il nous semble au contraire que le privilège sera maintenu dans la seconde procédure ouverte, suite à la résolution du plan avec ou pour cessation des paiements, qui sera une liquidation judiciaire, sauf en cas de résolution d'un plan de sauvegarde, cas dans lequel, depuis l'ordonnance du 18 décembre 2008[9], un redressement judiciaire pourra également être décidé. Indiquons, en outre, que le problème de la conservation du privilège ne se pose pas en cas de résolution d'un plan de sauvegarde ou de redressement, prononcé facultativement, en l'absence de cessation des paiements. Dans cette hypothèse, en effet, aucune procédure collective ne sera ouverte consécutivement à la résolution du plan.

SECTION 451.20

CRÉANCES POSTÉRIEURES ET LIQUIDATION JUDICIAIRE

451.21 **Créances postérieures et liquidation judiciaire.** L'article 40 de la loi du 25 janvier 1985[10] (C. com., art. L. 621-32), conçu pour la période d'observation, doit-il trouver application en liquidation judiciaire ? Sous l'empire de la loi du 25 janvier 1985 non reformée, la question avait reçu une réponse positive[11]. La Cour de cassation avait explicitement posé que la créance de l'article 40 pouvait naître indépendamment de toute poursuite d'activité. La solution a été posée à propos d'une astreinte prononcée contre un liquidateur, condamné à restituer un matériel revendiqué[12]. Elle a identiquement été appliquée à propos de taxes foncières correspondant à des périodes postérieures au prononcé de la liquidation judiciaire, et alors qu'aucune poursuite de l'activité n'avait été autorisée[13].

Il est certain qu'une poursuite irrégulière d'activité en liquidation judiciaire ne pourrait faire naître régulièrement une créance postérieure, avant[14] comme après l'entrée en vigueur de la loi de sauvegarde des entreprises[15] (v. aussi s^s n° 452.42).

L'article L. 621-32 du code de commerce, dans la rédaction antérieure à la loi de sauvegarde des entreprises, se contente d'indiquer le traitement à appliquer, en liquidation judiciaire, aux créances nées après le jugement d'ouverture. Il ne prévoit donc pas explicitement la naissance de créances « article 40 », après liquidation judiciaire. Il ne l'exclut pas d'avan-

1. L. n° 85-98, 25 janv. 1985, *JO* 26 janv., p. 1097.
2. L. n° 94-475, 10 juin 1994, *JO* 11 juin, p. 8440.
3. LE CANNU ET *ALII*, n° 1364.
4. Com. 28 juin 1994, n° 91-16.090, *Bull. civ.* IV, n° 244; *Rev. proc. coll.* 1995, 297, obs. Saint-Alary-Houin et 53, n° 1, obs. Dureuil; *D.* 1995. Somm. 9, obs. Derrida; *RTD com.* 1995. 486, obs. Martin-Serf – Com. 10 oct. 1995, n° 93-14.601, NP, *Dr. sociétés* 1995, n° 241, obs. Chaput.
5. Soc. 13 mai 2009, n° 07-45.356, NP; n° 949 F-D.
6. SELON LA JOLIE FORMULE de : Saint-Alary-Houin, obs. s^s Com. 28 juin 1994, *Rev. proc. coll.* 1995, 297.
7. PÉROCHON ET BONHOMME, 6e éd., n° 225.
8. L. n° 2005-845, 26 juill. 2005, préc.
9. Ord. n° 2008-1345, 18 déc. 2008, *JO* 19 déc., p. 19462.
10. L. n° 85-98, 25 janv. 1985, préc.
11. Com. 20 févr. 1990, n° 88-17.200, *Bull. civ.* IV, n° 47; *D.* 1991. Somm. 3, obs. Derrida – Com. 10 juill. 1990, n° 88-20.493, *Bull. civ.* IV, n° 207.
12. Com. 8 déc. 1998, n° 96-17.793, *Bull. civ.* IV, n° 294; *D. Affaires* 1999. 133; *JCP E* 1999, pan. 152.
13. Com. 14 nov. 2000, n° 97-21.414, NP, *Rev. proc. coll.* 2002, p. 210, n° 6, obs. Neau-Leduc.
14. Versailles, 30 mars 1995, *RJDA* 1995, n° 891 – Toulouse, 12 juin 1996, *Rev. proc. coll.* 1998, 298, n° 16, obs. Saint-Alary-Houin – *Adde*, DERRIDA ET *ALII*, n° 411 – *SOINNE*, n° 1109.
15. L. n° 2005-845, 26 juill. 2005, préc.

tage, car le jugement d'ouverture, visé à l'article L. 621-32 n'est pas précisé. Il peut donc s'agir d'un jugement d'ouverture de redressement ou de liquidation judiciaire. En réalité, la réponse est apportée par un autre texte. L'article L. 622-10 du code de commerce (anc^{t} L. 25 janv. 1985, art. 153, al. 1er) prévoit, en son alinéa 1er, une possibilité de maintien de l'activité en cas de liquidation judiciaire. En cette phase, il est prévu que « les dispositions de l'article 40 [C. com., art. L. 621-32] sont applicables aux créances nées pendant cette période ». Il n'y a donc pas de difficulté à décider que les créances nées pendant la poursuite provisoire de l'activité en liquidation judiciaire bénéficient de l'article 40. Que décider, en revanche, en dehors de la poursuite provisoire de l'activité ? Sous l'empire de la loi du 25 janvier 1985 non réformée, l'article 40 pouvait trouver application, même si l'exploitation n'était pas continuée, dès lors que les contrats étaient continués. En effet, la continuation du contrat était possible en liquidation judiciaire, même sans poursuite d'activité. Il était corrélativement logique de décider que les créances naissant de ces contrats continués étaient couvertes par l'article 40[1]. La jurisprudence avait également admis la naissance de créances extra-contractuelles, en dehors de toute poursuite d'activité, couvertes par l'article 40[2].

La loi du 10 juin 1994[3] nous avait semblé changer les données du problème. Majoritairement, les auteurs ne proposent toutefois pas de solutions différentes selon que la loi applicable est celle du 25 janvier 1985 initiale ou celle du 25 janvier 1985 réformée[4]. Par principe, l'article 40 (C. com., art. L. 621-32) ne naîtra que pendant la phase de poursuite provisoire de l'activité[5]. La logique du texte de l'article 40 permet de conforter cette opinion, car le législateur limite le jeu de la règle du paiement à l'échéance au cas de continuation de l'activité. Or, pour que la question du régime de la créance se pose, encore faut-il que celle-ci puisse naître. La liquidation judiciaire sans poursuite d'activité n'aurait pas dû rendre possible la continuation du contrat.

La jurisprudence s'est cependant fixée en sens contraire (v. s^{s} n° 431.31). Des créances contractuelles peuvent donc naître en liquidation judiciaire même sans poursuite d'activité. De même, des créances extra contractuelles peuvent continuer à naître pendant cette période, ces dernières étant érentes à la poursuite de l'activité. La solution posée pour une créance de taxe foncière[6].

loi de sauvegarde des entreprises prévoit dans xte séparé, l'article L. 641-13, le domaine et le réservé aux créances postérieures, en situation quidation judiciaire. Selon le I de cet article, créances nées régulièrement après le jugement ouvre ou prononce la liquidation judiciaire, ou s ce dernier cas, après le jugement d'ouverture de procédure de sauvegarde ou de redressement judiire qui l'a précédée, pour les besoins du déroulent de la procédure, pour les besoins, le cas échéant, la période d'observation antérieure, ou en raison une prestation fournie au débiteur, pour son acti-té professionnelle postérieure à l'un de ces jugeents, sont payées à leur échéance ». Le texte déconecte la règle du paiement à l'échéance de la question e la poursuite provisoire d'activité autorisée en quidation judiciaire. Qu'il y ait ou non poursuite l'activité, des créances postérieures bénéficiant du raitement préférentiel pourront naître. Cependant, es règles relatives à la continuation des contrats en cours posées par la loi de sauvegarde des entreprises semblaient conduire à décider que les créances contractuelles ne pourraient bénéficier du traitement préférentiel que si le contrat pouvait être poursuivi. Or s'il n'y avait pas de difficulté pour le bail des locaux professionnels, qui pouvait être continué en liquidation judiciaire indépendamment de la poursuite d'activité, il n'en allait pas de même, à notre sens, pour les autres contrats (v. aussi s^{s} n° 431.32). Il fallait donc poser en règle que les créances, issues de contrats autres que le bail des locaux professionnels conclus avant jugement d'ouverture, ne pouvaient, dans la liquidation judiciaire, bénéficier du traitement préférentiel réservé aux créances postérieures qu'en cas de poursuite provisoire de l'activité.

L'ordonnance du 18 décembre 2008[7] modifie les règles sous deux aspects. Il est d'abord établi que la continuation des contrats en cours est possible en liquidation judiciaire même en dehors de la poursuite provisoire d'activité. En revanche, il est également prévu que si la créance est la contrepartie d'une prestation fournie au débiteur, il importe peu qu'elle soit en rapport avec l'activité professionnelle. Mais, après avoir posé en règle ce principe nouveau, elle en limite singulièrement la portée en liquidation judiciaire. En effet, seules les créances nées en contrepartie d'une prestation fournie au débiteur pendant la poursuite provisoire de l'activité en liquidation judiciaire bénéficieront du traitement préférentiel. Ainsi, malgré le principe de continuation des con-

1. DERRIDA ET *ALII*, n° 411.
2. Com. 17 janv. 1995, n° 92-16.941, *Bull. civ.* IV, n° 16; *D.* 1995. Somm. 216, obs. Honorat – Com. 2 avr. 1996, n° 94-14.651, *Bull. civ.* IV, n° 108; *Rev. proc. coll.* 1997, 68, obs. Saint-Alary-Houin.
3. L. n° 94-475, 10 juin 1994, préc.
4. SAINT-ALARY-HOUIN, 4e éd., n° 593 – *PÉROCHON ET BONHOMME*, 6e éd., n° 211 – *KERCKHOVE*, n° 486.
5. GUYON, n° 1249.
6. Com. 14 nov. 2000, n° 97-21.414, NP, *Act. proc. coll.* 2001/1, n° 9.
7. Ord. n° 2008-1345, 18 déc. 2008, préc.

trats en cours en liquidation judiciaire sans poursuite d'activité, le cocontractant ne pourra obtenir son paiement que si la créance de continuation du contrat naît pendant la poursuite provisoire de l'activité. Il en va de même des créances nées de contrats conclus après jugement d'ouverture ou des créances naissant après l'arrivée à terme ou la résiliation du contrat, par exemple les créances d'indemnités d'utilisation ou d'occupation. Seules les créances nées pendant la poursuite provisoire d'activité en liquidation judiciaire bénéficieront du traitement préférentiel.

Il a toutefois été indiqué que ce résultat consistant à déconnecter les règles de continuation des contrats en cours en liquidation judiciaire de la naissance des créances postérieures bénéficiant du traitement préférentiel n'avait pas été voulu par le législateur. Certains auteurs, en conséquence, sont favorables à l'idée de permettre d'accorder aux créanciers titulaires de créances nées en contrepartie d'une prestation fournie au débiteur, même après expiration de la poursuite provisoire de l'activité un traitement préférentiel [1].

Opportunément, l'ordonnance du 12 mars 2014 [2] répare la malfaçon en assurant, grâce à une modification de l'article L. 641-13 (ord. 12 mars 2014, art. 68) une meilleure coordination entre les règles de continuation des contrats en cours et les règles d'éligibilité au traitement préférentiel.

SECTION 451.30

NAISSANCE DE LA CRÉANCE APRÈS PLAN DE SAUVEGARDE OU DE REDRESSEMENT

451.31 Naissance de la créance après plan de redressement ou de sauvegarde. Une fois le plan de redressement ou de sauvegarde intervenu, le débiteur ne connaît plus les contraintes inhérentes à la procédure collective, sous la seule réserve de l'exécution du plan. Il s'ensuit que, par principe, les créances naissant après plan de redressement n'ont plus la qualité de créances postérieure [3]. La solution est applicable au plan de sauvegarde. Ces créances étant nées après l'ouverture de la procédure collective, il ne peut davantage s'agir de créances antérieures. Il s'agit en réalité de créances de droit commun, que le créancier pourra recouvrer, par les voies classiques, sans avoir à mettre en cause le commissaire à l'exécution du plan, organe chargé de veiller à la bonne exécution du plan et qui n'a pas de prérogatives particulières relativement aux créances nées après l'adoption du plan.

Il faut cependant isoler les créances nées pour les « besoins du déroulement de la procédure ». Ces créances peuvent dépasser le cadre strict de la période d'observation. Il en est ainsi, par exemple, des créances d'honoraires des mandataires de justice qui passent les actes nécessaires à l'exécution du plan ou qui terminent la vérification du passif. L'article L. 622-17 et l'article L. 641-13 visent d'ailleurs spécialement ces « créances nées régulièrement après le jugement d'ouverture pour les besoins du déroulement de la procédure », sans les enfermer dans la limite de la période d'observation.

451.32 Naissance de la créance après plan de cession. La difficulté ne peut se présenter sous l'empire de la loi de sauvegarde des entreprises [4]. En effet, soit le plan de cession est arrêté en liquidation et en ce cas, le débiteur est déjà en liquidation judiciaire. Soit, le plan de cession est arrêté en redressement. En ce cas, s'il accompagne un plan de redressement du débiteur, les créances nées après son arrêté sont des créances de droit commun; s'il n'accompagne pas un plan de redressement, le débiteur doit être placé en liquidation judiciaire. S'il ne l'est pas immédiatement, la période d'observation se poursuit jusqu'au jugement de liquidation judiciaire.

La question de la possibilité de naissance de créances postérieures après arrêté d'un plan de cession n'intéresse donc que le plan de cession, sous l'empire de la législation antérieure à la loi de sauvegarde des entreprises. Si le plan de cession est partiel, notamment s'il accompagne un plan de redressement partiel (v. s[s] n° 572.32), la solution ci-dessus décrite en matière de plan de redressement (v. s[s] n° 451.31) s'applique.

En présence d'un plan de cession totale, la question est plus délicate. L'adoption d'un plan de cession totale va entraîner, pour le débiteur, arrêt d'activité. Dans ce contexte, il ne semble pas possible de faire naître des créances postérieures à traitement préférentiel [5]. Si le jugement arrêtant le plan de cession est annulé, la créance née après entrée en jouissance du repreneur reste à sa charge. Elle ne devient pas rétroactivement une dette postérieure, à la charge du débiteur [6]. Cependant, la pratique est

1. Pérochon, « Les interdictions de paiement et le traitement des sûretés réelles », *D.* 2009. 651 s., sp. 662, n° 37 – LIENHARD, 3e éd., n° 1919.
2. Ord. n° 2014-326, 12 mars 2014, *JO* 14 mars, p. 5249.
3. Com. 3 avr. 1990, n° 88-19.807, *Bull. civ.* IV, n° 113; *D.* 1990. 385, note Jeantin; *RTD com.* 1990. 497, n° 3, obs. Martin-Serf; *Rev. proc. coll.* 1990, 232, n° 3, obs. Saint-Alary-Houin; *JCP E* 1990. II. 15829, note M. Cabrillac – TI Niort, 12 sept. 1994, *Rev. proc. coll.* 1995, 299, n° 2, obs. Saint-Alary-Houin.
4. L. n° 2005-845, 26 juill. 2005, préc. – TOUTEFOIS : LE CANNU, 7e éd., n° 763.
5. EN CE SENS : DERRIDA ET *ALII*, n° 409 – *KERCKHOVE*, n° 490.
6. Com. 28 janv. 1997, n° 94-21.401, *Bull. civ.* IV, n° 36; *LPA* 12 août 1998, n° 96, p. 25, note Courtier.

bien différente. En effet, il s'éco souvent un temps relativement long entre la d à laquelle le tribunal arrête le plan de cession et l ate à laquelle le repreneur entre en jouissance, qui par principe celle de la rédaction des actes de cessi, s'il n'en est autrement décidé par le jugement arrênt le plan de cession.

Si l'entrée en jouissance du reprene est fixée à la date d'arrêté du plan de cession, il est pas concevable de faire naître des créances ostérieures bénéficiant du traitement préférenti Il en sera ainsi si la gestion est conférée, à cette da, au repreneur[1]. Il faut seulement réserver l'inemnité de rupture du contrat de travail non cédé[2], es dispositions de l'article L. 621-28 du code decommerce (aL. 25 janv. 1985[3], art. 37) étant sans applicatiou contrat de travail.

'entrée en jouissance est fixée à une date postérre à la date du jugement arrêtant le plan de cesn, l'activité se poursuit sous la responsabilité dedministrateur ou, en son absence, du débiteur. Il dès lors logique de décider que les créances népendant cette période, continuent à bénéficier duitement préférentiel réservé aux créances postérres[4].

date de naissance de la créance constitue un prer critère d'attribution à celle-ci du bénéfice duaitement préférentiel. Une seconde condition estosée pour que la créance bénéficie du traiteme préférentiel : sa régularité.

1. Com. 31 mars 1998, n° 95-21.740, *Bull. civ.* IV, n° 121; *D. Affaires* 1998. 763; *JCP E* 1998, Chron. 1358, 2-b-5, obs. M. Cabrillac; *RTD com.* 1998. 942, obs. Martin-Serf.
2. Soc. 2 oct. 2001, n° 97-21.827, *Bull. civ.* V, n° 290; *D.* 2001. AJ 3122; *Act. proc. coll.* 2001/18, n° 238; *JCP E* 2001, pan. p. 1750.
3. L. n° 85-98, 25 janv. 1985, préc.
4. Com. 9 juin 1992, n° 90-16.915, *Bull. civ.* IV, n° 231; *D.* 1993. Somm. 5 obs. Derrida – Com. 6 déc. 1994, n° 92-10.008, *Bull. civ.* IV, n° 366; *RTD com.* 1996. 128, obs. Martin-Serf – Com. 10 janv. 1995; *Rev. proc. coll.* 1996, 104, n° 20, obs. Soinne – Besançon, 2e ch. com., 25 avr. 1997, *Rev. proc. coll.* 1998, 299, n° 19, obs. Saint-Alary-Houin – Paris, 18e ch. C, 20 oct. 1999, *Rev. proc. coll.* 2002, p. 102, n° 7, obs. Saint-Alary-Houin.

CHAPITRE

452. Régularité de la naissance de la créance éligible au traitement préférentiel

SECTION 0

ORIENTEUR

452.00 **Plan du chapitre.**

Sect. 452.10 Approche globale de la notion de « régularité » de naissance de la créance

Sect. 452.20 Règles relatives aux créances contractuelles

Sect. 452.30 Règles relatives aux créances extracontractuelles

Sect. 452.40 Lien entre créance née régulièrement et activité professionnelle du débiteur

452.01 **Textes applicables.** (V. s[s] n° 450.01).

452.03 **Bibliographie indicative.** (V. s[s] n° 450.03).

SECTION 452.10

APPROCHE GLOBALE DE LA NOTION DE « RÉGULARITÉ » DE NAISSANCE DE LA CRÉANCE

452.11 **Approche globale de la notion de « régularité » de naissance de la créance – Problématique de l'activité interdite.** L'article 40 de la loi du 25 janvier 1985[1], en son alinéa 1er (C. com., art. L. 621-32), vise les « créances nées régulièrement ». La solution est reproduite par les articles L. 622-17, I, et L. 641-13, I, issus de la loi de sauvegarde des entreprises. C'est le « critère organique » du traitement préférentiel[2].

L'adverbe « régulièrement », comme tout adverbe utilisé dans un texte légal, est sujet à interprétation. Il fait naître des interrogations.

La régularité doit d'abord s'apprécier par référence à l'interdit. Des actes interdits ne peuvent faire naître des créances régulières. Il en est ainsi d'une activité illicite ou immorale[3]. De même, la poursuite d'une activité non autorisée, en liquidation judiciaire, ne devrait pas davantage, *a priori*, autoriser la naissance de créances régulières. La solution doit être rapprochée de celle posée sous l'empire de la loi du 13 juillet 1967[4] : la créance née d'une poursuite irrégulière de l'activité en liquidation des biens est hors procédure. Elle est inopposable à la masse[5]. La Chambre sociale de la Cour de cassation, statuant sous l'empire de la loi du 25 janvier 1985, a toutefois posé une solution différente, à propos de créances nées de la poursuite de contrats de travail dans le cadre d'une poursuite illicite de l'activité[6]. La Chambre commerciale de la Cour de cassation semble partager l'analyse, lorsqu'elle juge que bénéficie du traitement préférentiel l'indemnité d'occupation d'un immeuble loué à usage professionnel, par un avocat qui continue illégalement son activité, au mépris d'une interdiction d'exercer[7].

1. L. n° 85-98, 25 janv. 1985, *JO* 26 janv., p. 1097.

2. Henry, « La notion de privilège de procédure dans la loi de sauvegarde », *Rev. proc. coll.* 2008, p. 20 s., sp. p. 25, n° 19.
3. Le Cannu, 7e éd., n° 760.
4. L. n° 67-563, 13 juill. 1967, *JO* 14 juill., p. 7059.
5. Com. 14 oct. 2008, n° 07-11.570, NP; n° 990 F-D.
6. Soc. 13 juill. 2010, n° 08-45.305, NP; n° 1584 F-D; *D.* 2010. 1935, note Lienhard; *Dr. et patr.* sept. 2011, n° 206, 75, note Saint-Alary Houin; *Rev. proc. coll.* 2012, comm. 41, note Saint-Alary Houin.
7. Com. 17 sept. 2013, n° 12-18.293, NP; n° 833 F-D.

Ces solutions ne peuvent être approuvées, car il apparaît bien difficile de comprendre que des créances puissent naître régulièrement d'une activité interdite.

Une autre difficulté tient au dépassement de la durée de la période d'observation, en l'absence de décision du tribunal scellant le sort de l'entreprise. Les créances qui naissent après expiration théorique de la période d'observation, soit par rapport à la date fixée par le tribunal, soit par rapport à la limite temporelle légale, continuent-elles à bénéficier du traitement préférentiel ? L'orthodoxie juridique aurait dû conduire à une réponse négative[1]. La jurisprudence, sous l'empire de la législation antérieure à la loi de sauvegarde des entreprises, s'est pourtant fixée en sens contraire[2]. La solution, qui sera sans doute reconduite sous l'empire de la loi de sauvegarde des entreprises, doit être approuvée : tant qu'une solution n'a pas été arrêtée, l'entreprise ne peut juridiquement être qu'en période d'observation[3], de sorte qu'il n'y a pas d'obstacle à la naissance régulière de créances postérieures[4] (v. aussi s^s^ n° 411.11).

La régularité de la naissance de la créance postérieure s'apprécie essentiellement par rapport aux règles de l'administration contrôlée et du dessaisissement. Plus spécialement, est ici en jeu la question de la répartition des pouvoirs entre le débiteur et les organes de la procédure[5]. C'est ainsi que le débiteur dessaisi ne peut émettre un chèque, d'où il résulte que le titre exécutoire pris à la suite de l'émission du chèque sans provision n'a pu donner naissance à une créance régulière[6]. Un ordre de virement ne peut être donné par le débiteur seul, alors qu'il est assisté par un administrateur judiciaire. La créance de restitution qui en résulterait, au profit du banquier l'ayant exécuté dans l'ignorance du redressement judiciaire, serait née irrégulièrement[7].

La régularité s'apprécie ensuite par référence à la continuation d'activité professionnelle du débiteur.

La régularité de la naissance d'une créance contractuelle fait appel à deux séries de règles : d'une part celles régissant la continuation des contrats en cours, et plus spécialement la question du titulaire de l'option de continuation du contrat en cours; d'autre part, celles intéressant les relations contractuelles se nouant après le jugement d'ouverture.

1. DERRIDA ET *ALII*, n° 409 – *LE CANNU*, 7e éd, n° 760 – *LE CANNU ET ALII*, n° 616 – JACQUEMONT, 7e éd., n° 432.
2. Com. 9 juin 1992, n° 90-16.915, *Bull. civ.* IV, n° 231; *D.* 1993. Somm. 5, obs. Derrida – Com. 2 févr. 1993, n° 90-21.612, NP, *Rev. proc. coll.* 1993, 404, n° 6, obs. Saint-Alary-Houin – *Adde*, APPROUVANT LA SOLUTION : PÉROCHON ET BONHOMME, 6e éd., n° 213 – SAINT-ALARY-HOUIN, 7e éd., n° 596.
3. SOINNE, n° 1105.
4. EN CE SENS AUSSI : PÉROCHON, 10e éd., n° 779 – SAINT-ALARY-HOUIN, 9e éd., n° 651.
5. SUR LA QUESTION : Saint-Alary-Houin, « La répartition des pouvoirs au cours de la période d'observation », *Rev. proc. coll.* 1990, p. 1 s.
6. Paris, 2e ch. B, 19 janv. 2006, RG n° 05/10401.
7. Com. 4 mars 2014, n° 13-14.410, NP; n° 216 F-D; *BJE* juill. 2014, p. 249, note Bonhomme.

SECTION 452.20

RÈGLES RELATIVES AUX CRÉANCES CONTRACTUELLES

452.21 Continuation des contrats en cours. (Sur cette question, v. aussi s^s^ n°s 430.09 s.). En phase de période d'observation de la procédure de sauvegarde et de redressement judiciaire, il convient de distinguer selon qu'un administrateur a été ou non nommé.

Dans le premier cas, l'administrateur judiciaire a seul le pouvoir d'opter en faveur de la continuation du contrat. Son intervention est une condition de régularité de la naissance de la créance.

En l'absence d'administrateur judiciaire, une distinction s'impose selon que la procédure est ouverte avant ou après l'entrée en vigueur de la loi de sauvegarde des entreprises[8].

Si la procédure est ouverte avant l'entrée en vigueur de la loi de sauvegarde des entreprises, l'option appartient au débiteur. Mais il doit obtenir l'autorisation du juge-commissaire (C. com., art. L. 621-137 [anc^t^ L. 25 janv. 1985[9], art. 141, al. 2]). À défaut d'autorisation de ce dernier, la continuation du contrat est irrégulière et ne peut donc faire naître de créance article 40 (C. com., art. L. 621-32).

Si la procédure est ouverte après l'entrée en vigueur de la loi de sauvegarde des entreprises, l'option pour la continuation du contrat appartient au débiteur qui n'a, par principe, plus besoin d'obtenir l'autorisation du juge-commissaire. En revanche, il doit avoir obtenu l'accord du mandataire judiciaire. Le défaut d'accord de ce dernier, en cas d'option par le débiteur pour la continuation du contrat en cours, aura pour effet d'entraîner une poursuite irrégulière du contrat, à moins que le juge-commissaire, saisi du différend n'ait autorisé la continuation du contrat. En conséquence, les créances qui en seront issues ne pourront, à notre sens, bénéficier du traitement préférentiel.

Enfin, en liquidation judiciaire, les contrats ne pourront être poursuivis que sur option du liquidateur, à moins qu'un administrateur ne soit encore en fonction, auquel cas lui seul pourra opter.

Il faut cependant préciser que le contrat de travail se poursuit de plein droit (v. s^s^ n° 432.11).

Sous l'empire de l'ordonnance du 18 décembre 2008[10], il importe d'indiquer que, même si le con-

8. L. n° 2005-845, 26 juill. 2005, *JO* 27 juill., p. 12187.
9. L. n° 85-98, 25 janv. 1985, préc.
10. Ord. n° 2008-1345, 18 déc. 2008, *JO* 19 déc., p. 19462.

trat peut être poursuivi indépendamment a poursuite provisoire d'activité en liquidation - ciaire, en revanche, en dehors de cette pour e provisoire de l'activité, la créance qui est la co partie d'une prestation fournie au débiteur n'es éligible au traitement préférentiel. Cette solution revue par l'ordonnance du 12 mars 2014[1] (art. 68

En présence d'un contrat en cours au jour jugement d'ouverture, les prestations fournies pa cocontractant, dans l'attente de l'option de l'orga compétent, sont couvertes par les dispositions rése vées aux créances postérieures. Cette solution, posé sous l'empire de la législation antérieure à la loi de sauvegarde des entreprises[2], est reconductible sous l'empire de la loi du 26 juillet 2005 (v. s[s] n° 442.11). La solution est logique, dès lors qu'il est observé que, dans l'attente de l'option sur la continuation du contrat, le cocontractant est obligé de fournir la prestation promise. Il est normal qu'il obtienne, en retour, la contre-prestation attendue. Il importe donc peu que l'option intervienne pour la non continuation du contrat, les créances nées entre le jugement d'ouverture et l'option de non continuation bénéficiant du traitement préférentiel réservé aux créances postérieures[3]. Peu importe également que l'administrateur judiciaire se soit fait autoriser à différer son option. Du jour du jugement d'ouverture jusqu'à l'expiration du délai d'option prolongé, les créances sont couvertes par l'article 40[4] et, depuis la loi de sauvegarde des entreprises, par les dispositions relatives aux créances postérieures (C. com., art. L. 622-17).

Tant qu'une mise en demeure n'a pas été effectuée, les dispositions instaurant un traitement préférentiel pour les créanciers postérieurs auront donc vocation à s'appliquer, la mise en demeure étant facultative pour le cocontractant[5]. La loi de sauvegarde des entreprises ne modifie pas, à notre sens, la solution. La créance postérieure est couverte par le traitement préférentiel si, sous l'empire de la loi de sauvegarde des entreprises, dans sa rédaction d'origine, elle est la contrepartie d'une prestation fournie au débiteur pour son activité professionnelle pendant la période d'observation et celle de poursuite de l'activité autorisée en liquidation judiciaire. La notion de « contrepartie » est plus large que celle de « prestation contractuelle » Il en résulte, à notre sens, que la couverture de la créance par le traitement préférentiel ne présuppose pas la continuation du contrat, dès lors que la prestation fournie entre le jugement d'ouverture et l'option sur la poursuite du contrat, fût-elle une option de non continuation, intéresse l'activité professionnelle du débiteur. Le doute n'est plus permis depuis l'ordonnance du 18 décembre 2008, qui soumet au traitement réservé aux créanciers postérieurs éligibles, les créances nées en contrepartie d'une prestation fournie au débiteur pendant la période d'observation et pendant la poursuite provisoire de l'activité en liquidation judiciaire.

Mais il importe d'observer que le non-paiement de ces créances nées entre le jugement d'ouverture et l'option ne pourra fonder une résiliation de plein droit pour défaut de paiement au comptant, l'option pour la continuation du contrat rendant seule applicable le dispositif de résiliation de plein droit pour défaut de paiement au comptant (v. s[s] n° 431.23).

Après résiliation ou arrivée à terme d'un contrat conférant au débiteur la jouissance précaire d'un bien, dès lors que le créancier propriétaire a fait toutes les diligences pour reprendre possession de son bien, il peut bénéficier, en cas d'utilisation de celui-ci, d'une indemnité d'utilisation couverte par les dispositions de l'article 40[6], et depuis la loi de sauvegarde des entreprises, des articles L. 622-17 et L. 641-13. En matière de bail professionnel, le maintien du débiteur dans les lieux après résiliation ou arrivée à terme du contrat conduira à reconnaître au bailleur, pour l'occupation sans droit ni titre postérieure au jugement d'ouverture, une indemnité d'occupation couverte par l'article 40[7], même si l'organe compétent a émis un avis contraire[8]. La solution est également applicable pour l'indemnité d'occupation après résiliation d'un contrat de crédit-bail immobilier[9]. Ces solutions sont encore d'actualité, sous l'empire de la loi du 26 juillet 2005, les créanciers pouvant en conséquence bénéficier du traitement préférentiel réservé aux créan-

1. Ord. n° 2014-326, 12 mars 2014, *JO* 14 mars, p. 5249.
2. Com. 16 oct. 1990, n° 89-12.930, *RD banc. et bourse* 1991, n° 24, p. 73, obs. Campana et Calendini; *JCP E* 1991. I. 73, n° 4, obs. M. Cabrillac et Pétel; *RTD com.* 1991. 462, obs. Martin-Serf; *JCP E* 1 992. II. 300, note Le Corre; *Rev. proc. coll.* 1991, 461, obs. Chaput – Com. 2 avr. 1996, n° 94-14.651, *Bull. civ.* IV, n° 108; *JCP E* 1996, pan. 655; *RJDA* 1996/8-9, n° 1108, p. 797 – Com. 27 oct. 1998, n° 95-21.286, *Bull. civ.* IV, n° 263; *Act. proc. coll.* 1998/12, n° 159; *D. Affaires* 1999, 33; *Rev. proc. coll.* 1999, 157, n° 6, obs. Monsérié.
3. Com. 15 oct. 1991, n° 90-10.904, *Bull. civ.* IV, n° 292; *RTD com.* 1 992. 681, obs. Chaput.
4. Com. 12 juill. 1994, n° 90-15.071, NP, *Rev. proc. coll.* 1995, 299, n° 3, obs. Saint-Alary-Houin.
5. Com. 2 avr. 1996, n° 94-14.651, *Bull. civ.* IV, n° 108; *Rev. proc. coll.* 1997, 68, obs. Saint-Alary-Houin – Com. 20 juin 2000, n° 97-18.204, *Bull. civ.* IV, n° 130; *D.* 2000. AJ 343, obs. Pisoni; *RTD com.* 2000. 1007, obs. Laude.
6. Dijon, 1re ch., 2e sect., 26 nov. 1996, *SA financière Montrachet c/DIAC*, NP.
7. Com. 25 janv. 1994, n° 91-20.603, *Bull. civ.* IV, n° 33; *JCP E* 1994. II. 629, note Rossi; *Rev. proc. coll.* 1996, 77, n° 13, obs. Saint-Alary-Houin.
8. Caen, 8 oct. 1998, *Rev. proc. coll.* 1999, 157, n° 6, obs. Monsérié.
9. Poitiers, 1er déc. 1997, *Rev. proc. coll.* 1999, 219, n° 5, obs. Saint-Alary-Houin.

ciers postérieurs, sous réserve que les critères téléologiques imposés par la législation nouvelle soient respectés (v. s[s] n°s 453.11 s.). Un auteur doute toutefois de la solution, car, s'il est incontestable que cette créance est née « en raison d'une prestation fournie au débiteur », critère retenu par l'avant-projet de loi de sauvegarde des entreprises, il est plus contestable qu'elle corresponde à la « contrepartie d'une prestation », critère finalement adopté par la loi, qui postule une approche plus directe, *plus* synallagmatique du rapport entre la créance et la prestation délivrée[1].

452.22 Relations contractuelles initiées après jugement d'ouverture – mission du commissaire aux comptes. Pour les relations contractuelles qui se nouent après jugement d'ouverture, il convient également de distinguer, dans la période d'observation de la procédure de sauvegarde et de celle de redressement judiciaire, selon qu'un administrateur judiciaire a été ou non nommé.

En présence d'un administrateur judiciaire, en redressement judiciaire, les pouvoirs qui lui sont confiés par le tribunal sont variables (C. com., art. L. 621-22 et L. 621-138 [anc[t] L. 25 janv. 1985[2], art. 31 ou 142]). Il peut surveiller, assister ou représenter le débiteur. La mission de surveillance n'existe pas en cas de nomination d'un administrateur judiciaire en régime simplifié, pas plus que dans la procédure de sauvegarde (sur la question, v. aussi s[s] n°s 421.32 s.).

Quelle que soit la mission confiée à l'administrateur judiciaire, le débiteur reste compétent pour les actes de gestion courante (v. aussi s[s] n° 421.28). Il peut ainsi passer seul des commandes, à des conditions normales, pour des volumes normaux, par rapport aux besoins de l'exploitation. Il faut cependant que son cocontractant soit de bonne foi, c'est-à-dire qu'il soit resté dans l'ignorance de la restriction de pouvoir atteignant le débiteur (v. s[s] n° 421.28). Pour les actes de gestion courante, la bonne foi constitue donc une condition de régularité de la naissance de la créance.

Sans doute parce que la mission du commissaire aux comptes est d'origine légale, une cour d'appel a pu considérer que l'acceptation de la lettre de mission et des honoraires du commissaire aux comptes constituait un acte de gestion courante, et ce d'autant que, d'année en année, cette mission est récurrente[3]. La prudence commandera, *a minima*, au commissaire aux comptes d'informer l'administrateur judiciaire.

En dehors des actes de gestion courante, et quelle e soit la bonne foi du cocontractant, les pouvoirs l'administrateur judiciaire doivent être respectés. débiteur ne peut s'en émanciper pour traiter avec es cocontractants. Ces derniers, dans le cas conaire, ne peuvent prétendre au bénéfice des disposiions réservées aux créanciers postérieurs. La soluion a été posée, sous l'empire de la législation antérieure à la loi de sauvegarde des entreprises[4], pour une créance résultant d'accords passés avec le débiteur sans consultation de l'administrateur judiciaire assistant le débiteur[5] ou pour un avocat choisi par les dirigeants de la société débitrice, mais non par l'administrateur judiciaire et dont la créance d'honoraires, d'un montant élevé, n'a pas été considérée comme relevant de l'article 40[6]. De même, la créance d'un avocat, dont le mandat avait pris fin à la suite de la dissolution de la société consécutive à sa liquidation judiciaire, et alors que le liquidateur n'avait pas donné lui-même mandat d'agir à cet avocat, n'a pas été considérée comme née régulièrement[7].

Aucune difficulté ne se présente si l'administrateur judiciaire a reçu une simple mission de surveillance. Son intervention n'est pas requise, dans le cadre de relations contractuelles nouvelles.

Si l'administrateur judiciaire a reçu mission d'assistance (v. aussi s[s] n° 421.28), son intervention, aux côtés du débiteur, est impérative, dès lors que l'acte en question rentre dans la mission de l'administrateur judiciaire[8], à moins que la conclusion du contrat en question ne relève de la catégorie des actes de gestion courante. En effet, la qualification d'acte de gestion courante, qui ne peut permettre de tourner les règles relatives à la continuation des contrats, permet de sauver la conclusion irrégulière d'un contrat. Sous cette réserve, l'absence d'intervention à l'acte de l'administrateur ou à l'inverse son intervention seule aurait pour effet de rendre impossible la naissance d'une créance postérieure régulière. Toutefois, le paiement effectué par le débiteur est valide et manifeste la volonté de l'administrateur judiciaire d'exécuter le contrat conclu par le débiteur, dès lors que l'administrateur, qui a connaissance du contrat et du paiement intervenu, ne s'y oppose pas. En ce cas, s'il refuse ensuite de payer le

1. LIENHARD, 6e éd., n° 76.64.
2. L. n° 85-98, 25 janv. 1985, préc.
3. Paris, pôle 5, 9e ch., 24 oct. 2013, RG n° 12/12936, *Rev. proc. coll.* 2015, comm. 116, note Saint-Alary Houin.
4. L. n° 2005-845, 26 juill. 2005, préc.
5. Com. 29 févr. 2000, n° 97-14.093, NP.
6. Civ. 1re, 13 nov. 1997, n° 95-19.937, NP, *Rev. proc. coll.* 1999, 157, n° 5, obs. Monsérié – SUR CETTE QUESTION : Pieuchot, « L'avocat de l'entreprise en difficulté et de son dirigeant », *Rev. proc. coll.* 2006/2, p. 165.
7. Com. 19 mai 2004, n° 01-13.515, *Bull. civ.* IV, n° 98; *D.* 2004. AJ 2045; *JCP E* 2004, Chron. 1292, p. 1391, n° 18, obs. Pétel.
8. Com. 4 févr. 1992, n° 90-15.977, *Bull. civ.* IV, n° 54; *JCP E* 1992, n° 192, obs. M. Cabrillac et Pétel; *D.* 1993. Somm. 5, obs. Derrida.

cocontractant, il est susceptible d'engager sa responsabilité. Cette solution a été posée dans une hypothèse où le contrat avait été conclu après jugement d'ouverture et portait sur une prestation illicite, à savoir l'identification des créanciers et leur consultation préparatoire à l'adoption d'un plan de continuation par un prestataire indépendant.

Enfin, si l'administrateur judiciaire a une mission de représentation – administration de l'entreprise –, seule son intervention est susceptible de faire naître une créance postérieure régulière, dès lors que la conclusion du contrat en question entre dans sa mission.

En l'absence d'administrateur judiciaire, le débiteur a seule qualité, sans avoir besoin d'autorisation du juge-commissaire, pour contracter seul. Il peut donc valablement faire naître des créances postérieures[2]. Les relations contractuelles peuvent valablement se poursuivre après le jugement de liquidation judiciaire, celui-ci ne mettant pas fin de plein droit à la continuation du contrat conclu pendant la période d'observation, de sorte que des créances peuvent encore régulièrement naître après la liquidation judiciaire, dont le paiement pourra être demandé au liquidateur[3]. La solution n'est cependant plus possible si la liquidation judiciaire ne s'accompagne pas d'une poursuite provisoire de l'activité, ainsi qu'après expiration de cette même période de poursuite autorisée de l'exploitation. Les créances nées d'une activité non autorisée ne peuvent en effet faire naître régulièrement des créances postérieures (v. s[s] n° 452.42).

En situation de liquidation judiciaire, le dessaisissement frappant le débiteur l'empêche de conclure seul un acte de nature patrimonial. Il ne peut faire naître seul régulièrement une créance au titre d'un contrat de prêt signé par lui seul[4]. De même, il a été jugé que la créance d'indemnité née de l'absence de réitération par acte authentique d'un compromis de vente d'un bien immobilier par un débiteur en liquidation judiciaire n'est pas née régulièrement[5].

SECTION 452.30

RÈGLES RELATIVES AUX CRÉANCES EXTRACONTRACTUELLES

452.31 **Créances extra contractuelles.** La question est discutée sous l'empire de la législation antérieure à la loi du 26 juillet 2005[6] de savoir si le débiteur peut, par son fait ou sa faute, faire naître une créance délictuelle ou quasi-délictuelle, permettant à sa victime de bénéficier de l'article 40 de la loi du 25 janvier 1985[7] (C. com., art. L. 621-32). Certains auteurs répondent affirmativement à cette question, sans opérer de distinction[8]. D'autres distinguent selon que le comportement du débiteur s'inscrit ou non dans le cadre de son activité professionnelle. Dans l'affirmative, ils estiment possible la naissance d'une créance de l'article 40. Dans la négative, le bénéfice de l'article 40 est refusé à la victime[9].

La Cour de cassation a eu à statuer sur cette question. La réponse de principe est clairement affirmative. Elle admet l'application de l'article 40, au profit d'une victime du débiteur. Toutefois, si la faute est commise dans l'exercice professionnel (v. en dehors de cet exercice, s[s] n° 452.41), les pouvoirs entre les organes de la procédure et le débiteur devront être respectés. La solution a été posée en matière de contrefaçon[10]. Une telle créance ne peut naître de la poursuite d'activité qu'en redressement judiciaire, dès lors du moins qu'un administrateur judiciaire ne représente pas le débiteur. En liquidation judiciaire, le dessaisissement du débiteur est exclusif de la possibilité de naissance d'une telle créance.

Même si le contraire a été soutenu, le fait que la créance soit née à l'occasion d'une activité illicite reste sans importance[11]. La solution a été retenue en présence d'une escroquerie[12]. Mais il faut que la naissance de la créance s'inscrive dans le déroulement régulier de la procédure collective, non dans le cadre d'une poursuite irrégulière de l'activité.

La loi du 26 juillet 2005 renouvelle les termes de la difficulté, du fait des critères téléologiques d'attribution du traitement préférentiel posés par les articles L. 622-17 et L. 641-13 du code de commerce (v. s[s] n° 453.22).

1. Com. 3 oct. 2006, n° 03-17.024, NP; n° 1128 F-D; *Gaz. proc. coll.* 2007/1, p. 25, note Bidan.
2. Com. 27 mars 2007, n° 05-21.007, NP; n° 564 F-D – Paris, 2e ch. B, 27 févr. 2003, RG n° 2002/12978.
3. Com. 27 mars 2007, n° 05-21.007, NP; n° 564 F-D.
4. Com. 1er févr. 2000, n° 96-19.456, NP, *RJDA* 2000/5, n° 577.
5. Com. 21 févr. 2012, n° 11-12.235, NP; n° 218 F-D.
6. L. n° 2005-845, 26 juill. 2005, préc.
7. L. n° 85-98, 25 janv. 1985, préc.
8. M. Cabrillac, « L'article 40 de la loi nouvelle et les nouveaux privilèges de procédure », *Rev. proc. coll.* 1986, p. 13 s., n° 11.
9. SAINT-ALARY-HOUIN, 4e éd., n° 587 – *PÉROCHON ET BONHOMME*, 6e éd., n° 197, note 213 – RAPPR. : GUYON, n° 1250.
10. Com. 13 oct. 1998, n° 95-21.988, *Bull. civ.* IV, n° 240; *JCP E* 1998, Chron. 2069, n° 5-2-18, obs. M. Cabrillac et Pétel; *JCP E* 1999. 1060, note Rossi; *D. Affaires* 1998. 816, obs. Lienhard; *RTD com.* 1999. 979, obs. Martin-Serf.
11. M. Cabrillac, « L'article 40 de la loi nouvelle et les nouveaux privilèges de procédure », *Rev. proc. coll.* 1986, p. 13 s., n° 11 – *PÉTEL*, n° 216 – *KERCKHOVE*, n° 487.
12. Papeete, ch. com., 22 mars 2001, *RD banc. fin.* 2002/4, n° 144, obs. Lucas; *Act. proc. coll.* 2002/13, n° 166.

SECTION 452.40

LIEN ENTRE CRÉANCE NÉE RÉGULIÈREMENT ET ACTIVITÉ PROFESSIONNELLE DU DÉBITEUR

452.41 Lien entre créance née régulièrement et activité professionnelle du débiteur. La question se pose en ces termes, sous l'empire de la législation antérieure à la loi du 26 juillet 2005[1] : le débiteur, personne physique, peut-il faire naître des créances article 40 (C. com., art. L. 621-32) en dehors de son activité professionnelle ? Les juges du fond ont, à plusieurs reprises, répondu par la négative[2]. Il a ainsi été jugé que les frais de justice exposés par un débiteur, après jugement d'ouverture, pour la défense de ses droits propres, ne sont pas couverts par l'article 40[3]. Il en est de même des loyers payés par le débiteur pour son logement[4] ou encore de la créance d'allocation-chômage de l'Assedic[5].

La Cour de cassation, statuant à propos de la taxe foncière assise sur un immeuble non affecté à l'activité de l'entreprise juge, au contraire, que les dispositions de l'article L. 621-32 du code de commerce ont vocation à s'appliquer, peu important que les impôts en cause se rattachent à l'exploitation[6]. La même solution est posée à propos de charges de copropriété afférentes à l'immeuble d'habitation du débiteur[7].

Identiquement, la créance née d'une infraction pénale commise par le débiteur, sans rapport avec son activité professionnelle, bénéficie des dispositions de l'article 40 de la loi du 25 janvier 1985[8].

Même si incontestablement la solution contribue à grever lourdement la trésorerie du débiteur, rendant ainsi plus difficile son redressement, la solution doit être approuvée[9]. La règle de l'unité du patrimoine y contraint[10], comme les travaux préparatoires de la loi du 25 janvier 1985, puisqu'un amendement avait tendu à n'appliquer l'article 40 qu'aux créances nées de l'activité de l'entreprise ». Or cet amendement a été rejeté[11].

La loi du 26 juillet 2005, dans sa rédaction d'origine, a modifié la solution. Seules certaines créances en rapport avec les besoins de la procédure, de la période d'observation ou qui sont la contrepartie d'une prestation fournie au débiteur pour son activité professionnelle, pourraient permettre à leurs titulaires de bénéficier des dispositions de l'article L. 622-17 du code. L'ordonnance du 18 décembre 2008[12] modifie à nouveau la solution. Les créances peuvent naître si elles sont la contrepartie d'une prestation fournie au débiteur, en rapport ou sans rapport avec son activité professionnelle, pendant la période d'observation et pendant la poursuite provisoire de l'activité autorisée en liquidation judiciaire. L'ordonnance du 12 mars 2014[13] change encore les données du problème (art. 68).

452.42 Lien entre créance née régulièrement et poursuite de l'activité ou création d'une nouvelle activité du débiteur. La question qui se pose ici est celle de savoir si une activité indépendante nouvelle du débiteur peut faire naître régulièrement une créance postérieure. Les solutions semblent partiellement différentes selon que l'activité nouvelle est exercée pendant la période d'observation ou en liquidation judiciaire. En toute hypothèse, la question ne se pose pas en présence d'un entrepreneur individuel à responsabilité limitée, si la nouvelle activité est exercée en dehors du patrimoine concerné par la procédure collective.

Tout d'abord, si le débiteur est en redressement judiciaire, l'exercice d'une activité nouvelle indépendante semble impossible à faire naître régulièrement des créances postérieures si un administrateur, ayant mission de représentation, a été nommé. Si un administrateur a été nommé avec mission d'assistance, en redressement judiciaire ou dans une procédure de sauvegarde, il est d'abord certain, qu'en dehors des actes de gestion courante, son intervention sera nécessaire à la naissance régulière des créances postérieures. Mais, en cette dernière hypothèse, comme dans celle où un administrateur judiciaire n'ayant reçu qu'une mission de surveillance ou celle dans laquelle aucun administrateur judiciaire n'aura été nommé, ne faut-il pas décider que les dispositions relatives aux créances postérieures n'ont vocation à ne régir que les seules créances nées de l'activité de l'entreprise existant au jour de la procédure ? Si l'on répond que cette entreprise est celle-là seulement dont le redressement judiciaire

1. L. n° 2005-845, 26 juill. 2005, préc.
2. *Adde*, DANS LE MÊME SENS : IFPPC 1999, recomm. n° 6020-2, p. 147.
3. Aix-en-Provence, 8e ch. civ., 13 nov. 1997, *BICC* 1er juin 1998, n° 660, p. 17.
4. Toulouse, 4 mars 1997, *Rev. proc. coll.* 1998, 299, n° 17, obs. Saint-Alary-Houin.
5. Paris, 4e ch. B, 31 mars 2000, *D.* 2000. AJ 251.
6. Com. 14 nov. 2000, n° 97-21.414, NP, *Rev. proc. coll.* 2002, p. 210, n° 6, obs. Neau-Leduc.
7. Civ. 3e, 2 juill. 2003, n° 99-21.270, NP, *LXB* n° N8632AAX, note Le Corre.
8. L. n° 85-98, 25 janv. 1985, préc. – Crim. 28 juin 2011, n° 10-88.137, NP.
9. PÉTEL, 3e éd., n° 217 – *KERCKHOVE*, n° 487 – *DERRIDA ET ALII*, n° 410 – *CONTRA :* SAINT-ALARY-HOUIN, 4e éd., n° 594 – GUYON, n° 1248.
10. DERRIDA ET *ALII*, n° 410 – *PÉROCHON ET BONHOMME*, 6e éd., n° 213.
11. Amend. n° 85, *JO Sénat CR.* 6 juin 1984, p. 1336.
12. Ord. n° 2008-1345, 18 déc. 2008, préc.
13. Ord. n° 2014-326, 12 mars 2014, préc.

est envisagé, une réponse positive s'impose. Mais, en sens inverse, il peut être objecté que rien n'interdit au débiteur de créer une activité nouvelle. Si le débiteur est une personne physique, il peut parfaitement être à la tête de plusieurs fonds de commerce. Pour autant, son entreprise sera toujours une, le fonds de commerce acquis après jugement d'ouverture ne constituant qu'un moyen supplémentaire de l'activité économique de ce débiteur. En outre, le principe d'unité du patrimoine semble interdire une telle restriction.

En liquidation judiciaire, sous l'empire de la législation antérieure à la loi du 26 juillet 2005[2], il a été jugé que les créances qui naîtraient de cette activité nouvelle indépendante du débiteur, sans rapport avec une poursuite d'activité autorisée en liquidation judiciaire, ne sauraient être considérées comme nées régulièrement après jugement d'ouverture[3]. La solution s'impose *a fortiori* depuis la loi de sauvegarde des entreprises, car l'article L. 641-9, III interdit au débiteur l'exercice d'une activité indépendante. Dès lors, la nouvelle activité indépendante entreprise par le débiteur en liquidation judiciaire est irrégulière et ne peut donc faire naître régulièrement de créances postérieures.

1. EN CE SENS : DERRIDA ET *ALII*, n° 410.

2. L. n° 2005-845, 26 juill. 2005, préc.
3. Com. 5 juill. 2005, n° 04-13.255, n° 04-13.266, *Bull. civ.* IV, n° 152; n° 1045 FP-P+B; *D.* 2005. AJ 2146, obs. Lienhard; *JCP E* 2006, Chron. 1006, p. 72, n° 5, obs. Pétel; *RD banc. fin.* 2005/5, p. 26, n° 178, obs. Lucas; *Gaz. Pal.* 21-22 juin 2006, p. 42, note Robine; *Gaz. proc. coll.* 2005/3, p. 30, obs. Voinot; *Gaz. proc. coll.* 2005/3, p. 26, n° 2, obs. Henry – Com. 27 mars 2007, n° 06-10.906, NP; n° 553 F-D; *Rev. proc. coll.* 2007/3, p. 143, n° 1, obs. Saint-Alary-Houin.

CHAPITRE

453. Critères téléologiues d'attribution du traitement préférentiel sous le régime issu de la loi du 26 juillet 200

SECTION 0

ORIENTEUR

453.00 **Plan du chapitre.**

Sect. 453.10 Énoncé du nouveau domaine du traitement préférentiel des créanciers postérieurs

Sect. 453.20 Créances postérieures couvertes par le traitement préférentiel

453.01 **Textes applicables.** (V. s[s] n° 450.01).

453.02 **Jurisprudence de référence.**

> La créance d'honoraires de l'avocat du débiteur assistant celui-ci dans l'exercice de ses droits propres peut naître pour les besoins du déroulement de la procédure.

• **Com. 1er déc. 2015,** n° 14-20.668, P; n° 1025 F-P+B

* V. s[s] n° 453.21

> La taxe foncière n'est pas une créance née pour les besoins du déroulement de la procédure, au prétexte que la taxe foncière qu'elle permettrait la conservation de l'immeuble par le mandataire judiciaire.

• **Com. 14 oct. 2014,** n° 13-24.555, *Bull. civ.* IV, n° 148; n° 901 FS-P+B

* V. s[s] n° 453.21

> Les cotisations sociales dues au titre de la poursuite d'activité après l'ouverture de sa procédure collective constituent une créance inhérente à l'exercice professionnel.

• **Civ. 2e, 16 sept. 2010,** n° 09-16.182, NP

* V. s[s] n° 453.22

453.03 **Bibliographie indicative.** (V. s[s] n° 450.03).

SEION 453.10

ÉNCÉ DU NOUVEAU DOMAINE DURAITEMENT PRÉFÉRENTIEL DECRÉANCIERS POSTÉRIEURS

45.11 **Énoncé du nouveau domaine du traitemet préférentiel des créanciers postérieurs.** Le cod de commerce prévoit, dans la législation antérieue à la loi du 26 juillet 2005 [1], un traitement préférntiel – paiement à l'échéance, et à défaut, paiemnt par priorité – des créances nées régulièrement près le jugement d'ouverture (art. L. 621-32). La gééralité des termes légaux a interdit à l'interprètee distinguer là où la loi ne distingue pas. Pour cetteraison, la Cour de cassation a considéré que touts les dettes nées dans des conditions régulières aprè le jugement d'ouverture, doivent bénéficier du traiement de faveur, alors même qu'elles sont sans rapport avec l'exploitation.

La solution est incontestablement critiquable au regard de l'idée de recherche du redressement judiciaire. La Cour de cassation avait, dans son rapport annuel pour 2002, indiqué qu'« il serait plus favorable au redressement des entreprises que seules les créances nécessaires à la poursuite de l'activité après le jugement d'ouverture bénéficient d'un tel traitement de faveur » [2]. Cette idée est consacrée par la réforme résultant de la loi du 26 juillet 2005.

1. L. n° 2005-845, 26 juill. 2005, *JO* 27 juill., p. 12187.
2. *Rapp. C. cass.* 2002, p. 30.

Il est prévu, dans la procédure de sauvegarde par l'article L. 622-17, I, du code de commerce, que ne bénéficieront du traitement préférentiel que les seu-les créances nées « pour les besoins du déroulement de la procédure ou de la période d'observation ou en contrepartie d'une prestation fournie au débiteur, pour son activité professionnelle, pendant ce période ». Cette disposition s'applique en redr-ment judiciaire (C. com., art. L. 631-14, I). L'a L. 641-13, I, pour la procédure de liquidation ciaire, prévoit, pour sa part, que ne bénéficieron traitement de faveur que les créances nées « apr jugement qui ouvre ou prononce la liquidation j ciaire, ou dans ce dernier cas, après le jugem d'ouverture de la procédure de sauvegarde ou redressement judiciaire qui l'a précédée, pour besoins du déroulement de la procédure, pour besoins, le cas échéant, de la période d'observati antérieure, ou en raison d'une prestation fournie débiteur, pour son activité professionnelle post rieure à l'un de ces jugements ».

L'ordonnance du 18 décembre 2008[1] revient pa tiellement sur la volonté de combattre la dilatatio des créances postérieures éligibles au traitemen préférentiel, en accordant ce traitement aux créan ces nées en période d'observation ou en période de poursuite provisoire d'activité en liquidation judiciaire, dès lors qu'elles sont la contrepartie d'une prestation fournie au débiteur, indépendamment de tout lien avec l'activité professionnelle. De la sorte, certaines créances absolument inutiles à l'exploitation bénéficient du traitement préférentiel. Cette incohérence téléologique s'explique par la volonté législative de simplifier et de réduire le nombre de régimes applicables aux créances postérieures, en l'occurrence en supprimant le régime particulier attaché aux créances postérieures nées pour les besoins de la vie courante du débiteur personne physique qui, bien que n'étant pas éligibles au traitement préférentiel, pouvaient néanmoins être payées.

La loi de sauvegarde des entreprises utilise ainsi de nouveaux critères d'attribution du traitement préférentiel aux créanciers postérieurs. Cela suffira à éviter une dilatation de ces créances, sans avoir besoin désormais de jouer sur la chronologie de leur naissance pour les écarter du bénéfice du traitement préférentiel. Alors que la question essentielle était auparavant de savoir si le créancier était un créancier antérieur ou un créancier postérieur, la nouvelle interrogation porte sur le point de savoir si le créancier est ou non un créancier postérieur méritant le traitement préférentiel.

De même qu'il a été jugé qu'il appartient à celui qui se prétend créancier d'une créance postérieure […]ugement d'ouverture, et qui en demande le paie-[…]nt, de prouver, en application de l'article 1353 […] code civil[2] (ex. art. 1315), la postériorité de cette […]éance[3], de même il faut décider qu'il lui appar-[…]ient également de prouver l'éligibilité de sa créance au traitement préférentiel réservé à certains créanciers postérieurs.

En présence d'un entrepreneur individuel à responsabilité limitée, seules des créances se rattachant au patrimoine concerné par la procédure collective sont susceptibles d'être éligibles au traitement préférentiel.

SECTION 453.20

CRÉANCES POSTÉRIEURES COUVERTES PAR LE TRAITEMENT PRÉFÉRENTIEL

453.21 Créances nées pour les besoins du déroulement de la procédure. L'article L. 622-17, I, pour la procédure de sauvegarde, applicable également pour la procédure de redressement judiciaire (C. com., art. L. 631-14, I) et l'article L. 641-13, I, texte de la procédure de liquidation judiciaire, énoncent que pourront bénéficier du traitement de faveur réservé aux créances postérieures, les créances nées pour les besoins du déroulement de la procédure. Ces créances sont relatives au bon fonctionnement de la procédure.

Le simple lien de la créance avec la procédure semble insuffisant[4], car n'est pas visée la créance née pour les besoins de la procédure, mais celle née pour les besoins « du déroulement » de la procédure, ce qui dénote une exigence supplémentaire[5]. Un lien étroit doit exister entre la créance et la procédure collective[6].

Le fait d'isoler, au sein du II de l'article L. 622-17 et du II de l'article L. 641-13 du code de commerce, parmi les créances postérieures nées pour les besoins du déroulement de la procédure, les frais de justice, permet d'accréditer l'idée que la notion de créances nées pour les besoins du déroulement de la procédure est plus large que celle de frais de justice. On peut ainsi affirmer que si elle englobe nécessairement les frais de justice utiles au déroulement de la procédure, elle les dépasse.

Il est d'abord indiscutable que seront rangés dans la notion de créances nées pour les besoins du

1. Ord. n° 2008-1345, 18 déc. 2008, *JO* 19 déc., p. 19462.
2. DEPUIS le 1er oct. 2016 : Ord. n° 2016-131, 10 févr. 2016, *JO* 11 févr.
3. Com. 3 févr. 2009, n° 07-11.430, NP; n° 103 F-D; *Gaz. proc. coll.* 2009/2, p. 23, n° 4, note Henry.
4. LIENHARD, 2e éd., 2007, n° 944.
5. RAPPR. : LE CANNU, 7e éd., n° 766.
6. Pérochon, « Les créanciers postérieurs et la réforme du 26 juillet 2005 », *Gaz. proc. coll.* 2005, n° sp. 7-8 sept. 2005, p. 57 s., sp. p. 61, n° 28 – Henry, « La notion de privilège… », préc., sp. p. 26, n° 21.

déroulement de la procédure, les frais et honoraires exposés par les intervenants, greffiers, mandataires de justice, commissaires-priseurs et techniciens désignés, dès lors qu'ils n'effectuent pas une mission incombant normalement aux organes de la procédure. Il s'agira également des conseils des mandataires de justice.

Une difficulté se présente pour les honoraires des conseils des débiteurs, dans le cadre de la défense de leurs droits propres. S'agit-il de créances nées pour les besoins de la procédure ? Certains apportent à la question une réponse positive[1]. L'hésitation est permise[2]. Une réponse positive nous semble devoir être apportée[3] lorsque les honoraires ont été exposés pour permettre au débiteur d'être présent à une instance dans laquelle les textes légaux ou réglementaires imposent qu'il soit présent ou représenté. C'est en ce sens que s'est prononcée la Cour de cassation à propos de la créance de dépens (v. *infra* s[s] prés[t] n°). La solution en ce dernier domaine nous semblait pouvoir être transposée pour la créance d'honoraires de l'avocat. La Cour de cassation s'est ainsi prononcée, en jugeant que la créance d'honoraires de l'avocat du débiteur assistant celui-ci dans l'exercice de ses droits propres peut naître pour les besoins du déroulement de la procédure[4].

En dehors des droits propres du débiteur, que faut-il décider pour les honoraires dus aux conseils des débiteurs ? Ils pourront également bénéficier du traitement préférentiel, pour leurs honoraires, mais par rattachement au critère des créances nées en contrepartie d'une prestation fournie au débiteur (v. s[s] n° 453.23). Ne peut donc être suivie la décision qui admet la créance d'honoraires d'un avocat avec mention du privilège des frais de justice, alors que l'avocat était intervenu pendant le cours de la procédure collective pour contester une créance et organiser la cession des actifs du débiteur[5]. Il s'agit là d'une créance postérieure méritante qui n'a pas à être déclarée au passif.

La prudence pourra commander que le débiteur – ou son conseil – obtienne l'accord du liquidateur sur la convention d'honoraires passée entre le débiteur et son conseil, voire, comme il a été suggéré, celle du juge-commissaire[6] (v. aussi s[s] n° 351.33). Il est en effet hors de propos de faire prendre en charge par la procédure collective des honoraires exorbitants, dont le principe n'aurait pas été accepté par le liquidateur. En cas de conflit avec le liquidateur, le recours à l'arbitrage du juge-commissaire peut être suggéré, qui rendra une ordonnance autorisant le paiement des honoraires.

Il a été jugé que la dette de dépens et d'article 700 du C. pr. civ., à laquelle a été condamnée le débiteur en liquidation judiciaire trouve son origine dans la décision qui statue sur ces frais et dépens et entre dans les prévisions de l'article L. 641-13[7]. Le rattachement exact de cette créance à l'article L. 641-13 du code de commerce n'a pas été précisé. Il s'agira d'une créance née pour les besoins du déroulement de la procédure.

La solution a été ensuite clairement posée par la Cour de cassation ayant à statuer sur les dépens auxquels un débiteur a été condamné dans le cadre d'une procédure d'appel où, faisant usage de son droit propre d'interjeter appel d'un jugement d'adoption de plan de cession, il avait été condamné aux dépens. La Cour de cassation a jugé que le fait que la créance soit née dans le cadre de l'exercice d'un droit propre du débiteur n'était pas exclusif de la possibilité de la considérer comme éligible au traitement préférentiel. Mais, pour qu'il en soit ainsi, il faut que cette créance soit considérée comme utile, ce qui peut être le cas lorsque le débiteur, par son appel, bien qu'irrecevable pour défaut d'intérêt à agir, consolide le jugement d'adoption du plan, alors qu'une difficulté sérieuse d'interprétation des textes se présentait[8]. Le fait, qu'en l'espèce, il s'agisse d'une demande de remboursement sur le fondement de la subrogation d'une somme payée par un seul pour le compte de plusieurs, ne change pas la solution. Si la créance de frais irrépétibles n'est pas utile au déroulement de la procédure, elle n'est pas éligible au traitement préférentiel. La solution a été posée pour la créance issue de la condamnation au paiement des honoraires d'avocat d'une banque créancière[9].

1. Pérochon, « Les créanciers postérieurs et la réforme du 26 juillet 2005 », *Gaz. proc. coll.* 2005, n° sp. 7-8 sept. 2005, p. 57 s., sp. p. 61, n° 29.
2. AINSI : LE CANNU, 7e éd., n° 766.
3. EN CE SENS AUSSI : PÉROCHON, 10e éd., n° 1168.
4. Com. 1er déc. 2015, n° 14-20.668, *Bull. civ.* IV [à paraître]; n° 1025 F-P+B; *D.* 2015. actu 2559, note Lienhard; *D.* 2016. pan. 1899, note Lucas; *Gaz. Pal.* 12 avr. 2016, n° 14, p. 63, note Boustani; *JCP E* 2016, 1058, note Stefania; *BJE* 2016, 102, note Benilsi; *JCP E* 2016, chron. 1198, n° 11, note Pétel; *RTD com.* 2016. 203, n° 8, note Martin-Serf; *Rev. sociétés* 2016. 396, note Roussel Galle.
5. Caen, 2e ch. civ. et com., 27 nov. 2014, RG n° 13/01885.
6. PÉROCHON, 10e éd., n° 793, note 585.
7. Paris, 8 déc. 2009, RG n° 09/08067.
8. Com. 15 oct. 2013, n° 12-23.830, *Bull. civ.* V, n° 152; n° 973 F-P+B; *D.* 2013. Actu. 2461, note Lienhard; *Gaz. Pal.* 12 janv. 2014, p. 23, note Boustani; *Act. proc. coll.* 2013/18, comm. 266, note Vallansan; *Rev. sociétés* 2013. 728, note Roussel Galle; *JCP E* 2014, Chron. 1020, n° 13, obs. Pétel; *RTD com.* 2014. 190, n° 5, note Martin-Serf; *Rev. proc. coll.* 2015, comm. 113, note Saint-Alary Houin – Com. 15 oct. 2013, n°s 12-23.831, 12-23.832, 12-23.833, 12-23.834, 12-23.835, 12-23.836, 12-23.837, NP; n°s 974 à n° 980 F-D; 7 esp.
9. Com. 2 déc. 2014, n° 13-20.311, NP; n° 1067 F-D; *RTD com.* 2015. 155, n° 4, obs. Martin-Serf; *Rev. proc. coll.* 2015, comm. 116 et comm. 118, note Saint-Alary Houin.

Dans le même sens, une cour d'appel estime la créance de dépens est éligible au traitement préférentiel, dans la mesure où elle est née d'un litige qui devait être tranché pour parvenir à la clôture de la liquidation judiciaire et à la répartition préalable des dividendes[1].

La Cour de cassation a clairement jugé que la notion de « créances nées pour les besoins du déroulement de la procédure » ne se résume pas aux frais et honoraires des intervenants de la procédure collective. Statuant à propos des indemnités de rupture des contrats de travail, dans les quinze jours de la liquidation judiciaire, la Cour de cassation a considéré que ces créances étaient éligibles au traitement préférentiel réservé aux créances postérieures[2]. Pour poser la distinction, la Cour de cassation, implicitement, mais nécessairement, a affirmé l'autonomie conceptuelle de la notion de créances nées pour les besoins du déroulement de la procédure par rapport à celle de créances nées pour les besoins de la poursuite provisoire d'activité autorisée en liquidation judiciaire. En l'espèce, il n'y avait eu aucune poursuite provisoire d'activité en liquidation judiciaire. Les créances ne pouvaient donc se rattacher aux besoins de cette poursuite d'activité en liquidation judiciaire. Elles ne pouvaient bénéficier du traitement préférentiel que pour autant qu'elles pouvaient répondre à un autre critère d'attribution : celui de créances nées pour les besoins du déroulement de la procédure. Et l'on comprend le raisonnement mené par la Chambre sociale. Ces indemnités de rupture de contrats de travail n'avaient rien de contingent par rapport à la procédure collective. Elles s'inscrivaient étroitement dans celle-ci, compte tenu de l'obligation pesant sur le liquidateur de licencier les salariés dans les quinze jours de l'ouverture ou du prononcé de la liquidation judiciaire, sauf poursuite provisoire d'activité, afin de permettre aux salariés d'être couverts par l'AGS.

La créance environnementale de dépollution, qui naît de l'injonction préfectorale de remise en état du site pollué (v. s^s^ n° 443.31), peut faire difficulté. Certains ont, par principe, estimé qu'elle ne peut être couverte par le traitement préférentiel[3]. Des réserves ont toutefois été émises dans au moins une hypothèse où le traitement préférentiel semble pouvoir être accordé sur le critère des besoins du déroulement de la procédure : lorsque le respect de l'arrêté préfectoral conditionne la cession de l'entreprise[4]. Dans ce cas, la créance est bien née pour les besoins du déroulement de la procédure. C'est en ce sens que s'est prononcée une cour d'appel, qui a jugé que la créance de dépollution est née pour les besoins du déroulement de la procédure de liquidation judiciaire, dont l'objectif est de mettre fin à l'activité de l'entreprise dans des conditions et selon des modalités nécessairement conformes aux prescriptions générales du code de l'environnement. De façon surabondante, la cour d'appel de Grenoble a cru devoir ajouter que cette créance est utile à la procédure collective, « dès lors que les travaux de dépollution sont incontestablement de nature à faciliter la cession totale ou partielle de l'entreprise »[5].

Il importe encore de remarquer qu'il n'est pas distingué, pour la créance née pour les besoins du déroulement de la procédure, selon la période de sa naissance, dès lors qu'elle est née après l'ouverture de la procédure collective. Elle peut donc naître pendant la période d'observation, mais aussi après arrêté d'un plan de cession (v. s^s^ n° 451.31), ou en phase de liquidation judiciaire. Peu importe qu'elle naisse après expiration de la poursuite provisoire d'activité autorisée en liquidation. Sur ce point, les créances nées pour les besoins du déroulement de la procédure se distinguent des deux autres types de créances éligibles au traitement préférentiel.

La lecture de la doctrine spécialisée nous permet de constater une assimilation certaine entre la notion de créances nées pour les besoins de la période d'observation ou de la poursuite provisoire de l'activité en liquidation judiciaire et celle de créances nées pour les besoins du déroulement de la procédure[6]. Ces notions ont en commun le concept de besoins, qui fait clairement apparaître que la créance ne doit pas seulement être née à l'occasion de la procédure collective.

Il nous apparaît par principe nécessaire d'opérer sélectivement dans le rattachement au traitement

1. Rennes, 3e ch., 26 nov. 2013, RG n° 12/02429, *Rev. proc. coll.* 2015, comm. 113, note Saint-Alary Houin.
2. Soc. 16 juin 2010, n° 08-19.351, *Bull. civ.* V, n° 140; n° 1272 F-P+B; *D.* 2010. Actu. 1550, note Lienhard; *D.* 2011. Pan. 2080, note Le Corre; *Gaz. Pal. entr. diff.* 15-16 oct. 2010, p. 27, note Henry; *Rev. proc. coll.* 2010/6, comm. 245, note Berthelot; *BJE* mars/avr. 2011, p. 25, note Macorig-Vénier; *RTD com.* 2011. 173, n° 5, obs. Martin-Serf; *Rev. proc. coll.* 2012, comm. 47, note Saint-Alary Houin; *LXB hebdo* 22 juill. 2010, n° 404, note Le Corre-Broly.
3. EN CE SENS AUSSI : VALLENS, 2015, n° 3310 – SAINT-ALARY-HOUIN, 9e éd., n° 656.
4. SAINT-ALARY-HOUIN, 9e éd., n° 658.
5. Grenoble, ch. com., 31 mai 2012, RG n° 11/02571, *D.* 2012. Pan. 2206, note Le Corre; *Gaz. Pal. entr. diff.* 13 oct. 2012, n° 286, p. 24, note Henry; *RTD com.* 2013. 140, n° 2, obs. Martin-Serf.
6. AINSI : JACQUEMONT ET VABRES, 9e éd., n° 449 – LIENHARD, 4e éd., 2011, n° 76.53 – PÉROCHON, 10e éd., n° 789 – ROUSSEL GALLE, 2e éd., 2007, n° 464 – SAINT-ALARY-HOUIN, 9e éd., n° 659 – Henry, « La notion de privilège de procédure dans la loi de sauvegarde », *Rev. proc. coll.* 2008, étude 15, p. 20 – RÉP. COM., Macorig-Vénier, « Entreprises en difficulté (Les créanciers – 1° Situation des créanciers) », 2013, n°s 587, 588.

préférentiel et, en conséquence, de distinguer entre les créances nées pour les besoins de la poursuite d'activité et celles nées pour les besoins du déroulement de la procédure. Il ne nous semble pas logique d'assimiler les deux notions.

La Cour de cassation refuse d'analyser la taxe foncière en une créance née pour les besoins du déroulement de la procédure, au prétexte que la taxe foncière permettrait la conservation de l'immeuble par le mandataire judiciaire[1]. La créance de taxe foncière naît automatiquement, par le seul effet de la détention de l'immeuble. Il n'est nullement question de préserver des actifs, car le paiement de la taxe foncière n'a aucun effet sur la préservation des immeubles qui la génèrent. La créance de taxe foncière ne peut, en aucune manière, être considérée comme inhérente à la procédure collective et, par voie de conséquence, être née pour les besoins du déroulement de la procédure.

La créance née de l'engagement par une société A de racheter les parts détenues par deux associés dans une société B, dont elle était elle-même associée, après leur départ de cette société du fait de la société A, ce qui a été le cas après l'ouverture de la procédure collective de la société B, du fait de leur licenciement, n'est pas née pour les besoins du déroulement de la procédure collective de la société B, placée elle-même en sauvegarde, et n'est donc pas éligible au traitement préférentiel réservé aux créances postérieures[2]. Il s'agissait ici plutôt d'une dette née pour les besoins de la procédure collective de la société B et non pour ceux de la société A, à laquelle il était demandé le paiement.

De même, dès lors qu'il est question d'une créance née en contrepartie d'une prestation fournie au débiteur, il est préférable de ne pas rattacher cette créance aux deux autres critères. C'est cette solution qu'applique la Cour de cassation, lorsqu'elle refuse la condamnation au paiement du liquidateur au titre de loyers d'un bail d'habitation correspondant à une jouissance procurée au débiteur après expiration de la période de poursuite d'activité en liquidation judiciaire, en considérant que cette créance n'est pas née pour les besoins du déroulement de la procédure[3].

Si le législateur utilise trois concepts, il doit pou-r être attribué à chacun d'eux un domaine dis-ct, sauf à partir d'un curieux postulat, selon uel il utiliserait des concepts vides de sens[4]. Au plus, cette interprétation sélective entre les trois ères nous semble commander par le principe nterprétation stricte des privilèges.

3.22 Créances nées pour les besoins de la iode d'observation et pour ceux de la poursuite visoire de l'activité en liquidation judiciaire. Le te de l'article L. 622-17, I, du code de commerce v les créances nées pour les besoins de la période d servation. Il s'agit là des dettes d'exploitation de la ériode d'observation de la procédure de sauvegae et de la procédure de redressement judiciaire.

article L. 641-13, I, prévoit, dans la procédure de quidation judiciaire, prononcée sur conversion d'u redressement judiciaire ou d'une procédure de sauvegarde, que les créances postérieures continuent à bénéficier du traitement de faveur si elles sont nées pour les besoins, le cas échéant, de la période d'observation antérieure.

En revanche, ce type de créances ne peut naître pendant la liquidation judiciaire, sauf s'il y a poursuite provisoire de l'activité et pendant cette période seulement. En effet, l'article L. 641-10, alinéa 1er *in fine* du code de commerce, dans la rédaction que lui donnée la loi de sauvegarde des entreprises[5] non réformée, dispose que « les dispositions de l'article L. 641-13 sont applicables aux créances nées pendant cette période ». Il faut donc comprendre que les créances nées pendant la poursuite provisoire de l'activité en liquidation judiciaire, pour les besoins de cette période, sont couvertes par le traitement préférentiel. Il n'en va pas de même des créances nées pour les besoins de la liquidation judiciaire, en dehors de la poursuite provisoire de l'activité.

L'ordonnance du 18 décembre 2008 procède à la réécriture de l'article L. 641-13, I, alinéa 1er du code de commerce en visant, à cette place, les créances nées pour les besoins du déroulement du maintien provisoire de l'activité autorisée en application de l'article L. 641-10. Corrélativement, l'ordonnance du 18 décembre 2008 supprime à l'article L. 641-10, alinéa 1er *in fine*, la précision selon laquelle « les

1. Com. 14 oct. 2014, n° 13-24.555, *Bull. civ.* IV, n° 148; n° 901 FS-P+B; *D.* 2014 actu 2109, note Lienhard et 2015. pan. 1973, note Lucas; *Gaz. Pal.* 18 janv. 2015, n° 18, p. 20, note Boustani; *Rev. sociétés* 2014. 755, note Roussel Galle; *JCP E* 2014, 1637, n° 11, note Pétel; *BJE* 2015, 23, note Macorig-Vénier; *RTD com.* 2015. 157, n° 5, obs. Martin-Serf; *Rev. proc coll.* 2015, comm. 17, note Vabres; *Dr. et patr.* sept. 2015, n° 250, chron. 92, n° 2, note Saint-Alary Houin; *Act. proc. coll.* 2014, comm. 325, note Le Corre.
2. Com. 5 avr. 2016, n° 14-18.280, NP; n° 326 F-D.
3. Com. 12 mars 2013, n° 11-24.365, *Bull. civ.* IV, n° 38; n° 262 FS-P+B+I; *D.* 2013. Actu. 702, note Lienhard; *D.* 2013. Pan. 2374, note Le Corre; *Gaz. Pal.* 12 juill. 2013, n° 193, p. 15, note Henry; *Act. proc. coll.* 2013/6, comm. 74, note Fin-Langer; *JCP E* 2013. 1341, note Lebel; *JCP E* 2013, Chron. 1434, n° 12, obs. Pétel; *Dr. et patr.* sept. 2013, p. 53, n° 005, note Saint-Alary Houin; *RTD com.* 2013. 349, n° 9, obs. Martin-Serf; *BJE* sept. 2013, p. 285, note Le Mesle; *LXB hebdo* 18 avr. 2013, n° 335, note Le Corre.
4. Partageant l'opinion : Lienhard, 4e éd., n° 76.53.
5. L. n° 2005-845, 26 juill. 2005, préc.

dispositions de l'article L. 641-13 sont applicables aux créances nées pendant cette période ».

Dès lors que l'on observe que la période d'observation est une période de poursuite de l'activité, le rapprochement par rapport aux créances nées pour les besoins de la poursuite d'activité en liquidation judiciaire s'impose. Ces créances sont en réalité celles qui naissent pour les besoins de la poursuite d'activité.

On doit admettre que si la créance est la conséquence juridique de la poursuite d'activité, la créance est née pour les besoins de cette poursuite d'activité et est, en conséquence, éligible au traitement préférentiel[1]. Tout abus dans le caractère restrictif de cette disposition serait source d'insécurité juridique pour les partenaires du débiteur et ne semble pas correspondre à la volonté du législateur, qui a ici simplement entendu lutter contre les abus qu'avait engendrés la jurisprudence sous l'empire de la législation antérieure[2] sans pour autant que la sélection entre les créances postérieures ne se transforme en une chasse aux sorcières menée contre les créances postérieures à ne pas élire au traitement préférentiel. Cette interprétation, qui se rapprocherait également, a-t-on fait remarquer, de celle qui était posée par la jurisprudence à propos de la solidarité entre le bailleur du fonds et le locataire-gérant, dans le cadre de l'article L. 144-7 du code de commerce, alors que la formulation était très voisine, le texte visant les « dettes contractées à l'occasion de l'exploitation du fonds[3] » – est spécialement importante pour les créances sociales et fiscales[4].

Les créances sociales assises sur la période de poursuite de l'activité correspondent, à notre sens, à des créances nées pour les besoins de la période d'observation. C'est en ce sens que s'est fixée la deuxième chambre civile de la Cour de cassation, à propos des cotisations sociales dues par un avocat au titre de la poursuite d'activité après l'ouverture de sa procédure collective, en jugeant que ces cotisations constituent une créance inhérente à l'exercice professionnel[5]. La solution est également adoptée par la Chambre commerciale de la Cour de cassation. Statuant à propos de la contribution sociale de solidarité et de la contribution additionnelle, la Cour considère les créances en résultant comme inhérentes à l'activité, puisqu'elles constituent pour les sociétés assujetties une obligation légale[6]. La solution est la même pour les créances de cotisations des travailleurs involontairement privés d'emploi dues en vertu de l'article L. 542-9 du code du travail, variété de créances inhérentes à l'activité de la société débitrice[7].

Il en est de même des créances nées pour les besoins de la poursuite provisoire de l'activité autorisée en liquidation judiciaire, l'alinéa 1er *in fine* de l'article L. 641-10 rendant applicables à ces créances les dispositions de l'article L. 641-13. La solution n'est pas modifiée au fond par l'ordonnance du 18 décembre 2008 qui, de manière plus claire, vise à l'article L. 641-13 les créances nées du déroulement de la poursuite provisoire de l'activité autorisée en liquidation judiciaire.

Il en est encore ainsi des créances fiscales[8] assises sur l'activité du débiteur. On pense à la TVA assise sur les ventes ou les prestations de services réalisées pendant la période d'observation ou encore à l'impôt sur les sociétés.

On peut faire état d'une décision qui a considéré comme ne relevant pas du domaine des créances postérieures méritantes, les créances fiscales afférentes à la taxe d'apprentissage et celles prévues au titre de la participation des employeurs à la formation professionnelle continue et à l'effort de construction[9]. Le fait, estime la juridiction, que ces créances soient assises sur les rémunérations et partant qu'elles soient générées par le travail effectué pour les besoins du déroulement de la procédure ne peut être retenu. En réalité, ces créances, au regard de ce qui a précédemment précisé, ne rentrent nullement dans les créances nées pour les besoins du déroulement de la procédure (v. s[s] n° 454.21), mais ne pourraient se rattacher qu'à la notion de créances nées pour la période d'observation ou la pour-

1. Pétel, « Les créanciers postérieurs », *Rev. proc. coll.* 2006/2, p. 142 s., sp. p. 144, n° 15.
2. Pétel, « Les créanciers postérieurs », préc., sp. p. 144, n° 16.
3. Pétel, « Les créanciers postérieurs », préc., sp. p. 145, n° 17.
4. Pérochon, « Les créanciers postérieurs et la réforme du 26 juillet 2005 », *Gaz. proc. coll.* 2005, n° sp. 7-8 sept. 2005, p. 57 s., sp. p. 61, n° 28.
5. Civ. 2e, 16 sept. 2010, n° 09-16.182, NP, *D.* 2011. Pan. 2080, note Le Corre; *JCP E* 2011, Chron. 1030, n° 11, note approb. Pétel; *RTD com.* 2011. 640, n° 6, obs. Martin-Serf; *Rev. proc. coll.* 2012, comm. 49, note Saint-Alary Houin; *Dr. et patr.* sept. 2012, n° 217, p. 99, note Saint-Alary Houin.
6. Com. 15 juin 2011, n° 10-18.726, *Bull. civ.* V, n° 99; n° 620 FS-P+B; *D.* 2011. AJ 1677, note Lienhard; *D.* 2011. 2691, note Guillou; *Gaz. Pal.* 7 oct. 2011, n° 280, p. 23, note Henry; *Act. proc. coll.* 2011/14, comm. 209, note Monsérié-Bon; *JCP E* 2011, Chron. 1596, n° 12, obs. Pétel; *BJE* nov./déc. 2011, comm. 143, p. 312, note Benilsi; *RTD com.* 2011. 640, n° 6, obs. Martin-Serf.
7. Com. 17 sept. 2013, n° 12-10.261, NP; n° 835 F-D; *Rev. proc. coll.* 2015, comm. 112, note Saint-Alary Houin.
8. SUR CETTE QUESTION : Lagarde, « Le Trésor public : un créancier comme les autres », *Gaz. Pal.* 9-10 sept. 2005, n° sp., p. 28.
9. Limoges, ch. civ., 4 févr. 2010, RG n° 08/01717, *Annonces de la Seine* 18 févr. 2010, n° 11, p. 1, note Lagarde; *RTD com.* 2010. 611, obs. Martin-Serf; *Rev. sociétés* 2010. 197, note Roussel Galle; *BJE* mars/avr. 2011, p. 25, note Macorig-Vénier; *Rev. proc. coll.* 2012, comm. 50, note Saint-Alary Houin.

suite provisoire de l'activité en liquidation judiciaire.

La redevance télévisuelle, la carte grise d'un véhicule à usage non professionnel, la taxe d'habitation ne pourront bénéficier du traitement préférentiel par le rattachement au critère des créances nées pour les besoins de la période d'observation ou de la poursuite d'activité en liquidation judiciaire, dès lors qu'il s'agit d'impôts ou assimilés non rattachables à l'activité du débiteur. Ces créances pourront en revanche, être considérées comme des créances de la vie courante (v. s^s^ n° 453.21) et en conséquence être payées après le jugement d'ouverture, sur ce fondement, sous l'empire de la loi du 26 juillet 2005 non modifiée. Elles ne seront pas éligibles au traitement préférentiel, sous l'empire de l'ordonnance du 18 décembre 2008 et ne pourront être payées après le jugement d'ouverture. En revanche, elles deviennent éligibles au traitement préférentiel, sous l'empire de l'ordonnance du 12 mars 2014[1], en tant que créances nées pour les besoins de la vie courante d'un débiteur personne physique.

Une difficulté se présente pour les impôts dont le fait générateur est annuel car il se produit alors un décalage entre les besoins de la période d'observation ou ceux de la poursuite provisoire d'activité en liquidation judiciaire et le fait générateur de l'impôt. Par exemple, le fait générateur de l'impôt sur le revenu n'est pas sa perception, mais l'expiration de l'année civile de perception (v. ss n° 443.11). Si le jugement d'ouverture du débiteur personne physique intervient le 15 mai, il semble illogique de décider que l'impôt sur le revenu est intégralement couvert par le traitement préférentiel, seule la période du 15 mai au 31 décembre pouvant être rattachée aux besoins de la période d'observation. Il semble dès lors, selon une opinion partagée[2], qu'un prorata s'impose et que, pour la fraction de l'impôt correspondant à la période du 1er au 14 mai de l'année, le traitement préférentiel doive être refusé[3], alors même que, de manière indiscutable, une telle créance d'impôt est née après le jugement d'ouverture[4].

N'est pas éligible au traitement préférentiel, la créance née de l'obligation de restitution du débiteur, en application de la clause du contrat d'affacturage constituant le subrogeant dépositaire des paiements qu'il reçoit après le jugement d'ouverture en exécution de créances qu'il a transmises à l'affactureur avant le jugement d'ouverture[5].

Certains auteurs admettent souplement le traitement préférentiel dès lors que les créances délictuelles sont « nées à l'occasion de la poursuite d'activité »[6]. De manière plus restrictive, il a été suggéré par un autre auteur de retenir au rang des créances susceptibles de bénéficier du traitement préférentiel, en tant qu'elles correspondraient à des créances nées des besoins de la procédure, les créances délictuelles issues de la faute du débiteur non pas contingentes, mais inhérentes à l'activité professionnelle. L'exemple a été pris de la créance délictuelle née la vente de produits contrefaits ou de celle ayant pour origine le recours à des pratiques anticoncurrentielles[7]. Il a encore été suggéré par un autre auteur d'admettre la reconnaissance du traitement préférentiel à la créance délictuelle lorsque l'opération à l'occasion de laquelle est intervenue était utile pour l'entreprise, par exemple l'accident du camion effectuant une livraison pour l'entreprise[8].

Ces solutions ne nous paraissent pas évidentes[9]. Il s'opère ici une certaine distorsion par rapport à la notion de besoins de la période d'observation ou de la poursuite d'activité en liquidation judiciaire. Si l'on peut comprendre que cela permettrait de moraliser la procédure, au regard de certains des exemples pris[10], cette sanction du débiteur est une préoccupation qui ne semble pas entrer en ligne de compte, seule important le rattachement de l'élément causal de la créance à la poursuite d'activité[11].

La créance environnementale de dépollution, qui résulte d'un arrêté complémentaire au respect duquel le préfet subordonne la poursuite de l'activité[12], est née pour les besoins de la période d'observation ou de la poursuite d'activité en liquidation judiciaire.

453.23 Notion de créances nées en contrepartie d'une prestation fournie au débiteur. Le texte de l'article L. 622-17, I, du code de commerce, et celui

1. Ord. n° 2014-326, 12 mars 2014, *JO* 14 mars, p. 5249.
2. Lagarde, « Le Trésor public : un créancier comme les autres », *Gaz. Pal.* 9-10 sept. 2005, n° sp. p. 28 s., sp. p. 32 – Pérochon, « Les créanciers postérieurs et la réforme du 26 juillet 2005 », *Gaz. proc. coll.* 2005, n° sp. 7-8 sept. 2005, p. 57 s., sp. p. 62, n° 34.
3. EN CE SENS : TGI Toulouse, 2 mars 2009, RG n° 08/03085 (arrêt aimablement communiqué par Me Rey, mandataire à Toulouse), *Gaz. proc. coll.* 2009/4, 2e partie, p. 15, note Henry.
4. Le Corre, « La taxe foncière, une créance postérieure méritante », *Gaz. Pal. entr. diff.* 15-16 oct. 2010, p. 12.
5. Com. 4 juin 2013, n° 12-14.561, NP; n° 581 F-D; *Gaz. Pal.* 29 sept. 2013, n° 272, p. 22, note Henry; *Act. proc. coll.* 2013/13, comm. 185, note Régnaut-Moutier; *BJE* sept. 2013, p. 289, note Borga.
6. SAINT-ALARY-HOUIN, 9e éd., n° 658.
7. Pérochon, « Les créanciers postérieurs et la réforme du 26 juillet 2005 », *Gaz. proc. coll.* 2005, n° sp. 7-8 sept. 2005, p. 57 s., sp. p. 62, n° 33 – PÉROCHON, 10e éd., n° 799.
8. Pétel, *Rev. proc. coll.* 2006, p. 142, n° 5.
9. RAPPR. : LE CANNU, 7e éd., n° 770.
10. Pérochon, art. préc., sp. p. 62, n° 33.
11. Gréau, « Pour un véritable privilège de procédure », *LPA* 12 juin 2008, n° 118, p. 4 s., sp. p. 11, n° 29.
12. Trébulle, « Entreprise et développement durable », *JCP E* 2006. 1257, p. 318, n° 28.

de l'article L. 641-13, I, issus de la rédaction leur a donnée la loi du 26 juillet 2005[1], visent, pour le premier les créances nées d'une « prestation fournie au débiteur... » et pour le second, les créances nées « en raison d'une prestation fournie au débiteur ».

Les jugements visés sont ceux qui ouvrent ou prononcent la liquidation judiciaire, ou dans ce dernier cas, le jugement d'ouverture de la procédure de sauvegarde ou de redressement judiciaire qui l'a précédée. La différence rédactionnelle entre les deux articles doit, à notre sens, rester sans conséquence, alors surtout que les travaux préparatoires de la loi de sauvegarde des entreprises font ressortir que le législateur avait entendu assurer, entre les deux dispositions, une symétrie[2]. Ainsi, que la prestation de services soit fournie au débiteur pendant la période d'observation ou en liquidation judiciaire, le traitement préférentiel sera accordé.

Il faudra que la créance corresponde à une prestation, terme pouvant recouvrir un service ou la délivrance d'un bien, en propriété ou en jouissance[3].

Il s'agira de créances contractuelles, qui correspondent à des contrats nouveaux, conclus après le jugement d'ouverture. Il en ira ainsi des livraisons de biens et des fournitures de services y compris la mise à disposition d'une somme d'argent[4]. Les indemnités de résiliation de tels contrats ne semblent pas devoir bénéficier du traitement préférentiel, faute de critère téléologique de rattachement[5]. En outre, si le contrat n'est plus exécuté à la suite du prononcé du jugement d'ouverture de la procédure collective, l'indemnité de rupture n'est pas éligible au traitement préférentiel car elle n'est pas la contrepartie d'une prestation et n'est pas née pour les besoins du déroulement de la procédure[6]. C'est la solution retenue par la Cour de cassation estimant que les indemnités de rupture d'un contrat en cours au jour du jugement d'ouverture ne sont pas éligibles au traitement préférentiel réservé aux créances postérieures[7]. On ajoutera, au demeurant, que ces créances ne sont pas traitées comme des créances postérieures, le critère de postériorité faisant, par fiction légale, défaut, ce qui a conduit la Cour de cassation à poser la solution précitée (v. s^{s} n° 442.25).

Rentrent également dans cette catégorie, la contrepartie des contrats continués, ainsi que la contrepartie des contrats en cours, entre le jugement d'ouverture et l'option sur la continuation dudit contrat[8] (v. aussi s^{s} n° 442.11), sans qu'il y ait, à notre sens, à distinguer selon que le contrat aura ensuite été ou non continué, car jusqu'à l'option, le cocontractant est obligé de fournir la prestation promise. Sont en revanche exclues, les indemnités de résiliation des contrats en cours au jour du jugement d'ouverture, qui sont considérées comme des créances antérieures.

La question peut se poser pour les créances de responsabilité contractuelle. Indiquons d'abord qu'elles ne peuvent rentrer dans la catégorie des créances nées en contrepartie d'une prestation fournie au débiteur. Certains estiment qu'elles pourront bénéficier du traitement préférentiel[9]. D'autres, au contraire, observant justement à notre sens, que ces créances ne sont pas nées pour les besoins de la procédure, mais seulement à l'occasion de la procédure, estiment qu'elles ne peuvent prétendre au grade de créances postérieures éligibles au traitement préférentiel[10]. Ainsi, a-t-il été estimé que les créances de restitution nées de la résolution d'un contrat de vente ne sont pas éligibles au traitement préférentiel, alors pourtant qu'il s'agit de créances postérieures[11]. Dans cette même logique, il a été décidé que la créance de restitution résultant de l'information d'une décision de justice portant condamnation au profit du débiteur, n'est pas née en contrepartie d'une prestation fournie à ce dernier[12]. La solution a également été posée pour la créance de restitution née de la nullité d'une saisie-attribution. Cette créance n'est pas née pour les besoins du déroulement de la procédure et pas davantage en contrepartie d'une prestation fournie au débiteur, mais du fait du prononcé d'un arrêt infirmatif et de l'obligation qui en découle de restitution des sommes indûment précédemment versées en exécution forcée du jugement infirmé[13].

1. L. n° 2005-845, 26 juill. 2005, préc.
2. *Rapp. Xavier de Roux*, n° 2095, p. 373 – *Adde*, LE CANNU, 7e éd., n° 774.
3. Pétel, « Les créanciers postérieurs », *Rev. proc. coll.* 2006/2, p. 142 s., sp. p. 144, n° 13.
4. *Rapp. Xavier de Roux*, n° 2095, p. 220.
5. RAPPR. : PÉROCHON, 10e éd., n° 794.
6. Com. 5 oct. 2010, n° 09-70.249, NP; n° 948 F-D; *D.* 2010. 2428, note Lienhard; *D.* 2011. Pan. 411, obs. Crocq; *D.* 2011. Pan. 2081, note Le Corre; *Gaz. Pal. entr. diff.* 7-8 janv. 2011, p. 28, note Henry; *Rev. proc. coll.* 2011, comm. 7, note Roussel Galle; *BJE* mars/avr. 2011, p. 25, note Macorig-Vénier; *RTD com.* 2011. 173, n° 6, obs. Martin-Serf.
7. Com. 12 juill. 2016, n° 14-23.668, *Bull. civ.* IV [à paraître]; n° 671 F-P+B.
8. PÉROCHON ET BONHOMME, 7e éd., n° 312 – Henry, « La notion de privilège de procédure dans la loi de sauvegarde », *Rev. proc. coll.* 2008, p. 20 s., sp. p. 25, n° 20 – Gréau, art. préc., sp. p. 6, n° 12.
9. Gréau, art. préc., sp. p. 12, n° 30 – Pétel, 6e éd., n° 206.
10. PÉROCHON, 10e éd., n° 795.
11. Com. 3 déc. 2013, n° 12-28.718, NP; n° 1156 F-D; *Gaz. Pal.* 29 juin 2014, n° 180, p. 24, note Boustani; *Rev. proc. coll.* 2015, comm. 119, note Saint-Alary Houin.
12. Com. 17 déc. 2013, n° 12-28.158, NP; n° 1244 F-D; *Act. proc. coll.* 2014/2, comm. 26, note Cagnoli; *JCP E* 2014, Chron. 1173, n° 9, note Pétel; *RTD com.* 2014. 691, n° 4, note Martin-Serf; *Rev. proc. coll.* 2015, comm. 119, note Saint-Alary Houin.
13. Com. 2 déc. 2014, n° 13-20.311, NP; n° 1067 F-D; *RTD com.* 2015. 155, n° 4, obs. Martin-Serf; *Rev. proc. coll.* 2015, comm. 116 et comm. 118, note Saint-Alary Houin.

De façon plus générale, les créances de restitution consécutives à une annulation, par exemple celle d'adhésion à un groupement, n'est pas éligible au traitement préférentiel[1] (v. s[s] n° 443.51).

Dès lors qu'aucune prestation effective n'est fournie au débiteur, il est exclu de considérer que la créance est née en contrepartie d'une prestation et ce critère ne peut donc justifier l'attribution du traitement préférentiel. Ainsi, il a été jugé que la créance correspondant au coût des travaux de reprise de malfaçons et de non-façons et à des pénalités de retard dues en application du contrat de construction exécuté après le jugement d'ouverture, alors que le débiteur a abandonné le chantier, n'est pas éligible au traitement préférentiel[2].

La notion de « créances nées en contrepartie d'une prestation fournie au débiteur » est plus large que celles de créances contractuelles. Il n'est pas exigé que la créance soit de nature contractuelle[3]. L'expression semble permettr de conférer le traitement préférentiel aux créance d'indemnité d'utilisation ou d'occupation, après ésiliation des contrats de bail ou de crédit-bail, opinion que partagent certains auteurs[4], cependant que d'autres sont franchement hostiles à l'opinion[5]. Le doute est permis dans la mesure où ne peut être évoquée, *stricto sensu*, une prestation « fournie » au débiteur. La Cour de cassation a eu l'occasion de statuer sur la question de l'indemnité d'occupation du bail après résiliation de celui-ci. Elle a refusé la qualification de créance postérieure éligible au traitement préférentiel[6]. Toutefois, le demandeur au pourvoi avait fait observer que la créance née en liquidation judiciaire ne se rattachait pas à la poursuite provisoire de l'activité autorisée en liquidation judiciaire, ce qui justifiait de dénier à cette créance la qualification de créance couverte par les dispositions de l'article L. 641-13 du code de commerce. Ultérieurement, la Cour de cassation a admis la qualification de créance postérieure éligible pour une indemnité 'occupation d'un bail professionnel, alors même ue l'avocat débiteur avait continué son activité au iépris d'une interdiction d'exercice[7]. De même, le a admis le principe d'éligibilité au traitement référentiel d'indemnités d'occupation, mais en prochant à la cour d'appel de ne pas avoir distinué selon que les indemnités étaient nées ou non ndant la poursuite d'activité autorisée en liquidaon judiciaire[8].

La créance du bailleur relative aux travaux de mise en état est analysée comme la contrepartie une prestation fournie au débiteur éligible au traitement préférentiel, mais il faut que les dégradations, qui font naître la créance, aient été commises pendant la période d'observation ou pendant la poursuite provisoire de l'activité autorisée en liquidation judiciaire[9].

La créance détenue par un bailleur sur le locataire pour perte de chance de relouer les lieux loués peut être analysée comme la contrepartie d'une prestation fournie au débiteur. Pour qu'il en soit ainsi, il faut évidemment que le bailleur n'ait pas perçu, après résiliation du bail, une indemnité d'occupation[10].

Il ne pourra, à notre sens, s'agir de dettes délicuelles, puisqu'il ne peut y avoir ici une prestation ournie aux débiteurs (v. toutefois s[s] n° 453.22). La olution a été explicitement affirmée à propos des éances dont bénéficie la partie civile sur le débiur, auteur d'une infraction pénale[11]. Il a identiement été jugé que la créance de restitution et ndemnité de procédure ne sont pas des créances ouvertes par le traitement préférentiel[12].

Il ne pourra davantage s'agir des amendes pénales des au Trésor public ou des dommages et intérêts ds au titre d'une action civile[13]. Cette solution de pmcipe appelle toutefois de sérieuses nuances (v. s[s] n°453.22).

La créance de liquidation d'une astreinte peut encore faire difficulté (v. s[s] n° 443.44).

453.24 Limitations du domaine des créances nées en contrepartie d'une prestation fournie au débiteur.

1. Com. 16 déc. 2014, n° 13-24.623, NP; n° 1123 F-D.
2. Com. 18 juin 2013, n° 12-18.420, *Bull. civ.* IV, n° 104, n° 647, F-P+B; *D.* 2013. Pan. 2374, note Le Corre; *JCP E* 2013, Chron. 1434, n° 13, obs. Pétel; *Rev. sociétés* 2013. 524, note Henry; *RTD com.* 2013. 813, n° 6, obs. Martin-Serf; *Rev. proc. coll.* 2015, comm. 117, note Saint-Alary Houin.
3. Pétel, « Les créanciers postérieurs », *Rev. proc. coll.* 2006/2, p. 142 s., sp. p. 144, n° 13.
4. Pérochon, « Les créanciers postérieurs et la réforme du 26 juillet 2005 », *Gaz. proc. coll.* 2005, n° sp. 7-8 sept. 2005, p. 57 s., sp. p. 60, n° 22 – PÉROCHON, 10e éd., n° 786.
5. Gréau, « Pour un véritable privilège de procédure », *LPA* 12 juin 2008, n° 118, p. 4 s., sp. p. 7, n° 14.
6. Com. 26 janv. 2010, n° 07-21.542, NP; n° 98 F-D; *Gaz. Pal.* 16-17 avr. 2010, n°s 106, 107, p. 24, note Henry; *LPA* 13 juill. 2010, n° 138, p. 19, note Sortais; *Rev. proc. coll.* 2012, comm. 48, note Saint-Alary Houin.
7. Com. 17 sept. 2013, n° 12-18.293, NP; n° 833 F-D.
8. Com. 8 avr. 2015, n° 14-11.129, NP; n° 367 F-D; *APC* 2015/10, comm. 153, note Pedemons.
9. Com. 2 déc. 2014, n° 13-11.059, *Bull. civ.* IV [à paraître]; n° 1076 FS-P+B; *Act. proc. coll.* 2015, comm. 9, note Petit; *BJE* 2015, 101, note Rohart-Messager; *RTD com.* 2015. 154, n° 3, obs. Martin-Serf; *JCP E* 2015, 1031, note Cérati-Gauthier et chron. 1204, n° 12, obs. Pétel.
10. Com. 2 déc. 2014, n° 13-11.059, préc.
11. *Rapp. Xavier de Roux*, n° 2095, p. 232.
12. TGI Paris, 24 mai 2012, n° 12/80195, *Leden* juin 2012, comm. 086, note Pelletier.
13. *Rapp. Xavier de Roux*, n° 2095, p. 232.

> Limitation aux besoins de l'activité professionnelle sous l'empire de la loi du 26 juillet 2005[1] non réformée. Le texte de l'article L. 622-17, I, du code de commerce, issu de la rédaction que lui a donnée la loi du 26 juillet 2005, vise les créances nées d'une « prestation fournie au débiteur pour son activité professionnelle, pendant cette période [période d'observation] ». L'article L. 641-13, I, du code vise, pour sa part, les créances nées « en raison d'une prestation fournie au débiteur, pour son activité professionnelle postérieure à l'un de ces jugements ». Il s'agit des jugements ouvrant ou prononçant la liquidation judiciaire.

Il faudra, en outre, que ces créances soient, avant l'ordonnance du 18 décembre 2008[2], en rapport avec l'activité professionnelle du débiteur. Un amendement a été présenté par la commission des lois du Sénat pour apporter cette précision[3]. Il ne pourra s'agir, par exemple, des loyers d'un bail d'habitation ou des loyers de la location avec option d'achat d'un véhicule extraprofessionnel. Le cas échéant, ces créances sans rapport avec l'activité professionnelle seront considérées comme correspondant aux besoins de la vie courante (v. s[s] n° 454.21).

Il a été estimé que lorsque l'entreprise arrête son exploitation, elle doit préparer cette cessation d'activité. Les créances nées dans ce cadre doivent pouvoir bénéficier du traitement préférentiel[4]. Mais, pour qu'il en soit ainsi, encore faut-il qu'il y ait une prestation fournie au débiteur.

> Suppression de la limitation aux besoins de l'activité professionnelle par l'ordonnance du 18 décembre 2008. L'ordonnance du 18 décembre 2008 (ord. 18 déc. 2008, art. 29) modifie partiellement le domaine des créances postérieures éligibles au traitement préférentiel au regard de la notion de créances nées en contrepartie d'une prestation fournie au débiteur. Sous l'empire du texte de la loi du 26 juillet 2005, la créance devait être la contrepartie d'une prestation fournie au débiteur « pour son activité professionnelle ». L'ordonnance du 18 décembre 2008 supprime, au I de l'article L. 622-17, la précision relative à l'activité professionnelle. En conséquence, toutes les créances, qui sont la contrepartie d'une prestation fournie au débiteur, qu'elles soient ou non en rapport avec l'activité professionnelle du débiteur, seront couvertes par le traitement préférentiel[5]. Pour le surplus, la notion de « contrepartie d'une prestation fournie au débiteur » s'appréciera après l'ordonnance du 18 décembre 2008 comme avant ce texte.

Avant de s'arrêter sur les deux remarques qu'appelle cette modification, il importe de préciser que la notion de créance née en contrepartie d'une prestation s'entend sous l'empire de l'ordonnance du 18 décembre 2008, comme avant cette même ordonnance. Les solutions décrites notamment à propos des indemnités d'occupation ou d'utilisation, ainsi que des indemnités de remises en état des lieux loués, (v. s[s] n° 453.23) conservent donc leur actualité.

La première remarque est négative : le domaine des créances postérieures éligibles au traitement préférentiel se trouve grandement élargi pour les débiteurs personnes physiques. Il se crée une rupture entre le traitement préférentiel et l'utilité de la créance pour l'activité du débiteur, qui opère à la manière d'un tango argentin, la situation de la législation antérieure à la loi de sauvegarde des entreprises étant partiellement rétablie. Cette intégration, dans le domaine des créances postérieures éligibles au traitement préférentiel, des créances nées en contrepartie d'une prestation fournie au débiteur en dehors de son activité professionnelle permet d'englober en son sein certaines créances nées de la vie courante. Pour cela, il faut qu'elles soient la contrepartie d'une prestation fournie au débiteur. Ainsi ne peut être suivie l'opinion d'un auteur indiquant que l'ordonnance du 18 décembre 2008 a entraîné une absorption des créances nées pour les besoins de la vie courante du débiteur par les créances nées en contrepartie d'une prestation fournie au débiteur[6]. En effet, certaines créances liées aux besoins de la vie courante ne sont pas la contrepartie d'une prestation fournie au débiteur et ne pourront, en conséquence, bénéficier du traitement préférentiel[7]. On peut prendre pour exemple la redevance télévisuelle ou la taxe d'habitation[8]. Les deux catégories ne se recoupent donc que partiellement. En outre, peu importera que la prestation fournie au débiteur soit de première nécessité. Rien n'interdira, *a priori*, de contracter pour des besoins luxueux[9]. Deux obstacles peuvent toutefois s'élever. Le premier tiendrait au fait que ce type de contrat ne rentre pas dans le cadre de la gestion courante. Il pourrait y avoir un acte de disposition étranger à la gestion courante, en conséquence interdit[10]. En outre, le droit pénal

1. L. n° 2005-845, 26 juill. 2005, préc.
2. Ord. n° 2008-1345, 18 déc. 2008, préc.
3. *Rapp. J.-J. Hyest*, n° 335, p. 205.
4. Gréau, art. préc., sp. p. 6, n° 10.
5. Rapport au président de la République sur l'ordonnance n° 2008-1345 du 18 déc. 2008, *JO* 19 déc. 2008, Titre I, chap. II-5, s[s] art. 29.
6. Crocq, « L'ordonnance du 18 décembre 2008 et le droit des sûretés », *Rev. proc. coll.* 2009/1, p. 75 s., sp. p. 77, n° 12.
7. EN CE SENS AUSSI : PÉROCHON, 10e éd., n° 788.
8. EN CE SENS AUSSI : Pérochon, « Les interdictions de paiement et le traitement des sûretés réelles », *D.* 2009. 651 s., sp. 661, n° 34.
9. Pérochon, art. préc., sp. 662, n° 37.
10. PÉROCHON, 10e éd., n° 788.

pourrait être de quelque secours, spécialement le délit de détournement d'actif, par exemple pour des voyages somptueux.

La seconde remarque est au contraire positive. Le dispositif antérieur, qui avait le mérite de la logique juridique, était créateur d'une insécurité juridique, confinant au surplus à la confiscation. En effet, le partenaire contractuel du débiteur ne pouvait, à l'avance, savoir avec certitude si sa créance serait ou non éligible au traitement préférentiel, alors pourtant que, de la qualification de sa créance, dépendait le régime juridique, et spécialement une déclaration de créance au passif, dans un délai de forclusion, si la créance n'était pas éligible au traitement préférentiel. En outre, le créancier, qui avait fourni au débiteur une prestation pour des besoins non professionnels, mais qui correspondait aux besoins de la vie courante du débiteur, avait le droit d'être payé. En revanche, s'il n'était pas payé spontanément, il ne disposait d'aucune action en justice, la règle de l'arrêt des poursuites individuelles s'appliquant à lui. Il devait en outre déclarer sa créance au passif, ce qui n'était guère logique, dès lors que, au demeurant, il avait le droit d'être payé. La situation du créancier, dont la créance était née régulièrement, après jugement d'ouverture, pour les besoins de la vie courante du débiteur personne physique, était donc remarquablement compliquée. La solution la plus choquante tenait enfin à l'impossibilité, pour ce créancier, d'obtenir la résolution de son contrat, pour défaut de paiement, faute de pouvoir s'émanciper de la règle de l'arrêt des poursuites individuelles. Ainsi, si le débiteur contractait après jugement d'ouverture, pour des besoins non professionnels, et si, au surplus, il n'était pas question des besoins de la vie courante du débiteur personne physique, le partenaire contractuel du débiteur ne pouvait obtenir paiement et ne pouvait obtenir la résolution de son contrat. La solution était évidemment insoutenable.

C'est pourquoi la modification législative pourrait apparaître satisfaisante, en ce qu'elle permet à celui qui a fourni, après jugement d'ouverture, une prestation au débiteur, fut-ce pour des besoins non professionnels, d'être payé à l'échéance, et, en conséquence, de pouvoir obtenir la résolution ou la résiliation du contrat pour défaut de paiement. Elle contribue à simplifier le régime des créances postérieures, dans la logique poursuivie par le texte d'habilitation[1].

Cette même modification est apportée en liquidation judiciaire. L'article L. 641-13 du code, issu de la rédaction que lui a donnée la loi de sauvegarde (ord. 18 déc. 2008, art. 107) vise les créances nées pour les besoins de la période de poursuite provisoire de l'activité autorisée en liquidation judiciaire en application de l'article L. 641-10 du code. Pour tenir compte du visa nouveau opéré par l'article L. 641-13, I, alinéa 1er du code aux créances nées pendant cette période, logiquement l'ordonnance du 18 décembre 2008 supprime à l'article L. 641-10, alinéa 1er du code, la précision selon laquelle les dispositions de l'article L. 641-13 sont applicables aux créances nées pendant la période de poursuite provisoire de l'activité autorisée en liquidation judiciaire.

L'article L. 641-13, I modifie, en apparence, une règle de la législation antérieure. Auparavant, le I de l'article L. 641-13 du code faisait bénéficier du traitement préférentiel toutes les créances nées régulièrement en raison d'une prestation fournie au débiteur, pour son activité professionnelle postérieure au jugement de liquidation judiciaire. Désormais, ce texte réserve le traitement préférentiel aux créances en contrepartie d'une prestation fournie au débiteur nées pendant la poursuite provisoire de l'activité. Le changement n'est en réalité qu'apparent.

En effet, l'article L. 641-13, I, du code de commerce, dans la rédaction issue de la loi de sauvegarde des entreprises, corrèle, comme cela est déjà le cas pour la période d'observation, l'attribution du traitement préférentiel, en dehors des créances nées pour les besoins du déroulement de la procédure, à une prestation fournie au débiteur pour son activité professionnelle. L'ordonnance du 18 décembre 2008 a supprimé, en période d'observation, ce lien. Cette suppression est également faite en liquidation judiciaire. Désormais, ainsi que l'énonce le nouvel article L. 641-13, I, du code de commerce, la créance postérieure née régulièrement sera éligible au traitement préférentiel dès lors qu'elle est née en contrepartie d'une prestation fournie au débiteur. Peu importe que cette prestation ait été accomplie pour les besoins de l'activité professionnelle du débiteur.

> Limitation à certaines périodes. Le texte de l'article L. 622-17, I, du code de commerce vise les créances nées d'une « prestation fournie au débiteur, pendant la période d'observation ». L'article L. 641-10, alinéa 1er *in fine* du code de commerce, dans la rédaction issue de la loi de sauvegarde des entreprises, dispose que « les dispositions de l'article L. 641-13 sont applicables aux créances nées pendant cette période ». Il faut donc comprendre que les créances nées pendant la poursuite provisoire de l'activité en liquidation judiciaire en contrepartie d'une prestation fournie au débiteur pour son activité professionnelle sont couvertes par le traitement préférentiel. Plus clairement, ensuite, l'article L 641-13, I, a vise les créances nées en contrepartie d'une prestation fournie au débiteur pendant la poursuite d'activité en liquidation judiciaire.

1. L. n° 2008-776, 4 août 2008, art. 74, I, 8°, loi dite LME.

S'il n'y a pas de difficulté à permettre le jeu du traitement préférentiel pour les créances nées en contrepartie d'une prestation fournie au débiteur pendant la période d'observation, en revanche, une restriction sérieuse est posée en liquidation judiciaire. Le texte limite en effet aux seules créances nées pendant le maintien provisoire de l'activité l'éligibilité au traitement préférentiel.

Ainsi, pour qu'une indemnité d'occupation soit éligible au traitement préférentiel, l'occupation devra avoir lieu soit pendant la période d'observation, soit pendant la poursuite provisoire de l'activité en liquidation judiciaire. Elle ne sera pas éligible au traitement préférentiel si elle est née en liquidation judiciaire, sans poursuite d'activité. La Cour de cassation a été amenée à casser la décision d'une cour d'appel, statuant en référé, et qui avait condamné le liquidateur ès qualités à une telle indemnité, alors que ce dernier soutenait, à juste titre selon nous, que la créance d'indemnité d'occupation, faute d'être éligible au traitement préférentiel réservé aux créances postérieures, devait être déclarée au passif, d'où il résultait une obligation sérieusement contestable ne relevant pas du pouvoir juridictionnel des référés[1]. Puis la Cour de cassation a censuré une cour d'appel qui avait condamné le liquidateur à payer une indemnité d'occupation, sans distinguer selon que l'indemnité couvrait la période de poursuite provisoire d'activité autorisée en liquidation judiciaire ou la période postérieure, faisant ainsi clairement ressortir que l'indemnité d'occupation n'était éligible au traitement préférentiel, en liquidation judiciaire, que pour autant qu'elle se rapportait à la période de poursuite d'activité[2].

Cette solution consistant à ne pas rendre éligible au traitement préférentiel les créances nées en contrepartie d'une prestation fournie au débiteur pendant la liquidation judiciaire, mais en dehors de la poursuite provisoire de l'activité, n'est pas sans présenter des inconvénients pour un débiteur personne physique. Comment, par exemple, pourra-t-il se loger pendant la procédure de liquidation judiciaire sans poursuite d'activité s'il n'a pas le droit de payer le loyer ? C'est en effet à cette solution qu'aboutit le texte, et qui conduit la Cour de cassation à refuser la condamnation au paiement du liquidateur au titre de loyers d'un bail d'habitation correspondant à une jouissance procurée au débiteur après expiration de la période de poursuite d'activité en liquidation judiciaire[3].

En sens inverse, on peut remarquer que le bailleur ne peut obtenir la résiliation du bail d'habitation, puisqu'il la fonderait sur le non-paiement d'une créance postérieure non éligible au traitement préférentiel. La règle de l'arrêt des poursuites individuelles y ferait obstacle puisque, selon l'article L. 622-21, I, 2° du code de commerce, est interdite l'action en résiliation d'un contrat fondé sur le non paiement d'une créance autre que postérieure éligible au traitement préférentiel. Le bailleur ne peut obtenir paiement et ne peut obtenir la résiliation de son contrat pour défaut de paiement. Il est prisonnier jusqu'au terme du contrat. Ce résultat n'a pas été voulu par le législateur[4]. La malfaçon est certaine, pour ne pas dire grossière, qui entraîne, dans l'exemple pris, une véritable spoliation du bailleur à usage d'habitation, qui ne peut obtenir l'expulsion d'un locataire qui ne paie pas. Il nous semble qu'il y a là une atteinte injustifiée au droit de propriété tel qu'il est appréhendé par l'article 3 du protocole additionnel à la Convention EDH.

Cet exemple démontre qu'on pourrait, *de lege ferenda*, envisager de déconnecter les règles de continuation des contrats en cours en liquidation judiciaire et les règles de naissance des créances postérieures bénéficiant du traitement préférentiel[5]. Mais la solution la plus simple serait encore de reconnaître le traitement préférentiel à toutes les créances nées en contrepartie d'une prestation fournie au débiteur en liquidation judiciaire, sans limiter, comme le fait actuellement l'article L. 641-13, I, du code de commerce, l'octroi du traitement préférentiel aux créances nées pendant la poursuite provisoire de l'activité. La solution serait d'autant plus logique que le lien avec l'activité professionnelle du débiteur a été rompu pour ce type de créances. Pour cela, on pourrait penser à modifier l'article L. 641-13, I, du code de commerce en supprimant à la fin de cette disposition l'expression « pendant ce maintien d'activité » et la remplaçant par l'expression « pendant la liquidation judiciaire ». Il n'est en effet pas judicieux d'avoir déconnecté les règles de la continuation des contrats en cours, qui continuent à s'appliquer en dehors de toute poursuite provisoire d'activité en

1. Com. 22 nov. 2011, n° 10-24.757, NP; n° 1173 F-D.
2. Com. 8 avr. 2015, n° 14-11.129, NP; n° 367 F-D; *APC* 2015/10, comm. 153, note Pedemons.
3. Com. 12 mars 2013, n° 11-24.365, *Bull. civ.* IV, n° 38; n° 262 FS-P+B+I; *D.* 2013. Actu. 702, note Lienhard; *D.* 2013. Pan. 2374, note Le Corre; *Gaz. Pal.* 12 juill. 2013, n° 193, p. 15, note Henry; *Act. proc. coll.* 2013/6, comm. 74, note Fin-Langer; *JCP E* 2013. 1341, note Lebel; *JCP E* 2013, Chron. 1434, n° 12, obs. Pétel; *RTD com.* 2013. 349, n° 9, obs. Martin-Serf; *BJE* sept. 2013, p. 285, note Le Mesle; *LXB hebdo* 18 avr. 2013, n° 335, note Le Corre.
4. Pérochon, « Les interdictions de paiement et le traitement des sûretés réelles », *D.* 2009. 651 s., sp. 662, n° 37.
5. AUSSI : Macorig-Venier et Saint-Alary-Houin, « Les créanciers dans l'ordonnance n° 2008-1345 du 18 décembre 2008 portant réforme du droit des entreprises en difficulté », *Rev. proc. coll.* 2009/1, 9, p. 65 s., sp. p. 74, n° 56.

liquidation judiciaire, de celles qui attribuent aux créanciers postérieurs un traitement préférentiel : si le contrat se poursuit pendant la liquidation judiciaire, indépendamment de toute poursuite d'activité, le cocontractant doit pouvoir recevoir son paiement.

L'ordonnance du 12 mars 2014[1] s'est employée, à sa façon, qui n'est sans doute pas la plus simple d'apporter des solutions.

453.25 Créances nées en exécution d'un contrat décidée par le liquidateur sous l'empire de l'ordonnance du 12 mars 2014[2]. L'article L. 641-13, I, alinéa 1er du code de commerce conserve le critère téléologique d'attribution du traitement préférentiel pour les créances nées en contrepartie d'une prestation fournie au débiteur pendant le maintien de l'activité en liquidation. Il est ajouté à ce texte, par l'article 68 de l'ordonnance du 12 mars 2014, le critère de l'exécution d'un contrat décidée par le liquidateur. Fondamentalement, cet ajout n'a d'utilité que pour les créances contractuelles nées en dehors de la poursuite provisoire d'activité autorisée en liquidation judiciaire. Jusqu'alors, de telles créances n'étaient pas éligibles au traitement préférentiel, sauf s'il était possible de les rattacher à un autre critère : celui des créances nées pour les besoins du déroulement de la procédure (v. ss no 453.23).

Sous l'empire de l'ordonnance du 12 mars 2014, les créances nées de l'exécution d'un contrat en liquidation judiciaire, en dehors de toute poursuite d'activité, seront couvertes par le traitement préférentiel à une condition : l'exécution devra avoir été décidée par le liquidateur.

Cette notion peut faire difficulté. Tout d'abord, aucune hésitation n'est permise si le contrat est continué sur l'option du liquidateur. En revanche, que décider si le contrat a été continué sur option du débiteur ou de son administrateur pendant la période d'observation d'une sauvegarde ou d'un redressement judiciaire ? Pourra t-il être soutenu que l'exécution du contrat est décidée par le liquidateur, alors que l'option aurait été antérieurement exprimée ? Il semble que le législateur ait voulu corréler le traitement préférentiel à une volonté explicite du liquidateur de continuer le contrat, même s'il n'a pas opté personnellement pour cette continuation, cette option étant intervenue antérieurement[3]. Il suffira donc que l'exécution du contrat ait décidée par le liquidateur, même si ce dernier est pas l'auteur de l'option.

La loi de modernisation de la justice du XXIe siècle supprime salutairement la difficulté rédactionnelle, en modifiant la fin du I de l'article L. 641-13 du code de commerce. Cette disposition sera inapplicable aux procédures en cours au jour de la publication de la loi de modernisation de la justice du XXIe siècle. L'expression « décidée par le liquidateur » a été remplacée par l'expression « régulièrement décidée après le jugement d'ouverture de la procédure de sauvegarde ou de redressement judiciaire, s'il y a lieu, et après le jugement d'ouverture de la liquidation judiciaire ». Ainsi, le traitement préférentiel sera-t-il accordé en liquidation judiciaire si le contrat a régulièrement été poursuivie pendant la période d'observation. Cela suppose que les règles relatives à la naissance régulière des créances aient été respectées. On pense au titulaire de l'option, mais aussi, lorsque ce titulaire est le débiteur, à l'avis conforme du mandataire judiciaire pour la poursuite du contrat. Le traitement préférentiel sera également accordé si le liquidateur prend l'initiative de poursuivre le contrat ou répond positivement, dans les délais, à la mise en demeure de continuation du contrat.

Le changement rédactionnel de l'article L. 641-13, I, alinéa 1er opéré par l'ordonnance du 12 mars 2014 permet d'apporter une réponse à la jurisprudence de la Cour de cassation ayant justement dénié à un bailleur à usage d'habitation la qualité de créancier postérieur méritant pour les créances nées en dehors de la poursuite d'activité (v. ss no 453.23).

453.26 Créances nées pour les besoins de la vie courante du débiteur personne physique en liquidation sous l'empire de l'ordonnance du 12 mars 2014[4]. Sous l'empire de la loi du 26 juillet 2005[5], dans sa rédaction d'origine, il existait, en liquidation judiciaire, trois critères téléologiques d'attribution du traitement préférentiel pour les créances postérieures : les créances nées pour les besoins du déroulement de la procédure, celles nées pour les besoins de la poursuite d'activité autorisée et celles nées en contrepartie d'une prestation fournie au débiteur pour les besoins de son activité, pendant la poursuite d'activité autorisée. Les créances nées en contrepartie d'une prestation fournie au débiteur pour des besoins non professionnels n'étaient pas éligibles au traitement préférentiel, mais connaissait un traitement particulier lorsqu'elles étaient nées pour les besoins de la vie courante du débiteur personne physique. Le législateur les faisait, en effet,

1. Ord. no 2014-326, 12 mars 2014, préc.
2. Ord. no 2014-326, 12 mars 2014, préc.
3. Boustani, « Les modifications affectant les créances postérieures dans l'ordonnance du 12 mars 2014 », *Gaz. Pal.* 6 avr. 2014, no 96, p. 43 – Lienhard, « réforme issue de l'ordonnance du 12 mars 2014 », *Code des procédures collectives commenté,* Dalloz, 2014, p. 60.
4. Ord. no 2014-326, 12 mars 2014, préc.
5. L. no 2005-845, 26 juill. 2005, préc.

échapper à la règle de l'interdiction des paiements posée par l'article L. 622-7 du code de commerce. Il s'agissait ici de permettre le paiement des dettes telles celles relatives aux loyers assurant le logement principal de la famille ou encore celles relatives à l'entretien ou à l'éducation des enfants. L'interdiction du paiement était écartée pour des raisons humanitaires évidentes.

L'ordonnance du 18 décembre 2008[1], observant la complexité du système introduit par la loi de sauvegarde des entreprises[2], et pour reprendre l'expression d'un auteur, la balkanisation des créances postérieures, supprime l'exception à l'interdiction du paiement des créances postérieures non éligibles au traitement préférentiel pour les dettes nées de la vie courante.

Cette suppression contribuait assurément à simplifier le système applicable aux créances postérieures, mais faisait naître en liquidation judiciaire des difficultés que nous avions rapidement dénoncées (v. s^s n° 453.24).

Logiquement, l'ordonnance entend apporter remède au problème. C'est l'objet de son article 68. Il introduit au premier alinéa du I de l'article L. 641-13 un nouveau critère téléologique d'attribution du traitement préférentiel : celui des créances nées pour les besoins de la vie courante du débiteur personne physique.

Ainsi, le critère des besoins de la vie courante du débiteur réintègre le livre VI du code de commerce, mais a une portée très différente de celle que lui avait donnée la loi de sauvegarde des entreprises dans sa rédaction d'origine. À l'époque, il s'agissait d'une exception à la règle de l'interdiction du paiement des créances autres que les créances postérieures éligibles au traitement préférentiel. Avec le texte nouveau, il s'agit d'un quatrième critère téléologique d'attribution du traitement préférentiel.

Sous l'empire de la loi de sauvegarde d'origine, ce type de créances avait un régime unitaire que l'on soit en période d'observation ou en liquidation judiciaire. Avec le texte nouveau, il ne vise que les créances nées en liquidation judiciaire.

Fondamentalement, ce que le législateur a voulu permettre est le paiement de créances nées en dehors de la poursuite d'activité autorisée en liquidation judiciaire, créances qui ne peuvent être payées, avant l'ordonnance du 12 mars 2014, que si elles sont nées pour les besoins du déroulement de la procédure.

L'introduction de ce quatrième critère permet d'assurer le paiement des créances nées pour les besoins de la vie courante autres que de nature contractuelle. Seront ainsi éligibles au traitement préférentiel, les créances de taxe d'habitation[3] ou encore de redevance télévisuelle.

Mais le critère des créances nées pour les besoins de la vie courante pourra permettre également de faire bénéficier du traitement préférentiel des créances nées de l'exécution d'un contrat, en dehors de la poursuite d'activité, exécution que n'aurait pas décidée le liquidateur. On pense aux créances nées de la poursuite d'un bail à usage d'habitation, en dehors de la poursuite d'activité autorisée en liquidation judiciaire.

453.27 Proposition des critères de créances contingentes par rapport à la procédure collective et de créances inhérentes à la procédure collective. Deux critères ont été proposés en doctrine pour essayer de trouver un fil directeur permettant, plus simplement qu'à la lecture des articles L. 622-17 et L. 641-13 du code de commerce, de savoir si la créance postérieure née régulièrement doit ou non bénéficier du traitement préférentiel.

Le premier est celui de l'utilité de la créance. Comme l'a relevé non sans humour son promoteur, aucune dette n'est utile. Ce n'est donc pas l'utilité de la dette qui doit être prise en compte, mais sa source[4].

Ce critère est d'un maniement délicat. Il semble introduire un élément de subjectivité dans un domaine où l'interprétation doit être stricte, celles des privilèges. En outre, si on se demande si la créance est utile, on va se demander à qui elle doit être utile, pourquoi elle doit être utile ?

Ce critère, qui peut de prime abord apparaître séduisant, nous semble à la vérité compliquer les choses, en ce qu'il ajoute à la loi, puisque chaque fois, au lieu de se contenter de regarder si la créance entre bien dans les cases légales, on va devoir, en outre, s'interroger sur l'utilité de la source de la créance.

Aussi, préférons-nous cantonner le critère de l'utilité aux seules créances nées pour les besoins du déroulement de la procédure, lorsque la créance n'aura pas pour origine l'initiative d'un organe de la procédure ou un intervenant obligatoire de celle-ci, tel un huissier de justice ou un commissaire-priseur.

Sous cette réserve, nous inclinons plutôt vers un autre critère répartiteur des créances postérieures

1. Ord. n° 2008-1345, 18 déc. 2008, préc.
2. L. n° 2005-845, 26 juill. 2005, préc.

3. PARTAGEANT L'ANALYSE : Dedeurwaerder, « L'ordonnance du 12 mars 2014 et le Trésor public : innovations ou régressions », *BJE* mai 2014, 189 s., sp. 190 – Crocq, in Crocq, Reille et Roussel Galle « Droit des entreprises en difficulté », Chron., *Dr. et proc.* avr. 2014, p. 2 s., sp. p. 8, n° 29.
4. Pérochon, « Les créanciers postérieurs et la réforme du 26 juillet 2005 », *Gaz. proc. coll.* 2005, n° sp. 7-8 sept. 2005, p. 57 s., sp. p. 61, n° 28 – RAPPR. : PÉTEL, 7e éd., n° 210.

élues : celui des créances contingentes par rapport à la procédure collective et des créances inhérentes à la procédure collective.

Les créances nées pour les besoins de la poursuite d'activité [pour reprendre la terminologie légale, les créances nées pour les besoins de la période d'observation ou de la poursuite d'activité en liquidation judiciaire] et les créances qui sont la contrepartie d'une prestation fournie au débiteur soit pendant la période d'observation, soit pendant la poursuite d'activité en liquidation judiciaire, sont contingentes par rapport à la procédure collective. Cela veut dire que ces créances auraient tout aussi bien pu naître en dehors de toute procédure collective. Il en est de même, sous l'empire de l'ordonnance du 12 mars 2014[1], des créances nées pour les besoins de la vie courante du débiteur personne physique, ainsi que des créances nées en exécution d'un contrat décidée par le liquidateur.

Au contraire, les créances nées pour les besoins du déroulement de la procédure collective sont, par principe, inhérentes à cette même procédure collective, en ce sens qu'elles n'auraient pas pu naître sans l'ouverture de la procédure collective.

Cette notion de « créances inhérentes à la procédure collective », est spécialement intéressante pour les créances qui naissent pendant la liquidation judiciaire, en dehors de toute poursuite provisoire d'activité. Avant l'ordonnance du 12 mars 2014, le seul critère de rattachement possible était celui des besoins du déroulement de la procédure. Si l'on assimile les créances nées pour les besoins du déroulement de la procédure aux créances inhérentes à la procédure collective, les choses deviennent à notre avis plus simples : dès lors que la créance aurait pu naître en dehors de la procédure collective, elle n'est pas inhérente à la procédure collective. Elle ne peut donc être couverte par le traitement préférentiel si elle naît en liquidation judiciaire, en dehors de la poursuite d'activité, sauf si, depuis l'ordonnance du 12 mars 2014, elle se rattache à l'exécution d'un contrat décidée par le liquidateur ou aux besoins de la vie courante du débiteur physique. C'est en ce sens que la Cour de cassation s'est prononcée, avant l'ordonnance du 12 mars 2014, en refusant la condamnation au paiement d'un liquidateur au titre de loyers d'un bail d'habitation correspondant à une jouissance procurée au débiteur après expiration de la période de poursuite d'activité en liquidation judiciaire, en considérant que cette créance n'est pas née pour les besoins du déroulement de la procédure[2].

Mais, encore faut-il s'entendre sur la notion de « créance inhérente à la procédure collective ». Faut-il considérer de façon abstraite que tel type de créance ne peut naître en *dehors d'une procédure* collective ? Faut-il au contraire admettre, qu'une créance que l'on peut considérer par nature comme contingente par rapport à la procédure collective, peut devenir inhérente à la procédure collective parce que, concrètement, sa naissance ne s'explique dans la procédure collective en cause que par les besoins du déroulement de la procédure ?

On illustrera le propos par un exemple : celui des loyers du bail des locaux commerciaux. Indiscutablement, ces créances sont par nature contingentes par rapport à la procédure collective. Après expiration de la poursuite d'activité en liquidation judiciaire, logiquement, il faut restituer les locaux au bailleur. Mais ce serait gravement compromettre le paiement des créanciers, grâce aux réalisations d'actifs, et spécialement à celle du fonds de commerce, accompagnée de la cession du bail commercial. Si des loyers sont encore dus, ce n'est pas pour les besoins de la poursuite d'activité, mais uniquement pour les besoins de la réalisation des actifs, objectif prioritaire de la liquidation judiciaire. L'augmentation du nombre des loyers dus, qui s'explique par la volonté de préservation des actifs, est inhérente à la procédure collective. Parce qu'il faut céder le fonds de commerce, on poursuit le bail et l'on fait naître des créances qui ne s'expliquent que par les finalités de la liquidation judiciaire : la réalisation des actifs. Ces créances doivent, à notre sens, être considérées comme étant nées pour les besoins du déroulement de la procédure et l'on comprend qu'elles ont bien perdu leur caractère simplement contingent par rapport à la procédure collective.

Certains auteurs ne sont d'ailleurs pas hostiles à l'idée de permettre d'accorder aux créanciers titulaires de créances nées en contrepartie d'une prestation fournie au débiteur, même après expiration de la poursuite provisoire de l'activité, un traitement préférentiel[3]. La seule possibilité est alors de changer le critère de rattachement au traitement préférentiel. Ils concèdent que seul peut être utilisé, faute de pouvoir recourir au critère naturel de rattachement au traitement préférentiel, le critère des besoins du déroulement de la procédure[4].

1. Ord. n° 2014-326, 12 mars 2014, préc.
2. Com. 12 mars 2013, n° 11-24.365, préc. (v. s^s^ n° 453.24).
3. Pérochon, « Les interdictions de paiement et le traitement des sûretés réelles », *D.* 2009. 651 s., sp. 662, n° 37 – PÉROCHON, 9e éd., n° 773 – LIENHARD, 3e éd., n° 1919.
4. Berthelot, « Les créanciers postérieurs méritants », *Rev. proc. coll.* 2011, dossier 34, p. 84 s., sp. p. 97, n° 82 – PÉROCHON, 9e éd., n° 1111.

CHAPITRE

454. Créances nées après jugement d'ouverture ne bénéficiant pas du traitement préférentiel

SECTION 0

ORIENTEUR

454.00 **Plan du chapitre.**

Sect. 454.10 Régime des créances postérieures ne bénéficiant pas du traitement préférentiel

Sect. 454.20 Particularisme des créances alimentaires et des créances liées aux besoins de la vie courante

454.01 **Textes applicables.** (V. s[s] n° 450.01).

454.03 **Bibliographie indicative.** (V. s[s] n° 450.03).

SECTION 454.10

RÉGIME DES CRÉANCES POSTÉRIEURES NE BÉNÉFICIANT PAS DU TRAITEMENT PRÉFÉRENTIEL

454.11 Régime des créances postérieures nées régulièrement ne bénéficiant pas du traitement préférentiel. Le créancier, titulaire d'une créance postérieure née régulièrement, mais ne remplissant pas certains critères, ne bénéficie pas du traitement préférentiel[1]. Le code de commerce, par exemple l'article L. 622-7 alinéa 1er, vise la créance « non mentionnée au I de l'article L. 622-17 ». Or, comme il a été relevé, l'article L. 622-17, I du code est loin de fournir une liste précise des créances couvertes par le traitement préférentiel. Dès lors, la notion de « créance non mentionnée au I de l'article L. 622-17 » est évidemment très imprécise[2].

Tout d'abord, le créancier postérieur non éligible au traitement préférentiel ne pourra être payé à l'échéance. Il est confronté à la règle de l'arrêt des poursuites individuelles, mais aussi à la règle de l'interdiction des paiements. La solution résulte de l'article L. 622-7 du code de commerce, dans la rédaction que lui donne la loi de sauvegarde des entreprises[3]. Ce texte étend aux créances nées après jugement d'ouverture le principe d'interdiction du paiement que la législation précédente avait cantonné aux seules créances antérieures (v. s[s] n° 631.12). Corrélativement, les créanciers titulaires de ces créances postérieures non éligibles au traitement préférentiel doivent les déclarer au passif, à l'instar des créances antérieures[4], sous peine d'inopposabilité à la procédure collective. Ils disposent pour cela de délais aménagés (v. s[s] n° 665.37). Ils seront payés dans les conditions des créances antérieures et notamment percevront les dividendes du plan de sauvegarde ou de redressement.

L'assimilation aux créances antérieures n'est cependant pas totale. C'est ainsi que la règle de l'arrêt du cours des intérêts n'a pas vocation à s'appliquer pour ce type de créance, faute de texte en ce sens[5]. Or il y a bien ici fiction légale à traiter une créance

1. Com. 3 déc. 2013, n° 12-28.718, NP; n° 1156 F-D; *Gaz. Pal.* 29 juin 2014, n° 180, p. 24, note Boustani; *Rev. proc. coll.* 2015, comm. 119, note Saint-Alary Houin.
2. LE CANNU, 7e éd., n° 818.
3. L. n° 2005-845, 26 juill. 2005, *JO* 27 juill., p. 12187.
4. *Rapp. Xavier de Roux*, n° 2095, p. 227.
5. EN CE SENS AUSSI : PÉROCHON, 10e éd., n° 620, note 172.

postérieure comme une créance antérieure. Le principe selon lequel les fictions sont de droit strict nous semble interdire d'appliquer purement et simplement les règles des créances antérieures à ces créances postérieures, faute de texte énonçant un tel principe. Il a été ajouté, pour justifier le maintien du cours des intérêts pour ce type de créance, que la règle de l'arrêt du cours des intérêts posée par l'article L. 622-28, alinéa 1er du code de commerce ne concerne que des intérêts dont le cours a commencé avant le jugement d'ouverture[1].

Le créancier postérieur qui ne bénéficie pas du traitement préférentiel ne pourra davantage bénéficier du privilège réservé aux créanciers postérieurs.

454.12 Régime des créances postérieures nées irrégulièrement. Le créancier postérieur qui ne bénéficie pas du traitement préférentiel, dont la créance est née régulièrement, doit être distingué du créancier dont la créance est née irrégulièrement après le jugement d'ouverture de la procédure.

La créance postérieure née irrégulièrement ne pourra être payée à l'échéance, car l'article L. 622-7 du code de commerce, issu de la loi de sauvegarde des entreprises[2], qui pose la règle de l'interdiction des paiements, interdit de payer toute créance postérieure ne bénéficiant pas du traitement réservé aux créances postérieures par l'article L. 622-17 du code[3]. De même, en application de l'article L. 622-21, I, ce créancier perd le droit de poursuivre le débiteur en paiement. C'est ainsi qu'il a pu être jugé, sous l'empire de la législation antérieure, que le débiteur dessaisi ne peut émettre un chèque, d'où il résulte que le titre exécutoire pris à la suite de l'émission du chèque sans provision n'a pu donner naissance à une créance régulière et que les inscriptions d'hypothèques prises en vertu de ce titre sont elles-mêmes frappées d'inopposabilité à la procédure collective[4]. La solution est reconductible sous l'empire de la loi de sauvegarde des entreprises.

La créance postérieure née irrégulièrement est inopposable à la procédure collective[5]. L'inopposabilité de la créance postérieure née irrégulièrement à la procédure interdit à son titulaire d'être payé tant que dure la procédure. L'interdiction de poursuivre en paiement oblige à considérer, en rupture avec la solution de la législation précédente, que le créancier postérieur hors procédure ne recouvre pas, après clôture de la procédure de liquidation judiciaire, le droit de poursuivre le débiteur en paiement (v. aussi ss n° 592.52), sauf les cas dans lesquels le créancier serait, par exception, autorisé à reprendre ses poursuites individuelles.

Ce type de créance, qui ne doit pas être confondu avec celui des créances postérieures nées régulièrement, mais non éligibles au traitement préférentiel, n'est pas soumis à déclaration au passif[6]. L'inopposabilité à la procédure collective de ces créances justifie la solution : puisque la déclaration de créance a pour objet de rendre opposable la créance à la procédure collective, il est inconcevable de soumettre à déclaration au passif des créances par nature inopposables à cette procédure.

Son absence de paiement ne peut cependant, à notre sens, constituer un obstacle à la clôture de la procédure pour extinction du passif, car le paiement ne peut être exigé pendant la procédure. L'opinion contraire a cependant été émise[7].

SECTION 454.20

PARTICULARISME DES CRÉANCES ALIMENTAIRES ET DES CRÉANCES LIÉES AUX BESOINS DE LA VIE COURANTE

454.21 Possibilité de payer les créances alimentaires et sous l'empire de la loi du 26 juillet 2005[8] non réformée, celles liées aux besoins de la vie courante. Certaines créances postérieures nées régulièrement, mais non éligibles au traitement préférentiel, ne sont pas traitées comme des créances antérieures. Il en sera ainsi des créances alimentaires et, sous l'empire de la loi du 26 juillet 2005 non réformée, des créances liées aux besoins de la vie courante du débiteur personne physique. Le législateur fait, en effet, échapper ces créances à la règle de l'interdiction des paiements posée par l'article L. 622-7 du code de commerce (v. ss n° 631.23). Il s'agit ici de permettre le paiement des dettes telles celles relatives aux loyers assurant le logement principal de la famille ou encore celles relatives à l'entretien ou à l'éducation des enfants. L'interdiction du paiement est écartée pour des raisons humanitaires évidentes.

En revanche, la loi ne déroge pas au principe selon lequel ce type de créance ne correspond pas aux critères téléologiques posés par la loi de sauvegarde des entreprises. C'est pourquoi ces créances sans rapport avec les besoins de la procédure, de la période d'observation et qui ne sont pas la contrepartie d'une prestation fournie au débiteur pour son activité professionnelle pendant la période d'observation ou la poursuite provisoire de l'activité en

1. LE CANNU, 7e éd., n° 826.
2. L. n° 2005-845, 26 juill. 2005, préc.
3. EN CE SENS AUSSI : PÉROCHON ET BONHOMME, 8e éd., n° 310.
4. Paris, 2e ch. B, 19 janv. 2006, RG n° 05/10401.
5. Com. 21 févr. 2012, n° 11-12.235, NP; n° 218 F-D.
6. EN CE SENS AUSSI : PÉTEL, 8e éd., n° 231 – SAINT-ALARY-HOUIN, 9e éd., n° 661 – PÉROCHON, 10e éd., n° 783.
7. GUYON, n° 1250.
8. L. n° 2005-845, 26 juill. 2005, préc.

liquidation judiciaire, ne peuvent se voir a ier le traitement préférentiel. Ces créanciers n ur-ront, en l'absence de paiement, profiter de gle du paiement par privilège. Observons que le a-teur n'a pas précisé le rang d'un tel créancier, ui pose problème. Il n'a pas vocation à primer les n-ciers antérieurs, mais il n'a pas davantage voca à être primé par eux. Sa créance n'est pas inoppo e à la procédure. Il faut, semble-t-il, décider qu t un créancier ordinaire, un créancier chirograp e au même titre que les créanciers chirograph s antérieurs.

En conséquence, si ces créances peuvent é payées pendant la procédure, ce n'est pas à dire q le créancier titulaire d'une créance de la vie co rante, soit autorisé à en poursuivre le recouvr ment[1]. Même si le contraire a été soutenu[2], il n nous semble pas dispensé de déclarer sa créance En somme, a-t-il été bien résumé, s'il *est permis d* fournir au débiteur des prestations correspondant aux besoins de la vie courante, il est *déconseillé de* lui faire crédit[4].

Quant au créancier d'aliments, si son paiement spontané par le débiteur semble possible sur n'importe quel bien, en revanche le recouvrement de sa créance ne sera possible, nous semble-t-il, comme l'avait indiqué la Cour de cassation à propos des créances antérieures, que sur les biens dont le débiteur conserve la libre disposition (v. s^s n° 741.96)[5], faute de pouvoir agir en recouvrement de sa créance, la règle de l'arrêt des poursuites individuelles s'appliquant à lui, faute de disposition contraire.

454.22 Maintien de la possibilité de payer les créances alimentaires et suppression de l'exception à l'interdiction de payer les créances postérieures non éligibles au traitement préférentiel pour les créances liées aux besoins de la vie courante, sous l'empire de l'ordonnance du 18 décembre 2008[6]. L'ordonnance du 18 décembre 2008 a maintenu la possibilité de payer les créances alimentaires nées après le jugement d'ouverture, en précisant, de manière nouvelle, que cette possibilité existe également pour les créances alimentaires antérieures au jugement d'ouverture. Les observations faites précédemment pour l'exécution forcée des créances alimentaires conservent leur valeur (v. s^s n° 454.21).

L'ordonnance du 18 décembre 2008 supprime l'exception à l'interdiction du paiement des créances postérieures non éligibles au traitement préférentiel pour les dettes nées de la vie courante. Est-ce à dire qu'elles ne pourront plus être payées ? Une réponse nuancée s'impose.

Pour la créance postérieure au jugement d'ouverture, qui n'est pas née pour les besoins de la vie courante du débiteur, et qui n'est pas la contrepartie d'une prestation fournie au débiteur, le principe d'interdiction du paiement des créances postérieures non méritantes est maintenu. On prendra comme exemple la taxe d'habitation[7].

Au contraire, si la créance née régulièrement après jugement d'ouverture est la contrepartie d'une prestation fournie au débiteur, son paiement est possible[8]. En effet, le législateur a modifié la rédaction de l'article L. 622-17, I, du code de commerce (ord. 18 déc. 2008, art. 29), en supprimant la précision selon laquelle, pour pouvoir bénéficier du traitement préférentiel, les créances devaient être nées d'une contrepartie fournie au débiteur pour son activité professionnelle. Ainsi, dès lors que la créance est née d'une contrepartie fournie au débiteur pendant la période d'observation ou pendant la poursuite provisoire de l'activité autorisée en liquidation judiciaire, cette créance pourra être payée.

La modification ici introduite a des prolongements nécessaires. Puisque la créance née d'une contrepartie fournie au débiteur pour des besoins extraprofessionnels peut désormais bénéficier du traitement préférentiel réservé aux créances postérieures, son titulaire n'aura plus, contrairement à la solution posée dans la rédaction d'origine de la loi de sauvegarde des entreprises[9], à la déclarer au passif. En outre, le non-paiement d'une telle créance pourra fonder une résiliation ou une résolution du contrat pour défaut de paiement, en application de l'article L. 622-21, I, 2° du code de commerce.

Ces deux modifications s'inscrivent dans la logique consistant à aligner le domaine de trois règles essentielles de la discipline collective : celle de l'interdiction des paiements, celle de l'arrêt des poursuites individuelles et des voies d'exécution et, enfin, celle de l'obligation de déclaration au passif.

1. Pétel, « Les créanciers postérieurs », *Rev. proc. coll.* 2006/2, p. 142 s., sp. p. 146, n° 27.
2. J.-CL. COM., Vallansan, fasc. 2352, [Déclaration et admission des créances], 2007, n° 69.
3. EN CE SENS AUSSI : VALLENS, 2007, n° 3104.
4. Pétel, « Les créanciers postérieurs », *Rev. proc. coll.* 2006/2, p. 142 s., sp. p. 146, n° 27 – *Adde,* LE CANNU, 7e éd., n° 824 – ROUSSEL GALLE, 2e éd., n° 504.
5. AUSSI : Pétel, « Les créanciers postérieurs », *Rev. proc. coll.* 2006/2, p. 142 s., sp. p. 146, n° 29 – Pétel, « Le nouveau droit des entreprises en difficulté : acte II – commentaire de l'ordonnance n° 2008-1345 du 18 décembre 2008 », *JCP E* 2009. 1049, n° 34.
6. Ord. n° 2008-1345, 18 déc. 2008, *JO* 19 déc., p. 19462.
7. EN CE SENS AUSSI : Pérochon, « Les interdictions de paiement et le traitement des sûretés réelles », *D.* 2009. 651 s., sp. 661, n° 34.
8. Rapport au président de la République sur l'ordonnance n° 2008-1345 du 18 déc. 2008, *JO* 19 déc. 2008, Titre I, chap. II-5, s^s art. 29.
9. L. n° 2005-845, 26 juill. 2005, préc.

Nous avions pu noter, au lendemain de la loi de sauvegarde des entreprises, la bizarrerie juridique consistant à distendre le lien existant entre ces trois règles. En effet, sous l'empire de la loi de sauvegarde des entreprises, dans sa rédaction d'origine, le créancier titulaire d'une créance postérieure née pour les besoins de la vie courante du débiteur pouvait obtenir paiement de sa créance, alors pourtant, d'une part, qu'il n'avait pas d'action en justice pour obtenir le paiement n'intervenant pas spontanément et que, d'autre part, il appartenait au créancier de déclarer sa créance non éligible au traitement préférentiel dans le délai de deux mois courant de son exigibilité.

Cet illogisme est aujourd'hui supprimé : la personne dont la créance est née pour les besoins de la vie courante du débiteur ne peut par principe plus être payée. Son titulaire la déclarera au passif et n'aura évidement pas d'action en justice pour en obtenir le paiement. Ce principe est tenu en échec si la créance née pour les besoins de la vie courante du débiteur est la contrepartie d'une prestation fournie au débiteur. Cette créance, éligible au traitement préférentiel réservé aux créances postérieures, peut payée. Son titulaire dispose du droit d'agir en ce pour en obtenir paiement et corrélativement pas à déclarer cette créance au passif.

ordonnance du 12 mars 2014[1] (art. 68) introau premier alinéa du I de l'article L. 641-13 un trième critère téléologique d'attribution du traitement préférentiel : celui des créances nées pour les soins de la vie courante du débiteur personne physique (v. s[s] n° 453.24). Ainsi, le critère des besoins de vie courante du débiteur réintègre le livre VI du de de commerce, mais a une portée très différente e celle que lui avait donnée la loi de sauvegarde des ntreprises dans sa rédaction d'origine. À l'époque, l s'agissait d'une exception à la règle de l'interdiction du paiement des créances autres que les créances postérieures éligibles au traitement préférentiel. Avec le texte nouveau, il s'agit d'un quatrième critère téléologique d'attribution du traitement préférentiel. En outre, sous l'empire de la loi de sauvegarde d'origine, ce type de créances avait un régime unitaire que l'on soit en période d'observation ou en liquidation judiciaire. Avec le texte nouveau, il ne vise que les créances nées en liquidation judiciaire.

1. Ord. n° 2014-326, 12 mars 2014, *JO* 14 mars, p. 5249.

CHAPITRE

455. Règle du paiement à l'échéance des créanciers postérieurs bénéficiant du traitement préférentiel

SECTION 0
ORIENTEUR

455.00 Plan du chapitre.

Sect. 455.10 Énoncé de la règle du paiement à l'échéance
Sect. 455.20 Domaine de la règle du paiement à l'échéance
Sect. 455.30 Liste des créances postérieures bénéficiant du traitement préférentiel et règle du paiement à l'échéance
Sect. 455.40 Situation générale du créancier postérieur bénéficiant du traitement préférentiel

455.01 Textes applicables. (V. aussi s^s n° 450.01).

> Législation antérieure à la loi de sauvegarde des entreprises.
C. com., art. L. 627-1

> Législation issue de la loi de sauvegarde des entreprises.
C. com., art. L. 662-1

455.03 Bibliographie indicative. (V. s^s n° 450.03).

SECTION 455.10
ÉNONCÉ DE LA RÈGLE DU PAIEMENT À L'ÉCHÉANCE

455.11 Énoncé de la règle du paiement à l'échéance. Le créancier postérieur a le droit d'être payé à l'échéance. La règle est explicitement posée par l'article 40 de la loi du 25 janvier 1985[1], devenu avec la codification l'article L. 621-32. La solution est reprise sans changement par l'article L. 622-17, I, dans la rédaction que lui donne la loi de sauvegarde des entreprises[2]. Cette disposition de la procédure de sauvegarde est applicable en redressement judiciaire. Elle est reproduite à l'article L. 641-13, pour la liquidation judiciaire. Il est recommandé au liquidateur de régler dès que possible les dettes postérieures[3].

La règle du paiement à l'échéance est dérogatoire à la règle posée par l'article 1313-5 du code civil[4] (ex. art. 1244-1), qui autorise le juge à accorder au débiteur malheureux et de bonne foi un délai de grâce[5]. Aucun délai ne peut en conséquence être imposé au créancier postérieur.

La règle du paiement à l'échéance ne pose guère de difficulté en présence de contrats conclus après jugement d'ouverture. Elle doit s'appliquer, à l'exclusion de toute autre. En revanche, cette règle se trouve contrariée, en présence de contrats en cours au jour du jugement d'ouverture et continués après le jugement d'ouverture. En effet, l'article L. 621-28 du code de commerce (anc^t L. 25 janv. 1985, art. 37), dans la rédaction antérieure à la loi de sauvegarde des entreprises et l'article L. 622-13, dans la rédaction issue de la loi de sauvegarde des entreprises, n'évoquent pas, quant à eux, le paiement à l'échéance.

1. L. n° 85-98, 25 janv. 1985, *JO* 26 janv., p. 1097.
2. L. n° 2005-845, 26 juill. 2005, *JO* 27 juill., p. 12187.
3. IFPPC 1999, recomm. n° 6020-1, p. 147.
4. DEPUIS le 1er oct. 2016 : Ord. n° 2016-131, 10 févr. 2016, *JO* 11 févr.
5. Dijon, 13 sept. 1994, *D.* 1995. IR 29.

L'alinéa 2 vise « le paiement au comptant », lorsque la prestation porte sur le paiement d'une somme d'argent. En réalité, le domaine des deux dispositions n'est pas strictement identique. Le paiement au comptant ne peut se concevoir que pour des contrats dont les obligations naissent instantanément, tels des contrats de vente. Si les contrats donnent successivement naissance à des obligations, tel le bail, la règle du paiement à l'échéance doit seule trouver à jouer. Le paiement au comptant n'est en effet pas envisageable, en présence d'obligations naissant successivement, car ce paiement ne peut bien évidemment intervenir avant naissance de l'obligation. L'obligation doit être née avant de devenir exigible. Ajoutons que depuis l'ordonnance du 12 mars 2014 [1], la règle du paiement au comptant est écartée dans la procédure de sauvegarde, alors qu'elle est maintenue dans la procédure de redressement judiciaire (v. ss n° 431.54).

Il appartient à celui qui se prétend créancier d'une créance postérieure au jugement d'ouverture de prouver la postériorité de cette créance [2].

SECTION 455.20

DOMAINE DE LA RÈGLE DU PAIEMENT À L'ÉCHÉANCE

455.21 Domaine de la règle du paiement à l'échéance sous l'empire de la législation antérieure à la loi de sauvegarde des entreprises [3]. Sous l'empire de la législation antérieure à la loi de sauvegarde des entreprises, il n'y a place, selon le texte de l'article L. 621-32 du code de commerce, l'ancien article 40 de la loi du 25 janvier 1985 [4], au paiement à l'échéance, que lorsque l'activité est poursuivie. Le texte ne distingue pas selon qu'il y a redressement ou liquidation judiciaire. Par principe, la liquidation judiciaire entraîne arrêt de l'activité. Cependant, l'article L. 622-10, alinéa 1er du code de commerce (anct L. 25 janv. 1985, art. 153, al. 1er) envisage le maintien de l'activité en liquidation judiciaire, autorisé par le tribunal. Il en résulte que si des créances naissent pendant cette période de maintien de l'activité, il y a place à paiement à l'échéance. L'alinéa 1er de l'article L. 622-10 *in fine* du code de commerce prévoit d'ailleurs que « les dispositions de l'article L. 621-32 [anct L. 25 janv. 1985, art. 40] sont applicables aux créances nées pendant cette période ». La solution est corrélée à la possibilité de continuation des contrats en phase de liquidation judiciaire avec poursuite d'activité (C. com., art. L. 622-11 [anct L. 25 janv. 1985, art. 153-1] – v. ss n° 431.41). Or le renvoi de l'article L. 622-11 aux dispositions de l'article L. 621-28 (anct L. 25 janv. 1985, art. 37) oblige à respecter la règle instituée par cet article. En conséquence, les contrats continués en période de liquidation judiciaire avec poursuite d'activité seront exécutés selon les stipulations contractuelles au jour du jugement d'ouverture. Il faut cependant réserver le sort du contrat de bail de l'immeuble professionnel, qui est déconnecté, du fait d'une disposition spéciale, de la poursuite d'activité en liquidation judiciaire. Ainsi, sous l'empire de la législation antérieure à la loi de sauvegarde des entreprises, la règle du paiement à l'échéance semble exclue dans la liquidation judiciaire sans poursuite d'activité [5]. La doctrine [6] et la jurisprudence dominantes, sous l'empire de la loi du 25 janvier 1985, sont toutefois d'un avis différent [7].

L'article L. 621-32, dans sa rédaction antérieure à la loi de sauvegarde des entreprises, semblait exclure la règle du paiement à l'échéance après plan de cession en décidant qu'en ce cas, il y a place au paiement par priorité. Il semblait en résulter que la demande en paiement devait être introduite avant l'arrêté du plan de cession [8]. La Cour de cassation a décidé au contraire que le paiement des créances nées pendant la période d'observation pouvait être poursuivi après l'arrêté du plan de cession à l'encontre du commissaire à l'exécution du plan, chargé de répartir le prix de cession [9].

En cas de plan de continuation, aucun obstacle ne s'élève à l'encontre de la règle du paiement à l'échéance, qui devra donc être respectée.

455.22 Domaine de la règle du paiement à l'échéance sous l'empire de la loi de sauvegarde des entreprises [10]. Il n'y a d'abord pas de difficulté à appliquer la règle du paiement à l'échéance en période d'observation, puisque l'activité est alors poursuivie de plein droit.

1. Ord. n° 2014-326, 12 mars 2014, *JO* 14 mars, p. 5249.
2. Com. 3 févr. 2009, n° 07-11.430, NP; n° 103 F-D; *Gaz. proc. coll.* 2009/2, p. 23, n° 4, note Henry.
3. L. n° 2005-845, 26 juill. 2005, préc.
4. L. n° 85-98, 25 janv. 1985, préc.
5. Limoges, 20 févr. 1997, *D. Affaires* 1997. 1199, n° 11-1.
6. PÉTEL, n° 219 – PÉROCHON ET BONHOMME, n° 216 – *Adde*, SOUS L'EMPIRE de la loi du 25 janvier 1985 : Rouen, 2e ch. civ., 11 mai 1994, *Rev. proc. coll.* 1996, 80, n° 17, obs. Saint-Alary-Houin.
7. Com. 26 mars 1996, n° 94-16.167, NP, *Rev. proc. coll.* 1996, 346, n° 2, obs. Canet – Versailles, 13e ch., 13 janv. 1994, *Rev. proc. coll.* 1996, 80, n° 17, obs. Saint-Alary-Houin.
8. T. com. Aix-en-Provence, 16 mars 1994, *Rev. proc. coll.* 1995, 305, n° 9, obs. Saint-Alary-Houin – Paris, 16e ch. A, 24 juin 1998, *Rev. proc. coll.* 1999, 221, n° 11, obs. Saint-Alary-Houin.
9. Com. 20 mars 2001, n° 98-15.784, *Bull. civ.* IV, n° 65; *D.* 2001. Jur. 1319, obs. Lienhard; *Act. proc. coll.* 2001, n° 103; *RTD com.* 2001. 768, obs. Martin-Serf; *RJDA* 2001/7, n° 789.
10. L. n° 2005-845, 26 juill. 2005, préc.

La loi de sauvegarde des entreprises contient une disposition spéciale pour la liquidation judiciaire à l'article L. 641-13, I, qui prévoit explicitement la règle du paiement à l'échéance[1], sans la lier à la poursuite provisoire d'activité. Il n'y a donc pas de discussion possible sur l'application de la règle du paiement à l'échéance dans la liquidation judiciaire, alors même qu'il n'y a pas de poursuite d'activité. Le liquidateur ne pourra pas se réfugier derrière l'existence de créanciers d'un rang préférable[2].

Il n'y a pas d'obstacle à appliquer la règle du paiement à l'échéance après arrêté d'un plan de sauvegarde ou de redressement.

SECTION 455.30
LISTE DES CRÉANCES POSTÉRIEURES BÉNÉFICIANT DU TRAITEMENT PRÉFÉRENTIEL ET RÈGLE DU PAIEMENT À L'ÉCHÉANCE

455.31 Situation antérieure à la législation du 26 juillet 2005[3] – Indifférence de la liste des créances « de l'article 40 » sur la règle du paiement à l'échéance. Le décret du 29 mai 1989[4] avait instauré une liste des créances de l'article 40 (C. com., art. L. 621-32).

Certains avaient inféré, de l'existence de cette liste, l'impossibilité pour le créancier « de l'article 40 » de bénéficier du régime institué par ledit article, s'il n'y figurait pas. En première ligne, était en cause la règle du paiement à l'échéance. Fallait-il interdire à un créancier d'être payé à l'échéance au prétexte qu'il ne figurait pas sur la liste instituée ? La jurisprudence, fort logiquement à notre sens, ne l'avait pas admis, en considérant que le paiement à l'échéance du créancier de l'article 40 était indépendant du fait de savoir s'il figurait ou non sur la liste[5]. Cette solution a été injustement critiquée[6], car décider le contraire aurait conduit à réécrire complètement l'article 40, à partir d'une disposition simplement réglementaire.

A été admise la possibilité d'inscription provisionnelle de la créance postérieure sur la liste des créances postérieures au profit du Trésor public, créancier autorisé à déclarer ses créances antérieures à titre provisionnel, du fait d'instances en cours devant la juridiction administrative conditionnant le montant de la créance postérieure[7].

L'absence de rôle de cette liste, en ce qui concerne le droit de poursuite individuelle, a conduit le pouvoir réglementaire à la supprimer, afin de faire disparaître, par là même, une importante source de contestation. Le décret du 21 octobre 1994[8] effaçait ainsi toute référence à la liste des créanciers de l'article 40 (v. aussi s[s] n° 455.42).

Mais la liste a été rétablie par les articles 62-1 et 121-1 du décret du 27 décembre 1985[9], dans la rédaction que leur a donnée le décret du 29 décembre 1998[10].

La formule réglementaire conduit à constater l'absence de sanction à l'établissement de la liste. Sa valeur simplement informative doit, en conséquence, être affirmée[11]. Le droit de poursuite du créancier ne pourra donc dépendre de sa présence ou non sur la liste, ou de l'existence de la liste.

455.32 Situation issue de la législation du 26 juillet 2005[12] – Rétablissement de la liste des créances postérieures. La loi de sauvegarde des entreprises oblige le créancier titulaire du privilège à le porter à la connaissance des mandataires de justice. La sanction de la méconnaissance de cette obligation à la charge du créancier est explicitée par les textes du code de commerce : la perte du privilège (v. s[s] n° 456.19). La règle première applicable aux créanciers postérieurs éligibles au traitement préférentiel est maintenue.

Le créancier postérieur méritant a donc le droit d'être payé à l'échéance, indépendamment du fait de savoir s'il figure ou non sur la liste des créanciers postérieurs privilégiés. Cette dernière ne conditionne que la conservation du privilège, non le jeu de la règle du paiement à l'échéance. Si la créance ne figure pas sur la liste des créances postérieures privilégiées, le créancier perd son privilège, mais continue à pouvoir bénéficier de la règle du paiement à l'échéance et des attributs qu'elle comporte. Il n'est

1. Monsérié-Bon, « La diversification des liquidations judiciaires », *Rev. proc. coll.* 2005/4, p. 367 s., sp. p. 368.
2. Froehlich et Sénéchal, « Du jugement de liquidation judiciaire », *LPA* n° sp. 9 févr. 2006, n° 29, p. 8 s., sp. p. 18.
3. L. n° 2005-845, 26 juill. 2005, préc.
4. D. n° 89-339, 29 mai 1989, *JO* 30 mai, p. 6761.
5. Com. 8 févr. 1994, n° 91-22.168, *Bull. civ.* IV, n° 58; *D.* 1994. 609, note Derrida; *Gaz. Pal.* 1994. II. 427, note Massoni; *Defrénois* 1995. 263, note Sénéchal; *JCP* 1995. II, note 2451, note Vignal; *Dr. sociétés* 1994, n° 71, obs. Chaput – Com. 3 mai 1994, n° 91-20.478, NP, *Rev. proc. coll.* 1995, 304, n° 8, obs. Saint-Alary-Houin – Com. 26 mars 1996, n° 94-16.167, NP, *LPA* 7 août 1996, p. 40, note Brandeau; *Rev. proc. coll.* 1996, 346, n° 2, obs. Canet; *RTD com.* 1997. 151, obs. Martin-Serf – Com. 13 oct. 1998, n° 94-19.892, *Bull. civ.* IV, n° 239; *JCP E* 1998, act. 1904 – Com. 17 nov. 1998, *RJDA* 1999/1, n° 72 – Com. 10 mars 2004, n° 01-13.981, NP.
6. Soinne, « La liste article 40 ou la confusion érigée en règle de droit », *Rev. proc. coll.* 1994, 15 s.
7. Com. 27 juin 2006, n° 05-13.429, NP; n° 840 F-D.
8. D. n° 94-910, 21 oct. 1994, *JO* 22 oct., p. 15019.
9. D. n° 85-1388, 27 déc. 1985, *JO* 29 déc., p. 15281.
10. D. n° 98-1232, 29 déc. 1998, *JO* 30 déc., p. 19906.
11. Desprat, « L'article L. 621-32 (ancien article 40) », *Gaz. Pal.* 28 févr.-1er mars 2001, Doctr. 55 s., sp. p. 56.
12. L. n° 2005-845, 26 juill. 2005, préc.

pas concerné par la règle de l'arrêt des poursuites individuelles et des voies d'exécution, car il ne cesse pas d'être un créancier éligible au traitement préférentiel, au sens des articles L. 622-17, I, et L. 641-13, I. Il ne faut pas, nous semble-t-il, ajouter à la sanction légale. Le créancier perd certes le bénéfice du privilège, mais non le bénéfice du traitement préférentiel en son intégralité.

La liste des créances postérieures éligibles au traitement préférentiel portées, dans des conditions différentes selon que l'on est sous l'empire de la loi du 26 juillet 2005 non réformée ou sous l'empire de l'ordonnance du 18 décembre 2008[1], à la connaissance du mandataire judiciaire et le cas échéant de l'administrateur judiciaire, en sauvegarde, est transmise par leurs soins, dès qu'ils ont cessé leurs fonctions, au commissaire à l'exécution du plan ou au liquidateur, selon le cas, qui la complète. La solution résulte de l'article R. 622-15, alinéa 1er du code de commerce (anct D. 28 déc. 2005[2], art. 90, al. 1er). Cette règle de la sauvegarde est applicable en redressement judiciaire (C. com., art. R. 631-20 [anct D. 28 déc. 2005, art. 189 - v. ss n° 456.16]).

SECTION 455.40
SITUATION GÉNÉRALE DU CRÉANCIER POSTÉRIEUR BÉNÉFICIANT DU TRAITEMENT PRÉFÉRENTIEL

455.41 Absence d'arrêt du cours des intérêts. S'il n'obtient pas son paiement à l'échéance, il est logique que le créancier postérieur puisse prétendre aux intérêts courus sur sa créance, depuis la date d'exigibilité. La règle de l'arrêt du cours des intérêts et des pénalités de retard ne l'intéresse donc pas[3]. Il peut, en outre, dans les conditions du droit commun, prétendre à la capitalisation des intérêts[4].

Observons que la règle de l'arrêt du cours des intérêts ne nous semble pas devoir s'appliquer, faute de texte en ce sens, au créancier postérieur non éligible au traitement préférentiel, sous l'empire de la législation de sauvegarde des entreprises.

455.42 Possibilité pour le créancier postérieur bénéficiant du traitement préférentiel d'obtenir son titre. La règle de l'arrêt des poursuites individuelles, qui interdit au créancier de poursuivre le débiteur en paiement n'est pas applicable au créancier postérieur éligible au traitement préférentiel. Ce dernier pourra donc recourir à la justice pour obtenir un titre exécutoire. Le droit d'exercer ses poursuites individuelles est indissociable de la règle du paiement à l'échéance[5]. Sa demande peut prendre la forme d'une action au fond, mais également d'une action en référé-provision[6]. La solution a été posée notamment pour un salarié[7]. Il faudra cependant qu'aucune contestation sérieuse ne se présente, ce qui ne sera pas le cas lorsqu'une discussion s'élèvera pour savoir si l'administrateur judiciaire a implicitement accepté la régularisation du contrat passé par le dirigeant social[8].

Avant la loi de sauvegarde des entreprises[9], tous les créanciers dont la créance était née régulièrement après jugement d'ouverture pouvaient obtenir un titre de condamnation contre le débiteur. Parmi les créanciers postérieurs, seuls étaient privés de ce bénéfice ceux dont la créance était née irrégulièrement.

La loi de sauvegarde des entreprises change radicalement les données du problème. Tout d'abord, seuls les créanciers postérieurs continuent à bénéficier de la possibilité de poursuivre en paiement le débiteur. Les créanciers dont la créance est née irrégulièrement après jugement d'ouverture ne disposent toujours pas de ce droit. Mais, parmi les créanciers postérieurs dont la créance est née régulièrement, l'article L. 622-17, I, du code de commerce, en sauvegarde, disposition applicable en redressement judiciaire (C. com., art. L. 631-14, I) et en liquidation judiciaire (C. com., art. L. 641-13, I), opère désormais une sélection entre ceux qui pourront bénéficier de la règle du paiement à l'échéance et les autres. Seuls les créanciers dont la créance est née à des fins précisément déterminées par le législateur, les créanciers postérieurs méritants, les créanciers élus, pourront poursuivre le débiteur en paiement, en utilisant la règle du paiement à l'échéance. Ces créanciers ont été déterminés (v. ss nos 453.21 à 453.27).

Les créanciers postérieurs, qui ne bénéficient pas de la règle du paiement à l'échéance, se voient appliquer la règle de l'interdiction des paiements posée par l'article L. 622-7 du code de commerce (v. ss

1. Ord. n° 2008-1345, 18 déc. 2008, *JO* 19 déc., p. 19462.
2. D. n° 2005-1677, 28 déc. 2005, *JO* 29 déc., p. 20324.
3. Com. 25 nov. 1997, n° 95-19.412, NP, *Rev. proc. coll.* 1998, 295, n° 13, obs. Saint-Alary-Houin – Com. 20 juin 2000, n° 97-11.422, *Bull. civ.* IV, n° 129; *JCP E* 2001, Chron. 220, n° 14, obs. M. Cabrillac.
4. Com. 20 juin 2000, n° 97-11.422, *Bull. civ.* IV, n° 129; *Gaz. Pal.* 29-30 sept. 2000, pan. p. 22.
5. Com. 16 oct. 2012, nos 11-25.134, 11-25.142, NP; n° 1017 F-D – Poitiers, 14 sept. 1994, *Rev. proc. coll.* 1995, 304, n° 9, obs. Saint-Alary-Houin – Amiens, ch. éco., 5 mars 2009, RG n° 07/04059, *JCP E* 2009. 1877, note Le Corre.
6. Com. 10 juill. 1990, n° 88-19.810, *Bull. civ.* IV, n° 202; *D.* 1990. 468, note Derrida; *RTD com.* 1991. 110, obs. Martin-Serf – Com. 9 avr. 1991, n° 89-16.742, *Bull. civ.* IV, n° 137; *D.* 1993. Somm. 3, obs. Derrida; *JCP E* 1992. I. 100, note Le Corre.
7. Soc. 27 oct. 1998, n° 95-44.146, *Bull. civ.* V, n° 480; *Dr. ouvrier* 1999. 163; *JCP E* 1999. 2068, n° 15, obs. Pétel; *D.* 2001. Somm. 114, obs. Derrida.
8. Com. 5 déc. 2006, n° 04-20.078, NP, *Rev. proc. coll.* 2007/1, p. 44, n° 6, obs. Lebel.
9. L. n° 2005-845, 26 juill. 2005, préc.

n° 631.23). Ces mêmes créanciers postérieurs non méritants sont concernés par la règle de l'arrêt des poursuites individuelles. La solution résulte explicitement de l'article L. 622-21 du code, dans la rédaction que lui donne la loi de sauvegarde des entreprises, qui énonce que « le jugement d'ouverture interrompt ou interdit toute action en justice de la part de tous les créanciers dont la créance n'est pas mentionnée au I de l'article L. 622-17 ». Cette règle de la procédure de sauvegarde, applicable en redressement judiciaire (C. com., art. L. 631-14) et en liquidation judiciaire (C. com., art. L. 641, al. 1er) signifie clairement que seuls les créanciers postérieurs méritants, les créanciers postérieurs élus, ne sont pas concernés par la règle de l'arrêt des poursuites individuelles. Tous les autres créanciers le sont, à savoir trois catégories de créanciers : les créanciers antérieurs, les créanciers postérieurs dont la créance n'est pas née régulièrement et enfin les créanciers postérieurs dont la créance est née régulièrement mais qui ne correspondent pas aux exigences téléologiques posées par l'article L. 622-17, I. Il ne semble pas qu'il faille procéder à l'exclusion, parmi ces créanciers postérieurs non méritants, des titulaires de créances alimentaires et de créances liées aux besoins de la vie courante. Ces créanciers, qui ne sont pas concernés par la règle de l'interdiction des paiements, n'ont en revanche pas le droit d'agir en justice pour obtenir leur paiement. Cette solution, qui respecte scrupuleusement les textes, est curieuse. Il n'est pas logique de décider qu'un créancier, qui a le droit d'obtenir son paiement, est privé du droit d'agir en paiement. Cette absence de symétrie entre deux règles, qui sont pourtant intimement liées, résulte d'une inadvertance législative et devrait être corrigée. Depuis l'ordonnance du 18 décembre 2008 [1], le créancier postérieur dont la créance est née pour les besoins de la vie courante du débiteur est éligible au traitement préférentiel, si la créance résulte d'une prestation fournie au débiteur pendant la période d'observation ou pendant la poursuite provisoire de l'activité en liquidation judiciaire. Le créancier postérieur dont la créance est née pour les besoins de la vie courante du débiteur, mais qui n'a pas fourni une prestation à celui-ci, n'est pas éligible au traitement préférentiel et ne peut plus prétendre être payé, l'exception à la règle édictée à l'article L. 622-7, I, du code de commerce pour ce type de créancier ayant été supprimée par l'ordonnance du 18 décembre 2008. Depuis l'ordonnance du 12 mars 2014 [2], le créancier postérieur, dont la créance est née en liquidation judiciaire pour les besoins de la vie courante du débiteur personne physique, a droit au paiement à l'échéance, puisque sa créance est éligible au traitement préférentiel réservé aux créances postérieures.

En ce qui concerne les créanciers d'aliments, les solutions précédemment décrites continuent à s'appliquer.

La possibilité d'obtention d'un titre est, sous l'empire de la législation antérieure à la loi de sauvegarde des entreprises, comme sous l'empire de la loi du 26 juillet 2005, indépendante de l'ordre des privilèges [3], qu'elle pourra donc parfaitement tenir en échec [4]. C'est pourquoi la demande en paiement ne peut faire l'objet d'un sursis à statuer au prétexte d'une demande d'extension de la procédure, laquelle aurait pour effet de faire naître des créances super privilégiées prioritaires par rapport à la créance postérieure [5].

La question de la compétence se pose cependant. Doit-on considérer que la compétence appartient au tribunal de la faillite ? La mise à l'écart du principe de compétence du tribunal de la faillite pourrait conduire à des difficultés si la discussion devait porter sur la nature antérieure ou postérieure de la créance ou si la règle du paiement à l'échéance était en cause. À l'inverse, si aucune règle de détermination des créances antérieures ou postérieures ne fait difficulté ou si la règle du paiement à l'échéance n'est pas discutée, par référence à son domaine d'application, la mise à l'écart de la juridiction de droit commun n'est guère admissible. C'est pourquoi, il semble qu'il faille décider que, par principe, la compétence pour le recouvrement d'une créance postérieure appartient à la juridiction de droit commun. Si une question de détermination de la nature antérieure ou postérieure de la créance se pose ou si la règle du paiement à l'échéance est en cause, la compétence exclusive appartient au tribunal de la faillite, puisque les règles du droit des procédures collectives exercent alors une influence, sur la solution du litige. Or on sait que le tribunal de la faillite est compétent soit lorsque la question n'aurait pu naître sans la faillite, soit lorsque les règles de la faillite exercent leur influence sur la résolution du litige (D. 27 déc. 1985 [6], art. 174, C. com., art. R. 662-3 [anc[t] D. 28 déc. 2005 [7], art. 339] – v. s[s] n°s 312.11 s.).

L'action devra être dirigée, en liquidation judiciaire contre le liquidateur et, en période d'observation contre le débiteur, en l'absence d'administrateur. En présence d'un administrateur, l'action sera

1. Ord. n° 2008-1345, 18 déc. 2008, préc.
2. Ord. n° 2014-326, 12 mars 2014, préc.
3. Com. 16 oct. 2012, n°s 11-25.134, 11-25.142, NP; n° 1017 F-D.
4. Com. 13 oct. 1998, n° 94-19.892, *Bull. civ.* IV, n° 239; *JCP E* 1998, Chron. 2063, n° 1-7-2, obs. M. Cabrillac; *Rev. proc. coll.* 1999, 113, n° 24, obs. Canet – Amiens, ch. éco., 5 mars 2009, RG n° 07/04059.
5. Paris, 14e ch. B, 23 mai 2003, RG n° 2002/20237.
6. D. n° 85-1388, 27 déc. 1985, préc.
7. D. n° 2005-1677, 28 déc. 2005, préc.

dirigée contre l'administrateur si ce dernier a mission de représentation, contre l'administrateur et le débiteur si l'administrateur a mission d'assistance et contre le débiteur seul si l'administrateur a mission de surveillance. La mise en cause du représentant des créanciers – mandataire judiciaire – n'est pas nécessaire, l'article L. 621-42 du code de commerce (anc^{t} L. 25 janv. 1985, art. 49), devenu l'article L. 622-23, dans la rédaction de la loi de sauvegarde des entreprises n'étant en effet pas applicable aux créanciers postérieurs (v. s^{s} n° 621.11).

Après arrêté d'un plan de redressement, l'action ne sera pas dirigée contre le commissaire à l'exécution du plan, car celui-ci ne représente pas le débiteur[1]. L'action sera donc dirigée contre le débiteur. Sous l'empire de la législation antérieure à la loi de sauvegarde des entreprises, si un plan de cession est arrêté, l'action sera identiquement dirigée contre le débiteur, ce qui supposera, si ce débiteur est une personne morale dissoute par l'effet de l'arrêté du plan de cession totale, la désignation d'un mandataire *ad hoc* ou celle d'un liquidateur amiable[2]. Sous l'empire de la loi de sauvegarde des entreprises, si un plan de cession est arrêté en redressement judiciaire, l'action sera dirigée contre l'administrateur judiciaire qui aurait mission de représentation, contre le débiteur et l'administrateur si ce dernier a mission d'assistance, contre le débiteur seul dans les autres cas. Si le plan de cession est arrêté en liquidation judiciaire ou si le plan de cession est arrêté en redressement judiciaire, mais si l'action est introduite en liquidation judiciaire, l'action sera dirigée contre le liquidateur.

455.43 Possibilité de principe pour le créancier postérieur bénéficiant du traitement préférentiel d'exécuter son titre. Le créancier, dont la créance est née régulièrement après le jugement d'ouverture et qui répond, sous l'empire de la législation de sauvegarde des entreprises, à certains critères téléologiques, ayant le droit d'obtenir son titre exécutoire a, corrélativement, le droit de l'exécuter[3].

Toutes les saisies lui sont en conséquence ouvertes, même si cela peut être funeste au sauvetage de l'entreprise. Le paiement des créanciers postérieurs bénéficiant du traitement préférentiel est en effet prioritaire sur le sauvetage de l'entreprise, l'entreprise ne pouvant espérer se redresser si elle n'est pas capable de payer son passif postérieur couvert par le traitement préférentiel.

Le droit d'exécuter son titre est indépendant de l'ordre dans lequel s'exercent les privilèges[4]. Il n'est pas là question de se demander si le créancier postérieur prime ou non tel ou tel autre créancier, fût-ce le superprivilège des salaires[5]. L'ordre de paiement établi par la loi ne vise, selon la Cour de cassation, qu'à « départager les créanciers qui viendraient en concours au même moment »[6]. Il ne peut donc tenir en échec l'effet attributif immédiat d'une saisie-attribution ou d'un avis à tiers détenteur. Ainsi, en présence d'une saisie-attribution, l'effet attributif immédiat permettra de contourner le classement pouvant exister entre les créanciers[7]. La même solution est applicable pour l'avis à tiers détenteur qui produit le même effet attributif[8]. Le Trésor public doit cependant être titulaire d'un titre exécutoire, sauf à s'exposer à un refus légitime de paiement de la part du tiers détenteur[9]. Les juridictions du fond résistent parfois à la règle et l'on voit ainsi affirmer que les saisies doivent faire l'objet d'une mainlevée si elles portent sur un actif prioritairement affecté aux créances privilégiées[10], mais les décisions posant de telles solutions font l'objet d'une censure de la part de la Cour de cassation[11] (v. s^{s} n° 456.19).

Le créancier postérieur éligible au traitement préférentiel a le droit d'être payé à l'échéance, indépendamment du fait de savoir s'il figure ou non sur la

1. Com. 12 juill. 2004, n° 01-16.034, *Bull. civ.* IV, n° 158; *D.* 2004. AJ 2154.
2. Com. 12 juill. 2004, n° 01-16.034, *Bull. civ.* IV, n° 158.
3. Derrida et *alii*, n° 416 – Chaput, n° 548 – Guyon, n° 1251.
4. Com. 13 oct. 1998, n° 94-19.892, *Bull. civ.* IV, n° 239; *Rev. proc. coll.* 1999, 159, n° 10, obs. Saint-Alary-Houin; *LPA* 1er nov. 1999, n° 231, p. 18, note Teilliais – Com. 6 juill. 1999, n° 97-14.211, NP, *Act. proc. coll.* 1999/14, n° 192 – Com. 13 nov. 2001, n° 98-20.207, *Bull. civ.* IV, n° 179; *Act. proc. coll.* 2002/3, n° 41 – Com. 7 mars 2006, n° 04-20.106, NP; n° 314 F-D; *Gaz. Proc. coll.* 2006/3, p. 24, obs. Henry – Poitiers, 8 mars 1995, *D.* 1996. 256, note Derrida – Amiens, ch. éco., 5 mars 2009, RG n° 07/04059, *JCP E* 2009. 1877, note Le Corre.
5. Com. 7 sept. 2010, n° 09-66.595, NP; n° 812 F-D; *D.* 2011. Pan. 2081, note Le Corre; *Gaz. Pal. entr. diff.* 7-8 janv. 2011, p. 29, note Henry; *BJE* mars/avr. 2011, p. 23, note Macorig-Vénier; *RTD com.* 2010. 793, n° 7, obs. Martin-Serf; *Rev. proc. coll.* 2012, comm. 51, note Saint-Alary Houin.
6. Com. 13 mai 2003, n° 98-22.741, *Bull. civ.* IV, n° 72.
7. Com. 26 mars 1996, n° 94-16.167, NP, *Rev. proc. coll.* 1996, 346, n° 2, obs. Canet – Com. 25 juin 1996, n° 94-20.850, NP, *D.* 1996. 615, note Derrida – Com. 3 juin 1997, n° 95-14.348, NP, *Rev. proc. coll.* 1997, 458, n° 9, obs. Saint-Alary-Houin; *Rev. proc. coll.* 1999, 112, n° 24, obs. Canet – Com. 24 nov. 1998, n° 95-17.967, NP, *Act. proc. coll.* 1999/1, n° 5 – Com. 26 avr. 2000, n° 97-13.887, NP, *D.* 2000. AJ 247, obs. Lienhard; *JCP E* 2000, pan. 1018.
8. Com. 17 nov. 1998, n° 96-21.157, NP, *Rev. proc. coll.* 2002, p. 210, n° 9, obs. Neau-Leduc – Com. 13 nov. 2002, n° 00-11.200, *Bull. civ.* IV, n° 164; *RD banc. fin.* 2003/2, p. 108, n° 86, obs. Delecci; *JCP E* 2003, Chron. 760, p. 848, n° 2, obs. Cabrilla; *Rev. proc. coll.* 2003, p. 149, n° 12, obs. Saint-Alary-Houin – Com. 13 mai 2003, n° 98-22.741, *Bull. civ.* IV, n° 72.
9. Civ. 2e, 23 nov. 2000, n° 98-18.921, *Bull. civ.* II, n° 154; *Rev. proc. coll.* 2002, n° 10, obs. Neau-Leduc.
10. Versailles, 16e ch., 28 oct. 2004, RG n° 03/08469.
11. Com. 7 mars 2006, n° 04-20.106, NP; n° 314 F-D; *Gaz. Proc. coll.* 2006/3, p. 24, obs. Henry.

liste des créanciers postérieurs privilégiés. Cet nière ne conditionne que la conservation du lège, non le jeu de la règle du paiement à l'éche (v. s[s] n° 455.32).

Du principe d'indépendance de la règle du ment à l'échéance par rapport à l'ordre des p ges, il faut tirer une conséquence importante créancier postérieur bénéficiant du traitement férentiel ayant obtenu son paiement ne sera contraint de le répéter au prétexte qu'un créan de rang préférable ne serait plus, par suite, (v. s[s] n° 455.47). Le droit d'être payé à l'éché ouvre, en conséquence le droit d'exercer toute sa même si des divergences sont apparues sur la qu tion en jurisprudence[1]. Sans doute, observera-t que le droit de poursuite individuelle a pour effet ruiner l'ordre de classement des créanciers pos rieurs[2]. Mais la solution est normale, puisque la rè première posée par l'article 40 de la loi du 25 janvi 1985[3], devenu successivement l'article L. 621- du code de commerce et, depuis la loi de sauvegar des entreprises[4], l'article L. 622-17, est bien celle d paiement à l'échéance, le paiement par priorité n'étan qu'une règle subsidiaire.

Toutes les saisies de meubles corporels ou incor porels pourront être entreprises, au même titre qu les saisies immobilières. *A fortiori*, les saisies conservatoires pourront être exercées, avant l'obtention d'un titre définitif[5]. Conservatoires ou définitives, les saisies seront accomplies selon les dispositions du droit commun. Il n'est pas ici question, comme dans le cadre de la reprise des poursuites individuelles ouvertes aux créanciers antérieurs inscrits, en cas de carence du liquidateur dans les opérations de réalisations des actifs grevés, de solliciter par requête le juge-commissaire aux fins d'être autorisés à exercer la saisie.

L'article R. 121-22 du code des procédures civiles d'exécution dispose que l'ordonnance sursoyant à l'exécution d'une décision du juge de l'exécution ayant annulé un procès-verbal de saisie-vente proroge l'effet d'indisponibilité attaché à la saisie jusqu'à la décision statuant sur l'appel formé contre cette décision. Cette indisponibilité fait obstacle à la vente de ces biens par le liquidateur[6].

1. EN CE SENS : Poitiers, 8 mars 1995, *D.* 1996. 256, note Derrida – Dijon, 6 juin 1995, *Rev. proc. coll.* 1996, 346, obs. Canet – Toulouse, 27 févr. 1996, *Rev. proc. coll.* 1996, 346, obs. Canet – *CONTRA* : Montpellier, 2e ch. A, 2 mai 1995, *Rev. proc. coll.* 1996, 79, obs. Saint-Alary-Houin – Douai, 9 nov. 1995, *Rev. proc. coll.* 1996, 64, obs. Canet.
2. SAINT-ALARY-HOUIN, 9e éd., n° 663.
3. L. n° 85-98, 25 janv. 1985, préc.
4. L. n° 2005-845, 26 juill. 2005, préc.
5. Versailles, 13e ch., 23 janv. 1997, *Gaz. Pal.* 25-26 juill. 1997, Somm. 23.

Si des fonds n'ont pas encore été placés à la Caisse des dépôts et consignations, les saisies-attributions ou les avis à tiers détenteur[7] restent possibles. C'est pourquoi, l'avis à tiers détenteur délivré au liquidateur ne peut être déclaré nul, mais est seulement privé d'effet lorsque le liquidateur déclare ne détenir aucun fonds autre que ceux placés à la Caisse des dépôts et consignations[8].

En redressement judiciaire ou en procédure de sauvegarde, la saisie-attribution sera dénoncée au débiteur, qui est le saisi, en l'absence d'administrateur.

En présence d'un administrateur, les saisies seront dénoncées au débiteur si l'administrateur a mission de surveillance, au débiteur et à l'administrateur si celui-ci a mission d'assistance. Ainsi ont été déclarées caduques les saisies non dénoncées dans les huit jours à l'administrateur ayant mission d'assistance[9].

La saisie sera dénoncée au seul administrateur, si ce dernier a mission de représentation, puisqu'il devient alors le saisi en représentation du débiteur. Si l'administrateur est investi de cette mission, il peut aussi avoir, comme le liquidateur, la qualité de qualité de tiers saisi s'il détient des fonds[10], mais il faudra, depuis l'insaisissabilité des fonds placés à la Caisse des dépôts et consignation, que ces fonds soient encore entre ses mains, ce qui devrait être rare en pratique. Il peut, en ce cas, être condamné personnellement aux causes de la saisie, si, en sa qualité de tiers saisi, il ne renseigne pas sur le champ le créancier qui pratique la saisie des sommes qu'il détient en sa qualité de tiers saisi[11].

Après arrêté d'un plan, la saisie pratiquée contre le débiteur doit être dénoncée à ce dernier, non au commissaire à l'exécution du plan. Mais, le commissaire à l'exécution du plan peut détenir des sommes, en qualité d'organe. Il peut ainsi être tiers saisi. A ainsi été jugée valable une saisie-attribution portant sur des sommes détenues par le commissaire à l'exécution du plan et non encore consignées[12], la

6. Com. 2 juin 2015, n° 14-12.230, *Bull. civ.* IV [à paraître]; n° 542 F-P+B; *BJE* 2015, 365, Camensuli-Feuillard; *JCP E* 2015, 1449, note Lebel.
7. Com. 13 mai 2003, n° 98-22.741, *Bull. civ.* IV, n° 72.
8. Paris, 8e ch. B, 24 nov. 2005, RG n° 05/07472.
9. Paris 14 sept. 1995, *Rev. proc. coll.* 1996, 219, n° 3, obs. Canet – *Adde*, SUR LA QUESTION : Vauvillé, « Le notaire, le liquidateur, et le percepteur », *JCP E* 1998. I. 1768.
10. Com. 1er avr. 2003, n° 99-18.063, *Bull. civ.* IV, n° 53; *D.* 2003. AJ 1093, obs. Lienhard; *Act. proc. coll.* 2003/9, n° 108, obs. Vallansan; *D.* 2003. Somm. 1624, obs. Lucas; *JCP E* 2003, Chron. 1396, p. 1576, n° 18, obs. Pétel – *RD banc. fin.* 2003/4, p. 220, n° 156, obs. Delecci.
11. Com. 1er avr. 2003, n° 99-18.063, *Bull. civ.* IV, n° 53; *D.* 2003. AJ 1093, obs. Lienhard; *Act. proc. coll.* 2003/9, n° 108, obs. Vallansan; *D.* 2003. Somm. 1624, obs. Lucas; *Gaz. Pal.* Somm. 5-6 sept. 2003, p. 8, note Denner.
12. Paris, 8e ch. B, 5 nov. 1998, *SNC Clément c/Blanc Bleu*, NP.

solution contraire ayant cependant été également posée[1].

Si le commissaire à l'exécution du plan est, ès qualités, créancier de sommes, par exemple, au titre du prix de cession dû par le repreneur, la saisie pourra prospérer entre les mains du cessionnaire, sous réserve de l'indisponibilité des sommes correspondant à la quote-part du prix de cession affectée à l'exercice des droits de préférence (v. s[s] n° 582.31 à 582.36). Le commissaire à l'exécution du plan sera alors le saisi[2].

En liquidation judiciaire, le liquidateur qui détient des fonds, est, en qualité de dépositaire, un tiers saisi au regard des règles de la saisie-attribution[3], un tiers détenteur au sens de l'article 262 du Livre des procédures fiscales, ce qui autorise la délivrance d'un avis à tiers détenteur. Représentant aussi le débiteur, du fait des règles du dessaisissement, il a également la qualité de saisi[4].

Si le liquidateur est, en sa qualité d'organe, créancier de sommes, par exemple sur l'acquéreur d'un bien vendu, la saisie pourra prospérer entre les mains de l'acquéreur, tiers saisi. Le liquidateur n'aura alors que la qualité de saisi[5]. Cependant, il a été jugé, en liquidation judiciaire, que le cessionnaire ne devenait débiteur qu'à compter de la passation de l'acte, ce qui exclut, avant cette date, toute saisie[6]. La solution a également vocation à s'appliquer en plan de cession.

La saisie attribution ou l'avis à tiers détenteur peut prospérer, à condition cependant que la saisie ne soit pas délivrée à l'organe à titre personnel. C'est ainsi qu'a été ordonnée la mainlevée de la saisie pratiquée entre les mains du liquidateur pris personnellement[7]. La saisie devra être dirigée contre l'organe *ès qualités*.

1. Paris, 8e ch. A, 13 janv. 1998, *D.* 1998. 194, note Derrida – Paris, 8e ch. B, 7 mai 1998, *D. Affaires* 1998. 1050.
2. Com. 8 déc. 1998, n° 96-15.460, NP, *Act. proc. coll.* 1999/2, n° 22; *D. Affaires* 1999, n° 132.
3. Com. 13 mai 2003, n° 98-22.741, *Bull. civ.* IV, n° 72; *D.* 2003. AJ 1763; *Act. proc. coll.* 2003/12, n° 162; *Procédures* juill. 2003, p. 11, n° 168, note Perrot; *Rev. proc. coll.* 2004, p. 245, n° 8, obs. Saint-Alary-Houin.
4. Com. 11 déc. 2001, n° 98-22.569, NP, *Act. proc. coll.* 2002/5, n° 65 – Civ. 2e, 5 avr. 2001, n° 98-14.107, *Bull. civ.* II, n° 73; *D.* 2001. AJ 1467, note Lienhard; *JCP E*, 2001, Chron. 1474, n° 17, obs. M. Cabrillac – Caen, 28 janv. 2003, RG n° 01/01946, *RD banc. fin.* 2003/5, p. 296, n° 197, obs. Delecci.
5. Com. 17 nov. 1998, n° 96-21.157, NP, *Act. proc. coll.* 1999/1, n° 6; *RJDA* 1999/1, p. 63, n° 72; *Rev. proc. coll.* 1999, 111, n° 23, obs. Canet.
6. Com. 8 janv. 2002, n° 98-22.377, NP, *Act. proc. coll.* 2002/7, n° 89.
7. Com. 3 févr. 1998, n° 96-15.773, *Bull. civ.* IV, n° 51; *Quot. Jur.* 14 avr. 1998, p. 2; *JCP E* 1998, Chron. 654, n° 267, obs. M. Cabrillac et Pétel; *Rev. proc. coll.* 1999, 111, n° 23, obs. Canet; *Rev. proc. coll.* 1999, 159, n° 11, obs. Saint-Alary-Houin; *RTD com.* 1999. 505, obs. Martin-Serf.

isies commencées contre le débiteur devront être ...oncées au liquidateur en cas de conversion, dès qu'elles n'ont pas joué au jour de la liquidatio...diciaire.

454 Insaisissabilité des sommes placées à la Ca... des dépôts et consignations en application de ...ticle 173 du décret du 27 décembre 1985[8].

D...rs que la règle du paiement à l'échéance peut tr...er application, il ne devrait pas pouvoir y avoir de...triction. Le principe de liberté de saisie est en ef...posé par la loi.

...pendant, l'article 173 du décret du 27 décemb...1985, résultant de la rédaction que lui a donné l...écret du 21 octobre 1994[9], dans le souci manif...e de contrarier la règle instituée par l'article 40 (com., art. L. 621-32), c'est-à-dire le prix de la ...rse, prévoyait qu'« aucune opposition ou procé...res d'exécution de quelque nature qu'elle soit sur ... sommes versées à la Caisse des dépôts et consi...ations n'est recevable ». La rédaction initiale de ...rticle 173 du décret ne visait que l'interdiction ...s oppositions. La jurisprudence avait entendu ces ...rmes très largement et avait majoritairement décidé ...ue les saisies-attributions de sommes déposées à la ...aisse des dépôts et consignations étaient impossi...les[10]. En revanche, la liquidation d'une astreinte ...'étant pas une mesure d'exécution, il en résulte ...qu'elle peut être poursuivie, alors même que les sommes provenant de la vente des actifs du débiteur auraient été consignées à la Caisse des dépôts et consignations[11].

L'article 173 du décret du 27 décembre 1985 devait immédiatement être rapproché des dispositions de l'article L. 621-33 du code de commerce (anc[t] L. 25 janv. 1985[12], art. 41), lequel énonce que « toute somme perçue par l'administrateur ou le représentant des créanciers et qui n'est pas portée sur les comptes bancaires ou postaux du débiteur, pour les besoins de la poursuite d'activité, doit être versée immédiatement en compte de dépôt à la Caisse des dépôts et consignations ». L'alinéa 2 du même article, à titre de sanction, prévoit qu'« en cas de retard, l'administrateur ou le représentant des

8. D. n° 85-1388, 27 déc. 1985, préc.
9. D. n° 94-910, 21 oct. 1994, préc.
10. Com. 5 mai 1998, n° 96-15.780, *Bull. civ.* IV, n° 143; *D. Affaires* 1998, n° 119, 961, obs. Lienhard; *Rev. proc. coll.* 1999, 159, n° 12, obs. Saint-Alary-Houin – Com. 8 déc. 1998, n° 96-15.460, NP, *Act. proc. coll.* 1999/1, n° 7 – Com. 5 févr. 1999, *Act. proc. coll.* 1999/4, n° 53 – *Adde*, RÉF. CIT. PAR : Saint-Alary-Houin, *Rev. proc. coll.* 1996, 80, n° 18; réf. cit. par Canet, *Rev. proc. coll.* 1996, 220, n° 4 – *CONTRA* : Rennes, 21 mars 1996, *Rev. proc. coll.* 1997, 37, obs. Canet – Grenoble, 19 juill. 1995, *Rev. proc. coll.* 1996, 220, n° 4, obs. Canet.
11. Com. 2 oct. 2001, n° 98-21.165, NP.
12. L. n° 85-98, 25 janv. 1985, préc.

créanciers doit, pour les sommes qu'il n'a parsées un intérêt dont le taux est celui de l'intéréal majoré de 5 points ». L'article L. 622-8 du cde commerce (anc[t] L. 25 janv. 1985, art. 151) rend la solution en liquidation judiciaire, en posantte obligation pour le liquidateur. L'article L. 621du code de commerce énonce la même règle p le commissaire à l'exécution du plan, depuis la du 3 janvier 2003[1]. L'article 173 du décret du 27 dmbre 1985 avait ainsi pour effet de rendre insasables les sommes placées à la Caisse des dép et consignations et de mettre à néant le droit d'cution ouvert aux créanciers de l'article 40. Sa stitutionnalité avait rapidement été discutée, un eur s'étant clairement positionné pour l'inconstitnnalité[2], une juridiction ayant été d'un avis férent[3].

455.45 Saisissabilité des sommes placée la Caisse des dépôts et consignations en suite la déclaration d'illégalité de l'article 173 du cret du 27 décembre 1985[4]. Le Conseil d'État, saisans le cadre d'une question préjudicielle, a conéré illégale la règle édictée par l'article 173 du déc du 27 décembre 1985, car elle viole ouvertement rticle 34 de la Constitution, selon lequel la loi ermine le régime de la propriété, des droits réels des obligations civiles et commerciales[5]. La Cour dasation a ensuite tiré les conséquences de cette clаration d'illégalité, en écartant les dispositio de l'article 173 du décret, tant pour les saisies atbutions que pour les avis à tiers détenteur[6], lors même que ces saisies avaient été effectuées avt la déclaration d'illégalité[7]. Une juridiction a cru pendant devoir poser une solution contraire[8].

Fort de cette déclaration d'illégalité, un créancier a reproché à un liquidateur de ne pas avoir exécuté une décision exécutoire. Mais la responsabilité du liquidateur a été écartée, en partant du constat qu'à la date à laquelle il lui était reproché de ne pas avoir exécuté la décision de justice, le liquidateur n'avait fait que se conformer à la loi et à la jurisprudence alors en vigueur[9].

Après cette jurisprudence, toute saisie n'est cependant pas devenue possible. La somme déposée ne doit pas être consignée au profit de tel ou tel créancier. S'il en est ainsi, le caractère saisissable n'existe plus. À titre d'exemple, est insaisissable, la quote-part du prix de cession affectée à l'exercice du droit de préférence des créanciers inscrits sur un bien cédé en plan de cession[10].

455.46 Insaisissabilité des sommes placées à la Caisse des dépôts et consignations à la suite de la codification. Ému de la déclaration d'illégalité, le législateur, à l'occasion de la codification du 18 septembre 2000[11], a érigé en texte d'ordre législatif l'ancienne disposition de l'article 173 du décret du 27 décembre 1985[12] (devenu C. com., art. L. 627-1). Même si le procédé peut apparaître d'une orthodoxie douteuse, car il peut apparaître problématique de donner force de loi à une disposition réglementaire déclarée illégale, par la technique d'une simple codification *a priori* à droit constant[13], le Conseil d'État a considéré que l'ordonnance de codification n'était entachée d'aucune illégalité[14]. La loi du 3 janvier 2003[15] a fait disparaître la difficulté, en emportant ratification de l'ordonnance du 18 septembre 2000.

La jurisprudence se refuse à appliquer la disposition législative, issue de la codification, aux saisies

1. L. n° 2003-7, 3 janv. 2003, *JO* 4 janv., p. 256.
2. Derrida, obs. s[s] Com. 8 févr. 1994, n° 90-22.138, NP, *D.* 1994. Jur. 609.
3. Amiens, 18 nov. 1997, *Rev. proc. coll.* 1999, 160, n° 13, obs. Saint-Alary-Houin.
4. D. n° 85-1388, 27 déc. 1985, préc.
5. CE 9 févr. 2000, req. n° 192271, *Lebon*; *LPA* 30 août 2000, n° 173, p. 4, concl. Savoie; *JCP* 2000. II. 10314, note Croze et Moussa; *D.* 2000. AJ 136, obs. Lienhard; *RTD com.* 2000. 724, obs. Martin-Serf; *JCP E* 2000, comm. 884, note Dymant et Le Corre « Créanciers de l'article 40, aux ordres du starter ! » – *Adde*, SUR LA QUESTION : Rolland, « La lenteur de la faillite rattrapée par la rapidité de la course, réflexions sur l'annulation de l'article 173 du décret du 27 décembre 1985 », *LPA* 3 oct. 2000, n° 197, p. 9.
6. AUSSI : Colmar, 3e ch. A, 9 avr. 2002, *RD banc. fin.* 2003/4, p. 215, n° 124, obs. Lucas.
7. Com. 26 avr. 2000, n° 97-16.953, *Bull. civ.* IV, n° 85; *D.* 2000. AJ 247, obs. Lienhard; *JCP E* 2000, Chron. 1565, n° 5-b-10, obs. Pétel; *RD banc. fin.* 2000/4, n° 162, obs. Lucas; *RTD com.* 2001. 233, obs. Martin-Serf – Com. 20 juin 2000, *Act. proc. coll.* 2000/15, n° 190; *RD banc. fin.* 2000/4, n° 162, obs. Lucas – *Adde*, SUR les avis à tiers détenteur : Martin-Serf, « L'avis à tiers détenteur du Trésor public créancier de l'article 40 », *Rev. proc. coll.* 2000, 172 – Lagarde, « Fiscalité des entreprises en difficulté », *Rev. proc. coll.* 2002, p. 147.
8. Colmar, 3e ch. civ., 14 janv. 2002, *RD banc. fin.* 2003/1, p. 30, n° 34, obs. Lucas.
9. Com. 12 oct. 2004, n° 02-10.213, NP.
10. AINSI : Honorat, obs. s[s] Com. 1er févr. 2000, n° 96-18.383, *D.* 2000. Somm. 331.
11. Ord. n° 2000-912, 18 sept. 2000, *JO* 21 sept., p. 14783.
12. D. n° 85-1388, 27 déc. 1985, préc.
13. Lienhard, « La légalité retrouvée de l'article 173 du décret du 27 décembre 1985 (ou les surprises de la codification à droit constant) », *D.* 2000. n° 34, Point de vue, III.
14. CE 27 mai 2002, req. n° 227338, *Lebon*; *D.* 2002. AJ 2188, obs. Lienhard; *Act. proc. coll.* 2002/14, n° 180, note Boutin; *Rev. proc. coll.* 2003/1, p. 38, n° 18, obs. Neau-Leduc; *RD banc. fin.* 2002/5, p. 265, obs. Lucas; *JCP E* 2003, Chron. 231, p. 271, n° 12, obs. Pétel; *RTD com.* 2003. 372, n° 8, obs. Martin-Serf – *Adde*, Roussel Galle, « Nouvel épisode relatif à la légalité à éclipses de l'article 173 du décret du 27 décembre 1985 devenu article L. 627-1 nouveau du code de commerce », *Rev. proc. coll.* 2002, p. 155.
15. L. n° 2003-7, 3 janv. 2003, préc. – L. n° 2003-7, 3 janv. 2003, *JO* 4 janv., 256, spéc. art. 50, I; obs. Saint-Alary-Houin, *Rev. proc. coll.* 2003, p. 149, n° 13.

et avis à tiers détenteur pratiqués avant son intervention[1], nonobstant le caractère prétendument à droit constant de la codification. Cependant, le juge judiciaire ne peut apprécier la légalité de la disposition et ne peut donc asseoir sa décision par référence à l'article L. 627-1 du code de commerce, qui ne fait que reprendre l'article 173 du décret du 27 décembre 1985 déclaré illégal par le Conseil d'État, alors qu'il statue à propos d'une saisie-attribution antérieure à la codification[2].

La législation de sauvegarde des entreprises a repris, en partie législative, la disposition emportant insaisissabilité des sommes déposées à la Caisse des dépôts et consignations (C. com., art. L. 662-1), le « Fort Knox »[3] des sommes détenues par les mandataires de justice.

Les sommes déposées à la Caisse des dépôts et consignations par les mandataires de justice, qui en ont au demeurant l'obligation, sous peine de sanctions financières personnelles, sont clairement insaisissables, échappent aux poursuites individuelles des créanciers postérieurs et sont affectées au règlement des créanciers selon leur rang[4]. Il en résulte que, à partir du moment où les sommes sont consignées, un créancier ne peut reprocher à faute à un commissaire à l'exécution du plan, un administrateur judiciaire ou un liquidateur le défaut de paiement de sa créance postérieure, dès lors qu'un créancier de rang préférable existe[5]. Il appartient alors au créancier le plus diligent de prendre un titre et de le porter le plus rapidement possible à exécution. Il semble en revanche que, si aucun créancier de rang préférable n'e, le mandataire de justice doit procéder à la décgnation des sommes pour pouvoir payer le créer postérieur qui en fait la demande, le principe paiement à l'échéance, supérieur au principe paiement par priorité ou par privilège, nous semt commander la solution.

455 Conséquences de la règle du paiement à l'échce : mise à l'écart du principe d'intangibilité la créance. Le créancier postérieur éligible au traitent préférentiel n'est pas concerné par la règle l'arrêt des poursuites individuelles (v. s[s] n° 442) et des voies d'exécution (v. s[s] n° 455.43). Il n'orrélativement pas à déclarer sa créance au pass

Nant pas astreint à la règle de l'arrêt des poursuit individuelles, ce créancier n'est pas concerné par e règle lui interdisant de reprendre ses poursuit individuelles, après clôture de la procédure pou insuffisance d'actif[7], qu'il s'agisse d'une liquidati judiciaire ou, sous l'empire de la législation anteure à la loi de sauvegarde des entreprises[8], d'u plan de cession totale. Précisons toutefois que des gles particulières ont été posées pour les créancierostérieurs méritants, en cas de clôture d'une liquation judiciaire pour insuffisance d'actif d'un EIR (v. s[s] n° 592.67) et de façon beaucoup plus larg depuis l'ordonnance du 12 mars 2014[9], ayant intruit un VII à l'article L. 643-11, qui autorise le tribal à accorder au débiteur des délais de grâce pou payer certains de ses créanciers postérieurs mérnts (v. s[s] n° 592.69).

Pavant obtenir son paiement à l'échéance, le créacier postérieur bénéficiant du traitement préféreriel n'est évidemment pas affecté par la règle de l'interdiction du paiement des créances, posée par l'article L. 621-24 du code de commerce (anc[t] L. 25 janv. 1985[10], art. 33), sous l'empire de la législation antérieure à la loi de sauvegarde des entreprises, qui ne concerne que les seuls créanciers antérieurs[11]. L'article L. 622-7 du code, depuis la loi de sauvegarde des entreprises, qui pose la règle de l'arrêt de l'interdiction des paiements, est sans application pour le créancier postérieur méritant, cependant qu'elle a vocation à s'appliquer aux créanciers postérieurs non éligibles au traitement préférentiel[12].

1. Com. 20 févr. 2001, n° 98-13.049, *Bull. civ.* IV, n° 43; *Act. proc. coll.* 2001/6, n° 75, obs. Régnaut-Moutier; *D.* 2001. AJ 921, obs. Lienhard; *RD banc. fin.* 2001/3, p. 170, n° 128, obs. Delleci – Com. 3 avr. 2001, n° 98-13.657, NP, *RD banc. fin.* 2001/4, p. 237, n° 165, obs. Delleci – Com. 13 mai 2003, n° 01-15.133, NP; ET SUR RENVOI APRÈS CASSATION : Paris, 3e ch. B, 3 juin 2005, RG n° 2003/15419, *Gaz. proc. coll.* 2005/3, p. 26, obs. Henry.
2. Civ. 1re, 13 nov. 2003, n° 01-12.446, *Bull. civ.* I, n° 232; *D.* 2003. AJ 2886, obs. Lienhard; *Act. proc. coll.* 2003/20, n° 258, note Régnaut-Moutier; *LPA* 18 févr. 2004, n° 35, p. 8, note Lucas; *RTD com.* 2004. 159, n° 7, obs. Martin-Serf.
3. Derrida, note s[s] Com. 22 avr. 1997, n° 94-21.412, *D.* 1997. 371.
4. Com. 22 mai 2007, n° 05-21.936, *Bull. civ.* IV, n° 138; n° 776 FS-P+B; *D.* 2007. AJ 1665, note Lienhard; *Rev. proc. coll.* 2007/3, p. 128, n° 7, obs. Lebel; *RTD com.* 2007. 841, n° 7, obs. Martin-Serf; *Rev. proc. coll.* 2009/5, p. 53, § 122, note Saint-Alary-Houin – Com. 22 mai 2007, n° 06-10.632, NP; n° 777 FS-D.
5. Paris, 3[e] ch. A, 14 juin 2005, RG n[os] 2004/16049, 2004/16054 – Paris, 3[e] ch. A, 14 juin 2005, RG n° 2004/14547; ET SUR POURVOI : Com. 22 mai 2007, n° 05-21.936, *Bull. civ.* IV, n° 138; n° 776 FS-P+B; *D.* 2007. AJ 1665, note Lienhard; *Rev. proc. coll.* 2007/3, p. 128, n° 7, obs. Lebel; *RTD com.* 2007. 841, n° 7, obs. Martin-Serf – Com. 22 mai 2007, n° 06-10.632, NP; n° 777 FS-D.
6. SAINT-ALARY-HOUIN, 9e éd., n° 663 – GUYON, n° 1250 – *KERCKHOVE*, n° 504.
7. Com. 30 oct. 2000, n° 97-17.800, NP, *Act. proc. coll.* 2000/19, n° 248, note Vallansan; *RJDA* 2001/2, n° 203 – Com. 20 mars 2001, n° 98-14.978, NP, *D.* 2001. AJ 1319, obs. Lienhard – Com. 1er avr. 2003, n° 00-11.570, NP, *Act. proc. coll.* 2003/12, n° 161.
8. L. n° 2005-845, 26 juill. 2005, préc.
9. Ord. n° 2014-326, 12 mars 2014, préc.
10. L. n° 85-98, 25 janv. 1985, préc.
11. SAINT-ALARY-HOUIN, 9e éd., n° 663 – *KERCKHOVE*, n° 504.
12. SAINT-ALARY-HOUIN, 9e éd., n° 663.

Il résulte de la mise à l'écart de la règle de l'interdiction des paiements, pour les créanciers postérieurs éligibles au traitement préférentiel, la possibilité du jeu de la compensation[1], laquelle s'analyse en un double paiement. Les dispositions légales édictant un ordre de paiement des créances postérieures ne font pas obstacle au jeu de la compensation[2]. Il n'en sera cependant ainsi, à notre avis, que si les sommes d'argent correspondant à la dette entrant en compensation avec la créance détenue par le créancier entendant invoquer la compensation sont disponibles. Tel n'est pas le cas, et la compensation doit être refusée, si les sommes correspondant à la dette de la personne voulant faire jouer la compensation pour ne pas payer à la personne placée sous procédure collective ce qu'elle lui doit, doivent être placées à la Caisse des dépôts et consignations, parce qu'elles résultent de la vente, en période d'observation, d'un bien grevé de sûreté.

La règle du paiement à l'échéance doit jouer dès lors que la trésorerie le permet. L'organe de la procédure auquel est demandé le paiement, et qui dispose de fonds non consignés, ne saurait se réfugier derrière l'existence d'autres créanciers postérieurs pour le refuser. Le paiement d'un créancier effectuant une demande en ce sens n'est pas conditionné à la possibilité de payer ultérieurement les autres créanciers postérieurs[3]. Le principe du paiement à l'échéance institue incontestablement, en règle, le paiement par le prix de la course. Seule l'impossibilité de payer à l'échéance provoque la mise en œuvre du paiement par préférence[4]. Dès lors, ce n'est que dans l'hypothèse où plusieurs créanciers postérieurs ou de rang préférable à ceux-ci, dont les créances sont identiquement exigibles, viendraient à effectuer une demande en paiement et que l'organe compétent ne pourrait y satisfaire à partir de fonds non encore consignés (v. s[s] n° 455.46), qu'il pourra refuser ledit paiement[5]. Il ne peut être reproché à faute à un liquidateur de ne pas avoir payé un créancier postérieur, dès lors qu'au jour de la mise en demeure du créancier, le liquidateur, qui avait placé les fonds à la Caisse des dépôts et consignations, connaissait l'existence de créanciers postérieurs de rang préférable, outre l'existence d'une créance super privilégiée[6].

Le mandataire de justice, administrateur judiciaire ou liquidateur décide, sans pouvoir se voir dicter sa conduite par le juge-commissaire, de payer tel ou tel créancier postérieur. Seule l'exécution du titre peut contraindre les organes de la procédure à payer un créancier. Il a été jugé qu'il n'y a aucun excès de pouvoir rendant recevable l'appel nullité à l'encontre d'un jugement statuant sur le recours formé contre l'ordonnance du juge-commissaire lorsque ce dernier, et à sa suite le tribunal, refuse de dicter au liquidateur le choix de désintéressement des créanciers postérieurs[7].

Il importe d'observer que la loi ne dicte pas le sort des fonds disponibles, sous une réserve : les premiers fonds disponibles doivent être affectés au paiement du super privilège. Les mandataires de justice ne peuvent donc, à notre sens, payer spontanément les créanciers postérieurs que s'il n'y a pas de passif super privilégié. La solution contraire a cependant été posée par une cour d'appel[8]. Rien n'interdit, en revanche, au créancier postérieur de pratiquer une saisie pour se faire payer, indépendamment de l'existence de créances super privilégiées (v. s[s] n° 455.43).

Dans le prolongement de la règle du paiement à l'échéance, il faut décider que le créancier postérieur, qui a obtenu son paiement, alors qu'un autre créancier de meilleur rang que lui ne l'aurait pas obtenu, n'a pas à répéter le paiement reçu[9]. Il n'a nullement touché l'indu et, s'il a été payé prioritairement à un autre créancier pourtant mieux placé que lui, ce n'est pas en violation du classement institué, mais dans le respect de la règle première instituée – celle du paiement à l'échéance[10] – par l'article 40 de la loi du 25 janvier 1985, devenu successivement l'article L. 621-32 du code, et, sous l'empire de la loi de sauvegarde des entreprises, l'article L. 622-17, II en sauvegarde et par renvoi (C. com., art. L. 631-14, I) en redressement judiciaire, l'article L. 641-13, II en liquidation judiciaire.

Si le recouvrement de sa créance est en péril, il est logique d'autoriser le créancier postérieur à inscrire des sûretés judiciaires sur les biens du débiteur. De même, le débiteur peut consentir sur ses biens des sûretés réelles en garantie d'une créance postérieure. La difficulté est ici de déterminer si les dispositions de l'article L. 621-24, alinéa 2 du code de commerce, devenu avec la loi de sauvegarde des entreprises, l'article L. 622-7, alinéa 2, doivent recevoir, pour lui, application et s'il doit ainsi passer par le canal de l'habilitation du juge-commissaire. La

1. Pétel, 8e éd., n° 218.
2. Paris, 3e ch. A, 10 mai 2005, RG n° 2004/14135 – Amiens, ch. éco., 5 mars 2009, RG n° 07/04059, *JCP E* 2009. 1877, note Le Corre.
3. Derrida et *alii*, n° 416.
4. Froehlich et Sénéchal, Lucas et Lécuyer (dir.), *La réforme des procédures collectives…*, Lgdj, 2006, p. 311.
5. Saint-Alary-Houin, 9e éd., n° 663.
6. Com. 10 mars 2009, n° 07-19.738, NP; n° 203 F-D.
7. Com. 7 mars 2006, n° 05-11.723, NP; n° 319 F-D; *Gaz. proc. coll.* 2006/3, p. 18, obs. Rohart-Messager.
8. Amiens, ch. éco., 5 mars 2009, RG n° 07/04059, *JCP E* 2009. 1877, note Le Corre.
9. Derrida et *alii*, n° 416 – Chaput, n° 548.
10. Rappr. : Chaput, n° 548.

position de la Cour de cassation semble devoir conduire (v. s^s n° 422.22).

Enfin, les créanciers postérieurs devant être payés à l'échéance, il est exclu que leur créance soit intégrée dans un plan de continuation, de redressement ou de sauvegarde. Leur créance n'est susceptible ni de délai, ni de remise.

On aperçoit ainsi que le régime de la créance postérieure éligible au traitement préférentiel est très exactement aux antipodes du régime de la créance antérieure. Elle est également presque à l'opposé du régime applicable à la créance postérieure non éligible au traitement préférentiel, depuis la loi de sauvegarde des entreprises, qui assimile dans une large mesure cette créance à une créance antérieure. La procédure collective n'existe véritablement que pour les créanciers antérieurs et depuis la loi de sauvegarde des entreprises, pour les créanciers postérieurs non élus. Cependant, ces règles qui démontrent l'absence de sacrifice imposé aux créanciers postérieurs méritants, seront, sinon écartées, du moins tempérées par la règle seconde posée pour ces créanciers : celle du paiement par priorité ou par privilège.

CHAPITRE

456. Règle du paiement par priorité ou par privilège des créanciers postéreurs bénéficiant du traitement préférentiel

SECTION 0

ORIENTEUR

456.00 Plan du chapitre.

Sect.	456.10	Droit préférentiel institué par les législations
Sect.	456.20	Conflits évités avec les créanciers postérieurs pour les biens non entrés dans le patrimoine du débiteur
Sect.	456.30	Conflits évités avec les créanciers postérieurs pour les biens sortis du patrimoine du débiteur
Sect.	456.40	Conflits évités avec les créanciers postérieurs pour les biens affectés à la satisfaction exclusive du créancier
Sect.	456.50	Classement externe des créanciers postérieurs par rapport aux autres créanciers
Sect.	456.60	Classement interne aux créanciers postérieurs

456.01 Textes applicables. (V. aussi s^s n° 450.01).

> Législation issue de la loi de sauvegarde des entreprises.

C. com., art. R. 622-19, al. 1er (anc^t D. 28 déc. 2005, art. 94, al. 1er), R. 631-20 (anc^t D. 28 déc. 2005, art. 189), R. 641-23 (anc^t D. 28 déc. 2005, art. 234), R. 641-24 (anc^t D. 28 déc. 2005, art. 235)

> Législation issue de l'ordonnance du 18 décembre 2008.

C. com., art. R. 622-19, al. 1er, R. 631-20, R. 641-23

> Législation issue de l'ordonnance du 12 mars 2014.

C. com., art. L. 622-17, L. 641-13

C. com., art. R. 622-15, R. 641-39

456.03 Bibliographie indicative. (V. s^s n° 450.03).

456.06 Principales actions.

• Production des créances postérieures privilégiées

* V. s^s n° 456.16.

• Délai de six mois à compter de la fin de la période d'observation ou de la publication au *Bodacc* du jugement prononçant la liquidation judiciaire ou délai d'un an à compter du jugement arrêtant le plan de cession

* V. s^s n° 456.16.

456.07 Voies de recours sur les décisions mettant en jeu les actions.

• Contestation de la liste des créances postérieures privilégiées par requête au juge-commissaire dans le délai d'un mois à compter de l'avis d'insertion au *Bodacc* du dépôt de la liste au greffe

* V. s^s n° 456.18.

• Recours sur l'ordonnance du juge-commissaire devant le tribunal dans le délai de dix jours à compter de la notification

* V. s^s n° 456.18.

• Appel possible sur le jugement du tribunal dans le délai de dix jours de la notification

* V. s^s n° 456.18.

456.08 Sanction de l'absence ou de l'échec de l'action.

• Perte du privilège attaché aux créances postérieures en cas d'absence de la créance sur la liste des créances postérieures privilégiées

* V. s^s n° 456.19.

SECTION 456.10

DROIT PRÉFÉRENTIEL INSTITUÉ PAR LES LÉGISLATIONS

456.11 Détermination de la nature juridique du droit de priorité institué par la législation antérieure à la loi du 26 juillet 2005[1]**.** L'alinéa 1er de l'article 40 de la loi du 25 janvier 1985[2] (C. com.,

1. L. n° 2005-845, 26 juill. 2005, *JO* 27 juill., p. 12187.
2. L. n° 85-98, 25 janv. 1985, *JO* 26 janv., p. 1097.

art. L. 621-32) énonce qu'« en cas de cession totale, ou lorsqu'elles ne sont pas payées à l'échéance en cas de continuation, elles sont payées par priorité à toutes les autres créances ». L'alinéa 2 indique qu'« en cas de liquidation judiciaire, elles sont payées par priorité à toutes les autres créances ».

Le texte n'évoque qu'un droit de priorité. Il pouvait sembler délicat de dissocier « droit de priorité » et « droit de préférence », car le droit de priorité ici accordé l'est en raison de la nature postérieure de la créance. Pour cette raison, il semblait, en conséquence, conformément aux dispositions de l'article 2095 du code civil, qu'il s'agissait là d'un véritable privilège [1]. L'analyse était partagée par d'autres auteurs exposant avec *brio* force arguments [2].

La Cour de cassation a cependant posé la solution contraire, en énonçant que « la priorité de paiement instituée par l'article 40 de la loi du 25 janvier 1985 dans sa rédaction applicable à la cause qui ne dépend pas de la qualité de la créance ne constitue pas un privilège au sens de l'article 2095 du code civil [devenu C. civ., art. 2324] » [3]. La solution a été posée dans une espèce où il s'agissait de la question de l'opposabilité du droit de priorité, malgré son absence d'inscription au livre foncier d'Alsace-Moselle. Affirmer que le droit préférentiel était un privilège aurait empêché de le rendre opposable aux créanciers titulaires de sûretés immobilières publiés. Il est donc tentant de penser que la solution est plus empreinte d'opportunité que de considérations strictement juridiques. Dégagée en l'état de la « rédaction initiale de la loi du 25 janvier 1985, elle a conservé sa force, sous l'empire de la loi du 10 juin 1994 ». Sa justification est extrêmement ténue. Elle repose sur la considération qu'un privilège ne peut être attribué qu'en raison de la nature d'une créance, non en fonction de sa date de naissance [4]. Mais, à l'inverse, on peut out aussi bien observer que la date de naissance de la créance avait directement une incidence sur la nature de cette créance [5].

Quoi qu'il en soit, l'affirmation est loin de régler la difficulté, car si la nature de privilège est déniée, en revanche, *positivement la nature de la règle instituée* n'est pas posée.

Le rejet de la qualification de privilège a une incidence non négligeable. En effet, les privilèges sont de droit strict. Ils n'existent que par l'effet de la loi. Ils ne peuvent naître que dans les conditions prévues par la loi. Cependant, le caractère d'ordre public de la législation du droit des procédures collectives de paiement enlève le pouvoir aux parties de convenir qu'une créance ne bénéficiant pas légalement de l'article 40 pourrait se voir appliquer le régime de cette disposition.

La mise à l'écart de la qualification de privilège doit conduire à décider que son titulaire, en conflit avec un créancier à privilège spécial immobilier, n'aura pas à être payé prioritairement sur les meubles et, subsidiairement, sur les immeubles, l'opinion contraire ayant été soutenue avant que la Cour de cassation ne dénie à la disposition étudiée le caractère de privilège [6]. L'article 2105 du code civil (devenu C. civ., art. 2376) énonce que « lorsqu'à défaut de mobilier, les créanciers privilégiés énoncés en l'article précédent (titulaires de privilèges généraux sur les immeubles) se présentent pour être payés sur le prix d'un immeuble en concurrence avec les autres créanciers privilégiés sur l'immeuble, ils primeront ces derniers et exerceront leur droit dans l'ordre indiqué audit article ». L'interprétation classiquement donnée de cette disposition est de considérer qu'elle pose un principe de subsidiarité sur les immeubles pour les créanciers titulaires de privilèges généraux, qui implique que ces créanciers soient payés en priorité sur les meubles et, si les actifs mobiliers sont insuffisants, sur le prix de vente des immeubles. Cette règle présuppose un conflit entre un créancier inscrit sur un immeuble et un créancier titulaire d'un privilège général. L'interprétation de la Cour de cassation conduit à décider qu'elle est ici sans application. Cette règle ne peut donc s'appliquer à la vente d'actifs isolés en liquidation judiciaire. Elle doit également être écartée en plan de cession pour les biens non compris dans le plan de cession. Elle est encore sans application en plan de cession, pour les biens cédés dans le plan ou encore pour les cessions d'unités de production en liquidation, deux techniques qui obligent le tribunal, dans le premier cas (C. com., art. L. 621-96 [anc^t L. 25 janv. 1985, art. 93, al. 1er]), le juge-commissaire, dans le second cas (C. com., art. L. 622-17 [anc^t L. 25 janv. 1985, art. 155, al. dern.]), à fixer des quotes-parts du prix de cession pour l'exercice

1. SAINT-ALARY-HOUIN, 4e éd., n° 598 – *LE CANNU ET ALII*, n° 1371 – *DERRIDA ET ALII*, n° 413 – GUYON, n° 1253 – *KERCKHOVE*, n° 497 – Mestre, Billiau et Putman, *Droit spécial des sûretés réelles,* Litec, n°s 671 s. – Macorig-Venier, *Les sûretés sans dépossession dans le redressement et la liquidation judiciaires des entreprises,* th., Toulouse, 1992, p. 247.
2. Pétel, « Les créanciers postérieurs », *Rev. proc. coll.* 2006/2, p. 142, n° 4.
3. Com. 5 févr. 2002, n° 98-18.018, *Bull. civ.* IV, n° 27; *D.* 2002. AJ 805; *Act. proc. coll.* 2002/8, n° 100, note Piedelièvre; *RTD civ.* 2002. 337, obs. Crocq; *JCP E* et *A* 2002, Chron. 807, p. 853, n° 15, obs. M. Cabrillac et Pétel; *JCP E* et *A* 2002, Chron. 1424, p. 1576, n° 19, obs. crit. Delebecque; *RTD com.* 2002. 542, n° 6, obs. Martin-Serf; *LPA* 9 oct. 2002, n° 202, p. 19, note Houtcieff; *Rev. proc. coll.* 2003, p. 144, n° 1, obs. Saint-Alary-Houin.
4. Obs. Crocq, sous Com. 5 févr. 2002, n° 98-18.018, *RTD civ.* 2002. 337.
5. Obs. M. Cabrillac et Pétel, s^s Com. 5 févr. 2002, n° 98-18.018, *JCP E* et *A* 2002, Chron. 807, p. 853, n° 15.
6. GUYON, n° 1253.

du droit de préférence des créanciers titulaires de sûretés spéciales ou de privilèges (v. s[s] n°s 582.31 s.). Il y aura donc lieu de payer le créancier postérieur par prélèvement tant sur les masses mobilières que sur les masses immobilières.

Le rejet de la qualification de privilège induit aussi comme conséquence le fait que le créancier de l'article 40 ne primera pas les créanciers titulaires de sûretés en cas de vente d'un bien grevé de sûreté en période d'observation ou en phase d'exécution d'un plan de continuation. L'opinion a été suivie en jurisprudence[1]. Les articles L. 621-25 et L. 621-80 du code de commerce (anc[t] L. 25 janv. 1985, art. 34 et 78) ne réservent en effet que le paiement des créanciers titulaires de ces sûretés ou d'un « privilège général ».

Le rejet de la qualification de privilège cadre avec l'analyse précédente de la Cour de cassation, qui considère que les créanciers de l'article 40 de la première procédure deviennent, après résolution du plan de continuation, dans la seconde procédure, des créanciers antérieurs (v. s[s] n° 451.12).

456.12 Incidence de la portée générale du droit de priorité institué par la législation antérieure à la loi du 26 juillet 2005[2]. Faute de déterminer les biens sur lesquels s'exerce le droit de priorité du créancier qui en est titulaire, il faut reconnaître au droit de priorité de l'article 40 une portée générale[3]. Tous les biens du débiteur sont donc affectés à la satisfaction du créancier postérieur. On réservera cependant les biens soumis à une clause d'insaisissabilité, le jugement d'ouverture n'ayant pas pour effet d'entraîner mise à l'écart de pareilles clauses. L'opinion contraire a cependant été émise[4]. Il en ira identiquement des clauses d'inaliénabilité, qu'elles soient conventionnelles, par exemple celles résultant d'un pacte de tontine[5], ou qu'elles résultent d'un jugement arrêtant le plan de continuation.

Il faut cependant exclure les biens que le débiteur aurait fait déclarer insaisissables selon le mécanisme instauré par la loi du 1er août 2003[6], dite loi pour l'initiative économique (v. s[s] n°s 562.13 s.). Cependant, cette exclusion ne concerne que les créanciers professionnels dont la créance est née après la publicité de la déclaration notariée d'insaisissabilité.

Peu importe que les biens soient déjà grevés de sûretés. Spécialement, les créanciers de l'article 40 (C. com., art. L. 621-32) pourront saisir un bien nanti. Le créancier nanti ne pourra répondre par une demande d'attribution judiciaire. Seule une décision d'attribution judiciaire antérieure à la saisie pourra paralyser cette dernière[7]. En revanche, il est exclu qu'un créancier de l'article 40 saisisse un bien gagé. Le droit de rétention du créancier gagiste y fera obstacle.

Peu importe aussi que les biens proviennent de l'exercice des actions en reconstitution de l'actif du débiteur, par exemple des actions en nullité de la période suspecte[8], ou encore des actions en responsabilité contre les tiers. Le droit de priorité du créancier de l'article 40 (C. com., art. L. 621-32) l'autorise à se faire payer par préférence aux créanciers antérieurs sur les sommes recouvrées. Il importe peu, à cet égard que l'article L. 621-39, alinéa 3 du code de commerce (anc[t] L. 25 janv. 1985[9], art. 46) et l'article L. 621-110 (anc[t] L. 25 janv. 1985, art. 110) prévoient que les sommes recouvrées sont affectées, en cas de continuation, suivant les modalités prévues par l'apurement du passif. Cela ne doit pas empêcher le créancier de l'article 40 d'obtenir son paiement[10], car le plan de continuation ne fait pas obstacle au paiement de la créance article 40, cette dernière n'étant pas intégrée audit plan.

Que faut-il décider pour les sommes recouvrées dans le cadre d'une action en comblement de passif, contre le dirigeant social, en conformité avec l'article L. 624-3 du code de commerce (anc[t] L. 25 janv. 1985, art. 180) ? L'article L. 624-3, alinéa 3 prévoit que les sommes recouvrées « sont réparties entre tous les créanciers au marc-le-franc » en cas de cession ou de liquidation. Certains auteurs considèrent que cette disposition n'a pas prévu le sort des créanciers de l'article 40 et qu'elle n'aurait ainsi pas pour effet de mettre en échec leurs droits[11]. En sens inverse, il est possible d'observer que l'article L. 624-3, alinéa 3 du code ne réserve pas l'application de l'article 40 et ne distingue pas entre les créanciers. La règle *Ubi lex*... nous semble conduire à décider que le créancier de l'article 40 pourra certes participer aux répartitions, comme les autres créanciers, mais que son droit de priorité sera écarté (v. aussi s[s] n° 922.63). Tous les créanciers seront traités sur un pied d'égalité, comme s'ils étaient chirographaires, ce qu'implique la notion de répartition entre les créanciers « au marc-le-franc ». C'est cette solution

1. Paris, pôle 5, 8e ch., 17 janv. 2012, RG n° 11/04297, *Act. proc. coll.* 2012/12, comm. 177, note crit. Cagnoli.
2. L. n° 2005-845, 26 juill. 2005, préc.
3. DERRIDA ET *ALII*, n° 413 – *SOINNE*, n° 1144 – *SAINT-ALARY-HOUIN*, 5e éd., n° 609 – CHAPUT, n° 545 – GUYON, n° 1253.
4. DERRIDA ET *ALII*, note n° 1768.
5. Civ. 1re, 8 janv. 2002, n° 99-15.547, *Bull. civ.* I, n° 3; *RD banc. fin.* 2002/2, n° 63, p. 80, obs. Lucas – Rubellin, « La tontine infernale », *BJE* oct. 2012, 174, p. 274.
6. L. n° 2003-721, 1er août 2003, *JO* 5 août, p. 13449.
7. SOINNE, n° 1145 – *DERRIDA ET ALII*, n° 415.
8. KERCKHOVE, n° 497.
9. L. n° 85-98, 25 janv. 1985, préc.
10. SOINNE, n° 1144 – *SAINT-ALARY-HOUIN*, 4e éd., n° 598.
11. DERRIDA ET *ALII*, n° 414 – *SOINNE*, n° 1144 – *SAINT-ALARY-HOUIN*, 5e éd., n° 609.

qu'applique la Cour de cassation à l'encontre des créanciers super privilégiés [1]. Elle doit *a fortiori* être appliquée à l'encontre des créanciers de l'article 40.

Le caractère général du droit de priorité de l'article 40 ne permet cependant pas le paiement d'un créancier sur des biens n'appartenant pas au débiteur, par exemple des biens vendus sous clause de réserve de propriété ou loués au débiteur [2]. Il faut en effet tenir compte des règles de la revendication. À défaut de revendication, le propriétaire du meuble ne peut plus opposer à la procédure son droit d propriété (v. s^s n° 813.73). En cas de plan de ces sion ou de liquidation judiciaire, le commissaire à l'exécution du plan, sous l'empire de la législation antérieure à la loi de sauvegarde des entreprises, ou le liquidateur judiciaire pourra vendre le bien litigieux, sans que le propriétaire ne puisse appréhender le prix provenant de la vente. Le prix sera alors réparti entre les créanciers, selon leur rang, ce qui autorisera le créancier de l'article 40 à exercer son droit de préférence sur des biens qui n'appartiennent pourtant pas au débiteur.

456.13 Détermination de la nature juridique du droit de priorité institué par la loi du 26 juillet 2005 [3]. La loi du 26 juillet 2005 a changé la solution issue de la législation antérieure, en ce qui concerne la nature du droit de priorité conféré aux créanciers postérieurs. L'article L. 621-17, II du code de commerce prévoit explicitement que le droit préférentiel accordé aux créanciers postérieurs est un privilège. Il a été analysé en un sous privilège faisant partie d'un privilège cadre, le privilège de procédure, au même titre que le privilège de la conciliation [4].

La solution a été expliquée par l'observation que, désormais, le législateur se préoccupe véritablement de la qualité de la créance et non plus seulement de sa date de naissance pour décider d'attribuer ou non le droit de préférence [5].

456.14 Conséquences de la création d'un véritable privilège par la loi du 26 juillet 2005 [6]. Le changement opéré par la législation de sauvegarde des entreprises par rapport à la législation précédente nous semble important. Les travaux parlementaires sont cependant confus sur la question. Ainsi, dans le rapport établi au nom de la commis-sic es lois de l'Assemblée nationale, peut-on lire ur hose et son contraire. Lorsqu'il est question du p lège des *créanciers postérieurs, il est indiqué* c le privilège ne devrait pas disparaître *dans la* océdure subséquemment ouverte suite à la résolu-on du plan [7]. En revanche, lorsqu'il est question de a résolution du plan de sauvegarde, on retrouve 'idée de dégénérescence de la créance postérieure de la première procédure en une créance antérieure, soumise comme telle à déclaration au passif [8]. Les travaux parlementaires du Sénat sont en revanche univoque : « il serait désormais possible au créancier titulaire d'un privilège visé par la présente disposition de s'en prévaloir dans le cadre d'une autre procédure que celle au cours de laquelle il l'a acquis » [9]. En réalité, les travaux parlementaires à l'Assemblée nationale ne sont contradictoires qu'en apparence, car il est possible de faire dégénérer dans une seconde procédure en créance antérieure une créance postérieure de la première procédure, tout en lui conservant, dans cette seconde procédure, son privilège. La seule question sera alors celle de sa déclaration au passif (v. s^s n° 524.35).

Si l'on peut comprendre la disparition d'un simple droit de priorité, en cas de résolution d'un plan et d'ouverture d'une seconde procédure collective, dans laquelle le créancier initialement bénéficiaire du droit de priorité devient créancier antérieur chirographaire, cette logique disparaît si est reconnu aux créanciers le bénéfice d'un privilège véritable. Il faut donc décider qu'en cas de résolution d'un plan de sauvegarde ou d'un plan de redressement, l'ouverture subséquente d'une seconde procédure collective laissera intact le privilège [10].

Une difficulté pour alors se présenter en cas de conflit entre créanciers postérieurs de la première et créanciers postérieurs de la seconde procédure. Ce conflit ne semble pas devoir être réglé par la technique de l'antériorité. Il semble préférable de décider, du fait de l'absence de critères particuliers à appliquer, que les créanciers postérieurs de la première et de la seconde procédure doivent entrer en concours et être payés, à l'intérieur de chacun des rangs institués, au marc-le-franc [11]. L'opinion contraire a cepen-

1. Com. 20 mai 1997, n° 95-12.162, *Bull. civ.* IV, n° 147; *D.* 1997. IR 144; *Quot. Jur.* 3 juill. 1997, p. 8, note P. M.
2. KERCKHOVE, n° 496.
3. L. n° 2005-845, 26 juill. 2005, préc.
4. Henry, « La notion de privilège de procédure dans la loi de sauvegarde », *Rev. proc. coll.* 2008, p. 20 s., sp. p. 22, n° 3.
5. Voinot, « La nouvelle procédure de sauvegarde », *Gaz. Pal.* 7-8 sept. 2005, n° sp., p. 24 s., sp. p. 34, n° 40.
6. L. n° 2005-845, 26 juill. 2005, préc.
7. *Rapp. Xavier de Roux*, n° 2095, p. 219.
8. *Rapp. Xavier de Roux*, n° 2095, p. 315.
9. Rapp. Hyest, n° 335, p. 205.
10. Ord. J.-C., T. com. Grasse, 20 avr. 2015, CGEA /Selarl Gauthier-Sohm, ès qual. liquidateur SA Temex – EN CE SENS AUSSI : PÉROCHON, 10e éd., n° 811 – LIENHARD, 6e éd., n° 76.67 – SAINT-ALARY-HOUIN, 9e éd., n° 657 – MOINS AFFIRMATIF : Pétel, « Les créanciers postérieurs », *Rev. proc. coll.* 2006/2, p. 142, n° 4.
11. EN CE SENS AUSSI : J.-CL. COM., Dumont-Lefrand, fasc. 2152, [Procédure de sauvegarde], 2006, n° 54 – Henry, « La notion de privilège de procédure dans la loi de sauvegarde », *Rev. proc. coll.* 2008, p. 20 s., sp. p. 30, n° 31.

dant été émise, dans un premier temps par un auteur[1]. Observons que deux objections méritent d'être formulées car, d'une part, le législateur n'a pas explicitement prévu de distinction entre les deux catégories de créanciers privilégiés, selon qu'ils sont de la première ou de la seconde procédure. D'autre part, s'il fallait distinguer, le rang des créanciers postérieurs de la première procédure ne serait pas précisé par les textes, ce qui interdirait a leur classement. Ces deux arguments ont conduit l'auteur précité à s'aligner sur la solution que nous avions initialement[2] proposée[3].

Mais la subsistance du droit de préférence ne nous semble pas pouvoir autoriser le droit de poursuite du créancier titulaire du privilège, dans le cadre de la seconde procédure. La portée de la modification doit, nous semble-t-il, être strictement limitée au maintien du privilège, non à l'autre prérogative ouverte par les dispositions régissant le régime des créances postérieures, à savoir la règle du paiement à l'échéance. La lettre des textes nous semble justifier la solution. En effet, l'article L. 622-17, I, indique que « les créances nées régulièrement après le jugement d'ouverture pour les besoins du déroulement de la procédure ou de la période d'observation, ou en contrepartie d'une prestation fournie au débiteur, pour son activité professionnelle, pendant cette période, sont payées à leur échéance ». Le jugement d'ouverture visé par le texte est nécessairement celui de la procédure au cours de laquelle les créances sont nées. Il ne peut s'agir du jugement d'ouverture d'une précédente procédure. Certes, le II de l'article L. 622-17, qui s'intéresse au privilège indique-t-il que le privilège est reconnu à « ces créances », ce qui établit un lien symétrique entre le domaine de la règle du paiement à l'échéance traité au I de l'article L. 622-17 et le domaine du privilège traité au II du même article. Mais, comme il est, à notre sens, impossible de faire disparaître le privilège au seul prétexte de la clôture d'un plan de redressement ou de sauvegarde, il faut bien admettre le maintien du privilège dans la procédure subséquente. En revanche, l'intégralité du traitement préférentiel ne nous semble pas pouvoir être maintenue. Il n'y a pas d'obstacle à déconnecter la règle du paiement à l'échéance de la règle du paiement par privilège[4]. Nous avons en effet vu que la règle du paiement à l'échéance est indépendante du privilège (v. s[s] nº 455.42). De même que le créancier postérieur peut être payé à l'échéance alors que des créanciers de rang préférable ne sont pas payés, de même le créancier postérieur peut bénéficier du privilège sans pouvoir être payé à l'échéance. Les observations faites à propos de l'article L. 622-17, texte de la procédure de sauvegarde applicable en redressement judiciaire (C. com., art. L. 631-14, I), sont valables pour l'article L. 641-13 du code pour la procédure de liquidation judiciaire.

La qualification de privilège induit aussi comme conséquence le fait que le créancier postérieur primera les créanciers titulaires de sûretés en cas de vente d'un bien grevé de sûreté en période d'observation suivi d'un plan de sauvegarde ou de redressement ou en phase d'exécution d'un plan de sauvegarde ou de redressement[5]. Les articles L. 622-8, pour la vente du bien en période d'observation, texte applicable en redressement judiciaire (C. com., art. L. 631-14, I), et L. 626-22, pour la vente du bien en phase d'exécution d'un plan de sauvegarde, texte applicable en plan de redressement (C. com., art. L. 631-19, I), réservent en effet le paiement des créanciers titulaires de sûretés inscrites sur les biens vendus pendant cette période ou d'un « privilège général ».

456.15 Incidence de la portée générale du droit de priorité institué par la loi du 26 juillet 2005[6]. Pas plus que ne l'avait fait l'article L. 621-32 du code de commerce à propos du droit de priorité des créanciers postérieurs (v. s[s] nº 456.12), la loi de sauvegarde des entreprises ne détermine l'assiette du privilège qu'elle instaure. La conséquence en est extrêmement simple : le privilège est absolument général[7] et a donc vocation à embrasser tous les biens meubles et immeubles du débiteur, sous les seules exclusions précédemment formulées (v. s[s] nº 456.12).

La qualification de privilège général du droit de priorité accordé aux créanciers postérieurs doit conduire à décider de l'application du principe de subsidiarité sur les immeubles[8]. Son titulaire devra, en conséquence, être payé prioritairement sur les meubles et, subsidiairement, sur les immeubles, L'article 2376 du code civil (ex. art. 2105) énonce que « lorsqu'à défaut de mobilier, les créanciers privilégiés énoncés en l'article précédent (titulaires de privilèges généraux sur les immeubles) se présentent pour être payés sur le prix d'un immeuble en concurrence avec les autres créanciers privilégiés sur l'immeuble, ils primeront ces derniers et exerceront

1. Pérochon, « Les créanciers postérieurs et la réforme du 26 juillet 2005 », *Gaz. proc. coll.* 2005, nº sp. 7-8 sept. 2005, p. 57 s., sp. p. 67, nº 55.
2. Le Corre, « Premiers regards sur la loi de sauvegarde des entreprises », *D.* 2005. Chron. 2299 s., sp. 2313, nº 46.
3. Pérochon et Bonhomme, 7e éd., nº 388.
4. En ce sens aussi : Henry, « La notion de privilège de procédure dans la loi de sauvegarde », *Rev. proc. coll.* 2008, p. 20 s., sp. p. 30, nº 32.
5. En ce sens aussi : Pérochon, 10e éd., nº 811 – Jacquemont et Vabres, 9e éd., 2015, nº 438.
6. L. nº 2005-845, 26 juill. 2005, préc.
7. Pérochon, 10e éd., nº 11.
8. En ce sens aussi : Pérochon, 10e éd., nº 831.

leur droit dans l'ordre inqué audit article ». L'interprétation classiquement onnée de cette disposition est de considérer qu'elle pse un principe de subsidiarité sur les immeubles pur les créanciers titulaires de privilèges généraux qui implique que ces créanciers soient payés en piorité sur les meubles et, si les actifs mobiliers sont isuffisants, sur le prix de vente des immeubles. Cette ègle postule un conflit entre un créancier inscrit su un immeuble et un créancier titulaire d'un privilège énéral. Cette règle aura vocation à s'appliquer à la vnte d'actifs isolés en liquidation judiciaire, mais ausi à la vente d'un bien grevé de sûreté pendant la péride d'observation ou pendant l'exécution d'un plan d sauvegarde ou de redressement, lorsqu'il faudra réprtir la quote-part du prix provenant de cette vente qui aura été déposée à la Caisse des dépôts et consgnations, en application de l'article L. 626-22, alinéa 1er du code de commerce[1]. Il faudra donc payer l créancier postérieur bénéficiant du privilège par prélèvement d'abord sur les masses mobilières et, seulement si elles n'y suffisent, sur les masses immobilières.

456.16 Obligation de porter les créances postérieures privilégiées à la connaissance des organes dans la législation du 26 juillet 2005[2]. L'une des grandes innovations de la loi du 26 juillet 2005 est de prévoir que la créance privilégiée soit portée à la connaissance des organes de la procédure.

Il s'agit donc, apparemment, d'obliger les créanciers postérieurs non payés à l'échéance à procéder à une sorte de déclaration de leur créance, à l'instar des créanciers antérieurs[3]. Le fait pour le créancier de porter sa créance à la connaissance des mandataires de justice ne vaut pas, à notre sens, renonciation à la faculté d'en obtenir le paiement dans le cadre d'une exécution forcée[4]. Une difficulté particulière pourrait se présenter lorsque le créancier aura porté sa créance à la connaissance des organes de la procédure et que, postérieurement cette créance aura été payée. Existe-t-il alors une possibilité de contester cette créance au regard de la liste ? Cette créance n'a pas à figurer sur la liste, puisqu'elle a été payée. Aucune contestation liée à l'établissement de la liste ne peut donc la concerner. En revanche, aucun obstacle procédural ne s'élève, à notre sens, contre la possibilité de remettre en cause le paiement intervenu, dès lors que la nature postérieure de la créance peut être discutée. Si la créance est considérée comme non éligible au traitement préférentiel, son paiement est interdit et peut, en conséquence, être annulé (C. com., art. L. 622-7).

…ré l'affirmation des travaux préparatoires, il ne…it pas d'une déclaration de créance[5]. La cré… en elle-même n'est pas atteinte par le non-res… de cette obligation. En outre, son *paiement* n'…as interdit; ce n'est qu'à défaut de paiement à l'é…nce qu'intervient cette obligation. Elle n'est do…as systématique, mais seulement résiduelle[6]. Pu…e la finalité de l'obligation légale est de perme… au créancier postérieur de conserver son privil… on peut estimer que l'acte est de nature conse…oire. Ce n'est pas une demande en justice, de so… que l'auteur de la formalité n'a pas à être inti… d'un pouvoir pou l'accomplir[7], contrairem… à une déclaration de créance effectuée avant l'o…nnance du 12 mars 2014[8].

…technique rappelle davantage, par ses effets de dé…éance, la procédure d'ordre judiciaire (v. ss n°…56.19). C'est pourquoi il est possible d'évoqu… le concept de production. L'affirmation est im…ortante : elle permet d'affirmer que le fait de p…er le privilège à la connaissance des organes de la …océdure n'est pas interruptif de la prescription, ce…ui peut avoir un impact si la créance n'est pas p…ée au jour de l'ouverture d'une seconde procéd…e, après résolution d'un plan de sauvegarde ou d… redressement.

L'exégèse du texte, qui n'évoque pas une obligat…n pour le créancier de porter sa créance privilég…ée à la connaissance des mandataires de justice, …ais seulement que la créance soit « portée à la conn…aissance » permet d'accréditer l'idée que le débit…eur pourrait également informer les organes de l'existence de la créance. L'information pourrait, a-t-on suggéré, résulter de la signification d'un avis à tiers détenteur[9] et plus généralement de tout acte de poursuite du destinataire de l'information[10]. Cette dernière pourrait même circuler entre les organes eux-mêmes. Il semble néanmoins nécessaire qu'une démarche volontaire soit effectuée[11]. Un auteur a suggéré de distinguer selon que la procédure est soumise à la loi du 26 juillet 2005, dans sa rédaction d'origine, ou à l'ordonnance du 18 décembre 2008[12]. Dans le premier cas, une manifestation du créancier s'imposerait du fait de l'obligation d'information du mandataire judiciaire et de l'administrateur judi-

1. AUSSI : PÉROCHON, 10e éd., n° 811.
2. L. n° 2005-845, 26 juill. 2005, préc.
3. *Rapp. J.-J. Hyest*, n° 335, p. 207.
4. RAPPR. : LE CANNU, 7e éd., n° 808.
5. EN CE SENS AUSSI : ROUSSEL GALLE, n° 273 – VOINOT, 2007, n° 330.
6. PÉROCHON, 10e éd., n° 818 – *Adde*, JACQUEMONT, 7e éd., n° 444 – LE CANNU, 7e éd., n° 802.
7. LE CANNU, 7e éd, nos 802 et 804.
8. Ord. n° 2014-326, 12 mars 2014, *JO* 14 mars, p. 5249.
9. Lagarde, *Traité économique et fiscal de la sauvegarde des entreprises*, éd. Lagarde, 2007, § 130-3.
10. PÉROCHON, 10e éd., n° 816.
11. Pétel et Brénac, « Les créances de procédure », *Rev. proc. coll.* 2008/2, p. 104, n° 7.
12. Ord. n° 2008-1345, 18 déc. 2008, *JO* 19 déc., p. 19462.

ciaire. Dans le second, l'obligation altern d'information des organes autoriserait une ivité du créancier, la consignation sur la liste ant être l'œuvre spontanée de l'organe en questi

Quoi qu'il en soit, si l'information su créance postérieure privilégiée a été portée à la co issance des organes de la procédure par la voie portail électronique du Conseil national des a nistrateurs judiciaires et mandataires judiciair portail visé aux articles L. 814-2 et L. 814-13), documents justificatifs de cette créance peu t être transmis selon les mêmes modalités. Cette cision est apportée par l'article R. 622-15, aliné (réd. D. 30 juin 2014[2], art. 46 3°), ce texte de sauvegarde étant applicable en redressement judiciaire, et par l'article R. 641-39, alinéa 5 (réd. D. juin 2014, art. 98, 2°) pour la liquidation judicia.

L'ordonnance du 12 mars 2014 précise, à l ticle L. 622-17, IV, du code de commerce (art. 24), e si la créance a été déclarée pour le compte du créancier – soit par une personne qui n'avait pas le pouv de le faire, soit par le débiteur qui a fait figur la créance sur la liste de ses créanciers et qui est é-sumé avoir ainsi déclaré la créance –, l'information donnée par le créancier aux organes de la procédure sur sa créance postérieure emporte caducité de la déclaration de créance. Le créancier évitera ainsi d'être traité, au titre d'une créance postérieure privilégiée, comme s'il était un créancier soumis à la discipline collective[3].

Le but de cette information sur la créance postérieure privilégiée serait de permettre d'accélérer les procédures[4]. La solution n'est pas certaine, car, vraisemblablement, un contentieux va s'instaurer sur la perte du privilège. En outre, la souplesse aurait voulu que le créancier n'ait pas à porter à la connaissance des organes des créances qu'ils ne peuvent ignorer pour les avoir fait naître[5]. L'observation est toutefois inexacte en période d'observation.

L'articulation des textes de la sauvegarde, qui intéressent le redressement judiciaire du fait de leur application par renvoi (C. com., art. L. 631-14, I) et ceux de la liquidation judiciaire, s'avère complexe, du fait d'une rédaction un peu sibylline.

En ce qui concerne d'abord les créances nées pendant la période d'observation, une distinction s'impose selon que la procédure évoluera ou non vers une liquidation judiciaire.

Tout d'abord, s'il n'y a pas liquidation judiciaire, l'article L. 622-17, IV indique que le créancier perd son privilège s'il n'a pas été porté à la connaissance « du mandataire judiciaire et de l'administrateur lorsqu'il en a été désigné ou, lorsque ces organes ont cessé leurs fonctions, du commissaire à l'exécution du plan [...] dans le délai d'un an à compter de la fin de la période d'observation ». Ce cas vise l'hypothèse d'un plan de sauvegarde, mais aussi du fait du jeu de l'article L. 631-14, I, l'hypothèse d'arrêté d'un plan de redressement.

Ensuite, ce même article L. 622-17, IV indique que les créances perdront leur privilège si elles n'ont pas été portées à la connaissance « du mandataire judiciaire et de l'administrateur lorsqu'il en a été désigné ou [...] du liquidateur, dans le délai d'un an à compter de la fin de la période d'observation ». Il s'agit là de la conversion d'une procédure de sauvegarde en liquidation judiciaire, mais aussi, du fait du jeu de l'article L. 631-14, I, de la conversion d'un redressement en liquidation judiciaire.

Observons dans ces deux hypothèses l'obligation pour le créancier de porter sa créance à la connaissance des deux organes, la production entre les mains d'un seul apparaissant insuffisante au respect de l'obligation. La solution méritait d'être repensée et, ainsi que cela avait été suggéré, l'information du seul mandataire judiciaire aurait du suffire[6].

Le texte nouveau de l'article L. 622-17, IV (ord. 18 déc. 2008, art. 29), dans un souci de simplification, prévoit que les créances sont portées à la connaissance de l'administrateur judiciaire, et à son défaut, du mandataire judiciaire. Si ces organes ont cessé leur fonction, les créances seront portées à la connaissance du commissaire à l'exécution du plan ou du liquidateur. Pour tenir compte de la suppression de l'obligation de porter les créances postérieures privilégiées à la connaissance de l'administrateur judiciaire et du mandataire judiciaire, l'article 26 du décret d'application du 12 février 2009[7] modifie le premier alinéa de l'ancien article R. 662-15, pour prévoir que l'administrateur, lorsqu'il a été désigné, tient le mandataire judiciaire informé des créances postérieures privilégiées, qui ont été portées à sa connaissance en application du IV de l'article L. 622-17 (C. com., art. R. 622-15, al. 1er). Ainsi, l'obligation qui pesait sur le créancier est transférée sur la tête de l'administrateur judiciaire, sous réserve qu'il n'y a ici aucune sanction à l'omission qui pourrait être constatée.

1. Boustani, « La conservation du privilège des créanciers postérieurs », Colloque *Sûretés réelles et droit des entreprises en difficulté*, Nice, 20 mars 2010, *LPA* 11 févr. 2011, n° 30, p. 15 s., sp. p. 16, nos 14, 15.
2. D. n° 2014-736, 30 juin 2014, *JO* 1er juill., p. 10834.
3. Boustani, « Les modifications affectant les créances postérieures dans l'ordonnance du 12 mars 2014 », *Gaz. Pal.* 6 avr. 2014, n° 96, p. 43 s., sp. p. 45.
4. *Rapp. Xavier de Roux*, n° 2095, p. 220.
5. RAPPR. : PÉROCHON, 10e éd., n° 816.
6. ROUSSEL GALLE, n° 273 – *Adde*, PÉROCHON ET BONHOMME, 7e éd., n° 319.
7. D. n° 2009-160, 12 févr. 2009, *JO* 13 févr., p. 2596.

L'article L. 641-13, IV envisage, pour sa part, la déclaration du privilège dans la procédure de liquidation judiciaire.

Il s'agira d'abord des créances postérieures nées pendant la liquidation judiciaire. En ce cas, la déclaration devra être faite dans le délai de six mois à compter de la publication du jugement ouvrant ou prononçant la liquidation. Elle sera effectuée entre les mains du liquidateur. Même si un administrateur est encore en fonction, l'article L. 641-13, IV n'oblige pas le créancier postérieur à le rendre destinataire de l'information sur la créance postérieure privilégiée. En effet, le texte indique que le créancier doit porter son privilège à « la connaissance du mandataire judiciaire, de l'administrateur lorsqu'il en est désigné ou du liquidateur ». Remarquons qu'il est curieux que le législateur ait visé le mandataire judiciaire alors que, en liquidation judiciaire, le mandataire judiciaire aura nécessairement cessé ses fonctions.

Mais il s'agira aussi des créances postérieures nées, comme l'indique l'article L. 641-13, I, « après le jugement d'ouverture de la procédure de sauvegarde ou de redressement judiciaire qui l'a précédée », en cas de jugement prononçant et non ouvrant la liquidation judiciaire, c'est-à-dire en cas de conversion d'une procédure de sauvegarde ou de redressement judiciaire. La déclaration sera faite aux mêmes organes que ceux précédemment cités, et dans le même délai de six mois à compter de la publication du jugement prononçant la liquidation judiciaire.

Il résulte désormais de l'article L. 641-13, IV du code de commerce, dans sa rédaction issue de l'ordonnance de réforme (ord. 18 déc. 2008, art. 107), que « les créances impayées perdent le privilège que leur confère le II du présent article si elles n'ont pas été portées à la connaissance du mandataire judiciaire, de l'administrateur lorsqu'il en est désigné ou du liquidateur, au plus tard dans le délai de six mois à compter de la publication du jugement ouvrant ou prononçant la liquidation ou, à défaut, dans le délai d'un an à compter du jugement arrêtant le plan de cession ». Le texte ancien n'a subi que des modifications de pure forme, qui n'emportent aucune conséquence sur son interprétation.

Une difficulté de coordination se présente alors. En effet, l'article L. 622-17, I, envisage également la déclaration, en liquidation judiciaire, des créances nées pendant la période d'observation. Il est prévu que ces créances perdent leur privilège si elles n'ont pas été déclarées entre les mains du « mandataire judiciaire et de l'administrateur lorsqu'il en a été désigné ou, lorsque ces organes ont cessé leurs fonctions, du commissaire à l'exécution du plan ou du liquidateur, dans le délai d'un an à compter de la fin de la période d'observation ».

Pour coordonner ces deux textes, il faut, nous semble-t-il, décider que l'obligation légale est respectée dans plusieurs situations, et que le plus long des délais accordés au créancier s'imposera seul à lui[1]. En sens inverse, il a été soutenu que le délai de six mois de la liquidation judiciaire s'imposait, le délai d'un an étant écarté[2].

Le privilège est conservé :

– si la créance postérieure de la période d'observation est déclarée pendant la période d'observation entre les mains du mandataire judiciaire et de l'administrateur judiciaire, s'il en a été désigné un ;

– si la créance postérieure de la période d'observation est déclarée entre les mains du liquidateur dans l'année de l'expiration de la période d'observation (C. com., art. L. 622-17, I) ; cette hypothèse semble permettre d'englober le cas du plan de cession arrêté pendant la période d'observation ;

– si la créance postérieure de la liquidation judiciaire est déclarée dans les six mois qui suivent la publication au *Bodacc* du jugement prononçant la liquidation (C. com., art. L. 641-13, IV), sauf en cas d'arrêté d'un plan de cession en liquidation judiciaire ; en cette hypothèse, la créance peut être déclarée, entre les mains du liquidateur, dans l'année qui suit l'arrêté d'un plan de cession.

Il a justement été observé que la créance pourrait naître après expiration des délais. En ce cas, l'adage *contra non valentem agere non currit praescriptio* doit pouvoir répondre à la préoccupation du créancier concerné[3], car lui opposer une forclusion alors qu'il n'a pas encore pu agir ne serait guère sérieux. Une autre solution pourrait être envisagée, qui consiste à considérer que le privilège ne peut être perdu, faute d'avoir porté la créance privilégiée dans les délais prévus par la loi, qu'autant qu'il est né avant expiration de ces délais, ce qui, par hypothèse, ne sera pas le cas[4].

456.17 Liste des créances postérieures privilégiées. La loi de sauvegarde des entreprises[5] oblige les organes de la procédure à établir des listes de créances postérieures privilégiées.

1. Pérochon, « Les créanciers postérieurs et la réforme du 26 juillet 2005 », *Gaz. proc. coll.* 2005, n° sp. 7-8 sept. 2005, p. 57 s., sp. p. 68, n° 61 – *Adde*, Pételle, « Les créanciers postérieurs », *Rev. proc. coll.* 2006/2, p. 142 s., sp. p. 143, n° 9 – Froehlich et Sénéchal, « Du jugement de liquidation judiciaire », *LPA* n° sp. 9 févr. 2006, n° 29, p. 8 s., sp. p. 19 – Saint-Alary-Houin, *Rev. proc. coll.* 2007/3, p. 147, n° 10.
2. Le Cannu, 7e éd., n° 805.
3. Pérochon, art. préc., sp. p. 68, n° 62.
4. Pételle et Brénac, « Les créances de procédure », *Rev. proc. coll.* 2008/2, p. 105, n° 11 – *Adde*, Pérochon, 10e éd., n° 814.
5. L. n° 2005-845, 26 juill. 2005, préc.

La première question qui se pose est de savoir si le mandataire peut d'autorité porter sur la liste des créances postérieures privilégiées un créancier. La réponse à la question est délicate.

A priori, et sous l'empire de la législation antérieure à l'ordonnance du 12 mars 2014[1], elle semble être négative. En effet dès lors que la créance doit être portée à la connaissance du mandataire, l'exigence légale ne serait pas, *a priori*, satisfaite si l'administrateur judiciaire, qui a connaissance d'une créance pour l'avoir fait naître, porte spontanément cette créance sur la liste qu'il doit élaborer[2]. Un auteur a toutefois, en sens contraire, fait observer qu'il ne servait à rien de porter une créance à la connaissance d'un organe qui en a déjà connaissance pour l'avoir fait naître[3]. Ce à quoi, cependant, il est possible de rétorquer que la connaissance de la créance privilégiée par l'administrateur judiciaire n'emportera pas pour le mandataire judiciaire la connaissance de l'existence de la créance. Or on sait que, dans la rédaction d'origine de la législation du 26 juillet 2005, la créance doit être portée à la connaissance du mandataire judiciaire et de l'administrateur judiciaire. La difficulté ne se présente plus dans les mêmes termes, depuis l'ordonnance du 18 décembre 2008[4], qui ne prévoit plus que l'information de l'administrateur, s'il en a été désigné un ou, à défaut, du mandataire judiciaire. Ainsi que cela a été suggéré, la bonne pratique consisterait sans doute pour le professionnel concerné à informer le créancier de la nécessité de la démarche à effectuer[5]. Il nous semble donc, au final, que si le créancier ne se préoccupe pas d'informer les organes de la procédure collective de l'existence de sa créance postérieure privilégiée, ces organes n'ont pas à réparer sa faute ou son omission en inscrivant d'office ce créancier sur la liste des créanciers postérieurs privilégiés.

Le décret du 30 juin 2014[6] (art. 46) modifie la rédaction de l'article R. 622-15, alinéa 1 du code de commerce. Ne sont plus visées les créances « qui ont été portées à sa (administrateur) connaissance », mais celles « dont il a eu connaissance dans les conditions prévues au IV du même article » (L. 622-17). Cette disposition a seulement pour objet de préciser l'obligation pour l'administrateur de tenir informé le mandataire judiciaire de ces créances. Il n'est pas question de l'établissement de la liste. L'interprétation ne semble pas devoir être modifiée.

1. Ord. n° 2014-326, 12 mars 2014, préc.
2. Pételet Brénac, « Les créances de procédure », *Rev. proc. coll.* 2008/2, p. 104, n° 7.
3. Pérochon, 10e éd., n° 816.
4. Ord. n° 2008-1345, 18 déc. 2008, préc.
5. Pételet Brénac, « Les créances de procédure », *Rev. proc. coll.* 2008/2, p. 104, n° 7.
6. D. n° 2014-736, 30 juin 2014, préc.

La seconde question qui se pose est de déterminer si le mandataire de justice, avant de faire figurer le créancier sur la liste, peut vérifier la créance. Les textes ne prévoient pas une contestation de la créance postérieure privilégiée au stade de l'établissement de la liste, mais seulement après établissement de la liste. Pour autant, cette technique qui consisterait pour l'administrateur ou le mandataire à contester le caractère privilégié de la créance postérieure semble pouvoir être pratiquée[7], mais une observation immédiate et importante s'impose. Même si le créancier se prétendant postérieur privilégié ne répond pas au courrier de contestation, il ne pourra encourir aucune sanction, contrairement à un créancier antérieur ne répondant pas au courrier de contestation. Spécialement, son absence de réponse ne lui interdira pas ensuite de présenter une requête au juge-commissaire pour contester la liste des créances postérieures privilégiées. Il n'en demeure pas moins que cette pratique, qui ne semble pas illégale, qui consisterait pour le mandataire à contester le caractère privilégié de la créance avant même l'établissement de la liste, peut ensuite éviter un contentieux si le créancier est d'accord avec l'analyse du mandataire, ce qui sera alors un gain de temps.

En ce cas, toutefois, il serait prudent pour le mandataire qui va au-delà de ce que la loi prévoit d'attirer l'attention du créancier sur l'obligation qui est la sienne de déclarer sa créance au passif ou, le cas échéant, de se faire relever de la forclusion, s'il est encore dans les délais. En effet, ce créancier, qui ne sera pas considéré comme un créancier postérieur privilégié, sera traité comme un créancier antérieur, soumis comme tel à l'obligation de déclarer sa créance. Or, il n'est pas au rang de ceux qui ont été rejetés de la liste par le juge-commissaire. En conséquence, si ce créancier abandonne l'idée d'être un créancier postérieur privilégié, dès ce stade, il ne sera pas considéré de plein droit comme ayant déclaré régulièrement sa créance.

C'est pourquoi, il sera également prudent pour le mandataire d'indiquer, dans le courrier de contestation, à ce créancier qu'il lui appartient, s'il n'est pas d'accord avec la contestation, de surveiller l'établissement de la liste des créances postérieures privilégiées, et spécialement de surveiller la publication au *Bodacc* de l'avis de dépôt de la liste des créances postérieures privilégiées au greffe. Dans le courrier de contestation, le mandataire pourra indiquer également que le créancier dispose d'un délai d'un mois à compter de la publication au *Bodacc* pour saisir par voie de requête le juge-commissaire aux fins de contestation de la liste des créances postérieures privilégiées.

7. Rappr. : Le Cannu, 7e éd., n° 801.

Ainsi, même si la pratique de contestation de la créance postérieure en amont de l'établissement de la liste ne semble pas illégale, il n'est pas certain qu'elle soit de nature à faciliter la tâche des organes de la procédure. En tout état de cause, s'ils s'orientent dans cette voie, la prudence s'imposera dans la rédaction du courrier de contestation afin de ne pas induire en erreur le créancier.

La liste des créances postérieures éligibles au traitement préférentiel portées à la connaissance du mandataire judiciaire et/ou selon que l'on est avant ou depuis l'ordonnance du 18 décembre 2008, le cas échéant de l'administrateur judiciaire, en sauvegarde, est transmise par leurs soins, dès qu'ils ont cessé leurs fonctions, au commissaire à l'exécution du plan ou au liquidateur, selon le cas, qui la complète. La solution résulte de l'article R. 622-15, alinéa 1er du code de commerce (anct D. 28 déc. 2005[1], art. 90, al. 1er). Cette règle de la sauvegarde est applicable en redressement judiciaire (C. com., art. R. 631-20 [anct D. 28 déc. 2005, art. 189]).

L'article R. 622-15, alinéa 2 du code de commerce (anct D. 28 déc. 2005, art. 90, al. 2), disposition de la sauvegarde applicable également en redressement judiciaire (C. com., art. R. 631-20 [anct D. 28 déc. 2005, art. 189]) prévoit que cette liste est ensuite déposée au greffe soit par le commissaire à l'exécution du plan soit par le liquidateur, dans le délai d'un an qui suit l'expiration de la période d'observation. L'alinéa 2 de l'article R. 622-15, dans la rédaction que lui donne l'article 26 du décret d'application de l'ordonnance de réforme, prévoit que l'administrateur judiciaire ou à son défaut, le mandataire judiciaire, dès cessation de leurs fonctions, transmettront la liste des créances postérieures privilégiées, selon le cas au commissaire à l'exécution du plan ou au liquidateur, à charge pour ces derniers de compléter la liste.

L'article R. 641-39 alinéa 1er du code de commerce (anct D. 28 déc. 2005, art. 250, al. 1er), disposition de la liquidation judiciaire, pour sa part, prévoit que cette liste est déposée au greffe par le liquidateur à l'issue d'un délai de six mois faisant suite au jugement ouvrant ou prononçant (hypothèse de la conversion) la liquidation judiciaire. En cas d'arrêté d'un plan de cession, le dépôt de la liste doit intervenir dans l'année du jugement arrêtant le plan de cession.

À défaut de contestation de la liste des créances postérieures privilégiées, il nous semble que la qualité de créance postérieure privilégiée ne puisse être déniée à la créance y figurant[2].

1. D. n° 2005-1677, 28 déc. 2005, *JO* 29 déc., p. 20324.
2. COMP. : LE CANNU, 7e éd., n° 811.

456.18 Contestation de la liste des créances postérieures privilégiées. À compter du dépôt de la liste au greffe, tout intéressé peut en prendre connaissance. Pour assurer cette information du dépôt au greffe, le greffier doit faire publier un avis d'insertion au *Bodacc* selon lequel la liste des créances a été déposée au greffe. Cette publicité ne participe pas de l'idée de transparence, mais révèle plutôt l'influence exercée par le droit des entreprises en difficulté sur le droit des sûretés, le privilège étant ainsi « aspiré dans le champ de la procédure collective »[3].

L'article 26 du décret du 12 février 2009[4] oblige le greffier à prévoir dans l'insertion le délai pour contester la liste (C. com., art. R. 622-15, al. 3). La solution est applicable en redressement judiciaire. En revanche, et curieusement[5], elle n'est pas applicable en liquidation judiciaire, de sorte que le greffier n'a pas là l'obligation d'indiquer le délai de contestation des créances postérieures privilégiées.

S'ouvre à compter de cet avis d'insertion au *Bodacc*, au profit de tout intéressé, un délai d'un mois pour contester cette liste devant le juge-commissaire, en sauvegarde (C. com., art. R. 622-15, al. 3 [anct D. 28 déc. 2005[6], art. 90, al. 3]), en redressement judiciaire (C. com., art. R. 631-20 [anct D. 28 déc. 2005, art. 189]) et en liquidation judiciaire (C. com., art. R. 641-39, al. 2 [anct D. 28 déc. 2005, art. 250, al. 2]). Rappelons que sous l'empire du décret du 29 mai 1989[7], il avait été jugé que l'avis d'insertion au *Bodacc* devait mentionner le point de départ du délai de contestation. À défaut, l'irrégularité entraînait cette conséquence que le délai de contestation n'avait pas commencé à courir[8]. La solution semble devoir être maintenue, au regard du droit commun de la procédure civile, même si elle a disparu du texte du décret du 28 décembre 2005.

L'intéressé, faute de précision supplémentaire, sera d'abord un créancier postérieur ne figurant pas sur la liste. Mais il pourra s'agir, ensuite, d'un créancier figurant sur la liste entendant contester l'inscription sur la liste d'un créancier de même rang ou de rang préférable. Il pourra encore, à notre sens, s'agir d'un créancier antérieur n'ayant donc pas à

3. Boustani, « La conservation du privilège des créanciers postérieurs », Colloque *Sûretés réelles et droit des entreprises en difficulté*, Nice, 20 mars 2010, *LPA* 11 févr. 2011, n° 30, p. 15 s., sp. p. 16, n° 9.
4. D. n° 2009-160, 12 févr. 2009, préc.
5. Reille, « Les retouches apportées au sort des créanciers postérieurs élus », *Gaz. Pal.* 6-7 mars 2009, n° sp. p. 38 s., sp. p. 44, n° 29.
6. D. n° 2005-1677, 28 déc. 2005, préc.
7. D. n° 89-339, 29 mai 1989, *JO* 30 mai, p. 6761.
8. Com. 4 oct. 2005, n° 04-12.491, *Bull. civ.* IV, n° 202; n° 1281 FS-P+B+I; *Act. proc. coll.* 2005/18, n° 227, note Régnaut-Moutier; *Gaz. proc. coll.* 2006/1, p. 24, n° 2, obs. Henry; *Dr. et proc.* 2006/1, p. 28, obs. Le Corre.

figurer sur la liste, mais désireux d'éviter laur-rence avec le privilège institué, l'opinion aire ayant toutefois été soutenue[1]. La solutionelle alors la technique de la réclamation à des créances.

Le juge-commissaire exerce ici un con juri-dictionnel. Il n'a pas seulement à vérifue la créance postérieure privilégiée a été porté con-naissance des organes de la procédure dandélais. Il doit encore s'assurer que les critères d'élité de la créance au passif postérieur privilégiét bien réunis[2]. Il contrôle donc, d'une part l'atttion du privilège, et, d'autre part, les conditionsa régu-larité de sa conservation.

Faute de précision particulière, la dion que rendra le juge-commissaire sera suscele d'un recours devant le tribunal[3], dans le déclassique de dix jours à compter de la notificati Le juge-ment vidant le recours sera, pour sa parusceptible d'appel dans le délai de dix jours de sa ification.

Il est exclu de saisir directement le tunal pour qu'il statue sur l'éligibilité ou non de créance au traitement préférentiel réservé aux créciers posté-rieurs, alors même que l'organe de la pcédure col-lective aurait décidé de ne pas porter ntéressé sur la liste des créances postérieures privigiées[4]. Il y a ici un passage obligé par la saisine duuge-commis-saire, qui, en première instance, a ue compétence exclusive en la matière.

L'article R. 622-15, alinéa 5 du code de com-merce et l'article R. 641-39, alinéa 3 du code de commerce prévoient enfin que les créances rejetées de cette liste par le juge-commissaire sont réputées avoir été déclarées dans les conditions de l'article L. 622-24 du code de commerce[5]. Faute de pareille disposition, ces créanciers rejetés de la liste et astreints en conséquence à déclarer leur créance au passif auraient nécessairement été forclos[6]. Il faut donc comprendre que ces créances, qui, faute de distinc-tion du texte, seront soit des créances antérieures ne pouvant donc être traitées comme des créances pos-térieures, soit des créances postérieures ne méritant pas le traitement préférentiel et notamment le privi-lège, seront globalement traitées comme des créan-ces antérieures.

Le fait que le texte les considère comme ayant été régulièrement déclarées n'emporte pas cette consé-quence de leur admission[7]. Il appartient ensuite, le cas échéant, de les vérifier et de les contester.

L'article R. 622-15, alinéa 5, tel que modifié par le décret du 30 juin 2014 (art. 46, 2°), texte de la sauvegarde applicable en redressement judiciaire (C. com., art. R. 631-20), et l'article R. 641-39, ali-néa 4 (réd. D. 30 juin 2014, art. 98, 1°), pour la liquidation judiciaire, indiquent que le mandataire judiciaire [en liquidation judiciaire, le liquidateur] peut opposer au créancier les délais prévus à l'article L. 622-24 lorsque celui-ci a reçu pour la même créance, un avertissement d'avoir à déclarer sa créance. Ainsi, par exception, cette créance rejetée par le juge-commissaire de la liste des créances postérieu-res privilégiées ne sera pas sauvée de la forclusion. Il appartenait au créancier, averti par le mandataire judiciaire d'avoir à déclarer sa créance, de la décla-rer. Tant pis pour lui s'il n'a pas cru bon de le faire, en pensant être titulaire d'une créance postérieure privilégiée !

456.19 Sanction du non-respect de l'obligation de porter la créance postérieure privilégiée à la con-naissance des organes et du non-respect du suivi de l'établissement de la liste des créances postérieu-res privilégiées dans la législation du 26 juillet 2005[8]. Le créancier, dont la créance postérieure privilégiée doit être portée à la connaissance des organes de la procédure, doit ensuite surveiller la confection et le dépôt au greffe de la liste des créan-ces postérieures privilégiées.

La sanction du non-respect de l'obligation de produire les créances postérieures bénéficiant du privilège, dans les délais impartis, est posée par les textes (C. com., art. L. 622-17, IV, en sauvegarde, applicable en redressement judiciaire : C. com., art. L. 631-14, I; C. com., art. L. 641-13, IV en liquida-tion judiciaire) : les créances impayées perdent le privilège que leur confère le présent article si elles n'ont pas été portées à la connaissance des organes ci-dessus désignés.

Mais il faut remarquer que cette même sanction s'applique si le créancier, bien qu'ayant produit sa créance dans les délais, ne figure pas sur la liste, dès lors du moins qu'il n'a pas contesté cette liste en saisissant le juge-commissaire. En effet, s'il ne figure pas sur la liste des créances postérieures privilégiées, mais qu'il a contesté cette liste devant le juge-com-

1. LE CANNU 7e éd., no 810.
2. AUSSI : LE CANNU, 7e éd., no 810 – Versailles, 12e ch., 2e sect., 21 oct. 2010, RG no 09/05652.
3. PARTAGEANT L'ANALYSE : PÉROCHON, 10e éd., no 819, note 659.
4. Versailles, 12e ch., 2e sect., 21 oct. 2010, RG no 09/05652, *D.* 2011. Pan. 2082, note Le Corre; *Gaz. Pal. entr. diff.* 1-2 avr. 2011, p. 24, note Henry; *Rev. proc. coll.* 2012, comm. 52, note Saint-Alary Houin.
5. ILLUSTR. : Limoges, ch. civ., 4 févr. 2010, RG no 08/01717, *Annonces de la Seine* 18 févr. 2010, no 11, p. 1, note Lagarde; *RTD com.* 2010. 611, obs. Martin-Serf; *Rev. sociétés* 2010. 197, note Roussel Galle; *BJE* mars/avr. 2011, p. 25, note Macorig-Vénier; *Rev. proc. coll.* 2012, comm. 50, note Saint-Alary Houin.
6. Texier, « Réforme du droit des entreprises en difficulté : présentation du décret d'application », *RLDA* janv. 2006, p. 21 s., sp. p. 23.
7. PARTAGEANT L'ANALYSE : PÉROCHON, 10e éd., no 822.
8. L. no 2005-845, 26 juill. 2005, préc.

missaire, il est considéré comme ayant déclaré sa créance régulièrement (C. com., art. R. 622-15, al. 4 [anc[t] D. 28 déc. 2005[1], art. 90, al. 4]) et sera donc traité comme un créancier antérieur chirographaire. D'une manière interprétative, le décret du 23 décembre 2006[2] ajoute à la disposition que « dans ce cas, le créancier adresse au mandataire judiciaire les informations prévues à l'article L. 622-25 du code de commerce et à l'article 98 du présent décret devenu l'article R. 622-23 du code de commerce (C. com., art. R. 622-15, al. 4 [anc[t] D. 28 déc. 2005, art. 90, al. 4, réd. D. 23 déc. 2006, art. 48] – devenu C. com., art. R. 622-15, al. 5, réd. D. 12 févr. 2009[3]) ». Il faut en effet tenir compte du fait que le créancier est dispensé de déclarer sa créance, mais cette dernière sera néanmoins soumise à vérification. L'examen de son bien-fondé suppose donc que le créancier fasse parvenir au mandataire judiciaire ou au liquidateur, selon le cas, les éléments justificatifs de sa créance. La solution a été étendue à la liquidation judiciaire par l'article R. 641-39 du code de commerce (al. 3 et 4), qui a maladroitement visé le mandataire judiciaire au lieu du liquidateur. La malfaçon a été réparée par le décret du 12 février 2009 (art. 78), et l'alinéa 4 de l'article R. 641-39 du code vise désormais le liquidateur.

La règle joue comme une péremption du privilège[4]. Il s'agit d'une déchéance comparable à celle atteignant, dans la procédure d'ordre judiciaire, le créancier inscrit sur un immeuble qui ne produit pas à l'ordre. Il perd le droit de se prévaloir, dans les répartitions privilégiées, de son droit de préférence, mais conserve le droit de participer à une répartition chirographaire[5].

Ces créances seraient, a-t-il été dit lors des travaux parlementaires, traitées comme des créances antérieures[6]. Éventuellement, elles conserveraient le privilège dont elles seraient assorties, par exemple un privilège général, tel celui assortissant les créances fiscales ou sociales. Il serait ainsi exclu d'autoriser, dans la procédure collective, le créancier à participer à des répartitions chirographaires en faisant état de son privilège de créancier postérieur, cependant que ce créancier conserverait, le cas échéant, le privilège général qui était le sien, mais il ne serait pas pris en compte, dans les répartitions, comme un créancier privilégié du cinquième rang de l'article L. 622-17 ou de l'article L. 641-13.

1. D. n° 2005-1677, 28 déc. 2005, préc.
2. D. n° 2006-1709, 23 déc. 2006, *JO* 29 déc., p. 19846.
3. D. n° 2009-160, 12 févr. 2009, préc.
4. *Rapp. J.-J. Hyest*, n° 335, p. 207.
5. Guinchard et Moussa (dir.), *Droit et pratique des voies d'exécution*, 7e éd., « Dalloz Action » 2012, n° 1516.51.
6. *Rapp. J.-J. Hyest*, n° 335, p. 208 – *Adde*, Becqué-Ickowicz, Lucas et Lécuyer (dir.), *La réforme des procédures collectives...*, Lgdj, 2006, p. 129.

L'ation semble inexacte sur un plan conceptua créance ne peut devenir antérieure, faute le texte d'avoir prévu une telle fiction juridiconsistant à considérer ou à traiter commtérieure une créance postérieure[7]. La créance donc postérieure, mais sans privilège. Il ne fas, nous semble-t-il, ajouter à la sanction lé Le créancier perd certes le bénéfice du privilègais non le bénéfice du traitement préférentiel on intégralité et notamment la possibilité d'êtyé à l'échéance[8]. C'est la solution retenue par bur de cassation[9], qui juge que « l'absence d'inscrip d'une créance sur la liste des créances postérieu [...], qui n'est sanctionnée que par la perte du vilège du paiement prioritaire, est sans effet sur lroit de poursuite du créancier devant la juridictiole droit commun, lorsque sa créance répond auconditions du premier de ces textes ». (C. com., . L. 622-17) Il n'y a aucune raison de considérene cette créance postérieure serait d'un rang inférir, voire supérieur comme cela a pu être soutenu[10], une créance antérieure. Il s'agit d'une créance dent être payée au même rang qu'une créance antieure de même nature, sa nature postérieure n'ant aucune incidence faute de privilège[11].

C'est pouruoi il faut considérer que le créancier postérieur meitant, qui ne porte pas sa créance privilégiée à la connaissance des organes, ne peut être assimilé à un créancier rejeté de la liste des créances postérieures privilégiées. La question de savoir s'il peut bénéficier de la dispense d'avoir à déclarer sa créance ne se pose pas à notre sens, bien que le contraire ait été jugé[12]. Ce créancier, qui reste un créancier postérieur méritant, devient un créancier chirographaire postérieur et n'a pas, pour cela, à déclarer sa créance au passif.

7. Le Cannu, 7e éd., n° 814 – *Adde*, sur le doute émis relativement à la nature de la sanction : Lienhard, 4e éd., n° 76.62.
8. Pérochon, « Les créanciers postérieurs et la réforme du 26 juillet 2005 », *Gaz. proc. coll.* 2005, n° sp. 7-8 sept. 2005, p. 57, sp. p. 68, n° 62 – Pérochon, 10e éd., n° 825 – Jacquemont, 7e éd., n° 445 – *Adde*, Jazottes, « Les innovations des procédures de sauvegarde et de redressement judiciaire », *Rev. proc. coll.* 2005/4, p. 358 s., sp. p. 362 – Froehlich et Sénéchal, « Du jugement de liquidation judiciaire », *LPA* n° sp. 9 févr. 2006, n° 29, p. 8 s., sp. p. 19 – Saint-Alary-Houin, 9e éd., n° 666 – Le Cannu, 7e éd., n° 780 – Pétel, 8e éd., n° 232.
9. Com. 28 juin 2016, n° 14-21.668, *Bull. civ.* IV [à paraître]; n° 632 FS-P+B; *LXB hebdo* 21 juill. 2016, n° 475, note Le Corre.
10. Froehlich et Sénéchal, art. préc., n° 29, p. 19.
11. Pérochon, 10e éd., n° 826 – rappr. : Vallens, 2015, n° 3322.
12. Grenoble, ch. com., 31 mai 2012, RG n° 11/02571, *D.* 2012. Pan. 2206, note Le Corre; *Gaz. Pal. entr. diff.* 13 oct. 2012, n° 286, p. 24, note Henry.

L'existence de cette créance fera obstacle à la clôture de la procédure pour extinction du passif exigible. En outre, faute d'être devenue véritablement une créance antérieure, cette créance ne peut être intégrée dans un plan de sauvegarde ou de redressement et être, en conséquence, étalée sur les délais dudit plan. De plus, faute d'être devenue une créance antérieure et faute d'être une créance postérieure née irrégulièrement, il faut décider que, une fois le plan de redressement ou de sauvegarde arrêté, il n'y a pas d'obstacle à tenter son recouvrement. Le créancier devra cependant avoir évité la prescription.

L'absence d'assimilation de cette créance postérieure perdant son privilège à une créance antérieure est importante, au jour de la clôture de la procédure pour insuffisance d'actif de la liquidation judiciaire du débiteur personne physique; il ne devrait pas y avoir d'obstacle au recouvrement de cette créance[1].

SECTION 456.20

CONFLITS ÉVITÉS AVEC LES CRÉANCIERS POSTÉRIEURS POUR LES BIENS NON ENTRÉS DANS LE PATRIMOINE DU DÉBITEUR

456.21 Propriété conservée. Toutes les techniques juridiques qui permettent de mettre un bien à disposition du débiteur, sans lui en transférer la propriété, permettent d'éviter le concours avec les créanciers postérieurs.

Il en est d'abord ainsi des contrats qui, même à terme, ne sont pas translatifs de propriété : louage, commodat, dépôt. Il en est ensuite ainsi des contrats qui, à terme, doivent conduire le cocontractant à devenir propriétaire : crédit-bail, location avec option d'achat, location-vente ou encore vente avec clause de réserve de propriété. Par ces techniques, le cocontractant du débiteur se ménage une situation de grande sécurité. La récupération du bien et sa revente constituent, *in fine*, des techniques de paiement de la créance.

Si la location-vente et la location avec option d'achat ne contiennent pas de réglementation particulière destinée à assurer leur efficacité à l'égard des tiers, il en va différemment de la vente avec clause de réserve de propriété ou du crédit-bail.

Ce dernier, tout d'abord, ne sera opposable aux ayants cause et créanciers du locataire qu'autant qu'une mesure de publicité aura été effectuée (C. mon. fin., art. R. 313-3 à R. 313-11 [anc[t] D. 4 juill. 1972[2]]). À défaut, il appartiendra au crédit-bailleur de rapporter la preuve de la connaissance de son droit de propriété par tous ceux auxquels il entend l'opposer, ce qui, en pratique, est quasiment impossible (v. s[s] n° 812.42).

La clause de réserve de propriété, pour sa part, ne sera opposable que si elle a été convenue dans un écrit établi au plus tard au moment de la livraison. À défaut, le vendeur ne saurait opposer sa propriété à la procédure collective, c'est-à-dire aux créanciers et à leur représentant (v. s[s] n°s 816.21 s.).

456.22 Action directe. L'action directe permet également à son bénéficiaire d'éviter le concours avec les créanciers postérieurs. Les illustrations les plus importantes, pour le cocontractant, résultent du droit des assurances.

Spécialement, l'article L. 121-13 du code des assurances ouvre au créancier titulaire d'une sûreté spéciale sur les biens du débiteur la possibilité d'obtenir de l'assureur, en cas de sinistre atteignant le bien, l'attribution directe de l'indemnité d'assurance. À défaut de pareille action directe, l'indemnité aurait dû être versée à la procédure et aurait dû être ensuite répartie entre les créanciers, selon leur rang, ce qui aurait autorisé les créanciers postérieurs à l'appréhender, par priorité aux créanciers antérieurs (v. aussi s[s] n° 621.21).

456.23 Procédure atteignant un séquestre[3] ou un agent immobilier. Le séquestre est également exclusif de la règle du concours. La solution s'impose si la procédure collective atteint le séquestre. Elle résulte de l'article 1956 du code civil qui oblige le dépositaire, même en redressement judiciaire, à rendre la chose contentieuse à la personne qui sera jugée devoir l'obtenir, sans qu'il y ait place à concours entre les créanciers de ce dépositaire[4]. En conséquence, le bénéficiaire des sommes séquestrées n'a pas à déclarer sa créance au passif du séquestre (v. aussi s[s] n° 663.13). Le super privilège des salaires ne peut donc l'emporter[5].

Le mandant d'une agence immobilière placée sous procédure collective n'a pas davantage à déclarer sa créance de restitution, résultant de la loi du 2 janvier 1970[6] régissant les agents immobiliers. Cette créance échappe, par nature, aux dispositions de la procédure collective obligeant les créanciers

1. EN CE SENS AUSSI : Pétel, « Les créanciers postérieurs », *Rev. proc. coll.* 2006/2, p. 142 s., sp. p. 148, n° 31 – PÉROCHON ET BONHOMME, 8e éd., n° 320.

2. D. n° 72-665, 4 juill. 1972, *JO* 14 juill., p. 7456.
3. Souweine, « Séquestre du prix de vente d'un fonds de commerce et procédures de redressement ou de liquidation judiciaires », *RTD com.* 2004. 647.
4. Com. 13 nov. 2001, n° 97-16.652, *Bull. civ.* IV, n° 177; *JCP E* 2002, jur. 641, p. 666, note Barrière; *Rev. proc. coll.* 2003/1, p. 14, n° 13, obs. Lebel – Paris, 3e ch. C, 2 juill. 2003, RG n° 2001/13673.
5. Com. 13 nov. 2001, n° 97-16.652, préc. (v. s[s] prés[t] n°).
6. L. n° 70-9, 2 janv. 1970, *JO* 4 janv., p. 142.

antérieurs à déclarer leur créance au passif[1]. La solution nous semble se justifier par l'observation que les sommes en question ne sont jamais entrées dans le patrimoine de l'agent immobilier, étant restées isolées sur un compte spécial, ainsi que l'exige la législation applicable aux agents immobiliers.

456.24 TVA sur prix de vente d'actifs du débiteur. La TVA sur le prix de vente d'actifs du débiteur ne permet pas davantage l'exercice du droit de priorité du créancier postérieur. Le liquidateur, mais la règle est applicable aussi pour le commissaire à l'exécution du plan ou l'administrateur judiciaire, qui a mentionné la TVA sur la facture de vente du stock, en est redevable. Cette taxe, ainsi mise à charge de l'acquéreur, est acquise de plein droit au Trésor public. Les créanciers ne peuvent donc faire valoir leur privilège ou leur droit de priorité que sur le prix de vente hors taxe[2].

SECTION 456.30

CONFLITS ÉVITÉS AVEC LES CRÉANCIERS POSTÉRIEURS POUR LES BIENS SORTIS DU PATRIMOINE DU DÉBITEUR

456.31 Aliénation. Un bien sortira du patrimoine du débiteur soit parce qu'il aura été donné, soit parce qu'il aura fait l'objet d'une aliénation à titre onéreux, par exemple une vente. Il est évidemment exclu que le droit de priorité du créancier postérieur puisse continuer à s'exercer sur ce bien. Cependant, il faudra que la sortie du bien soit opposable aux créanciers.

La règle de l'arrêt du cours des inscriptions n'empêchait plus, sous l'empire de la législation postérieure à la loi du 10 juin 1994[3], mais antérieure à la loi de sauvegarde des entreprises[4], la transcription à la conservation des hypothèques, après jugement d'ouverture, de la vente d'un immeuble intervenu avant jugement *d'ouverture*.

La solution a été modifiée avec la loi de sauvegarde des entreprises, l'article L. 622-30, alinéa 1er interdisant à nouveau, comme avant la loi du 10 juin 1994, la publication des actes et des décisions judiciaires translatifs ou constitutifs de droits réels, à moins que ces actes n'aient acquis date certaine ou que ces décisions ne soient devenues exécutoires avant le jugement d'ouverture. La solution a été conservée par la loi de sauvegarde des entreprises. L'obstacle à l'opposabilité pourra aussi résulter de la fraude paulienne ou du jeu des nullités de la période suspecte. Dans le premier cas, le bien sorti du patrimoine du débiteur sera réputé, à l'égard du créancier agissant, y être resté. Si l'anéantissement de la vente, et plus généralement du contrat à titre onéreux ou de la donation résulte du jeu des nullités de la période suspecte, le bien réintégrera le patrimoine du débiteur, ce qui autorisera ainsi les créanciers à exercer leurs concours sur le prix de vente dudit bien.

Les créances peuvent sortir du patrimoine du débiteur par le mécanisme de la cession de créance (v. s[s] n° 633.42).

Par la sortie du patrimoine du débiteur de certains biens ou de certaines créances, le conflit avec les créanciers postérieurs éligibles au traitement préférentiel sera évité. Dans tous ces cas, le paiement pourra intervenir, nonobstant la règle de l'interdiction du paiement des créances antérieures, voire, depuis la loi de sauvegarde des entreprises, de certaines créances postérieures. Il en sera ainsi en cas de cession de créance (v. s[s] n° 633.42), de délégation de créance (v. s[s] n° 633.43) et de fiducie-sûreté (v. s[s] n°s 633.51 s.). Il en sera de même lorsque, après jugement d'ouverture, les effets d'une saisie-attribution ou d'un avis à tiers détenteur pourront continuer sur des créances à exécution successive (v. s[s] n°s 622.52, 622.53).

456.32 Sommes séquestrées avant jugement d'ouverture[5] – Procédures de distribution en cours. Le séquestre est exclusif de la règle du concours (v. s[s] n° 633.41). Pourtant, une distinction s'impose selon la législation applicable.

Dans un premier temps, la solution s'était imposée lorsque la procédure collective atteignait le ven-

1. Com. 15 févr. 2011, n° 10-10.056, *Bull. civ.* IV, n° 25; n° 137 F-P+B; *D.* 2011. Actu. 590, note Lienhard; *D.* 2011. 988, note Martin; *Gaz. Pal. entr. diff.* 1-2 avr. 2011, p. 30, note Le Corre-Broly; *Act. proc. coll.* 2011/7, n° 109, note Bazin-Beust; *JCP E* 2011, Chron. 1263, n° 8, obs. Pételי; *Rev. proc. coll.* 2011, comm. 82, p. 46, note Legrand et Legrand; *BJE* juill./août 2011, comm. 95, p. 196, note Le Corre-Broly; *RTD com.* 2011. 634, n° 1, obs. Martin-Serf; *RTD civ.* 2011. 176, n° 2, obs. Crocq; *Dr. et patr.* sept. 2011, n° 206, 75, note Saint-Alary Houin; *LXB hebdo* 17 mars 2011, n° 243, note Le Corre – Com. 15 févr. 2011, n°s 10-10.060 à 10-10.080, 21 arrêts, NP; n°s 138 F-D à 158 F-D – Com. 15 févr. 2011, n° 10-10.506, NP; n° 159 F-D; *Rev. proc. coll.* 2011, comm. 82, p. 46, note Legrand et Legrand – Com. 15 févr. 2011, n°s 10-10.507, 10-10.508, 2 arrêts, NP; n°s 160 F-D et 161-F-D – Paris, pôle 5, 9e ch., 30 juin 2011, RG n° 10/17018, *BJE* janv. 2012, comm. 8, p. 22, note Lucas.
2. Com. 2 juin 2004, n° 01-11.757, *Bull. civ.* IV, n° 112; *D.* 2004. AJ 2046; *JCP E* 2004, Chron. 1292, p. 1386, n° 7, obs. M. Cabrillac; *LPA* 26 oct. 2004, n° 214, p. 11, note Brandeau.
3. L. n° 94-475, 10 juin 1994, *JO* 11 juin, p. 8440.
4. L. n° 2005-845, 26 juill. 2005, préc.
5. Staes, « Les biens appropriés », colloque AJDE, Toulouse 10 sept. 2010, *Rev. proc. coll.* 2011/1, dossier 9, p. 86 – Le Corre, « Les séquestres et les procédures collectives », colloque AJDE, Toulouse 10 sept. 2010, *Rev. proc. coll.* 2011/1, dossier 7, p. 80.

deur d'un bien dont le prix avait été séquestré avant ouverture de sa procédure. La justification résultait du mandat irrévocable reçu par le séquestre d'effectuer les paiements. Le prix de vente n'était donc pas dans le patrimoine du vendeur[1]. La créance était détenue non plus sur le vendeur, mais sur le séquestre[2]. Pour cette raison le séquestre ne pouvait, sans engager sa responsabilité à l'égard du créancier inscrit sur le bien, remettre au liquidateur, qui en aurait fait la demande, le prix de vente du bien vendu avant le jugement d'ouverture[3]. Ces solutions supposaient cependant que le séquestre répartiteur fût désigné avant l'ouverture de la procédure collective du vendeur[4].

De façon générale, une somme d'argent placée sous séquestre avant l'ouverture de la procédure du débiteur échappait à la procédure collective[5]. À cet égard, il importait de préciser que la somme consignée judiciairement entrait dans le patrimoine du créancier à la date à laquelle la décision ordonnant la consignation passait en force de chose jugée[6].

L'attribution de cette somme était en conséquence indépendante des règles des procédures collectives. Le séquestre avait en effet l'obligation de rendre la somme séquestrée à la personne qui était jugée devoir l'obtenir[7]. Cette personne était dispensée d'avoir à déclarer sa créance à la procédure collective, la somme séquestrée n'étant pas dans le patrimoine du débiteur[8].

1. Com. 20 juin 1995, nº 92-16.647, *Bull. civ.* IV, nº 186 – Com. 26 juin 2001, *Act. proc. coll.* 2001/16, nº 205, obs. Régnaut-Moutier – Com. 7 janv. 2003, nº 00-11.820, NP, *Act. proc. coll.* 2003/4, nº 50; *JCP N* 2003, aff. 1594, p. 1696, note Vauvilé; *Rev. proc. coll.* 2004, p. 214, nº 10, obs. Lebel; *LPA* 12 avr. 2005, nº 72, p. 10 Sénéchal – Com. 11 juin 2003, nº 00-10.992, NP, *Rev. proc. coll.* 2004, p. 214, nº 11, obs. Lebel – Com. 3 mai 2006, nº 04-18.662, NP; nº 518 F-D; *Gaz. proc. coll.* 2006/3, p. 28, obs. Sénéchal; *JCP N* 2007, Affaires 1263, 28, note Vauvillé – Com. 26 sept. 2006, nº 05-14.487, NP; nº 1053 F-D; *D.* 2007. Pan. 47, obs. Le Corre; *Gaz. proc. coll.* 2007/1, p. 34, note Sénéchal.
2. Obs. Sénéchal, *Gaz. proc. coll.* 2006/3, p. 29.
3. Com. 9 nov. 2004, nº 02-11.757, NP.
4. Com. 1er févr. 2005, nº 02-11.225, NP – Paris, 3e ch. A, 9 sept. 2003, RG nº 2002/21817.
5. Com. 24 avr. 2007, nº 06-16.215, *Bull. civ.* IV, nº 114; nº 634 F-P+B; *D.* 2007. AJ 1275, note Lienhard; *D.* 2008. Pan. 573, obs. Lucas; *JCP E* 2007, Chron. 2119, p. 27, nº 15, obs. M. Cabrillac; *Act. proc. coll.* 2007/10, nº 111, note Lebel; *Rev. proc. coll.* 2007/3, p. 125, nº 3, obs. Lebel – Com. 16 oct. 2007, nº 05-21.306, NP; nº 1103 F-D; *D.* 2008. Pan. 573, obs. Lucas; *Gaz. proc. coll.* 2008/1, p. 45, note Sénéchal.
6. T. com. Paris, 5e ch., 11 mai 2007, *Rev. proc. coll.* 2008, p. 72, nº 12, note Lebel.
7. Com. 25 févr. 2004, nº 00-16.070, NP, *LPA* 12 avr. 2005, nº 72, p. 10 Sénéchal – Com. 21 nov. 2006, nº 03-20.362, NP; nº 1276 F-D – Com. 16 oct. 2007, nº 05-21.306, NP; nº 1103 F-D; *D.* 2008. Pan. 573, obs. Lucas; *Gaz. proc. coll.* 2008/1, p. 45, note Sénéchal.

Ces solutions étaient posées, sous l'empire de la loi du 25 janvier 1985[9], à défaut de disposition particulière contenue dans cette législation.

L'article 94 du décret du 28 décembre 2005[10] (devenu C. com. art. R. 622-19, al. 1er) a modifié la solution. Il prévoit que « Conformément au II de l'article L. 622-21, les procédures *de distribution du prix de vente d'un immeuble et les procédures* de distribution du prix de vente d'un meuble ne faisant pas suite à une procédure d'exécution ayant produit un effet attributif avant le jugement d'ouverture, en cours au jour de ce jugement, sont caduques. Les fonds sont remis au mandataire judiciaire, le cas échéant par le séquestre qui par cette remise est libéré à l'égard des parties ». Ce texte de la sauvegarde est applicable en redressement judiciaire (C. com., art. R. 631-20 [anct D. 28 déc. 2005, art. 189]) et en liquidation judiciaire (C. com., art. R. 641-23 [anct D. 28 déc. 2005, art. 234]), les fonds étant en ce dernier cas remis au liquidateur (C. com., art. R. 641-24 [anct D. 28 déc. 2005, art. 235]).

Ce texte avait fait naître une difficulté d'interprétation, concernant en pratique les séquestres conventionnels. Dans une première opinion, en effet, seules les procédures de distribution en cours faisant suite à une procédure d'exécution pouvaient être atteintes de caducité, dès lors qu'elles n'avaient produit un effet attributif avant le jugement d'ouverture. En ce cas, les séquestres conventionnels résistaient à l'ouverture de la procédure collective. Dans une seconde opinion, toutes les procédures de distribution en cours étaient caduques, sauf celles qui, faisant suite à une procédure d'exécution, avaient produit leur effet attributif avant le jugement d'ouverture. En ce cas, les séquestres conventionnels ne résistaient plus à l'ouverture de la procédure collective.

Certains auteurs estimaient que le nouveau texte (C. com., art. R. 622-19) était général et avait vocation à régir tous les séquestres, de sorte qu'il aurait condamné la jurisprudence antérieure de la Cour de cassation[11] : les fonds séquestrés n'auraient plus échappé à la procédure collective. D'autres auteurs, pour leur part, estimaient que les séquestres conventionnels résistaient, comme cela était déjà le cas avant la loi de sauvegarde des entreprises, à la procédure collective[12].

8. Com. 16 oct. 2007, nº 05-21.306, préc. (v. ss prést nº).
9. L. nº 85-98, 25 janv. 1985, préc.
10. D. nº 2005-1677, 28 déc. 2005, préc.
11. Froehlich et Sénéchal, Lucas et Lécuyer (dir.), *La réforme des procédures collectives…*, Lgdj, 2006, p. 294 – Vauvillé, note ss Com. 3 mai 2006, nº 04-18.662, NP; nº 518 F-D; *JCP N* 2007, Affaires 1263, 29.
12. Lienhard, note ss Com. 24 avr. 2007, nº 06-16.215; nº 634 F-P+B; *D.* 2007. AJ 1275 – M. Cabrillac, obs. *JCP E* 2007, Chron. 2119, p. 27, nº 15.

La jurisprudence était également divisée sur la question. Certaines décisions considéraient que le texte ne concernait pas les séquestres conventionnels de prix de vente de fonds de commerce, qui ne seraient pas des procédures de distribution[1], d'autres décisions ayant jugé le contraire, faisant ainsi tomber les séquestres conventionnels en cas d'ouverture d'une procédure collective[2].

La Cour de cassation a statué, en suivant la seconde opinion, et a estimé que « la procédure de distribution du prix de cession d'un fonds de commerce ayant fait l'objet, avant le jugement d'ouverture, d'un séquestre conventionnel en cours à la date de ce jugement, constitue une procédure de distribution du prix de vente d'un meuble ne faisant pas suite à une procédure d'exécution ayant produit un effet attributif avant le jugement d'ouverture au sens des dispositions de l'article R. 622-19 du code de commerce dans sa rédaction issue du décret du 27 juillet 2006 »[3]. Il en résulte, poursuit la Cour de cassation, que la cour d'appel a exactement considéré que « la procédure de distribution de ce prix, qui entrait dans le champ d'application de l'article R. 622-19 du code de commerce, était caduque et que les fonds devaient être remis au liquidateur judiciaire »[4]. Comme il a été observé, cette solution ne faisait qu'anticiper l'interprétation incontournable, qui allait résulter de la modification résultant de l'ordonnance du 18 décembre 2008[5]. Observons que la solution vaut pour une procédure ouverte suite à la résolution d'un plan de continuation, intervenue après le 1er janvier 2006[6].

La même *solution vaut pour la distribution du prix* de vente d'un immeuble, séquestré avant l'ouverture de la procédure collective, peu important que ce prix ait fait l'objet d'une saisie conservatoire, puisque cette dernière ne produit pas d'effet attributif[7].

La solution ne vaut pas, en revanche, si les fonds peuvent être appréhendés par un créancier de tous les indivisaires, l'un seul étant sous procédure collective[8].

L'ordonnance du 18 décembre 2008 (art. 30) fait passer en partie législative (C. com., art. L. 622-21, II) la règle selon laquelle le jugement d'ouverture arrête toute procédure de distribution n'ayant pas produit un effet attributif avant le jugement d'ouverture. L'interprétation du texte s'en trouve éclaircie. Le législateur prend aujourd'hui le soin de prévoir dans une disposition unique que le jugement d'ouverture « arrête ou interdit également toute procédure d'exécution de la part de ces créanciers tant sur les meubles que sur les immeubles, ainsi que toute procédure de distribution n'ayant pas produit un effet attributif avant le jugement d'ouverture ». Le législateur ne distingue plus selon que la procédure de distribution en cours s'inscrit ou non dans une voie d'exécution. La règle *Ubi lex*... interdit en conséquence à l'interprète de distinguer. Les séquestres conventionnels ne peuvent donc plus résister à l'ouverture d'une procédure collective[9] et tombent sous le coup de l'arrêt des poursuites individuelles et des voies d'exécution (C. com., art. L. 622-21).

L'article R. 622-19 du code, texte de la sauvegarde, est également applicable en redressement judiciaire (C. com., art. R. 631-20 [anct D. 28 déc. 2005, art. 189]). Il prévoit l'obligation pour le séquestre de remettre les fonds – ce qui le libère – au mandataire judiciaire. Ce texte oblige à considérer que les fonds remis par le séquestre, au mandataire judi-

1. T. com. Nanterre, 1re ch., 22 janv. 2008, RG no 2007F01126 – TGI Paris, 1re ch., 21 mai 2008, RG no 07/04918, *D.* 2008. AJ 1823, note Lienhard – Paris, pôle 1, 2e ch., 23 sept. 2009, RG no 09/06625, *D.* 2009. AJ 2423, note Lienhard – Lyon, 3e ch. A, 5 juin 2008, RG no 07/06177, *Act. proc. coll.* 2009, no 29, note Caroline-Henry.
2. TGI Paris, 1re ch., 18 juin 2008, *D.* 2008. AJ 1823, note Lienhard; et SUR APPEL : Paris, pôle 5, 8e ch., 2 juin 2009, RG no 08/14135, *D.* 2009. AJ 1691, note Lienhard; *Gaz. proc. coll.* 2009/3, p. 28, no 2, note Roussel Galle.
3. Com. 8 juin 2010, no 09-68.591, *Bull. civ.* IV, no 109; no 704 FS-P+B; *D.* 2010. AJ 1478, note Lienhard; *Gaz. Pal. entr. diff.* 15-16 oct. 2010, p. 31, note Roussel Galle; *Rev. sociétés* 2010. 411, obs. Roussel Galle; *Act. proc. coll.* 2010/14, comm. 194, note Lebel; *JCP E* 2010. 1837, note Lebel; *JCP E* 210, Chron. 1742, no 4, obs. Pétel; *Dr. et patr.* sept. 2011, no 206, 72, note Monsérié-Bon; *LXB hebdo* 22 juill. 2010, no 404, note Le Corre – Com. 22 mars 2011, no 09-17.258, NP; no 278 F-D; *JCP E* 2011. 1300; *RTD com* 2011, 725, no 5, obs. Saintourens; *Rev. proc. coll.* 2012, comm. 36, note Canet.
4. Com. 8 juin 2010, no 09-68.591, préc. (v. ss prést no) – Com. 13 sept. 2011, nos 10-14.721, 10-18.130, *Bull. civ.* IV, no 130; no 843 FS-P+B; *D.* 2011. Actu. 2271, note Lienhard; *Gaz. Pal. entr. diff.* 21 janv. 2012, no 20, p. 31, note Roussel Galle; *Act. proc. coll.* 2011/16, comm. 250, note Fin-Langer.
5. Ord. no 2008-1345, 18 déc. 2008, préc. – Lienhard, note ss Com. 8 juin 2010, no 09-68.591; no 704 FS-P+B; *D.* 2010. AJ 1478.
6. Com. 13 sept. 2011, nos 10-14.721, 10-18.130, préc. (v. ss prést no) – *Adde*, SUR LA QUESTION : Fabriès-Lecea, « De quelques causes d'inapplicabilité d'une règle de procédure collective (à propos d'un arrêt de la Chambre commerciale de la Cour de cassation en date du 13 septembre 21011) », *Rev. proc. coll.* 2012, étude 19, p. 23.
7. Orléans, ch. com. éco. et fin., 19 mai 2011, no 10/02946, *Rev. proc. coll.* 2012, comm. 36, note Canet.
8. Civ. 2e, 16 mai 2013, no 12-16.216, *Bull. civ.* IV, no 96; no 750 F-P+B.
9. Paris, 18 sept. 2009, RG no 09/10412 – EN CE SENS AUSSI : Caroline-Henry, note ss Lyon, 3e ch. A, 5 juin 2008, RG no 07/06177, *Act. proc. coll.* 2009, no 29 – Roussel Galle, « Les retouches apportées aux règles de l'interdiction des poursuites individuelles et de l'arrêt des voies d'exécution », *Gaz. Pal.* 8-10 mars 2009, no sp. p. 21 s., sp. p. 23, no 11 – LIENHARD, 4e éd., 2011, no 78.28 – Vauvillé, « La remise du prix de vente en cas de procédure collective », *Defrénois* 2010. 39048, p. 17 s., sp. p. 28.

ciaire, doivent être placés par ce dernier en a l'obligation (C. com., art. L. 622-18), à la Caisse des dépôts et consignations. En cas d'adoption d'un plan, le mandataire judiciaire doit les remettre au commissaire à l'exécution du plan, aux fins de distributions (C. com., art. R. 622-19, al. 2); ces fonds n'ont donc pas vocation à financer une poursuite de l'activité[1]. Cette seconde règle conduit à considérer que ces fonds sont indisponibles pendant la période d'observation, et qu'ils ne peuvent donc être utilisés par l'administrateur judiciaire ou le débiteur, lesquels ne peuvent donc demander l'arbitrage au juge-commissaire, sur le fondement de l'article R. 622-16, alinéa 2 du code de commerce, texte qui prévoit que « si la poursuite de l'activité l'exige le juge-commissaire peut modifier la répartition des sommes entre, d'une part, les comptes de l'entreprise et, d'autre part, les comptes ouverts à la Caisse des dépôts et consignations ».

L'article R. 641-24 du code de commerce régit la situation en liquidation judiciaire. L'alinéa 1er s'intéresse à la liquidation judiciaire immédiate. Le texte prévoit que « pour l'application de l'article R. 622-19, les fonds sont remis [par le séquestre] au liquidateur aux fins de répartition ». L'alinéa 2 du même article prévoit, pour sa part, que en cas de prononcé de la liquidation judiciaire pendant le cours d'une période d'observation, le mandataire judiciaire les remet au liquidateur ». Il s'agit ici de l'hypothèse de la liquidation judiciaire sur conversion d'une sauvegarde ou d'un redressement judiciaire.

Ainsi, dans tous les cas, les fonds sont destinés à être distribués, dans le cadre des opérations de la procédure collective, sauf si, comme le réserve le texte, la procédure de distribution a produit un effet attributif avant le jugement d'ouverture.

Sous l'empire des textes antérieurs à l'ordonnance du 18 décembre 2008 et au nouvel article L. 622-21, II, du code de commerce, il a été jugé que la procédure de distribution consécutive à une saisie-vente, laquelle avait produit ses effets avant le jugement d'ouverture, le bien ayant été vendu à cette date, ne pouvait être remise en cause par l'ouverture subséquente de la procédure collective[2]. Le juge de l'exécution sera compétent pour connaître de la difficulté, du fait que la saisie a joué avant l'ouverture de la procédure collective[3].

La solution est-elle reconductible ? La réponse sera donnée avec l'étude des saisies ayant joué au jour du jugement d'ouverture (v. s^s n° 662.51).

456.33 Consignation des sommes ordonnées judiciairement. La consignation des sommes ordonnées judiciairement à titre de garantie ne constitue ni une procédure d'exécution, ni une procédure de distribution. La question de savoir *si elle a produit* un effet attributif avant le jugement d'ouverture n'a pas lieu de se poser, puisque cette consignation emporte affectation spéciale et droit de préférence, en application de l'article 2350 du code civil, qui entraîne cette conséquence que les fonds consignés doivent être libérés au profit de son bénéficiaire[4], à concurrence de la créance définitivement établie[5].

SECTION 456.40

CONFLITS ÉVITÉS AVEC LES CRÉANCIERS POSTÉRIEURS POUR LES BIENS AFFECTÉS À LA SATISFACTION EXCLUSIVE DU CRÉANCIER

456.41 Droit de rétention[6]. Le droit de rétention est la faculté accordée à un créancier qui détient la chose de son débiteur de refuser la restitution à défaut de paiement de l'intégralité de sa créance. Son unique prérogative consiste à conserver le bien jusqu'à parfait paiement. C'est le droit de gêner son débiteur, peu important que ce dernier soit sous procédure collective. Le droit des procédures collectives est resté neutre par rapport au droit de rétention. Il n'y a, dans la législation des procédures collectives, aucune disposition qui vienne l'entraver en son fonctionnement. Dès lors, il est exclu pour un créancier postérieur d'être payé sur le prix de vente d'un bien grevé d'un droit de rétention[7].

La solution est évidente si le droit de rétention est réel. La chose étant retenue, le créancier postérieur ne peut s'en emparer. La chose continuera d'être retenue si le paiement complet de la créance n'intervient pas.

La solution est posée en période d'observation par l'article L. 621-24, alinéa 3 (anc^t L. 25 janv. 1985[8],

1. Com. 17 nov. 2015, n° 14-19.504, *Bull. civ.* IV [à paraître]; n° 980 F-P+B; *Act. proc. coll.* 2016/1, comm. 1, note Staes; *BJS* 2016, 112, note Pelletier; *JCP E* 2016, chron. 1198, n° 3, note Pétel; *Rev. proc. coll.* 2016, comm. 32, note Cagnoli et comm. 49, note Berthelot et Faure; *LXB hebdo* 17 déc. 2015, n° 448, note Le Corre – Com. 17 nov. 2015, n° 14-19.505, NP; n° 981 F-D – Com. 17 nov. 2015, n° 14-19.506, NP; n° 982 F-D.
2. Com. 27 mars 2012, n° 11-18.585, *Bull. civ.* IV, n° 69; n° 355 F-P+B; *D.* 2012. Actu. 941, note Lienhard; *Act. proc. coll.* 2012/9, comm. 141, note Cagnoli; *BJE* juill. 2012, comm. 131, note Camensuli-Feuillard; *JCP E* 2012, Chron. 1508, n° 2, obs. Pétel; *Gaz. Pal.* 8 nov. 2012, p. 19, note Hugon.
3. Com. 27 mars 2012, n° 11-18.585, préc. (v. s^s prés^t n°).
4. Com. 10 juill. 2012, n° 11-21.574, NP; n° 812 F-D.
5. Com. 8 sept. 2015, n° 14-13.021, NP; n° 721 F-D.
6. Pourquier, « La rétention du gagiste ou la supériorité du fait sur le droit », *RTD com.* 2000. 569.
7. SOINNE, n° 1149.
8. L. n° 85-98, 25 janv. 1985, préc.

art. 33, al. 3), devenu l'article L. 622-7, alinéa 3 avec la loi de sauvegarde des entreprises[1], qui permet à l'administrateur judiciaire, sur autorisation du juge-commissaire, de retirer le gage ou la chose retenue, contre paiement intégral du créancier. La solution existe également en liquidation judiciaire. D'une part, le liquidateur peut également retirer le gage ou la chose retenue (C. com., art. L. 622-21 [anc[t] L. 25 janv. 1985, art. 159, al. 1er], devenu l'article L. 642-25, alinéa 1er avec la loi de sauvegarde des entreprises). D'autre part, il peut vendre le bien retenu ou la chose gagée. Mais, en pareille hypothèse, il y a report du droit de rétention sur le prix. Le prix de vente du bien est ainsi affecté exclusivement à la satisfaction du créancier, sans que les créanciers postérieurs puissent espérer le moindre paiement (C. com., art. L. 622-21, al. 4, devenu l'article L. 642-25, al. 4 avec la loi de sauvegarde des entreprises).

En plan de cession, la jurisprudence a complété le dispositif, en empêchant la disparition du droit de rétention si le complet paiement du prix n'intervient pas. Le créancier gagiste n'a pas à se satisfaire d'une simple quote-part du prix de cession[2]. La solution doit-elle être différente si le droit de rétention est fictif ? Certains auteurs croient devoir établir une différence de traitement entre le droit de rétention réel et le droit de rétention fictif[3]. La solution nous semble devoir être condamnée. Pourquoi le législateur prendrait-il le soin d'accorder à certains créanciers gagistes - par exemple le créancier gagiste sur véhicule automobile - un droit de rétention fictif si les prérogatives du droit de rétention ne devaient pas lui être appliquées ? Le législateur ayant voulu faire comme si le créancier en cause était titulaire d'un droit de rétention, tout doit se passer pour ce dernier comme s'il avait effectivement la chose entre les mains. Seule une solution explicitement contraire permettrait, à notre sens, de mettre à l'écart le droit de rétention fictif. C'est ainsi que la technique du report du droit de rétention sur le prix, instituée par l'article L. 622-21, alinéa 4, devenu l'article L. 642-25, alinéa 4 avec la loi de sauvegarde des entreprises, est jugée applicable au créancier gagiste sur véhicules automobiles[4].

Il faudra identiquement décider qu'un créancier gagiste, titulaire d'un droit de rétention fictif, n'aura à se satisfaire de la simple affectation d'une q-part du prix de cession, alors que, sur cette dre, il s'expose en outre à un concours avec d'es créanciers.

La lo modernisation de l'économie (LME) du 4 août 2[5] a modifié l'article 2286 du code civil, en créan 4° qui prévoit la reconnaissance, au profit du éancier gagiste sans dépossession, d'un droit de ention fictif[6]. L'ordonnance réformant la loi de uvegarde a entendu cantonner cette innovatio Pour cela, l'article L. 622-7, I, alinéa 2 du code d commerce (ord. 18 déc. 2008[7], art. 22) prévoit qu le droit de rétention reconnu par l'article 228, 4° du code civil aux créanciers gagistes sans dépossession est déclaré inopposable pendant la périod d'observation de la sauvegarde - et celle du redressement judiciaire du fait de l'application en redressement judiciaire de l'article L. 622-7 - ainsi qu'en phase d'exécution du plan.

Cette inopposabilité ne concerne logiquement que les seuls éanciers gagistes sans dépossession, auxquels l'arcle 2286, 4° du code civil a accordé un droit de rention fictif. Elle ne concerne pas les créanciers gastes sans dépossession, auxquels des lois spéciales nt reconnu un droit de rétention fictif[8], tel le gagte sur véhicule automobile. En effet, il n'est pas als question de neutraliser l'avantage exorbitant coféré par l'article 2286, 4° du code civil.

Le texte ne récise pas à qui le droit de rétention est inopposabl. On peut considérer qu'il est inopposable à la procédure collective[9], personnifiée à la façon de la Cour de cassation, lorsqu'elle évoque, en cas de rejet d'une action en revendication, l'inopposabilité du droit de propriété à la procédure collective[10], ou lorsqu'elle sanctionne l'acte passé au mépris du dessaisissement par une inopposabilité à

1. L. n° 2005-845, 26 juill. 2005, préc.
2. Com. 20 mai 1997, n° 95-11.915, *Bull. civ.* IV, n° 126; *LPA* 22 oct. 1997, n° 127, p. 10; *LPA* 19 avr. 1999, n° 77, p. 10, note Derrida; *D.* 1999. Somm. 5, obs. Derrida; *RJ com.* 1997. 308, *rapp. Rémery* et note Saint-Alary-Houin; *JCP E* 1997. I. 681, n° 5, obs. M. Cabrillac.
3. SOINNE, n° 1307.
4. Com. 15 oct. 1991, n° 90-10.784, *Bull. civ.* IV, n° 288; *RTD com.* 1992. 464, obs. Martin-Serf.
5. L. n° 2008-776, 4 août 2008, *JO* 5 août, p. 12471, dite loi LME.
6. Le Corre, « Un exemple d'exclusivité : le droit de rétention fictif du gagiste sans dépossession », Colloque *Sûretés réelles et droit des entreprises en difficulté*, Nice, 20 mars 2010, *LPA* 11 févr. 2011, n° 30, p. 68.
7. Ord. n° 2008-1345, 18 déc. 2008, préc.
8. AUSSI : Rapport au président de la République sur l'ordonnance n° 2008-1345 du 18 déc. 2008, *JO* 19 déc. 2008, Titre I, chap. II-3, s[s] art. 22 – Pétel, « Le nouveau droit des entreprises en difficulté : acte II – commentaire de l'ordonnance n° 2008-1345 du 18 décembre 2008 », *JCP E* 2009. 1049, n° 51 – Pérochon, « Les interdictions de paiement et le traitement des sûretés réelles », *D.* 2009. 651 s., sp. 656, n° 19.
9. EN CE SENS AUSSI : Pérochon, « Les interdictions de paiement et le traitement des sûretés réelles », *D.* 2009. 651 s., sp. p. 657, n° 19 – Macorig-Vénier, « Les apports de la réforme du 18 décembre 2008 en matière de sûretés », *Dr. et patr.* janv. 2010, n° 188, p. 26 s., sp. p. 30.
10. Com. 3 déc. 2003, n° 01-02.177, NP.

la procédure collective[1], ou encore lorsqu'elle sanctionne l'inscription d'une sûreté après jugement d'ouverture, par une inopposabilité à la procédure collective[2].

Cette même inopposabilité du droit de rétention existe à l'égard du débiteur, ce qui justifie, lorsqu'il est à nouveau maître de ses biens, après arrêté d'un plan de sauvegarde ou de redressement, que l'inopposabilité subsiste pendant l'exécution du plan.

L'inopposabilité disparaît et le droit de rétention fictif est à nouveau pleinement opposable, en cas de résolution du plan, même en l'absence de cessation des paiements, alors pourtant que cette résolution du plan n'emporte pas ouverture d'une nouvelle procédure collective. En outre, si la résolution du plan s'accompagne d'une cessation des paiements, le droit de rétention fictif est pleinement restauré dans le cadre de la liquidation judiciaire. Les textes sur la liquidation judiciaire (C. com., art. L. 642-20-1, ord. 18 déc. 2008, art. 120) n'emportent en effet pas paralysie du droit de rétention fictif. Au stade liquidatif, l'avantage résultant du droit de rétention fictif sera appréciable pour son bénéficiaire, puisqu'il autorisera le jeu du report du droit de rétention sur le prix, si le liquidateur vend le bien gagé[3].

Au principe selon lequel l'inopposabilité du droit de rétention joue pendant l'exécution du plan de sauvegarde ou de redressement, une exception est apportée par l'article L. 622-7, I, alinéa 2 du code de commerce, si le bien objet du gage est compris dans une cession d'activité décidée en application de l'article L. 626-1. Il faut donc comprendre que le droit de rétention reste efficace dans l'hypothèse d'une cession totale ou partielle. Le droit de rétention inopposable au débiteur reste en revanche opposable au repreneur. L'application de la disposition à la cession intervenant dans le cadre d'un redressement paraît résulter de la combinaison des articles L. 631-14, alinéa 1er, qui rend applicable en redressement judiciaire l'article L. 622-7 du code et de l'article L. 631-19, qui rend applicable en redressement judiciaire l'article L. 626-1.

Par principe, l'intégration des biens grevés du droit de rétention dans une cession d'entreprise apparaît délicate. Le législateur guide d'ailleurs les praticiens en prévoyant la technique du retrait contre paiement en période d'observation. Ainsi, il apparaît bien impossible, sauf accord du créancier rétenteur, d'intégrer dans un plan de cession un bien grevé d'un droit de rétention. « Retenir et céder ne vaut »[4]. En outre, le principe ici décrit pour la cession partielle est clairement affirmé pour la cession totale (C. com., art. L. 642-12, al. 5, ord. 18 déc. 2008, art. 115).

Cette formule, à la vérité, est trop schématique pour rendre compte de la réalité juridique. Le bien grevé du droit de rétention peut être intégré dans les actifs cédés. Mais le bien restera grevé du droit de rétention, ce dont le rétenteur pourra se prévaloir à l'encontre du cessionnaire. En présence d'un droit de rétention fictif, ce qui est l'hypothèse qui nous occupe, le droit de suite à l'encontre du repreneur obligera ce dernier à payer le solde de la créance ou à délaisser le bien.

Une véritable difficulté se présente si le bien grevé du gage sans dépossession est vendu en période d'observation.

Par principe, il y a place à consignation du prix en application de l'article L. 622-8, alinéa 1er du code de commerce « en cas de vente d'un bien grevé d'un privilège spécial, d'un nantissement – et désormais d'un gage (ord. 18 déc. 2008, art. 165) – ou d'une hypothèque, la quote-part du prix correspondant aux créances garanties par ces sûretés est versée en compte de dépôt à la Caisse des dépôts et consignations ». Le texte poursuit en énonçant que les créanciers seront payés après adoption du plan en percevant immédiatement un paiement en anticipation sur les dividendes du plan. Si une liquidation judiciaire est prononcée à l'issue de la période d'observation, il y a place à paiement des créanciers selon leur rang.

La vente du bien gagé est ainsi possible, pendant la période d'observation, sans paiement du créancier gagiste sans dépossession, du fait de l'inopposabilité de son droit de rétention[5]. Toutefois, le prix n'apparaît pas disponible entre les mains de l'admi-

1. Com. 23 mai 1995, n° 93-16.930, *Bull. civ.* IV, n° 150; *D.* 1995. 413, note Derrida; *Dr. sociétés* 1995, n° 165, obs. Chaput; *Rev. proc. coll.* 1995, 345, obs. Dureuil – Com. 14 oct. 1997, n° 95-10.512, *Bull. civ.* IV, n° 267; *RJ com.* 1998. 293, n° 90, obs. Saint-Alary-Houin – Com. 1er févr. 2000, n° 96-19.456, NP, *RJDA* 2000/5, n° 577 – Com. 26 avr. 2000, n° 97-10.335, *Bull. civ.* IV, n° 81; *JCP E* 2000, pan. 971; *Act. proc. coll.* 2000/10, n° 126 – Com. 20 févr. 2001, n° 97-18.062, NP, *RJDA* 2001/8-9, n° 883 – Com. 5 juill. 2005, n° 03-13.434, NP – Com. 24 janv. 2006, n° 02-15.295, NP; n° 87 F-D; *Act. proc. coll.* 2006/4, n° 36, note Régnaut-Moutier; *Gaz. proc. coll.* 2006/2, p. 41, obs. Roussel Galle – Com. 21 nov. 2006, n° 05-18.207, NP, *Gaz. proc. coll.* 2007/2, p. 36, note Voinot.
2. Com. 7 nov. 2006, n° 05-11.551, NP; n° 1194 FD, *LXB hebdo* n° 241, 20 déc. 2006, n° N4237A9S, note Le Corre.
3. AUSSI : Pétel, « Le nouveau droit des entreprises en difficulté : acte II – commentaire de l'ordonnance n° 2008-1345 du 18 décembre 2008 », *JCP E* 2009. 1049, n° 51 – Pérochon, « Les interdictions de paiement et le traitement des sûretés réelles », *D.* 2009. 651 s., sp. 656, n° 19.
4. Le Corre, « Le gage avec droit de rétention face au plan de cession (rien ne sert de concourir, il faut à point retenir) », *LPA* 22 oct. 1997, n° 127, p. 5 s.
5. AINSI : Lienhard, « Réforme du droit des entreprises en difficulté : présentation de l'ordonnance du 18 décembre 2008 », *D.* 2009. Chron. 110 s., sp. 113.

nistrateur judiciaire ou du débiteur. En effet, si le droit de rétention est inopposable, il n'en va pas de même du gage[1], qui conserve son efficacité, sous la réserve du droit de rétention. Il y a donc place à consignation du prix, sauf utilisation de la technique de la substitution de garantie, qui apparaît ici possible, compte tenu de l'inopposabilité du droit de rétention.

Sous réserve de l'inopposabilité du droit de rétention fictif résultant de l'ordonnance du 18 décembre 2008, en période d'observation et pendant l'exécution des plans de sauvegarde et de redressement, l'extinction du droit de rétention, fictif ou réel, ne connaîtra qu'une seule forme : l'extinction de la créance, laquelle, dès lors qu'elle a été déclarée au passif, n'est possible qu'avec le paiement. Le droit de rétention apparaît ainsi comme une technique d'éviction du concours.

456.42 Attribution judiciaire du gage. L'attribution judiciaire du gage est une prérogative offerte au créancier gagiste par l'article 2078 du code civil (devenu C. civ., art. 2346).

L'attribution judiciaire ne constitue pas un mécanisme de distribution d'un prix. En conséquence, il n'est nullement question de raisonner en termes de droit de préférence.

L'attribution judiciaire constitue une technique d'éviction du concours, pour le créancier, puisqu'elle est indépendante de l'ordre dans laquelle s'exercent les privilèges (v. ss n° 563.83).

Si le conflit n'a pas été évité par le créancier, alors il convient d'examiner son règlement.

SECTION 456.50

CLASSEMENT EXTERNE[2] DES CRÉANCIERS POSTÉRIEURS PAR RAPPORT AUX AUTRES CRÉANCIERS

456.51 Évolution du classement dans le conflit externe entre les créanciers postérieurs et les autres créanciers – Privilège de la conciliation. Sous l'empire de la loi du 25 janvier 1985[3] non réformé, il n'existait qu'un seul classement des créanciers entre eux. Le texte n'introduisait pas de distinction selon que le débiteur avait fait ou non l'objet d'une liquidation judiciaire. Sensible aux critiques acerbes formulées par les établissements de crédit, le législateur de 1994[4] à du réformer l'article 40 (C. com., art. L. 621-32), en restaurant les sûretés spéciales, revenant ainsi, du moins pour certaines sûretés, aux solutions de la loi du 13 juillet 1967[5] qui donnaient la préférence aux créanciers titulaires de sûretés spéciales sur les créanciers dits de la masse. Cependant, le redressement de l'entreprise risquant de se trouver compromis si les créanciers de l'article 40 perdent espoir d'être payés de leurs créances, le législateur a décidé, en situation de redressement judiciaire, que la priorité de l'article 40 resterait affirmée, alors que, si l'heure n'est plus au redressement de l'entreprise, la priorité est redonnée aux sûretés spéciales.

Depuis la loi du 10 juin 1994, l'article 40 envisage ainsi un règlement non unitaire du conflit intervenant entre un créancier de l'article 40 et un créancier antérieur, en distinguant selon qu'il y a redressement judiciaire ou liquidation judiciaire. Les solutions de la loi du 10 juin 1994 ne sont applicables qu'aux procédures ouvertes à compter du 1er octobre 1994. Si un redressement judiciaire précède une liquidation judiciaire, seule la date de l'ouverture du redressement doit être prise en compte pour apprécier l'ordre des sûretés[6]. La solution est applicable à la liquidation judiciaire à titre personnel ouverte contre le dirigeant, seule devant être prise en compte la date d'ouverture de la procédure contre la personne morale pour apprécier la loi applicable au classement des créanciers dans la procédure du dirigeant[7].

La solution résultant de la loi du 10 juin 1994 n'a pas été modifiée par la loi du 26 juillet 2005[8], sous réserve que le classement s'appliquera identiquement lorsqu'il y aura sauvegarde ou redressement judiciaire. Il a été dit que ce système cumulait les inconvénients : il fait peser une incertitude tant sur la valeur des sûretés consenties par le débiteur *in bonis* que sur celle de la garantie accordée aux créanciers postérieurs[9].

La loi du 26 juillet 2005 a créé le privilège de la conciliation (v. ss nos 144.51 à 144.57), qui n'existera que si une procédure de conciliation a été ouverte et si l'accord de conciliation a été homologué. Son rang était, dans le projet de loi, immédiatement postérieur à celui du super privilège des salaires. La commission des lois du Sénat a cependant proposé un amendement tendant à faire passer le privilège des frais de justice avant le privilège de la conciliation[10]. Ce privilège a donc vocation à pri-

1. EN CE SENS AUSSI : Pérochon, « Les interdictions de paiement et le traitement des sûretés réelles », *D.* 2009. 651 s., sp. 657, n° 19.
2. SELON L'EXPRESSION de : Cabrillac et Mouly, *Droit des sûretés*, 7e éd., Litec, 2004, n° 893.
3. L. n° 85-98, 25 janv. 1985, préc.
4. L. n° 94-475, 10 juin 1994, préc.
5. L. n° 67-563, 13 juill. 1967, *JO* 14 juill., p. 7059.
6. Com. 30 mai 2006, n° 05-10.479, NP; n° 720 F-D; *Gaz. proc. coll.* 2006/3, p. 24, obs. Henry.
7. Com. 30 mai 2006, n° 05-10.479, préc. (v. ss prést n°).
8. L. n° 2005-845, 26 juill. 2005, préc.
9. PÉTEL, 8e éd., n° 221.
10. *Rapp. J.-J. Hyest*, n° 335, p. 207.

mer, non seulement les créances postérieures à l'ouverture de la procédure de sauvegarde, de redressement et de liquidation judiciaires, mais encore l'intégralité des créances antérieures à l'ouverture de ces mêmes procédures, peu important qu'elles soient ou non assorties de sûreté, à l'exclusion du super privilège des salaires et du privilège des frais de justice.

Sous l'empire de la loi de sauvegarde des entreprises, dans sa rédaction d'origine, les frais de justice qui l'emportent sur le privilège de la conciliation sont ceux antérieurs à l'ouverture de la procédure, non les frais de justice postérieurs à l'ouverture de la procédure (v. s[s] n° 456.58). Au contraire, l'ordonnance du 18 décembre 2008 [1] a fait sortir du classement interne aux créanciers postérieurs les « frais de justice nés régulièrement après le jugement d'ouverture pour les besoins du déroulement de la procédure » (v. s[s] n° 456.58), tant en sauvegarde (C. com., art. L. 622-17, II), qu'en redressement judiciaire (C. com., art. L. 631-14, al. 1er) et en liquidation judiciaire (C. com., art. L. 641-13, II).

456.52 Classement dans le conflit externe entre les créanciers postérieurs et les autres créanciers – Situations visées par le code de commerce. L'article L. 621-32 alinéa 1er du code de commerce, dans sa **rédaction antérieure à la loi de sauvegarde** [2], énonce qu'« en cas de cession totale ou lorsqu'elles (les créances postérieures) ne sont pas payées à l'échéance en cas de continuation, elles sont payées par priorité à toutes les autres créances, assorties ou non de privilèges ou de sûretés, à l'exception des créances garanties par le privilège établi aux articles L. 143-10, L. 143-11, L. 742-6 et L. 751-15 du code du travail (devenus L. 3253-2 et L. 3253-3, L. 3253-4 et L. 7313-8) ».

Ce classement intéresse toutes les situations autres que la liquidation judiciaire.

L'article L. 622-17, II, du code, issu de la **loi de sauvegarde des entreprises**, énonce plus simplement que « lorsqu'elles ne sont pas payées à l'échéance, ces créances (postérieures) sont payées par privilège avant toutes les autres créances, assorties ou non de privilèges ou sûretés, à l'exception de celles garanties par le privilège établi aux articles L. 143-10, L. 143-11, L. 742-6 et L. 751-15 du code du travail (devenus L. 3253-2 et L. 3253-3, L. 3253-4 et L. 7313-8) de celles garanties par le privilège des frais de justice et de celles garanties par le privilège établi par l'article L. 611-11 du présent code ».

L'ordonnance du 18 décembre 2008 [3] a modifié la rédaction de l'article L. 622-17, II, du code en visant non plus les « créances garanties par le privilège des frais de justice », mais les « frais de justice nés régulièrement après le jugement d'ouverture pour les besoins du déroulement de la procédure ». Cette modification induit deux conséquences. Désormais, il importe peu que les frais de justice postérieurs soient couverts par le privilège des frais de justice. *Il pourra donc s'agir de frais de justice qui* ne sont pas utiles aux créanciers auxquels on entend les opposer. En revanche, ces frais de justice devront être nés après le jugement d'ouverture, alors que, sous l'empire du texte antérieur à l'ordonnance du 18 décembre 2008, il devait s'agir de frais de justice antérieurs à l'ouverture de la procédure collective (v. s[s] n° 456.58).

Ce texte a vocation à s'appliquer en cas de vente d'un bien grevé en période d'observation, lorsque cette dernière est suivie d'un plan de sauvegarde ou de redressement, peu important au demeurant que ces plans s'accompagnent d'une cession partielle. Il y aura en effet application de l'article L. 626-22, alinéa 1er du code de commerce.

456.53 Classement dans le conflit externe entre les créanciers postérieurs et les autres créanciers – Plan de cession. Trois précisions doivent ici être apportées.

Tout d'abord, l'article L. 621-32 du code, dans sa rédaction antérieure à la loi de sauvegarde des entreprises [4], l'article L. 622-17, II ainsi que l'article L. 643-13, II, issus de la loi de sauvegarde des entreprises, doivent être coordonnés avec les dispositions du code de commerce (C. com., art. L. 621-96 [anc[t] L. 25 janv. 1985, art. 93, al. 1er], dans sa rédaction antérieure à la loi de sauvegarde des entreprises, C. com., art. L. 642-12, dans sa rédaction issue de la loi de sauvegarde des entreprises) qui obligent le tribunal, lorsque la cession porte sur des biens grevés d'un privilège, d'un nantissement ou d'une hypothèque, à affecter une quote-part du prix de cession, à chacun des biens grevés, pour la répartition du prix et l'exercice du droit de préférence. Ainsi, sur chacun des biens grevés de sûretés, le créancier antérieur inscrit sur un bien sera-t-il primé, sur sa quote-part, par le créancier postérieur.

Ensuite, lorsque trouve à jouer, au profit du prêteur, la règle du transfert de la charge de la sûreté instituée par l'article L. 621-96, alinéa 3, dans sa rédaction antérieure à la loi de sauvegarde des entreprises, par l'article L. 642-12, alinéa 4, dans sa rédaction issue de la loi de sauvegarde des entreprises, le créancier postérieur ne peut prétendre être payé par le repreneur aux lieu et place du prêteur. Les droits du créancier postérieur sont limités au

1. Ord. n° 2008-1345, 18 déc. 2008, préc.
2. L. n° 2005-845, 26 juill. 2005, préc.
3. Ord. n° 2008-1345, 18 déc. 2008, préc.
4. L. n° 2005-845, 26 juill. 2005, préc.

prix de cession. Or la charge des sûretés transférées ne fait pas partie du prix de cession.

Enfin, la loi de sauvegarde rend possible l'arrêté du plan de cession soit en redressement judiciaire, soit en liquidation judiciaire. Il est d'abord certain que si le plan de cession est arrêté en liquidation judiciaire, seul le classement institué en liquidation judiciaire est applicable. Si le plan de cession est arrêté en redressement judiciaire, faut-il appliquer les règles de classement de la liquidation judiciaire ? La question mérite d'être posée car l'article L. 631-22 du code de commerce indique que, si le plan de cession est arrêté en redressement judiciaire, « les dispositions de la section I du chapitre II du titre IV sont applicables à cette cession ». Il faut donc appliquer les règles de la liquidation judiciaire, mais il ne s'agit que des règles relatives au plan de cession (C. com., art. L. 642-1 à L. 642-17, à l'exception du I de l'article L. 642-2). L'article L. 641-13 qui classe les créanciers postérieurs par rapport aux autres créanciers n'est donc pas visé. La conséquence en est simple : le classement des créanciers dans le plan de cession arrêté en redressement judiciaire sera donc celui de l'article L. 622-17, texte de la sauvegarde applicable en redressement judiciaire, et non celui de l'article L. 641-13 [1]. Cette solution ne nous semble cependant applicable que si le débiteur n'est pas placé en liquidation judiciaire, c'est-à-dire s'il obtient un plan de redressement. Le fait que, en l'absence de plan de redressement partiel, il y ait lieu de placer le débiteur en liquidation judiciaire (C. com., art. R. 631-41 [anc^t D. 28 déc. 2005, art. 209]) doit au contraire conduire à changer la solution. Peu importe que le plan de cession ait été arrêté en redressement judiciaire. Il n'est en effet question que de répartir, dans une procédure de liquidation judiciaire, le produit de la réalisation d'actifs lui ayant appartenu [2]. Ainsi, la distribution du prix de cession obéira t-elle aux règles de la liquidation judiciaire, dès lors que le débiteur est placé en liquidation judiciaire, même si la cession est ordonnée en phase de redressement judiciaire ou décidée, s'agissant d'une cession partielle, en phase de sauvegarde.

456.54 Classement dans le conflit externe entre les créanciers postérieurs et les autres créanciers –

1. AUSSI : Pérochon, « Les créanciers postérieurs et la réforme du 26 juillet 2005 », *Gaz. proc. coll.* n° sp., 7-8 sept. 2005, p. 57 – Froehlich, « L'ambivalence du plan de cession totale dans la loi de sauvegarde des entreprises », *D.* 2005. Doctr. 2885 – COMP. : Coquelet, « Le plan de cession a-t-il changé ? », *Rev. proc. coll.* 2006/2, p. 188 s., sp. p. 190, n°s 15 et 16; « Le plan de cession : Faut-il déjà réformer ? », *Rev. proc. coll.* 2008/2, p. 128 s., sp. p. 131, n° 15 – SAINT-ALARY-HOUIN, 9e éd., n° 657.
2. EN CE SENS : Coquelet, « Le plan de cession a-t-il changé ? », *Rev. proc. coll.* 2006/2, p. 188 s., sp. p. 190, n° 18 – PÉROCHON, 10e éd., n° 1235.

Situations possibles en dehors du plan de cession. En dehors du plan de cession, il faut envisager l'hypothèse de vente d'un bien pendant la période d'observation ou en phase d'exécution du plan de sauvegarde ou de continuation.

Si le bien vendu en période d'observation n'est pas grevé de sûreté, aucune règle particulière ne vient contrarier le jeu du droit de priorité reconnu aux créanciers postérieurs. La difficulté existe en revanche si le bien vendu est grevé de sûreté. La solution est envisagée par l'article L. 621-25, alinéa 1er du code de commerce (anc^t L. 25 janv. 1985 [3], art. 34, al. 1er), qui prévoit qu'« en cas de vente d'un bien grevé d'un privilège spécial, d'un nantissement ou d'une hypothèque, la quote-part du prix correspondant aux créances garanties par ces sûretés est versée en compte de dépôt à la Caisse des dépôts et consignations. Après l'adoption du plan de redressement ou en cas de liquidation, les créanciers bénéficiaires de ces sûretés ou titulaires d'un privilège général sont payés sur le prix, suivant l'ordre de préférence existant entre eux et conformément à l'article L. 621-80 [anc^t L. 25 janv. 1985, art. 78], lorsqu'ils sont soumis aux délais du plan de continuation ». La solution est reprise par l'article L. 622-8, alinéa 1er, dans la rédaction que lui donne la loi de sauvegarde des entreprises [4], sous réserve que la disposition ne vise plus le plan de continuation, mais plus génériquement le plan et surtout qu'elle ne vise plus la liquidation judiciaire.

Il résulte de ce texte deux situations possibles. Si le prix dégagé par la vente est supérieur aux créances garanties par les sûretés spéciales, le solde doit être remis au débiteur. Il s'agit d'une trésorerie précieuse pour l'entreprise qui justifiera vraisemblablement la vente intervenue en période d'observation. Le montant des créances garanties, quant à lui, est consigné à la Caisse des dépôts et consignations.

Si le prix dégagé est inférieur ou égal aux créances garanties, cette somme est déposée à la Caisse des dépôts et consignations. Il faudra alors attendre la fin de la période d'observation, sous réserve de la possibilité pour le titulaire de sûretés spéciales de solliciter un paiement provisionnel (v. s^s n°s 483.11 s.). À l'issue de celle-ci, trois solutions sont envisageables.

S'il y a liquidation judiciaire, le prix de vente du bien, dans la limite des créances garanties, est réparti entre les créanciers selon leur rang.

S'il y a plan de cession, il en va de même.

Enfin, si sous l'empire de la législation antérieure à la loi de sauvegarde des entreprises, il y a plan de continuation, il faut coordonner l'article L. 621-25 avec l'article L. 621-80, auquel il renvoie. Il faut en

3. L. n° 85-98, 25 janv. 1985, préc.
4. L. n° 2005-845, 26 juill. 2005, préc.

effet tenir compte du fait que, par princi les créanciers antérieurs, même titulaires de etés spéciales sont payés selon les délais du pl: Or cette règle est ici écartée puisque ces créaiers seront payés immédiatement, au jour du planlais alors une délicate question surgit. En effet, l'icle L. 621-80, alinéa 1er du code indique que « les anciers bénéficiaires de ces sûretés ou titulaires un privilège général sont payés sur le prix après le ie- ment des créances garanties par le privilège ébli aux articles L. 143-10, L. 143-11, L. 742-6 et L. 71-15 du code du travail (devenus L. 3253-2 et L. 3253, L. 3253-4 et L. 7313-8) ». Ce texte ne réserve pale paiement des créanciers des créanciers postérieus, se contentant de prévoir le paiement prioritaire du super privilège des salaires. Faut-il décider que le créancier postérieur, en contrariété avec le classement institué par cet article, ne pourrait prétendre être payé sur le prix de vente d'un bien grevé de sûreté, vendu en période d'observation[1] ? La lettre de l'article L. 621-80, alinéa 1er envisage le paiement non seulement des titulaires de sûretés, mais également des privilèges généraux. Dès lors cependant que la qualité de privilège a été déniée au droit de priorité de l'article 40 (v. ss no 456.11), le texte de l'article L. 621-80 ne semble pas autoriser le paiement prioritaire du créancier de l'article 40.

La loi de sauvegarde des entreprises conduit à modifier cette solution. S'il y a plan de redressement ou de sauvegarde, il faut coordonner l'article L. 622-8, avec l'article L. 626-22 auquel il renvoie. Il faut en effet tenir compte du fait que, par principe, les créanciers antérieurs, même s'ils sont titulaires de sûretés spéciales, sont payés selon les délais du plan. Or cette règle est ici écartée puisque ces créanciers seront payés immédiatement, au jour du plan. L'article L. 626-22, alinéa 1er du code indique que « les créanciers bénéficiaires de ces sûretés ou titulaires d'un privilège général sont payés sur le prix après le paiement des créances garanties par le privilège établi aux articles L. 143-10, L. 143-11, L. 742-6 et L. 751-15 du code du travail (devenus L. 3253-2 et L. 3253-3, L. 3253-4 et L. 7313-8) ». Il faut désormais décider, contrairement à la solution antérieure, que le créancier postérieur, en contrariété avec le classement institué par cet article, pourra prétendre être payé sur le prix de vente d'un bien grevé de sûreté, vendu en période d'observation. La lettre de l'article L. 626-22, alinéa 1er envisage le paiement non seulement des titulaires de sûretés, mais également des créanciers titulaires de privilèges généraux. Or, dès lors que la qualité de privilège a été reconnue au droit de priorité des articles L. 622-17, II et L. 641-13, II (v. ss no 456.13), le texte de l'article L. 626-22 autorise le paiement prioritaire du créancier postérieur. Cette opinion est partagée par certains[2].

456.55 Classement dans le conflit externe entre les créanciers postérieurs et les autres créanciers – En dehors de la liquidation judiciaire – Règlement institué. En dehors de la liquidation judiciaire, les créanciers postérieurs, sous l'empire de la législation antérieure à la loi de sauvegarde des entreprises[3], sont prioritaires sur tous les créanciers antérieurs, à l'exception d'une seule catégorie : les créanciers super privilégiés de salaires.

La loi de sauvegarde des entreprises, dans sa rédaction d'origine, modifie sensiblement la solution en prévoyant que les créanciers postérieurs seront primés, non seulement par le super privilège des salaires, attribué également, mais en rang immédiatement inférieur à celui des salariés, aux façonniers par l'article 786-1 du code du travail (devenu C. trav., art. L. 3253-5) issu de la loi de sauvegarde des entreprises, mais encore par le privilège de la conciliation, ainsi que par le privilège des frais de justice. Il ne peut s'agir que des frais de justice antérieurs au jugement d'ouverture, puisque les frais de justice postérieurs sont couverts par les dispositions réservées aux créanciers postérieurs.

L'ordonnance du 18 décembre 2008[4] a modifié la rédaction de l'article L. 622-17, II, du code en visant non plus les « créances garanties par le privilège des frais de justice », mais les « frais de justice nés régulièrement après le jugement d'ouverture pour les besoins du déroulement de la procédure ». Cette modification induit deux conséquences. Désormais, il importe peu que les frais de justice postérieurs soient couverts par le privilège des frais de justice. Il pourra donc s'agir de frais de justice qui ne sont pas utiles aux créanciers auxquels on entend les opposer. En revanche, ces frais de justice devront être nés après le jugement d'ouverture, alors que, sous l'empire du texte antérieur à l'ordonnance du 18 décembre 2008, il devait s'agir de frais de justice antérieurs à l'ouverture de la procédure collective (v. ss no 456.58).

Le privilège du syndicat des copropriétaires[5], pompeusement qualifié par la pratique de super-privilège, qui assortit une créance antérieure, est primé par le créancier postérieur. Accompagnant une créance postérieure, pour les charges afférentes à

1. POUR LA NÉGATIVE : DERRIDA ET *ALII*, no 412 – *SOINNE*, no 1149 – *SAINT-ALARY-HOUIN*, 4e éd., no 604.

2. Pérochon, « Les créanciers postérieurs et la réforme du 26 juillet 2005 », *Gaz. proc. coll.* 2005, no sp. 7-8 sept. 2005, p. 57 s., sp. p. 65, no 50.
3. L. no 2005-845, 26 juill. 2005, préc.
4. Ord. no 2008-1345, 18 déc. 2008, préc.
5. Cazanus, « Le sort de la créance du syndicat des copropriétaires en liquidation judiciaire », *Dr. et patr.* 2015, no 249, p. 18.

une période postérieure au jugement d'ouverture, il est classé en tête des créanciers du dernier rang[1]. La jurisprudence réduit encore l'efficacité de ce privilège, en estimant que le syndicat ne peut être admis à titre privilégié qu'en cas de vente du lot de copropriété[2]. Le syndicat pourra éviter le classement en pratiquant, comme tout créancier, des mesures d'exécution. L'opposition du syndic de copropriété ne constitue pas une voie d'exécution emportant attribution immédiate du prix de vente de l'immeuble et ne permet pas, en conséquence, de tourner le classement légal[3].

On rappellera que l'AGS qui aurait avancé les créances super privilégiées sera, par subrogation, investie du super privilège[4] (v. s^s n° 694.51).

456.56 Généralités sur le classement des créanciers en liquidation judiciaire. L'article 40, alinéa 2 de la loi du 25 janvier 1985[5] (C. com., art. L. 621-32) énonce, depuis la loi du 10 juin 1994[6], qu'« en cas de liquidation judiciaire, elles sont payées par priorité à toutes les autres créances, à l'exception de celles qui sont garanties par le privilège établi aux articles L. 143-10, L. 143-11, L. 742-6 et L. 751-15 du code du travail (devenus L. 3253-2 et L. 3253-3, L. 3253-4 et L. 7313-8), des frais de justice, de celles qui sont garanties par des sûretés immobilières ou mobilières spéciales assorties d'un droit de rétention ou constituées en application de la loi du 18 janvier 1951[7] relative au nantissement de l'outillage et du matériel d'équipement ».

On rappellera que, s'il y a cession de l'unité de production, le juge-commissaire doit affecter une quote-part du prix à chacun des biens grevés pour la répartition du prix et l'exercice du droit de préférence (C. com., art. L. 622-17 [anc^t L. 25 janv. 1985, art. 155, al. dern.] – v. s^s n° 564.81).

loi de sauvegarde des entreprises consacre le II d…n article L. 641-13 au classement des créances …périeures en cas de liquidation judiciaire. Selon c… disposition, « si elles ne sont pas payées à l'…héance, elles sont payées par privilège avant toutes autres créances à l'exception de celles qui sont g…anties par le privilège établi aux articles L. 143-1… L. 143-11, L. 742-6 et L. 751-15 du code du trav… (devenus L. 3253-2 et L. 3253-3, L. 3253-4 et …7313-8), de celles qui sont garanties par le privil…ge des frais de justice, de celles qui sont garanties …r le privilège établi par l'article L. 611-11 du pré…nt code et de celles qui sont garanties par des sûre…ts immobilières ou par des sûretés mobilières spéciales assorties d'un droit de rétention ou constituées en application du chapitre V du titre II du livre V ».

Les créanciers postérieurs sont, comme dans le classement institué en redressement judiciaire, primés par les créanciers super privilégiés de salaires, attribué également, mais en rang immédiatement inférieur à celui des salariés, aux façonniers par l'article 786-1 du code du travail (devenu C. trav., art. L. 3253-5) issu de la loi de sauvegarde des entreprises.

Depuis la loi de sauvegarde des entreprises, les créanciers sont également primés par le privilège de la conciliation, privilège établi par l'article L. 611-11 du code de commerce et, sous l'empire de la loi du 26 juillet 2005, dans sa rédaction d'origine, par le privilège des frais de justice assortissant les créances antérieures.

L'ordonnance du 18 décembre 2008[8] a modifié la rédaction de l'article L. 622-17, II du code en visant non plus les « créances garanties par le privilège des frais de justice », mais les « frais de justice nés régulièrement après le jugement d'ouverture pour les besoins du déroulement de la procédure ». Cette modification induit deux conséquences. Désormais, il importe peu que les frais de justice postérieurs soient couverts par le privilège des frais de justice. Il pourra donc s'agir de frais de justice qui ne sont pas utiles aux créanciers auxquels on entend les opposer. En revanche, ces frais de justice devront être nés après le jugement d'ouverture, alors que, sous l'empire du texte antérieur à l'ordonnance du 18 décembre 2008, il devait s'agir de frais de justice antérieurs à l'ouverture de la procédure collective (v. s^s n° 456.58).

L'efficacité du privilège des créanciers postérieurs peut sérieusement être mise en doute, du moins lorsque le débiteur emploie des salariés. En effet, le taux moyen de récupération des avances de l'AGS s'est situé, sur la période 1986-2009, à 54,4 % pour les créances super privilégiées[9]. On mesure ainsi

1. Cass., avis, 21 janv. 2002, n° 01-00.009, *Bull. avis*, n° 1; *JCP N* 2004, Affaires 1552, 1739, note Vauvillé – Giverdon, « L'efficacité du privilège immobilier spécial du syndicat des copropriétaires est-elle compromise ? », *JCP N* 2003. 1406.
2. Civ. 3e, 15 févr. 2006, n° 04-19.095, *Bull. civ.* IV, n° 40; n° 222 FS-P+B+I; *JCP E* 2006, Chron. 2331, p. 1535, n° 12, obs. crit. M. Cabrillac; *Act. proc. coll.* 2006/6, n° 61, note crit. Régnaut-Moutier.
3. Paris, 2e ch. B, 19 mai 2005, RG n° 04/18420.
4. Com. 6 juill. 1993, n° 91-14.269, *Bull. civ.* IV, n° 285; *D.* 1993. 530, note Ramackers; *Dr. sociétés* 1993, n° 181, obs. Chaput – *Adde*, Piedelièvre, « La mise en œuvre des sûretés réelles dans les procédures collectives », *LPA* 20 sept. 2000, p. 12 s., sp. p. 19 – Saint-Alary-Houin, obs. s^s Rouen, 24 juin 1990, *D.* 1991. 490 – *CONTRA* : Ramackers, « Le super-privilège des salaires, la subrogation de l'AGS et le redressement judiciaire, Du mythe à la réalité », *D.* 1989. Chron. 301.
5. L. n° 85-98, 25 janv. 1985, préc.
6. L. n° 94-475, 10 juin 1994, préc.
7. L. n° 51-59, 18 janv. 1951, *JO* 19 janv., p. 715.
8. Ord. n° 2008-1345, 18 déc. 2008, préc.
9. *Rapp. activité Délégation Unédic AGS* 2009, p. 17; aimablement communiqué par Thierry Méteyé.

que cette super garantie n'atteint qu'à moitié son objectif. On peut donc sérieusement douter de l'efficacité d'une garantie de rang très inférieur.

Le privilège du syndicat des copropriétaires, qui assortit une créance antérieure, était initialement primé par le créancier postérieur[1]. Depuis que la primauté des créances antérieures assorties de sûretés immobilières, sans distinction selon qu'il s'agit de privilèges spéciaux ou de privilèges généraux, a été affirmée par rapport aux créances postérieures (L. 10 juin 1994), dans le classement en liquidation judiciaire, il faut décider que le privilège du syndicat des copropriétaires, qui assortit une créance antérieure, prime les créances postérieures, sous la seule réserve, depuis l'ordonnance du 18 décembre 2008, des frais de justice nés pour les besoins du déroulement de la procédure collective.

Accompagnant une créance postérieure, le privilège du syndicat des copropriétaires est classé en tête des créanciers du dernier rang[2]. Il est primé par le créancier hypothécaire antérieur[3].

456.57 Classement en liquidation judiciaire des créanciers titulaires de sûretés immobilières. Les créanciers titulaires de sûretés immobilières priment, en liquidation judiciaire les créanciers postérieurs. Il en est ainsi des créanciers hypothécaires, des titulaires de privilèges de vendeur ou de prêteur de deniers.

Sous l'empire de la législation du 25 janvier 1985[4], un doute existait pour savoir si le texte avait vocation à s'appliquer aux seules sûretés immobilières spéciales ou encore aux privilèges généraux immobiliers[5]. Certains estimaient que la priorité n'était reconnue qu'aux créanciers titulaires de sûretés spéciales, non aux créanciers titulaires de privilèges généraux[6]. D'autres étaient en sens inverse[7], suivis en cela par les rares décisions jurisprudentielles sur la question[8].

La Cour de cassation juge, pour sa part, que les créances de salaires postérieures au jugement d'ouverture sont primées par les créances assorties de sûretés immobilières spéciales, puisqu'elles doivent être payées au rang 1 ou au rang 4 au sein des créances postérieures[9].

La nouvelle construction du texte, depuis la loi de sauvegarde des entreprises[10], clarifie opportunément la question : toutes les sûretés immobilières spéciales ou générales sont concernées[11]. Le créancier titulaire du privilège général des salaires, titulaire de créances antérieures au jugement d'ouverture, primera ainsi le créancier postérieur, ce qui est d'ailleurs logique, puisqu'il prime le créancier hypothécaire, lequel l'emporte pourtant sur les créanciers postérieurs.

Peu importe également que la sûreté confère à son titulaire un droit de rétention, c'est-à-dire qu'il s'agisse d'une antichrèse, dénommée aujourd'hui gage immobilier. Cette sûreté, tombée en désuétude, n'a pas été la préoccupation du législateur de 1994[12], lorsqu'il a voulu modifier l'article 40. L'article 40 a pu constituer, dans sa version originale, la ruine de ce type de crédit[13]. Au surplus, la lettre du texte ne commande absolument pas de considérer que l'expression « assorties d'un droit de rétention » se rapporterait aux sûretés immobilières. Le texte indique en effet que la créance de l'article 40 est payée par priorité à toutes les autres, « à l'exception de celles qui sont garanties par des sûretés immobilières ou mobilières spéciales assorties d'un droit de rétention ». Si le législateur n'avait voulu viser, parmi les sûretés immobilières, que celles assorties d'un droit de rétention, il aurait dû rédiger ainsi qu'il suit le texte : « à l'exception de celles garanties par des sûretés immobilières ou mobilières spéciales, assorties d'un droit de rétention ». L'absence de virgule, dans l'expression législative, oblige à considérer que l'expression « assorties d'un droit de rétention », ne s'applique qu'aux seules sûretés mobilières spéciales car la préposition « ou » entre immobilières et mobilières aurait obligé à l'adjonction d'une virgule, pour que les termes « assorties d'un droit de rétention » puissent s'appliquer distributivement aux sûretés immobilières et aux sûretés mobilières.

La difficulté rédactionnelle aperçue par le législateur du 26 juillet 2005 a été supprimée en répétant

1. Cass., avis, 21 janv. 2002, n° 01-00.009, *Bull. avis*, n° 1; *JCP E* 2002, jur. 765, p. 812, note Fraimout; *Rev. proc. coll.* 2002, p. 4, note Fosset-Lefebvre; *Act. proc. coll.* 2002/4, n° 53, note Fraimout; *JCP E* et *A* 2002, Chron. 1380, p. 1526, n° 14, obs. M. Cabrillac; *Defrénois* 2002. 37591, p. 1092, n° 56, obs. Piedelièvre; *RTD com.* 2002. 727, n° 4, obs. Martin-Serf.
2. Cass., avis, 21 janv. 2002, n° 01-00.009, préc.
3. Caen, 1re ch. civ., 7 avr. 2015, RG n° 13/00063, *APC* 2015/9, comm. 142, note Cagnoli.
4. L. n° 85-98, 25 janv. 1985, préc.
5. Pérochon et Bonhomme, 7e éd., n° 324.
6. Soinne, n° 1163.
7. Saint-Alary-Houin, 4e éd., n° 602.
8. Ainsi : Toulouse, 1re ch., 1re sect., 17 avr. 2007, RG n° 06/04423, *JurisData* 337695.
9. Com. 21 sept. 2010, n° 09-68.604, *Bull. civ.* IV, n° 139; n° 878 F-P+B; *D.* 2010. 2223, note Lienhard; *Gaz. Pal. entr. diff.* 7-8 janv. 2011, p. 29, note Henry; *Act. proc. coll.* 2010/18, comm. 257, note Régnaut-Moutier; *JCP E* 2011, Chron. 1030, n° 12, obs. M. Cabrillac; *BJE* mars/avr. 2011, p. 22, note Macorig-Vénier; *Rev. proc. coll.* 2012, comm. 53, note Saint-Alary Houin; *LXB hebdo* 21 oct. 2010, n° 413, note Le Corre-Broly.
10. L. n° 2005-845, 26 juill. 2005, préc.
11. Pérochon, 10e éd., n° 841 – Saint-Alary-Houin, 9e éd., n° 668.
12. L. n° 94-475, 10 juin 1994, préc.
13. V. déb. Ass. nat., *JOAN CR* 15 oct. 1984, p. 4685.

le terme « sûretés » devant immobilières et devant mobilières. Le texte de l'article L. 641-13, II, vise en effet désormais les créances garanties par « des sûretés immobilières ou par des sûretés mobilières spéciales assorties d'un droit de rétention ou constituées en application du chapitre V du titre II du livre V ». Les sûretés immobilières assorties d'un droit de rétention sont donc incontestablement visées. Un auteur estime toutefois que les sûretés immobilières assorties d'un droit de rétention ne sont pas concernées[1]. Même il s'agit d'un faux problème (v. s[s] n° 456.59), la sûreté assortie d'un droit de rétention ne pouvant véritablement entrer dans un classement.

456.58 Classement en liquidation judiciaire des créanciers titulaires du privilège des frais de justice – problématique de la distraction des frais et dépens de la procédure collective. Dans sa version d'origine, l'article 40 de la loi du 25 janvier 1985[2] ne réservait que la primauté du super privilège. Les frais de justice étaient classés au rang 2 de l'article 40. Le sort des frais de justice antérieurs à l'ouverture de la procédure n'était pas abordé par le texte légal. Il était logiquement jugé que les honoraires des mandataires de justice et plus généralement les frais de justice postérieurs à l'ouverture de la procédure collective l'emportaient sur la créance hypothécaire[3].

> La loi du 10 juin 1994[4], afin de restaurer l'efficacité de certaines sûretés réelles, a modifié le texte de l'article 40 de la loi du 25 janvier 1985. L'article L. 621-32, en son alinéa 2, prévoit qu'en cas de liquidation judiciaire, les créanciers de l'article 40 sont primés par les créanciers titulaires du privilège des frais de justice, alors que pareille précision n'est pas apportée à l'alinéa 1er, en dehors de la liquidation judiciaire.

L'article L. 621-32, alinéa 2 du code de commerce, fait naître une sérieuse difficulté, mettant pour l'essentiel, en jeu le classement des honoraires des mandataires de justice. Un auteur a considéré que l'ensemble des frais de justice de la procédure collective doit primer les créances antérieures assorties de sûretés spéciales[5]. Son opinion, restée isolée en doctrine, a parfois été suivie en jurisprudence[6]. La solution apparaît discutable. Le double visa des frais de justice, d'une part juste après les créances super privilégiées et avant les créances de l'article 40, d'autre part à l'intérieur de l'article 40, et plus spécialement au 2°, oblige à considérer que les frais de justice primant les créanciers de l'article 40 sont ceux antérieurs au jugement d'ouverture[7]. Il n'en sera toutefois ainsi que si le créancier antérieur prend le soin de mentionner, dans sa déclaration de créance, l'existence de son privilège des frais de justice[8].

Le fait générateur des honoraires des mandataires de justice et des frais de greffe étant postérieur au jugement d'ouverture, il ne saurait être question de considérer ces honoraires comme des créances antérieures, primant ainsi les créanciers de l'article 40[9].

> Sous l'empire de la loi du 25 janvier 1985 non réformée, la Cour de cassation avait énoncé que les honoraires des mandataires de justice étaient couverts par l'article 40, alors qu'ils n'étaient pas assortis du privilège des frais de justice[10]. Cette solution doit donc être transposée, sous l'empire de la loi du 10 juin 1994. Les honoraires des mandataires de justice seront couverts par l'article 40[11], qu'ils soient ou non assortis du privilège des frais de justice. Ils seront toujours classés au rang 2 de l'article L. 621-32 du code de commerce, ce texte visant en effet les frais de justice, non les créances garanties par le privilège des frais de justice, de sorte que le classement au sein du rang ne dépend pas de l'existence du privilège des frais de justice. Les créanciers postérieurs de frais de justice, couverts ou non par le privilège des frais de justice, ne pourront donc pas prétendre primer les créanciers antérieurs titulaires de sûreté spéciale, qui sont préférés aux créanciers de l'article 40 ou de l'article L. 621-32[12]. Une opinion[13], que nous n'avons toujours pas réussi à comprendre, a voulu prendre exactement le contre-pied de l'analyse ici exprimée.

> La loi de sauvegarde des entreprises[14]**, dans sa rédaction d'origine**, prévoit que les créances assorties du privilège des frais de justice l'emportent sur les créances postérieures tant en redressement qu'en liquidation judiciaire. L'interprétation donnée sous l'empire de la loi du 25 janvier 1985, dans la rédac-

1. Le Cannu, 7e éd., n° 789.
2. L. n° 85-98, 25 janv. 1985, préc.
3. Paris, 2e ch. B, 8 sept. 2005, RG n° 04/20390.
4. L. n° 94-475, 10 juin 1994, préc.
5. Soinne, n° 1164-1 – Saint-Alary-Houin, n° 602.
6. Paris, 2e ch. B, 24 mai 2007, RG n° 06/00378, *JurisData* 340908.
7. Mestre, Putman et Billiau, *Droit spécial des sûretés réelles*, Lgdj, 1996, n° 609 – Pérochon et Bonhomme, 7e éd., n°s 491 et 493 – Lienhard, 2e éd., n° 945 – Pétel, 5e éd., n° 213.
8. Le Cannu, 7e éd., n° 787.
9. Rapp. : Vallansan, 4e éd., n° 131.
10. Com. 31 mars 1998, n° 95-18.008, *Bull. civ.* IV, n° 120; *JCP E* 1998, jur. 1216, rapp. Rémery; *RTD com.* 1998. 941, obs. Martin-Serf – *Adde*, Courtier, « La nature juridique des frais de la procédure collective », *Rev. proc. coll.* 1999/1, p. 8.
11. *Rapp. J.-J. Hyest*, n° 335 p. 203.
12. Com. 21 sept. 2010, n° 09-68.604, préc. (v. s[s] n° 456.57) – Paris, 2e ch. A, 1er oct. 2002, RG 2001/00890, *SCP Perney Angel ès qual. SCI Xavier/SNVB*, NP.
13. Soinne, « Les frais et émoluments des mandataires de justice ou le syndrome d'une exploitation déficitaire », *Rev. proc. coll.* 2005/1, p. 35 s., sp. p. 38, 39.
14. L. n° 2005-845, 26 juill. 2005, préc.

tion que lui a donné la loi du 10 juin 1994,s semble pouvoir être reconduite, les créanciers de l'article 40 étant désormais plus génériquet les créanciers postérieurs titulaires du privile procédure. La solution a d'ailleurs été clairnt affirmée à l'occasion de la réforme par la du 26 juillet 2005. Il a été énoncé que les frais is-tice, qui comprennent notamment les hon es du liquidateur, seront remboursés en second au sein des créanciers postérieurs[1]. L'opinion ès largement suivie en doctrine[2], à l'exceptionus l'empire de la loi de sauvegarde des entreprise un auteur[3]. Ainsi, lorsque l'article L. 641-13 du c de commerce énonce que « Si elles [Les créanc ées régulièrement après le jugement qui ouvre oro-nonce la liquidation judiciaire, ou dans ce nier cas, après le jugement d'ouverture de la pro ure de sauvegarde ou de redressement judiciaire l'a précédée] ne sont pas payées à l'échéance, ell ont payées par privilège avant toutes les autres cr nces à l'exception de celles qui sont garanties par le rivi-lège établi aux articles L. 143-10, L. 143-11, L. 12-6 et L. 751-15 du code du travail (devenus L. 3 3-2 et L. 3253-3, L. 3253-4 et L. 7313-8), de cell qui sont garanties par le privilège des frais de justie, de celles qui sont garanties par le privilège établ par l'article L. 611-11 du présent code et de celles qui sont garanties par des sûretés immobilières ou par des sûretés mobilières spéciales assorties d'un droit de rétention ou constituées en application du chapitre V du titre II du livre V », il faut comprendre que le visa des créances « garanties par le privilège des frais de justice » ne peut concerner que les créances antérieures de frais de justice[4], et seulement celles garanties par le privilège des frais de justice. Ce visa ne concerne pas les frais de justice postérieurs à l'ouverture de la procédure collective, qui, quant à eux sont visés au rang 2 du III de l'article L. 641-13, qui énonce que le paiement des créances postérieures éligibles au traitement préférentiel non payées à leur échéance se fait dans l'ordre suivant « III. – Leur paiement se fait dans l'ordre suivant : 2° Les frais de justice ».

Énoncer que les honoraires dus aux intervenants de la procédure collective sont des créances du rang 2 de l'article 40, devenu l'article L. 621-32 et, depuis la loi de sauvegarde des entreprises, l'article L. 641-13 du code de commerce, signifie-t-il nécessairement que ces honoraires doivent être payés au rang institué par le texte ? La raison qui permettrait d'en douter tient à une *disposition, l'article L. 622-29* du code de commerce, devenu avec la loi de sauvegarde des entreprises, L. 643-8, alinéa 1er du code de commerce, qui semble devoir trouver ici application et faire ainsi échapper les honoraires dus aux mandataires de justice et au greffe des tribunaux au classement institué. En effet, selon cette disposition, « Le montant de l'actif, distraction faite des frais et dépens de la liquidation judiciaire, des subsides accordés au chef d'entreprise ou aux dirigeants ou à leur famille et des sommes payées aux créanciers privilégiés, est réparti entre tous les créanciers au marc-le-franc de leurs créances admises ». Ainsi, il peut être soutenu que les répartitions au profit des créanciers n'ont à intervenir qu'après paiement des « frais et dépens de la liquidation judiciaire », ce qui autorise le paiement par distraction des honoraires des mandataires de justice et des frais de greffe[5]. Le paiement par distraction ne peut toutefois, à notre sens, porter que sur des sommes disponibles entre les mains des mandataires de justice, ce qui n'est pas le cas en présence d'un report du droit de rétention sur le prix lorsque le liquidateur aura vendu un bien gagé. En outre, cette règle de distraction doit être combinée avec les règles relatives au moment de perception des honoraires par les mandataires de justice. La Cour de cassation n'a pas admis cette interprétation et pose en règle que les dispositions de l'article L. 643-8, alinéa 1 du code de commerce, prévoyant la distraction des frais et dépens de la liquidation judiciaire avant distribution du montant de l'actif, n'autorisent pas le prélèvement prioritaire de l'ensemble des frais de justice sur le prix de vente d'un immeuble hypothéqué en méconnaissance du classement des créances organisé, en cas de liquidation judiciaire, par l'article L. 641-13, I et III du code de commerce, dans sa rédaction antérieure à l'ordonnance du 18 décembre 2008[6]. La formule employée par la Cour de cassation doit conduire à admettre la possibilité de prélever sur le prix de vente du bien réalisé, les frais et dépens correspondant aux frais exposés pour cette réalisation. Il en ira spécialement ainsi des honoraires de réalisation,

1. *Rapp. Xavier de Roux*, n° 2095, p. 222.
2. VALLENS, 2008, n° 3182 – VALLANSAN, 4e éd., n° 131 – PÉTEL, 5e éd., n° 216 – SAINT-ALARY-HOUIN, 5e éd., n° 613 – JACQUEMONT, 5e éd., nos 359 et 374.
3. VIDAL, n° 344.
4. Com. 11 juin 2014, nos 13-17.997, 13-18.112, *Bull. civ.* IV, n° 103 ; n° 605 FS-P+B+I ; *D.* 2014. actu 1270, note Lienhard ; *Gaz. Pal.* 5 oct. 2014, n° 278, p. 33, note Boustani ; *Act. proc. coll.* 2014/13, comm. 238, note Cagnoli et Fin-Langer ; *JCP E* 2014, chron. 1447, n° 9, obs. Pétel ; *Rev. proc. coll.* 2014, comm. 130, note Fin-Langer ; *RTD civ.* 2014. 696, n° 3, note Crocq ; *Rev. proc. coll.* 2015. comm. 26, note Berthelot ; *BJE* 2014. 303, note Le Corre ; *LXB hebdo* 17 juill. 2014, n° 579, note Le Corre.
5. Sénéchal, *Journ. sociétés*, janv. 2007, n° 9, fiches pratiques n° 66 – Trav. 1re compagnie régionale IFPPC, « Les répartitions en matière de procédures collectives », *Gaz. proc. coll.* 2008/3, p. 3 s., sp. p. 10.
6. Ord. n° 2008-1345, 18 déc. 2008, préc. – Com. 11 juin 2014, n° 13-18.112, préc.

en cas de vente par le liquidateur, et de distribution, que doit percevoir ce même liquidateur, au titre de l'opération portant sur le bien en question.

> **L'ordonnance du 18 décembre 2008** emporte modification du II de l'article L. 641-13 du code de commerce (ord. 18 déc. 2008, art. 107), en prévoyant que si ces créances ne sont pas payées à l'échéance, elles sont payées par privilège avant toutes les autres créances à l'exception de celles qui sont garanties par le privilège établi aux articles L. 143-10, L. 143-11, L. 742-6 et L. 751-15 [devenus L. 3253-2 et L. 3253-3, L. 3253-4 et L. 7313-8] du code du travail, de celles qui sont garanties par le privilège des frais de justice nés régulièrement après jugement d'ouverture pour les besoins du déroulement de la procédure, de celles qui sont garanties par le privilège établi par l'article L. 611-11 du présent code et de celles qui sont garanties par des sûretés immobilières ou par des sûretés mobilières spéciales assorties d'un droit de rétention ou constituées en application du chapitre V du titre II du livre V.

Les créanciers postérieurs sont donc notamment primés par le super privilège des salaires et par les frais de justice nés régulièrement après le jugement d'ouverture pour les besoins du déroulement de la procédure. Observons que le texte n'évoque pas les créances postérieures garanties par le privilège des frais de justice, mais seulement les frais de justice postérieurs nés pour les besoins du déroulement de la procédure, ce qui autorise à considérer que la primauté accordée aux créanciers postérieurs de frais de justice n'est pas subordonnée à la condition que ces frais soient utiles aux créanciers auxquels on entend les opposer, condition qui se serait imposée s'il avait été question du privilège des frais de justice.

Il s'agit très clairement de permettre de payer en rang 2, juste derrière le super privilège des salaires, les honoraires des mandataires de justice, les frais de greffe et les honoraires des intervenants de la procédure collective, avocats, commissaires-priseurs, courtiers en marchandises, ou encore huissiers de justice. En opportunité, la solution ne peut être discutée.

En visant les frais de justice nés régulièrement pour les besoins du déroulement de la procédure, les honoraires d'avocat des mandataires de justice seront couverts. Toutefois, en présence d'honoraires de résultat, leur naissance régulière supposera, semble-t-il, une convention d'honoraires, s'ils sont d'un montant important. Les honoraires d'avocat du débiteur ne seront, *a priori* couverts, que s'ils s'inscrivent dans les besoins du déroulement de la procédure. Tel sera le cas s'il est question pour le débiteur de défendre un droit propre inhérent au déroulement de la procédure. En revanche, les actions en justice en défense ou en demande du débiteur, sans rapport avec le déroulement de la procédure, par exemple une action en divorce, ne semblent pas uvoir rentrer dans la catégorie des frais de justice s pour les besoins du déroulement de la procédure.

S'il s'agit de frais de justice nés avant l'ouverture a procédure, non assortis du privilège des frais de ice, la créance antérieure sera une créance chiro-haire, soumise à déclaration au passif. Assortie privilège des frais de justice, la créance devra être arée comme telle au passif. On peut penser aux oraires d'un conciliateur, d'un mandataire *oc* ou de l'avocat assistant le débiteur au dépôt ilan.

il s'agit d'une créance de frais de justice née érieurement au jugement d'ouverture, mais ne espondant pas besoins du déroulement de la édure, elle sera couverte par le privilège des nciers postérieurs en tant que créance née en crepartie d'une prestation fournie au débiteur. Ms, pour qu'il en soit ainsi, il faudra qu'elle soit nependant la période d'observation ou pendant la porsuite d'activité autorisée en liquidation judiciae, non en dehors de cette même poursuite d'activit Elle sera alors payée au dernier rang des créancie postérieurs méritants, c'est-à-dire au rang 4, ne ouvant, à l'intérieur de ce rang, bénéficier d'une caue de préférence liée au privilège des frais de justice, puisque, par hypothèse, une telle créance ne pourra jamais être considérée comme utile aux créanciers auxquels son titulaire entendrait opposer son privilège.

En conséquence de la sortie du classement interne aux créanciers postérieurs, le rang 2 du III de l'article L. 641-13 du code, qui classe entre eux les créanciers postérieurs – classement dit interne – n'est plus occupé par les frais de justice et se trouve attribué aux créances nées de prêts consentis ainsi que les créances résultant de l'exécution des contrats poursuivis conformément aux dispositions de l'article L. 622-13 et dont le cocontractant accepte de recevoir un paiement différé.

Ajoutons que les créanciers postérieurs restent primés par le privilège de la conciliation de l'article L. 611-11 du code de commerce, ainsi que par les créances qui sont garanties par des sûretés immobilières ou par des sûretés mobilières spéciales assorties d'un droit de rétention ou constituées en application du chapitre V du titre II du livre V. Ces dernières sûretés appellent toutefois des observations particulières (v. s^s n° 456.59).

456.59 Classement en liquidation judiciaire des créanciers titulaires de sûretés mobilières spéciales visées par la loi. Le code (C. com., art. L. 621-32, al. 2 [anc^t L. 25 janv. 1985[1], art. 40, al. 2], sous l'empire de la législation antérieure à la loi de sauve-

1. L. n° 85-98, 25 janv. 1985, préc.

garde des entreprises[1], C. com., art. L. 622-17, II, et L. 641-13, II, sous l'empire de la loi de sauvegarde des entreprises) vise les sûretés mobilières assorties d'un droit de rétention. Certains auteurs ont estimé que l'alinéa 2 de l'article 40 (C. com., art. L. 621-32) vaut classement[2] et qu'il faut en conséquence décider que le créancier titulaire d'un droit de rétention serait primé par le super privilège. Cette opinion ne paraît pas pouvoir être suivie, car le législateur n'a, semble-t-il, pas coordonné la codification de l'article 40 (C. com., art. L. 621-32) avec le texte de l'article 159, alinéa 4 (codifié sous C. com., art. L. 622-21) auquel il n'a pas été touché. Ce texte instaure une technique de report du droit de rétention sur le prix. Ces dispositions permettent au créancier gagiste titulaire d'un droit de rétention d'être payé, nonobstant l'existence d'autres créances de rang préférable et notamment le super privilège des salaires. Le report du droit de rétention sur le prix met en jeu la technique de la subrogation réelle[3] (v. aussi n° 583.71). Ces observations restent d'actualité sous l'empire de la loi du 26 juillet 2005[4]. Elles sont d'autant plus, depuis la loi du 4 août 2008 dite loi LME, insérant dans le code civil un 4° à l'article 2286, qui accorde à tous les gagistes sans dépossession qui n'en était pas jusqu'alors dotés, un droit de rétention fictif, leur permettant de profiter du mécanisme du report du droit de rétention sur le prix. Ce texte ne nous semble donc avoir aucune portée pratique, car le créancier titulaire d'un droit de rétention, fut-il fictif, échappera toujours à la règle du concours.

Le législateur n'a raisonné qu'en termes de droit de préférence, oubliant le particularisme du droit de rétention. Nul doute, cependant, qu'il faut continuer à faire jouer le droit de rétention, ce qui a pour intérêt d'autoriser le paiement du créancier gagiste, nonobstant l'existence de créances super privilégiées non payées ou de créances postérieures[6].

Le texte vise également les sûretés constituées en application de la loi du 18 janvier 1951[7] relative au nantissement de l'outillage et du matériel d'équipement, loi codifiée au chapitre V du titre II du livre V du code de commerce. Il s'agit là du nantissement sur matériel et outillage – devenu le gage sur matériel et outillage depuis l'ordonnance du 23 mars 2006[8], réformant le droit des sûretés. C'est, avant la loi du 4 août 2008, dite loi LME, insérant dans le code civil un 4° à l'article 2286, la seule sûreté mobilière sans droit de rétention qui autorise son titulaire à percevoir un paiement préférentiel, par rapport aux créanciers postérieurs. Depuis cette loi, le créancier gagiste sur matériel et outillage bénéficie d'un droit de rétention fictif, qui reste efficace en liquidation judiciaire.

> **Jusqu'à l'ordonnance du 12 mars 2014[9], le législateur n'avait pas compris qu'il ne pouvait être question de faire entrer dans un classement les créanciers gagistes titulaires d'un droit de rétention[10].** Ces derniers échappent en réalité à la loi du concours, puisque, du fait de leur droit de rétention, ils ont vocation à une satisfaction par exclusivité sur le bien réellement ou fictivement retenu. Dès lors, les faire entrer dans un classement n'avait aucun sens. Aussi faut-il féliciter le rédacteur de l'ordonnance du 12 mars 2014 d'avoir réécrit le texte du II de l'article L. 641-13 du code de commerce (ord., art. 68). Désormais, les titulaires de sûretés mobilières spéciales assorties d'un droit de rétention quittent le classement de l'article L. 641-13. Il en est de même des titulaires de sûretés mobilières spéciales constituées en application du chapitre V du titre II du livre V, c'est-à-dire le gage sur matériel et outillage autrefois dénommé nantissement sur matériel et outillage. La loi du 4 août 2008, dite loi LME, leur avait en effet conféré un droit de rétention fictif qui reste efficace en liquidation judiciaire, même s'il est inopposable en période d'observation, de sorte qu'il n'y avait plus de raison de les faire figurer séparément dans un texte de loi régissant la liquidation judiciaire, aux côtés d'autres sûretés spéciales mobilières assorties d'un droit de rétention. En un seul coup, le législateur répare deux malfaçons. Bravo !

> **Depuis l'ordonnance du 12 mars 2014**. L'article L. 641-13, II, du code de commerce, dans la rédaction que lui donne l'article 68 de l'ordonnance du 12 mars 2014, se contente désormais d'indiquer le classement des créanciers postérieurs par rapport à certains créanciers antérieurs, en réservant les droits de rétention opposables à la procédure collective. Il faut donc comprendre que les titulaires de droit de rétention seront payés sans concours sur le prix de vente des biens gagés ou simplement retenus. Mais, il faudra pour cela que les droits de rétention soient opposables à la procédure collective, ce qui suppose

1. L. n° 2005-845, 26 juill. 2005, préc.
2. Chaput, n° 363.
3. Le Corre, « Les créanciers gagistes face au redressement judiciaire et la règle du concours », *Rev. proc. coll.* 1990, p. 21 s., sp. p. 41, n° 29 et réf. cit.
4. Rappr. : L. Aynès et Crocq, *Les sûretés : La publicité foncière*, 3e éd., Defrénois, 2008, n° 449.
5. L. n° 2008-776, 4 août 2008, préc.
6. Montpellier, 26 janv. 1999, *Rev. proc. coll.* 1999, 221, n° 10, obs. Saint-Alary-Houin.
7. L. n° 51-59, 18 janv. 1951, préc.
8. Ord. n° 2006-346, 23 mars 2006, *JO* 24 mars, p. 4475.
9. Ord. n° 2014-326, 12 mars 2014, préc.
10. Boustani, « Les modifications affectant les créances postérieures dans l'ordonnance du 12 mars 2014 », *Gaz. Pal.* 6 avr. 2014, n° 96, p. 43 s., sp. p. 46 – Crocq, *in* Crocq, Reille et Roussel Galle, « Droit des entreprises en difficulté », Chron., *Dr. et proc.* avr. 2014, p. 2 s., sp. p. 8, n° 30.

trois conditions. Tout d'abord, le droit de rétention devra avoir été constitué et, le cas échéant, publié avant l'ouverture de la procédure. Ensuite, la créance garantie devra avoir été déclarée à la procédure collective, condition de son opposabilité. Enfin, si le droit de rétention est l'accessoire d'un gage, la déclaration de créance devra comporter la mention de l'existence du gage, condition de son opposabilité à la procédure collective.

En dehors des sûretés spécialement visées par le texte, le droit de priorité des créanciers postérieurs doit être affirmé.

Le législateur a ainsi voulu conserver au nantissement sur fonds de commerce ainsi qu'au privilège de vendeur de fonds de commerce leur triste sort. La solution ne s'imposait pas nécessairement, car le démarrage de l'activité d'une entreprise individuelle passe très souvent par l'acquisition d'un fonds de commerce, généralement financé par un établissement de crédit. Quoi qu'il en soit, le prêteur aura attention à privilégier le nantissement sur matériel et outillage sur le nantissement sur fonds de commerce, lorsque, dans le financement de l'acquisition du fonds de commerce, il y aura acquisition de matériel.

Le législateur a sans doute oublié quelques sûretés qu'il aurait pu relever au rang des sûretés primant les créanciers postérieurs, par exemple les hypothèques mobilières sur aéronef ou navire. La raison de cette distorsion par rapport au nantissement sur matériel et outillage et aux hypothèques immobilières est difficile à comprendre. Elle ne peut, à notre sens, résulter que d'une inadvertance législative qui aurait pu être réparée, à l'occasion de la loi de sauvegarde des entreprises.

SECTION 456.60 CLASSEMENT INTERNE[1] AUX CRÉANCIERS POSTÉRIEURS

456.61 Énoncé du conflit interne aux créanciers postérieurs. Après avoir énoncé, le classement des créanciers postérieurs par rapport aux créanciers antérieurs, le code de commerce classe entre eux les créanciers postérieurs.

Selon le texte, leur paiement se fait dans l'ordre suivant :

« 1° Les créances de salaires dont le montant n'a pas été avancé en application des articles L. 143-11-1 à L. 143-11-3 du code du travail (devenus C. trav., art. L. 3253-6 et L. 3253-8 à L. 3253-13);

2° Les f[...]e justice (l'ordonnance du 18 décembre 2008 [...]pprimé ce rang 2, les créances de frais de justice [...]térieures au jugement d'ouverture et nées pou[...] besoins du déroulement de la procédure aya[...]uitté le classement interne aux créanciers pos[...]urs);

3° Le[...]êts consentis par les établissements de crédit, [...] que les créances résultant de l'exécution de[...]ntrats poursuivis conformément aux disposi[...]s de l'article L. 621-28 et dont le cocontractan[...]ccepte de recevoir un paiement différé; ces prê[...]t délais de paiement sont autorisés par le juge-c[...]missaire, dans la limite nécessaire à la poursu[...]t de l'activité, pendant la période d'observation [...]ont l'objet d'une publicité. En cas de résiliation [...]'un contrat régulièrement poursuivi, les ind[...]nités et pénalités sont exclues du bénéfice de la [...]ésente disposition. La loi de sauvegarde des en[...]prises[3] a modifié ce texte. D'une part, elle a sup[...]p[...]é dernière l'expression « prêts consentis » les [...]ts « par les établissements de crédit » [C. com., [...]t. L. 622-17, II, 3° et art. L. 641-13, II, 3°]. [...]'autre part, elle a remplacé, pour les indemnités et [...]énalités, le visa « du bénéfice de la présente disposition », par celui « du bénéfice du présent article ». Du fait de la suppression du rang 2 par l'ordonnance du 18 décembre 2008, le 3° devient le 2°;

4° Les sommes dont le montant a été avancé en application du 3° de l'article L. 143-11-1 du code du travail [devenu C. trav., art. L. 3253-8, 4°]. Du fait de la suppression du rang 2 par l'ordonnance du 18 décembre 2008, le 4° devient le 3°;

5° Les autres créances, selon leur rang. » Du fait de la suppression du rang 2 par l'ordonnance du 18 décembre 2008, le 5° devient le 4°.

Les créanciers des rangs autres que le dernier viennent en concours, respectivement, dans leur rang, au marc-le-franc[4]. La date de naissance de la créance sera sans incidence pour leur classement interne[5]. Ils ne pourront primer d'autres créanciers de même rang, par l'inscription de sûretés conventionnelles, les opinions étant cependant divergentes sur la question[6]. Ces dernières ne pourront, à notre sens, servir qu'aux créanciers du dernier rang et autoriseront un classement en tête du dernier rang[7]. *A fortiori*, par l'inscription d'une sûreté, les créanciers d'un rang ne pourront en changer.

1. SELON L'EXPRESSION de : Cabrillac et Mouly, *Droit des sûretés*, 7e éd., Litec, 2004, n° 894.

2. Ord. n° 2008-1345, 18 déc. 2008, préc.
3. L. n° 2005-845, 26 juill. 2005, préc.
4. SOINNE, n° 1159 – *RIPERT ET ROBLOT*, n° 3066.
5. DERRIDA ET *ALII*, n° 418.
6. EN CE SENS : DERRIDA ET *ALII*, n° 418 – LE CANNU, 7e éd., n° 799 – *CONTRA* : SAINT-ALARY-HOUIN, 6e éd., n° 614 – GUYON, n° 1256.
7. DERRIDA ET *ALII*, n° 418 – JACQUEMONT, 7e éd., n° 442.

456.62 **Les créance de salaires non aées par l'AGS, 1er rang descréanciers postérieligibles au traitement préférentiel.** La questdes créances salariales postéreures et qui sont aées par l'AGS ne sera pas étudiée ici (v. ss nos 61, 694.52). Il suffit d'indiquer que les créancesté-rieures non avancées par l'AGS bénéficient das-sement au premier rang des créanciers postérs. La solution s'explique par le caractère alimere des créances de salaires. Les créances assimilau salaire, par exemple les frais de déplacement, é-ficieront de ce rang[1].

La question est ici de savoir s'il ne s'agit ques salaires *stricto sensu*[2] ou de toutes autres créæs nées du contrat de travail[3]. Une cour d'appel a si considéré que le texte n'était pas applicable poes indemnités de rupture[4]. Il a en revanche étégé que l'indemnité de départ à la retraite, alors qule salarié a demandé à faire valoir ses droits à la rettre après le jugement d'ouverture, était concernéet n'avait donc pas à être déclarée au passif[5].

456.63 **Les frais de justice, 2e rang des créanciers postérieurs éligibles au traitement préférentiel avant l'ordonnance du 18 décembre 2008**[6]. Il convient d'abord d'indiquer que le classement interne, au sein du classement réservé aux créanciers postérieurs, des frais de justice, existe sous l'empire de la loi du 25 janvier 1985[7] et sous l'empire de la loi de sauvegarde des entreprises[8], dans sa rédaction d'origine. En revanche, l'ordonnance du 18 décembre 2008 a supprimé les frais de justice du classement interne aux créanciers postérieurs, pour les placer juste après le super privilège des salaires, dès lors qu'il est question de frais de justice nés régulièrement après le jugement d'ouverture de la procédure collective, pour les besoins du déroulement de cette procédure. Peu importe, pour ce classement, que ces frais puissent bénéficier du privilège des frais de justice, non visé par le code de commerce depuis l'ordonnance du 18 décembre 2008.

Sous l'empire de la loi du 25 janvier 1985, l'article 40 vise les frais de justice au 2e rang des créanciers de l'article 40. La loi du 10 juin 1994[9] n'a pas modifié la solution. Le rang 2 des créanciers de l'article L. 621-32 reste donc occupé par les frais de justice.

La loi de sauvegarde des entreprises du 26 juillet 2005, dans sa rédaction d'origine, n'a pas changé la solution et le rang 2 des articles L. 622-17 et L. 641-13 vise identiquement les frais de justice.

Tous ces textes visent les « frais de justice » et non les créances garanties par le privilège des frais de justice. Le fait que les créances en cause soient couvertes par le privilège des frais de justice est donc indifférent pour le classement au sein des créanciers postérieurs.

Dans l'hypothèse où il faudrait reconnaître une utilité à l'attribution du privilège des frais de justice à ceux nés après le jugement d'ouverture, nous apporterons quelques précisions sur l'attribution du privilège des frais de justice en matière de procédure collective.

Les articles 2331 et 2375 du code civil (ex. art. 2101 et 2104) traitent le privilège des frais de justice comme un privilège général. L'idée du législateur est ici d'assurer un paiement préférentiel pour les frais exposés dans le cadre de la conservation et de la réalisation du patrimoine du débiteur.

Ces frais doivent être engagés dans le cadre d'une procédure puisqu'à défaut, ils ne bénéficieraient que du privilège spécial du conservateur[10]. Il n'en va pas ainsi des honoraires dus à un commissaire aux comptes, puisque les frais engagés l'ont été pour répondre à des exigences fiscales et légales, non pour assurer la conservation du patrimoine du débiteur[11].

La notion de procédure doit être entendue au sens large. Il n'y a pas nécessité d'une action en justice, mais plus généralement, il s'agira de toutes formalités destinées à préserver et à faire valoir le droit de gage général[12]. Il n'y a donc pas de difficulté à considérer, à cet égard, que la notion de privilège des frais de justice a pleine vocation à s'exercer dans le cadre de la procédure collective[13]. D'une manière qui peut apparaître sévère, la jurisprudence considère toutefois que seule la partie des honoraires tari-

1. Angers, 3e ch., 27 févr. 1990, cité par Derrida et *alii*, note 1796.
2. En ce sens : Derrida et *alii*, no 418 – *Ripert et Roblot*, no 3066 – Guyon, no 1255.
3. En ce sens : Soinne, no 1152 – M. Cabrillac, « L'article 40 de la loi nouvelle et les nouveaux privilèges de procédure », *Rev. proc. coll.* 1986, p. 13 s. – Donette, « La notion de "créances de salaires" au sens des articles L. 622-17, III, 1), et L. 641-13, III, 1° du code de commerce », *BJE* nov. 2012, Doctr. 169.
4. Paris, 14 mars 1989, *JCP E* 1990. II. 15668, no 18, obs. Pétel; *Rev. proc. coll.* 1990, 235.
5. Soc. 13 févr. 2008, no 06-44.277, NP, *Rev. proc. coll.* 2008/3, p. 61, no 142, note Legrand.
6. Ord. no 2008-1345, 18 déc. 2008, préc.
7. L. no 85-98, 25 janv. 1985, préc.
8. L. no 2005-845, 26 juill. 2005, préc.
9. L. no 94-475, 10 juin 1994, préc.
10. Com. 19 oct. 1970, no 69-11.606, *Bull. civ.* IV, no 272.
11. Colmar, 1re ch. A, 2 mars 1999, *Bull. Joly* 2000. 45, no 7, note Barbièri – Paris, 3e ch. A, 18 mai 1999, *D.* 2000. Somm. 387, obs. Piedelièvre – Paris, 3e ch. A, 14 oct. 2003, RG no 2002/14341, *RD banc. fin.* 2004/3, p. 188, no 129, obs. Lucas.
12. M. Cabrillac et Mouly, *Droit des sûretés*, 7e éd., Litec, 2004, no 587.
13. M. Cabrillac et Mouly, *Droit des sûretés*, préc., no 588.

fés de l'avocat peut être couverte par le privilège des frais de justice, au contraire de la partie des honoraires fixée en accord avec le client[1]. L'opinion contraire a cependant été soutenue[2]. La solution revient à priver l'avocat du privilège des frais de justice pour l'essentiel des honoraires dus dans le cadre des procédures collectives.

Les dépens d'appel constituent des frais privilégiés de procédure[3]. S'il n'y a pas de difficulté à passer en frais privilégiés de procédure les honoraires de l'avoué, et désormais de l'avocat du débiteur ou des mandataires de justice, la question peut, sous l'empire de la loi de sauvegarde des entreprises, se poser pour les honoraires de l'avoué et désormais de l'avocat de la partie adverse, qui seraient mis à charge de la procédure collective. Sont-ils éligibles au traitement préférentiel ? La seule possibilité, pour répondre à la question par l'affirmative, serait de considérer qu'ils ont été utiles au déroulement de la procédure. Rien n'est moins sûr et la question va donc se poser de savoir si la procédure collective doit être condamnée à supporter les honoraires adverses ou si ces honoraires doivent, dans l'hypothèse où ils sont mis à charge de la procédure collective, être déclarés au passif dans les deux mois de leur exigibilité, comme une créance née régulièrement après jugement d'ouverture, mais ne bénéficiant pas du traitement préférentiel.

Il est établi de longue date que le privilège des frais de justice peut garantir tous les frais d'administration de la procédure collective[4]. Le caractère ancien de cette jurisprudence n'a d'égal que sa constance. Dans ce cadre, il est également admis que sont couverts par le privilège des frais de justice, les émoluments dus aux mandataires de justice désignés dans la procédure collective[5]. En pratique, le poste le plus important de ces frais sera donc constitué par les honoraires des mandataires de justice, des commissaires-priseurs et les frais de greffe.

On rappellera que le privilège des frais de justice n'est opposable qu'aux créanciers à qui les frais ont été utiles[6]. Cette solution du droit commun doit-elle continuer à s'appliquer en cas de procédure collective ? Aucun texte ne semble l'écarter. Spécialement, l'article L. 621-32 du code de commerce, dans sa rédaction antérieure à la loi du 26 juillet

, les articles L. 622-17 et L. 641-13, dans la ation issue de la loi de sauvegarde des entreprises estent muets. Ainsi, ne saurait être approuvée la sion d'une cour d'appel[7] qui avait relevé que icle 40 (C. com., art. L 621-32) déroge à l'article 2375 du code civil (ex art. 2104), en ne faisant une distinction selon que les frais ont été ou non es à la conservation et à la réalisation des biens dus. Cette solution semble bien difficile à suivre, pour créer une exception à un principe, il faut r cela un texte exprès qui n'existe pas en l'espèce.

Faute de mise à l'écart du droit commun par la islation des procédures collectives, les règles civiles classiques de détermination de la notion de vilège des frais de justice doivent être respectées. est pourquoi, il doit s'agir de frais engagés dans ntérêt commun des créanciers pour conserver, uider ou réaliser les biens du débiteur et pour en stribuer le prix[8], comme cela résulte déjà d'une jurisprudence ancienne[9].

Les frais exposés doivent avoir profité aux créanciers auxquels on entend les opposer pour qu'ils puissent être couverts par le privilège des frais de justice. Il est établi, selon une jurisprudence non démentie, même en matière de procédure collective, que le privilège des frais de justice n'est opposable au créancier titulaire d'une sûreté spéciale que dans la mesure où ces frais lui ont été utiles. Ils doivent donc, conformément à la nature de frais de justice, en droit commun, d'une part avoir servi à la conservation, à la liquidation ou à la réalisation du bien grevé et, d'autre part, avoir été engagés dans l'intérêt commun des créanciers[10].

Le privilège sera accordé à l'administrateur judiciaire pour le droit fixe alloué sous l'empire de la législation antérieure à la loi de sauvegarde des entreprises, pour le droit proportionnel alloué au titre de l'élaboration du bilan économique, social et environnemental, pour le droit proportionnel alloué sur le chiffre d'affaires réalisé au titre de la poursuite d'activité, pour le droit proportionnel alloué sur le prix de cession, pour l'élaboration du diagnostic, dans la procédure de sauvegarde et dans celle de redressement judiciaire, pour le droit proportionnel alloué en cas de comités de créanciers dans la procédure de sauvegarde et dans celle de

1. Com. 4 janv. 2005, n° 03-12.810, NP – *Adde*, Aix-en-Provence, 8e ch. A, 16 avr. 1992, *Rev. proc. coll.* 1993, 67, n° 5, obs. Saint-Alary-Houin.
2. SOINNE, n° 1153.
3. AINSI : Com. 18 sept. 2007, n° 06-18.549, NP; n° 996 F-D.
4. Civ. 13 avr. 1859, *DP* 1859. I. 417 – Civ. 18 mai 1881, *S.* 1882. I. 57.
5. AINSI : Colmar, 11 févr. 1936, *DH* 1936. 226 – *Adde*, SOINNE, n° 2338.
6. Com. 5 déc. 1995, n° 92-16.323, *Bull. civ.* IV, n° 285; *RTD civ.* 1996. 433, obs. Crocq.
7. Montpellier, 21 juin 1993, *Rev. proc. coll.* 1995, 303, obs. Saint-Alary-Houin.
8. AINSI : Paris, 2e ch. B, 8 sept. 2005, RG n° 04/20390 – Paris, 3e ch. A, 27 mars 2007, *Rev. proc. coll.* 2007/3, p. 127, n° 6, obs. Lebel.
9. Req. 25 juill. 1893, *DP* 1893. I. 599 – Civ. 5 févr. 1900, *DP* 1900. I. 219 – Civ. 15 févr. 1938, *DH* 1938. 177.
10. Com. 19 oct. 1970, n° 69-11.606, *Bull. civ.* IV, n° 272 – Com. 5 déc. 1995, n° 92-16.323, *Bull. civ.* IV, n° 285; *D.* 1996. Somm. 389, obs. Piedelièvre; *RTD civ.* 1996. 433, obs. Crocq.

redressement judiciaire, pour le droit proportionnel calculé sur le montant de l'augmentation des fonds propres prévue par un plan de sauvegarde ou de redressement.

Le privilège sera reconnu au représentant des créanciers ou au mandataire judiciaire pour le droit fixe, pour le droit alloué pour la vérification des créances non salariales, pour l'établissement des relevés de créances salariales, pour l'enregistrement des créances non salariales sous l'empire de la loi de sauvegarde, pour le droit fixe alloué, sous l'empire de la loi de sauvegarde des entreprises, pour la répartition de fonds entre les créanciers, pour celui alloué pour le contentieux portant sur une demande en revendication ou en restitution.

Le privilège bénéficera au liquidateur pour le droit fixe, pour le droit alloué pour la vérification des créances non salariales, pour l'établissement des relevés de créances salariales, pour l'enregistrement des créances non salariales, sous l'empire de la législation de sauvegarde des entreprises, pour le recouvrement et la réalisation des actifs, pour le droit fixe alloué au titre des obligations relatives aux sites pollués sous l'empire de la législation de sauvegarde des entreprises, pour le droit proportionnel alloué au titre de la poursuite provisoire de l'activité sous l'empire de la loi de sauvegarde des entreprises, pour le droit fixe proportionnel alloué, sous l'empire de la loi de sauvegarde des entreprises, pour les encaissements de fonds, pour le droit proportionnel alloué au titre des répartitions effectuées au profit des créanciers, sous l'empire de la loi de sauvegarde des entreprises.

Tous les honoraires alloués au commissaire à l'exécution du plan semblent devoir bénéficier du privilège des frais de justice, puisqu'ils sont utiles à la collectivité des créanciers participant au plan.

Le privilège sera au contraire refusé chaque fois que les honoraires en question ne seront pas utiles à la collectivité des créanciers. Il en sera spécialement ainsi si le mandataire de justice perçoit des émoluments sur une vente qu'il n'a pas réalisée, celle-ci ayant été réalisée avant le jugement d'ouverture[1]. Il en sera de même des honoraires liés à la contestation de créance, qui ne peuvent être utiles au créancier contesté, mais qui ne sont pas davantage utiles au créancier primant celui dont la créance est contestée. La solution vaut à notre sens pour le droit proportionnel alloué avant la loi de sauvegarde des entreprises, mais aussi pour le droit fixe alloué au mandataire judiciaire pour l'instance en contestation des créances autres que salariales, sous l'empire de la loi de sauvegarde des entreprises. La solution vaut aussi, à notre sens, pour le droit fixe alloué au mandataire judiciaire pour une instance prud'homale, n'intéresse par hypothèse pas la collectivité des créanciers.

les honoraires du mandataire de justice ne peuvent bénéficier du privilège des frais de justice, il reste de savoir quel sera leur sort. On a vu précédemment (v. s[s] n° 456.58) qu'ils bénéficiaient toujours de la qualification de créance postérieure, compte tenu de leur fait générateur postérieur au jugement d'ouverture. Mais, ne pouvant bénéficier du rang, ils bénéficieront seulement du 5e rang.

456.64 Les créances résultant de prêts[2] et de contrats continués avec octroi de délais. Sous l'empire de la législation antérieure à la loi de sauvegarde des entreprises[3], seuls les concours octroyés par les établissements de crédit peuvent bénéficier du texte. À l'occasion de la réforme du 26 juillet 2005, la commission des affaires économiques du Sénat a fait observer qu'« une telle restriction ne paraît plus avoir de justification. Durant la période d'observation, d'autres personnes que les établissements de crédit (associés, entourage...) peuvent accorder des prêts à l'entreprise »[4]. Elle a en conséquence adopté un amendement étendant aux prêts autres que ceux consentis par les établissements de crédit, le bénéfice du classement avantageux prévu par l'article L. 622-17. La commission des lois du Sénat a adopté également un amendement en ce sens, estimant qu'« une telle restriction n'apparaît pas avoir de justification réelle »[5].

Ensuite, avant comme depuis la loi de sauvegarde, les textes (C. com., art. L. 621-32, al. 2, 3°, avant la loi de sauvegarde des entreprises, C. com., art. L. 622-17, II, 3° depuis cette loi) visent les « prêts » et non toutes formes de concours. Faut-il interpréter strictement ce texte ? Les travaux préparatoires de la loi du 25 janvier 1985[6] permettent de répondre à la question. Il avait en effet été suggéré de remplacer le terme « prêts » par le terme « crédits »[7]. Cette suggestion a reçu un accueil défavorable du garde des Sceaux qui a fait observer que « si le prêt peut être contrôlé, le crédit en revanche n'est pas contrôlable[8] ». C'est donc la difficulté de contrôler les simples ouvertures de crédit qui a justifié le rejet de l'amendement. Les travaux préparatoires permettent ainsi de considérer que le texte doit rece-

1. Paris, 2e ch. B, 1er juill. 2004, RG n° 2004/01487.

2. Calendini, « Les crédits consentis après l'ouverture du redressement judiciaire », *Banque et droit* 1990, 135.
3. L. n° 2005-845, 26 juill. 2005, préc.
4. Avis n° 337 de Christian Gaudin, *Doc. Sénat*, au nom de la commission des affaires économiques, p. 86.
5. *Rapp. J.-J. Hyest*, n° 335, p. 207.
6. L. n° 85-98, 25 janv. 1985, préc.
7. Interv. Dailly, *JO Sénat CR*, séance 13 avr. 1994, p. 1920.
8. Interv. Méhaignerie, *JO Sénat CR*, séance 13 avr. 1994, p. 1925.

voir une interprétation restrictive. Des opns contraires ont cependant été émises sur la qun[1]. C'est ainsi qu'a été refusée l'application dute à des ouvertures de crédit continuées après juent d'ouverture[2], l'opinion contraire ayant cepent été soutenue[3]. Les articles L. 622-17, II, et L. 643, II, depuis la loi de sauvegarde des entreprisensti-tuent un véritable privilège. L'interprétatiorstric-tive s'impose donc, puisqu'il n'y a pas de vilège sans texte. Il est en tout cas certain que cette ne saurait concerner les locations financières[4].

La disposition analysée s'intéresse égalemt aux créances résultant de l'exécution des conts en cours. Il faut qu'il s'agisse de contrats conclavant jugement d'ouverture et non de contra nou-veaux[5]. Mais peu importe le type de conts en cause. Ils sont tous concernés[6].

Le bénéfice du 3ᵉ rang de cette dispositio sup-pose que le juge-commissaire ait autorisé le rêt ou les délais de paiement consentis par le cocntrac-tant. Même si la solution contraire a été soutnue[7], l'absence d'autorisation n'a pas pour effet depriver les créanciers du bénéfice de l'article L. 621-32, avant la loi de sauvegarde, du bénéfice des articles L. 622-17 et L. 641-13, depuis cette loi, dès lors du moins que la règle de répartition des pouvoirs entre le débiteur et les organes de la procédure a été res-pectée, pour que la créance soit « née régulièrement ». Le créancier sera rétrogradé de son rang au der-nier rang des créanciers postérieurs éligibles au trai-tement préférentiel[8]. L'opinion contraire est parfois soutenue : le créancier perdrait le complet bénéfice du privilège[9].

L'ordonnance du 18 décembre a supprimé le rang 2 dans le classement institué, c'est-à-dire le rang occupé par les frais de justice. Cela conduit à décaler au rang 2 les créances figurant auparavant au rang 3.

La législation de sauvegarde des entreprises reprend une solution du décret du 27 décembre 1985[10] (art. 60) destinée à assurer une exacte information des tiers. L'article R. 622-14 du code de commerce (ancᵗ D. 28 déc. 2005[11], art. 89), texte de la sauve-garde applicable en redressement judiciaire (C. com., art. R. 631-20 [ancᵗ D. 28 déc. 2005, art. 189]) pré-voit que la décision qui autorise les prêts ou les délais de paiement est transcrite sur le registre tenu à cet effet au greffe du tribunal avec l'indication de l'identité du débiteur, du montant des prêts, de l'iden-tification de l'organisme prêteur et de l'échéance des prêts ou des délais de paiement. L'article 62 du décret du 23 décembre 2006[12] a inséré dans le décret du 28 décembre 2005 un article 233-2 (devenu C. com., art. R. 641-22) reproduisant en liquidation judi-ciaire avec poursuite provisoire d'activité la solu-tion. Le visa de « l'organisme » prêteur aurait dû être supprimé compte tenu de l'extension du champ d'application de la règle qui ne concerne plus uni-quement les établissements de crédit, mais tout prê-teur, fût-il un particulier[13].

Cette autorisation donnée sous forme d'ordon-nance du juge-commissaire sera soumise au droit commun des voies de recours sur les ordonnances du juge-commissaire. L'autorisation doit faire l'objet d'une mention au registre du commerce, au réper-toire des métiers ou au registre des personnes mora-les non commerçantes, selon le cas. En Alsace-Moselle, la mention sera portée au registre des entreprises.

L'autorisation du juge-commissaire doit interve-nir « dans la limite nécessaire à la poursuite de l'activité pendant la période d'observation ». Il en résulte que pareille autorisation ne saurait être accordée pendant la poursuite provisoire d'activité autorisée en liquidation judiciaire, la doctrine étant cependant divisée sur la question[14].

456.65 Remboursement des créances salariales avancées par l'AGS[15]. L'article L. 3253-8, 5° du code du travail (ancᵗ C. trav. art. L. 143-11-1, al. 2, 3°) fait bénéficier de la garantie de l'AGS certaines som-mes dues au salarié après l'ouverture de la procédure (v. sˢ nº 693.11).

L'AGS doit régler les créances postérieures au jugement dans les cinq jours de la réception des relevés de créances salariales. Ces relevés doivent eux-mêmes être établis dans les dix jours du juge-ment d'ouverture. Ainsi le règlement devra-t-il être effectué dans les quinze jours du jugement d'ouver-ture.

1. AINSI : SAINT-ALARY-HOUIN, 9ᵉ éd., nº 670 – JACQUEMONT, 6ᵉ éd., nº 429.
2. Limoges, 28 avr. 1988, *RD banc. et bourse* 1988, 206, obs. Dekeuwer-Défossez.
3. Jeantin, note sˢ Com 8 déc. 1987, *JCP* 1988. II. 20928 – SAINT-ALARY-HOUIN, 6ᵉ éd., nº 613 – RIPERT ET ROBLOT, nº 3066.
4. Grenoble, 2 nov. 1987, *LPA* 29 août 1988, p. 2, obs. Gallet.
5. *Rapp. Thyraud,* Sénat doc. adm. nº 332, p. 96.
6. SOINNE, nº 1156 – RIPERT ET ROBLOT, nº 3066.
7. GUYON, nº 1255.
8. Paris, 3ᵉ ch. A, 26 oct. 1999, *LPA* 25 avr. 2000 nº 82, p. 11, note Courtier – *Adde*, DERRIDA ET *ALII*, nº 418 – SOINNE, nº 1156 – RIPERT ET ROBLOT, nº 3066 – CHAPUT, Nº 551 – LE CANNU, 7ᵉ éd., nº 796 – Pétel, 9ᵉ éd., nº 227.
9. Jacquemont, 7ᵉ éd., nº 442.
10. D. nº 85-1388, 27 déc. 1985, *JO* 29 déc., p. 15281.
11. D. nº 2005-1677, 28 déc. 2005, préc.
12. D. nº 2006-1709, 23 déc. 2006, préc.
13. AUSSI : Roussel Galle, « Actualité de la loi de sauvegarde des entreprises », *Rev. proc. coll.* 2007/1, p. 31, nº 17.
14. EN CE SENS : SAINT-ALARY-HOUIN, 9ᵉ éd., nº 669 – *CONTRA* : SOINNE, nº 1156.
15. Le Corre, « Pour une clarification du traitement des créances de remboursement des avances de l'AGS », *D.* 2014. 378.

Au sein de l'article L. 621-32 du ce commerce, sous l'empire de la législation aure à la loi de sauvegarde des entreprises[1], rticles L. 622-17, II, et L. 641-13, II, du code, sempire de la législation issue de la loi de saurde des entreprises, l'AGS ne bénéficie que dutrième rang des créanciers postérieurs pour lommes qu'elle avance au titre de créances postures au jugement d'ouverture, ce qui est loin de garantir le remboursement intégral des sommes acées.

Rappelons que, en sauvegarde, l'AGS avance aucune créance antérieure. En sauvegarde em redressement judiciaire, l'AGS avance des somms dues au titre de créances postérieures, mais seulenent si la liquidation judiciaire est ensuite prononcée Il est donc logique de ne pas prévoir de règles spéifiques de remboursement des créances postérieures pour l'AGS en sauvegarde et en redressement judiciaire. C'est pourquoi l'ordonnance du 18 décembre 2008[2] a supprimé à l'article L. 622-17, III, le visa des sommes avancées par l'AGS, pour ne le maintenir qu'à l'article L. 641-13, en cas de liquidtion judiciaire. Du fait de la suppression, dans l'aticle L. 641-13 du code de commerce du rang 2 (frais de justice), l'AGS est classé au rang 3.

Il importe toutefois de coordonner les règles de classement visées dans les dispositions du code de commerce avec la règle énoncée par l'article L. 3253-16, 2° du code du travail, issu de la rédaction que lui a donnée la loi du 21 janvier 2008[3] (v. ss n° 694.52).

Sous l'empire de la législation antérieure à la loi de sauvegarde des entreprises, en cas de résolution d'un plan de continuation, il y a ouverture d'une seconde procédure. Les créances de l'article L. 621-32 du code, créanciers de l'article 40, de la première procédure sont des créances antérieures dans la seconde. Cette règle posée pour le créancier (v. ss n° 451.12) vaut identiquement pour l'AGS subrogée dans les droits du salarié créancier.

La règle est modifiée par la loi de sauvegarde des entreprises. La résolution d'un plan de sauvegarde ou de redressement reste sans incidence sur le privilège reconnu aux créanciers postérieurs éligibles au traitement préférentiel (v. ss n° 456.14). Les créances continueront à bénéficier du privilège réservé aux créanciers postérieurs, au même rang, que ce soit directement *ou, pour l'AGS, par subrogation.*

456.66 Dernier rang des créanciers postérieurs éligibles au traitement préférentiel : les autres créances selon leur rang. Tous les créanciers postérieurs bénéficiant du privilège qui n'ont pas pu bénéficier de l'un des rangs précédents viennent au dernier de l'article L. 621-32, avant la loi de sauvegarde[4], des articles L. 622-17, III, et L. 641-13, III, du code, sous l'empire de la législation issue de la loi de sauvegarde des entreprises.

L'ordonnance du 18 décembre 2008[5] a supprimé à l'article L. 622-17, III, le visa des frais de justice et celui des sommes avancées par l'AGS. En conséquence, le rang 5 devient le rang 3. Cette ordonnance a également supprimé à l'article L. 641-13 le visa des frais de justice. En conséquence, le rang 5 devient le rang 4.

À l'intérieur de ce dernier rang, le législateur invite encore à un classement qui a deux origines : d'une part les privilèges généraux dont bénéficient certains créanciers, tels le fisc ou l'Urssaf; d'autre part les sûretés spéciales prises par des créanciers postérieurs, puisqu'ils ne sont pas, *a priori*, affectés par la règle de l'arrêt du cours des inscriptions. En outre, l'hypothèque aura pu être constituée avant le jugement d'ouverture pour garantie d'une créance postérieure, en présence d'une hypothèque rechargeable[6]. Ces sûretés spéciales ne permettront pas aux créanciers de sortir du dernier rang (v. ss n° 456.61), mais les autoriseront à être classés en tête des créanciers du dernier rang.

1. L. n° 2005-845, 26 juill. 2005, préc.
2. Ord. n° 2008-1345, 18 déc. 2008, préc.
3. L. n° 2008-67, 21 janv. 2008, *JO* 22 janv., p. 1122.
4. L. n° 2005-845, 26 juill. 2005, préc.
5. Ord. n° 2008-1345, 18 déc. 2008, préc.
6. Le Cannu, 7e éd., n° 790.

TITRE

460. Préservation des actifs – Mesures conservatoires

SECTION 0
ORIENTEUR

460.00 Plan du titre.

Chap.	461	**Détournement du courrier et remise des documents et livres comptables**
Sect.	461.10	Détournement du courrier (v. aussi, en liquidation, ss n° 552.51)
Sect.	461.20	Remise des documents et livres comptables
Chap.	462	**Préservation des actifs du débiteur**
Sect.	462.10	Règles générales de préservation des actifs du débiteur
Sect.	462.20	Apposition des scellés
Sect.	462.30	Inventaire
Sect.	462.40	Autres mesures à caractère conservatoire
Chap.	463	**Règles relatives aux parts et actions des dirigeants de la personne morale débitrice**
Sect.	463.10	Nature juridique et fondement de la mesure d'incessibilité des parts et actions des dirigeants de la personne morale débitrice
Sect.	463.20	Portée et domaine de la mesure d'incessibilité des parts et actions des dirigeants de la personne morale débitrice
Sect.	463.30	Modalités de la mesure d'incessibilité des parts et actions des dirigeants de la personne morale débitrice
Sect.	463.40	Sanctions de la mesure d'incessibilité des parts et actions des dirigeants de la personne morale débitrice

460.03 Bibliographie indicative. (V. les références complètes ss n° 031)

> Actualisables. Avant LSE : Rép. com., Monsérié-Bon M.-H., « Entreprises en difficulté – Redressement judiciaire (Période d'observation) », [nos 26 à 46] – J.-Cl. com., Martin-Serf A., fasc. 2310 [Mesures et actes conservatoires], 2014 – J.-Cl. com., Dumont-Lefrand M.-P., fasc. 2325, [Situation du débiteur], 2008.

> Ouvrages antérieurs à la loi de sauvegarde des entreprises. Chaput, nos 369 à 371 – Guyon, nos 1198 à 1202 – Jacquemont, nos 242 à 245, 247 – Kerckhove, nos 423 à 427, 429 – Le Cannu, n° 859 – Le Cannu et *alii*, nos 446 à 454, 618 à 632 – Le Corre-Broly, nos 179 à 183 – Martin et Vallens, nos 2980 à 2989 – Pérochon et Bonhomme, nos 179 à 181 – Pételn n° 162 – Ripert et Roblot, nos 3027 à 3030, 3032 – Saint-Alary-Houin, nos 532, 697 à 652 – Soinne, nos 1237 à 1261 – Vallansan, p. 62 à 67.

> Ouvrages postérieurs à la loi de sauvegarde des entreprises. Gibirila, nos 372 à 382 – Jacquemont et Vabres, 9e éd., nos 340 à 350 – Le Cannu, 7e éd., nos 330, 561 à 568, 1138 – Lienhard, 6e éd., nos 74.11 à 74.20, 115.16, 122.34, 122.37 – Pérochon, 10e éd., nos 667 à 671, 678, 1113, 1117 – Roussel Galle, nos 246 à 251 – Saint-Alary-Houin, 9e éd., nos 570, 816 à 829, 1097, 1198, 1205 – Vallansan et *alii*, 6e éd., p. 85 à 88, 309, 310, 361, 362 – Vallens, 2015, nos 3202 à 3210, 3214, 4397, 4398 – Vidal et Giorgini, nos 1367, 1372, 1970 à 1977 – Voinot, 2e éd., 2013, nos 338 à 342, 350, 351, 568 à 571.

> Articles. Lebel Ch., « Les mesures conservatoires dans l'ordonnance du 18 décembre 2008 », *Rev. proc. coll.* 2009/1, 6, p. 52 – Roussel Galle Ph., « Établissement de l'inventaire des biens du débiteur en redressement ou liquidation judiciaire par les commissaires-priseurs, huissiers et notaires », *Dr. et proc.* 2004/6, p. 308.

CHAPITRE

461. Détournemer du courrier et remise des document et livres comptables

SECTION 0 ORIENTEUR

461.00 **Plan du chapitre.**

Sect. 461.10 Détournement du courrier (v. aussi, en liquidation, s^s n° 552.51)

Sect. 461.20 Remise des documents et livres comptables

461.01 **Textes applicables.** (V. les références complètes s^s n° 011).

> Législation antérieure à la loi de sauvegarde des entreprises.

C. com., art. L. 621-17, L. 621-20

> Législation issue de la loi de sauvegarde des entreprises.

C. com., art. L. 622-5, L. 631-14, I

> Législation issue de l'ordonnance du 18 décembre 2008.

C. com., art. L. 622-5, L. 631-14, al. 1er

461.03 **Bibliographie indicative.** (V. les références complètes s^s n° 031 – Aussi s^s n° 460.03).

SECTION 461.10 DÉTOURNEMENT DU COURRIER (V. AUSSI, EN LIQUIDATION, S^S N^O 552.51)

461.11 **Détournement du courrier sous l'empire de la législation antérieure à la loi du 26 juillet 2005** [1]. L'article L. 621-20 du code de commerce, sous l'empire de la loi du 25 janvier 1985 [2] (anc^t 5 janv. 1985, art. 29), s'intéresse au détourne-nt du courrier. Le détournement du courrier sera lonné par le juge-commissaire. Le courrier sera ors remis à l'administrateur. Celui-ci informera le biteur pour que ce dernier puisse assister à son werture. L'administrateur devra restituer immé-iatement au débiteur le courrier à caractère per-onnel.

En pratique, il faudra faire notifier l'ordonnance de détournement du courrier non seulement au débiteur, mais encore à l'administration des postes [3].

Cette règle constitue, en période d'observation, une mesure conservatoire dans la mesure où les organes de la procédure pourront avoir accès à des informations sur les biens du débiteur, qu'ils n'auraient pu avoir, sans ledit détournement, qu'il s'agisse de courriers provenant de débiteurs du débiteur ou de créanciers de celui-ci. Dans les deux cas, ces courriers pourront permettre de mettre en évidence l'existence de tel ou tel bien sûr lequel le débiteur, soudain amnésique, aurait pu faire l'impasse... On peut spécialement songer aux courriers de l'administration fiscale, par exemple ceux relatifs aux impôts fonciers, qui permettront de révéler des biens immobiliers.

461.12 **Absence de détournement du courrier sous l'empire de la loi du 26 juillet 2005** [4]. La loi du 26 juillet 2005 a purement et simplement sup-

1. L. n° 2005-845, 26 juill. 2005, *JO* 27 juill., p. 12187.
2. L. n° 85-98, 25 janv. 1985, *JO* 26 janv., p. 1097.
3. IFPPC 1999, recomm. n° 1090, p. 24.
4. L. n° 2005-845, 26 juill. 2005, préc.

primé la possibilité de détournement du courrier en période d'observation. La solution se comprend aisément dans la procédure de sauvegarde, puisque le débiteur demeure à la tête de son entreprise. Mais elle a également été étendue à la procédure de redressement judiciaire.

SECTION 461.20

REMISE DES DOCUMENTS ET LIVRES COMPTABLES

461.21 Remise des documents et livres comptables. L'article 46, alinéa 2 du décret du 27 décembre 1985[1] prévoyait que « dès que le jugement d'ouverture, tout tiers détenteur est tenu de remettre à l'administrateur, ou à défaut au représentant des créanciers, à la demande de celui-ci, les documents et les livres comptables en vue de leur examen ».

Ce texte a été repris, mais dans le cadre des opérations de codification, a été introduit dans la partie législative pour devenir l'article L. 621-17 du code de commerce, car il a été observé que, pour vaincre l'inertie d'un détenteur, par exemple un expert-comptable non payé de ses prestations, il fallait un texte législatif. En liquidation judiciaire, la demande émanera du liquidateur (D. 27 déc. 1985, art. 118-2, al. 2).

La réforme issue de la loi du 26 juillet 2005[2] reprend la solution. C'est l'objet de l'article L. 622-5 du code.

En présence d'un entrepreneur individuel à responsabilité limitée, qui est à la tête de plusieurs entreprises, la règle ne s'applique qu'aux seuls documents comptables relatifs à l'entreprise concernée par la procédure collective.

Ce texte ne semble pas permettre de tenir en échec le droit de rétention de l'expert-comptable en cas de non-paiement de sa créance d'honoraires[3], dès lors du moins qu'elle est déclarée au passif[4], l'opinion contraire ayant cependant été soutenue[5].

Un amendement tendait à permettre au chef d'entreprise de ne remettre qu'une copie des documents comptables. Cet amendement a été repoussé[6]. Il est donc clairement établi que les documents comptables devront être présentés en original.

Aucun délai précis n'est prévu pour la remise à l'administrateur, par le débiteur, des documents comptables. Il a été dit que « cette remise est attendue sans délai »[7]. Pour assurer l'exécution de cette obligation, un nouveau cas d'interdiction de gérer est prévu.

1. D. n° 85-1388, 27 déc. 1985, *JO* 29 déc., p. 15281.

2. L. n° 2005-845, 26 juill. 2005, préc.
3. JACQUEMONT ET VABRES, 9e éd., n° 346.
4. SOL. IMPL. : Com. 30 juin 2004, n° 01-14.075, NP.
5. VALLENS, 2015, n° 3165.
6. Amend. n° 442 rectifié, interv. Arnaud Montebourg, *JOAN CR*, 2e séance du 3 mars 2005, p. 1655.
7. *Rapp. Xavier de Roux*, n° 2095, p. 207.

CHAPITRE
462. Préservation des actifs du débiteur

SECTION 0
ORIENTEUR

462.00 Plan du chapitre.

Sect.	462.10	Règles générales de préservation des *actifs* du débiteur
Sect.	462.20	Apposition des scellés
Sect.	462.30	Inventaire
Sect.	462.40	Autres mesures à caractère conservatoire

462.01 Textes applicables. (V. les références complètes s[s] n° 011).

> Législation antérieure à la loi de sauvegarde des entreprises.

C. com., art. L. 621-16, L. 621-18, L. 622-4

D. 27 déc. 1985, art. 46, 48 à 51, 118-2, al. 2

> Législation issue de la loi de sauvegarde des entreprises.

C. com., art. L. 621-4, al. 5, L. 622-4, L. 622-6, L. 631-9, L. 631-14, I, L. 641-4, al. 3, al. 4 et al. 5, L. 641-10, al. 7

C. com., art. R. 622-2 à 5 (anc[t] D. 28 déc. 2005, art. 78 à 81), R. 631-18 (anc[t] D. 28 déc. 2005, art. 187), R. 641-14 à 17 (anc[t] D. 28 déc. 2005, art. 227 à 230)

> Législation issue de l'ordonnance du 18 décembre 2008.

C. com., art. L. 621-4, al. 6, L. 622-4, L. 622-6, L. 622-6-1, L. 631-9, L. 631-14, L. 641-4, al. 3

C. com., R. 622-2, R. 622-3, R. 622-4, R. 622-4-1, R. 622-5, R. 631-18, R. 641-14, R. 641-15, R. 641-16, R. 641-17

> Législation issue de l'ordonnance du 12 mars 2014.

C. com., art. L. 628-3, L. 641-1, L. 641-2

C. com., art. R. 621-7-1, R. 622-4, R. 631-18, R. 641-1

462.02 Jurisprudence de référence.

> L'absence d'établissement de l'inventaire conduit à mettre sur la tête du débiteur ou de son représentant, administrateur judiciaire ou liquidateur, la charge de prouver que les biens revendiqués, restés en la possession du débiteur, n'existaient plus en nature au jour du jugement d'ouverture[1].

• **Com. 1er déc. 2009,** n° 08-13.187, *Bull. civ.* IV, n° 156; n° 1125 F-P+B

* V. s[s] n° 462.34

462.03 Bibliographie indicative. (V. les références complètes s[s] n° 031 – Aussi s[s] n° 460.03).

462.04 Questions essentielles.

• Quelles sont les conséquences de l'absence d'établissement de l'inventaire ?

* V. s[s] n° 462.34.

• Le débiteur peut-il établir lui-même l'inventaire ?

* V. s[s] n° 462.32

SECTION 462.10
RÈGLES GÉNÉRALES DE PRÉSERVATION DES ACTIFS DU DÉBITEUR

462.11 Vision du législateur sur la préservation des actifs du débiteur. Le législateur a envisagé les mesures conservatoires essentiellement sous l'angle de la préservation de l'entreprise, alors qu'une vision neutre aurait dû l'amener à les appréhender comme des mesures de préservation de l'actif du débiteur, sans qu'il y ait besoin de distinguer selon que les actifs en cause sont ou non professionnels. En effet, s'il importe de préserver l'outil de production, il n'en est pas moins important d'assurer aux créanciers le maintien de leur gage. Mais, uniquement animé par l'idée du redressement de l'entreprise, le législateur en a oublié la dimension pourtant fondamentale de la protection des créanciers. Ce qui peut encore se justifier en période d'observation n'a en revanche pas de sens lorsque le débiteur fait l'objet d'une liquidation judiciaire. Les dispositions relatives aux mesures conservatoires intéressent pourtant ces deux phases de la procédure.

1. Com. 1er déc. 2009, n° 08-13.187, *Bull. civ.* IV, n° 156; n° 1125 F-P+B; *D.* 2010. AJ 12, note Lienhard; *Gaz. Pal.* 16-17 avr. 2010, n°s 106, 107, p. 42, note Pérochon; *RTD com.* 2010. 424, n° 5, obs. Martin-Serf; *RTD civ.* 2010. 361, n° 3, obs. Crocq.

L'ordonnance du 18 décembre 2008[1] vise clairement la préservation des actifs du débiteur, supprimant la difficulté d'interprétation résultant des textes antérieurs sur le périmètre des mesures conservatoires.

Les mesures conservatoires intéressent les forces vives de l'entreprise, tant dans la perspective du redressement de celle-ci, que dans celle de la protection des créanciers. Il est cependant possible d'apercevoir que, dans ces mesures, certaines d'entre elles n'ont de raison d'être que parce qu'est envisagé un plan de continuation ou, depuis la loi de sauvegarde des entreprises[2], un plan de redressement. Il en est ainsi des mesures d'incessibilité des parts ou actions, posées par l'article L. 621-19 du code de commerce (anc[t] L. 25 janv. 1985[3], art. 28), reprises par l'article L. 631-10 issu de la loi de sauvegarde des entreprises. Les autres mesures conservatoires sont indépendantes de l'issue de la procédure. Elles ont pour objet la sauvegarde des droits du débiteur contre ses débiteurs et la préservation des biens de l'entreprise.

Pour en faciliter l'exécution, l'article R. 622-2 du code de commerce (anc[t] D. 28 déc. 2005[4], art. 78), applicable aux procédures soumises à la loi de sauvegarde des entreprises, prévoit que le débiteur est tenu de signaler à l'administrateur et à son défaut au mandataire judiciaire, tous ses établissements et d'en faciliter l'accès.

Indiquons que la loi du 12 mars 2012[5] dite « loi *Pétroplus* » a créé de nouvelles mesures conservatoires, lorsqu'est envisagée l'extension de la procédure (v. s[s] n° 213.36) ou l'action en responsabilité pour contribution à la cessation des paiements (v. s[s] n°s 926.01 s).

462.12 Auteur des mesures de sauvegarde des droits de l'entreprise et du débiteur. Le législateur part du postulat que le débiteur peut ne pas être particulièrement enclin, eu égard à sa situation, à préserver ses droits contre ses propres débiteurs. Dans cette optique, l'article L. 621-16, alinéa 1er du code de commerce (anc[t] L. 25 janv. 1985[6], art. 26), dans la rédaction antérieure à la loi de sauvegarde des entreprises[7], énonce que « dès son entrée en fonction, l'administrateur est tenu de requérir du chef d'entreprise ou, selon le cas, de faire lui-même tous les actes nécessaires à la conservation des droits de l'entreprise contre les débiteurs de celle-ci et à la préservation des capacités de production ». Ce texte est fidèlement reproduit par l'article L. 622-4, alinéa 1[er], [i]ssu de la loi de sauvegarde des entreprises, texte d[e l]a procédure de sauvegarde applicable en redress[e]ment judiciaire (C. com., art. L. 631-14, I, deven[u] C. com., art. L. *631-14, al. 1[er], réd. ord. 18 d[éc.] 2008*[8]). La mission confiée par le tribunal à ce d[ern]ier sera la c[l]é de répartition. Le débiteur n'agi[t] que si l'administrateur n'a qu'une mission de s[ur]veillance. En cas d'inaction du débiteur, l'adm[i]nistrateur doit cependant pouvoir agir à titre subs[idi]aire, et cela quelle que soit sa mission[9]. Un aute[ur] estime toutefois qu'il y a là un pouvoir concur[re]nt de l'administrateur judiciaire et du débiteur.

L['ar]ticle 621-16 du code, dans la rédaction antérieu[re] à la loi de sauvegarde des entreprises, et l'article [L.] 622-4, alinéa 1[er], issu de la loi de sauvegarde des [en]treprises, visent curieusement le « chef d'entrepris[e] » et non le débiteur. Faut-il comprendre qu'il imp[o]rte peu que le débiteur fasse disparaître des droi[t]s intéressant son patrimoine non professionnel ? On retrouve ici la même difficulté que celle déjà rencontrée à propos du domaine de l'administration contrôlée (v. s[s] n° 421.26). Malgré le libellé maladroit du texte, le principe d'unité du patrimoine interdit de faire une telle distinction dont l'inopportunité est patente. L'administrateur pourra donc agir pour empêcher la disparition des droits du débiteur contre ses propres débiteurs, mêmes si ces droits intéressent le patrimoine extraprofessionnel de ce dernier.

La difficulté d'interprétation est supprimée par l'ordonnance du 18 décembre 2008 car l'article L. 622-4, alinéa 1er du code vise désormais le débiteur, non le chef d'entreprise. En présence d'un entrepreneur individuel à responsabilité limitée, la règle ne s'applique qu'aux droits du débiteur figurant dans le patrimoine concerné par la procédure collective.

462.13 Objet des mesures de sauvegarde des droits de l'entreprise et du débiteur. Il pourra d'abord s'agir de l'envoi de mises en demeure, permettant de faire courir les intérêts moratoires ou de lancer des assignations ayant pour objet d'interrompre des forclusions ou des prescriptions. Il pourra être question tant de recouvrement de créances que d'actions tendant à empêcher, par l'effet prolongé de la possession, l'acquisition d'un droit de propriété par un tiers.

Le texte vise aussi la préservation des capacités de production de l'entreprise. Il justifie ainsi la possibilité de renouveler les contrats d'entretien ou d'assurances, de s'approvisionner en matières premières,

1. Ord. n° 2008-1345, 18 déc. 2008, *JO* 19 déc., p. 19462.
2. L. n° 2005-845, 26 juill. 2005, *JO* 27 juill., p. 12187.
3. L. n° 85-98, 25 janv. 1985, *JO* 26 janv., p. 1097.
4. D. n° 2005-1677, 28 déc. 2005, *JO* 29 déc., p. 20324.
5. L. n° 2012-346, 12 mars 2012, *JO* 13 mars, p. 4497.
6. L. n° 85-98, 25 janv. 1985, préc.
7. L. n° 2005-845, 26 juill. 2005, préc.
8. Ord. n° 2008-1345, 18 déc. 2008, préc.
9. IFPPC 1999, recomm. n° 1040-8, p. 16.
10. SAINT-ALARY-HOUIN, 9e éd., n° 570.

de remplacer du matériel défectueux ou encore de reconstituer les stocks.

L'alinéa 2 de l'article L. 621-16 du code de commerce (anc^{t} L. 25 janv. 1985[1], art. 26, al. 2), et depuis la loi de sauvegarde des entreprises[2], l'alinéa 2 de l'article L. 622-4, semblent fairedouble emploi avec l'alinéa premier. En effet, le renouvellement ou la prise de sûreté, actes envisagés par l'alinéa 2, rentre bien dans la catégorie des « actes nécessaires à la conservation des droits ». Il faut en tirer la conséquence que la liste des sûretés visées par ce texte – hypothèques, nantissements, gages ou privilèges – n'est pas limitative.

On peut ici encore noter que le législateur a voulu personnifier l'entreprise,en énonçant que l'inscription ou le renouvellement de ces sûretés était fait au nom de celle-ci. Faute pour cette dernière d'avoir la personnalité morale, il faut nécessairement décider que la sûreté sera inscrite au nom du débiteur, ce qui implique, dès lors, ici encore, de ne pas distinguer selon que les inscriptions concernent des biens professionnels ou non du débiteur. L'ordonnance du 18 décembre 2008[3] modifie la rédaction de l'article L. 622-4, alinéa 2 du code, mais, bien que cette disposition vise la négligence du débiteur – et non plus celle du chef d'entreprise – dans l'inscription de la sûreté, la maladresse rédactionnelle subsiste puisque le texte continue à énoncer que la sûreté est inscrite « au nom de l'entreprise », ce qui ne peut être qu'une vision législative de l'esprit.

SECTION 462.20
APPOSITION DES SCELLÉS

462.21 **Apposition des scellés.** L'article 48 du décret du 27 décembre 1985[4] prévoit, en son alinéa 1er, que « le juge-commissaire peut ordonner l'apposition des scellés sur tout ou partie des biens du débiteur ». La solution n'est pas reprise par la législation de sauvegarde des entreprises, pour la procédure de sauvegarde et celle de redressement judiciaire, mais l'article R. 641-15 du code de commerce (anc^{t} D. 28 déc. 2005[5], art. 228) la reproduit pour la procédure de liquidation judiciaire.

L'article 48 du décret du 27 décembre 1985 et l'article R. 641-15 du code de commerce visent ici, non les biens de l'entreprise, mais ceux du débiteur, ce qui ôte toute difficulté sur l'étendue de la mesure. En présence d'un entrepreneur individuel à responsabilité limitée, la règle ne s'applique qu'aux biens du débiteur figurant dans le patrimoine concerné par la procédure collective.

Cette dernière est facultative. Elle sera sollicitée, sous l'empire de la législation antérieure à la loi de sauvegarde des entreprises, par le représentant des créanciers ou l'administrateur judiciaire en redressement judiciaire. Elle sera demandée, en liquidation judiciaire, par le liquidateur. Elle assure un maximum de sécurité pour éviter les soustractions ou détournements d'actifs. Des sanctions pénales viennent renforcer l'efficacité du mécanisme. Elles sont posées par l'article 252-1 du code pénal, en cas de non-respect de l'apposition des scellés.

Si la mesure est ordonnée, le texte prévoit qu'il est procédé selon les règles prévues pour les scellés après décès. Il est ainsi renvoyé aux dispositions des articles 1304 à 1327 du code de procédure civile. C'est le greffier en chef du tribunal d'instance du lieu de situation des biens faisant l'objet de la mesure qui, matériellement, appose les scellés (C. pr. civ., art. 1308). Cependant, la mesure étant ordonnée par le juge-commissaire, et non par le tribunal d'instance, c'est au premier qu'il incombe de délivrer au greffier du tribunal d'instance les autorisations nécessaires à l'accomplissement de sa mission, notamment s'il s'agit d'apposer des scellés à l'intérieur de locaux[6]. C'est en revanche, *a priori*, au second de désigner, le cas échéant, un gardien des scellés, si la consistance et la valeur des biens le justifient[7].

La mesure peut concerner tout ou partie des biens du débiteur, selon la décision du juge-commissaire. La mise à l'écart des biens sera prise en fonction du type de ceux-ci, par exemple les objets personnels ou familiaux, les biens soumis à dépérissement prochain ou ceux nécessaires au fonctionnement de l'entreprise, par exemple les matières premières[8]. Les biens dispensés de scellés doivent immédiatement être inventoriés avec l'estimation de leur valeur par l'administrateur judiciaire ou, à son défaut, par le représentant des créanciers, dans le redressement judiciaire, sous l'empire de la législation antérieure à la loi de sauvegarde des entreprises. Avant comme depuis la loi de sauvegarde des entreprises, en liquidation judiciaire, cette tâche incombera au liquidateur. Pour cette estimation, l'intéressé se fera assister par toute personne compétente. Il s'agira, le plus généralement, d'un commissaire-priseur, mais il pourra s'agir d'un huissier ou d'un expert. Dans le procès-verbal d'apposition des scellés, l'état de ces biens doit être décrit sommairement (D. 27 déc. 1985, art. 49, al. 1er, C. com., art. R. 641-16).

1. L. n° 85-98, 25 janv. 1985, préc.
2. L. n° 2005-845, 26 juill. 2005, préc.
3. Ord. n° 2008-1345, 18 déc. 2008, préc.
4. D. n° 85-1388, 27 déc. 1985, *JO* 29 déc., p. 15281.
5. D. n° 2005-1677, 28 déc. 2005, préc.
6. SAINT-ALARY-HOUIN, 4e éd., n° 646.
7. SAINT-ALARY-HOUIN, 4e éd., n° 646.
8. J.-CL. COM., Martin-Serf, fasc. 2310, [Mesures et actes conservatoires], 2014, n° 25.

L'apposition des scellés rend impossible, pour les biens qui en font l'objet, l'inventaire. C'est pourquoi l'article 50 du décret du 27 décembre 1985 prévoit que l'administrateur ou, à son défaut, le représentant des créanciers et, en liquidation judiciaire, le liquidateur, requiert la levée des scellés pour procéder aux opérations d'inventaire. La solution est reproduite par la loi de sauvegarde des entreprises, pour la liquidation judiciaire, par l'article R. 641-17 du code de commerce (anc[t] D. 28 déc. 2005, art. 230), la demande émanant soit de l'administrateur, soit, à son défaut, du liquidateur.

Le jugement qui statue sur le recours formé contre l'ordonnance du juge-commissaire prescrivant l'apposition des scellés n'est, conformément au droit commun, pas susceptible de recours réformation, fût-ce le pourvoi en cassation[1]. Cette solution de la législation antérieure à la loi de sauvegarde des entreprises a été modifiée puisque, depuis la loi du 26 juillet 2005, les jugements qui statuent sur le recours formé contre les ordonnances du juge-commissaire peuvent faire l'objet d'un appel.

SECTION 462.30 INVENTAIRE

462.31 **Caractère obligatoire de l'inventaire.** Aux termes de l'article L. 621-18 du code de commerce (anc[t] L. 25 janv. 1985[2], art. 27, al. 1er), dans la rédaction antérieure à la loi du 26 juillet 2005[3], « il est procédé à un inventaire » dès l'ouverture de la procédure. L'article L. 622-6, alinéa du code, tel qu'il résulte de la rédaction que lui donne la loi de sauvegarde des entreprises, indique pour sa part que, dès l'ouverture de la procédure. Ce texte de la procédure de sauvegarde a vocation à s'appliquer en redressement judiciaire (C. com., art. L. 631-14). Il s'agit d'énumérer dans un document les biens qui sont entre les mains du débiteur, en les décrivant et en les évaluant sommairement.

Alors que l'article 27 de la loi du 25 janvier 1985, dans sa rédaction initiale, prévoyait que le juge-commissaire pouvait prescrire l'inventaire, ce dont il résultait son caractère facultatif[4], désormais, le code énonce à l'indicatif, ayant valeur d'impératif, qu'il est procédé à l'inventaire... ou qu'il dressé un inventaire. Il s'agit donc d'une opération obligatoire. Dans la procédure de sauvegarde, qui ne tend pas à la cession des biens du débiteur, le caractère obligatoire de l'inventaire a été justifié par la considération qu'« un plan sérieux ne pourrait être raisonnablement mis en œuvre sans que les parties et le tribunal aient une connaissance précise de l'état du patrimoine du débiteur »[5].

Si l'inventaire est dressé en période d'observation, aucun texte n'exige qu'il soit dressé un nouvel inventaire en cas de conversion en liquidation judiciaire[6].

Pour que les opérations d'inventaire aient leur pleine efficacité, il importe qu'elles interviennent le plus vite qu'il se peut. Le législateur indique « dès l'ouverture de la procédure ». Il s'agit de l'une des premières tâches auxquelles doivent s'attacher les organes compétents. L'inventaire a, en effet, en tant que mesure conservatoire, pour fonction de connaître la consistance exacte des biens du débiteur, pour pouvoir apprécier les chances de redressement, en déterminant sur quels biens l'entreprise peut compter, dans cette perspective, mais aussi pour objet d'éviter les disparitions frauduleuses[7].

L'article L. 622-4, alinéa 2 du code de commerce (anc[t] L. 25 janv. 1985, art. 148-3), dans la rédaction antérieure à la loi de sauvegarde des entreprises, étend à la liquidation judiciaire les règles posées par l'article L. 621-18 en période d'observation. La solution est reprise par l'article L. 641-4, alinéa 3, issu de la loi du 26 juillet 2005, qui rend applicable en liquidation judiciaire, l'article L. 622-6.

Le texte antérieur à la loi de sauvegarde des entreprises vise les « biens de l'entreprise ». Cette dernière étant dépourvue de la personnalité morale, il est nécessaire de lire « les biens du débiteur », comme le conforte d'ailleurs l'article 51, alinéa 1er du décret du 27 décembre 1985[8]. Ici encore, il n'est donc nul besoin de distinguer entre biens professionnels et biens non professionnels. Malgré le vocable générique « biens » utilisé par le texte, il n'apparaît pas qu'il y ait lieu à inclusion, dans les opérations d'inventaire, des immeubles du débiteur, pas plus que des sommes déposées à la Caisse des dépôts et consignations. Dans les deux cas, les risques de dissimulation, contre lesquels les opérations d'inventaire tentent de remédier, ne peuvent exister.

L'article L. 622-6 issu de la loi de sauvegarde des entreprises, qui répare la malfaçon rédactionnelle, évoque plus justement l'inventaire « du patrimoine du débiteur ».

> **Dispense possible d'inventaire en sauvegarde accélérée.** L'article 48 de l'ordonnance du 12 mars

1. Com. 12 juill. 2004, n° 03-12.913, NP.
2. L. n° 85-98, 25 janv. 1985, préc.
3. L. n° 2005-845, 26 juill. 2005, préc.
4. Com. 9 avr. 1991, n° 89-19.641, *Bull. civ.* IV, n° 130 – Com. 8 juin 1993, n° 90-21.928, *Bull. civ.* IV, n° 234 – Com. 29 avr. 2003, n° 00-13.245, NP.
5. *Rapp. Xavier de Roux*, n° 2095, p. 205.
6. Com. 19 févr. 2008, n° 06-17.520, NP; n° 276 F-D; *Gaz. proc. coll.* 2008/2, p. 18, note Gorrias; *Rev. proc. coll.* 2008/3, p. 43, n° 118, note Lebel.
7. *Rapp. Houillon*, n° 411, doc. AN, 1993, p. 33.
8. D. n° 85-1388, 27 déc. 1985, préc.

2014[1] permet au débiteur de solliciter du trib une dispense de réalisation de l'inventaire dai procédure de sauvegarde accélérée. La solution p à l'alinéa 2 de l'article L. 628-3 du code de c merce s'explique, d'une part, par la brièveté d procédure, et, d'autre part, par le fait que les acti en revendication n'y sont pas à l'ordre du jour.

> **Caractère obligatoire de l'inventaire dans la lic dation judiciaire simplifiée obligatoire.** L'article 61 l'ordonnance du 12 mars 2014 modifie la soluti Le dernier alinéa du II de l'article L. 641-1 est co plété en ce sens par l'expression « sans préjudice l'application de l'article L. 641-2 ». Il faut compre dre qu'il y a place à établissement de l'inventaire de la prisée de l'actif du débiteur dans la liquidatic judiciaire simplifiée à titre obligatoire.

Comment apprécier la solution en opportunité Elle permet une évaluation des biens du débiteur fait plus facilement obstacle aux détournement d'actifs. Dans certains cas, elle conduira, en revan che, à une augmentation sensible du coût de la prc cédure collective, alors que l'un des objectifs de liquidation judiciaire simplifiée était la réductic des coûts. Du fait de deux règles particulières, l'obse vation ne sera pas toujours exacte. Précisément, po éviter l'écueil tenant à l'augmentation du coût de procédure collective, l'article 63 de l'ordonnance 12 mars 2014 prévoit, en modifiant la rédaction l'alinéa 2 de l'article L. 641-2, que le liquidatc pourra être désigné par le tribunal aux fins de ré- ser l'inventaire. Insistons sur le fait que la solutn est facultative et qu'il conviendra que le tribul apporte la précision dans le jugement statuant sua liquidation judiciaire. En outre, la solution ne ra applicable que lorsque le tribunal aura, en décint de la liquidation judiciaire, les éléments lui perret- tant d'appliquer les règles de la liquidation judicire simplifiée. En pratique, il s'agira de l'applicaıon obligatoire de la liquidation judiciaire simplifiee le plus souvent dans le jugement de conversion en liquidation judiciaire. En effet, le tribunal aura rare- ment, s'il statue sur une liquidation judiciaire immé- diate, les éléments d'appréciation. Si le tribunal n'a pas les éléments lui permettant de statuer sur l'appli- cabilité des règles de liquidation judiciaire simpli- fiée, et si, par voie de conséquence, une ordonnance du président du tribunal intervient ultérieurement pour décider d'appliquer les règles de la liquidation judiciaire simplifiée, l'inventaire sera réalisé dans les conditions classiques. Il ne pourra l'être, à notre sens, par le liquidateur, seul le dernier alinéa du II de l'article L. 641-1 du code de commerce étant alors applicable.

1. Ord. n° 2014-326, 12 mars 2014, *JO* 14 mars, p. 5249.

> **La loi de modernisation de la justice du XXIe siècle** modifie une nouvelle fois les solutions. L'article L. 641-1, avant dernier alinéa, vient indiquer que l'inventaire sera établi « s'il y a lieu ». S'il n'y a rien à inventorier, il n'y a pas place à établissement d'un inventaire. La même solution est posée par l'article L. 641-2, alinéa 1 pour la procédure de liquidation judiciaire simplifiée obligatoire. L'inventaire resterait donc obligatoire dans la liquidation judiciaire simplifiée facultative. Il faut en réalité comprendre qu'il ne sera pas plus obligatoire dans la liquidation judiciaire simplifiée facultative que dans la liquidation judiciaire du régime général. Pas d'inventaire s'il n'y a rien à inventorier ! Précisons que ces deux dispositions seront inapplicables aux procédures en cours au jour de la publication de la loi de modernisation de la justice du XXIe siècle (art. 54).

462.32 Conditions d'établissement de l'inventaire. Aux termes de l'article 51, alinéa 1er du décret du 27 décembre 1985[2], dans sa rédaction d'origine, « L'administrateur ou s'il n'en a pas été nommé, le représentant des créanciers, procède à l'inventaire des biens du débiteur... ». L'établissement de l'inventaire incombe donc, selon le cas, à l'administrateur ou au représentant des créanciers. En liquidation judiciaire, cette tâche incombe au liquidateur. L'insuffisance de l'inventaire est susceptible d'engager la responsabilité de son auteur, à savoir, selon le cas, l'administrateur, le représentant des créanciers ou le liquidateur.

L'article 51, alinéa 1er du décret du 27 décembre 1985, dans la rédaction que lui a donnée le décret du 10 juin 2004[3], prévoit qu'un commissaire-priseur judiciaire, un notaire ou un huissier procède à un inventaire précis et à une estimation des biens du débiteur. La responsabilité de l'établissement de l'inventaire n'incombe donc plus aux organes de la procédure, puisque le tribunal désigne, à l'ouverture de la procédure un officier ministériel pour y procéder. Une cour d'appel a néanmoins cru devoir condamner un représentant des créanciers, du fait du caractère incomplet de l'inventaire[4].

Bien que soit prévue l'obligation de principe de recourir à un officier ministériel pour l'établissement de l'inventaire, le principe est que l'inventaire est établi sous seing privé, à moins, précise l'article 51, alinéa 3 du décret du 27 décembre 1985, que la nature ou la valeur des biens justifie un acte authentique. Il s'agit là d'éviter le coût lié à l'établissement d'un acte authentique tarifé. Avant le décret du

2. D. n° 85-1388, 27 déc. 1985, préc.
3. D. n° 2004-518, 10 juin 2004, *JO* 11 juin, p. 10351.
4. Rennes, 2e ch. com., 8 avr. 2008, RG n° 06/08133, *Rev. proc. coll.* 2009/3, p. 38, n° 69, note Lebel.

10 juin 2004, celui qui établissait l'inventaire po vait, en application de l'article 51, alinéa 3 du déc n° 85-1388 du 27 décembre 1985, se faire assis de toute personne de son choix, tant pour la réd tion de celui-ci que pour l'estimation chiffrée d biens. L'inventaire comporte, en effet, une estim tion en valeur de réalisation[1].

Sous l'empire de la **loi de sauvegarde des entr prises**, l'article L. 621-4, alinéa 5 du code de co merce dispose qu'« Aux fins de réaliser l'inventai et la prisée prévus à l'article L. 622-6, le tribun désigne un commissaire-priseur judiciaire, un hui sier, un notaire ou un courtier en marchandises asse menté ». Ce texte de la sauvegarde est applicable e redressement judiciaire (C. com., art. L. 631-9 L'expert, qui est visé au troisième alinéa de l'artic L. 621-4 du code de commerce, ne peut être nomm pour réaliser l'inventaire et la prisée des biens d débiteur, cette tâche incombant exclusivement selon les articles L. 621-4, L. 631-9 et L. 641-1 d code de commerce, aux commissaires-priseurs judi ciaires, aux huissiers de justice, aux notaires ou au courtiers assermentés en marchandises[2].

L'article R. 621-7-1 du code de commerce, qui résulte du décret du 30 juin 2014 (art. 32), indique utilement que le greffier informe par tout moyen de sa désignation la personne chargée de réaliser l'inventaire. La même règle est posée en redressement judiciaire par l'article R. 631-18, alinéa 1 et en liquidation judiciaire par l'article R. 641-1.

La loi de sauvegarde des entreprises en liquidation judiciaire, prévoit que, « aux fins de réaliser l'inventaire prévu à l'article L. 622-6, le tribunal désigne un commissaire-priseur judiciaire, un huissier, un notaire ou un courtier en marchandises assermenté » (C. com., art. L. 641-4, al. 4). Il résulte clairement du texte que la responsabilité de l'inventaire n'incombe pas au liquidateur. Si des retards dans l'établissement de l'inventaire causent un préjudice, à un propriétaire de meuble par exemple, seule peut être recherchée la responsabilité de la personne désignée pour y procéder, non celle du liquidateur[3]. L'auteur de l'inventaire n'est toutefois tenu qu'à une obligation de moyens et s'il justifie avoir fait toutes diligences, sa responsabilité ne peut être engagée[4].

La désignation de l'auteur de l'inventaire dans le jugement de liquidation judiciaire évite toute difficulté sur la charge de la rémunération de cette personne : les sommes sont nécessairement mises à charge de la procédure collective[5].

L'article 63 de l'ordonnance du 12 mars 2014[6] prévoit, en modifiant la rédaction de l'alinéa 2 de l'article L. 641-2, que le liquidateur pourra être désigné par le tribunal aux fins de réaliser *l'inventaire*, dans la liquidation judiciaire simplifiée obligatoire (v. ss n° 462.31).

La décision taxant les honoraires du commissaire-priseur judiciaire pour établir l'inventaire des biens du débiteur relève de la compétence du président du tribunal de la procédure collective; le recours contre cette décision est régi par les articles 714 et 715 du code de procédure civile[7]. Pour soutenir sa demande de taxation, le commissaire-priseur judiciaire doit prouver les diligences accomplies et justifier du mode de calcul des honoraires réclamés[8].

L'article R. 622-4, alinéa 1er du code de commerce, texte de la sauvegarde qui s'applique en redressement judiciaire (C. com., art. R. 631-18) et en liquidation judiciaire (C. com., art. R. 641-14), prescrit que l'inventaire soit établi sous seing privé. Mais il n'est plus prévu de dérogation à ce principe.

L'article 47, 1° du décret du 23 décembre 2006[9] apporte des précisions quant aux modalités de choix de la personne chargée de dresser l'inventaire. Cette disposition a modifié l'article 80 du décret du 28 décembre 2005[10] en insérant un alinéa 2, selon equel « l'officier public ou ministériel qui y procède à l'inventaire) est désigné selon les règles statutaires égissant son intervention. » (C. com., art. R. 622-4, l. 2 du code de commerce [anct D. 28 déc. 2005, rt. 80, al. 2]). Ce texte de la sauvegarde est applica- e en redressement (R. 631-18 du code de commerce nct D. 28 déc. 2005, art. 187]) et en liquidation diciaires (C. com., art. R. 641-14 [anct D. 28 déc. 05, art. 227]).

Si les scellés ont été apposés, il faudra d'abord e obtenir mainlevée par le juge-commissaire (v. ss n 462.21).

L'établissement de l'inventaire est contradictoire. Le débiteur ou ses ayants droit connus doivent être présents ou appelés (D. 27 déc. 1985, art. 51, al. 1er, C. com., art. R. 622-4, al. 1er [anct D. 28 déc. 2005, art. 80, al. 1er]). Ce caractère est logique, eu égard aux risques qu'il peut faire peser sur le débiteur ou les dirigeants de la personne morale débitrice, spécialement au titre des dissimulations ou détournements d'actifs, constitutifs de cas de banqueroute

1. IFPPC 1999, recomm. nos 1070-4, 6008-3, p. 22, 134.
2. Rép. min. n° 90963, *JOAN Q*, 8 mars 2011, p. 2312, *D.* 2011. actu 745.
3. Toulouse, 2e ch., 2e sect., 8 janv. 2008, RG n° 06/05022.
4. Toulouse, 1re ch., 1re sect., 4 sept. 2012, RG n° 11/02978, *Rev. proc. coll.* 2012, comm. 193, note Lebel.
5. Froehlich et Sénéchal, « Du jugement de liquidation judiciaire », *LPA*, n° sp. 9 févr. 2006, n° 29, p. 8 s., sp. p. 12.
6. Ord. n° 2014-326, 12 mars 2014, préc.
7. Douai, ord. taxe, 3 avr. 2012, n° 011/03509, *BJE* juill. 2012, comm. 133, note de Lajarte.
8. Douai, ord. taxe, 3 avr. 2012, n° 011/03509, préc. (v. ss prést n°).
9. D. n° 2006-1709, 23 déc. 2006, *JO* 29 déc., p. 19846.
10. D. n° 2005-1677, 28 déc. 2005, préc.

(v. s[s] n° 932.32). À c occasion, le mandaire chargé de faire établir iventaire fera, en cséquence, souscrire par le diteur une déclaratiour l'honneur aux termes de uelle il n'a pas d'aes biens que ceux décrits dan inventaire[1].

L'inventaire est déposé greffe. Le décrdu 27 décembre 1985 prévoit (a 51, al. 2) un étassement en double exemplaire, auteur de l'intaire en conservera un. L'autre sa déposé au gre. La législation de sauvegarde des ntreprises pré pour sa part qu'une copie doit ête remise au dteur, à l'administrateur et au mandataire judicié (C. com., art. R. 622-4, al. 4 [anc D. 28 déc. 20 art. 80, al. 4]).

Le juge peut, le cas échéant, ordonner une expe tise pour compléter l'inventaire établi[2].

La loi de sauvegarde des entreprises (C. com., art. L. 622-6, al. 2) prévoit que le débiteur remet à l'administrateur et au mandatair judiciaire la liste de ses créanciers et du montant de ses dettes. L'article R. 622-5, alinéa 1er du code d commerce (anc[t] D. 28 déc. 2005, art. 81, al. 1er) prévoit, *en reprenant* l'article 69 du décret du 27 décembre 1985, que cette liste doit mentionner les om, dénomination, siège ou domicile de chaqu créancier avec l'indication des sommes dues à la ate du jugement d'ouverture, des sommes à échoi et de leur date d'échéance, de la nature de la créare, des sûretés et privilèges dont elle est éventuellement assortie. La loi de sauvegarde des entreprises annové en ajoutant que le débiteur doit égalemen remettre la liste des principaux contrats en cours. l n'apparaît pas nécessaire que la liste de tous les ontrats soit établie. Il faut, mais il suffit, que les principaux contrats, susceptibles d'engager la trésorerie de la période d'observation et ceux qu'il sera important de ne pas poursuivre faute de disposer des fonds nécessaires soient indiqués[3]. Le débiteur doit également informer les mandataires de justice des instances en cours auxquelles il est partie. Cette liste, précise l'alinéa 2 de l'article R. 622-5 du code de commerce (anc[t] D. 28 déc. 2005, art. 81, al. 2), qui reprend l'article 69 du décret du 27 décembre 1985, doit être remise par le débiteur au mandataire judiciaire – représentant des créanciers – dans les huit jours du jugement d'ouverture. Il appartient à ce dernier de la déposer au greffe. Pour tenir compte de l'information sur les principaux contrats en cours et sur les instances en cours, l'article R. 622-5, alinéa 2 du code de commerce (anc[t] D. 28 déc. 2005, art. 81, al. 2) prévoit, en outre, que cette liste doit être remise par le débiteur dans ce même délai de huit jours, à l'administrater judiciaire.

Sous l'empre de la législation issue de la loi de sauvegarde des entreprises, pour l'établissement d'un inventaire intéressant un professionnel libéral, la présence d'un représentant de l'ordre est exigée (C. com., art. L. 622-6, al. 4). Le respect du secret professionnel auquel est soumis l'intéressé s'impose[4]. Il s'est agi de respecter l'esprit des articles 56-1 du code pénal qui prévoit que, pour les avocats, les perquisitions à leur domicile ou dans leur cabinet ne peuvent se faire qu'en présence du bâtonnier ou de son délégué, et 56-3 du même code pour les perquisitions dans le cabinet des médecins, notaires, avoués et huissiers, en présence de la personne responsable de l'ordre ou de l'organisation professionnelle de l'intéressé, ou son représentant[5].

> Particularisme de l'établissement de l'inventaire en sauvegarde depuis l'ordonnance du 18 décembre 2008[6]. L'établissement de l'inventaire reste obligatoire dans la procédure de sauvegarde, malgré les suggestions de praticiens avisés[7]. Toutefois ses modalités en sont profondément modifiées.

Le dernier alinéa de l'article L. 621-4 du code de commerce (ord. 18 déc. 2008, art. 16), prévoit que l'inventaire ne sera effectué par un tiers que si le débiteur en fait la demande. La précision sera apportée dans la demande d'ouverture de la procédure de sauvegarde. À cette fin, l'article R. 621-1, 1° du code de commerce, issu de la rédaction que lui a donnée l'article 15 du décret du 12 février 2009[8], prévoit que le débiteur doit indiquer s'il a demandé la désignation par le tribunal d'une personne chargée de dresser l'inventaire ou si ce dernier sera établi par lui-même, dans les conditions de l'article L. 622-6-1 du code. Il s'agit là d'une disposition destinée à rendre plus attractive la procédure de sauvegarde, en évitant les frais des opérations d'inventaire, auxquels ne pouvait auparavant se soustraire le débiteur. La solution n'est pas sans présenter des dangers pour les créanciers et propriétaires de meubles, car le fait que le débiteur se montre volontaire pour se placer sous la protection de la justice ne signifie pas, pour autant, qu'il est honnête, ce que pourtant présuppose nécessairement le législateur[9].

1. IFPPC 1999, recomm. n°s 1070-3, 6008-2, p. 22, 134.
2. Versailles, 9 janv. 2004, RG n° 02/06005, *Rev. proc. coll.* 2004, p. 213, n° 8, obs. Lebel.
3. *Rapp. Xavier de Roux*, n° 2095, p. 206 – EN CE SENS AUSSI : LIENHARD, 4e éd., 2011, n° 74.18.
4. *Rapp. Xavier de Roux*, n° 2095, p. 207.
5. *Rapp. Xavier de Roux*, n° 2095, p. 207.
6. Ord. n° 2008-1345, 18 déc. 2008, préc.
7. Montéran, « Pour améliorer le droit des entreprises en difficulté, osons la réforme », *Gaz. proc. coll.* 2008/1, p. 3 s., sp. p. 6.
8. D. n° 2009-160, 12 févr. 2009, *JO* 13 févr., p. 2596.
9. RAPPR. : Pételi, « Le nouveau droit des entreprises en difficulté : acte II – commentaire de l'ordonnance n° 2008-1345 du 18 décembre 2008 », *JCP E* 2009. 1049 – Lebel, « Les mesures conservatoires dans l'ordonnance du 18 décembre 2008 », *Rev. proc. coll.* 2009/1, 6, p. 52 s., sp. p. 54, n° 8.

Dès lors que le débiteur n'a pas sollicité qu'un tiers effectue l'inventaire, la juridiction ne peut désigner un commissaire-priseur. Le débiteur est recevable à former un appel limité à la partie de la décision procédant à cette désignation, si le tribunal méconnaît cette règle[1].

Si le débiteur ne présente pas une demande d'établissement de l'inventaire par un tiers, il doit lui-même faire l'inventaire dans un délai fixé par le tribunal en ayant l'obligation d'entamer les opérations d'inventaire dans les huit jours de l'ouverture de la procédure.

L'article L. 622-6-1 du code, issu de l'article 21 de l'ordonnance du 18 décembre 2008, précise que l'inventaire établi par le débiteur doit être certifié par un commissaire aux comptes ou attesté par un expert-comptable. Il n'est pas précisé qu'il doit s'agir du commissaire aux comptes ou de l'expert-comptable du débiteur. Cette précision a son importance : elle justifie, à notre sens, que le débiteur qui n'a pa d'expert-comptable peut recourir à un tel profe sionnel pour que soit dressé l'inventaire. Le déb teur, lors de son audition tenant à l'ouverture de a procédure de sauvegarde, devra en pratique indiqur au tribunal qu'il va se faire entourer d'un expet-comptable pour que soit dressé l'inventaire. Observons que la certification par le commissaire aux comptes est susceptible d'induire un coût supérieur pour le débiteur à la réalisation de l'inventaire par un tiers, ce que le débiteur devra faire calculer afin de prendre une décision éclairée. La défiance, c'est bien ; les économies, c'est mieux...

Pour tenir compte de la possibilité nouvelle offerte au débiteur de réaliser lui-même l'inventaire, l'article 19 du décret d'application du 12 février 2009 insère, dans le code de commerce, un article R. 622-4-1.

L'alinéa 1er précise que le débiteur qui réalise lui-même l'inventaire doit tenir informés l'administrateur, s'il en a été désigné un, et le mandataire judiciaire du déroulement des opérations. Les mandataires de justice peuvent obtenir communication de tous actes ou documents relatifs à l'inventaire, ce qui leur assure un droit de contrôle. Ce même droit est reconnu au ministère public et au juge-commissaire.

L'alinéa 2 reprend la solution posée par l'alinéa 2 de l'article R. 622-4, dans sa rédaction d'origine. C'est toutefois ici le débiteur qui annexe à l'inventaire la liste des biens gagés, nantis ou placés sous sujétion douanière ainsi que celle des biens qu'il détient en dépôt, location ou crédit-bail, ou sous réserve de propriété ou, plus généralement, qui sont susceptibles d'être revendiqués par des tiers.

1. Douai, 2e ch., 2e sect., 26 nov. 2013, RG n° 13/06031, *BJE* mai 2014, 150, note Delattre.

L'alinéa 3 adapte la solut[...] anciennement posée p l'alinéa 4 de l'article R[...]22-4 du code. L'inventaire est déposé au greffe [...] tribunal par le débiteur. Celui-ci en remet une cop[...] l'administrateur, lorsqu'il a été désigné, et au [...]ndataire judiciaire.

L'article L. 622-6, a[...]éa 4, dans la rédaction que a donnée la loi du [...]6 juillet 2005, prévoyait que Lorsque le débiteur exerce une profession libérale umise à un statu[...] législatif ou réglementaire ou ont le titre est protégé, l'inventaire est dressé en résence d'un représentant de l'ordre professionnel u de l'autorité compétente dont, le cas échéant, il elève. En aucun cas l'inventaire ne peut porter atteinte au secret professionnel si le débiteur y est soumis ». Cette disposition est maintenue si l'inventaire est établi par un tiers. Elle est en revanche logiquement écartée par l'article L. 622-6-1, alinéa 1er *in fine*, issu de l'article 21 de l'ordonnance du 18 décembre 2008 si l'inventaire est établi par le débiteur lui-même.

L'article L. 622-6-1, alinéa 2 du code, issu de l'ordonnance du 18 décembre 2008 (art. 21), prévoit que si l'inventaire n'est pas entamé dans les huit jours de l'ouverture de la procédure, l'inventaire sera alors réalisé par un tiers sur désignation du juge-commissaire. Ce tiers sera, en fonction des biens à inventorier, un commissaire-priseur judiciaire, un huissier de justice, un notaire ou un courtier en marchandises.

Le projet d'ordonnance prévoyait que l'inventaire devait être établi par le débiteur dans un délai raisonnable. Cette notion a paru floue au Conseil d'État, qui a préféré une autre solution : celle de l'indication par le jugement d'ouverture d'un délai pour réaliser l'inventaire, qui devrait être celui suggéré par le débiteur. En effet, dans la demande d'ouverture de la sauvegarde, le débiteur doit préciser le délai d'établissement par ses soins de l'inventaire (C. com., art. R. 621-1, al. 1er, D. art. 15, 1°).

Si ce délai est dépassé, le juge-commissaire doit désigner pour y procéder un tiers, qui sera, en fonction des biens à inventorier, un commissaire-priseur judiciaire, un huissier de justice, un notaire ou un courtier en marchandises.

La formulation du texte est cependant étrange. Il est en effet prévu un délai d'établissement de l'inventaire par le débiteur et une possibilité de prorogation de ce délai. En revanche, il n'est pas prévu de délai d'établissement de l'inventaire par un tiers, ce qui peut paraître curieux. La curiosité est d'autant plus grande que l'administrateur, le mandataire judiciaire ou le ministère public peuvent saisir le juge-commissaire aux fins de prorogation du délai d'achèvement des opérations d'inventaire (ord. 18 déc. 2008, art. 21), par voie de requête précise l'article R. 622-4-1, alinéa 3, issu de la rédaction de l'article 19 du décret d'application de l'ordonnance du 18 décembre 2008. Il est toutefois excepté l'hypothèse de saisine d'office. Dans tousles cas, le débiteur d être entendu ou appelé.

À la lecture du texte issude l'ordonnance, il peut s'agir que de la prorogaton du délai imparti débiteur pour réaliser l'inventaire. C'est d'aille en ce sens que s'est prononcé le rapport au Pré dent de la République[1]. Mais alors pourquoi pri le débiteur de la possibilité de demander au ju commissaire une prorogation du délai ?

L'ordonnance du 30 janvier 2009[2] portant div ses mesures relatives à la fiducie, en son article I, 3° a modifié la rédaction de l'article L. 622-6-1 code, qui résultait de l'ordonnance du 18 décem 2008.

Il est d'abord indiqué que l'administrateur, mandataire judiciaire ou le ministère public, pe vent saisir le juge-commissaire aux fins de proroga tion du délai d'achèvement des opérations d'inven taire (ord. 18 déc. 2008, art. 21). La saisine d'o ce est également prévue. L'article R. 622-4-1, alin 3, issu de la rédaction de l'article 19 du décre u 12 février 2009, précise que la saisine est faite ar requête. Il est toutefois excepté l'hypothèse de la i sine d'office. Dans tous les cas, le débiteur doit re entendu ou appelé.

Pour tenir compte du fait que le délai d'établis ment de l'inventaire par le débiteur[3] peut être pr que expiré lorsque le tiers sera désigné, l'artic L. 622-6-1, dernier alinéa, issu de la modificatio de l'ordonnance du 30 janvier 2009 prévoit que « l délai fixé pour achever les opérations d'inventaire peut être prorogé par le juge-commissaire ». Ce texte oblige à considérer que la demande de proroga tion ne peut être l'œuvre que des personnes pouvant solliciter la désignation d'un tiers pour achever les opérations d'inventaire.

Dans les procédures de redressement et de liquidation judiciaires, l'inventaire, comme par le passé, sera réalisé par un tiers. Faute de disposition particulière à la conversion d'une sauvegarde en redressement ou en liquidation judiciaire, il n'apparaît pas qu'un nouvel inventaire doit être réalisé par un tiers, si le débiteur a accompli sa tâche de confection de l'inventaire pendant la procédure de sauvegarde. En revanche, si la conversion de la sauvegarde intervient avant complète réalisation d'inventaire, le doute est permis. La logique voudrait que l'inventaire soit alors terminé par un tiers.

1. Rapport au président de la République sur l'ordonnance n° 2008-1345 du 18 déc. 2008, *JO* 19 déc. 2008, Titre I, chap. II-2, s^s art. 14, 21.
2. Ord. n° 2009-112, 30 janv. 2009, *JO* 31 janv., p. 1854.
3. Rapport au président de la République sur l'ordonnance n° 2008-1345 du 18 déc. 2008, *JO* 19 déc. 2008, Titre I, chap. II-2, s^s art. 14, 21.

462.33 Contenu de l'inventaire. L'inventaire, avant la réforme issue de la loi du 26 juillet 2005[4], doit porter sur tous les biens du débiteur, y compris les meubles meublants situés à son domicile. Un amendement tendant à exclure ces biens de l'inventaire a été adopté à l'Assemblée nationale[5]. La Commission des lois du Sénat s'est cependant montrée hostile à l'exclusion, des opérations d'inventaire, des meubles meublants. Cela revenait en effet, en pratique, faute d'avoir inventorié ces biens, à les exclure des opérations éventuelles de réalisation[6]. En conséquence, un amendement a été présenté au Sénat pour réinstaurer le principe du caractère obligatoire de l'inventaire, pour les meubles meublants[7]. La législation issue de la loi de sauvegarde des entreprises maintient, en conséquence, le principe de généralité des opérations d'inventaire, quant aux meubles du débiteur.

La loi du 26 juillet 2005 étend le périmètre de l'inventaire aux garanties qui grèvent le patrimoine (C. com., art. L. 622-6, al. 1er).

Le caractère exhaustif de l'inventaire est exclusif de la possibilité de qualifier inventaire la simple recherche des avoirs liquides d'un débiteur décédé[8].

L'inventaire s'intéresse aux biens détenus par le débiteur et non pas seulement à ceux dont il a la propriété. L'article 51, alinéa 4 du décret du 27 décembre 1985[9] intègre cette donnée pour exiger, dans la réalisation de l'inventaire, une mention spéciale relative aux biens susceptibles d'être revendiqués par le propriétaire. Le mandataire de justice, dans la lettre de mission qu'il confiera au professionnel chargé d'établir l'inventaire, rappellera qu'il convient de mentionner sous des rubriques spéciales les biens susceptibles d'être revendiqués[10]. La même solution est posée pour les biens placés sous sujétion douanière, nantis ou gagés[11]. L'interrogation de la préfecture d'immatriculation des véhicules permettra d'obtenir les renseignements sur le gage dont seraient grevés les véhicules. Cette mention spéciale supposera cependant que le mandataire ait connaissance du statut particulier du bien, ce qui sera le cas, non seulement si le débiteur a attiré son attention, mais encore si ce mandataire a procédé à la consultation des divers registres tenus au greffe du tribunal et faisant ressortir les inscriptions de contrats de crédit-bail, de location ou de vente avec clause de réserve

4. L. n° 2005-845, 26 juill. 2005, préc.
5. Amend. n° 445, Interv. Alain Viladies, *JOAN CR*, 2e séance du 3 mars 2005, p. 1655.
6. *Rapp. J.-J. Hyest*, n° 335, p. 534.
7. *Rapp. J.-J. Hyest*, n° 335, p. 187 et p. 534.
8. Com. 7 mars 2006, n° 04-16.123, NP; n° 307 F-D; *Gaz. proc. coll.* 2006/3, p. 20, obs. Bidan.
9. D. n° 85-1388, 27 déc. 1985, préc.
10. IFPPC 1999, recomm. n°s 1070-2, 6008-1, p. 22, 134.
11. *Rev. proc. coll.* 1995, 41.

de propriété. Ces solutions sont conservées par l'article R. 622-4, alinéa 3 du code de commerce, devenu l'alinéa 2 depuis le décret du 12 février 2009[1].

L'alinéa 2 de l'article R. 622-4 du code de commerce a été modifié par le décret du 30 juin 2014[2] (art. 42) pour adapter le texte à l'ERL. L'inventaire doit en effet désormais énumérer les biens dont le débiteur est susceptible de demander la reprise dans les conditions de l'article L. 624-19, la reprise étant la revendication exercée par le débiteur dans un patrimoine affecté sous procédure collective.

Lorsque l'inventaire intéresse un professionnel libéral soumis au secret professionnel, l'inventaire pourra faire apparaître le nombre de dossiers confiés à l'intéressé, mais ne pourra pas mentionner le nom des clients, sauf à violer le secret professionnel[3].

Tenant compte de la possibilité pour le chef d'une entreprise individuelle de procéder à une déclaration notariée d'insaisissabilité de sa résidence principale, l'article R. 622-4, alinéa 4 du code de commerce (devenu al. 3, réd. D. 12 févr. 2009) prévoit l'obligation pour le débiteur d'informer le mandataire judiciaire de cette déclaration. Cette disposition n'édicte cette obligation qu'à la charge des débiteurs non immatriculés au registre du commerce et des sociétés ou au répertoire des métiers. En effet, lorsque le débiteur est commerçant ou artisan immatriculé, la déclaration notariée d'insaisissabilité est mentionnée au registre du commerce et des sociétés ou au répertoire des métiers. Il s'agit d'attirer l'attention du mandataire judiciaire – et non de l'administrateur – sur les difficultés inhérentes au statut de ce bien, s'il était envisagé, dans le déroulement ultérieur de la procédure, de le vendre. Ce texte peut constituer un argument au soutien de la thèse de l'opposabilité à la procédure collective de la déclaration notariée d'insaisissabilité. Il ne serait en effet d'aucune utilité si le pouvoir réglementaire n'avait implicitement analysé la situation en ce sens[4] (v. aussi ss nos 562.13 s.).

En présence d'un **entrepreneur individuel à responsabilité limitée**[5], l'inventaire ne doit, par principe, porter que sur les seuls biens du débiteur figurant dans le patrimoine concerné par la procédure collective. Par exception, l'article L. 622-6, alinéa 1er du code de commerce, dans la rédaction que lui donne l'ordonnance du 9 décembre 2010[6] portant adaptation du droit des entreprises en difficulté à l'entrepreneur individuel à responsabilité limitée, prévoit que l'inventaire doit également faire mention des biens détenus dans le cadre de l'activité à raison de laquelle la procédure a été ouverte qui sont compris dans un autre de ses patrimoines et dont il est susceptible de demander la reprise dans les conditions prévues par l'article L. 624-19. Les organes de la procédure collective seront ainsi informés, dès l'ouverture de celle-ci, des risques de distraction de ses biens par le débiteur lui-même, dans le cadre de son action en reprise, qui est une variété d'action en revendication.

462.34 Conséquences de l'absence d'inventaire. Rendre l'inventaire obligatoire facilite grandement la tâche des propriétaires revendiquant. Ils n'ont plus, en effet, à établir que le bien revendiqué existait en nature au jour de l'ouverture de la procédure, condition pourtant classique de la revendication (v. ss nos 813.31, 816.31), dès lors que le bien figure à l'inventaire. L'article L. 621-18, alinéa 2 du code de commerce (anct L. 25 janv. 1985[7], art. 27, al. 2) indique que le défaut d'inventaire ne fait pas obstacle à une action en revendication ou en restitution. La solution est reproduite, sous l'empire de la loi de sauvegarde des entreprises[8], par l'article L. 622-6, alinéa 5, texte de la procédure de sauvegarde applicable en redressement judiciaire (C. com., art. L. 631-14, I) et en liquidation judiciaire (C. com., art. L. 641-4, al. 3).

Est-ce à dire que l'absence d'établissement de l'inventaire aboutit à mettre sur la tête du destinataire des demandes en acquiescement de revendication ou de restitution, la preuve que le bien n'existait pas en nature au jour du jugement d'ouverture ? Une réponse négative était évidemment apportée à cette question, sous l'empire de la rédaction initiale de la loi du 25 janvier 1985, puisque l'inventaire était facultatif[9].

Depuis la loi du 10 juin 1994[10], qui a rendu obligatoire l'établissement de l'inventaire, l'absence d'établissement de l'inventaire conduit à mettre sur la tête du débiteur ou de son représentant, administrateur judiciaire ou liquidateur, la charge de prouver que les biens revendiqués, restés en la possession du débiteur, n'existaient plus en nature au jour du jugement d'ouverture[11]. Ainsi se trouve éclairée la

1. D. n° 2009-160, 12 févr. 2009, préc.
2. D. n° 2014-736, 30 juin 2014, *JO* 1er juill., p. 10834.
3. Martin et Neveu, « L'application à la profession d'avocat de la loi du 26 juillet 2005 sur la sauvegarde des entreprises », *JCP E* 2006. 1764, p. 867 s., sp. 871, n° 20.
4. Le Cannu, 7e éd., n° 567-1.
5. Lebel, « EIRL : adaptation des règles gouvernant le déroulement de la procédure », *Rev. proc. coll.* 2011, dossier 19, p. 86, n° 3.
6. Ord. n° 2010-1512, 9 déc. 2010, *JO* 10 déc., p. 21617.
7. L. n° 85-98, 25 janv. 1985, préc.
8. L. n° 2005-845, 26 juill. 2005, préc.
9. Com. 1er oct. 1991, n° 89-16.569, *Bull. civ.* IV, n° 272; *RTD com.* 1 992. 248, obs. Martin-Serf – Com. 29 avr. 2003, n° 00-13.245, NP.
10. L. n° 94-475, 10 juin 1994, *JO* 11 juin, p. 8440.
11. Com. 1er déc. 2009, n° 08-13.187, *Bull. civ.* IV, n° 156; n° 1125 F-P+B; *D.* 2010. AJ 12, note Lienhard; *Gaz. Pal.* 16-17 avr. 2010, nos 106, 107, p. 42, note Pérochon; *RTD com.* 2010. 424, n° 5, obs. Martin-Serf; *RTD civ.* 2010. 361, n° 3, obs. Crocq – Douai, 2e ch., 1re sect., 5 juin 2014, RG n° 13/02936.

formule selon laquelle l'absence d'inventaire ne f pas obstacle à l'exercice des actions en revendic tion ou en restitution signifie. la solution contra avait été posée par une juridiction du fond, q déduisait de cette formule l'obligation pour le dema deur à l'action de rapporter la preuve de l'existen des biens en nature au jour de l'ouverture de la pr cédure[1].

462.35 Prisée des biens figurant à l'inventair

> Solutions de la liquidation judiciaire. Partant l'idée qu'il était nécessaire de connaître rapideme la valeur des biens d'un débiteur en liquidation jud ciaire, notamment pour décider s'il y a ou non pla à vérification des créances autres que salariales, commission des lois du Sénat[2] a, par amendemer introduit, la prisée obligatoire de tous les actifs d'u débiteur en liquidation judiciaire. En conséquen, en application de l'article L. 641-4, alinéa 5 du ce de commerce, tel qu'il résulte de la rédaction dui donne la loi de sauvegarde des entreprises[3], la sonne chargée par le tribunal d'établir l'invente devra procéder à une évaluation de chaque bieu débiteur.

Jusqu'à l'ordonnance du 12 mars 2014[4], la pée des biens du débiteur n'avait pas à être effecée dans la liquidation judiciaire simplifiée.

L'article 81 de l'ordonnance du 12 mars 24 modifie la solution et prévoit que si le liquidate a été désigné pour réaliser l'inventaire, dans la prédure de liquidation judiciaire simplifiée obligatre, le juge-commissaire désigne la personne chargéde réaliser la prisée de l'actif du débiteur. Il ne fautas déduire, *a contrario*, du texte que si le liquidateun'a pas été désigné pour réaliser l'inventaire, il n'y aas place à réalisation de la prisée. Celle-ci est obligatoire, en liquidation judiciaire, dès lors que l'inventaire l'est également.

> Solutions en dehors de la liquidation judiciaire. L'article L. 622-6, alinéa 1er du code de commerce, dans sa rédaction antérieure à l'ordonnance du 18 décembre 2008[5] prévoit identiquement une « prisée du patrimoine du débiteur ». Ce texte de la procédure de sauvegarde est applicable en redressement judiciaire (C. com., art. L. 631-14, I). Il s'agit ici de déterminer les actifs sur lesquels le débiteur peut compter pour son redressement.

Ainsi, dans toutes les procédures ouvertes sous l'empire de la loi du 26 juillet 2005[6], dans sa rédaction d'origine, la prisée des biens inventoriés du débiteur est-elle obligatoire.

L'article L. 622-6 du code de commerce issu de l'ordonnance du 18 décembre 2008 (ord. 18 déc. 2008, art. 20) supprime la réalisation de cette prisée, laquelle constitue une mesure de défiance à l'égard du débiteur, dans la procédure volontariste de sauvegarde. Observons toutefois que la suppression de la prisée en sauvegarde a essentiellement été justifiée par le fait que cette procédure n'a pas pour finalité la cession de l'entreprise[7], alors même que des cessions partielles restent possibles. Un auteur suggère à juste titre d'aller plus loin, et de ne prévoir, dans le redressement judiciaire, la prisée qu'autant qu'un plan de cession est envisagé[8].

En cas de conversion de la sauvegarde en redressement judiciaire, la prisée des biens du débiteur devient à nouveau obligatoire, en application de l'article L. 622-10, alinéa 6. Elle est faite, précise cet article, au vu de l'inventaire réalisé en sauvegarde.

L'obligation de réaliser la prisée des biens du débiteur oblige le tribunal à désigner, en fonction des biens dont la prisée s'avère nécessaire, un commissaire-priseur judiciaire, un huissier de justice, un notaire ou un courtier en marchandises. L'expert, qui est visé au troisième alinéa de l'article L. 621-4 du code de commerce, ne peut être nommé pour réaliser l'inventaire et la prisée des biens du débiteur, cette tâche incombant exclusivement, selon les articles L. 621-4, L. 631-9 et L. 641-1 du code de commerce, aux personnes précitées[9].

La prisée et les frais correspondants ne peuvent porter que sur des biens appartenant au débiteur. Le commissaire-priseur judiciaire ne peut se réfugier derrière la mission que lui a confiée le mandataire judiciaire, pour prétendre être rémunéré au titre de la prisée portant sur des biens n'appartenant pas au débiteur[10].

La décision taxant les honoraires du commissaire-priseur judiciaire pour établir la prisée des biens du débiteur relève de la compétence du président du tribunal de la procédure collective; le recours contre cette décision est régi par les articles 714 et 715 du code de procédure civile[11]. Pour soutenir sa demande de taxation, le commissaire-

1. Toulouse, 2e ch., sect. 2, 8 janv. 2008, RG no 06/05022.
2. *Rapp. J.-J. Hyest*, no 335, p. 371.
3. L. no 2005-845, 26 juill. 2005, préc.
4. Ord. no 2014-326, 12 mars 2014, préc.
5. Ord. no 2008-1345, 18 déc. 2008, préc.
6. L. no 2005-845, 26 juill. 2005, préc.
7. Fombeur, Discours aux Entretiens de la sauvegarde, 28 janv. 2008, *LPA* 12 févr. 2008, no 31, p. 3 s., sp. p. 4 – *Adde*, Rapport au président de la République sur l'ordonnance no 2008-1345 du 18 décembre 2008, *JO* 19 déc. 2008, Titre I, chap. II-2, ss art. 20.
8. PÉROCHON, 10e éd., no 1113.
9. Rép. min. no 90963, *JOAN Q*, 8 mars 2011, p. 2312, *D.* 2011. Actu. 745.
10. Civ. 2e, 13 janv. 2012, no 10-25.355, NP, *Rev. proc. coll.* 2012, comm. 25, note Lebel.
11. Douai, ord. taxe, 3 avr. 2012, no 011/03509, *BJE* juill. 2012, comm. 133, note de Lajarte.

priseur judiciaire doit prouver les diligences accomplies et justifier du mode de calcul des honoraires réclamés [1].

Ces solutions posées par l'article L. 622-10, alinéa 6 du code de commerce, en cas de conversion de la sauvegarde en redressement judiciaire, sont également applicables en cas de conversion de la sauvegarde en liquidation judiciaire (C. com., art. L. 622-11, renvoyant à L. 622-10, al. 1er., ord. 18 déc. 2008, art. 25).

La prisée reste obligatoire dans la procédure de redressement judiciaire. L'article L. 631-14, alinéa 2 du code de commerce, issu de la rédaction que lui donne l'ordonnance de réforme (ord. 18 déc. 2008, art. 80), précise que cette prisée est réalisée concomitamment à l'inventaire.

462.36 **Rémunération de la pesonne désignée pour dresser l'inventaire et établirla prisée.** L'article 47, 2° du décret du 23 décembre 2006 [2], qui a modifié le décret du 28 décembre 2005 [3] d'application de la loi de sauvegarde des entreprises [4], a inséré deux alinéas à l'article 80 de ce dernier décret.

Selon l'alinéa 6 de l'article R. 622-4 du code de commerce, dans la rédaction que lui donne l'article 47, 2° du décret du 23 décembre 2006, il appartient au président du tribunal ou à son délégué d'arrêter la rémunération de la personne désignée pour dresser l'inventaire et réaliser la prisée, au vu d'un compte détaillé.

Si un tarif est applicable au professionnel désigné, il y aura place à application du barème de sa profession.

Si le professionnel n'est pas soumis à un tarif pour la réalisation de ces opérations, l'alinéa 7 de l'article R. 622-4 du code de commerce, dans la rédaction que lui donne l'article 47, 2° du décret du 23 décembre 2006, prévoit qu'il y aura lieu d'appliquer les dispositions du deuxième et du troisième alinéas de l'article 69 du décret (devenu C. com., art. R. 621-23). Il en résulte d'abord que le juge-commissaire, dès achèvement de la mission du professionnel, doit arrêter sa rémunération en fonction notamment des diligences accomplies, de la qualité du travail fourni et du respect des délais impartis (C. com., art. R. 621-23, al. 2). Il en résulte aussi que si le juge-commissaire envisage de fixer sa rémunération à un montant inférieur à ce qu'il demande, le professionnel doit être invité préalablement par le juge-commissaire à fournir ses observations (C. com., art. R. 621-23, al. 3).

La suppression de la prisée dans la procédure de sauvegarde a conduit à modifier la rédaction de l'article R. 622-4, alinéa 6 du code de commerce, devenu l'alinéa 5 à la suite de la suppression de l'ancien alinéa 2, en enlevant la précision selon laquelle le président du tribunal fixe la rémunération de la personne désignée pour réaliser la prisée. C'est l'objet de l'article 18 du décret du 12 février 2009 [5].

L'article 53 du décret d'application insère un alinéa 2 à l'article R. 631-18 du code de commerce, afin de rendre applicables les règles prévues aux alinéas 4 et 6 de l'article R. 622-4, c'est-à-dire les règles de réalisation de l'inventaire réalisé par un tiers en sauvegarde, à la prisée des actifs du débiteur, en cas d'ouverture d'une procédure de redressement judiciaire ou de conversion d'une procédure de sauvegarde en redressement judiciaire.

Comme il le fait, pour le redressement judiciaire, l'article 74 du décret du 12 février 2009 insère un alinéa 2 à l'article R. 641-14 du code de commerce, afin de rendre applicables les règles prévues aux alinéas 4 et 6 de l'article R. 622-4, c'est-à-dire les règles de réalisation de l'inventaire confectionné par un tiers en sauvegarde, à la prisée des actifs du débiteur, en cas d'ouverture d'une procédure de liquidation judiciaire ou de conversion d'une procédure de sauvegarde en liquidation judiciaire.

Il faut enfin préciser que les frais d'inventaire et de prisée pourront faire l'objet d'une avance par le Trésor public (v. s^s n° 472.21).

SECTION 462.40

AUTRES MESURES À CARACTÈRE CONSERVATOIRE

462.41 **Établissement d'un état de situation.** Au rang des mesures à caractère conservatoire, l'article 47 du décret du 27 décembre 1985 [6] et l'article R. 622-3 du code de commerce prévoient que « dans le cas où les comptes annuels n'ont pas été établis ou mis à sa disposition, l'administrateur – lorsqu'il en a été désigné –, dresse à l'aide de tout document ou renseignement disponible un état de la situation ». Ce texte de la procédure de sauvegarde s'applique identiquement en redressement judiciaire (R. 631-18 du code de commerce) et en liquidation judiciaire (C. com., art. R. 641-14 du code de commerce).

L'établissement de l'état de situation sera facilité par l'obligation pour le débiteur de communiquer la liste du personnel ainsi que tous les éléments permettant de déterminer les salaires et indemnités

1. Douai, ord. taxe, 3 avr. 2012, n° 011/03509, préc.
2. D. n° 2006-1709, 23 déc. 2006, préc.
3. D. n° 2005-1677, 28 déc. 2005, préc.
4. L. n° 2005-845, 26 juill. 2005, préc.
5. D. n° 2009-160, 12 févr. 2009, préc.
6. D. n° 85-1388, 27 déc. 1985, préc.

à payer (D. 27 déc. 1985, art. 46; C. com., art. R. 622-2).

462.42 Information sur les soldes bancaires et postaux. Au titre des mesures conservatoires, le juge-commissaire et le ministère public peuvent obtenir communication de la part du représentant des créanciers ou de l'administrateur du solde des comptes bancaires et postaux de l'entreprise et des comptes ouverts à la Caisse des dépôts et consignations (D. 27 déc. 1985[1], art. 62, al. 1er). Dans la procédure de sauvegarde, il obtiendra communication de ces renseignements par le débiteur et le mandataire judiciaire (C. com., art. R. 622-16, al. 1er). Dans la procédure de redressement judiciaire, cette information émanera du mandataire judiciaire et de l'administrateur lorsqu'il en a été désigné un et, à défaut du débiteur (C. com., art. R. 631-21).

En présence d'un entrepreneur individuel à responsabilité limitée, *a priori*, cette information ne devrait porter que sur les comptes bancaires et postaux relatifs à l'entreprise logée dans le patrimoine concerné par la procédure collective. Il semble toutefois difficile de refuser au ministère public ou au juge-commissaire des informations sur les autres comptes, alors surtout que cela pourrait permettre la mise en évidence des relations financières anormales entre les comptes de l'entreprise concernée par la procédure collective et ceux relatifs aux autres patrimoines du débiteur, qui pourraient justifier une action en réunion de patrimoines.

À partir de cette information, le juge-commissaire peut, si la poursuite de l'activité l'exige, modifier la répartition des sommes entre, d'une part, les comptes de l'entreprise et d'autre part, les comptes ouverts à la Caisse des dépôts et consignations (D. 27 déc. 1985, art. 62, al. 2; C. com., art. R. 622-16, al. 2). Si un administrateur judiciaire a été nommé, il sera cependant rare, en pratique, que le juge-commissaire use de ce pouvoir, y compris dans la procédure de sauvegarde, dans laquelle, en théorie, le chef d'entreprise reste aux commandes.

1. D. nº 85-1388, 27 déc. 1985, préc.

CHAPITRE

463. Règles relatives aux parts et actions des dirigeants de la personne morale débitrice

SECTION 0
ORIENTEUR

463.00 **Plan du chapitre.**

Sect. 463.10 Nature juridique et fondement de la mesure d'incessibilité des parts et actions des dirigeants de la personne morale débitrice

Sect. 463.20 Portée et domaine de la mesure d'incessibilité des parts et actions des dirigeants de la personne morale débitrice

Sect. 463.30 Modalités de la mesure d'incessibilité des parts et actions des dirigeants de la personne morale débitrice

Sect. 463.40 Sanctions de la mesure d'incessibilité des parts et actions des dirigeants de la personne morale débitrice

463.01 **Textes applicables.** (V. les références complètes s^s^ n° 011).

> Législation antérieure à la loi de sauvegarde des entreprises.

C. com., art. L. 621-19, L. 621-137, II, 2°

D. 27 déc. 1985, art. 52

> Législation issue de la loi de sauvegarde des entreprises.

C. com., art. L. 631-10, L. 631-21

C. com., art. R. 631-14 (anc^t^ D. 28 déc. 2005, art. 183)

> Législation issue de l'ordonnance du 18 décembre 2008.

C. com., art. L. 631-10, L. 631-21

C. com., art. R. 631-14

463.02 **Jurisprudence de référence.**

> L'incessibilité des parts ou actions, à titre de mesure conservatoire, ne dure que pendant toute la période d'observation et cesse avec l'adoption d'un plan de continuation.

• **Com. 17 nov. 2015,** n° 14-12.372, P, n° 993 FS-P+B

* V. s^s^ n° 463.21

463.03 **Bibliographie indicative.** (V. les références complètes s^s^ n° 031 – v. aussi s^s^ n° 460.03).

> Actualisables. J.-CL. COM., Amlon G., fasc. 2315, [Sort des dirigeants].

> Articles. Bermond de Vaulx J.-M., « Le sort des droits sociaux détenus par les dirigeants de société en redressement ou liquidation judiciaire », *Rev. sociétés* 1990. 221 s. – Roussel Galle Ph., « Associés, dirigeants et plans de continuation dans la société en difficulté », in « La loi de sauvegarde à l'épreuve du droit des sociétés », dir. scient. Dammann, *Bull. Joly* 2009. 1109, § 226.

SECTION 463.10
NATURE JURIDIQUE ET FONDEMENT DE LA MESURE D'INCESSIBILITÉ DES PARTS ET ACTIONS DES DIRIGEANTS DE LA PERSONNE MORALE DÉBITRICE

463.11 **Nature juridique de la mesure d'incessibilité des parts et actions des dirigeants de la personne morale débitrice.** L'article L. 621-19 alinéa 1er du code de commerce prévoit, à partir du jugement d'ouverture, une cessibilité des parts ou actions de la société débitrice, ainsi que des certificats d'investissement ou de droit de vote détenus par les dirigeants de celle-ci, dans les conditions qu'il fixe.

La solution est reprise, sous réserves de quelques adaptations, par la loi de sauvegarde des entreprises[1], mais uniquement en redressement judici: (C. com., art. L. 631-10, al. 1er) et non en sau garde. Par son automaticité, il s'agit d'une mes d'incessibilité légale par opposition à l'incessibi prévue par l'article L. 621-59, alinéa 2 (anct L. 25 j 1985[2], art. 23, al. 2), devenu l'article L. 626-4, néa 2 sous l'empire de la loi de sauvegarde des en prises, qui peut être qualifiée de judiciaire. Not immédiatement que l'ordonnance du 18 décen 2008[3] a cantonné la mesure d'incessibilité des p et actions détenues par les dirigeants à l'adoptio plan de redressement, en la supprimant en sa garde, de sorte que le texte en cause est désor l'article L. 631-19-1, alinéa 2.

463.12 Fondement de la mesure d'incessib des parts et actions des dirigeants de la perse morale débitrice. La place de ce texte dans li oblige à lui attribuer le caractère d'une mesure - servatoire. Même si la règle permet d'assurer e certaine moralisation du droit des procédures- lectives en faisant subir, au moins provisoirent, aux dirigeants, les conséquences de la cessatiors paiements, à laquelle généralement ils ne sons étrangers[4], l'idée de sanction est absente de ce mesure, qui a pour objectif la perspective du res- sement de l'entreprise[5], plus que d'assurer l'eu- tion des sanctions qui seront mises à charges dirigeants fautifs[6]. Le but de la règle est doub Il s'agit d'abord de préparer l'élimination de l'influ ce des dirigeants[7], qui pourraient être tentés de per des hommes de paille par le biais de cessio de leurs parts ou actions, dont le vote aux assemies risquerait de compromettre le redressement reer- ché. Il s'agit corrélativement de contrôler les ces- sions de parts ou actions qui pourraient abo r à une cession du contrôle de la société en dehors la décision du tribunal[8], ce qui rendrait ensuite imos- sible un plan de redressement par cession des acons.

Le but du texte et son interprétation stricte sul- tant de son caractère restrictif de droits font ostac- cle aux cessions, mais n'empêchent pas les céan- ciers personnels des dirigeants de saisir les parts ou actions, des opinions divergentes existant cepen- dant sur la question[9]. Cette solution, posée par la Cour de cassation sous l'empire de l'article 21 de la loi du 13 juillet 1967[10], semble devoir être recon- duite sous l'empire des législations subséquentes.

SECTION 463.20

PORTÉE ET DOMAINE DE LA MESURE D'INCESSIBILITÉ DES PARTS ET ACTIONS DES DIRIGEANTS DE LA PERSONNE MORALE DÉBITRICE

463.21 Portée de la mesure d'incessibilité des parts et actions des dirigeants de la personne morale débitrice. Le terme « céder » utilisé par le législateur doit être entendu largement. Il peut s'agir de cession entre vifs, à titre onéreux, aussi bien qu'à titre gratuit : vente, échange, apport en société, donation. Le terme fait également obstacle à une constitution de gage sur les parts ou actions qui pourrait aboutir ultérieurement à une cession effective[11].

Il est généralement considéré que l'incessibilité prévue par l'article L. 621-19 du code de commerce (anct L. 25 janv. 1985[12], art. 28), dans la rédaction antérieure à la loi de sauvegarde des entreprises[13], par l'article L. 631-10, dans la rédaction issue de la loi de sauvegarde des entreprises, se poursuit pendant toute la durée de la période d'observation et cesse de plein droit à l'expiration de celle-ci[14]. L'article 52, alinéa 2 du décret du 27 décembre 1985[15] et l'article R. 631-14, alinéa 2 du code de commerce (anct D. 28 déc. 2005[16], art. 183, al. 2) posent pourtant une solution légèrement différente en prévoyant que l'incessibilité cesse « après l'adoption du plan de redressement ou après la clôture des opérations ». L'incessibilité dure, en conséquence, pendant toute la période d'observation si le tribunal arrête un plan de redressement, solution posée sous l'empire de la loi du 25 janvier 1985 pour un plan de continuation[17],

1. L. nº 2005-845, 26 juill. 2005, *JO* 27 juill., p. 12187.
2. L. nº 85-98, 25 janv. 1985, *JO* 26 janv., p. 1097.
3. Ord. nº 2008-1345, 18 déc. 2008, *JO* 19 déc., p. 19462.
4. GUYON, nº 1202.
5. Bermond de Vaulx, « Le sort des droits sociaux détenus par les dirigeants de société en redressement ou liquidation judiciaire », *Rev. sociétés* 1990. 221 s.
6. *CONTRA* : GUYON, nº 1202.
7. RIPERT ET ROBLOT, nº 3032.
8. V. interv. Gouzes, débats Assemblée nationale, 6 avr. 1984, *JOAN CR*, p. 1262.
9. EN CE SENS : GUYON, nº 1202 – RIPERT ET ROBLOT, nº 3032 – *CONTRA* : SOINNE, nº 1260.
10. L. nº 67-563, 13 juill. 1967, *JO* 14 juill., p. 7059 – Com. 2 mai 1985, nº 83-17.213, *Bull. civ.* IV, nº 138.
11. EN CE SENS AUSSI : GIBIRILA, nº 380.
12. L. nº 85-98, 25 janv. 1985, préc.
13. L. nº 2005-845, 26 juill. 2005, préc.
14. SAINT-ALARY-HOUIN, 6e éd., nº 989-2.
15. D. nº 85-1388, 27 déc. 1985, *JO* 29 déc., p. 15281.
16. D. nº 2005-1677, 28 déc. 2005, *JO* 29 déc., p. 20324.
17. Com. 17 nov. 2015, nº 14-12.372, *Bull. civ.* IV [à paraître]; nº 993 FS-P+B; *D.* 2015. actu 2438, note Lienhard; *Gaz. Pal.* 12 avr. 2016, nº 14, p. 75, note Montéran; *Act. proc. coll.* 2015/20, comm. 317, note Vallansan; *JCP E* 2015, 1624, note Cérati-Gauthier; *BJE* 2016, 19, note Monsérié-Bon; *BJS* 2016, 48, note Laroche; *Dr. sociétés* 2016, comm. 35, note Legros; *Rev. sociétés* 2016. 194, note Henry et 253, note Reygrobellet; *Gaz. Pal.* 2 févr. 2016, nº 5, p. 68, note Dondéro; *Rev. proc. coll.* 2016, comm. 40, note Lebel et mai 2016, comm. 92, note Martin-Serf.

mais reconductible sous l'empire de laoi de sauvegarde pour un plan de redressement mis, selon un auteur, peut déborder cette phase lorsqe la liquidation judiciaire est prononcée[1]. Ceendant, en ce dernier cas, la mesure est dénuée d'tilité[2], car on voit mal s'opérer une cession des parts ou actions d'une société vouée à la disparition. ?eut donc être approuvée la solution d'une juridicion estimant que la mesure prenait fin en cas d'arrêt d'activité de la société[3]. D'ailleurs, le décret (D. 27 déc. 1985, art. 52, al. 2, C. com., art. R. 631-14, al. 2 [anc[t] D. 28 déc. 2005, art. 183, al. 2]) réserve la possibilité, pour le tribunal, de raccourcir la durée de la mesure. Aussi est-il préférable de poser en règle générale que l'incessibilité légale cesse de plein droit avec le jugement qui met fin à la période d'observation, soit par clôture du redressement judiciaire pour paiement du passif exigible, soit par adoption du plan soit enfin par conversion en liquidation judiciaire.

463.22 Domaine objectif de la mesure d'incessibilité des parts et actions des dirigeants de la personne morale débitrice. L'incessibilité prévue par le code de commerce s'applique dans le redressement judiciaire, tant sous l'empire de la législation antérieure à la loi de sauvegarde des entreprises[4], que sous l'empire de la loi de sauvegarde des entreprises.

En revanche, la mesure ne s'applique pas dans la procédure de **sauvegarde.** L'idée est de laisser le chef d'entreprise aux commandes, en ne l'entravant pas dans sa démarche. La liberté de ce dernier n'était cependant pas complète, car, dans la perspective d'adoption du plan de sauvegarde, le tribunal avait, sous l'empire de la loi de sauvegarde des entreprises, dans sa rédaction d'origine, la possibilité de décider d'une mesure d'incessibilité, qui était alors de nature judiciaire (C. com., art. L. 626-4, al. 2)[5]. La solution n'est plus possible, depuis l'ordonnance du 18 décembre 2008[6], qui a cantonné la mesure à l'adoption d'un plan de redressement.

L'incessibilité à titre de mesure conservatoire ne peut concerner que les parts ou actions conférant aux dirigeants des droits sociaux, c'est-à-dire des droits patrimoniaux attachés à la qualité d'associé de la société et représentant une fraction du capital social. Les obligations ou autres titres d'emprunt ou parts bénéficiaires sont identiquement à exclure, car ils représentent des droits de créance, non des droits ux. Les obligations composées exclusivement res de créances sont exclues[7].

code de commerce ne visait, avant l'ordon- e du 18 décembre 2008, que les titres détenus une société. Il avait été soutenu qu'il convenait pas l'appliquer aux titres détenus dans un grou- nt d'intérêt économique[8]. Ce texte restrictif de nous semblait effectivement devoir recevoir nterprétation restrictive, exclusive de l'applica- t'un raisonnement analogique. Un auteur avait tois été favorable à une interprétation large du tau regard de sa finalité[9]. L'ordonnance du 1cembre 2008 supprime toute difficulté d'inter- pion, l'alinéa 1er de l'article L. 631-10 du code vi désormais non plus les parts, titres ou valeurs mières donnant accès au capital de « la société », m celui de la « personne morale »[10].

code de commerce vise encore, sous l'empire deégislation antérieure à la loi de sauvegarde des enrises, les certificats d'investissements. Ce visa endre une difficulté dans la mesure où ces titres nent ni cessibles, ni négociables. En réalité, si le cecat de droit de vote est complété par le certifi- caInvestissement, cela a pour effet de reconsti- tuaction. Dès lors, la règle est destinée à interdire la sion du certificat de droit de vote accompagné durtificat d'investissement. La commission des loiu Sénat, pour tenir compte de l'ordonnance du 24n 2004[11] portant réforme du régime des valeurs mières, a étendu le mécanisme de l'incessibilité dearts ou actions à l'ensemble des titres de capital et valeurs mobilières donnant accès au capital[12]. Induons que cette ordonnance a supprimé la pos- sibié pour les sociétés commerciales, à l'avenir, d'éttre des certificats de droit de vote et des certi- ficad'investissement. C'est en ce sens que la loi de saugarde des entreprises (C. com., art. L. 631-10, al. 2 a supprimé le visa des actions ou certificats d'instissement ou de droit de vote, en le rempla- çantar le visa des « titres de capital ou valeurs mobières donnant accès au capital ».

463.23 Domaine subjectif de la mesure d'incessibilité des parts et actions des dirigeants de la personne morale débitrice. L'article L. 621-19 du code de commerce (anc[t] L. 25 janv. 1985[13], art. 28), dans la rédaction antérieure à la loi de sauvegarde des

1. EN CE SENS : GUYON, n° 1202.
2. RAPPR. : SOINNE, n° 1258.
3. T. com. Paris, 6 févr. 1995, *Gaz. Pal.* 1995, Somm. 215.
4. L. n° 2005-845, 26 juill. 2005, préc.
5. SUR LA QUESTION : Régnaut-Moutier, « Les dirigeants de société », *Rev. proc. coll.* 2006/2, p. 159.
6. Ord. n° 2008-1345, 18 déc. 2008, préc.
7. LE CANNU, 7e éd., n° 330.
8. VALLANSAN, 4e éd., n° 356.
9. SOINNE, n° 1259.
10. Roussel Galle, « Le dirigeant de société et le nouveau droit des entreprises en difficulté issu de la réforme du 18 décembre 2008 », *Rev. sociétés* 2009/2, p. 249 s., sp. p. 259, n° 23.
11. Ord. n° 2004-604, 24 juin 2004, *JO* 26 juin.
12. *Rapp. J.-J. Hyest*, n° 335, p. 331.
13. L. n° 85-98, 25 janv. 1985, préc.

entreprises[1], et l'article L. 631-10 dans la rédaction issue de la loi de sauvegarde des entreprises, vise le dirigeant de droit ou de fait, rémunéré ou non. Le simple administrateur d'une société anonyme est un dirigeant de droit concerné par la mesure[2]. Il en est de même du représentant permanent de la société dirigeant de droit[3].

La démonstration de la qualité de dirigeant de fait devra être rapportée. La solution a été spécialement posée à propos de l'incessibilité des parts ou actions prononcées sur le fondement de l'article L. 621-59 du code, dans sa rédaction antérieure à la loi de sauvegarde des entreprises, à l'encontre de membres du conseil de surveillance d'une société anonyme qui ne sont pas des dirigeants de droit[4]. Cette solution est reconductible sous l'empire de la loi de sauvegarde. L'application au dirigeant de fait risque cependant d'être tardive, puisque seul un jugement pourra établir cette qualité[5].

Même si les dirigeants apparents ou occultes ne sont plus visés par la loi, contrairement à la solution de l'article 31 de la loi du 13 juillet 1967[6], il ne semble pas qu'il y ait de difficultés à les faire entrer dans le champ d'application du texte[7]. L'argument *a fortiori* doit s'appliquer par rapport à l'application de la mesure aux dirigeants de fait.

En revanche, le texte du code étant restrictif de droits, il ne peut être question de l'interpréter de manière extensive. Dès lors, faute d'avoir visé les anciens dirigeants, la solution ne pourra leur être appliquée[8]. Pour cela, cependant, il devra y avoir cessation effective des fonctions de dirigeant et mention de celle-ci au registre du commerce et des sociétés avant jugement d'ouverture[9]. La démission du dirigeant après l'ouverture de la procédure collective reste, au contraire, indifférente[10].

1. L. nº 2005-845, 26 juill. 2005, préc.
2. Com. 20 oct. 2009, nº 08-18.942, NP; nº 926 F-D; *Gaz. Pal.* 8-10 janv. 2010, nºs 8, 9, p. 22, note Lebel; *Bull. Joly* 2010. 282, comm. 62, note Pétel; *Dr. sociétés* 2010, comm. 100, note Legros.
3. Com. 20 oct. 2009, nº 08-18.942, préc. (v. sˢ prést nº).
4. Com. 12 juill. 2005, nºs 03-14.045, 03-15.855, *Bull. civ.* IV, nº 174; *D.* 2005. AJ 2071, obs. Lienhard; *Gaz. proc. coll.* 2005/3, p. 28, nº 1, obs. Voinot; *JCP E* 2006, Chron. 1066, p. 76, nº 17, obs. Pétel; *Act. proc. coll.* 2005/15, nº 193, note. Régnaut-Moutier; *Rev. sociétés* 2006. 163, note Lucas; *Bull. Joly* 2006. 22, § 4, concl. Lafortune, note Saintourens; *Rev. proc. coll.* 2006/1, p. 52, nº 10, obs. Lebel; *Rev. proc. coll.* 2006/3, p. 290, nº 2, obs. Martin-Serf; *LXB hebdo* nº 182, 22 sept. 2005, nº N859A2AI3, note Kaddouch.
5. Guyon, nº 1202.
6. L. nº 67-563, 13 juill. 1967, préc.
7. Guyon, nº 1202.
8. Vallansan, 4ᵉ éd., nº 356.
9. Guyon, nº 1202.
10. Paris, pôle 5, 8ᵉ ch., 10 mars 2015, RG nº 13/21286, *Dr. sociétés* 2015, comm. 135, note Legros.

Les droits des associés même majoritaires ne peuvent être concernés, dès lors qu'ils ne sont pas dirigeants.

Les parts ou actions doivent, avant l'ordonnance du 18 décembre 2008[11], appartenir personnellement aux dirigeants. Aucune présomption d'interposition de personnes n'a été établie par la loi. Les parts ou *actions appartenant aux ascendants, aux descendants* ou au conjoint ne pourront, en conséquence, être affectées par cette mesure conservatoire.

Depuis l'ordonnance du 18 décembre 2008, l'alinéa 1er de l'article L. 631-10 du code de commerce vise de manière plus large les titres détenus « directement ou indirectement » par les dirigeants de droit ou de fait. Encore faudra-t-il, évidemment, établir l'interposition de personnes[12].

463.24 Restriction dans la mise en location des parts ou actions de la société débitrice. L'article L. 239-1 du code de commerce, qui résulte de la loi du 2 août 2005[13], prévoit, en son alinéa dernier que « lorsque la société fait l'objet d'une procédure de redressement judiciaire en application du titre III du livre VI du présent code, la location de ses actions ou parts sociales ne peut intervenir que dans les conditions fixées par le tribunal ayant ouvert cette procédure ». Ce texte nous semble inapplicable en sauvegarde, du fait de la précision contenue dans le texte qui vise spécialement le titre III du livre VI, c'est-à-dire les dispositions qui régissent spécifiquement le redressement judiciaire. La solution est d'ailleurs logique, car la disposition doit immédiatement être rapprochée de l'incessibilité des parts ou actions détenues par les dirigeants qui, à titre de mesure conservatoire, ne vise que la procédure de redressement judiciaire.

La disposition ne vise pas ici spécifiquement les parts ou actions détenues par les dirigeants. Elle est ainsi plus large. Mais il faut noter que le dispositif ne peut concerner que des titres nominatifs non négociables sur un marché réglementé (C. com., art. L. 239-1).

La mise en location des parts ou actions n'est pas purement et simplement interdite. Elle est réglementée. Le tribunal pourra statuer après le juge-

11. Ord. nº 2008-1345, 18 déc. 2008, préc.
12. Roussel Galle, « Le dirigeant de société et le nouveau droit des entreprises en difficulté issu de la réforme du 18 décembre 2008 », *Rev. sociétés* 2009. 249 s., sp. 259, nº 23 – Legros, « L'ordonnance du 18 décembre 2008 réformant la loi de sauvegarde des entreprises, Seconde partie : redressement, obligataires, liquidation et sanctions », *Dr. sociétés* 2009, p. 13, nº 8.
13. L. nº 2005-882, 2 août 2005, *JO* 3 août, p. 12639 – Aussi : art. 280-1 du décret du 23 mars 1967, créé par D. nº 2006-1566, 11 déc. 2006, art. 85. Hubert et Bouzama, « Réforme du décret du 23 mars 1967 sur les sociétés commerciales », *JCP E* 2007. 1286, p. 35 s., sp. nºs 69 à 72.

ment d'ouverture. Tant qu'il n'aura pas été statué sur la question, il semble que la mise en location de ces parts soit interdite. Le contrat devrait être annulé, dans le délai de la prescription commerciale, faute de texte contraire.

Il est estimé que la location d'actions ouvre des possibilités plus étendues que la location-gérance au repreneur qui souhaiterait disposer d'une période d'essai [1]. Cette comparaison avec la location-gérance, regardée avec défaveur par le législateur en cas d'ouverture d'une procédure collective, devrait conduire les tribunaux à se montrer restrictif dans l'application de ce dispositif.

SECTION 463.30
MODALITÉS DE LA MESURE D'INCESSIBILITÉ DES PARTS ET ACTIONS DES DIRIGEANTS DE LA PERSONNE MORALE DÉBITRICE

463.31 Modalités de la mesure d'incessibilité des parts et actions des dirigeants de la personne morale débitrice. L'article L. 621-19 du code de commerce (anc[t] L. 25 janv. 1985 [2], art. 28), dans la rédaction antérieure à la loi de sauvegarde des entreprises [3], l'article L. 631-10 dans la rédaction issue de la loi de sauvegarde des entreprises, posent une mesure obligatoire. Il n'y a pas à constater qu'il y va de la survie de l'entreprise. Il ne s'agit ici que d'une mesure conservatoire.

La cessibilité est enfermée dans certaines conditions. La compétence appartient au tribunal. La solution peut être critiquée, dans la mesure où il ne s'agit que d'une mesure conservatoire, laquelle relève généralement de la compétence du juge-commissaire. Les modalités de saisine du tribunal aux fins de déterminer les conditions dans lesquelles la cession pourra intervenir ne sont pas fixées par les textes. Rien ne paraît interdire une requête du représentant des créanciers – mandataire judiciaire –, des dirigeants ou de l'administrateur judiciaire. *A fortiori*, le repreneur des actions aura-t-il qualité, compte tenu de la finalité de la mesure [4].

Les modalités pratiques d'application de l'incessibilité doivent être précisées. C'est l'administrateur qui demande l'ouverture d'un compte spécial bloqué. À défaut d'administrateur, en régime simplifié sous l'empire de la législation antérieure à la loi de sauvegarde des entreprises, l'article L. 621-137, II, 2° du code de commerce (anc[t] L. 25 janv. 1985, art. 141, al. 4) accorde cette prérogative au représentant des créanciers. La solution est reprise, malgré la suppression du régime simplifié, par la loi de sauvegarde des entreprises, qui prévoit que « le mandataire judiciaire exerce les fonctions dévolues à l'administrateur par le deuxième et troisième alinéas de l'article L. 631-10 » (C. com., art. L. 631-21, al. 3). Les actions et certificats d'investissement ou de droit de vote, mais non les parts sociales [5], devront être obligatoirement inscrits et virés à un compte spécial ouvert au nom du titulaire, compte bloqué sur lequel aucun mouvement ne peut être effectué sans l'autorisation du juge-commissaire. Ce dernier ne peut d'ailleurs lui-même autoriser un tel mouvement que si celui-ci intervient dans les conditions fixées par le tribunal, en application de l'article L. 621-19 du code, dans la rédaction antérieure à la loi de sauvegarde des entreprises, de l'article L. 631-10, dans la rédaction issue de la loi de sauvegarde des entreprises.

Les modalités d'application de l'incessibilité dépendent de la nature des droits sociaux. S'il s'agit de titres au porteur ou de titres nominatifs soumis au régime des titres nominatifs administrés, le compte sera tenu par un intermédiaire financier. S'il s'agit de titres nominatifs purs, le compte sera tenu par la société.

L'incessibilité se distingue de la privation du doit de vote. C'est pourquoi un certificat est délivré au dirigeant par l'administrateur, en application de l'article 5, alinéa 1er du décret du 27 décembre 1985 [6], de l'article R. 631-14, alinéa 1er du code de commerce, pour lui permettre de participer aux assemblées de la société. En l'absence d'administrateur, ce certificat sera délivré par le représentant des créanciers – mandataire judiciaire. Aucun certificat n'aura à être délivré en cas de privation du droit de vote par application de l'article L. 621-59 du code de commerce (anc[t] L. 25 janv. 1985, art. 23, al. 2), devenu l'article L. 626-4 sous l'empire de la loi de sauvegarde des entreprises – sur ces textes, (v. s[s] n° 531.45). En outre, ce certificat n'a d'intérêt pratique que si les titres du dirigeant sont au porteur. S'il s'agit de titres nominatifs, ils sont nécessairement connus de la société émettrice. Les dirigeants n'auront, en ce cas, aucun document à fournir pour pouvoir assister à l'assemblée. Si la personne morale tient un registre, l'incessibilité des parts devra y être mentionnée par l'administrateur ou, à défaut, par le représentant des créanciers (C. com., art. L. 621-19, al. 3), par le mandataire judiciaire sous l'empire de la législation issue de la loi de sauvegarde des entreprises (C. com., art. L. 631-10, al. 3). S'il s'agit de

1. Teboul, « Cas particulier – La reprise d'une entreprise en difficulté : essai de mise en perspective entre les lois Jacob-Dutreil (PME) et Perben-Clément (Sauvegarde) », *LPA* 4 août 2005, n° 154, p. 6 s., sp. p. 11.
2. L. n° 85-98, 25 janv. 1985, préc.
3. L. n° 2005-845, 26 juill. 2005, préc.
4. SOINNE, n° 1260.
5. IFPPC 1999, recomm. n° 1080, p. 23.
6. D. n° 85-1388, 27 déc. 1985, préc.

parts d'intérêts non négociables (société à responsabilité limitée ou société de personnes), l'incessibilité n'est l'objet d'aucune mesure de publicité spécifique.

Après adoption du plan de redressement ou clôture des opérations, il est mis fin au compte spécial une fois que la décision de cession des actions ou la décision ordonnant la mainlevée de la mesure d'incessibilité sera passée en force de chose jugée (D. 27 déc. 1985, art. 52, al. 2, C. com., art. R. 631-14, al. 3), à la demande de la personne intéressée.

Il reste à déterminer la marge de manœuvre du tribunal dans le cadre de cette mesure conservatoire. Le tribunal peut d'abord refuser purement et simplement toute cession. Il en sera ainsi s'il a gardé le silence sur les modalités de la mesure. Inversement, il peut exiger son propre concours ou encore subordonner la cession à l'autorisation d'autres personnes, par exemple à celle du juge-commissaire ou de l'administrateur judiciaire. Il y a là une mesure de souplesse dans l'application de la mesure.

SECTION 463.40

SANCTIONS DE LA MESURE D'INCESSIBILITÉ DES PARTS ET ACTIONS DES DIRIGEANTS DE LA PERSONNE MORALE DÉBITRICE

463.41 Nullité de la cession au mépris de la mesure d'incessibilité des parts et actions des dirigeants de la personne morale débitrice. L'article L. 621-19, alinéa 1er du code de commerce (anct L. 25 janv. 1985[1], art. 28), dans la rédaction antérieure à la loi de sauvegarde des entreprises[2], l'article L. 631-10, alinéa 1er, dans la rédaction issue de la loi de sauvegarde des entreprises, édictent la nullité de la cession intervenue en méconnaissance de la mesure d'incessibilité.

Il n'en sera cependant ainsi que si la cession n'est pas intervenue avant jugement d'ouverture, par l'accord des parties, même si le transfert des actions n'a été matériellement opéré qu'après ledit jugement[3]. La jurisprudence allait même plus loin en considérant que la promesse de cession faite avant jugement d'ouverture restait efficace, alors pourtant que la levée d'option n'avait été effectuée qu'après ledit jugement[4]. La Cour de cassation estime, pour sa part que, en présence d'une promesse unilatérale d'achat antérieure au jugement d'ouverture, la cession ne peut être efficace que si elle est autorisée par le tribunal lorsque la levée d'option d'achat intervient après le jugement d'ouverture[5].

La mention de l'acte de cession selon laquelle le tribunal aurait été informé de la cession n'a pas pour effet de valider l'acte, en autorisant la cession[6].

La bonne ou mauvaise foi du tiers acquéreur doit rester sans conséquence sur le prononcé de la nullité. L'opposabilité *erga omnes* du jugement d'ouverture à zéro heure de sa date conduit à la solution, indépendamment de sa publication[7].

La doctrine s'accorde sur le caractère absolu de cette nullité[8]. Le délai de prescription n'a pas été posé par les textes. On a suggéré une prescription triennale, à l'identique de celle existant pour les actes accomplis en méconnaissance de l'administration contrôlée. Cette solution semble cependant faire difficulté, car les règles ici en cause n'ont rien à voir avec l'administration contrôlée. Aussi, faute de texte contraire, faut-il préférer la prescription de droit commun, trentenaire avant la loi du 17 juin 2008[9], ou décennale en présence d'une société commerciale, quinquennale depuis la loi du 17 juin 2008.

463.42 Cumul de la nullité avec une action en responsabilité civile délictuelle. Le prononcé de la nullité ne fait pas obstacle à une action en responsabilité contre le dirigeant social, sur le fondement des articles L. 223-22 et L. 225-251 du code de commerce. En outre, la responsabilité de l'administrateur judiciaire ou à son défaut du représentant des créanciers – mandataire judiciaire –, qui par défaut de surveillance aurait laissé s'opérer la cession, pourrait être engagée.

1. L. no 85-98, 25 janv. 1985, préc.
2. L. no 2005-845, 26 juill. 2005, préc.
3. Com. 10 mars 1992, no 90-14.456, *Bull. civ.* IV, no 109; *JCP E* 1992. I. 168, no 22, obs. M. Cabrillac et Pétel.
4. Versailles, 12e ch., 11 mai 2000, *JCP E* et *A* 2000, pan. 1212; *Rev. proc. coll.* 2003/1, p. 10, no 4, obs. Lebel.
5. Com. 20 oct. 2009, no 08-18.942, NP; no 926 F-D; *Gaz. Pal.* 8-10 janv. 2010, nos 8, 9, p. 22, note Lebel; *Bull. Joly* 2010. 282, comm. 62, note Pétel; *Dr. sociétés* 2010, comm. 100, note Legros.
6. Chambéry, ch. civ., 1re sect., 14 janv. 2014, RG no 12/01167.
7. Nîmes, 1re ch. civ. A, 27 mai 2003, *Rev. proc. coll.* 2004, p. 218, no 16, obs. Lebel.
8. Bermond de Vaulx, « Le sort des droits sociaux détenus par les dirigeants de société en redressement ou liquidation judiciaire », *Rev. sociétés* 1990. 221, no 1.
9. L. no 2008-561, 17 juin 2008, *JO* 18 juin, p. 9856.

TITRE

470. Dispositions d'ordre financier

SECTION 0

ORIENTEUR

470.00 Plan du titre.

Chap.	471	Dispositions d'ordre financier intéressant le débiteur et les dirigeants de la personne morale débitrice
Sect.	471.10	Rémunérations du débiteur et des dirigeants de la persome morale débitrice
Sect.	471.20	Subsides alloués au débiteur et aux dirigeants
Sect.	471.30	Rémunération allouée à la personne représentant l'ordre professionnel ou l'autorité compétente dans les procédures intéressant les professionnels libéraux
Chap.	472	Avances du Trésor public
Sect.	472.10	Conditions des avances du Trésor public
Sect.	472.20	Domaine des avances du Trésor public
Sect.	472.30	Modalités des avances du Trésor public
Sect.	472.40	Remboursement des avances du Trésor public

CHAPITRE

471. Dispositions d'ordre financier intéressant le débiteur et les dirigeants de la personne morale débitrice

SECTION 0 ORIENTEUR

471.00 Plan du chapitre.

Sect.	471.10	Rémunérations du débiteur et des dirigeants de la personne morale débitrice
Sect.	471.20	Subsides alloués au débiteur et aux dirigeants
Sect.	471.30	Rémunération allouée à la personne représentant l'ordre professionnel ou l'autorité compétente dans les procédures intéressant les professionnels libéraux

471.01 Textes applicables. (V. les références complètes s[s] n° 011).

> Législation antérieure à la loi de sauvegarde des entreprises.

C. com., art. L. 621-21

D. n° 85-1388, 27 déc. 1985, art. 53, 118-2, al. 2

> Législation issue de la loi de sauvegarde des entreprises.

C. com., art. L. 631-11, L. 641-11

C. com., art. R. 631-15 (anc[t] D. 28 déc. 2005, art. 184), R. 641-36 (anc[t] D. 28 déc. 2005, art. 247)

> Législation issue de l'ordonnance du 18 décembre 2008.

C. com., art. L. 631-11, L. 641-11

C. com., R. 631-15, R. 641-36

471.03 Bibliographie indicative. (V. les références complètes s[s] n° 031).

> Actualisables. RÉP. COM., Monsérié-Bon M.-H., « Entreprises en difficulté – Redressement judiciaire (Période d'observation) », n°s 47 à 50 – J.-CL. COM., Amlon G., fasc. 2315, [Sort des dirigeants].

> Ouvrages antérieurs à la loi de sauvegarde des entreprises. GUYON, n° 1202-1 – KERCKHOVE, n° 428 – MARTIN ET VALLENS, n° 2985 – RIPERT ET ROBLOT, n° 3031 – SOINNE, n°s 1262 à 1267 – VALLANSAN, p. 67, 68.

> Ouvrages postérieurs à la loi de sauvegarde des entreprises. JACQUEMONT et VABRES, 9e éd., n° 351, 352 – LIENHARD, 6e éd., n°s 115.19, 115.20 – PÉROCHON, 10e éd., n°s 661 et 1116 – VALLANSAN ET *ALII*, 6e éd., p. 312 – VOINOT, 2e éd., n° 346.

> Articles. Froehlich Ph., « Vivre en procédure collective. Rémunérations, subsides, activité salariée », *Rev. proc. coll.* 2013, dossier 4.

471.04 Question essentielle.

• Le juge-commissaire peut-il modifier la rémunération perçue par un dirigeant salarié ?

* V. s[s] n° 471.11.

SECTION 471.10 RÉMUNÉRATIONS DU DÉBITEUR ET DES DIRIGEANTS DE LA PERSONNE MORALE DÉBITRICE

471.11 Rémunération du débiteur et des dirigeants. L'ouverture de la procédure risque d'affecter considérablement les moyens de subsistance du débiteur ou du dirigeant de la personne morale débitrice. Il faut ici tenir compte du fait que la rémunération du chef d'entreprise, qui s'exerce sous forme de prélèvement personnel dans les entreprises individuelles, ou celle des dirigeants de la personne morale débitrice peuvent, par leur importance, compromettre le redressement recherché.

C'est la préoccupation de l'alinéa 1er de l'article L. 621-21 du code de commerce (anct L. 25 janv. 1985[1], art. 30, al. 1er), dans sa rédaction antérieure à la loi de sauvegarde des entreprises[2], qui prévoit la fixation, par le juge-commissaire, de la rémunération du chef d'entreprise ou des dirigeants de la personne morale débitrice.

La loi 26 juillet 2005 (C. com., art. L. 631-11, al. 1er) se contente de substituer le mot débiteur à celui de chef d'entreprise, lorsqu'il est une personne physique, par souci de cohérence avec le reste du texte de la loi du 26 juillet 2005[3]. L'article L. 641-11 du code renvoie, en liquidation judiciaire, à l'article L. 631-11 du code. La disposition ne concerne pas la procédure de sauvegarde, ce qu'impose d'une part, l'absence de texte en sauvegarde[4], et, d'autre part, l'observation déterminante que le chef d'entreprise demeure ici aux commandes[5]. Il y a là, incontestablement, une incitation forte du dirigeant social à anticiper pour se placer sous le régime de la sauvegarde, plutôt que d'attendre et être placé en redressement judiciaire, procédure dans laquelle sa rémunération pourra être revue à la baisse.

En ce qui concerne les personnes morales débitrices, seule la rémunération du dirigeant de droit doit être fixée, le dirigeant de fait n'ayant, en cette qualité, aucune vocation à être rémunéré[6], l'opinion contraire ayant toutefois été soutenue[7] et la jurisprudence semblant accepter la fixation de la rémunération d'un dirigeant de fait. Cependant, il importe d'indiquer qu'un appel nullité a été déclaré recevable, sur le fondement de l'excès de pouvoir, à l'encontre d'un jugement statuant sur le recours formé contre une ordonnance du juge-commissaire qui avait apprécié la qualité de dirigeant de fait d'un salarié[8].

La disposition ne concerne que la rémunération en qualité de dirigeant, non celle perçue en tant que salarié[9]. Il y a en effet excès de pouvoir si le juge-commissaire fixe la rémunération d'un salarié lié à [l'ent]reprise débitrice[10]. Si les salaires versés au dirigeant apparaissent excessifs à la juridiction, cette [dern]ière ne peut qu'appeler l'attention de l'intéressé [sur] ce point, sans pouvoir intervenir directement [sur] sa fixation. L'administrateur judiciaire engage sa responsabilité à ne pas veiller à la régularité [de l]a rémunération du dirigeant[11]. L'administrateur [jud]iciaire pourrait, en outre, solliciter le licenciement du dirigeant.

Le fait que la rémunération du chef d'entreprise [so]it fixée par le juge-commissaire n'en modifie pas [la] nature. Elle reste donc saisissable[12].

La demande de fixation de la rémunération est [p]résentée sous forme de requête, à l'initiative des [m]andataires de justice ou de l'intéressé lui-même[13]. L'avis du représentant des créanciers – mandataire judiciaire – et de l'administrateur doit être recueilli en redressement judiciaire (D. 27 déc. 1985[14], art. 53, C. com., art. R. 631-15 [anct D. 28 déc. 2005[15], art. 184]). En liquidation judiciaire, l'avis du liquidateur sera identiquement recueilli (D. 27 déc. 1985, art. 118-2, al. 2). L'article R. 641-36, alinéa 3 du code de commerce (anct D. 28 déc. 2005, art. 247, II al. 1er) prévoit, pour sa part, que la rémunération du débiteur ou des dirigeants de la personne morale débitrice est fixée par le juge-commissaire, après avis du liquidateur et de l'administrateur, lorsqu'il en a été désigné.

Les modalités procédurales ont été modifiées par la législation issue de l'ordonnance du 18 décembre 2008[16]. L'article 52 du décret du 12 février 2009[17] a entendu que le juge-commissaire exerce un contrôle plus strict sur l'allocation de ces rémunérations et subsides, qui amputent, faut-il le préciser, à due concurrence, le montant des répartitions à opérer aux créanciers. À l'inverse, l'idée d'humaniser les procédures collectives est dans l'air du temps, et c'est pourquoi le débiteur ou les dirigeants ne doivent pas se retrouver dans une situation de miséreux, alors qu'ils essaient, pour l'heure, de sauver leur entreprise. Ventre vide n'a pas d'oreilles, même s'il s'agit d'écouter des personnes avisées. C'est pourquoi le texte nouveau exige que le juge-commissaire statue par décision « spécialement motivée ». En outre, le débiteur personne physique ou le dirigeant de la personne morale doivent être entendus ou dûment appelés, afin d'assurer un caractère contradictoire, alors que l'administrateur et le mandataire

1. L. n° 85-98, 25 janv. 1985, *JO* 26 janv., p. 1097.
2. L. n° 2005-845, 26 juill. 2005, *JO* 27 juill., p. 12187.
3. *Rapp. Xavier de Roux*, n° 2095, p. 347.
4. PÉROCHON, 10e éd., n° 661.
5. Voinot, « La nouvelle procédure de sauvegarde », *Gaz. Pal.* 7-8 sept. 2005, n° sp., p. 24 s., sp. p. 27, n° 12.
6. Versailles, 3 nov. 1994, *LPA* 23 août 1995, p. 13, note Moulai; *Rev. proc. coll.* 1996, 67, obs. Dureuil.
7. SOINNE, n° 1263.
8. Paris, 3e ch. A, 23 nov. 2004, RG n° 2004/2807, *Rev. proc. coll.* 2006/1, p. 47, n° 3, obs. Lebel.
9. Soc. 9 déc. 1998, n° 95-45.552, NP, *Dr. sociétés* 1999, n° 77 – T. com. Cambrai, 5 déc. 1995, *Rev. proc. coll.* 1996, 268, obs. Taquet – *Adde*, SOINNE, n° 1263.
10. Paris, 3e ch. A, 23 nov. 2004, RG n° 2004/2807.
11. SOINNE, n° 1263.
12. Paris, 8e ch. A, 27 mars 2001, RG n° 99/16815, *Rev. proc. coll.* 2004, p. 49, n° 13, obs. Lebel.
13. SOINNE, n° 1263.
14. D. n° 85-1388, 27 déc. 1985, *JO* 29 déc., p. 15281.
15. D. n° 2005-1677, 28 déc. 2005, *JO* 29 déc., p. 20324.
16. Ord. n° 2008-1345, 18 déc. 2008, *JO* 19 déc., p. 19462.
17. D. n° 2009-160, 12 févr. 2009, *JO* 13 févr., p. 2596.

judiciaire sont également entendus o[illegible]ment appelés, là où, auparavant, leur avis était [illegible]ement recueilli.

Pour qu'il y ait rémunération, il faut qu'[illegible] activité soit déployée, ce qui semble, *a priori*, e[illegible]re la rémunération en cas de liquidation judicia[illegible] sans poursuite d'activité ou après fin de cette [illegible]ème poursuite provisoire. Les subsides (v. ss n° 4[illegible]21) pourront, le cas échéant, relayer la rémunérat[illegible].

En cas de modification de la rémunération [illegible]xée par le juge-commissaire, à la suite d'un recours e[illegible]rcé contre son ordonnance devant le tribunal, ce [illegible]r-nier, pas plus que la cour d'appel saisie par un rec[illegible]s nullité, ne peuvent remettre en cause les rémuné[illegible]tions déjà versées avant qu'ils ne statuent[1].

SECTION 471.20 SUBSIDES ALLOUÉS AU DÉBITEUR ET AUX DIRIGEANTS

471.21 Subsides alloués au débiteur et aux dirigeants. L'alinéa 2 de l'article L. 621-21 du code de commerce (anct L. 25 janv. 1985[2], art. 30, al. 2, sous l'empire de la législation antérieure à la loi du 26 juillet 2005[3] et l'article L. 631-11, alinéa 2, sous l'empire de la législation du 26 juillet 2005, prévoient l'hypothèse où l'intéressé, débiteur personne physique ou dirigeant de la personne morale débitrice, ne perçoit pas de rémunération, cette condition étant impérative[4]. En ce cas, le juge-commissaire peut décider de leur allouer, par prélèvement sur l'actif, pour eux et leur famille, des subsides. Les dirigeants de fait semblent devoir être exclus de ce bénéfice[5].

Le juge-commissaire sera saisi par le représentant des créanciers, l'administrateur ou l'intéressé. Ici encore, l'article 53 du décret du 27 décembre 1985[6] indique qu'il faut recueillir l'avis du représentant des créanciers et de l'administrateur. L'article 118-2, alinéa 2 du même décret renvoie à l'article 53, ce qui signifie que c'est l'avis du liquidateur qui est recueilli en liquidation judiciaire. Observons que l'article 118-2 du décret est une disposition spécifique à la liquidation judiciaire ouverte sans période d'observation, ce qui pourrait conduire à l'écarter en liquidation judiciaire ouverte sur conversion d'un redressement. La jurisprudence est divisée sur la question, certaines décisions limitant le versement de subsides à la période d'observation[7], d'autres acceptant cette allocation en liquidation judiciaire[8]. La lettre de l'article 118-2 du décret du 27 décembre 1985 est certes restrictive. Il n'est pas anodin d'indiquer qu'il s'agit d'un texte issu de la rédaction que lui a donnée le décret du 21 octobre 1994[9], et que l'inadvertance rédactionnelle apparaît plus improbable que s'il s'était agi d'un texte d'origine du décret du 27 décembre 1985, à l'époque où la liquidation judiciaire n'était qu'une issue de la période d'observation. Toutefois, l'on cherchera en vain les raisons d'opposer les situations, selon qu'une période d'observation a ou non précédé la liquidation judiciaire. C'est pourquoi, il nous apparaît logique, sous l'empire de la législation antérieure à la loi de sauvegarde des entreprises, de rendre possible l'allocation de subsides en liquidation judiciaire, même immédiate. La loi du 26 juillet 2005 fait disparaître la difficulté, l'article L. 641-11, alinéa 1er prévoyant explicitement la possibilité pour le juge-commissaire d'allouer au débiteur des subsides en situation de liquidation judiciaire. L'article R. 641-36, alinéa 3 du code de commerce (anct D. 28 déc. 2005[10], art. 247, II, al. 1er) prévoit que les subsides sont fixés par le juge-commissaire, après avis du liquidateur et de l'administrateur, lorsqu'il en a été désigné.

Même si une opinion contraire a été émise[11], les subsides, par opposition aux « secours » de la loi du 13 juillet 1967[12], semblent avoir un caractère strictement alimentaire et revêtir la forme de versements d'argent, à l'exclusion d'aide en nature. La fourniture d'un logement ou celle d'un véhicule ne semble donc pas possible, le contraire ayant cependant été jugé[13]. Les subsides sont éminemment fonction des besoins d'ordre alimentaire de son bénéficiaire, mais doivent également tenir compte de la trésorerie du débiteur. Du fait de leur caractère alimentaire, ils sont insaisissables, sauf de la part d'un créancier d'aliments.

Le texte vise la famille du débiteur. La logique de la disposition conduit à considérer que les personnes à charge du débiteur ou du dirigeant seront pri-

1. Com. 17 déc. 2003, n° 01-11.390, NP, *Rev. proc. coll.* 2004, p. 217, n° 14, obs. Lebel.
2. L. n° 85-98, 25 janv. 1985, préc.
3. L. n° 2005-845, 26 juill. 2005, préc.
4. TGI Metz, 27 janv. 1988, *Rev. proc. coll.* 1988, p. 289, obs. Dureuil.
5. VALLANSAN, 4e éd., n° 360.
6. D. n° 85-1388, 27 déc. 1985, préc.
7. TGI Metz, 17 janv. 1988, *Rev. proc. coll.* 1988, 289, obs. Dureuil – Reims, 29 juin 1994, *Rev. proc. coll.* 1996, 68, obs. Dureuil.
8. Toulouse, 2e ch., 30 mai 1988, *Rev. proc. coll.* 1989, 531, obs. Dureuil – T. COM. Paris, 17e ch., 30 nov. 1999, *Act. proc. coll.* 2000, n° 201 – TGI Béthune, ch. com., 27 févr. 2004, *D.* 2004. AJ 700 – *Adde*, EN CE SENS : SOINNE, n° 1265.
9. D. n° 94-910, 21 oct. 1994, *JO* 22 oct., p. 15019.
10. D. n° 2005-1677, 28 déc. 2005, préc.
11. SOINNE, n° 1266.
12. L. n° 67-563, 13 juill. 1967, *JO* 14 juill., p. 7059.
13. TGI Béthune, ch. com., 27 févr. 2004, *Rev. proc. coll.* 2004, p. 217, n° 15, obs. Lebel.

ses en compte pour la détermination de l'ampleur des subsides.

En présence d'un entrepreneur individuel à responsabilité limitée, le principe de cloisonnement des patrimoines est écarté pour le calcul des subsides. En ce sens, l'article L. 631-11, alinéa 2, dans la rédaction que lui donne l'ordonnance du 9 décembre 2010[1] portant adaptation du droit des entreprises en difficulté à l'entrepreneur individuel à responsabilité limitée, prévoit que le juge-commissaire doit tenir compte des revenus éventuellement perçus au titre des patrimoines non visés par la procédure collective. Ce n'est donc pas le patrimoine, mais bien le débiteur, qui doit se trouver dans le besoin.

Le juge-commissaire qui statue sur les subsides peut, selon une réponse ministérielle[2], et si la demande lui est présentée en ce sens par le débiteur, donner un effet rétroactif à son ordonnance. La solution semble contraire à la position prise par la Cour de cassation en matière de modification de la rémunération du dirigeant (v. s[s] n° 471.11). Il est vrai que la solution tourne ici à l'avantage du débiteur secouru.

Les voies de recours sur l'ordonnance du juge-commissaire statuant sur les subsides sont celles classiquement ouvertes sur les ordonnances du juge-commissaire.

En conséquence, sous l'empire de la loi du 25 janvier 1985, le recours sera porté devant le tribunal. L'appel du jugement statuant sur le recours sera irrecevable, sauf excès de pouvoir[3]. Le pourvoi en cassation formé directement sur le jugement rejetant le recours à l'encontre de l'ordonnance sera, dans tous les cas irrecevable, puisque, à supposer ouvert le recours nullité pour excès de pouvoir, la voie de recours sera l'appel nullité[4].

Sous l'empire de la loi de sauvegarde des entreprises, le recours à l'encontre de l'ordonnance du juge-commissaire statuant sur la demande de subsides sera identiquement porté devant le tribunal, mais à charge d'appel.

SEC 471.30
RÉ NÉRATION ALLOUÉE À LA PERSONNE RE ENTANT L'ORDRE PROFESSIONNEL OU AUTORITÉ COMPÉTENTE DA LES PROCÉDURES INTÉRESSANT LE ROFESSIONNELS LIBÉRAUX

4 .31 Rémunération allouée à la personne résentant l'ordre professionnel ou l'autorité mpétente dans les procédures intéressant les pro- ssionnels libéraux. La loi de sauvegarde[5] prévoit ntervention de l'ordre professionnel ou de l'auto- ité compétente lorsque la procédure est ouverte au énéfice d'un professionnel libéral. L'ordre ou l'autorité compétente doit désigner un membre pour l'exercice des prérogatives confiées par la loi.

L'article R. 641-36, alinéa 4 du code de commerce (anc[t] D. 28 déc. 2005[6], art. 247, II, al. 2) prévoit qu'il appartient au juge-commissaire de fixer la rémunération de la personne chargée d'exercer les actes de la profession, dans la procédure de liquidation judiciaire, puisque le professionnel ne peut plus les exercer (v. s[s] n° 572.25).

Cette situation doit soigneusement être distinguée de l'hypothèse dans laquelle le professionnel libéral fait l'objet d'une mesure de suspension temporaire, avant d'être placé sous procédure collective. En ce cas, il a été jugé, à propos d'un avocat suspendu, que l'ordre des avocats ne pouvait fixer la rémunération de l'administrateur provisoire du cabinet, car l'article 173 du décret du 27 novembre 1991[7] organisant la profession d'avocat prévoit que l'administrateur provisoire perçoit à son profit les rémunérations relatives aux actes qu'il accomplit. Il n'a donc pas droit à une indemnisation par l'ordre des avocats. Il en résulte que la déclaration de créance effectuée par l'ordre des avocats au titre de la rémunération de l'administrateur provisoire par l'ordre, qui n'est pas opposable à l'avocat suspendu, ne peut qu'être rejetée, alors surtout que seul l'administrateur provisoire pourrait être créancier, non l'ordre des avocats[8].

1. Ord. n° 2010-1512, 9 déc. 2010, *JO* 10 déc., p. 21617.
2. Rép. min. *JOAN Q* 13 juill. 1992, p. 3205.
3. Com. 28 oct. 2008, n° 07-16.839, NP; n° 1091 F-D.
4. Com. 28 oct. 2008, n° 07-16.839, préc. (v. s[s] prés[t] n°).
5. L. n° 2005-845, 26 juill. 2005, préc.
6. D. n° 2005-1677, 28 déc. 2005, préc.
7. D. n° 91-1197, 27 nov. 1991, *JO* 28 nov., p. 15502.
8. Com. 1er févr. 2011, n° 10-12.855, NP; n° 65 F-D.

CHAPITRE

472. Avances du Trésor pulic

SECTION 0
ORIENTEUR

472.00 Plan du chapitre.

Sect. 472.10 Conditions des avances du Trésor public
Sect. 472.20 Domaine des avances du Trésor public
Sect. 472.30 Modalités des avances du Trésor public
Sect. 472.40 Remboursement des avances du Trésor public

472.01 Textes applicables. (V. les références complètes s[s] n° 011).

> Législation antérieure à la loi de sauvegarde des entreprises.
C. com., art. L. 627-3

> Législation issue de la loi de sauvegarde des entreprises.
C. com., art. L. 663-1
C. com., art. R. 661-1, al. 1 et 2 (anc[t] D. 28 déc. 2005, art. 328, al. 1 et 2)

> Législation issue de l'ordonnance du 18 décembre 2008.
C. com., art. L. 663-1, I
C. com., art. R. 661-1, al. 1 et 2

> Législation issue de l'ordonnance du 12 mars 2014.
C. com., art. L. 663-1

472.02 Jurisprudence de référence.

> Le Trésor public n'a pas à faire l'avance des frais inhérents à l'assistance d'un technicien qui n'a pas été désigné à la demande du juge commis, mais à celle du liquidateur qu'il était chargé d'assister.
• Com. 28 sept. 2004, n° 03-14.851, *Bull. civ.* IV, n° 169
* V. s[s] n° 472.31

472.03 Bibliographie indicative. (V. les références complètes s[s] n° 031).

> Actualisables. RÉP. COM., Monsérié-Bon M.-H., « Entreprises en difficulté – Redressement judiciaire (Période d'observation) », n°s 259, 260.

> Ouvrages antérieurs à la loi de sauvegarde des entreprises. CHAPUT, n° 314 – SOINNE, n°s 1268 à 1276 – VALLANSAN, p. 374.

> Ouvrages postérieurs à la loi de sauvegarde des entreprises. VALLANSAN ET *ALII*, 6e éd., p. 535, 536.

SECTION 472.10
CONDITIONS DES AVANCES DU TRÉSOR PUBLIC

472.11 Conditions des avances du Trésor public. Pour accomplir leur mission, les organes de la procédure ont besoin que le débiteur leur remette les fonds nécessaires. L'article 28 du décret du 27 décembre 1985[1] prévoit en ce sens que « le juge-commissaire peut autoriser l'administrateur, le liquidateur ou le débiteur à remettre au greffier du tribunal ou au représentant des créanciers les sommes nécessaires à l'accomplissement de leur mission ». Il s'agit notamment des frais des instances engagées ou à engager, les frais de la procédure elle-même ou par elle postulés à la charge du représentant des créanciers, ainsi que sa rémunération[2]. Mais encore faut-il que la trésorerie y suffise.

L'article L. 627-3 du code de commerce (anc[t] L. 25 janv. 1985[3], art. 215), dans sa rédaction antérieure à la loi de sauvegarde des entreprises[4], l'article L. 663-1 dans la rédaction issue de la loi de sauvegarde des entreprises, est là pour remédier à une difficulté assez courante dans les procédures collectives. Lorsque les fonds disponibles du débiteur sont insuffisants immédiatement pour procéder à certains actes, le mandataire de justice concerné peut solliciter du Trésor public l'avance des fonds.

L'insuffisance des fonds du débiteur doit être établie. Il est hors de propos, comme cela peut se rencontrer, que le juge-commissaire autorise l'avance,

1. D. n° 85-1388, 27 déc. 1985, *JO* 29 déc., p. 15281.
2. IFPPC 1999, recomm. n° 1030, p. 13.
3. L. n° 85-98, 25 janv. 1985, *JO* 26 janv., p. 1097.
4. L. n° 2005-845, 26 juill. 2005, *JO* 27 juill., p. 12187.

par le Trésor public, de tous les frais et débours de la procédure[1].

Les avances concernent non seulement les procédures de première instance, mais aussi celle d'appel et de cassation (C. com., art. L. 627-3, III, réd. antérieure à la loi de sauvegarde des entreprises, C. com., art. L. 663-1, III, réd. loi de sauvegarde des entreprises).

SECTION 472.20 DOMAINE DES AVANCES DU TRÉSOR PUBLIC

472.21 Domaine des avances du Trésor public quant aux décisions et actions. Les avances du Trésor public sont concevables pour les frais de signification et de publicité afférents aux décisions qui interviennent au cours de la procédure.

L'article L. 627-3, I, 1° du code, dans sa rédaction antérieure à la loi de sauvegarde des entreprises[2], et l'article L. 663-1, I, 1°, dans sa rédaction issue de la loi de sauvegarde des entreprises, visent les décisions rendues dans l'intérêt collectif des créanciers ou du débiteur. Il s'agit des décisions de la procédure de redressement et de liquidation judiciaires et, depuis la loi de sauvegarde des entreprises, des décisions de la procédure de sauvegarde.

Une procédure engagée au cours de l'exécution d'un plan de continuation par le nouveau dirigeant de la société débitrice tendant à la nullité d'un remboursement anticipé consenti à certains créanciers ne constitue ni une action tendant à conserver ou reconstituer le patrimoine du débiteur ni une action exercée dans l'intérêt collectif des créanciers, de sorte que les émoluments d'un avoué au titre de cette action ne peuvent être avancés par le Trésor public[3].

La principale difficulté tenant à la rédaction du texte concerne les frais de signification du jugement d'ouverture et de publicité, par exemple ceux exposés pour les relevés de créances salariales[4]. Il n'apparaît pas que ces frais puissent faire l'objet des avances, faute pour la décision d'être intervenue au cours de la procédure. En revanche, les frais inhérents à une décision d'extension sur le fondement de la fictivité ou de la confusion des patrimoines semblent pouvoir être couverts par les avances, du fait de l'unicité de la procédure ouverte, qui amène à considérer que la décision d'extension intervient en cours de procédure de la personne initialement placée en sauvegarde ou déclarée en redressement ou liquidation judiciaire.

Les avances du Trésor public peuvent aussi concerner les actions à entreprendre.

Ces dernières doivent tendre à la conservation du patrimoine du débiteur (C. com., art. L. 627-3, I, 2°, réd. antérieure à la loi de sauvegarde des entreprises, C. com., art. L. 663-1, II, 2° réd. loi de sauvegarde des entreprises). Il en sera ainsi de toutes les mesures conservatoires (v. ss nos 462.11 s.).

Les actions peuvent aussi avoir pour objet de reconstituer le patrimoine du débiteur. Il en sera ainsi de toutes les actions en nullité de la période suspecte, les actions pauliennes, les actions en rapport contre le conjoint ou le tireur d'une lettre de change ou, dans le cas de tirage pour compte, contre le donneur d'ordre, ainsi que contre le bénéficiaire d'un chèque ou le premier endosseur d'un billet à ordre. La défense à des actions en revendication ou en restitution rentre aussi dans ce cadre[5], puisqu'elle tend à éviter la déstructuration du patrimoine du débiteur. De même, les actions en comblement de passif et, sous l'empire de la législation antérieure à la loi de sauvegarde des entreprises, les actions en redressement ou en liquidation judiciaire à titre personnel contre les dirigeants fautifs, les actions en obligation aux dettes sociales sous l'empire de la législation issue de la loi de sauvegarde des entreprises, doivent pouvoir faire l'objet des avances, puisqu'il s'agit bien de reconstituer le patrimoine de l'entreprise débitrice, dans l'intérêt collectif des créanciers. Les avances pourront être accordées aux fins d'engager des actions en responsabilité contre les tiers. Les avances pourront aussi être relatives à la couverture d'une expertise destinée à permettre l'allocation de dommages et intérêts au profit du débiteur[6].

Les actions peuvent aussi tendre au prononcé de la faillite personnelle ou de l'interdiction de gérer (C. com., art. L. 627-3, I, 3°, réd. antérieure à la loi de sauvegarde des entreprises, C. com., art. L. 663-1, I, 3°, réd. loi de sauvegarde des entreprises).

Les actions peuvent encore avoir pour objet la résolution ou à la modification des plans (C. com., art. L. 627-3, II, réd. ant. à la loi de sauvegarde des entreprises, C. com., art. L. 663-1, II, réd. loi de sauvegarde des entreprises).

Enfin, l'ordonnance du 26 septembre 2014[7], qui modifie l'ordonnance du 12 mars 2014[8], prévoit, que sur ordonnance du président du tribunal, lorsque la procédure de rétablissement professionnel fait l'objet d'un jugement de clôture entraînant l'efface-

1. Besançon, 28 juin 2005, *RTD com.* 2005. 610, n° 20, obs. Vallens.
2. L. n° 2005-845, 26 juill. 2005, préc.
3. Com. 20 oct. 2009, n° 08-16.547, NP; n° 935 F-D.
4. IFPPC 1999, recomm. n° 1130-7, p. 38, 142.
5. SOINNE, n° 1269.
6. Agen, 1re ch., 22 janv. 2007, *Rev. proc. coll.* 2008, p. 67, n° 3, note Lebel.
7. Ord. n° 2014-1088, 26 sept. 2014, *JO* 27 sept., p. 15725.
8. Ord. n° 2014-326, 12 mars 2014, *JO* 14 mars, p. 5249.

ment des dettes, le Trésor public fera l'avanc droits, taxes ou émoluments perçus par les g des juridictions, ainsi que des frais de signific et de publicité (C. com., art. L. 663-1, IV, réd. art. 11), précision indispensable compte tenu caractère impécunieux par nature de cette proce. La disposition ne s'appliquera qu'aux rétablissets professionnels ouverts à compter du 28 septe 2014. Si l'on comprend « l'économie » de la d-sition transitoire, elle n'en présente pas moins inconvénients sérieux pour les quelques rétablissements professionnels qui auront été ouverts enle 1er juillet et le 27 septembre 2014.

472.22 Domaine des avances du Trésor pic quant aux diligences accomplies. L'article 215la loi du 25 janvier 1985[1], dans sa rédaction inle, comportait une part d'incertitude pour la déti-nation des diligences pouvant bénéficier des n-ces. Il se contentait de viser les « frais et débo ». La loi du 28 décembre 2001[2], modifiant l'acle L. 627-3, I, du code de commerce (anc[t] L. 25nv. 1985[3], art. 215) contient de précieuses indicans, reprises sans modification par la loi de sauvrde des entreprises[4], à l'article L. 663-1, I, alinéa 1Les diligences ouvrant droit aux avances devront rapporter aux décisions et actions visées ci-avanv. s[s] n° 472.21).

Sont d'abord visés les droits, taxes, redevanes ou émoluments perçus par les greffiers des juridicions. Se trouvent ainsi couverts tous les frais de *greffe*.

Sont également concernés les débours tarifés et les émoluments dus aux avoués (désormais aux avocats en cause d'appel). Ainsi, les frais de représentation en cause d'appel seront-ils couverts[5]. Les états de frais des avoués auront dû être vérifiés par le greffier en chef[6].

Certes, il n'est pas distingué selon que les émoluments sont dus à l'avoué du mandataire ou du débiteur ou à l'avoué de l'adversaire. Cependant, il apparaît inconcevable d'avancer les frais de l'avoué adverse. Seules seront couvertes par les avances les sommes dues à l'avoué qui intervient pour la défense des intérêts de la procédure. En revanche, si l'action dans laquelle il intervient ne constitue ni une action tendant à conserver ou reconstituer le patrimoine du débiteur, ni une action exercée dans l'intérêt collectif des créanciers, les émoluments de l'avoué au titre de cette action ne peuvent être avancés par le Trésor public[7].

Le texte envisage ensuite l'avance de la rémunération des avocats. Une distinction est ici posée. Seuls peuvent être avancés *les émoluments liés à la postulation*, dans les procédures où celle-ci est obligatoire. En effet, seul cette partie de la rémunération est réglementée, c qu'exige le texte, pour qu'il y ait place à avance. Ls honoraires d'assistance ne peuvent donc être ouverts par les avances. Le texte légal ne fait qu reprendre la solution exprimée par la Cour de cassation, sous l'empire du texte ancien[8]. Les frais exposés par un avocat missionné par le mandataire de justice pour inscrire une sûreté judiciaire peuvent faire l'objet d'avances du Trésor public[9].

Sont encore concernés par les avances, les frais de signification. Il s'agit là des honoraires dus aux huissiers dans le cadre de la procédure collective. En revanche, ne sont pas concernés par les avances, les honoraires dus aux huissiers pour l'établissement de constats[10].

Les sommes dues aux greffiers au titre des notifications sont déjà visées, de manière plus globale (v. s[s] n° 472.21).

Enfin, pourront faire l'objet des avances, les sommes dues aux techniciens désignés par le juge-commissaire en application de l'article L. 621-12 du code de commerce, dans sa rédaction antérieure à la loi de sauvegarde des entreprises, de l'article L. 621-9, alinéa 2, dans la rédaction que lui donne la loi de sauvegarde des entreprises, celles des techniciens désignés pour faire de véritables expertises (C. pr. civ., art. 232 s.). Il a été jugé que l'avance interviendra alors une fois l'expertise effectuée, ce qui, en pratique, oblige le liquidateur à solliciter une dispense de consignation des sommes correspondantes aux frais de l'expertise[11].

Pourront enfin faire l'objet d'avances, les sommes dues aux techniciens désignés par le juge commis pour faire des rapports à ce dernier sur le fondement de l'article 164 du décret du 27 décembre 1985[12] et 651-6, alinéa 1er du code de commerce. Il pourrait, à titre d'exemple, s'agir des honoraires dus à un expert-comptable pour l'établissement d'un audit ayant permis la révélation de fautes commises par des dirigeants et susceptibles d'engager leur responsabilité pécuniaire[13].

1. L. n° 85-98, 25 janv. 1985, préc.
2. L. n° 2001-1275, 28 déc. 2001, *JO* 29 déc., p. 21074.
3. L. n° 85-98, 25 janv. 1985, préc.
4. L. n° 2005-845, 26 juill. 2005, préc.
5. AINSI : Besançon, 2e ch., 30 avr. 2008, *JCP E* 2009. 1206.
6. Com. 5 oct. 2010, n° 09-16.440, NP; n° 935 F-D – Com. 5 oct. 2010, n° 09-16.441, NP; n° 936 F-D – Com. 5 oct. 2010, n° 09-16.060, NP; n° 937 F-D.
7. Com. 20 oct. 2009 n° 08-16.547, NP; n° 935 F-D.
8. Com. 6 mai 1997, n° 95-10.185, *Bull. civ.* IV, n° 121; *D.* 1997. 447, rapp. Rémery; *Rev. proc. coll.* 1998, 70, obs. Soinne.
9. Toulouse, 2e ch. 2e sect., 3 juill. 2007, RG n° 2006/05480.
10. Pau, 2e ch., 1re sect., 21 avr. 2016, RG n° 14/01774.
11. Agen, 1re ch., 22 janv. 2007, *Rev. proc. coll.* 2008, p. 67, n° 3, note Lebel.
12. D. n° 85-1388, 27 déc. 1985, préc.
13. Versailles, 13 sept. 2001, *RJDA* 2002/01, n° 65.

En revanche, les honoraires dus à l'expert-comptable, qui a établi la comptabilité du débiteur en dehors de toute demande judiciaire, ne peuvent faire l'objet des avances du Trésor public [1].

SECTION 472.30

MODALITÉS DES AVANCES DU TRÉSOR PUBLIC

472.31 Modalités des avances du Trésor public. L'avance du Trésor public sera sollicitée par l'organe compétent, par requête au juge-commissaire si elle est présentée sur le fondement de l'article L. 621-12 du code de commerce, dans sa rédaction antérieure à la loi de sauvegarde des entreprises [2], celui de l'article L. 621-9, dans sa rédaction issue de la loi de sauvegarde des entreprises.

La requête sera présentée au juge commis si, sous l'empire de la législation antérieure à la loi de sauvegarde des entreprises, elle est présentée sur le fondement de l'article 164 du décret du 27 décembre 1985 [3]. Le Trésor public n'aura cependant pas à faire l'avance des frais inhérents à cette assistance technique, si le technicien n'a pas été désigné à la demande du juge commis, mais à celle du liquidateur qu'il était chargé d'assister [4].

Enfin, la requête sera présentée au président de la juridiction si elle tend à l'établissement d'une expertise *stricto sensu*, sur le fondement des articles 232 et suivants du code de procédure civile. Cependant, pour tenir compte de la cessation des fonctions du juge-commissaire à cette date, le président de la juridiction sera compétent pour ordonner l'avance relative à une action en modification ou en résolution du plan.

Le juge-commissaire et le président du tribunal devront rendre une ordonnance motivée, afin de justifier, auprès du Trésor public, la nécessité de son avance.

L'ordonnance devra évidemment être notifiée au Trésor public. Ce dernier, ainsi que le demandeur, pouvait, avant le décret du 10 juin 2004 [5], et dans le silence des textes, les frapper de recours devant le tribunal. Le jugement rendu sur le recours était, quant à lui, non susceptible de recours réformation.

Le décret du 10 juin 2004 (art. 3, II) a ajouté un icle 25-1 au décret du 27 décembre 1985. La voie recours est désormais l'appel, qui pourra, par ception, être interjeté dans le mois de la notification de l'ordonnance. L'article R. 663-2 du code de mmerce, depuis le décret du 28 décembre 2005 [6], s en cohérence avec les règles de la procédure ile [7], prévoit que l'appel est formé, instruit et jugé vant la procédure sans représentation obligatoire. Auparavant, dans le silence des textes, il avait admis que le recours pouvait être formé sans résentation obligatoire [8].

Une exigence nouvelle, résulte de la loi du décembre 2001 [9] : l'avance des frais de signification et de publicité et des frais de la rémunération techniciens désignés par la juridiction ne pourra e accordée que si l'accord du ministère public a recueilli pour leur désignation. Cette disposition directement liée à la volonté d'éviter le recours à personnes extérieures, qui seraient rémunérées l'entreprise, préoccupation réaffirmée dans la du 3 janvier 2003 [10] (v. s^s n° 351.33).

a loi de sauvegarde des entreprises a cependant apté une exception à ce principe. « L'accord du nistère public n'est pas nécessaire pour l'avance de rémunération des officiers publics désignés par le ibunal en application de l'article L. 621-4, pour réaser l'inventaire prévu à l'article L. 622-6 et la prise prévue à l'article L. 641-4 » (C. com., art. L. 63-1, I, al. 2). L'ordonnance du 12 mars 2014 [11] (art. 94) étend le domaine de l'exception posée par l'article L. 663-1, I, alinéa 2 du code de commerce, aux personnes désignées aux mêmes fins par le juge-commissaire et en ajoutant le visa de l'article L. 644-1-1. La disposition devient l'alinéa 5 de l'article L. 663-1.

Le texte comporte une ambiguïté. En effet, l'article L. 622-6 du code, dans sa rédaction antérieure à l'ordonnance du 18 décembre 2008 [12] qui a supprimé la prisée des biens du débiteur en sauvegarde, indique que « dès l'ouverture de la procédure, il est dressé un inventaire et réalisé une prisée du patrimoine du débiteur ». Pour sa part, l'article L. 641-4, prévoit en son alinéa 4 qu'« aux fins de réaliser l'inventaire prévu à l'article L. 622-6, le tribunal désigne un commissaire-priseur judiciaire, un huissier, un notaire ou un courtier en marchandises assermenté ». L'alinéa 5 de cette même disposition

1. Paris, 3e ch. C, 14 mars 2003, RG n°s 2002/14448 à 2002/14453, *LPA* 25 nov. 2003, n° 235, p. 13, note Sortais.
2. L. n° 2005-845, 26 juill. 2005, préc.
3. D. n° 85-1388, 27 déc. 1985, préc.
4. Com. 28 sept. 2004, n° 03-14.851, *Bull. civ.* IV, n° 169; n° 1319 FS-P+B; *D.* 2004. AJ 2651, obs. Lienhard; *JCP E*, 2005, Chron. 31, p. 26, n° 2, obs. Pétel; *Rev. proc. coll.* 2006/1, p. 54, n° 13, obs. Lebel – Com. 28 sept. 2004, n°s 03-14.852 à 03-14.858, 7 arrêts, NP.
5. D. n° 2004-518, 10 juin 2004, *JO* 11 juin, p. 10351.
6. D. n° 2005-1677, 28 déc. 2005, *JO* 29 déc., p. 20324.
7. Arrighi de Casanova et Théry-Schultz, « Élaboration de la partie réglementaire du code de commerce », *D.* 2007. Chron. 1221 s., sp. 1223.
8. AINSI : Besançon, 2e ch., 30 avr. 2008, *JCP E* 2009. 1206.
9. L. n° 2001-1275, 28 déc. 2001, préc.
10. L. n° 2003-7, 3 janv. 2003, *JO* 4 janv., p. 256.
11. Ord. n° 2014-326, 12 mars 2014, préc.
12. Ord. n° 2008-1345, 18 déc. 2008, *JO* 19 déc., p. 19462.

dispose, pour sa part, qu'« une prisée des acti débiteur est effectuée par les personnes visé quatrième alinéa ». Ainsi, les deux articles ren obligatoires l'inventaire et la prisée des bien débiteur. Il est donc plus logique de décider, dans les procédures de sauvegarde, de redresser et de liquidation judiciaires, les frais d'invent, lequel est obligatoire, et les frais de la prisée co-cutive, obligatoire dans toutes les procédures at l'ordonnance du 18 décembre 2008 et supprie en sauvegarde par cette ordonnance, seront a-cés par le Trésor public, même en l'absence d'accd du ministère public. Il s'agit ici de ne pas retaer l'accomplissement de cette tâche, qui doit lége-ment être accomplie dès l'ouverture de la procé-dure.

L'article R. 661-1, alinéa 2 du code de commerce indique que les décisions qui intéressent l'ance des frais par le Trésor public ne sont pas revêtes de l'exécution provisoire de droit à titre prosoire (v. s^s n° 234.12).

SECTION 472.40
REMBOURSEMENT DES AVANCES DU TRÉSOR PUBLIC

472.41 Remboursement des avances du Trésor public. L'article L. 627-3 IV du code de commerce, dans sa rédaction antérieure à la loi de sauvegarde des entreprises[1], et l'article L. 663-1, IV, dans sa rédaction issue de la loi de sauvegarde des entreprises, accordent au Trésor public le privilège des frais de justice pour le remboursement de ses avances.

Par hypothèse, l'avance sera intervenue après jugement d'ouverture. Le fait générateur de la créance de remboursement du Trésor public étant le versement des sommes avancées, le Trésor public bénéficiera, sous l'empire de la législation antérieure à la loi de sauvegarde des entreprises, du droit de priorité de l'article L. 621-32 du code de commerce (anc^t L. 25 janv. 1985[2], art. 40). Sous l'empire de la législation issue de la loi de sauvegarde des entreprises, le Trésor public bénéficiera des dispositions de l'article L. 622-17 ou L. 641-13 du code, car ces avances sont bien nées pour les besoins du déroulement de la procédure (C. com., art. L. 622-17, I, pour la procédure de sauvegarde, C. com., art. L. 631-14, I, pour la procédure de redressement judiciaire, C. com., art. L. 641-13, I, pour la procédure de liquidation judiciaire).

Dans les deux législations, le Trésor public sera classé au deuxième rang, c'est-à-dire le rang alloué aux créanciers titulaires du privilège des frais de justice. On retrouvera la même difficulté que celle déjà évoquée, en situation de liquidation judiciaire, lorsque le Trésor public entrera en conflit avec un créancier de rang préférable aux créanciers postérieurs (v. s^s n° 456.63). En revanche, une difficulté semble devoir être évitée. Puisque les actions sont menées dans l'intérêt collectif des créanciers, les avances auront nécessairement été utiles aux créanciers. Dès lors, pour obtenir remboursement des avances, le Trésor public est fondé à opposer à tous les créanciers le privilège des frais de justice.

Depuis l'ordonnance du 18 décembre 2008[3], le Trésor public sortira du classement réservé aux créanciers postérieurs méritants, pour devenir un créancier plus que méritant : il sera payé juste après le super privilège des salaires.

1. L. n° 2005-845, 26 juill. 2005, préc.
2. L. n° 85-98, 25 janv. 1985, préc.
3. Ord. n° 2008-1345, 18 déc. 2008, préc.

TITRE

480. Réalisations de biens en période d'observation

SECTION 0

ORIENTEUR

480.00 **Plan du titre.**

Chap. 481 **Règles générales de réalisation des biens en période d'observation**

Sect. 481.10 Réalisations des biens non grevés de sûretés

Sect. 481.20 Réalisations de biens grevés de sûretés – Règles générales

Chap. 482 **Principe de consignation du prix de vente des biens vendus en période d'observation**

Sect. 482.10 Domaine de la consignation du produit des réalisations d'actifs en période d'observation

Sect. 482.20 Effets de la consignation du produit des réalisations d'actifs en période d'observation

Sect. 482.30 Paiement des créanciers après consignation du produit des réalisations d'actifs en période d'observation

Chap. 483 **Paiement provisionnel en période d'observation, tempérament au principe de consignation**

Sect. 483.10 Possibilité du paiement provisionnel en période d'observation

Sect. 483.20 Modalités du paiement provisionnel en période d'observation

Sect. 483.30 Décision de paiement provisionnel en période d'observation

Sect. 483.40 Restitution des fonds indûment versés à la suite d'un paiement provisionnel en période d'observation

Chap. 484 **Substitution de garantie, exception au principe de consignation du produit des réalisations d'actifs en période d'observation**

Sect. 484.10 Domaine de la substitution de garantie en période d'observation

Sect. 484.20 Conditions de la substitution de garantie en période d'observation

Sect. 484.30 Voies de recours sur l'ordonnance de substitution de garantie

Sect. 484.40 Effets de la substitution de garanties

480.03 **Bibliographie indicative.** (V. les références complètes s[s] n° 031).

> Ouvrages antérieurs à la loi de sauvegarde des entreprises. Chaput, n° 339 – Guyon, n° 1210 – Jacquemont, n°s 278 à 280 – Kerckhove, n° 450 – Le Cannu, n°s 639, 641 – Le Cannu et alii, n°s 846 à 852, 1266 – Le Corre-Broly, n°s 214 à 217 – Macorig-Venier, *Les sûretés sans dépossession dans le redressement et la liquidation judiciaires des entreprises*, th., dactyl., Toulouse, 1992 – Martin et Vallens, n°s 3004 à 3006 – Ripert et Roblot, n°s 3042 à 3043-1 – Saint-Alary-Houin, n°s 516 à 522 – Soinne, n°s 1320 à 1324 – Vallansan, p. 76 à 79.

> Ouvrages postérieurs à la loi de sauvegarde des entreprises. Jacquemont et Vabres, 9e éd., n°s 395 à 397 – Le Cannu, 7e éd., n°s 375, 376 – Lienhard, 6e éd., n°s 75.29, 75.30 – Pérochon, 10e éd., n°s 618, 811 – Pétel, 8e éd., n°s 177, 178 – Roussel Galle, n° 293 – Saint-Alary-Houin, 9e éd., n°s 578 à 587 – Vallansan et alii, 6e éd., p. 95 à 97 – Vallens, 2015, n°s 3230 à 3232.

> Articles. Baron J., « Cessions d'actifs en procédures collectives : techniques à la disposition de l'administrateur », *Rev. proc. coll.* 2015, dossier 21 – Le Corre P.-M., « Les créanciers gagistes face au redressement judiciaire et la règle du concours », *Rev. proc. coll.* 1990, p. 21 s.; « Un exemple d'exclusivité : le droit de rétention fictif du gagiste sans dépossession », Colloque *Sûretés réelles et droit des entreprises en difficulté*,

Nice, 20 mars 2010, *LPA* 11 févr. 2011, nº 30, p. 68 – Le Corre P.-M., Dammann R., « Controverse : le droit de rétention fictif au cœur de tous les débats », *BJE* juill./août 2011, comm. 103, p. 227 – Pétel Ph., «Procédure collective et continuation d'activité, comment le gage résiste-t-il », *RJ com.* 1994, nº sp., *Le gage commercial*, p. 141 s. – Sénéchal J.-P., « La vente des immeubles et la distribution de leur prix », intervention au colloque du Crajefe, Nice, 1998, *LPA* 28 oct. 1998, nº 129, p. 36 s. – Théron J., « Le rôle du juge-commissaire dans les cessions isolées », *Rev. proc. coll.* 2015, dossier 19 – Vauvillé F., « La remise du prix de vente en cas de procédure collective », *Defrénois* 2010. 39048, p. 17.

CHAPITRE

481. Règles générales de réalisation des biens en période d'observation

SECTION 0 ORIENTEUR

481.00 Plan du chapitre.

Sect. 481.10 Réalisations des biens non grevés de sûretés

Sect. 481.20 Réalisations de biens grevés de sûretés – Règles générales

481.01 Textes applicables. (V. les références complètes s[s] n° 011).

> Législation antérieure à la loi de sauvegarde des entreprises.

C. com., art. L. 621-24, al. 2 et al. 4

D. 27 déc. 1985, art. 55

> Législation issue de la loi de sauvegarde des entreprises.

C. com., art. L. 622-7, al. 2

C. com., art. R. 622-6 (anc[t] D. 28 déc. 2005, art. 82), R. 631-19 (anc[t] D. 28 déc. 2005, art. 188)

> Législation issue de l'ordonnance du 18 décembre 2008.

C. com., art. L. 622-7, II, al. 1er, L. 631-14, al. 3, R. 622-6, R. 631-19

> Législation issue de l'ordonnance du 12 mars 2014.

C. com., art. L. 622-7, II

481.03 Bibliographie indicative. (V. les références complètes s[s] n° 031 – Aussi s[s] n° 480.03).

481.09 Généralités. Les réalisations d'actifs en période d'observation, par principe, restent isolées. En cette phase, il y a poursuite d'activité. Il n'est dès lors pas question de vendre des actifs pour assurer le désintéressement des créanciers. Cependant, afin de dégager de la trésorerie pour l'entreprise, qui pourra se révéler précieuse pour la poursuite d'activité, des ventes d'actifs isolés peuvent être envisagées.

En présence d'un entrepreneur individuel à responsabilité limitée, la réglementation de ces ventes n'existera que pour autant qu'elles portent sur des biens abrités dans le patrimoine concerné par la procédure collective.

Les règles relatives à la vente des biens grevés de sûreté, en période d'observation, n'ont été que très peu retouchées par la loi de sauvegarde des entreprises[1]. Elles sont applicables à la procédure de sauvegarde et à la procédure de redressement judiciaire, l'article L. 622-8 du code intéressant la première et s'appliquant, avant l'ordonnance du 18 décembre 2008[2], par renvoi à la seconde (C. com., art. L. 631-14, I), avant de faire, depuis cette ordonnance, l'objet d'une disposition distincte (C. com., art. L. 631-14, al. 3).

La référence à l'article L. 621-80 est remplacée par la référence à l'article L. 626-22.

SECTION 481.10 RÉALISATIONS DES BIENS NON GREVÉS DE SÛRETÉS

481.11 Réalisation des biens non grevés de sûretés, actes présupposant l'autorisation du juge-commissaire. En dehors des ventes qui rentrent dans le cadre de l'activité du débiteur et qui, en conséquence, sont des actes de gestion courante, l'article L. 621-24, alinéa 2 du code de commerce (anc[t] L. 25 janv. 1985[3], art. 33, al. 2), dans sa rédaction antérieure à la loi de sauvegarde des entreprises[4], et l'article L. 622-7, alinéa 2, dans la rédaction issue de la loi de sauvegarde des entreprises (devenu C. com., art. L. 622-7, II, al. 1er, réd. ord. 18 déc. 2008[5]),

1. L. n° 2005-845, 26 juill. 2005, *JO* 27 juill., p. 12187.
2. Ord. n° 2008-1345, 18 déc. 2008, *JO* 19 déc., p. 19462.
3. L. n° 85-98, 25 janv. 1985, *JO* 26 janv., p. 1097.
4. L. n° 2005-845, 26 juill. 2005, préc.
5. Ord. n° 2008-1345, 18 déc. 2008, préc.

envisagent la posibilité pour le juge-commissaire d'autoriser le chef d'entreprise ou l'administrateur à faire un acte de diposition étranger à la gestion courante de l'entrepise.

La formulation générale du texte conduit à décider qu'il concerne tant les biens de l'entreprise, que les biens non professionnels du débiteur[1]. Ainsi, le débiteur pourrait-il être autorisé à vendre un véhicule automobile de tourisme, à usage non professionnel, ou encore un immeuble, par exenple sa résidence secondaire.

La vente ne pourra cependant être celle du fonds de commerce du débiteur[2], puisqu'à défaut, lapoursuite d'exploitation sera rendue impossible, alors pourtant que l'on est en période d'observation. On réservera cependant l'hypothèse où le débiteur est propriétaire de plusieurs fonds de commerce et où le redressement ne se trouve pas compromis par la vente de l'un de ceux-ci[3], parce qu'il ne s'agit que d'un élément mineur par rapport à l'exploitation[4]. De façon plus générale, les ventes en période d'observation ne peuvent concerner que sur des éléments secondaires de l'entreprise et ne peuvent porter atteinte à la continuité de l'exploitation[5].

Cette interprétation du texte a fait l'objet d'une consécration législative par l'ordonnance du 12 mars 2014[6]. L'article 21 de cette ordonnance ajoute une phrase à l'alinéa 1er du II de l'article L. 622-7 du code de commerce, pour prévoir que si l'acte visé à l'alinéa 1er du II de l'article L. 622-7 est susceptible d'avoir une incidence déterminante sur l'issue de la procédure, le juge-commissaire ne peut statuer qu'après avoir recueilli l'avis du ministère public.

L'encadrement des pouvoirs du juge-commissaire pour autoriser l'accomplissement d'actes particulièrement graves et de nature à compromettre le sauvetage de l'entreprise apparaît opportune (v. aussi s^s n° 422.23).

Il pourra tout aussi bien s'agir de l'acquisition d'un immeuble, car il y a bien acte de disposition étranger à la gestion courante de l'entreprise, la disposition portant sur les fonds affectés à la vente[7].

L'ordonnance qui autorise la vente d'un bien à un acquéreur ne peut être frappée de recours par un candidat évincé, faute de prétention juridique de ce candidat au sens de l'article 31 du code de procédure civile[8].

481.12 Modalités de l'autorisation du juge-commissaire pour la réalisation de biens non grevés de sûretés. L'article L. 621-24, alinéa 2 (anc. L. 25 janv. 1985[9], art. 33, al. 2), dans sa rédaction antérieure à la loi de sauvegarde des entreprises[10] et l'article L. 622-7, *alinéa 2, dans la rédaction issue* de la loi de sauvegarde des entreprises (devenu C. com., art. L. 622-7, II, al. 1er, réd. ord. 18 déc. 2008[11]) indiquent que le juge-commissaire autorise l'acte. Il s'agit d'une véritable autorisation et non de la simple homologation d'un acte. Il en résulte que l'accord du juge-commissaire doit nécessairement intervenir avant la vente, et que celle-ci, en conséquence, ne peut être faite sous condition suspensive de l'accorddu juge-commissaire[12].

On remarquera que l'autorisation doit être donnée par le juge-commissaire soit à l'administrateur judiciaire, soit au chef d'entreprise.

L'autorisation sera donnée au débiteur, en l'absence d'administrateur[13] ainsi que lorsque l'administrateur aura reçu simple mission de surveillance. En cette occurrence, l'article 55 du décret du 27 décembre 1985[14] et l'article R. 622-6 du code de commerce prévoient que le juge-commissaire doit procéder à la convocation du débiteur. Il doit également convoquer le représentant des créanciers – mandataire judiciaire. L'autorisation sera donnée à l'administrateur s'il a reçu mission de représentation. L'autorisation devrait être donnée à l'administrateur et au débiteur si l'administrateur a mission d'assistance. En ce cas, le refus manifesté par le débiteur empêchera la réalisation projetée par l'administrateur, sauf pour ce dernier à présenter une demande d'extension de sa mission au tribunal, afin de pouvoir se dispenser de l'accord du débiteur[15].

Depuis l'ordonnance du 18 décembre 2008, l'autorisation est donnée en sauvegarde au débiteur, quelle que soit la mission de l'administrateur. L'article R. 622-6 du code prévoit la convocation par le greffier du débiteur, de l'administrateur désigné et du mandataire judiciaire. En redressement judiciaire, l'autorisation est donnée à l'administrateur seul s'il a une mission de représentation, concurremment,

1. Com. 9 juin 1992, n° 90-15.981, NP, *RJDA* 1992, n° 950 – *Adde*, Derrida et *alii*, n° 382.
2. Toulouse, 13 mai 1987, *RD banc. et bourse* 1988, 136, obs. Dekeuwer-Défossez.
3. Derrida et *alii*, n° 382 – Soinne, n° 1321.
4. Versailles, 13e ch., 28 juin 1990, *D.* 1990. 578, note Vallens.
5. Saint-Alary-Houin, 9e éd., n° 580.
6. Ord. n° 2014-326, 12 mars 2014, *JO* 14 mars, p. 5249.
7. Civ. 1re, 27 janv. 2004, n° 99-18.688, NP.
8. Dijon, ch. civ. B, 14 juin 2007, *Rev. proc. coll.* 2008, p. 70, n° 10, note Lebel.
9. L. n° 85-98, 25 janv. 1985, préc.
10. L. n° 2005-845, 26 juill. 2005, préc.
11. Ord. n° 2008-1345, 18 déc. 2008, préc.
12. Honorat, obs. s^s Paris, 19 mai 1995, *D.* 1995. Somm. 309 – *Adde*, Toulouse, 11 mars 1991, *D.* 1991. 401, note Barbièri.
13. Ainsi : Dijon, ch. civ. B, 14 juin 2007, *Rev. proc. coll.* 2008, p. 70, n° 10, note Lebel.
14. D. n° 85-1388, 27 déc. 1985, *JO* 29 déc., p. 15281.
15. Saint-Alary-Houin, 9e éd., n° 579 – Soinne, n° 1321.

… à l'autre, et pas nécessaire… l'administrateur et au débi… …ne mission d'assistance (C. com., … …. 3).

…e d'un bien commun nécessitant pour …ion le consentement de l'autre époux, le …tement de ce dernier sera nécessaire. En …nche l'administrateur investi d'une mission de …présentation pourra valablement se dispenser de l'accord du conjoint en utilisant les dispositions de l'article 217 du code civil[1].

L'ordonnance du juge-commissaire sera susceptible des voies de recours classiquement admises sur les ordonnances du juge-commissaire (v. s[s] n°s 332.11 s.).

Les ventes réalisées au mépris de l'autorisation du juge-commissaire sont, aux termes de l'article L. 621-24, alinéa 4, dans sa rédaction antérieure à la loi de sauvegarde des entreprises, de l'article L. 622-7, alinéa 4, dans la rédaction issue de la loi de sauvegarde des entreprises (devenu C. com., art. L. 622-7 III), susceptibles d'annulation à la demande de tout intéressé (v. s[s] n°s 422.41 s.), et, depuis la loi de sauvegarde des entreprises, du ministère public.

Ajoutons que l'ordonnance du juge-commissaire rendue, sans l'avis du ministère public, obligatoire depuis l'ordonnance du 12 mars 2014[2], si l'acte autorisé est de nature à compromettre le sauvetage de l'entreprise, peut être frappée de nullité.

481.13 Sort des fonds provenant de la vente des biens non grevés de sûretés. Les fonds provenant de la vente en période d'observation de biens qui ne sont pas grevés de sûretés seront remis à l'entreprise[3]. Ils constitueront, pour elle, de la trésorerie. Les créanciers postérieurs bénéficiant du traitement préférentiel pourront exercer leur droit de poursuite sur les sommes provenant de ces ventes, soit par voie de saisie conservatoire ou attribution entre les mains des tiers acquéreurs, soit par voie de saisie-attribution des sommes qui seront versées sur les comptes bancaires du débiteur, sans pouvoir cependant procéder ainsi pour les sommes qui seraient versées en compte à la Caisse des dépôts et consignations (v. s[s] n° 455.46).

Les fonds provenant de cette vente ne peuvent être concernés par les règles de caducité des procédures de distribution du prix de vente d'un fonds de commerce ou d'un droit au bail au prétexte de la conversion du redressement en liquidation judiciaire. Le jugement de liquidation n'est pas un jugement d'ouverture mettant fin aux procédures de distribution, mais un jugement de conversion, ce qui rend inapplicables les dispositions de l'article R. 641-24. *La solution contraire a été posée[4] au prix d'une confusion entre les effets d'un jugement* ouvrant la liquidation judiciaire et celui convertissant le redressement en liquidation.

SECTION 481.20

RÉALISATIONS DE BIENS GREVÉS DE SÛRETÉS – RÈGLES GÉNÉRALES

48121 Généralités relatives à la vente des biens greves de sûreté. Aux termes de l'article L. 621-25 du code de commerce (anc[t] L. 25 janv. 1985[5], art. 34, al. 1er), dans sa rédaction antérieure à la loi de sauvegarde des entreprises[6], de l'article L. 622-8, alinéa 1er, dans la rédaction issue de la loi de sauvegarde des entreprises, « en cas de vente d'un bien grevé d'un privilège spécial, d'un nantissement ou d'une hypothèque, la quote-part du prix correspondant aux créances garanties par ces sûretés est versée en compte de dépôt à la Caisse des dépôts et consignations ». L'ordonnance du 18 décembre 2008[7] a ajouté à la liste des sûretés visées le gage. Le texte poursuit en énonçant que les créanciers seront payés après adoption du plan ou après liquidation judiciaire.

La vente de biens grevés de sûretés s'analysant en un acte de disposition étranger à la gestion courante, l'article L. 621-24, alinéa 2 (anc[t] L. 25 janv. 1985, art. 33, al. 2), dans sa rédaction antérieure à la loi de sauvegarde des entreprises, l'article L. 622-7, alinéa 2, dans la rédaction issue de la loi de sauvegarde des entreprises (devenu C. com., art. L. 622-7, II, al. 1er, réd. ord. 18 déc. 2008), ont vocation à s'appliquer cumulativement avec l'article L. 621-25, alinéa 1[er8], dans sa rédaction antérieure à la loi de sauvegarde des entreprises, avec l'article L. 622-8, alinéa 1er, dans la rédaction issue de la loi de sauvegarde des entreprises (v. s[s] n° 422.23). Ce dernier texte ne fait en réalité que compléter, pour les biens grevés de sûretés, le dispositif établi par l'article L. 621-24, alinéa 2, dans sa rédaction antérieure à la loi de sauvegarde des entreprises, par l'article L. 622-7, alinéa 2, dans la rédaction issue de la loi

1. EN CE SENS : SAINT-ALARY-HOUIN, 9e éd., n° 579.
2. Ord. n° 2014-326, 12 mars 2014, préc.
3. T. com. Melun, ord. juge-commissaire, 27 mars 2001, *Rev. proc. coll.* 2002, p. 90, n° 1, obs. Lebel.
4. Nîmes, 1re ch. civ. A, 26 mars 2015, RG n° 13/02895, arrêt aimablement communiqué par Me H. Verken, avocat au barreau de Paris.
5. L. n° 85-98, 25 janv. 1985, préc.
6. L. n° 2005-845, 26 juill. 2005, préc.
7. Ord. n° 2008-1345, 18 déc. 2008, préc.
8. V. Sénéchal, « La vente des immeubles et la distribution de leur prix », interv. au colloque du Crajefe, Nice, 1998, dans *LPA* 28 oct. 1998, n° 129, p. 36 s., sp. p. 42 – PÉTEL, 8e éd., n° 178.

de sauvegarde des entreprises (devenu C. art. L. 622-7, II, al. 1er, réd. ord. 18 déc. 2008 vise les actes de disposition étrangers à la gest ou- rante, ainsi que les autres actes à titre onér

Le mécanisme d'habilitation judiciai les sanctions du dispositif visées à l'article L. 24, alinéa 4, dans sa rédaction antérieure à la loi u- vegarde des entreprises, à l'article L. 622-7, a 4, dans la rédaction issue de la loi de sauvega es

entreprises (devenu C. com., art. L. 622-7, III, réd. ord. 18 déc. 2008), (v. ss nos 422.11 s.), devront donc être respectées. Puisque la vente intéresse ici, par hypothèse, un bien grevé d'une sûreté spéciale, le créancier titulaire de la sûreté sur le bien dont la vente est envisagée devra être convoqué devant le juge-commissaire par le greffier (D. 27 déc. 1985, art. 55, C. com., art. R. 622-6 [anct D. 28 déc. 2005 [1], art. 82]).

1. D. no 2005-1677, 28 déc. 2005, *JO* 29 déc., p. 20324.

CHAPITRE

482. Principe de consignation du prix de vente des biens vendus en période d'observation

SECTION 0
ORIENTEUR

482.00 Plan du chapitre.

Sect. 482.10 Domaine de la consignation du produit des réalisations d'actifs en période d'observation

Sect. 482.20 Effets de la consignation du produit des réalisations d'actifs en période d'observation

Sect. 482.30 Paiement des créanciers après consignation du produit des réalisations d'actifs en période d'observation

482.01 Textes applicables. (V. les références complètes s[s] n° 011).

> Législation antérieure à la loi de sauvegarde des entreprises.

C. com., art. L. 621-25, L. 621-80

D. 27 déc. 1985, art. 55-1

> Législation issue de la loi de sauvegarde des entreprises.

C. com., art. L. 622-8, al. 1er

C. com., art. R. 622-7, R. 631-19

> Législation issue de l'ordonnance du 18 décembre 2008.

C. com., art. L. 622-8, al. 1er

C. com., art. R. 622-7, R. 631-19

482.03 Bibliographie indicative. (V. les références complètes s[s] n° 031 – aussi s[s] n° 480.03).

482.04 Question essentielle.

• Que deviennent les fonds provenant de la vente d'un bien grevé en période d'observation ?

* V. s[s] n°s 482.11 à 482.31.

SECTION 482.10
DOMAINE DE LA CONSIGNATION DU PRODUIT DES RÉALISATIONS D'ACTIFS EN PÉRIODE D'OBSERVATION

482.11 Domaine de la consignation du produit des réalisations d'actifs en période d'observation. L'article L. 621-25, alinéa 1er du code de commerce (anc[t] L. 25 janv. 1985 [1], art. 34, al. 1er), dans sa rédaction antérieure à la loi de sauvegarde des entreprises [2], et l'article L. 622-8, alinéa 1er, dans la rédaction issue de la loi de sauvegarde des entreprises, obligent à une consignation du prix à la Caisse des dépôts et consignations en cas de « vente d'un bien grevé d'un privilège spécial, d'un nantissement ou d'une hypothèque » et, depuis l'ordonnance du 18 décembre 2008 [3], d'un gage. La détermination du domaine de la règle ne pose pas difficulté en matière immobilière. Par principe, toutes les sûretés immobilières, qu'il s'agisse d'un privilège spécial tel celui du vendeur d'immeuble ou du prêteur de deniers, ou d'une sûreté conventionnelle telle l'hypothèque, sont concernées.

La difficulté véritable était de savoir s'il fallait assimiler au « nantissement », ici visé, le « gage ». Le nantissement, selon les termes de l'ancien article 2072 du code civil, était la catégorie générique qui était déclinée en antichrèse, lorsqu'il était immo-

1. L. n° 85-98, 25 janv. 1985, *JO* 26 janv., p. 1097.
2. L. n° 2005-845, 26 juill. 2005, *JO* 27 juill., p. 12187.
3. Ord. n° 2008-1345, 18 déc. 2008, *JO* 19 déc., p. 19462.

bilier, en gage, lorsqu'il était mobilier. À ce titre, le vocable « nantissement » utilisé dans le texte analysé ne permettait pas de déterminer s'il y avait lieu à application de la disposition au gage avec droit de rétention.

En sens inverse, on pouvait observer que les articles L. 621-24 et L. 621-25 du code de commerce (anc[t] L. 25 janv. 1985, art. 33 et 34), dans leur rédaction antérieure à la loi de sauvegarde des entreprises, les articles L. 622-7 et L. 622-8, dans leur rédaction issue de la loi de sauvegarde des entreprises, avaient des domaines différents. L'article L. 621-24, alinéa 3, dans sa rédaction antérieure à la loi de sauvegarde des entreprises, et l'article L. 622-7, alinéa 3, dans la rédaction issue de la loi de sauvegarde des entreprises, prévoyaient le retrait du gage contre paiement. Cette disposition ne pouvait trouver application qu'en présence d'un droit de rétention. Si une disposition spéciale envisageait en période d'observation, la situation du gage avec droit de rétention, il y avait lieu de considérer qu'elle devait faire échec à d'autres dispositions plus générales. C'était là finalement l'application de la règle *specialia generalibus derogant*.

Au plan exégétique, il n'était certes pas discutable que les rédacteurs du code civil avaient appelé « gage » le nantissement d'une chose mobilière. Il en résultait qu'il n'était pas possible de distinguer, *stricto sensu*, le gage du nantissement. Cependant, il était également possible d'observer que les rédacteurs du code civil ne connaissaient pas de nantissement mobilier sans droit de rétention. Ces derniers étaient de création récente. Or, force était de constater que les législations modernes, lorsqu'elles employaient le terme « nantissement » et « gage » distinguaient soigneusement les premiers des seconds en n'utilisant le vocable « nantissement » que dans les seules hypothèses où la sûreté était dépourvue de droit de rétention. Il en était ainsi, par exemple, pour le nantissement sur fonds de commerce ou encore le nantissement sur matériel et outillage. En revanche, lorsque le législateur évoquait une sûreté mobilière assortie d'un droit de rétention, il parlait de « gage ». Ainsi en était-il du gage sur véhicule automobile. De la sorte, on apercevait que les législations modernes accordaient une importance réelle aux vocables utilisés.

Telle était également la situation résultant de la législation étudiée. À l'article L. 621-24, alinéa 3 du code de commerce (anc[t] L. 25 janv. 1985, art. 33, al. 3), dans sa rédaction antérieure à la loi de sauvegarde des entreprises, et à l'article L. 622-7, alinéa 3, dans la rédaction issue de la loi de sauvegarde des entreprises, il était parlé de « retrait du gage » contre paiement. Il y avait incontestablement là un droit de rétention. À l'article L. 621-25, alinéa 1er (anc[t] L. 25 janv. 1985, art. 34, al. 1er), dans sa rédaction antérieure à la loi de sauvegarde des entreprises, et à l'article L. 622-8, alinéa 1er, dans la rédaction issue de la loi de sauvegarde des entreprises, il était évoqué, en revanche, les « nantissements » lorsqu'il était question de vente de biens grevés dont le prix ne serait pas immédiatement affecté aux créanciers. La solution était reproduite à l'article L. 621-80, alinéa 3 (anc[t] L. 25 janv. 1985, art. 78, al. 3), dans sa rédaction antérieure à la loi de sauvegarde des entreprises, et à l'article L. 626-22, alinéa 1er, dans la rédaction issue de la loi de sauvegarde des entreprises. L'article L. 621-96, alinéa 1 (anc[t] L. 25 janv. 1985, art. 93, al. 1er), dans sa rédaction antérieure à la loi de sauvegarde des entreprises, et l'article L. 642-12, alinéa 1, dans la rédaction issue de la loi de sauvegarde des entreprises, évoquaient également, pour l'affectation d'une quote-part du prix de cession, le « nantissement » et non le « gage ». La Cour de cassation avait eu à préciser que le créancier gagiste rétenteur ne pouvait se voir appliquer la règle de la quote-part, le droit de rétention ne pouvant disparaître par affectation d'une quote-part, mais nécessitant le complet paiement[1]. On se rendait compte ainsi que le législateur, en distinguant soigneusement gage et nantissement, aux articles L. 621-24 et L. 621-25, dans leur rédaction antérieure à la loi de sauvegarde des entreprises, et aux articles L. 622-7 et L. 622-8, dans leur rédaction issue de la loi de sauvegarde des entreprises, attribuait à chacun des deux articles un domaine distinct.

La réforme du droit des sûretés par l'ordonnance du 23 mars 2006[2] adopte une nouvelle terminologie. Désormais, le gage désigne la sûreté mobilière portant sur un meuble corporel, le nantissement, la sûreté mobilière portant sur un meuble incorporel. La sémantique n'est donc plus d'aucun secours pour régler la difficulté ici analysée. Il faut désormais exclusivement se tourner vers la logique juridique.

Il peut être observé que si le législateur oblige à payer le créancier rétenteur pour retirer la chose retenue, il ne peut être question de lui imposer une consignation, puisque ce serait alors faire échec au droit de rétention sans paiement[3]. La solution peut encore être justifiée par le constat que le retrait du gage contre paiement n'est pas nécessairement un retrait pour utiliser le bien. Il a justement été observé que le retrait devait être « justifié par la poursuite d'activité ». Or, « rien dans cette formule

1. Com. 20 mai 1997, n° 95-12.925, *Bull. civ.* IV, n° 151; *D. Affaires* 1997. 763; *RJ com.* 1997. 308, *rapp. Rémery*, note Saint-Alary-Houin; *JCP E* 1997. I, n° 681, spéc. n° 5, obs. M. Cabrillac; *D.* 1998. Somm. 102, obs. Honorat; *RTD com.* 1998. 205, obs. Martin-Serf.
2. Ord. n° 2006-346, 23 mars 2006, *JO* 24 mars, p. 4475.
3. SOINNE, n° 1322.

ne permet de distinguer retrait pour utiliser et retrait pour vendre, car un bien gagé est utile à la poursuite d'activité dès lors que le prix obtenu, supérieur à la créance du gagiste, permet de financer une poursuite d'activité »[1]. C'est d'ailleurs cette observation qui justifie qu'il n'y ait pas lieu de distinguer entre droit de rétention fictif et droit de rétention réel, pour l'application de l'article L. 621-24, alinéa 3, dans sa rédaction antérieure à la loi de sauvegarde des entreprises et pour celle de l'article L. 622-7, alinéa 3, dans la rédaction issue de la loi de sauvegarde des entreprises (devenu C. com., art. L. 622-7, II, al. 2, réd. ord. 18 déc. 2008). Une juridiction du fond a toutefois considéré que la vente de biens objets d'un warrant agricole obligeait à une consignation du prix. À défaut de cette consignation, il y a place, selon la juridiction à la naissance d'une créance postérieure couverte par les dispositions de l'article L. 621-32, sous l'empire de la loi du 25 janvier 1985[2].

Il est bien évident que si le retrait n'est exercé que pour vendre le bien, il n'est pas question de consigner le prix à la Caisse des dépôts et consignations, comme l'envisagent l'article L. 621-25, alinéa 1er, dans sa rédaction antérieure à la loi de sauvegarde des entreprises, et l'article L. 622-8, alinéa 1er, dans la rédaction issue de la loi de sauvegarde des entreprises.

482.12 Problématique particulière du gage sans dépossession. La loi de modernisation de l'économie du 4 août 2008[3] a modifié l'article 2286 du code civil, en créant un 4° qui prévoit la reconnaissance, au profit du créancier gagiste sans dépossession, d'un droit de rétention fictif. L'ordonnance réformant la loi de sauvegarde[4] a entendu cantonner cette innovation. Pour cela, l'article L. 622-7, I, alinéa 2 du code de commerce (ord. 18 déc. 2008[5], art. 22) prévoit que le droit de rétention reconnu par l'article 2286, 4°, du code civil aux créanciers gagistes sans dépossession est déclaré inopposable pendant la période d'observation de la sauvegarde – et celle du redressement judiciaire du fait de l'appli-

n en redressement judiciaire de l'article L. 622-7 si qu'en phase d'exécution du plan.

ette inopposabilité ne concerne logiquement les seuls créanciers gagistes sans dépossession, quels l'article 2286, 4° du code civil a accordé droit de rétention fictif. En effet, il n'est pas alors stion de neutraliser l'avantage exorbitant con- par l'article 2286, 4° du code civil[6].

Ainsi, le titulaire d'un gage sur véhicule automo-, qui bénéficie d'une possession fictive reconnue les textes, et par voie de conséquence d'un droit rétention fictif, ne sera pas affecté par la disposi-on de l'article L. 622-7, I, alinéa 2 du code de com-erce.

La situation du porteur d'un warrant agricole est infiniment plus délicate. Commençons par indiquer ue le warrant agricole se distingue du warrant simlifié, encore dénommé engagement de garantie, le remier étant réservé à un constituant agriculteur, ar exemple un vigneron, alors que le second, plus arge, peut être constitué par un négociant en vins, qui n'a pas la qualité d'agriculteur[7].

Sous l'empire des textes anciens réglementant le warrant agricole, la Cour de cassation avait reconnu à ce créancier une possession fictive et, par voie de conséquence, un droit de rétention fictif[8]. Il a été réaffirmé à l'époque récente[9]. Pourtant, aucun texte ne prévoyait cette possession fictive et, par voie de conséquence, le droit de rétention fictif. Il pouvait être justifié par la qualification de « gage » attribué au warrant agricole. Or, avant l'ordonnance du 23 mars 2006[10], le gage présupposait une dépossession. Tel n'est plus le cas depuis cette ordonnance. Il faut donc considérer, faute de texte particulier reconnaissant au porteur d'un warrant agricole un droit de rétention fictif, qu'il n'en est pas pourvu[11]. Une cour d'appel avait déjà refusé de reconnaître au porteur d'un warrant agricole un droit de rétention fictif[12].

1. Pétel, « Procédure collective et continuation d'activité, comment le gage résiste-t-il ? », *RJ com.* 1994, n° sp., « Le gage commercial », p. 141 s., – Le Corre, « Les créanciers gagistes face au redressement judiciaire et la règle du concours », *Rev. proc. coll.* 1990, p. 21 s., sp. p. 38, n° 24 – *Adde, rapp. Thyraud* Sénat, n° 332, p. 89, où l'on voit s'opérer le glissement du retrait « nécessaire à la poursuite de l'activité » vers le « retrait justifié par la poursuite de l'activité », ce qui rend plus souple le texte.
2. Rennes, 2e ch. com., 3 juill. 2007, *Gaz. Pal.* 2008, jur. p. 2556, notre Druais.
3. L. n° 2008-776, 4 août 2008, *JO* 5 août, p. 12471, dite loi LME.
4. L. n° 2005-845, 26 juill. 2005, préc.
5. Ord. n° 2008-1345, 18 déc. 2008, préc.
6. AUSSI : Rapport au président de la République sur l'ordonnance n° 2008-1345 du 18 déc. 2008, *JO* 19 déc. 2008, Titre I, chap. II-3, s^s art. 22.
7. Com. 26 janv. 2016, n° 14-23.390, NP; n° 84 F-D; *Rev. proc. coll.* 2016, comm. 77, note Lebel; *LXB hebdo* 18 févr. 2016, n° 455, note Le Corre-Broly.
8. Civ., 23 avr. 1918, *DP* 1919, I, p. 3, note Capitant.
9. Com. 26 janv. 2010, n° 08-21.340, NP; n° 97 F-D; *D.* 2011. Pan. 412, obs. Crocq; *Gaz. Pal.* 16-17 avr. 2010, n°s 106, 107, p. 31, note Roussel Galle; *JCP E* 2010, Chron. 1677, n° 18, obs. Delebecque; *Rev. proc. coll.* 2010/3, comm. 129, p. 82, note Lebel; *BJE* mars/avr. 2011, p. 32, note Borga.
10. Ord. n° 2006-346, 23 mars 2006, préc.
11. Le Corre-Broly, « La situation du porteur d'un warrant agricole après l'ordonnance du 23 mars 2006 et la LME », *JCP E* 2013. 1446.
12. Angers, ch. com., 16 sept. 2008, RG n° 07/01538, *Act. proc. coll.* 2009/9, n° 149 – *Adde,* Delebecque, *JCP E* 2009. 1644, n° 21.

Un arrêt de la Cour de cassation[1] semlgalement en ce sens en reconnaissant la possibille constituer un warrant agricole sur des récoltutures, ce qui semble bien inconciliable avec l'idl'un droit de rétention fictif, ainsi que cela a étéalysé[2], au demeurant à l'aune de la précédente de consacrée à la question[3].

C'est pourquoi, doit à notre sens drmais être appliqué au warrant agricole l'article 86, 4°, du code civil. Son droit de rétention fictie résultant pas d'une loi spéciale, mais du droitommun de l'article 2286, 4°, du code civil, pourrêtre neutralisé pendant la période d'observation.

Que se passe-t-il si le bien grevé u gage sans dépossession avec droit de rétention ftif résultant de l'article 2286, 4°, du code civil st vendu en période d'observation ? Si le bien grevé du gage sans dépossession est vendu en période d'observation, il-y-a place à consignation de la quote-part du prix correspondant à la créance garantie par cette sûreté en compte de dépôt à la Caisse des dépôts et consignations. Le créancier gagiste sera payé après adoption du plan, comme tout créancier titulaire d'une sûreté réelle lorsque le bien grevé de la sûreté est vendu en période d'observation. Il perçoit, après l'adoption du plan, un paiement en anticipation sur les dividendes du plan, dès lors que les créanciers de rang préférable auront été préalablement payés. Le droit de rétention fictif ne lui permet pas d'éviter le classement dans la mesure où, pendant l'exécution du plan de sauvegarde ou de redressement, le droit de rétention fictif reste inopposable. L'expression n'est au demeurant pas très heureuse car, si pendant la période d'observation on comprend que le droit de rétention fictif est inopposable à la procédure collective, il faudrait comprendre que, après l'adoption du plan, il serait inopposable au débiteur. Il faudrait plutôt dire, pour respecter la notion d'inopposabilité, qui suppose un rapport avec un tiers, ce que n'est pas le débiteur, que le créancier gagiste ne peut se prévaloir de son gage à l'encontre du débiteur pendant l'exécution du plan.

Si une liquidation judiciaire est prononcée à l'issue de la période d'observation, y-a-t-il place au paiement du créancier gagiste selon son rang, dans la distribution liquidative, ou faut-il restaurer l'efficacité de son droit de rétention fictif ?

L'article L. 622-7, I, alinéa 2 du code de commerce ne neutralise le droit de rétention que pendant la période d'observation et en phase d'exécution des plans de sauvegarde et de redressement. Le droit de rétention retrouve toute son efficacité en cas de liquidation judiciaire.

Si le bien grevé du droit de rétention n'a pas été vendu pendant la période d'observation, le créancier gagiste doit être traité, dans la liquidation judiciaire, comme un créancier gagiste rétenteur. S'agissant spécialement d'un gagiste sans dépossession, il faudra lui appliquer la technique du report du droit de rétention sur le prix, envisagée par l'article L. 642-20-1, alinéa 3 du code de commerce. Il sera donc payé sans concours avec les autres créanciers et pourra ainsi bénéficier pleinement de son statut de créancier rétenteur.

Mais que décider si le bien a été vendu pendant la période d'observation ? Restaurer le droit de rétention fictif est une idée intéressante, mais ne manque-t-elle pas de support ? Comment, en effet, reconnaître un droit de rétention ayant vocation à s'exercer sur un bien lorsque ledit bien n'existe plus ? La seule possibilité serait alors de faire jouer la subrogation réelle et de remplacer le droit de rétention fictif sur le bien par un droit de rétention fictif sur la quote-part du prix qui avait été placée à la Caisse des dépôts et consignations. La difficulté de cette solution tient au fait que la subrogation réelle, mécanisme sur lequel repose le report du droit de rétention sur le prix, est, comme le droit de rétention fictif lui-même, une fiction juridique. Or les fictions juridiques sont de droit strict et il apparaît, en conséquence, bien difficile d'en créer sans texte.

Sans doute, le législateur a-t-il voulu restaurer les droits du gagiste sans dépossession en liquidation judiciaire. Mais il a ici clairement oublié une partie du dispositif de l'inopposabilité du droit de rétention fictif du gagiste sans dépossession de l'article 2286, 4°, du code civil. Il aurait dû énoncer que « le droit de rétention fictif de l'article 2286, 4°, du code civil, inopposable à la procédure collective pendant la période d'observation, retrouve son efficacité en liquidation judiciaire. Si le bien grevé du gage avec droit de rétention fictif a été venu pendant la période d'observation, le créancier gagiste bénéficie du report du droit de rétention sur la quote-part du prix de vente correspondant à la créance garantie. » Ce membre de phrase pourrait devenir l'alinéa 4 de l'article L. 642-20-1 du code de commerce.

Mais, même en l'absence de cette disposition, il semble bien qu'il faille tout de même appliquer le mécanisme du report du droit de rétention sur le prix, sauf à s'exposer à une question prioritaire de constitutionnalité pour atteinte disproportionnée à la sûreté. L'atteinte se justifiait pour permettre le sauvetage de l'entreprise. Elle n'a plus aucune légitimité lorsqu'il est question de répartir le produit des actifs entre créanciers, dans une liquidation judi-

1. Civ. 1re, 12 nov. 2015, n° 14-23.106, *Bull. civ.* I [à paraître]; *D.* 2016. 178, note Juillet; *Gaz. Pal.* 16 févr. 2016, n° 7, p. 31, note Albigès et 8 mars 2016, n° 10, p. 69, note Moreil.
2. Ch. Juillet, note ss Civ. 1re, 12 nov. 2015, n° 14-23.106, préc.
3. Le Corre-Broly, « La situation du porteur d'un warrant agricole... », préc.

ciaire. Cette procédure suppose le respect des droits de préférence et d'exclusivité détenus par les créanciers.

SECTION 482.20

EFFETS DE LA CONSIGNATION DU PRODUIT DES RÉALISATIONS D'ACTIFS EN PÉRIODE D'OBSERVATION

482.21 Effets de la consignation du produit des réalisations d'actifs en période d'observation. La vente de biens grevés de sûreté emporte obligation de consigner le prix. Il ne s'agit pas d'une consignation judiciaire, mais d'une consignation légale. Il en résulte que l'article 2350 du code civil (anciennement C. civ., art. 2350), lequel prévoit l'affectation spéciale et le privilège du gagiste en cas de consignation judiciaire, est sans application [1]. Est ainsi mise à l'écart, la possibilité d'un paiement immédiat pour le créancier titulaire de sûreté spéciale.

L'article 55-1, alinéa 1er du décret du 27 décembre 1985 [2] et l'article R. 622-7, alinéa 1er du code de commerce (anc[t] D. 28 déc. 2005 [3], art. 83, al. 1er) prévoient que le prix est remis à l'administrateur ou, à défaut, au représentant des créanciers – mandataire judiciaire – en vue de son dépôt à la Caisse des dépôts et consignations. L'article L. 621-25, alinéa 1er du code de commerce (anc[t] L. 25 janv. 1985 [4], art. 34, al. 1er), dans sa rédaction antérieure à la loi de sauvegarde des entreprises [5], et l'article L. 622-8, alinéa 1er, dans la rédaction issue de la loi de sauvegarde des entreprises, prévoient que la quote-part du prix correspondant aux créances garanties est versée à la Caisse des dépôts et consignations. Ce versement rendra les sommes insaisissables.

La consignation ne concerne cependant que la quote-part relative aux créances garanties. L'excédent doit immédiatement être remis à l'entreprise [6]. Cet excédent est saisissable par un créancier postérieur éligible au traitement préférentiel [7]. Ce cantonnement à la quote-part du prix au lieu de la prise en compte de l'intégralité du prix, a été dénoncé comme une « pénurie artificielle » [8].

On me: ici que la disposition analysée suppose que lex de vente du bien grevé soit supérieur à la créan(arantie. Cependant cette volonté du législateur ;surer à l'entreprise la trésorerie nécessaire heurts règles applicables aux distributions, car la décis intervient, par hypothèse, en période d'observati, le sort de l'entreprise n'étant pas encore, à ce date, définitivement scellé. Les droits des créanci inscrits sur le bien ne pourront donc être précisént déterminés, s'ils bénéficient de la continuatic du cours des intérêts. Ainsi, dans le domaine hyothécaire, les intérêts arrêteront de courir à conter du dépôt du procès-verbal de clôture de l'orre (D. 27 déc. 1985, art. 144, al. 2, C. com., artR. 643-7, al. 2 [anc[t] D. 28 déc. 2005, art. 294, al. .]). L'indétermination de la créance du titulaire de l'inscription sur le bien grevé rend, en pratique, très difficile le reversement immédiat au débiteur de la fraction qui excède la quote-part de la créance garantie [9].

Les sommes correspondant aux créances garanties par les sûretés, qui sont placées à la Caisse des dépôts et consignations, ne profitent ainsi ni à l'entreprise, ni aux créanciers [10], puisqu'elles sont indisponibles pendant la période d'observation [11], comme l'indique le texte analysé. Si elles pouvaient profiter à l'entreprise, ce serait dangereux pour les créanciers. En revanche, on comprend mal pourquoi elles ne sont pas immédiatement attribuées aux créanciers. Sans doute, la disposition de l'article L. 621-80 du code de commerce (anc[t] L. 25 janv. 1985, art. 78), dans sa rédaction antérieure à la loi de sauvegarde des entreprises, prévoyant le sort des créances dans le cadre du plan de continuation, la disposition de l'article L. 626-22, alinéa 1er, dans la rédaction issue de la loi de sauvegarde des entreprises, prévoyant le sort des créances dans le plan de sauvegarde, disposition au demeurant applicable en plan de redressement (C. com., art. L. 631-19), seraient-elles d'une application impossible. Mais l'observation n'est pas déterminante. Rien n'interdirait, en effet, au législateur de procéder par réduction proportionnelle des droits des créanciers, au regard du temps gagné, par rapport à la situation des créanciers du plan. Cela éviterait, *de lege ferenda*, la stérilisation des sommes au préjudice de tous. Il est vrai que ce résultat peut être évité par l'utilisation de la technique de la substitution de garantie et par le mécanisme du paiement provisionnel.

1. DERRIDA ET *ALII*, note n° 1542.
2. D. n° 85-1388, 27 déc. 1985, *JO* 29 déc., p. 15281.
3. D. n° 2005-1677, 28 déc. 2005, *JO* 29 déc., p. 20324.
4. L. n° 85-98, 25 janv. 1985, préc.
5. L. n° 2005-845, 26 juill. 2005, préc.
6. Sénéchal, « La vente des immeubles et la distribution de leur prix », interv. au colloque du Crajefe, Nice, 1998, dans *LPA* 28 oct. 1998, n° 129, p. 36 s., sp. p. 52 – SOINNE, n° 1322 – SAINT-ALARY-HOUIN, 9e éd., n° 585 – RIPERT ET ROBLOT, n° 3042.
7. RAPPR. : SAINT-ALARY-HOUIN, 9e éd., n° 585.
8. Pérochon, « Les sûretés immobilières classiques dans les procédures collectives », Colloque *Sûretés réelles et droit des entreprises en difficulté*, Nice, 20 mars 2010, *LPA* 11 févr. 2011, n° 30, p. 49 s., sp. p. 50, n° 7.
9. Sénéchal, interv. au colloque du Crajefe, préc.
10. DERRIDA ET *ALII*, n° 383.
11. AUSSI, JACQUEMONT ET VABRES, 9e éd., n° 395.

SECTION 482.30

PAIEMENT DES CRÉANCIERS APRÈS CONSIGNATION DU PRODUIT DES RÉALISATIONS D'ACTIFS EN PÉRIODE D'OBSERVATION

482.31 Paiement des créanciers après consignation en période d'observation du produit des réalisations d'actifs. Le paiement des créanciers n'interviendra qu'après expiration de la période d'observation. Il aura lieu, selon les prévisions de l'article 102, alinéa 1er du décret du 27 décembre 1985[1], de l'article R. 626-36, alinéa 1er du code de commerce (anc^t^ D. 28 déc. 2005[2], art. 147, al. 1er), par les soins du commissaire à l'exécution du plan, lequel procédera également à la radiation des inscriptions.

S'il y a plan de continuation, il y aura alors application de l'article L. 621-80 du code de commerce, sous l'empire de la législation antérieure à la loi de sauvegarde des entreprises[3] (anc^t^ L. 25 janv. 1985, art. 78 – v. s^s^ n°s 522.31 s.). Il faudra appliquer l'article L. 626-22, s'il y a plan de sauvegarde, cette disposition étant applicable, sous l'empire de la législation issue de la loi de sauvegarde, au plan de redressement (C. com., art. L. 631-19).

L'article 102, alinéa 2 du décret du 27 décembre 1985 et l'article R. 626-36, alinéa 2 du code de commerce (anc^t^ D. 28 déc. 2005, art. 147, al. 2) indiquent qu'en cas de vente d'un immeuble, le prix ne pourra être versé qu'après accomplissement des formalités de purge et de la procédure d'ordre prévue aux articles 140 à 151 du décret du 27 décembre 1985, aux articles R. 643-3 à R. 643-14 du code de commerce.

Le créancier inscrit sur le bien grevé entrera en concours avec les créanciers de rang préférable. Il en sera ainsi, dans tous les cas, pour le super privilège des salaires. La solution semble plus discutable, en dehors de la liquidation judiciaire, pour les créanciers postérieurs, du moins sous l'empire de la législation du 25 janvier 1985, puisque le doit de préférence accordé aux créanciers postérieurs n'y est pas analysé comme un privilège (v. s^s^ n° 456.54). En revanche, d'une manière indiscutable, sous l'empire de la loi de sauvegarde des entreprises, le droit de préférence des créanciers postérieurs s'analyse en un véritable privilège général. Les créanciers qui en sont titulaires entreront en conséquence en concours avec les créanciers inscrits sur les biens vendus.

En phase de liquidation judiciaire, il faut distinguer la situation, selon qu'est cu non applicable la législation de sauvegarde des entreprises.

> **Sous l'empire de la législation antérieure à la loi de sauvegarde des entreprises**, le créancier titulaire de sûreté spéciale prime, sans contestation possible, les créanciers postérieurs (v. s^s^ n°s 456.56 s.), dès lors du moins qu'il est titulaire d'une sûreté immobilière ou d'un gage sur matériel et outillage. En revanche, il sera primé par les créanciers postérieurs, s'il est titulaire d'une sûreté mobilière spéciale non assortie d'un droit de rétention, autre que le gage sur matériel et outillage, par exemple un nantissement sur fonds de commerce ou encore une hypothèque maritime ou aérienne. On doit en effet, à notre sens, considérer que seul importera le moment où le paiement du créancier interviendra pour apprécier son classement par rapport au créancier postérieur et non le moment où la vente du bien grevé a eu lieu.

> **La loi du 26 juillet 2005** prévoit, pour sa part, que l'ordre des paiements des créanciers privilégiés en cas de vente de biens grevés de sûretés en période d'observation ne concerne que le cas où est adopté un plan, qu'il soit de sauvegarde ou de redressement, et non plus le cas de la liquidation[4]. Le texte de l'article L. 622-8, alinéa 1er ne règle donc plus que la question du paiement par anticipation des créanciers titulaires de sûreté spéciale et des créanciers qui les priment. La suppression du visa de la liquidation judiciaire oblige à considérer que, si la procédure débouche sur une liquidation judiciaire, les créanciers seront payés dans les conditions classiques[5], c'est-à-dire comme si la vente du bien grevé de la sûreté était intervenue en liquidation judiciaire.

1. D. n° 85-1388, 27 déc. 1985, préc.
2. D. n° 2005-1677, 28 déc. 2005, préc.
3. L. n° 2005-845, 26 juill. 2005, préc.
4. *Rapp. Xavier de Roux*, n° 2095, p. 209 – *Adde*, Becqué-Ickowicz, « De l'entreprise au cours de la période d'observation », *LPA* n° sp., 8 févr. 2006, n° 28, p. 39 s., sp. p. 45.
5. AUSSI : VALLANSAN, 4e éd., n° 97.

CHAPITRE

483. Paiement provisionne en période d'observaon, tempérament au principe de consignation

SECTION 0
ORIENTEUR

483.00 **Plan du chapitre.**

Sect. 483.10 Possibilité du paiement provisionnel en période d'observation

Sect. 483.20 Modalités du paiement provisionnel en période d'observation

Sect. 483.30 Décision de paiement provisionnel en période d'observation

Sect. 483.40 Restitution des fonds indûment versés à la suite d'un paiement provisionnel en période d'observation

483.01 **Textes applicables.** (V. les références complètes s[s] n° 011).

> Législation antérieure à la loi de sauvegarde des entreprises.

C. com., art. L. 621-25, al. 2

D. 27 déc. 1985, art. 55-1, 155

> Législation issue de la loi de sauvegarde des entreprises.

C. com., art. L. 622-8, al. 2

C. com., art. R. 622-7 (anc[t] D. 28 déc. 2005, art. 83), R. 631-19 (anc[t] D. 28 déc. 2005, art. 188), R. 661-1, al. 1 et 2 (anc[t] D. 28 déc. 2005, art. 328, al. 1 et 2)

> Législation issue de l'ordonnance du 18 décembre 2008.

C. com., art. L. 622-8, al. 2, L. 631-14, al. 1er

C. com., art. R. 622-7, al. 2. R. 631-19, R. 661-1, al. 1 et 2

483.03 **Bibliographie indicative.** (V. les références complètes s[s] n° 031 – Aussi s[s] n° 480.03).

> Articles. Huille P., « Les répartitions provisionnelles : leur régime et leur fréquence en pratique », *Gaz. Pal.* 28 févr.-1er mars 2001, Doctr. 10 – Le Corre P.-M., « Le créancier nanti sur comptes-titres bénéficiaire d'un paiement provisionnel nfronté au super privilège des salaires », *Gaz. proc. coll.* 009/4, 1re partie, n°s 303, 304, p. 27.

483.04 **Question essentielle.**

• Un créancier peut-il être réglé de tout ou partie de sa créance pendant la période d'observation ?

* V. s[s] n°s 483.11 à 483.31.

483.06 **Principales actions.**

• Requête au juge-commissaire aux fins d'autorisation d'un paiement provisionnel émanant soit d'un créancier privilégié soit du mandataire de justice

* V. s[s] n° 483.21.

483.07 **Voies de recours sur les décisions mettant en jeu les actions.**

• Recours sur l'ordonnance du juge-commissaire devant le tribunal dans le délai de dix jours à compter de la notification

* V. s[s] n° 483.32.

• Appel du jugement statuant sur le recours formé contre l'ordonnance du juge-commissaire dans le délai de dix jours à compter de la notification

* V. s[s] n° 483.32.

SECTION 483.10
POSSIBILITÉ DU PAIEMENT PROVISIONNEL EN PÉRIODE D'OBSERVATION

483.11 **Possibilité du paiement provisionnel en période d'observation**[1]**.** Si un bien est vendu pendant la période d'observation, la quote-part du prix correspondant à la créance garantie est consignée.

1. Huille, « Les répartitions provisionnelles : leur régime et leur fréquence en pratique », *Gaz. Pal.* 28 févr.-1er mars 2001, Doctr. 10.

La somme est donc indisponible et le créancier ne peut, après consignation, l'appréhender. Il lui faudra attendre l'expiration de la période d'observation, qui pourra parfois être longue. S'il y a plan de cession ou liquidation judiciaire, le créancier devra être classé sur le prix et la procédure d'ordre ralentira encore un peu plus le moment du paiement.

Soucieux de restaurer les droits des créanciers titulaires de sûretés spéciales le législateur de 1994[1] a introduit dans l'article L. 621-25 (anc[t] L. 25 janv. 1985[2], art. 34) une disposition - l'alinéa 2 - qui permet au juge-commissaire d'« ordonner le paiement provisionnel de tout ou partie de leurs créances aux créanciers titulaires de sûretés sur le bien ». La solution a été maintenue par la loi de sauvegarde des entreprises[3] (C. com., art. L. 622-8, al. 2).

SECTION 483.20 MODALITÉS DU PAIEMENT PROVISIONNEL EN PÉRIODE D'OBSERVATION

483.21 Modalités du paiement provisionnel en période d'observation. La compétence appartient au juge-commissaire. Il conviendra donc de le saisir par voie de requête.

La demande, selon l'article 55-1, alinéa 2 du décret du 27 décembre 1985[4], selon l'article R. 622-7, alinéa 2 du code de commerce, doit émaner du créancier. La solution contraste avec celle retenue en liquidation judiciaire. En effet, l'article L. 643-3 du code de commerce, issu de la loi de sauvegarde des entreprises[5], dispose que « le juge-commissaire peut, d'office ou à la demande du liquidateur ou d'un créancier, ordonner le paiement à titre provisionnel d'une quote-part d'une créance définitivement admise ». La demande n'émane dont pas exclusivement du créancier. La solution s'explique par le confort qu'elle procure au liquidateur, qui ne s'expose pas à voir sa responsabilité engagée pour des erreurs dans les répartitions, du fait du caractère simplement provisionnel du paiement intervenu.

Le créancier doit joindre à sa requête une copie de sa déclaration de créance et les documents justificatifs de sa créance.

Le juge-commissaire doit solliciter l'avis[6] de l'administrateur ou, en son absence, du débiteur et, sous l'empire de la législation antérieure à la loi de sauvegarde des entreprises, du représentant des créanciers (D. 27 déc. 1985, art. 55-1, al. 2), sous l'empire de la loi de sauvegarde des entreprises, dans sa rédaction d'origine, du mandataire judiciaire (C. com., art. R. 622-7, al. 2).

Pour tenir compte du maintien aux commandes du débiteur, dans la procédure de sauvegarde, l'article 21 du décret du 12 février 2009[7] modifie l'alinéa 2 de l'article R. 622-7 du code de commerce, en indiquant que, désormais, le juge-commissaire statue sur avis du débiteur et de l'administrateur s'il en a été désigné, ou à défaut du mandataire judiciaire.

Peu importe que le créancier ait été admis au passif. Le juge-commissaire appréciera la plus ou moins grande probabilité d'admission de la créance, pour asseoir sa décision.

Par principe, le créancier qui sollicite un paiement provisionnel devra fournir une garantie émanant d'un établissement de crédit (C. com., art. L. 621-25 [anc[t] L. 25 janv. 1985[8], art. 34, al. 2], réd. antérieure à la loi de sauvegarde des entreprises, C. com., art. L. 622-8, al. 2). Le mandataire de justice consulté pour avis par le juge-commissaire émettra un avis négatif si la garantie donnée est conditionnelle ou temporaire et *a fortiori* si elle émane du créancier lui-même[9]. En pratique, il s'agira d'un cautionnement bancaire. L'attestation de garantie devra être jointe à la requête.

Cependant, le Trésor public et les organismes sociaux et assimilés sont dispensés de fournir la garantie.

En outre, le juge-commissaire peut motiver son ordonnance de paiement provisionnel pour dispenser le créancier d'avoir à fournir la garantie. En pratique, cette dispense intéressera les créanciers dont la solvabilité ne peut faire aucun doute, tels les établissements de crédit [encore que], la garantie ayant pour objet de dissiper l'inquiétude sur l'effectivité de cette restitution.

SECTION 483.30 DÉCISION DE PAIEMENT PROVISIONNEL EN PÉRIODE D'OBSERVATION

483.31 Décision de paiement provisionnel en période d'observation. Le juge-commissaire statue par voie d'ordonnance. L'article 155 du décret du 27 décembre 1985[10] et l'article R. 661-1, alinéa 2 du code de commerce (anc[t] D. 28 déc. 2005[11], art. 328, al. 2) indiquent, par exception, que l'ordon-

1. L. n° 94-475, 10 juin 1994, *JO* 11 juin, p. 8440.
2. L. n° 85-98, 25 janv. 1985, *JO* 26 janv., p. 1097.
3. L. n° 2005-845, 26 juill. 2005, *JO* 27 juill., p. 12187.
4. D. n° 85-1388, 27 déc. 1985, *JO* 29 déc., p. 15281.
5. L. n° 2005-845, 26 juill. 2005, préc.
6. Cet avis sera donné par écrit : IFPPC 1999, recomm. n° 2040-1, p. 47.
7. D. n° 2009-160, 12 févr. 2009, *JO* 13 févr., p. 2596.
8. L. n° 85-98, 25 janv. 1985, préc.
9. IFPPC 1999, recomm. n° 2040-2, p. 48.
10. D. n° 85-1388, 27 déc. 1985, préc.
11. D. n° 2005-1677, 28 déc. 2005, *JO* 29 déc., p. 20324.

nance du juge-commissaire, qui ordonne un paiement provisionnel, n'est pas exécutoire de droit à *titre provisoire.*

L'article 55-1, alinéa 2 du décret du 27 décembre 1985 et l'article R. 622-7, alinéa 2 du code de commerce (anc[t] D. 28 déc. 2005, art. 83, al. 2) prévoient que « la provision est allouée à hauteur d'un montant non sérieusement contestable en fonction de ces éléments (déclaration de créance et documents justificatifs) et du rang de collocation de la créance ». Le juge-commissaire portera donc son appréciation sur le principe même du paiement provisionnel, sur le montant de la provision et sur les garanties éventuelles fournies L'éclairage du juge-commissaire résultera notamment de l'avis des mandataires de justice qu'il aura recueilli[1].

Le juge-commissaire ne semble pas pouvoir refuser un paiement provisionnel au prétexte que la sûreté invoquée par le créancier serait inopposable à la procédure collective, alors que la créance a été admise à titre privilégiée. Il faut toutefois faire état d'une décision critiquable en sens contraire[2].

Le caractère « non sérieusement contestable » s'appréciera comme en matière de référé provision, cette notion étant également utilisée en ce domaine, pour permettre au juge des référés d'allouer au créancier qui le sollicite une provision pouvant être égale au montant de la demande. Il nous apparaît donc parfaitement possible, comme en ce dernier domaine, que le juge-commissaire ordonne un paiement provisionnel de la totalité de la créance déclarée, dès lors qu'elle n'est pas sérieusement contestable – si elle résulte d'un titre exécutoire par exemple – et que le rang du créancier autorise pareille solution.

L'article 102, alinéa 1er du décret du 27 décembre 1985 et l'article R. 626-36, alinéa 1er du code de commerce (anc[t] D. 28 déc. 2005, art. 147, al. 1er) prévoient que le paiement provisionnel peut intervenir en phase d'exécution du plan, après la consignation à la Caisse des dépôts et consignations du prix des biens vendus en période d'observation.

483.32 Voies de recours sur la décision de paiement provisionnel en période d'observation. Faute de précision du texte, le droit commun des voies de recours sur les ordonnances du juge-commissaire trouve application (v. s[s] n°s 332.11 s.). En conséquence, le recours sera porté devant le tribunal. Il devra être formé dans un délai de huit jours à compter de la notification de l'ordonnance du juge-commissaire, sous l'empire de la loi du 25 janvier 1985[3]. Ce délai est porté à dix jours sous l'empire de la loi de sauvegarde des entreprises[4].

La décision que rendra le tribunal n'est pas susceptible de recours réformation, sous l'empire de la loi du 25 janvier 1985. Elle est au contraire susceptible d'un appel, dans le délai classique de dix jours de sa notification, sous l'empire de la loi de sauvegarde des entreprises.

SECTION 483.40
RESTITUTION DES FONDS INDÛMENT VERSÉS À LA SUITE D'UN PAIEMENT PROVISIONNEL EN PÉRIODE D'OBSERVATION

483.41 Restitution des fonds indûment versés à la suite d'un paiement provisionnel en période d'observation. Le décret envisage l'hypothèse dans laquelle des fonds auront été indûment versés. La solution est possible soit parce que le créancier est rejeté en tout ou en partie, soit parce que la sûreté garantissant la créance est contestée ou annulée, par exemple en application des règles des nullités de la période suspecte, L'article 55-1, alinéa 3 du décret du 27 décembre 1985[5] et l'article R. 622-7, alinéa 3 du code de commerce prévoient en ce sens que « sur ordonnance du juge-commissaire, les fonds indûment versés sont restitués sur première demande du mandataire de justice habilité ».

La notion de « mandataire de justice habilité », très large, a été utilisée pour envisager la situation procédurale dans laquelle la demande en restitution interviendra. En redressement judiciaire et en sauvegarde, l'organe compétent sera le représentant des créanciers – mandataire judiciaire. En liquidation judiciaire, l'organe compétent sera le liquidateur. On poura aussi être en plan de continuation, de redressement ou de sauvegarde. L'organe compétent sera alors le commissaire à l'exécution du plan. Il pourra encore s'agir du mandataire spécial envisagé par l'article 90 du décret du 27 décembre 1985 si l'action a été entamée par le représentant des créanciers ou l'administrateur judiciaire, qu'elle a été poursuivie par le commissaire à l'exécution du plan et qu'elle n'est pas terminée lors de l'achèvement de sa mission. On pourrait aussi penser à une action en nullité de la période suspecte s'étendant sur plusieurs années, compte tenu de l'instance d'appel.

Si le juge-commissaire n'est plus en fonction, la compétence appartiendra au tribunal, dans la logique de la solution classiquement admise.

1. IFPPC 1999, recomm. n°s 2040-1, 2040-2, p. 47, 48.
2. Pau, 2e ch., 1re sect., 12 juin 2008, *Rev. proc. coll.* 2009/5, p. 44, § 110, note Macorig-Vénier.
3. L. n° 85-98, 25 janv. 1985, préc.
4. L. n° 2005-845, 26 juill. 2005, préc.
5. D. n° 85-1388, 27 déc. 1985, préc.

Comme tous les créanciers privilégiés, le Fisc peut obtenir, par ordonnance du juge-commissaire, un paiement provisionnel. Or les créanciers publics sont dispensés de fournir une garantie de représentation des fonds qu'ils auraient reçus à tort. C'est pourquoi, en contrepartie de cette suppression de fourniture de garantie, la loi du 26 juillet 2005[1] a prévu, par création d'un article L. 269-B du Livre des procédures fiscales, que, sur ordonnance du juge-commissaire, le comptable public doit restituer à la demande du liquidateur, tout ou partie des sommes reçues à tort. Cette restitution est considérée comme une dépense de l'État.

1. L. n° 2005-845, 26 juill. 2005, préc.

CHAPITRE

484. Substitution de garantie, exception au principe de consignation du produit des réalisations d'actifs en période d'observation

SECTION 0
ORIENTEUR

484.00 Plan du chapitre.

Sect. 484.10 Domaine de la substitution de garantie en période d'observation

Sect. 484.20 Conditions de la substitution de garantie en période d'observation

Sect. 484.30 Voies de recours sur l'ordonnance de substitution de garantie

Sect. 484.40 Effets de la substitution de garanties

484.01 Textes applicables. (V. les références complètes s^s n° 011).

> Législation antérieure à la loi de sauvegarde des entreprises.

C. com., art. L. 621-25, al. 3, L. 621-80, al. 3

D. 27 déc. 1985, art. 56, 155

> Législation issue de la loi de sauvegarde des entreprises.

C. com., art. L. 622-8, al. 3

C. com., art. R. 622-8 (anc^t D. 28 déc. 2005, art. 84), R. 631-19 (anc^t D. 28 déc. 2005, art. 188), R. 661-1, al. 1 et 2 (anc^t D. 28 déc. 2005, art. 328, al. 1 et 2)

> Législation issue de l'ordonnance du 18 décembre 2008.

C. com., art. L. 622-8, al. 3, L. 631-14, al. 3

C. com., art. R. 622-8, R. 631-19, R. 661-1, al. 1 et 2

484.02 Jurisprudence de référence.

> La substitution de garantie ne peut être imposée aux créanciers titulaires d'un droit de rétention.

• **Com. 4 juill. 2000,** n° 98-11.803, *Bull. civ.* IV, n° 136

* V. s^s n° 484.12

« Mais attendu que le droit de rétention issu du gage avec dépossession qu'un créancier a régulièrement acquis confère à son titulaire le droit de refuser la restitution de la chose légitimement retenue jusqu'à complet paiement de sa créance; que le contrat de gage ayant prévu une faculté de substitution avec l'accord du créancier, la cour d'appel, qui a retenu que le droit de rétention ne pouvait être limité par le pouvoir conféré au juge-commissaire par l'article 34, alinéa 3 de la loi du 25 janvier 1985 [devenu C. com., art. L. 621-25, al. 3] d'imposer une substitution de garantie, a légalement justifié sa décision. »

484.03 Bibliographie indicative. (V. les références complètes s^s n° 031 – Aussi s^s n° 480.03).

> Articles. Kornmann, « La substitution de garanties et la loi du 25 janvier 1985 », *JCP N* 1988. I. 726, p. 584 – Le Corre P.-M., « Retenir et substituer ne vaut – La substitution de garantie de l'article 34, alinéa 3, de la loi du 25 janvier 1985 », *D. Affaires* 1998, 1246 s. – Martin D., « L'article 34, alinéa 2, de la loi du 25 janvier 1985 est-il applicable au gage », *D.* 1986. Chron. 325 – Pohé D., « La substitution de garanties dans la loi du 25 janvier 1985 », *Rev. proc. coll.* 1992, p. 245 s.

484.04 Question essentielle.

• Peut-on imposer une substitution de garantie à un créancier titulaire d'un droit de rétention ?

* V. s^s n° 484.12.

• Un créancier titulaire d'une sûreté peut-il s'opposer à une substitution de sa garantie par une autre ?

* V. s^s n°s 484.12 à 484.31.

484.06 Principales actions.

• Requête au juge-commissaire aux fins d'autorisation d'une substitution de garantie émanant soit de l'administrateur judiciaire, soit du débiteur

* V. s^s n° 484.22.

484.07 Voies de recours sur les décisio ettant en jeu les actions.

• Recours sur l'ordonnance du juge-commis devant la cour d'appel dans le délai de dix jours à compte la notification

* V. s[s] n° 484.31.

484.09 Énoncé de la règle relative à la sitution de garantie en période d'observation. La substitu de garanties est envisagée tant en période d'observatiou'en situation de plan de continuation ou de redressemesur ce dernier point, v. s[s] n°s 522.35 s.) ou de sauvegardn période d'observation, elle est réglementée par l'article621-25 du code de commerce (anc[t] L. 25 janv. 1985[1], a34, al. 3), dans sa rédaction antérieure à la loi de sauvegardes entreprises[2], par l'article L. 622-8, alinéa 3, dans la rétion issue de la loi de sauvegarde des entreprises. On raellera que l'article L. 621-25, alinéa 1er, dans sa rédaction térieure à la loi de sauvegarde des entreprises, et l'articL. 622-8, alinéa 1er, dans la rédaction issue de la loi de saugarde des entreprises, posent le principe de consignationendant la période d'observation, du prix de vente des bie grevés de sûretés, vendus en cette période. L'article L. 621, alinéa 2, dans sa rédaction antérieure à la loi de sauvegar des entreprises, et l'article L. 622-8, alinéa 2, dans la rection issue de la loi de sauvegarde des entreprises, pour le part, autorisent cependant le paiement provisionnel des anciers titulaires de sûretés spéciales. L'alinéa 3 des arts L. 621-25 dans sa rédaction antérieure à la loi de sauvegde des entreprises, et L. 622-8, dans la rédaction issue de loi de sauvegarde des entreprises, doit donc nécessairent s'apprécier par rapport à la règle de l'alinéa 1er de cesnêmes dispositions. C'est pourquoi, il nous apparaît qu'il s'git d'une exception au principe posé par l'alinéa 1er, qui peut être résumée ainsi : en cas de vente de biens grevés de sûretés, le principe est la consignation. Par exception, il est possible d'éviter la consignation par une substitution de garanties.

Le mécanisme de la substitution de garantie n'existe qu'en présence d'une vente de biens grevés de sûreté, non d'autres opérations portant sur les biens grevés[3].

La formule se révèle spécialement intéressante pour l'entreprise débitrice. En effet, plutôt que de voir les fonds provenant de la vente des biens consignés puis, après adoption d'une solution, distribués aux créanciers inscrits, les fonds provenant de la vente vont être affectés à la poursuite de l'activité[4]. Ils constitueront ainsi, pour leur totalité, une source de financement pour l'entreprise, alors que le principe de consignation n'autorise le débiteur à appréhender que le solde du prix qui excède les droits des créanciers inscrits sur le bien vendu.

Du côté des créanciers inscrits, la solution est, par principe, neutre puisqu'ils n'ont pas vocation à recevoir des fonds pendant la période d'observation. Cependant, depuis la loi du 10 juin 1994[5], la possibilité pour ces créanciers inscrits d'obtenir un paiement provisionnel, en période d'observation, fait apparaître lasolution de la substitution de garanties moins avantageuse pur eux.

SECTION 484.1

DOMAINE DE A SUBSTITUTION DE GARANTIE EN PÉRIODE DOBSERVATION

484.11 Garanties concernées. Étant une exception au principe de consignation énoncé par l'alinéa 1er de l'article L. 621-25, alinéa 1er (anc[t] L. 25 janv. 1985[6], art. 34, al. 1er), dans sa rédaction antérieure à la loi de sauvegarde des entreprises[7], par l'alinéa 1er de l'article L. 622-8, dans la rédaction issue de la loi de sauvegarde des entreprises, il faut décider que le domaine de la substitution de garanties envisagé à l'alinéa 3 est identique à celui de l'alinéa 1er.

Il faut cependant reconnaître la maladresse du législateur qui, plutôt que de viser à l'alinéa 3 les sûretés envisagées à alinéa 1er, a utilisé le vocable plus générique de « arantie », toutes sûretés étant une garantie, la récproque n'étant pas vraie.

La généralié des termes utilisés par le législateur pourrait ainsi incliner à décider que les garanties visées sont non seulement les sûretés réelles, mais aussi les sûretés personnelles. La logique s'insurge cependant contre cette possibilité. En effet, le but de la disposition est de permettre à l'entreprise de bénéficier d'une trésorerie qu'elle ne pourrait avoir sans la substitution de sûreté. Il faut donc qu'un bien soit réalisé. Si ce bien n'est pas grevé de sûretés, mais que le créancier a obtenu le cautionnement d'un tiers pour paiement du prix du bien, la vente de ce dernier n'a nullement pour effet de faire disparaître le cautionnement. Il n'y a donc rien à substituer, puisque rien ne disparaît. C'est pourquoi, il nous apparaît qu'il faut circonscrire le domaine de la substitution de garanties aux seules sûretés réelles spéciales[8]. Mais il importe peu que la sûreté soit d'origine légale ou conventionnelle[9].

En outre, au plan exégétique, on remarquera le peu d'importance à attacher aux termes de « garantie » utilisés par le législateur dans la disposition analysée. En effet, l'article L. 621-80 du code de commerce (anc[t] L. 25 janv. 1985, art. 78, al. 3), dans sa rédaction antérieure à la loi de sauvegarde des entreprises, l'article L. 626-22, dans la rédaction issue de la loi de sauvegarde des entreprises, s'inscri-

1. L. n° 85-98, 25 janv. 1985, *JO* 26 janv., p. 1097.
2. L. n° 2005-845, 26 juill. 2005, *JO* 27 juill., p. 12187.
3. SAINT-ALARY-HOUIN, 9e éd., n° 586 – LE CANNU, 7e éd., n° 376.
4. SOINNE, n° 1324 – DERRIDA ET *ALII*, n° 539.
5. L. n° 94-475, 10 juin 1994, *JO* 11 juin, p. 8440.
6. L. n° 85-98, 25 janv. 1985, préc.
7. L. n° 2005-845, 26 juill. 2005, préc.
8. EN CE SENS : SAINT-ALARY-HOUIN, 9e éd., n° 586 – LE CANNU, 7e éd., n° 376 – COMP. : DERRIDA ET *ALII*, note 1548 *bis*.
9. DERRIDA ET *ALII*, n° 383 – LE CANNU, 7e éd., n° 376 – SAINT-ALARY-HOUIN, 9e éd., n° 586.

vent exactement dans la même problématique et le législateur écarte ici l'écueil, puisqu'il vise explicitement les mêmes sûretés que celles envisagées à l'article L. 621-25, alinéa 1er (C. com., L. 622-8, al. 1er, réd. loi de sauvegarde des entreprises) et, s'il évoque les garanties, c'est pour indiquer qu'une garantie peut être substituée aux sûretés énoncées. L'identité de contexte doit conduire à une identité de domaine de la règle du droit, quant aux sûretés concernées.

484.12 Exclusion du droit de rétention du domaine de la substitution de sûreté en période d'observation. La principale difficulté de détermination du domaine de la substitution de garanties tient au problème de savoir si le droit de rétention peut mettre en échec cette technique.

Il est d'abord clair que, compte tenu de l'utilisation par le législateur du vocable « garantie », la sémantique législative n'est ici d'aucun secours pour répondre à la question. Il faut donc recourir à une argumentation de logique juridique. On remarquera d'abord que, pour le droit de rétention, le législateur a prévu explicitement une voie de dégrèvement : le retrait contre paiement[1].

La substitution de garantie est bien incompatible avec le retrait contre paiement[2]. La première technique doit permettre à l'entreprise de conserver le produit de la vente du bien grevé qui est vendu, alors que le retrait contre paiement suppose le paiement du créancier. L'article L. 621-25 (anct L. 25 janv. 1985[3], art. 34), dans sa rédaction antérieure à la loi de sauvegarde des entreprises[4], et l'article L. 622-8, dans la rédaction issue de la loi de sauvegarde des entreprises, n'absorbent pas l'article L. 621-24, dans sa rédaction antérieure à la loi de sauvegarde des entreprises, l'article L. 622-7, dans la rédaction issue de la loi de sauvegarde des entreprises. Décider le contraire reviendrait à supprimer l'efficacité du droit de rétention en période d'observation, c'est-à-dire à l'éteindre sans paiement, ce que non seulement ne prévoit pas explicitement le législateur, mais encore ce que ce dernier interdit, tant en période d'observation, par l'instauration de l'article L. 621-24, alinéa 3, dans sa rédaction antérieure à la loi de sauvegarde des entreprises, de l'article L. 622-7, alinéa 3, dans la rédaction issue de la loi de sauvegarde des entreprises, qu'en situation de liquidation judiciaire, par la technique du report du droit de rétention sur le prix, envisagée par article L. 622-21 (anct L. 25 janv. 1985, art. 159, al. 4), dans sa rédaction antérieure à la loi de sauvegarde des entreprises, par l'article L. 642-24, alinéa 4, dans la rédaction issue de la loi de sauvegarde des entreprises (devenu C. com., art. L. 642-20, al. 3, réd. ord. 18 déc. 2008[5]).

La jurisprudence, pour sa part, a consacré l'efficacité du droit de rétention face au plan de cession, en validant le principe : « Retenir et céder ne vaut[6]. » Le droit de rétention empêche en effet l'intégration dans un plan de cession d'un bien grevé de droit de rétention sans que le prix du bien retenu ne soit intégralement payé au créancier rétenteur[7], dans la limite de sa créance.

L'efficacité du droit de rétention a été consacrée par la Cour de cassation, en toute phase de la procédure puisqu'elle énonce que « le droit de rétention confère à son titulaire le droit de refuser la restitution de la chose légitimement retenue jusqu'à complet paiement de sa créance, même en cas de redressement ou de liquidation judiciaire du débiteur[8] ». Il importe de remarquer que cette dernière décision avait été rendue au visa de l'article 33, alinéa 3 de la loi du 25 janvier 1985, alors précisément que l'administrateur judiciaire n'avait pas usé de la faculté de retrait contre paiement, visée à ce texte. C'est donc la preuve de l'existence du retrait contre paiement est exclusive de la possibilité de méconnaître, par l'utilisation d'autres techniques, la force du droit de rétention.

C'est dans cette même lignée jurisprudentielle que s'inscrit l'arrêt de la Cour de cassation du 4 juillet 2000, qui décide que le droit de rétention fait obstacle à l'utilisation de la substitution de garantie[9]. Ainsi, retenir et substituer ne vaut[10].

L'ordonnance du 18 décembre 2008 conforte incontestablement l'analyse en insérant à l'article L. 642-12 un alinéa 5 selon lequel « les dispositions du présent article [qui s'intéresse à la fixation d'une

1. Martin, « L'article 34, alinéa 2, de la loi du 25 janvier 1985 est-il applicable au gage », *D.* 1986. Chron. 325.
2. Soinne, no 1324 – Derrida et *alii*, no 539.
3. L. no 85-98, 25 janv. 1985, préc.
4. L. no 2005-845, 26 juill. 2005, préc.
5. Ord. no 2008-1345, 18 déc. 2008, *JO* 19 déc., p. 19462.
6. Le Corre, « Les créanciers gagistes face au redressement judiciaire et la règle du concours », *Rev. proc. coll.* 1990, p. 39, no 26.
7. Com. 20 mai 1997, no 95-11.915, *Bull. civ.* IV, no 141; *RJ com.* 1997. 308, *rapp. J.-P. Rémery*, note Saint-Alary-Houin; *JCP E* 1997. I, no 681, spéc. no 5, obs M. Cabrillac; *JCP E* 1998, Somm. 102, obs. Honorat; *RTD com.* 1998. 205, obs. Martin-Serf.
8. Com. 25 nov. 1997, no 95-16.091, *Bull. civ.* IV, no 301, *D.* 1998. Jur. 232, note François.
9. Com. 4 juill. 2000, no 98-11.803, *Bull. civ.* IV, no 136; *D.* 2000. Doctr. 361, obs. Lienhard; *Act. proc. coll.* 2000/14, no 176, note Legeais; *JCP E et A* 2001, Chron. 174, no 1-C-3, obs. M. Cabrillac; *LPA* 8 juin 2001, no 114, p. 20, note Narayan-Fourment; *RTD com.* 2000. 1009, note Martin-Serf; *RTD com.* 2001. 209, obs. Bouloc; CONFIRMANT : Toulouse, ch. com., 1er déc. 1997, *D. Affaires* 1998. 1246, note Le Corre.
10. Le Corre, « Retenir et substituer ne vaut – La substitution de garantie de l'article 34, alinéa 3, de la loi du 25 janvier 1985 », *D. Affaires* 1998. 1246 s.

quote-part du prix de cession pour l'exercice des droits de préférence des créanciers inscrits sur des biens cédés et au transfert de la charge de la sûreté grevant ces mêmes biens] n'affectent pas le droit de rétention acquis par un créancier sur des biens compris dans la cession ».

L'inopposabilité pendant la période d'observation et celle d'exécution des plans de sauvegarde et de redressement du droit de rétention fictif du créancier gagiste sans dépossession de l'article 2286, 4° du code civil autorise toutefois le jeu de la substitution de garanties (v. aussi ss n° 456.41).

SECTION 484.20

CONDITIONS DE LA SUBSTITUTION DE GARANTIE EN PÉRIODE D'OBSERVATION

484.21 Conditions de fond de la substitution de garantie en période d'observation. La substitution de garantie est subordonnée à la fourniture d'une garantie équivalente à la garantie substituée. L'équivalence, question de faits, est évidemment abandonnée à l'appréciation souveraine des juges du fond[1].

L'équivalence doit être appréciée au jour où la juridiction statue[2]. Même si la garantie donnée en substitution n'est pas strictement équivalente, le créancier ne semble pas pouvoir s'y opposer, si le paiement de sa créance n'est pas en péril. En effet, il n'aura pas d'intérêt à agir en justice, pour venir contester la décision du juge-commissaire.

Il apparaît que la décision ordonnant la substitution de garantie n'a pas pour effet de valider la garantie initiale, qui pourrait être atteinte par une nullité de la période suspecte. Dès lors, une action en nullité de la sûreté initiale, qui aboutirait, entraînerait, par voie de conséquence, inefficacité de la garantie nouvelle, s'il s'agit d'une sûreté réelle spéciale, car cette dernière ne fait que se substituer à l'ancienne, cette substitution nous semblant présupposer la validité de la garantie ancienne.

484.22 Conditions de forme de la substitution de garantie en période d'observation. L'article L. 621-25, alinéa 3 (anc^t^ L. 25 janv. 1985[3], art. 34, al. 3), dans sa rédaction antérieure à la loi de sauvegarde des entreprises[4], et l'article L. 622-8, alinéa 3, dans la rédaction issue de la loi de sauvegarde des entreprises, prévoient qu'il appartient aux parties de se rapprocher pour convenir de la substitution de sûreté et, qu'à défaut, il y a lieu de saisir le juge-commissaire.

Ce dernier rendra en conséquence une ordonnance d'autorisation de substitution de garanties. Le juge-commissaire sera saisi par voie de requête. Cette dernière émanera, sous l'empire de la législation antérieure à l'ordonnance du 18 décembre 2008[5], de l'administrateur judiciaire ou du débiteur.

L'ordonnance du 18 décembre 2008 modifie la solution. En sauvegarde, la demande est désormais laissée à la seule initiative du débiteur et échappe à celle de l'administrateur, conformément à l'idée de maintien aux commandes du chef d'entreprise (C. com., art. L. 622-8, al. 3, ord. 18 déc. 2008, art. 23). Dans le redressement judiciaire, la demande de substitution de garantie n'émanera du débiteur seul qu'en l'absence d'administrateur. En sa présence, elle émanera concurremment du débiteur et de l'administrateur judiciaire, si ce dernier a une mission d'assistance. Elle n'émanera que de l'administrateur judiciaire si celui-ci a reçu une mission de représentation (C. com., art. L. 631-14, al. 3, ord. 18 déc. 2008, art. 80). Notons toutefois que, à la suite d'une erreur, qui doit rester sans conséquence, l'article 80 de l'ordonnance du 18 décembre 2008 a visé le quatrième alinéa de l'article L. 622-8 du code, lequel n'en comporte que… trois. La malfaçon a été corrigée par l'article 138, IX de la loi du 12 mai 2009[6], qui a emporté ratification de l'ordonnance du 18 décembre 2008. L'article L. 631-14, alinéa 3 du code de commerce vise désormais le troisième et non plus le quatrième alinéa de l'article L. 622-8.

Le respect du contradictoire s'impose. L'article 56, alinéa 1er du décret du 27 décembre 1985[7] prévoit en effet que le juge-commissaire ne peut statuer qu'après avoir entendu le débiteur ou l'administrateur, le créancier en cause et le représentant des créanciers. L'article R. 622-8, alinéa 1er du code de commerce (anc^t^ D. 28 déc. 2005[8], art. 84, al. 1er) innove[9], en prévoyant désormais que le juge-commissaire ne peut statuer qu'après avoir entendu le débiteur, l'administrateur, le mandataire judiciaire, et le créancier en cause. L'audition cumulative du débiteur et de l'administrateur judiciaire s'impose, alors qu'auparavant cette audition n'était, selon le texte, qu'alternative.

1. SOINNE, n° 1324 – LE CANNU, 7e éd., n° 376.
2. Kornmann, « La substitution de garanties et la loi du 25 janvier 1985 », *JCP N* 1988. I. 726, p. 584 – KERCKHOVE, n° 450.
3. L. n° 85-98, 25 janv. 1985, préc.
4. L. n° 2005-845, 26 juill. 2005, préc.
5. Ord. n° 2008-1345, 18 déc. 2008, préc.
6. L. n° 2009-526, 12 mai 2009, *JO* 13 mai, p. 7920.
7. D. n° 85-1388, 27 déc. 1985, *JO* 29 déc., p. 15281.
8. D. n° 2005-1677, 28 déc. 2005, *JO* 29 déc., p. 20324.
9. Becqué-Ickowicz, Lucas et Lécuyer (dir.), *La réforme des procédures collectives…*, Lgdj, 2006, p. 108.

SECTION 484.30
VOIES DE RECOURS SUR L'ORDONNANCE DE SUBSTITUTION DE GARANTIE

484.31 Voies de recours sur l'ordonnance de substitution de garantie. Les voies de recours sur l'ordonnance d'autorisation de substitution de sûretés sont spécialement réglementées.

En droit commun, les ordonnances du juge-commissaire sont susceptibles d'un recours devant le tribunal de la part des parties. En l'espèce, le législateur a ouvert, par exception, une autre voie de recours. Il a considéré que les décisions intéressant la substitution de garantie, particulièrement attentatoire au droit des sûretés et au régime des obligations civiles et commerciales[1], lequel relève du domaine législatif et non réglementaire, devaient voir leur voie de recours régie par la loi. C'est ce que fait le législateur en prévoyant que les ordonnances rendues en matière de substitution de garantie, sont susceptibles d'un appel, dans les prévisions de l'article L. 621-25, alinéa 3 (anc[t] L. 25 janv. 1985[2], art. 34, al. 3), sous l'empire de la législation antérieure à la loi de sauvegarde des entreprises[3], de l'article L. 622-8, alinéa 3, sous l'empire de la législation issue de la loi de sauvegarde des entreprises. Cette voie de recours est ouverte, que l'ordonnance accepte ou refuse la substitution de garantie[4].

L'appel devra être formé conformément au droit commun des procédures collectives, dans les dix jours de la notification de la décision aux créanciers titulaires de la garantie que l'on veut substituer. Cet appel n'a cependant de véritable intérêt que si la décision autorisant la substitution de garantie n'a pas déjà exécuté. Précisément, cette exécution, *a priori*, s'avère impossible tant que les voies de recours sur l'ordonnance ne sont pas épuisées. En effet, contrairement au principe selon lequel les décisions rendues en matière de redressement et de liquidation judiciaires sont exécutoires de plein droit par provision, l'article 155 du décret du 27 décembre[5], sous l'empire de la législation antérieure à la loi de sauvegarde des entreprises, exclut le jeu de l'article L. 621-25. Les ordonnances de substitution de garantie ne sont donc pas exécutoires par provision. La solution est reproduite, sous l'empire de la loi de sauvegarde des entreprises, par l'article R. 661-1, alinéa 2 du code de commerce (anc[t] D. 28 déc. 2005[6], art. 328, al. 2), qui exclut le jeu de l'article L. 622-8 du code.

1. RAPPR. : VALLENS, 2015, n° 3232.
2. L. n° 85-98, 25 janv. 1985, préc.
3. L. n° 2005-845, 26 juill. 2005, préc.
4. KERCKHOVE, n° 450 – LE CANNU, 7e éd., n° 376.
5. D. n° 85-1388, 27 déc. 1985, préc.
6. D. n° 2005-1677, 28 déc. 2005, préc.

S ION 484.40
E TS DE LA SUBSTITUT ON DE GARANTIES

4 .41 Radiation des inscriptions. Si la substitu-ti est décidée, l'article 56, alinéa 2 du 27 décem-b 1985[7] et l'article R. 622-8, alinéa 2 du code de c merce prévoient que la radiation de l'ancienne s té sera requise par le demandeur à la substitu-ti ou par son bénéficiaire, sur injonction faite par l ge-commissaire dans son ordonnance. Identi-q ment, l'inscription de la nouvelle sûreté sera r ise par le demandeur à la substitution ou par s bénéficiaire.

ancienne sûreté ne pourra être radiée qu'après stitution de la garantie substituée (D. 27 déc. 85, art. 56, al. 2, C. com., art. R. 622-8, al. 2 [anc[t] 28 déc. 2005[8], art. 84, al. 2]), ce qui se com-end aisément puisque le créancier titulaire de la reté spéciale, dans le cas contraire, s'exposerait à re rétrogradé au rang de chirographaire. La solu-on a été posée en cas de jeu de l'article 100, alinéa 2 u décret du 27 décembre 1985, c'est-à-dire en cas e substitution de garanties en phase d'exécution u plan[9]. Afin d'éviter toute difficulté, il convient d'attendre que la décision ordonnant la substitu-tion de garantie soit passée en force de chose jugée pour procéder à la radiation[10].

Enfin, l'article 56, alinéa 2 du décret du 27 décembre 1985 indique que l'ordonnance doit préciser à qui incombe la charge des frais de radiation et d'inscription nouvelle. Il serait cependant choquant que le créancier ait à les supporter[11]. Le décret du 28 décembre 2005 a tenu compte de cette observation et prévoit que les frais incombent au débiteur (C. com., art. R. 622-8, al. 2 [anc[t] D. 28 déc. 2005, art. 84, al. 2]).

484.42 Paiement des créanciers à la suite d'une substitution de garantie en période d'observation. Si la garantie nouvelle est une sûreté réelle, le créancier sera payé dans le cadre classique applicable à l'issue de la procédure.

Si un plan de continuation est adopté, il percevra les dividendes du plan dans les conditions classiques, sans pouvoir se voir appliquer l'article L. 621-80 du code de commerce (anc[t] L. 25 janv. 1985[12], art. 78 – v. s[s] n° 522.34). La solution est la même, sous l'empire de la loi de sauvegarde des entreprises[13].

7. D. n° 85-1388, 27 déc. 1985, préc.
8. D. n° 2005-1677, 28 déc. 2005, préc.
9. Com. 20 févr. 1996, n° 94-12.483, NP, *Rev. huissiers* 1997. 511, note Courtier.
10. DERRIDA ET *ALII*, n° 583.
11. SOINNE, n° 1324.
12. L. n° 85-98, 25 janv. 1985, préc.
13. L. n° 2005-845, 26 juill. 2005, préc.

Le créancier ne pourra se voir appliquer […] dispositions de l'article L. 626-22 du code pour […] plan de sauvegarde. L'article L. 626-22 du code e[…]pplicable au plan de redressement (C. com., ar[…]L. 631-19, I).

Si un plan de cession est arrêté, il y aura […]plication des dispositions relatives à la fixatio[…] d'une quote-part du prix de cession pour l'exer[…]e des droits de préférence des créanciers inscrit[…] (v. s[s] n°s 582.31 s.) et, éventuellement, celles relat[…]es au transfert de charge de la sûreté (v. s[s] n°s 582.41 s.). En effet, même si la garantie nouvelle n'a pas été consentie à l'occasion du financement ayant permis l'acquisition du bien grevé, la garantie nouvelle prend strictement la place de la garantie ancienne, de sorte que les règles applicables à cette dernière nous semblent devoir être appliquées à la garantie nouvelle.

Si une liquidation judiciaire est décidée, les règles classiques de paiement des créanciers trouvent ici à s'appliquer, sans particularité.

TITRE

490. Bilan économique, social et environnemental – Projet de plan

SECTION 0

ORIENTEUR

490.00 **Plan du titre.**

Chap.	491	Bilan économique, social et environnemental
Sect.	491.10	Élaboration du bilan économique et social
Sect.	491.20	Communications et consultations relatives au bilan économique et social
Sect.	491.30	Contenu et importance du bilan économique et social
Sect.	491.40	Bilan environnemental
Chap.	**492**	**Projet de plan**
Sect.	492.10	Élaboration du projet de plan de continuation, de redressement ou de sauvegarde en présence d'un administrateur judiciaire
Sect.	492.20	Élaboration du projet de plan de continuation, de redressement ou de sauvegarde en l'absence d'administrateur judiciaire
Sect.	492.30	Contenu du projet de plan de continuation, de redressement ou de sauvegarde

490.01 **Textes applicables.** (V. les références complètes s^{s} n° 011).

> Législation antérieure à la loi de sauvegarde des entreprises.

C. com., art. L. 621-54, L. 621-56, L. 621-139, L. 621-141

D. 27 déc. 1985, art. 44, 45, 112

> Législation issue de la loi de sauvegarde des entreprises.

C. com., art. L. 623-1 à L. 623-3, L. 626-2, L. 627-3, L. 627-4, L. 631-18, I, L. 631-19, I

C. com., art. R. 623-1 et R. 623-2 (anc^{t} D. 28 déc. 2005, art. 102, al. 1, 2 et 4), R. 626-17 et 18 (anc^{t} D. 28 déc. 2005, art. 133 et 134), R. 631-28 (anc^{t} D. 28 déc. 2005, art. 196), R. 631-35 (anc^{t} D. 28 déc. 2005, art. 203)

> Législation issue de l'ordonnance du 18 décembre 2008.

C. com., art. L. 623-1 à 3, L. 626-2, L. 627-3, L. 627-4, L. 631-18, al. 1er, L. 631-19, I

C. com., art. R. 623-1, R. 623-2, R. 626-17, R. 626-18, R. 631-28, R. 631-35

> Législation issue de la loi du 22 octobre 2010.

C. com., art. L. 628-6, al. 2

> Législation issue de l'ordonnance du 12 mars 2014.

C. com., art. L. 623-2, L. 626-30-3, L. 626-34, L. 628-8, L. 628-10

490.03 **Bibliographie indicative.**

> Actualisables. RÉP. COM., Monsérié-Bon M.-H., « Entreprises en difficulté – Redressement judiciaire (Période d'observation) », n°s 285 à 302 – J.-CL. COM., Delebecque Ph., fasc. 2300, [Bilan économique et social – Projet de plan de redressement]; Le Corre P.-M., fasc. 2410, [Élaboration, conception et adoption du plan de continuation] – J.-CL. COM., Rolland B., fasc. 3250, [Environnement et procédures collectives], 2014.

> Ouvrages antérieurs à la loi de sauvegarde des entreprises. CHAPUT, n°s 372 à 378 – GUYON, n°s 1184 à 1189 – JACQUEMONT, n°s 406 à 412 – KERCKHOVE, n°s 409 à 414, 419, 420 – LE CANNU ET *ALII*, n°s 893 à 902 – LE CORRE-BROLY, n°s 219 à 222 – MARTIN ET VALLENS, n°s 2803 à 2805 – PÉROCHON ET BONHOMME, n°s 235 à 239, 247, 301 à 303 – PÉTEL, n°s 250, 251, 260 à 262 – Peyramaure Ph. et Sardet P., *L'entreprise en difficulté. Prévention – Restructuration – Redressement*, 3e éd., Delmas, 2002 – RIPERT ET ROBLOT, n°s 3172-4, 3172-6 – SAINT-

ALARY-HOUIN, n°s 463 à 472 - SOINNE, n°s 1503 à 1509 – VALLANSAN, p. 146 à 149, 279 à 281.

> **Ouvrages postérieurs à la loi de sauvegarde des entreprises.** JACQUEMONT ET VABRES, 9e éd., n°s 726 à 733 – LE CANNU, 7e éd., n°s 844, 872 à 875 – LIENHARD, 6e éd., n°s 73. à 73.23, 82.11 à 82.18 – PÉROCHON, 10e éd., n°s 854 à 869 – PÉTEL, 8e éd., p. 257 – ROUSSEL GALLE, 2e éd., n°s 426 à 431, 585 – SAINT-ALARY-HOUIN, 9e éd., n°s 903 à 914 – VALLANSAN ET *ALII*, 6e éd. p. 175 à 177, 324 – VALLENS, 2015, n°s 3191 à 3201, 4083 à 4094 – VIDAL et GIORGINI, n°s 805 à 814 – VOINOT, 2e éd., 2013, n°s 591 à 607.

CHAPITRE

491. Bilan économique, social et environnemental

SECTION 0
ORIENTEUR

491.00 Plan du chapitre.

Sect. 491.10 Élaboration du bilan économique et social
Sect. 491.20 Communications et consultations relatives au bilan économique et social
Sect. 491.30 Contenu et importance du bilan économique et social
Sect. 491.40 Bilan environnemental

491.01 Textes applicables. (V. s[s] n° 490.01).

491.03 Bibliographie indicative. (V. aussi s[s] n° 490.03).

> Articles. Peyramaure Ph., « Droit des entreprises en difficulté : le bilan économique et social dans la loi du 25 janvier 1985 », *JCP E* 1986. I. 15167 – Rolland B., « Les nouvelles incidences du droit de l'environnement sur le droit commercial », *JCP E* 2004, comm. 333, p. 367; « Procédures collectives et sites contaminés », *Envir.* 2006. Étude 16; « Les procédures collectives à l'épreuve du droit de l'environnement », *BJE* mai 2013, comm. 77; « Le Guide 2012 à destination des administrateurs judiciaires, mandataires judiciaires et de l'inspection des installations classées », *Act. proc. coll.* 2013/7, comm. 85 – Teboul G., « Défense de l'environnement et entreprises en difficulté », *LPA* 16 mai 2006, n° 97, p. 7 – Voinot D., « Le bilan environnemental dans les procédures collectives », *Dr. env.* déc. 2004, n° 127, p. 280.

SECTION 491.10
ÉLABORATION DU BILAN ÉCONOMIQUE ET SOCIAL

491.11 Élaboration du bilan économique et social sous l'empire de la législation antérieure à la loi du 26 juillet 2005[1]. Le bilan économique et social est une étude précise de la situation de l'entreprise, menée par l'administrateur judiciaire. Il constitue un élément essentiel de l'information du tribunal dans la perspective de l'examen des solutions envisageables pour traiter les difficultés de l'entreprise[2].

Pour mener à bien sa mission, ce dernier a besoin d'accéder à certaines informations. Tenant compte de ce postulat, l'article L. 621-55 du code de commerce (anc[t] L. 25 janv. 1985[3], art. 19) prévoit que le juge-commissaire a la faculté, sans qu'il soit possible de lui opposer le secret professionnel, d'obtenir communication d'informations de diverses sources, dont les administrations ou encore les établissements de crédit (v. s[s] n° 331.31).

Après avoir recueilli ces informations, le juge-commissaire les communique, dans les prévisions de l'article L. 621-56 (anc[t] L. 25 janv. 1985, art. 20), à l'administrateur judiciaire. Ainsi, ce dernier, qui aura pris le soin de prendre contact avec le personnel, spécialement d'encadrement et les principaux partenaires de l'entreprise[4], exactement informé, sera-t-il en mesure de dresser le bilan économique et social que l'astreint à établir l'article L. 621-54 (anc[t] L. 25 janv. 1985, art. 18). L'administrateur reçoit communication du rapport d'expertise établi, le cas échéant, dans le cadre de du règlement amiable de droit commun ou dans le cadre du règlement amiable agricole.

Dans cette mission, l'administrateur consulte le débiteur et le représentant des créanciers, et entend toute personne susceptible d'informer sur la situation et les perspectives de redressement de l'entreprise, les modalités de règlement du passif et condition sociale de la poursuite de l'activité. L'administrateur doit informer le débiteur, le représentant des créanciers ainsi que le comité d'entreprise ou, à défaut, les délégués du personnel, de l'avancement de ses

1. L. n° 2005-845, 26 juill. 2005, *JO* 27 juill., p. 12187.

2. Vidal et Giorgini, n° 805.
3. L. n° 85-98, 25 janv. 1985, *JO* 26 janv., p. 1097.
4. IFPPC 1999, recomm. n° 3010-1, p. 60.

tation porte sur le rapport sur le bilan économique et social et sur le projet de plan.

Dans la procédure de sauvegarde, la communication du rapport au ministère public est prévue; elle est indépendante de sa demande (C. com., art. L. 626-5, al. 3).

L'article R. 623-1 (anc[t] D. 28 déc. 2005[1], art. 102, al. 1er), texte de la procédure de sauvegarde, conserve la forme recommandée pour la communication du rapport aux personnes visées à l'article L. 626-8 du code. Il s'agit des mêmes destinataires que sous l'empire de la législation antérieure, sous réserve qu'il ne s'agit plus du procureur de la République, mais du ministère public. Le texte supprime en revanche le délai de transmission du rapport. Dans la procédure de sauvegarde, la communication du rapport sur le bilan économique et social est effectuée par le débiteur (C. com., art. R. 623-1). Au contraire, en redressement judiciaire, cette communication est l'œuvre, s'il en a été nommé un, de l'administrateur et, à défaut, du débiteur (C. com., art. R. 631-28). L'article R. 623-1 du code de commerce, dans la rédaction que lui donne le décret du 12 février 2009[2], ne vise plus le dépôt et la communication du rapport sur le bilan économique et social, mais le dépôt et la communication du bilan économique et social lui-même.

La législation de sauvegarde des entreprises appréhende d'une autre manière le problème, en ce qui concerne la présentation du projet de plan de sauvegarde. L'article R. 626-18 du code de commerce (anc[t] D. 28 déc. 2005, art. 134), texte de la sauvegarde qui n'est pas applicable en redressement judiciaire (C. com., art. R. 631-35), indique que le tribunal doit statuer sur le projet de plan avant la fin de la période d'observation (C. com., art. R. 626-18, al. 1er).

SECTION 491.30
CONTENU ET IMPORTANCE DU BILAN ÉCONOMIQUE ET SOCIAL

491.31 Contenu – Importance du bilan économique et social. Matériellement, le bilan économique et social prend la forme d'un rapport, dont le contenu est précisé par l'article L. 621-54, alinéa 2 du code de commerce (anc[t] L. 25 janv. 1985[3], art. 18, al. 2), dans sa rédaction antérieure à la loi de sauvegarde des entreprises, par l'article L. 623-1, alinéa 2, dans la rédaction de la loi de sauvegarde des entreprises. Il doit indiquer l'origine, la nature et l'importance des difficultés de l'entreprise observée. Il ne s'agit donc pas d'un bilan au sens comptable, mais plutôt d'un examen de la situation économique et social antérieure de l'entreprise[4], d'un diagnostic des causes de la défaillance de l'entreprise[5].

Le bilan économique et social est de première importance pour l'avenir de l'entreprise. Au vu de l'analyse du passé, il s'agira soit de proposer la liquidation judiciaire, soit un projet de plan.

Malgré l'importance de ce document, le législateur n'a attaché aucune conséquence à son défaut d'établissement. Une juridiction a cru devoir en tirer la conséquence de la nullité du jugement de liquidation judiciaire[6]. Sans doute, en l'absence de ce document, les consultations n'ont pas pu être effectuées, en violation du principe du contradictoire. Mais cette violation ne concerne que l'efficacité du bilan économique et social et semble impuissante à justifier la nullité du jugement rendu en son absence. Il apparaît donc plus opportun d'envisager la responsabilité de l'organe défaillant dans sa mission, c'est-à-dire l'administrateur judiciaire[7] et dans l'hypothèse seulement où il en résulte un préjudice pour le débiteur ou un ou plusieurs créanciers. Tel ne semble pas être le cas si une présentation suffisante des difficultés de l'entreprise a été effectuée dans le projet de plan[8].

SECTION 491.40
BILAN ENVIRONNEMENTAL

491.41 Bilan environnemental[9]. L'article 24 de la loi du 30 juillet 2003[10] sur les risques technologiques a complété l'article L. 621-54, par l'insertion d'un alinéa 3, en imposant, de compléter le bilan économique et social d'un bilan environnemental, lorsque l'entreprise en redressement judiciaire exploite des installations classées comme faisant courir un risque à l'environnement[11]. La solution a été conservée par la loi de sauvegarde des entreprises.

Ce bilan, qui représente selon la formule d'auteurs, une « judicieuse audace »[12], doit permettre d'appré-

1. D. n° 2005-1677, 28 déc. 2005, *JO* 29 déc., p. 20324.
2. D. n° 2009-160, 12 févr. 2009, *JO* 13 févr., p. 2596.
3. L. n° 85-98, 25 janv. 1985, préc.
4. *Rapp. Gouzes*, Ass. nat., 1984, n° 1872, doc. AN, p. 53.
5. SAINT-ALARY-HOUIN, 9e éd., n° 907 – PÉROCHON, 10e éd., n° 854 – JACQUEMONT ET VABRES, 9e éd., 2015, n° 730 – VALLENS, 2015, n° 3195.
6. Pau, 16 janv. 1990, *Rev. proc. coll.* 1991, 294, obs. Soinne.
7. VALLANSAN ET *ALII*, 6e éd., p. 176.
8. Paris, 7 juill. 1992, *D.* 1994. Somm. 1, obs. Derrida.
9. J.-CL. COM., Rolland B., fasc. 3250, [Environnement et procédures collectives], 2014, n°s 11 à 16.
10. L. n° 2003-699, 30 juill. 2003, *JO* 31 juill., p. 13021.
11. Rolland, « Les nouvelles incidences du droit de l'environnement sur le droit commercial », *JCP E* 2004, comm. 333, p. 367 – VOINOT, 2007, n° 398.
12. VIDAL et GIORGINI, n° 810.

cier les contraintes susceptibles de peser sur l'exploitant du site, spécialement la mise aux normes de l'installation, ou la remise en état du site pollué s'il est question de sa fermeture, en cas de cessation partielle de l'activité, devant accompagner une cession partielle de l'entreprise.

Il est recommandé à l'administrateur judiciaire, même si l'entreprise ne relève pas du bilan environnemental imposé par le code de commerce, de faire état, dans le bilan économique et social, des difficultés de l'entreprise liées à l'environnement[1].

Le bilan environnemental est établi, à la demande de l'administrateur judiciaire, soit par le débiteur, soit par un technicien désigné par le juge-commissaire.

Le décret du 29 novembre 2005[2] en a fixé les conditions d'application[3]. Il est établi selon les rubriques fixées par un arrêté. L'arrêté du 12 décembre 2005[4] fixe ces rubriques, en opérant une distinction selon que le bilan environnemental est établi par le débiteur ou par un technicien. Dans les deux cas, il doit décrire le site, son occupation, et son environnement, les pollutions éventuelles et les mesures urgentes déjà prises par l'exploitant. Indiquons qu'il a été soutenu que le décret du 28 décembre 2005[5] a abrogé le décret du 29 novembre 2005, de sorte que l'arrêté n'aurait plus *d'assise juridique*[6].

À l'occasion de la réforme du 26 juillet 2005[7], il a été proposé de substituer aux termes « bilan environnemental » l'expression de « rapport environnemental », le second n'exigeant pas de chiffrer le coût de la dépollution. Une opposition s'est alors manifestée pour continuer à utiliser l'expression « bilan environnemental », car, a-t-il été dit, « il est préférable de faire apparaître clairement les coûts induits par la situation environnementale de l'entreprise »[8]. La commission des lois de l'Assemblée nationale a rejeté, dans ces conditions, l'amendement proposé. L'article L. 623-1, alinéa 3 ne fait, en conséquence, que reproduire l'article L. 621-54, alinéa 3 tel qu'issu de la loi du 30 juillet 2003.

Le bilan environnemental, obligatoire en sauvegarde et en redressement judiciaire, ne s'impose pas dans la liquidation judiciaire et il ne peut donc être tiré argument de son absence pour faire annuler un plan de cession adopté en liquidation judiciaire[9].

1. VOINOT, 2011, n° 602 – Sapin, « Le rôle des mandataires de justice en présence d'une atteinte portée à l'environnement », *Rev. proc. coll.* 2004/2, p. 150.
2. D. n° 2005-1469, 29 nov. 2005, *JO* 30 nov., p. 18497; *JCP E* 2005, act. 362; *Rev. proc. coll.* 2006/3, p. 260, n° 18, obs. Roussel Galle.
3. VOINOT, n° 398.
4. *JO* 16 déc. 2005, 19379.
5. D. n° 2005-1677, 28 déc. 2005, préc.
6. *Code annoté des procédures collectives,* Litec, 2007, s[5] art. L. 623-1 nouveau.
7. L. n° 2005-845, 26 juill. 2005, préc.
8. Pascal Clément, *in Rapp. Xavier de Roux*, n° 2095, p. 247.
9. Paris, pôle 5, 8e ch., 3 juill. 2012, RG n° 12/07985, *Rev. proc. coll.* 2012, comm. 168, note Ruffié.

CHAPITRE 492. Projet de plan

SECTION 0

ORIENTEUR

492.00 Plan du chapitre.

Sect. 492.10 Élaboration du projet de plan de continuation, de redressement ou de sauvegarde en présence d'un administrateur judiciaire

Sect. 492.20 Élaboration du projet de plan de continuation, de redressement ou de sauvegarde en l'absence d'administrateur judiciaire

Sect. 492.30 Contenu du projet de plan de continuation, de redressement ou de sauvegarde

492.01 Textes applicables. (V. s[s] n° 490.01).

492.02 Jurisprudence de référence.

> **Un projet de plan peut être présenté par le débiteur, même en présence d'un administrateur judiciaire.**

• **Com. 25 mars 1997,** n° 95-10.936, *Bull. civ.* IV, n° 80

* V. s[s] n° 492.11

« Attendu, en second lieu, que l'article 143, alinéa 2, de la loi du 25 janvier 1985 (devenu C. com., art. L. 621-139, al. 2) n'interdit pas au débiteur d'élaborer un projet de plan de redressement de l'entreprise lorsqu'un administrateur a été nommé. »

492.03 Bibliographie indicative. (V. aussi s[s] n° 490.03).

> **Articles.** Dammann R. et Podeur G., « Le rééquilibrage des pouvoirs au profit des créanciers résultant de l'ordonnance du 12 mars 2014 », *D.* 2014. 752 – Fraimout J.-J., « La réforme des plans de sauvegarde et de redressement », *Rev. proc. coll.* 2009/1, 11, p. 84 – Morelli N., « L'amélioration du rôle des créanciers dans le cadre de l'adoption du plan – Le point de vue du praticien », *Rev. proc. coll.* 2014, dossier 35 – Pétel▸ Ph., « L'amélioration du rôle des créanciers dans le cadre de l'adoption du plan – Le point de vue de l'universitaire », *Rev. proc. coll.* 2014, dossier 34 – Roussel Galle Ph., « Les plans : apports de la réforme », *Dr. et patr.* déc. 2009, n° 187, p. 79.

492.04 Question essentielle.

• Le débiteur, en présence d'un administrateur judiciaire, peut-il présenter un projet de plan de continuation ?

* V. s[s] n° 492.11.

SECTION 492.10

ÉLABORATION DU PROJET DE PLAN DE CONTINUATION, DE REDRESSEMENT OU DE SAUVEGARDE EN PRÉSENCE D'UN ADMINISTRATEUR JUDICIAIRE

492.11 Élaboration du projet de plan de continuation, de sauvegarde ou de redressement en présence d'un administrateur judiciaire avant l'ordonnance du 18 décembre 2008[1]. Sous l'empire de la législation antérieure à la loi de sauvegarde des entreprises[2], pendant la période d'observation, l'administrateur, en régime général (C. com., art. L. 621-54 [anc[t] L. 25 janv. 1985[3], art. 18, al. 1er]) ou en régime simplifié (C. com., art. L. 621-139 [anc[t] L. 25 janv. 1985, art. 143, al. 1er]) est chargé d'établir un projet de plan.

La solution est la même depuis la loi de sauvegarde des entreprises, dans sa rédaction d'origine. Au vu du bilan économique, social et environnemental, l'article L. 623-1, alinéa 4 du code de commerce, l'administrateur propose un plan de sauvegarde.

Malgré la suppression de la distinction du régime général et du régime simplifié, la loi de sauvegarde des entreprises conserve une disposition particu-

1. Ord. n° 2008-1345, 18 déc. 2008, *JO* 19 déc., p. 19462.
2. L. n° 2005-845, 26 juill. 2005, *JO* 27 juill., p. 12187.
3. L. n° 85-98, 25 janv. 1985, *JO* 26 janv., p. 1097.

lière, l'article L. 627-3 du code de commerce pour l'hypothèse d'absence d'administrateur. Ce texte de la procédure de sauvegarde est applicable en redressement judiciaire (C. com., art. L. 631-19, I). C'est alors le débiteur qui proposera le projet de plan.

L'établissement du projet de plan ne s'impose que s'il existe des chances de redressement. En outre, malgré le singulier utilisé par le législateur, il n'y a pas d'obstacle à présenter plusieurs projets de plan[1], la concurrence entre les projets devant bénéficier à l'entreprise et spécialement aux emplois, voire aux créanciers. Rien n'interdit également de présenter plusieurs variantes d'un même plan[2].

Malgré la lettre du texte semblant conduire à décider que seul l'administrateur peut présenter un projet de plan, le débiteur perd-il tout pouvoir en la matière ? On peut observer, en pratique, qu'un seul document est souvent élaboré, contenant le bilan économique et social et le projet de plan, ce qu'admet la jurisprudence, dès lors que, dans le projet de plan, une présentation du débiteur tient lieu de bilan économique et social[3].

Il était toutefois recommandé de présenter au tribunal deux documents distincts[4]. Le décret du 23 décembre 2006[5], qui a modifié l'article 133, alinéa 1er du décret du 28 décembre 2005[6] (devenu C. com., art. R. 626-17, al. 1er), fait clairement apparaître qu'il n'y a qu'un seul document, le rapport de l'administrateur qui contient à la fois le bilan économique et social et le projet de plan. En l'absence d'administrateur, il n'y aura également qu'un seul document émanant du débiteur, le projet de plan.

C'est, en bonne logique, l'administrateur judiciaire qui élaborera le projet de plan de continuation ou de redressement. La difficulté n'existe pas en régime simplifié, sous l'empire de la législation antérieure, puisqu'il n'y a qu'un projet de plan, dont l'établissement incombe, s'il en a été nommé un, à l'administrateur judiciaire, quelle que soit la mission que lui a confiée le tribunal (C. com., art. L. 621-139, al. 1er)[7].

Mais la véritable difficulté est de savoir si le débiteur peut présenter lui-même un projet de plan, en présence d'un administrateur judiciaire. A tout d'abord été admise la possibilité de présentation d'un plan de continuation élaboré par le débiteur seul, avant que le tribunal, convertissant le régime simplifié en régime général, ne procède à la nomination d'un administrateur judiciaire[8]. Ensuite une distinction semble s'imposer. Si l'administrateur judiciaire présente un projet de plan de continuation, *a priori*, le débiteur ne peut en présenter un concurremment, à moins qu'il soit de nature différente, l'un reposant sur une cession des actions. Si l'administrateur judiciaire, au contraire, ne présente pas de projet de plan de continuation, il n'y a pas de difficulté à reconnaître cette faculté au débiteur[9], peu important alors que l'administrateur judiciaire ait conclu à la conversion en liquidation judiciaire ou à l'adoption d'un plan de cession[10]. Le débiteur devra le communiquer à l'administrateur qui doit rapporter sur ce projet de plan, dans le bilan économique et social qu'il présentera au tribunal[11]. Cependant, cette obligation ne s'impose qu'en première instance, la présentation par le débiteur d'un projet de plan, en cause d'appel, ne l'obligeant pas à recueillir les propositions de l'administrateur judiciaire[12].

Cette solution peut être conservée dans la procédure de redressement judiciaire, sous l'empire de la législation issue de la loi de sauvegarde des entreprises. Dans la procédure de sauvegarde, le débiteur peut également présenter un projet de sauvegarde, même en présence d'un administrateur judiciaire[13].

Le projet de plan est élaboré à partir des informations fournies par le représentant des créanciers – mandataire judiciaire –, quant au montant du passif. Si cet organe a omis un créancier, il ne saurait être question d'engager la responsabilité de l'administrateur judiciaire qui aurait présenté un projet de plan erroné pour ce motif[14]. La solution est évidente. Le représentant des créanciers – mandataire judiciaire – serait, en revanche, susceptible, en pareille hypothèse, d'engager sa responsabilité. Cependant, l'administrateur judiciaire engage sa responsabilité à recommander au tribunal l'adoption d'un plan de continuation, dont le succès est aléatoire, sans le mettre en garde sur certains risques encourus[15]. La solution est transposable en cas d'adoption d'un plan de sauvegarde. Dans l'appréciation de la responsabilité de l'administrateur, il ne faut cependant

1. Soinne, n° 1508 – Chaput, n° 392 – Pérochon et Bonhomme, 6e éd., n° 247.
2. Pérochon, 10e éd., n° 864.
3. Paris, 7 juill. 1992, *D.* 1994. Somm. 1, obs. Derrida.
4. Ifppc 1999, recomm. n° 3100-1, p. 71.
5. D. n° 2006-1709, 23 déc. 2006, *JO* 29 déc., p. 19846.
6. D. n° 2005-1677, 28 déc. 2005, *JO* 29 déc., p. 20324.
7. Toulouse, 2e ch., 1re sect., 8 juin 1998, *JurisData* 043645.
8. Com. 8 juin 1999, n° 96-11.926, NP, *RJDA* 1999, n° 1105; *RTD com.* 2000. 446, obs. Saint-Alary-Houin.
9. Com. 25 mars 1997, n° 95-10.936, *Bull. civ.* IV, n° 80; *D. Affaires* 1997. 613.
10. Com. 8 juin 1999, n° 96-11.926, préc.
11. Com. 10 oct. 1995, n° 93-16.310, NP, *Rev. proc. coll.* 1995, 421, n° 22, obs. Soinne – Com. 29 avr. 2002, n° 00-13.068, NP, *Act. proc. coll.* 2002/13, n° 173; *Rev. proc. coll.* 2004, p. 48, n° 10, obs. Lebel.
12. Com. 6 oct. 1992, n° 89-17.021, *Bull. civ.* IV, n° 286; *D.* 1994. Somm. 3, obs. Derrida; *RJDA* 1992/12, n° 1174.
13. Saint-Alary-Houin, 5e éd., n° 830.
14. TGI Paris, 1re ch., 1re sect., 14 juin 1995, *Rev. proc. coll.* 1996, 361, n° 21, obs. Soinne.
15. TGI Paris, 4 nov. 1998, *AJDI* 1999. 795, obs. Gallet.

pas perdre de vue que le tribunal n'est pas tenu de suivre l'opinion exprimée par cet organe.

> **Élaboration du projet de plan de sauvegarde ou de redressement en présence d'un administrateur judiciaire depuis l'ordonnance du 18 décembre 2008.** L'article L. 623-1, alinéa 4 du code de commerce prévoyait que l'administrateur, au vu du bilan économique et social, présentait un projet de plan. Pour tenir compte du fait que le chef d'entreprise reste aux commandes, l'article L. 626-2, alinéa 1er du code, tel qu'il résulte de l'ordonnance du 18 décembre 2008 (art. 52) prévoit désormais que le débiteur propose, au vu du bilan économique et social et le cas échéant environnemental, le projet de plan. Il reçoit ici le concours de l'administrateur.

L'article 28 du décret du 12 février 2009[1] fait clairement apparaître, en procédant à une réécriture de l'article R. 623-1, que le bilan établi conformément à l'article L. 623-1 du code est l'œuvre de l'administrateur, s'il en a été désigné. Il s'agit du bilan économique, social et, le cas échéant, environnemental. L'administrateur doit déposer ce document au greffe et le communiquer, par lettre recommandée avec demande d'avis de réception au comité d'entreprise ou, à défaut, aux délégués du personnel, au mandataire judiciaire, aux contrôleurs et à l'autorité administrative compétente en matière de droit du travail. La communication et le dépôt au greffe du bilan remplacent ainsi la communication et le dépôt au greffe du rapport visé à l'alinéa 1er de l'article R. 623-1 du code, dans sa rédaction d'origine.

L'article L. 623-3, alinéa 4, *in fine* du code de commerce prévoyait que l'administrateur consultait le débiteur sur les mesures qu'il envisageait de proposer au tribunal pour assurer le sauvetage de l'entreprise.

Il s'est imposé comme une évidence de bien faire apparaître que, dans la procédure de sauvegarde, le chef d'entreprise décide des mesures à prendre, ne recevant en cela que l'appui de l'administrateur[2]. La seconde phrase de l'alinéa 4 de l'article L. 623-3 du code de commerce a, en conséquence, été supprimée (ord. 18 déc. 2008, art. 37). La solution contraste avec les solutions contenues dans le code de commerce, dans la rédaction d'origine de la loi de sauvegarde.

L'idée est séduisante et généreuse. Elle est pourtant trop belle pour pouvoir être une réalité statistique. Il est en effet assez peu probable que les choses se passent ainsi, à moins d'avoir systématiquement à faire à des chefs d'entreprises dotés des capacités d'un administrateur judiciaire ou assistés d'avocats spécialisés en droit des entreprises en difficulté. Cette mesure nous semble ainsi constituer un effet d'annonce, participant d'une vue de l'esprit législative. Il a toutefois été souligné que la règle permettait au chef d'entreprise d'avoir le dernier mot[3].

Pour tenir compte du fait que la procédure de sauvegarde est maîtrisée par le débiteur, il est désormais prévu que les mesures envisagées sont celles que le débiteur envisage de prendre.

Sur ces mesures, l'administrateur procédera à la consultation du mandataire judiciaire, du comité d'entreprise ou à défaut des délégués du personnel. Il n'aura évidement plus à recueillir les observations du débiteur (C. com., art. L. 623-3, al. 3, ord. 18 déc. 2008, art. 37).

L'article L. 626-2, alinéa 1er du code de commerce, issu de l'ordonnance du 18 décembre 2008 (art. 52), prévoit que la présentation du projet de plan est faite sans préjudice des dispositions de l'article L. 622-10. Il faut donc comprendre que, parallèlement, le débiteur peut demander une cessation partielle de l'activité. Il faut surtout comprendre que si l'état de cessation des paiements est caractérisé, la présentation du projet de plan pourra s'inscrire dans une procédure de redressement judiciaire. Le tribunal pourrait ainsi, semble-t-il, tout à la fois examiner le projet de plan et convertir la procédure en redressement judiciaire[4]. Il semble toutefois que la logique commande que la conversion en redressement judiciaire intervienne un instant de raison avant que le tribunal ne statue sur la conversion en redressement judiciaire. Ainsi, le plan arrêté sera un plan de redressement, non un plan de sauvegarde, ce qui n'est pas neutre, spécialement pour les garants personnes physiques du débiteur. Il serait illogique d'arrêter un plan de sauvegarde alors que le débiteur est déjà en état de cessation des paiements.

L'ordonnance du 12 mars 2014[5] fait une avancée considérable dans la contractualisation du plan de sauvegarde et de redressement[6], en permettant aux créanciers, dans les procédures avec comités, de présenter des projets de plan (v. ss no 513.31).

492.12 Préparation du projet de plan de sauvegarde financière accélérée. L'article 57 de la loi du 22 octobre 2010[7] a institué une procédure de sau-

1. D. no 2009-160, 12 févr. 2009, *JO* 13 févr., p. 2596.
2. RAPPR. : Fraimout, « La réforme des plans de sauvegarde et de redressement », *Rev. proc. coll.* 2009/1, 11, p. 84 s., sp. p. 85, no 5.
3. Roussel Galle, « Les plans : apports de la réforme », *Dr. et patr.* déc. 2009, no 187, p. 79 s., sp. p. 81.
4. EN CE SENS AUSSI : LIENHARD, 6e éd., no 82.18.
5. Ord. no 2014-326, 12 mars 2014, *JO* 14 mars, p. 5249.
6. Dammann et Podeur, « Le rééquilibrage des pouvoirs au profit des créanciers résultant de l'ordonnance du 12 mars 2014 », *D.* 2014. 752.
7. L. no 2010-1249, 22 oct. 2010, *JO* 23 oct., p. 18984.

vegarde financière accélérée, qui ne doit durer, par principe qu'un mois, ou, tout au plus, deux mois.

Ces délais sont extrêmement brefs et présupposent en amont qu'un projet de plan ait été présenté. Il s'est agi de trouver une troisième voie de sortie à la procédure de conciliation, à côté de l'accord et de l'absence d'accord. Pendant cette procédure, un accord a été trouvé sur des délais et des remises avec une large majorité de créanciers. Toutefois, certains créanciers financiers n'ont pas accepté les propositions, de sorte que la sortie de la procédure de conciliation va intervenir sans accord de conciliation. Le chef d'entreprise peut alors, avant le terme de la conciliation, solliciter du tribunal l'ouverture d'une procédure de sauvegarde financière accélérée. Celle-ci doit permettre le passage le plus court possible sous procédure collective d'une entreprise, qui n'est pas en état de cessation des paiements, afin de ne pas provoquer un assèchement du crédit fournisseur. Elle était spécialement adaptée aux LBO en difficulté (v. s^{s} n° 510.09), pour leur permettre de franchir le mur de la dette dans les années 2013-2014, franchissement qui s'annonçait difficile pour ces montages financiers.

Cette variante de la sauvegarde n'est ouverte que si, dans un délai très bref, un plan de sauvegarde peut être adopté. Il faut en réalité que, pendant la conciliation, un projet de plan ait été bâti, qui va être adopté au cours d'une sauvegarde. La notion de *prepack* est ici clairement sous entendue, puisque l'article L. 628-1, alinéa 2 du code de commerce (réd. L. 22 oct. 2010, art. 57) fait de l'existence d'une possibilité d'adoption du plan, dans les délais raccourcis de la sauvegarde financière accélérée, une condition d'ouverture de cette procédure.

Ainsi, l'élaboration du projet de plan de sauvegarde financière accélérée est, en pratique, réalisée pendant la procédure de conciliation, le passage en sauvegarde n'étant destiné qu'à permettre l'adoption de ce plan, par un vote à la majorité des créanciers membres du comité de crédit et éventuellement des obligataires, alors que cette majorité, qui existait déjà pendant la procédure de conciliation, était insuffisante puisque dans cette procédure contractuelle, règne la règle de l'unanimité pour l'acceptation des propositions, rien ne pouvant être imposé aux créanciers.

L'ordonnance du 12 mars 2014[1] conserve la procédure de sauvegarde financière accélérée. Elle crée, en outre, une procédure de sauvegarde accélérée, dont la variante devient la sauvegarde financière accélérée. L'élaboration des projets de plans, dans toutes ces procédures accélérées, aura été réalisée pent la conciliatio. Il s'agit d'ailleurs d'une cction d'ouverture de ces procédures.

413 Absence de présentation d'un projet de pl de sauvegarde ou de redressement dans les dés. S'il n'est pas présenté, en temps utile, de projet plan de sauvegarde ou de redressement, les rès de la sauvegarde étant ici applicables au ressement, le tribunal doit, dans la version d'origine du décret du 28 décembre 2005[2], convoquer le dteur aux fins de clôture de la procédure de sauvrde. Il existait là une ambiguïté du texte, car la forre pouvait laisser entendre que la saisine d'office é possible, cependant qu'elle n'était pas explicitent prévue. Le texte poursuivait en indiquant les sonnes ayant qualité pour saisir le tribunal. La sine appartenait, selon l'article R. 626-18, alinéa 2 code de commerce (anc^{t} D. 28 déc. 2005, art. 134, 2), aux mandataires de justice, mais également à t créancier.

L'article 52 du décret du 23 décembre 2006[3] a difié la solution. Il est prévu, qu'à défaut de présentation d'un projet de plan avant la fin de la riode d'observation, le tribunal peut être saisi aux s de clôture de la procédure par tout créancier, les andataires de justice, mais aussi, et de manière uvelle, par le ministère public (C. com., art. 626-18, al. 2). La saisine d'office n'est pas préie. Elle est donc exclue[4]. Le débiteur devra être itendu ou appelé.

La qualité du ministère public apparaît logique. a procédure de sauvegarde, du fait de l'interdiction es paiements et de l'arrêt des poursuites individuelles, crée une distorsion de concurrence inadnissible si, en l'absence de cessation des paiements, ın plan n'est pas arrêté. Il faut donc y mettre fin.

En outre, il faut aussi tenir compte du fait que, désormais sans raison, les créanciers connaissent un arrêt de leurs poursuites individuelles et l'interdiction du paiement de leurs créances et qu'ils ne bénéficient pas du traitement préférentiel réservé à certaines créances postérieures. Il faut, a-t-on dit, éviter que certains débiteurs « ne prennent goût à la procédure de sauvegarde et à l'effet anesthésiant voire euphorisant que peut provoquer chez quelques-uns d'entre eux le confort de la règle de l'arrêt des poursuites individuelles »[5]. Le sacrifice imposé aux créanciers ne s'impose plus et il est logique qu'ils puissent demander à ce qu'il y soit mis fin. La

1. Ord. n° 2014-326, 12 mars 2014, préc.

2. D. n° 2005-1677, 28 déc. 2005, préc.
3. D. n° 2006-1709, 23 déc. 2006, préc.
4. EN CE SENS AUSSI : Roussel Galle, « De quelques modifications du décret du 28 décembre 2005 pris en application de la loi de sauvegarde des entreprises par le décret du 23 décembre 2006 », *JCP E* 2007. 48, p. 3 s., sp. p. 5.
5. Lucas, Lucas et Lécuyer (dir.), *La réforme des procédures collectives…*, Lgdj, 2006, p. 201.

règle participe de l'encadrement de la procédure et évite un dévoiement de cette procédure[1].

La sortie de la procédure collective a pour effet de rétablir dans tous ses droits le débiteur, mais aussi de rétablir le droit de poursuite individuelle des créanciers, qui pourrait bien entraîner la cessation des paiements du débiteur.

Le jugement de clôture de la procédure est notifié au débiteur, ce qui ne semble pas pour autant devoir lui permettre d'en interjeter appel, du moins un appel tendant à la réformation. L'appel nullité reste ouvert pour excès de pouvoir, ce qui serait à notre avis le cas si la décision de clôture intervenait avant l'expiration des délais de la période d'observation. Il fait l'objet des mesures de publicité attachées au jugement d'ouverture (v. s[s] n° 233.33) et notamment de la publication au *Bodacc* et de l'insertion aux registres ou répertoires professionnels.

Les modalités procédurales de cette audience aux fins de clôture de la sauvegarde sont identiques à celles présidant à l'arrêté du plan de sauvegarde (v. s[s] n° 515.21), l'article R. 626-18, alinéa 4 du code de commerce renvoyant aux dispositions de l'article L. 626-9 du code de commerce.

Les mandataires de justice doivent alors déposer sans délai un compte rendu de fin de mission (C. com., art. R. 626-18, al. 5).

La clôture de la procédure ne peut cependant intervenir que sous une réserve importante : il faut que le débiteur ne soit pas en état de cessation des paiements. En effet, si cet état est caractérisé, le tribunal doit se saisir d'office et convertir la sauvegarde en redressement voire en liquidation judiciaire, dans les conditions de l'article L. 622-10, alinéa 2 du code de commerce (v. s[s] n° 223.31).

En outre, depuis l'ordonnance du 18 décembre 2008[2], en cas d'impossibilité manifeste de présentation d'un projet de plan de sauvegarde, et s'il y a imminence de l'apparition de l'état de cessation des paiements, le débiteur peut solliciter la conversion de la sauvegarde en redressement judiciaire (v. s[s] n° 221.37). Ajoutons que, depuis l'ordonnance du 12 mars 2014, si aucun plan de sauvegarde n'a été adoptée par le vote des comités de créanciers et le cas échéant de l'assemblée des obligataires, le ministère public, le mandataire judiciaire ou l'administrateur judiciaire peuvent demander la conversion de la sauvegarde en redressement judiciaire (v. s[s] n° 221.37).

Quelques précisions doivent enfin être apportées aux procédures de sauvegarde ou de redressement avec comités de créanciers.

1. RAPPR. : ROUSSEL GALLE, 2e éd., 2007, n° 613.
2. Ord. n° 2008-1345, 18 déc. 2008, préc.

Avant l'ordonnance du 12 mars 2014, si les comités de créanciers sont constitués pour l'élaboration d'un plan de sauvegarde, le plan doit être impérativement adopté dans le délai de six mois de l'ouverture de la sauvegarde ou du redressement judiciaire. Passé ce délai, la période d'observation peut se poursuivre pour l'élaboration d'un plan selon la technique de la consultation individuelle des créanciers, mais les comités prennent fin.

Cette rigueur a été jugée excessive par les praticiens et, logiquement, l'article 47 de l'ordonnance du 12 mars 2014 abandonne la solution. L'article L. 626-34 du code de commerce prévoit en ce sens que si le tribunal, à l'expiration du délai de six mois, à compter de l'ouverture de la procédure, n'a pas arrêté un plan après vote favorable des comités de créanciers, il peut, à la demande de l'administrateur, fixer aux comités des créanciers, et le cas échéant, à l'assemblée des obligataires, un nouveau délai d'adoption du plan, qui ne pourra excéder la durée de la période d'observation. Il appartiendra donc au tribunal de prolonger le délai d'adoption du plan par le vote des comités de créanciers ou, en application de l'article L. 626-34, de mettre fin aux comités et décider que la procédure sera reprise pour l'adoption d'un plan sans vote des comités, dans les conditions de consultation classique des créanciers.

492.14 Absence de présentation d'un projet de plan dans les diverses sauvegardes accélérées. L'article 57 de la loi du 22 octobre 2010[3] a institué une procédure de sauvegarde financière accélérée, qui ne doit durer, par principe qu'un mois, ou, tout au plus, deux mois. Si, à l'issue de ces délais, qui commencent à courir à compter de l'ouverture de cette procédure, aucun plan de sauvegarde financière accélérée n'a été adopté, par un vote des membres du comité des établissements de crédit et, le cas échéant, des obligataires réunis en assemblée générale, il y place, en application de l'article L. 628-6, alinéa 2 du code de commerce, dans la rédaction que lui donne la loi précitée, à une décision du tribunal qui a ouvert la procédure collective pour mettre fin à cette procédure. Le texte organise ainsi une sortie obligatoire de la sauvegarde, sans solution. La conversion en une autre procédure collective s'avère ici impossible du fait que la sauvegarde financière accélérée est une procédure « semi-collective » qui n'intéresse qu'une partie des créanciers. Il ne pouvait donc être question de créer une continuité entre deux procédures, faute de pouvoir faire courir uniformément les délais contre tous les créanciers classiquement soumis à la discipline collective.

3. L. n° 2010-1249, 22 oct. 2010, préc.

L'ordonnance du 12 mars 2014[1] a conservé ces règles qui figurent désormais à l'article L. 628-8 du code de commerce.

En outre, cette même ordonnance a créé la sauvegarde accélérée en reprenant les règles de la sauvegarde financière accélérée, mais en étendant le périmètre, quant aux créanciers concernés, et en fixant un délai de présentation du plan de trois mois, non renouvelable. Ici encore, à défaut d'adoption du plan dans ce délai, il est mis fin à la procédure (C. com., art. L. 628-10). Il n'y a donc pas place conversion en une autre procédure.

SECTION 492.20 ÉLABORATION DU PROJET DE PLAN DE CONTINUATION, DE REDRESSEMENT OU DE SAUVEGARDE EN L'ABSENCE D'ADMINISTRATEUR JUDICIAIRE

492.21 Élaboration du projet de plan de continuation, de redressement ou de sauvegarde en l'absence d'administrateur judiciaire. En l'absence d'administrateur, l'élaboration du projet de plan incombe au débiteur, avant la loi de sauvegarde des entreprises[2] (C. com., art. L. 621-139 [anc[t] L. 25 janv. 1985[3], art. 143, al. 1er])[4], comme depuis la loi de sauvegarde des entreprises (C. com., art. L. 627-3, al. 1er). Cette vision est relativement utopique. Heureusement, le législateur a prévu la possibilité du recours à un expert, qui sera un expert en diagnostic d'entreprise. L'article L. 627-3 du code, disposition du plan de sauvegarde, applicable au plan de redressement (C. com., art. L. 631-19, I) énonce que « pendant la période d'observation, le débiteur établit un projet de plan avec l'assistance éventuelle d'un expert nommé par le tribunal ». Le terme « assistance » qui remplace celui de « concours » utilisé par la législation antérieure ne modifie pas la mission de l'expert[5].

Le débiteur qui présente le projet de plan doit, sous l'empire de la législation antérieure à la loi de sauvegarde des entreprises, recueillir l'avis motivé du juge-commissaire sur le projet de plan. Cette obligation n'existe cependant qu'en première instance[6].

Il n'est plus prévu, sous l'empire de la législation de sauvegarde des entreprises, que le juge-commissaire rende un avis motivé. Cela ne change rien à l'interprétation, car il a été observé que cet avis motivé était nécessairement contenu dans le rapport[7]. Or l'article L. 627-4 du code de commerce prévoit qu'« après le dépôt au greffe du projet de plan par le débiteur, le tribunal statue au vu du rapport du juge-commissaire». La solution est valable tant dans la procédure de sauvegarde (C. com., art. L. 627-4), que dans celle de redressement judiciaire (C. com., art. L. 631-19 I, rendant applicable l'article L. 627-4).

SECTION 492.30 CONTENU DU PROJET DE PLAN DE CONTINUATION, DE REDRESSEMENT OU DE SAUVEGARDE

492.31 Contenu du projet de plan de continuation, de redressement ou de sauvegarde. Le projet de plan comporte trois volets correspondant aux trois finalités de la procédure de redressement judiciaire, telles qu'elles sont exposées par le code de commerce (art. L. 620-1 [anc[t] L. 25 janv. 1985[8], art. 1], réd. législation antérieure à la loi de sauvegarde des entreprises[9], C. com., art. L. 631-1, al. 2, réd. loi de sauvegarde des entreprises), à savoir la poursuite de l'activité de l'entreprise, le maintien de l'emploi et l'apurement du passif. La solution est reprise sous réserve de quelques modifications pour la procédure de sauvegarde. Il est question, selon l'article L. 620-1 du code, dans sa rédaction de la loi de sauvegarde des entreprises, de « faciliter la réorganisation de l'entreprise afin de permettre la poursuite de l'activité économique, le maintien de l'emploi et l'apurement du passif ».

Il s'agit de dresser un tableau le plus précis possible de l'avenir probable de l'entreprise, compte tenu des solutions envisagées.

Le projet de plan doit d'abord intégrer un volet économique. Il s'agira, d'après l'article L. 621-54, alinéa 3 du code de commerce (anc[t] L. 25 janv. 1985, art. 18, al. 3), dans sa rédaction antérieure à la loi de sauvegarde des entreprises, de l'article L. 626-2, dans la rédaction de la loi de sauvegarde des entreprises, de déterminer « les perspectives de redressement en fonction des possibilités et des modalités d'activités, de l'état du marché et des moyens de financement disponibles ».

Ce volet économique doit permettre au tribunal de déterminer la viabilité de l'entreprise, au regard des divers paramètres de gestion[10]. Les moyens de financements disponibles doivent s'entendre de

1. Ord. n° 2014-326, 12 mars 2014, préc.
2. L. n° 2005-845, 26 juill. 2005, préc.
3. L. n° 85-98, 25 janv. 1985, préc.
4. Com. 24 juin 2003, n° 00-17.194, NP.
5. *Rapp. Xavier de Roux*, n° 2095, p. 335.
6. Com. 16 févr. 1999, n° 96-21.669, NP, *RJDA* 1999/5, n° 577.
7. *Rapp. Xavier de Roux*, n° 2095, p. 337 – *Rapp. J.-J. Hyest*, n° 335, p. 309.
8. L. n° 85-98, 25 janv. 1985, préc.
9. L. n° 2005-845, 26 juill. 2005, préc.
10. PÉROCHON, 10e éd., n° 865.

ceux qui figurent dans l'entreprise, non des concours bancaires[1]. Ils doivent être bien réels, non simplement hypothétiques, tels ceux résultant d'une éventuelle condamnation des dirigeants sociaux à combler le passif. Le plan pourra ainsi prévoir la continuation pure et simple de l'activité, la suppression d'une branche d'activité, ou encore une cession partielle de l'entreprise.

Le projet de plan doit ensuite comporter un volet financier. Il s'agira ici, d'après l'article L. 621-54, alinéa 4 du code, dans sa rédaction antérieure à la loi de sauvegarde des entreprises, d'après l'article L. 626-2, alinéa 2, dans sa rédaction issue de la loi de sauvegarde des entreprises (devenu C. com., art. L. 626-2, al. 3, réd. ord. 18 déc. 2008[2]), de prévoir « les modalités de règlement du passif et les garanties éventuelles que le chef d'entreprise doit souscrire pour en assurer l'exécution ». Si le projet de plan envisagé tend à la continuation ou à la sauvegarde, il conviendra de préciser les remises consenties par les créanciers, les délais qu'ils ont acceptés dans le cadre de la consultation et ceux qu'il est envisagé de solliciter du tribunal pour les créanciers ayant refusé les propositions de règlement proposées. Le projet de plan intègre ainsi, par principe, le résultat de la consultation des créanciers (v. s^s^ n°s 512.21 s.). La loi du 26 juillet 2005 reprend ici la solution de la législation antérieure en prévoyant que le mandataire judiciaire doit adresser un état des réponses apportées par les créanciers, dans le cadre de la consultation préparatoire au plan, à l'administrateur pour lui permettre de présenter son rapport sur le projet de plan Mais la loi du 26 juillet 2005 innove en prévoyant que le débiteur est également rendu destinataire de l'état des réponses des créanciers consultés. La solution résulte de l'article L. 626-7, disposition de la procédure de sauvegarde, rendue applicable en redressement judiciaire par l'article L. 631-19, I. Le débiteur se trouve ainsi associé plus étroitement à l'élaboration de son plan.

Il a été remarqué que le volet financier était de loin le plus encadré, ce qui pourrait s'expliquer par le fait que ce volet est le reflet et la résultante des performances de l'entreprise, les dispositions d'ordre économique et social n'étant que les moyens mis à disposition de la finalité financière du traitement du passif[3].

La loi du 26 juillet 2005 (C. com., art. L. 626-7) a également prévu que les contrôleurs, y compris le contrôleur représentant de l'ordre ou l'autorité professionnelle compétente[4], doivent être rendus destinataires de cet état des réponses des créanciers, ce qui consacre le renforcement des moyens d'information et de contrôle des contrôleurs[5].

Les garanties d'exécution du plan, qui doivent également être indiquées, pourront tenir à l'inaliénabilité des biens, à des cautionnements donnés par les dirigeants sociaux en cas de plan de redressement ou de sauvegarde.

Le projet de plan contient enfin un volet social. Il s'agit là d'exposer et de justifier le niveau et les perspectives d'emploi, ainsi que les conditions sociales envisagées pour la poursuite d'activité (C. com., art. L. 621-54, al. 5). Si le projet de plan prévoit des licenciements, il rappelle les mesures déjà intervenues et définit les actions à entreprendre pour l'indemnisation des salariés concernés et leur reclassement. Ces dernières mesures obligent l'administrateur judiciaire à solliciter le concours des directions départementales du travail, des organismes publics compétents et des collectivités locales[6]. Les mesures ne semblent donc pas de la responsabilité directe de l'administrateur[7].

Cette solution de la législation antérieure à la loi de sauvegarde des entreprises, reste d'actualité en cas de plan de redressement, mais aussi en plan de sauvegarde (C. com., art. L. 626-2, al. 3, devenu C. com., art. L. 626-2, al. 4, réd. ord. 18 déc. 2008), alors même que cette procédure n'est pas destinée à permettre l'adaptation de la masse salariale. Si, néanmoins, des licenciements économiques étaient envisagés, le droit commun des licenciements économiques aurait vocation à s'appliquer. Il a été indiqué que cette formule ne constituait qu'un verbiage, dans la mesure où il ne s'agit là que du rappel du droit commun de l'article L. 1233-4 du code du travail (anc^t^ C. trav., art. L. 321-1, al. 3) relatif à l'obligation de l'employeur d'élaborer un plan de sauvegarde ou à défaut d'exécuter son obligation de reclassement, le cas échéant au sein du groupe[8].

Lorsque le projet de plan prévoit des licenciements économiques, la consultation des institutions représentatives s'impose. Elle ne doit pas être purement formelle. Dès lors, ne respecte pas les exigences légales, le tribunal qui arrête le plan prévoyant des licenciements, alors que les délégués du personnel n'avaient été informés que la veille de l'audience, à l'expiration de la période d'observation et n'avaient pu faire valoir leurs observations[9]. La

1. SOINNE, n° 1508.
2. Ord. n° 2008-1345, 18 déc. 2008, préc.
3. VIDAL, n° 381.
4. *Rapp. Xavier de Roux*, n° 2095, p. 284.
5. *Rapp. J.-J. Hyest*, n° 335, p. 264.
6. Interv. Gouzes, débats, *JOAN CR*, 7 avr. 1984, p. 1252.
7. VALLANSAN, 2e éd., sous art. 18, p. 40.
8. Morvan, « Le droit social dans la réforme du droit des entreprises en difficulté », *JCP E* 2005. 1511, p. 1751 s., sp. p. 1755, n° 26.
9. Soc. 12 sept. 2007, n° 06-13.667, *Bull. civ.* V, n° 125; n° 1716 FS-P+B; *Act. proc. coll.* 2007/17, n° 202, note Fin-Langer; *Gaz. proc. coll.* 2008/1, p. 61, note Saintourens.

Cour de cassation vise, pour asseoir sa décision, la directive du 11 mars 2002 [1], qui impose que les consultations des institutions représentatives du personnel, en cas de licenciements économiques, interviennent en temps utile ou à un moment et d'une façon appropriés.

La Cour de cassation considère que le non-respect de la consultation préalable de ces institutions, constitue un excès de pouvoir, qui autorise les salariés licenciés à interjeter appel [2]. Elle admet que les salariés licenciés au mépris de l'obligation de consulter les institutions représentatives du personnel doivent être réintégrés, ce qui, selon certains commentateurs, n'allait pas de soi, puisqu'un vice de procédure aurait du conduire seulement à une allocation de dommages et intérêts [3]. C'est peut-être signifier que l'irrégularité commise ne constitue pas seulement un vice de procédure, mais bien un excès de pouvoir.

Ces solutions, posées sous l'empire de la législation antérieure à la loi de sauvegarde des entreprises, restent d'actualité.

Sous l'empire de la législation antérieure à la loi de sauvegarde des entreprises, si le projet de plan envisagé tend à la cession, il indique le montant du prix de cession proposé par les diverses offres de reprise présentées.

Sous l'empire de la législation issue de la loi de sauvegarde des entreprises, l'article L. 626-2, alinéa 4 du Code de commerce (devenu C. com., art. L. 626-2, al., réd. 18 déc. 2008) prévoit que le projet de plan doit en outre recenser, annexer et analyser les offres d'acquisition portant sur une ou plusieurs activités, présentées par des tiers. Il indique la ou les activités dont sont proposés l'arrêt ou l'adjonction. Dans la procédure de sauvegarde, seules des cessions partielles sont envisageables. Il a été dit qu'elles devraient toujours être volontaires. Elles ne seront pas ordonnées par le tribunal [4].

Cette interprétation, qui ne s'impose pas au regard des textes régissant spécifiquement la sauvegarde, dans la rédaction d'origine de la loi de sauvegarde, est souhaitable, afin de conserver son attractivité à la procédure volontariste de sauvegarde [5]. Au contraire, dans la procédure de redressement judiciaire, la cession, qui pourra être ordonnée judiciairement, pourra être totale.

L'ordonnance du 18 décembre 2008 dissipe toute difficulté à cet égard, puisque le débiteur est le seul concepteur du plan [6].

L'ordonnance du 12 mars 2014 change la donne, en permettant, mais seulement dans les procédures avec comités de créanciers, à des créanciers membres d'un comité, de présenter un projet de plan de sauvegarde, ce qui n'assure plus au débiteur, la tranquillité dont il disposait auparavant.

1. Dir. 2002/14/CE, Parlement et Conseil, 11 mars 2002, *JOCE* L 80, 23 mars, p. 29.
2. Soc. 12 sept. 2007, n° 06-13.667, *Bull. civ.* V, n° 125; n° 1716 FS-P+B; *Act. proc. coll.* 2007/17, n° 202, note Fin-Langer; *Gaz. proc. coll.* 2008/1, p. 61, note Saintourens.
3. Fin-Langer, note s[s] Soc. 12 sept. 2007, n° 06-13.667, *Act. proc. coll.* 2007/17, n° 202.
4. Deharveng, « Le plan de cession dans la nouvelle architecture des procédures collectives », *D.* 2006. Chron. 1047 s., sp. 1049.
5. Pérochon et Bonhomme, 7e éd., n° 327.
6. Pérochon, 10e éd., n° 849.

LIVRE

500. Les solutions de la procédure : plan de sauvegarde, de redressement et liquidation judiciaire

SECTION 0

ORIENTEUR

500.00 Plan du livre.

Titre 510 Élaboration et adoption du plan de sauvegarde
Chap. 511 Règles d'élaboration du plan de sauvegarde propres aux personnes morales
Chap. 512 Consultation des créanciers préparatoire au plan de sauvegarde en dehors des comités de créanciers
Chap. 513 Consultation des créanciers préparatoire au plan de sauvegarde dans les procédures avec comités de créanciers
Chap. 514 Règles d'élaboration du plan propres aux sauvegardes accélérées
Chap. 515 Adoption du plan de sauvegarde
Titre 520 Suites de l'arrêté du plan de sauvegarde
Chap. 521 Surveillance de l'exécution du plan de sauvegarde : le commissaire à l'exécution du plan
Chap. 522 Exécution du plan de sauvegarde
Chap. 523 Modification du plan de sauvegarde
Chap. 524 Difficultés d'exécution du plan de sauvegarde
Chap. 525 Constat de l'exécution du plan de sauvegarde
Titre 530 Élaboration et adoption du plan de redressement
Chap. 531 Règles d'élaboration du plan de redressement propres aux personnes morales
Chap. 532 Adoption du plan de redressement
Titre 540 Suites de l'arrêté du plan de redressement
Chap. 541 Surveillance de l'exécution du plan de redressement : le commissaire à l'exécution du plan
Chap. 542 Exécution du plan de redressement
Chap. 543 Modification du plan de redressement
Chap. 544 Difficultés d'exécution du plan redressement
Chap. 545 Constat de l'exécution du plan de redressement
Titre 550 Prononcé et effets de la liquidation judiciaire
Chap. 551 Prononcé de la liquidation judiciaire
Chap. 552 Dessaisissement du débiteur et détournement du courrier
Chap. 553 Dissolution des sociétés et liquidation judiciaire
Chap. 554 Conséquences de la liquidation judiciaire sur l'activité de l'entreprise
Chap. 555 Sort des contrats de l'entreprise

Titre	**560**	**Réalisation des actifs en liquidation judiciaire**
Chap.	561	Règles communes aux réalisations d'actifs – Statut particulier de certains biens
Chap.	562	Réalisation des immeubles
Chap.	563	Réalisation des meubles – Gages et nantissements
Chap.	564	Cession d'unité de production – Législation exclusivement antérieure à la loi du 26 juillet 2005
Chap.	565	Liquidation judiciaire simplifiée – Législation issue de la loi de sauvegarde des entreprises
Chap.	566	Reprise des poursuites au profit des créanciers titulaires de sûretés spéciales
Chap.	567	Compromis et transactions
Titre	**570**	**Élaboration et adoption du plan de cession**
Chap.	571	Règles d'élaboration du plan de cession
Chap.	572	Arrêté du plan de cession
Titre	**580**	**Suites de l'arrêté du plan de cession**
Chap.	581	Surveillance de l'exécution du plan de cession
Chap.	582	Exécution du plan de cession
Chap.	583	Modification du plan de cession
Chap.	584	Difficultés d'exécution du plan de cession
Titre	**590**	**Effets de la liquidation judiciaire pour les créanciers – Clôture de la procédure**
Chap.	591	Effets de la liquidation judiciaire sur les créanciers
Chap.	592	Clôture de la procédure de liquidation judiciaire
Chap.	593	Reprise de la procédure
Chap.	594	Rétablissement professionnel

500.03 **Bibliographie indicative.** (V. les références complètes s^s n° 031).

> Articles. Couturier G., « Les créanciers et la sauvegarde financière de l'entreprise en difficulté », *Bull. Joly* 2010. 683, § 144 – Dammann R et Podeur G., « L'ingénierie financière et les plans : état des lieux et perspectives », *Dr. et patr.* mars 2013, Dossier p. 76 – Farhi S., « Les sûretés permettant d'échapper à la règle de l'arrêt des voies d'exécution », in *Mesures d'exécution et procédures collectives*, « collection Procédures », Bruylant, 2012, p. 191 – Lucas F.-X., « Le banquier et les nouvelles procédures : sauvegarde accélérée et sauvegarde financière accélérée », Le Corre-Broly (dir.), *Contentieux bancaire des procédures collectives,* Bruylant, 2014, p. 177 – Pérot-Reboul C., « Les plans dans la loi de sauvegarde », *LPA* 17 févr. 2006, n° 35, p. 30 – Pétel Ph., « Les plans et les groupes de sociétés », *Rev. proc. coll.* 2015, dossier 37, p. 63 – Roussel Galle Ph., « Les plans : apports de la réforme », *Dr. et patr.* déc. 2009, n° 187, p. 79 – Saint-Alary Houin C., « Le banquier et les plans », Le Corre-Broly (dir.), *Contentieux bancaire des procédures collectives,* Bruylant, 2014, p. 193 – Vinckel F., « Le droit au remboursement du compte-courant d'associé, à l'aune du droit des entreprises en difficulté », *Rev. proc. coll.* 2011, étude 4.

500.09 ***Généralités sur le sort de l'entreprise – situation particulière de l'EIRL.*** Le législateur a défini, à l'article L. 620-1 alinéa 1 du code de commerce (anc^t L. 25 janv. 1985[1], art. 1), dans sa rédaction antérieure à la loi de sauvegarde des entreprises[2], les objectifs qu'il s'assignait : sauver les entreprises, sauvegarder les emplois qui y sont attachés et, enfin, payer les créanciers. Cette dernière des priorités, qui traduit en réalité un euphémisme, celui de la subsidiarité du paiement des créanciers, explique la démarche du législateur.

À l'occasion de la réforme du 26 juillet 2005, l'objet de la procédure de redressement judiciaire a été repensé sans changement de fond, mais avec un changement formel tenant compte de la création de la procédure de sauvegarde. A en conséquence été supprimée dans la définition des objectifs du redressement judiciaire posée par l'article L. 631-1 du code, toute référence à l'idée de sauvegarde des entreprises[3].

Tous les efforts doivent être tendus vers la recherche du redressement de l'entreprise. Ce n'est que si celui-ci est impossible qu'il y aura place à une procédure de liquidation judiciaire, dont l'objectif sera alors de payer les créanciers, en réalisant les actifs du débiteur. Cette démarche est transcrite à l'article L. 631-15, II du code de commerce. Cette disposition envisage la conversion du redressement en liquidation judiciaire si les conditions de l'article L. 640-1 du code sont réunies, c'est-à-dire si le redressement est manifestement impossible.

Un autre texte prévoit la possibilité de prononcer immédiatement la liquidation, sans passer par une phase de redressement judiciaire, c'est-à-dire de période d'observation. Mais, ici encore, la solution ne sera retenue que de manière subsidiaire par rapport au redressement judiciaire. En ce sens, l'article L. 640-1 du code de commerce précise que la liquidation judiciaire est ouverte lorsque « le redressement judiciaire est manifestement impossible ».

La loi du 25 janvier 1985 a utilisé, pour la première fois, le concept de « plan de redressement » Il s'agit de construire ou de reconstruire un avenir pour l'entreprise[4], voire pour le débiteur, depuis la loi de sauvegarde des entreprises, à partir d'une négociation judiciairement encadrée. Le tribunal n'homologue pas le plan, mais l'arrête. Le vocable « arrêter » permet de percevoir l'importance du pouvoir judiciaire, qui dépasse le cadre des négociations, lorsqu'elles ont échoué. Le tribunal peut en effet autoritairement décider certaines mesures.

Le plan est donc un « acte judiciaire produit par une décision à caractère juridictionnel, cette décision absorbant tous les éléments de nature contractuelle apparue lors de la préparation du projet de plan »[5]. Les propos peuvent cependant être tempérés lorsque le plan sera adopté après le vote favorable des comités de créanciers, du fait du caractère souve-

1. L. n° 85-98, 25 janv. 1985, *JO* 26 janv., p. 1097.
2. L. n° 2005-845, 26 juill. 2005, *JO* 27 juill., p. 12187.
3. *Rapp. J.-J. Hyest*, n° 335, p. 314.
4. Le Cannu, 7e éd., n° 880.
5. Le Cannu, 7e éd., n° 892.

rain de leurs décisions. On a alors parlé de caractère « volontariste » du plan[1].

Les plans de continuation et aujourd'hui de redressement sont les héritiers de l'ordonnance du 23 septembre 1967[2] instituant la procédure de suspension provisoire des poursuites, qui avait organisé un système permettant de sauver l'entreprise par le biais d'une décision judiciaire pouvant imposer des contraintes aux créanciers. Le contraste est saisissant avec les solutions de la loi du 13 juillet 1967[3] : Dans le règlement judiciaire, les créanciers votaient seul le concordat et étaient ainsi seuls à décider du sort de l'entreprise[4]. La création du statut de l'entrepreneur individuel responsabilité limitée (EIRL) par la loi du 15 juin 2010[5], et l'adaptation du droit des entreprises en difficulté à l'entrepreneur individuel à responsabilité limitée résultant de l'ordonnance du 9 décembre 2010[6], conduisent à apporter une précision si une procédure collective est ouverte à l'encontre d'une personne ayant adopté ce statut. L'article L. 680-4 du code de commerce (réd. ord. 9 déc. 2010) a spécialement vocation à s'intéresser à l'entreprise et, par voie de conséquence, aux règles qui concernent sa gestion et celles qui régissent les plans. Selon ce texte, lorsque les dispositions du livre VI du code de commerce visent l'entreprise, elles doivent s'entendre comme visant « l'entreprise exploitée dans le cadre de l'activité en difficulté ». Ainsi, toutes les règles qui gouvernent l'élaboration, l'arrêté et l'exécution de plans de sauvegarde ou de redressement ne concerneront que l'entreprise logée dans le patrimoine affecté par la procédure collective ouverte.

Depuis la loi de sauvegarde des entreprises, le plan de redressement peut n'avoir comme objectif que l'apurement du passif du débiteur, dont l'entreprise aurait été cédée à un repreneur. En présence d'un EIRL, seul le passif se rattachant au patrimoine concerné par la procédure collective sera traité dans le cadre du plan, non le passif se rattachant aux autres patrimoines de l'intéressé.

1. Saint-Alary-Houin, 8e éd., no 861.
2. Ord. no 67-820, 23 sept. 1967 tendant à faciliter le redressement économique et financier de certaines entreprises, *JO* 28 sept., p. 95374.
3. L. no 67-563, 13 juill. 1967, *JO* 14 juill., p. 7059.
4. Vallens, 2015, no 4081.
5. L. no 2010-658, 15 juin 2010, *JO* 16 juin, p. 10984.
6. Ord. no 2010-1512, 9 déc. 2010, *JO* 10 déc., p. 21617.

TITRE

510. Élaboration et adoption du plan de sauvegarde

SECTION 0

ORIENTEUR

510.00 Plan du titre.

Chap. 511 **Règles d'élaboration du plan de sauvegarde propres aux personnes morales**

Sect. 511.10 Offre de reprise interne – Plan de sauvegarde par cession des actions

Sect. 511.20 Restructurations de la personne morale débitrice

Sect. 511.30 Éviction des dirigeants

Sect. 511.40 Incessibilité des parts ou actions détenues par les dirigeants

Sect. 511.50 Cession forcée des parts ou actions détenues par les dirigeants

Chap. 512 **Consultation des créanciers préparatoire au plan de sauvegarde en dehors des comités de créanciers**

Sect. 512.10 Domaine de la consultation des créanciers dans le cadre de l'élaboration du plan de sauvegarde

Sect. 512.20 Formes de la consultation des créanciers dans le cadre de l'élaboration du plan de sauvegarde

Sect. 512.30 Contenu de la consultation des créanciers dans le cadre de l'élaboration du plan de sauvegarde

Sect. 512.40 Réponses aux consultations des créanciers dans le cadre de l'élaboration du plan de sauvegarde

Sect. 512.50 Consultation des créanciers publics sur les remises dans le cadre de l'élaboration du plan de sauvegarde sous l'empire de la législation antérieure au décret du 6 avril 2009

Sect. 512.60 Condition des remises de dettes consenties par les créanciers publics dans le cadre de l'élaboration du plan de sauvegarde sous l'empire de la législation antérieure au décret du 6 avril 2009

Sect. 512.70 Condition des remises de dettes consenties par les créanciers publics dans le cadre de l'élaboration du plan de sauvegarde sous l'empire du décret du 6 avril 2009

Chap. 513 **Consultation des créanciers préparatoire au plan de sauvegarde dans les procédures avec comités de créanciers**

Sect. 513.10 Domaine de la constitution des comités de créanciers

Sect. 513.20 Dualité des comités de créanciers

Sect. 513.30 Consultation des comités de créanciers

Sect. 513.40 Vote des comités de créanciers

Sect. 513.50 Consultation des créanciers en dehors des comités dans le cadre de l'élaboration du plan de sauvegarde

Chap. 514 **Règles d'élaboration du plan propres aux sauvegardes accélérées**

Sect. 514.10 Élaboration du plan de sauvegarde financière accélérée résultant de la loi du 22 octobre 2010

Sect. 514.20 Élaboration du plan de sauvegarde accélérée (ord. 12 mars 2014)

Sect. 514.30 Élaboration du plan de sauvegarde financière accélérée (ord. 12 mars 2014)

Chap. 515 **Adoption du plan de sauvegarde**

Sect. 515.10 Critères d'arrêté d'un plan de sauvegarde

Sect. 515.20 Décision statuant sur le plan de sauvegarde

Sect. 515.30 Voies de recours à l'encontre de la décision statuant sur le plan de sauvegarde

Sect. 515.40 Efficacité de la décision – Personnes tenues d'exécuter le plan

Sect. 515.50 Clôture de la procédure après arrêté du plan de sauvegarde

510.03 Bibliographie indicative. (V. les références complètes s[s] n° 031).

> Actualisables. J.-CL. COM., Roussel Galle Ph., fasc. 10, [Loi n° 2005-845 du 26 juillet 2005 de sauvegarde des entreprises – Traitement judiciaire des difficultés par les procédures de sauvegarde et de redressement judiciaire], 20- J.-CL. COM., Vinckel F., fasc. 2600, [Plan de sauvegarde – nation], 2010.

> Ouvrages. COQUELET, 5e éd., n°s 358 à 385, 396, 41420 – JACQUEMONT ET VABRES, 9e éd., n°s 734 à 778, 78- LE CANNU, 7e éd., n°s 844, 845, 857 à 868, 881 à 884, 9 et 903, 910, 912 et 943 – LIENHARD, 6e éd., n°s 82.11 à 828 – PÉROCHON, 10e éd., n°s 870 à 953, 1067 à 1101 – PÉTEL, 8e éd., n°s 257 à 278 – ROUSSEL GALLE, 2e éd., n°s 588, 589, 56 à 608, 653 à 679 – SAINT-ALARY-HOUIN, 9e éd., n°s 901 à 93 – VALLANSAN ET *ALII*, 6e éd., p. 239 à 247, 275 à 282, 285 28 – VALLENS, 2015, n°s 4078 à 4111 – VIDAL et GIORGINI, n°s 31 à 907 – VOINOT, 2e éd., 2013, n°s 608 à 622, 685 à 687, 700, 714.

> Articles.

› *Étude d'ensemble.* Chaput Y., « Les plans de sauvegarde et de redressement : renaissance légale de l'homme et de l'entreprise ? », *Mél. Didier*, Economica, 2008, p. 115 – Demaille « Les nouvelles possibilités de participer au retournement des entreprises en difficulté ouvertes aux créanciers publics par le décret du 5 février 2007 », *Cah. dr. entr.* mars-avr. 200 n° 2, p. 35 – Di Martino M., « Procédures collectives et restructuration financière de l'entreprise », *BJE* 2016, 136 – Favario Th., « De l'attractivité du droit des entreprises en difficulté », *Rev. proc. coll.* 2009, étude 18 – Fraimout J.-J., « La réforme des plans de sauvegarde et de redressement », *Rev. proc. coll.* 2009, 11, p. 84 – Jazottes G., « La situation favorable du débiteur : les apports de la réforme », *Dr. et patr.* déc. 2009, n° 187, p. 63 – Lagarde B., Pérochon F., de Carrière V., Merly E. et Beauchamp P., « Élaboration du plan, de nouveaux rapports de force, de nouvelles stratégies », *LPA* 28 mars 2016, n° 62, p. 20 – Lebel Ch., « Les plans de sauvegarde et de redressement dans l'ordonnance du 18 décembre 2008 », *Gaz. Pal.* 6-7 mars 2009, n° sp. p. 46; « Innovations apportées aux plans de sauvegarde et de redressement par la loi de régulation bancaire du 22 octobre 2010 », *Gaz. Pal.* entr. diff. 7-8 janv. 2011, p. 9; « L'ordonnance n° 2014-326 du 12 mars 2014 et les plans de sauvegarde et de redressement », *Gaz. Pal.* 6 avr. 2014, n° 96, p. 19 – Legrand F., « Concevoir un plan : est-ce qu'un plan de sauvegarde se prépare comme un plan de redressement », *Rev. proc. coll.* 2015, dossier 48, p. 97 – Menjucq M., Sénéchal M., Sonier G. et Thévenot Ch., « Les cent jours de la réforme des procédures collectives : premier bilan », *Rev. proc. coll.* 2009, p. 52 – Pérot-Reboul C., « Les plans dans la loi de sauvegarde », *LPA* 17 févr. 2006, n° 35, p. 30 – Roussel Galle Ph., « Les plans : apports de la réforme », *Dr. et patr.* déc. 2009, n° 187, p. 79.

› *Plan de sauvegarde.* Behar-Touchais M., « Les plans de sauvegarde et de continuation », *Rev. proc. coll.* 2005, p. 363 – Blanc G., « Le plan de sauvegarde », *Rev. proc. coll.* 2006, p. 182 – Lucas F.-X., « Du plan de continuation au plan de sauvegarde, la restructuration de l'entreprise », Colloque Toulouse I, La loi du 25 janvier 1985 a 20 ans ! Entre bilan et réforme, *RLDA* suppl. mars 2005, n° 80, p. 35 – Martin-Serf A., « La procédure de sauvegarde – 2e partie : tout en restant chef dans son entreprise » *LPA* 14 juin 2007, n° 119, p. 21 – Monsérié-Bon M.-H., « Le plan de sauvegarde issu de la loi du 26 juillet 2005 », *Dr. et patr.* 2006/3, p. 73; « La procédure de sauvegarde – 1re partie : se mettre sous la protection de la justice », *LPA* 14 juin 2007, n° 119, p. 14 – Voinot D., « La nouvelle procédure de sauvegarde », *Gaz. Pal.* 7-8 sept. 2005, n° sp. p. 24.

› *Prepack.* Besse A. et Morelli N., « Le *prepackaged plan* à la française : pour une saine utilisation de la procédure de sauvegarde », *JCP E* 2006. 1628 – Courtier R. et Laurent N., « Analyse de l'opération Auto Distribution : premier "prepack" à la française », *Cah. dr. entr.* 2009, n° 5, dossier 27, p. 26 – Lucas F.-X., « Le plan de sauvegarde apprêté ou le *prepackaged plan* à la française », *Cah. dr. entr.* 2009, n° 5, dossier 28, p. 35.

› *Créanciers.* Couturier G., « Les créanciers et la sauvegarde financière de l'entreprise en difficulté », *Bull. Joly* 2010. 683, § 144 – Dammann R., « Les comités de créanciers dans la loi de sauvegarde de sauvegarde », *RLDA* mars 2006, n° 3, p. 65 – Favario Th., « Des plans plus attractifs pour les créanciers », *Rev. proc. coll.* 2014, dossier 19 – Lagarde B., « Le Trésor public : un créancier comme les autres », *Gaz. proc. coll.* 9-10 sept. 2005, p. 28.

› *Associés et dirigeants.* Dammann R. et Robinet M., « La sauvegarde, un outil pour protéger les associés du débiteur ? », *in* « La loi de sauvegarde à l'épreuve du droit des sociétés », Dammann (dir.), *Bull. Joly* 2009. 1116, § 22 – Degenhardt J.-E., « Voyage à travers les pays de la subordination des prêts d'associé », *BJE* mai 2015, 175 – Lucas F.-X., « Le traitement des difficultés de l'entreprise à l'épreuve des droits de l'actionnaire : propriété économique et propriété juridique, qui doit financer la restructuration », *BJE* sept. 2013, p. 332 – Roussel Galle Ph., « Le dirigeant de société et le nouveau droit des entreprises en difficulté issu de la réforme du 18 décembre 2008 », *Rev. sociétés* 2009. 249; « Associés, dirigeants et plans de continuation dans la société en difficulté », *in* « La loi de sauvegarde à l'épreuve du droit des sociétés », Dammann (dir.), *Bull. Joly* 2009. 1109, § 226.

› *Obligataires.* Daudier de Cassini J.-D. et Noury A.-S., « Obligataires et procédures collectives », *in* « La loi de sauvegarde à l'épreuve du droit des sociétés », Dammann (dir.), *Bull. Joly* 2009. 1123, § 228.

510.09 Présentation générale et nature juridique de la sauvegarde.

> Sauvegarde de droit commun. Ce vocable est justifié depuis la création par la loi du 22 octobre 2010[1] (art. 57) de la sauvegarde financière accélérée, qui constitue une variante de ce que l'on peut dénommer la sauvegarde de droit commun.

La procédure de sauvegarde est le véritable cœur de la législation du 26 juillet 2005[2], à laquelle elle a symptomatiquement donné son nom.

La procédure de sauvegarde est « destinée à la réorganisation de l'entreprise ». Un amendement a tendu à insérer le mot « faciliter » la réorganisation. La procédure doit donc

1. L. n° 2010-1249, 22 oct. 2010, *JO* 23 oct., p. 18984.
2. L. n° 2005-845, 26 juill. 2005, *JO* 27 juill., p. 12187.

rendre plus facile la réorganisation et non seulement poursuivre ce but. L'opposition a fait valoir que cet amendement légaliserait les licenciements économiques[1].

La procédure de sauvegarde est une véritable procédure collective. À cet égard, le transfert de l'essentiel des règles du redressement judiciaire à la procédure de sauvegarde est suffisamment démonstratif.

Mais les rapprochements entre la procédure de sauvegarde et le redressement judiciaire ne doivent pas faire oublier quelques différences majeures. En effet la saisine aux fins d'ouverture n'appartient qu'au seul débiteur. Le chef d'entreprise ne sera jamais dessaisi dans la procédure de sauvegarde, contrairement à la solution existant dans le redressement judiciaire. L'entreprise en sauvegarde n'est pas à vendre, aucun plan de cession totale n'est ici envisageable. Les licenciements économiques obéissent ici au droit commun, non à la procédure allégée applicable en redressement judiciaire.

La nature juridique de la procédure de sauvegarde est ambiguë[2]. En ce qu'elle intervient à une époque où l'entreprise n'est pas en état de cessation des paiements, son aspect préventif est certain. Cela ressort clairement du texte qui, au stade des conditions d'ouverture de la procédure de sauvegarde, indique que l'entreprise doit connaître des difficultés, qui étaient, précisait la loi du 26 juillet 2005, dans sa rédaction d'origine, « de nature à la conduire à la cessation des paiements ». L'heure n'est pas aux licenciements économiques massifs. La procédure de droit commun devra ici être respectée, contrairement aux solutions retenues en matière de redressement judiciaire, ce qui fait pronostiquer, sans doute avec raison, à certains que le redressement judiciaire restera la voie royale du sauvetage d'entreprises[3]. Parce que le débiteur n'est pas en état de cessation des paiements, l'AGS n'interviendra dans la procédure de sauvegarde que pour les créances postérieures au jugement d'ouverture[4]. C'est la raison pour laquelle elle n'aura pas à être mise en cause dans les litiges relatifs au contrat de travail en cours au jour du jugement d'ouverture de la procédure de sauvegarde. C'est aussi la raison pour laquelle le mandataire judiciaire devra justifier à l'AGS, lors de sa demande d'avance, que l'insuffisance de fonds disponibles est caractérisée (C. trav., art. L. 143-11-7, devenu C. trav., art. L. 3253-20).

L'idée de laisser l'ouverture de la procédure de sauvegarde aux mains du seul chef d'entreprise va également dans le sens de la nature préventive de la mesure de sauvegarde. Identiquement, le maintien aux commandes du chef d'entreprise participe de la nature préventive de la procédure de sauvegarde.

Mais la procédure de sauvegarde est plus que de la simple prévention. Il s'agit d'une véritable procédure collective avec tous les attributs classiques : soumission des créanciers antérieurs à une discipline collective avec arrêt des poursuites individuelles et obligation corrélative de déclarer les créances au passif, interdiction des paiements des créances antérieures, arrêt du cours des intérêts et des inscriptions. Elle se rapproche du redressement judiciaire. Et c'est pourquoi l'on a pu justement parler de « redressement judiciaire anticipé »[5]. À cet égard, le transfert de l'essentiel des règles du redressement judiciaire à la procédure de sauvegarde est suffisamment démonstratif. Sa finalité est d'ailleurs celle du redressement judiciaire. Il a été dit que la hiérarchie des objectifs de la législation du 25 janvier 1985 dans le redressement judiciaire était maintenue dans la procédure de sauvegarde. « Le maintien de l'activité économique serait conservé comme priorité, le maintien de l'emploi devant être assuré dans la mesure du possible, et l'apurement du passif intervenant dans un dernier temps »[6]. Il s'agit d'assurer la « réorganisation » de l'entreprise afin de permettre la poursuite de l'activité, le maintien de l'emploi et l'apurement du passif. L'emprunt au droit américain qui connaît une procédure de « réorganisation » est ici évident[7].

Cependant, par rapport au redressement judiciaire de la loi du 25 janvier 1985[8], il y a une différence majeure, lourde d'implication pour le chef d'entreprise : l'entreprise en sauvegarde n'est pas à vendre, aucun plan de cession n'est envisageable. Seules des cessions partielles sont envisageables, lesquelles doivent être volontaires (v. s[s] nº 571.11).

Il a été insisté sur le caractère contractuel de la procédure de sauvegarde. La procédure se voudrait plus contractuelle que judiciaire. L'instauration de comités de créanciers est illustrative de ce caractère, même s'il peut immédiatement être observé que les règles sont ici strictement identiques en sauvegarde et en redressement judiciaire. Diverses dispositions de la loi vont incontestablement dans le sens de la nature contractuelle du plan de sauvegarde lorsque le plan a été arrêté à la suite du vote favorable des créanciers.

Mais l'affirmation ne doit pas être exagérée. L'aspect judiciaire n'a pas disparu[9]. En effet, si les comités de créanciers n'acceptent pas les propositions, le mécanisme du plan de continuation applicable dans la législation du 25 janvier 1985 réapparaît. En outre, si les propositions acceptées par les comités de créanciers ne sont pas suffisamment protectrices des intérêts des autres créanciers, le tribunal peut utiliser les techniques propres au plan de continuation. En ce cas, les comités de créanciers disparaissent et les créanciers sont consultés selon les règles du plan de continuation. Le tribunal arrête donc bien le plan. Il ne se contente pas d'homologuer l'accord intervenu avec les comités. C'est pourquoi un auteur

1. Interv. Viladies, *JOAN CR*, 2e séance du 3 mars 2005, *JO* p. 1644, 1645.
2. Sur la discussion relative à la nature juridique de la sauvegarde et du plan de sauvegarde : Diana-Douaoui, « À propos de quelques difficultés d'application de la loi de sauvegarde des entreprises », *LPA* 8 janv. 2007, nº 6, p. 4.
3. Lucas, « Rapport de synthèse », colloque de Caen, janv. 2006, *Rev. proc. coll.* 2006/2, p. 217 s., sp. p. 219.
4. Amend. nº 161, interv. Hyest, déb. Sénat 30 juin 2005, *JO* p. 4919.
5. *Rapp. Xavier de Roux*, nº 2095, p. 175 – Lienhard, « La réforme des procédures collectives – Avant-projet de loi de sauvegarde des entreprises », *D.* 2003. 2555.
6. *Rapp. J.-J. Hyest*, nº 335, p. 155 – *Adde*, Lucas et Lécuyer, « De la sauvegarde », *LPA* nº sp., 8 févr. 2006, nº 28, p. 23 s., sp. p. 24.
7. *Rapp. J.-J. Hyest*, nº 335, p. 155.
8. L. nº 85-98, 25 janv. 1985, *JO* 26 janv., p. 1097.
9. RAPPR. : SAINT-ALARY-HOUIN, 7e éd., nº 867.

a pu écrire qu'il n'y avait pas une véritable négociation entre le débiteur et les créanciers, mais seulement une discussion[1].

Le plan de sauvegarde, qui emprunte aux règles du « chapter 11 » du droit américain, est à mi-chemin entre le concordat de la loi du 13 juillet 1967[2] et le plan de continuation de la loi du 25 janvier 1985, avec la différence notable qu'il s'applique à un débiteur qui n'est pas en état de cessation des paiements. Il emprunte au concordat avec l'instauration d'un vote à la majorité qui conditionnera l'arrêté du plan. Mais il emprunte aussi au plan de continuation de la loi du 25 janvier 1985, en ce que le tribunal peut imposer aux créanciers extérieurs aux comités, des délais de paiement.

Il a aussi été évoqué « le fruit d'une audacieuse combinaison entre l'ancienne suspension provisoire des poursuites de l'ordonnance du 23 septembre 1967[3] [...] et la procédure de redressement judiciaire »[4].

Il nous semble possible d'affirmer que la procédure de sauvegarde est semi contractuelle semi judiciaire. La procédure de sauvegarde apparaît ainsi comme une procédure judiciaire « préventivo-curative partiellement contractuelle ». Son trait caractéristique principal nous semble résider dans son caractère hybride, intermédiaire entre la prévention et le traitement des difficultés[5], à mi-chemin entre le contractuel et le judiciaire.

> Sauvegarde accélérée. La procédure de sauvegarde accélérée a été créée par l'ordonnance du 12 mars 2014[6], sur les fondations de la sauvegarde financière accélérée. Elle est réglementée par les articles L. 628-1 à L. 628-8, qui sont, dans l'ensemble, la reproduction des règles régissant antérieurement la sauvegarde financière accélérée. Ses conditions d'ouverture ont été exposées (v. s^s n°s 224.09 s.). Elle est présentée par le législateur comme une variante de la sauvegarde de droit commun, à laquelle elle emprunte ses règles, sauf disposition contraire.

Pourtant, cette procédure apparaît clairement intermédiaire entre la procédure de conciliation et la procédure de sauvegarde. Réservée à des entreprises d'une certaine taille, elle suppose une procédure de conciliation en cours et fait donc clairement figure de passerelle entre les procédures de prévention et les procédures de traitement des difficultés. Il s'est en effet agi de trouver une troisième voie de sortie à la procédure de conciliation, à côté de l'accord et de l'absence d'accord.

Par rapport à la sauvegarde de droit commun, elle présente cette particularité d'être accessible à un débiteur en état de cessation des paiements, ce qui est là une condition d'ouverture de la conciliation.

Cette procédure est dite accélérée en ce que le projet de plan a été préparé en amont, dans le cadre de la procédure de conciliation. Faute d'avoir recueilli l'accord de tous les créanciers, tout en ayant eu l'assentiment d'une majorité de ceux-ci, le débiteur va se placer sous une procédure collective, pendant un temps limité à trois mois, pour imposer, grâce à un vote majoritaire, par le biais des comités de créanciers, et le cas échéant de l'assemblée des obligataires, son plan. Il n'est pas ici question de plan alternatif proposé par les comités de créanciers. Ou bien le projet de plan proposé par le débiteur est accepté ou bien la procédure de sauvegarde accélérée prend fin.

> Sauvegarde financière accélérée. La sauvegarde financière accélérée (SFA), issue de l'article 57, I de la loi du 22 octobre 2010, ne constituerait, selon l'article L. 628-1, alinéa 2 du code de commerce, qui en résulte, qu'une modalité de la procédure de sauvegarde, une variante[7]; les règles de droit commun de la sauvegarde trouvent application dans le silence des textes dérogatoires de la sauvegarde financière accélérée. La réalité est plus complexe (v. s^s n° 411.11).

Il s'est agi de trouver une troisième voie de sortie à la procédure de conciliation, à côté de l'accord et de l'absence d'accord. La sauvegarde financière accélérée fait donc clairement figure de passerelle entre les procédures de prévention et les procédures de traitement des difficultés[8].

Pendant la conciliation, un accord a été trouvé sur des délais et des remises avec une large majorité de créanciers. Toutefois, certains créanciers financiers n'ont pas accepté les propositions, de sorte que la sortie de la procédure de conciliation ne peut déboucher sur un accord de conciliation. Alors que la conciliation est encore en cours, le chef d'entreprise peut alors solliciter du tribunal l'ouverture d'une procédure de sauvegarde financière accélérée. Cette sauvegarde financière accélérée doit permettre le passage le plus court possible sous procédure collective d'une entreprise, qui n'est pas en état de cessation des paiements, afin de ne pas provoquer un assèchement du crédit fournisseur.

Elle était spécialement adaptée aux LBO en difficulté, pour leur permettre de franchir le mur de la dette dans les années 2013-2014, qui s'annonçaient difficiles pour ces montages financiers. Toutefois, dans sa rédaction d'origine, l'article L. 628-1, alinéa 2 du code de commerce, en indiquant que le débiteur devait satisfaire aux critères mentionnés aux articles L. 620-1 et L. 626-29 ne réservait la sauvegarde financière accélérée qu'aux très grandes entreprises, employant au moins 150 salariés ou réalisant au moins 20 millions d'euros de chiffre d'affaires hors taxes, ce qui n'était nullement le cas des société holding financières, au secours desquelles le texte entendait voler.

Fort heureusement, le législateur avait corrigé sa copie, à l'occasion du vote de la loi « Warsmann » de simplification et d'amélioration du droit, adoptée par le Sénat le 14 avril 2011[9]. Lorsque le débiteur sera une société mère d'un groupe, le chif-

1. Brunet, « La loi de sauvegarde des entreprises ou l'illustration des défauts "elluliens" du droit », *LPA* 5 juill. 2007, n° 134, p. 43 s., sp. p. 47, n° 21.
2. L. n° 67-563, 13 juill. 1967, *JO* 14 juill., p. 7059.
3. Ord. n° 67-820, 23 sept. 1967, *JO* 28 sept., p. 9534.
4. Voinot, « La nouvelle procédure de sauvegarde », *Gaz. Pal.* 7-8 sept. 2005, n° sp., p. 24, n° 4.
5. AUSSI : Voinot, « La nouvelle procédure de sauvegarde », *Gaz. Pal.* 7-8 sept. 2005, n° sp., p. 24 s., sp. p. 25, n°s 5, 6.
6. Ord. n° 2014-326, 12 mars 2014, *JO* 14 mars, p. 5249.
7. Berthelot, « Le droit des procédures collectives à nouveau réformé : de la sauvegarde financière accélérée », *Act. proc. coll.* 2010/17, n° 238 – Roussel Galle, « premières vues sur la sauvegarde financière accélérée », *JCP E* 2010. 591.
8. Montéran, « Rapide aperçu de la sauvegarde financière accélérée », *Gaz. Pal. entr. diff.* 15-16 oct. 2010, p. 10 – Gorins, « La sauvegarde financière accélérée (SFA) », *Rev. Banque* déc. 2010, p. 96.
9. *Doc. Sénat*, n° 97.

fre d'affaires et le nombre de salariés ne sera pas uniquement celui du débiteur, mais celui de l'ensemble du groupe auquel il appartient. Ainsi, les holdings pourront bénéficier de la sauvegarde financière accélérée pour traiter le passif des LBO.

Malheureusement, le Conseil constitutionnel[2] a considéré comme un cavalier l'amendement présenté au cours du vote de la loi Warsmann et permettant cette rectification, dans la mesure où il était sans rapport direct ou indirect avec le texte en cours d'adoption.

L'article 28 de la loi du 22 mars 2012[3] a repris les dispositions annulées par le Conseil constitutionnel. L'article L. 628, alinéa 2 du code de commerce qui résulte de cette loi, prévoit que le débiteur sera considéré comme remplissant les critères de l'article L. 626-29, dès lors que le total de son bilan excède un seuil fixé par décret.

Le décret du 20 septembre 2012[4], dont l'entrée en vigueur est intervenue le 23 septembre 2012, et qui prévoit son application à Wallis-et-Futuna, dispose, en son article 1er (qui devient l'article D. 628-2-1 du code de commerce), que pour l'application de l'article L. 628-1, le débiteur est réputé remplir la condition de seuil si le total de son bilan est de 25 millions d'euros ou, lorsque le débiteur contrôle au sens du 1° du I de l'article L. 233-3, une société dont le nombre de salariés est supérieur à 150 salariés ou dont le chiffre d'affaires dépasse 20 millions d'euros hors taxes, ou dont le total de bilan excède 25 millions d'euros.

Ainsi, la sauvegarde financière accélérée peut bénéficier soit à un débiteur employant au moins 150 salarié ou réalisant au moins 20 millions d'euros de chiffres d'afaires hors taxes par an, soit à une société membre d'un groupe de sociétés, selon les critères de l'article D. 628-2-1 du code de commerce. L'existence de ces seuils est critiquée et une doctrine importante considère qu'il serait opportun de faire bénéficier une majorité de débiteurs de cette procédure[5]. En sens inverse, il a été observé que « l'objectif n'était pas de favoriser tel ou tel secteur économique, mais de traiter les risques spécifiques de montages financiers particuliers ou des difficultés principalement circonscrites à un certain nombre de postes de bilan, et pouvant être isolées des autres fonctions de l'entreprise »[6]. Ce choix justifie des seuils élevés.

Il faut, dans les premières expériences de plans pré négociés (Affaire *Thomson Technicolor*[7] et *Autodis*), trouver l'origine de cette variante de la procédure de sauvegarde. La nature juridique de la SFA est donc clairement intermédiaire entre la conciliation et la sauvegarde : à la première, elle emprunte son *sous-vêtement, clairement contractuel*, mais qui n'était pas suffisant, et sur lequel il a fallu ajouter un habit, judiciaire, celui-ci, ayant pour objet de permettre un vote majoritaire se substituant à une décision de l'unanimité qui n'a pas été trouvée. Ce passage de la loi de l'unanimité, c'est-à-dire la voie contractuelle, à celle de la majorité, suppose le recours à une procédure judiciaire.

Le passage sous procédure collective doit être éclair : un mois par principe, tout au plus deux mois. C'est ce qui explique le vocable « accélérée ». Il n'est question que de traiter des difficultés rencontrées avec des créanciers financiers, établissements de crédit et assimilés, mais aussi, le cas échéant, obligataires. C'est ce qui justifie le second vocable : « financière ». Ce second aspect, qui limite les effets de la procédure collective aux seuls créanciers financiers, fait apparaître la SFA comme une nouvelle figure juridique : une procédure semi-collective. Il semble difficile de suivre l'opinion voyant dans la sauvegarde une véritable procédure collective[8]. Même si, subjectivement, les créanciers concernés sont soumis à une discipline collective, leur faible nombre, pouvant être réduit à deux, et par voie de conséquence, le périmètre objectif de la procédure nous semble faire obstacle à l'analyse[9], qui, au demeurant, n'emporte, à notre avis, aucune conséquence juridique précise.

En résumé, la SFA est une procédure hybride[10], mi contractuelle, mi judiciaire, et semi-collective. Elle a connu six applications, au jour de l'adoption de la loi ayant habilité le Gouvernement à légiférer par voie d'ordonnance pour modifier le droit des entreprises en difficulté, loi du 2 janvier 2014[11].

L'ordonnance du 12 mars 2014 a créé la sauvegarde accélérée, accessible à un plus grand nombre de débiteurs que la sauvegarde financière accélérée. Elle n'a pas pour autant supprimé cette dernière, qui devient une variété de sauvegarde accélérée, limitée aux créanciers financiers, contrairement à la sauvegarde accélérée. Cette procédure de sauvegarde financière accélérée conserve donc son caractère de procédure semi-collective. Elle sera adoptée lorsqu'il apparaîtra que l'endettement bancaire, source des difficultés de l'entreprise, peut être traité par un plan adoptable en un, voire deux mois, le projet ayant été préparé, comme dans la sauvegarde accélérée, pendant la procédure de conciliation.

1. Lienhard, « Clarification de la sauvegarde : dispositions de la loi Warsmann », *D.* 2011. Actu. 369.
2. Cons. const. 12 mai 2011, n° 2011-629 DC, *JO* 18 mai, p. 8571 ; *Rec.* 228 – Roussel Galle, « La SFA reste réservée aux grandes entreprises… jusqu'à la prochaine réforme », *Rev. sociétés* 2011. 381.
3. L. n° 2012-387, 22 mars 2012, *JO* 23 mars, p. 5226.
4. D. n° 2012-1071, 20 sept. 2012, *JO* 22 sept., p. 15008 – Lienhard, obs. *D.* 2012. Actu. 2238 – Rossi, « De nouveaux critères facilitant l'accès à la procédure de sauvegarde financière accélérée », *BJE* janv. 2013, comm. 21 – Broussolle, « Sauvegarde financière accélérée : la dérogation aux seuils d'accès est effective », *LPA* 9 janv. 2013, n° 7, p. 4 – Saintourens, « Conditions de seuil pour l'ouverture d'une procédure de sauvegarde financière accélérée », *Rev. proc. coll.* 2013, comm. 7.
5. Roussel Galle, *Rev. sociétés* 2011. 381 – PÉROCHON, 9e éd., n° 324.
6. Rossi, « De nouveaux critères facilitant l'accès à la procédure de sauvegarde financière accélérée », *BJE* janv. 2013, comm. 21.
7. Pérès et Loget, « Technicolor : une restructuration riche d'enseignements », *Bull. Joly* 2011. 64, § 19.
8. Lucas, colloque de Nanterre, nov. 2011, *Rev. proc. coll.* 2012/3, Dossier 18 – *Adde*, PÉROCHON, 10e éd., n° 1070.
9. EN CE SENS : Vallens, obs. *RTD com.* 2011. 645.
10. AUSSI : Grelon, « La loi de sauvegarde revisitée par la loi n° 2010-1249 dite de régulation bancaire et financière en date du 22 octobre 2010 », *Rev. sociétés* 2011. 7, n° 12.
11. L. n° 2014-1, 2 janv. 2014 habilitant le gouvernement à simplifier et sécuriser la vie des entreprises, *JO* 3 janv., p. 50 – Lelièvre, *Option Finance/Option Droit des affaires* mars 2014, p. 16, cité par Lienhard, « Ordonnance de réforme : mesures relatives à la sauvegarde », *D.* 2014. Actu. 662.

CHAPITRE

511. Règles d'élaboration du plan de savegarde propres aux prsonnes morales

SECTION 0
ORIENTEUR

511.00 Plan du chapitre.

Sect. 511.10 Offre de reprise interne – Plan de sauvegarde par cession des actions

Sect. 511.20 Restructurations de la personne morale débitrice

Sect. 511.30 Éviction des dirigeants

Sect. 511.40 Incessibilité des parts ou actions détenues par les dirigeants

Sect. 511.50 Cession forcée des parts ou actions détenues par les dirigeants

511.01 Textes applicables. (V. les références complètes s[s] n° 01).

> Législation issue de la loi de sauvegarde des entreprises. C. com., art. L. 626-2, al. 4, L. 626-3, L. 626-4, L. 627-3, al. 3
C. com., art. R. 626-1 (anc[t] D. 28 déc. 2005, art. 125), R. 626-2 (anc[t] D. 28 déc. 2005, art. 126), R. 626-3 (anc[t] D. 28 déc. 2005, art. 127), R. 626-4 (anc[t] D. 28 déc. 2005, art. 128), R. 626-5 (anc[t] D. 28 déc. 2005, art. 129), R. 626-6 (anc[t] D. 28 déc. 2005, art. 130), R. 626-32 (anc[t] D. 28 déc. 2005, art. 143), R. 631-14 (anc[t] D. 28 déc. 2005, art. 183)

> Législation issue de l'ordonnance du 18 décembre 2008. C. com., art. L. 626-2, al. 5, L. 626-3, L. 627-3, al. 3
C. com., art. R. 626-1, R. 626-2, R. 626-3, R. 626-32

> Législation issue de l'ordonnance du 12 mars 2014. C. com., art. L. 622-20, L. 624-20, L. 626-3, L. 626-16-1
C. com., art. R. 624-17, R. 624-18, R. 626-36-1

511.03 Bibliographie indicative. (V. les références complètes s[s] n° 031 – Aussi s[s] n°s 510.03 et 531.03).

> Articles. Cérati-Gauthier A., « La promotion de la "reprise interne" dans l'ordonnance n° 2014-326 du 12 mars 2014 », *JCP E* 2014, étude 1435 – De Lannoy Ph., « La conversion des créances en capital : un oubli dans la loi de sauvegarde ? » *LPA* 17 févr. 2006, n° 35, p. 41 – Dumont-Lefrand M.-P., « Les plans : quelle place pour les actionnaires ? », *Rev. proc. coll.* 2014, dosier 20 – Jazottes G., « La situation générale des créancier dans la préparation du plan », *Rev. proc. coll.* 2015, dosier 38, p. 65 – Monsérié-Bon M.-H., « La situation des associés après l'ordonnance du 12 mars 2014 », *BJE* mai 2014, 178.

511.04 Questions essentielles.

• Est-il possible d'imposer aux anciens associés l'entrée de nouveaux contre leur gré ?
* V. s[s] n° 511.22.

• La reconstitution des capitaux propres, en cas de perte de la moitié du capital, s'impose t-elle ?
* V. s[s] n° 511.23.

SECTION 511.10
OFFRE DE REPRISE INTERNE – PLAN DE SAUVEGARDE PAR CESSION DES ACTIONS

511.11 Offres présentées par des tiers. Bien que le législateur parte du principe que l'entreprise sous sauvegarde n'est pas à vendre, les textes envisagent, en sauvegarde, la possibilité pour les tiers de présenter des offres de reprise. Il ne pourra s'agir d'offres tendant à la cession totale de l'entreprise, cependant que des offres tendant à la cession partielle de l'entreprise sont recevables. La solution est explicitement posée par l'article L. 626-2, alinéa 4 du code de commerce (devenu C. com., art. L. 626-2, al. 5, réd. ord. 18 déc. 2008 [1]), qui dispose que « Il (le projet de plan) recense, annexe et analyse les offres d'acquisition portant sur une ou plusieurs activités, présentées par des tiers. Il indique la ou les activités dont sont proposés l'arrêt ou l'adjonction ».

A priori, ces cessions partielles devraient être volontaires, puisque le chef d'entreprise garde ici la

1. Ord. n° 2008-1345, 18 déc. 2008, *JO* 19 déc., p. 19462.

maîtrise des opérations[1]. Contrrement à la solution édictée par l'article L. 631-2, texte spécifique au redressement judiciaire, les essions ne seront pas ici ordonnées. Le doute est cpendant permis, sous l'empire de la loi de sauvegrde des entreprises[2], dans sa rédaction d'origine sur ce caractère volontaire et forcé des cessions patielles en plan de sauvegarde, les textes n'étant d: la plus grande clarté[3]. Le décret du 28 décembr 2005[4], dans la rédaction que lui donne le décret du 23 décembre 2006[5], semble confoter l'analyse du caractère volontaire des cessions partielles. L'article R. 626-17 du code de commerce (and D. 28 déc. 2005, art. 133) accorde en effet un monopole au débiteur pour déposer au greffe les offres le cession[6]. S'il n'est pas d'accord, il lui suffira de ne pas les déposer.

Le projet de réforme de la oi de sauvegarde, pour aller jusqu'au bout de la logiue selon laquelle le chef d'entreprise reste aux commandes et selon laquelle cette procédure est volontariste, avait, dans sa version antérieure au 8 octobre 2008, prévu la possibilité d'une cession totale, suivant en cela la préconisation d'un praticien[7]. La décision de céder une branche d'activité ou toute l'entreprise aurait été l'œuvre exclusive du chef d'entreprise, puisque c'est lui qui envisage les mesures nécessaires à son redressement, ainsi que l'indique l'article L. 623-3. C'est également lui, avec le concours éventuel de l'administrateur judiciaire, qui présente le projet de plan, en application de l'article L. 626-2, alinéa 1er du code.

Par la suite, la possibilité d'une cession totale de l'entreprise en sauvegarde a disparu. La solution nous semble devoir être approuvée, car la sauvegarde a pour objectif la réorganisation de l'entreprise, ce qui présuppose que l'activité de cette entreprise soit poursuivie, sans changement de débiteur.

Il est en tout cas beaucoup plus clair aujourd'hui que le soin n'est laissé qu'au seul chef d'entreprise de décider des cessions partielles. Est ainsi parfaitement traduit le caractère volontariste de la sauvegarde, exclusif d'une expropriation du débiteur, fût-elle partielle.

1. Deharveng, « Le plan de cession dans la nouvelle architecture des procédures collectives – un événement et non plus une issue du cours de la procédure », *D.* 2006. Chron. 1047 – Pérochon, 10e éd., no 849 – Lucas, Lucas et Lécuyer (dir.), *La réforme des procédures collectives…*, Lgdj, 2006, p. 185, 187 – Chaput, « Une nouvelle architecture du droit français des procédures collectives », *JCP* 2005. I. 184, no 35.
2. L. no 2005-845, 26 juill. 2005, *JO* 27 juill., p. 12187.
3. Pérochon et Bonhomme, 7e éd., no 327.
4. D. no 2005-1677, 28 déc. 2005, *JO* 29 déc., p. 20324.
5. D. no 2006-1709, 23 déc. 2006, *JO* 29 déc., p. 19846.
6. Roussel Galle, 2e éd., no 628.
7. Montéran, « Pour améliorer le droit des entreprises en difficulté, osons la réforme », *Gaz. proc. coll.* 2008/1, p. 3 s., sp. p. 7.

ns le cadre de ces cessions partielles, le renvoi auspositions de la liquidation judiciaire semble obr à considérer que les licenciements relatifs à la nche ou aux branches d'activité cédées obéiroaux règles de la liquidation judiciaire, non à ce de la sauvegarde[8] (v. aussi ss no 432.21). En ef l'article L. 626-1, alinéa 2 du code de comme prévoit que « les cessions faites en applicatidu présent article sont soumises aux dispositio de la section 1 du chapitre II du titre IV », c'està-re aux articles L. 642-1 à L. 642-17 du code de commerce. S'appliquent en conséquence les règles duplan de cession arrêtées en liquidation judiciaire etnotamment les règles relatives à la détermination les salariés repris par le repreneur. Le jeu de l'article .. 122-12 du code du travail (devenu C. trav., art. . 1224-1) est écarté et les salariés non repris doient être licenciés. Le code du travail sera donc parellement écarté. Une opinion contraire a cependant té émise[9]. De manière nouvelle, l'article L. 626-1, linéa 2 du code, issu de l'ordonnance du 18 décemre 2008 (ord. 18 déc. 2008, art. 51) rend égalenent applicables à ces cessions l'article L. 642-22 du code. Il faut donc comprendre que la cession envisagée devra être précédée d'une publicité dont les modalités sont déterminées par un décret en Conseil d'État en fonction de la taille de l'entreprise et de la nature des actifs à vendre. Il faut en effet faire en sorte que la cession assure le mieux possible le sauvetage de l'entreprise. Cette problématique existe même en cas de cession partielle, car l'importance du prix retiré de la cession peut conditionner les chances de sauvetage de l'entreprise pour les branches non cédées.

L'ordonnance du 12 mars 2014[10] confie au mandataire judiciaire le rôle dévolu dans les cessions en liquidation judiciaire au liquidateur (C. com., art. L. 626-1, al. 2, réd. ord. 12 mars 2014, art. 36). C'est la reproduction de la solution posée par l'article L. 631-22, alinéa 1er du code de commerce, en redressement judiciaire, lorsqu'il y a adoption d'un plan de cession sans prononcé de la liquidation judiciaire (v. ss no 550.09).

Ces cessions partielles ne devraient pas être rares, pour les entreprises d'une certaine taille, car, comme il a été remarqué, le plan de sauvegarde doit tendre à la réorganisation de l'entreprise[11].

8. Géniteau, « La cession dans la loi de sauvegarde des entreprises », *RLDA* déc. 2005, suppl. au no 88, p. 23 s., sp. p. 25.
9. Roussel Galle, 2e éd., no 629.
10. Ord. no 2014-326, 12 mars 2014, *JO* 14 mars, p. 5249.
11. Lucas, « Du plan de continuation au plan de sauvegarde – la restructuration de l'entreprise », *JCP E* 2005. 1509; « Du plan de sauvegarde », *LPA* no sp., 8 févr. 2006, no 28, sp. p. 75.

La procédure de sauvegarde n'est pas exclu d'un plan de cession par voie interne (v. s[s] n° 531. c'est-à-dire par voie de cession des actions. I n'interdit, en effet, au dirigeant et aux assc d'accepter la reprise de leurs actions par de r veaux associés. La loi de sauvegarde des entrepr dans sa rédaction d'origine, avait maintenu la s tion applicable en redressement judiciaire, se laquelle le tribunal pouvait subordonner l'adop du plan à la cession forcée des parts ou actions. T n'était pourtant pas la logique de la procédur sauvegarde, procédure éminemment volontai qui ne pouvait souffrir d'une telle ingérence j ciaire. Logiquement, l'ordonnance du 18 décem 2008 a supprimé en sauvegarde, pour ne la mai nir qu'en redressement judiciaire, la possibilite subordonner l'adoption du plan à la cession parts et actions des dirigeants.

SECTION 511.20

RESTRUCTURATIONS DE LA PERSONNE MORALE DÉBITRICE

511.21 Règles générales relatives aux restructu rations de la personne morale. La restructuratio de l'entreprise sera généralement une condition *sin qua non* de la réussite d'un plan de sauvegarde. Ell va en effet souvent permettre l'apport d'argent frais par l'introduction de nouveaux associés. C'est pourquoi le législateur a pris le soin de coordonner les règles des procédures collectives de paiement avec celles du droit des sociétés[1], lesquelles auraient pu constituer un obstacle face à cette introduction de nouveaux associés. L'administrateur veillera à informer le tribunal sur les éventuelles difficultés rencontrées pour la modification ou la reconstitution des capitaux propres[2].

Les modifications seront prises par l'assemblée des associés et le seront sous condition de l'arrêté du plan[3], qui seul les justifiait.

Il pourra s'agir, comme l'envisage l'article L. 626-3, de modifier le capital social. Mais il pourra aussi s'agir de modifications des statuts. La loi de modernisation de la justice du XXIe siècle vient modifier la rédaction de l'alinéa 1 de l'article L. 626-3 pour le préciser explicitement. Il pourra être question de la création de filiales ou encore de changement d'objet ou de forme de la société[4]. Il pourra également être question de l'absorption de la société en difficulté par une autre, dans les conditions de droit commun des sociétés, la société absorbante étant alors tenue d'exécuter les obligations souscrites au titre de l'exécution du plan[5]. À l'inverse, il pourrait être question de la scission par création d'une filiale recevant l'entreprise[6]. Il pourrait encore s'agir de changer la nationalité de la société, de changer le gérant d'une société à responsabilité limitée, de l'entrée d'un nouvel actionnaire ou encore d'une transmission universelle de patrimoine.

Ces modifications statutaires ne peuvent être imposées par le tribunal. Avant la loi de modernisation de la justice du XXIe siècle, il était prévu que le tribunal devait se contenter de mentionner les modifications statutaires nécessaires à la sauvegarde de l'entreprise (C. com., art. L. 626-15). Si les modifications statutaires n'étaient pas intervenues au jour de l'arrêté du plan, le dirigeant social convoquait l'assemblée. En cas de nécessité, le tribunal, dans le jugement arrêtant le plan, donnait mandat, à l'administrateur de convoquer l'assemblée pour y procéder (C. com., art. L. 626-16). L'expression « en cas de nécessité » visait des situations exceptionnelles dans lesquelles le droit commun de la convocation ne pouvait s'appliquer, par exemple en cas de vacance de l'organe compétent pour y procéder[7].

La loi de modernisation de la justice du XXIe siècle a supprimé les articles L. 626-15 à L. 626-17, tout en modifiant l'article L. 626-3. Il est préférable de se préoccuper de ces questions lors de la préparation du plan, plutôt qu'après son adoption. Cette disposition sera inapplicable aux procédures en cours au jour de la publication de la loi de modernisation de la justice du XXIe siècle. Comme cela a été précisé lors des travaux parlementaires de la loi de modernisation de la justice du XXIe siècle, « il est alors préférable de prévoir les modifications statutaires avant l'arrêté du plan plutôt qu'après, afin d'éviter de revenir devant le tribunal pour modifier le plan ».

La convocation de l'assemblée générale appelée à statuer sur les modifications statutaires intervient dans les formes et délais prévus aux articles R. 626-1 à R. 626-3 du code. L'article 38 de l'ordonnance du 12 mars 2014[8] modifie les règles d'adoption des

1. LE CANNU, 6e éd., n° 719.
2. IFPPC 1999, recomm. n° 3120-1, p. 78.
3. RAPPR. : PÉROCHON, 10e éd., n° 887.
4. DERRIDA ET *ALII*, n° 444 – SOINNE, n° 1578.
5. Legros, « Sociétés et droit des entreprises en difficulté : gestion et restructuration de la société », Roussel Galle (dir.), *Entreprises en difficulté*, « Droit 360 », LexisNexis, 2012, p. 65, sp. p. 87, n° 189 – Lucas, « Restructuration des sociétés en difficulté », *in Ingénierie financière, fiscale et juridique*, 2e éd., « Dalloz Action », 2009, n° 97.97.
6. AINSI, Saigne, « Pour la mise en œuvre d'urgence d'un traitement préventif des sociétés sous plan de continuation », *BJE* 2016, 58.
7. Thomas, « La reconstitution des capitaux propres de la société en sauvegarde ou en redressement judiciaire », interv. Colloque Crajefe Nice 8 avril 2016, à paraître, L'Harmatan, n° 20.
8. Ord. n° 2014-326, 12 mars 2014, préc.

résolutions par l'assemblée générale relatives aux modifications statutaires, en insérant un article L. 626-16-1 dans le code de commerce. En effet, lorsque le tribunal donne mandat à l'administrateur de convoquer les assemblées mentionnées à l'article L. 626-3 à l'effet de statuer sur les modifications statutaires induites par le plan, il peut décider que, sur première convocation, l'assemblée statuera à la majorité des voix dont disposent les associés ou actionnaires présents ou représentés, dès lors que ceux-ci possèdent au moins la moitié des parts ou actions ayant le droit de vote. Cette solution est une « manière à peine dissimulée de contourner les associés disposant d'une minorité de blocage »[1].

Sur deuxième convocation, il est fait application des dispositions du droit commun relatives au *quorum* et à la majorité.

La loi de modernisation de la justice du XXIe siècle a déplacé à l'article L. 626-3, alinéa 1 le texte de l'article L. 626-16-1, pour tenir compte du moment où cette convocation interviendra, c'est-à-dire avant l'adoption du plan.

L'article R. 626-32-1 du code de commerce (réd. D. 30 juin 2014[2], art. 59) précise que lorsque le tribunal a modifié les conditions de vote, mention doit en être faite lors de la convocation des assemblées compétentes. Il est naturel que les actionnaires ne soient pas pris au dépourvu, devant cette entorse au droit des sociétés.

Avant la loi de modernisation de la justice du XXIe siècle les modifications visées dans le plan sont, en cas d'inexécution par le débiteur, des causes de résolution du plan. Si les engagements de modifications ont été souscrits par des tiers, une distinction s'impose. Si le tiers, nouvel associé, est devenu le dirigeant, il peut être condamné à combler le passif de la personne dont il s'était engagé à modifier les structures sociales[3]. S'il n'est pas devenu dirigeant, seule une action en responsabilité quasi contractuelle pourra être engagée contre lui, l'engagement pris envers le tribunal justifiant la nature de la responsabilité.

Une difficulté particulière se présente en ce qui concerne la libération par les associés du capital social d'une société en sauvegarde ou en redressement judiciaire. En droit commun, la dette de libération d'apport ne devient exigible que sur la seule décision des organes sociaux compétents.

L'article 25 de l'ordonnance du 12 mars 2014 ajoute un alinéa 3 à l'article L. 622-20 du code de commerce. L'article L. 622-20 du code de commerce pt que le mandataire judiciaire a qualité pour ne en demeure un associé ou un actionnaire de v les sommes restant dues sur le montant des pou actions souscrites par lui. L'article R. 624-1 code de commerce (réd. D. 30 juin 2014, a8) précise que pour l'application de l'alinéa de l'le L. 622-20, le mandataire met en demeure l'cié ou l'actionnaire défaillant par lettre recommée avec demande d'avis de réception. Cette lettrproduit les dispositions de l'article L. 624-20, se lequel le jugement d'ouverture rend immédiatent exigible le montant non libéré du capital sd.

article R. 624-18 du code de commerce (réd. D0 juin 2014, art. 58) précise que le délai mentiné à l'article R. 228-26 du code de commerce eapplicable à la mise en demeure prévue par le sond alinéa de l'article L. 622-20. Il faut comndre que ce même organe aura qualité pour agir ejustice contre l'associé qui ne s'acquitterait pas sa dette d'apport[4]. Ainsi, le fonctionnement mocratique des sociétés est ici perturbé par cette gle nouvelle, car le mandataire judiciaire remace ici la décision des organes sociaux. Faute de nnexité, la compensation entre la dette de libération d'apport et une créance de l'associé, par xemple au titre d'un compte courant, n'apparaît as possible[5], sauf, ainsi que cela a été suggéré, à ce que la direction sociale appelle la fraction non libérée du capital avant l'ouverture de la procédure collective[6].

Pour autant, la solution nous paraît justifiée. Le versement des sommes en question contribue à augmenter le gage commun, ce qui incontestablement relève de la mission du mandataire judiciaire. Le législateur ne s'y trompe pas, en insérant à l'article L. 622-20 du code de commerce, disposition qui traite de la mission du mandataire judiciaire, le texte nouveau. Et c'est pourquoi il faut décider que si le mandataire judiciaire reste inactif, un contrôleur, après l'avoir mis en demeure, pourra se substituer à lui[7].

511.22 Modifications du capital. Si le débiteur est une société de capitaux, l'administrateur judiciaire peut proposer une modification du capital. L'article L. 626-3 du code de commerce régit cette situation.

Le texte ne précise pas que la demande de modification du capital doit émaner de l'administrateur

1. Thomas, art. préc., n° 30.
2. D. n° 2014-736, 30 juin 2014, *JO* 1er juill., p. 10834.
3. Com. 19 mars 1996, n° 93-13.468, NP, *Bull. Joly* 1996, n° 215, note Le Cannu.
4. Rapport au président de la République sur l'ordonnance n° 2014-326 du 12 mars 2014, p. 9.
5. Pételin, « Entreprises en difficulté : encore une réforme ! », *JCP E* 2014. 1223, n° 30.
6. Pétel, art. préc.
7. Monsérié-Bon, « La situation des associés après l'ordonnance du 12 mars 2014 », *BJE* mai 2014, 178.

judiciaire, ce qui se comrend en sauvegauis-que le chef d'entreprise rese aux commandMais il importe d'observer que la olution n'est piffé-rente en redressement judicaire du fait duvoi opéré par l'article L. 631-19, I du code à icle L. 626-3, et cela sans adaptation.

L'augmentation du capital social ne peetre décidée par le tribunal. Ce dernier, dans le jugent adoptant le plan, se contentera de la menter (v. s[s] n° 515.22). Elle doit être votée par l'assdée des associés. Cette dernière est appelée à se ir, sur convocation de l'organe compétent, aucla demande a été présentée pour décider de cettg-mentation (C. com., art. L. 626-3, depuis la le sauvegarde des entreprises[1]). L'article R. 626u code de commerce prévoit que les assembléesit convoquées conformément aux dispositions due II du code de commerce, c'est-à-dire les règleu droit des sociétés commerciales. Le texte rése cependant l'application de quelques dispositis (C. com., art. R. 626-2 et R. 626-3).

L'augmentation de capital n'étant pas une ope tion de gestion, il en résulte que des associés rep sentant au moins un dixième du capital, qui pe vent demander en justice la désignation d'un ou plusieurs experts chargés de présenter un rappc sur une ou plusieurs opérations de gestion, ne di posent pas de cette faculté lorsqu'il est questio d'une augmentation de capital, celle-ci intervier drait-elle dans le cadre de l'adoption d'un plan[2].

Remarquons que, sous l'empire de la législatior antérieure à la loi de sauvegarde des entreprises, si une modification du capital social est envisagée, la convocation de l'assemblée générale de la société pourra être l'œuvre de l'administrateur. Cette solu-tion de la période d'observation du redressement judiciaire n'est pas applicable si le problème se pose dans la procédure de sauvegarde, du fait du principe de la direction de l'entreprise par le chef d'entre-prise, l'organe compétent ne convoque pas l'assem-blée, l'administrateur peut y procéder lui-même (D. 27 déc. 1985[3], art. 33, al. 2). La solution n'est reproduite par le décret du 28 décembre 2005[4] (C. com., art. R. 631-34, al. 2) qu'en période d'obser-vation du redressement judiciaire, mais non en période d'observation de la sauvegarde. Il faut donc décider que l'administrateur ne pourrait pas, en sauvegarde, pallier la carence des dirigeants, cepen-dant qu'un auteur estime que les associés pour-raient alors demander la nomination d'un manda-taire *ad hoc*[5]. En revanche, dans le jugement qui adopte le plan de sauvegarde, le tribunal peut, en application de l'article L. 626-16 du code de com-merce, texte applicable également en redressement judiciaire, donner mandat à l'administrateur de pro-céder à la convocation de l'assemblée (v. s[s] n° 515.22).

L'administrateur peut d'abord solliciter la modi-fication du capital social, *indépendamment des per-tes constatées*, en proposant le plan de sauvegarde. Le code n'exige aucune modalité particulière pour cette augmentation de capital[6]. Elle peut donc inter-venir par apport d'argent frais. Dans cette hypo-thèse, la libération du capital interviendra dans les conditions fixées par le tribunal lors de l'arrêté du plan. Elle peut aussi avoir lieu sous forme de remise de dette ou d'extinction des créances, ou encore par réduction du capital social, laquelle devra cepen-dant être suivie d'une augmentation faite par sous-cription de tiers (C. com., art. L. 626-3, al. 2).

Les textes restaient muets, jusqu'alors, sur la question de la compensation entre une créance détenue sur la société et une dette de libération d'apport, dans le cadre de l'augmentation de capital, lors de l'élaboration du plan, ce qui avait fait naître des difficultés d'interprétation sur la possibilité de la compensation[7]. L'article 37 de l'ordonnance du 12 mars 2014[8] répond à cette préoccupation, en procédant à la réécriture du dernier alinéa de l'arti-cle L. 626-3. Il prévoit qu'en cas d'augmentation de capital social, les associés ou actionnaires peuvent bénéficier de la compensation dans les conditions prévues à l'article L. 626-17. Ainsi, la règle vaudra-t-elle, désormais, non seulement dans le cadre de l'exécution du plan (v. s[s] n° 515.22) – c'est l'article L. 626-17 – mais encore pendant la période d'obser-vation – c'est l'article L. 626-3. Par conséquent, lorsque le tribunal statuera sur l'adoption du plan, il le fera sur base d'un passif social réduit du fait du jeu de la compensation, ce qui devrait conduire à une appréciation meilleure des chances d'apure-ment du passif.

L'opération de réduction de capital à zéro et l'annulation consécutive d'obligations – solution posée pour des porteurs d'obligations rembourса-bles en actions (ORA) – touche aux conditions d'attribution de titres de capital déterminées au moment de l'émission. Les assemblées générales des titulaires de valeurs mobilières donnant accès à terme au capital sont appelées à autoriser toutes modifications au contrat d'émission et à statuer sur

1. L. n° 2005-845, 26 juill. 2005, préc.
2. Com. 25 sept. 2012, n° 11-18.312, *Bull. civ.* IV, n° 170; F-P+B; *BJE* nov. 2012, comm. 187, note Cérati-Gauthier; *Bull. Joly* janv. 2013, comm. 20, note Parachkévova.
3. D. n° 85-1388, 27 déc. 1985, *JO* 29 déc., p. 15281.
4. D. n° 2005-1677, 28 déc. 2005, préc.
5. Cérati-Gauthier, « L'associé dans la loi de sauvegarde des entreprises », *Rev. sociétés* 2006. 305, n° 8.
6. Soinne, n° 1499.
7. Dumont-Lefrand, « Les plans : quelle place pour les action-naires ? », *Rev. proc. coll.* 2014, dossier 20, n° 3.
8. Ord. n° 2014-326, 12 mars 2014, préc.

toute décision touchant aux conditions de souscription ou d'attribution de titres de capital déterminées au moment de l'émission. Il en résulte que le tribunal ne peut arrêter un plan de sauvegarde [ou de redressement] intégrant une décision de réduction du capital à zéro prise par le conseil d'administration habilité à cet effet par l'assemblée générale des actionnaires, sans avoir au préalable recueilli l'accord des obligataires[1]. Un droit de veto[2] est ainsi reconnu à ces obligataires, veto qui peut ruiner les chances de sauvetage de l'entreprise. Le représentant de la masse des porteurs de valeurs mobilières est recevable à former tierce opposition, mais il ne peut alors faire annuler seulement la disposition du plan contenant la réduction à zéro du capital pour permettre à un tiers de procéder ensuite à une augmentation de capital[3]. Tout le plan doit être annulé, dès lors que les dispositions de celui-ci sont indivisibles[4].

Observons qu'il est plus intéressant pour un associé de faire une avance en compte-courant, plutôt qu'un apport en capital. Dans le premier cas, il pourra, en qualité de créancier, prétendre au bénéfice de l'article L. 622-17 du code de commerce – créance éligible au traitement préférentiel –, sa créance étant née pour les besoins du déroulement de la procédure ou de la période d'observation[5]. En outre, l'article L. 650-1 du code de commerce interdira de rechercher sa responsabilité pour soutien abusif[6], parce qu'il est créancier, au contraire de l'associé apporteur en capital[7].

Si des tiers souscrivent à l'augmentation de capital, comme l'envisage l'article L. 626-3, alinéa 4, les clauses d'agrément sont, avant l'ordonnance du 12 mars 2014, réputées non écrites. Le principe de recapitalisation acquis, il ne saurait être fait obstacle à l'arrivée de nouveaux investisseurs[8]. La solution, expressément posée pour la période d'observation, doit trouver application si les modifications interviennaprès arrêté du lan[9], car il y a une nécessaire tinuité entre le modifications statutaires décidén période d'observation et celles intervenuesphase d'exécution du plan, alors surtout que lecondes ont généralement été envisagées dès lériode d'observation. En revanche, le droit préfértiel de souscription reste efficace, mais peut être primé par l'assemblée amenée à décider de l'aurntation de capital, dans les conditions de l'art L. 225-135 du code de commerce[10]. Cette dispion est supprimée par l'article 37 de l'ordonnandu 12 mars 2014. On la retrouve, mais exclusivent dans le cadre du plan de redressement (C.m., art. L. 631-19, II, réd. ord. 12 mars 2014, art). La solution peut être justifiée par l'observatique, dans une procédure volontariste telle la sagarde, il n'apparaît pas légitime d'imposer l'ée au capital de nouveaux associés ou actionns, ce qui justifie l'efficacité des clauses d'agrém.

5.23 Reconstitution des capitaux propres. Les ctaux propres sont, d'après le plan comptable géral, déterminés par la différence entre d'une t, l'ensemble des éléments d'actif et, d'autre part, nsemble des éléments passifs. On parle encore, en atique, d'actif net.

Le droit des sociétés traite de cette question pour s SARL à l'article L. 223-42 du code de commerce , pour les sociétés anonymes, à l'article L. 225-248 u même code de commerce. Dans les deux cas, la erte de plus de la moitié du capital constitue une cause de dissolution de la société en l'absence soit de réduction du capital d'un montant au moins égal à celui des pertes qui n'ont pu être imputées sur les réserves, soit de reconstitution du capital. L'assemblée générale des associés de la SARL ou l'assemblée extraordinaire de la SA doivent se réunir dans les quatre mois de l'approbation des comptes ayant fait apparaître cette perte.

Ces règles sont-elles ici écartées ?

Les alinéas 5 des articles L. 223-42, pour les sociétés à responsabilité limitée, et L. 225-248, pour les sociétés anonymes, énoncent que les dispositions de droit commun relatives à la reconstitution des capitaux propres ne sont pas applicables aux sociétés en sauvegarde ou en redressement ou en cours d'exécution d'un plan de sauvegarde ou de redressement. Ces sociétés n'ont donc pas l'obliga-

1. Com. 10 juill. 2012, n° 11-22.898, *Bull. civ.* IV, n° 158; n° 802 FS-P+B; *D.* 2012. Actu. 1953; *Gaz. Pal. entr. diff.* 13 oct. 2012, n° 286, p. 26, note Lebel; *Rev. sociétés* 2012. 536, note Henry; *BJE* oct. 2012, comm. 173, note Roussel Galle; *Act. proc. coll.* 2012/15, comm. 224, note Moulin; *Dr. sociétés* 2012, n° 182, note Gallois-Cochet; *Dr. sociétés* 2012, n° 215, note Legros; *JCP E* 2012. Chron. 1757, n° 6, obs. Pétel; *Bull. Joly* nov. 2012, comm. 423, note Lucas; *Rev. sociétés* 2013. 99, note Le Nabasque; *Rev. proc. coll.* 2013, comm. 21, note Fraimout; *LPA* 15 avr. 2013, n° 75, p. 9, note Thomas.
2. Lucas, note s[s] Com. 10 juill. 2012, n° 11-22.898, préc. (v. s[s] prés[t] n°).
3. Com. 10 juill. 2012, n° 11-22.898, préc. (v. s[s] prés[t] n°).
4. Com. 10 juill. 2012, n° 11-22.898, préc. (v. s[s] prés[t] n°).
5. Cérati-Gauthier, « L'associé dans la loi de sauvegarde des entreprises », *Rev. sociétés* 2006. 305, n° 14.
6. Cérati-Gauthier, art. préc., n° 15.
7. Robine, « L'article L. 650-1 du code de commerce : un "cadeau" empoisonné ? », *D.* 2006. Chron. 69, n° 11 – Cérati-Gauthier, art. préc., n° 15.
8. J.-CL. COM., facs. 2600, Vinckel, [Plan de sauvegarde – formation], 2009, n° 25 – SUR LA QUESTION : Fabriès-Lecea E., « L'acquisition préférentielle, un atout dans la restructuration de l'entreprise en difficulté », *Rev. proc. coll.* 2011, étude 14.
9. Compr. LE CANNU, 7e éd., n° 924.
10. SOINNE, n° 1580.

tion de reconstituer leurs capitaux propres, sous peine de dissolution.

Il faut donc lire les dispositions qui s'intéressent à la reconstitution des capitaux propres, dans la procédure de sauvegarde – et la solution vaut également en redressement judiciaire, d'une manière particulière. Cette reconstitution ne doit être envisagée que si une modification du capital social a été projetée, ce qui a été jugé[1] sous l'empire de la loi du 25 janvier 1985[2] et soutenu sous l'empire de la loi de sauvegarde des entreprises[3]. La lettre de l'article L. 626-3, alinéa 2 du code de commerce conduit à cette interprétation. La reconstitution des capitaux propres interviendra alors pour le montant proposé par l'administrateur, sans pouvoir être inférieure à la moitié du capital social.

Contrairement aux règles du droit des sociétés, elle ne pourra intervenir sous forme de réduction du capital – des opinions divergentes ayant cependant été ici exprimées – sauf à être immédiatement suivie d'une augmentation de capital souscrite par des tiers[4]. C'est la technique du « coup d'accordéon », génératrice d'un préjudice de l'actionnaire pour perte de valeur de ses actions[5]. Sous cette réserve, la forme de la reconstitution est libre. Elle pourra intervenir par incorporation des comptes courants d'associés, ou encore par remise de dettes[6]. En outre, il faut tenir compte des règles du droit des entreprises en difficulté, qui pourront constituer une aide précieuse pour l'entreprise recherchant à reconstituer ses capitaux propres. On pense spécialement à l'inopposabilité à la procédure collective des créances non déclarées régulièrement (v. s[s] n° 665.75).

La reconstitution des capitaux propres ne peut être imposée par le tribunal[7]. Elle devra être décidée par l'assemblée générale de la SARL ou l'assemblée extraordinaire de la SA convoquée dans les mêmes conditions que pour l'augmentation du capital. La combinaison du droit des sociétés avec le droit des procédures collectives aboutit au résultat que si le tribunal a fait de la modification du capital social une condition de l'adoption du plan, celui-ci sera rejeté si la reconstitution des capitaux propres n'est pas votée. Elle peut donc constituer une condition de l'arrêté du plan[8]. Pour autant, cette reconstitution des capitaux propres décidée lors de l'arrêté du plan n'a pas à être antérieure au plan[9]. Il a été jugé que l'absence de précision dans le plan de l'obligation de reconstitution des capitaux propres n'a pas pour effet de rendre recevable la demande de dissolution de la société par tout intéressé[10]. La solution s'impose puisque l'obligation de reconstitution des capitaux propres pour perte de plus de la moitié du capital est écartée en cas d'ouverture d'une sauvegarde et pendant l'exécution du plan de sauvegarde.

SECTION 511.30

ÉVICTION DES DIRIGEANTS

511.31 Application au plan de sauvegarde des règles relatives à l'éviction des dirigeants. Dans la rédaction d'origine de la loi de sauvegarde des entreprises[11], qui concerne les procédures collectives ouvertes entre le 1er janvier 2006 et le 14 février 2009, les règles relatives à l'éviction des dirigeants de la personne morale sont posées par l'article L. 626-4 du code de commerce. Elles s'appliquent sans modification au plan de redressement. Il y sera ici purement et simplement renvoyé (v. s[s] n°s 531.31 à 531.34).

Rappelons que le mécanisme d'éviction des dirigeants de la personne morale débitrice est écarté pour les professionnels libéraux soumis à statut législatif ou réglementaire (v. s[s] n° 531.31). Une réponse ministérielle précise qu'il n'est pas envisagé d'écarter cette exception[12].

La solution n'allait pas de soi, car cette technique est assez irréductible à l'idée qui préside à la procédure de sauvegarde : assurer le maintien aux postes de direction du chef d'entreprise[13]. Pourtant, a-t-il été dit, il est utile, « dans certains cas extrêmes, pour maintenir l'entreprise en vie, de procéder à l'éviction du dirigeant qui empêcherait l'adoption du plan sauvegarde »[14]. C'est pourquoi, l'arrêté du

1. Bordeaux, 2e ch., 25 nov. 1993, *Bull. Joly* 1994. 1345, obs. Barbièri; *Rev. proc. coll.* 1995, 407, n° 8, obs. Soinne.
2. L. n° 85-98, 25 janv. 1985, *JO* 26 janv., p. 1097.
3. L. n° 2005-845, 26 juill. 2005, préc. – Vallens, 2015, n° 4199 – Sénéchal, « Le financement imposé à l'associé », colloque Montpellier 29 mai 2015, Act. dr. entr., LexisNexis, 2015, p. 111 s., sp. p. 114.
4. Le Cannu, 7e éd., n° 919.
5. Com. 15 janv. 2002, n° 97-10.886, NP, *Bull. Joly* 2002. 689, n° 155, note Sylvestre.
6. Soinne, n° 1500.
7. Com. 15 janv. 1991, n° 89-15.822, *Bull. civ.* IV, n° 27; *Rev. sociétés* 1991. 383, note Guyon; *Bull. Joly* 1991. 425, note Le Cannu; *RJ com.* 1991. 385, note Merle – *Adde*, Guyon, n° 1267.
8. V. TGI Béthune, stat. com., 26 sept. 1986, *Rev. proc. coll.* 1987, n° 2, p. 51, obs. Soinne – T. com. Nanterre, 8 déc. 1987, *JCP* 1990. II. 21019, note Viandier; *Rev. proc. coll.* 1988, 313, obs. Soinne.
9. Com. 6 mars 1990, n° 88-11.500, *Bull. civ.* IV, n° 65; *Rev. proc. coll.* 1991, 292, obs. Soinne; *D.* 1990. 218, note Derrida; *JCP* 1990. II. 21513, note Bollard.
10. Paris, 5e ch. C, 4 févr. 2000, RG n° 1997/10130, *RD banc. fin.* 2000/6, n° 230, obs. Lucas.
11. L. n° 2005-845, 26 juill. 2005, préc.
12. Rép. min., n° 6480, *JOAN Q* 20 nov. 2007, p. 7435; *Dr. sociétés* 2008/3, p. 25, note Legros.
13. *Rapp. Xavier de Roux*, n° 2095, p. 277 – *Adde*, *Rapp. J.-J. Hyest*, n° 335, p. 258.
14. *Rapp. Xavier de Roux*, n° 2095, p. 277.

plan de sauvegarde peut être subordonné à l'éviction du dirigeant si la sauvegarde, et non plus ici la survie de l'entreprise, le requiert, comme l'énonçait le texte de la législation antérieure en matière de plan de continuation (C. com., art. L. 621-59, al. 1er). La substitution du terme « sauvegarde » au terme « survie » a été présentée comme d'ordre rédactionnel, et ne doit pas induire de changement d'interprétation[1].

Le caractère exceptionnel de cette mesure, dans la procédure de sauvegarde, a été retranscrit dans l'article L. 626-4 du code de commerce, car ce texte ne prévoit plus qu'une seule possibilité de *saisine* : celle du ministère public. Cette restriction dans la saisine est d'importance. L'article L. 621-59, qui envisageait sous l'empire de la législation antérieure à la loi de sauvegarde cette mesure, prévoyait à côté de la saisine du tribunal par le procureur de la République, la saisine par l'administrateur et la saisine d'office. La restriction est importante et les cas d'éviction devraient donc être rares. Mais ce caractère restrictif doit aussi s'apprécier par rapport à la solution posée en redressement. Or, la surprise s'installe lorsque l'on constate que l'article L. 631-19, I rend applicable au redressement judiciaire sans adaptation la solution posée par l'article L. 626-4 (sur le détail, v. ss nos 531.31 à 531.34).

Il aurait peut-être été opportun de supprimer purement et simplement la possibilité de subordonner l'adoption du plan à l'éviction du dirigeant en sauvegarde[2]. Le dirigeant a pris l'initiative de se placer sous la procédure de sauvegarde. Il a donc l'intention manifeste d'obtenir un plan de sauvegarde. Il apparaîtrait donc curieux que, ensuite, il fasse obstacle à l'adoption de ce plan. La mesure pourrait avoir des effets dissuasifs pour les dirigeants[3]. En outre, comme il a été justement relevé, il existe une discrimination entre le débiteur personne physique, qui ne peut être exproprié en sauvegarde et le dirigeant social qui peut être chassé de l'entreprise[4]. Un auteur avait préconisé de laisser aux comités de créanciers, dans les procédures qui en sont dotées, le soin de subordonner leur accord aux propositions à la mise à l'écart d'un ou de plusieurs dirigeants[5].

La réforme du 18 décembre 2008[6], qui s'applique aux procédures collectives ouvertes à compter du 15 février 2009, tient compte de ces critiques pour supprimer, en sauvegarde (ord. 18 déc. 2008, art. 51), cette disposition, tout en la maintenant en redressement judiciaire. Ce faisant, ici encore, le législateur introduit une discrimination positive en faveur de la sauvegarde, les dirigeants ayant la certitude de rester aux commandes tant qu'il n'y a pas cessation des paiements. Il a été écrit que la procédure de sauvegarde « doit être pour le débiteur une mise à l'épreuve sans risque, lui garantissant le maintien à la tête de ses affaires »[7].

En conséquence de la suppression de l'éviction des dirigeants et de la cession forcée de leurs parts ou actions, l'article 33 du décret d'application de l'ordonnance du 18 décembre 2008 supprime la sous-section 2 de la première section du chapitre VI du titre II du livre VI du code de commerce, c'est-à-dire les anciens articles R. 626-4 à R. 626-6 du code de commerce.

SECTION 511.40

INCESSIBILITÉ DES PARTS OU ACTIONS DÉTENUES PAR LES DIRIGEANTS

511.41 Application au plan de sauvegarde de la possibilité de décider de l'incessibilité des titres et actions détenues par les dirigeants. Reprenant la solution applicable sous l'empire de la législation antérieure à la loi de sauvegarde des entreprises[8], en plan de continuation, **la loi de sauvegarde des entreprises, dans sa rédaction d'origine**, qui concerne les procédures collectives ouvertes entre le 1er janvier 2006 et le 14 février 2009, prévoit que le tribunal peut prononcer l'incessibilité des actions ou parts sociales détenues par les dirigeants. La solution a également été conservée pour le plan de redressement et reçoit exactement le même traitement. Il y sera donc purement et simplement renvoyé (v. ss nos 531.41 à 531.46). Observons cependant que l'incessibilité des parts ou actions, en tant que mesure conservatoire, n'est pas possible en période d'observation de la sauvegarde, contrairement à la règle posée en période d'observation du redressement judiciaire (v. ss no 463.22).

Comme elle l'a fait pour la mesure d'éviction des dirigeants, **l'ordonnance du 18 décembre 2008**[9], qui s'applique aux procédures collectives ouvertes à compter du 15 février 2009, a supprimé la possibi-

1. Amend. no 110, Interv. Xavier de Roux, *JOAN CR*, 3e séance du 3 mars 2005, p. 1687.
2. AUSSI : ROUSSEL GALLE, 2e éd., no 589 – Lucas, *LPA* no sp., 8 févr. 2006, p. 77, 78 – Blanc-Jouvan, « Du plan de sauvegarde », *LPA* no sp., 8 févr. 2006, no 28, p. 74 s., sp. p. 77, 78 – PÉROCHON ET BONHOMME, 7e éd., no 345.
3. SAINT-ALARY-HOUIN, 5e éd., no 846.
4. Régnaut-Moutier, « Les dirigeants de société », *Rev. proc. coll.* 2006/2, p. 159 s., sp. p. 160.
5. ROUSSEL GALLE, 2e éd., no 589.
6. Ord. no 2008-1345, 18 déc. 2008, préc.
7. Fraimout, « La réforme des plans de sauvegarde et de redressement », *Rev. proc. coll.* 2009/1, 11, p. 84 s., sp. p. 86, no 11.
8. L. no 2005-845, 26 juill. 2005, préc.
9. Ord. no 2008-1345, 18 déc. 2008, préc.

lité de subordonner l'adoption du plan de sauvegarde à l'incessibilité des parts ou actions détenues par les dirigeants. La solution n'a été conservée qu'en redressement judiciaire (C. com., art. L. 631-19-1).

SECTION 511.50

CESSION FORCÉE DES PARTS OU ACTIONS DÉTENUES PAR LES DIRIGEANTS

511.51 Application au plan de sauvegarde de la possibilité de la cession forcée des parts ou actions détenues par les dirigeants. La cession forcée des parts ou actions est également applicable, sous l'empire de **la loi de sauvegarde des entreprises**[1], **dans sa rédaction d'origine**, qui concerne les procédures collectives ouvertes entre le 1er janvier 2006 et le 14 février 2009, dans la procédure de sauvegarde, comme elle l'était dans la législation antérieure à la loi de sauvegarde des entreprises, dans le cadre de l'élaboration du plan de continuation. Aucune particularité n'est à signaler par rapport à la cession forcée des parts ou actions en condition de l'adoption d'un plan de redressement. Il sera donc purement et simplement renvoyé à ces règles (v. ss nos 531.51 à 531.54).

La technique apparaissait assez inconciliable avec la procédure volontariste de sauvegarde et bien qu'elle n'eût *a priori* vocation à n'être appliquée qu'à titre exceptionnel, ce caractère n'avait pas été retranscrit dans la législation.

Comme elle l'a fait pour la mesure d'éviction des dirigeants, **l'ordonnance du 18 décembre 2008**[2], qui s'applique aux procédures collectives ouvertes à compter du 15 février 2009, a supprimé la possibilité de subordonner l'adoption du plan de sauvegarde à la cession forcée des parts ou actions détenues par les dirigeants. La solution n'a été conservée qu'en redressement judiciaire (C. com., art. L. 631-19-1).

1. L. no 2005-845, 26 juill. 2005, préc.

2. Ord. no 2008-1345, 18 déc. 2008, préc.

CHAPITRE

512. Consultation des créanciers préparatoire au plan de sauvegarde en dehors des comités de créanciers

SECTION 0

ORIENTEUR

512.00 **Plan du chapitre.**

Sect. 512.10 Domaine de la consultation des créanciers dans le cadre de l'élaboration du plan de sauvegarde

Sect. 512.20 Formes de la consultation des créanciers dans le cadre de l'élaboration du plan de sauvegarde

Sect. 512.30 Contenu de la consultation des créanciers dans le cadre de l'élaboration du plan de sauvegarde

Sect. 512.40 Réponses aux consultations des créanciers dans le cadre de l'élaboration du plan de sauvegarde

Sect. 512.50 Consultation des créanciers publics sur les remises dans le cadre de l'élaboration du plan de sauvegarde sous l'empire de la législation antérieure au décret du 6 avril 2009

Sect. 512.60 Condition des remises de dettes consenties par les créanciers publics dans le cadre de l'élaboration du plan de sauvegarde sous l'empire de la législation antérieure au décret du 6 avril 2009

Sect. 512.70 Condition des remises de dettes consenties par les créanciers publics dans le cadre de l'élaboration du plan de sauvegarde sous l'empire du décret du 6 avril 2009

512.01 **Textes applicables.** (V. références complètes s^s n° 01).

> Législation issue de la loi de sauvegarde des entreprises dans sa rédaction d'origine.

C. com., art. L. 626-5, L. 626-6, L. 626-7, L. 626-29 à L. 626-35, L. 627-3, al. 2

C. com., art. R. 626-7 (anc^t D. 28 déc. 2005, art. 131), R. 626-8 (anc^t D. 28 déc. 2005, art. 132), R. 631-34 (anc^t D. 28 déc. 2005, art. 202)

> Législation issue de l'ordonnance du 18 décembre 2008.

C. com., art. L. 626-5, L. 626-6, L. 626-7, L. 626-29 à L. 626-35, L. 627-3, al. 2

C. com., art. R. 626-7, R. 626-8

> Législation issue de l'ordonnance du 12 mars 2014.

C. com., art. L. 626-30-2, L. 626-32

C. com., art. R. 626-60, R. 626-61

512.03 **Bibliographie indicative.** (V. les références complètes s^s n° 031 – Aussi s^s n°s 510.03 et 532.03).

> Articles.

› *Étude d'ensemble.* Grelon B., « La loi de sauvegarde revisitée par la loi n° 2010-1249 dite de régulation bancaire et financière en date du 22 octobre 2010 », *Rev. sociétés* 2011. 7 – Lebel Ch., « Innovations apportées aux plans de sauvegarde et de redressement par la loi de régulation bancaire du 22 octobre 2010 », *Gaz. Pal.* entr. diff. 7-8 janv. 2011, p. 9.

› *Traitement différencié entre créanciers.* Ghalimi N., « Le traitement différencié des créanciers dans les plans de redressement », *LPA* 19 déc. 2014, n° 253, p. 4 – Legrand F., « Le traitement différencié des créanciers dans le cadre du plan de sauvegarde et du plan de redressement », *Cah. dr. entr.* n° juill./août 2016, p. 47.

› *Abandons de créances.* Cozian M., « Le traitement fiscal abandons de créances dans le cadre de la loi du 26 juillet 2 sur la sauvegarde des entreprises », *LPA* 14 juin 2007, n° 1 p. 26 – Lagarde B., « La discrimination de la déductibilité fis des abandons de créance », *LPA* 17 févr. 2006, n° 35, p. 2

› *Associés, dirigeant, capital social.* Dammann R. et Podeu., « La conversion de créances en capital dans les entreprises en difficultés », *in* « La loi de sauvegarde à l'épreuve du droit des sociétés », Dammann (dir.), *Bull. Joly* 2009. 1129, §29 – Étienne-Martin E. et Soudani M., « Abandon de compte courant d'associé et clause de retour à meilleure fortune », *Rev. proc. coll.* 2012, études 33 – Teboul B., « La dépossession des actionnaires comme mode de traitement des difficultés d'entreprises », *JCP E* 2009. 2171.

› *Obligataires.* Borga N., « Titres super subordonnés et plan de sauvegarde », *Bull. Joly* 2010. 604 – Daudier de Cassini J.-D. et Noury A.-S., « Obligataires et procédures collectives », *in* « La loi de sauvegarde à l'épreuve du droit des sociétés », Dammann (dir.), *Bull. Joly* 2009. 1123, § 228 – Grelon B., « La consultation des obligataires dans le cadre d'une procédure collective d'insolvabilité », *Rev. sociétés* 2008. 25 – Le Corre P.-M., « Porteurs de titres super-subordonnés et élaboration des plans de sauvegarde et de redressement avec comités », *D.* 2010. Chron. 839.

512.04 Questions essentielles.

• Peut-on faire des propositions différentes aux créanciers ?

* V. s^s n° 512.31.

• Peut-on faire des propositions alternatives ?

* V. s^s n° 512.33.

• Quelle est la situation du créancier non consulté ?

* V. s^s n° 512.44.

La consultation classique peut-elle appliquée à un créancier public ?

* V. s^s n° 512.51.

512.09 Présentation générale des règles relatives à la consultation des créanciers préparatoire à l'adoption du plan de sauvegarde – consultation en amont de l'ouverture de la sauvegarde. La loi de sauvegarde des entreprises[1] apporte des innovations importantes en matière de consultation des créanciers préparatoires à l'adoption du plan. Elle établit d'abord une distinction de principe en fonction de la taille de l'entreprise. Au-delà de seuils fixés par décret, l'article L. 626-29, alinéa 1er du code de commerce établit un régime particulier pour la consultation de certains créanciers. Ils seront obligatoirement consultés après avoir été réunis en comités. Cette règle, présentée comme exceptionnelle dans la législation devrait, en réalité, devenir la règle de principe, lorsqu'elle sera entrée dans les habitudes, car, en application de l'alinéa 2 de l'article L. 626-29 du code, « à la demande du débiteur ou de l'administrateur, le juge-commissaire peut autoriser qu'il en soit également fait application en deçà de ce seuil ». Il faut bien comprendre que, pour le débiteur, les comités de créanciers représentent un levier, permettant d'obtenir plus que ce que le tribunal pourrait imposer[2]. Il nous semble dès lors bien excessif, dans ce contexte, d'évoquer le « come-back des créanciers »[3] sur le devant de la scène.

En outre, la loi de sauvegarde des entreprises associe plus étroitement les créanciers publics à la consultation préparatoire à l'adoption du plan. Ceux-ci pourront accorder des remises de dettes en principal.

Pour les créanciers n'étant pas membres des comités, le schéma classique de consultation des créanciers sera respecté, sous une réserve : la consultation sera l'œuvre de l'administrateur judiciaire, non celle du mandataire judiciaire, du moins sous l'empire de la loi de sauvegarde des entreprises, dans sa rédaction d'origine. L'article L. 626-33, alinéa 1er du code de commerce, dans la rédaction que lui donne l'ordonnance du 18 décembre 2008[4] (ord. 18 déc. *2008, art. 69*), reprend le principe de solution selon lequel les créanciers qui ne sont pas membres des comités sont consultés dans les conditions classiques, c'est-à-dire comme s'il n'y avait pas de comité. Il modifie toutefois une modalité de cette consultation. Le renvoi pur et simple aux modalités prévues par les articles L. 626-5 à L. 626-6 du code conduit à décider que la consultation est désormais l'œuvre du mandataire judiciaire et non plus celle de l'administrateur judiciaire, comme cela était le cas dans la rédaction d'origine de la loi de sauvegarde.

L'article L. 626-33, alinéa 1er du code apporte également une précision pour les créanciers bénéficiaires d'une fiducie-sûreté constituée par le débiteur, lorsqu'ils ne sont pas membres des comités. Ils sont consultés comme des créanciers classiques, selon les modalités de l'article L. 626-5 à L. 626-6 du code par le mandataire judiciaire.

Le fait que la procédure de sauvegarde soit ouverte sans cessation des paiements autorise des techniques que le redressement judiciaire ne permet pas. Il est en effet possible de combiner une procédure de conciliation avec une procédure de sauvegarde. Pendant la première, qui devrait se terminer par une homologation de l'accord, les créanciers sont consultés sur les efforts qu'ils acceptent de consentir. Les créanciers favorables à la solution proposée concluront avec le débiteur, qui s'engage à demander l'ouverture d'une sauvegarde, un protocole d'accord dont l'objet sera de figer les sacrifices qu'ils acceptent de consentir dans le futur plan de sauvegarde[5]. Puis, dans la procédure de sauvegarde, il y aura place à consultation des comités de créanciers, les créanciers ayant donné leur accord s'engageant à voter les propositions de plan dans les mêmes termes que ceux contenus dans le protocole d'accord, dans les délais les plus courts, tout en respectant le code de commerce. Il n'y aura plus alors, par le vote majoritaire, qu'à procéder « à l'écrasement des créanciers minoritaires »[6]. Ainsi le passage par la sauvegarde devrait-il être réduit au minimum : le temps nécessaire au

1. L. n° 2005-845, 26 juill. 2005, *JO* 27 juill., p. 12187.

2. RAPPR. : Deharveng, « Philosophie de la réforme et présentation du nouveau cadre juridique », *RLDA* déc. 2005, suppl. p. 4.
3. SAINT-ALARY-HOUIN, 9e éd., n° 929.
4. Ord. n° 2008-1345, 18 déc. 2008, *JO* 19 déc., p. 19462.
5. Besse et Morelli, « Le *prepackaged plan* à la française : pour une saine utilisation de la procédure de sauvegarde », *JCP E* 2009. 1628, n° 8.
6. Besse et Morelli, art. préc., n° 6.

vote des comités de créanciers[1], indispensable pour imposer aux créanciers récalcitrants dans la conciliation la volonté de la majorité, technique impossible dans le cadre contractuel de la procédure de conciliation. Cette technique est dénommée « *prepackaged plan* », que l'on dénommera plus volontiers sous le vocable d'« accord préparatoire à la sauvegarde »[2]. Elle a inspiré la sauvegarde financière accélérée, puis les sauvegardes accélérées de droit commun.

SECTION 512.10
DOMAINE DE LA CONSULTATION DES CRÉANCIERS DANS LE CADRE DE L'ÉLABORATION DU PLAN DE SAUVEGARDE

512.11 Caractère impératif de la consultation des créanciers dans le cadre de l'élaboration du plan de sauvegarde. Lorsqu'un plan de sauvegarde est envisagé, il est indispensable de procéder à la consultation des créanciers. En ce sens, l'article L. 626-5, alinéa 1er du code de commerce prévoit que « les propositions pour le règlement des dettes [...] sont, au fur et à mesure de leur élaboration et sous la surveillance du juge-commissaire, communiquées par l'administrateur au mandataire judiciaire, aux contrôleurs, ainsi qu'au comité d'entreprise, ou à défaut, aux délégués du personnel ».

En l'absence d'administrateur judiciaire, l'article L. 627-3, alinéa 2 du code énonce que « le débiteur communique au mandataire judiciaire et au juge-commissaire les propositions de règlement du passif prévues à l'article L. 626-5 et procède aux informations et consultations prévues aux articles L. 623-3 et L. 626-8 ». L'ordonnance du 18 décembre 2008[3], pour tenir compte du fait qu'en sauvegarde, le débiteur a la maîtrise de l'élaboration de son plan vise, aux lieu et place des « informations et consultations prévues aux articles L. 623-3 et L. 626-8 », les « consultations et communications prévues à l'article L. 626-8 ».

La consultation ne doit être obligatoire que si elle est utile.

Pour cette raison, elle est exclue si, en période d'observation, il n'est pas envisageable qu'un plan de sauvegarde puisse être présenté. La solution adoptée en matière de plan de continuation[4], est ici transposable.

Pour cette même raison, l'article L. 626-5, alinéa 4 du code de commerce, dans la rédaction que lui donne l'article 58 de la loi du 22 octobre 2010[5], prévoit que le mandataire judiciaire n'est pas tenu de consulter les créanciers pour lesquels le projet de plan ne modifie pas les modalités de paiement ou prévoit un paiement intégral en numéraire dès l'arrêté du plan ou dès l'admission de leurs créances. Cette solution valide la solution jurisprudentielle qui avait été posée à propos des titres super subordonnés[6]. Une cour d'appel admet ainsi qu'il n'y a pas place à consultation des créanciers, dès lors qu'on prévoit un paiement en un seul dividende un mois après l'adoption du plan[7].

En outre, une nouvelle consultation ne s'impose pas en cause d'appel[8], et cela même à la suite des conclusions du débiteur faisant état de nouvelles propositions, si la consultation a été précédemment accomplie[9], et ce même si les créanciers avaient refusé les propositions antérieures[10].

À défaut de consultation, il y a place à nullité du jugement[11]. Il y a en effet un excès de pouvoir. Mais le seul fait qu'un créancier consulté ne réponde pas à la consultation reste indifférent sur la possibilité pour le tribunal de statuer sur le projet de plan[12], alors surtout que le code de commerce prend le soin de prévoir la façon dont le silence du créancier doit être interprété.

Si le mandataire judiciaire a nécessairement qualité pour soulever, dans le cadre d'un appel, la nullité du jugement arrêtant le plan sans respecter la consultation, il faut également reconnaître ce droit au débiteur, le contraire ayant cependant été jugé[13], si du moins l'irrégularité lui fait grief[14].

1. Besse et Morelli, art. préc., nos 12 à 14.
2. POUR une application : T. com. Nanterre, ch. except., 30 nov. 2009, RG no 2009G00034, aff. Thomson, *D.* 2009. AJ 2929, obs. Lienhard.
3. Ord. no 2008-1345, 18 déc. 2008, préc.
4. Com. 25 mars 1997, no 94-13.003, *Bull. civ.* IV, no 82; *D. Affaires* 1997. 705 – Com. 17 mars 1998, no 95-20.027, *Bull. civ.* IV, no 106; *D.* 1998. IR 109 – Com. 27 oct. 1998, no 96-16.385, NP; no 1721 F-D – Com. 19 janv. 1999, no 96-17.763, NP; no 161 F-D – Com. 5 mars 2002, no 98-20.370, NP.
5. L. no 2010-1249, 22 oct. 2010, *JO* 23 oct., p. 18984.
6. Le Corre, « Porteurs de titres super-subordonnés et élaboration des plans de sauvegarde et de redressement avec comités », *D.* 2010. Chron. 839.
7. Lyon, ch. A, 13 mai 2015, RG no 15/00926, *JurisData* 012206, *Rev. proc. coll.* 2015, comm. 101, note Lebel.
8. Paris, 3e ch. A, 18 déc. 2007, RG no 07/00166.
9. Com. 10 juill. 1990, no 88-18.941, *Bull. civ.* IV, no 208; *Rev. proc. coll.* 1991, 289, obs. Soinne – Com. 6 févr. 1996, no 92-19.032, *Bull. civ.* IV, no 38; *RJDA* 1996/5, no 694 – Com. 2 avr. 1996, *Bull. civ.* IV, no 38; *Quot. Jur.* 2 juill. 1996, p. 6, note P. M. – Com. 18 janv. 2000, no 97-12.805, NP et Com. 15 mai 2000, *Rev. proc. coll.* 2001, 74, no 13, obs. Soinne.
10. Com. 10 juill. 1990, no 88-18.941, préc. (v. ss prést no) – Com. 6 févr. 1996, no 92-19.032, *Bull. civ.* IV, no 38; *RJDA* 1996/5, no 694.
11. Soinne, *Rev. proc. coll.* 1995, 620, no 2 – *Adde*, Paris, 3e ch. A, 24 oct. 1995, *Rev. proc. coll.* 1996, 372, no 6, obs. Soinne.
12. Com. 19 févr. 2013, no 11-28.256, NP; no 176 F-D; *Gaz. Pal.* 1er mai 2013, no 121, p. 17, note Fricero.
13. Rennes, 2e ch., 5 févr. 1992, *D.* 1995. Somm. 3, obs. Derrida.
14. Com. 16 avr. 1991, no 89-13.677, *Bull. civ.* IV, no 145 et Com. 15 déc. 1992, nos 91-12.467, 91-12.468, *Bull. civ.* IV, no 418; *D.* 1994. Somm. 1, obs. Derrida.

Un créancier est également habile à apour obtenir la nullité du jugement[1]. N'étant partie au plan de sauvegarde, il ne peut faire ap| Sous l'empire de la loi de sauvegarde des entreses, la tierce opposition réformation lui est verte (C. com., art. L. 661-3, al. 1er). La voie de tierce opposition réformation lui est, sous l'emp de la législation antérieure à la loi de sauvegde des entreprises, fermée (C. com., art. L. 623 [anct L. 25 janv. 1985[2], art. 172]). Il pouvait, econséquence, exercer une tierce opposition nullé, fondée sur l'excès de pouvoir commis par la jurtion, et ce dans les dix jours de la publication au odacc du jugement arrêtant le plan.

En présence d'un appel, si la cour d'appelnnule le jugement, elle peut, statuant à nouveau, sit prononcer la liquidation judiciaire, soit rendre n arrêt avant dire droit invitant le représentant de créanciers – mandataire judiciaire – à procéder ux consultations légales[3]. La cour pourrait également décider de renvoyer l'affaire devant les premiers juges, afin que ceux-ci obligent le représentant des créanciers – mandataire judiciaire – à consulter les créanciers. Elle ne pourrait arrêter le plan sans vérifier que la consultation individuelle ou collective des créanciers a bien eu lieu[4].

512.12 Consultation des créanciers dans le cadre de l'élaboration du plan de sauvegarde et déclaration de créance. Il est d'abord certain que tous les créanciers ayant déclaré leur créance devront être consultés. L'article L. 626-5, alinéa 2 du code de commerce le prévoit explicitement. On peut cependant estimer que si la procédure de vérification des créances est intervenue et qu'une décision définitive a été rendue rejetant la créance, la consultation de ce créancier ne présenterait aucun intérêt, puisqu'il n'est plus habile, faute de pouvoir se prétendre créancier, à émettre quelques prétentions que ce soit, parce que sa créance est éteinte. En revanche, le fait que le mandataire ait contesté la créance ne peut dispenser de consulter le créancier contesté. C'est pourquoi le fait pour le mandataire judiciaire de notifier au créancier contesté les conditions d'apurement du passif envisagées dans le cadre du plan ne vaut pas renonciation à la contestation. Cette solution posée sous l'empire de la loi de 1985[5] reste d'actualité[6]. La procédure d'élaboration du plan est en effet distincte de la procédure de vérification et d'admission des créances.

Sous l'empire de la loi du 25 janvier 1985, il était admis qu'un créancier qui n'avait pas déclaré sa créance, et alors même que le délai de déclaration de créance aurait été expiré, devait être consulté. Cependant, si le créancier n'était pas connu (sur cette notion, v. ss no 665.41) à la date de la consultation, il n'était pas indispensable de procéder à sa consultation ultérieure[7] car il y aurait eu là un risque de ralentissement important de la procédure d'élaboration du plan, guère compatible avec les impératifs de redressement recherché. En revanche, si les délais de présentation du plan l'y autorisaient encore, il était opportun de procéder à sa consultation car le sort des créanciers non consultés est sujet à difficulté (v. ss no 512.44).

L'absence de consultation d'un créancier connu à la date de la consultation pouvait être source de responsabilité à l'encontre du représentant des créanciers, s'il devait en résulter un préjudice pour ce créancier. Il y avait en effet incontestablement faute du représentant des créanciers à ne pas consulter un créancier « connu », puisqu'il y avait violation de l'article 42, alinéa 1er du décret du 27 décembre 1985[8].

Sous l'empire de la loi de sauvegarde des entreprises, les données du problème ne changent pas, *a priori*, même si, il faut le noter, la rédaction est différente de celle de l'article 42, alinéa 1er du décret du 27 décembre 1985. En effet, l'article R. 626-7, alinéa 1er du code de commerce ne prévoit la consultation que des seuls créanciers ayant déclaré leur créance. Il sera toutefois prudent pour l'administrateur ou le mandataire judiciaire, selon qu'il y aura eu ou non constitution des comités de créanciers, de consulter tous les créanciers connus, indépendamment de leur déclaration de créance, alors surtout qu'au jour de la consultation, les délais de déclaration des créances ne sont pas encore expirés[9].

Les créanciers, qui bénéficient du privilège de la conciliation, sont des créanciers antérieurs dans la procédure collective ouverte après l'accord de conciliation homologuée, sont comme tels soumis au plan et, quoique l'opinion contraire ait été soutenue[10], restent des créanciers antérieurs.

L'article L. 626-5 du code de commerce précise que les dispositions relatives à la consultation des créanciers sont applicables à l'AGS pour les sommes mentionnées au quatrième alinéa de l'article L. 622-24 du code, même si les créances qu'elle détient n'ont pas encore été déclarées. Il s'agit là des som-

1. Soinne, *Rev. proc. coll.* 1995, 121, no 2.
2. L. no 85-98, 25 janv. 1985, *JO* 26 janv., p. 1097.
3. Paris, 22 mars 1988 et Paris, 21 juin 1988, *JCP E* 1988. II. 15335, no 6, obs. M. Cabrillac et Vivant – *Adde*, KERCKHOVE, no 733.
4. Com. 22 mai 2007, no 06-13.135, NP, *Rev. proc. coll.* 2007/3, p. 130, no 10, obs. Lebel.
5. L. no 85-98, 25 janv. 1985, préc.
6. Com. 3 oct. 2006, no 04-19.457, NP; no 1116 F-D; *Act. proc. coll.* 2006/19, no 232, note Vallansan; *LXB hebdo* no 237, 23 nov. 2006, no N0346A9P, note Le Corre.
7. Paris, 3e ch. A, 17 janv. 1989, *Quot. Jur.* 1989, p. 5, no 134.
8. D. no 85-1388, 27 déc. 1985, *JO* 29 déc., p. 15281.
9. RAPPR. : ROUSSEL GALLE, 2e éd., 2007, no 593.
10. PÉROCHON, 9e éd., no 975.

mes avancées par l'AGS et qui sont remboursables dans les conditions prévues pour les créances antérieures. Il faut en effet tenir compte des délais particuliers de déclaration de créance ouvert à l'AGS (v. s[s] n° 665.36).

Alors que, sous l'empire de la législation antérieure à la loi de sauvegarde des entreprises[1], seuls les créanciers antérieurs doivent être consultés, l'alignement par la loi de sauvegarde des entreprises du traitement des créanciers postérieurs non éligibles au traitement préférentiel sur le sort des créanciers antérieurs conduit aussi à les consulter[2]. Il faut cependant tenir compte du fait que leur créance étant par hypothèse née après l'ouverture de la procédure, ces créanciers peuvent ne pas exister au jour de la consultation et ne seront pas connus du mandataire judiciaire. Ils seront traités comme des créanciers n'ayant pas accepté les propositions (v. s[s] n° 512.44) – les autres créanciers – par opposition aux créanciers ayant accepté les propositions de règlement du passif.

512.13 Consultation des petits créanciers et des créanciers titulaires du super privilège des salaires dans le cadre de l'élaboration du plan de sauvegarde. Certains créanciers ne pourront se voir imposer des délais ou des remises (v. s[s] n° 522.14). Faut-il, dans ces conditions, procéder à leur consultation ? Une réponse positive semble devoir être apportée, encore que les opinions soient divergentes sur la question[3], dès lors qu'on observe que, si ces créanciers ne peuvent se voir imposer ni délai ni remise, ils peuvent parfaitement les accepter. En revanche, à défaut de réponse, il ne semble pas possible de leur imposer le traitement réservé aux créanciers qui n'ont pas répondu, auxquels seraient imposées des remises, les opinions n'étant ici encore pas unanimes[4]. L'ordonnance du 12 mars 2014[5] est clairement en ce sens et dissipe donc les difficultés d'interprétation pour les procédures couvertes à compter du 1er juillet 2014.

512.14 Consultation du créancier de prêt participatif dans le cadre de l'élaboration du plan de sauvegarde. Ces prêts sont réglementés par les articles 26 et 27 de la loi du 13 juillet 1978[6]. L'article 26 de cette loi énonce qu'« en cas de liquidation amiable ou de liquidation des biens de l'entreprise débitrice, les prêts participatifs ne sont remboursés qu'après désintéressement complet de toutes les autres créances privilégiées ou chirographaires ». Si cette disposition ne fait pas difficulté en liquidation judiciaire[7], son application en sauvegarde est plus problématique, faute pour le texte de l'article 26 de la loi du 13 juillet 1978 d'avoir été modifié. Il semble cependant que le législateur ayant incontestablement voulu traiter les créanciers de prêts participatifs comme des créanciers « hypochirographaires », ces créanciers devront être remboursés après tous les autres créanciers[8]. Même si le contraire a été jugé sous l'empire de la loi du 25 janvier 1985[9], les délais du plan ne pourront donc s'appliquer à eux, puisque le début de leurs remboursements ne pourra intervenir qu'après paiement des autres créanciers. Cette dernière solution a d'ailleurs été posée sous l'empire de la loi du 13 juillet 1967[10]. Dès lors, il apparaît que la procédure de consultation n'a pas à leur être appliquée, puisqu'il est impossible de leur imposer le traitement égalitaire réservé aux créanciers qui n'ont pas accepté les propositions de règlement et qu'il apparaît encore plus impossible de les faire bénéficier des conditions de règlement réservées aux créanciers ayant accepté, puisque ce serait alors les traiter mieux que les créanciers réfractaires, alors pourtant que, selon l'article 26 de la loi du 13 juillet 1978, ils doivent être remboursés après tous les autres créanciers.

512.15 Consultation du créancier associé ou actionnaire dans le cadre de l'élaboration du plan de sauvegarde – conversion de créances en capital. La seule qualité de détenteur de parts ou actions de la société débitrice n'est pas exclusive de celle de créancier[11]. Il n'y aura aucune difficulté si la créance résulte de prestations de services ou de ventes, n'ayant aucun rapport avec la qualité d'associé. Le problème surgit en revanche si l'associé a mis à disposition de la société de l'argent. S'il s'agit d'une véritable avance en compte-courant ou d'un prêt, la qualité de créancier de l'associé doit conduire à sa consultation, dans le cadre de l'élaboration d'un plan de sauvegarde. Inversement, si l'argent a été versé dans le cadre d'un apport d'associé, il ne s'agit plus d'un créancier[12].

1. L. n° 2005-845, 26 juill. 2005, préc.
2. EN CE SENS AUSSI : PÉROCHON, 10e éd., n° 873.
3. EN CE SENS : SOINNE, n° 1464 – *CONTRA* : DERRIDA ET *ALII*, note 695 *bis*.
4. EN CE SENS : CHAPUT, n° 384 – *CONTRA* : SOINNE, n° 1464.
5. Ord. n° 2014-326, 12 mars 2014, *JO* 14 mars, p. 5249.
6. L. n° 78-741, 13 juill. 1978, *JO* 14 juill., p. 2799.
7. SOINNE, n° 1465 – *Adde*, POUR UNE APPLICATION : T. com. Valenciennes, 22 déc. 1992, *Rev. proc. coll.* 1993, 75, n° 3, obs. Soinne.
8. Teboul, « Cas particulier – La reprise d'une entreprise en difficulté : essai de mise en perspective entre les lois Jacob-Dutreil (PME) et Perben-Clément (Sauvegarde) », *LPA* 4 août 2005, n° 154, p. 6 s., sp. p. 7.
9. L. n° 85-98, 25 janv. 1985, préc. – Lyon, 26 juill. 1991, *Rev. proc. coll.* 1992, 406, n° 5, obs. Soinne.
10. L. n° 67-563, 13 juill. 1967, *JO* 14 juill., p. 7059 – Besançon, 2e ch., 12 févr. 2002, RG n° 00/01722, *RD banc. fin.* 2002, n° 142, obs. Lucas; *Act. proc. coll.* 2002/12, n° 151.
11. Versailles, 13e ch., 3 nov. 1994, RG n° 93/8069, *JurisData* 049415.
12. SOINNE, n° 1469.

L'article 58 de la loi du 22 octore 2010[1] modifi la rédaction de l'alinéa 1er de l'article L. 626-5 du code de commerce pour préciser que la consultation des créanciers peut porter sur une proposition de conversion de créances en titres donnant ou pouvant donner accès au capital d'une société. Il s'agit là d'étendre une solution qui n'était jusqu'alors posée qu'en cas de plan élaboré avec comités de créanciers. Ainsi que le précise l'alinéa 3 de l'article L. 626-5 du code, issu de cette loi, le mandataire judiciaire procédera de la même façon que s'il s'agissait de recueillir l'accord individuel des créanciers sur les délais et remises. L'article R. 626-7, III du code de commerce (réd. D. 3 mars 2011[2]), détaille le contenu de la lettre contenant cette proposition.

Contrairement à la solution retenue pour la consultation classique des créanciers, le défaut de réponse dans le délai de trente jours à compter de la réception de la lettre de consultation vaut ici refus. Le législateur a sans doute considéré plus grave de transformer un créancier en actionnaire que de lui faire perdre une partie de sa créance. La solution se justifierait par l'observation que l'*affectio societatis* attaché à la qualité d'associé, suppose une manifestation de volonté[3].

Les personnes qui ont cautionné un prêt restent tenues en cas de conversion de créance en obligations. Il n'y a pas intention de nover de la part du créancier, qui subit, plus qu'il n'accepte, dans un cadre judiciaire, la conversion de créance. C'est pourquoi la caution n'est pas libérée[4].

512.16 Consultation des créanciers bénéficiaires d'une fiducie-sûreté. L'article L. 626-33, alinéa 1er du code apporte également une précision pour les créanciers bénéficiaires d'une fiducie-sûreté constituée par le débiteur. Ils sont consultés comme des créanciers classiques, c'est-à-dire qu'ils sont exclus des comités, « pour leurs créances assorties de cette sûreté » (sur la difficulté d'interprétation, v. ss no 633.59). La même règle est posée depuis l'ordonnance du 12 mars 2014[5] pour les obligataires, par l'article L. 626-32, alinéa 3 du code de commerce, dans la rédaction que lui donne l'article 46, 1° de l'ordonnance.

1. L. no 2010-1249, 22 oct. 2010, préc. – SUR CE TEXTE : Grelon, « La loi de sauvegarde revisitée par la loi no 2010-1249 dite de régulation bancaire et financière en date du 22 octobre 2010 », *Rev. sociétés* 2011. 7.
2. D. no 2011-236, 3 mars 2011, *JO* 4 mars, p. 4183.
3. Lienhard, *Code des procédures collectives commenté*, Dalloz, 2012, p. 230, ss art. L. 626-5 – PÉROCHON, 10e éd., no 879.
4. Paris, pôle 5, 6e ch., 24 sept. 2010, RG no 08/02231, *JCP E* 2011. 1782, note Legros.
5. Ord. no 2014-326, 12 mars 2014, préc.

ECTION 512.20

ORMES DE LA CONSULTATION DES CRÉANCIERS DANS LE CADRE DE L'ÉLABORATION DU PLAN DE SAUVEGARDE

12.21 Initiative de la consultation des créanciers dans le cadre de l'élaboration du plan de sauegarde. La forme de consultation des créanciers sur es propositions de règlement du passif est étroitement réglementée par l'alinéa 2 de l'article L. 621-0 du code de commerce (anct L. 25 janv. 1985[6], rt. 24, al. 2), dans sa rédaction antérieure à la loi e sauvegarde des entreprises et par l'article L. 626-5, linéa 2 du code, depuis la loi de sauvegarde des ntreprises, auxquels renvoient respectivement, sous 'empire de la législation antérieure à la loi de sauvegarde des entreprises, en régime simplifié, l'article L. 621-139, alinéa 2 du code (anct L. 25 janv. 1985, art. 143, al. 2) et, sous l'empire de la législation issue de la loi de sauvegarde des entreprises[7], l'article L. 627-3, alinéa 2. Les articles 42 et 43 du décret du 27 décembre 1985, R. 626-7 et R. 626-8 du code de commerce (anct D. 28 déc. 2005[8], art. 131 et 132) complètent le dispositif.

Si l'auteur du projet de plan est l'administrateur judiciaire, l'article 42, alinéa 1er du décret du 27 décembre 1985[9] prévoit que les « propositions relatives aux délais de paiement et remises de dettes, en vue d'un plan de continuation [...] sont communiquées [...] par le représentant des créanciers à chaque créancier ». La même disposition prévoit que les propositions du débiteur, lorsque l'auteur du projet de plan est le débiteur, sont également transmises aux créanciers par le représentant des créanciers. L'article L. 621-60, alinéa 2 du code de commerce, dans sa rédaction antérieure à la loi de sauvegarde des entreprises et l'article L. 626-5, alinéa 2 du code, depuis la loi de sauvegarde des entreprises, énoncent pour leur part que « le représentant des créanciers – mandataire judiciaire – recueille [...] l'accord de chaque créancier ». L'initiative de la consultation appartient exclusivement au représentant des créanciers – mandataire judiciaire –, lequel cependant ne constitue qu'un relais de l'administrateur judiciaire ou du débiteur, selon le cas. Il n'est donc pas l'auteur intellectuel de la consultation, puisque le contenu des propositions est élaboré par un autre organe. La législation de sauvegarde des entreprises ne modifie pas la solution (C. com., art. R. 626-7). Observons que, sous l'empire de la loi de sauvegarde des entreprises, dans sa rédaction d'ori-

6. L. no 85-98, 25 janv. 1985, préc.
7. L. no 2005-845, 26 juill. 2005, préc.
8. D. no 2005-1677, 28 déc. 2005, *JO* 29 déc., p. 20324.
9. D. no 85-1388, 27 déc. 1985, préc.

gine, en cas de procédure de sauvegarde ou redre ment judiciaire avec instauration des deux com de créanciers, la consultation individuelle des cré ciers hors comités est l'œuvre de l'administrat judiciaire, selon l'article L. 626-33, alinéa 1er, position de la procédure de sauvegarde applicabl redressement judiciaire (C. com., art. L. 631-19, La solution a été modifiée par l'ordonnance 18 décembre 2008[1], qui donne compétence au m dataire judiciaire pour recueillir l'accord des cré ciers non-membres des comités, y compris les cré ciers publics.

La question peut se poser de savoir si la consul tion pourrait être organisée directement par le dé teur.

Il est d'abord certain que si, formellement, le repr sentant des créanciers – mandataire judiciaire – n consulte pas, il n'y aura pas eu de véritable consu tation. Mais quelle valeur attribuer alors à la consultation préalablement faite par le débiteur ? Le représentant des créanciers – mandataire judiciaire – pourrait-il formuler ses propositions de consultation en énonçant qu'il appartient aux créanciers consultés par le débiteur et qui auraient alors répondu de confirmer la réponse sur les propositions précédemment émises ? Un auteur condamne formellement cette possibilité en déniant toute valeur à la consultation faite par le débiteur, au prétexte que les créanciers seraient les victimes d'un dol[2]. L'opinion mérite, à notre sens, d'être singulièrement nuancée. Il nous apparaît que le créancier consulté sera tenu à l'égard du débiteur dans les termes de sa réponse, puisqu'une véritable convention sera intervenue entre lui et le débiteur. Il ne pourrait donc émettre un avis différent dans le cadre de la consultation subséquente organisée par le représentant des créanciers – mandataire judiciaire. Il n'en ira cependant ainsi qu'autant que le débiteur aura précisé que sa consultation est intervenue en préalable à celle du représentant des créanciers – mandataire judiciaire. Ce faisant, il y a dissipation de tout doute pour le créancier. Cette attitude serait exclusive de dol et conduirait à ne pas invalider la convention passée entre le débiteur et les créanciers qui ont répondu. En revanche, pour les créanciers qui n'auront pas répondu, le droit commun doit continuer à trouver à s'appliquer. Qui ne dit mot ne consent pas[3]. Seule la consultation opérée par le représentant des créanciers – mandataire judiciaire – aura alors l'effet d'engagement du créancier.

Sans doute, la portée de la consultation organisée directement par le débiteur est-elle un peu limitée, dès lors qu'il est impossible de se dispenser de la consultation menée par le représentant des créanciers – mandataire judiciaire. Cependant, elle peut présenter une utilité, en fin de période d'observation, si le débiteur obtient une réponse particulièrement avantageuse de la part de ses créanciers. Le tribunal pourrait alors reconsidérer sa position sur l'opportunité d'un plan et autoriser, en conséquence, un renouvellement de période d'observation, alors surtout que l'administrateur judiciaire n'y serait pas favorable, compte tenu du montant du passif antérieur à régler.

Si l'auteur de la consultation doit, de toute façon, être le représentant des créanciers – mandataire judiciaire –, celui-ci dispose d'un choix entre consultations individuelles ou collectives.

512.22 Consultation individuelle des créanciers dans le cadre de l'élaboration du plan de sauvegarde. L'article L. 621-60, alinéa 2 du code de commerce (anct L. 25 janv. 1985[4], art. 24, al. 2), dans sa rédaction antérieure à la loi de sauvegarde des entreprises et l'article L. 626-5, alinéa 2 du code, depuis la loi de sauvegarde des entreprises, indiquent que « le représentant des créanciers – mandataire judiciaire – recueille individuellement ou collectivement l'accord de chaque créancier [...] sur les délais et remises qui lui sont proposés ». La consultation peut donc être individuelle ou collective.

La consultation individuelle est réglementée, sous l'empire de la législation antérieure à la loi de sauvegarde des entreprises, par l'article 42, alinéa 2 du décret du 27 décembre 1985. Elle doit contenir :

1) l'indication qu'une action a été introduite en application de l'article L. 621-59 du code de commerce (anct L. 25 janv. 1985, art. 23) ou, le cas échéant, le dispositif de la décision rendue. Il s'agit là de mesure d'éviction des dirigeants, de cession forcée de parts ou actions, ou encore de mesure d'incessibilité de ces mêmes parts ou actions;

2) l'indication de la manière soit individuelle, soit collective, dont la réponse doit être reçue;

3) la reproduction des dispositions de la deuxième phrase du deuxième alinéa de l'article L. 621-60 du code. Il s'agit là d'indiquer la sanction du défaut de réponse à la consultation. En outre, à la lettre de la consultation, il convient de joindre :

– un état de la situation active et passive avec ventilation du passif privilégié et du passif chirographaire;

– les propositions de l'administrateur ou du débiteur et l'indication des garanties offertes;

– l'avis du représentant des créanciers ainsi que des contrôleurs, s'il en a été nommé.

1. Ord. n° 2008-1345, 18 déc. 2008, préc.
2. Soinne, n° 1467.
3. Civ. 25 mai 1870, *DP* 1870. I. 257; *S.* 1870. I. 341.
4. L. n° 85-98, 25 janv. 1985, préc.

La consultation individuelle est identiquement réglementée, depuis la loi de sauvegarde des entreprises, par l'article R. 626-7, alinéas 2 et 3 du code de commerce. Elle doit contenir la reproduction des dispositions de la deuxième phrase du deuxième alinéa de l'article L. 626-5 du code. Il s'agit là d'indiquer la sanction du défaut de réponse à la consultation. En outre, à la lettre de la consultation, il convient de joindre :

- un état de la situation active et passive avec ventilation du passif privilégié et du passif chirographaire;
- les propositions du débiteur, ce qui est au demeurant curieux en cas de redressement judiciaire avec un administrateur judiciaire, les propositions émanant en ce cas de l'administrateur - et l'indication des garanties offertes;
- l'avis du mandataire judiciaire ainsi que des contrôleurs, s'il en a été nommé.

512.23 Sanction d'une consultation irrégulière des créanciers dans le cadre de l'élaboration du plan de sauvegarde. On peut s'interroger sur la sanction attachée au non-respect du contenu de la lettre, lequel semble bien impératif. Si le non-respect des modalités de la consultation fait grief, c'est-à-dire met le créancier dans l'impossibilité d'apporter correctement une réponse, spécialement lorsque n'est pas indiquée la sanction attachée au défaut de réponse, il faut considérer que le créancier n'a pas été consulté[1]. Son sort pourra être calqué sur celui des créanciers non consultés (v. s[s] n° 512.44), l'opinion contraire ayant été soutenue[2].

512.24 Consultation collective des créanciers dans le cadre de l'élaboration du plan de sauvegarde – Lettre de convocation. L'article L. 621-60, alinéa 2 du code de commerce (anc[t] L. 25 janv. 1985[3], art. 24, al. 2), dans sa rédaction antérieure à la loi de sauvegarde des entreprises et l'article L. 626-5, alinéa 2 du code, depuis la loi de sauvegarde des entreprises, prévoient que la consultation peut être collective. Cette possibilité n'est guère utilisée en pratique[4].

En ce cas, la lettre de consultation devra préciser le caractère collectif de la consultation (D. 27 déc. 1985[5], art. 42, al. 2), outre les mentions figurant sur une lettre de consultation individuelle (v. s[s] n° 512.22)[6]. L'article 43 du décret du 27 décembre 1985 indique que « lorsque le représentant des créanciers décide de consulter collectivement les créanciers, ceux-ci se réunissent sous sa présidence, aux lieu, jour et heure fixés dans la lettre mentionnée à l'article précédent. Un avis de convocation peut en outre être inséré dans un journal d'annonces légales du lieu du siège du débiteur ». L'alinéa 2 continue en indiquant que « la réunion doit avoir lieu entre le 15e et le 21e jour de l'envoi de la lettre ». *Aucune sanction ne peut cependant* être attachée à une réunion faite en dehors du délai imparti[7]. Le créancier devra recevoir la lettre de consultation, comme en cas de consultation individuelle (D. 27 déc. 1985, art. 43, al. 5).

Beaucoup plus souplement, l'article R. 626-8 du code de commerce réglemente la consultation collective des créanciers. Le mandataire judiciaire les convoque aux lieu, jour et heures fixés dans la lettre de consultation, envisagée ci-dessus dans le cadre de la consultation individuelle et qui doit contenir les mêmes mentions (v. s[s] n° 512.22). Un avis de convocation peut également être publié dans un journal d'annonces légales du lieu du siège ou de l'adresse de l'entreprise ou de l'activité du débiteur personne physique.

Avant (D. 27 déc. 1985, art. 43, al. 3), comme depuis la loi de sauvegarde des entreprises (C. com., art. R. 626-8, al. 2), il est prévu que « les créanciers peuvent se faire représenter par une personne munie d'un pouvoir spécial ». L'alinéa suivant (D. 27 déc. 1985, art. 43, al. 4; C. com., art. R. 626-8, al. 3 [anc[t] D. 28 déc. 2005[8], art. 132, al. 3]) prévoit que le représentant des créanciers – mandataire judiciaire – doit faire aux créanciers un rapport sur l'état de la procédure ainsi que sur la poursuite de l'activité depuis son ouverture. L'accord de chaque créancier présent ou représenté est recueilli par écrit (D. 27 déc. 1985, art. 43, al. 5; C. com., art. R. 626-8, al. 4 [anc[t] D. 28 déc. 2005, art. 132, al. 4]). Mais, sous l'empire de la législation antérieure, il est en outre prévu que l'absence de réponse du créancier par écrit à la lettre de consultation qu'il aura reçue vaut acceptation (D. 27 déc. 1985, art. 43, al. 6), comme pour le créancier individuellement consulté. Cette solution, qui consistait à combiner les règles de la consultation individuelle avec celles de la consultation collective, n'est pas reprise par le décret du 28 décembre 2005.

En tout état de cause, cette procédure de consultation n'a pas pour objet un vote sur le sort de l'entreprise. Les décisions de la majorité n'engageront pas la minorité[9] au contraire du mécanisme des comités de créanciers instauré par la loi de sauvegarde des entreprises (v. s[s] n° 513.41).

1. EN CE SENS AUSSI : J.-CL. COM., fasc. 2600, Vinckel, [Plan de sauvegarde – formation], 2009, n° 68.
2. SOINNE, n° 1476.
3. L. n° 85-98, 25 janv. 1985, préc.
4. SAINT-ALARY-HOUIN, 9e éd., n° 819.
5. D. n° 85-1388, 27 déc. 1985, préc.
6. EN CE SENS : SOINNE, n° 1484.
7. DERRIDA ET *ALII*, note 698.
8. D. n° 2005-1677, 28 déc. 2005, préc.
9. DERRIDA ET *ALII*, n° 199 – CHAPUT, n° 385 – SOINNE, n° 1485 – LE CANNU, 7e éd., n° 871.

512.25 Consultation collective des créanciers dans le cadre de l'élaboration du plan de sauvegarde – Situation particulière des obligataires. Les obligataires sont les personnes qui, en application de l'article L. 213-5 du code monétaire et financier, détiennent des titres négociables qui, dans une même émission, confèrent les mêmes droits de créance pour une même valeur nominale. Les obligataires bénéficient d'une représentation particulière au sein de la procédure collective. Ils sont en effet organisés en une masse, dite masse des obligataires. La consultation des obligataires obéit à des règles différentes selon qu'il y a ou non présence de comités de créanciers (sur la problématique de la réduction à zéro du capital en présence d'obligataires, v. s[s] n° 511.22).

En l'absence de comité de créanciers, les obligataires ne sont pas directement consultés sur les propositions de projet de plan. C'est l'assemblée générale de la masse des obligataires, via son représentant, qui est consultée. Le représentant de la masse des obligataires émettra un avis conforme à la délibération adoptée par l'assemblée générale de la masse convoquée à cet effet. L'assemblée doit délibérer dans les conditions de *quorum* visés à l'article L. 225-98 du code de commerce, applicable à l'assemblée générale ordinaire des actionnaires des sociétés anonymes (1/5 des actions en principe sur la première convocation) et selon l'article L 228-65, II du même code, elle statue à la majorité des deux tiers des voix dont disposent les porteurs présents ou représentés. Il est généralement déduit de ces textes, que l'assemblée ne peut décider à la majorité des abandons de créances obligataires, cette prérogative relevant de chaque créancier obligataire[1].

La jurisprudence décide, en présence d'obligations convertibles en actions (ORA), que la réduction de capital à zéro, suivie d'une augmentation de capital – coup d'accordéon – ayant pour effet de supprimer les ORA, suppose la consultation des porteurs de ces obligations et ne peut donc être décidée par l'assemblée générale des actionnaires. Il y a place à annulation du plan de sauvegarde pour méconnaissance de cette obligation, le tribunal étant saisi par la voie de la tierce opposition par le représentant des porteurs d'ORA[2].

En présence de comités de créanciers, sous l'empire de la loi de sauvegarde des entreprises, dans sa rédaction d'origine, l'article L. 626-32 du code de commerce déroge à la procédure prévue à l'article L. 228-83 du code de commerce. Il est prévu, lorsque la procédure des comités de créanciers est applicable, des règles particulières. Il est ainsi disposé que « lorsqu'il existe des obligataires, l'administrateur judiciaire convoque les représentants de la masse, s'il y en a une, dans un délai de quinze jours à compter de la transmission aux comités du projet de plan, afin de le leur exposer ». L'alinéa 2 du même article poursuit en indiquant que « les représentants de la masse convoquent ensuite une assemblée générale des obligataires, dans un délai de quinze jours, afin de délibérer sur ce projet dans les conditions prévues à l'article L. 228-65 ». Pour répondre à l'hypothèse dans laquelle les représentants de la masse des obligataires ne procéderaient pas à la convocation, la carence ou l'absence des représentants de la masse devant être constatée par le juge-commissaire, l'administrateur convoquera lui-même l'assemblée générale des obligataires. Ces modalités de convocation des assemblées d'obligataires sont identiques à celles des assemblées d'actionnaires. L'article L. 631-19, I du code rend applicable en redressement judiciaire l'article L. 626-32, disposition de la procédure de sauvegarde.

Le mécanisme prévu par l'article L. 626-32 du code de commerce s'applique à toutes les procédures collectives ouvertes en France, sans égard au fait que l'emprunt obligataire aura été émis par une société étrangère ou ait été émis à l'étranger[3].

La délibération de la masse des obligataires portera sur l'abandon total ou partiel des créances obligataires (C. com., art. L. 626-32, al. 3), ce qui est dérogatoire par rapport aux règles classiques de fonctionnement des masses d'obligataires[4]. Certains estiment que les décisions seront ici prises à la majorité simple des obligataires présents, sans majorité qualifiée en termes de montant de créances[5]. D'autres, au contraire, considèrent que la majorité des deux tiers des obligations présentes ou représentées s'imposent[6]. En revanche, le *quorum* des assemblées générales ordinaires semble suffisant[7], à défaut a-t-il été relevé, d'une seconde réunion[8].

Le code de commerce prévoit explicitement que la décision sera prise à la majorité des deux tiers des

1. Grelon, « La consultation des obligataires dans le cadre d'une procédure collective d'insolvabilité », *Rev. sociétés* 2008. 25, n° 20.
2. Paris, pôle 5, 8ᵉ ch., 28 juin 2011, RG n° 10/19746, *Bull. Joly* 2012. 133, § 18, note Sotiropoulo; *Rev. sociétés* 2012. 165, note Gaudemet; *Dr. sociétés* 2012, n° 69, note Legros.
3. Grelon, art. préc., n° 30.
4. LIENHARD, 2ᵉ éd., 2007, n° 1011 – LE CANNU, 7ᵉ éd., n° 936 – AUSSI : VIDAL, n° 377.
5. *Rapp. Xavier de Roux*, n° 2095, p. 324 – LIENHARD, 2ᵉ éd., 2007, n° 1011.
6. LE CANNU, 7ᵉ éd., n° 936.
7. LE CANNU, 7ᵉ éd., n° 936.
8. Grelon, « La consultation des obligataires dans le cadre d'une procédure collective d'insolvabilité », *Rev. sociétés* 2008. 25, n° 55.

créances obligataires détenues par les porteurs ayant exprimé leur vote.

En présence de plusieurs masses d'obligataires, il apparaissait que ces masses devaient être consultées une par une, malgré le singulier utilisé par l'article L. 626-32 du code de commerce, qui ne semblait s'expliquer que par l'absence de prise en compte par le législateur d'une pluralité de masses[1]. Cette solution a été remise en cause par l'ordonnance du 18 décembre 2008, le texte nouveau de l'article L. 626-32, alinéa 1er envisageant la convocation d'« une assemblée générale constituée de l'ensemble des créanciers titulaires d'obligations émises en France ou à l'étranger »[2]. À défaut de masse, il est prévu la convocation de tous les obligataires. Cette soluton avait d'ailleurs été appliquée dans le dossier *Eurotunnel*, en l'absence de masse des obligataires pour les sociétés anglaises[3].

Le vote défavorable des obligataires n'empêch pas l'adoption du plan voté par les comités créanciers. Il conduira seulement, conformémel au droit commun, à réduire les possibilités du tribu nal à imposer aux obligataires des délais de paie ment, sans pouvoir leu infliger des remises de det tes.

En présence de comités de créanciers, dans la rédaction issue de l'ordonnance du 18 décembre 2008[4], le code de commerce avait institué une multiplicité de délais : celui de la composition des comités par l'administrateur, celui de la présentation des propositions aux comités par le débiteur et enfin celui du vote des comités.

De manière beaucoup plus souple et aussi plus simple, l'article L. 626-34 nouveau du code de commerce, dans la rédaction que lui donne l'ordonnance de réforme (ord. 18 déc. 2008, art. 70), n'institue plus qu'un seul délai : celui de six mois à compter du jugement d'ouverture, avant l'expiration duquel les comités de créanciers devront avoir voté les propositions de plan présentées par le débiteur. Le texte ajoute que, s'il existe des obligataires, la masse des obligataires devra également avoir, dans ce même délai, délibéré sur les propositions de plan.

Pour tenir compte d'une difficulté rencontrée dans le dossier *Eurotunnel*, l'article L. 626-32, alinéa 1er du code de commerce prévoit, de manière nouvelle (ord. 18 déc. 2008, art. 68), l'hypothèse d'une multiplicité de masse d'obligataires, ainsi que l'hypothèse d'obligations émises dans des pays étrangers ne connaissant pas la réunion des obligataires en une masse[5]. Le texte décide, en ce cas, qu assemblée génér de l'ensemble des obligataiera convoquée ain de délibérer sur le projet de adopté par les comités de créanciers. Ainsi, cettunion ne s'imposera-t-elle que si les comités de cnciers ont déa voté favorablement les propositic de projet de plan. Le vote favorable de la masses obligatares constitue, comme le fait claireme apparaîtr l'article L. 626-31, alinéa 1er du code, ne conditon supplémentaire de l'adoption du pla sur vote fvorable des comités de créanciers.

L'aricle R. 62660, alinéa 1 du code de commerce, *qui résulte* du décret du 12 février 2009[6] (art. 45), *prévoit* qu'un ais de convocation de l'assemblée générale des oblgataires est inséré, à l'initiative de l'administrateur, dans un journal habilité à recevoir *les* annonces légales du département du siège social du débiteur. Si le débiteur est une société faisant appel public à l'épargne, ou si toutes les obligations ne revêtent pas la forme nominative, un avis de convocation doit également être inséré au *Bulletin des annonces légales obligatoires* (*Balo*). Cet avis doit contenir les indications prévues à l'article R. 228-66 du code de commerce, à savoir : l'indication de l'emprunt souscrit par les obligataires, le nom et le domicile de la personne qui a pris l'initiative de la convocation et la qualité en laquelle elle agit et, le cas échéant, la date de la décision de justice désignant le mandataire chargé de convoquer l'assemblée. L'avis de convocation doit également indiquer le lieu où l'obligataire pourra prendre connaissance, par lui-même ou par mandataire, du projet de plan adopté par les comités de créanciers.

L'ordonnance du 12 mars 2014[7] (art. 46, 2°) vient préciser que « les dispositions du quatrième alinéa de l'article L. 626-30-2 sont applicables au vote de l'assemblée générale ». Cet ajout a pour objet de tenir compte de la modification introduite par l'article 43 de l'ordonnance du 12 mars 2014 à l'alinéa 4 de l'article L. 626-30-2 du code. L'obligataire devra, en conséquence, informer, s'il y a lieu, l'administrateur de l'existence de toute convention soumettant son vote à des conditions ou ayant pour objet le paiement total ou partiel de la créance par un tiers ainsi que l'existence d'accords de subordination. L'administrateur doit soumettre à cet obligataire les modalités de calcul des voix correspondant à sa créance lui permettant d'exprimer un vote. En cas de désaccord, l'obligataire ou l'administrateur peut saisir le président du tribunal statuant en référé.

Si toutes les obligations émises par le débiteur sont nominatives, l'alinéa 2 du nouvel article R. 626-

1. Grelon, art. préc., n° 45.
2. Grelon, art. préc., n° 46.
3. LIENHARD, 2e éd., 2007, n° 1011 – Grelon, art. préc., n° 53.
4. Ord. n° 2008-1345, 18 déc. 2008, préc.
5. Pétel, « Le nouveau droit des entreprises en difficulté : acte II – commentaire de l'ordonnance n° 2008-1345 du 18 décembre 2008 », *JCP E* 2009. 1049, n° 27.
6. D. n° 2009-160, 12 févr. 2009, *JO* 13 févr., p. 2596.
7. Ord. n° 2014-326, 12 mars 2014, préc.

60 du code prévoit que les insertions dans le jo d'annonces légales peuvent être remplacées pa convocation adressée à chaque obligataire par simple ou recommandée. Dans le cas d'oblig ns indivises, les convocations sont adressées à c ue indivisaire. Lorsque les obligations sont grevée un usufruit, la convocation est adressée au nu-p iétaire.

L'article R. 626-60 du code de commerc a été modifié par le décret du 30 juin 2014[1] (art. 2). S'il existe des conventions de vote ou des accords de subordination, les règles applicables aux créanciers le sont aux obligataires (v. s[s] n° 51.42). C'est pourquoi l'alinéa 4 de l'article R. 626-60 précise que l'invitation mentionnée au premier alinéa de l'article R. 626-58 [incitation à faire connaître l'existence d'une convention de vote ou d'un accord de subordination] est insérée dans l'avis de convocation de l'assemblée générale des obligataires.

L'alinéa 3 du nouvel article R. 626-60 du code prévoit enfin que le délai entre la date soit de l'insertion contenant l'avis de convocation, soit de l'envoi des lettres de convocation et la date du vote par l'assemblée générale des obligataires est au moins de quinze jours. On remarquera que si la convocation est faite par courrier simple, la preuve du respect du délai de quinzaine ne pourra pas être rapportée.

En outre, l'article R. 626-61, alinéa 1 du code de commerce, issu de l'article 45 du décret du 12 février 2009, précise que chaque obligataire a le droit, pendant le délai de quinze jours séparant l'insertion de la convocation dans un journal d'annonces légales ou l'envoi de la lettre de convocation, de prendre connaissance par lui-même, ou par mandataire, du projet de plan adopté par les comités de créanciers. On rappellera que le lieu où il pourra prendre connaissance de ce document devra être indiqué dans la convocation. La précision apportée par l'article R. 626-61 du code a pour objet de permettre aux obligataires de jauger les efforts consentis par les comités de créanciers, afin de proportionner à ces derniers les sacrifices sur lesquels ils vont devoir se positionner par un vote, qui conditionnera l'adoption du plan. Le texte a été modifié par le décret du 30 juin 2014 (art. 73) pour tenir compte de l'éventualité d'un plan adopté par les créanciers. Le texte vise désormais le « projet de plan adopté et, s'il est différent, du projet de plan présenté par le débiteur ».

L'alinéa 2 de l'article R. 626-61 du code oblige le débiteur, avec le concours de l'administrateur, à présenter à l'assemblée générale des obligataires, le projet de plan adopté par les comités de créanciers. Ce texte a été complété par le décret du 30 juin 2014 (art. 73) par la précision suivante : « lorsque le plan adopté n'est pas celui proposé par le débiteur, il est porté à la connaissance de l'assemblée par l'administrateur; le débiteur qui soutient le plan qu'il a présenté et qui n'a pas été adopté est invité à faire connaître ses observations; le rapport de l'administrateur porte sur chacun des plans ». Il est ainsi donné une ultime possibilité au débiteur de faire rejeter le plan par le veto de l'assemblée des obligataires, ce qui pourrait lui permettre de bénéficier alors de la consultation classique des créanciers, dans laquelle il n'aura plus à craindre un plan présenté par les créanciers.

Le décret du 3 mars 2011[2] (art. 7) a inséré un article R. 626-26-1 qui précise que « huit jours avant la date de réunion de l'assemblée générale, l'administrateur arrête le montant des créances qui ouvrent droit à participer au vote. Il est fait application de l'article R. 626-58 ». L'article 74 du décret du 30 juin 2014 vient modifier ce texte pour viser désormais les dispositions des deux dernières phrases du deuxième alinéa et de celles du troisième. Il faut en effet tenir compte de la possibilité ouverte à l'administrateur de modifier les modalités de calcul en cas de convention de vote ou d'accord de subordination, en application de l'article L. 626-30-2, alinéa 4 du code de commerce (réd. ord. 12 mars 2014).

Dans la **sauvegarde financière accélérée**, ce délai est réduit à dix jours (C. com., art. R. 628-8, réd. D. 3 mars 2011).

Le nouvel article R. 626-61 du code de commerce, dans la rédaction que lui donne l'article 45 du décret du 12 février 2009, prévoit que chaque obligataire a le droit, pendant le délai de quinze jours séparant l'insertion de la convocation dans un journal d'annonces légales ou l'envoi de la lettre de convocation de la réunion de l'assemblée générale, de prendre connaissance par lui-même, ou par mandataire, du projet de plan adopté par les comités de créanciers. On rappellera que le lieu où il pourra prendre connaissance de ce document devra être indiqué dans la convocation. La précision apportée par l'article R. 626-61 du code a pour objet de permettre aux obligataires de jauger les efforts consentis par les comités de créanciers, afin de proportionner à ces derniers les sacrifices sur lesquels ils vont devoir se positionner par un vote, qui conditionnera l'adoption du plan.

En outre, l'article R. 626-61, alinéa 2 du code de commerce, issu de l'article 45 du décret du 12 février 2009, oblige le débiteur, avec le concours de l'administrateur, à présenter à l'assemblée générale des obligataires, le projet de plan adopté par les comités de créanciers.

1. D. n° 2014-736, 30 juin 2014, *JO* 1er juill., p. 10834.

2. D. n° 2011-236, 3 mars 2011, préc.

La délibération de la masse des obligataires même contenu que celle des comités de créanci Le texte de l'article L. 626-32, alinéa 2 du co reprend, en effet, sensiblement la formulation ad tée par l'article L. 626-30-2, alinéa 2 du code, prévoit que la délibération pourra porter sur d délais de paiement, des remises de dettes et des co versions de créances en titres donnant ou pouva donner accès au capital. Les conversions de créanc sont toutefois limitées par le texte aux sociétés déb trices dont les actionnaires ne supportent les pert qu'à concurrence de leurs apports. Les obligataire sont ainsi transformés en actionnaires. Dans le dos sier *Thomson Technicolor*, la cour d'appel de Versailles approuvée par la Cour de cassation, après avoir jug que les porteurs de titres super-subordonnés faisaient partie de l'assemblée générale des obligataires, pour le nominal de leurs créances et pour leurs créances d'intérêts, a estimé qu'ils pouvaient se voir imposer un abandon partiel ou total de leurs créances et une conversion de leurs créances en titres donnant ou pouvant donner accès au capital[1].

Comme pour les comités de créanciers, les propositions peuvent prévoir un traitement différent des obligataires, si les différences de situation le justifient.

Le nouvel article R. 626-62 du code de commerce, issu de la rédaction que lui donne l'article 45 du décret du 12 février 2009, laisse à l'administrateur le soin de décider seul des modalités de déroulement du vote par l'assemblée générale des obligataires et par les comités. Il peut décider d'un vote à bulletins secrets, sa décision n'étant pas susceptible de contestation. Il est précisé que sont scrutateurs de l'assemblée ou des comités, les deux obligataires ou créanciers titulaires des créances les plus importantes et acceptant cette fonction.

L'alinéa 3 de l'article L. 626-32 (réd. ord. 18 déc. 2008) précise que la décision sur les propositions présentées par le débiteur est prise à la majorité des deux tiers du montant des créances détenues par les porteurs présents ou représentés, nonobstant toute clause contraire et indépendamment de la loi applicable au contrat d'émission, qui, dans le silence de la loi, aurait dû seule régir les modalités et conditions du vote.

L'ordonnance d 12 mars 2014 (art. 46, 2°) ajoute à cette dispositio que « les dispositions du quatrième alinéa de articl L. 626-30-2 sont applicables au vote de l'assemblée générale ». Cet ajout a pour objet de ter compte de la modification introduite par l'artic 43 de l'ordonnance du 12 mars 2014 à l'alinéa de l'article L. 626-30-2 du code. L'obligataire dev, en conséquence, informer, s'il y a lieu, l'adminiрateur de l'existence de toute convention soumeant son vote à des conditions ou ayant pour obj le paiement total ou partiel de la créance par uniers ainsi que l'existence d'accords de subordinatio. L'administrateur doit soumettre à cet obligatairees modalités de calcul des voix correspondant à créance lui permettant d'exprimer un vote. En as de désaccord, l'obligataire ou l'administrater peut saisir le président du tribunal statuant en rééré.

Des difficultés particulières se sont présentées pour le calcul de la majorité des deux tiers des obligataires, en présence de titres super-subordonnés. L'idée a été avancée que le calcul ne devait se faire qu'en tenant compte de leurs seuls droits à intérêts futurs, et non du nominal de leurs droits, puisque le remboursement ne devait intervenir qu'en cas de liquidation de la société[2]. La solution n'a pas été suivie. La Cour de cassation, approuvant en cela l'appréciation de la cour d'appel de Versailles, a jugé que les porteurs de titres super-subordonnés étaient des créanciers antérieurs soumis à l'assemblée générale des obligataires, non seulement pour leurs créances d'intérêts, mais encore pour le nominal de leurs droits, alors même que ce nominal ne pouvait être remboursé qu'à la dissolution de la société[3].

Cette solution consistant à écarter du vote les obligataires dont les droits ne sont pas affectés par le projet de plan a été critiquée par certains, qui se focalisent sur la règle du droit des sociétés et spécialement sur l'article L. 228-67 du code de commerce, selon lequel le droit de vote attaché aux obligations doit être proportionnel à la quotité du montant de

1. Com. 21 févr. 2012, n° 11-11.693, *Bull. civ.* IV, n° 252; FS-P+B; *D.* 2012. Actu. 606, obs. Lienhard; *Gaz. Pal.* 28 avr. 2012, n° 118, p. 23, note Lebel; *BJE* mars 2012, comm. 63, p. 78, note Dammann; *JCP E* 2012. 1228, note Bonneau; *JCP E* 2012. Chron. 1227, n° 3, obs. Pétel; *Act. proc. coll.* 2012/8, comm. 111, note Bonneau; *Rev. sociétés* 2012. 450, note Grelon; *Rev. proc. coll.* 2012, comm. 82, note Fraimout; *Dr. et patr.* sept. 2012, n° 217, p. 101, note Saint-Alary-Houin; *Dr. sociétés* 2012, n° 108, note Legros; *Bull. Joly* 2012. 426, note Borga.

2. SUR CETTE DIFFICULTÉ : Le Corre, « Porteurs de titres super-subordonnés et élaboration des plans de sauvegarde et de redressement avec comités », *D.* 2010. Chron. 839 – T. com. Nanterre, 17 févr. 2010, *D.* 2010. AJ 500, obs. Lienhard; *RD banc. fin.* 2010, n° 158, note Le Nabasque; *Rev. sociétés* 2010. 244, note Grelon; *LPA* 1er avr. 2010, n° 65, p. 3, note Teboul; et SUR APPEL : Versailles, 13e ch., 18 nov. 2010, RG n° 10/01433, *D.* 2010. 2767, note Lienhard; *BJE* mars/avr. 2011, p. 14, note Roussel Galle; *Act. proc. coll.* 2011/5, n° 86, note Moulin; *Gaz. Pal.* 25-26 févr. 2011, p. 47, note Reifegerste; *Rev. proc. coll.* 2011, comm. 41, p. 48, note Fraimout; *Rev. sociétés* 2011. 239, note Grelon; *Bull. Joly* 2011. 11, note Borga.

3. Com. 21 févr. 2012, n° 11-11.693, préc. (v. ss prést n°).

l'emprunt qu'elles représentent[1]. Une cour d'appel a suivi cette dernière opinion[2].

Cette idée de ne soumettre au vote que les seuls *obligataires dont les droits sont affectés* par le projet de plan est pourtant totalement justifiée par la problématique du droit des entreprises en difficulté de ne consulter que les seuls créanciers dont les droits sont affectés, ce qui n'est pas le cas pour le nominal de leurs titres, des porteurs de titres super-subordonnés. Elle a d'ailleurs été adoptée par le législateur à l'occasion de la loi du 22 octobre 2010[3], qui a modifié les articles L. 626-5 et L. 626-30-2, cependant qu'un auteur avait considéré en l'état de la rédaction que lui avait donnée cette dernière loi, qu'elle ne serait pas applicable aux obligataires, mais seulement aux membres des deux comités[4]. Le législateur, qui manifestement n'avait pas voulu ce *distinguo*, a entendu très rapidement corriger sa copie, à l'occasion du vote de la loi « Warsmann » de simplification et d'amélioration du droit, adoptée définitivement devant le Sénat le 14 avril 2011[5] (v. aussi s[s] n° 550.09). Mais le Conseil constitutionnel[6] a considéré comme un cavalier législatif l'amendement présenté au cours du vote de la loi « Warsmann » et permettant cette rectification, dans la mesure où il était sans rapport direct ou indirect avec le texte en cours d'adoption. Une nouvelle intervention législative a procédé à cette modification. Elle résulte de l'article 28 de la loi du 22 mars 2012[7], qui a repris les dispositions annulées par le Conseil constitutionnel. L'article L. 626-32, alinéa 3 du code de commerce, qui résulte de cette loi, prévoit que ne prennent part au vote que les obligataires pour lesquels le projet de plan ne prévoit pas de modification des modalités de paiement ou prévoit un paiement intégral en numéraire dès l'arrêté du plan ou dès l'admission de leurs créances.

Ainsi, la solution posée pour les créanciers non obligataires vaudra aussi pour ces derniers : dès lors que leurs droits ne sont pas affectés par le projet de plan, ils ne prennent pas part au vote. La solution est on ne peut plus logique, seuls les droits de ceux qui sont affectés ayant à dire si, oui ou non, ils sont d'accord avec l'affectation projetée de leurs droits. Aussi, il nous apparaît qu'elle mérite d'être appliquée de manière interprétative : elle n'est pas nouvelle, dans l'esprit, puisqu'elle ne fait, fondamentalement, que traduire explicitement une règle de bon sens.

Les obligataires, réunis en une *seule assemblée*, sont, au stade de l'élaboration du plan, traités comme les membres des comités, sous une réserve : les obligataires ne se prononcent qu'après un vote favorable des comités de créanciers.

L'article L. 626-31, alinéa 1er du code de commerce, d'une manière nouvelle (ord. 18 déc. 2008, art. 67), subordonne l'adoption du plan à un vote favorable de l'assemblée des obligataires. Pareille sujétion n'existait pas avant la loi de sauvegarde. La mesure associe plus étroitement à l'élaboration du plan les obligataires.

Désormais, l'adoption du plan selon la technique des comités supposera non seulement un vote favorable de chacun des comités, comme le précise le nouvel article L. 626-31, alinéa 1er du code, mais encore un vote favorable des obligataires.

L'article L. 626-34 nouveau du code de commerce, issu de la rédaction que lui donne l'ordonnance du 18 décembre 2008 (ord. 18 déc. 2008, art. 70), prévoit que si l'assemblée des obligataires ne s'est pas prononcée dans les six mois du jugement d'ouverture, la procédure est reprise pour préparer un plan dans les conditions prévues aux articles L. 626-5 à L. 626-7 afin qu'il soit arrêté selon les dispositions des articles L. 626-12 et L. 626-18 à L. 626-20. Il est donc mis fin aux comités de créanciers et la procédure sera donc continuée pour l'adoption d'un plan comme s'il n'y avait jamais eu de comité.

Le législateur, au stade de la consultation, traite l'assemblée des obligataires exactement comme les comités de créanciers. En conséquence, il est possible de considérer que l'assemblée des obligataires est un troisième comité[8], dont le vote favorable sur les propositions du débiteur, conditionne l'arrêté du plan dans les conditions de son adoption sur vote des comités.

SECTION 512.30

CONTENU DE LA CONSULTATION DES CRÉANCIERS DANS LE CADRE DE L'ÉLABORATION DU PLAN DE SAUVEGARDE

512.31 Égalité des créanciers et consultation. Le contenu de la consultation, quant aux propositions de règlement du passif, n'est pas réglementé. L'arti-

1. Le Nabasque, note s[s] T. com. Nanterre, 17 févr. 2010, *RD banc. fin.* 2010, n° 158; Grelon, « L'affaire Thomson : la loi à l'épreuve de la finance », note s[s] T. com. Nanterre, 17 févr. 2010, *Rev. sociétés* 2010. 244.
2. Versailles, 13e ch., 18 nov. 2010, RG n° 10/01433, statuant sur appel de T. com. Nanterre, 17 févr. 2010, préc. (v. s[s] prés[t] n°).
3. L. n° 2010-1249, 22 oct. 2010, préc.
4. Grelon, « La loi de sauvegarde revisitée par la loi n° 2010-1249 dite de régulation bancaire et financière en date du 22 octobre 2010 », *Rev. sociétés* 2011. 7, n° 64.
5. *Doc. Sénat*, n° 97.
6. Cons. const. 12 mai 2011, n° 2011-629 DC.
7. L. n° 2012-387, 22 mars 2012, *JO* 23 mars, 5226.
8. EN CE SENS AUSSI : Teboul, « La nouvelle réforme du droit des entreprises en difficulté : le projet d'ordonnance », *Gaz. Pal.* 6-8 avr. 2008, p. 2 s., sp. p. 6 – Lebel, « Les plans de sauvegarde et de redressement dans l'ordonnance du 18 décembre 2008 », *Gaz. Pal.* 6-7 mars 2009, n° sp. p. 46 s., sp. p. 51 – Pétel, « Le nouveau droit des entreprises en difficulté : acte II – commentaire de l'ordonnance n° 2008-1345 du 18 décembre 2008 », *JCP E* 2009. 1049, n° 27 – PÉROCHON, 10e éd., n° 919.

cle L. 621-60, alinéa 2 du code de commerce (L. 25 janv. 1985[1], art. 24, al. 2), dans sa rédac antérieure à la loi de sauvegarde des entreprises l'article L. 626-5, alinéa 2 du code, depuis la lc sauvegarde des entreprises, évoquent simplem les délais et remises proposés, sans autre précis Le décret, quant à lui, reste muet. Dans ces co tions, des interrogations naissent. Les propositi peuvent-elles être différentes selon les créanciers faut-il poser le principe d'égalité de traitement créanciers au stade la consultation ?

La loi contient des dispositions destinées, dan cadre d'un plan de continuation, à assurer une éga de traitement entre les créanciers[3], sans disting selon qu'ils sont chirographaires ou privilégiés. Ai l'article L. 621-76 du code de commerce (a L. 25 janv. 1985, art. 74), dans sa rédaction antérie à la loi de sauvegarde des entreprises et l'article L. 62 18, alinéa 1er du code, depuis la loi de sauvegarde c entreprises, posent-ils en règle que les créanciers q n'acceptent pas les propositions devront se vo imposer des délais uniformes de paiement.

Mais, pour le surplus, le principe est celui de liberté au stade de la consultation. Les argumen sont concordants en ce sens. L'alinéa 1 de l'artic L. 626-18 du code de commerce est assez explicit, en indiquant que le tribunal donne acte aux créanciers qui ont accepté les propositions de plan es délais et remises. L'alinéa 6 du même code, qui énonce que « les délais de paiement imposés en applicaton des alinéas 4 et 5 ne peuvent excéder la duréedu plan », ne concerne pas les créanciers de l'alinéa 1, c'est-à-dire ceux qui ont accepté les propositions de plan, ce dont il résulte que ces créanciers peuvent accepter des délais supérieurs à 10 ans, en présence d'un débiteur non agriculteur, ce dont le tribunal leur donnera acte. Identiquement, l'alinéa 4 de l'article L. 626-18 indique que « dans les autres cas, le tribunal impose des délais uniformes de paiement [...] ». Ne sont donc pas concernés les créanciers de l'alinéa 1, c'est à dire ceux qui ont accepté délais et remises. Cela signifie donc clairement que ces créanciers ayant accepté les délais et remises peuvent avoir des délais de paiement non uniformes. Aucun texte n'interdisant de proposer des délais et remises différents, la liberté de propositions différentes s'impose[4], selon parfois quelques nuances ajoutées par les auteurs[5], certains considérant en effet que l'on peut traiter différemment des créanciers de types différents, mais qu'il convient d'assurer une égalité de traitement entre créanciers de même type[6]. La jurisprudence s'oriente clairement en ce sens[7]. Cette possibilité de traitement différencié a été très bien exposée[8]. Cependant, le représentant des créanciers – mandataire judiciaire – pourrait attirer l'attention de la juridiction sur une inégalité de traitement envisagé, lorsqu'elle n'est pas motivée par la situation particulière des créanciers. Il n'y a donc pas véritablement violation du principe d'égalité des créanciers, dès lors que les propositions inégalitaires sont fondées sur des situations différentes. Ainsi, apparaît-il logique de décider de proposer un règlement plus rapide à un créancier rétenteur pour faire disparaître un droit de rétention. De même, un créancier titulaire de sûretés spéciales n'ayant pas à craindre le concours avec les créanciers postérieurs, en liquidation judiciaire, sera plus difficile à « manœuvrer » qu'un créancier chirographaire, dont les seuls espoirs de recouvrement résulteront de l'adoption d'un plan. Il ne serait dès lors pas choquant de proposer un règlement plus rapide aux créanciers privilégiés qu'aux créanciers chirographaires. Cependant, il ne faut pas perdre de vue qu'au stade des délais, le tribunal a des pouvoirs identiques pour les privilégiés et pour les chirographaires, de sorte que la proposition avantageant par trop le créancier privilégié par rapport au créancier chirographaire n'aurait pas de véritable fondement juridique et pourrait peut-être être corrigée par l'abus de droit[9].

La loi de sauvegarde des entreprises a associé complètement les créanciers publics à l'élaboration du plan en rendant désormais possibles les abandons de créances en principal. En outre, l'ordonnance du 18 décembre 2008[10] prévoit explicitement la consultation, dans les conditions classiques, des créanciers publics sur les délais qu'ils entendent consentir (v. s[s] n° 512.16). Ces règles posées pour la procédure de sauvegarde à l'article L. 626-6 du code sont applicables pour l'élaboration du plan de redressement, du fait du renvoi opéré par l'article L. 631-19, I à l'article L. 626-6.

512.32 Multiplicité de procédures et consultation. Si la procédure collective a été ouverte à l'encontre d'une personne morale et s'il y a eu extension de la procédure sur le fondement de la fictivité ou de la confusion des patrimoines, les créanciers des diverses sociétés auxquelles la procédure a été étendue seront identiquement traités. Il y a en effet une

1. L. n° 85-98, 25 janv. 1985, préc.
2. L. n° 2005-845, 26 juill. 2005, préc.
3. Lèguevaques, « L'égalité des créanciers dans les procédures collectives : flux et reflux », *Gaz. Pal.* 27-29 janv. 2002, Doctr. 18.
4. Derrida et *alii*, note 690.
5. Soinne, n° 1468.
6. Pérochon, 10e éd., n° 872.
7. Illustr. : T. com. Annecy, 22 déc. 2015, RG n° 2015F1056, jugement aimablement communiqué par D.E. Meynet.
8. Ghalimi, « Le traitement différencié des créanciers dans les plans de redressement », *LPA* 19 déc. 2014, n° 253, p. 4.
9. Soinne, n° 1468.
10. Ord. n° 2008-1345, 18 déc. 2008, préc.

masse active et passive unique, qui conduit à l'existence d'une seule procédure, devant aboutir à une solution unique[1]. La solution est évidente si les sociétés auxquelles la procédure a été étendue sont fictives, puisqu'elles sont réputées ne pas exister et ne peuvent, en conséquence, avoir de vie autonome et, partant, de créanciers autonomes. Mais la solution est identique si l'extension a pour fondement la confusion des patrimoines, les créanciers de chacune des sociétés devenant les créanciers de la société contre laquelle la procédure a été initialement ouverte.

La difficulté existe, en revanche, sous l'empire de la législation antérieure à la loi de sauvegarde des entreprises[2], si la procédure ouverte contre la personne morale a entraîné ouverture d'une procédure contre des associés indéfiniment et solidairement responsables du passif, sur le fondement de l'article L. 624-1 du code de commerce (anc^t L. 25 janv. 1985[3], art. 178) ou contre des dirigeants, sur le fondement de l'article L. 624-5 du même code (anc^t L. 25 janv. 1985, art. 182). Malgré l'expression de la pratique évoquant une « extension », il s'agit juridiquement de l'ouverture d'une procédure distincte contre les associés indéfiniment et solidairement responsables ou contre les dirigeants. En conséquence, le sort des procédures pourra être distinct et, dès lors, rien ne s'opposera à ce que la proposition de redressement faite pour la société soit différente pour les associés et dirigeants[4]. La difficulté ne peut plus se poser depuis la loi de sauvegarde des entreprises, qui a supprimé ces fausses extensions.

Il a été soutenu qu'une nouvelle procédure de consultation devait s'imposer si une première consultation a été faite pendant la période d'observation de la sauvegarde, dès lors que cette dernière est convertie en redressement judiciaire[5]. L'opinion contraire nous apparaît préférable, car il y a ici une continuité de procédure, conversion n'étant pas ouverture, ne justifiant pas une multiplicité de consultations.

512.33 **Propositions alternatives.** La possibilité de propositions alternatives n'est pas explicitement posée par le code de commerce. L'article L. 621-77, alinéa 1er du code de commerce (anc^t L. 25 janv. 1985[6], art. 75, al. 1er), dans sa rédaction antérieure à la loi de sauvegarde des entreprises[7] et l'article L. 626-19, alinéa 1er du code, depuis la loi de sauvegarde des entreprises, n'ouvrent en effet cette possi- qu'au tribunal (v. s^s n° 522.15). La réglemen- t n'existe en effet qu'au stade de l'arrêté du non à celui de la consultation.

st cependant clair que pareille proposition aative peut être formulée et que le tribunal era alors acte au créancier de la solution qu'il retenue (v. s^s n° 522.15). La seule question est savoir si elle peut prévoir un délai de paiement ieur à dix ans, en droit commun, à quinze ans un agriculteur. En effet, cette disposition inter- u tribunal de prévoir des délais excédant la e du plan, dans cette hypothèse de proposition hoix multiples.

ien ne doit l'interdire. Il est loisible à un créan- d'accepter plus que ce que le tribunal peut lui poser. Il appartiendra cependant au tribunal, le échéant, pour des impératifs liés à la morale des aires, de déterminer si l'acceptation du créancier it être purement et simplement actée par lui, ou duite, en application de l'article L. 621-76, alinéa 1er code de commerce (anc^t L. 25 janv. 1985, art. 74), ans sa rédaction antérieure à la loi de sauvegarde s entreprises, en application de l'article L. 626-18, inéa 1er du code, depuis la loi de sauvegarde des treprises.

Il faut cependant que le créancier consulté sur ue proposition alternative sache ce à quoi il sera tenu à défaut d'acceptation ou à défaut de réponse. C'est pourquoi la lettre de consultation devra impérativement indiquer, en pareille hypothèse, l'option qui sera retenue si le créancier n'accepte pas les propositions formulées[8]. À défaut, aucune remise ne pourra être imposée. Il a cependant été soutenu qu'en pareille hypothèse, la solution la plus favorable à l'entreprise s'imposera[9]. Si la lettre de consultation est confuse, en indiquant que « en cas de non-réponse dans le délai imparti, la créance se réfère à l'option 2 », ce qui ne veut rien dire, la cour d'appel peut, par une interprétation rendue nécessaire compte tenu de l'ambiguïté du courrier, considérer que le défaut de réponse ne vaut pas acceptation de la proposition de remise[10].

512.34 **Modifications des propositions d'apurement du passif – Clause de retour à meilleure fortune**[11]. Est-il possible pour l'administrateur judi-

1. AINSI : Com. 17 nov. 1992, n° 90-22.130, *Bull. civ.* IV, n° 357 – Douai, 2e ch., 6 oct. 1994, *Rev. proc. coll.* 1995, 422, n° 23, obs. Soinne – Versailles, 21 sept. 1995, *Rev. proc. coll.* 1995, 431, n° 23, obs. Soinne.
2. L. n° 2005-845, 26 juill. 2005, préc.
3. L. n° 85-98, 25 janv. 1985, préc.
4. SOINNE, n° 1469.
5. J.-CL. COM., fasc. 2600, Vinckel, [Plan de sauvegarde – formation], 2009, n° 64.
6. L. n° 85-98, 25 janv. 1985, préc.
7. L. n° 2005-845, 26 juill. 2005, préc.
8. T. com. Marseille, 16 mai 1991, *D.* 1995. Somm. 4, obs. Derrida; *Rev. proc. coll.* 1996, 447, n° 26, obs. Soinne.
9. DERRIDA ET *ALII*, note n° 690.
10. Com. 15 déc. 2015, n° 14-20.588, NP; n° 1059 F-D; *Gaz. Pal.* 12 avr. 2016, n° 14, p. 64, note Lebel; *BJE* 2016, 95, note Poujade; *Rev. proc. coll.* 2016, comm. 41, note Lebel; *Rev. proc. coll.* 2016, comm. 81, note Fraimout.
11. Étienne-Martin et Soudani, « Abandon de compte courant d'associé et clause de retour à meilleure fortune », *Rev. proc. coll.* 2012, étude 33.

ciaire, ou le débiteur selon le cas, de présenter des propositions d'apurement du passif différentes de celles présentées dans le cadre d'une première consultation ? Les textes ne permettent pas de répondre à la question. La Cour de cassation décide que, si de nouvelles propositions sont présentées par le débiteur en cause d'appel, par voie de conclusions, il n'est pas utile de procéder à de nouvelles consultations (v. s[s] n° 512.11). De façon plus général, il semble bien que les propositions formulées dans la première consultation soient intangibles et qu'une nouvelle consultation ne puisse être organée[1]. Cependant, le tribunal ayant la possibilité d'améliorer le sort des créanciers, semble pouvoir arrêter le plan en retenant les nouvelles propositions formulées par le débiteur, dès lors du moins qu'elles sont plus favorables aux créanciers. Cela serait respectueux de la lettre de l'article L. 621-76 du code de commerce (anc[t] L. 25 janv. 1985[2], art. 74), dans sa rédaction antérieure à la loi de sauvegarde des entreprises, et l'article L. 626-18, depuis la loi de sauvegarde des entreprises, qui énoncent que les délais et remises acceptés par les créanciers peuvent être réduits.

Si le principe d'intangibilité des propositions d'apurement du passif devait être posé, il faudrait invalider les clauses de retour à meilleure fortune. Pareille solution ne saurait être admise. Le code de commerce n'interdit pas la stipulation de pareille clause. Le principe d'autonomie de la volonté, que ne vient pas contrarier cette loi, doit donc être respecté, pour donner plein effet à ces clauses[3].

À la vérité, cette clause ne contrarie pas le principe d'intangibilité des propositions d'apurement du passif, dès lors qu'elle est prévue au stade de la consultation. En revanche, il n'apparaît pas que le tribunal ait la possibilité, au stade de l'arrêté du plan, de prévoir l'obligation pour le débiteur revenu à meilleure fortune, dans l'hypothèse où des remises de dettes auraient été consenties, de s'acquitter du montant des remises[4].

SECTION 512.40

RÉPONSES AUX CONSULTATIONS DES CRÉANCIERS DANS LE CADRE DE L'ÉLABORATION DU PLAN DE SAUVEGARDE

512.41 Formulation par le créancier d'une réponse à la consultation. Les créanciers consultés sur les propositions de règlement du passif doivent, s'ils l'ont été par écrit, répondre dans un délai de trente jours à compter de la réception par eux de la lettre de consultation (C. com., art. L. 621-60 [anc[t] L. 25 janv. 1985, art. 24, al. 2], dans sa rédaction antérieure à la loi de sauvegarde des entreprises[5], C. com., art. L. 626-5, al. 2, depuis la loi de sauvegarde des entreprises). Ils auront respecté ce délai si, avant expiration du délai de trente jours, ils ont expédié leur réponse, peu important que le représentant des créanciers ne l'ait reçue qu'après expiration de ce même délai[6]. C'est là le jeu classique des dispositions des articles 668 et 669 du code de procédure civile.

Le délai de réponse est préfix[7], et n'est donc susceptible ni d'interruption ni de suspension. Il n'est pas susceptible d'allongement en raison des distances, car le délai ne court qu'à réception par le destinataire de la lettre de consultation, de sorte que ce dernier se trouve suffisamment protégé.

En pratique, la réponse prendra la forme d'une lettre recommandée avec accusé de réception, le créancier devant se réserver la preuve qu'il a répondu à la consultation dans le délai.

Des difficultés peuvent naître d'une réponse ambiguë apportée par un créancier. Rien n'interdit au représentant des créanciers de faire préciser au créancier, qui sera considéré comme ayant répondu, la teneur de sa réponse. En outre, le créancier peut répondre, mais en enfermant son acceptation dans des conditions. On peut estimer, en pareil cas, que si la condition est réalisée au jour de l'arrêté du plan, il sera censé avoir accepté. Dans le cas contraire, il sera réputé avoir refusé[8]. Il a été plus radicalement soutenu que l'acceptation conditionnelle vaut refus[9].

Le créancier, qui émet une contre-proposition, refuse la proposition de règlement du passif, puisqu'il n'appartient pas au créancier de formuler des propositions[10]. Le tribunal pourrait accepter la proposition si, par extraordinaire, elle était plus favorable au débiteur.

Il importe peu qu'une majorité de créanciers et de montant en créances soit constatée. Le plan n'est pas décidé par les créanciers. Il est arrêté par le tribunal. Dès lors, s'il apparaît à ce dernier que le plan

1. EN CE SENS : SOINNE, n° 1471.
2. L. n° 85-98, 25 janv. 1985, préc.
3. SUR la question : Playoust, « Contribution à la moralisation des procédures collectives, la clause de retour à meilleure fortune », *Rev. proc. coll.* 1994, 349 – *Adde*, SOINNE, n° 1473.
4. EN CE SENS : DERRIDA ET *ALII*, note n° 2529.
5. L. n° 2005-845, 26 juill. 2005, préc.
6. Com. 28 oct. 2008, n°s 07-17.472, 07-21.712, *Bull. civ.* IV, n° 181 ; n° 1086 F-P+B ; *Act. proc. coll.* 2008/18, n° 299, note Vallansan.
7. SOINNE, n° 1477 – J.-CL. COM., facs. 2600, Vinckel, [Plan de sauvegarde – formation], 2009, n° 77.
8. SUR cette question : Caen, 1re ch., 5 oct. 1989, *Rev. proc. coll.* 1991, 289, n° 6, obs. Soinne.
9. SAINT-ALARY-HOUIN, 4e éd., n° 873.
10. SUR cette question : Com. 29 mai 1990, n° 88-19.260, *Bull. civ.* IV, n° 157 ; *Rev. proc. coll.* 1991, 291, n° 8, obs. Soinne.

est sérieux, il l'arrêtera sans tenir compte de l'opposition manifestée, dans le cadre de la consultation, par les créanciers[1]. Il faut réserver l'hypothèse d'un plan adopté après vote favorable des comités de créanciers (v. s^s n° 513.41).

512.42 Respect par le créancier du délai de réponse à la consultation. Les créanciers ont un délai de trente jours pour répondre à la consultation. Ce délai est destiné à leur assurer une protection. Il en résulte que le tribunal ne pourra arrêter le plan de continuation, de redressement ou de sauvegarde, avant expiration de ce délai, à moins que tous les créanciers n'aient répondu avant l'expiration de ce délai[2].

L'arrêté ou le rejet du plan avant l'expiration de ce délai constitue un vice grave de procédure, susceptible d'entraîner la nullité du jugement pour non-respect d'une formalité substantielle. Le représentant des créanciers – mandataire judiciaire – pourra en interjeter appel. Le débiteur, même s'il a qualité, semble dépourvu d'intérêt à agir en cas d'arrêté du plan, alors qu'il a évidemment le plus grand intérêt à agir si le jugement rejette le plan. Enfin, un créancier pourrait former tierce opposition nullité si l'absence de respect du délai est source de préjudice pour lui. Il en sera spécialement ainsi pour les créanciers chirographaires, en cas de rejet du plan de continuation ou de redressement, lequel constitue en pratique la seule chance d'obtenir un paiement de leurs créances. Observons que, depuis la loi de sauvegarde des entreprises, les créanciers peuvent former une tierce opposition réformation.

512.43 Absence de réponse du créancier à la consultation. Le législateur, dans le souci d'améliorer les chances de redressement de l'entreprise, présume de manière irréfragable[3] que le défaut de réponse dans le délai emporte acceptation des propositions de règlement du passif. Il a été évoqué « l'acceptation forcée »[4]. Cette règle, posée par l'article L. 621-60, alinéa 2 du code de commerce (anc^t L. 25 janv. 1985[5], art. 24, al. 2), dans sa rédaction antérieure à la loi de sauvegarde des entreprises[6], par l'article L. 626-5, alinéa 2 du code, depuis la loi de sauvegarde des entreprises est reproduite, en cas de consultation collective, par l'article 43, alinéa 6 du décret du 27 décembre 1985[7], mais non par le décret du 28 décembre 2005[8]. Il s'agit là d'une véritable « *déchéance* »[9], *qui entraîne cette conséquence* que si un débat s'instaure ensuite sur le montant des sommes dues par le débiteur à ce créancier n'ayant pas répondu, il n'est nul besoin de convoquer le créancier, le tribunal devant, selon la Cour de cassation, se déterminer en fonction des éléments du dossier[10].

Cette règle ne s'applique pas lorsque la consultation porte sur une conversion de créances en capital (v.^s n° 512.15).

512.44 Situation du créancier non consulté. Il se peut que le créancier ne soit pas connu au jour de la consultation et qu'il n'ait pas adressé sa déclaration de créance à cette date. En ce cas, il est estimé que l'arrêté du plan sans consultation n'entraîne aucune irrégularité, la consultation étant alors inutile[11]. Le créancier non consulté sera au rang des « autres créanciers » visés par l'article L. 621-76 du code de commerce (anc^t L. 25 janv. 1985[12], art. 74)[13], dans sa rédaction antérieure à la loi de sauvegarde des entreprises[14], par l'article L. 626-18, alinéa 1er du code depuis la loi de sauvegarde des entreprises, qui les opposent aux créanciers ayant accepté.

Il se peut également que le créancier ait déclaré sa créance ou soit connu au jour de la consultation. En ce cas, il sera prudent, si le jugement de plan n'a pas été arrêté, de le consulter. L'absence de consultation de ce créancier par le représentant des créanciers – mandataire judiciaire – pourrait être source de responsabilité pour cet organe.

Le représentant des créanciers – mandataire judiciaire – a l'obligation de consulter les créanciers connus ou ayant déclaré leur créance. Il a dès lors la charge de la preuve de l'accomplissement de cette formalité[15].

Même s'il a reçu la lettre de consultation, le créancier pourra prétendre ne pas avoir été consulté, si cette lettre ne contient pas les éléments visés à l'article 42 du décret du 27 décembre 1985[16] et à l'article R. 626-7 du code de commerce, dès lors du moins que ces éléments sont déterminants, tels l'effet du silence gardé pendant plus de trente jours.

1. Besançon, 2e ch., 2e sect., 26 juin 2001, *Act. proc. coll.* 2001/17, n° 227.
2. Paris, 10 juin 1987, *D.* 1987. 546, note Derrida; *RJ com.* 1987. 246, note Gallet; *Rev. proc. coll.* 1988, 312, n° 5, obs. Soinne – Paris, 24 oct. 1995, *Rev. proc. coll.* 1996, 372, obs. Soinne.
3. Soinne, n° 1478.
4. Derrida et *alii*, n° 199.
5. L. n° 85-98, 25 janv. 1985, préc.
6. L. n° 2005-845, 26 juill. 2005, préc.
7. D. n° 85-1388, 27 déc. 1985, préc.
8. D. n° 2005-1677, 28 déc. 2005, préc.
9. Derrida et *alii*, n° 199.
10. Com. 10 mai 2005, n° 03-18.206, NP, *RTD com.* 2005. 607, n° 17, obs. Vallens.
11. Paris, 3e ch. A, 17 janv. 1989, *Quot. Jur.* 1989, p. 5, n° 134.
12. L. n° 85-98, 25 janv. 1985, préc.
13. Soinne, n° 1487 – J.-Cl. Com., fasc. 2600, Vinckel, [Plan de sauvegarde – formation], 2009, n° 53.
14. L. n° 2005-845, 26 juill. 2005, préc.
15. Soinne, n° 1478.
16. D. n° 85-1388, 27 déc. 1985, préc.

Il ne pourra en conséquence être considéré comme un créancier acceptant[1].

512.45 État des réponses données par les créanciers dans le cadre de la consultation. Le représentant des créanciers – mandataire judiciaire – dresse un état des réponses apportées par les créanciers sur les délais et remises qu'ils entendent accorder au débiteur, dans le cadre de la consultation préparatoire au plan. Cet état des réponses est communiqué par le représentant des créanciers à l'administrateur judiciaire en vue de l'établissement du rapport sur le projet de plan (C. com., art. L. 621-60, al. 4, dans sa rédaction antérieure à la loi de sauvegarde des entreprises[2]).

La loi du 26 juillet 2005 reprend la solution (C. com., art. L. 626-7), cette mission étant maintenant dévolue au mandataire judiciaire. Le débiteur est également rendu destinataire de l'état des réponses des créanciers consultés. Le débiteur se trouve ainsi associé plus étroitement à l'élaboration de son plan de continuation, de sauvegarde ou de redressement. La même disposition prévoit que les contrôleurs doivent être rendus destinataires de cet état des réponses des créanciers, ce qui consacre le renforcement des moyens d'information et de contrôle des contrôleurs[3].

SECTION 512.50
CONSULTATION DES CRÉANCIERS PUBLICS SUR LES REMISES DANS LE CADRE DE L'ÉLABORATION DU PLAN DE SAUVEGARDE SOUS L'EMPIRE DE LA LÉGISLATION ANTÉRIEURE AU DÉCRET DU 6 AVRIL 2009

512.51 Énoncé de la possibilité pour les créanciers publics d'accorder des remises – Entrée en vigueur du dispositif. Les remises de dettes fiscales et sociales, sous l'empire de la législation antérieure à la loi de sauvegarde des entreprises[4], ne peuvent être accordées que dans des conditions fixées par décret, ce qui exclut qu'elles soient demandées dans le cadre de la consultation adressée à tous les créanciers[5]. La possibilité pour le Trésor public d'accorder des remises de dettes résultait déjà de l'article L. 621-60 du code de commerce et de l'article 179 du décret du 27 décembre 1985[6] qui disposaient que « les remises, modération ou transaction portant sur les créances fiscales peuvent être accordées aux entreprises dans les limites des conditions fixées par l'article L. 247 du Livre des procédures fiscales. » Ce dernier texte était restrictif. Il ne permettait les remises qu'au profit d'un « contribuable dans l'impossibilité de payer par suite de gêne ou d'indigence ». Pour le surplus, n'étaient possibles que des remises d'amendes fiscales et de majorations de retard. La loi de finances pour 2004 du 30 décembre 2003[7] a élargi la possibilité de remises au titre des intérêts de retard.

En ce qui concerne les impôts indirects, les choses étaient encore plus claires, puisque l'article L. 247 du Livre des procédures fiscales interdisait toute remise de dettes.

Rappelons encore que l'article 1740 *octies* du code général des impôts, depuis la loi du 10 juin 1994[8], prévoyait que l'ouverture de la procédure de redressement ou de liquidation judiciaire emportait remise, à l'exception de certaines majorations, amendes fiscales, des frais de poursuite et des pénalités fiscales encourues en matière d'impôts directs et taxes assimilées, de taxes sur le chiffre d'affaires et taxes assimilées, droits d'enregistrement, taxes de publicité foncière, droits de timbres et autres droits et taxes assimilés.

Ainsi, ces divers textes n'envisageaient que la remise des accessoires, non du principal de la dette.

La loi de sauvegarde a entendu associer véritablement les créanciers publics aux efforts consentis par les créanciers privés pour assurer le sauvetage de l'entreprise. Elle transforme les créanciers publics en partenaires de l'entreprise. Ils sont associés à son redressement ou à sa sauvegarde. En ce sens, elle a prévu un dispositif spécifique de remises des dettes publiques, détaillé par deux décrets d'application du 5 février 2007[9], qui repose sur la saisine de la Commission des chefs de services financiers (CCSF), et qui déroge, en conséquence, au dispositif applicable aux créanciers privés, qui sont consultés individuellement ou au sein de comités.

On mesure ainsi le changement opéré par la législation du 26 juillet 2005, qui tient à la possibilité pour les créanciers publics d'accorder des remises du principal de la dette.

Le principe même de la possibilité de remises de dettes par les créanciers publics a été discuté lors du

1. DERRIDA ET ALII, note n° 695.
2. L. n° 2005-845, 26 juill. 2005, préc.
3. *Rapp. J.-J. Hyest*, n° 335, p. 264.
4. L. n° 2005-845, 26 juill. 2005, préc.
5. Com. 28 févr. 1995, n° 93-10.012, *Bull. civ.* IV, n° 61; *RJDA* 1995/7, n° 895.
6. D. n° 85-1388, 27 déc. 1985, préc.
7. L. n° 2003-1311, 30 déc. 2003, *JO* 31 déc., p. 22530.
8. L. n° 94-475, 10 juin 1994, *JO* 11 juin, p. 8440.
9. D. n° 2007-153, 5 févr. 2007 pris en application de l'article L. 626-6 du code de commerce, *JO* 7 févr., p. 2325 – D. n° 2007-154, 5 févr. 2007 désignant les autorités compétentes au sein des administrations financières pour statuer sur les demandes de remise présentées en application de l'article L. 626-6 du code de commerce, *JO* 7 févr., p. 2326.

vote de la loi du 26 juillet 2005. Un amendement tendait à supprimer cette possibilité par la suppression de l'article la contenant. D'évidence, cet amendement présentait un caractère très politique, puisqu'il était question d'empêcher les créanciers publics d'accorder des remises de dettes, dès lors que certains créanciers privés – les établissements de crédit – se voyaient accorder, dans le même temps, le privilège de la conciliation. L'amendement a été rejeté[1].

L'article L. 626-6, alinéa 1er du code de commerce, tel qu'il résulte de la rédaction que lui donne la loi de sauvegarde des entreprises, prévoit que « les administrations financières, les organismes de sécurité sociale, les institutions gérant le régime d'assurance chômage prévu par les articles L. 351-3 et suivants du code du travail et les institutions régies par le livre IX du code de la sécurité sociale peuvent accepter, concomitamment à l'effort consenti par d'autres créanciers, de remettre tout ou partie de ses dettes au débiteur dans des conditions similaires à celles que lui octroierait, dans des conditions normales de marché, un opérateur économique privé placé dans la même situation ». Un décret, ainsi que le prévoit l'article L. 626-6, alinéa 3 du code de commerce, texte de la procédure de sauvegarde, devait préciser les modalités de ces remises. Il s'agit du décret n° 2007-153 du 5 février 2007, explicité par une circulaire ministérielle[2] et une instruction de la comptabilité publique[3]. Un recours pour excès de pouvoir formé contre ce décret a été rejeté[4].

Ce décret, qui s'est fait quelque peu attendre pour des considérations liées à certaines résistances administratives[5], a été codifié aux articles R. 626-9 à R. 626-16 du code de commerce. Un second décret de la même date (n° 2007-154) vient préciser, au sein des administrations financières, les autorités compétentes pour statuer sur les demandes de remise de dettes.

La possibilité de cession de rang ou d'abandon de sûretés, initialement prévue dans le texte adopté par l'assemblée nationale, était limitée aux seules administrations financières. La commission des lois du Sénat, à la suite d'un amendement, a rendu possible cette mesure de la part de tous les créanciers publics[6].

La loi de sauvegarde des entreprises, dans sa rédaction d'origine, n'avait pas pris le soin de préciser que le dispositif de droit commun n'était pas purement et simplement inapplicable aux créanciers publics.

Cet oubli est, de manière interprétative à notre sens, réparé par l'ordonnance du 18 décembre 2008 (ord. 18 déc. 2008, art. 54). Le rapport au président de la République fait état de la dissipation de toute ambiguïté[7]. L'article L. 626-5, alinéa 2 se trouve en conséquence complété par une phrase qui prévoit que les dispositions de l'article L. 626-5 du code de commerce, qui pose les règles de consultation individuelle des créanciers privés, sont applicables à la consultation des créanciers publics, lorsqu'elle ne porte que sur les délais de paiement.

Cette formulation est largement préférable à celle qui avait été retenue dans le premier projet d'ordonnance, qui envisageait de rendre purement et simplement inapplicable aux créanciers publics, le dispositif de consultation individuelle des créanciers privés. La solution aurait conduit à rendre impossible la consultation sur les délais de paiement, puisque la réglementation spécifique aux créanciers publics ne porte que sur les remises de dettes.

Du fait de la rédaction nouvelle de l'article L. 626-5, alinéa 2 *in fine* du code de commerce, le mandataire judiciaire devra ainsi prendre garde à n'interroger les créanciers publics soumis au dispositif de l'article L. 626-6 du code de commerce, que sur les délais de paiements, non sur les remises de dettes, lesquelles présupposent la saisine de la CCSF. En effet, le texte de l'article L. 626-5, alinéa 2 *in fine*, pris à la lettre, conduirait à décider qu'une consultation des créanciers publics, dans les conditions de celle prévue pour les créanciers publics, portant à la fois sur les délais de paiement et sur les remises de dettes est interdite et ne pourrait, en conséquence, produire aucun effet. Les délais ne pourraient donc être acceptés et, *a priori*, ne pourraient pas davantage être imposés, les créanciers publics consultés ne pouvant être considérés comme des créanciers n'ayant pas accepté, faute d'avoir été valablement consultés. Il est en tout cas exclu de considérer que le défaut de réponse d'un créancier public à une consultation portant sur les délais et les remises puisse aboutir à lui imposer une remise de dette[8]. L'Urssaf est sans intérêt à agir en saisissant par requête le tribunal afin de faire juger que la remise de dette ne s'applique pas à elle, faute d'avoir répondu dans le délai de trente jours de la réception du courrier de consultation, même si le courrier précisait

1. Amend. n° 49, interv. Michel Vaxès, *JOAN CR*, 2e séance du 8 mars 2005, p. 1739, 1740.
2. Circ. 4 mai 2007 : *BOI* 13S-1-07, n° 100, 21 août 2007 – *Adde*, Roussel Galle, « De quelques précisions sur les remises de dettes des créanciers publics », *Act. proc. coll.* 2007/18.
3. Instr. CP n° 07-034-N, 26 juin 2007.
4. CE 5 mai 2008, req. n° 304350, NP, *Act. proc. coll.* 2008/18, n° 281.
5. De Roux, *Rapport d'information sur la mise en application de la loi n° 2005-845 du 26 juillet 2005*, Rapp. Ass. nat., n° 3651, *JOAN* 31 janv. 2007, n° 3651.
6. *Rapp. J.-J. Hyest*, n° 335, p. 263.
7. Rapport au président de la République sur l'ordonnance n° 2008-1345 du 18 déc. 2008, *JO* 19 déc. 2008, Titre I, chap. II-5, s[s] art. 54.
8. EN CE SENS AUSSI : LIENHARD, 4e éd., n° 82.46.

que ce défaut de réponse emporterait acceptation de l'option prévoyant un paiement de la créance à hauteur de 70 %, dès lors que le jugement arrêtant le plan mentionne que le défaut de réponse à la consultation vaut acceptation de la remise, sauf pour les organismes pour lesquels la consultation classique est inapplicable, ce qui est le cas de l'Urssaf[1].

Les règles posées en matière d'élaboration du plan de sauvegarde sont identiquement applicables pour l'élaboration d'un plan de redressement (C. com., art. L. 631-19, I rendant applicable en redressement judiciaire l'article L. 626-6).

En présence d'un entrepreneur individuel à responsabilité limitée, le dispositif ne concerne que les dettes fiscales et sociales nées de l'activité logée dans le patrimoine concerné par la procédure de sauvegarde ou de redressement, conformément aux principes posés par les articles L. 680-2 et L. 680-3 du code de commerce (ord. 9 déc. 2010[2], art. 8).

Le dispositif de remises de dettes issues de la loi de sauvegarde des entreprises est applicable à compter du 8 février 2007. Pour les procédures ouvertes antérieurement, restent par exception applicables les articles 179 à 181 du décret du décret du 27 décembre 1985, qui, sous cette réserve, sont abrogés (D. n° 2007-153, 5 févr. 2007, art. 9)[3].

512.52 Créanciers publics concernés par le dispositif spécial de remise de dettes. Le périmètre des créanciers publics qui seront consultés sur les délais et remises, qui incluait jusqu'à la réforme du 26 juillet 2005[4] les organismes de sécurité sociale et des institutions régies par le livre IX du code de la sécurité sociale – institutions de prévoyance, organismes de retraite complémentaire ou de protection sociale complémentaire –, est étendu au régime gérant l'assurance-chômage prévue par les articles L. 351-3 et suivants du code du travail.

Sont également concernées les administrations financières, expression beaucoup plus large que celle de Trésor public. Sont englobées sous le vocable créancier public, l'ensemble des administrations, de l'État ou non, dont la mission consiste à collecter les recettes publiques[5].

L'article R. 626-9 du code de commerce (anc[t] D. 5 févr. 2007[6], art. 1er) précise les créanciers publics concernés par les remises de dettes qui peuvent être consenties dans une procédure de conciliation, de sauvegarde ou de redressement judiciaire. Il s'agit des administrations financières (administration fiscale et douanes), des organismes de sécurité sociale, des institutions gérant le régime d'assurance-chômage, des institutions de prévoyance et de retraites complémentaires et supplémentaires des salariés et des non-salariés et des institutions gérant le régime de protection sociale des professions agricoles.

512.53 Créances publiques concernées par le dispositif spécial de remise de dettes. Les remises de dettes peuvent, selon l'article L. 626-6, alinéa 2 du code de commerce, dans sa rédaction issue de la loi de sauvegarde des entreprises[7], d'abord porter sur tout ou partie des impôts directs perçus au profit de l'État. Il s'agit de l'impôt sur le revenu et de l'impôt sur les sociétés. Les remises peuvent également porter sur tout ou partie des impôts directs perçus au profit des collectivités territoriales. Il est ici question de la taxe d'habitation, de la taxe professionnelle, des taxes foncières sur le bâti et le non-bâti. Enfin, peuvent faire l'objet de remises en principal les produits divers du budget de l'État, c'est-à-dire les recettes non fiscales et notamment les redevances domaniales[8].

Ces remises du principal de la dette peuvent également porter sur tout ou partie des sommes dues aux organismes de sécurité sociale et aux institutions gérant le régime d'assurance-chômage. La solution est exactement contraire à l'article L. 243-5 du code de la sécurité sociale qui prévoit la remise des « pénalités, majorations de retard et frais de poursuite dus par le redevable ». Observons à cet égard que cette remise de droit est applicable non seulement en redressement et en liquidation judiciaires, mais encore en sauvegarde. En revanche, dans la procédure de conciliation, la remise n'est pas de droit, mais est soumise au bon vouloir de l'organisme social[9].

En outre, pour les dettes échues dans le délai de deux mois après le jugement d'ouverture, délai de saisine de la CCSF, l'URSSAF conserve son pouvoir discrétionnaire, tant en conciliation, qu'en sauvegarde, en redressement ou en liquidation judiciaire.

Un amendement a été présenté pour exclure du domaine des remises les cotisations d'assurance-chômage. L'amendement a été rejeté[10].

1. Com. 26 mars 2013, n° 12-16.622, *Bull. civ.* IV, n° 47; n° 330 F-P+B.
2. Ord. n° 2010-1512, 9 déc. 2010, *JO* 10 déc., p. 21617.
3. V. Lienhard, « Sauvegarde des entreprises : remise de dettes des créanciers publics », *D.* 2007. Act. lég. 428, sp. 429 – Vallansan, « Le décret relatif aux créanciers publics est enfin publié », *Act. proc. coll.* 2007/4, n° 39.
4. L. n° 2005-845, 26 juill. 2005, préc.
5. *Rapp. Xavier de Roux*, n° 2095, p. 280.
6. D. n° 2007-153, 5 févr. 2007, préc.
7. L. n° 2005-845, 26 juill. 2005, préc.
8. *Rapp. Xavier de Roux*, n° 2095, p. 282.
9. Rétif, « Les remises accordées par les créanciers à une entreprise en difficulté », *Dr. et patr.* févr. 2008, n° 167, p. 30 s., sp. p. 34.
10. Amend. n° 478, interv. Alain Viladies, *JOAN CR*, 2e séance du 8 mars 2005, p. 1740.

L'article 2 du décret du 5 février 2007[1] (devenu C. com., art. R. 626-10) s'emploie à dresser la liste des créances susceptibles de faire l'objet de remises. Six catégories de créances se sont distinguées :

1° les pénalités, intérêts de retard, intérêts moratoires, amendes fiscales ou douanières, majorations, frais de poursuite, quel que soit l'impôt ou les produits divers du budget de l'État auquel ces pénalités ou frais s'appliquent;

2° les majorations de retard, frais de poursuite, pénalités et amendes attachées aux cotisations et contributions sociales recouvrées par les organismes de sécurité sociale et par les institutions régies par le livre IX du code de la sécurité sociale et par les institutions régies par le livre VI du code rural;

3° les majorations de retard, frais de poursuite et pénalités attachées aux contributions et cotisations recouvrées par les institutions gérant le régime d'assurance-chômage prévu aux articles L. 351-3 et suivants du code du travail;

4° les cotisations et contributions sociales patronales d'origine légale ou conventionnelle qu'un employeur est tenu de verser au titre de l'emploi de personnel salarié;

5° les droits au principal afférents aux seuls impôts directs perçus au profit de l'État et des collectivités territoriales;

6° les créances de l'État étrangères à l'impôt et au domaine, aux redevances domaniales, aux redevances pour services rendus et aux autres produits divers du budget de l'État.

La liste doit être considérée comme limitative[2]. Sont ainsi exclus les droits au principal afférents aux impôts indirects ou ceux afférents aux cotisations et contributions sociales, la contribution sociale généralisée, la CRDS et la contribution professionnelle due à titre personnel par les travailleurs non-salariés.

L'article 3 du décret du 5 février 2007[3] (devenu C. com., art. R. 626-11) apporte toutefois une précision d'importance sur les créances susceptibles d'être remisées. En effet, il précise que les dettes doivent être « exigibles à la date de réception de la demande de remises valant saisine de la commission mentionnée à l'article 6 (devenu C. com., art. R. 626-14), et dues aux administrations, organismes et institutions mentionnées à l'article 1er (devenu C. com., art. R. 626-9) ».

La formule employée conduit à décider que les dettes fiscales ne peuvent faire l'objet de remises que si leur mise en recouvrement est intervenue[4]. En conséquence, les acomptes provisionnels de taxe professionnelle, d'impôt sur le revenu ou sur les sociétés ne sont pas susceptibles d'être remisés[5]. Observons que l'avant-projet de décret était largement plus restrictif puisqu'il entendait, par son article 7, exclure les remises de dettes se rapportant à des dettes publiques « échues depuis plus de six mois après le terme de la première créance publique échue et non réglée au moins partiellement ou en totalité ».

Cette formule a encore permis à un auteur de considérer que la dette, qui n'était pas éligible au jour du jugement d'ouverture, mais qui l'était au jour de la demande de remise de dette, était susceptible d'une remise[6]. Faut-il aller, comme le font les auteurs[7], jusqu'à considérer que la remise de dette peut porter sur des créances nées après l'ouverture d'une procédure de sauvegarde ou de redressement judiciaire ? Nous ne le pensons pas. En effet, dans ces procédures, la remise de dette s'inscrit dans le processus de consultation des créanciers préparatoires à l'adoption du plan de sauvegarde ou de redressement. Elle doit donc, nécessairement, selon notre analyse, avoir une nature antérieure au jugement d'ouverture. La problématique est différente pour la procédure de conciliation (v. ss n° 142.52).

512.54 Interdiction de remises sur le principal de certaines dettes par les créanciers publics. Les créanciers publics ne pourront faire remise du principal des impôts indirects prévus au profit de l'État et des collectivités territoriales. La solution est justifiée par le fait que « ces dettes fiscales représentent en principe des sommes dues par le débiteur en tant que collecteur d'un impôt supporté par un tiers (par exemple le consommateur final pour la TVA). Ces sommes n'appartiennent donc pas véritablement au débiteur qui les doit alors qu'il les a déjà reçues, et qui ne peut donc en disposer en tant que faisant partie de son propre patrimoine »[8].

Depuis le 1er janvier 2006, l'article 1756, I du code général des impôts impose au Trésor public d'abandonner, en cas de redressement ou de liquidation judiciaire, « les frais de poursuite et les pénalités fiscales encourues en matière d'impôts directs et taxes assimilées, de taxes sur le chiffre d'affaires

1. D. n° 2007-153, 5 févr. 2007, préc.
2. Lagarde, « Le fabuleux destin des dettes publiques », *Gaz. proc. coll.* 2007/2, p. 3 s., sp. p. 4.
3. D. n° 2007-153, 5 févr. 2007, préc.
4. Milsan, « Les remises de dettes publiques : une nouvelle opportunité offerte aux créanciers publics pour contribuer au redressement des entreprises en difficulté », *JCP E* 19 juill. 2007, 1901, p. 16 s., sp. p. 18, n° 17.
5. Rétif, art. préc. p. 33.
6. Lagarde, art. préc., sp. p. 4.
7. Lagarde, art. préc., sp. p. 4 – *Adde*, EN CE SENS : ROUSSEL GALLE, 2e éd., 2007, n° 600 – LIENHARD, 2e éd., 2007, n° 1018 – Rétif, art. préc., sp. p. 33.
8. *Rapp. Xavier de Roux*, n° 2095, p. 282 – *Adde*, *Rapp. J. Chartier*, n° 2099, p. 29 – *Rapp. J.-J. Hyest*, n° 335, p. 262.

et taxes assimilées, de droits d'enregistrement, de publicité foncière, droits de timbre et les droits et taxes assimilés, dus à la date du jugement d'ouverture », à l'exception des majorations de droits dues en cas de défaut, de retard, d'inexactitude ou d'omission dans les déclarations, d'opposition à fonctions et obstacle au contrôle de l'impôt, ainsi que des amendes dues en cas d'infraction aux règles de la facturation ou pour délivrance irrégulière de documents permettant à un tiers de bénéficier d'un avantage fiscal. Cette obligation faite au Trésor ne concerne pas les débiteurs ayant sollicité une procédure de conciliation ou de sauvegarde. Ainsi, le débiteur sous redressement judiciaire est, dans la perspective de son plan, beaucoup mieux traité qu'un débiteur sous sauvegarde.

En revanche, ils pourront faire remise des intérêts de retard, majorations, pénalités, amendes ou frais de poursuites.

Les créanciers publics ne pourront davantage faire remise du principal des cotisations sociales salariales, dont le sort est ici aligné sur celui des impôts indirects. En revanche, ils pourront faire remise des intérêts de retard, majorations, pénalités, amendes ou frais de poursuites.

512.55 Décision de remise de la dette par les administrations financières. La décision de remise de la dette par les administrations financières est prise dans des conditions fixées par décret, solution posée à la suite d'un amendement de la commission des lois du Sénat[1], alors que le texte adopté par l'assemblée nationale avait prévu que la décision serait prise « par l'autorité compétente dans le département, autant qu'elle pourra le faire dans les conditions fixées par décret ». Le dernier membre de phrase avait été introduit par un amendement et avait été justifié par l'impossibilité pour les directeurs départementaux de services fiscaux de remettre seuls une dette au-delà d'un certain seuil[2]. La commission des lois du Sénat a estimé, pour sa part, bien qu'elle ait insisté sur le caractère indispensable d'une prise rapide de décision, que le niveau local ne serait pas nécessairement le plus approprié[3].

La notion d'administrations financières recouvre essentiellement les douanes et le fisc[4].

Le décret d'application prévoit l'obligation de saisir la Cochefe.

512.56 Saisine de la Commission des chefs de services financiers (CCSF) aux fins de remises de dettes publiques pour la procédure de sauvegarde et de redressement judiciaire. La demande de remise de dettes publiques n'est pas directement présentée aux créanciers concernés, comme cela est le cas en matière de consultation classique des créanciers préparatoire à l'adoption du plan. Il en résulte que le défaut de réponse à la consultation dans le délai de trente jours ne doit ici produire aucun effet en ce qui concerne les remises de dettes. L'Urssaf est sans intérêt à agir en saisissant par requête le tribunal afin de faire juger que la remise de dette ne s'applique pas à elle, faute d'avoir répondu dans le délai de trente jours de la réception du courrier de consultation, même si le courrier précisait que ce défaut de réponse emporterait acceptation de l'option prévoyant un paiement de la créance à hauteur de 70 %, dès lors que le jugement arrêtant le plan mentionne que le défaut de réponse à la consultation vaut acceptation de la remise, sauf pour les organismes pour lesquels la consultation classique est inapplicable, ce qui est le cas de l'Urssaf[5].

Dans la procédure de sauvegarde ou de redressement judiciaire, l'article 5 du décret du 5 février 2007[6] (devenu C. com., art. R. 626-13) prévoit que la demande doit être déposée par l'administrateur judiciaire ou le mandataire judiciaire sous peine de forclusion dans les deux mois à compter de l'ouverture de la procédure de redressement judiciaire ou de sauvegarde. La brièveté de ce délai s'imposait, pour pouvoir respecter ensuite les délais d'établissement des projets de plans de sauvegarde ou de redressement judiciaire, dans les procédures avec comités de créanciers.

La saisine ne semble pas, au regard des textes, être l'œuvre du débiteur[7], même dans la procédure de sauvegarde. L'explication doit sans doute être trouvée dans la technicité de l'opération, enfermée au surplus dans un délai de forclusion, mieux à même d'être respectée par un professionnel.

Dans la procédure sans administrateur judiciaire, le mandataire présentera la demande. Dans la procédure avec administrateur judiciaire, cette tâche lui incombera. Dans une procédure ouverte sans administrateur, mais où un administrateur a été désigné pour faire fonctionner les comités de créanciers, la mission de déposer la demande de remise de dettes lui incombe, à notre sens. En effet, l'article R. 626-53 du code de commerce (anc[t] D. 28 déc. 2005[8],

1. *Rapp. J.-J. Hyest*, n° 335, p. 263.
2. Amend. n° 113 rectifié, interv. Perben et interv. Pascal Clément, *JOAN CR*, 2e séance du 8 mars 2005, p. 1744.
3. *Rapp. J.-J. Hyest*, n° 335, p. 263.
4. Interv. Perben, *JOAN CR*, 2e séance du 8 mars 2005, p. 1738.
5. Com. 26 mars 2013, n° 12-16.622, *Bull. civ.* IV, n° 47, n° 330 F-P+B; *Gaz. Pal.* 12 juill. 2013, n° 193, p. 17, note Lebel; *Act. proc. coll.* 2013/8, comm. 109, note Vallansan; *Rev. sociétés* 2013. 382, note Henry.
6. D. n° 2007-153, 5 févr. 2007, préc.
7. VALLENS, 2007, n° 3859.
8. D. n° 2005-1677, 28 déc. 2005, préc.

art. 163) indique que cet administrateur judiciaire accomplit la mission dévolue par l'article L. 626-33, c'est-à-dire celle de consulter les créanciers qui ne sont pas membres des comités. Le doute est toutefois permis, ce qui permet de souligner combien le terme d'administrateur judiciaire utilisé par l'article R. 626-53 du code de commerce (anc[t] D. 28 déc. 2005, art. 163) est peu judicieux, alors surtout que ce mandataire n'administre rien. Il aurait préférable d'évoquer le mandataire administrant les comités.

La demande doit, selon l'article 5 du décret du 5 février 2007 (devenu C. com., art. R. 626-13), être accompagnée de certaines pièces : l'état actif et passif des sûretés ainsi que celui des engagements hors bilan, les comptes annuels et les tableaux de financement des trois derniers exercices, si ces documents ont été établis, ainsi que la situation de l'actif réalisable et disponible et du passif exigible. Le Conseil d'État a estimé que la légalité de cette disposition n'est pas discutable, en ce qu'elle ne prive pas de sa portée la disposition légale posant le principe de la possibilité pour les créanciers publics d'accorder des remises de dettes, dès lors que les requérants ne prouvent pas que les documents dont la production est exigée par le décret, au demeurant très proches de ceux à fournir pour l'ouverture de la procédure collective, ne pouvaient être fournis dans les délais[1].

Cet article ajoute que la demande doit être complétée dès qu'ils sont établis par des documents faisant apparaître le montant des dettes privées répondant aux critères de l'article 8 du décret du 5 février 2007 (devenu C. com., art. R. 626-16), le montant des remises sollicitées auprès des créanciers privés en précisant l'identité de chacun de ces créanciers, les dettes concernées, leur montant, leur date d'exigibilité et, le cas échéant, les conditions auxquelles les remises sont subordonnées. Aucun délai n'est ici imparti par le texte[2], ce qui contraste avec le délai de forclusion dans laquelle est enfermée la demande de remise de dettes. Mais il ne faut pas s'y tromper. Si la procédure comporte des comités de créanciers, la courte durée d'établissement du projet de plan obligera l'administrateur judiciaire à communiquer rapidement ces informations et cela d'autant que l'article 6, alinéa 3 du décret du 5 février 2007 (devenu C. com., art. R. 626-14) prévoit que l'absence de réponse dans un délai de dix semaines à compter de la réception de la demande et de l'ensemble des éléments mentionnés à l'article 5 (devenu C. com., art. R. 626-113) vaut décision de rejet. Ainsi, le délai de réponse de dix semaines ne court qu'à

cor du jour où une demande accompagnée de piè omplètes a été présentée.

cle 5, dernier alinéa du décret du 5 février 20 devenu C. com., art. R. 626-13, al. dern.), pré que l'état des discussions est régulièrement por la connaissance des créanciers publics par l'a istrateur judiciaire ou le mandataire judiciai l s'agit de la consultation des créanciers en deh du compte de créanciers, tâche qui incombe au ndataire judiciaire. Il s'agit également de la co ation en présence de comités de créanciers, no ulement celle qui intéresse les comités, mais enc celle qui intéresse les créanciers autres que pub qui ne sont pas membres des comités. Cette tâc ncombe à l'administrateur.

512.7 Réponse de la commission composée pour statuer sur la demande de remise de dettes. La demande de remise de dettes est examinée au sein d'une commission réunissant des chefs de services financiers (CCSF), ainsi que les représentants des organismes et institutions intéressés (D. n° 2007-153, 5 février 2007[3], art. 6, al. 1er, devenu C. com., art. R. 626-14).

Le président de la commission recueille les décisions des administrations, organismes et institutions représentées, c'est-à-dire des créanciers publics. L'état des discussions est régulièrement porté à la connaissance des créanciers publics par l'administrateur judiciaire ou par le mandataire judiciaire.

Il importe ici de remarquer que la réponse qui sera donnée le sera par chaque créancier et qu'il n'est donc nullement question de voter à la majorité selon les règles propres aux comités de créanciers dans les procédures de sauvegarde ou de redressement judiciaire.

C'est pourquoi le décret n° 2007-154 du 5 février 2007[4] prend le soin de préciser les autorités compétentes au sein des administrations financières pour statuer sur les demandes de remises de dettes. Les personnes désignées peuvent déléguer leur signature aux agents placés sous leur autorité.

S'agissant des impôts directs et des pénalités fiscales, d'une part, et des frais de poursuite afférents aux impôts recouvrés par les comptables des impôts, d'autre part, la compétence appartient au directeur chargé d'une direction des services fiscaux, au directeur chargé d'un service à compétence nationale ou d'une direction spécialisée pour les créances établies à l'initiative de ces services.

La compétence appartient au trésorier-payeur général, au receveur des finances ou au comptable du Trésor, pour les frais de poursuite, intérêts mora-

1. CE 5 mai 2008, req. n° 304350, NP, *D.* 2008. AJ 1406, obs. Lienhard.
2. AUSSI : ROUSSEL GALLE, 2e éd., 2007, n° 606.
3. D. n° 2007-153, 5 févr. 2007, préc.
4. D. n° 2007-154, 5 févr. 2007, préc.

toires et majorations afférents aux impôts recouvrés par les comptables du Trésor.

La compétence appartient au directeur régional des douanes et droits indirects pour les créances recouvrées par les services de la direction générale des douanes et droits indirects.

La compétence appartient au trésorier-payeur général ou au comptable qui a pris en charge les ordres de recettes, en ce qui concerne les produits divers du budget de l'État, majorations, frais de poursuite et intérêts y afférents.

La compétence appartient au comptable du Trésor, au trésorier-payeur général au comptable spécialisé du Domaine, pour les frais de poursuite afférents aux produits et redevances du domaine de l'État recouvré par les comptables du Trésor.

En ce qui concerne les créanciers sociaux, ledécret du 22 février 2007[1] précise que la compétence appartient au directeur des Urssaf. Dans le cas où les créances concernent plusieurs organismes chargés du recouvrement, la décision du directeur de l'Urssaf est prise, en ce qui concerne les créances des autres organismes, après avis conforme des directeurs des organismes concernés (CSS, art. R. 243-20, 2°, réd. D. 22 févr. 2007). Ainsi, la réponse des organismes sociaux est-elle apportée par chaque créancier social, mais sa retransmission au président de la Cochefe est unique. Rien n'interdira donc aux créanciers sociaux et fiscaux membres de la Cochefe d'accorder des remises dans des conditions différentes, voire pour certains de ne pas en accorder, la Cochefe ne pouvant à cet égard être comparé à un comité de créanciers[2].

La réponse des créanciers publics doit en effet être notifiée par le président de la commission (D. n° 2007-153, 5 févr. 2007, art. 6, al. 2, devenu C. com., art. R. 626-14, al. 2) ou son délégataire.

Selon un principe classique en matière de créances publiques, l'absence de réponse, dans le délai de dix semaines courant à compter non du dépôt de la demande, mais seulement du jour où une demande étayée par des pièces complètes a été déposée[3], vaut refus (D. n° 2007-153, 5 févr. 2007, art. 6, al. 3, devenu C. com., art. R. 626-14, al. 3).

512.58 Incidence de la remise de la dette par les collectivités territoriales. La remise des impôts par des collectivités territoriales constitue en fait un dégrèvement[4]. Il s'agit là d'appliquer l'article 1600 du code général des impôts. Il a été souligné que, « dans la mesure où ces remises de dettes sont compensées à 100 % par l'État, le niveau des recettes des collectivités territoriales n'est pas affecté. Par ailleurs, ce dispositif ne contredit pas le principe d'autonomie financière des collectivités territoriales »[5].

SECTION 512.60

CONDITION DES REMISES DE DETTES CONSENTIES PAR LES CRÉANCIERS PUBLICS DANS LE CADRE DE L'ÉLABORATION DU PLAN DE SAUVEGARDE SOUS L'EMPIRE DE LA LÉGISLATION ANTÉRIEURE AU DÉCRET DU 6 AVRIL 2009

512.61 Remises du créancier public conditionnées aux efforts consentis par les autres créanciers. Les remises ne seront accordées, par les créanciers publics, que dans la mesure où les autres créanciers consentiront des efforts. Le texte de l'article L. 626-6, alinéa 1er du code de commerce énonce, en ce sens, que ces remises seront faites « concomitamment à l'effort consenti par d'autres créanciers ». Cette « formule alambiquée porte la marque de la jurisprudence communautaire en matière d'aides d'État »[6], par la mise en œuvre du critère de l'opérateur privé intervenant dans les conditions normales du marché. Il s'agit en effet de respecter la réglementation européenne des aides étatiques[7] (v. aussi ss n° 112.11). Il y a là incontestablement une allégeance du droit des entreprises en difficulté au droit de la concurrence[8]. Mais il a déjà été observé que cette allégeance n'était peut-être pas suffisante, pour que le dispositif issu du décret soit considéré comme conforme à la norme européenne et ne soit pas qualifié d'aides d'État, enfermé dans les conditions fixées par le droit européen[9].

La concomitance des interventions publiques et privées permet de présumer que l'acteur public s'est

1. D. n° 2007-242, 22 févr. 2007, *JO* 24 févr., p. 3382.
2. Vallansan, « Le décret relatif aux créanciers publics est enfin publié », *Act. proc. coll.* 2007/4, n° 39 – Milsan, « Les remises de dettes publiques : une nouvelle opportunité offerte aux créanciers publics pour contribuer au redressement des entreprises en difficulté », *JCP E* 2007. 1901, n° 21.
3. AUSSI : ROUSSEL GALLE, 2e éd., n° 607.
4. Interv. Perben, *JOAN CR*, 2e séance du 8 mars 2005, p. 1738.
5. Avis n° 2099 de Jérôme Chartier, *Doc. AN*, p. 30.
6. VOINOT, 2007, n° 407 – SUR l'origine communautaire du critère de concomitance, Driguez, « Le critère de concomitance des remises de dettes publiques et privées aux entreprises en difficulté », *LPA* 3 août 2007, n° 155, p. 3 s., sp. p. 4, n° 6.
7. *Rapp. Xavier de Roux*, n° 2095, p. 284; interv. Perben, *JOAN CR*, 2e séance, 8 mars 2005, p. 1738 – *Rapp. J.-J. Hyest*, n° 35, p. 263 – *Adde*, CJCE 29 avr. 1999, aff. C-342-96, *Rec. CJCE* I-2459.
8. Pérochon, présentation du colloque « Procédures d'insolvabilité, aides publiques et droit de la concurrence », Strasbourg 2008, *LPA* 11 juin 2008, n° 117, p. 4.
9. Eckert, « Les procédures d'insolvabilité et les aides d'État : la politique de la Commission », *LPA* 11 juin 2008, n° 117, p. 13 s., sp. p. 18.

comporté comme un opérateur privé rationnel, et d'écarter, ainsi, la qualification d'aide d'État susceptible de fausser le jeu de la concurrence [1]. Un observateur averti a pu écrire que le décret du 5 février 2007 [2], compte tenu des précisions et limites apportées, rend en fait inutile une notification systématique à la Commission européenne de chaque dossier traité [3]. Un auteur émet cependant des doutes, qui nous paraissent excessifs au regard des précautions prises, sur le fait que l'objectif du décret de mise en conformité avec la vision européenne des aides publiques d'État soit atteint [4].

La solution est reprise par l'article 7, 4° du décret du 5 février 2007 (devenu C. com., art. R. 626-15, 4°), qui énonce également que « les remises de dettes sont conditionnées à un abandon concomitant des dettes privées ». Le Conseil d'État a estimé que la légalité de cette disposition n'est pas discutable, en ce qu'elle n'a pas ajouté au texte de loi [5].

Faut-il comprendre que les remises consenties par les créanciers publics seront exactement simultanées aux remises consenties par les autres créanciers, ce qui suppose que la décision des comités de créanciers intervienne exactement en même temps que celle des créanciers publics ? La solution apparaît impraticable. En toute hypothèse, les aides publiques, pour ne pas contrarier les solutions du droit européen, ne doivent pas être antérieures [6]. L'obligation de concomitance impose au mandataire judiciaire ou à l'administrateur judiciaire, selon le cas, de tenir strictement informé les créanciers publics des efforts acceptés par les créanciers privés pris en compte dans le calcul comparatif (v. s^s^ n° 512.62) [7].

Lors des débats parlementaires, le terme de « concomitamment » a fait l'objet d'interrogations. Il a été indiqué notamment que si elle devait être interprétée comme signifiant que les remises des autres créanciers constituaient une « condition » à la remise des créanciers publics, cela devait être précisé davantage [8]. Il est certain que si les créanciers privés ne consentent pas de remises, les créanciers publics ne pourront en consentir [9]. En ce sens, l'article 7, 4° du décret du 5 février 2007 (devenu C. com., art. . 626-15, 4°) précise que les remises de dettes ubliques seront subordonnées, le cas échéant, à des onditions équivalentes à celles prévues pour les ettes privées. Il faut donc comprendre que si une plusieurs conditions suspensives ou résolutoires bordonnent une remise de dettes privées, il en ra de même pour les dettes publiques. De même, si projet de plan prévoit une clause de retour à illeure fortune, elle doit profiter aux créanciers p lics. Il s'agit, en quelque sorte, de traiter les c nciers publics comme des créanciers privés.

a toutefois été fait observer que l'équivalence ent les remises consenties par les uns et les autres ne s retrouvait pas dans le texte [10], le terme « concom tamment » ne la traduisant pas. Un amendemen tendait à prévoir que créanciers privés et créan iers publics devaient faire des efforts « à due propor ion » [11]. Cet amendement a été rejeté. Il a été objecté qu'il était préférable qu'il y ait une marge de négociation, que le terme « concomitamment », qui a été utilisé, autorise [12]. A également été rejeté un amendement tendant à limiter le montant total des remises par un créancier public à un maximum de 50 % de l'effort consenti par les autres créanciers [13].

512.62 Limitation des remises de dettes consenties par les créanciers publics – comparaison avec les dettes privées ayant fait l'objet de remises. Le décret n'indique pas de proportionnalité imposée, ce qu'il n'aurait pu faire sans s'émanciper outrancièrement des discussions parlementaires autour de l'expression « concomitamment » utilisée par l'article L. 626-6, alinéa 1er du code de commerce. Il préfère poser des règles d'interdiction d'accorder des remises dépassant certains seuils. Le dispositif mis en place ne peut en aucune manière constituer le moyen privilégié de traitement des difficultés des entreprises [14]. Il ne doit qu'y contribuer.

Les remises de dettes publiques ne pourront dépasser un double plafond en montant et en taux.

Limitation en montant. Le montant maximal accordé par chaque créancier public est calculé par référence aux remises de dettes privées. L'article 8 du décret du 5 février 2007 [15] (devenu C. com., art. 626-16) prend le soin de préciser cette notion, qui n'englobe donc pas toutes les dettes qui ne sont pas publiques.

1. Driguez, « Le critère de concomitance des remises de dettes publiques et privées aux entreprises en difficulté », *LPA* 3 août 2007, n° 155, p. 3 s., sp. p. 5, n° 8.
2. D. n° 2007-153, 5 févr. 2007, préc.
3. Milsan, art. préc., n° 9.
4. Driguez, art. préc., sp. p. 8 s.
5. CE 5 mai 2008, req. n° 304350, NP, *D.* 2008. AJ 1406, obs. Lienhard.
6. Driguez, art. préc., *LPA* 3 août 2007, n° 155, p. 3 s., sp. p. 6, n° 10.
7. RAPPR. : Driguez, art. préc., sp. p. 8, n° 18.
8. Interv. Paul Giacobbi, *JOAN CR*, 2e séance du 8 mars 2005, p. 1738.
9. Interv. Philippe Houillon, *JOAN CR*, 2e séance du 8 mars 2005, p. 1739.
10. Interv. Arnaud Montebourg, *JOAN CR*, 2e séance du 8 mars 2005, p. 1738.
11. Amend. n° 482, Interv. Arnaud Montebourg, *JOAN CR*, 2e séance du 8 mars 2005, p. 1741, 1742.
12. Interv. Jérôme Chartier, *JOAN CR*, 2e séance du 8 mars 2005, p. 1742.
13. Amend. n° 482, préc. (v. s^s^ prés^t^ n°).
14. Milsan, art. préc., *JCP E* 2007. 1901, n° 38.
15. D. n° 2007-153, 5 févr. 2007, préc.

L'article 8, 1°, alinéa 1er du décret (devenu C. com., art. R. 626-16, 1°, al. 1er) précise que les dettes privées correspondent à l'ensemble des concours consentis par les créanciers autres que ceux visés à l'article 1er du décret, c'est-à-dire les créanciers publics. Cette notion est également visée à l'article L. 650-1 du code de commerce. Le terme de concours est large et englobe les prêts, l'escompte, les découverts, les ouvertures de crédit, les crédits garantis par une cession Dailly, ainsi que les concours par crédit-bail[1]. Sont concernés les concours bancaires, mais encore les crédits interentreprises et les crédits fournisseurs (v. ss no 834.13).

Cette même disposition considère également comme des dettes privées, les sommes dues aux fournisseurs de biens et de services.

Après avoir posé ce principe d'inclusion dans la notion de dettes privées, l'article 8, 1° alinéa 2 du décret (devenu C. com., art. R. 626-16, 1°, al. 2) exclut les créances détenues par des fournisseurs qui représenteraient moins de 5 % du passif fournisseur. Il est à remarquer que ce seuil est celui retenu pour la participation au comité des principaux fournisseurs, dans la sauvegarde ou le redressement judiciaire, alors qu'il est parfaitement arbitraire dans la procédure de conciliation. Mais, les petits fournisseurs peuvent participer, s'ils le souhaitent, au comité des principaux fournisseurs. C'est sans doute pourquoi le texte prévoit que l'administrateur, le mandataire judiciaire ou le débiteur peut demander à ce que ces créances des petits fournisseurs soient également prises en compte. Il n'est pas certain que l'exclusion des petits fournisseurs pour le calcul de la concomitance soit conforme aux visions européennes, surtout si le passif fournisseur est globalement important et si ce passif est constitué d'une multiplicité de « petits fournisseurs », c'est-à-dire de fournisseurs détenant moins de 5 % du passif fournisseur.

L'article 8, 3°-b du décret du 5 février 2007 (devenu C. com., art. R. 626-16, 3°-b) procède à une autre exclusion compréhensible intéressant les débiteurs, personnes physiques : les créances détenues par les parents ou alliés du débiteur jusqu'au quatrième degré inclusivement sont exclues de la notion de dettes privées. Le décret a estimé qu'il y aurait un danger pour les administrations publiques, dans la mesure où le débiteur pourra vraisemblablement obtenir d'importantes remises de la part de ces personnes. Le Conseil d'État a estimé que la légalité de cette disposition n'est pas discutable, dans la mesure où elle s'inscrit dans la logique du principe posé par la loi, selon lequel l'octroi des remises de dettes par les créanciers publics doit intervenir « dans des conditions similaires à celles que lui octroierait, dans des conditions normales de marché, un opérateur économique privé placé dans la même situation »[2]. Il importe peu à cet égard que le débiteur n'ait que des créanciers parents ou allié. Il n'y a pas là d'inégalité de traitement entre les entreprises, les artisans pouvant, comme les autres entrepreneurs, recourir au crédit bancaire.

Pour la même raison, l'article 8-3-c (devenu C. com., art. R. 626-16, 3°-c) exclut encore du calcul des dettes privées, les fonds reçus ou laissés en compte par les associés en nom ou les commanditaires d'une société de personnes, les associés ou actionnaires, les administrateurs, les membres du directoire et du conseil de surveillance ou les gérants, ainsi que les fonds reçus de leurs parents ou alliés jusqu'au quatrième degré inclusivement. Il s'agit, en outre, par cette exclusion, d'éviter des arrangements tendant à augmenter artificiellement, voire frauduleusement, les dettes remisées[3].

L'article 8, 3°-a du décret du 5 février 2007 (devenu C. com., art. R. 626-16, 3°-a) procède à une autre exclusion intéressant les personnes morales, en décidant que lorsque le débiteur appartient à un ensemble de personnes entre lesquelles un lien de contrôle existe au sens de l'article L. 233-3 du code de commerce, les créances détenues par ces personnes ne pourront être intégrées dans le calcul des dettes privées. Il s'agit là d'une mesure de prudence pour les administrations publiques, destinée à éviter que d'importantes remises consenties par des filiales à une société mère ou l'inverse ne soient prises en compte pour procéder ensuite au calcul des remises de dettes publiques. À l'inverse, il s'agit d'une mesure potentiellement très pénalisante lorsqu'il est question de raisonner sur le sauvetage d'un groupe de sociétés. Cette exclusion est indépendante de toute confusion des patrimoines.

Aussi, après avoir posé cette règle, l'article 8, 4° du décret du 5 février 2007 (devenu C. com., art. R. 626-16, 4°) prévoit que les créanciers publics peuvent, après avoir informé l'administration judiciaire ou le mandataire judiciaire, prendre en compte globalement à l'échelle de tout ou partie de cet ensemble de personnes entre lesquelles existe un lien de contrôle, les dettes publiques susceptibles de remises et les dettes privées. On peut penser qu'il s'agit ici d'éviter des efforts trop importants qui

1. Demaille, « Les nouvelles possibilités de participer au retournement des entreprises en difficulté ouvertes aux créanciers publics par le décret du 5 février 2007 », *Cah. dr. entr.* mars-avr. 2007, no 2, p. 35 s., sp. p. 38 – Milsan, art. préc., *JCP E* 2007. 1901, no 30.

2. CE 5 mai 2008, req. no 304350, NP, *D.* 2008. AJ 1406, obs. Lienhard.

3. Lienhard, 2e éd., 2007, no 1019 – Roussel Galle, 2e éd., 2007, no 603.

seraient consentis à plusieurs sociétés d'un même groupe.

L'avant-projet de décret entendait exclure « les concours consentis par un créancier privé pour l'acquisition de l'entreprise » (art. 5). Cette exclusion, qui n'avait pas de véritable justification, si ce n'est celui de diminuer le montant total des remises consenties par les créanciers privés, n'a pas été reprise dans le texte définitif.

L'article 7, 2° du décret du 5 février 2007 (devenu C. com., art. R. 626-15, 2°) interdit ainsi un montant de remise de dettes publiques telles que mentionnées aux articles 2 et 3 du décret (devenu C. com., art. R. 626-10 et R. 626-11), qui serait supérieur à trois fois le montant des remises de dettes privées. Est ici pris en compte le montant total des remises de dettes publiques.

Limitation en taux. L'article 7, 3° du décret du 5 février 2007 (devenu C. com., art. R. 626-15, 3°) interdit pour sa part que le taux de remise accordé par chaque créancier public visé à l'article 1er du décret (devenu C. com., art. R. 626-9) dépasse le taux moyen pondéré des remises de dettes privées. Est ainsi pris en compte le montant de la remise de dettes, créancier public par créancier public. L'avant-projet de décret contenait une formule qui aurait conduit à des calculs plus savants, puisque l'article 6, alinéa 1er disposait que « que le taux de remise accordé par chaque créancier public n'excède ni le taux moyen ni le taux médian de remise des créances privées ».

D'ores et déjà, indiquons que des exemples de calcul effectués par des professionnels avertis permettent de faire le double constat que d'une part, ce sont les entreprises qui ont accumulé un passif fiscal et social important qui tireront le meilleur profit du décret du 5 février 2007 et que, d'autre part, le taux de remise consenti par les créanciers publics restera modeste[1].

512.63 Conditions posées pour la remise de dette tenant à la moralité de la personne du débiteur ou à son dirigeant. L'article 7, 1° du décret du 5 février 2007[2] (devenu C. com., art. R. 626-15, 1°) subordonne la remise de dette à la constatation que le débiteur n'ait pas fait l'objet depuis au moins dix ans d'une condamnation définitive pour l'une des infractions sanctionnées par les articles L. 362-3, L. 362-4 et L. 362-6 du code du travail (devenus C. trav. L. 8224-1 à L. 8224-3 et L. 8224-5). Il s'agit des infractions de travail dissimulé. La même règle est posée pour les personnes morales, et en conséquence remises de dettes publiques ne pourront être écartées si ses organes ou ses représentants ont fait l'objet d'une telle condamnation dans les dix ans précédant la demande.

L'exclusion du dispositif de ce type de débiteur est justifiée : il faut éviter que « l'État ou les collectivités territoriales ne se privent de ressources utiles à l'exercice de leur mission pour tenter de sauver de la liquidation un débiteur qui s'est affranchi de l'éthique des affaires »[3].

Un auteur s'interroge en ce cas pour savoir si cette exclusion doit être maintenue lorsque le dirigeant démissionne ou est révoqué après l'ouverture de la procédure, mais avant présentation de la demande[4]. Il serait illogique que le bénéfice de la remise de dettes soit refusé, dès lors qu'au moment où statue la commission, ou, à tout le moins au jour de la présentation de la demande[5], les conditions d'attribution sont réunies, alors surtout que ce serait gravement méconnaître la distinction du sort de l'homme et de l'entreprise.

512.64 Mécanisme de hiérarchisation des remises de dettes publiques. L'article 7, 5° du décret du 5 février 2007[6] (devenu C. com., art. R. 626-15, 5°) prévoit que les remises de dettes publiques sont consenties par priorité sur les frais de poursuite, les majorations et amendes, puis sur les intérêts de retard et les intérêts moratoires, et enfin sur les droits et les sommes dues au principal.

Cette précision doit toutefois être combinée, nous semble-t-il, avec l'article 1756, I du code général des impôts, qui prévoit que l'ouverture d'un redressement judiciaire ou d'une procédure de liquidation judiciaire emporte de plein droit remise des frais de poursuite, des intérêts et pénalités de retard exigibles à la date du jugement d'ouverture. L'ordonnance du 18 décembre 2008[7], dans le respect du texte d'habilitation[8], a étendu à la sauvegarde l'application de l'article 1756, I du code général des impôts (ord. 18 déc. 2008, art. 168). En conséquence, les administrations fiscales devront faire abandon des pénalités, majorations de retard et frais de poursuites en cas d'ouverture d'une sauvegarde, d'un redressement ou d'une liquidation judiciaire. La même solution vaut pour les cotisations sociales. L'article 243-5 du code de la sécurité sociale prévoit explicitement qu'« en cas de procédure de sauvegarde, de redressement ou de la liquidation judiciaires, les pénalités,

1. Valliot, Le Guernève et Abitbol, « Les abandons de créances publiques – Qui peut le plus peut le moins », *Gaz. proc. coll.* 2007/2, p. 9 s., sp. p. 11.
2. D. n° 2007-153, 5 févr. 2007, préc.
3. Lienhard, « Sauvegarde des entreprises : remise de dettes des créanciers publics », *D.* 2007. Act. lég. 428, sp. 429.
4. Roussel Galle, 2e éd., 2007, n° 602.
5. Roussel Galle, 2e éd., 2007, n° 602.
6. D. n° 2007-153, 5 févr. 2007, préc.
7. Ord. n° 2008-1345, 18 déc. 2008, préc.
8. L. n° 2008-776, 4 août 2008, *JO* 5 août, p. 12471, art. 74, I, 16°, dite loi LME.

majorations de retard et frais de poursuites dus p le redevable à la date du jugement d'ouverture sc remis » (v. aussi s[s] n° 641.21).

Les pénalités et intérêts de retard remisés de pl droit n'ont pas à entrer en ligne de compte dans mécanisme de hiérarchisation des remises de det publiques. En revanche, les remises de dettes po ront prioritairement sur les pénalités non remis (v. s[s] n° 522.11), puis sur le principal des cot- tions, la remise du principal, qui est facultat, étant laissée à l'appréciation de la commission[1]

Comme il a été relevé[2], la situation du débir en procédure collective est très nettement meille que celle qu'il a dans la procédure de concilian (v. s[s] n° 142.57), dans laquelle il ne connaîts cette remise de plein droit des pénalités fiscalet sociales.

SECTION 512.70

CONDITION DES REMISES DE DETTES CONSENTIS PAR LES CRÉANCIERS PUBLICS DANS LE CADRE DE L'ÉLABORATION DU PLAN DE SAUVEGARDE SOUS L'EMPIRE DU DÉCRET DU 6 AVRIL 2009

512.71 Présentation générale du nouveau dispositif de remise de dettes publiques issu du décret du 6 avril 2009[3] – Application du dispositif dans le temps. Les articles R. 626-9 à R. 626-16 du code de commerce sont abrogés. À leur place, sont insérés, par l'alinéa 1er de l'article 1er du décret du 6 avril 2009 pris en application de l'article L. 626-6 du code de commerce, les articles D. 626-9 à D. 626-15. Il s'agit donc désormais de dispositions prises en décret simple et non en décret en Conseil d'État, ce qui simplifiera évidemment grandement leurs modifications ou ajustements ultérieurs.

L'article 2 du décret du 6 avril 2009 prévoit que « Les dispositions de l'article 1er sont applicables aux demandes en cours d'instruction à la date de publication du présent décret. » Le nouveau dispositif de remises de dettes publiques s'applique en conséquence à compter du 8 avril 2009, y compris pour les procédures ouvertes à cette date, dès lors que la demande de remises de dettes est en cours, c'est-à-dire tant que la commission n'a pas statué ou tant que l'expiration du délai imparti à la commission pour statuer n'est pas expiré.

Les créanciers publics concernés par le dispositif spécial de remise de dettes, visés désormais par l'article D. 626-9 du code de commerce, restent inchangés par rapport à l'article R. 626-9 (v. s[s] n° 512.53).

Les dettes susceptibles de remises sont précisées par l'article D. 626-10 du code de commerce, qui reprend fidèlement l'article R. 626-10 (v. s[s] n° 512.53).

Le dernier alinéa *de l'article D. 626-10 du code* de commerce conserve le principe de hiérarchisation des remises de dettes publiques, antérieurement énoncé par l'article 7, 5° du décret du 5 février 2007[4] (devenu C. com., art. R. 626-15, 5°). En conséquence, les remises de dettes publiques sont consenties par priorité sur les frais de poursuite, les majorations et amendes, puis sur les intérêts de retard et les intérêts moratoires, et enfin sur les droits et les sommes dues au principal. La remise du principal est laissée à l'appréciation de la Commission[5] (v. aussi s[s] n° 512.64). Le nouvel article D. 626-10 *in fine* ajoute que les dettes dues au principal ne peuvent être intégralement remisées.

L'article D. 626-11 du code de commerce reprend fidèlement la solution posée par l'article 3 du décret du 5 février 2007 (devenu C. com., art. R. 626-11), selon lequel les dettes susceptibles d'être remisées doivent être « exigibles à la date de réception de la demande de remises valant saisine de la commission » (v. s[s] n° 512.53).

Les conditions posées pour la remise de dette tenant à la personne du débiteur ou à son dirigeant posées par l'article R. 626-15, 1° du code de commerce (v. s[s] n° 512.63) sont conservées par l'article D. 626-115 du code.

512.72 Saisine de la Commission des chefs de services financiers (CCSF) aux fins de remises de dettes publiques pour la procédure de sauvegarde et de redressement judiciaire. Les modalités de saisine de la commission, telles qu'elles étaient posées par l'article R. 626-12 du code de commerce, ne sont guère modifiées (v. s[s] n° 512.56).

La demande de remise de dettes publiques n'est pas directement présentée aux créanciers concernés, comme cela est le cas en matière de consultation classique des créanciers préparatoire à l'adoption du plan. Il en résulte que le défaut de réponse à la consultation dans le délai de trente jours ne doit ici produire aucun effet en ce qui concerne les remises de dettes. L'Urssaf est sans intérêt à agir en saisissant par requête le tribunal afin de faire juger que la remise de dette ne s'applique pas à elle, faute d'avoir répondu dans le délai de trente jours de la réception du courrier

1. Com. 27 janv. 2015, n° 13-25.649, *Bull. civ.* IV [à paraître]; n° 90 FS-P+B; *BJE* mai 2015, 144, note Macorig-Venier; *Rev. proc. coll.* 2015, comm. 30, note Lebel.
2. Lagarde, « Le fabuleux destin des dettes publiques », *Gaz. proc. coll.* 2007/2, p. 3 s., sp. p. 7.
3. D. n° 2009-385, 6 avr. 2009, *JO* 8 avr., p. 6198.
4. D. n° 2007-153, 5 févr. 2007, préc.
5. Com. 31 mai 2016, n° 14-20.075, *Bull. civ.* IV [à paraître]; n° 513 F-P+B; *Act. proc. coll.* 2016/12, comm. 165, note Vallansan; *LXB Hebdo* 16 juin 2016, n° 470, note Le Corre.

de consultation, même si le courrier précisait que ce défaut de réponse emporterait acceptation de l'option prévoyant un paiement de la créance à hauteur de 70 %, dès lors que le jugement arrêtant le plan mentionne que le défaut de réponse à la consultation vaut acceptation de la remise, sauf pour les organismes pour lesquels la consultation classique est inapplicable, ce qui est le cas de l'Urssaf[1]. L'article D. 626-13, dans la rédaction que lui donne le décret du 6 avril 2009[2], apporte simplement quelques modifications tenant aux pièces à communiquer lors de la demande de remise de dettes. De manière nouvelle, le texte exige que la demande soit accompagnée : « 3° Du montant des dettes privées. Les dettes privées correspondent à l'ensemble des concours consentis par les créanciers autres que ceux mentionnés à l'article D. 626-9 ». Cette demande est plus facile à satisfaire que sous l'empire de la législation antérieure, dans la mesure où la notion de dettes privées est plus simple, pouvant se définir comme toutes dettes autres que celles susceptibles d'être remises selon le mécanisme ici étudiée.

Cet article ajoute que la demande peut être complétée, et non plus comme sous l'empire de la législation antérieure, doit être complété, dès qu'ils sont établis par tous documents, notamment :

« 1° Un plan de trésorerie prévisionnel;

2° Un état prévisionnel des commandes;

3° Le montant des remises sollicitées ou obtenues auprès des créanciers privés. »

Ces documents doivent permettre aux administrations publiques d'être exactement informées sur l'aptitude de l'entreprise à se redresser, dès lors que la remise de dettes est finalisée. L'article D. 626-15 du code de commerce indique en effet que les remises de dettes publiques « pour objet de faciliter la restructuration financière de l'entreprise en difficulté, la poursuite de son activité économique et le maintien de l'emploi ».

L'article D. 626-13 du code de commerce prévoit que « La commission peut également être saisie d'une demande de remise de dettes présentée dans le cadre d'une saisine du tribunal aux fins d'une modification substantielle du plan ». La solution a été posée, avant même la réforme issue de la loi du 17 février 2009[3], par la loi du 4 août 2008[4], dite loi LME. Il est dommage que le texte ne précise pas davantage. Il semble qu'il faille décider qu'aucun délai n'est ici imparti, la demande devant simplement être présentée en temps utile par rapport à la date à laquelle le tribunal devra statuer sur la modification projetée.

512.73 ***Réponse de la commission composée pour statuer*** **sur la demande de remise de dettes – consultations.** Les règles relatives à l'instruction de la demande et à la réponse de la commission, posées par l'article R. 626-14 du code de commerce sont reprises par l'article D. 626-14 (v. s[s] n° 512.57). Il faut seulement mentionner la modification suivante. Le texte nouveau (al. 3) prend le soin de préciser que lorsque la demande d'octroi de remises de dettes est favorable, la notification précise les montants d'abandon de créances publiques ainsi que les conditions qui y sont attachées vis-à-vis des créanciers privés. Il s'agit là de tenir compte du fait que les remises des créanciers publics sont « coordonnées » avec les efforts des créanciers privés.

Les textes restent muets sur la possibilité de contester la décision des créanciers publics. Une question préjudicielle, qui sous-tend l'existence d'un excès de pouvoir de l'administration, a été posée au Tribunal des conflits pour déterminer qui de la juridiction administrative ou de la juridiction judiciaire avait compétence pour connaître de la question[5]. Le Tribunal des conflits a répondu que le juge de la procédure collective est compétent pour connaître de la contestation par une société en redressement judiciaire de la décision du comptable public de refuser les propositions d'échelonnement ou de remise partielle de la dette de TVA, qui lui a présentée le mandataire judiciaire[6].

512.74 Finalité des remises de dettes publiques. De manière nouvelle, l'article D. 626-15 du code de commerce s'emploie à déterminer la finalité des remises de dettes publiques. Elles ont positivement, précise cette disposition, « pour objet de faciliter la restructuration financière de l'entreprise en difficulté, la poursuite de son activité économique et le maintien de l'emploi ». Ces critères apparaissent cumulatifs. Négativement, ajoute le texte, qui enfonce ainsi le clou, « la remise de dettes n'est pas justifiée dès lors que l'entreprise n'est plus viable ». En outre, la remise de dettes « ne doit pas représenter un avantage économique injustifié pour l'entreprise bénéficiaire ». Il s'agit là d'éviter une distorsion de concurrence incompatible avec les normes européennes.

512.75 Coordination des efforts des créanciers publics avec ceux des créanciers privés – Suppres-

1. Com. 26 mars 2013, n° 12-16.622, *Bull. civ.* IV, n° 47; n° 330 F-P+B; *Act. proc. coll.* 2013/8, comm. 109, note Vallansan.
2. D. n° 2009-385, 6 avr. 2009, préc.
3. L. n° 2009-179, 17 févr. 2009, *JO* 18 févr., p. 2841.
4. L. n° 2008-776, 4 août 2008, préc.
5. CE 17 mai 1989, req. n° 34380, *Lebon* T; *Act. proc. coll.* 2013/7, comm. 90, note Pagnucco; *BJE* juill. 2013, p. 249, note Dedeurwaerder.
6. T. confl. 8 juill. 2013, req. n° 3912, *Act. proc. coll.* 2013/16, comm. 238; *BJE* nov. 2013, 357, note Dedeurwaerder; *Rev. proc. coll.* 2013, comm. 168, note Vabres; *Rev. proc. coll.* 2014, comm. 21, note Fraimout.

sion de la concomitance pour la remise de dettes publiques. Précisons d'abord que l'ordonnance du 18 décembre 2008[1] n'a pas modifié la solution imposant une concomitance entre les remises de dettes publiques et les remises de dettes privées. En revanche, l'article 20 de la loi du 17 février 2009[2] a supprimé l'obligation de concomitance des remises de dettes publiques avec les remises de dettes privées posée par l'article L. 626-6, alinéa 1er du code de commerce. La solution pouvait sembler importante en permettant à un débiteur de bénéficier de remises de dettes de créanciers publics, alors même que les créanciers privés ne lui consentiraient pas de remises de dettes et alors même que le débiteur n'aurait pas de passif privé, l'intégralité de son passif étant fiscale et sociale.

Telle n'a pas été la compréhension du texte par le ministère de l'économie et des finances, qui, après que la loi du 17 février 2009 a supprimé l'obligation de concomitance, réintroduit un concept assez voisin : celui de coordination des efforts des créanciers publics par rapport aux efforts de créanciers privés. L'article D. 626-15, alinéa 1er *in fine* énonce en effet que « Les efforts des créanciers publics sont coordonnés avec ceux des autres créanciers en vue de faciliter le redressement durable de l'entreprise et permettre le recouvrement de recettes publiques futures ». L'avancée du nouveau texte par rapport à l'ancien article R. 626-15 du code, est de supprimer tout ratio. En insérant le concept d'« effort coordonné », l'article D. 626-15 introduit pour les créanciers publics un élément extraordinaire de souplesse dans l'appréciation. Il est exclu, au regard du nouveau texte, de prévoir une remise de dettes publiques sans effort conséquent des partenaires privés, encore que rien n'interdit d'accorder des remises de dettes publiques, même en l'absence de toute remise de dettes privées, dès lors que les partenaires économiques privés de l'entreprise, au rang desquels figurent les associés, consentent des efforts, par exemple en apportant des capitaux nouveaux.

L'article D. 626-15 précise les éléments d'appréciation qui entrent en ligne de compte pour statuer sur la demande.

Sont d'abord pris en compte les efforts consentis par les créanciers privés. Les efforts des créanciers publics sont coordonnés, indique l'article D. 626-16 du code de commerce, avec ceux des autres créanciers en vue de faciliter le redressement durable de l'entreprise et permettre le recouvrement de recettes publiques futures. Observons au demeurant que pour ne pas être qualifiées d'aides d'État, au sens du droit communautaire, les remises de dettes consenties par les créanciers publics devront l'être dans des conditions similaires à celles consenties par des opérateurs privés. La solution posée par la loi de sauvegarde des entreprises est ici conservée. L'idée sera donc de vérifier si, en consentant des abandons de créances, les créanciers publics augmentent leur chance d'une part de recouvrer une partie de leurs créances et, d'autre part, à terme, de percevoir des recettes sur le débiteur. Ainsi, comme il a été relevé, cette référence est suffisante à satisfaire le respect de la réglementation européenne des aides d'État, malgré la suppression de la concomitance[3].

Sont ensuite examinés les efforts financiers consentis par les actionnaires et les dirigeants. On comprend que si les actionnaires et dirigeants n'abandonnent pas des créances en compte-courant ou ne réinjectent pas d'argent nouveau, les créanciers publics seront *a priori* hostiles à l'idée de faire eux-mêmes des efforts. La solution se recommande d'une vision européenne sur les aides d'État.

La situation financière du débiteur et les perspectives de son rétablissement pérenne sont également appréciées. Cela fait de doute façon double emploi avec la précision selon laquelle « la remise de dettes n'est pas justifiée dès lors que l'entreprise n'est plus viable ».

Le comportement habituel du débiteur vis-à-vis des créanciers publics est également un élément d'appréciation. Pour obtenir des remises de dettes, il faut avoir été loyal, et se présenter plutôt comme un bon payeur à l'égard des créanciers publics. Les fraudeurs et mauvais payeurs ne devraient pas bénéficier des remises de dettes publiques. Cela participe d'une certaine moralisation des affaires.

Les éventuels autres efforts consentis par les créanciers publics portant sur les cessions de rang de privilège ou d'hypothèque ou l'abandon de ces sûretés ou les délais de paiement déjà accordés sont enfin des éléments d'appréciation, les créanciers publics n'ayant pas à être, sans cesse, sollicités.

1. Ord. n° 2008-1345, 18 déc. 2008, préc.
2. L. n° 2009-179, 17 févr. 2009, préc.
3. Serlooten, « Remises des dettes par les créanciers publics : une libéralisation efficace ? », *Rev. proc. coll.* 2009/3, 10, p. 11 s., sp. p. 12, n° 8.

CHAPITRE

513. Consultation des créanciers préparatoire au plan de sauvegarde dans les procédues avec comités de créanciers

SECTION 0

ORIENTEUR

513.00 **Plan du chapitre.**

Sect.	513.10	Domaine de la constitution des comités de créanciers
Sect.	513.20	Dualité des comités de créanciers
Sect.	513.30	Consultation des comités de créanciers
Sect.	513.40	Vote des comités de créanciers
Sect.	513.50	Consultation des créanciers en dehors des comités dans le cadre de l'élaboration du plan de sauvegarde

513.01 **Textes applicables.** (V. les références complètes s[s] n° 011).

> Législation issue de la loi de sauvegarde des entreprises dans sa rédaction d'origine.

C. com., art. L. 626-30 à L. 626-35

C. com., art. R. 626-52 à R. 626-63

> Législation issue de l'ordonnance du 18 décembre 2008.

C. com., art. L. 626-30, L. 627-3, al. 2, L. 626-30-1, L. 626-30-2, L. 626-31, L. 626-32, L. 626-33, L. 626-34, L. 626-34-1 et L. 626-35

C. com., art. R. 626-7, R. 626-8, R. 626-52, R. 626-53, R. 626-54, R. 626-55, R. 626-56, R. 626-57, R. 626-57-1, R. 626-57-2, R. 626-58, R. 626-59, R. 626-60, R. 626-61, R. 626-61-1, R. 626-62, R. 626-63

> Législation issue de l'ordonnance du 12 mars 2014.

C. com., art. L. 626-30-2, L. 626-32, L. 626-34

C. com., art. R. 626-57, R. 626-57-2, R. 626-58, R. 626-64

513.03 **Bibliographie indicative.** (V. les références complètes s[s] n° 031 – Aussi s[s] n° 510.03).

> Actualisables. J.-CL. COM., Dumont-Lefrand M.-P., avec la participation de Bézert A., fasc. 2248, [Organes – Comités de créanciers], 2015.

> Articles.

› *Étude d'ensemble.* Le Corre P.-M., « La sauvegarde financière accélérée », *Les dossiers de la RIDE*, 2012, p. 35.

› *Créanciers et comité de créanciers.* Dammann R. et Podeur G., « Les enjeux de la réforme des comités de créanciers », *JCP E* 2009. 2093; « Le rééquilibrage des pouvoirs au profit des créanciers résultant de l'ordonnance du 12 mars 2014 », *D.* 2014. 752 – Fraimout J.-J., « Des plans plus attractifs pour les créanciers », *Rev. proc. coll.* 2014, dossier 19 – Ghalimi N., « Le traitement différencié des créanciers dans les plans de redressement », *LPA* 19 déc. 2014, n° 253, p. 4 – Lasserre Capdeville J., « L'évolution du droit concernant les créanciers financiers : l'influence du droit économique ? », *Les dossiers de la RIDE*, 2012, p. 47 – Le Corre P.-M., « Les irrégularités affectant la composition et le vote des comités de créanciers », *D.* 2007. Chron. 822; « Porteurs de titres super subordonnés et élaboration des plans de sauvegarde et de redressement avec comités », *D.* 2010. Chron. 839; « les comités de créanciers », *coll.* 2011, Colloque 3, p. 36 – Scholastique E. et Brémond G., « Réflexions sur la composition des comités de créanciers dans les procédures de sauvegarde et de redressement judiciaires », *JCP E* 2006. 1405.

› *Accord de subordination.* Bebe Épale A. et Garcia Ch., « Les plans face aux accords de subordination », *LPA* 23 juill. 2012, n° 146, p. 4 – Douaoui-Chamseddine M., « Question soulevée par un plan de sauvegarde écartant un accord de subordination : quel recours pour les seniors en cas d'atteinte à la propriété ? » *Rev. proc. coll.* 2012, études 5; « Le tribunal qui arrête un plan de sauvegarde écartant la subordination peut-il condamner les juniors à verser des dommages-intérêts aux seniors », *Rev. proc. coll.* 2012, études 34.

› *Cession de créance.* Vann. B., « Cession de créance : les difficultés soulevées par l'ouverture d'une procédure collective », Le Corre-Broly (dir.), *Contentieux bancaire des procédures collectives,* Bruylant, 2014, p. 95.

513.04 Questions essentielles.

• Dans quel comité se trouve le cessionnaire d'une créance fournisseur ?

* V. s[s] n° 513.22.

• Un petit fournisseur peut-il faire partie du comité des fournisseurs ?

• Dans quel comité se trouve le cessionnaire d'une créance fournisseur ?

* V. s[s] n° 513.23.

Un créancier peut-il contester le poids de sa créance dans vote de son comité d'appartenance ?

* V. s[s] n° 513.43.

• Que se passe-t-il si les comités de créanciers ne votent s favorablement sur les propositions de plan présentées par le débiteur ?

* V. s[s] n° 513.44.

SECTION 513.10

DOMAINE DE LA CONSTITUTION DES COMITÉS DE CRÉANCIERS

513.11 Conditions tenant à l'entreprise pour l'instauration des comités de créanciers. L'article L. 626-29, alinéa 1er du code de commerce prévoit que « Les débiteurs dont les comptes ont été certifiés par un commissaire aux comptes ou établis par un expert-comptable et dont le nombre de salariés ou le chiffre d'affaires sont supérieurs à des seuils fixés par décret en Conseil d'État, sont soumis aux dispositions de la présente section ». Il s'agit de la section III intitulée « des comités de créanciers ». Il faut donc comprendre que, dès lors que l'entreprise dépasse l'un des deux seuils alternatifs fixés par décret, des comités de créanciers doivent impérativement être constitués pour l'élaboration du plan de sauvegarde. L'article R. 626-52 du code de commerce fixe ainsi les seuils : 150 salariés et 20 millions d'euros de chiffre d'affaires hors taxes. Ainsi, si l'entreprise a plus de 150 salariés ou réalise plus de 20 millions de chiffre d'affaires hors taxes par an, les comités de créanciers sont obligatoires.

Par principe, l'instauration de ces comités n'a pas lieu d'être dans les entreprises de taille plus modeste, celles qui ne répondent à aucun des deux critères de seuils ou dont les comptes ne sont pas certifiés par un commissaire aux comptes ou établi par un expert-comptable. Ces seuils sont définis conformément au deuxième alinéa et troisième alinéa de l'article R. 621-11 du code de commerce. Cette disposition détermine les seuils à partir desquels, dans la procédure de sauvegarde et par renvoi, dans la procédure de redressement judiciaire, la présence d'un administrateur judiciaire est obligatoire.

Le montant de ce chiffre d'affaires est défini conformément à l'article 17, alinéa 5 du décret du novembre 1983[1]. Il s'apprécie à la date de clôture du dernier exercice comptable (*v. s[s] n° 412.21*).

Le nombre de salariés s'apprécie, dans la procédure de sauvegarde à la date de la demande d'ouverture de la procédure (C. com., art. R. 621-11 [anc[t] D. 28 déc. 2005[2], art. 53]) et en redressement judiciaire, à la date de la demande ou, en cas de saisine d'office, à la date de la convocation du débiteur (C. com., art. R. 631-9 [anc[t] D. 28 déc. 2005, art. 178]).

Cependant, la loi (C. com., art. L. 626-29, al. 2) réserve la faculté au débiteur ou à son administrateur de saisir par requête le juge-commissaire aux fins d'utiliser la technique réservée aux grandes entreprises. En ce cas, les comptes de l'entreprise devront également être certifiés par un commissaire aux comptes ou établis par un expert-comptable[3]. Le pouvoir reconnu à l'administrateur judiciaire, dans la procédure de sauvegarde, a été critiqué[4], sans doute abusivement, car s'il est vrai que le maintien aux commandes du chef d'entreprise expliquerait, dans son principe, qu'il soit le seul à pouvoir solliciter la constitution des comités de créanciers, il n'en demeure pas moins que cette constitution ne peut, en pratique, nuire à l'entreprise, ce qui justifie dès lors l'intervention de l'administrateur judiciaire.

La saisine du juge-commissaire devra être presque immédiate par rapport au jugement d'ouverture, du fait des délais impératifs de composition des comités, du moins sous l'empire de la loi de sauvegarde des entreprises, dans sa rédaction d'origine. L'ordonnance du 18 décembre 2008[5] a assoupli les règles relatives au temps de la constitution des comités de créanciers (v. s[s] n° 513.31).

Le juge-commissaire ne peut se saisir d'office, à cette fin[6]. Les créanciers, y compris les contrôleurs, et leur représentant, le mandataire judiciaire, sont également ici sans qualité pour saisir le juge-commissaire à cette fin.

L'article 56 du décret du 23 décembre 2006[7] a inséré un article 163-1, dans le décret du 28 décembre 2005 (devenu C. com., art. R. 626-54), pré-

1. D. n° 83-1020, 29 nov. 1983, *JO* 1er déc., p. 3461.
2. D. n° 2005-1677, 28 déc. 2005, *JO* 29 déc., p. 20324.
3. *Rapp. J.-J. Hyest*, n° 335, p. 294.
4. Bourgninaud, Lucas et Lécuyer (dir.), *La réforme des procédures collectives…*, Lgdj, 2006, p. 228.
5. Ord. n° 2008-1345, 18 déc. 2008, *JO* 19 déc., p. 19462.
6. *Rapp. J.-J. Hyest*, n° 335, p. 295.
7. D. n° 2006-1709, 23 déc. 2006, *JO* 29 déc., p. 19846.

voyant que cette décision du juge-commissaire est une mesure d'administration judiciaire non susceptible de recours. La solution, qui avait été posée dès avant le décret du 23 décembre 2006 dans le dossier Eurotunnel[1], n'est pas sans danger pour les créanciers et il est, en conséquence, à espérer que le juge-commissaire vérifiera attentivement les conditions d'octroi de cette possibilité de faire usage de la procédure avec comités de créanciers. Il devra spécialement être attentif au sérieux au moins formel des comptes que lui présente le débiteur.

Ainsi, si le juge-commissaire accède à la demande, il y a place à constitution des comités de créanciers, même dans ces entreprises de taille plus modeste.

La solution n'est pas sans rappeler la passerelle entre le régime simplifié et le régime général – passerelle dite de l'article 138 de la loi du 25 janvier 1985[2] (devenu C. com., art. L. 621-134) – qui existe dans la législation du redressement judiciaire soumise à la législation antérieure à la loi du 26 juillet 2005.

Il a été indiqué que « le principe est donc clairement établi : la création des comités de créanciers devrait constituer désormais la règle, l'absence desdits comités l'exception »[3]. Il faut bien comprendre, en effet, que l'instauration des comités pourra avoir un effet de levier et permettra de ne pas être tenu par les délais maxima de dix ans que le tribunal peut imposer aux créanciers réfractaires[4] d'un débiteur non-agriculteur et surtout permettra, par la loi de la majorité, d'imposer des remises de dettes aux minoritaires. Force est de constater le peu d'application des comités de créanciers lorsque leur constitution n'est pas obligatoire.

Il existe un lien entre la présence d'un administrateur judiciaire et l'instauration des comités de créanciers[5]. C'est pourquoi, si à l'ouverture de la procédure aucun administrateur judiciaire n'a été nommé, il faudra en nommer un pour faire application des règles de la procédure avec comités de créanciers. En ce cas, l'article R. 626-53 du code de commerce prévoit que le juge-commissaire désigne un administrateur aux fins d'exercer les missions qui lui sont dévolues par les articles L. 626-30, L. 626-32 et L. 626-33 du code de commerce et, depuis l'ordonnance du 18 décembre 2008, par les articles L. 626-30 à L. 626-33. Il faut donc comprendre que l'administrateur désigné n'aura pas les fonctions classiques de surveillance ou d'assistance, pas plus qu'il ne disposera des pouvoirs propres que la loi reconnaît aux administrateurs judiciaires, par exemple l'option sur la poursuite des contrats en cours ou l'acquiescement aux demandes en revendication ou en restitution. Il est évidemment exclu, pour le juge-commissaire, qui n'a en la matière aucun pouvoir, de confier une mission de surveillance ou d'assistance à cet « administrateur »[6].

Une condition supplémentaire est posée par la loi : la constitution de comités de créanciers est réservée aux entreprises dont les comptes sont certifiés par un commissaire aux comptes ou établis par un expert-comptable. Dans la version du projet de loi, les comptes devaient impérativement être approuvés par un commissaire aux comptes. À la suite d'un amendement présenté à l'Assemblée Nationale, la solution a été étendue aux entreprises dont les comptes sont établis par un expert-comptable[7]. Il a été indiqué toutefois, en ce cas, que la simple intervention ponctuelle d'un expert-comptable était insuffisante : il doit avoir établi les comptes[8]. Cette exigence est donc commune à l'instauration de comités, quelle que soit la taille de l'entreprise. La nécessité de disposer de chiffres fiables pour la composition des comités et ensuite pour le calcul des majorités justifie cette exigence[9].

Précisons que ces règles de la procédure de sauvegarde sont, par transposition, applicables au plan de redressement (renvoi de L. 631-19, I à L. 626-29).

SECTION 513.20

DUALITÉ DES COMITÉS DE CRÉANCIERS

513.21 Instauration de deux comités de créanciers – règles communes aux deux comités. Deux comités de créanciers sont constitués, sous réserve des règles propres à la sauvegarde financière accélérée. Ces comités ne pourront être fusionnés, même si le faible nombre des créanciers de chaque catégorie pourrait le justifier[10].

Pour qu'un comité soit constitué, deux créanciers au moins sont nécessaires[11]. À défaut, il nous apparaît que la seule possibilité sera de ne pas constituer le comité des établissements de crédit, en cas d'établissement de crédit unique, ou celui des fournisseurs en cas de fournisseur unique. Il n'apparaît pas, en revanche, que l'absence de constitution d'un des

1. T. com. Paris, ord. J.-C., 20 nov. 2006, *D.* 2007. 69.
2. L. n° 85-98, 25 janv. 1985, *JO* 26 janv., p. 1097.
3. Avis n° 337 de Christian Gaudin, *Doc. Sénat*, au nom de la commission des affaires économiques, p. 88.
4. AINSI : Piollet, « Le plan de sauvegarde vu par un administrateur », *Rev. proc. coll.* 2006/2, p. 186 s., sp. p. 187.
5. *Rapp. J.-J. Hyest*, n° 335, p. 306.
6. ROUSSEL GALLE, 2e éd., 2007, n° 661.
7. Amend. n° 320 de Philipe Houillon, Interv. *JOAN CR*, 2e séance du 8 mars 2005, p. 1751.
8. *Rapp. J.-J. Hyest*, n° 335, p. 294.
9. RAPPR. : Bourgninaud, Lucas et Lécuyer (dir.), *La réforme des procédures collectives...*, Lgdj, 2006, p. 227.
10. *Rapp. Xavier de Roux*, n° 2095, p. 319.
11. EN CE SENS AUSSI : LE CANNU, 7e éd., n° 862.

comités soit de nature à faire obstacle à la constitution de l'autre[1]. La procédure restera celle avec le comité de créanciers. Le créancier qui aurait dû être membre du comité qui n'a pu être constitué sera alors consulté comme les créanciers en dehors des comités[2] (v. ss nos 512.21 s.).

Cette constitution doit être faite dans les trente jours du jugement ouvrant la procédure de sauvegarde, puisque, selon l'article L. 626-30 du code, les établissements de crédit et les principaux fournisseurs de biens ou de services sont réunis en deux comités de créanciers par l'administrateur judiciaire, dans un délai de trente jours à compter du jugement d'ouverture de la procédure. En ce sens, l'article R. 626-55 du code de commerce indique que l'administrateur, dans le délai de trente jours après le jugement d'ouverture, avise chacun des établissements de crédit créancier du débiteur qu'il est membre de droit du comité des établissements de crédit. En pratique, la constitution des comités de créanciers sera effectuée par l'administrateur judiciaire, à partir des informations que lui communiquera le débiteur à l'ouverture de la procédure. Le non-respect du délai de trente jours ne fait cependant l'objet d'aucune sanction[3].

Toutes les personnes ayant la qualité pour être au sein des comités ne seront cependant pas membres des comités. Il faut en effet qu'elles aient la qualité de créancier antérieur[4]. En effet, les comités de créanciers se substituent à la technique classique de consultation individuelle des créanciers dans le cadre de l'élaboration du plan de redressement. Il s'agit pour ces créanciers de prendre position sur les délais et remises qu'ils entendent consentir au débiteur. La disposition de l'article L. 626-34 du code de commerce, selon laquelle « la procédure est reprise pour préparer un plan dans les conditions prévues aux articles L. 626-5 à L. 626-7 afin qu'il soit arrêté selon les dispositions des articles L. 626-12 et L. 626-18 à L. 626-20 », lorsque les comités n'ont pas voté favorablement sur les propositions du projet de plan, est ainsi éclairée. La procédure de consultation des créanciers dans les comités remplace la technique de consultation individuelle des créanciers, prévue par l'article L. 626-5, alinéa 2. Elle a nécessairement le même domaine. Ainsi, les créanciers, qui sont appelés à faire partie d'un des deux comités, peuvent refuser cette participation, dès lors qu'ils n'ont pas cette qualité de créancier au jour de l'ouverture de la procédure.

En revanche, la soumission à la discipline collective des créanciers postérieurs non éligibles au traitement préférentiel fait naître une difficulté. Faut-il les soumettre aux comités ? Le traitement du créancier postérieur non éligible au traitement préférentiel comme un créancier antérieur nous semble commander une réponse positive, l'opinion contraire ayant été soutenue[5]. En pratique, cependant, la question restera assez largement théorique, compte tenu des délais de constitution des comités, qui rendront quasiment impossible l'inclusion en leur sein d'un créancier postérieur, faute pour ce dernier d'avoir pu être identifié comme créancier postérieur non éligible au traitement préférentiel.

> **L'ordonnance du 18 décembre 2008**[6], qui s'applique aux procédures ouvertes à compter du 15 février 2009, conserve ces deux comités, mais en modifie la composition, en vue de faciliter l'adoption du plan. Il s'agit d'assouplir les conditions d'appartenance aux comités, à la lumière des enseignements de la pratique[7], spécialement observée à l'occasion du dossier Eurotunnel.

L'ordonnance **du 18 décembre 2008** pose, à l'alinéa 1er de l'article L. 626-29 du code de commerce (ord. 18 déc. 2008, art. 64), le principe selon lequel les autres dispositions du chapitre VI du titre II du livre VI du code de commerce restent applicables, dans la mesure où elles ne sont pas contraires à celles contenues aux articles L. 626-29 à L. 626-34, I du code de commerce. Il faut donc comprendre que les dispositions relatives à l'élaboration et à l'exécution du plan de sauvegarde – et de redressement – en dehors des comités de créanciers sont applicables, sauf incompatibilité avec les règles spéciales relatives à l'adoption des plans dans le cadre du fonctionnement des comités de créanciers.

L'ordonnance **du 18 décembre 2008** a conservé la possibilité pour le débiteur de demander qu'il soit fait application des règles relatives aux comités de créanciers en deçà des seuils à partir desquels ils sont obligatoires.

L'article R. 626-53 du code de commerce, dans sa rédaction d'origine, prévoyait que « Lorsque le tribunal n'a pas désigné d'administrateur et que le

1. EN CE SENS AUSSI : PÉROCHON et BONHOMME, 8e éd., no 339.
2. EN CE SENS AUSSI : J.-CL. COM., Dumont-Lefrand M.-P., avec la participation de Bézert A., fasc. 2248, [Organes – Comités de créanciers], 2015, no 10.
3. *Rapp. J.-J. Hyest*, no 335, p. 297 – *Adde*, EN CE SENS : PÉROCHON ET BONHOMME, 7e éd., no 339-1.
4. EN CE SENS AUSSI : Scholastique et Brémond, « Réflexions sur la composition des comités de créanciers dans les procédures de sauvegarde et de redressement judiciaires », *JCP E* 2006. 1405, p. 466 s., sp. p. 469, no 32 – PÉROCHON ET BONHOMME, 7e éd., no 339 – LE CANNU, 7e éd., no 861.
5. Scholastique et Brémond, « Réflexions sur la composition des comités de créanciers dans les procédures de sauvegarde et de redressement judiciaires », *JCP E* 2006. 1405, p. 466 s., sp. p. 472, no 56.
6. Ord. no 2008-1345, 18 déc. 2008, préc.
7. Rapport au président de la République sur l'ordonnance no 2008-1345 du 18 déc. 2008, *JO* 19 déc. 2008, Titre I, chap. II-4.

juge-commissaire autorise qu'il soit fait application des dispositions des articles L. 626-30 à L. 626-35 du code de commerce, le juge-commissaire désigne un administrateur aux fins d'exercer les missions qui lui sont dévolues par les articles L. 626-30, L. 626-32 et L. 626-33 du même code ». Pour tenir compte des nouveaux articles L. 626-30-1 et L. 626-30-2 du code de commerce résultant de l'ordonnance du 18 décembre 2008, l'article R. 626-53 du code ne vise plus les missions dévolues à l'administrateur pour faire fonctionner les comités de créanciers par les articles « L. 626-30, L. 626-32 et L. 626-33 », mais par les articles « L. 626-30 à L. 626-33 ».

L'article L. 626-30 du code de commerce issu de l'ordonnance **du 18 décembre 2008** (ord. 18 déc. 2008, art. 65) ne reprend pas le délai du mois, courant à compter du jugement d'ouverture, pour la constitution des comités.

Cette suppression doit être approuvée, car, de façon générale, le respect de ce délai pouvait faire difficulté, son dépassement n'étant pas assorti de sanction. De façon plus générale, il importe de remarquer l'extrême simplification des délais de constitution et de fonctionnement des comités de créanciers. Il s'est agi de tenir compte d'une rigidité excessive du calendrier, inadaptée à la conduite des opérations, qui avait été dénoncée par les praticiens[1].

Le problème majeur tenait au respect de ce délai lorsque la composition des comités avait été autorisée par le juge-commissaire, dans les hypothèses où la composition des comités était seulement facultative. Le juge-commissaire devait en effet nommer un administrateur chargé de faire fonctionner les comités, si la procédure avait été ouverte sans nomination d'administrateur judiciaire, lequel ne disposait plus que du temps restant à courir entre sa nomination et l'écoulement du mois à compter de l'ouverture de la procédure.

L'ordonnance du 18 décembre 2008 confirme l'opinion que nous avions émise[2], selon laquelle la composition des comités est faite au vu des créances nées antérieurement au jugement d'ouverture de la procédure. La solution résulte de l'article L. 626-30, alinéa 1er *in fine* du code de commerce, dans la rédaction que lui donne l'ordonnance **du 18 décembre 2008** (ord. 18 déc. 2008, art. 65). Ce texte précise que la composition des comités est faite au vu des créances nées antérieurement au jugement d'ouverture de la procédure. Seront donc membres des comités, les personnes, établissement de crédit ou assimilé ou principal fournisseur, titulaire d'une créance née antérieurement au jugement d'ouverture de la procédure.

Cette précision fait disparaître une petite difficulté : celle relative aux créances postérieures non éligibles au traitement préférentiel. En effet, ces créances sont traitées comme des créances antérieures et auraient donc pu être intégrées dans le dispositif de consultation des comités, dès lors qu'elles étaient détenues par des membres des comités. L'ordonnance du 18 décembre 2008 les exclut clairement des comités. Avec la disposition nouvelle, la créance doit impérativement être née avant le jugement d'ouverture. Le fait qu'elle soit assimilée, pour son traitement, à une créance antérieure est insuffisant[3].

La précision du caractère antérieur de la créance du membre du comité est importante, spécialement pour les établissements de crédit.

En effet, si tous les prêteurs, dont le prêt a été signé avant le jugement d'ouverture, sont des créanciers antérieurs, il n'en va pas de même du banquier, qui a consenti une ouverture de crédit avant le jugement d'ouverture, lorsque cette dernière n'a pas encore été utilisée à cette date. Il n'est pas encore créancier, seule l'utilisation de la ligne de crédit faisant naître la créance.

De même, le seul fait qu'un contrat de crédit-bail ou de location financière ait été signé avant le jugement d'ouverture n'a pas pour effet d'entraîner automatiquement l'appartenance du crédit bailleur au comité des établissements de crédit. Il faut qu'existent des créances impayées, relatives à une jouissance procurée avant le jugement d'ouverture, pour qu'il y ait une créance née avant le jugement d'ouverture. Les loyers du crédit-bail afférents à une jouissance postérieure au jugement d'ouverture ne peuvent autoriser le crédit bailleur à faire partie du comité des établissements de crédit.

Une autre difficulté pouvait tenir à la détermination de l'intérêt que pouvait avoir un créancier à voter les propositions de plan. La finalité de la consultation est de permettre aux créanciers de se positionner sur les éventuels abandons de créances et délais qu'ils entendent consentir dans le cadre du plan, et qui conditionneront le montant et le moment des dividendes du plan qu'ils percevront. Or, comme

1. Rapport au président de la République sur l'ordonnance n° 2008-1345 du 18 déc. 2008, *JO* 19 déc. 2008, Titre I, chap. II-4, s⁵ art. 66.
2. Le Corre, *Droit et pratique des procédures collectives*, 4e éd., « Dalloz action », 2008, n° 552.22 – EN CE SENS AUSSI : Scholastique et Brémond, « Réflexions sur la composition des comités de créanciers dans les procédures de sauvegarde et de redressement judiciaires », *JCP E* 2006. 1405, p. 466 s., sp. p. 469, n° 32 – PÉROCHON ET BONHOMME, 7e éd., n° 339 – Le Cannu, *Droit commercial, Entreprises en difficulté*, refonte de l'ouvrage de Jeantin, 7e éd., « Précis », Dalloz, 2006, n° 861.
3. AUSSI : Dammann et Podeur, « Les enjeux de la réforme des comités de créanciers », *JCP E* 2009. 2093, n° 11.

la technique des comités de créanciers est alterr tive par rapport à la consultation individuelle d créanciers préparatoire à l'adoption du plan de sau vegarde, elle a évidemment la même portée. En cor séquence, seuls les créanciers ayant à subir le plan doivent logiquement être consultés.

Cette solution, que nous avions préconisée[1] dès avant la loi du 22 octobre 2010[2], est aujourd'hui législative, depuis que l'article 58 de cette loi est venue, à l'alinéa 3 de l'article L. 626-30-2 du code de commerce, préciser que « le mandataire judiciaire n'est pas tenu de consulter les créanciers pour lesquels le projet de plan ne modifie pas les modalités de paiement ou prévoit un paiement intégral en numéraire dès l'arrêté du plan ou dès l'admission de la créance ».

Cette solution est, au demeurant, d'application générale dans les plans de sauvegarde et de redressement; elle n'est pas limitée à la procédure avec comités de créanciers et, *a fortiori*, à la sauvegarde financière accélérée, alors que, dans le projet de loi de sauvegarde financière expresse, elle était cantonnée à cette seule procédure[3].

Il a été noté que la solution ne pouvait jouer dans l'assemblée des obligataires, faute d'avoir été expressément prévue pour eux[4]. Si la lettre des textes est bien en ce sens, il ne fait de doute pour personne que la solution posée pour les créanciers vaut également pour les obligataires, puisque c'est précisément le débat judiciaire dans l'affaire Thomson, qui portait sur les obligataires et la neutralisation du droit de vote de certains d'entre eux, qui a conduit à la modification du texte[5]. Il ne s'agissait donc que d'un oubli du législateur, que la jurisprudence aurait dû réparer en appliquant aux obligataires le principe de solution posé pour les créanciers par l'article L. 626-26-30-2, alinéa 3 du code. La difficulté a disparu. L'alinéa 4 de l'article L. 626-30-1 du code de commerce, issu de l'ordonnance de réforme (ord. 18 déc. 2008, art. 66), tient compte de la disparition de la créance avant le moment du vote. L'extinction de la créance fait perdre à son titulaire la qualité de membre du comité auquel il appartient. Il en est de même de la transmission de la créance. Ce terme est suffisamment large pour viser non seulement la cession de créance, mais aussi la subrogation légale ou conventionnelle. Bien évidemment, et en coordination avec ce que prévoit l'alinéa précédent, la perte de la créance par transmission, qui emportera la présence du nouveau titulaire de la créance au sein du comité à la place du créancier d'origine, supposera que l'administrateur en ait été informé. En revanche, l'extinction partielle de la créance entre le jugement d'ouverture et le jour du vote n'est pas réglementée par les textes (nº 513.41).

513.22 Comités des établissements de crédit. La loi de sauvegarde[6] a institué un premier comité : celui des établissements de crédit.

Sous l'empire de la loi de sauvegarde des entreprises, dans sa rédaction d'origine, applicable aux procédures ouvertes entre le 1er janvier 2006 et le 14 février 2009, dans le premier comité se trouvent les établissements de crédit. Cette expression est empruntée, a-t-il été dit, à l'article L. 511-1 du code monétaire et financier[7]. Il s'agit des personnes morales effectuant à titre de profession habituelle des opérations de banque, des opérations de crédit ou la mise à disposition ou la gestion de moyens de paiement. La généralité de l'expression conduit à inclure dans ce comité tous les établissements de crédit, quelle que soit l'importance de leurs créances. Il s'agit là des banques, des sociétés financières, des sociétés de crédit-bail et de location financière et des sociétés d'affacturage[8] bénéficiant du statut d'établissement de crédit.

Peu importe que la créance détenue par le banquier le soit à la suite d'une cession Dailly, d'un escompte ou d'une subrogation, dès lors que la créance est détenue contre le débiteur et qu'au plus tard la veille du jugement d'ouverture le transfert de la créance est opposable au débiteur[9]. Il ne sera pas alors question de prétendre que l'origine de cette créance n'est pas bancaire et que la créance devrait être prise en compte dans le calcul du comité des fournisseurs. Le contraire a toutefois été soutenu[10], au prétexte que la cession de créance n'emporte pas novation et que, en conséquence la nature de la créance ne change pas[11]. Mais, s'il est exact que la nature de la créance ne change pas, en revanche son titulaire a bien changé et seule la personnalité de ce

1. Le Corre, « Porteurs de titres super-subordonnés et élaboration des plans de sauvegarde et de redressement avec comités », *D.* 2010. Chron. 839.
2. L. nº 2010-1249, 22 oct. 2010, *JO* 23 oct., p. 18984.
3. Grelon, « La loi de sauvegarde revisitée par la loi nº 2010-1249 dite de régulation bancaire et financière en date du 22 octobre 2010 », *Rev. sociétés* 2011. 7 s., sp. p. 21, nº 63.
4. Grelon, art. préc., sp. p. 21, nº 64.
5. Grelon, art. préc., sp. p. 21, nº 63.
6. L. nº 2005-845, 26 juill. 2005, *JO* 27 juill., p. 12187.
7. *Rapp. J.-J. Hyest*, nº 335, p. 295.
8. Scholastique et Brémond, « Réflexions sur la composition des comités de créanciers dans les procédures de sauvegarde et de redressement judiciaires », *JCP E* 2006. 1405, nº 53.
9. PÉROCHON, 10e éd., nº 916.
10. Brémond, interv. in « La procédure de sauvegarde et le redressement judiciaire », *LPA* 21 sept. 2006, nº 189, p. 32.
11. Scholastique et Brémond, art. préc., *JCP E* 2006. 1405 – *Adde*, semblant partager l'analyse, Mecarelli, note ss Civ. 1re, 10 janv. 2006, nº 03-17.839, *LPA* 31 oct. 2006, nº 217 s., sp. p. 13.

dernier doit être prise en compte. Il s'agit bien comité des créanciers, non du comité des créance

En sens inverse, le rachat de créances bancai par des fonds spéculatifs – les *hedge funds* – ne d pas conduire à les inclure dans le comité des étab sements de crédit, la natur bancaire de l'opérat n'ayant pas pour effet de le transformer, objecti ment, en établissement de rédit au sens du c monétaire et financier. Le cortraire a cependant jugé et a, d'ailleurs, été salutaie dans l'affaire Eu tunnel[2].

Les établissements de crédit « publics » sont c cernés. La Caisse des dépôts et onsignations, bi qu'elle soit une administration inancière, est rang de ces créanciers membres du comité des ét blissements de crédit[3]. Il en est de même de la Poste pour ses concours financiers seulement, évidem ment.

Peu importe *a priori* que l'établissement de crédi ait été agréé comme tel en France, seule important la nature de l'opération le liant au débiteur[5]. La règle de la participation obligatoire au comité des établissements de crédit n'est en effet pas une faveur destinée à protéger l'établissement de crédit, mais une technique de recherche du redressement de l'entreprise débitrice[6].

La masse des obligataires, qui n'accomplit pas à titre de profession habituelle des opérations de banque, ne fait pas partie du comité des établissements de crédit[7], bien qu'un emprunt ait été mis en place, des dispositions spéciales ayant été posées pour elle (C. com., art. L. 626-32).

Les fonds d'investissement, qui sont des associés ou des actionnaires, ne peuvent être au rang des membres d'un comité[8].

L'administrateur judiciaire engagerait sa responsabilité à oublier d'appeler un établissement de crédit au comité[9], dès lors du moins que son existence, en tant que créancier, lui avait été signalée par le débiteur. En outre, cet établissement de crédit pourrait former tierce opposition au jugement arrêtant le plan s'il lui cause grief[10].

> Sous l'empire de l'ordonnance du 18 décembre 2008[11], applicable aux procédures ouvertes à compter du 15 février 2009, l'article L. 626-30, alinéa 1er du code de commerce vient, de manière nouvelle (ord. 18 déc. 2008, art. 65), préciser que le comité des établissements de crédit comportera les établissements de crédit, *stricto sensu*, mais encore les établissements assimilés aux établissements de crédit, tels qu'ils seront déterminés par décret en Conseil d'État. Cette précision a pour objet d'intégrer certains investisseurs, par exemple les *hedge funds*, dont le rôle n'avait pas été pris en compte par la législation de sauvegarde des entreprises[12].

L'alinéa 2 de l'article L. 626-30 du code de commerce vient modifier de manière particulièrement substantielle la composition du comité des établissements de crédit. Pour tenir compte d'une difficulté rencontrée en pratique, et notamment dans le dossier Eurotunnel, l'alinéa 2 de l'article L. 626-30, issu de l'ordonnance de réforme (ord. 18 déc. 2008, art. 65) prévoit que les établissements de crédit et ceux assimilés, ainsi que tout créancier titulaire d'une créance détenue à l'origine par l'un d'eux sera membre de droit du comité des établissements de crédit. La précision législative a pour objet de tenir compte de la pratique des cessions de créance par des établissements de crédit. Les *hedge funds* auraient ainsi vocation à faire partie du comité des établissements de crédit[13], à l'instar de la solution retenue, d'une manière *contra legem* à notre sens, dans le dossier Eurotunnel.

Dans sa version initiale, le projet d'ordonnance prévoyait, symétriquement, que le créancier titulaire d'une créance détenue à l'origine par un fournisseur de biens ou de services était assimilé à un fournisseur, et était donc membre du comité des principaux fournisseurs. Il y avait ainsi un parallélisme des formes, par rapport à la solution retenue pour la créance détenue à l'origine par un établissement de crédit.

Ce parallélisme présentait un danger certain que nous avions dénoncé[14]. En effet, un établissement de crédit, cessionnaire de créance par mobilisation, aurait été, en cette qualité, membre du comité des principaux fournisseurs. La solution n'aurait pourtant guère été cohérente, puisqu'elle aurait eu pour

1. En ce sens aussi : Vallens, 2015, n° 4098.
2. De Roux, *Rapport d'information sur la mise en application de la loi n° 2005-845 du 26 juillet 2005*, Rapp. Ass. nat., n° 3651, *JOAN* 31 janv. 2007, sp. p. 50.
3. Vallens, 2015, n° 4098 – Lienhard, 6e éd., n° 82.24.
4. Lienhard, 6e éd., n° 82.24.
5. Scholastique et Brémond, art. préc., *JCP E* 2006. 1405, n° 53.
6. Scholastique et Brémond, art. préc., *JCP E* 2006. 1405, n° 14.
7. Scholastique et Brémond, art. préc., *JCP E* 2006. 1405, n° 21 – Behar-Touchais, « Les plans de sauvegarde et de continuation », *Rev. proc. coll.* 2005/4, p. 363, n° 14 – Vallens, 2007, n° 3792.
8. Vallens, 2007, n° 3793.
9. *Rapp. J.-J. Hyest*, n° 335, p. 295 – *Adde*, Bourgninaud, Lucas et Lécuyer (dir.), *La réforme des procédures collectives...*, Lgdj, 2006, p. 231.
10. *Rapp. J.-J. Hyest*, n° 335, p. 295.
11. Ord. n° 2008-1345, 18 déc. 2008, préc.
12. Rapport au président de la République sur l'ordonnance n° 2008-1345 du 18 décembre 2008, *JO* 19 déc. 2008, Titre I, chap. II-4, s5, art. 65.
13. Dammann et Podeur, « Les enjeux de la réforme des comités de créanciers », *JCP E* 2009. 2093, n° 14.
14. Le Corre, « Les principales modifications de la procédure de sauvegarde dans le projet de réforme », *Gaz. proc. coll.* 2008/4, p. 11, n° 6.

effet de faire entrer, dans le comité des fournisseurs, des créanciers, qui auraient pu également être présents dans le comité des établissements de crédit, et qui auraient ainsi pu, à eux seuls, influer considérablement sur le vote des comités.

Il est donc largement préférable de considérer, comme le fait l'article L. 626-30, alinéa 2 du code de commerce, que les titulaires de créances acquises auprès d'un fournisseur de biens ou de services sont membres de droit du comité des établissements de crédit. En effet, en pratique, le cessionnaire d'une créance fournisseur sera un établissement de crédit, que cette créance soit acquise par cession loi Dailly ou par le mécanisme de l'affacturage. L'assureur-crédit, qui indemnise avant le jugement d'ouverture, un fournisseur du débiteur, devient membre de droit du comité des établissements de crédit[1].

Il est donc certain que, par ce mécanisme, même si le titulaire de la créance acquise avant le jugement d'ouverture auprès d'un fournisseur de biens ou de services n'est pas un établissement de crédit, ce créancier sera membre de droit du comité des établissements de crédit[2].

L'article L. 626-30-1, alinéa 1er du code de commerce, tel qu'il résulte de l'ordonnance du 18 décembre 2008 (ord. 18 déc. 2008, art. 66), prévoit en outre que l'obligation ou la faculté – pour les petits fournisseurs – d'être membre d'un comité constitue un par quelque moyen que ce soit, après le jugement d'ouverture[3], le nouveau titulaire de la créance devra nécessairement être membre du comité des établissements de crédit, toute clause contraire étant réputée non écrite.

On remarquera, au passage, que la créance détenue par cette personne peut être d'un montant inférieur au seuil exigé d'un fournisseur pour qu'il fasse partie du comité des principaux fournisseurs, c'est-à-dire, désormais, 3 % du passif fournisseur.

L'alinéa 3 de l'article L. 626-30-1 du code ajoute que le nouveau titulaire de la créance n'est informé des propositions du débiteur et admis à exprimer un vote qu'à compter du jour où le transfert a été porté à la connaissance de l'administrateur. L'article R. 626-57-1 du code de commerce, inséré par l'article 43 du décret d'application de l'ordonnance du 18 décembre 2008, précise que cette information est assurée par lettre recommandée avec demande d'avis de réception.

Pour tenir compte de la modification du comité des établissements, ainsi que de la suppression du délai de constitution des comités, l'article 40 du décret du 12 février 2009[4] modifie la rédaction de l'article R. 626-55 du code de commerce. Il est désormais prévu que « l'administrateur avise chacun des créanciers mentionnés au deuxième alinéa de l'article L. 626-30 – en non plus chacun des établissements de crédit créancier du débiteur – qu'il est membre de droit du comité des établissements de crédit ».

L'alinéa 2 de l'article R. 626-55 du code vise, comme le faisait auparavant l'alinéa 1er du même article, les établissements de crédit concernés, en ajoutant « et ceux assimilés ». En outre, cette même disposition considère comme membre du comité des établissements de crédit, « toute autre entité auprès de laquelle le débiteur a conclu une opération de crédit ». Ainsi, le membre du comité des établissements de crédit n'est plus nécessairement un établissement de crédit puisqu'il peut être simplement titulaire d'une créance initialement détenue par un établissement de crédit ou d'un fournisseur, mais en outre, il peut s'agir de toute entité ayant conclu avec le débiteur une opération de crédit. Il a été observé que le législateur vise davantage l'opération, que le statut de l'opérateur[5]. La cour d'appel de Paris a ainsi pu admettre qu'une société du même groupe que le débiteur puisse être membre du comité des établissements de crédit, si elle met à disposition du débiteur des fonds rémunérés à titre onéreux[6]. Le comité des établissements de crédit se trouve considérablement élargi et aurait, peut-être, pu être rebaptisé, en comité des opérateurs de crédit.

Ces règles contribuent assurément à une attractivité plus grande de la procédure de sauvegarde, cependant qu'il faut immédiatement préciser qu'elles ont identique vocation à s'appliquer dans la procédure de redressement judiciaire.

Toutefois, l'article L. 626-30-2, alinéa 4 du code de commerce, tel qu'il résulte de l'ordonnance de réforme (ord. 18 déc. 2008, art. 65) s'intéresse au cas particulier d'un créancier, dont la créance est garantie par une fiducie-sûreté constituée par le débiteur. Sans exclure purement et simplement ce créancier des comités, cette disposition prévoit que « seuls sont pris en compte les montants de leurs créances non assorties d'une telle sûreté ». Il nous apparaît donc que, pour une même créance, il est possible d'intégrer dans un comité le créancier pour la partie chirographaire de cette créance, et de

1. Dammann et Podeur, « Les enjeux de la réforme des comités de créanciers », *JCP E* 2009. 2093, n° 19.
2. EN CE SENS AUSSI : J.-CL. COM., Dumont-Lefrand M.-P., avec la participation de Bézert A., fasc. 2248, [Organes – Comités de créanciers], 2015, n° 19.
3. Rapport au président de la République sur l'ordonnance n° 2008-1345 du 18 décembre 2008, *JO* 19 déc. 2008, Titre I, chap. II-4, s^s art. 66.
4. D. n° 2009-160, 12 févr. 2009, *JO* 13 févr., p. 2596.
5. PÉROCHON, 10e éd., n° 913.
6. Paris 11 mai 2016, RG n° 16/03704, *BJE* 2016, 241, note Lucas.

l'exclure de ce comité pour la partie de cette même créance garantie par la fiducie-sûreté[1].

Si la fiducie-sûreté est consentie au bénéfice d'un fournisseur, la participation de ce dernier au comité des principaux fournisseurs supposera que la part de sa créance ou de ses créances non couvertes par la fiducie-sûreté représente au moins 3 % du passif fournisseur.

L'article L. 626-33, alinéa 1er du code de commerce, tel qu'il résulte de l'ordonnance de réforme (ord. 18 déc. 2008, art. 69) précise positivement, la situation du créancier, pour la partie de sa créance couverte par la fiducie-sûreté. Il indique que ce créancier est consulté comme un créancier classique, selon les modalités de l'article L. 626-5 à L. 626-6 du code, par le mandataire judiciaire. Ce créancier ne peut donc se voir imposer, par un vote du comité auquel il appartient, une réduction de sa créance garantie par une fiducie-sûreté[2].

On observe que ce créancier est mieux traité qu'un crédit bailleur. En effet, ce dernier peut se voir imposer des remises de dettes, par le biais d'un vote favorable des comités de créanciers. Il s'expose ainsi à laisser s'opérer le transfert de propriété, à la suite de la levée d'option d'achat, sans paiement total de sa créance, une fraction de celle-ci ayant fait l'objet d'une remise par le vote du comité des établissements de crédit. Au contraire, le bénéficiaire d'une fiducie-sûreté ne pourra se voir imposer une remise de dette par un vote favorable du comité auquel il appartient, seule une décision unilatérale de sa part pouvant le conduire à perdre une fraction de créance. Ce traitement différent ne nous semble pas cohérent, car la propriété à titre de garantie explique les deux mécanismes.

L'ordonnance du 12 mars 2014[3] (art. 46, 1°) étend aux obligataires la règle posée pour les membres d'un comité et dont la créance serait partiellement garantie par une fiducie-sûreté. Pour cela, l'ordonnance modifie la rédaction de l'article L. 626-32 pour prévoir que, pour les porteurs bénéficiaires d'une fiducie constitué à titre de garantie par le débiteur, sont seuls pris en compte les montants de leurs créances obligataires non assorties d'une telle sûreté.

513.23 Comités des principaux fournisseurs. Dans le second comité, sont placés les principaux fournisseurs de biens ou de services de l'entreprise. La notion de « principaux fournisseurs », sans être précisément déterminée, ne devrait pas être sujette à contentieux, compte tenu des précisions qu'apporte l'article L. 626-30 du code. *Indiquons que le client* de l'entreprise, qui a acheté un bien en versant un acompte, bien que créancier de celle-ci, n'est pas membre du comité puisqu'il n'est pas un fournisseur[4].

Il appartient au débiteur de désigner les fournisseurs de biens ou de services, qui seront membres du comité. Cependant, pour éviter tout arbitraire tenant à mettre de côté certains fournisseurs, le texte adopté par l'assemblée nationale prévoyait que les fournisseurs étaient membres de droits du comité lorsque leurs créances représentaient plus de 10 % du total des créances des fournisseurs[5]. La commission des lois du Sénat a estimé ce seuil trop élevé et l'a abaissé.

Sous l'empire de la loi de sauvegarde des entreprises, dans sa rédaction d'origine, applicable aux procédures ouvertes entre le 1er janvier 2006 et le 14 février 2009, le seuil est fixé à 5 % Ainsi, au sens de la loi, est un principal fournisseur celui qui détient une créance au moins égale à 5 % des créances des fournisseurs.

L'article R. 626-56, alinéa 1er du code de commerce indique que pour déterminer la composition du comité des principaux fournisseurs, le montant des créances retenu est celui, hors taxes, existant à la date du jugement d'ouverture. Il y a ainsi un alignement sur le montant de la créance à déclarer au passif, qui, identiquement, doit être fixé à la date du jugement d'ouverture. Cette détermination est rendue possible par la liste des fournisseurs contenant l'indication du montant de leurs créances, certifiée par son ou ses commissaires aux comptes ou, en son absence, établie par son expert-comptable, que remet sans délai à l'administrateur le débiteur (C. com., art. R. 626-56, al. 2). L'administrateur doit aviser chaque fournisseur détenant au moins 5 % du passif fournisseur hors taxes qu'il est membre de droit du comité des principaux fournisseurs (C. com., art. R. 626-56, al. 3). Aucune disposition ne lui permet de décliner sa participation à ce comité[6].

L'administrateur peut, en outre, solliciter les petits fournisseurs, ceux qui représentent moins de 5 % du passif fournisseur, pour faire partie du comité (C. com., art. L. 626-30, al. 1er). La solution est heureuse dans la mesure où ce seuil de 5 % est con-

1. EN CE SENS AUSSI : LIENHARD, 3e éd., 2009, n° 1007 – JACQUEMONT, 7e éd., n° 722 – Dammann et Podeur, « Les enjeux de la réforme des comités de créanciers », *JCP E* 2009. 2093, n° 24 – RAPPR. : Grimaldi et Dammann, « La fiducie sur ordonnance », *D.* 2009. 670, n° 20.
2. Rapport au président de la République sur l'ordonnance n° 2008-1345 du 18 décembre 2008, *JO* 19 déc. 2008, Titre I, chap. II-4, ss art. 65, 66, 69.
3. Ord. n° 2014-326, 12 mars 2014, *JO* 14 mars, p. 5249.
4. Scholastique et Brémond, « Réflexions sur la composition des comités de créanciers dans les procédures de sauvegarde et de redressement judiciaires », *JCP E* 2006. 1405, n° 32.
5. Amend. n° 134, Interv. Pascal Clément, *JOAN CR*, 2e séance du 8 mars 2005, p. 1753, 1754.
6. RAPPR. : VALLENS, 2007, n° 3793.

sidéré comme trop élevé en pratique[1]. L'article R. 626-57 du code de commerce prévoit que l'administrateur, dans le délai de trente jours du jugement d'ouverture, peut demander à chaque fournisseur dont les créances représentent moins de 5 % du passif fournisseur hors taxes d'être membre du comité des principaux fournisseurs. Ces derniers peuvent décliner l'invitation, car être membre du comité n'est pas forcément salutaire pour un fournisseur qui peut se voir imposer la solution de la majorité. On comprend dès lors la disposition de l'article R. 626-57, alinéa 2 du code de commerce selon laquelle, à défaut d'une acceptation écrite adressée à l'administrateur dans un délai de huit jours qui court à compter de l'avis, le petit fournisseur est réputé avoir refusé. En sens inverse, il a été soutenu que les petits fournisseurs pourraient s'entendre entre eux pour constituer une minorité de blocage[2].

Les organismes publics ne font pas partie des comités de créanciers. Les efforts qu'ils consentiront seront concomitants à ceux des autres créanciers (v. s[s] n° 512.71).

Il n'y a pas de comité de salariés, comme cela existe dans le chapitre XI de la législation américaine. La raison en est simple : il n'est pas envisagé, dans la procédure de sauvegarde, de négociations sur les salaires, contrairement à la solution du droit américain qui permet une telle négociation[3].

L'alinéa 3 de l'article L. 626-30 du code de commerce, qui résulte de l'**ordonnance du 18 décembre 2008** applicable aux procédures ouvertes à compter du 15 février 2009, fixe les conditions d'appartenance de plein droit au comité des principaux fournisseurs. Le seuil de détention du passif fournisseur est abaissé de 5 à 3 %.

L'alinéa 1er de l'article R. 626-56 du code de commerce, tel qu'il résulte de l'article 41 du décret du 12 février 2009, apporte une simplification bienvenue en précisant que « Pour déterminer la composition du comité des principaux fournisseurs, est pris en compte le montant des créances toutes taxes comprises existant à la date du jugement d'ouverture ». En effet, le texte d'origine visait un montant de créances hors taxes, ce qui obligeait à des calculs sources d'erreurs, en présence de taux différents de taxation.

L'alinéa 3 de l'article R. 626-56 du code de commerce, tel qu'il résulte de la rédaction que lui donne l'article 41 du décret du 12 février 2009, prévoit que l'administrateur avise chaque fournisseur dont les créances représentent plus de 3 % du total des créances toutes taxes comprises des fournisseurs qu'il est membre de droit du comité des principaux fournisseurs ». Ici encore, le délai d'avertissement des fournisseurs initialement fixé à trente jours après le jugement d'ouverture est supprimé du nouveau texte et le taux de 5 % a été remplacé par celui de 3 %.

Le texte conserve la possibilité, pour un créancier fournisseur détenant une créance inférieure au seuil posé pour l'appartenance de plein droit au comité des principaux fournisseurs, s'il en a convenance, et s'il est sollicité par l'administrateur, de faire partie de ce comité. L'article R. 626-57, alinéa 1er du code de commerce, tel qu'il résulte de la rédaction que lui donne l'article 42 du décret d'application de l'ordonnance de réforme, précise que « Au plus tard quinze jours avant la présentation au comité des principaux fournisseurs des propositions du débiteur, l'administrateur peut demander à tout fournisseur dont les créances ne représentent pas plus de 3 % du total des créances toutes taxes comprises des fournisseurs, d'être membre de ce comité ». Ainsi, la demande présentée aux petits fournisseurs n'est plus enfermée dans le délai carcan du passé[4].

Pour tenir compte de la possibilité offerte aux créanciers de présenter eux-mêmes des projets de plan, l'article R. 626-57 du code de commerce a été modifié par l'article 68 du décret du 30 juin 2014[5]. Après les mots « des propositions du débiteur », sont insérés les mots « ou des projets soumis par les créanciers ».

Par rapport à l'ancien alinéa 1er de l'article R. 626-57 du code, il faut noter trois différences. La première concerne le pourcentage de créances fournisseurs détenues par le créancier. Le seuil est logiquement abaissé de 5 % à 3 %, puisque, à partir de 3 % du passif fournisseur, l'intéressé est membre de droit du comité des principaux fournisseurs. La deuxième modification tient au calcul des créances TTC et non plus hors taxes. La troisième modification tient au délai de présentation de la demande de l'administrateur aux « petits » fournisseurs. Auparavant, cette demande devait être présentée « dans le délai de trente jours après le jugement d'ouverture ». Désormais, le délai est décompté par rapport à la date à laquelle les propositions du débiteur seront présentées au comité des principaux fournisseurs : la demande devra être présentée au plus tard quinze jours avant cette date.

1. AINSI : Brémond, interv. in « La procédure de sauvegarde et le redressement judiciaire », *LPA* 21 sept. 2006, n° 189, p. 30.
2. Dammann, « Les comités de créanciers dans la loi de sauvegarde », *RJDA* mars 2006, p. 65.
3. Interv. Perben, *JOAN CR*, 2e séance du 3 mars 2005, p. 1642.
4. RAPPR. : Texier et Russo, « Le nouveau droit des entreprises en difficulté après l'ordonnance du 18 décembre 2008 et son décret d'application du 12 février 2009 », *LPA* 2 mars 2009, n° 43, p. 3, n° 13.
5. D. n° 2014-736, 30 juin 2014, *JO* 1er juill., p. 10834.

L'article L. 626-30, alinéa 3 du code de commerce exclut du comité des principaux fournisseurs, les collectivités territoriales et leurs établissements publics. Compte tenu des travaux préparatoires à l'adoption de la loi de sauvegarde, ce texte doit être considéré comme interprétatif.

SECTION 513.30

CONSULTATION DES COMITÉS DE CRÉANCIERS

513.31 Consultation des comités de créanciers

> Sous l'empire de la loi de sauvegarde des entreprises[1], dans sa rédaction d'origine, applicable aux procédures ouvertes entre le 1er janvier 2006 et le 14 février 2009, le débiteur doit présenter aux comités de créanciers, dans un délai de deux mois de leur constitution, ses propositions de plan de sauvegarde. Le délai imparti au débiteur étant court, il est vraisemblable que de véritables discussions avec les créanciers ne pourront être menées[2].

Les modalités de la consultation ne sont pas définies par les textes. Il appartiendra à l'administrateur judiciaire de les fixer. Il n'est pas prévu de faire participer, en cette qualité, les contrôleurs, aux comités de créanciers[3]. Il conviendra de faire en sorte que chacun des comités soit informé des propositions présentées par l'autre.

À la demande du débiteur ou de l'administrateur, le juge-commissaire peut accorder un renouvellement de ce délai, une seule fois (C. com., art. L. 626-30, al. 2). Ainsi, la consultation des comités devra impérativement être effectuée au plus tard dans les quatre mois de leur constitution.

Une différence mérite d'être signalée par rapport à la consultation des créanciers en dehors des comités : ce n'est pas le mandataire judiciaire, mais l'administrateur qui procède à la consultation de ces créanciers. La solution a été justifiée par la volonté d'assurer une cohérence et une continuité dans la mission de l'administrateur judiciaire chargé de constituer les comités de créanciers[4].

Rien ne semble interdire au débiteur de présenter des propositions de règlement du passif différentes aux deux comités. Même à l'intérieur d'un comité, les propositions faites aux créanciers chirographaires peuvent être différentes de celles présentées aux créanciers privilégiés. Le caractère souverain des comités de créanciers nous semble autoriser la violation du principe d'égalité des créanciers[5]. La solution est encore plus évidente depuis l'ordonnance du 18 décembre 2008[6] et a été très bien exposée[7].

> Sous l'empire de la loi de sauvegarde des entreprises, dans la rédaction que lui donne l'ordonnance du 18 décembre 2008, applicable aux procédures ouvertes à compter du 15 février 2009, le principe selon lequel les propositions de plan sont présentées aux comités par le débiteur avec le concours de l'administrateur, est conservé. La solution contraste ici avec la solution posée, en redressement judiciaire, par le nouvel alinéa 2 de l'article L. 631-18 du code de commerce, issu de l'ordonnance de réforme (ord. 18 déc. 2008, art. 82).

De manière nouvelle, l'article L. 626-30-2, alinéa 1er *in fine*, tel qu'il résulte de l'ordonnance du 18 décembre 2008 (ord. 18 déc. 2008, art. 66), prévoit que tout créancier membre d'un comité peut également présenter au comité des propositions de plan. La souplesse est ici de mise puisque l'article R. 626-57-2 du code de commerce, inséré par l'article 39 du décret du 12 février 2009[8], indique que ce créancier « transmet celles-ci (ses propositions) par tout moyen au débiteur et à l'administrateur ». Le texte ajoute qu'il appartient au débiteur et à l'administrateur d'apprécier s'il y a lieu de les soumettre au comité. Le singulier ici utilisé par le législateur – le comité et non les comités – a été interprété dans le sens de la présentation de la proposition au seul comité dont est membre le créancier auteur de la proposition[9]. La solution nous semble s'imposer, dans la mesure où il serait incongru pour un créancier membre d'un comité, de présenter une proposition intéressant l'autre comité, voire les obligataires. Observons qu'en sauvegarde, la décision appartient au débiteur. En redressement judiciaire, c'est l'administrateur qui, avec le concours du débiteur, exercera les prérogatives dévolues à ce dernier par les articles R. 626-57-2 et R. 626-61 du code (C. com., art. R. 631-37, réd. D. 12 févr. 2009, art. 60). La solution s'imposera faute de distinction du texte même si l'administrateur désigné n'est pas là pour assister le débiteur ou administrer l'entreprise, mais seulement pour faire fonctionner les comités de créanciers.

1. L. n° 2005-845, 26 juill. 2005, préc.
2. Macorig-Venier et Saint-Alary-Houin, « La situation des créanciers dans la loi de sauvegarde des entreprises », *RD banc. fin.* janv.-févr. 2006, p. 60, n° 18.
3. VALLENS, 2007, n° 3796.
4. *Rapp. J.-J. Hyest*, n° 335, p. 303.
5. RAPPR. : Macorig-Venier et Saint-Alary-Houin, art. préc., n° 39 – J.-CL. COM., Dumont-Lefrand M.-P., avec la participation de Bézert A., fasc. 2248, [Organes – Comités de créanciers], 2015, n° 45.
6. Ord. n° 2008-1345, 18 déc. 2008, préc.
7. Ghalimi, « Le traitement différencié des créanciers dans les plans de redressement », *LPA* 19 déc. 2014, n° 253, p. 4.
8. D. n° 2009-160, 12 févr. 2009, préc.
9. Lebel, « Les plans de sauvegarde et de redressement dans l'ordonnance du 18 décembre 2008 », *Gaz. Pal.* 6-7 mars 2009, n° sp. p. 46 s., sp. p. 51.

L'idée d'une contractualisation apparaît ici très nettement, puisqu'il n'est plus question d'un contrat d'adhésion, mais d'offres et de contre offres, faisant clairement penser à une négociation contractuelle.

L'article L. 626-30-2 du code de commerce supprime le délai butoir de deux mois pour présenter les propositions aux comités.

L'article L. 626-30-2, alinéa 3 du code (devenu dern. al., réd. L. 22 oct. 2010[1], art. 58) prévoit que les comités doivent se prononcer sur le projet de plan, le cas échéant modifié, dans un délai de vingt à trente jours de la présentation du projet de plan, après discussion avec le débiteur et l'administrateur.

Pour accélérer ensuite le vote sur les propositions, il est prévu, à la demande du débiteur ou de l'administrateur, que le juge-commissaire peut impartir un délai de réponse plus court que celui de vingt jours à compter de la transmission des propositions prévu par principe. Ce délai ne peut toutefois être inférieur à quinze jours.

À l'inverse, et selon une suggestion présentée par un praticien[2], le juge-commissaire, à la demande du débiteur ou de l'administrateur, a la possibilité d'allonger le délai de trente jours, aucun délai butoir n'étant alors *a priori* prévu. En réalité, ce texte doit être coordonné avec le nouvel article L. 626-34 du code de commerce (ord. 18 déc. 2008, art. 70), selon lequel le vote des comités et, le cas échéant, celui de la masse des obligataires, doit impérativement avoir lieu dans les six mois du jugement d'ouverture. Ainsi, seul ce délai butoir existe désormais, à la place d'une multiplicité de délais antérieurement posée.

Les propositions pour le projet de plan peuvent prévoir, selon l'alinéa 2 de l'article L. 626-30-2 du code de commerce, des conversions de créance en titres donnant ou pouvant donner accès au capital. La solution est toutefois limitée par le texte à une société débitrice dont les actionnaires ne supportent les pertes qu'à concurrence de leurs apports. Le terme « actionnaires » laisse entendre que, dans les sociétés à responsabilité limitée, la technique n'est pas envisageable, pas plus qu'elle ne l'est dans les sociétés à commandite par actions[3]. La solution permettra une recapitalisation, tout en associant plus étroitement les créanciers au sauvetage de l'entreprise[4]. La conversion de créances en capital restera snise aulroit des sociétés, les actionnaires restalibres d la rejeter en assemblée générale[5].

princip de souveraineté des comités de créancireste poé, l'alinéa 2 de l'article L. 626-30-2 du coconservant la mise à l'écart des articles L. 626-12 des alinéas 2 et 3 de l'article L. 626-18 du cod

L illustratin importante du principe de souveraeté des cmités de créanciers est en outre don, de manière nouvelle, par l'alinéa 2 *in fine* de l'icle L. 626-30-2, qui énonce que le projet de plan ut établ un traitement différencié entre les créarrs. Le raitement peut être différent selon les cotés, mais il peut également l'être à l'intérieur d'un me comité. Le texte, d'une manière apparemmt restrictive, indique toutefois que les différence situation doivent justifier les différences de trament, respectant ainsi le principe d'égalité des crciers chirographaires, qui interdit de traiter différement des créanciers placés dans des situations intiques. La cour d'appel de Paris, à l'occasion d'ne sauvegarde financière accélérée, mais la solutio vaudrait pour toutes sauvegardes, a ainsi admis ue différence de traitement entre créanciers *membre* du comité des établissements de crédit, la différence reposant sur des critères objectifs et pertinents, et la différenciation n'apparaissant pas manifestement disproportionnée[6].

Encore que la précision soit nouvelle, la solution ne l'est pas, puisqu'elle participe, ici encore, du principe de souveraineté des comités de créanciers pour l'élaboration et l'adoption du plan.

La loi du 22 octobre 2010 (art. 58) donne un exemple de ce traitement différencié. L'alinéa 2 de l'article L. 626-30-2 du code de commerce prévoit que le projet de plan prend en compte les **accords de subordination**[7] entre créanciers conclus avant l'ouverture de la procédure. Ce système bien connu des anglo-saxons fait son apparition dans le droit français des entreprises en difficulté[8], qui l'ignorait jusqu'alors.

Cette disposition s'appliquera à la sauvegarde financière accélérée, faute de disposition contraire. Grâce au respect de ces accords de subordination, l'ordre de distribution prévu par le plan pourra être conforme à l'ordre de priorité existant entre les créanciers et les actionnaires. Mais il reste à savoir si

1. L. n° 2010-1249, 22 oct. 2010, préc.
2. Teboul, « La nouvelle réforme du droit des entreprises en difficulté : le projet d'ordonnance », *Gaz. Pal.* 6-8 avr. 2008, p. 2 s., sp. p. 6.
3. Pétel, « Le nouveau droit des entreprises en difficulté : acte II – commentaire de l'ordonnance n° 2008-1345 du 18 décembre 2008 », *JCP E* 2009. 1049, n° 29.
4. Rapport au président de la République sur l'ordonnance n° 2008-1345 du 18 décembre 2008, *JO* 19 déc. 2008, Titre I, chap. II-4, s^s art. 66.
5. Dammann et Podeur, « Les enjeux de la réforme des comités de créanciers », *JCP E* 2009. 2093, n° 46.
6. Paris 11 mai 2016, RG n° 16/03704, *BJE* 2016, 241, note Lucas.
7. Lucas, « La subordination des créances à l'épreuve de la procédure collective », interv. Colloque Caen 12 avr. 2013, *Rev. proc. coll.* 2013, dossier 19.
8. Bourbouloux, « Lorsque la finance structurée investit le plan : le sort des dettes *in fine* à la recherche du compromis », *BJE* mai/juin 2011, § 50, p. 110.

le tribunal sera lié par le projet de plan. Une réponse négative semble bien s'imposer[1], à moins que le vote des créanciers ne soit conditionné au respect des accords de subordination. Il faut également préciser que la question n'est réglementée que dans le cadre des comités de créanciers. Rien n'interdit toutefois, en dehors des comités de créanciers, de proposer aux créanciers, dans le cadre d'une consultation individuelle, l'acceptation du respect des clauses de subordination[2].

> L'ordonnance du 12 mars 2014[3] modifie un certain nombre de règles applicables à la consultation des comités.

Sous l'empire de l'ordonnance du 18 décembre 2008, si les comités de créanciers sont constitués pour l'élaboration d'un plan de sauvegarde, le plan doit être impérativement adopté dans le délai de six mois de l'ouverture de la sauvegarde. Passé ce délai, la période d'observation peut se poursuivre pour l'élaboration d'un plan selon la technique de la consultation individuelle des créanciers, les comités prenant fin.

Cette rigueur a été jugée excessive par les praticiens et logiquement l'article 47 de l'ordonnance du 12 mars 2014 abandonne la solution, en modifiant l'article L. 626-34 du code. À la demande de l'administrateur, le tribunal peut fixer un nouveau délai qui ne peut excéder la durée de la période d'observation. Dans le texte du projet d'ordonnance, l'article L. 621-3 du code de commerce, qui résultait de la rédaction que lui donnait l'article 14 du projet, prévoyait que le délai d'adoption du plan pourrait être porté à un an, puisque le délai de six mois prévu à l'article L. 626-34 pouvait être allongé de six mois. Il n'était pas prévu une prorogation exceptionnelle du délai d'adoption du plan lorsque la période d'observation avait été exceptionnellement renouvelée une deuxième fois à la demande du ministère public, contrairement à la solution qui prévaut dans une sauvegarde ou un redressement judiciaire sans comité de créanciers. La rédaction du texte issu de l'article 47 de l'ordonnance du 12 mars 2014, qui modifie l'article L. 626-34, en calant la possibilité d'adoption du plan avec vote des comités de créanciers sur la durée de la période d'observation, nous semble permettre l'adoption d'un tel plan dans le cadre d'une période d'observation exceptionnellement renouvelée sur demande du ministère public.

L'ordonnance du 18 décembre 2008 avait accordé aux créanciers la possibilité de soumettre des propositions au débiteur et à l'administrateur en vue d'élaborer le projet de plan. L'article 43 de l'ordonnance du 12 mars 2014 va beaucoup plus loin, en prévoyant, à l'article L. 626-30-2, *alinéa 1er du code* de commerce, que les créanciers peuvent présenter un projet de plan. L'ordonnance du 12 mars 2014 prive ainsi le débiteur de la possibilité d'enfermer les créanciers dans un choix simpliste : le plan proposé ou dix ans de délais imposés : la contractualisation du droit des entreprises en difficulté fait ainsi une avancée considérable[4]. Il a été justement relevé que « l'opposition d'un droit français ou continental plus social à un droit anglo-saxon plus respectueux des créanciers, s'atténue avec des créanciers qui passent de subissant à décidant »[5].

Pour tenir compte de cette possibilité nouvelle, l'article 69 du décret du 30 juin 2014[6] modifie la rédaction de l'article R. 626-57-2 du code de commerce. Il commence par supprimer dans l'alinéa 1 le visa de l'article L. 626-30-2, texte qui n'envisageait que les propositions émanant des créanciers, non des projets de plan. Puis il crée un alinéa 2 pour indiquer que les projets de plan mentionnés à la seconde phrase de l'article L. 626-30-2 sont transmis à l'administrateur par lettre recommandée avec demande d'avis de réception au plus tard 15 jours avant la date du premier vote. Il s'agit là des projets de plan présentés par les créanciers.

Il a été souligné que « le dirigeant, dès lors qu'il peut être "challengé" par les créanciers, va réfléchir avant de présenter un plan discutable »[7].

L'administrateur devra faire un rapport sur ce projet de plan, comme il le fera sur le projet de plan présenté par le débiteur. Ce dernier et son administrateur perdent ici clairement la main. Mais comme cela a été relevé, le choix appartient en réalité aux comités, qui voteront sur les propositions[8].

Si l'idée est judicieuse dans le cadre d'un redressement judiciaire, elle semble beaucoup plus discutable en sauvegarde, le chef d'entreprise se retrouvant ainsi sur un siège éjectable, alors que, jusqu'alors, on lui avait expliqué qu'avec une sauvegarde, il res-

1. Grelon, « La loi de sauvegarde revisitée par la loi n° 2010-1249 dite de régulation bancaire et financière en date du 22 octobre 2010 », *Rev. sociétés* 2011. 7 s., sp. p. 22, n° 68.
2. Lucas, interv. préc., *Rev. proc. coll.* 2013, dossier 19, n° 27.
3. Ord. n° 2014-326, 12 mars 2014, préc.
4. Dammann et Podeur, « Le rééquilibrage des pouvoirs au profit des créanciers résultant de l'ordonnance du 12 mars 2014 », *D.* 2014. 752.
5. Étienne-Martin et Lafontaine, « L'administrateur judiciaire : du syndic au praticien de l'entreprise », *Rev. proc. coll.* 2016, dossier 8, n° 10.
6. D. n° 2014-736, 30 juin 2014, préc.
7. Gentin, « Au-delà de son intérêt pratique, la réforme opérée par l'ordonnance est un vrai revirement dans l'approche française du droit des entreprises en difficulté », *BJE* mai 2014, 208.
8. Pérochon, *in* Lagarde B., Pérochon F., de Carrière V., Merly E. et Beauchamp P., « Élaboration du plan, de nouveaux rapports de force, de nouvelles stratégies », *LPA* 28 mars 2016, n° 62, p. 20 s., sp. p. 24.

tait maître à bord, et donc maître du destin de son entreprise. *A minima*, il y aura là une source de crispation en période d'observation entre l'administrateur et le chef d'entreprise. Dans le pire des cas, cela pourrait conduire les chefs d'entreprises à se détourner de cette procédure présentant de réels nouveaux dangers[1] !

À minima, les modalités auraient pu en être différentes dans la procédure de sauvegarde de celles valables pour le redressement judiciaire. Il faut ici poser en présomption que l'on a affaire à des dirigeants responsables, qui ont su anticiper. Leur « respectabilité » plus grande que celle de dirigeants dont la société est en redressement judiciaire, qui n'ont pas su anticiper, aurait pu incliner le législateur à réserver au débiteur un délai, à l'expiration duquel la concurrence aurait pu s'installer avec les créanciers, pour la présentation d'un projet de plan de sauvegarde.

De lege ferenda, on suggère de supprimer la deuxième phrase de l'alinéa 1er de l'article L. 626-30-2 du code de commerce et de la remplacer par une phrase prévoyant que « en outre, après expiration d'un délai de six mois à compter de l'ouverture de la procédure pendant lequel les propositions de plan ne peuvent émaner que du débiteur, les comités de créanciers peuvent présenter des propositions de plan ».

En redressement judiciaire, en revanche, le nouveau système nous apparaît bienvenu.

SECTION 513.40

VOTE DES COMITÉS DE CRÉANCIERS

513.41 Vote des comités de créanciers sous l'empire de la loi de sauvegarde des entreprises[2], dans sa rédaction d'origine. Pour les procédures ouvertes entre le 1er janvier 2006 et le 14 février 2009, les comités, après discussion avec le débiteur et l'administrateur judiciaire, doivent se prononcer sur le projet de plan dans un délai de trente jours, qui n'est pas prorogeable[3]. Ce délai court à compter de la date de transmission des propositions du débiteur. À la suite d'un amendement de la commission des lois du Sénat, il a été prévu que le vote des créanciers ne pourrait intervenir qu'après que le mandataire judiciaire leur aura communiqué son avis sur le projet de plan[4]. La commission mixte paritaire a cependant supprimé la disposition, qui a finalement été inscrite dans le décret (C. com., art. R. 626-59). Ce texte prévoit en outre que l'administrateur doit inviter les institutions représentatives du personnel à faire connaître leurs observations sur le projet de plan.

La décision est prise par chaque comité à une double majorité, de manière très comparable au vote du concordat dans les régimes anciens[5]. Des difficultés de détermination du montant des créances et du nombre de créanciers peuvent se présenter en cas de cessions de créances, dès lors du moins que ces cessions, intervenues avant le jugement d'ouverture, sont opposables à la procédure collective[6].

Il faut qu'il y ait, d'abord, une majorité absolue de créanciers.

Est exigée, ensuite, une majorité qualifiée en montant de créances, représentant au moins les deux tiers du montant des créances tel qu'il a été indiqué par le débiteur et certifié par son commissaire aux comptes ou, lorsqu'il n'en a pas été désigné, établi par son expert-comptable. L'article R. 626-58 du code de commerce ajoute que cette majorité des deux tiers des créances est calculée hors taxes. Elle est arrêtée au vu des indications certifiées du débiteur ou des comptes établis par l'expert-comptable, au plus tard huit jours avant la date du vote. Le terme « arrêtée » laisse transparaître un pouvoir d'appréciation de l'administrateur judiciaire[7], qui pourrait utilement se rapprocher du mandataire judiciaire pour examiner la façon dont les créances sont portées sur la liste du débiteur. De façon plus générale, il appartient, à notre sens, à l'administrateur judiciaire en charge de la composition des comités de procéder à un arbitrage, mais au plus tard huit jours avant le vote pour établir ces majorités. Pour cela, il devrait pouvoir prendre en compte les créances telles qu'elles existent huit jours avant le vote, et non pas au jour de l'ouverture de la procédure. Cette façon de procéder permettrait de procéder à un calcul plus réaliste, car certaines créances, qui existent au jour du jugement d'ouverture, auront pu être payées par des tiers[8]. On pense spécialement aux créances cédées par le mécanisme

1. RAPPR. : Lucas, « Présentation de l'ordonnance portant réforme de la prévention des difficultés des entreprises et des procédures collectives », *BJE* mars 2014, 111 – Pérochon, « Procédures avec comités de créanciers, sauvegarde accélérée et SFA, après l'ordonnance du 12 mars 2014 », *BJE* mai 2014, 180 – Huertas, « Entretien avec X. Huertas et M. Sénéchal », *BJE* mai 2014, 211, sp. 212.
2. L. no 2005-845, 26 juill. 2005, préc.
3. *Rapp. Xavier de Roux*, no 2095, p. 322.
4. *Rapp. J.-J. Hyest*, no 335, p. 29.
5. Scholastique et Brémond, « Réflexions sur la composition des comités de créanciers dans les procédures de sauvegarde et de redressement judiciaires », *JCP E* 2006. 1405, p. 466 s., sp. p. 467, no 4.
6. SUR cette question : Scholastique et Brémond., art. préc., sp. p. 469, no 33.
7. RAPPR. : PÉROCHON ET BONHOMME, 7e éd., no 339-2 – *Adde*, ROUSSEL GALLE, 2e éd., no 673.
8. RAPPR. : VALLENS, 2007, no 3797.

du bordereau Dailly ou aux créances transmises par voie d'affacturage. La différence serait alors sensible par rapport au calcul des créances dans la procédure de consultation de droit commun, dans laquelle les organes de la procédure n'ont pas le pouvoir d'arrêter les créances avant la consultation et ne peuvent donc consulter que sur la base des créances existant au jour du jugement d'ouverture, sans pouvoir tenir compte de l'éventualité de leur paiement par des tiers.

L'idée avait été avancée dans les travaux parlementaires de permettre un recours devant le juge-commissaire, à l'encontre de la décision composant le comité des principaux fournisseurs[1]. Mais elle n'a pas été retenue.

Bien que le texte reste muet sur la question, il nous semble cependant envisageable pour un, voire plusieurs créanciers membres d'un comité, de saisir le juge-commissaire pour faire fixer autrement le calcul des majorités. Le juge-commissaire doit en effet vérifier la régularité et le déroulement rapide de la procédure. Or, de la régularité de la liste dépend la régularité du vote, c'est-à-dire plus généralement de la décision qui sera ensuite adoptée par le tribunal. En outre, la remise en cause ultérieure contribuerait à ralentir la procédure. C'est pourquoi, la composition de la liste apparaît pouvoir relever de l'appréciation du juge-commissaire[2].

Le délai de huitaine entre la date à laquelle le montant des créances pris en compte pour le calcul de la majorité des deux tiers nous semble pouvoir être mis à profit. Le juge-commissaire devra alors, en urgence, recueillir les observations de tous les créanciers membres des comités et surtout l'avis du mandataire judiciaire, mieux à même que quiconque de porter son appréciation sur le montant de ces créances qu'il va devoir vérifier.

Le juge-commissaire rendra alors une ordonnance. Faute de fermeture explicite d'un recours, le tribunal serait ensuite compétent pour statuer sur le recours formé à l'encontre de l'ordonnance du juge-commissaire, dans les conditions de l'article R. 621-21, alinéa 4 du code de commerce.

Le rapport d'application de la loi de sauvegarde[3] a suggéré la possibilité de saisir le président du tribunal de la difficulté[4]. Faute de texte en ce sens, le pouvoir de ce magistrat n'aurait, à notre sens aucun fondement légal.

Tout cela risque cependant de ralentir considérablement les opérations et d'entraîner le dépassement des délais butoir prévus par la loi de sauvegarde pour l'adoption des plans. S'il en est ainsi, aucun vote favorable des comités de créanciers ne sera intervenu à date butoir et la seule possibilité pour le tribunal sera de le constater en abandonnant la procédure avec comités de créanciers pour en revenir à la procédure de droit commun, en application de l'article L. 626-34 du code de commerce.

Les règles des créances antérieures au jugement d'ouverture autorisent la détermination de la majorité des deux tiers, l'opinion contraire ayant cependant été soutenue[5]. Les créanciers postérieurs n'ont en effet pas à être consultés, que ce soit individuellement ou dans le cadre des comités. Il serait donc illogique de faire entrer dans le calcul de la majorité des créances ne pouvant faire l'objet de remises ou de délais. La question est cependant compliquée par le fait que le législateur aligne le traitement de certaines créances postérieures – celles qui ne sont pas éligibles au traitement préférentiel – sur celui des créances antérieures. Ces créances seront donc payées dans le cadre du plan. Elles ne peuvent cependant être nées au jour où le débiteur remet la liste de ses créances à l'administrateur judiciaire ou/et au mandataire judiciaire. C'est pourquoi, pour des raisons pratiques, il est impossible de calculer la majorité des deux tiers en termes de créances en intégrant des créances postérieures. Il est en tout cas absolument évident, encore que l'opinion contraire ait été émise[6], que les créances postérieures éligibles au traitement préférentiel ne peuvent être prises en compte dans le calcul des majorités, ces créances devant être payées à l'échéance et ne pouvant donc être soumises à délais ou à remises.

La loi de la majorité s'imposera aux créanciers, membres des comités, qui n'auront pas accepté les propositions du débiteur. La solution résulte explicitement de l'article L. 626-31, alinéa 1er du code qui indique que la décision du tribunal qui arrête le plan « rend applicables à tous leurs membres les propositions acceptées par chacun des comités ».

La solution est ainsi, pour ces créanciers, plus sévère, que celle qui existe, sous l'empire de la législation antérieure à la loi du 26 juillet 2005, en matière de plan de continuation, si des remises de dettes ont été acceptées à la majorité, car elles pourront être imposées à la minorité réfractaire. C'est pourquoi le fait d'être membre d'un comité ne présente pas – doux euphémisme – que des avantages[7].

1. *Rapp. Xavier de Roux*, n° 2095, p. 320, 321.
2. EN CE SENS AUSSI : LIENHARD, 2e éd., 2007, n° 1006.
3. L. n° 2005-845, 26 juill. 2005, préc.
4. De Roux, *Rapport d'information sur la mise en application de la loi n° 2005-845 du 26 juillet 2005*, Rapp. Ass. nat., n° 3651, *JOAN* 31 janv. 2007, sp. p. 54.
5. Bourgninaud, Lucas et Lécuyer (dir.), *La réforme des procédures collectives…*, Lgdj, 2006, p. 233.
6. Bourgninaud, Lucas et Lécuyer (dir.), *La réforme des procédures collectives…*, Lgdj, 2006, p. 233.
7. SAINT-ALARY-HOUIN, 7e éd., n° 858.

Une difficulté aiguë non réglée par les textes est de savoir si le créancier antérieur qui n'a pas déclaré sa créance au passif pourra se voir imposer la remise de dettes votée par le comité de créanciers. Certes, en pure logique économique, il serait choquant que, après l'exécution du plan, s'il n'a pas encouru la prescription, il puisse être payé mieux que les créanciers ayant déclaré leur créance et auxquels le comité aurait imposé une remise de dette. Et c'est pourquoi certains auteurs soutiennent, en partant de l'idée que ce créancier, bien que n'ayant pas déclaré sa créance, est membre de droit du comité, doit se voir imposer la remise décidée par le comité auquel il appartient[1]. En sens inverse, on peut observer que la jurisprudence a toujours lié le traitement du créancier dans le plan à son admission au passif, laquelle conditionne la hauteur de la prétention du créancier au paiement des dividendes. Il nous apparaît en conséquence préférable de décider que ce créancier qui n'a pas déclaré sa créance, est en dehors de la procédure. Sa créance est inopposable à la procédure de sorte que d'une part, il ne peut se dire créancier à l'égard de la procédure collective tant que l'exécution du plan n'est pas achevée, mais symétriquement d'autre part, la procédure collective ne peut rien lui imposer. Il doit donc pouvoir être payé pour le montant total de sa créance, après complète exécution du plan, et sous réserve qu'il n'ait pas encouru la prescription, voire la forclusion de la créance, obstacle qui sera le plus souvent de nature à vider de toute portée la présente discussion.

513.42 Vote des comités de créanciers depuis l'ordonnance du 18 décembre 2008[2]. Pour les procédures ouvertes à compter du 15 février 2009, il faut noter plusieurs modifications par rapport à la situation résultant de la législation du 26 juillet 2005[3].

Tout d'abord, les comités, après discussion avec le débiteur et l'administrateur judiciaire, doivent se prononcer sur le projet de plan dans un délai de vingt à trente jours suivant la transmission des propositions du débiteur [de l'administrateur en redressement]. À la demande du débiteur ou de l'administrateur, le juge-commissaire peut augmenter ou réduire ce délai, qui ne peut être inférieur à quinze jours (C. com., art. L. 626-60-2, al. 3).

Ensuite, le calcul de la majorité est désormais unique. Il n'est plus tenu compte d'une majorité en nombre de créanciers, ainsi que le précise le nouvel article L. 626-30-2, alinéa 4 du code de commerce, dans la rédaction que lui donne l'ordonnance du 18 décembre 2008 (ord. 18 déc. 2008, art. 66). Certains le déplorent[4]. Seule importe la majorité de deux tiers du montant des créances. Il s'est agi d'assurer une neutralisation de la démultiplication des créances[5], de nature à limiter le risque de fraude par subdivision des créances[6].

Ce montant de créances s'apprécie, non plus comme par le passé, hors taxes, mais toutes taxes comprises, ainsi que le précise l'article R. 626-58, issu de la rédaction que lui donne l'article 44 du décret du 12 février 2009[7]. Le texte ancien prévoyait que ce calcul était arrêté au plus tard huit jours avant la date du vote. Le texte nouveau est plus exigeant, puisqu'il prévoit que ce calcul est arrêté huit jours avant la date du vote, la date à laquelle il est procédé au calcul apparaissant impérative.

Ce calcul reste effectué comme par le passé, « au vu des indications certifiées du débiteur ou des comptes établis par l'expert-comptable ». Le texte nouveau de l'article R. 626-58 du code ajoute qu'il est également tenu compte, pour opérer ce calcul, des informations prévues à l'article R. 626-57-1, c'est-à-dire des transferts de créances nées avant le jugement d'ouverture, opérés après ledit jugement, et portés à la connaissance de l'administrateur par lettre recommandée avec demande d'avis de réception.

Ensuite, le calcul se fait par référence aux créances détenues par les seuls membres des comités qui auront voté, et non plus, comme dans la rédaction initiale de la loi de sauvegarde, par référence aux créanciers membres de chacun des comités. Les abstentionnistes ne sont donc plus comptés comme des créanciers ayant voté défavorablement.

Cette modification est de nature à faciliter grandement l'obtention d'un vote favorable de chacun des comités, et contribue, en conséquence, à une attractivité renforcée de la procédure de sauvegarde.

Une autre modification résulte de l'ordonnance du 18 décembre 2008. Si le calcul des deux tiers du montant des créances reste effectué par référence au montant des créances tel qu'il a été indiqué par le débiteur et certifié par son commissaire aux comptes et, à son défaut, établi par son expert-comptable, l'alinéa 4 de l'article L. 626-30-1 du code de commerce, issu de l'ordonnance du 18 décembre 2008 (ord. 18 déc. 2008, art. 66), tient compte de la disparition de la créance avant le moment du vote.

1. PÉROCHON ET BONHOMME, 7e éd., n° 374.
2. Ord. n° 2008-1345, 18 déc. 2008, préc.
3. L. n° 2005-845, 26 juill. 2005, préc.
4. Teboul, « La nouvelle réforme du droit des entreprises en difficulté : le projet d'ordonnance », *Gaz. Pal.* 6-8 avr. 2008, p. 2 s., sp. p. 6.
5. Texier, « La modernisation du droit des entreprises en difficulté prend forme », *Act. proc. coll.* 2008/8, n° 123.
6. Rapport au président de la République sur l'ordonnance n° 2008-1345 du 18 décembre 2008, *JO* 19 déc. 2008, Titre I, chap. II-4, ss art. 66.
7. D. n° 2009-160, 12 févr. 2009, préc.

L'extinction de la créance fait perdre à son titulaire la qualité de membre du comité auquel il appartient. Il en est de même de la transmission de la créance. Ce terme est suffisamment large pour viser non seulement la cession de créance, mais aussi la subrogation légale ou conventionnelle. Bien évidemment, en coordination avec ce que prévoit l'alinéa précédent, la perte de la créance par transmission, emportera la présence du nouveau titulaire de la créance au sein du comité à la place du créancier d'origine, supposera que l'administrateur en ait été informé. L'extinction partielle de la créance entre le jugement d'ouverture et le jour du vote n'est, en revanche, pas réglementée par les textes, ce qui autorise, a-t-on considéré, son titulaire à être pris en compte dans le vote pour le montant total de sa créance[1]. L'esprit du texte, dont la lettre est défaillante, nous semble permettre de considérer, au contraire, que l'extinction partielle de la créance doit également être prise en compte[2].

Enfin, le nouvel article R. 626-62 du code de commerce, issu de la rédaction que lui donne l'article 45 du décret du 12 février 2009, laisse à l'administrateur le soin de décider seul des modalités de déroulement du vote par les comités de créanciers. Il peut décider d'un vote à bulletins secrets, sa décision n'étant pas susceptible de contestation.

L'ordonnance du 12 mars 2014[3] apporte également un certain nombre de modifications au dispositif.

Tout d'abord, l'article 43, 3° de cette ordonnance complète l'alinéa 3 de l'article L. 626-30-2 par une disposition tenant compte de l'éventualité où un projet de plan serait présenté par des créanciers, sans que, parallèlement le débiteur n'ait présenté un projet. En ce cas, le délai de principe de vingt-et-un jours imparti aux comités pour se prononcer, qui court à compter de la transmission des propositions du débiteur est évidemment inapplicable. C'est pourquoi le texte prévoit que l'administrateur fixe la date à laquelle les comités se prononceront.

L'article 43 de l'ordonnance du 12 mars 2014 a modifié les alinéas 2 et 3 de l'article L. 626-30-2 du code de commerce pour tenir compte de la possibilité de présentation de multiples plans. Que les plans soient présentés par le débiteur ou par les créanciers, ils ne seront pas soumis aux dispositions régissant classiquement les plans adoptés sans comités de créanciers. Les comités devront se prononcer dans les mêmes délais, que le plan soit présenté par le débiteur ou les créanciers.

L'alinéa 4 de l'article L. 626-30-2 du code de commerce est complété par l'article 43, 4° de l'ordonnance pour tenir compte d'une pratique : celle de l'existence de convention ayant pour objet de soumettre le vote d'un créancier à des conditions ou ayant pour objet le paiement total ou partiel de la créance par un tiers ainsi que l'existence d'accord de subordination. Dans ces différentes hypothèses, les créanciers concernés devront en porter l'information à la connaissance de l'administrateur. Pour cela, l'article R. 626-58, alinéa 1 du code de commerce, résultant de la rédaction que lui donne l'article 70 du décret du 30 juin 2014[4], prévoit que lorsqu'il transmet aux créanciers membres du comité des établissements de crédit ou du comité des principaux fournisseurs, l'avis de sa participation au comité, l'administrateur invite ces créanciers concernés à lui faire connaître sans délai l'existence de l'une de ces conventions ou accord.

L'administrateur a alors l'obligation de soumettre à ces créanciers les modalités de calcul des voix correspondant aux créances lui permettant d'exprimer un vote. L'alinéa 2 de l'article R. 626-58 du code de commerce (réd. D. 30 juin 2014, art. 70) précise que, au plus tard huit jours avant cette date – il semble que ce soit la date du vote –, l'administrateur soumet au créancier concerné les modalités de calcul retenues sur le fondement du quatrième alinéa de l'article L. 626-30-2.

Ces textes font donc apparaître que l'administrateur se voit reconnaître un pouvoir singulier, celui de moduler le poids de ces créanciers dans le calcul des majorités, d'opérer lui-même une pondération de ces droits de vote. La chose apparaît d'autant plus singulière qu'aucun élément objectif ne va servir de référence de calcul. C'est donc le royaume de l'arbitraire, qui conduit à jeter sur ce pouvoir nouveau un regard extrêmement négatif, même si l'idée de départ pouvait paraître bonne. Il faudrait donc introduire une bonne dose d'objectivité dans l'application de la règle pour supprimer l'insécurité juridique qu'elle introduit[5], et inconnue des systèmes juridiques étrangers[6], afin que l'on ne dise pas que les bonnes idées ne font pas nécessairement les bonnes lois...

Les modalités de calcul, précise le décret (C. com., art. R. 626-58, al. 2), sont portées à la connaissance des créanciers en complément de la liste des créances.

En cas de désaccord, il est prévu que le créancier ou l'administrateur peut saisir le président du tribunal statuant en référé selon des modalités fixées par

1. LIENHARD, 6ᵉ éd., n° 82.29.
2. Henry, « Comités de créanciers », DPDE n° sp. 302-1, Réforme du droit des entreprises en difficulté, 11 mars 2009, 416 s., sp. p. 4187.
3. Ord. n° 2014-326, 12 mars 2014, préc.
4. D. n° 2014-736, 30 juin 2014, préc.
5. Dammann et Podeur, « Le rééquilibrage des pouvoirs au profit des créanciers résultant de l'ordonnance du 12 mars 2014 », *D.* 2014. 752 s., sp. 754.
6. Dammann et Podeur, art. préc., sp. 754.

décret en Conseil d'État. L'alinéa 2 de l'article R. 626-58 du code de commerce (réd. D. 30 juin 2014, art. 70) prévoit que, en cas de désaccord exprimé au plus tard 48 heures avant la date du vote, l'administrateur peut saisir le président du tribunal conformément à l'article L. 626-30-2. Le projet de décret hésitait entre l'absence d'accord ou le désaccord. Le texte retenu fait apparaître qu'il faut une manifestation explicite de volonté. Le président statue par ordonnance. L'article R. 626-64 du code de commerce, inséré par l'article 75 du décret du 30 juin 2014, ouvre au créancier le droit d'interjeter appel de cette ordonnance dans le délai de 10 jours de sa notification, lorsqu'il a exprimé son désaccord sur les modalités de calcul des voix soumises par l'administrateur en application de l'alinéa 4 de l'article L. 626-30-2. *A priori*, cette possibilité d'appel spécifique exclut l'appel en application de l'article R. 626-63, quoique l'opinion contraire ait été aussi avancée[1].

L'administrateur peut ainsi demander au président du tribunal qu'il enjoigne à un créancier lié par une convention de vote de respecter ses engagements. Le cas échéant, il semble que le tribunal puisse procéder par voie d'astreinte.

Dans la sauvegarde accélérée créée par l'ordonnance du 12 mars 2014, le plan doit être adopté dans les trois mois de l'ouverture de la procédure.

Dans la **sauvegarde financière accélérée**, si le juge-commissaire a réduit le délai entre la transmission des propositions et le vote sur le projet de plan à moins de 15 jours [la réduction pouvant être, en application de l'article L. 628-10, alinéa 1 du code de commerce, portée à 8 jours], l'administrateur doit arrêter le calcul de la majorité au plus tard trois jours avant le vote (C. com., art. R. 628-16). Les règles du droit des sociétés, en termes de délais, ont dû être ici aménagées (v. s^{s} n° 225.31).

513.43 Contrôle du tribunal sur le contenu du vote des créanciers – Contestation des créanciers et des obligataires. Le vote favorable des deux comités de créanciers sur les propositions contenues dans le projet de plan, ainsi que celui de l'assemblée générale des obligataires, ne suffira pas à l'adoption de celui-ci. En effet, le tribunal devra vérifier que les intérêts des créanciers sont suffisamment protégés (C. com., art. L. 626-31, al. 1er – v. s^{s} n° 515.12).

Est-il possible de contester les modalités de composition des comités et de calcul des majorités lors du vote ? Une distinction s'impose selon que la procédure a été ouverte avant ou depuis le 15 février 2009.

> **Sous l'empire de la loi de sauvegarde des entreprises[2], dans sa rédaction d'origine.** Pour les procédures ouvertes entre le 1er janvier 2006 et le 14 février 2009, le silence complet a été gardé sur les possibilités de contestation en matière de composition des comités de créanciers et de calcul des votes.

Le créancier, fût-il membre d'un comité, est un tiers à l'instance ayant à statuer sur l'arrêté du plan. Rien ne semble s'opposer à une intervention volontaire de sa part, ayant pour objet le calcul des majorités et la composition des comités[3].

Une fois le plan arrêté, le créancier qui entendrait contester la régularité du vote, soit pour une question de calcul de majorité, soit pour une question de participation d'un créancier au vote, a la possibilité d'exercer une tierce opposition réformation à l'encontre du jugement arrêtant le plan. La tierce opposition est enfermée dans un délai de 10 jours, qui court à compter de la publication au *Bodacc* du jugement arrêtant le plan de sauvegarde ou de redressement (C. com., art. R. 661-2).

Sous l'empire de la loi du 13 juillet 1967[4], il était admis qu'une fois le jugement d'homologation du concordat à l'abri des voies de recours, les vices dont *il* pouvait être atteint se trouvaient purgés. Une seule exception légale était prévue par l'article 76 de la loi du 13 juillet 1967. Il s'agissait du dol résultant d'une diminution d'actif ou d'une exagération du passif découvert seulement après l'homologation.

Deux raisons conduisent aujourd'hui à conserver la solution de principe selon laquelle une fois le jugement arrêtant le plan devenu définitif, les vices affectant le vote des comités de créanciers se trouvent purgés. D'une part, il n'y a pas de texte spécial posant la solution contraire. D'autre part, la nature judiciaire du plan, qui contraste avec la nature contractuelle du concordat, impose *a fortiori* la solution. La doctrine, sous l'empire de la loi du 13 juillet 1967, admettait déjà que le jugement d'homologation purgeait les erreurs dans le calcul des majorités légales[5]. La solution ne peut qu'être reconduite.

> **Sous l'empire de la loi de sauvegarde des entreprises, dans la rédaction que lui donne l'ordonnance du 18 décembre 2008**[6], applicable aux procédures ouvertes à compter du 15 février 2009, une réglementation précise de la question est posée.

1. Legros, « Le traitement des sociétés en difficulté après l'ordonnance du 12 mars 2014 », *Dr. sociétés* 2014, p. 15 s., sp. p. 17, n° 14 – Pételс, « L'amélioration du rôle des créanciers dans le cadre de l'adoption du plan – Le point de vue de l'universitaire », *Rev. proc. coll.* 2014, dossier 34, n° 8.
2. L. n° 2005-845, 26 juill. 2005, préc.
3. Le Corre, « Les irrégularités affectant la composition et le vote des comités de créanciers », *D.* 2007. Chron. 822.
4. L. n° 67-563, 13 juill. 1967, *JO* 14 juill., p. 7059.
5. Argenson et Toujas, Règlement judiciaire, liquidation des biens et faillites, traiter et formulaires, 4e éd., Litec, 1973, n°s 1202, 1203.
6. Ord. n° 2008-1345, 18 déc. 2008, préc.

Le projet d'ordonnance avait prévu de concentrer les contestations au stade de l'arrêté du plan. Aurait, en conséquence, été pratiquée une tierce opposition-réformation, à l'encontre de la décision arrêtant le plan. La solution aurait fermé toute discussion aux créanciers, si le plan n'avait pas été arrêté à la suite d'un vote favorable des comités de créanciers, alors pourtant, le cas échéant, qu'une irrégularité dans la composition des comités ou dans le calcul des voix au sein des comités aurait pu expliquer l'absence de vote favorable sur les propositions du débiteur. La solution n'était donc pas très heureuse.

Aussi faut-il préférer la solution adoptée par le nouvel article L. 626-34-1 du code de commerce, issu de la rédaction que lui donne l'ordonnance du 18 décembre 2008 (ord. 18 déc. 2008, art. 71) qui comble les lacunes du texte d'origine sur la question.

Le texte oblige, à peine d'irrecevabilité, à former les contestations relatives à l'application des articles L. 626-30 à L. 626-32, avant l'audience prévue, selon le cas, à l'article L. 626-9 ou à l'article L. 626-26. Le texte précise que l'irrecevabilité doit être soulevée d'office par le tribunal qui est saisi de la contestation. Est ainsi évité tout retard dans le processus d'adoption du plan[1].

Les articles L. 626-30 à L. 626-32 du code précisent les modalités de composition des comités de créanciers, les modalités de calcul des votes, les délais dans lesquels les votes doivent intervenir, ainsi que les règles relatives au vote des assemblées d'obligataires. Il faut donc comprendre que les contestations sont relatives à la composition et au fonctionnement des comités de créanciers et aux assemblées d'obligataires.

En application de l'alinéa 2 de l'article L. 626-34-1 du code de commerce, la contestation émise par un créancier ne pourra porter que sur la décision prise par le comité ou l'assemblée des obligataires dont il est membre. La notion d'intérêt à agir justifie assurément la solution, qui aurait dû être posée même en l'absence de texte.

Le motif de discussion pourra tenir au fait qu'un comité ou une assemblée d'obligataires aura été mal constitué. Il pourra s'agir également de discuter du mode de calcul des majorités de vote au sein des comités ou de l'assemblée des obligataires, soit parce qu'un créancier aura été pris en compte à tort, alors que sa créance était éteinte par exemple, soit parce que sa créance ou celle détenue par un autre créancier aura été prise en compte pour un montant discutable. Il pourra aussi être question de faire sanctionner un abus de majorité. La cour d'appel de Paris a ainsi pu décider, dans une procédure de sauvegarde financière accélérée, mais la solution vaut pour toutes sauvegardes, que le tribunal de la procédure de sauvegarde est compétent pour statuer sur les contestations relatives à l'existence, à la nature et au montant des créances des membres des comités de créanciers[2].

La contestation est portée devant le tribunal qui doit statuer sur le projet de plan.

L'article R. 626-63 du code de commerce, issu de la rédaction que lui donne l'article 45 du décret du 12 février 2009[3], précise que le tribunal est saisi de la contestation, à peine d'irrecevabilité, par déclaration déposée au greffe contre récépissé, dans les dix jours du vote du comité de créanciers ou de l'assemblée générale des obligataires dont est membre l'auteur de la contestation. Une copie de cette requête doit être adressée par le demandeur au débiteur et à l'administrateur.

Le tribunal va vider la contestation dans le jugement qui statue sur le projet de plan – audience de l'article L. 626-9 du code –, précise l'alinéa 1er *in fine* de l'article L. 626-34-1 du code. Si la contestation est émise à l'occasion d'un vote sur la modification substantielle dans les moyens du plan, le tribunal la videra lors de l'audience au cours de laquelle il statuera sur la modification du plan – audience de l'article L. 626-26 du code. À cette fin, le greffier doit convoquer l'auteur de la contestation par lettre simple.

Il est toutefois prévu un délai minimum de cinq jours entre l'expiration du délai imparti pour former la contestation et la date de l'audience au cours de laquelle il doit être statué, selon le cas, sur l'arrêté du plan ou sa modification. Si le délai ne peut être respecté, il y a lieu de renvoyer l'examen de l'affaire à une date ultérieure. Il reste à se demander quelle sanction sera attachée au non-respect du délai. Ce délai semble destiné à permettre à chacun des intéressés d'assurer correctement sa défense. Il semble donc qu'il s'agisse d'un délai de comparution.

L'alinéa 4 de l'article R. 626-63, qui résulte de l'article 45 du décret du 12 février 2009, précise que le jugement qui statue sur l'arrêté ou la modification du plan doit être notifié par le greffier du tribunal à l'auteur de la contestation. La solution s'explique par le recours ouvert à cette personne.

La voie de recours sur la décision statuant sur la contestation ne sera pas celle classiquement ouverte aux créanciers sur le jugement statuant sur le projet de plan ou sur la modification du plan, selon le cas.

1. Rapport au président de la République sur l'ordonnance n° 2008-1345 du 18 décembre 2008, *JO* 19 déc. 2008, Titre I, chap. II-4, s5 art. 71.

2. Paris 11 mai 2016, RG n° 16/03704, *BJE* 2016, 241, note Lucas.
3. D. n° 2009-160, 12 févr. 2009, préc.

Il ne s'agira pas de la tierce opposition réformation, mais de l'appel.

En effet, ce droit d'appel et, subséquemment, le droit à former un pourvoi en cassation, est ouvert au profit du créancier ayant formé une contestation en application de l'article L. 626-34-1 du code de commerce, non seulement à l'encontre de la décision statuant sur l'arrêté du plan de sauvegarde ou de redressement, par l'article L. 661-1, I, 6° du code de commerce (ord. 18 déc. 2008, art. 146), mais encore à l'encontre de la décision statuant sur la modification du plan par l'article L. 661-1, I, 7° du code de commerce (ord. 18 déc. 2008, art. 146).

L'absence de contestation aura pour effet de purger de leurs vices les décisions adoptées par les comités de créanciers ou les assemblées d'obligataires, sauf le cas de fraude[1].

Si la contestation est retenue par la juridiction, la conséquence sera différente selon que le vote irrégulier affecte ou non la décision retenue par le comité ou l'assemblée générale des obligataires. Si l'irrégularité du vote, tenant par exemple à une mauvaise computation de la majorité des deux tiers, n'a pas d'incidence sur les résultats, il n'y a pas place à annulation de la décision du comité ou de l'assemblée générale des obligataires[2].

Le nouvel article L. 661-1, I, 6° du code de commerce, dans sa rédaction issue de l'ordonnance du 18 décembre 2008 (ord. 18 déc. 2008, art. 146), ajoute en effet à la liste des personnes pouvant faire appel de la décision statuant sur le plan de sauvegarde le « créancier ayant formé une contestation en application de l'article L. 626-34-1 ». Cette disposition oblige le créancier, membre d'un comité, ou l'obligataire, qui entendrait contester, selon le cas, les modalités de composition des comités de créanciers, de calcul des majorités au sein des comités, les modalités de composition de l'assemblée des obligataires ou de calcul des majorités au sein de l'assemblé des obligataires, à peine d'irrecevabilité, à former ses contestations relatives à l'application des articles L. 626-30 à L. 626-32, avant l'audience prévue, selon le cas, à l'article L. 626-9 ou à l'article L. 626-26. Il s'est agi, avec cette disposition, d'éviter tout retard dans le processus d'adoption du plan de sauvegarde ou de redressement, en présence de comités de créanciers[3]. Ainsi, les contestations en c seront-elles examinées à l'audience au cours duellele tribunal est amené à statuer sur le plan devegarde ou de redressement. Observons que le recours est ouvert individuellement à l'obligataire, et pas à la masse à laquelle il appartient, puisque cette dernière est remplacée, dans le cadre de la contation des obligataires, par une assemblée génée[4], l'obligataire exprimant en conséquence individuellement son vote[5].

Le créancier ou l'obligataire, qui a émis la contestatioi qui n'est pas satisfait de la décision du tribunal, ayant vidé sa contestation, peut interjeter appel la décision ne lui ayant pas donné satisfaction. bonne logique, et même si le nouvel article L. 661 I, 6° du code de commerce ne le précise pas, il gira ici d'un appel limité au dispositif de la décisi statuant sur l'arrêté du plan relatif à sa contesion. Rappelons à cet égard que, en application dealinéa 2 de l'article L. 626-34-1 du code de comme, la contestation émise par un créancier ne poua porter que sur la décision prise par le comitéu l'assemblée des obligataires dont il est membr Symétriquement, le recours sur la décision du tribnal ne pourra porter que sur cette même décision

L'ordonnance du 18 décembre 2008 ajoute un rouveau titulaire du droit d'appel à l'encontre de la décision statuant sur la modification du plan de sauvegarde : le « créancier ayant formé une contestation en application de l'article L. 626-34-1 ». La contestation devra avoir été émise à l'occasion d'un vote sur la modification substantielle dans les moyens du plan. Le tribunal videra cette contestation lors de l'audience au cours de laquelle il statuera sur la modification du plan – audience de l'article L. 626-26 du code. En bonne logique, et même si le nouvel article L. 661-1, I, 7° du code de commerce ne le précise pas, il s'agira ici d'un appel limité au dispositif de la décision statuant sur la modification du plan relatif à sa contestation.

513.44 Absence de vote favorable des comités de créanciers sur le projet de plan – Subordination de l'adoption du plan après acceptation des comités à un vote favorable de l'assemblée des obligataires (ord. 18 déc. 2008[6]). Que se passe-t-il si un seul des comités a accepté les propositions du débiteur ?

1. Lienhard, « Réforme du droit des entreprises en difficulté : présentation de l'ordonnance du 18 décembre 2008 », *D.* 2009. Chron. 110, sp. 118.
2. Versailles, 13e ch., 18 nov. 2010, RG n° 10/01433, *D.* 2010. 2767, note Lienhard; *BJE* mars/avr. 2011, p. 14, note Roussel Galle; *Act. proc. coll.* 2011/5, n° 86, note Moulin; *Gaz. Pal.* 25-26 févr. 2011, p. 47, note Reifegerste; *Rev. proc. coll.* 2011, comm. 41, p. 48, note Fraimout; *Rev. sociétés* 2011. 239, note Grelon; *Bull. Joly* 2011. 11, note Borga.
3. Rapport au président de la République sur l'ordonnance n° 2008-1345 du 18 décembre 2008, *JO* 19 déc. 2008, Titre I, chap. II-4, ss art. 71.
4. T. com. Nanterre, 17 févr. 2010, *RD banc. fin.* 2010, comm. 158, note Le Nabasque; *Rev. sociétés* 2010. 244, note crit. Grelon; *LPA* 1er avr. 2010, n° 65, p. 3, note Teboul; et SUR APPEL : Versailles, 13e ch., 18 nov. 2010, RG n° 10/01433, préc. (v. ss prést n°).
5. Versailles, 13e ch., 18 nov. 2010, RG n° 10/01433, préc. (v. ss prést n°).
6. Ord. n° 2008-1345, 18 déc. 2008, préc.

La réponse résulte explicitement ce l'artile L. 6 34 du code : « lorsque l'un ou l'aute des comité s'est pas prononcé sur le projet d plan dan délais fixés, qu'il a refusé les propoitions qui sont faites par le débiteur ou que le tribunal n's arrêté le plan en application de l'artic L. 621, la procédure est reprise pour préparer ur plans les conditions prévues aux articles .. 62 à L. 626-7 afin qu'il soit arrêté selon les disposns des articles L. 626-12 et L. 626-18 à L. 626-2.

Il n'est pas prévu un deuxième vote des orés[1].

En l'absence d'acceptation des propcsios par les deux comités, dans les délais fixés par plan, la procédure classique d'adoption du plan sauvegarde, qui emprunte l'essentiel de ses règlà la procédure ancienne de l'adoption du plan dontinuation, sera respectée. Trois hypothèses pvent se rencontrer. Il y a d'abord l'hypothèse da laquelle les propositions du débiteur ont été rejets par au moins un comité de créanciers. Il y a ensue l'hypothèse dans laquelle l'un ou l'autre ou les dx comités n'ont pas pris de décision sur les propotions du débiteur dans le délai de trente jours. Il a enfin l'hypothèse dans laquelle le débiteur n'a ps soumis de proposition aux comités de créanciers dans les deux mois de leur composition – cette solution résultant du vote d'un amendement à l'assemblée nationale[2].

Nonobstant l'acceptation des propositions par les deux comités, si le plan n'a pas été adopté par le tribunal, la procédure ordinaire de consultation des créanciers s'applique également.

Les comités de créanciers disparaissent. Les créanciers devront donc être consultés individuellement. *A priori*, il ne doit pas être tenu compte des positions qu'ils avaient pu antérieurement prendre[3]. Le vote favorable de l'un des comités sera nécessairement caduc[4]. Les créanciers retrouvent, à notre sens, leur liberté. Rien ne semble interdire toutefois, lors du vote des comités, de convenir que le sens du vote restera acquis si l'on passe ensuite à la consultation individuelle, le créancier étant alors tenu par l'acceptation manifestée lors du vote.

Le tribunal donnera acte aux créanciers des propositions qu'ils accepteront, dans le cadre de ces consultations individuelles et pourra imposer aux réfractaires des délais de paiement.

Reprenant la solution de la législation antérieure, l'article L. 626-34 nouveau du code de commerce, issu de la rédaction que lui donne l'**ordonnance du 18 décembre 2008** applicable aux procédures ouvertes à compter du 15 février 2009, prévoit que si les comités de créanciers ne se sont pas prononcés dans les six mois du jugement d'ouverture, et ajoutant de manière nouvelle que si, dans ce même délai, l'assemblée des obligataires ne s'est pas prononcée, la procédure est reprise pour préparer un plan dans les conditions prévues aux articles L. 626-5 à L. 626-7 afin qu'il soit arrêté selon les dispositions des articles L. 626-12 et L. 626-18 à L. 626-20. Il est donc mis fin aux comités de créanciers et la procédure sera continuée pour l'adoption d'un plan comme s'il n'y avait jamais eu de comité.

La solution est également applicable, comme sous l'empire de la législation antérieure, si l'un des deux comités vote défavorablement sur les propositions du débiteur.

En revanche, la lettre du texte de l'article L. 626-34 du code présente une ambiguïté. Le texte peut, en effet, être interprété de deux façons. Il énonce que « Lorsque **l'un ou l'autre** des comités, ainsi que le cas échéant l'assemblée des obligataires ne se sont pas prononcés sur un projet de plan dans un délai de six mois à compter du jugement d'ouverture de la procédure, que **l'un d'eux** a refusé les propositions faites [...] la procédure est reprise pour préparer un plan dans les conditions prévues aux articles L. 626-5 à L. 626-7 [...] ». L'incertitude du texte porte sur l'expression « l'un d'eux ». Vise-t-elle exclusivement l'un des deux comités, ou bien s'applique-t-elle également à l'assemblée des obligataires ?

La première interprétation permettrait d'arrêter un plan après vote favorable des comités et délibération de l'assemblée des obligataires, même si son vote est défavorable. Il faudrait alors considérer que cette assemblée n'est pas un véritable comité.

La seconde interprétation du texte, au contraire, celle qui considère que l'expression **« l'un d'eux »** se rapporte non seulement à l'un des deux comités de créanciers, mais encore à l'assemblée des obligataires, oblige à comprendre que le vote négatif de l'assemblée des obligataires emporterait impossibilité d'adoption sur vote favorable des comités de créanciers.

Nous inclinons pour cette seconde lecture, car le législateur, au stade de la consultation, traite l'assemblée des obligataires exactement comme les comités de créanciers. Il serait donc curieux que le prolongement de ce traitement ne soit pas assuré au stade du vote.

En conséquence, il est possible de considérer que l'assemblée des obligataires est un troisième comité[5],

1. VALLENS, 2015, n° 4146 – LE CANNU, 7e éd., n° 866.
2. Amend. n° 141, Interv. Xavier de Roux, *JOAN CR*, 2e séance du 8 mars 2005, p. 1755 – *Adde, Rapp. Xavier de Roux*, n° 2095, p. 328.
3. Bolard, « Les fonctions des mandataires de justice », *Rev. proc. coll.* 2006/2, p. 205 s., sp. p. 208, n° 16.
4. VALLENS, 2015, n° 4146.
5. EN CE SENS AUSSI : Teboul, « La nouvelle réforme du droit des entreprises en difficulté : le projet d'ordonnance », *Gaz. Pal.* 6-8 avr. 2008, p. 2 s., sp. p. 6.

dont le vote favorable sur les propositions du débiteur, conditionne l'arrêté du plan dans les conditions de son adoption sur vote des comités.

Dans la sauvegarde accélérée créée par l'ordonnance du 12 mars 2014[1], l'article L. 628-8, alinéa 2 du code de commerce prévoit que, à défaut d'adoption du plan dans le délai de l'alinéa 1er, c'est-à-dire trois mois, il est mis fin à la procédure.

La même solution était posée dans la sauvegarde financière accélérée, si le plan n'était pas adopté dans le mois de l'ouverture de cette procédure le délai étant renouvelable une fois (C. com., art. L. 628-6, al. 1er réd. L. 22 oct. 2010[2], art. 57, I). La solution est conservée dans la sauvegarde financière accélérée, régie par l'ordonnance du 12 mars 2014.

SECTION 513.50 CONSULTATION DES CRÉANCIERS EN DEHORS DES COMITÉS DANS LE CADRE DE L'ÉLABORATION DU PLAN DE SAUVEGARDE

513.51 Situation des créanciers hors comités. Les dispositions des articles L. 626-5 à L. 626-6 du code de commerce, qui réglementent la consultation des créanciers, en dehors des comités, dans le cadre de l'élaboration d'un plan de sauvegarde, sont, dans l'ensemble, la reprise des dispositions de la législation antérieure à la loi du 26 juillet 2005[3] (v. ss nos 512.21 à 512.25). Elles s'appliquent dans quatre hypothèses.

Lorsqu'aucun comité de créanciers n'est créé, en raison de la taille de l'entreprise, et alors même que le juge-commissaire aura été saisi pour autoriser la création d'un comité, s'il a répondu défavorablement – ce qui ne peut être le cas que lorsque les conditions relatives aux comptes du débiteur ne seront pas réunies –, les dispositions qui régissent la consultation des créanciers en dehors des comités trouveront application (C. com., art. L. 626-5 à L. 626-7).

Ces dispositions s'appliquent aussi pour consulter les créanciers qui ne sont pas dans les comités (C. com., art. L. 626-33, al. 1er). Il s'agit notamment des organismes publics et des petits fournisseurs. La loi prévoit d'abord que, au regard des efforts consentis par les comités de créanciers, les organismes sociaux et fiscaux peuvent accorder des remises de dettes (v. ss no 512.61). Le tribunal qui arrête le plan de sauvegarde peut imposer aux créanciers non-membres des comités, ce qu'il peut, sous l'empire de la législation antérieure à la loi du 26 juillet 2005, leur imposer dans le cadre du plan de continuation à savoir des délais de paiement, mais non des remises de dettes[4]. Notons toutefois que, sous l'empire de la loi de sauvegarde des entreprises, la consultation émanera alors de l'administrateur judiciaire, alors que, sous l'empire de l'ordonnance du 18 décembre 2008[5], la consultation sera l'œuvre du mandataire judiciaire.

Les dispositions qui régissent la consultation des créanciers en dehors des comités s'appliquent identiquement si le tribunal refuse d'arrêter le projet de sauvegarde qui lui est proposé. Les comités de créanciers disparaissent et l'élaboration du plan de sauvegarde, indique l'article L. 626-34, obéit alors aux dispositions des articles L. 626-5 à L. 626-7, qui posent les règles classiques de consultation des créanciers, dans la procédure sans comité de créanciers.

Il en ira ainsi enfin en cas d'échec des deux comités pour se prononcer sur le projet de plan dans le délai fixé (C. com., art. L. 626-34)[6].

513.52 Consultation des créanciers publics pour l'élaboration du plan de sauvegarde. Comme dans le droit antérieur à la réforme du 26 juillet 2005[7], les créanciers publics, organismes sociaux, para-sociaux et fiscaux sont consultés sur les délais et remises qu'ils entendent consentir. Un amendement, qui a été rejeté avait été présenté pour que les créanciers publics fassent partie d'un troisième comité de créanciers, aux côtés du comité des principaux fournisseurs et du comité des établissements de crédit.[8] Il a été objecté qui n'était pas possible de réunir les créanciers publics en un comité dans la mesure où ils obéissent, de par la loi, à des règles différentes[9]. Il a encore été indiqué que sans comité, il n'y a ni vote, ni accord, et il faut donc aller « chercher l'accord de chacun des créanciers publics. Cela renforce d'autant plus le poids de la créance publique dans le cadre de la négociation »[10].

Le périmètre des créanciers publics qui seront consultés sur les délais et remises, qui incluait jusqu'à la réforme du 26 juillet 2005 les organismes de sécurité sociale et des institutions régies par le livre IX du code de la sécurité sociale – institutions de prévoyance, organisme de retraite complémentaire ou de protection sociale complémentaire –, est étendu au régime gérant l'assurance-chômage pré-

1. Ord. no 2014-326, 12 mars 2014, préc.
2. L. no 2010-1249, 22 oct. 2010, préc.
3. L. no 2005-845, 26 juill. 2005, préc.
4. *Rapp. Xavier de Roux*, no 2095, p. 324.
5. Ord. no 2008-1345, 18 déc. 2008, préc.
6. *Rapp. Xavier de Roux*, no 2095, p. 278.
7. L. no 2005-845, 26 juill. 2005, préc.
8. Amend. no 485, Interv. Arnaud Montebourg, *JOAN CR*, 2e séance du 8 mars 2005, p. 1752.
9. Interv. Xavier de Roux, *JOAN CR*, 2e séance du 8 mars 2005, p. 1752 – Interv. Perben, *JOAN CR*, 2e séance du 8 mars 2005, p. 1753.
10. Interv. Jérôme Chartier, *JOAN CR*, 2e séance du 8 mars 2005, p. 1752 – *Adde, Rapp. Jérôme Chartier*, no 2099, p. 11.

vue par les articles L. 351-3 et suivants du code du travail.

Sont également concernées les administrations financières, expression beaucoup plus large que celle de Trésor public. Sont englobée sous le vocable créancier public, l'ensemble des administrations, de l'État ou non, dont la mission consiste à collecter les recettes publiques[1].

La loi de sauvegarde des entreprise, dans sa rédaction d'origine, n'avait pas pris le soin de préciser que le dispositif de droit commun n'était pas purement et simplement inapplicable aux créanciers publics. Cet oubli est, de manière interprétative à notre sens, réparé par l'ordonnance du 18 décembre 2008[2] (ord. 18 déc. 2008, art. 54). Le rapport au Président de la République fait état de la dissipation de toute ambiguïté[3]. L'article L. 626-5, alinéa 2 se trouve en conséquence complété par une phrase qui prévoit que les dispositions de l'article L. 626-5 du code de commerce, qui pose les règles de consultation individuelle des créanciers privés, sont applicables à la consultation des créanciers publics, lorsqu'elle ne porte que sur les délais de paiement.

Cette formulation est largement préférable à celle qui avait été retenue dans le premier projet d'ordonnance, qui envisageait de rendre purement et simplement inapplicable aux créanciers publics, le dispositif de consultation individuelle des créanciers privés. La solution aurait conduit à rendre impossible la consultation sur les délais de paiement, puisque la réglementation spécifique aux créanciers publics ne porte que sur les remises de dettes.

Du fait de la rédaction nouvelle de l'article L. 626-5, alinéa 2 *in fine* du code de commerce, le mandataire judiciaire devra ainsi prendre garde à n'interroger les créanciers publics soumis au dispositif de l'article L. 626-6 du code de commerce, que sur les délais de paiements, non sur les remises de dettes, lesquelles présupposent la saisine de la CCSF. En effet, le texte de l'article L. 626-5, alinéa 2 *in fine*, pris à la lettre, conduirait à décider qu'une consultation des créanciers publics, dans les conditions de celle prévue pour les créanciers publics, portant à la fois sur les délais de paiement et sur les remises de dettes est interdite et ne pourrait, en conséquence, produire aucun effet. Les délais ne pourraient donc être acceptés et, *a priori*, ne pourraient pas davantage être imposés, les créanciers publics consultés ne pouvant être considérés comme des créanciers n'ayant pas accepté, faute d'avoir été valablement consultés.

En 2002, les entreprises défaillantes enregistrées à la centrale de bilan de la Banque de France étaient endettées pour 896 millions d'euros auprès des administrations fiscales et sociales, à la clôture de leur bilan[4]. La position des organismes sociaux et fiscaux sur les délais et remises qu'ils entendent consentir à l'entreprise sous sauvegarde est évidemment primordiale pour l'adoption de son plan.

513.53 Situation particulière des obligataires. La question a été étudiée avec la consultation des obligataires dans le cadre du plan de sauvegarde sans comités (v. s[s] n° 512.25). Contentons-nous d'indiquer ici que la création d'un comité des obligataires permet de résoudre, de manière légale, les difficultés qui ont été rencontrées dans le dossier *Eurotunnel* liées à la multiplicité des catégories d'obligataires[5]. Depuis l'ordonnance du 18 décembre 2008[6], les obligataires peuvent être considérés comme un troisième comité, dans la mesure où leur vote favorable sur les propositions de plan conditionne l'adoption d'un plan après vote favorable des comités. Des difficultés particulières se présentent en présence de titres super-subordonnés[7].

1. *Rapp. Xavier de Roux*, n° 2095, p. 280.
2. Ord. n° 2008-1345, 18 déc. 2008, préc.
3. Rapport au président de la République sur l'ordonnance n° 2008-1345 du 18 déc. 2008, *JO* 19 déc. 2008, Titre I, chap. II-5, s[s] art. 54.
4. *Rapp. Xavier de Roux*, n° 2095, p. 279.
5. SUR CETTE PRÉCONISATION : de Roux, *Rapport d'information sur la mise en application de la loi n° 2005-845 du 26 juillet 2005*, Rapp. Ass. nat., n° 3651, *JOAN* 31 janv. 2007, sp. p. 52.
6. Ord. n° 2008-1345, 18 déc. 2008, préc.
7. SUR CETTE DIFFICULTÉ : Le Corre, « Porteurs de titres super-subordonnés et élaboration des plans de sauvegarde et de redressement avec comités », *D.* 2010. Chron. 839 – T. com. Nanterre, ch. except., 17 févr. 2009, RG n° 2010/L00346, *D.* 2010. AJ 500, obs. Lienhard; *RD banc. fin.* 2010, comm. 158, note Le Nabasque; *Rev. sociétés* 2010. 244, note Grelon; *LPA* 1er avr. 2010, n° 65, p. 3, note Teboul – SUR APPEL : Versailles, 13e ch., 18 nov. 2010, RG n° 10/01433, *D.* 2010. 2767, note Lienhard; *BJE* mars/avr. 2011, p. 14, note Roussel Galle; *Act. proc. coll.* 2011/5, n° 86, note Moulin; *Rev. sociétés* 2011. 239, note Grelon; *Bull. Joly* 2011. 11, note Borga.

CHAPITRE

514. Règles d'élaboration du plan propres aux sauvegardes accélérées

SECTION 0
ORIENTEUR

514.00 Plan du chapitre.

Sect. 514.10 Élaboration du plan de sauvegarde financière accélérée résultant de la loi du 22 octobre 2010

Sect. 514.20 Élaboration du plan de sauvegarde accélérée (ord. 12 mars 2014)

Sect. 514.30 Élaboration du plan de sauvegarde financière accélérée (ord. 12 mars 2014)

514.01 Textes applicables. (V. les références complètes s[s] n° 011).

> Législation issue de l'ordonnance de la loi du 22 octobre 2010.

C. com., art. L. 628-1 à L. 628-7

> Législation issue de l'ordonnance du 12 mars 2014.

C. com., art. L. 628-1 à L. 628-10

514.03 Bibliographie indicative. (V. les références complètes s[s] n° 031 – Aussi s[s] n° 510.03).

> Article. Bourbouloux H., Cardon Ch., Danon P. et Noury A.-S., « La procédure de sauvegarde est un outil particulièrement adapté au traitement des difficultés financières d'une société ayant des titres de dettes cotés ou largement diffusés », *BJE* juill. 2015, 211 – Saint-Alary-Houin C., « De la procédure de sauvegarde financière accélérée à la procédure de sauvegarde accélérée : de la SFA à la PSA ! », *Rev. proc. coll.* 2014, dossier 17.

514.09 Présentation générale des règles d'élaboration propres aux sauvegardes accélérées. Une remarque terminologique préalable s'impose. La notion de « sauvegardes accélérées », utilisée ici au pluriel vise toutes les sauvegardes préparées en amont de l'ouverture de cette procédure, en phase de conciliation. Elle englobe la sauvegarde financière accélérée issue de l'article 57, I de la loi du 22 octobre 2010[1], la sauvegarde accélérée *stricto sensu* issue de l'ordonnance du 12 mars 2014[2] et enfin la sauvegarde financière accélérée résultant de cette même ordonnance.

La sauvegarde financière accélérée a imprimé ses principes à la sauvegarde accélérée, procédure plus large dans ses conditions d'accès et dans son périmètre quant aux créanciers concernés que la première. La sauvegarde financière accélérée est une variante de la sauvegarde accélérée, limitée aux seuls créanciers financiers et devant aboutir à un plan adopté plus rapidement encore que celui de la sauvegarde accélérée. En réalité, la sauvegarde accélérée reprend l'essentiel des règles de la sauvegarde financière accélérée.

SECTION 514.10
ÉLABORATION DU PLAN DE SAUVEGARDE FINANCIÈRE ACCÉLÉRÉE RÉSULTANT DE LA LOI DU 22 OCTOBRE 2010

514.11 Limitation de la consultation aux seuls créanciers financiers. La particularité la plus remarquable de la sauvegarde financière accélérée (SFA) tient à son absence de caractère totalement collectif. Il s'agit d'une procédure qui n'a pas d'impact sur les créanciers non financiers, ou, plus précisément, pour se couler dans les termes de l'article L. 628-1, alinéa 3 du code de commerce, les créanciers qui ne sont pas ceux visés à l'article L. 626-30 comme ayant la qualité de membres du comité des établissements de crédit, ou ceux mentionnés à l'article L. 626-32.

1. L. n° 2010-1249, 22 oct. 2010, *JO* 23 oct., p. 18984.
2. Ord. n° 2014-326, 12 mars 2014, *JO* 14 mars, p. 5249.

Les créanciers visés à l'article L. 626-30 comme ayant la qualité d'établissements de crédit ont été étudiés (v. s[s] n° 513.22).

Les créanciers mentionnés à l'article L. 626-32 sont les obligataires, qui doivent être réunis pour consultation, non en masses distinctes, comme cela est le cas en France en cas de pluralité d'émissions d'emprunts obligataires, en dehors d'une procédure collective, mais en une assemblée unique d'obligataires (v. s[s] n° 512.25).

La consultation des créanciers est effectuée dans le cadre du comité des établissements de crédit, qui doit impérativement être constitué, ainsi, le cas échéant, que dans le cadre de l'assemblée générale des obligataires. Comme cela a été résumé, « c'est au demeurant la constitution de ces comités qui explique et fonde le passage de la conciliation à la sauvegarde, puisque l'objectif essentiel est d'écraser les créanciers minoritaires »[1].

La constitution du comité des établissements de crédit est plus simple que dans la sauvegarde de droit commun. En effet, les créanciers ont été parfaitement identifiés pendant la conciliation. En outre, si certains sont oubliés, la solution n'emporte pas de conséquence, puisqu'il est possible de considérer que leurs droits n'étant pas affectés, ils n'ont pas à voter, et n'ont donc pas à être membre du comité (v. s[s] n° 514.12). Une décision de la cour d'appel de Paris du 11 mai 2016 a été amenée à connaître de difficultés de composition du comité des établissements de crédit (v. s[s] n°s 513.22, 513.43).

Ainsi, les fournisseurs, mais encore les créanciers publics ne sont pas consultés dans la SFA, pour cette raison que la procédure n'a pas d'effet à leur égard. Ces créanciers ne subissent donc pas la discipline collective, c'est-à-dire l'arrêt des poursuites individuelles et des voies d'exécution, l'interdiction des paiements, et n'ont donc pas à déclarer leur créance[2]. Ils se font payer selon les stipulations contractuelles pour les premiers, selon les dispositions légales, pour les seconds.

514.12 Composition du comité des établissements de crédit limitée aux créanciers ayant à subir le plan. La finalité de la consultation est de permettre aux créanciers de se positionner sur les éventuels abandons de créances et délais qu'ils entendent consentir dans le cadre du plan, et qui conditionneront le montant et le moment des dividendes du plan qu'ils percevront. Or, comme la technique des comités de créanciers est alternative par rapport à la consultation individuelle des créanciers préparatoire à l'adoption du plan de sauvegarde, elle a évidemment la même *portée*. *En conséquence*, seuls les créanciers ayant à subir le plan doivent être consultés.

Cette solution, que nous avions préconisée dès avant la loi du 22 octobre 2010[3], est aujourd'hui législative, depuis que l'article 58 de cette loi est venu, à l'alinéa 3 de l'article L. 626-30-2 du code de commerce, préciser que « le mandataire judiciaire n'est pas tenu de consulter les créanciers pour lesquels le projet de plan ne modifie pas les modalités de paiement ou prévoit un paiement intégral en numéraire dès l'arrêté du plan ou dès l'admission de la créance ».

Cette solution, d'abord prévue dans le projet de loi de sauvegarde financière expresse (qui deviendra sauvegarde financière accélérée), et strictement limitée à cette seule procédure[4], est d'application générale dans les plans de sauvegarde et de redressement. Elle n'est même pas limitée à la procédure avec comités de créanciers et, *a fortiori*, à la sauvegarde financière accélérée.

Le décret d'application de la sauvegarde financière accélérée (C. com., R. 628-2, réd. D. 3 mars 2011[5]), pour permettre cette solution[6], prévoit que le débiteur qui sollicite l'ouverture d'une sauvegarde financière accélérée doit faire apparaître, dans l'état chiffré des créances et des dettes, qu'il doit joindre à sa demande d'ouverture, une distinction entre les dettes selon qu'elles seront soumises ou non aux effets de la procédure.

Il a été noté que la solution ne pouvait jouer dans l'assemblée des obligataires, faute d'avoir été expressément prévue pour eux[7]. Si la lettre des textes est bien en ce sens, il ne fait de doute pour personne que la solution posée pour les créanciers vaut également pour les obligataires, puisque c'est précisément le débat judiciaire dans l'affaire Thomson, qui portait sur les obligataires et la neutralisation du droit de vote de certains d'entre eux, qui a conduit à la modification du texte[8]. Il ne s'agit donc que d'un oubli du législateur, que la jurisprudence doit réparer en appliquant le principe de solution posé pour les créanciers par l'article L. 626-26-30-2, alinéa 3 du code, aux obligataires.

1. Grelon, « La loi de sauvegarde revisitée par la loi n° 2010-1249 dite de régulation bancaire et financière en date du 22 octobre 2010 », *Rev. sociétés* 2011. 7, n° 38.
2. Roussel Galle, « Premières vues sur la sauvegarde financière accélérée et sur les modifications apportées au droit des entreprises en difficulté par la loi du 22 octobre 2010 », *JCP E* 2010. Actu. 591 – Grelon, préc., n° 48.
3. L. n° 2010-1249, 22 oct. 2010, préc. – Le Corre, « Porteurs de titres super-subordonnés et élaboration des plans de sauvegarde et de redressement avec comités », *D.* 2010. Chron. 839.
4. Grelon, préc., n° 63.
5. D. n° 2011-236, 3 mars 2011, *JO* 4 mars, p. 4183.
6. Lucas, « Observations sur le volet réglementaire de la SFA », *BJE* mai/juin 2011, § 62, p. 102.
7. Grelon, préc., n° 64.
8. Grelon, préc., n° 63.

514.13 Vote des créanciers et des obligataires. L'article L. 628-4 du code de commerce (réd. L. 22 oct. 2010[1], art. 57) adapte à la sauvegarde financière accélérée (SFA) les délais de consultation des créanciers et, le cas échéant, de l'assemblée des obligataires.

Le plan a été négocié en phase de conciliation et a dû recevoir une large adhésion des créanciers consultés, sans emporter leur unanimité. C'est une condition d'ouverture de la SFA. La notion de « soutien suffisamment large des créanciers » utilisée par le législateur ne signifie pas nécessairement qu'une majorité des deux tiers a été obtenue en phase de conciliation. Elle est suffisamment accueillante pour englober l'hypothèse, qui risque d'être courante en présence de crédits structurés avec de multiples créanciers, notamment obligataires, où un nombre non négligeable de créanciers financiers n'auraient pas participé à la conciliation[2]. Tout est donc prêt et, en quelque sorte, il n'y a plus qu'à procéder au vote, pour que la majorité des créanciers représentant au moins les deux tiers en montant de créance vote et impose sa solution aux minoritaires récalcitrants en phase de conciliation. Mais ce vote doit impérativement intervenir après ouverture de la SFA, le vote précédemment effectué pendant la conciliation ne pouvant en tenir lieu[3].

Le texte prévoit que le délai de quinze jours fixé au troisième alinéa de l'article L. 626-30-2 du code de commerce [qui est devenu l'alinéa 4 avec la loi du 22 octobre 2010], est réduit à huit jours. Cette dernière disposition prévoit que les comités se prononcent sur les propositions de plan dans un délai de vingt à trente jours suivant la transmission des propositions du débiteur. Ce délai peut être réduit, précise ce texte, à quinze jours. Il faut donc comprendre que, dans la SFA, le comité des établissements de crédit se prononcera sur les propositions dans un délai compris entre huit et trente jours par rapport aux propositions du débiteur. Compte tenu de la brièveté de la procédure de SFA, le délai de huit jours devrait être le délai de principe[4], le délai de trente jours étant, quant à lui, complètement impraticable.

Comme dans la sauvegarde de droit commun, à laquelle il n'est pas dérogé sur ce point, le vote intervient à la majorité des deux tiers des créanciers ayant exprimé un vote, calculé en montant de créances et, de la même façon, pour les obligataires.

514.14 Suite du vote des créanciers et des obligataires. Si le comité des établissements de crédit et l'assemblée générale des obligataires a émis un vote favorable, aux conditions de majorité requise, le tribunal statue sur le plan, et a l'obligation de vérifier que les intérêts de tous les créanciers sont suffisamment protégés, en application de l'article L. 626-31 du code de commerce, auquel il n'est pas dérogé (v. s[s] n° 553.12).

Si, au contraire, aucun vote n'est intervenu avant l'expiration du délai du mois, éventuellement renouvelé une fois, ou si le vote n'a pas recueilli la majorité des deux tiers en montant de créances, d'une part des créanciers membres du comité des établissements de crédit et, d'autre part, le cas échéant, des obligataires, le tribunal doit mettre fin à la procédure de sauvegarde financière accélérée (C. com., art. L. 628-6, al. 2, réd. L. 22 oct. 2010[5], art. 57).

La solution contraste ici avec celle retenue dans la sauvegarde classique avec comités de créanciers : à défaut de vote favorable, la procédure se poursuit dans les conditions classiques, c'est-à-dire en procédant à une consultation individuelle des créanciers. Mais cette différence de solution se comprend aisément. La SFA avait pour objet l'obtention d'un vote majoritaire, ayant pour objet d'écraser la résistance de créanciers financiers minoritaires, rencontrée au cours de la conciliation. Dès lors que cet objectif n'est pas atteint, une autre formule doit être recherchée. S'il s'agit d'une sauvegarde de droit commun, voire d'une procédure collective avec cessation des paiements, il est indispensable qu'il n'y ait pas de continuité entre la SFA et la nouvelle procédure collective, afin de faire régner une discipline collective, laquelle n'existait pas dans la SFA, procédure semi-collective, qui n'avait pas d'impact sur les fournisseurs et les créanciers publics et de remettre les compteurs à zéro pour tout le monde, et notamment les créanciers soumis à déclaration au passif et propriétaires de meubles soumis à revendication.

SECTION 514.20

ÉLABORATION DU PLAN DE SAUVEGARDE ACCÉLÉRÉE (ORD. 12 MARS 2014)

514.21 Consultation des créanciers antérieurs soumis à l'obligation de déclaration de leurs créances. L'article 48 de l'ordonnance du 12 mars 2014[6] crée la sauvegarde accélérée, la sauvegarde financière accélérée n'étant plus qu'une variante de la première, limitée à certains créanciers, ainsi que cela résulte de l'article L. 628-10.

1. L. n° 2010-1249, 22 oct. 2010, préc.
2. Bourbouloux, *in* Basse, Bompoint, Bourbouloux, Dubois et Menjucq, « La sauvegarde financière accélérée », *Rev. proc. coll.* 2011, table ronde 2, p. 73 s., sp. p. 74.
3. Grelon, préc., n° 42.
4. Grelon, préc., n° 51.
5. L. n° 2010-1249, 22 oct. 2010, préc.
6. Ord. n° 2014-326, 12 mars 2014, préc.

L'article L. 628-1, alinéa 1er du code de commerce, qui résulte de l'article 48 de l'ordonnance du 12 mars 2014, reprend très exactement la rédaction du même article, dans la rédaction que lui avait donnée la loi du 22 octobre 2010[1], en substituant l'expression « sauvegarde financière accélérée » celle de « sauvegarde accélérée ». Cette pseudo-variante de la sauvegarde est soumise, selon la disposition, aux règles de la sauvegarde de droit commun, sous réserve des dispositions du chapitre 8 du titre II du livre VI du code de commerce et de quelques règles relatives d'une part à la continuation des contrats en cours et, d'autre part, aux revendications.

Les conditions d'éligibilité à cette procédure ont été précisées (v. ss nos 224.09 s.). Le projet de plan élaboré pendant la phase de conciliation et visant à assurer la pérennité de l'entreprise, doit être susceptible de recueillir un soutien suffisamment large de la part des créanciers à l'égard desquels l'ouverture de la procédure produira des effets, pour rendre vraisemblable son adoption dans un délai permettant au tribunal d'arrêter le plan. Cette procédure a des effets plus étendus que la sauvegarde financière accélérée. Elle concerne, selon l'article L. 628-6 du code de commerce, tous les créanciers soumis à l'obligation de déclaration des créances, à savoir tous les créanciers antérieurs, à l'exception des salariés et des créanciers d'aliments, ainsi que les créanciers dont la créance est née régulièrement après le jugement d'ouverture, mais qui ne sont pas éligibles au traitement préférentiel – créanciers postérieurs non méritants.

La consultation des créanciers est effectuée dans le cadre du comité des établissements de crédit, d'une part, dans celui du comité des principaux fournisseurs, d'autre part. Même si le débiteur, compte tenu des seuils, n'est pas soumis à l'obligation de constitution des comités, le tribunal qui ouvre la sauvegarde accélérée ordonne leur constitution dans le jugement d'ouverture.

Le cas échéant, les obligataires sont également consultés.

Deux observations s'imposent.

Tout d'abord, la composition des comités sera strictement limitée aux seuls créanciers ayant à subir le plan.

Ensuite, les créanciers en dehors des comités, semblent devoir être consultés[2], faute de disposition contraire, Le principe est en effet d'appliquer les règles de droit commun de la sauvegarde s'il n'y est expressément dérogé (C. com., art. L. 628-1, al. 1er). Les créanciers en dehors des comités se verront donner acte des délais et remises acceptés.

Conformément au droit commun, les créanciers en dehors des comités ne pourront, sauf excès de pouvoir, se faire imposer des remises de dettes. En outre, ils ne pourront se voir imposer de délais de paiement, car l'alinéa 4 de l'article L. 626-18 leur est inapplicable (C. com., art. L. 628-8, al. 3, réd. ord. 12 mars 2014, art. 48). La mise à l'écart de cette disposition corrobore l'idée que les créanciers en dehors des comités doivent être consultés conformément au droit commun. Cette éviction de l'article L. 626-18, alinéa 4 n'aurait aucun sens si le principe était celui de la non-consultation des créanciers en dehors du plan.

Il a été observé que le résultat est lourd et inutilement complexe. Ou bien on a besoin de ces créanciers et l'on doit pouvoir leur imposer des délais. Ou bien on n'en a pas besoin et à quoi bon alors les consulter et les soumettre à la discipline collective[3] ? Il aurait été plus simple et intelligible de limiter les effets de la procédure aux créanciers membres des comités[4]. Ce à quoi il a été répondu qu'il aurait peut-être été difficile de déterminer avec précision les créanciers soumis aux comités, et notamment les petits fournisseurs[5]. Ce dernier argument n'est toutefois pas décisif, car il faudra bien rapidement les déterminer.

Enfin, si les créanciers publics sont consultés sur des remises de dettes, les règles spéciales de consultation devront être respectées, ce qui risque de mettre en péril les délais d'adoption du plan. Une adaptation aurait été ici bienvenue.

514.22 Vote des créanciers et des obligataires. Le plan devra être adopté dans le délai de trois mois du jugement d'ouverture, dans les conditions de l'article L. 626-31, c'est-à-dire les conditions classiques d'adoption du plan de sauvegarde de droit commun.

Le temps qui aura été gagné en amont de l'ouverture de la procédure de sauvegarde accélérée, c'est-à-dire en phase de conciliation, pour la préparation du plan est considéré comme suffisant pour permettre ensuite l'adoption du plan, sans adaptation des règles par rapport à celles qui régissent l'adoption du plan dans la sauvegarde de droit commun.

514.23 Suite du vote des créanciers et des obligataires. Si le comité des établissements de crédit et

1. L. n° 2010-1249, 22 oct. 2010, préc.
2. Pétel, « Entreprises en difficulté : encore une réforme ! », *JCP E* 2014. 1223, n° 14.
3. Pérochon, « Procédures avec comités de créanciers, sauvegarde accélérée et SFA, après l'ordonnance du 12 mars 2014 », *BJE* mai 2014, 180 s., sp. 181.
4. Pérochon, art. préc., sp. 182.
5. Roussel Galle, « La réforme du droit des entreprises en difficulté par l'ordonnance du 12 mars 2014 », *Rev. sociétés* 2014. 351 s., sp. 356, n° 24.

l'assemblée générale des obligataires a émis un vote favorable, aux conditions de majorité requise, le tribunal statue sur le plan, et a l'obligation de vérifier que les intérêts de tous les créanciers sont suffisamment protégés, en application de l'article L. 626-31 du code de commerce, auquel il n'est pas dérogé (v. s^{s} n° 515.12).

Si, au contraire, aucun vote n'est intervenu avant l'expiration du délai du mois, éventuellement renouvelé une fois, ou si le vote n'a pas recueilli la majorité des deux tiers en montant de créances, d'une part des créanciers membres du comité des établissements de crédit et, d'autre part, le cas échéant, des obligataires, le tribunal doit mettre fin à la procédure de sauvegarde accélérée (C. com., art. L. 628-8, al. 2).

Il a déjà été observé que la solution contraste ici avec celle retenue dans la sauvegarde classique avec comités de créanciers (v. s^{s} n° 514.14).

SECTION 514.30 ÉLABORATION DU PLAN DE SAUVEGARDE FINANCIÈRE ACCÉLÉRÉE (ORD. 12 MARS 2014)

514.31 Application des règles de la sauvegarde financière accélérée régie par la loi du 22 octobre 2010[1]. La procédure de sauvegarde financière accélérée n'existe pas véritablement de façon autonome. Il s'agit en réalité d'une sauvegarde accélérée, mais dont les effets sont limités quant aux créanciers concernés, par rapport à la sauvegarde accélérée. Sont applicables à la sauvegarde financière accélérée, les dispositions des articles L. 628-1 à L. 628-8 du code de commerce, sous réserve des dispositions contraires contenues aux articles L. 628-9 et L. 628-10.

Il résulte de l'article L. 628-9 du code de commerce, que lorsque les comptes du débiteur font apparaître que la nature de l'endettement rend vraiserlle l'adopton d'un plan par les créanciers menés comme ayant la qualité de membres du cories établissements de crédit et s'il y a lieu, de mes de l'assemblée des obligataires, le tribunal, à la ande du débiteur, peut décider de limiter à ces nciers les effets de l'ouverture de la sauvegardcélérée. Ainsi, la sauvegarde financière accélérée une sauvegarde accélérée limitée aux seuls créars financiers, du fait de l'origine de l'endettemeLa soluton est l'exacte reprise de celle posée pour auvegarde financière accélérée régie par la loi du octobre 2010 (v. s^{s} n° 514.11).

Coie dans une sauvegarde de droit commun, et come cela était déjà le cas pour la sauvegarde finance accélérée régie par la loi du 22 octobre 2010 (s^{s} n° 514.12), la composition du comité des étissements de crédit est limitée aux seuls créancs ayant à subir le plan.

Le v des créanciers et des obligataires obéit aux mêmeègles que celles qui existaient déjà dans la sauvegde financière accélérée régie par la loi du 22 octre 2010 (v. s^{s} n° 514.13). Spécialement, comme prévoyait déjà l'article L. 628-4 du code de comerce, le délai prévu au troisième alinéa de l'articleL. 626-30-2 du code – délai imparti aux *comités* de créanciers pour se prononcer sur les propositions de plan – peut être est réduit à huit jours. La solution résulte désormais de l'article L. 628-10, alinéa 1er du code.

La suite du vote des créanciers et des obligataires est la même que dans la sauvegarde financière accélérée régie par la loi du 22 octobre 2010 (v. s^{s} n° 514.14). Ainsi l'article L. 628-10, alinéa 2 dispose-t-il que le plan doit être adopté dans le mois de l'ouverture de la procédure, ce délai étant prorogeable une fois pour la même durée. À défaut, il est mis fin à la procédure. Notons que ce délai est sensiblement réduit par rapport au délai d'adoption du plan de sauvegarde accélérée, ce dernier étant de trois mois.

1. L. n° 2010-1249, 22 oct. 2010, préc.

CHAPITRE

515. Adoption dulan de sauvegard

SECTION 0

ORIENTEUR

515.00 **Plan du chapitre.**

Sect. 515.10 Critères d'arrêté d'un plan de svegarde

Sect. 515.20 Décision statuant sur le plan deuvegarde

Sect. 515.30 Voies de recours à l'encontre de décision statuant sur le plan de sauvegare

Sect. 515.40 Efficacité de la décision – Persones tenues d'exécuter le plan

Sect. 515.50 Clôture de la procédure après arrêté du plan de sauvegarde

515.01 **Textes applicables.** (V. les références complètes s[s] n° 011).

> Législation issue de la loi de sauvegarde des entreprises.

C. com., art. L. 626-1, L. 626-9, L. 626-10, L. 626-11, L. 661-1, L. 661-3, L. 661-9

C. com., art. R. 626-17 (anc[t] D. 28 déc. 2005, art. 133), R. 626-19 à R. 626-22 (anc[t] D. 28 déc. 2005, art. 135 à 138), R. 662-13 (anc[t] D. 28 déc. 2005, art. 349)

> Législation issue de l'ordonnance du 18 décembre 2008.

C. com., art. L. 626-1, L. 626-9, L. 626-10, L. 626-11, L. 661-1, I, 6°, L. 661-1, II, L. 661-1, III, L. 661-3, L. 661-7, al. 1, L. 661-9, al. 2

C. com., art. R. 626-17, R. 626-19 à R. 626-22, R. 662-13

> Législation issue de l'ordonnance du 12 mars 2014.

C. com., art. L. 626-1, L. 626-16-1, L. 626-30-3, L. 626-31, L. 662-3

C. com., art. R. 626-42, R. 626-59

515.02 **Jurisprudence de référence.**

> Le plan de sauvegarde n'exerce aucune incidence sur la continuation des contrats en cours. Le contrat se poursuivra donc conformément aux règles qui lui sont applicables. En conséquence, le bailleur peut, au cours de l'exécution du plan, exercer son droit de refuser, pour le motif prévu à l'article L 411-64 du code rural et de la pêche maritime, le renouvellement du bail rural consenti au débiteur.

• **Com. 19 mai 2015,** n° 14-10.366, *Bull. civ.* IV [à paraître]; n° 473 F-P+B

* V. s[s] n° 515.45

515.03 **Bibliographie indicative.** (V. les références complètes s[s] n° 031 – Aussi s[s] n°s 510.03 et 512.03).

SECTION 515.10

CRITÈRES D'ARRÊTÉ D'UN PLAN DE SAUVEGARDE

515.11 **Existence d'une possibilité sérieuse pour l'entreprise d'être sauvegardée – Rejet du plan.** L'article L. 626-1, alinéa 1er du code de commerce conditionne l'arrêté d'un plan de sauvegarde, à l'issue de la période d'observation, à l'existence d'une possibilité sérieuse pour l'entreprise d'être sauvegardée.

Il n'en est pas ainsi et le plan doit être rejeté du fait de l'abandon d'un projet jugé indispensable au sauvetage de l'entreprise[1].

De même, en présence d'un passif établi et de l'insuffisance des ressources apportées par l'actionnaire majoritaire au regard de l'importance du passif à apurer, les juges du fond peuvent considérer que l'entreprise n'a pas de possibilité sérieuse d'être sauvegardée[2]. L'appréciation rejoint ici celle menée pour le plan de continuation : celle des possibilités sérieuses de règlement du passif (v. s[s] n° 532.13). Toutes les créances déclarées doivent être prises en compte pour porter cette appréciation, fussent-elles contestées[3].

Sur cet article, la commission des affaires économiques du Sénat avait adopté un amendement pré-

1. T. com. Bordeaux, 19 déc. 2012, RG n°s 2012L2310, 2012L2710, *Rev. proc. coll.* 2014, Chron. 1, n° 12, obs. Saintourens.
2. Com. 18 mars 2014, n° 13-10.859, *Bull. civ.* IV, n° 55; n° 288 F-P+B; *Gaz. Pal.* 5 oct. 2014, n° 278, p. 35, note Lebel – Com. 18 mars 2014, n°s 13-10.860, 13-10.864, 13-10.865, 3 esp., NP; n°s 289 à 291 F-D.
3. Lyon, 30 janv. 2014, RG n° 12/07420, *Leden* avr. 2014, comm. 56, note Rubellin.

voyant que les comités de créanciers se prononceront après avoir recueilli l'avis du mandataire judiciaire. « La réforme a fait le choix de maintenir ce mandataire de justice, représentant l'intérêt collectif des créanciers, dans les nouvelles procédures. Il paraît, en conséquence, logique de lui permettre de donner son avis sur le projet de plan. C'est l'objet de l'amendement proposé » [1]. Cet amendement n'a finalement pas été adopté, mais l'article R. 626-59 du code de commerce reprend la solution. L'avis du mandataire doit, en conséquence, être recueilli par l'administrateur judiciaire.

L'article R. 626-22 du code de commerce s'intéresse à l'hypothèse d'une décision ayant statué sur le plan, mais l'ayant rejeté et qui est devenue définitive. Il n'a pas été fait application des dispositions régissant la conversion de la sauvegarde en redressement ou en liquidation judiciaire. En ce cas, l'alinéa 1 de cette disposition prévoit que le tribunal se saisit d'office aux fins de clôture et statue dans les conditions de la décision adoptant le plan. L'alinéa 2 indique que le jugement de clôture doit être notifié au débiteur et fait l'objet des publicités prévues à l'article R. 621-8. Enfin, l'alinéa 3 précise que les mandataires de justice doivent déposer leur compte rendu de fin de mission sans délai.

515.12 Préservation des droits des créanciers n'ayant pas voté favorablement au sein des comités. Le vote favorable des deux comités de créanciers sur les propositions contenues dans le projet de plan, ainsi que celui de l'assemblée générale des obligataires, ne suffit pas à l'adoption de celui-ci. En effet, le tribunal devra vérifier que les intérêts de tous les créanciers sont suffisamment protégés (C. com., art. L. 626-31).

Le texte ne précise cependant pas de quels créanciers il s'agit. Il s'agit des créanciers membres des comités, ainsi que des obligataires, membres de l'assemblée générale, qui n'auraient pas accepté les propositions de plan et qui se les verraient nécessairement imposer en cas d'adoption du plan par un vote majoritaire [2]. Il faut en effet éviter que le vote de la majorité ne conduise à imposer à des minoritaires des efforts disproportionnés par rapport à leurs capacités contributives [3].

Mais il s'agit aussi des créanciers hors comité, qui pourraient voir leur gage affaibli par les garanties disproportionnées que prendraient les créanciers membres des comités ou qui avantageraient ces derniers dans l'exécution du plan.

Si le tribunal estime que si les intérêts des créanciers n'ayant pas voté favorablement le projet de plan, au sein des comités de créanciers, ou, le cas échéant, de l'assemblée générale des obligataires, ne sont pas suffisamment préservés, le plan devra être rejeté, sans *a priori* de possibilité pour le tribunal de modifier le projet de plan [4].

Après rejet du plan sur vote favorable des comités de créanciers et, le cas échéant, de l'assemblée générale des obligataires, la procédure pourra être reprise pour permettre la préparation du plan dans les conditions classiques, c'est à dire sans les comités de créanciers.

515.13 Absence d'apparition de l'état de cessation des paiements pendant la période d'observation. La procédure de sauvegarde n'est accessible qu'aux entreprises n'étant pas en état de cessation des paiements. Si celle-ci est caractérisée, seules les procédures de redressement ou de liquidation judiciaire peuvent être appliquées. Il en résulte que, si pendant la période d'observation de la procédure de sauvegarde, il y a apparition de l'état de cessation des paiements, la conversion en redressement ou en liquidation judiciaire s'impose (v. s^{s} n° 223.31), sous réserve du cas particulier de la sauvegarde financière accélérée (v. s^{s} n° 411.11). Le plan de sauvegarde ne pourra donc être adopté.

En cas de conversion en redressement judiciaire, la période d'observation se poursuivra aux fins d'élaboration d'un plan de redressement (v. s^{s} n° 411.12).

SECTION 515.20
DÉCISION STATUANT SUR LE PLAN DE SAUVEGARDE

515.21 Convocations et auditions préalables à l'intervention de la décision. Le tribunal, au vu du projet de plan présenté par l'administrateur judiciaire, ou le débiteur, selon le cas, déterminera s'il existe des possibilités sérieuses de sauvegarder l'entreprise. L'absence de visa du rapport de l'administrateur judiciaire, dans le jugement statuant sur le plan, n'est cependant pas une cause de nullité, la solution ayant été posée à propos d'un plan de continuation [5], mais étant transposable au plan de sauvegarde.

L'article L. 626-9 du code de commerce indique que le mandataire judiciaire, un contrôleur ainsi que les représentants du comité d'entreprise ou, à défaut, des délégués du personnel, doivent être entendus ou du moins appelés. La procédure de consulta-

1. Avis n° 337 de Christian Gaudin, *Doc. Sénat*, au nom de la Commission des affaires économiques, p. 92.
2. *Rapp. Xavier de Roux*, n° 2095, p. 323.
3. *Rapp. J.-J. Hyest*, n° 335, p. 300.
4. *Rapp. J.-J. Hyest*, n° 335, p. 300.
5. Com. 8 mars 1994, n° 91-15.407, *Bull. civ.* IV, n° 100; *Rev. proc. coll.* 1995, 133, n° 11, obs. Soinne.

tion des délégués du personnel a été jugée irrégulière lorsqu'elle se tient la veille de l'audience au cours de laquelle le tribunal doit statuer sur le projet de plan, ces derniers n'étant pas en mesure de faire valoir leurs observations [1]. Ajoutons que l'article 91 de l'ordonnance du 12 mars 2014 [2] a complété l'article L. 662-3 du code de commerce par un alinéa aux termes duquel « le tribunal peut entendre toute personne dont l'audition lui paraît utile, et notamment entendre le représentant de l'État en sa demande ». Il s'agit là du commissaire au redressement productif. Ainsi, ce personnage, que l'on ne peut, pour l'heure, véritablement baptiser du nom d'organe, faute de prérogative légale l'autorisant à émettre des prétentions juridiques autres que celle d'être entendu, peut faire valoir ses observations lors de l'adoption du plan.

L'article L. 626-9 du code ajoute que l'avis du ministère public doit être recueilli et prévoit même que « lorsque la procédure est ouverte au bénéfice d'un débiteur qui emploie un nombre de salariés ou qui justifie d'un chiffre d'affaires hors taxes supérieur à des seuils fixés par décret en Conseil d'État, les débats doivent avoir lieu en présence du ministère public ». Le décret fixe ces seuils à 20 salariés et 3 000 000 d'euros de chiffres d'affaires hors taxes (C. com., art. R. 626-19). Il s'agit des seuils retenus pour la nomination obligatoire d'un administrateur judiciaire, en application de l'article R. 621-11 du code de commerce. La violation de cette obligation peut être sanctionnée par un appel, qui selon une règle classique en la matière, ne peut cependant émaner que du ministère public. Sans doute plus souplement, la Cour de cassation considère-t-elle que le ministère public fait connaître son avis, lorsqu'il déclare demander l'application de la loi et s'en rapporter à la décision de la cour [3].

L'article R. 626-17 du code de commerce ne prévoit plus, contrairement à la législation du 25 janvier 1985 [4], en l'absence d'institutions représentatives du personnel, la convocation du représentant des salariés. La solution n'est cependant pas différente de celle posée sous l'empire de la législation antérieure. Il faut en effet tenir compte du principe posé par l'article L. 621-4, alinéa 2 du code de commerce, dans la rédaction issue de la loi de sauvegarde des entreprises, selon lequel « en l'absence de comité d'entreprise et de délégués du personnel, les salariés élisent leur représentant, qui exerce les foncti lévolues à ces institutions par les dispositions résent titre ». Ainsi, le greffier a-t-il l'obligatio convoquer le représentant des salariés à défau comité d'entreprise ou de délégué du personn débiteur est sans qualité pour se plaindre de l' nce d'audition du représentant des salariés [5] ans les procédures avec comités de créanciers ticle R. 626-59 du code de commerce oblige l'adr istrateur à inviter le mandataire judiciaire et les r ésentants du comité d'entreprise ou à défaut des égués du personnel à présenter leurs observation chacun des comités avant que ceux-ci ne se proncent sur le projet de plan. Cette disposition a été odifiée par le décret du 30 juin 2014 [6] (art. 71) po tenir compte de la multiplicité possible des pro s de plan.

greffier doit également procéder à la convocatio du débiteur par lettre recommandée avec deande d'avis de réception (C. com., art. R. 626-17, al 1er). Si les organes sociaux de la société débitrice st défaillants, le tribunal doit appeler à l'instance l' dministrateur provisoire qui aurait été nommé [7].

Les observations que présentera le mandataire diciaire sont essentielles, de sorte qu'il est susceptible d'engager sa responsabilité en ne comparaissant pas à l'audience dont il est avisé par le greffier (C. com., art. R. 626-17, al. 2), si un préjudice devait en être subi par un créancier. La solution a été posée en l'absence d'observation relative au sort d'un créancier hypothécaire [8].

Le rapport du mandataire judiciaire sur le projet de plan doit évidemment être communiqué au débiteur. À défaut, il y a violation du principe de contradiction justifiant la nullité du jugement statuant sur le plan [9].

Malgré le visa par le texte antérieur à la loi de sauvegarde des entreprises [10] de l'audition ou à tout le moins de la convocation d'un « contrôleur », si plusieurs contrôleurs ont été désignés, ils doivent tous être convoqués. L'article 86, alinéa 2 du décret du 27 décembre 1985 [11] prévoit en ce sens que les contrôleurs sont avisés de la date d'audience. L'article R. 626-17, alinéa 1er du code de commerce (anc^t D. 28 déc. 2005 [12], art. 133, al. 1er) prévoit, de manière

1. Soc. 12 sept. 2007, n° 06-13.667, *Bull. civ.* V, n° 125; n° 1716 FS-P+B.
2. Ord. n° 2014-326, 12 mars 2014, *JO* 14 mars, p. 5249.
3. Com. 18 mars 2014, n° 13-10.859, *Bull. civ.* IV, n° 55; n° 288 F-P+B; *Gaz. Pal.* 5 oct. 2014, n° 278, p. 35, note Lebel – Com. 18 mars 2014, n°s 13-10.864, 13-10.865, 2 esp., NP; n°s 290, 291 F-D.
4. L. n° 85-98, 25 janv. 1985, *JO* 26 janv., p. 1097.
5. Com. 15 déc. 1992, n°s 91-12.467, 91-12.468, *Bull. civ.* IV, n° 418; *RJDA* 1993/5, n° 445.
6. D. n° 2014-736, 30 juin 2014, *JO* 1er juill., p. 10834.
7. Com. 12 nov. 1997, n° 95-15.906, NP, cité par Cordier, « Le plan de cession devant la Cour de cassation – Panorama de deux années de jurisprudence », *RJDA* 1999/2, p. 103.
8. Paris, 12 oct. 1995, *Rev. proc. coll.* 1996, 407, obs. Soinne.
9. Paris, pôle 5, 8e ch., 18 janv. 2011, RG n° 10/19219, *BJE* juill./août 2011, comm. 94, p. 202.
10. L. n° 2005-845, 26 juill. 2005, *JO* 27 juill., p. 12187.
11. D. n° 85-1388, 27 déc. 1985, *JO* 29 déc., p. 15281.
12. D. n° 2005-1677, 28 déc. 2005, *JO* 29 déc., p. 20324.

plus protectrice, qu'ils sont convoqués par lettre recommandée avec demande d'avis de réception.

Sous l'empire de la loi du 25 janvier 1985 non réformée, l'article 86, alinéa 3 du décret du 27 décembre 1985 autorisait un créancier ou groupe de créanciers représentant au moins 15 % du passif à intervenir, à l'audience d'arrêté de plan. La solution n'a pas été reprise. Il ne semble pas que, malgré le contexte d'association plus étroite du créancier à la procédure depuis la loi du 10 juin 1994[1], l'intervention de créanciers représentant moins de 15 % soit recevable, l'opinion contraire ayant toutefois été émise[2].

Précisons que l'article 44 de l'ordonnance du 12 mars 2014 insère dans le code de commerce un article L. 626-30-3 pour préciser que si le plan adopté n'est pas celui présenté par le débiteur, il donne néanmoins lieu aux consultations prévues par les articles L. 626-3 – à savoir la consultation de l'assemblée générale pour les modifications statutaires – et L. 626-8, c'est-à-dire, la consultation des institutions représentatives du personnel et celle du mandataire judiciaire.

515.22 Contenu de la décision arrêtant le plan de sauvegarde. Il convient d'abord de préciser que lorsque le tribunal arrêtera un plan après vote favorable de ces comités, à l'égard des créanciers membres des comités, il s'agira d'une véritable homologation. La décision n'arrêtera le plan qu'à l'égard des créanciers en dehors des comités, puisqu'elle pourra leur imposer des délais.

Pour tenir compte, dans la procédure avec comités, de l'éventualité d'une multiplicité de projets de plan, présentés d'une part par le débiteur, et, d'autre, par un créancier, l'article 45 de l'**ordonnance du 12 mars 2014**[3] procède à la réécriture de l'article L. 626-31. Le tribunal devra statuer non seulement sur le projet présenté par un créancier, mais aussi sur le projet de plan présenté par le débiteur.

Comme le plan de redressement, le plan de sauvegarde peut contenir des modifications sur le périmètre de l'activité de l'entreprise. En ce sens, l'article L. 626-1, alinéa 2 du code de commerce prévoit que le plan de sauvegarde peut comporter « l'arrêt, l'adjonction ou la cession d'une ou de plusieurs activités ». La seule modification rédactionnelle par rapport à la détermination du contenu du plan de continuation, telle qu'elle existait sous l'empire de la législation antérieure à la loi de sauvegarde des entreprises[4], est la substitution des termes « cession d'une ou de plusieurs activités » aux termes « cession de certaines branches d'activité », justifiée par l'observation que la notion de branche d'activité est juridiquement imprécise[5]. L'interprétation semble devoir être la même, que celle retenue pour la détermination du contenu du plan de continuation. Pas plus que le plan de *continuation, il ne peut prévoir* la cession de *l'ensemble de l'entreprise, alors surtout* que l'entreprise sous sauvegarde n'est, fondamentalement, pas à vendre.

Il a été dit que le changement du périmètre de l'activité de l'entreprise apparaît ici plus fondamental qu'en cas de plan de redressement. Il est consubstantiel à l'objectif de réorganisation contenu dans la définition de la procédure de sauvegarde[6].

Dans le projet de loi, il était prévu que les cessions d'activité accompagnant le plan de sauvegarde se voient appliquer les règles du plan de cession. Au cours des travaux parlementaires, il a été observé que les cessions partielles devaient relever de la sauvegarde dont elles sont un moyen, alors que la cession totale d'activité relève, quant à elle, de la liquidation[7]. En conséquence, un amendement a été adopté pour prévoir que cette mission incomberait à l'administrateur judiciaire, auquel succéderait le commissaire à l'exécution du plan[8]. C'est l'objet de l'article L. 626-1, alinéa 2 du code de commerce selon lequel « ce plan de sauvegarde comporte, s'il y a lieu, l'arrêt, l'adjonction ou la cession d'une ou de plusieurs activités. Les cessions faites en application du présent article sont soumises aux dispositions de la section 1 du chapitre II du titre IV. Le mandataire judiciaire exerce les missions confiées au liquidateur par ces dispositions ». Comme en matière de cessions d'entreprise régies par le titre IV du code de commerce, la cession ne peut par principe intervenir qu'au profit d'un tiers. Les mêmes dérogations que celles posées par l'article L. 642-3, alinéa 2 du code de commerce existent ici, mais l'article L. 626-1, alinéa 2 du code de commerce, dans la rédaction que lui donne l'article 36 de l'ordonnance du 12 mars 2014, assouplit les modalités procédurales. Dans le dispositif de l'article L. 642-3, alinéa 2 du code de commerce, la cession peut être autorisée à des personnes qui ne sont pas des tiers, au sens de l'alinéa 1er du même article, le tribunal est saisi par une requête du ministère public et il doit statuer par décision spécialement motivée après avoir demandé l'avis des contrôleurs. Avec le nouvel alinéa 2 de l'article L. 626-1, le tribunal n'a pas à être saisi par

1. L. n° 94-475, 10 juin 1994, *JO* 11 juin, p. 8440.
2. Soinne, obs. *Rev. proc. coll.* 1995, 128, n° 9.
3. Ord. n° 2014-326, 12 mars 2014, préc.
4. L. n° 2005-845, 26 juill. 2005, préc.
5. *Rapp. Xavier de Roux*, n° 2095, p. 274.
6. *Rapp. Xavier de Roux*, n° 2095, p. 273, 274.
7. *Rapp. Xavier de Roux*, n° 2095, p. 274.
8. Amend. n° 632 rectifié, Interv. Xavier de Roux, *JOAN CR*, 3e séance du 3 mars 2005, p. 1684.

une requête du ministère public. L'avis de ce dernier est suffisant.

L'ordonnance du 18 décembre 2008[1] a ajouté le visa de l'article L. 642-22. Il faut comprendre que la publicité applicable à toute cession en liquidation judiciaire doit être respectée pour les cessions partielles intervenant dans le cours d'une sauvegarde ou d'un redressement judiciaire. L'ordonnance du 18 décembre 2008 a, en outre, inséré dans l'article L. 626-1 du code un alinéa 3 pour préciser que les droits de préemption institués par le code rural ou par le code de l'urbanisme ne peuvent s'exercer sur un bien compris dans une cession partielle.

Il a été observé que ces cessions doivent ici être volontaires (v. s[s] n° 511.11), contrairement à celles pouvant intervenir en redressement judiciaire.

La décision arrêtant le plan en fixe la durée, laquelle ne peut être supérieure à dix ans, ce maximum étant intangible même en cas de modification du plan[2], sauf si le débiteur est un agriculteur, la durée pouvant alors être portée à quinze ans (C. com., art. L. 621-66 [anc[t] L. 25 janv. 1985[3], art. 65]). La société commerciale ayant une activité agricole n'est pas un agriculteur, au sens de la loi et ne peut donc bénéficier des délais allongés[4], la solution contraire ayant toutefois été posée par une juridiction du fond[5]. Cette solution de la législation antérieure à la loi de sauvegarde des entreprises a été reprise par la loi du 26 juillet 2005, à l'article L. 626-12 du code. Toutefois, cette disposition est écartée lorsque le plan de redressement est arrêté après un vote favorable des comités de créanciers. La solution résulte de l'article L. 626-30, alinéa 4 du code de commerce, selon lequel le projet de plan adopté par les comités n'est pas soumis aux dispositions de l'article L. 626-12. La solution s'explique par le principe du « caractère souverain des comités »[6]. Cette disposition de la procédure de sauvegarde est applicable en redressement judiciaire (C. com., art. L. 631-19, I, devenu C. com., art. L. 631-19, al. 1er, réd. ord. 18 déc. 2008).

Notons que, sous l'empire de la législation antérieure à la loi de sauvegarde des entreprises, la durée du plan peut être inférieure à celle des délais de remboursement. Cette possibilité n'est pas explicitement maintenue, sous l'empire de la loi de sauvegarde des entreprises, mais il semble, encore que l'opinion contraire ait été émise[7], que la solution soit encore possible. Seuls les délais imposés aux créanciers, non ceux qu'ils ont acceptés, doivent *impérativement être enfermés dans les délais du plan.*

Le tribunal fixe la mission de l'administrateur et lui attribue les pouvoirs nécessaires à la mise en œuvre du plan (C. com., art. L. 621-67 [anc[t] L. 25 janv. 1985, art. 66]). La solution est différemment exprimée, sous l'empire de la loi de sauvegarde des entreprises, l'article L. 626-24 du code énonçant désormais que « le tribunal peut charger l'administrateur d'effectuer les actes, nécessaires à la mise en œuvre du plan, qu'il détermine ». Il a été indiqué que cette mission demeure facultative, ce que ne traduisait pas le texte antérieur[8]. La formule est curieuse car l'administrateur est déjà en fonction. Il s'agit en réalité de pouvoirs distincts par rapport à ceux reconnus à l'administrateur judiciaire en période d'observation. Il n'est plus ici question de gérer en tout ou en partie une entreprise[9], mais uniquement de passer les actes nécessaires à l'exécution du plan. Le débiteur étant redevenu *in bonis* ne peut plus être assisté ou représenté dans sa gestion.

Le mandataire judiciaire perd également ses pouvoirs de défense de l'intérêt collectif des créanciers. Il a cependant été jugé qu'était recevable l'action du représentant des créanciers – mandataire judiciaire – pour veiller à la protection des créanciers[10]. Il ne demeurera en fonction que pour terminer les opérations de vérification du passif. La solution est d'importance car cela signifie, par exemple, que le mandataire judiciaire – représentant des créanciers – ne peut plus engager d'action en responsabilité contre les tiers[11] ou d'action en recouvrement de créances.

Corrélativement, un nouvel organe est nommé par le tribunal, qui en pratique sera soit l'ancien mandataire judiciaire – représentant des créanciers – soit l'administrateur judiciaire : le commissaire à l'exécution du plan (v. s[s] n°s 521.11 s.).

La décision qui arrête le plan peut donner acte d'engagements souscrits pour assurer la bonne exécution du plan, mais, dès lors qu'il n'impose pas à des personnes des engagements non souscrits pendant la période d'observation, il n'a pas l'obligation de reprendre l'intégralité des éléments souscrits. C'est ainsi qu'a pu être rejetée la demande d'omis-

1. Ord. n° 2008-1345, 18 déc. 2008, *JO* 19 déc., p. 19462.
2. Paris, 3e ch. A, 19 juin 2001, *D.* 2001. AJ 2892.
3. L. n° 85-98, 25 janv. 1985, préc.
4. Agen, 8 déc. 1999, *Dr. sociétés* 2000, n° 106, note Chaput; *Act. proc. coll.* 2000, n° 200, obs. Vallansan.
5. T. com. Bordeaux, 10 mars 2010, RG n° 2009/1737, *D.* 2010. Actu. 1343, obs. Lienhard.
6. Amend. n° 138, Interv. Xavier de Roux, *JOAN CR*, 2e séance du 8 mars 2005, p. 1754 – *Adde, Rapp. Xavier de Roux*, n° 2095, p. 322.
7. Blanc-Jouvan, « Du plan de sauvegarde », *LPA* n° sp. 8 févr. 2006, n° 28, p. 74 s., sp. p. 82.
8. *Rapp. Xavier de Roux*, n° 2095, p. 306.
9. Soinne, n° 1539.
10. Montpellier, 19 mars 1996, *Rev. proc. coll.* 1996, 375, obs. Soinne.
11. Com. 12 juill. 1994, n° 92-14.349, *Bull. civ.* IV, n° 265; *LPA* 21 déc. 1994, n° 152, p. 17, note Derrida; *LPA* 16 juin 1995, n° 72, p. 22, note Courtier; *D.* 1995. Somm. 1, obs. Derrida – Com. 3 janv. 1995, n°s 91-18.109, 91-18.111, NP, *Bull. Joly* 1995. 266, note Couret.

sion de statuer relative à un engagement de maintien de l'emploi pendant trois ans souscrit par l'actionnaire unique de la société débitrice et qui n'avait pas été repris dans le dispositif du jugement arrêtant le plan[1].

Le jugement qui arrête le plan mentionne enfin les modifications des statuts nécessaires à la continuation de l'entreprise (C. com., art. L. 621-73 [anc L. 25 janv. 1985, art. 71], dans sa rédaction antérieure à la loi de sauvegarde des entreprises, C. com art. L. 626-15, dans sa rédaction issue de la loi de sauvegarde des entreprises. Ces modifications peuvent être décidées par le jugement adoptant le plan. Elles doivent être votées par l'assemblée des associés. Il en est ainsi, par exemple, de l'augmentation du capital social – *Adde*, s[s] n°s 511.21 s.). Celui qui se présente comme associé unique ne peut former une tierce opposition au jugement adoptant le plan. Sa contestation ne peut prendre que la forme d'une contestation de la décision de l'assemblée des associés, en ce qu'elle ne serait pas constituée d'associés[2]. La solution posée en matière de redressement judiciaire vaut identiquement en sauvegarde.

Si les modifications statutaires nécessaires n'ont pas été votées pendant la période d'observation, le tribunal, dans le jugement qui adopte le plan de sauvegarde, peut, en application de l'article L. 626-16 du code de commerce, texte applicable également en redressement judiciaire, donner mandat à l'administrateur de procéder à la convocation de l'assemblée. L'article 38 de l'ordonnance du 12 mars 2014 modifie alors les règles d'adoption des résolutions par l'assemblée générale relatives aux modifications statutaires, en insérant un article L. 626-16-1 dans le code de commerce. En effet, le tribunal peut décider que, sur première convocation, l'assemblée statuera à la majorité des voix dont disposent les associés ou actionnaires présents ou représentés, dès lors que ceux-ci possèdent au moins la moitié des parts ou actions ayant le droit de vote. Sur deuxième convocation, il est fait application des dispositions du droit commun relatives au *quorum* et à la majorité.

Ajoutons quelques précisions sur la question de l'augmentation de capital.

L'article L. 626-17 du code de commerce envisage la possibilité du jeu de la compensation entre une créance détenue sur la société et une augmentation de capital. Cette technique, propre aux sociétés anonymes en droit commun (C. com., art. L. 225-127), est applicable pour toutes formes de sociétés[3]. La compensation n'interviendra cependant qu'à hauteur de la créance admise au passif et remisée, si le créancier participant à l'augmentation de capital a accepté une remise de dette. En outre, la libération du capital devant alors être immédiate, il en résulte que le créancier participant à l'augmentation de capital sera payé plus rapidement que ce que prévoient les dispositions du plan. Il a été soutenu, sous l'empire de la loi du 25 janvier 1985 – les termes de la disposition n'ayant pas été modifiés avec la loi de sauvegarde – qu'il fallait en tenir compte pour procéder à une réactualisation de sa créance[4]. Faute de texte en ce sens, la solution ne semble pouvoir être suivie, puisqu'elle fait échec au principe civiliste du nominalisme monétaire. En outre, en pratique, l'incertitude régnerait sur le choix de l'indice à retenir pour le calcul de réactualisation. La compensation, qui ne serait envisagée qu'après adoption du plan, supposera une modification substantielle dans les moyens du plan[5].

La loi de modernisation de la justice du XXIe siècle a supprimé les articles L. 626-15 à L. 626-17, tout en modifiant l'article L. 626-3, en considérant que les modifications statutaires devaient être effectuées en phase de préparation du plan (v. s[s] n° 511.21).

515.23 Intervention de la décision statuant sur le plan de sauvegarde. Le jugement statuant sur le plan est rendu en audience publique (C. com., art. R. 662-13), alors même que les débats, avant comme depuis la loi de sauvegarde des entreprises[6] (C. com., art. L. 662-3, al. 1er) ont lieu en chambre du conseil.

515.24 Notification de la décision statuant sur le plan de sauvegarde. Le décret du 28 décembre 2005[7], dans son souci de réduire le coût des frais liés à la publication et à la notification des jugements intéressant la procédure collective, tout en maintenant la notification aux personnes autres que les parties qui sont tenues d'exécuter le jugement arrêtant le plan de redressement, conformément à l'article L. 626-10 du code de commerce, remplace la signification aux parties par une simple notification. L'article R. 626-21 du code de com-

1. Orléans, ch. com. éco. et fin., 20 déc. 2007, *RJDA* 2008/4, p. 433, n° 440.
2. Com. 2 juill. 2013, n° 12-18.902, *Bull. civ.* IV, n° 113; n° 689 F-P+B; *Gaz. Pal.* 29 sept. 2013, n° 272, p. 25, note Lebel; *Act. proc. coll.* 2013/14, comm. 206, note Vallansan; *BJE* nov. 2013, 356, note Monsérié-Bon.
3. LE CANNU, 6e éd., n° 721.
4. SOINNE, n° 1500 – *Adde*, EN CE SENS : IFPPC 1999, recomm. n°s 3120-2, 3120-3, 4011-1, 4011-2, p. 78, 94 – Dammann et Podeur, « La conversion des créances en capital dans les entreprises en difficulté », *in* « La loi de sauvegarde à l'épreuve du droit des sociétés », Dammann (dir.), *Bull. Joly* 2009. 1129, § 229, sp. 1131.
5. IFPPC 1999, recomm. n° 4011-3, p. 94.
6. L. n° 2005-845, 26 juill. 2005, préc.
7. D. n° 2005-1677, 28 déc. 2005, préc.

merce énonce précisément les personnes doivent être rendues destinataires de cette notation dans les huit jours de la date du jugement débiteur, les représentants du comité d'entrep ou, à défaut, des délégués du personnel. N'oubns pas que le représentant des salariés exerce, ns les entreprises qui n'en sont pas dotées, les ıctions dévolues à ces institutions (C. com., art. 621-4, al. 2) et que, à ce titre, le jugement arrêtau rejetant le plan de sauvegarde ou de redressent doit lui être notifié.

Enfin, le jugement n'est pas notifié, cqui suppose la forme recommandée (C. com., art.. 662-1, 2°), mais simplement porté à la connaisance du ministère public et des mandataires de justce par le greffier.

515.25 Publicité de la décision arrêtan le plan de sauvegarde. Le jugement arrêtant le plan doit faire l'objet d'une publication au *Bodacc* (C. com., art. R. 626-20, al. 1er). Cette publicité n'est pas prévue si le jugement rejette le plan.

Le jugement arrêtant le plan de sauvegarde est mentionné aux registres et répertoires comme le jugement d'ouverture (v. ss n° 233.34). Si le débiteur est commerçant, le jugement arrêtant le plan est mentionné d'office au registre du commerce et des sociétés, avec l'indication du nom du commissaire à l'exécution du plan (D. 30 mai 1984 [1], art. 36-3, 6°, réd. D. 28 déc. 2005 [2], art. 353, 6°).

SECTION 515.30

VOIES DE RECOURS À L'ENCONTRE DE LA DÉCISION STATUANT SUR LE PLAN DE SAUVEGARDE

515.31 Voies de recours sur la décision arrêtant le plan de sauvegarde. La décision arrêtant le plan de sauvegarde est, aux termes de l'article L. 661-1, I, 6° du code de commerce, susceptible d'appel par le débiteur, le ministère public, l'administrateur, le mandataire judiciaire, le comité d'entreprise ou à défaut les délégués du personnel.

Tout d'abord, le débiteur peut faire appel d'une décision arrêtant le plan, alors précisément que cette décision est celle qu'il a tenté d'obtenir. En effet, il se peut que la décision lui impose des contraintes différentes de celles qu'il avait souscrites en période d'observation. L'article L. 626-10, alinéa 3 du code fait interdiction au tribunal d'imposer des charges non souscrites.

Malgré le libellé général de l'article L. 661-1, I, 6° du code, qui ouvre au débiteur la voie de l'appel à l'encontre *de la décision arrêtant le plan*, seul le fait d'imposer des charges non souscrites le rendra recevable. À défaut, en effet, le débiteur n'aura pas succombé.

L'article L. 661-1, I, 6° du code de commerce, dans sa rédaction issue de l'ordonnance du 18 décembre 2008 [3] (ord. 18 déc. 2008, art. 146) étend le ıombre de titulaires du droit d'appel et de pourvoi n cassation. Le nouvel article L. 661-1, I, 6° du ɔde ajoute en effet à la liste le « créancier ayant rmé une contestation en application de l'article 626-34-1 ».

Le nouvel article L. 626-34-1 oblige le créancier, ımbre d'un comité, ou l'obligataire, qui entendit contester, selon le cas, les modalités de composon des comités de créanciers, de calcul des major; au sein des comités, les modalités de composition d'assemblée des obligataires ou de calcul des majori au sein de l'assemblé des obligataires, à peine d'ecevabilité, à former ses contestations relatives à l'alication des articles L. 626-30 à L. 626-32, avant l'aidience prévue, selon le cas, à l'article L. 626-9 ou à l'acle L. 626-26. Il s'est agi, avec cette disposition, d'eter tout retard dans le processus d'adoption du plade sauvegarde, en présence de comités de créancie[4]. Ainsi, les contestations en cause seront-elles exainées à l'audience au cours de laquelle le tribunalst amené à statuer sur le plan de sauvegarde (v. ın° 513.43).

Lcréancier ou l'obligataire, qui a émis la contestatio, qui n'est pas satisfait de la décision du tribunal aant vidé sa contestation, peut interjeter appel de ladécision ne lui ayant pas donné satisfaction. En bonne logique, et même si le nouvel article L. 661-1, I, 6° du code de commerce ne le précise pas, il s'agira ici d'un appel limité au dispositif de la décision statuant sur l'arrêté du plan relatif à sa contestation. Rappelons à cet égard que, en application de l'alinéa 2 de l'article L. 626-34-1 du code de commerce, la contestation émise par un créancier ne pourra porter que sur la décision prise par le comité ou l'assemblée des obligataires dont il est membre. Symétriquement, le recours sur la décision du tribunal ne pourra porter que sur cette même décision.

La solution contraste avec la fermeture du droit d'appel aux créanciers autres que ceux faisant partie d'un comité de créanciers. Une question prioritaire de constitutionnalité, fondée sur le principe d'égalité devant la justice et du droit à un recours effectif

1. D. n° 84-406, 30 mai 1984, *JO* 31 mai, p. 1699.
2. D. n° 2005-1677, 28 déc. 2005, préc.
3. Ord. n° 2008-1345, 18 déc. 2008, préc.
4. Rapport au Président de la République sur l'ordonnance n° 2008-1345 du 18 déc. 2008, *JO* 19 déc. 2008, Titre I, chap. II-4, ss art. 71.

au juge a toutefois été rejetée par la Cour de cassation, comme non sérieuse[1]. La différence de traitement qui résulte des textes entre le créancier membre d'un comité qui entend contester la composition ou le vote du comité et le créancier classique est en rapport direct avec l'objet de la loi et ménage des garanties aux créanciers. Ces derniers sont collectivement représentés par le mandataire judiciaire, qui peut faire appel. S'ils justifient d'un intérêt personnel distinct de celui de la collectivité des créanciers, ils peuvent exercer une voie de recours, à savoir la tierce opposition.

La personne convoquée en qualité de contrôleur n'étant pas une partie ne peut faire appel, fût-ce en nullité[2].

La loi de sauvegarde des entreprises ouvre la tierce opposition réformation à l'encontre du jugement arrêtant le plan de sauvegarde (C. com., art. L. 661-3).

Le créancier reste irrecevable à former un appel, fut-ce en nullité, même si l'on voit encore certaines juridictions du fond juger le contraire[3]. Le jugement rejetant le plan, *a contrario*, n'est pas susceptible de tierce opposition[4]. Le jugement qui statue sur la tierce opposition est susceptible d'appel et de pourvoi en cassation de la part du tiers opposant.

515.32 Appel de la décision refusant l'arrêté du plan de sauvegarde. L'article L. 661-1, I, 6° du code de commerce ouvre l'appel à l'encontre de la décision statuant sur le plan de sauvegarde, ce qui englobe l'hypothèse du jugement rejetant ledit plan.

L'appel est ouvert au débiteur sera recevable, même s'il est assisté par un administrateur judiciaire.

L'appel est également ouvert à l'administrateur judiciaire, au mandataire judiciaire, au ministère public et au comité d'entreprise ou, à défaut, aux délégués du personnel (C. com., art. L. 661-1, I, 6°, réd. ord. 18 déc. 2008[5], art. 146). À défaut d'institutions représentatives du personnel, l'appel est ouvert au représentant des salariés. Le représentant des salariés est sans intérêt à critiquer l'arrêt en ce qu'il a déclaré l'appel du débiteur irrecevable, dès lors que devant la cour d'appel, le représentant des salariés se borne à s'associer aux conclusions du débiteur[6].

L'ordonnance du 18 décembre 2008 (C. com., art. L. 661-1, I, 7°) ouvre l'appel du jugement refusant l'arrêté du plan au créancier ayant formé une contestation en application de l'article L. 626-34-1.

33 Opposition et tierce opposition à l'encon- e la décision refusant l'arrêté du plan de sau- de. L'opposition et la tierce opposition sont o tes à l'encontre du jugement arrêtant le plan de vegarde (C. com., art. L. 661-3), la solution éta critiquée par certains auteurs[7]. *A contrario*, il fau écider que la tierce opposition réformation est ferm sur le jugement rejetant le plan de sauvegard En revanche, la tierce opposition nullité reste recevable en cas d'excès de pouvoir.

La ecevabilité de la tierce opposition obéit au droit commun de l'article 583 du code de procédure civile. Ainsi, le créancier, tiers opposant, ne sera recevable que s'il démontre une fraude ou fait état un moyen propre.

Il en est ainsi de la société créancière, qui se présente comme bénéficiaire d'une promesse de cession et propriétaire de titres de la société ayant enu un plan de redressement[8], solution transposée au plan de sauvegarde.

n'en est pas ainsi, au contraire, d'un créancier qui outient que le plan ne constitue pas une possibilité sérieuse de redressement de la société débitrice et méconnaît les impératifs dictés par les textes[9]. Pareils arguments ne constituent pas un moyen propre, puisque n'importe quel créancier peut le présenter. La tierce-opposition n'est en conséquence pas recevable.

En la forme, la tierce opposition doit être formée par déclaration au greffe (v. s[s] n° 322.11), ce qui suppose une déclaration orale. La tierce opposition formée par lettre recommandée avec demande d'avis de réception et par télécopie est irrecevable[10].

SECTION 515.40

EFFICACITÉ DE LA DÉCISION – PERSONNES TENUES D'EXÉCUTER LE PLAN

515.41 Opposabilité *erga omnes* des dispositions arrêtant le plan de sauvegarde – situation du débiteur après l'arrêté du plan. L'article L. 626-11, alinéa 1er du code de commerce dispose que « le jugement qui arrête le plan en rend les dispositions opposables à tous ».

Cela signifie d'abord que ses dispositions ne pourront être méconnues par le débiteur. Ainsi, il ne

1. Com. 10 juill. 2012, n° 12-40.050, NP.
2. Com. 5 nov. 2003, n° 00-17.456, NP.
3. Reims, ch. civ., 1re sect., 13 juill. 2010, RG n°s 09/1883, 09/1881; *Rev. proc. coll.* 2011, comm. 42, p. 49, note Fraimout.
4. EN CE SENS AUSSI : LE CANNU, 7e éd., n° 905.
5. Ord. n° 2008-1345, 18 déc. 2008, préc.
6. Com. 16 déc. 2008, n° 07-18.796, NP.
7. Cagnoli, « La qualité pour agir, questions procédurales », *Rev. proc. coll.* 2006/2, p. 209 s., sp. p. 212.
8. Paris, pôle 5, 9e ch., 8 mars 2012, RG n° 11/01339, *Rev. proc. coll.* 2012, comm. 81, note Fraimout.
9. Com. 26 janv. 2016, n°s 14-11.298, 14-13.690, *Bull. civ.* IV [à paraître]; n° 96 FS-P+B; *D.* 2016. actu 309, note Lienhard; *JCP E* 2016, chron. 1198, n° 2, note Pétel; *Rev. proc. coll.* 2016, comm. 83, note Fraimout.
10. Com. 29 avr. 2014, n° 12-20.988, NP; n° 421 F-D.

peut vendre le fonds de commerce, pas plus qu'il peut, sous une forme détournée, dissoudre, en qualité de société unipersonnelle, seule actionnaire la société d'exploitation du fonds, puis transmettre le patrimoine de la société unipersonnelle à un tiers[1]. De même, il ne pourrait décider, de sa propre initiative, de rembourser un créancier plus rapidement que ce que prévoit le plan. Plus généralement, tout acte contraire au plan est puni d'un emprisonnement de trois mois à deux ans et d'une amende de 1 500 à 30 000 euros par l'article L. 654-8, 2° du code de commerce. La jurisprudence semble toutefois s'orienter vers la reconnaissance du caractère licite du remboursement anticipé du passif, avec négociation d'abandon de créances, ce remboursement anticipé ne s'analysant pas en une modification substantielle du plan, mais en une modalité de celui-ci[2] (v. aussi s^s^ n° 525.11). Il n'est pas constitutif d'une faute de gestion[3].

Le plan peut être opposé au conjoint du débiteur, marié sous un régime communautaire. L'incorporation des dettes communes dans le plan de continuation, de sauvegarde ou de redressement interdit au conjoint *in bonis* d'en faire état, dans le cadre d'une procédure de surendettement des dettes, pour établir son état de surendettement[4].

Il faut cependant tenir compte du fait que l'arrêté du plan de sauvegarde a pour effet de rétablir le chef d'entreprise à la tête de ses affaires. Le débiteur redevient maître de ses droits, ce qui emporte des conséquences sur la possibilité de disposer de ses biens (v. s^s^ n° 522.31). Il en est également tiré la conséquence que l'employeur ayant obtenu un plan de continuation – solution transposable au plan de redressement – n'est pas dans un état de contrainte économique justifiant qu'il ne s'acquitte pas en temps utile du paiement des salaires. Les salariés sont donc fondés à faire grève car ils se trouvent dans une situation contraignante telle qu'ils sont obligés de cesser le travail pour faire respecter leurs droits essentiels. Ils sont fondés à réclamer une indemnité compensant la perte de leurs salaires pendant la grève[5]. *A fortiori*, cette solution s'imposera en cas d'arrêté d'un plan de sauvegarde.

Le fait que le débiteur redevienne maître de ses droits peut également avoir un impact procédural, lorsque, par l'effet du jugement d'ouverture, il avait été assisté, du fait de la nomination d'un administrateur ayant mission d'assistance. Il a ainsi été jugé que le débiteur redevenu maître des biens à qualité pour exercer une action en résolution d'un contrat, alors même que l'administrateur judiciaire aurait négligé d'exercer cette action pendant la période d'observation[6]. Il a de même été jugé que le délai de péremption de l'instance de deux ans prévu par l'article 386 du code de procédure civile engagée contre le débiteur, interrompue par l'effet du jugement d'ouverture, reprend son cours dès le jour du jugement arrêtant le plan[7].

À l'opposabilité du jugement à tous, correspond, sauf exception posée par la loi, une opposabilité du jugement par tous[8]. Ainsi, une commune peut se prévaloir du jugement arrêtant le plan pour reprocher au chef d'entreprise une délocalisation de l'activité contraire au plan[9].

L'opposabilité du jugement fait également obstacle à une extension de procédure sur le fondement de la confusion des patrimoines ou de la fictivité (v. s^s^ n° 213.34).

Les salariés sont au rang des personnes auxquelles le jugement arrêtant le plan est opposable.

L'opposabilité du plan à tous oblige aussi les créanciers à en respecter les dispositions. Il ne s'agit en réalité que des créanciers autres que les créanciers postérieurs éligibles au traitement préférentiel, ces derniers ne pouvant se voir imposer ni délai ni remise (v. s^s^ n°s 455.11 s.). Les créanciers pourront également être sanctionnés s'ils reçoivent un paiement plus rapide que ce qui est prévu par le plan, l'article L. 626-8, 2°, dans sa rédaction antérieure à la loi de sauvegarde des entreprises[10], l'article L. 654-8, 2° issu de la rédaction que lui donne la loi de sauvegarde des entreprises, visant tant le *solvens*, que l'*accipiens*. Le paiement reçu en contrariété avec les dispositions du plan est interdit. Il faut en déduire sa nullité, ce qui obligera le créancier à le répéter[11]. Observons toutefois que la jurisprudence semble

1. Toulouse, 2e ch., 2e sect., 1er mars 2001, *Act. proc. coll.* 2001/17, n° 226, note Vallansan.
2. Com. 14 sept. 2010, n° 09-16.347, NP.
3. Com. 14 sept. 2010, n° 09-16.347, NP.
4. Civ. 1re, 11 oct. 2000, n° 99-04.091, *Bull. civ.* I, n° 242; *JCP E* 2001. 853, note Cocquempot-Caulier; *Act. proc. coll.* 2000/20, n° 258.
5. Soc. 7 juin 2006, n°s 04-46.587, 04-46.664, 04-46.668, 04-46.791, *Bull. civ.* V, n° 205; F-P+B; *Act. proc. coll.* 2006/12, n° 142, note Régnaut-Moutier.
6. Com. 16 sept. 2008, n° 07-13.713, *Bull. civ.* IV, n° 156; n° 856 F-P+B; *D.* 2008. AJ 2425, obs. Lienhard; *Gaz. proc. coll.* 2008/4, p. 49, note Voinot; *Act. proc. coll.* 2008/17, n° 269, note Régnaut-Moutier; *JCP E* 2009. 1008, n° 5, obs. Pétel; *Rev. proc. coll.* 2009/1, p. 23, n° 5, note Fraimout; *LPA* 25 mars 2009, n° 60, p. 9, note Rakotovahiny.
7. Com. 26 sept. 2006, n° 97-18.357, NP; n° 1032 F-D; *Gaz. proc. coll.* 2007/1, p. 23, note Rohart-Messager.
8. Vidal et Giorgini, n° 901.
9. Com. 28 mars 2000, n° 98-12.074, *Bull. civ.* IV, n° 73; *D.* 2000. AJ 210, obs. Lienhard; *RTD civ.* 2000. 835, obs. Mestre et Fages; *RTD com.* 2000. 727, obs. Vallens; *RTD com.* 2001. 222, obs. Saint-Alary-Houin.
10. L. n° 2005-845, 26 juill. 2005, préc.
11. Derrida et *alii*, n° 549.

s'orienter vers la reconnaissance du caractè cite du remboursement anticipé du passif, avec n ciation d'abandon de créances, ce remboursemen ticipé ne s'analysant pas en une modification bstantielle du plan, mais en une modalité de celui[1].

Les dispositions restrictives des droits des cr ciers, fussent-elles contraires à la loi, s'impos aux créanciers, dès lors que le jugement est à l'a des voies de recours. La préservation de leurs dro passe en amont par une tierce opposition, qui n sera plus recevable après expiration d'un délai de dizaine faisant suite à la publication au *Bodacc* du jugement arrêtant le plan. Il faut cependant, selon la Cour de cassation, réserver le cas des salariés qui ne peuvent se voir imposer des délais de paiement, ce qui justifie la recevabilité de leur action en paiement contre le débiteur, nonobstant le caractère définitif du jugement arrêtant le plan, solution posée pour le plan de continuation[2] et transposable au plan de sauvegarde.

Signalons une décision de la Cour de cassation qui juge que, arrêté par un jugement dont le dispositif a, dès son prononcé, l'autorité de la chose jugée et qui est devenu irrévocable, le plan élaboré en tenant compte de la liste des réponses établie par le mandataire judiciaire est opposable à tous, et notamment aux créanciers. Peu importe, en conséquence, l'erreur commise dans l'établissement de cette liste faisant apparaître comme créancier ayant accepté les remises un créancier ne les ayant pas acceptées. Cette erreur s'impose au créancier[3].

515.42 Possibilité pour les garants personnes physiques de se prévaloir des dispositions du plan de sauvegarde. Alors que les dispositions du plan ne profitent pas aux cautions, dans le régime du plan de continuation antérieur à la réforme du 26 juillet 2005[4], et que, sous l'empire de la législation issue de la réforme, ces personnes ne profitent toujours pas des dispositions du plan de redressement (v. s^{s} n°s 721.17, 723.31 et 723.32), la loi du 26 juillet 2005 prévoit que les dispositions du plan de sauvegarde bénéficient aux personnes physiques cautions, coobligés et garants autonomes (C. com., art. L. 626-11, al. 2). Ainsi, trois catégories de personnes qui ne bénéficiaient pas des faveurs faites au débiteur dans le cadre du plan de continuation, peuvent désormais profiter de ces faveurs dans le cadre du plan de sauvegarde : les cautions solidaires, les coobligés et les garants autonomes. L'incidence précise de ces règles sur les délais et remises du plan de sauvegarde est étudiée séparément (pour les cautions, v. s^{s} n°s 721.19 et 723.33, pour les coobligés et garants autonomes, v. s^{s} n°s 731.25 et 731.56).

La disposition de l'article L. 626-11, alinéa 2 du code de commerce, *dans sa rédaction issue de la loi* de sauvegarde des entreprises « est de nature à inciter fortement leurs dirigeants à engager la procédure de sauvegarde »[5] et, en tant que cautions de personnes morales débitrices, à anticiper la saisine de la juridiction, pour un traitement judiciaire de la situation du débiteur garanti, non encore caractérisée par l'état de cessation des paiements.

Il a été soutenu qu'en cas de plan adopté à la suite d'un vote des comités, les remises acceptées par les créanciers présentaient un caractère volontaire. Il en a été tiré la conséquence que les cautions, personnes morales, pourraient s'en prévaloir[6]. L'opinion ne nous semble pas devoir être suivie. L'acceptation des créanciers, membres des comités, s'inscrit dans un processus judiciaire qui conduira à un arrêté du plan par le tribunal. À cet égard, la situation ne nous semble pas devoir être distinguée de celle du créancier ayant, sous l'empire de la législation antérieure à la loi de sauvegarde des entreprises, accepté des remises de dettes. Le tribunal ne pouvait lui en imposer. Il était donc lié par rapport à ces remises, ce qui n'a pas empêché d'analyser ces remises comme étant de nature judiciaire, en ce qu'elles participent de la nature judiciaire du plan.

La loi de sauvegarde avait entendu procéder à une discrimination positive en faveur de la sauvegarde, en permettant à certains garants de bénéficier des dispositions du plan de sauvegarde, alors que ces mêmes garants ne pouvaient bénéficier des dispositions du plan de redressement, conservant en cela la solution posée par la loi du 25 janvier 1985[7] pour les garants d'un plan de continuation, dès lors du moins qu'ils étaient cautions solidaires ou coobligés.

Par symétrie avec l'extension du domaine de la règle de l'interdiction des poursuites contre les garants personnes physiques pendant la période d'observation, ces mêmes garants personnes physiques pourront bénéficier des dispositions du plan de sauvegarde.

Il en sera ainsi, avec le nouvel article L. 626-11, alinéa 2 du code de commerce, tel qu'il résulte de l'ordonnance du 18 décembre 2008[8] (ord. 18 déc.

1. Com. 14 sept. 2010, n° 09-16.347, NP.
2. Soc. 19 févr. 2002, n° 99-14.882, *Bull. civ.* V, n° 67 ; *JCP E* et *A* 2002. Chron. 1380, n° 4, obs. M. Cabrillac.
3. Com. 25 oct. 2011, n° 10-21.789, NP; n° 1031 F-D; *Gaz. Pal. entr. diff.* 21 janv. 2012, n° 20, p. 24, note Lebel; *BJE* mars 2012, comm. 42, p. 80, note Bourbouloux et Couturier.
4. L. n° 2005-845, 26 juill. 2005, préc.
5. Exp. motifs, p. 7.
6. SAINT-ALARY-HOUIN, 7e éd., n° 924.
7. L. n° 85-98, 25 janv. 1985, préc.
8. Ord. n° 2008-1345, 18 déc. 2008, préc.

2008, art. 166), pour les personnes physiques coobligées et celles ayant consenti une sûreté personnelle. Le législateur n'évoque plus les cautions, ni les garants autonomes. Il fait usage d'une expression infiniment plus extensive, qui a vocation à englober ces deux dernières catégories de garants, mais en les dépassant largement. C'est ainsi que le bénéfice des dispositions du plan de sauvegarde profitera désormais, par exemple, aux personnes physiques ayant donné une promesse de porte-fort sûreté. Dès lors, seuls les garants personnels, personnes morales, ne pourront bénéficier de la règle.

En revanche, il faudra que la sûreté personnelle ait été consentie, ce qui, *a priori*, permettra d'exclure du bénéfice de la règle les garants subsidiaires, tels les associés de sociétés civiles ou les associés de société en nom, alors qu'une formule différente, telle par exemple celle de « personnes physiques garants personnels » aurait permis de les inclure parmi les nouveaux bénéficiaires de la règle. Il faut toutefois que les associés ou membres de la personne morale, qui seraient indéfiniment et solidairement responsables du passif du groupement, ne soient pas assimilés à des coobligés.

L'ordonnance du 18 décembre 2008 entend également assurer le bénéfice des dispositions du plan de sauvegarde « aux personnes physiques ayant cédé un bien en garantie ». En visant la personne physique ayant « affecté un bien en garantie », le législateur règle le problème de celui autrefois dénommé « caution réelle », en l'alignant sur le régime de la caution personnelle.

L'ordonnance de réforme tient compte également de l'intrusion dans notre droit positif de la fiducie-sûreté, en faisant profiter des dispositions du plan ceux qui ont « cédé un bien en garantie ». Est ainsi pris en compte le cas du constituant, personne physique, d'une fiducie-sûreté, qui ne serait pas le débiteur.

En revanche, les garants personnes morales ne pourront bénéficier des dispositions du plan de sauvegarde.

Cette extension du domaine des garants pouvant bénéficier des dispositions du plan de sauvegarde est strictement limitée à la sauvegarde et n'a donc, pas plus qu'auparavant, vocation à bénéficier aux garants d'un débiteur ayant obtenu un plan de redressement. Il s'agit de discriminer positivement en faveur de la sauvegarde, pour assurer une attractivité de cette procédure sans cessation des paiements, par rapport au redressement judiciaire. C'est la prime à l'anticipation.

515.43 Détermination des personnes tenues d'exécuter le plan de sauvegarde. L'article L. 626-10, alinéa 1er du code de commerce oblige le tribunal à déterminer les personnes tenues d'exécuter le plan. En p[illegible] de sauvegarde, elle ne pose de difficultés que lorsq[illegible] des tiers par rapport au débiteur d'origine ont [illegible]s des engagements. Ils peuvent être de deux catégories.

Le texte de l'article L. 626-10 du code de commerce, dans sa rédaction issue de la loi de sauvegarde[1], prévoyait que les engagements des personnes tenues d'exécuter le plan portaient, notamment, sur le règlement du passif né antérieurement au jugement d'ouverture.

Pour tenir compte du fait que les créances postérieures non éligibles au traitement préférentiel sont soumises à déclaration au passif, l'article L. 626-10, alinéa 1er du code, dans la rédaction que lui donne l'ordonnance du 18 décembre 2008[2] (ord. 18 déc. 2008, art. 58), précise que les engagements portent notamment sur le règlement du passif soumis à déclaration, ce qui est plus large que le passif né antérieurement à l'ouverture de la procédure collective et permet ainsi d'englober les créances postérieures non éligibles au traitement préférentiel.

Le plus souvent, les titulaires de ces créances n'auront pu être consultés. Ils seront considérés comme des créanciers n'ayant pas accepté les propositions. Il ne semble pas qu'ils puissent se voir imposer les décisions des comités de créanciers, même s'ils ont la qualité pour en faire partie, dès lors que les créances prises en compte doivent être nées au jour du jugement d'ouverture.

Parmi les personnes tenues d'exécuter le plan, il y a d'abord les associés de la personne morale, qui se seront engagés à faire des apports en compte-courant ou à participer à une augmentation de capital. Il y a également les nouveaux associés, lorsqu'une partie des parts ou actions du débiteur personne morale a été acquise par des tiers. La disposition ici analysée envisage d'ailleurs explicitement la situation. Le candidat repreneur des actions, qui s'engage à apporter de l'argent frais, pourra être condamné par le tribunal en cas d'inexécution[3].

La seconde catégorie de personnes est constituée de cocontractants qui ont pris des engagements particuliers dans le plan.

515.44 Cautions et autres garants tenus d'exécuter le plan de sauvegarde. Afin de garantir la bonne exécution du plan de sauvegarde, des tiers, qui sont souvent les dirigeants, prennent des engagements personnels. Si l'engagement pris par le tiers n'a pas été accepté explicitement par le débiteur, l'offre de garantie peut néanmoins être considérée comme ayant été acceptée, en dépit du principe de droit commun des obligations selon lequel le silence

1. L. n° 2005-845, 26 juill. 2005, préc.
2. Ord. n° 2008-1345, 18 déc. 2008, préc.
3. Com. 29 avr. 2003, n° 00-11.466, NP.

ne vaut pas acceptation, dès lors que cet gement permettait au débiteur de présenter lan crédible, circonstance permettant de faire pire un effet d'acceptation au silence[1].

Parmi les personnes tenues d'exécuter lan, figurent les cautions. Si une personne se porau- tion de l'exécution du plan, le tribunal lui enne acte dans le jugement arrêtant le plan.

En pratique, le cautionnement qui bénéfiaux créanciers admis au passif sera mis en œuvrer le commissaire à l'exécution du plan. L'action ividuelle d'un créancier sera irrecevable[2]. En de résolution du plan, le liquidateur, défense de l'intérêt collectif des créanciers aura qualité à r[3].

La résolution du plan n'aura évidemmenas pour effet de faire disparaître l'engagement deutionnement[4], de garantie autonome[5], ou celui reualifié en cautionnement[6], mais emportera caducit de l'échéancier[7]. La solution vaut même si la caution ne s'est engagée pendant toute la durée du plan à payer qu'une seule annuité du plan, entre les mains du commissaire à l'exécution du plan[8]. Le fait que le créancier ne demande pas le paiement des dividendes du plan ne peut lui être reproché à faute par la caution dudit plan, en l'absence de déchéance ou de forclusion particulière[9].

Le plan peut être garanti par une sûreté réelle consentie par autrui. Une société civile immobilière peut ainsi affecter hypothécairement son immeuble unique à la garantie de la dette d'un associé, si cette affectation permet de régler les créances du groupe dont fait partie la société civile immobilière et d'assurer la sauvegarde de celle-ci[10]. Il n'y a pas là contrariété à l'intérêt social.

Il a été justement jugé que l'action tendant à faire exécuter l'engagement pris par un actionnaire pour garantir la bonne exécution d'un plan pouvait, en cas de résolution de ce plan et d'ouverture d'une liquidation judiciaire, être mis en œuvre par les contrôleurs[11].

Le cautionnement n'étant pas constitué dans un acte sous seing privé, *mais dans une décision judiciaire*, le plan, il en résulte l'inapplication de l'article 1326 du code civil (devenu C. civ., art. 1376[12]). Il n'y aura pas besoin d'un *instrumentum* spécial contenant la précision en chiffres et en lettres du montant de l'engagement[13]. Pour la même raison, il est estimé que le cautionnement acté dans le plan sera opposable à la société anonyme en dépit de l'absence de délibération du conseil d'administration ou du directoire, selon le cas, pour autoriser le président à engager dans les liens d'un cautionnement ladite société anonyme[14]. Se trouve ainsi écarté l'article L. 225-35 du code de commerce (anc[t] L. 24 juill. 1966[15], art. 98).

L'engagement pris par un tiers [le dirigeant social et son conjoint qui avaient constitué une hypothèque] de garantir la bonne exécution du plan ne peut être étendu à la garantie du passif né à l'occasion de la liquidation judiciaire consécutive à la résolution du plan, solution posée pour le plan de continuation[16], et transposable au plan de sauvegarde.

515.45 Plan de sauvegarde et continuation des contrats en cours. Le plan de sauvegarde n'exerce aucune incidence sur la continuation des contrats en cours. Cela signifie, en conséquence, qu'un contrat résilié en période d'observation le restera. Inversement, un contrat continué en période d'observation ne sera pas résilié du seul fait de l'intervention du plan. En réalité, le débiteur étant redevenu *in bonis*, le droit commun retrouve son empire. Le contrat se poursuivra donc conformément aux règles qui lui sont applicables. En conséquence, le bailleur peut, au cours de l'exécution du plan, exercer son

1. Com. 18 janv. 2011, n° 09-69.831, *Bull. civ.* IV, n° 3; n° 13 F-P+B; *Gaz. Pal. entr. diff.* 1-2 avr. 2011, p. 27, note Lebel; *Act. proc. coll.* 2011/3, comm. 55, note Vallansan; *Rev. proc. coll.* 2011, comm. 46, p. 52, note Fraimout; *Bull. Joly* 2011. 501, note Helleringer; *Dr. sociétés* 2011, comm. 179, note Legros; *Rev. sociétés* 2011. 717, note Pasqualini.
2. Paris, 3e ch. A, 4 mai 2004, RG n° 2003/10553.
3. Paris, 15e ch., 1er juin 2006, RG n° 2004/24640 – Orléans, ch. com., 25 juin 2009, *Rev. proc. coll.* 2010/4, comm. 168, note Fraimout.
4. Paris, 3e ch. A, 4 mai 2004, RG n° 2003/10553 – Paris, 15e ch. B, 13 janv. 2005, RG n° 03/21941 – Paris, 15e ch., 1er juin 2006, RG n° 2004/24640.
5. Orléans, ch. com., 25 juin 2009, *Rev. proc. coll.* 2010/4, comm. 168, note Fraimout.
6. Lyon, 3e ch. civ., sect. A, 2 mars 2010, RG n° 09/03669, *Rev. proc. coll.* 2010/6, comm. 238, note Fraimout.
7. Paris, 3e ch. A, 4 mai 2004, RG n° 2003/10553.
8. Com. 8 juill. 2008, n° 07-13.274, *Bull. civ.* IV, n° 147; n° 809 FS-P+B; *D.* 2008. AJ 1991, note Lienhard; *D.* 2008. Chron. C. cass. 2750, note Bélaval; *Dr. sociétés* 2008, 227, p. 22, note Legros; *JCP E* 2008. 2493, n° 6, obs. Simler; *JCP E* 2009. 1008, n° 4, obs. M. Cabrillac; *RTD com.* 2008. 864, n° 14, obs. Martin-Serf; *Rev. proc. coll.* 2009/1, p. 23, n° 6, note Fraimout.
9. Paris, 15e ch. B, 13 janv. 2005, RG n° 03/21941.
10. Com. 10 févr. 2015, n° 14-11.760, NP, *Gaz. Pal.* 2015, 2323, note Moulin et 3261, note C. B; *BJS* 2015, 234, note Davos et 260, note Dupichot.
11. T. com. Paris, 6e ch., 23 janv. 2014, RG n° 2013006017, *Gaz. Pal.* 13 août 2014, p. 27.
12. DEPUIS le 1er oct. 2016 : Ord. n° 2016-131, 10 févr. 2016, *JO* 11 févr.
13. Com. 26 avr. 2000, n° 96-19.616, NP, *RD banc. et bourse* 2000/5, n° 190, obs. Legeais – Com. 11 févr. 2004, n° 01-16.192, *Bull. civ.* IV, n° 26; *Defrénois*, 30 mai 2004, n° 10, art. 37946, p. 724-725, note Thery; *JCP E* 2004, Chron. 783, p. 856, n° 3, obs. Pétel; *Bull. Joly* 2004/5, § 125, p. 647, note Scholer; *Rev. proc. coll.* 2004, p. 219, n° 19, obs. Lebel; *Gaz. Pal.* 1er à 3 mai 2005, p. 2, note Feugère.
14. Paris, 3e ch. C, 10 mars 2000, *RD banc. et bourse* 2000/3, n° 229, note Lucas.
15. L. n° 66-537, 24 juill. 1966, *JO* 26 juill., p. 6402.
16. Paris, 8 oct. 2009, RG n° 09/03493.

droit de refuser, pour le motif prévu à l'article L. 411-64 du code rural et de la pêche maritime, le renouvellement du bail rural consenti au débiteur[1].

Il faut cependant réserver l'hypothèse où le cocontractant se serait engagé dans le cadre du plan à maintenir ses relations contractuelles. Il en est spécialement ainsi des contrats de banque. L'incidence de l'engagement du banquier doit être exactement mesurée. En s'engageant sur la durée du plan, il a pris un engagement à durée déterminée, alors qu'éventuellement il était lié au débiteur dans le cadre d'un contrat à durée indéterminée. Cela a une incidence sur ses possibilités de rupture des concours. Le banquier ne peut plus utiliser l'article L. 313-12, alinéa 1er du code monétaire et financier (anct L. 24 janv. 1984[2], art. 60, al. 1er), qui prévoit la résiliation des concours à durée indéterminée après respect d'un préavis[3]. Il ne pourra se dégager, en phase d'exécution du plan, que par le recours à l'alinéa 2 de l'article L. 313-12 de ce code (anct L. 24 janv. 1984, art. 60, al. 2). Il devra donc prouver soit l'existence d'un comportement gravement répréhensible du débiteur, soit la situation irrémédiablement compromise de l'entreprise. Il ne pourra évidemment en être ainsi au lendemain de l'arrêté du plan, la notion de situation irrémédiablement compromise s'entendant de la situation d'une entreprise vouée à la liquidation judiciaire. En revanche, en cours d'exécution du plan, si la résolution du plan est proche, il pourra soutenir qu'il y a situation irrémédiablement compromise. On sait en effet que la résolution du plan conduira au prononcé de la liquidation judiciaire. Depuis la loi de sauvegarde des entreprises, il faudra cependant que la résolution du plan s'accompagne de l'état de cessation des paiements du débiteur (C. com., art. L. 626-27, I, al. 2).

Le cocontractant, ne pourra après jugement arrêtant le plan, obtenir résiliation ou résolution d'un contrat pour défaut de paiement d'une créance antérieure. La règle de l'arrêt des poursuites individuelles (v. ss nos 621.11 s.) conduit le créancier à déclarer sa créance au passif. Cette prétention juridique lui ferme la possibilité d'obtenir, après jugement arrêtant le plan, résolution ou résiliation d'un contrat pour défaut de paiement avant jugement d'ouverture[4]. Il sera donc payé selon les dividendes du plan.

En revanche, lorsqu'un fermier met ses terres à disposition d'une EARL, la procédure collective suivie contre cette dernière, même si elle débouche sur un plan de continuation, ne fait pas obstacle à l'action en résiliation du bailleur dont les droits n'ont pas été modifiés[5], et qui n'a donc pas perdu le bénéfice du statut du fermage.

515.47 Impossibilité d'imposer des charges non souscrites aux personnes tenues d'exécuter le plan de sauvegarde. L'article L. 626-10, alinéa 1er du code de commerce dispose que « les personnes qui exécuteront le plan, même à titre d'associé, ne peuvent se voir imposer des charges autres que les engagements qu'elles ont souscrits au cours de sa préparation ». Il s'agit là d'un « plafond légal de charges »[6].

L'article L. 626-10, alinéa 3 du code réserve le jeu des articles L. 626-3 et L. 626-16. Il s'agit des dispositions relatives à la reconstitution des capitaux propres à hauteur d'au moins la moitié du capital social et à la possibilité pour l'administrateur de convoquer l'assemblée générale des actionnaires pour la contraindre à mettre en œuvre les modifications prévues par le plan. La suppression de l'article L. 626-16 par la loi de modernisation de la justice du XXIe siècle conduit à supprimer ce visa dans l'article L. 626-10, alinéa 3, sans que cela induise un changement dans l'interprétation, le contenu de l'article L. 626-16 étant pris en compte dans la nouvelle rédaction de l'article L. 626-3.

Le fait pour le tribunal d'imposer au débiteur des charges non souscrites est constitutif d'une faute du service public de la justice, qui peut être indemnisée. L'action dirigée contre l'agent judiciaire du Trésor se prescrit par quatre ans à compter du fait dommageable, qui est la décision de justice augmentative des charges souscrites[7].

SECTION 515.50

CLÔTURE DE LA PROCÉDURE APRÈS ARRÊTÉ DU PLAN DE SAUVEGARDE

515.51 Clôture de la procédure après arrêté du plan de sauvegarde. La loi de sauvegarde[8] a multiplié les clôtures de procédure, au contraire de la législation antérieure, qui était restée muette sur la question.

L'article R. 626-42 du code de commerce envisage une clôture, dont l'objet est d'officialiser par une

1. Com. 19 mai 2015, no 14-10.366, *Bull. civ.* IV [à paraître]; no 473 F-P+B; *BJE* sept. 2015, 285, note Poujade; *Rev. proc. coll.* 2015, comm. 164, note Lebel et mars 2016, comm. 46, note Roussel Galle – Com. 19 mai 2015, no 14-10.367, NP; no 474 F-D.
2. L. no 84-46, 24 janv. 1984, *JO* 25 janv., p. 390.
3. Com. 14 févr. 1989, no 87-14.564, NP, *RTD com.* 1989. 506, obs. M. Cabrillac et Teyssié; *RJ com.* 1990. 356, note Calendini.
4. SAINT-ALARY-HOUIN, 7e éd., no 892 – KERCKHOVE, no 734.
5. Civ. 3e, 6 janv. 2010, no 08-21.536, *Bull. civ.* III, no 3; FS-P+B; *Dr. sociétés* 2010, comm. 15, note Legros.
6. PÉROCHON, 10e éd., no 894.
7. Paris, 1re ch. A, 16 oct. 2007, RG no 05/10782.
8. L. no 2005-845, 26 juill. 2005, préc.

décision de justice la fin de la mission de l'administrateur judiciaire et du mandataire judiciaire. Cette clôture suppose que l'administrateur judiciaire ait terminé sa mission. Il faudra donc qu'il ait effectué tous les actes nécessaires à l'exécution du plan. Cette clôture présuppose aussi la fin des opérations de vérification et d'admission des créances qui marque le terme de la mission du mandataire judiciaire. Ces deux organes doivent avoir fait approuver leur compte rendu de fin de mission par le juge-commissaire (sur les modalités, v. s^s n° 361.3).

Le président du tribunal rend une ordonnance de clôture, qui est une simple mesure d'administration judiciaire, non susceptible en conséquence de recours (C. com., art. R. 626-42, al. 2).

L'ordonnance de clôture est communiquée aux mandataires de justice désignés par la juridiction, au procureur de la République et au trésorier-payeur général du département dans lequel le débiteur a son siège ainsi qu'à celui du département dans lequel il a son principal établissement (C. com., art. R. 626-42, al. 2). Elle est mentionnée aux registres et répertoires mentionnés à l'article R. 621-8, alinéa 3, c'est dire ceux sur lesquels doivent figurer les décisions d'ouverture des procédures de sauvegarde, de redressement ou de liquidation judiciaires (v. s^s n° 233.34). Le décret du 30 juin 2014[1] (art. 63) modifie l'alinéa 3 de l'article R. 626-42 pour viser désormais les trois premiers alinéas de l'article R. 621-8. Cette décision ne fait pas l'objet d'une insertion au *Bodacc*.

Cette ordonnance ne fait qu'officialiser la fin de mission des organes de la procédure collective. Le rétablissement des droits du débiteur est intervenu en amont, avec la décision arrêtant le plan[2]. Quant aux créanciers, cette décision n'a aucun effet pour eux. Le rétablissement du droit de poursuite des créanciers autres que les créanciers postérieurs éligibles au traitement préférentiel, antérieurs, et notamment ceux qui n'ont pas déclaré leur créance, n'interviendra, pour sa part, qu'à compter de la fin de l'exécution du plan ou de sa résolution, puisque ces créanciers ne peuvent prétendre aux dividendes (C. com., art. L. 622-26, al. 1er).

1. D. n° 2014-736, 30 juin 2014, préc.
2. Roussel Galle, 2e éd., n° 647.

TITRE

520. Suites de l'arrêté du plan de sauvegarde

SECTION 0
ORIENTEUR

520.00 **Plan du titre.**

Chap. 521 **Surveillance de l'exécution du plan de sauvegarde : le commissaire à l'exécution du plan**

Sect. 521.10 Nomination du ou des commissaires à l'exécution du plan

Sect. 521.20 Durée des fonctions du commissaire à l'exécution du plan

Sect. 521.30 Mission du commissaire à l'exécution du plan

Sect. 521.40 Rémunération du commissaire à l'exécution du plan sous l'empire de la loi du 25 janvier 1985

Sect. 521.50 Rémunération du commissaire à l'exécution du plan sous l'empire de la législation de sauvegarde des entreprises

Sect. 521.60 Responsabilité du commissaire à l'exécution du plan

Chap. 522 **Exécution du plan de sauvegarde**

Sect. 522.10 Détermination par la juridiction des droits des créanciers

Sect. 522.20 Règles générales de paiement des dividendes du plan de sauvegarde

Sect. 522.30 Règles particulières de paiement des dividendes en cas de réalisations en phase d'exécution du plan de sauvegarde

Sect. 522.40 Règles particulières de paiement des dividendes du plan en cas de levée d'option du contrat de crédit-bail pendant l'exécution du plan de sauvegarde

Sect. 522.50 Exécution forcée du paiement des dividendes du plan de sauvegarde

Sect. 522.60 Réglementation de l'interdiction bancaire frappant le débiteur

Sect. 522.70 Mesures d'inaliénabilité en garantie d'exécution du plan

Chap. 523 **Modification du plan de sauvegarde**

Sect. 523.10 Conditions de fond de la modification du plan de sauvegarde

Sect. 523.20 Modalités procédurales de la modification du plan de sauvegarde

Sect. 523.30 Jugement de modification du plan de sauvegarde

Sect. 523.40 Voies de recours sur la décision modifiant le plan de sauvegarde

Chap. 524 **Difficultés d'exécution du plan de sauvegarde**

Sect. 524.10 Conditions de fond de la résolution du plan de sauvegarde

Sect. 524.20 Modalités procédurales de la demande en résolution du plan de continuation ou de redressement

Sect. 524.30 Effets de la résolution du plan de sauvegarde

Chap. 525 **Constat de l'exécution du plan de sauvegarde**

Sect. 525.10 Conditions du constat de l'exécution du plan de sauvegarde

Sect. 525.20 Modalités du constat de l'exécution du plan de sauvegarde

Sect. 525.30 Utilité du constat de l'exécution du plan de sauvegarde

520.03 **Bibliographie indicative.** (V. les références complètes s[s] n° 031).

> **Actualisables.** J.-CL. COM., Vinckel F., fasc. 2610, [Plan de sauvegarde-exécution], 2010.

> **Ouvrages.** JACQUEMONT ET VABRES, 9e éd., nos 785 à 853 – PÉROCHON, 10e éd., nos 954 à 1066 – ROUSSEL GALLE, 2e éd.,

n°s 620 et 621 – SAINT-ALARY-HUIN, 9e éd., n°s 964 à 1049 – VALLANSAN ET *ALII*, 6e éd., p. 28 à 274 – VALLENS, 2015, n°s 4152 à 4228 – VIDAL et GIORGINI, n°s 908 à 942 – VOINOT, 2e éd., 2013, n°s 688 à 697, 701, 713-1, 715 à 724.

> Articles. Fraimout J.-J., « La réforme des plans de sauvegarde et de redressement », *Rev. proc. coll.* 2009, 11, p. 84 – Lebel Ch., « Les plans de sauvegarde et de redressement dans l'ordonnance du 18 décembre 2008 », *Gaz. Pal.* 6- mars 2009, n[o] sp. p. 46; « L'ordonnance n° 2014-326 du 2 mars 2014 et les plans de sauvegarde et de redressement », *Gaz. Pal.* 6 avr. 2014, n° 96, p. 19 – Vinckel F., « L'exécution forcée du plan de sauvegarde », *Rev. proc. coll.* 2009, 13, 26.

CHAPITRE

521. Surveillance de l'exécution du plan de sauvegarde : le commissaire à l'exécution du plan

SECTION 0
ORIENTEUR

521.00 **Plan du chapitre.**

Sect. 521.10 Nomination du ou des commissaires à l'exécution du plan

Sect. 521.20 Durée des fonctions du commissaire à l'exécution du plan

Sect. 521.30 Mission du commissaire à l'exécution du plan

Sect. 521.40 Rémunération du commissaire à l'exécution du plan sous l'empire de la loi du 25 janvier 1985

Sect. 521.50 Rémunération du commissaire à l'exécution du plan sous l'empire de la législation de sauvegarde des entreprises

Sect. 521.60 Responsabilité du commissaire à l'exécution du plan

521.01 **Textes applicables.** (V. les références complètes s^s n° 011).

> Législation issue de la loi de sauvegarde des entreprises dans sa rédaction d'origine.

C. com., art. L. 626-25

C. com., art. R. 626-43 (anc^t D. 28 déc. 2005, art. 149), R. 626-44 (anc^t D. 28 déc. 2005, art. 155), R. 626-47 (anc^t D. 28 déc. 2005, art. 158), R. 626-51 (anc^t D. 28 déc. 2005, art. 161)

> Législation issue de l'ordonnance du 18 décembre 2008.

C. com., art. L. 626-25

C. com., art. R. 626-43, R. 626-44, R. 626-47, R. 626-51

> Législation issue de l'ordonnance du 12 mars 2014.

C. com., art. L. 626-27, I, L. 626-31

521.03 **Bibliographie indicative.** (V. les références complètes s^s n° 031 – Aussi s^s n° 520.03).

> Articles. Deharveng J., « L'achèvement de la mise en application de la loi de sauvegarde des entreprises », *Act. proc. coll.* 2007/1 ; « Le tarif des mandataires de justice, organes des procédures collectives », *JCP E* 2007. 1688 – Froehlich Ph., « La rémunération des mandataires de justice dans la loi de sauvegarde », *Gaz. proc. coll.* 2007/1, p. 3 – Gomez R., « Réflexions sur la durée de la mission du commissaire à l'exécution du plan », *Rev. proc. coll.* 2008, p. 28.

521.04 **Question essentielle.**

• Que doit faire le commissaire à l'exécution du plan à l'approche de sa fin de mission si toutes les instances ne sont pas terminées ?

* V. s^s n° 521.22.

521.09 **Présentation générale des règles de surveillance de l'exécution du plan de sauvegarde.** La loi de sauvegarde des entreprises[1] reprend nombre de règles posées par la législation antérieure pour la surveillance de l'exécution du plan de continuation et les applique à la surveillance de l'exécution du plan de sauvegarde.

SECTION 521.10
NOMINATION DU OU DES COMMISSAIRES À L'EXÉCUTION DU PLAN

521.11 **Nomination du ou des commissaires à l'exécution du plan.** L'article L. 626-25, alinéa 1er du code de commerce indique que « le tribunal nomme [...] un commissaire à l'exécution du plan ».

L'article L. 626-25, alinéa 1er du code prévoit que le tribunal « nomme l'administrateur ou le mandataire judiciaire » en qualité de commissaire à l'exécution du plan. Il ne pourra donc plus s'agir d'un tiers, comme cela était possible sous l'empire de la législation antérieure. L'amendement présenté à

1. L. n° 2005-845, 26 juill. 2005, *JO* 27 juill., p. 12187.

l'Assemblée Nationale, pour aboutir à cette solution, explique qu'« il sera particulièrement utile que le commissaire à l'exécution du plan soit l'un des organes ayant participé à la procédure de sauvegarde elle-même et non un tiers qui la découvre brusquement »[1]. Si le tribunal, à l'ouverture de la procédure a désigné comme mandataire judiciaire ou comme administrateur, une personne non inscrite sur la liste nationale de ces mandataires de justice, cette dernière pourra être nommée commissaire à l'exécution du plan[2]. La solution a été modifiée par l'ordonnance du 18 décembre 2008[3].

Reprenant une solution jurisprudentielle[4], l'article L. 626-25 du code de commerce prévoit désormais explicitement la possibilité de nommer plusieurs commissaires à l'exécution du plan, en cas de nécessité. En cette occurrence, si le tribunal n'a pas réparti entre eux les tâches, ils sont tous deux investis des entiers pouvoirs du commissaire à l'exécution du plan, ce qui justifie qu'ils puissent isolément engager les actions nécessaires[5]. Pour la même raison, les décisions de justice doivent être notifiées à chaque commissaire à l'exécution, la notification faite à l'un d'eux ne faisant pas courir les délais de recours à l'encontre de l'autre[6].

Le mandataire de justice qui n'est pas désigné commissaire à l'exécution du plan devra sans délai remettre à ce dernier tous documents utiles à l'accomplissement de sa mission, ainsi qu'un état des instances en cours[7]. Il demandera communication au débiteur d'une liste de celles-ci[8]. L'administrateur veillera à indiquer au commissaire à l'exécution du plan les contrats continués[9].

Il a été observé que, contrairement aux décisions de nomination des autres organes d'une procédure collective, aucun texte ne vise, avant l'ordonnance du 18 décembre 2008, la possibilité d'interjeter appel sur la décision de nomination du commissaire à l'exécution du plan[10]. Depuis cette ordonnance, la décision de nomination du commissaire à l'exécution du plan est au rang de celles visées à l'article L. 661-6, I, 1° du code de commerce, régissant le recours contre les décisions de nomination des organes. Il en résulte qu'elle est susceptible d'appel, mais seulement de la part du ministère public[11].

Indiquons enfin que la décision qui omet de désigner le commissaire à l'exécution du plan n'est pas susceptible d'appel, fût-ce en nullité, mais doit faire l'objet d'une réparation de l'omission de statuer, conformément à l'article 463 du code de procédure civile[12].

SECTION 521.20

DURÉE DES FONCTIONS DU COMMISSAIRE À L'EXÉCUTION DU PLAN

521.21 Durée des fonctions du commissaire à l'exécution du plan En plan de sauvegarde, la durée de sa mission est, comme sous l'empire de la législation du 25 janvier 1985[13] qui posait la solution pour le plan de continuation, celle de la durée de l'exécution du plan[14]. C'est ce que signifie le visa opéré par l'article L. 626-25, alinéa 1er à « la durée fixée à l'article L. 626-12 ».

Le commissaire à l'exécution du plan peut, avant expiration de sa mission, solliciter une modification de la durée de sa mission, à l'instar de la solution qui avait été posée pour le commissariat à l'exécution du plan de cession, sous l'empire de la loi du 25 janvier 1985.

Voici quelles solutions qui avaient alors été posées en la matière.

La prorogation judiciaire de la durée de mission du commissaire à l'exécution du plan ne peut avoir lieu que si la durée de sa mission a été fixée par le tribunal. À défaut, une limite légale est posée depuis la loi du 10 juin 1994[15] : dix ans. Aucune prorogation ne peut avoir lieu au-delà de cette limite de dix ans. Ainsi, le commissaire à l'exécution du plan qui se constitue partie civile au-delà du délai de dix ans est-il irrecevable[16]. Le commissaire à l'exécution peut toutefois, pour une mission ponctuelle, demander la nomination d'un mandataire *ad hoc*.

La durée du plan peut être prorogée par le tribunal avant expiration de celle-ci.

Le tribunal n'excède pas ses pouvoirs à statuer après expiration de la durée de la mission du com-

1. Amend. n° 124, Interv. Xavier de Roux, *JOAN CR*, 2e séance du 8 mars 2005, p. 1748.
2. *Rapp. J.-J. Hyest*, n° 335, p. 286, 287.
3. Ord. n° 2008-1345, 18 déc. 2008, *JO* 19 déc., p. 19462.
4. Com. 11 déc. 2001, n° 98-22.228, NP, *RJDA* 2002/4, n° 412, p. 351 ; *Act. proc. coll.* 2002/4, n° 50.
5. Com. 11 déc. 2001, n° 98-22.228, préc. (v. s^s prés^t n°).
6. Com. 9 mai 2007, n° 05-19.320, *Bull. civ.* IV, n° 123 ; n° 688 F-P+B ; *D.* 2007. AJ 1426 ; *Defrénois* 2007. 1565, 38675, n° 7, note Gibirila.
7. IFPPC 1999, recomm. n° 4010-1, p. 93 – *Adde*, IFPPC 1999, recomm. n° 5020-2, p. 106.
8. IFPPC 1999, recomm. n° 5020-5, p. 106.
9. IFPPC 1999, recomm. n° 4010-3, p. 93.
10. VALLANSAN ET *ALII*, 5e éd., p. 242.
11. Houin-Bressand et Saint-Alary-Houin, fasc. 2238, [Organes – Commissaire à l'exécution du plan], 2011, n° 7.
12. Poitiers, 2e sect. civ., 7 avr. 1993, RG n° 92/4238, *JurisData* 049716, cité in Houin-Bressand et Saint-Alary-Houin, fasc. 2238, [Organes – Commissaire à l'exécution du plan], 2011, n° 7.
13. L. n° 85-98, 25 janv. 1985, *JO* 26 janv., p. 1097.
14. Com. 16 mai 2006, n° 05-13.570, NP ; n° 631 F-D.
15. L. n° 94-475, 10 juin 1994, *JO* 11 juin, p. 8440.
16. Crim. 12 juin 2014, n° 13-81.283, NP, *Gaz. Pal.* 18 janv. 2015, n° 18, p. 37, note Robaczewski.

missaire à l'exécution du plan, s'il a été saisi auparavant à cette fin[1]. Il a été indiqué qu'il y avait là cependant un artifice, car si le tribunal n'a pas statué avant expiration de la mission, celle-ci a pris fin[2]. Il faut alors la faire revivre rétroactivement, et cela sans texte, alors pourtant que la rétroactivité est une fiction juridique, qui ne peut exister sans texte. La chambre criminelle de la Cour de cassation est même allée plus loin en admettant, d'une manière critiquable à notre sens, la prorogation de la durée du plan après expiration de celle-ci, au motif que la procédure n'était pas clôturée[3]. Cela revient à proroger ce qui n'existe plus.

Il a été jugé que le tribunal pouvait se saisir d'office à cette fin[4]. La solution ne peut être suivie que si l'on admet que la décision prorogeant la durée du plan et la mission du commissaire à l'exécution du plan ne doive pas être analysée en une modification substantielle dans les moyens du plan, ce qui n'est pas l'état de la jurisprudence de la Cour de cassation.

Il n'y a pas excès de pouvoir pour la juridiction à proroger, avant qu'elles n'aient pris fin, la durée du plan de cession et la mission du commissaire à l'exécution du plan[5]. Cette prorogation est possible même si la mission du commissaire à l'exécution du plan avait déjà fait l'objet de prorogations[6]. Il y a en revanche excès de pouvoir pour un tribunal à proroger la durée d'un plan de cession alors que la durée fixée par le tribunal était déjà expirée au jour de la prorogation[7], encore que le contraire ait été jugé[8]. Il y a identiquement, à notre sens, excès de pouvoir à proroger, dans le cadre d'une procédure ouverte après le 1er octobre 2004, une mission au-delà du délai de dix ans, délai butoir fixé par le code de commerce[9]. Une autre opinion, moins tranchée, a toutefois été émise sur la question[10]. Ces excès de pouvoir rendent recevable la tierce opposition nullité formée à l'encontre de pareille décision émanant d'une personne recherchée en responsabilité par le commissaire à l'exécution du plan. À sa suite, l'appel nullité à l'encontre du jugement rejetant la tierce opposition est tout aussi recevable.

La décision du tribunal qui proroge la mission du commissaire à l'exécution du plan et la durée du plan de cession s'analyse en une décision modifiant le plan de cession[11]. Une solution contraire a parfois été posée[12]. Il a encore été relevé qu'il s'agirait d'une modification non substantielle du plan[13], ce qui serait de nature à créer une incertitude sérieuse sur le régime applicable. En effet, si l'on connaît le régime applicable au jugement de modification substantielle dans les moyens du plan, aucun régime préétabli n'existe pour le jugement modifiant de façon non substantielle le plan. Il est en tout exclu, à notre sens, de considérer qu'il n'y a là qu'un acte d'administration judiciaire[14], même si l'opinion contraire a pu être émise[15].

Cette décision n'est susceptible que d'un appel et de la part seulement du ministère public[16] et du cessionnaire en cas d'augmentation des charges souscrites[17], sauf excès de pouvoir. Elle doit faire l'objet d'une publication au *Bodacc*, qui seule fera courir, pour les tiers, le délai de tierce opposition nullité pour excès de pouvoir[18]. À défaut d'un tel recours, l'irrégularité de la prorogation de mission du commissaire à l'exécution ne pourra plus être soulevée[19].

En cas d'extension de la procédure sur le fondement de la confusion des patrimoines, la mission du commissaire à l'exécution du plan dure jusqu'à la clôture globale de la procédure[20].

1. Com. 13 nov. 2007, n° 06-10.914, *Bull. civ.* IV, n° 244; n° 1255 FS-P+B; *D.* 2007. AJ 3010, obs. Lienhard; *D.* 2008. Pan. 575, obs. Lucas; *JCP E* 2008. 1046, p. 38, note Régnaut-Moutier; *JCP E* 2008. 1432, n° 5, obs. M. Cabrillac; *RTD com.* 2008. 859, n° 9, obs. Saint-Alary-Houin; *Rev. proc. coll.* 2009/1, p. 24, n° 7, note Fraimout.
2. Lucas, obs. ss Com. 13 nov. 2007, n° 06-10.914, *D.* 2008. Pan. 575.
3. Crim. 28 nov. 2007, n° 06-88.860, NP, *Dr. sociétés* 2008, n° 62, note Salomon.
4. Paris, 3e ch. B, 15 déc. 2005, RG n° 2004/5690.
5. Com. 19 juin 2007, n° 06-12.101, *Bull. civ.* IV, n° 169; n° 861 F-P+B; *D.* 2007. AJ 1965, obs. Lienhard; *D.* 2008. Pan. 575, obs. Lucas; *Gaz. proc. coll.* 2007/4, p. 43, note Voinot; *RD banc. fin.* 2007, n° 157, note Lucas.
6. Com. 19 juin 2007, n° 06-12.101, préc. (v. ss prést n°).
7. Com. 16 mai 2006, nos 05-12.214, 05-12.911, NP; n° 630 F-D; *RD banc. fin.* 2006, n° 162, note Lucas.
8. Paris, 3e ch. B, aud. sol., 1er déc. 2005, RG n° 2003/16776.
9. RAPPR. : Lienhard, note ss Com. 19 juin 2007, n° 06-12.101, *D.* 2007. AJ 1965.
10. Lucas, obs. ss Com. 19 juin 2007, nos 06-12.101, *RD banc. fin.* 2007, n° 157.
11. Com. 30 mars 2005, n° 03-13.506, NP – Com. 19 juin 2007, n° 06-12.101, préc. (v. ss prést n°) – Paris, 3e ch. A, 11 mai 2004, RG n° 2003/17624 – Paris, 3e ch. A, 8 nov. 2005, RG n° 2004/7056.
12. Paris, 3e ch. B, aud. sol., 1er déc. 2005, RG n° 2003/16776 – Paris, 3e ch. B, 15 déc. 2005, RG n° 2004/5690.
13. Gomez, « Réflexions sur la durée de la mission du commissaire à l'exécution du plan », *Rev. proc. coll.* 2008, p. 28 s., sp. p. 33, n° 57.
14. Gomez, art. préc., sp. p. 32, n° 47.
15. Lucas, note ss Com. 19 juin 2007, n° 06-12.101, *RD banc. fin.* 2007, n° 157.
16. Com. 19 juin 2007, n° 06-12.101, préc. (v. ss prést n°).
17. Paris, 3e ch. A, 8 nov. 2005, RG n° 2004/7056.
18. Com. 30 mars 2005, n° 03-13.506, NP – Paris, 3e ch. A, 18 juin 2002, *D.* 2002. AJ 2331, obs. Lienhard; *RTD com.* 2003. 811, n° 2, obs. Saint-Alary-Houin – Paris, 3e ch. A, 11 mai 2004, RG n° 2003/17624.
19. Com. 29 avr. 2003, nos 00-18.033, 00-18.326, NP.
20. Com. 19 nov. 2003, n° 00-19.584, NP, *Act. proc. coll.* 2004/1, n° 12, obs. Vallansan.

Le commissaire à l'exécution du plan est irrecevable à agir en résolution du plan une fois la durée du plan expirée[1].

L'article R. 626-51 du code de commerce prévoit que le commissaire à l'exécution du plan, dans les deux mois de l'achèvement de sa mission, doit déposer un compte rendu de fin de mission dans les conditions des articles R. 626-39 et R. 626-40 du code de commerce. L'article R. 626-41 est applicable (v. s^s^ n° 361.32).

Il apparaît ainsi que le commissaire à l'exécution du plan ne sera pas nécessairement encore en fonction jusqu'à l'expiration des délais des remboursements accordés au débiteur, puisque ceux-ci peuvent excéder la durée du plan (v. s^s^ n°s 521.12 et 522.16). Ce décalage ne doit cependant pas conduire, comme le font certains auteurs, à considérer que la mission du commissaire à l'exécution du plan se trouve *ipso facto* prolongée jusqu'à l'expiration des délais de remboursement, des opinions divergentes ayant été émises[2]. Il appartiendra au tribunal de prolonger, par une décision spéciale, la mission du commissaire à l'exécution du plan[3]. La saisine du tribunal à cette fin présuppose qu'il soit encore en fonction.

L'ordonnance du 12 mars 2014[4] (art. 42) a tenu compte de cette problématique. En ce cas, l'article L. 626-27, I, alinéa 1er prévoit que lorsque le commissaire à l'exécution du plan a cessé ses fonctions, tout intéressé peut demander au tribunal la désignation d'un mandataire *ad hoc*. Ce dernier pourra ainsi procéder au recouvrement des dividendes du plan qui étaient payables en dehors de la durée du plan. La solution devrait avoir vocation à jouer assez souvent, car le paiement du dernier dividende du plan est, de l'aveu des praticiens, un problème.

En outre, dans les procédures avec comités de créanciers, l'article 45 de l'ordonnance du 12 mars 2014 prévoit, en insérant pour cela un alinéa 2 à l'article L. 626-31, que la mission du commissaire à l'exécution du plan ne prend fin qu'au paiement de la dernière échéance prévue par le plan, si elle est postérieure à l'échéance stipulée par les parties avant l'ouverture de la procédure.

Il faut donc d'abord supposer que la dernière échéance du plan n'a pas encore été payée, lorsque la durée du plan a pris fin. Logiquement, la fin de la durée du plan marque aussi le terme classique de la mission du commissaire à l'exécution du plan.

Il faut ensuite distinguer deux hypothèses. Dans une première, la dernière échéance est antérieure à l'échéance conventionnelle. C'est le cas des délais conventionnels restant à courir plus longs que ceux du plan. En cette hypothèse, la mission du commissaire à l'exécution du plan n'est pas allongée. Au contraire, si les derniers paiements de dividendes à intervenir sont au-delà de la dernière échéance conventionnelle, alors la durée de la mission du commissaire à l'exécution du plan est allongée jusqu'au paiement effectif des dividendes. En somme, il faut éviter que l'expiration de la durée du plan ne mette automatiquement fin à la mission du commissaire à l'exécution du plan, alors que des dividendes ne sont pas encore recouvrés.

Comme cela a été justement observé, « il aurait été plus simple de prévoir que, avec ou sans comités, le commissaire à l'exécution du plan reste en fonction jusqu'au paiement de tous les dividendes prévus par le plan »[6], plutôt que de poser « une rustine »[7].

La loi de sauvegarde des entreprises a prévu une clôture des opérations du plan de sauvegarde. En ce sens, l'article L. 626-28 du code de commerce prévoit que, « quand il est établi que les engagements énoncés dans le plan ou décidés par le tribunal ont été tenus, celui-ci, à la requête du commissaire à l'exécution du plan, du débiteur ou de tout intéressé, constate que l'exécution du plan est achevée ». La mission du commissaire à l'exécution prendra donc fin nécessairement au plus tard au jour de la clôture des opérations de plan de redressement.

Lorsque le tribunal par jugement met fin aux fonctions du commissaire à l'exécution du plan, ce dernier perd pouvoir à exercer une voie de recours. Il en est de même en cas de complète exécution du plan, le commissaire à l'exécution du plan ne pouvant plus intervenir dans une action en responsabilité alors que sa mission a pris fin, et qu'un nouveau redressement judiciaire a été ouvert dans lequel l'intéressé a été nommé mandataire judiciaire[8].

Cette décision de la juridiction mettant fin aux fonctions du commissaire à l'exécution du plan est exécutoire de plein droit à titre provisoire. Le pourvoi exercé sur l'arrêt d'appel par le commissaire à l'exécution du plan tendant à la désignation d'un

1. Com. 16 mai 2006, n° 05-13.570, NP; n° 631 F-D.
2. EN CE SENS : SOINNE, n° 1531 – *CONTRA* : DERRIDA ET *ALII*, n°s 91, 112.
3. AINSI : T. com. Valenciennes, 2e ch., 9 déc. 2013, RG n° 2013/005875.
4. Ord. n° 2014-326, 12 mars 2014, *JO* 14 mars, p. 5249.
5. Gorrias, « L'ordonnance du 12 mars 2014 et les modifications intéressant la nomination des organes », *Gaz. Pal.* 6 avr. 2014, n° 96, p. 39, sp. p. 41.
6. Pérochon, « Procédures avec comités de créanciers, sauvegarde accélérée et SFA, après l'ordonnance du 12 mars 2014 », *BJE* mai 2014, 180 s., sp. 181 – *Adde* VIDAL et GIORGINI, n° 922.
7. Pérochon, art. préc.
8. Com. 13 oct. 2015, n° 14-14.327, *Bull. civ.* IV [à paraître]; n° 937 F-P+B; *Gaz. Pal.* 19 janv. 2016, n° 3, p. 67, note Lebel.

administrateur judiciaire est en conséquence irrecevable La solution ne serait différente qu'en cas d'appel du ministère public sur la décision du tribunal, du fait du caractère suspensif de cet appel depuis la loi du 10 juin 1994[1].

La décision mettant fin aux fonctions du commissaire à l'exécution du plan peut être celle qui prononce la résolution du plan et place le débiteur en liquidation judiciaire. L'instance en cassation initiée par le commissaire à l'exécution du plan, qui a formé un pourvoi en cassation, se trouve interrompue[2]. Elle ne peut être reprise que par le liquidateur, peu important qu'il s'agisse de la même personne, le changement de qualité induisant, en effet, un changement de partie.

521.22 Nomination d'un mandataire spécial en cas d'expiration de la durée des fonctions du commissaire à l'exécution du plan – Cadre général. Si l'instance a été engagée par le mandataire judiciaire ou l'administrateur judiciaire, et qu'elle a été poursuivie par le commissaire à l'exécution du plan, seul un « mandataire de justice désigné spécialement à cet effet par le tribunal devant lequel s'est déroulée la procédure de redressement judiciaire » pourra continuer l'instance. Cette solution posée par le décret, sous l'empire de la législation antérieure à la loi de sauvegarde des entreprises, résulte désormais de la loi du 26 juillet 2005[3]. En ce sens, L. 626-25, alinéa 2 du code de commerce prévoit que les actions introduites avant le jugement qui arrête le plan et auxquelles l'administrateur ou le mandataire judiciaire est partie, et qui ont été poursuivies par le commissaire à l'exécution du plan, seront poursuivies par un mandataire de justice désigné spécialement à cet effet par le tribunal. Les travaux préparatoires de la loi de sauvegarde des entreprises, d'une manière curieuse par rapport à la lettre du texte, ont indiqué que le tribunal n'est nullement contraint ici de désigner un administrateur ou un mandataire judiciaire au redressement et à la liquidation des entreprises[4].

Il n'est pas fait exception à cette règle lorsque les débiteurs sont eux-mêmes parties à l'instance[5].

Le commissaire à l'exécution du plan est évidemment irrecevable à agir[6] ou à poursuivre une action, après expiration de sa mission. La solution a été posée par exemple à propos de la poursuite d'une action dans le cadre d'une constitution de partie civile[7], à propos d'une action en nullité de la période suspecte[8] ou encore à propos d'une action en responsabilité contre un tiers[9].

Aussi, afin que l'instance ne s'éteigne pas faute de titulaire, la nomination du mandataire devra impérativement être sollicitée alors que le commissaire à l'exécution du plan est encore en fonction[10]. La désignation par la juridiction avant la fin de la mission du commissaire à l'exécution n'a pas pour effet de retirer au commissaire à l'exécution du plan les pouvoirs qu'il tient de la loi[11].

La question peut se poser de savoir si le ministère public peut, après expiration de la mission du commissaire à l'exécution du plan, solliciter la désignation d'un mandataire *ad hoc* pour continuer une action par exemple celle tendant à obtenir la condamnation d'un dirigeant social au paiement de l'insuffisance d'actif ? La réponse a été apportée par la jurisprudence en matière de commissariat au plan de cession (v. s[s] n° 581.15).

La demande de nomination se fait par présentation d'une requête. Elle relève de la juridiction gracieuse[12]. Elle ne peut, en conséquence, être attaquée que par le recours en référé-rétractation institué par l'article 496 du code de procédure civile, qui relève de la compétence exclusive du juge qui a désigné ce mandataire[13], ainsi que l'a jugé, sous l'empire de la loi du 25 janvier 1985[14], dans le domaine du commissariat au plan de cession, la Cour de cassation[15].

1. Com. 21 mars 2006, n° 04-15.148, NP; n° 391 F-D; *Gaz. proc. coll.* 2006/3, p. 20, obs. Bidan.
2. Com. 15 févr. 2011, n° 09-71.749, NP; n° 164 F-D.
3. L. n° 2005-845, 26 juill. 2005, préc.
4. *Rapp. Xavier de Roux*, n° 2095, p. 309, 310.
5. Com. 13 oct. 2015, n° 14-14.327, *Bull. civ.* IV [à paraître]; n° 937 F-P+B; *Gaz. Pal.* 19 janv. 2016, n° 3, p. 67, note Lebel.
6. Com 15 oct. 2002, n° 98-17.358, NP, *RD banc. fin.* 2003, p. 18, n° 79, obs. Lucas – Com. 29 oct. 2002, n° 97-22.54, *Bull. civ.* IV, n° 154; *RD banc. fin.* 2003, p. 104, n° 80 obs. Lucas – Paris, 3e ch. B, 3 avr. 1998, *Act. proc. coll.* 1998/2, n° 29; *Rev. proc. coll.* 1999, 188, n° 2, obs. MartinSerf – Aix-en-Provence, 8e ch. com., 24 sept. 2002, *Act. proc. coll.* 2002/20, n° 270.
7. Crim. 29 nov. 2000, n° 00-80.451, *Bull. crim.* n° 358; *Act. proc. coll.* 2001/6, n° 78.
8. Com. 12 juin 2001, n° 98-18.284, NP, *Act. proc. coll.* 2001/15, n° 196; *RD banc. fin.* 2002, p. 22, n° 19, obs. Lucas.
9. Paris, 3e ch. A, 11 mai 2004, RG n° 2003/17624, *RTD com.* 2005. 593, n° 4, obs. Saint-Alary-Houin.
10. Com. 9 juin 1998, n° 96-16.465, *Bull. civ.* IV, n° 184; *JCP E et A* 1998. Pan. 1334; *RTD com.* 1998. 931, obs. Saint-Alary-Houin; *RJDA* 1998/10, p. 843, n° 1138 – Aix-en-Provence, 2e ch., 26 mars 2015, RG n° 14/11975.
11. Paris, 5e ch. B, 10 juin 2004, RG n° 2002/3564.
12. Com. 9 juin 1998, nos 96-16.465, préc.
13. Montpellier, 2e ch., 22 juin 2010, RG n° 09/06588, *Act. proc. coll.* 2010/16, comm. 237.
14. L. n° 85-98, 25 janv. 1985, préc.
15. Com. 30 oct. 2007, nos 06-16.129, 06-16.178, *Bull. civ.* IV, n° 230, n° 1201; FS-P+B; *D.* 2007. AJ 2078, obs. Lienhard; *D.* 2008. Pan. 575, obs. Lucas; *Gaz. proc. coll.* 2008/1, p. 58, note Routier; *RTD com.* 2008. 207, n° 13, obs. Vallens; *JCP E* 2008. Chron. 1207, n° 14, obs. M. Cabrillac; *LXB hebdo* n° 282, 22 nov. 2007, n° N1983BDS, note Le Corre – Com. 13 nov. 2007, n° 06-10.817, NP; n° 1247 F-D.

La solution est transposable, sous l'empire de la loi de sauvegarde, en matière de plan de sauvegarde. L'ordonnance rendue sur référé contre l'ordonnance sur requête est elle-même susceptible d'appel[1].

Si un mandataire *ad hoc* ou un liquidateur amiable a été désigné pour poursuivre l'action entamée par le commissaire à l'exécution du plan, ce dernier est évidemment irrecevable à exercer un recours sur la décision, peu important qu'il ait été désigné liquidateur amiable ou mandataire *ad hoc*, car un changement de qualité équivaut à un changement de partie[2].

Dès lors que l'action a été engagée par le commissaire à l'exécution du plan alors qu'il était encore en fonction, les conditions de la nomination du mandataire *ad hoc* ne peuvent être discutées, si la décision qui le nomme n'a fait l'objet d'aucune demande de rétractation de la part d'une personne intéressée. La solution a été posée, sous l'empire de la loi du 25 janvier 1985, dans le domaine du commissariat au plan de cession[3]. Elle est transposable, sous l'empire de la loi de sauvegarde, en matière de plan de sauvegarde.

La demande de désignation d'un mandataire *ad hoc* ne peut être présentée par un mandataire désigné pour procéder exclusivement à la réalisation de certains actifs du débiteur ou par le mandataire judiciaire, qui n'est maintenu en fonction que pour terminer les opérations de vérification des créances[4].

Malgré la lettre très claire du texte de l'article 90 du décret du 27 décembre 1985[5], sous l'empire de la législation antérieure à la loi de sauvegarde des entreprises, lequel vise les instances engagées par l'administrateur ou le représentant des créanciers et qui sont poursuivies par le commissaire à l'exécution du plan, la jurisprudence a décidé que l'instance engagée par le commissaire à l'exécution du plan pouvait être continuée par le mandataire désigné à cette fin[6]. La lettre du texte de l'article L. 626-25, alinéa 2 du code de commerce, sous l'empire de la loi de sauvegarde des entreprises, n'autorise pas davantage le mandataire *ad hoc* à continuer une action engagée par le commissaire à l'exécution du plan, les travaux préparatoires semblant cependant favorables à la continuation d'une telle action[7].

En revanche, sous l'empire de la législation antérieure à la loi de sauvegarde des entreprises, la jurisprudence s'est refusée à aller plus avant dans la violation de la lettre du texte et ne reconnaît pas qualité au mandataire spécial pour engager une action[8].

La lettre du texte de l'article L. 626-25, alinéa 2, sous l'empire de la loi de sauvegarde des entreprises (devenu al. 3, réd. loi de modernisation de la justice du XXIe siècle) n'autorise pas davantage le mandataire *ad hoc* à engager lui-même l'action[9].

On signalera cependant que la Cour de cassation, sous l'empire de la loi du 25 janvier 1985, versus loi du 10 juin 1994, a admis la désignation d'un mandataire *ad hoc*, alors que la procédure collective n'était pas clôturée du fait d'actifs résiduels à recouvrer dans le cadre d'un plan de cession, pour agir en remboursement de sommes versées à titre provisionnel contre un créancier dont la créance a finalement été rejetée, du fait de la fin de la mission du commissaire à l'exécution du plan, cette action tendant à défendre l'intérêt collectif des créanciers[10].

En tout cas, le mandataire est dépourvu de qualité à agir à d'autres fins que celles pour lesquelles il a été désigné. La qualité à agir du mandataire spécial doit être appréciée au regard de l'objet limité de la mission pour lequel il a été désigné[11].

Précisons enfin que ce mandataire spécial ne doit pas être confondu avec le mandataire *ad hoc* chargé de recouvrer les dividendes du plan après expiration de la durée du plan (v. s^s^ n° 521.21).

521.23 Nomination d'un mandataire spécial en cas d'expiration de la durée des fonctions du commissaire à l'exécution du plan – Cas particulier de la résolution du plan de sauvegarde. En cas de résolution du plan de sauvegarde, la mission du com-

1. SUR CE PRINCIPE GÉNÉRAL en procédure civile : Civ. 2e, 22 janv. 1997, n° 95-12.654, *Bull. civ.* II, n° 19; *JCP* 1997, II, 22846, note du Rusquec – Paris, 28 mars 1977, *RTD civ.* 1977, 828, obs. Perrot – ILLUSTR. : Aix-en-Provence, 2e ch., 26 mars 2015, RG n° 14/11975.
2. Com. 12 oct. 2004, n° 02-13.219, NP.
3. Com. 2 oct. 2007, n° 05-20.324, *Bull. civ.* IV, n° 210; n° 1040 F-P+B; *D.* 2007. AJ 2611, obs. Lienhard; *Gaz. proc. coll.* 2008/1, p. 51, note Roussel Galle; *RTD com.* 2008. 200, n° 7, obs. Martin-Serf; *JCP E* 2008. Chron. 1207, n° 9, obs. M. Cabrillac; *Rev. proc. coll.* 2008, p. 57, n° 65, note Blanc; *Rev. proc. coll.* 2008, p. 61, n° 71, note Blanc.
4. Com. 26 sept. 2006, n° 03-18.527, NP; n° 1042 F-D; *LXB hebdo* n° 232, n° N4053ALP, note Le Corre.
5. D. n° 85-1388, 27 déc. 1985, *JO* 29 déc., p. 15281.
6. Com. 9 juin 1998, n°s 96-16.465, 96-18.004, 96-17.963, 96-16.786, 96-16.681, 96-16.642, 96-16.606, 96-16.600, 96-16.563, préc. (v. s^s^ prés^t^ n°).
7. *Rapp. Xavier de Roux*, n° 2095, p. 309 – *Adde*, Lucas, Lucas et Lécuyer (dir.), *La réforme des procédures collectives...*, Lgdj, 2006, p. 218 – LE CANNU, 7e éd., n° 969.
8. Com. 12 avr. 2005, n° 03-19.002, NP; n° 62 F-D – Com. 18 mars 2008, n° 07-15.754, NP; n° 394 F-D; *Rev. proc. coll.* 2008, p. 52, n° 55, note Gorrias – Montpellier, 19 mars 1996, *D.* 1996. IR 134; *Rev. proc. coll.* 1996, 377, obs. Soinne – Paris, 14e ch. B, 14 janv. 2005, RG n° 04/14754, *Gaz. proc. coll.* 2005/1, p. 28, n° 2-1, obs. Voinot.
9. AUSSI : Lucas, Lucas et Lécuyer (dir.), *La réforme des procédures collectives…*, Lgdj, 2006, p. 219.
10. Com. 29 sept. 2015, n° 14-14.727, *Bull. civ.* IV [à paraître]; *Gaz. Pal.* 19 janv. 2016, n° 3, p. 65, note Lebel.
11. AINSI : Com. 12 avr. 2005, n° 03-19.002, NP.

missaire à l'exécution du plan cesse de plein d… Bien qu'aucun texte n'ait prévu la situation, la C… de cassation, statuant sous l'empire de la lo… 25 janvier 1985[1] en matière de plan de contin… tion, estime qu'en ce cas, le liquidateur judici… désigné dans la nouvelle procédure collective tro… dans les pouvoirs qui lui sont dévolus par la loi… vue de la défense de l'intérêt collectif des créancie… qualité pour poursuivre les actions reprises ou eng… gées aux mêmes fins, avant la résolution du pla… par le commissaire à l'exécution du plan[2]. *La solu… tion est reconductible aujourd'hui, en matière d… plan de sauvegarde.

521.24 **Remplacement du commissaire à l'exécution du plan.** Il convient d'abord de préciser que la décision par laquelle le tribunal décide de désigner en qualité de commissaire à l'exécution du plan, aux lieu et place du mandataire désigné, la société dans laquelle il est désormais associé, prise en la personne de l'associé initialement désigné, en raison du constat que ce dernier n'exerçait plus son activité professionnelle à titre individuel, mais en société, ne constitue ni une décision de nomination, ni une décision de remplacement du commissaire à l'exécution du plan, mais une simple mesure d'administration judiciaire non susceptible de recours[3].

L'article L. 626-25, alinéa 1er du code de commerce prévoit que le commissaire à l'exécution du plan peut être remplacé par le tribunal soit d'office, soit à la demande du ministère public, et non plus seulement à la demande du procureur de la République comme sous l'empire de la législation antérieure.

L'article R. 626-44 du code de commerce prévoit que les articles R. 631-3 et R. 631-4 du même code, qui intéressent la saisine aux fins d'ouverture de la procédure de redressement judiciaire, s'appliquent, pour le premier de ces textes au cas du remplacement sur saisine d'office (v. s^s n°s 231.42 et 231.43), pour le second au cas du remplacement sur demande du ministère public (v. s^s n° 231.61).

Le débiteur n'a pas qualité pour solliciter le remplacement du commissaire à l'exécution du plan.

A fortiori, il est sans qualité pour s'opposer à la désignation d'une société d'exercice à la place du mandataire qui exerçait initialement sa profession à titre individuel[4]. Cette décision, qui au demeurant, n'est ni une décision de nomination, ni une décision de remplacement, n'est pas susceptible d'appel, même de la part du ministère public[5].

L'article L. 626-25, alinéa 7 du code de commerce, tel qu'il résulte de l'ordonnance du 18 décembre 2008[6] (ord. 18 déc. 2008, art. 62), prévoit que si le commissaire à l'exécution du plan demande son remplacement, le président du tribunal est compétent pour y procéder. Il statue par ordonnance sur requête. Dans les autres cas de remplacement, la compétence appartient, comme par le passé, au tribunal.

L'article R. 626-44 du code de commerce (réd. D. 12 févr. 2009[7]) précise que la demande est formée par lettre simple. L'ordonnance est communiquée au ministère public par le greffier, qui en avise par lettre simple le mandataire de justice remplacé, mais également le mandataire de justice nouvellement désigné, ainsi que le débiteur.

L'article L. 661-6, I, 1° du code de commerce, dans la rédaction que lui donne l'ordonnance du 18 décembre 2008, ouvre, à l'encontre de la décision de remplacement du commissaire à l'exécution du plan, l'appel, et seulement l'appel, au seul ministère public.

SECTION 521.30

MISSION DU COMMISSAIRE À L'EXÉCUTION DU PLAN

521.31 **Mission légale générale du commissaire à l'exécution du plan.** L'article L. 626-25, alinéa 1er du code de commerce prévoit que le commissaire à l'exécution du plan, comme son nom l'indique, est un organe « chargé de veiller à l'exécution du plan ». L'article R. 626-47, alinéa 3 du code de commerce prévoit, en ce sens, que le commissaire à l'exécution du plan rend compte de sa mission au président du tribunal.

A priori, c'est sa seule fonction. Il n'est plus question d'administrer l'entreprise à la place du débiteur[8], raison pour laquelle le commissaire à l'exécution du plan se voit refuser la possibilité d'exiger la continuation d'un contrat en cours[9].

1. L. n° 85-98, 25 janv. 1985, préc.
2. Com. 24 mars 2004, n° 01-15.388, *Bull. civ.* IV, n° 62; *D.* 2004. AJ 1164; *D.* 2004. Somm. 2148, obs. Lucas; *JCP E* 2004. Chron. 1292, n° 3, obs. Pétel; *Gaz. Pal.* 16-18 mai 2004, Jur. 6, note Le Corre; *LXB hebdo* n° N1624ABR, note Le Corre.
3. Com. 16 juin 2009, n° 08-10.584, *Bull. civ.* IV, n° 80; n° 582 F-P+B; *D.* 2009. AJ 1822, obs. Lienhard; *Gaz. proc. coll.* 2009/4, 2e partie, p. 12, note Bidan.
4. Paris, 3e ch. B, 18 oct. 2007, RG n° 07/07562 – *Adde*, J.-CL. COM., fasc. 2610, Vinckel, [Plan de sauvegarde – exécution], 2009, n° 18.
5. RAPPR. : Houin-Bressand et Saint-Alary-Houin, J.-CL. COM., fasc. 2238, [Organes – Commissaire à l'exécution du plan], 2011, n° 19.
6. Ord. n° 2008-1345, 18 déc. 2008, préc.
7. D. n° 2009-160, 12 févr. 2009, *JO* 13 févr., p. 2596.
8. SAINT-ALARY-HOUIN, 9e éd., n° 969.
9. Paris, 15e ch. A, 17 nov. 1998, *Act. proc. coll.* 1999/3, n° 38.

Le commissaire à l'exécution du plan n'a pas de qualité pour représenter le débiteur[1].

Ainsi a-t-il été jugé que le commissaire à l'exécution du plan ne peut engager que les actions qui lui sont propres dans l'intérêt collectif des créanciers. Ne rentre pas dans ce cadre, le droit d'interjeter appel à l'encontre d'une décision statuant sur une demande de résiliation d'un bail commercial concédé au débiteur en vue du recouvrement d'une créance postérieure à son redressement judiciaire[2]. Signalons toutefois une décision en sens contraire[3].

De même, a été déclarée irrecevable l'action du commissaire à l'exécution du plan, en indemnisation du préjudice résultant pour le débiteur d'un abus dans la fixation du prix d'un contrat d'approvisionnement exclusif[4].

Une action en paiement ne peut être dirigée contre lui[5]. La dénonciation d'une saisie-attribution, dans laquelle le débiteur est le saisi, n'a pas à lui être faite[6]. Il ne peut intervenir aux côtés du débiteur pour contester une contrainte délivrée par un organisme social pendant l'exécution du plan de continuation et se rapportant à une période postérieure au jugement d'ouverture[7]. De même, le commissaire à l'exécution du plan ne peut former tierce opposition à une telle contrainte[8]. La solution serait différente si la contrainte se rapportait à une période antérieure au jugement d'ouverture, du fait du rôle de défenseur de l'intérêt collectif des créanciers reconnu au commissaire à l'exécution du plan.

Le commissaire à l'exécution du plan, qui ne représente pas le débiteur, ne tire d'aucune disposition légale le pouvoir de solliciter une exonération de cotisations sociales pour une période postérieure au jugement d'ouverture, cette action visant à l'amélioration de la trésorerie du débiteur, non à la satisfaction de l'intérêt collectif de ses créanciers[9].

Parce que le commissaire à l'exécution du plan ne représente pas le débiteur devenu à nouveau maître de ses droits, les établissements bancaires conservent le droit de lui opposer le secret bancaire, la liste limitative des personnes auxquelles le secret bancaire ne peut être opposé (C. mon. fin., art. L. 511-33) ne comprenant pas le commissaire à l'exécution du plan[10].

Pour la même raison qu'il ne représente pas le débiteur, le commissaire à l'exécution du plan ne peut se substituer aux organes légaux de la société pour exiger d'un associé qu'il libère ses apports[11]. La solution doit être conservée, même si l'ordonnance du 12 mars 2014[12] a confié cette prérogative au mandataire judiciaire (C. com., art. L. 622-20, al. 2).

Il ne peut engager une action ouverte au débiteur, en vertu du statut professionnel dont il relève, pour obtenir une indemnité compensatrice de perte de clientèle[13].

Il ne peut interjeter appel d'une ordonnance de référé constatant la résiliation du bail[14].

Sans doute pour cette raison que le commissaire à l'exécution du plan ne représente pas le débiteur, la Cour de cassation n'a pas admis que le commissaire à l'exécution du plan de cession puisse déclarer une créance au passif d'un débiteur de la société dont il assure le commissariat au plan[15]. Il en est tiré la conséquence qu'il n'a pas à être avisé de la contestation de la créance et n'a pas davantage à être convoqué à l'audition des créanciers contestés[16]. Ces solutions de la loi du 25 janvier 1985[17] sont évidemment applicables au commissaire à l'exécution du plan de sauvegarde.

La jurisprudence admet que le commissaire à l'exécution procède au recouvrement de créances détenues par la personne dont il assure le commis-

1. Soc. 27 nov. 2001, n° 00-40.771, *Bull. civ.* IV, n° 366; *RTD com.* 2002. 154, n° 3, obs. Saint-Alary-Houin – Com. 13 nov. 2003, n° 01-10.724, NP – Com. 12 oct. 2004, n° 02-16.762, *Bull. civ.* IV, n° 184; *D.* 2004. AJ 2790; *D.* 2005. Pan. 295, obs. Le Corre; *JCP E* 2005. Chron. 31, n° 4, obs. M. Cabrillac et Pétel; *Bull. Joly* 2005. 27, § 2, note Cérati-Gauthier – Com. 27 mars 2012, n° 10-28.125, *Bull. civ.* IV, n° 70; n° 374 FS-P+B; *D.* 2012. Actu. 942, obs. Lienhard; *Gaz. Pal. entr. diff.* 3 août 2012, n° 216, p. 4, note Lebel; *Act. proc. coll.* 2012/8, comm. 121, note Fin-Langer; *Rev. proc. coll.* 2012, comm. 80, note Fraimout.
2. Com. 27 mars 2012, n° 10-28.125, préc. (v. s^s prés^t n°).
3. Paris, 14e ch. B, 18 févr. 2005, RG n° 2004/16346.
4. Com. 18 janv. 2000, n° 97-16.224, *Bull. civ.* IV, n° 16; *JCP E* et *A* 2000. Chron. 701, n° 2-b-6, obs. M. Cabrillac; *Act. proc. coll.* 2000/3, n° 32.
5. Com. 12 juill. 2004, n° 01-16.034, *Bull. civ.* IV, n° 158; *RD banc. fin.* 2004, p. 415, n° 255, obs. Lucas – Com. 23 sept. 2014, n° 13-20.454, NP.
6. Com. 10 janv. 2006, n° 04-18.847, NP; n° 32 F-D; *Gaz. proc. coll.* 2006/2, p. 32, obs. Voinot.
7. Com. 11 déc. 2007, n° 06-16.093, NP; n° 1360 F-D – Com. 11 déc. 2007, n°s 06-16.104, 06-16.105, 2 esp., NP; n°s 1371, 1372 F-D.
8. Com. 11 déc. 2007, n°s 06-16.094, 06-16.096, 06-16.097, 06-16.098, 06-16.099, 06-16.100, 06-16.101, 06-16.102, 8 esp., NP; n°s 1361, 1363 à 1369 F-D.
9. Com. 11 déc. 2007, n° 06-16.103, NP; n° 1370 F-D.
10. Com. 10 déc. 2002, n° 00-10.824, *Bull. civ.* IV, n° 194; *D.* 2003. 134; *JCP E* 2003. Chron. 760, n° 3, obs. M. Cabrillac; *RTD com.* 2003. 810, n° 1, obs. Saint-Alary-Houin.
11. Com. 12 oct. 2004, n° 02-16.762, préc. (v. s^s prés^t n°) – Com. 12 oct. 2004, n° 03-14.909, NP, *RTD com.* 2005. 96, n° 1, obs. Champaud et Danet; *Rev. sociétés* 2005. 219, note Poracchia.
12. Ord. n° 2014-326, 12 mars 2014, préc.
13. Com. 15 mars 2005, n° 03-17.126, NP.
14. Montpellier, 5e ch. A, 24 oct. 2013, RG n° 13/00545, *Rev. proc. coll.* 2014, comm. 22, note Fraimout.
15. Com. 18 sept. 2007, n° 06-10.713, NP; n° 977 F-D; *Gaz. proc. coll.* 2008/1, p. 54, note Le Corre-Broly.
16. Com. 18 sept. 2007, n° 06-10.713, préc. (v. s^s prés^t n°).
17. L. n° 85-98, 25 janv. 1985, préc.

sariat au plan, qu'il se contente de poursuivre u[n] recouvrement commencé par le débiteur pendant [la] procédure collective ou qu'il entame une actio[n] ayant un tel objet. Mais il faudra que le recouvre-ment concerne une créance antérieure, non un[e] créance postérieure. La solution a été posée so[us] l'empire de la loi du 25 janvier 1985, en matière [de] commissariat au plan de cession[1], mais res[te] d'actualité en matière de plan de sauvegarde.

De façon générale, le commissaire à l'exécuti[on] du plan qui agit contre un tiers ne peut le faire su[r le] fondement de la responsabilité contractuelle. Il d[oit] se placer sur le terrain de la responsabilité dél[ic]tuelle de l'article 1382 du code civil (devenu C. c[iv.,] art. 1240[2] – v. ss n° 521.34).

L'article L. 626-25, alinéa 5 du code (al. 6, r[éd.] loi de modernisation de la justice du XXIe siècle) p[ré]voit que le commissaire à l'exécution du plan « re[nd] compte au président du tribunal et au ministè[re] public du défaut d'exécution du plan ». En out[re], l'article R. 626-47, alinéa 1er du code étend [les] mentions du rapport du commissaire à l'exécution du plan à l'inexécution émanant de toute personne tenue de l'exécution du plan, et non plus seulement du débiteur, comme cela était le cas sous l'empire de la loi du 25 janvier 1985.

L'article R. 626-47, alinéa 1er du code prévoit que cette information sur l'inexécution du plan est faite par un rapport, qui doit être simultanément communiqué au président du tribunal et au ministère public.

L'article R. 626-47, alinéa 2 du code ajoute que le rapport contient les observations du chef d'entreprise et propose éventuellement les solutions qui seraient de nature à permettre l'exécution du plan. Il pourra s'agir, par exemple, d'un paiement mensuel des dividendes initialement prévus annuellement, et ce entre les mains du commissaire à l'exécution du plan, lequel les distribuera selon des périodicités identiques ou différentes aux créanciers. Le défaut d'établissement de ce rapport, que ne peut suppléer le dépôt des états trimestriels, expose le commissaire à l'exécution du plan à des sanctions d'ordre disciplinaire[3].

L'article L. 626-25, alinéa 5 (al. 6, réd. loi de modernisation de la justice du XXIe siècle) du code oblige également le commissaire à l'exécution du plan à informer de l'inexécution du plan le comité d'entreprise ou, à défaut, les délégués du personnel.

Outre le rapport spécial en cas d'inexécution du plan, le commissaire à l'exécution du plan devra faire un rapport annuel sur l'exécution des engagements du débiteur (C. com., art. R. 626-43). Le rapport devra être établi dans des délais raisonnables par rapport à chaque date anniversaire du plan[4]. Pour son établissement, le commissaire à l'exécution du plan se fera communiquer par le débiteur les informations utiles[5], y compris son bilan et informera le président du tribunal de toutes difficultés relatives à la communication de ces informations[6]. Ce rapport doit être déposé au greffe et tenu à la disposition des créanciers (C. com., art. R. 626-43). Le commissaire à l'exécution du plan doit le communiquer au ministère public (C. com., art. R. 626-43). En outre, ce dernier texte fait également obligation au commissaire à l'exécution de mentionner, dans son rapport, les paiements et répartitions auxquels il a procédé.

La mission de surveillance de l'exécution du plan est la raison d'être du commissaire à l'exécution du plan. Cependant, le code de commerce lui attribue qualité pour certaines autres actions.

521.32 Missions légales spéciales du commissaire à l'exécution du plan. Le commissaire à l'exécution du plan donne son avis sur toute demande de modification du plan (C. com., art. L. 626-26, al. 2 - al. 3, réd. loi de modernisation de la justice du XXIe siècle). Il peut former appel de la décision statuant sur la modification du plan (C. com., art. L. 661-1, 3°, réd. L. 26 juill. 2005[7], devenu C. com., art. L. 661-1, I, 7°, réd. ord. 18 déc. 2008). Il a qualité pour demander la résolution du plan (C. com., art. L. 626-27, II).

Il peut agir en nullité de la période suspecte (C. com., art. L. 632-4).

Le commissaire à l'exécution du plan peut encore se constituer partie civile dans le cadre d'instances pénales pour banqueroute[8] (C. com., art. L. 654-17).

1. Com. 20 mai 1997, nos 93-20.861, 93-20.862, *Bull. civ.* IV, n° 148; *LPA* 28 févr. 1998, n° 23, p. 16, note Derrida; *Quot. Jur.* 15 juill. 1997, p. 2, note P. M.; *D.* 1998. Somm. 11, obs. Derrida – Com. 6 juill. 1999, n° 96-16.486, NP – Com. 29 févr. 2000, n° 97-16.651, NP, *RJDA* 2000/6, n° 695; *RTD com.* 2001. 217, obs. Saint-Alary-Houin – Com. 13 mars 2007, n° 05-21.429, NP; n° 446 F-D – Com. 22 janv. 2008, n° 06-18.563, NP, *Rev. proc. coll.* 2009/1, p. 25, n° 8, note Fraimout – Paris, 5e ch. B, 10 juin 2004, RG n° 2002/3564.
2. DEPUIS le 1er oct. 2016 : Ord. n° 2016-131, 10 févr. 2016, *JO* 11 févr.
3. Com. 8 juill. 2003, n° 00-21.473, *Bull. civ.* IV, n° 125; *JCP E* 2004. Chron. 151, n° 6, obs. M. Cabrillac; *RTD com.* 2003. 812, n° 3, obs. Saint-Alary-Houin.
4. IFPPC 1999, recomm. n° 5030-2, p. 108.
5. IFPPC 1999, recomm. n° 5030-1, p. 107.
6. IFPPC 1999, recomm. n° 5060, p. 110.
7. L. n° 2005-845, 26 juill. 2005, préc.
8. AINSI : Crim. 19 nov. 2008, n° 08-82.013, NP; n° 6439 F-D; *Gaz. proc. coll.* 2009/2, p. 51, n° 2, note Robaczewski.

521.33 Actions engagées par le mandataire judiciaire ou l'administrateur judiciaire et poursuivies par le commissaire à l'exécution du plan. L'article L. 626-25, alinéa 2 du code de commerce (al. 3, réd. L. 12 juill. 2016, art. 50, VI, 11°) indique que « les actions introduites avant le jugement qui arrête le plan, et auxquelles l'administrateur ou le mandataire judiciaires sont parties, sont poursuivies par le commissaire à l'exécution du plan ».

L'action doit être introduite par un organe compétent avant l'arrêté du plan. Tel n'est pas le cas d'une action en responsabilité pour rupture abusive de crédit engagée par l'administrateur judiciaire, alors que la qualité à agir appartenait au mandataire judiciaire, défenseur de l'intérêt collectif des créanciers. En conséquence, cette action ne peut être poursuivie par le commissaire à l'exécution du plan[1]. Tel n'est pas davantage le cas d'une action en responsabilité contractuelle engagée par l'administrateur judiciaire seul alors qu'il avait une mission d'assistance[2].

Si le mandataire judiciaire intervient volontairement dans une instance en responsabilité contractuelle engagée par le débiteur et une caution contre une banque, sur le fondement de l'article 1382 du code civil (devenu C. civ., art. 1240[3]), aux fins de défendre l'intérêt collectif des créanciers, le commissaire à l'exécution du plan, qui déclare, en cause d'appel, reprendre cette instance, ne présente pas devant la cour d'appel une demande nouvelle, puisqu'il ne fait que poursuivre l'action engagée par le défenseur de l'intérêt collectif des créanciers[4]. Le commissaire à l'exécution du plan qui dépose des conclusions d'appel dans une instance engagée par le mandataire judiciaire en reprenant exactement les prétentions de ce dernier poursuit l'action en vertu de son pouvoir légal de substitution. Il ne peut donc être considéré qu'il intervient volontairement de façon accessoire à l'instance[5].

L'action engagée contre l'administrateur ou le débiteur pendant la période d'observation devra être ursuivie contre le commissaire à l'exécution du an. Il en résulte que, jusqu'à sa mise en cause, il y nterruption de l'instance[6]. Ainsi, si dans une insnce, l'administrateur ou le mandataire judiciaire a qualité de défendeur, identiquement le commisre à l'exécution du plan aura qualité pour défenà cette action[7], en précisant alors en quelle quail intervient[8]. Il en sera par exemple ainsi en cas chèvement prématuré de la mission de vérifica du passif du représentant des créanciers, alors une instance est encore en cours. Il a été jugé que procédure de vérification et d'admission de la cnce est poursuivie par le commissaire à l'exécuti du plan[9], ou par le mandataire spécial, si le commissaire à l'exécution du plan a cessé ses fonctions[10]. La solution, posée sous l'empire de la loi du 25 janvier 1985[11], est cependant curieuse dans la nesure où le représentant des créanciers aurait ncore dû être en fonction, tant que des instances ır l'admission des créances sont en cours. La loi de uvegarde des entreprises[12] prévoit d'ailleurs explitement désormais la solution, car l'article L. 626-, alinéa 2 du code dispose désormais que « le andataire judiciaire demeure en fonction pendant temps nécessaire à la vérification et à l'établisseent définitif de l'état des créances ».

Le domaine de la disposition est très clair. L'articL. 626-25 du code ne concerne pas les instances ecours à la date d'ouverture de la sauvegarde. Le commissaire à l'exécution du plan ne peut donc pursuivre une action engagée, alors que le débiteur étt *in bonis*[13]. Le commissaire à l'exécution du plan a ependant qualité pour former tierce opposition à

1. Com. 5 janv. 1999, nos 96-20.591, 96-20.621, *Bull. civ.* IV, no 3; *RJ com.*, 1999, no 10, p. 414, note Courtier; *LPA* 26 janv. 1999, no 18, p. 8, note P. M.; *D. Affaires* 1999. 219, obs. Lienhard; *RTD com.* 1999. 476, obs. M. Cabrillac; *Rev. proc. coll.* 2002, p. 118, no 2, obs. Martin-Serf.
2. Com. 3 nov. 2015, no 13-25.510, NP; no 934 F-D; *Gaz. Pal.* 19 janv. 2016, no 3, p. 59, note Bidan.
3. DEPUIS le 1er oct. 2016 : Ord. no 2016-131, 10 févr. 2016, préc.
4. Com. 11 mai 2010, nos 09-12.906, 09-13.347, NP; no 506 F-D; *Gaz. Pal. entr. diff.* 15-16 oct. 2010, p. 35, note Routier; *Rev. proc. coll.* 2011, comm. 21, note Martin-Serf; *RD banc. fin.* 2010, p. 86, no 207, note Crédot et Samin.
5. Com. 16 déc. 2014, no 13-25.066, *Bull. civ.* IV [à paraître]; no 1116 F-P+B; *Act. proc. coll.* 2015/4, comm. 50, note Rolland; *Rev. sociétés* 2015. 204, note Henry; *JCP E* 2015, chron. 1204, no 4, obs. Pétel.
6. Paris, 15e ch. B, 4 mai 1990, *Rev. proc. coll.* 1991, 304, no 17, obs. Soinne – *Adde*, IFPPC 1999, recomm. nos 5020-1, 5020-3, p. 106.
7. Soc. 23 janv. 2002, no 99-43.093, NP, *Act. proc. coll.* 2002/7, no 87 – Soc. 20 juin 2002, no 00-45.094, NP, *Act. proc. coll.* 2002/15, no 192 – Com. 2 juin 2004, no 01-13.078, *Bull. civ.* IV, no 109.
8. IFPPC 1999, recomm. no 4010-2, p. 93.
9. Com. 25 oct. 1994, no 92-15.654, *Bull. civ.* IV, no 313.
10. Com. 25 oct. 1994, no 92-15.654, préc.
11. L. no 85-98, 25 janv. 1985, préc.
12. L. no 2005-845, 26 juill. 2005, préc.
13. Com. 22 juin 1993, no 91-14.858, *Bull. civ.* IV, no 262; *Rev. proc. coll.* 1994, 219, no 34, obs. Soinne; *D.* 1994. Somm. 39, obs. Derrida – Com. 17 mai 1994, no 91-20.083, *Bull. civ.* IV, no 178; *D.* 1995. 124, note Larroumet; *Rev. proc. coll.* 1995, 127, no 8, obs. Soinne – Civ. 3e, 16 juin 1999, no 97-15.461, *Bull. civ.* III, no 145; *LPA* 3 mars 2000, no 45, p. 17, note Gallet – Com. 17 juill. 2001, no 98-18.438, NP, *Act. proc. coll.* 2001/17, no 229 – Com. 8 juill. 2003, no 01-01.036, NP, *Act. proc. coll.* 2003/19, no 248 – Com. 12 juill. 2004, no 02-19.430, NP – Com. 13 mars 2007, no 05-12.540, NP; no 475 F-D – Paris, 5e ch. A, 8 oct. 2003, RG no 2002/07712 – Paris, 15e ch. B, 15 oct. 2004, RG no 03/13813, *RD banc. fin.* 2005, p. 27, no 57, note Lucas – Versailles, 12e ch., 2e sect., 20 janv. 2005, RG no 2003/05366, *Rev. sociétés* 2006. 173, note Sortais.

l'encontre de l'arrêt ayant confirmé une décision d condamnation du débiteur, alors que l'assignatio avait été lancée avant le jugement d'ouverture par l société débitrice, sa condamnation résultant du je de la compensation[1]. Il était en effet resté tiers cette décision. Un arrêt semble également admett la possibilité pour le commissaire à l'exécution d plan – en l'occurrence un plan de cession so l'empire de la loi du 25 janvier 1985 – et à sa su pour le mandataire spécial, de continuer une acti en responsabilité entamée par le débiteur avant jugement d'ouverture de sa procédure, mais à condition que le représentant des créanciers ne se st pas contenté, pendant la période d'observatin, d'intervenir à l'instance, mais ait effectivement reris l'instance, dans sa mission de défense de l'intérêt collectif des créanciers[2]. La solution est reconductible dans le domaine du plan de sauvegarde.

521.34 Extension jurisprudentielle de la mission du commissaire à l'exécution du plan sou l'empire de la législation antérieure à la loi de sau vegarde des entreprises[3] – Possibilité d'engagemen des actions en responsabilité civile délictuelle Impossibilité d'engager des actions en responsabili contractuelle. On a vu que l'article L 621-68, alinéa du code de commerce (anc[t] L. 25 janv. 1985[4], art. 6 al. 2) prévoit la possibilité pour le commissai l'exécution du plan de poursuivre les instancs introduites par le représentant des créanciers l'administrateur avant l'arrêté du plan. Malgré limpidité du texte, la jurisprudence a varié sur question.

Dans le domaine des actions en responsabité civile, la Cour de cassation nous semblait avoir psé une distinction, réfutée par une partie de la doctrine[5].

Elle déclare irrecevable l'action engagée par le commissaire à l'exécution à l'encontre d'un partenaire contractuel du débiteur, sur le fondement de la responsabilité contractuelle car le commissaire à l'exécution n'a pas qualité pour représenter la personne morale débitrice[6]. Le commissaire à l'exécution du plan succède ici au mandataire judiciaire, lequel n'aurait pas eu le droit d'agir en responsabilité contractuelle contre un partenaire du débiteur[7]. Peu importe que le commissaire à l'exécution se fonde, en apparence sur *la responsabilité délictuelle*, dès lors qu'il ne fait, en réalité, que demander la réparation du préjudice contractuel du débiteur[8]. Il en est tiré la conséquence que le commissaire à l'exécution du plan est irrecevable à former un contredit sur la décision ayant admis la compétence du tribunal arbitral pour connaître de la demande indemnitaire[9]. Il est également jugé qu'une action tendant à obtenir condamnation au paiement de sommes au seul profit de la débitrice, à charge pour elle d'en reverser une partie aux créanciers, en vertu d'une transaction à laquelle n'ont pas participé l'ensemble des créanciers, ne peut s'analyser en une action tendant à la défense de l'intérêt collectif des créanciers, de sorte qu'elle est irrecevable si elle est exercée par le commissaire à l'exécution du plan[10].

En revanche, la Cour de cassation reconnaît qualité au commissaire à l'exécution du plan, au visa de l'article L. 621-68, alinéa 2 du code de commerce, pour engager une action en responsabilité délictuelle contre un tiers tendant à la défense de l'intérêt collectif des créanciers[11], et cela même si le préjudice allégué né de la perte de chiffre d'affaires s'est manifesté partiellement après l'ouverture de la procédure collective[12]. Le pouvoir d'engager l'action revient à reconnaître à l'intéressé un droit propre. Il en résulte que, même si l'action principale est irrecevable, son intervention volontaire restera valable, du fait de son droit propre, le sort de l'intervention principale n'étant pas liée à celui de l'action principale, lorsque l'intervenant principal se prévaut d'un droit propre[13]. Une solution contraire a été posée par une juridiction, qui a jugé l'action en responsabilité irrecevable, alors qu'elle avait été introduite par le débiteur revenu *in bonis* après arrêté de son plan de continuation et que le commissaire à l'exé-

1. Com. 24 mai 2005, n° 03-17.435, NP.
2. Com. 1er avr. 2008, n° 06-22.183, NP; n° 455 F-D; *Rev. proc. coll.* 2008, p. 51, n° 53, note Gorrias; *Rev. proc. coll.* 2009/1, p. 25, n° 8, note Fraimout.
3. L. n° 2005-845, 26 juill. 2005, préc.
4. L. n° 85-98, 25 janv. 1985, préc.
5. AINSI : Vallansan, note s[s] Com. 4 juin 2013, n° 12-16.366, *Act. proc. coll.* 2013/11, comm. 155.
6. Com. 4 juill. 2000, n° 96-22.189, NP, *RJDA* 2001/1, n° 52 – Com. 4 juin 2013, n° 12-16.366, *Bull. civ.* IV, n° 95; n° 562 F-P+B; *D.* 2013. Pan. 2367, obs. Lucas; *Gaz. Pal.* 29 sept. 2013, n° 272, p. 24, note Lebel; *Act. proc. coll.* 2013/11, comm. 155, note Vallansan – Paris, 25e ch. B, 9 nov. 2007, RG n° 2004/18057.
7. Lucas, note s[s] Com. 4 juin 2013, n° 12-16.366, *D.* 2013. Pan. 2368, obs. Lucas.
8. Com. 4 juin 2013, n° 12-16.366, préc. (v. s[s] prés[t] n°).
9. Com. 4 juin 2013, n° 12-16.366, préc. (v. s[s] prés[t] n°).
10. Com. 8 nov. 2011, n° 10-20.626, NP; n° 1101 F-D; *D.* 2011. Actu. 2864, obs. Lienhard; *Gaz. Pal. entr. diff.* 21 janv. 2012, n° 20, p. 17, note Bidan.
11. Com. 12 juill. 1994, n° 92-14.349, *Bull. civ.* IV, n° 265; *D.* 1995. Somm. 1, obs. Derrida; *Rev. proc. coll.* 1995, 125, n° 6, obs. Soinne – Com. 23 nov. 1999, n° 97-15.553, NP, *Act. proc. coll.* 2000/1, n° 13; *RTD com.* 2001. 217, obs. Saint-Alary-Houin – Com. 26 janv. 2010, n° 08-16.959, NP; n° 100 F-D; *Gaz. Pal. entr. diff.* 16-17 avr. 2010, n°s 106, 107, p. 28, note Lebel; *Rev. proc. coll.* 2010/3, comm. 122, note Martin-Serf.
12. Com. 26 janv. 2010, n° 08-16.959, préc. (v. s[s] prés[t] n°).
13. Com. 29 oct. 2002, n° 97-22.542, *Bull. civ.* IV, n° 154; *D.* 2002. AJ 3143; *Act. proc. coll.* 2002/19, n° 245; *Act. proc. coll.* 2003/1, n° 1, obs. Cagnoli – Com. 27 mai 2003, n° 99-18.472, NP.

cution du plan était intervenu volontairemer l'instance[1].

De la façon la plus nette, la Cour de cassatio ensuite, par un arrêt qui aurait mérité une plus la diffusion, clairement posé en règle que le comm saire à l'exécution du plan, qui ne représente pas débiteur, ne peut agir [ou en l'occurrence interver dans une action] en responsabilité contractuel mais tient de la loi, en revanche, la qualité à agir responsabilité délictuelle contre des tiers[2], puisqu'el est le défenseur de l'intérêt collectif des créancier Elle juge ainsi que le commissaire à l'exécution d plan ne peut intervenir dans une action en annula tion d'une clause d'intérêts, seul le débiteur red venu par l'effet de l'adoption du plan maître de se droits, ayant qualité à agir[3].

Le pouvoir ainsi reconnu au commissaire à l'exé cution du plan d'introduire des actions en respon sabilité civile délictuelle contre les tiers l'autoris symétriquement à renoncer à pareilles actions. Encor faudra-t-il qu'il soit intervenu à un acte emportan cette renonciation en cette qualité, non en cell d'administrateur judiciaire[4], puisque la renoncia tion à engager de telles actions de la part de ce der nier, qui n'a pas qualité pour les engager, est évi demment dépourvue d'effet à l'égard du liquidateu (v. s[s] n° 611.33).

La solution de la Cour de cassation contrari ouvertement la lettre des textes, qui n'autorise pa l'engagement d'une action par le commissaire l'exécution du plan, mais seulement sa poursuite.

On peut comprendre qu'il soit choquant qu'une action en responsabilité contre les tiers – car c'est le terrain de prédilection de cette jurisprudence –, ne puisse pas être menée. Le responsable est le mandataire de justice ayant en charge la défense de l'intérêt collectif des créanciers, qui n'a pas eu la diligence nécessaire pour entamer l'action avant arrêté du plan. Cette carence ne doit, en tout cas, pas conduire la jurisprudence à une interprétation contraire à la lettre de la loi.

En outre, la Cour de cassation fait ouvertement du commissaire à l'exécution du plan, et cela sans aucun fondement légal, un organe de défense de l'intérêt collectif des créanciers[5], ce qui lui permet, par exemple, de déclarer recevable l'introduction d'une action paulienne[6]. La constitution de partie civile du commissaire à l'exécution ne fait pas difficulté si elle a pour objet une infraction visée par les dispositions du droit des procédures collectives (v. s[s] n° 521.32). Mais la jurisprudence admet aussi l'engagement d'une action civile pour les infractions non visées par les dispositions spécifiques du droit des procédures collectives. La solution a été posée, par exemple, en matière de présentation de faux bilans[7].

La mission précise du commissaire à l'exécution du plan, au regard du texte légal, n'était pourtant pas celle de défendre l'intérêt collectif des créanciers.

La limitation dans les pouvoirs du commissaire à l'exécution du plan est toutefois posée, au regard de certaines actions pour lesquelles la jurisprudence refuse de reconnaître qualité à engager l'action au commissaire à l'exécution du plan. Une décision évoque ainsi les attributions du commissaire à l'exécution du plan comme devant s'exercer « dans un cadre légal strictement défini »[8]. C'est ainsi qu'il ne lui est pas reconnu qualité pour critiquer le montant de la compensation opposée au débiteur[9]. De même, il ne lui a pas été reconnu qualité pour agir en annulation d'un protocole transactionnel signé entre le débiteur *in boni* et un cocontractant[10].

521.35 Consécration par la loi du 26 juillet 2005[11] de la possibilité pour le commissaire à l'exécution du plan d'engager des actions en responsabilité contre les tiers. La possibilité pour le commissaire à l'exécution du plan d'engager des actions en responsabilité civile délictuelle contre les tiers est consacrée par la loi du 26 juillet 2005. La solution résulte désormais de l'article L. 626-25, alinéa 3 du code (al. 4, réd. loi de modernisation de la justice du XXIe siècle), qui prévoit que « le commissaire à l'exécution du plan est également habilité à engager des actions dans l'intérêt collectif des créanciers ». La loi du 26 juillet 2005 consacre donc, purement et simplement, la jurisprudence de la Cour de cassation. Le commissaire à l'exécution du plan succède ainsi pleinement au mandataire judiciaire dans le cadre

1. Nîmes, 2e ch. B, 8 avr. 2004, RG n° 02/04678, *RD banc. fin.* 2004, p. 414, n° 254, obs. Lucas.
2. Com. 24 mars 2015, n° 14-11.591, NP; n° 309 F-D; *Gaz. Pal.* 21 juill. 2015, n° 200, p. 17, note Lebel; *LXB hebdo* 16 avr. 2015, n° 420, note Le Corre.
3. Com. 24 mars 2015, n° 14-11.591, préc.
4. Com. 4 janv. 2005, n° 02-21.082, NP.
5. Com. 2 juin 2004, n° 01-13.078, *Bull. civ.* IV, n° 109; *D.* 2004. AJ 1974.
6. Com. 13 nov. 2001, n° 98-18.292, *Bull. civ.* IV, n° 178; *D.* 2001. AJ 3617, obs. Lienhard; *Act. proc. coll.* 2002/1, n° 1, obs. Blanc; *RJDA* 2002/3, n° 274, p. 232; *Dr. et patr.* 2002, n° 103, p. 100, obs. Monsérié-Bon; *RD banc. fin.* 2002, n° 62, p. 79, obs. Lucas – Com. 9 juill. 2002, n° 99-13.647, NP, *Act. proc. coll.* 2002/17, n° 216.
7. Crim. 17 nov. 2004, n° 03-82.657, *Bull. crim.* n° 291; *D.* 2005. AJ 566, obs. Lienhard; *Rev. sociétés* 2005. 433, note Bouloc; *Dr. sociétés* 2005, n° 58, note Salomon.
8. Aix-en-Provence, 10 nov. 1992, *D.* 1994. Somm. 41, obs. Derrida.
9. Com. 6 juill. 1999, n° 97-13.080, NP.
10. Paris, 25e ch. A, 26 sept. 2003, RG n° 2002/10343.
11. L. n° 2005-845, 26 juill. 2005, préc.

de la défense de l'intérêt collectif des créanciers. Il devient, après l'arrêté du plan, le seul et authentique organe de défense de l'intérêt collectif des créanciers[1].

Il a été dit, à l'occasion des travaux parlementaires, qu'« il s'agirait d'une compétence nouvelle »[2]. La règle n'est donc, à notre sens, nullement interprétative, même si elle ne fait que consacrer la jurisprudence, dans la mesure où cette dernière était *contra legem*, audacieuse dira-t-on par euphémisme[3].

521.36 Accomplissement personnel de la mission du commissaire à l'exécution du plan. Comme elle l'avait fait pour l'administrateur et le mandataire judiciaires, l'ordonnance du 18 décembre 2008[4] avait opéré un glissement en partie VI du code de commerce des dispositions de la partie VIII du code de commerce relatives à l'obligation personnelle d'accomplissement des tâches confiées aux mandataires de justice. L'article L. 626-25, alinéa 1er *in fine* opérait en ce sens un renvoi à l'article L. 621-4-1, ce texte prévoyant, pour sa part, l'obligation personnelle d'accomplissement des tâches confiées au mandataire et à l'administrateur judiciaires (ord. 18 déc. 2008, art. 62). Cette dernière disposition a été abrogée par l'ordonnance du 30 janvier 2009[5] (art. 11-1), en raison de l'inesthétique et dangereux doublon avec les articles L. 811-1, alinéa 2 et 3 et L. 812-1, alinéa 2 et 3 du code, contenant déjà ces règles. En conséquence, seuls restent applicables les articles L. 811-1 et L. 812-1 du code, qui sont suffisants pour poser le principe d'exécution personnel par le commissaire à l'exécution du plan de sa mission.

Sur autorisation du président du tribunal, le commissaire à l'exécution du plan peut être autorisé à recourir à un tiers pour l'exécution de sa mission. Ce tiers doit alors être rémunéré sur les honoraires alloués au commissaire à l'exécution du plan.

SECTION 521.40 RÉMUNÉRATION DU COMMISSAIRE À L'EXÉCUTION DU PLAN SOUS L'EMPIRE DE LA LOI DU 25 JANVIER 1985

521.41 Règles de rémunération du commissaire à l'exécution du plan sous l'empire de la législation antérieure à la loi de sauvegarde des entrepri-s La rémunération du commissaire à l'exécution plan est fixée par le décret du 27 décembre 5[7].

est prévu une rémunération pour ses fonctions contrôle et de surveillance calculée selon le taux base de l'article 3 (D. 27 déc. 1985, art. 8), qui fonction du nombre de salariés dans l'entreprise jour de l'arrêté du plan. Le taux de base est fixé à euros. Cette rémunération intègre la surveillance respect par le locataire-gérant des engagements sés à l'article L. 621-98 du code de commerce nct L. 25 janv. 1985[8], art. 95).

21.41-1 DÉTERMINATION DU TAUX DE BASE

Nombre de salariés employés dans l'entreprise à la date d'arrêté du plan	Nombre de taux de base (69 € par taux de base)
De 0 à 19	5 à 10
De 20 à 49	7 à 15
De 50 à 99	12 à 25
De 100 à 199	20 à 40
De 200 à 299	30 à 60
De 300 à 499	40 à 80
De 500 à 749	60 à 100
De 750 à 999	80 à 120

Ce barème est écarté lorsque l'entreprise emploie, la date d'arrêté du plan, au moins 1 000 salariés. La rémunération du commissaire à l'exécution du plan est alors arrêtée par le président du tribunal, après avis du juge-commissaire. Le mandataire devra justifier de ses diligences (D. 27 déc. 1985[9], art. 8, al. 4).

Si l'entreprise emploie plus de 750 salariés à la date du jugement arrêtant le plan, le commissaire à l'exécution du plan peut solliciter du président du tribunal qu'il arrête sa rémunération si elle apparaît insuffisante au regard du travail accompli, dans les mêmes conditions que lorsque l'entreprise emploie au moins 1 000 salariés (D. 27 déc. 1985, art. 8, al. 4).

Si l'application du barème conduit à une rémunération insuffisante au regard du travail effectué, le commissaire à l'exécution du plan peut demander au président du tribunal, après avis du juge-commissaire, qu'il fixe sa rémunération dans la tranche supérieure du barème. Le mandataire devra justifier de ses diligences (D. 27 déc. 1985, art. 8, al. 5), ce qui semble présupposer qu'il ait accompli des diligences particulières[10]. Tel n'est pas le cas de la

1. AUSSI : Blanc-Jouvan, « Du plan de sauvegarde », *LPA* n° sp. 8 févr. 2006, n° 28, p. 74 s., sp. p. 84, 85.
2. *Rapp. J.-J. Hyest*, n° 335, p. 286.
3. SAINT-ALARY-HOUIN, 9e éd., n° 970 – Lucas, Lucas et Lécuyer (dir.), *La réforme des procédures collectives...*, Lgdj, 2006, p. 217.
4. Ord. n° 2008-1345, 18 déc. 2008, préc.
5. Ord. n° 2009-112, 30 janv. 2009, *JO* 31 janv., p. 1854.
6. L. n° 2005-845, 26 juill. 2005, préc.
7. D. n° 85-1390, 27 déc. 1985, *JO* 29 déc., p. 15304.
8. L. n° 85-98, 25 janv. 1985, préc.
9. D. n° 85-1390, 27 déc. 1985, préc.
10. IFPPC 1999, recomm. n° 8650-2, p. 280.

réception des dividendes par le commissaire à l'exécution du plan et de son reversement aux créanciers, dès lors que le versement par douzième émanant du débiteur intervient par prélèvement automatique[1]. La perception et le reversement des dividendes ne sont en effet qu'une modalité d'exécution du plan, ces tâches n'excédant pas notablement les diligences du commissaire à l'exécution du plan telles qu'elles résultent de la loi[2].

Inversement, le président du tribunal, après avis le cas échéant du juge-commissaire, fixera une rémunération comprise dans la tranche inférieure si l'application du barème conduit à une rémunération excessive en regard du travail accompli (D. 27 déc. 1985, art. 8, al. 6).

> **Application aux procédures en cours de l'article R. 663-31 du code de commerce.** L'article 76, II, alinéa 2 du décret du 23 décembre 2006[3] rend applicable, dès le 29 décembre 2006, aux procédures ouvertes avant le 1er janvier 2006, et non clôturées le 29 décembre 2006, l'article 18 du décret du 27 décembre 1985, dans sa rédaction nouvelle (devenu C. com., art. R. 663-31). Il faut donc comprendre que la rémunération du commissaire à l'exécution du plan, qui dépasse 75 000 euros hors taxes, sera arrêtée en considération des frais engagés et des diligences accomplies par lui, sans qu'il puisse être fait référence au tarif. Dans cette hypothèse, la rémunération du commissaire à l'exécution du plan ne pourra être inférieure à 75 000 euros hors taxes.

Le magistrat, qui va déterminer la rémunération, devra le faire en tenant exclusivement compte des diligences accomplies. Ce magistrat ne sera plus, en ce cas, le président du tribunal ou son délégué, mais un magistrat de la cour d'appel délégué à cette fin par le premier président de la cour d'appel. Le magistrat s'appuiera sur une proposition du juge-commissaire, et statuera au vu d'un état de frais et d'un état descriptif des diligences accomplies par le mandataire. Il devra recueillir l'avis du ministère public et celui du débiteur.

La décision du magistrat de la cour d'appel peut être frappée de recours devant le premier président de la cour d'appel par le débiteur, le ministère public et par le commissaire à l'exécution du plan concerné.

Afin de dissiper toute incertitude, le décret du 23 décembre 2006 précise, de manière redondante par rapport au principe de solution, que les demandes d'arrêté de rémunération au-delà des barèmes qui sont en cours – qui n'ont pas donné lieu à une décision dit le texte (D. 23 déc. 2006, art. 76, II, al. 1er) – sont transmises à la cour d'appel. La solution posée pour le commissaire à l'exécution du plan de continuation vaut également pour le commissaire à l'exécution du plan de cession (D. 23 déc. 2006, art. 76, II, al. 2).

521.42 Règles de rémunération du commissaire à l'exécution spécifiques au plan de continuation sous l'empire de la législation antérieure à la loi de sauvegarde des entreprises. Le commissaire à l'exécution du plan a droit à une rémunération, pour la distribution du prix de vente d'un bien grevé de sûreté, que la vente soit intervenue pendant la période d'observation ou pendant le plan de continuation (D. 27 déc. 1985[4], art. 9). Cette rémunération est due lorsque, après levée de l'inaliénabilité frappant des biens, ceux-ci sont vendus et que le prix de cession est réparti par le commissaire à l'exécution du plan[5]. Sa rémunération est fixée par le président du tribunal, après avis du juge-commissaire. Il est conseillé aux mandataires d'un même tribunal d'élaborer avec celui-ci un barème indicatif[6].

SECTION 521.50
RÉMUNÉRATION DU COMMISSAIRE À L'EXÉCUTION DU PLAN SOUS L'EMPIRE DE LA LÉGISLATION DE SAUVEGARDE DES ENTREPRISES

521.51 Règles générales de rémunération du commissaire à l'exécution du plan. L'article L. 663-2 du code de commerce est la base légale les dispositions réglementaires fixant les modalités de rémunération du commissaire l'exécution du plan. On rappellera que cette disposition exclut toute rémunération ou remboursement de frais qui ne sont pas prévus dans le tarif.

En application de l'article L. 663-2 du code de commerce, le décret du 23 décembre 2006[7] a modifié les règles de rémunération des mandataires de justice (v. aussi s^s^ n°s 352.11 s.). Son article 16 intéresse spécialement la rémunération du commissaire à l'exécution du plan.

Reprenant l'idée générale ayant inspiré le pouvoir réglementaire, l'article 16 du décret s'attache à rémunérer, de façon juste, toutes les missions confiées au commissaire l'exécution du plan. Cela justifie la rémunération de tâches ponctuelles, qui constitue autant de sources de nouvelles rémunérations

1. Com. 10 juin 2008, nº 06-21.923, NP; nº 681 F-D; *Gaz. proc. coll.* 2008/3, p. 37, note Bidan.
2. Com. 10 juin 2008, nº 06-21.923, préc. (v. s^s^ prést nº).
3. D. nº 2006-1709, 23 déc. 2006, *JO* 29 déc., p. 19846.
4. D. nº 85-1390, 27 déc. 1985, préc.
5. Com. 3 juill. 2007, nº 06-12.718, NP; nº 937 F-D; *Gaz. proc. coll.* 2007/4, p. 36, note Gorrias.
6. IFPPC 1999, recomm. nº 8650-3, p. 280.
7. D. nº 2006-1709, 23 déc. 2006, préc.

pour le commissaire à l'exécution du plan. Il en est ainsi de la rémunération de l'assistance à la modification du plan, de la présentation d'une demande de résolution du plan, de la mission de perception et de répartition des dividendes du plan ou encore de la mission relative à l'établissement de la liste des créances postérieures privilégiées.

Pour assurer une couverture complète de la rémunération, l'article R. 663-14 du code de commerce commence par allouer des honoraires annuels pour la mission générale de commissariat au plan, laquelle englobe un certain nombre de tâches décrites dans cet article.

Il importe de remarquer que, de façon générale, les honoraires du commissaire à l'exécution du plan ne sont acquis qu'après l'accomplissement des missions.

Aucun acompte ni aucune provision ne pourront être perçus par le commissaire à l'exécution du *plan*[1]. Une fois que la rémunération sera acquise au commissaire à l'exécution du plan, elle pourra être arrêtée par le président de la juridiction, et seulement ensuite être perçue (C. com., art. R. 663-34, al. 2).

Contrairement à la solution posée pour l'administrateur judiciaire (C. com., art. R. 663-13) ou le liquidateur (C. com., art. R. 663-31), les textes ne prévoient pas un montant de rémunération au-delà duquel il ne serait plus fait application des barèmes. Une réserve concerne toutefois la rémunération sur la perception et la répartition des dividendes (v. s[s] n° 521.53).

Le décret du 26 février 2016[2] a apporté des correctifs, qui ont été examinés (v. s[s] n°s 353.11 à 353.18). Contentons-nous ici d'indiquer que l'article L. 444-2, alinéa 1 du code de commerce précise que « Les tarifs mentionnés à l'article L. 444-1 prennent en compte les coûts pertinents du service rendu et une rémunération raisonnable, définie sur la base de critères objectifs ». L'alinéa 2 de l'article L. 444-2 envisage une possibilité de péréquation des tarifs applicables à l'ensemble des prestations servies. Cette péréquation a pour objet de favoriser l'accès aux prestations et l'installation des professionnels sur l'ensemble du territoire. Elle va permettre, au sein de chaque étude, de contribuer à la couverture des coûts pertinents supportés par les mandataires de justice et de dégager une rémunération raisonnable au titre d'autres prestations ou de l'ensemble des prestations servies par ces professionnels. Enfin, les rémunérations dues au commissaire à l'exécution ne seront plus fixées par décret, mais par des arrêtés ministériels susceptibles de révision tous les deux ans.

521.52 Rémunération annuelle de la fonction générale de commissariat à l'exécution du plan.

> Avant le décret du 26 février 2016[3]. L'article R. 663-14 alinéa 1er du code de commerce, dans la rédaction que lui a donnée l'article 16 du décret du 23 décembre 2006[4], prévoit le versement d'honoraires au commissaire l'exécution du plan, au terme de chaque année l'exécution du plan. Dans le souci de rémunérer toutes les diligences, l'article R. 663-14, alinéa 1er du code de commerce prend le soin de préciser à quoi se rapporte cette rémunération. Il s'agit de la mission de surveillance de l'exécution du plan, les actions engagées ou poursuivies dans l'intérêt collectif des créanciers, des actes permettant la mise en œuvre du plan et de l'élaboration du rapport annuel sur l'exécution du plan. Il faut donc considérer que le droit gradué prévu à l'article R. 663-14 du code de commerce rémunère, de façon générale, le commissariat au plan. On notera que cette rémunération intègre le travail lié aux actions servant à défendre l'intérêt collectif des créanciers, mission d'abord attribuée au commissaire à l'exécution du plan par la jurisprudence, puis législativement consacrée (v. s[s] n°s 521.34 et 521.35).

Cette rémunération consiste en un droit gradué tenant compte du nombre de salariés employés par le débiteur ou de son chiffre d'affaires. La solution contraste avec les dispositions réglementant antérieurement la rémunération du commissaire l'exécution du plan, laquelle était graduée en fonction seulement du nombre de salariés employés par le débiteur.

L'article R. 663-14, alinéa 1er du code de commerce renvoie à l'article R. 663-4 du même code pour le calcul de cette rémunération. La rémunération prévue à l'article R. 663-4 est celle due à l'administrateur judiciaire pour l'élaboration du diagnostic de la procédure (v. s[s] n° 352.32). Le nombre de salariés à prendre en compte, faute de précision particulière, est celui existant à l'ouverture de la procédure (C. com., art. R. 663-3, III-c). La solution n'est pas très logique, dans la mesure où le nombre moyen de salariés employés pendant l'exécution du plan sera généralement inférieur, du fait des licenciements intervenus[5]. Une quasi-invitation a d'ailleurs été faite à la jurisprudence pour qu'elle prenne en compte le nombre moyen de salariés pendant l'exécution du

1. Deharveng, « Le tarif des mandataires de justice, organes des procédures collectives », *JCP E* 2007. 1688, n° 90 – Houin-Bressand C. et Saint-Alary-Houin C., J.-CL. COM. fasc. 2238, [Organes – Commissaire à l'exécution du plan], 2011, n° 15.
2. D. n° 2016-230, 26 févr. 2016 relatif aux tarifs de certains professionnels du droit et au fonds interprofessionnel de l'accès au droit et à la justice, *JO* 28 févr.
3. D. n° 2016-230, 26 févr. 2016, préc.
4. D. n° 2006-1709, 23 déc. 2006, préc.
5. RAPPR. : Deharveng, art. préc., *JCP E* 2007. 1688, n° 74.

plan[1], ce qui est certes rationnellement fondé, mais juridiquement *contra legem*.

Le chiffre d'affaires à prendre en compte est déterminé par l'article R. 663-3, III, a du code de commerce. Il s'agit du chef d'affaires hors taxes, déterminé conformément aux dispositions du cinquième alinéa de l'article R. 123-200 du code de commerce (v. s[s] n° 352.33), qui s'apprécie à la date de clôture du dernier exercice comptable. Le renvoi opéré par l'article R. 663-14 du code de commerce à l'article R. 663-4, lequel oblige à se reporter à l'article R. 663-3, rend la lecture très difficile. L'exercice comptable à prendre en compte est-il celui précédant l'ouverture de la procédure ou celui précédant l'arrêté du plan de sauvegarde ou de redressement ? L'architecture de l'article R. 663-3 du code de commerce conduit à opter pour la clôture du dernier exercice comptable précédant l'ouverture de la procédure.

Si le débiteur relève de deux tranches différentes au titre du nombre de salariés ou au titre du montant du chiffre d'affaires, la tranche la plus élevée sera retenue, comme cela est précisé à l'article R. 663-4, alinéa 2 du code de commerce.

Une fois le renvoi opéré à l'article R. 663-4 du code de commerce, l'article R. 663-14 oblige à diviser par deux le résultat obtenu. Il faut donc comprendre que la rémunération générale du commissariat au plan sera égale à la moitié de la rémunération qui aurait été versée, en application des mêmes critères, à l'administrateur judiciaire pour l'élaboration du diagnostic.

La rémunération annuelle versée au titre de la fonction générale de commissariat au plan n'est acquise que sur justification du dépôt du rapport annuel, que doit établir le commissaire à l'exécution du plan à destination du président du tribunal (C. com., art. R. 663-14, al. 2).

> Depuis le décret du 26 février 2016. Le décret du 26 février 2016 conserve très exactement l'article R. 663-14 du code de commerce, tel qu'il résultait de la rédaction du décret du 23 décembre 2006. Il renvoie donc à l'article R. 663-4 du même code pour le calcul de cette rémunération. La rémunération prévue à l'article R. 663-4 est celle due à l'administrateur judiciaire pour l'élaboration du diagnostic. Comme auparavant, la rémunération générale du commissariat au plan sera égale à la moitié de la rémunération qui aurait été versée, en application des mêmes critères, à l'administrateur judiciaire pour l'élaboration du diagnostic. Or, cette rémunération a été modifiée par le décret du 26 février 2016 (v. s[s] n° 353.32). Le calcul sera donc fait par référence à cette nouvelle rémunération, qui résulte de l'arrêté du 28 mai 2016 (C. com., art. A. 663-14).

1. Deharveng, art. préc., *JCP E* 2007. 1688, n° 74.

1.52-1 Détermination du droit alloué pour la mission générale de commissariat au plan en application du décret du 23 décembre 2006

Nombre de salariés ou chiffre d'affaires	Droit alloué
à 5 salariés, 0 à 750 000 euros	500 euros
à 19 salariés, 750 001 euros à 3 000 000 euros	1 000 euros
0 à 49 salariés, 3 000 001 à 7 000 000 euros	2 000 euros
i0 à 149 salariés, 7 000 001 à 20 000 000 euros	4 000 euros
151 salariés et plus, 20 000 000 euros et plus	5 000 euros

521.52-2 Détermination du droit alloué pour la mission générale de commissariat au plan en application du décret du 26 février 2016

Nombre de salariés ou chiffre d'affaires	Droit alloué
0 à 5 salariés, 0 à 750 000 euros	475 euros
6 à 19 salariés, 750 001 euros à 3 000 000 euros	950 euros
20 à 49 salariés, 3 000 001 à 7 000 000 euros	1 900 euros
50 à 149 salariés, 7 000 001 à 20 000 000 euros	3 800 euros
151 salariés et plus, 20 000 000 euros et plus	4 750 euros

521.53 Honoraires de perception et de répartition des dividendes. Sous l'empire de la législation antérieure à la loi de sauvegarde des entreprises[2], les commissaires à l'exécution du plan se voyaient fréquemment confier par les juridictions la mission de percevoir et de répartir les dividendes.

Cette pratique a été consacrée législativement (C. com., art. L. 626-21, al. 1er). Tenant compte de cette mission nouvelle, l'article R. 663-16 du code de commerce alloue une rémunération, à ce titre, au commissaire à l'exécution du plan.

Ce droit est calculé soit sur le montant les sommes encaissées par les créanciers, soit, à défaut d'encaissement, sur le montant des sommes consignées à la Caisse dépôts et consignations, au cours de chaque année d'exécution du plan.

Le calcul de cette rémunération est annuel. Pour y procéder, il convient d'envisager deux hypothèses.

Dans la première, le commissaire à l'exécution du plan, au terme de chaque année, aura effectivement perçu et distribué des dividendes. La rémunération au titre de la mission de perception et de répartition des dividendes ne sera acquise qu'au terme de chaque année d'exécution du plan, lorsque les dividendes auront effectivement été encaissés. À cet égard,

2. L. n° 2005-845, 26 juill. 2005, préc.

il a été dit que « la simple émission d'un moe paiement de donne pas droit à rémunération

Dans la seconde, le commissaire à l'exécuti plan aura consigné à la Caisse des dépôts et c gnations certaines sommes correspondantes dividendes qui n'ont pas pu être répartis. Cette signation ouvrira au commissaire à l'exécutio plan le droit à rémunération[2]. Il en sera ainsi lor le commissaire à l'exécution du plan n'aura pas ré à faire parvenir au créancier concerné son divide Le commissaire à l'exécution du plan ne doit d pas se contenter d'envoyer un chèque au créanc Il doit se préoccuper du point de savoir si ce chèq a bien été encaissé. Il s'agit, par cette incitati financière, d'aller jusqu'au bout de la logique de po tabilité des dividendes, la diligence devant être effe tuée par l'auteur du paiement, celui qui le reçoi devant rester passif. Il a été dit qu'il y avait là *une* forte incitation à remplacer le chèque par le virement[3], ce dernier moyen de paiement supposant évidemment d'avoir les coordonnées exactes de l'*accipiens*.

Le total annuel des sommes effectivement encaissées par les créanciers et celles consignées faute d'avoir pu retrouver les créanciers concernés, qui peuvent d'ailleurs avoir disparu, permettra le calcul de la rémunération annuelle versée au commissaire à l'exécution du plan pour cette mission de perception et de distribution des dividendes.

Toutes ces règles issues du décret du 23 décembre 2006[4] sont conservées par le décret du 26 février 2016[5], sous réserve de la modification des sommes allouées, qui sont fixées par l'arrêté du 28 mai 2016 (C. com., art. A. 663-16).

521.53-1 Mission de perception, de distribution ou de consignation des dividendes du plan d'activité. Détermination du droit proportionnel en application du décret du 23 décembre 2006

Tranche	Pourcentage
De 0 jusqu'à 150 000 €	3,5 %
De 15 001 € jusqu'à 50 000 €	2,5 %
De 50 001 € jusqu'à 150 000 €	1,5 %
De 150 001 € jusqu'à 300 000 €	0,5 %
Au-delà de 300 000 €	0,25 %

521.53-2 Mission de perception, de distribution ou de consignation des dividendes du plan d'activité. Détermination du droit proportionnel en application du décret du 26 février 2016

Tranche	Pourcentage
De 0 jusqu'à 150 000 €	3,325
De 15 001 € jusqu'à 50 000 €	2,375
De 50 001 € jusqu'à 150 000 €	1,425
De 150 001 € jusqu'à 300 000 €	0,475
Au-delà de 300 000 €	0,238

L'article R. 633-16, alinéa 2 du code de commerce pose une règle particulière lorsqu'un seul créancier sera en mesure de percevoir le dividende. Ce cas semble viser l'hypothèse de la répartition, pendant l'exécution du plan de sauvegarde ou de redressement, du prix de vente d'un bien grevé de sûreté, vendu soit en phase de période d'observation, soit en cours d'exécution du plan, lorsque le plan avait prévu la vente de ce bien. Dans cette hypothèse, la rémunération proportionnelle, qui résulte de l'application des barèmes indiqués à l'alinéa 1er de l'article R. 663-16 du code de commerce, sera divisée par deux. Cette solution issue du décret du 23 décembre 2006[6] est conservée par le décret du 26 février 2016[7].

L'alinéa 3 de l'article R. 663-16 du code de commerce renvoie aux règles de l'article R. 663-13 du même code (v. ss n° 352.14) pour la détermination de la rémunération, lorsque le montant du droit proportionnel, calculé selon le barème, dépasse 15 000 euros au titre d'une année. La rémunération sera alors arrêtée par le magistrat compétent de la cour d'appel, en application de l'article L. 663-13. Ils ne peuvent être inférieurs à 15 000 euros. Le texte se démarque ainsi, a-t-il été écrit, de la pratique antérieure, qui procédait volontiers à un calcul arythmique du tarif au-delà des seuils[8].

La solution est exactement conservée par le décret du 26 février 2016.

Que l'on soit avant ou depuis le décret du 26 février 2016, la rémunération du commissaire à l'exécution du plan est arrêtée en considération des frais engagés et des diligences accomplies par lui, sans qu'il puisse être fait référence au tarif prévu par la sous-section intéressant sa rémunération.

1. Circ. min. Justice, 6 avr. 2007 – *Adde*, Deharveng, art. préc., *JCP E* 2007. 1688, n° 83.
2. Deharveng, art. préc., *JCP E* 2007. 1688, n° 84.
3. Deharveng, art. préc., *JCP E* 2007. 1688, n° 84.
4. D. n° 2006-1709, 23 déc. 2006, préc.
5. D. n° 2016-230, 26 févr. 2016, préc.
6. D. n° 2006-1709, 23 déc. 2006, préc.
7. D. n° 2016-230, 26 févr. 2016, préc.
8. Deharveng, art. préc., *JCP E* 2007. 1688, n° 159 – Froehlich, « La rémunération des mandataires de justice dans la loi de sauvegarde », *Gaz. proc. coll.* 2007/1, p. 3 s., sp. p. 11.

521.54 Honoraires dus au titre de l'assistance dans une demande de modification du plan. L'article R. 663-15 du code de commerce, issu du décret du 23 décembre 2006 [1], envisage la rémunération du commissaire à l'exécution du plan, en cas de demande de modification du plan de sauvegarde ou de redressement.

La solution est exactement conservée par le décret du 26 février 2016 [2], la disposition du code de commerce étant identiquement l'article L. 663-15.

Le commissaire à l'exécution du plan doit avoir « assisté » le débiteur dans la préparation du projet de modification. Le rapport du commissaire à l'exécution du plan, qui est obligatoire en cas de demande de modification du plan, ne sera pas suffisant pour l'allocation de cette rémunération.

Cette rémunération n'est pas de droit. Le texte indique, en effet, que le président du tribunal ou son délégué « peut » allouer une rémunération pour cette mission. On n'oubliera pas toutefois – sagesse populaire oblige – que toute peine mérite salaire. Il est indiqué qu'il s'agissait là pour le président de la juridiction de la seule hypothèse de rémunération laissée à sa discrétion [3].

L'article R. 663-15, alinéa 1er du code de commerce précise seulement que cette rémunération ne peut être supérieure à la moitié de celle fixée en application du barème prévu à l'article R. 663-9. Cette dernière disposition intéresse la rémunération de l'administrateur judiciaire pour l'élaboration du bilan économique, social et environnemental et l'assistance apportée au débiteur pour la préparation d'un plan de sauvegarde ou de redressement (v. ss n° 352.34). Il conviendra donc de se référer au tableau relatif à cette rémunération, en divisant par deux les sommes y figurant (v. ss n° 352.34-1), et en n'oubliant pas qu'il s'agit là d'un maximum.

La rémunération prévue à l'article R. 663-9 du code de commerce a été modifiée par le décret du 26 février 2016. Il sera donc renvoyé à cette rémunération ainsi fixée pour le calcul de la rémunération visée à l'article L. 663-15 (v. ss n° 353.34) et au tableau de calcul (v. ss n° 353.34-1). L'article A. 663-15 du code de commerce, qui résulte de l'arrêté du 28 mai 2016, conserve la solution selon laquelle cette rémunération ne peut être supérieure à 50 % de l'émolument fixé à l'article A. 663-8.

L'article R. 663-15, alinéa 1er du code de commerce, pour l'application des critères relatifs au nombre de salariés employés et au chiffre d'affaires réalisé, prend le soin de préciser que la situation du débiteur est appréciée à la date de la demande au tribunal de la modification du plan, c'est-à-dire à la date de dépôt au greffe de la requête aux fins de modification du plan.

La rémunération due au titre de l'assistance à la demande de modification du plan n'est acquise qu'à compter du dépôt de la demande (C. com., art. R. 663-15, al. 1er). La suite qui sera donnée à la demande de modification du plan importe peu, en revanche [4].

521.55 Honoraires dus au titre d'une demande de résolution du plan. L'alinéa 2 de l'article R. 663-15 du code de commerce envisage la rémunération du commissaire à l'exécution du plan au titre d'une demande de résolution du plan.

La solution est exactement conservée par le décret du 26 février 2016 [5].

Le code renvoie ici aux conditions de la rémunération versée au commissaire l'exécution du plan en cas d'assistance à une demande de modification du plan (v. ss n° 521.54). L'article A. 663-15 du code de commerce, qui résulte de l'arrêté du 28 mai 2016, précise que cette rémunération ne peut être supérieure à 50 % de l'émolument fixé à l'article A. 663-8.

La situation du débiteur sera donc appréciée au jour de la demande de résolution du plan.

Il importe de remarquer que le pouvoir réglementaire incite financièrement le commissaire à l'exécution du plan à demander la résolution de celui-ci en cas d'inexécution. La solution doit être approuvée. L'inexécution du plan est une chose grave pour les créanciers, qui se sont vus imposer des sacrifices souvent importants, à défaut de les avoir acceptés. Laisser perdurer l'inexécution du plan est en outre source d'une distorsion de concurrence, génératrice d'un trouble à l'ordre économique, qui ne peut être acceptée. On ne peut faire litière des engagements souscrits par le débiteur.

La rémunération due au titre de la demande de résolution du plan ne sera acquise qu'à la date du dépôt de cette demande (C. com., art. R. 663-15, al. 2).

521.56 Honoraires dus au titre de l'établissement de la lise des créances postérieures privilégiées. L'article R. 663-17 du code de commerce, issu du décret du 23 décembre 2006 [6], rémunère la mission du commissaire l'exécution du plan d'établissement de la liste des créanciers postérieurs privilégiés visée à l'article L. 622-17, IV du code de commerce.

La solution est exactement conservée au même article par le décret du 26 février 2016 [7].

1. D. n° 2006-1709, 23 déc. 2006, préc.
2. D. n° 2016-230, 26 févr. 2016, préc.
3. Deharveng, art. préc., *JCP E* 2007. 1688, n° 78.
4. Deharveng, art. préc., *JCP E* 2007. 1688, n° 79.
5. D. n° 2016-230, 26 févr. 2016, préc.
6. D. n° 2006-1709, 23 déc. 2006, préc.
7. D. n° 2016-230, 26 févr. 2016, préc.

Les créanciers postérieurs privilégiés, qui par hypothèse n'ont pas été payés à l'échéance, doivent, pour conserver leur privilège, porter leurs créances à la connaissance du mandataire judiciaire et de l'administrateur judiciaire, dans le délai d'un an à compter de la fin de la période d'observation. L'article R. 622-15 du code indique que cette liste est complétée par le commissaire à l'exécution du plan. Il appartient ensuite au commissaire à l'exécution du plan de la déposer au greffe à l'issue du délai d'un an de la fin de la période d'observation. Ce dépôt déclenche le délai de recours devant le juge-commissaire.

La rémunération relative à l'établissement de la liste des créances postérieures privilégiées n'est acquise qu'à la date du dépôt de cette liste au greffe.

Pour sa rémunération, le commissaire à l'exécution du plan se voit allouer le droit reconnu au liquidateur par l'article R. 663-22 au titre de l'enregistrement des créances déclarées ainsi que des créances postérieures privilégiées.

> **Sous l'empire du décret du 23 décembre 2006**, un droit fixe de 5 euros par créance, dont le montant est inférieur à 150 euros lui est attribué. Un droit fixe de 10 euros par créance, dont le montant est égal ou supérieur à 150 euros, lui également alloué.

> **Sous l'empire du décret du 26 février 2016** (C. com., art. A. 663-17), un droit fixe de 4,75 euros par créance, dont le montant est inférieur à 150 euros lui est attribué. Un droit fixe de 9,50 euros par créance, dont le montant est égal ou supérieur à 150 euros, lui est également alloué.

SECTION 521.60

RESPONSABILITÉ DU COMMISSAIRE À L'EXÉCUTION DU PLAN

521.61 Responsabilité du commissaire à l'exécution du plan. La responsabilité du commissaire à l'exécution du plan est nettement plus rarement retenue que celle d'autres organes. Pour l'essentiel, il n'est qu'un organe de surveillance de la bonne exécution du plan. Mais encore faut-il qu'il accomplisse les obligations qui lui incombent, spécialement en matière d'information *du président du tribunal*, sur les difficultés d'exécution du plan.

Sur le plan procédural, il faut d'abord indiquer que la responsabilité civile professionnelle du commissaire à l'exécution du plan ne pourra être recherchée que par le biais d'une assignation dirigée contre l'intéressé à titre personnel, non *ès qualités*[1], selon le principe applicable en la matière (v. s^s^ n° 351.91).

Le commissaire à l'exécution du plan pourrait ainsi engager sa responsabilité à ne pas informer le procureur de la République et le tribunal du défaut d'exécution du plan, notamment en n'établissant pas les rapports annuels sur l'exécution du plan. Mais, pour qu'il en soit ainsi, encore faut-il que le créancier démontre que cette carence est en relation causale avec le non-paiement de sa créance suite à la résolution du plan et à l'ouverture de la liquidation judiciaire. Tel n'est pas le cas si le créancier a rapidement procédé à des saisies et assigné en résolution du plan, toute initiative plus précoce du commissaire à l'exécution du plan n'ayant pas permis au créancier d'être payé[2].

Le commissaire à l'exécution du plan n'engage pas sa responsabilité à solliciter la résolution du plan, alors même que la décision prononçant la résolution sera ensuite infirmée, dès lors qu'il y a des faits d'inexécution avérés et des faits d'inexécution sur lesquels il existe une véritable matière à discussion[3].

La responsabilité du commissaire à l'exécution du plan ne pourra en outre être recherchée par un créancier personnellement s'il n'a pas subi un préjudice distinct de celui de la collectivité des créanciers. Il a été jugé qu'il y avait préjudice personnel pour un créancier, justifiant l'engagement de la responsabilité du commissaire à l'exécution du plan, à ne pas être payé – et lui seul – par la faute du commissaire à l'exécution du plan des dividendes du plan, dans la liquidation judiciaire consécutive à la résolution du plan[4].

1. Com. 10 mai 2012, n° 11-17.117, NP, *BJE* juill. 2012, comm. 119, note Le Mesle.
2. Com. 3 févr. 2009, n° 08-14.740, NP; n° 104 F-D.
3. Com. 26 janv. 2016, n° 14-23.771, NP; n° 86 F-D.
4. Com. 13 juin 2006, n° 05-12.093, NP; n° 760 F-D; *D.* 2007. Pan. 43, obs. Le Corre.

CHAPITRE

522. Exécution du plan de sauvegarde

SECTION 0

ORIENTEUR

522.00 Plan du chapitre.

Sect. 522.10 Détermination par la juridiction de droits des créanciers

Sect. 522.20 Règles générales de paiement des dividendes du plan de sauvearde

Sect. 522.30 Règles particulières de paiement des dividendes en cas de réalisatons en phase d'exécution du plan de sauvegarde

Sect. 522.40 Règles particulières de paiement des dividendes du plan en cas de levée d'option du contrat de crédit-bail pendant l'exécution du plan de sauvegarde

Sect. 522.50 Exécution forcée du paiement des dividendes du plan de sauvegarde

Sect. 522.60 Réglementation de l'interdiction bancaire frappant le débiteur

Sect. 522.70 Mesures d'inaliénabilité en garantie d'exécution du plan

522.01 Textes applicables. (V. les références complètes s^s^ n° 011).

> Législation issue de la loi de sauvegarde des entreprises dans sa rédaction d'origine.

C. com., art. L. 626-12 à L. 626-24, L. 626-28, L. 654-8

C. com., art. R. 626-23 à R. 626-25, (anc^t^ D. 28 déc. 2005, art. 139 à 141), R. 626-26 à R. 626-28 (anc^t^ D. 17 févr. 1951, art. 9, al. 1 à 8), R. 626-29 (anc^t^ D. 17 févr. 1951, art. 10), R. 626-30 (anc^t^ D. 17 févr. 1951, art. 11), R. 626-31 à R. 626-37, (anc^t^ D. 28 déc. 2005, art. 142 à 148), R. 626-39 et R. 626-40 (anc^t^ D. 28 déc. 2005, art. 150 et 151)

> Législation issue de l'ordonnance du 18 décembre 2008.

C. com., art. L. 626-12 à L. 626-24, L. 626-28, L. 654-8

C. com., art. R. 626-23 à R. 626-37 (anc^t^ D. 28 déc. 2005, art. 142 à 148), R. 626-39 et R. 626-40 (anc^t^ D. 28 déc. 2005, art. 150 et 151)

> Législation issue de l'ordonnance du 12 mars 2014.

C. com., art. L. 622-28, L. 626-18, L. 626-20

C. com., art. R. 626-33-1, R. 626-47-1

522.02 Jurisprudence de référence.

> Si la créance a été contestée et si l'admission définitive de la créance intervient alors qu'un ou plusieurs dividendes du plan ont déjà été versés, il y aura place au paiement de tous les dividendes arriérés, sitôt effectuée la notification ou, en cas d'appel de l'ordonnance du juge-commissaire, la signification de la décision d'admission de la créance au passif.

• **Com. 22 nov. 2011, n° 10-24.129,** *Bull. civ.* IV, n° 191; n° 1172 F-P+B

* V. s^s^ n° 522.24

> Le prix de vente des biens qui n'ont pas été déclarés inaliénables par le plan, et dont le plan n'avait pas envisagé la réalisation, n'a pas à être remis au commissaire à l'exécution du plan.

• **Com. 21 févr. 2006,** n° 04-10.187, *Bull. civ.* IV, n° 46; n° 256 FS-P+B

* V. s^s^ n° 522.31

> L'action du commissaire à l'exécution du plan pour recouvrer les dividendes ne peut être exercée que pour autant que cet organe est encore en fonction. Tel n'est plus le cas si la durée du plan est terminée, ce dernier étant arrivé à son terme sans résolution. En ce cas, le créancier retrouve son droit de poursuite individuelle.

• **Com. 8 avr. 2015,** n° 13-28.061, *Bull. civ.* IV [à paraître]; n° 365 F-P+B+I

* V. s^s^ n° 522.54

> Le créancier de tous les indivisaires, en présence d'une indivision apparue avant l'ouverture de la procédure collective, conserve le droit de saisir le bien, de le vendre et d'être payé sur le prix, avant tout partage, dans la limite de sa créance. Il en résulte qu'une mesure d'inaliénabilité décidée dans le plan, et portant sur un bien indivis, ne peut tenir en échec ce droit. La mesure d'inaliénabilité décidée dans le jugement adoptant le plan lui est inopposable.

• **Com. 7 févr. 2012,** n°s 11-12.787, 11-13.213, *Bull. civ.* IV, n° 31; n° 175 FS-P+B

• **Com. 10 févr. 2015,** n° 13-24.659, *Bull. civ.* IV [à paraître]; n° 150 FS-P+B

* V. s^s^ n° 522.74

522.03 **Bibliographie indicative.** (V. les références complètes s[s] n° 031 – Aussi s[s] n° 520.03).

> Articles. Ballone H., « Le traitement fiscal de l'abandon de créance à caractère financier octroyé par une mère à l'une de ses filiales en difficulté », *BJE* sept. 2015, 343 – Barat F., « La levée d'option d'achat du crédit-bail par le preneur soumis à une procédure collective après l'ordonnance du 18 décembre 2008 », *RD banc. fin.* 2010, Dossier 13, p. 99 – Boustani N., « L'imputation des paiements dans le contexte d'une procédure collective », *BJE* mai 2012, Doct. 47, p. 192 – Benac A., « Du sort des contrats de prêts dans les plans de continuation, de sauvegarde et de redressement », *Gaz. proc. coll.* 2007/2, p. 13 – Cagnoli P., « Le sort des créanciers munis de sûretés réelles », *Rev. proc. coll.* 2015, dossier 3, p. 69 – Lebel Ch., « Les indisponibilités du droit des procédures collectives », *Dr. et patr.* janv. 2014, n° 232, p. 34. – Le Corre P.-M., « La vente de biens en plan de continuation », LAMY AFFAIRES, mai 2003, suppl. au n° 60, p. 13; « Les délais de remboursement d'un plan supérieurs à dix ans », *Gaz. Pal.* entr. diff. 3 août 2012, n° 216, p. 5 – Rossignol P.-Y., « Le règlement des crédits-bailleurs après la loi du 26 juillet 2005 sur la sauvegarde des entreprises », *LPA* 1er et 2 mai 2008, n° 88-89, p. 4 – Scholastique E., « Titre exécutoire et procédure collectives », *Dr. et proc.* 2005/1, p. 7 – Sénéchal M., « La distribution du prix de vente d'un immeuble grevé de sûretés par le commissaire à l'exécution du plan de continuation », *LPA* 12 mai 2004, n° 95, p. 4 – Teboul B., « La dépossession des actionnaires comme mode de traitement des difficultés d'entreprises », *JCP E* 2009. 2171 – Vinckel F., « L'exécution forcée du plan de sauvegarde », *Rev. proc. coll.* 2009, 13, p. 26.

522.04 **Questions essentielles.**

• Le tribunal peut-il imposer des délais de paiement différents aux créanciers ?

* V. s[s] n° 522.16.

• Le tribunal peut-il imposer des remises aux créanciers ?

* V. s[s] n° 522.18.

• Le créancier qui bénéficie de la continuation du cours des intérêts peut-il se voir supprimer ce bénéfice par le tribunal ?

* V. s[s] n° 522.19.

• Le plan doit-il prévoir le règlement de toutes les créances déclarées, même si elles sont contestées ?

* V. s[s] n° 522.24.

• Le débiteur devra-t-il rembourser un créancier consulté mais non admis au passif ?

* V. s[s] n° 522.24.

522.09 **Présentation générale des règles relatives à l'exécution du plan de sauvegarde – mission subséquente confiée à un mandataire de justice.** Les règles relatives à l'exécution du plan de sauvegarde sont identiques à celles posées pour l'exécution du plan de redressement. La solution résulte de l'article L. 631-19, I du code de commerce (devenu C. com., art. L. 631-19, I, al. 1, réd. ord. 18 déc. 2008[1]), qui rend applicables au plan de redressement les dispositions du chapitre VI du titre II du livre VI du code de commerce, lesquelles sont relatives au plan de sauvegarde. Deux réserves méritent d'être signalées.

La première tient au fait que l'AGS est *subrogée dans les* droits des salariés pour toutes les sommes qu'elle avance dans la procédure de sauvegarde (C. trav., art. L. 143-11-9-a, devenu C. trav., art. L. 3253-16, 1°). Il en résulte qu'elle ne peut se voir imposer des délais de paiement dans le cadre du plan de sauvegarde, ce qui a-t-on justement observé, n'est pas de nature à alléger le poids social des licenciements[2]. Mais la solution est voulue par le législateur, la sauvegarde n'étant pas une procédure destinée à permettre des licenciements dans des conditions souples.

La seconde concerne la radiation des mentions relatives à la procédure et à l'exécution du plan de sauvegarde à l'expiration d'un délai de deux ans. Une mesure particulièrement importante, et topique de la volonté du législateur de tout faire pour améliorer le sort du débiteur sous sauvegarde par rapport à celui placé en redressement judiciaire, résulte du nouvel alinéa 2 de l'article R. 626-20 du code de commerce, dans la rédaction que lui donne l'article 34 du décret d'application de l'ordonnance de réforme : « si le plan [de sauvegarde] est toujours en cours à l'expiration d'un délai de deux ans à compter de son arrêté, les mentions relatives à la procédure et à l'exécution du plan sont, à l'initiative du débiteur, radiées des registres ou répertoires sur lesquels elles ont été portées ».

Cette disposition est évidemment spécifique à l'exécution du plan de sauvegarde et est inapplicable, ainsi que le précise l'article L. 631-15, alinéa 1er du code, dans la rédaction que lui donne l'article 59, 1° du décret d'application de l'ordonnance du 18 décembre 2008, à l'exécution du plan de redressement. L'article 8 du décret du 28 décembre 2009[3] rend la disposition applicable aux plans de sauvegarde en cours d'exécution au 30 décembre 2009.

L'alinéa 3 de l'article R. 626-20 du code de commerce poursuit en indiquant que « Cette radiation fait obstacle à toute nouvelle mention relative à l'exécution du plan ». Une difficulté de coordination se présente si le jugement arrêtant le plan de sauvegarde fait l'objet d'une modification substantielle. En effet, l'article R. 626-46 du code de commerce, qui n'a pas été modifié, prévoit que ce jugement fait l'objet des publicités prévues à l'article R. 621-8. Or, parmi ces publicités, figure la mention sur les registres ou répertoires, par exemple, pour un commerçant, la mention au registre du commerce et des sociétés. Il semble que la disposition spéciale gouvernant la modification du plan, qui n'a pas été modifié, l'emporte sur la disposition générale relative à l'arrêté et à l'exécution du plan[4]. En conséquence, en cas de modification substantielle du plan de sauvegarde, il y aura place à mention de la décision au registre et répertoires, même si cette dernière intervient après l'expiration du délai

1. Ord. n° 2008-1345, 18 déc. 2008, *JO* 19 déc., p. 19462.

2. PÉTEL, 5e éd., n° 401.

3. D. n° 2009-1661, 28 déc. 2009, *JO* 30 déc., p. 22686.

4. EN CE SENS AUSSI : Roussel Galle, « De quelques modifications de la partie réglementaire du livre VI du code de commerce », *Rev. sociétés* 2010. 200.

de deux ans suivant l'arrêté du plan. En revanche, si la modification intervient avant l'expiration du délai de deux ans, la mention aux registres et répertoires de la modification du plan nous semble pouvoir être radiée sur demande du débiteur.

Le débiteur aura compris l'attention qu'il devra porter à présenter cette demande, qui lui permetra de restaurer son image. Il aura aussi compris qu'il est préférable de demander la modification de son plan avant l'expiration du délai de deux ans suivant son arrêté.

Il serait sage pour les commissaires à l'exécution du plan de rappeler au débiteur, le moment venu, l'existence de cette faculté.

Le nouvel alinéa 3 de l'article R. 626-20 du code de commerce, issu de la rédaction que lui donne l'article 34 du décret du 12 février 2009[1], limite toutefois doublement la portée de la disposition contenue à l'alinéa 2. D'une part, en effet, les mentions relatives aux mesures d'inaliénabilité décidées par le tribunal continueront à figurer sur les registres et répertoires. D'autre part, les décisions prononçant la résolution du plan devront également figurer sur les registres et répertoires.

À côté de cette possibilité ouverte au débiteur, au terme d'un délai de deux ans, le décret du 7 décembre 2011[2], qui emporte modification de l'article R. 123-35 du code de commerce, vient ajouter une radiation d'office des mentions relatives au plan de sauvegarde. Il prévoit que les mentions relatives à ce plan doivent être radiées d'office à l'expiration d'un délai de trois ans, si le plan est toujours en cours d'exécution.

La radiation des mentions fait obstacle à toute nouvelle mention, sous deux réserves : celle relative à une mesure d'inaliénabilité et celle relative à la décision prononçant la résolution du plan.

Le décret du 7 décembre 2011 s'applique à compter du 10 décembre 2011 et régit les mentions déjà inscrites au registre du commerce et des sociétés. Le délai de trois ans commence, pour ces mentions, à compter de leur inscription.

La prime à la sauvegarde existe toujours, puisque le délai est de trois ans pour le plan de sauvegarde, alors qu'il est de cinq ans pour le plan de redressement.

La loi de modernisation de la justice du XXIe siècle modifie l'article L. 626-25, en insérant un alinéa 2 prévoyant que le tribunal, à la demande du débiteur, peut confier une mission subséquente rémunérée à un mandataire de justice, qui ne sera pas le commissaire à l'exécution du plan. Dans les procédures sans administrateur, il s'agira d'un mandataire distinct de celui désigné. Cette disposition sera inapplicable aux procédures en cours au jour de la publication de la loi de modernisation de la justice du XXIe siècle.

Cette mission subséquente sera enfermée dans une durée maximale de 24 mois. Elle sera rémunérée. On pourrait appeler ce mandataire « mandataire *ad hoc* subséquent ».

Le type de mission n'est pas précisé par le texte. Il ne pourra s'agir d'une mission dévolue au commissaire à l'exécution, par exemple l'exercice d'une action tendant à la défense de l'intérêt collectif des créanciers. En pratique, il s'agira d'une mesure d'accompagnement du plan, qui demande du temps, et qui n'aura pas été accomplie au jour de l'adoption.

SECTION 522.10
DÉTERMINATION PAR LA JURIDICTION DES DROITS DES CRÉANCIERS

522.11 Énoncé des règles relatives aux dividendes du plan de sauvegarde – Abandon des pénalités, majorations de retard et frais de poursuites par les organismes fiscaux et sociaux (v. aussi s^s^ n° 641.21). La consultation des créanciers a conduit certains à apporter une réponse positive. L'acceptation des sacrifices par le créancier ne s'inscrit cependant que dans le strict cadre de l'adoption d'un plan de continuation, de sauvegarde ou de redressement. Si celui-ci ne devait pas être adopté, les remises de dettes acceptées par le créancier ne sauraient profiter au débiteur, que ce soit dans un cadre liquidatif ou dans celui d'un plan de cession[3].

Il faut cependant réserver une mesure introduite, dans la législation du droit des entreprises en difficulté, depuis la loi du 10 juin 1994[4]. Le législateur pose en effet en règle que les majorations fiscales dues avant jugement d'ouverture sont, sauf fraude, remisées. Cette remise s'applique en toutes phases de la procédure de redressement et de liquidation judiciaires. Elle est inapplicable en sauvegarde, sous l'empire de la loi de sauvegarde des entreprises, dans sa rédaction d'origine, l'article 1756, I ne visant que le redressement et la liquidation judiciaires. L'ordonnance du 18 décembre 2008[5], dans le respect du texte d'habilitation[6], étend à la sauvegarde l'application de l'article 1756, I du code général des impôts (ord. 18 déc. 2008, art. 168). En conséquence, les administrations fiscales devront faire abandon des pénalités, majorations de retard et frais de poursuites en cas d'ouverture d'une procédure de sauvegarde. Ce faisant, l'ordonnance du 18 décembre 2008 supprime une infériorité patente de la sauvegarde par rapport au redressement judiciaire. Cet alignement des solutions sur celles retenues dans le redressement judiciaire est susceptible d'avoir un impact important sur les remises de dettes publiques préparatoires à l'adoption d'un plan de sauvegarde. En effet, le dispositif de remises de dettes par les créanciers publics prévoit que les remises de dettes publiques sont consenties par priorité sur les frais de

1. D. n° 2009-160, 12 févr. 2009, *JO* 13 févr., p. 2596.
2. D. n° 2011-1836, 7 déc. 2011, *JO* 9 déc., p. 20878.
3. Derrida et *alii*, n° 201 – Chaput, n° 383.
4. L. n° 94-475, 10 juin 1994, *JO* 11 juin, p. 8440.
5. Ord. n° 2008-1345, 18 déc. 2008, préc.
6. L. n° 2008-776, 4 août 2008, art. 74, I, 16°.

poursuite, les majorations et amendes, puis sur les intérêts de retard et les intérêts moratoires, et enfin sur les droits et les sommes dues au principal. Cette précision devait immédiatement être combinée avec l'article 1756, I du code général des impôts, qui prévoyait que l'ouverture d'un redressement judiciaire ou d'une procédure de liquidation judiciaire emportait de plein droit remise des frais de poursuite, des intérêts et pénalités de retard exigibles à la date du jugement d'ouverture. En conséquence, la remise de dettes publiques portait prioritairement sur ces sommes, dans la procédure de sauvegarde, alors qu'elles étaient remisées de plein droit dans le redressement et la liquidation judiciaires. Comme il avait été relevé[1], la situation du débiteur en redressement judiciaire était très nettement meilleure que celle qu'il avait dans la procédure de sauvegarde, procédure dans laquelle il ne connaissait pas cette remise de plein droit des pénalités fiscales par l'effet de son ouverture. Ainsi, en prévoyant que l'ouverture de la sauvegarde emporte remise des pénalités, majorations et intérêts de retard dus aux administrations fiscales, le principe de hiérarchisation des remises de dettes ne conduira plus à une imputation d'abord sur ces dettes, mais directement sur le principal des impôts, ce qui est de nature à améliorer très sensiblement le sort des débiteurs sous sauvegarde.

Toutes les pénalités et majorations ne sont toutefois pas remisées. Sont exclues par l'article 1756, I du CGI, les pénalités visées aux articles 1737 – amendes pour infraction aux règles de facturation – et 1740-A – obtention pour autrui d'avantages fiscaux indus. L'article 89, 2° de l'ordonnance du 12 mars 2014 y ajoute les amendes visées à l'article 1759 : amendes dues par des personnes morales soumises à l'impôt sur les sociétés qui versent ou distribuent à des personnes des revenus, sans déclarer l'identité de ces personnes. Il a été jugé que la majoration de 40 % due lorsque la déclaration ou l'acte n'a pas été déposé dans les trente jours suivant la réception d'une mise en demeure par LRAR d'avoir à le produire dans ce délai ne peut faire l'objet d'une remise[2].

Lorsque le jugement d'ouverture de la procédure collective est annulé, le débiteur cesse de bénéficier des remises des frais de poursuites et pénalités[3].

Les pénalités, majorations de retard et frais de poursuites dues aux organismes sociaux sont également remisées de plein droit en cas d'ouverture d'une procédure collective (v. s[s] n° 641.21).

522.12 Donné acte *aux créanciers par le tribunal* des délais et remises acceptés et des conversions de créances en capital – Cadre général. L'article L. 626-18, alinéa 1er du code de commerce énonce que « Le tribunal donne acte des délais et remises acceptés par les créanciers dans les conditions prévues au deuxième alinéa de l'article L. 626-5 et à l'article L. 626-6 du code de commerce. » L'article L. 626-5 du code organise la consultation des créanciers en période d'observation, sur les délais et remises qu'ils entendent consentir au débiteur.

L'interprétation du tribunal saisi par le débiteur sur la détermination des droits d'un créancier dans le plan de sauvegarde ne nécessite pas la présence à l'audience de ce créancier[4].

L'acceptation des délais et des remises peut être explicite, le créancier consulté ayant répondu dans le délai de trente jours à la consultation. L'acceptation peut être tacite, le législateur indiquant que le défaut de réponse emporte acceptation. Le libellé de l'article L. 626-18 du code oblige également à considérer que l'acceptation des délais et remises par le créancier, en dehors de la consultation légalement encadrée par le code de commerce, n'a pas de portée et peut ainsi ne pas être prise en compte par la juridiction (v. aussi s[s] n° 512.21).

Dès lors que le créancier figure sur la liste des créanciers ayant accepté des remises, établie par le mandataire judiciaire, le caractère définitif du jugement arrêtant le plan interdit au créancier de discuter du point de savoir s'il a ou non accepté une remise de dette[5]. En outre, la remise de dette, qui figure dans le jugement arrêtant le plan, est couverte par l'autorité de la chose jugée, ce qui interdit au créancier de réclamer le paiement d'une somme supérieure en s'appuyant sur l'admission au passif de sa créance[6].

Les délais acceptés peuvent explicitement, sous l'empire de la législation antérieure à la loi de sauvegarde des entreprises[7], excéder la durée du plan (C. com., art. L. 621-76)[8]. La solution n'a pas été reprise par la loi de sauvegarde des entreprises. Elle demeure cependant, dans la mesure où aucune disposition ne vient interdire aux créanciers d'accepter des délais plus longs que ceux du plan, la restriction en matière de délais ne concernant que les délais

1. Lagarde, « Le fabuleux destin des dettes publiques », *Gaz. proc. coll.* 2007/2, p. 3 s., sp. p. 7.
2. Com. 14 mai 2013, n° 12-19.601 NP, *BJE* sept. 2013, p. 303, note Dedeurwaerder.
3. TA Cergy-Pontoise, 5e ch., 8 avr. 2010, req. n° 06/2990, *Rev. proc. coll.* 2011, comm. 98, p. 59, note Neau-Leduc et Hubert.
4. Com. 10 mai 2005, n° 03-18.206, NP.
5. Com. 28 oct. 2008, n°s 07-17.472, 07-21.712, *Bull. civ.* IV, n° 181 ; n° 1086 F-P+B ; *Act. proc. coll.* 2008/18, n° 299, note Vallansan.
6. Com. 27 nov. 2012, n° 11-24.783, NP ; n° 1184 F-D.
7. L. n° 2005-845, 26 juill. 2005, *JO* 27 juill., p. 12187.
8. T. com. Paris, 28 déc. 1995, *Rev. proc. coll.* 1996, 443, n° 24, obs. Soinne.

imposés par le tribunal[1]. La jurisprudence ivi cette opinion[2].

Dans ces deux hypothèses d'acceptation, le u- nal peut simplement entériner l'accord inte u sur les délais et remises. Il ne peut aggraver la - tion pour le créancier acceptant. Les délais ne - ront donc être allongés[3]. Peu importe que le c- cier ait expressément accepté la proposition ou , s'étant abstenu de répondre, il soit de manière - fragable présumé acceptant[4]. Les remises ne s- raient davantage être modifiées dans un sens de vorable au créancier. Cette solution résulte d'une p de l'impossibilité, sans texte légal, de porter atte aux droits des créanciers, fût-ce pour les besoins sauvetage de l'entreprise. Elle tient, d'autre part libellé de la disposition ici analysée, qui prévo e sort des créanciers qui n'ont pas accepté les rem s et délais et qui peuvent se voir imposer des délai a possibilité est ouverte par ce texte au tribuna e réduire les délais et remises acceptées. L'interp a- tion *a contrario* doit ici trouver à s'appliquer po es créanciers acceptants dont le sort ne pourra nsi être aggravé.

Le fait que les créanciers soient traités diffé m- ment selon qu'ils ont ou non accepté les dél s et remises du plan ne contrarie pas le principe d'élité des créanciers[5].

Le fait pour une juridiction d'imposer des élais et des remises de dettes plus lourds aux créa iers acceptants constitue un excès de pouvoir. Le an- dataire judiciaire, dans sa mission de défe e de l'intérêt collectif des créanciers, a qualité pour nter- jeter appel. Les créanciers ne sont pas des part s au jugement arrêtant le plan. Ils ne peuvent donc nter- jeter appel. La tierce opposition réformation leur est fermée, sous l'empire de la législation antérieure à la loi de sauvegarde des entreprises (C. com., art. L. 623-3), mais ils étaient recevables à former tierce opposition nullité, pour excès de pouvoir, et ce, avant l'expiration d'un délai de 10 jours courant à compter de la publication au *Bodacc* du jugement arrêtant le plan de continuation. La tierce opposition réformation est en revanche ouverte aux créanciers, sous l'empire de la loi de sauvegarde des entreprises (C. com., art. L. 661-3, al. 1er).

1. EN CE SENS AUSSI : Pérochon, 10e éd., no 994.
2. Chambéry, ch. civ., 1re sect., 6 juill. 2012, RG no 12/00968, *Act. proc. coll.* 2012/13, comm. 191, note Vallansan – Chambéry, ch. civ., 1re sect., 6 juill. 2012, RG no 12/00969 – T. com. Annecy, 19 mars 2013, RG no 2013F00040, *BJE* mai 2013, comm. 75, note Meynet.
3. Douai, 22 janv. 1987, *Gaz. Pal.* 1987. 1. 190, note Soinne; *JCP E* 1987. II. 16619, no 19, obs. M. Cabrillac et Vivant; *Rev. proc. coll.* 1987/2, 47, obs. Soinne.
4. Toulouse, 2e ch., 12 sept. 1988, *Rev. proc. coll.* 1990, 154, no 10, obs. Le Corre.
5. Com. 20 mars 2012, no 11-23.812 QPC, NP.

La juridiction peut estimer que les délais et remises acceptés par le créancier sont excessifs par rapport à la situation du débiteur, par référence à la morale des affaires. L'article L. 626-18, alinéa 1er du code dispose en ce sens que « ces délais et remises peuvent, le cas échéant, être réduits par le tribunal ».

Lorsqu'une remise aura été consentie, l'exécution intégrale du plan entraînera extinction de la créance à hauteur de la remise consentie, le créancier ne recouvrant pas, après exécution du plan, ses droits tels qu'ils exstaient avant la remise[6].

Pour tenir compte de la possibilité pour les créanciers consultés d'accepter des conversions de créances en capital, l'article L. 626-18, alinéa 2 du code de commerce, qui résulte de l'article 58 de la loi du 22 octobre 2010[7], prévoit que le tribunal homologue les accords de conversion de créances en capital acceptés par les créanciers, sauf s'ils portent atteinte aux intérêts des autres créanciers. Le tribunal doit également s'assurer, s'il y a lieu, de l'approbation des assemblées visées à l'article L. 626-3. Cela accrédite l'idée que les assemblées peuvent s'opposer à l'entrée au capital des créanciers, contrairement à la solution posée par l'alinéa 4 de l'article L. 626-3 du code (v. ss no 511.22).

Observons que lorsque le plan sera adopté après vote favorable des comités de créanciers, à l'égard des créanciers membres de ces comités, l'adoption du plan constituera une véritable homologation et non un simple donné acte sur les délais et remises.

522.13 Incidences fiscales des remises de dettes[8]. Du côté du débiteur, sur le plan fiscal, la remise de dette s'analyse en une augmentation d'actif net[9] qui peut être source d'un profit imposable, pénalisant pour l'entreprise. Il avait été jugé en matière de concordat soumis à la loi du 13 juillet 1967[10], que ces remises devaient être comptabilisées en produit exceptionnel dès l'exercice au cours duquel le concordat a été homologué[11]. Une réponse ministérielle du 4 juin 1987[12] était venue préciser que la remise de dette entraînait une diminution du passif de l'entreprise qui en bénéficiait et, par voie de conséquence, une augmentation de son actif net. Dès

6. Com. 26 juin 2001, *Act. proc. coll.* 2001/15, no 200; *RJDA* 2001/12, no 1233.
7. L. no 2010-1249, 22 oct. 2010, *JO* 23 oct., p. 18984.
8. Lagarde, « Le Trésor public : un créancier comme les autres », *Gaz. proc. coll.* 9-10 sept. 2005, p. 28 – Ballone, « Le traitement fiscal de l'abandon de créance à caractère financier octroyé par une mère à l'une de ses filiales en difficulté », *BJE* sept. 2015, 343.
9. CE 28 févr. 1997, req. no 127890, NP, *Dr. fisc.* 1997, no 693.
10. L. no 67-563, 13 juill. 1967, *JO* 14 juill., p. 7059.
11. Marseille, 22 mars 1999, *Dr. fisc.* 2000, no 182.
12. Rép. min. no 6496, 3 sept. 1987, *JO* déb. Sénat 1361; *Rev. proc. coll.* 1988, p. 109, obs. Guillou.

lors, en application de l'article 38-2 du code général des impôts, la remise de dette constituait un élément imposable. L'intérêt de cette réponse ministérielle était d'ajouter que le bénéfice était réalisé au cours de l'exercice pendant lequel était consentie la remise de dette. La solution posée en matière de concordat était ainsi reconduite.

La solution avait été critiquée en doctrine[1], au regard des dispositions particulières de la loi du 25 janvier 1985[2], spécialement l'article 75, alinéa 3 devenu l'article L. 621-77, alinéa 3 du code de commerce, selon lequel « la réduction de créance n'est définitivement acquise qu'après versement, au terme fixé, de la dernière échéance prévue par le plan ».

La Cour de cassation, statuant à propos d'un plan de continuation, a au contraire jugé que les remises de dettes ne sont acquises définitivement qu'au terme de la dernière échéance prévue par le plan, en application de l'article L. 621-77. Elles ne sont donc imposables qu'à cette date[3].

La solution semblait devoir être reconduite sous l'empire de la loi de sauvegarde[4], la rédaction de l'article L. 626-19, alinéa 2 du code - applicable au plan de redressement - étant identique à celle de l'article L. 621-77, alinéa 3 du même code, dans sa rédaction antérieure à la loi de sauvegarde des entreprises[5]. Il en était déduit que, en cas de résolution du plan, la créance admise au passif de la première procédure l'était pour ce montant dans le cadre de la seconde procédure, déduction faite des paiements intervenus, mais abstraction faite de la remise consentie dans le cadre du plan, qui n'était pas définitivement acquise au débiteur[6].

Le Conseil d'État a toutefois une autre vision. Il considère que la remise de dette consentie dans le cadre d'un plan de redressement doit être regardée comme certaine dans son principe et dans son montant par l'adoption du plan. L'augmentation de l'actif net taxable qui en résulte pour le débiteur doit ainsi être prise en compte pour la détermination du résultat imposable de l'exercice d'homologation du plan par le tribunal. Il en va toutefois différemment lorsque les remises sont consenties une fois le plan adopté, en contrepartie d'une réduction du délai de paiement, les remises étant alors expressément rties d'une condition suspensive[7]. Les remises ont dès lors imposables, en tant que constitutid'une augmentation de l'actif net, qu'après verent de la dernière échéance du plan.

Du côté du créancier, les remises s'analysent en abandons de créance et aucune règle précise est fixée pour déterminer, avec assurance, si elles uvent être admises en déduction des revenus de entreprise créancière. Il n'existe sur la question u'une réponse ministérielle qui a précisé le régime es abandons de créances réalisées dans le cadre 'un redressement judiciaire, en indiquant que les emises de dettes effectuées dans ce cadre s'analyent en des abandons de créances, qui ne peuvent re admises en déduction des résultats de l'entrerise créancière que si elles sont consenties dans ntérêt direct de son exploitation et si elles trount leur fondement dans l'existence d'une contrertie réelle suffisante[8].

L'abandon par un dirigeant de son compte-count n'est jamais obligatoire, quelle que soit l'insistce des organes de la procédure collective, en ce sis. Il en résulte que cette perte n'est pas, pour l'socié, source de déductibilité[9].

l semblait préférable de poser en règle que les reises de dettes, consenties dans le cadre de l'élabotion d'un plan de continuation, soient admises en éduction des résultats de l'entreprise créancière. À loccasion du vote de la loi du 26 juillet 2005, il a été observé que des abandons de créances pourraient être imposés par une majorité de créanciers composant les comités aux créanciers minoritaires. Il serait injuste de ne pas rendre déductibles ces abandons de créances imposés[10]. Mais, comme il serait alors anormal de traiter fiscalement de façon différente les créanciers ayant voté les abandons de créances et ceux les ayant refusés[11], il a été suggéré de considérer que les abandons de créances consentis ou supportés dans le cadre d'un plan de sauvegarde ou de redressement seront déductibles du bénéfice net, en application de l'article 39-1 du code général des impôts. L'amendement présenté en ce sens a été accepté[12].

Cependant, le texte ne vise que les abandons de créances à caractère commercial et non à caractère financier, ce qui peut faire douter de la possibilité d'appliquer le même régime aux abandons de

1. SOINNE, n° 1457.
2. L. n° 85-98, 25 janv. 1985, *JO* 26 janv., p. 1097.
3. Com. 3 oct. 2006, n° 04-30.779, *Bull. civ.* IV, n° 197; n° 1130 F-P+B; *D.* 2006. AJ 2734, obs. Lienhard; *D.* 2007. Pan. 42, obs. Le Corre; *Gaz. proc. coll.* 2007/1, p. 31, note Voinot; *JCP E* 2007. Chron. 1004, n° 4, obs. Pétel; *Act. proc. coll.* 2006/19, n° 237, note Boulay; *Rev. proc. coll.* 2007/3, p. 164, n° 6, obs. Lebel.
4. L. n° 2005-845, 26 juill. 2005, préc.
5. Agen, ch. com., 5 mai 2008, *Act. proc. coll.* 2008/15, n° 243.
6. Agen, ch. com., 5 mai 2008, préc.
7. CE 21 nov. 2011, req. n° 340319, *JCP E* 2012. 1243, note Fumenier et Maignan.
8. Rep. min. n° 1718, *JO* déb. Sénat, Q 6 nov. 1986, p. 1559.
9. CE 31 mai 2000, req. n° 170118, NP, *Dr. fisc.* 2001, n° 94.
10. *Rapp. Xavier de Roux*, n° 2095, p. 489 – *Rapp. J.-J. Hyest*, n° 335, p. 563.
11. Interv. Xavier de Roux, *JOAN CR*, 3e séance du 8 mars 2005, p. 1814.
12. Amend. n° 245, Interv. Xavier de Roux, *JOAN CR*, 3e séance du 8 mars 2005, p. 1814.

courir au titre du contrat. La solution se recommande de la lecture combinée des alinéas 1 et 3 de l'article L. 626-18 du code de commerce. En ce cas, le tribunal lui donnera acte de cette acceptation.

Il est fréquent, en pratique, que le jugement arrêtant le plan prévoie une « poursuite du contrat de prêt », en dépit de l'impossibilité de continuer un tel contrat. Une difficulté se présente alors si les modalités de règlement des échéances échues tant avant jugement d'ouverture que pendant la période d'observation ne sont pas précisées. Il faut considérer que celles-ci seront réglées selon les modalités générales du plan et non au terme du contrat de prêt. Cela ne signifie pas, pour autant, qu'ils soient hors plan. Il est donc, à notre sens, hors de question de continuer à leur appliquer toutes les stipulations contractuelles, telles celles relatives à la déchéance du terme en cas d'impayés, les avis étant toutefois différents sur la question[1]. Seuls les délais de remboursement intéressant les autres créanciers sont écartés, non les règles générales relatives au paiement des dividendes du plan. Ces créanciers ne perçoivent pas des échéances, mais bien des dividendes, avec les conséquences qui en résultent sur les possibilités d'exécution forcée (v. s[s] n° 522.52), spécialement en termes de déchéance du terme.

La difficulté ne se présente pas dans les mêmes termes, lorsque, selon une pratique assez répandue, il est prévu que le prêt sera remboursé « hors plan ». D'une manière rapide, à notre sens, il a été jugé que la précision selon laquelle « le passif à échoir correspondant au contrat de prêt n'est pas concerné par le plan d'apurement du passif » ne signifie pas que le respect des échéances de remboursement du prêt est étranger au plan. Cela voudrait dire que les échéances du prêt ne sont pas modifiées par le plan[2]. Il nous semble, au contraire, qu'il faut donner plein effet au dispositif du jugement arrêtant le plan contenant pareille clause. En prévoyant un remboursement du prêt hors plan, le prêteur perçoit non un dividende, mais bien des échéances d'un prêt. Plusieurs conséquences doivent en être tirées. Le contrat de prêt reste applicable en toutes ses dispositions, et notamment la clause relative à la déchéance du terme. Le prêteur a une action individuelle en paiement. Au contraire, le commissaire à l'exécution du plan ne peut recouvrer les sommes dues au titre du prêt, qui ne sont pas des dividendes, et le non-paiement de celles-ci ne peut justifier une action en résolution du plan. En procédant de la sorte, le tribunal, généralement sous l'impulsion d'un administrateur judiciaire, transforme un prêt en un contrat susceptible de continuation pendant l'exécution du plan, alors que le prêt n'est pas au rang des contrats susceptibles d'être continués. Il serait préférable, pour éviter toute discussion, que les administrateurs cessent de procéder ainsi et considèrent que les sommes restant dues au titre d'un prêt doivent être étalées sur la durée du plan, comme toutes les créances antérieures – sauf le cas des délais conventionnels plus longs. Cela éviterait de traiter avec faveur les prêteurs, au préjudice, le plus souvent du débiteur, que l'on expose, au surplus, aux risques ci-dessus décrits. Une cour d'appel a ainsi estimé que l'administrateur judiciaire a l'obligation de prévoir les modalités d'apurement de la totalité du passif admis. Il ne peut donc mettre une partie de ce passif, résultant d'un prêt, hors plan[3].

La loi du 22 octobre 2010[4] (art. 58) introduit une règle particulière pour les créances à terme à échéance intervenant en cours d'exécution du plan[5]. L'alinéa 5 de l'article L. 626-18 prévoit que « lorsque le principal d'une créance reste à échoir en totalité au jour du premier paiement, solution qui se rencontre spécialement dans le cas des prêts *in fine*, son remboursement commence à la date de l'annuité prévue par le plan qui suit l'échéance stipulée par les parties avant l'ouverture de la procédure A cette date, le principal est payé à concurrence du montant qui aurait été perçu par le créancier s'il avait été soumis depuis le début du plan aux délais uniformes de paiement imposés aux autres créanciers ».

Prenons un exemple : le prêt de 100 000 euros est remboursable le 15 avril 2018. Le plan doit être exécuté sur dix ans. Le 1er dividende annuel doit être versé le 30 octobre 2014. Le prêteur ne peut rien toucher avant 2018. Il percevra, le 30 octobre 2018, 5/10e de sa créance, c'est-à-dire l'équivalent de ce qu'il aurait perçu s'il avait été soumis au plan dans les conditions classiques.

Comme cela a été fort bien résumé, le mécanisme repose sur un compromis entre le respect des stipulations contractuelles – c'est pourquoi, le créancier ne peut être payé avant l'échéance – et le respect des délais uniformes de paiement imposés aux créanciers réfractaires[6]. Le nouveau texte, qui n'a pas le même mérite de la simplicité que l'ancien[7], introduit une égalité de traitement bienvenue. Ce même alinéa 5 de l'article L. 626-18 (réd. L. 22 oct. 2010,

1. EN CE SENS : SOINNE, n° 1589 – *CONTRA :* DERRIDA ET *ALII*, n° 550.
2. Rouen, 25 janv. 2012, RG n° 12/00004.
3. Versailles, 13e ch., 28 févr. 2013, RG n° 12/02755, *D.* 2013. 2895, note Dammann et Boché-Robinet; *Bull. Joly sociétés* mai 2013, comm. 167, note Laroche.
4. L. n° 2010-1249, 22 oct. 2010, préc.
5. Bourbouloux, « Lorsque la finance structurée investit le plan : le sort des dettes *in fine* à la recherche du compromis », *BJE* mai/juin 2011, § 50, p. 110.

Lienhard, « plans de continuation : modifications législatives », *D.* 2010. 2287.

RAPPR. : PÉROCHON, 10e éd., n° 1003.

art. 58) envisage le cas où aucun créancier ne se serait vu imposer des délais de paiement. En ce cas, le montant versé au créancier qui se trouve dans cette situation particulière au titre des annuités suivantes, correspond à des fractions annuelles égales du montant du principal restant dû.

522.18 **Interdiction d'imposer des remises.** Si le tribunal peut imposer des délais aux créanciers non acceptants, il ne peut en revanche leur imposer des remises [1]. La solution résulte de la coordination de la première et de la troisième phrase de l'article L. 626-18, alinéa 1er du code de commerce et de l'alinéa 3 de l'article L. 626-18 du même code, depuis la loi du 22 octobre 2010 [2], art. 58. Le tribunal donne acte aux créanciers des délais et remises qu'ils ont acceptés. Le tribunal peut imposer aux créanciers non acceptants des délais. Il faut en déduire qu'il ne peut leur imposer des remises. L'interprétation *a contrario* conduit en effet à mettre à l'écart la règle d'exception : l'imposition de sacrifice, pour retrouver le principe : celui du respect des droits des créanciers. La volonté pour le créancier d'abandonner sa créance devra être claire. Une simple intention émise en ce sens serait insuffisante.

Signalons toutefois une décision de la Cour de cassation qui juge que, arrêté par un jugement dont le dispositif a, dès son prononcé, l'autorité de la chose jugée et qui est devenu irrévocable, le plan élaboré en tenant compte de la liste des réponses établie par le mandataire judiciaire est opposable à tous, et notamment aux créanciers. Peu importe en conséquence l'erreur commise dans l'établissement de cette liste faisant apparaître comme créancier ayant accepté les remises un créancier ne les ayant pas acceptées. Cette erreur s'impose au créancier [3].

522.19 **Continuation du cours des intérêts.** Le code de commerce pose le principe de l'arrêt du cours des intérêts pour les créanciers antérieurs. Ce texte réserve cependant le cas des créanciers titulaires d'un contrat de prêt d'une durée supérieure ou égale à un an ou titulaire d'un contrat assorti d'un terme de paiement supérieur ou égal à un an (v. ss n° 641.41).

Que décider, en cas d'arrêté d'un plan de sauvegarde ?

Il est d'abord certain que le créancier consulté, qui a accepté la suppression du cours des intérêts, sera tenu par cette acceptation, dont le tribunal lui donnera acte, comme pour toutes remises consenties. Cependant, les intérêts échus au jour du jugement d'ouverture et admis au passif (v. ss n° 682.22) devront être payés, l'acceptation d'un paiement au titre du plan sans intérêt ne concernant que les intérêts dont le cours n'était pas arrêté après jugement d'ouverture [4].

Que décider pour le créancier qui bénéfice de la continuation du cours des intérêts et qui les a réservés dans le cadre de l'admission de sa créance au passif ? Il semble ici possible de distinguer deux situations.

Dans une première, les délais conventionnels restant à courir sont plus courts que les délais du plan. Cela revient, en conséquence, à allonger la durée des délais de remboursement de la créance. Il faut distinguer intérêts conventionnels et intérêts moratoires.

En ce qui concerne les intérêts conventionnels, on peut reprendre la solution exprimée par une juridiction du fond et présentée par un auteur [5]. Selon elle, le plan doit prévoir un échéancier pour le principal. Puis il est possible de calculer les intérêts qui sont dus, afin de le soumettre au même moratoire que celui applicable au principal de la créance. En présence d'intérêts à taux variable, il faut prendre le dernier taux connu pour faire le calcul de la créance d'intérêts soumise au plan, étant précisé qu'un réajustement aura lieu juste avant le paiement de chaque dividende du plan pour tenir compte du taux variable, une fois celui-ci connu.

Si le créancier bénéficiant de la continuation du cours des intérêts a pris la précaution de déclarer au passif une créance éventuelle d'intérêts moratoires dus en raison de l'allongement de ces délais, ces intérêts moratoires devront être admis au passif et réglés dans le cadre du plan de continuation, de sauvegarde ou de redressement [6]. La solution contraire a toutefois été posée par une cour d'appel, au motif que le délai supplémentaire résulte du plan [7]. Si ces intérêts ne sont pas admis au passif, le plan ne pourrait en prévoir le paiement [8], même si le contraire a déjà été admis [9]. Le créancier ou la caution subrogée dans ses droits ne semblent pas pouvoir obtenir une rectification de la décision arrêtant le

1. Com. 28 févr. 1995, n° 93-10.012, *Bull. civ.* IV, n° 61 – Nancy, 10 juin 1987, *Rev. proc. coll.* 1988, 316, n° 10.
2. L. n° 2010-1249, 22 oct. 2010, préc.
3. Com. 25 oct. 2011, n° 10-21.789, NP; n° 1031 F-D; Gaz. Pal. entr. diff. 21 janv. 2012, n° 20, p. 24, note Lebel; BJE mars 2012, comm. 42, p. 80, note Bourbouloux et Couturier.
4. Com. 3 avr. 2002, n° 98-14.689, NP.
5. T. com. Évry, 14 oct. 2013, *Leden* janv. 2014, comm. 1, note Lucas.
6. Com. 2 févr. 1993, n° 91-13.558, *Bull. civ.* IV, n° 36; *D.* 1995. Somm. 6, obs. Derrida – Com. 14 oct. 1997, n° 95-14.824, *Bull. civ.* IV, n° 264; *D. Affaires* 1997. 1359, obs. Lienhard; *Defrénois* 1998. 251, 36745, obs. Le Cannu.
7. Versailles, 13e ch., 28 févr. 2013, RG n° 12/02755, *D.* 2013. 2895, note Dammann et Boché-Robinet.
8. EN CE SENS AUSSI, semble-t-il, VALLENS, 2012, n° 4120.
9. Bordeaux, 2e ch., 4 nov. 2002, *Act. proc. coll.* 2003/1, obs. Vallansan.

plan et qui prévoit un paiement sans intérêt au prétexte de la décision d'admission de la créance qui réserve le cours des intérêts. Des difficultés peuvent en tout cas naître de cette distorsion [1]. Seul le dispositif du jugement ayant arrêté le plan a autorité de chose jugée. Le créancier, ou la caution subrogée dans ses droits, ne peut donc se voir opposer le projet de plan déposé au greffe prévoyant un paiement du créancier sans poursuite du cours des intérêts, dès lors que le jugement arrêtant le plan se contente de préciser, pour les créanciers n'ayant pas accepté les propositions, ce qui était le cas du créancier en cause, des délais de règlement [2].

Dans une seconde situation, les délais conventionnels restant à courir sont plus longs que les délais du plan. Cela revient en conséquence à respecter le contrat conclu entre le débiteur et le créancier. Ce dernier devra être réglé des intérêts inclus dans les échéances du crédit consenti. Il n'y aura pas ici place à paiements d'intérêts moratoires en raison du plan.

Ces règles permettent d'apporter un éclairage sur le point de savoir si, en l'absence de précision du plan de sauvegarde, les créanciers bénéficiant de la continuation du cours des intérêts doivent ou non se voir servir des intérêts. À notre sens, la réponse ne peut être qu'affirmative. La solution a déjà été admise en jurisprudence [3], des opinions divergentes ayant été soutenues en doctrine [4] (v. aussi s[s] n° 641.42). Il n'apparaît pas utile de solliciter de la juridiction l'interprétation de sa décision, car la règle de droit semble impérative. Le fait pour le créancier de recevoir paiement des dividendes sans intérêt n'emporte pas renonciation pour lui aux intérêts, dont le cours n'a pas été arrêté, ce dont il peut se prévaloir dans le cadre de la seconde procédure ouverte, suite à la résolution du plan [5].

Si le plan de sauvegarde contient expressément une précision aux termes de laquelle il procède à une réduction du taux d'intérêt ou à une uppression pure et simple des intérêts, il y a excède pouvoir qui doit pouvoir être corrigé. Certaine uridictions considèrent qu'il y a là une remise nposée interdite [6]. Le mandataire judiciaire a qual pour saisir la cour d'appel d'un appel réformati [7]. Les créanciers n'étant pas parties au jugement arrêtant le plan ne pourront faire appel réformation, pas plus qu'appel nullité [8]. Même si le contraire a été soutenu [9], les créanciers concernés peuvent, sous l'empire de la législation antérieure à la loi de sauvegarde, former une tierce opposition nullité à l'encontre de ce jugement et ce dans le délai de dizaine de la publication au *Bodacc* du jugement arrêtant le plan, pour corriger l'excès de pouvoir constaté. Sous l'empire de la loi de sauvegarde des entreprises [10], la tierce opposition réformation est ouverte et doit être formée dans un délai de dizaine qui court à compter de la publication au *Bodacc* de la décision. L'article 46 du décret du 23 décembre 2006 [11] a modifié l'article 136 du décret du 28 décembre 2005 [12] (devenu C. com., art. R. 626-20). Cette disposition a réparé l'oubli du décret du 28 décembre 2005.

Avant l'ordonnance du 12 mars 2014 [13], faute de disposition contraire de la législation, et quelque dommageable que puisse apparaître la règle pour le débiteur, il faut décider que plein effet doit être accordé à la clause du contrat de prêt prévoyant l'anatocisme, c'est-à-dire la capitalisation annuelle des intérêts envisagée par l'article 1154 du code civil (devenu C. civ., art. 1343-2 [14] – v. s[s] n° 641.51).

L'article 31 de l'ordonnance du 12 mars 2014 modifie la solution. L'article L. 622-28, alinéa 1er du code de commerce est complété par une phrase précisant que « nonobstant les dispositions de l'article 1154 du code civil [devenu C. civ., art. 1343-2], les intérêts échus des créances – créances pour lesquelles ne jouent pas la règle de l'arrêt du cours des intérêts – ne peuvent produire des intérêts ». Il faut donc comprendre que les créanciers qui bénéficient de la continuation du cours des intérêts ne peuvent faire jouer l'anatocisme, c'est-à-dire la capitalisation des intérêts produits par le report ou le rééchelonnement de leur créance. La mesure est de nature à réduire sensiblement la charge des remboursements à effectuer dans le cadre des plans de sauvegarde et de redressement. La mesure – suppression de l'anatocisme – bénéficiera aux garants personnes physiques du débiteur, non aux garants personnes morales.

1. AINSI : Com. 30 janv. 2007, n° 05-13923, NP.
2. Com. 20 janv. 2009, n° 08-15.039, NP; n° 57 F-D; tuant après cassation de Com. 30 janv. 2007, n° 05-13.9 NP.
3. Amiens, 4e ch. com., 4 avr. 2000, RG n° 99/01375, oine *c/Interbrew France*, NP.
4. EN CE SENS : J.-CL. COM., fasc. 2610, Vinckel, [Plan de ve-garde – exécution], 2009, n° 63 – EN SENS CONRE : Soinne, « La continuation du cours des intérêts et le ge-ments d'arrêté de plan de continuation », *LPA* vr. 1994, p. 18.
5. Reims, ch. civ. 1re sect., 9 mars 2009, RG n° 08/07, *Act. proc. coll.* 2009/11, n° 174.
6. Colmar, 1re ch. civ., 10 janv. 1990, *D.* 1991. Somm. 111, obs. Derrida.
7. SOINNE, n° 1562 – DERRIDA ET *ALII*, n° 552.
8. Douai, 4 juin 1987, *Banque et droit* 1987. 855, obs. Rives-Lange; *JCP E* 1988. II. 15114, n° 8, obs. M. Cabrillac et Vivant.
9. SOINNE, n° 1562.
10. L. n° 2005-845, 26 juill. 2005, préc.
11. D. n° 2006-1709, 23 déc. 2006, *JO* 29 déc., p. 19846.
12. D. n° 2005-1677, 28 déc. 2005, *JO* 29 déc., p. 20324.
13. Ord. n° 2014-326, 12 mars 2014, préc.
14. DEPUIS le 1er oct. 2016 : Ord. n° 2016-131, 10 févr. 2016, *JO* 11 févr.

SECTION 522.20 RÈGLES GÉNÉRALES DE PAIEMENT DES DIVIDENDES DU PLAN DE SAUVEGARDE

522.21 Périodicité du paiement des dividendes du plan de sauvegarde. Le paiement des dividendes du plan est prévu, dans ses modalités, par le jugement arrêtant le plan de sauvegarde. La législation antérieure à la loi de sauvegarde des entreprises[1] reste muette sur la périodicité des dividendes. Ils peuvent être mensuels, trimestriels ou annuels. Il n'est cependant pas impératif qu'ils soient au minimum annuels, sauf pour le premier dividende dont le versement est réglementé (v. s[s] n° 522.27). On peut donc concevoir des dividendes semestriels.

Une cour d'appel a jugé que le tribunal qui arrête le plan ne peut imposer au débiteur, qui s'est engagé à verser des annuités, de consigner des mensualités par provision[2]. La solution apparaît pourtant une sage mesure. Le législateur devrait donc prévoir cette possibilité pour le tribunal.

Le paiement des dividendes du plan de continuation est, en pratique, sous l'empire de la législation antérieure à la loi de sauvegarde des entreprises, prévu, dans ses modalités, par le jugement arrêtant le plan. Le tribunal peut décider d'une périodicité du paiement des dividendes, tout en obligeant le débiteur à provisionner, selon des modalités différentes, entre les mains du commissaire à l'exécution du plan[3]. Ce dernier doit, depuis la loi du 3 janvier 2003[4], consigner ces sommes à la Caisse des dépôts et consignations. La loi de sauvegarde des entreprises conserve la solution (C. com., art. L. *626-25*, al. 6). Cette technique sécuritaire pour les créanciers peut cependant grever la trésorerie de l'entreprise.

La législation antérieure à la loi de sauvegarde des entreprises est restée muette sur la question de la périodicité des dividendes du plan. Il appartient, depuis la loi du 26 juillet 2005, au tribunal de fixer les modalités du paiement des dividendes arrêtés par le plan (C. com., art. L. 626-21, al. 4), ce qui signifie que le tribunal fixera dans son jugement les modalités du paiement des dividendes et notamment leur fréquence, voire des dates fixes[5].

Rien n'interdit une progressivité des dividendes. Il faut cependant garder à l'esprit que pareille pratique est loin d'être neutre pour les créanciers et que tout excès conduit à une spoliation que réprouve la morale des affaires. La loi du 26 juillet 2005 a cependant prévu une limite, inapplicable aux exploitations agricoles, en énonçant que « au-delà de la deuxième année, le montant de chacune des annuités prévues par le plan ne peut, sauf dans le cas d'une exploitation agricole, être inférieur à 5 % du passif admis » (C. com., art. L. 625-18, al. 3). Le montant du dividende des deux premières années est libre, la réglementation n'étant posée, non à compter de la deuxième année, mais « au-delà de la deuxième année », c'est-à-dire, comme l'énonce plus clairement l'article L. 626-18, alinéa 4 (réd. L. 22 oct. 2010[6], art. 58), « à compter de la troisième » année.

Cette disposition, qui interdit d'arrêter des plans de « pacotille »[7], est cependant écartée par l'article L. 626-30, alinéa 4 lorsque le plan de sauvegarde a été adopté par le tribunal, alors que les comités de créanciers ont accepté à la majorité les propositions. Ce texte rend alors inapplicables les dispositions de l'alinéa 2 de l'article L. 626-15 du code prévoyant cette modalité de règlement du passif. La solution s'explique par le principe du « caractère souverain des comités »[8].

En outre, il faut tenir compte de la rédaction de l'article L. 626-18 du code de commerce issue de la loi du 22 octobre 2010 (art. 58-1, 2°). Il résulte de la combinaison des alinéas 1 et 4 de l'article L. 626-18 du code de commerce que la réglementation relative à la progressivité des dividendes ne concerne que les créanciers réfractaires, ceux qui n'ont pas expressément ou tacitement accepté les propositions de plan faites dans le cadre de la consultation. En conséquence, les créanciers ayant accepté les propositions de plan pourront notamment avoir accepté une progressivité des dividendes autre que celle prévue par la loi[9]. Rien n'interdirait, dans ces conditions, le paiement de ces créanciers en une seule fois, comme cela est pratiqué en matière de prêt *in fine*[10]. L'article 58, II de la loi du 22 octobre 2010 prévoit que le I de ce même article qui contient les modifications sus mentionnées, est applicable aux procédures de sauvegarde et de redressement judiciaire ouvertes à compter du premier jour du cinquième mois suivant la publication de la présente loi. La loi ayant été publiée au *Journal officiel* du [illegible] octobre 2010, il en résulte que ces modifications s'appliquent aux procédures ouvertes à compter du 1er mars 2011.

1. L. n° 2005-845, 26 juill. 2005, préc.
2. Aix-en-Provence, 8e ch. C, 9 janv. 2014, RG n° 13/01487, *Act. proc. coll.* 2014/5, comm. 77, note approb. Cagnoli.
3. *Orléans, ch. com., éco. et fin., 23 nov. 2000, RJDA* 2001/4, n° 478.
4. L. n° 2003-7, 3 janv. 2003, *JO* 4 janv, p. 256.
5. *Rapp. Xavier de Roux*, n° 2095, p. 303.
6. L. n° 2010-1249, 22 oct. 2010, préc.
7. VIDAL, 2e éd., 2009, n° 395.
8. Amend. n° 138, Interv. Xavier de Roux, *JOAN CR*, 2e séance du 8 mars 2005, p. 1754 – *Adde, Rapp. Xavier de Roux*, n° 2095, p. 322.
9. T. com. Annecy, 19 mars 2013, RG n° 2013/F00040, note Meynet.
10. PÉROCHON, 10e éd., n° 994.

Les délais du plan constituent un report d'exigibilité de la créance. Il en résulte qu'ils doivent profiter tant au débiteur, qu'à ses héritiers[1], ce qui empêche, au moins à concurrence de la fraction non exigible de la dette inscrite au plan, une compensation avec une autre créance détenue par le débiteur sur le créancier[2]. En revanche, si la créance est exigible, la compensation peut prospérer[3].

522.22 Portabilité des dividendes du plan de sauvegarde. La loi de sauvegarde des entreprises[4] prévoit que « sauf disposition législative contraire, les paiements prévus par le plan sont portables » (C. com., art. L. 626-21, al. 3). La seule réserve à la portabilité des dividendes du plan résulte donc de la loi.

Avant la loi de sauvegarde des entreprises, l'article L. 621-79, alinéa 3 du code de commerce prévoyait que « sauf disposition législative contraire [...], les paiements prévus par le plan sont portables ». Les dispositions législatives contraires visaient pour l'essentiel le paiement des créances détenues par les administrations fiscales et sociales, avant la loi du 10 juin 1994 réformant la loi du 25 janvier 1985[5] qui prévoyait un principe de quérabilité des dividendes du plan de continuation. Pour les premières, l'article 1680 du code général des impôts pose la règle de la portabilité. Pour les secondes, une règle identique est énoncée par l'article R. 243-6 du code de la sécurité sociale. Ainsi, la loi du 10 juin 1994[6] a-t-elle fait rejoindre la situation des créanciers fiscaux et sociaux et celle des autres créanciers. La portabilité de principe des dividendes du plan fait disparaître l'intérêt de la réserve introduite par l'article L. 626-21, alinéa 3 du code de commerce.

Avant la loi de sauvegarde des entreprises, l'article L. 621-79, alinéa 3 du code de commerce prévoyait que « [...] si le plan n'en dispose autrement, les paiements prévus par le plan sont portables ». La loi de sauvegarde des entreprises a supprimé le membre de phrase selon lequel la portabilité des dividendes du plan pouvait être écartée si le plan en dispose autrement a été abrogé. Le tribunal ne peut donc décider une quérabilité des dividendes[7], encore que le contraire ait été soutenu[8].

L'alinéa dernier de l'article L. 626-21 du code de commerce prévoit que les dividendes du plan sont payés entre les mains du commissaire à l'exécution du plan. Il s'est ici agi de mettre en conformité les textes avec une pratique déjà largement répandue, dans le but d'assurer le respect des échéances de remboursement prévues par le plan au bénéfice des créanciers[9]. L'article 58 de la loi du 22 octobre 2010[10], qui ajoute à cet alinéa, prévoit que lorsque la bonne exécution du plan le requiert au regard de la nature particulière des paiements à effectuer, le tribunal peut, par décision spécialement motivée et après avis du ministère public, autoriser le commissaire à l'exécution du plan, sous sa responsabilité, à régler les créanciers par l'intermédiaire d'un établissement de crédit spécialement organisé pour effectuer des paiements de masse en numéraire ou en valeurs mobilières. Le texte aura spécialement vocation à régir le cas d'un grand nombre de créanciers à régler.

La portabilité des dividendes du plan est une mesure de protection des créanciers, qui écarte, sur ce point, le droit commun des obligations, posé par l'article 1247, alinéa 3 du code civil (devenu C. civ., art. 1342-6[11]) prévoyant le principe de quérabilité des créances, lequel était applicable, par principe, sous l'empire de la loi du 25 janvier 1985 non réformée.

522.23 Règles générales relatives au temps du paiement des dividendes du plan de sauvegarde. Il importe, pour le créancier, qui attend depuis de nombreux mois, voire des années, de savoir à quelle date il pourra enfin percevoir son dû.

Il est d'abord interdit au créancier de percevoir des dividendes plus rapidement que ce que prévoit le plan, et ce sous peine de sanctions pénales (C. com., art. L. 654-8, 2°)

Le créancier ne pourra être payé que s'il est véritablement créancier. C'est la raison pour laquelle il y a place à coordination des règles du plan de sauvegarde et de celles relatives à l'admission des créances au passif. En outre, quelques réglementations particulières sont posées, ayant comme objectif que la protection des créanciers qui en sont bénéficiaires.

522.24 Incidence de l'admission au passif sur les droits du créancier dans le plan de sauvegarde. Les créanciers antérieurs sont consultés, en période d'observation, alors que, le plus souvent leur qualité de créanciers n'est pas encore établie par une décision judiciaire. La procédure de vérification du passif est parfois commencée, mais, en tout cas, rarement achevée, au moment de la consultation. Le législateur en tient compte en posant, à l'article L. 626-21, alinéa 1er du code de commerce que

1. Com. 4 janv. 2000, n° 96-12.981, *Bull. civ.* IV, n° 4; *RTD com.* 2001. 218, obs. Saint-Alary-Houin; *JCP E* et *A* 2000. *Chron.* 700, n° 2-a-5, obs. Pétel.
2. *T. com. Paris, 4 janv. 1994, Rev. proc. coll.* 1995, 448, n° 27, obs. Soinne – *Adde*, SOINNE, n° 1603.
3. Com. 24 oct. 1995, n° 93-13.229, *Bull. civ.* IV, n° 252; *JCP* 1996. 3935, n° 4.
4. L. n° 2005-845, 26 juill. 2005, préc.
5. L. n° 85-98, 25 janv. 1985, préc.
6. L. n° 94-475, 10 juin 1994, préc.
7. LE CANNU, 7e éd., n° 935.
8. SAINT-ALARY-HOUIN, 9e éd., n° 1017.
9. *Rapp. Xavier de Roux*, n° 2095, p. 303.
10. L. n° 2010-1249, 22 oct. 2010, préc.
11. DEPUIS le 1er oct. 2016 : Ord. n° 2016-131, 10 févr. 2016, préc.

« l'inscription d'une créance au plan et l'octroi de délais ou remises par le créancier ne préjugent pas l'admission définitive de la créance au passif ». L'article 58 de la loi du 22 octobre 2010[1] ajoute, au premier alinéa de l'article L. 626-21, l'acceptation par le créancier d'une conversion de créance en titres donnant ou pouvant donner accès au capital. Le créancier est en effet consulté en tant que créancier présomptif. Sa qualité définitive de créancier ne sera établie que par l'admission au passif. Il ne saurait être tiré argument par le créancier du fait qu'il a été consulté pour prétendre à une reconnaissance de dette ou du fait que sa créance a été prise en compte dans le cadre du plan pour arguer d'une novation en obligation naturelle de la créance qui serait ultérieurement éteinte, même si le contraire a été jugé[2].

Sous l'empire de la législation antérieure à la loi de sauvegarde des entreprises[3] la créance non déclarée est éteinte, comme si elle n'avait jamais existé. La rétroactivité attachée à sa disparition fait échec au jeu de la novation qui suppose une créance à éteindre simultanément à la naissance de l'obligation nouvelle.

Sous l'empire de la législation de sauvegarde des entreprises, la créance non déclarée est inopposable à la procédure collective. Le créancier ne peut être payé pendant l'exécution du plan, puisqu'il ne peut percevoir de dividendes. La solution résulte de l'article L. 626-26, alinéa 1er du code. En revanche, sous réserve du jeu de la prescription, il peut espérer être payé soit après résolution du plan soit après sa complète exécution.

L'ordonnance du 18 décembre 2008[4] confirme l'impossibilité pour le créancier d'être payé pendant l'exécution du plan, faute de pouvoir percevoir de dividendes (C. com., art. L. 626-26, al. 1er). De manière redondante, l'alinéa 2 du même article ajoute que la créance non déclarée est inopposable au débiteur pendant l'exécution du plan. Mais elle va plus loin en précisant également que cette inopposabilité subsiste après complète exécution du plan. Seule l'hypothèse de la résolution du plan autorisera le paiement du créancier non déclarant, sous réserve du jeu la prescription d'une part, de l'opposabilité de sa créance à la procédure collective dans la seconde procédure, d'autre part.

Le législateur ne fait dès lors qu'énoncer une évidence, en considérant que la consultation du créancier et la réponse qu'il apportera sont sans incidence sur son admission définitive. Il y a deux procédures autonomes : celle de consultation des créanciers dans le cadre de l'élaboration du plan et celle de la vérification du passif. Les droits du créancier consulté ne doivent, dès lors, être pris en compte que dans la mesure de son admission au passif. Il importe, au stade de l'admission de la créance, que ne soient pas confondus le montant à admettre au passif et le montant à payer dans le cadre du plan, compte tenu de l'abandon de créance consenti. Ainsi, l'acceptation par le créancier d'un paiement immédiat à hauteur de 25 % ne doit pas conduire à une admission de la créance à hauteur de 25 %. En pareille hypothèse, le créancier ne recevrait que 25 % du montant de la créance admise et non pas 25 % de ce qui lui était initialement dû, s'il ne fait rien pour remettre en cause la décision d'admission de sa créance[5].

Le plan doit prévoir le règlement de toutes les créances déclarées, même si elles sont contestées[6].

Un créancier admis au passif ne peut être, contre sa volonté, exclu du plan[7].

Si la créance a été contestée et si l'admission définitive de la créance intervient alors qu'un ou plusieurs dividendes du plan ont déjà été versés, il y aura place au paiement de tous les dividendes arriérés, sitôt effectuée la notification ou, en cas d'appel de l'ordonnance du juge-commissaire, la signification de la décision d'admission de la créance au passif[8].

Le débiteur, après arrêté de son plan de sauvegarde, ne pourrait pas transiger avec le créancier sur une fraction éteinte de la créance pour défaut de déclaration. Cette solution posée en matière de plan de continuation, sous le régime de la loi de 1985 prévoyant l'extinction des créances non déclarée[9], doit être reconduite, en dépit de la suppression de l'extinction des créances non déclarée par la loi de sauvegarde des entreprises. En effet, l'article L. 626-26, alinéa 1er du code de commerce prévoit explicitement que le créancier qui n'a pas déclaré sa créance dans les délais ne peut participer aux dividendes.

En revanche, les remises de dettes consenties par le créancier consulté ne sont acquises au débiteur

1. L. n° 2010-1249, 22 oct. 2010, préc.
2. Paris, 15e ch. B, 29 juin 2000, *D.* 2000. Jur. 360, note Lienhard; *Rev. proc. coll.* 2001, 80, n° 24, obs. Soinne.
3. L. n° 2005-845, 26 juill. 2005, préc.
4. Ord. n° 2008-1345, 18 déc. 2008, préc.
5. Com. 16 déc. 2014, n° 13-26.106, NP; n° 1118 F-D.
6. Com. 19 févr. 2013, n° 11-24.773, NP; n° 189 F-D – Lyon, 30 janv. 2014, RG n° 12/07420, *Leden* avr. 2014, comm. 56, note Rubellin.
7. Com. 5 mai 2015, n° 14-14.014, NP; n° 405 F-D; *RTD com.* 2015, 378, n° 9, note Vallens.
8. Com. 22 nov. 2011, n° 10-24.129, *Bull. civ.* IV, n° 191; n° 1172 F-P+B; *D.* 2011. Actu. 2927, obs. Lienhard; *Gaz. Pal* 28 avr. 2012, n° 118, p. 22, note Lebel; *JCP E* 2012. Chron. 1227, n° 5, obs. Pétel; *Rev. sociétés* 2012. 196, note Roussel Galle; Rev. proc. coll. 2012/5, comm. 79, note Fraimout; *LXB hebdo* 15 déc. 2011, n° 277, note Le Corre-Broly.
9. Com. 1er oct. 2002, n° 99-17.876, NP.

dans l'hypothèse d'un plan de sauvegarde que si le créancier a été intégralement payé de sa créance remisée (C. com., art. L. 626-19, al. 3). Dès lors, il est exclu d'utiliser la remise de dette consentie par le créancier pour limiter les droits de celui-ci dans le cadre de l'admission au passif de sa créance[1]. La solution est en outre justifiée par l'obligation de se placer à la date du jugement d'ouverture pour apprécier l'existence et le montant de la créance déclarée (v. s[s] n° 682.24). Il convient donc, dans tous les cas, de faire, dans un premier temps, abstraction du plan de sauvegarde et de partir de l'admission au passif pour déterminer les droits du créancier. Dès lors, si le créancier figure dans le plan, par exemple pour 100, alors qu'il n'a été admis que pour 60, ces droits à dividendes seront limités à 60. Ainsi, si ayant accepté une remise de dette, il accepte d'être payée à 50 %, ses droits dans le cadre du plan s'établiront, dans un second temps, à 30.

522.25 Créancier ne figurant pas au plan. Il se peut que le plan de sauvegarde ait explicitement prévu le sort réservé à chacun des créanciers admis au passif. Que décider pour le créancier oublié du dispositif du plan ? L'autorité de la chose jugée attachée au plan doit-elle aboutir à l'écarter des répartitions de dividendes ? La portée exacte de l'article L. 626-21, alinéa 1er du code de commerce doit permettre d'apporter à la question une réponse. Le paiement de dividendes doit dépendre du montant de l'admission. Dès lors que le créancier a été admis au passif, le plan ne saurait tenir en échec l'admission.

Deux situations doivent alors être distinguées.

Dans une première situation, si le créancier a été consulté, son paiement interviendra conformément aux règles régissant les réponses à consultation. Si le créancier n'a pas été consulté, on a vu que son sort devait être aligné sur celui des créanciers n'ayant pas accepté les propositions. Il fait partie des « autres créanciers » visés à l'article L. 626-18, alinéa 1er du code (v. s[s] n° 512.44).

Il se peut aussi que le créancier ne figure pas au plan parce que sa créance n'a pas été vérifiée au jour de l'arrêté du plan. Deux situations peuvent ici être sous distinguées.

Dans la première, le créancier a déclaré sa créance au passif, mais celle-ci, à la suite d'un oubli, n'a pas été vérifiée. Le créancier doit dans un premier temps se préoccuper de faire admettre sa créance au passif en saisissant le mandataire judiciaire. Ce dernier procédera à la vérification de la créance et invitera le juge-commissaire à statuer sur la créance. Les droits du créancier devront alors être pris en compte dans le plan, en fonction de l'admission prononcée. Si le créancier a été consulté, les règles applicables à la réponse à consultation s'imposeront à lui. Dans le cas contraire, il conviendra de lui appliquer les dispositions du plan intéressant les « autres créanciers », en alignant son sort sur celui des créanciers non acceptant.

Dans une seconde situation, le créancier n'a pas déclaré sa créance dans le délai classique, mais bénéficie de l'inopposabilité de la forclusion ou s'est fait relever de forclusion. Dans le second cas, les textes réservent explicitement sa participation aux répartitions des dividendes, mais l'article L. 622-26, alinéa 1er du code le prive des dividendes qui auraient dû lui être versés si sa créance avait été admise en même temps que celle des créanciers ayant déclaré dans les délais. Il ne participera donc qu'aux dividendes restant à échoir après la décision ordonnant le relevé de forclusion. Il ne semble pas ici que la juridiction puisse décider, pour éviter de sanctionner trop durement le créancier retardataire, le versement de dividendes à titre provisionnel, puisque cette disposition édicte à l'encontre du créancier retardataire une véritable déchéance que n'a pas, à notre sens, pour objet de réparer la disposition de l'article L. 626-21, alinéa 2, laquelle tend plutôt à éviter des paiements par trop tardifs de créances litigieuses, c'est-à-dire de créances faisant l'objet d'une contestation.

Observons que pareil texte n'existait pas, en ce qui concernait les créanciers bénéficiant, sous l'empire de la législation antérieure à la loi de sauvegarde des entreprises[2], de l'inopposabilité de la forclusion. Il ne semblait donc pas possible de leur appliquer la sanction édictée par article L. 621-46, alinéa 1er du code de commerce, les dispositions restrictives de droit devant être interprétées restrictivement. En conséquence, il aurait appartenu au débiteur de payer les dividendes arriérés.

522.26 Moment du versement du dividende et admission au passif. Dès lors que les droits du créancier, dans le cadre du plan de sauvegarde, sont éminemment fonction du montant de son admission au passif, on comprend que le législateur prohibe, par principe, le versement de dividendes avant admission définitive de la créance. C'est là l'objet de l'article L. 626-21, alinéa 2 du code de commerce. Pourquoi verser des sommes à une personne alors qu'elle n'a pas encore officiellement la qualité de créancier ? En sens inverse, les lenteurs de la vérification du passif, qui peut être émaillée de procédures d'appel relativement longues, ont conduit le

1. Com. 14 juin 1994, n° 92-16.420, *Bull. civ.* IV, n° 216; *D.* 1995. Somm. 6, obs. Derrida; *RTD com.* 1995. 481, obs. Martin-Serf.

2. L. n° 2005-845, 26 juill. 2005, préc.

législateur à autoriser le versement, à titre provisionnel, de dividendes. L'article L. 626-21, alinéa 2 du code dispose que « la juridiction saisie du litige peut décider que le créancier participera à titre provisionnel, en tout ou en partie, aux répartitions faites avant l'admission définitive », cette dernière s'entendant de la décision de la cour d'appel, si un appel a été interjeté sur l'ordonnance du juge-commissaire[1]. Le tribunal qui arrête le plan peut donc prévoir un paiement provisionnel des créances litigieuses[2].

L'article 58 de la loi du 22 octobre 2010[3] prévoit, pour sa part, à l'alinéa 2 nouveau de l'article L. 626-21 du code de commerce, que si le mandataire judiciaire a proposé l'admission d'une créance qui n'est pas contestée, le versement de dividende est possible. Il peut intervenir, à titre provisionnel, sitôt la décision arrêtant le plan devenue définitive, à condition que ce paiement provisionnel soit prévu par celle-ci.

Il est évident que si le créancier, au titre du dividende, perçoit plus que ce à quoi il a droit, compte tenu de son admission ultérieure au passif, il y a lieu pour lui à répéter l'indu[4]. Si des dividendes ont été versés à titre provisionnel, ils devront être restitués si la créance, initialement admise au passif, est ensuite rejetée[5]. Si la mission du commissaire a pris fin, un mandataire *ad hoc* pourra être désigné aux fins de défendre l'intérêt collectif des créanciers, pour permettre l'action contre le créancier qui doit restituer ce à quoi il n'a pas droit[6].

Dans ces deux situations, il eut été opportun que le législateur posât ici une règle comparable à celle existant pour le versement indu de dividendes provisionnels en période d'observation (v. s[s] nº 483.41) ou en liquidation judiciaire (v. s[s] nº 591.13).

Si le plan prévoit le versement de dividendes en fonction du passif vérifié, le versement du premier dividende sera différé au jour de l'admission des créances. Aucun reproche ne pourra, jusqu'à cette date, être adressé au débiteur[7].

522.27 Paiement du premier dividende. Il a été observé que les délais de remboursement pouvaient excéder la durée du plan (v. s[s] nº 522.12); ils peuvent donc être particulièrement longs.

Dans le souci de protéger les créanciers, mais aussi de crédibiliser la réglementation établie et d'éviter de « bercer le débiteur d'une douce illusion »[8], le législateur, à l'occasion de loi du 10 juin 1994[9], a posé en règle l'interdiction de prévoir un premier paiement au-delà d'un an (C. com., art. L. 621-76, al. 2 *in fine*). La solution est reprise par la loi de sauvegarde des entreprises (C. com., art. L. 626-18, al. 2). Cette disposition est cependant écartée par l'article L. 626-30, alinéa 4 du code de commerce, lorsque le plan de sauvegarde a été adopté par le tribunal, alors que les comités de créanciers ont accepté à la majorité les propositions. Ce texte rend en effet alors inapplicables les dispositions de l'alinéa 2 de l'article L. 626-18 du code prévoyant l'obligation pour le débiteur de payer le premier dividende du plan au plus tard un an après son adoption. La solution s'explique par le principe du « caractère souverain des comités »[10].

Il faut encore tenir compte de la rédaction de l'article L. 626-18 du code de commerce issue de la loi du 22 octobre 2010[11] (art. 58-1, 2°). Il résulte de la combinaison des alinéas 1 et 4 de l'article L. 626-18 du code de commerce que la réglementation du versement du premier dividende ne concerne que l'hypothèse des créanciers réfractaires, ceux qui n'ont pas expressément ou tacitement accepté les propositions de plan faites dans le cadre de la consultation. En conséquence, les créanciers ayant accepté les propositions de plan pourront notamment avoir accepté le versement du premier dividende au-delà du délai d'un an[12]. Rien n'interdirait, dans ces conditions, le paiement de ces créanciers en une seule fois, comme cela est pratiqué en matière de prêt *in fine*[13]. L'article 58, II de la loi du 22 octobre 2010 prévoit que le I de ce même article qui contient les modifications sus mentionnées, est applicable aux procédures de sauvegarde et de redressement judiciaire ouvertes à compter du premier jour du cinquième mois suivant la publication de la présente loi. La loi ayant été publiée au *Journal officiel* du 23 octobre 2010, il en résulte que ces modifications s'appliquent aux procédures ouvertes à compter du 1er mars 2011.

L'article R. 626-33 du code de commerce précise que le délai d'un an commence à courir à partir de

1. Grenoble, ch. urg., 19 nov. 1991, *Rev proc. coll.* 1993, 83, nº 11, obs. Soinne; *Rev. proc. coll.* 1994, 193, nº 25, obs. Soinne.
2. Versailles, 13e ch., 13 janv. 201[?], RG nº 11/03834, *Act. proc. coll.* 2012/18, comm. 27[?].
3. L. nº 2010-1249, 22 oct. 2010, préc.
4. DERRIDA ET *ALII*, nº 557 – SOINNE, nº 1602.
5. Com. 29 sept. 2015, nº 14-14.727, *Bull. civ.* IV [à paraître] – *Paris, 3e ch.* B, 8 nov. 2007, RG nº 06/20420.
6. Com. 29 sept. 2015, nº 14-14.727, préc.
7. Com. 8 juin 1999, nº 96-19.780, NP, *RJDA* 1999/ nº 1108.
8. LE CANNU, 7e éd., nº 933.
9. L. nº 94-475, 10 juin 1994, préc.
10. Amend. nº 138, Interv. Xavier de Roux, *JOAN CR*, 2e séance du 8 mars 2005, p. 1754 – *Adde, Rapp. Xavier de Roux*, nº 2095, p. 322.
11. L. nº 2010-1249, 22 oct. 2010, préc.
12. T. com. Annecy, 19 mars 2013, RG nº 2013/F00040, note Meynet.
13. PÉROCHON, 10e éd., nº 994.

la décision arrêtant le plan. Le premier dividende pourra être d'un montant relativement faible. Les travaux préparatoires de la loi du 25 janvier 1985[1] évoquaient ainsi le paiement de 1,50 franc de façon à se conformer à la loi[2]. Cependant, son caractère dérisoire devrait équivaloir à son inexistence[3] et dès lors, ouvrir, sous l'empire de la législation antérieure à la loi de sauvegarde des entreprises[4], la voie de la tierce opposition nullité, pour excès de pouvoir, aux créanciers qui en seraient victimes. La tierce opposition réformation est ouverte depuis la loi de sauvegarde des entreprises.

Le texte est inséré à l'article L. 621-76 du code de commerce (anc^t^ L. 25 janv. 1985, art. 74), dans sa rédaction antérieure à la loi de sauvegarde des entreprises, juste après une disposition indiquant que les délais de remboursement pourront excéder la durée du plan. Faut-il, dans ces conditions, décider qu'il est également applicable lorsque la juridiction utilise l'article L. 621-77 du code (anc^t^ L. 25 janv. 1985, art. 75), dans sa rédaction antérieure à la loi de sauvegarde des entreprises, en prévoyant un délai de remboursement raccourci, moyennant une remise de dette, dès lors qu'en ce cas, les délais ne peuvent excéder la durée du plan ?

Formellement, une réponse négative devrait être apportée, même s'il peut paraître curieux de ne pas imposer un premier paiement au plus tard un an après l'arrêté du plan, si le paiement doit être effectué plus rapidement, du fait de la remise de dette consentie.

L'article L. 626-19 du code, dans sa rédaction issue de la loi de sauvegarde des entreprises, qui s'intéresse au choix pour les créanciers comportant un paiement dans des délais uniformes plus brefs mais assorti d'une réduction proportionnelle du montant de la créance, ne modifie pas les données du problème. Il faut donc considérer, avant comme depuis la loi de sauvegarde des entreprises, que le paiement à délais plus brefs assorti d'une remise de dette peut intervenir au-delà d'un an, alors surtout que, la plupart du temps, ce paiement pourra intervenir en un seul versement.

522.28 Paiement des derniers dividendes. Des règles particulières ont été posées pour le paiement des derniers dividendes, par l'ordonnance du 12 mars 2014[5], pour tenir compte de la fin des fonctions du commissaire à l'exécution du plan, du fait de l'expiration de la durée du plan (v. s^s^ n° 521.21).

1. L. n° 85-98, 25 janv. 1985, préc.
2. V. interv. Dailly, séance 8 avr. 1994, *JO Sénat CR* 9 avr 1994, p. 868 – *Adde*, Chaput, n° 413.
3. Rappr. : Soinne, n° 1587.
4. L. n° 2005-845, 26 juill. 2005, préc.
5. Ord. n° 2014-326, 12 mars 2014, préc.

L'une d'elles intéresse spécifiquement les procédures avec comités de créanciers, et consiste en l'allongement de la durée de la mission du commissaire à l'exécution. L'autre tient en la possibilité de désignation d'un mandataire *ad hoc* pour procéder, après expiration de la durée du plan, au recouvrement des dividendes.

SECTION 522.30 RÈGLES PARTICULIÈRES DE PAIEMENT DES DIVIDENDES EN CAS DE RÉALISATIONS EN PHASE D'EXÉCUTION DU PLAN DE SAUVEGARDE

522.31 Énoncé des règles relatives aux réalisations en plan de sauvegarde – Domaine. L'arrêté du pl:n de sauvegarde a pour effet de rétablir le chef d'ntreprise à la tête de ses affaires. Le débiteur redevint maître de ses droits. C'est la raison pour lauelle il retrouve le droit de disposer de ses biens etle leur prix[6].

Si ce principe ne résulte pas clairement des textes, il'impose néanmoins car s'il n'existait, à quoi servait-il au tribunal de prévoir une inaliénabilité de ctains biens ?

Ce principe conduit à décider que si un immeuble été déclaré inaliénable par le jugement arrêtant le an, et si le débiteur a obtenu une modification de n plan l'autorisant à vendre à telle personne mmeuble, il a la liberté de céder cet immeuble à ie personne autre que celle désignée dans le jugeent modifiant le plan, dès lors que le tribunal n'a is interdit la substitution[7].

Bien que le texte ne distinguât pas selon que la ente avait ou non été prévue dans le plan, la jurisrudence, sous l'empire de la loi du 25 janvier 985[8], a décidé, selon une solution critiquée par certains auteurs[9], que le dispositif ne s'appliquait que ans le seul cas où la vente du bien avait été prévue ans le jugement arrêtant le plan[10]. La solution emble devoir être reconduite pour les plans de sau-

. Com. 2 mars 2010, n° 09-14.425, NP; n° 246 F-D; *Rev. proc. coll.* 2010/4, comm. 166, note Fraimout.
. Com. 2 mars 2010, n° 09-14.425, préc. (v. s^s^ prés^t^ n°).
. L. n° 85-98, 25 janv. 1985, préc.
. Pérochon, 10e éd., n° 1021.
0. Com. 21 févr. 2006, n° 04-10.187, *Bull. civ.* IV, n° 46; n° 256 FS-P+B; *D.* 2006. AJ 219; *D.* 2006. Pan. 2253, obs. Lucas; *JCP E* 2006. Chron. 1569, n° 3, obs. M. Cabrillac; *Act. proc. coll.* 2006/8, n° 91, note crit. Boulay; *Gaz. proc. coll.* 2006/2, p. 32 n° 1, obs. Voinot; *LPA* 27 avr. 2006, n° 84, p. 18, note Lebel; *RTD com.* 2006. 482, n° 6, obs. Martin-Serf; *LXB hebdo* n° N7539AKG, note Le Corre – Besançon, 1re ch. civ., 13 nov. 2003, *Act. proc. coll.* 2004/3, n° 32, note Vallansan; *Rev. proc. coll.* 2005/1, p. 61, n° 15, obs. Dumont.

vegarde. Il en est tiré la conséquence que le prix de vente des biens qui n'ont pas été déclarés inaliénables par le plan, et dont le plan n'avait pas envisagé la réalisation, n'a pas à être remis au commissaire à l'exécution du plan[1] (v. aussi s[s] n° 741.43).

La question de la vente des biens du débiteur pendant le plan ne présente de particularité que si le bien vendu est grevé de sûretés. Dans le cas contraire, il s'agit de réaliser un actif, ce qui autorisera le débiteur à en percevoir le prix, afin d'améliorer sa trésorerie, sans que les créanciers puissent faire valoir cette vente, afin d'être payés autrement que selon les prévisions du plan.

Un créancier titulaire d'une sûreté qui ne déclare pas sa créance au passif peut prétendre se voir attribuer, du chef du conjoint, le prix de vente du bien grevé au prétexte que la vente obéit alors au droit commun[2].

Si le bien vendu en phase d'exécution du plan est grevé d'une sûreté spéciale, l'article L. 626-22 du code de commerce a vocation à s'appliquer. Il faudra supposer que le bien ne fasse pas l'objet d'une clause d'inaliénabilité.

Selon l'alinéa 1er de ces textes, « en cas de vente d'un bien grevé d'un privilège spécial, d'un gage, d'un nantissement ou d'une hypothèque, les créanciers bénéficiaires de ces sûretés ou titulaires d'un privilège général sont payés sur le prix après le paiement des créances garanties par le privilège établi aux articles L. 143-10, L. 143-11, L. 742-6 et L. 751-15 du code du travail (devenus C. trav., art. L. 3253-2, L. 3253-3, L. 3253-4 et L. 7313-8) ». Le visa des gages résulte de l'ordonnance du 18 décembre 2008[3].

L'alinéa 2 de ces dispositions poursuit en indiquant qu'« ils reçoivent les dividendes à échoir d'après le plan, réduits en fonction du paiement anticipé, selon l'ordre de préférence existant entre eux ».

La vente de ces biens obéit, dans une large mesure, au droit commun. Dès lors, la procédure de purge devra être accomplie, ce que prévoit d'ailleurs explicitement l'article R. 626-36, alinéa 2 pour les immeubles, mais qui peut tout aussi s'appliquer pour les fonds de commerce. En conséquence, les créanciers inscrits disposeront de la faculté de faire surenchère[4].

La règle a un domaine strictement identique à celui de l'article L. 622-8, alinéa 1er du code (v. s[s] n° 482.11). On remarquera qu'une terminologie semblable est utilisée. Il s'agit de tenir compte de la réforme des sûretés opérée par l'ordonnance du 23 mars 2006[5], qui utilise désormais le concept de gage, indépendamment de l'existence d'un droit de rétention, pour viser la sûreté réelle portant sur un bien meuble corporel, réservant le concept de nantissement à la sûreté portant sur un meuble incorporel.

L'interprétation de la disposition, par rapport à celle prévalant jusqu'alors, ne doit pas être modifiée à notre sens. Il peut en effet être observé que si le législateur oblige à payer le créancier rétenteur pour retirer la chose retenue, il ne peut être question de lui imposer une consignation, puisque ce serait alors faire échec au droit de rétention sans paiement[6]. En conséquence, il faut décider que la disposition ici analysée est inapplicable au créancier gagiste rétenteur. Peu importe que le droit de rétention soit réel ou fictif. Doit trouver ici application le principe de solution que nous prônons, selon lequel « consigner et retenir ne vaut » (v. s[s] n° 633.33).

Mais encore faut-il tenir compte de la neutralisation pendant la période d'exécution du plan – l'inopposabilité dit le code (C. com., art. L. 622-7, I, al. 2) – du droit de rétention fictif conféré par le code civil, depuis la loi du 4 août 2008[7], dite loi LME, (art. 2286, 4°) au titulaire d'un gage sans dépossession. En conséquence, si le bien vendu en période d'observation fait l'objet d'un gage sans dépossession, pour lequel l'article 2286, 4° du code civil accorde un droit de rétention fictif, la neutralisation du droit de rétention fictif ne fera pas obstacle à l'obligation de consignation de la quote-part du prix de vente du bien réalisé. Il importe, comme nous l'avons déjà observé, que ce droit de rétention fictif résulte du jeu de l'article 2286, 4° du code civil, et non d'une disposition d'une législation spéciale. En ce dernier cas, la neutralisation du droit de rétention fictif n'a pas lieu d'être. C'est ainsi, par exemple, que le gage sur véhicule automobile confère, au créancier gagiste un droit de rétention fictif, indépendamment du jeu de l'article 2286, 4° du code civil. La discussion existe aujourd'hui pour le warrant agricole (v. s[s] n° 482.11). Ce droit de rétention fictif, qui résulte d'une législation spéciale, reste parfaitement efficace pendant l'exécution du plan, comme il le demeurait en période d'observation. En conséquence, la réalisation, pendant l'exécution du plan, d'un bien grevé d'un gage sur véhicule automobile devra conduire à la satisfaction immédiate du créancier gagiste et n'autorisera pas la

1. Com. 21 févr. 2006, n° 04-10.187, *Bull. civ.* IV, n° 46 ; n° 256 FS-P+B ; préc. (v. s[s] prés[t] n°).
2. Com. 21 févr. 2006, n° 04-10.187, préc. (v. s[s] prés[t] n°) – Besançon, 1re ch. civ., 13 nov. 2003, *Act. proc. coll.* 2004/3, n° 32, note Vallansan ; *Rev. proc. coll.* 2005/1, p. 61, n° 15, obs. Dumont.
3. Ord. n° 2008-1345, 18 déc. 2008, préc.
4. Derrida et *alii*, n° 553 – Saint-Alary-Houin, 9e éd., n° 997.
5. Ord. n° 2006-346, 23 mars 2006, *JO* 24 mars, p. 4475.
6. Soinne, n° 1322.
7. L. n° 2008-776, 4 août 2008, *JO* 5 août, p. 12471, dite loi LME.

consignation du prix, le gagiste rétenteur n'ayant pas à se satisfaire d'une simple quote-part du prix, mais devant être intégralement payé, afin qu'il puisse être procédé au dégrèvement du droit de rétention dont il est le bénéficiaire.

Le prix de vente du bien grevé de sûreté sera affecté au désintéressement des créanciers privilégiés. La solution s'applique tant pour le bien vendu en plan de sauvegarde, que pour celui vendu en période d'observation. L'article L. 622-8, alinéa 1er du code renvoie à l'article L. 626-22, en énonçant qu'« après l'adoption du plan [...] les créanciers bénéficiaires de ces sûretés ou titulaires d'un privilège général sont payés sur le prix, selon l'ordre de préférence existant entre eux et conformément à l'article L. 626-22, lorsqu'ils sont soumis aux délais du plan ». Cependant, le tribunal peut décider une substitution de garantie, comme l'envisage l'article L. 626-22, alinéa 3 du code.

522.32 Présentation générale des règles relatives au paiement du créancier titulaire de la sûreté en cas de réalisation d'un bien grevé pendant le plan de sauvegarde. Le créancier titulaire de la sûreté spéciale inscrite sur un bien vendu en plan de sauvegarde a vocation à être payé sur le prix de vente. Cependant, le paiement ne peut intervenir immédiatement.

L'article L. 626-22, alinéa 1er du code de commerce prévoit que la quote-part du prix correspondant aux créances garanties par les sûretés inscrites sur le bien provenant de la vente d'un bien est versée en compte de dépôt à la Caisse des dépôts et consignations. Remarquons immédiatement que la fraction du prix, qui excède les créances garanties, n'a pas à être déposée à la Caisse des dépôts et consignations. Il faut donc comprendre que cette fraction doit être remise immédiatement au débiteur.

Cette obligation de dépôt se justifie par l'obligation d'accomplir la procédure de purge et de respecter la procédure d'ordre. Les clauses restrictives de cession ont ici, contrairement à la solution posée en matière de plan de cession, pleine vocation à jouer. Il en est également ainsi des divers droits de préemption légaux, tel le droit de préemption urbain.

L'article 102, alinéa 3 du décret du 27 décembre 1985 [1] prévoyait que la répartition du prix devait être faite par le commissaire à l'exécution du plan et, s'il n'est plus en fonction, par un mandataire désigné spécialement à cet effet par le président du tribunal. Cette solution n'a pas été reprise par le décret du 28 décembre 2005 [2], car l'hypothèse ne devrait pas se présenter, dans la mesure où la clôture du plan présuppose la complète exécution par le débiteur de ses obligations, ce qui oblige donc le commissaire à l'exécution du plan à avoir également terminé cette répartition. L'article R. 626-36, alinéa 1er du code de commerce se contente, en conséquence, de prévoir que le commissaire à l'exécution du plan répartit le prix.

Afin d'accélérer les répartitions sans attendre l'accomplissement de la procédure d'ordre, l'article R. 626-36, alinéa 1er du code de commerce prévoit que, après dépôt à la Caisse des dépôts et consignations, des paiements provisionnels peuvent être effectués dans les conditions de ceux pouvant intervenir en période d'observation (v. s^s^ n° 483.31).

522.33 Concours du créancier privilégié avec d'autres créanciers en cas de réalisation d'un bien grevé pendant le plan de sauvegarde. L'article L. 626-22, alinéa 1er du code de commerce prévoit que les créanciers qu'il vise sont payés sur le prix après paiement des créanciers super privilégiés. Il en est de même, précise le texte, des créanciers titulaires d'un privilège général. Il faut ici supposer qu'il s'agit de titulaires de privilège général primant les créanciers titulaires de sûretés spéciales, sur le prix de vente du bien vendu.

Sous l'empire de la loi du 25 janvier 1985 [3] et, dans la rédaction d'origine de la loi de sauvegarde des entreprises [4], il en est ainsi du privilège des frais de justice dont bénéficient les créanciers antérieurs. Depuis l'ordonnance du 18 décembre 2008 [5], il en est ainsi du privilège des frais de justice accordés aux créanciers dont la créance est née régulièrement après le jugement d'ouverture de la procédure collective, pour les besoins du déroulement de cette procédure.

Sous l'empire des deux législations – loi de 1985 et loi de sauvegarde –, il en sera de même pour le privilège général des salaires, lorsque son titulaire sera en conflit avec un créancier titulaire d'une sûreté immobilière. La solution vaudra aussi, de façon distributive, pour les autres sûretés spéciales, les créanciers titulaires de privilèges généraux qui les priment, par exemple le fisc par rapport au créancier nanti sur fonds de commerce.

En revanche, tel ne semble pas être le cas, sous l'empire de la législation antérieure à la loi de sauvegarde des entreprises, des créanciers « de l'article 40, une opinion contraire ayant été soutenue [6] », puisque la Cour de cassation considère que l'article L. 621-32 du code de commerce (anc^t^ L. 25 janv.

1. D. n° 85-1388, 27 déc. 1985, *JO* 29 déc., p. 15281.
2. D. n° 2005-1677, 28 déc. 2005, préc.
3. L. n° 85-98, 25 janv. 1985, préc.
4. L. n° 2005-845, 26 juill. 2005, préc.
5. Ord. n° 2008-1345, 18 déc. 2008, préc.
6. Sénéchal, « La distribution du prix de vente d'un immeuble grevé de sûretés par le commissaire à l'exécution du plan de continuation », *LPA* 12 mai 2004, n° 95, p. 4 s., sp. p. 10, n° 9.

1985, art. 40) ne confère pas un privilège, mais un simple droit de priorité (v. s[s] n° 456.11). L'opinion a été suivie par une juridiction [1], ce qui conduit à décider que les créanciers de l'article 40 sont primés par les créanciers titulaires d'une sûreté spéciale ou d'un privilège général.

La solution est modifiée par la loi de sauvegarde des entreprises qui accorde à certains créanciers postérieurs élus un véritable privilège. En outre, il faudra, sous l'empire de cette législation, tenir compte du privilège de la conciliation [2].

Le décret du 28 décembre 2005 [3] prévoit, ce que n'avait pas fait le décret du 27 décembre 1985 [4] qui se contentait d'indiquer que le commissaire à l'exécution du plan répartit le prix entre les créanciers (D. 27 déc. 1985, art. 102, al. 1er), que le commissaire à l'exécution du plan, qui conserve cette mission, doit dresser un état de collocation pour répartir le prix de vente d'un immeuble (C. com., art. R. 626-36, al. 6).

La procédure d'ordre [procédure de distribution du prix de vente d'un immeuble] prévue aux articles R. 643-3 à R. 643-15 du code de commerce, textes qui concernent la liquidation judiciaire, doit être respectée (C. com., art. R. 626-36, al. 2 – v. s[s] n°s 591.31 à 591.36).

L'article R. 626-37 du code de commerce ouvre au débiteur le recours prévu à l'article R. 643-11, c'est-à-dire le recours en contestation de l'ordre en liquidation judiciaire, lequel, dans cette procédure, est réservé aux créanciers (v. s[s] n° 591.34). Pour ce faire, le greffier doit adresser au débiteur une copie de l'état de collocation. Le greffier doit également l'aviser du délai et des modalités du recours, ce qui conditionne le début du cours du délai de recours.

Les créanciers, quant à eux, sont intégralement soumis aux règles édictées pour la contestation de l'ordre en liquidation judiciaire (v. s[s] n°s 591.31 à 591.36).

> **Droit de suite d'un créancier inscrit sur un immeuble du chef d'un précédent propriétaire.** Le décret du 28 décembre 2005 traite le cas d'un créancier inscrit sur un immeuble du chef d'un précédent propriétaire. Observons que la règle aurait pu être étendue au cas d'un créancier inscrit sur un fonds de commerce du débiteur vendu en phase d'exécution du plan de redressement – ou de sauvegarde – il s'agit ici de prendre en compte le jeu du droit de suite de ce créancier.

Ce créancier doit être averti par le commissaire à l'exécution du plan par lettre recommandée avec demande d'avis de réception qu'il a l'obligation de produire sa créance à la procédure d'ordre dans le mois de l'avertissement (C. com., art. R. 626-36, al. 3). Ce créancier est plus mal traité qu'un créancier de la procédure collective, alors pourtant qu'il est en dehors de celle-ci (v. s[s] n° 711.31).

La production à l'ordre du créancier doit mentionner la sûreté inscrite sur le bien. Un décompte des sommes dues en principal, intérêts et accessoires et les documents justificatifs sont joints à la production (C. com., art. R. 626-36, al. 4).

À défaut de production dans le délai du mois de son avertissement par le commissaire à l'exécution du plan, le créancier titulaire de ce droit de suite est déchu de son droit de participer à la distribution. Ainsi, l'immeuble sera-t-il débarrassé de l'inscription le grevant sans paiement. L'intéressé, qui n'était pas à ce titre créancier personnel du débiteur en plan, n'aura plus de droit à exercer sur le débiteur, du fait de la disparition de sa sûreté, ce qui conduit à le traiter plus sévèrement qu'un créancier personnel du débiteur, dont la créance n'est plus éteinte du fait du défaut de déclaration. Du fait de la disparition de son droit de suite, il est identiquement privé de droit sur l'acquéreur qui aurait dû être considéré, à son égard, comme un détenteur, obligé *propter rem* à la dette.

522.34 Coordination des dispositions du plan de sauvegarde et de la règle du paiement immédiat – Réduction proportionnelle des dividendes. L'article L. 626-22, alinéa 2 du code de commerce procède à une coordination des dispositions qui arrêtent le plan et qui prévoient le versement de dividendes, avec le règlement de la créance du titulaire de la sûreté ou du privilège bénéficiant du paiement immédiat. La disposition prévoit que ces créanciers (c'est-à-dire le bénéficiaire d'un privilège spécial ou d'une sûreté spéciale visée au texte, le titulaire d'un privilège général et celui titulaire du super-privilège des salaires) « reçoivent les dividendes à échoir d'après le plan, réduits en fonction du paiement anticipé, suivant l'ordre de préférence existant entre eux ».

La notion de réduction en fonction du paiement anticipé est d'une interprétation délicate. Faut-il comprendre que les dividendes sont réduits à concurrence du paiement reçu immédiatement ? Faut-il comprendre que le dividende doit être réduit également en tenant compte de l'anticipation sur le moment du paiement, qui évoque l'idée d'une réduction par calcul de réactualisation ?

La difficulté peut avoir été réglée dans le jugement arrêtant le plan si la vente est intervenue en période d'observation. Si tel n'est pas le cas, il semble bien qu'elle soit de la compétence exclusive du

1. Paris, pôle 5, 8e ch., 17 janv. 2012, RG n° 11/04297, *Act. proc. coll. 2012/12, comm. 177, note* crit. Cagnoli.
2. *Rapp. Xavier de Roux*, n° 2095, p. 305.
3. D. n° 2005-1677, 28 déc. 2005, préc.
4. D. n° 85-1388, 27 déc. 1985, préc.

tribunal de la faillite[1], cette question n'ayant pu naître sans la faillite.

Le décret n'apporte pas de réponse à cette question. En faveur de la seconde interprétation – minoration des dividendes par calcul de réactualisation – on peut avancer l'idée d'avantage procuré au créancier bénéficiaire du paiement anticipé[2]. Il faudrait respecter a-t-on dit, « l'équivalence financière délai-remise »[3]. Cependant, cette observation ne nous paraît pas décisive. Il importe d'observer, même si certains auteurs se fondent sur ce concept pour asseoir leur position[4], que le code n'emploie pas la notion de « réduction proportionnelle » de la créance par rapport au temps gagné. Le texte reste muet sur une éventuelle réactualisation du paiement reçu par rapport au paiement qui aurait dû être effectué. Or, d'une part, une réactualisation supposerait l'application d'un taux, qui par hypothèse sera discutable, faute d'avoir été fixé par le législateur. D'autre part, cela aboutirait à une réduction des droits du créancier. Or, faute de texte exprès, il n'apparaît pas envisageable de procéder à une réduction des droits du créancier[5]. Certes, on observera que la réduction de droits est seulement nominale. Cependant, le principe du nominalisme monétaire continue à être un principe directeur du droit des obligations. Il ne peut donc être écarté que par des dispositions expresses.

L'article R. 626-36, alinéa 6 du code de commerce se montre pragmatique en prévoyant que l'état de collocation que doit dresser le commissaire à l'exécution du plan mentionne les modalités de calcul de cette réduction.

522.35 Domaine de la substitution de garantie en plan de sauvegarde. L'article L. 626-22 du code de commerce, après avoir posé le principe du règlement des créanciers titulaires de sûreté spéciale, envisage l'hypothèse d'une substitution de garanties, laquelle tiendra en échec le paiement anticipé[6].

Le législateur procède ici comme il l'a fait à l'article L. 626-8 du code pour la période d'observation. C'est pourquoi le détail de cette question est abordé dans le cadre de la période d'observation (v. s[s] n°s 484.09 s.). Seuls les problèmes spécifiques à la substitution de garantie en plan de sauvegarde seront ici abordés.

Le domaine de la règle est identique, quant aux créanciers concernés, à celui existant en période d'observation (v. s[s] n°s 484.11 et 484.12). Aucun doute n'est ici permis sur l'application exclusive de ce texte aux sûretés réelles spéciales, à l'exclusion des sûretés personnelles. En effet, l'article L. 626-22, alinéa 3 du code vise très exactement le créancier dont la sûreté est concernée : titulaires de « privilèges », « nantissements » ou « hypothèques ». L'ordonnance du 18 décembre 2008, modifiant la rédaction de la disposition, ajoute à la liste les gages.

522.36 Modalités procédurales de la substitution de garantie. La demande de substitution de sûreté est présentée par le débiteur au créancier concerné, ce que n'avait pas précisé le décret du 27 décembre 1985[7] et que prévoit explicitement, au contraire, l'article R. 626-35, alinéa 1er du code de commerce.

Si les parties, c'est-à-dire le créancier concerné et débiteur, ne sont pas d'accord sur la substitution e garantie, elle peut être ordonnée par le tribunal C. com., art. R. 626-35, al. 1er), alors qu'en période observation, elle était de la compétence du juge-ommissaire. L'article R. 626-35, alinéa 1er du code commerce prévoit que cette demande sera prént ée par requête au tribunal. Il s'agira du tribunal vant lequel s'est déroulée la procédure, précision i était apportée par l'article 100, alinéa 1er du cret du 27 décembre 1985, cette précision étant perflue sous l'empire de la législation de sauverde des entreprises[8], car l'article R. 626-23 du de de commerce prévoit que le tribunal qui a rêté le plan demeure compétent pour connaître de n exécution.

Le tribunal statue après avoir entendu ou convoé le commissaire à l'exécution du plan, le débiteur le créancier (C. com., art. R. 626-35, al. 2).

Si la substitution de garantie sollicitée du tribunal t refusée au débiteur, celui-ci peut interjeter appel u jugement.

Si elle est acceptée, se pose la question de l'ouverure de l'appel au créancier. Il faut ainsi interpréter portée du silence du législateur qui n'ouvre pas appel au créancier, mais qui ne lui ferme pas davange. Le droit commun doit, nous semble-t-il, être especté, et, faute de fermeture du droit d'appel, elui-ci doit être ouvert au créancier.

L'appel ne sera *a priori* pas suspensif, car la décion qui ordonne la substitution de garantie n'est as au rang de celles qui ne sont pas revêtues de lein droit de l'exécution provisoire de droit, con-

1. Sénéchal, « La vente des immeubles et la distribution de leur prix », intervention au colloque du Crajefe, Nice 1998, *LPA* 28 oct. 1998, n° 129, p. 36 s., sp. p. 43.
2. EN CE SENS : SOINNE, n° 1613 – Sénéchal, « La distribution du prix de vente d'un immeuble grevé de sûretés par le commissaire à l'exécution du plan de continuation », *LPA* 12 mai 2004, n° 95, p. 4 s., sp. p. 15, n° 19.
3. PÉROCHON, 10e éd., n° 1022.
4. AINSI : JACQUEMONT ET VABRES, 9e éd., n° 822.
5. EN CE SENS AUSSI : J.-CL. COM., fasc. 2610, Vinckel, [Plan de sauvegarde – exécution], 2009, n° 72.
6. LE CANNU, 7e éd. n° 942.

D. n° 85-1388, 27 déc. 1985, préc.
L. n° 2005-845, 26 juill. 2005, préc.

trairement à la décision du juge-commissaire intervenant en période d'observation et ordonnant une substitution de garantie, qui fait partie des exceptions au principe selon lequel les ordonnances du juge-commissaire sont exécutoires de plein droit à titre provisoire (C. com., art. R. 661-1, al. 2). La solution est surprenante au regard du caractère irréversible de la solution et des dangers qu'elle présente pour le créancier concerné. Elle mériterait d'être repensée.

En présence d'un jugement ne statuant que sur la substitution de garantie, il s'agira d'un appel total.

Si la substitution est décidée dans le jugement arrêtant le plan, la difficulté est plus grande. En effet, le créancier n'est pas une partie au plan et il ne peut lui être reconnu la faculté de faire appel. En revanche, il est bien une partie à la substitution de garantie. Il a donc qualité pour faire appel de la partie du jugement arrêtant le plan prévoyant la substitution de garantie. Sa convocation obligatoire (C. com, art. R. 626-35, al. 2) semble devoir lui conférer la qualité de partie, une opinion contraire ayant toute fois été émise[1]. Décider le contraire reviendrait traiter différemment le créancier en fonction de étapes de la procédure puisque, si la substitutio intervient en période d'observation, il peut fair appel de l'ordonnance (v. s[s] n° 484.31). Au surplu admettre la recevabilité de l'appel limité ne contra rie pas la réglementation précise de l'ouverture d l'appel sur un jugement arrêtant le plan, puisqu' ne sera nullement question de remettre en cause plan en son entier.

522.37 Conditions de fond et effets de la substitution de garantie. Comme pour la substitution d garantie en période d'observation, la substitution la sûreté spéciale d'une garantie doit être, pour l créancier, équivalente. D'une manière à notre sen contestable, il a été jugé qu'une garantie bancair n'équivalait pas à une sûreté réelle[2].

La radiation de l'ancienne sûreté interviendra après constitution de la garantie nouvelle (C. com. art. R. 626-35, al. 3). Le jugement contiendra injonction d'avoir à procéder à la radiation de l'ancienne inscription et de procéder à l'inscription d'une nouvelle garantie, si elle est soumise à inscription.

Enfin, sous l'empire de la législation antérieure à la loi de sauvegarde des entreprises[3], le jugement précisait la personne qui devait supporter les frais de radiation et d'inscription (D. 27 déc. 1985[4], art. 100, al. 2). La règle a été modifiée par la législation de sauvegarde des entreprises. Comme pour la substitution de sûreté en période d'observation (v. s[s] n° 484.41), les frais de la substitution de sûreté – frais de radiation de nouvelle inscription – incomberont, très logiquement, au débiteur (C. com., art. R. 626-35, al. 3).

SECTION 522.40

RÈGLES PARTICULIÈRES DE PAIEMENT DES DIVIDENDES DU PLAN EN CAS DE LEVÉE D'OPTION DU CONTRAT DE CRÉDIT-BAIL PENDANT L'EXÉCUTION DU PLAN DE SAUVEGARDE[5]

522.41 Énoncé et domaine de la règle relative à la levée de l'option d'achat du crédit-bail en plan de sauvegarde. La levée d'option d'achat du crédit-bail par le locataire n'est réglementée, en plan, que depuis la loi du 10 juin 1994[6]. Auparavant, la difficulté revêtait une acuité certaine.

Depuis la loi du 10 juin 1994, l'article L. 621-76, alinéa 3 (anc[t] L. 25 janv. 1985[7], art. 74, al. 3), qui intéresse spécifiquement le plan de continuation, dispose que « pour les contrats de crédit-bail, ces délais prennent fin si, avant leur expiration, le crédit-preneur lève l'option d'achat. Celle-ci ne peut être levée si, sous déduction des remises acceptées, l'intégralité des sommes dues en vertu du contrat n'a pas été réglée ». La solution a été très exactement reproduite en matière de plan de sauvegarde par l'article L. 626-18, alinéa 4 du code, dans la rédaction que lui donne la loi de sauvegarde des entreprises.

La question ne peut se poser que si certaines conditions préalables sont réunies.

Il faut d'abord supposer que l'on est en présence d'un contrat de crédit-bail. Le contrat voisin de location avec option d'achat ne semble pas concerné par la réglementation. La solution peut se justifier par une considération déterminante : celle de l'utilité du bien pour l'entreprise. Si le contrat de crédit-bail porte nécessairement sur un bien à destination principalement professionnelle, le contrat de location avec option d'achat porte sur un bien à destination principalement extraprofessionnelle. La nécessité du bien pour la poursuite de l'activité n'est donc pas établie.

La deuxième condition d'application de la réglementation résulte de l'absence de résiliation du contrat en phase de période d'observation. À défaut,

1. DERRIDA ET *ALII*, note n° 2455 – SOINNE, n° 1615.
2. Paris, 29 juin 1993, *D.* 1995. Somm. 5, obs. Derrida.
3. L. n° 2005-845, 26 juill. 2005, préc.
4. D. n° 85-1388, 27 déc. 1985, préc.

Barat, « La levée d'option d'achat du crédit-bail par le preneur soumis à une procédure collective après l'ordonnance du 18 décembre 2008 », *RD banc. fin.* mars/avr. 2010, Dossier 13, p. 99.

L. n° 94-475, 10 juin 1994, préc.

L. n° 85-98, 25 janv. 1985, préc.

il ne pourrait arriver à son terme en phase d'exécution du plan.

La troisième condition d'application du texte semble être l'arrivée à terme du contrat en phase d'exécution du plan. Ne peut-on cependant assimiler à cette hypothèse celle où le contrat arrive à terme pendant la période d'observation ? Faute pour la disposition ici analysée de distinguer selon que le contrat est arrivé à terme pendant la période d'observation ou en phase d'exécution du plan, l'interprète n'a pas davantage à distinguer, une juridiction du fond ayant cependant jugé le contraire[1]. Le texte se contente en effet d'indiquer que « les délais du plan [...] pendront fin si, avant leur expiration, le crédit-preneur lève l'option d'achat ».

Le crédit-preneur ayant en l'espèce manifesté l'intention de lever l'option d'achat postérieurement à l'adoption du plan, il y a lieu d'appliquer purement et simplement la disposition et de supprimer en conséquence au débiteur les délais prévus par le plan s'il veut lever l'option d'achat. En revanche, si le débiteur veut bénéficier des délais du plan pour payer l'arriéré dû au titre du crédit-bail, il faut, par application du contrat, considérer que n'étant plus en position de lever l'option d'achat, il doit restituer le matériel dès l'arrivée à son terme du contrat.

Pour arriver à terme en phase d'exécution du plan, il faut que ce contrat continué pendant la période d'observation n'ait pas été résilié, pendant cette même période, pour défaut de paiement d'un terme de loyer. Le non-paiement, dans les conditions contractuelles, d'un seul terme de loyers entraîne, en effet, résiliation du contrat (v. s^s^ n° 431.55).

Le contrat ne devra pas davantage avoir été résilié en phase d'exécution du plan. Les contrats sont *continués en cette phase*, dans les conditions applicables aux contractants *in bonis*. Aucune clause de résiliation de plein droit ne devra, par conséquent, avoir atteint le contrat. Enfin, il faut supposer qu'avant jugement d'ouverture, un impayé ait été constaté. Le créancier devra-t-il cependant avoir été admis au passif pour cette créance ?

La créance non admise au passif est éteinte (v. s^s^ n° 682.51), sous l'empire de la législation antérieure à la loi de sauvegarde des entreprises, non seulement si la créance régulièrement déclarée a été rejetée, mais encore si la créance n'a pas été régulièrement déclarée dans les délais. Dans ces conditions, il semble bien que l'établissement de crédit-bail ne puisse bloquer la levée d'option d'achat par le locataire au prétexte de l'existence d'une créance, dès lors que celle-ci est éteinte. La lettre du texte de l'article L. 621-76, alinéa 3 se contente certes de viser les sommes « restant dues » et non les sommes admises au passif. Un très cher auteur a fait observer que les dispositions contractuelles ne subordonnent pas la levée de l'option d'achat à l'extinction de toute créance née au titre du contrat, mais au paiement de toutes les sommes dues au titre de ce même contrat[2]. Toutefois, il apparaît délicat de considérer que ce qui n'est plus dû – la créance étant éteinte et ne laissant même pas subsister une obligation naturelle – doive encore être payé.

La loi de sauvegarde des entreprises ne pose plus en règle l'extinction de la créance non déclarée. Cependant, la créance non déclarée est inopposable à la procédure collective (v. s^s^ n° 665.75). Le crédit-bailleur ne peut donc se considérer, avant clôture du plan, comme un créancier antérieur et ne peut donc, à notre sens, s'opposer à la levée d'option d'achat en phase d'exécution de ce plan.

L'ordonnance du 18 décembre 2008[3] précise que l'inopposabilité de la créance non déclarée se poursuit pendant l'exécution du plan et se poursuit même après complète exécution de celui-ci, ce qui supprime toute difficulté d'interprétation. La solution ne nous apparaît pas interprétative et apparaît donc limitée aux seules procédures ouvertes à compter du 15 février 2009.

522.42 Mise en œuvre de la règle de la levée d'option d'achat du crédit-bail en plan de sauvegarde. Il ressort d'abord des dispositions de l'article L. 626-18, alinéa 4 du code de commerce – devenu l'alinéa 7 depuis l'ordonnance du 18 décembre 2008[4] –, que le titulaire de la faculté de levée de l'option d'achat est le débiteur seul.

Il résulte également de cette même disposition que, si le débiteur ayant obtenu un plan de sauvegarde veut lever, en phase d'exécution de ce plan, l'option d'achat, les délais de règlement de la créance antérieure du crédit-bailleur, qui lui avaient été accordés par le plan, seront supprimés. Il y a place à une véritable déchéance des délais, sans qu'il y ait à distinguer selon que les délais ont été acceptés par le créancier ou qu'ils lui ont été imposés par le tribunal. En revanche, la disposition analysée fait réserve des remises acceptées. Il faut donc considérer que, si en phase d'élaboration du plan, le crédit-bailleur a accepté des remises, en contrepartie d'un paiement plus rapide, seul sera exigé le paiement de la créance remisée. Il en résulte que, en pratique, le crédit-bailleur sera mal avisé, si son contrat est encore en cours au jour de la consultation sur les délais et remises, d'accepter des remises, puisqu'il pourrait

1. T. com. Nice, 4 nov. 1997, *D.* 1998. IR 15.
2. Le Corre-Broly, *Crédit-bail mobilier et procédure collective – Contribution à l'étude du contrat de crédit-bail mobilier en cas de redressement ou de liquidation judiciaire du locataire*, th., Lille, 1997, n° 475.
3. Ord. n° 2008-1345, 18 déc. 2008, préc.
4. Ord. n° 2008-1345, 18 déc. 2008, préc.

prétendre être payé de l'intégralité de sa créance, plus rapidement que les autres créanciers, sans pour autant avoir de remise à consentir au débiteur.

Notons cependant que si le plan est adopté après vote favorable des comités de créanciers, les remises votées par les comités de créanciers s'imposeront à tous les membres du comité. Ainsi, le crédit-bailleur qui n'a pas accepté les remises proposées dans le cadre des comités de créanciers, pourra se les voir imposer et ne pourra donc s'opposer à la levée d'option d'achat par le locataire, qui n'aura pourtant payé que la créance non remisée.

L'alinéa 7 de l'article L. 626-18 du code de commerce avait été modifié par l'article 39 de l'ordonnance du 12 mars 2014 [1]. Le nouveau texte prévoyait que le crédit-preneur pouvait lever l'option d'achat avant l'expiration des délais prévus au présent article. Il devait alors payer l'intégralité des sommes dues, dans la limite de la réduction dont elles faisaient l'objet dans le plan sous forme de remises ou de délais.

Le texte était d'une interprétation délicate. Autant l'on pouvait comprendre la redondance législative « la réduction sous forme de remises ». Autant, il était délicat de savoir ce que vise le législateur lorsqu'il évoquait la « réduction sous forme de délais ». Le législateur avait, semblait-t-il, voulu mettre fin au dispositif avantageux pour le crédit-bailleur, qui obligeait le crédit-preneur à payer l'arriéré du au jour du jugement d'ouverture sans pouvoir bénéficier du plan. Si telle avait été la volonté législative, il convenait de la retraduire autrement. On avait suggéré la formulation suivante : « le crédit-preneur peut lever l'option d'achat avant l'expiration des délais prévus au présent article. Il doit alors payer les sommes restant dues au crédit-bailleur au titre de la jouissance procurée avant le jugement d'ouverture par dividendes du plan, en tenant compte de la réduction dont elles font l'objet dans le plan et des délais de paiement consentis par lui ou imposés par le tribunal ».

La loi de modernisation de la justice du XXIe siècle a préféré supprimer la malfaçon législative, en ôtant du texte les mots « ou de délais ». L'interprétation du texte est infiniment plus claire : le crédit-preneur pourra lever l'option en ayant ce qui reste dû, remise de créance déduite. Le crédit-bailleur pourra comprendre qu'il a droit à toute sa créance, dès lors qu'il n'accorde pas de remise. Il lui est alors conseillé de n'accorder que des délais de paiement, lesquels prendront fin en cas de levée d'option. Cette modification nous apparaît purement interprétative.

1. Ord. n° 2014-326, 12 mars 2014, préc.

SECTION 522.50

EXÉCUTION FORCÉE DU PAIEMENT DES DIVIDENDES DU PLAN DE SAUVEGARDE

522.51 Situation sous l'empire de la législation antérieure à la loi du 26 juillet 2005 [2]. Avant la loi de sauvegarde des entreprises, le créancier pouvait agir en recouvrement du dividende impayé dans le cadre du plan de continuation (v. s^s n° 542.11).

522.52 Exécution forcée du titre pour obtenir paiement des dividendes du plan de continuation sous l'empire de la législation antérieure à la loi du 26 juillet 2005 [3]. Avant la loi de sauvegarde des entreprises, le créancier pouvait exécuter le titre obtenu pour obtenir paiement du dividende dans le cadre du plan de continuation (v. s^s n° 542.12).

522.53 Action en paiement des dividendes du plan de sauvegarde sous l'empire de la loi du 26 juillet 2005 [4] dans sa rédaction d'origine. L'action en paiement forcé des dividendes, qui appartient, en matière de plan de continuation, dans la législation antérieure à la réforme du 26 juillet 2005 à chaque créancier du plan admis au passif (v. s^s n° 542.11), est-elle maintenue par la loi de sauvegarde, dans sa rédaction d'origine, qui s'applique aux procédures entre le 1er janvier 2006 et le 14 février 2009 ?

Au lendemain de la loi de sauvegarde, nous écrivions [5], selon une opinion retranscrite dans certains travaux préparatoires de la loi de sauvegarde [6], que « l'action en paiement forcé des dividendes, qui appartient, en matière de plan de continuation, dans la législation antérieure à la réforme du 26 juillet 2005 à chaque créancier du plan admis au passif est supprimée ». Il est ainsi mis fin au prix de la course en matière de dividendes du plan. C'est le commissaire à l'exécution du plan qui devra recouvrer, pour le compte des créanciers, les dividendes (C. com., art. L. 626-27, I). La solution est strictement parallèle à celle qui prévoit que le commissaire à l'exécution du plan répartit les dividendes du plan (C. com., art. L. 626-21, al. 4). L'opinion avait été suivie par certains [7].

Trop isolé dans cette position, et nous y ennuyant un peu, nous l'avions ensuite abandon-

2. L. n° 2005-845, 26 juill. 2005, préc.
3. L. n° 2005-845, 26 juill. 2005, préc.
4. L. n° 2005-845, 26 juill. 2005, préc.
5. Le Corre, *Droit et pratique des procédures collectives*, 3e éd., « Dalloz action », 2006, n° 522.53.
6. Avis n° 337 de Christian Gaudin, *Doc. Sénat*, au nom de la commission des affaires économiques, p. 40.
7. Jacquemont, 5e éd., n° 677 – Pétel, 5e éd., n° 285 – Vinckel, « Le droit d'action des créanciers chirographaires dans la loi n° 2005-845 du 26 juillet 2005 », *Rev. proc. coll.* 2007/1, p. 6 s., sp. p. 8, n° 13 – J.-cl. com., fasc. 2610, Vinckel, [Plan de sauvegarde – exécution], 2009, n° 129.

née[1], pour nous ranger à la doctrine dominante, qui avait considéré que le fait que le commissaire à l'exécution soit investi par le code de commerce de la mission de recouvrer les dividendes du plan pouvait difficilement être considéré comme un monopole de cet organe. En effet, il avait été observé, ce qui avait alors emporté notre conviction, qu'il serait curieux d'autoriser le créancier à utiliser la procédure lourde de résolution du plan en lui interdisant d'exploiter la voie plus légère de l'action en paiement des dividendes du plan[2]. Il avait, en outre, été observé que, faute de texte contraire, le principe classique en matière de voies d'exécution, selon lequel le créancier peut toujours poursuivre le recouvrement de sa créance, devait être conservé[3]. Pour ces raisons, les solutions de la législation antérieure nous avaient finalement semblé devoir être maintenues[4].

Pourtant, la Cour de cassation a semblé accepter de voir, sous l'empire de la législation initiale de la loi du 26 juillet 2005, un monopole du commissaire à l'exécution du plan dans le recouvrement des dividendes du plan, en refusant de reconnaître au créancier qualité pour agir en recouvrement forcé des dividendes du plan[5]. L'arrêt n'est cependant pas très net, car il statue sur l'existence d'une contestation sérieuse, dans la mesure où le juge des référés avait été saisi de la demande en paiement des dividendes, comme cela était classique, sous l'empire de la loi du 25 janvier 1985[6].

Le droit pour le commissaire à l'exécution du plan de recouvrer les dividendes n'existe que s'il n'y a pas résolution du plan, ainsi que l'énonce clairement l'article L. 626-27, I. Le commissaire à l'exécution du plan procédera en conséquence au recouvrement forcé des dividendes sans avoir à demander parallèlement la résolution du plan[7].

522.54 Action en paiement de dividendes du plan de sauvegarde sous l'empire de l'ordonnance du 18 décembre 2008[8]

L'article L. 626-27, I, alinéa 1er *in fine*, qui résulte de l'ordonnance de réforme du 18 décembre 2008, applicable aux procédures ouvertes à compter du 15 février 2009, met fin aux incertitudes, en posant clairement en règle que le commissaire à l'exécution du plan est seul habilité à recouvrer les dividendes du plan, lorsque le plan n'est pas résolu. Il s'agit là d'un monopole[9]. Le rapport au Président de la République indique que cette rédaction « conforte le monopole du commissaire à l'exécution du plan pour procéder au recouvrement des dividendes impayés »[10], ce qui accrédite l'idée d'une disposition à caractère interprétatif, conforme à la vision initiale que nous avions eue (v. ss no 522.53).

Le commissaire à l'exécution du plan a le choix d'agir en recouvrement des dividendes ou en résolution du plan pour non-paiement de ceux-ci[11]. La recevabilité de son action en résolution n'est pas subordonnée à une mise en demeure préalable de payer les dividendes du plan[12].

L'action du commissaire à l'exécution du plan pour recouvrer les dividendes ne peut être exercée que pour autant que cet organe est encore en fonction. Tel n'est plus le cas si la durée du plan est terminée, ce dernier étant arrivé à son terme sans résolution[13]. En ce cas, le créancier retrouve son droit de poursuite individuelle[14] et qualité à agir, puisque le monopole de recouvrement du commissaire à l'exécution du plan a pris fin.

Comme sous l'empire de la législation antérieure pour les créanciers soumis au plan, le commissaire à l'exécution du plan devra obtenir un titre exécutoire contre le débiteur. Cette opinion doctrinale est aujourd'hui affirmée par les textes, car l'article R. 626-47-1 du code de commerce, issu du décret du 30 juin 2014[15] (art. 65), précise que « pour l'exécution de la mission prévue par le premier alinéa de

1. Le Corre, *Droit et pratique des procédures collectives*, 4e éd., « Dalloz action », 2008, no 22.53.
2. PÉROCHON ET BONHOMME, 7e éd., no 378.
3. Lucas, Lucas et Lécuyer (dir.), *La réforme des procédures collectives…*, Lgdj, 2006, p. 223 – *Adde*, SAINT-ALARY-HOUIN, 5e éd., no 925.
4. PÉROCHON ET BONHOMME, 7e éd., no 378 – Lucas, Lucas et Lécuyer (dir.), *La réforme des procédures collectives…*, Lgdj, 2006, p. 223 – *Adde* SAINT-ALARY-HOUIN, 5e éd., no 925 – VALLENS, 2007, nos 3867, 3879 – VOINOT, no 431 – ROUSSEL GALLE, 2e éd., no 650 – AUSSI : Rép. min., QE, min. Justice no 98727, *JOAN Q* 3 oct. 2006, p. 10404; *D.* 2006. 2523; *JCP E* 2006. 2634, p. 1945.
5. Com. 10 juill. 2012, no 11-20.322, NP; no 826 F-D; *Gaz. Pal. entr. diff.* 13 oct. 2012, no 286, p. 27, note Lebel; *BJE* oct. 2012, comm. 154, note Le Mesle.
6. L. no 85-98, 25 janv. 1985, préc.
7. Rép. min., QE, min. Justice no 98727, *JOAN Q* 3 oct. 2006, p. 10404; *D.* 2006. 2523; *JCP E* 2006. 2634.
8. Ord. no 2008-1345, 18 déc. 2008, préc.
9. AUSSI : Canet, « Premières remarques sur les modifications apportées par l'ordonnance no 2008-1345 du 18 décembre 2008 en matière de voies d'exécution », *Rev. proc. coll.* 2009/1, 8, p. 63, sp. p. 64, no 2.
10. Rapport au président de la République sur l'ordonnance no 2008-1345 du 18 déc. 2008, *JO* 19 déc. 2008, Titre I, chap. II-3, ss art. 63.
11. Com. 18 mai 2016, nos 14-23.859, 14-24.313, NP; no 433 F-D.
12. Com. 18 mai 2016, nos 14-23.859, 14-24.313, préc.
13. Com. 8 avr. 2015, no 13-28.061, *Bull. civ.* IV [à paraître]; no 365 F-P+B+I; D. 2015. actu 801, note Lienhard; *Gaz. Pal.* 21 juill. 2015, no 200, p. 18, note Lebel; *RTD com.* 2015. 380, no 10, note Vallens et 2016. 197, no 3, note Martin-Serf; *APC* 2015/9, comm. 131, note Jazottes; *Rev. proc. coll.* 2015, comm. 106, note Macorig-Venier; *JCP E* 2015, chron. 1422, no 3, note Pétel; *LXB hebdo* 14 mai 2015, no 423, note Le Corre.
14. Com. 8 avr. 2015, no 13-28.061, préc.
15. D. no 2014-736, 30 juin 2014, préc.

l'article L. 626-27, le commissaire à l'exécution du plan saisit le président du tribunal aux fins d'obtention d'un titre exécutoire, s'il n'en dispose pas. Le président statue par ordonnance ». Il sera donc saisi par requête. L'article 144, du décret du 30 juin 2014 rend applicable aux procédures en cours au 1er juillet 2014 ce texte, par dérogation au principe de l'application aux seules procédures ouvertes à compter de cette date du décret d'application de l'ordonnance du 12 mars 2014.

Le texte envisage l'hypothèse où le commissaire à l'exécution du plan aurait un titre exécutoire contre le débiteur. Par principe, cela ne sera pas le cas. En effet, le jugement arrêtant le plan ne peut le constituer, puisqu'il ne condamne pas le débiteur au paiement. Toutefois, rien ne nous semble interdire de prévoir, dans le dispositif du jugement arrêtant le plan, une condamnation du débiteur au paiement envers chacun des créanciers qui y sont soumis, le commissaire à l'exécution du plan ayant en charge l'exécution de cette condamnation[1].

Dans le silence du jugement arrêtant le plan sur une condamnation du débiteur au paiement, le commissaire à l'exécution du plan devra, sur base de l'état des créances d'une part, du jugement arrêtant le plan d'autre part, obtenir contre le débiteur le titre exécutoire emportant condamnation au paiement du débiteur[2]. En effet, l'état des créances ne constitue pas un titre exécutoire, ainsi que l'a précisé la Cour de cassation (v. ss no 681.12).

Une difficulté extrêmement sérieuse ne manquera pas de naître, face à cette action strictement attitrée, si le commissaire à l'exécution n'agit pas, alors qu'un, voire plusieurs créanciers, lui ont demandé d'agir. La seule réponse offerte aux créanciers sera *a priori*, de demander la résolution du plan, sans pouvoir, à titre subsidiaire, demander le paiement des dividendes. Mais si la demande de résolution du plan est rejetée, le créancier sera dépourvu et il ne lui restera qu'à tenter d'engager la responsabilité du commissaire à l'exécution du plan, qui serait resté inactif, malgré une mise en demeure qui lui aurait été adressée.

On peut toutefois se demander si les contrôleurs désignés par le tribunal n'auraient pas subsidiairement qualité à agir, dès lors qu'ils le font pour la collectivité des créanciers, et non pour eux personnellement. Il appartiendrait alors à l'un d'eux de mettre en demeure le commissaire à l'exécution du plan d'engager l'action en recouvrement forcé des dividendes du plan. Cette action en recouvrement des dividendes du plan nous semble en effet participer de la défense de l'intérêt collectif des créanciers. En conséquence, si elle n'est pas mise en œuvre par le commissaire à l'exécution du plan, les contrôleurs nommés pourront agir subsidiairement en exécution forcée, après avoir mis en demeure le commissaire à l'exécution du plan, dès lors que la mise en demeure sera restée infructueuse deux mois. Le commissaire à l'exécution du plan poursuit en effet la mission de défense de l'intérêt collectif des créanciers du mandataire judiciaire, une fois le plan arrêté. Observons cependant que, formellement, le législateur n'a pas prévu que les contrôleurs pourraient se substituer au commissaire à l'exécution du plan, qui n'agirait pas aux fins de défendre l'intérêt collectif des créanciers[3].

SECTION 522.60

RÉGLEMENTATION DE L'INTERDICTION BANCAIRE FRAPPANT LE DÉBITEUR

522.61 Interdiction bancaire frappant le débiteur – Situation de blocage sous l'empire de la loi du 25 janvier 1985[4]. Des difficultés particulières d'exécution du plan de continuation, et plus généralement de continuation de l'activité, peuvent résulter de mesures d'interdiction d'émettre des chèques.

Pendant la période d'observation, la seule technique résulte de la nomination d'un administrateur judiciaire. En effet, quels que soient les pouvoirs confiés par la juridiction à celui-ci, il aura le pouvoir d'émettre des chèques si le débiteur fait l'objet d'une interdiction (C. com., art. L. 621-22). Même si l'article L. 621-137 du code de commerce ne le prévoit pas, en régime simplifié, il faut identiquement lui reconnaître ce pouvoir.

En revanche au jour de l'arrêté du plan, l'administrateur judiciaire ne reste plus en fonction que pour passer les actes nécessaires à l'exécution du plan. Sa mission générale a cessé (v. ss no 371.41). Il doit en être ainsi des pouvoirs de faire fonctionner les comptes bancaires ou postaux du débiteur. Ce dernier sera alors désarmé, en présence d'une interdiction d'émettre des chèques. Certes, le banquier ne peut lui demander de régulariser l'incident à l'origine de l'interdiction, dès lors que cet incident est relatif à une créance antérieure. Pour sa part, le débiteur n'a pas le droit de régulariser l'incident pour faire lever la mesure d'interdiction le frappant, puisqu'il y aurait alors violation des dispositions du plan, interdisant de payer plus rapidement un créancier antérieur que ce que prévoit le plan. La situation aurait été ainsi bloquée car il n'aurait pas

1. Vinckel, « L'exécution forcée du plan de sauvegarde », *Rev. proc. coll.* 2009/3, 13, p. 26, sp. p. 29, no 14.
2. Vinckel, art. préc., sp. p. 28, no 11.
3. AUSSI : PÉROCHON, 10e éd., no 1034.
4. L. no 85-98, 25 janv. 1985, préc.

été question de considérer qu'interdiction de payer vaut paiement.

522.62 Interdiction bancaire frappant le débiteur – Réglementation issue de la loi du 10 juin 1994[1]. Pour éviter la situation de blocage existant sous l'empire de la loi du 25 janvier 1985[2], dans sa rédaction d'origine, le législateur est intervenu, par la loi du 10 juin 1994, en énonçant à l'article L. 621-71 du code de commerce (anc^t^ L. 25 janv. 1985, art. 69-1, mod. par L. 10 juin 1994) que « lorsque le débiteur fait l'objet d'une interdiction d'émettre des chèques conformément à l'article 65-3 décret-loi du 30 octobre 1935 unifiant le droit en matière de chèques et relatif aux cartes de paiement, mise en œuvre à l'occasion du rejet d'un chèque émis avant le jugement d'ouverture de la procédure, le tribunal peut prononcer la suspension des effets de cette mesure pour une durée ne pouvant excéder les délais arrêtés en application de l'article L. 621-76 ou de l'article L. 621-77, selon le cas ».

On remarquera d'abord qu'il ne s'agit, pour le tribunal, que d'une faculté. Il doit être saisi à cette fin par l'administrateur judiciaire, le commissaire à l'exécution du plan ou le débiteur. La saisine du tribunal peut intervenir au moment où il doit arrêter le plan ou postérieurement à l'arrêté du plan (D. 27 déc. 1985[3], art. 103-1). L'administrateur veillera à ce que la demande de levée de l'interdiction soit, en pratique, présentée dès le dépôt du projet de plan[4]. Elle sera alors conditionnée à l'arrêté du plan. À sa requête, le demandeur doit joindre le relevé de l'ensemble des incidents de paiement de chèques enregistrés au nom du débiteur à la Banque de France (D. 27 déc. 1985, art. 103-1, al. 2).

Si l'interdiction concerne une personne morale, la décision de suspension de l'interdiction devra concerner non seulement le débiteur personne morale, mais aussi son dirigeant personne physique, dès lors qu'il n'est pas évincé[5].

La décision de suspension que prendra le tribunal devra mentionner les incidents correspondant aux chèques émis antérieurement au jugement d'ouverture de la procédure qui ont provoqué l'interdiction d'émettre des chèques. Cette décision devra, selon l'article 103-1, alinéa 3 du décret du 27 décembre 1985, être accompagnée du relevé des incidents de paiement de chèques et être notifiée par le greffier du tribunal à la Banque de France, accompagnée de ce relevé.

Le relevé des incidents de paiement sera conservé par le greffier pendant toute la durée de la suspension de l'interdiction (D. 27 déc. 1985, art. 103-1, al. 3).

Le tribunal enferme la suspension dans une durée, qui est calquée sur celle des délais de remboursement des créanciers. Il faut comprendre en réalité que la suspension de l'interdiction vaut pendant toute la durée de remboursement du banquier, qui est à l'origine de l'interdiction.

À l'expiration des délais de remboursement, le créancier aura été, en principe, complètement payé, dans les termes du moins de son acceptation d'éventuelles remises. La créance étant éteinte, le législateur considère qu'il y aura régularisation de l'incident au sens de l'article 65-3 du décret-loi du 30 octobre 1935 (C. com., art. L. 621-71, al. 3). Il faudra cependant, précise le texte, que les paiements soient intervenus dans le respect des échéances et des modalités du plan.

Inversement, si le banquier n'a pas été rempli de ses droits conformément aux dispositions du jugement arrêtant le plan qui le concerne, il n'y aura pas régularisation et, à l'issue des délais de remboursement, l'interdiction reprendra ses effets. C'est d'ailleurs ce que prévoit explicitement le législateur dans une hypothèse où le banquier n'aura pas été rempli de ses droits : celle de la résolution du plan (C. com., art. L. 621-71, art. 69-1, al. 2). De manière symétrique à la décision prononçant une suspension de l'interdiction, la décision prononçant la résolution du plan, qui entraînera suppression de la suspension, c'est-à-dire réactivation de la mesure d'interdiction, sera notifiée par le greffier à la Banque de France, accompagnée d'un relevé des incidents de paiement de chèques (D. 27 déc. 1985, art. 103-1, al. 3).

Pourtant, il convient de coordonner les dispositions des alinéas 2 et 3 de l'article L. 621-71. En effet, si le banquier a été rempli de ses droits, il semble que la résolution du plan ne doive entraîner aucun effet. La régularisation sera intervenue avant résolution du plan, ce qui fera, selon nous, obstacle à la réactivation de la mesure d'interdiction.

On précisera enfin que la décision de suspension ne saurait concerner l'émission de chèques après jugement d'ouverture[6], pas plus que celle intervenue après plan de continuation, puisque les chèques émis dans ces période correspondent à des créances qui peuvent être payée par le débiteur. La lettre de l'article L. 621-71 vise d'ailleurs le rejet d'un « chèque émis avant jugement d'ouverture de la procédure ». Identiquement, l'article 103-1, alinéa 3 du décret du 27 décembre 1985 évoque le « chèque

1. L. n° 94-475, 10 juin 1994, préc.
2. L. n° 85-98, 25 janv. 1985, préc.
3. D. n° 85-1388, 27 déc. 1985, préc.
4. IFPPC 1999, recomm. n° 3112, p. 77.
5. IFPPC 1999, recomm. n° 3112, p. 77.
6. SOINNE, n° 1519 – KERCKHOVE, n° 737.

émis antérieurement au jugement d'ouverture de la procédure ».

522.63 Interdiction bancaire frappant le débiteur – Réglementation issue de la loi du 26 juillet 2005[1]. La loi du 26 juillet 2005 adopte plus radicalement la technique de la suspension des effets d'une interdiction d'émettre des chèques (C. com., art. L. 626-13). Alors que le projet de loi ne prévoyait qu'une simple transposition au plan de sauvegarde de la règle existant sous l'empire de la législation antérieure pour le plan de continuation, elle a fait l'objet d'une importante modification, à la suite d'un amendement[2], dans la mesure où la faculté pour le tribunal d'accorder la levée de l'interdiction, qui supposait une demande émanant du chef d'entreprise, a été remplacée par une levée de plein droit effet automatique[3] : l'arrêté du plan de sauvegarde entraîne de plein droit la levée de l'interdiction d'émettre des chèques. Elle joue définitivement puisqu'il ne s'agit plus d'une simple suspension. La résolution du plan n'aura donc pas pour effet de faire revivre l'interdiction[4].

L'article R. 626-24 du code de commerce précise que le débiteur devra justifier de la levée de l'interdiction d'émettre des chèques en produisant une copie du jugement arrêtant le plan auprès de l'établissement à l'origine de l'interdiction. Il joindra à cette copie un relevé des incidents de paiements. L'établissement de crédit doit alors, informer la Banque de France de la levée de cette interdiction aux fins de régularisation, dans les conditions du code monétaire et financier.

Le caractère mécanique de la mesure, pour le débiteur, qui « redonne une blancheur éclatante à sa tunique d'emprunteur »[5], n'est pas sans présenter certains dangers pour la collectivité bancaire. Mais cette dernière, dans l'esprit du législateur, mérite moins de respect que le débiteur dont il faut essayer de sauver l'entreprise. La solution sera choquante dans au moins une hypothèse : lorsque le débiteur obtiendra un plan de redressement, alors que son entreprise aura été cédée. L'impératif supérieur de sauvetage de l'entreprise et des emplois ne justifiera pas alors la règle.

Précisons enfin que, en présence d'un débiteur EIRL, l'interdiction d'émettre des chèques n'est levée que sur les comptes afférents au patrimoine visé par le plan (C. com., art. L. 626 13, réd. ord. 9 déc. 2010[6], art. 2, 4°)[7].

SECTION 522.70

MESURES D'INALIÉNABILITÉ EN GARANTIE D'EXÉCUTION DU PLAN[8]

522.71 Fondement des mesures d'inaliénabilité. Le plan de sauvegarde tend prioritairement au sauvetage de l'entreprise et des emplois. Le débiteur pourrait compromettre cet objectif en aliénant des biens nécessaires à la poursuite de l'activité. Les créanciers ont accepté des sacrifices. Le tribunal leur en a éventuellement imposés. Il est dès lors logique de se préoccuper de la sécurité qui devra entourer l'exécution du plan. Telle est la justification primordiale des clauses d'inaliénabilité[9].

522.72 Étendue des mesures d'inaliénabilité. Les mesures d'inaliénabilité seront, aux termes de l'article L. 626-14 du code de commerce, décidées dans le jugement arrêtant le plan. Le tribunal déterminera « les biens qu'il estime indispensables à la continuation de l'entreprise » et qui ne pourront être aliénés sans son autorisation.

Un jugement modifiant le plan pourra toutefois prévoir l'inaliénabilité d'un ou plusieurs biens. La solution devrait être rare, puisque seul le débiteur a qualité pour saisir le tribunal aux fins de modification de son plan. Dans son rapport, le commissaire à l'exécution du plan attirera l'attention du tribunal sur la nécessité de prévoir une inaliénabilité de certains biens nécessaires à l'activité, pour garantie du paiement des créanciers subissant la modification du plan. Le tribunal pourra alors suivre les recommandations du commissaire à l'exécution du plan.

En l'absence de clause d'inaliénabilité, il n'apparaît pas que la vente du fonds de commerce du débiteur en cours d'exécution de son plan soit prohibée[10]. Au demeurant, sa sanction serait délicate, faute de publicité d'une mesure d'inaliénabilité pouvant avoir effet à l'égard des tiers.

Seuls les biens propriété du débiteur, sont concernés par l'interdiction d'aliéner et non ceux dont il est simplement locataire[11]. En présence d'un EIRL, seuls les biens rattachés au patrimoine concerné par la procédure collective pourront être déclarés inaliénables.

1. L. n° 2005-845, 26 juill. 2005, préc.
2. Amend. n° 483, Interv. Arnaud Montebourg, *JOAN CR*, 2e séance du 8 mars 2005 p. 1746.
3. RAPPR. : VALLANSAN et *alii*, 1re éd. p. 231.
4. VALLENS, 2015, n° 4177.
5. Lucas, Lucas et Lécuyer (dir.), *La réforme des procédures collectives…*, Lgdj, 2006, p. 26.
6. Ord. n° 2010-1512, 9 déc. 2010, *JO* 10 déc., p. 21617.
7. V. Delpech, « ordonnance sur l'EIRL : aspects de droit bancaire », *D.* 2011. 4 – *Adde*, Lasserre Capdeville, « Les modifications de l'interdiction bancaire par l'ordonnance sur l'EIRL », *LPA* 24 déc. 2010, n° 256, p. 4.
8. Lebel, « Les indisponibilités du droit des procédures collectives », *Dr. et patr.* janv. 2014, n° 232, p. 34.
9. Interv. Badinter, *JOAN CR*, 2e séance du 9 avr. 1984, p. 1311.
10. SUR UNE DIFFICULTÉ naissant de l'absence de paiement du prix par l'acquéreur : Com. 16 janv. 2007, n° 05-20.851, NP; n° 30 F-D.
11. Colmar, 25 mars 1987, *JCP E* 1988. II. 15114, n° 9, obs. M. Cabrillac et Vivant.

Il a cependant été jugé qu'un bien du domaine public maritime non susceptible d'appropriation privé pouvait être déclaré inaliénable[1], ce qui peut apparaître curieux, puisque le caractère inaliénable résulte déjà de la nature même du bien. De même, les biens appartenant aux associés de la personne morale débitrice ne sont pas concernés[2]. En revanche, si le bien n'est pas indispensable à la continuation de l'activité, le tribunal ne devrait pouvoir en prononcer l'inaliénabilité. Le contraire a cependant été soutenu[3], par exemple à propos d'un bien personnel de grande valeur appartenant à un débiteur personne physique[4], telle la maison d'habitation.

Le fait que le bien soit affecté à la garantie de la dette d'un tiers, ce qui était autrefois qualifié de cautionnement réel, ne fait pas obstacle à ce que le tribunal décide de son inaliénabilité[5].

Il a été jugé que la résiliation amiable d'un bail commercial n'équivaut pas à une aliénation. Cette solution posée à propos d'un plan de cession[6] est transposable au plan de sauvegarde.

Le tribunal déterminera également la durée de l'inaliénabilité. Sous l'empire de la législation antérieure à la loi du 26 juillet 2005[7], il avait été estimé qu'elle ne devait pas pouvoir excéder la durée des remboursements, eu égard à son fondement[8]. La loi du 26 juillet 2005 (C. com., art. L. 626-14, al. 1er) à la suite d'un amendement de précision présenté par la commission des lois du Sénat[9], a prévu que la durée de l'inaliénabilité ne pouvait dépasser la durée du plan.

522.73 Publicité des mesures d'inaliénabilité. Les mesures d'inaliénabilité sont publiées à la diligence du commissaire à l'exécution du plan (C. com., art. R. 626-25, al. 1er). Pour éviter toutes difficultés, il est conseillé au mandataire judiciaire et à l'administrateur de demander au tribunal d'apporter dans le jugement arrêtant le plan, toute précisions utiles relativement à la publicité de la mesure et à l'accomplissement de la publicité en cas d'exercice d'une voie de recours[10].

Pour les fonds de commerce la publicité est faite conformément aux dispositions régissant leur vente et leur nantissement, c'est-à-dire au greffe du tribunal sur les registres de publication des nantissements et privilèges de vendeur de fonds de commerce. Pour les biens meubles d'équipement, la publicité est assurée selon les modalités intéressant le gage (ancien nantissement) de l'outillage et des biens d'équipement. Pour les véhicules automobiles, la publicité est assurée sur le registre tenu à la préfecture pour l'inscription des gages. Pour les navires français, la publicité est assurée sur le registre institué par l'article 15 du décret du 27 octobre 1967[11] et pour les bateaux de navigation intérieure sur le registre institué par le décret du 13 octobre 1956[12]. Pour les avions, la publicité est effectuée sur le registre institué par l'article L. 121-2 du code de l'aviation civile. Pour les dessins et modèles, brevets d'invention, marques, mention de la mesure d'inaliénabilité sera portée respectivement sur les registres institués par les articles L. 512-4, L. 613-9, et L. 614-7 du code de la propriété intellectuelle[13].

Enfin, pour les immeubles, la publicité est faite conformément aux dispositions de l'article 28 du décret du 4 janvier 1955[14] portant réforme de la publicité foncière.

Les règles de publicité des mesures d'inaliénabilité applicables sous l'empire de la législation antérieure à la loi de sauvegarde des entreprises[15] sont conservées par la loi du 26 juillet 2005, mais le renvoi à un décret en conseil d'État, justifié par le caractère réglementaire de la publicité, pour les modalités de publicité, remplace utilement le visa opéré par la législation antérieure d'une part, à la publicité à la conservation des hypothèques pour les immeubles, et d'autre part, à la publicité au greffe pour les biens mobiliers d'équipement, en ce qu'elle n'exclut pas la publicité des mesures d'inaliénabilité intéressant d'autres biens, par exemple la publicité des brevets à un registre, celle des marques, au registre des marques tenus par l'Inpi[16]. Le décret du 28 décembre 2005[17] se contente d'indiquer que la mesure d'inaliénabilité est mentionnée aux registres publics sur lesquels les biens déclarés inaliénables et les droits qui les grèvent sont inscrits (C. com., art. R. 626-25, al. 1er). Il n'y a en conséquence aucun changement. En revanche, utilement, le décret prévoit encore que si les biens ne font l'objet d'aucune mesure de publication particulière prévue par un texte, la publicité de la mesure d'inaliénabilité est assurée aux registres

1. T. com. Dunkerque, 1er avr. 2003, *Gaz. Pal.* 28-30 sept. 2003, Somm. 25, note. Delattre.
2. Soinne, n° 1568.
3. Soinne, n° 1569.
4. J.-Cl. Com., fasc. 2600, Vinckel, [Plan de sauvegarde – formation], 2009, n° 128.
5. Paris, 3e ch. A, 23 oct. 2007, RG n° 07/00310.
6. Com. 8 juin 1999, n° 96-19.437, *Bull. civ.* IV, n° 124; *Act. proc. coll.* 1999/12, n° 169.
7. L. n° 2005-845, 26 juill. 2005, préc.
8. Soinne, n° 1569.
9. *Rapp. J.-J. Hyest*, n° 335, p. 274.
10. Ifppc 1999, recomm. n° 3180-6, p. 92.
11. D. n° 67-967, 27 oct. 1967 portant statut des navires et autres bâtiments de mer, *JO* 4 nov., p. 10836.
12. D. n° 56-1033, 13 oct. 1956 portant codification, sous le nom de code des voies navigables et de la navigation intérieure, des textes législatifs concernant les voies navigables et la navigation intérieure, *JO* 16 oct., p. 9875.
13. Ifppc 1999, recomm. n° 5070, p. 111.
14. D. n° 55-22, 4 janv. 1955, *JO* 7 janv., p. 346.
15. L. n° 2005-845, 26 juill. 2005, préc.
16. *Rapp. Xavier de Roux*, n° 2095, p. 295.
17. D. n° 2005-1677, 28 déc. 2005, préc.

mentionnés à l'article R. 621-8 du code, c'est-à-dire le registre du commerce et des sociétés, le répertoire des métiers ou le registre spécial tenu au greffe du tribunal de grande instance pour les personnes non immatriculées au registre du commerce ou au répertoire des métiers.

Utilement, également, l'article R. 626-25, alinéa 2 du code de commerce prévoit que la durée de l'inaliénabilité décidée par le tribunal, qui ne peut également dépasser la durée du plan (C. com., art. L. 626-14, al. 1er) doit être précisée dans cette publicité.

522.74 Effets des mesures d'inaliénabilité. Les mesures d'inaliénabilité emportent insaisissabilité. Cette solution de droit commun[1] s'applique aux mesures d'inaliénabilité spécifiques au plan de sauvegarde[2]. Il en résulte que les créanciers postérieurs au jugement d'ouverture non soumis au plan, les créanciers de dividendes du plan ou encore les créanciers postérieurs au plan ne pourront saisir les biens inaliénables.

La solution mérite toutefois d'être nuancée, en présence d'un débiteur en indivision. Le créancier de tous les indivisaires, en présence d'une indivision apparue avant l'ouverture de la procédure collective, conserve le droit de saisir le bien, de le vendre et d'être payé sur le prix, avant tout partage, dans la limite de sa créance. Il en résulte qu'une mesure d'inaliénabilité décidée dans le plan, et portant sur un bien indivis, ne peut tenir en échec ce droit. La mesure d'inaliénabilité décidée dans le jugement adoptant le plan lui est inopposable[3]. Le créancier de tous les indivisaires pourra faire vendre le bien indivis, sans avoir besoin d'être autorisé par le juge-commissaire, puisque le débiteur a retrouvé, du fait de l'adoption du plan, la maîtrise de ses biens[4]. Le fait qu'il soit irrecevable en sa tierce opposition tardivement effectuée contre le jugement ayant déclaré inaliénable un immeuble indivis n'a pas pour effet de le priver du droit qu'il tient de l'article 815 du code civil de provoquer le partage en demandant la licitation de l'immeuble indivis, nul n'étant contraint de demeurer dans l'indivision[5].

L'article L. 621-72, alinéa 3 du code de commerce (anct L. 25 janv. 1985[6], art. 70, al. 3), dans sa rédaction antérieure à la loi de sauvegarde des entreprises[7], prévoit que « tout acte passé en violation des dispositions de l'alinéa premier du présent article est annulé à la demande de tout intéressé, présenté dans le délai de trois ans à compter de la conclusion de l'acte ». Lorsque l'acte est soumis à publicité – immeubles, fonds de commerce et biens mobiliers d'équipement –, le délai court à compter de celle-ci.

La méconnaissance de l'inaliénabilité est ainsi sanctionnée par une nullité d'ordre public, puisqu'elle peut être demandée par « tout intéressé », mais elle est enfermée dans une prescription triennale, qui court à compter de la conclusion de l'acte ou, si le bien soumis à l'inaliénabilité oblige à la publication de la clause, à compter de la mesure de publicité. La loi de sauvegarde des entreprises maintient la possibilité de saisine de la juridiction par tout intéressé, mais elle ajoute que la demande de nullité peut être l'œuvre du ministère public (C. com., art. L. 626-14, al. 3). Le visa du ministère public « concourt à l'ensemble des mesures destinées à élargir la mission de surveillance et de rappel de la loi confiée au ministère public, en tant que garant de l'ordre public économique »[8].

Sous l'empire de la législation antérieure à la loi de sauvegarde des entreprises, aucune mesure de publicité ne venait prévenir les tiers, en ce qui concerne les biens mobiliers autres que le matériel d'équipement ou le fonds de commerce. Il devait cependant être rare que le tribunal estimât « indispensables à la continuation de l'activité » des biens meubles autres que d'équipement. En revanche, pour les biens dont l'inaliénabilité était soumise à publicité, la question pouvait se poser de savoir si l'absence de publicité faisait obstacle à la nullité. La lettre du texte semblait commander le contraire, puisque la publicité avait seulement pour effet de faire courir le délai de l'action en nullité. Il était cependant choquant qu'une nullité pût être prononcée alors que le mécanisme de protection des tiers, à savoir la publicité, n'avait pas été respecté. C'est pourquoi, il semblait préférable de décider que la vente d'un bien déclaré inaliénable par le plan restait valable si la mesure de publicité n'avait pas été accomplie. L'inaliénabilité était alors inopposable aux tiers[9].

1. Civ. 1re, 9 oct. 1985, no 84-13.306, *Bull. civ.* I, no 52.
2. DERRIDA ET *ALII*, no 440 – SOINNE, no 1572 – LE CANNU, 7e éd., No 914 – KERCKHOVE, no 739 – RIPERT ET ROBLOT, no 3185 – PÉROCHON, 10e éd., no 968 – VALLANSAN et *alii*, 6e éd., p. 254 – SAINT-ALARY-HOUIN, 9e éd., no 977 – VALLENS, 2015, no 4195.
3. Com. 7 févr. 2012, nos 11-12.787, 11-13.213, *Bull. civ.* IV, no 31; no 175 FS-P+B; *Gaz. Pal.* 28 avr. 2012, no 119, p. 24, note Voinot; *BJE* mai 2012, comm. 62, p. 137, note Sénéchal; *Rev. proc. coll.* 2012/5, comm. 78, note Fraimout; *LPA* 15 juin 2012, no 120, p 4, note Henry – Com. 10 févr. 2015, no 13-24.659, *Bull civ.* IV [à paraître]; no 150 FS-P+B; *JCP E* 2015, chron. 1234, no 5, obs. Pétel; *Rev. proc. coll.* 2015, comm. 77, note Dumont-Lefrand et *2015, comm. 110, note Saint-Alary-Houin*; *BJE* mai 2015, *142, note Benilsi; JCP E 2015, 1176*, note Brignon.
4. Com. 7 févr. 2012, nos 11-12.787, 11-13.213, préc. (v. ss prést no).
5. Com. 10 févr. 2015, no 13-24.659, préc.
6. L. no 85-98, 25 janv. 1985, préc.
7. L. no 2005-845, 26 juill. 2005, préc.
8. *Rapp. Xavier de Roux*, no 2095, p. 294.
9. RIPERT ET ROBLOT, no 3185.

La difficulté semble avoir été supprimée par la législation de sauvegarde des entreprises, du fait de la possibilité de publier l'inaliénabilité de chaque bien (v. s^s n° 522.73). Il serait illogique de sanctionner le tiers ayant acquis un bien du débiteur au mépris de l'inaliénabilité si cette dernière n'a pas été publiée, alors qu'elle pouvait l'être. Les créanciers, que la mesure a pour objet de protéger, pourraient reprocher à faute au commissaire à l'exécution du plan le manquement à l'obligation de publicité de la mesure d'inaliénabilité, si évidemment, ils en éprouvent un préjudice.

Passé le délai triennal de prescription, la seule ressource de l'acquéreur sera de plaider la nullité de la cession pour dol, s'il démontre le caractère déterminant de la manœuvre sur son consentement[1].

Enfin, la sanction civile de la nullité est relayée sur le terrain pénal par l'article L. 654-8, 2° du code, qui érige en délit passible d'une peine d'emprisonnement de deux ans et d'une amende de 30 000 euros ou de l'une ou l'autre de ces deux peines, le fait pour le débiteur de procéder à une aliénation sans l'autorisation du tribunal. Cette sanction, qui frappe le débiteur indépendamment de toute mesure de publicité, concerne également le cocontractant du débiteur, dès lors du moins qu'il a agi en connaissance de l'inaliénabilité frappant le bien, ce qui était d'une démonstration délicate à défaut de publicité, sous l'empire de la législation antérieure à la loi de sauvegarde des entreprises.

522.75 Voies de recours sur la décision prononçant l'inaliénabilité. La décision prononçant l'inaliénabilité est susceptible d'un appel de la part du débiteur.

En outre, elle pourra faire l'objet, sous l'empire de la législation antérieure à la loi de sauvegarde des entreprises[2], qui ferme la tierce opposition réformation sur le jugement arrêtant le plan de continuation, d'une tierce opposition nullité de la part d'un créancier postérieur ou d'un créancier antérieur non payé d'un dividende du plan.

Elle pourra être frappée de la même voie de recours de la part du propriétaire du bien déclaré inaliénable[3].

Sous l'empire de la loi du 26 juillet 2005, la tierce opposition réformation est ouverte sur le jugement arrêtant le plan de sauvegarde (C. com., art. L. 661-3, al. 1er).

Le fait qu'un indivisaire demeuré *in bonis* soit irrecevable en sa tierce opposition tardivement effectuée contre le jugement ayant déclaré inaliénable un immeuble indivis n'a pas pour effet de le priver du droit qu'il tient de l'article 815 du code civil de provoquer le partage en demandant la licitation de l'immeuble indivis, nul n'étant contraint de demeurer dans l'indivision[4].

522.76 Levée de l'inaliénabilité. Sous l'empire de la législation antérieure à la loi de sauvegarde des entreprises[5], la question de la levée de l'inaliénabilité n'était pas réglementée. L'article L. 621-72, alinéa 1er du code de commerce se contentait d'indiquer que le bien ne pouvait être aliéné sans l'autorisation du tribunal. La levée de l'inaliénabilité avait été jugée possible, sur décision du tribunal, laquelle était enfermée dans les conditions de la modification du plan, dont elle représentait un exemple[6].

L'article L. 626-14, alinéa 1er du code de commerce, dans la rédaction que lui donne la loi de sauvegarde des entreprises, reproduit la formule employée, dans la législation précédente par l'article L. 621-72, alinéa 1er. Mais, opportunément, le décret du 28 décembre 2005[7] est intervenu pour réglementer la procédure d'autorisation de vente du bien déclaré inaliénable par le tribunal. L'article R. 626-31, alinéa 1er du code de commerce prévoit que la demande d'autorisation est présentée sur requête du débiteur au vu du rapport du commissaire à l'exécution. Il s'agit de modalités comparables à une demande de modification de plan, ce qui est logique au regard de la suite du texte. L'alinéa 2 de l'article R. 626-31 du code de commerce indique que la décision est notifiée au débiteur par lettre recommandée avec demande d'avis de réception (C. com., art. R. 662-1, 2°). Elle est communiquée au ministère public et au commissaire à l'exécution du plan. Analysée comme une demande de modification de plan, il est logique qu'elle soit soumise aux mêmes voies de recours (v. s^s n° 523.41), ce que précise explicitement l'article R. 626-31, alinéa 2 *in fine* du code de commerce.

L'article L. 626-14, alinéa 3 du code de commerce réglemente, de manière nouvelle (ord. 18 déc. 2008[8], art. 59), la demande de levée de l'inaliénabilité d'un bien déclaré inaliénable soit dans le jugement arrêtant le plan, soit dans le jugement le modifiant. Le texte précise que, à peine de nullité, le tribunal ne peut statuer qu'après avoir recueilli l'avis du ministère public. La protection des créanciers, que la mesure d'inaliénabilité a pour objet d'assurer, se trouve ainsi renforcée.

1. SUR CETTE QUESTION : Com. 7 juin 2011, n° 10-17.2[illegible]NP.
2. L. n° 2005-845, 26 juill. 2005, préc.
3. AINSI : T. com. Dunkerque, 1er avr. 2003, *Gaz. Pal.* 28 sept. 2003, Somm. 25, note Delattre.
4. Com. 10 févr. 2015, n° 13-24.659, préc.
5. L. n° 2005-845, 26 juill. 2005, préc.
6. SOINNE, n° 1575.
7. D. n° 2005-1677, 28 déc. 2005, préc.
8. Ord. n° 2008-1345, 18 déc. 2008, préc.

CHAPITRE

523. Modification du plan de sauvegarde

SECTION 0

ORIENTEUR

523.00 Plan du chapitre.

Sect. 523.10 Conditions de fond de la modification du plan de sauvegarde
Sect. 523.20 Modalités procédurales de la modification du plan de sauvegarde
Sect. 523.30 Jugement de modification du plan de sauvegarde
Sect. 523.40 Voies de recours sur la décision modifiant le plan de sauvegarde

523.01 Textes applicables. (V. les références complètes s^s n° 011).

> Législation issue de la loi de sauvegarde des entreprises dans sa rédaction d'origine.

C. com., art. L. 626-26, L. 626-31, al. 2, L. 631-19, I, L. 661-1, L. 661-3

C. com., art. R. 626-45 (anc^t D. 28 déc. 2005, art. 156), R. 626-46 (anc^t D. 28 déc. 2005, art. 157), R. 631-35 (anc^t D. 28 déc. 2005, art. 203), R. 662-13 (anc^t D. 28 déc. 2005, art. 349)

> Législation issue de l'ordonnance du 18 décembre 2008.

C. com., art. L. 626-26, L. 626-31, al. 2, L. 631-19, I, L. 661-1, I, 7°, L. 661-3

C. com., art. R. 626-45, R. 626-46, R. 631-35, R. 662-13

> Législation issue de l'ordonnance du 12 mars 2014.

C. com., art. L. 626-26

C. com., art. R. 626-45

523.02 Jurisprudence de référence.

> Est irrecevable de la part des créancie s l'appel sur la décision modifiant le plan.

• **Com. 8 juin 1993,** n° 89-17.147, *Bull. civ.* IV, n° 235

* V. s^s n° 523.41

« Mais attendu que l'arrêt retient que le jugement du *22 juillet 1988, en ce* qu'il autorise la vente de l'ensemble du patrimoine immobilier de la société ..., ainsi que celle du fonds de commerce, du matériel et des stocks de l'agence de S..., et en ce qu'il prévoit la repris des salariés de cette agence, organise, non pas une simple vente d'immeubles, mais une cession portant sur des éléments non compris dans le plan initial et permettant à la société nouvelle d'acquérir l'ensemble de l'actif industriel de l'entreprise tout en augmentant le nombre d'emplois maintenus; que, de ces constatations et appréciations, la cour d'appel a exactement déduit que le second jugement arrêtait, conformément aux prévisions de l'article 68 de la loi du 25 janvier 1985 [devenu C. com., art. L. 621-69], une modification substantielle dans les objectifs et les moyens du plan de cession, et qu'en vertu de l'article 174 dernier alinéa de la même loi [devenu C. com., art. L. 623-6, III], l'appel de ce jugement, interjeté par la S..., créancière, était irrecevable ».

523.03 Bibliographie indicative. (V. les références complètes s^s n° 031 – Aussi s^s n° 520.03).

> Articles. Borga N., « La modification du plan », *Cah. dr. entr.* n° 4, juill./août 2016, p. 50 – Cérati-Gauthier A., « La fusion, outil de redressement d'une entreprise en difficulté », *BJE* 2016, 140 s. – Haël J.-P., « Les modifications substantielles des plans de redressement (analyse des premiers jugements) », *JCP E* 1989. 15642.

523.04 Questions essentielles.

• Le tribunal modifiant le plan de sauvegarde peut-il imposer aux créanciers des contraintes qu'il n'aurait pu imposer lors de l'arrêté du plan ?

* V. s^s n° 523.13.

• Un créancier dispose-t-il d'une voie de recours à l'encontre du jugement modifiant le plan de sauvegarde ?

* V. s^s n° 523.41.

523.09 Présentation générale des règles relatives à la modification du plan de sauvegarde. La loi de sauvegarde des entreprises[1] reprend nombre de règles posées par la législation antérieure pour la modification du plan de continuation et les applique à la modification du plan de sauvegarde.

Pu de manière classique pour le législateur du 26 juillet 200 il décide d'étendre les solutions de la procédure de sauvegarde à la procédure de redressement judiciaire. Et c'est

1. n° 2005-845, 26 juill. 2005, *JO* 27 juill., p. 12187.

ainsi que les dispositions qui intéressent la modification du plan de sauvegarde s'appliquent par renvoi à la modification du plan de redressement. En effet, l'article L. 631-19, I (devenu C. com., art. L. 631-19, I, al. 1, réd. ord. 18 déc. 2008 [1]) rend applicables en redressement judiciaire le chapitre VI du titre II, intitulé « du plan de sauvegarde », au sein duquel se trouvent les dispositions relatives à la modification du plan (C. com., art. L. 626-26 et L. 626-31, al. 2).

Le décret du 28 décembre 2005 procède identiquement, l'article R. 631-35 du code de commerce rendant applicables au plan de redressement judiciaire les articles R. 626-17 à R. 626-51, à l'exception des articles R. 626-18 et R. 626-22 et des deuxièmes et troisièmes alinéas de l'article R. 626-30, au rang desquels figurent des dispositions intéressant la modification du plan de sauvegarde.

SECTION 523.10
CONDITIONS DE FOND DE LA MODIFICATION DU PLAN DE SAUVEGARDE

523.11 Modifications substantielles dans les objectifs et les moyens du plan de sauvegarde. Le concordat de la loi du 13 juillet 1967 [2], voté par les créanciers et homologué par le tribunal, non arrêté par celui-ci, ne pouvait être modifié en cours d'exécution. Au contraire, le plan d'apurement du passif institué par l'ordonnance du 23 septembre 1967 [3] créant la suspension provisoire des poursuites pouvait être modifié sur la demande du chef d'entreprise. C'est la solution qui a été reprise par la loi du 25 janvier 1985 [4], non modifiée en substance par la loi du 26 juillet 2005 [5].

La modification du plan de continuation est envisagée par la législation antérieure à la loi de sauvegarde des entreprises, dans des conditions communes au plan de continuation et au plan de cession.

La loi de sauvegarde des entreprises, qui déplace par principe en liquidation judiciaire, le plan de cession, contient en revanche une disposition spécifique à la modification du plan de cession, l'article L. 642-6.

L'article L. 626-26 du code de commerce énonce que « une modification substantielle dans les objectifs ou les moyens du plan ne peut être décidée que par le tribunal, à la demande du débiteur et sur le rapport du commissaire à l'exécution du plan ».

La disposition analysée énonce les conditions de fond de la demande. *La modificaton* du plan envisagée doit être « substantielle ». La notion de modification substantielle n'est guère précise. Elle peut négativement se définir comme toute modification qui n'est pas de détail [6]. Cela ne signifie pas pour autant que toute modification de détail est impossible, mais cette dernière ne nécessitera pas la saisine du tribunal. Le chef d'entreprise la mettra en œuvre [7], en sollicitant cependant le commissaire à l'exécution du plan, qui pourra porter son appréciation sur le caractère substantiel ou non de la modification envisagée [8].

La modification doit porter sur les objectifs ou sur les moyens du plan. Rien n'interdit évidemment qu'elle porte sur les objectifs et les moyens du plan. On rappellera que le plan de sauvegarde tend à la sauvegarde de l'entreprise, des emplois, et à l'apurement du passif. Toute modification affectant l'un de ces trois éléments doit, à notre sens, être considérée comme portant sur les objectifs du plan [9].

Il en sera ainsi lorsque, en cours d'exécution du plan, sont envisagés l'arrêt, la cession ou l'adjonction d'une branche d'activité [10].

Il en sera de même lorsque les modifications portent sur les modalités d'apurement du passif. Il a été jugé que la modification du plan doit être admise lorsque, lors de son adoption, une seule formule de remboursement du passif avait été proposée aux créanciers, alors que la modification envisagée prévoit une option entre deux possibilités, ce qui offre un choix réel aux créanciers, l'octroi d'un choix leur étant normalement plus favorable [11]. Cette modification du plan peut intervenir nonobstant le fait que les dirigeants perçoivent une rémunération jugée excessive [12]. La jurisprudence semble toutefois s'orienter vers la reconnaissance du caractère licite du remboursement anticipé du passif, avec négociation d'abandon de créances, ce remboursement anticipé ne s'analysant pas en une modification substantielle du plan, mais en une modalité de celui-ci [13] (v. aussi s[s] n° 525.11).

1. Ord. n° 2008-1345, 18 déc. 2008, *JO* 19 déc., p. 19462.
2. L. n° 67-563, 13 juill. 1967, *JO* 14 juill., p. 7059.
3. Ord. n° 67-820, 23 sept. 1967, *JO* 28 sept., p. 9534.
4. L. n° 85-98, 25 janv. 1985, *JO* 26 janv., p. 1097.
5. L. n° 2005-845, 26 juill. 2005, préc.
6. V. discussion amend. n° 48, débats 2e séance, *JOAN CR*, 9 avr. 1984, p. 1309.
7. *Rapp. Gouzes*, Ass. nat., doc. adm. n° 1872, p. 94 – *Adde*, SAINT-ALARY-HOUIN, 9e éd., n° 1026 – RIPERT ET ROBLOT, n° 3180 – KERCHOVE, n° 730 – PÉTEL, 8e éd., n° 291 – JACQUEMONT ET VABRES, 9e éd., n° 839 – PÉROCHON, 10e éd., n° 1037, note 185.
8. *Rapp. Thyraud*, Sénat, n° 332, p. 122 – *Adde*, PÉTEL, 8e éd., n° 291 – VALLENS, 2015, n° 4119.
9. EN CE SENS AUSSI J.-CL. COM., fasc. 2610, Vinckel, [Plan de sauvegarde – exécution], 2009, n° 110.
10. J.-CL. COM., fasc. 2610, Vinckel, [Plan de sauvegarde – exécution], 2009, n° 110.
11. Versailles, 13e ch. 15 nov. 2007, RG n° 07/04816, *Bull. Joly* 2008. 316, § 67, note Lucas.
12. Versailles, 13e ch. 15 nov. 2007, RG n° 07/04816, préc. (v. s[s] prés[t] n°).
13. Com. 14 sept. 2010, n° 09-16.347, NP.

La modification portera sur les moyens du plan lorsqu'il sera question de changement de forme de la personnalité morale débitrice, et plus généralement de toute restructuration de la personne morale. Il est estimé que si la mesure de restructuration envisagée par le groupement débiteur entraîne des conséquences déterminantes sur l'exécution du plan, il conviendrait d'obtenir l'autorisation du tribunal[1]. En cas de projet de fusion, il est estimé que l'engagement de la société absorbante d'exécuter le plan devrait être recueilli[2]. La même solution vaut pour la société bénéficiaire en cas d'apport partiel d'actif concernant la société débitrice[3]. L'absorption d'une société bénéficiant d'un plan par une autre constitue une modification substantielle dans la mesure où le débiteur absorbé n'est plus la personne tenue de l'exécution du plan. C'est la raison pour laquelle, en l'absence de jurisprudence sur la question, une réponse ministérielle considère comme nécessaire une décision de justice, en ce cas[4]. Une autre opinion, plus nuancée, a été avancée[5]. Il a été observé que, en ce cas, le débiteur d'origine ayant disparu, la résolution du plan ne pouvait être décidée, seule une condamnation de l'absorbante à des dommages et intérêts en cas d'inexécution du plan étant envisageable[6].

Un tribunal a pu admettre la modification d'un plan passant par la transformation de l'entreprise débitrice en une entreprise individuelle à responsabilité limitée (EIRL), dans la mesure où l'affectation patrimoniale est inopposable aux créanciers soumis au plan, dont la créance est antérieure[7].

Le simple changement dans la personne du dirigeant n'est pas une modification substantielle[8].

Il y a modification substantielle lorsque la modification a pour objet de faire lever une inaliénabilité judiciaire[9], laquelle constitue indiscutablement un moyen d'exécution du plan, en ce qu'elle constitue une garantie de cette exécution pour les créanciers. Au contraire, il n'y a pas modification dans les moyens du plan, lorsque le débiteur vend des éléments d'actifs, dès lors que ces derniers n'étaient pas frappés d'une inaliénabilité judiciaire[10].

Une modification portant sur l'allongement de la durée du plan est considérée comme substantielle[11], même si le contraire a pu être jugé[12]. Sera encore une modification substantielle dans les moyens du plan, la modification de la mission du commissaire à l'exécution du plan, la solution ayant été posée, sous l'empire de la loi du 25 janvier 1985, en matière de plan de cession[13].

Une juridiction du fond a refusé la modification du plan, en présence d'une demande émanant du dirigeant d'une association tendant à s'acquitter par anticipation du solde du passif par cession des actifs à une société qui aurait comme associés la majorité de ses membres, en estimant qu'il y aurait violation de la règle de l'interdiction de reprise par des personnes qui ne sont pas des tiers[14]. Si la règle de l'interdiction pour des non tiers de présenter une offre de reprise peut s'appliquer en plan, lorsqu'il est question de céder des actions, il n'en va nullement de même lorsqu'il n'est question que de céder, dans le cadre de l'exécution d'un plan, des actifs, dont le prix doit, au surplus, être affecté au désintéressement complet des créanciers de la personne morale débitrice. La solution ne peut donc pas être approuvée.

La demande de modification du plan ne peut être acceptée par le tribunal que si les possibilités d'exécution apparaissent vraisemblables[15].

523.12 **Exigence d'éléments postérieurs à l'arrêté du plan de sauvegarde.** La modification envisagée ne doit pas permettre de contrarier l'autorité de chose jugée attachée à la décision arrêtant le plan. C'est pourquoi, seul un élément nouveau par rapport aux éléments existant au jour de l'arrêté du plan pourra motiver la modification, solution posée sous l'empire de la loi du 25 janvier 1985[16] tant pour le plan de continuation[17] que pour le plan de cession[18]. Le

1. Demeyere, *Personnalité morale et droit des entreprises en difficulté*, th., Paris X Nanterre, 2005, p. 262, n° 291.
2. Demeyere, *Personnalité morale et droit des entreprises en difficulté*, th., Paris X Nanterre, 2005, p. 262, n° 291.
3. Demeyere, *Personnalité morale et droit des entreprises en difficulté*, th., Paris X Nanterre, 2005, p. 262, n° 291.
4. Rép. min. n° 52523, *JOAN Q* 17 mai 2005, p. 5151, *Act. proc. coll.* 2005/13, n° 158, note Legros.
5. Le Cannu, 7e éd., n° 961.
6. Cérati-Gauthier, « La fusion, outil de redressement d'une entreprise en difficulté », *BJE* 2016, 140 s., sp. p. 143.
7. T. com. Caen, 27 mai 2015, RG n° 2015/004101, *Act. proc. coll.* 2015/13, comm. 208, note Vallansan.
8. Paris, 5 oct. 1999, *Dr. sociétés* 2000, n° 41, obs. Chaput – *Paris, 15 oct. 2013, RG n° 13/1539,* DPDE nov. 2013, p. 12, note Roussel Galle.
9. Soinne, n° 1544 – Derrida et alii, n° 435 – Jacquemont, 6e éd., n° 761.
10. Com. 11 avr. 2012, n° 11-12.891, NP ; n° 432 F-D.
11. Com. 29 avr. 2003, nos 00-17.842, 00-18.032, 00-18.518, NP – Com. 29 avr. 2003, nos 00-18.517, 00-19.450, NP.
12. Paris, 3e ch. A, 19 juin 2001, *RJDA* 2002/1, n° 70, p. 52.
13. Com 29 avr. 2003, nos 00-17.842, 00-18.032, 00-18.518, NP.
14. Aix-en-Provence, 14 déc. 2006, RG n° 05/14490, *JCP E* 2007. 1497, note crit. Cérati-Gauthier.
15. Com. 13 avr. 1999, n° 96-19.256, NP.
16. L. n° 85-98, 25 janv. 1985, préc.
17. Paris, 3e ch. C, 25 nov. 1994, *Rev. proc. coll.* 1995, 145, n° 23, obs. Soinne – Paris, 3e ch. A, 10 mai 1995, *D.* 1995. IR 162 ; *Rev. proc. coll.* 1995, 435, n° 24, obs. Soinne – *Adde*, Derrida et alii, n° 535 – Soinne, n° 1543.
18. Paris, 3e ch. A, 11 mai 1993, *Rev. proc. coll.* 1993, 487, n° 63, obs. Soinne - Paris, 10 mai 1995, *Rev. proc. coll.* 1995, 435, n° 24, obs. Soinne.

contraire a pourtant été jugé[1]. On voit ainsi une juridiction admettre la modification alors que les dépenses exceptionnelles justifiant la modification n'étaient pas apparues après l'arrêté du plan[2].

Certains auteurs estiment en outre que l'élément justifiant la demande de modification de plan doit être imprévisible[3]. La modification du plan ne saurait ainsi être acceptée pour éviter une résolution du plan, même si les juridictions du fond statuent assez souvent en ce sens[4], ce qui n'est guère étonnant dès lors que l'on observe que la demande de modification du plan est souvent une réponse à une demande de résolution du plan.

523.13 Impossibilité d'imposer en cas de modification du plan des sujétions interdites lors de l'arrêté du plan. La modification ne doit pas rendre possible ce qui était interdit lors de l'arrêté du plan[5]. Ainsi, il ne saurait être question d'imposer à des créanciers une remise de dette, à l'occasion de la modification du plan[6], qu'il s'agisse du principal des créances ou seulement des intérêts. De même, si le créancier a accepté des délais de paiement, il ne saurait lui en être imposé de plus longs, dans le cadre de la modification du plan. Enfin, les délais du plan, dans le cadre de la modification du plan, ne peuvent excéder dix ans[7], sauf pour les agriculteurs.

Le fait d'imposer des remises de dettes à l'occasion de la modification du plan est constitutif d'un excès de pouvoir, rendant recevable, sous l'empire de la loi du 25 janvier 1985[8], la tierce opposition nullité de la part des créanciers victimes[9]. Cette solution a été posée à propos d'un plan de continuation.

Il n'est plus utile, depuis la loi de sauvegarde des entreprises, de recourir à la voie de recours nullité, la tierce opposition réformation étant ouverte aux créanciers tant pour le plan de sauvegarde que pour le plan de redressement.

1. Chambéry, ch. civ., 1er avr. 1997, Rev. proc. coll. 1998, 49, nº 21, obs. Soinne.
2. Rouen, 10 juin 1999, *Act. proc. coll.* 2000/12, nº 15 ; *Rev. proc. coll.* 2001, 79, nº 22, obs. Soinne.
3. DERRIDA ET *ALII*, nº 435 – SOINNE, nº 1543 – LE ANNU, 7e éd., nº 962 – *Adde*, Douai, 2e ch., 26 janv. 1995, *Rev. proc. coll.* 1998, 349, nº 22 obs. Soinne.
4. AINSI : T. com. Valenciennes, 17 oct. 1994, *Rev. proc. coll.* 1996, 448, nº 28, obs. Soinne.
5. Paris, 3e ch. B, 10 mars 1995, *Rev. proc. coll.* 1996, 444, nº 34, obs. Soinne – Montpellier, 14 févr. 2012, *RG* nº 11/07192.
6. T. com. Paris, 7 nov. 1988, *JCP E* 1989. II. 1546 nº 9, obs. M. Cabrillac et Vivant – *Adde*, RIPERT ET ROBLOT, nº 3180 – KERCKHOVE, nº 730 – J.-CL. COM., fasc. 2610, Vallens-Henckel, [Plan de sauvegarde – exécution], 2009, nº 119.
7. Paris, 3e ch. A, 19 juin 2001, *D.* 2001 AJ 289.
8. L. nº 85-98, 25 janv. 1985, préc.
9. Com. 18 mars 2014, nº 12-28.986, *Bull.* civ. IV, nº 51 ; nº 270 F-P+B.

SECTION 523.20

MODALITÉS PROCÉDURALES DE LA MODIFICATION DU PLAN DE SAUVEGARDE

523.21 Saisine aux fins de modification du plan de sauvegarde. L'article L. 626-26, alinéa 1er du code de commerce énonce d'abord que la demande doit émaner du débiteur. Lui seul a qualité pour solliciter une modification du plan. Le commissaire à l'exécution est donc irrecevable à demander la modification du plan[10]. La solution est logique, dès lors que le commissaire à l'exécution du plan n'est là, par principe, que pour veiller à l'exécution du plan. C'est d'ailleurs pour cette raison que la demande du débiteur ne suffit pas. Selon la disposition analysée, le tribunal ne statue qu'après avoir eu communication du rapport du commissaire à l'exécution du plan, lequel doit contenir les éléments dont il a disposé pour porter son appréciation[11].

Avant l'ordonnance du 12 mars 2014[12], la demande doit être présentée, en application de l'article R. 626-45 du code de commerce, par déclaration du débiteur au greffe du tribunal de la faillite. Seule une déclaration orale apparaît recevable[13]. L'article R. 626-45, alinéa 1 du code de commerce a été modifié (D. 30 juin 2014[14], art. 64) pour prévoir que la demande de modification du plan présentée par le commissaire à l'exécution du plan le sera désormais par voie de requête.

L'article 41 de l'ordonnance du 12 mars 2014 apporte une modification intéressante en insérant à l'article L. 626-26, alinéa 1er du code de commerce une précision, qui accorde désormais au commissaire à l'exécution du plan la faculté de saisine du tribunal aux fins de modification du plan, mais à la condition que la modification substantielle le soit au profit des créanciers. Puisque l'on n'imagine mal le commissaire à l'exécution du plan demander au tribunal de revenir sur des remises consenties, il s'agira, en pratique, de payer plus rapidement ce que prévoyait initialement le plan. La solution est opportune, en introduisant une « pincée d'éthique[15] » et permet *a priori* de mettre fin à une orientation discutable de la jurisprudence posant, sous l'empire de la loi du 25 janvier 1985[16], le caractère licite du

10. T. com. Valenciennes, 10 juin 2013, RG nº 2013/002629.
11. IFPPC 1999, recomm. nº 5040-1, p. 108.
12. Ord. nº 2014-326, 12 mars 2014, *JO* 14 mars, p. 5249.
13. Paris, 3e ch. C, 25 nov. 1994, *Rev. proc. coll.* 1995, 145, nº 23, obs. Soinne – Paris, 3e ch. A, 2 juill. 1996, *Rev. proc. coll.* 1996, 448, nº 28, obs. Soinne.
14. D. nº 2014-736, 30 juin 2014, *JO* 1er juill., p. 10834.
15. Lebel, « L'ordonnance nº 2014-326 du 12 mars 2014 et les plans de sauvegarde et de redressement », *Gaz. Pal.* 6 avr. 2014, nº 96, p. 19, sp. p. 21.
16. L. nº 85-98, 25 janv. 1985, préc.

remboursement anticipé du passif, avec négociation d'abandon de créances, ce remboursement anticipé ne s'analysant pas en une modification substantielle du plan, mais en une modalité de celui-ci[1]. Dans l'affaire précitée, un débiteur avait en effet payé son passif sur trois ans au lieu des dix ans prévus par le jugement arrêtant le plan et avait obtenu du tribunal une décision de clôture de la procédure collective par extinction du passif. Pourtant, le code de commerce prévoit une sanction pénale contre le débiteur qui paie ses créanciers plus rapidement que ce que prévoit le plan (C. com., art. L. 654-8-2), l'*accipiens* étant également susceptible de sanctions pénales (C. com., art. L. 654-8, 3°).

523.22 Compétence du tribunal aux fins de modification du plan de sauvegarde. La décision de modification du plan appartient, selon l'article L. 626-26, alinéa 1er du code de commerce, au tribunal. En conséquence, la demande présentée en cause d'appel, pour répondre à une demande en résolution du plan, doit être déclarée irrecevable[2]. Il appartient au débiteur de saisir le tribunal et de solliciter de la cour d'appel un sursis à statuer, jusqu'à ce que le tribunal, saisi de la demande de modification de plan, ait statué, la modification du plan ayant nécessairement une incidence sur la demande en résolution du plan.

Le tribunal pourra procéder par renvoi à la cour d'appel de la question de la modification. Le débiteur pourrait en ce sens soulever une exception de connexité, car il existe bien, au sens de l'article 101 du code de procédure civile, des « affaires portées devant deux juridictions distinctes présentant entre elles un lien tel qu'il soit de l'intérêt d'une bonne justice de les faire instruire et juger ensemble ».

523.23 Convocation dans le cadre de la modification du plan de sauvegarde. L'article L. 626-26, alinéa 3 du code de commerce prévoit que le tribunal statue sur la demande de modification après avoir recueilli l'avis du ministère public et avoir entendu ou dûment appelé le débiteur, le commissaire à l'exécution du plan, les contrôleurs, les représentants du comité d'entreprise ou, à défaut, des délégués du personnel et toute personne intéressée.

Les parties s'entendent, à la suite d'un amendement de la commission des lois du Sénat[3], du débiteur et du commissaire à l'exécution du plan. La disposition allonge en outre, par rapport à la législation du 25 janvier 1985[4], la liste des personnes devant être entendues par le tribunal avant de statuer sur une modification substantielle dans les objectifs et moyens du plan. Il s'est agi d'assurer un parallélisme des formes avec le jugement arrêtant le plan[5]. L'obligation d'entendre ou de convoquer les institutions représentatives du personnel oblige, sous l'empire de la législation de sauvegarde des entreprises[6], à convoquer le représentant des salariés, qui, en vertu de l'article L. 621-4, alinéa 2 du code, exerce les fonctions dévolues aux institutions représentatives du personnel si l'entreprise n'en est pas dotée.

Le tribunal ne pourra se prononcer que sur le rapport du commissaire à l'exécution du plan et après avoir recueilli l'avis du ministère public, lequel n'a donc ni à être convoqué ni *a fortiori* entendu.

Le tribunal devra également avoir appelé les contrôleurs, par lettre recommandée avec demande d'avis de réception (C. com., art. R. 626-45, al. 2). Observons ainsi que la mission des contrôleurs se trouve prolongée au-delà de l'arrêté du plan de sauvegarde ou de redressement[7].

Le greffier doit convoquer également toute « personne intéressée ». Il pourra s'agir des associés, qui ont pris des engagements dans le cadre de l'exécution du plan[8] ou des cautions de l'exécution du plan.

Les créanciers, *a priori*, n'ont pas à être convoqués. Il n'en ira autrement que si la modification porte sur les modalités d'apurement du passif. En cette hypothèse, l'article R. 626-45, alinéa 3 du code de commerce prévoit que le greffier du tribunal doit informer les créanciers intéressés. Ceux-ci disposent alors d'un délai de quinze jours pour faire valoir leurs observations par lettre recommandée avec demande d'avis de réception, adressée au commissaire à l'exécution du plan. Le commissaire à l'exécution du plan, dans son rapport, rendra compte au tribunal des réponses reçues[9].

52.24 Règles particulières à la modification du plan de sauvegarde arrêté après vote favorable des comités de créanciers. L'article L. 626-31, alinéa 2 du code de commerce prévoit qu'« une modification substantielle dans les objectifs ou les moyens du plan arrêté par le tribunal en application du premier alinéa ne peut intervenir que selon les modalités prévues par la présente section ». Un amendement avait été présenté par la commission des lois du Sénat pour interdire toute modification du plan arrêté après vote favorable des comités de créanciers. La commission des lois avait estimé que « le plan arrêté par les comités de créanciers devrait être, par principe, plus favorable au débiteur que ne l'est le

1. Com. 14 sept. 2010, n° 09-16.347, NP.
2. *Metz, ch. civ., 11 mai 1993, Rev. proc. coll.* 1995, 145, n° 23, obs. Soinne.
3. *Rapp. J.-J. Hyest*, n° 335, p. 288.
4. L. n° 85-98, 25 janv. 1985, préc.
5. *Rapp. Xavier de Roux*, n° 2095, p. 311.
6. L. n° 2005-845, 26 juill. 2005, préc.
7. Aussi sur cette observation : LE CANNU, 7e éd., n° 964.
8. LE CANNU, 7e éd. n° 964.
9. IFPPC 2009, recomm. n° 5040-2, p. 109.

plan arrêté dans les conditions de droit commun »[1]. La commission mixte paritaire est revenue sur la solution pour poser une règle intermédiaire : la modification du plan reste possible, mais n'obéit pas aux règles de droit commun. Elle supposera, en conséquence, une nouvelle consultation des comités de créanciers[2]. Plus généralement, a-t-il été dit, toute modification touchant aux mesures votées par les comités de créanciers suppose l'accord de ces comités[3].

D'une manière interprétative, l'alinéa 2 de l'article L. 626-31 du code de commerce, dans la rédaction que lui donne l'article 58 de la loi du 22 octobre 2010[4], prévoit que le commissaire à l'exécution du plan exerce les pouvoirs de l'administrateur pour consulter les comités de créanciers, et le cas échéant, les obligataires réunis en assemblée générale.

La modification du plan arrêté après vote favorable des comités de créanciers supposera donc qu'elle soit approuvée par ces comités. Le législateur, a-t-il été observé, est resté très discret sur la composition de ces comités et sur les calculs de majorité à cette occasion[5]. On peut estimer, au regard du parallélisme des formes qui semble présider à l'instauration de la règle, que la majorité des créanciers, détenant au moins deux tiers des créances, sera exigée[6].

On peut ici penser que les sommes admises au passif permettront le calcul des majorités, le calcul n'ayant plus à être effectués sur les bases imprécises déterminées par le débiteur à l'ouverture de la procédure. On peut même estimer que le calcul des créances devra être effectué au jour du vote, en prenant en compte les paiements déjà intervenus. C'est pourquoi, si des créanciers ont été payés par anticipation, par exemple en cas de vente d'un bien grevé d'une sûreté en phase d'exécution du plan, il apparaît logique de ne plus les intégrer dans les comités de créanciers et à ne plus les prendre en compte dans le calcul des majorités[7].

SECTION 523.30
JUGEMENT DE MODIFICATION DU PLAN DE SAUVEGARDE

523.31 Intervention du jugement de modification du plan de sauvegarde – Opposabilité. Le tribunal doit statuer en audience pub[...] art. R. 662-13). Cependant, les débat[...] lieu en chambre du conseil, solution de[...] la matière sous l'empire de la loi de sauve[...] entreprises[8] (C. com., art. L. 662-3, al. 1er). [...] moins, la publicité des débats est de droit après l'ouverture de la procédure si le débiteur, le mandataire judiciaire, l'administrateur, le liquidateur, le représentant des salariés ou le ministère public en font la demande. Le président du tribunal peut décider qu'ils auront lieu ou se poursuivront en chambre du conseil s'il survient des désordres de nature à troubler la sérénité de la justice.

Le tribunal doit apprécier l'opportunité de la modification sollicitée. Ainsi pourra-t-il rejeter la demande tendant à imposer un sacrifice supplémentaire aux créanciers, alors que le débiteur dispose des fonds suffisants pour payer en une échéance unique l'intégralité du passif restant[9].

Comme pour le jugement arrêtant le plan de sauvegarde, les dispositions du jugement le modifiant faisant corps avec lui, sont opposables à tous. La solution a été spécialement posée, sous l'empire de la législation antérieure à la loi de sauvegarde des entreprises, à propos du plan de cession[10].

Sous l'empire de la législation antérieure à la loi de sauvegarde des entreprises, les dispositions du jugement modifiant le plan de continuation ne peuvent, pas plus que celles l'arrêtant, profiter aux cautions solidaires et aux codébiteurs. Sous l'empire de la législation issue de la loi de sauvegarde des entreprises, les garants ne pourront se prévaloir des dispositions du jugement modifiant le plan de redressement, pas plus qu'ils ne peuvent profiter des dispositions l'arrêtant (C. com., art. L. 631-20).

La solution sera différente en cas de modification du plan de sauvegarde. Les dispositions du plan modifiées pourront être invoquées par les personnes physiques cautions, codébiteurs et garants autonomes[11] et, depuis l'ordonnance du 18 décembre 2008[12], par les personnes physiques codébitrices, celles ayant consenti une sûreté personnelle, ayant cédé ou affecté un bien en garantie.

523.32 Communication et notification du jugement de modification du plan de sauvegarde. L'article R. 626-4[...], alinéa 4 du code de commerce prévoit que le jugement modifiant le plan est notifié conformément aux dispositions de l'article R. 626-21

1. *Rapp. J.-J. Hyest, n° 335, p. 301.*
2. AUSSI : ROUSSEL GALLE, 2e éd., n° 678.
3. PÉTEL, 8e éd., n° 291.
4. L. n° 2010-1249, 22 oct. 2010, *JO* 23 oct., p. 18984.
5. Lucas, Lucas et Lécuyer (dir.), *La réforme des procédures collectives…*, Lgdj, 2006, p. 221 – LE CANNU, 7e éd., n° 963.
6. Voinot, « La nouvelle procédure de sauvegarde », *Gaz. Pal.* 7-8 sept. 2005, n° sp., p. 24 s., sp. p. 37, n° 58.
7. LE CANNU, 7e éd., n° 963.
8. L. n° 2005-845, 26 juill. 2005, préc.
9. T. com. Valenciennes, 2e ch., 23 nov. 2015, RG n° 2015003150, *BJE* 2016, 97, note Poujade.
10. Com. 4 févr. 2003, nos 00-13.691 à 00-13.695, 00-14.132, NP; nos 212 à 216 F-D.
11. VALLENS, 2015, n° 4120 – J.-CL. COM., fasc. 2610, Vinckel, [Plan de sauvegarde – exécution], 2009, n° 120.
12. Ord. n° 2008-1345, 18 déc. 2008, préc.

code, texte qui intéresse la notification du jugement arrêtant ou rejetant le plan de sauvegarde (v. s^s n°s 515.24 et 515.25).

L'article R. 626-46 du code précise que le jugement modifiant le plan est adressé par le greffier aux personnes mentionnées à l'article R. 621-7 du code, c'est-à-dire aux mandataires de justice, au procureur de la République, au trésorier-payeur général du département du tribunal dans lequel le débiteur a son siège social et celui du département où se trouve son principal établissement.

523.33 Publicité du jugement de modification du plan de sauvegarde. L'article R. 626-46 du code de commerce prévoit que le jugement modifiant le plan fait l'objet des publicités prévues à l'article R. 621-8 du code. Il s'agit des publicités prévues pour le jugement d'ouverture (v. s^s n°s 233.33 et 233.34). En conséquence, le jugement de modification de plan fait notamment l'objet d'un avis d'insertion au *Bodacc*, précision importante pour l'exercice des voies de recours. Si le débiteur est commerçant, le jugement modifiant le plan est mentionné d'office au registre du commerce et des sociétés (D. 30 mai 1984[1], art. 36-3, 7°, réd. décret du 28 décembre 2005, art. 353, 7°).

SECTION 523.40

VOIES DE RECOURS SUR LA DÉCISION MODIFIANT LE PLAN DE SAUVEGARDE

523.41 Voies de recours sur la décision statuant sur la demande de modification du plan de sauvegarde. La décision modifiant le plan est analysée comme une décision faisant corps avec la décision arrêtant le plan. La solution a été posée pour le plan de continuation[2]. Le plan modifié n'est donc pas un nouveau plan[3]. Mais il n'y a cependant pas place à application rétroactive.

La voie de recours à l'encontre d'un jugement modificatif du plan ne relève pas de la matière gracieuse, mais de la matière contentieuse. L'appel ne peut donc être fait que par un acte d'appel, non par une déclaration au greffe du tribunal[4].

L'article L. 661-1, I, 7° du code de commerce, dans la rédaction que lui donne l'ordonnance du 18 décembre 2008[5] (art. 146), énonce que « sont susceptibles d'appel ou de pourvoi en cassation : [...] les décisions statuant sur la modification du plan de sauvegarde [...] de la part du débiteur, du commissaire à l'exécution du plan, du comité d'entreprise ou, à défaut, des délégués du personnel et du ministère public, ainsi que de la part du créancier ayant formé une contestation en application de l'article L. 626-34-1 ».

L'administrateur judiciaire et le mandataire judiciaire ne peuvent faire appel. La solution s'explique par le fait que leur mission générale a disparu. Le mandataire judiciaire, spécialement, ne pourra interjeter appel, fût-ce en nullité, compte tenu de son absence de qualité pour faire appel réformation pour défendre l'intérêt collectif des créanciers, car il a perdu cette mission. L'absence de qualité du mandataire judiciaire pour exercer une voie de recours conduit à rendre recevable l'intervention volontaire accessoire des créanciers[6].

L'ordonnance de réforme ajoute à la liste établie par la loi de sauvegarde des entreprises, dans sa rédaction d'origine, un nouveau titulaire du droit d'appel : le « créancier ayant formé une contestation en application de l'article L. 626-34-1 ». La contestation devra avoir été émise à l'occasion d'un vote sur la modification substantielle dans les moyens du plan. Le tribunal videra cette contestation lors de l'audience au cours de laquelle il statuera sur la modification du plan – audience de l'article L. 626-26 du code. En bonne logique, et même si l'article L. 661-1, I, 7° du code de commerce ne le précise pas, il s'agit ici d'un appel limité au dispositif de la décision statuant sur la modification du plan relatif à sa contestation.

Les autres créanciers n'étant pas parties ne peuvent faire appel de la décision modifiant ou arrêtant le plan[7].

La tierce opposition réformation est, sous l'empire de la législation antérieure à la loi de sauvegarde des entreprises[8], fermée par application *a contrario* de l'article L. 623-1 du code de commerce et par analogie de l'article L. 623-3 (anc^t L. 25 janv. 1985[9], art. 172) qui interdit la tierce opposition réformation sur les jugements arrêtant le plan[10]. La décision modificative de plan fait en effet corps avec la décision arrêtant le plan. Les créanciers et autres tiers disposent, toutefois, des voies de recours nullité en cas d'excès de pouvoir. Il y a excès de pouvoir lorsque les créan-

1. D. n° 84-406, 30 mai 1984, *JO* 3 mai, p. 1699.
2. Soc. 3 avr. 1991, n° 90-41.566, *Bull. civ.* V, n° 165; *LPA* 1994, n° 20, p. 13, obs. Derrida.
3. SAINT-ALARY-HOUIN, 9e éd, n° 1030.
4. Caen, 7 févr. 2002, *RTD com.* 2002. 377, n° 12, obs. Vallens.
5. Ord. n° 2008-1345, 18 déc. 2008, préc.
6. DERRIDA ET *ALII*, n° 302.
7. Com. 8 juin 1993, n° 89-17.147, *Bull. civ.* IV, n° 235; *D.* 1994. Somm. 42, obs. Derrida; *Rev. huissiers* 1994. 196, note Vidal – Com. 28 oct. 2008, n° 07-15.547, NP; n° 1089 F-D.
8. L. n° 2005-845, 26 juill. 2005, préc.
9. L. n° 85-98, 25 janv. 1985, préc.
10. Com. 28 sept. 2004, n° 02-16.341, NP, *D.* 2005. Pan. 293, obs. Le Corre – Com. 18 janv. 2005, n° 02-16.342, NP.

ciers n'ont pas été avisés des modifications du plan, alors qu'il est question de modifier les modalités d'apurement du passif. Ainsi, la modification du plan qui affecte les droits d'un créancier suppose que les observations de ce créancier soient recueillies par le commissaire à l'exécution du plan[1]. Il y a identiquement excès de pouvoir lorsque la juridiction a, dans le cadre de la modification de plan, décidé de mesures qu'elle n'aurait pas pu prendre dans le cadre de la décision arrêtant le plan. En ces hypothèses, la tierce opposition nullité sera ouverte aux créanciers. Il en est ainsi en cas de remises de dettes imposées aux créanciers[2].

L'article L. 661-3, alinéa 1er du code de commerce, dans la rédaction que lui donne la loi de sauvegarde des entreprises, ouvre explicitement la tierce opposition à l'encontre de la décision modifiant le plan[3]. Le jugement qui statue sur la tierce opposition est susceptible d'appel et de pourvoi en cassation de la part du tiers opposant. Faut-il fermer *a contrario* ces voies de recours aux personnes autres que le tiers opposant ? Encore que l'opinion contraire ait été soutenue, non sans hésitation[4], une réponse négative nous semble devoir être apportée. Ces personnes seront des parties au jugement statuant sur la tierce opposition. Elles sont donc recevables, conformément au droit commun, et faute de fermeture explicite, à interjeter appel et sur l'arrêt d'appel à former pourvoi en cassation.

Le jugement rejetant la modification du plan, *a contrario*, n'est pas susceptible de tierce opposition. La solution résulte explicitement, depuis l'ordonnance du 18 décembre 2008, de l'article L. 661-3, alinéa 3 du code de commerce.

1. Com. 28 sept. 2004, n° 02-16.341, préc. (v. s^s^ prés^t^ n°) – Com. 18 janv. 2005, n° 02-16.342, préc. (v. s^s^ prés^t^ n°).
2. Com. 18 mars 2014, n° 12-28.986, *Bull. civ.* IV, n° 51 ; n° 270 F-P+B ; *D.* 2014. Actu. 773, obs. Lienhard ; *Gaz. Pal.* 5 oct. 2014, n° 278, p. 36, note Lebel ; *BJE* juill. 2014, p. 235, note de Lajarte-Moukoko ; *Rev. proc. coll.* 2014, comm. 96, note Cagnoli et comm. 163, note Fraimout.

Montpellier, 14 févr. 2012, RG n° 11/07192.

Le Cannu, 7e éd., n° 963.

CHAPITRE

524. Difficultés d'exécution du plan de sauvegarde

SECTION 0
ORIENTEUR

524.00 **Plan du chapitre.**

Sect.	524.10	Conditions de fond de la résolution du plan de sauvegarde
Sect.	524.20	Modalités procédurales de la demande en résolution du plan de continuation ou de redressement
Sect.	524.30	Effets de la résolution du plan de sauvegarde

524.01 **Textes applicables.** (V. les références complètes s[s] n° 011).

> Législation issue de la loi de sauvegarde des entreprises dans sa rédaction d'origine.

C. com., art. L. 626-27, L. 631-19, I

C. com., art. R. 626-23 (anc[t] D. 28 déc. 2005, art. 139), R. 626-47 à R. 626-49 (anc[t] D. 28 déc. 2005, art. 158 à 159-1), R. 662-13 (anc[t] D. 28 déc. 2005, art. 349)

> Législation issue de l'ordonnance du 18 décembre 2008.

C. com., art. L. 626-27

C. com., art. R. 626-23, R. 626-47 à R. 626-49, R. 662-13

> Législation issue de l'ordonnance du 12 mars 2014.

C. com., art. L. 626-27

C. com., art. R. 626-48, R. 626-49

524.02 **Jurisprudence de référence.**

> La résolution du plan fondée sur une inexécution de celui-ci ne nécessite pas de démontrer l'état de cessation des paiements.

• **Com. 16 déc. 2008,** n° 07-17.130, *Bull. civ.* IV, n° 211; n° 1377 FS-P+B

* V. s[s] n° 524.13

> La résolution du plan n'entraîne la liquidation judiciaire que sur démonstration de l'état de cessation des paiements.

• **Com. 16 juin 2009,** n° 08-10.232, *Bull. civ.* IV, n° 83; 576 F-P+B

* V. s[s] n° 524.13

> La résolution du plan a pour effet d'anéantir les remises consenties.

• **Com. 9 mai 2007,** n° 06-12.111, *Bull. civ.* IV, n° 126; n° 697 F-P+B

* V. s[s] n° 524.33

« La résolution du plan a pour effet d'anéantir rétroactivement les délais et remises acceptés lors de son adoption, de sorte que de telles remises, accordées au débiteur en dehors de toute négociation contractuelle étrangère au plan, ne sont définitivement acquises au débiteur qu'après versement, au terme fixé de la dernière échéance prévue par le plan. »

> Sous l'empire de la législation de sauvegarde des entreprises, le mode d'introduction de l'action en résolution du plan de sauvegarde par un créancier ou par le commissaire à l'exécution du plan est la requête. Mais rien n'interdit de procéder par voie d'assignation.

• **Com. 17 nov. 2015,** n° 14-19.504, *Bull. civ.* IV [à paraître]; n° 980 F-P+B

* V. s[s] n° 524.21

> Les sommes versées au commissaire à l'exécution du plan, et destinées à être versées sous forme de dividendes, lorsque survient la résolution du plan avec ouverture d'une seconde procédure collective, peuvent faire l'objet de l'autorisation de remise à l'administrateur judiciaire, en cas de liquidation judiciaire avec poursuite d'activité, sur le fondement de l'article L. 641-10, alinéa 6 du code de commerce. Il faut donc comprendre que ces sommes n'ont pas vocation à être réparties aux créanciers du plan.

• **Com. 14 oct. 2014,** n° 13-13.994, *Bull. civ.* IV, n° 147; n° 897 F-P+B

* V. s[s] n° 524.31

> La dispense de déclaration concerne tous les créanciers ayant déclaré leur créance au passif de la première procédure, peu important que leur créance ait été ou non admise au passif de la première procédure.

• **Cass., avis, 17 sept. 2012,** n° 12-00.010, *Bull. avis*, n° 8

* V. s[s] n° 524.34

524.03 **Bibliographie indicative.** (V. les références complètes s[s] n° 031 – Aussi s[s] n° 520.03).

> Articles. Arlie D., « À propos des effets pour les créanciers de l'ouverture d'une nouvelle procédure collective associée à la résolution de plein droit du plan de sauvegarde », *LPA* 1er juin 2016, no 109, p. 6 – Le Corre P.-M., « L'apparition de l'état de cessation des paiements et la résolution d'un plan arrêté au profit de diverses sociétés à patrimoines confondus », *Bull. Joly* 2009. 1137, § 230; « La résolution du plan de sauvegarde et du plan de redressement », *Gaz. Pal.* 21 juill. 2015, no 200, technique p. 32 – Roussel Galle Ph., « La cessation des paiements, condition d'ouverture de la liquidation judiciaire en cas de résolution d'un plan de sauvegarde ou de redressement », *JCP E* 2008. 2207.

524.04 Questions essentielles.

• La résolution du plan de sauvegarde suppose t-elle l'état de cessation des paiements ?

* V. ss no 524.13.

• La résolution du plan de sauvegarde entraîne-t-elle obligatoirement la liquidation judiciaire ?

* V. ss no 524.31.

• Un créancier non admis au passif d'une première procédure peut-il être admis au passif de la seconde procédure ouverte suite à la résolution du plan ?

* V. ss no 524.34.

• Un créancier admis au passif d'une première procédure doit-il déclarer sa créance au passif de la seconde procédure ?

* V. ss no 524.34.

524.09 Présentation générale des règles relatives à la résolution de plan de sauvegarde. L'article L. 626-27 du code de commerce envisage deux cas de résolution du plan, en distinguant selon qu'il y a ou non état de cessation des paiements. Si l'état de cessation des paiements est caractérisé, la résolution est obligatoire. Dans le cas contraire, elle n'est que facultative.

En outre, les effets attachés à la résolution seront différents selon que l'état de cessation des paiements a été ou non caractérisé pour prononcer la résolution.

SECTION 524.10
CONDITIONS DE FOND DE LA RÉSOLUTION DU PLAN DE SAUVEGARDE

524.11 Pouvoir d'appréciation de la juridiction quant à la résolution du plan de sauvegarde. L'article L. 626-27, I, alinéa 2 du code de commerce énonce que « le tribunal qui a arrêté le plan peut, après avis du ministère public, en décider la résolution si le débiteur n'exécute pas ses engagements *dans les délais fixés par le plan* ».

Ces textes ouvrent ains au tribunal une faculté. Les juges du fond apprécient, en conséquence, souverainement, en présence d'une inexécution, s'il y lieu ou non de prononcer la résolution[1].

Nous pensions que la résolution du plan empru tait à la résolution judiciaire des contrats[2]. C' pourquoi nous estimions que la résolution du p ne serait prononcée que si l'inexécution du plan était d'une certaine gravité[3]. Les juges du fond semblaient également en ce sens[4]. La Cour de cassation, pour sa part, considère que l'inexécution constitue la seule condition de la résolution – hors le cas de cessation des paiements –, la cour d'appel n'étant donc pas tenue de rechercher si l'inexécution est d'une certaine gravité[5].

Il est certain que le tribunal n'a pas à rechercher les causes de l'inexécution, dès lors que cette dernière est avérée[6]. Pas davantage, il ne doit rechercher si la sanction de la résolution du plan est disproportionnée par rapport aux efforts accomplis par le débiteur pour assurer le redressement[7].

Il importe que l'inexécution ait pour cause l'attitude du débiteur, non celle d'un tiers. Pour sa part, le tiers qui avait souscrit à l'égard du débiteur des engagements dans le plan engagera sa responsabilité envers les créanciers si ces derniers devaient en subir un préjudice du fait du prononcé de la liquidation judiciaire, suite à la résolution du plan[8]. Il en est ainsi d'un candidat à la reprise des actions de la société, qui engage sa responsabilité envers les créanciers postérieurs à l'ouverture de la procédure collective, qui pouvaient compter sur le paiement intégral de leurs créances par la société restructurée[9].

Dès lors que l'inexécution du plan est avérée, le débiteur ayant laissé impayées plusieurs échéances, la juridiction n'a pas à rechercher si le débiteur dispose d'un patrimoine lui permettant d'acquitter les échéances impayées[10].

Une cour d'appel juge que la demande du débiteur de reporter d'un an le paiement des dividendes fait apparaître sa cessation des paiements, puisqu'il est dans l'incapacité, faute d'actif disponible, de payer son passif exigible[11]. Au contraire, la Cour de cassation estime que le seul fait que le débiteur sol-

1. Com. 26 juin 2001, no 98-15.123, NP – Com. 5 mars 2002, nos 98-23.411, 98-23.412, NP – Com., 30 juin 2015, NP; no 14-16.543; no 633 F-D – Com. 30 juin 2015, no 14-16.544, NP; no 634 F-D.
2. AUSSI, PÉTEL, 7e éd., no 286.
3. AUSSI EN CE SENS, DERRIDA ET *ALII*, no 49 – KERCKHOVE, no 748 – RIPERT ET ROBLOT, no 3194-1 – PÉTEL, 7e éd., no 286 – LE CANNU, 7e éd., no 974.
4. Rennes, 3e ch. com., 14 oct. 2014, RG no 13/09262, *Juris-Data* 024688.
5. Com. 30 juin 2015, no 14-16.543, NP; no 633 F-D – Com. 30 juin 2015, no 14-16.544, NP; no 634 F-D.
6. Com. 8 juill. 2008, no 07-15.176, NP; no 796 F-D; *LXB hebdo* sept. 2008, no 318, no N9882BG4, note Le Corre.
7. Com. 8 juill. 2008, no 07-15.176, préc. (v. ss prést no).
8. Com. 28 juin 1994, no 92-13.135, *Bull. civ.* IV, no 243; *JCP* 1995. I. 3815, obs. M. Cabrillac; *RJDA* 1995/1, no 69 – Paris, 30 oct. 1992, *RJDA* 1993, no 446.
9. Com. 28 juin 1994, no 92-13.135, préc. (v. ss prést no).
10. Com. 3 déc. 2003, no 00-22.183, NP.
11. Paris, 3e ch. A, 11 sept. 2007, RG no 2007/7343.

licite un report de paiement des dividendes du plan ne suffit pas à établir sa cessation des paiements[1].

La résolution sera le plus généralement écartée si l'exécution intervient avec un peu de retard, pour des raisons indépendantes de la volonté du débiteur[2]. De même, si au jour où la cour d'appel statue, le paiement du dividende est assuré, même avec retard, la résolution ne sera pas prononcée[3]. La résolution sera identiquement écartée si le dividende n'est pas encore exigible, même si, au vu des disponibilités, il apparaît peu vraisemblable que l'échéance puisse être intégralement payée[4].

De façon plus générale, il n'y aura pas place à résolution si, au jour où la juridiction statue, l'inexécution a disparu, la tardiveté de l'exécution ne devant pas conduire à la résolution[5].

Même si la doctrine est majoritairement en sens opposé[6], il apparaît que tribunal ne pourra accorder au débiteur des délais de grâce, pour l'exécution de son plan, sur le fondement de l'article 1244-1 du code civil (C. civ., art. 1343-5[7]), car ce texte est inapplicable en dehors des obligations conventionnelles[8], auxquels il n'est pas possible d'assimiler les engagements du plan de continuation, de sauvegarde ou de redressement qui sont « arrêtées » par le tribunal et non homologués par celui-ci. Le fait que le plan soit arrêté après vote favorable des créanciers ne doit pas, à notre sens, modifier la solution. Le débiteur en conséquence, devra solliciter de la juridiction une modification de son plan (v. s^s n° 523.11).

La loi de sauvegarde des entreprises[9], après avoir posé à l'article L. 626-27, I, alinéa 2 une faculté pour le tribunal de prononcer la résolution du plan en cas d'inexécution, prévoit, de manière nouvelle, à l'article L. 626-27, I, alinéa 3 que « lorsque la cessation des paiements du débiteur est constatée au cours de l'exécution du plan, le tribunal qui a arrêté ce dernier décide, après avis du ministère public, sa résolution ». Il y a alors obligation pour le tribunal de prononcer la résolution du plan, sans pouvoir d'appréciation[10].

La loi de sauvegarde des entreprises, dans sa rédaction d'origine, faisait de la liquidation judiciaire la seule issue possible de la résolution d'un plan prononcée avec cessation des paiements. La solution est conservée par l'ordonnance du 18 décembre 2008[11], pour le plan de redressement. Elle est posée par le nouvel article L. 631-20-1 du code de commerce. En revanche, en cas de résolution d'un plan de sauvegarde, l'article L. 626-27, I, alinéa 3, tel qu'il résulte de la rédaction que lui donne l'ordonnance du 18 décembre 2008, offre au tribunal un choix entre redressement et liquidation judiciaire, cette dernière n'étant prononcée qu'en cas d'impossibilité de redressement. La solution s'applique même aux plans de sauvegarde en cours au 15 février 2009, date d'entrée en vigueur de l'ordonnance du 18 décembre 2008 (ord. 18 déc. 2008, art. 173).

524.12 Inexécution des engagements pris dans le cadre du plan de sauvegarde. L'article L. 626-27, I, alinéa 2 du code de commerce prévoit que « le tribunal qui a arrêté le plan peut, après avis du ministère public, en décider la résolution si le débiteur n'exécute pas ses engagements dans les délais fixés par le plan ».

Le texte ne précise pas la nature des engagements inexécutés. Il contraste avec la solution posée par l'article 80, alinéa 1er de la loi du 25 janvier 1985[12], dans sa rédaction initiale, qui visait « les engagements financiers » et sur le fondement duquel la jurisprudence refusait la résolution si l'inexécution portait sur des engagements autres que financiers[13], par exemple des engagements sociaux.

Désormais, il peut s'agir tant d'engagements financiers, que sociaux, stratégiques, économiques ou juridiques[14]. Un amendement présenté à l'occasion du vote de la loi de sauvegarde des entreprises[15] tendait à préciser que la suppression d'emplois non prévus par le plan était une cause de résolution de celui-ci. Cet amendement a été rejeté[16]. Cependant, d'évidence, il s'agit de l'inexécution d'un engagement de nature sociale qui peut conduire à la résolution du plan. Il est cependant douteux qu'il faille, pour ce motif, prononcer la résolution du plan et exposer ainsi les autres salariés à un licenciement. Il semble préférable de rechercher la sanction de cette inexé-

1. Com. 10 mars 2009, n° 07-20.517, NP; n° 218 F-D; *D. et patr.* sept. 2009, n° 184, p. 113, note Monsérié-Bon.
2. Dijon, 14 sept. 1993, *Rev. proc. coll.* 1995, 144, n° 1, obs. Soinne.
3. Paris, 3e ch. B, 3 oct. 2003, RG n° 2003/06857.
4. Metz, ch. civ., 11 mai 1993, *Rev. proc. coll.* 1995, 152, n° 32, obs. Soinne.
5. Toulouse, 2e ch., 6 juin 1988, *Rev. proc. coll.* 1989, 524, n° 25, obs. Soinne – Chambéry, ch. civ., 25 sept. 1995, *Rev. proc. coll.* 1996, 452, n° 31, obs. Soinne.
6. Ripert et Roblot, n° 3194 – Vallens, 2007, n° 3881.
7. depuis le 1er oct. 2016 : Ord. n° 2016-131, 10 févr. 2016, *JO 11 févr.*
8. Soinne, n° 1623 – rappr. : J.-Cl. com., fasc. 2610, Vinckel, [Plan de sauvegarde – exécution], 2009, n° 146.
9. L. n° 2005-845, 26 juill. 2005, *JO* 27 juill., p. 12187.
10. Com. 30 juin 2015, n° 14-16.543, NP; n° 633 F-D – Com. 30 juin 2015, n° 14-16.544, NP; n° 634 F-D.
11. Ord. n° 2008-1345, 18 déc. 2008, *JO* 19 déc., p. 19462.
12. L. n° 85-98, 25 janv. 1985, *JO* 26 janv., p. 1097.
13. Dijon, 1re ch., 2e sect., 14 sept. 1993, *Rev. proc. coll.* 1995, 144, n° 21, obs. Soinne.
14. *Rapp. Xavier de Roux*, n° 2095, p. 313.
15. L. n° 2005-845, 26 juill. 2005, préc.
16. Amend. n° 90, Interv. Michel Vaxès, *JOAN CR*, 2e séance du 8 mars 2005, p. 1749.

cution sur le terrain indemnitaire, le licenciement étant alors dépourvu de cause réelle et sérieuse.

Tout engagement inexécuté peut être source de résolution. Ainsi a été prononcée la résolution du plan pour inexécution de l'engagement de vente d'un immeuble [1]. Lorsque le plan prévoit une modification du capital social, non mise en œuvre au jour de son adoption, le refus de l'assemblée générale des associés de voter l'augmentation de capital en conformité avec les prévisions du jugement arrêtant le plan est constitutif d'une inexécution imputable à la personne morale [2]. Une fois l'augmentation votée, il pourra encore s'agir du défaut de mise en œuvre de la restructuration du capital social prévue par le plan, cependant que cette inexécution pourrait être considérée comme insuffisante à justifier la résolution du plan, ce qu'apprécient souverainement les juges du fond [3].

La principale source de résolution restera cependant l'inexécution des engagements financiers et plus spécialement le non-paiement, aux échéances convenues, des dividendes du plan. L'inexécution sera démontrée dès lors que les sommes versées par le débiteur sont inférieures aux montants des dividendes échus [4].

Précisons que le commissaire à l'exécution du plan a le choix d'agir en recouvrement des dividendes ou en résolution du plan pour non-paiement de ceux-ci [5].

La résolution pourra intervenir sur demande du commissaire à l'exécution du plan, sans mise en demeure préalable du débiteur d'avoir à régulariser les arriérés de dividendes du plan [6]. Cette solution, difficile à justifier alors que les dividendes du plan étaient quérables sous l'empire de la loi du 25 janvier 1985 non réformée, doit *a fortiori* être reconduite depuis leur portabilité issue de la loi du 10 juin 1994 [7]. C'est d'ailleurs la solution adoptée par la Cour de cassation, sous l'empire de la loi de sauvegarde. Elle juge que la recevabilité de l'action en résolution du plan, émanant du commissaire à l'exécution du plan, n'est pas subordonnée à une mise en demeure préalable de payer les dividendes du plan [8].

Il appartient au demandeur à l'action en résolution du plan de démontrer l'inexécution commise par le débiteur et non au débiteur de prouver qu'il a correctement exécuté le plan [9]. Il en est ainsi même pour le commissaire à l'exécution du plan [10]. Si l'inexécution porte sur le non règlement des dividendes du plan, la règle de principe posée par l'article 1315 du code civil (devenu C. civ., art. 1353 [11]), selon laquelle celui qui invoque l'exception de paiement doit la prouver, est tenue en échec [12].

En l'absence d'inexécution du plan, et sauf apparition de la cessation des paiements, il n'y a pas place à résolution du plan. Est spécialement indifférent le fait que le débiteur ayant obtenu un plan soit désormais en retraite et que l'activité de son entreprise ne soit pas rentable. La solution a été posée à propos d'un plan de continuation, dont la demande de résolution était présentée après le 1er janvier 2006, soumis en conséquence à l'application de l'article L. 626-27, I du code de commerce, issu de la rédaction que lui a donnée la loi de sauvegarde des entreprises [13].

La loi de sauvegarde des entreprises, sans supprimer, *a priori*, la possibilité d'exécution forcée des dividendes du plan (v. ss no 522.53), prévoit que lorsque l'inexécution résulte d'un défaut de paiement des dividendes par le débiteur et que le tribunal n'a pas prononcé la résolution du plan, le commissaire à l'exécution du plan procède, conformément aux dispositions arrêtées, à leur recouvrement (C. com., art. L. 626-27, I, al. 1er *in fine*). L'ordonnance du 18 décembre 2008, de manière très claire, confère au commissaire à l'exécution du plan un monopole de recouvrement forcé des dividendes du plan (v. ss no 522.54).

524.13 Indifférence ou exigence des conditions d'ouverture d'une procédure collective de paiement pour la résolution du plan de sauvegarde. La loi de sauvegarde des entreprises [14] distingue soigneusement deux hypothèses.

Elle conserve d'abord la possibilité de résolution du plan, sans caractérisation de l'état de cessation des paiements. La résolution du plan sera fondée sur une inexécution de celui-ci, sans qu'il y ait besoin

1. Com. 7 janv. 2003, no 99-18.838, NP; no 9 F-D.
2. Com. 8 oct. 2003, no 00-19.657, NP; *Act. proc. coll.* 2/2, no 21.
3. Com. 8 oct. 2003, no 00-19.657, préc. (v. ss prést no).
4. Com. 20 sept. 2005, no 04-15.154, NP.
5. Com. 18 mai 2016, nos 14-23.859, 14-24.313, NP; no 3 F-D.
6. Com. 9 déc. 1997, nos 95-14.082, 95-14.083, *Bull. civ.*, no 330; *RJDA* 1998/4, no 478.
7. L. no 94-475, 10 juin 1994, *JO* 11 juin, p. 8440.
8. Com. 18 mai 2016, nos 14-23.859, 14-24.313, préc.
9. Com. 17 juill. 2001, no 98-17.895, NP, *Act. proc. coll.* 2001/17, no 228.
10. Com. 17 juill. 2001, no 98-17.895, préc. (v. ss prést no) – Com. 26 janv. 2016, nos 14-17.672, 14-25.541, 14-28.826, 14-28.856, *Bull. civ.* IV [à paraître]; no 79 F-P+B; *Gaz. Pal.* 12 avr. 2016, no 14, p. 59, note Reille; *Rev. proc. coll.* 2016, comm. 81, note Fraimout; *LXB hebdo* 18 févr. 2016, no 455, note Le Corre.
11. DEPUIS le 1er oct. 2016 : Ord. no 2016-131, 10 févr. 2016, préc.
12. VALLENS, 2007, no 3881.
13. Com. 24 juin 2008, no 07-13.720, NP; no 730 F-D; *Gaz. proc. coll.* 2008/4, p. 49, note Voinot; *LXB hebdo* juill. 2008, no 313, no N6495BGN, note Le Corre.
14. L. no 2005-845, 26 juill. 2005, préc.

de démontrer l'état de cessation des paiements[1]. La solution vaut même en Alsace-Moselle, dès que la procédure a été ouverte à l'encontre d'un professionnel indépendant, de sorte que la procédure de faillite civile, qui suppose une insolvabilité notoire, n'est pas applicable[2]. L'inexécution pourra tenir au non-paiement d'un dividende du plan, sans démonstration de l'état de cessation des paiements[3]. La résolution du plan pour inexécution, sans cessation des paiements, n'est qu'une faculté pour le tribunal. Il n'est pas nécessaire, selon la Cour de cassation, que l'inexécution soit d'une certaine gravité (v. s[s] n° 524.11). Le simple retard dans le versement des dividendes pourra apparaître insuffisant[4].

Si, après avoir prononcé la résolution du plan pour inexécution, une cour d'appel constate la cessation des paiements, elle peut prononcer la liquidation judiciaire[5].

Si, au contraire, il y a caractérisation de l'état de cessation des paiements, la résolution du plan est obligatoire (C. com., art. L. 626-27, I, al. 2, devenu C. com., art. L. 626-27, I, al. 3, réd. ord. 18 déc. 2008[6]). Le demandeur à la résolution doit rapporter cette preuve[7].

Puisqu'il y a deux causes distinctes de résolution du plan, celle fondée sur l'inexécution et celle fondée sur l'apparition de l'état de cessation des paiements en cours d'exécution du plan, la décision qui rejette la demande de résolution du plan émanant du commissaire à l'exécution fondée sur l'inexécution n'est pas, au sens l'article 618 du code de procédure civile, inconciliable avec celle faisant droit à la demande de résolution du plan fondée sur l'état de cessation des paiements[8].

Il en est ainsi, et il y a donc place à résolution du plan de continuation, si au jour où la cour d'appel statue[9], le débiteur est dans l'impossibilité de faire face avec son actif disponible à son passif exigible, l'empêchant en conséquence de payer les dividendes du plan[10]. La cessation des paiements est avérée si le débiteur a créé, depuis l'adoption du plan, un passif hors dividendes du plan, de 250 000 euros, alors que son actif n'est que de 100 000 euros[11]. L'existence d'un passif nouveau, créé après l'adoption du plan, le retard de règlement dans le paiement des dividendes du plan et la proposition du débiteur de souscrire un crédit de restructuration pour solder le passif du redressement judiciaire démontrent que le débiteur ne dispose pas d'un actif disponible suffisant pour payer le passif exigible, et par voie de conséquence, son état de cessation des paiements[12]. Le fait de relever que des dettes exigibles sont avérées, que des chèques ont été rejetés pour défaut de provision, alors que le débiteur en cours d'exécution de son plan n'a plus ni activité ni revenu permet de caractériser la cessation des paiements et de prononcer la résolution du plan avec ouverture concomitante d'une procédure collective nouvelle[13].

Le tribunal ne peut, en revanche, prononcer la résolution du plan et la liquidation judiciaire concomitante du débiteur sans caractériser son état de cessation des paiements[14]. La solution vaut également en cas de résolution d'un plan de sociétés à

1. Com. 16 déc. 2008, n° 07-17.130, *Bull. civ.* IV, n° 211; n° 1377 FS-P+B; *D.* 2009. AJ 94, obs. Lienhard; *Gaz. proc. coll.* 2009/2, p. 26, note Voinot; *Act. proc. coll.* 2009/3, n° 57, note Cagnoli; *Dr. et patr.* sept. 2009, n° 184, p. 113, note Monsérié-Bon – Com. 31 mai 2016, n° 13-14.109, NP; n° 491 F-D.
2. Metz, ch com., 16 juin 2015, RG n° 15/0178, *Rev. proc. coll.* 2015/9, comm. 159, note Lebel.
3. Paris, pôle 5, 9e ch., 2 déc. 2010, RG n° 10/14366.
4. Nancy, 2e ch. com., 24 févr. 2010, RG n° 09/01037, *Rev. proc. coll.* 2011/3-4, comm. 47, p. 3, note Fraimout – Aix-en-Provence, 8e ch. A, 16 juin 2011, RG n° 2011/432, *Rev. proc. coll.* 2011/11, comm. 181 note Fraimout.
5. Com. 31 mai 2016, n° 13-14.109, NP; n° 491 F-D.
6. Ord. n° 2008-1345, 18 déc. 2008, préc.
7. Aix-en-Provence, 8e ch. C, 20 janv. 2011, RG n° 2011/20, *Rev. proc. coll.* 2011, comm. 181, note Fraimout.
8. Com. 26 janv. 2016, n°s 14-17.?72, 14-25.541, 14-28.826, 14-28.856, préc.
9. SUR CETTE EXIGENCE : Com. 10 juill. 2012, n° 11-18.843, NP; n° 828 F-D – Paris, 10 déc. 2009, RG n° 09/15440.
10. Com. 18 mars 2008, n° 06-20.510, *Bull. civ.* IV, n° 64; n° 400 FS-P+B; *D.* 2008. AJ 982, obs. Lienhard; *Gaz. proc. coll.* 2008/3, p. 31, note Lebel; *JCP E* 2008. Chron. 2062, n° 6, obs. Pétel; *Act. proc. coll.* 2008/7, n° 115, note Vallansan; *Rev. proc. coll.* 2008/3, p. 40, n° 114, note Saintourens; *Dr. et patr.* 2008, n° 172, p. 108, note Monsérié-Bon; *RTD com.* 2008. 628, n° 8, obs. Martin-Serf.
11. Com. 8 mars 2011, n° 09-72.636, NP; n° 234 F-D.
12. Com. 12 juill. 2011, n° 10-19.604, NP; n° 755 F-D.
13. Com. 18 juin 2013, n° 12-21.645, NP; n° 637 F-D.
14. Com. 8 juill. 2008, n° 07-15.176, NP; n° 796 F-D; *LXB hebdo* sept. 2008, n° 318, n° N9882BG4, note Le Corre – Com. 14 oct. 2008, n° 07-11.371, NP; n° 989 F-D – Com. 14 oct. 2008, n° 07-17.577, NP; n° 1008 F-D; *Rev. proc. coll.* 2009/2, p. 35, n° 37, note Lebel – Com. 14 oct. 2008, n° 07-17.578, NP; n° 1009 F-D – Com. 10 mars 2009, n° 07-21.987, NP; n° 216 F-D – Com. 10 mars 2009, n° 07-?.517, NP; n° 218 F-D; *Dr. et patr.* sept. 2009, n° 184, p. 113, note Monsérié-Bon; *RTD com.* 2010. 187, n° 2, obs. Saint-Alary-Houin – Com. 3 juin 2009, n° 08-13.589, NP; n° 507 F-D; *Rev. proc. coll.* 2010/2, comm. 71, p. 64, note Fraimout – Com. 16 juin 2009, n° 08-10.232, *Bull. civ.* IV, n° 83; n° 576 F-P+B; *D.* 2009. AJ 1821, obs. Lienhard; *Gaz. proc. coll.* 2009/4, 2e partie, p. 19, note Lebel; *Act. proc. coll.* 2009/13, n° 204, note Vallansan; *Dr. sociétés* 2009, n° 190, note Legros; *Rev. proc. coll.* 2010/2, comm. 47, p. 41, note Saintourens; *Rev. proc. coll.* 2010/2, comm. 74, p. 67 note Fraimout; *Rev. sociétés* 2010. 58, note Roussel Gale; *RTD com.* 2010. 188, n° 3, obs. Saint-Alary-Houin – Com. 16 juin 2009, n° 08-15.892, NP; n° 586 F-D; *Gaz. proc. coll.* 2009/4, 2e partie, p. 18, note Lebel; *RTD com.* 2010. 187, n° 2, obs. Saint-Alary-Houin – Com. 19 oct. 2010, n° 09-70.377, NP; n° 1022 F-D – Com. 22 mai 2013, n° 12-16.641, NP; n° 503 F-D; *Rev. proc. coll.* 2014, comm. 53, note Saintourens.

patrimoines confondus par suite d'une extension de la procédure[1].

Pour opérer cette caractérisation, la juridiction doit donc rapprocher l'actif disponible du passif exigible. Le seul fait que le débiteur sollicite un report de paiement des dividendes du plan ne suffit pas à établir sa cessation des paiements[2]. Une cour d'appel ne peut davantage se satisfaire de l'impossibilité pour le débiteur d'exécuter ses obligations pendant l'exécution du plan sans caractériser, au jour où elle statue, l'état de cessation des paiements du débiteur[3]. Elle ne peut davantage se contenter de préciser que les échéances du plan n'ont pas été payées et que l'entreprise n'a plus réellement d'activité[4]. Elle ne peut se contenter d'indiquer que la première échéance du plan a été payée avec retard, que la deuxième n'a pas été intégralement réglée, que de nouvelles dettes corroborant les sérieux problèmes de trésorerie de la société sont apparues postérieurement à l'adoption du plan, dont une, d'un montant important n'est pas réglée, que les comptes clos au 31 décembre de l'année précédente font apparaître un résultat d'exploitation et un résultat de l'exercice déficitaires, que les rentrées imminentes d'argent provenant du recouvrement de créances sont hypothétiques et en tout état de cause ne permettraient pas de solder les sommes dues au principal créancier, pour en déduire que le débiteur était en état de cessation des paiements, sans mettre ces éléments en perspective avec l'actif disponible du débiteur[5]. Il ne suffit pas d'indiquer que le débiteur ne respecte pas les échéances de son plan et qu'il n'a pas réglé ses cotisations à l'Urssaf, fût-ce pour un montant important[6]. N'est pas davantage suffisante, la tentative infructueuse de recouvrement d'une créance[7]. La cessation des paiements ne peut être caractérisée à partir du fait que les dividendes du plan sont toujours payés avec retard, que l'emprunt bancaire n'est plus remboursé et que le commissaire à l'exécution du plan aurait reçu des réclamations pour plusieurs dizaines de milliers d'euros, dès lors qu'aucune précision n'est apportée sur l'actif disponible[8]. Est encore insuffisant le fait de préciser que le débiteur n'a plus d'activité depuis plusieurs années et ne possède plus d'actif permettant de faire face aux échéances du plan[9].

Caractérise au contraire la cessation des paiements du débiteur au cours de l'exécution du plan, même sans préciser exactement le passif, le fait de laisser des dividendes du plan impayés et d'être contraint de mettre en vente des biens immobiliers, lesquels ne sont pas des actifs disponibles, pour faire face à son passif[10].

La cour d'appel doit se placer au jour où elle statue pour apprécier l'état de cessation des paiements[11].

La cour d'appel, appelée à statuer sur une décision ayant prononcé la résolution du plan et la liquidation judiciaire, ne peut caractériser l'état de cessation des paiements à partir du passif devenu exigible par l'effet de la liquidation judiciaire[12].

Si la cour d'appel ne peut prononcer la résolution du plan et la liquidation judiciaire que sur démonstration de l'état de cessation des paiements, elle ne peut rejeter la demande de résolution en se contentant d'indiquer qu'elle ne dispose au dossier que du seul rapport du commissaire à l'exécution du plan, sans procéder à l'examen de ce document[13].

Lorsque le tribunal a prononcé la résolution du plan de sauvegarde en caractérisant la cessation des paiements, et en ouvrant un redressement judiciaire, il n'a plus à se prononcer sur cette caractérisation lorsqu'il convertit le redressement en liquidation judiciaire, seule important alors l'impossibilité pour l'entreprise de se redresser[14].

Si la caractérisation des paiements est nécessaire, elle est aussi suffisante. En conséquence, le tribunal n'a pas à vérifier si tout redressement est manifestement impossible, contrairement à la solution retenue lorsqu'il se demande s'il y a place à convertir le redressement en liquidation judiciaire[15].

1. Com. 17 sept. 2013, n° 12-17.657, NP; n° 819 F-D; *Gaz. Pal.* 12 janv. 2014, p. 17, note Reille; *BJE* janv. 2014, p. 16, note Favario; *Rev. proc. coll.* 2014/1, comm. 23, note Fraimout; *Rev. proc. coll.* 2014/3, comm. 52, note Saintourens.
2. Com. 10 mars 2009, n° 07-20.517, NP; n° 218 F-D; *Dr. et patr.* sept. 2009, n° 184, p. 113, note Monsérié-Bon.
3. Com. 10 mars 2009, n° 07-21.987, NP; n° 216 F-D – Paris, pôle 5, 9e ch., 2 déc. 2010, RG n° 10/14366.
4. Com. 19 oct. 2010, n° 09-70.377, NP; n° 1022 F-D – Colmar, 6 janv. 2016, RG n° 15/02907, *JCP E* 2016, 159.
5. Com. 29 avr. 2014, n° 13-11.809, NP; n° 417 F-D; *Rev. sociétés* 2014. 402, note Henry.
6. Com. 11 avr. 2012, n° 11-16.416, NP; n° 421 F-D.
7. Nancy, 2e ch. com., 24 févr. 2010, RG n° 09/01037; *Rev. proc. coll.* 2011/3-4, comm. 47, p. 53, note Fraimout.
8. Com. 22 mai 2013, n° 12-16.641, NP; n° 503 F-D; *Rev. proc. coll.* 2014/3, comm. 53, note Saintourens.
9. Com. 17 sept. 2013, n° 12-17.657, NP; n° 819 F-D; *Gaz. Pal.* 12 janv. 2014, p. 17, note Reille; *BJE* janv. 2014, p. 16, note Favario; *Rev. proc. coll.* 2014, comm. 23, note Fraimout; *Rev. proc. coll.* 2014/3, comm. 52, note Saintourens.
10. Com. 30 juin 2015, n° 14-16.543, NP; n° 633 F-D – Com. 30 juin 2015, n° 14-16.544, NP; n° 634 F-D.
11. Com. 8 avr. 2015, n° 14-11.795, NP; n° 350 F-D.
12. Paris, 16 oct. 2008, RG n° 08/10018 – Paris, pôle 5, 9e ch., 2 déc. 2010, RG n° 10/14366 – Aix en Provence, 8e ch. A, 16 juin 2011, RG n° 2011/432, *Rev. proc. coll.* 2011, comm. 181, note Fraimout.
13. Com. 12 mai 2009, n° 08-13.795, NP; n° 459 F-D.
14. Com. 18 mars 2014, n° 13-11.218, NP; n° 271 F-D.
15. Dijon, ch. civ., sect. B, 16 avr. 2009, RG n° 08/13589, *Rev. proc. coll.* 2010/2, comm. 71, p. 64, note Fraimout.

Ces deux situations auront des effets différents, puisque, dans le premier cas, il n'y aura pas ouverture d'une nouvelle procédure collective, au contraire de la seconde situation qui entraînera ouverture d'une liquidation judiciaire (v. s^{s} n° 524.31).

SECTION 524.20 MODALITÉS PROCÉDURALES DE LA DEMANDE EN RÉSOLUTION DU PLAN DE CONTINUATION OU DE REDRESSEMENT

524.21 Présentation de la demande en résolution du plan de sauvegarde. L'article L. 626-27, I, alinéa 2 du code de commerce énonce que « le tribunal qui arrêté le plan [...] peut en décider la résolution ».

En visant le « tribunal » sans autre précision, il faut ici comprendre que seul le tribunal de la faillite est compétent pour prononcer la résolution[1]. Peu importe que le débiteur ait transféré son siège social depuis le jugement d'ouverture de sa procédure, dans un ressort différent. Le tribunal compétent pour l'ouverture de la procédure restera compétent pour prononcer la résolution.

L'article R. 626-23 du code de commerce évite toute hésitation en précisant que le tribunal qui a arrêté le plan demeure compétent pour connaître des difficultés de son exécution, et cela en dépit du changement du lieu du siège social de la personne morale ou de l'adresse de l'entreprise.

La demande de résolution du plan peut, selon l'article L. 626-27, II du code de commerce, dans sa rédaction d'origine, émaner du tribunal d'office. Le tribunal peut se saisir d'office aux fins de résolution du plan, non seulement dans l'hypothèse où le débiteur n'exécuterait pas ses engagements, mais encore dans le cas où le débiteur serait en état de cessation de paiements par suite d'un passif nouveau-né après l'arrêté du plan de sauvegarde[2]. En pratique, il faudra supposer que le tribunal soit saisi d'une demande de modification de plan qu'il refusera, alors que l'inexécution est déjà avérée ou qu'il est saisi d'une demande en paiement de dividendes, à laquelle il ne pourra pas être satisfait par le débiteur, ou encore que le président du tribunal soit informé des difficultés rencontrées par des créanciers. Il a été observé que le président du tribunal est souvent rendu destinataire des doléances des créanciers[3].

Les règles de la saisine d'office, telles qu'elles sont posées pour l'ouverture de la procédure collective, devront être respectées. Cela suppose donc que le président fasse délivrer une assignation, à laquelle est jointe son ordonnance, dans laquelle il explique les raisons de la saisine[4].

La saisine du tribunal en résolution du plan pourra également être, sous l'empire de la législation antérieure à la loi de sauvegarde des entreprises[5], l'œuvre du ministère public (C. com., art. L. 626-27, II).

La saisine du tribunal sur demande du ministère public ou d'office conduira la juridiction à convoquer le débiteur, dans les mêmes conditions que pour l'ouverture de la procédure, c'est-à-dire en respectant les articles R. 631-3 et R. 631-4 du code de commerce, en application de l'article R. 626-48, alinéa 1er du code (v. s^{s} n°s 231.42, 231.43 et 231.61).

La constitutionnalité de la mesure de saisine d'office a été discutée. La Cour de cassation, après que le Conseil Constitutionnel eut déclaré non conforme à la Constitution la saisine d'office aux fins d'ouverture d'une liquidation judiciaire (v. s^{s} n° 231.41) a transmis une question prioritaire de constitutionnalité sur cette possibilité de saisine d'office aux fins de résolution du plan de sauvegarde ou de redressement et d'ouverture d'une nouvelle procédure[6]. Sans surprise, l'inconstitutionnalité de cette saisine d'office a été affirmée[7]. Une autre question prioritaire de constitutionnalité a en revanche été rejetée, car il n'y avait pas saisine d'office, dès lors qu'un créancier avait demandé la résolution du plan[8]. Observons que le législateur, à l'occasion de l'ordonnance du 12 mars 2014[9], n'a pas substitué à cette saisine d'office non-conforme à la Constitution, un autre mécanisme comparable à celui posé pour l'ouverture des redressements et des liquidations judiciaires. Le tribunal ne peut donc plus se saisir d'office, ce qui a conduit le décret du 30 juin 2014[10] (art. 66) à modifier l'article R. 626-48, en supprimant le visa de l'article R. 631-3.

Il existe un grand absent de la liste des personnes pouvant saisir le tribunal aux fins de résolution de plan : le débiteur. La solution peut se comprendre s'il est seulement question pour le débiteur de se prévaloir de sa propre inexécution du plan. Mais si l'état de cessation des paiements est caractérisé, la

1. *Com. 9 déc. 1997, n°s 95-14.082, 95-14.083, Bull. civ. IV, n° 330; JCP 1998. IV. 1218; JCP E 1998. 205.*
2. *Rapp. Xavier de Roux*, n° 2095, p. 314.
3. Liénard, *Rev. proc. coll.* 1993, p. 10.
4. Douai, 2e ch., 28 oct. 2010, RG n° 09/07591, *Rev. proc. coll.* 2011/3-4, comm. 47, p. 53, note Fraimout.
5. L. n° 2005-845, 26 juill. 2005, préc.
6. Com. 20 déc. 2013, n° 13-40.060 QPC, NP, *BJE* mars 2014, 82, note Favario.
7. Cons. const. 7 mars 2014, n° 2013-372 QPC, *D.* 2014. Actu. 605, obs. Lienhard; *Gaz. Pal.* 11 avr. 2014, n° 101, p.11, note Fallon; *Rev. proc. coll.* 2014, comm. 94, note Cagnoli.
8. Com. 11 déc. 2014, n° 14-17.364 QPC, NP, BJE 2015. 106, note Bonhomme.
9. Ord. n° 2014-326, 12 mars 2014, *JO* 14 mars, p. 5249.
10. D. n° 2014-736, 30 juin 2014, *JO* 1er juill., p. 10834.

question change de portée. La déclaration de l'état de cessation des paiements a un caractère obligatoire et son absence dans le délai légal faire encourir au débiteur des sanctions. C'est pourquoi il nous apparaît, tant sous l'empire de la loi de 1985[1], que sous l'empire de la loi de sauvegarde[2], qu'il faut admettre la saisine du tribunal par le débiteur aux fins de résolution du plan et d'ouverture d'une seconde procédure en cas de cessation des paiements. Il y aurait en effet quelque incohérence à punir le débiteur de ne pas avoir déclaré sa cessation des paiements dans le délai légal s'il n'en avait pas le droit[3] !

La saisine peut également être l'œuvre d'un créancier. Peu importera le montant de la créance détenue par ce créancier. La solution posée pour la résolution du plan de continuation par la loi du 10 juin 1994[4] a été conservée par la loi de sauvegarde des entreprises (C. com., art. L. 626-27, II). Au contraire, dans la législation d'origine de 1985, la demande ne pouvait émaner que d'un créancier ou d'un groupe de créanciers représentant au moins 15 % des créances. Il importera peu également que le créancier ne figure pas au plan, dès lors qu'il a été admis au passif[5]. Sous l'empire de la loi de sauvegarde des entreprises, si la saisine est fondée sur l'état de cessation des paiements apparu en cours d'exécution du plan, un créancier extérieur au plan n'est pas recevable, à demander la résolution d'un plan, encore que le contraire ait été soutenu[6], car il n'est pas ici simplement question de solliciter l'ouverture d'une procédure collective. Ce créancier, qui n'a aucun intérêt à demander la résolution du plan, agira donc en ouverture de procédure collective, ce qui entraînera résolution du plan et ouverture de la procédure collective.

Un apporteur de capitaux, fût-il important, n'a pas qualité pour saisir la juridiction d'une demande de résolution du plan[7].

L'opportunité de la décision de résolution du plan est, sous l'empire de la législation antérieure à la loi de sauvegarde des entreprises, laissée au tribunal qui « peut » la prononcer. La solution est reprise par la loi de sauvegarde des entreprises, à condition cependant que l'état de cessation des paiements ne soit pas caractérisé. Seul un créancier important aura quelques chances d'aboutir dans sa demande, à moins qu'il ne puisse rapporter la preuve du non-paiement d'autres créanciers ou d'une inexécution autre que celle relative au paiement des dividendes. Cependant, depuis la loi de sauvegarde des entreprises, si le débiteur est en état de cessation des paiements, la résolution du plan est obligatoirement prononcée par le tribunal.

La saisine du tribunal pourra enfin être l'œuvre du commissaire à l'exécution du plan[8] (C. com., art. L. 626-27, II). La solution est logique, dès lors que cet organe a pour mission de veiller à l'exécution du plan et qu'il a l'obligation, d'après l'article R. 626-47, alinéa 1er du code de commerce, de signaler, dans son rapport, l'inexécution du plan. Il a été suggéré qu'il ne présente pareille demande que s'il y a péril en la demeure[9]. Rien n'interdira ici l'intervention volontaire accessoire d'un créancier.

Si le commissaire à l'exécution du plan sollicite seulement la résolution du plan sans demander l'ouverture d'une procédure collective, le tribunal ne peut ouvrir la nouvelle procédure collective, du fait de l'interdiction de la saisine d'office[10].

Le commissaire à l'exécution du plan est évidemment irrecevable à agir en résolution du plan une fois la durée du plan expirée[11].

Cette dernière règle nous semble d'ailleurs d'application générale : une fois la durée du plan expirée, même s'il y a eu inexécution de celui-ci, la demande en résolution ne peut plus prospérer, puisque le plan a pris fin et qu'il ne peut donc être question d'anéantir ce qui n'existe plus.

La saisne du tribunal par un créancier ou par le commissire à l'exécution du plan de continuation prenait, ous l'empire de la législation antérieure à la loi deauvegarde des entreprises, la forme d'une assignaon[12]. Si l'assignation émanait d'un créancier, le ommissaire à l'exécution du plan devait, sous l'npire de législation antérieure à la loi de sauveg de des entreprises, être mis en cause, puisque l'ticle L. 621-82, alinéa 1er du code de commerc révoyait son audition. La demande de résolutio du plan devait être déclarée irrecevable, à défa de cette mise en cause[13]. Cependant, en l'ab nce d'audition de ce dernier, le débiteur ne pou it en tirer argument pour prétendre à la nullité u jugement[14]. De même, le caractère contentie de la demande obligeait à convoquer le débiteur,

1. L. no 85-98, 25 janv. 1985, préc.
2. PÉROCHON, 10e éd., no 1060.
3. PÉROCHON, 10e éd., no 1060.
4. L. no 94-475, 10 juin 1994, préc.
5. Com. 5 avr. 1994, no 92-15.694, NP, *Rev. proc. coll.* 1995, 150, no 29, obs. Soinne.
6. PÉROCHON, 10e éd., no 1058.
7. Fort-de-France, 28 avr. 1989, *Rev. proc. coll.* 1989, 515, no 13, obs. Soinne – Paris, 3e ch. B, 19 oct. 1990, cité in SAINT-ALARY-HOUIN, 7e éd., no 935, note 238.
8. INSI : Com. 3 déc. 2003, no 01-01.717, NP.
9. FPPC 1999, recomm. no 5050, p. 110.
10. Rouen, 21 janv. 2016, RG no 15/01085, *JurisData* 001422.
11. Com. 16 mai 2006, no 05-13.570, NP ; no 631 F-D.
12. SOINNE, no 1625.
13. Paris, 3e ch. B, 26 janv. 2006, RG no 2004/18840.
14. Com. 27 oct. 1998, no 95-22.246, NP, *Act. proc. coll.* 1998/12, no 167 ; *RTD com.* 1999. 959, obs. Saint-Alary-Houin.

à peine de nullité du jugement[1]. Cette annulation ne faisait cependant pas obstacle au jeu de l'effet dévolutif de l'appel.

Sous l'empire de la législation de sauvegarde des entreprises, le mode d'introduction de l'action en résolution du plan de sauvegarde par un créancier ou le commissaire à l'exécution du plan a été modifié : il s'agit, précise l'article R. 626-48, alinéa 1er du code de commerce, d'une requête. Mais rien n'interdit de procéder par voie d'assignation[2].

Sous l'empire de la législation antérieure à la loi de sauvegarde des entreprises, le tribunal statue sur la demande de résolution du plan, le commissaire à l'exécution du plan entendu (C. com., art. L. 621-82, al. 1er). La solution n'est pas reprise par la législation de sauvegarde des entreprises, l'article R. 626-48, alinéa 2 du code, applicable aux procédures en cours lors de l'entrée en vigueur de la loi de sauvegarde des entreprises, indiquant que le tribunal doit statuer dans les conditions de l'article L. 626-9 du code de commerce, texte qui régit la décision qui statue sur l'arrêté du plan. Il en résulte que le débiteur, les contrôleurs et les institutions représentatives du personnel doivent être entendus ou dûment appelés.

La convocation du débiteur fait débat en jurisprudence. Il est d'abord évident qu'à défaut de toute convocation, le tribunal ne peut régulièrement statuer sur la demande de résolution du plan émanant du commissaire à l'exécution du plan.

Justement, à notre sens, une cour d'appel juge qu'une véritable assignation s'impose, une lettre recommandée étant insuffisante pour valoir convocation du débiteur[3].

Une autre cour d'appel considère, plus souplement, qu'il doit être convoqué par lettre recommandée avec demande d'avis de réception. En absence de réclamation du recommandé, le commissaire à l'exécution du plan doit assigner par voie d'huissier le débiteur. À défaut, la saisine du tribunal n'est pas régulière et la cour d'appel ne peut statuer, en faisant jouer l'effet dévolutif de l'appel, faute d'acte introductif d'instance régulier[4]. Plus souplement encore, une autre cour d'appel a estimé que, en présence d'une saisine d'office nécessitant la convocation du débiteur, à la diligence du greffier, par acte extrajudiciaire, le fait que cette procédure n'ait pas été respectée est sans conséquence, faute de preuve par le débiteur d'un grief causé par sa convocation par lettre recommandée, alors même que celle-ci n'a pas été retirée, au motif que le débiteur était un avocat ayant une adresse certaine[5].

Une cour d'appel a jugé qu'en l'absence de toute convocation, il y a certes place à nullité du jugement pour défaut de respect du contradictoire, mais cela ne l'empêche pas de statuer à nouveau, la saisine du tribunal demeurant valable[6]. Une autre cour d'appel a préféré annuler la décision pour violation du principe de contradiction, lorsque le tribunal a statué au vu du seul rapport du commissaire à l'exécution du plan, non communiqué au débiteur, ce dernier étant absent le jour de l'audience, pour des raisons médicales qui avaient justifié une demande de report, refusée par la juridiction[7]. Même si la seconde décision apparaît plus opportune, les règles de l'effet dévolutif de l'appel conduisent à préférer la première. En effet, dès lors que l'irrégularité n'affecte pas l'acte introductif d'instance, l'effet dévolutif de l'appel peut jouer.

Le tribunal ne peut ouvrir une procédure collective, même s'il a été saisi en ce sens par un créancier sur le fondement de la caractérisation de la cessation des paiements. En pareille occurrence, le tribunal devait respecter les règles de la saisine d'office, et ne pouvait donc, en cours de délibéré, substituer à une demande d'ouverture d'un redressement judiciaire, une résolution du plan entraînant obligatoirement l'ouverture d'une nouvelle procure collective. La solution posée pour un plan de redressement[8] valait pour un plan de sauvegarde. La solution s'impose d'autant plus désormais du fait de la suppression de la saisine d'office. Le tribunal, saisi d'une demande d'ouverture d'une procédure collective pendant l'exécution du plan, ne pourra donc prononcer la résolution du plan.

Sous peine de nullité de la décision, l'avis du ministère public doit être recueilli[9]. Il s'agit d'une exigence différente de celle qui consiste en une simple communication de l'affaire au ministère public[10]. L'obligation de prononcer la résolution du plan en cas de constat de l'état de cessation de paiements conduit à décider que l'avis du parquet ne peut être de pure opportunité. Il peut contester la caractérisation de l'état de cessation des paiements pour empê-

1. Paris, 3e ch. A, 14 oct. 2003, RG nº 2003/03913.
2. Com. 17 nov. 2015, nº 14-19.504, *Bull. civ.* IV [à paraître] nº 980 F-P+B ; *LXB hebdo* 17 déc. 2015, nº 448, note Corre.
3. Paris, pôle 5, 10e ch., 16 mars 2010, RG nº 09/23844, *Rev. proc. coll.* 2010/4, comm. 167, note Fraimout.
4. Orléans, ch. com., 29 oct. 2009, RG nº 09/02049, *Rev. proc. coll.* 2010/4, comm. 167, note Fraimout.
5. Rouen, 25 janv. 2012, RG nº 12/00004.
6. Versailles, 13e ch., 7 janv. 2010, RG nº 09/07740, *Rev. proc. coll.* 2010/4, comm. 167, note Fraimout.
7. Paris, pôle 5, 8e ch., 8 févr. 2011, RG nº 10/19668, *Rev. proc. coll.* 2011, comm. 182, note Fraimout.
8. Pau, 22 mai 2013, RG nº 13/2131, *BJE* nov. 2013, 360, note Delattre.
9. Com. 5 nov. 2013, nºs 11-21.716, 12-20.134, NP ; nº 1046 F-D – Com. 10 mars 2015, nº 13-28.216, NP ; nº 253 F-D.
10. Com. 24 mars 2015, nºs 13-26.209, 13-28.458, NP ; nº 313 F-D.

cher la résolution du plan et, par voie de conséquence, le prononcé de la liquidation judiciaire[1].

Le simple fait pour le ministère public de viser la procédure sans donner un avis ne répond pas aux exigences légales[2]. En cause d'appel, cet avis peut consister en une mention manuscrite apposée sur la chemise du dossier, par laquelle il est demandé la confirmation du jugement ayant prononcé la résolution du plan[3]. L'arrêt de la cour d'appel rendu sans avis du parquet est nul[4], même si la cause lui a été communiquée[5].

L'article L. 661-8 du code de commerce, issu de la rédaction donnée par la loi de sauvegarde des entreprises, prévoit que le pourvoi en cassation pour défaut de communication n'est ouvert qu'au ministère public. Cette disposition restrictive est inapplicable lorsque l'avis du ministère public doit être recueilli[6], ce qui est le cas lorsque la cour d'appel statue sur la résolution du plan[7].

L'audition du commissaire à l'exécution n'avait pas été reprise par la loi de sauvegarde des entreprises, ce qui semblait être un oubli. Le tribunal ne peut sérieusement s'émanciper de la présence à l'audience du commissaire à l'exécution du plan. Logiquement, l'article 54 du décret du 23 décembre 2006[8] modifie, pour réparer cet oubli, l'article 159, alinéa 1er du décret du 28 décembre 2005[9] (devenu C. com., art. R. 626-48), en prévoyant que le commissaire à l'exécution du plan est entendu ou dûment appelé et doit présenter son rapport. Il remplace ici l'administrateur dont l'audition était sollicitée lorsque, en application de l'article L. 626-9 du code, il était question de la décision statuant sur le plan.

Il est à noter que, en Alsace-Moselle, le commissaire à l'exécution, demandeur à la résolution du plan, devra se faire représenter par avocat, en application des règles locales[10].

Précisons enfin que même, si en application de l'article R. 662-12, alinéa 1er du code de commerce « le tribunal statue sur rapport du juge-commissaire sur tout ce qui concerne la sauvegarde, le redressement et la liquidation judiciaires [...] », la règle ne vaut que pour autant que le juge-commissaire est encore en fonction, ce qui sera en pratique rarement le cas au jour où il est question de statuer sur la résolution du plan (v. ss no 331.32).

524.22 Contenu de la demande en résolution du plan de sauvegarde. La question se pose ici de savoir si le créancier qui agit en paiement du dividende peut subsidiairement agir en résolution du plan, ou inversement.

On sait en effet qu'un créancier ne peut assigner en redressement judiciaire ou en liquidation judiciaire en présentant une autre demande, et ce, à peine d'irrecevabilité (C. com., art. R. 631-2, al. 2 – v. ss no 231.36). Cependant, il ne s'agit pas ici, *stricto sensu*, d'une demande d'ouverture de la procédure, mais d'une demande en résolution de plan. La lettre du texte semblerait rendre possible la démarche du créancier. D'ailleurs, la Cour de cassation a jugé que l'assignation en résolution de plan de continuation et en ouverture d'une liquidation judiciaire ne s'inscrit pas dans le cadre de l'article 7 du décret du 27 décembre 1985[11], puisqu'il s'agit d'une demande de résolution de plan, non d'une demande en ouverture d'une procédure collective, et ne contrarie donc pas l'interdiction du subsidiaire (v. ss no 231.36), même si la résolution du plan va entraîner ouverture d'une liquidation judiciaire.

Toutefois, un argument milite incontestablement, depuis la loi de sauvegarde[12], en faveur de la mise à l'écart de la demande subsidiaire en paiement. Le créancier a, en effet, l'obligation de présenter sa demande par voie de requête, ce qui semble interdire une demande subsidiaire en paiement.

524.23 Signification et publicité de la décision statuant sur la résolution du plan de sauvegarde. La décision qui prononce la résolution doit être rendue en audience publique.

1. *Rapp. Xavier de Roux*, no 2095, p. 314.
2. Com. 8 janv. 2013, nos 11-17.291, 11-23.664, NP; no 2 F-D.
3. Com. 30 nov. 2010, no 09-71.016, NP; no 1227 F-D; *Gaz. Pal. entr. diff.* 7-8 janv. 2011, p. 30, note Lebel.
4. Com. 1er déc. 2015, no 14-16.825, NP; no 1021 F-D; *JCP E* 2016, 1002, note Delattre.
5. Com. 29 sept. 2015, no 14-15.639, NP, *JCP E* 2015, 1503, note Delattre.
6. Com. 16 déc. 2008, no 07-17.130, *Bull. civ.* IV, no 211; no 1377 FS-P+B; *D.* 2009. AJ 94, obs. Lienhard; *Gaz. proc. coll.* 2009/2, p. 26, note Voinot; *Act. proc. coll.* 2009/3, no 57, note Cagnoli; *Dr. et par.* sept. 2009, no 184, p. 113, note Monsérié-Bon – Com. 3 mai 2011, no 10-14.558, *Bull. civ.* IV, no 67; no 420 F-P+B; *D.* 2011. Actu. 1278, note Lienhard; *Gaz. Pal.* 9 juill. 2011, no 189, p. 20, note Fricero; *BJE* nov./déc. 2011, comm. 157, p. 330, note de Lajarte.
7. Com. 3 mai 2011, no 10-14.558, *Bull. civ.* IV, no 67; no 420 F-P+B; *D.* 2011. Actu. 1278, obs. Lienhard; *Gaz. Pal.* 9 juill. 2011, no 189, p. 20, note Fricero; *BJE* nov./déc. 2011, *comm. 157, p. 330, note de* Lajarte; *Rev. proc. coll.* 2011/11, comm. 183, note Fraimout – Com. 11 déc. 2012, no 11-22.459, NP; no 1262 FS-D – Com. 11 déc. 2012, no 11-26.555, *Bull. civ.* IV, no 227; no 1263 FS-P+B; *D.* 2013. Actu. 8, note Lienhard; *Gaz. Pal.* 1er mai 2013, no 121, p. 21, note Lebel; *Rev. sociétés* 2013. 180, note Roussel Galle.
8. D. no 2006-1709, 23 déc. 2006, *JO* 29 déc., p. 19846.
9. D. no 2005-1677, 28 déc. 2005, *JO* 29 déc., p. 20324.
10. Metz, 25 sept. 2001, *Rec. Jur. Est* 2001, p. 161.
11. D. no 85-1388, 27 déc. 1985, *JO* 29 déc., p. 15281 – Com. 27 mai 2008, no 07-13.118, NP; no 625 F-D.
12. L. no 2005-845, 26 juill. 2005, préc.

La législation de sauvegarde des entreprises[1] précise les règles de signification et de publicité des décisions statuant sur la résolution du plan. L'article R. 626-48, alinéa 4 du code de commerce prévoit que le jugement qui prononce la résolution du plan est signifié à la diligence du greffier aux personnes ayant qualité pour en interjeter appel, à l'exception du ministère public, auquel il sera simplement communiqué. L'alinéa 5 de ce même article ajoute que ce jugement est communiqué aux personnes mentionnées à l'article R. 621-7 et fait l'objet des mesures de publicité mentionnées à l'article R. 621-8. Il s'agit là des règles de communication (v. s^s^ n° 233.32) et de publicité du jugement d'ouverture (v. s^s^ n°s 233.33 et 233.34). Ce jugement fera donc l'objet d'un avis d'insertion au *Bodacc*. Si le débiteur est commerçant, le jugement prononçant la résolution du plan est mentionné d'office au registre du commerce et des sociétés (D. 30 mai 1984[2], art. 36-3, 8°, réd. décret du 28 déc. 2005[3], art. 353, 8°).

L'envoi par le secrétariat-greffe d'une lettre recommandée avec demande d'avis de réception est insuffisant. *A fortiori*, en cas de retour au secrétariat-greffe d'une lettre de notification de la décision de la cour d'appel confirmant la résiliation du plan, le secrétaire doit, pour respecter l'article 670-1 du code de procédure civile, afin de faire courir le délai de recours, inviter la partie ayant sollicité et obtenu la résolution du plan à procéder par voie de signification[4].

524.24 Voies de recours sur la décision statuant sur la résolution du plan de sauvegarde (sur l'arrêt d'exécution provisoire, v. s^s^ n° 234.21).

Jusqu'à l'ordonnance du 18 décembre 2008[5], la loi est restée muette sur les voies de recours ouvertes à l'encontre d'une décision de résolution du plan. Les voies de recours devront être en conséquence identiques à celles existant en cas d'ouverture de la procédure, dont la résolution de plan ne constitue qu'un cas[6], du moins sous l'empire de la législation antérieure à la loi de sauvegarde des entreprises[7]. Depuis la législation de sauvegarde des entreprises, la résolution du plan sans cessation des paiements n'entraîne plus ouverture d'une nouvelle procédure. La décision de résolution du plan, en ce cas, sera, faute de texte spécial, soumise au droit commun des voies de recours sur les décisions rendues en matière de procédure collective[8]. Si la résolution du plan intervient avec cessation des paiements, la solution posée sous l'empire de législation antérieure à la loi de sauvegarde des entreprises peut être reconduite, puisque, en ce cas, il y a ouverture d'une nouvelle procédure collective.

Les parties peuvent donc former appel. Il faut d'abord autoriser le débiteur à interjeter appel. On assimilera au débiteur le cessionnaire des actions, en cas de plan de sauvegarde par voie de cession des actions, dès lors qu'il était une partie au jugement prononçant la résolution du plan[9]. Seront également recevables à former appel le comité d'entreprise ou à défaut les délégués du personnel et le ministère public. À cette liste, il faut ajouter, faute de texte contraire, le commissaire à l'exécution du plan. L'opinion contraire a toutefois été soutenue[10]. Il convient également d'indiquer que, si le tribunal, sous l'empire de la législation antérieure à la loi de sauvegarde des entreprises, après avoir ouvert une procédure sur le fondement de dettes apparues après plan de continuation, prononce la caducité du plan, les voies de recours sur le jugement d'ouverture seront ouvertes aux intéressés, le commissaire à l'exécution du plan, quant à lui, ayant qualité pour faire appel du jugement, en ce qu'il prononce la caducité du plan. L'absence de restriction aux voies de recours sur un jugement prononçant la caducité du plan justifie la solution[11]. La difficulté a disparu avec la loi de sauvegarde des entreprises, qui prévoit que la caractérisation de l'état de cessation des paiements pendant l'exécution du plan oblige le tribunal à prononcer la résolution du plan, laquelle entraînera l'ouverture d'une liquidation judiciaire.

Le créancier, qui n'est pas partie au jugement de résolution de plan, ne peut former appel. Nous avions estimé, avant l'intervention de l'ordonnance du 18 décembre 2008, que les tiers, au rang desquels figurent les créanciers disposaient, de la tierce opposition réformation, à l'identique de la solution existant pour le jugement d'ouverture. La décision de résolution du plan étant publiée au *Bodacc*, il faut décider que le point de départ du délai de tierce opposition sera cette publication.

Le raisonnement mené pour parvenir à ces solutions devient inutile, avec l'ordonnance du 18 décembre 2008.

L'article 146 de l'**ordonnance du 18 décembre 2008** introduit dans le code de commerce un 8° au I de l'article L. 661-1 du code de commerce, selon lequel sont susceptibles d'appel et de pourvoi en cassation, « les décisions statuant sur la résolution du

1. L. n° 2005-845, 26 juill. 2005, préc.
2. D. n° 84-406, 30 mai 1984, *JO* 31 mai, p. 1699.
3. D. n° 2005-1677, 28 déc. 2005, préc.
4. Com. 29 avr. 2014, n° 13-11.809 NP; n° [illegible]17 F-D; *Rev. sociétés* 2014. 402, note Henry.
5. *Ord. n° 2008-1345, 18 déc. 2008*, préc.
6. Soinne, n° 1625.
7. L. n° 2005-845, 26 juill. 2005, préc.
8. Pérochon et Bonhomme, 10e éd., n° 1048.
9. Fort-de-France, 28 avr. 1989, *Rev. proc. coll.* 1989, 515, n° 13, obs. Soinne.
10. Le Cannu, 7e éd., n° 975.
11. Versailles, 13e ch., 30 nov. 1995, *Rev. proc. coll.* 1996, 453, n° 32, obs. Soinne.

plan de sauvegarde ou du plan de redressement ». Il convient de noter que la formulation utilisée par le législateur est suffisamment large pour englober les décisions prononçant la résolution du plan, comme celle refusant cette résolution. En outre, le texte n'introduit aucune distinction, lorsque la résolution est prononcée, selon qu'elle l'est avec ou sans cessation des paiements et, en conséquence, selon qu'elle entraîne ou non l'ouverture d'une seconde procédure.

Avant l'ordonnance du 18 décembre 2008, la jurisprudence avait assimilé au débiteur le cessionnaire des actions, en cas de plan de sauvegarde par voie de cession des actions, dès lors qu'il était une partie au jugement prononçant la résolution du plan. La solution nous semble devoir être reconduite.

L'article L. 661-1, I, 8° du code de commerce, résultant de l'ordonnance de réforme, précise les personnes ayant qualité pour exercer un appel et un pourvoi en cassation à l'encontre de la décision statuant sur la résolution du plan de sauvegarde. Il s'agit du débiteur, du commissaire à l'exécution du plan, du comité d'entreprise ou, à défaut des délégués du personnel, du créancier poursuivant et du ministère public.

L'ordonnance du 18 décembre 2008 se prononce également sur l'ouverture de la tierce opposition à l'encontre des décisions statuant sur la résolution du plan. L'article L. 661-3, alinéa 1er du code de commerce, qui résulte de l'ordonnance de réforme (ord. 18 déc. 2008, art. 148), énonce que la tierce opposition est recevable sur les décisions rejetant la résolution des plans de sauvegarde. Ainsi, il faut décider, ce que précise d'ailleurs explicitement le nouvel alinéa 3 de l'article L. 661-3 du code de commerce, issu de la rédaction que lui donne l'ordonnance de réforme (ord. 18 déc. 2008, art. 148), que la tierce opposition réformation est fermée sur la décision prononçant la résolution du plan de sauvegarde. La solution appelle immédiatement deux observations. D'une part, seule la tierce opposition réformation est fermée, ce qui laisse la possibilité, en cas d'excès de pouvoir, d'exercer une tierce opposition nullité. D'autre part, si le jugement prononçant la résolution du plan ouvre simultanément un redressement ou une liquidation judiciaire, ce qui est obligatoire lorsqu'il y a résolution du plan avec ou pour état de cessation des paiements, il y a jugement mixte. La tierce opposition réformation est alors recevable sur la partie de la décision ouvrant la seconde procédure collective[1], alors même qu'elle ne l'est pas sur la partie de la décision prononçant la résolution du plan.

Précisons, pour terminer, que l'alinéa 2 de l'article L. 661-3 du code de commerce, selon lequel « Le jugement statuant sur la tierce opposition est susceptible d'appel et de pourvoi en cassation de la part du tiers opposant » n'a pas été modifié par l'ordonnance du 18 décembre 2008.

SECTION 524.30

EFFETS DE LA RÉSOLUTION DU PLAN DE SAUVEGARDE

524.31 Effets généraux de la résolution du plan de sauvegarde en présence d'un état de cessation des paiements du débiteur – sort des sommes versées au commissaire à l'exécution du plan. Il convient de distinguer soigneusement deux hypothèses.

Dans la première hypothèse, la résolution du plan a été prononcée, alors que le débiteur était en état en cessation des paiements. Dans la seconde, elle a été prononcée pour inexécution des engagements sans état de cessation des paiements.

En cas de cessation des paiements, il y a obligatoirement place à ouverture concomitante d'une nouvelle procédure collective.

L'article L. 626-27, I alinéa 2 du code de commerce, dans la rédaction d'origine de la loi de sauvegarde[2], disposait que le tribunal prononçait la résolution du plan ainsi que la liquidation judiciaire lorsque la cessation des paiements du débiteur était constatée. Le débiteur, qui avait bénéficié d'un plan de sauvegarde, ne pouvait donc ensuite bénéficier d'un plan de redressement.

La solution a été critiquée[3], à juste titre, car si la procédure de sauvegarde a été ouverte dans le respect de la condition d'absence de l'état de cessation des paiements, l'apparition de celle-ci en cours d'exécution du plan devrait permettre d'offrir au débiteur une seconde chance – un redressement judiciaire –, comparable à celle dont il dispose en cas de résolution de l'accord de conciliation par suite de l'apparition pendant son exécution, de l'état de cessation des paiements. Un auteur, y voit la restauration d'une ouverture-sanction[4]. Il s'agit de la sanction de l'échec économique du plan lui-même[5]. Il est paradoxal que la survenance de l'état de cessation de

1. SUIVANT L'ANALYSE : Montpellier, 2e ch., 15 sept. 2015, RG n° 15/02608, *Gaz. Pal.* 2015, 3939.

2. L. n° 2005-845, 26 juill. 2005, préc.
3. Martineau-Bourgninaud, « Le spectre de la cessation des paiements dans le projet de loi de sauvegarde des entreprises », *D.* 2005. Chron. 1356, n° 17 – Barbièri, « Le choix des techniques de traitement des difficultés des entreprises – Réflexions liminaires », *Rev. proc. coll.* 2005, p. 346 s., sp. p. 349, n° 14.
4. ROUSSEL GALLE, 2e éd., n° 651.
5. Roussel Galle, « L'ouverture des procédures », *D.* 2009. 644, sp. 649, n° 26.

paiement pendant l'exécution du plan de sauvegarde ait un effet de toboggan pour reprendre l'expression d'un auteur[1]. Peut-être aurait-on limité le bénéfice d'un redressement judiciaire au constat *a posteriori* que l'ouverture de la procédure de sauvegarde est bien intervenue en l'absence d'état de cessation des paiements.

Le texte de l'article L. 626-27, I, alinéa 3 du code de commerce, issu de l'ordonnance du 18 décembre 2008[2] (ord. 18 déc. 2008, art. 63) est porteur d'espoir pour le débiteur, ce qui assure une attractivité supplémentaire de la sauvegarde, en prévoyant que l'apparition de l'état de cessation des paiements pendant l'exécution du plan de sauvegarde emporte obligation pour le tribunal de prononcer la résolution du plan, mais ce dernier n'ouvrira la liquidation judiciaire que si les conditions du redressement judiciaire ne sont pas réunies.

À cet égard, on remarquera le changement terminologique opéré par l'alinéa 2 de l'article R. 626-48 du code de commerce, dans la rédaction que lui donne l'article 38 du décret du 12 février 2009[3]. Le texte n'énonce plus que le tribunal qui prononce la résolution du plan, prononce dans le même jugement la liquidation judiciaire, mais ouvre dans le même jugement, selon le cas, soit un redressement, soit une liquidation judiciaire. Le verbe « ouvre » est plus judicieux, compte tenu du fait qu'il ne s'agit pas ici d'une conversion de procédure collective, mais bien de l'ouverture d'une nouvelle procédure.

La solution est limitée à la résolution du seul plan de sauvegarde, l'apparition de l'état de cessation des paiements pendant l'exécution du plan de redressement continuant à être sanctionnée par une résolution du plan, imposant au tribunal d'ouvrir concomitamment la liquidation judiciaire, en application du nouvel article L. 631-20-1 du code de commerce. La différence s'explique par l'observation que dans le cadre du plan de redressement judiciaire, il y aurait récidive dans la cessation des paiements, ce qui n'est pas le cas lorsque la résolution est celle du plan de sauvegarde[4].

Dès lors, s'il existe des chances sérieuses de redressement, le tribunal pourra ouvrir un redressement judiciaire, autorisant le débiteur à obtenir un plan de redressement, qui prendra la suite, après une période d'observation, d'un plan de sauvegarde. Ainsi, désormais, est écarté un principe bien connu des faillitistes « plan sur plan ne vaut ». Cette faveur législative, réservée au débiteur ayant obtenu un plan de sauvegarde, par rapport à celui ayant obtenu un plan de redressement, s'explique notamment par la volonté d'avantager le débiteur qui anticipe par rapport à celui qui attend la cessation des paiements et il apparaît logique que le premier, qui n'a pas encore été confronté à la cessation des paiements, puisse bénéficier d'un redressement judiciaire. La différence de traitement est donc parfaitement justifiée et une question prioritaire de constitutionnalité, ayant pour fondement l'absence de procès équitable pour le débiteur ayant obtenu un plan de redressement résolu et auquel a été refusé un nouveau redressement judiciaire, a logiquement été écartée comme étant non sérieuse[5].

La discontinuité des procédures oblige à considérer, faute de disposition contraire, que le débiteur pourra obtenir, en cumul du plan de sauvegarde déjà exécuté et du plan de redressement qui restera à exécuter, des délais de paiement bien supérieurs à ceux autorisés par la législation au titre d'une seule procédure. Tout excès conduira toutefois à se poser la question de savoir si la morale des affaires n'est pas atteinte, et si l'on peut encore parler de chances sérieuses de redressement et de paiement du passif, lorsque le débiteur aura disposé de près de vingt ans pour payer son passif, les deux périodes d'observation devant être intégrées dans le calcul.

Mais, au-delà de ce qui peut apparaître comme un message d'espoir pour le débiteur, il faut se poser une question qui peut calmer les ardeurs : si le débiteur n'a pu exécuter son plan de sauvegarde, par quel miracle pourra-t-il assurer l'exécution d'un plan de redressement ? En outre, la paralysie de la fiducie-sûreté, qui sera intervenue pendant l'exécution du plan de sauvegarde, cessera ici, du fait d'une disposition particulière, l'article L. 631-14, alinéa 4 du code de commerce (ord. 18 déc. 2008, art. 80), texte du redressement judiciaire, qui a vocation à régir une situation très particulière. Il faut supposer que, avant l'ouverture d'une procédure de sauvegarde, des biens ont été transférés dans un patrimoine fiduciaire, avec conclusion d'une convention assurant le maintien de l'usage ou de la jouissance de ces biens au débiteur. La procédure de sauvegarde s'est terminée par l'adoption d'un plan de sauvegarde. Ce plan a ensuite été résolu et un redressement judiciaire a été prononcé. L'article L. 631-14, alinéa 4 du code de commerce prévoit, en ce cas, que les dispositions de l'article L. 622-13 et celles de l'article L. 622-23-1 du code de commerce sont applicables à la convention par laquelle les biens ont été laissés à l'usage ou à la jouissance du débi-

1. Pérochon et Bonhomme, 7e éd., no 386.
2. Ord. no 2008-1345, 18 déc. 2008, préc.
3. D. no 2009-160, 12 févr. 2009, JO 13 févr., p. 2596.
4. Roussel Galle, « Les plans : apports de la réforme », *Dr. et patr.* déc. 2009, no 187, p. 79 s., sp. p. 82.

Com. 13 déc. 2011, no 11-40.078 QPC, NP; no 1288 F-D; *D.* 2012. Actu. 87, obs. Lienhard; *BJE* mai 2012, comm. 84, p. 146, note Tagliarino-Vignal; *Rev. sociétés* 2012. 193, note Roussel Galle.

teur. Prend alors fin la neutralisation de la fiducie-sûreté, ce qui autorise, dès l'ouverture du redressement judiciaire, le bénéficiaire de la fiducie-sûreté à la faire jouer. La seule possibilité, si les biens sont indispensables à la poursuite de l'activité, sera pour l'administrateur judiciaire seul, s'il a reçu une mission de représentation, pour l'administrateur et le débiteur conjointement si le premier a reçu une mission d'assistance, pour le débiteur seul, à défaut d'administrateur, de solliciter du juge-commissaire l'autorisation de payer la créance garantie afin d'obtenir le retour dans le patrimoine du débiteur des biens transférés dans le patrimoine fiduciaire (C. com., art. L. 631-14, al. 3, adaptant le jeu de l'alinéa 2 du II de l'article L. 622-7).

Une difficulté, commune aux législations du 25 janvier 1985[1] et du 26 juillet 2005, est de déterminer le sort des sommes versées au commissaire à l'exécution du plan, et destinées à être versées sous forme de dividendes, lorsque survient la résolution du plan avec ouverture d'une seconde procédure collective. La Cour de cassation a jugé que ces sommes peuvent faire l'objet de l'autorisation de remise à l'administrateur judiciaire, en cas de liquidation judiciaire avec poursuite d'activité, sur le fondement de l'article L. 641-10, alinéa 6 du code de commerce[2]. Il faut donc comprendre que ces sommes n'ont pas vocation à être réparties aux créanciers du plan, ce qui est doublement logique : d'une part, ce dernier est résolu et, d'autre part, la cessation des paiements et l'ouverture d'une seconde procédure collective font obstacle à la possibilité d'un paiement immédiat des créanciers du plan. Sous réserve des besoins de fonctionnement de la procédure collective ouverte suite à la résolution du plan, ces sommes seront donc réparties entre tous les créanciers, y compris ceux de la seconde procédure collective dans l'ordre de classement existant entre tous cescréanciers. Certes, la consignation de ces sommes semblait pouvoir faire obstacle à la solution, mais la résolution du plan a précisément eu pour effet demettre fin à cette consignation, ce qui justifie la solution[3].

En cas d'ouverture d'un redressement judiciaire, suite à la résolution d'un plan de sauvegarde, il ne semble pas y avoir d'obstacle à la possibilité de remise des ces fonds à l'administrateur judiciaire, voire au débiteur, pour la poursuite de l'activité.

1. *L. n° 85-98, 25 janv. 1985, préc.*
2. Com. 14 oct. 2014, n° 13-13.994, *Bull. civ.* IV, n° 147; n° 897 F-P+B; *Gaz. Pal.* 18 janv. 2015, n° 18, p. 22, note Lebel; *Act. proc. coll.* 2014/18, comm. 321, note Vallansan; *JCP E* 2014, 1637, n° 4, note Pétel; *BJE* 2015, 19, note Bourbouloux, Fort et Raud; *Rev. proc. coll.* 2015, comm. 25, note Berthelot.
3. Vallansan, note ss Com. 14 oct. 2014, n° 13-13.994, préc., *Act. proc. coll.* 2014/18, comm. 321.

524.32 Effets généraux de la résolution du plan de sauvegarde en l'absence d'état de cessation des paiements du débiteur. La résolution du plan de sauvegarde peut intervenir sans cessation des paiements du débiteur. L'article L. 626-27, I, alinéa 2 du code de commerce se contente d'indiquer que « le tribunal qui a arrêté le plan peut, après avis du ministère public, en décider la résolution si le débiteur n'exécute pas ses engagements dans les délais fixés par le plan ». Il s'agit alors d'une résolution du plan pour cause d'inexécution.

Les conséquences de la résolution du plan ne sont pas précisées. Faut-il, dans ces conditions, décider que le tribunal est néanmoins tenu d'ouvrir une nouvelle procédure collective ? Les travaux préparatoires répondent clairement. « Une fois le plan résolu, le débiteur ne ferait pas nécessairement l'objet d'une procédure collective. Toutefois, si l'effet de la résolution était de le conduire à la cessation des paiements, il ferait alors l'objet d'une procédure de redressement ou de liquidation judiciaire »[4]. Le débiteur, qui ne serait pas en état de cessation des paiements pourrait obtenir l'ouverture d'une conciliation ou d'une sauvegarde[5].

En pratique, il faut bien admettre cependant que la résolution du plan devrait, le plus généralement, entraîner la cessation des paiements[6], puisque les délais du plan prendront fin, ce qui aura des conséquences sur la composition du passif exigible, donc sur l'état de cessation des paiements. Mais cette cessation des paiements n'étant pas constatée au cours de l'exécution du plan, comme l'indique l'article L. 626-27, conduira à l'application du droit commun[7], et n'interdira pas au débiteur de bénéficier de mesures alternatives à la liquidation judiciaire. Le débiteur pourra ainsi faire l'objet d'une procédure de redressement judiciaire[8]. Le débiteur pourrait même demander l'ouverture d'une conciliation, s'il ne dépasse le délai de quarante-cinq jours par rapport à l'apparition de son état de cessation des paiements[9], laquelle pourrait être suivie d'une sauvegarde accélérée, ce qui permettait ainsi l'enchaînement de deux sauvegardes.

Il importe d'ailleurs de remarquer que, dans une espèce, la Cour de cassation a indiqué que « la mise

4. *Rapp. J.-J. Hyest*, n° 335, p. 289 – ILLUSTR. : Com. 31 mai 2016, n° 13-14.109, NP; n° 491 F-D.
5. PÉROCHON, 10e éd., n° 1054 – LIENHARD, 4e éd., 2011, n° 84-16.
6. EN CE SENS AUSSI : VOINOT, 2e éd., n° 720.
7. PÉROCHON 10e éd., n° 1054.
8. *Rapp. J.-J. Hyest*, n° 335, p. 289 – T. com. Pontoise, 9 déc. 2013, RG n° 2013/PO1137, préc. (v. ss prést n°).
9. Roussel Galle, « La cessation des paiements, condition d'ouverture de la liquidation judiciaire en cas de résolution d'un plan de sauvegarde ou de redressement », *JCP E* 2008.207, n° 15.

en liquidation judiciaire concomitante (à la résolution du plan) suppose que soit constatée la cessation des paiements au cours de l'exécution du plan »[1], laissant ainsi clairement entendre que la cessation des paiements faisant suite à la résolution du plan n'entraînerait pas nécessairement le prononcé d'une liquidation judiciaire.

Ultérieurement, la Cour de cassation a entendu distinguer de la façon la plus nette l'hypothèse de la résolution du plan pour inexécution et celle de la résolution du plan pour cessation des paiements. Elle a confirmé la décision d'un cour d'appel qui, après avoir constaté que le commissaire à l'exécution du plan n'avait fondé sa demande de résolution du plan – il s'agissait d'un plan de redressement mais la solution vaut pour un plan de sauvegarde – que sur l'inexécution, a maintenu la décision des premiers juges de prononcer la résolution du plan, mais en écartant la liquidation judiciaire qui avait été simultanément prononcée, faute pour le commissaire à l'exécution du plan de s'être fondé sur l'état de cessation des paiements[2].

524.33 Remise des créanciers en l'état antérieur au plan de sauvegarde – sort des remises de dettes. L'expression « résolution du plan » évoque l'idée d'une disparition rétroactive du plan pour défaut d'exécution. Il semblerait ainsi qu'il faille remettre les créanciers en l'état antérieur au plan. Cela ne correspond que très partiellement à la réalité.

Le texte de l'article L. 626-27, I, alinéa 4 du code de commerce, qui résulte de l'ordonnance de réforme (ord. 18 déc. 2008[3], art. 63), opportunément, prévoit que la résolution du plan est un cas de clôture de la procédure de sauvegarde, si celle-ci est toujours en cours, ce qui suppose que les délais du plan de sauvegarde, fixés par le tribunal, n'aient pas pris fin. Cette disposition nous semble interprétative. Il s'agit, par cette disposition, de ne pas créer d'obstacle à l'ouverture de la procédure subséquente de redressement ou de liquidation judiciaire, qui ne peut coexister avec une sauvegarde encore en cours, ainsi que l'indique l'article L. 620-2, alinéa 2 du code de commerce. Il s'agit donc d'un texte de coordination.

En phase d'élaboration du plan, les créanciers ont pu accepter délais et remises. Le tribunal leur en a donné acte. Il a également pu imposer aux créanciers non acceptants des délais. Ces sacrifices s'inscrivent strictement dans le cadre de l'exécution du plan. Il est logique, dans ce contexte, que les sacrifices acceptés par les créanciers ou imposés à eux par le tribunal soient supprimés, si le plan est résolu, que l'on soit avant ou après l'entrée en vigueur de la loi de sauvegarde des entreprises[4]. Le débiteur qui n'a pas respecté le plan ne peut se prévaloir des délais et remises acceptées lors de son adoption, la résolution du plan ayant pour effet d'anéantir rétroactivement ces délais et remises. Il en résulte, sous l'empire de la loi de sauvegarde des entreprises, que la créance admise au passif de la première procédure s'impose, pour son montant, dans la seconde procédure ouverte après résolution du plan, sous la seule réserve des dividendes perçus au cours de l'exécution du plan, sans qu'il y ait lieu de tenir compte des remises consenties dans le cadre du plan[5].

D'une autre manière, les remises de dettes ne sont acquises qu'en cas d'exécution complète du plan. Il ne s'opère pas novation, de sorte que le taux des intérêts négocié pour l'exécution du plan ne s'impose plus après caducité d'un plan de sauvegarde, solution posée pour un plan de continuation[6] et reconductible. Ce principe de solution a été posé en ces termes en cas de résolution du plan de continuation : « la résolution du plan a pour effet d'anéantir rétroactivement les délais et remises acceptés lors de son adoption, de sorte que de telles remises, accordées au débiteur en dehors de toute négociation contractuelle étrangère au plan, ne sont définitivement acquises au débiteur qu'après versement, au terme fixé de la dernière échéance prévue par le plan »[7]. Force est d'admettre que le principe de restauration des droits des créanciers en cas de résolution du plan a valeur générale. La remise de dette ne sera acquise qu'après versement de la dernière échéance fixée au plan, indépendamment du fait de savoir si la réduction de créance a été proposée par le tribunal ou s'inscrit dans le cadre de la consultation préparatoire au plan.

La résolution du plan de sauvegarde doit-elle conduire à restaurer les droits d'un créancier intégralement rempli de ses droits ? La question peut se poser lorsque le créancier aura accepté d'être payé plus rapidement que les autres en contrepartie d'une réduction proportionnelle de sa créance.

Le texte de l'article L 626-19, alinéa 2 du code indique que la remise de dette n'est acquise « qu'après

1. *Com.* 8 juill. 2008, n° 07-15.176, NP; n° 75 F-D; *LXB hebdo* sept. 2008, n° 318, n° N9882BG4, note Le Corre.
2. Com. 18 mai 2016, nos 14-23.859, 14-24.313, NP; n° 433 F-D.
3. Ord. n° 2008-1345, 18 déc. 2008, préc.
4. L. n° 2005-845, 26 juill. 2005, préc.
5. Com. 21 févr. 2012, nos 10-12.207 à 10-12.210, 10-12.214, 10-12.215, 6 esp., NP; nos 226 à 229, 233, 234 F-D; *Rev. proc. coll.* 2012, comm. 83, note Fraimout; *Rev. proc. coll.* 2013/1, comm. 22, note Fraimout.
6. Paris, 31 mai 2005, RG n° 04/15452, *RTD com.* 2005. 595, obs. Saint-Alary-Houin – Paris, 3e ch. A, 31 mai 2005, RG n° 04/15448.
7. Com. 9 mai 2007, n° 06-12.111, *Bull. civ.* IV, n° 126; n° 697 F-P+B; *D.* 2007. AJ 1509, obs. Lienhard; *Act. proc. coll.* 2007/10, n° 118, note Vallansan; *Rev. proc. coll.* 2007/3, p. 131, n° 12, obs. Lebel; *LXB hebdo* n° 261, 23 mai 2007, n° N1642BBG, note Le Corre.

versement, au terme fixé, de la dernière échéance prévue par le plan ». Il semble que ces textes s'intéressent à la situation particulière de chaque créancier du plan. La remise de dette est acquise au débiteur à l'égard du créancier concerné dès lors que ce dernier a touché sa dernière échéance. Si le texte avait voulu s'intéresser à la situation collective des créanciers, il aurait fallu préciser que pour les créanciers ayant accepté des remises de dettes, celles-ci ne sont définitives qu'une fois l'exécution du plan terminée. En visant la dernière échéance, alors que la remise de dettes concernera par principe un créancier ayant accepté un paiement plus rapide que celui intéressant les créanciers n'ayant pas accepté de remise, il faut comprendre qu'il s'agit de la dernière échéance intéressant ce créancier payé plus rapidement que ce que prévoit le plan. Cette interprétation, rejetée par une partie de la doctrine[1], ainsi que par des décisions de juges du fond[2], permet d'affirmer que si la résolution du plan intervient après paiement de la dernière échéance d'un créancier ayant accepté une remise de dette, cette dernière sera définitivement acquise au débiteur[3].

L'ordonnance du 18 décembre 2008 fait, en tout cas, disparaître toute difficulté d'interprétation, en réécrivant ainsi l'alinéa 2 de l'article L. 626-19, alinéa 2 du code de commerce : « La réduction de créance n'est définitivement acquise qu'après versement, au terme fixé, de la dernière échéance prévue par le plan **pour son paiement** ». Ainsi, et selon l'interprétation que nous avions eue du texte, la réduction de créance sera acquise au créancier dès qu'il aura, en exécution du plan, été intégralement rempli de ses droits, même si les autres créanciers n'ont pas encore été intégralement payés. Si la dernière échéance n'a pas été payée au terme fixée par le plan, ce qui est le cas si elle est payée en retard, la remise n'est pas acquise et il en résulte que, en cas de résolution du plan, le créancier est en droit de déclarer sa créance non remisée, déduction faite des sommes qu'il a perçues[4].

Sous l'empire de la législation antérieure à la loi de sauvegarde des entreprises, que la résolution du plan de continuation s'accompagne ou non de l'état de cessation des paiements, l'article L. 621-82, alinéa 3 du code de commerce (anc^t L. 25 janv. 1985[5], art. 80, al. 3) énonce que « les créanciers soumis au plan déclarent l'intégralité de leurs créances et sûretés, déduction faite des sommes perçues. »

Les créanciers retrouvent ainsi l'intégralité de leurs droits. S'ils avaient abdiqué une partie de leurs créances, en accordant des remises, ils la retrouvent. D'ailleurs, l'enregistrement comptable de la remise ne doit intervenir qu'à l'issue de l'exécution complète envers le créancier ayant accepté une remise[6].

Il faut toutefois distinguer les remises accordées dans le cadre de la consultation préparatoire à l'adoption du plan et les remises conventionnelles qui auraient pu intervenir pendant le plan de continuation ou de redressement. Dans le second cas, si le créancier n'a pas pris le soin de prévoir qu'elles ne seraient acquises qu'à la fin du plan de continuation, de sauvegarde ou de redressement, la résolution du plan n'a pas pour effet d'entraîner suppression de ces remises[7].

La restauration des droits des créanciers se fait sans rétroactivité[8]. En effet, les créanciers conservent les sommes versées puisqu'ils ne retrouvent leur droit que « déduction faite des sommes perçues ». L'absence de rétroactivité attachée à la résolution du plan justifie aussi le maintien des obligations souscrites par les cautions du plan[9], en observant en outre, par analogie, que la résolution d'un contrat n'a jamais eu pour effet de décharger une caution de l'obligation de payer les engagements nés de ce contrat.

En cas de résolution du plan, les cautions qui avaient apporté leur garantie à l'exécution du plan, ne peuvent plus se prévaloir des délais du plan, leur engagement devenant immédiatement exigible pour sa totalité[10]. Il n'en ira cependant, à notre sens, ainsi que si elles avaient renoncé dans l'acte de cautionnement au bénéfice de leur terme propre (v. aussi s^s n° 721.15).

Les personnes qui ont cautionné un prêt restent tenues en cas de conversion de créance en obligations. Il n'y a pas intention de nover de la part du créancier, qui subit, plus qu'il n'accepte, dans un cadre judiciaire, la conversion de créance. C'est pourquoi la caution n'est pas libérée[11]. Au surplus, en cas de résolution du plan, la question peut se poser de savoir si la remise des parties en l'état antérieur oblige à reconsidérer la conversion et à décider que

1. SAINT-ALARY-HOUIN, 5e éd., n° 914, note 124.
2. TGI Béthune, ch. com., 19 févr. 2003, *D.* 2003. AJ 908 – Paris, 3e ch. A, 11 oct. 2005, RG n° 04/24083.
3. PÉROCHON ET BONHOMME, 7e éd., n° 361-1.
4. Com. 22 sept. 2015, n° 14-16.920 *Bull. civ.* IV [à paraître]; n° 790 F-P+B; *D.* 2015. actu 1929, note Lienhard; *Gaz. Pal.* 19 janv. 2016, n° 3, p. 64, note Lebel; *Act. proc. coll.* 2015/17, comm. 274, note Thoerge; *BJE* 2016, 22, note Picod; *JCP E* 2016, chron. 100, n° 5, note Pételi; *Rev. proc. coll.* 2016, comm. 80, note Fraimout.
5. L. n° 85-98, 25 janv. 1985, préc.
6. Amiens, 4e ch. com., 19 févr. 1998, *Gaz. Pal.* 15-16 sept. 2000, Somm. 39, note Canet.
7. AINSI : Com. 9 nov. 2004, n° 02-14.504, NP.
8. Paris, 3e ch. A, 5 mars 1996, *D.* 1996. IR 101.
9. KERCKHOVE, n° 748 – SOINNE, n° 1633 – CHAPUT, n° 260 – *Adde*, SUR LA QUESTION : Paris, 5 juill. 1996, *RJDA* 1997, n° 125.
10. Paris, 9 avr. 1992, *BICC* 2003, n° 182.
11. Paris, pôle 5, 6e ch., 24 sept. 2010, RG n° 08/02231, *JCP E* 2011. 1782, note Legros.

le créancier est redevenu prêteur. C'est en ce sens, semble-t-il, qu'une juridiction du fond a statué[1].

La loi de sauvegarde des entreprises maintient l'idée de restauration des créanciers dans l'intégralité de leurs droits. Mais il convient de distinguer selon que la résolution du plan intervient avec état de cessation des paiements ou sans cette caractérisation.

En l'absence de cessation des paiements, la résolution du plan n'entraîne pas ouverture d'une seconde procédure. L'article L. 626-27, I, alinéa 3 (devenu C. com., art. L. 626-27, I, al. 4), disposition *a priori* commune aux deux hypothèses – résolution avec ou sans cessation des paiements – prévoit que le jugement qui prononce la résolution du plan met fin aux opérations et emporte déchéance de tout délai de paiement accordé. Plus largement, l'idée de résolution du plan doit conduire à décider que les remises de dettes sont également supprimées. Le débiteur doit donc faire face à ses dettes exigibles, indépendamment des délais de paiement qui auraient pu être accordés. Si, ultérieurement, il résulte de cette situation un état de cessation des paiements, une nouvelle procédure de redressement judiciaire semble concevable. Le problème se posera alors de savoir si les créanciers admis au passif de la première procédure resteront ou non astreints à déclarer leurs créances (v. ss n° 524.34 *in fine*).

Dans la seconde situation, il y a résolution du plan avec caractérisation d'un état de cessation des paiements. Obligatoirement, le tribunal, tout en prononçant la résolution du plan, a ouvert une nouvelle procédure collective (v. ss n° 524.31). La loi de sauvegarde des entreprises procède alors d'une manière très différente de la législation précédente, infiniment plus protectrice des intérêts des créanciers admis au plan, en dispensant les créanciers ayant déclaré leur créance au passif de la première procédure ayant évolué vers un plan de redressement ou de sauvegarde, même s'ils ne sont pas encore admis au jour de la résolution du plan à la suite d'une contestation de leur créance, d'avoir à déclarer à nouveau leurs créances, dans le cadre de la seconde procédure. C'est l'objet de l'article L. 626-27, III du code de commerce (v. ss nos 524.34 et 663.81).

524.34 Déclaration des créances à la nouvelle procédure ouverte suite à résolution du plan par les créanciers soumis au plan.

– Déclaration des créances sous l'empire de la législation du 25 janvier 1985[2]. Après résolution du plan, et ouverture d'une procédure de liquidation judiciaire, l'article L. 621-82, alinéa 3 du code de commerce (anct L. 25 janv. 1985, art. 80, al. 3) disposait que « les créanciers soumis au plan déclarent l'intégralité de leurs créances et sûretés, déduction faite des sommes perçues » (sur la question, v. ss n° 544.11).

– Absence de déclaration des créances déclarées au passif de la première procédure et non écartées de cette procédure sous l'empire de la loi du 26 juillet 2005[3]. Les travaux parlementaires de la loi de sauvegarde des entreprises ont rapidement intégré l'idée que le traitement réservé aux créanciers admis au passif d'une première procédure était trop draconien.

L'Assemblée Nationale avait adopté un dispositif protecteur des créanciers admis au passif de la première procédure en décidant que le mandataire judiciaire devrait avertir ces créanciers de l'obligation d'avoir à déclarer leur créance au passif. Le défaut d'avertissement aurait eu pour effet de ne pas faire courir le délai de déclaration des créances, à l'identique de la solution posée pour les créanciers titulaires de sûretés ou de contrats publiés.

La commission des lois du Sénat a entendu simplifier encore plus la tâche des créanciers de la première procédure ayant débouché sur un plan. Elle est partie du constat que ces créanciers sont connus du mandataire judiciaire et qu'il sait, ou peut facilement savoir, ce qui a été versé au titre de l'exécution du plan. Dans ces conditions, il est inutile de les obliger à déclarer à nouveau leur créance[4]. Ils sont admis dans cette seconde procédure pour le montant de leur admission initiale, déduction faite des sommes déjà perçues dans le cadre de l'exécution du plan. C'est ce que prévoit l'article L. 626-27, III du code dans la rédaction que lui donne la loi de sauvegarde des entreprises.

Notons que ce texte est applicable aux procédures en cours au 1er janvier 2006[5]. Une cour d'appel ne peut toutefois, d'office, sans inviter les parties à s'expliquer sur ce point, appliquer la loi de sauvegarde des entreprises, alors que la caution poursuivie en paiement soutenait, sans être contredite, que le texte applicable était l'article L. 621-46 du code de commerce, dans sa rédaction issue de la loi du 25 janvier 1985, d'où il serait résulté l'extinction du cautionnement, par suite de l'extinction de la créance principale, non déclarée au passif de la seconde procédure ouverte suite à la résolution du plan de continuation[6].

1. Paris, pôle 5, 6e ch., 24 sept. 2010, RG n° 08/02231, préc. (v. ss prést n°).
2. L. n° 85-98, 25 janv. 1985 préc.
3. L. n° 2005-845, 26 juill. 2005, préc.
4. *Rapp. J.-J. Hyest*, n° 335, p. 291.
5. Com. 6 déc. 2011, n° 10-26.596, NP; n° 1243 F-D; *Rev. proc. coll.* 2012/5, comm. 84, note Fraimout – Montpellier, 2e ch., 6 janv. 2009, RG n° 07/04705, *Rev. proc. coll.* 2010/4, comm. 169, note Fraimout.
6. Com. 2 mars 2010, n° 08-16.755, NP; n° 230 F-D; *Rev. proc. coll.* 2010/4, comm. 169, note Fraimout.

L'article 159-1 du décret du 28 décembre 2005[1], inséré par l'article 55 du décret du 23 décembre 2006[2] (devenu C. com., art. R. 626-49) précise les modalités de cette dispense de déclaration des créances et d'admission de plein droit au passif. Il appartient au commissaire à l'exécution du plan de transmettre au greffier la liste des créances admises à ce plan en déduisant, pour chacune d'elles, les sommes déjà perçues. Le greffier doit ensuite porter cette liste sur l'état des créances de la nouvelle procédure.

Le fait que le créancier admis au passif de la première procédure soit dispensé de déclaration au passif de la seconde procédure n'a nullement pour objet d'interdire à un créancier qui n'a pas déclaré sa créance au passif de la première procédure, de la déclarer dans la seconde, afin de rendre opposable à cette procédure, son droit de créance inopposable à la première procédure. La dispense de déclaration n'est pas une sanction du créancier, mais, au contraire, une faveur législative, qui ne peut se retourner contre lui[3].

Si le créancier admis au passif de la première procédure est dispensé de déclarer sa créance au passif de la seconde procédure, cela ne signifie pas pour autant que la décision d'admission au passif de la première procédure ait autorité de chose jugée dans la seconde, faute d'identité de parties, le mandataire judiciaire, partie nécessaire à la décision d'admission n'étant en effet plus en fonction dans la liquidation judiciaire subséquente. Au demeurant, la réforme du droit des obligations, issue de l'ordonnance du 10 février 2016[4], a modifié le texte posant les conditions pour qu'il y ait autorité de chose jugée et confirme l'idée jurisprudentielle selon laquelle l'autorité de la chose jugée suppose que les parties soient prise en la même qualité (C. civ., art. 1355). Il en résulte que rien n'interdit au créancier de déclarer sa créance dans la seconde procédure pour obtenir une admission différente [supérieure] dans la seconde procédure, par exemple en obtenant l'admission des intérêts non admis dans la première procédure, ou l'admission à titre privilégiée, alors qu'il avait été admis à titre chirographaire, dans la première procédure[5]. En revanche, l'admission de la créance pour partie à titre chirographaire, pour partie à titre privilégié, dans la première procédure, n'autorise pas une admission de plein droit à titre privilégié pour le tout, dans la seconde procédure[6].

Il nous était apparu que seuls les créanciers admis au passif de la première procédure étaient dispensés de déclarer leur créance au passif de la seconde procédure[7]. La Cour de cassation a cependant été saisie pour avis, aux fins de déterminer si la dispense de déclaration de créance au passif de la seconde procédure collective pouvait aussi concerner des créanciers non encore admis au passif de la première procédure, du fait d'une contestation de leur créance non encore tranchée, au jour de la résolution du plan et de l'ouverture de la seconde procédure collective. Elle a considéré que la dispense de déclaration concerne tous les créanciers ayant déclaré leur créance au passif de la première procédure, peu important que leur créance ait été ou non admise au passif de la première procédure[8].

Les imprécisions législatives ont bien été mises en évidence par le premier Avocat général près la Cour de cassation, ayant eu à connaître du dossier[9]. Il est dès lors possible de lire ainsi la disposition. Lorsque le législateur évoque des « créanciers soumis au plan », il entend des créanciers ayant déclaré leur créance. Lorsqu'ils visent les créances admises au plan, il s'agit des créances admises au passif. Ainsi, grâce à cette traduction franco-française du texte de loi, ce qu'oblige à faire un législateur imprécis, le texte s'éclaircit. Les créanciers sont dispensés d'avoir à déclarer leur créance s'ils ont déjà déclaré au passif de la procédure ayant débouché sur un plan. Les créanciers admis au passif de la première procédure, voient leurs créances admises de plein droit au passif de la seconde procédure. L'article 42 de l'ordonnance du 12 mars 2014[10] reprend à son compte cette lecture et modifie en ce sens l'article L. 626-27, III pour dispenser de déclaration de créance au passif de la seconde procédure ouverte suite à la résolution du plan, d'une part les créanciers soumis au plan et, d'autre part, les créanciers admis au passif de la première procédure.

La dispense de déclaration de créance ne peut, en théorie, exister que dans l'hypothèse d'une résolu-

1. D. nº 2005-1677, 28 déc. 2005, préc.
2. D. nº 2006-1709, 23 déc. 2006, préc.
3. Roussel Galle, « La déclaration de créances et les sûretés réelles », Colloque Sûretés réelles et droit des entreprises en difficulté, Nice, 20 mars 2010, *LPA* 11 févr. 2011, nº 30, p. 37 s., sp. p. 39, nº 16.
4. Ord. nº 2016-131, 10 févr. 2016, préc.
5. Roussel Galle, art. préc., *LPA* 11 févr. 2011, nº 30, p. 37 s., sp. p. 40, nº 21.
6. Com. 21 févr. 2012, nº 10-12.206, NP; nº 225 F-D; *Rev. proc. coll.* 2012/9, comm. 139, note F. et M.-N. Legrand.
7. AUSSI : VALLENS 2012, nº 3529.
8. Cass., avis, 17 sept. 2012, nº 12-00.010, *Bull. avis*, nº 8; *D.* 2012. Actu. 2239, obs. Lienhard; *D.* 2012. 2355, concl. Le Mesle et note Le Corre; *D.* 2013. Pan. 2370, note Le Corre; *Gaz. Pal.* 18 janv. 2013, nº 18, p. 12, note Le Corre; *BJE* janv. 2013, comm. 2, note Le Corre-Broly; *Rev. sociétés* 2012. 731, note Henry; *JCP E* 2012. Chron. 1757, nº 14, obs. Pételi; *RTD com.* 2012. 846, nº 2, obs. Martin-Serf; *Rev. proc. coll.* 2013/1, comm. 50, note Staes; *LPA* 7 mai 2013, nº 91, p. 13, note Tabourot-Hyest; *LXB hebdo* nº 313, 18 oct. 2012, note Le Corre.
9. Le Mesle, *D.* 2012.2355.
10. Ord. nº 2014-326, 12 mars 2014, préc.

tion du plan avec ouverture d'une seconde procédure, c'est-à-dire la résolution du plan en cas de cessation des paiements. En cas de résolution du plan sans cessation des paiements, la solution ne peut être posée, puisque, par hypothèse, il n'y aura pas ouverture d'une nouvelle procédure. Toutefois, si les juges du fond se trompent et prononce la résolution du plan pour inexécution, tout en ouvrant de façon concomitante une seconde procédure, que décider ? La Cour de cassation estime que la dispense de déclaration des créances au passif de la seconde procédure est accordée, dès lors que la liquidation judiciaire est concomitante à la résolution du plan, sans qu'il y ait place à distinguer selon que la résolution du plan intervient pour cessation des paiements ou pour inexécution[1].

Que décider si, quelque temps après la résolution du plan, une procédure devait être ouverte ? Il nous semble, en ce cas, que la dispense de déclaration de créance au passif devrait être maintenue, car les raisons d'opposer les deux situations manquent, le seul décalage temporel dans l'ouverture de la seconde procédure semblant insuffisant à emporter changement de solution[2]. Il ne devrait cependant en être ainsi que si la résolution du plan a pour effet de provoquer la cessation des paiements. En revanche, si l'ouverture de la procédure collective intervenue après résolution du plan n'est pas la conséquence de cette résolution, les créanciers admis au passif de la première procédure seront, à notre sens, astreints à devoir déclarer leurs créances au passif dans la seconde procédure, du fait de la discontinuité des procédures.

Reprenant une suggestion doctrinale[3], l'article 42 de l'**ordonnance du 12 mars 2014** modifie l'article L. 626-27, III, pour préciser que « après résolution du plan et ouverture d'une nouvelle procédure par le même jugement ou par une décision ultérieure constatant que cette résolution a provoqué l'état de cessation des paiements, les créanciers soumis à ce plan ou admis au passif de la première procédure sont dispensés de déclarer leurs créances et sûretés ». *A contrario*, le texte permet aujourd'hui clairement d'affirmer que si la cessation des paiements, postérieure à la résolution du plan, ne résulte pas de la résolution du plan – ce qui sera rare en pratique –, dans la procédure ouverte après la résolution du plan, il n'y aura pas place à dispense de déclaration au passif.

D'une manière opportune, et reprenant une suggestion que nous avions formulée[4], l'article 42 de l'ordonnance du 12 mars 2014 dispense également de déclaration de créance, dans la procédure ouverte suite à la résolution du plan, le créancier bénéficiant du privilège des créanciers postérieurs, reconnu par l'article L. 622-17 du code de commerce. À la vérité, le texte de l'article L. 626-27, III, dernière phrase, du code de commerce est plus large puisqu'il prévoit que « bénéficient également de la dispense de déclaration, les créances portées à la connaissance de l'une des personnes mentionnées au IV de l'article L. 622-17 dans les conditions prévues par ce texte ». Il faut, à notre sens comprendre que l'article L. 626-27, III concerne d'une part, les créanciers postérieurs figurant sur la liste des créanciers postérieurs privilégiés, mais aussi, d'autre part, les créanciers ayant porté leur créance postérieure à la connaissance des organes de la procédure et non rejetées de cette liste, mais qui ne figurent pas pour autant sur la liste, celle-ci n'ayant pas été élaborée ou déposée au greffe par le mandataire de justice. On mesure immédiatement la difficulté si la liste n'a pas été élaborée par le mandataire de justice en charge de l'établir dans la précédente procédure. Comment pourra-t-il reporter sur l'état des créances de la seconde procédure une créance qui ne figure sur aucune liste ?

Cette incertitude est dissipée par le décret du 30 juin 2014[5] (art. 67). En effet, l'alinéa 2 de l'article R. 626-49 du code de commerce, qui en résulte, reprenant le principe posé à l'alinéa 1 pour les créanciers antérieurs ayant déclaré leur créance au passif de la première procédure, énonce que, « dans les mêmes conditions, les créances portées sur la liste mentionnée à l'article R. 622-15 ou à l'article R. 641-39 et qui n'ont pas été rejetées sont portées par le greffier sur l'état des créances de la nouvelle procédure ».

Ainsi, la confirmation est donnée par le décret que seules les créances postérieures figurant sur la liste, celles qui ont donc conservé leur privilège de créances postérieures, sont reportées sur l'état des créances de la seconde procédure, déduction faite des paiements reçus, et seuls leurs titulaires sont donc dispensés de déclaration de créance au passif.

Indiquons pour terminer que les créanciers, qui bénéficient du privilège de la conciliation, créanciers antérieurs dans la première procédure collective ouverte, et comme tels soumis aux délais du plan, quoique l'opinion contraire ait été soutenue[6], restent des créanciers antérieurs dispensés de déclaration de créance dans la seconde procédure, et, sous cette seule réserve, intégralement soumis aux contraintes de celle-ci. L'ordonnance du 12 mars 2014, qui fait échapper aux délais imposés du plan

1. Com. 6 déc. 2011, n° 10-26.556, NP; n° 1243 F-D; *Rev. proc. coll. 2012/5, comm. 84, note Fraimout.*
2. *Approuvant la solution :* PÉROCHON, 9e éd., n° 1020.
3. Le Corre, *Droit et pratique des procédures collectives*, 7e éd., « Dalloz action », 2013, n° 524.35.
4. Le Corre, Droit et pratique des procédures collectives, 7e éd., « Dalloz action » 2013, n° 524.35.
5. D. n° 2014-736, 30 juin 2014, préc.
6. PÉROCHON, 9e éd., n° 975.

les créanciers bénéficiant du privilège de la conciliation qui n'acceptent pas les propositions, conforte la solution, puisque, par principe, ainsi que cela ressort de l'article L. 626-20, I du code de commerce, ces créanciers sont soumis à la consultation des créanciers préparatoire à l'adoption du plan. Il est seulement interdit de leur imposer des délais de paiement. Cela confirme donc leur stat de créanciers antérieurs.

524.35 Déclaration des créances par les créanciers non soumis au plan dans la nouvelle procédure ouverte suite à résolution du plan de sauvegarde. Les créanciers non soumis au plan peuvent être classés en cinq catégories.

Il en est d'abord ainsi, **sous l'empire de la législation antérieure à la loi de sauvegarde des entreprises**[1], des créanciers postérieurs de la première procédure ayant bénéficié du traitement préférentiel. Devant être payés à l'échéance, ces créanciers n'ont pu se voir imposer ni délai, ni remise dans le cadre du plan. S'ils n'ont pas déployé les diligences suffisantes pour recouvrer leur créance après arrêté du plan, ils vont se voir « rattraper » par la résolution du plan, laquelle entraînera ouverture d'une nouvelle procédure. La seconde procédure étant autonome par rapport à la première, ils perdent nécessairement leur droit préférentiel – simple droit de priorité et non privilège – puisque leur créance a, dans le cadre de la seconde procédure, un fait générateur, par hypothèse, antérieur à celle-ci. Ils deviennent des créanciers antérieurs de la seconde procédure, astreints en conséquence à déclarer au passif en n'omettant pas de faire mention de leur privilège[3], sauf à s'exposer à une admission à titre chirographaire, selon la solution classique en la matière (v. s^{s} n° 666.42).

La solution est partiellement modifiée, à notre sens, par la **loi de sauvegarde**. La solution ne résulte pas explicitement des textes. Elle est la conséquence de la transformation, par la loi de sauvegarde des entreprises, du droit de priorité conféré par la législation antérieure aux créanciers postérieurs, en un véritable privilège. Il faut donc, semble-t-il, décider qu'en cas de résolution d'un plan de sauvegarde ou d'un plan de redressement, l'ouverture subséquente d'une seconde procédure collective laissera intact leur privilège (v. s^{s} n° 456.14). Mais, peut-on admettre que le créancier postérieur de la première procédure conserve son privilège dans la seconde procédure sans avoir à déclarer sa créance au passif ? La raison de douter de la solution tient au fait que les créanciers postérieurs de la première procédure, s'ils conservent leur privilège dans la seconde, ne semblent plus autoriser à bénéficier de la règle du paiement à l'échéance. L'opinion contraire a toutefois été soutenue[4]. Seul leur privilège subsiste, non leur qualité de créancier postérieur, en l'absence de disposition contraire créant une fiction juridique, consistant à traiter en créancier postérieur des créanciers devenus antérieurs dans la seconde procédure. Il apparaît donc préférable de décider qu'ils deviennent des créanciers antérieurs dans la seconde procédure, titulaire cependant d'un privilège leur accordant la possibilité d'être payés avant la plupart des créanciers antérieurs, fussent-ils titulaires de sûretés. Ces créanciers « postero-antérieurs » selon une heureuse expression[5], doivent donc, même si la solution est discutée[6], déclarer leur créance au passif, en faisant mention de leur privilège de créancier postérieur de la première procédure[7] et en précisant, le cas échéant, leur rang au sein des créances postérieures. La raison qui pourrait faire douter de la solution tient au sort réservé aux créanciers antérieurs d'une première procédure admis au passif de celle-ci. Ils sont dispensés d'avoir à déclarer à nouveau leur créance et sont admis pour le montant de leur admission au passif de la première procédure, sous déduction de ce qu'ils ont perçu. Il serait donc logique de décider, afin de ne pas mieux traiter des créanciers antérieurs de la première procédure que des créanciers postérieurs de cette même procédure, que ces créanciers postérieurs de la première procédure, devenus créanciers antérieurs de la seconde procédure, soient également dispensés de déclarer leur créance au passif. Par hypothèse, ils n'ont pas été payés à l'échéance dans le cadre de la première procédure. Ils ont donc dû se faire connaître des organes de celle-ci sous peine de perte de leur privilège. Ils sont tout autant connus que les créanciers antérieurs de la première procédure qui avaient été

1. L. n° 2005-845, 26 juill. 2005, préc.
2. Com. 28 juin 1994, n° 91-16.090, *Bull. civ.* IV, n° 244; *RTD com.* 1995. 486, obs. Martin-Serf – Com. 12 juill. 1994, n° 90-18.265, *Bull. civ.* IV, n° 264; *D.* 1995. Somm. 9, obs. Derrida; *RTD com.* 1995. 486, obs. Martin-Serf; *Rev. proc. coll.* 1995, 297, obs. Saint-Alary-Houin; *Dr. sociétés* 1994, n° 156, note Chaput; *JCP E* 1995. I. 417, n° 19, obs. Pétel; *LPA* 2 déc. 1994, p. 13, note Brandeau; *LPA* 12 avr. 1995, p. 16, note Derrida – Com. 10 oct. 1995, n° 93-14.601, NP, *Rev. proc. coll.* 1996, 88, n° 2, obs. Soinne – Com. 20 juin 2000, n° 97-16.732, NP.
3. EN CE SENS AUSSI : J.-CL. COM., fasc. 2610, Vinckel, [Plan de sauvegarde – exécution], 2009, n° 167.

JACQUEMONT ET VABRES, 9e éd., 2015, n° 852.

LE CANNU et *alii*, n° 1364.

DANS LE SENS décrit au texte : ROUSSEL GALLE, 2e éd., 2007, n° 652 – VALLENS, 2012, n° 4164 – PÉROCHON, 9e éd., n° 1021 – LIENHARD, 4e éd., 2011, n° 84.20 – VOINOT, 2007, n° 434 – *CONTRA*, dispensant le créancier de déclaration au passif : SAINT-ALARY-HOUIN, 7e éd., n° 689 – LE CANNU, 7e éd., n° 976.

EN CE SENS AUSSI : PÉROCHON ET BONHOMME, 8e éd., n° 388 – LIENHARD, 4e éd., 2011, n° 84.20 – Henry, « La notion de privilège de procédure dans la loi de sauvegarde », *Rev. proc. coll.* 2008, p. 20 s., sp. p. 31, n° 38.

admis au passif de celle-ci et il serait anormal de les obliger à déclarer ce qui est connu des mandataires de justice. Il eût cependant été heureux que le législateur procédât par alignement exact de solutions.

Fort opportunément, l'article 42 de l'**ordonnance du 12 mars 2014**[1] dispense de déclaration de créance le créancier postérieur ayant porté sa créance à la connaissance des organes de la procédure, bénéficiant du privilège des créanciers postérieurs, reconnu par l'article L. 622-17 du code de commerce (v. ss n° 524.34).

La deuxième catégorie de créanciers n'ayant pas été soumis au plan est représentée par les créanciers dont la créance est née après jugement d'ouverture, mais irrégulièrement (v. ss n° 452.11). Ces créanciers, qui ne bénéficient pas du traitement préférentiel réservé aux créanciers postérieurs, ne peuvent davantage bénéficier des dispositions du plan qui ne concernent que les créanciers antérieurs. Ils sont « hors procédure » et ne peuvent être payés qu'après tous les autres créanciers. En revanche, après ouverture de la seconde procédure, la qualité de créancier postérieur disparaît. Ils deviennent des créanciers antérieurs ordinaires de la seconde procédure.

Il y a une troisième catégorie de créanciers non soumis au plan : les créanciers dont la créance est née après le plan. Il s'agit là de créanciers de « droit commun ». Leur créance est née après le jugement d'ouverture sur un débiteur redevenu *in bonis*. Ces créanciers, dont la créance est née avant jugement d'ouverture de la seconde procédure, sont des créanciers antérieurs de cette seconde procédure, qui se trouvent exactement dans la même situation que le créancier antérieur de la première procédure, face à la première procédure. Il n'est en effet pas distingué entre créanciers antérieurs de la seconde procédure et créanciers dont la créance est née entre le plan et sa résolution[2]. Ces créanciers doivent en conséquence déclarer leurs créances au passif[3].

Il y a une quatrième catégorie de créanciers non soumis au plan : les titulaires de certaines créances salariales (v. ss n° 522.14). Ces créanciers de la première procédure conservent s leur nature de créanciers super privilégiés ou titulaires du privilège général dans la seconde procédure, si par extraordinaire ils n'ont pas été réglés au jour de la résolution du plan. La solution a été spécialement posée pour le super privilège des salaires (v. ss n° 691.22).

Il existe enfin, depuis la loi de sauvegarde des entreprises, une cinquième catégorie de créanciers soumis à l'obligation de déclarer leur créance au passif. Il s'agit des créanciers antérieurs de la première procédure, qui n'ont pas déclaré leur créance dans cette procédure[4]. Il est en tout cas certain que cette solution ne peut être posée sous l'empire de la législation antérieure à la loi de sauvegarde des entreprises, car la créance non déclarée dans la première procédure est éteinte et le demeure dans la seconde (v. ss n° 524.34).

Sous l'empire de la loi de sauvegarde des entreprises, la créance qui n'est pas déclarée n'est pas éteinte, mais seulement inopposable à la procédure collective (v. ss n° 665.75). Rien n'interdit, en conséquence, à son titulaire, de rendre opposable à la seconde procédure cette créance. Certains doutaient toutefois de cette solution, avant l'ordonnance du 18 décembre 2008[5].

Ces créanciers, qui n'auront pas déclaré leur créance à la première procédure, pourront déclarer leur créance à la seconde procédure collective ouverte suite à la résolution du plan, sous réserve, toutefois, qu'ils n'aient encouru ni prescription, ni forclusion. Ils ne seront pas, à notre sens, en droit de soulever la règle de l'interdiction des poursuites individuelles pour prétendre éviter la prescription ou la forclusion, car ils n'étaient pas totalement privés du droit d'agir : ils pouvaient déclarer leur créance, ce qui leur aurait évité la prescription ou la forclusion.

524.36 Demandes en revendication ou en restitution dans la nouvelle procédure ouverte suite à résolution du plan de sauvegarde (v. aussi ss n° 813.73). Les propriétaires de meubles sont soumis, dans la seconde procédure ouverte, aux mêmes contraintes que lors de la première procédure.

Les titulaires de contrats publiés présenteront des demandes en acquiescement de restitution au mandataire de justice compétent, facultativement et sans délai.

Les titulaires de contrats non publiés présenteront des demandes en acquiescement de revendication au mandataire de justice compétent, en respectant les délais institués par l'article L. 621-115 du code de commerce (anct L. 25 janv. 1985[6], art. 115), dans sa rédaction antérieure à la loi de sauvegarde des entreprises[7], par l'article L. 624-9 du code, dans sa rédaction issue de la loi de sauvegarde des entreprises.

1. Ord. n° 2014-326, 12 mars 2014, préc.
2. Com. 2 avr. 1996, n° 93-11.058, *Bull. civ.* IV, n° [illegible]; *D.* 1997. Somm. 77, obs. Honorat.
3. Com. 16 sept. 2014, n° 13-16.803, *Bull. civ.* IV [à paraître]; n° 714 F-P+B; *Gaz. Pal.* 18 janv. 2015, n° 18, p. 26, [illegible] Le Corre; *Rev. proc. coll.* 2014, comm. 161, note Fraim[illegible]; *BJE* 2014, 366, note Le Corre – Paris, 18 mars 2005, n° 04/08274, *RTD com.* 2005. 596 n° 8, obs. Saint-A[illegible] Houin – *Adde*, Voinot, 2011, n° 74.
4. En ce sens aussi : Pérochon, 10e éd., n° 1063 – Voinot, 2011, n° 724.
5. Ord. n° 2008-1345, 18 déc. 2008, préc. – Le Cannu, 7e éd., n° 484.
6. L. n° 85-98, 25 janv. 1985, préc.
7. L. n° 2005-845, 26 juill. 2005, préc.

L'action en revendication tend à faire reconnaître opposable à la procédure le droit de propriété du revendiquant. Cette définition revêt une importance capitale en cas de résolution du plan. Que décider si le propriétaire d'un meuble n'a pas revendiqué dans le cadre de la première procédure ouverte et présente une demande dans le cadre de la procédure ouverte suite à résolution du plan ? Sa demande n'est-elle pas affectée par l'absence de revendication dans la première procédure ? La nature de l'action en revendication conditionne la sanction attachée à l'absence ou au rejet de la revendication : le droit de propriété devient inopposable à la procédure. Il n'y a pas extinction du droit de propriété ou perte de celui-ci, contrairement à l'extinction d'une créance par suite d'absence ou de rejet de la déclaration de créance, sous l'empire de la législation antérieure à la loi de sauvegarde des entreprises. L'inopposabilité n'existe que par rapport à la première procédure. C'est donc fort logiquement que la jurisprudence décide que l'inopposabilité à la première procédure n'emporte pas inopposabilité à la seconde procédure et autorise le propriétaire à revendiquer dans la seconde procédure, nonobstant l'absence de revendication dans la première[1]. Tout aussi logiquement, eu égard au principe d'indépendance des deux procédures, la jurisprudence décide que la revendication dans la première procédure ne dispense pas de revendiquer dans la seconde procédure[2], le contraire ayant toutefois été jugé[3].

524.37 Date de cessation des paiements de la procédure ouverte suite à résolution du plan de sauvegarde. Toutes les contraintes inhérentes à l'ouverture d'une procédure collective se retrouvent ici, par exemple la règle de l'arrêt des poursuites individuelles[4]. La résolution du plan entraîne ouverture d'une procédure autonome par rapport à la procédure ayant abouti au plan de continuation, de sauvegarde ou de redressement. De nouveaux organes, qui peuvent être différents de ceux nommés dans la première procédure, sont désignés[5].

Certaines particularités sont cependant ici notables, en ce qui concerne la fixation de la date de cessation des paiements. Tout d'abord, il se peut que la résolution du plan intervienne pour inexécution d'engagements autres que financiers et que, dès lors, il n'y ait pas cessation des paiements au jour de l'ouverture de la seconde procédure. Il est évident qu'en pareille hypothèse, aucune remontée de date de cessation des paiements n'est envisageable. La date de cessation des paiements n'aura même pas à être fixée, puisque la cessation des paiements n'aura pas à être constatée[6]. La solution ne se rencontre que sous l'empire de la législation antérieure à la loi de sauvegarde des entreprises[7]. Le tribunal, qui ne constate pas l'état de cessation des paiements, ne peut évidemment fixer une date de cessation des paiements et *a fortiori* une date antérieure au jugement de résolution du plan. En conséquence, le tribunal ne peut créer une période suspecte autorisant le jeu des nullités de la période suspecte[8].

Le tribunal peut, au contraire, constater l'état de cessation des paiements, en cas de résolution du plan. Conformément à la solution classique, il peut alors remonter la date de cessation des paiements de 18 mois au maximum. Cependant, une limite est ici nécessairement posée : la date de cessation des paiements ne saurait être antérieure à l'arrêté du plan[9], puisqu'il y aurait alors contrariété avec l'autorité de chose jugée attachée à la décision arrêtant le plan, laquelle postule l'existence de possibilités sérieuses de redressement et d'apurement du passif, ce qui semble bien inconciliable avec l'idée de cessation des paiements.

Si la résolution du plan intervient pour une inexécution d'engagements financiers, la cessation des paiements peut préexister à la résolution du plan.

1. Com. 20 juin 1995, nº 93-17.009, NP, *Rev. proc. coll.* 1995, 482, obs. crit. Soinne – Com. 20 mai 1997, nº 94-16.733, NP, *D. Affaires* 1997. 860.
2. Com. 14 mars 1995, nº 93-11.691, NP, *Dr. sociétés* 1995, nº 121, note Chaput – Com. 20 mai 1997, nº 94-16.733, NP, *RTD com.* 1998. 685, obs. Martin-Serf.
3. Douai, 2ᵉ ch., 23 oct. 1997, *Rev. proc. coll.* 2001, 29, nº 25, obs. Soinne.
4. Paris, 14ᵉ ch. B, 23 mars 1988, *JCP E* 1988. II. 15335, obs. M. Cabrillac et Vivant; *LPA* 1990, nº 62, p. 19, note Gallet – Paris, 14ᵉ ch. A, 7 févr. 1990, *Rev. proc. coll.* 1991, 203, obs. Calendini; *Rev. proc. coll.* 1991, 209, obs. Saint-Alary-Houin; *Rev. proc. coll.* 1991, 312, obs. Soinne.

SOINNE, nº 1635.

Com. 23 mai 1995, nº 92-19.088, *Bull. civ.* IV, nº 154; *RJDA* 1995. 997.

L. nº 2005-845, 26 juill. 2005, préc.

Com. 18 sept. 2007, nº 06-15.569, NP; nº 983 F-D; *Gaz. proc. coll.* 2008/1, p. 51, note Roussel Galle – Com. 8 déc. 2011, nº 10-25.267 NP; nº 1230 F-D.

Colmar, 22 nov. 1989, *Rev. proc. coll.* 1991, 313, 314, nºˢ 30, 31, obs. Soine – RAPPR. : Com. 7 avr. 2004, nº 03-10.230, NP.

CHAPITRE

525. Constat de l'exécution du plan de sauvegarde

SECTION 0
ORIENTEUR

525.00 **Plan du chapitre.**

Sect.	525.10	Conditions du constat de l'exécution du plan de sauvegarde
Sect.	525.20	Modalités du constat de l'exécution du plan de sauvegarde
Sect.	525.30	Utilité du constat de l'exécution du plan de sauvegarde

525.01 **Textes applicables.** (V. les références complètes s[s] n° 011).

> Législation issue de la loi de sauvegarde des entreprises.

C. com., art. L. 626-28

C. com., art. R. 626-42 (anc[t] D. 28 déc. 2005, art. 54), R. 626-50 (anc[t] D. 28 déc. 2005, art. 160), R. 626-51 anc[t] D. 28 déc. 2005, art. 161)

> Législation issue de l'ordonnance du 18 décembre 200.

C. com., art. L. 626-28

C. com., art. R. 626-42, R. 626-50, R. 626-51

525.02 **Jurisprudence de référence.**

> La décision constatant la bonne exécution du plan nst pas une mesure d'administration judiciaire, en ce qu'le est susceptible d'affecter les droits des créanciers.

• **Com. 8 sept. 2015,** n° 14-11.393, *Bul. civ.* IV [à paraî]; n° 733 FS-P+B

* V. s[s] n° 525.22

525.03 **Bibliographie indicative.** (V. les références -plètes s[s] n° 031).

> Article. Le Corre P.-M., « Les clôtures », *Rev. proc. ll.* 2008, p. 136.

SECTION 525.10
CONDITIONS DU CONSTAT DE L'EXÉCUTION DU PLAN DE SAUVEGARDE

525.11 **Conditions du consat de l'exécution plan de sauvegarde.** Sous l'enpire de la législati antérieure à la loi du 26 juillet 2005[1], la fin du plan de continuation n'était pas officialisée par une décision de justice. Il n'y avait donc de pas clôture des opérations du plan de continuation.

Une décision de la Cour de cassation permet toutefois de nuancer le propos. Un débiteur avait en effet payé son passif sur trois ans, au lieu des dix ans prévus par le jugement arrêtant le plan et avait obtenu du tribunal une décision de clôture de la procédure collective par extinction du passif. Ce jugement de clôture n'a pas autorité de chose jugée quant à l'extinction des créances[2]. En revanche, il appartient au créancier qui n'a pas été payé de rapporter la preuve de ce fait[3]. Autrement dit, le jugement de clôture de la procédure collective pour extinction du passif crée une présomption de paiement, qu'il appartient au créancier de combattre, ce qui n'est pas nécessairement facile.

D'une manière innovante, l'article L. 626-28 du code de commerce, dans la rédaction que lui donne la loi du 26 juillet 2005, prévoit que « quand il est établi que les engagements énoncés dans le plan ou décidés par le tribunal ont été tenus, celui-ci [...] constate que l'exécution du plan est achevée ».

Il est ainsi prévu une sorte de clôture des opérations du plan de sauvegarde. La différence par rapport à un jugement de clôture tient au fait que le tribunal ne prononce pas ici la clôture, mais procède seulement à un constat de l'exécution du plan[4].

1. L. n° 2005-845, 26 juill. 2005, *JO* 27 juill., p. 12187.
2. Com. 16 nov. 2010, n° 09-69.495, *Bull. civ.* IV, n° 177; n° 1173 FS-P+B; *D.* 2010. 2831, note Lienhard; *Gaz. Pal. entr. diff.* 7-8 janv. 2011, p. 30, note Voinot; *Act. proc. coll.* 2010/20, comm. 289, note Fin-Langer; *JCP E* 2011. 1105, note Barbièri; *JCP E* 2011. Chron. 1263, n° 6, obs. crit. Pétel; *Rev. proc. coll.* 2011/3-4, comm. 45, p. 52, note Fraimout; *LPA* 29 avr. 2011, n° 85, p. 9, note Reille; *LXB hebdo* 9 déc. 2010, n° 231, note Le Corre-Broly.
3. Com. 16 nov. 2010, n° 09-69.495, préc. (v. s[s] prés[t] n°).
4. VALLANSAN ET *ALII*, 6e éd., p. 274.

Le visa des engagements « décidés par le tribunal » résulte d'un amendement destiné à tenir compte des obligations imposées aux parties par le tribunal, à savoir l'inaliénabilité temporaire des biens [1].

Il n'est pas distingué selon le type d'engagements énoncés dans le plan. En conséquence, tous devraient avoir été respectés. En réalité, il faut plus exactement comprendre que, si aucune inexécution du plan n'a été sanctionnée par une résolution, après le paiement du dernier dividende du plan, il y aura place à clôture des opérations de plan.

La solution posée sous l'empire de la loi du 25 janvier 1985 [2] selon laquelle le jugement de clôture de la procédure collective pour extinction du passif n'a pas autorité de chose jugée quant à l'extinction des créances [3] est transposable en matière de constat de la complète exécution du plan. Comme en matière de clôture de la procédure collective pour extinction du passif, la décision de constat de la complète exécution du plan obligera le créancier qui n'a pas été payé à rapporter la preuve de ce fait [4].

Signalons une décision qui admet ce constat de la bonne exécution du plan, en constatant non que le débiteur avait payé tous ses créanciers, mais qu'il avait constitué une fiducie permettant de la faire, lui permettant ainsi que de faire procéder à la radiation des mentions relatives à son plan [5]. Audacieuse au regard de la lettre des textes, la solution mérite approbation en opportunité.

SECTION 525.20 MODALITÉS DU CONSTAT DE L'EXÉCUTION DU PLAN DE SAUVEGARDE

525.21 Saisine aux fins de constat de l'exécution du plan de sauvegarde. Selon l'article L. 626-28 du code de commerce, le tribunal peut être saisi aux fins de constater que l'exécution du plan est achevée à la requête du commissaire à l'exécution du plan, du débiteur ou de tout intéressé.

La saisine du tribunal interviendra par requête. La décision à intervenir a été présentée comme étant de nature gracieuse [6]. Il est exact qu'aucun contentieux n'existe entre des parties. Mais il semble possible d'aller plus loin et de voir dans cette décision un simple acte d'administration judiciaire.

Le tribunal doit statuer au vu du rapport établi par le commissaire à l'exécution du plan (C. com., art. R. 626-50, al. 1er). La décision du tribunal est communiquée au ministère public (C. com., art. R. 626-50, al. 2).

Le débiteur aura un intérêt tout particulier à cette saisine, pour son image en termes de crédit (v. s[s] n° 525.31). C'est en effet à son initiative, prévoit l'article R. 626-50, alinéa 3 du code de commerce, que les décisions relatives à la procédure seront radiées des registres et répertoires.

L'expression « tout intéressé » utilisé par l'article L. 626-28 du code de commerce pouvant saisir le tribunal aux fins de clôture des opérations du plan peut concerner un actionnaire de la société, qui a intérêt à ce que les mentions relatives à la procédure collective de la société disparaissent pour l'image de cette dernière [7].

Sous l'empire de loi de sauvegarde, dans sa rédaction d'origine, le constat de la complète exécution du plan apparaît aussi intéressant pour les créanciers antérieurs à l'ouverture de la procédure, ainsi que pour certains créanciers postérieurs ne bénéficiant pas du traitement préférentiel et astreints, en conséquence à déclarer leur créance au passif, et qui n'ont pas déclaré leur créance au passif. Ces créances non déclarées ne sont pas éteintes, mais leurs titulaires n'ont pu être payés dans le cadre des dividendes du plan, dans les prévisions de l'article L. 622-26, alinéa 1er du code de commerce. Ces créanciers doivent pouvoir reprendre leurs poursuites contre le débiteur [8] (v. s[s] n° 665.76). La clôture du plan de sauvegarde semble constituer une condition de la reprise de ses poursuites. Cette solution, que nous avions suggérée [9], a toutefois été démentie dans le rapport établi au nom de la commission des lois de l'Assemblée Nationale, au motif qu'il n'est pas prévu de régime de reprise des poursuites à l'instar de celui prévu après la clôture de la liquidation judiciaire pour insuffisance d'actifs [10]. Cette motivation nous semble bien insuffisante car, s'il est exact qu'aucune modalité procédurale n'est prévue, cela ne signifie pas, pour autant, que l'action est interdite. Cela signifie plus justement qu'elle sera, faute de disposition contraire, soumise au droit commun, le créancier devant établir ses droits comme s'il n'y avait jamais eu de procédure collective. Décider le contraire reviendrait à poser en règle l'extinction de la créance non déclarée, ce que le législateur a précisément écarté.

1. Amend. n° 130, Interv. Xavier de Roux, *JOAN CR*, 2e séance du 8 mars 2005, p. 1749, 1750.
2. L. n° 85-98, 25 janv. 1985, *JO* 26 janv., p. 1097.
3. Com. 16 nov. 2010, n° 09-69.495, préc. (v. s[s] prés[t] n°).
4. Com. 16 nov. 2010, n° 09-69.495, préc. (v. s[s] prés[t] n°) – Nîmes, 1re ch. B, 5 mai 2009, RG n° 08/03891, préc. (v. s[s] prés[t] n°).
5. TGI Bobigny, 11 déc. 2014, *Leden* 2015/1, comm 013, note Lucas.
6. *Rapp. Xavier de Roux*, n° 2095, p. 317.
7. LE CANNU, 7e éd., n° 967.
8. AUSSI : JACQUEMONT, 7e éd., n° 793.
9. « Les créanciers antérieurs dans le projet de sauvegarde des entreprises », Interv. Colloque Crajefe, Nice 27 mars 2004, *LPA* 10 juin 2004, n° 116, p. 25 s., sp. p. 30, n° 15.
10. *Rapp. Xavier de Roux*, n° 2095, p. 316.

L'ordonnance du 18 décembre 2008[1] conduit à une solution différente, dans la mesure où l'article L. 622-26, alinéa 2 du code, résultant de la rédaction que lui a donné l'ordonnance, énonce que les créances non déclarées, inopposables au débiteur pendant l'exécution du plan, le demeurent après complète exécution de celui-ci. Les créanciers, qui n'ont pas déclaré leur créance au passif, ne sont donc plus des personnes intéressées pour faire constater la complète exécution du plan de redressement par le débiteur.

525.22 Voies de recours sur la décision constatant ou refusant de constater l'exécution du plan de sauvegarde. Nous avions estimé que la décision par laquelle le tribunal statuait sur la demande de constat de l'exécution des obligations du débiteur au titre du plan de sauvegarde apparaissait comme un acte d'administration judiciaire. En conséquence, conformément au droit commun, cette décision n'aurait pas été susceptible de recours.

Au cours des travaux préparatoires de la loi de sauvegarde[2], une opinion contraire avait été soutenue, selon laquelle le droit commun des voies de recours en matière gracieuse aurait vocation à jouer[3].

C'est en ce sens que s'est fixée la Cour de cassation, posant clairement en règle que la décision constatant la bonne exécution du plan n'est pas une mesure d'administration judiciaire, en ce qu'elle est susceptible d'affecter les droits des créanciers[4]. Il s'agit, semble t-il, d'éviter d'imposer aux créanciers, dont la créance avait été contestée, et qui n'ont pas été payés pendant la durée du plan, d'avoir à renverser une présomption de paiement[5]. La solution a été posée à propos d'un plan de continuation, alors que sous l'empire de la loi du 25 janvier 1985[6], il n'existait pas, dans les textes, de décisions de constat de la bonne exécution du plan[7]. *A fortiori*, la solution s'imposera t-elle sous l'empire de la loi de sauvegarde des entreprises. Ainsi, la décision du tribunal constatant la bonne exécution du plan alors que les créances faisant l'objet d'une instance en cours n'avaient pas été payées, était-elle susceptible d'un recours de la part des créanciers. A été admise la tierce-opposition.

1. Ord. n° 2008-1345, 18 déc. 2008, *JO* 19 déc., p. 19462.
2. L. n° 2005-845, 26 juill. 2005, préc.
3. *Rapp. Xavier de Roux*, n° 2095, p. 317.
4. Com. 8 sept. 2015, n° 14-11.393, *Bull. civ.* IV [à paraître], n° 733 FS-P+B; *Gaz. Pal.* 19 janv. 2016, n° 3, p. 63, note Lebel; *Act. proc. coll.* 2015/16, comm. 262, note Cagnoli; *Dr. sociétés* 2015, comm. 202, note Legros; *JCP E* 2016, chron. 1000, n° 4, note Pétel; *Rev. proc. coll.* 2016, comm. 38, note Cagnoli.
5. Cagnoli, note s[s] Com. 8 sept. 2015, n° 14-11.393, préc.; *Rev. proc. coll.* 2016/3, comm. 38.
6. L. n° 85-98, 25 janv. 1985, préc.
7. Com. 8 sept. 2015, n° 14-11.393, préc.

SECTION 525.30

UTILITÉ DU CONSTAT DE L'EXÉCUTION DU PLAN DE SAUVEGARDE

525.31 Utilité de la clôture du plan de sauvegarde. L'absence de clôture du plan de continuation, sous l'empire de la législation antérieure à la loi du 26 juillet 2005[8], prive le chef d'entreprise des moyens de faire disparaître, dans les registres du greffe, au registre du commerce et des sociétés et au répertoire des métiers, la mention de l'existence d'un plan en cours, préjudiciable à l'image de l'entreprise[9].

Le dispositif de radiation des décisions relatives à la procédure figurant aux registres et répertoires (C. com., art. R. 626-50, al. 3) prévu par le texte issu de la loi du 26 juillet 2005 est donc de première importance pour l'entreprise, en lui restituant, selon l'expression d'un auteur, sa « virginité administrative et judiciaire »[10].

Notons que le décret du 12 février 2009[11] est allé plus loin. L'article R. 626-20, alinéa 2 du code de commerce, dans la rédaction que lui donne l'article 34 de ce décret, prévoit en effet que : « si le plan est toujours en cours à l'expiration d'un délai de deux ans à compter de son arrêté, les mentions relatives à la procédure et à l'exécution du plan sont, à l'initiative du débiteur, radiées des registres ou répertoires sur lesquels elles ont été portées ». Cette disposition est spécifique à l'exécution du plan de sauvegarde et est inapplicable, ainsi que le précise l'article L. 631-15, alinéa 1er du code, dans la rédaction que lui donne l'article 59, 1° du décret du 12 février 2009, à l'exécution du plan de redressement. Cette mesure est particulièrement topique de la volonté du législateur de tout faire pour améliorer le sort du débiteur sous sauvegarde par rapport à celui placé en redressement judiciaire.

Le décret du 7 décembre 2011[12] complète la réglementation, en prévoyant une radiation d'office du registre du commerce et des sociétés des mentions au terme d'un délai de trois ans d'exécution du plan de sauvegarde. Le décret du 23 mars 2012[13], pour sa part, prévoit la même solution pour le fichier bancaire des entreprises de la Banque de France (Fiben), ce qui restaure l'image de crédit du débiteur exécutant correctement son plan de sauvegarde.

8. L. n° 2005-845, 26 juill. 2005, préc.
9. *Rapp. Xavier de Roux*, n° 2095, p. 316.
10. PÉROCHON ET BONHOMME, 7e éd., n° 374.
11. D. n° 2009-160, 12 févr. 2009, *JO* 13 févr., p. 2596.
12. D. n° 2011-1836, 7 déc. 2011, *JO* 9 déc., p. 20878.
13. D. n° 2012-405, 23 mars 2012 modifiant l'article D. 144-12 du code monétaire et financier, *JO* 25 mars, p. 5423.

TITRE

530. Élaboration et adoption du plan de redressement

SECTION 0 ORIENTEUR

530.00 **Plan du titre.**

Chap.	**531**	**Règles d'élaboration du plan de redressement propres aux personnes morales**
Sect.	531.10	Offre de reprise interne – Plan de redressement par cession des actions
Sect.	531.20	Restructurations de la personne morale débitrice
Sect.	531.30	Éviction du dirigeant
Sect.	531.40	Incessibilité des parts ou actions détenues par les dirigeants
Sect.	531.50	Cession forcée des parts ou actions détenues par les dirigeants
Sect.	531.60	Entrée au capital de nouveaux associés ou actionnaires s'engageant à exécuter le plan de redressement dans les procédures avec comités de créanciers
Sect.	531.70	Subordination du plan à une conversion de créance en capital
Chap.	**532**	**Adoption du plan de redressement**
Sect.	532.10	Critères d'arrêté d'un plan de continuation ou de redressement
Sect.	532.20	Voies de recours à l'encontre de la décision statuant sur le plan de redressement
Sect.	532.30	Efficacité de la décision
Sect.	*532.40*	*Clôture de la procédure après arrêté du plan de redressement*

530.02 **Jurisprudence de référence.**

> Le plan de continuation ne peut avoir comme unique objectif l'apurement du passif (solution loi de 1985, abandonnée en 2005).

• **Com. 17 févr. 1998,** n° 95-14.237, *Bull. civ.* IV, n° 82

* V. s^s^ n° 530.09

« Vu les articles 1er, 8, 36, 61, 69, 142 et 146 de la loi du 25 janvier 1985, dans leur rédaction applicable en la cause;

Attendu que pour réformer le jugement [de conversion du redressement en liquidation judiciaire] et ouvrir une nouvelle période d'observation, l'arrêt se borne à constater que le débiteur occupe un emploi salarié et que sa proposition de rembourser, par son salaire, l'intégralité de son passif paraît réaliste; qu'il retient que l'établissement d'un plan sérieux d'apurement du passif n'est pas à exclure;

Attendu qu'en statuant ainsi, alors que les propositions d'apurement du passif ne peuvent constituer à elles seules un plan de redressement de l'entreprise, la cour d'appel, qui, en l'absence d'un tel plan organisant soit la continuation de l'entreprise, soit sa cession, soit sa continuation assortie d'une cession partielle, était tenue de prononcer la liquidation, a violé les textes susvisés. »

530.03 **Bibliographie indicative.** (V. les références complètes s^s^ n° 031).

> Actualisables.

› *Avant la loi du 26 juillet 2005.* RÉP. COM., Daigre J.-J., « Entreprises en difficulté – Redressement judiciaire (Personnes morales et dirigeants) », n°s 230 à 285; Monsérié-Bon M.-H., « Entreprises en difficulté – Redressement judiciaire (Période d'observation) », n°s 324 à 364; Poracchia D., Rizzo F. et Vinal N., « Entreprises en difficulté – Redressement judiciaire (Phase de traitement – Redressement ou liquidation) », n°s 2 à 48, 59 à 65 – J.-CL. COM., Le Corre P.-M., fasc. 2410, [Plan de continuation, conception, adoption et contenu]; Amlon G., fasc. 2315, [Sort des dirigeants]; Dom J.-P., fasc. 2375, [Situation des associés]; Jeantin M., fasc. 2380, [Effets sur les droits des porteurs d'obligations]; Vinckel F., fasc. 2600 [Plan de sauvegarde – formation].

› *Depuis la loi du 26 juillet 2005.* J.-CL. COM., Legros J.-P., [sort des dirigeants], 2014.

> Ouvrages antérieurs à la loi de sauvegarde des entreprises. Cerati-Gauthier A., *La société en procédure collective et son associé : entre indépendance et influence*, PUAM, 2002 – CHAPUT, n°s 382 à 387, 400 à 405, 411 – GUYON, n°s 1267 à

1269, 1271-1 – Jacquemont, nos 41 à 420, 647 à 651, 656 à 659, 669 – Kerckhove, nos 415 à 418, 721 à 723, 729 et 733 – Lebel, *L'élaboration du plan de continuation de l'entreprise en redressement judiciaire*, PUAM, 2000 – Le Cannu, nos 702 à 704, 707 et 708, 710 à 713, 719 à 724 – Le Cannu et *alii*, nos 668, 879 à 892, 1117 à 1120, 1128 à 1136 – Le Corre-Broly, nos 223 à 234, 242, 254 et 255 – Martin et Vallens, nos 3668 à 3693, 3702 à 3727, 3740 à 3745 – Neuville S., *Le plan en droit privé*, th., Toulouse, 1994 – Pérochon et Bonhomme, nos 243 à 246 – Pétel, nos 252, 293 297, 305 à 307 – Ripert et Roblot, nos 3172-7000 à 3178 – Saint-Alary-Houin, nos 474 à 480, 854 à 873, 883 à 888 – Soinne, nos 1440 à 144, 1455 à 1502, 1510 à 1518 – Taillard-Laugier N., *Les plans de redressement*, th., Lille II, 2004 – Vallansan, p. 149 à 167, 279 à 282.

> Ouvrages postérieurs à la loi de sauvegarde des entreprises. Coquelet, 5e éd., nos 358 à 385, 396, 402, 403, 405, 406 – Jacquemont et Vabres, 9e éd., nos 734 à 778, 784 – Le Cannu, 7e éd., nos 332 à 336, 856, 869 à 871, 879 à 912, 918 à 926, 951 à 955, 978 à 983 – Lienhard, 6e éd., no 115.13 – Pérochon, 10e éd., nos 1125 à 1137 – Pétel, 8e éd. nos 257 à 278 – Roussel Galle, 2e éd., nos 580 à 584, 587 à 595, 610 à 612 – Saint-Alary-Houin, 9e éd., nos 1098, 1099, 1102 – Vallansan et *alii*, 6e éd., p. 239 à 248, 251, 252, 324, 325, 327, 328 – Vallens, 2015, nos 4078 à 4111 – Vidal et Giorgini, nos 1131 à 1147, 1149 à 1152 – Voinot, 2e éd., nos 608 à 615, 685 et 686, 699, 700, 714.

> Articles. Chaput Y., « Les plans de sauvegarde et de redressement : renaissance légale de l'homme et de l'entreprise ? », *Mél. Didier*, Economica, 2008, p. 115 – Duverne-Hanachowicz, « Difficultés d'application de la loi de sauvegarde : la cession dans le cadre d'une liquidation judiciaire », *LPA* 24 oct. 2007, no 213, p. 3 – Fraimout J.-J., « La réforme des plans de sauvegarde et de redressement », *Rev. proc. coll.* 2009, 11, p. 84 – Froehlich Ph., « La nouvelle répartition des rôles entre administrateurs et mandataires judiciaires », *LPA* 14 juin 2007, no 114, p. 79 – Le Cannu P., « La société et les groupes de sociétés pendant la période d'observation », intervention Colloque Crajefe, Nice – Sophia-Antipolis, 2001, *LPA* 9 janv. 2002, no 7, p. 48 – Lebel Ch., « Les plans de sauvegarde et de redressement dans l'ordonnance du 18 décembre 2008 », *Gaz. Pal.* 6-7 mars 2009, no sp. p. 46 – Monsérié-Bon M.-H., « La situation des associés après l'ordonnance du 12 mars 2014 », *BJE* mai 2014, 178 – Monsérié-Bon M.-H., « La situation des associés après l'ordonnance du 12 mars 2014 », *BJE* mai 2014, 178 – Pérot-Reboul C., « les plans dans la loi de sauvegarde », *LPA* 17 févr. 2006, no 35, p. 30 – Peyramaure Ph., « Vers un droit de la restructuration des entreprises en difficulté », *LPA* 17 févr. 2006, no 35, p. 36 – Sortais J.-, « Les attraits de la liquidation-cession », *LPA* 14 juin 2007, no 119, p. 28 – Vermeille S., « Peut-on prêter pour posséder ("loan to own") en droit français ? », *JCP E* 2009. 1709.

530.04 Question essentielle.

• Un plan de redressement peut-il avoir pour unique objectif le paiement du passif ?

* *V. ss no 530.09.*

530.09 Objectif du plan de continuation ou de redressement : Une entreprise à redresser ou un débiteur à redresser. Le législateur n'envisage que le redressement de « l'entreprise ». La loi du 25 janvier 1985[1], dans son titre, n'évoquait que la procédure de redressement judiciaire. C'était la procédure phare de cette législation, qui n'évoquait pas dans son titre la liquidation judiciaire. On sait pourtant que cette procédure s'applique au moins neuf fois sur dix.

La loi du 26 juillet 2005[2] procède identiquement : c'est une loi de sauvegarde des entreprises. Elle reprend, en son titre, le nom de la procédure qu'elle considère comme essentielle, digne de toutes les attentions. De ce fait, la procédure de redressement judiciaire passe au second plan. Alors, dans ces conditions, pourquoi la maintenir ? Les travaux parlementaires donnent la réponse. « Les conditions mises à la procédure de sauvegarde ne permettent probablement pas de traiter toutes les difficultés des entreprises de façon préventive. En effet, de nombreuses entreprises, et plus particulièrement les PME, agiront trop tardivement pour bénéficier de cette procédure. Elles doivent donc bénéficier d'une procédure ouverte après la cessation des paiements qui leur permettent de continuer éventuellement leur activité »[3].

La procédure de redressement judiciaire ne s'appliquera donc que par défaut, si la procédure de sauvegarde n'est plus envisageable, parce qu'il y a déjà cessation des paiements, ou depuis l'ordonnance du 18 décembre 2008[4], en cas d'impossibilité d'arrêter un plan de sauvegarde et d'imminence de la cessation des paiements, si le débiteur demande la conversion en redressement judiciaire. Dans cette logique, la loi du 26 juillet 2005 commence par énoncer les règles applicables à la procédure de sauvegarde puis, dans un titre III, énonce les règles applicables à la procédure de redressement judiciaire, qui emprunte de manière assez substantielle à celle de la procédure de sauvegarde, pour une raison assez simple : les règles anciennes du redressement judiciaire ont été transposées à la procédure de sauvegarde qui, par effet de ricochet, voit nombre de ses règles étendues à la procédure de redressement judiciaire.

Le plan de continuation d'hier ne pouvait concerner qu'une entreprise. Ce plan avait pour objet de permettre la sauvegarde de l'entreprise, le maintien de l'activité et de l'emploi et l'apurement du passif (C. com., art. L. 620-1). Le plan de continuation ne pouvait donc tendre simplement à l'apurement du passif[5], indépendamment d'une continuation d'activité[6].

1. L. no 85-98, 25 janv. 1985, *JO* 26 janv., p. 1097.
2. L. no 2005-845, 26 juill. 2005, *JO* 27 juill., p. 12187.
3. *Rapp. Xavier de Roux*, no 2095, p. 337.
4. Ord. no 2008-1345 18 déc. 2008, *JO* 19 déc., p. 19462.
5. Com. 17 févr. 1998, no 95-14.237, *Bull. civ.* IV, no 82; *D. Affaires* 1999. 583 – Com. 27 oct. 1998, no 96-11.049, NP, *Act. proc. coll.* 1999/2, no 25 – Com. 16 févr. 1999, no 95-19.728, NP, *RJDA* 1999/5, no 577 – Com. 30 mars 1999, no 95-21.630, NP, no 713 F-D.
6. Com. 12 juill. 1994, no 92-17.458, NP, *Rev. proc. coll.* 1995, 130, no 10, obs. Soinne – Com. 28 mars 1995, no 92-21.056, NP, *Rev. proc. coll.* 1995, 131, no 10, obs. Soinne – Com. 24 oct. 1995, no 93-15.401, NP, *Rev. proc. coll.* 1995, 410, no 12, obs. Soinne – Com. 12 nov. 1997, no 95-17.693, *Bull. civ.* IV, no 289; *RJDA* 1998/3, no 316 – Douai, 2e ch., 26 oct. 1995 et Paris, 3e ch. C, 10 mai 1996, *Rev. proc. coll.* 1996, 437, no 18, obs. Soinne.

Le plan de continuation ne devait pas avoir pour seul objet d'allonger les délais de règlement des créanciers. Le sacrifice qui leur était imposé avait une cause et une seule : le redressement de l'entreprise. S'il n'était plus question de cela, il était hors de propos de réduire les droits des créanciers en leur imposant des délais n'ayant pour objet que d'améliorer le sort du débiteur[1], par exemple pour éviter la vente de sa maison d'habitation[2]. Des considérations d'équité avaient cependant conduit parfois des juridictions à s'écarter de ces critères[3]. Plus rigoureusement, avait ainsi été exclue la possibilité pour une société holding, n'ayant pas d'activité ni de salarié, de bénéficier d'un plan de continuation[4]. En présence d'un groupement d'intérêt économique, d'une société en nom collectif ou plus généralement d'une personne morale dont les associés étaient indéfiniment et solidairement responsables du passif, il fallait, sous l'empire de la législation antérieure à la loi de sauvegarde des entreprises, rechercher si chaque membre ou associé est à la tête d'une entreprise. Si tel n'était pas le cas, l'arrêté d'un plan de continuation au profit de la personne morale n'entraînait pas nécessairement, au profit de chaque membre, un plan de continuation[5].

En revanche, il importait peu que l'entreprise, dont il fallait assurer le redressement, fût directement exploitée par le débiteur. Un plan de continuation pouvait être accordé au bailleur d'un fonds de commerce en location-gérance[6]. En pareille occurrence, le paiement des créanciers devait être assuré par la perception des redevances de la gérance.

Il apparaît aujourd'hui que le plan de redressement, vocable de substitution qu'utilise la loi de sauvegarde des entreprises, peut également concerner le débiteur, indépendamment de son entreprise (v. s^s n° 532.12). Certes, la procédure de redressement judiciaire est toujours destinée à permettre la poursuite de l'activité de l'entreprise, le maintien de l'emploi et l'apurement du passif (C. com., art. L. 631-1, al. 2). La suppression du visa de « la sauvegarde de l'entreprise », dans la législation nouvelle, s'explique par le fait de l'existence d'une procédure particulière, la procédure de sauvegarde. Cette modification n'a toutefois aucune incidence sur l'interprétation. Mais rien n'interdit aujourd'hui l'arrêté d'un plan de redressement au profit d'un débiteur dont l'entreprise a fait l'objet d'un plan de cession totale (v. s^s n° 570.09).

En présence d'un EIRL, seul le passif se rattachant au patrimoine concerné par la procédure collective sera traité dans le cadre du plan, non le passif se rattachant aux autres patrimoines de l'intéressé.

1. Rennes, 6e ch., 6 mai 1992, *Rev. proc. coll.* 1994, 170, n° 4, obs. Soinne – Paris, 3e ch. A, 23 mai 1995, *Rev. proc. coll.* 1995, 410, n° 12, obs. Soinne.
2. Versailles, 16 févr. 1995, *Rev. proc. coll.* 1995, 130, n° 10, obs. Soinne.
3. Paris, 3e ch. B, 13 juin 2003, RG n° 2002/07951.
4. Paris, 1er mars 2002, *RJDA* 2002/8-9, n° 914.
5. V. obs. Soinne, *Rev. proc. coll.* 1996, 371, n° 4.
6. Com. 11 avr. 1995, n° 93-12.549, 93-13.275, *Bull. civ.* IV, n° 125 ; *Quot. Jur.*, 9 mai 1995, n° 37, p. 5, note P.-M. ; *Rev. proc. coll.* 1995, 39, n° 17, obs. Soinne.

CHAPITRE

531. Règles d'élaboration du plan de redressement propres aux personnes morales

SECTION 0
ORIENTEUR

531.00 **Plan du chapitre.**

Sect. 531.10 Offre de reprise interne – Plan de redressement par cession des actions

Sect. 531.20 Restructurations de la personne morale débitrice

Sect. 531.30 Éviction du dirigeant

Sect. 531.40 Incessibilité des parts ou actions détenues par les dirigeants

Sect. 531.50 Cession forcée des parts ou actions détenues par les dirigeants

Sect. 531.60 Entrée au capital de nouveaux associés ou actionnaires s'engageant à exécuter le plan de redressement dans les procédures avec comités de créanciers

Sect. 531.70 Subordination du plan à une conversion de créance en capital

531.01 **Textes applicables.** (V. les références complètes s[s] n° 011).

> Législation issue de la loi du 26 juillet 2005.

C. com., art. L. 631-13, L. 631-19, l

C. com., art. R. 631-14 (anc[t] D. 28 déc. 2005, art. 18.

R. 631-34 (anc[t] D. 28 déc. 2005, art. 202)

> Législation issue de l'ordonnance du 18 décembre 2008.

C. com., art. L. 631-13, L. 631-19, l

C. com., art. R. 626-32, R. 631-14, R. 631-34 à R. 631-34-3

> Législation issue de l'ordonnance du 12 mars 2014.

C. com., art. L. 631-9-1

C. com., art. R. 631-34-5 à R. 631-34-7

> Législation issue de la loi du 6 août 2015.

C. com., art. L. 631-19-2, L. 661-1

531.02 **Jurisprudence de référence.**

> Le tribunal ne peut imposer la reconstitution des capitaux propres.

• **Com. 15 janv. 1991,** n° 89-15.822, *Bull. civ.* IV, n° 27

* V. s[s] n° 531.23

« Mais attendu que l'arrêt énonce à juste titre que le tribunal ne peut, lorsque le plan comporte des mesures de restructuration du capital social, imposer l'adoption des modifications statutaires correspondantes qui sont subordonnées au vote favorable des associés. »

> La mesure d'incessibilité des parts ou actions détenues par les dirigeants n'est pas jugée contraire aux dispositions de l'article 1er du premier protocole additionnel de la Convention européenne des droits de l'homme et des libertés fondamentales et 544 du code civil.

• **Com. 12 juill. 2005,** n° 03-14.045, *Bull. civ.* IV, n° 174

* V. s[s] n° 531.41

> La décision de cession forcée des parts ou actions est susceptible d'une voie de recours de la part du dirigeant concerné.

• **Com. 26 juin 2001,** n° 98-19.665, *Bull. civ.* IV, n° 127

* V. s[s] n° 531.54

« Vu l'article 543 du Nouveau code de procédure civile;

Attendu que pour déclarer irrecevable l'appel formé par Mmes L... contre ce jugement, l'arrêt retient que lorsque le tribunal fait usage, pour arrêter un plan de redressement, du pouvoir qui lui est accordé par l'article 23 de la loi du 25 janvier 1985, ce chef de sa décision, indissociable du plan, n'est pas susceptible d'appel, par application des dispositions de l'article 171, 2° de la loi du 25 janvier 1985, dès lors que cet appel ne porte que sur le principe et non sur les modalités d'une telle cession d'actions et que, comme en l'espèce, le tribunal motive sa décision par le souci d'assurer la survie de la société ;

Attendu qu'en statuant ainsi, alors que la disposition du jugement qui ordonne la cession des actions détenues par un ou plusieurs dirigeants sociaux en application de l'article 23 de la loi du 25 janvier 1985, devenu l'article L. 621-59 du code de commerce, est susceptible d'appel de la part de ces dirigeants, l'arrêt a violé le texte susvisé. »

> La société débitrice ou son dirigeant sont sans qualité pour demander l'application de la mesure de cession forcée des parts ou actions aux autres associés ou pour contester son application à l'un des associés.

• **Com. 4 févr. 2003,** n° 99-20.536, NP

* V. s[s] n° 531.44

531.03 **Bibliographie indicative.** (V. les références complètes s[s] n° 031 – Aussi s[s] n° 530.03).

> Articles.

› *Étude d'ensemble.* Blanc. G., « Le dispositif de la loi Macron relatif aux entreprises de plus de cent cinquante salariés », *D.* 2015. 2460 – Cérati-Gauthier A., « La fusion, outil de redressement d'une entreprise en difficulté », *BJE* 2016, 140 – Vermeille S., « Le volet droit des faillites de la loi Macron : une intention louable au départ, mais un résultat dangereux à l'arrivée », *D.* 2015. 382.

› *Dirigeants, associés.* Barbièri J.-F., « Dirigeants et associés d'une entreprise en difficulté : entre partenaires et débiteurs », *LPA* 30 sept. 2008, n° 196, p. 6 – Bermond de Vaulx J.-M., « Le sort des droits sociaux détenus par le dirigeant d'une société en redressement ou en liquidation judiciaire », *Rev. sociétés* 1990. 221 s. – Bourbouloux H. et Fort C., « L'éviction des actionnaires d'une société en redressement judiciaire », *BJE* 2016, 287 – Cérati-Gauthier A., « La cession forcée des titres des dirigeants sociaux », *LPA* 1-2 janv. 2004, n° 1-2, p. 3 ; « L'associé dans la loi de sauvegarde des entreprises », *Rev. sociétés* 2006. 305 ; « Projet de loi pour la croissance, l'activité et l'égalité des chances économiques : des atteintes justifiées aux droits des associés et actionnaires de la société débitrice », *BJE* 2015, 129 – Dammann et Lucas, « Le nouveau dispositif de dilution ou d'éviction de l'associé qui ne finance pas le plan de redressement de la société », *BJS* 2015. 521 – Degenhardt E., « La hiérarchie du bec toujours renversée en procédure collective ? – L'augmentation forcée du capital et la cession forcée des parts sociales », *BJE* 2015, 432 – Dumont-Lefrand M.-P., « Les plans : quelle place pour les actionnaires ? », *Rev. proc. coll.* 2014, dossier 20 – Lucas F.-X., « Les actionnaires face à leurs responsabilités – Quelles responsabilités ? (1re partie) », *Rev. proc. coll.* 2014, dossier 36 ; « Le financement imposé à l'associé sous peine d'éviction », colloque Montpellier 29 mai 2015, *Act. dr. entr.* 2015, p. 93 – *Martin-Serf A., « Les dirigeants et la procédure* collective », *in* « Le droit des sociétés à l'épreuve des procédures collectives », Colloque Crajefe, Nice 2001, *LPA* 9 janv. 2002, p. 31 – Parachkévova I., « L'augmentation de capital forcée dans la loi Macron », *BJS* 2015. 529 – Pujol F., « La libération du capital social dans les procédures collectives », *Dr. et patr.* 2003/6, p. 36 – Revial Th., « Les actionnaires face à leurs responsabilités – Quelles responsabilités ? (2e partie) », *Rev. proc. coll.* 2014, dossier 37 – Roussel Galle Ph., « Associés, dirigeants et plans de continuation dans la société en difficulté », in « La loi de sauvegarde à l'épreuve du droit des sociétés », Dammann (dir.), *Bull. Joly* 2009. 1109, § 226 – Saintourens B., « Les associés et le plan de continuation », *Rev. proc. coll.* 2015, dossier 42, p. 80 – Teboul G., « La dépossession forcée de l'associé majoritaire d'une entreprise en difficulté », *LPA* 22 oct. 2015, n° 211, p. 5.

› *Accord de subordination.* Bebe Épale A. et Garcia Ch., « Les plans face aux accords de subordination », *LPA* 23 juill. 2012, n° 146, p. 4.

› *Cession, reprise interne.* Cérati-Gauthier A., « La promotion de la "reprise interne" dans l'ordonnance n° 2014-326 du 12 mars 2014 », *JCP E* 2014, étude 1435 – Diesbecq A., « La cession interne : un mode original de transmission de l'entreprise en difficulté », *Gaz. Pal.* 2009, Doctr. 97 – Fabriès-Lecea E., « L'acquisition préférentielle, un atout dans la restructuration de l'entreprise en difficulté », *Rev. proc. coll.* 2011, études 14 – Gaudemet A. et Monsérié-Bon M.-H., « Reprise interne d'une société en difficulté », *Rev. proc. coll.* 2015, dossier 56.

› *Créanciers.* Fraimout J.-J., « Des plans plus attractifs pour les créanciers », *Rev. proc. coll.* 2014, dossier 19.

531.04 **Questions essentielles.**

• Les règles du droit des sociétés concernant la modification du capital sont-elles écartées en cas de plan de redressement ?

* V. s[s] n°s 531.22 et 531.62.

• Peut-on imposer la cession de ses actions à un associé influent ?

* V. s[s] n° 531.65.

SECTION 531.10
OFFRE DE REPRISE INTERNE – PLAN DE REDRESSEMENT PAR CESSION DES ACTIONS

531.11 **Offre de reprise interne**[1]**.** Aux termes de l'article L. 631-13 du code de commerce, « dès l'ouverture de la procédure, les tiers sont admis à soumettre à l'administrateur des offres tendant au maintien de l'activité de l'entreprise, par une cession totale ou partielle de celle-ci selon les dispositions de la section I du chapitre II du titre IV ». Notons que pareille disposition n'existe pas dans la procédure de sauvegarde.

Il en résulte que les tiers visés peuvent présenter des offres de reprise de l'entreprise par voie de cession des actions, ce que la pratique appelle plan de reprise par voie interne. Il s'agit là d'une forme de plan de redressement.

Il a été soutenu que la reprise par voie interne, c'est-à-dire dans le cadre d'un plan de redressement

Diesbecq, « La cession interne : un mode original de transmission de l'entreprise en difficulté », *Gaz. Pal.* 2009, doctr. 97 – Gaudemet et Monsérié-Bon, « Reprise interne d'une société en difficulté », *Rev. proc. coll.* 2015/11, dossier 56.

par cession des actions, n'impliquait pas que le « repreneur » soit un tiers[1]. Cependant, la disposition ici analysée est générale. Elle a donc vocation à s'appliquer tant au plan de redressement qu'au plan de cession. La Cour de cassation a donc pu juger que la convention prévoyant la cession par les dirigeants de la société débitrice des actions au profit de tiers prenant l'engagement de leur rétrocéder ensuite était nulle pour cause illicite[2].

Cela ne signifie pas que des associés de la personne morale ne puissent acquérir des parts de celle-ci appartenant à d'autres associés. Mais, en pareil cas, la réglementation de la reprise interne n'a pas à s'appliquer. Le tribunal appréciera donc la situation sans particularité par rapport à un plan de continuation classique. Aucun « cadeau » n'aura à être fait aux associés « repreneurs », quant aux modalités d'apurement du passif classiquement admises par la juridiction concernée. L'ouverture de la procédure collective n'a pas pour effet de mettre fin à l'application d'un pacte d'actionnaire. Il en résulte que le droit de préemption ouvert aux autres actionnaires doit être respecté[3], cependant que l'article L. 631-19-1 du code de commerce prévoit, lorsqu'il y a cession forcée des parts ou actions, que les clauses d'agrément sont réputées non écrites. Il ne s'agit là toutefois que des clauses statutaires d'agrément. Il ne semble pas, faute de texte en ce sens, que les règles légales d'agrément posées pour certaines sociétés soient affectées, l'opinion contraire ayant cependant été soutenue[4]. La même solution est posée, depuis la loi du 6 août 2015[5], dite loi Macron, pour la cession forcée des parts ou actions de certains associés, en cas de nécessité d'augmenter le capital social (C. com., art. L. 631-19-2).

Dès lors que le candidat à la reprise des actions s'engage à apporter une somme importante en compte courant, il n'y a pas place à nullité de la cession pour vileté du prix[6].

Le candidat à la reprise des actions ne peut exercer une voie de recours contre la décision rejetant sa proposition car il n'émet pas, au sens procédural, de prétentions lui donnant qualité à agir[7].

1. Soinne, n° 1443.
2. Com. 15 janv. 2013, n° 11-12.495, NP, *BJE* mai 2013, comm. 74, note Cérati-Gauthier.
3. Aix-en-Provence, 8e ch. B, 5 déc. 2003, *Bull. Joly* 2008-9, p. 1077, § 211, note Cérati-Gauthier.
4. Vallansan et alii, 6e éd., p. 241.
5. L. n° 2015-990, 6 août 2015, *JO* 7 août, p. 13537, dite loi Macron.
6. Com. 15 janv. 2013, n° 11-12.495, préc.
7. Com. 25 oct. 1994, n° 93-10.095, *Bull. civ.* IV, n° 315; *LPA* 25 janv. 1995, n° 11, p. 19, note Derrida; *JCP E* 1995. I. 455, obs. Pétel – Com. 3 févr. 1998, n° 95-17.329; n° 347-D.

Le plan de redressement par rachat des actions est radicalement différent d'un plan de cession par voie externe. Il en résulte que le candidat à la reprise par voie interne ne peut, en cause d'appel, présenter un plan de cession. Son offre serait jugée nouvelle et ne pourrait, en conséquence, être connue, pour la première fois, en cause d'appel[8].

Les offres sont enfermées dans des délais fixés par l'administrateur pour leur dépôt au greffe (C. com., art. R. 631-39, al. 1er). Ces offres doivent être envoyées à l'administrateur s'il en a été nommé un, puis être déposées au greffe du tribunal, pour permettre aux tiers d'en prendre connaissance.

Le fait pour un tiers de prendre l'engagement de déposer une offre de reprise par voie interne et de ne pas y donner suite est susceptible, s'il s'agit d'un véritable engagement et non pas simplement d'un courrier contenant description préliminaire des moyens proposés afin d'assurer la sauvegarde du débiteur, d'engager sa responsabilité délictuelle, car il est question de prendre un engagement dans le cadre de la procédure collective d'un débiteur, ce qui est exclusif d'une responsabilité contractuelle, les banques envers lesquelles l'engagement n'était donc pas pris ne pouvant engager la responsabilité contractuelle du candidat à la reprise[9].

Un tiers peut encore s'engager pendant le redressement judiciaire à racheter les parts d'un associé, sous condition suspensive de l'adoption du plan de redressement. L'acquéreur des parts ne peut, pour se soustraire à ses obligations, invoquer l'inobservation des règles relatives l'agrément, cette inobservation ne pouvant être invoquée que par les associés dont le consentement est requis pour la cession des parts[10].

Section 531.20 Restructurations de la personne morale débitrice

531.21 Règles générales relatives aux restructurations de la personne morale. La restructuration de l'entreprise sera généralement une condition *sine qua non* de la réussite d'un plan de redressement. Elle va en effet souvent permettre l'apport d'argent frais par l'introduction de nouveaux associés. C'est pourquoi le législateur a pris le soin de coordonner les règles des procédures collectives de paiement avec celles du droit des sociétés[11], lesquelles auraient pu

8. Douai, 6 oct. 1994, *Rev. proc. coll.* 1995. 405, n° 4, obs. Soinne.
9. Com. 13 janv. 2015, n° 13-16.518, NP; n° 28 F-D.
10. Com. 20 mai 2014, n° 13-16.187, NP; n° 498 F-D.
11. Le Cannu, 6e éd., n° 719.

constituer un obstacle face à cette introduction de nouveaux associés. L'administrateur veillera à informer le tribunal sur les éventuelles difficultés rencontrées pour la modification ou la reconstitution des capitaux propres[1].

Les modifications seront prises par l'assemblée des associés et le seront sous condition de l'arrêté du plan[2], qui seul les justifiait.

Ces modifications pourront d'abord être réalisées pendant la période d'observation.

Si les modifications statutaires ne sont pas intervenues au jour de l'arrêté du plan, le tribunal, dans le jugement arrêtant le plan, donnera mandat à l'administrateur de convoquer l'assemblée pour y procéder (C. com., art. L. 626-16, disposition applicable en redressement judiciaire, C. com., art. L. 631-19, I). Elles ne peuvent être imposées par le tribunal, qui se contentera de mentionner les modifications statutaires nécessaires à la continuation de l'entreprise (C. com., art. L. 626-15, réd. loi de sauvegarde des entreprises[3], ce texte de la procédure de sauvegarde étant applicable en redressement judiciaire : C. com., art. L. 631-19, I). Ainsi, il a pu être jugé que l'augmentation du capital social ne peut être décidée par le jugement adoptant le plan. Elle doit être votée par l'assemblée des associés[4].

La loi de modernisation de la justice du XXIe siècle a supprimé les articles L. 626-15 à L. 626-17, tout en modifiant l'article L. 626-3. Il est préférable de se préoccuper de ces questions lors de la préparation du plan, plutôt qu'après son adoption. Comme cela a été précisé lors des travaux parlementaires de la loi de modernisation de la justice du XXIe siècle, « il est alors préférable de prévoir les modifications statutaires avant l'arrêté du plan plutôt qu'après, afin d'éviter de revenir devant le tribunal pour modifier le plan ».

La convocation de l'assemblée interviendra dans les formes et délais prévus aux articles R. 626-1 à R. 626-3 du code, ces textes de la sauvegarde étant applicables en redressement judiciaire (C. com., art. R. 631-34, al. 1er). Même si le tribunal n'a pas confié ce mandat à l'administrateur, ce dernier tient de l'article R. 631-34, alinéa 2 le pouvoir de convoquer l'assemblée compétente si les dirigeants n'y procèdent pas. Notons que ce texte est spécifique au redressement judiciaire.

Selon une disposition applicable à la sauvegarde (C. com., art. L. 626-16-1), depuis l'ordonnance du 12 mars 2014[5] (art. 38 – v. s[s] n° 511.21), les règles de vote des assemblées pour l'adoption des modifications statutaires nécessaires au sauvetage de l'entreprise sont modifiées, par rapport au droit commun des sociétés, sur première convocation seulement, lorsque le tribunal a donné mandat à l'administrateur judiciaire à l'effet de convoquer ces assemblées.

Ces modifications statutaires seront les mêmes que celles déjà examinées en sauvegarde (v. s[s] n° 511.21).

531.22 Modifications du capital. Si le débiteur est une société de capitaux, l'administrateur peut proposer une modification du capital. L'article L. 626-3 du code de commerce, texte de la procédure de sauvegarde applicable en redressement judiciaire (C. com., art. L. 631-19, I) régit cette situation. Depuis la loi de sauvegarde[6], le texte ne précise cependant pas que la demande de modification du capital doit émaner de l'administrateur judiciaire, ce qui se comprend en sauvegarde puisque le chef d'entreprise reste aux commandes. Mais la solution n'est pas différente en redressement judiciaire du fait du renvoi opéré par l'article L. 631-19, I du code à l'article L. 626-3, et cela sans adaptation.

L'augmentation du capital social ne peut être décidée par le jugement adoptant le plan. Elle doit être votée par l'assemblée des associés. Celui qui se présente comme associé unique ne peut former une tierce opposition au jugement adoptant le plan. Sa contestation ne peut prendre que la forme d'une contestation de la décision de l'assemblée des associés, en ce qu'elle ne serait pas constituée d'associés[7].

L'assemblée générale de la société est appelée à se réunir, sur convocation de l'organe compétent, auquel la demande a été présentée pour décider de cette augmentation (C. com., art. L. 626-3, texte de la sauvegarde applicable en redressement : C. com., art. L. 631-19, I). L'article R. 626-1 du code de commerce prévoit que les assemblées sont convoquées conformément aux dispositions du livre II du code de commerce, c'est-à-dire les règles du droit des sociétés commerciales. Le texte réserve cependant l'application de quelques dispositions (C. com., art.

1. IFPPC *1999, recomm.* n° 3120-1, p. 78.
2. RAPPR. : PÉROCHON, 9e éd., n° 903.
3. L. n° 2005-845, 26 juill. 2005, *JO* 27 juill., p. 12187.
4. Com. 2 juill. 2013, n° 12-18.902, *Bull. civ.* IV, n° 113; n° 689 F-P+B; *Gaz. Pal.* 29 sept. 2013, n° 272, p. 25, note Lebel; *Act. proc. coll.* 2013/14, comm. 206, note Vallansan; *BJE* nov. 2013, 356, note Monsérié-Bon; *Dr. sociétés* 2014, n° 13, note Legros; *Rev. proc. coll.* 2014/1, comm. 6, note Cagnoli.
5. Ord. n° 2014-326, 12 mars 2014, *JO* 14 mars, p. 5249.
6. L. n° 2005-845, 26 juill. 2005, préc.
7. Com. 2 juil. 2013, n° 12-18.902, *Bull. civ.* IV, n° 113; n° 689 F-P+B; *Gaz. Pal.* 29 sept. 2013, n° 272, p. 25, note Lebel; *Act. proc. coll.* 2013/14, comm. 206, note Vallansan; *BJE* nov. 2013, 356, note Monsérié-Bon; *Dr. sociétés* 2014, n° 13, note Legros; *Rev. proc. coll.* 2014/1, comm. 6, note Cagnoli.

R. 626-2 et R. 626-3). Tous ces textes de la procédure de sauvegarde sont applicables en redressement judiciaire (C. com., art. R. 631-34).

L'augmentation de capital n'étant pas une opération de gestion, il en résulte que des associés représentant au moins un dixième du capital, qui peuvent demander en justice la désignation d'un ou de plusieurs experts chargés de présenter un rapport sur une ou plusieurs opérations de gestion, ne disposent pas de cette faculté lorsqu'il est question d'une augmentation de capital, celle-ci interviendrait-elle dans le cadre de l'adoption d'un plan[1].

L'administrateur peut d'abord solliciter la modification du capital social, indépendamment des pertes constatées, en proposant le plan de continuation, de redressement ou de sauvegarde. Le code n'exige aucune modalité particulière pour cette augmentation de capital[2]. Elle peut donc intervenir par apport d'argent frais. Dans cette hypothèse, la libération du capital interviendra dans les conditions fixées par le tribunal lors de l'arrêté du plan. Elle peut aussi avoir lieu sous forme de remise de dette ou d'extinction des créances, ou encore par réduction du capital social, laquelle devra cependant être suivie d'une augmentation faite par souscription de tiers (C. com., art. L. 626-3, al. 2, applicable en redressement judiciaire : C. com., art. L. 631-19, I). Il est cependant exclu qu'il y ait augmentation de capital par apport en nature, à l'exception de la technique expressément permise par l'article L. 626-17 du code de commerce applicable en redressement judiciaire (C. com., art. L. 631-19, I), c'est-à-dire la compensation entre une créance détenue sur la société et une augmentation de capital. Cette technique, propre aux sociétés anonymes en droit commun (C. com., art. L. 225-127), est ici applicable pour toutes formes de sociétés[3]. La compensation n'interviendra cependant qu'à hauteur de la créance admise au passif et remisée, si le créancier participant à l'augmentation de capital a accepté une remise de dette. En outre, la libération du capital devant alors être immédiate, il en résulte que le créancier participant à l'augmentation de capital sera payé plus rapidement que ce que prévoient les dispositions du plan. Il a été soutenu qu'il fallait en tenir compte pour procéder à une réactualisation de sa créance[4]. Faute de texte en ce sens, la solution ne semble pouvoir être suivie, puisqu'elle fait échec au principe civiliste du nominalisme monétaire. En outre, en pratique, l'incertitude régnerait sur le choix de l'indice à retenir pour le calcul de réactualisation. La compensation, qui ne serait envisagée qu'après adoption du plan, supposera une modification substantielle dans les moyens du plan[5].

L'opération de réduction de capital à zéro et l'annulation consécutive d'obligations – solution posée pour des porteurs d'obligations remboursables en actions (ORA) – touche aux conditions d'attribution de titres de capital déterminées au moment de l'émission. Les assemblées générales des titulaires de valeurs mobilières donnant accès à terme au capital sont appelées à autoriser toutes modifications au contrat d'émission et à statuer sur toute décision touchant aux conditions de souscription ou d'attribution de titres de capital déterminées au moment de l'émission. Il en résulte que le tribunal ne peut arrêter un plan de sauvegarde [ou de redressement] intégrant une décision de réduction du capital à zéro prise par le conseil d'administration habilité à cet effet par l'assemblée générale des actionnaires, sans avoir au préalable recueilli l'accord des obligataires[6]. Un droit de veto[7] est ainsi reconnu à ces obligataires, veto qui peut ruiner les chances de sauvetage de l'entreprise. Le représentant de la masse des porteurs de valeurs mobilières est recevable à former tierce opposition, mais il ne peut alors faire annuler seulement la disposition du plan contenant la réduction à zéro du capital pour permettre à un tiers de procéder ensuite à une augmentation de capital[8]. Tout le plan doit être annulé, dès lors que les dispositions de celui-ci sont indivisibles[9].

Observons qu'il est plus intéressant pour un associé de faire une avance en compte-courant, plutôt qu'un apport en capital. Dans le premier cas, il pourra, en qualité de créancier, prétendre au bénéfice de l'article L. 622-17 du code de commerce – créance éligible au traitement préférentiel –, sa créance étant née pour les besoins du déroulement

1. Com. 25 sept. 2012, n° 11-18.312, *Bull. civ.* IV, n° 170; *BJE* nov. 2012, comm. 187, note Cérati-Gauthier; *Bull. Joly* 2013, comm. 20, note Parachkévova.
2. SOINNE, n° 1499.
3. LE CANNU, 6ᵉ éd., n° 721.
4. SOINNE, n° 1500 – *Adde*, EN CE SENS : IFPPC 1999, recomm. n°s 3120-2, 3120-3, 4011-1, 4011-2, p. 78, 94 – *Dammann et Podeur, « La conversion des créances* en capital dans les entreprises en difficulté », *in* « La loi de sauvegarde à l'épreuve du droit des sociétés », Dammann (dir.), *Bull. Joly* 2009. 1129, sp. 1131, § 229.
5. IFPPC 1999, recomm. n° 4011-3, p. 94.
6. Com. 10 juill. 2012, n° 11-22.898, *Bull. civ.* IV, n° 158; n° 802 FS-P+B; *D.* 2012. Actu. 1953; *Gaz. Pal. entr. diff.* 13 oct. 2012, n° 286, p. 26, note Lebel; *Rev. sociétés* 2012, 536, note Henry; *BJE* oct. 2012, comm. 173, note Roussel Galle; *Act. proc. coll.* 2012/15, comm. 224, note Mouin; *Dr. sociétés* 2012, n° 182, note Gallois-Cochet; *Dr. sociétés* 2012, n° 215, note Legros; *JCP E* 2012. Chon. 1757, n° 6, obs. Pétel; *Bull. Joly* nov. 2012, comm. 423, note Lucas; *Rev. sociétés* 2013. 99, note Le Nbasque; *Rev. proc. coll.* 2013, comm. 21, note Gaimout; *LPA* 15 avr. 2013, n° 75, p. 9, note Thomas.
7. Lucas, note sˢ Com. 10 juill. 2012, n° 11-22.898, Bull. Joly nov. 2012, comm. 423.
8. Com. 10 juill. 2012, n° 11-22.898, préc. (v. sˢ présᵗ n°).
9. Com. 10 juill. 2012, n° 11-22.898, préc. (v. sˢ présᵗ n°).

de la procédure ou de la période d'observation[1]. En outre, l'article L. 650-1 du code de commerce interdira de rechercher sa responsabilité pour soutien abusif[2], parce qu'il est créancier, au contraire de l'associé apporteur en capital[3].

Si des tiers souscrivent à l'augmentation de capital, comme l'envisage l'article L. 626-3, alinéa 4 du code de commerce (applicable en redressement judiciaire : C. com., art. L. 631-19, I), les clauses d'agrément sont réputées non écrites. Le principe de recapitalisation acquis, il ne saurait être fait obstacle à l'arrivée de nouveaux investisseurs[4]. La solution, expressément posée pour la période d'observation, doit trouver application si les modifications interviennent après arrêté du plan[5], car il y a une nécessaire continuité entre les modifications statutaires décidées en période d'observation et celles intervenues en phase d'exécution du plan, alors surtout que les secondes ont généralement été envisagées dès la période d'observation. En revanche, le droit préférentiel de souscription reste efficace, mais peut être supprimé par l'assemblée amenée à décider de l'augmentation de capital, dans les conditions de l'article L. 225-135 du code de commerce[6].

531.23 Reconstitution des capitaux propres. Les capitaux propres sont, d'après le plan comptable général, déterminés par la différence entre d'une part, l'ensemble des éléments d'actif et, d'autre part, l'ensemble des éléments passifs. On parle encore, en pratique, d'actif net.

Le droit des sociétés traite de cette question pour les SARL à l'article L. 223-42 du code de commerce et, pour les sociétés anonymes, à l'article L. 225-248 du même code. Dans les deux cas, la perte de plus de la moitié du capital constitue une cause de dissolution de la société en l'absence soit de réduction du capital d'un montant au moins égal à celui des pertes qui n'ont pu être imputées sur les réserves, soit de reconstitution du capital. L'assemblée générale des associés de la Sarl ou l'assemblée extraordinaire de la SA doivent se réunir dans les quatre mois de l'approbation des comptes ayant fait apparaître cette perte.

Le droit des entreprises en difficulté appréhende d'une manière particulière cette obligation de reconstitution des capitaux propres, en la neutralisant, pour les sociétés en sauvegarde ou en redressement, et pendant l'exécution des plans de sauvegarde ou de redressement. Il a été dit que « cette suspension d'une obligation imposée par le droit des sociétés marque nettement l'idée que le droit des entreprises en difficulté prend le relais du droit des sociétés »[7].

Comme dans la procédure de sauvegarde, la reconstitution des capitaux propres n'est obligatoire que si le projet de plan envisage une modification du capital social. Elle devra alors intervenir au moins à hauteur de la moitié du capital social. La question a été examinée à propos du plan de sauvegarde (v. s^{s} n° 511.23). Apportons ici seulement les particularités propres au plan de redressement.

L'article 52 de l'ordonnance du 12 mars 2014[8] crée un article L. 631-9-1 du code de commerce, dont l'objet est de forcer la main des associés ou actionnaires. Selon ce texte, à défaut de reconstitution des capitaux propres conformément à l'article L. 626-3, l'administrateur a qualité pour demander la désignation d'un mandataire chargé de convoquer l'assemblée compétente et de voter à la place du ou des associés ou actionnaires opposants lorsque le projet de plan prévoit une modification du capital en faveur d'une ou plusieurs personnes qui s'engagent à respecter le plan, sur la reconstitution du capital.

Un auteur[9] a pu se poser la question de savoir si le mandataire *ad hoc* votant à la place des minoritaires ne peut voter qu'une augmentation de capital destinée à ramener les capitaux propres au minimum légal – la moitié du capital social dans les sociétés à risque limité. Nous serions enclins à apporter une réponse affirmative[10], car une reconstitution au-delà n'est pas exigée par le droit des sociétés, de sorte que la précision aurait dû être apportée par le législateur du livre VI du code de commerce.

Le texte issu de l'ordonnance du 12 mars 2014 comportait un certain nombre de zones d'ombre, qui sont dissipées par la loi de modernisation de la justice du XXIe siècle qui modifie l'article L. 631-9-1. Il est désormais clair que le mandataire désigné en lieu et place des actionnaires réfractaires doit voter la

1. Cérati-Gauthier, « L'associé dans la loi de sauvegarde des entreprises », *Rev. sociétés* 2006. 305, n° 14.
2. Cérati-Gauthier., *Rev. sociétés* 2006. 305, n° 15, préc.
3. Robine, « L'article L. 650-1 du code de commerce : un *"cadeau" empoisonné ?* », *D.* 2006. Chron. 69, n° 11 – Cérati-Gauthier, *Rev. sociétés* 2006. 305, n° 15, préc.
4. J.-CL. COM., fasc. 2600, Vinckel, [Plan de sauvegarde – formation], 2009, n° 25 – SUR LA QUESTION : Fabriès-Lecea E., « L'acquisition préférentielle, un atout dans la restructuration de l'entreprise en difficulté », *Rev proc. coll.* 2011/5-6, étude 14.
5. COMPAR. : LE CANNU, 7e éd., n° 924.
6. SOINNE, n° 1580.
7. Couturier, *Droit des sociétés et droit des entreprises en difficulté*, t. II, « Bibl. dr. entr. en difficultés », Lgdj, 2013, n° 518.
8. Ord. n° 214-326, 12 mars 2014, préc.
9. Lucas, «résentation de l'ordonnance portant réforme de la préveion des difficultés des entreprises et des procédures colleves », *BJE* mars 2014, p. 111, sp. p. 116.
10. AUSSI : tel, « Entreprises en difficulté : encore une réform», *JCP E* 2014. 1223, n° 17.

reconstitution, et non plus seulement sur la reconstitution. Il est également établi qu'il doit voter à concurrence du montant proposé par l'administrateur judiciaire. Enfin, le texte en vise plus maladroitement les personnes qui s'étaient à engager à respecter le plan, mais plus juridiquement celles qui se sont engagées à exécuter le plan. Précisons que cette disposition est inapplicable aux procédures en cours au jour de la publication de la loi de modernisation de la justice du XXIe siècle, mais qu'elle peut, à notre sens, être qualifiée d'interprétative.

L'innovation issue de l'ordonnance du 12 mars 2014 consiste à déposséder l'actionnaire de son droit politique de voter les résolutions au profit d'un mandataire de justice[1]. La survie de l'entreprise doit être en cause[2]. Cette technique est empruntée à celle existant en droit des sociétés, en cas d'abus de minorité, a-t-il été dit[3].

L'article 85 du décret du 30 juin 2014[4] créé un article R. 631-34-5 qui vient réglementer cette procédure. L'alinéa 1 précise d'abord que si les assemblées ont été appelées en vain à reconstituer les capitaux propres devenus inférieurs à la moitié du capital social, le procès-verbal des délibérations précise, le cas échéant, le sens du vote de chaque associé ou actionnaire. Il s'agit d'individualiser les actionnaires « récalcitrants ». La feuille de présence est annexée à ce procès-verbal (C. com., art. R. 631-34-5, al. 2).

La désignation du mandataire chargé de convoquer l'assemblée compétente et de voter à la place du ou des associés ou actionnaires opposants est présentée par l'administrateur au président du tribunal par voie d'assignation de la société (C. com., art. R. 631-34-6). Le président du tribunal statue par ordonnance de référé. La technique de la requête, qui serait tentante, apparaît donc irrecevable.

L'ordonnance du président du tribunal fixe l'ordre du jour de l'assemblée (C. com., art. R. 631-34-6, al. 2). Elle est susceptible d'appel, non de rétractation.

Enfin, les assemblées sont convoquées et tenues conformément aux dispositions non contraires du livre II, c'est-à-dire les règles de droit commun des sociétés commerciales (C. com., art. R. 631-34-7).

Indiquons que cette mesure très attentatoire aux droits de l'associé, qui l'oblige à payer pour rester[5], n'est posée que dans la procédure de redressement judiciaire, non dans la procédure de sauvegarde. Elle ne vaut que si des tiers investisseurs veulent entrer au capital et s'engagent à respecter le plan. Cette expression, a-t-il été justement relevé, ne veut rien dire, car tout le monde doit respecter le plan[6]. Il faut donc plutôt lire « personnes tenues d'exécuter le plan », ce qui présuppose, en pratique, un plan de redressement par cession des actions. Elle complète les atteintes déjà portées, depuis la loi du 25 janvier 1985[7], aux droits des dirigeants sociaux – incessibilité des parts ou actions, cession forcée de ces mêmes droits sociaux, éviction des dirigeants. Elle s'inscrit dans cette même philosophie de magistrature économique du tribunal de la faillite.

SECTION 531.30
ÉVICTION DU DIRIGEANT

531.31 Objectif et domaine de la mesure d'éviction du dirigeant. Aux termes de l'article L. 631-19, I, alinéa 1er du code de commerce, dans la rédaction que lui donne l'ordonnance du 18 décembre 2008[8], « lorsque le redressement de l'entreprise le requiert, le tribunal, sur la demande du ministère public peut subordonner l'adoption du plan au remplacement d'un ou plusieurs dirigeants ».

Sous l'empire de la loi de sauvegarde des entreprises, dans sa rédaction d'origine, la solution résultait de l'article L. 626-4, alinéa 1er du code. Ce texte de la sauvegarde était rendu applicable en redressement judiciaire (C. com., art. L. 631-19, I). L'ordonnance du 18 décembre 2008 a supprimé ce dispositif en matière de sauvegarde, pour le réserver à la seule procédure de redressement judiciaire, ce qui justifie un texte particulier au redressement judiciaire.

L'alinéa 4 de l'article L. 631-19, I, du code de commerce ajoute que « les dispositions du présent article ne sont pas applicables lorsque le débiteur exerce une activité professionnelle libérale soumise à un statut législatif ou réglementaire ». Cette restriction existait déjà dans la rédaction d'origine de la loi de sauvegarde (C. com., art. L. 626-4, al. 1er *in fine*).

1. Sénéchal, « Le financement imposé à l'associé », colloque Montpellier 29 mai 2015, *Act. dr. entr.* 2015, p. 111 s., sp. p. 114.
2. Sénéchal, art. préc., sp. p. 115.
3. Lienhard, « Réforme issue de l'ordonnance du 12 mars 2014 », *in Code des procédures collectives commenté, Dalloz, 2014, p. 46 – Legros,* « Le traitement des sociétés en difficulté après l'ordonnance du 12 mars 2014 », *Dr. sociétés* 2014, p. 15 s., sp. p. 18, n° 17.
4. D. n° 2014-736, 30 juin 2014, *JO* 1er juill., p. 834.
5. Lucas, « Les actionnaires face à leurs responsabilités – Quelles responsabilités ? (1re partie) ». *Rev. proc. coll.* 2014, dossier 36, n° 3.
6. Lucas, « Présentation de l'ordonnance portant réforme de la prévention des difficultés des entreprises et des procédures collectives », *BJE* mars 2014, p. 111, sp. p. 117.
7. L. n° 85-98, 25 janv. 1985, *JO* 26 janv., p. 1097.
8. Ord. n° 2008-1345, 18 déc. 2008, *JO* 19 déc., p. 19462.

Ainsi, si la loi de sauvegarde des entreprises maintient le principe selon lequel le tribunal peut subordonner l'arrêté du plan à l'éviction des dirigeants, elle y fait exception lorsque le débiteur est un professionnel libéral réglementé. En effet, a-t-il été dit, « l'activité de ces personnes étant caractérisée par un fort *intuitu personae*, leur remplacement ne pourrait réellement contribuer à la sauvegarde de leur activité »[1]. Cette exclusion a été critiquée. A été évoqué à cet égard le « privilège des notables incompétents »[2].

L'objectif du texte est de faire en sorte que les droits des dirigeants ne fassent pas obstacle au sauvetage de l'entreprise[3]. Il s'agit ici, pour l'essentiel, d'éliminer l'influence de dirigeants malhonnêtes ou incompétents[4], traduction de l'idée chère au Doyen Houin[5], de distinction du sort de l'homme et de l'entreprise.

Ce texte restrictif de droits, *a priori* dénué de tout esprit de sanction, mérite une interprétation stricte. Il a d'ailleurs été jugé que, même si le comportement du dirigeant est loin d'être irréprochable, la mesure n'a pas à être posée par la juridiction, dès lors que la présence du dirigeant s'impose, alors surtout que depuis le jugement d'ouverture, il a déployé une activité importante et utile au redressement envisagé[6].

La solution ne peut exister que si un plan est envisageable. Bien que le texte ne le précise pas, il ne peut, sous l'empire de la législation antérieure à la loi de sauvegarde des entreprises[7], s'agir que d'un plan de continuation[8]. Le plan de cession emporte, par hypothèse, éviction des dirigeants.

Toute difficulté d'interprétation a disparu avec la loi de sauvegarde des entreprises, qui a isolé, dans la liquidation judiciaire, la réglementation du plan de cession. La règle ne peut donc concerner que le plan de redressement ou, sous l'empire de la loi de sauvegarde des entreprises, avant l'ordonnance du 18 décembre 2008, de sauvegarde.

La mesure n'intéresse que les dirigeants de personnes morales. Elle ne peut être appliquée à de simples actionnaires ou associés[9], même s'ils représentent un groupe majoritaire. Le contraire a cependant été jugé[10]. Dans les sociétés unipersonnelles, le dirigeant social, associé unique, aura à décider de sa propre démission ou de la disparition de la société dont il est l'unique associé.

La survie de l'entreprise doit être en jeu[11]. Il s'agit là d'une question de fait qui sera abandonnée au pouvoir souverain des juges du fond, lesquels disposent ainsi d'une marge d'appréciation très large[12], dans l'exercice de leur magistrature économique[13]. Il en sera ainsi si le dirigeant est incompétent ou malhonnête ou si sa présence fait obstacle à l'entrée de nouveaux partenaires, devant permettre une reconstitution des capitaux propres. La modification terminologique de la loi de sauvegarde des entreprises, qui évoque désormais la sauvegarde de l'entreprise et non plus sa survie ne peuvent permettre de changer l'interprétation.

Le texte vise « tout dirigeant ». Il est ainsi applicable aux dirigeants de toutes personnes morales, par exemple des sociétés ou des associations. La mesure a vocation à s'appliquer tant au dirigeant de droit, qu'au dirigeant de fait[14]. Cependant, à quoi bon prendre une mesure d'éviction contre une personne n'ayant juridiquement aucune qualité à diriger la personne morale débitrice ? Peut-on remplacer une personne qui n'est pas en place ? C'est pourquoi il est préférable de cantonner l'application du tete aux seuls dirigeants de droit[15].

Peu importe que le dirigeant ait été nommé après l'ouverte de la procédure, faute de distinction du texte[16], contraire ayant cependant été jugé[17].

531.32 Modalités de l'éviction du dirigeant. La demandde remplacement du dirigeant est strictement atrée.

La loie sauvegarde des entreprises[18], partant d'une réglemetation qui se voulait restrictive pour traiter le cas partulier de la sauvegarde, limite au ministère

1. *Rapp. J.-J. Hyest*, n° 335, p. 258.
2. Lucas, Lucas et Lécuyer (dir.), *La réforme des procédures collectives…*, Lgdj, 2006, p. 192.
3. Chaput, n° 386.
4. *Ripert et Roblot*, n° 3172-12.
5. Houin, « Permanence de l'entreprise à travers la faillite », *Liber amicorum Baron Frédéricq*, t. II, Faculteit de Rechtsgeleerdheid te Gent, 1965, p. 609 s.
6. Colmar, 12 sept. 1990, *Rev. proc. coll.* 1991, 2, obs. Soinne; *RJ com.* 1990. 400, obs. Vallens.
7. L. n° 2005-845, 26 juill. 2005, préc.
8. Le Cannu, 7e éd., n° 336.
9. Nancy, 22 juin 1995, *JurisData* 048641 – *Adde*, Vallsan, 4e éd., n° 270.
10. Nancy, 2e ch., 18 déc. 2002, *Dr. sociétés* 2003, p. 19; *RTD com.* 2004. 94, n° 2, obs. Champaud et Danet.
11. Colmar, 12 sept. 1990, *RJ com.* 1990. 400, note Vallens; *Rev. proc. coll.* 1991, 23, obs. Soinne.
12. Ainsi : Com. 12 juill. 1994, n° 92-17.458, NP, *Rev. proc. coll.* 1995, 149, n° 27, obs. Soinne – *Adde*, Chaput, n° 386.
13. Derrida et alii, n° 177.
14. Grenoble, 12 janv. 1988, *Rev. proc. coll.* 1988, 374, n° 2, obs. Dureuil; *RJ com.* 1988. 189, n° 1205, note Gallet – Rennes, 21 nov. 1989, *Rev. proc. coll.* 1991, 292, obs. Soinne – *Adde*, Soinne, n° 1491 – Saint-Alary-Houin, n° 865 – comp. : Bourges, 3 août 1988, *Rev. proc. coll.* 1989, 510, n° 5, obs. Soinne.
15. Le Cannu, 7e éd., n° 336.
16. Soinne, n° 1491.
17. Paris, 3e ch. C, 16 juin 1995, *Rev. proc. coll.* 1995, 408, obs. Soinne.
18. L. n° 2005-845, 26 juill. 2005, préc.

public le droit de saisir le tribunal à cette fin[1], alors que, sous l'empire de la législation antérieure à la loi de sauvegarde des entreprises, elle appartenait également à l'administrateur judiciaire, au représentant des créanciers, ou pouvait intervenir d'office.

Dans la rédaction d'origine de la sauvegarde, l'article L. 626-4, texte de la procédure de sauvegarde est applicable sans modification en redressement judiciaire (C. com., art. L. 631-19, I). Les modalités procédurales sont alors posées par les articles R. 626-4 et R. 626-5 du code, applicables en redressement.

L'ordonnance du 18 décembre 2008[2] pose les modalités procédurales aux articles R. 631-34-1 et R. 631-34-2 du code.

L'article R. 631-34-1, alinéa 1er du code de commerce prévoit que le ministère public présente une requête indiquant les faits de nature à motiver sa demande. Le président du tribunal doit convoquer par acte d'huissier, quinze jours au mois avant l'audience, le ou les dirigeants dont le remplacement est envisagé (C. com., art. R. 631-34-1, al. 2). À la convocation est jointe la note du ministère public, d'une manière comparable à la saisine du tribunal aux fins d'ouverture de la procédure à l'initiative du ministère public. Le tribunal devra entendre ou à tout le moins appeler le représentant légal de la personne morale, l'administrateur s'il en a été désigné, le mandataire judiciaire et les institutions représentatives du personnel. Le tribunal doit statuer au vu du apport du juge-commissaire (C. com., art. R. 631-341, al. 3).

Le décret[3] (C. com., art. R. 631-34-2, al1er) prévoit explicitement que l'administrateur ou le mandataire judiciaire convoque les organes socux pour faire délibérer sur la demande de remplacnent du dirigeant. L'alinéa 2 ajoute que, au vu de cte délibération des organes sociaux, le tribunal statue sur la demande de remplacement.

Par un mouvement de balancier législatif assez courant, traduisant le fait que le pragmatine vaut sans doute mieux que le dogmatime, l'article 42 du projet d'ordonnance du 12 mar 2014[4] élarissait la saisine aux fins de subordination de l'adoption du plan de redressement à d'éviction des dirgeants. L'article L. 631-19-1, alinéa er du code de commerce aurait prévu que la demande pouvait être présentée non seulement par le ministère public, mais encore, comme c'était le cas sous l'empire de l'article 57 de la loi du 25 janvier 1985[5] (C. com., art. L. 621-59) par l'administrateur judiciaire. Le texte ajoutait curieusement, à notre sens, à cette liste le mandataire judiciaire, dont cela ne semble pas le rôle. Il ne reprenait pas en revanche la condamnable possibilité de saisine d'office du tribunal.

Finalement, l'ordonnance du 12 mars 2014 a réservé à un texte ultérieur les modifications de l'article L. 631-19 du code de commerce. La saisine aux fins de subordonner l'adoption du plan de redressement à l'éviction des dirigeants n'a pas été modifiée.

La décision, qui fera suite à des débats en chambre du conseil, sauf si le dirigeant demande que les débats en audience publique aient lieu en audience publique (C. com., art. 662-3), pourra intervenir à tout moment de la période d'observation et au plus tard au jour de l'arrêté du plan. Cette précision, qui existait sous l'empire de législation antérieure (D. 27 déc. 1985[6], art. 41, al. 1er) n'a pas été reprise, par son évidence.

Le jugement est, sous l'empire de la législation antérieure à la loi de sauvegarde des entreprises, mentionné au registre du commerce et des sociétés ou au répertoire des entreprises pour les personnes morales non commerçantes (D. 27 déc. 1985, art. 41, al. 4). La solution n'a pas été reprise par la législation de sauvegarde des entreprises. Un avis du jugement est communiqué aux mandataires de justice désignés par la juridiction, au procureur de la République et au trésorier-payeur général du département dans lequel le débiteur a son siège ainsi qu'à celui du département dans lequel il a son principal établissement (C. com., art. R. 631-34-1, al. 4).

531.33 Effets de l'éviction du dirigeant. Le dirigeant social perdra sa qualité par la décision de la collectivité des associés, et non par une décision du tribunal[7]. L'organisation démocratique du fonctionnement social est ainsi respectée. Ce n'est que *brevitatis causa* qu'il est évoqué une éviction judiciaire des dirigeants. En effet, le texte ne prévoit pas le pouvoir pour le tribunal de nommer de nouveaux dirigeants. Il indique seulement que l'arrêté du plan sera subordonné à l'éviction. On peut évoquer une pression judiciaire psychologique à des fins thérapeutiques. C'est bien en ce sens qu'il faut comprendre que la décision du tribunal interviendra au vu de la décision des organes statutaires, ce que précise l'article R. 631-34-2.

La décision de la collectivité des associés aura pour corollaire la nomination de nouveaux dirigeant. En cas de refus de l'assemblée antérieur à la décision statuant sur le plan, ce dernier ne pourra être obtenu, à moins qu'il n'y ait plan de continuation ou de redressement par voie externe, c'est-à-

1. SUR CETTE SOLUTION, en matière de cession forcée des parts ou actions : Paris, pôle 5, 9e ch., 18 juin 2009, RG no 08/20924, *D.* 2009. AJ 2163, obs. Lienhard; *Rev. proc. coll.* 2010/2, comm. 53, p. 46, note Lebel.
2. *Ord. no 2008-1345, 18 déc. 2008, préc.*
3. D. no 2009-160, 12 févr. 2009, *JO* 13 févr., p. 2596.
4. Ord. no 2014-326, 12 mars 2014, préc.
5. L. no 85-98, 25 janv. 1985, préc.
6. . no 85-1388, 27 déc. 1985, *JO* 29 déc., p. 15281.
7. PERT ET ROBLOT, no 3172-12.

dire par cession des parts ou actions. En ce cas, les nouveaux associés pourront voter le remplacement du dirigeant, s'ils sont majoritaires. Mais, si le blocage provient de la détention du capital par le dirigeant dont l'éviction est sollicitée, le tribunal peut ordonner la cession des parts ou actions de ce dirigeant (v. s[s] n°s 531.51 s.). Si l'assemblée refuse l'éviction du dirigeant après adoption de celui-ci, il y aura place à résolution du plan pour inexécution.

Si la décision d'éviction est prise par les associés, un mandataire *ad hoc* votera alors aux lieu et place du dirigeant évincé. Indiquons que si le changement d'un dirigeant s'impose en cours d'exécution du plan pour permettre la réussite de celui-ci, seul le droit des sociétés aura à être respecté. En revanche, il a été jugé qu'il n'y avait pas là une modification substantielle dans les moyens du plan nécessitant le respect de la procédure de modification du plan[1].

531.34 Voies de recours sur la décision subordonnant l'arrêté du plan à l'éviction d'un dirigeant. Il faut d'abord rappeler que le tribunal ne peut, *proprio motu*, décider d'écarter un dirigeant de la personne morale débitrice. Il se contentera de subordonner l'arrêté du plan de redressement à l'éviction du dirigeant, qui sera décidée par la collectivité des associés.

Le code de commerce ne contient aucune réglementation des voies de recours ouvertes à l'encontre d'une telle décision. Faute d'exclusion des voies de recours, le droit commun doit trouver application. Il faut, en conséquence, admettre la recevabilité des voies de recours[2]. La décision d'éviction, qu'elle soit prise indépendamment du jugement arrêtant le plan ou dans le cadre du plan, sera donc susceptible d'appel par le dirigeant[3].

Si elle est indépendante du jugement arrêtant le plan, elle devra être notifiée à la diligence du greffier (C. com., art. R. 631-34-1).

SECTION 531.40
INCESSIBILITÉ DES PARTS OU ACTIONS DÉTENUES PAR LES DIRIGEANTS

531.41 Nature et fondement juridique de la mesure d'incessibilité des parts ou actions. Le principe doit d'abord être rappelé : la procédure collective de paiement laisse subsister la qualité d'associé. Ce principe subit les exceptions envisagées par l'article L. 626-4, alinéa 2, dans la rédaction issue de la loi de sauvegarde des entreprises[4]. Ce texte de la procédure de sauvegarde est applicable en redressement judiciaire (C. com., art. L. 631-19, I).

L'ordonnance du 18 décembre 2008[5] a supprimé ce dispositif en matière de sauvegarde, pour le réserver à la seule procédure de redressement judiciaire. Il n'est donc plus posé que par l'article L. 631-19-1, alinéa 2.

Ces exceptions constituent autant d'atteintes au principe d'indifférence de la procédure collective sur la situation de l'associé, à sa « quasi-immunité »[6]. La mesure, pour grave qu'elle soit, n'est pas jugée contraire aux dispositions de l'article 1er du premier protocole additionnel de la Convention européenne des droits de l'homme et des libertés fondamentales et 544 du code civil[7], qui consacrent toutes des droits fondamentaux de l'homme. Si elle constitue une atteinte au droit de propriété, la mesure est justifiée par un intérêt général, supérieur au simple intérêt individuel, celui de la protection de l'entreprise et des emplois. Un auteur a pu douter que l'intérêt général existe encore lorsque la mesure aura vocation à s'appliquer aux dirigeants d'une société en sauvegarde[8], laquelle, parce qu'elle n'a pas cessé ses paiements, ne présente pas le même degré de dangerosité pour l'environnement économique.

L'application de la mesure à la procédure de sauvegarde est éminemment contestable, alors que cette procédure a été conçue pour dédramatiser la situation du chef d'entreprise sous procédure collective[9].

L'une des mesures posées par cette disposition consiste à réduire les droits des dirigeants associés ou membres de la personne morale ou de certains d'entre eux en prononçant l'incessibilité de leurs titres. Il a été parlé, à cet égard, de « laminage » des droits sociaux[10].

1. Paris, 3e ch., 5 oct. 1999, *Dr. sociétés* 2000, comm. 41.
2. Soinne, obs. ss Paris, 3e ch., 16 juin 1995, *Rev. proc. coll.* 1995, 407, no 9.
3. Com. 27 avr. 1993, no 91-11.691, *Bull. civ.* IV, no 152; *Quot. Jur.*, 1993-07-1, no 52, p. 3, note P.M., *LPA* 1994, no 83, p. 44, note Derrida, *Rev. proc. coll.* 1994, 154, no 13, obs. Liénard; *Rev. sociétés* 1993. 648, obs. Chaput; *D.* 1995. Somm., obs. Derrida – Paris, 3e ch. C, 16 juin 1995, *Rev. proc. coll.* 1995, 407, no 9, obs. Soinne.
4. L. no 2005-845, 26 juill. 2005, préc.
5. *Ord.* no 2008-1345, 18 déc. 2008, préc.
6. Sur la question : Cérati-Gauthier, « L'associé dans la loi de sauvegarde des entreprises », *Rev. sociétés* 2006. 305, no 1.
7. Com. 12 juill. 2005, no 03-14.045, *Bull. civ.* IV, no 174; *D.* 2005. AJ 2071, obs. Lienhard; *Gaz. proc. coll.* 2005/3, p. 28, no 1, obs. Voinot; *D.* 2005. AJ 1848, obs. Lienhard; *Act. proc. coll.* 2005/15, no 193, note. Régnaut-Moutier; *Rev. sociétés* 2006. 163, note Lucas; *Rev. proc. coll.* 2006/1, p. 52, no 10, obs. Lebel; *Rev. proc. coll.* 2006/3, p. 290, no 2, obs. Martin-Serf; *LXB hebdo* no 182, 22 sept. 2005, no N859A2AI, note Kaddouch.
8. Lucas, note *Rev. sociétés* 2006. 167, no 7.
9. Lucas, note ss Com. 12 juill. 2005, no 03-14.045, *Rev. sociétés* 2006. 165.
10. Calendini, Le régime juridique des sociétés commerciales en règlement judiciaire ou en liquidation des biens – recherches sur l'interaction du droit des sociétés et du droit des procédures collectives, th., Paris II, 1983, spéc. nos 199 s.

L'incessibilité des parts ou actions a déjà été examinée en tant que mesure conservatoire (v. s[s] n°s 463.11 s.).

La mesure ici analysée permet à la juridiction de subordonner l'adoption d'un plan de redressement, à l'incessibilité des actions ou parts. Cette mesure n'est pas une fin en soi. Elle n'est que le préliminaire du transfert du droit de vote qui permettra l'élimination de l'ancienne influence dangereuse des dirigeants[1].

La mesure vise « les personnes qui, dans des sociétés de faible importance, exercent une influence sur la marche de la société, à raison du capital qu'elles y détiennent en n'exerçant, en apparence, qu'une tâche salariée »[2].

531.42 Domaine de la mesure d'incessibilité des parts, des actions ou des titres de capital. Le domaine de l'article L. 631-19-1, alinéa 2 du code de commerce est identique, quant aux dirigeants concernés, à celui de l'incessibilité des parts ou actions des dirigeants à titre de mesure conservatoire (v. s[s] n° 463.23).

Il n'y aura pas à distinguer selon que le dirigeant a été nommé avant ou après l'ouverture du redressement judiciaire[3] (v. aussi s[s] n° 531.31).

Il faut ici remarquer, que, contrairement à la solution posée pour l'éviction des dirigeants sociaux, aucune exclusion ne concerne, sous l'empire de la loi de sauvegarde des entreprises, dans sa rédaction d'origine, les dirigeants de personnes morales exerçant une activité libérale réglementée[4]. Au contraire, l'alinéa 4 de l'article L. 631-19-1 du code de commerce, depuis l'ordonnance du 18 décembre 2008[5], prévoit explicitement que « les dispositions du présent article ne sont pas applicables lorsque le débiteur exerce une activité professionnelle libérale soumise à un statut législatif ou réglementaire ». En conséquence, la mesure d'incessibilité des parts, des actions ou des titres de capital est inapplicable à ces professionnels libéraux.

La loi de sauvegarde des entreprises[6] a substitué à l'expression de « parts sociales et actions », utilisée par la loi du 25 janvier 1985[7], celle de « parts sociales, de titre de capital et de valeurs mobilières ». La notion de titres de capital vise tant les actions de préférence, que les actions ordinaires[8]. En visant les valeurs mobilières donnant accès au capital, la loi permet d'appréhender différents titres composés, hybrides ou complexes, que pourraient détenir les dirigeants[9].

Le domaine de la mesure d'incessibilité des parts ou actions diffère en ce qui concerne les personnes morales dont les titres sont visés. La disposition ici analysée, contrairement à l'incessibilité à titre de mesure conservatoire, n'est pas limitée aux droits détenus dans les sociétés. Elle a donc vocation à s'appliquer dans tous types de personnes morales.

La disposition ne précise pas que les droits concernés sont ceux détenus dans la personne morale qui a fait l'objet du jugement de redressement judiciaire. Il ne faut cependant pas oublier le fondement de cet article qui est de permettre d'assurer le redressement de l'entreprise. À quoi bon, dans ces conditions, rendre incessibles des titres autres que ceux de la personne en redressement judiciaire ? La solution retenue par l'article L. 631-10 du code de commerce doit donc être purement et simplement transposée.

531.43 Durée de la mesure d'incessibilité des parts ou actions. Les mesures envisagées par l'article L. 631-19-1, alinéa 2 du code de commerce doivent être prises avant l'adoption du plan dont elles conditionnent l'exécution, c'est-à-dire en période d'observation. De la coordination des alinéas 1 et 2 de la disposition analysée, il résulte que l'incessibilité ne peut intervenir au plus tard qu'au jour où le tribunal statuera sur le plan puisqu'il s'agit de subordonner son adoption à ces mesures.

Les mesures d'incessibilité peuvent ne pas être limitées à la durée de la période d'observation. L'incessibilité peut durer pendant toute la période d'observation et s'étendre à celle d'exécution du plan de redressement[10]. Cependant, malgré la liberté laissée par les textes, il serait anormal que l'incessibilité et la privation du droit de vote excèdent la durée d'exécution du plan ou la période de remboursement des créanciers[11].

531.44 Modalités de la mesure d'incessibilité des parts ou actions. L'article L. 631-19-1, alinéa 2 du code de commerce envisage une incessibilité facultative subordonnée à la constatation que la survie de l'entreprise le requiert. La gravité de la mesure justifie la compétence du tribunal et l'obligation de ce dernier de motiver la mesure[12].

1. Bermond de Vaulx, « Le sort des droits sociaux détenus par le dirigeant d'une société en redressement ou en liquidation judiciaire », *Rev. sociétés* 1990. 221 s., n° 7.
2. *Rapp. Gouzes,* doc. AN, 1984, n° 1872 p. 58.
3. Soinne, n° 1491.
4. Saint-Alary-Houin, 5e éd., n° 848.
5. Ord. n° 2008-1345, 18 déc. 2008, préc.
6. L. n° 2005-845, 26 juill. 2005, préc.
7. L. n° 85-98, 25 janv. 1985, préc.
8. Lucas, Lucas et Lécuyer (dir.), *La réforme des procédures collectives…*, Lgdj, 2006, p. 13.
9. Lucas, Lucas et Lécuyer (dir.), *La réforme des procédures collectives…*, Lgdj, 2006, p. 19.
10. Guyon, n° 1202.
11. Soinne, n° 1494.
12. Paris, 3e ch. B, 9 févr. 2001, *Act. proc. coll.* 2001/11, n° 144.

Sous l'empire de la législation antérieure à la loi de sauvegarde des entreprises[1], la mesure d'incessibilité prévue pouvait être sollicitée par l'administrateur, le procureur de la République, ou intervenir d'office. Cette liste était limitative. La société débitrice et son dirigeant étaient, comme en matière de cession forcée des parts ou actions, en conséquence, sans qualité pour demander l'application de la mesure aux autres associés ou à contester son application à l'un des associés[2].

Sous l'empire de la loi de sauvegarde des entreprises, seul le ministère public peut solliciter cette mesure. L'administrateur ne pourra donc plus présenter une demande en ce sens[3]. En cas de besoin, le second se rapprochera du premier.

L'alinéa 3 des dispositions analysées prévoit que, pour l'application de ces mesures, les dirigeants et le représentant du comité d'entreprise ou à défaut des délégués du personnel sont entendus ou dûment appelés, comme en matière d'éviction des dirigeants (v. s[s] n° 531.32).

Bien que l'article R. 631-34-1 du code de commerce ne réglemente que l'éviction des dirigeants, la Cour de cassation a jugé que les modalités prévues par ce texte (v. s[s] n° 531.32) sont également applicables à la cession forcée des parts et actions. Il en résulte que le ministère public ne peut présenter oralement à l'audience la demande de cession forcée[4].

Faute de dispositions particulières, le droit commun des voies de recours doit s'appliquer[5]. Le dirigeant concerné pourra donc relever appel de la décision, même si elle n'est pas dissociée du plan, l'appel étant alors limité à la partie de la décision statuant sur l'incessibilité ou la cession forcée, à l'instar de la solution posée pour la mesure d'éviction des dirigeants (v. s[s] n° 531.54).

531.45 Mesure d'accompagnement de l'incessibilité des parts ou actions destinées à assurer l'efficacité du dispositif établi. L'incessibilité judiciaire des parts ou actions n'est pas une fin en soi. Pas plus que dans le cadre des mesures conservatoires, l'incessibilité ne doit conduire à l'insaisissabilité des titres[6] (v. s[s] n° 463.12), cependant que le contraire a été jugé[7]. L'article L. 631-19-1, alinéa 2 du code de commerce prévoit une mesure d'accompagnement qui donne plein effet à l'incessibilité : la privation du droit de vote. En réalité, il faut considérer que l'incessibilité n'est pas la mesure principale. Elle n'est qu'un moyen d'éviter que le dirigeant, frappé de la mesure, ne cède provisoirement ses parts ou actions à une personne de complaisance pour faire échec à la privation du droit de vote. Ce lien d'accessoire – incessibilité – à principal – privation du droit de vote – permet d'affirmer que l'incessibilité ne peut être prononcée qu'avec la privation du droit de vote, les deux mesures étant indivisibles.

Le tribunal prononçant l'incessibilité des parts ou actions décidera que le droit de vote qui y est attaché sera exercé, pour une durée qu'il fixe, par un mandataire de justice *ad hoc*. Il aura pouvoir et mission d'exercer le droit de vote aux lieu et place des dirigeants écartés. L'article R. 631-34-3 du code prévoit que l'administrateur peut remplir cette fonction. La solution est heureuse. Elle lui permet d'assurer le contrôle des assemblées et donc d'imposer la restructuration qu'a en vue le tribunal. L'administrateur judiciaire verra ainsi sa tâche largement facilitée pour l'adoption du plan.

Pour cela, il y aura lieu d'ouvrir un compte spécial sur lequel seront virés les droits sociaux, comme pour l'application de l'article L. 631-10 du code (v. s[s] n° 463.31). Il sera mis fin à la mesure du compte spécial après que la décision ordonnant la cession des parts ou actions ou celle levant l'incessibilité sera passée en force de chose jugée (C. com., art. R. 631-14, al. 3).

531.46 Sanctions de la mesure d'incessibilité des parts ou actions. La sanction de la cession des parts ou actions, malgré l'incessibilité prévue par le code, contrairement à la solution adoptée pour l'article L. 631-10 du code de commerce, n'a pas été posée. Il semble que la solution retenue par cette dernière disposition doive purement et simplement être transposée (v. s[s] n° 463.41). Il y aura donc lieu au prononcé d'une nullité absolue, dont la prescription est celle de droit commun, faute de disposition contraire.

L'incessibilité des parts ou actions, en ce qu'elle est accompagnée de la privation du droit de vote, conduit à écarter les dirigeants de la gestion aux fins d'adoption d'un plan de redressement. Cette mesure se double de la possibilité inverse, pour le tribunal,

1. L. n° 2005-845, 26 juill. 2005, préc.
2. Com. 4 févr. 2003, n° 99-20.536, NP, *RD banc. fi*[…] 2003, p. 217, n° 153, obs. Lucas; *LXB hebdo* n° N6214A[…] note Le Corre.
3. PARIS, pôle 5, 9e ch., 18 juin 2009, *JCP E* 2009. 192[…] VALLANSAN et *alii*, 6e éd., p. 328.
4. Com. 22 mai 2013, n° 12-15.305, *Bull. civ.* IV, [8]6; n° 515 F-P+B; *D.* 2013. Actu. 1343, obs. Lienhard[…]z. *Pal.* 12 juill. 2013, n° 193, p. 18, note Lebel; *JCP E* [2013]. 1357, note Cérati-Gauthier; *BJE* juill. 2013, p. 244, [not]e Favario; *Act. proc. coll.* 2013/11, comm. 144, [obs.] Delattre; *Rev. sociétés* 2013. 521, note Roussel Ga[…] *Leden* juill. 2013, comm. 099, note Lucas; *Bull. J*[…] 2013. 509, note Parachkévova; *Dr. sociétés* 2013, n° 1[…] note Legros.
5. SOINNE, n° 1492.
6. AUSSI : VOINOT, 2e éd., n° 700.
7. TGI Grenoble, 26 mai 1989, *D.* 1991. Somm. 11, obs. Derrida – *Adde*, SOINNE, n° 1494.

de prononcer la cession forcée des parts ou actions, ce qui constitue alors une mesure de suppression de la qualité d'associé ou de membre.

SECTION 531.50

CESSION FORCÉE DES PARTS OU ACTIONS DÉTENUES PAR LES DIRIGEANTS

531.51 Finalité de la mesure de cession forcée des parts ou actions. Sous l'empire de la loi du 25 janvier 1985, l'article L. 621-59 du code de commerce, après avoir énoncé que le tribunal peut subordonner l'adoption du plan de redressement à l'incessibilité des parts ou actions détenues par le (ou les) dirigeant(s), si la survie de l'entreprise le requiert, indique qu'« il peut encore ordonner la cession de ces actions ou parts sociales, le prix de cession étant fixé à dire d'expert ».

La solution est reprise par la loi de sauvegarde des entreprises[1] à l'article L. 626-4, alinéa 1er, texte de la procédure de sauvegarde, applicable en redressement judiciaire (C. com., art. L. 631-19, I). Une question prioritaire de constitutionnalité a été posée à propos de ce texte, reposant sur la violation prétendue du droit de propriété consacrée par les articles 2 et 17 de la Déclaration des droits de l'Homme et du citoyen, en ce que cette disposition réalise une atteinte injustifiée et disproportionnée au droit de propriété au regard de l'objectif de redressement de l'entreprise. Cette question a été jugée sérieuse et transmise au Conseil Constitutionnel[2]. Ce dernier a estimé conforme à la Constitution le mécanisme de cession forcée des titres sociaux. Le mécanisme n'institue pas une privation de propriété injustifiée et disproportionnée. Le Conseil constitutionnel relève d'abord que le dirigeant peut éviter la cession forcée en démissionnant. Ensuite, le législateur en instituant ce mécanisme a entendu permettre la poursuite de l'activité de l'entreprise et a ainsi poursuivi un but d'intérêt général. Le mécanisme est en outre très encadré et sa mise en œuvre est très restrictive, d'où il résulte que la disposition en cause ne porte pas une atteinte disproportionnée au droit de propriété du dirigeant. Enfin, il était reproché au mécanisme une inégalité de traitement des citoyens devant la loi, dans la mesure où il est inapplicable aux dirigeants d'une société exerçant une activité libérale soumise à statut législatif ou réglementaire. Le Conseil Constitutionnel rejette l'argument en reprenant un principe bien connu : « le principe d'égalité ne s'oppose ni à ce que le législateur règle de façon différente des situations différentes, ni à ce qu'il déroge à l'égalité pour des raisons d'intérêt général, pourvu que dans l'un et l'autre cas, la différence de traitement qui en résulte soit en rapport direct avec l'objet de la loi qui l'établit. »[3]

L'ordonnance du 18 décembre 2008[4] a supprimé ce dispositif en matière de sauvegarde, pour le réserver à la seule procédure de redressement judiciaire. Il n'est donc plus posé que par l'article L. 631-19-1, alinéa 2.

La mesure a pour finalité l'élimination de l'influence des dirigeants du groupement en empêchant que l'exécution du plan de continuation, de redressement ou de sauvegarde, ne soit paralysée par un vote ultérieur de l'assemblée générale. Elle ne constitue pas une sanction[5].

Si le prix de cession est ridiculement bas, le dirigeant est victime d'une forme d'expropriation des titres d'associés « pour cause entrepreneuriale »[6] sans indemnisation. La mesure est alors analogue à une sanction, même si, directement, la disposition ici étudiée ne s'analyse pas de la sorte. Il ne faut cependant pas oublier en sens inverse que le dirigeant ainsi « exproprié » est généralement responsable de la situation de l'entreprise – même si la solution mérite d'être nuancée lorsque l'entreprise est sous sauvegarde puisqu'elle n'est pas alors en état de cessation des paiements – et, par voie de conséquence, de la faible valeur des parts ou actions dont il est exproprié.

La mesure porte l'atteinte la plus grave aux prérogatives des dirigeants concernés. Il n'est pas ici question de supprimer la qualité de dirigeant, mais plus radicalement d'exclure de la collectivité des associés.

Cette mesure très grave a fait l'objet de difficultés pour son adoption. Lors des travaux préparatoires de la loi du 25 janvier 1985[7], un amendement n° 370[8] a tendu à supprimer cette disposition finale de l'alinéa 2 de l'article 23. Il a été observé que cette procédure « s'apparente à une véritable dépossession et

1. *L. n° 2005-845, 26 juill. 2005, préc.*
2. Com. 7 juill. 2015, n° 14-29.350, NP; n° 769 F-D; *Rev. sociétés* 2015. 543, note Henry; *Dr. sociétés* 2015, comm. 182, note Legros.
3. Cons. const. 7 oct. 2015, n° 2015-486 QPC, *JO* 9 oct., p. 18829; *BJE* 2015, 362, note Favario; *Act. proc. coll.* 2015/18, comm. 278, note Monsérié-Bon; *JCP E* 2015, 1562, note Cérati-Gauthier; *Dr. sociétés* 2015, comm. 218, note Legros.
4. Ord. n° 2008-1345, 18 déc. 2008, préc.
5. Colmar, 12 sept. 1990, *RJ com.* 1990, n° 1302, p. 400, note Vallens.
6. Bermond de Vaulx, « Le sort des droits sociaux détenus par le dirigeant d'une société en redressement ou en liquidation judiciaire », *Rev. sociétés* 1990. 221.
7. L. n° 85-98, 25 janv. 1985, préc.
8. SUR l'amendement n° 370, *JO Sénat CR*. 6 juin 1984, p. 1329.

constitue une atteinte au droit de propriété[1] ». L'amendement a été repoussé après l'observation que la règle existait déjà dans la suspension provisoire des poursuites (ord. 23 sept. 1967[2], art. 32, réd. L. 15 oct. 1981[3])[4]. Cette règle, au contraire, n'existait pas dans le règlement judiciaire.

Le tribunal est libre de décider de la cession forcée de toutes les parts ou actions détenues par le dirigeant indésirable. Il peut se contenter de la cession d'une fraction de ces parts ou actions, dès lors qu'elle fait perdre au dirigeant concerné le contrôle de la personne morale. Cela peut suffire en effet à supprimer l'influence néfaste du dirigeant; il n'y aura alors que perte partielle de la qualité d'associé ou de membre.

Comme l'éviction des dirigeants ou l'incessibilité des parts ou actions prévues par le code de commerce, la mesure est préparatoire à l'adoption du plan. Elle semblait donc devoir intervenir avant expiration de la période d'observation, généralement à l'occasion de l'arrêté du plan.

En réalité, l'article L. 631-19-1 du code de commerce, qui permet de subordonner l'adoption d'un plan de redressement à la cession forcée des parts sociales d'un dirigeant, n'exige pas que, à la date de l'adoption du plan, le dirigeant ait été définitivement évincé après le paiement de la valeur de ses droits sociaux. C'est pourquoi une cour d'appel peut surseoir à statuer sur l'adoption du plan et ne renvoyer au tribunal que l'examen de la cession forcée des parts sociales[5].

Les résultats tirés de la cession seront généralement faibles. Il ne faut pas perdre de vue qu'il s'agit de parts ou actions de société ou groupements en redressement judiciaire ou, sous l'empire de la loi de sauvegarde des entreprises, dans sa rédaction antérieure à l'ordonnance du 18 décembre 2008, sous sauvegarde, le prix de cession devant en ce dernier cas être supérieur du fait de l'absence d'état de cessation des paiements. L'affirmation doit cependant être tempérée par l'observation que la cession d'un bloc d'actions peut conduire à un transfert du contrôle de la personne morale et que tel est même le but recherché à travers la mesure. En cas de changement de majorité par suite de la cession forcée, économiquement, c'est l'entreprise qui est transférée, même si, juridiquement, la réalité est différente. Cette dernière solution mérite d'ailleurs d'être nuancée pour la mesure de cession forcée des parts du gérant associé de l'entreprise unipersonnelle à responsabilité limitée. Le tribunal ordonne alors, par la cession forcée, la restructuration par cession d'entreprise, tout en évitant le recours à un plan de cession. La solution sera vraisemblablement d'application limitée car le « repreneur » préférera recourir au plan de cession, évitant ainsi de payer le passif, dans le cadre d'un plan de continuation ou de redressement et se contentant de payer un prix de cession.

531.52 Domaine de la mesure de cession forcée des parts ou actions. La procédure collective de paiement laisse subsister la qualité d'associé. Toute restriction à ce principe est nécessairement grave et montre l'interaction pouvant exister entre droit des procédures collectives et droit des sociétés.

Le domaine de la mesure posé par l'article L. 631-19-1, alinéa 2 du code de commerce doit être précisé.

Tout d'abord, la mesure ne peut s'appliquer que si est envisagé un plan par voie de cession des actions ou parts sociales. Le « repreneur » sera alors généralement le bénéficiaire de la cession forcée.

La solution est identique, quant aux dirigeants concernés, à celle précédemment dégagée pour l'éviction des dirigeants (v. s^s n° 531.31). Le tribunal appréciera la qualité de dirigeant de l'intéressé au jour où il doit statuer sur la cession des parts[6]. La mesure ne peut donc être appliquée à un ancien dirigeant[7], ce dernier ayant ainsi le choix de démissionner de son mandat de direction ou de se voir imposer la cession forcée de ses parts. Dès lors que le dirigeant a donné sa démission avant le jugement d'ouverture, et qu'il n'est pas établi contre lui d'actes de direction de fait, la mesure de cession forcée des titres ne peut lui être appliquée, alors même qu'il apparaîtrait toujours comme dirigeant au registre du commerce et des sociétés, et même dans une

1. Interv. Sicard, *JO Sénat CR*, 6 juin 1984, p. 1330.
2. *Ord. n° 67-820, 23 sept. 1967, JO* 28 sept., p. 9534.
3. L. n° 81-927, 15 oct. 1981, *JO* 16 oct., p. 2807.
4. Interv. Badinter, *JO Sénat CR*, 6 juin 1984, p. 1330.
5. Com. 26 janv. 2016, n° 14-14.742, *Bull. civ.* IV [à paraître]; n° 97 FS-P+B; *Gaz. Pal.* 12 avr. 2016, n° 14, p. 65, note Lebel; *Act. proc. coll.* 2016/5, comm. 59, note Schultz; *Rev. sociétés* 2016. 195, note Henry; *JCP E* 2016, 1150, note Cérati-Gauthier; *BJE* 2016, 164, note Favario; *BJS* 2016, 287, note Dom; *Rev. proc. coll.* 2016, comm. 79, note Fraimout.
6. Com. 19 févr. 2008, n° 06-18.446, NP; n° 283 F-D; *Gaz. proc. coll.* 2008/2, p. 22, note Voinot; *Act. proc. coll.* 2008/6, n° 98, note Pagnucco; *Dr. sociétés* 2008, n° 126, note Legros; *JCP E* 2008. Chron. 2062, n° 14, obs. Pétel; *Rev. proc. coll.* 2008/3, p. 42, note Lebel; *RTD com.* 2008. 852, n° 2, obs. Saint-Alary-Houin; *Rev. proc. coll.* 2009/1, p. 22, n° 3, note Fraimout – Com. 9 févr. 2010, n° 09-10.800, NP; n° 196 F-D; *Dr. sociétés* 2010, n° 122, note Legros; *JCP E* 2010. 1551, note Legros; *Bull. Joly* 2010. 559, n° 115, note Parachkevova.
7. Com. 27 avr. 1993, n°s 91-10.867, 91-11.691, *Bull. civ.* IV, n° 152; *Quot. Jur.* 1993-0.01, n° 52, p. 3, note P.M.; *LPA* 1994, n° 83, p. 44, note Derrida; *D.* 1995. Somm. 3, obs. Derrida – Com. 9 févr. 2010, n° 09-10.800, préc. (v. s^s prés^t n°).

décision judiciaire, dès lors qu'il avait indiqué agir en son nom propre et non en qualité de dirigeant[1].

La solution n'est cependant pas très heureuse. Il eût été préférable que le législateur ne cantonnât pas la mesure à la cession forcée des droits détenus par les seuls dirigeants. La disposition analysée se trouve ainsi privée d'une partie de son efficacité[2], lorsque les associés majoritaires ne sont pas les dirigeants. La présence d'un associé indésirable détenant une fraction importante du capital pourra s'avérer néfaste à la survie de l'entreprise. La loi de sauvegarde[3] n'a pas modifié la règle, ce qui est sans doute dommage. Il eut été bon de prévoir que la mesure atteignît les associés ou membres du groupement détenant la majorité absolue ou même la minorité de blocage, et non plus seulement les dirigeants. C'est ce qu'a fait, dans une certaine mesure, la loi du 6 août 2015[4], dite loi Macron (v. s[s] n° 531.65).

La cession forcée des parts ou actions détenues par des associés non dirigeants n'est pas possible[5]. S'ils s'opposent à la cession de leurs parts, la seule issue pour le tribunal sera de rejeter le plan, la solution ayant été posée pour le plan de continuation[6]. En outre, aucune disposition du droit des procédures collectives ne peut, en présence d'un plan de continuation par cession des actions, tenir en échec l'existence d'un droit de préemption[7] ou d'une faculté d'agrément, ce qui peut, ici encore, être funeste au redressement de l'entreprise.

La cession forcée, quant aux titres concernés, ne peut, sous l'empire de la législation antérieure à la loi de sauvegarde des entreprises, s'appliquer qu'aux actions des sociétés par actions et aux parts sociales des sociétés à responsabilité limitée, de sociétés de personnes et de groupements d'intérêt économique. Les certificats d'investissement et de droit de vote ne peuvent faire l'objet de la mesure. La loi de sauvegarde des entreprises a modifié la rédaction du texte et prévoit désormais que la cession forcée peut aussi concerner les « titres de capital ou valeurs mobilières donnant accès au capital détenu par ces mêmes personnes ». Cette modification a pour objet de tenir compte de l'ordonnance du 24 juin 2004[8] portant réforme du régime des valeurs mobilières.

1. Bordeaux, 1re ch. civ., 17 déc. 2009, RG n° 08/01480, *Rev. proc. coll.* 2010/4, comm. 155, note Lebel; SUR RENVOI DE : Com. 19 févr. 2008, n° 06-18.446.
2. Bermond de Vaulx, « Le sort de droits sociaux détenus par le dirigeant d'une société en redressement ou en liquidation judiciaire », *Rev. sociétés* 1990. 221, n° 30.
3. L. n° 2005-845, 26 juill. 2005 préc.
4. L. n° 2015-990, 6 août 2015 préc.
5. Rennes, 2e ch., 21 nov. 1989, *Rev. proc. coll.* 1991, 293, obs. Soinne – Nancy, 22 juin 1995, *JurisData* 048641.
6. Paris, 3e ch. A, 7 juin 1989, *JurisData* 022900.
7. Caen, 1re ch., 28 sept. 2000, *Act. proc. coll.* 2001/8, n° 101, note Régnaut-Moutier.
8. Ord. n° 2004-602, 24 juin 2004, *JO* 26 juin.

531.53 Modalités de la cession forcée des parts ou actions. Les conditions et le déroulement de la procédure de cession forcée des parts ou actions sont identiques à ceux dégagés pour l'éviction des dirigeants. Indiquons que l'ordonnance du 18 décembre 2008[9] a modifié ces règles (v. s[s] n° 531.32). Rappelons que la jurisprudence a décidé que la société débitrice ou son dirigeant sont sans qualité pour demander l'application de la mesure aux autres associés ou à contester son application à l'un des associés[10]. Indiquons aussi que, depuis la loi de sauvegarde des entreprises[11], seul le ministère public peut solliciter la mesure, ce qui exclut le tribunal d'office, mais aussi l'administrateur judiciaire[12].

On se contentera ici d'indiquer les règles spécifiques.

Le tribunal est libre de décider si la cession forcée interviendra aux enchères publiques ou à l'amiable. En fait, cependant, il se trouve limité dans sa marge de manœuvre, car la cession forcée, pour produire sa pleine efficacité, interviendra généralement au profit « du repreneur ». Dans ces conditions, le recours aux enchères publiques apparaît contre-indiqué[13].

Si la cession intervient à l'amiable, le tribunal doit nommer un mandataire *ad hoc*, chargé d'y procéder. La mesure n'est pas sans rappeler celle de l'article L. 653-9, alinéa 2 du code, qui prévoit la cession forcée des parts ou actions des dirigeants frappés d'interdiction de gérer, laquelle est alors réalisée par un mandataire de justice (v. s[s] n° 912.42).

La cession interviendra moyennant finances et, faute de texte en sens contraire, il faut décider que le paiement doit intervenir au moment du transfert. En conséquence, des intérêts seront dus à compter du transfert[14], alors que les créanciers classiques seront, quant à eux, payés sur des délais plus ou moins longs.

La perte de la qualité d'associé est fixée, non à la date du transfert des parts ou actions, mais à la date du jugement arrêtant le plan[15], à condition cependant que l'indemnisation du dirigeant soit effective à cette date[16]. Toutefois, l'article L. 631-19-1 du code

9. Ord. n° 2008-1345, 18 déc. 2008, préc.
10. Com. 4 févr. 2003, n° 99-20.536, NP, *RD banc. fin.* 2003, p. 217, n° 153, obs. Lucas; *Rev. proc. coll.* 2004, p. 218, n° 17, obs. Lebel; *LXB hebdo* n° N6214AAE, note Le Corre.
11. L. n° 2005-845, 26 juill. 2005, préc.
12. Paris, pôle 5, 9e ch., 18 juin 2009, RG n° 08/20924, *D.* 2009. AJ 2163, obs. Lienhard.
13. Bermond de Vaulx, art. préc.
14. Com. 1er juill. 1997, n° 95-16.927, *Bull. civ.* IV, n° 213; *JCP E* 1998, n° 1-2, p. 29, obs. Pétel.
15. Paris, 25e ch. A, 16 juin 2000, RG n° 1998/02893, *RD banc. fin.* 2001, n° 22, obs. Lucas.
16. Civ. 3e, 9 déc. 1998, n° 97-12.303, *Bull. civ.* III, n° 242; *JCP E* 1999. 1395, note Garçon.

de commerce n'interdit pas au tribunal, qui a décidé de la mesure de cession forcée des parts ou actions, dans l'attente de la réalisation de la cession, de désigner un mandataire *ad hoc* chargé d'exercer le droit de vote attaché à ces droits sociaux[1], cette possibilité étant, il faut le reconnaître, toute prétorienne[2].

Le prix de cession, en cas de cession intervenant à l'amiable, sera obligatoirement[3] fixé par expert. Il a été jugé que l'appréciation devait être portée à la date de la saisine de l'expert[4]. Seul le tribunal de la procédure collective est compétent pour connaître des litiges relatifs à la valeur des parts, non le juge des référés[5].

Le dirigeant concerné a qualité pour faire prononcer la nullité de l'expertise et demander la nomination d'un collège d'experts[6].

Le fait de solliciter l'expertise d'un immeuble afin de pouvoir évaluer les parts sociales contient implicitement mais nécessairement demande en paiement des parts. Il en résulte que le tribunal ne peut prononcer la cession pour un euro au prétexte que le dirigeant concerné n'aurait pas demandé le paiement de ses parts sociales[7].

Il est généralement considéré que s'applique la procédure de droit commun de l'article 1843-4 du code civil[8]. L'affirmation se trouve pourtant contredite par les travaux préparatoires de la loi du 25 janvier 1985. Un amendement n° 67[9] tendait à compléter *in fine* la deuxième phrase du deuxième alinéa de l'article 23 par les mots « selon les dispositions de l'article 1843-4 du code civil ». Cet amendement a été rejeté après l'observation selon laquelle « le renvoi au code civil laisse supposer qu'au départ un tribunal n'a pas encore été saisi. Or ce n'est pas le cas ici et l'article 1843-4 du code civil prévoit alors la désignation judiciaire d'expert en cas de différend entre les parties »[10]. L'observation ne peut être suivie. Certes le tribunal est déjà saisi, mais il n'y a pas d'obstacle au respect de l'article 1843-4 du code civil. Il suffira que le tribunal, en cas de différend entre les parties sur la désignation, s'abstienne de nommer l'expert et en laisse la mission au président du tribunal intervenant par ordonnance en référé.

1. Com. 26 janv. 2016, n° 14-14.742, préc.
2. Schultz, note s[s] Com. 26 janv. 2016, n° 14-14.742, préc., *Act. proc. coll.* 2016/5, comm. 59.
3. Grenoble, 16 juin 1988, *RJ com.* 1990. 288, note Gallet.
4. Paris, 21 déc. 1988, RG n° 88/2399.
5. Pau, 2e ch., 1re sect., 16 oct. 2006, RG n° 05/03697, *Rev. proc. coll.* 2007/3, p. 130, n° 11, obs. Lebel.
6. Paris, 23 janv. 1990, *D.* 1990. IR 73.
7. Com. 7 nov. 2006, n° 05-16.491, NP; n° 1204 F-D.
8. SOINNE, n° 1494 – Bermond de Vaulx, art. préc.
9. SUR l'amendement n° 67, v. *JO Sénat CR.* 6 juin 1984, p. 1329.
10. Interv. Badinter, *JO Sénat CR.* 6 juin 1984, p. 1330.

L'expertise devra être contradictoire. Le dirigeant pourra en faire prononcer la nullité, s'il n'a pas été convoqué. Il ne peut en revanche tirer argument de l'absence de convocation des représentants du personnel, faute de grief pour lui. La nullité ne sera pas écartée même si une transaction est intervenue entre le cessionnaire et les dirigeants sociaux qui, en contrepartie du versement d'une somme, se désistent de toute instance et actions nées ou à naître[11].

Il a été jugé que tribunal n'était pas tenu de respecter le droit de préemption des autres associés, car la cession des titres des dirigeants est ici forcée, non volontaire[12]. Une opinion contraire a toutefois été émise, qui estime que les clauses d'agrément et les droits de préemption, faute de texte contraire, doivent être respectés[13].

Les textes réglementaires restent muets sur la publicité des cessions forcées de parts sociales de sociétés à responsabilité limitée ou d'actions de sociétés anonymes. Il faut considérer que la cession forcée doit faire l'objet des mêmes mesures de publicité que les cessions conventionnelles[14]. Il y aura donc lieu à dépôt au greffe, en annexe du registre du commerce et des sociétés, de deux expéditions de la décision ordonnant la cession forcée des parts ou actions[15].

531.54 Voies de recours sur la décision de cession forcée des parts ou actions[16]. Des divergences sont apparues en jurisprudence, sous l'empire de la législation antérieure à la loi de sauvegarde des entreprises[17], sur la recevabilité de l'appel de la décision du tribunal ordonnant la cession forcée, de la part du dirigeant concerné.

Dans une première tendance, il avait été estimé que cet appel n'était pas recevable de la part de l'actionnaire ou de l'associé concerné[18] si la décision de cession forcée était intervenue dans le cadre de l'arrêté du plan de continuation. La juridiction avait en effet considéré que l'appel n'était pas recevable en ce qu'il affectait la décision arrêtant le plan, laquelle n'était susceptible d'appel que de la part des person-

11. Com. 14 avr. 1992, n° 90-12.359, *Bull. civ.* IV, n° 165, cassant Paris, 1re ch. A, 23 janv. 1990, *D.* 1990. IR 73.
12. Nancy, 9 juin 1992, *RJDA* 1993. 164 – *Adde*, JACQUEMONT, 5e éd., n° 616 – J.-CL. COM., fasc. 2600, Vinckel, [Plan de sauvegarde – formation], 2009, n° 35.
13. Lucas, Lucas et Lécuyer (dir.), *La réforme des procédures collectives*..., Lgdj, 2006, p. 195.
14. SOINNE, n° 1495.
15. AINSI : T. com. Romans, 14 déc. 1987, *Rev. proc. coll.* 1989, 514, n° 2, obs. Soinne.
16. Cérati-Gauthier, « Loi de sauvegarde des entreprises du 26 juillet 2005 : associés de la société débitrice et voies de recours », *JCP E* 2008. 1716.
17. L. n° 2005-845, 26 juill. 2005, préc.
18. Bourges, 1re ch., 8 avr. 1989, *Rev. proc. coll.* 1989, 510, n° 5, obs. Soinne.

nes mentionnées à l'article L. 623-1 du code de commerce. La solution consistant à déclarer irrecevable l'appel de la part du dirigeant concerné postulait donc l'unité de la décision arrêtant le plan de continuation et prononçant la cession forcée.

Dans une seconde tendance, la distinction a été opérée entre décision arrêtant le plan de continuation et décision prononçant la cession forcée des parts ou actions, peu important qu'elle soit rendue par la juridiction le même jour. Cette distinction permet de ne pas soumettre les décisions aux mêmes voies de recours. Il a été certes énoncé par une juridiction[1] que la procédure de cession forcée est « l'accessoire de celle ayant abouti à l'adoption du plan de redressement ». Mais il a été poursuivi en indiquant qu'« elle n'en constitue pas moins une instance distincte fondée sur des textes particuliers ». Aboutissant à l'éviction des dirigeants, elle est de nature à leur faire grief.

C'est cette solution qui a été retenue par la Cour de cassation, même si l'éviction est décidée dans le jugement arrêtant le plan[2]. La solution vaut pour les procédures ouvertes sous l'empire de la loi de sauvegarde des entreprises.

L'appel sera recevable, mais il devra être limité à la partie du dispositif statuant sur la cession des parts ou actions. Les dispositions critiquées seront alors détachables de la décision statuant sur le plan et le droit commun de la procédure civile devra s'appliquer[3].

L'appel sera ouvert non seulement au dirigeant, mais encore au simple associé, auquel le tribunal ne pouvait imposer une cession forcée qui n'intéresse que les dirigeants, même si une juridiction a cru devoir juger le contraire[4]. Faute d'ouverture de l'appel réformation pour le simple associé ou actionnaire, ce dernier formera un appel nullité[5].

Cette solution doit être approuvée. Sous l'angle procédural, d'abord, ce n'est là que le rappel de l'article 543 du code de procédure civile selon lequel l'appel est recevable en toutes matières, contre les décisions de première instance, « s'il n'en est autrement disposé ». L'appel n'est donc irrecevable que s'il est explicitement fermé. Au fond, ensuite, il serait curieux qu'un actionnaire ou associé dirigeant soit écarté de la communauté des associés sans qu'il soit en mesure de contester la solution arrêtée par le plan, alors qu'il doit être entendu ou dûment appelé, comme l'énonce l'article L. 631-19-1, alinéa 3 : « pour l'application du présent article, les dirigeants et les représentants du comité d'entreprise ou, à défaut, des délégués du personnel sont entendus ou dûment appelés ».

En revanche, le candidat à la cession des actions n'aura pas de prétention à émettre contre la décision de cession au profit d'un autre et ne sera donc recevable à exercer aucune voie de recours[6], à l'identique de la solution retenue pour le candidat repreneur dans le cadre d'un plan de cession (v. s^s n° 572.22). Le candidat retenu, quant à lui, n'aura pas succombé, à moins que le tribunal ne lui ait imposé un rachat supérieur en nombre à l'offre qu'il avait formulée. En ce cas, il serait recevable à former appel, du fait de l'augmentation judiciaire des charges souscrites, en violation des dispositions du code (C. com., art. L. 626-10, al. 3, texte de la sauvegarde, applicable en redressement : C. com., art. L. 631-19, I). Les autres dirigeants de la société n'auront pas de voies de recours contre la décision de cession des actions[7].

SECTION 531.60

ENTRÉE AU CAPITAL DE NOUVEAUX ASSOCIÉS OU ACTIONNAIRES S'ENGAGEANT À EXÉCUTER LE PLAN DE REDRESSEMENT DANS LES PROCÉDURES AVEC COMITÉS DE CRÉANCIERS[8]

531.61 Soumission du projet de plan à un vote des assemblées des socétés en cas d'entrée au capital de nouveaux associés ou actionnaires s'engageant à exécuter le plan. L'article 54 de l'ordonnance du 12 mars 2014 se préoccupe de l'entrée de nouveaux

1. Grenoble, ch. urg., 12 janv. 1988, *LPA* 31 août 1988, n° 105, p. 11, note Gallet.
2. Com. 1er juill. 1997, n° 95-16.927, *Bull. civ.* IV, n° 213; *JCP E* 1998, n° 1-2, p. 29, obs. Pétel – Com. 26 juin 2001, n° 98-19.665, *Bull. civ.* IV, n° 127; *D.* 2001. AJ 2299, obs Lienhard; *RTD com.* 2001. 778, obs. Vallens; *JCP E* 2002. Chron. 121, n° 5, obs. Pétel; *RJDA* 2001/12, n° 1252; *Dr. et patr.* 2002, n° 103, p. 99, obs. Monsérié-Bon; *RTD com.* 2002, n° 1589, note Lucas; *D.* 2002. Somm. 1482, obs. Honorat; *Rev. proc. coll.* 2002, p. 166, n° 4, obs. Gorias – *Adde*, Versailles, 13e ch., 27 févr. 2002, RG n° 01/05036, *JCP E* 2002. Pan. 745; *Rev. proc. coll.* 2004, p. 49, n° 14, obs. Lebel.
3. SOINNE, n° 1493.
4. Rennes, 24 juin 1998, *Dr. sociétés* 2000, n° 6, note Chaput.
5. Com. 27 avr. 1993, n°s 91-10.867 91-11.691, *Bull. civ.* IV, n° 152; *Quot. Jur.* 1993-07-01, n° 52, p. 3, note P.M.; *LPA* 1994, n° 83, p. 44, note Derrida; *Rev. sociétés* 1993. 648, note Chaput.
6. Fort-de-France, 29 avr. 1989, *Rev. proc. coll.* 1989, 515, obs. Soinne.
7. Com. 12 juill. 1994, n° 92-17.947, NP, *D.* 1995. Somm. 2, obs. Derrida; *Rev. proc. coll.* 1995, 149, obs. Soinne – Com. 4 févr. 2003, n° 99-19.964, NP, *Act. proc. coll.* 2003/7, n° 90.
8. Dammann et Lucas, « Le nouveau dispositif de dilution ou d'éviction de l'associé qui ne finance pas le plan de redressement de la société », *BJS* 2015, 521 – Degenhardt, « La hiérarchie du bec toujours renversée en procédure collective ? – L'augmentation forcée du capital et la cession forcée des parts sociales », *BJE* 2015, 432 – Blanc, « Le dispositif de la loi Macron relatif aux entreprises de plus de cent cinquante salariés », *D.* 2015. 2460 – Lucas, « Le financement imposé à l'associé sous peine d'éviction », colloque Montpellier 29 mai 2015, *Act. dr. entr.* 2015, p. 93.

associés ou actionnaires dans la société débitrice, en présence de comités de créanciers. L'article L. 631-19, I, alinéa 3 du code de commerce prévoit que lorsqu'une ou plusieurs personnes autres que des associés ou actionnaires s'engagent à exécuter le plan de redressement, sous la condition d'une participation au capital de la société débitrice, le projet de plan voté par les comités et, s'il y a lieu, par l'assemblée des obligataires, est soumis aux assemblées mentionnées à l'article L. 626-3.

L'alinéa 4 du I de l'article L. 631-19 prévoit que les assemblées sont appelées à délibérer sur le projet de plan voté par les comités et, le cas échéant, sur le projet de plan présenté par l'administrateur judiciaire.

Ce texte n'aurait été d'aucune utilité s'il n'avait été complété par des mécanismes permettant de tourner l'opposition de l'assemblée des associés sur les modifications du capital induites par l'entrée de ces personnes dans le capital. Et c'est ce qui a justifié l'insertion dans la loi d'autres textes.

531.62 Création d'un texte régissant la modification du capital social rendue nécessaire par le redressement et non votée par les assemblées[1]. L'alinéa 6 du I de l'article L. 631-19, tel qu'il résultait du projet d'ordonnance du 12 mars 2014[2], se préoccupait de la situation dans laquelle les modifications du capital social rendues nécessaires par le redressement n'auraient pas été votées par les assemblées. Le tribunal fixait alors un délai de réception des offres de reprise par l'administrateur. Au terme de ce délai, le tribunal pouvait ordonner la cession des parts ou actions, titres de capital ou valeurs mobilières donnant accès au capital détenus par les associés ou actionnaires non dirigeants contrôlant l'entreprise au sens du I de l'article L. 233-3 au profit de créanciers ou de tiers qui se seraient engagés à exécuter le plan ou ordonner la cession totale ou partielle de l'entreprise.

Ce texte, tout à fait novateur, n'a finalement pas été adopté par l'ordonnance du 12 mars 2014, du fait d'une divergence sensible au sein des ministères. Il devait faire l'objet d'une adoption par un texte ultérieur[3].

C'est chose faite avec l'article 238 de la loi du 6 août 2015[4], qui insère dans le code de commerce un article L. 631-19-2, faisant de ce texte compliqué, le plus long article du livre VI du code de commerce. Ce texte est applicable aux procédures de redressement judiciaire ouvertes à compter de la publication de la présente loi (L. 6 août 2015, art. 238, IV), y compris à Wallis et Futuna. Le texte repose sur l'idée qu'il n'est pas de bonne raison de sacrifier les droits des créanciers, tout en ayant le plus grand respect pour les actionnaires[5].

Le texte repose sur deux mécanismes. D'une part, il est question d'une dilution forcée des droits des actionnaires dans le cadre d'une augmentation de capital par apport en espèces ou par conversion de créances approuvée par un mandataire de justice nommé par le tribunal pour voter à la place des actionnaires réfractaires au renforcement des fonds propres. On a évoqué à cet égard « une augmentation de capital forcée »[6]. D'autre part, il s'agit d'une cession forcée des titres en capital pour permettre à un repreneur de prendre le contrôle de l'entreprise[7].

Les sénateurs ont soutenu que les mécanismes de « dilution forcée » et de « cession forcée » des parts des associés ou actionnaires opposés au plan de redressement portent atteinte à leur droit de propriété[8].

Le Conseil Constitutionnel n'a pas suivi l'argument, en considérant, que, « en adoptant les dispositions de l'article L. 631-19-2 du code de commerce, le législateur a entendu encourager la poursuite d'activité des entreprises; qu'il a ainsi poursuivi un objectif d'intérêt général ». Le Conseil a ensuite insisté sur le caractère exceptionnel du dispositif[9]. Il a observé que « lorsque le tribunal ordonne de procéder à une augmentation de capital, sont seuls exclus du vote portant sur l'augmentation de capital les associés ou actionnaires ayant refusé la modification du capital; que les actions ou parts sociales émises sont proposées par préférence aux actionnaires, y compris ceux ayant refusé la modification du capital si l'augmentation est souscrite en numéraire; que la possibilité offerte aux créanciers de souscrire à l'augmentation de capital par compensation avec les créances qu'ils détiennent sur la société ne vaut que pour celles de leurs créances qui ont été admises et dans la limite de la réduction dont elles sont l'objet dans le plan de redressement »[10]. Il a égale-

1. Vermeille, « Le volet droit des faillites de la loi Macron : une intention louable au départ, mais un résultat dangereux à l'arrivée », *D. 2015. 382* – Cérati-Gauthier, « Projet de loi pour la croissance, l'activité et l'égalité des chances économiques : des atteintes justifiées aux droits des associés et actionnaires de la société débitrice », *BJE* 2015, 129.
2. Ord. n° 2014-326, 12 mars 2014, préc.
3. Cérati-Gauthier, « Projet de loi pour la croissance, l'activité et l'égalité des chances économiques : des atteintes justifiées aux droits des associés et actionnaires de la société débitrice », *BJE* 2015, 129.
4. L. n° 2015-990, 6 août 2015, préc.
5. Parachkévova, « L'augmentation de capital forcée dans la loi Macron », *BJS* 2015, 529 s., sp. p. 530.
6. Parachkévova, art. préc., 529.
7. Vermeille, « Le volet droit des faillites de la loi Macron : une intention louable au départ, mais un résultat dangereux à l'arrivée », *D* 2015. 382 – Rossi, « Dispositions de la loi Macron concernant les livre VI et VIII du code de commerce », *Rev. proc. coll.* 2015, études 15, n° 8.
8. Cons. const. 5 août 2015, n° 2015-715 DC, *JO* 7 août, p. 13616, n° 141.
9. Cons. const. 5 août 2015, n° 2015-715 DC, préc., n° 142.
10. Cons. const. 5 août 2015, n° 2015-715 DC, préc., n° 143.

ment fait valoir que « lorsque le tribunal ordonne de procéder à une "cession forcée", sont seuls visés les associés ou actionnaires ayant refusé la modification du capital et qui détiennent, directement ou indirectement, une fraction du capital leur conférant une majorité des droits de vote ou une minorité de blocage dans les assemblées générales de cette société ou qui y disposent seuls de la majorité des droits de vote en application d'un accord conclu avec d'autres associés ou actionnaires, non contraire à l'intérêt de la société; que les associés ou actionnaires, autres que ceux ayant refusé la modification du capital et qui détiennent, directement ou indirectement, une fraction du capital leur conférant une majorité des droits de vote ou une minorité de blocage, disposent du droit de se retirer de la société et de demander simultanément le rachat de leurs droits sociaux par les cessionnaires; qu'en l'absence d'accord sur la valeur des droits des associés ou actionnaires en cas de cession, cette valeur est déterminée par un expert désigné par le tribunal ».[1]

Le Conseil a conclu que, « dans ces conditions, les deux dispositifs de "dilution forcée" et de "cession forcée" institués par le législateur, qui contribuent par ailleurs à préserver les droits des créanciers de l'entreprise, ne portent pas une atteinte manifestement disproportionnée au droit de propriété des associés et actionnaires. »[2]

Les sénateurs ont également soutenu que le premier de ces mécanismes [vote de l'augmentation de capital par un mandataire votant à la place des associés réfractaires] est incompatible avec le droit de l'Union européenne[3]. Le Conseil Constitutionnel n'a pas suivi l'argument en estimant que « les dispositions contestées n'ont pas pour objet de transposer une directive; que par suite, le grief tiré de la méconnaissance de l'article 88-1 de la Constitution est inopérant »[4].

L'alinéa 1 de l'article L. 631-19-2 se préoccupe de la situation dans laquelle les modifications du capital social rendues nécessaires par le redressement ne seraient pas votées par les assemblées. Le texte instaure un mécanisme alternatif soit de modification forcée du capital, soit de cession forcée des titres. L'associé qui n'aura pas accepté de voter l'augmentation de capital sera ainsi soit dilué soit exclu.

531.63 Conditions d'application de la réglementation de la modification du capital social rendue nécessaires par le redressement et non votée par les assemblées. Le texte du projet d'ordonnance du 12 mars 2014[5] n'était pas apparu suffisamment restrictif pour justifier les dérogations au droit commun des sociétés et les atteintes au fonctionnement démocratique des sociétés. La loi du 6 août 2015[6], dite loi Macron, s'est employée à assurer ce caractère extrêmement restrictif, ce qui permet d'affirmer, sans risque de se tromper, que le caractère spectaculaire du texte n'aura d'égal que son application très réduite.

L'alinéa 1 de l'article L. 631-19-2 précise le domaine d'application du texte.

Tout d'abord, le texte ne concerne que la procédure de redressement judiciaire, non celle de sauvegarde. Mais il a été justement observé qu'il existait une passerelle entre la sauvegarde et le redressement judiciaire (C. com., art. L. 622-10, al. 3), qui peut être utilisée notamment par l'administrateur judiciaire ou le débiteur, lorsqu'il apparaît que le plan de sauvegarde ne sera pas obtenu et qu'une clôture de la procédure de sauvegarde conduirait à bref délai à la cessation des paiements[7]. Or cette passerelle pourrait parfaitement être utilisée pour bénéficier du mécanisme de dilution ou de cession forcée. Peut-être sera-ce la principale motivation d'application de cette passerelle.

Il faut être en présence d'une entreprise d'au moins 150 salariés ou d'une entreprise dominante au sens du droit du travail d'une ou de plusieurs entreprises dont l'effectif total est d'au moins 150 salariés.

La disparition de cette entreprise doit être de nature à causer un trouble grave à l'économie régionale ou nationale et au bassin d'emploi.

La modification du capital social doit être la seule solution sérieuse permettant d'éviter ce trouble et de permettre la poursuite de l'activité. Mais il n'est pas exigé l'existence d'une perte des capitaux propres imposant leur reconstitution[8]. Toutefois, le mécanisme n'aurait guère de sens si tel n'était pas le cas[9].

La solution n'est pas applicable lorsque le débiteur exerce une activité professionnelle libérale soumise à un statut législatif ou réglementaire (C. com., art. L. 631-19-2, dern. al.).

Si toutes les conditions sont réunies, le tribunal doit d'abord avoir examiné les possibilités de cession totale ou partielle de l'entreprise. Ainsi les mesures envisagées apparaissent-elles subsidiaires par rapport à une recherche de cession, laquelle est

1. Cons. const. 5 août 2015, nº 2015715 DC, préc., nº 144.
2. Cons. const. 5 août 2015, nº 2015715 DC, préc., nº 145.
3. Cons. const. 5 août 2015, nº 2015715 DC, préc., nº 141.
4. Cons. const. 5 août 2015, nº 2015715 DC, préc., nº 146.
5. Ord. nº 2014-326, 12 mars 2014, préc.
6. L. nº 2015-990, 6 août 2015, préc.
7. Dammann et Lucas, « Le nouveau dispositif de dilution ou d'éviction de l'associé qui ne finance pas le plan de redressement de la société », *BJS* 2015, 521 s., sp. p. 523.
8. Rossi, « Dispositions de la loi Macron concernant les livre VI et VIII du code de commerce », *Rev. proc. coll.* 2015, études 15, nº 10.
9. RAPPR. : Dammann et Lucas, préc., sp. p. 524.

elle-même subsidiaire par rapport au plan de redressement. En théorie, donc, l'administrateur judiciaire doit privilégier l'adoption d'un plan de redressement sans recourir aux mesures envisagées à l'article L. 631-19-2 du code de commerce. Puis il doit, à défaut de possibilité d'adoption d'un plan de redressement sans recours aux mesures de l'article L. 631-19-2, envisager un plan de cession. À défaut de possibilité de cession, on revient au plan de redressement avec recours aux mesures de l'article L. 631-19-2.

À la demande de l'administrateur judiciaire ou du ministère public, et à l'issue d'un délai de trois mois après le jugement d'ouverture, en cas de refus par les assemblées d'adopter la modification du capital social prévue par le projet de plan de redressement, en faveur d'une ou de plusieurs personnes qui se sont engagées à exécuter le plan, le tribunal peut soit désigner un mandataire chargé de convoquer l'assemblée pour voter l'augmentation de capital à la place des associés ou actionnaires, soit ordonner la cession forcée des parts ou actions des associés ou actionnaires ayant refusé l'augmentation.

Le 1° de l'article L. 631-19-2 du code de commerce s'intéresse à la première éventualité, le 2° du même article à la seconde.

531.64 Vote de l'augmentation de capital social par la désignation d'un mandataire *ad hoc*. La première possibilité ouverte au tribunal, en application de l'article L. 631-19-2, 1° du code de commerce, est de procéder à la désignation d'un mandataire chargé de convoquer l'assemblée compétente et de voter l'augmentation de capital en lieu et place des associés ou actionnaires ayant refusé la modification. Les actionnaires récalcitrants sont ainsi dépossédés de leur droit de vote. On a parlé de « coup fatal au droit de vote et au droit de propriété de l'associé sur ses droits sociaux »[1].

Le texte prend le soin de précser que le vote intervient à hauteur du montant pévu par le plan.

Le législateur évoque une modification du capital, ce qui doit s'entendre soit d'une augmentation, soit d'une réduction[2]. Mais s'agissant sphériquement du dispositif de dilution ici envisagée, il n'est question que d'une augmentation de capital. La réduction de capital étant impossible, la technique du coup d'accordéon ne l'est pas davantage[3].

Cette augmentation doit être réalisée dans le délai maximal de trente jours à compter de la délibération.

La libération de l'augmentation de capital pourra intervenir par compensation avec les créances détenues sur la société, qui auront été admises au passif et dans la limite de la réduction dont elles sont l'objet dans le plan.

En cas d'augmentation de capital par apports en numéraire, un droit de préférence est accordé aux actionnaires proportionnellement à la partie du capital représentée par leurs actions. Rien n'interdit aux actionnaires récalcitrants au vote de l'augmentation de capital d'y souscrire[4]. Il ne semble pas que ce droit préférentiel de souscription puisse être supprimé, compte tenu de l'équilibre recherché par le législateur et justifiant l'absence de censure par le Conseil Constitutionnel[5]. L'utilisation de cette faculté sera le seul moyen pour les actionnaires récalcitrants d'éviter une prise de contrôle par un tiers. Cette solution apparaît en contradiction avec l'objectif du mécanisme de dilution, conçu pour forcer l'entrée dans le capital de repreneurs, mais s'explique par le souci d'éviter une atteinte trop grande aux droits de l'associé[6].

531.65 Cession forcée des parts ou actions détenues par les associés majoritaires en cas de refus de procéder à l'augmentation de capital social. Le tribunal a, en vertu de l'article L. 631-19-2, 2° du code de commerce, une seconde possibilité. Le tribunal peut ordonner au profit des personnes qui se sont engagées à exécuter le projet de plan, la cession de tout ou partie des parts ou actions des associés ayant refusé la modification du capital social et qui détiennent, directement ou indirectement, la majorité, ou disposent seuls, en application d'une convention de vote, de la majorité dans les assemblées générales. Mais une minorité de blocage est, d'après le texte, suffisante pour justifier son application. La mesure ne concerne donc pas que les actionnaires ou associés majoritaires.

Les clauses d'agrément sont évidemment réputées non écrites.

Les associés ou actionnaires, autres que ceux qui vont subir la cession forcée de leurs titres, disposent du droit de se retirer de la société et demander simultanément le rachat de leurs droits sociaux par les cessionnaires. Il s'agit là d'un « zeste d'*affectio societatis* ».

En l'absence d'accord sur la valeur des parts ou actions autoritairement cédées ou objets du droit de retrait, un expert devant évaluer les titres à une date la plus proche de la cession est désigné par le président du tribunal, à la demande de l'administrateur ou du ministère public. Il faut sans doute compren-

1. Parachkévova, « L'augmentation de capital forcée dans la loi Macron », *BJS* 2015, 529.
2. Dammann et Lucas, préc., sp. p. 524.
3. Parachkévova, préc., sp. p. 532.
4. EN CE SENS timidement: Parachkévova, préc., sp. p. 535.
5. Parachkévova, préc., sp. p. 535.
6. Parachkévova, préc., sp. p. 534.

dre que c'est l'auteur de la saisine du tribunal aux fins d'application de la mesure qui saisira le président d'une demande de désignation d'expert. Alors que le projet d'ordonnance du 12 mars 2014[1] précisait qu'il était renvoyé à l'application de l'article 1843-4 du code civil, ce visa n'est pas effectué par la loi du 6 août 2015[2], dite loi Macron.

Le président du tribunal, de la procédure collective nous semble-t-il, doit statuer en la forme des référés. L'ordonnance de désignation de l'expert n'est pas susceptible de recours. Le texte prend le soin de rappeler une évidence procédurale : l'expert doit respecter le contradictoire. Il est vrai qu'en droit des entreprises en difficulté, nombre de rapports abusivement qualifiés d'expertises, ne sont pas établis contradictoirement, ce qui justifie sans doute cette tautologie.

L'Autorité des marchés financiers sera consultée pour les sociétés dont les titres sont admis aux négociations sur un marché réglementé ou sur un système multilatéral de négociation organisé. Les articles L. 433-1 et suivants du code monétaire et financier, qui s'intéressent aux offres publiques d'achat et d'échange, s'appliquent.

Le tribunal qui fait application de la mesure de cession forcée doit, dans le même jugement, statuer sur la cession et sur la valeur des droits cédés. Le tribunal doit désigner un mandataire de justice chargé de passer les actes nécessaires à la réalisation de la cession et d'en verser le prix aux cédants.

Ce texte est tout à fait novateur. En droit positif, le tribunal peut ordonner, sur la demande du ministère public, la cession forcée des parts ou actions des dirigeants. Les ennemis, ce sont les dirigeants. Le texte va ici plus loin. Les ennemis deviennent les associés majoritaires ou détenteurs d'une minorité de blocage. Les titres de capital de ces derniers pourront être cédés de façon autoritaire aux tiers – il pourra s'agir de créanciers – s'étant engagés à exécuter le plan, autrement dit les nouveaux associés ou actionnaires. C'est une façon énergique de « tordre le cou aux actionnaires majoritaires », qui ne veulent plus mettre la main à la proche, pour participer à la reconstitution des capitaux propres ou à une augmentation de capital indépendante de cette reconstitution, mais nécessaire au sauvetage de l'entreprise.

531.66 Dispositions communes aux mesures autoritaires pour procéder à une augmentation de capital social. Diverses garanties sont prévues, lorsque le tribunal statue sur l'une des deux demandes envisagées à l'article L. 631-19-2 du code de commerce. Les débats doivent avoir lieu en présence du ministère public. Il ne s'agit pas d'une simple communication de la cause au ministère public. La solution diffère aussi de celle prévue depuis la loi de sauvegarde, selon laquelle la cession des droits sociaux devait être demandée par le ministère public. Il n'a plus désormais l'initiative, mais il est néanmoins associé aux débats portant sur la question. Le tribunal doit entendre les associés ou actionnaires concernés, c'est-à-dire ceux qui ont refusé de voter l'augmentation de capital social, ainsi que les associés ou actionnaires dirigeants, lesquels peuvent se voir appliquer les dispositions de l'article L. 631-19-1 (v. s[s] n° 531.42). Le tribunal doit également procéder à l'audition des créanciers ou des tiers qui se sont engagés à exécuter le plan, ainsi que les institutions représentatives du personnel, et à défaut, le représentant des salariés.

Le tribunal subordonne l'adoption du plan à l'engagement des souscripteurs des parts ou actions (C. com., art. L. 631-19-2, 1°) ou des bénéficiaires de la cession forcée (C. com., art. L. 631-19-2, 2°) de conserver les parts ou actions pendant un temps précisé par le tribunal, qui ne peut excéder la durée du plan.

Le plan ne peut être arrêté que sous la condition du paiement comptant du prix de cession des parts sociales ou actions. À défaut, le tribunal prononce la résolution de la souscription ou de la cession des parts ou actions. Il est saisi par l'associé cédant, le débiteur, le commissaire à l'exécution du plan, le ministère public, et énonce, le texte, « le mandataire de justice ». Il ne peut s'agir du mandataire judiciaire qui n'est plus, après l'adoption du plan de redressement, en fonction que pour terminer la vérification du passif. Il faut donc comprendre qu'il s'agit du mandataire de justice chargé de passer les actes nécessaires à la réalisation de la cession et d'en verser le prix aux cédants.

Le commissaire à l'exécution du plan doit vérifier que les associés ou actionnaires souscripteurs ou cessionnaires respectent leurs obligations. Il a qualité pour agir contre eux à cette fin. Il doit tenir informées les institutions représentatives du personnel du respect de leurs engagements par ces personnes.

Il est prévu que le tribunal peut modifier le plan en application des dispositions des articles L. 626-26 et du dernier alinéa de l'article L. 626-31. Il semble que l'on puisse comprendre qu'il pourrait être question de revoir à la baisse le montant de l'augmentation du capital social.

Mais le tribunal peut aussi, en cas de défaillance d'un associé ou actionnaire souscripteur ou cessionnaire, prononcer la résolution du plan, outre la condamnation du défaillant à des dommages et intérêts pour réparation du préjudice subi. Cette défaillance pourra résulter du fait de céder les titres avant la fin

1. Ord. n° 2014-326, 12 mars 2014 préc.
2. L. n° 2015-990, 6 août 2015, préc.

du plan si l'adoption du plan avait été subordonnée à une telle obligation de conservation. Le tribunal est saisi par le commissaire à l'exécution du plan, le ministère public, ou, à défaut, par les institutions représentatives du personnel. Il statue en présence du ministère public. Le prix payé par le souscripteur ou le bénéficiaire reste acquis à la procédure collective.

L'article 240 de la loi du 6 août 2015[1] modifie l'article L. 661-1 du code de commerce, en insérant un 6° *bis* qui ouvre largement l'appel à l'encontre des décisions statuant sur la désignation d'un mandataire, prévue au 1° de l'article L. 631-19-2 et sur la cession de tout ou partie de la participation détenue dans le capital, prévue au 2° du même article. L'appel est ouvert au débiteur, à l'administrateur, au comité d'entreprise ou, à défaut, aux délégués du personnel ou, à défaut, au représentant des salariés, mentionné à l'article L. 621-4, aux associés ou actionnaires parties à la cession ou qui ont refusé la modification du capital prévue par le projet de plan et aux cessionnaires, au ministère public, ainsi qu'au mandataire judiciaire. Il s'agit là du mandataire de justice chargé de passer les actes nécessaires à la réalisation de la cession et d'en verser le prix aux cédants.

SECTION 531.70
SUBORDINATION DU PLAN À UNE CONVERSION DE CRÉANCE EN CAPITAL

531.71 Subordination du plan à une conversion de créance en capital. Il résultait de l'article L. 631-19, I, alinéa 7 du code de commerce, dans la rédaction que lui avait donnée le projet d'ordonnance du 12 mars 2014[2], que le tribunal aurait pu subordonner l'adoption du plan à une conversion de créance en capital.

La solution nouvelle n'a finalement pas été adoptée par l'ordonnance du 12 mars 2014 et a finalement été abandonnée par la loi du 6 août 2015[3], dite loi Macron.

1. L. n° 2015-990, 6 août 2015, préc.
2. Ord. n° 2014-326, 12 mars 2014, préc.
3. L. n° 2015-990, 6 août 2015, préc.

CHAPITRE

532. Adoption du plan de redressement

SECTION 0 ORIENTEUR

532.00 Plan du chapitre.

Sect.	532.10	Critères d'arrêté d'un plan de continuation ou de redressement
Sect.	532.20	Voies de recours à l'encontre de la décision statuant sur le plan de redressement
Sect.	532.30	Efficacité de la décision
Sect.	532.40	Clôture de la procédure après arrêté du plan de redressement

532.01 Textes applicables. (V. les références complètes s[s] n° 011).

> Législation antérieure à la loi de sauvegarde des entreprises.

C. com., art. L. 621-60, L. 621-139

D. n° 85-1388, 27 déc. 1985, art. 42 à 44

> Législation issue de la loi de sauvegarde des entreprises dans sa rédaction d'origine.

C. com., art. L. 631-19, I

C. com., art. R. 631-34

> Législation issue de l'ordonnance du 18 décembre 2008.

C. com., art. L. 631-19, I, L. 631-21, al. 1er

C. com., art. R. 631-34, R. 631-37

> Législation issue de l'ordonnance du 12 mars 2014.

C. com., art. L. 631-19, I, L. 631-22

532.03 Bibliographie indicative. (V. les références complètes s[s] n° 031 – Aussi s[s] n°s 530.03 et 512.03).

> Articles. Borga N., « Titres super subordonnés et plan de sauvegarde », *Bull. Joly* 2010. 604, § 125 – Cozian M., « Le traitement fiscal des abandons de créances dans le cadre de la loi du 26 juillet 2005 sur la sauvegarde des entreprises », *LPA* 14 juin 2007, n° 119, p. 26 – Dammann R. et Podeur G., « La conversion de créances en capital dans les entreprises en difficultés », in « La loi de sauvegarde à l'épreuve du droit des sociétés », Dammann (dir.), *Bull. Joly* 2009. 1129, § 229 – Daudier de Cassini J.-D. et Noury A.-S., « Obligataires et procédures collectives », in « La loi de sauvegarde à l'épreuve du droit des sociétés », Dammann (dir.), *Bull. Joly* 2009. 1123, § 228 – Étienne-Martin E. et Soudani M., « Abandon de compte courant d'associé et clause de retour à meilleure fortune », *Rev. proc. coll.* 2012, étude 33 – Grelon B., « La consultation des obligataires dans le cadre d'une procédure collective d'insolvabilité », *Rev. sociétés* 2008. 25; « La loi de sauvegarde revisitée par la loi n° 2010-1249 dite de régulation bancaire et financière en date du 22 octobre 2010 », *Rev. sociétés* 2011. 7 – Lagarde B., « La discrimination de la déductibilité fiscale des abandons de créance », *LPA* 17 févr. 2006, n° 35, p. 28 – Lebel Ch., « Innovations apportées aux plans de sauvegarde et de redressement par la loi de régulation bancaire du 22 octobre 2010 », *Gaz. Pal.* entr. diff. 7-8 janv. 2011, p. 9 – Le Corre P.-M., « Porteurs de titres super-subordonnés et élaboration des plans de sauvegarde et de redressement avec comités », *D.* 2010. Chron. 839 – Teboul B., « La dépossession des actionnaires comme mode de traitement des difficultés d'entreprises », *JCP E* 2009. 2171.

531.04 Questions essentielles.

• Le tribunal a-t-il une liberté totale d'adopter un plan de redressement ou un plan de cession ?

V. s[s] n° 532.14.

• Un créancier peut-il contester l'adoption d'un plan de redressement ?

V. s[s] n° 532.21.

532.09 Application à l'adoption du plan de redressement des règles de la procédure de sauvegarde. Les articles L. 626-5 et L. 627-3 du code de commerce, dans la rédaction que leur donne la loi de sauvegarde des entreprises[1], fixent les règles de consultation des créanciers, dans le cadre de la procédure de sauvegarde. Le premier de ces textes intéresse la sauvegarde dans laquelle un administrateur a été désigné. Le second de ces textes s'intéresse à l'hypothèse d'une procédure de sauvegarde sans désignation d'un administrateur judiciaire.

Ces deux textes de la procédure de sauvegarde sont applicables, sans modification, à la procédure de redressement judiciaire et ont donc vocation à régir la consultation des

1. L. n° 2005-845, 26 juill. 2005, *JO* 27 juill., p. 12187.

créanciers préparatoire à l'adoption d'un plan de redressement.

L'article L. 626-5 est rendu applicable en redressement judiciaire du fait du renvoi opéré par l'article L. 631-19, I qui rend applicables les articles du chapitre VI du titre II.

L'article L. 627-3, pour sa part, s'applique en redressement judiciaire du fait du renvoi opéré par l'article L. 631-21, alinéa 1er, qui rend applicables les articles du chapitre VII du titre II.

Il en est de même des articles R. 626-52 à R. 626-59 du code de commerce, qui s'intéressent aux comités de créanciers et qui s'appliquent en redressement judiciaire du fait du fait opéré par article R. 631-37 du code de commerce.

Le lecteur sera en conséquence renvoyé au chapitre 512 (v. ss nos 512.09 à 512.75).

Les articles L. 626-1, L. 626-9, L. 626-10 et L. 626-11 du code de commerce s'intéressent à l'adoption du plan de sauvegarde. Ces dispositions sont rendues applicables au plan de redressement par l'article L. 631-9, I du même code. Les articles L. 661-1, I, 6°, L. 661-1, II, L. 661-1, III, L. 661-3, L. 661-7, alinéa 1er et L. 661-9, alinéa 2 du code sont des dispositions communes aux deux formes de plans. Les articles R. 626-17, R. 626-19, R. 626-20, à l'exception du troisième alinéa, R. 626-21 sont rendues applicables au redressement judiciaire par l'article R. 626-35, alinéa 1er. Le lecteur sera en conséquence renvoyé au chapitre 513 (v. ss nos 513.11 à 513.44).

Il convient toutefois d'apporter quelques précisions sur l'adoption du plan de redressement avec vote des comités de créanciers.

La possibilité pour les créanciers de présenter un projet de plan de redressement oblige, comme cela est le cas dans la procédure de sauvegarde, à la réécriture de certaines dispositions. Si, par principe, les dispositions du chapitre VI du titre II sont applicables au plan de redressement, certaines particularités tiennent au fait que, alors que dans la sauvegarde, le projet de plan émane soit du débiteur avec le concours de l'administrateur, soit des créanciers, dans le redressement, il émane soit des créanciers, soit de l'administrateur avec le concours du débiteur. L'article 54 de l'ordonnance du 12 mars 2014[1] répond à cette préoccupation. Il modifie pour cela le deuxième alinéa de l'article L. 631-19, I, pour tenir compte de l'éventualité d'un projet de plan présenté par un créancier.

Quelques précisions doivent ensuite être apportées sur la décision arrêtant le plan de redressement.

Le plan de redressement peut ainsi être accompagné d'un plan de cession partielle. Il en sera ainsi lorsque l'entreprise à redresser comportera plusieurs branches autonomes d'activités. Le tribunal appréciera le degré de performance du débiteur dans chacune des branches concernées et pourra estimer que la viabilité de l'entreprise du débiteur passe par la cession d'une ou plusieurs branches, afin de concentrer les efforts du débiteur sur son activité la plus rentable, ou celle dans laquelle ses compétences sont les plus grandes.

Le plan de redressement peut également prévoir qu'il y aura arrêt de certaines branches d'activité. Il faut ici supposer qu'une branche ne soit pas rentable. À l'inverse, mais la solution n'existe guère en pratique, le tribunal pourra décider l'adjonction de certaines branches d'activités. Il a été dit que, en cas d'adoption d'un plan de sauvegarde, la possibilité de changement de périmètre d'activité est « consubstantielle de l'objectif de réorganisation de l'entreprise » posé par la définition de la procédure de sauvegarde résultant de l'article L. 620-1 du code de commerce[2]. Mais, alors que, en cas de plan de redressement, la solution pourra être imposée au débiteur, dans la procédure de sauvegarde, les cessions partielles devront dépendre de la volonté du débiteur.

Des développements particuliers méritent d'être consacrés aux critères d'adoption d'un plan de redressement, aux voies de recours sur la décision statuant sur le plan de redressement, ainsi qu'à l'efficacité de la décision.

Enfin, quelques précisions seront apportées sur la clôture de la procédure.

1. Ord. n° 2014-326, 12 mars 2014, *JO* 14 mars, p. 5249.

SECTION 532.10
CRITÈRES D'ARRÊTÉ D'UN PLAN DE CONTINUATION OU DE REDRESSEMENT

532.11 Possibilités sérieuses de redressement de l'entreprise – Législation du 25 janvier 1985 (v. aussi ss n° 551.21). Sous l'empire de la législation antérieure à la loi de sauvegarde des entreprises[3], le plan de continuation ne peut être adopté que s'il existe des « possibilités sérieuses de redressement ou de règlement du passif ». La solution est posée par l'alinéa 1er de l'article L. 621-70 du code de commerce. Il a déjà été indiqué (v. ss n° 530.09) que le projet de plan de continuation ne peut se contenter d'envisager le règlement du passif. Il doit d'abord et avant tout, dans le respect de l'article L. 620-1, alinéa 1er du code de commerce, envisager la sauvegarde de l'entreprise et des emplois qui y sont attachés[4]. C'est ce qu'évoque la notion de « possibilités sérieuses de redressement ».

Le plan de continuation ne peut être adopté simplement pour permettre à une entreprise de poursuivre des actions engagées contre certains de ses créanciers. L'argument est également retenu pour prononcer la résolution du plan[5].

La notion positive de « possibilités sérieuses de redressement »[6] ou celle négative d'« impossibilité manifeste de redressement »[7] sont abandonnées à

2. ...NHARD, 6e éd., n° 81.11.
3. ...n° 2005-845, 26 juill. 2005, préc.
4. ...inne, « L'entreprise et les lois de 1984 et de 1985 », *Rev. proc. coll.* 2002, p. 19 s., spéc. nos 4 à 16.
5. ...aris, 3e ch. B, 16 nov. 2001, *RJDA* 2002/4, n° 414, p. 352.
6. Com. 10 juill. 1990, n° 88-18.941, *Bull. civ.* IV, n° 208 – Com. 21 janv. 1992, n° 90-13.127, *Bull. civ.* IV, n° 28 – Com. 3 avr. 2001, n° 98-16.148, NP, *RJDA* 2001/8-9, n° 881 – Com. 5 févr. 2008, n° 06-18.070, NP; n° 196 F-D.
7. Com. 22 juin 2010, n° 09-13.711, NP.

l'appréciation souveraine des juges du fond. Il en est de même, plus largement, du caractère sérieux ou non du plan[1]. Mais la Cour de cassation censure les juges du fond qui rejettent un plan de continuation sans vérifier s'il existe ou non des possibilités sérieuses de redressement[2].

En cause d'appel, l'appréciation est portée au jour où la cour d'appel statue[3]. La juridiction se livre ici à une analyse économique de la situation. Il s'agit de déterminer la viabilité de l'entreprise, en fonction de sa capacité à générer du profit, lequel, pour partie, doit être affecté au remboursement du passif. Pour apprécier les chances sérieuses de redressement permettant l'arrêté du plan, la cour d'appel n'est pas tenue de viser le rapport de l'administrateur judiciaire[4].

Il est d'abord essentiel que le compte de résultat de la période d'observation ne soit pas négatif. Le passif antérieur, pendant cette période, a été gelé. Si un plan de continuation ou de redressement est adopté, les charges d'exploitation courantes seront augmentées des dividendes du plan. On comprend qu'une entreprise dont le compte de résultat est négatif en période d'observation est *a priori* mal placée pour obtenir un plan de continuation ou de redressement[5]. C'est pourquoi, l'existence de créances postérieures impayées, bénéficiant du traitement préférentiel, doit conduire la juridiction à refuser l'arrêté d'un plan de continuation[6].

La juridiction doit également prendre en considération des éléments prospectifs pour savoir si, à terme, l'entreprise sera viable. Il s'agit pour l'essentiel du compte de résultat prévisionnel[7], lequel doit évidemment être sérieux pour autoriser l'arrêté du plan[8]. L'absence de comptabilité prévisionnelle empêche, en pratique, la caractérisation des chances de redressement[9]. Il en est *a fortiori* ainsi de l'absence de toute comptabilité sérieuse[10]. Le fait que l'entreprise n'ait dégagé des bénéfices suffisants qu'une seule année, alors que depuis elle a été amputée d'une partie de sa surface, conduit à considérer que les chances de redressement sont inexistantes[11].

En matière agricole, les rendements à l'hectare constituent un indice déterminant d'appréciation des chances de redressement[12].

La juridiction a également égard à l'attitude du débiteur, c'est-à-dire à sa plus ou moins grande coopération à l'élaboration du plan, son adhésion au plan, son degré de compétence[13], et d'honnêteté. Il ne faut pas perdre de vue qu'il va falloir faire confiance, sur le long terme, au débiteur et que la confiance se mérite.

L'existence de possibilités sérieuses de redressement peut tenir à une cession partielle de la branche déficitaire de l'activité[14]. Ainsi, un plan de redressement partiel peut être arrêté simultanément à un plan de cession partielle.

Indiquons enfin que l'interdiction d'exercice prononcée contre le débiteur fait obstacle à l'adoption de son plan de continuation[15].

532.12 Possibilités sérieuses de redressement du débiteur – Législation du 26 juillet 2005 (v. aussi s[s] n° 551.11). La loi de sauvegarde des entreprises[16] ne reprend pas les critères de la législation antérieure, c'est-à-dire les possibilités sérieuses de redressement. En effet, aucun texte ne définit spécifiquement les conditions objectives d'arrêté d'un plan de redressement. Les dispositions de l'article L. 631-19, I, qui rendent applicables en redressement judiciaire les règles posées par le chapitre VI du titre II du code de commerce, pourraient conduire à décider que l'adoption d'un plan de redressement, comme celle de sauvegarde, est soumise à la condition qu'existe pour l'entreprise une possibilité sérieuse d'être « sauvegardée ». La solution peut être suivie s'il est spécifiquement question du redressement de l'entreprise.

Négativement, l'article L. 631-22 du code indique que le tribunal peut ordonner une cession totale ou partielle de l'entreprise si « le débiteur est dans

1. Com. 13 oct. 2015, n° 14-11.983, NP; n° 8 F-D; *Rev. proc. coll.* 2015, comm. 182, note Lebel.
2. Com. 21 nov. 1995, n° 94-10.264, NP, *Rev. proc. coll.* 1996, 440, n° 21, obs. Soinne.
3. AINSI : Bordeaux, 2e ch. 5 mars 2008, *Rev. proc. c.* 2009/1, p. 20, n° 1, note Fraimout.
4. Com. 5 févr. 2008, n° 06-18.070, NP; n° 196 F-
5. Com. 12 juill. 2011, n° 10-18.549, NP; n° 754 – Lyon, 3e ch. A, 3 juill. 2008, RG n° 08/02135, *Rev. pc. coll.* 2009, p. 21, n° 2, note Fraimout.
6. Com. 6 oct. 1992, n° 89-16.557, *Bull. civ.* IV, n° 1; *Rev. proc. coll.* 1993, 78, n° 7, obs. Soinne – Com 3 juin 1992, n° 90-18.327, NP, *Rev. proc. coll.* 1993, n° 7, obs. Soinne – Com. 16 févr. 1993, n° 91-10.614, *Rev. proc. coll.* 1993, 96, n° 5, obs. Soinne – Com. 3 a 001, n° 98-16.148, NP, *RJDA* 2001/8-9, n° 881 – Com. nov. 2003, n° 00-21.842, NP – Com. 2 nov. 2005, 04-13.982, NP.
7. SOINNE, n° 1554-2.
8. Com. 21 févr. 2006, n° 04-18.785, NP; n° 234 F-D.
9. Paris, 3e ch. A, 28 oct. 2003, RG n° 2003/04595 – is, 3e ch. A, 4 nov. 2003, RG n° 2003/06286.
10. Com. 12 juill. 2011, n° 10-18.549, NP; n° 754 F-D.
11. Com. 5 févr. 2008, n° 06-18.070, NP; n° 196 F-D.
12. Reims, 1re ch., 16 août 2005, RG n° 04/02568, *JurisData* 305387, cité in J.-CL. COM., fasc. 2600, Vinckel, [Plan de sauvegarde – formation], 2009, n° 117.
13. Com. 16 avr. 1991, n° 89-13.677, *Bull. civ.* IV, n° 145 – Com. 21 janv. 1992, n° 90-13.127, *Bull. civ.* IV, n° 28 – Com. 20 janv. 1998, n° 95- 2.526, NP, *RJDA* 1998/3, n° 316 – Colmar, 1re civ., 15 oct 1994, *Rev. proc. coll.* 1996, 439, n° 20, obs. Soinne.
14. Paris, 3e ch. A, 18 déc. 2007, *Act. proc. coll.* 2008/6, n° 95.
15. Colmar, 1re ch. civ. A, 6 févr. 2007, RG n° 1A06/04848, *Rev. proc. coll.* 2009/1, p. 22, n° 4, note Fraimout.
16. L. n° 2005-845, 26 juill. 2005, préc.

l'impossibilité d'en assurer lui-même le redressement ». De même, il y a, selon l'article L. 640-1 du code, place à liquidation judiciaire pour le débiteur « dont le redressement est manifestement impossible ». Il faut donc désormais aussi tenir compte de la possibilité de redressement du débiteur et non plus seulement de son entreprise.

Ainsi, s'il est question du redressement de l'entreprise, l'interprétation ancienne ne doit pas s'en trouver modifiée (v. s[s] n° 532.11), sous une réserve cependant : plan de redressement et de cession ne sont plus, dans la loi de sauvegarde des entreprises, au même niveau (v. s[s] n° 532.14). De vagues promesses de relance de l'activité, sans garantie sérieuse de redressement, ne peuvent autoriser l'arrêté d'un plan[1]. L'accroissement des dettes, se doublant d'une forte dégradation des capitaux propres, pendant la période d'observation, fait obstacle à l'adoption d'un plan[2].

Il faut désormais, en outre, tenir compte de la possibilité d'un plan de redressement du débiteur, qui aurait pour seul objet le paiement de son passif sur des délais aménagés (v. aussi s[s] n° 530.09). Ne peut plus être suivie la juridiction du fond qui a cependant cru devoir juger que le débiteur ne pouvait obtenir un plan de redressement, dont le seul objet serait de payer le passif sur des délais aménagés[3]. Le seul fait que le débiteur ait cédé son fonds de commerce et qu'il soit retraité ne peut suffire à décider que son redressement est manifestement impossible, dès lors qu'il peut, grâce à son patrimoine immobilier, payer son passif[4]. Le plan de redressement peut avoir pour seul objet le paiement des créanciers, ce qui justifie qu'un redressement judiciaire soit ouvert au profit d'un débiteur qui a cessé son activité, mais qui a séquestré des fonds suffisants, qui correspondant à la vente de son fonds de commerce, pour payer son passif[5].

Le débiteur ayant repris une activité salariée pourrait ainsi, grâce aux revenus tirés de celle-ci, payer son passif et se redresser, sans qu'il soit question de redressement de son entreprise. Mais encore faut-il qu'il démontre avoir les capacités financières de son redressement[6].

Comme cela était déjà le cas sous l'empire de la législation antérieure, l'appréciation relative aux chances sérieuses de redressement doit être effectuée au regard des seules capacités de la société débitrice et non du groupe auquel elle appartient, en l'absence d'engagement de la société mère ou d'une autre filiale[7].

532.13 Possibilités sérieuses de règlement du passif. La notion de « possibilités sérieuses de règlement du passif » est visée par l'article L. 621-70 du code de commerce, dans la législation antérieure à la loi de sauvegarde des entreprises[8], en tant que condition d'arrêté d'un plan de continuation. Il s'agit là d'une question laissée à l'appréciation souveraine des juges du fond[9]. Les possibilités sérieuses de règlement du passif, au contraire, ne sont plus explicitement visées dans la législation de sauvegarde des entreprises. Elles demeurent, à notre sens, une condition d'adoption du plan de redressement, puisqu'il doit exister, en application de l'article L. 626-1 du code de commerce, une possibilité sérieuse pour l'entreprise d'être sauvegardée. Or l'importance du passif conditionnera la possibilité de sauvegarder l'entreprise. Il s'agit là, *a priori*, d'une notion de fait, qui sera laissée à l'appréciation souveraine des juges du fond. S'il n'est question que de raisonner sur le plan de redressement du débiteur, et non sur celui de son entreprise, les possibilités sérieuses de règlement du passif constitueront l'élément essentiel d'appréciation permettant l'adoption du plan.

Il s'agit ici de tenir compte des capacités financières de l'entreprise et du montant du passif à apurer. Le mandataire judiciaire donnera son avis sur l'offre de continuation, dans la perspective du règlement des créanciers[10]. Cette notion rejoint la morale des affaires, qui interdit à un débiteur de continuer son activité, au mépris de l'intérêt de ses créanciers. Ainsi n'est pas considéré sérieux, le plan proposant le règlement à 60 % des créanciers sur 10 ans[11]. Il s'agit là de l'une des rares dispositions de la législa-

1. Paris, pôle 5, 8e ch., 6 avr. 2010, RG n° 09/28094, *Rev. proc. coll.* 2010/6, comm. 234, note Fraimout.
2. Caen, 1re ch., 27 mai 2010, RG n° 09/03186, *Rev. proc. coll. 2010/6, comm. 234, note Fraimout.*
3. Bordeaux, 2e ch. civ., 25 juin 2008, RG n° 08/332, *Act. proc. coll.* 2008/16, n° 258, note Vallansan; *JCP E* 2008. 2435, note Vallansan; *Rev. proc. coll.* 2009/1, p. 20, n° 1, note Fraimout; *RTD com.* 2010. 185 n° 1, note Saint-Alary-Houin.
4. Com. 29 avr. 2014, n° 13-11.070, NP; n° 416 F-D; *BJE* 2014, 293, note Le Mesle.
5. Lyon, 3e ch. A, 20 nov. 2014, RG n° 11/06735, *JurisData* 028756.
6. Aix-en-Provence, 8e ch. A, 30 avr. 2008, *Rev. proc. coll.* 2009, p. 21, n° 2, note Fraimout – Colmar, 1re ch. civ., 7 mai 2008, RG n° 08/00611.
7. Com. 17 nov. 2015, n° 14-19.504, *Bull. civ.* IV [à paraître]; n° 980 F-P+B; *Act. proc. coll.* 2016/1, comm. 1, note Staes; *BJS* 2016, 112, note Pelletier; *JCP E* 2016, chron. 1198, n° 3, note Pétel; *Rev. proc. coll.* 2016, comm. 32, note Cagnoli et comm. 49, note Berthelot et Faure; *LXB hebdo* 17 déc. 2015, n° 448, note Le Corre.
8. L. n° 2005-845, 26 juill. 2005, préc.
9. Com. 6 oct. 1992, n° 89-16.557, *Bull. civ.* IV, n° 285; *Rev. proc. coll.* 1993, 78, n° 7, obs. Soinne – Com. 23 juin 1992, n° 90-18015, NP, *Rev. proc. coll.* 1993, 78, n° 7, obs. Soinne – Com. 16 févr. 1993, n° 91-10.614, NP, *Rev. proc. coll.* 1993, 96 n° 5, obs. Soinne – Com. 3 avr. 2001, n° 98-16.148, NP, *RJDA* 2001/8-9, n° 881.
10. IFPPC 1999, recomm. n° 3180-4, p. 92.
11. Com. 3 avr. 2001, n° 98-16.148, NP, *RJDA* 2001/8-9, n° 881.

tion qui se veut protectrice des intérêts des créanciers, contre le débiteur.

Pour l'appréciation des capacités financières, la jurisprudence refuse de prendre en compte les résultats exceptionnels réalisés au cours d'un exercice comptable, par exemple les sommes attendues d'une instance judiciaire[1]. De même, ne seront pas pris en compte les ressources alléguées comprenant une bonne part d'expédients[2] et plus généralement les perspectives de ressources hypothétiques. Seules doivent être prises en compte les ressources certaines[3].

En revanche, la juridiction peut prendre en compte les engagements personnels souscrits par les dirigeants de prendre en charge une partie des dettes[4]. Si l'engagement pris par le tiers n'a pas été accepté explicitement par le débiteur, l'offre de garantie peut néanmoins être considérée comme ayant été acceptée, en dépit du principe de droit commun des obligations selon lequel le silence ne vaut pas acceptation, dès lors que cet engagement permettait au débiteur de présenter un plan crédible, circonstance permettant de faire produire un effet d'acceptation au silence[5].

La juridiction d'appel pourra, pour réformer la décision ayant prononcé la conversion du redressement en liquidation judiciaire, prendre en compte l'augmentation significative des bénéfices au cours de la période d'observation et la santé retrouvée du débiteur personne physique pour considérer qu'il existe des chances de redressement, alors surtout que les difficultés avaient pour une large partie leur source dans la maladie du débiteur[6].

Le débiteur, dans les délais maxima du plan, doit être en mesure de payer son passif (v. cep., supra n° 522.12). En présence d'un apport immédiat d'une somme d'argent permettant de payer les petits créanciers et sur la base de perspectives crédibles d'exploitation permettant de payer le reste du passif dans les délais légaux, un plan peut être arrêté[7].

Au contraire, doit être rejeté le projet de plan d'un agriculteur qui n'aurait pu régler son passif que sur 20 ans au lieu des 15 autorisés par la loi[8]. Identiquement, a été rejeté le projet de plan, lorsque les capacités de financement du plan sont illusoires, au regard de l'importance du passif accumulé pendant les premières années d'activité, en dépit d'une hausse significative du bénéfice et d'une tendance favorable au cours des derniers mois d'exploitation[9].

La procédure de vérification des créances ne sera généralement pas terminée, lorsque la juridiction statuera sur l'arrêté d'un plan. Les créances déclarées seront prises en compte en totalité[10] dans l'appréciation, alors qu'elles ne seront pas encore vérifiées, même si elles sont contestées[11]. Un plan ne peut donc être adopté sur base du rejet projeté d'une partie du passif contesté[12], puisque le plan doit prévoir le règlement de toutes les créances déclarées, même si elles sont contestées[13].

Pourtant, la procédure de vérification des créances ne peut être neutre. La suppression d'une partie du passif par la procédure de vérification des créances ou au contraire l'inscription au passif de créances contestées peut conditionner l'adoption[14] ou le rejet ou du plan. La juridiction peut, dans ces conditions, être amenée à renouveler la période d'observation pour la détermination exacte du passif à apurer dans le cadre d'un éventuel plan de redressement.

Cependant, il ne nous apparaît pas satisfaisant que des règles figées soient établies par les juridictions pour l'arrêté du plan. Il se peut en effet que certains créanciers ne soient que très partiellement désintéressés. Cela suppose alors que d'autres créanciers, titulaires de créances beaucoup plus importantes, soient complètement désintéressés, par exemple par le jeu de cautions données par les dirigeants sociaux. Enpareille hypothèse, l'appréciation par la juridiction doit être globale et intégrer le fait que les efforts des drigeants sociaux, cautions, contribuent à un apurement significatif du passif. La morale des affaires y trouve son compte, même si les

1. Com. 2 mai 2001, n° 98-11.036, NP, *Act. proc. coll.* 2001/13, n° 171.
2. Bordeaux, 2e ch., 19 mars 2008, *Rev. proc. coll.* 2009/1, p. 21, n° 2, note Fraimout.
3. Colmar, 1re ch. civ. A, 27 mai 2008, *Rev. proc. coll.* 2009, p. 21, n° 2, note Fraimout.
4. Paris, 10 déc. 2009, RG n° 09/15689.
5. Com. 18 janv. 2011, n° 09-69.831, *Bull. civ.* IV, n° 3; n° 13 F-P+B; *Gaz. Pal. entr. diff.* 1-2 avr. 2011, p. 27, note Lebel; *Act. proc. coll.* 2011/3, comm. 55, note Vallansan; *Rev. proc. coll.* 2011, comm. 46, p. 52, note Fraimout; *Dr. sociétés* 2011, n° 180, note Legros; *Rev. sociétés* 2011. 717, note Pasqualini.
6. Grenoble, ch. com., 31 janv. 2013, RG n° 12/04638, *Rev. proc. coll.* 2013, comm. 45, note Loel.
7. Colmar, 1re ch. civ., 10 août 2004, *Act. proc. coll.* 2004, comm. 223.
8. AINSI : Amiens, 4e ch. com., 18 déc. 1997, *Gaz. Pal.* 15-16 sept. 2000, Somm. 38, note Canet.
9. Caen, 1re ch., sect. civ. et com., 7 avr. 2011, RG n° 09/02913, *Rev. proc. coll.* 2011, comm. 180, note Fraimout.
10. Com. 12 oct. 2004, n° 99-10.988, NP.
11. Com. 30 oct. 2000, n° 97-18.820, NP, *Act. proc. coll.* 2000/19, n° 246 – Com. 22 mars 2011, n° 09-72.751, NP; n° 298 F-D; *BJE* 2011, comm. 84, p. 180, note Sortais – Com. 1er avr. 2014, n° 13-13.612, NP; n° 350 F-D – Paris, 3e ch. C, 14 mars 2003, RG n° 2002/19511 – Paris, 3e ch. A, 7 sept. 2004, RG n° 2003/21025 – Nîmes, 25 janv. 2007, RG n° 06/03640, *JurisData* 338116, cité in J.-CL. COM., fasc. 2600, Vinckel, [Plan de sauvegarde – formation], 2009, n° 118.
12. Bordeaux, 2e ch., 19 mars 2008, *Rev. proc. coll.* 2009, p. 21, n° 2, note Fraimout.
13. Com. 19 févr. 2013, n° 11-24.773, NP; n° 189 F-D.
14. AINSI : Paris, 3e ch. B, 5 juin 2008, *Rev. proc. coll.* 2009, p. 20, n° 1, note Fraimout.

créanciers non désintéressés par les cautions sont payés selon des modalités peu avantageuses. Leur sort devra être comparé à celui qui leur serait réservé en cas de liquidation judiciaire. L'appréciation de la morale des affaires doit donc se faire au cas par cas, et non de manière intangible à la manière des arrêts de règlement interdits par le code civil.

Il convient d'indiquer également que, dans le cadre du plan de continuation ou de redressement par cession des actions, rien ne semble interdire au « repreneur » de racheter les créances détenues contre le débiteur. Le passif se trouvera ainsi purement et simplement supprimé, alors pourtant que les sommes décaissées par le repreneur pourront être minimes par rapport au montant des créances admises au passif. Les organes de la procédure ne semblent pas pouvoir intervenir en pareil cas, puisque les cessions de créances sont intervenues entre le créancier et le repreneur, c'est-à-dire avant l'arrêté du plan, le repreneur étant un tiers à la procédure collective[1]. La morale des affaires est sans doute ici atteinte, mais celle-ci est un guide dans l'appréciation des juridictions. Elle ne constitue pas un principe général du droit suffisant à corriger les excès de la règle juridique.

532.14 Choix entre plan de continuation ou de redressement et plan de cession. Il importe de remarquer que le législateur, sous l'empire de la législation antérieure à la loi de sauvegarde des entreprises[2], n'a posé aucune règle quant au choix que doit effectuer, le cas échéant, le tribunal entre plan de continuation et de cession[3]. La logique voudrait, à égalité de chance de redressement, que le premier soit privilégié par rapport au second, dans la mesure où l'expropriation à laquelle conduit le plan de cession ne devrait intervenir qu'à défaut de possibilité pour le débiteur de continuer son activité. En pratique, cependant, même si l'administrateur ne doit privilégier aucun type de plan[4], la voie royale du redressement de l'entreprise apparaît, sous l'empire de la loi du 25 janvier 1985[5], représentée non par le plan de continuation, mais par le plan de cession.

L'affirmation doit cependant être nuancée. Elle n'est vraie que pour les entreprises d'une certaine taille, c'est-à-dire en pratique celles exploitées sous forme sociale, alors que, pour les autres intéressant des personnes physiques, la voie de la continuation est la plus fréquente[6].

Pour les créanciers antérieurs, la solution du choix entre plan de cession et plan de continuation ou de redressement n'est pas neutre. Les créanciers dotés d'une sûreté spéciale ont intérêt à l'adoption d'un plan de cession puisqu'ils seront payés par répartition du prix de cession. Les autres créanciers antérieurs, au contraire, ont avantage à voir adopter un plan de continuation ou de redressement. Le rôle de contrôleur peut ici apparaître prépondérant puisque la juridiction, en arrêtant sa solution, aura un éclairage multiple, celui de l'administrateur judiciaire qui privilégiera l'aspect survie de l'entreprise, celui des créanciers contrôleurs, et celui du représentant des créanciers, lequel doit avoir pour préoccupation première de préserver au maximum l'intérêt collectif des créanciers. Cet intérêt doit s'apprécier, d'une part, par référence au pourcentage de créances apurées et, d'autre part, par référence au pourcentage de créanciers payés.

Afin de donner un véritable éclairage au tribunal dans le choix entre plan de continuation et plan de cession, l'administrateur judiciaire tiendra compte des éventuelles autorisations administratives dont aurait besoin le repreneur ou l'incidence éventuelle du statut des baux ruraux[7].

Dans l'appréciation du choix entre plan de cession et plan de continuation ou de redressement, les juridictions du fond disposent d'un pouvoir souverain d'appréciation[8]. Elles doivent se prononcer par référence aux objectifs du législateur énoncés à l'article L. 620-1 du code de commerce[9], en veillant cependant à ce que, à identité de chances de réussite du redressement, la voie de la continuation soit préférée. Il est en effet ici question d'expropriation d'un débiteur pour cause d'intérêt privé.

La loi de sauvegarde des entreprises nous semble avoir radicalement changé les données du problème. En effet, l'article L. 631-22, alinéa 1er du code indique que « ... le tribunal peut ordonner la cession totale ou partielle de l'entreprise si le débiteur est dans l'impossibilité d'en assurer lui-même le redressement ». L'adoption d'un plan de cession, contrairement aux solutions de la législation antérieure, apparaît désormais subsidiaire[10]. Si le débiteur peut se redresser lui-même, il n'est pas ques-

1. Soinne, *Rev. proc. coll.* 1995, 442, n° 33.
2. L. n° 2005-845, 26 juill. 2005, préc.
3. Vallansan, 2e éd., p. 161.
4. Ifppc 1999, recomm. n° 3095-1, p. 70.
5. L. n° 85-98, 25 janv. 1985, *JO* 26 janv., p. 1097.
6. V. statistiques citées dans : Ripert et Roblot, n° 3174.
7. Ifppc 1999, recomm. n° 3102-2, p. 73.
8. Com. 10 juill. 1990, n° 88-18.941, *Bull. civ.* IV, n° 208; *Rev. proc. coll.* 1991, 289, n° 5, obs. Soinne; *RD banc. et bourse* 1990, 247, obs. M. Cabrillac et Calendini; *Rev. huissiers* 1992. 106, obs. Delage – Com. 15 déc. 1992, nos 91-12.467, 91-12.468, Bull. civ. IV, n° 418; RJDA 1993/5, n° 445 – Com. 16 mars 1999, n° 95-10.301, NP; n° 595-D – Com. 19 déc. 2000, n° 98-15.460, NP, *RJDA* 2001/4, n° 477.
9. Com. 19 déc. 2000, n° 98-15.460, préc. (v. ss prést n°) – Paris, 3e ch. B, 14 févr. 2008, *Rev. proc. coll.* 2009, p. 27, n° 11, note Fraimout.
10. Caen, 1re ch. civ et com., 8 avr. 2010, RG n° 09/03256, *JCP E* 2010. 1585, note Lebel; *Act. proc. coll.* 2010/10, n° 145; *Rev. proc. coll.* 2010/4, comm. 171, note Fraimout.

tion d'adoption d'un plan de cession. Saisis d'un projet de plan de redressement, les juges du fond ne peuvent arrêter un plan de cession qu'après avoir rejeté le projet de plan de redressement[1]. Mais s'il apparaît que le plan de redressement n'est pas envisageable, il ne peut être adressé de reproche à la juridiction du fond, qui a un pouvoir souverain d'appréciation[2], d'avoir adopté un plan de cession[3].

Bien que cela soit évident, seul un plan de redressement sérieux doit conduire le tribunal à préférer ce type de plan au plan de cession. Mais la lettre des textes ne le précisait pas. L'article 55 de l'ordonnance du 12 mars 2014[4], modifiant l'alinéa 1er de l'article L. 631-22 du code de commerce, prévoit désormais que la cession totale ou partielle de l'entreprise peut être ordonnée si les plans proposés par le débiteur ou par les créanciers conformément à l'article L. 631-19 apparaissent manifestement insusceptibles de permettre le redressement de l'entreprise ou en l'absence de tels plans. Il faudra donc que le projet de plan de redressement soit sérieux, c'est-à-dire qu'il existe des chances sérieuses de redressement et d'apurement du passif.

Le texte issu de la loi de sauvegarde ne distingue pas entre les plans de redressement. Il peut donc s'agir d'un plan de redressement par voie de reprise interne – cession des actions. Ne nous semble, en conséquence, pas pouvoir être suivie la solution adoptée par une juridiction du fond, qui n'a pas entendu donner la préférence à un plan de redressement par voie de reprise interne par rapport à un plan de cession[5].

SECTION 532.20

VOIES DE RECOURS À L'ENCONTRE DE LA DÉCISION STATUANT SUR LE PLAN DE REDRESSEMENT

532.21 Voies de recours sur la décision arrêtant le plan de redressement. Sous l'empire de la loi du 25 janvier 1985[6], la décision arrêtant le plan de redressement est, aux termes de l'article L. 623-1 du code de commerce, susceptible d'appel par le débiteur, le procureur de la République, l'administrateur, le représentant des créanciers, le comité d'entreprise ou à défaut les délégués du personnel. La solution est reprise par l'article L. 661-1, 2° du code, issu de la rédaction que lui donne la loi de sauvegarde des entreprises[7], le visa du représentant des créanciers étant remplacé par celui du mandataire judiciaire, celui du procureur de la République par celui du ministère public, même s'il n'a pas agi comme partie principale.

Tout d'abord, le débiteur peut faire appel d'une décision arrêtant le plan, alors précisément que cette décision est celle qu'il a tenté d'obtenir. En effet, il se peut que la décision lui impose des contraintes différentes de celles qu'il avait souscrites en période d'observation. L'article L. 621-63 du code de commerce, dans sa rédaction antérieure à la loi de sauvegarde des entreprises et l'article L. 626-10, alinéa 3, sous l'empire de la législation issue de la loi de sauvegarde des entreprises, font interdiction au tribunal d'imposer des charges non souscrites. La première de ces dispositions, fixant les limites du pouvoir judiciaire, est relayée sur le terrain procédural, par l'article L. 623-6 du code (anct L. 25 janv. 1985, art. 174, al. 2), dans sa rédaction antérieure à la loi de sauvegarde des entreprises, qui autorise l'appel de la personne qui s'est vue imposer des charges non souscrites. Cependant, le texte vise le « cessionnaire ». Il ne pourra donc s'agir du débiteur qu'en cas de plan de continuation par voie de cession des actions. L'article L. 661-6, II, sous l'empire de la législation issue de la loi de sauvegarde des entreprises (devenu C. com., art. L. 661-6, III, réd. ord. 18 déc. 2008), ne reproduit pas la solution, puisque l'appel est désormais ouvert au débiteur à l'encontre du jugement arrêtant le plan de cession.

Malgré le libellé général de l'article L. 623-1, I, 2° du code de commerce, dans sa rédaction antérieure à la loi de sauvegarde des entreprises, celui de l'article L. 661-1, 2°, dans la rédaction issue de la loi de sauvegarde des entreprises (devenu C. com., art. L. 661-1, 6°, réd. ord. 18 déc. 2008[8]), qui ouvre au débiteur la voie de l'appel à l'encontre de la décision arrêtant le plan, seul le fait d'imposer des charges non souscrites le rendra recevable. À défaut, en effet, le débiteur n'aura pas succombé, sauf à supposer qu'il ne se soit pas associé à la demande de l'administrateur judiciaire d'arrêté, à son profit, d'un plan de continuation ou de redressement.

L'appel du débiteur sera recevable même si le plan de redressement a été présenté par un tiers, sous forme de cession des parts ou actions de la personne

1. Com. 4 nov. 2014, nos 13-21.703, 13-21.712, *Bull. civ.* IV [à paraître]; no 946 F-P+B; *Gaz Pal.* 18 janv. 2015, no 18, p. 23, note Lebel; *Act. proc. coll.* 2014, comm. 337, note Vallansan; *BJE* 2015, 15, note Gorins.
2. Com. 4 nov. 2014, nos 13-21.703, 13-21.712, préc.
3. Com. 4 nov. 2014, nos 13-21.703, 13-21.712, préc. – Caen, 1re ch. civ et com., 8 avr. 2010, RG no 09/03256, préc. (v. ss prést no) – Paris, pôle 5, 8e ch., 26 juill. 2013, RG no 13/10703, *Act. proc. coll.* 2013/15, comm. 221, note Fin-Langer.
4. *Ord. no 2014-326, 12 mars 2014, préc.*
5. Caen, 1re ch. civ et com., 8 avr. 2010, RG no 09/03256, préc. (v. ss prést no).
6. L. no 85-98, 25 janv. 1985, préc.
7. L. no 2005-845, 26 juill. 2005, préc.
8. Ord. no 2008-1345, 18 déc. 2008, *JO* 19 déc., p. 19462.

morale débitrice[1]. Le cessionnaire des parts peut également faire appel[2]. En revanche, l'appel du tiers, auteur du projet de plan de redressement qui n'a pas été retenu, sera irrecevable[3]. L'article L. 661-1, I, 6° du code de commerce, dans sa rédaction issue de l'ordonnance du 18 décembre 2008 (ord. 18 déc. 2008, art. 146) étend le nombre de titulaires du droit d'appel et de pourvoi en cassation. Le nouvel article L. 661-1, I, 6° du code ajoute en effet à la liste le « créancier ayant formé une contestation en application de l'article L. 626-34-1 » (v. s[s] n° 515.31).

La personne convoquée en qualité de contrôleur n'étant pas une partie ne peut faire appel, fût-ce en nullité[4].

Sous l'empire de la législation antérieure à la loi de sauvegarde des entreprises, la décision arrêtant le plan de continuation n'est pas susceptible de tierce opposition réformation (C. com., art. L. 623-3 [anc[t] L. 25 janv. 1985, art. 172]), seul recours théoriquement possible pour les créanciers, tiers au plan de continuation. Les créanciers sont tout aussi irrecevables à former appel[5], fût-ce en nullité, alors même qu'ils invoqueraient l'existence d'un droit propre et non l'existence d'une atteinte portée à l'intérêt collectif des créanciers[6]. La solution vaut même si les créanciers ont été convoqués car la convocation n'a pas pour effet de leur conférer la qualité de partie[7]. Ils ne peuvent davantage former un pourvoi en cassation[8], peu important que le représentant des créanciers n'exerce pas la voie de recours qui lui est ouverte[9]. L'irrecevabilité de l'appel rend irrecevable l'intervention volontaire d'un autre créancier[10]. Identiquement, le créancier ou groupe de créanciers qui, sous l'empire de la loi du 25 janvier 1985 non réformée pouvait intervenir à l'instance d'arrêté du plan, était jugé irrecevable à faire appel de ce jugement[11]. L'irrecevabilité de l'appel des créanciers est étendue au recours en révision du jugement arrêtant le plan[12].

Le créancier pourra former tierce opposition nullité en cas d'excès de pouvoir. Pour cela, il faudra cependant qu'il invoque un intérêt distinct de celui de la collectivité des créanciers. Dans le cas contraire, il serait en effet réputé représenté à l'instance d'arrêté de plan de continuation par le représentant des créanciers[13]. Il est en tout cas clairement irrecevable à former appel, fut-ce en nullité, faute d'être une partie. La solution a été posée à propos d'un créancier fiscal, qui avait formé appel-nullité, pour contester le fait pour une juridiction d'avoir donné acte d'une remise de dette portant sur de la TVA, en contravention avec l'article 247 du livre des procédures fiscales[14].

La loi de sauvegarde des entreprises ouvre la tierce opposition réformation à l'encontre du jugement arrêtant le plan de redressement (C. com., art. L. 661-3). Le candidat repreneur évincé, qui n'émet pas de prétention au sens de l'article 31 du code de procédure civile, n'est toutefois pas recevable en sa tierce opposition contre le jugement adoptant le plan de redressement, qui rejette son offre de reprise[15].

Le créancier reste irrecevable à former un appel, fût-ce en nullité, même si l'on voit encore certaines juridictions du fond juger le contraire[16]. Le jugement rejetant le plan, *a contrario*, n'est pas susceptible de tierce opposition[17]. Le jugement qui statue sur la tierce opposition est susceptible d'appel et de pourvoi en cassation de la part du tiers opposant.

532.22 Appel de la décision refusant l'arrêté du plan de redressement et prononçant la liquidation judiciaire. La décision refusant l'arrêté du plan de redressement et prononçant la liquidation judiciaire est mixte. Elle sera d'abord susceptible d'appel par le débiteur[18], tant sur la partie de la décision convertissant le redressement en liquidation judiciaire que sur celle rejetant le plan de redressement. Il ne faut pas assimiler au débiteur les associés[19]. De même, l'épouse du dirigeant social, fût-elle mariée sous le

1. Com. 6 juill. 1999, n° 98-20.883, *Bull. civ.* IV, n° 153; *LP* 6 janv. 2000, n° 4, p. 9, note P. M.; *RTD com.* 1999. 987 note Vallens; *JCP E* et *A* 2000. Chron. 126, n° 2-A-5, obs Pétel.
2. Paris, 26 oct. 2001, *Rev. proc. coll.* 2003, p. 109, n° 15 obs. Gorrias.
3. Com. 25 oct. 1994, n° 93-10.095, *Bull. civ.* IV, n° 315; *LP* 25 janv. 1995, n° 11, p. 19, note Derrida; *RJDA* 1995/3 n° 355 – Com. 3 févr. 1998, n° 95-17.329, NP; n° 347-D.
4. Com. 5 nov. 2003, n° 00-17.456, NP.
5. Com. 20 juin 1995, n° 93-17.009, NP, *Rev. huissiers* 1995 1371, note Vidal – Com. 7 déc. 1999, n°s 97-10.498, 97 10.567, NP, *Act. proc. coll.* 2000/5, n° 56.
6. Com. 21 nov. 2006, n° 04-20.214, NP; n° 1268 F-D; *RTD com.* 2007. 241, n° 10, obs. Vallens.
7. Com. 23 nov. 2004, n° 02-15.532, NP.
8. Com. 14 mars 1989, n° 87-16.955, *Bull. civ.* IV, n° 85.
9. Com. 20 déc. 1988, n° 87-11.129, *Bull. civ.* IV, n° 348 *D.* 1989. 484, note Derrida – Com. 20 juin 1995, n° 93 17.009, NP, *Rev. huissiers* 1995. 1361, note Vidal.
10. Com. 7 déc. 1999, n°s 97-10.498, 97-10.567, NP, *Act. proc. coll.* 2000/5, n° 56.
11. Com. 23 juin 1998, n° 96-11.535, *Bull. civ.* IV, n° 207; *D.* 1998. IR 180; *RJDA* 1998/11, n° 1276, p. 955.
12. Com. 24 juin 2003 n° 00-18.118, *Bull. civ.* IV, n° 108.
13. SUR CETTE SOLUTION : Com. 23 nov. 2004, n° 02-15.532, NP.
14. Com. 2 oct. 2012, n° 11-21.896, NP; n° 959 F-D; *Gaz. Pal.* 18 janv. 2013, n° 18, p. 28, note Lebel; *BJE* janv. 2013, comm. 20, note de Lajarte-Moukoko.
15. Com. 27 mars 2012 n° 11-10.139, NP; n° 351 F-D; *Rev. proc. coll.* 2012, comm. 86, note Fraimout.
16. Reims, ch. civ., 1re sect., 13 juill. 2010, RG n°s 09/1883, 09/1881; *Rev. proc. coll.* 2011, comm. 42, p. 49, note Fraimout.
17. EN CE SENS AUSSI : LE CANNU, 7e éd., n° 905.
18. Chambéry, ch. civ., 30 mars 1998, RG n° 97/02261, *Juris-Data* 055072.
19. Com. 26 juin 1990, n° 88-18.006, *Bull. civ.* IV, n° 193.

régime de la communauté, n'est pas recevable en son appel[1].

Sous l'empire de la législation antérieure à la loi de sauvegarde des entreprises[2], le débiteur, dans ses écritures, devra cependant contester le rejet du plan de continuation et non pas seulement critiquer la décision en ce qu'elle a également rejeté le plan de cession, en prononçant la liquidation judiciaire[3]. Sera insuffisant l'examen des mesures de redressement ébauchées par le débiteur, qui ne constituent pas un projet de plan et n'ont été étudiées que pour apprécier l'opportunité d'un renouvellement de la période d'observation[4]. En revanche, la condition sera remplie si, bien que le tribunal n'ait pas statué sur le projet de plan de continuation, l'existence de celui-ci est établie par le rapport déposé au tribunal. En ce cas, le rejet du plan de continuation sera implicite[5]. La cour d'appel qui rejette un plan de continuation qui ne lui apparaît pas sérieux, et qui, en conséquence, prononce la liquidation judiciaire, n'a pas l'obligation de rechercher si un plan de cession est possible[6].

Mais il faudra que la juridiction soit mise en présence d'un véritable projet de plan de continuation, et non d'un prétendu plan de continuation, ne contenant aucun engagement sérieux[7]. La présentation d'un pseudo-projet de plan de continuation sera même parfois regardée comme un pur moyen dilatoire, destiné à permettre au débiteur l'appel sur un plan de cession qui n'aurait pas sa faveur[8].

La solution est modifiée sous l'empire de la loi de sauvegarde des entreprises, qui, tout en maintenant l'ouverture de l'appel du débiteur sur le jugement arrêtant ou rejetant le plan de redressement (C. com., art. L. 661-1, 2°, devenu C. com., art. L. 661-1, 6°, réd. ord. 18 déc. 2008[9]) ouvre également l'appel du débiteur sur le jugement arrêtant le plan de cession (C. com., art. L. 661-6, II, devenu C. com., art. L. 661-6, III, réd. ord. 18 déc. 2008).

L'appel du débiteur sera recevable, même s'il est représenté par un administrateur judiciaire[10], car il s'agit là d'un droit propre.

Si le débiteur est une personne morale, sous l'empire de la législation antérieure à la loi de sauvegarde des entreprises, un liquidateur au sens du droit des sociétés aura dû être nommé, puisque la société sera alors, du fait du prononcé de la liquidation judiciaire, dissoute (v. s[s] n°s 553.11 s.)[11].

L'appel est également ouvert à l'administrateur judiciaire, au représentant des créanciers – mandataire judiciaire –, au ministère public et au comité d'entreprise ou, à défaut, aux délégués du personnel (C. com., art. L. 623-1), dans sa rédaction antérieure à la loi de sauvegarde des entreprises, ainsi que dans sa rédaction issue de la loi de sauvegarde des entreprises, le représentant des créanciers étant remplacé par le mandataire judiciaire (dans son dernier état, C. com., art. L. 661, I, 6°, réd. ord. 18 déc. 2008, art. 146). À défaut d'institutions représentatives du personnel, l'appel est ouvert au représentant des salariés. Le représentant des salariés est sans intérêt à critiquer l'arrêt en ce qu'il a déclaré l'appel du débiteur irrecevable, dès lors que devant la cour d'appel, le représentant des salariés se borne à s'associer aux conclusions du débiteur[12].

Comme elle l'a fait pour le jugement arrêtant le plan de sauvegarde ou de redressement (v. s[s] n° 515.31), l'ordonnance du 18 décembre 2008 (C. com., art. L. 661-1, I, 7°) ouvre l'appel du jugement refusant l'arrêté du plan au créancier ayant formé une contestation en application de l'article L. 626-34-1.

532.23 Appel de la décision refusant l'arrêté du plan de redressement et arrêtant un plan de cession. Si la décision arrête le plan de cession, l'appel sera ouvert, sous l'empire de la législation antérieure à la loi de sauvegarde des entreprises[13], sur la décision, par principe, non en tant qu'elle arrête un plan de cession, mais, comme dans l'hypothèse précédente, en tant qu'elle rejette un plan de continuation[14]. Cependant, pour qu'il en soit ainsi, un véritable plan de continuation aura dû être présenté. Avec la loi de sauvegarde des entreprises, l'appel est ouvert non seulement sur la décision qui rejette le

1. Civ. 1re, 25 oct. 2005, n° 03-17.669, NP.
2. L. n° 2005-845, 26 juill. 2005, préc.
3. Com. 25 mars 1997, n° 94-10.289, NP.
4. Montpellier, 2e ch., 27 août 1997, *JurisData* 034521.
5. Chambéry, ch. civ., 6 oct. 2000, RG n° 99/01965, *JurisData* 129070.
6. Com. 2 juin 2004, n° 00-14.175, NP.
7. Com. 6 oct. 1992, n° 90-19.638, *Bull. civ.* IV, n° 288; *D.* 1994. Somm. 44, obs. Derrida – Com. 20 févr. 1996, n° 94-13.417, NP, *D. Affaires* 1996. 491; *Dr. sociétés* 1996, n° 127, note Chaput – Agen, 1re ch., 23 oct. 1995, *JurisData* 052078.
8. Poitiers, ch. civ., 2e sect., 25 juin 1996, RG n°s 96/1893, 96/1906, *JurisData* 056453.
9. Ord. n° 2008-1345, 18 déc. 2008, préc.
10. Com. 22 mai 1990, n° 89-20.043, *Bull. civ.* IV, n° 154; *D.* 1990. 415, note Derrida – Lyon, 23 sept. 1988, *D.* 1989. Somm. 13 – Paris, 9 oct. 1998, *RJ com.* 1999. 170, note Pétel – Amiens, ch. com., 31 août 2000, RG n° 98/01677, *JurisData* 127452.
11. Bourges, 26 mars 2002, RG n° 02/00324, *RD banc. fin.* 2002, n° 140, obs. Lucas.
12. Com. 16 déc. 2008, n° 07-18.796, NP.
13. L. n° 2005-845, 26 juill. 2005, préc.
14. Com. 6 mars 1990, n° 88-11.500, *Bull. civ.* IV, n° 65; *D.* 1990. 218, note Derrida; *JCP* 1990. I. 21513, note Bolard – Com. 22 mai 1990, n° 89-20.043, *Bull. civ.* IV, n° 154; *D.* 1990. 415, note Derrida – Com. 10 juill. 1990, n° 88-18.941, *Bull. civ.* IV, n° 191 – Com. 16 avr. 1991, n° 89-13.677, *Bull. civ.* IV, n° 145.

plan de redressement, mais encore sur celle qui arrête le plan de cession.

Le droit propre du débiteur de faire appel de cette décision doit, sous l'empire de la législation antérieure à la loi de sauvegarde des entreprises, être combiné avec les règles de dissolution des sociétés par l'effet de l'arrêté d'un plan de cession. En conséquence, seul un mandataire *ad hoc* ou un liquidateur amiable pourra former appel à l'encontre de la décision[1] (v. aussi s^s^ n° 553.32).

532.24 Opposition et tierce opposition à l'encontre de la décision refusant l'arrêté du plan de redressement. L'opposition et la tierce-opposition sont explicitement fermées, sous l'empire de la législation antérieure à la loi de sauvegarde des entreprises[2], à l'encontre de la décision arrêtant le plan de continuation. En revanche, ces voies de recours ne sont pas réglementées en ce qui concerne la remise en cause de la décision refusant d'arrêter le plan de continuation. Aussi, faute de fermeture explicite, la tierce opposition sera recevable de la part des tiers, spécialement des créanciers[3]. L'opposition sera recevable de la part du débiteur en remplissant les conditions.

La loi de sauvegarde des entreprises ouvre désormais l'opposition et la tierce opposition à l'encontre du jugement arrêtant le plan de redressement (C. com., art. L. 661-3), la solution étant critiquée par certains auteurs[4]. *A contrario*, il faut décider que la tierce opposition réformation est fermée sur le jugement rejetant le plan de redressement. La tierce opposition réformation est également fermée sur le jugement arrêtant le plan de cession (C. com., art. L. 661-6, II, devenu C. com., art. L. 661-6, III, réd. ord. 18 déc. 2008[5], *a contrario*). Ainsi, le jugement rejetant le plan de redressement et arrêtant le plan de cession n'est-il pas susceptible de tierce opposition réformation. En revanche, la tierce opposition nullité reste recevable en cas d'excès de pouvoir.

La recevabilité de la tierce opposition obéit au droit commun de l'article 583 du code de procédure civile. Ainsi, le créancier, tiers opposant, ne sera recevable que s'il démontre une fraude ou fait état d'un moyen propre. Il en est ainsi de la société créancière, qui se présente comme bénéficiaire d'une promesse de cession et propriétaire de titres de la société ayant obtenu un plan de redressement[6].

SECTION 532.30

EFFICACITÉ DE LA DÉCISION

532.31 Opposabilité *erga omnes* des dispositions arrêtant le plan de redressement – Situation du débiteur après l'arrêté du plan. L'article L. 621-65, alinéa 1er du code de commerce, dans sa rédaction antérieure à la loi de sauvegarde des entreprises[7] et l'article L. 626-11, alinéa 1er issu de la rédaction que lui donne la loi de sauvegarde, sont applicables en redressement judiciaire. Des questions communes auxquelles nous renvoyons le lecteur ont déjà été abordées (v. s^s^ n° 515.41). Contentons-nous ici d'apporter quelques précisions particulières au plan de redressement.

Le plan peut être opposé au conjoint du débiteur, marié sous un régime communautaire. L'incorporation des dettes communes dans le plan de redressement interdit au conjoint *in bonis* d'en faire état, dans le cadre d'une procédure de surendettement des dettes, pour établir son état de surendettement[8].

Il faut cependant tenir compte du fait que l'arrêté du plan redressement a pour effet de rétablir le chef d'entreprise à la tête de ses affaires. Le débiteur redevient maître de ses droits, ce qui emporte des conséquences sur la possibilité de disposer de ses biens (v. s^s^ n° 522.31). Il en est également tiré la conséquence que l'employeur ayant obtenu un plan de continuation – solution transposable au plan de redressement – n'est pas dans un état de contrainte économique justifiant qu'il ne s'acquitte pas en temps utile du paiement des salaires. Les salariés sont donc fondés à faire grève car ils se trouvent dans une situation contraignante telle qu'ils sont obligés de cesser le travail pour faire respecter leurs droits essentiels. Ils sont fondés à réclamer une indemnité compensant la perte de leurs salaires pendant la grève[9]. *A fortiori*, cette solution s'imposera en cas d'arrêté d'un plan de sauvegarde.

Le fait que le débiteur redevienne maître de ses droits peut également avoir un impact procédural, lorsque, par l'effet du jugement d'ouverture, il avait été dessaisi, du fait de la nomination d'un administrateur ayant mission de représentation. Il a ainsi été jugé que le débiteur redevenu maître des biens a qualité pour exercer une action en résolution d'un contrat, alors même que l'administrateur judiciaire

1. Com. 2 juin 2004, n° 03-11.090, *Bull. civ.* IV, n° 113; *Bull. Joly* 2004. 1368, § 271, note Pétel.
2. L. n° 2005-845, 26 juill. 2005, préc.
3. PÉROCHON ET BONHOMME, 6e éd., n° 307 – SAINT-ALARY-HOUIN, 4e éd, n° 888.
4. Cagnoli, « La qualité pour agir, questions procédurales », *Rev. proc. coll.* 2006/2, p. 209, sp. p. 212.
5. Ord. n° 2008-1345, 18 déc. 2008, préc.
6. Paris, pôle 5, 9e ch., 8 mars 2012, RG n° 11/01339, *Rev. proc. coll.* 2012, comm. 81, note Fraimout.
7. L. n° 2005-845, 26 juill. 2005, préc.
8. Civ. 1re, 11 oct. 2000, n° 99-04.091, *Bull. civ.* I, n° 242; *JCP E* 24 mai 2001, n° 20/21, p. 853, note Cocquempot-Caulier; *Act. proc. coll.* 2000/20, n° 258.
9. Soc. 7 juin 2006, n°s 04-46.587, 04-46.664, 04-46.668, 04-46.791, *Bull. civ.* V, n° 205; F-P+B; *Act. proc. coll.* 2006/12, n° 142, note Régnaut-Moutier.

aurait négligé d'exercer cette action pendant la période d'observation[1]. Il a de même été jugé que le délai de péremption de l'instance de deux ans prévu par l'article 386 du code de procédure civile engagée contre le débiteur, interrompu par l'effet du jugement d'ouverture, reprend son cours dès le jour du jugement arrêtant le plan[2].

À l'opposabilité du jugement à tous, correspond, sauf exception posée par la loi, une opposabilité du jugement par tous[3]. C'est ainsi qu'il a été observé[4] que l'opposabilité du plan à tous justifie que les héritiers du débiteur puissent se prévaloir des délais et remises du plan[5]. Même si les associés d'une société civile ne peuvent se prévaloir des délais du plan de continuation, il a pu être jugé qu'ils ne pouvaient être poursuivis pour répondre à titre de garants subsidiaires des dettes de la société pendant l'exécution du plan de continuation obtenu par la société (v. s[s] n° 731.23). De même, une commune peut se prévaloir du jugement arrêtant le plan pour reprocher au chef d'entreprise une délocalisation de l'activité contraire au plan[6].

Les dispositions restrictives des droits des créanciers, fussent-elles contraires à la loi, s'imposent aux créanciers, dès lors que le jugement est à l'abri des voies de recours. La préservation de leurs droits passe en amont par une tierce opposition nullité en cas d'excès de pouvoir, qui ne sera plus recevable après expiration d'un délai de dizaine faisant suite à la publication au *Bodacc* du jugement arrêtant le plan, sous l'empire de la législation antérieure à la loi de sauvegarde des entreprises, du jugement lui-même, sous l'empire de la législation de sauvegarde des entreprises, puisque ce jugement ne semble plus soumis à publication au *Bodacc*. Il faut cependant, selon la Cour de cassation, réserver le cas des salariés qui ne peuvent se voir imposer des délais de paiement, ce qui justifie la recevabilité de leur action en paiement contre le débiteur, nonobstant le caractère définitif du jugement arrêtant le plan de continuation[7].

1. Com. 16 sept. 2008, n° 07-13.713, *Bull. civ.* IV, n° 156; n° 856 F-P+B; *D.* 2008. AJ 2425, obs. Lienhard; *Gaz. proc. coll.* 2008/4, p. 49, note Voinot; *Act. proc. coll.* 2008/17, n° 269, note Régnaut-Moutier; *JCP E* 2009. 1008, n° 5, obs. Pétel; *Rev. proc. coll.* 2009/1, p. 23 n° 5, note Fraimout; *LPA* 25 mars 2009, n° 60, p. 9, note Rakotovahiny.
2. Com. 26 sept. 2006, n° 97-18.357, NP; n° 1032 F-D; *Gaz. proc. coll.* 2007/1, p. 23, note Rohart-Messager.
3. VIDAL, 2e éd., 2009, n° 424.
4. VALLANSAN ET *ALII*, 6e éd., p. 252.
5. Com. 4 janv. 2000, n° 96-12.981, *Bull. civ.* IV, n° 4; *Act. proc. coll.* 2000/2, n° 21, obs. Régnaut-Moutier; *JCP E* 2000. 700, obs. Pétel.
6. Com. 28 mars 2000, n° 98-12.074, *Bull. civ.* IV, n° 73; *D.* 2000. AJ 210, obs. Lienhard; *RTD civ.* 2000. 835, obs. Mestre et Fages; *RTD com.* 2000. 727, obs. Vallens; et *RTD com.* 2001. 222, obs. Saint-Alary-Houin.

L'arrêté d'un plan de continuation au profit d'un dirigeant, de droit ou de fait, fera obstacle au prononcé contre lui d'une mesure de redressement ou de liquidation judiciaire à titre personnel[8], du fait de l'opposabilité *erga omnes* du jugement arrêtant ce plan.

Enfin, si le jugement est opposable à tous, en revanche, l'article L. 621-65 du code de commerce, dans sa rédaction antérieure à la loi de sauvegarde des entreprises, prévoit explicitement que les cautions solidaires et coobligés ne pourront s'en prévaloir (v. s[s] n° 723.31). La solution est reprise par l'article L. 631-20, dans la rédaction d'origine de la loi de sauvegarde des entreprises, selon lequel « par dérogation aux dispositions de l'article L. 626-11, les coobligés et les personnes ayant consenti un cautionnement ou une garantie autonome ne peuvent se prévaloir des dispositions du plan », et par le même article dans la rédaction que lui donne l'ordonnance du 18 décembre 2008, aux termes duquel « Par dérogation aux dispositions de l'article L. 626-11, les coobligés et les personnes ayant consenti une sûreté personnelle ou ayant affecté ou cédé un bien en garantie ne peuvent se prévaloir des dispositions du plan ». La solution contraste désormais avec la disposition relative au plan de sauvegarde, qui pose la règle contraire (v. s[s] n° 723.33).

SECTION 532.40

CLÔTURE DE LA PROCÉDURE APRÈS ARRÊTÉ DU PLAN DE REDRESSEMENT

532.41 Clôture de la procédure après arrêté du plan de redressement. La loi de sauvegarde a multiplié les clôtures de procédure, au contraire de la législation antérieure, qui était restée muette sur la question.

Il y a la clôture de la procédure au cours de la période d'observation, lorsque le débiteur peut régler tout son passif exigible (C. com., art. L. 631-16 – v. s[s] n° 592.22).

Il y a également la clôture du plan de redressement, lorsque le débiteur a exécuté toutes les obligations mises à sa charge par le plan (C. com., art. L. 626-28, disposition de la sauvegarde applicable en redressement judiciaire, C. com., art. L. 631-19, I [devenu C. com., art. L. 631-19, al. 1er, réd. ord. 18 déc. 2008[9]] – v. s[s] n° 525.11).

7. Soc. 19 févr. 2002, n° 99-14.882, *Bull. civ.* V, n° 67; *JCP E* et A 2002. Chron. 1380, n° 4, obs. M. Cabrillac.
8. Com. 5 févr. 2002, n° 98-17.846, *Bull. civ.* IV, n° 29; *JCP E* et *A* 2002. Chron. 1380, n° 15, obs. Pétel.
9. Ord. n° 2008-1345, 18 déc. 2008, préc.

L'article R. 631-43 du code de commerce, qui est un texte spécifique au plan de redressement, dont le pendant en sauvegarde est l'article L. 626-42, envisage une dernière clôture. Il s'agit là d'officialiser par une décision de justice la fin de la mission de l'administrateur judiciaire et du mandataire judiciaire. Cette clôture suppose que l'administrateur judiciaire ait terminé sa mission. Il faudra donc qu'il ait effectué tous les actes nécessaires à l'exécution du plan. Cette clôture présuppose aussi la fin des opérations de vérification et d'admission des créances, qui marque le terme de la mission du mandataire judiciaire. Ces deux organes doivent avoir fait approuver leur compte rendu de fin de mission par le juge-commissaire (sur les modalités, v. s^s n° 361.32).

Le président du tribunal, et non le tribunal contrairement aux deux clôtures précédemment évoquées, précise l'article R. 631-43, alinéa 1er du code de commerce, rend une ordonnance de clôture, qui est une simple mesure d'administration judiciaire, non susceptible en conséquence de recours (C. com., art. R. 631-43, al. 2).

L'ordonnance de clôture est communiquée aux mandataires de justice désignés par la juridiction, au procureur de la République et au trésorier-payeur général du département dans lequel le débiteur a son siège ainsi qu'à celui du département dans lequel il a son principal établissement (C. com., art. R. 631-43, al. 3).

Elle est mentionnée, en application de l'article R. 631-43, alinéa 3 du code de commerce (anc^t D. 28 déc. 2005[1], art. 211, al. 3), aux registres et répertoires mentionnés à l'article R. 621-8, alinéa 3, c'est dire ceux sur lesquels doivent figurer les décisions d'ouverture des procédures de sauvegarde, de redressement ou de liquidation judiciaires (v. s^s n° 233.34).

Cette ordonnance ne fait qu'officialiser la fin de mission des organes de la procédure collective. Le rétablissement des droits du débiteur est intervenu en amont, avec la décision arrêtant le plan[2]. Quant aux créanciers, cette décision n'a aucun effet pour eux. Le rétablissement du droit de poursuite des créanciers autres que les créanciers postérieurs éligibles au traitement préférentiel, antérieurs, et notamment ceux qui n'ont pas déclaré leur créance, n'interviendra, sous l'empire de la loi de sauvegarde des entreprises[3], dans sa rédaction antérieure à l'ordonnance du 18 décembre 2008, pour sa part, qu'à compter de la fin de l'exécution du plan ou de sa résolution, puisque ces créanciers ne peuvent prétendre aux dividendes (C. com., art. L. 622-26, al. 1er). Depuis l'ordonnance du 18 décembre 2008, le rétablissement du droit de poursuite n'existe qu'en cas de résolution du plan, prenant la forme d'une déclaration de créance au passif si la résolution du plan intervient avec ou pour cessation des paiements. En revanche, le droit de poursuite n'est pas restauré en cas de complète exécution du plan, laquelle laisse subsister l'« inopposabilité au débiteur » de la créance non déclarée (C. com., art. L. 622-26, al. 2), selon la malheureuse formule législative.

1. D. n° 2005-1677, 28 déc. 2005, *JO* 29 déc., p. 20324.
2. ROUSSEL GALLE, 2007, n° 647.
3. L. n° 2005-845, 26 juill. 2005, préc.

TITRE

540. Suites de l'arrêté du plan de redressement

SECTION 0

ORIENTEUR

540.00 **Plan du titre.**

Chap.	541	**Surveillance de l'exécution du plan de redressement : le commissaire à l'exécution du plan**
Chap.	542	**Exécution du plan de redressement**
Sect.	542.10	Exécution forcée du paiement des dividendes du plan de continuation ou de redressement
Chap.	543	**Modification du plan de redressement**
Chap.	544	**Difficultés d'exécution du plan redressement**
Sect.	544.10	Application au plan de redressement des règles relatives aux difficultés d'exécution du plan de sauvegarde
Sect.	544.20	Les deux causes de résolution du plan de redressement
Chap.	545	**Constat de l'exécution du plan de redressement**

540.03 **Bibliographie indicative.** (V. les références complètes ss n° 031).

> Actualisables. RÉP. COM., Derruppé J., « Entreprises en difficulté – Redressement judiciaire (Phase de traitement – Les créanciers) », n°s 711 à 732; Poracchia D., Rizzo F. et Vignal N., « Entreprises en difficulté – Redressement judiciaire (Phase de traitement – Redressement ou liquidation) », n°s 45 à 58 – J.-CL. COM., Chaput Y., fasc. 2415, [Plan de continuation – Résolution]; Houin-Bressand C. et Saint-Alary-Houin C., fasc. 2238, [Organes – Commissaire à l'exécution du plan], 2011 – Vinckel F., fasc. 2610 [Plan de sauvegarde – exécution]; LAMY SÛRETÉS, Delebecque Ph., « Sûretés réelles et procédures collectives », étude 284.

> Ouvrages antérieurs à la loi de sauvegarde des entreprises. CHAPUT, n°s 313, 399, 406 à 410, 416 à 423 – Grillier F., *La seconde faillite*, th., Paris, 1995 – GUYON, n°s 1265 à 1272 – JACQUEMONT, n°s 654 et 655, 665 à 668, 673 à 693 – KERCKHOVE, n°s 721 à 727, 729 et 730, 732, 734 à 748 – LE CANNU, n°s 703 à 709, 714 à 718, 725 à 733 – LE CANNU ET *ALII*, n°s 666 et 667, 669 à 683, 853 à 855, 876, 904 à 912, 916 à 931, 936 et 937, 939 à 947, 1109 à 1116, 1121 à 1126, 1138, 1140 à 1160, 1276, 1327 – LE CORRE-BROLY, n°s 242 à 272 – MARTIN ET VALLENS, n°s 3694 à 3701, 3725 à 3739, 3746 à 3756 – PÉROCHON ET BONHOMME, n°s 304 à 307, 311 à 332 – PÉTEL, n°s 294 à 296, 302 à 304, 308 à 322 – RIPERT ET ROBLOT, n°s 3179 à 3194-2 – SAINT-ALARY-HOUIN, n°s 829 à 845, 850 à 856, 883 à 915 – SOINNE, n°s 952, 1511 à 1539, 1541 à 1547, 1548 à 1636, 1796 – Taillard-Laugier N., *Les plans de redressement*, th., Lille II, 2004 – VALLANSAN, p. 167 à 189, 282.

> Ouvrages postérieurs à la loi de sauvegarde des entreprises. COQUELET, 5e éd., n°s 386, 394, 395, 405 – GIBIRILA, n°s 347 à 348, 721 à 734 – JACQUEMONT ET VABRES, 9e éd., 2015, n°s 785 à 853 – LE CANNU, 7e éd., n°s 897, 913 à 917, 927 à 943, 948 à 950, 956 à 977 – LIENHARD, 6e éd., n°s 45.11 à 45.19, 116.11 à 116.30 – PÉROCHON, 10e éd., n°s 1145 et 1146 – PÉTEL, 8e éd. n°s 279 à 297 – ROUSSEL GALLE, 2e éd., n°s 614 à 630, 637 à 652 – VALLANSAN ET *ALII*, 6e éd., n°s 324, 329 et 330 – VALLENS, 2015, n°s 4166 à 4228 – VIDAL et GIORGINI, n°s 1148, 1153 – VOINOT, 2e éd., n°s 688 à 724.

> Articles. Fraimout J.-J., « La réforme des plans de sauvegarde et de redressement », *Rev. proc. coll.* 2009, dossier 11 – Lebel Ch., « Les plans de sauvegarde et de redressement dans l'ordonnance du 18 décembre 2008 », *Gaz. Pal.* 6-7 mars 2009, n° sp. p. 46.

CHAPITRE

541. Surveillance de l'exécution du plan de redressement : le commissaire à l'exécution du plan

SECTION 0 ORIENTEUR

541.01 Textes applicables. (V. les références complètes s[s] n° 011).

> Législation issue de la loi de sauvegarde des entreprises dans sa rédaction d'origine.

C. com., art. L. 631-19, I

C. com., art. R. 631-35

> Législation issue de l'ordonnance du 18 décembre 2008.

C. com., art. L. 631-19, I

C. com., art. R. 631-35

541.03 Bibliographie indicative. (V. les références complètes s[s] n° 031 – Aussi s[s] n° 540.03).

> Articles. Brill-Venkatasamy T., « Le sort des actions en responsabilité à l'encontre des tiers non drigeants après l'adoption d'un plan de redressement judiciire », *RJ com.* 1994. 1 – Deharveng J., « L'achèvement de lamise en application de la loi de sauvegarde des entreprises » *Act. proc. coll.* 2007/1 ; « Le tarif des mandataires de justice organes des procédures collectives », *JCP E* 2007. 1688 – Froehlich Ph., « La rémunération des mandataires de justice dans la loi de sauvegarde », *Gaz. proc. coll.* 2007/1, p. 3 – Gomez R., « Réflexions sur la durée de la mission du commissaire à l'exécution du plan », *Rev. proc. coll.* 2008, p. 28 – Montéran Th. et Le Bourgeois S., « Les pouvoirs du commissaire à l'exécution du plan », *Rev. proc. coll.* 2003, p. 294 – Pérochon F., « Le contrôle du plan de redressement », *LPA* 22 déc. 1993, p. 10 – Soinne B., « Le nouveau Kafka (À propos de la répartition des pouvoirs entre les organes de la procédure après jugement d'arrêté de plan) », *Rev. proc. coll.* 2001, p. 163.

541.9 Application au plan de redressement des règles de su'eillance de l'exécution du plan de sauvegarde. Les règl relatives à la surveillance de l'exécution du plan de red sement ne méritent pas de développements particulie ar rapport à la surveillance de l'exécution du plan de sa garde. En effet, les premières sont applicables aux secon d ar renvoi de textes (C. com., art. L. 631-19, I, devenu C om., art. L. 631-19, I, al. 1er, réd. ord. 18 déc. 2008). Les r es relatives à la surveillance du plan de sauvegarde ayant étudiées, il y sera ici simplement renvoyé (v. s[s] n°s 521.09 21.61).

CHAPITRE

542. Exécution du plan de redressement

SECTION 0 ORIENTEUR

542.00 **Plan du chapitre.**

Sect. 542.10 Exécution forcée du paiement des dividendes du plan de continuation ou de redressement

542.01 **Textes applicables.** (V. les références complètes s[s] nº 011).

> Législation issue de la loi de sauvegarde des entreprises.

C. com., art. L. 631-19, I, L. 654-8

C. com., art. R. 631-35, al. 1er

> Législation issue de l'ordonnance du 18 décembre 2008.

C. com., art. L. 631-19, I, L. 654-8

C. com., art. R. 631-35, al. 1er

542.09 **Application au plan de redressement des règles relatives à l'exécution du plan de sauvegarde.** Les règles relatives à l'exécution du plan de sauvegarde sont identiques à celles posées pour l'exécution du plan de redressement. La solution résulte de l'article L. 631-19, I du code de commerce (devenu C. com., art. L. 631-19, I, al. 1er, réd. ord. 18 déc. 2008[1]), qui rend applicables au plan de redressement les dispositions du chapitre VI du titre II du livre VI du code de commerce, lesquelles sont relatives au plan de sauvegarde. Les règles relatives à l'exécution du plan de sauvegarde ayant été exposées, il y sera ici simplement renvoyé (v. s[s] n°s 522.09 à 522.…).

Deux réserves méritent d'être signalées.

La première tient au fait que l'AGS est subrogée dans les droits des salariés pour toutes les sommes qu'elle avance dans la procédure de sauvegarde (C. trav., art. L. 143-11-…, devenu C. trav., art. L. 3253-16, 1º). Il en résulte qu'elle peut se voir imposer des délais de paiement dans le cadre du plan de sauvegarde, ce qui a-t-on justement observé, n'est pas de nature à alléger le poids social des licenciements[2]. Mais la solution est voulue par le législateur, la sauvegarde n'étant pas une procédure destinée à permettre des licenciements dans des conditions souples.

La seconde concerne la radiation des mentions relatives à la procédure et à l'exécution du plan de sauvegarde à l'expiration d'un délai de deux ans. Une mesure particulièrement importante, et topique de la volonté du législateur de tout faire pour améliorer le sort du débiteur sous sauvegarde par rapport à celui placé en redressement judiciaire, résulte du nouvel alinéa 2 de l'article R. 626-20 du code de commerce, dans la rédaction que lui donne l'article 34 du décret du 12 février 2009 : « si le plan [de sauvegarde] est toujours en cours à l'expiration d'un délai de deux ans à compter de son arrêté, les mentions relatives à la procédure et à l'exécution du plan sont, à l'initiative du débiteur, radiées des registres ou répertoires sur lesquels elles ont été portées ».

Cette disposition est évidemment spécifique à l'exécution du plan de sauvegarde et est inapplicable, ainsi que le précise l'article L. 631-15, alinéa 1er du code, dans la rédaction que lui donne l'article 59, 1° du décret du 12 février 2009[3], à l'exécution du plan de redressement. L'article 8 du décret du 28 décembre 2009[4] rend la disposition applicable aux plans de sauvegarde en cours d'exécution au 30 décembre 2009.

L'alinéa 3 de l'article R. 626-20 du code de commerce poursuit en indiquant que « Cette radiation fait obstacle à toute nouvelle mention relative à l'exécution du plan. » Une difficulté de coordination se présente si le jugement arrêtant le plan de sauvegarde fait l'objet d'une modification substantielle. En effet, l'article R. 626-46 du code de commerce, qui n'a pas été modifié, prévoit que ce jugement fait l'objet des publicités prévues à l'article R. 621-8. Or, parmi ces publicités, figure la mention sur les registres ou répertoires, par exemple, pour un commerçant, la mention au registre du commerce et des sociétés. Il semble que la disposition spéciale gouvernant la modification du plan, qui n'a pas été modifiée, l'emporte sur la disposition générale relative à l'arrêté et à l'exécution du plan[5]. En conséquence, en cas de modification substantielle du plan de sauvegarde, il y aura place à mention de la décision aux registre et répertoires, même si cette der-

1. Ord. nº 2008-1345, 18 déc. 2008, *JO* 19 déc., p. 19462.
2. PÉTEL, 5e éd., nº 401.

3. D. nº 2009-160, 12 févr. 2009, *JO* 13 févr., p. 2596.
4. D. nº 2009-1661, 28 déc. 2009, *JO* 30 déc., p. 22686.
5. EN CE SENS AUSSI : Roussel Galle, « De quelques modifications de la partie réglementaire du livre VI du code de commerce », *Rev. sociétés* 2010. 200.

nière intervient après l'expiration du délai de deux ans suivant l'arrêté du plan. En revanche, si la modification intervient avant l'expiration du délai de deux ans, la mention de la modification du plan aux registres et répertoires nous semble pouvoir être radiée sur demande du débiteur.

Le débiteur aura compris l'attention qu'il devra porter à présenter cette demande, qui lui permettra de restaurer son image. Il aura aussi compris qu'il est préférable de demander la modification de son plan avant l'expiration du délai de deux ans suivant son arrêté.

Il serait sage pour les commissaires à l'exécution du plan de rappeler au débiteur, le moment venu, l'existence de cette faculté.

Le nouvel alinéa 3 de l'article R. 626-20 du code de commerce, issu de la rédaction que lui donne l'article 34 du décret du 12 février 2009, limite toutefois doublement la portée de la disposition contenue à l'alinéa 2. D'une part, les mentions relatives aux mesures d'inaliénabilité décidées par le tribunal continueront à figurer sur les registres et répertoires. D'autre part, les décisions prononçant la résolution du plan devront également figurer sur les registres et répertoires.

À côté de cette possibilité ouverte au débiteur, au terme d'un délai de deux ans, le décret du 7 décembre 2011[1], qui emporte modification de l'article R. 123-35 du code de commerce, vient ajouter une radiation d'office des mentions relatives au plan de sauvegarde. Il prévoit que les mentions relatives à ce plan doivent être radiées d'office à l'expiration d'un délai de trois ans, si le plan est toujours en cours d'exécution.

La radiation des mentions fait obstacle à toute nouvelle mention, sous deux réserves : celle relative à une mesure d'inaliénabilité et celle relative à la décision prononçant la résolution du plan.

Le décret du 7 décembre 2011 s'applique à compter du 10 décembre 2011 et régit les mentions déjà inscrites au registre du commerce et des sociétés. Le délai de cinq ans commence, pour ces mentions, à compter de leur inscription.

La prime à la sauvegarde existe toujours, puisque le délai est de trois ans pour le plan de sauvegarde, alors qu'il est de cinq ans pour le plan de redressement.

SECTION 542.10
EXÉCUTION FORCÉE DU PAIEMENT DES DIVIDENDES DU PLAN DE CONTINUATION OU DE REDRESSEMENT

542.11 Action en paiement des dividendes du plan de continuation sous l'empire de la législation antérieure à la loi du 26 juillet 2005[2]. Le droit pour le créancier antérieur d'obtenir le paiement de son dividende, à l'échéance, lui ouvre, en cas de défaut d'exécution spontanée, le droit d'agir en justice, pour faire condamner le débiteur au paiement, les cours d'appel étant cependant divisées sur ce point[3]. Le droit d'action n'existe qu'autant que le créancier a été admis au passif[4].

Son action était, avant la réforme de la prescription, enfermée dans le délai trentenaire de prescription, aucune forclusion ou déchéance n'atteignant la demande tardive de paiement des dividendes[5]. Cela résultait en effet de l'effet interversif de prescription attaché à la décision d'admission ou passif (v. s[s] n° 682.31)[6].

Depuis cette réforme, son action est enfermée dans le délai de prescription attachée à la créance en cause[7] et, à défaut de délai particulier de prescription concernant la créance, un délai de cinq ans, en application de l'article 2224 du code civil (v. s[s] n° 682.31).

Le fait pour la juridiction de prévoir que le paiement serait quérable, dans un délai déterminé, ne saurait autoriser un débiteur à ne pas payer le créancier, au prétexte que celui-ci n'aurait pas effectué sa demande dans le délai mentionné au plan. Ces précisions du jugement arrêtant le plan ne sauraient s'analyser en des déchéances[8]. Il en irait cependant différemment, si la juridiction édictait cette obligation pour le créancier, à peine de déchéance ou de forclusion. Cette décision serait entachée de nullité pour excès de pouvoir, mais encore faudrait-il que le créancier soit dans les délais de la tierce opposition pour la faire annuler. Précisons que, sous l'empire de la loi de sauvegarde des entreprises, la tierce opposition réformation est ouverte.

La possibilité d'agir en justice pour obtenir le paiement d'un dividende du plan n'est pas explicitement posée par le texte. Elle découle cependant naturellement du droit d'obtenir son paiement. Le créancier agira devant la juridiction normalement compétente. L'exception d'incompétence au profit du tribunal d'ouverture de la procédure ne peut donc qu'être rejetée[9]. Le créancier a même la possibilité d'agir en référé-provision, aucune contestation sérieuse de l'obligation ne pouvant, en l'espèce, exister[10]. Le juge-commissaire serait incompétent[11], en supposant qu'il soit encore en fonction.

1. D. n° 2011-1836, 7 déc. 2011, *JO* 9 déc., p. 20878.
2. L. n° 2005-845, 26 juill. 2005, *JO* 27 juill., p. 12187.
3. EN CE SENS : Paris, 8 nov. 1991, *RJDA* 1992, n° 197 – *CONTRA :* Grenoble, ch. urg., 19 nov. 1991, *Rev. proc. coll.* 1993, 83, n° 11, obs. Soinne.
4. Paris, 25e ch. B, 22 oct. 2004, RG n° 2003/5729.
5. Com. 22 oct. 1996, n° 94-10.771, *Bull. civ.* IV, n° 254; *RD banc. et bourse* 1996, 243, obs. Campana et Calendini.
6. SOINNE, n° 1605.
7. RÉP. COM., Macorig-Vénier, « Entreprises en difficulté (Les créanciers – 1° Situation des créanciers) », 2013, n° 176.
8. T. com. Cherbourg, 23 avr. 1993, *Rev. proc. coll.* 1996, 447, n° 27; *Quot. Jur.* 16 août 1994, p. 6.
9. Paris, 14e ch., 6 févr. 2002, *BICC* 2002, n° 1283, p. 36 – *Adde*, LIENHARD, 2e éd., 2007, n° 1031.
10. Com. 14 mars 1995, n° 91-22.186, *Bull. civ.* IV, n° 81; *Rev. proc. coll.* 1995 151, n° 30, obs. Soinne; *JCP* 1995. I. 3861, n° 2, obs. M. Cabrillac.
11. SOINNE, n° 1605 – M. Cabrillac, obs. s[s] T. com. Paris, réf., 21 mars 1989, *JCP E* 1990. II. 15658, n° 7.

On peut se demander si le créancier n'est pas déjà titulaire d'un titre exécutoire, le dispensant d'agir à nouveau en justice. En effet, le créancier a été admis au passif. Il y a là une décision de justice. Pour le calcul de ce qui lui est effectivement du, il suffit de se référer au jugement arrêtant le plan. On aurait donc pu estimer que le créancier pouvait recourir à l'exécution forcée sur présentation d'une part de l'ordonnance d'admission au passif, d'autre part de la décision arrêtant le plan, alors surtout qu'elle envisageait spécialement le traitement de la créance de ce créancier. Cette solution ne saurait cependant être suivie[1], sous la double observation que, d'une part, la décision d'admission au passif n'est pas revêtue de la formule exécutoire et empêche donc son exécution forcée, d'autre part que la décision arrêtant le plan n'emporte pas condamnation du débiteur à payer une somme d'argent[2]. En revanche, si le créancier avant le jugement d'ouverture est titulaire d'un titre exécutoire, il peut, sur le fondement de ce titre, en respectant l'exigibilité de sa créance au regard des dispositions du plan, agir directement en exécution forcée[3], cependant qu'une opinion contraire a été émise[4].

Il faut enfin réserver la possibilité d'action en responsabilité contre le commissaire à l'exécution du plan (v. ss no 521.61).

542.12 Exécution forcée du titre pour obtenir paiement des dividendes du plan de continuation sous l'empire de la législation antérieure à la loi du 26 juillet 2005[5]. Ayant obtenu un titre, en se contentant d'exhiber la décision d'admission au passif ainsi que la décision arrêtant le plan, le créancier non payé d'un dividende peut recourir à toute forme de saisie pour se faire payer[6]. Un créancier gagiste nous apparaît fondé à solliciter l'attribution judiciaire de son gage, sur le fondement du défaut de paiement d'un dividende. La compétence du juge-commissaire, en supposant qu'il soit encore en fonction, est épuisée après plan de continuation pour statuer sur une telle question, même si le contraire a été jugé[7]. L'exécution d'un dividende du plan obéit au droit commun. On ne saurait donc opposer au créancier gagiste le fait qu'il y a eu plan de continuation et non liquidation judiciaire, pour lui dénier le droit à l'attribution judiciaire de son gage.

Cependant, le non-paiement d'un dividende n'a pas pour effet d'entraîner déchéance du terme, de sorte que le créancier ne pourra recouvrer que les sommes dues au titre du dividende échu et non payé.

En revanche, tous les biens du débiteur répondront du paiement de sa créance, à l'exception cependant des biens que la juridiction aurait déclaré inaliénables[8], et qui, en conséquence, ne peuvent être saisis (v. ss no 522.74), ainsi que la résidence principale que le débiteur aurait fait déclarer insaisissable selon le mécanisme instauré par la loi du 1er août 2003[9], dite loi pour l'initiative économique (v. ss no 562.13).

Toute forme de saisie pourra prospérer. Peu importe que l'exécution forcée aboutisse à rendre impossible l'exécution du plan. La logique du droit de poursuite individuelle du créancier non payé d'un dividende du plan le justifie. Si le dividende impayé est d'un montant important, il n'est pas exclu que l'action en paiement du dividende ne soit le prélude à de véritables difficultés d'exécution du plan.

Le caractère judiciaire du plan de continuation nous semble exclure la possibilité d'octroi de délais de grâce au débiteur qui ne paie pas à bonne date les dividendes du plan, même si le contraire a parfois été jugé[10] ou soutenu[11], car cela revient à modifier le plan sans être passé par le canal de la modification du plan.

542.13 Irrecevabilité de l'action en paiement des dividendes du plan de redressement sous l'empire de la législation de sauvegarde des entreprises. La loi 26 juillet 2005[12] a supprimé la possibilité pour le créancier d'agir en recouvrement du dividende du plan de redressement, comme elle le fait pour le plan de sauvegarde (v. ss no 522.53).

1. Grenoble, ch. urg., 19 nov. 1991, *Rev. proc. coll.* 1993, 8[1], no 11, obs. Soinne – *Adde*, Scholastique, « Titre exécutoire et procédures collectives », *Dr. et proc.* 2005/1, p. 7 s., sp. no 24.
2. Derrida et alii, no 546.
3. Paris, 8e ch. B, 17 juin 2004, RG no 2004/03307 – Paris, 8e ch. B, 17 juin 2004, RG no 2004/03310.
4. Scholastique, « Titre exécutoire et procédures collectives », *Dr. et proc.* 2005/1, p. 7 s., sp. no 25.
5. L. no 2005-845, 26 juill. 2005 préc.
6. Com. 14 mars 1995, no 93-10.927, *Bull. civ.* IV, no 76; *JCP E* 1995. I. 487, no 2, obs. M. Cabrillac – *Adde*, Soinne, no 1605 – Kerckhove, no 747.
7. Rennes, 2e ch., 24 févr. 1993, *Rev. proc. coll.* 1995, 151, no 30, obs. Soinne.
8. T. com. Nice, 27 juin 1988 et T. com. Paris, 21 mars 1989, *Rev. proc. coll.* 1993, 81, no 11, obs. Soinne; *D.* 1991. Somm. 11, obs. Derrida; *JCP E* 1990. II. 15658, obs. M. Cabrillac; *Gaz. Pal.* 1989. II. 828, note Marchi – *Adde*, Soinne, no 1605 – Ripert et Roblot, no 3194 – Derrida et alii, no 556 – Kerckhove, no 747 – Piedelièvre, « La mise en œuvre des sûretés réelles dans la procédure collective », *LPA* 20 sept. 2000, no 188, p. 12 s., sp. p. 18.
9. L. no 2003-721, 1er août 2003, *JO* 5 août, p. 13449.
10. Paris, 3e ch. B, 27 avr. 1989 et Bordeaux, 2e ch., 20 juin 1988, *Rev. proc. coll.* 1989, p. 154, obs. Le Corre.
11. Scholastique, « Titre exécutoire et procédures collectives », *Dr. et proc.* 2005/1, p. 7 s., sp. no 21.
12. L. no 2005-845, 26 juill. 2005, préc.

CHAPITRE

543. Modification du plan de redressement

SECTION 0
ORIENTEUR

543.01 Textes applicables. (V. les références complètes ss n° 011).

> Législation issue de la loi de sauvegarde des entreprises dans sa rédaction d'origine.

C. com., art. L. 631-19, I, L. 661-1, L. 661-3

C. com., art. R. 631-35 (anct D. 28 déc. 2005, art. 203), R. 662-13 (anct D. 28 déc. 2005, art. 349)

> Législation issue de l'ordonnance du 18 décembre 2008.

C. com., art. L. 631-19, I, L. 661-1, I, 7°, L. 661-3

C. com., art. R. 631-35, R. 662-13

543.09 Présentation générale des règles relatives à la modification du plan de redressement. La loi de sauvegarde des entreprises[1] reprend nombre de règles posées par la législation antérieure pour la modification du plan de continuation et les applique à la modification du plan de sauvegarde.

Puis, de manière classique, le législateur du 26 juillet 2005 décide d'étendre les solutions applicables à la procédure de sauvegarde à la procédure de redressement judiciaire. Et c'est ainsi que les dispositions qui intéressent la modification du plan de sauvegarde s'appliquent par renvoi à la modification du plan de redressement. En effet, l'article L. 631-19, I (devenu C. com., art. L. 631-19, I, al. 1er, réd. ord. 18 déc. 2008[2]) rend applicable en redressement judiciaire le chapitre VI du titre II, intitulé « du plan de sauvegarde », au sein duquel se trouvent les dispositions relatives à la modification du plan (C. com., art. L. 626-26 et L. 626-31, al. 2).

Le décret du 28 décembre 2005 procède identiquement, l'article R. 631-35 du code de commerce rendant applicables au plan de redressement judiciaire les articles R. 626-17 à R. 626-51, à l'exception des articles R. 626-18 et R. 626-22, au rang desquels figurent les dispositions intéressant la modification duplan de sauvegarde.

Le lecter sera en conséquence renvoyé au chapitre 523 (v. ss nos 53.11 à 523.41).

Il sera ste fait réserve d'une différence importante qui sépare l'oposabilité du jugement arrêtant le plan de redressement p rapport à celle intéressant l'adoption du plan de sauvegar (v. ss n° 523.31). Sous l'empire de la législation antérieur la loi de sauvegarde des entreprises, les dispositions du jement modifiant le plan de continuation ne peuvent, pasus que celles l'arrêtant, profiter aux cautions solidaires et x codébiteurs. Sous l'empire de la législation issue de la loi sauvegarde des entreprises, les garants ne pourront se valoir des dispositions du jugement modifiant le plan de ressement, pas plus qu'ils ne peuvent profiter des dispositis l'arrêtant (C. com., art. L. 631-20). La solution sera diffente en cas de modification du plan de sauvegarde. Les dispitions du plan modifiées pourront être invoquées par les rsonnes physiques cautions, codébiteurs et garants autonores[3] et, depuis l'ordonnance du 18 décembre 2008, par *les* ersonnes physiques codébitrices, celles ayant conse*ti une* sûreté personnelle, ayant cédé ou affecté un bien e*garan*tie.

1. L. n° 2005-845, 26 juill. 2005, *JO* 27 juill., p. 12187.
2. Ord. n° 2008-1345, 18 déc. 2008, *JO* 9 déc., p. 19462.

VALLENS, 2015, n° 4120.

CHAPITRE

544. Difficultés d'exécution du plan redressement

SECTION 0
ORIENTEUR

544.00 **Plan du chapitre.**

Sect. 544.10 Application au plan de redressement des règles relatives aux difficultés d'exécution du plan de sauvegarde

Sect. 544.20 Les deux causes de résolution du plan de redressement

544.01 **Textes applicables.** (V. les références complètes s[s] n° 011).

> Législation issue de la loi de sauvegarde des entreprises dans sa rédaction d'origine.

C. com., art. L. 631-19, I

C. com., art. R. 631-35

> Législation issue de l'ordonnance du 18 décembre 2008.

C. com., art. L. 631-19, I, L. 631-20-1

C. com., art. R. 631-35

544.03 **Bibliographie indicative.**

> Articles.

Le Corre P.-M., « La résolution du plan de sauvegarde et du plan de redressement », *Gaz. Pal.* 21 juill. 2015, n° 20 technique p. 32.

544.04 **Questions essentielles.**

• La résolution du plan de redressement entraîne-t-elle obligatoirement la liquidation judiciaire ?

* V. s[s] n° 544.21.

SECTION 544.10
APPLICATION AU PLAN DE REDRESSEMENT DES RÈGLES RELATIVES AUX DIFFICULTÉS D'EXÉCUTION DU PLAN DE SAUVEGARDE

544.11 **Application au plan de redressement des règles relatives aux difficultés d'exécution du plan de sauvegarde.** Les règles relatives aux difficultés d'exécution du plan de sauvegarde sont identiques à celles intéressant les difficultés d'exécution du plan de redressement. La solution résulte de l'article L. 631-19, I du code de commerce (devenu C. com., art. L. 631-19, I, al. 1er, réd. ord. 18 déc. 2008[1]), qui rend applicables au plan de redressement les dispositions du chapitre VI du titre II du livre VI du code de commerce, lesquelles sont relatives au plan de sauvegarde. Les règles relatives aux difficultés d'exécution du plan de sauvegarde ayant été exposées, il y sera ici simplement renvoyé (v. s[s] n°s 524.11 à 524.36).

On mentionnera simplement ici les règles qui intéressaient les créanciers ayant déclaré leur créance au passif d'une première procédure collective sous l'empire de la législation du 25 janvier 1985[2].

Après résolution du plan, et ouverture d'une procédure de liquidation judiciaire, l'article L. 621-82, alinéa 3 du code de commerce (anc[t] L. 25 janv. 1985, art. 80, al. 3) dispose que « les créanciers soumis au plan déclarent l'intégralité de leurs créances et sûretés, déduction faite des sommes perçues ». Ces créanciers ne perçoivent plus de dividende du plan. Ils retrouvent l'intégralité de leurs droits, sous réserve de ce qu'ils ont perçu.

Par hypothèse, ces créanciers auront été admis au passif de la première procédure, puisque c'était pour eux une condition de participation au plan. Ils doivent en conséquence déclarer leur créance au passif de la seconde procédure[3], par référence à l'admission au passif de la première procédure, en déduisant ce qu'ils ont perçu au titre de l'exécution du plan (dividendes ou paiement immédiat par application de C. com., art. L. 621-80 [anc[t] L. 25 janv. 1985, art. 78]). La liquidation judiciaire prononcée suite à la résolution du plan est en effet une procé-

1. Ord. n° 2008-1345, 18 déc. 2008, *JO* 19 déc., p. 19462.
2. L. n° 85-98, 25 janv. 1985, *JO* 26 janv., p. 1097.
3. Paris, 3e ch. A, 20 juin 1995, *Rev. proc. coll.* 1996, 88, n° 2, obs. Soinne.

dure distincte du redressement judiciaire ayant conduit à l'arrêté du plan et non une simple conversion de ce redressement judiciaire [1]. À défaut de déclaration de créance, ils perdraient leur recours contre la caution [2].

Même s'ils doivent à nouveau déclarer leur créance, quelles conséquences attacher à l'admission au passif de la première procédure (v. aussi s^s n° 682.32) ? On aurait pu penser que cette admission au passif, qui porte sur le principe, le montant et la nature de leur créance, interdisait toute contestation ultérieure et empêchait ainsi de discuter de ces éléments dans le cadre de la seconde procédure ouverte suite à la résolution du plan de continuation, sous réserve cependant des sommes perçues dans le cadre de l'exécution du plan et de la péremption éventuelle de leur sûreté [3]. La Cour de cassation ne l'a pas estimé et juge au contraire que le montant, l'existence ou le caractère privilégié de la créance pourront être débattus dans le cadre de la seconde procédure, l'admission au passif de la première n'y faisant pas obstacle. Il sera seulement interdit de discuter, dans le cadre de la seconde procédure, de la régularité de la déclaration de créance au passif de la première procédure [4]. Ainsi, dans le cadre de la seconde procédure, il y a place à une véritable vérification de la créance, nonobstant l'admission au passif de la première procédure collective [5]. L'autorité de chose jugée est écartée au motif incontestable de l'absence d'identité de parties [6].

Les créanciers non admis au passif de la première procédure, parce qu'ils ont été rejetés ou ont déclaré irrégulièrement leur créance, sont privés du droit à dividendes dans cette procédure. Il avait d'abord été jugé qu'ils ne pouvaient être admis au passif de la seconde procédure, l'extinction de la créance jouant définitivement [7]. Identiquement, l'extinction d'une sûreté non déclarée au passif d'une première procédure interdisait au créancier la possibilité de s'en prévaloir dans le cadre de la déclaration de sa créance au passif d'une seconde procédure ouverte suite à résolution du plan [8]. Puis la solution a été modifiée par la Cour de cassation. L'absence d'identité de parties dans la première et la seconde procédure a conduit à décider que la décision d'admission ou de rejet prise dans le cadre de la première procédure n'avait pas autorité de chose jugée dans la seconde procédure. Il en a été tiré la conséquence que si le cours des intérêts n'avait pas été réservé dans l'admission au passif de la première procédure, cela ne faisait pas obstacle à l'admission des intérêts dans le cadre de la seconde procédure [9]. En revanche, la Cour de cassation conserve la solution selon laquelle la créance non déclarée au passif d'une première procédure est éteinte et ne peut donc être admise au passif de la seconde procédure [10]. Ainsi, les solutions ne sont pas les mêmes selon que la créance a été rejetée du passif de la première procédure, dans le cadre d'une procédure de contestation, le rejet ne s'imposant pas dans la seconde procédure, ou que la créance est éteinte pour ne pas avoir été déclarée, l'extinction jouant alors dans la seconde procédure.

Le créancier admis au passif de la première procédure et qui a perçu des sommes dans le cadre de l'exécution du plan n'a pas à les restituer au prétexte qu'il n'est pas admis au passif de la seconde procédure [11]. L'autonomie des deux procédures justifie la solution.

Les droits de ces créanciers seront corrigés par les intérêts courus sur leur créance entre le jugement arrêtant le plan et la décision de résolution du plan [12]. Ils devront donc déclarer au passif ces intérêts, même si les intérêts déclarés au passif de la première procédure n'avaient pas été admis au passif à échoir [13].

1. Paris, 3e ch. A, 9 mai 2006, RG n° 05/16324.
2. Rennes, 2e ch., 21 avr. 1992, *Rev. proc. coll.* 1995, 1, n° 22, obs. Soinne.
3. Com. 9 juill. 2002, n° 99-11.323, NP, DPDE *Bull.* n° 1, p. 5743, *V° Sûretés*, n° 172.
4. Com. 3 déc. 2003, n° 02-14.474, *Bull. civ.* IV, n°); *D.* 2004. AJ 62; *Act. proc. coll.* 2004/2, n° 15, te Régnaut-Moutier; *RD banc. fin.* 2004, p. 103, n° 78, s. Lucas; *JCP E* 2004. Chron. 783, n° 9, obs. Pétel; *RTD* m. 2004. 373, n° 4, obs. Martin-Serf; *Gaz. Pal.* 6-7 févr.)4, Jur. 20, note Le Corre; *LXB hebdo* n° N0082ABN, n Le Corre – Com. 3 déc. 2003, n° 02-14.477, NP – m. 28 janv. 2004, n° 02-15.157, NP – Com. 28 sept.)4, n° 02-21.351, NP – Com. 24 janv. 2006, n° 04-19.30 NP; n° 83 F-D – Com. 24 janv. 2006, n° 04-19.305, NP; 84 F-D – Com. 30 janv. 2007, n° 06-10.838, NP; n° 126) – *Adde*, Paris, 3e ch. A, 9 mai 2006, RG n° 05/16324.
5. Com. 8 déc. 2011, n° 10-25.267, NP; n° 1230 F-D.
6. Cass., ass. plén., 10 avr. 2009, n° 08-10.154, *Buiss plén.*, n° 4; P+B+R+I; *D.* 2009. AJ 1138, obs. Liend; *Act. proc. coll.* 2009/9, n° 141, note Cagnoli; *Procés* 2009, n° 197, note Rolland; *JCP E* 2009. Chron. 4, n° 9, note Pétel; *Dr. et patr.* sept. 2009, n° 184, p.4, note Monsérié-Bon; *JCP E* 2009. 2030, note Lebel *v. proc. coll.* 2010/1, § 1, p. 22, note Gorrias et Manié *v. proc. coll.* 2010/2, comm. 73, p. 66, note Fraimout D *com.* 2010. 423, n° 4, obs. Martin-Serf; *LXB hebdo* n°, 21 mai 2009, note Le Corre-Broly – Com. 27 sept. , n°s 09-16.388, 09-16.389, 09-16.390, NP; n°s 880, 882 F-D.
7. Civ. 3e, 7 nov. 2001, n° 99-15.739, *Bull. civ.* III, n° 125; *D.* 2001. AJ 3619, obs. Lienhard; *Act. proc. coll.* 2001, n° 257, obs. Régnaut-Moutier; *Dr. et proc.* 2002/2, J 024, p. 94, obs. Crocq – Com. 5 nov. 2003, n° 00-20.122, NP.
8. Com. 9 nov. 2004, n° 03-11.440, NP.
9. Com. 22 sept. 2009, n° 08-17.378, NP; n° 793 F-D; *Gaz. Pal.* 8-10 janv. 2010, n°s 8, 9, p. 23, note Lebel.
10. Com. 3 mai 2011, n° 10-15.913, NP; n° 428 F-D.
11. Vallens, « La résolution du plan de redressement », *JCP E* 1987. II. 14979 – Soinne, n° 1630.
12. Paris, 5 mars 1996, *D.* 1996. IR 101.
13. Com. 28 mars 2000, n° 97-18.582, NP, *RJDA* 2000/7 et 8, n° 779.

Les **créances salariales** postérieures d'une première procédure, couvertes par les dispositions de l'article L. 621-32, deviennent, dans la seconde procédure, des créances antérieures devant être portées sur le relevé des créances salariales [1].

Les règles relatives à la déclaration des créances ont été modifiées sous l'empire de la législation du 26 juillet 2005 [2] et sont étudiées dans le cadre de la résolution du plan de sauvegarde, puisqu'elles sont communes (v. s^s^ n° 524.34).

SECTION 544.20
LES DEUX CAUSES DE RÉSOLUTION DU PLAN DE REDRESSEMENT

544.21 Caractérisation de l'état de cessation des paiements en cours d'exécution du plan de redressement (v. aussi s^s^ n°s 223.31 et 223.32). Lorsque la cessation des paiements du débiteur est constatée au cours de l'exécution du plan, le tribunal est lié et doit prononcer la résolution [3]. Le texte indique que, en ce cas, le tribunal « décide la résolution » (C. com., art. L. 626-27, I, al. 2). La question a été étudiée à l'occasion de l'examen des règles relatives à la résolution du plan de sauvegarde (v. s^s^ n°s 524.13 et 524.31).

Le texte nouveau de l'article L. 626-27, I, alinéa 3 du code de commerce, issu de l'ordonnance du 18 décembre 2008 [4] (ord. 18 déc. 2008, art. 63) est porteur d'espoir pour le débiteur, ce qui assure une attractivité supplémentaire de la sauvegarde, en prévoyant que l'apparition de l'état de cessation des paiements pendant l'exécution du plan de sauvegarde emporte obligation pour le tribunal de prononcer la résolution du plan, mais ce dernier n'ouvrira la liquidation judiciaire que si les conditions du redressement judiciaire ne sont pas réunies.

La solution est toutefois limitée à la résolution du seul plan de sauvegarde, l'apparition de l'état de cessation des paiements pendant l'exécution du plan de redressement continuant à être sanctionnée par une résolution du plan, imposant au tribunal d'ouvrir concomitamment la liquidation judiciaire, en application du nouvel article L. 631-20-1 du code de commerce. La différence s'explique par l'observation que dans le cadre du plan de redressement judiciaire, il y aurait récidive dans la cessation des paiements, ce qui n'est pas le cas lorsque la résolution est celle du plan de sauvegarde [5].

Ainsi, lorsque le tribunal constate la cessation des paiements en cours d'exécution d'un plan de redressement, il doit prononcer la résolution du plan et ouvrir une liquidation judiciaire, sans qu'il soit nécessaire de s'interroger sur le point de savoir si les chances de redressement existent encore [6], que l'on applique les textes avant l'ordonnance du 18 décembre 2008 ou ceux issus de cette même ordonnance. Il ne peut ouvrir un redressement judiciaire, même s'il a été saisi en ce sens par un créancier sur le fondement de la caractérisation de la cessation des paiements [7]. En pareille occurrence, avant la suppression de la saisine d'office, le tribunal devait respecter les règles de la saisine d'office, et ne pouvait donc, en cours de délibéré, substituer à une demande d'ouverture d'un redressement judiciaire, une résolution du plan entraînant obligatoirement l'ouverture d'une nouvelle procure collective [8].

Si un créancier assigne en liquidation judiciaire pour survenance d'un nouvel état de cessation des paiements pendant l'exécution d'un plan de redressement, une telle demande implique nécessairement la résolution du plan qui ne peut conduire qu'à la liquidation judiciaire [9].

544.22 Résolution du plan de redressement pour inexécution. Comme cela est le cas en matière de plan de sauvegarde, la résolution du plan de redressement peut intervenir en cas d'inexécution du plan, et alors qu'il n'y a pas apparition de l'état de cessation des paiements La résolution est alors facultative.

En ce cas, le débiteur se retrouve *in bonis*, aucune rocédure collective n'étant ouverte du fait de la solution du plan, faute d'état de cessation des paiements, comme cela est également le cas lorsqu'il y a solution du plan de sauvegarde pour inexécution, ns cessation des paiements (v. s^s^ n° 524.32).

Puisque le débiteur n'est pas en état de cessation paiements, il peut obtenir l'ouverture d'une nciliation ou d'une sauvegarde [10].

En pratique, il faut bien admettre cependant que résolution du plan de redressement pour inexécun devrait, le plus généralement, entraîner la cesion des paiements [11], puisque les délais du plan

1. Soc. 13 mai 2009, n° 07-45.356, NP; n° 949 F-D.
2. L. n° 2005-845, 26 juill. 2005, *JO* 27 juill., p. 12187.
3. *Rapp. Xavier de Roux*, n° 2095, p. 313.
4. Ord. n° 2008-1345, 18 déc. 2008, préc.

Roussel Galle, « Les plans : apports de la réforme », *Dr. et patr.* déc. 2009 n° 187, p. 79, sp. p. 82.

Com. 18 juin 2013, n° 12-21.645, NP; n° 637 F-D.

Pau, 22 mai 2013, RG n° 13/2131, *BJE* nov. 2013, 360, note Delattre.

Pau, 22 mai 2013, RG n° 13/2131, préc. (v. s^s^ prés^t^ n°).

Com. 5 mai 2015, n° 14-17.364, NP; n° 421 F-D.

PÉROCHON, 10e éd., n° 1054 – LIENHARD, 4e éd., 2011, n° 84.16.

EN CE SENS AUSSI : VOINOT, 2e éd., n° 720.

prendront fin, ce qui aura des conséquences sur la composition du passif exigible, donc sur l'état de cessation des paiements.

Mais cette cessation des paiements n'étant pas constatée au cours de l'exécution du plan, comme l'indique l'article L. 626-27, conduira à l'application du droit commun[1]. Puisque l'apparition de l'état de cessation des paiements est la conséquence de la résolution du plan et non sa cause, cela justifie la possibilité pour le débiteur, dont le redressement n'est pas manifestement impossible, de recourir à toutes les procédures alternatives à la liquidation judiciaire, alors qu'il y a état de cessation des paiements, à savoir la conciliation, si l'état de cessation des paiements ne préexiste pas depuis plus de 45 jours ou le redressement judiciaire. La solution a été justement admise en jurisprudence[2]. Le débiteur pourra obtenir un second plan de redressement[3], l'adage « plan sur plan ne vaut » étant alors tenu en échec.

Il importe d'ailleurs de remarquer que, dans une espèce, la Cour de cassation a indiqué que « la mise en liquidation judiciaire concomitante (à la résolution du plan) suppose que soit constatée la cessation des paiements au cours de l'exécution du plan »[4], laissant ainsi clairement entendre que la cessation des paiements faisant suite à la résolution du plan n'entraînerait pas nécessairement le prononcé d'une liquidation judiciaire.

Mais le débiteur doit se garder de solliciter l'ouverture du redressement judiciaire alors que le plan n'est pas encore résolu. En effet, en procédant de la sorte, il reconnaît nécessairement son état de cessation des paiements, et la résolution du plan doit alors être prononcée pour apparition de cet état[5]. Le tribunal devra alors, tout en prononçant la résolution du plan, impérativement ouvrir une liquidation judiciaire, sans possibilité d'ouvrir un redressement judiciaire, contrairement à la solution posée en cas de résolution d'un plan de sauvegarde.

1. Pérochon, 10e éd., no 1054.
2. T. com. Pontoise, 9 déc. 2013, RG no 2013/P07, *Leden* mars 2014, comm. 52, note Lucas.
3. aussi : Roussel Galle, 2e éd. 2007, no 651 – Lieno, 4e éd., 2011, no 84.16.
4. Com. 8 juill. 2008, no 07-15.176, NP; no 796 F-D; *LXB hebdo* sept. 2008, no 318, no N9882BG4, note Le Corre.
5. Com. 26 janv. 2016, nos 14-17.672, 14-25.541, 14-28.826, 14-28.856, *Bull. civ.* IV [à paraître]; no 79 F-P+B; *Gaz. Pal.* 12 avr. 2016, no 14, p. 59, note Reille; *LXB hebdo* 18 févr. 2016, no 455, note Le Corre.

CHAPITRE

545. Constat de l'exécution du plan de redressement

SECTION 0

ORIENTEUR

545.01 **Textes applicables.** (V. les références complètes s^s n° 011).

> Législation issue de la loi de sauvegarde des entreprises dans sa rédaction d'origine.

C. com., art. R. 631-43 (anc^t D. 28 déc. 2005, art. 211)

> Législation issue de l'ordonnance du 18 décembre 2008.

C. com., art. R. 631-43

545.03 **Bibliographie indicative.** (V. les références complètes s^s n° 031).

> Article. Le Corre P.-M., « Les clôtures », *Rev. proc. coll.* 2008, p. 136.

545.09 **Application au plan de redressement des règles relatives à la clôture du plan de sauvegarde.** Les règles relatives au constat de l'exécution du plan de redressement sont identiques à celles posées pour la clôture du plan de sauvegarde. La solution résulte de l'article L. 631-19, I du code de commerce (devenu C. com., art. L. 631-19, I, réd. ord. 18 déc. 2008[1]), qui rend applicables au plan de redressement les dispositions du chapitre VI du titre II du livre VI du code de commerce, lesquelles sont relatives au plan de sauvegarde. Les règles relatives au constat de l'exécution du plan de sauvegarde ayant été exposées, il y sera ici simplement renvoyé (v. s^s n°s 525.09 à 525.31). Une seule réserve doit être faite, qui concerne la radiation des mentions relatives au plan de redressement.

L'absence de clôture du plan de continuation, sous l'empire de la législation antérieure à la loi du 26 juillet 2005[2], prive le chef d'entreprise des moyens de faire disparaître, dans les registres du greffe, au registre du commerce et des sociétés au répertoire des métiers, la mention de l'existence d'un plan en cours, préjudiciable à l'image de l'entreprise[3]. Le dispositif prévu par le texte issu de la loi du 26 juillet 2005 est donc de première importance pour l'entreprise, en lui restituant, selon l'expression d'un auteur, sa « virginité administrative et judiciaire »[4].

Le décret du 12 février 2009[5] est allé plus loin. L'article R. 626-20, alinéa 2 du code de commerce, dans la rédaction que lui donne l'article 34 du décret du 12 février 2009, prévoit en effet que : « si le plan est toujours en cours à l'expiration d'un délai de deux ans à compter de son arrêté, les mentions relatives à la procédure et à l'exécution du plan sont, à l'initiative du débiteur, radiées des registres ou répertoires sur lesquels elles ont été portées ». Cette disposition est spécifique à l'exécution du plan de sauvegarde et est inapplicable, ainsi que le précise l'article L. 631-15, alinéa 1er du code, dans la rédaction que lui donne l'article 59, 1° du décret du 12 février 2009, à l'exécution du plan de redressement. Cette mesure est particulièrement topique de la volonté du législateur de tout faire pour améliorer le sort du débiteur sous sauvegarde par rapport à celui placé en redressement judiciaire.

Toutefois, le décret du 7 décembre 2011[6], en modifiant l'article R. 123-35 du code de commerce, vient changer les solutions. Il prévoit, en ce qui concerne l'exécution du plan de redressement, que les mentions relatives au plan de redressement doivent être radiées d'office à l'expiration d'un délai de cinq ans, si le plan est toujours en cours d'exécution.

La radiation des mentions fait obstacle à toute nouvelle mention, sous deux réserves : celle relative à une mesure d'inaliénabilité et celle relative à la décision prononçant la résolution du plan.

Le décret du 7 décembre 2011 s'applique à compter du 10 décembre 2011 et régit les mentions déjà inscrites au registre du commerce et des sociétés. Le délai de cinq ans commence, pour ces mentions, à compter de leur inscription.

1. Ord. n° 2008-1345, 18 déc. 2008, *JO* 19 déc., p. 19462.
2. L. n° 2005-845, 26 juill. 2005, *JO* 27 juill., p. 12187.
3. *Rapp. Xavier de Roux*, n° 2095, p. 316.
4. Pérochon et Bonhomme, 7e éd., n° 374.
5. D. n° 2009-160, 12 févr. 2009, *JO* 13 févr., p. 2596.
6. D. n° 2011-1836, 7 déc. 2011, *JO* 9 déc., p. 20878. – Roel Galle, « Droit à l'oubli… du moins du RCS… », *Rev. sociétés* 2012. 188. – Tognaccioli, « Louable radiation des mentions du RCS en matière de sauvegarde ou de redressement judiciaire réussis : l'apport du décret n° 2011-1836 du 7 décembre 2011 », *Rev. proc. coll.* 2012, Veille 232.

Observons que seule la radiation des mentions au registre du commerce et des sociétés est prévue, non celles aux autres registres professionnels[1].

La prime à la sauvegarde existe toujours, d'une part, parce que la radiation d'office intervient, en ce qui concerne le plan de redressement, au terme d'un délai de cinq ans et non de trois ans, comme pour le plan de sauvegarde et, d'autre part, parce qu'il n'existe pas, en matière de plan de redressement, de possibilité pour le débiteur de solliciter la radiation des mentions avant l'expiration du délai de radiation d'office.

1. Nabet, « Une radiation d'office qui fait plaisir », *LPA* 15 mars 2012, nº 54, p. 6.

TITRE

550. Prononcé et effets de la liquidation judiciaire

SECTION 0 ORIENTEUR

550.00 Plan du titre.

Chap.	**551**	**Prononcé de la liquidation judiciaire**
Sect.	551.10	Critères de la liquidation judiciaire
Sect.	551.20	Saisine aux fins de prononcé de la liquidation judiciaire
Sect.	551.30	Jugement de liquidation judiciaire
Sect.	551.40	Voie de recours à l'encontre du jugement de liquidation judiciaire
Chap.	**552**	**Dessaisissement du débiteur et détournement du courrier**
Sect.	552.10	Durée du dessaisissement
Sect.	552.20	Droits et biens soumis au dessaisissement
Sect.	552.30	Droits et biens échappant au dessaisissement
Sect.	552.40	Sanction du dessaisissement
Sect.	552.50	Détournement du courrier
Chap.	**553**	**Dissolution des sociétés et liquidation judiciaire**
Sect.	553.10	Principe de dissolution des sociétés par l'effet de la liquidation judiciaire ou du plan de cession totale
Sect.	553.20	Nomination d'un liquidateur au sens du droit des sociétés ou d'un mandataire *ad hoc*
Sect.	553.30	Mission du mandataire *ad hoc* ou du liquidateur au sens du droit des sociétés
Chap.	**554**	**Conséquences de la liquidation judiciaire sur l'activité de l'entreprise**
Sect.	554.10	Principe de l'arrêt d'activité liée à la liquidation judiciaire
Sect.	554.20	Poursuite provisoire exceptionnelle de l'activité en liquidation judiciaire
Chap.	**555**	**Sort des contrats de l'entreprise**
Sect.	555.10	Principe de continuation des contrats en liquidation judiciaire
Sect.	555.20	Règles particulières à la continuation du contrat de bail des locaux professionnels
Sect.	555.30	Règles particulières à la cession du contrat de bail des locaux professionnels
Sect.	555.40	Continuation du contrat de travail en liquidation judiciaire

550.01 Textes applicables. (V. les références complètes s^s^ n° 011).

> Législation issue de la loi de sauvegarde des entreprises. C. com., art. L. 640-1 (texte non modifié par ord. 18 déc. 2008), L. 640-1

550.03 Bibliographie indicative. (V. les références complètes s^s^ n° 031).

> Actualisables. RÉP. COM., Derruppé J., « Entreprises en difficulté – Redressement judiciaire (Phase de traitement – Les créanciers) », n°s 572 à 599; Poracchia D., Rizzo F. et Vignal N., « Entreprises en difficulté – Redressement judiciaire (Phase de traitement – Redressement ou liquidation) », n°s 127 à 168 – J.-CL. COM., Amlon G., fasc. 2315, [Sort des dirigeants]; fasc. 2320, [Sort de la personne morale]; Vallansan J., fasc. 2700, [Liquidation judiciaire – Ouverture de la procédure], 2014; Vallansan J., fasc. 2702, [Liquidation judiciaire – Conséquences de l'ouverture de la procédure – Régime – Administration de l'entreprise – Liquidation judiciaire simplifiée], 2014.

> Ouvrages antérieurs à la loi de sauvegarde des entreprises. CHAPUT, n°s 483 à 489, 491 à 493, 495, 501 *bis* – GUYON, n°s 1295, 1296, 1300 à 1307 – JACQUEMONT, n°s 751 à 784 – KERCKHOVE, n°s 778 à 795 – LE CANNU, n°s 761 à 779 – LE CANNU ET *ALII*, n°s 684 à 730 – LE CORRE-BROLY, n°s 297 à 300 et 307 – MARTIN ET VALLENS, n°s 3886 à 3915 – PÉROCHON ET BONHOMME, n°s 371 à 378-2 – PÉTEL, n°s 264 à 271, 275 à 277 – RIPERT ET ROBLOT, n°s 3211 à 3227 – SAINT-ALARY-HOUIN, n°s 1000 à 1024, 1026 à 1031 – Sénéchal M., *Essai sur la saisie collective du gage commun des créanciers*, « Bibl. dr. de l'entreprise », t. 59, Litec, 2002 – Soinne, n°s 2340 à 2365 – Vallansan et *alii*, 6e éd., p. 349 à 382 – Vallens, 2012, n°s 4315 à 4370 – Voinot, 2e éd., n°s 359 à 368, 635 à 649.

> Ouvrages postérieurs à la loi de sauvegarde des entreprises. Coquelet, 5e éd., n°s 421 à 448 – Gibirila, n°s 644 à 673 – Jacquemont et Vabres, 9e éd., n°s 854 à 911 – Le Cannu, 7e éd., n°s 1105 à 1143 – Lienhard, 6e éd., n°s 121.11 à 122.54, 122.60 à 122.68 – Pérochon, 10e éd., n°s 1147 à 1188 – Pétel, 8e éd. n°s 155 et 156, 160 à 168, 298, 302 à 306 – Roussel Galle, 2e éd., n°s 680 à 727 – Saint-Alary-Houin, 9e éd., n°s 1190 à 1225, 1228 à 1234 – Vallansan, et *alii*, 5e éd., p. 321 à 346, 399, 414 à 421 – Vallens, 2015, n°s 4377 à 4434 – Vidal et Giorgini, n°s 1238 à 1301, 1331 à 1360, 1364 à 1366, 1369, 1371 – Voinot, n°s 500 à 511, 660 à 662.

> Articles. Berthelot G., « Les aménagements de la liquidation judiciaire issus de l'ordonnance du 12 mars 2014 », *Rev. proc. coll.* 2014, dossier 21 – Canet P., « Premières remarques sur les modifications apportées par l'ordonnance n° 2008-1345 du 18 décembre 2008 en matière de liquidation judiciaire », *Rev. proc. coll.* 2009, p. 91 – Froehlich Ph., « Point de vue d'un mandataire judiciaire sur la liquidation judiciaire », *RLDA* mars 2005, n° 80, p. 59 – Gorrias S., « Panorama rapide de la liquidation judiciaire dans la loi de sauvegarde des entreprises », *LPA* 17 févr. 2006, n° 35, p. 96 – Macorig-Vénier F. et Vallansan J., « Les améliorations de la procédure liquidative et des cessions », *Rev. proc. coll.* 2014, dossier 32 – Monsérié-Bon M.-H., « La diversification des liquidations judiciaires », *Rev. proc. coll.* 2005, p. 367 – Pérochon F., « À propos de la réforme de la liquidation judiciaire par l'ordonnance du 18 décembre 2008 », *Gaz. Pal.* 8-10 mars 2009, n° sp. p. 3 – Rossi P., « La liquidation judiciaire de la loi du 26 juillet 2005 aux réformes de 2014 », *Cah. dr. entr.* n° 4, juill./août 2016, p. 54 – Roussel Galle Ph., « La liquidation judiciaire : rapidité, simplicité, efficacité », *LPA* 14 juin 2007, n° 119, p. 34 – Vigneau D., « Brèves observations sur le statut familial du chef d'entreprise dans le procédures collectives », *Rev. proc. coll.* 2003, p. 203 – Voinot D., « Les modifications intéressant la liquidation judiciaire issues de l'ordonnance du 12 mars 2014 », *Gaz. Pal.* 6 avr. 2014, n° 96, p. 23.

550.09 **Objectif de la procédure de liquidation judiciaire.** Le législateur consacre à la liquidation judiciaire le titre III de la loi du 25 janvier 1985[1], c'est-à-dire les articles 148 à 170 (devenus C. com., art. L. 622-1 à L. 622-34), cependant que le décret, pour sa part, y réserve les articles 118-1 à 154-1. Cette préoccupation non centrale du législateur correspond pourtant, au final, à plus de 90 % des procédures qui seront ouvertes.

La loi du 26 juillet 2005[2], tenant compte de l'importance quantitative des liquidations judiciaires, et spécialement des liquidations judiciaires immédiates, adopte un dispositif propre à la liquidation judiciaire.

Alors que l'article premier de la loi du 25 janvier 1985 avait défini les objectifs du redressement judiciaire : sauvegarde de l'entreprise, des emplois et apurement du passif, le législateur était resté muet sur les objectifs de la liquidation judiciaire qui, de ce fait, n'était pas une procédure autonome. L'explication pouvait être trouvée dans le constat que, dans la loi du 25 janvier 1985 initiale, la liquidation judiciaire n'était qu'une issue du redressement judiciaire, lequel tendait soit à un plan de redressement, par continuation ou par cession, soit à une liquidation judiciaire. La loi de réforme du 10 juin 1994[3] a voulu faire de la liquidation judiciaire une procédure autonome, oubliant cependant, dans cette optique, d'en déterminer les objectifs. La loi de sauvegarde des entreprises, au contraire, prend le soin de définir les objectifs de la liquidation judiciaire. L'article L. 640-1 alinéa 2 du code indique que cette procédure « est destinée à mettre fin à l'activité de l'entreprise ou à réaliser le patrimoine du débiteur par une cession globale ou séparée de ses droits et de ses biens ». L'objectif de réalisation du patrimoine du débiteur s'inscrit directement dans la notion même de liquidation. Liquider, c'est transformer des biens en liquidité. Il s'agit donc de vendre les biens du débiteur pour en retirer un prix qui sera ensuite distribué aux créanciers.

La procédure de liquidation judiciaire est orientée vers l'apurement du passif, car c'est traditionnellement une procédure *dédiée* aux intérêts des créanciers[4]. Elle remplit en cela une fonction financière[5], prenant la forme d'une voie d'exécution collective[6]. Cette cession, précise désormais le code de commerce, peut être globale ou séparée. Il s'est agi, par cette précision, de prendre en compte la possibilité d'arrêter, en liquidation judiciaire, un plan de cession. Observons toutefois que la cession globale de biens du débiteur n'était pas absente de la législation antérieure à la loi de sauvegarde des entreprises, avec la technique de la cession d'unité de production.

En dehors du plan de cession, l'objectif prioritaire de paiement des créanciers conduit à donner la préférence, dans les offres d'acquisition des biens du débiteur, à celle qui prévoit le prix le plus élevé, l'objectif de sauvegarde des emplois passant ici au second plan[7].

1. L. n° 85-98, 25 janv. 1985, *JO* 26 janv., p. 1097.
2. L. n° 2005-845, 26 juill. 2005, *JO* 27 juill., p. 12187.
3. L. n° 94-475, 10 juin 1994, *JO* 11 juin, p. 8440.
4. *Rapp. Xavier de Roux*, n° 2095, p. 360.
5. Saint-Alary-Houin, 9e éd., n° 1190.
6. Vallens, 2012, n° 4315.
7. Reims, ch. civ., 1re sect., 9 nov. 2009, RG n° 08/01024.

CHAPITRE

551. Prononcé de la liquidation judiciaire

SECTION 0

ORIENTEUR

551.00 **Plan du chapitre.**

Sect.	551.10	Critères de la liquidation judiciaire
Sect.	551.20	Saisine aux fins de prononcé de la liquidation judiciaire
Sect.	551.30	Jugement de liquidation judiciaire
Sect.	551.40	Voie de recours à l'encontre du jugement de liquidation judiciaire

551.01 **Textes applicables.** (V. les références complètes s^s^ n° 011).

> Législation antérieure à la loi de sauvegarde des entreprises.

C. com., art. L. 620-1, al. 3, L. 621-6, al. 3, L. 621-27, L. 622-1 à L. 622-8, L. 622-11, L. 622-12, L. 622-14, L 623-1 et L. 623-2

D. n° 85-1388, 27 déc. 1985, art. 118-1 à 119-1, 121

> Législation issue de la loi de sauvegarde des entreprises dans sa rédaction d'origine.

C. com., art. L. 621-12, L. 622-10, al. 1 à 3, L. 622-11, L. 626-27, L. 631-15, II, L. 640-1 à L. 640-6, L. 661-1, L. 662, L. 661-9, al. 2

C. com., art. R. 641-1 à R. 641-7 (anc[t] D. 28 déc. 2005, art. 214 à 220), R. 662-13 (anc[t] D. 28 déc. 2005, art. 349

> Législation issue de l'ordonnance du 18 décembre 2008

C. com., art. L. 621-12, L. 622-1, L. 622-10, al. 1, 2 et L. 626-27, L. 631-15, II, L. 640-1 à L. 640-6, L. 661-1, L. 661-L. 661-9, al. 2

C. com., art. R. 641-1, R. 641-2, R. 641-4 à R. 641-7, R. 662-1.

> Législation issue de l'ordonnance du 12 mars 2014.

C. com., art. L. 640-3-1, L. 640-5

551.02 **Jurisprudence de référence.**

> En cas de saisine d'office de la juridiction aux fins de conversion du redressement en liquidation judiciaire, les règles de la saisine d'office aux fins d'ouverture du redressement judiciaire doivent être respectées (C. com., art. R. 631-24, al. 1 [anc[t] D. 28 déc. 2005, art. 192, II, al. 1] – v. s^s^ n°s 231.42 et 231.43). En conséquence, le tribunal ne peut valablement statuer sans que soit jointe à la convocation du débiteur la note du président exposant les faits de nature à motiver la conversion du redressement en liquidation judiciaire (lég. sauvegarde des entreprises antérieure à l'ordonnance du 12 mars 2014).

• **Com. 9 févr. 2010,** n° 09-10.925, *Bull. civ.* IV, n° 37; n° 175 F-P+B

* V. s^s^ n° 551.21

551.03 **Bibliographie indicative.** (V. les références complètes s^s^ n° 031 – Aussi s^s^ n° 550.03).

551.04 **Question essentielle.**

• Une société en liquidation judiciaire peut-elle relever appel du jugement de liquidation judiciaire ?

* V. s^s^ n° 551.43.

SECTION 551.10

CRITÈRES DE LA LIQUIDATION JUDICIAIRE

551.11 **Critères de la conversion en liquidation judiciaire.** La liquidation judiciaire peut intervenir à l'occasion d'un jugement d'ouverture ou sur conversion d'un redressement judiciaire et, depuis la loi de sauvegarde des entreprises[1], sur conversion d'une sauvegarde. La première de ces techniques, constitutive d'un jugement d'ouverture, a été, en tant que tel, examinée (v. s^s^ n°s 233.26 et 233.27). Rappelons que la demande d'ouverture d'une procédure de conciliation fait échec à l'ouverture d'une liquidation judiciaire (C. com., art. L. 640-4, al. 1) et que les chances de redressement doivent alors être manifestement inexistantes. Il reste à examiner la seconde, c'est-à-dire la liquidation sur conversion.

L'article L. 621-27 du code de commerce (anc[t] L. 25 janv. 1985[2], art. 36) dans sa rédaction anté-

1. L. n° 2005-845, 26 juill. 2005, *JO* 27 juill., p. 12187.
2. L. n° 85-98, 25 janv. 1985, *JO* 26 janv., p. 1097.

rieure à la loi de sauvegarde des entreprises, qui réglemente la conversion du redressement en liquidation judiciaire, ne précise pas les critères de celle-ci. Il se contente d'indiquer que la conversion peut intervenir « à tout moment ».

Pas davantage, les dispositions de la section II intitulée « liquidation judiciaire prononcée au cours de la période d'observation » ne contiennent de précisions. Cependant, l'article L. 621-6 alinéa 1 du code de commerce (anc[t] L. 25 janv. 1985, art. 8, al. 1) prévoit que, dès lors qu'aucun plan de continuation ou de cession n'est possible, le tribunal prononce la liquidation judiciaire. Il faut donc décider que les critères de la conversion sont purement négatifs. Ils résultent de l'impossibilité de présenter un plan de redressement. En ce qui concerne strictement l'entreprise débitrice, cela signifie que cette dernière n'a pas pu obtenir un plan de continuation, d'où il résulte, selon l'article L. 621-70 alinéa 1 du code de commerce, *a contrario*, qu'il n'existe pas de « possibilités sérieuses de redressement et d'apurement du passif » (sur cette notion, v. s[s] n°s 532.11 à 532.13). Cette formule se rapproche dès lors de celle utilisée par le législateur à l'article L. 622-1 du code de commerce (anc[t] L. 25 janv. 1985, art. 148, al. 1), dans sa rédaction antérieure à la loi de sauvegarde des entreprises, pour l'hypothèse de la liquidation judiciaire immédiate, qui vise « le redressement manifestement impossible ». On considérera donc comme équivalentes les notions d'absence de possibilité sérieuse de redressement et de redressement manifestement impossible.

Il importe en outre de préciser que, sous l'empire de la loi du 25 janvier 1985, le plan de continuation doit tendre au redressement de l'entreprise, et ne peut avoir pour seul objet le redressement du débiteur. Il en résulte que la conversion en liquidation judiciaire s'impose si le débiteur n'exerce plus d'activité professionnelle et que les perspectives d'amélioration de sa situation financière ne dépendent que de l'activité d'un tiers auquel il a donné son fonds en location-gérance[1]. La solution a été modifiée par la loi de sauvegarde (v. s[s] n° 532.12).

L'impossibilité de présentation d'un plan de continuation et, depuis la loi de sauvegarde, d'un plan de redressement, doit être établie.

Elle est caractérisée lorsque le débiteur a cessé toute activité, n'étant même plus propriétaire de son fonds de commerce, peu important que ces circonstances soient la conséquence de l'exécution provisoire attachée au jugement de liquidation judiciaire prononcée par les premiers juges[2]. Il en est de même si le débiteur n'a pas envisagé la poursuite de l'activité, ayant laissé entrer en jouissance dans son fonds de commerce, un tiers[3].

La solution est la même lorsqu'une société civile immobilière a pour seul actif un bien immobilier qui ne génère, depuis l'ouverture de la procédure collective, aucun revenu, face à un passif important. Le seul courrier d'un tiers proposant d'acquérir les parts sociales et d'apporter en compte courant l'équivalent de 3/4 du passif social est insuffisant, dès lors que ce courrier ne contient pas de précisions suffisantes sur les capacités financières de l'intéressé permettant de garantir le paiement immédiat de cette somme[4]. Identiquement, la conversion s'impose lorsque la société civile immobilière n'a plus de source de revenus du fait de l'annulation du bail commercial et qu'il n'est pas justifié de l'existence d'autres ressources. En outre, la renonciation d'un créancier à sa créance n'est plus démontrée du fait du non-respect de l'accord intervenu avec ce créancier[5].

Il en est également ainsi lorsque le débiteur, avocat, ne dispose plus de locaux professionnels, que le passif s'élève à plus de 100 000 euros, pour un actif réalisable nul, que la progression des revenus du débiteur est restée insuffisante pour permettre d'honorer les dettes courantes de la période d'observation, la TVA et la taxe professionnelle étant restées impayées, le remboursement du passif s'avérant en conséquence impossible. Il en résulte que la situation financière du débiteur est complètement obérée, ce qui rend illusoire la possibilité d'un redressement[6].

Il est de même pour une SCP d'avocats, dont le passif s'élève à près de 1 700 000 euros, qui ne produit pas la déclaration de ses revenus 2009, ni aucun document comptable, dont le chiffre d'affaires du 1er semestre 2010 n'est pas connu, qui ne permet pas d'avoir une visibilité sur l'activité réellement exercée et les résultats qu'elle génère, dont le résultat présenté comme bénéficiaire de l'année 2009 de l'ordre de 15 000 euros ne permet pas de faire face au paiement du premier dividende prévu par le projet de plan d'un montant de 72 000 euros[7].

Il y a également redressement impossible, justifiant la conversion en liquidation, lorsque la trésorerie ne permet pas le paiement des charges de l'exercice, que le chiffre d'affaires a baissé de manière significative pendant la période d'observation, alors

1. Com. 30 juin 2009, n° 08-18.123, NP; n° 652 F-D; *Gaz. proc. coll.* 2009/4, 2e partie, p. 21, note Voinot.
2. Versailles, 12e ch. 2e sect., 16 sept. 2010, RG n° 10/02107.
3. Lyon, 3e ch. A, 23 oct. 2014, RG n° 14/01208, *JurisData* 025979.
4. Com. 1 févr. 2013, n° 11-28.256, NP; n° 176 F-D; *Gaz. Pal.* 1er ai 2013, n° 121, p. 17, note Fricero.
5. Com. 8vr. 2015, n° 14-10.102, NP; n° 349 F-D.
6. Com. juin 2010, n° 09-13.711, NP.
7. Com. anv. 2013, n° 11-23.812, NP; n° 3 F-D; *Rev. proc. coll.* 2 3, comm. 46, note Lebel.

que les charges d'exploitation sont restées presque inchangées, que les dettes à l'égard des créanciers publics se sont accrues, que chaque mois l'exploitation creuse le déficit, sans qu'un plan d'apurement du passif ou un projet de restructuration ne soit proposé par le débiteur. Dans ces conditions, il importe peu de savoir si la situation de l'intéressé [titulaire d'un office notarial] ne résulte pas d'un dysfonctionnement de la justice, l'intéressé ayant dû porter plainte contre les instances professionnelles et contre l'État[1].

Le redressement est impossible lorsque la débitrice n'a pas payé les dettes de la période d'observation, que le compte prévisionnel des années précédentes n'a pas été atteint, que si des licenciements sont intervenus, le débiteur ne s'explique pas sur sa capacité à réaliser seul le chiffre d'affaires antérieurement réalisé avec trois salariés, dont sa fille qui, au surplus, a créé une entreprise, dont l'activité est directement concurrente[2].

Il y a encore redressement impossible, lorsque le passif s'élève à six années de chiffre d'affaires, ou à 15 années de bénéfice avant impôt, dès lors que la progression envisagée du chiffre d'affaires est minime alors même que le débiteur proposerait d'affecter au remboursement de la dette un actif non professionnel évalué à 1/7 de la dette et que l'épouse du débiteur accepterait d'affecter au remboursement de la dette deux immeubles propres représentant 1/6 de la dette[3]. Le solde de la dette s'élèverait encore à 10 années de bénéfice avant impôt, soit plus que les dix annuités d'un plan, maximum autorisé par la loi, pour des créanciers qui n'acceptent pas les propositions de plan.

Le redressement est également impossible, lorsque le passif s'élève à plus de 355 000 euros, alors que le plan proposé se fonde essentiellement sur un projet de location d'une durée inférieure au plan et prévoyant une indemnité d'occupation mensuelle inférieure au montant des charges mensuelles de 5 583 euros, et que même en tenant compte des projets de deux contrats de location à durée limitée, un apurement durable et conséquent du passif ne peut être envisagé[4].

Le redressement est tout aussi impossible, en présence d'un passif d'au minimum un million d'euros, alors que le résultat de l'exercice écoulé, qui correspond à une très bonne année, s'élève à 45 000 euros, sans la vente de parcelles de terres appartenant à l'agriculteur, qui permettrait d'apurer une partie du passif, mais qui apparaît hypothétique, en l'absence de toute perspective d'adoption prochaine du plan local d'urbanisme de la commune[5].

Le redressement apparaît impossible lorsque le résultat net allégué est inférieur au 1/10e du passif à apurer, que la trésorerie de l'entreprise ne permet même pas de payer les nouvelles dettes d'exploitation et que le débiteur est au surplus occupant sans droit ni titre du local servant à son exploitation[6].

Le redressement est également impossible lorsque le débiteur, qui ne fournit pas de renseignements sur les résultats d'exploitation de la période d'observation, n'a pas respecté l'échéancier passé avec des créanciers postérieurs, et dont le fonds de commerce est fermé depuis deux ans, ne dispose d'aucun actif disponible et ne justifie pas avoir repris l'exploitation[7]. Il n'y a pas place à infirmation de la décision de conversion du redressement en liquidation judiciaire, lorsque le professionnel libéral, qui n'a pas réglé son passif postérieur Urssaf, ne communique aucune donnée comptable relative à son activité[8].

Le redressement est tout aussi impossible lorsque le chiffre d'affaires invoqué par le débiteur, d'un montant de 52 124 euros, ne repose que sur des affirmations; que ce chiffre d'affaires, dont il convient de soustraire le montant des charges non évaluable en l'absence d'indications fournies par le débiteur, est de toute façon insuffisant pour envisager un plan de redressement permettant la poursuite de l'activité et l'apurement d'un passif de 61 889,99 euros[9].

Il en est de même, lorsque le débiteur ne fournit aucun prévisionnel d'exploitation et de trésorerie pour les six prochains mois, de sorte qu'il ne démontre pas sa capacité à faire face au remboursement d'un important passif, alors surtout que, pendant la période d'observation, il se trouve en état de cessation des paiements[10].

La solution est identique, en présence d'un débiteur qui ne verse aux débats aucun document comptable ou financier permettant d'apprécier sa capacité ou non à poursuivre une exploitation et des déclarations du mandataire judiciaire faisant état d'un passif important et du non paiement des salaires[11].

Le comportement du dirigeant social est également apprécié. Ainsi a-t-il été jugé qu'il y avait place

1. Com. 5 avr. 2011, n° 10-13.933, NP, *Gaz. Pal.* 9 juill. 2011, n° 189, p. 24, note Lebel.
2. Com. 10 mai 2012, n° 10-25.470, NP; n° 512-D.
3. Com. 6 juill. 2010, n° 09-67.345, *Bull. civ.* IV, n° 121; n° 751 F-P+B, sur un autre moyen; *D.* 2010. *A. dr. affaires* 1781, note Lienhard.
4. Com. 13 mai 2014, n° 13-11.402, NP; n° 481 D.
5. Com. 19 févr. 2013, n° 12-12.170, NP; n° 185 F-D.
6. Com. 1er avr. 2014, n° 13-13.612, NP; n° 350 F-D.
7. Com. 1er févr. 2011, n° 10-10.024, NP; n° 81 F-D.
8. Caen, 1re ch., sect. civ. et com., 17 mars 2011, RG n° 10/02254, *Rev. proc. coll.* 2011, comm. 179, note Fraimout.
9. Com. 21 févr. 2012, n° 11-15.273, NP; n° 250 F-D; *Rev. proc. coll.* 2013, comm. 19, note Fraimout.
10. Com. 22 mars 2011, n° 10-12.014, NP; n° 299 F-D.
11. Com. 5 févr. 2013, n° 12-10.226, NP; n° 127 F-D.

à conversion en liquidation judiciaire lorsque le débiteur a embauché pendant la période d'observation un salarié sans le déclarer, a payé des créances antérieures, que le gérant a démissionné sans publier son retrait et que le mandataire judiciaire doute du sérieux des documents comptables produits, dans la mesure où il n'est pas justifié de leur mode d'établissement[1].

Une cour d'appel peut considérer, dans son pouvoir souverain d'appréciation, que le redressement de l'entreprise est manifestement impossible, ce qui justifie la liquidation judiciaire immédiate, en se fondant sur l'importance du passif et l'absence de toute proposition de plan de la part du débiteur[2].

Le fait d'avoir laissé impayées des cotisations sociales avant le jugement d'ouverture, de ne pas répondre aux lettres du mandataire judiciaire et à la convocation du tribunal n'établissent pas que le redressement est manifestement impossible et ne justifient donc pas la conversion en liquidation judiciaire[3].

Un document prévisionnel irréaliste ne peut être retenu pour démontrer l'existence d'un plan de redressement réalisable. Il en est ainsi lorsque le document repose d'une part sur le postulat d'une brusque augmentation du chiffre d'affaires, non mise en perspective avec l'augmentation des achats, de sorte que cette augmentation reposerait essentiellement sur l'augmentation du prix de vente et, d'autre part sur une baisse des charges, qui de toute évidence, apparaissent pourtant invariables[4].

Une cour d'appel ne peut davantage se foner sur des motifs généraux, tels ceux tenant à l'impossibilité de présenter un projet de plan et l'absence de preuve de la possibilité d'envisager le règlement du passif, sans répondre aux conclusions du débiteur produisant un bilan prévisionnel revêtu du cachet d'un centre de gestion agréé établissant la viabilité de l'entreprise[5].

Elle ne peut davantage rejeter un projet de plan, en retenant que le débiteur s'est borné, dans ses dernières conclusions, à maintenir le projet de plan initialement présenté, alors qu'il avait produit un dossier prévisionnel contenant une nouvelle proposition de règlement du passif[6].

Le seul fait que le projet de plan soit rejeté, n'implique pas, selon une juridiction, que la démonstration soit apportée que le redressement est manifestement impossible. Dès lors que le tribunal n'avait été saisi que d'une demande tendant à ce qu'il soit statué sur le projet de plan, et non d'une demande de prononcé de la liquidation judiciaire, la cour d'appel estime qu'il ne pouvait prononcer la liquidation judiciaire[7].

En cause d'appel, la situation s'apprécie évidemment au jour où la cour statue[8]. Le redressement ne sera pas jugé manifestement impossible et il y aura place à infirmation de la décision de conversion, en présence de promesses de réalisation d'actifs du débiteur permettant de couvrir une large partie des dettes[9], alors surtout que ces rentrées de fonds s'accompagneront d'une réduction significative des charges[10]. Peu importe à cet égard que les actifs dont la réalisation est envisagée, ne soit pas disponible à court terme, par exemple un immeuble, encore que le contraire ait été jugé[11]. Le fait que la situation se soit redressée en période d'observation et que le débiteur puisse payer ses dettes d'exploitation de la période d'observation, ajouté à la diminution très sensible des charges d'exploitation, justifie également l'infirmation du jugement de conversion[12]. De même, il y a place à infirmation du jugement de conversion en cas d'évolution favorable de la situation de l'architecte libéral, liée à des réalisations d'actifs immobiliers et à l'obtention de liquidités provenant d'un héritage providentiel, circonstances associées à une embellie du marché immobilier permettant d'annoncer une hausse significative du chiffre d'affaires[13]. Identiquement, la réformation du jugement de conversion en liquidation judiciaire d'une société civile immobilière s'impose, lorsque son locataire a obtenu, dans l'intervalle, un plan de redressement et que le principal créancier de la société a émis un soutien à un projet de plan[14].

Les critères de conversion seront ainsi l'impossibilité absolue de présenter un plan[15], mais égale-

1. Grenoble, ch. com., RG n° 12/01466, *Rev. proc. coll.* comm. 198, note Lebel.
2. Com. 6 juill. 2010, n° 09-14.937, NP; n° 760 F-D *proc. coll.* 2010/14, n° 206, note Vallansan.
3. Com. 26 mai 2010, n° 09-11.041, NP; n° 556 F-D; Ga *entr. diff.* 2-3 juill. 2010, n°s 183, 184, p. 26, note Lebel
4. Com. 22 mai 2013, n° 12-14.499, NP; n° 500 F-D.
5. Com. 24 mars 2009, n° 08-12.733, NP; n° 272 F-D.
6. Com. 26 janv. 2016, n° 14-21.229, NP; n° 93 F-D; *proc. coll.* 2016, comm. 42, note Lebel; *Rev. proc.* 2016, comm. 84, note Fraimout.
7. Bordeaux, 2^e^ civ., 30 juill. 2013, RG n° 12/02873, *Rev. proc. coll.* 2015, chron. 1, n° 13, note Raffray.
8. Paris, 8^e^ ch., 29 juin 2010, RG n° 10/00567, *Rev. proc. coll.* 2011, comm. 40, p. 47, note Fraimout.
9. Aix-en-Provence, 8^e^ ch. A, 12 mars 2009, *Rev. proc. coll.* 2010/2, comm. 68, p. 62, note Fraimout – Bastia, ch. civ., 13 mai 2009, RG n° 08/01100, *Rev. proc. coll.* 2010/2, comm. 68, p. 62, note Fraimout – Pau, 2e ch., 18 juin 2009, RG n° 2799/09, *Rev. proc. coll.* 2010/2, comm. 68, p. 62, note Fraimout.
10. Pau, 2e ch., 18 juin 2009, RG n° 2799/09, préc.
11. Besançon, 2e ch., 29 avr. 2009, *Rev. proc. coll.* 2010/2, comm. 69, p. 63, note Fraimout.
12. Paris, 8e ch., 29 juin 2010, RG n° 10/00567, préc.
13. Caen, 1re ch., 2 juill. 2010, RG n° 10/01185, *Rev. proc. coll.* 2011, comm. 40, p. 47, note Fraimout.
14. Caen, 2e ch. civ. et com., 1er déc. 2011, RG n° 10/02967, *Act. proc. coll.* 2012, comm. 62.
15. Com. 23 juin 1992, *Rev. proc. coll.* 1993, 80, n° 7, obs. Soinne.

ment, à l'approche de la fin de la période d'observation, l'impossibilité de présenter un plan à bref délai[1], ou, au terme de la période d'observation, l'absence de présentation de tout projet de plan[2], y compris devant la cour d'appel[3], cependant que l'arrivée du terme de la période d'observation n'entraînera pas, *ipso facto*, la conversion. Un jugement devra nécessairement intervenir[4].

Un auteur a justement observé que la conversion en liquidation judiciaire ne présuppose pas le caractère manifeste de l'impossibilité du redressement[5], puisque l'absence de présentation d'un plan, alors même que l'entreprise peut objectivement être redressée, est alors suffisante. L'opinion contraire a toutefois, d'une manière curieuse à notre sens, été soutenue et l'on a vu une juridiction infirmer une décision de conversion en liquidation judiciaire, alors que les délais théoriques de période d'observation étaient expirés, et renvoyer à la juridiction de première instance la procédure pour élaboration d'un plan, après octroi d'une période d'observation de trois mois[6]. La lettre des textes est alors singulièrement malmenée. Faut-il, pour autant, préférer la solution d'une autre juridiction qui, après avoir constaté qu'un projet de plan avait été présenté et rejeté en dehors des délais de période d'observation d'une sauvegarde, a déclaré irrecevable la demande de conversion en liquidation judiciaire émanant du mandataire judiciaire et, après s'être saisie d'office, a clôturé la procédure de sauvegarde[7] ? Nous ne le pensons pas. Dès lors qu'il y a cessation des paiements, la sortie de la sauvegarde sans solution de traitement de l'état de cessation des paiements apparaît particulièrement inopportune. Il y a une lecture trop étroite des textes à considérer comme impossible la conversion en liquidation judiciaire au prétexte que les délais de période d'observation seraient expirés. Tant que la procédure de sauvegarde est ouverte, il y a période d'observation, même si les délais sont dépassés. Tout le monde trouvera son compte à cette conversion, y compris le débiteur auquel on reprochera un défaut de saisine du tribunal dans les délais légaux de la cessation des paiements. Aucun intérêt n'est défendu à une lecture aussi stricte des textes.

Le tribunal, lors de la demande de conversion, n'a pas à statuer sur la question de l'état de cessation des paiements, qui n'est pas une condition de la conversion du redressement en liquidation judiciaire, mais seulement une condition de l'ouverture de la procédure de redressement ou de liquidation judiciaire[8]. Le débiteur, dans le cadre du jugement de conversion, ne peut plus contester l'état de cessation des paiements caractérisé dans le jugement d'ouverture du redressement judiciaire[9]. Le fait que le débiteur soit en état de cessation des paiements, à partir de la comparaison du passif d'exploitation de la période d'observation et de l'actif disponible, peut néanmoins constituer un élément d'appréciation de l'impossibilité du redressement devant conduire à la conversion[10].

On ajoutera que l'article L. 621-82 du code de commerce (anc[t] L. 25 janv. 1985, art. 80) fait de la résolution du plan de continuation une cause autonome de conversion en liquidation judiciaire, le prononcé d'un nouveau redressement judiciaire étant exclu, depuis la loi du 10 juin 1994[11] (v. s[s] n° 524.31), cependant que la résiliation d'un contrat de location-gérance entraînant ouverture d'une procédure collective à l'encontre du locataire-gérant autorisera, quant à elle, la possibilité d'ouverture soit d'un redressement judiciaire, soit d'une liquidation judiciaire (C. com., art. L. 621-98, al. 3 [anc[t] L. 25 janv. 1985, art. 95, al. 3]).

La loi de sauvegarde des entreprises a modifié les critères de conversion du redressement en liquidation judiciaire. En effet, alors que le texte antérieur visait deux critères, la cessation de l'activité ou le redressement manifestement impossible, le texte nouveau (C. com., art. L. 640-1, al. 1) se contente de viser le redressement manifestement impossible. L'appréciation de ce critère sera effectuée identiquement à celle existant sous l'empire de la loi du 25 janvier 1985.

Sous l'empire de la loi de sauvegarde des entreprises, le plan de redressement peut être tant celui de l'entreprise que celui du débiteur (v. s[s] n°s 530.09 et 532). Le plan de redressement peut donc avoir pour seul objet le paiement du passif. Il en résulte

1. Rouen, 2e ch., 16 mars 2006, RG n° 04/04349, *Rev. proc. coll.* 2007/3, p. 129, n° 9, obs. Lebel.
2. Com. 17 févr. 1998, *JCP E* 1998. 1357, n° 36, obs. M. Cabrillac et Pétel – Com. 30 juin 2004, n° 03-10.335, NP – Com. 12 oct. 2004, n° 02-10.893, NP – TGI Lille, 3 sept. 2010, RG n° 09/06780, *Rev. proc. coll.* 2011, études 6, note Delattre.
3. Com. 9 juill. 2013, n° 12-21.995, NP; n° 751 F-D.
4. J.-CL. COM., Beaubrun, fasc. 2700, [Redressement et liquidation judiciaires – Conversion du redressement en liquidation – Causes d'ouverture de la liquidation], n° 51.
5. PÉROCHON, 10e éd., n° 1149.
6. Grenoble, 8 oct. 2008, RG n° 07/02326, *Rev. proc. coll.* 2010/2, comm. 70, note Fraimout.
7. T. com. Bordeaux, 20 avr. 2011, RG n° 2011L00933, *Rev. proc. coll.* 2012, comm. 21, note approb. Saintourens.
8. [Com]. 7 juill. 2009, n° 08-18.336, NP, *Rev. proc. coll.* 2010/2, [com]m. 51, p. 44, note Saintourens – Com. 23 avr. 2013, [n° 1]2-17.189, *Bull. civ.* IV, n° 70; n° 455 FS-P+B; *D.* 2013. [AJ] 1130, note Lienhard; *D.* 2013. Chron. 2557, n° 6, [obs.] Arbellot; *Gaz. Pal.* 12 juill. 2013, n° 193, p. 19, note [...]ot.
9. [Com.] 10 mars 2015, n° 13-28.249, NP; n° 266 FS-D.
10. Com. 22 mars 2011, n° 10-12.014, NP; n° 299 F-D.
11. [L. n°] 94-475, 10 juin 1994, *JO* 11 juin, p. 8440.

que la retraite du débiteur ne conduit pas, pour cette seule raison, à la conversion du redressement en liquidation judiciaire. En conséquence, ne peut être suivie la solution d'une cour d'appel qui s'attache à l'âge du débiteur, pour lui refuser la possibilité d'envisager l'élaboration d'un plan de redressement[1]. Apparaît criticable, pour cette même raison, la décision de la Cour de cassation considérant le redressement du débiteur manifestement impossible alors qu'il proposait l'apurement partiel de sa dette par la vente d'immeubles indivis[2]. En revanche, il est exact que le débiteur retraité ne pourrait obtenir un plan de sauvegarde, mais rien n'interdirait, après passage par un redressement judiciaire, l'arrêté d'un plan de redressement du débiteur.

Même si le plan de redressement peut avoir pour seul objet le paiement du passif, encore faut-il que celui-ci puisse intervenir grâce à des revenus du débiteur. Si le débiteur doit réaliser l'essentiel de son patrimoine pour parvenir au paiement du passif, la voie du redressement semble exclue et la liquidation judiciaire s'impose, pour permettre la réalisation des actifs du débiteur aux fins de payer son passif[3].

La conversion en liquidation judiciaire peut aussi provenir de l'échec du plan de sauvegarde en cas de caractérisation de l'état de cessation des paiements. En ce sens, l'article L. 626-27, I alinéa 2 du code de commerce, dans sa rédaction d'origine, énonçait que « lorsque la cessation des paiements du débiteur est constatée au cours de l'exécution du plan, le tribunal qui a arrêté ce dernier décide, après avis du ministère public, sa résolution et prononce la liquidation judiciaire ». Depuis l'ordonnance du 18 décembre 2008, la résolution du plan de sauvegarde avec cessation des paiements peut encoreentraîner l'ouverture d'une liquidation judiciaire. Mais la solution n'est plus automatique. Tout dépendra du point de savoir si le redressement est manifestement impossible.

La conversion en liquidation judiciaire sera la sanction obligatoire de la résolution d'un plan de redressement avec cessation des paiements, avant comme depuis l'ordonnance du 18 décembre 2008.

1. Besançon, 2e ch., 29 avr. 2009, *Rev. proc. coll.* 2010/2, comm. 69, p. 63, note Fraimout.
2. Com. 10 mars 2015, no 13-28.249, préc.
3. AINSI : Com. 30 juin 2009, no 08-16.096, NP; no 650 F-D – RAPPR. : Com. 6 juill. 2010, no 09-67.345, *Bull. civ.* IV, no 121; no 751 F-P+B; *D.* 2010. *Act. dr. affaires* 1781, note Lienhard; *Gaz. Pal. entr. diff.* 15-16 oct. 2010, p. 24, note Reille; *Gaz. Pal. entr. diff.* 15-16 oct. 2010, p. 29, note Lebel; *LPA* 20 déc. 2010, no 252, p. 5, note Roussel Galle; *Rev. proc. coll.* 2010/3, § 93, p. 55, note Cagnoli; *Rev. proc. coll.* 2010/5, comm. 198, p. 54, note Lebel; *Rev. proc. coll.* 2010/6, comm. 235, note Fraimout; *JCP E* 2011, Chron. 1030, no 2, obs. Pétel; *BJE* mars/avr. 2011, p. 39, note de Lajarte.

En revanche, s'il apparaît après l'ouverture de la sauvegarde que l'entreprise était en état de cessation des paiements et que, par conséquent, elle ne pouvait bénéficier de la procédure de sauvegarde, il y a place à une conversion en une procédure de redressement, non de liquidation judiciaire (C. com., art. L. 621-12, al. 1).

La liquidation judiciaire ne pourra plus être prononcée à titre de sanction, du fait de la disparition des extensions sanctions.

La procédure de liquidation judiciaire profite aux mêmes personnes que les procédures de sauvegarde et de redressement judiciaire, sous réserve qu'elle peut bénéficier à une personne qui a cessé son activité ou qui est décédée, à l'identique de la solution posée dans la procédure de redressement judiciaire, mais au contraire de celle existant dans la procédure de sauvegarde.

SECTION 551.20

SAISINE AUX FINS DE PRONONCÉ DE LA LIQUIDATION JUDICIAIRE

551.21 Saisine aux fins de prononcé de la liquidation judiciaire. La demande de mise en liquidation judiciaire immédiate intervient dans les conditions d'un jugement d'ouverture. Le créancier peut, en conséquence, en avoir l'initiative. Il faut toutefois préciser que, en application de l'article R. 641-5 alinéa 2 du code de commerce, si le tribunal rejette la demande d'ouverture d'une liquidation judiciaire, il peut se saisir d'office aux fins d'ouverture d'un redressement judiciaire. Sous l'empire du décret du 28 décembre 2005[4], une nouvelle convocation, selon les formes classiques de la saisine d'office sera néanmoins indispensable, en respectant les formes envisagées par l'article R. 631-3 du code de commerce, auquel il est renvoyé par l'article R. 641-5 du code de commerce[5]. Depuis le décret du 12 février 2009[6], il est possible pour le créancier de solliciter, dans l'acte introductif d'instance le redressement judiciaire et, à titre subsidiaire, la liquidation judiciaire (v. ss no 23.41). À défaut d'une telle demande subsidiaire, le deuxième alinéa de l'article R. 631-11 du code de commerce prévoit que « si le tribunal estime devoir se saisir d'office en vue de l'ouverture d'une telle procédure, il est fait application des dispositions de l'article R. 631-3 ». Ainsi, en ce cas, les règles de la saisine d'office s'imposent.

4. D. no 2005-1677 28 déc. 2005, *JO* 29 déc., p. 20324.
5. Froehlich et Sérchal, Lucas et Lécuyer (dir.), *La réforme des procédures collectives...*, Lgdj, 2006, p. 284.
6. D. no 2009-160, 2 févr. 2009, *JO* 13 févr., p. 2596.

La demande de conversion du redressement en liquidation judiciaire, qui appartient à l'administrateur, au mandataire judiciaire – représentant des créanciers sous l'empire de la loi du 25 janvier 1985[1] –, au contrôleur, au débiteur, au ministère public – procureur de la République sous l'empire de la loi du 25 janvier 1985 –, n'appartient pas, en revanche, au créancier. On retrouve ici l'idée que le sort de l'entreprise n'est pas entre ses mains.

La demande de conversion sera formée par voie de requête[2], solution de la législation antérieure à la loi de sauvegarde des entreprises[3], consacrée par la législation de sauvegarde des entreprises (C. com., art. R. 631-24 du code de commerce). Le débiteur doit être convoqué, sans avoir besoin d'être assigné[4]. Mais l'assignation reste un mode régulier d'introduction de l'action en conversion[5].

Le tribunal, à l'occasion de la demande de conversion du redressement en liquidation judiciaire, doit statuer sur rapport du juge-commissaire. En l'absence de ce rapport, il y a une cause de nullité du jugement. Cependant, si le débiteur entend faire annuler le jugement, il doit s'abstenir de conclure sur le fond. Ses conclusions sur le fond autoriseraient en effet le jeu de l'effet dévolutif de l'appel, l'irrégularité commise n'affectant par l'acte introductif d'instance[6].

En application de l'article L. 631-15, II du code de commerce, la conversion ne peut intervenir qu'après avis du ministère public. Le fait que plusieurs prorogations de période d'observation aient eu lieu ne modifie pas la règle et même si le ministère public a donné son avis au cours de l'une d'elles, la procédure de conversion est irrégulière s'il n'a pas donné son avis lors de l'audience au cours de laquelle la conversion a été décidée[7].

La demande de conversion peut encore intervenir d'office sur rapport du juge-commissaire (C. com., art. L. 621-27, al. 1), L'article 8 du décret du 27 décembre 1985[8], qui régit la saisine d'office de la juridiction du premier degré aux fins d'ouverture de la procédure (v. s[s] n° 231.43), est sans application en cas de saisine d'office du tribunal aux fins de conversion du redressement en liquidation judiciaire[9].

Le décret du 28 décembre 2005 prévoit qu'en cas de saisine d'office de la juridiction aux fins de conversion du redressement en liquidation judiciaire, les règles de la saisine d'office aux fins d'ouverture du redressement judiciaire doivent être respectées (C. com., art. R. 631-24, al. 1 – v. s[s] n°s 231.42 et 231.43). Le tribunal ne peut se réfugier, pour prétendre au respect de cette procédure, derrière le fait que, dans le jugement d'ouverture du redressement judiciaire, il était mentionné que l'affaire serait rappelée à telle audience, et cela même si le débiteur y comparait. La mention du rappel de l'affaire ou la comparution du débiteur ne peuvent suppléer à l'absence de la convocation faite en vue de la conversion d'office du redressement en liquidation judiciaire[10].

La solution est étendue par la Cour de cassation à l'hypothèse dans laquelle le tribunal est appelé à statuer sur l'éventualité d'une prorogation de période d'observation et où, refusant celle-ci, il va prononcer la conversion. Le tribunal ne peut, dans cette hypothèse, valablement statuer sans que soit jointe à la convocation du débiteur la note du président exposant les faits de nature à motiver la conversion du redressement en liquidation judiciaire[11]. Le tribunal ne peut se réfugier derrière le fait que l'audience au cours de laquelle la conversion a été décidée d'office avait pour objet l'éventuel renouvellement de la période d'observation, dès lors qu'il statue sur la conversion, pour ne pas respecter les exigences procédurales de la saisine d'office aux fins de conversion[12].

Une question prioritaire de constitutionnalité a été posée à propos de la saisine d'office aux fins de conversion du redressement en liquidation judiciaire, en application de l'article L. 631-15, II du code de commerce[13]. Le Conseil Constitutionnel a

1. L. n° 85-98, 25 janv. 1985, préc.
2. AINSI : Aix-en-Provence, 26 sept. 1990, *D.* 1991. 474, note Derrida; *Rev. proc. coll.* 1992, 107 obs. Dureuil.
3. L. n° 2005-845, 26 juill. 2005, préc.
4. Paris, 21 oct. 2008, RG n° 08/03590.
5. Com. 17 nov. 2015, n° 14-19.505, NP; n° 981 F-D – Com. 17 nov. 2015, n° 14-19.506, NP; n° 82 F-D.
6. Com. 15 mars 2005, n° 03-13.951, P.
7. *Caen, 2e ch. civ. et com., 26 nov. 215, RG n° 15/00977, Act. proc. coll.* 2016/1, comm. 11; *JCP E* 2016, 1001, note Delattre.
8. D. n° 85-1388, 27 déc. 1985, *JO* 29 déc., p. 15281.
9. Com. 12 juill. 2004 n° 01-17.775, NP.
10. Com. 1er mars 2016 n° 14-21.997, *Bull. civ.* IV [à paraître]; n° 191 F-P+B; *Gaz. Pal.* 28 juin 2016, n° 24, p. 63, note Lebel; *BJE* 2016, 181, note Rossi.
11. Com. 9 févr. 2010, n° 09-10.925, *Bull. civ.* IV, n° 37; n° 175 F-P+B; *Gaz. Pal. entr. diff.* 2-3 juill. 2010, n°s 183, 184, p. 28, note Voinot; *JCP E* 2010. 1324, note Rolland; *Procédures* avr. 2010, comm. 124, note Rolland; *Rev. proc. coll.* 2010/3, § 93, p. 55, note Cagnoli; *Dr. sociétés* 2010, § 123, note Legros; *RTD com.* 2010. 431, n° 11, obs. Vallens – Com. 22 janv. 2013, n° 11-27.318, NP; n° 70 F-D; *Gaz. Pal.* 1er mai 2013, n° 121, p. 24, note Voinot; *Act. proc. coll.* 2013/4, comm. 54, note crit. Cagnoli; *Rev. proc. coll.* 2013, comm. 40, note crit. Cagnoli; *BJE* mai 2013, comm. 76, note Roalland – Com. 22 janv. 2013, n° 11-27.391, NP; n° 71 F-D – Com. 22 janv. 2013, n° 11-27.392, NP; n° 72 F-D.
12. Com. 22 janv. 2013, n° 11-27.318, NP; n° 70 F-D; préc. – Com. 22 janv. 2013, n° 11-27.391, NP; n° 71 F-D – Com. 22 janv. 2013, n° 11-27.392, NP; n° 72 F-D.
13. Com. 8 avr. 2014, n° 14-40.011 QPC, NP.

jugé[1] que le tribunal saisi du redressement judiciaire doit se prononcer au plus tard à l'issue de la période d'observation sur la possibilité d'un plan de redressement. En mettant un terme à la période d'observation pour ordonner la liquidation judiciaire lorsque le redressement est impossible, le tribunal ne se saisit pas d'une nouvelle instance. En outre le Conseil a relevé que la faculté pour le juge d'exercer certains pouvoirs d'office dans le cadre de l'instance dont il est saisi ne méconnaît pas le principe d'impartialité, dès lors que cette faculté est justifiée par un motif d'intérêt général et exercée dans le respect du contradictoire. Dès lors, cette saisine d'office est conforme à la Constitution. Le Conseil Constitutionnel a ainsi clairement distingué la saisine d'office, *stricto sensu*, des hypothèses dans lesquelles le tribunal dispose d'un pouvoir qu'il peut exercer d'office dans une instance déjà ouverte[2].

Une cour d'appel a pu, après cette décision du Conseil Constitutionnel, sous l'empire des textes antérieurs à l'ordonnance du 12 mars 2014[3], rejeter la demande d'annulation du jugement de conversion du redressement en liquidation judiciaire, intervenu à la suite d'une saisine d'office[4].

Le décret du 30 juin 2014[5] n'a pas modifié l'article R. 631-24. Il est donc toujours renvoyé à l'article R. 631-3. Mais ce dernier texte a été modifié par ce décret (art. 79). L'alinéa 1 de l'article R. 631-3 du code précise désormais que « lorsque le tribunal exerce son pouvoir d'office et à moins que les parties intéressées n'aient été invitées préalablement à présenter leurs observations, le tribunal fait convoquer le débiteur à la diligence du greffier par lettre recommandée avec demande d'avis de réception, à comparaître dans le délai qu'il fixe ». L'alinéa 2 précise que, « à la convocation est jointe une note dans laquelle sont exposés les faits de nature à motiver l'exercice par le tribunal de son pouvoir d'office ».

Le tribunal peut convertir la procédure alors même que les organes de la procédure seraient d'un avis contraire[6].

La cour d'appel, qui doit annuler la décision des premiers juges, ne peut ici faire applicatio[illegible] de l'effet dévolutif de l'appel, du fait de l'irrégularit[illegible] de l'acte introductif d'instance, peu important qu[illegible]le débiteur ait pu présenter ses observations et n'ait donc pas été privé d'un débat contradictoire[7].

De même, en cas de saisine par le ministère public, les règles de la saisine par le ministère public aux fins d'ouverture d'un redressement judiciaire devront être suivies (C. com., art. R. 631-24, al. 1 – v. s[s] n° 231.61). Pour sa part, la cour d'appel n'a pas à vérifier d'office la régularité de la saisine du tribunal, cependant qu'elle ne saisit pas d'office[8].

Précisons que les règles de la saisine d'office sont sans application si le tribunal prononce la liquidation judiciaire, sur demande du représentant des créanciers, en statuant sur la demande d'adoption d'un plan de continuation, dont il est également sollicité le rejet, en application de l'article L 621-62, alinéa 1 du code de commerce, dans sa rédaction applicable sous l'empire de la loi du 25 janvier 1985, restée en vigueur en Polynésie française[9]. En ce cas, en effet, la saisine aux fins de prononcer la liquidation judiciaire est l'œuvre du représentant des créanciers.

SECTION 551.30

JUGEMENT DE LIQUIDATION JUDICIAIRE

551.31 Intervention du jugement de liquidation judiciaire. Depuis la loi de sauvegarde des entreprises[10], le tribunal ne peut convertir le redressement en liquidation judiciaire qu'après avoir recueilli l'avis du ministère public (C. com., art. L. 631-15, II, al. 2). Le seul fait pour le ministère public de viser l'arrêt de la cour d'appel est insuffisant à valoir avis[11]. À défaut d'avis, il y a place à nullité du jugement ou, selon le cas, de l'arrêt.

L'article 119, alinéa 1 du décret du 27 décembre 1985[12] prévoit que le jugement de liquidation judiciaire est rendu en audience publique.

La solution est reprise, sous l'empire de la loi de sauvegarde des entreprises, par l'article R. 662-13 du code de commerce.

551.32 Nomination et durée de la mission du liquidateur. Un organe spécifique est désigné dans le jugement de liquidation judiciaire : le liquidateur (v. s[s] n°s 362.11 s.).

Sa mission prendra fin à la clôture de la procédure, y compris, depuis la loi de sauvegarde[13], si un

1. Cons. const. 6 juin 2014, n° 2014-399 QPC, [illegible] 8 juin, p. 9673; *Rev. sociétés* 2014. 527, note Henry; [illegible] *proc. coll.* 2014, comm. 94, note Cagnoli; *BJE* 2014, [illegible], note Favario.
2. Cagnoli, « Abrogation de la saisine d'office : et en[illegible] ? », *Rev. proc. coll.* 2016, dossier 7, n° 5.
3. Ord. n° 2014-326, 12 mars 2014, *JO* 14 mars, p. 5[illegible]
4. Montpellier, 2e ch., 14 oct. 2014, RG n° 14/038[illegible] *Dr. sociétés* 2015, comm. 156, note Legros.
5. D. n° 2014-736, 30 juin 2014, *JO* 1er juill., p. 10834
6. Paris, 10 déc. 2009, RG n° 09/15689.
7. Com. 9 févr. 2010, n° 09-10.925, préc.
8. Com. 22 sept. 2015, n° 14-15.588, NP; n° 789 F-D.
9. Com. 12 janv. 2016, n° 15-10.221, NP; n° 43 F-D; *Rev. proc. coll.* 2016, comm. 43, note Lebel.
10. L. n° 2005-845, 26 juill. 2005, préc.
11. Com. 24 juin 2014, n° 13-14.690, P; n° 670 FS-P+B.
12. D. n° 85-1388, 27 déc. 1985, préc.
13. L. n° 2005-845, 26 juill. 2005, préc.

plan de cession est arrêté en liquidation judiciaire, car la clôture de la liquidation judiciaire postulera que le tribunal ait constaté l'exécution par le repreneur de ses engagements (C. com., art. L. 643-9, al. 4). Si un appel est interjeté contre lui après clôture de la procédure, alors qu'il était partie au jugement attaqué, l'appel est recevable, mais la procédure ne pourra être poursuivie que par la nomination d'un mandataire *ad hoc*, qui prendra la place du liquidateur dont la mission a pris fin (v. s^s n° 553.21).

La fin de non-recevoir tirée du défaut d'intérêt à agir du liquidateur, dont la mission a pris fin en raison de la clôture de la procédure de liquidation pour insuffisance d'actif, peut être relevée d'office. Encore faudra-t-il, cependant, que les juges du fond aient été à même de constater l'existence de ce jugement[1].

551.33 Signification et publicité du jugement de liquidation judiciaire. Il résulte de la coordination des articles 118-1 et 119 du décret du 27 décembre 1985[2], qu'uniformément le jugement qui prononce – conversion d'un redressement – ou qui ouvre – liquidation judiciaire immédiate – est signifié à la diligence du greffier.

La législation de sauvegarde des entreprises, au contraire, distingue selon que la liquidation judiciaire a été sollicitée par le débiteur ou non. Le jugement qui prononce la liquidation judiciaire – hypothèse de la conversion – est notifié dans les huit jours de son prononcé – acte du greffe – au débiteur (C. com., art. R. 631-24, al. 2), par lettre recommandée avec demande d'avis de réception (C. com., art. R. 662-1, 2°). Il en est de même du jugement qui ouvre la liquidation judiciaire immédiate, si le débiteur est demandeur (C. com., art. R. 641-6, al. 1). S'il n'est pas demandeur, il lui est signifié, ce qui oblige à délivrer le jugement par acte extrajudiciaire, qu'il y ait liquidation judiciaire sur conversion (C. com., art. R. 631-24, al. 2) ou que la liquidation judiciaire soit immédiate (C. com., art. R. 641-6, al. 1).

Avant la loi de sauvegarde des entreprises[3], le jugement de liquidation judiciaire est signifié aux personnes qui ont qualité pour en interjeter appel, à l'exception du procureur de la République. L'article 118-1 du 27 décembre 1985, texte de la liquidation judiciaire immédiate, renvoie aux dispositions de l'alinéa 1 de l'article 119 du même décret, qui s'intéresse à la liquidation judiciaire sur conversion du redressement judiciaire. Le jugement de liquidation judiciaire immédiate obéit, en conséquence, aux règles ci-dessus décrites.

Sous l'empire de la législation issue de la loi de sauvegarde des entreprises, dans la rédaction d'origine du décret du 28 décembre 2005[4], les solutions étaient identiques. Le décret du 23 décembre 2006[5] a modifié ces solutions, en abrogeant la première phrase du deuxième alinéa de l'article 219 du décret du 28 décembre 2005 (devenu C. com., art. R. 641-6, al. 2). Il n'est donc plus prévu de signification du jugement statuant sur l'ouverture de la liquidation judiciaire aux personnes autres que le créancier poursuivant et le débiteur, faute d'application pratique[6].

Le jugement de liquidation judiciaire immédiate ou sur conversion d'un redressement judiciaire est communiqué aux mandataires de justice désignés par la juridiction, au procureur de la République et au trésorier-payeur général du département dans lequel le débiteur a son siège ainsi qu'a celui du département dans lequel il a son principal établissement.

Il est en outre mentionné aux divers registres et répertoires énoncés à l'article 21 du décret du 27 décembre 1985 à l'article R. 621-8 du code de commerce (v. s^s n° 233.34). Si le débiteur est commerçant, ces jugements sont mentionnés d'office au registre du commerce et des sociétés, avec l'indication du nom du liquidateur (D. 30 mai 1984[7], art. 36-3, 11°, réd. décret du 28 déc. 2005, art. 353-11).

Sous l'empire de la législation antérieure à la loi de sauvegarde des entreprises, le jugement ouvrant la liquidation judiciaire, mais aussi celui la prononçant (D. 27 déc. 1985, art. 119, al. 1) – jugement de conversion – font l'objet des publicités d'un jugement d'ouverture prévues à l'article 21 du décret du 27 décembre 1985. Par conséquent, un avis du jugement est adressé pour insertion au *Bodacc*.

En revanche, sous l'empire de la législation de sauvegarde des entreprises, dans la rédaction d'origine du décret du 28 décembre 2005, seul le jugement de liquidation judiciaire immédiate fait l'objet des publicités d'un jugement d'ouverture (C. com., art. R. 641-7, al. 1 – v. s^s n° 233.33) prévues par l'article R. 621-8 du code de commerce. L'article 46 du décret du 23 décembre 2006, qui a modifié l'article 192, II alinéa 4 du décret du 28 décembre 2005 (devenu C. com., art. R. 631-24, al. 4), change la solution. Le jugement de conversion du redressement en liquidation judiciaire sera désormais publié au *Bodacc*[8].

551.34 Arrêt d'exécution provisoire du jugement de liquidation judiciaire (v. aussi s^s n° 234.21). L'arti-

1. Com. 28 sept. 2004, n° 03-12.504, NP.
2. D. n° 85-1388, 27 déc. 1985, préc.
3. L. n° 2005-845, 26 juill. 2005, préc.
4. n° 2005-1677, 28 déc. 2005, préc.
5. n° 2006-1709, 23 déc. 2006, *JO* 29 déc., p. 19846.
6. Roussel Galle, « Actualité de la loi de sauvegarde des entreprises », *Rev. proc. coll.* 2007/1, p. 28, n° 4.
7. D. n° 84-406, 30 mai 1984, *JO* 31 mai, p. 1699.
8. Roussel Galle, « Actualité de la loi de sauvegarde des entreprises », *Rev. proc. coll.* 2007/1, p. 28, n° 6.

cle L. 623-9 du code de commerce, dans sa rédaction antérieure à la loi de sauvegarde des entreprises [1] et l'article L. 661-9 alinéa 2, dans la rédaction que lui donne la loi de sauvegarde des entreprises, prévoient qu'en cas d'appel d'un jugement statuant sur la liquidation judiciaire et lorsque l'exécution provisoire est arrêtée, la période d'observation est prolongée jusqu'à l'arrêt de la cour d'appel [2]. Cependant, la solution postule qu'une période d'observation ait préexisté à l'ouverture de la procédure, ce qui n'est pas le cas lorsque la liquidation judiciaire est prononcée immédiatement. En pareille hypothèse, le premier président de la cour d'appel, saisi de la demande d'arrêt d'exécution provisoire, ne peut ouvrir une période d'observation. La seule possibilité pour lui est de fixer l'affaire par priorité et à très bref délai devant la cour d'appel [3].

On ajoutera que, par application de l'article 11 du décret du 27 décembre 1985 [4] et de l'article R. 631-6 du code de commerce, lorsque la cour d'appel infirme ou annule un jugement de liquidation judiciaire, elle peut d'office, compte tenu de l'effet dévolutif de l'appel, prononcer soit un redressement soit une liquidation judiciaire. Cette possibilité présuppose cependant que l'annulation ne soit pas intervenue pour absence ou irrégularité de l'acte introductif d'instance (v. s[s] n° 231.52).

551.35 Rapport du liquidateur. Innovant par rapport à la législation antérieure, la loi du 26 juillet 2005 [5] (C. com., art. L. 641-2) prévoit l'obligation pour le liquidateur d'établir, dans le mois de sa désignation, un rapport sur la situation du débiteur.

Le principal intérêt de ce rapport est de permettre l'application des règles de la procédure de liquidation judiciaire simplifiée. Il faut donc déterminer si l'entreprise, objet du rapport, relève ou non de la procédure de liquidation judiciaire simplifiée. L'obligation d'établir ce rapport est logiquement supprimée si le tribunal prononce la liquidation judiciaire sur conversion d'une sauvegarde ou d'un redressement judiciaire. La situation du débiteur est alors suffisamment connue pour déterminer s'il y a place à liquidation judiciaire simplifiée. Le rapport ne sera donc établi qu'en cas de liquidation judiciaire immédiate.

Un technicien pourra être désigné pour l'établissement de ce rapport par le juge-commissaire [6].

1. L. n° 2005-845, 26 juill. 2005, préc.
2. AINSI : Aix-en-Provence, 28 janv. 1987, *D.* 1987. Somm. 99, obs. Derrida – Paris, 28 nov. 1988, *Gaz. Pal.* 1989. I, Somm. 112.
3. Dijon, ord. réf., 1er prés., 1er juill. 1997, *JCP* 1997. IV. 1047.
4. D. n° 85-1388, 27 déc. 1985, préc.
5. L. n° 2005-845, 26 juill. 2005, préc.
6. *Rapp. J.-J. Hyest*, n° 335, p. 364.

SECTION 551.40

VOIE DE RECOURS À L'ENCONTRE DU JUGEMENT DE LIQUIDATION JUDICIAIRE

551.41 Voies de recours sur le jugement de liquidation judiciaire immédiate. Le jugement de liquidation judiciaire immédiate est un jugement d'ouverture. Il obéit, en conséquence, aux mêmes voies de recours que le jugement d'ouverture du redressement judiciaire (v. s[s] n° 233.52), faute pour l'article L. 623-1, I, 1° du code de commerce, dans sa rédaction antérieure à la loi de sauvegarde des entreprises [7], de distinguer.

La solution est encore plus explicite sous l'empire de la loi de sauvegarde des entreprises, qui envisage en deux alinéas, l'hypothèse de la liquidation judiciaire immédiate, qui résulte d'un jugement d'ouverture (C. com., art. L. 661-1, I, 1°) et l'hypothèse du jugement statuant sur la liquidation judiciaire, c'est-à-dire une liquidation judiciaire faisant suite à une période d'observation (C. com., art. L. 661-1, I, 2°).

Avec l'ordonnance du 18 décembre 2008 [8], ces dispositions sont devenues respectivement les articles L. 661-1, I, 2° et 4°. En son 1°, cette disposition prévoit, avant l'ordonnance du 18 décembre 2008, que l'appel sur le jugement statuant sur l'ouverture de la liquidation judiciaire est ouvert au débiteur, au créancier poursuivant ainsi qu'au ministère public même s'il n'a pas agi comme partie principale. En son 2°, depuis l'ordonnance du 18 décembre 2008, la disposition ajoute à la liste les institutions représentatives du personnel.

Précisons que l'infirmation du jugement de liquidation judiciaire n'a pas pour effet de remettre en cause une décision ayant validé une contrainte – titre que se délivrent les organismes sociaux – justifiée par le non paiement de ses cotisations par le débiteur [9].

551.42 Voies de recours sur le jugement de liquidation judiciaire par suite de conversion de la sauvegarde ou du redressement en liquidation judiciaire. L'article L. 623-1, I, 2° du code de commerce, dans sa rédaction antérieure à la loi de sauvegarde des entreprises [10], et l'article L. 661-1, I, 2° du code, dans la rédaction que lui donne la loi de sauvegarde des entreprises, énoncent que le jugement qui statue sur la liquidation judiciaire est susceptible d'appel de la part du « débiteur, de l'administrateur, du représentant des créanciers – mandataire judiciaire –, du comité d'entreprise ou, à défaut, des délégués

7. L. n° 2005-845, 26 juill. 2005, préc.
8. Ord. n° 2008-1345, 18 déc. 2008, *JO* 19 déc., p. 19462.
9. Com. 1er oct. 2013, n° 12-20.227, NP ; n° 907 F-D.
10. L. n° 2005-845, 26 juill. 2005, préc.

du personnel ainsi que du ministère public même s'il n'a pas agi comme partie principale ».

L'ordonnance du 18 décembre 2008[1] conserve la liste des parties pouvant forme un appel et un pourvoi sur le jugement de conversion en liquidation judiciaire (C. com., art. L. 661-1, I, 4°).

Des difficultés peuvent intéresser le débiteur personne morale, du fait de l'identification des dirigeants pouvant agir. Ainsi, le directeur général d'une SAS peut être investi par les statuts des mêmes pouvoirs que le président et peut donc interjeter appel. Mais les statuts peuvent réserver un droit de veto au président. Le directeur général ne pourra être déclaré irrecevable en son appel, dès lors que le président n'a pas été en mesure d'exercer son veto[2].

Le débiteur est irrecevable à invoquer la violation de l'article 6 § 1 de la Convention EDH pour violation du droit à un procès équitable, et plus précisément pour absence d'impartialité des juges, en s'appuyant sur la présence, dans la juridiction de jugement ayant à connaître de la conversion du redressement en liquidation judiciaire, de deux magistrats ayant été amené à statuer en appel de la décision ouvrant le redressement judiciaire, dès lors qu'il n'a pas fait usage de la possibilité d'en obtenir la récusation par application de l'article 341, 5° du code de procédure pénale avant la clôture des débats, alors que la composition de la juridiction collégiale pouvait être connue de lui, qui était avocat[3].

Il n'y a pas place à renvoi devant une autre juridiction pour cause de suspicion légitime et absence d'impartialité au sens de l'article 6 § 1 de la convention pour violation du droit à un procès équitable, lorsque les magistrats d'une cour d'appel ayant statué sur l'appel du jugement d'ouverture d'un redressement judiciaire sont appelés à statuer sur l'appel portant sur la conversion de ce jugement en liquidation judiciaire[4].

Le débiteur, tout en contestant le jugement de conversion du redressement en liquidation judiciaire, pourra également contester le rejet du plan de continuation ou de redressement qu'il avait présenté (v. s^s n° 532.22). S'il a laissé le jugement d'ouverture devenir définitif, il ne pourra remettre en cause le principe d'ouverture de la procédure, mais seulement contester le jugement de conversion en liquidation judiciaire[5] et le rejet du projet de plan[6]. Cette solution s'impose même si le jugement de redressement judiciaire était entaché d'un vice substantiel, l'absence de voie de recours exercée à son encontre autorisant l'acquisition de l'autorité de chose jugée nonobstant l'existence de ce vice[7]. Le débiteur ne pourrait donc invoquer ce vice dans la procédure d'appel du jugement de liquidation judiciaire consécutif à la résolution de son plan de continuation[8].

Les contrôleurs qui, par principe, n'émettent pas de prétention juridique, ne peuvent, en cette qualité, former un recours à l'encontre du jugement de conversion en liquidation judiciaire. La possibilité d'agir subsidiairement par rapport au mandataire judiciaire aux fins de défendre l'intérêt collectif des créanciers, sous l'empire de la loi de sauvegarde des entreprises, ne leur confère pas, à notre avis, qualité pour exercer un recours.

Les tiers, spécialement les créanciers, pourront, faute de disposition contraire, sous l'empire de la législation antérieure à l'ordonnance du 18 décembre 2008, former tierce opposition, dès lors qu'ils ont un intérêt spécial, distinct de celui de la collectivité des créanciers, tant sous l'empire de la législation antérieure à la loi de sauvegarde des entreprises, que sous l'empire de la loi de sauvegarde des entreprises. L'opinion contraire a toutefois été soutenue, un auteur limitant la tierce opposition au jugement de liquidation judiciaire immédiate[9]. La tierce opposition devra être formée dans le délai de dix jours, qui court à compter de la publication au *Bodacc* du jugement de conversion[10]. Faute de publication de ce jugement, le délai de tierce opposition ne peut courir[11]. Dans la rédaction d'origine du décret du 28 décembre 2005[12], le jugement de conversion n'avait pas à être publié au *Bodacc*. Il en résultait que le délai pour former la tierce opposition courait de la décision elle-même. L'article 46 du décret du 23 décembre 2006[13], qui a modifié l'article 192, II alinéa 4 du décret du 28 décembre 2005 (devenu C. com., art. R. 631-24, al. 4), prévoit que le jugement de conversion du redressement en liquidation judiciaire doit être publié au *Bodacc*. En conséquence, le délai de la tierce opposition ne pourra courir que de cette publication.

1. Ord. n° 2008-1345, 18 déc. 2008, préc.
2. Com. 19 nov. 2013, n° 12-26.702, NP; n° 1093 F-D; *BJE* mars 2014, 92, note Favario.
3. Com. 22 juin 2010, n° 09-13.711, NP.
4. Civ. 2e, 27 janv. 2011, n° 10-01.?82, *Bull. civ.* II, n° 21; *Act. proc. coll.* 2011/4, n° 77.
5. Com. 24 mars 2009, n° 08-12.73?, NP; n° 272 F-D.
6. Com. 19 nov. 2003, n° 01-02.52?, NP.
7. Com. 20 oct. 2009, n° 08-18.321, *Bull. civ.* IV, n° 130; n° 939 FS-P+B; *D.* 2009 AJ 2609, note Lienhard; *Gaz. Pal.* 8-10 janv. 2010, n°s 8, 9 p. 15, note Reille; *Act. proc. coll.* 2009/18, n° 279, note Cagnoli; *JCP E* 2010, Chron. 1011, n° 1, obs. Pétell; *RTD com.* 2010. 188, n° 4, obs. Saint-Alary-Houin; *Rev. proc. coll.* 2010/3, comm. 92, note Cagnoli; *Defrénois* 2010, Chron. 39138, p. 1470, note Gibirila.
8. Com. 20 oct. 2009, n° 08-18321, préc.
9. Le Cannu, 7e éd., n° 1120.
10. Vallens, 2015, n° 4386.
11. Com. 10 déc. 2002, n° 98-22.624, NP; n° 2088 F-D.
12. D. n° 2005-1677, 28 déc. 2005, préc.
13. D. n° 2006-1709, 23 déc. 2006, préc.

L'ordonnance du 18 décembre 2008 confirme le principe d'ouverture de la tierce opposition sur le jugement statuant sur l'ouverture de la liquidation judiciaire (C. com., art. L. 661-2). Le tiers opposant pourra former appel et pourvoi. Cette ordonnance ferme explicitement la tierce opposition à l'encontre de la décision statuant sur la conversion de la sauvegarde en redressement judiciaire (C. com., art. L. 661-2, renvoyant au 4° du I de l'article L. 661-1). Au contraire, l'article L. 662-1 autorise la tierce opposition à l'encontre des décisions mentionnées au 5°. Ainsi, il faut admettre la recevabilité de la tierce opposition à l'encontre du jugement de conversion du redressement en liquidation judiciaire. L'appel et le pourvoi sont ensuite ouverts sur le jugement statuant sur tierce opposition.

Avant comme depuis la loi de sauvegarde des entreprises, l'infirmation du jugement prononçant la conversion en liquidation judiciaire du redressement judiciaire implique la remise des parties en leur état antérieur. Il en résulte que la déchéance du terme des créances non échues ne peut plus être opposée par le créancier après l'infirmation du jugement de conversion, qui l'avait seul provoquée[1].

551.43 Particularité de l'appel ou du pourvoi émanant du débiteur personne morale. Si le débiteur est une personne morale, l'appel devra émaner du représentant légal et non des associés[2]. L'intervention volontaire du dirigeant social à titre personnel et non *ès qualités* semble irrecevable, le contraire ayant cependant été jugé[3].

Si le débiteur est une société, une difficulté se présente cependant. En effet, le prononcé de la liquidation judiciaire ou l'arrêté d'un plan de cession emporte dissolution de la personne morale, en application de l'article 1844-7, 7° du code civil. Il en résulte, sous l'empire de la législation antérieure à la loi de sauvegarde des entreprises[4], la privation d'organe de représentation et l'impossibilité pour la personne morale d'être représentée en justice pour assurer la défense de ses droits propres[5]. L'appel de la décision rejetant le plan de continuation et prononçant la liquidation judiciaire ou arrêtant le plan de cession sera donc irrecevable, même si le contraire a pu être jugé[6]. Il en sera de même du pourvoi formé contre l'arrêt de la cour d'appel confirmant la liquidation judiciaire[7] ou déclarant irrecevable l'appel de la décision rejetant le plan de continuation et arrêtant le plan de cession[8].

Cependant, la notification de la décision rejetant le plan n'aurait pu être correctement effectuée au débiteur, faute de représentant légal, pour la recevoir. En conséquence, le délai d'appel n'aurait pas pu courir, ce qui aurait fait peser sur le plan de cession une épée de Damoclès, pouvant se transformer en bombe à retardement... Pour éviter cela, il aurait appartenu au commissaire à l'exécution du plan de saisir le tribunal aux fins de nomination d'un mandataire *ad hoc*. Le tribunal aurait d'ailleurs parfaitement pu le désigner à cette fonction.

La Cour de cassation a cependant jugé que le délai d'appel court à compter de la notification à l'ancien dirigeant, qui demeure une personne habilitée à recevoir la notification du jugement de liquidation judiciaire (v. s[s] n° 553.32). Un mandataire *ad hoc* pourra certes être nommé pour interjeter appel. Mais le recours sera recevable que s'il est effectué dans le délai de l'appel qui court contre l'ancien dirigeant à compter de la notification qui lui est faite.

La solution a été sèchement condamnée par la Cour européenne des droits de l'homme (v. s[s] n° 553.32).

Ces solutions n'auront, de toute façon, plus cours sous l'empire de la loi de sauvegarde des entreprises, qui prévoit, du moins par principe, le maintien en fonction du dirigeant de la société en liquidation judiciaire (v. s[s] n° 553.22) et, *a fortiori*, depuis l'ordonnance du 12 mars 2014[9], qui a décalé au jour de la clôture pour insuffisance d'actifs la dissolution de la société.

1. Com. 26 janv. 2010, n° 09-10.244, NP; n° 93 F-D.
2. Com. 26 juin 1990, n° 88-18.006, *Bull. civ.* IV, n° 19
3. Bourges, ch. civ., 14 janv. 2002, *JurisData* 64028.
4. L. n° 2005-845, 26 juill. 2005, préc.
5. *Com.* 16 mars 1999, n° 96-19.078, *Bull. civ.* IV, n° 66; *LPA* 16 avr. 1999, n° 76, p. 9, note P. M.; *D.* 2000. jur. 513, note Kenfack; *RTD com.* 2000. 130, obs. Champaud et Danet; *Dr. et patr.* juill.-août 1999, 96, obs. Monsérié-Bon – Civ. 2e, 6 mai 1999, n° 96-18.070, *Bull. civ.* II, n° 88; *D. Affaires* 1999, 908; *RTD com.* 1999. 965, obs. Saint-Alary-Houin – Com. 15 mai 2001, *Act. proc. coll.* 2001/13, n° 168, note Vallansan; *JCP E* 2002, jur. 75, p. 83, note Legros – Com. 16 oct. 2001, *Act. proc. coll.* 2001/20, n° 265.
6. Paris, 3e ch. B, 2 juill. 1999, *JurisData* 102206.
7. Com. 7 janv. 2003, n° 97-15.580, NP; n° 1 F-D.
8. Com. 4 févr. 2003, n° 99-19.964, NP; n° 198 F-D.
9. Ord. n° 2014-326, 12 mars 2014, préc.

CHAPITRE

552. Dessaisissement du débiteur et détournement du courrier

SECTION 0
ORIENTEUR

552.00 Plan du chapitre.

Sect. 552.10 Durée du dessaisissement
Sect. 552.20 Droits et biens soumis au dessaisissement
Sect. 552.30 Droits et biens échappant au dessaisissement
Sect. 552.40 Sanction du dessaisissement
Sect. 552.50 Détournement du courrier

552.01 Textes applicables. (V. les références complets s^s n° 011).

> Législation antérieure à la loi de sauvegarde des entreprises.

C. com., art. L. 622-9, L. 622-15

D. n° 85-1388, 27 déc. 1985, *art.* 119-3

> Législation issue de la loi de sauvegarde des entreprses dans sa rédaction d'origine.

C. com., art. L. 641-9, L. 641-15

C. com., art. R. 621-4, al. 2 (anc^t D. 28 déc. 2005, art. 55, al. 2), R. 641-1 (anc^t D. 28 déc. 2005, art. 214), C. com., art. R. 641-36 (anc^t D. 28 déc. 2005, art. 247), C. com., art. R. 641-40 (anc^t D. 28 déc. 2005, art. 251)

> Législation issue de l'ordonnance du 18 décembre 2008.

C. com., art. L. 641-9, L. 641-15

C. com., art. R. 621-4, al. 2, R. 641-1, R. 64-36, R. 641-40

> Législation issue de l'ordonnance du 12 mars 2014.

C. com., art. L. 641-9, L. 643-11, I

552.02 Jurisprudence de référence.

> Sont exclues du domaine du dessaisissement les indemnités et créances à caractère alimentaire.

• **Com. 5 févr. 2002,** n° 99-11.903, *Bull. civ.* IV, n° 28

* V. s^s n° 552.35

« Vu l'article 152 de la loi du 25 janvier 1985, devenu l'article L. 622-9 du code de commerce et l'article 14 de la loi du 9 juillet 1991 ; [...]

Attendu que pour confirmer l'ordonnance du juge des tutelles et rejeter la demande du liquidateur [tendant à ce que lui soient attribuées les indemnités allouées au débiteur à la suite d'un accident de la circulation], le jugement retient que les indemnités en cause ont été accordées à M. D... pour compenser les atteintes corporelles qu'il a subies du fait de l'accident, que ces droits attachés à la personne ne peuvent être détachés d'elle, qu'ils ne sont pas susceptibles de changer de titulaire et que, ne pouvant être le gage des créanciers, ils ne font pas partie des sommes dont le liquidateur peut valablement disposer ; Attendu qu'en se déterminant ainsi, sans avoir recherché si la somme en cause avait, en tout ou en partie, un caractère alimentaire au regard du second texte visé, le tribunal n'a pas donné de base légale à sa décision. »

> Le débiteur, au titre d'un droit propre, est recevable à faire appel seul d'une décision d'admission au passif.

• **Com. 11 mai 1993,** n° 91-12.232, *Bull. civ.* IV, n° 180

* V. s^s n° 552.37

« Mais attendu qu'en vertu de l'article 102 de la loi du 25 janvier 1985, lorsque la matière est de la compétence du tribunal qui a ouvert le redressement judiciaire, la décision du juge-commissaire admettant ou rejetant la créance peut faire l'objet d'un recours devant la cour d'appel de la part du débiteur, fût-il dessaisi de l'administration et de la disposition de ses biens ; qu'il en résulte que lorsqu'était en cours, à la date du jugement d'ouverture du redressement judiciaire, une instance tendant à sa condamnation au paiement d'une somme d'argent pour une cause antérieure à ce jugement, le débiteur a, dans ce cas également, le droit propre d'exercer les voies de recours prévues par la loi contre la décision statuant sur l'estence et le montant de la créance. »

> La eprésentaton d'une personne morale n'est pas un ae de nature patrimoniale. Elle n'est donc pas soumis au dessaisissement.

• **C. 27 nov. 200,** n° 97-22.086, *Bull. civ.* IV, n° 189

* V^s n° 552.36

> actes accompis au mépris du dessaisissement sont irposables à la procédure collective.

• **m. 23 mai 1995,** n° 93-16.930, *Bull. civ.* IV, n° 150

s^s n° 552.41

ttendu que les actes juridiques accomplis par le débiteur liquidation udiciaire, dessaisi de l'administration et de la disposition de ses biens, ne sont pas frappés de nullité, mais simplement d'inopposabilité à la procédure collective. »

> La bonne foi du cocontractant est indifférente au jeu des règles du dessaisissement.

• **Com. 2 avr. 1996,** n° 92-19.912, *Bull. civ.* IV, n° 103
* V. s[s] n° 552.41

« Vu l'article 152 alinéa 1er de la loi du 25 janvier 1985 [devenu C. com., art. L. 622-9, al. 1er]; Attendu qu'en vertu de ce texte le jugement qui prononce la liquidation judiciaire emporte de plein droit, à partir de sa date, dessaisissement pour le débiteur de l'administration et de la disposition de ses biens; qu'il n'est fait aucune exception en faveur du tiers de bonne foi. »

552.03 Bibliographie indicative. (V. les références complètes s[s] n° 031 – Aussi s[s] n° 550.03).

> Articles.

› *Étude d'ensemble.* Boucher G., « Le dessaisissement et l'exécution », *in* Mesures d'exécution et procédures collectives, « collection Procédures », Bruylant, 2012, p. 165 – Lebel Ch., « Le dessaisissement du débiteur soumis à une procédure collective », *Mél. Dugas de la Boissonny*, PU Nancy, 2008, p. 127 – Legrand M.-N., « Les pouvoirs du débiteur dessaisi », *Rev. proc. coll.* 1991, p. 11, n° 24 - Le Normand S., « Le dessaisissement du débiteur en liquidation judiciaire à l'épreuve des évolutions récentes », *JCP E* 2012. 1337 – Monsérié-Bon M.-H., « Le dessaisissement et l'avènement des droits propres », LAMY AFFAIRES mars 2005, suppl. n° 80, p. 53 – Saint-Alary-Houin C., « Le dessaisissement du débiteur en liquidation judiciaire », *Rev. proc. coll.* 2003, p. 173 – Théron J., « Les contours du dessaisissement du débiteur en liquidation judiciaire », *Rev. proc. coll.* 2013, dossier 3 – Thuillier B., « Que reste-t-il du dessaisissement ? », *in* Colloque Paris Ouest Nanterre La défense, 25 nov. 2011 « Que reste-t-il des principes traditionnels des procédures collectives face au morcellement du traitement de la défaillance », *Rev. proc. coll.* 2012, dossier 14, p. 80 – Vallansan J., « Le dessaisissement de la personne physique en liquidation judiciaire », *Mél. Tricot*, LexisNexis – Dalloz, 2011, p. 599.

› *Gains du débiteur.* Calomimi C., « Les gains du débiteur devenu salarié en liquidation judiciaire », *Gaz. Pal.* 7 oct. 2011, p. 6 – Froehlich Ph., « Vivre en procédure collective. Rémunérations, subsides, activité salariée », *Rev. proc. coll.* 2013, dossier 4.

› *Dirigeants, associés.* Devèze J., « La vie du chef d'entreprise au cours de la procédure », *Rev. proc. coll.* 2003, p. 181 – Vigneau D., « Brèves observations sur le statut familial du chef d'entreprise dans les procédures collectives », *Rev. proc. coll.* 2003, p. 203.

› *Actifs successoraux.* Lecuyer H., « Le sort spécifique des actifs successoraux », colloque Montpellier 29 mai 2015, *Act. dr. entr.* 2015, p. 13.

› *Action civile.* Martello L., « L'action civile dans les procédures collectives », *LPA* 28 nov. 2008, n° 239, p. 15 – Souweine C., « Action civile et procédures collectives après la loi du 26 juillet 2005 », *D.* 2006. Doctr. 501.

› *Inopposabilité.* Rakotovahiny M.-A., « L'inopposabilité dans les procédures collectives », *LPA* 5 juill. 2011, n° 132, p. 6.

552.04 Questions essentielles.

• Le dessaisissement a-t-il pour limite l'activité et les biens professionnels du débiteur ?
* V. s[s] n° 552.21.

• L'interdiction d'exercer toute activité professionnelle indépendante posée par l'article L. 641-9 du Code de commerce peut-elle se révéler anticonstitutionnelle eu égard à la durée de la liquidation ?
* V. s[s] n° 552.25.

• Les dommages-intérêts attribués au débiteur dessaisi victime d'une infraction pénale de droit commun et s'étant constitué partie civile échappent-ils au dessaisissement ?
* V. s[s] n° 552.34.

• Les honoraires alloués aux personnes assistant le débiteur dans l'exercice de ses droits propres peuvent-ils être pris en charge par la procédure ?
* V. s[s] n° 552.37.

552.09 Énoncé et présentation générale de la règle du dessaisissement. La traduction majeure de la réduction des droits du débiteur résulte de l'article L. 641-9, I du code de commerce. Aux termes de son alinéa 1, « le jugement qui ouvre ou prononce la liquidation judiciaire emporte de plein droit, à partir de sa date, dessaisissement pour le débiteur de l'administration et de la disposition de ses biens, même de ceux qu'il a acquis, à quelque titre que ce soit, tant que la liquidation judiciaire n'est pas clôturée. Les droits et actions du débiteur concernant son patrimoine sont exercés pendant toute la durée de la liquidation judiciaire par le liquidateur ». Il s'agit là de la reproduction fidèle de l'article L. 622-9 du code de commerce, issu de la loi du 25 janvier 1985[1].

Indiquons immédiatement que l'article L. 641-9 du code de commerce a été modifié par l'ordonnance du 12 mars 2014 ce qui n'affecte cependant pas le périmètre du dessaisisment (v. s[s] n° 552.21).

Ledessaisissement désigne la réduction des pouvoirs du débitur résultant de l'effet de saisie collective[3] des droits patrioniaux du débiteur par la procédure collective. Cette notic correspond au groupement des créanciers antérieurs, maisnglobe aussi, depuis la loi de sauvegarde des entreprises[4]es créanciers postérieurs non éligibles au traitement préfentiel, ainsi que le représentant de leur intérêt collectif, le liidateur. Le dessaisissement est clairement destiné à projer les créanciers Pour notre part, nous définirons le dessisissement comme la réduction de pouvoirs atteignant le citeur en liquidation judiciaire sur ses biens et droits à carère patrimonial aux fins de protection du gage commule ses créanciers.

dessaisissement ne cée pas d'inaptitude patrimoniale. Lebiteur ne cesse donc pas d'être propriétaire de ses bi. Il n'est dès lors pas étonnant qu'une question prioritade constitutionnalité fondée sur l'atteinte disproportion-

1. n° 85-98, 25 janv. 1985, *JO* 26 janv., p. 1097.
2. rd. n° 2014-326, 12 mars 2014, *JO* 14 mars, p. 5249.
3. ALLANSAN et *alii*, 6e éd., p. 364 – *Adde*, Sénéchal, *Essai sur a saisie collective du gage commun des créanciers*, « Bibl. r. de l'entreprise », t. 59, Litec, 2002.
4. n° 2005-845, 26 juill. 2005, *JO* 27 juill., p. 12187.

née au droit de propriété que provoquerait le dessaisissement n'ait pas fait l'objet d'une transmission, en étant considérée comme non sérieuse[1].

Il en est par exemple tiré la conséquence que le dessaisissement n'entraîne pas la disparition du droit de propriété du débiteur sur un immeuble indivis litigieux, de sorte que le liquidateur n'a pas qualité pour poursuivre l'expulsion du débiteur avant la réalisation définitive de la cession de cet immeuble[2]. Il en résulte ensuite que le débiteur reste redevable des diverses taxes sur les immeubles[3]. Plus généralement, le dessaisissement n'a pas pour effet d'entraîner un changement dans la personne du contribuable, qui reste le débiteur[4].

En outre, et contrairement à ce que l'on pourrait croire à la première lecture de l'article L. 641-9 du Code de commerce, le dessaisissement n'a pas vocation à sanctionner le débiteur. Il ne doit pas être vu comme une peine, étant dépourvu de tout fondement répressif.

Le débiteur dessaisi n'est pas non plus atteint d'une incapacité générale d'exercice puisqu'une telle incapacité a pour but de protéger la personne qu'elle vise. Or ici, non seulement le débiteur dessaisi n'est pas la personne que le droit cherche à protéger mais en plus, le fondement du dessaisissement est exclusivement patrimonial. On voit pourtant parfois affirmer que le débiteur est dépourvu de capacité à agir, pour exercer une voie de recours, par exemple, là où il faudrait plutôt évoquer un défaut de qualité, y compris par la Cour de cassation approuvant une cour d'appel d'avoir ainsi statué[5].

Le dessaisissement doit plutôt être compris comme une mesure de défiance à l'encontre du débiteur protégeant les intérêts des créanciers, en contribuant à la préservation de leur gage[6].

Pour sa part, la CEDH analyse le dessaisissement omme une ingérence entraînant non une privation de proriété, mais une réglementation de l'usage des biens[7].

En procédure civile, le dessaisissement n'empon pas changement de capacité au sens de l'article 531 du cce de procédure civile[8].

En outre, la règle du dessaisissement constitue une fin de non-recevoir devant être relevée d'office par le juge en raison de son caractère impératif et d'ordre public[9].

Les règles d'ordre public du dessaisissement ne font pas obstacle à ce que le juge-commissaire autorise le liquidateur à conférer à un tiers un mandat de recouvrer les créances du débiteur[10].

Il n'y a pas à distinguer selon que l'on est en présence d'un jugement de liquidation judiciaire immédiate ou sur conversion, l'expression « ouvre » visant le premier cas, celles de « prononce » visant le second.

Le liquidateur, qui agit *ès qualités* du débiteur qu'il représente, ne peut s'opposer au jeu de la confusion de l'article 1300 du code civil (devenu C. civ., art. 1349[11]), qui permet au débiteur du débiteur représenté, et qui est également créancier, de limiter la poursuite contre lui à concurrence de la portion dont il reste débiteur après jeu de la confusion[12].

Au plus tôt, le liquidateur informera le débiteur des effets du dessaisissement[13].

SECTION 552.10
DURÉE DU DESSAISISSEMENT

552.11 Durée du dessaisissement. Le dessaisissement intervient dès le jour du jugement de liquidation judiciaire. La rétroactivité à 0 heure du jugement s'impose[14], par application de l'article R. 621-4, alinéa 2 du code de commerce, texte de la sauvegarde applicable en liquidation judiciaire (C. com., art. R. 641-1). En réalité, seul le jugement de liquidation judiciaire immédiate oblige, à la lecture stricte du texte, au respect de l'article R. 621-4 alinéa 2 du code de commerce, faute de disposition identique en cas de conversion. Mais la logique commande de ne pas distinguer et de considérer que le dessaisissement intervient à 0 heure, dans les deux cas. Les actes accomplis le jour du jugement de liquidation judiciaire sont, en conséquence soumis au dessaisissement.

1. Com. 18 déc. 2012, nº 12-40.076 QPC, NP; nº 1293S-D; *D.* 2013. actu 77; *Act. proc. coll.* 2013/2, comm. 20 note Vallansan; *Rev. sociétés* 2013. 179, note Henry; *Dr. sociétés* 2013, comm. 54, note Legros *LPA* 8 mai 2013, 92, p. 10, note Tabourot-Hyest.
2. Com. 25 oct. 2011, nº 10-21.146, *Bull. civ.* IV, nº 170; nº 1056 FS-P+B; *D.* 2011. Actu. 2724, note Lienhard *Act. proc. coll.* 2011/20, comm. 302, note Roussel Galle; *JCP E* 2011, Chron. 1000, nº 5, obs. Pétel; *JCP E* 2012. 18, note Lebel; *Gaz. Pal.* 1er janv. 2012, p. 20, note Tosi; *Rev. proc. coll.* 2012, comm. 114 note Dumont-Lefrand; *LPA* 27 juin 2012, nº 128, p. 17, note Boillot; *LXB hebdo* 17 nov. 2011, nº 273, note le Corre.
3. Com. 8 avr. 2008, nº 06-16343, *Bull. civ.* IV, nº 80; nº 3 FS-P+B; *D.* 2008. pan. 2458, obs. Mallaet-Bricout et Reb-Maupin; *Act. proc. coll.* 2008/10, nº 164, note Serlooten
4. CE 9 déc. 1991, nº 67235, NP, *Dr. fisc.* 1992, nº comm. 667 – CE 18 mars 2005, nº 242640, *Dr. fisc.* 20 nº 25, comm. 482.
5. AINSI : Com. 21 févr. 2012, nº 10-10.457, NP; nº 60 F *Rev. proc. coll.* 2012, comm. 63, note Cagnoli.
6. PÉROCHON, 10e éd., nº 1153.
7. CEDH 5e sect., 22 sept. 2011, req. nº 60983/09, *Tetu c/ France*, *Gaz. Pal.* *entr. diff.* 21 janv. 2012, nº 20, p. 6, note Renucci; *Rev. proc. coll.* 2012, études 3, p. 16, note Saintourens et Duprat *Act. proc. coll.* 2011/19, comm. 286, note Fricero; *Rev. sociétés* 2011. 728, note Roussel Galle; *LPA* 3 janv. 2012, nº 2, p. 11, note Henry.
8. Com. 18 mai 2016, nº 14-25.997, *Bull. civ.* IV [à paraître]; nº 466 FS-P+B; *Act. proc. coll.* 2016/11, comm. 149, note Le Bars; DPDE juin 2016, p. 1, note Rémery.
9. Com. 14 avril 1992, nº 90-15.507, NP.
10. Com. 6 févr. 2007, nº 05-10.214, *Bull. civ.* IV, nº 17; nº 149 F-P+B; *Gaz. proc. coll.* 2007/2, p. 35, note Voinot.
11. DEPUIS le 1er oct. 2016 : Ord. nº 2016-131, 10 févr. 2016, *JO* 11 févr.
12. Com. 13 févr. 2007, nº 04-14.617, NP; nº 190 F-D.
13. IFPPC 1999, recomm. nº 6035-1, p. 164.
14. Com. 17 mai 1989, nº 87-17.930, *Bull. civ.* IV, nº 152; *JCP* 1990. II. 21464, note Beaubrun – Rennes, aud. sol., 19 nov. 1999, *JCP E* 2000, jur. 1812, note Humann.

Le dessaisissement dure ce que dure la procédure. Son non-respect ne peut être invoqué que pendant la procédure collective[1], ce que justifie sa sanction, à savoir l'inopposabilité à la procédure (v. s[s] n° 552.41). En cas de liquidation judiciaire ou, sous l'empire de la législation antérieure à la loi de sauvegarde des entreprises[2], en cas de plan de cession totale, il cesse avec le jugement de clôture, peu important qu'elle intervienne pour extinction du passif ou pour insuffisance d'actif.

À compter de cette date, le débiteur retrouve tous pouvoirs pour introduire des actions en justice, qu'elle qu'en soit la nature, par exemple des actions en recouvrement de créance[3], encore qu'en ce cas, il y ait sans doute place à réouverture de la procédure (v. s[s] n° 593.11). Il a également qualité pour présenter une demande en relevé de forclusion[4]. L'exercice d'un recours sera recevable si le dessaisissement cesse avant expiration du délai de recours (v. s[s] n° 552.42).

Le dessaisissement n'a pas pour effet de suspendre un délai de prescription qui court contre le débiteur, l'ouverture du redressement ou de la liquidation judiciaire n'ayant pas d'effet sur les délais de prescription qui continuent à courir contre le débiteur[5]. Aussi, du fait du dessaisissement, le délai de prescription d'une action qui court contre le débiteur court identiquement contre le liquidateur. La solution a été posée à propos d'une action en nullité pour dol[6].

En revanche, si une voie de recours est exercée contre une décision à laquelle le liquidateur était partie, la fin de sa mission oblige l'auteur du recours à faire désigner un mandataire *ad litem* contre lequel la procédure sera poursuivie, le recours n'étant cependant pas irrecevable s'il est formé après expiration de la mission du liquidateur et avant la nomination du mandataire *ad litem*[7].

La rétractation du jugement de liquidation judiciaire restera sans effet sur le dessaisissement atteignant le débiteur, lorsqu'il était en liquidation judiciaire. Les opérations faites au mépris des règles du dessaisissement ne pourront donc être rétroactivement considérées comme régulières. La solution a été posée à propos du rejet d'un chèque émis par le débiteur dessaisi, qui a été effectué par une banque du fait de la liquidation judiciaire[8].

Identiquement, la réformation ou l'annulation du jugement de liquidation judiciaire sera sans portée sur le dessaisissement atteignant le débiteur. Ainsi, le congé délivré par le débiteur en liquidation judiciaire avant annulation du jugement de liquidation judiciaire ne peut rétroactivement être considéré comme régulier. Mais le preneur à bail est sans qualité pour soulever l'argument tenant à la violation par le débiteur – bailleur – des règles du dessaisissement, celles-ci n'étant édictée que dans l'intérêt des créanciers[9] (v. s[s] n° 552.41).

L'idée a été avancée qu'il serait possible, de *lege ferenda*, de déconnecter la durée du dessaisissement de celle de la procédure collective[10]. On pourrait ainsi considérer que le dessaisissement prendrait fin lorsque les opérations de réalisations d'actifs seraient terminées, et qu'elles seraient à l'abri des voies de recours. L'obsession des clôtures rapides ne serait plus à l'ordre du jour, alors que, le plus souvent, les lenteurs sont la résultante d'événements difficiles à maîtriser.

On pourrait même aller plus loin et décider de ne soumettre au dessaisissement que les biens échus au débiteur au jour de la liquidation judiciaire[11]. La solution aurait le mérite de mettre les textes en conformité avec la pratique, car les liquidateurs s'abstiennent en général de saisir les rémunérations d'un débiteur personne physique devenu salarié depuis la liquidation judiciaire, alors que ces salaires, comme tous les biens échus jusqu'à la clôture de la liquidation judiciaire, sont compris dans l'effet réel de la procédure collective. La solution présenterait aussi l'avantage de permettre le rebond immédiat du débiteur personne physique, qui pourrait reprendre une activité indépendante. La règle contraire posée à l'article L. 641-9 du code de commerce serait en conséquence supprimée.

Il convient de souligner que la durée de la liquidation judiciaire, et partant, du dessaisissement, n'est pas exempte de tout contrôle judiciaire. En effet, de plus en plus, les juges, nationaux comme européens, viennent sanctionner des liquidations judiciaires présentant une durée excessive.

1. Com. 24 mars 2004, n°s 02-18.045 à 02-18.047, 02-18.132, 02-19.184, NP.
2. L. n° 2005-845, 26 juill. 2005, préc.
3. Com. 17 oct. 2000, n° 98-10.955, *Bull. civ.* IV, n° 155; *JCP E* 2001, Chron. 176, n° 2-C-8, obs. Pétel; *D.* 2001. Somm. 619, obs. Honorat; *Act. proc. coll.* 2000/18, n° 232, note Bonneau; *D.* 2000. jur. 411, note Lienhard; *RTD com.* 2001. 243, obs. Vallens.
4. Paris, 3e ch. A, 28 oct. 2003, RG n° 2003/06184.
5. Com. 22 janv. 2013, n° 11-18.212, NP; n° 62 F-D.
6. Com. 7 déc. 2004, n° 01-15.437, NP; n° 1758 F-P; *Rev. proc. coll.* 2006/1, p. 58, n° 21, obs. Lebel.
7. Com. 5 nov. 2003, n° 00-10.239, *Bull. civ.* IV, n° 160; *Act. proc. coll.* 2004/1, n° 9, obs. Cagnoli; *Procédures* 2004/1, p. 7, n° 2, note Perrot.
8. AINSI : Com. 2 avr. 1996, n° 93-13.776, *Bull. civ.* IV, n° 104; *JCP E* 1996. I. 584, n° 6, obs. M. Cabrillac.
9. Com. 18 déc. 2012, n° 11-25.910, NP; n° 1635 F-D.
10. Oehlich et Sénéchal, Lucas et Lécuyer (dir.), *La réforme des procédures collectives...*, Lgdj, 2006, p. 406.
11. DANS CE SENS AUSSI : Rossel Galle, « La réforme du droit des entreprises en difficulté par l'ordonnance du 12 mars 2014 », *Rev. sociétés* 2014. 351 s., sp. p. 360, n° 36.

La CEDH analyse le dessaisissement comme une ingérence entraînant une réglementation de l'usage des biens, de sorte qu'une durée excessive du dessaisissement entraîne une limitation du droit du requérant au respect de ses biens qui n'est pas justifiée. Il en est ainsi lorsque la liquidation judiciaire a une durée de vingt ans, que les circonstances de l'espèce ne pouvaient justifier. La durée de cette procédure a entraîné « la rupture de l'équilibre à ménager entre l'intérêt général du paiement des créanciers de la faillite et l'intérêt individuel du requérant au respect de ses biens. L'ingérence dans le droit du requérant se révèle dès lors disproportionnée à l'objectif poursuivi »[1].

La Cour de cassation a pu tirer argument de la longueur de la procédure collective – 23 ans – pour estimer que l'absence de diligence du syndic avait pu valoir renonciation tacite à vendre l'immeuble du débiteur[2]. Une juridiction du fond a pu considérer qu'en vertu de l'article 6 § 1, de la Convention EDH, il y avait lieu de clôturer une liquidation judiciaire qui emportait un dessaisissement trop long de la personne physique[3]. Telle n'est pas la solution finalement retenue par la Cour de cassation, qui juge que lorsqu'il existe un actif réalisable de nature à désintéresser en tout ou partie les créanciers, la violation du droit du débiteur à être jugé dans un délai raisonnable et de celle qui en résulte de son droit d'administrer ses biens et d'en disposer, n'est pas sanctionnée par la clôture de la procédure de liquidation des biens, mais lui ouvre l'action en réparation prévue à l'article L. 141-1 du code de l'organisation judiciaire qu'il peut exercer au titre de ses droits propres[4]. Cette solution, d'abord posée pour une procédure soumise à la loi du 13 juillet 1967[5] et également retenue sous l'empire de la loi du 25 janvier 1985[6], conserve toute son actualité sous l'empire de la loi de sauvegarde des entreprises.

1. CEDH 22 sept. 2011, req. n° 60983/09, *Tetu c/France*, *Gaz. Pal. entr. diff.* 21 janv. 2012, n° 20, p. 6, note Renucci; *Rev. proc. coll.* 2012, études 3, p. 16, note Saintourens et Duprat; *Act. proc. coll.* 2011/19, comm. 286, note Fricero; *LPA* 3 janv. 2012, n° 2 p. 11, note Henry – *Adde*, Delattre, « Le rôle des organes de contrôle face à la durée d'une procédure de liquidation judiciaire », *BJE* mars 2012, comm. 52, p. 129.
2. Com. 4 juin 2013, n° 11-23.647, NP; n° 559 F-D.
3. Caen, 1re ch., sect. civ. et com., 4 nov. 2010, RG n° 09 01735, *Bleurvacq c/Lemée : JurisData* 024945.
4. Com. 16 déc. 2014, n° 13-19.402 *Bull. civ.* IV [à paraître] n° 1141 FP-P+B+R+I; *D.* 2015. actu 6, note Lienhard; *A* *proc. coll.* 2015, comm. 1, note Jérochon; *BJE* 2015, note Delattre; *RTD com.* 2015. 161, n° 9, obs. J.-L. Vallé *JCP E* 2015, 1010, note Lebel et chron. 1204, n° 3, Pételt; *Leden* 2015, comm. 012 note Lucas; *LXB hebdo* 22 janv. 2015, n° 598, note Le Corre.
5. L. n° 67-563, 13 juill. 1967, *JO* 14 juill., p. 7059.
6. L. n° 85-98, 25 janv. 1985, pré. – Com. 24 mars 2015, n° 14-11.376, NP; n° 305 F-D.

552.12 **Incidence du décès du débiteur.** Le décès du débiteur n'a pas pour effet d'arrêter les opérations de liquidation judiciaire. Spécialement, il a été jugé que le décès du débiteur n'a pas pour effet d'entraîner interruption de l'instance, contrairement aux prévisions de l'article 370 du code de procédure civile, dès lors que le débiteur, dessaisi, n'est pas une partie[7]. Cette solution a été jugée applicable à la procédure d'admission des créances, le décès du débiteur en cours de procédure de liquidation judiciaire n'interdisant pas au créancier, du fait du dessaisissement, de poursuivre l'admission de sa créance, la représentation du débiteur, au titre de ses droits patrimoniaux, étant assurée par le liquidateur[8]. Il en ira différemment, et l'instance sera interrompue, si le débiteur décédé défendait un droit non soumis au dessaisissement.

SECTION 552.20

DROITS ET BIENS SOUMIS AU DESSAISISSEMENT

552.21 **Portée générale du dessaisissement quant aux biens du débiteur – problématique des salaires perçus par le débiteur – Biens échus sur succession pendant la liquidation judiciaire – Situation particulière de l'EIRL.** Le dessaisissement frappe tous les biens saisissables du débiteur, non seulement les biens présents, mais également les biens à venir, ainsi que les biens réintégrant le patrimoine du débiteur, par la voie de l'action paulienne[9] ou par le jeu des nullités de la période suspecte, et cela jusqu'à la clôture de la procédure. Le dessaisissement frappe les biens situés en France, mais aussi ceux situés à l'étranger. La reconnaissance à l'étranger du jugement français de liquidation judiciaire devra toutefois être assurée[10] en dehors de l'application du règlement communautaire.

Les biens insaisissables échappent évidemment au dessaisissement. Il en est ainsi des biens mobiliers nécessaires au travail et à la vie, des créances alimentaires, des rentes d'accident du travail. La Cour de cassation juge que les indemnités de réparation d'un préjudice corporel échappent également

7. Paris, 4e ch. B, 16 mai 2003, RG n° 2001/18399.
8. Com. 23 nov. 2004, n° 02-15.685, NP.
9. Com. 14 mai 2008, n° 07-10.137, NP.
10. AINSI : Civ. 1re, 19 nov. 2002, n° 00-22.334, *Bull. civ.* I, n° 275; *D.* 2002. AJ 3341, obs. Lienhard; *Act. proc. coll.* 2003/1, n° 10, note Menjucq; *JCP E* 2003, jur. 1470, p. 1675, note Menjucq; *RTD com.* 2003. 169, n° 7, obs. Martin-Serf; *D.* 2003. Somm. 1625, obs. Henry; *Bull. Joly* 2003, n° 59, p. 276, note. Garaud; *JCP* 2003. II. 1021, p. 2294, concl. Sainte-Rose, note Chaillédé-Neré; *JCP E* 2003, Chron. 760, p. 848, n° 1, obs. Pétel; *Gaz. Pal.* 2003, pan., p. 1977, note Niboyet; *JDI* (Clunet) 2003, p. 132, note Roussel Galle; *LPA* 20 oct. 2003, p. 7, note Legros.

au dessaisissement, pour leur fraction alimentaire[1], ce qui ne va sans faire naître un délicat problème de répartition à défaut de précision dans la décision qui la prononce.

Il en est de même des subsides fixés par le juge-commissaire[2], ainsi que des rémunérations fixées par le dernier, encore qu'une discussion puisse alors porter sur la fraction saisissable du salaire.

Une difficulté se présente si le débiteur devient salarié. Il a été jugé que l'existence d'une fraction saisissable du salaire, source d'augmentation du gage des créanciers, justifiait que le liquidateur ne sollicite pas la clôture[3].

Certains auteurs se sont offusqués de cette solution, affirmant très justement qu'elle conduit à une situation de blocage, à la fois absurde et inéquitable[4]. Ils ont ainsi pu parler d'une condamnation du débiteur salarié à une « liquidation judiciaire à perpétuité ».

En plus d'être injuste, cette solution fait courir le risque que le débiteur dessaisi fasse le choix de l'inactivité, le Revenu de solidarité active (RSA) étant lui, intégralement insaisissable.

En outre, et sur un plan technique, on ne peut attendre la fin de la perception de revenus saisissables pour prononcer la clôture. Aussi, et dans le silence des textes, il faut raisonnablement décider qu'une fois les recouvrements d'actifs sur les débiteurs du débiteur dessaisi, ainsi que les réalisations d'actifs des biens de ce dernier terminés, et dès distribution du produit de ces actions, il y a place à envisager la clôture. *De lege ferenda*, il a été suggéré de limiter les effets du dessaisissement aux biens présents au jour de la liquidation judiciaire[5]. Un tel cantonnement s'inscrirait dans la logique de l'accélération de la liquidation et permettrait au débiteur de reprendre immédiatement une activité, y compris indépendante. Une solution intermédiaire conduirait à limiter l'étendue du dessaisissement, et cela pour les seules personnes physiques, aux biens présents au jour fixé pour la date de rappel de l'affaire au rôle du tribunal aux fins de clôture, et, en liquidation judiciaire simplifiée, à l'année de la décision décidant l'application des règles de la liquidation judiciaire simplifiée. Cette position aurait le triple mérite de la prévisibilité, de l'éviction de la tentation d'attendre des rentrées d'argent pour clôturer et de l'aléa lié à des difficultés de réalisations d'actifs.

De plus, cela permettrait d'enfermer la situation de blocage du débiteur dessaisi dans un délai maximum de deux ans.

La fraction saisissable du salaire pourra être saisie par les créanciers postérieurs dont la créance est née régulièrement ainsi que par le liquidateur.

La Cour de cassation a justement estimé que le liquidateur ne pouvait s'adresser au tribunal de commerce pour saisir la fraction saisissable du salaire du débiteur[6]. On sait que l'état des créances ne constitue pas un titre exécutoire[7].

La deuxième Chambre civile de la Cour de cassation, après avis de la Chambre commerciale[8], a toutefois clairement affirmé que la liquidation judiciaire ne constitue pas un titre exécutoire pouvant fonder une saisie des rémunérations[9], ce qui ne saurait souffrir la discussion, le jugement de liquidation judiciaire ne constatant pas une créance liquide et exigible.

Mais on peut, peut-être, se demander si l'effet réel de la procédure collective ne peut justifier la solution selon laquelle les rémunérations sont saisies par la procédure collective, l'ouverture de cette dernière, par son effet réel, jouant comme une saisie collective. Dès lors, la discussion devant le juge de la saisie des rémunérations [tribunal d'instance] ne devrait pas dû porter sur le droit de saisie, mais seulement sur le périmètre de ce que la procédure collective a déjà saisi, c'est-à-dire la fraction saisissable du salaire[10].

Un auteur a en outre pu faire observer que le paiement du salaire par l'employeur entre les mains du débiteur et non du liquidateur pourrait ne pas

1. Com. 5 févr. 2002, n° 99-11.903, *Bull. civ.* IV, n° 28; *Act. proc. coll.* 2002, n° 88, obs. Vallansan; *Dr. et patr.* 2002, n° 106, p. 107, obs. Monsérié-Bon.
2. PÉTEL, 8e éd., n° 164.
3. Com. 5 mars 2002, n° 98-22.646, *Bull. civ.* IV, n° 47; *JCP E* 2002. 1380, n° 6, obs. M. Cabrillac.
4. PÉROCHON, 10e éd., n° 1154.
5. PÉROCHON, 10e éd., n° 1157.

6. Com. 3 avr. 2010, n° 08-19.074, *Bull. civ.* IV, n° 78; n° 465 FS-P+B; *D.* 2010. Act. dr. affaires 1072, note Lienhal; *Gaz. Pal. entr. diff.* 2-3 juill. 2010, nos 183, 184, p. 27, ote Voinot; *JCP E* 2010, Chron. 1742, n°n° 7, obs. Pétel; *CP E* 2010. 1534, note Lebel; *RTD com.* 2010. 794, n° 8, os. Vallens; *LXB hebdo* 20 mai 2010, n° 395, note Le Cre; *Act. proc. coll.* 2010, n° 137, obs. Fin-Langer; *Lede* juin 2010, p. 4, obs. Rubellin; *RJDA* 2010 n° 644; *Produres* 2010, n° 236, obs. Rolland; *Rev. proc. coll.* 201 comm. 33, note Canet.
7. Co 2 mai 2001, n° 97-19.536, *Bull. civ.* IV, n° 82; *Act. pr coll.* 2001/11, n° 143, note Salvat; *RTD com.* 2001. 77 obs. Vallens – TI Tours, 30 juin 2011, n° 11-000819, *R proc. coll.* 2012, comm. 33, note Canet.
8. C., avis, 3 nov. 2015, n° 14-24.508, NP, *Act. proc. coll.* 26/3, comm. 38, note Fin-Langer; *Rev. proc. coll.* 2016, m. 57, note Fin-Langer.
9. 2e, 7 janv. 2016, n° 14-24.508, NP, *Act. proc. coll.* 16/3, comm. 38, note Fin-Langer; *BJE* 2016, 172, note P. Sénéchal; *JCP E* 2016, chron. 1198, n° 6, note Pétel; *v. proc. coll.* 2016, comm. 31, note Cagnoli et 57, note -Langer.
10. tel, obs. ss Com. 13 avr. 2010, n° 08-19.074, *Bull. civ.* IV, 78; n° 465 FS-P+B; *JCP E* 2010, Chron. 1742, n° 7 et ss iv. 2e, 7 janv. 2016, n° 14-24.508, préc., *JCP E* 2016, ron. 1198, n° 6.

être libératoire[1]. Ainsi l'employeur devrait, sous réserve de la fraction insaisissable, payer le liquidateur dès que ce dernier en ferait la demande, sans passer par la procédure de saisie des rémunérations. Aucune exception au dessaisissement n'existant en faveur des tiers de bonne foi, il faudrait donc en déduire que le liquidateur ne devrait même pas avoir besoin de formuler cette demande.

Si la question de la saisie des salaires du débiteur dessaisi alimente largement la doctrine, son intérêt pratique doit toutefois être relativisé. En effet, la pratique révèle, hypothèse d'un salaire important mise à part, que les liquidateurs cherchent rarement à appréhender les rémunérations du débiteur, pour des raisons d'ordre humanitaire.

Il est également essentiel de déterminer si le dessaisissement est doté d'une portée générale ou s'il doit avoir un périmètre strictement limité à l'activité et aux biens professionnels du débiteur. On réservera la question de l'étendue du dessaisissement à l'égard de l'époux du débiteur (v. s[s] n°s 741.11 à 741.13).

L'absence de distinction au sein de l'article posant la règle du dessaisissement militerait en faveur de la première interprétation. En outre, la lettre même du texte semble aller en ce sens puisqu'il vise les « biens acquis à quelque titre que ce soit ». Plus fondamentalement encore, l'objectif de la liquidation judiciaire doit conduire à une extension maximale de la portée du dessaisissement. Tous les biens du débiteur, qu'ils soient ou non affectés à l'activité de l'entreprise, sont destinés à être réalisés par le liquidateur. Il n'apparaît pas, en conséquence, concevable que le débiteur puisse exercer sur des biens destinés à être vendus, liés ou non à l'activité professionnelle, des actes d'administration ou de disposition[2].

En cas de décès du débiteur, ses droits personnels seront exercés par ses héritiers. Dans le cas le plus fréquent où la succession n'aura pas été acceptée, ces droits seront exercés par le curateur à succession vacante[3], c'est-à-dire en pratique, l'administration des domaines.

Le dessaisissement du débiteur s'étend à l'exercice de ses droits dans l'indivision dont il est membre[4].

Au principe général de soumission des biens du débiteur au dessaisissement, un tempérament notable a été apportée par l'article 66 de l'ordonnance du 12 mars 2014[5], qui modifie l'article L. 641 du code de commerce, en insérant un IV. Ce texte prévoit que les biens acquis au titre d'une succession ouverte après l'ouverture ou le prononcé de la liquidation ne peuvent, sauf accord du débiteur, être réalisés par le liquidateur. Les textes restent muets sur leur sort, pendant la procédure de liquidation judiciaire, si le débiteur ne donne pas son accord. Faut-il comprendre que les biens échus sur succession pendant la liquidation judiciaire échappent à l'emprise de la procédure collective, à son effet réel ? Ils ne seraient alors pas soumis aux règles du dessaisissement[6].

Majoritairement, la doctrine est en sens inverse. D'une part, si le liquidateur perd le droit de disposer de ces biens, il conserve, *a priori*, le droit de les administrer. La lettre des textes est en ce sens[7], même si la logique n'y trouve pas son compte. À quoi bon le liquidateur administrerait des biens qu'il ne peut vendre dans l'intérêt collectif des créanciers ? Pour générer des dépenses inutiles aux créanciers en amputant leur gage commun ! D'autre part, les créanciers ne pourront, pendant la liquidation judiciaire, exercer leur droit de poursuites individuelles sur ces biens[8]. Cette position se recommande incontestablement d'un argument de texte. Le législateur a créé une nouvelle exception à l'interdiction du droit de reprendre ses poursuites individuelles après clôture de la liquidation judiciaire pour insuffisance d'actif, au profit des créanciers pour les biens échus sur succession pendant la liquidation judiciaire (C. com., art. L. 643-11, I, 1°, réd. ord. 12 mars 2014, art. 78). Or, d'évidence, pour être autorisé à reprendre ses poursuites individuelles, il faut d'abord que ce droit soit confisqué. De même, le rapport au Président de la République sur l'ordonnance du 12 mars 2014 reconnaît que ce texte ne fait pas exception à l'arrêt des poursuites individuelles ou à l'interdiction des paiements[9].

On serait tenté de comprendre, au contraire, et malgré cet argument de texte, que les biens échus sur succession pendant la liquidation judiciaire pourront, faute d'interdiction explicite des poursui-

1. Calomili, « Les gains du débiteur devenu salarié en liquidation judiciaire », *Gaz. Pal.* 8 oct. 2011, n° 281, p. 6.
2. DERRIDA ET *ALII*, n° 258.
3. Paris, 3e ch. C, 4 juill. 2000, *JCP E* 2000, pan. 1790.
4. Com. 21 janv. 2003, n° 00-13.952, NP; *Act. proc. coll.* 2003/5, n° 60 – Civ 1re, 29 juin 2011, n° 10-25.098, *Bull. civ.* IV, n° 132.
5. Ord. n° 2014-326, 12 mars 2014, préc.
6. AINSI : Berthelot, « La durée de la liquidation judiciaire à l'épreuve du temps », *Rev. proc. coll.* 2016, dossier 15, n° 11.
7. Lecuyer, « Le sort spécifique des actifs successoraux », colloque Montpellier 29 mai 2015, *Act. dr. entr.* 2015, p. 13 s., sp. p. 18.
8. Voinot, « Les modifications intéressant la liquidation judiciaire issues de l'ordonnance du 12 mars 2014 », *Gaz. Pal.* 6 avr. 2014, n° 96, p. 23 s., sp. p. 30 – Lecuyer, préc., sp. p. 15 – *Adde*, IMPLICITEMENT : Vallansan, « La situation de la personne physique en liquidation judiciaire s'améliore », *Act. proc. coll.* 2014/6, comm. 123 – Roussel Galle, « La réforme du droit des entreprises en difficulté par l'ordonnance du 12 mars 2014 », *Rev. sociétés* 2014. 360, n° 36.
9. Rapport au président de la République sur l'ordonnance n° 2014-326 du 12 mars 2014, p. 12.

tes individuelles posées à leur endroit, être individuellement saisis par le prix de la course[1], tant par des créanciers soumis à la discipline collective que par des créanciers qui en sont émancipés. Ces biens échapperaient au dessaisissement. L'interdiction des poursuites individuelles et des mesures d'exécution frappant les créanciers soumis à la discipline collective ne peut en effet exister que sur des biens figurant dans le périmètre de la procédure collective. Or tel ne serait pas le cas des biens échus sur succession pendant la liquidation judiciaire et c'est ce qui justifierait la place du texte dans le code de commerce, à l'article L. 641-9, texte qui s'intéresse au dessaisissement du débiteur.

Cette analyse, que nous avions développée dans un premier temps[2], ne peut cependant pas être suivie. En effet, décider que les biens échus sur succession après le jugement de liquidation judiciaire échappent au dessaisissement autoriserait le débiteur à le vendre pendant la liquidation judiciaire, alors pourtant que leur prix ne doit pas échapper aux créanciers. La disposition de l'article L. 641, IV du code de commerce n'a en nullement pour objet de faire échapper les biens échus sur succession aux créanciers. Elle répond simplement au souci de ne pas retarder la clôture[3], du fait des difficultés liées à la réalisation des biens compris dans la succession, notamment du fait des opérations de partage (sur la question de la reprise de la procédure après clôture, v. s[s] n° 593.31). C'est pourquoi il est préférable de considérer que les biens échus sur succession après le jugement de liquidation judiciaire sont soumis au dessaisissement[4]. Ils constituent le gage commun des créanciers, mais contrairement aux biens classiquement soumis au dessaisissement, ceux-là ne peuvent être vendus pendant la liquidatin judiciaire. Ils ne le seront donc qu'après la clôte pour insuffisance d'actif. L'article L. 643-11, 1) du code de commerce autorise les créanciers à prendre leur droit de poursuites individuelles après la clôture de la liquidation judiciaire pour insufance d'actif, dans les conditions prévues pour les éanciers soumis à la discipline collective et autsés, par exception, à retrouver leur droit de pouritees individuelles. Ces créanciers respecteront les modalités de reprise des poursuites individuelles après clôture de la liquidation judiciaire pour insuffisance d'actif (v. s[s] n°s 592.71 s). Mais rien n'interdira aux créanciers postérieurs méritants de poursuivre le débiteur sur les biens échus sur succession, après clôture de la procédure, sans être soumis aux contraintes de l'article L. 643-11 du code de commerce, ces créanciers n'ayant jamais été concernés par l'interdiction des poursuites individuelles. On peut même se demander s'ils ne pourraient exercer leur droit de poursuite avant la clôture de la procédure collective.

De la sorte, la place du texte dans un article L. 641-9 consacré au dessaisissement du débiteur s'explique : les biens en question sont soumis au principe du dessaisissement, l'entorse à ce principe tenant seulement à la distension du lien logique entre dessaisissement et vente par le liquidateur des biens qui y sont soumis[5].

De lege ferenda, on pourrait peut-être aller plus loin et exclure du dessaisissement tous les biens échus à titre gratuit après l'ouverture ou le prononcé de la procédure de liquidation.

On peut suggérer d'aller encore plus loin encore et de ne soumettre au dessaisissement que les biens échus au débiteur au jour de la liquidation judiciaire. La solution aurait le mérite de mettre les textes en conformité avec la pratique, car les liquidateurs s'abstiennent en général de saisir les rémunérations d'un débiteur, personne physique, devenu salarié depuis la liquidation judiciaire, alors que ces salaires, comme tous les biens échus jusqu'à la clôture de la liquidation judiciaire, sont compris dans l'effet réel de la procédure collective. La solution présenterait aussi l'avantage de permettre le rebond immédiat du débiteur personne physique, qui pourrait reprendre une activité indépendante. La règle contraire posée à l'article L. 641-9 du code de commerce serait en conséquence supprimée.

En présence d'un entrepreneur individuel à responsabilité limitée, seul le patrimoine concerné par la procédure est soumis aux règles du dessaisissement, en application de l'article L. 680-3 du Code de commerce (réd. ord. 9 déc. 2010[6])[7]. Le débiteur conserve sur les éléments de son autre patrimoine [voire de ses autres patrimoines, en cas de multiplicité de patrimoines affectés] la maîtrise juridique (v. s[s] n° 552.25).

552.22 Portée générale du dessaisissement quant aux actions en justice. La portée générale du dessai-

1. EN CE SENS AUSSI : Pétel,« Entreprises en difficulté : ore une réforme ! », *JCP E* 2014. 1223, n° 26 – Roussel le, « Entre liquidation, liquidation sinplifiée et rétablissent professionnel », Table ronde, *BJE* 2014, 403 – Pérocn, 10e éd., n° 1385.
2. Le Corre, *Droit et pratique* les *procédures collect* 8e éd., « Dalloz action », n° 552.21.
3. Rapport au président de la République sur l'ordonna n° 2014-326 du 12 mars 2014, p. 12.
4. Vallansan J., « La liquidation judiciaire plus rapide, plus r pectueuse des droits du créancier et du débiteur », inte Colloque Besançon 10 oct. 2014, *Gaz. Pal.* 31 déc. 201 n° 365, 15 s., sp. p. 16 – Lecuyer, préc., sp. p. 15.
5. RAPPR. : Lecuyer, préc., sp. p. 15.
6. Ord. n° 2010-1512, 9 déc. 2010, *JO* 10 déc., p. 21617.
7. Sénéchal, « L'EIRL : point de vue d'un mandataire judiciaire », *BJE* mars 2011, p. 73 s., sp. p. 74, n° 4.

sissement, quant aux biens du débiteur, doit, logiquement, se doubler d'une portée générale du dessaisissement quant aux actions en justice[1].

Précisons immédiatement que la liquidation judiciaire n'interrompt les instances que dans les causes où elle emporte dessaisissement du débiteur[2].

Du fait de son dessaisissement, le débiteur ne peut exercer seul des actions en justice relativement à son patrimoine. C'est ainsi qu'il ne peut, par exemple, présenter une requête en injonction de payer[3] ou encore exercer une action en nullité de la vente d'un fonds de commerce et du bail[4]. Il ne peut demander seul la mainlevée d'une saisie conservatoire pratiquée sur ses comptes professionnels, la solution ayant été posée pour un avocat[5]. Il ne peut davantage demander seul la mainlevée d'une saisie-attribution[6]. Du fait de son dessaisissement, il n'a pas qualité à s'opposer, au prétexte de l'absence de passif résiduel, à l'action en partage initiée par le liquidateur[7]. Pas davantage, il ne peut contester seul l'attribution à un créancier du prix d'adjudication d'un immeuble et relever, en conséquence, appel des décisions relatives à cette attribution[8]. Il ne peut non plus déclarer une créance au passif d'un autre débiteur, cette déclaration devant être effectuée par son liquidateur[9].

La privation pour le débiteur du droit d'agir en justice, lorsque l'action a une nature patrimoniale, emporte symétriquement reconnaissance de la qualité à agir du liquidateur. Il en est ainsi, par exemple, pour une action tendant à obtenir réparation d'actes de contrefaçon[10]. Il en résulte que le désistement du liquidateur n'a pas besoin d'être accompagné d'un désistement du débiteur, dès lors que ce dernier n'exerce pas un droit propre[11].

Du fait de son dessaisissement, le débiteur est irrecevable à exercer, pendant la procédure, des actions en responsabilité. Il en est ainsi, notamment, des actions en responsabilité contre des tiers[12]. Le débiteur dessaisi ne peut, par exemple, agir en responsabilité contre l'État, pour faute lourde[13]. À la suite d'un revirement de jurisprudence, la Cour de cassation juge que le débiteur a désormais un droit propre à agir contre l'État en réparation du préjudice subi du fait de la durée de sa procédure collective[14].

Du fait du défaut de qualité à agir en responsabilité contre les tiers, l'action doit être menée par le liquidateur. Il en est ainsi d'une action en responsabilité contre un notaire, qui a distribué l'intégralité du prix de vente d'un immeuble réalisé pendant la liquidation judiciaire à un créancier hypothécaire. Il n'y a pas place à limiter le montant de la condamnation du notaire au montant du passif admis, au prétexte que le liquidateur agirait exclusivement en qualité de mandataire liquidateur et non comme représentant le débiteur et que, en conséquence, le liquidateur n'aurait pas qualité pour demander la réparation du préjudice subi par le débiteur du fait d'un excédent d'actif devant lui revenir[15]. En effet, les droits et actions du débiteur concernant son patrimoine sont exercés pendant la liquidation judiciaire par le liquidateur, lequel n'est donc pas seulement un organe de défense de l'intérêt collectif des créanciers, mais aussi le représentant du débiteur dessaisi.

De même, le débiteur ne peut agir contre un avocat en responsabilité civile professionnelle, alors même que la faute alléguée aurait entraîné une condamnation pénale à son encontre[16].

Identiquement, le débiteur ne peut agir en action en responsabilité civile professionnelle contre son

1. IFPPC 1999, recomm. n°s 6036-1 à 6036-4, p. 165.
2. Com. 22 sept. 2015, n° 14-19.875, NP; n° 893 F-D.
3. Com. 14 déc. 2010, n° 10-10.792, *Bull. civ.* IV, n° 201; n° 1283 F-P+B.
4. Com. 11 juin 2003, n° 00-21.775, *Bull. civ.* IV, n° 96.
5. Paris, 8e ch. B, 22 nov. 2007, RG n° 07/06103.
6. Com. 14 mai 2008, n° 07-10.502, NP; n° 576 F-D.
7. Com. 1er oct. 2013, n° 12-20.567, NP; n° 909 F-D; DPDE nov. 2013, p. 8, note Henry.
8. Com. 13 nov. 2013, n°s 12-28.572, 13-11.921, *Bull. civ.* IV, n° 165; n° 1117 FS-P+B+R+I; *Gaz. Pal.* 12 janv. 2014, p. 25, note Voinot; *JCP E* 2014. 1001, note Lebel; *JCP E* 2014, Chron. 1020, n° 5, obs. Pétel; *Act. proc. coll.* 2014/1, comm. 1, note Staes; *Rev. proc. coll.* 2014, comm. 5, note Cagnoli.
9. Paris, 3e ch. A, 25 sept. 2007, RG n° 06/22824 – Paris, *3e ch. A, 25 sept. 2007, RG n° 06/22831* – Paris, 3e ch. A, 25 sept. 2007, RG n° 06/22838.
10. Com. 11 mars 2008, n° 06-19.616, NP, *Rev. proc. col* 2008, p. 51, n° 54, note Gorrias.
11. Con 18 sept. 2012, n° 11-17.546, *Bull. civ.* IV, n° 161; n° 65 F-P+B; *D.* 2012. Actu 2240, note Lienhard; *Gaz. Pal*18 janv. 2013, n° 18, p. 29, note Voinot; *Act. proc. co* 2012/16, comm. 244, note Vallansan; *BJE* nov. 2012, com. 202, note Sautonie-Laguionie; *JCP E* 2012, Chron. 17, n° 5, obs. Pétel; *LPA* 8 mai 2013, n° 92, p. 14, note Tourot-Hyest.
12. m. 13 mars 2007, n° 06-10.258, NP; n° 471 F-D – Com. déc. 2014, n° 13-23.114, NP; n° 1068 F-D.
13. om. 12 juill. 2004, n° 03-12.634, *Bull. civ.* IV, n° 191; *Dr. patr.* 2005/4 p. 112, obs. Monsérié-Bon; *Rev. proc. coll.* 006/1, p. 56 n° 17, obs. Lebel, confirmant Paris, ^re ch. A, 6 mai 2002, *D.* 2002. AJ 2605 – Paris, 1re ch. A, 11 déc. 2007, RG n° 2006/14785, *Act. proc. coll.* 2008/6, n° 96.

Com. 16 déc. 2014, n° 13-19.402, *Bull. civ.* IV [à paraître]; n° 1141 FP-P+B+R+I; *D.* 2015. actu 6, note Lienhard; *Act. proc. coll.* 2015, comm. 1, note Pérochon; *BJE* 2015, 90, note Delattre; *RTD com.* 2015. 161, n° 9, obs. J.-L. Vallens; *JCP E* 2015. 1010, note Lebel et chron. 1204, n° 3, obs. Pétel; *Leden* 2015, comm. 012, note Lucas; *LXB hebdo* 22 janv. 2015, n° 598, note Le Corre – Com. 24 mars 2015, n° 14-11.376, NP; n° 305 F-D.

15. Com. 18 sept. 2012, n° 11-14.448, NP; n° 884 F-D; *Gaz. Pal.* 18 janv. 2013, n° 18, p. 23, note Gorrias.
16. Lyon, 8e ch. civ., 27 janv. 2009, n° 07/07879, *Act. proc. coll.* 2009/9, n° 146.

liquidateur, dès lors qu'il est question d'obtenir l'indemnisation d'un préjudice patrimonial, car l'action a une nature patrimoniale et est donc soumise au dessaisissement. La solution a été posée pour une action engagée contre le syndic d'une procédure soumise à la loi du 13 juillet 1967[1]. Le débiteur doit donc faire désigner un mandataire *ad hoc* pour l'exercice de cette action[2]. Une telle solution ne heurte pas le droit à un procès équitable dès lors qu'il n'est pas établi que la désignation de ce mandataire en temps utile aurait été impossible[3].

Le tribunal de grande instance, compétent pour connaître des actions en responsabilité civile professionnelle contre les mandataires de justice, l'est aussi pour procéder à la désignation du mandataire *ad hoc*[4], comme l'est le tribunal de la procédure collective, alors même que ce dernier ne le serait pas pour connaître de l'action en responsabilité civile contre le mandataire de justice. L'intervention du mandataire *ad hoc* au-delà du délai de deux ans prévu par l'article 528-1 du code de procédure civile est tardive et l'appel est en conséquence irrecevable[5]. Il a même été jugé, sous l'empire de la loi du 25 janvier 1985, en présence d'une société dissoute par l'effet de sa liquidation judiciaire, que le dirigeant de la société pouvait demander la nomination d'un second mandataire *ad hoc* à l'effet d'engager la responsabilité du mandataire *ad hoc* initialement désigné, si ce dernier refusait d'assigner en responsabilité le liquidateur[6].

La recevabilité de l'action du débiteur contre son liquidateur est toutefois admise s'il est question pour le débiteur d'obtenir réparation de son préjudice moral, par exemple pour la lenteur de la procédure et la clôture tardive de la liquidation des biens soumise à la loi du 13 juillet 1967[7]. La solutionest transposable sous l'empire des législations subséquentes. De même, le débiteur est recevable à agir contre son liquidateur si le préjudice dont il fait état lui est personnel, soit qu'il invoque l'éventualité de boni de liquidation, soit qu'il fasse état de l'importance des sommes restant dues lorsque la clôture interviendra, ce qui pourrait conditionner l'importance du droit de poursuites de créanciers autorisés à reprendre leurs poursuites individuelles contre lui[8].

Le débiteur peut préférer attendre la clôture de la liquidation judiciaire, qui mettra fin au dessaisissement, pour engager l'action en responsabilité contre le liquidateur. Mais une autre difficulté surgit alors. La Cour de cassation juge en effet que l'action en responsabilité contre le liquidateur engagée par le mandataire *ad hoc* d'une société, dont la liquidation judiciaire a été clôturée pour insuffisance d'actif, est irrecevable, dès lors que les sommes susceptibles de lui être allouées constitueraient un actif, qui devrait être distribué aux créanciers[9]. Or ce reversement aux créanciers suppose une reprise de la procédure, qui n'appartient pas au débiteur ou à son mandataire *ad hoc*. En outre, seul le liquidateur a qualité pour agir en réparation d'un préjudice qui n'est pas distinct de celui causé à l'ensemble des créanciers.

Une question prioritaire de constitutionnalité a été transmise à la Cour de cassation. Un gérant, caution et associé, reprochait, du fait de cette jurisprudence interdisant l'action contre le liquidateur après clôture de la liquidation judiciaire par le dirigeant social, l'absence de tout recours effectif. La Cour de cassation rejette la question comme non sérieuse[10], car l'action en responsabilité contre le liquidateur n'est pas totalement fermée. Tout dépend du préjudice réparable. Concernant le débiteur, il ne peut s'agir du préjudice collectif, lequel ne peut être réparé que par le défenseur de l'intérêt collectif, ce qui supposerait donc une réouverture de la procédure. Le dirigeant doit invoquer un préjudice personnel. La caution peut agir contre le liquidateur, puisque son préjudice est distinct. L'associé poursuivi en paiement des dettes sociales (associé de SCI en l'occurrence), enfin, ne peut faire état d'une jurisprudence constante de la Cour de cassa-

1. Com. 15 mars 2005, n° 03-19.830, NP.
2. SOUS L'EMPIRE de la loi du 25 janvier 1985 : Com. 6 fé 2001, n° 98-10.117, *Bull. civ.* IV, n° 30; *D.* 2001. AJ 85 obs. Lienhard; *Act. proc. coll.* 2001/5, n° 66; *RTD com* 2001. 770, obs. Vallens – Com. 24 mai 2005, n° 03-17.481 *Bull. civ.* IV, n° 109; *D.* 2005. AJ 1695, obs. Lienhard; *Gaz. proc. coll.* 2005/3, p. 35, obs. Roussel Galle; *JCP E* 2005, Chron. 1274, p. 1424, n° 9, obs. M. Cabrillac et Pétel; *Dr. sociétés* 2005, comm. 216, note Legros – SOUS L'EMPIRE de la loi de sauvegarde des entreprises : Douai, 3e ch., 18 sept. 2014, RG n° 13/04051, *JurisData* 021687 – *Adde*, SOUS L'EMPIRE de la loi du 13 juillet 1967 : Com. 24 mars 2004, n° 01-03.426, NP – Paris, 3e ch. B, 10 avr. 2008, RG n° 07/12113, *Act. proc. coll.* 2008/15, n° 236.
3. Douai, 3e ch., 18 sept. 2014, RG n° 13/04051, *JurisData* 021687.
4. Com. 21 mars 2006, n° 04-17.995, *Bull. civ.* IV, n° 76; n° 374 F-P+B; *D.* 2006. AJ 1042, obs. Lienhard; *Gaz. proc. coll.* 2006/3, p. 27, obs. Voinot.
5. Civ. 2e, 28 juin 2006, n° 05-14.132, *Bull. civ.* II, n° 172; F-P+B.
6. Toulouse, 2e ch., 1re sect., 7 oct. 2007, RG n° 06/05677, *Act. proc. coll.* 2008/1, n° 13, note Vallansan.

L. n° 67-563, 13 juill. 1967, préc. – Riom, ch. com., 21 janv. 2009, *JCP E* 2009. 1550.
Com. 5 mai 2015, n° 14-50.035, NP.
Com. 10 mai 2012, n° 10-28.217, *Bull. civ.* IV, n° 94; n° 521 FS-P+B; *D.* 2012. Actu 1325, note Lienhard; *Gaz. Pal. entr. diff.* 3 août 2012, n° 216, p. 29, note Rohart-Messager; *Act. proc. coll.* 2012/10, comm. 153, note Vallansan; *JCP E* 2012. 1479, note Lebel; *Bull. Joly* sept. 2012, comm. 339, note Staes.
om. 23 juin 2015, n° 15-40.011 QPC, NP, *Act. proc. coll.* 015/15, comm. 246, note Vallansan.

tion lui interdisant d'agir en responsabilité contre le liquidateur.

Symétriquement, une action mettant en jeu des droits patrimoniaux ne peut être dirigée contre le débiteur seul[1]. Ainsi, l'action en paiement ne peut être pas exercée contre le seul débiteur, mais doit être dirigée contre son liquidateur[2]. De même, l'action tendant à obtenir la résiliation d'un contrat de location ne peut être exercée si elle n'est pas dirigée contre le liquidateur[3]. Une saisie-attribution ne peut être dirigée contre le débiteur dessaisi[4]. De même, seul le liquidateur peut défendre à une action engagée contre son employeur par un salarié licencié pour faute grave pendant la période d'observation et contestant son licenciement[5] ou pour défendre à une action engagée par les salariés contestant leur licenciement intervenu en liquidation judiciaire[6].

La victime d'une infraction commise par le débiteur ne peut exercer l'action civile devant la juridiction répressive sans mettre en cause le liquidateur[7]. L'auteur de l'infraction, en liquidation judiciaire, ne peut symétriquement interjeter appel du jugement l'ayant condamné à verser des dommages-intérêts à la partie civile, sans appeler à la cause le liquidateur[8].

De même, la mise en cause du débiteur en liquidation judiciaire par une caution poursuivie en paiement des sommes restant dues après exercice d'une action en revendication ne peut intervenir que par la voie de son liquidateur. C'est pourquoi ce dernier ne peut être mis hors de cause, lorsque sa garantie est demandée *ès qualités* et non à titre personnel[9].

Pour cette même raison, un créancier ne peut agir par la voie de l'action oblique contre un débiteur de son débiteur soumis au dessaisissement[10]. En effet, l'action oblique d'un créancier, alors que son débiteur fait l'objet d'une liquidation judiciaire, est irrecevable (v. aussi s[s] n° 621.22).

Une condamnation à payer sur le fondement de l'article 700 du code de procédure civile ne peut être prononcée contre le débiteur personnellement[11], même si le contraire est parfois jugé[12], pas plus qu'elle ne peut être prononcée à son profit[13]. Il faut toutefois, réserver le cas d'une action mettant en jeu un droit propre du débiteur[14]. En outre, il n'y a pas d'obstacle à prononcer la condamnation d'une personne, prise en sa qualité de caution, qui agit ou défend à titre personnel et non en tant que dirigeant de la société débitrice[15]. De même, une condamnation à des dommages et intérêts pour procédure abusive ne peut être prononcée à titre personnel contre le débiteur[16].

La Cour de cassation a affirmé que cette privation du droit de mettre en œuvre des actions à caractère patrimonial n'est pas contraire à l'article 6 § 1 de la Convention EDH dès lors que la possibilité de mettre en œuvre de telles actions est confiée au liquidateur[17]. Le droit d'accès au juge n'est donc pas retiré au plaideur, seules les modalités de son exercice étant aménagées.

La France a cependant été condamnée par la Cour européenne des droits de l'homme qui a considéré au contraire qu'une telle mesure entraînait la violation des articles 13 et 6 § 1, combinés, de la convention[18]. Plus précisément, elle a estimé que le droit français empêchait le débiteur en liquidation judiciaire d'engager la responsabilité de l'État pour durée excessive de la procédure. La CEDH considère que la durée excessive d'une liquidation judiciaire – plus de vingt ans – prive le requérant d'un recours effectif, celui consistant à engager la responsabilité de l'État, du fait de la longueur de sa procédure collective. Il en résulte une violation de l'article 13 de la Convention EDH[19]. Cet arrêt est hautement critiquable, eu égard à ce qui a pu être expliqué auparavant. Il aurait en effet suffi pour éviter une telle condamnation que l'agent du gouvernement fasse

1. Com. 14 janv. 2004, n° 00-18.772, NP.
2. Com. 5 oct. 2010, n° 09-69.667, NP – Com. 22 nov. 2011, n° 10-19.925, NP; n° 1156 F-D; *Rev. proc. coll.* 2012, comm. 115, note Dumont-Lefrand.
3. Com. 5 oct. 2004, n° 02-16.887, NP.
4. Com. 20 oct. 2009, n° 08-16.629, NP, *Act. proc. coll.* 2009/19, n° 292.
5. Soc. 10 nov. 2009, n° 08-40.926, NP, *Act. proc. coll.* 2010/3, n° 48, *Rev. proc. coll.* 2010/2, comm. 84, p. 74, note Berthelot.
6. Soc. 28 sept. 2010, n° 09-41.243, NP, *Rev. proc. coll* 2010/6, comm. 247, note Berthelot – Soc. 15 févr. 2012, n° 10-13.897, NP, *BJE* juill. 2012, comm. 112, note Donnette.
7. Crim. 7 mai 2002, n° 01-83.807, NP.
8. Crim. 4 déc. 2012, n° 12-80.559, *Bull. crim*, n° 26..., n° 7373 F-P+B; *Gaz. Pal.* 1er mai 2013, n° 121, p. 45, n... Robaczewski.
9. Com. 3 oct. 2006, n° 05-17.075, NP; n° 1136 F-D.
10. Com. 3 avr. 2001, n° 98-14.191, *Bull. civ.* IV, n° 71; *Act. proc. coll.* 2001, n° 105; *Defrénois* 2001. 37399, p. 1054, note Savaux; *JCP E*, 2001, Chron. 1473, n° 16, obs. Pétel; *RD banc. fin.* 2001/3, p. 164, n° 118, obs. Lucas; *RTD com.* 2001. 771, obs. Vallens; *RTD civ.* 2001. 882, obs. Mestre et Fages.
11. Com. 13 mars 2012, n° 10-27.811, NP; n° 300 F-D – Com. 2 déc. 2014, n° 13-23.114, NP; n° 1068 F-D.
12. AINSI : Paris, 8e ch. B, 22 nov. 2007, RG n° 07/06103.
13. Com. 28 sept. 2004, n° 03-12.504, NP.
14. Com. 13 mars 2012, n° 10-27.811, NP; n° 300 F-D.
15. Com. 30 juin 2015, n° 14-14.122, NP; n° 648 F-D.
16. Com. 2 déc. 2014, n° 13-23.114, NP; n° 1068 F-D.
17. Com. 13 mars 2007, n° 06-10.258, NP; n° 471 F-D.
18. CEDH 22 sept. 2011, req. n° 60983/09, *Tetu c/France*.
19. CEDH 22 sept. 2011, req. n° 60983/09, *Tetu c/France*, *Gaz. Pal. entr. diff.* 21 janv. 2012, n° 20, p. 6, note Renucci; *Rev. proc. coll.* 2012, études 3, p. 16, note Saintourens et Duprat; *Act. proc. coll.* 2011/19, comm. 286, note Fricero; *LPA* 3 janv. 2012, n° 2, p. 11, note Henry.

part à la Cour de la possibilité qu'avait le débiteur de demander la nomination d'un mandataire *ad hoc* pour engager la responsabilité du liquidateur.

Quoi qu'il en soit, pareille solution ne se reproduira plus, puisque, à la suite d'un revirement de jurisprudence, la Cour de cassation a jugé que le débiteur avait désormais un droit propre à agir contre l'État en réparation du préjudice subi du fait de la durée de sa procédure collective[1].

S'agissant par ailleurs de la constitutionnalité de la mesure, il est important de noter qu'il a été soutenu dernièrement que cette privation serait contraire à l'article 16 de la DDHC. Les juges du fond ont toutefois refusé de transmettre la Question prioritaire de constitutionnalité (QPC) à la Cour de cassation au motif que le dessaisissement ne fait que limiter les droits à agir en justice du débiteur, et que cette limitation est rendue nécessaire par des motifs d'intérêt général, en l'espèce, la protection des droits et intérêts des créanciers de la procédure collective[2].

552.23 Portée générale du dessaisissement quant aux voies de recours (v. aussi s[s] n° 552.42). Le débiteur ne pouvant agir en justice n'est pas davantage recevable à exercer des voies de recours sur des décisions de nature patrimoniale.

Ainsi a été déclaré irrecevable, l'appel d'un débiteur sur la décision d'un juge de l'exécution ayant déclaré fondée et régulière une procédure de saisie-vente[3]. Il en est de même de l'appel d'un débiteur à l'encontre d'une décision relative à la nullité d'une cession de parts sociales[4], à l'encontre d'une décision rejetant partiellement une demande de condamnation d'un cocontractant à des dommages et intérêts[5], ou encore du pourvoi contre l'arrêt ayant statué sur une demande de nullité de la vente d'un fonds de commerce[6]. La solution sera identique s'il s'agit de la voie de recours formée par le débiteur en liquidation judiciaire contre une décision rejetant une demande d'extension d'opérations d'expertise[7] ou ayant déclaré parfaite la vente d'un immeuble lui appartenant, alors même qu'il avait eu la qualité de partie en première instance, du fait de son intervention forcée[8]. De même, le débiteur ne peut exercer un recours en révision contre un jugement le déboutant d'une action en responsabilité contre un tiers[9]. La caution, déclarée en liquidation judiciaire, ne peut davantage interjeter seule appel du jugement qui la condamne. La solution, posée sous l'empire de la loi du 13 juillet 1967[10], est parfaitement reconductible. L'auteur de l'infraction, en liquidation judiciaire, ne peut interjeter appel du jugement l'ayant condamné à verser des dommages-intérêts à la partie civile, sans appeler à la cause le liquidateur[11].

Le liquidateur n'a pas à recueillir l'accord du débiteur pour décider ou non d'exercer un recours sur une décision mettant en jeu les droits patrimoniaux du débiteur, sauf à répondre de sa faute délictuelle à ne pas exercer ledit recours[12].

Le liquidateur, qui n'est pas partie devant les juges du fond, aux côtés du débiteur dessaisi, est recevable à former un recours[13]. Mais, dès lors que le dessaisissement ne crée pas de changement dans la capacité du débiteur (v. s[s] n° 552.09), si la décision a été signifiée au débiteur avant le jugement d'ouverture de sa procédure collective, ce dernier n'a pas pour effet d'entraîner une interruption du délai de recours, de sorte que le liquidateur devra impérativement exercer le recours dans le délai ouvert au débiteur[14].

La formule du code de commerce autorise seulement le débiteur à effectuer des actes conservatoires. Aussi voit-on affirmer qu'est irrégulier l'acte qui n'est pas seulement conservatoire[15].

Que faut-il décider en ce qui concerne la recevabilité de la voie de recours exercée par le débiteur seul après l'ouverture de la procédure collective ? Est-ce un acte conservatoire, permettant d'empêcher la décision de devenir définitive ? Il a pu, dans un premier temps, y être répondu par l'affirmative, à charge pour le liquidateur de s'associer ensuite à la voie de recours[16]. Cependant, le caractère d'acte

1. Com. 16 déc. 2014, n° 13-19.402, *Bull. civ.* IV [à paraître]; n° 1141 FP-P+B+R+I; *Act. proc. coll.* 2015, comm. 1, note Pérochon; *BJE* 2015, 90, note Delattre; *RTD com.* 2015. 161, n° 9, obs. J.-L. Vallens; *JCP E* 2015, 1010, note Lebel et chron. 1204, n° 3, obs. Pétel; *Leden* 2015, comm. 012, note Lucas; *LXB hebdo* 22 janv. 2015, n° 598, note Le Corre.
2. Paris, 6e ch., pôle 5, 30 juin 2011, RG n° 10/23940, *Juris-Data* 014802.
3. Com. 11 févr. 2004, n° 01-01.266, NP.
4. Com. 16 oct. 2001, n° 98-20.894, NP.
5. Com. 13 avr. 2010, n° 09-11.851, NP; n° 447 F-D; *Rev. proc. coll.* 2010/5, comm. 182, note Berthelot; *Dr. sociétés* 2011, comm. 16, note Legros.
6. Civ. 1re, 9 juill. 2003, n° 00-14.774, NP.
7. Com. 22 mars 2011, n° 09-72.749, NP; n° 290 F-D; *Dr. sociétés* 2011, comm. 155, note Legros.

Civ. 2e, 14 sept. 2006, n° 05-16.821, NP; n° 1346 F-D.
Com. 12 oct. 2004, n° 01-16.935, NP.
.. n° 67-563, 13 juill. 1967, préc. – Com. 23 nov. 2004, n° 02-12.164, NP.
Crim. 4 déc. 2012, n° 12-80.559, *Bull. crim*, n° 267; n° 7373 F-P+B; *Gaz. Pal.* 1er mai 2013, n° 121, p. 45, note Robaczewski.
Com. 24 avr. 2007, n° 06-11.909, NP; n° 605 F-D.
Com. 5 oct. 2010, n° 09-16.752, NP; n° 932 F-D.
Com. 18 mai 2016, n° 14-25.997, *Bull. civ.* IV [à paraître]; n° 466 FS-P+B; *Act. proc. coll.* 2016/11, comm. 149, note Le Bars; DPDE juin 2016, p. 1, note Rémery.
Com. 3 mai 1994, n° 92-10.401, *Bull. civ.* IV, n° 160 – Civ. 3e, 3 juill. 1996, n° 94-18.325, *Bull. civ.* III, n° 170; *LPA* 5 oct. 1996, p. 19, note Coffry de Boisdeffre.
Paris, 12 juill. 1988, *D.* 1989. Somm. 10, obs. Derrida.

conservatoire du recours exercé par le débiteur seul a été contesté. Et c'est pourquoi, il a ensuite été jugé que la régularisation par le liquidateur devait intervenir dans le délai de la voie de recours[1] et, en cas de pourvoi en cassation, dans le délai de l'article 978 du code de procédure civile, c'est-à-dire le délai de dépôt du mémoire ampliatif[2]. Il en ira toutefois différemment si l'arrêt a été signifié au liquidateur. En ce cas, il ne dispose que du délai classique du recours, soit deux mois, pour opérer la régularisation[3]. La solution vaut pour le pourvoi exercé par une société le jour de son placement en liquidation judiciaire, du fait de la rétroactivité des effets du jugement d'ouverture à zéro heure de sa date[4]. En cas de renvoi après cassation, la régularisation par le liquidateur doit intervenir dans le délai de saisine de la cour d'appel de renvoi[5].

L'effet interruptif du délai de recours au motif d'une demande d'aide juridictionnelle ne profite qu'au débiteur, non à son liquidateur[6]. Le pourvoi sera en conséquence irrecevable, s'il est formé par le débiteur seul, alors que la décision attaquée ne concerne pas ses droits propres[7].

Après cassation, la cour d'appel doit identiquement être saisie par le liquidateur dans le délai de saisine de la cour d'appel de renvoi, sauf pour le liquidateur, dans ce délai, à intervenir à l'instance[8].

On réservera toutefois les voies de recours exercées dans le domaine des droits attachés à la personne du débiteur (v. s[s] n° 552.33) et dans celui de ses droits propres (v. s[s] n° 552.37).

Il faut encore excepter les voies de recours sur les décisions dont l'objet, pour le débiteur, est de contester l'irrecevabilité d'une action, au motif de son dessaisissement[9]. Toutefois, la voie de recours ayant cet objet, pour être recevable, devra impérativement être exercée contre le liquidateur judiciaire ou en sa présence[10].

Si le débiteur est intimé, il importe peu que son liquidateur le soit également à l'intérieur du délai d'appel, seul important le fait que le liquidateur soit devenu partie à l'instance d'appel, soit à la suite d'une intervention volontaire soit à la suite d'une mise en cause, avant qu'il ne soit statué[11].

En outre, ne constitue qu'une irrégularité de forme, et non de fond, l'absence d'indication, dans un acte d'appel, du liquidateur en qualité d'intimé[12].

Indiquons enfin que si le recours a été exercé par le débiteur avant l'ouverture de la liquidation judiciaire, il était recevable. Le jugement d'ouverture a alors seulement un effet interruptif, jusqu'à l'intervention du liquidateur, à moins que l'action ne concerne les droits propres du débiteur.

552.24 Portée générale du dessaisissement quant aux actes juridiques. Le caractère général du dessaisissement doit conduire à son application aux actes juridiques. Il faut toutefois réserver les actes conservatoires que pourraient accomplir seul le débiteur. Pour qu'il en soit ainsi, encore faut-il que les actes aient bien pour objet de protéger le gage commun des créanciers, lequel serait en péril sans l'accomplissement des actes en question[13].

Contrarie les règles du dessaisissement, l'inscription faite par un débiteur au registre du commerce, pour exercer une nouvelle activité, acte ne pouvant être accompli seul par lui[14]. De cette règle, il faut déduire, du moins sous l'empire de la législation antérieure à la loi de sauvegarde des entreprises[15], que l'inscription étant inopposable aux créanciers, ces derniers sont fondés à exercer avec succès une tierce opposition réformation à l'encontre du jugement qui ouvrirait, sur demande du débiteur, à son encontre une nouvelle procédure collective, fondée sur l'exercice de l'activité, objet de cette inscription irrégulière.

Identiquement serait irrégulière la mise en demeure effectuée par le sous-traitant à un entrepreneur principal dessaisi[16].

1. Com. 14 déc. 1999, n° 97-15.361, *Bull. civ.* IV, n° 8; *D.* 2000. jur. 65 – Com. 10 déc. 2003, n° 00-19.230, *Bull. civ.* IV, n° 204; *D.* 2004. AJ 142; *Act. proc. coll.* 2004, n° 52, note Legros; *Bull. Joly* 2004. 357, § 64, note Sch... – Com. 11 févr. 2004, n° 01-01.266, NP – Com. 30 juin 2004, n° 01-13.444, NP – Com. 9 nov. 2004, n° 00-20.101, N...
2. Com. 28 mars 1995, n° 93-10.068, *Bull. civ.* IV, n° ... – Com. 27 nov. 2001, n° 98-23.370 – Com. 3 juill. 2007, n° 05-17.668, NP; n° 932 F-D – *Adde*, SUR CETTE SOLUTION : sous l'empire de la loi du 13 juillet 1967 : Com. 1er ...vr. 2005, n° 02-11.413, NP.
3. Com. 10 mars 2015, n° 13-27.227, NP; n° 252 F-D; *Rev. proc. coll.* 2015, comm. 97, note Lebel.
4. Com. 13 oct. 2015, n° 14-14.327, *Bull. civ.* IV [à paraître]; n° 937 F-P+B; *Gaz. Pal.* 19 janv. 2016, n° 3, p. 6..., note Lebel.
5. Com. 18 sept. 2012, n° 11-20.489, NP; n° 877 F-D.
6. Com. 30 janv. 2007, n° 04-19.208, *Bull. civ.* IV, n° 14; n° 94 F-P+B; *D.* 2007. AJ 509, note Lienhard; *Gaz. proc. coll.* 2007/2, p. 25, note Rohart-Messager – Com. ... juin 2009, n° 08-18.320, NP; n° 517 F-D.
7. Com. 30 janv. 2007, n° 04-19.208, préc.
8. Com. 7 juin 2005, n° 04-12.661, NP, *Gaz. proc. coll.* 2005/3, p. 16, n° 1, obs. Rohart-Messager.
9. Com. 2 avr. 1996, n° 93-10.453, *Bull. civ.* IV, n° 102 – Soc. 1er févr. 2001, n° 98-44.377, NP; *Act. proc. coll.* 2001/10, n° 130 – Com. 18 janv. 2005, n° 02-21.639, NP.
10. Com. 4 mars 2014, n° 12-29.219, NP – Com. 1er avr. 2014, n° 13-13.590, NP; n° 349 F-D – Com. 19 mai 2015, n° 13-19.676, NP; n° 478 F-D.
11. Com. 24 avr. 2007, n° 05-21.376, NP; n° 614 F-D.
12. Com. 10 févr. 2015, n° 13-24.686, NP; n° 136 F-D.
13. Rouen, ch. civ., 19 avr. 2012, RG n° 11/05166.
14. Com. 3 mai 1994, n° 92-10.401, *Bull. civ.* IV, n° 160.
15. L. n° 2005-845, 26 juill. 2005, préc.
16. Civ. 3e, 3 juill. 1996, n° 94-18.325, *Bull. civ.* III, n° 170; *LPA* 25 oct. 1996, p. 19, note Coffry de Boisdeffre.

Il en est de même de la contrainte d'un organisme de sécurité sociale signifiée au débiteur dessaisi. En revanche, la contrainte qui intéresse un débiteur personne physique peut lui être délivrée, s'il n'est pas en liquidation judiciaire et n'a pas à être délivrée au liquidateur du groupement dirigé par ce débiteur [1].

Il avait été jugé qu'il n'entrait pas dans la mission d'un liquidateur, qui n'est pas un mandataire social, de faire dresser les comptes sociaux, ni de déposer la liasse fiscale correspondante destinée à déclarer le résultat de l'exercice en vue de l'imposition sur le bénéfice des sociétés [2]. Telle n'est pas la solution retenue par la Cour de cassation, qui estime, au contraire, que la tâche de déclarer le résultat fiscal incombe au liquidateur [3]. La dissolution de la société par l'effet de la liquidation judiciaire, qui était la solution jusqu'à l'ordonnance du 12 mars 2014 [4] qui a décalé la dissolution au jour de la clôture de la liquidation pour insuffisance d'actif, conduit à décider que cette mission incombe immédiatement au liquidateur, sauf poursuite provisoire de l'activité [5].

La procédure de redressement fiscal qui n'est pas notifiée au liquidateur est irrégulière [6]. Il a toutefois été observé que l'absence de notification au contribuable semblait contrarier le droit d'accès au juge posé par l'article 6 § 1 de la Convention EDH [7]. La solution la meilleure consisterait sans doute à notifier le redressement fiscal au liquidateur et au débiteur [8], alors surtout que si le débiteur est une personne morale, son dirigeant peut être tenu personnellement des impositions en application de l'article 267 du Livre des procédures fiscales (v. s^s n° 731.13).

De même, la Chambre commerciale juge, puisque les dettes fiscales et les actes de la procédure de rectification d'imposition – en l'occurrence au titre de l'impôt de solidarité sur la fortune – sont susceptibles d'avoir une incidence sur le patrimoine du débiteur, que cette procédure de rectification d'imposition ne peut être adressée seulement au contribuable. Pour être régulière, elle doit être adressée à son liquidateur [9]. Peu importe que la déclaration d'imposition n'ait été établie que par le débiteur seul.

Pour sa part, la chambre criminelle de la Cour de cassation considère que l'avis de vérification fiscale prévu par l'article 47 du Livre des procédures fiscales ne doit être notifié qu'à la personne du contribuable, fût-il en redressement ou en liquidation judiciaire, ce dernier étant en effet personnellement tenu de l'obligation fiscale de déclarer l'ensemble de ses revenus [10].

Le chef d'entreprise dessaisi ne peut plus remettre aux salariés les bulletins de salaire, cette tâche incombant au liquidateur [11]. De même, l'attestation destinée à l'assurance-chômage doit être délivrée par le liquidateur [12]. Ce dernier peut être condamné à une astreinte, s'il ne délivre pas les documents avec diligence [13].

Le liquidateur, reprenant l'obligation de l'employeur, doit remettre au salarié l'attestation d'exposition à l'amiante à son départ de l'établissement [14]. Le refus de délivrer l'attestation prévue par les dispositions réglementaires est injustifiable et caractérise une faute du liquidateur ès qualités [15].

Opérant par transposition avec la solution adoptée par la Chambre criminelle de la Cour de cassation [16], qui condamne l'administrateur pour absence de convocation de l'assemblée générale d'une société, ce qui a pour effet d'ériger cet organe de la procédure collective en véritable mandataire social (v. s^s n° 372.11), une réponse ministérielle a estimé que le liquidateur serait responsable pénalement de l'absence de convocation des assemblées afin qu'il soit statué sur l'approbation des comptes annuels dans les six

1. Com. 26 janv. 2010, n° 09-10.471, NP.
2. Paris, 3e ch. B, 13 déc. 2007, RG n° 2006/18680, *Act. proc. coll.* 2008/5, n° 86, note Régnaut-Moutier.
3. Com. 26 janv. 2010, n° 08-12.186, *Bull. civ.* IV, n° 23; *D.* 2010. AJ 381; *Act. proc. coll.* 2010/6, n° 83, note Serlooten; *Rev. sociétés* 2011. 55, note Jambort; *Bull. Joly* 2010, p. 563, comm. 116, note de Bisy.
4. Ord. n° 2014-326, 12 mars 2014, préc.
5. Com. 26 janv. 2010, n° 08-12.186, préc.
6. CE 27 juill. 2005, req. n° 258164, *Lebon* T.; *Rev. proc. coll.* 2007/3, p. 154, n° 2, obs. Neau-Leduc et Hubert – CE, cont., 14 mars 2008, n° 290591, *Lebon*; *D.* 2008. AJ 916; *Dr. fisc. 2008, n° 17, comm.* 284, concl. Escaut; *JCP E* 2008. 1729, note D. F; *JCP* 2008. II. 10097, note Dieu; *Gaz. Pal. 8-10 juin 2008*, p. 8, note Lagarde; *LPA* 25 juin 2008, n° 127, note Dieu; *Rev. proc. coll.* 2009/2, p. 44, n° 53, note Dumont-Lefrand – CE 20 oct. 2010, n° 316371, *Rev. proc. coll.* 2011, comm. 96, p. 57, note Neau-Leduc et Hubert.
7. Lagarde, note s^s CE, cont., 14 mars 2008, n° 290591, *Gaz. Pal.* 8-10 juin 2008, p. 8 s., sp. p. 10.
8. Lagarde, note s^s CE, cont., 14 mars 2008, n° 290591, préc.
9. Com. 1 févr. 2012, n° 11-12.138, *Bull. civ.* IV, n° 40; n° 25 F-P+B; *Gaz. Pal.* 28 avr. 2012, n° 118, p. 25, note Voinot; *BJE* juill. 2012, comm. 123, note Dedeurwaerder.
10. Crim. 11 mars 2009, n° 08-83.684, *Bull. crim.* n° 55; n° 1553 F-P+F; *D.* 2009. AJ 1534; *LPA* 31 août 2009, n° 173, p. 11, note Brandeau.
11. Soc. 24 janv. 1989, n° 87-42.944, *Bull. civ.* IV, n° 53; *JCP E* 1989. II 15599, n° 21, obs. Pételement.
12. Soc. 23 sept. 2009, n° 08-41.929, *Bull. civ.* IV, n° 196; n° 1803FS-P+B; *Gaz. Pal.* 8-10 janv. 2010, n°s 8, 9, p. 9, note Gaihbaud; *Act. proc. coll.* 2009/17, n° 256, note Taquet; *Rev. proc. coll.* 2010/2, comm. 81, p. 71, note Berthelot.
13. AINSI : Civ. 2e, 7 juin 2012, n° 10-24.967, NP.
14. Soc. 23 oct. 2012, n° 11-13.792, *Bull. civ.* V, n° 273; n° 2219 FS-P+B; *Gaz. Pal.* 18 janv. 2013, n° 18, p. 37, note Gailhbaud; *Rev. proc. coll.* 2013, comm. 36, note Gorrias.
15. Soc. 23 oct. 2012, n° 11-13.792, préc.
16. APPROB : Régnaut-Moutier, obs. s^s Paris, 3e ch. B, 13 déc. 2007, RG n° 2006/18680, *Act. proc. coll.* 2008/5, n° 86.

mois de la clôture de l'exercice[1]. Pour écarter, semble-t-il[2], cette solution, l'article L. 641-3, alinéa 3 nouveau du code de commerce, issu de la rédaction que lui donne l'ordonnance du 18 décembre 2008[3] (ord. 18 déc. 2008, art. 97), dispense du respect de ces obligations les personnes morales en liquidation judiciaire. En présence d'un maintien provisoire de l'activité autorisé par le tribunal, ces obligations devront toutefois être accomplies, étant précisé que l'administrateur judiciaire y sera alors tenu, s'il en a été désigné un.

Le débiteur ne peut plus recevoir de paiement (v. aussi s[s] n° 631.21). Ce dernier ne serait pas libératoire pour le *solvens*, si le débiteur n'est pas en mesure de représenter les sommes reçues[4]. Il ne sera libératoire que s'il est fait entre les mains du liquidateur ou entre les mains d'une personne ayant reçu pouvoir de recevoir ledit paiement pour le compte de celui-ci[5].

Le débiteur n'a pas non plus le pouvoir de transiger[6].

Le partage successoral est un acte d'administration et de disposition d'un patrimoine pouvant constituer le gage commun. Il en résulte que la signature d'un tel acte relève du seul pouvoir du liquidateur[7].

Enfin, le débiteur ne peut, après son placement en liquidation judiciaire, réitérer, dans un acte authentique, la promesse de vente signée par lui seul[8], d'où il résulte que le vendeur ne peut être considéré de mauvaise foi à vendre à un tiers le bien promis[9].

552.25 Interdiction pour le débiteur d'exercer certaines activités. La législation antérieure à la loi de sauvegarde des entreprises[10] restait muette sur la possibilité pour le débiteur d'exercer une nouvelle activité indépendante pendant sa liquidation judiciaire. Une réponse ministérielle est intervenue pour préciser que le débiteur ne pouvait, pendant sa liquidation judiciaire, entreprendre une nouvelle activité indépendante, son dessaisissement y faisant obstacle[11]. La Cour de cassation a considéré, au contraire, que le dessaisissement du débiteur ne fait pas obstacle à l'exercice par celui-ci d'une activité professionnelle. La difficulté existait pour les créanciers qui n'étaient pas titulaires de créances nées régulièrement après jugement d'ouverture, mais de créances hors procédure. Ils ne pouvaient être payés qu'après clôture de la procédure[12].

L'article L. 641-9, III du code de commerce, dans la rédaction que lui donne la loi de sauvegarde des entreprises, prévoit l'interdiction pour le débiteur, personne physique, d'exercer, au cours de la liquidation judiciaire, l'une des activités mentionnées au premier alinéa de l'article L. 640-2. Cette disposition a pour objet de déterminer le domaine subjectif d'application de la liquidation judiciaire. Il faut donc comprendre que le débiteur, personne physique, en liquidation judiciaire ne peut exercer aucune des activités qui auraient rendu applicable la liquidation judiciaire. De façon générale, il peut donc être énoncé que le débiteur ne peut plus exercer une activité professionnelle indépendante. S'il désire exercer une activité professionnelle, il doit être salarié[13].

Une exception est posée, pour l'EIRL, qui pourra continuer à exercer d'autres activités indépendantes, au titre de ses autres patrimoines (C. com., art. L. 641-9, III, réd. ord. 9 déc. 2010[14]). Faut-il comprendre, *a contrario*, qu'il ne pourrait en entreprendre de nouvelles ? C'est, semble-t-il, l'interprétation à retenir[15], encore que la question soit discutée[16].

1. Rép. min., n° 4657, *JOAN Q* 6 mai 2008, p. 3851; *Act. proc. coll.* 2008/10 – Cérati-Gauthier, « Responsabilité pénale du liquidateur judiciaire pour défaut de convocation d'une assemblée générale », *JCP E* 200[illegible]. 1904; *Rev. sociétés* 2008. 453.
2. Lienhard, « Réforme du droit des entreprises en difficulté : présentation de l'ordonnance du 18 décembre 2008 », *D.* 2009. Chron. 110 s., sp. 119 – Legros, « L'ordonnance du 18 décembre 2008 réformant la loi de sauvegarde des entreprises, Seconde partie : redressement, obligataires, liquidation et sanctions », *Dr. sociétés* 2009, p.13, n° 8, sp. p. 17, n° 29.
3. Ord. n° 2008-1345, 18 déc. 2008, *JO* 19 déc., p 19462.
4. Paris, 10 avr. 1990, *Rev. proc. coll.* 1991, p. 361, obs. Dureuil.
5. Com. 12 juill. 2011, n° 10-19.430, NP, *Act. proc. coll.* 2011/15, n° 235, note J. Vallansan.
6. Com. 16 oct. 2001, n° 98-18.860, NP, *Act. proc. coll.* 2001, n° 266.
7. Com. 13 janv. 2015, n° 13-12.590, *Bull. civ.* IV [à paraître]; n° 37 F-P+B; *BJE* 2015, 95, note Brilsi; *JCP E* 2015, 1148, note Lebel; *Leden* 2015, comm. 40, note F. Legrand; *Rev. proc. coll.* 2015, comm. 78, note Dumont-Lefrand; *Dr. et part.* sept. 2015, n° 250, chron. 92, n° 4, note Monsérié-Bon; *Defrénois 2016, 284, note Vauvillé.*
8. Civ. 3e, 6 mai 2009, n° 08-[illegible].856, NP; n° 543 FS-D – Com. 8 sept. 2015, n° 14-[illegible]273, NP; n° 722 F-D; *Rev. proc. coll.* 2016, comm. 13, note Berthelot.
9. Civ. 3e, 6 mai 2009, n° 08-12.856, NP; n° 543 FS-D.
10. L. n° 2005-845, 26 juill. 2005, préc.
11. Rép. min. n° 5083, *JO Sénat Q* 3 mars 2005, p. 617; *JCP E* 2005, par 470, p. 503.
12. Com. 5 juill. 2005, n°s 04-13.255, 04-13.266, *Bull. civ.* IV, n° 152; n° 1045 FS-P+B; *D.* 2005. AJ 2146, obs. Lienhard; *JCP E* 2006, Chron. 1006, p. 72, n° 5, obs. Pétel; *RD banc. fin.* 2005/5, p. 26, n° 178, obs. Lucas; *Gaz. Pal.* 21-22 juin 2006, p. 42, note Robine; *Gaz. proc. coll.* 2005/3, p. 30, obs. Voinot; *Gaz. proc. coll.* 2005/3, p. 26, n° 2, obs. Henry.
13. Rep. min. Justice, n° 2059, *JOAN Q* 15 janv. 2008, p. 382 – EN CE SENS AUSSI : Favario, « L'avocat en difficulté (application de la loi de sauvegarde à l'avocat exerçant en nom) », *Bull. Joly* 2006/6, § 155, p. 691 s., sp. p. 696, n° 12.
14. Ord. n° 2010-1512, 9 déc. 2010, préc.
15. Rapport au président de la République sur l'ordonnance n° 2010-1512 du 9 déc. 2010, JO 10 déc. 2010, 21617.
16. Lucas, « L'EIRL en difficulté », *LPA* 28 avr. 2011, n° 84, p. 39 s., sp. p. 44 – PÉROCHON, 10e éd., n° 1163.

La solution n'a guère d'assise juridique au regard du principe d'indépendance des patrimoines. Elle évite, a-t-il été dit, que l'EIRL en liquidation judiciaire n'entreprenne immédiatement une nouvelle activité, en détournant la clientèle et les actifs du patrimoine en liquidation [1]. Mais le droit pénal n'est-il pas suffisant pour juguler ce risque, avec l'infraction de banqueroute pour détournement d'actif ?

Le code de commerce règle la difficulté pour le débiteur, professionnel libéral [2]. En ce cas, l'article R. 641-36 prévoit que le tribunal désigne le représentant de l'ordre professionnel ou de l'autorité compétente aux fins d'exercer les actes de la profession. Ce texte n'a pas seulement vocation à régir l'hypothèse dans laquelle une cession d'entreprise serait envisagée, conduisant à une poursuite provisoire de l'activité, même si cela semble avoir été soutenu [3]. Il régit toutes les liquidations judiciaires, avec ou sans poursuite d'activité, car la conduite des anciens dossiers s'impose et cela n'est évidemment pas le rôle du liquidateur, qui n'en a pas les compétences.

L'obligation de désigner un représentant pour l'exercice des actes de la profession a conduit la Cour de cassation, statuant à propos d'une société d'avocats, à juger que cette désignation avait pour effet de mettre fin à la mission de l'administrateur provisoire désigné antérieurement [4]. Identiquement, il a pu être jugé que l'obligation pour la chambre départementale des huissiers de justice de désigner un huissier pour l'exercice des actes de la profession met fin à la mission de l'administrateur provisoire désigné du fait de la destitution de l'huissier [5].

Le fait que le débiteur, professionnel libéral, ne puisse plus, pendant la liquidation judiciaire, exercer son activité de manière indépendante ne lui interdit pas de l'exercer à titre de salarié. Il ne peut dès lors être question, pour le conseil de l'ordre des avocats, d'omettre du tableau l'un d'eux, au motif de sa liquidation judiciaire, alors que cette mesure ne peut être prise que dans le cadre restrictif des textes qui la prévoit, lesquels ne visent pas la privation temporaire d'exercice de la profession d'avocat prévue par l'article L. 641-9 du code de commerce [6].

L'interdiction faite au débiteur dessaisi d'exercer une activité professionnelle indépendante n'est pas présentée comme une sanction, mais plutôt comme une mesure de protection [7]. En effet, le principe d'unité du patrimoine interdisant l'ouverture de deux procédures collectives, en cas de difficultés rencontrées dans l'exercice de la seconde activité, l'intéressé ne pourrait pas bénéficier d'une protection accordée par la procédure collective [8]. Plus exactement, il aurait fallu considérer que la seconde activité rentrait dans le champ de la première procédure collective, du fait de la généralité de l'assujettissement au dessaisissement des biens du débiteur. Ce dernier travaillerait donc pour ses créanciers, ce qui ne nous apparaît pas nécessairement anormal et en tout cas pas immoral..., mais n'est guère dans l'air du temps !

Une cour d'appel juge à bon droit que la conversion d'une procédure de redressement en liquidation judiciaire ne peut être assimilée à une sanction disciplinaire [9], même si elle a pour effet d'interdire l'exercice à titre indépendant de l'activité professionnelle, la solution ayant été posée pour un avocat.

Cette interdiction a toutefois essuyé de nombreuses critiques.

En ffet, selon certains auteurs, si la mesure peut se jusfier techniquement, elle empêche incontestablemnt le débiteur dessaisi de « rebondir » tant que la liuidation judiciaire n'est pas clôturée, ce qui, selo ces mêmes auteurs, prendrait actuellement encre en moyenne plusieurs années [10].

'la critique est légitime, elle doit cependant être nucée, eu égard à la durée très limitée de la liquidatn judiciaire simplifiée qui est rendue obligatoi dans certains cas de figure.

ur d'autres auteurs, la constitutionnalité de la mere pose problème, l'interdiction étant pronorée pour une durée indéterminée pouvant parfoise révéler xtrêmement longue [11]. Le principe de lierté du commerce et de l'industrie aurait été

1. Pételｰ, « L'adaptation des procédures collectives à l'EIRL », *JCP E* 2011. 1071, sp. p. 20.
2. Soinne, « L'application du droit des procédures collectives aux titulaires d'offices publics et ministériels (la situation des huissiers de justice) », *Rev. proc. coll.* 2011, étude 18, p. 12.
3. J.-CL. COM., Rétif, fasc. 1750, [Professions libérales et procédures collectives], 2011, nº 123.
4. Com. 5 avr. 2011, nº 10-30.232, *Bull. civ.* IV, nº 56; nº 376 FS-P+B; *D.* 2011. actu 1071, note Lienhard; *Gaz. Pal.* 9 juill. 2011, nº 189, p. 25, note Voinot; *JCP E* 2011. *1383, note* Cérati-Gauthier; *JCP E* 2011, Chron. 1596, nº 5, obs. Pétel; *Act. proc. coll.* 2011/10, comm. 147, note Rétif; *Rev. sociétés* 2011. 386, note Roussel Galle; *Procédures* juin 2001, comm. 206, p. 23, note Rolland; *BJE* sept./oct. 2011, comm. 124, p. 247, note Martineau-Bourgninaud; *Gaz. Pal.* 2011, étude 2016, note Montéran; *Rev. proc. coll.* 2011, comm. 214, note Lebel – *Adde*, Teboul, « L'avocat en liquidation judiciaire : humanité et vigilance », *Gaz. Pal.* 6 nov. 2011, Doctr. 8.
5. Douai, 2e ch. 1re sect., 15 déc. 2011 RG nº 11/00105.
6. Com. 5 av 20 1, nº 10-30.232, préc.
7. *Rapp. J.-J. Hyes*, nº 335, p. 375.
8. *Rapp. Xavr de Roux*, nº 2095, p. 368.
9. Com. 14 jn 2016, nº 14-28.995, NP; nº 562 F-D.
10. PÉROCHON 0e ed. nº 1162.
11. J.-P. Sénéal, « La réforme de la liquidation judiciaire », *LPA* 200 nº 116, p. 47 – SAINT-ALARY-HOUIN, 5e éd., nº 1107 ALLANSANET *ALII*, 6e éd., p. 372.

quelque peu oublié, voire mis de côté, par le législateur[1].

La constitutionnalité de l'article L. 641-9, III du Code de commerce a été discutée en jurisprudence. Par un premier arrêt, la Question prioritaire de constitutionnalité (QPC) a été déclarée irrecevable, car le demandeur était confronté à un redressement judiciaire et non à une liquidation judiciaire[2]. La Cour de cassation a été à nouveau saisie de la difficulté et a considéré que le texte ne porte pas une atteinte disproportionnée au droit pour le professionnel libéral d'obtenir un emploi et est justifié par l'intérêt général, dès lors qu'il a pour but de protéger les tiers et l'avocat lui-même, en évitant la création d'un passif ne pouvant être apuré par le recours à une procédure collective[3]. Il a été observé que la question n'a pas été posée de la constitutionnalité du texte par rapport au principe de la liberté d'entreprendre, même s'il apparaît peu probable qu'une telle question soit mieux accueillie[4]. Une autre question prioritaire de constitutionnalité, qui concernait un artiste peintre, a été considérée comme non sérieuse[5]. Était en cause l'atteinte à la liberté générale d'expression et de communication garantie par la déclaration des droits de l'homme et du citoyen du 26 août 1789 et l'atteinte au droit de l'individu d'obtenir des conditions nécessaires à son développement, résultant de l'alinéa 10 du préambule de la Constitution du 27 octobre 1946. La mesure n'interdit pas toute activité, mais seulement l'activité à titre de profession indépendante; elle a pour but de protéger les tiers, mais aussi l'artiste lui-même en évitant la création d'un nouveau passif ne pouvant être apuré par le recours à une procédure collective.

Indiquons que, au plan civil, il a été jugé que la prestation effectuée par le débiteur interdit d'exercer une activité indépendante est nulle et ne peut donner lieu à rémunération[6].

1. Monsérié-Bon, « Le dessaisissement et l'avènement des droits propres », *RLDA* mars 2005, suppl. n° 80, p. .
2. Com. 19 oct. 2010, n° 10-40.035, NP, *D.* 2010. actu 2511, obs. Lienhard; *Rev. sociétés* 2011. 190, obs. Roussel Galle; *LPA* 20 déc. 2010, obs. L.-C. Henry; *BJE* 2011. note R. Bonhomme.
3. Com. 31 mai 2012, n° 12-40.022 QPC, NP, *D.* 2012. Actu 1542, note Lienhard; *Gaz. Pal. entr. diff.* 3 août 2012, n° 216, p. 26, note Voinot; DPDE *bull.* n° 338, juin 2012, p. 1, note Rémery; *Act. proc. coll.* 2012/12, comm. 180, note Rétif; *Rev. sociétés* 2012, 530, note Roussel Galle; *Rev. proc. coll.* 2012, comm. 157, note Lebel; *LPA* 15 avr. 2013, n° 75, p. 8, note Gerbay – RAPPR. : Pérochon, « La liquidation judiciaire simplifiée », *Rev. proc. coll.* 2006/2, p. 191 s., sp. p. 192, note 16.
4. Roussel Galle, note ss Com. 31 mai 2012 n° 12-40.022 QPC, NP, préc.
5. *Com. 26 mars 2013, n° 12-24.873* QPC, IP, *BJE* sept. 2013, p. 282, note Boudour.
6. Reims, 1re ch. civ., sect. inst., 24 avr. 2015, RG n° 14/02014, *Rev. proc. coll.* 2015, comm. 160, note Lebel.

SECTION 552.30

DROITS ET BIENS ÉCHAPPANT AU DESSAISISSEMENT

552.31 Présentation des notions. Il faut bien concéder que la ligne de partage entre les droits non soumis au dessaisissement et ceux qui le sont, est assez floue[7]. Cette incertitude est accentuée par le fait que la doctrine est loin d'être unanime s'agissant de la définition des notions de droits extra patrimoniaux, droits attachés à la personne du débiteur, droits personnels et de droits propres. En témoignent les multiples lectures qui ont été données de l'article L. 641-9, I, alinéa 3 du Code de commerce qui précise que « le débiteur accomplit également les actes et exerce les droits et actions qui ne sont pas compris dans la mission du liquidateur ou de l'administrateur lorsqu'il en a été désigné. » Il a ainsi été affirmé que cette disposition visait tantôt les droits propres[8], tantôt les droits personnels[9], tantôt les biens insaisissables[10] du débiteur dessaisi. En réalité, pour que le texte ait un sens, il faut partir du postulat que l'on se situe dans le patrimoine du débiteur. Ensuite, considérer que la disposition se rattache aux droits propres serait purement tautologique. Il semble donc que le texte vise les biens personnels et, partant, également les biens insaisissables.

Ceci étant précisé, il convient de définir rapidement ces notions clefs.

Les droits extrapatrimoniaux ne soulèvent pas de difficulté particulière d'appréhension. Ils visent les droits du débiteur se trouvant hors champ patrimonial.

La définition des droits attachés à la personne du débiteur est plus délicate. Il est tout d'abord nécessaire de préciser que la formule « droits personnels » n'est qu'une variante terminologique de l'expression « droits attachés à la personne du débiteur ». Il est important de noter que la formule « droits attachés à la personne du débiteur » n'est autre que celle employée à l'article 1166 du Code civil (devenu C. civ., art. 1341-1[11]) relatif à l'action oblique, ce qui permet de transposer les solutions posées en matière civile aux procédures collectives. On peut

7. Froehlich, « Point de vue d'un mandataire judiciaire sur la liquidation judiciaire », *RLDA* mars 2005, n° 80, p. 59.
8. ROUSSEL GALLE, 2e éd., n° 710 – Froehlich et Sénéchal, « La loi de sauvegarde article par article », *LPA* 9 févr. 2006, p. 13.
9. Monsérié-Bon, « Le dessaisissement et l'avènement des droits propres », *RLDA* mars 2005, suppl. n° 80, p. 53.
10. PÉROCHON, 10e éd., n° 1167 – J.-P. Sénéchal, « La réforme de la liquidation judiciaire », *LPA* 10 juin 2004, p. 46.
11. DEPUIS le 1er oct. 2016 : Ord. n° 2016-131, 10 févr. 2016, préc.

synthétiser la jurisprudence en affirmant que les droits attachés à la personne du débiteur recouvrent cinq dimensions : les considérations personnelles d'ordre moral et familial, la sphère professionnelle, le fonctionnement démocratique des personnes morales, le domaine des sanctions pénales contre le débiteur, le liquidateur n'ayant pas à être attrait devant la juridiction pénale[1] et celui des sanctions disciplinaires, par l'exemple l'interdiction temporaire d'exercice ou le retrait d'agrément prononcé contre la société débitrice[2].

La notion de droits propres est la plus sujette à discussion. Il a été très justement affirmé qu'« un droit propre à agir est reconnu au débiteur, chaque fois qu'à défaut de l'affirmer, ses intérêts ne pourraient être pris en compte dans la procédure »[3]. On retiendra ainsi que les droits propres visent les hypothèses où le livre VI du Code de commerce ouvre une action, un recours ou même seulement une prétention, comme celle d'être entendu, au débiteur. On ajoutera que la jurisprudence peut elle-même reconnaître au débiteur un droit propre en dehors de tout texte, dès lors que l'action ou le recours en question est en rapport direct avec le déroulement de la procédure. Ce fut notamment le cas de la possibilité reconnue au débiteur de demander la clôture de la liquidation judiciaire[4]. Au final, les droits propres sont donc ceux qui permettent au débiteur de faire valoir son point de vue sur le déroulement de la procédure collective, dont il est le sujet, et non simplement l'objet.

L'origine purement prétorienne des notions de droits attachés à la personne du débiteur et de droits propres en procédures collectives explique largement l'imprécision qui les entoure.

552.32 Principe d'exclusion du dessaisissement des droits extrapatrimoniaux. L'article L. 641-9, I du code de commerce indique que « les droits et actions du débiteur concernant son patrimoine sont exercés pendant toute la durée de la liquidation judiciaire par le liquidateur ». La réduction très sensible des droits du débiteur qui en résulte conduit à une interprétation stricte du texte. Il faut, en conséquence, considérer *a contrario* que les droits et actions n'intéressant pas le patrimoine du débiteur continuent à lui appartenir.

552.33 Exclusion du dessaisissement des droits attachés à la personne du débiteur. Sont exclus du dessaisissement, les droits attachés à la personne du débiteur.

Il en est d'abord ainsi des actions d'État. Le débiteur pourra ainsi prendre seul la décision de divorcer, de changer de régime matrimonial[5], de reconnaître un enfant, ou à l'inverse, de défendre seul dans le cadre d'une action introduite contre lui pour abandon de famille[6]. En défense, le liquidateur ne peut intervenir dans une instance en divorce, alors même que les conséquences financières de celui-ci, et notamment la fixation de la prestation compensatoire, ne sont pas neutres pour la procédure collective. La solution a été clairement affirmée par la Cour de cassation, alors même qu'il était question du sort de l'immeuble assurant le domicile conjugal[7]. Il y a donc lieu de distinguer clairement le divorce contentieux dans lequel l'office du juge se substitue intégralement au liquidateur, lequel intervient, en revanche, dans le cadre de la convention définitive d'un divorce non contentieux.

L'action qui concerne la détermination du régime matrimonial d'époux étrangers, en revanche, est de nature patrimoniale, puisqu'elle n'intéresse pas les rapports familiaux ou conjugaux[8].

En ce qui concerne les actions mixtes, telles les demandes de séparation de biens, si le débiteur figure en qualité de demandeur, la demande ne pourra émaner que de lui. En revanche, si le débiteur est défendeur à la procédure, la demande doit être dirigée d'une part contre lui, mais aussi, d'autre part, contre son liquidateur. La solution avait été posée sous l'empire de la loi du 13 juillet 1967[9]. Elle obligeait à la mise en cause du syndic[10]. De même, sous l'empire de la loi du 13 juillet 1967, il a été affirmé que le jugement de séparation de biens doit être signifié tant au débiteur qu'à son liquidateur[11].

Si l'action exercée par le débiteur touche à sa personne, mais présente également une nature patrimoniale, les créanciers sont concernés par cette action, d'où il résulte que le liquidateur a intérêt à intervenir à l'instance. La solution a été posée à propos d'une action en nullité de cession de parts sociales, tendant à démontrer l'absence de qualité

1. Crim. 29 avr. 1996, *RJDA* 12/96, n° 1548.
2. Paris, pôle 2, 1re ch., 18 janv. 2011, RG n° 10/03344.
3. SAINT-ALARY-HOUIN, 9e ed., n° 1220.
4. Com. 5 mars 2002, n° 98-22.646, *Bull. civ.* IV, n° 47, *D.* 2002. AJ 1422; *JCP E* 2002, n° 39, p. 1523, obs. M. Cabrillac; *Procédures* 2002, n° 122, note Laporte; *RD banc. fin.* 2002, n° 104, obs. Lucas; *RTD com.* 2002. 378, obs. Vallens; *Dr. et patr.* oct. 2002. 112, obs. Monsérié-Bon.
5. Nîmes, 30 avr. 1990, *JCP E* 1990. I. 20333; *LPA* 1991, n° 25, p. 17, note Martin.
6. Douai, 13 avr. 1994, *Gaz. Pal.* 1994. II, Somm. 719.
7. Civ. 1re, 4 juin 2007, n° 06-18.515, *Bull. civ.* I, n° 216; FS-P+B; *Act. proc. coll.* 2007/13, n° 154, note Leprovaux; *Defrénois* 2007. 38675, p. 1575, n° 10, note Gibirila.
8. Com. 12 oct. 2004, n° 02-14.078, NP, *D.* 2005. pan. 295, obs. Le Corre; *LPA* 12 avr. 2005, n° 72, p. 9, note Lécuyer; *Rev. proc. coll.* 2006/1, p. 55, n° 15, obs. Lebel.
9. L. n° 67-563, 13 juil. 1967, préc.
10. Civ., 11 déc. 1895, *DP* 1895, I, 171, note Thaller.
11. Com. 23 mai 2000, n° 97-12.629, NP, *Rev. proc. coll.* 2002, p. 259, n° 5 obs. Lebel; *JCP G* 2001. I. 309, n° 10, obs. Tisserand.

d'associé en nom d'une personne placée sous procédure collective du fait de cette qualité sur le fondement de la solidarité, sous l'empire de la loi du 25 janvier 1985[1] – « extension » aux associés indéfiniment et solidairement responsables[2].

De même, la convention définitive de divorce ne pourra être conclue par le débiteur seul[3], alors qu'il a seul qualité pour introduire l'action en divorce, nonobstant l'indivisibilité du jugement et de la convention, l'indivisibilité ne pouvant être opposée aux créanciers.[4] Le liquidateur devra donc intervenir à la convention pour que les effets patrimoniaux de celle-ci puissent être opposés à la procédure collective[5]. De manière plus générale, le liquidateur interviendra pour la mise en œuvre des aspects patrimoniaux du divorce[6].

L'option successorale, par ses incidences particulièrement importantes pour les créanciers et son caractère patrimonial marqué, semble requérir le concours du liquidateur. Sous les régimes antérieurs, la qualité du syndic à l'exercer avait été reconnue[7]. Il semblait même que le liquidateur eût seul qualité pour l'exercer[8]. La Cour de cassation a statué différemment en considérant que « la faculté d'accepter une succession ou d'y renoncer étant un droit attaché à la personne, le débiteur en liquidation judiciaire l'exerce seul, sans préjudice de la mise en œuvre éventuelle par le liquidateur, en sa qualité de représentant des créanciers, de l'action prévue par l'article 788 du code civil »[9]. Ce n'est pas à dire que le droit de renoncer à une succession est exclusivement attaché à la personne du débiteur, car, précisément, l'article 779 alinéa 1 du Code civil [ancien art. 788] prévoit que « les créanciers personnels de celui qui s'abstient d'accepter une succession ou qui renonce à une succession au préjudice de leurs droits peuvent être autorisés en justice à accepter la succession du chef de leur débiteur, en son lieu et place ». Le liquidateur, qui représente collectivement les créanciers, trouve ainsi dans l'article 779 du Code civil, le moyen de faire déclarer inopposable à la procédure collective la renonciation à succession, non sur le fondement des règles du dessaisissement, mais sur celui de la fraude paulienne, dont l'article 779 du Code civil ne constitue qu'une application[10]. Il s'agit, a-t-il été dit, d'une « sorte d'action paulienne *ad hoc* »[11]. Le visa par l'article 788, alinéa 2 du Code civil d'une nullité était erroné, puisque cette prétendue nullité ne jouait pas pour l'héritier renonçant. C'était donc une simple inopposabilité. La loi du 23 juin 2006[12], qui a réformé le droit des successions, a consacré cette sanction de l'inopposabilité, puisque l'article 779, alinéa 2, du Code civil dispose désormais que « l'acceptation n'a lieu qu'en faveur de ces créanciers et jusqu'à concurrence de leurs créances » et qu'« elle ne produit pas d'autre effet à l'égard de l'héritier ». Ainsi, le droit pour le débiteur de renoncer à la succession se révèle tout au plus théorique, car s'il peut lui nuire, dès lors que la succession pourrait permettre d'apurer tout son passif et de dégager un excédent, il ne peut en revanche porter atteinte aux droits des créanciers protégés par le jeu de l'article 779 du Code civil. La solution de la Cour de cassation demeure valable après la loi de sauvegarde des entreprises[13] et après la réforme du droit des successions[14].

Pour les procédures ouvertes à compter du 1er juillet 2014, c'est-à-dire celles soumises à l'ordonnance du 12 mars 2014, la donne semble avoir changé. En effet, il a été excellemment démontré[15] que le liquidateur n'avait plus d'intérêt à s'opposer à la renonciation à la succession, dès lors que le débiteur peut interdire au liquidateur de vendre les biens

1. L. nº 85-98, 25 janv. 1985, préc.
2. Com. 24 nov. 2009, nº 08-17.708 NP; nº 1077 F-D; *Bull. Joly* 2010, p. 274, comm. 61, note Harel.
3. Com. 26 avr. 2000, nº 97-10.335, *Bull. civ.* IV, nº 81; *Act. proc. coll.* 2000/10, nº 126; *D.* 2000. jur. 263, obs. Lienhard; *JCP E* 2000, Chron 1562, nº 5, obs. Pétel – Civ. 1re, 26 juin 2001, *Act. proc. coll.* 2001/16, nº 210.
4. Civ. 1re, 25 janv. 2000, nº 97-21.119, *Bull. civ.* I, nº 19; *D.* 2000. AJ 103, obs. Lienhard; *D.* 2000. Somm. 333, obs. Revel; *RD banc. fin.* 2000/2 nº 71, note Lucas – Civ. 1re, 26 juin 2001, *Act. proc. coll.* 2001/16, nº 210; *Rev. proc. coll.* 2002, p. 260, nº 9, obs. Lebel.
5. Pétel, obs. ss Com. 26 avr. 2000, nº 97-10.335, *JCP E* 2000, Chron. 1562, nº 5.
6. Lyon, 30 janv. 2003, RG nº 01/07506, *Rev. proc. coll.* 2003, p. 355, nº 4, obs. Dumont.
7. Com. 26 mars 1960, *Bull. civ.* III, nº 12.
8. Lyon, 17 févr. 2000, *Gaz. Pal.* 4-6 août 2002, nº 218, jur. p. 11, note Goaziou-Huret – *Adde*, Soinne, nº 1201 – DÉCLARANT *irrecevable le recours du débiteur* sur le jugement statuant sur opposition à l'odonnance du juge-commissaire ayant autorisé le liquidateur à accepter la succession : Com. 2 juin 2004, nº 03-11.559, NP.
9. Com. 3 mai 2006, nº 04-10.115, *Bull. civ.* IV, nº 109; nº 555 FS-P+B+I+R; *D.* 2006. AJ 1368, obs. Lienhard; *D.* 2006. pan. 2253, obs. Lucas; *JCP E* 2006, Chron. 2331, p. 1533, nº 6, obs. M. Cabrillac; *Gaz. proc. coll.* 2006/3, p. 27, obs. Voinot; *Act. proc. coll.* 2006/10, nº 118, note Régnaut-Moutier; *JCP E* 2006. 2438, p. 1690, note Garçon; *Rev. proc. coll.* 2006/4, p. 357, nº 4, obs. Lebel; *Defrénois* 2006/24, Chron. 38507, p. 1904, nº 3, note Gibirila; *Rev. proc. coll.* 2009/2, p. 45, nº 54, note Lisanti; *JCP N* 2006, nº 49, p. 2140, note Vauvillé; *LXB* nº N0179AL, note Le Corre.
10. Lienhard, obs. ss Com. 3 mai 2006, nº 04-10.115, *Bull. civ.* IV, nº 109; nº 555 FS-P+B+I+R; *D.* 2006. AJ 1368.
11. Lucas, obs. ss Com. 3 mai 2006, nº 04-10.115, *Bull. civ.* IV, nº 109; nº 555 FS-P+B+I+R; *D.* 2006. pan. 2253.
12. L. nº 2006-728, 23 juin 2006, *JO* 24 juin, p. 9513.
13. L. nº 2005-845, 26 juill. 2005, préc.
14. Obs. Voinot, *Gaz. proc. coll.* 2006/3, p. 27 – *Adde*, Béhar-Touchais, « La renonciation frauduleuse à une succession », Mél. Champenois, Defrénois, 2012, p. 17.
15. Rubellin, « Le liquidateur ne peut plus combattre la renonciation du débiteur à une succession bénéficiaire », *BJE* 2016, 10.

échus sur succession après l'ouverture ou le prononcé de la liquidation judiciaire (v. ss no 552.21).

De même, un bien affecté par une clause d'inaliénabilité ne peut être appréhendé par la liquidation, l'action en autorisation judiciaire d'aliéner étant exclusivement attachée à la personne du débiteur donataire[1] (v. ss no 581.41).

Identiquement, le débiteur dessaisi qui prétend bénéficier de la suspension provisoire des poursuites prévue par l'article 100 de la loi du 30 décembre 1997[2] invoque un droit attaché à sa personne qu'il peut opposer au liquidateur[3] (v. ss no 211.81).

La solution s'impose aussi s'agissant des actions en justice. De cette règle, il résulte que si une action en justice a été introduite contre le débiteur avant l'ouverture de la procédure de liquidation judiciaire, cette dernière ne constitue pas une cause d'interruption de l'instance[4], puisque l'action ne nécessite pas la présence du liquidateur.

Est attachée à la personne du débiteur, le droit de se défendre dans une action en justice engagée pour faire respecter une servitude de passage préexistante[5].

De même, l'instance en fixation de la créance introduite en sauvegarde ou en redressement judiciaire nous semble devoir être interrompue par l'effet de la résolution du plan de continuation, de sauvegarde ou de redressement et l'ouverture subséquente de la liquidation judiciaire. Même si le débiteur dispose d'un droit attaché à sa personne, l'instance ne peut être régulièrement poursuivie que si le liquidateur est présent à l'instance. Ne peut en conséquence être suivie, la solution posée par une cour d'appel ayant considéré que le prononcé de la liquidation judiciaire en cours d'instance ne faisait pas obstacle à la péremption d'instance[6].

Toujours en vertu d'un droit attaché à sa personne, le débiteur peut faire valoir seul ses droits dans des actions en diffamation[7], cependant que le produit de l'action sera attribué à la liquidation judiciaire[8] (v. ss no 552.34).

Identiquement, échappe au dessaisissement la demande en réparation du préjudice lié aux difficultés de santé du débiteur[9]. Il en est de même de l'action en nullité d'un contrat pour insanité d'esprit (C. civ., art. 414-2)[10].

De la même façon, il peut, semble-t-il, introduire une action en responsabilité, si elle est fondée sur un préjudice moral[11].

Les droits patrimoniaux à caractère alimentaire étant également des droits attachés à la personne du débiteur, ils échappent au dessaisissement (v. ss no 552.35).

De même, le débiteur peut seul demander des délais pour libérer le logement familial[12] ou exercer un recours contre une décision d'expulsion du logement d'habitation[13], ces questions mettant en jeu l'appréciation d'éléments personnels et moraux. L'instance en liquidation d'astreinte provisoire tendant à obtenir l'expulsion d'un débiteur en liquidation judiciaire d'un immeuble d'habitation sur lequel il dispose d'un droit de jouissance attaché à sa personne ne relève pas du dessaisissement. Il en résulte que la condamnation personnelle du débiteur peut intervenir, s'agissant d'une créance postérieure[14].

Il peut aussi obtenir la suspension des effets de la clause résolutoire insérée au bail d'habitation[15].

1. Com. 9 nov. 2004, no 02-18.617, *Bull. civ.* IV, no 191; *D.* 2004. AJ 3068, obs. Lienhard; *D.* 2005. Pan. 295, obs. Le Corre; *Act. proc. coll.* 2004, no 244, obs. Regnaut-Moutier; *JCP E* 2005, no 17, p. 707, obs. M. Cabrillac; *Rev. proc. coll.* 2005. 54, obs. Dumont; *JCP* 2005. I. 147, no 3, obs. M. Cabrillac; *JCP N* 2005. 1201, obs. Vauvillé; *AJ fam.* 2005. 67, obs. Bicheron; *Dr. fam.* 2005, no 15, note Beignier; *LPA* 13 avr. 2005, note Lucas – Civ. 1re, 4 juill. 2006, no 04-12.350, *Bull. civ.* I, no 344, *D.* 2006. IR 2275; *Act. proc. coll.* 2006, no 183, obs. Vallansan; *JCP E* 2007, no 1, p. 22, obs. M. Cabrillac; *Rev. proc coll.* 2006. 358, obs. Lebel; *JCP* 2007. I. 113, no 7, obs. M. Cabrillac; *RJPF* 2006-11/45, obs. J. Casey – Civ. 1e, 4 juill. 2006, no 04-12.85, *Bull. civ. I, no 345.*
2. L. no 97-1269, 30 déc. 1997, *JO* 31 déc., p. 19261.
3. Com. 13 nov. 2001, no 98-19.113, NP; *Act. proc. coll.* 2002/2, no 25 – Civ. 1re, 8 janv. 2002, no 99-21.217, *Bull. civ.* I, no 5; *Act. proc. coll.* 2002/5, no 66.
4. Com. 26 mai 1998, no 95-19.996, *Bull. civ.* IV, no 166; *RTD com.* 1999. 210, obs. Vallens.
5. Com. 1er avr. 2014, no 13-15.457, NP; no 336 F-D.
6. Aix-en-Provence, 8e ch. C, 29 nov. 2007, *Rev. proc. coll.* 2008/3, p. 54, no 132, note approb. O. Staes.
7. Paris, 1re ch. A, 16 oct. 2000, *JCP E* 2000, pan. 1789; *D.* 2001. jur. 1167, note J. Ravanas; *Rev. proc. coll.* 2003/1, p. 14, no 14, obs. Lebel.
8. Paris, 1re ch. A, 16 oct. 2000, *JCP E* 2000, pan. 1789; *D.* 2001. jur. 1167, note J. Ravanas; *Rev. proc. coll.* 2003/1, p. 14, no 14, obs. Lebel.
9. Civ. 1re, 4 juin 2014, no 13-14.413, NP.
10. Sol. L. 25 janv. 1985, Com. 16 déc. 2014, no 13-21.479, *Bull. civ.* IV [à paraître]; no 1135 FS-P+B; *BJE* 2015, 92, note Mathieu; *Act. proc. coll.* 2015/3, comm. 48, note Fin-Langer; *RTD com.* 2015. 160, no 8, obs. J.-L. Vallens; *JCP E* 2015, 1068, note Lebel; *Gaz. Pal.* 2015, jur. 333, note Douville; *Dr. et patr.* sept. 2015, no 250, chron. 92, no 3, note Monsérié-Bon.
11. Com. 13 févr. 2007, no 05-12.471, NP; no 222 F-D.
12. Rouen, ch. appels prioritaires, 3 avr. 2001, *RJDA* 2002/1, no 74, p. 55.
13. Com. 12 mai 2009, no 08-12.053, NP; no 437 F-D; Gaz. *proc. coll.* 2009/3, p. 23, note Voinot; *Rev. proc. coll.* 2010/3, comm. 144, note Dumont-Lefrand – Paris, 22 févr. 1995, *RJDA* 1995, no 899 – Orléans, ch. éco. et fin., 3 mai 2001, *RJDA* 2001/7, no 792 – Nancy, 1re ch. civ., 23 sept. 2002, *RD banc. fin.* 2004/1, p. 30, no 32, obs. Lucas.
14. Com. 17 févr. 2015, no 13-24.630, NP; no 196 F-D; *BJE* juill. 2015, 220, note Jazottes.
15. Colmar, 3e ch. A, 14 déc. 2009, RG no 03A08/01394, *Rev. proc. coll.* 2010/5, comm. 183, note Berthelot.

Le droit de préférence stipulé dans un bail d'habitation et la faculté de substitution dans l'exercice de ce droit sont également attachés à la personne du débiteur[1]. Toutefois, l'autorité de chose jugée attachée à une décision ayant jugé de manière irrévocable que ce droit est de nature patrimoniale le fait tomber dans le périmètre du dessaisissement[2].

De la même façon, il y a dérogation au principe du dessaisissement en présence d'un droit de mise à disposition conféré par l'article L. 411-37 du Code rural au profit du preneur à bail, ce droit étant analysé comme un droit extra-patrimonial[3], à l'identique de la solution posée pour l'action en reconnaissance du bail rural[4]. Si l'action en contestation du congé délivré par le bailleur échappe au dessaisissement, en revanche, le liquidateur doit être appelé à toute instance engagée à l'encontre du débiteur qui concerne ses intérêts patrimoniaux, ce qui est le cas du bail rural qui constitue l'un des éléments essentiels d'une entreprise agricole[5].

Il a encore été jugé que la demande d'expulsion d'un bien rural exploité par un agriculteur n'est pas une action exclusivement attachée à la personne du débiteur. Il n'est donc pas recevable à s'y opposer sans l'intervention de son liquidateur[6].

Le droit de préemption du preneur à bail, en ce qu'il est par principe incessible (C. rur., art. L. 411-74), n'a pas de valeur patrimoniale. S'agissant d'un droit extra-patrimonial, le preneur à bail est autorisé à exercer seul des recours à l'encontre de décisions portant sur cette question[7].

Il a aussi été jugé que le preneur à bail rural ne pouvait seul mettre les biens loués à disposition d'une société, puisqu'il reste seul titulaire du droit[8].

La perte de chance d'exploiter un fonds de commerce rentable, liée à des désordres affectant l'immeuble d'exploitation, ne représente pas en elle-même, un droit attaché à la personne du débiteur[9].

Encore que la solution contraire ait été posée[10], l'action tendant à l'annulation d'un contrat de location-gérance fondée sur un vice du consentement – le débiteur n'étant pas sain d'esprit – semble échapper à la notion d'action personnelle.

Le droit de rachat d'une assurance sur la vie peut quant à lui être exercé seul par le débiteur, puisqu'il s'agit d'un droit exclusivement attaché à la personne du souscripteur. La solution, rendue sous l'empire de la loi du 13 juillet 1967[11], a été reconduite sous l'empire de la loi du 25 janvier 1985 et est transposable, sous l'empire de la loi de sauvegarde des entreprises[12]. Il en est tiré la conséquence que le paiement effectué à ce titre par l'assureur au débiteur est libératoire[13]. Mais cela ne signifie pas que, une fois le versement effectué entre les mains du débiteur, les sommes échapperont à la procédure[14]. Au contraire, elles sont alors frappées par l'effet réel de la procédure collective, ce qui autorise le liquidateur à les appréhender entre les mains du débiteur.

Le débiteur dispose d'un droit personnel à invoquer la prescription acquise; symétriquement, il a seul qualité à y renoncer[15].

Le salarié conserve l'exercice des actions liées à son contrat de travail, celles-ci étant considérées comme un droit exclusivement attaché à la personne[16]. Il en est ainsi, par exemple, de l'action relative à la reconnaissance de l'existence d'un contrat de travail[17], celle destinée à obtenir la requalification d'un contrat de franchise en un contrat de travail[18], ou encore celle tendant à être reconnu créancier de salaires et d'indemnités[19], celle ten-

1. Com. 31 mai 2011, nº 10-18.311, NP; nº 531 F-D.
2. Com. 31 mai 2011, nº 10-18.311, NP; nº 531 F-D.
3. Douai, 5 janv. 1995, *Rev. proc. coll.* 1997, 485, nº 9, obs. Canet.
4. Civ. 3e, 7 avr. 2004, nº 02-19.520, *Bull. civ.* III, nº 78; *D.* 2004. AJ 1236, obs. Lienhard, *Act. proc. coll.* 2004/9, nº 117; *Dr. et patr.* juill.-août 2004. 100, obs. Barbièri.
5. Paris, pôle 4, 9e ch., 12 mai 2011, RG nº 10/07430, *Rev. proc. coll.* 2011, comm. 211, note Lebel.
6. Paris, 14e ch. B, 11 juin 2004, RG nº 2003/13635.
7. Civ. 3e, 7 avr. 2004, nº 02-19.520, *Bull. civ.* III, nº 78; *D.* 2004. AJ 1236, obs. Lienhard; *Act. proc. coll.* 2004/10, nº 127, note Roussel Galle.
8. Com. 9 janv. 2001, nº 96-20.161, *Bull. civ.* IV, nº 3; *D.* 2001. AJ 630, obs. Lienhard; *Act. proc. coll.* 2001, nº 39, obs. Vallansan; *JCP E* 2001, nº 18, p. 750, obs. M. Cabrillac; *Ann. Loyers* 2002. 565, obs. Delattre.
9. AINSI : Com. 8 janv. 2008, nº 06-16.815, NP; nº 11 F-D.
10. Chambéry, 21 mai 2013, RG nº 13/00250, *Act. proc. coll.* 2014/3, comm. 47.
11. Com. 25 oct. 1994, nº 90-14.316, *Bull. civ.* IV, nº 311; *Rev. huissiers* 1995. 447, note D. Vidal.
12. Com. 11 déc. 2012, nº 11-27.437, *Bull. civ.* IV, nº 225; nº 1234 F-P+B; *Gaz. Pal.* 1er mai 2013, nº 121, p. 22, note Voinot; *Act. proc. coll.* 2013/3, comm. 30, note Borga; *JCP E* 2013, Chron. 1216, nº 4, obs. Pétel; *Leden* janv. 2013, p. 4, obs. Ribellin; *Rev. proc. coll.* 2013, comm. 95, note Dumont-Lerand; *Dr. et patr.* sept. 2013, p. 54, nº 007, note Saint-Alary-Houin.
13. Com. 11 déc. 2012, nº 11-27.437, préc.
14. Borga, note ss Com. 11 déc. 2012, nº 11-27.437, *Bull. civ.* IV, nº 225; nº 1234 F-P+B; préc., *Act. proc. coll.* 2013/3, comm. 30.
15. Com. 2 oct. 2012, nº 11-21.592, NP, *BJE* janv. 2013, comm. 3, note Benilsi.
16. Soc. 13 nov. 2001, nº 99-46.261, NP, *Act. proc. coll.* 2002/2, nº 26; *Rev. proc. coll.* 2003, p. 108, nº 10, obs. S. Gorrias – Soc. 12 juin 2002, nº 00-40.205, NP; *Act. proc. coll.* 2002/17, nº 227 – Soc. 31 janv. 2012, nº 10-21.106, NP; nº 283 F-D; *BJE* mai 2012, comm. 73, p. 154, note Daudet.
17. Soc. 13 juill. 2004, nº 02-43.444, *Bull. civ.* V, nº 217; *D.* 2004. AJ 2157; *Rev. proc. coll.* 2006/1, p. 56, nº 16, obs. Lebel.
18. Aix-en-Provence, 17e ch., 2 oct. 2006, *D.* 2007. AJ 313, obs. Lienhard.
19. Soc. 18 janv. 2005, nº 02-46.097, NP.

dant à la condamnation de l'employeur à lui payer une somme au titre de l'indemnité transactionnelle, subsidiairement à voir prononcer la résolution judiciaire de la transaction et à faire juger le licenciement abusif[1], alors pourtant que le caractère patrimonial de ces dernières actions n'est guère discutable. De la même façon, le débiteur peut introduire seul contre son employeur une action en nullité de son contrat de travail du fait d'une clause de non-concurrence[2].

De même, le caractère personnel attaché aux sanctions prononcées par la Commission des opérations de bourse (COB) implique que leur contestation soit exclusivement réservée au débiteur sanctionné en liquidation[3]. Ne peut être cependant suivie la décision qui fonde le droit du débiteur à recourir contre les décisions de l'AMF, et par voie de conséquence l'irrecevabilité du recours émanant du liquidateur, sur la notion de droit propre[4], là où faut plutôt voir un droit personnel, les décisions de l'AMF présentant la nature de sanctions.

Enfin, le fonctionnement démocratique des personnes morales échappe au dessaisissement (v. s[s] n° 552.36).

552.34 Constitution de partie civile et défense à une action publique. Par dérogation à la règle du dessaisissement, l'alinéa 2 de l'article L. 641-9, I du Code de commerce prévoit que le débiteur peut seul se constituer partie civile, s'il est victime d'un crime ou d'un délit. Cette solution est parfaitement logique puisqu'une telle faculté est constitutive d'un droit attaché à la personne du débiteur.

Dès lors que l'action est ouverte au débiteur, il faut identiquement l'ouvrir au profit du liquidateur, qui le représente du fait du dessaisissement. Cependant, s'agissant d'un droit personnel au débiteur, si ce dernier est une société dissoute, un mandataire *ad hoc* devra être nommé. Tel était systématiquement le cas avant la loi de sauvegarde des entreprises[5], en cas de liquation judiciaire de la société débitrice[6] (v. s[s] n° 553.21).

Il faut toutefois réserver des législations spéciales qui ne confèrent l'action qu'à des personnes déterminées. Il en est ainsi de l'action en contrefaçon, qui ne peut être exercée que par les propriétaires et les titulaires d'un droit exclusif sur la marque. Il en résulte que le liquidateur ne peut se constituer partie civile dans l'action engagée contre les dirigeants pour contrefaçon, lorsque le contrefacteur est la société débitrice[7].

En l'état du droit antérieur à la loi de sauvegarde des entreprises, l'intervention du débiteur dessaisi, en application de l'article L. 622-9 alinéa 2 du code de commerce, était limitée au seul déclenchement de l'action publique, le débiteur ne pouvant solliciter une indemnisation[8].

L'article L. 641-9, I alinéa 2 du code, dans la rédaction que lui donne la loi de sauvegarde des entreprises, supprime la réserve selon laquelle le débiteur devait limiter son action à la poursuite de l'action publique sans solliciter de réparation civile. En effet, cette réserve est apparue « peu justifiée »[9]. En conséquence, désormais, non seulement le débiteur pourra se constituer partie civile, mais, en outre, demander une indemnisation.

Toutefois, la Chambre criminelle juge que le débiteur ne peut seul se contenter de réclamer les intérêts civils[10]. Autrement dit, il peut seul se constituer partie civile dans le but d'établir la culpabilité de l'auteur d'un crime ou d'un délit ont il serait victime, mais il ne peut seul se contenter de demander des intérêts civils. La question se pose spécialement en cas d'exercice d'une voie de recours. Le débiteur ne peut seul former un pourvoi en cassation en se contentant de demander des intérêts civils, cette action étant de nature patrimoniale.

Le texte reste cependant muet sur le sort des dommages et intérêts qui seront éventuellement accordés. Échapperont-ils également au dessaisissement ? Faute de précision, une réponse positive est tentante. Dès lors que l'action échappe au dessaisissement, il faudrait, par symétrie, décider que le produit de cette action échappe identiquement au dessaisissement. C'est en ce sens que pourraient être compris les propos tenus dans le rapport établi au nom de la commission des lois du Sénat dans lequel on lit que « il s'agit de favoriser le débiteur victime d'une infraction pénale, en prévoyant, dans cette

1. Soc. 31 janv. 2012, n° 10-21.106; n° 283 F-D; préc.
2. Soc. 31 janv. 2001, n° 98-44.877, *Bull. civ.* V, n° 29; *Act. proc. coll.* 2001/6, n° 80, obs. B. Saintourens; *D.* 2001. AJ 2404, note O. Lacamp-Leplaë.
3. Com. 11 juill. 2006, n° 05-13.047, *Bull. civ.* IV, n° 169 n° 1017 FS-P+B; *D.* 2006. AJ 2036, obs. Lienhard; *Rev proc. coll.* 2006/4, p. 358, n° 6, obs. Lebel; *Dr. société* 2006, n° 166, note T. Bonneau – Paris, 1re ch. H., 8 jui 2004, *Act. proc. coll.* 2004/16, n° 202, note C. Régnau Moutier.
4. Paris, pôle 5, 7e ch., 30 janv. 2014, RG n° 2012/1661 *JurisData* 001668.
5. L. n° 2005-845, 26 juill. 2005, préc.
6. Douai, 6e ch. corr., 2 mars 2006, *D.* 2006. AJ 981, o Lienhard.
7. Crim. 31 janv. 2006, n° 05-83.050, *Bull. crim.* n° 29; n° 743 F-P+F; *D.* 2006. AJ 982, obs. Lienhard; *Act. proc. coll.* 2006/7, n° 83, note Alleaume; *Gaz. proc. coll.* 2006/2, p. 54, obs. Robaczewski.
8. Crim. 21 mars 2000, n° 99-85.566, *Bull. crim.* n° 123; *D.* 2000. AJ 280, obs. Lienhard; *RTD com.* 2000. 729, obs. Vallens; *RJDA* 2001/1, n° 54.
9. *Rapp. Xavier de Roux*, n° 2095, p. 637.
10. Crim. 9 mars 2015, n° 14-86.631, *Bull. crim.* [à paraître]; *Gaz. Pal.* 12 avr. 2016, n° 14, p. 66, note Voinot.

hypothèse, une exception au dessaisissement »[1]. La doctrine est toutefois majoritairement en sens contraire, estimant qu'il faut déconnecter le droit d'action du sort du produit de l'action, ce dernier étant collectif[2], sous réserve d'une infraction à caractère personnel très marqué[3].

Ainsi, le liquidateur n'aura plus qualité à intervenir dans le cadre de la constitution de partie civile lorsque le débiteur est la victime.

De même, dans le cadre d'une mise en examen, le débiteur peut seul décider de la constitution d'un cautionnement afin d'éviter un placement judiciaire[4].

Symétriquement, les poursuites pénales contre le débiteur sont en dehors du domaine du dessaisissement. Il en résulte que le principe de la contradiction doit être respecté à l'égard du débiteur dessaisi[5].

La défense à l'action publique est un droit attaché à la personne du débiteur en liquidation judiciaire, qui ne peut donc être exercée par son liquidateur. Seul le débiteur peut en conséquence être cité, non son liquidateur[6]. Avant la loi de sauvegarde des entreprises, le dirigeant social n'était plus maintenu en fonction en cas de liquidation judiciaire, du fait de la dissolution de la société qu'elle entraînait. Il en résultait l'obligation de faire nommer un mandataire *ad hoc* pour représenter la société débitrice poursuivie au pénal[7]. La loi du 26 juillet 2005 a modifié la solution (v. s[s] nº 553.22).

552.35 Exclusion du dessaisissement des droits patrimoniaux à caractère alimentaire. Malgré le silence des textes régissant les procédures collectives, et bien qu'il s'agisse de droits patrimoniaux, les indemnités et créances à caractère alimentaire doivent être exclues du domaine du dessaisissement[8], le contraire ayant cependant aussi été jugé[9]. La solution est fondée sur le caractère insaisissable des créances alimentaires au regard de l'article 14 de la loi du 9 juillet 1991[10], réformant les voies d'exécution.

Il a spécialement été jugé que la prestation compensatoire versée à l'ex-époux débiteur n'est pas saisissable[11], du fait de son caractère tout à la fois indemnitaire et alimentaire. Elle échappe donc aux poursuites des créanciers. De même, si le créancier de la pension alimentaire est l'ex-époux en redressement ou en liquidation judiciaire, la pension ne profitera pas aux créanciers. Elle reste un droit attaché à la personne du débiteur, insaisissable par ses créanciers. La mise en redressement ou en liquidation judiciaire du débiteur devrait d'ailleurs conduire à une augmentation de celle-ci puisque ses revenus s'en trouveront affectés.

Il existe ainsi une équation du droit des procédures collectives entre dessaisissement et biens saisissables.

Lorsque la créance est partiellement saisissable, le dessaisissement s'appliquera à la fraction saisissable, non à la fraction insaisissable. La solution a été posée en matière de saisie des rémunérations[12].

Avant d'écarter des sommes du rayon du dessaisissement, la juridiction devra caractériser le caractère alimentaire des sommes litigieuses. Le seul fait qu'une indemnité soit attachée à la personne, telle celle allouée à la victime d'un accident, sera insuffisant[13].

552.36 Représentation d'une personne morale par une personne dessaisie. La représentation d'une personne morale par une personne dessaisie peut

1. *Rapp. J.-J. Hyest*, nº 335, p. 374.
2. Souweine, « Action civile et procédures collectives après la loi du 26 juillet 2005 », *D.* 2006. Doctr. 501 s., sp. 511, nº 41 – Deleneuville, « La constitution de partie civile de la victime en liquidation judiciaire », *D.* 2006. Chron. 1233, nº 5 – PÉROCHON, 10e éd., nº 1166, note 80 – JACQUEMONT 7e éd., nº 838 – SAINT-ALARY-HOUIN, 9e éd., nº 1217 – LE CANNU, 7e éd., nº 1135 – J.-CL. COM. Vallansan et Beaubrun fasc. 2702, [Liquidation judiciaire – Régime – Conséquences de l'ouverture de la procédure – Administration de l'entreprise – Liquidation judiciaire simplifiée], 2007, nº 41
3. Souweine, « Action civile et procédures collectives après la loi du 26 juillet 2005 », *D.* 2006. Doctr. 501 s., sp. 511, nº 41 – Martello, « L'action civile dans les procédures collectives », *LPA* 28 nov. 2008, nº 239, p. 15 s., sp. p. 17, nº 13.
4. Crim. 29 juin 1994, nº 94-81.946, *Bull. crim.* nº 259; *D.* 1995. Somm. 27, obs. Honorat; *Bull. Joly* 1994. 847, note Jeantin – Crim. 29 avr. 1996, nº 95-85.159, *Bull. crim.* nº 171; *RJDA* 1996/12, nº 1548, p. 1080.
5. Crim. 1er mars 2000, nº 99-82.532, *Bull. crim.* nº 99; *RTD com.* 2000. 730, obs. Vallens.
6. Crim. 10 févr. 2010, nº 08-87.357, *Bull. civ.* IV, nº 22; FS-P+F; *D.* 2010. AJ 651, note Lienhard; *Gaz. Pal. entr. diff.* 2-3 juill. 2010, n°s 183, 184, p. 46, note Robaczewski; *Act. proc. coll.* 2010/7, nº 99, note Cagnoli; *JCP E* 2010, Chron. 1742, nº 8, note M. Cabrillac; *Rev. proc. coll.* 2010/5, comm. 181, note Berthelot; *Dr. sociétés* 2010, comm. 211, note Legros; *Bull. Joly* 2010, comm. 142, note Mouial-Bassilana; *RTD com.* 2010. 815, nº 1, obs. Bouloc.
7. Crim. 10 févr. 2010, nº 08-87.357, préc.
8. Com. 5 févr. 2002, nº 99-11.903, *Bull. civ.* IV, nº 28; *D.* 2002. AJ 887; *Dr. et patr.* 2002, nº 106, p. 107, obs. Monsérié-Bon; *Rev. proc. coll.* 2002, p. 257, obs. Lebel; *Act. proc. coll.* 2002, nº 88, obs. J. Vallansan; *Procédures* 2002, nº 98, obs. Laporte; *RJ com.* 2003, nº 1622, note Sortais.
9. Paris, 1re ch. A, 4 juill. 2000, *D.* 2000. jur. 398.
10. L. nº 91-650, 9 juill. 1991, *JO* 14 juill., p. 9228.
11. Civ. 2e, 27 juin 1985, nº 84-14.663, *Bull. civ.* II, nº 131; *D.* 1986. 230, note Philippe; *RTD civ.* 1987. 298, obs. Rubellin-Devichi.
12. Com. 11 juill. 1995, nº 93-13.195, *Bull. civ.* IV, nº 209; *D.* 1996. Somm. 83, obs. Honorat.
13. Com. 5 févr. 2002, nº 99-11.903, *Bull. civ.* IV, nº 28; *D.* 2002. AJ 887; *Act. proc. coll.* 2002/7, nº 88, obs. J. Vallansan; *RJ com.* 2003, nº 1622, note Sortais; *Dr. et patr.* 2002, nº 106, p. 107, obs. Monsérié-Bon; *Rev. proc. coll.* 2002, p. 257, obs. Lebel.

faire difficulté. En effet, il se peut que les décisions à prendre aient des incidences patrimoniales.

Bien que la solution ne soit pas unanimement retenue en jurisprudence [1], il est fermement jugé par la Cour de cassation que la représentation d'une personne morale par une personne dessaisie n'est pas soumise au dessaisissement [2], car elle est de nature extrapatrimoniale. L'analyse rend possible, par exemple, la signification d'une décision au débiteur, pris en sa qualité de gérant d'une société [3]. Elle autorise aussi la condamnation au paiement d'une personne envers une société, dont le gérant est en liquidation judiciaire, sans qu'il soit besoin de faire intervenir son liquidateur pour le représenter [4]. De même, dans la mesure où le dessaisissement ne porte pas sur les droits attachés à la personne du débiteur, ce dernier, associé d'une société civile, conserve l'exercice de ses droits d'associé. Il en résulte que le liquidateur n'a pas qualité pour exercer les actions liées à la qualité d'associé ou de gérant, non plus que de participer aux décisions collectives [5].

La conservation de l'exercice des droits d'associés n'interdit toutefois pas au liquidateur d'un associé d'agir contre la société en remboursement du compte courant d'associé, action qui n'est pas liée à la qualité d'associé, mais qui tend au recouvrement d'une créance et est donc soumise au dessaisissement [6].

Il résulte de l'absence de soumission de la représentation d'une personne morale aux règles du dessaisissement que le liquidateur est sans qualité à demander la désignation d'un administrateur provisoire au motif que son représentant est en liquidation judiciaire [7]. Pourtant, la Cour de cassation a cru devoir admettre l'intérêt et la qualité à agir d'une personne physique placée en liquidation judiciaire, représentant légal d'une société elle-même en liquidation judiciaire, pour solliciter la nomination d'un mandataire *ad hoc* à l'effet de contester une créance déclarée au passif de la société [8].

552.37 Exclusion du dessaisissement des droits propres. Le débiteur conserve, nonobstant le dessaisissement qui l'atteint, qualité pour faire valoir ses droits propres. Ces derniers permettent au débiteur dessaisi de participer à la procédure. Si les droits propres résultaient à l'origine d'une création purement prétorienne, une grande partie d'entre eux connaît aujourd'hui une assise textuelle.

Ne rentre pas dans la catégorie des droits propres, la demande de reconnaissance d'une créance de salaire différé à l'égard de la succession [9]. Il n'est pas ici question d'une action directement en lien avec la procédure collective, puisque l'action du liquidateur est dirigée contre la succession, ce qui semble de nature à justifier la solution posée par la Cour de cassation [10].

Le débiteur dispose ainsi d'un droit propre pour solliciter la clôture de sa procédure [11]. La violation du droit du débiteur à être jugé dans un délai raison-

1. AINSI : Bordeaux, 14 nov. 2002, *Dr. sociétés* 2004, comm. 56, note Lucas; *Rev. proc. coll.* 2004, p. 261, nº 10, obs. Lebel – Colmar, 1re ch. A, 3 févr. 2009, *Act. proc. coll.* 2009/16, nº 252.
2. Com. 27 nov. 2001, nº 97-22.086, *Bull. civ.* IV, nº 189; *D.* 2002. AJ 92, obs. Lienhard; *JCP E* 2001, pan. p. 1980; *Act. proc. coll.* 2002/1, nº 12, obs. Vallansan; *JCP E* 2002, Chron. 763, p. 805, nº 5, obs. Pételं; *Bull. Joly* 2002, nº 44, p. 212, note Sénéchal; *RD banc. fin.* 2002/2, nº 65, p. 81, obs. Lucas – Com. 15 févr. 2005, nº 03-10.894, NP – Civ. 3e, 19 déc. 2007, nº 06-18.811, *Bull. civ.* III, nº 1; nº 1260 FS-P+B; *D.* 2008. AJ 159; *Gaz. proc. coll.* 2008/, p. 24, nº 2, note Voinot; *Bull. Joly* avr. 2008, p. 321, § 6, note Voinot; *Dr. sociétés* 2008/4, p. 23, nº 75, note Legros – Angers, 1re ch. A, 15 janv. 2008, RG nº 07/01906, *Act. proc. coll.* 2008/17, nº 271.
3. Civ. 3e, 19 déc. 2007, nº 06-18.811, *Bull. civ.* III, nº 19, nº 1260 FS-P+B; *D.* 2008. AJ 159; *Gaz. proc. coll.* 2008/2, p. 24, nº 2, note Voinot; *Bull. Joly* avr. 2008, p. 321, § 69, note Voinot; *Dr. sociétés* 2008/4, p. 23, nº 75, note Legros.
4. Com. 19 juin 2012, nº 11-19.775, *Bull. civ.* IV, nº 128; nº 716 F-P+B; *D.* 2012. Actu 1671, note Lienhard; *Gaz. Pal. entr. diff.* 13 oct. 2012, nº 286, p. 28, note Voinot; *Act. proc. coll.* 2012/13, comm. 194, note Régnaut-Moutier; *Rev. sociétés* 2012, 532, note Henry; *Dr. sociétés* 2012, comm. 171, note Legros; *Bull. Joly* oct. 2012, comm. 403, note Lucas; *LPA* 8 mai 2013, nº 92, p. 14, note Tabourot-Hyest.
5. Com. 18 oct. 2011, nº 10-19.647, *Bull. civ.* IV, nº 163; nº 1020 FS-P+B; *D.* 2011. actu 2592, note Lienhard; *D.* 2012. 593, note Dondéro; *Act. proc. coll.* 2011/18, comm. 277, note Vallansan; *JCP E* 2011, Chron. 1000, nº 4, obs. Pétel; *JCP E* 2012. 1018, note Lebel; *BJE* mars 2012, comm. 55, p. 82, note Coquelet; *Rev. sociétés* 2012. 250, note Saintourens et Duprat; *LPA* 27 juin 2012, nº 128, p. 17, note Boillot.
6. Com. 23 sept. 2014, nos 12-29.262, 13-15.437, *Bull. civ.* IV [à paraître]; nº 832 F-P+B; *Rev. sociétés* 2014. 754, note Henry; *Act. proc. coll.* 2014, comm. 319, note Pagnucco; *Rev. sociétés* 2015. 124, note Saintourens; *RTD com.* 2015. 125, nº 2, obs. Monsérié-Bon; *Rev. proc. coll.* 2015, comm. 43, note Reille; *Dr. sociétés* 2015, comm. 35, note Legros – Bordeaux, 2e civ., 17 déc. 2013, RG nº 11/00667, *Rev. proc. coll.* 2015, chron. 1, nº 12, note Raffray.
7. Com. 27 nov. 2001, nº 97-22.086, *Bull. civ.* IV, nº 189; *D.* 2002. AJ 92, obs. Lienhard; *JCP E* 2001, pan. p. 1980; *Act. proc. coll.* 2002/1, nº 12, obs. Vallansan; *JCP E* 2002, Chron. 763, p. 805, nº 5, obs. Pétel; *Bull. Joly* 2002, nº 44, p. 212, note Sénéchal; *RD Banc. fin.* 2002/2, nº 65, p. 81, obs. Lucas.
8. Com. 4 juin 2013, nº 12-13.629, NP; nº 583 F-D.
9. Com. 11 juin 2014, nº 12-28.769, *Bull. civ.* IV, nº 101; nº 689 F-P+B; *BJE* 2014, 299, note Le Mesle; *JCP E* 2014, 1?0, note Lebel; *Rev. proc. coll.* 2015, comm. 23, note Berthelot; *Defrénois* 2015, 244, note Vauvillé.
10. Le Mesle, note ss Com. 11 juin 2014, nº 12-28.769, préc.
11. Com. 5 mars 2002, nº 98-22.646, *Bull. civ.* IV, nº 47; *D.* 2002. AJ 1422; *JCP E* et *A* 2002, Chron. 1380, p. 1523, nº 6, obs. M. Cabrillac; *Dr. et patr.* 2002, nº 108, p. 112, obs. Monsérié-Bon; *Procédures 2002,* nº 122, note Laporte; *RD banc. fin.* 2002, nº 104, obs. Lucas; *RTD com.* 2002. 378, obs. Vallens.

nable et de celle qui en résulte de son droit d'administrer ses biens et d'en disposer, n'est pas sanctionnée par la clôture de la procédure de liquidation des biens, mais lui ouvre l'action en réparation prévue à l'article L. 141-1 du code de l'organisation judiciaire qu'il peut exercer au titre de ses droits propres [1], solution posée à la suite d'un revirement de jurisprudence (v. s[s] n° 552.22).

Il a également un droit propre à contester la transaction passée entre son liquidateur et son épouse [2].

Il peut aussi défendre à une action en justice introduite contre lui par le liquidateur [3]. La solution s'impose, dans la mesure où le liquidateur ne peut agir contre le débiteur dans le cadre de sa mission de défense de l'intérêt collectif des créanciers, tout en ayant un monopole de représentation du débiteur. Les deux « casquettes » sont ainsi inconciliables, le respect des droits de la défense justifiant la solution.

Le débiteur dont la procédure doit être étendue doit être appelé en la cause, et cela même s'il est en liquidation judiciaire, du fait de son droit propre qui fait échec au dessaisissement. L'absence d'une telle mise en cause pourra justifier l'arrêt de l'exécution provisoire de la décision prononçant l'extension [4].

Identiquement, au titre d'un droit propre, le débiteur en liquidation judiciaire doit être appelé s'il est question de lui étendre une procédure collective.

S'agissant des voies de recours, le principe est celui du droit propre à exercer des recours contre les décisions susceptibles de recours par le débiteur, en vertu des dispositions du livre V du Code de commerce [5]. Tel n'est pas le cas d'une décision déclarant parfaite la vente d'un bien du débiteur, suite à l'assignation lancée contre le liquidateur par l'acquéreur désigné par l'ordonnance du juge-commissaire, peu important que le débiteur ait été attrait dans la procédure en intervention forcée et qu'il ait pu avoir la qualité de partie en première instance [6].

En outre, malgré son droit propre, encore faut-il que le débiteur ait un intérêt au recours, ce qui ne sera pas le cas lorsqu'il s'agit pour le débiteur de contester une décision statuant sur la contrepartie d'un contrat qui n'a fait que l'appauvrir par l'accomplissement de la prestation à sa charge [7].

En application du principe énoncé ci-dessus, les décisions de report de la date de cessation des paiements peuvent faire l'objet d'un recours de la part du débiteur seul (v. s[s] n° 222.36).

Il en est de même des décisions fixant les droits du créancier à l'encontre du débiteur. Il en est tout d'abord ainsi des décisions d'admission au passif [8]. De même, le débiteur, en vertu de son droit propre, peut contester seul l'ordonnance rectificative d'admission d'une créance [9], ainsi que les décisions fixant, après reprise d'instance, la créance au passif [10] – encore que le contraire ait été jugé [11]. Le débiteur peut aussi continuer à défendre à une action en justice introduite contre lui par un créancier avant l'ouverture de la procédure et continuée après jugement d'ouverture pour obtenir la fixation de la créance au passif [12]. Même si le liquidateur refuse de continuer l'instance, le débiteur peut le faire au titre d'un droit propre [13]. L'existence du droit propre du débiteur oblige à l'intimer dans la procédure d'appel, sauf à rendre irrecevable l'appel dirigé par le créancier contre le seul liquidateur [14].

La remise en cause de la décision du premier juge sera poursuivie contre le liquidateur ou en sa présence [15].

1. Com. 16 déc. 2014, n° 13-19.402, *Bull. civ.* IV [à paraître]; n° 1141 FP-P+B+R+I; *D.* 2015. actu 6, note Lienhard; *Act. proc. coll.* 2015, comm. 1, note Pérochon; *BJE* 2015, 90, note Delattre; *RTD com.* 2015. 161, n° 9, obs. J.-L. Vallens; *JCP E* 2015, 1010, note Lebel et chron. 1204, n° 3, obs. Pétel; *Leden* 2015, comm. 012, note Lucas; *LXB hebdo* 22 janv. 2015, n° 598, note Le Corre – Com. 24 mars 2015, n° 14-11.376, NP; n° 305 F-D.
2. Chambéry, ch. com., 4 déc. 2001, *Rev. proc. coll.* 2003/1, p. 9, n° 3, obs. Lebel.
3. Com. 8 juill. 2003, n° 00-12.744, *Bull. civ.* IV, n° 123; *D.* 2003. AJ 2238; *D.* 2004. Somm. 56, obs. Lucas; *Act. proc. coll.* 2003/14, n° 185, note Régnaut-Moutier; *Rev. proc. coll.* 2005/1, p. 63, n° 19, obs. Rubellin; *Act. proc. coll.* 2003, n° 213, obs. Vallansan; *Dr. sociétés* 2004, n° 80, note Legros – Com. 16 oct. 2007, n° 06-13.8, NP; n° 1120 F-D.
4. *Aix-en-Provence, ord. réf., 23 nov. 2009, Gaz. Pal.* 2. 237, note B. Brignon.
5. VALLANSAN ET *ALII*, 6e éd., p. 368 – RAPPR. : Saint-Alary-Houin, 9e éd., n° 1220.
6. Civ. 2e, 14 sept. 2006, n° 05-16.821, NP; n° 1346 F-D.
7. Com. 4 janv. 2005, n° 03-17.750, NP.
8. Com. 11 mai 1993, n° 91-12.232, *Bull. civ.* IV, n° 180 – Com. 15 févr. 2000, n° 97-20.749, NP; *Act. proc. coll.* 2000/7, n° 84 – Com. 9 janv. 2001, n° 98-11.121, NP; *Act. proc. coll.* 2001/6, n° 81, obs. Vallansan – Civ. 3e, 17 nov. 2004, n° 03-10.308, *Bull. civ.* III, n° 205; *D.* 2004. AJ 3143, *D.* 2005. pan. 292, obs. Le Corre; *Bull. Joly* 2005/3, p. 362, § 70, note Lucas; *Rev. sociétés* 2005. 690, note Le Corre – Com. 18 sept. 2007, n° 05-16.297, NP; n° 975 F-D.
9. Com. 24 sept. 2003, n° 00-16.738, NP; *Act. proc. coll.* 2003/19, n° 249.
10. Com. 10 janv. 2006, n° 04-16.494, NP; n° 6 F-D – Com. 3 mai 2006, n° 04-20.385, NP; n° 542 F-D – Com. 12 nov. 2008, n° 07-12.914, NP; n° 1159 F-D.
11. Aix-en-Provence, 8e ch. B, 17 sept. 2004, RG n° 2004/471, arrêt cassé par Com. 3 mai 2006, n° 04-20.385, NP.
12. Com. 27 mars 2007, n°s 05-18.159, 06-14.166, NP; n° 563 F-D – Com. 8 sept. 2015, n° 14-14.192, *Bull. civ.* IV [à paraître]; n° 723 F-P+B; *Gaz. Pal.* 19 janv. 2016, n° 3, p. 68, note Voinot; *Act. proc. coll.* 2015/16, comm. 256, note Cagnoli; *Rev. proc. coll.* 2016, comm. 37, note Cagnoli et comm. 52, note Reille.
13. Com. 8 sept. 2015, n° 14-14.192, préc.
14. Com. 31 mai 2016, n° 14-20.882, NP; n° 506 F-D; *Act. proc. coll.* 2016/12, comm. 173, note Vallansan.
15. AINSI : Com. 12 nov. 2008, n° 07-12.914, NP; n° 1159 F-D.

Le débiteur en liquidation judiciaire a également un droit propre à s'opposer à la demande du créancier tendant à la prorogation du délai de vérification des créances[1].

Au contraire, l'action en recouvrement d'une créance ou l'action tendant à la condamnation d'un partenaire contractuel à des dommages et intérêts ne sont pas au rang des droits propres. Il en résulte que le désistement d'une telle action, décidé par le liquidateur, n'a pas besoin d'être accompagné d'un désistement du débiteur, dès lors que ce dernier n'exerce pas un droit propre[2].

Le débiteur, du fait de son droit propre, peut former un recours contre la décision ayant rejeté sa demande d'annulation d'une transaction, formulée avant le jugement d'ouverture, pour défaut de concessions réciproques[3].

Indiquons cependant que, dans un premier temps, la jurisprudence lui avait fermé la voie de recours à l'encontre de la décision statuant sur le relevé de forclusion, pour, dans un second temps, admettre la recevabilité de son recours (v. s[s] n° 665.61).

Toutefois, si l'intéressé, placé en liquidation judiciaire, est créancier, il ne peut exercer de recours contre le rejet de sa créance au passif de son débiteur[4]. Le droit propre, en la matière, n'est attaché qu'à la situation de débiteur, et non à celle de créancier.

La jurisprudence admet également que le débiteur puisse contester seul, au titre d'un droit propre, les décisions du juge-commissaire autorisant la vente de biens lui appartenant[5]. Constitue en conséquence un excès de pouvoir, rendant recevable sous l'empire de la loi du 25 janvier 1985[6], l'appel nullité à l'encontre du jugement, le fait pour les premiers juges d'avoir déclaré irrecevable le recours formé par le débiteur contre l'ordonnance du juge-commissaire autorisant la vente de biens de celui-ci[7]. L'intérêt à agir du débiteur pourra résulter du fait que le juge-commissaire a retenu l'offre d'un moins-disant[8].

En revanche, si la contestation de l'ordonnance du juge-commissaire n'aboutit pas à son infirmation, son caractère définitif empêche ensuite le débiteur de former un dire dans le cadre de la procédure de saisie immobilière[9] ou, depuis la réforme de la saisie immobilière, à former un incident de saisie[10] (v. aussi s[s] n° 582.25). De même, le débiteur ne pourra contester le jugement d'adjudication, au motif qu'il n'avait pas préalablement contesté l'ordonnance du juge-commissaire autorisant la vente[11]. De la même façon, le débiteur dessaisi ne peut discuter du caractère libératoire ou de l'imputation des paiements effectués par l'adjudicataire, s'agissant là de droits patrimoniaux, soumis comme tels au dessaisissement[12]. Identiquement, le débiteur n'a pas un droit propre à agir en radiation d'une vente forcée[13].

On ajoutera que le débiteur a un droit propre à former des voies de recours à l'encontre des décisions intéressant le sort de l'entreprise, même s'il est dessaisi. Il en est ainsi du droit d'interjeter appel d'un jugement rejetant le plan de continuation et prononçant la liquidation judiciaire[14] (v. s[s] n°s 532.12 s.). Le débiteur peut également interjeter appel de la décision modifiant les pouvoirs de l'administrateur judiciaire[15].

De la même manière que le débiteur conserve un droit propre à exercer des voies de recours, il a un droit propre à se désister ou non de la voie de recours. Si le liquidateur se désiste, l'instance ne sera éteinte que s'il est identiquement constaté un

1. Com. 18 janv. 2005, n°s 03-10.076, 03-17.398, *Bull. civ.* IV, n° 12.
2. Com. 18 sept. 2012, n° 11-17.546, *Bull. civ.* IV, n° 161; n° 865 F-P+B; *D.* 2012. Actu 2240, note Lienhard; *Gaz. Pal.* 18 janv. 2013, n° 18, p. 29, note Voinot; *Act. proc. coll.* 2012/16, comm. 244, note Vallansan; *BJE* nov. 2012, comm. 202, note Sautonie-Laguionie; *JCP E* 2012, Chron. 1757, n° 5, obs. Pétel; *Leden* oct. 2012, p. 3, obs. Mouial-Bassilana; *LPA* 8 mai 2013, n° 92, p. 14, note Tabourot-Hyest.
3. Com. 30 nov. 2010, n° 09-68.535, *Bull. civ.* IV, n° 186; n° 1220 F-P+B; *D.* 2011. 1177, note Arbellot; *Gaz. Pal. entr. diff.* 1-2 avr. 2011, p. 29, note Voinot; *Act. proc. coll.* 2011/2, comm. 37, note Cagnoli.
4. Com. 28 janv. 2004, n° 02-16.279, NP.
5. Com. 28 janv. 2004, n° 01-13.422, NP – Com. 5 oct. 201 n° 09-16.602, *Bull. civ.* IV, n° 149; n° 947 F-P+B; *Ga al. entr. diff.* 7-8 janv. 2011, p. 31, note Voinot; *Rev. pr coll.* 2010/6, comm. 246, note Berthelot; *Rev. proc. c* 2011, comm. 28, p. 36, note Cagnoli; *Procédures* 2 , comm. 24, obs. B. Rolland – Com. 17 févr. 2015, 4-10.100, 14-10.109, NP; n° 207 F-D; *BJE* mai 2015, , note Théron; *Rev. proc. coll.* 2015, comm. 75, note nti – TGI Valence, 13 mai 1987, *D.* 1989. Somm. 10, . Derrida – Limoges, 2 nov. 1995, *Gaz. Pal.* 1997. I, mm. 48, obs. Vray; *Rev. proc. coll.* 1997, 481, n° 6, obs. net – Aix-en-Provence, 3 nov. 2005, *JurisData* 293986 – rsailles, 13e ch., 4 juill. 2013, RG n° 12/08961.
6. n° 85-98, 25 janv. 1985, préc.
7. Com. 5 oct. 2010, n° 09-16.602, préc.
Versailles, 13e ch., 4 juill. 2013, RG n° 12/08961.
Com. 2 avr. 1996, n° 93-10.453, *Bull. civ.* IV, n° 102; *D.* 1996. IR 123; *JCP E* 1996. Pan. 657 – Com. 28 janv. 2004, n° 01-13.422, NP.
Com. 18 janv. 2011, n° 09-72.961, NP; n° 20 F-D; *D.* 2011. Actu. 368, obs. Lienhard; *Leden* mars 2011, p. 6, obs. Sénéchal; *Procédures* 2011, n° 102, obs. Rolland; *RJDA* 2011, n° 445.
. Com. 19 janv. 1999, *Act. proc. coll.* 1999/5, n° 72.
. Orléans, ch. éco. et fin., 3 mai 2001, *RJDA* 2001/7, n° 792.
. Civ. 2e, 30 avr. 2002, *Act. proc. coll.* 2002/11, n° 144.
. Com. 22 mai 1990, n° 89-20.043, *Bull. civ.* IV, n° 154; *D.* 1990. 415, note Derrida.
. Com. 17 juill. 2001, n° 98-18.768, *Bull. civ.* IV, n° 149; *Act. proc. coll.* 2001/14, n° 185; *D.* 2001. AJ 2677, obs. Lienhard; *D.* 2002. AJ 1479, obs. Honorat.

désistement du débiteur, dès lors que ce dernier défend un droit propre[1].

La prise en charge par la procédure, au titre de créances nées régulièrement après l'ouverture de la procédure, des honoraires alloués aux personnes assistant le débiteur dans l'exercice de ses droits propres peut faire naître des difficultés[2]. Ce sont des créances inhérentes à la procédure collective. C'est pourquoi elles doivent pouvoir être considérées comme nées « pour les besoins du déroulement de la procédure » et ainsi bénéficier du privilège de la procédure (v. s^s n° 453.21).

En tout état de cause, l'accord préalable du liquidateur pour la prise en charge de ces honoraires apparaît souhaitable.

552.38 Exclusion du dessaisissement des actes conservatoires. Parce que les actes conservatoires ne mettent pas en péril le gage des créanciers, mais qu'ils contribuent au contraire à le préserver, ils échappent naturellement au dessaisissement[3].

C'est ainsi que le débiteur peut valablement délivrer des mises en demeure ou interrompre une prescription. Il peut également exercer une voie de recours. Toutefois, le liquidateur devra reprendre l'instance à son compte et cela avant l'expiration des délais de recours. Il devra par exemple déposer des conclusions avant l'expiration du délai d'appel ou déposer son mémoire ampliatif en cassation, à l'intérieur du délai de dépôt de ce mémoire.

Symétriquement, le débiteur peut seul valablement recevoir un avis d'existence d'un litige, formalité conservatoire prévue par une disposition contractuelle[4].

SECTION 552.40
SANCTION DU DESSAISISSEMENT

552.41 Sanction des actes juridiques accomplis au mépris du dessaisissement. La sanction civile des actes juridiques accomplis au mépris des règles du dessaisissement n'est pas précisée par le c[...] Le principe pas de nullité sans texte conduit à éca[...] la nullité. Les actes juridiques accomplis en méconnaissance des règles du dessaisissement ne peuvent donc qu'être considérés inopposables.

C'est semble-t-il le raisonnement que tenait la jurisprudence antérieure à la loi de sauvegarde des entreprises[5], puisqu'elle retenait comme sanction l'inopposabilité à la masse des créanciers.

Malgré certaines hésitations dues à la suppression de la masse par la loi du 25 janvier 1985[6], la jurisprudence postérieure a repris les solutions antérieurement retenues.

Il s'agit désormais d'une inopposabilité à la procédure collective[7], cependant qu'est parfois évoquée une inopposabilité aux créanciers de la procédure collective[8]. Il faut ici noter que la procédure collective est personnifiée, et que la masse des créanciers, que le législateur du 25 janvier 1985 a entendu supprimer, réapparaît sous un autre vocable, un « faux nez »[9]. L'acte reste donc valable *inter partes*. La sanction de la nullité est ainsi écartée entre les parties[10], même si une réponse ministérielle[11] et parfois la jurisprudence des juges du fond[12] posent la solution contraire. *A fortiori*, elle ne peut être mise en œuvre par un tiers[13].

L'efficacité de l'acte entre les parties interdit ainsi à un assureur de refuser sa garantie à l'assuré et de

1. Com. 1er oct. 2002, n° 99-21.143, *Bull. civ.* IV, n° 13[...]ct. *proc. coll.* 2002/18, n° 240, note Fricero; *Dr. et patr.* [...]3, n° 113, p. 94, obs. Monsérié-Bon – Com. 5 juill. [...]5, n° 04-12.865, NP; *Gaz. proc. coll.* 2005/3, p. 16, [...], obs. Rohart-Messager.
2. AINSI : Com. 19 mai 2004, n° 01-13.515 *Bull. civ.* IV, n[...]; *D.* 2004. AJ 2045; *JCP E* 2004, Chron. 1292, p. 1[...], n° 18, obs. Pétel; *LPA* 12 avr. 2005, n° 72, p. 3, [...] Zattara; *Rev. proc. coll.* 2006/1, p. 57, n° 19, obs. Leb[...]
3. RAPPR. : J.-CL. COM., Vallansan, fasc. 2702, [Liquidation [...]ciaire – Conséquences de l'ouverture de la procédu[...] Régime – Administration de l'entreprise – Liquidation [...]ciaire simplifiée], 2014, n° 37.
4. Com. 3 févr. 2009, n° 07-16.732 NP; n° 85 F-D.
5. L. n° 2005-845, 26 juill. 2005, préc.
6. L. n° 85-98, 25 janv. 1985, préc.
7. Com. 23 mai 1995, n° 93-16.930, *Bull. civ.* IV, n° 150; *D.* 1995. 413, note Derrida; *Dr. sociétés* 1995, n° 165, obs. Chaput; *Rev. proc. coll.* 1995, 345, obs. Dureuil – Com. 14 oct. 1997, n° 95-10.512, *Bull. civ.* IV, n° 267; *D.* 1998. Somm. 99, obs. Honorat; *RJ com.* 1998. 223, n° 90, obs. Saint-Alary-Houin – Com. 1er févr. 2000, n° 96-19.456, NP, *RJDA* 2000/5, n° 577 – Com. 26 avr. 2000, n° 97-10.335, *Bull. civ.* IV, n° 81; *D.* 2000. AJ 264, obs. Lienhard; *JCP E* 2000, pan. 971; *Act. proc. coll.* 2000/10, n° 126 – Com. 20 févr. 2001, n° 97-18.062, NP, *RJDA* 2001/8-9, n° 883 – Com. 5 juill. 2005, n° 03-13.434, NP – Com. 24 janv. 2006, n° 02-15.295, NP; n° 87 F-D; *Act. proc. coll.* 2006/4, n° 36, note Régnaut-Moutier; *Gaz. proc. coll.* 2006/2, p. 41, obs. Roussel Galle – Com. 21 nov. 2006, n° 05-18.207, NP, *Gaz. proc. coll.* 2007/2, p. 36, note Voinot – Com. 21 janv. 2012, n° 11-12.235, NP; n° 218 F-D – Amiens, 31 janv. 2002, *JCP N* 2003, Aff. 1595, 1698, note Vauvillé – Paris, 3e ch. A, 9 mars 2004, RG n° 2003/03428 – Paris, 3e ch. A, 20 nov. 2007, RG n° 06/18802.
8. Com. 30 mars 2005, n° 03-20.567, NP – Civ. 2e, 23 nov. 2006, n° 05-16.983, NP.
9. M. Cabrillac, « L'impertinente réapparition d'un condamné à mort ou la métempsychose de la masse des créanciers », *Mél. Gavalda*, Dalloz, 2001, p. 69.
10. Com. 9 janv. 2001, n° 96-20.161, *Bull. civ.* IV, n° 3; *D.* 2001. AJ 630, obs. Lienhard – Com. 16 oct. 2012, n° 10-25.387, NP; n° 1020 F-D.
11. Rép. min. n° 54461, *JOAN Q* 25 mai 1992, p. 2358.
12. Paris, 3e ch. A, 2 déc. 2003, RG n° 2003/07436.
13. Com. 9 janv. 2001, n° 96-20.161, *Bull. civ.* IV, n° 3; *D.* 2001. AJ 630, obs. Lienhard; *JCP E* 2001, Chron. 750, n° 2, obs. M. Cabrillac.

prétendre à l'inefficacité de la convention de dépôt-vente portant sur le navire assuré, au motif que l'assuré serait dessaisi[1]. Elle autorise le cocontractant du débiteur personne physique à en poursuivre l'exécution après la clôture de la liquidation judiciaire[2].

Certains auteurs contestent fortement la solution retenue par la Cour de cassation et prônent une nullité d'ordre public, estimant que le dessaisissement s'analyse en une incapacité de défiance[3]. En effet, selon eux, le dessaisissement consiste en une mesure de défiance à l'égard du débiteur dessaisi, dans un but d'intérêt public. Dès lors, l'acte irrégulier étant effectué au mépris d'un transfert de pouvoirs d'ordre public et en méconnaissance des règles d'indisponibilité, la sanction ne pourrait être qu'une nullité absolue.

Il nous semble cependant que retenir une telle sanction serait non seulement parfaitement injuste vis-à-vis du cocontractant du débiteur, puisque ce dernier pourrait se prévaloir de son propre dessaisissement pour faire échec à l'acte conclu, mais en plus, juridiquement erroné, le débiteur dessaisi n'étant frappé d'aucune incapacité d'accomplir des actes juridiques.

Les juges du fond saisis d'une demande de nullité sur le fondement de la violation des règles du dessaisissement peuvent la requalifier en une demande d'inopposabilité à la liquidation judiciaire[4].

La bonne foi des cocontractants du débiteur, à savoir leur ignorance de l'état de liquidation judiciaire l'atteignant, est indifférente[5], ce dont il résulte que l'absence de publication du jugement d'ouverture au *Bodacc* reste sans influence sur les solutions du dessaisissement[6]. Une juridiction du fond, tirant argument d'un texte particulier à la Poste, a essayé de le faire prévaloir sur l'article L. 622-9 du code de commerce (anc^{t} L. 25 janv. 1985, art. 152)[7]. Elle n'a pas été suivie en cela par la Cour de cassation[8], ce qui est logique, compte tenu du caractère d'ordre public de la législation des procédures collectives.

La négligence fautive du liquidateur, qui a laissé s'accomplir des actes inopposables, est également indifférente[9].

S'agissant d'une inopposabilité, édictée dans l'intérêt des créanciers[10], leur intérêt collectif, il faut décider que seule la procédure collective, par la voie de son liquidateur, peut s'en prévaloir et non le débiteur[11] ou un créancier de la personne en liquidation judiciaire[12]. De même, le preneur à bail est sans qualité pour soulever l'argument tenant à la violation par un bailleur, en liquidation judiciaire, qui a délivré un congé, des règles du dessaisissement, elles-ci n'étant édictées que dans l'intérêt des créanciers[13]. Il importe de noter que dans cette espèce le bailleur en liquidation judiciaire avait délivré un congé à son locataire, avant que le jugement de liquidation judiciaire ne soit annulé. La cour d'appel avait validé le congé en considérant que le débiteur, du fait de l'annulation, n'avait plus été soumis au dessaisissement, et cela de manière rétroactive, ce qui est contraire aux solutions classiques en la matière (v. s^{s} n° 552.11). Mais, encore que l'argument retenu par la cour d'appel fût discutable, le preneur ne pouvait le combattre, faute de pouvoir se prévaloir de la violation des règles du dessaisissement.

La solution n'est pas toujours suivie par les juridictions du fond, qui admettent parfois que les règles du dessaisissement soient invoquées par le défendeur à l'action introduite par le débiteur[14]. En réalité, derrière l'expression « inopposabilité à la procédure collective », il faut décider que l'acte est inopposable au liquidateur, qui est le défenseur de

1. Com. 16 oct. 2012, n° 10-25.387, NP; n° 1020 F-D.
2. Paris, 8e ch. A, 24 nov. 2005, RG n° 2004/7160.
3. Saint-Alary-Houin, « Le dessaisissement du débiteur en liquidation judiciaire », *Rev. proc. coll.* 2003, p. 173.
4. Com. 24 janv. 2006, n° 04-18.270, NP.
5. Com. 2 avr. 1996, n° 92-19.912, *Bull. civ.* IV, n° 103; *D.* 1996. Somm. 338, obs. Honorat; *JCP E* 1996. I. 584, n° 5, obs. M. Cabrillac – Com. 22 oct. 1996, n° 94-18.421, NP, *Dr. sociétés* 1996, n° 232, obs. Chaput – Com. 19 mai 2004, n° 02-18.570, *Bull. civ.* IV, n° 97; n° 813 F-P+B; *D.* 2004. AJ 1813, obs. Lienhard; *Act. proc. coll.* 2004/13, n° 163, obs. Boulay; *JCP E* 2004, Chron. 129 p. 1385, n° 5, obs. M. Cabrillac; *Rev. proc. coll.* 2006/1 p. 55, n° 14, obs. Lebel – Com. 16 sept. 2014, n° 13-11.737, *Bull. civ.* IV [à paraître]; n° 730 FS-P+B; *Gaz. Pal.* 18 janv. 2015, n° 18, p. 25 note Voinot; *Act. proc. coll.* 2014/16, comm. 280, note Robine; *Rev. sociétés* 2014. 754, note Roussel Galle; *BJE* 2014, 362, note Benilsi; *LPA* 12 févr. 2015, n° 31, p. 11, note Stefania; *Dr. sociétés* 2015, comm. 34, note Legros – Paris, 3e ch. A, 9 mars 2004, RG n° 2003/03428 – Paris, 3e ch. A, 22 févr. 2005, RG n° 2003/1406, *Rev. proc. coll.* 2006/1, p. 60, n° 1, obs. Legrand – *Adde*, rép. min. n° 54461, *JOAN Q* 25 mai 1992, p. 2358 – Rép. min n° 95073, *JOAN Q* 6 déc. 2011, *D.* 2012. Actu 89, note Lienhard.
6. Com. 11 déc. 2001, n° 99-12.290, NP, *Act. proc. coll.* 2002/4, n° 51.
7. T. com. Dax, 9 sept. 1997, *Rev. proc. coll.* 1998, 228, n° 7, obs. Cadiou.
8. Com. 18 janv. 2000, n° 97-20.587, NP, *JCP E* 2000, pan. 297; *Gaz. Pal.* 15-16 sept. 2000, Somm. 23, note Daniélou.
9. Paris, 3e ch. A, 17 janv. 2006, RG n° 05/3698.
10. Civ. 3e, 24 mai 2011, n° 10-12.184, NP; n° 624 F-D.
11. Com. 22 janv. 2002, n° 98-22.206, NP; *Act. proc. coll.* 2002/8, n° 103; *RJDA* 2002/5, n° 532 – Com. 7 juin 2005, n° 04-12.739, NP, *Gaz. proc. coll.* 2005/3, p. 31, obs. Voinot – Com. 21 nov. 2006, n° 05-18.207, NP, *Gaz. proc. coll.* 2007/2, p. 36, note Voinot – Com. 24 avr. 2007, n° 05-21.376, NP; n° 614 F-D.
12. Civ. 3e, 24 mai 2011, n° 10-12.184, NP; n° 624 F-D.
13. Com. 18 déc. 2012, n° 11-25.910, NP; n° 1635 F-D.
14. Paris, 15e ch. B, 18 mars 2005, RG n° 2004/4037.

l'intérêt collectif des créanciers, reprenant en cela la suite du représentant des créanciers (v. s[s] n° 611.31). De la sorte, l'acte sera également inopposable à la collectivité des créanciers, représentée par son liquidateur.

Tout acte de disposition qu'accomplit le débiteur sur des biens soumis au dessaisissement est frappé d'inopposabilité. La sanction civile peut d'ailleurs être relayée sur le terrain pénal par le délit de banqueroute pour distraction de biens[1], infraction prévue à l'article L. 654-2 2° du Code de commerce.

En présence d'un entrepreneur placé en liquidation judiciaire, la créance contractée par l'un de ses clients contre lui se révèle être irrégulière, ce dont il résulte que le créancier est hors procédure et ne pourra être payé qu'après désintéressement des créanciers réguliers de l'entrepreneur[2].

La solution aura spécialement vocation à s'appliquer aux actes de disposition, qu'aurait accomplis le débiteur dessaisi. Ainsi, les ventes ne seront pas anéanties, mais seulement inopposables à la procédure collective. Tout se passera donc comme si le bien n'avait pas quitté le patrimoine du débiteur. Cela autorisera le liquidateur à appréhender le bien vendu, le cocontractant du débiteur n'étant alors que créancier du prix. L'inopposabilité à la procédure collective de la vente de parts de société par le débiteur seul obligera l'acquéreur à restituer au liquidateur les dividendes encaissés[3].

Si le partenaire contractuel du débiteur dessaisi verse des fonds, il ne peut prétendre en obtenir restitution de la part du liquidateur, qui ne commet donc pas de faute à les utiliser dans le cadre des opérations de liquidation[4]. L'irrégularité de la naissance de la créance de restitution de prix fera obstacle à la reconnaissance, au profit du cocontractant, de la qualité de créancier postérieur dont la créance est née régulièrement. Il sera, en conséquence, créancier hors procédure[5], ce qui le placera dans une situation très inconfortable. Les créanciers du débiteur, inscrits sur le bien vendu au mépris du dessaisissement, et qui auraient perçu des fonds sur la vente du bien, seront contraints de les restituer[6]. Pour se faire payer, ils ne pourront invoquer l'action fondée sur l'enrichissement sans cause qui se heurte à un obstacle de droit. La solution, posée sous l'empire de la loi du 13 juillet 1967[7], est reconductible.

Mais encore faut-il que le liquidateur, qui seul peut se prévaloir de la violation des règles du dessaisissement, agisse ainsi. Parce que la vente est parfaite dès l'autorisation du juge-commissaire, il importe peu qu'un compromis irrégulier, comme accompli au mépris des règles du dessaisissement, ait été passé entre les parties. L'autorisation du juge-commissaire n'a pas pour effet de le régulariser, mais la vente n'en est pas moins parfaite, du fait de cette autorisation. Si, entre la vente accomplie au mépris du dessaisissement et l'autorisation du juge-commissaire, un incendie détruit l'immeuble, l'indemnité d'assurance est acquise à l'acquéreur, car la vente n'a pas été déclarée inopposable à la procédure collective à la demande du liquidateur, sur le fondement de la violation des règles du dessaisissement[8]. Le liquidateur aurait donc dû agir en deux temps : faire déclarer inopposable à la procédure collective la première vente, puis demander l'autorisation au juge-commissaire de vendre le bien litigieux.

Ces conséquences n'ont toutefois pas conduit la Cour de cassation à juger sérieuse la question prioritaire de constitutionnalité fondée sur l'atteinte disproportionnée au droit de propriété que provoquerait le dessaisissement (v. s[s] n° 552.09).

Le fait que la vente d'un actif au mépris des règles du dessaisissement porte sur un bien commun à deux époux n'altère pas la solution. Les biens communs sont appréhendés par la procédure collective. L'époux commun en biens demeuré *in bonis* ne peut prétendre récupérer une quote-part du prix d'un bien vendu au mépris des règles du dessaisissement, en faisant obstacle à la demande de restitution de ce prix présentée par le liquidateur, car tant que dure la communauté, les droits de chaque époux sur l'actif de la communauté ne peuvent être individualisés[9].

Lorsque des indivisaires vendent un bien, si l'un d'eux est en liquidation judiciaire, la vente est inopposable au liquidateur. Les droits indivis du débiteur

1. Saint-Alary-Houin, 7e éd., n° 1099.
2. Nouméa 29 sept. 2011, RG n° 2009/00059.
3. Com. 16 sept. 2014, n° 13-11.737, *Bull. civ.* IV [à paraître]; n° 730 FS-P+B; *Gaz. Pal.* 18 janv. 2015, n° 18, p. 25, note Voinot; *Act. proc. coll.* 2014/16, comm. 280, note Robine; *Rev. sociétés* 2014. 754, note Roussel Galle; *BJE* 2014, 362, note Benilsi; *LPA* 12 févr. 2015, n° 31, p. 11, note Stefania; *Dr. sociétés* 2015, comm. 34, note Legros.
4. Saint-Denis-de-la-Réunion, ch. civ., 6 juin 2008, *Act. proc. coll.* *2008/17, n° 274.*
5. Paris, 3e ch. A, 9 mars 2004, RG n° 2003/03428.
6. Paris, 3e ch. A, 22 févr. 2005, RG n° 2003/1406, *JurisData* 266619.
7. L. n° 67-563, 13 juill. 1967, préc. – Com. 2 nov. 2005, n° 04-11.946, *Bull. civ.* IV, n° 216; *D.* 2005. AJ 2943, note Lienhard; *Gaz. Pal.* 21-22 juin 2006, p. 44, note Robine.
8. Com. 11 juin 2014, n°s 13-16.194, 13-20.375, *Bull. civ.* IV [à paraître]; *Act. proc. coll.* 2014/12, comm. 223, note Vallansan; *JCP E* 2014, 1448, note Lebel; *Rev. proc. coll.* 2015, comm. 24, note Berthelot; *Defrénois* 2015, 245, note Vauvillé.
9. Com. 22 mai 2012, n° 11-17.391, *Bull. civ.* IV, n° 106; n° 598 FS-P+B; *D.* 2012. Actu 1399, note Lienhard; *Gaz. Pal. entr. diff.* 3 août 2012, n° 216, p. 25, note Voinot; *Act. proc. coll.* 2012/12, comm. 172, note Vauvillé; *Gaz. Pal.* 8 nov. 2012 p. 14, note Benilsi; *LPA* 9 mars 2013, n° 46, p. 9, note Bourdaire-Mignot; *Rev. proc. coll.* 2013, comm. 97, note Isanti; *LXB hebdo* 21 juin 2012, n° 302, note Le Corre.

sont censés être demeurés dans son patrimoine. L'acquéreur peut être condamné à verser au liquidateur une indemnité d'occupation [1].

L'inopposabilité de la vente faite par le débiteur entraîne, à l'égard de la procédure collective, le maintien du bail entre le bailleur vendeur et le preneur acheteur, d'où il résulte que le liquidateur peut demander au second le paiements de loyers, l'acheteur ne pouvant se prévaloir de sa qualité de propriétaire pour repousser la demande en paiement formulée contre lui [2].

Le liquidateur peut se contenter d'invoquer l'inopposabilité du paiement du prix de vente entre les mains du débiteur, sans remettre en cause la vente elle-même.

Le paiement effectué en d'autres mains que le liquidateur n'est pas libératoire, puisqu'il est inopposable à la procédure collective [3]. Le liquidateur peut ainsi soulever l'inopposabilité du versement des *boni* de liquidation d'une société, et le paiement de cette somme au *solvens*, l'ayant versé à tort au débiteur dessaisi [4]. Le liquidateur peut, en conséquence, demander à l'acquéreur le paiement du prix de vente, pourtant déjà acquitté entre les mains du débiteur [5].

Si le prix du bien vendu par le débiteur dessaisi est réparti entre plusieurs personnes – notamment entre des héritiers en présence d'un actif successoral –, le liquidateur ne peut demander la réintégration des quotes-parts distribuées à des tiers, ne pouvant que solliciter la remise en vente du bien vendu au mépris des règles du dessaisissement. Pour empêcher cette revente, rien n'interdit alors au tiers *solvens* de restituer à la procédure collective la part revenant dans la vente au débiteur dessaisi et *qu'il* a dissipée [6].

Les attributions immobilières que consentait le débiteur en liquidation judiciaire à l'ex épous dans le cadre de la liquidation du régime matrimoni sont inopposables à la procédure collective [7]. De me, l'ex époux coïndivisaire qui demande l'attrib ion du logement conjugal doit appeler en la ca le liquidateur. Faute de le faire, son droit à l'attrib on préférentiel est inopposable à la liquidation li-ciaire [8].

Le compromis de vente qu'aurait donné le débiteur dessaisi ne sera pas nul, mais inopposable à la procédure [9]. Les honoraires du mandataire resteront dus, mais la créance d'honoraires sera née irrégulièrement après jugement d'ouverture. Elle sera hors procédure. Il en est de même des mandats de vente des biens du débiteur dessaisi [10].

La solution s'appliquera également au prêt accordé au débiteur en liquidation judiciaire pour lui permettre l'acquisition d'un bien. La créance du prêteur et la sûreté qui la garantirait seraient inopposables à la procédure [11]. Le prêteur devra restituer au liquidateur les sommes indûment perçues. La prescription qui s'applique entre commerçants et entre commerçants et non commerçants pourra cependant paralyser l'action du liquidateur, étant précisé que cette prescription, autrefois décennale, est devenue quinquennale avec la loi du 17 juin 2008 [12]. La solution posée sous l'empire de la loi du 13 juillet 1967 pour un syndic [13] est transposable sous l'empire du droit positif.

Les virements effectués par un débiteur dessaisi, que ce soit à partir de son compte personnel ou d'un compte joint, sont inopposables à la procédure collective [14]. Il en est de même de l'émission de chèques effectués à partir d'un compte personnel ou d'un compte joint [15]. La date d'émission d'un chèque ne peut être présumée être celle de sa création. Lorsque le chèque est présenté au paiement après l'ouverture de la procédure collective, il appartient à la banque de prouver que la société débitrice, émettrice du chèque, s'est dessaisi de celui-ci avant le jugement d'ouverture [16]. Le bénéficiaire du chèque ou du virement peut

1. Civ. 1e, 12 juill. 2012, nº 11-14.265 NP, *Act. proc. coll.* 2012/15, comm. 225, note Cagnoli.
2. Com. 11 avr. 2012, nº 11-10.998, NP; nº 429 F-D.
3. Com. 12 juill. 2011, nº 10-19.430 NP; nº 741 F-D; *BJE proc. coll.* 2011/15, comm. 235, note Vallansan; *BJE* déc. 2011, comm. 150, p. 310, note Tagliarino-Vig Com. 5 nov. 2013, nº 12-25.2 8, NP; nº 1043 F-D mars 2014, 103, note Sortais.
4. Com. 5 nov. 2013, nº 12-25.2 8, NP; nº 1043 F-D; pr
5. Com. 12 juill. 2011, nº 10-19430, préc.
6. SUR cette problématique : Com. 17 févr. 2009, nº 10.231, NP; nº 153 F-D.
7. Com. 15 nov. 2005, nº 04-1 .112, NP; nº 1438 F-D.
8. Com. 7 avr. 2009, nº 08-16.510, NP; nº 542 F-D; *Gaz. proc. coll.* 2009/3, p. 17, note Reille; *Gaz. proc. coll.* 2009/3, p. 47, nº 2, note Antonini-Cochin; *Act. proc. coll.* 2009/9, nº 147, note Cagnoli; *Rev. proc. coll.* 2010/3, comm. 146, note Dumont-Lefrand.
9. Com. 21 nov. 2006, nº 05-18.207, NP, *Gaz. proc. coll.* 2007/2, p. 36, note Voinot.
10. Paris, 2e ch. A, 1er déc. 2004, RG nº 2003/8525.
11. AINSI : Com. 19 mai 2004, nº 01-13.596, *Bull. civ.* IV, nº 96; *D.* 2004. AJ 1813, obs. Lienhard; *JCP E* 2004, Chron. 1292, p. 1385, nº 6, obs. Pétel; *Act. proc. coll.* 2004/14, nº 174, obs. Modi Koko Bebey.
12. L. nº 2008-561, 17 juin 2008, *JO* 18 juin, p. 9856.
13. Com. 29 nov. 2005, nº 02-20.865, *Bull. civ.* IV, nº 237; nº 1502 F-P+B; *D.* 2006. AJ 230, obs. Chevrier.
14. Com. 3 nov. 2010, nº 09-15.546, *Bull. civ.* IV, nº 163; nº 1081 F-P+B; *D.* 2010 actu 2701, note Lienhard; *Gaz. Pal. entr. diff.* 1-2 avr. 2011, p. 37, note Bonhomme; *Act. proc. coll.* 2010/19, comm. 270, note Cagnoli; *Rev. proc. coll.* 2011, comm. 74, p. 72, note Dumont-Lefrand; *LPA* 15 août 2011, nº 161, p. 20, note Bénilsi.
15. Com. 11 déc. 2001, nº 99-12.290, NP, *Act. proc. coll.* 2002/4, nº 51 – Com. 3 nov. 2010, nº 09-15.546, *Bull. civ.* IV, nº 163; nº 1081 F-P+B; préc.
16. Com. 15 oct. 2013, nº 12-18.271, NP; nº 987 F-D; *Gaz. Pal.* 12 janv. 2014, p. 35, note Bonhomme; *BJE* janv. 2014, p. 23, note Bonhomme.

être recherché en remboursement par le liquidateur[1]. L'hypothèque prise sur le fondement du chèque impayé est inopposable à la procédure collective et son titulaire ne peut donc être colloqué à titre hypothécaire sur le prix de vente de l'immeuble[2].

La solution a aussi vocation à s'appliquer, au préjudice du banquier, même de bonne foi, aux retraits, aux prélèvements effectués par un débiteur sur son compte-courant bancaire et plus généralement à toutes les opérations de débit[3]. Le banquier ne pourrait prétendre opérer une compensation avec les crédits portés au compte[4]. Rappelons que la liquidation judiciaire entraîne résiliation du compte-courant (v. s[s] n° 555.12). Le banquier peut alors tenter d'engager la responsabilité du liquidateur pour avertissement tardif de l'ouverture ou du prononcé de la liquidation judiciaire. Si l'avertissement n'est pas tardif, le préjudice subi par le banquier au titre de la poursuite du fonctionnement du compte tenant au paiement de dettes antérieures au jugement d'ouverture peut être considéré comme ayant pour origine les risques inhérents aux procédures collectives des clients des banques[5].

La solution s'appliquera également pour les contrats conclus par le débiteur en liquidation[6], par exemple un contrat de travail[7]. Le repreneur serait tenu par les contrats de travail conclus par le débiteur au mépris des règles du dessaisissement[8], puisqu'il ne peut se prévaloir de l'irrégularité affectant leur conclusion. Ces contrats restent efficaces *inter partes*, ce qui justifie l'applicabilité de l'article L. 122-12 du code du travail (devenu C. trav., art. L. 1224-1).

L'inopposabilité sanctionne aussi les mesures conservatoires effectuées par des créanciers[9].

Le plus souvent, la question ne pourra être résolue que par des recherches de responsabilité, par exemple à l'encontre du notaire qui aurait passé l'acte de vente d'un immeuble[10] ou d'un fonds de commerce, nonobstant l'état de liquidation judiciaire du vendeur, en se contentant d'insérer la clause de style selon laquelle le vendeur n'est pas en état de redressement ou de liquidation judiciaire. Spécialement, le notaire chargé de la vente d'un bien doit prendre des précautions particulières, en vérifiant les informations accessibles par une publicité légale[11], si son client se fait représenter à l'acte[12]. En outre, il a été jugé que la déclaration du vendeur selon laquelle il ne faisait pas l'objet d'une procédure collective et l'absence d'inscription du chef de créancier nécessairement professionnel permettait d'écarter la responsabilité du notaire[13]. Plus justement, nous semble-t-il, la Cour de cassation a pu estimer que le notaire peut engager sa responsabilité pour n'avoir pas vérifié la situation d'un vendeur d'immeuble, en liquidation judiciaire, alors que celui-ci n'avait pas mentionné son état d'ancien commerçant[14]. Mais il a été remarqué que la solution n'aurait été posée, que parce que le vendeur avait été représenté, n'ayant pas comparu en personne par-devant notaire, ce qui pourrait conduire à une solution différente, si le vendeur est présent, le notaire pouvant alors s'en tenir aux indications fournies par la partie, sans avoir à vérifier la véracité des informations transmises[15]. C'est précisément cette solution différente qui a été posée ensuite par la Cour de cassation, affirmant que le notaire n'est pas tenu de vérifier l'absence de liquidation judiciaire d'un client vendeur d'immeuble, si ce dernier lui indique le contraire[16]. Dans le même sens, une cour d'appel juge que le notaire ne manque pas à ses obligations en ne vérifiant pas si le vendeur de l'immeuble n'était pas en liquidation judiciaire, alors que l'intéressé avait dissimulé son état de liquidation judiciaire, avait déclaré être salarié et qu'aucun indice ne permettait de déceler une activité commerciale[17].

En revanche, la Cour de cassation reproche à une cour d'appel de ne pas être entrée en voie de con-

1. Com. 3 nov. 2010, n° 09-15.546, *Bull. civ.* IV, n° 163; n° 1081 F-P+B; préc.
2. Paris, 2e ch. B, 19 janv. 2006, RG n° 05/10401.
3. Com. 19 mai 2004, n° 02-18.570, *Bull. civ.* IV, n° 97; *D.* 2004. AJ 1813, obs. Lienhard; *Act. proc. coll.* 2004/13, n° 163, obs. Boulay; *JCP E* 2004, Chron. 1292, p. 1385, n° 5, obs. M. Cabrillac; *Rev. proc. coll.* 2006/1, p. 55, n° 14, *obs. Lebel – Com. 15 oct.* 2013, n° 12-18.271, NP; n° 987 F-D; *Gaz. Pal.* 12 janv. 2014, p. 35, note Bonhomme; *BJE* janv. 2014, p. 23, note Bonhomme – Aix-en-Provence, 8e ch. A, 24 mars 2004, *RD banc. fin.* 2004/5, p. 331, n° 211, obs. Lucas – Amiens ch. éco., 25 oct. 2012, RG n° 11/00109, *JCP E* 2012. 1738.
4. Paris, 3e ch. B, 6 oct. 2006 RG n° 04/13896.
5. Com. 7 juill. 2009, n° 08-15.505, NP; n° 720 F-D.
6. Rouen, ch. civ., 19 avr. 2012, RG n° 11/05166.
7. Soc. 13 nov. 2001, n° 99-46.261, NP, *Act. proc. coll.* 2002/2, n° 27.
8. Soc. 12 juin 1997, n° 95-40.002, NP, *Dr. sociétés* 1197, p. 159, obs. Chaput.
9. Com. 5 juill. 2005, n°s 04-13.255, 04-13.266, *Bull. civ.* IV n° 152; *Gaz. proc. coll.* 2005/3, p. 30, obs. Voinot.
10. AINSI : Civ. 1re, 8 janv. 2009, n° 07-18.780, *Bull. civ.* I, n° 1; *JCP E* 2009. 1347, n° 5, obs. Pétel – Paris, 3e ch. A, 2 déc. 2003, RG n° 2003/07436.
11. SUR LA QUESTION: Vauvillé, « Le notaire face à la procédure collective du professionnel : le réflexe "*bodacc.fr*" », *Defrénois* juin 2011, art. 40021, p. 1027.
12. Civ. 1re, 12 mai 2011, n° 10-17.602, NP, *Act. proc. coll.* 2011/11, comm. 171.
13. Amiens 31 janv. 2002, *JCP N* 2003, aff. 1595, p. 1698, note Vauvillé.
14. Civ. 1re, 8 janv. 2009, n° 07-18.780, *Bull. civ.* I, n° 1; *JCP E* 2009. 1347, n° 5, obs Pétel.
15. Pétel, obs. s[s] Civ. 1re, 8 janv. 2009, n° 07-18.780, *Bull. civ.* I, n° 1; *JCP E* 2009. 1347, n° 5.
16. Civ. 1re, 5 avr. 2012, n° 11-12.039, NP.
17. Montpellier, 1re ch., sect A01, 10 janv. 2013, RG n° 11/01034, *Gaz. Pal.* 19 mai 2013, n° 139, p. 15.

damnation d'un notaire, qui connaissait l'inscription au registre du commerce de l'un des vendeurs – il s'agit de coïndivisaires –, le notaire s'étant contenté de l'extrait K *bis* du vendeur mentionnant la radiation du registre du commerce de son client, sans faire état d'une procédure collective. Une telle indication, selon la Cour de cassation, aurait dû renforcer la vigilance du notaire[1], car la radiation du registre n'est pas exclusive d'une possibilité de mise de l'intéressé sous procédure de redressement ou de liquidation judiciaire, dès lors que subsiste du passif professionnel après le retrait. Le notaire aurait donc dû consulter le *Bodacc*.

Quoi qu'il en soit, la faute ne devrait être établie à l'encontre du rédacteur de l'acte que si, au jour de l'établissement de l'acte, la liquidation judiciaire avait fait l'objet d'une mesure de publicité[2].

Rien n'interdira, cependant, au liquidateur de ratifier, dans l'intérêt des créanciers qu'il représente, l'acte inopposable[3]. Il peut en être ainsi de la ratification de l'acte réel, à l'occasion d'une convention de prête-nom, par laquelle le débiteur en liquidation a financé intégralement l'acquisition d'un bien par sa fille. Cette ratification permet de réintégrer dans la liquidation judiciaire l'immeuble. L'autorisation du juge-commissaire n'est ici pas nécessaire et la présence à l'instance du vendeur est inutile, la vente n'étant pas annulée[4].

Il a été jugé que si le liquidateur ratifie la vente de l'un des biens du débiteur, il n'en demeure pas moins créancier du prix, de sorte que le paiement n'est libératoire que s'il a été fait entre ses mains ou entre celles d'une personne ayant reçu pouvoir de recevoir le paiement pour son compte[5]. Le liquidateur peut ainsi « se contenter de recueillir les fruits d'une opération qu'il n'a pas lui-même conclue »[6].

Conformément au droit commun (C. civ., art. 1338), le liquidateur devra avoir connaissance du vice affectant l'obligation et l'intention de le réparer. La solution a été posée à propos de conventions modifiant le bail initial[7]. Le seul fait que le liquidateur, avec l'autorisation du juge-commissaire vende l'immeuble acquis par le débiteur en liquidation judiciaire au moyen d'un prêt, ne suffit pas à valoir ratification du prêt[8].

552.42 Sanctions des actions en justice menées au mépris du dessaisissement. L'action en justice intentée par le débiteur au mépris des règles du dessaisissement l'atteignant sera frappée d'irrecevabilité. Une fin de non-recevoir tirée du défaut de qualité à ester en justice lui sera donc opposée[9]. Il s'agit d'une question de recevabilité de l'action, non d'une irrégularité de fond affectant la validité d'un acte[10]. Il en est tiré la conséquence que, devant la cour d'appel, le juge de la mise en état n'est pas compétent pour statuer sur cette question[11]. Notons toutefois que l'on voit parfois affirmer que le débiteur est dépourvu de capacité à agir, pour exercer une voie de recours, par exemple, là où il faudrait plutôt évoquer un défaut de qualité, y compris par la Cour de cassation approuvant une cour d'appel d'avoir ainsi statué[12].

Cette sanction a été posée pour une requête en relevé de forclusion[13] ou encore pour une mainlevée de saisie demandée par le débiteur seul, après sa mise en liquidation judiciaire[14]. Encore faudra t-il que ce soit le liquidateur qui demande la mainlevée, non le débiteur. Toutefois, si en cause d'appel, le créancier se contente d'invoquer dans un premier temps l'irrecevabilité de l'appel pour dépassement du délai que cet argument est rejeté par le conseiller de la mise en l'état, il ne peut ensuite, du fait du princi[illegible]e de concentration des moyens, soulever l'irre[illegible]vabilité de l'appel pour défaut de qualité du débit[illegible]ur. La violation des règles du dessaisissement emp[illegible]tera anéantissement de l'hypothèque judiciai[illegible] prise en vertu de la décision de justice irrégulièrement obtenue[15]. De même, les dirigeants so[illegible]ux déclarés à titre personnel en liquidation ju[illegible]iaire sont irrecevables à agir contre le banquier di[illegible]nsateur de crédit de la société débitrice, du fait d[illegible]eur dessaisissement[16].

[illegible]es conclusions d'une société en liquidation judi[illegible]re représentée par son dirigeant social sont irre[illegible]ables[17].

1. Civ. 1re, 12 juill. 2012, no 11-14.265, NP, *Act. proc. coll.* 2012/15, comm. 225, note Cagnoli.
2. Com. 20 févr. 2001, no 97-18.062, NP, *RJDA* 2001/8-9, no 883 – Montpellier, 2e ch., 5 févr. 2008, *JCP E* 2008. 2184.
3. Com. 20 févr. 2001, no 97-18.062, préc. – Com. 24 mars 2004, nos 02-18.045, 02-18.046, 02-18.047, 02-18.132, 02-19.184, NP.
4. Com. 17 févr. 2009, no 08-10.384 *Bull. civ.* IV, no 24; no 149 F-P+B; *D.* 2009. AJ 728, note Lienhard; *Gaz. proc. coll.* 2009/2, p. 28, note Voinot; *JCP E* 2009. 1347, no 4, obs. M. Cabrillac.
5. Com. 12 juill. 2011, no 10-19.430, NP, *Act. proc. coll.* 2011/15, no 235, note Vallansan.
6. Vallansan, note ss Com. 12 juill. 2011, no 10-19.430, NP, *Act. proc. coll.* 2011/15, no 235.
7. Com. 2 juin 2004, no 03-10.741, *Bull. civ.* IV, no 107.

[illegible] Com. 19 mai 2[illegible]04, no 01-13.596, préc.
[illegible] Paris, 1re ch. A, [illegible]11 déc. 2007, RG no 2006/14785.
[illegible]). Paris, 3e ch. B, [illegible]3 oct. 2007, RG no 2007/03202.
[illegible]1. Paris, 3e ch. B, [illegible]3 oct. 2007, RG no 20070/3202.
[illegible]2. AINSI : Com. 21 [illegible]évr. 2012, no 10-10.457, NP; no 60 F-D; *Rev. proc. coll.* 2[illegible]12, comm. 63, note Cagnoli.
[illegible]3. Paris, 3e ch. A, 2[illegible] oct. 2003, RG no 2003/06183.
[illegible]4. Com. 1er oct. 2[illegible]02, no 99-14.039, NP, *Act. proc. coll.* 2002/19, no 251.
[illegible]5. Com. 3 déc. 2003[illegible] no 01-00.293, NP.
[illegible]6. Paris, 3e ch. B, 23 [illegible]anv. 1998, *Rev. proc. coll.* 1999, 188, no 3, obs. Martin-[illegible]f.
17. Paris, 5e ch. B, 1er j[illegible]ll. 2004, RG no 01/21627.

Il en ira de même de la voie de recours exercée au mépris des règles du dessaisissement, par exemple un pourvoi en cassation[1], fût-il seulement incident[2]. Le pourvoi formé par le débiteur placé en liquidation judiciaire contre l'arrêt rejetant le contredit qu'il avait formé est irrecevable s'il n'est pas dirigé également contre le liquidateur[3].

Si le délai du pourvoi est expiré au jour où prend fin le dessaisissement, le pourvoi est irrecevable. Dans le cas contraire, le recours est recevable[4].

Dans une première phase de sa jurisprudence, la Cour de cassation a jugé que cette fin de non-recevoir, qui peut concerner une voie de recours, ne pouvait être invoquée que par le liquidateur, non par l'intimé, adversaire du débiteur[5]. Le liquidateur ne s'en prévaut pas s'il intervient volontairement à une instance en paiement engagée par le débiteur après son placement en liquidation judiciaire[6].

Puis la Cour de cassation a opéré un revirement de jurisprudence, en jugeant que l'intimé est recevable à invoquer le défaut de qualité à agir du débiteur pour interjeter seul appel d'une décision concernant son patrimoine[7]. La solution, appelée à la plus large diffusion et posant donc un principe important, reposant sur la justification que la fin de non recevoir n'est pas d'ordre privé, mais bien d'ordre public, contraste avec la règle de principe selon laquelle le non respect des règles du dessaisissement ne peut être soulevé que par le liquidateur, défenseur de l'intérêt collectif, et par conséquent du gage commun, qu'ont pour objet de protéger les règles du dessaisissement. Elle ne peut être approuvée au regard de l'objectif assigné aux règles du dessaisissement. Pour être efficace, l'argument tenant à la violation des règles du dessaisissement invoqué par un autre que le liquidateur supposera qu'il soit invoqué en même temps que les autres arguments tendant à faire juger irrecevable l'appel, en application du principe de concentration des moyens[8].

Le liquidateur peut régulariser la situation donnant lieu à la fin de non recevoir. Il le fait en intervenant volontairement à l'instance engagée par le débiteur seul pour se substituer à lui[9]. Il le fait également s'il exerce un recours contre la décision ayant fait droit à l'opposition à l'injonction de payer présentée par le débiteur seul[10]. Mais encore faut-il que la régularisation intervienne dans le délai du recours[11].

Pour régulariser un pourvoi en cassation formé par le débiteur dessaisi, le liquidateur ne pourra se contenter de s'en rapporter à justice[12] et devra faire siennes les conclusions du débiteur. Il faudra en outre qu'il intervienne à l'intérieur du délai du mémoire ampliatif (v. s[s] n° 552.23). Cependant, en présence d'une décision mixte, la voie de recours exercée par le débiteur seul ne sera pas déclarée irrecevable si, au jour où la juridiction statue, la cause d'irecevabilité a disparu[13].

Le débiteur n'a pas davantage qualité à défendre à l'action en justice.

Si l'action en justice a été intentée avant la liquidation judiciaire, le jugement de liquidation judiciaire emportera interruption de l'instance, par application de l'article 369 du code de procédure civile. Elle ne pourra être reprise qu'après mise en cause du liquidateur. Il en résultera que le jugement rendu, en l'absence de reprise d'instance, sera réputé non avenu (C. pr. civ., art. 372)[14]. Le fait que les actes passés par le débiteur dessaisi ne soient pas nuls, mais seulement inopposables à la procédure, n'a pas pour effet d'autoriser l'action en paiement dirigée contre le seul débiteur dessaisi[15].

1. Com. 17 déc. 2003, n° 02-15.731, NP – Com 3 juill. 2007, n° 05-17.668, NP; n° 932 F-D.
2. Com. 21 févr. 2012, n° 11-12.235, NP; n° 218 F-D
3. Com. 9 févr. 2010, n° 09-13.889, *Bull. civ.* IV, n° 33; n° 197 F-P+B.
4. Civ. 2e, 15 janv. 2004, n° 01-17.646, *Bull. civ.* II, n° *Act. proc. coll.* 2004/3, n° 35.
5. Com. 13 avr. 2010, n° 09-11.851, NP; n° 447 F- *Dr. sociétés* 2011, comm. 16, note Legros; *Rev. proc. coll.* 2010/5, comm. 182, note Berthelot – Civ 2e, 15 avr. 10, n° 08-12.357, *Bull. civ.* II, n° 82, n° 760 FS-P+B; *Act. proc. coll.* 2010, comm. 153, note Cagnoli; *Rev. proc. coll.* 2011, comm. 33, p. 41, note Staes – Com. 14 déc. 20, n° 10-10.774, NP; n° 1282 F-D – Civ. 3e, 24 mai 21, n° 10-12.184, NP; n° 624 F-D.
6. Com. 14 déc. 2010, n° 10-10.792, *Bull. civ.* IV, n° ; n° 1283 F-P+B; *D.* 2011. 69, note Lienhard; *Act. proc.* 2011/2, comm. 41, note Cagnoli *Dr. sociétés* 20 comm. 59, note Legros; *Leden* 2011-2, p. 5, obs. Camsuli-Feuillard; *Rev. proc. coll.* 2011, comm. 24, p. 33, Cagnoli; *LPA* 29 avr. 2011, n° 85, p12, note Henry.
7. Com. 13 nov. 2013, n°s 12-28.572 13-11.921, *Bull. civ* n° 165; n° 1117 FS-P+B+R+I; *Gz. Pal.* 12 janv. 20 p. 25, note Voinot; *JCP E* 2014. 001, note Lebel; *JC* 2014, Chron. 1020, n° 5, obs. aprob. Pételt; *Act. pr coll.* 2014/1, comm. 1, note Sta; *Rev. proc. coll.* 20 comm. 5, note Cagnoli.
8. Civ. 2e, 13 nov. 2014, n° 13-15.642, *Bull. civ.* II [à paraître].
9. Com. 14 déc. 2010, n° 10-10.792, *Bull. civ.* IV, n° 201; n° 1283 F-P+B; *D.* 2011. 69, note Lienhard; *Act. proc. coll.* 2011/2, comm. 41, note Cagnoli; *Dr. sociétés* 2011, comm. 59, note Legros; *Leden* 2011-2, p. 5, obs. Camensuli-Feuillard; *Rev. proc. coll.* 2011, comm. 24, p. 33, note Cagnoli; *LPA* 29 avr. 2011, n° 85, p. 12, note Henry; *RJ com.* 2001. 339 note Sortais.
10. Com. 14 déc. 2010, n° 10-10.792, préc.
11. Com. 13 nov. 2013, n°s 12-28.572, 13-11.921, préc.
12. Com. 3 déc. 2003, n° 00-16.022, NP.
13. Com. 22 janv. 2002, DPDE *bull.*, n° 223, 2 avr. 2002, p. 5841, V[is] *Liquidation judiciaire*, n° 19.
14. Civ. 2e, 6 mars 1991, n° 89-15.540, *Bull. civ.* II, n° 78; *D.* 1992. Somm. 10, obs. Derrida – Com. 30 juin 2004, n° 02-11.111, NP – Paris, 2e ch. A, 23 nov. 2005, RG n° 2004/19165.
15. Com. 5 oct. 2010, n° 09-16.752, NP; n° 932 F-D – Com. 22 nov. 2011, n° 10-19.925, NP.

Si l'action en justice a été intentée après l'ouverture ou le prononcé de la liquidation judiciaire (sur la question de l'irrégularité affectant l'acte d'appel, v. s^s n° 552.23), sans mise en cause du liquidateur, la violation des règles du dessaisissement conduira à une solution strictement identique. Le jugement devra être tenu pour non avenu.

Si le débiteur a obtenu une décision, il ne pourra être formé de voie de recours à son encontre qu'en mettant en cause le liquidateur. À défaut, la règle de l'article 369 du code de procédure civile, posant une interruption de l'instance, trouvera à s'appliquer et la décision rendue à la suite de la voie de recours, sans mise en cause du liquidateur, sera tenue pour non avenue.

552.43 Signification irrégulière de décisions de justice et d'actes d'exécution. La signification d'une décision opérée par le débiteur dessaisi sera, quant à elle, entachée de nullité. Il en résultera que le délai de voie de recours n'aura pu commencer à courir faute de signification[1]. En revanche, le débiteur ne saurait se prévaloir de l'irrégularité de la signification, pour violation des règles du dessaisissement, lesquelles sont édictées pour protéger les créanciers[2].

La signification d'une assignation au débiteur dessaisi est frappée de nullité[3]. La décision obtenue ou l'acte d'exécution effectué est identiquement frappé d'inefficacité[4]. La solution a par exemple été posée pour une contrainte délivrée par un organisme social à un agriculteur en liquidation judiciaire. Faute d'avoir été délivrée au liquidateur, la contrainte est inefficace et la saisie attribution pratiquée a été jugée comme ayant été effectuée sans titre exécutoire[5]. Le tiers saisi n'a pas qualité pour se prévaloir de l'absence de dénonciation de la saisie au liquidateur, seul ce dernier pouvant s'en prévaloir[6].

La signification d'une décision faite au liquidateur sans mention de sa qualité de liquidateur est entachée d'irrégularité. Il ne s'agit toutefois que d'un vice de forme[7].

1. AINSI : Com. 28 juin 1994, n° 92-14.760, *Bull. civ.* IV, n° 239; *D.* 1994. IR 198.
2. Com. 22 janv. 2002, n° 98-22.206, NP, *Act. proc. coll.* 2002/8, n° 103.
3. Com. 7 juin 2005, n° 04-12.739, NP, *Gaz. proc. coll.* 2005/3, p. 31, obs. Voinot.
4. Com. 1er oct. 2002, n° 99-19.749, NP, *RD banc. fin.* 2003/2, p. 103, n° 78, obs. Lucas.
5. Com. 7 mars 2006, n° 04-19.587, NP; n° 313 F-D; *Gaz. proc. coll.* 2006/3, p. 23, obs. Henry; *LXB* n° N7541AKI, note Le Corre.
6. Aix-en-Provence, 15e ch. A, 30 avr. 2010, RG n° 2010/212.
7. Civ. 2e, 4 juill. 2007, n° 05-20.362, *Bull. civ.* II, n° 200; n° 1294 FS-P+B; *Gaz. proc. coll.* 2007/4, p. 34, note Gorrias.

SECTION 552.50

DÉTOURNEMENT DU COURRIER

552.51 Détournement du courrier classique. La principale traduction de la *capitis diminutio* atteignant le débiteur en liquidation judiciaire est le dessaisissement. Une autre traduction, d'une portée moindre, peut être trouvée dans le détournement du courrier, qui résulte de l'ancien article 119-3 du décret du 27 décembre 1985[8], devenu disposition législative à la suite de la codification du 18 septembre 2000[9] (C. com., art. L. 622-15). Ce texte prévoyait que, pendant la procédure de liquidation judiciaire, le liquidateur était le destinataire du courrier adressé au débiteur. Ce que le législateur avait, à l'article L. 621-20 du code de commerce, institué comme une simple faculté en cas de redressement judiciaire, était devenu obligatoire en liquidation judiciaire (C. com., art. L. 621-20, al. 2, auquel renvoie C. com., art. L. 622-15).

La loi de sauvegarde des entreprises[10] revient sur la solution du caractère obligatoire du détournement du courrier en liquidation judiciaire. L'article L. 641-15, alinéa 1 du code prévoit désormais une simple faculté de détournement du courrier. Le juge-commissaire peut en ce sens décider que le liquidateur ou l'administrateur, s'il en a été désigné un, soit le destinataire du courrier (C. com., art. L. 641-15, al. 1). Le texte adopté à l'Assemblée nationale prévoyait que le juge-commissaire pouvait ordonner au débiteur la remise du courrier qu'il reçoit. La commission des lois du Sénat a préféré la technique facultative de détournement du courrier, ce qui postule un changement de destinataire du courrier adressé au débiteur[11].

Il convient de souligner que si le détournement du courrier en liquidation judiciaire, obligatoire en 1985, est devenu, en 2005, simplement facultatif, c'est parce qu'il a été estimé qu'un tel détournement, outre le fait qu'il portait atteinte à la vie privée du débiteur, constituait une mesure lourde dans sa gestion et avait souvent un intérêt très limité[12]. Une telle conclusion nous paraît partiellement fausse. En effet la pratique révèle que le détournement du courrier peut s'avérer très utile au liquidateur pour découvrir l'existence d'actifs ou de créanciers dont il n'avait pas connaissance auparavant et dont il n'aurait jamais appris l'existence autrement. En recevant par exemple une mise en demeure adressée au débiteur de payer sa taxe d'habitation, le liquida-

8. D. n° 85-1388, 27 déc. 1985, *JO* 29 déc., p. 15281.
9. Ord. n° 2000-912, 18 sept. 2000, *JO* 21 sept., p. 14783.
10. L. n° 2005-845, 26 juill. 2005, préc.
11. *Rapp. J.-J. Hyest*, n° 335, p. 391.
12. *Rapp. J.-J. Hyest*, n° 335, p. 391.

teur pourra apprendre l'existence de l'immeuble ainsi que celle de la créance du Trésor public.

Les frais de détournement du courrier doivent être payés à la Poste, qui n'a pas l'obligation de réexpédier gratuitement le courrier, puisqu'elle doit seulement distribuer le courrier au lieu indiqué par l'expéditeur (C. pr. civ., art. D. 90)[1]. Ces frais ne semblent pas pouvoir faire l'objet d'avances de la part du Trésor public[2], au regard du caractère limitatif de la liste de ces avances, encore que l'opinion contraire ait été soutenue par des praticiens avertis[3].

Il appartiendra au débiteur, s'il le désire, après avoir été informé par le liquidateur, d'assister à l'ouverture de son courrier.

Son courrier personnel devra lui être remis immédiatement (C. com., art. L. 621-20, al. 3, auquel renvoyait C. com., art. L. 622-15).

La solution est reprise par L. 641-15, alinéa 2 du code, dans la rédaction issue de la loi de sauvegarde, et étendue aux courriers qui ont pour objet une convocation devant une juridiction ou une notification de décision. Il s'agit ici de permettre au débiteur d'exercer ses droits propres, notamment les voies de recours qui lui sont ouvertes.

La charge de la preuve de la restitution du courrier personnel incombe au liquidateur. La solution, posée sous l'empire de la loi du 25 janvier 1985[4], reste d'actualité, à notre sens.

L'alinéa 4 de l'article L. 641-15 du code de commerce emporte dérogation au détournement du courrier lorsque le débiteur exerce une activité pour laquelle il est soumis au secret professionnel, afin précisément de respecter ce dernier. La disposition tient compte de l'élargissement des procédures collectives aux professionnels libéraux.

La Cour européenne des droits de l'homme, dans une espèce n'intéressant pas le droit français des procédures collectives, a jugé que le détournement du courrier n'est pas contraire au droit au secret de la correspondance, dès lors qu'il poursuit un but légitime et prévu par la loi et qu'il est effectué pendant une période déterminée par une décision judiciaire[5]. Pour être pleinement en phase avec la solution posée par la cour, le jugement ouvrant ou prononçant la liquidation judiciaire devrait contenir l'indication de la durée pour laquelle le détournement est prescrit. Il s'agirait de la date envisagée pour la clôture. Le jugement qui interviendrait ensuite et qui, le cas échéant, ne prononcerait pas la clôture de la procédure, devrait prescrire un détournement du courrier pour une nouvelle durée.

552.52 Consultation du courrier électronique. Tenant compte de l'évolution technologique, l'article L. 641-15 alinéa 3 du code de commerce, dans sa rédaction issue de la loi de sauvegarde des entreprises[6], prévoit la possibilité pour le juge-commissaire d'autoriser l'accès par le liquidateur au courrier électronique du débiteur. Il ne s'agit pas là d'un détournement du courrier électronique, mais plutôt d'un droit de consultation du courrier électronique ouvert au liquidateur.

L'article R. 641-40 alinéa 1 du code de commerce prévoit que pour l'application de l'article L. 641-15 alinéa 3 du code, le liquidateur peut sur ordonnance du juge-commissaire, demander au débiteur personne physique ou au représentant légal de la personne morale, de transférer de façon automatique le courrier électronique de leurs messageries professionnelles vers l'adresse électronique qu'il leur désigne. La mesure ne concerne pas les messageries personnelles, mais peut faire naître une difficulté lorsque le débiteur, personne physique, n'aura pas de messagerie strictement professionnelle. Anticipant cette difficulté, l'article R. 641-40 alinéa 4 du code de commerce a prévu que le liquidateur doit restituer au débiteur les messages transférés dépourvus de caractère professionnel. Voilà qui peut alourdir le travail du liquidateur, si le débiteur est un grand internaute, sauf à utiliser, lorsque cela sera possible, l'assistance de tout salarié du débiteur, en application de l'alinéa 2 de l'article R. 641 du code de commerce. L'ordonnance du juge-commissaire doit désigner les personnes physiques dont le courrier électronique est transféré au liquidateur (C. com., art. R. 641-40, al. 3). La mesure intéresse au premier chef les dirigeants des personnes morales débitrices. Enfin, l'article R. 641-40, alinéa 5 du code de commerce oblige le liquidateur, à la clôture de la procédure, à détruire les messages transférés qu'il aurait conservés.

Pour tenir compte de l'éventualité de la présence d'un administrateur, pendant la poursuite provi-

1. Com. 28 sept. 2004, nº 02-18.014, *Bull. civ.* IV, nº 168; *D.* 2004. AJ 2714, obs. Lienhard; *JCP E*, 2005, Chron. 31, p. 26, nº 3, obs. Pétel; CONFIRMANT : Versailles, 14ᵉ ch., 12 juin 2002, RG nº 02/02213, *Rev. proc. coll.* 2004, p. 46, nº 8, obs. Lebel – Com. 7 juin 2005, nº 04-12.08[illegible], NP, *Gaz. proc. coll.* 2005/3, p. 22, nº 5, obs. Gorrias.
2. Soinne, « Le droit des procédures collectives et… la P[illegible]e », *Rev. proc. coll.* 2002, p. 227 – VALLENS, 2007, nº 403[illegible]
3. Froehlich et Sénéchal, Lucas et Lécuyer (dir.), *La ré[illegible]me des procédures collectives…*, Lgdj, 2006, p. 317.
4. L. nº 85-98, 25 janv. 1985, préc. – Com. 25 oct. 2[illegible], nº 10-21.146, *Bull. civ.* IV, nº 170; nº 1056 FS-P+B; *D.* 2[illegible] Actu. 2724, note Lienhard; *Act. proc. coll.* 2011/20, co[illegible] 302, note Roussel Galle; *JCP E* 2011, Chron. 1000, n[illegible] obs. Pétel; *JCP E* 2012. 1138, note Lebel; *Gaz. Pal.* 1ᵉʳ ja[illegible] 2012, p. 20, note Tosi; *Rev. proc. coll.* 2012, comm. 1[illegible] note Dumont-Lefrand; *LPA* 27 juin 2012, nº 128, p. 1[illegible] note Boillot; *LXB hebdo* 17 nov. 2011, nº 273, note L[illegible] Corre.
5. CEDH 20 juin 2000, req. nº 33274/96, *Foxley c/Royaume-Uni*.
6. L. nº 2005-845, 26 juill. 2005, préc.

soire de l'activité en liquidation judiciaire et du fait que, en ce cas, ce dernier administre l'entreprise, le droit de consultation du courrier électronique est également attribué à l'administrateur, par le nouvel article L. 641-15, alinéa 3 du code (ord. 18 déc. 2008[1], art. 109).

Corrélativement, l'article 79 du décret du 12 février 2009 modifie la rédaction de l'article R. 641-40 du code de commerce, qui n'avait pas raisonné sur la présence de l'administrateur. Ainsi, dans les alinéas 2 à 4 de l'article R. 641-40 du code, chaque fois que le liquidateur est visé, l'éventualité de la présence de l'administrateur judiciaire est prise en compte.

Le dernier alinéa de l'article R. 641-40 du code se trouve également modifié. Ce texte énonçait que « À la clôture de la liquidation, le liquidateur détruit les messages transférés qu'il a pu conserver ». La modification du texte a pour objet de tenir compte de la présence éventuelle d'un administrateur judiciaire et du fait que sa mission cesse nécessairement avant celle du liquidateur. Le texte nouveau dispose, en conséquence, que « dès l'achèvement de sa mission, l'administrateur transfère au liquidateur les messages encore en sa possession. À la clôture de la liquidation, le liquidateur détruit les messages transférés qu'il a pu conserver ».

1. Ord. nº 2008-1345, 18 déc. 2008, préc.

CHAPITRE

553. Dissolution des sociétés et liquidation judiciaire

SECTION 0 ORIENTEUR

553.00 Plan du chapitre.

Sect.	553.10	Principe de dissolution des sociétés par l'effet de la liquidation judiciaire ou du plan de cession totale
Sect.	553.20	Nomination d'un liquidateur au sens du droit des sociétés ou d'un mandataire *ad hoc*
Sect.	553.30	Mission du mandataire *ad hoc* ou du liquidateur au sens du droit des sociétés

553.01 Textes applicables. (V. les références complètes s[s] n° 011).

C. civ., art. 1844-7, 1844-8

> Législation issue de la loi de sauvegarde des entreprises.

C. com., art. L. 641-9, II

> Législation issue de l'ordonnance du 12 mars 2014.

C. com., art. L. 641-9, II

C. civ., art. 1844-7, 7°

553.02 Jurisprudence de référence (antérieure à la loi de sauvegarde des entreprises).

> La règle de la dissolution par l'effet de la liquidation judiciaire ne concerne pas les personnes morales autres que les sociétés, par exemple les associations.

• **Com. 8 juill. 2003,** n° 01-02.050, *Bull. civ.* IV, n° 126

* V. s[s] n° 553.11

> La personne morale en liquidation judiciaire ne peut exercer des voies de recours en l'absence de mandataire *ad hoc* ou de liquidateur au sens du droit des sociétés (législation antérieure à la loi de sauvegarde).

• **Com. 16 mars 1999,** n° 96-19.078, *Bull. civ.* IV, n° 66

* V. s[s] n° 553.32

« Mais attendu que si le débiteur est recevable, en vertu du *droit propre qu'il tient* de l'article 171, 1° de la loi du 25 janvier 1985 [devenu C. com., art. L. 623-1, I, 1°], à former un pourvoi en cassation contre l'arrêt qui prononce sa liquidation judiciaire, il ne peut, s'agissant d'une personne morale dissoute en application de l'article 1844-7 (7°) du code civil et dont le dirigeant, fût-il son administrateur provisoire antérieurement désigné, est privé de ses pouvoirs à compter de la liquidation judiciaire, exercer ce droit que par l'intermédiaire de son liquidateur amiable ou d'un mandataire *ad hoc.* »

> La signification de l'arrêt au dirigeant d'une société en liquidation judiciaire a pour effet de faire courir le délai de pourvoi en cassation, car cet ancien dirigeant de la société dissoute demeure une personne habilitée à recevoir la signification de cette décision (législation antérieure à la loi de sauvegarde).

• **Com. 30 juin 2004,** n° 03-12.627, *Bull. civ.* IV, n° 136

* V. s[s] n° 553.32

> Le fait que le délai de recours court à compter de la notification à l'ancien dirigeant de la société placée en liquidation judiciaire et que la désignation du mandataire *ad hoc* doive être intervenue dans le délai de recours pour permettre à celui-ci d'exercer effectivement le recours, rend en pratique impossible le recours. Ce faisant, le droit à un tribunal, dont le droit d'accès constitue un aspect, est méconnu. L'article 6 § 1 de la Conv. EDH est donc violé.

• **CEDH 3e sect., 8 mars 2007,** req. n° 23241/04, *Arma c/ France*

* V. s[s] n° 553.32

553.03 Bibliographie indicative. (V. les références complètes s[s] n° 031 – Aussi s[s] n° 550.03).

Ouvrages. Demeyere D., *Personnalité morale et droit des entreprises en difficulté*, th., Paris X Nanterre, 2005.

Articles. Boronad-Lesoin E., « La survie de la personne morale dissoute », *RTD com.* 2003. 1 – Cantin H., « La représentation d'une société en liquidation judiciaire », *Rev. proc. coll.* 20[illegible] p. 21 – Delmote Ph., « L'accès au juge dans les procédures collectives », *LPA* 8 nov. 2008, n° 239, p. 50 – Diesbecq A., « [illegible]exions sur la représentation d'une personne morale dissoute par l'effet d'un jugement prononçant sa liquidation judiciaire ou arrêtant un plan de cession », *RJ com.* 2002. 30 – Gastaud J.-P., « Le sort de la société à l'occasion des procédures collectives », intervention au colloque Crajefe,

Nice, Sophia-Antipolis, 2001, *LPA* 9 janv. 2001, n° 7, p. 68 – Legros J.-P., « Le domaine d'application de l'article 1844-7, 7° du code civil », *Mél. Tricot*, LexisNexis – Dalloz, 2011, p. 507 – Lucas F.-X., « Y a-t-il ou non transmission, à son associé, du patrimoine d'une société unipersonnelle dissoute par l'effet d'un jugement de liquidation judiciaire ? », *Rev. proc. coll.* 2002, p. 73 – Martin-Serf A., « Les dirigeants et la procédure collective », intervention au colloque Crajefe, Nice, Sophia-Antipolis, 2001, *LPA* 9 janv. 2002, p. 31 s., sp. p. 34 à 36 – Paclot Y. et Roussel Galle Ph., « Quelques remarques sur la réparation du préjudice d'une société dissoute par l'effet d'une liquidation judiciaire », *JCP E* 2008. 2101 – Perdriau A., « Une société en liquidation judiciaire ne peut elle-même se pourvoir, si ce n'est à titre conservatoire », *LPA* 28 mai 2002, n° 106, p. 11 – Rolland B., « Les difficultés dues à la liquidation des sociétés unipersonnelles », *JCP E* 2000, comm. – Tricot D., « La représentation des sociétés et les procédures collectives », LAMY AFFAIRES mars 2005, suppl. n° 80, p. 103 – Vallansan J., « Liquidation judiciaire d'une société et représentation de la personne morale par ses dirigeants », *Bull. Joly* 2002, § 247, p. 1155.

553.04 Question essentielle.

• Le placement en liquidation judiciaire d'une société entraîne t-il sa dissolution ?

* V. s^s n° 553.15.

SECTION 553.10 PRINCIPE DE DISSOLUTION DES SOCIÉTÉS PAR L'EFFET DE LA LIQUIDATION JUDICIAIRE OU DU PLAN DE CESSION TOTALE

553.11 Domaine de la dissolution des sociétés par l'effet de la liquidation judiciaire ou du plan de cession totale avant l'ordonnance du 12 mars 2014[1]. Si le débiteur est une société, la liquidation judiciaire, ainsi que l'arrêté d'un plan de cession totale, emporteront sa dissolution. La règle est posée par l'article 1844-7, 7° du code civil, tel qu'il résulte de la rédaction que lui a donnée la loi du 5 janvier 1988[2]. Aux termes de ce texte, « la société prend fin [...] 7° par l'effet du jugement ordonnant la liquidation judiciaire ou la cession totale des actifs de la société ».

Observons que pareille solution n'existait pas dans la rédaction d'origine de la loi du 25 janvier 1985[3], car elle avait été jugée inopportune[4].

La loi de sauvegarde des entreprises[5] a modifié, en apparence du moins, le texte en supprimant le visa du plan de cession totale comme cause de la dissolution des sociétés. Il s'est en réalité agi, par cette modification, de tenir compte de la possibilité d'arrêter un plan de cession en liquidation judiciaire. Le plan de cession totale n'entraîne plus, par lui-même, dissolution de la société. Celle-ci sera la conséquence de la seule liquidation judiciaire (v. s^s n° 532.14).

La règle posée par l'article 1844-7, 7° du code civil est apparemment claire. Le jugement prononçant la liquidation judiciaire ou emportant cession totale des actifs de la société entraîne dissolution de celle-ci. Il en a été tiré la conséquence que la prescription quinquennale de l'article 1859 du code civil, intéressant la poursuite des associés de sociétés civiles, trouvait application à compter de la publicité de la liquidation judiciaire, laquelle vaut publicité de la dissolution[6].

On remarquera d'abord que cette règle n'intéresse que les sociétés, et semble les intéresser toutes, l'article 1844-7 du code civil étant une disposition commune à toutes les sociétés.

Cependant, il a été jugé dans un premier temps que la dissolution d'une société devenue unipersonnelle n'entraîne pas sa liquidation au sens du droit des sociétés. Son patrimoine est en conséquence dévolu à son associé unique (C. civ., art. 1844-5, al. 3, issu de L. 5 janv. 1988). En cas de redressement ou de liquidation judiciaire atteignant l'associé unique, la règle permettait l'admission à son passif d'une créance détenue sur la société[7]. Cependant, cette transmission de l'actif et du passif social à l'associé n'avait pas autorisé, selon la jurisprudence rendue sur la question, la poursuite de l'associé unique par le liquidateur de la société unipersonnelle[8].

Le législateur, devant l'incertitude qui régnait et les conséquences possibles pour l'associé unique qui avait pourtant cru limiter sa responsabilité, est intervenu par la loi du 15 mai 2001[9] relative aux nouvelles régulations économiques, dite loi NRE (L. 15 mai 2001, art. 103)[10]. Selon ce texte, qui ne peut remettre en cause les effets d'une transmission

1. Ord. n° 2014-326, 12 mars 2014, *JO* 14 mars, p. 5249.
2. L. n° 88-15, 5 janv. 1988 relative au développement et à la transmission des entreprises, *JO* 6 janv., p. 220.
3. L. n° 85-98, 25 janv. 1985, *JO* 26 janv., p. 1097.
4. Interv. Badinter, *JOAN CR*, 11 avr. 1984, p1401 – *Adde*, Cantin, « La représentation d'une société en liquidation judiciaire », *Rev. proc. coll.* 2008, p. 21, sp. n° 2.
5. L. n° 2005-845, 26 juill. 2005, *JO* 27 juill., p. 12187.
6. Civ. 3e, 13 nov. 2003, n° 00-14.206, *Bull. civ.* III, n° 198; *Act. proc. coll.* 2003/20, n° 262, note Régnault-Moutier; *Defrénois* 2005. 38088, p. 56, note Honorat et Hovasse.
7. Com. 7 janv. 2004, n° 02-13.967, *Bull. civ.* IV, n° 8; *Rev. proc. coll.* 2004, p. 267, n° 5, obs. Dumont.
8. T. com. Paris, 7e ch., 6 janv. 1998, *Dr. sociétés* 2000, comm. n° 10, obs. Chaput – TGI Annecy, ch. com., 7 juill. 1998, *Bull. Joly* 1999. 993, § 233, note Lucas – Aix-en-Provence, 8e ch. C, 25 mai 2004, RG n° 2004/387, *Bull. Joly* 2005, § 131, p. 581, note approb. Lucas.
9. L. n° 2001-420, 15 mai 2001, *JO* 16 mai, p. 7776, dite loi NRE.
10. Lucas, « Y a-t-il ou non transmission, à son associé, du patrimoine d'une société unipersonnelle dissoute par l'effet d'un jugement de liquidation judiciaire ? », *Rev. proc. coll.* 2002, p. 73, n° 5.

intervenue avant son entrée en vigueur[1], « les dispositions du troisième alinéa [de l'article 1844-5 du code civil] ne sont pas applicables aux sociétés dont l'associé unique est une personne physique ». Un associé personne physique n'aura donc pas à supporter, de plein droit, les dettes de la société unipersonnelle. Les termes du débat restent en revanche inchangés pour l'associé unique personne morale[2]. Il nous semble, pour des motifs excellemment exposés par d'autres[3], que les associés personnes morales n'auront pas à supporter les dettes sociales.

À la suite d'un revirement de jurisprudence, la Cour de cassation commence par énoncer que « à compter du jugement d'ouverture de la procédure collective, le patrimoine du débiteur ne peut être cédé ou transmis que selon les règles d'ordre public applicables au redressement et à la liquidation judiciaires des entreprises en difficultés »[4], ce qui apparaît inconciliable avec la transmission à l'associé unique du patrimoine de la société. C'est pourquoi la Cour de cassation affirme désormais que « la dissolution de la société dont toutes les parts sociales sont réunies en une seule main, intervenue postérieurement au jugement d'ouverture, n'entraîne pas transmission universelle de son patrimoine à l'associé unique »[5]. Le droit des procédures collectives évince ainsi totalement le droit des sociétés[6], ce qui était inévitable pour dépasser la contradiction irréductible entre les deux corps de règles, et ce qui aboutit au final à respecter le principe de responsabilité limitée de sociétés unipersonnelles à responsabilité limitée[7]. Il a été observé que c'est sur base de très prétoriennes règles d'ordre public que la solution est fondée[8].

Il a été remarqué que la portée des affirmations de la Cour de cassation a été voulue la plus large possible[9] et ne se limite donc pas aux seules situations sur lesquelles la Cour de cassation a eu à raisonner.

La règle de la dissolution par l'effet de la liquidation judiciaire ou, sous l'empire de la loi du 25 janvier 1985, par l'effet du plan de cession totale, ne concerne pas les personnes morales autres que les sociétés, par exemple les associations[10], même si le contraire a pu être jugé par les juridictions du fond[11]. Le représentant légal de l'association conserve donc qualité à représenter celle-ci, par exemple pour interjeter appel d'une décision d'admission au passif[12]. Il résulte de cette solution que, après clôture de la liquidation judiciaire pour extinction du passif, l'association redevient maîtresse de ses biens, ce qui rend inutile toute désignation d'un liquidateur amiable pour recouvrer des actifs de l'association[13].

La loi de sauvegarde des entreprises n'a pas, à notre avis, modifié les données de la question, une opinion contraire ayant toutefois été soutenue[14].

La deuxième difficulté du texte est de déterminer les conséquences, sur cette règle, de la clôture de la liquidation judiciaire pour extinction du passif. Il serait opportun que ce type de clôture emporte restauration de la personnalité morale et de ses organes sociaux. Cependant, faute de texte en ce sens, c'est logiquement, au regard des règles d'interprétation, que la Cour de cassation a décidé que la clôture pour

1. Com. 7 janv. 2004, nº 02-13.967, *Bull. civ.* IV, nº 8; *D.* 2004 AJ 215, note Lienhard; *Act. proc. coll.* 2004/3, nº 39 – Com. 7 juill. 2004, nº 03-10.044, NP.
2. Plantin, « L'article 1844-5 du code civil : Fusion ou confusion ? », *JCP E* 2003, prat. 1506 p. 1704.
3. Lucas, « Y a-t-il ou non transmission, à son associé, du patrimoine d'une société unipersonnelle dissoute par l'effet d'un jugement de liquidation judiciaire ? », *Rev. proc. coll.* 2002, p. 73, nºs 9, 10.
4. Com. 12 juill. 2005, nº 03-14.809, *Bull. civ.* IV, nº 168 nº 1237 FP-P+B+R+I; *Gaz. proc. coll.* 2005/3, p. 28, nº 2 obs. Voinot; *JCP E* 2006, Chron. 1006, p. 73, nº 6, obs Pétel; *JCP E* 2005. 1586, p. 1879, note Legros; *Act. proc. coll.* 2005/15, nº 194, note Régnaut-Moutier; *RD banc. fin.* 2005/5, p. 26, nº 179 obs. Lucas; *Bull. Joly* 2006/1, § 5 et § 6, p. 34, note Le Cannu; *Rev. sociétés* 2005. 9133, obs. Sortais – Com. 12 juill. 2005, nº 02-19.860, *Bull. civ.* IV, nº 169; nº 1236 FP-P+B+R+I; *Gaz. proc. coll.* 2005/3, p. 29, nº 3, obs. Voinot et p. 61, obs. Montéran; *Act. proc. coll.* 2005/15, nº 194, note Régnaut-Moutier; *JCP E* 2005. 1586, p. 1879, note Legros; *RD banc. fin.* 2005/5, p. 26, nº 179, obs. Lucas; *Bull. Joly* 2006/1, § 5, § 6, p. 34, note Le Cannu; *Rev. proc. coll.* 2006/1, p.50, nº 7, obs. Lebel; *Rev. proc. coll.* 2006/1, p. 77, nº 2, obs. Barret et Barret.
5. Com. 12 juill. 2005, nº 03-14.809, préc. – Com. 12 juill. 2005, nº 02-19.860, préc.
6. Régnaut-Moutier, *Act. proc. coll.* 2005/15, nº 194.
7. Pétel, obs. sˢ Com. 12 juill. 2005, nº 03-14.809, *JCP E* 2006, Chron. 1006, p. 73, nº 6.
8. Lucas, obs. sˢ Com. 12 juill. 2005, nº 03-14.809, *RD banc. fin.* 2005/5, p. 26, nº 179.
9. Lucas, obs. sˢ Com 12 juill. 2005, nº 03-14.809, *RD banc. fin.* 2005/5, p. 26, nº 179.
10. Com. 8 juill. 2003, nº 01-02.050, *Bull. civ.* IV, nº 126; *D.* 2003. AJ 2173; *Act. proc. coll.* 2003/15, nº 201, obs. Legros; *Bull. Joly* 2004/1, p. 103, § 16, note Neau-Leduc; *JCP E* 2004, Chron. 151 p. 175, nº 7, obs. Pétel; *Rev. proc. coll.* 2003, p. 345, nº 1, obs. Lebel – Com. 14 déc. 2004, nºs 02-11.024, 02-16.094, NP, *JCP E* 2005. 640, p. 713, note Lucas – Com. 15 mars 2005, nº 01-01.419, NP, *Gaz. proc. coll.* 2005/2, p. 17, obs. Voinot – Com. 19 oct. 2010, nº 09-14.971, NP; nº 1018 F-D; *D.* 2010. 2574, note Lienhard; *Dr. sociétés* 2011, comm. 3, note Hovasse; *Rev. sociétés* 2011. 191, note Roussel Galle; *Bull. Joly* févr. 2011, comm. 59, p. 118, note Lucas; *Rev. proc. coll.* 2011, comm. 113, p. 50, note Lebel.
11. EN CE SENS : Rouen, 5 juill. 1972, *D.* 1992. Somm. 169 – Bordeaux, 1re ch., 5 déc. 1996, *Rev. proc. coll.* 1998, 235, 23, obs. Cadiou.
12. Com. 15 mars 2005, nº 01-01.419, NP.
13. Com. 19 oct. 2010, nº 09-14.971, NP; nº 1018 F-D; *D.* 2010. 2574, note Lienhard; *Dr. sociétés* 2011, comm. 3, note Hovasse; *Rev. sociétés* 2011. 191, note Roussel Galle; *Rev. proc. coll.* 2011, comm. 113, p. 50, note Lebel.
14. JACQUEMONT, 7e éd., 2011, nº 834.

extinction du passif n'exerçait, sur la personnalité morale du groupement débiteur, aucun effet[1]. La dissolution subsiste donc, ce qui rend possible, mais aussi, obligatoire, pour l'exercice des droits propres de la personne morale débitrice, la désignation d'un liquidateur, au sens du droit des sociétés. Les organes de la société dissoute ne retrouvent, en effet, pas leurs pouvoirs après la clôture de la liquidation judiciaire pour extinction du passif[2]. Si un liquidateur amiable doit être désigné après clôture par extinction du passif, ce ne peut être que selon les dispositions de l'article 1844-8 du code civil. Le liquidateur judiciaire ne peut donc solliciter par requête la désignation de ce liquidateur amiable en présentant la demande de clôture de la procédure collective[3]. Les solutions ont été modifiées par la loi de sauvegarde de entreprises, qui n'édicte plus la perte de la qualité de représentant légal du dirigeant de la société débitrice par le seul effet du placement de cette dernière en liquidation judiciaire.

La troisième difficulté, qui ne présente d'intérêt que sous l'empire de la législation antérieure à la loi de sauvegarde des entreprises, est de déterminer la notion de plan de cession totale. En effet, s'il y a plan de cession partielle, il y a maintien de la personnalité morale[4]. La distinction entre plan de cession totale et plan de cession partielle sera examinée (v. s^s n° 572.32).

Indiquons enfin que, si la dissolution de la société est intervenue avant le jugement de liquidation judiciaire, il appartient aux associés, dans le silence des statuts sur les modalités de remplacement d'un liquidateur amiable, de procéder à ce remplacement[5]. À défaut seulement d'initiative en ce sens des associées, il y aura place à désignation par justice d'un mandataire *ad hoc*.

553.12 Moment d'application de la règle de la dissolution des sociétés par l'effet de la liquidation judiciaire ou du plan de cession totale.

L'article 1844-7, 7° du code civil prévoit une dissolution par l'effet du jugement de liquidation judiciaire ou, sous l'empire de la législation antérieure à la loi de sauvegarde des entreprises[6], du plan de cession totale. La dissolution n'intervient donc pas au jour de la clôture de la procédure, mais en amont, au jour de l'ouverture de la liquidation judiciaire, soit par prononcé immédiat, soit sur conversion du redressement en liquidation judiciaire, soit, sous l'empire de la législation antérieure à la loi de sauvegarde des entreprises, par l'arrêté d'un plan de cession totale.

La solution se justifie, dans les deux cas, par l'observation que le débiteur doit cesser son activité, à cette date. Sur le plan fiscal, il en est tiré la conséquence de l'imposition immédiate, dès le prononcé de la liquidation judiciaire, au titre de l'impôt sur les sociétés, sauf poursuite provisoire de l'activité[7].

En effet, en liquidation judiciaire, une poursuite provisoire d'activité peut être autorisée par le tribunal. Le principe de dissolution est alors mis à mal.

Sous l'empire de la loi du 25 janvier 1985[8], l'article 153 prévoyait que le maintien de l'activité ne pouvait être autorisé que « pour les seuls besoins de la liquidation judiciaire ». Pareille précision a disparu dans la rédaction de l'article L. 622-11 alinéa 1 du code de commerce, résultant de la loi du 10 juin 1994.

Elle n'existe pas davantage à l'article L. 641-10 alinéa 1 du code de commerce, issu de la loi de sauvegarde des entreprises. Cependant, l'interprétation n'a pas varié et il est exclu que la poursuite d'activité soit autorisée, pour des raisons autres que les seuls besoins de la liquidation judiciaire et, sous l'empire de la loi de sauvegarde des entreprises, si une cession totale ou partielle de l'entreprise est envisagée. Dès lors, il y a convergence entre ce fondement et celui du maintien de la personnalité morale, d'après l'article 1844-8, alinéa 3 du code civil, « pour les besoins de la liquidation ».

De la dissolution par l'effet de la liquidation judiciaire, il a été tiré la conséquence que l'action contre un associé d'une société civile non liquidateur se prescrit par cinq ans à compter de la publication de la liquidation judiciaire (C. civ., art. 1859)[9]. Cette solution se justifie par la double observation sui-

1. Com. 26 oct. 1999, n° 97-12.640, *Bull. civ.* IV, n° 196; *Bull. Joly* janv. 2000, n° 8, p. 49, note Le Cannu; *Act. proc. coll.* 1999/18, n° 242; *D.* 1999. AJ 7, obs. Lienhard; *LPA* 14 mars 2000, n° 52, p. 11, note Courtier; *RJ com.* 2000. 130, note Convert; *JCP E* 2000, Chron. 128, n° C-10, obs. M. Cabrillac et Pétel; *RTD com.* 2000. 124, obs. Champaud et Danet; *Defrénois* 2000. 3219, n° 3, obs. Gibirila
2. Paris, 14e ch. B, 24 févr. 2006, RG n° 2005/17843.
3. Paris, pôle 5, 8e ch., 15 sept. 2015, RG n° 15/05459, *Act. proc. coll.* 2015/16, comm. 258
4. Douai, 2e ch., 18 févr. 1999, *D. Affaires* 1999, 599, obs. Pételʼ.
5. Com. 1er avr. 2008, n° 06-19.665, NP, *Dr. sociétés* 2008, 228, p. 23, note Legros.
6. L. n° 2005-845, 26 juill. 2005, préc.
7. Com. 26 janv. 2010, n° 08-12.186, *Bull. civ.* IV, n° 23; FS-P+B; *D.* 2010. AJ 381; *Act. proc. coll.* 2010/6, n° 83, note Serlooten; *Rev. sociétés* 2011. 55, note Jambort.
8. L. n° 85-98, 25 janv. 1985, préc.
9. Civ. 3e, 13 nov. 2003, n° 00-14.206, *Bull. civ.* III, n° 198; *Bull. Joly* 2004/2, p. 213, § 31, note Le Cannu; *RTD com.* 2004. 114, n° 1 obs. Monsérié-Bon et Grosclaude; *Rev. sociétés* 2004. 49, note Barbièri; *Rev. proc. coll.* 2004, p. 260, n° 8, obs. Lebel et p. 266, n° 3, obs. Dumont – Com. 8 mars 2005, n° 03-17.975, *Bull. civ.* IV, n° 54; *Rev. sociétés* 2005. 92, note Barbièri – Com. 12 déc. 2006, n° 04-17.187, *Bull. civ.* IV, n° 247; n° 1413 F-P+B; *Gaz. proc. coll.* 2007, p. 36, note Voinot; *Rev. sociétés* 2007. 406, note Barbièri; *RTD com.* 2007. 397, n° 3, note Monsérié-Bon; *RD banc. fin.* mars 2007, p. 18, n° 4, note Lucas; *Rev. proc. coll.* 2007/1, p. 41, n° 3, obs. Lebel.

vante : d'une part, l'article 1859 du code civil fixe comme point de départ de la prescription une mesure de publicité destinée à permettre à toutes les personnes créancières d'une société civile de savoir dans quel délai elles pourront poursuivre en paiement les associés; d'autre part, la liquidation judiciaire, qui entraîne dissolution, fait l'objet d'une mesure de publicité[1]. La prescription de cinq ans ne court toutefois pas contre un créancier privé du droit d'agir contre la société avant d'engager des poursuites contre les associés. Cette solution de principe est cependant largement tempérée depuis que la Chambre Mixte de la Cour de cassation décide que la déclaration de créance au passif de la société en liquidation judiciaire suffit à faire présumer son insuffisance patrimoniale et, en conséquence, à autoriser les poursuites contre les associés de société civile (v. s[s] n° 731.23). Le créancier d'une société en liquidation judiciaire n'est donc plus privé du droit d'agir en justice contre les associés et ne peut plus invoquer le fait que la prescription ne court pas contre lui. Il a toutefois été jugé que cette dernière solution ne pouvait être appliquée à une instance en cours au moment du prononcé de la décision de la Chambre Mixte de la Cour de cassation, sans priver le créancier d'un procès équitable au sens de l'article 6 de la convention de sauvegarde des droits de l'homme et des libertés fondamentales, le créancier se trouvant, eu égard à la jurisprudence antérieure, dans l'impossibilité d'éviter de laisser prescrire sa créance[2].

La dissolution, qui résulte de la liquidation judiciaire, emporte la conséquence que le liquidateur peut poursuivre immédiatement la libération des apports contre les associés, alors même que cette libération devait intervenir à terme (v. s[s] n° 642.42).

Elle emporte enfin possibilité pour le liquidateur de demander aux associés, tenus indéfiniment des dettes sociales, leur contribution aux pertes (v. s[s] n° 731.23).

553.13 Liquidation au sens du droit des sociétés. La dissolution n'entraîne pas disparition de l'être moral. La solution est heureuse en cas de plan de cession totale ou de liquidation judiciaire. En effet, décider le contraire aurait conduit à rendre impossibles les opérations de traitement du passif et de recouvrement des actifs. Le liquidateur judiciaire n'aurait plus représenté personne Les actifs recouvrés n'auraient pu intégrer le patrmoine d'un débiteur inexistant.

Puisque la dissolution de la société par suite du prononcé de la liquidation judiciaire n'entraîne pas perte de la personnalité morale, les accords et conventions prévoyant la cession des titres de la société n'ont pas pris fin, et l'exécution peut donc en être demandée[3]. Identiquement, il a été jugé que les parts de la société peuvent être cédées par les associés ou faire l'objet de saisie[4].

La difficulté est ici de savoir si la notion de « besoins de la liquidation » est identique à celle de besoins de la liquidation judiciaire. Une réponse négative s'impose. En effet, l'assimilation est rendue impossible, si la procédure se termine, sous l'empire de la législation antérieure à la loi de sauvegarde des entreprises[5], par un plan de cession totale. Il y a donc bien une liquidation au sens du droit des sociétés et une liquidation judiciaire, qui ne se recoupent pas. Cette distinction conduit à la nomination d'un liquidateur (v. s[s] n° 553.21).

553.14 Perte de la personnalité morale (?). Il est d'abord exclu d'envisager une perte de personnalité morale liée aux règles de la procédure collective si l'entreprise a bénéficié d'un plan de continuation, de redressement ou de sauvegarde.

Sous l'empire de la législation antérieure à la loi de sauvegarde des entreprises[6], la clôture de la procédure intervient en revanche en plan de cession totale. Cette date est fixée par le tribunal, après régularisation des actes nécessaires à la cession, paiement du prix et réalisation des biens non compris dans le plan de cession (C. com., art. L. 621-95, al. 1). L'article 106, alinéa 1 du décret du 27 décembre 1985 y ajoute la réalisation des actions et procédures engagées dans l'intérêt de l'entreprise ou des créanciers. Un jugement sera nécessaire[7]. La clôture interviendra, en conséquence, après achèvement des opérations de cession. La loi de sauvegarde des entreprises intègre la clôture du plan de plan de cession totale dans la clôture de la liquidation judiciaire (C. com., art. L. 643-9, al. 4).

En cas de liquidation judiciaire, la clôture intervient d'abord lorsqu'il n'existe plus de passif exigible ou que le liquidateur dispose de sommes suffisantes pour désintéresser les créanciers (C. com., art. L. 643-9, al.2). C'est la clôture par extinction du passif. Cette côture rétablit le débiteur dans tous ses droits, du moins s'il est une personne physique. S'il est une personne morale, la solution est diffé-

1. Com. 8 mars 2005, n° 03-17.975, *Bull. civ.* IV, n° 54; *Rev. sociétés* 2005. 892, note Barbièri.
2. Com. 26 oct. 2010, n° 09-68.928, *Bull. civ.* IV, n° 159; n° 1058 F-P+B; *D.* 2010. 2647, note Lienhard; *Dr. sociétés* 2011, comm. 4, note Hovasse; *Act. proc. coll.* 2010/19, comm. 272, note Cagnoli; *BJE* mars-avr. 2011, p. 45, note Cérati-Gauthier.

Com. 16 nov. 2004, n° 00-22.193, NP.
Com. 3 oct. 2006, n° 04-14.611, *Bull. civ.* IV, n° 203; n° 1109 FS-P+B; *Bull. Joly* févr. 2007, § 46, p. 237, note Legrand; *Rev. proc. coll.* 2007/1, p. 40, n° 2, obs. Lebel.
L. n° 2005-845, 26 juil. 2005, préc.
L. n° 2005-845, 26 juil. 2005, préc.
Com. 27 avr. 1993, n° 91-14.203, *Bull. civ.* IV, n° 153; *Rev. proc. coll.* 1993, 478, obs. Soinne.

rente. Bien que la dissolution par suite de la liquidation judiciaire soit irréversible, la personnalité morale de la société subsiste aussi longtemps que ses droits et obligations à caractère social ne sont pas liquidés. Il en résulte qu'une instance peut être entreprise contre la société, après la clôture par extinction du passif exigible. Elle supposera la désignation d'un mandataire *ad hoc* chargé de représenter la société[1].

L'article L. 643-9 alinéa 2 du code envisage également un autre mode de clôture, beaucoup plus fréquent, qui correspond à l'impossibilité de poursuite des opérations de liquidation judiciaire, en raison de l'insuffisance d'actif. C'est la clôture pour insuffisance d'actif.

Les jugements de clôture des opérations de cession ou de clôture de la procédure par extinction du passif ou pour insuffisance d'actif font-ils disparaître la personnalité morale de la société débitrice ? Une réponse négative s'impose[2], le contraire étant aussi soutenu[3], certains auteurs assimilant clôture de la procédure de liquidation judiciaire et clôture des opérations de liquidation[4].

L'article 1844-8 alinéa 3 du code civil prévoit, en effet, que la « personnalité morale de la société subsiste [...] jusqu'à la publication de la clôture de celle-ci ». C'est donc *a priori* la clôture des opérations de liquidation, au sens du droit des sociétés, qui entraînerait disparition de la personnalité morale. Toutefois, l'article R. 123-129 du code de commerce prévoit que la personne morale est radiée du registredu commerce à compter du jugement de clôture dela liquidation judiciaire. Il semble donc que la publicité de la clôture dans un journal d'annonces légales soit la formalité suffisante à faire disparaître la personnalité morale[5].

Cependant, la jurisprudence apporte à ce principe un correctif. La personnalité morale subsistera même après publication des opérations de clôture de la liquidation, si tous les droits et obligations de caractère social n'ont pas été liquidés[6]. En droit des sociétés, un mandataire *ad hoc* devra alors être désigné pour agir au nom de la société, dès lors que le mandat du liquidateur a pris fin[7]. En droit des entreprises en difficulté, la clôture pour insuffisance d'actif postule que tous les droits et actions à caractère social n'ont pas été liquidés. S'il s'agit d'actifs ou d'actions à entreprendre pour récupérer des actifs, la technique de la réouverture de la procédure de liquidation judiciaire sera utilisée (v. s^s^ nº 593.11). Il n'y a dès lors pas à se demander, comme en droit commun des sociétés, qui a qualité pour demander la désignation d'un mandataire *ad hoc*[8]. En l'absence d'actif, le fait qu'il subsiste des créances impayées doit conduire à l'affirmation de la subsistance de droits et obligations à caractère social, lesquels font, à notre sens, obstacle à la disparition définitive de la personnalité morale. Ne peut dès lors être suivie la solution posée par une cour d'appel affirmant qu'un bien immobilier appartenant à une société, dont la clôture de la procédure pour insuffisance d'actif était intervenue, n'avait plus de titulaire[9].

553.15 Suppression de la dissolution des sociétés par l'effet de la liquidation judiciaire par l'ordonnance du 12 mars 2014[10]. La dissolution des sociétés par l'effet du jugement ordonnant la liquidation judiciaire est une règle inopportune. Elle a conduit à des difficultés insoupçonnées, au lendemain de la loi du 5 janvier 1988[11], allant jusqu'à interdire à la société placée en liquidation judiciaire de relever appel de la décision de liquidation judiciaire. Elle obligeait, en pratique, à désigner un mandataire *ad hoc* pour l'exercice des droits propres de société dissoute par l'effet du prononcé de la liquidation judiciaire. La loi de sauvegarde a réagi en écartant l'application mécanique de l'article 1844-5 du code civil et en décidant que, par principe, le dirigeant social en fonction le demeurait pendant le cours de la liquidation judiciaire.

Une autre difficulté du texte a été de déterminer les conséquences, sur cette règle, de la clôture de la liquidation judiciaire pour extinction du passif. Il aurait été opportun que ce type de clôture emportât restauration de la personnalité morale et de ses organes sociaux. Cependant, faute de texte en ce sens, c'est logiquement, au regard des règles d'interprétation, que la Cour de cassation a décidé que la clôture pour extinction du passif n'exerçait, sur la personnalité morale du groupement débiteur, aucun effet[12]. La dissolution subsistait donc, ce qui

1. Paris, 25e ch. B, 14 sept. 2007, RG nº 2007/04224.
2. V. trav. préparatoires de la loi du 25 janvier 1985; EN CE SENS : interv. Badinter, 2e séance, 9 avr. 1984, *JOAN* C... p. 1313 – *Adde*, SOINNE, nº 17... – RAPPR. : CHAPUT, nº 513...
3. PÉTEL, 6e éd., nº 330.
4. PÉTEL, 6e éd., nº 330 – SAINT-ALARY-HOUIN, 6e éd., nº 1248...
5. Demeyere, *Personnalité morale et droit des entreprises en difficulté*, th., Paris X Nanterre, 2005, p. 310, nº 344.
6. Com. 12 avr. 1983, nº 8...-14.055, *Bull. civ.* IV, nº 113 ... Com. 2 mai 1985, nº 83-17.409, *Bull. civ.* IV, nº 139.
7. Savaux, « La personnalité morale en procédure civile », *RTD civ.* 1995. 1.
8. SUR CETTE QUESTION : Com. 12 févr. 2013, nº 11-21.835, NP, *Rev. sociétés* 2013. 719, note Boillot.
9. Paris, 23e ch. B, 4 sept. 2008, *Rev. proc. coll.* 2009/2, p. 31, nº 33, note Lebel.
10. Ord. nº 2014-326, 12 mars 2014, préc.
11. L. nº 88-15, 5 janv. 1988, préc.
12. Com. 26 oct. 1999, nº 97-12.640, *Bull. civ.* IV, nº 196; *Bull. Joly* janv. 2000, nº 8, p. 49, note Le Cannu; *Act. proc. coll.* 1999/18, nº 242; *D.* 1999. AJ 77, obs. Lienhard; *LPA* 14 mars 2000, nº 52, p. 11, note Courtier; *RJ com.* 2000. 130, note Convert; *JCP E* 2000, Chron. 128, nº C-10, obs. M. Cabrillac et Pétel; *RTD com.* 2000. 124, obs. Champaud et Danet; *Defrénois* 2000. 37219, nº 3, obs. Gibirila.

rendait possible, mais aussi, obligatoire, pour l'exercice des droits propres de la personne morale débitrice, la désignation d'un liquidateur, au sens du droit des sociétés. Les organes de la société dissoute ne retrouvent, en effet, pas leurs pouvoirs après la clôture de la liquidation judiciaire pour extinction du passif[1].

Ces deux raisons avaient poussé rapidement la doctrine à émettre l'idée que la dissolution soit retardée au jour au jour de la clôture[2].

C'est ce que fait judicieusement l'article 100 de l'ordonnance du 12 mars 2014. Désormais, la dissolution de la société interviendra, en vertu de l'article 1844-7, 7° du code civil, au jour de la clôture de la liquidation judiciaire pour insuffisance d'actif.

Il est à noter qu'une demande d'avis a été transmise à la Chambre commerciale de la Cour de cassation par la Chambre criminelle sur l'application dans le temps de la règle[3].

La règle conduit à plusieurs modifications.

Tout d'abord, la liquidation judiciaire n'emporte plus dissolution de la société. Le dirigeant social en fonction au jour de la liquidation judiciaire le demeurera donc. Tirant les conséquences de cette nouvelle solution, et dans le souci de dissiper un doute dans l'interprétation du texte, l'ordonnance du 26 septembre 2014[4] (art. 8) répond à la question suivante : qui va devoir établir les comptes sociaux, les arrêter et les faire approuver par l'assemblée des associés ? L'article L. 641-3, alinéa 3 du code de commerce, qui en résulte, précise que le liquidateur pourra demander au président du tribunal la désignation d'un mandataire *ad hoc* si les dirigeants sociaux ne font pas le nécessaire, ce qui revient à poser en règle que ce sont les organes sociaux qui doivent remplir cette mission, et non le liquidateur. Le texte s'applique aux procédures de liquidation judiciaire ouvertes à compter du 1er juillet 2014 (ord. 26 sept. 2014, art. 13, al. 2).

Le texte de l'article L. 641-9, II du code de commerce, qui posait cette solution contraire au droit commun des sociétés, ne se trouve pas pour autant abrogé. Il est toutefois modifié par l'article 66, 1° de l'ordonnance du 12 mars 2014. Il est désormais prévu qu'un mandataire peut être désigné, en cas de nécessité, au lieu et place des dirigeants sociaux par ordonnance du président du tribunal sur requête de tout intéressé, du liquidateur ou du ministère public.

Enfin, la clôture pour extinction du passif exigible n'entraîne pas dissolution, car celle-ci est limitée à la clôture pour insuffisance d'actif. Dès lors, la société placée en liquidation judiciaire n'ayant jamais été dissoute pourra reprendre normalement son activité, une fois la clôture pour extinction du passif exigible prononcée. Voilà justement supprimée la mise à mort d'une personne innocente.

De lege ferenda, on peut suggérer de coordonner la règle nouvelle avec celles régissant la poursuite provisoire d'activité en liquidation judiciaire[5]. Si la clôture pour insuffisance d'actif est envisageable, la poursuite de l'activité n'a sans doute pas besoin d'être enfermée dans des limites temporelles.

SECTION 553.20
NOMINATION D'UN LIQUIDATEUR AU SENS DU DROIT DES SOCIÉTÉS OU D'UN MANDATAIRE *AD HOC*

553.21 Nomination d'un liquidateur au sens du droit des sociétés ou d'un mandataire *ad hoc* – Solution antérieure à la loi du 26 juillet 2005[6]. L'article 1844-8 du code civil, dans la rédaction de la loi du 5 janvier 1988[7], dispose, en son alinéa 1, que « la dissolution de la société entraîne sa liquidation ». L'alinéa 2 prévoit la désignation d'un liquidateur. Il s'agit là d'un liquidateur, au sens du droit des sociétés.

Cet organe, qui a les pouvoirs du dirigeant social, est chargé de représenter la société, pendant les opérations de liquidation. L'ambiguïté est certaine, en cas de liquidation judiciaire. Le liquidateur judiciaire sera-*t-il* le liquidateur au sens du droit des sociétés ? Cette ambiguïté disparaît en cas de plan de cession totale, puisqu'il n'y a pas ici de liquidateur judiciaire. Pourtant, un liquidateur doit être nommé. Il y a donc bien lieu de distinguer liquidateur judiciaire et liquidateur au sens du droit des sociétés[8].

Il reste à déterminer comment le liquidateur sera nommé. La Cour de cassation, par une décision de principe, a considéré que le liquidateur est nommé conformément aux statuts ou, dans le silence de ceux-ci, par les associés ou, si les associés n'ont pu procéder à cette nomination, par décision de jus-

1. Paris, 14e ch. B, 24 févr. 2006, RG n° 2005/17843.
2. VALLANSAN et *alii*, 6e éd., p. 371 – Le Corre, *Droit et pratique des procédures collectives*, 7e éd., « Dalloz action », 2013, n° 553.22.
3. Crim. 2 avr. 2014, n° 13-81.307, NP, *Leden* mai 2014, comm. 079, note Roussel.
4. Ord. n° 2014-1088, 26 sept. 2014, *JO* 27 sept., p. 15725.

RAPPR. : Menjucq, « Liquidation judiciaire et dissolution de la société débitrice : un nouveau principe nécessaitant des précisions », *Rev. proc. coll.* 2014, repère 3.

L. n° 2005-845, 26 juill. 2005, préc.

L. n° 88-15, 5 janv. 1988, préc.

AINSI : Com. 3 juin 1997, n° 93-18.425, *Bull. civ.* IV, n° 173; *D.* 1998. 348, note Kenfack · *Adde*, IFPPC 1999, recomm. n° 6000-4, p. 120.

tice[1]. L'intervention judiciaire pour désigner le liquidateur amiable n'est donc pas impérative[2]. La voie de recours est valablement exercée par le liquidateur amiable, même si la nomination n'a pas été publiée à la date du recours[3].

Il faut commencer par examiner les statuts. L'intervention de l'assemblée des associés ne s'imposera pas si les statuts prévoient que la dissolution de la société emportera désignation des anciens dirigeants en qualité de liquidateur amiable. La solution a été posée à propos d'une société civile immobilière[4].

Dans le silence des statuts, il y a place à nomination par les associés. Qui a alors qualité pour convoquer l'assemblée aux fins de désignation du liquidateur au sens du droit des sociétés ? Ce ne peut être l'organe statutaire de représentation de l'assemblée puisqu'il a cessé ses fonctions. Cependant, s'il convoque l'assemblée, l'irrégularité sera couverte si tous les associés sont présents[5]. Sous cette réserve, l'assemblée sera convoquée par le commissaire aux comptes ou par le mandataire de justice assurant la défense des droits patrimoniaux de la société débitrice[6], même si la distinction entre droits patrimoniaux et droits personnels est ici méconnue.

Enfin, à défaut de nomination par les associés, le liquidateur au sens du droit des sociétés pourra être désigné par le tribunal. La difficulté est alors de savoir qui peut saisir le tribunal à cette fin. La réponse est donnée par l'article 1844-8 du code civil : tout intéressé. Il pourra donc s'agir d'un organe de la procédure, par exemple le commissaire à l'exécution du plan de cession[7], du dirigeant social dont la mission a pris fin ou même d'un créancier de la personne morale débitrice. Il ne semble pas que le tribunal puisse procéder d'office à cette désignation, ce mécanisme n'étant prévu par l'article L. 237-20 du code de commerce qu'en cas de dissolution judiciaire, alors que la dissolution ici en cause est d'ordre légal[8].

Dès lors que les associés n'ont pas procédé, en vertu des statuts, à la désignation du liquidateur au sens du droit des sociétés, dans le délai de trois ans qui court, selon l'article 1844-8, alinéa dernier du code civil, à compter de la dissolution de la société, ils ne peuvent pas s'opposer ensuite à la décision du tribunal ayant désigné, sur la demande du commissaire à l'exécution du plan, par exemple, le mandataire *ad hoc* en entendant procéder à la désignation du liquidateur amiable en application des statuts[9].

Rien ne semble interdire à l'ancien dirigeant social d'être désigné en qualité de liquidateur au sens du droit des sociétés[10]. On admet également la désignation du liquidateur judiciaire, spécialement désigné à cette fin par le tribunal[11]. La solution ne serait cependant pas opportune car sa mission essentielle est de défendre les droits propres du débiteur, qui peuvent être antagonistes avec ceux soumis au dessaisissement. Le liquidateur pourra encore être l'administrateur provisoire désigné avant l'ouverture de la procédure, dès lors que ses pouvoirs auront été maintenus par le juge après ladite ouverture[12].

Plutôt que de désigner un liquidateur, le tribunal pourra nommer un mandataire *ad hoc*, dont il devra alors déterminer avec précision la mission. Le tribunal pourra ainsi prévoir une mission de « représenter la personne morale dissoute dans tous les actes pour lesquels elle n'est pas dessaisie par l'effet de la procédure collective »[13]. Il pourrait encore désigner un mandataire *ad hoc* à l'effet d'exercer les droits et actions propres de la société débitrice, exclus de la mission du liquidateur judiciaire[14], ce qui englobera la contestation de la désignation d'extension d'une procédure collective à la société débitrice[15].

un mandataire *ad hoc* a déjà été désigné, la nomination d'un autre mandataire *ad hoc* aux mêmes fins par une autre juridiction est évidemment impossible. L'intervention à une instance du second mandataire *ad hoc* désigné serait irrecevable[16].

1. Com. 10 mars 2004, n° 02-17.820, *Bull. civ.* IV, n° 49; *D.* 2004. AJ 949, obs. Lienhard; *Rev. proc. coll.* 2004, p. 265, n° 2, obs. Dumont; *RD banc. fin.* 2004/4, p. 255, n° 174, obs. Lucas; *LXB* n° N1625ABS, note Le Corre.
2. Com. 30 juin 2004, n° 01-13.966, NP.
3. Com. 7 sept. 2010, n° 09-14.810, NP; n° 813 F-D; *Rev. sociétés* 2010. 538, note Roussel Galle; *Dr. sociétés* 2010, comm. 235, note Legros – Com. 7 sept. 2010, n° 09-14.811, NP; n° 814 F-D – Com. 7 sept. 2010, n° 09-14.812, NP; n° 815 F-D.
4. Paris, 14 févr. 2003, *RTD com.* 2003. 528, n° 3, obs. Monsérié-Bon.
5. Com. 17 juill. 2001, n° 97-20.018, *Bull. civ.* IV, n° 152; *D.* 2001. AJ 2519, obs. Lienhard; *LPA* 24 sept. 2001, n° 190, p. 10, note Cerati-Gauthier; *Act. proc. coll.* 2001/14, n° 179; *JCP E* 2002, Chron. 121, p. 128, n° 7, obs. Pétel.
6. EN CE SENS : Pétel, obs. s^s Com. 17 juill. 2001, n° 97-20.018, préc. (v. s^s prés^t n°).
7. Com. 11 déc. 2007, n° 06-15.563, NP; n° 1341 F-D; *Bull. Joly* avr. 2008, p. 318, § 68, note Lucas; *Dr. sociétés* 2008/2, p. 26, n° 31, note Legros; *RTD com.* 2008. 860, n° 10, obs. Saint-Alary-Houin.

Saintourens, note s^s Com. 17 juill. 2001, n° 97-20.018, *Rev. sociétés* 2002. 56.

Com. 11 déc. 2007, n° 06-15.563, préc.

EN CE SENS : Douai 2e ch, sect. 2, 30 mai 2002, *D.* 2002. AJ 2333.

IFPPC 1999, recomm n° 6000-4, p. 120.

Com. 20 févr. 2001, n° 97-22.019, *Bull. civ.* IV, n° 42; *JCP E* 2001, jur. p. 1532, note Legros; *Bull. Joly* 2001, n° 151, p. 602, note Constantin.

Paris, 3e ch. C, 25 avr. 2003, RG n° 2002/18115.

AINSI : Com. 28 oct. 2008, n° 07-17.821, NP; n° 1062 F-D.

AINSI : Com. 28 oct. 2008, n° 07-17.821, NP; n° 1062 F-D.

Paris, 3e ch. B, 1er sept. 2005, RG n° 2003/1479.

La demande pourra émaner de tout intéressé, et notamment de l'ancien dirigeant social[1]. Il devra cependant prêter attention à présenter la demande à titre personnel et non *ès qualités* de dirigeant social, puisqu'il n'a plus cette qualité[2].

La demande de nomination est portée soit devant le tribunal de la faillite, soit devant le tribunal compétent pour connaître de l'action que le mandataire de justice est chargé d'initier[3]. C'est ainsi que le tribunal de grande instance, compétent pour connaître des actions en responsabilité civile professionnelle contre les mandataires de justice, a été reconnu compétent pour procéder à la désignation du mandataire *ad hoc* chargé d'engager une telle action[4].

Si la décision de nomination du liquidateur amiable est annulée, tout se passe comme si aucun liquidateur amiable n'avait été nommé (v. s[s] n°s 552.31 et 552.32). Spécialement, le pourvoi qu'il aurait formé au nom de la société en liquidation judiciaire sera irrecevable[5].

553.22 Nomination d'un liquidateur au sens du droit des sociétés ou d'un mandataire *ad hoc* – Solution issue de la loi du 26 juillet 2005[6]. La loi du 26 juillet 2005, pour tenir compte de l'importance des difficultés procédurales liées à la perte de qualité du dirigeant social, par l'effet du prononcé de la liquidation judiciaire, pose une règle nouvelle, qui se veut simplificatrice, en faisant preuve, selon l'une des caractéristiques du texte, d'un grand pragmatisme. En ce sens, l'article L. 641-9, II alinéa 1 du code énonce que « lorsque le débiteur est une personne morale, les dirigeants sociaux en fonction lors du prononcé de la liquidation judiciaire le demeurent sauf disposition contraire des statuts ou décision de l'assemblée générale ». Il n'y aura donc plus besoin de faire nommer un mandataire *ad hoc*[7]. Le dirigeant social restera, en conséquence, recevable à exercer des recours intéressant la société débitrice en liquidation judiciaire[8]. Au contraire, la voie de recours exercée par un mandataire *ad hoc* est irrecevable[9]. Cette solution supposera toutefois qu'aucune restriction ne vienne affecter les pouvoirs du dirigeant. Ce dernier est irrecevable à interjeter appel d'un jugement statuant sur un plan de cession, dès lors que le dirigeant n'avait été maintenant en fonction par l'assemblée générale des associés que pour gérer les affaires courantes, à titre conservatoire, dans l'attente de la nomination d'un administrateur provisoire ou d'un liquidateur. La liquidation judiciaire emportant nomination d'un liquidateur lui interdit de représenter la société en justice[10].

Ainsi, sauf disposition contraire des statuts, les dirigeants sociaux conservent leurs fonctions malgré la liquidation judiciaire de la société. La solution vise les dirigeants sociaux en fonction au jour de la liquidation judiciaire. Les associés peuvent toutefois demander la désignation d'un liquidateur ou celle d'un mandataire *ad hoc*. En revanche, l'assemblée générale des associés ne peut procéder à la révocation du dirigeant pour en désigner un autre[11].

Le texte de l'article L. 641-9, II, alinéa 1 du code de commerce ne comporte pas de restriction au maintien en fonction du dirigeant social. Ce maintien n'est donc pas limité au seul exercice des droits propres de la société débitrice. C'est pourtant, semble-t-il, une telle restriction que consacre la Chambre sociale de la Cour de cassation, en jugeant que « la liquidation judiciaire met fin aux mandats sociaux des dirigeants », pour en tirer cette conséquence que l'article L. 641-9, II, du code de commerce n'a pas pour objet ni pour effet de faire obstacle à la reprise des effets d'un contrat de travail suspendu pendant le mandat social, la liquidation judiciaire mettant fin et à cet égard particulier au mandat social[12].

Le maintien en fonction du dirigeant social n'aura toutefois pas pour effet de faire obstacle à l'exercice, par le liquidateur judiciaire, des actions tendant à l'allocation de dommages-intérêts en réparation du préjudice résultant des infractions commises par les dirigeants de la personne morale en liquidation judiciaire[13].

1. Com. 2 juin 2004, n° 03-11.090, *Bull. civ.* IV, 113; *D.* 2004. AJ 1815, obs. Lienhard; *Act. proc. coll.* 2004/13, n° 165, obs. Vallansan; *JCP E*, 2004, jur. 1550, p. 90, note Vinckel.
2. Vallansan, obs. s[s] Com. 2 juin 2004, n° 03-11.090, *Act. proc. coll.* 2004/13, n° 165.
3. Com. 21 mars 2006, n° 04-17.995 *Bull. civ.* IV, 76; n° 374 F-P+B; *D.* 2006. AJ 1042, obs. Lienhard; *Gaz. Pal.* ... *Act. proc. coll.* 2006/3, p. 27, obs. Voinot; *RD banc. fin.* 2006, p. 27, n° 110, note Lucas; *Rev. sociétés* 2006. 912, note Roussel Galle.
4. Com. 21 mars 2006, n° 04-17.995, préc.
5. Com. 19 nov. 2003, n° 02-13.766, NP.
6. L. n° 2005-845, 26 juill. 2005, préc.
7. AINSI : Colmar, 1re ch. civ., sect. A, 5 juin 2007, RG / 00663, *Act. proc. coll.* 2007/16, n° 192, note Pagnu...
8. Com. 22 mars 2011, n° 09-72.748, NP; n° 290 F-D ... sailles, 13e ch., 24 mai 2012, RG n° 11/03469, *Dr. sociétés* 2014, comm. 34, note Legros.
9. Colmar, ch. civ., sect. A, 5 juin 2007, *Act. proc. coll.* 2007, n° 192, note Pagnucco; *Dr. sociétés* 2007/12, p. 23, n° 216, note Legros; *Rev. proc. coll.* 2008, p. 66, n° 2, note Lebel.
10. Basse-Terre, ch. civ., 2e sect., 14 mars 2011, n° 10/01705, *Dr. sociétés* 2013, comm. 14, note Legros.
11. Caen, 2e ch. civ. et com., 31 mars 2016, RG n° 15/03155, *Act. proc. coll.* 2016/9, comm. 125; *BJE* 2016, 260, note Favario.
12. Soc. 17 juin 2015, n° 14-10.230, NP, *BJS* 2015, 600, note Baugard.
13. Crim. 5 déc. 2012, n° 11-85.838, *Bull. civ.* IV, n° 271; n° 7058 F-P+B; *Gaz. Pal.* 1er mai 2013, n° 121, p. 45, note Robaczewski; *Act. proc. coll.* 2013/2, comm. 28, note Cerf-Hollender; *Dr. sociétés* 2013, comm. 36, note Salomon; *Rev. sociétés* 2013. 305, note Bouloc; *LPA* 5 avr. 2013, n° 69, p. 17, note Boursier.

Le dispositif nouveau a vocation à s'appliquer aux procédures ouvertes à compter du 1er janvier 2006, non aux procédures ouvertes avant cette date[1]. Il peut régir une procédure de liquidation judiciaire ouverte sur résolution d'un plan de continuation, puisqu'il s'agit d'une procédure ouverte après le 1er janvier 2006.

A priori, le texte n'aurait dû avoir vocation à s'appliquer qu'au profit des dirigeants de société, puisque les autres personnes morales n'étaient pas affectées par la règle de la dissolution par l'effet du prononcé ou de l'ouverture de la liquidation. La Cour de cassation a toutefois cru devoir appliquer, de la manière la plus large, l'article L. 641-9, II du code de commerce, en en faisant bénéficier un syndicat[2].

La solution nouvelle revient à maintenir en fonction des dirigeants sans pouvoir[3], opinion que conteste toutefois un auteur[4]. Une solution indiscutable juridiquement aurait consisté, ainsi que l'a proposé un auteur, de différer au jour de la clôture de la procédure de liquidation judiciaire la dissolution de la société débitrice, en modifiant en ce sens l'article 1844-7, 7° du code civil[5].

Le texte aurait pu aller plus loin et écarter toute clause statutaire contraire et toute décision contraire de l'assemblée générale. Il y aurait cependant eu alors violation du fonctionnement démocratique des sociétés.

En l'état du texte, le blocage pourra donc subsister. La situation sera lors débloquée selon cette même disposition par la désignation d'un mandataire désigné par le président du tribunal saisi à la requête de tout intéressé, du liquidateur ou du ministère public. La formule « tout intéressé » englobe notamment les créanciers. La question se posera de savoir si la formule « tout intéressé » permettra d'englober l'ancien dirigeant social, qui, statutairement, ne pourra être désigné mandataire. Une réponse positive semble devoir être apportée[6], qui ne sera que la reprise de la solution du droit antérieur.

Le texte prévoit encore que, en cas de nécessité, un mandataire peut être désigné en lieu et place du dirigeant. Ce cas semble viser l'incompétence ou l'immoralité du dirigeant[7]. Il peut encore s'agir d'un empêchement du débiteur personne physique, tenant par exemple à sa maladie. Il peut enfin recouvrir l'hypothèse d'un dirigeant refusant de jouer le rôle de liquidateur[8]. Il a été jugé que le seul fait que le liquidateur ait assigné le dirigeant social en responsabilité pécuniaire et en faillite personnelle ne suffit pas à établir cette nécessité de remplacer le dirigeant en fonction, dans le cadre d'une action en report de la date de cessation des paiements. Le fait pour le dirigeant de s'opposer à la demande du liquidateur n'est évidemment pas suffisante à justifier la mesure de remplacement[9].

L'article L. 641-9, II alinéa 2 du code, dans la rédaction que lui donne la loi du 26 juillet 2005, prend le soin de préciser que « le siège social est réputé fixé au domicile du représentant légal de l'entreprise ou du mandataire désigné ». Cette précision permet de déterminer le lieu de notification des actes qui intéressent les droits du débiteur non soumis au dessaisissement, spécialement ses droits propres. Cette disposition présentera un grand intérêt pour que le débiteur puisse, après la libération des locaux abritant le siège social, continuer à recevoir des documents[10]. Le décret aurait pu, ainsi que cela a été judicieusement suggéré, prévoir en ce cas une publicité pour que les tiers puissent être informés de cette adresse de notification[11].

553.23 Effet de la suppression de la dissolution des sociétés par l'effet du placement en liquidation judiciaire. La liquidation judiciaire, depuis l'ordonnance du 12 mars 2014[12], n'emporte plus dissolution de la société. Le dirigeant social en fonction au jour de la liquidation judiciaire le demeurera par principe, sous réserve de la possibilité de faire désigner un mandataire *ad hoc* (v. s^s n° 553.15).

1. Com. 19 oct. 2010, n° 09-66.784, NP, *Leden* 2010/12, p. 6, obs. Parachkevova; *Dr. sociétés* 2011, § 78, p. 34, note Legros – Lyon, 3e ch. civ. A, 7 févr. 2008, *Dr. sociétés* 2008, 182, p. 25, note Legros – Nîmes, 2e ch. B, 18 mars 2010, RG n° 08/01295, *Dr. sociétés* 2011, § 78, p. 34, note Legros – Aix-en-Provence, 8e ch. C, 30 sept. 2010, RG n° 09/10396, *Dr. sociétés* 2011, § 78, p. 34, note Legros.
2. Com. 16 mars 2010, n° 09-12.539, *Bull. civ.* IV, n° 56; n° 316 F-P+B; *D.* 2010. 887, note Lienhard; *Gaz. Pal. entr. diff.* 2-3 juill. 2010, n°s 183, 184, p. 21, note Reille; *Act. proc. coll.* 2010/7, n° 97, note Cagnoli; *Dr. sociétés* 2010/7, § 149, p. 41, note Legros; *LPA* 28 juin 2010, n° 127, p. 17, note Lebel; *Rev. sociétés* 2010. 191, note Roussel Galle.
3. Deleneuville, « La constitution de partie civile de la victime en liquidation judiciaire », *D.* 2006. 1233 – VALLENS, 2007, n° 4050.
4. VOINOT, 2007, n° 506.
5. VALLANSAN et *alii*, 6e éd., p. 371.
6. AUSSI: Froehlich et Sénéchal, « Du jugement de liquidation judiciaire », *LPA* n° sp. 9 févr. 2006, n° 29, p. 8 s., sp. p. 14 – J.-CL. COM., Vallansan et Beaubrun, fasc. 2702, [Liquidation judiciaire – Régime – Administration de l'entreprise – Liquidation judiciaire simplifiée], 2007, n° 57.
7. SAINT-ALARY-HOUIN, 6e éd., n° 1106.
8. VOINOT, 2007, n° 506.
9. Paris, pôle 5, 9e ch., 21 nov. 2013, RG n° 13/09561, *Dr. sociétés* 2014, comm. 70, note Legros.
10. *Rapp. Xavier de Roux*, n° 2095, p. 368.
11. Monsérié-Bon, « La diversification des liquidations judiciaires », *Rev. proc. coll.* 2005/4, p. 367 s., sp. p. 368.
12. Ord. n° 2014-326, 12 mars 2014, préc.

SECTION 553.30
MISSION DU MANDATAIRE *AD HOC* OU DU LIQUIDATEUR AU SENS DU DROIT DES SOCIÉTÉS

553.31 Mission de représentation de la société pour les droits non soumis au dessaisissement sous l'empire de la législation du 25 janvier 1985. Sous l'empire de la loi du 25 janvier 1985[1], la raison d'être du liquidateur au sens du droit des sociétés ou du mandataire *ad hoc* est double : assurer l'exercice des droits démocratiques dans la société et permettre la défense des droits propres de la société débitrice. Rappelons que cette obligation absolue de désignation, sous l'empire de la législation antérieure à la loi de sauvegarde des entreprises[2], ne devrait être qu'exceptionnelle dans la législation issue de la loi de sauvegarde des entreprises, du fait du maintien en fonction, par principe, du dirigeant social.

D'une part, le plan de cession totale, et la liquidation judiciaire n'entraînent pas disparition de la personnalité morale. Cela signifie clairement que la société subsiste. Cependant, elle est privée d'organe de représentation, susceptible de convoquer les assemblées générales des associés[3]. De même, il a été jugé que la dissolution de la société anonyme avait mis fin aux fonctions du conseil d'administration, qui ne pouvait donc plus, comme cela était prévu par les statuts, contrôler les transferts d'actions[4]. En ce sens, il a été décidé qu'en l'absence de liquidateur désigné, la société n'a plus de représentant légal. Elle ne peut plus obtenir l'enregistrement et le renouvellement d'une marque[5]. Le mandant de l'avocat choisi par la société avant le jugement d'ouverture, qui se poursuit en phase de redressement judiciaire, cesse avec la liquidation de celle-ci. En conséquence, il ne peut prétendre à une rémunération prise en charge par la procédure au titre des créances nées postérieurement, pour les diligences accomplies après la liquidation judiciaire[6].

1. L. nº 85-98, 25 janv. 1985, préc.
2. L. nº 2005-845, 26 juill. 2005, préc.
3. Com. 3 juin 1997, nº 93-18.425, *Bull. civ.* IV, nº 173, préc. (v. s[s] nº 573.21) – Com. 17 juill. 2001, nº 97-20.018, *Bull. civ.* IV, nº 152; *D.* 2001. AJ 2519, obs. Lienhard; *LPA* 24 sept. 2001, nº 190, p. 10, note Cerati-Gauthier; *Act. proc. coll.* 2001/14, nº 179; *JCP E* 2002, Chron. 121, p. 128, nº 7, obs. Pétel; *Rev. sociétés* 2002. 52, note Saintourens; *D.* 2002. Somm. 3261, obs. Hallouin.
4. Com. 12 mai 2004, nº 00-10.335, *Bull. civ.* IV, nº 95; *Rev. sociétés* 2004. 940, note Bonneau.
5. Com. 12 nov. 1992, nº 91-10.303, NP, *JCP* 1993. II. 22309, note Guyon.
6. Com. 19 mai 2004, nº 01-13.515, *Bull. civ.* IV, nº 98; *D.* 2004. AJ 2045; *JCP E* 2004, Chron. 1292, p. 1391, nº 18, obs. Pétel.

D'autre part, le liquidateur judiciaire ne représente le débiteur que pour la défense de ses droits soumis au dessaisissement. Il ne le représente pas pour la défense de ses droits propres. Or, si la société est privée d'organe de représentation, elle ne pourra faire valoir ses droits propres.

L'obligation pour la société dissoute d'être représentée pour l'exercice de ses droits propres a conduit à décider que l'absence d'indication de la raison pour laquelle la requête aux fins de désignation d'un mandataire *ad hoc* est présentée ne peut conduire à son rejet[7]. La solution nous apparaît souple, la notion de mandat « *ad hoc* » semblant au contraire conduire à décider que la mission devait être déterminée précisément, alors surtout qu'un liquidateur amiable peut également être nommé à cette fin.

Le mandataire *ad hoc*, désigné pour représenter la société en liquidation judiciaire, a qualité pour exercer un appel à l'encontre de la décision plaçant la société en liquidation judiciaire. Le fait qu'un mandataire *ad hoc* désigné avant l'ouverture de la procédure pour suppléer la carence d'un dirigeant interdit de gérer ait sollicité l'ouverture de la liquidation judiciaire – ce qu'il peut faire (v. s[s] nº 231.25) – n'a pas pour effet de faire perdre à la société le droit propre d'interjeter appel du jugement de liquidation judiciaire[8].

Le mandataire *ad hoc*, désigné pour représenter la société en liquidation judiciaire, dans le cadre de la procédure d'appel du jugement de liquidation judiciaire et plus généralement pour diligenter toutes procédures utiles pour les droits ne relevant pas de la mission du liquidateur judiciaire, a qualité pour former des voies de recours sur toutes les décisions intéressant les droits propres du débiteur, par exemple pour interjeter appel d'une ordonnance relevant un créancier de la forclusion[9] ou former un pourvoi contre l'arrêt d'appel statuant sur le recours à l'encontre d'une décision d'admission d'une créance au passif[10]. Dès lors qu'il n'est pas question de droit propre, les règles du dessaisissement conduisent à écarter l'intervention du mandataire *ad hoc*. La solution a été posée pour la demande de mainlevée d'une saisie-attribution[11].

Si la décision de nomination du mandataire *ad hoc* prévoit avec précision la mission du mandataire *ad hoc*, celui-ci ne devrait pouvoir intervenir que dans le cadre de cette mission. La notion même

7. Com. 1er mars 2005, nº 03-15.655, NP.
8. Com. 7 nov. 2006, nº 05-14.712, *Bull. civ.* IV, nº 219; nº 1192 F-P+B; *Gaz. proc. coll.* 2007/1, p. 33, note Voinot; *RJ com.* 2007. 232, note Sortais.
9. Com. 1er mars 2005, nº 03-20.008, NP.
10. Com. 16 oct. 2007, nº 06-11.984, NP; nº 1089 F-D; *Gaz. proc. coll.* 2008/1, p. 54, note Le Corre-Broly.
11. Com. 14 mai 2008, nº 07-10.502, NP; nº 576 F-D.

de mandat *ad hoc* pourrait justifier une telle rigueur. C'est ainsi qu'il avait pu être jugé que la représentation de la société « au cours des opérations de liquidation judiciaire » n'incluait pas la défense des droits propres de la société pour lui permettre d'interjeter appel du jugement de liquidation[1]. Cette solution n'a pas été suivie par la Cour de cassation, qui a, au contraire, décidé que la mission du mandataire *ad hoc* désigné à l'effet de représenter la société au cours des opérations de liquidation judiciaire inclut celle d'interjeter appel du jugement de liquidation judiciaire[2]. De même, il a pu être jugé que la nomination en qualité de mandataire *ad hoc* pour poursuivre les instances en cours n'exclut pas la possibilité pour ce mandataire d'interjeter appel du jugement prononçant la liquidation judiciaire[3]. Ainsi, la Cour de cassation se montre-t-elle souple pour ne pas ajouter, à la complication procédurale résultant d'une législation défaillante, d'autres complications.

En revanche, le mandataire *ad hoc*, qui ne représente la société que pour ses droits propres, n'a pas qualité pour agir dans l'intérêt collectif des créanciers, cette action de nature patrimoniale n'entant pas dans sa mission de représenter la société pour l'exercice de ses droits propres[4].

553.32 Voie de recours exercée par la société sous l'empire de la législation du 25 janvier 1985[5]. La personne morale débitrice, privée d'organe statutaire de représentation, ne pourra faire de voies de recours contre une décision intéressant ses droits non soumis au dessaisissement, par l'intermédiaire de son ancien dirigeant n'ayant plus qualité pour la représenter. La voie de recours sera irrecevable[6], même s'il s'agit d'une voie de recours nullité[7].

Il avait d'abord été jugé que, si en application de l'article 120 alinéa 2 du code de procédure civile, le juge peut soulever d'office la nullité pour défaut de capacité d'ester en justice, il n'en a pas l'obligation[8].

Il a ensuite été estimé que le défaut de pouvoir de l'ancien dirigeant de la société dissoute par l'effet de sa mise en liquidation judiciaire constitue une fi de non-recevoir et non une exception de nullit fondée sur l'inobservation d'une règle de fond. E conséquence, le juge du fond peut soulever d'offi le moyen d'irrecevabilité[9].

Si la dissolution de la société intervient penda le cours d'une instance, cette dernière ne peut ré lièrement se poursuivre qu'avec la désignation d'un mandataire *ad hoc* ou d'un liquidateur amiable. Toutefois, l'irrégularité de la poursuite de l'instance ne peut être invoquée par la caution du débiteur présente dans la même instance[10].

L'irrecevabilité subsiste alors même qu'il est question de contester la décision prononçant la liquidation judiciaire[11]. La solution a identiquement été posée à propos de l'appel du jugement prononçant la liquidation des biens, sous l'empire de la loi du 13 juillet 1967[12]. La même solution vaut pour le jugement statuant sur l'extension par confusion des patrimoines de la liquidation judiciaire ouverte initialement contre une première personne (v. s^s n° 213.35). Il a été jugé que le mandataire *ad hoc* de la société en liquidation judiciaire, dont il est question d'étendre la procédure à une autre personne, a qualité pour interjeter appel de la décision rejetant la demande d'extension[13], ce qui apparaît curieux, dans la mesure où il n'a pas qualité pour demander l'extension de la procédure. L'irrecevabilité de l'appel ne pourra cependant plus être invoquée par le liquida-

1. Amiens, ch. éco., 30 sept. 2004, RG n° 04/00752.
2. Com. 24 janv. 2006, n° 04-19.299, NP; n° 101 F-D ... *banc. fin.* mars-avr. 2006, p. 23, n° 72, note approb. Lu
3. Com. 16 oct. 2007, n° 06-16.057, NP; n° 1109 F-D ... *sociétés* 2008, 154, p. 23, note Legros.
4. Com. 13 janv. 2015, n° 12-25.983, NP; n° 39 FS-D ... *proc. coll.* 2015/4, comm. 60, note Vallansan; *BJ*... 2015, 159, note Sortais; *BJS* 2015, 145, note Parachke
5. L. n° 85-98, 25 janv. 1985, préc.
6. Com. 16 mars 1999, n° 96-19.078, *Bull. civ.* IV, n° 66; *LPA* 16 avr. 1999, n° 76, p. 9, note P. M.; *D.* 2000. jur. 513, note Kenfack; *RTD com.* 2000. 130, obs. Champaud et Danet; *Dr. et patr.* juill.-août 1999, 96, obs. Monsérié-Bon – Civ. 2e, 6 mai 1999, n° 96-18.070, *Bull. civ.* II, n° 88; *D. Affaires* 1999, 908; *RTD com.* 1999. 965, obs. Saint-Alary-Houin – Com. 15 mai 2001, n° 98-15.106, NP, *Act. proc. coll.* 2001/13, n° 168, note Vallansan; *JCP E* 2002, jur. 75, p. 83, note Legros – Com. 16 oct. 2001, n° 98-13.607, NP, *Act. proc. coll.* 2001/20, n° 265 – Com. 7 janv. 2003, NP; n° 1 F-D – Com. 21 janv. 2003, 8 esp., NP; n°s 112 à 117 F-D, 121 F-D – Com. 4 févr. 2003, NP; n° 198 F-D – Com. 13 mai 2003, n° 00-10.148, NP – Com. 5 nov. 2003, n° 00-20.857, NP – Com. 5 déc. 2006, n° 05-17.685, NP; n° 1363 F-D; *Gaz. proc. coll.* 2007/2, p. 57, note Le Corre-Broly – Com. 11 avr. 2012, n° 11-10.210, NP, *Dr. sociétés* 2013, comm. 71, note Legros – Paris, 3e ch. C, 25 avr. 2003, RG n° 2002/13681.
7. Paris, 3e ch. A, 11 mai 2004, RG n° 2003/20499.
8. Com. 14 févr. 2006, n° 04-11.887, NP; n° 190 F-D.
9. Com. 27 nov. 2007, n° 06-12.247, NP, *Dr. sociétés* 2008, 26, n° 128, note Legros; *Procédures* janv. 2008, p. 25, n° 19, note Rolland.
10. Com. 1er mars 2005, n° 03-11.024, NP.
11. Com. 11 juin 2003, n° 00-17.441, NP – Com. 8 juill. 2003, n° 00-18.449, NP – Com. 28 janv. 2004, n° 02-14.534, NP – Com. 28 janv. 2004, n° 02-14.531; NP, *Rev. proc. coll.* 2004, p. 264, n° 1, obs. Dumont – Com. 30 mars 2005, n° 00-16.369, NP – Com. 12 avr. 2005, n° 04-11.994, *Bull. civ.* IV, n° 87, n° 602 F-P+B; *D.* 2005. AJ 1150, obs. Lienhard; *Bull. Joly* 2005/11, § 267, p. 1218, note Le Cannu; *Rev. proc. coll.* 2006/1, p. 58, n° 20, obs. Lebel – Com. 29 nov. 2005, n° 04-17.602, NP; n° 1505 F-D – Paris, 37e ch. A, 16 déc. 2003, RG n° 2003/08410 – Paris, 3e ch. A, 4 oct. 2005, RG n° 2004/21593 – Paris, 3e ch. A, 31 janv. 2006, RG n° 2005/4031 – Paris, 3e ch. A, 5 sept. 2006, RG n° 2005/23502.
12. L. n° 67-563, 13 juill. 1967, *JO* 14 juill., p. 7059 – Com. 7 déc. 2004, n° 02-10.427, NP.
13. Com. 8 janv. 2013, n° 11-24.382, NP; n° 13 F-D.

teur devant la Cour de cassation, si celui-ci a demandé, devant la cour d'appel, la confirmation du jugement, cette position procédurale impliquant qu'il reconnaisse la recevabilité de celui-ci. Le liquidateur est alors irrecevable à soutenir devant la Cour de cassation un moyen contraire à celui soutenu devant la cour d'appel[1].

Le recours à l'article 534 du code de procédure civile, selon lequel « celui qui représentait légalement une partie peut, en cas de cessation de ses fonctions et s'il y a un intérêt personnel, exercer le recours en son nom », n'autorise pas l'ancien dirigeant de la personne morale dissoute à la représenter[2], même si le contraire est parfois jugé[3].

Certaines juridictions du fond résistent cependant à cette solution, notamment en présence d'une société unipersonnelle[4], posant en règle l'irrecevabilité de l'appel émanant *ès qualités* de l'ancien dirigeant social[5]. Il a ainsi été jugé qu'interdire à une société d'interjeter appel par l'intermédiaire de son ancien dirigeant pour contester la décision qui a prononcé sa liquidation judiciaire serait contraire à l'article L. 623-1 du code de commerce, aux principes fondamentaux de la procédure civile et à la Convention européenne des droits de l'homme[6].

Si l'ancien dirigeant a été désigné en qualité d mandataire *ad hoc*, l'erreur dans la rédaction d l'acte d'appel de la décision prononçant la liquida tion judiciaire, qui le fait apparaître *ès qualités* d dirigeant de la société et non en qualité de manda taire *ad hoc* restera sans conséquence, s'agissar d'un vice de forme, dès lors que l'intimé ne démor tre pas l'existence d'un grief[7].

La voie de recours émanant de l'ancien dirigea sera tout aussi irrecevable si elle a pour objet de co tester la réouverture de la procédure suite à la cl ture pour insuffisance d'actif[8].

Sera identiquement irrecevable la voie de recou tendant à contester une décision d'admission a passif[9] – sauf s'il s'agit du recours formé contre décision déclarant l'appel formé à titre personn irrecevable[10] –, une ordonnance relevant de forclu sion un créancier[11], une ordonnance statuant en matière de revendication[12], une ordonnance du juge-commissaire autorisant le liquidateur à vendre les actifs de la société[13], à contester les comptes du liquidateur[14], la liste des créances de l'article 40 (C. com., art. L. 621-32)[15], ou encore le report de la date de cessation des paiements[16].

Il a été jugé que le délai d'appel ne pouvait courir dès lors que la société est privée de tout représentant légal[17]. Le délai de recours ne pourrait donc courir qu'à l'encontre du liquidateur amiable ou du mandataire *ad hoc*, ce qui suppose que la décision lui soit notifiée[18]. La solution contraire, qui avait d'ailleurs été critiquée, avait également été posée[19].

La Cour de cassation, pour sa part, estime que la signification de la décision de première instance à l'ancien dirigeant permet de faire courir le délai d'appel[20], la signification de l'arrêt celui du pourvoi

1. Com. 15 mars 2005, n° 03-18.875, NP.
2. Paris, 3e ch. C, 7 mars 2003, *D.* 2003. AJ 1038, obs. Lienhard – Paris, 3e ch. A, 13 janv. 2004, RG n° 2003/01853.
3. Paris, 3e ch. B, 22 oct. 2004, RG n° 004/7799.
4. Caen, 1re ch., sect. civ. et com., 20 nov. 2003, *Act. proc. coll.* 2003/20, n° 262, note Régnaut-Moutier.
5. Paris, 3e ch. A, 24 mai 2002, *D.* 2002. AJ 2055, obs. Lienhard; *Act. proc. coll.* 2002/15, n° 197, obs. Vallansan – Douai, 2e ch, sect. 2, 30 mai 2002, *D.* 2002. AJ 2333 – Paris, 3e ch. B, 20 juin 2003, RG n° 2002/13943 – Paris, 3e ch. B, 21 nov. 2003, RG n° 2003/09689 – Paris, 3e ch. B, 26 mars 2004, RG n° 2003/18890.
6. Paris, 3e ch. B, 11 mars 2005, RG n° 2004/15478, *Gaz. proc. coll.* 2005/2, p. 18, obs. Voinot.
7. Paris, 5e ch. A, 29 juin 2005, RG n° 2003/6080.
8. Com. 3 déc. 2003, n° 00-21.223, NP – Com. 5 mai 2004, n° 01-17.089, NP.
9. Com. 21 janv. 2003, NP; nos 112 à 117 F-D, 121 F-D – Com. 3 déc. 2003, n° 00-21.223, NP – Civ. 3e, 17 nov. 2004, n° 03-10.308, *Bull. civ.* IV, n° 205; *D.* 2004. AJ 3143; *D.* 2005. pan. 295, obs. Le Corre; *Bull. Joly* 2005/3, p. 362, § 70, note Lucas; *Rev. sociétés* 2005. 690, note Le Corre – Com. 23 nov. 2004, n° 02-18.036, NP – Com. 23 nov. 2004, n° 03-13.929, NP – Com. 7 juin 2005, nos 03-19.951, 03-20.599, NP – Com. 15 nov. 2005, n° 04-19.293, *Bull. civ.* IV, n° 226 – Com. 18 sept. 2007, n° 05-16.297, NP; n° 975 F-D – Com. 26 mai 2010, n° 09-14.240, NP; n° 582 FS-D; *Act. proc. coll.* 2010/12, n° 180, note Fin-Langer – Lyon, 26 avr. 2002, *RD banc. fin.* 2002/4, n° 141, obs. Lucas – Paris, 3e ch. A, 16 mars 2004, RG n° 2003/02475 – Paris, 3e ch. A, 15 juin 2004, RG n° 2003/11728 – Paris, 3e ch. A, 15 juin 2004, RG n° 2003/11729 – Paris, 3e ch. A, 14 juin 2005, RG n° 2004/19320 – Paris, 3e ch. A, 21 juin 2005, RG n° 2004/09946 – Bordeaux, 2e ch. civ., 11 févr. 2008, RG n° 07/01632, *Act. proc. coll.* 2008/9, n° 149.
10. Com. 15 nov. 2005, n° 04-19.293, *Bull. civ.* IV, n° 226.
11. Com. 13 déc. 2005, n° 04-18.034, NP; n° 1636 F-D – Com. 16 janv. 2007, n° 05-14.591, NP; n° 8 F-D.
12. Com. 5 déc. 2006, n° 05-17.685, NP; n° 1363 F-D; *Gaz. proc. coll.* 2007/2, p. 57, note Le Corre-Broly.
13. Com. 5 nov. 2003, n° 00-20.857, NP – Com. 7 déc. 2004, n° 02-14.394, NP – Com. 18 janv. 2005, n° 02-18.070, NP, *Gaz. proc. coll.* 2005/1, p. 30, n° 2-2, obs. Voinot.
4. Com. 12 oct. 2004, n° 01-11.239, NP.
. Com. 19 oct. 2010, n° 09-66.784, NP; n° 1019 F-D.
Com. 19 mai 2004, n° 01-10.356, NP.
Versailles, 13e ch., 3 mars 2005; CASSÉ PAR : Com. 16 janv. 2007, n° 05-14.591, NP; n° 8 F-D.
RAPPR. : Paris, 3e ch. A, 28 oct. 2003, RG n° 2003/08086.
'aris, 3e ch. A, 16 sept. 2003, *LPA* 14 juin 2004, n° 118, . 23, note Derrida et Julien; *Rev. proc. coll.* 2004, p. 264, 1, obs. Dumont.
2om. 23 nov. 2004, n° 03-14.066, NP – Com. 18 janv. 2005, 02-18.070, NP – Com. 12 avr. 2005, n° 04-11.994; *ll. civ.* IV, n° 87 – Com. 15 nov. 2005, n° 04-19.293; *l. civ.* IV, n° 226 – Com. 15 nov. 2005, n° 04-14.144, NP; 1435 F-D – Com. 16 janv. 2007, n° 05-14.591, NP; 3 F-D – Com. 19 juin 2007, n° 06-13.560, *Bull. Joly* févr. 8, p. 129, § 32, note Staes – Com. 26 mai 2010, 9-14.240, NP; n° 582 FS-D; *Act. proc. coll.* 2010/12, 80, note Fin-Langer – *Adde*, Paris, 3e ch. A, 16 sept. , *D.* 2004. jur. 130, note Derrida et Julien.

en cassation [1], car l'ancien dirigeant de la société dissoute demeure une personne habilitée à recevoir la signification de cette décision. Il faudra cependant, *a priori*, que l'ancien dirigeant social ait représenté la société alors non dessaisie de l'administration de ses droits, dans l'instance qui a conduit à la décision à l'encontre de laquelle le recours est formé [2].

Si l'appel est interjeté par l'ancien dirigeant social, l'irrégularité de l'appel peut être couverte par l'intervention, dans le délai du recours, du liquidateur amiable ou du mandataire *ad hoc* [3], et non pas jusqu'à ce que le juge statue, contrairement à ce qui a pu être déjà jugé [4]. À notre sens, ne peut à cet égard être suivie la solution consistant, après avoir déclaré l'appel formé par le dirigeant social irrecevable, à déclarer recevable l'intervention du mandataire *ad hoc* désigné après expiration du délai d'appel, par application de l'article 554 du code de procédure civile [5], rendant ainsi possible la régularisation de l'acte d'appel, car l'intervention ne peut être recevable que dans le cadre d'un appel régulièrement interjeté. L'appel formé par le mandataire *ad hoc* après expiration du délai d'appel ayant couru contre le débiteur du fait de la signification ou de la notification de la décision à l'ancien dirigeant est irrecevable [6].

L'ancien dirigeant ne peut davantage demander l'arrêt de l'exécution provisoire attachée à une décision, des solutions contraires ayant cependant été posées [7]. Le fait que l'irrecevabilité de sa demande d'arrêt de l'exécution provisoire n'ait pas été soulevée reste sans conséquence sur la possibilité de soulever ensuite l'irrecevabilité de son appel à l'encontre du jugement de liquidation judiciaire, le premier président de la cour d'appel, statuant en référé étant sans compétence pour apprécier la recevabilité de l'appel [8].

En revanche, l'irrecevabilité du pourvoi peut être couverte si le liquidateur amiable ou un mandataire *ad hoc* intervient dans l'instance de cassation avant expiration du délai de dépôt du mémoire ampliatif [9] (cinq mois de la déclaration de pourvoi). Il importe à cet égard de préciser que le délai de dépôt du mémoire ampliatif se trouve interrompu par la demande d'aide juridictionnelle [10]. Le pourvoi exercé par des intervenants accessoires ne permettra pas d'éviter l'irrecevabilité car il ne peut être déclaré recevable si les parties elles-mêmes sont irrecevables en leur pourvoi [11].

Cette solution de la Cour de cassation consistant à considérer que la notification des décisions est valablement effectuée si elle l'est à l'ancien dirigeant nous semble violer ouvertement le principe du droit à un procès équitable. Mais, de manière claire, la Cour de cassation rejette cependant cet argument [12]. La Cour européenne des droits de l'homme a en revanche considéré, justement à notre avis, que l'article 6 § 1 de la Convention EDH, qui consacre le droit à un tribunal, dont le droit d'accès au juge, constitue un aspect, est violé lorsque la possibilité concrète du recours est douteuse, compte tenu de l'obligation de désigner dans le délai du recours le mandataire *ad hoc* [13]. La Cour européenne des droits de l'homme se fonde notamment sur les travaux préparatoires de la loi de sauvegarde pour poser sa solution, dans lesquels il est clairement expliqué que la solution jurisprudentielle doit être écartée pour renforcer le respect dû aux droits de la défense. En revanche, estime la Cour de cassation, le délai de deux mois pour former un recours en révision en

1. Com. 30 juin 2004, n° 03-12.627, *Bull. civ.* IV, n° 136; *D.* 2004. AJ 2043, obs. Lienhard; *D.* 2004. jur. 2429, note Derrida, Julien et Renucci; *Act. proc.coll.* 2004/16, n° 203, note Monsérié-Bon; *Dr. et proc.* 2004/6, p. 330, note Putman; *JCP E*, 2005, Chron. 31, p. 27, n° 5, obs. Pétel; *Procédures* 2004/10, p. 19, n° 212, note Laporte; *Rev. sociétés* 2004. 959, note Le Corre – Com. 30 juin 2004, n°s 02-14.259, 03-11.587, NP.
2. Paris, 3e ch. A, 22 juin 2004, RG n° 2003/21895.
3. Com. 18 janv. 2005, n° 02-18.070, NP – Com. 16 janv. 2007, n° 05-14.591, NP; n° 8 FD – Paris, 3e ch. A, 31 août 2004, RG n° 2004/1530.
4. Paris, 3e ch. C, 23 mai 2003, RG n° 2002/11691.
5. Paris, 3e ch. B, 19 mai 2006, RG n° 2005/4743.
6. Com. 19 juin 2007, n° 06-13.560, *Bull. Joly* févr. 2008, p. 129, § 32, note Staes.
7. EN CE SENS : Reims, 21 nov. 2000, *JCP E* 2001, pan. p. 1071 – *CONTRA* : Paris, 14e ch. A, 17 janv. 2001, *Rev. proc. coll.* 2002, p. 169, n° 14, obs. Gorrias.
8. Paris, 3e ch. A, 29 mars 2005, RG n° 2004/12522.
9. Com. 27 mai 2003, n° 01-14.528, NP – Com. 27 mai 2003, n° 99-17.511, NP – Com. 8 juill. 2003, n° 00-13.886, NP – Com. 5 nov. 2003, n° 00-22.603, NP – Com. 3 déc. 2003, n° 00-21.223, NP – Com. 30 juin 2004, n° 02-14.259, n° 03-11.587, NP – Com. 28 sept. 2004, n° 02-13.220, NP – Com. 28 sept. 2004, n° 02-13.221, NP – Com. 7 déc. 2004, n° 03-16.072, NP – Com. 1er mars 2005, n° 02-21.106, NP – Com. 30 mars 2005, n° 00-16.369, NP – Com. 5 juill. 2005, n° 99-12.825, NP – Com. 29 nov. 2005, n° 04-17.602, NP; n° 1505 F-D – Com. 3 mai 2006, n° 04-20.634, NP; n° 526 F-D – Com. 18 sept. 2007, n° 05-16.297, NP; n° 975 F-D; *Dr. sociétés* 2007/12, p. 23, n° 216, note Legros.
10. AINSI : Com. 4 mars 2008, n° 06-16.340, NP; n° 332 F-D; *Gaz. proc. coll.* 2008/3, p. 35, note Fricero; *Rev. proc. coll.* 2008, p. 49, n° 51, note Gorrias; *Rev. proc. coll.* 2008/3, p. 55, n° 133, note Staes.
11. Com. 28 sept. 2004, n° 02-13.220, NP.
12. Com. 15 nov. 2005, n° 04-14.144, NP; n° 1435 F-D.
13. CEDH 8 mars 2007, req. n° 23241/04, Arma c/France, *D.* 2007. AJ 870, note Lienhard; *D.* 2008. pan. 571, obs. Lucas; *RTD com.* 2007. 454, n° 9, note Vallens; *JCP E* 2007, Chron. 2119, p. 22, n° 2, obs. Pétel; *Bull. Joly* mai 2007, p. 531, note Lucas et juill. 2007, § 232, p. 820, note Lucas; *Act. proc. coll.* 2007/16, n° 191, note de Lamy et Kenfack; *Dr. sociétés* 2007 23, n° 216, note Legros; *Rev. sociétés* 2007. 607, note Le Corre.

application de l'article 596 du code de procédure civile confère au débiteur un temps suffisant pour obtenir judiciairement la désignation d'un mandataire *ad hoc* en vue d'introduire un recours à l'encontre du jugement d'ouverture de la procédure collective et n'atteint pas dans sa substance même son droit d'accès au juge[1].

Nous avions pu croire que, tirant immédiatement les conséquences de cette décision de la Cour européenne des droits de l'homme, la Cour de cassation modifierait sa jurisprudence. Nous avions cru le déceler à propos d'une ordonnance du juge-commissaire autorisant la vente de gré à gré d'un bien appartenant à une société en liquidation judiciaire. Cette dernière, avait indiqué la Cour de cassation, n'avait pas à être notifiée au dirigeant de cette société privé du droit d'exercer un recours à son encontre[2].

En réalité, la Cour de cassation n'a nullement ensuite reviré sa jurisprudence puisque, par un arrêt de sa chambre commerciale du 19 juin 2007, elle devait poser solution selon laquelle la notification de l'ordonnance du juge-commissaire statuant sur l'admission d'une créance au passif à l'ancien dirigeant faisait courir le délai d'appel contre a société, d'où il résultait l'irrecevabilité de l'appel formé ensuite par le mandataire *ad hoc*[3]. Puis, par une autre décision, la Chambre commerciale a décidé que le dirigeant social ne pouvait frapper dappel la décision plaçant la société dirigée en liquidation judiciaire, par suite de l'extension d'une procédure sur le fondement de la confusion des patrimoines, l'appel ne pouvant être exercé que par l'intermédiaire d'un liquidateur amiable ou d'un mandataire *ad hoc*[4].

Identiquement, une juridiction du fond a jugé que le droit d'accès au juge n'est pas violé, dès lors que le dirigeant, informé de l'ouverture de la procédure collective et de la déclaration de créance effectuée par un créancier, n'a sollicité la désignation d'un mandataire *ad hoc* que deux mois après la décision attaquée, alors qu'il s'était contenté, dans un premier temps, d'interjeter appel de l'ordonnance d'admission de la créance[5]. De la même façon, la Cour de cassation considère que le droit d'accès au juge n'est pas méconnu lorsque les organes sociaux ont eu le temps de désigner un représentant à la société dissoute, dans une espèce où l'appel d'une décision d'admission des créances avait été effectué plus de deux ans après le jugement plaçant la société en liquidation judiciaire[6].

Plus récemment, la Cour de cassation a évolué sur la question. Elle a ainsi pu juger que subordonner la recevabilité du recours à son exercice par l'intermédiaire d'un liquidateur amiable ou d'un mandataire *ad hoc*, tandis que la personne morale disposait pour le former d'un délai de 10 jours à compter de la notification du jugement ayant eu pour effet de priver son gérant de ses pouvoirs de représentation entraînerait une limitation excessive du droit d'accès à un tribunal garanti par l'article 6 § 1 de la CEDH[7].

553.33 Action en justice exercée par ou contre la société sous l'empire de la législation du 25 janvier 1985[8]. De façon générale, la personne morale privée d'organe statutaire de représentation, ne peut plus exercer d'action en justice mettant en jeu ses droits non soumis au dessaisissement[9].

Elle ne peut davantage intervenir aux instances qui la concernent. C'est ainsi qu'a pu être annulé un jugement prononçant la nullité de licenciements dans le cadre d'un plan de cession faute de représentation légale de la société débitrice[10]. De même, la société débitrice ne peut être auditionnée, ce qui entraînera l'irrégularité des décisions d'admission de créance, pour défaut de respect du principe du contradictoire, faute de participation du débiteur aux opérations de vérification des créances[11]. Cependant, cette irrégularité ne peut être invoquée que par le débiteur, non par un tiers ayant formé une réclamation à l'état des créances[12]. Son absence d'audition entraînera aussi l'irrégularité des ordon-

1. Civ. 2e, 5 mars 2009, n° 08-11.149, *Bull. civ.* II, n° 68; n° 376 F-P+B; *D.* 2009. AJ 807, note Lienhard; *Act. proc. coll.* 2009/8, n° 120, note Fricero; *Dr. sociétés* 2009, p. 33, n° 101, note Legros.
2. Com. 13 mars 2007, n° 05-20.606, NP; n° 476 F-D.
3. Com. 19 juin 2007, n° 06-13.560, *Bull. Joly* févr. 2008, p. 129, § 32, note Staes.
4. Com. 7 févr. 2012, n° 10-27.511, NP; n° 168 F-D.
5. Riom, ch. com., 26 sept. 2007, RG n° 06/818, *Act. proc. coll.* 2008/4, n° 62.
6. Com. 12 mai 2009, n° 08-12.894, NP, *Dr. sociétés* 2009, § 189, p. 28, note Legros.
7. Com. 8 juill. 2014, n° 12-26.703, NP; n° 667 F-D; *Gaz. Pal.* 5 oct. 2014, n° 278, p. 27, note Reille; *Act. proc. coll.* 2014/15, comm. 267, note Vallansan; *BJE* 2014, 360, note Favario.
8. L. n° 85-98, 25 janv. 1985, préc.
9. Com. 18 janv. 2000, n° 97-16.224, *Bull. civ.* IV, n° 16; *JCP E* 2000, pan. 397; *Act. proc. coll.* 2000/2, n° 32 – Com. 20 févr. 2001, n° 97-22.019, *Bull. civ.* II, n° 42; *D.* 2001. AJ 1032; *Act. proc. coll.* 2001/6, n° 79.
10. Soc. 13 sept. 2005, n° 04-42.876, *Bull. civ.* V, n° 255; FS-P; *D.* 2006. Somm. 80, obs. Le Corre; *LXB* n° N9939AIX note Le Corre.
11. Lyon, 26 avr. 2002, *RD banc. fin.* 2002/4, n° 141, obs. Lucas – *Adde*, Le Corre, « Procédure de vérification et d'admission des créances et dissolution des sociétés placées en liquidation judiciaire », *Gaz. Pal.* Doctr. 7-8 avr. 2004, p. 2.
12. Com. 19 nov. 2003, nos 02-14.771, 02-14.850, NP, Bull. Joly 2004/2, p. 214, § 32, note Ketel; *LPA* 17 févr. 2004, n° 34, p. 12, note crit. Lucas – Com. 19 nov. 2003, nos 02-14.772, 02-14.851, NP.

nances par lesquelles le juge-commissaire autorise le liquidateur à vendre les actifs du débiteur[1].

L'assignation en report de la date de cessation des paiements délivrée *ès qualités* au dirigeant de la société en liquidation judiciaire est irrecevable, faute pour ce dernier de représenter la société dissoute[2].

En présence d'un plan de cession totale ou d'une liquidation judiciaire, la désignation d'un liquidateur, au sens du droit des sociétés, s'impose si le débiteur, personne morale, veut intervenir à des instances[3], par exemple la contestation des créances, cependant que la jurisprudence s'est montrée divergente sur la question[4], ou encore exercer des droits propres, par exemple en lançant les assignations qui s'imposent. A été ainsi jugée irrecevable, l'assignation délivrée par la personne morale, qui n'était plus dotée d'organe de représentation, peu important que l'assignation soit reprise par le liquidateur[5]. La personnalité morale du groupement demeure cependant tant que ses droits et obligations à caractère social subsistent. Dès lors, tant qu'une instance intéressant ses droits et obligations est pendante, un mandataire chargé de représenter la société peut être nommé[6]. Cette solution ne posera pas difficulté en cas de dissolution fondée sur l'arrêté d'un plan de cession ou le prononcé d'une liquidation judiciaire, alors qu'elle apparaît problématique si la dissolution résulte d'une décision de la collectivité des associés et que la publication de la clôture est intervenue, au regard de la lettre de l'article 1844-8 du code civil.

Le mandataire *ad hoc* ou le liquidateur au sens du droit des sociétés ne représente cependant le débiteur que pour la défense de ses droits non soumis au dessaisissement[7]. Pour les droits soumis au dessaisissement, seul le liquidateur judiciaire a qualité.

1. Paris, 3e ch. C, 18 janv. 2002, *RD banc. fin.* 2002/4, n° 143, obs. Lucas.
2. Com. 1er mars 2005, n° 03-19.956, *Bull. civ.* IV, n° 40; n° 334 FS-P+B; *D.* 2005. AJ 953, obs. Lienhard; *Act. proc. coll.* 2005, n° 75, note Régnaut-Moutier; *RD banc. fin.* 2005/4, p. 25, n° 139, obs. Lucas; *Rev. proc. coll.* 2006/1, p. 49, n° 6, obs. Lebel; *Dr. et proc.* 2005/5, p. 277, note Le Corre; *Gaz. proc. coll.* 2005/2, p. 12, obs. Le Corre; *LXB* n° N4224AIB, note Le Corre.
3. Paris, 5 juill. 1996, *Rev. proc. coll.* 1998, 398, n° 63, obs. Soinne – Aix-en-Provence, 12 juin 1997, *Gaz. Pal.* 1er févr. 1998, p. 7, note Latil; *Rev. proc. coll.* 1998, 398, n° 63, obs. Soinne – Orléans, ch. com. écon. et fin., 9 mars 2000 *RJDA* 2000/6, n° 702.
4. EN CE SENS : Aix-en-Provence, 8e ch. A, 30 janv. 2002, *Rl banc. fin.* 2002/2, p. 79, n° 61, obs. Lucas – *CONTRA* : Pari 3e ch. A, 24 mai 2002, *D.* 2002. AJ 2055, obs. Lienhar *Bull. Joly* 2002, § 247, p. 1155, note Vallansan; *Rev. soci tés* 2002. 577, obs. Guyon.
5. Paris, 18 déc. 1996, *Rev. proc. coll.* 1999/1, p. 27, n° obs. Cadiou.
6. Civ. 3e, 31 mai 2000, n° 98-19.435, *Bull. civ.* III, n° 120; *RTD com.* 2000. 680, obs. Monsérié-Bon – *Adde*, SUR LA QUESTION : Savaux, « La personnalité morale en procédure civile », *RTD civ.* 1995. 1 s.
7. Versailles, 12e sect. 2, 27 mai 2003, RG n° 99/08172.

CHAPITRE

554. Conséquences de la liquidation judiciaire sur l'activité de l'entreprise

SECTION 0

ORIENTEUR

554.00 **Plan du chapitre.**

Sect. 554.10 Principe de l'arrêt d'activité liée à la liquidation judiciaire

Sect. 554.20 Poursuite provisoire exceptionnelle de l'activité en liquidation judiciaire

554.01 **Textes applicables.** (V. les références comp[illegible]s ss n° 011).

> Législation antérieure à la loi de sauvegarde des e[illegible]prises.

C. com., art. L. 622-10, L. 622-12

D. n° 85-1388, 27 déc. 1985, art. 119-2 et 120

> Législation issue de la loi de sauvegarde des entre[illegible]s dans sa rédaction d'origine.

C. com., art. L. 641-10, L. 641-11

C. com., art. R. 641-18 à R. 641-20 (anc[t] D. 28 déc. [illegible], art. 231 à 233), R. 641-36, I (anc[t] D. 28 déc. 2005, art. 2[illegible]), R. 641-37 (anc[t] D. 28 déc. 2005, art. 248)

> Législation issue de l'ordonnance du 18 décembre 20[illegible]

C. com., art. L. 641-10, L. 641-11

C. com., art. R. 641-18 à R. 641-20, R. 641-36, al. 1, 2 [illegible] R. 641-37

> Législation issue de l'ordonnance du 12 mars 2014.

C. com., art. L. 641-10

554.03 **Bibliographie indicative.** (V. les références co[illegible]plètes ss n° 031 – Aussi ss n° 550.03).

554.04 **Question essentielle.**

• Pourquoi autoriser une poursuite provisoire de l'activité [illegible] liquidation judiciaire ?

* V. ss n° 554.21.

SECTION 554.10

PRINCIPE DE L'ARRÊT D'ACTIVITÉ LIÉE À LA LIQUIDATION JUDICIAIRE

554.11 **Principe de l'arrêt d'activité liée à la liquidation judiciaire.** La législation ne pose pas expressément en règle que la liquidation judiciaire entraîne cessation de l'activité. Cependant, l'article L. 641-10 du code de commerce énonce que « le maintien de l'activité peut être autorisé par le tribunal ». Il en résulte que, à défaut d'autorisation, l'activité doit cesser. L'arrêt d'activité est donc la solution de principe de la liquidation judiciaire. Il entraîne obligation pour le liquidateur de procéder aux licenciements, dans les conditions des articles L. 321-8 et L. 321-9 du code du travail (C. com., art. L. 641-4, al. 6, dans la rédaction issue de la loi du 26 juillet 2005 [1], al. 4 dans la rédaction de l'ordonnance du 18 décembre 2008 [2]).

L'arrêt d'activité de l'ex employeur, lié à sa liquidation judiciaire, n'a pas pour effet de décharger le salarié de l'obligation de non-concurrence souscrite avant l'ouverture de la procédure collective, et pour laquelle il a été indemnisé [3].

L'arrêt d'activité devra pendra la forme de la désactivation du site marchand, et, à tout le moins, de la fermeture de la page de validation de commande, lorsque la liquidation judiciaire atteint un cybermarchand [4].

1. L. n° 2005-845, 26 juill. 2005, *JO* 27 juill., p. 12187.
2. Ord. n° 2008-1345, 18 déc. 2008, *JO* 19 déc., p. 19462.
3. Soc. 21 janv. 2015, n° 13-26.374, *Bull. civ.* V [à paraître]; *Rev. proc. coll.* 2015, comm. 64, note Jacotot.
4. *Rev. proc. coll.* 2009/5, p. 4.

L'activité pourra avoir cessé avant même le jugement d'ouverture. En cette occurrence, depuis la loi du 10 juin 1994[1], il y a place à liquidation judiciaire immédiate.

Si l'entreprise a continué son activité jusqu'au jugement de liquidation judiciaire, le prononcé de cette dernière ou la conversion en liquidation judiciaire entraînera, par principe, arrêt d'activité. La solution est logique, dès lors qu'on rappelle que la liquidation judiciaire tend à la réalisation des actifs du débiteur, pour en distribuer ensuite le prix aux créanciers.

L'arrêt d'activité sera écarté si un appel du jugement de liquidation judiciaire a été formé, dès lors que l'arrêt de l'exécution provisoire, parallèlement sollicité, a été obtenu. La période d'observation se trouve à due concurrence prolongée, du moins si le jugement de liquidation judiciaire frappé d'appel est un jugement de conversion en liquidation judiciaire après une période d'observation (C. com., art. L. 661-9, al. 2).

À défaut d'autorisation de poursuite d'activité par le tribunal, la continuation d'activité qui interviendrait serait irrégulière. La situation pourrait s'avérer dangereuse pour le cocontractant du débiteur, qui pourrait ne pas bénéficier du traitement préférentiel réservé aux créanciers postérieurs, au motif que la créance pourrait être considérée comme n'étant pas née « régulièrement » d'une poursuite irrégulière d'activité. La responsabilité du liquidateur pourrait être engagée, en cas de défaut de surveillance du débiteur. C'est pourquoi il lui est conseillé d'établir la preuve de ses diligences aux fins de faire cesser l'activité sauvage[2].

La cessation d'activité, qui s'accompagne de la fermeture du fonds de commerce, peut engendrer des difficultés, lorsqu'une législation pose une interdiction de fermeture, sauf autorisation, ce qui est le cas des pharmacies[3]. Il senble alors que le liquidateur doive obtenir l'autorisation de l'autorité administrative pour fermer la pharmacie. Pour éviter toute difficulté, il est recommandé au liquidateur de solliciter une poursuite provisoire d'activité au cours de laquelle il doit impérativement vendre la pharmacie.

554.12 Obligations déclaratives et liquidation judiciaire. La mise en liquidation judiciaire d'une société n'entraîne ni l'obligation de clôturer immédiatement l'exercice comptable en cours, ni d'établir la déclaration fiscale prévue en cas de cessation d'entreprise, laquelle n'a pas à être déposée avant que les comptes définitifs du liquidateur ne soient approuvés dans les conditions prévues par la loi[4].

SECTION 554.20
POURSUITE PROVISOIRE EXCEPTIONNELLE DE L'ACTIVITÉ EN LIQUIDATION JUDICIAIRE

554.21 Motivation de la poursuite provisoire d'activité. L'article L. 641-10, alinéa 1 du code de commerce prévoit que « si la cession totale ou partielle de l'entreprise est envisageable, ou si l'intérêt public ou celui des créanciers l'exige, le maintien de l'activité peut être autorisé par le tribunal pour une durée maximale fixée par décret en Conseil d'État ».

Que faut-il entendre par intérêt public ? Il est d'abord certain qu'il ne peut s'agir de l'intérêt des créanciers, ce dernier étant spécifiquement pris en compte par le législateur. On peut penser à la volonté d'éviter des licenciements immédiats[5], alors que peut être espérée une cession de l'unité de production, qui permettra *in fine* la conservation d'un certain nombre de salariés.

L'intérêt des créanciers est plus facile à cerner. Pour l'essentiel, il s'agira d'abord de ne pas augmenter le passif, ce qui serait préjudiciable aux créanciers chirographaires. Il convient dès lors d'éviter au débiteur d'avoir à supporter des indemnités de résiliation pour inexécution[6], du fait de l'arrêt d'activité. La liquidation judiciaire n'étant pas extérieure au débiteur ne peut, en effet, être considérée comme un fait exonératoire de responsabilité contractuelle assimilable à la force majeure. Il s'agira ensuite, afin de parvenir aux meilleures réalisations possibles et ainsi à la meilleure protection du gage des créanciers, d'éviter une rupture d'exploitation qui pourrait retentir sur la valeur du fonds cédé. La poursuite provisoire d'activité doit être envisagée avec prudence par le mandataire au regard des risques sur la consistance de l'actif[7]. Il exigera la tenue d'une comptabilité[8].

Le maintien de l'activité envisagé au texte est exclusif de la possibilité de démarrage d'une activité nouvelle[9].

La loi du 26 juillet 2005[10] reprend les motivations de la poursuite provisoire d'activité telles qu'elles existaient sous l'empire de la loi du 25 jan-

1. L. n° 94-475, 10 juin 1994, *JO* 11 juin, p. 8440.
2. IFPPC 1999, recomm. n° 6037-6, p. 167.
3. Soinne, « Une pharmacie doit être ouverte ou fermée », *Rev. proc. coll.* 2006, p. 308.
4. CE 10 avr. 2015, req. n° 371765, Lebon T; BJE juill. 2015, 252, note Dedeurwaerder; *Rev. proc. coll.* 2015, comm. 196, note Vabres.
5. SAINT-ALARY-HOUIN, 9e éd., n° 1229 – GUYON, n° 1300.
6. LE CANNU, 6e éd., n° 776.
7. IFPPC 1999, recomm. n° 6037-2, p. 166.
8. IFPPC 1999, recomm. n° 6037-3, p. 166.
9. GUYON, n° 1300.
10. L. n° 2005-845, 26 juill. 2005, préc.

vier 1985[1] : l'intérêt public ou l'intérêt des créanciers. Elle prévoit en outre un nouveau cas de maintien de l'activité en liquidation judiciaire : l'hypothèse où serait envisageable une cession totale ou partielle de l'entreprise. La solution est justifiée par la possibilité d'arrêter un plan de cession, en liquidation judiciaire. Est ainsi instauré un « succédané de période d'observation »[2].

554.22 Modalités procédurales de l'autorisation aux fins de poursuite provisoire d'activité. Le tribunal sera, dans le silence du texte sur ce point, saisi à la demande du liquidateur, qui défend l'intérêt collectif des créanciers. Il doit pouvoir être également saisi par le ministère public, le visa de « l'intérêt public » semblant l'autoriser. Le tribunal doit enfin pouvoir se saisir d'office.

Rien ne semble, en théorie, interdire une décisio de poursuite provisoire de l'activité après ouvertu ou prononcé de la liquidation judiciaire[3], à cond tion toutefois que ce soit à bref délai, pour ten compte des délais de la procédure de licenciemer en liquidation judiciaire aux fins d'ouverture p l'AGS[4]. La motivation serait alors trouvée dans possibilité de cession de l'entreprise, ce qui présu pose cette poursuite d'activité (v. s^s n° 531.42 Mais une difficulté technique se présentera : faudr t-il revenir sur la déchéance du terme, laquelle fa obstacle au jeu du transfert de la charge de la sûrete

Si le débiteur est commerçant, le jugement aut risant la poursuite provisoire de l'activité est mer tionné d'office au registre du commerce et des soci tés, avec l'indication, le cas échéant, du nom l'administrateur judiciaire (D. 30 mai 1984[5], art. 36- 12°, réd. D. 28 déc. 2005[6], art. 353 - 12°).

L'appel de la décision autorisant ou refusant poursuite provisoire d'activité est réservé au se ministère public (C. com., art. L. 661-6, 2°, dever C. com., art. L. 661-6, I, 2°, réd. ord. 18 déc. 2008[7] Il sera formé dans les dix jours de réception de l'av du jugement intéressant la poursuite d'activité. C appel est suspensif (C. com., art. L. 661-6, IV, ré loi de sauvegarde des entreprises[8], devenu C. com art. L. 661-6, VI, réd. ord. 18 déc. 2008).

554.23 Durée de la poursuite provisoire d'acti vité. Le maintien de l'activité peut être autorisé pour une période qui ne peut excéder trois mois (C. com., art. R. 641-18, al. 1). Le texte réserve les dispositions applicables aux exploitations agricoles. La poursuite provisoire de l'activité pourra être prolongée jusqu'au terme de l'année culturale en cours. La poursuite provisoire d'activité peut être prolongée une fois, à la demande du ministère public (C. com., art. L. 641-10, al. 1), pour une période ne pouvant excéder trois mois, (C. com., art. R. 641-18, al. 2). Il faut, semble-t-il, comprendre que si la prorogation de la période de poursuite provisoire d'activité n'est possible que pour trois mois en droit commun, la prorogation ne sera possible que pour cette même période pour les agriculteurs[9]. En effet, le texte spécifique qui prévoit pour eux une prorogation jusqu'à la fin de l'année culturale, pris à la lettre, empêche une reconduction jusqu'à la fin de l'année culturale en cours, celle-ci ayant précisément pris fin dans le cadre de la première prorogation. Seule est alors concevable une reconduction pour une année culturale complète, ce qui serait alors plus long que la première prorogation et ne correspondrait plus au texte de l'article R. 641-18 alinéa 2 du code de commerce envisageant une prorogation pour « la même période ».

Le texte ancien ne précisait pas explicitement les cas dans lesquels il était mis fin à la poursuite provisoire de l'activité en liquidation judiciaire. Le nouvel alinéa 4 de l'article L. 641-10 du code de commerce, issu de la rédaction que lui donne l'ordonnance du 18 décembre 2008[10] (ord. 18 déc. 2008, art. 102), prend le soin d'apporter ces précisions, qui doivent être considérées comme purement interprétatives, et qui pourront, en conséquence, régir les procédures collectives ouvertes avant l'entrée en vigueur de l'ordonnance de réforme.

Il est d'abord précisé que l'arrêté d'un plan de cession totale avant l'expiration du délai de poursuite provisoire d'activité, imparti par le tribunal dans des limites réglementaires, met fin au maintien de l'activité. La solution peut s'expliquer : la poursuite provisoire de l'activité a pu être motivée par la perspective d'arrêter un plan de cession. Une fois celui-ci arrêté, la raison d'être de la poursuite d'activité disparaît. Il n'est *a priori* pas possible de maintenir la poursuite d'activité, devant un texte dont l'impérativité apparaît avec autant d'évidence.

Le nouvel alinéa 4 de l'article L. 641-10 du code pose également une solution d'évidence : le tribunal peut décider de mettre fin à la poursuite d'activité à tout moment si celle n'est plus justifiée. Tel sera spécialement le cas si les perspectives de cession de l'entreprise ont disparu alors que la poursuite provi-

1. L. n° 85-98, 25 janv. 1985, *JO* 26 janv., p. 1097.
2. Henry, « Le plan de cession et la loi de sauvegarde des entreprises », *Gaz. Pal.* 7-8 sept. 2005, n° sp. p. 39 s., sp. p. 40, n° 4.
3. Le Cannu, 7e éd., n° 1008.
4. Froehlich et Sénéchal, Lucas et Lécuyer (dir.), *La réforme des procédures collectives…*, Lgdj, 2006, p. 321, 371.
5. D. n° 84-406, 30 mai 1984, *JO* 31 mai, p. 1699.
6. D. n° 2005-1677, 28 déc. 2005, *JO* 29 déc., p. 20324.
7. Ord. n° 2008-1345, 18 déc. 2008, préc.
8. L. n° 2005-845, 26 juill. 2005, préc.
9. Pérochon, 10e éd., n° 1184.
10. Ord. n° 2008-1345, 18 déc. 2008, préc.

soire d'activité avait été autorisée aux fins de cession de l'entreprise. Il est ici important de ne pas continuer à faire naître des créances postérieures éligibles au traitement préférentiel, au préjudice des créanciers antérieurs, alors qu'il n'est plus question de sauver des entreprises ou des emplois.

554.24 Régime de la poursuite provisoire d'activité. À défaut d'administrateur judiciaire, le liquidateur assure l'administration de l'entreprise[1], rien ne lui interdisant d'employer les services du débiteur, en tenant compte cependant du dessaisissement l'atteignant, ce qui semble interdire au liquidateur, mais aussi au tribunal ou au juge-commissaire de confier au débiteur, par mandat, une partie des pouvoirs que la loi lui attribue par confiscation de ceux du débiteur. Il appartient notamment au liquidateur de se prononcer sur l'exécution des contrats en cours ou encore de procéder aux licenciements.

À défaut d'administrateur, c'est le liquidateur qui peut exiger l'exécution des contrats en cours ou encore procéder aux licenciements. Tenant compte, depuis la loi de sauvegarde des entreprises[2], de la possibilité d'arrêter un plan de cession en liquidation judiciaire, il est prévu que le liquidateur prépare le plan de cession, passe les actes nécessaires à sa réalisation, reçoive le prix de cession et le répartisse entre les créanciers (C. com., art. L. 641-10, al. 4).

Le liquidateur, en application de l'article R. 641-37 alinéa 1 du code de commerce, peut faire fonctionner, sous sa signature, les comptes bancaires ou postaux du débiteur pendant un délai de six mois à compter de la liquidation judiciaire. Au-delà de ce délai, ce qui présuppose que l'on raisonne sur une exploitation agricole, l'utilisation de ces comptes est subordonnée à l'autorisation du juge-commissaire, délivrée après avis du ministère public.

Par dérogation, lorsque le nombre de salariés ou le chiffre d'affaires est supérieur à des seuils fixés par décret ou, en cas de nécessité, le tribunal désigne, en application de l'alinéa 5 de l'article L. 641-10 du code de commerce, un administrateur judiciaire pour administrer l'entreprise. L'article 67 de l'ordonnance du 12 mars 2014[3] modifie le 5e alinéa de l'article L. 641-10 du code de commerce pour prévoir que, en cas de poursuite d'activité autoisée en liquidation judiciaire, le ministère public eut proposer le nom d'un administrateur judiciaire la désignation du tribunal. Le rejet de la proposion doit être spécialement motivé.

La présence d'un administrateur judiciairest obligatoire à partir de 21 salariés ou si l'entrepe réalise plus de 3 000 000 d'euros hors taxes de chiffes d'affaires (C. com., art. R. 641-19). Ces seuils sont calculés comme pour déterminer si la désignation un administrateur judiciaire s'impose à l'ouverture d'une sauvegarde ou d'un redressement judiciaire (v. ss no 371.11). L'administrateur judiciaire n'a pas à être nommé en liquidation judiciaire, si aucune poursuite d'activité n'est décidée, contrairement à ce que décident, à tort, certaines juridictions du fond[4]. Il semble, en deçà des seuils, que la présence d'un administrateur judiciaire ne serait justifiée que dans l'hypothèse où un plan de cession serait envisageable.

Si l'entreprise atteint l'un de ces seuils, la désignation d'un administrateur judiciaire est obligatoire. Mais elle ne résulte pas du seul fait que la procédure collective est convertie en liquidation avec poursuite d'activité, ce qui a des conséquences sur l'auteur des licenciements, qui demeure, en l'absence de désignation effective, le liquidateur[5].

L'article L. 641-10 du code, après avoir posé le principe selon lequel l'administration de l'entreprise est, pendant la poursuite provisoire de l'activité, assurée par le liquidateur, prévoit en son alinéa 5 que « lorsque le nombre des salariés ou le chiffre d'affaires est supérieur à des seuils fixés par décret en Conseil d'État ou, en cas de nécessité, le tribunal désigne un administrateur judiciaire pour administrer l'entreprise ». L'article R. 641-19 prévoit, pour sa part, que « Les seuils au-delà desquels le tribunal désigne un administrateur pour administrer l'entreprise sont identiques aux seuils fixés par l'article R. 621-11 ». L'alinéa 1 de cet article disposait, quant à lui, que « Les seuils fixés en application du quatrième alinéa de l'article L. 621-4 du code de commerce sont pour le chiffre d'affaires hors taxes de 3 000 000 € et pour le nombre de salariés de vingt ».

La combinaison de ces textes conduisait à décider que la présence d'un administrateur judiciaire était obligatoire à partir de vingt et un salariés ou si l'entreprise réalisait plus de 3 000 000 d'euros hors taxes de chiffes d'affaires (C. com., art. R. 641-19). La solution n'était pas conforme à celle applicable pour la nomination obligatoire d'un administrateur judiciaire dans la procédure de sauvegarde ou de redressement judiciaire. En effet, la désignation d'un administrateur judiciaire n'était pas obligatoire lorsque la procédure était ouverte au bénéfice d'une personne dont le nombre de salariés et le chiffre d'affaires hors taxes étaient inférieurs à des

1. IFPPC 1999, recomm. no 6037-1, p. 166
2. L. no 2005-845, 26 juill. 2005, préc.
3. Ord. no 2014-326, 12 mars 2014, *JO* 1 mars, p. 5249.
4. AINSI : T. com. Créteil, 14 mars 2007, RG no 2007P002999.
5. Soc. 15 nov. 2011, no 10-17.015, *Bull. civ.* IV, no 263; *D.* 2011. Actu 2863, note Lienhard; *BJE* mars 2012, comm. 45, p. 103, note Jacotot; *Rev. proc. coll.* 2012, comm. 26, note Lebel; *LPA* 27 juin 2012, no 128, p. 21, note Tabourot-Hyest; *Act. proc. coll.* 2011/20, comm. 311.

seuils fixés par décret en Conseil d'État (C. com., art. L. 621-4, al. 4). Si l'entreprise avait moins de vingt salariés et réalisait moins de 3 000 000 d'euros hors taxes de chiffres d'affaire par an, la nomination d'un administrateur était facultative. Cela revenait à dire que la nomination d'un administrateur judiciaire, en sauvegarde ou en redressement judiciaire, était obligatoire à **partir de** vingt salariés ou de 3 000 000 d'euros hors taxes de chiffres d'affaire par an, alors que dans la liquidation judiciaire, cette nomination ne s'imposait que si l'entreprise employait **au moins** vingt et un salariés ou réalisait plus de 3 000 000 d'euros hors taxes de chiffres d'affaire par an.

Cette asymétrie est supprimée par l'ordonnance du 18 décembre 2008[1]. Les solutions applicables en sauvegarde et en redressement judiciaire, qui au demeurant n'ont pas été modifiées par l'ordonnance de réforme, sont transposables. Désormais, le texte de l'article L. 641-10, alinéa 5 du code de commerce, issu de la rédaction que lui donne l'ordonnance de réforme (ord. 18 déc. 2008, art. 102), prévoit que « lorsque le nombre des salariés ou le chiffre d'affaires est supérieur **ou égal** à des seuils fixés par décret en Conseil d'État ou, en cas de nécessité, le tribunal désigne un administrateur judiciaire pour administrer l'entreprise ».

Si un administrateur judiciaire a été nommé pendant la période d'observation, celui-ci assure l'administration de l'entreprise, pendant la poursuite d'activité (C. com., art. L. 641-10, al. 5). Dans ce cadre, il peut se faire remettre par le liquidateur, sur autorisation du juge-commissaire, les sommes nécessaires à la poursuite de l'activité (C. com., art. L. 641-10, al. 6). Il peut s'agir des sommes détenues par l'ancien commissaire à l'exécution du plan de sauvegarde ou de redressement résolu[2]. Dans les mêmes conditions qu'un liquidateur, il fait fonctionner les comptes bancaires et postaux du débiteur.

L'administrateur judiciaire exerce les prérogatives relatives à la poursuite et à la résiliation des contrats en cours, y compris le bail des locaux professionnels. Il procède aux licenciements des salariés. C'est encore lui qui prépare le plan de cession et passe les actes nécessaires à la cession. En revanche, le prix de cession devra être versé au liquidateur, qui devra ensuite le répartir[3].

Le liquidateur ou l'administrateur qui assure l'administration de l'entreprise après le prononcé de la liquidation judiciaire doit informer le juge-commissaire et le ministère public des résultats de l'activité poursuivie (C. com., art. R. 641-20).

En deçà des seuils rendant obligatoire la présence d'un administrateur judiciaire, ce dernier peut également être nommé si est envisagée une cession d'entreprise pendant la liquidation judiciaire. Le tribunal peut alors ne lui confier que la mission de préparer le plan de cession et de passer les actes nécessaires à sa réalisation. En ce cas, l'administrateur judiciaire ne gère pas l'entreprise et il ne peut agir en justice pour obtenir la condamnation au paiement d'un contractant du débiteur[4]. Cette tâche incombe au seul liquidateur, dont l'intervention avant que le juge ne statue permet de régulariser la procédure et ainsi d'écarter la cause d'irrecevabilité.

Pendant la période de poursuite provisoire de l'activité, les créances bénéficieront du traitement préférentiel réservé aux créances nées postérieurement au jugement d'ouverture. La poursuite de l'activité en liquidation judiciaire obligera le débiteur au paiement des cotisations sociales afférentes à l'activité poursuivie. Ainsi, il a été jugé que la démarche d'un agriculteur qui sollicite une subvention s'analyse en un acte d'administration de l'exploitation agricole et caractérise une activité de chef d'exploitation agricole[5].

L'article L. 641-10, alinéa 1 *in fine* prévoit que « les dispositions de l'article L. 641-13 sont applicables aux créances nées pendant cette période ». L'article L. 641-13 du code, dans sa rédaction issue de la loi de sauvegarde, disposait que « Les créances nées régulièrement après le jugement qui ouvre ou prononce la liquidation judiciaire, ou dans ce dernier cas, après le jugement d'ouverture de la procédure de sauvegarde ou de redressement judiciaire qui l'a précédée, pour les besoins du déroulement de la procédure, pour les besoins, le cas échéant, de la période d'observation antérieure, ou en raison d'une prestation fournie au débiteur, pour son activité professionnelle postérieure à l'un de ces jugements, sont payées à leur échéance. »

Le renvoi à l'article L. 641-13 du code était maladroit. Rendre applicable, dans la liquidation judiciaire avec poursuite d'activité, l'article L. 641-13, pouvait laisser entendre, *a contrario*, que l'article L641-13 était inapplicable en dehors de la poursuite provisoire de l'activité. Or cela était d'évidence impossible car les créances nées pour les besoins de liquidation judiciaire sont évidemment sans rap-

1. Ord. n° 2008-1345, 18 déc. 2008, préc.
2. Com. 14 oct. 2014, n° 13-13.994, *Bull. civ.* IV, n° 147; n° 897 F-P+B; *Gaz. Pal.* 18 janv. 2015, n° 18, p. 22, note Lebel; *Act. proc. coll.* 2014/18, comm. 321, note Vallansan; *JCP E 2014, 1637*, n° 4, note Pétel; *BJE* 2015, 19, note Bourbouloux, Fort et Ruaud; *Rev. proc. coll.* 2015, comm. 25, note Berthelot.
3. *Rapp. J.-J. Hyest*, n° 335, p. 378.
4. Com. 21 sept.2010, n° 09-16.565, NP; n° 887 FS-D; *Gaz. Pal. entr. diff.* 7-8 janv. 2011, p. 32, note Voinot; *Rev. proc. coll.* 2010/6, omm. 241, note Fraimout.
5. Soc. 6 févr. 203, n° 01-20.085, *Bull. civ.* V, n° 49.

port avec la poursuite de l'activité. Il est donc bienvenu, comme le fait le nouvel article L. 641-13, I, alinéa 1 du code de commerce, issu de la rédaction que lui donne l'ordonnance de réforme (ord. 18 déc. 2008, art. 107), de déconnecter la problématique du traitement préférentiel accordé à certaines créances postérieures de la poursuite provisoire de l'activité en liquidation judiciaire.

554.25 Règles particulières pour l'exercice de l'activité d'un professionnel libéral. Pour tenir compte du dessaisissement qui frappe le débiteur, professionnel libéral, en liquidation judiciaire et des contraintes inhérentes au respect du secret professionnel, et qui lui interdit l'exercice personnel effectif de son activité, pendant la poursuite provisoire de l'activité autorisée par le tribunal, l'article R. 641-36, alinéa 1 du code de commerce dispose que « lorsque le débiteur exerce une profession libérale soumise à un statut législatif ou réglementaire ou dont le titre est protégé, le tribunal désigne, lors de l'ouverture de la procédure, le représentant de l'ordre professionnel ou de l'autorité compétente dont, le cas échéant, il relève, aux fins d'exercer les actes de la profession ».

Cette solution nous semble devoir être approuvée, même si elle est critiquée par des professionnels[1], la liquidation judiciaire ne pouvant rester sans conséquence sur l'activité de l'entreprise, qui, par principe, doit cesser.

L'alinéa 2 ajoute que « ce représentant peut déléguer cette mission à l'un des membres de la profession, en activité ou retraité ». La perplexité a pu frapper un auteur, qui doute qu'un professionnel à la retraite puisse continuer à exercer les actes de la profession, à moins d'être un professionnel honoraire[2]. Ainsi que cela a été suggéré, la technique du remplacement propre à chaque profession, par exemple celle de l'administration provisoire pour la profession d'avocat, pourrait être utilisée[3].

(Sur les honoraires de cette personne, v. s^s n° 471.31.)

Les fonds perçus au cours de la mission confiée au représentant de la profession pour le compte de tiers semblent devoir suivre le régime applicable à la profession du débiteur. Ainsi, pour les avocats, ces fonds doivent être déposés en compte Carpa[4]. Il n'y a ici aucune justification au placement à la Caisse des dépôts et consignations, car ces fonds n'appartiennent pas à la procédure, mais à des tiers. Il importe donc peu, au regard du fonctionnement de la procédure, qu'ils puissent être saisis par des créanciers du client du professionnel indépendant en liquidation judiciaire.

1. Martin et Neveu, « L'application à la profession d'avocat de la loi du 26 juillet 2005 sur la sauvegarde des entreprises », *JCP E* 2006. 1764, p. 867 s., sp. p. 871, n° 24.
2. Rétif, « L'extension des procédures collectives aux professions libérales », *Rev. proc. coll.* 2006/2, p. 152 s., sp. p. 155.
3. Verger et Mignon, « Aspects pratiques de l'application de la loi du 26 juillet 2005 aux professionnels libéraux », *D.* 2006. 2234.
4. Verger et Mignon, « Aspects pratiques de l'application de la loi du 26 juillet 2005 aux professionnels libéraux », préc.

CHAPITRE

555. Sort des contrats de l'entreprise

SECTION 0
ORIENTEUR

555.00 Plan du chapitre.

Sect.	555.10	Principe de continuation des contrats en liquidation judiciaire
Sect.	555.20	Règles particulières à la continuation du contrat de bail des locaux professionnels
Sect.	555.30	Règles particulières à la cession du contrat de bail des locaux professionnels
Sect.	555.40	Continuation du contrat de travail en liquidation judiciaire

555.01 Textes applicables. (V. les références complètes s^s n° 011).

> Législation antérieure à la loi de sauvegarde des entreprises.

C. com., art. L. 622-4, L. 622-5, al. 4, L. 622-10 à L. 622-13

> Législation issue de la loi de sauvegarde des entreprises.

C. com., art. L. 641-10, al. 2, 3 et 5, L. 641-11, al. 1, L. 641-12

> Législation issue de l'ordonnance du 18 décembre 2008.

C. com., art. L. 641-10, al. 3 et 5, L. 641-11-1, L. 641-12, L. 641-12-1

555.02 Jurisprudence de référence.

> L'impossibilité pour le preneur d'assurer son obligation de garantie n'a pas pour effet d'interdire la cession du bail en cas de liquidation judiciaire du preneur.

• **Civ. 3e, 15 sept. 2010,** n° 09-14.519, *Bull. civ.* IV, n° 156; FS-P+B

* V. s^s n° 555.31

555.03 Bibliographie indicative. (V. les références complètes s^s n° 031 – Aussi s^s n°s 550.03 et 433.03).

> Articles. *Kendérian F., « Bail commercial : de la garantie solidaire du cédant à celle du cessionnaire »*, *JCP E* 2015. 1590 – Le Corre-Broly E., « La résiliation de plein droit des contrats du fait de la liquidation judiciaire non sortie d'une période de poursuite provisoire d'activité », *JCP E* 2002, comm. 1423, p. 1565.

555.04 Question essentielle.

• La liquidation judiciaire entraîne-t-elle résiliation des contrats ?

* V. s^s n° 555.12.

555.05 Liens entre les questions.

• Sur la continuation des contrats en liquidation judiciaire avant la loi de sauvegarde des entreprises

* V. s^s n° 431.31.

SECTION 555.10
PRINCIPE DE CONTINUATION DES CONTRATS EN LIQUIDATION JUDICIAIRE

555.11 Principe de continuation des contrats en liquidation judiciaire – Solution de la loi du 25 janvier 1985. Sous l'empire de la loi du 25 janvier 1985[1] non réformée, la procédure de liquidation judiciaire n'était pas autonome. Elle ne constituait que l'une des issues du redressement judiciaire. Dans ce contexte, faute de disposition contraire, la jurisprudence avait posé en règle que l'article 37 de la loi du 25 janvier 1985, relatif à la continuation des contrats, avait vocation à s'appliquer tant en redressement judiciaire qu'en liquidation judiciaire[2]. La liquidation judiciaire restait, en conséquence, sans effet sur les contrats en cours.

Le contrat qui avait été continué en redressement judiciaire était continué de plein droit en liquidation judiciaire, sans qu'il y ait lieu de mettre en

1. L. n° 85-98, 25 janv. 1985, *JO* 26 janv., p. 1097.
2. Com. 17 oct. 1989, n° 88-12.261, *Bull. civ.* IV, n° 251; *D.* 1990. Somm. 2, obs. Derrida; *RTD com.* 1990. 101, obs. Martin-Serf – Com. 12 févr. 1991, n° 89-16.860, *Bull. civ.* IV, n° 65; *Defrénois* 1990. 731, spéc. art. 34801, note Bihr.

demeure le liquidateur pour qu'il manifeste son option.

Si le contrat, en cours au jour du jugement de redressement judiciaire, n'avait pas été explicitement continué, sans avoir été résilié – hypothèse où la mise en demeure d'avoir à continuer le contrat n'avait pas été envoyée en redressement judiciaire –, le contrat continuait à être en cours au jour de la liquidation judiciaire et le liquidateur, en conséquence, pouvait opter pour sa continuation.

Si une mise en demeure avait été envoyée en redressement judiciaire, que le délai du mois imparti au débiteur ou à l'administrateur, selon le cas, pour répondre n'était pas encore expiré au jour de la liquidation judiciaire, le liquidateur pouvait opter en faveur de la continuation du contrat, sans pour autant pouvoir faire courir à son encontre un délai autonome. Il devait, en conséquence, utiliser le solde du délai restant à courir.

555.12 Principe de continuation des contrats par l'effet de la liquidation judiciaire – Solution de la loi du 10 juin 1994 [1]. Les règles de la loi du 25 janvier 1985 [2] non réformée ne semblaient pas reconductibles sous l'empire de la loi du 10 juin 1994, qui a créé une procédure de liquidation judiciaire autonome. Faute de prévoir explicitement que l'article L. 621-28 du code de commerce (anc^t L. 25 janv. 1985, art. 37) a vocation à s'appliquer en liquidation judiciaire, il semblait possible de décider que la liquidation judiciaire, procédure autonome, entraînait impossibilité de continuer un contrat, et par voie de conséquence, résiliation du contrat. La Cour de cassation a pris un tout autre parti. La question a été étudiée en détail à propos de la continuation des contrats en cours (v. s^s n° 431.31).

Contentons-nous d'indiquer ici qu'une justification à la résiliation de plein droit pour les concours bancaires peut être trouvée. L'article 60 alinéa 2 de la loi du 24 janvier 1984 [3] (devenu C. mon. fin., art. L. 313-12), autorise, en effet, la rupture des concours sans préavis si le client du banquier est dans une situation irrémédiablement compromise, ce qui est incontestablement le cas d'un débiteur en liquidation judiciaire. La jurisprudence, vraisemblablement pour cette raison, estime que le compte-courant est clôturé par l'effet de la liquidation judiciaire (v. s^s n° 434.11). Il en résulte des conséquences importantes, du fait des règles du dessaisissement en cas de poursuite du compte-courant malgré le prononcé de la liquidation judiciaire (v. s^s n° 552.41).

Cette solution peut encore être confortée par le traitement spécifique réservé au bail des immeubles affectés à l'activité de l'entreprise, qui constitue l'un des contrats soumis à dispositions spéciales.

555.13 Limitation de la continuation des contrats en cas de poursuite provisoire d'activité sous l'empire de la loi du 26 juillet 2005 dans sa rédaction d'origine. La loi de sauvegarde des entreprises [4], dans sa rédaction d'origine, nous semble avoir modifié la solution relative à la continuation des contrats en cours en liquidation judiciaire. À défaut de continuation provisoire de l'activité, la liquidation judiciaire semblait rendre impossible la continuation des contrats, sauf disposition spéciale (v. s^s n° 431.32), encore que la doctrine soit majoritairement en sens opposé.

555.14 Continuation des contrats en liquidation judiciaire sous l'empire de la loi du 26 juillet 2005 [5] **dans sa rédaction issue de l'ordonnance du 18 décembre 2008** [6] (v. aussi s^s n° 431.53). L'article L. 641-11-1 du code de commerce, issu de la rédaction que lui donne l'ordonnance de réforme (ord. 18 déc. 2008, art. 104), est consacré aux règles générales intéressant la continuation et la résiliation des contrats en cours, dans la procédure de liquidation judiciaire. L'alinéa 5 de l'article R. 641-21, qui résulte de l'article 75 du décret d'application de lordonnance de réforme, précise que les dispositions relatives à la continuation et à la résiliation des contrats en cours s'appliquent qu'il y ait ou non maintien provisoire de l'activité.

Son écriture est beaucoup plus précise que celle de l'alinéa 2 de l'ancien article L. 641-10 du code, texte qui se contentait de renvoyer au dispositif de l'article L. 622-13 du code, alors qu'il semblait ne concerner que le cas d'une liquidation judiciaire assortie d'une poursuite provisoire de l'activité.

Le texte nouveau est clairement déconnecté de la poursuite provisoire de l'activité et a donc vocation à embrasser toutes les liquidations judiciaires, qu'elles soient ou non assorties d'une poursuite d'activité. Il s'est agi de tenir compte des acquis de l'expérience, laquelle a démontré l'utilité de continuer des contrats utiles à la conservation des actifs, indépendamment de toute poursuite d'activité [7].

Le texte commence par reprendre un principe posé pour la sauvegarde, celui de la neutralité de l'ouverture de la sauvegarde sur le contrat en cours, aucune clause contractuelle ne pouvant prévoir une indivisibilité, une résiliation ou une résolution d'un contrat en cours pour cause de survenance d'une

1. L. n° 94-475, 10 juin 1994, *JO* 11 juin, p. 8440.
2. L. n° 85-98, 25 janv. 1985, préc.
3. L. n° 84-46, 24 janv. 1984, *JO* 25 janv., p. 390.
4. L. n° 2005-845, 26 juill. 2005, *JO* 27 juill., p. 12187.
5. L. n° 2005-845, 26 juill. 2005, préc.
6. Ord. n° 2008-1345, 18 déc. 2008, *JO* 19 déc., p. 19462.
7. Rapport au président de la République sur l'ordonnance n° 2008-1345 du 18 déc. 2008, *JO* 19 déc. 2008, Titre I, chap. IV-1, s^s art. 104.

liquidation judiciaire (C. com., art. L. 641-11-1, I, al. 1). Ce principe n'était pas posé sous l'empire de la loi de sauvegarde, de sorte qu'une discussion pouvait exister sur le point de savoir si une clause de résiliation du contrat pour cause de survenance d'une liquidation judiciaire devait être tenue pour non écrite.

Il rappelle aussi, comme le fait l'article L. 622-13, I, alinéa 2 pour la sauvegarde, l'impossibilité de se prévaloir d'une inexécution d'engagements antérieurs pour justifier le refus du cocontractant de remplir ses obligations, les conséquences de l'inexécution devant être déclarées au passif (C. com., art. L. 641-11-1, I, al. 2).

L'alinéa 1 du II de l'article L. 641-11-1 du code de commerce rappelle la concentration entre les mains du liquidateur du pouvoir d'option sur la continuation du contrat en cours. Il faut toutefois réserver la poursuite d'activité avec administrateur judiciaire, lorsque ce dernier a été nommé. Il est alors titulaire de l'option. Le jugement ouvrant ou prononçant la liquidation judiciaire ne peut se prononcer sur le sort des contrats en cours. Il ne peut par exemple, indiquer que le fonds de commerce et les salariés attachés au fonds feront retour au loueur du fonds, à l'expiration de la poursuite provisoire d'activité autorisée en liquidation judiciaire[1].

L'alinéa 2 du même article reprend l'obligaion de payer au comptant la contrepartie du conrat continué. Le liquidateur, comme c'est le ca de l'administrateur, doit mettre fin au contrat s'i ne dispose pas des fonds lui permettant de payer le terme suivant.

Le III de l'article L. 641-11-1 du code de commerce reprend trois hypothèses de résiliation du contrat.

La première concerne l'absence de réponse après une mise en demeure restée infructueuse plus d'un mois, sauf octroi par le juge-commissaire d'un délai plus long pour prendre parti ou raccourcissement du délai imposé par le juge-commissaire. À cet égard, pour tenir compte de la réécriture complète de l'article L. 641-11 du code de commerce, qui régit désormais, de manière autonome par rapport aux règles posées pour la période d'observation, la continuation des contrats en cours en liquidation judiciaire, l'article 75 du décret du 12 février 2009[2] substitue, dans le premier alinéa de l'article R. 641-21 du code, à la référence à la prolongation prévue au premier alinéa de l'article L. 622-13, celle visée au 1° du III de l'article L. 641-11-1.

La deuxième est relative au défaut de paiement « au comptant » de la contrepartie du contrat continué, sauf accord du cocontractant pour poursuivre la relation contractuelle. C'est l'hypothèse envisagée à l'alinéa 2 du II de l'article L. 641-11-1 du code de commerce. À défaut de paiement au comptant et d'accord du cocontractant pour continuer le contrat en accordant des délais, il y a résiliation de plein droit, précise le 2° du III de l'article L. 641-11-1 du code. L'alinéa 2 de l'article R. 641-21 du code de commerce, dans la rédaction que lui donne l'article 75 du décret du 12 février 2009, précise que « le juge-commissaire constate, sur la demande de tout intéressé, la résiliation de plein droit des contrats dans les cas prévus au III de l'article L. 641-11-1, ainsi que la date de cette résiliation ».

Comme par le passé, l'alinéa 2 du II de l'article L. 641-11-1 du code de commerce prévoit que le liquidateur peut mettre fin au contrat s'il ne peut payer le terme suivant. L'alinéa 3 du III de l'article L. 641-11-1 du code prévoit qu'il y a résiliation de plein droit « lorsque la prestation du débiteur porte sur le paiement d'une somme d'argent », ce qui permet de régir l'hypothèse envisagée à l'alinéa 2 du II de l'article L. 641-11-1 du code. L'alinéa 2 de l'article R. 641-21 du code de commerce, dans la rédaction que lui donne l'article 75 du décret du 12 février 2009, précise que « le juge-commissaire constate, sur la demande de tout intéressé, la résiliation de plein droit des contrats dans les cas prévus au III de l'article L. 641-11-1 ainsi que la date de cette résiliation ».

Il existe une troisième hypothèse de résiliation, celle dans laquelle le liquidateur ou l'administrateur s'il en a été nommé un, répond négativement, dans le délai du mois ou dans le délai prolongé par le juge-commissaire, à la mise en demeure sur la continuation du contrat. Cette hypothèse de résiliation n'est pas directement régie par l'article L. 641-11-1 du code de commerce.

Le IV de l'article L. 641-11-1 du code de commerce est une disposition nouvelle, qui permet au liquidateur d'obtenir une résiliation judiciaire du contrat lorsque la prestation du débiteur ne porte pas sur paiement d'une somme d'argent.

Le V de l'article L. 641-11-1 du code reprend la soluti selon laquelle la décision de ne pas continuer contrat ouvre doit à indemnisation au profit du contractant victime de l'inexécution. Les domma et intérêts, qui pourront être représentés par un demnité de résiliation, par exemple pour les cots de location financière, devront être déclarés passif, dans le mois suivant l'un des événements suivants, en fonction des hypothèses de résilion : la résiliation de plein droit, l'information ocontractant selon laquelle le liquidateur décide

1. Com. 7 févr. 2012, n° 10-26.626, *Bull. civ.* IV, n° 30; *n° 179 FS-P+B; D. 2012. Actu 494,* note Lienhard; *Gaz. Pal.* 28 avr. 2012, n° 118, p. 14, note Reille; *Rev. proc. coll.* 2012, comm. 128, note Roussel Galle.
2. D. n° 2009-160, 12 févr. 2009, *JO* 13 févr., p. 2596.

de ne pas continuer ou la notification de la décision prononçant la résiliation.

Enfin, le VI de l'article L. 641-11-1 du code précise les contrats exclus du dispositif de continuation des contrats en cours.

Il s'agit d'abord des contrats de travail. Les règles relatives aux licenciements économiques en liquidation judiciaire seront exposées séparément (v. ss n° 432.25).

Comme le fait le VI de l'article L. 622-13 du code, il s'agit ensuite des contrats de **fiducie**, sans distinguer selon qu'il s'agit de fiducie-sûreté ou de fiducie gestion. Le liquidateur ne pourra donc mettre fin, sur option, au contrat de fiducie, ce qui aurait permis de faire retour dans le patrimoine du débiteur des biens transmis dans le patrimoine fiduciaire.

Il est possible, dans le mécanisme de la fiducie-sûreté, de prévoir que les biens transférés dans le patrimoine fiduciaire resteront à disposition du débiteur. En ce cas, une convention doit régler les modalités de conservation de l'usage ou de la jouissance de ces biens. Cette convention liant le fiduciaire et le débiteur constituant reste, dans la procédure de sauvegarde et de redressement judiciaire, soumise aux règles de continuation des contrats en cours. En revanche, cette même convention n'est pas soumise aux règles de continuation et de résiliation des contrats en cours posées par l'article L. 641-11-1 du code de commerce, ainsi que le précise le VI de cet article. Cela signifie que la réalisation de la fiducie-sûreté, dans laquelle, en pratique, on rencontrera ce type de convention permettant de conserver l'usage ou la jouissance de biens transférés dans un patrimoine fiduciaire, ne sera pas paralysée en phase de liquidation judiciaire.

555.15 Résiliation de plein droit par l'effet de la liquidation judiciaire du contrat de fiducie ayant pour bénéficiaire le débiteur constituant. En application de l'article L. 641-12-1 nouveau du code de commerce, dans sa rédaction issue de l'ordonnance du 18 décembre 2008[1] (ord. 18 déc. 2008, art. 106), l'ouverture ou le prononcé de la liquidation judiciaire entraîne la résiliation de plein droit du contrat de fiducie dans une hypothèse très précise : celle dans laquelle le débiteur est tout à la fois le constituant et le **seul** bénéficiaire. Il ne faut pas que par le biais d'un contrat de fiducie, le débiteur puisse faire échapper tout ou partie de ses droits et biens à l'effet de saisie collective de la liquidation judiciaire. La *résiliation du contrat de fiducie* a pour effet *d'entraîner le retour* dans son patrimoine des biens et droits transférés dans le patrimoine fiduciaire.

Ce texte, restrictif de droits, mérite assurément une interprétation stricte. Il ne peut en conséquence s'étendre à l'hypothèse d'un débiteur constituant qui ne serait pas le bénéficiaire unique. Ainsi, si le débiteur est bénéficiaire alternatif, la liquidation judiciaire n'entraînera pas résiliation de plein droit du contrat de fiducie.

SECTION 555.20

RÈGLES PARTICULIÈRES À LA CONTINUATION DU CONTRAT DE BAIL DES LOCAUX PROFESSIONNELS

555.21 Continuation du contrat de bail des locaux professionnels en liquidation judiciaire. L'article L. 641-12, alinéa 1 du code de commerce, dans la rédaction d'origine de la loi de sauvegarde des entreprises[2], prévoyait explicitement que « *la liquidation judiciaire n'entraîne pas de plein droit la résiliation du bail des immeubles affectés à l'activité de l'entreprise* ». La solution était posée qu'il y ait arrêt immédiat de l'activité ou poursuite provisoire de l'activité. Depuis l'ordonnance du 18 décembre 2008, l'article L. 641-12 ne pose plus cette solution. Elle n'est pas pour autant écartée, puisque ce texte ne s'intéresse qu'à la résiliation du bail.

La solution spécifique applicable au bail des locaux affectés à l'activité de l'entreprise a une justification extrêmement simple. En présence d'une résiliation du bail, cela aurait interdit au liquidateur, le plus souvent, de vendre le fonds de commerce, puisque ce dernier aurait été privé du droit au bail, élément généralement essentiel du fonds. C'est donc, dans le souci de préserver l'intérêt des créanciers et leur gage, que la règle est posée, pareille préoccupation n'existant évidemment pas pour les autres contrats.

Le liquidateur ou l'administrateur, en cas de poursuite provisoire d'activité et s'il en a été nommé un, a donc le choix de continuer ou non le contrat. L'article L. 621-28 du code de commerce, sous l'empire de la législation antérieure à la loi de sauvegarde des entreprises, reste ici applicable et doit donc être coordonné avec l'article L. 622-13[3], faute pour ce dernier texte d'en écarter explicitement l'application. Si l'organe compétent n'opte pas pour la continuation, le contrat se trouve résilié, dès lors du moins qu'une mise en demeure d'avoir à continuer le contrat lui a été adressée. À défaut, l'option n'est pas obligatoire. Si l'organe compétent opte pour la non continuation, le contrat se trouve résilié au jour de l'option. À défaut de réponse, suite à une mise en demeure d'avoir à opter, la résiliation sera

1. Ord. n° 2008-1345, 18 déc. 2008, préc.

2. L. n° 2005-845, 26 juill. 2005, préc.
3. Aix-en-Provence, 29 févr. 1996, *Gaz. Pal.* 1996. I. 262, note Brault.

fixée au lendemain de l'expiration du délai imparti pour répondre.

Le maintien de ces solutions, sous l'empire de la loi de sauvegarde des entreprises, dans sa rédaction d'origine, fait difficulté (v. ss n° 433.21).

L'ordonnance du 18 décembre 2008[1] éclaircit le dispositif, en écartant explicitement les règles de droit commun de continuation de contrats en cours, en matière de bail des locaux professionnels (v. ss n° 433.21).

Si le contrat est continué, c'est aux mêmes conditions que celles contractuellement stipulées entre les parties. Pour le surplus, la réglementation de la résiliation du bail en phase de liquidation judiciaire a déjà été étudiée (v. ss nos 433.23 et 433.29).

SECTION 555.30 RÈGLES PARTICULIÈRES À LA CESSION DU CONTRAT DE BAIL DES LOCAUX PROFESSIONNELS

555.31 Cession du bail commercial en liquidation judiciaire[2] – Cadre général (sur la cession judiciaire du bail commercial, v. ss n° 582.73). La solution selon laquelle la liquidation judiciaire n'emporte pas résiliation du bail des locaux affectés à l'activité de l'entreprise, a pour objet premier de permettre la cession du fonds de commerce ou, sous l'empire de la législation antérieure à la loi de sauvegarde des entreprises[3], de l'unité de production. La solution est posée qu'il y ait arrêt immédiat de l'activité, comme c'est le principe en liquidation judiciaire, ou poursuite provisoire de l'activité.

D'ailleurs maladroitement a-t-il été écrit[4], l'article L. 641-12, alinéa 2 du code de commerce, dans la rédaction d'origine de la loi de sauvegarde des entreprises, disposait que « Le liquidateur ou l'administrateur peut continuer le bail ou le céder dans les conditions prévues au contrat conclu avec le bailleur avec tous les droits et obligations qui s'y rattachent ». Or, pour céder le bail, il fallait d'abord le continuer. Aussi faut-il préférer la rédaction issue de l'ordonnance du 18 décembre 2008[5]. L'article L. 641-12, alinéa 5 du code de commerce prévoit désormais que « le liquidateur peut céder le bail dans les conditions prévues au contrat conclu avec le bailleur avec tous les droits et obligations qui s'y rattachent ».

Si le bail est résilié, par décision passée en force de chose jugée, le juge-commissaire commet un excès de pouvoir à ordonner sa cession[6]. En revanche, le tribunal statuant sur recours à l'encontre de l'ordonnance du juge-commissaire ayant accepté la cession du droit au bail, sous l'empire de la législation antérieure à l'ordonnance du 18 décembre 2008, ne commet pas d'excès de pouvoir à rejeter le recours du bailleur, dans la mesure où, au jour où il a statué, la résiliation du bail, certes constatée par le président du TGI, et bien qu'exécutoire par provision, n'était pas acquise par une décision passée en force de chose jugée, du fait de l'appel qui était en cours sur cette décision[7].

Une cour d'appel a estimé que le bailleur est irrecevable à poursuivre son action en constatation de la résiliation du bail lorsque la transmission du bail a été décidée par une décision irrévocable ordonnant la vente du fonds de commerce[8]. La solution n'est guère convaincante, la cessibilité du bail dépendant en effet de l'absence de résiliation, de sorte que la cour d'appel semble avoir inversé le raisonnement.

Si le contrat est continué, c'est donc aux mêmes conditions que celles contractuellement stipulées entre les parties. Le liquidateur sera autorisé à céder le bail, mais dans les conditions de droit commun[9].

Il devra en conséquence respecter les clauses restrictives de cession, par exemple la clause prévoyant la cession du bail par acte authentique[10].

Il en ira d'abord ainsi des pactes de préférence. Le droit de préférence stipulé dans un bail d'habitation et la faculté de substitution dans l'exercice de ce droit sont attachés à la personne du débiteur et échappent donc au dessaisissement[11]. Toutefois, l'autorité de chose jugée attachée à une décision ayant jugé de manière irrévocable que ce droit est de nature exclusivement patrimoniale le fait tomber dans le périmètre du dessaisissement et fait échec à la possibilité du preneur en liquidation judiciaire de s'en prévaloir[12].

1. Ord. n° 2008-1345, 18 déc. 2008, préc.
2. SUR LA QUESTION : Brignon, « Le point sur les réalisations d'actif ou la question de la date du transfert de propriété des actifs », *Rev. proc. coll.* 2012, études 22, p. 15.
3. L. n° 2005-845, 26 juill. 2005, préc.
4. Kendérian, « Le bail des locaux professionnels dans les procédures collectives après l'ordonnance du 18 décembre 2008 », *Gaz. Pal.* 6-7 mars 2009, n° sp. p. 31 s., sp. p. 37, n° 18.
5. Ord. n° 2008-1345, 18 déc. 2008, préc.
6. Com. 3 juin 2009, n° 07-15.708, NP; n° 515 F-D; *Gaz. proc. coll.* 2009/3, p. 21, note Kendérian.
7. Com. 1er févr. 2011, n° 09-17.182, *Bull. civ.* IV, n° 13; n° 76 F-P+B; *D.* 2011. actu 514, note Lienhard; *Gaz. Pal. entr. diff.* 1-2 avr. 2011, p. 25, note Kendérian; *Rev. proc. coll.* 2011, comm. 28, p. 36, note Cagnoli.
8. Montpellier 8 janv. 2015, RG n° 13/07743, *Leden* 2015/3, comm. 037, note Kendérian.
9. SOINNE, n° 2360-6.
10. Civ. 3e, 17 juin 2014, n° 13-15.119, NP, Rev. proc. coll. 2014, comm. 159, note Roussel Galle.
11. Com. 31 mai 2011, n° 10-18.311, NP; n° 531 F-D.
12. Com. 31 mai 2011, n° 10-18.311, NP; n° 531 F-D.

Sect. 566.40 Effets de la règle de la reprise des poursuites individuelles
Chap. 567 Compromis et transactions
Sect. 567.10 Règles communes au compromis et à la transaction
Sect. 567.20 Règles spécifiques à la transaction
Sect. 567.30 Règles spécifiques au compromis

560.03 Bibliographie indicative. (V. les références complètes s[s] n° 031).

> Actualisables. RÉP. COM., Poracchia D., Rizzo F. et Vignal N., « Entreprises en difficulté – Redressement judiciaire (Phase de traitement – Redressement ou liquidation) », n°s 169 à 202, 204 et 205 – J.-CL. COM., Amlon G., fasc. 2383, [Créanciers antérieurs titulaires de sûretés spéciales]; Canet P., fasc. 2712, [Redressement et liquidation judiciaires – Réalisation de l'actif – Compromis et transactions]; Le Corre P.-M., fasc. 2706, [Redressement et liquidation judiciaires – Réalisation de l'actif – Considérations communes aux réalisations d'actifs en liquidation judiciaire], 2015; fasc. 2707, [Redressement et liquidation judiciaires – Réalisation de l'actif – Réalisations immobilières en liquidation judiciaire], 2015; fasc. 2709, [Redressement et liquidation judiciaires – Réalisation de l'actif – Vente des biens meubles isolés], 2015; fasc. 2709, [Redressement et liquidation judiciaires – Réalisation de l'actif – Cession des unités de production], 2003 – LAMY SÛRETÉS, Delebecque Ph., « Sûretés réelles et procédures collectives », étude 284.

> Ouvrages antérieurs à la loi de sauvegarde des entreprises. CHAPUT, n°s 489 *bis*, 494, 496 à 501 *bis* – GUYON, n°s 1297 à 1299, 1343 à 1345 – JACQUEMONT, n°s 791 à 815 – KERCKHOVE, n°s 796 à 805, 808 – LE CANNU, n°s 780 à 788 – LE CANNU ET *ALII*, n°s 755 à 835, 1261, 1271, 1274, 1277, 1280 à 1287 – LE CORRE-BROLY, n°s 308 à 319 – MARTIN ET VALLENS, n°s 3436 à 3454, 3916 à 3945 – Macorig-Venier, *Les sûretés sans dépossession dans le redressement et la liquidation judiciaires d'entreprise*, th., Toulouse, 1992 – PÉROCHON ET BONHOMME, n°s 380-1 à 395 – PÉTEL, n°s 273, 278 à 286 – RIPERT ET ROBLOT, n°s 3171-2, 3228 à 3332, 3256 à 3263 – SAINT-ALARY-HOUIN, n°s 1025, 1032 à 1048, 1061 à 1065-1 – SOINNE, n°s 2366 à 2480 – VALLANSAN, p. 297 à 311.

> Ouvrages postérieurs à la loi de sauvegarde des entreprises. COQUELET, 5e éd., n°s 449 à 460 – GIBIRILA, n°s 674, 702 à 708, 713 à 718 – JACQUEMONT ET VABRES, 9e éd., n°s 912 et 913, 991 à 1032 – LE CANNU, 7e éd., n°s 1007, 1062, 1127, 1167 à 1196 – LIENHARD, 6e éd., n°s 122.55 à 122.59, 123.11 à 123.14, 125.11 à 125.36, 127.11 à 127.23 – PÉROCHON, 10e éd., n°s 1189 à 1230 – PÉTEL, 8e éd., n°s 299, 307 à 311 – ROUSSEL GALLE, 2e éd., n°s 728 et 729, 751 à 761, 787 à 806 – SAINT-ALARY-HOUIN, 9e éd., n°s 1226 et 1227, 1322 à 1338, 1353 à 1373 – VALLANSAN et *alii*, 6e éd., p. 413 à 431, 453 à 455 – VALLENS, 2015, n°s 4437 à 4479, 4490 à 4498 – VIDAL et GIORGINI, n°s 1399 à 1441 – VOINOT, 2e éd., n°s 780 à 811.

> Articles. Canet P., « Premières remarques sur les modifications apportées par l'ordonnance n° 2008-1345 du 18 décembre 2008 en matière de liquidation judiciaire », *Rev. proc. coll.* 2009, p. 91 – Hoareau S., « Le rôle du mandataire judiciaire dans les cessions isolées », *Rev. proc. coll.* 2015, dossier 20 – Le Corre P.-M., « Les difficultés pratiques de réalisation des actifs en liquidation judiciaire », LAMY AFFAIRES mars 2005, suppl. n° 80, p. 61 – Montéran Th., Ponsard M. et Marcinkowski M., « Le contrôle des concentrations et les entreprises en redressement et liquidation judiciaires », *Rev. proc. coll.* 2004, p. 193 – Pérochon F., « À propos de la réforme de la liquidation judiciaire par l'ordonnance du 18 décembre 2008 », *Gaz. Pal.* 8-10 mars 2009, n° sp. p. 3 – Pérochon F., Guyétant et Vitani, « La valorisation des actifs », *LPA* 22 avr. 2010, n° 80, p. 22 – Reille F., « Liquidation judiciaire : vers un principe estompé de l'universalité de la faillite », *Rev. proc. coll.* 2016, dossier 16 – Théron J., « Le moment de la perfection des transferts « autorisés » en période de liquidation », *D.* 2006. Point de vue 570; « Obstacles à contourner et modalités de la cession isolée en liquidation judiciaire », *BJE* juill. 2012, Doctr. 128 – Vauvillé F., « La cession d'actifs après la réforme du 26 juillet 2005 », *Dr. et patr.* 2006/3, p. 80; « La remise du prix de vente en cas de procédure collective », *Defrénois* 2010. 39048, p. 17.

560.09 Présentation et évolution générale des réalisations d'actifs en liquidation judiciaire. La liquidation judiciaire est une procédure d'exécution destinée à rendre liquides les éléments du patrimoine du débiteur pour assurer le paiement des créanciers. Cet objectif a été retraduit par la loi de sauvegarde des entreprises[1] qui, à l'article L. 640-1 du code de commerce, énonce que « la procédure de liquidation judiciaire est destinée à mettre fin à l'activité de l'entreprise ou à réaliser le patrimoine du débiteur par une cession globale ou séparée de ses droits et de ses biens ».

Sous l'empire de la législation antérieure à la loi de sauvegarde des entreprises, des règles particulières étaient posées pour chaque type de biens, en distinguant les meubles des immeubles. Cette législation envisageait cependant la possibilité d'une cession globale d'un certain nombre de biens du débiteur constituant une unité de production. La loi de sauvegarde a supprimé les cessions d'unité de production, en même temps qu'elle a rendu possible au stade de la liquidation judiciaire, l'arrêté d'un plan de cession. Il s'est donc agi d'éviter une concurrence entre deux techniques voisines de cession globale des biens du débiteur. Ce faisant, la loi de sauvegarde des entreprises affiche clairement que le plan de cession est de nature liquidative, faisant ainsi passer au premier plan l'aspect réalisation d'actifs par rapport à l'aspect redressement de l'entreprise. Seule la présentation formelle est cependant changée, car le plan de cession continue à être, d'abord et avant tout, une technique de redressement de l'entreprise, non par le débiteur mais par un tiers.

La loi de sauvegarde des entreprises, pour éviter d'utiliser des techniques lourdes et induisant une lenteur dans le traitement des dossiers de liquidation judiciaire, a institué, pour les petites entreprises, une technique plus légère et qui doit conduire à des clôtures de liquidations judiciaires beaucoup plus rapides que par le passé : la liquidation judiciaire simplifiée.

L'ordonnance du 12 mars 2014[2] va plus loin en créant une procédure spécifique pour les dossiers impécunieux : le rétablissement professionnel après enquête, qui sera étudié avec les règles de clôture de la liquidation judiciaire, dont il constitue une solution alternative (v. s[s] n°s 594.00 s.).

1. L. n° 2005-845, 26 juill. 2005, *JO* 27 juill., p. 12187.
2. Ord. n° 2014-326, 12 mars 2014, *JO* 14 mars, p. 5249.

CHAPITRE
561. Règles communes aux réalisations d'actifs – Statut particulier de certains biens

SECTION 0
ORIENTEUR

561.00 Plan du chapitre.

Sect. 561.10 Règles communes aux réalisations d'actifs
Sect. 561.20 L'ordonnance du juge-commissaire aux fins de réalisation des actifs
Sect. 561.30 Règles spéciales aux biens indivis (v. aussi les biens communs, ss nos 741.41 s.)
Sect. 561.40 Règles spéciales aux biens grevés d'une clause d'inaliénabilité

561.01 Textes applicables. (V. les références complètes ss no 011).

C. civ., art. 815-17

> Législation antérieure à la loi de sauvegarde des entreprises.

C. com., art. L. 623-5

D. 27 déc. 1985, art. 151-2

> Législation issue de la loi de sauvegarde des entreprises.

C. com., art. L. 642-22, L. 661-5

C. com., art. R. 641-30 (anct D. 28 déc. 2005, art. 241), R. 642-40 (anct D. 28 déc. 2005, art. 286)

> Législation issue de l'ordonnance du 18 décembre 2008.

C. com., art. L. 642-19, I, L. 642-20, L. 642-22

C. com., art. R. 641-30, R. 642-37-1, R. 642-40

> Législation issue de l'ordonnance du 12 mars 2014.

C. com., art. L. 642-20

C. com., art. R. 642-39

561.02 Jurisprudence de référence.

> L'auteur d'une offre d'acquisition n'émet pas de prétention et ne peut exercer de recours contre l'ordonnance du juge-commissaire ayant autorisé la vente au profit d'un autre candidat.

• Com. 28 avr. 2009, no 07-18.715, *Bull. civ.* IV, no 57; FS-P+B

* V. ss no 561.22

> Lorsque l'indivision est apparue avant la liquidation judiciaire du propriétaire indivis, les règles de l'indivision ne se trouvent pas affectées par la survenance de la procédure collective d'un des indivisaires. Le droit commun de l'indivision doit s'appliquer, ce qui autorise le créancier de l'indivision à saisir le bien indivis, avant tout partage.

• Com. 18 févr. 2003, no 00-11.008, *Bull. civ.* IV, no 21

* V. ss no 561.32

> Lorsque l'indivision est apparue après l'ouverture la procédure collective, le liquidateur conserve le droit de poursuivre la saisie et la vente de l'immeuble, puisqu'il représente des créanciers de l'indivision qui, selon l'article 815-17 alinéa 1 du code civil, auraient pu agir sur les biens indivis avant qu'il y eût indivision.

• Com. 18 févr. 2003, no 00-13.100, *Bull. civ.* IV, no 22

* V. ss no 561.33

> L'action tendant à être autorisé à disposer du bien donné avec clause d'inaliénabilité, subordonnée à des considérations personnelles d'ordre moral ou familial, est exclusivement attachée à la personne du donataire et ne peut donc être exercée par le liquidateur.

• Com. 9 nov. 2004, no 02-18.617, *Bull. civ.* IV, no 191

* V. ss no 561.41

> Le juge-commissaire, qui autorise la vente d'un immeuble commun à deux époux, alors que, par l'effet réel de la liquidation judiciaire précédemment ouverte contre l'un des époux, l'immeuble était déjà inclus dans cette liquidation, commet un excès de pouvoir.

• Com. 16 mars 2010, no 08-13.147, *Bull. civ.* IV, no 55; no 331 FS-P+B

* V. ss no 561.23

561.03 Bibliographie indicative. (V. les références complètes ss no 031 – Aussi ss no 580.03).

> Ouvrages. Delrieu S., *Indivision et procédures collectives*, th., dact. Toulouse 2006.

> Articles.

› *Étude d'ensemble.* Arbellot F., « Le recours devant la cour d'appel en matière de réalisation des actifs du débiteur en liquidation judiciaire », *Dr. et proc* juin 2016, p. 85 – Borga N., « La multiplication des obstacles à la cession », *Rev. proc. coll.* 2015, dossier 31 – Gall-Heng E., « La multiplication des obstacles à la cession », *Rev. proc. coll.* 2015, dossier 32.

› *Indivision.* Henry L.-C., « La cession ou l'attribution d'une quote-part indivise dans le cadre d'une procédure collective », *Mél. Honorat*, éd. Frison-Roche, 2000, p. 121 ; « Indivision et droit des entreprises en difficulté », Roussel Galle (dir.), *Entreprises en difficulté*, « Droit 360° », LexisNexis, 2012, p. 259 ; « Difficultés pratiques de l'indivision », *Rev. proc. coll.* 2013, dossier 10 – Henry L.-C. et Fabiani D., « L'exécution sur les biens indivis », *in* « Les réalisations d'actifs dans les procédures de redressement et de liquidation judiciaires », Colloque Crajefe 29 mai 1999, p. 11 – Navarre-Laroche C., « Le sort de l'immeuble indivis hypothéqué dans la liquidation judiciaire (ou les droits du créancier hypothécaire du débiteur indivis *in bonis*) », *Gaz. Pal.* 19-20 avr. 2000, Doctr. 19 – Saintourens B. et Cazajus M., « Le notaire face à la vente du bien indivis en liquidation judiciaire », *BJE* 2015, 384 – Sénéchal J.-P., « L'affectation de biens communs ou indivis », *BJE* mars 2011, dossier 3, p. 62 – Sénéchal M., « La vente de biens indivis dans les procédures collectives », LAMY AFFAIRES, mai 2003, suppl. au n° 60, p. 21 – Vauvillé F., « Indivision sur procédure ne vaut », *JCP N* 2000-38, p. 1257.

› *Clause d'inaliénabilité.* Macorig-Venier F., « Clauses d'inaliénabilité et procédure collective », LAMY AFFAIRES, mai 2003, suppl. au n° 60, p. 39.

› *Vente de gré à gré, cession isolée.* Garçon, « La formation de la vente de gré à gré dans la procédure de liquidation judiciaire des entreprises », *JCP N* 1997. I. 1283 – Rakotovahiny M.-A., « Les ventes de gré à gré dans la liquidation judiciaire », LAMY AFFAIRES, mai 2003, suppl. au n° 60, p. 47 – Théron J., « Le rôle du juge-commissaire dans les cessions isolées », *Rev. proc. coll.* 2015, dossier 19 – Vallansan J., « La réalisation des actifs hors procédure », *Rev. proc. coll.* 2015, dossier 35 – Vinceneux L., « Reprise par les proches », *Rev. proc. coll.* 2003, p. 206.

› *RSE.* Rolland, « Procédures de traitement des difficultés des entreprises : un nouveau champ pour la RSE », *Journ. sociétés* oct. 2009, n° 69, p. 47 ; « Les procédures collectives à l'épreuve du droit de l'environnement », *BJE* mai 2013, comm. 77 ; « Le Guide 2012 à destination des administrateurs judiciaires, mandataires judiciaires et de l'inspection des installations classées », *Act. proc. coll.* 2013/7, comm. 85 – Saint-Alary-Houin C., « La cession d'un site pollué », LAMY AFFAIRES, mai 2003, suppl. au n° 60, p. 55.

561.04 Questions essentielles.

• Le liquidateur peut-il vendre un bien indivis entre le débiteur et d'autres personnes ?

* V. s^s n°s 561.31 à 561.33.

• Le liquidateur peut-il vendre un bien grevé d'une clause d'inaliénabilité ?

* V. s^s n° 561.41.

561.05 Renvoi.

Sur la question de la purge, de la radiation des inscriptions et de l'ordre

* V. s^s n°s 591.21 à 591.36.

561.09 Information périodique du débiteur. L'article L. 641-7 du code de commerce, tel qu'il résulte de la rédaction que lui a donnée la loi du 26 juillet 2005 [1], prévoit l'obligation pour le liquidateur de tenir informé du déroulement de la procédure, au moins tous les trois mois, le débiteur. Cette information s'ajoute à celle que le liquidateur doit, à même délai, assurer au juge-commissaire et au ministère public, le texte antérieur ne visant le procureur de la République au lieu du ministère public.

Cette amélioration du sort du débiteur « participe de la volonté de dédramatiser la liquidation judiciaire et de déculpabiliser les chefs d'entreprise qui y sont confrontés..., le *débiteur dessaisi de la gestion de ses biens sera donc informé* quand même du sort de son patrimoine » [2].

SECTION 561.10

RÈGLES COMMUNES AUX RÉALISATIONS D'ACTIFS

561.11 Conséquences du principe d'unité du patrimoine – Situation particulière de l'EIRL – Biens non revendiqués. Les mentalités ont quelques difficultés d'adaptation à une règle classique : celle de l'unité du patrimoine. Cette règle ne pose en réalité de difficulté que pour les débiteurs personnes physiques. Personnifiant leur entreprise, ils ont le sentiment que la procédure collective n'atteint que celle-ci et que, en conséquence, elle doit rester indifférente sur les biens non affectés à leur activité. Certains sont dès lors surpris d'apprendre, à leurs dépens, le principe d'unité du patrimoine, selon lequel tous leurs actifs, professionnels ou non, devront répondre de toutes leurs dettes, professionnelles ou non. Dans cette logique, l'expression de liquidation judiciaire a le mérite de l'évocation. Il s'agit d'une procédure suggérant l'élimination brutale et universelle [3]. C'est une procédure d'exécution collective de tous les biens saisissables du débiteur. Il faut toutefois faire état d'une décision de la Cour de cassation, qui a tiré argument de la longueur de la procédure collective – 23 ans – pour estimer que l'absence de diligence du syndic avait pu valoir renonciation tacite à vendre l'immeuble du débiteur [4]. Notons que cette solution, pour compréhensible qu'elle soit sur le terrain de l'opportunité, n'est pas si facile à justifier sur le plan juridique. Faut-il comprendre que le non respect d'un délai raisonnable entraînerait une irrégularité de la procédure collective ? La Chambre criminelle, par comparaison, a jugé que le délai déraisonnable n'entraînait pas une irrégularité de la procédure [5]. D'ailleurs, la Cour de cassation a ensuite statué en ce sens (v. s^s n° 592.32).

Cette mentalité populaire a conduit le législateur, dans un souci de protection des personnes physiques, à créer le statut de l'entrepreneur individuel à

1. L. n° 2005-845, 26 juill. 2005, *JO* 27 juill., p. 12187.
2. *Rapp. Xavier de Roux*, n° 2095, p. 366.
3. PÉROCHON, 10e éd., n° 1147.
4. Com. 4 juin 2013, n° 11-23.647, NP ; n° 559 F-D.
5. Crim. 24 avr. 2013, n° 12-82.863, *Bull. crim.* n° 100 ; *D.* 2013. 1139 ; *D.* 2013. 1993, obs. J. Pradel.

responsabilité limité (EIRL), objet de la loi du 15 juin 2010[1]. L'ordonnance du 9 décembre 2010[2] portant adaptation du droit des entreprises en difficulté à l'entrepreneur individuel à responsabilité limitée en tire les conséquences, en cas de survenance d'une procédure collective, qu'elle atteigne le patrimoine affecté ou le patrimoine non affecté. L'article L. 680-3 du code de commerce, qui en résulte, énonce clairement que la procédure collective n'atteint que les biens du patrimoine soumis à la procédure collective. Dès lors, seuls les biens compris dans le patrimoine soumis à la procédure collective sont sous l'effet réel de celle-ci, sont collectivement saisis, et seront donc réalisés par le liquidateur. Les biens non compris dans le patrimoine concerné par la procédure collective ne pourront, par principe, pas être réalisés par le liquidateur.

Cependant, l'affectation patrimoniale résultant de l'adoption du statut d'EIRL peut être remise en cause. En ce cas, les biens appartenant à un ou plusieurs patrimoines non concernés *a priori* par la procédure collective seront appréhendés par celle-ci et pourront être réalisés par le liquidateur (v. s[s] n° 042.88).

La réalisation d'actifs peut encore porter sur des biens meubles n'appartenant pas au débiteur. C'est le cas des biens non revendiqués par leur propriétaire. Le droit de propriété de ce dernier devient inopposable à la procédure collective, ce qui autorise le liquidateur à vendre les meubles en question, comme s'ils étaient des actifs du débiteur. Ils deviennent des éléments du gage général des créanciers de la procédure collective (v. s[s] n° 813.73).

La réalisation d'actifs ne peut porter que sur des biens cessibles. Il importe ici de préciser que les **quotas de production** ne sont pas des biens. Ils ne sont pas cessibles, car il ne s'agit que d'autorisations administratives non négociables[3]. Les droits à paiement unique (DPU) ne sont cessibles qu'en respectant la réglementation qui leur est spécifique, ce qui interdit leur cession indépendamment du support de terres auxquels ils sont attachés[4].

La question s'est posée de savoir si un liquidateur pouvait appréhender les bénéfices mis en réserve dans un GIE, en cas de retrait d'un membre et de placement de celui-ci en liquidation judiciaire. La Cour de cassation a répondu par la négative, le membre du GIE qui se retire ou qui est exclu ne peut obtenir le remboursement desa part dans les réserves régulièrement constituées[5] et son liquidateur n'a pas plus de droit que lui.

S'agissant des débiteurs personnes physiques, les biens peuvent lui être échus sur succession ou donation. Mais, depuis l'ordonnance du 12 mars 2014[6], le cas des biens échus sur succession après l'ouverture ou le prononcé de la liquidation judiciaire mérite d'être isolé (v. s[s] n° 552.21).

Il faut enfin réserver enfin réserver le sort d'immeubles du débiteur ayant fait l'objet d'une déclaration notariée d'insaisissabilité (v. s[s] n° 562.13) et, depuis la loi du 6 août 2015[7], dite loi Macron, le sort de la résidence principale (v. s[s] n° 562.14).

561.12 Choix de la forme de la vente. Les articles L. 642-18, 642-19 et 644-2, dans leur rédaction issue de la loi de sauvegarde des entreprises[8], réglementent les ventes d'actifs non globales, dans un cadre liquidatif.

Sous l'empire de la législation antérieure à la loi de sauvegarde des entreprises, l'article L. 622-16 s'intéresse aux immeubles, cependant que l'article L. 622-18 s'applique aux « autres biens de l'entreprise ». Il s'agit en conséquence des ventes de meubles[9].

La solution est reprise par la loi de sauvegarde, l'article L. 642-18 s'intéressant aux immeubles, l'article L. 642-19 aux « autres biens ». En outre, l'article L. 644-2 pose des règles particulières à la réalisation des biens visés à l'article L. 642-19, c'est-à-dire les biens autres que les immeubles, dans la procédure de liquidation judiciaire simplifiée.

Cette distinction n'est cependant pas absolue sous l'empire de la législation antérieure à la loi de sauvegarde des entreprises car l'article L. 622-17 du code de commerce (anc[t] L. 25 janv. 1985, art. 155) réglemente, quant à lui, les cessions d'unité de production (v. s[s] n°s 564.11 s.). De même, la loi de sauvegarde des entreprises, avant d'envisager la vente des immeubles et celle des « autres biens » du débiteur, pose les règles relatives au plan de cession.

Il appartient au juge-commissaire de déterminer la forme de la vente, éclairé en cela par le liquidateur[10]. Trois formes de vente sont prévues pour les immeubles, deux seulement pour les meubles. Pour les meubles et pour les immeubles, la vente inter-

1. L. n° 2010-658, 15 juin 2010, *JO* 16 juin, p. 10984.
2. Ord. n° 2010-1512, 9 déc. 2010, *JO* 10 déc., p. 21617.
3. Civ. 3e, 31 oct. 2012, n° 10-17.851, *Bull. civ.* III, n° 156; *D.* 2013. pan. 2124, note Reboul-Maupin; *RTD civ.* 2013. 157, obs. Dross.
4. Com. 13 janv. 2015, n° 13-23.244, NP, *Rev. proc. coll.* 2015, comm. 33, note Lebel.
5. Com. 19 janv. 2016, n° 14-19.796, *Bull. civ.* IV [à paraître]; *D.* 2016. actu 9 févr. 2016, obs. Delpech; *Rev. proc. coll.* 2016, comm. 89, note Reille.
6. Ord. n° 2014-326, 12 mars 2014, *JO* 14 mars, p. 5249.
7. L. n° 2015-990, 6 août 2015, *JO* 7 août, p. 13537, dite loi Macron.
8. L. n° 2005-845, 26 juill. 2005, préc.
9. CHAPUT, n° 499.
10. Paris, 3e ch. B, 2 juin 2006, RG n° 2005/7763 – *Adde*, IFPPC 1999, recomm. n° 6070-1, p. 172.

viendra aux enchères ou de gré à gré. En outre, les immeubles peuvent être vendus par adjudication amiable. Depuis la loi de sauvegarde des entreprises, un régime spécial de vente des biens meubles du débiteur est, en outre, posé dans la procédure de liquidation judiciaire simplifiée. Enfin, il convient de préciser que la loi de modernisation de la justice du XXIe siècle modifie l'article L. 642-19, alinéa 1 du code de commerce, en précisant que la vente de gré à gré ne devra être utilisée que si elle est de nature à garantir les intérêts du débiteur. La vente de gré à gré apparaît donc aujourd'hui subsidiaire par rapport à la vente aux enchères, qui devient le type de vente de principe des biens meubles.

561.13 Caractère limitatif des formes de vente prévues par la loi. Alors que la doctrine est orientée dans le sens du caractère limitatif des modalités de ventes prévues par le législateur [1], la jurisprudence est divisée sur la question. C'est ainsi qu'il a été jugé que la pratique de la vente sous pli cacheté devant le juge-commissaire, sorte de vente de gré à gré aux enchères, est illégale [2]. La solution est inopportune, car elle constitue une technique transparente, permettant de tirer le meilleur prix. Aussi doit être préférée la solution d'une autre juridiction considérant, à propos de la vente d'un immeuble, comme légal la pratique de la vente sous pli cacheté [3]. Il aurait été opportun, à l'occasion de la réforme issue de la loi de sauvegarde des entreprises [4], que cette technique fasse l'objet d'une réglementation.

561.14 Interdiction d'acquérir frappant certaines personnes.

> Sous l'empire de la législation du 25 janvier 1985 [5], les textes restent muets, sur une interdiction d'acquérir des biens du débiteur, de façon isolée, de la part de ce dernier ou de ses alliés. La solution contraste ici avec celle posée dans le cadre des cessions d'unité de production (v. s^s n° 584.21). Faut-il pour autant autoriser une vente à ces personnes ?

En ce qui concerne le débiteur, la justification de l'origine des fonds y fera obstacle, à moins que la procédure ne puisse être clôturée par extinction du passif. Pareille acquisition contrarierait les règles du dessaisissement, tant que la clôture de la procédure n'est pas intervenue. Il en résulterait que le débiteur, dont l'acquisition serait inopposable à la procédure, aurait acquis son propre bien, lequel serait immédiatement saisi pour désintéressement de ses créanciers non encore payés.

En ce qui concerne l'acquisition des biens du débiteur faite par des parents ou alliés, aucune interdiction n'est ici posée. Dès lors, faute d'interdiction légale, cette acquisition est possible. La solution a été posée pour l'acquisition de biens meubles [6].

> La loi de sauvegarde des entreprises [7] modifie la solution. L'article L. 642-20 du code dispose en effet que « les dispositions de l'article L. 642-3 sont applicables aux cessions d'actifs réalisées en application des articles L. 642-18 et L. 642-19. Dans ce cas, les pouvoirs du tribunal sont exercés par le juge-commissaire ». L'interdiction d'acquisition des biens du débiteur, posée par la législation issue de la loi de sauvegarde des entreprises à l'encontre de certaines personnes, dans le cadre d'un plan de cession (v. s^s n° 531.31), est étendue aux cessions isolées. Ainsi est-il interdit de céder un actif à un dirigeant de fait, ce qui suppose évidemment la démonstration de cette direction de fait [8].

Les dérogations, qui existent en plan de cession, subsistent pour les réalisations d'actifs isolés. Ce n'est cependant plus ici le tribunal qui autorisera la cession, par exception, mais le juge-commissaire.

Une question prioritaire de constitutionnalité à été posée à propos de la combinaison des articles L. 642-3 et L. 642-20 du code de commerce. Elle a été rejetée par la Cour de cassation [9]. Les dispositions qui interdisent à des proches d'acquérir les biens du débiteur ont pour objet d'éviter les fraudes et de garantir une vente au meilleur prix. Le but ainsi recherché, d'intérêt général, conserve sa pertinence en présence de biens étrangers à l'activité professionnelle du débiteur. Ces dispositions n'affectent pas en elles-mêmes le droit de propriété du conjoint commun en biens et autorisent le tribunal ou le juge-commissaire a décider la levée de l'interdiction, sauf au profit des contrôleurs, de sorte qu'elles ne portent pas une atteinte disproportionnée au droit de propriété du débiteur ou de son conjoint au regard de l'objectif poursuivi.

L'article 119 de l'ordonnance du 18 décembre 2008 [10] insère toutefois un alinéa 2 à l'article L. 642-

1. VALLENS, 2015, n° 4466 – VALLANSAN ET *ALII*, 5e éd., p. 380 – SAINT-ALARY-HOUIN, 9e éd., n° 1326.
2. Orléans, ch. com., éco. et fin., 8 nov. 2001, *Act. proc. coll.* 2002/2, n° 28, obs. Soinne; *JCP E* 2002, Chron. 763, n° 6, obs. Pétel; *RTD com.* 2002. 166, n° 16, obs. Vallens; *RJDA* 2002/5, n° 533.
3. Paris, 21 févr. 2003, RG n° 2002/21412, *Act. proc. coll.* 2003/10, n° 132, obs. Soinne; *JCP N* 2003, Affaires 1596, 1700, note Vauvillé.
4. L. n° 2005-845, 26 juill. 2005, préc.
5. L. n° 85-98, 25 janv. 1985, *JO* 26 janv., p. 1097.
6. Com. 6 juin 1995, n° 93-10.273, NP, *Dr. sociétés* 1995, n° 139, obs. Chaput.
7. L. n° 2005-845, 26 juill. 2005, préc.
8. SUR CETTE QUESTION : Com. 2 déc. 2014, n° 12-29.916, NP; n° 1075 F-D.
9. Com. 18 févr. 2014, n° 13-40.071 QPC, NP; n° 265 F-D; *D.* 2014. 478.
10. Ord. n° 2008-1345, 18 déc. 2008, *JO* 19 déc., p. 19462.

20 du code de commerce, pour permettre aux personnes auxquelles il est fait interdiction d'acquérir des biens du débiteur, à l'exception des contrôleurs, de se rendre acquéreur des biens de ce dernier, dès lors qu'il est question d'acquérir des biens nécessaires aux besoins de la vie courante du débiteur (v. s^s n° 563.11). Les biens qui n'ont pas de valeur marchande peuvent être laissés par le liquidateur au débiteur.

Il a été observé que cette interdiction d'acquérir frappant les parents ou alliés du débiteur entre en conflit avec les nouvelles règles régissant, en droit commun, les ventes aux enchères d'immeubles posées par l'article 2205 du code civil issues de l'ordonnance du 21 avril 2006[1] réformant la procédure de saisie immobilière et doivent donc être tenues pour inexistantes en cas de vente aux enchères[2]. Elle apparaît en outre inopportune, puisque cela peut conduire à une vente à un prix inférieur[3], les proches du débiteur personne physique étant souvent enclins à aider ce dernier. Le législateur a pris acte de ces observations. L'article 75 de l'ordonnance du 12 mars 2014[4] prévoit désormais à l'alinéa 1 de l'article L. 642-20, que le juge-commissaire peut déroger aux interdictions prévues au premier alinéa de l'article L. 642-3, lorsqu'il ordonne ou autorise la vente des actifs du débiteur en liquidation judiciaire, en application des articles L. 642-18 et L. 642-19. Il peut ainsi autoriser, sur requête du ministère public, la cession à l'une des personnes visées au premier alinéa de l'article L. 642-3. Ainsi, les parents proches ou alliés pourront-ils être autorisés par le juge-commissaire, à devenir acquéreur, non seulement des meubles, mais aussi des immeubles du débiteur en liquidation judiciaire.

L'article L. 642-20, alinéa 2 du code de commerce (réd. ord. 12 mars 2014, art. 75) prévoit que des dérogations pourront également être accordées par le juge-commissaire, dans des conditions fixées par décret, pour les biens faisant partie d'une exploitation agricole, pour les cessions d'actifs mobiliers de faible valeur nécessaires aux besoins de la vie courante (v. s^s n° 563.11), ainsi que pour la vente aux enchères publiques ou par adjudication amiable des autres actifs mobiliers.

L'article R. 642-39, tel qu'il résulte du décret du 30 juin 2014[5] (art. 101) précise que le juge-commissaire doit être saisi par le ministère public, le liquidateur ou le débiteur. Si le ministère public n'est pas l'auteur de la requête présentée au juge-commissaire, ce dernier devra statuer par décision spécialement motivée, après avoir recueilli l'avis du ministère public (C. com., art. L. 642-20, al. 3, réd. ord. 12 mars 2014, art. 75).

Lorsque la vente de gré à gré au profit de la même personne porte sur un ou plusieurs biens pour un prix hors taxe, supérieur au taux de compétence en dernier ressort du tribunal de grande instance (soit en 2014, 4 000 euros), le liquidateur doit établir un rapport sur les diligences effectuées pour la recherche d'un cessionnaire. Notons que l'exigence ne s'impose pas si la vente intervient aux enchères.

Si le ministère public n'est pas l'auteur de la requête présentée au juge-commissaire, ce dernier devra statuer par décision spécialement motivée, après avoir recueilli l'avis du ministère public (C. com., art. L. 642-20, al. 3, réd. ord. 12 mars 2014, art. 75).

Indiquons enfin que la question peut se poser de savoir si les interdictions d'acquisition posées à l'encontre de certaines personnes peuvent être tenues en échec par des clauses antérieures à l'ouverture de la procédure, contenues dans des actes et prévoyant un droit de préférence au profit de ces personnes[6].

561.15 Publicité préalable avant toute cession d'actifs. La loi du 26 juillet 2005[7], dans le souci d'accroître la transparence de la procédure de liquidation, de faire en sorte que le prix des biens vendus soit juste et que les acquéreurs éventuels puissent tous intervenir[8], pose une obligation de publicité préalable avant toute cession d'entreprise ou réalisations d'actifs. L'article L. 642-22 du code de commerce prévoit, en ce sens, que la réalisation doit être précédée d'une publicité « en fonction de la taille de l'entreprise et de la nature des biens à vendre », dans le but d'obtenir le prix le plus élevé possible pour les actifs cédés. Bien qu'il s'agisse *a priori* d'une question de nature réglementaire, son importance a justifié que certains principes soient posés dans la loi, afin d'encadrer la rédaction du décret[9].

Il a été indiqué que la publicité devrait être au minimum nationale et ne devait pas être cantonnée au plan local. À la suite d'un amendement présenté à l'Assemblée nationale, il a même été retenu que la publicité pourrait être internationale[10]. Pour éviter des frais inhérents à cette publicité, il a été suggéré que les nouvelles technologies de l'information, notamment Internet, puissent être utilisées, avec l'instauration d'un fichier national, voire européen,

1. Ord. n° 2006-461, 21 avr. 2006, *JO* 22 avr., p. 6072.
2. PÉROCHON, 9e éd., n° 1146.
3. Pérochon, *in* Pérochon, Guyétant et Vitani, « La valorisation des actifs », *LPA* 22 avr. 2010, n° 80, p. 22, sp. p. 28.
4. Ord. n° 2014-326, 12 mars 2014, préc.
5. D. n° 2014-736, 30 juin 2014, *JO* 1er juill., p. 10834.
6. Sur cette problématique : Com. 5 févr. 2013, n° 11-28.389, NP ; n° 126 F-D ; *Gaz. Pal.* 1er mai 2013, n° 121, p. 25, note Théron.
7. L. n° 2005-845, 26 juill. 2005, préc.
8. *Rapp. Xavier de Roux*, n° 2095, p. 392.
9. Amend. n° 181, Interv. Xavier de Roux, *JOAN CR*, 3e séance du 8 mars 2005, p. 1788.
10. Amend. n° 181, Interv. Xavier de Roux, *JOAN CR*, 3e séance du 8 mars 2005, p. 1788.

des actifs à céder[1], pourer un véritable marché transparent[2]. La commbn des lois du Sénat a supprimé toute référence ne publicité internationale, en refusant d'entrems le détail d'une question de nature réglemene. L'interprétation du texte ne doit cependant ; être modifiée. Il a en effet été indiqué que « toes biens seront *de facto* assurés d'une publicité intnationale du fait de leur inscription sur un site Intnet. En conséquence, il paraît inutile de préciser e la publicité devra être nationale ou internationa»[3]. Le Conseil national des administrateurs judicres et des mandataires judiciaires (CNAJMJ) a cr un portail permettant la consultation de ces inrmations. Cependant, une société commerciale e peut exploiter par un site internet les informations qui y sont contenues. Le CNAJMJ a pu, en référé, obtenir sous astreinte la cessation d'activité de cette société[4].

L'article R. 642-40 alinéa 1 du code de commerce commence par indiquer que la publicité de toute réalisation d'actifs doit être faite par voie électronique, ce qui, effectivement, permet d'assurer une publicité nationale et internationale. Des règles particulières sont posées pour la publicité d'une cession d'entreprise par ce même article (v. s^s n° 531.41).

Il appartient au juge-commissaire de déterminer s'il y a lieu d'effectuer une publicité par voie de presse pour les actifs de faible valeur (C. com., art. R. 642-40, al. 2). Ce texte, dont la rédaction n'est pas parfaite, oblige à considérer que la publicité par voie de presse est le principe et qu'elle ne peut donc être écartée que pour les actifs de faible valeur[5], non pour les actifs importants, sauf à heurter le bon sens commun.

Signalons que le Tribunal de commerce de Paris, en collaboration avec le greffe et le CNAJMJ, a créé un site Internet constituant le premier marché virtuel d'actifs à céder permettant aux tiers intéressés de s'informer et de transmettre leurs offres en ligne[6].

561.16 Maintien de l'efficacité des promesses de vente consenties avant jugement d'ouverture. La liquidation judiciaire du promettant ne prive pas d'efficacité la promesse de vente consentie alors qu'il était maître de ses droits. L'option d'achat ne devient donc pas caduque et le bénéficiaire a le droit de la lever. Il en résulte que le juge-commissaire ne saurait autoriser la vente du bien objet de la promesse; en autorisant la vente à un tiers du bien, il excède ses pouvoirs[7].

561.17 Vente d'un site pollué par le liquidateur[8]. Lorsque le liquidateur est confronté à la vente d'un site pollué, il doit prendre les mesures urgentes permettant d'assurer la sécurité du site. Pour l'essentiel, il s'agira de fermer des bâtiments, d'installer une clôture ou *encore d'enlever des substances dangereuses*[9].

L'appellation « site pollué » est utilisée pour désigner un site (industriel ou non) qui, du fait de dépôts de matières polluantes ou de l'imprégnation du sol par des matières polluantes, a des conséquences sur l'environnement ou la santé des populations. Si aucun responsable solvable n'est identifié, on parle de site pollué ou orphelin. Un site est reconnu pollué, lorsque l'évaluation simplifiée des risques le place en classe 1 ou 2.

L'impécuniosité de la procédure pourra rendre extrêmement délicat le respect de ces obligations. Pourtant, une décision considère que l'administration peut et doit agir à l'encontre de celui qui représente la société débitrice, c'est-à-dire le liquidateur, « la circonstance que le liquidateur n'aurait pas les moyens financiers de réaliser les mesures prescrites par l'arrêté préfectoral est inopérante »[10].

Le Conseil d'État juge que les dispositions de l'article 24 de la loi du 12 avril 2000[11], relatif à la mise en place d'une procédure contradictoire, ne s'appliquent pas dans le cadre de la mise en œuvre d'un arrêté de consignation pris par l'autorité préfectorale en matière de remise en état d'un site pollué[12].

1. Interv. Xavier de Roux, *JOAN CR*, 3e séance du 8 mars 2005, p. 1788 – *Rapp. Xavier de Roux*, n° 2095, p. 392, 393.
2. Xavier de Roux, *JOAN CR*, 3e séance du 8 mars 2005, p. 1788.
3. *Rapp. J.-J. Hyest*, n° 335, p. 422.
4. T. com. Paris, ord. réf. prés., 6 déc. 2013, RG n° 2013050552, *Leden* févr. 2014, comm. 24, note Delattre.
5. EN CE SENS AUSSI : PÉROCHON ET BONHOMME, 8e éd., n° 426.
6. www.greffe-tc-paris.fr.
7. Com. 7 mars 2006, n° 05-10.371, *Bull. civ.* IV, n° 63; n° 333 FS-P+B+R+I; *D.* 2006. AJ 859, obs. Lienhard; *D.* 2006. pan. 2255, obs. Lucas; *JCP E* 2006, Chron. 2331, p. 1534, n° 10, obs. Pétel; *Act. proc. coll.* 2006/8, n° 93, note Monsérié-Bon; *Bull. Joly* 2006, oct. 2006, 235, p. 1137, note Scholer; *RTD com.* 2006. 669, n° 7, obs. Vallens.
8. *Guide à destination des administrateurs judiciaires, mandataires judiciaire et de l'inspection des installations classées*, http://www.developpement-durable.gouv.fr/Guide-a-l-attention-des.html – *Adde*, SUR LA QUESTION : Teboul, « Défense de l'environnement et entreprises en difficulté », *LPA* 16 mai 2006, n° 97, p. 7 – Rolland, « Procédures de traitement des difficultés des entreprises : un nouveau champ pour la RSE », *Journ. sociétés* oct. 2009, n° 69, p. 47; « Les procédures collectives à l'épreuve du droit de l'environnement », *BJE* mai 2013, comm. 77; « Le Guide 2012 à destination des administrateurs judiciaires, mandataires judiciaires et de l'inspection des installations classées », *Act. proc. coll.* 2013/7, comm. 85 – J.-CL. COM., Rolland B., fasc. 3250, [Environnement et procédures collectives], 2014.
9. SAINT-ALARY-HOUIN, 9e éd., n° 1336.
10. CAA Nancy, 20 mars 2006, *JCP E* 26 juill. 2007, Chron. 1957, p. 40, n° 64, obs. Tébulle.
11. L. n° 2000-321, 12 avr. 2000 relative aux droits des citoyens dans leurs relations avec les administrations, *JO* 13 avr., p. 5646.
12. CE 16 juill. 2010, req. n° 324152, *Rev. proc. coll.* 2011, comm. 119, p. 55, note Ruffié.

La jurisprudence sur la question est peu nombreuse. Il est toutefois possible de faire état d'un arrêt de la cour d'appel de Paris[1] considérant que l'obligation subsiste sur la tête du liquidateur, en présence d'une proposition d'achat des déchets, alors que le juge-commissaire a autorisé la cession, dès lors que les actes de cession n'ont jamais été signés. La vente est en effet parfaite dès l'ordonnance qui autorise la cession, mais elle n'est translative qu'à compter de la rédaction des actes de cession (v. s[s] n° 563.42). L'obligation reposant sur la tête du liquidateur est exécutée dès lors que celui-ci a accompli les diligences prévues par les dispositions légales ou réglementaires relatives aux installations classées et qu'il a régulièrement informé l'autorité administrative des difficultés qu'il rencontrait, faute de fonds nécessaire pour financer l'enlèvement des déchets. Le liquidateur peut justement se fonder sur l'obligation de respecter les règles propres aux procédures collectives, et notamment les dispositions relatives aux créances postérieures éligibles au traitement préférentiel, pour faire financer par le Trésor public, au titre d'avance, les opérations de récupération des déchets.

On signalera aussi un important arrêt de la Cour de cassation, qui décide que, « en l'absence de tout autre responsable, le propriétaire d'un terrain où des déchets ont été entreposés en est, à ce seul titre, le détenteur au sens des articles L. 541-1 et suivants du code de l'environnement, à moins qu'il ne démontre être étranger au fait de leur abandon et ne pas l'avoir permis ou facilité par négligence ou complaisance »[2]. S'il rapporte cette démonstration, il n'est pas débiteur de l'obligation d'élimination des déchets et n'est pas tenu de rembourser à l'Ademe le coût des travaux.

Un arrêt du Conseil d'État énonce pour sa part que « la responsabilité du propriétaire du terrain au titre de la police des déchets ne revêt qu'un caractère subsidiaire par rapport à celle encourue par le producteur ou les autres détenteurs de ces déchets et peut être recherchée s'il apparaît que tout autre détenteur de ces déchets est inconnu ou a disparu »[3]. Le principe de responsabilité subsidiaire est ainsi clairement posé, contrastant avec la solution posée par la Cour de cassation.

Signalons que l'article L. 541-1 du code de l'environnement définit, depuis l'ordonnance du 17 décembre 2010[4], le détent comme le « producteur de déchets ou toute aupersonne qui se trouve en possession des déche.

Les mesures presc s par un arrêté préfectoral, qui présentent un c tère disproportionné, doivent être annulées. Eutre, il y a place à engagement de la responsalté de l'autorité administrative, en présence d'unllégalité fautive, constitutive d'un préjudice, lorsqu y a un lien de causalité certain et direct entre llégalité fautive et le préjudice[5].

Il y a place à abrogtion des mesures prescrites par l'arrêté préfectorale remise en état du site pollué, si, postérieuremet au recours exercés par les liquidateurs à l'encontre de l'arrêté, le site a été remis en état de manière satisfaisante, conformément aux exigences de l'arrêté portant mise en demeure, dans la mesure où, si les mesures prescrites étaient légalement justifiées au moment où elles ont été prises, elles ne sont plus nécessaires au moment où le juge statue en plein contentieux[6].

En cas de vente d'un site pollué, le liquidateur doit, en application de l'article L. 514-20 du Code de l'environnement, informer l'acquéreur de l'existence de la pollution affectant le terrain vendu[7].

561.18 Taxation des honoraires d'avoué ou d'avocat. On sait que les demandes qui ne sont pas évaluables en argent ne peuvent donner lieu à l'application de l'émolument proportionnel dû à l'avoué. Il en est ainsi du cas des demandes fondées sur des dispositions législatives ou réglementaires spécifiques aux procédures collectives. Le droit proportionnel n'est donc pas dû lorsqu'il est question d'un litige relatif à la cession d'actifs d'une société en liquidation judiciaire[8]. La question est renouvelée avec la suppression des avoués, le problème se posant alors pour les avocats en cause d'appel.

SECTION 561.20
L'ORDONNANCE DU JUGE-COMMISSAIRE AUX FINS DE RÉALISATION DES ACTIFS

561.21 Caractère obligatoire de l'ordonnance du juge-commissaire aux fins de réalisation des actifs. La première étape de la procédure de réalisation des

1. Paris, 3e ch. A, 28 mars 2006, RG n° 05/12523.
2. Civ. 3e, 11 juill. 2012, n° 11-10.478, *Bull. civ.* III, n° 108; FS-P+B+R+I; *Act. proc. coll.* 2012/15, comm. 217, note Rolland; *Rev. proc. coll.* 2012, comm. 165, note Ruffié; *Gaz. Pal.* 6 sept. 2012, p. 8, note Parance; *Gaz. Pal.* 13 sept. 2012, p. 17, note Saintaman.
3. CE 1er mars 2013, req. n° 354188, *D.* 2013. 1194, note Parance.
4. Ord. n° 2010-1579, 17 déc. 2010 portant diverses dispositions d'adaptation au droit de l'union européenne dans le domaine des déchets, *JO* 18 déc., p. 22301.
5. CAA Douai, 25 mars 2010, n° 08DA01871, *Rev. proc. coll.* 2011, comm. 121, p. 57, note Ruffié.
6. CAA Bordeaux, 10 nov. 2010, n° 10X00062, *Rev. proc. coll.* 2011, comm. 120, p. 56, note Ruffié.
7. Com. 17 sept. 2002, n° 99-16.507, *Bull. civ.* IV, n° 125.
8. Civ. 2e, 21 mai 2015, n° 14-17.578, *Bull. civ.* II [à paraître]; *BJE* 2015, 368, note Rossi.

biens du débiteur, en liquidation judiciaire, sera par principe, une ordonnance du juge-commissaire.

Cette règle est absolue sous l'empire de la législation antérieure à la loi de sauvegarde des entreprises[1].

Elle souffre au contraire deux exceptions dans la législation issue de la loi de sauvegarde des entreprises. D'une part, le plan de cession, dont l'arrêté est possible en liquidation judiciaire, suppose une décision du tribunal et non du juge-commissaire, au contraire de la solution posée, sous l'empire de la législation antérieure à la loi de sauvegarde des entreprises, pour la cession d'unité de production. D'autre part, les cessions de biens réalisés dans le cadre de la liquidation judiciaire simplifiée ne supposent pas d'autorisation du juge-commissaire (C. com., art. L. 644-2).

L'ordonnance du juge-commissaire ne s'impose toutefois que pour la réalisation du bien, non pour l'option formulée par le liquidateur de l'acheteur de l'immeuble, de restituer celui-ci en obtenant restitution du prix, en application de l'article 1681 du code civil. Il ne s'agit pas en effet de la réalisation de l'immeuble, mais de la mise à néant d'une vente réalisée antérieurement au jugement d'ouverture[2]. De même, l'action en résolution d'une vente ne constitue ni une réalisation d'actif, ni un acte de disposition. Pour cette raison, le liquidateur peut, sans autorisation du juge-commissaire, intenter une telle action, aux torts de l'acquéreur, pour une vente devenue parfaite avant l'ouverture de la procédure collective[3].

Sous ces réserves, la cession suppose l'autorisation du juge-commissaire. Celui-ci ne peut être saisi que par le liquidateur. Il commet un excès de pouvoir à autoriser la vente d'un bien sur sollicitation d'un tiers[4]. La vente sans ordonnance préalable du juge-commissaire est nulle, peu important que l'autorisation ait été donnée postérieurement[5].

En outre, à peine de nullité de l'ordonnance, le juge-commissaire doit procéder à l'audition du débiteur avant d'autoriser la vente de ses actifs[6] (sur l'obligation d'auditionner le conjoint commun en biens, v. s[s] n° 741.49). Le juge-commissaire doit donc s'interdire de statuer s'il n'a pas été procédé à la convocation du débiteur. Si, dans une première phase de sa jurisprudence, la Cour de cassation a décidé que le plaideur ne pouvait se fonder sur un défaut de respect du principe de contradiction pour se voir ouvrir le recours nullité[7], dans une second temps, elle a décidé que le juge-commissaire, qui se prononce en matière de réalisation de l'actif du débiteur en liquidation judiciaire, sans que le débiteur *ait été entendu ou dûment appelé, commet un* excès de pouvoir ouvrant le recours nullité[8]. La solution était spécialement importante, sous l'empire de la législation antérieure à l'ordonnance du 18 décembre 2008[9], époque à laquelle le recours sur l'ordonnance du juge-commissaire en matière de réalisation d'actifs du débiteur, était porté devant le tribunal, l'appel étant, pour sa part, fermé sur le jugement du tribunal.

Si le débiteur est une personne morale, sa dissolution résultant du jugement de liquidation judiciaire et la privation corrélative, sous l'empire de la législation antérieure à la loi de sauvegarde des entreprises, d'organe de représentation pour l'exercice de ses droits non atteints par le dessaisissement, emportera cette conséquence de l'irrégularité de l'ordonnance fixant le mode de réalisation des biens[10]. La solution a identiquement été appliquée au jugement du tribunal qui s'est substitué à l'ordonnance du juge-commissaire, lequel n'avait pas statué dans un délai raisonnable[11]. Cette irrégularité ne pourra être invoquée que par la société débitrice, agissant par la voix de son mandataire *ad hoc*[12] ou de son liquidateur amiable, non par le cocontractant de la société ou son ancien dirigeant social[13], n'ayant plus, sous l'empire de la législation antérieure à la loi de sauvegarde des entreprises, qualité pour représenter la société et défendre ainsi ses droits propres (v. aussi s[s] n° 553.32).

1. L. n° 2005-845, 26 juill. 2005, préc.
2. Civ. 3e, 8 nov. 2006, n° 05-17.773, *Bull. civ.* III, n° 223; n° 1144 FS-P+B; *D.* 2006. AJ 2912, obs. Lienhard; *RLDC* déc. 2006, n° 33, 2296, p. 11, note Léandri.
3. Com. 3 févr. 1998, n° 95-11.755, *RJDA* 6/1998, n° 775.
4. Com. 22 janv. 2002, n° 99-14.357, NP, *Act. proc. coll.* 2002/6, n° 73.
5. Paris, 19 mai 1995, *D.* 1995. Somm. 309, obs. Honorat; et SUR POURVOI : Com. 27 oct. 1998, n° 95-17.463, *Bull. civ.* IV, n° 259; *D. Affaires* 1998, 1861, obs. Lienhard; *JCP E* 1998. 2064, obs. Pétel; *Quot. Jur.* 26 nov. 1998, p. 8, note P. M.
6. Paris, 3e ch. C, 27 juin 2003, RG n° 2002/18120.
7. Com. 28 oct. 2008, n° 07-16.958, NP; n° 1064 F-D.
8. Com. 16 juin 2009, n° 08-13.565, *Bull. civ.* IV, n° 82; n° 599 FS-P+B+R; *D.* 2009. AJ 1756, note Lienhard; *D.* 2009. Jur. 2521, note Théron; *Gaz. proc. coll.* 2009/3, p. 19, n° 2, note Fricero; *Gaz. proc. coll.* 2009/4, 2e partie, p. 19, note Voinot; *JCP E* 2010, Chron. 1011, n° 3, obs. Pétel; *Act. proc. coll.* 2009/13, n° 209, note Vallansan et Cagnoli; *RTD civ.* 2009. 576, n° 2, obs. Perrot; *Procédures* 2009, comm. 280, note Rolland; *Rev. proc. coll.* 2010/2, comm. 8, p. 28, note Rolland; *Rev. proc. coll.* 2010/1, § 5, p. 25, note Gorrias et Manié; *LXB hebdo* 16 juill. 2009, n° 359, note Le Corre – Com. 8 mars 2011, n° 10-30.629, NP; n° 238 F-D.
9. Ord. n° 2008-1345, 18 déc. 2008, préc.
10. Paris, 3e ch. C, 18 janv. 2002, *RD banc. fin.* 2002/4, n° 143, obs. Lucas – Paris, 3e ch. A, 11 janv. 2005, RG n° 2004/08439, *RD banc. fin.* 2005/2, p. 25, n° 54, note Lucas.
11. Paris, 3e ch. A, 11 janv. 2005, RG n° 2004/8439, *Rev. proc. coll.* 2006/1, p. 55, n° 14, obs. Lebel.
12. Com. 28 janv. 2004, n° 01-03.316, NP.
13. Com. 18 janv. 2005, n° 02-18.070, NP, *Gaz. proc. coll.* 2005/1, p. 30, n° 2-2, obs. Voinot – Com. 13 déc. 2005, n° 04-15.324, NP; n° 1626 F-D.

Cependant, cette obligation d'audition du débiteur ne s'impose que devant le juge-commissaire. Elle ne s'impose pas devant le tribunal statuant sur opposition[1] ou en cause d'appel, la cour pouvant donc, après avoir annulé le jugement pour excès de pouvoir, faire jouer l'effet dévolutif de l'appel, et autoriser la vente sans audition du débiteur[2].

L'ordonnance autorisant ou ordonnant, selon le cas, la vente d'un bien doit ensuite être notifiée au débiteur, ainsi qu'à son conjoint. En l'absence de notification de l'ordonnance au débiteur, il y a place à annulation de la vente. Le liquidateur, qui ne vérifie pas que l'ordonnance du juge-commissaire a bien été notifiée au débiteur et à son conjoint à la bonne adresse, alors qu'il connaissait leur nouvelle adresse, engage sa responsabilité en cas de notification par voie de procès-verbal de recherches infructueuses ayant empêché ces personnes de connaître l'ordonnance intervenue[3].

Sous l'empire de la législation antérieure à la loi de sauvegarde des entreprises, lorsque le bien vendu appartenait à une société dissoute par l'effet de sa liquidation judiciaire, le problème se posait de savoir à qui notifier l'ordonnance, puisque le dirigeant cessait ses fonctions au jour de la dissolution de la société.

Dans une première phase, la Cour de cassation avait posé en principe que la notification pouvait valablement être faite à l'ancien dirigeant, qui restait une personne habilitée à recevoir la notification des décisions intéressant la société débitrice (v. s^s^ n° 553.32).

La Cour européenne des droits de l'homme a en revanche considéré, que l'article 6 § 1 de la Conv. EDH, qui consacre le droit à un tribunal, dont le droit d'accès au juge, constitue un aspect, est violé lorsque la possibilité concrète du recours est douteuse, compte tenu de l'obligation de désigner dans le délai du recours un mandataire *ad hoc* (v. s^s^ n° 553.32).

Il avait pu nous apparaître que les conséquences de cette décision de la Cour européenne des droits de l'homme avait été immédiatement tirée par la Cour de cassation, cette dernière ayant posé en règle qu'une ordonnance du juge-commissaire autorisant la vente de gré à gré d'un bien appartenant à une société en liquidation judiciaire n'avait pas à être notifiée au dirigeant de cette société privée du droit d'exercer un recours à son encontre[4].

Cette difficulté a, du moins par principe, disparu sous l'empire de la loi de sauvegarde des entreprises, puisque le dirigeant de la société en liquidation judiciaire est maintenu en fonction (C. com., art. L. 641-9, II al. 2 – v. s^s^ n° 553.22) et que, depuis l'ordonnance du 12 mars 2014[5], la société n'est plus dissoute par l'effet de son placement en liquidation judiciaire.

561.22 Voies de recours sur l'ordonnance.

> Avant l'ordonnance du 18 décembre 2008[6], l'ordonnance du juge-commissaire est susceptible d'un recours porté devant le tribunal (v. s^s^ n°s 332.12 s.), notamment de la part du débiteur. Il exerce ici un droit propre échappant au dessaisissement (v. s^s^ n° 552.37) Si ce dernier est une société, un mandataire *ad hoc* ou un liquidateur amiable doit, sous l'empire de la législation antérieure à la loi de sauvegarde des entreprises[7], être nommé pour exercer la voie de recours, du fait de la dissolution de la société par l'effet du jugement de liquidation judiciaire. À défaut, le recours émanant de l'ancien dirigeant social est irrecevable (v. s^s^ n° 553.32).

Le tribunal saisi du recours peut, par le jeu de l'effet dévolutif, connaître de l'entier litige et statuer sur le mode de cession qui lui paraît approprié[8].

La question de savoir si un candidat évincé pouvait former un recours à l'encontre de l'ordonnance faisait difficulté. Des décisions divergentes existaient en la matière.

C'est ainsi que, dans un premier temps, la Chambre commerciale de la Cour de cassation, statuant en matière de cession d'immeuble, avait admis le recours du candidat évincé. Il en résultait que la privation de cette voie de recours était constitutive d'un excès de pouvoir, que l'acquéreur évincé pouvait invoquer à l'appui de son appel nullité à l'encontre du jugement statuant sur opposition, qui lui avait dénié qualité à exercer une voie de recours[9]. Certaines cours d'appel admettaient aussi la recevabilité du recours du candidat évincé[10]. Son appel était identiquement irrecevable s'il était formé à l'encontre d'un jugement valant ordonnance[11].

Dans un second temps, qui semblait la position de la jurisprudence dominante, il était estimé, comme en matière de plan de cession, que le candi-

1. Paris, 3e ch. B, 31 oct. 2003, RG n° 2002/22209.
2. Com. 11 déc. 2001, DPDE *bull.* n° 221, 4 févr. 2002, p. 5877, *V° Juge-commissaire*, n° 96.
3. Com. 14 janv. 2004, n° 01-03.384, NP.
4. Com. 13 mars 2007, n° 05-20.606, NP; n° 476 F-D.
5. Ord. n° 2014-326, 12 mars 2014, préc.
6. Ord. n° 2008-1345, 18 déc. 2008, préc.
7. L. n° 2005-845, 26 juill. 2005, préc.
8. Com. 27 mai 2003, n° 00-18.571, *Bull. civ.* IV, n° 85; *D.* 2003. AJ 1693; *Act. proc. coll.* 2003/13, n° 181; *JCP E* 2003, Chron. 1396, p. 1570, n° 4, obs. Pétel.
9. Com. 4 mars 2003, n° 00-15.812, n° 00-16.277, NP, *RTD com.* 2003. 382, n° 14, obs. Vallens; *Rev. proc. coll.* 2003, p. 136, n° 27, obs. Soinne.
10. Paris, 10 mai 1996, *RJ com.* 1996. 275, note L. R. – Rennes, 2e ch. com., 21 nov. 2001, *Dr. et proc.* 2002/2, n° 167, p. 53; *Rev. proc. coll.* 2003, p. 136, n° 27, obs. Soinne – Paris, 3e ch. A, 21 sept. 2004, RG n° 2004/1725.
11. Paris, 3e ch. A, 18 nov. 2003, RG n° 2002/22273.

dat évincé était dépourvu de qualité à agir, car il n'émettait pas de prétention. Il en était déduit qu'il ne pouvait former de recours [1], fût-ce en nullité [2]. Il était déjà certain qu'il ne pouvait frapper l'ordonnance d'appel réformation [3], du fait de l'ouverture du recours devant le tribunal.

À la manière d'un arrêt de principe, la Cour de cassation, dans une troisième phase, ferme aujourd'hui de la manière la plus claire, le recours à l'encontre de l'ordonnance du juge-commissaire au candidat évincé : « L'auteur d'une offre d'acquisition de gré à gré d'un actif d'un débiteur en liquidation judiciaire, n'ayant aucune prétention à soutenir au sens des articles 4 et 31 du code de procédure civile, n'est pas recevable à exercer un recours contre la décision du juge-commissaire autorisant ou ordonnant la vente au profit de l'auteur d'une offre concurrente » [4] ou rejetant son offre et ordonnant la vente aux enchères de l'actif du débiteur [5], et cela même si l'ordonnance lui est notifiée, car cela ne lui confère pas la qualité de partie [6]. Le fait qu'un seul candidat ait présenté une offre qui a été rejetée ne change pas la solution : ce candidat, qui n'émet pas de prétention au sens des articles 4 et 31 du code de procédure civile, ne peut exercer de recours à l'encontre de cette ordonnance [7]. Pas davantage, faute d'émettre une prétention, il ne peut invoquer les dispositions de l'article 6 § 1 de la Convention EDH [8].

Toutefois, le candidat repreneur évincé a un intérêt légitime à invoquer l'éventuelle méconnaissance par une cour d'appel des dispositions relatives à l'exercice des voies de recours, ce qui rend recevable son pourvoi [9].

La fermeture du recours contre l'ordonnance conduit évidemment à rendre irrecevable l'appel, fût-ce en nullité [10]. Indiquons que les bons auteurs processualistes du droit des entreprises en difficulté critiquent la solution [11]. Dès lors que l'ordonnance attaquée expose de manière détaillée les motifs pour lesquels le recours est manifestement irrecevable, l'exercice d'un recours constitue un abus du droit d'ester en justice [12].

Le tribunal, qui déclare recevable le recours émanant du candidat repreneur pourtant fermé, commet un excès de pouvoir, qui rend recevable le recours nullité formé contre cette décision, émanant du candidat initialement retenu par le juge-commissaire [13].

Les créanciers peuvent également exercer un recours contre l'ordonnance. Pour qu'il en soit ainsi, il faut que leurs droits soient affectés par cette dernière. Leur intérêt à agir n'existera cependant que s'ils sont créanciers privilégiés. Ainsi a été reconnu cet intérêt au profit de l'AGS, subrogée dans le super privilège des salaires, prise en cette qualité, non en celle de contrôleur [14]. S'ils sont créanciers chirographaires, l'atteinte à leurs droits se confond avec l'atteinte à l'intérêt collectif des créanciers, que seul peut défendre le liquidateur judiciaire [15].

> L'ordonnance du 18 décembre 2008 modifie la solution. L'article 118 de l'ordonnance du 18 décembre 2008 insère, dans le Code de commerce, un nouvel article L. 642-19, I, selon lequel « les conditions et formes du recours contre les décisions du juge-commissaire prises en application des articles

1. Com. 24 mai 2005, n° 04-11.943, NP, *Gaz. proc. coll.* 2005/3, p. 32, obs. Sénéchal.
2. Com. 28 sept. 2004, n° 01-15.977, NP, *D.* 2005. pan. 295, obs. Le Corre.
3. Com. 16 juin 2004, n° 02-10.324. NP, *Act. proc. coll.* 2004/2, n° 27 – Com. 30 juin 2004, n° 02-19.127, NP, *Rev. proc. coll.* 2005/2, p. 133, n° 19, obs. Gorrias.
4. Com. 28 avr. 2009, n° 07-18.715, *Bull. civ.* IV, n° 57; n° 402 FS-P+B; *D.* 2009. AJ 1276, note Lienhard; *Gaz. proc. coll.* 2009/3, p. 18, note Fricero; *Act. proc. coll.* 2009/10, n° 160, note Vallansan; *JCP E* 2009, Chron. 1814, n° 5, note Pétel; *Defrénois* 2009. 39078, p. 475, n° 3, note Gibirila; *LXB hebdo* n° 351, 21 mai 2009, note Le Corre – Com. 30 mars 2010, n° 09-12.234, NP; n° 398 F-D – Com. 31 mai 2011, n° 10-17.774, *Bull. civ.* IV, n° 88; n° 530 F-P+B; *D.* 2011. actu 1613, note Lienhard; *Gaz. Pal.* 7 oct. 2011, n° 280, p. 28, note Théron; *Act. proc. coll.* 2011/12, comm. 190, note Vallansan – Com. 3 juill. 2012, n° 11-15.207, NP; n° 756 F-D – Com. 11 févr. 2014, n° 12-28.341, NP; n° 180 F-D – Com. 2 déc. 2014, n° 12-29.916, NP; n° 1075 F-D.
5. Com. 14 déc. 2010, n° 10-17.235, *Bull. civ.* IV, n° 202; n° 1281 F-P+B; *D.* 2011. actu 69, note Lienhard; *Act. proc. coll.* 2011/2, comm. 29, note Rolland; *JCP E* 2011, Chron. 1263, n° 2, obs. Pétel; *Leden* 2011/2, p. 3, obs. Staes; *Rev. proc. coll.* 2011, comm. 27, p. 35, note Cagnoli; *LPA* 29 avr. 2011, n° 85, p. 11, note Nabet – Bordeaux, 2e ch., 12 mai 2014, RG n° 13/04205, *JurisData* 009876, *Rev. proc. coll.* 2015, chron. 1, n° 11, note Melin-Soucramanien.
6. Com. 31 mai 2011, n° 10-17.774, *Bull. civ.* IV, n° 88; n° 530 F-P+B; *D.* 2011. actu 1613, note Lienhard; *Gaz. Pal.* 7 oct. 2011, n° 280, p. 28, note Théron; *Act. proc. coll.* 2011/12, comm. 190, note Vallansan.
7. Com. 23 sept. 2014, n° 13-20.523, NP; n° 779 F-D.
8. Com. 2 déc. 2014, n° 12-29.916, NP; n° 1075 F-D.
9. Com. 2 déc. 2014, n° 12-29.916, préc.
10. Com. 14 déc. 2010, n° 10-17.235, *Bull. civ.* IV, n° 202; n° 1281 F-P+B; préc. – Com. 31 mai 2011, n° 10-17.774, *Bull. civ.* IV, n° 88; n° 530 F-P+B; *D.* 2011. actu 1613, note Lienhard; *Gaz. Pal.* 7 oct. 2011, n° 280, p. 28, note Théron; *Act. proc. coll.* 2011/12, comm. 190, note Vallansan – Paris, 8 déc. 2009, RG n° 09/14785 – Versailles, 13e ch., 4 juill. 2013, RG n° 12/08961.
11. Staes, *Procédures collectives et droit judiciaire privé*, Toulouse 1995, n° 267 – Cagnoli, *Essai d'analyse processuelle du droit des entreprises en difficulté*, Lgdj, 2002, t. 368, n° 177.
12. Com. 11 févr. 2014, n° 12-28.341, NP; n° 180 F-D.
13. Com. 28 juin 2011, n° 10-18.624, NP; n° 665 F-D.
14. Reims, ch. civ., 1re sect., 9 nov. 2009, RG n° 08/01024.
15. Com. 16 oct. 2007, n° 06-12.806, NP; n° 1090 F-D; *Gaz. proc. coll.* 2008/1, p. 47, note Rohart-Messager.

L. 642-18 et L. 642-19 sont fixés par décret en Conseil d'État ». Il fallait donc s'attendre à une modification par rapport au droit commun des recours contre les ordonnances du juge-commissaire. Elle est effectivement opérée par les articles 99 et 100 du décret du 12 février 2009[1]. Ces textes insèrent, à cette fin, les articles R. 642-37-1 et R. 642-37-3 dans le code de commerce.

Le décret du 12 février 2009 a préféré remplacer le recours devant le tribunal par un recours direct devant la cour d'appel, à l'encontre de l'ordonnance du juge-commissaire statuant en matière de réalisation d'actifs du débiteur, comme cela était le cas, par exemple, en matière de contestation des décisions statuant sur l'admission des créances. Le changement est important et les praticiens devront y prêter la plus grande attention. La solution est inapplicable aux procédures ouvertes avant le 15 février 2009, qui ne sont donc pas soumises à l'ordonnance du 18 décembre 2008; l'appel direct sur l'ordonnance est irrecevable, fût-ce un appel nullité[2].

Le délai de recours devant la cour d'appel est celui énoncé au nouvel article R. 661-3 du code de commerce, tel qu'il résulte de la rédaction que lui a donnée le décret du 12 février 2009 (art. 115). Le texte dispose que « Sauf dispositions contraires, le délai d'appel des parties est de dix jours à compter de la notification qui leur est faite des décisions rendues en matière de mandat *ad hoc*, de conciliation, de sauvegarde, de redressement et de liquidation judiciaires, de responsabilité pour insuffisance d'actif, de faillite personnelle et d'interdiction prévue à l'article L. 653-8... ». Ce texte s'applique même si le recours ne peut véritablement être qualifié d'appel.

Avant comme depuis la loi de sauvegarde des entreprises, le liquidateur ne peut former un recours à l'encontre de l'ordonnance qu'il a lui-même sollicitée, et qui est conforme à sa requête, puisqu'il n'a pas succombé, même en se fondant sur sa mission de défense de l'intérêt collectif des créanciers, en soutenant que les candidats acquéreurs n'avaient pas été placés sur un pied d'égalité[3].

Le débiteur a qualité pour interjeter appel, au titre d'un droit propre (v. aussi s^s^ n° 552.37). En présence d'une société, son représentant légal a cette même qualité, alors surtout qu'en première instance, le dirigeant s'était déjà opposé à la vente d'un immeuble appartenant à la société à une personne autre que celle ayant bénéficié d'une promesse de vente directement signée entre la société débitrice et ce tiers après le placement de la première en liquidation judiciaire[4].

Une difficulté se présente pour les personnes dont les droits risquent d'être affectés par l'ordonnance, mais qui ne peuvent être considérées comme des parties, par exemple les créanciers inscrits sur les biens à vendre. La jurisprudence semblait leur dénier qualité à interjeter appel. La solution a, par exemple, été posée pour le bailleur entendant recourir contre l'ordonnance autorisant la cession du fonds de commerce en ce compris la cession du bail[5] (V. aussi s^s^ n° 332.32). Dès lors, sauf à violer le droit au procès équitable, il fallait, nous semble-t-il, leur ouvrir la tierce-opposition à l'encontre de l'ordonnance du juge-commissaire[6].

Ayant eu à statuer sur le recours formé par un bailleur d'immeuble contre une ordonnance du juge-commissaire ayant ordonné la vente aux enchères de meubles, sur lesquels ce bailleur entendait faire valoir ses droits, et qui avait cru devoir saisir le juge de l'exécution, la Cour de cassation énonce que le recours contre l'ordonnance du juge-commissaire ne pouvait être porté que devant la cour d'appel[7]. Ainsi, les personnes dont les droits sont affectés par l'ordonnance la contesteront par la voie du recours devant la cour d'appel. La solution a ensuite été explicitement posée, dans un arrêt de principe, pour un créancier inscrit sur un immeuble dont la vente a été autorisée par le juge-commissaire[8]. Au plan théorique, ce recours exercé par des personnes dont les droits sont affectés par l'ordonnance, ne peut, *stricto sensu*, être qualifié d'appel, faute pour ces personnes de pouvoir recevoir la qualification de parties, et faute pour elles d'avoir été qualifiées de parties nécessaires à l'ordonnance[9]. Mais cela reste sans conséquence sur le régime du recours. On pourra donc conserver le vocable d'appel pour qualifier ce recours, de quelque personne qu'il émane.

Il s'agit fondamentalement de respecter les articles 454 du code de procédure civile, prévoyant que la décision en matière gracieuse pourra être notifiée à des tiers dont les droits risquent d'être affectés par l'ordonnance, et l'article 546, alinéa 2 du même code précisant que les tiers auxquels une notification est faite peuvent faire appel. Il ne s'agira toutefois pas ici d'un appel dans le délai de

1. D. n° 2009-160, 12 févr. 2009, *JO* 13 févr., p. 2596.
2. Com. 17 mai 2011, n° 10-13.821, NP; n° 476 F-D.
3. Paris, pôle 5, 8e ch., 29 mars 2011, RG n° 10/19660, *Act. proc. coll.* 2011/14, comm. 224.
4. Com. 17 févr. 2015, n° 13-26.000, NP; n° 197 F-D.
5. Paris, pôle 5, 8e ch., 25 janv. 2011, RG n° 10/19029, *Juris-Data* 000894.
6. Versailles, 13e ch., 4 juill. 2013, RG n° 12/08961.
7. Com. 11 févr. 2014, n° 12-26.208, *Bull. civ.* IV, n° 35; n° 190 F-P+B; *Leden* avr. 2014, comm. 62, note Staes; *Act. proc. coll.* 2014/7, comm. 131, note Hoonakker.
8. Com. 18 mai 2016, n° 14-19.622, *Bull. civ.* IV [à paraître]; n° 464 FS-P+B; *JCP E* 2016, 1361, note Brignon; *Act. proc. coll.* 2016/11, comm. 155, note Cagnoli.
9. Cagnoli, note s^s^ Com. 18 mai 2016, n° 14-19.622, préc., *Act. proc. coll.* 2016/11, comm. 155.

l'article 54[illegible], alinéa 2, c'est-à-dire 15 jours, mais dans le délai d'appel du droit des entreprises en difficulté, c'est-à-dire 10 jours.

En raison de l'abrogation de l'article L. 661-5 du code de commerce par l'ordonnance du 18 décembre 2008, le pourvoi en cassation contre l'arrêt statuant sur le recours formé contre l'ordonnance du juge-commissaire n'est plus réservé au ministère public, ni subordonné à la justification d'un excès de pouvoir[1]. Mais, pour qu'un créancier inscrit sur un fonds de commerce, autorisé à interjeter appel de la décision autorisant la cession de gré à gré d'un fonds de commerce, puisse former un pourvoi, encore faut-il qu'au cours de l'instance d'appel, il ait émis une prétention propre et qu'il ne se soit pas contenté de soutenir les prétentions du liquidateur, l'intervenant à titre accessoire ne pouvant, en effet, former un pourvoi en cassation en l'absence de pourvoi formé par le liquidateur[2].

Pas plus qu'avant l'ordonnance du 18 décembre 2008, le candidat acquéreur évincé ne dispose d'une voie de recours.

561.23 Voies de recours sur le jugement statuant sur le recours formé contre l'ordonnance du juge-commissaire avant l'ordonnance du 18 décembre 2008[3].

> Sous l'empire de la législation antérieure à la loi de sauvegarde des entreprises[4], le jugement statuant sur le recours formé contre l'ordonnance du juge-commissaire, qualifié en pratique de jugement statuant sur opposition, n'est pas susceptible d'appel (C. com., art. L. 623-4, 2°), sauf de la part du ministère public (C. com., art. L. 623-5). L'appel du débiteur et/ou de son conjoint est donc irrecevable[5]. La clarté de la disposition peut conduire à considérer comme abusive la voie de recours effectuée au mépris de son irrecevabilité flagrante[6].

Cette fermeture de l'appel ne peut être considérée comme portant atteinte au droit d'accès au juge prévu par l'article 6 § 1 de la Convention EDH[7], dans la mesure où le plaideur dispose d'un recours constitué par l'opposition devant le tribunal.

1. Com. 8 juill. 2014, n° 13-19.395, *Bull. civ.* IV, n° 115; n° 640 F-P+B; *Act. proc. coll.* 2014/14, comm. 254, note Cagnoli; *BJE* 2014, 296, note Théron.
2. Com. 18 mai 2016, n° 14-24.929, NP; n° 453 F-D.
3. Ord. n° 2008-1345, 18 déc. 2008, préc.
4. L. n° 2005-845, 26 juill. 2005, préc.
5. Civ. 1re, 20 févr. 2007, n° 06-13.134, *Bull. civ.* I, n° 61; n° 238 F-P+B – Com. 27 févr. 2007, n° 05-13.415, NP; n° 361 F-D – Com. 28 oct. 2008, n° 07-16.958, NP; n° 1064 F-D – Com. 8 nov. 2011, n° 10-24.302, NP; n° 1117 F-D – Com. 15 déc. 2015, n° 14-17.833, NP; n° 1072 F-D – Paris, 2e ch. B, 21 oct. 2004, RG n° 04/10344.
6. Paris, 3e ch. C, 13 juin 2003, RG n° 2002/21412.
7. Com. 6 oct. 2009, n° 08-18.063, NP; n° 874 F-D.

Le jugement statuant sur le recours contre l'ordonnance du juge-commissaire n'est pas susceptible d'opposition ou de tierce opposition.

Cette restriction des voies de recours doit cependant être exactement circonscrite aux dispositions du jugement statuant sur l'ordonnance du juge-commissaire proprement dite (v. ss n° 333.11). *Ainsi, n'est pas irrecevable l'appel sur le jugement* statuant sur opposition à l'ordonnance du juge-commissaire, qui tout en statuant sur la cession de gré à gré d'un fonds de commerce, se prononce sur la possibilité d'exercice par le bailleur de son droit de préemption[8]. De même, l'appel formé contre le jugement du tribunal, statuant sur recours contre l'ordonnance, est recevable dès lors que le jugement ne s'est pas contenté de statuer sur l'opposition à l'ordonnance du juge-commissaire rendue en matière de réalisation d'actifs immobiliers, mais s'est encore prononcé sur l'intervention forcée du bénéficiaire d'un pacte de préférence et d'une contestation relative à la validité du congé délivré par le liquidateur à un locataire, deux demandes qui n'avaient pas été soumises au juge-commissaire[9].

En outre, le tribunal, qui déclare recevable le recours émanant du candidat repreneur pourtant fermé, commet un excès de pouvoir, qui rend recevable le recours nullité formé contre cette décision, émanant du candidat initialement retenu par le juge-commissaire[10].

La loi de sauvegarde des entreprises du 26 juillet 2005 a écarté le principe posé par la législation antérieure, selon lequel les jugements statuant sur recours à l'encontre des ordonnances du juge-commissaire dans la limite de ses attributions n'étaient susceptibles ni d'appel ni de pourvoi en cassation. Désormais, le principe est inverse : les jugements par lesquels le tribunal statue sur le recours formé à l'encontre d'une ordonnance du juge-commissaire, fût-elle rendue dans la limite des attributions de celui-ci, sont susceptibles d'appel et de pourvoi.

Subsiste cependant une exception qui nous intéresse ici. En effet, par exception au principe de recevabilité de l'appel et du pourvoi en cassation sur le jugement rendu sur recours formé à l'encontre d'une ordonnance du juge-commissaire, ne sont pas susceptibles d'appel, ni de pourvoi en cassation, les jugements statuant sur le recours formé à l'encontre d'une ordonnance du juge-commissaire en matière de réalisation d'actifs du débiteur en liquidation judiciaire. La solution issue de la législation anté-

8. Com. 6 oct. 2009, n° 08-10.681, NP; n° 866 F-D.
9. Com. 22 mars 2011, n° 10-10.205, NP; n° 292 F-D; *Gaz. Pal.* 9 juill. 2011, n° 189, p. 22, note Kendérian.
10. Com. 28 juin 2011, n° 10-18.624, NP; n° 665 F-D.

rieure à la loi de sauvegarde des entreprises a donc été conservée par la loi de sauvegarde des entreprises (C. com., art. L. 661-5 – v. s[s] n° 333.32). Le code réserve cependant la recevabilité de l'appel du ministère public (C. com., art. L. 661-5).

Indiquons immédiatement que le décret du 12 février 2009[1] [procédures ouvertes à compter du 15 février 2009] fait disparaître le problème, puisque le recours désormais ouvert sur l'ordonnance du juge-commissaire statuant en matière de réalisations d'actifs du débiteur en liquidation judiciaire est l'appel (v. s[s] n° 561.22).

Avant l'ordonnance du 18 décembre 2008, il importe de préciser que l'appel nullité reste ouvert en cas d'**excès de pouvoir**, que l'on soit sous l'empire de la loi du 25 janvier 1985 [procédures ouvertes entre le 1er janvier 1986 et le 31 décembre 2005] ou sous l'empire de la loi du 26 juillet 2005, dans sa rédaction d'origine [procédures ouvertes entre le 1er janvier 2006 et le 14 février 2009], lorsque la voie de recours réformation est fermée (v. aussi s[s] n° 333.22).

Parfois, l'excès de pouvoir sera commis par le tribunal directement, sans excès de pouvoir du juge-commissaire. Il en est ainsi lorsque le tribunal déclare recevable le recours émanant du candidat repreneur évincé à l'encontre de l'ordonnance du juge-commissaire ayant autorisé ou ordonné la vente d'un bien du débiteur en liquidation judiciaire, alors que cette personne n'émet pas de prétention au sens des articles 4 et 31 du code de procédure civile[2].

Le plus souvent, l'excès de pouvoir sera commis par le juge-commissaire, que refusera de censurer le tribunal statuant sur opposition. Ce dernier commet alors lui-même un excès de pouvoir rendant recevable l'appel nullité. La recevabilité de l'appel nullité conduit à l'irrecevabilité du pourvoi en cassation directement formé à l'encontre du jugement rejetant le recours du débiteur et de son conjoint à l'encontre de l'ordonnance du juge-commissaire autorisant la vente d'un bien commun[3]. Il en résulte l'irrecevabilité de la question prioritaire de constitutionnalité posée à propos de l'article L. 661-5 du code de commerce, fermant l'appel réformation à l'encontre du jugement du tribunal statuant sur recours contre l'ordonnance du juge-commissaire[4].

1. D. n° 2009-160, 12 févr. 2009, préc.
2. Com. 28 avr. 2009, n° 07-18.715, *Bull. civ.* IV, n° 57; n° 402 FS-P+B; *D.* 2009. AJ 1276, note Lienhard; *Gaz. proc. coll.* 2009/3, p. 18, note Fricero; *Act. proc. coll.* 2009/10, n° 160, note Vallansan; *JCP E* 2009, Chron. 1814, n° 5, note Pétel; *Defrénois* 2009. 39078, p. 475, n° 3, note Gibirila; *LXB hebdo* n° 351, 21 mai 2009, note Le Corre.
3. Civ. 1re, 12 déc. 2007, n° 06-20.962, *Bull. civ.* I, n° 384; n° 1437 F-P+B – Com. 26 juin 2012, n° 11-27.515 QPC, *Bull. civ.* IV, n° 138; n° 829 F-P+B.

L'excès de pouvoir doit être caractérisé au jour où le juge-commissaire statue. Il a ainsi été jugé que le fait qu'une délibération du conseil municipal, ayant autorisé une commune à se rendre acquéreur d'un immeuble vendu dans le cadre d'une liquidation judiciaire, ait été annulée postérieurement à l'ordonnance du juge-commissaire ayant autorisé la cession de gré à gré d'un immeuble, ne permet pas l'ouverture du recours nullité, faute de caractérisation de l'excès de pouvoir au jour où le juge-commissaire a statué[5].

Il y a ainsi excès de pouvoir lorsque :

– le juge-commissaire fixe, dans l'ordonnance autorisant la cession, la répartition du prix[6];

– le juge-commissaire impose la cession judiciaire d'un contrat dans le cadre de la cession de gré à gré d'un fonds de commerce[7];

– le juge-commissaire ordonne la vente de parts d'une société civile immobilière détenues par le débiteur, sans respecter le droit de préemption de ses coassociés[8];

– le juge-commissaire retient une offre d'acquisition d'un fonds de commerce en ne se prononçant pas sur une autre offre pourtant meilleure[9];

– le juge-commissaire retient l'offre d'acquisition d'un immeuble, émanant d'un moins disant, alors que, en dehors du plan de cession, la liquidation judiciaire a pour objectif premier le paiement des créanciers, non la sauvegarde des emplois[10];

– le juge-commissaire autorise la vente de biens objet d'un contrat de crédit-bail ayant fait l'objet d'une demande de restitution[11], ordonne la vente de biens grevés d'une clause de réserve de propriété, avant expiration du délai de revendication[12], ou de biens dont la propriété avait été revendiquée au titre d'une restitution de marchandises prévue à la suite de la résiliation d'un contrat de location-gérance[13];

– le juge-commissaire autorise la vente d'un immeuble commun à deux époux, alors que, par l'effet réel de la liquidation judiciaire précédem-

4. Com. 26 juin 2012, n° 11-27.515, DPC, *Bull. civ.* IV, n° 138; n° 829 F-P+B.
5. Com. 12 nov. 2008, n° 07-18.382, NP; n° 1142 F-D.
6. Com. 7 déc. 2004, n° 02-16.164, NP, *Rev. proc. coll.* 2005/2, p. 131, n° 14, obs. Gorrias.
7. Com. 26 juin 2001, n° 98-15.883, NP, *Act. proc. coll.* 2001/16, n° 214; *RD banc. et bourse* 2002/1, p. 23, n° 20, obs. Lucas.
8. Com. 23 janv. 1996, *JCP E* 1996. I. 554, n° 10, obs. Pétel.
9. Paris, 3e ch. A, 18 nov. 2003, RG n° 2002/20097.
10. Reims, ch. civ., 1re sect., 9 nov. 2009, RG n° 08/01024.
11. Com. 3 févr. 2009, n° 07-18.932, NP; n° 111 FS-D; *Act. proc. coll.* 2009/6, n° 102, note Petit; *LPA* 12 oct. 2009, n° 203, p. 11, note Sortais.
12. Com. 5 déc. 1995, *JCP E* 1996, pan. 111.
13. Com. 28 juin 2011, n° 10-15.865, NP; n° 680 F-D.

ment ouverte contre l'un des épou[x] ... immeuble était déjà inclus dans cette liquidatio[n] ...

– le juge-commissaire autorise l[a v]ente d'un immeuble grevé ayant fait l'objet d'u[ne dé]claration notariée d'insaisissabilité (v. s[s] n° 582);

– le juge-commissaire prescrit la [v]ente d'un immeuble appartenant en indivision a[u c]onjoint du débiteur[2]; ou à son ex conjoint comm[un] en biens, du fait de l'existence d'une indivision [p]ost-communautaire apparue avant l'ouverture de [la p]rocédure collective[3];

– le juge-commissaire autorise le li[qui]dateur à céder des biens du débiteur en liquidatio[n ju]diciaire dont la vente est prohibée par l'effet d'u[ne c]lause le liant à un tiers lui interdisant de vendre c[ertai]ns produits concurrençant ceux commercialisé[s pa]r celui-ci[4]; en revanche, si l'ordonnance du jug[e-co]mmissaire porte sur la cession de la marque, d[ont] il peut être fait usage dans la limite de l'engag[em]ent de non-concurrence, il n'y a aucun excès de [po]uvoir[5];

– le juge-commissaire se prononce en [ma]tière de réalisation de l'actif du débiteur en liquida[tio]n judiciaire, sans que le débiteur ait été ent[en]du ou dûment appelé[6]. La cour d'appel, qui ann[ul]e pour excès de pouvoir la décision du juge-comm[iss]aire et celle du tribunal l'ayant confirmée, a l'oblig[at]ion de statuer sur le fond, l'effet dévolutif jouant [p]uisque l'annulation ne résulte pas de l'absence ou [de] l'irrégularité de l'acte introductif d'instance. Si la cour d'appel ne statue pas sur le fond, il n'y a pas place à cassation de son arrêt, mais seulement lieu à application de la procédure de réparation de l'omission de statuer[7];

– le tribunal déclare irrecevable l'opposition à l'ordonnance, alors pourtant qu'elle est recevable[8].

Il a été jugé pour rejeter le recours nullité qu'il n'y avait pas excès de pouvoir de la part du juge-commissaire à :

– ordonner la vente de tous les actifs du débiteur, même si la vente de certains biens seulement de façon isolée aurait permis l'apurement du passif, dès lors que le juge-commissaire n'avait reçu qu'une seule offre globale;

– autoriser la vente d'un immeuble, après décision réputant, sur le fondement de la fraude, inopposable à la procédure collective la vente du bien, lequel était donc réputé resté dans le patrimoine du débiteur[9];

– autoriser la vente d'un immeuble, alors qu'il n'y avait plus de passif exigible, dès lors que la liquidation judiciaire n'était pas clôturée[10];

– autoriser le liquidateur à continuer une action en licitation-partage en présence d'un bien indivis lorsque l'indivision est apparue avant le jugement d'ouverture[11];

– impartir un délai pour la réalisation de la cession de gré à gré et à inviter le liquidateur à le saisir à nouveau en cas d'impossibilité de concrétiser l'opération[12].

La violation alléguée de l'article L. 622-17 du code de commerce, dans sa rédaction antérieure à la loi de sauvegarde des entreprises, ne constitue pas davantage un excès de pouvoir. Il faut donc comprendre que le fait pour le juge-commissaire d'ordonner la vente aux enchères d'un ensemble immobilier là où il y aurait une unité de production susceptible de cession, n'est pas constitutif d'un excès de pouvoir[13]. Il ne s'agit que d'une erreur d'appréciation.

De même, le grief tiré de l'existence d'une instance pénale en cours et de son incidence sur l'instance civile – ordonnance du juge-commissaire

1. Com. 16 mars 2010, n° 08-13.147, *Bull. civ.* IV, n° 55; n° 331 FS-P+B; *D.* 2010. AJ 825, note Lienhard; *D.* 2010. 1112, note Bélaval; *D.* 2010. pan. com. 1828, note Le Corre; *Gaz. Pal. entr. diff.* 2-3 juill. 2010, n°s 18, 184, p. 13, note Antonini-Cochin; *Act. proc. coll.* 2010/8, n° 122, note Vallansan; *Rev. proc. coll.* 2010/6, comm. 24, note Berthelot; *JCP E* 2010, Chron. 1742, n° 6, obs. M. Cabrillac; *Defrénois* 2010, Chron. 39138, p. 1484, note Gibirila; *Rev. proc. coll.* 2011, comm. 71, p. 69, note Dumont-Lefrand; *RTD com.* 2010. 794, n° 8, obs. Vallens.
2. Douai, 31 mai 1994, *Rev. proc. coll.* 1996/3, p. 326, obs. Soinne – Paris, 3e ch. A, 13 nov. 2007, RG n° 06/16518.
3. Com. 22 janv. 2013, n° 11-24.733, NP; n° 64 F-D.
4. Com. 1er sept. 2013, n° 12-23.736, NP; n° 817 F-D; *BJE* mars 2014, 90, note Boudour.
5. Com. 17 sept. 2013, n° 12-23.736, NP; n° 817 F-D; préc.
6. Com. 16 juin 2009, n° 08-13.565, *Bull. civ.* IV, n° 82; n° 599 FS-P+B+R; *D.* 2009. AJ 1756, note Lienhard; *D.* 2009. Jur. 2521, note Théron; *Gaz. proc. coll.* 2009/3, p. 19, n° 2, note Fricero; *Gaz. proc. coll.* 2009/4, 2e partie, p. 19, note Voinot; *JCP E* 2010, Chron. 1011, n° 3, obs. Pétel; *Act. proc. coll.* 2009/13, n° 209, note Vallansan et Cagnoli; *RTD civ.* 2009. 576, n° 2, obs. Perrot; *Procédures* 2009, comm. 280, note Rolland; *Rev. proc. coll.* 2010/2, comm. 8, p. 28, note Rolland; *Rev. proc. coll.* 2010/1, § 5, p. 25, note Gorrias et Manié; *LXB hebdo* 16 juill. 2009, n° 359, note Le Corre – Com. 8 mars 2011, n° 10-30.629, NP; n° 238 F-D – Com. 8 janv. 2013, n° 11-26.059, *Bull. civ.* IV, n° 2; n° 14 F-P+B; *D.* 2013. actu 173, note Lienhard; *Gaz. Pal.* 1er mai 2013, n° 121, p. 24, note Théron; *BJE* mai 2013, comm. 39, note Sortais; *Rev. proc. coll.* 2013, comm. 41, note Cagnoli; *Gaz. Pal.* 24 mai 2013, n° 144, note Théron; *LXB hebdo* n° 324, 24 janv. 2013, note Le Corre.
7. Com. 8 mars 2011, n° 10-30.629, NP; n° 238 F-D.
8. Versailles, 11 juin 2002, RG n° 02/00608, *LPA* 11 juill. 2003, n° 138, p. 17, note Sortais; *Gaz. Pal.* Somm. 18-19 juill. 2003, p. 17.
9. Com. 9 juill. 2013, n° 12-19.926, NP; n° 764 F-D.
10. Com. 3 nov. 2009, n° 07-14.993, *Bull. civ.* IV, n° 139; n° 1007 FS-P+B; *D.* 2009. AJ 2746, note Lienhard; *Gaz. Pal.* 8-10 janv. 2010, n°s 8, 9, p. 25, note Voinot; *LXB hebdo* 10 déc. 2009, n° 375, note Le Corre.
11. Com. 21 mars 2006, n° 04-17.953, NP; n° 384 F-D.
12. Com. 3 mai 2006, n° 04-17.793, NP; n° 530 F-D; *RTD com.* 2006. 671, n° 9, obs. Vallens.
13. Com. 26 sept. 2006, n° 05-14.465, NP; n° 1043 F-D; *Gaz. proc. coll.* 2007/1, p. 35, note Sénéchal.

ayant ordonné la vente aux enchères d'un ensemble immobilier – ne constitue pas un excès de pouvoir[1].

Formé contre une décision qui n'est pas entachée d'excès de pouvoir et qui n'a pas consacré un excès de pouvoir, le pourvoi nullité n'est pas davantage recevable[2].

L'appel nullité avait encore été jugé recevable en présence d'une ordonnance du juge-commissaire ayant autorisé la vente sur adjudication amiable d'un immeuble, sans comporter de motivation. Le tribunal, qui avait refusé d'annuler l'ordonnance pour défaut de motivation et qui l'avait au contraire confirmé, consacrait à son tour la violation d'un principe fondamental de procédure civile qui rendait recevable l'appel nullité[3]. La solution ne peut plus être reconduite, depuis que la chambre mixte de la Cour de cassation a limité le recours nullité à la seule hypothèse d'excès de pouvoir, l'écartant en présence de la violation d'un principe essentiel de procédure civile (v. s[s] n° 321.21).

Ainsi, depuis cet arrêt de la Chambre mixte de la Cour de cassation, a-t-il été jugé que la motivation insuffisante de l'ordonnance du juge-commissaire autorisant la vente d'un immeuble du débiteur à d'autres personnes que celles initialement désignées, faute pour les premières d'avoir régularisé la vente, ne constitue pas un excès de pouvoir[4]. Il en est de même de la motivation insuffisante de l'ordonnance du juge-commissaire autorisant la vente de l'immeuble à un indivisaire resté *in bonis*[5].

De même, le seul fait que le débiteur n'ait pas été en mesure de discuter les pièces relatives à l'offre d'acquisition de son immeuble analysées par le tribunal n'est pas constitutif d'un excès de pouvoir[6].

Identiquement, il avait d'abord été jugé que l'appel nullité était irrecevable, s'il était fondé sur le non-respect du contradictoire, le débiteur n'ayant pas été convoqué devant le juge-commissaire avant la décision ordonnant la vente aux enchères de son bien[7]. La Cour de cassation a cependant ensuite évolué sur la question, en décidant que le juge-commissaire, qui se prononce en matière de réalisation de l'actif du débiteur en liquidation judiciaire, sans que le débiteur ait éténdu ou dûment appelé, commet un excès devoir ouvrant le recours nullité[8].

Quelle qut la législation applicable, le recours du candidareneur évincé étant jugé irrecevable (v. s[s] n° 56), son appel nullité ne peut davantage prospéur le jugement rejetant son recours[9].

SECTION 530

RÈGLES SPALES AUX BIENS INDIVIS (V. AUSSI BIENS COMMUNS, S[S] N[OS] 741.41 S.)

561.31 **ésentation générale de la question des biens incs**[10]. Parmi les conflits classiques entre deux corle règles, figure celui du droit des procédures coltives et de l'indivision. Il est en effet fréquent qe débiteur soit propriétaire indivis.

Il en ainsi, par exemple, en cas d'acquisition d'un biepar des associés de fait.

Il en de même pour les biens acquis ensemble par des oux mariés sous un régime séparatiste ou sous legime de la participation aux acquêts.

En l'sence de régime matrimonial, l'immeuble acquis r un couple soumis au droit coutumier de Nouve-Calédonie est indivis[11].

La sution est la même lorsque l'acquisition est effectu par des époux mariés sous un régime communataire, s'ils divorcent ensuite. Leurs biens seronten effet, indivis entre la dissolution de la commnauté et le partage[12].

1. Com. 26 sept. 2006, n° 05-14.465, préc.
2. Com. 29 nov. 2005, n° 04-16.699, NP; n° 1492 F-D – Com. 11 juill. 2006, n° 04-20.727, NP; n° 893 F-D – Com. 26 sept. 2006, n° 05-14.465, NP; n° 1043 F-D – Com. 6 oct. 2009, n° 08-18.063, NP; n° 874 F-D – Com. 19 juin 2012, n° 11-20.066, *Bull. civ.* IV, n° 130; n° 713 F-P+B; *D.* 2012. Actu 1670, note Lienhard; *Gaz. Pal. entr. diff.* 13 oct. 2012, n° 286, p. 22, note Fricero – Com. 17 sept. 2013, n° 12-23.736, NP; n° 817 F-D; *BJE* mars 2014, 90, note Boudour.
3. Com. 18 janv. 2005, n° 02-14.007, NP.
4. Com. 8 nov. 2011, n° 10-24.302, NP; n° 1117 F-D.
5. Com. 29 avr. 2014, n° 12-29.666, NP; n° 405 F-D.
6. Com. 11 juill. 2006, n° 04-20.727, NP; n° 893 F-D.
7. Com. 28 oct. 2008, n° 07-16.958, NP; n° 1064 F-D.
8. Com. 16 juin 2009, n° 08-13.565, *Bull. civ.* IV, n° 82; n° 99 FS-P+B+R; *D.* 2009. AJ 1756, note Lienhard; *D.* 2009. Jur 2521, note Théron; *Gaz. proc. coll.* 2009/3, p. 19, n° 2, note Fricero; *Gaz. proc. coll.* 2009/4, 2e partie, p. 19, note Vanot; *JCP E* 2010, Chron. 1011, n° 3, obs. Pétel; *Act. proc. coll.* 2009/13, n° 209, note Vallansan et Cagnoli; *RTD civ.* 2009. 576, n° 2, obs. Perrot; *Procédures* 2009, comm. 280, note Rolland; *Rev. proc. coll.* 2010/2, comm. 8, p. 28, note Rolland; *Rev. proc. coll.* 2010/1, § 5, p. 25, note Gorrias et Manié; *LXB hebdo* 16 juill. 2009, n° 359, note Le Corre – Com. 8 mars 2011, n° 10-30.629, NP; n° 238 F-D.
9. Com. 3 déc. 2003, n° 00-20.298, *Bull. civ.* IV, n° 193; *D.* 2004. AJ 141; *Act. proc. coll.* 2004/2, n° 27; *RD banc. fin.* 2004, p. 106, n° 82, obs. Lucas; *RJ com.* 2004. 186, note Sortais – Com. 30 juin 2004, n° 02-19.127, NP – Com. 15 mars 2005, n° 03-14.223, NP – Com. 24 mai 2005, n° 04-11.943, NP, *Gaz. proc. coll.* 2005/3, p. 32, obs. Sénéchal – Paris, 8 déc. 2009, RG n° 09/14785.
10. Delrieu, « Les biens indivis distraits des procédures », colloque de l'AJDE, Toulouse 10 sept. 2010, *Rev. proc. coll.* 2011/1, dossier 11, p. 93.
11. Civ. 1re, 10 juin 2015, n° 14-14.599, *Bull. civ.* I [à paraître].
12. Com. 6 juill. 1999, n° 97-14.096, *Bull. civ.* IV, n° 152; *D. Affaires* 1999, 1217, obs. Lienhard; *Defrénois* 2000, n° 1, p. 42, obs. J. Sénéchal; *LPA* 6 janv. 2000, n° 4, p. 6, note P. M.; *RTD com.* 2001. 230, obs. Martin-Serf – Civ. 1re, 13 déc. 2005, n° 02-17.778, *Bull. civ.* I, n° 494; n° 1766 FS-P+B; *D.* 2006. AJ 302, obs. Lienhard; *RJPF* 2006/2, p. 23, obs. Vauvillé.

La solution est identique si les époux communs en biens demandent la séparation de corps. Entre la décision prononçant la séparation de corps des époux et la liquidation de celle-ci, les époux sont en indivision post communautaire[1]. Il en était encore ainsi, du moins dans le silence des partenaires sur ce point, dans la version originale du pacte civil de solidarité (Pacs – L. 15 nov. 1999)[2]. La loi du 23 juin 2006[3] a modifié en profondeur le Pacs, pour le rapprocher, a-t-on écrit, davantage du mariage, notamment en instituant « un ersatz de régime primaire » du PACS à l'instar du mariage[4]. À défaut de stipulation contraire, le régime légal des biens des partenaires du PACS est celui de la séparation des biens. Une possibilité d'option pour un régime d'indivision organisée est offerte aux partenaires (C. civ., art. 515-5, al. 1). L'article 515-5, alinéa 2 du code civil prévoit que chacun des partenaires peut prouver, par tous moyens, qu'il a la propriété exclusive d'un bien. À défaut de preuve d'une propriété exclusive, les biens sont réputés indivis. Selon l'article 515-5 alinéa 1 *in fine* nouveau, chacun des partenaires répond seul des dettes personnelles nées avant ou pendant le PACS, sous réserve des dettes de la vie courante pour lesquelles subsiste une solidarité, qui est toutefois écartée pour les dettes manifestement excessives.

Quel sort réserver aux biens indivis ? Peuvent-ils être appréhendés par le liquidateur et être vendus au profit des créanciers de la liquidation judiciaire ? Observons, à cet égard, que la Cour de cassation admet l'application des règles de l'indivision, en présence d'un démembrement de propriété entre un nu-propriétaire et un usufruitier, dès lors que l'usufruitier a également un droit en pleine propriété sur une partie des biens composant l'actif successoral. Cela autorise le liquidateur à provoquer le partage de l'indivision apparue avant l'ouverture de la procédure collective[5].

Indiquons d'abord que rien n'interdit à un indivisaire – on pense spécialement au conjoint – de renoncer à sa part dans les biens indivis jusqu'à apurement de la dette de l'indivisaire en redressement judiciaire ou en liquidation judiciaire. Il ne pourra évidemment ensuite s'opposer à la vente des biens indivis[6].

Le décret du 10 juin 1994 a inséré dans le décret du 27 décembre 1985[7] un article 20-1 obligeant le juge-commissaire à entendre ou du moins à convoquer le conjoint du débiteur, *avant toute décision* ordonnant ou autorisant la vente de biens indivis, lorsque, au cours de la procédure, la dissolution de la communauté devient opposable aux tiers. Il y a alors en effet une indivision post-communautaire entre les époux qui étaient communs en biens. L'article R. 624-12 alinéa 2 du code de commerce reprend la solution, en la limitant cependant, dans la procédure de sauvegarde, à l'hypothèse d'une décision autorisant la vente et non plus à celle d'une décision ordonnant la vente. Cette disposition de la sauvegarde est applicable en redressement judiciaire (C. com., art. R. 631-30, al. 2); elle est reproduite en liquidation judiciaire (C. com., art. R. 641-30, al. 2), mais, dans ces deux procédures, l'audition et la convocation s'imposent non seulement lorsque le juge-commissaire autorise la vente des biens indivis, ce qui vise l'hypothèse d'une vente de gré à gré, mais encore lorsqu'il l'ordonne, ce qui vise le cas de la vente aux enchères.

Pour le surplus, il faut ensuite remarquer le mutisme du code de commerce sur la question. Faute de règles particulières, le droit commun de l'indivision doit ici être respecté[8].

Précisons que la procédure collective atteignant un EIRL, en présence de biens indivis, qui peuvent faire l'objet de l'affectation, fera naître des difficultés[9].

561.32 Indivision apparue avant l'ouverture de la procédure collective. Dans une première situation, l'indivision est apparue avant la liquidation judiciaire du propriétaire indivis. Telle est la situation sur laquelle a eu à raisonner la Cour de cassation dans un arrêt de sa chambre commerciale du 18 février 2003[10].

1. Com. 3 oct. 2006, n° 05-16.463, *Bull. civ.* IV, n° 194; n° 1114 F-P+B; *D.* 2006. AJ 2602, obs. Lienhard; *Gaz. proc. coll.* 2007/1, p. 44, note Vauvillé; *Act. proc. coll.* 2006/18, n° 225, note Jacquemont.
2. L. n° 99-944, 15 nov. 1999, *JO* 16 nov., p. 16959 – SUR LA QUESTION : Rubellin, « Le pacs à l'épreuve des procédures collectives », in *Études offertes à Rubellin-Devichi*, Litec, 2002, p. 317 – *Adde*, Rép. min, n° 23816, *JO Sénat Q* 23 nov. 2000, p. 4019.
3. L. n° 2006-728, 24 juin 2006, *JO* 24 juin, p. 9513.
4. Sauvage, « Le régime des biens des partenaires d'un pacte civil de solidarité au lendemain de la loi du 23 juin 2006 », *RLDC* janv. 2007, p. 36, n° 4 – *Adde*, Fulchiron, *Defrénois* 2006/21, art. 38471, p. 1621, sp. p. 1631 s.
5. Civ. 1re, 12 janv. 2011, n° 09-17.298, *Bull. civ.* IV, n° 10; n° 38 F-P+B+I; *Rev. proc. coll.* 2011, comm. 73, p. 71, note Lisanti.
6. Paris, 3e ch. B, 14 janv. 2005, RG n° 2004/1440.
7. D. n° 85-1388, 27 déc. 1985, *JO* 29 déc., p. 15281.
8. SUR LA QUESTION : Navarre-Laroche, « Le sort de l'immeuble indivis hypothéqué dans la liquidation judiciaire (ou les droits du créancier hypothécaire du débiteur indivis *in bonis*) », *Gaz. Pal.* 19-20 avr. 2000, Doctr. 19.
9. Sénéchal, « L'affectation de biens communs ou indivis », *BJE* mars/avr. 2011, p. 62 – Henry, « EIRL : *quid* des biens communs et des biens indivis affectés ? », *Rev. proc. coll.* 2011, dossier 23, p. 93.
10. Com. 18 févr. 2003, n° 00-11.008, *Bull. civ.* IV, n° 21; *D.* 2003. Somm. 1620, obs. Le Corre; *Procédures* juin 2003, p. 20, n° 149, obs. Laporte; *JCP N* 2003, aff. 1597, p. 1701, note Vauvillé; *Rev. proc. coll.* 2003, p. 356, n° 4, obs. Dumont; *RJ com.* 2004. 31, note Sortais.

En ce cas, les règles de l'indivision ne se trouvent pas affectées par la survenance de la procédure collective d'un des indivisaires. Le droit commun de l'indivision doit s'appliquer. Le créancier de l'indivision peut saisir le bien indivis, le vendre et en conserver le prix, à concurrence de sa créance [1]. Il sera donc payé par prélèvement sur l'actif avant tout partage [2]. La solution justifie l'impossibilité pour le liquidateur d'appréhender les sommes provenant d'une procédure de distribution du prix de vente d'un immeuble, consécutive à une saisie immobilière, en cours au jugement d'ouverture [3].

Le droit pour le créancier de tous les indivisaires – créancier qualifié de manière peu juridique de « créancier de l'indivision » – de saisir le bien avant tout partage subsiste, même s'il n'a pas déclaré sa créance au passif de l'un des indivisaires. La solution posée sous l'empire de la loi du 25 janvier 1985 [4], à une époque où la créance non déclarée était éteinte [5], vaut identiquement, sous l'empire de la loi de sauvegarde des entreprises [6], alors que la créance non déclarée est seulement inopposable à la liquidation judiciaire.

Notons que l'ancien conjoint, poursuivi comme indivisaire d'un bien dépendant de l'indivision post communautaire, au titre d'un cautionnement donné par son ex époux, ne peut se prévaloir, sous l'empire de la loi du 25 janvier 1985, de l'absence de déclaration au passif de la créance principale [7], bien que ce droit ait appartenu à son ex conjoint caution.

Mais encore *faut-il que le créancier soit créancier de* tous les indivisaires [8]. Il en est ainsi de l'indivisaire dont la créance résulte de la conservation ou de la gestion du bien indivis, qui n'a pas à déclarer sa créance pour faire valoir ses droits [9].

Le simple créancier personnel d'un des indivisaires est dans une situation moins enviable, devant se contenter de provoquer le partage pour appréhender la quote-part de son débiteur dans l'indivision.

Alors même qu'il semble que le juge-commissaire ne puisse le priver de son droit de poursuite [10], le créancier de l'indivision devra être autorisé en ce sens par le juge-commissaire, l'ordonnance du juge-commissaire se substituant au commandement aux fins de saisie pour le coïndivisaire en liquidation judiciaire, cependant que les coïndivisaires *in bonis* se verront délivrer, quant à eux, le commandement aux fins de saisie [11]. Cette solution apparaît illogique et mériterait d'être repensée [12]. Indiquons que, après adoption du plan de continuation, l'autorisation du juge-commissaire ne s'impose plus pour le créancier de tous les indivisaires, puisque le débiteur avait retrouvé sur ses biens la libre disposition [13].

Le liquidateur judiciaire ne peut s'opposer aux prétentions du créancier de l'indivision, dès lors que l'ordonnance, qui autorise le créancier à liciter l'immeuble indivis, est devenue définitive, sous peine de contrariété de décisions [14].

La décision du juge-commissaire autorisant le liquidateur à céder les droits indivis des époux, dont

1. Com. 22 avr. 1997, n° 94-19.420, *Bull. civ.* IV, n° 99; *Defrénois* 1997. 36703, n° 165, obs. L. Aynès; *JCP E* 1997. I. 681, n° 15, obs. Pétel; *D.* 1998. Somm. 106, obs. Piedelièvre; *Dr. et patr.* sept. 1997, p. 13, obs. Monsérié; *Dr. et patr.* janv. 1998, p. 38, note Vauvillé – Com. 6 juill. 1999, n° 97-14.096, *Bull. civ.* IV, n° 152; *Defrenois* 2000, 42, note J. Sénéchal; *Rev. proc. coll.* civ. et com. 2001, 8, n° 1, obs. Macorig-Venier – Civ. 1re, 14 juin 2000, n° 98-10.577, *Bull. civ.* I, n° 182; *D. Affaires* 2000, 318, obs. Lienhard; *Rev. proc. coll.* 2001, 8, n° 1, obs. Macorig-Venier; *Defrénois* 2001. 368, note J. Sénéchal – Com. 19 déc. 2000, n° 97-17.728, *Bull. civ.* IV, n° 202; *Rev. proc. coll.* 2001, 8, n° 1, obs. Macorig-Venier; *Defrénois* 2001. 943, obs. Théry – Civ. 1re, 28 juin 2005, n° 02-20.452, *Bull. civ.* I, n° 283; FP+B; *RJPF* 2005/9, p. 30, obs. Vauvillé; *RD banc. fin.* 2005/6, p. 24, obs. Piedelièvre.
2. Civ. 1re, 4 juill. 2007, n° 06-13.770, *Bull. civ.* I, n° 254; F-P+B; *Defrénois* 2008. 38725, p. 399, note Chamoulaud-Trapiers.
3. Civ. 2e, 16 mai 2013, n° 12-16.216, *Bull. civ.* IV, n° 96; n° 750 F-P+B; *Gaz. Pal.* 12 juill. 2013, n° 193, p. 29, note Antonini-Cochin; *Leden* juill. 2013, comm. 119, note Rubellin.
4. L. n° 85-98, 25 janv. 1985, préc.
5. Civ. 1re, 13 déc. 2005, n° 02-17.778, *Bull. civ.* I, n° 494; n° 1766 FS-P+B; *D.* 2006. AJ 302, obs. Lienhard – Com. 7 févr. 2012, nos 11-12.787, 11-13.213, *Bull. civ.* IV, n° 31; n° 175 FS-P+B; *Gaz. Pal.* 28 avr. 2012, n° 118, p. 24, note Voinot; *BJE* mai 2012, comm. 62, p. 137, note Sénéchal; *Rev. proc. coll.* 2012, comm. 110, note Dumont-Lefrand – Civ. 2e, 22 févr. 2012, n° 11-13.145, NP; n° 294 F-D; *Rev. proc. coll.* 2012, comm. 110, note Dumont-Lefrand.
6. L. n° 2005-845, 26 juill. 2005, préc.
7. Com. 10 mai 2012, n° 10-20.974, *Bull. civ.* IV, n° 93; n° 520 FS-P+B; *D.* 2012. Actu 1326, note Lienhard; *Act. proc. coll.* 2012/11, comm. 157, note Leprovaux; *BJE* juill. 2012, comm. 130, note S. Cabrillac; *Rev. proc. coll.* 2013, comm. 100, note Dumont-Lefrand.
8. Com. 11 déc. 2001, n° 98-15.022, NP, *RJDA* 2002/4, n° 415, p. 353; *Act. proc. coll.* 2002/4, n° 52.
9. Com. 2 juin 2015, n° 12-29.405, *Bull. civ.* IV [à paraître]; *BJE* sept. 2015, 295, note Benilsi; *Act. proc. coll.* 2015/11, comm. 167, note Vallansan; *Gaz. Pal.* 2015, 3138, note Albigès et 3209, note Malherbe; *RTD civ.* 2015. 905, note Dross; *Defrénois* 2015, 1293, note Chamoulaud-Trapiers; *Defrénois* 2016, 281, note Vauvillé.
10. Sénéchal, « La vente des immeubles et la distribution de leur prix », intervention au colloque du Crajefe, Nice, 1998, *LPA* 28 oct. 1998, n° 129, p. 36 s., sp. p. 38.
11. Com. 22 avr. 1997, n° 94-19.420, *Bull. civ.* IV, n° 99; *Defrénois* 1997. 36703, n° 165, obs. L. Aynès; *JCP E* 1997. I. 681, n° 15, obs. Pétel; *D.* 1998. Somm. 106, obs. Piedelièvre; *Dr. et patr.* sept. 1997, p. 13, obs. Monsérié; *Dr. et patr.* janv. 1998, p. 38, note Vauvillé.
12. Sénéchal, note ss Com. 7 févr. 2012, nos 11-12.787, 11-13.213; n° 175 FS-P+B; *BJE* mai 2012, comm. 62, p. 137; *Rev. proc. coll.* 2012, comm. 110, note Dumont-Lefrand; *Rev. proc. coll.* 2012, comm. 78, note Fraimout.
13. Com. 7 févr. 2012, nos 11-12.787, 11-13.213, *Bull. civ.* IV, n° 31; n° 175 FS-P+B; préc.
14. Civ. 1re, 30 juin 2004, n° 01-12.538, NP.

l'un était sous procédure collective et l'indivision comportant un troisième indivisaire, ne peut faire obstacle, au motif de son autorité de chose jugée, à l'action introduite par un créancier ayant pour objet le partage de l'indivision existant entre les trois indivisaires, cette action n'ayant ni les mêmes parties, ni le même objet. Dès lors que la vente autorisée par le juge-commissaire n'était pas intervenue, il était inutile d'attraire en la cause la société, candidat acquéreur[1].

La caution qui paie le créancier de deux personnes en indivision, dont l'une est en liquidation judiciaire, peut saisir le bien sans provoquer le partage, dès lorsqu'elle est, dans son recours, créancière de tous les indivisaires[2].

À défaut d'action du créancier de l'indivision, le liquidateur, ne peut appréhender le bien indivis. Le juge-commissaire, qui autorise la vente du bien indivis, excède, en conséquence, ses pouvoirs[3].

Le liquidateur peut seulement, comme tout créancier personnel d'un indivisaire, par voie oblique, provoquer le partage, en vertu de l'article 815 du code civil[4]. Les dispositions de l'article 1360 du code de procédure civile, qui imposent notamment à l'indivisaire demandeur en partage de préciser les diligences entreprises en vue de parvenir à un partage amiable, sont inapplicables à l'action oblique en partage[5].

Observons que si la loi du 23 juin 2006[6] réformant les successions, entrée en vigueur le 1er janvier 2007 (art. 47, I), a modifié les articles 815 à 815-18 du code civil, les dispositions qui nous intéressent, à savoir l'article 815 et l'article 815-17, n'ont pas été modifiés en substance.

En outre, il faut tenir compte de la règle selon laquelle nul n'est contraint de rester dans l'indivision. Le liquidateur peut, sur le fondement de ce principe, agir en tant que représentant du débiteur dessaisi[7]. Il n'agit plus alors en tant que défenseur de l'intérêt collectif des créanciers. Cette prérogative subsiste même si, estime la Cour de cassation, le liquidateur ne fait plus état d'aucune créance dans le cadre de la procédure collective[8]. La solution ne peut être discutée sur le fond des règles de l'indivision, la règle posée par l'article 815 du code civil selon laquelle nul n'est contraint de demeurer dans l'indivision étant indépendante de la justification *d'une créance, fût-elle invoquée par voie oblique*. On peut toutefois se demander si le liquidateur y a bien un intérêt[9] et même si sa qualité de représentant du débiteur, du fait du dessaisissement de ce dernier, ne doit pas être limitée aux seuls intérêts qu'il sert, à savoir la défense de l'intérêt collectif des créanciers, ce qui rendrait alors discutable sa qualité à agir[10]. Le débiteur, du fait de son dessaisissement, n'a toutefois pas qualité à s'opposer, au prétexte de l'absence de passif résiduel, à l'action en partage initiée par le liquidateur[11].

La demande de licitation-partage pourra être rejetée si l'indivisaire *in bonis* prouve avoir seul payé l'acquisition des biens indivis et avoir seul subvenu à leur entretien. Toutefois, cette position de créancier de l'un des indivisaires par rapport à l'autre supposera, en présence de créances antérieures au jugement d'ouverture, telles celles résultant de la prise en charge du remboursement de prêts souscrits avant le jugement d'ouverture, que l'indivisaire *in bonis* ait déclaré au passif de l'indivisaire sous procédure collective la créance détenue sur lui au titre du remboursement de la part de cet indivisaire qu'il a personnellement prise à sa charge[12].

La demande de licitation-partage appartient, à notre sens, à la compétence exclusive du tribunal de grande instance. Ne peut être suivie la décision d'une cour d'appel qui reconnaît la compétence du tribunal qui a ouvert la procédure collective, au prétexte que la décision du liquidateur de provoquer le partage relève plus de la logique de la liquidation judiciaire que des liquidations et partages des intérêts patrimoniaux des époux[13]. Cette décision nous semble critiquable.

Les coïndivisaires *in bonis* seront assignés par le liquidateur judiciaire en licitation-partage, devant le

1. Civ. 1re, 20 mars 2013, no 11-26.241, *Bull. civ.* IV, no 44; no 310 FS-P+B+I; *Act. proc. coll.* 2013/7, comm. 92, note Cagnoli; *JCP E* 2013. 1288, note Pailler; *Rev. proc. coll.* 2013, comm. 115, note Reille.
2. Com. 4 avr. 2006, no 04-15.833, NP.
3. Com. 22 janv. 2013, no 11-24.733, NP; no 64 F-D – Paris, 3e ch. A, 13 nov. 2007, RG no 06/16518.
4. Com. 3 déc. 2003, no 01-01.390, *Bull. civ.* IV, no 189; *D.* 2004. AJ 141; *Act. proc. coll.* 2004/2, no 24; *RJPF* 2001/3, p. 18, obs. Vauvillé – Paris, 2e ch. B, 24 avr. 2003, RG no 2002/01078, *RJ com.* 2004. 34, note Sortais.
5. Civ. 1re, 13 janv. 2016, no 14-29.534, *Bull. civ.* I [à paraître]; *D.* 2016. actu 5 févr. 2016, note Prigent; *Act. proc. coll.* 2016/5, comm. 64, note Vallansan; *Rev. proc. coll.* 2016, comm. 88, note Reille.
6. L. no 2006-728, 23 juin 2006, *JO* 24 juin, p. 9513.
7. Com. 1er oct. 2013, no 12-20.567, NP; no 909 F-D; DPDE nov. 2013, p. 8, note Henry.
8. Civ. 1re, 29 juin 2011, no 10-25.098, *Bull. civ.* IV, no 132, no 862 F-P+B+I; *Gaz. Pal.* 7 oct. 2011, no 280, p. 37, note approb. Antonini-Cochin; *Gaz. Pal.* 2011, Jur. 2443, note Casey; *Act. proc. coll.* 2011/15, comm. 225, note S. Delrieu; *BJE* nov./déc. 2011, comm. 161, p. 346, note Rubellin; *JCP E* 2011, Chron. 1000, no 3, obs. Pétel; *Rev. proc. coll.* 2012, comm. 2, p. 31, note Cagnoli et mai 2012, comm. 115, note Dumont-Lefrand.
9. AUSSI : PÉROCHON, 10e éd., no 1156.
10. PÉROCHON, 10e éd., no 1156.
11. Com. 1er oct. 2013, no 12-20.567, NP; no 909 F-D; DPDE nov. 2013, p. 8, note Henry.
12. Com. 16 sept. 2008, no 07-12.820, NP; no 869 F-D; *Gaz. Proc. coll.* 2008/4, p. 48, no 2, note Henry.
13. Douai, 1re ch., 1re sect., 16 juill. 2015, RG no 15/01251.

tribunal de grande instance[1]. Pour cela, le liquidateur n'a pas à solliciter l'autorisation du juge-commissaire[2]. Il nous avait semblé, à la suite d'une décision des juges du fond, que le juge-commissaire commettait un excès de pouvoir rendant recevable l'appel nullité contre le jugement statuant sur opposition à l'encontre de l'ordonnance, en autorisant la licitation-partage[3], dans la mesure où cette action relève du droit commun. La Cour de cassation a clairement exprimé une solution contraire, le juge-commissaire pouvant autoriser le liquidateur à poursuivre ou à engager l'action en licitation-partage[4]. Quoi qu'il en soit, l'action en licitation-partage relèvera du droit commun[5] et non des dispositions des articles du code de commerce réglementant la vente des biens du débiteur[6].

De l'application du droit commun de l'indivision, il résulte que l'ex-époux peut solliciter l'attribution préférentielle du bien indivis[7]. Les juges saisis d'une demande d'attribution préférentielle par le conjoint ou l'ex-conjoint disposent d'un pouvoir souverain pour apprécier les intérêts en présence et il ne leur est pas interdit de tenir compte, pour rejeter la demande, du risque que cette attribution ferait courir à l'un des copartageants à raison de la situation précaire de l'attributaire[8]. La demande d'attribution en nature suppose toutefois que le paiement des dettes de l'époux sous procédure collective soit possible. Dans le cas contraire, la demande sera rejetée[9]. En outre, l'ex époux qui demande l'attribution du logement conjugal doit appeler en la cause le liquidateur. Faute de le faire, son droit à l'attribution préférentiel est inopposable à la liquidation judiciaire[10].

De l'application du droit commun de l'indivision, il faut encore tirer la conséquence que le liquidateur de l'un des indivisaires ne peut demander que lui soit versée une indemnité d'occupation pour occupation sans droit ni titre du bien indivis. L'article 815-10, alinéa 2 du code civil oblige au versement de ce « fruit » à l'ensemble des indivisaires, « à l'indivision », et non à l'un des indivisaires[11].

Si le liquidateur, par voie oblique, demande le partage, les coïndivisaires ont alors un choix.

Soit ils laissent s'opérer le partage. Le liquidateur, en ce cas, pourra appréhender la part indivise du débiteur en liquidation judiciaire dans le bien, en restituant aux autres coïndivisaires, l'excédent. La Cour de cassation a considéré comme un excès de pouvoir le fait pour un juge, qui se prononce en matière de réalisation de l'actif du débiteur en liquidation judiciaire, pour faire vendre la part indivise du débiteur sous procédure collective, de statuer sans que le débiteur ait été entendu ou dûment appelé[12]. Le liquidateur ne peut appréhender la totalité du prix de l'immeuble indivis[13] et le notaire qui lui remet intégralement les fonds provenant de la vente commet une faute[14]. Le codébiteur *in bonis*, qui a participé à la procédure d'ordre ne pourra cependant reprocher au créancier inscrit sur l'immeuble de ne pas s'être opposé aux prétentions du liquidateur[15], la faute étant commise par le liquidateur, non par le créancier.

Soit ils décident, selon ce que prévoit l'alinéa 3 de l'article 815-17 alinéa 3 du code civil, de stopper l'action en partage en réglant l'obligation au nom et en l'acquit du débiteur. Les coïndivisaires *in bonis* doivent donc proposer de régler le passif du coïndivisaire sous procédure collective, minoré des som-

1. Versailles, 13e ch., 24 mars 2005, RG n° 2004/6491.
2. Com. 3 oct. 2006, n° 05-16.463, *Bull. civ.* IV, n° 194, n° 1114 F-P+B; *D.* 2006. AJ p. 2602, obs. Lienhard; *Gaz. proc. coll.* 2007/1, p. 44, note Vauvillé; *Act. proc. coll.* 2006/18, n° 225, note Jacquemont – Com. 12 nov. 2008, n° 07-17.078, NP; n° 1160 F-D; *Rev. proc. coll.* 2009/2, p. 49, n° 58, note Lisanti – Versailles, 13e ch., 24 mars 2005, RG n° 2004/6491 – Lyon, 1re ch. civ., 8 déc. 2005, *JurisData* 292627.
3. Versailles, 13e ch., 24 mars 2005, RG n° 2004/6491.
4. Com. 21 mars 2006, n° 04-17.953, NP; n° 384 FD.
5. Versailles, 13e ch., 24 mars 2005, RG n° 2004/6491.
6. Com. 28 nov. 2000, *RJPF* 2001/3, p. 18, obs. Vauvillé – Com. 30 janv. 2007, n° 05-19.787, NP; n° 121 F-D; *Act. proc. coll.* 2007/8, n° 96, note Leprovaux – Paris, 2e ch. A, 29 mai 2001, *D.* 2001. AJ 2891 – Orléans, ch. com. éco. et fin., 18 oct. 2001, *JurisData* 166565 – Paris, 2e ch. A, 12 févr. 2002, *JurisData* 175539.
7. Com. 30 janv. 2007, n° 05-19.787, NP; n° 121 F-D; *Act. proc. coll.* 2007/8, n° 96, note Leprovaux.
8. Com. 3 oct. 2006, n° 05-16.463, préc.
9. Paris, 2e ch. A, 24 oct. 2007, n° 2006/14245.
10. Com. 7 avr. 2009, n° 08-16.510, NP; n° 542 F-D; *Gaz. proc. coll.* 2009/3, p. 17, note Reille; *Gaz. proc. coll.* 2009/3, p. 47, n° 2, note Antonini-Cochin; *Act. proc. coll.* 2009/9, n° 147, note Cagnoli; *Rev. proc. coll.* 2010/3, comm. 146, note Dumont-Lefrand.
11. Civ. 1[re], 4 juill. 2012, n° 10-21.967, *Bull. civ.* IV, n° 153, F-P+B+I; *Act. proc. coll.* 2012/16, comm. 231, note Antonini-Cochin; *Rev. proc. coll.* 2013, comm. 99, note Dumont-Lefrand.
12. Com. 16 juin 2009, n° 08-13.565, *Bull. civ.* IV, n° 82; n° 599 FS-P+B+R; *D.* 2009. AJ 1756, note Lienhard; *D.* 2009. Jur. 2521, note Théron; *Gaz. proc. coll.* 2009/3, p. 19, n° 2, note Fricero; *Gaz. proc. coll.* 2009/4, 2e partie, p. 19, note Voinot; *JCP E* 2010, Chron. 1011, n° 3, obs. Pétel; *Act. proc. coll.* 2009/13, n° 209, note Vallansan et Cagnoli; *RTD civ.* 2009. 576, n° 2, obs. Perrot; *Procédures* 2009, comm. 280, note Rolland; *Rev. proc. coll.* 2010/2, comm. 8, p. 28, note Rolland; *Rev. proc. coll.* 2010/1, § 5, p. 25, note Gorrias et Manié; *LXB hebdo* 16 juill. 2009, n° 359, note Le Corre.
13. Com. 7 avr. 2009, n° 07-16.061, NP; n° 341 F-D; *Gaz. proc. coll.* 2009/3, p. 17, note Reille; *Gaz. proc. coll.* 2009/3, p. 48, n° 3, note Antonini-Cochin; *Act. proc. coll.* 2009/9, n° 147, note Cagnoli; *Rev. proc. coll.* 2010/3, comm. 147, note Lisanti.
14. Com. 7 avr. 2009, n° 07-16.061, préc.
15. Com. 18 janv. 2005, n° 02-21.490, NP, *Gaz. proc. coll.* 2005/1, p. 45, n° 2, obs. Le Corre.

mes encaissées au titre de la réalisation d'actifs précédemment effectuée[1]. Pour stopper l'action en partage, les coïndivisaires doivent connaître exactement le montant de la dette qu'ils doivent payer à la place du débiteur[2]. Cette connaissance exacte postule que le passif ait été vérifié et même que le passif soit définitivement fixé[3]. Si tel n'est pas le cas, l'action en partage ne peut pas prospérer, faute pour les coïndivisaires de pouvoir s'y opposer[4]. Ainsi, le liquidateur, avant d'entamer une action en licitation-partage, devra impérativement avoir fait définitivement fixer le passif. En outre, pour permettre au coïndivisaire *in bonis* de savoir ce qu'il doit payer, il importe que le liquidateur puisse lui préciser le montant des recouvrements d'actifs encaissés et celui des réalisations d'actifs opérées[5]. Le liquidateur doit donc être en mesure de lui présenter un décompte actualisé au jour où l'indivisaire propose d'acquitter le passif du débiteur[6]. Une fois que le coïndivisaire a en sa possession ces éléments, il ne doit pas simplement se contenter de proposer de payer. Il faut encore qu'il démontre qu'il en a la possibilité[7].

Mais, même si le liquidateur procède à la vente du bien indivis après s'être fait autoriser par le juge-commissaire à partager le prix entre les coïndivisaires, un créancier de l'indivision peut demander à être colloqué sur la totalité du prix avant tous les créanciers de la procédure collective[8]. Subsiste donc, pour le créancier de tous les indivisaires, lorsque celle-ci est apparue avant l'ouverture de la procédure collective, le droit d'être payé avant tout partage, en application de l'article 815-17 alinéa 1 du code civil, solution parfois ignorée par les juridictions du fond[9].

1. Civ. 1re, 26 sept. 2007, n° 06-12.987, NP, *RJPF* 2008/2, p. 19, note Vauvillé.
2. Civ. 1re, 27 mai 2010, n° 09-11.460, *Bull. civ.* I, n° 123, n° 563 F-P+B+I; *Gaz. Pal. entr. diff.* 7-8 janv. 2011, p. 33, note Vauvillé; *Rev. proc. coll.* 2011, comm. 73, p. 71, note Lisanti.
3. Paris, 2e ch. B, 24 avr. 2003, RG n° 2002/01078.
4. Civ. 1re, 20 déc. 1993, n° 92-11.189, *Bull. civ.* I, n° 378; *D.* 1994. 358, note Derrida et Honorat; *Rev. proc. coll.* 1995, 81, n° 15, obs. Dureuil; *Dr. et patr.* avr. 1994, n° 512, p. 48, obs. Bénabent – Civ. 1re, 9 juill. 2003, n° 00-21.747, NP – Paris, 2e ch. A, 23 mars 2005, RG n° 2004/6945 – Chambéry, 1re ch., 21 juin 2005, *JurisData* 279594 – Paris, 2e ch. B, 1er déc. 2005, RG 2004/20242.
5. Civ. 1re, 27 mai 2010, n° 09-11.460, *Bull. civ.* I, n° 123, n° 563 F-P+B+I; *Gaz. Pal. entr. diff.* 7-8 janv. 2011, p. 33, note Vauvillé; *Rev. proc. coll.* 2011, comm. 73, p. 71, note Lisanti.
6. Civ. 1e, 26 sept. 2007, n° 06-12.987, préc.
7. Civ. 1re, 26 sept. 2007, n° 06-12.987, préc.
8. Com. 20 sept. 2005, n° 04-10.678, NP, *D.* 2006. Somm. 82, obs. Le Corre; *Gaz. proc. coll.* 2006/1, p. 43, n° 2, obs. Vauvillé – Com. 20 sept. 2005, n° 03-20.998, NP, *Gaz. proc. coll.* 2006/1, p. 43, n° 2, obs. Vauvillé; *LXB* n° N9939AIX, note Le Corre.
9. Paris, 2e ch. B, 13 oct. 2005, *JurisData* 291806.

561.33 Indivision apparue après l'ouverture de la procédure collective. Dans une seconde situation, l'indivision est apparue après l'ouverture de la procédure collective. Les données du problème changent alors radicalement. Lorsque l'indivision est apparue après l'ouverture de la procédure collective, le liquidateur conserve le droit de poursuivre la saisie et la vente de l'immeuble, puisqu'il représente alors les créanciers des indivisaires qui, selon l'article 815-17 alinéa 1 du code civil, « auraient pu agir sur les biens indivis avant qu'il y eût indivision »[10].

Il n'y a pas ici à envisager une licitation-partage, puisque le débiteur n'avait pas, au jour de l'ouverture de la procédure, la qualité de coïndivisaire. La solution a été posée dans le cas du débiteur commun en biens, décédé après l'ouverture de la procédure collective[11]. Tout se passe comme si l'indivision, à l'égard de la procédure collective, n'existait pas, comme si elle lui était inopposable. Il ne sera donc question que de vendre, en liquidation judiciaire, un immeuble du débiteur, même si ce dernier est décédé pendant sa procédure collective. Cela suppose le respect des règles classiques en la matière, et spécialement l'obtention de l'ordonnance d'habilitation du juge-commissaire, qui décidera du mode de réalisation du bien. La solution a été posée dans une espèce où la saisie immobilière avait été engagée entre deux époux. L'un d'eux était décédé et la procédure avait ensuite été poursuivie contre l'autre et ses enfants, héritiers indivis du défunt, qui préalablement au décès, avaient été placés en liquidation judiciaire. L'autorisation préalable du juge-commissaire s'imposait, puisqu'il était question de vendre un immeuble indivis[12], l'indivision étant apparue après l'ouverture de la procédure collective des propriétaires de l'immeuble.

Le liquidateur répartira le produit de la vente au profit des seuls créanciers du débiteur en liquidation judiciaire, puisque les coïndivisaires tiennent leur droit du débiteur en liquidation judiciaire.

Signalons une difficulté particulière en cas d'indivision apparue dans le cadre d'une clause de retour (v. ss n° 561.43).

10. Com. 18 févr. 2003, n° 00-13.100, *Bull. civ.* IV, n° 22; *D.* 2003. Somm. 1620, obs. Le Corre; *Procédures* juin 2003, p. 21, n° 150, note Laporte; *JCP N* 2003, aff. 1597, p. 1701, note Vauvillé; *Rev. proc. coll.* 2003, p. 356, n° 4, obs. Dumont; *RJ com.* 2004. 31, note Sortais.
11. Com. 19 févr. 2013, n° 11-23.033, NP; n° 187 F-D; *Gaz. Pal.* 1er mai 2013, n° 121, p. 41, note Antonini-Cochin; *Leden* avr. 2013, comm. 056, note Rubellin; *BJE* juill. 2013, p. 219, note Sortais; *Rev. proc. coll.* 2013, comm. 96, note Lisanti.
12. Civ. 2e, 9 nov. 2006, n° 05-12.205, NP; n° 1830 FS-D; *Gaz. proc. coll.* 2007/1, p. 36, note Sénéchal; *Gaz. Pal.* 10-11 oct. 2007, p. 13, note crit. Brenner; *RD banc. fin.* mai-juin 2007, p. 26, n° 119, note Piedelièvre.

SECTION 561.40
RÈGLES SPÉCIALES AUX BIENS GREVÉS D'UNE CLAUSE D'INALIÉNABILITÉ

561.41 Bien grevé d'une clause d'inaliénabilité. La question qui se pose ici est de savoir si le liquidateur peut réaliser un bien du débiteur frappé d'une clause d'inaliénabilité. Il peut s'agir d'actions de sociétés[1], pour lesquelles les actionnaires s'engagent à ne pas céder leurs titres pendant un temps déterminé.

La clause d'inaliénabilité est régie par l'article 900-1 du Code civil. Elle fait exception au principe de la libre disposition des différents biens ou actifs détenus par une personne physique ou morale. Elle interdit aux associés ou aux propriétaires d'un bien, de céder ceux-ci pendant une période déterminée. Elle entraîne, pour le temps où elle est stipulée, l'insaisissabilité du bien[2].

Pour être valable, le Code civil énonce que la clause d'inaliénabilité doit être temporaire et justifiée par un intérêt sérieux et légitime.

Il est d'abord certain que le liquidateur ne peut vendre le bien sans faire lever l'inaliénabilité.

Ensuite, le juge-commissaire excède ses pouvoirs à lever l'inaliénabilité grevant un bien, seul le tribunal de grande instance étant ici compétent[3]. Même si le contraire a été jugé, d'une manière surprenante[4], le juge-commissaire n'excède donc pas ses pouvoirs à ne pas autoriser le liquidateur à vendre un bien grevé d'une clause d'inaliénabilité. En effet, le juge-commissaire est incompétent pour connaître du sort d'un immeuble grevé d'une clause d'inaliénabilité, la compétence appartenant au tribunal de grande instance[5].

La première chambre civile de la Cour de cassation a d'abord estimé que le liquidateur pouvait en obtenir la mainlevée s'il démontrait la survenance d'un intérêt du donataire supérieur à l'intérêt du donateur. Tel était le cas en présence de la liquidation judiciaire du donataire, l'intérêt supérieur étant trouvé dans la nécessité de payer les créanciers[6]. Ensuite, la première chambre civile de la Cour de cassation a estimé que l'appréciation de l'intérêt supérieur du donataire appartient à ce dernier seul, en ce qu'il constitue un droit personnel non soumis au dessaisissement. Parce que c'est un droit attaché à la personne, l'action oblique est fermée au liquidateur, qui est donc sans qualité pour demander la mainlevée de l'inaliénabilité grevant le bien donné[7].

La solution inverse avait d'abord été posée par la chambre commerciale de la Cour de cassation[8], suivie en cela par les juridictions du fond[9], qui considéraient que l'intérêt du débiteur de payer ses créanciers était supérieur à celui du donateur. La chambre commerciale s'est ensuite alignée sur la position de la première chambre civile[10] et estime que l'action tendant à être autorisé à disposer du bien donné avec clause d'inaliénabilité, subordonnée à des considérations personnelles d'ordre moral ou familial, est exclusivement attachée à la personne du donataire et ne peut donc être exercée par le liquidateur[11]. Ce n'est donc que dans l'hypothèse toute théorique où le débiteur accepterait la levée de l'inaliénabilité que l'arbitrage entre intérêts du donateur et intérêt de la procédure collective existerait[12].

Toutefois, dans une dernière évolution « subtile en style camaïeu »[13] de la question, il a été estimé[14] que la 1re chambre civile de la Cour de cassation semble laisser entrebâillée une porte de sortie pour le liquidateur, qui pourrait ainsi obtenir la mainlevée de la clause d'inaliénabilité, s'il démontre que

1. SUR LA QUESTION : Ferry, « Portée des clauses d'inaliénabilité ayant pour objet des actions », *Dr. sociétés* 2010, comm. 12.
2. Civ. 2e, 30 juin 1993, no 91-14.775, *Bull. civ.* II, no 241; *D.* 1995. Somm. 50 obs. Grimaldi.
3. Paris, 3e ch. B, 2 juill. 2004, RG no 2003/12077, *Silly c/M. Souchon ès qual.*
4. Colmar, 1re ch. A, 1er juin 2010, RG no 09/00833, *Act. proc. coll.* 2010/15, no 221.
5. Com. 8 nov. 2011, no 10-21.508, *Bull. civ.* IV, no 184; *Act. proc. coll.* 2011/20, comm. 308, note Cagnoli; *BJE* mai 2012, comm. 101, p. 168, note Théron; CASSANT : Colmar, 1re ch. A, 1er juin 2010, RG no 09/00833, *Act. proc. coll.* 2010/15, no 221.
6. Civ. 1re, 11 janv. 2000, no 97-19.136, *Bull. civ.* I, no 3; *RTD civ.* 2000. 332, obs. Mestre; 381, no 4, obs. Patarin; *JCP* 2000. I. 215, p. 523, note Loiseau.
7. Civ. 1re, 29 mai 2001, no 99-15.776, *Bull. civ.* I, no 150; *JCP* 2001. I. 360, no 4, obs. M. Cabrillac; *RTD civ.* 2001. 644, obs. J. Patarin; 882, obs. Mestre et Fages; *RJDA* 2001/10, no 1006; *Rev. proc. coll.* 2002, p. 257, no 3, obs. Lebel; *Rev. proc. coll.* 2003, p. 361, no 11, obs. Rubellin – Civ. 1re, 3 avr. 2002, *RJDA* 2002/10, no 1064, p. 889; *RJ com.* 2003, no 1622, note Sortais; *RJPF* 2002/7-8, no 38, obs. J. Casey; *Rev. proc. coll.* 2003, p. 361, no 11, obs. Rubellin – Civ. 1re, 8 mars 2005, no 03-18.191, NP; *Gaz. proc. coll.* 2005/2, p. 18, obs. Voinot.
8. Com. 4 janv. 2000, *RJDA* 200/4, no 453.
9. Caen, 1re ch. civ., 4 mars 2003, *Act. proc. coll.* 2003/9, no 121; *JCP N* 2004, Affaires 1553, 1741, note Vauvillé.
10. Civ. 1re, 25 mai 2004, no 02-12.268, *Bull. civ.* I, no 149.
11. Com. 9 nov. 2004, no 02-18.617, *Bull. civ.* IV, no 191; *D.* 2004. AJ 3068, obs. Lienhard; *D.* 2005. pan. 295, obs. Le Corre; *Act. proc. coll.* 2004/20, no 244, note Régnaut-Moutier; *JCP E* 2005, Chron. 639, no 3, obs. M. Cabrillac; *Dr. et patr.* 2005/4, p. 113, no 3674, obs. Monsérié-Bon; *Rev. proc. coll.* 2005/1, p. 54, no 6, obs. Dumont; *Rev. proc. coll.* 2006/1, p. 57, no 18, obs. Lebel.
12. Régnaut-Moutier, note ss Com. 9 nov. 2004, *Act. proc. coll.* 2004/20, no 244.
13. Vallansan, obs. ss Civ. 1re, 4 juill. 2006, *Act. proc. coll.* 2006/15, no 183.
14. Vallansan, obs. ss Civ. 1re, 4 juill. 2006, *Act. proc. coll.* 2006/15, no 183 – M. Cabrillac, obs. ss Civ. 1re, 4 juill. 2006, *JCP E* 2007, Chron. 1004, p. 22, no 7.

celle-ci n'est pas exclusivement subordonnée des considérations d'ordre moral et familial[1].

Il apparaît donc, en la matière, qu'il existe une recherche d'équilibre entre la protection de vie privée du donataire et les droits des créanciers se faire rembourser sur les biens réalisés pendant la procédure collective.

561.42 **Bien grevé d'une clause de tontine.** La clause de tontine[2] peut être appréhendée comme la condition suspensive permettant l'acquisition d'un bien meuble ou immeuble par plusieurs personnes, et dont la propriété exclusive reviendra au dernier des survivants ayant acquis le bien. Celle-ci obéit à un régime particulier qui n'est pas comparable à l'indivision. Ainsi, une demande de partage ne peut-elle être demandée de manière unilatérale judiciairement, ce qui revient à considérer que ni l'un des tontiniers, ni une tierce personne, ne peut demander le partage[3].

La problématique est ici de savoir si le liquidateur peut réaliser un bien acquis au moyen d'une clause de tontine, la solution qui paraît se profiler est similaire à celle posée en matière de clause d'inaliénabilité. La Cour de cassation a pu rappeler que « le droit de gage des créanciers ne pouvant s'exercer que sur les biens dont le débiteur est propriétaire, une cour d'appel qui relève que la condition suspensive de survie n'étant pas réalisée à la date de délivrance du commandement aux fins de saisie immobilière, peut décider que le débiteur n'est pas titulaire d'un droit privatif de propriété sur les biens immobiliers, ou partie du bien objet dudit commandement »[4]. Cette solution justifie que l'action oblique ne puisse être exercée par un tiers, que ce soit le liquidateur ou un autre créancier.

Cependant, une interrogation subsiste quant à la possibilité pour *le tiers, de se situer sur le terrain de* la fraude paulienne. Ce fondement supposerait que le bien soit acquis en tontine avant l'ouverture de la procédure collective[5].

561.43 **Bien grevé d'une clause de retour.** Cette clause permet au donateur de retrouver la propriété du bien donné en cas de prédécès du donataire. La rétroactivité du retour du bien dans le patrimoine du donateur empêche, en pratique, la vente du bien en cas de liquidation judiciaire du donataire.

Une difficulté particulière se présente si la donation émane de plusieurs donateurs et s'il y a prédécès de l'un d'eux au donataire, mais que ce dernier décède lui-même avant le second donateur. Une indivision existe alors entre les héritiers du donateur et ceux du donataire. Elle fait obstacle, juge la Cour de cassation, à la vente du bien. Si le liquidateur a néanmoins vendu le bien et désintéressé les créanciers hypothécaires inscrits sur l'immeuble objet de la donation, ces derniers doivent restituer à la procédure les sommes indûment distribuées par le liquidateur[6].

1. Civ. 1re, 4 juill. 2006, no 04-12.825, *Bull. civ.* I, no 345; FS P+B; *JCP E* 2007, Chron. 1004, p. 22, no 7, obs. M. Cabrillac; *Act. proc. coll.* 2006/15, no 183, note Vallansan; *Rev. proc. coll.* 2006/4, p. 358, no 5, obs. Lebel – Civ. 1re, 4 juill. 2006, no 04-12.350, *Bull. civ.* I, no 344; FS P+B; *JCP E* 2007, Chron. 1004, p. 22, no 7, obs. M. Cabrillac; *Act. proc. coll.* 2006/15, no 183, note Vallansan; *Rev. proc. coll.* 2006/4, p. 358, no 5, obs. Lebel.
2. Grimaldi C., « Mystérieuse tontine », *Mél. Champenois*, Defrénois, 2012, p. 417.
3. Cass., ch. mixte, 27 nov. 1970, no 68-10.452, *Bull. ch. mixte*. no 3; *D.* 1971. jur., 81 concl. R. Lindon, *JCP G* 1971. II. 16823, note Blin; *RTD civ.* 1971. 400, obs. Sabatier, et 671, obs. Nerson, *Defrénois* 1971, 29786, note Morin, et 29809, obs. Aubert – Civ. 1re, 11 janv. 1983, no 81-16.307, *Bull. civ.* I, no 15 – Civ. 1re, 27 mai 1986, no 85-10.031, *Bull. civ.* I, no 140.
4. Civ. 1re, 18 nov. 1997, no 95-20.842, *Bull. civ.* I, no 315; *JCP G* 1998. II. 10051, note Du Rusquec – *Adde*, Mazeron, « Un bien acquis en tontine peut-il être saisi par le créancier de l'un des acquéreurs ? », *Defrénois* 1998, 36761; Dumortier, « Le tontinier face à la saisie ou comment se révèle l'indivision ? », *JCP* 1998. 1498 s.
5. Dumortier, J.-CL. NOTARIAL, *op. cit.* nos 79 s.
6. Civ. 1re, 10 juill. 2013, no 12-20.885, *Bull. civ.* IV, no 150, *Leden* oct. 2013, comm. 153, note Rubellin.

CHAPITRE

562. Réalisation des immeubles

SECTION 0
ORIENTEUR

562.00 **Plan du chapitre.**

Sect.	562.10	Règles communes à la réalisation des immeubles – Règles propres aux agriculteurs
Sect.	562.20	Vente sur saisie immobilière
Sect.	562.30	Vente sur adjudication amiable
Sect.	562.40	Cession de gré à gré des immeubles

562.01 **Textes applicables.** (V. les références complètes s[s] n° 011).

> Législation antérieure à la loi de sauvegarde des entreprises.

C. com., art. L. 622-16, L. 623-5

D. n° 85-1388, 27 déc. 1985, art. 124-1 à 138

> Législation issue de la loi de sauvegarde des entreprises.

C. com., art. L. 642-18, L. 642-20

C. com., art. R. 642-22 à R. 642-37 (anc[t] D. 28 déc. 2005, art. 268 à 283)

> Législation issue de l'ordonnance du 18 décembre 2008.

C. com., art. L. 642-18, L. 642-20

C. com., art. R. 642-22 à R. 642-37-2

> Législation issue de l'ordonnance du 12 mars 2014.

C. com., art. L. 632-1

> Législation issue de la loi n° 2015-990 du 6 août 2015 (loi Macron, art. 206).

C. com., art. L. 526-1, L. 526-2 et L. 526-3

562.02 **Jurisprudence de référence.**

> Le droit de préemption de la Safer est maintenu en cas de vente de gré à gré d'un immeuble en situation de liquidation judiciaire.

• **Com. 15 oct. 2002**, n° 99-17.765, *Bull. civ.* IV, n° 143

* V. s[s] n° 562.44

« Vu l'article L. 143-4, 7°, du code rural et l'article 154 alinéa 3 de la loi du 25 janvier 1985 devenu l'article L. 622-16 alinéa 3 du code de commerce;

Atendu qu'en vertu du premier de ces textes, ne peuvent pas fare l'objet d'un droit de préemption, les biens compris dans un pan de cession totale ou partielle d'une entreprise, arrêté conformément aux articles 81 et suivants de la loi n° 85-98 du 25 janvier 1985 relative au redressement et à la liquidition judiciaires, devenus les articles L. 621-83 et suivantsdu code de commerce; qu'il s'ensuit que la Safer peut exerer son droit de préemption sur les biens d'un débiteur en liquidation judiciaire dont le juge-commissaire autorise la vente de gré à gré. »

> Le débiteur n'a pas à être sommé d'avoir à prendre communication du cahier des charges (aujourd'hui cahier des conditions de la vente).

• **Cass., ch. mixte, 5 déc. 1997**, n° 94-17.189, *Bull. ch. mixte*, n° 2

* V. s[s] n° 562.25

> La vente de l'immeuble est parfaite dès l'ordonnance du juge-commissaire qui l'autorise.

• **Com. 4 oct. 2005**, n° 04-15.062, *Bull. civ.* IV, n° 191

* V. s[s] n° 562.42

« Si la vente de gré à gré d'un immeuble compris dans l'actif d'un débiteur en liquidation judiciaire n'est réalisée que par l'accomplissement d'actes postérieurs à la décision du juge-commissaire qui autorise sur le fondement de l'article L. 622-16 alinéa 3, du code de commerce, la cession de ce bien, celle-ci n'en est pas moins parfaite dès l'ordonnance, sous la condition suspensive que la décision acquière force de chose jugée. »

> En cas de vente de gré à gré d'un immeuble, il n'y a pas place à rescision pour lésion.

• **Com. 16 juin 2004**, n° 01-17.185, *Bull. civ.* IV, n° 125

* V. s[s] n° 562.43

> La déclaration notariée effectuée avant le jugement d'ouverture résiste à la procédure collective.

• **Com. 28 juin 2011**, n° 10-15.482, *Bull. civ.* IV, n° 109; n° 687 FS-P+B+R+I

* V. s[s] n° 562.13-2

« Le débiteur peut opposer la déclaration d'insaisissabilité qu'il a effectuée en application du deuxième de ces textes (C. com., art. L. 526-1), avant qu'il ne soit mis en liquidation judiciaire ». En conséquence, le juge-commissaire commet un excès de pouvoir à autoriser le liquidateur à procéder à la vente aux enchères de l'immeuble, objet de la déclaration notariée.

562.03 **Bibliograpie indicative.** (V. les rences complètes s[s] n° 031 – Auss s[s] n° 580.03).

Articles.

› *Étude d'ensemble.* Frénont J.-J., « Réalisation l'actif immobilier en liquidation judiciaire », *JCP N* 1987, tr. 1 – Hocquard J.-M. et Talon D., « La chandeleur du pédurier… À propos du décret du 12 février 2009 réformant procédure de réalisation des actifs immobiliers en matière d'entreprises en difficulté et de saisie immobilière », *Gaz. Pal.* 1er e avr. 2009, p. 9 – Jadaud B., « Le domaine des cessions d'act immobiliers du débiteur en redressement ou en liquidation judiciaires », *LPA* 18 juill. 2000, n° 142, p. 7 et *LPA* 19 juill. 2000, n° 43, p. 4.

› *Insaisissabilité de la résidence principale.* Autem ., « L'insaisissabilité de la résidence principale », *Defrénois* 2004. 37890, p. 327 – Bert D. et Kherbouche S., « *L'insaisissabilité* de droit de la résidence principale de l'entrepreneur individuel : une réforme insaisissable ? », *RTD com.* 2016. 241 – Borga N., « L'insaisissabilité légale de la résidence principale », *BJE* 2015, 429 – « L'insaisissabilité des actifs immobiliers », colloque Montpellier 29 mai 2015, *Act. dr. entr.* 2015, p. 23 – Casey J., « L'insaisissabilité du logement dans la loi du 1er août 2003 : aspects de droit des régimes matrimoniaux », *RJPF* 2003/12, p. 6 – Daublon G. et Gelot B., « La déclaration d'insaisissabilité – commentaires et formules », *Defrénois* 2004. 37966, p. 865 – Delmotte Ph., « Les vertiges de l'insaisissabilité : quelques problématiques nées des effets de la déclaration d'insaisissabilité en matière de procédures collectives », *JCP E* 2009. 1506 ; *Rev. proc. coll.* 2009, 6, p. 17 – Firley L., « La résidence principale de l'entrepreneur individuel et la loi Macron : insaisissabilité ou saisissabilité légale ? », *LPA* 9 juin 2015, n° 115, p. 7 – Gamaleu Ch., « L'insaisissabilité de plein droit de la résidence principale de l'entrepreneur individuel : opportunité ou risque ? », *Gaz. Pal.* 19 janv. 2016, n° 3, p. 17 – Hoonakker Ph., « La double publicité de la déclaration notariée d'insaisissabilité », *D.* 2013. 318 – Laugier M., « Initiative économique et déclaration notariée d'insaisissabilité », *JCP E* 2003, comm. 1507, p. 1706 – Lauvergnat L., « De l'abolition du droit des créanciers professionnels : la loi du 4 août 2008 – Réflexions sur l'extension du domaine de la déclaration d'insaisissabilité et la généralisation du recours à la fiducie », *Dr. et proc.* mars/avr. 2009, p. 68 – Le Corre P.-M., « Protection de l'entrepreneur individuel et déclaration d'insaisissabilité », *AJDI* 2004. 179 ; « Les questions soulevées par la déclaration notariée d'insaisissabilité en cas de liquidation judiciaire », *Gaz. Pal.* 28 avr. 2012, n° 118, p. 5 ; « Déclaration notariée d'insaisissabilité et liquidation judiciaire : questions-réponses », *Gaz. Pal. entr. diff.* 1er mai 2013, n° 121, Technique 48 – Legrand V., « Focus sur la déclaration d'insaisissabilité après les deux arrêts du 13 mars 2012 », *LPA* 3 mai 2012, n° 89, p. 5 ; « EIRL et déclaration d'insaisissabilité : quel bilan ? », *Rev. proc. coll.* 2013, études 31 – Leprovaux J. et Vallansan J., « Vivre en procédure collective. Le sort de la résidence de la famille, protégée par la déclaration notariée d'insaisissabilité », *Rev. proc. coll.* 2013, dossier 6 – Malecki C., « La loi pour l'initiative économique et l'insaisissabilité de la résidence principale de l'entrepreneur individuel », *D.* 2003. Chron. 2220 – Martin P., « Déclaration d'insaisissabilité et liquidation judiciaire », *Procédures* 2010, étude 1 – Monsérié-Bon M.-H., « L'insaisissabilité de la résidence principale : ordre et désordre dans le rôle de la publicité », *Mél. Saint-Alary*, éd. lég. – PU Toulouse, 2006, p. 387 – Pérochon F., « Le créancier et la renonciation à l'insaisissabilité de la résidence », *Mél. Saint-Alary*, éd. lég. – PU Toulouse, 2006, p. 409 ; « Efficacité de la déclaration d'insaisissabilité… : oui, mais après ? », *Rev. proc. coll.* 2013, dossier 25 – Piedelièvre S., « L'insaisissabilité de la résidence principale de l'entrepreneur individuel », *JCP G* 2003. I. 165 – Reille F., « Insaisissabilité et liquidation judiciaire – Les trois temps d'une décennie de relations délicates », *Cah. dr. entr.* n° 4, juill./août 2016, p. 57 – Reverdy P.-M., « Bilan et perspectives de la déclaration notariée d'insaisissabilité », *JCP E* 1208 – Roussel Galle Ph. et Leloup-Thomas V., « La protection du dirigeant : insaisissabilité, EIRL… », *Rev. proc. coll.* 2016, dossier 25 – Sauvage F., « L'insaisissabilité de la résidence principale de l'entrepreneur individuel à l'épreuve de son régime matrimonial », *JCP N* 2004. 1120, p. 434 – Vinceneux « Le sort du domicile familial », *Rev. proc. coll.* 2003, p. 208 – Williatte-Pellitteri L., « L'insaisissabilité de la résidence principale de l'entrepreneur individuel résultant de la loi du 1er août 2003 : la boîte de Pandore du monde des affaires ? », *LPA* 9 août 2004, n° 158, p. 3.

› *Date de transfert.* Brignon B., « Le point sur les réalisations d'actif ou la question de la date du transfert de propriété des actifs », *Rev. proc. coll.* 2012, études 22, p. 15.

› *Sûreté.* Delebecque Ph., « Sûretés réelles et procédures collectives », *Dr. et patr.* 2002, n° 106, p. 49 – Houin-Bressand C., « Les immeubles grevés », *Rev. proc. coll.* 2015, dossier 27.

› *Saisie immobilière.* Hoonakker Ph., « La saisie immobilière et les procédures collectives », in *Mesures d'exécution et procédures collectives*, « collection Procédures », Bruylant, 2012, p. 63 – Mastrullo Th., « Les rapports de la saisie immobilière et du droit des procédures collectives depuis l'ordonnance du 18 décembre 2008 et le décret du 12 février 2009 », *Rev. proc. coll.* 2010, 7, p. 20.

› *Vente de gré à gré.* Rakotovahiny M.-A., « Les ventes de gré à gré dans la liquidation judiciaire », LAMY AFFAIRES, mai 2003, suppl. au n° 60, p. 47.

› *Environnement.* Voinot D., « Cession de sites pollués », *Rev. proc. coll.* 2015, dossier 26.

562.04 **Questions essentielles.**

• Le liquidateur peut-il vendre un immeuble, objet d'une déclaration notariée d'insaisissabilité ?

* V. s[s] n° 562.13.

• Le liquidateur peut-il, depuis la loi Macron du 6 août 2015, vendre l'immeuble d'habitation du débiteur ?

* V. s[s] n° 562.14-4.

• Le liquidateur peut-il continuer une saisie immobilière entamée par un créancier avant jugement d'ouverture ?

* V. s[s] n° 562.29.

SECTION 562.10

RÈGLES COMMUNES À LA RÉALISATION DES IMMEUBLES – RÈGLES PROPRES AUX AGRICULTEURS

562.11 **Difficultés communes à la réalisation des immeubles.** L'article L. 642-18 du code, dans sa rédaction issue de la loi de sauvegarde des entreprises[1], énonce trois types de vente d'immeubles, qui présentent des règles communes.

Tout d'abord, la disposition reste muette sur les difficultés que pourraient rencontrer les éventuels acquéreurs à visiter l'immeuble saisi. On peut, à cet égard, s'inspirer des solutions de la saisie immobilière. En la matière, avant la réforme de la saisie immobilière par l'ordonnance du 21 avril 2006[2], le président du tribunal de grande instance pouvait autoriser, sur requête, un huissier à pénétrer dans les lieux pour faire visiter les éventuels acquéreurs. L'autorisation pouvait ici être sollicitée, en ce sens, du juge-commissaire[3], Si la résistance du débiteur était excessive, le liquidateur devait pouvoir faire application de l'article 681, alinéa 2 de l'ancien code de procédure civile pour obtenir judiciairement l'expulsion du débiteur. Cependant, la Cour de cassation estimait que le tribunal de la faillite était ici seul compétent[4], à l'exclusion du président du tribunal de grande instance statuant en référé.

L'article 15, 10°, du décret du 27 juillet 2006[5], décret d'application de l'ordonnance réformant la saisie immobilière, prévoit qu'un huissier de justice pourra pénétrer dans les lieux pour dresser un procès-verbal de description.

L'ordonnance du 21 avril 2006 réglemente désormais la difficulté lorsque la difficulté à visiter les lieux provient d'un occupant autre que le débiteur. L'huissier devra être spécialement autorisé à pénétrer dans les lieux par le juge de l'exécution (C. pr. exéc., art. L. 142-1, anc[t] L. 9 juill. 1991[6], art. 21, al. 2, réd. ord. 21 avr. 2006), qui apparaît ici seul compétent pour délivrer pareille habilitation.

L'article 86 du décret du 12 février 2009 insère à la sous-section 1 de la section II du chapitre II du titre IV du livre VI du code de commerce, un paragraphe 1 intitulé « Dispositions communes aux ventes par voie d'adjudication judiciaire ou amiable ». De manière opportune, l'article 87 du décret du 12 février 2009 insère un 3° dans l'article R. 642-22 du code de commerce, disposant que le juge-commissaire fixe les modalités de visite des biens.

Si le débiteur en liquidation judiciaire se maintient dans les lieux après le jugement d'adjudication de l'immeuble, il y a place, au profit de l'adjudicataire, à une créance née régulièrement après jugement d'ouverture, couverte par les dispositions de l'article L. 621-32 du code de commerce, sous l'empire de la législation antérieure à la loi de sauvegarde des entreprises. Il n'apparaît pas, en revanche, que le traitement préférentiel puisse être reconnu à la créance postérieure sous l'empire de la loi de sauvegarde des entreprises, dans sa rédaction d'origine, faute pour cette créance de correspondre à l'un des critères téléologiques posés par la loi. Au contraire, sous l'empire de l'ordonnance du 18 décembre 2008, cette créance doit pouvoir bénéficier du traitement préférentiel, car elle est bien née en contrepartie d'une prestation fournie au débiteur, mais ce traitement préférentiel ne peut exister que pendant la phase de poursuite provisoire de l'activité autorisée en liquidation judiciaire.

La clause du cahier des charges mentionnant la présence du débiteur dans les lieux ne peut exonérer le liquidateur de son obligation de délivrance, ce dont il résulte qu'il doit prendre les mesures nécessaires à la libération des lieux[8]. Toutefois, le dessaisissement de plein droit de l'administration de ses biens par le débiteur n'entraîne pas la disparition de son droit de propriété sur l'immeuble, de sorte que le liquidateur n'a pas qualité pour poursuivre l'expulsion de ce dernier avant la réalisation définitive de la cession de cet immeuble[9].

En cas de vente par adjudication, l'expulsion du débiteur ne pourra cependant intervenir que si le jugement d'adjudication lui a été signifié[10]. Cela supposera, sous l'empire de la législation antérieure à la loi de sauvegarde des entreprises, si le débiteur est une personne morale, qu'un liquidateur au sens du droit des sociétés ou, à tout le moins, un mandataire *ad hoc* chargé de représenter le débiteur pour la défense de ses droits propres, ait été nommé. En outre, avant l'ordonnance du 21 avril 2006 réformant la procédure de saisie immobilière, l'adjudicataire était tenu de solliciter en justice l'expulsion du débiteur car le jugement d'adjudication ne constituait pas un titre exécutoire[11]. La solution a été abandonnée par l'ordonnance du 21 avril 2006. La nature de titre d'expulsion du jugement d'adjudica-

1. L. n° 2005-845, 26 juill. 2005, *JO* 27 juill., p. 12187.
2. Ord. n° 2006-461, 21 avr. 2006, *JO* 22 avr., p. 6072.
3. Soinne, n° 2406.
4. Com. 3 nov. 1992, n° 90-16.842, *Bull. civ.* IV, n° 334; *Rev. proc. coll.* 1994, 148, n° 4, obs. Lienhard.
5. D. n° 2006-936, 27 juill. 2006, *JO* 29 juill., p. 11316.
6. L. n° 91-650, 9 juill. 1991, *JO* 14 juill., p. 9228.
7. Com. 30 mars 2005, n° 01-11.620, *Bull. civ.* IV, n° 73; n° 546 FS P+B; *D.* 2005. AJ 1083, obs. Lienhard; n° 110 F-S P+B+I; *D.* 2005. AJ 356, note Lienhard; *JCP E* 2005, Chron. 639, p. 711, n° 11, obs. M. Cabrillac; *RTD com.* 2006. 478, n° 3, obs. Martin-Serf.
8. Com. 30 mars 2005, n° 01-11.620, préc.
9. Com. 25 oct. 2011, n° 10-21.146, *Bull. civ.* IV, n° 170; n° 1056 FS-P+B; *D.* 2011. Actu. 2724, note Lienhard; *Act. proc. coll.* 2011/20, comm. 302, note Roussel Galle; *JCP E* 2011, Chron. 1000, n° 5, obs. Pétel; *JCP E* 2012. 1138, note Lebel; *Gaz. Pal.* 1er janv. 2012, p. 20, note Tosi; *Rev. proc. coll.* 2012, comm. 114, note Dumont-Lefrand; *LPA* 27 juin 2012, n° 128, p. 17, note Boillot; *LXB hebdo* 17 nov. 2011, n° 273, note Le Corre.
10. Civ. 2e, 5 juin 1996, n° 94-15.060, *Bull. civ.* II, n° 127; *Rev. huissiers* 1997. 294, obs. Martin.
11. Civ. 2e, 7 mars 2002, n° 99-15.782, *Bull. civ.* II, n° 28.

tion a, en effet, été affirmée par l'artic10 du code civil[1].

Le débiteur ne pourra se réfugier derrie non-paiement du prix par l'adjudicataire, pouuser de quitter les lieux[2].

Le code de commerce (anc[t] L. 25 janv. 5[3]) ne prévoit pas de particularité en cas de ventı logement familial (sur les époux, v. s[s] n° 741.

L'ordonnance du 23 mars 2006, qui a rmé le droit des sûretés réelles, autorise désonis un créancier inscrit sur un immeuble à demandl'attribution judiciaire de celui-ci (C. civ., art458). Cette possibilité, qui existe en droit comn, est toutefois inapplicable, à notre sens, en liqlation judiciaire (v. s[s] n° 621.79).

562.12 **Règles propres aux agriculteuravant l'ordonnance du 12 mars 2014[4] – Extensio de la solution à tous les débiteurs personnes physiques par l'ordonnance du 12 mars 2014.**

> Avant l'ordonnance du 12 mars 2014, des règles particulières sont posées pour les agriculteurs. L'article L. 642-18, alinéa 6 du code de commerce, dans sa rédaction issue de la loi de sauvegarde des entreprises[5], prévoit qu'en cas de liquidation judiciaire d'un agriculteur, « le tribunal peut, en considération de la situation personnelle et familiale du débiteur, lui accorder des délais de grâce, dont il détermine la durée pour quitter sa résidence principale ». Cette prérogative existe même si l'intéressé n'a pas été déclaré en liquidation judiciaire en qualité d'agriculteur, mais, sous l'empire de la législation antérieure à la loi de sauvegarde des entreprises, sur le fondement de l'article L. 624-5 du code de commerce (anc[t] L. 25 janv. 1985[6], art. 182 – liquidation judiciaire personnelle en tant que dirigeant)[7].
Ces délais ne peuvent être accordés qu'avant la vente et non après celle-ci[8].

Cette solution, qui peut se comprendre sur un plan humanitaire, est en revanche difficile à justifier quant à son champ d'application[9]. Elle n'intéresse en effet que les agriculteurs et il apparaît bien délicat de distinguer la situation malheureuse d'un artisan ou d'un commerçant qui habite sur les lieux de son exploitation, de celle d'un agriculteur. La pratique s'efforce d'ailleurs de remédier aux cantonnements inadmissibles de cette mesure aux seuls agriculteurs et des délais non judiciaires sont accordés par les mandataires liquidateurs au débiteur et à leurs familles, pour quitter les lieux[10].

L'article R. 642-37 du code de commerce oblige le tribunal qui accorde au débiteur des délais pour quitter l'immeuble d'habitation, soit dans le jugement de liquidation judiciaire, soit ultérieurement, à fixer l'indemnité d'occupation due par le débiteur. Cette indemnité ne semble pas rentrer dans les dispositions de l'article L. 641-13, I du code de commerce, à moins de considérer, d'une manière extensive que cette créance est née « pour les besoins du déroulement de la procédure ». Au contraire, sous l'empire de l'ordonnance du 18 décembre 2008[11], cette créance doit pouvoir bénéficier du traitement préférentiel, car elle est bien née en contrepartie d'une prestation fournie au débiteur, mais ce traitement préférentiel ne peut exister que pendant la phase de poursuite provisoire de l'activité, laquelle sera vraisemblablement expirée au jour où se posera cette question.

> Depuis l'ordonnance du 12 mars 2014, l'alinéa 6 de l'article L. 642-18 du code de commerce, tel qu'il résulte de la rédaction que lui a donnée l'article 74 de cette ordonnance, énonce que tout débiteur personne physique pourra bénéficier de délais de grâce pour quitter l'immeuble qui constitue sa résidence principale, en fonction de sa situation personnelle et familiale.

562.13 **Biens immobiliers ayant fait l'objet d'une déclaration notariée d'insaisissabilité – présentation générale.** La loi du 1er août 2003[12], dite loi pour l'initiative économique (v. bibliographie s[s] n° 562.03), entrée en vigueur avec le décret du 26 mars 2004[13] portant tarification de l'acte notarié de déclaration d'insaisissabilité, permet au débiteur de déclarer insaisissables des immeubles non professionnels.

La loi permettait d'abord d'empêcher la saisie de sa résidence principale. Puis, le dispositif a été étendu. La loi du 4 août 2008[14] (art. 14) permet de déclarer l'insaisissabilité de tous biens fonciers bâtis ou non dès lors qu'ils ne sont pas affectés à son activité professionnelle.

1. Leborgne, « L'ordonnance portant réforme de la saisie immobilière : entre tradition et innovations », *JCP E* 2006. 2108, p. 1264, sp. p. 1268, n° 32.
2. Orléans, ch. éco. et fin., 3 mai 2001 : *RJDA* 2001/7, n° 792.
3. L. n° 85-98, 25 janv. 1985, *JO* 26 janv., p. 1097.
4. Ord. n° 2014-326, 12 mars 2014, *JO* 14 mars, p. 5249.
5. L. n° 2005-845, 26 juill. 2005, préc.
6. L. n° 85-98, 25 janv. 1985, préc.
7. Paris, 3e ch. C, 8 oct. 1999, *Act. proc. coll.* 1999/19, n° 256.
8. Soinne, n° 2407.
9. Lemontey, « Redressement et liquidation judiciaires des exploitations agricoles », *RD rur.* 1990. 210, spéc. 212.
10. Soinne, n° 2407.
11. Ord. n° 2008-1345, 18 déc. 2008, *JO* 19 déc., p. 19462.
12. L. n° 2003-721, 1er août 2003, *JO* 5 août, p. 13449.
13. D. n° 2004-303, 26 mars 2004, *JO* 30 mars, p. 6061, n° 76; *D.* 2004. 1006.
14. L. n° 2008-776, 4 août 2008, *JO* 5 août, p. 12471, dite loi LME.

L'insaisissabilité ne vaut que pour les créanciers professionnels dont la créance serait née après la publication de la déclaration notariée d'insaisissabilité à la conservation des hypothèques ou au Livre foncier en Alsace-Moselle. La notion de créance « née » doit s'apprécier, à notre sens, comme en matière de droit des entreprises en difficulté (v. s[s] n°s 441.09 s.). Il a été ainsi jugé que la créance d'indemnité de résiliation d'un contrat était postérieure à la publication de la déclaration notariée et par voie de conséquence inopposable au créancier en question, dès lors que la déclaration notariée avait été publiée après la mise en demeure d'avoir à exécuter le contrat[1].

Si la déclaration notariée interdit de la part de certains créanciers la saisie du bien, elle ne leur interdit pas d'inscrire sur l'immeuble une hypothèque judiciaire provisoire[2]. Mais ce n'est pas parce que l'inscription d'hypothèque judiciaire est possible que la saisie le sera, dès lors que la démarche est effectuée par des créanciers ayant perdu le droit de saisir l'immeuble[3], mais elle peut être utile si l'insaisissabilité vient à disparaître[4].

Mention de la déclaration notariée d'insaisissabilité doit être faite lors de l'immatriculation au registre du commerce et des sociétés[5] et oblige à une modification de celui-ci si la déclaration intervient après immatriculation[6].

Observons que la déclaration d'insaisissabilité peut être combinée avec l'adoption d'un statut d'EIRL[7].

Malgré le silence du texte sur son applicabilité en cas de procédure collective, celle-ci ne semble guère douteuse.

La difficulté principale est alors de savoir comment coordonner le principe d'insaisissabilité limité aux seuls créanciers postérieurs à la déclaration d'insaisissabilité avec le caractère collectif de la représentation des créanciers dans la procédure collective. Un important débat doctrinal s'est engagé, auquel la Cour de cassation a apporté réponse.

562.13-1 Débat doctrinal sur la possibilité pour le liquidateur de vendre l'immeuble objet de la déclaration notariée d'insaisissabilité. Selon une prer analyse, soutenue par une doctrine considéra dès lors qu'un créancier, auquel la déclaratioriée est inopposable, a le droit de saisir l'imble, le liquidateur disposerait également de ce d[9]. Cette position est exprimée de la façon suiv: « le droit de poursuite de la collectivité des créars est aligné sur celui que le droit commun recoit à un créancier quelconque »[10]. Or, poursuit auteur « ce créancier quelconque, ce créancier droit commun, a nécessairement, selon nous, un dt de gage général parce que l'insaisissabilité, cone par la loi comme une exception, lui est inopsable : peu importerait même que les créancierqui la subissent soit nombreux dès lors qu'este au moins un créancier de droit commun donte gage comprend par principe la résidence prinpale. En général, celle-ci fait donc partie des actifde la procédure, et le mandataire a qualité pour la réaliser dans les mêmes conditions que les autres biens »[11]. L'insaisissabilité résultant de la déclaration notariée ne serait ainsi que relative et cela justifierait le droit de saisir du liquidateur[12].

1. Civ. 2e, 28 juin 2012, n° 11-18.078, NP.
2. Com. 11 juin 2014, n° 13-13.643, *Bull. civ.* IV [à paraître]; FS-P+B; *D.* 2014. pan. 1613, note Crocq; *JCP E* 2014, 1380, note Lebel; *BJE* 2014, 305, note V. Legrand; *RTD civ.* 2014. 693, note Crocq; *Defrénois* 2015, 247, note Vauvillé et 492, note S. Cabrillac.
3. Vauvillé, note s[s] Com. 11 juin 2014, n° 13-13.643, *Bull. civ.* IV, n° 106; FS-P+B; *Defrénois* 2015, 247.
4. S. Cabrillac, note note s[s] Com. 11 juin 2014, n° 13-13.643, préc., *Defrénois* 2015, 492.
5. C. com., art. R. 123-37-4[o].
6. C. com., art. R. 123-46-2[o].
7. Vallansan, « EIRL et déclaration d'insaisissabilité ou l'entrepreneur barricadé », *Rev. proc. coll.* 2011, dossier 22, p. 92.
8. PÉROCHON, 10e éd., n° 1192 – Pérochon, « Le créancier et la renonciation à l'insaisissabilité de la résidence », *Mél. Saint-Alary*, éd. lég – PU Toulouse, 2006, p. 409 s., sp. p. 411, n° 5 – Vauvillé, « La déclaration notariée d'insaisissabilité », *Defrénois* 2003. 37813, p. 1197, sp. p. 1203, n° 14; *Act. proc. coll.* 2003/17, n° 222 – Casey, « L'insaisissabilité du logement dans la loi du 1er août 2003 : aspects de droit des régimes matrimoniaux », *RJPF* 2003/12, sp. p. 8 – Sénéchal, *L'effet réel de la procédure collective*, Litec, 2002, n° 400 – Froehlich et Sénéchal, « De la réalisation de l'actif », *LPA* n[o] sp. 9 févr. 2006, n° 29, p. 21, sp. p. 35 – VALLENS, 2010, n° 4290 – J.-CL. COM. Vallansan et Beaubrun, fasc. 2702, [Liquidation judiciaire – Régime – Administration de l'entreprise – Liquidation judiciaire simplifiée], 2007, n° 44 – Legrand et Staes, « La détermination du patrimoine du débiteur », *Rev. proc. coll.* 2008/2, p. 106 s., sp. p. 110, n° 38.
9. Pérochon, « Le créancier et la renonciation à l'insaisissabilité de la résidence », *Mél. Saint-Alary*, éd. lég. – PU Toulouse, 2006, p. 409 s., sp. p. 411, n° 5 – Vauvillé, « La déclaration notariée d'insaisissabilité », *Defrénois* 2003. 37813, p. 1197, sp. p. 1203, n° 14; *Act. proc. coll.* 2003/17, n° 222 – Casey, « L'insaisissabilité du logement dans la loi du 1er août 2003 : aspects de droit des régimes matrimoniaux », *RJPF* 2003/12, sp. p. 8 – Sénéchal, *L'effet réel de la procédure collective*, Litec, 2002, n° 400 – Froehlich et Sénéchal, « De la réalisation de l'actif », *LPA* n[o] sp. 9 févr. 2006, n° 29, p. 21, sp. p. 35 – VALLENS, 2010, n° 4290 – J.-CL. COM. Vallansan et Beaubrun, fasc. 2702, [Liquidation judiciaire – Régime – Administration de l'entreprise – Liquidation judiciaire simplifiée], 2007, n° 44.
10. Sénéchal, *L'effet réel de la procédure collective : essai sur la saisie collective du gage commun des créanciers*, « Bibl. dr. entr. », t. 59, Litec, 2002, n° 365.
11. Pérochon, « Le créancier et la renonciation à l'insaisissabilité de la résidence », *Mél. Saint-Alary*, éd. lég. – PU Toulouse, 2006, p. 409 s., sp. p. 411, n° 5.
12. PÉROCHON, 10e éd., n° 1192.

Cette dernière opinion a été suivie par plusieurs juridictions du fond[1].

En suivant l'analyse, la discussion se place nécessairement sur le produit de la vente des biens immobiliers. Certains considèrent que ce produit est absolument collectif[2]. D'autres, au contraire, préfèrent décider que le produit de la vente ne profiterait qu'aux seuls créanciers auxquels la déclaration d'insaisissabilité est inopposable[3]. C'est en ce dernier sens que s'est orientée la jurisprudence des juges du fond[4].

Une seconde analyse a été présentée, déniant au liquidateur le droit de saisir et de faire vendre l'immeuble, objet de la déclaration notariée, dès lors qu'il existe des créanciers ayant conservé le droit de saisir l'immeuble et d'autre dépourvus de ce même droit. Elle s'appuie sur la mission du liquidateur, qui est de défendre l'intérêt collectif des créanciers et non seulement celui d'un groupe de créanciers, en l'occurrence celui qui aurait conservé ledroit de saisir l'immeuble. Elle prend appui sur une solution adoptée par la Cour de cassation en matière de solidarité du loueur du fonds de commerce donné en location-gérance avec le locataire-gérant au titre des dettes nées des six premiers d'exploitation du fonds. Le mandataire de justice ayant en charge la défense de l'intérêt collectif des créanciers ne peut agir pour assurer la défense d'un groupe de créanciers. C'est ainsi qu'il ne peut agir en paiement contre le loueur d'un fonds de commerce donné en location-gérance, sur le fondement de l'article L. 144-7 du code de commerce instituant une solidarité du loueur du fonds avec le locataire-gérant, car cette solidarité n'a été instituée que dans le seul intérêt des créanciers disposant d'une créance nécessaire à l'exploitation du fonds[5].

La formulation de la Cour de cassation, exactement reproduite dans un arrêt postérieur[6], semblait bien devoir être transposée au cas qui nous occupe, celui de la détermination de la qualité à agir du liquidateur, afin d'obtenir que soit déclarée inopposable à la liquidation judiciaire la déclaration notariée d'insaisissabilité, au prétexte que l'insaisissabilité de l'immeuble qui constitue la résidence principale du débiteur résultant de sa déclaration unilatérale n'est opposable qu'aux créanciers postérieurs à sa déclaration, et ne porte pas atteinte aux droits acquis par les créanciers antérieurs.

Précisons immédiatement qu'aucune difficulté ne se présente si tous les créanciers ont le droit de saisir l'immeuble. En ce cas, le liquidateur a assurément ce même droit, puisqu'il représente des créanciers en assurant leur défense collective. Mais il existera, quais systématiquement, des créanciers qui ont le droit de saisir l'immeuble du débiteur et d'autres qui n'ont pas ce droit. Aux premiers, la déclaration est inopposable. Ce sont tous les créanciers antérieurs à la publicité de la déclaration notariée[7] et les créanciers non professionnels dont la créance est née après la publicité de la déclaration notariée. Le liquidateur, pas plus qu'il ne peut agir en représentation des créanciers qui bénéficient de la solidarité instituée entre le loueur du fonds de commerce et le locataire-gérant, tout en représentant les créanciers qui n'en bénéficient pas, ne peut représenter des créanciers auxquels la déclaration notariée serait inopposable, tout en représentant des créanciers auxquels la déclaration notariée serait opposable. L'interdiction de ne représenter qu'un groupe de créanciers, posée pour le mécanisme de la solidarité, vaut tout autant en matière de déclaration notariée d'insaisissabilité[8].

1. Orléans, ch. com. éco et fin., 15 mai 2008, RG n° 07/01076, *Act. proc. coll.* 2008/15, n° 239, note Cagnoli; *JCP E* 2009. 1008, n° 9, obs. M. Cabrillac et Pétel; *Rev. proc. coll.* 2009/2, p. 52, n° 62, note Lisanti – TGI Nancy, 6 juill. 2009, RG n° 06/055542, *JCP E* 2010. 1229, note Lebel – Aix-en-Provence, 8e ch. A, 3 déc. 2009, RG n° 2009/556, *Act. proc. coll.* 2010/11, n° 164, note Vallansan; *Rev. proc. coll.* 2010/3, comm. 140, note Lebel – Bourges, 10 mars 2011, RG n° 10/01556, *Act. proc. coll.* 2011/11, comm. 174 – Orléans, 6 avr. 2011, ch. com. éco et fin., RG n° 11/00312, *Leden* 2011/5, comm. 072, obs. Pérochon.
2. Pérochon, « Le créancier et la renonciation à l'insaisissabilité de la résidence », *Mél. Saint-Alary*, éd. lég. – PU Toulouse, 2006, p. 409 s., sp. p. 411, n° 6 – VALLENS, 2010, n° 4290 – Froehlich et Sénéchal, Lucas et Lécuyer (dir.), *La réforme des procédures collectives…*, Lgdj, 2006, p. 356, note 26.
3. Vauvillé, « Déclaration notariée d'insaisissabilité et procédure collective du déclarant », *Act. proc. coll.* 2003-17, p. 1 – Legrand et Staes, « La détermination du patrimoine du débiteur », *Rev. proc. coll.* 2008/2, p. 106 s., sp. p. 110, n° 39.
4. Orléans, ch. com. éco et fin., 15 mai 2008, RG n° 07/01076, *Act. proc. coll.* 2008/15, n° 239, note Cagnoli – Aix-en-Provence, 8e ch. A, 3 déc. 2009, RG n° 08/22422, *Act. proc. coll.* 2010/11, n° 164, note Vallansan.
5. Com. 9 nov. 2004, n° 02-13.685, *Bull. civ.* IV, n° 193; *RTD civ.* 2005, n° 1, 183-184, obs. Perrot; *D.* 2004. AJ 3069, obs. Lienhard; *D.* 2005. pan. 296, obs. Le Corre; *RTD com.* 2005. 247, obs. Saintourens; *Act. proc. coll.* 2004/20, n° 245, note Régnaut-Moutier; *LPA* 13 avr. 2005, p. 4, obs. Lucas; *Dr. et patr.* 2005/4, p. 115, n° 3677, obs. Monsérié-Bon; *Defrénois* 2005/11, p. 993, Chron. 38177, n° 4, note Gibirila.
6. Com. 13 déc. 2005, n° 04-18.567, NP; n° 1617 F-D; *Gaz. proc. coll.* 2006/2, p. 40, obs. Roussel Galle.
7. SUR LA DÉLICATE QUESTION de la publicité de la déclaration notariée : Monsérié-Bon, « L'insaisissabilité de la résidence principale : ordre et désordre dans le rôle de la publicité », *Mél. Saint-Alary*, éd. lég. – PU Toulouse, 2006, p. 387.
8. Relayant cette vision : SAINT-ALARY-HOUIN, 6e éd., n° 1214 – Delmotte, « Les vertiges de l'insaisissabilité : quelques problématiques nées des effets de la déclaration d'insaisissabilité en matière de procédures collectives », *Rev. proc. coll.* 2009/2, 6, p. 17 s., sp. p. 18, n° 13 – Voinot, note ss Com. 3 févr. 2009, n° 08-10.303, *Bull. civ.* IV, n° 15, n° 97 F-P+B; *Gaz. proc. coll.* 2009/2, p. 27.

Tenant compte de la possibilité pour le chef d'une entreprise individuelle de procéder à une déclaration notariée d'insaisissabilité de sa résidence principale, l'article R. 622-4, alinéa 4 du code de commerce (anc[t] D. 28 déc. 2005[1], art. 80, al. 4) prévoit l'obligation pour le débiteur d'informer le mandataire judiciaire de cette déclaration. Cette disposition n'édicte cette obligation qu'à la charge des débiteurs non immatriculés au registre du commerce et des sociétés ou au répertoire des métiers. En effet, lorsque le débiteur est commerçant ou artisan immatriculé, la déclaration notariée d'insaisissabilité est mentionnée au registre du commerce et des sociétés ou au répertoire des métiers. Il s'agit d'attirer l'attention du mandataire judiciaire sur les difficultés inhérentes au statut de ce bien, s'il était envisagé, dans le déroulement ultérieur de la procédure, de le vendre. Ce texte peut constituer un argument au soutien de la thèse de l'opposabilité à la procédure collective de la déclaration notariée d'insaisissabilité[2]. Il ne serait en effet d'aucune utilité si le pouvoir réglementaire n'avait implicitement analysé la situation en ce sens[3].

Cette seconde analyse a été suivie par certaines juridictions du fond, avant que la Cour de cassation ne statue[4].

562.13-2 Réponse de la Cour de cassation au débat doctrinal sur la possibilité pour le liquidateur de vendre l'immeuble objet de la déclaration notariée d'insaisissabilité. La Cour de cassation avait une première occasion de statuer sur la question, mais un obstacle procédural s'est présenté[5]. Elle va confirmer l'arrêt d'une cour d'appel et, en conséquence, rejeter le pourvoi. La cour d'appel avait constaté l'absence de litige entre les créanciers de la liquidation judiciaire et le débiteur. Elle en a déduit souverainement, affirme la Cour de cassation, l'absence d'intérêt à agir du liquidateur au sens de l'article 31 du code de procédure civile. L'action en justice n'est en effet recevable que si celui qui l'initie a qualité et intérêt à agir. En raison même du rôle qu'il est appelé à jouer, l'intérêt doit être personnel, né et actuel. Le principe, en France, est qu'un [pla]ideur ne peut se garantir [à] l'avance, par une dé[cisi]on de justice, de la légitim[i]té d'une situation[6]. [Ai]nsi, au regard du princi[pe] d'irrecevabilité des ac[tio]ns déclaratoires, la dema[n]de du liquidateur tenda[nt], en l'absence de tout lit[i]ge, à faire déclarer inop[pos]able à la procédure coll[e]ctive la déclaration nota[riée] était vouée à l'échec.

L[e] premier point est ains[i] acquis : la discussion par [le] liquidateur sur l'opposabilité de la déclaration no[ta]riée à la liquidation judiciaire et sur sa possibilit[é] de vendre l'immeuble présuppose, pour sa recevabilité, qu'il ait entamé soit la saisie du bien, soit sa vente de gré. Identiquement, juge la Cour de cassation, s'il introduit une action en licitation-partage d'un immeuble déclaré insaisissable, il a un intérêt né et actuel à faire juger de l'inopposabilité à la liquidation judiciaire de la déclaration notariée[7].

La Cour de cassation va répondre à la question de savoir si le liquidateur peut faire vendre l'immeuble, par un premier arrêt, très critiqué en doctrine. Elle le fait au visa des articles L. 641-9 et L. 526-1 du code de commerce et pose en principe de solution que « le débiteur peut opposer la déclaration d'insaisissabilité qu'il a effectuée en application du deuxième de ces textes, avant qu'il ne soit mis en liquidation judiciaire ». En conséquence, le juge-commissaire commet un excès de pouvoir à autoriser le liquidateur à procéder à la vente aux enchères de l'immeuble, objet de la déclaration notariée[8]. Ainsi, la Cour de cassation affirme-t-elle, de la manière la plus nette, que la déclaration notariée effectuée avant le jugement d'ouverture résiste à la procédure collective. D'une part, elle est opposable à cette dernière,

1. D. n° 2005-1677, 28 déc. 2005, *JO* 29 déc., p. 20324.
2. Saint-Alary-Houin, 7e éd., n° 756.
3. Le Cannu, n° 567-1.
4. Douai, 2e ch. civ., 1re sect., 23 sept. 2010, RG n° 08/09697, *JCP E* 2010. 2076, note Lebel.
5. Com. 3 févr. 2009, n° 08-10.303, *Bull. civ.* IV, n° 15, n° 97 F-P+B; *D.* 2009. AJ 494, note Lienhard; *Gaz. proc. coll.* 2009/2, p. 27, note Voinot; *Act. proc. coll.* 2009/7, n° 112, note Bazin-Beust; *Rev. proc. coll.* 2009/2, p. 52, n° 62, note Lisanti; *Defrénois* 2009. 39078, p. 472, n° 2, note Gibirila; *Procédures* mai 2009, 159, p. 30, note Rolland; *Dr. et proc.* juill./août 2009, p. 206, note Le Corre – Adde Montpellier, 2e ch., 15 mars 2016, RG n° 15/07105, *Gaz. Pal.* 24 mai 2016, n° 19, p. 38.
6. Bandrac, in *Droit et pratique de la procédure civile*, 8e éd., « Dalloz action », 2014, n° 101.72.
7. Com. 13 mars 2012, n° 11-15.438, *Bull. civ.* IV, n° 53; n° 305 FS-P+B; *D.* 2012. Actu 807, note Lienhard; *Act. proc. coll.* 2012, comm. 105, note Vallansan; *BJE* mai 2012, comm. 83, p. 147, note Camensuli-Feuillard; *JCP E* 2012. 1325, note Le Corre; *LXB hebdo* 19 avr. 2012, n° 293, note Le Corre.
8. Com. 28 juin 2011, n° 10-15.482, *Bull. civ.* IV, n° 109; n° 687 FS-P+B+R+I; *D.* 2011. actu 1751, note Lienhard; *D.* 2012. pan. 1573, note Crocq; *D.* 2012. pan. 2202, note Le Corre; *Gaz. Pal.* 7 oct. 2011, n° 280, p. 11, note Antonini-Cochin; *Act. proc. coll.* 2011/13, comm. 203, note Fin-Langer; *JCP E* 2011. 1551, note Pérochon; *JCP E* Chron. 1596, n° 4, obs. Pétel; *JCP E* 2011. 375, note Lebel; *JCP E* 412, obs. Rousille; *Rev. sociétés* 2011, 526, note Roussel Galle; *BJE* sept./oct. 2011, comm. 125, p. 242, note Camensuli-Feillard; *RDBF* sept.-oct. 2011, comm. 171, note Piedelièvre; *Defrénois* 2011. 40083, note Vauvillé; *Dr. et patr.* nov. 2011, n° 208, 74, note Crocq; *Rev. proc. coll.* 2011, étude 23, note Fin-Langer; *JCP E* 19 janv. 2012, Chron., n° 11, obs. Delebecque; *LPA* 28 sept. 2011, n° 193, p. 11, note Teboul; *Dr. et procédures* oct. 2011, p. 234, note Vinckel; *Rev. proc. coll.* 2012, comm. 111, note Lisanti; *Dr. et patr.* sept. 2012, n° 217, p. 102, note Monsérié-Bon – *LXB hebdo* 14 juill. 2011, n° 259, note Le Corre.

et par voie de conséquence, au liquidateur. D'autre part, le débiteur peut, malgré son dessaisissement, soulever l'argument tenant à l'opposabilité de la déclaration notariée à la procédure collective pour empêcher la vente, par le liquidateur, de l'immeuble qui en est l'objet, dans la mesure où le dessaisissement n'atteint pas l'immeuble.

La doctrine, commentant l'arrêt, s'est interrogé sur le lien entre la déclaration notariée et le dessaisissement[1]. Pour le comprendre, il faut d'abord définir le dessaisissement. Ce terme désigne la réduction de pouvoirs du débiteur aux fins de défense du gage commun des créanciers. Or, si l'immeuble peut être saisi par certains, mais non par d'autres, peut-on continuer à affirmer qu'il fait partie du gage commun des créanciers ? Assurément non ! Le gage commun est le gage auquel, en théorie, peuvent accéder tous les créanciers du débiteur. Ainsi, l'immeuble, qui ne figure pas dans le gage commun, échappe-t-il aux règles du dessaisissement et, logiquement, le liquidateur n'a aucun pouvoir sur cet immeuble. En effet l'administration et la disposition des biens du débiteur en liquidation judiciaire par le liquidateur s'expliquent par les règles du dessaisissement. Si l'immeuble échappe au dessaisissement, il échappe au pouvoir d'administration et de disposition du liquidateur. Cela justifie, à notre sens, de dénier qualité à agir au liquidateur, qui ne représente le débiteur que pour autant qu'il est dessaisi, et qui ne le représente donc pas au titre d'un bien échappant au dessaisissement.

Dans une autre espèce, la Cour de cassation a précisé que l'immeuble concerné n'est pas dans le périmètre de la saisie des biens appartenant au débiteur[2]. Il n'est pas soumis à l'effet réel de la liquidation judiciaire.

La thèse qui soutenait que le liquidateur ne peut représenter des créanciers auxquels la déclaration notariée serait inopposable, tout en représentant des créanciers auxquels la déclaration notariée serait opposable, l'a clairement emportée devant la Cour de cassation. Si la solution ne résultait pas explicitement de l'arrêt du 28 juin 2011, la solution ne pouvait cependant guère s'expliquer autrement. C'est donc sans surprise que la solution a ensuite été affirmée par la Cour de cassation : « le liquidateur ne peut légalement agir que dans l'intérêt de tous les créanciers et non dans l'intérêt personnel d'un créancier ou d'un groupe de créanciers; la déclaration d'insaisissabilité n'a d'effet qu'à l'égard des créanciers dont les droits naissent, postérieurement à sa publication, à l'occasion de l'activité professionnelle du déclarant; en conséquence, le liquidateur n'a pas qualité pour agir, dans l'intérêt de ces seuls créanciers, en inopposabilité de la déclaration d'insaisissabilité »[3]. La solution a ensuite été reproduite[4]. Il en est tiré la conséquence que le liquidateur ne peut être autorisé à poursuivre la licitation d'un immeuble indivis objet d'une déclaration notariée d'insaisissabilité[5]. La thèse selon laquelle l'existence d'un créancier admis au passif, auquel la déclaration d'insaisissabilité est inopposable suffirait à autoriser la vente de l'immeuble objet de la déclaration notariée d'insaisissabilité par le liquidateur, est clairement rejetée[6].

On a reproché à la Cour de cassation de confondre l'intérêt collectif avec la somme des intérêts individuels. Il n'en est rien. Il importe ici d'insister sur une confusion entretenue en doctrine entre la notion de droit de gage général, que détient le créancier quelconque sur son débiteur, et la notion de

1. PAR EX. : PÉROCHON, 10e éd., n° 1193.
2. Com. 13 mars 2012, n° 10-27.087, NP; n° 292 F-D; *D.* 2012. pan. 2202, note Le Corre; *Rev. proc. coll.* 2012, comm. 111, note Lisanti.
3. Com. 13 mars 2012, n° 11-15.438, *Bull. civ.* IV, n° 53; n° 305 FS-P+B; *D.* 2012. Jur. 1460, note Marmoz; *D.* 2012. Actu 807, note Lienhard; *D.* 2012. pan. 1573, note Crocq; *D.* 2012. pan. 2203, note Le Corre; *Act. proc. coll.* 2012, comm. 105, note Vallansan; *BJE* mai 2012, comm. 88, p. 147, note Camensuli-Feuillard; *Rev. sociétés* 2012. 393, note Henry; *JCP E* 2012, Chron. 1508, n° 8, obs. Pétel; *JCP E* 2012. 1325, note Le Corre; *Rev. proc. coll.* 2012, comm. 112, note Lisanti; *Gaz. Pal.* 28 juin 2012, Jur. 1693, note S. Cabrillac; *Gaz. Pal.* 26 mai 2012, jur. 1526, note Théron; *Bull. Joly* juin 2012, comm. 263, note Monsérié-Bon; *LXB hebdo* 19 avr. 2012, n° 293, note Le Corre – *Adde*, Hoonakker, « La double publicité de la déclaration notariée d'insaisissabilité » *D.* 2013. 318.
4. Com. 23 avr. 2013, n° 12-16.035, *Bull. civ.* IV, n° 68, n° 427 F-P+B; *D.* 2013. actu 1127, note Lienhard et Pan. 2363, note Lucas; *Act. proc. coll.* 2013/9, comm. 126, note Fin-Langer; *Rev. sociétés* 2013. 377, note Roussel Galle; *Leden* juin 2013, comm. 096, note Lucas; *LPA* 11 juin 2013, n° 116, p. 18, note Legrand; *JCP E* 2013. 1380, note Pétel; *LXB hebdo* 22 mai 2013, n° 339, note Le Corre – Com. 18 juin 2013, n° 11-23.716, NP; n° 638 F-D; *D.* 2013. actu 1617, note Lienhard; *JCP E* 2013. 1452, note Lebel; *Bull. Joly* 2013, 667, note Mouial-Bassilana; *RDBF* sept. 2013, comm. 159, note Houin-Bressand; *Gaz. Pal.* 14 mars 2014, n° 73, p. 13, note Brenner – Com. 30 juin 2015, n° 14-14.757, NP; n° 649 F-D; *D.* 2015. actu 1486, note Lienhard – Com. 30 juin 2015, n° 14-14.757, NP; n° 649 F-D; *JCP E* 2015, 1608, note Lebel; *Rev. proc. coll.* 2016, comm. 14, note Berthelot.
5. Com. 5 mai 2015, n° 14-11.949, NP; n° 403 F-D; *Defrénois* 2015, 979, note Lebel et 2016, 282, note Vauvillé.
6. Com. 24 mars 2015, n° 14-10.175, *Bull. civ.* IV [à paraître]; n° 324 FS-P+B; *D.* 2015. actu 799, note Linehard et Jur. 1302, note Borga; *Gaz. Pal.* 21 juill. 2015, n° 200, p. 19, note Théron; *BJE* 2015, 224, note Le Mesle; *JCP E* 2015, 1245, note Cérati-Gauthier; *Act. proc. coll.* 2015/8, n° 119, note Legrand; *Rev. proc. coll.* 2015, comm. 79, note Dumont-Lefrand; *Rev. sociétés* 2015. 404, note Henry; *LPA* 23 avr. 2015, n° 81, p. 26, note Legrand – RAPPR. : Com. 5 mai 2015, n° 14-11.949, NP; n° 403 F-D – Com. 22 mars 2016, n° 14-21.267, *Bull. civ.* IV [à paraître]; n° 257 F-P+B; *Gaz. Pal.* 28 juin 2016, n° 24, p. 64, note Théron; *Rev. sociétés* 2016. 393, note Henry.

gage commun, qui évoque un gage accessible à tous les créanciers. S'il n'est pas contesté que le liquidateur représente les créanciers, dès lors qu'ils ont accès au gage général, il ne les représente plus lorsqu'il est question pour certains d'entre eux d'avoir accès à un gage, qui n'est pas le gage commun. Or les actions qui tendent à la défense de l'intérêt collectif des créanciers sont celles qui ont pour objet de conserver ou de reconstituer le gage commun, ainsi que celles qui ont pour objet de distribuer autrement que cela résulte de la situation avant introduction de l'action, le produit du gage commun, par exemple en contestant le caractère hypothécaire d'une créance. Une action sans rapport avec le gage commun ne tend pas à la défense de l'intérêt collectif des créanciers. Dès lors que certains créanciers n'ont accès ni à l'immeuble, ni au produit de sa vente, il faut bien admettre que l'immeuble ne fait pas partie du gage commun des créanciers et c'est pourquoi le liquidateur n'agirait pas dans l'intérêt collectif des créanciers s'il vendait l'immeuble objet de la déclaration notariée. L'affirmation de la Cour de cassation est donc parfaitement justifiée.

Il est d'ailleurs intéressant de rapporter les propos d'un éminent défenseur de la possibilité reconnue au liquidateur de saisir l'immeuble au motif qu'au moins un créancier aurait le droit de le saisir. Il indique dans sa thèse que « l'examen de la jurisprudence montre que la difficulté résultant de la disparité des gages n'est pas résolue exactement de la même manière selon qu'elle se présente dans la poursuite des biens du débiteur ou dans les actions en reconstitution d'actifs. En premier lieu, en ce qui concerne les biens existant dans le patrimoine du débiteur au jour du jugement d'ouverture, l'effet réel de la procédure collective porte sur le gage de principe du créancier quelconque [...] Devant cette disparité de gage, le droit des procédures collectives globalise l'intérêt collectif des créanciers en l'alignant sur le droit de poursuite du créancier quelconque [...]. Corrélativement, cette globalisation ne permet pas d'englober des biens qui constituent l'assiette d'un droit de poursuite exclusif au profit de certains créanciers. Ceux-là conservent leur droit de poursuite individuelle sur le bien qui leur est réservé. Par exemple, même si l'insaisissabilité qui frappe un bien du débiteur est inopposable à certains de ses créanciers antérieurs, la procédure collective ne saurait atteindre ce bien car la collectivisation des poursuites porte sur le gage de principe du créancier quelconque et non sur les gages réservés »[1]. Ainsi, en appliquant le principe dégagé par l'auteur, on constate que la déclaration notariée d'insaisissabilité crée une insaisissabilité du bien au préjudice de certains créanciers, d'autres conservant au contraire le droit de saisie. *L'immeuble* apparaît comme un bien du gage réservé à certains créanciers. Dès lors, l'effet réel de la procédure collective ne saurait s'étendre au bien en question, empêchant sa saisie par le liquidateur.

Il importe, en matière de déclaration notariée d'insaisissabilité d'insister sur le fait que le bien, qui appartient à un professionnel indépendant, n'est, par principe, pas saisissable. Cette insaisissabilité justifie l'idée que le bien ne peut être considéré comme un élément du gage commun.

On compare cette situation à celle du créancier antérieur au mariage de l'époux commun en biens, qui, par principe, ne peut se faire payer sur les biens communs, pour prétendre, que le raisonnement appliquée par la Cour de cassation en matière de déclaration notariée, conduirait, par analogie, à décider que les biens communs devraient échapper à la procédure collective dès lors qu'il existe au moins un créancier antérieur au mariage[2]. La logique voudrait pourtant que le raisonnement inverse soit tenu : parce que les créanciers antérieurs au mariage ne peuvent saisir les biens communs, il faut leur dénier le droit, dans la procédure collective, d'être payés sur les biens communs, sans pour autant avoir à s'interroger sur la soumission des biens communs à la procédure collective.

En effet, les biens communs sont des biens du débiteur qui sont, par principe, saisissables, sauf par les créanciers personnels d'un époux dont la créance est née avant le mariage. Cette saisissabilité de principe justifie que les biens communs soient considérés comme des éléments du gage commun. Au contraire, c'est le statut de l'immeuble, objet de la déclaration notariée, qui justifie qu'il ne puisse être saisi que par certains créanciers. Lorsque l'on raisonne sur les biens, ce qui est normal si l'on s'intéresse à l'effet réel de la procédure collective, on mesure la différence qui sépare les biens communs des biens objets de la déclaration notariée. Les premiers font naturellement partie du gage commun, du fait de leur saisissabilité de principe. Les seconds, au contraire, parce que la loi décide qu'ils ne peuvent par principe pas être saisis, ne peuvent être considérés comme des éléments du gage commun.

L'impossibilité pour le liquidateur de saisir et de vendre l'immeuble, objet de la déclaration notariée, suppose qu'il y ait des créanciers ayant le droit de saisir l'immeuble – créanciers antérieurs à la publicité de la déclaration notariée et créanciers non professionnels – et des créanciers n'ayant pas le droit de

1. Sénéchal, *L'effet réel de la procédure collective : essai sur la saisie collective du gage commun des créanciers*, « Bibl. dr. entr. », t. 59, Litec, 2002, n° 12.

2. Sénéchal, « L'effet réel de la procédure collective », *BJE* mars 2014, 65.

saisir l'immeuble – créanciers professionnels postérieurs à la publicité. L'appréciation est ainsi menée par rapport à la publicité de la déclaration notariée, laquelle devra, *a priori*, être régulière. Si la publicité est irrégulière, la déclaration notariée cesse d'être opposable à certains créanciers. Il ne subsiste alors plus qu'une seule catégorie de créanciers : des créanciers ayant le droit de saisir l'immeuble. Dans ces conditions, il ne devrait pas y avoir d'obstacle à reconnaître au liquidateur le droit de saisir l'immeuble, puisqu'il ne représente plus qu'une seule catégorie de créanciers, qui ont tous dans leur gage l'immeuble, lequel constitue donc un élément du gage commun.

Puisque l'opposabilité de la déclaration notariée, seule privative du droit pour le liquidateur de saisir l'immeuble objet de la déclaration notariée, dépend de la régularité de la publicité, il devrait logiquement être reconnu au liquidateur le droit de discuter de cette régularité. D'une manière extrêmement critiquable[1], la Cour de cassation ne l'admet pourtant pas[2]. Le liquidateur, dans une espèce, entendait combattre l'opposabilité de la déclaration notariée aux créanciers professionnels, et partant, à la liquidation judiciaire, compte tenu de l'irrégularité de la publication de cette déclaration. La particularité de l'espèce tenait au fait que le débiteur était à la fois immatriculé au répertoire des métiers et au registre du commerce et des sociétés. Or la déclaration notariée n'avait été publiée qu'au premier de ces registres, alors qu'elle aurait du l'être aux deux. La cour d'appel avait admis la prétention du liquidateur de contester la régularité de la publicité. La Cour de cassation, au contraire, va la rejeter. « Attendu que, pour accueillir la demande du liquidateur, l'arrêt retient que celui-ci peut se prévaloir de l'absence de publication de la déclaration d'insaisissabilité au registre du commerce et des sociétés dans lequel Mr L. était aussi immatriculé; attendu qu'en statuant ainsi, alors que l'intérêt collectif des créanciers ne résulte pas de l'irrégularité de la publicité de la déclaration d'insaisissabilité, la cour d'appel a violé les textes susvisés ».

Pour fonder sa solution, la Cour de cassation explique que l'intérêt collectif des créanciers ne résulte pas de l'irrégularité de la publicité de la déclaration notariée, solution au demeurant réaffirmée par une cour d'appel[3]. Cette affirmation ne peut, nous semble-t-il, être érigée en principe de solution. En effet, si l'on dénie qualité à agir au liquidateur, c'est parce qu'il ne défend pas l'intérêt collectif des créanciers. Or si la déclaration notariée n'est pas correctement publiée, elle est, par le fait-même, inopposable à tous les créanciers. De la sorte, le liquidateur se trouve en situation de représenter une collectivité de créanciers, qui a le droit de saisir l'immeuble.

La formulation employée par la Cour de cassation incline à penser qu'elle a voulu poser ici une solution de principe. Si tel est le cas, la solution ne mérite pas d'être approuvée. Elle met, en quelque sorte, la charrue avant les bœufs. S'il faut refuser au liquidateur la qualité à vendre l'immeuble, objet de la déclaration notariée, c'est parce qu'il existe certains créanciers auxquels la déclaration notariée est opposable et d'autres auxquels elle est inopposable. Cela, oblige, implicitement, mais nécessairement, à considérer que le liquidateur a en face de lui deux catégories de créanciers, certains ayant le droit de saisir, d'autres étant dépourvus de ce même droit. Or, pour qu'il en soit ainsi, encore faut-il que la déclaration notariée soit correctement publiée, condition de son opposabilité aux créanciers postérieurs professionnels. La question de la régularité de la publicité conditionne donc, on le mesure bien, l'opposabilité de la déclaration notariée et, par voie de conséquence, la question de savoir si le liquidateur a ou non qualité pour agir.

Mais peut-être ne faut-il pas voir dans l'arrêt du 13 mars 2012, sur cette question de la contestation de la validité de la publicité, une solution de principe, et qu'il faut tenir compte de la particularité de l'espèce. Dans la présente affaire, deux publicités étaient nécessaires. Même si l'une d'elles seulement a été effectuée, elle suffit à créer la dualité de créanciers – ceux ayant le droit de saisir et ceux en étant dépourvus – nécessaire pour refuser au liquidateur la qualité pour saisir l'immeuble. Ainsi, il peut être soutenu que la déclaration notariée restait opposable à tous les créanciers professionnels postérieurs à la déclaration, au titre de l'activité professionnelle d'artisan. En revanche, la déclaration notariée était inopposable aux créanciers professionnels postérieurs au titre de l'activité de commerçant. De la sorte, la coexistence de créanciers professionnels postérieurs auxquels la déclaration notariée était opposable et de créanciers auxquels la déclaration

1. NOT. : Vallansan, *Act. proc. coll.* 2012/7, comm. 105 – Théron, *BJE* juill. 2012, p. 254 – PÉROCHON, 10e éd., no 1194.
2. Com., 13 mars 2012, no 11-15.438, P; no 305 FS-P+B; *D.* 2012. Jur. 1460, note Marmoz; *D.* 2012. Actu 807, note Lienhard; *D.* 2012. pan. 1573, note Crocq; *D.* 2012. pan. 2203, note Le Corre; *Act. proc. coll.* 2012, comm. 105, note Vallansan; *BJE* mai 2012, comm. 88, p. 147, note Camensuli-Feuillard; *Rev. sociétés* 2012, 393, note Henry; *JCP E* 2012, chron. 1508, n° 8, obs. Pétel; *JCP E* 2012, 1325, note Le Corre; *Rev. proc. coll.* 2012, comm. 112, note Lisanti; *Gaz. Pal.* 28 juin 2012, Jur. 1693, note S. Cabrillac; *Gaz. Pal.* 26 mai 2012, jur. 1526, note Théron; *BJS* juin 2012, comm. 263, note Monsérié-Bon; *LXB hebdo* 19 avr. 2012, no 293, note Le Corre – *Adde*, Hoonakker, « La double publicité de la déclaration notariée d'insaisissabilité » *D.* 2013. 318.
3. Montpellier, 2e ch., 15 mars 2016, RG no 15/07105, *Gaz. Pal.* 24 mai 2016, no 19, p. 38.

était inopposable justifiait l'absence d'intérêt à agir du liquidateur.

Si, l'on veut assurer une cohérence complète des solutions dégagées par la Cour de cassation en matière de déclaration notariée d'insaisissabilité, on ne peut donc qu'espérer que la Cour de cassation n'ait pas voulu ériger en principe la solution qui se dégage de l'arrêt du 13 mars 2012[1].

Dans une décision ultérieure, la Cour de cassation a considéré que la cour d'appel n'excède pas ses pouvoirs à exiger que, pour faire obstacle à la vente par le liquidateur de l'immeuble objet de la déclaration notariée, celle-ci fût publiée avant l'ouverture de la procédure collective du débiteur dans tous ses registres professionnels[2]. C'est implicitement mais aussi nécessairement admettre que le liquidateur puisse contester la régularité de la publicité. La solution, annoncée par le premier avocat général à la Cour de cassation, Mr Lemesle[3], ne peut qu'être approuvée.

La façon la plus radicale pour la procédure collective de saisir l'immeuble en présence de créanciers auxquels la déclaration notariée est opposable et d'autres auxquels elle est inopposable semble être, pour le liquidateur, de faire renoncer le débiteur déclarant à la déclaration notariée, comme il en a la possibilité. Il lui faudra, dans les situations classiques, être extrêmement convaincant. Il pourra ainsi faire valoir que certains créanciers conservent le droit de saisir l'immeuble et que le prix de vente échappera au débiteur, puisqu'il faudra payer ces créanciers. Mais il faut aussi compter sur les effets de l'autorité de la chose jugée attachée à la décision du juge-commissaire qui ordonnerait la vente aux enchères du bien. Si le débiteur ne s'y oppose pas, il ne pourra ensuite contester le droit de vendre du liquidateur. Il en est de même du créancier antérieur à la déclaration notariée qui ne pourra, s'il n'a formé un recours contre l'ordonnance du juge-commissaire, s'opposer ensuite à la vente lors de l'audience d'orientation[4].

Le liquidateur ne semble pas pouvoir se placer sur le terrain de la fraude paulienne.

Certes, la Cour de cassation admet la qualité à agir du mandataire judiciaire pour engager une action paulienne, alors même qu'il ne représenterait qu'un seul créancier ayant le droit d'agir, du fait de l'antériorité de sa créance à l'acte frauduleux (v. s[s] n° 6231).

Mais il faut apercevoir ici que l'admission de la fraude paulienne profiterait à tous les créanciers, alors pourtant que l'immeuble sur lequel porte l'action n'est pas un élément du gage commun. L'impossibilité pour certains créanciers de profiter du produit de la vente de l'immeuble conduit à considérer que le liquidateur qui agirait en fraude paulienne n'assurerait pas la défense de l'intérêt collectif des créanciers, mais seulement d'un groupe de créanciers. C'est pourquoi la Cour de cassation lui dénie ce droit[5]. Ainsi, à notre sens, c'est parce que le produit de l'action ne peut ici être collectif, du fait de l'insaisissabilité du bien par certains créanciers, qui n'ont donc sur l'immeuble aucune prétention à exercer, que la qualité à agir ne peut être reconnue au liquidateur. Si, comme cela a été énoncé, le droit des procédures collectives globalise l'intérêt collectif des créanciers en l'alignant sur le droit de poursuite du créancier quelconque, cette globalisation ne permet pas d'englober des biens qui constituent l'assiette d'un droit de poursuite exclusif au profit de certains créanciers.

Le jeu des nullités de la période suspecte ne permettait pas d'avantage d'atteindre la déclaration notariée d'insaisissabilité, puisque cette déclaration ne correspondait à aucun cas de nullité[6], même si le contraire avait été jugé[7]. Il avait notamment été estimé qu'il ne s'agissait pas d'une mesure conservatoire[8] L'idée avait été avancée de créer un tel cas de nullité, car il pouvait paraître choquant qu'un débiteur puisse ménage une insaisissabilité quelques jours avant l'ouverture de sa procédure collective. C'est ce qu'a fait l'ordonnance du 12 mars 2014[9] (art. 56), en créant tout à la fois un nouveau cas de

1. EN CE SENS : S. Cabrillac, note s[s] Com. 13 mars 2012, n° 11-15.438, NP, *Gaz. Pal.* 28 juin 2012, Jur. 1693.
2. Com. 2 juin 2015, n° 14-10.383, NP; n° 528 F-D; *Gaz. Pal. entr. diff.* 20 oct. 2015, n° 291, p. 28, note Voinot; *BJE* sept. 2015, p. 292, note Théron; *Rev. proc. coll.* 2016, comm. 51, note Reille.
3. Note s[s] Com. 24 mars 2015, n° 14-10.175, *Bull. civ.* IV [à paraître]; n° 324 FS-P+B; *BJE* 2015, 225.
4. Civ. 2e, 6 juin 2013, n° 12-18.481, *Bull. civ.* IV, n° 121, *Leden* juill. 2013, comm. 117, note Rubellin; *BJE* nov. 2013, 362, note Hugon.
5. Com. 23 avr. 2013, n° 12-16.035, *Bull. civ.* IV, n° 68; n° 427 F-P+B; *D.* 2013. actu 1127, note Lienhard et Pan. 2363, note Lucas; *Gaz. Pal.* 12 juill. 2013, n° 193, p. 19, note crit. Théron; *Act. proc. coll.* 2013/9, comm. 126, note Fin-Langer; *Rev. sociétés* 2013. 377, note Roussel Galle; *Leden* juin 2013, comm. 096, note Lucas; *BJE* juill. 2013, p. 217, note Camensuli-Feuillard; *LPA* 11 juin 2013, n° 116, p. 18, note Legrand; *JCP E* 2013. 1380, note Pétel; *Rev. proc. coll.* 2013, comm. 113, note Reille; *Bull. Joly* juill. 2013, p. 511, note Mouial-Bassilana; *Gaz. Pal.* 12 juin 2013, n° 163, p. 23, note S. Cabrillac; *LXB hebdo* 22 mai 2013, n° 339, note Le Corre.
6. EN CE SENS AUSSI : Vallansan, note s[s] Metz, 1re ch., 19 avr; 2011, RG n° 10/1736, *Act. proc. coll.* 2011/18, comm. 279 – J.-CL. COM., Saint-Alary-Houin C. et Monsérié-Bon M.-H., fasc. 2510, [Nullités facultatives], 2012, n° 29.
7. Metz, 1re ch., 19 avr; 2011, RG n° 10/1736, *Act. proc. coll.* 2011/18, comm. 279, note Vallansan.
8. Nancy, ch. com., 23 mars 2011, RG n° 09/02695, *JCP E* 1368, note Lebel; *Rev. proc. coll.* 2012, comm. 113, note Lisanti; *Rev. proc. coll.* 2013, comm. 14, note Blanc.
9. Ord. n° 2014-326, 12 mars 2014, préc.

nullité de droit de la période suspecte (v. s[s] n° 823.95) et un cas de nullité facultative de la période suspecte (v. s[s] n° 824.41).

La position générale de la Cour de cassation sur la déclaration notariée d'insaisissabilité ne doit pas surprendre, outre mesure. Après tout, quel était le but poursuivi par le législateur, qui a institué la déclaration notariée d'insaisissabilité ? N'était-ce pas d'éviter les funestes conséquences de la procédure collective, à moins de poser en postulat que le législateur légifère dans le vide, à l'occasion d'une législation intitulée « pour l'initiative économique » et dont l'objet est de limiter, pour l'entrepreneur indépendant, les risques liés à l'activité professionnelle ? À quoi bon prévoir une insaisissabilité de l'immeuble, si elle ne doit pas jouer au seul moment où le débiteur, prétendument protégé par la loi, en aura véritablement besoin ?

On pourra déplorer que le législateur n'ait pas mieux « emballé son cadeau » et ait oublié le seul article qui pouvait avoir quelque intérêt lorsqu'il a légiféré sur la question, et alors pourtant qu'il aurait pu réparer la malfaçon originelle à l'occasion d'une retouche du texte, préférant étendre le domaine d'un dispositif incertain. Cet article aurait pu être ainsi libellé : « la déclaration notariée n'est pas affectée par la liquidation judiciaire du débiteur déclarant. La saisie de l'immeuble visé dans la déclaration notariée n'est possible que par un créancier auquel la déclaration notariée est inopposable ». Quoi qu'il en soit, la Cour de cassation a restitué à la déclaration notariée d'insaisissabilité l'utilité que le législateur avait placée en elle.

562.13-3 **Possibilité pour les créanciers auxquels la déclaration notariée d'insaisissabilité est inopposable de saisir l'immeuble.** La question qu'il convient ici de se poser est celle de la détermination des droits des créanciers auxquels la déclaration notariée est inopposable et, par prolongement, du fait de la subrogation réelle, auxquels la déclaration de remploi est inopposable.

Si le bien, objet de la déclaration notariée, ne peut être vendu par le liquidateur, il faut logiquement reconnaître aux créanciers, auxquels la déclaration notariée est inopposable, le droit de saisir l'immeuble.

C'est en ce sens que se prononce la Cour de Cassation. Le créancier, titulaire d'une sûreté réelle, à qui la déclaration d'insaisissabilité d'un immeuble appartenant à un débiteur en liquidation judiciaire est inopposable, en application de l'article L. 526-1 du code de commerce, peut faire procéder à la vente sur saisie[1]. Observons que la Cour de cassation n'a pas statué sur le cas du créancier n'ayant pas de titre et ayant conservé le droit de saisir l'immeuble déclaré insaisissable.

Les créanciers ayant conservé le droit de saisir ne sont pas, relativement à cet immeuble, soumis à la discipline collective, l'immeuble échappant totalement à l'emprise de la procédure collective, à son effet réel, à son effet de saisie collective. Logiquement, ils n'ont donc pas à solliciter, en vertu de l'article L. 643-2 du code de commerce, l'autorisation du juge-commissaire pour vendre le bien aux enchères[2]. Pas plus qu'il ne peut autoriser la vente, ce juge ne peut l'interdire.

Les créanciers, auxquels la déclaration notariée est inopposable et qui ont donc conservé le droit de saisir l'immeuble, sont émancipés, lorsqu'ils voudront agir sur l'immeuble, de la discipline de la procédure collective. Les grands corps de règles de cette discipline collective leur sont inapplicables : interdiction des paiements, arrêt des poursuites individuelles et des voies d'exécution, déclaration de créance au passif, arrêt du cours des inscriptions de sûretés, arrêt du cours des intérêts.

Tout d'abord, ces créanciers, en théorie, ne sont pas frappés par l'interdiction des paiements. En théorie, seulement, en réalité. En effet, avant d'être une règle de la discipline collective, la règle est présentée comme une interdiction du côté du débiteur. S'il n'est pas interdit aux créanciers d'être payés sur le prix de vente de l'immeuble, qu'ils avaient le droit de saisir, il est interdit au débiteur de les payer autrement que par ce prix de vente. Le débiteur est en effet dessaisi de l'administration et de la disposition de ses droits patrimoniaux, sous la réserve de l'immeuble et de son prix. Il ne peut donc, par principe, effectuer de paiement. Il en est de même du conjoint commun en biens, sous réserve d'un paiement effectué sur ses propres, du fait de l'assujettissement des biens communs à la procédure collective (v. s[s] n° 741.42). Ne peut en conséquence être suivie la décision qui refuse au liquidateur le droit de demander au créancier ayant conservé le droit de saisir l'immeuble la restitution de sommes perçues après l'ouverture de la procédure, en remboursement du crédit consenti avant l'ouverture de la procédure collective[3]. La règle de l'interdiction des paiements est ici méconnue.

Le liquidateur ne peut davantage effectuer un paiement entre les mains d'un créancier qui aurait le droit de saisir l'immeuble, autrement que dans le cadre des distributions collectives, et à son rang,

1. Com. 5 avr. 2016, n° 14-24.640, *Bull. civ.* IV [à paraître]; n° 349 FS-P+B; *D.* 2016. actu 837, note Lienhard, 1296, note Borga; *Gaz. Pal.* 28 juin 2016, n° 24, p. 55, note Le Corre; *Act. proc. coll.* 2016/9, comm. 120, note Leprovaux; *Rev. sociétés* 2016. 393, note Henry; *BJE* 2016, 257, note Legrand; *LXB Hebdo* 21 avr. 2016, n° 463, note Le Corre-Broly.
2. Com. 5 avr. 2016, n° 14-24.640, préc.
3. T. com. Toulon, 8 mars 2013, RG n° 2011F00514.

sous condition d'opposabilité de la créance à la procédure collective, c'est-à-dire de sa déclaration de créance. La règle de l'interdiction des paiements justifie la solution, qui interdit au liquidateur de payer autrement que dans le cadre de distributions collectives, sous les exceptions édictées par l'article L. 641-3, alinéa 2 du code de commerce.

Ensuite, les créanciers qui ont conservé le droit de saisir l'immeuble, ne sont pas concernés par la règle de l'arrêt des poursuites individuelles[1].

Certes, dans un premier élan, on objectera que tous les créanciers antérieurs et les créanciers postérieurs non méritants sont soumis à la règle de l'arrêt des poursuites individuelles. Il a pu en être inféré par un auteur[2] qu'il fallait interdire la saisie de l'immeuble pendant la procédure collective, par le créancier auquel la déclaration notariée est inopposable. Poser pareille solution conduirait à un blocage absolu, car si le créancier est frappé, pendant la procédure collective par la règle de l'arrêt des poursuites individuelles, la reprise des poursuites sera, par principe, impossible pour lui, en cas de clôture pour insuffisance d'actif[3].

Fondamentalement, la règle de l'arrêt des poursuites individuelles est destinée à faire régner une discipline collective entre les créanciers, à permettre que la procédure ne soit pas une addition de saisies individuelles, mais que la procédure présente un caractère collectif. Pour cela, les droits individuels sont confisqués aux créanciers pour être transférés à un organe défendant leur intérêt collectif, en l'occurrence le liquidateur.

Si le liquidateur ne peut défendre individuellement un créancier ou un groupe de créanciers, rien n'interdit alors à ce créancier, qui ne défend pas un intérêt collectif, mais bien un intérêt individuel, d'agir, dans son propre intérêt. On rapprochera la solution de celle qui reconnaît la possibilité à un créancier d'agir en responsabilité contre un tiers qui a créé un préjudice, dès lors que ce créancier invoque un préjudice personnel et distinct. Dans cette hypothèse, puisque le créancier peut agir individuellement, le liquidateur, pour sa part, perd qualité à agir.

Le lien étroit qui existe entre la défense de l'intérêt collectif, monopole du liquidateur, et la privation du droit d'action du créancier individuellement, doit être affirmé. Réciproquement, dès lors que le créancier ne met pas en œuvre une action tendant à la défense de l'intérêt collectif, il conserve son droit d'action, le liquidateur, pour sa part, étant privé du droit d'agir.

L'immeuble, objet de la déclaration *notariée, est* insaisissable par certains et reste saisissables par d'autres. Dès lors que l'on rappelle que les actions tendant à la défense de l'intérêt collectif des créanciers sont celles qui ont pour objet de conserver ou de reconstituer le gage commun, ainsi que celles qui ont pour objet de distribuer autrement que cela résulte de la situation avant introduction de l'action, le produit du gage commun, il convient d'affirmer qu'une action sans rapport avec le gage commun ne tend pas à la défense de l'intérêt collectif des créanciers.

L'immeuble, objet de la déclaration notariée, dès lors qu'il est saisissable par certains créanciers, mais non par d'autres, n'est pas un élément du gage commun et, pour cette raison, le liquidateur est privé d'action sur lui. Corrélativement, puisque les actions intéressant cet immeuble ne tendent pas à la défense de l'intérêt collectif, il faut bien admettre qu'elles peuvent être mises en œuvre par des créanciers qui ont conservé le droit de saisir cet immeuble.

Le créancier, dans l'absolu, est néanmoins frappé par la règle de l'arrêt des poursuites individuelles. Pour justifier la recevabilité exceptionnelle de son action, il devra, dans son acte introductif d'instance, expliquer qu'il a conservé le droit d'action contre le débiteur, en tant que créancier ayant conservé le droit de saisir l'immeuble du débiteur. Son action devra avoir pour objet l'obtention d'un titre exécutoire lui permettant dans un second temps, de pratiquer une mesure d'exécution sur l'immeuble ou son prix. On peut comparer sa situation à celle d'un créancier soumis à la discipline collective, et par voie de conséquence à la règle de l'arrêt des poursuites individuelles, et qui entend, par exception, reprendre ses poursuites individuelles contre le débiteur après clôture pour insuffisance d'actif de la liquidation judiciaire, en application de l'article L. 643-11, V, alinéa 2 du code de commerce. Ce créancier devra justifier de son droit d'action, alors que le principe affirmé par l'article L. 643-11 du code de commerce est celui de l'interdiction du droit d'action.

Il ne pourra utiliser son titre exécutoire pour procéder à une exécution sur d'autres biens ou créances que l'immeuble, objet de la déclaration notariée[4], ou le cas échéant, objet du remploi, ou son prix de vente. Le liquidateur, pendant la procédure collective, ou le débiteur, après sa clôture, s'opposera aux prétentions du créancier qui tenterait une exécution sur un autre bien, devant le juge de l'exécution. Le liquidateur se fondera sur la règle de l'arrêt des voies

1. Pérochon, 10e éd., n° 1196.
2. Lucas, obs. ss Com. 28 juin 2011, n° 10-15.482 ; n° 687 FS-P+B+R+I; *Leden* 2011-7, n° 119, p. 1.
3. Pérochon, note ss Com. 28 juin 2011, n° 10-15.482, *JCP E* 2011. 1551, n° 20.
4. TGI Grasse, jex, 20 févr. 2014, RG n° 2014/91.

d'exécution pour résister aux prétes du créancier, à nouveau confronté à la disie collective, dès lors qu'il agit sur des biens autue l'immeuble ou son prix.

Aucune difficulté ne se présen pour que le créancier, auquel la déclaration note est inopposable, et qui est titulaire d'un titrecutoire avant l'ouverture de la procédure. Il poi pratiquer la saisie immobilière du ou des immers, objets de la déclaration notariée ou de l'immble acquis en remploi. Il pourra également procéà des mesures d'exécution sur le prix de vente d'l'immeuble, y compris dans l'année de sa vente, r l'insaisissabilité du prix, liée à la possibilité remploi dans l'année, ne protège pas le déclarancontre les créanciers auxquels la déclaration est inopposable.

Identiquement, aucune difficul ne se présentera pour le créancier postérieur méitant, auquel la déclaration notariée est inopposible. Il s'agira, en pratique, d'un créancier non profsionnel, quiaura fourni au débiteur une prestatiorprès le jugement d'ouverture du redressement judiaire, tel le créancier qui aura vendu un véhiculeion professionnel au débiteur, sans être intégralent payé.

Parce que le créancier auquela déclaration notariée est inopposable peut saisir l'immeuble, la règle de l'arrêt des poursuites individuelles ne peut le protéger contre la prescription de son action en justice. En effet, l'interruption de la prescription liée à l'ouverture de la procédure collective, et qui dure le temps de celle-ci, ne se justifie que parce que le créancier est privé du droit d'agir en justice. C'est une application particulière de la règle de l'article 2234 du code civil. C'est la solution posée par la Cour de cassation, qui juge que le créancier inscrit, à qui est inopposable la déclaration notariée d'insaisissabilité d'un immeuble, peut faire procéder à la saisie de cet immeuble et ne peut, dès lors qu'il n'est pas dans l'impossibilité d'agir sur l'immeuble au sens de l'article 2234 du code civil, bénéficier de la prorogation de l'effet interruptif de prescription de sa déclaration jusqu'à la clôture de la procédure collective, cet effet prenant fin à la date de la décision ayant statué sur la demande d'admission[1]. Il y a là une raison qui commande aux créanciers inscrits de ne plus tergiverser.

562.13-4 Sort du solde du prix de vente en cas de saisie de l'immeuble par un créancier auquel la déclaration notariée d'insaisissabilité est inopposable. Une difficulté particulière va se présenter dans la distribution du prix de vente de l'immeuble, qui viendrait à être saisi par un créancier. En effet, la procédure de distribution ne concerne que les créanciers inscrits sur l'immeuble. Seuls ceux-ci devront être appelés à cette procédure. Pour autant, le solde du prix doit-il être remis au débiteur ou à son liquidateur ?

La difficulté tient à l'existence de créanciers, ayant le droit de saisir l'immeuble, mais qui ne sont pas inscrits sur celui-ci. Ils ont la possibilité d'être payés sur le prix de vente, alors que, *a priori*, les créanciers dépourvus du droit de saisir l'immeuble, créanciers auxquels la déclaration est opposable, ne peuvent exercer de prétention sur le prix de vente. La Cour de cassation, pour l'heure, n'a pas statué sur leur sort.

Il nous semble que ces créanciers doivent être désintéressés avant que le solde du prix puisse être remis au débiteur ou à son liquidateur. Le répartiteur du prix de vente de l'immeuble doit s'en préoccuper. Pour cela, il serait judicieux qu'il sollicite du débiteur une liste des créanciers, dont la créance est née avant la publicité de la déclaration notariée, ainsi que des créanciers, dont la créance est née après la publicité, mais qui n'a pas de lien avec l'activité professionnelle. Cette liste pourrait être comparée avec la même liste qu'il pourrait demander au liquidateur de lui fournir. La coopération du liquidateur est intéressante pour les deux parties, car de ce travail dépend, le cas échéant, la transmission d'une partie des fonds au liquidateur.

On sait que le prix est insaisissable par les créanciers auxquels la déclaration notariée est opposable, pendant l'année qui suit la vente, du fait de la possibilité du remploi. Pour cette raison, ce solde ne nous semble pas pouvoir être remis au liquidateur dans ce délai.

Est-ce une raison suffisante pour le remettre au débiteur ? Une réponse négative nous semble s'imposer, l'opinion contraire ayant été soutenue[2]. En effet, l'insaisissabilité du solde du prix n'existe que sous condition de remploi. Considérer qu'il y aurait là une condition résolutoire n'aurait guère de sens. Cela autoriserait le débiteur à dissiper le prix au préjudice de créanciers qui, rétroactivement, du fait du jeu de la condition résolutoire, auraient eu des droits sur ce prix, l'insaisissabilité ayant disparu.

Il est donc, dans la logique du mécanisme du remploi, préférable de considérer que l'insaisissabilité est assortie d'une condition suspensive : si le débiteur fait usage du remploi dans l'année de la vente des droits immobiliers objets de la déclaration notariée, l'insaisissabilité de la part des créanciers auxquels la déclaration notariée était opposable subsiste.

1. Com. 12 juill. 2016, n° 15-17.321, *Bull. civ.* IV [à paraître]; n° 802 FS-P+B.

2. Roussel Galle, obs. s[s] Com. 28 juin 2011, n° 10-15.482, DPDE *bull.*, n° 328, n° 4.

La conséquence de l'analyse est qu'il appartient au répartiteur du prix de vente de l'immeuble et de son solde, après paiement des créanciers inscrits sur l'immeuble et ayant conservé le droit de le saisir, ainsi, à notre avis, que des créanciers non inscrits qui ont identiquement conservé le droit de saisir l'immeuble, de tout mettre en œuvre pour que le prix soit consigné, soit jusqu'à la déclaration de remploi, soit, à défaut, jusqu'à expiration du délai d'un an, qui met fin à l'insaisissabilité du prix de vente.

À cette date, faute de remploi, le solde du prix étant saisissable, devient un élément du gage commun et doit, en conséquence, être remis au liquidateur, pour répartition entre les créanciers de la procédure collective. Si les créanciers auxquels la déclaration est inopposable ont déclaré leur créance et ont été admis au passif, cela ne les autorisera pas à participer aux répartitions, dès lors qu'ils auront été payés sur le prix de vente de l'immeuble. Rappelons que l'autorité de chose jugée attachée à l'admission au passif ne vaut que par rapport à la créance telle qu'elle existait au jour du jugement d'ouverture. Des événements postérieurs au jugement d'ouverture, en l'occurrence le paiement effectué sur le prix de vente de l'immeuble, peuvent tenir en échec cette autorité de chose jugée qui ne s'apprécie que par référence à la situation existant au jour du jugement d'ouverture.

562.13-5 Questions non encore tranchées par la Cour de cassation. Il reste un certain nombre de **questions non tranchées**, pour l'heure, **par la Cour de cassation.**

> La première interrogation porte sur la possibilité pour le débiteur de vendre l'immeuble. Certes, un débiteur en liquidation judiciaire est, par principe, soumis aux règles du dessaisissement et ne peut plus, en conséquence, procéder à la vente de biens lui appartenant, le pouvoir de disposer des biens étant transféré au liquidateur. Mais, puisque le bien ne peut être vendu par le liquidateur, il faut logiquement décider que le bien peut être vendu par le débiteur. Le dessaisissement ne crée pas d'incapacité générale interdisant de disposer des biens. La réduction de pouvoirs qu'il entraîne est strictement cantonnée à la protection du gage commun des créanciers. Dès lors que l'immeuble n'est pas un élément du gage commun, il échappe au dessaisissement. Le débiteur continue donc à avoir sur l'immeuble son droit de disposition. Une fois cette question réglée, il reste à se demander ce que devient le prix. Échappe-t-il à la procédure collective, comme l'immeuble lui-même ? Autrement dit, l'insaisissabilité de l'immeuble entraîne-t-elle une insaisissabilité du prix de vente de l'immeuble ?

La rép à la question commande, nous semble-t-il, d inguer entre deux périodes. En cause, la possib réservée par la loi Dutreil[1] pour le débiteur de céder, grâce à une déclaration, à un remploi du prix de vente pour l'acquisition d'un autre bien immobilier. L'article L. 526-3, alinéa 1 du code de commerce dispose que « en cas de cession des droits immobiliers désignés dans la déclaration initiale, le prix obtenu demeure insaisissable à l'égard des créanciers dont les droits sont nés postérieurement à la publication de cette déclaration à l'occasion de l'activité professionnelle du déclarant, sous la condition du remploi dans le délai d'un an des sommes à l'acquisition par le déclarant d'un immeuble où est fixée sa résidence principale ». L'alinéa 2 du même article précise que « les droits sur la résidence principale nouvellement acquise restent insaisissables à hauteur des sommes réemployées à l'égard des créanciers visés au premier alinéa lorsque l'acte d'acquisition contient une déclaration de remploi des fonds ».

Ainsi, du jour de la vente du bien jusqu'à l'expiration du délai d'un an suivant cette vente, le prix de vente est insaisissable de la part des créanciers auxquels la déclaration notariée est opposable. Il faut, dans le prolongement des solutions de la Cour de cassation, décider que le prix de vente qui, dans ce délai d'un an, n'est pas un élément du gage commun, ne peut être appréhendée par la liquidation judiciaire.

Si, dans le délai d'un an de la vente de biens immobiliers, objets de la déclaration notariée d'insaisissabilité, le prix de vente ne fait pas l'objet d'une déclaration de remploi, l'insaisissabilité cesse[2]. Tous les créanciers, en théorie, ont accès au prix de vente. Dès lors, il devient un élément du gage commun et peut être appréhendé par la procédure collective.

Le remploi obéit à des conditions de validité et de forme strictes, qui sont identiques, précise l'alinéa 3 de l'article L. 526-3 du code de commerce, à celles qui régissent la déclaration notariée elle-même : acte authentique et publicité. En outre, le remploi, contrairement à la déclaration notariée elle-même, ne peut porter que sur l'acquisition de droit immobiliers destinés à assurer la résidence principale du déclarant. Si, par sa nature ou par son usage, l'immeuble ne peut servir ou ne sert pas effectivement à assurer la résidence principale du déclarant – la charge de la preuve incombant évidemment à celui qui se prévaut du fait –, l'insaisissabilité reportée sur l'immeuble nouvellement acquis cesse, ce qui autorise tous les créanciers à le saisir et, par voie de conséquence, la procédure collective à s'en emparer,

1. L. n° 2003-721, 1er août 2003, préc.
2. Roussel Galle, obs. ss Com. 28 juin 2011, n° 10-15.482, DPDE *bull.*, n° 328, n° 4.

l'immeuble devenant alors un élémer gage commun.

Le remploi, qui joue comme un mécme de subrogation réelle, la chose acquise en placement acquérant dans le patrimoine du drant le même statut que la chose remplacée, ne cre pas de protection supplémentaire au déclarane celle qu'il avait lors de la déclaration initiale. Eautres termes, les créanciers auxquels la déclarai notariée était inopposable – créanciers extra pssionnels quelle que soit la date de naissande leur créance et créanciers professionnels antéirs à la publicité de la déclaration notariée – conuent à pouvoir saisir l'immeuble acquis par remp.

> La deuxième question : le sort de l'immole non vendu au jour de la clôture de la liquidationdiciaire pour insuffisance d'actif. Il est ici question: s'intéresser à l'hypothèse, qui sera sans doute équente en pratique, d'un immeuble, objet d'une déaration notariée d'insaisissabilité non vendu au jour de la clôture de la liquidation judiciaire pour insuffisance d'actif.

Il est d'abord évident que le liquidateur ne pourrait prétendre demander la reprise de l procédure, sur le fondement de l'article L. 643-1 du code de commerce, aux fins de réaliser le bien. Selon l'alinéa 1 de cette disposition, la repri de la liquidation judiciaire est possible notamment lorsqu'il « apparaît que des actifs n'ont pas ét réalisés ». Il faudrait, pour que le texte ait vocation à s'appliquer, que l'actif n'ait pas été connu du liquidateur. C'est la condition pour qu'il puisse lui « apparaître » que le bien n'a pas été vendu. Mais, au-delà de cette exégèse, il faut bien comprendre que le liquidateur, dépourvu du droit de réaliser l'actif pendant la procédure collective, n'aurait pas plus de droit après la reprise de la procédure. La Cour de cassation considère d'ailleurs qu'il s'agit d'une reprise de la procédure opérant rétroactivement (v. s^s^ n° 593.31), tout se passant donc comme si la clôture n'était jamais intervenue. C'est donc la même procédure, avec le même périmètre, notamment quant aux biens objets de la procédure collective.

Pas davantage, un créancier ne pourrait demander cette réouverture, puisque ce serait admettre que le liquidateur pourra alors faire ce qu'il n'a pas pu faire avant la clôture[1].

Le liquidateur pourrait-il prétendre obtenir la réouverture de la procédure, non cette fois pour réaliser l'immeuble, mais pour appréhender son prix, soit parce que l'immeuble a été vendu pendant la procédure et que le délai d'un an pour déclarer le remploi est expiré après la clôture, soit parce que le débiteur a vendu son immeuble après la clôture et que le délai d'un an du remploi est identiquement expiré ? Il ne s'agit pas ici de réaliser un bien. Mais l'article L. 643-11, alinéa 1 du code de commerce envisage un autre cas de reprise de la procédure : des actions dans l'intérêt des créanciers n'ont pas été entreprises. Cette seconde possibilité de reprise de la procédure présuppose que l'action à entreprendre intéresse la collectivité des créanciers. Il faut donc qu'elle intéresse le gage commun. On a pu observer que, à défaut de remploi dans l'année de la vente des droits immobiliers, objets de la déclaration notariée, le prix de vente devenait saisissable par tous. Par voie de conséquence, ce prix de vente devient un élément du gage commun. Sous cet angle, il n'y aurait donc pas de difficulté à envisager la reprise de la procédure. Mais une autre difficulté se présente alors. L'action en question, qui justifierait la reprise de la procédure, ne doit pas avoir été entreprise. Le texte postule donc que l'action ne soit pas apparue après la clôture. Il s'agit d'une action qui aurait pu, qui aurait dû, serait-on tenté de dire, être entreprise avant la clôture. Si l'action n'était pas envisageable, faute d'objet, avant la clôture, elle ne pourra justifier la reprise de la procédure, reprise qui suppose une clôture prématurée. Telle sera le cas si le bien immobilier est vendu pendant la procédure collective et que le délai d'un an du remploi n'est pas expiré au jour de la clôture. À la date de la clôture, le prix de vente – ou son solde – ne constituait pas un élément du gage commun et ne pouvait donc justifier une action du liquidateur.

En revanche, si la vente de l'immeuble est intervenue avant la clôture, que le délai d'un an du remploi du prix est expiré avant la clôture, le liquidateur serait, à notre avis, en droit de faire rouvrir la procédure pour appréhender le prix ou son solde. Encore faudra-t-il qu'il n'ait pas été dissipé.

Enfin, si la vente de l'immeuble intervient après la clôture, le liquidateur n'ayant jamais eu de droit sur l'immeuble ou son prix ne peut se fonder sur cette vente pour demander la reprise de la procédure, l'action sur l'immeuble ou son prix ne préexistant pas à la clôture.

562.14 Insaisissabilité légale de la résidence principale[2]. L'article 206 de la loi du 6 août 2015[3], dite loi Macron, constitue, sans aucun doute, la mesure la plus spectaculaire de cette législation intéressant le droit des entreprises en difficulté. Il ne s'agit pas, au sens strict, d'une disposition du droit des entreprises en difficulté. En effet, elle prend

1. T. com. Valenciennes, 16 déc. 2013, RG n° 2013/005130, *BJE* mai 2014, 153, note Borga.

2. Borga, « L'insaisissabilité légale de la résidence principale », *BJE* 2015, 429.
3. L. n° 2015-990, 6 août 2015, *JO* 7 août, p. 13537, dite loi Macron.

place aux articles L. 526-1 et suivants du code de commerce, dont elle modifie la rédaction.

Le livre V du code de commerce est intitulé « des effets de commerce et des garanties ». Le titre II est spécialement intitulé « des garanties ». Pour sa part, le chapitre VI est dénommé « de la protection de l'entreprise individuelle et de son conjoint ». On comprend mal la place du chapitre VI dans un livre intitulé « des effets de commerce et des garanties », à moins de comprendre que la protection de l'entrepreneur individuel serait une garantie pour lui. Mais alors le législateur utiliserait des concepts à géométrie très variable, le terme de garantie étant classiquement utilisé pour désigner un mécanisme de protection non du débiteur, mais du créancier.

Jusqu'à la loi du 6 août 2015, dite loi Macron, les articles L. 526-1 à L. 526-5 du code de commerce étaient consacrés à la déclaration notariée d'insaisissabilité. La loi Macron, et plus spécialement son article 206, ne supprime pas le mécanisme de la déclaration notariée d'insaisissabilité, mais lui adjoint un autre mécanisme, celui de l'insaisissabilité légale de la résidence principale. Le V de l'article 206 de la loi Macron intitule de manière nouvelle la section 1 du chapitre VI du titre II du livre V du code de commerce : « de l'insaisissabilité de la résidence principale », ce qui permet immédiatement de comprendre qu'il-y-a bien désormais plusieurs types d'insaisissabilité, et pas seulement celle résultant de la déclaration notariée. En effet, l'alinéa 1 de l'article L. 526-1 du code de commerce est relatif à l'insaisissabilité légale, cependant que l'alinéa 2, quant à lui, traite de la déclaration notariée d'insaisissabilité. Il est donc clair que les deux mécanismes peuvent se combiner.

562.14-1 Bénéficiaires de l'insaisissabilité légale. L'insaisissabilité légale ne concerne que les seules personnes physiques. Parmi ces dernières, elle n'intéresse que celles qui sont immatriculées à un registre de publicité légale à caractère professionnel ou qui exercent une activité professionnelle agricole ou indépendante.

Il s'agit donc des commerçants et des artisans, immatriculés pour les premiers au registre du commerce et, pour les seconds, au répertoire des métiers. Ne peuvent donc, *a priori*, être concernés les commerçants de faits ou les artisans de fait[1].

La mesure intéresse aussi les personnes physiques exerçant une activité professionnelle agricole ou indépendante. Il s'agit là des agriculteurs et des professions libérales.

Il serait possible de considérer que les commerçants et artisans de fait sont aussi des personnes physiques exerçant une activité indépendante. Cela jusait alors qu'ils puissent bénéficier de l'insaisissté légale de la résidence principale. Cette intetation ne nous semble cependant pas satisfais, du fait du visa de la personne immatriculée au rre de publicité légale à caractère professionnel. uoi bon viser cette immatriculation si elle ne sert en, au regard de la disposition étudiée ? En procnt de la sorte, le législateur nous semble exclles commerçants et artisans de fait. La solution t se comprendre, sur le terrain de l'information tiers. En effet, si le commerçant ou l'artisan n'ests immatriculé à un répertoire professionnel, comnt savoir qu'il est un professionnel indépendant que, par voie de conséquence, sa résidence princle est insaisissable ?

La esure d'insaisissabilité légale devrait donc favorir les inscriptions au répertoire professionnel puisqun effet de droit particulièrement important y est aaché, dès lors que l'intéressé est propriétaire immoblier de sa résidence principale.

562.14-2 Biens concernés par l'insaisissabilité légale. Son insaisissables, les droits immobiliers où est fixée la ésidence principale. Le Code civil connaît le domile ou encore le logement de la famille, mais n'utilis pas le concept de résidence principale, qu'utilisait éjà la loi du 1er août 2003[2], dite pour l'initiative éonomique, ayant créé le mécanisme de la déclaratio notariée d'insaisissabilité. On déterminera donc a résidence principale selon les critères du langag commun, comme étant le lieu où réside habituelement l'intéressé, le lieu où il habite.

Le législateur envisage l'hypothèse dans laquelle la résidence principale est pour partie utilisée à usage professionnel. En ce cas, il est prévu que seule la partie non utilisée pour un usage professionnel est insaisissable. Le fait que l'intéressé ait domicilié son entreprise dans sa résidence principale ne le prive pas de l'insaisissabilité légale.

Le législateur dispense l'intéressé d'un état descriptif de division. Si les locaux sont distincts, par exemple la maison d'habitation et un local spécifique, de type atelier, où de type bureau destiné à la réception de la clientèle libérale, il n'y a pas de difficulté à limiter l'insaisissabilité légale de l'immeuble. En revanche, si au même étage d'un immeuble, on trouve un bureau à usage professionnel et le reste de la construction destinée à un usage d'habitation, on voit mal l'intérêt d'une possibilité de saisie limitée au bureau. La limitation de l'insaisissabilité risque souvent d'être un leurre[3]. En tout cas, il a été affirmé lors des travaux parlementaires, que « cette suppression [de la nécessité d'un état descriptif de division] n'empêchera pas la saisie de la partie pro-

1. AUSSI EN CE SENS : Borga, préc., p. 429, n° 4.

2. L. n° 2003-721, 1er août 2003, préc.

3. RAPPR. : Borga, préc., sp. p. 430, n° 5.

fessionnelle du bien immobilier, leéanciers pourront toujours demander le momvenu au tribunal de faire procéder à un état criptif de division »[1].

562.14-3 Créanciers concernés par saisissabilité légale. L'immeuble assurant la résice principale du débiteur n'est pas insaisissabler tous.

L'article L. 526-1, alinéa 3 du code demmerce, reprend la solution existant pour le disitif de la déclaration notariée d'insaisissabilité. Il voit que l'insaisissabilité ne peut pas préjudicier droit de l'administration fiscale, lorsque cettiernière relève, à l'encontre de la personne soit demanœuvres frauduleuses, soit une inobservatiograve et répétée de ses obligations fiscales, au senle l'article 1729 du code général des impôts. Danes hypothèses, l'administration fiscale conserve donc le droit de saisir l'immeuble assurant la:sidence principale de l'intéressé, alors même qule serait créancière dans un cadre professionnel.

Selon l'article L. 526-1, alinéa 1 du code commerce, les droits immobiliers assurant l'ésidence principale ne sont pas saisissables : « paes créanciers dont les droits sont nés à l'occasicde l'activité professionnelle de la personne ».

Cette insaisissabilité relative à une renté très étroite avec celle posée par le législateum matière de déclaration notariée d'insaisissabil. Il y a, à l'instar de la solution posée en matière déclaration notariée d'insaisissabilité, deux cégories de créanciers.

Certains seront privés du droit de sair l'immeuble. Il s'agit des créanciers professionns (C. com., art. L. 526-1, al. 1), dont les droits naient à l'occasion de l'activité professionnelle apr la publication de la loi du 6 août 2015[2], dite loMacron, soit le 7 août 2015 (L. 6 août 2015, art. 26, IV, al. 1).

Au contraire, les droits immobilies sur la résidence principale restent saisissables par :

– les créanciers professionnels dont les droits sont nés avant le 7 août 2015;

– les créanciers non professionnels, que leurs droits soient nés avant ou après le 7 août 2015.

Cette solution n'est pas sans conséquence sur le régime de l'insaisissabilité légale en cas de liquidation judiciaire du débiteur.

562.14-4 Principe d'exclusion de l'immeuble assurant la résidence principale du gage commun. Dès lors que, reprenant la définition posée par la Cour de Cassation[3], on rappelle que l'action tendant à la défense de l'intérêt collectif des créanciers est une action qui tend à la protection ou à la reconstitution du gage commun, on a compris que les actions intéressant un immeuble insaisissable par certains ne sont pas au rang des actions tendant à la défense de l'intérêt collectif des créanciers.

Dès lors que l'on rappelle que le dessaisissement désigne la réduction des pouvoirs du débiteur aux fins de protection du gage commun, on comprend que l'immeuble, qui n'est pas un élément du gage commun, échappe au dessaisissement.

562.14-5 Conséquences de l'exclusion de l'immeuble assurant la résidence principale du gage commun. Faute d'être un élément du gage commun, l'immeuble ne pourra être vendu par le liquidateur. La solution a clairement été affirmée lors des travaux parlementaires. « Désormais, les entrepreneurs individuels n'auront plus à craindre de perdre, en cas de faillite, la maison ou l'appartement dans lequel ils vivent, souvent avec leur famille. Il s'agit, selon moi, d'une réelle avancée qui nous est proposée dans ce texte de loi »[4].

Du côté des créanciers ayant conservé le droit de saisir l'immeuble, faut-il admettre leur droit de saisie, nonobstant l'ouverture de la procédure collective contre le débiteur ?

Si le bien, objet de l'insaisissabilité légale ne peut être vendu par le liquidateur, il faut logiquement, sauf à aboutir à une situation de blocage inconciliable avec l'idée que l'insaisissabilité légale ne peut être opposée à certains créanciers, reconnaître à ces derniers le droit de saisir l'immeuble.

Ces créanciers ne sont pas, relativement à cet immeuble, soumis à la discipline collective, l'immeuble échappant totalement à l'emprise de la procédure collective, à son effet réel, à son effet de saisie collective.

Les créanciers, auxquels l'insaisissabilité légale est inopposable et qui ont donc conservé le droit de saisir l'immeuble, sont émancipés, lorsqu'ils voudront agir sur l'immeuble, de la discipline de la procédure collective. Pour faire valoir leurs droits sur l'immeuble, qui échappe à l'emprise de la procédure collective, l'effet réel de la procédure collective dirait Marc Sénéchal[5], les grands corps de règles de cette discipline collective leur sont inapplicables : arrêt des poursuites individuelles et des voies d'exécution, déclaration de créance au passif, arrêt du cours des inscriptions de sûretés, arrêt du cours des intérêts.

Comme cela a été jugé par la Cour de cassation, en matière de déclaration notariée d'insaisissabilité

1. Interv. C. Delga, Déb. Sénat 1re lecture 5 mai 2015, sous art. 55 *ter*.
2. L. nº 2015-990, 6 août 2015, préc.
3. Com. 2 juin 2015, nº 13-24.714, *Bull. civ.* IV [à paraître]; nº 546 FS-P+B+R+I.
4. Interv. R. Courteau, déb. Sénat 1re lecture 5 mai 2015, sous art. 55 *ter*.
5. *L'effet réel de la procédure collective*, Litec, 2002.

(v. s[s] n° 562.13-3), les créanciers qui ont conservé le droit de saisir l'immeuble pourront faire procéder à sa vente aux enchères, et cela sans avoir d'autorisation à solliciter du juge-commissaire. En effet, ils ne sont donc pas concernés par la règle de l'arrêt des poursuites individuelles[1].

Certes, dans un premier élan, on pourrait objecter que tous les créanciers antérieurs et les créanciers postérieurs non méritants sont soumis à la règle de l'arrêt des poursuites individuelles et qu'il faudrait, en conséquence, interdire la saisie de l'immeuble pendant la procédure collective, par le créancier auquel l'insaisissabilité légale est inopposable. Poser pareille solution conduirait à un blocage absolu, car si le créancier est frappé, pendant la procédure collective par la règle de l'arrêt des poursuites individuelles, la reprise des poursuites sera, par principe, impossible pour lui, en cas de clôture pour insuffisance d'actif[2].

Fondamentalement, la règle de l'arrêt des poursuites individuelles est destinée à faire régner une discipline collective entre les créanciers, à permettre que la procédure ne soit pas une addition de saisies individuelles, mais que la procédure présente un caractère collectif. Pour cela, les droits individuels sont confisqués aux créanciers pour être transférés à un organe défendant leur intérêt collectif, en l'occurrence le liquidateur.

Dès lors que le liquidateur ne peut défendre individuellement un créancier ou un groupe de créanciers, rien n'interdit alors à ce créancier, qui ne défend pas un intérêt collectif, mais bien un intérêt individuel, d'agir, dans son propre intérêt. On rapprochera la solution de celle qui reconnaît la possibilité à un créancier d'agir en responsabilité contre un tiers qui a créé un préjudice, dès lors que ce créancier invoque un préjudice personnel et distinct. Dans cette hypothèse, puisque le créancier peut agir individuellement, le liquidateur, pour sa part, perd qualité à agir, l'action ne tendant pas alors à la défense de l'intérêt collectif des créanciers.

Le lien étroit qui existe entre la défense de l'intérêt collectif, monopole du liquidateur, et la privation du droit d'action du créancier individuellement, doit être affirmé. Réciproquement, dès lors que le créancier ne met pas en œuvre une action tendant à la défense de l'intérêt collectif, il conserve son droit d'action, le liquidateur, pour sa part, étant privé du droit d'agir.

Exposons successivement les deux hypothèses susceptibles de se présenter.

1. Pérochon F., *op. cit.*, n° 1129.
2. SUR CETTE RÈGLE, en matière de déclaration notariée d'insaisissabilité : F. Pérochon, note s[s] Com. 28 juin 2011, n° 10-15.482, *Bull. civ.* IV, n° 109; *JCP E* 2011, 1551, n° 20.

Dans lamière, le créancier n'a pas, au jour de l'ouvertur la procédure collective, de titre exécutoire. Da absolu, il est frappé par la règle de l'arrêt desursuites individuelles. Pour justifier la recevabilixceptionnelle de son action tendant à l'obtentide son titre exécutoire, il devra, dans son acte roductif d'instance, expliquer qu'il a conservé roit d'action contre le débiteur, en tant que créaier ayant conservé le droit de saisir l'immeuldu débiteur. Son action devra avoir pour objet l'obntion d'un titre exécutoire lui permettant darun second temps, de pratiquer une mesure dxécution sur l'immeuble ou son prix. On peut corarer sa situation à celle d'un créancier soumis à discipline collective, et par voie de conséquence la règle de l'arrêt des poursuites individuelles, qui entend, par exception, reprendre ses poursuitindividuelles contre le débiteur après clôture pounsuffisance d'actif de la liquidation judiciaire, eapplication de l'article L. 643-11, V, alinéa 2 code de commerce. Ce créancier devra justifier cson droit d'action, alors que le principe affirmé pl'article L. 643-11 du code de commerce est celui d'interdiction du droit d'action.

Il ne pora utiliser son titre exécutoire pour procéder à unexécution sur d'autres biens ou créances que l'immible, objet de l'insaisissabilité légale, ou le cas échet, objet du remploi, ou de son prix de vente. Le luidateur, pendant la procédure collective, ou le biteur, après sa clôture, s'opposera aux prétentionsu créancier qui tenterait une exécution sur un autrbien, devant le juge de l'exécution. Le liquidateur fondera sur la règle de l'arrêt des voies d'exécution our résister aux prétentions du créancier, à nouvu confronté à la discipline collective, dès lors qu'ilgit sur des biens autres que l'immeuble ou son prix.

Aucune dificulté ne se présentera pour le créancier auquel l'nsaisissabilité légale est inopposable, et qui est titulaire d'un titre exécutoire avant l'ouverture de la procédure. Il pourra pratiquer la saisie immobilière de l'immeuble objet de l'insaisissabilité légale ou de l'immeuble acquis en remploi. Il pourra également procéder à des mesures d'exécution sur le prix de vente de l'immeuble, y compris dans l'année de sa vente, car l'insaisissabilité du prix, liée à la possibilité de remploi dans l'année, ne protège pas le déclarant contre les créanciers auxquels la déclaration est inopposable.

Identiquement, aucune difficulté ne se présentera pour le créancier postérieur méritant, auquel l'insaisissabilité légale est inopposable. Il s'agira, en pratique, d'un créancier non professionnel, qui aura fourni au débiteur une prestation après le jugement d'ouverture de la sauvegarde ou du redressement judiciaire, tel le créancier qui aura vendu un véhicule non professionnel au débiteur sans être intégralement payé.

Précisons enfin que, puisque la règle du dessaisissement ne s'applique pas, au regard de l'immeuble, le débiteur conserve son droit d'administration et de disposition de ce bien. Dès lors, il peut le vendre.

562.14-6 Sort du prix de vente d'un immeuble, objet de l'insaisissabilité légale vendu sur saisie par un créancier auquel l'insaisissabilité légale est inopposable. Il faut d'abord préciser un point qui ne semble guère faire difficulté. Le prix de vente ne peut être attribué qu'à des créanciers qui ont conservé le droit de saisir l'immeuble, des créanciers auxquels l'insaisissabilité légale est inopposable. Il s'agira donc soit de créanciers dont la créance est née avant la publication de la loi du 6 août 2015[1], dite loi Macron, soit de créanciers dont la créance est née après cette publication, mais à condition qu'elle le soit pour des besoins autres que ceux de l'activité professionnelle du débiteur.

Une difficulté particulière va se présenter dans la distribution du prix de vente de l'immeuble, objet de la saisie immobilière. En effet, la procédure de distribution ne concerne que les créanciers inscrits sur l'immeuble. Seuls ceux-ci devront être appelés à cette procédure. Pour autant, le solde du prix doit-il être remis au débiteur ou à son liquidateur ?

La difficulté tient à l'existence de créanciers, ayant le droit de saisir l'immeuble, mais qui ne sont pas inscrits sur celui-ci. Ils ont la possibilité d'être payés sur le prix de vente, alors que, *a priori*, les créanciers dépourvus du droit de saisir l'immeuble, créanciers auxquels l'insaisissabilité légale est opposable, ne peuvent exercer de prétention sur le prix de vente.

Il nous semble que ces créanciers doivent être désintéressés avant que le solde du prix puisse être remis au débiteur ou à son liquidateur. Le répartiteur du prix de vente de l'immeuble doit s'en préoccuper. Pour cela, il serait judicieux qu'il sollicite du débiteur une liste des créanciers, dont la créance est née avant le 7 août 2015 (date de publication de la loi du 6 août 2015, dite loi Macron), ainsi que des créanciers, dont la créance est née après cette date, mais qui n'a pas de lien avec l'activité professionnelle. Cette liste pourrait être comparée avec la même liste qu'il pourrait demander au liquidateur de lui fournir. La coopération du liquidateur est intéressante pour les deux parties, car de ce travail dépend, le cas échéant, la transmission d'une partie des fonds au liquidateur.

On sait que le prix est insaisissable par les créanciers auxquels l'insaisissabilité légale est opposable, pendant l'année qui suit la vente, du fait de la possibilité du remploi. Pour cette raison, ce solde ne nous semble pas pouvoir être remis au liquidateur dans ce délai.

Est-ce une raison suffisante pour le remettre au débiteur ? Une réponse négative nous semble s'imposer, l'opinion contraire ayant été soutenue en matière de déclaration notariée d'insaisissabilité[2]. En effet, *l'insaisissabilité du solde du prix n'existe* que sous condition de remploi. Considérer qu'il y aurait là une condition résolutoire semble impraticable, car cela autoriserait le débiteur à dissiper le prix au préjudice de créanciers qui, rétroactivement, du fait du jeu de la condition résolutoire, auraient eu des droits sur ce prix, l'insaisissabilité ayant disparu.

Il est donc, dans la logique du mécanisme du remploi, préférable de considérer que l'insaisissabilité est assortie d'une condition suspensive : si le débiteur fait usage du remploi dans l'année de la vente des droits immobiliers objets de l'insaisissabilité légale, l'insaisissabilité de la part des créanciers auxquels la déclaration notariée était opposable subsiste.

La conséquence de l'analyse est qu'il appartient au répartiteur du prix de vente de l'immeuble et de son solde, après paiement des créanciers inscrits sur l'immeuble et ayant conservé le droit de le saisir, ainsi, à notre avis, que des créanciers non inscrits qui ont identiquement conservé le droit de saisir l'immeuble, de tout mettre en œuvre pour que le prix soit consigné, soit jusqu'à la déclaration de remploi, soit, à défaut, jusqu'à expiration du délai d'un an, qui met fin à l'insaisissabilité du prix de vente.

À cette date, faute de remploi, le solde du prix étant saisissable, devient un élément du gage commun et doit, en conséquence, être remis au liquidateur, pour répartition entre les créanciers de la procédure collective. Si les créanciers auxquels l'insaisissabilité légale est inopposable ont déclaré leur créance et ont été admis au passif, cela ne les autorisera pas à participer aux répartitions, dès lors qu'ils auront été payés sur le prix de vente de l'immeuble. Rappelons que l'autorité de chose jugée attachée à l'admission au passif ne vaut que par rapport à la créance telle qu'elle existait au jour du jugement d'ouverture. Des événements postérieurs au jugement d'ouverture, en l'occurrence le paiement effectué sur le prix de vente de l'immeuble, peuvent tenir en échec cette autorité de chose jugée qui ne s'apprécie que par référence à la situation existant au jour du jugement d'ouverture.

1. L. n° 2015-990, 6 août 2015, préc.

2. Ph. Roussel Galle, obs ss Com. 28 juin 2011, préc., DPDE *bull.* n° 328, n° 4.

L'article L. 526-3, alinéa 1 du code de commerce indique que le prix devient insaisissable en cas de cession des droits immobiliers sur la résidence principale, sous la condition du remploi des sommes à l'acquisition par le débiteur d'un immeuble où est fixée sa résidence principale.

L'immeuble acquis grâce au remploi devient légalement insaisissable. C'est pourquoi on peut considérer que si par la suite le débiteur vend l'immeuble qui a été acquis en remploi, le mécanisme du remploi peut encore être utilisé, faute de disposition contraire du texte; l'essentiel étant de partir du postulat que l'immeuble, acquis en remploi, est insaisissable.

L'insaisissabilité du prix de cession, sous condition de remploi, ne concerne que la résidence principale, comme cela était déjà le cas en matière de déclaration notariée d'insaisissabilité. À cet égard, cette dernière ne sera d'aucune utilité particulière par rapport au mécanisme de l'insaisissabilité légale de la résidence principale.

562.14-7 Possibilité de renonciation à l'insaisissabilité Comme cela était déjà le cas en matière de déclaration notariée d'insaisissabilité (C. com., art. L. 526-3, al. 4), l'insaisissabilité des droits sur la résidence principale peut à tout moment faire l'objet d'une renonciation (C. com., art. L. 526-3, al. 2). La renonciation peut être effectuée au bénéfice d'un ou de plusieurs créanciers désignés dans l'acte authentique, forme obligatoire par la renonciation.

> **Si elle intervient au profit d'un ou de plusieurs créanciers, mais non de tous**, l'immeuble ne devient pas un élément du gage commun et les solutions précédemment décrites trouvent application. En outre, en cas de cession de la créance du bénéficiaire de la renonciation, le cessionnaire peut se prévaloir de cette renonciation, ce qui signifie qu'il peut donc saisir l'immeuble.

> **Si la renonciation intervient au profit de tous les créanciers.** Dans un premier temps, il n'existe plus alors de créanciers ayant perdu le droit de saisir l'immeuble. L'immeuble devient un élément du gage commun. La double conséquence qui en résulte est que le dessaisissement frappe l'immeuble et que le liquidateur retrouve la possibilité de vendre l'immeuble.

Le liquidateur, à cet égard, pourra faire comprendre pédagogiquement à l'intéressé que l'immeuble reste parfaitement saisissable notamment de la part des créanciers non professionnels. Dès lors que le débiteur n'a aucune raison particulière d'avantager les créanciers non professionnels par rapport aux créanciers professionnels, et dès lors que le débiteur a compris que l'immeuble ne resterait pas sa propriété, il peut renoncer, au profit du liquidateur, à l'insaisissabilité de la résidence principale. En réalité, il s'agira d'une renonciation au profit de tous les créanciers, qui permettra alors au liquidateur de réaliser l'immeuble dans la liquidation judiciaire, aux fins de désintéressement de la totalité des créanciers et non pas seulement des créanciers non professionnels.

La renonciation peut être révoquée à tout moment, dans les conditions d'opposabilité et de validité posées à l'article L. 526-2 du code de commerce. La révocation n'a d'effet qu'à l'égard des créanciers dont les droits naissent postérieurement à sa publication. Il faut donc considérer que l'insaisissabilité est réactivée au préjudice des créanciers professionnels dont les droits sont nés postérieurement à la publication de cette renonciation (C. com., art. L. 526-3, al. 2).

Si le débiteur est en liquidation judiciaire, il ne peut, à notre sens, révoquer la renonciation effectuée au profit de l'ensemble des créanciers. En effet, du fait de sa renonciation, l'immeuble est redevenu un élément du gage commun. Le débiteur est dessaisi de l'administration et de la disposition de cet immeuble. Il ne peut donc, du fait de son dessaisissement, accomplir un acte contrariant l'effet du dessaisissement.

L'article L. 526-3, alinéa 3 du code de commerce prévoit que les effets de l'insaisissabilité subsistent après la dissolution du régime matrimonial lorsque le débiteur est attributaire de l'immeuble. La même solution vaut après son décès. Cette solution était déjà posée en matière de déclaration notariée d'insaisissabilité (C. com., art. L. 526-3, al. 5).

562.14-8 Combinaison entre l'insaisissabilité légale et la déclaration notariée d'insaisissabilité. La création de l'insaisissabilité légale de la résidence principale n'a ni pour objet ni pour effet de supprimer la déclaration notariée d'insaisissabilité[1].

Tout d'abord, l'article 206, IV, alinéa 2 de la loi du 6 août 2015[2], dite loi Macron, précise que la déclaration et la renonciation portant sur l'insaisissabilité de la résidence principale publiées avant la publication de la présente loi continuent de produire leurs effets. L'insaisissabilité légale ne remplace donc pas la déclaration notariée d'insaisissabilité valablement constituée et publiée avant le 7 août 2015 (date de publication de la loi Macron).

À compter de la loi Macron, la résidence principale devient insaisissable, dans les conditions ci-dessus précisées. La déclaration notariée d'insaisissabilité peut continuer à être utilisée, comme le fait ressortir clairement l'alinéa 2 de l'article L. 526-3

1. RAPPR. : interv. R. Courteau, Déb. Sénat 1re lecture 5 mai 2015, sous art. 55 *ter*.
2. L. n° 2015-990, 6 août 2015, préc.

du code de conmerce. La décl ion notariée d'insaisissabilité peut, en théorie, ore porter sur la résidence principale, mais elle n rt à rien puisque la résidence principale est par ire insaisissable de la part de certains créanciers

La déclaration notariée d'insasabilité peut porter sur tout bien bâ i ou non, noffecté à l'activité professionnelle, dès lors qu'elle st pas la résidence principale qui est légaleme insaisissable. Autrement dit, l'intérêt de la décl ion notariée d'insaisissabilité est de permettre saisissabilité des biens immeubles, non affectés isage professionnel, autres que la résidence prin ale.

Gageons que les difficultés soulev dans l'interprétation de la déclaration notariée insaisissabilité, en cas de liquidation judiciaire constituant, se retrouveront dans l'interprétation l'insaisissabilité légale de la résidence principale ar le législateur n'a pas été ici plus courageux que n prédécesseur, en omettant le pan essentiel de l difice : celui de la coordination des règles de l'in aisissabilité légale avec la liquidation judiciaire du débiteur qui en bénéficie. Il n'est pas besoin d'être grande prophète, pour prévoir que la Chambre commerciale de la Cour de cassation sera là, comme cela a été le cas avec la déclaration notariée d'insaisissabilité, pour mettre plâtre et ciment, afin que l'édifice législatif remarquable – au sens premier du terme – ne s'effondre !

SECTION 562.20
VENTE SUR SAISIE IMMOBILIÈRE [1]

562.21 Principe de la vente sur saisie immobilière (vente par adjudication judiciaire). L'article L. 642-18, alinéa 1 du code de commerce, dans sa rédaction issue de la loi de sauvegarde des entreprises [2], commence par énoncer que les ventes d'immeubles ont lieu suivant les formes prescrites en matière de saisie immobilière. La saisie immobilière est donc la forme de principe, des opinions divergentes existant cependant sur la question [3].

On peut ainsi citer une cour d'appel qui considère qu'il convient de rejeter le recours formé contre l'ordonnance du juge-commissaire autorisant la vente aux enchères, en retenant que l'impossibilité de la vente de gré à gré n'est pas une condition de régularité de la vente aux enchères et que le débiteur ne justifie d'aucun acquéreur malgré le délai de plusieurs mois imparti à cette fin et depuis l'ouverture de la liquidation judiciaire [4].

L'article L. 642-18, alinéa 3, dans sa rédaction issue de la loi de sauvegarde des entreprises, envisage aussi la possibilité pour le juge-commissaire d'autoriser une cession amiable, par exception.

La préférence du législateur pour la saisie immobilière résulte, à l'évidence, de l'architecture des textes. La solution peut se comprendre. Elle évite toute discussion sur le favoritisme consenti à tel ou tel acquéreur. Il est sûr que seule la meilleure offre pourra être retenue, ce qui n'est pas nécessairement le cas des ventes de gré à gré. À l'inverse, il n'est pas certain que ce soit toujours la meilleure solution pour obtenir le prix le meilleur. C'est pourquoi il est apparu impossible d'exclure toute autre forme de vente.

Ainsi, une cour d'appel a-t-elle censuré un juge-commissaire en considérant que le choix entre les deux formes de vente doit s'opérer à partir de critères économiques, à savoir : la valeur intrinsèque du bien à vendre, l'état du marché dans le secteur géographique, le coût de la procédure de saisie immobilière, et l'existence d'une proposition d'achat en correspondance avec la valeur du bien [5]. Si une offre est sensiblement supérieure à la mise à prix fixée par le juge-commissaire pour la vente aux enchères, alors la solution de la vente de gré à gré semble préférable [6]. Inversement, il n'y a pas place à réformation de la décision, si l'offre d'acquisition, dans le cadre d'une vente de gré à gré, porte sur un montant inférieur à la mise à prix fixée par le juge-commissaire, dans le cadre d'une ordonnance prescrivant la vente aux enchères [7].

L'article L. 642-18 du code de commerce, dans sa rédaction issue de la loi de sauvegarde des entreprises, envisage deux situations. À l'alinéa 1 de ces dispositions, est envisagée l'hypothèse où la saisie immobilière n'est pas commencée au jour du jugement d'ouverture. À l'alinéa 2, le législateur s'intéresse à l'hypothèse d'une saisie immobilière engagée au jour du jugement d'ouverture.

1. Hoonakker, « La saisie immobilière et les procédures collectives », in *Mesures d'exécution et procédures collectives*, « Procédures », Bruylant, 2012, p. 63.
2. L. n° 2005-845, 26 juill. 2005, préc.
3. EN CE SENS : *Rapp. Gouzes*, AN, *JO* doc. adm., n° 2349, p. 80 – Paris, 3e ch. A, 2 juill. 2002, DPDE *bull.*, n° 230, 12 nov. 2002, p. 5717, *V° Juge-commissaire*, n° 78 – *Adde*, GUYON, n° 1299 – DERRIDA ET *ALII*, n° 264 – PÉTEL, 6e éd., n° 296 – *CONTRA* : Paris, 27 févr. 1990, *Gaz. Pal.* 1991. 314, note Marchi; *RTD com.* 1990. 479, obs. Haëhl – Paris, 22 févr. 1991, *D.* 1992. Somm. 89, obs. Derrida – SOINNE, n° 2410 – CHAPUT, n° 498.
4. Grenoble, ch. com., 29 janv. 2015, RG n° 14/04973, *JurisData* 001468.
5. Bordeaux, 2e ch. civ., 12 mars 2014, RG n° 13/04971, *JurisData* 004984 – Bordeaux, 2e ch. civ., 2 juill. 2014, RG n° 14/00774, *JurisData* 020477.
6. Bordeaux, 2e ch. civ., 2 juill. 2014, préc.
7. Bourges, ch. civ., 20 mars 2014, RG n° 13/01537, *JurisData* 017087.

Les règles applicables à la saisie immobilière au cours de la procédure de liquidation judiciaire diffèrent, en fonction des législations applicables[1].

Si la procédure collective est ouverte avant le 1er janvier 2006, la loi du 25 janvier 1985[2] s'applique. Si la vente sur saisie immobilière a été ordonnée avant le 1er janvier 2007, elle est soumise à l'ancien droit de la saisie immobilière. Si la vente a été ordonnée à compter du 1er janvier 2007, elle est soumise au nouveau droit de la saisie immobilière.

La procédure collective ouverte à compter du 15 février 2009 est soumise aux règles de l'ordonnance du 18 décembre 2008[3] et du décret du 12 février 2009[4]. Les procédures de saisies immobilières en cours au 1er mars 2009 sont assujetties aux corrections apportées par le décret du 12 février 2009 au décret du 27 juillet 2006[5] réglementant la saisie immobilière.

Sur le particularisme de l'Alsace-Moselle, v. ss n° 082.21[6].

562.22 Vente sur saisie immobilière non entamée au jour du jugement d'ouverture – Nécessité de l'ordonnance du juge-commissaire. Les règles de la saisie immobilière, telles qu'elles sont réglementées par l'ancien code de procédure civile et désormais par le code civil, d'une part, par le décret du 27 juillet 2006[7], d'autre part, trouvent ici pleine l'application, à moins qu'il n'y soit expressément dérogé par les textes du droit des entreprises en difficulté (C. com., art. R. 642-27)[8].

Précisons à cet égard que la réforme de la procédure de saisie immobilière par l'ordonnance du 21 avril 2006[9] et par le décret du 27 juillet 2006 est entrée en vigueur le 1er janvier 2007. Elle s'applique toutefois aux procédures en cours à cette date si le cahier des charges n'avait pas encore été déposé (D. 27 juill. 2006, art. 168, al. 2 et al. 5).

C'est ainsi que si un adjudicataire a été déclaré en liquidation judiciaire avant paiement des frais de poursuite, le greffier du tribunal est en droit d'opposer à son liquidateur, désireux de revendre l'immeuble acquis, le défaut de paiement des frais préalables, pour ne pas lui remettre le titre d'adjudication[10].

On peutet égard, souligne les particularités par rapportne saisie immobiiière de droit commun.

Il faut d'.d décider que seul le juge-commissaire décide de brme de la vente, par voie d'ordonnance. Dèss qu'il a décidéque la vente interviendra par la vde la saisie immobilière, la conversion en vente votaire, solution classique en matière de saisie irobilière (arct C. pr. civ., art. 744 et 745), s'avèmpossible[11], du moins avant l'ordonnance du avril 2006. Les données du problème ont changépuis (v. ss n° 562.24).

La saisie commence pas ici par un commandement aux ts de saisie, mais par une requête présentée au je-commissaire[12].

L'article25 du décret du 27 décembre 1985[13] visait « le ge-commissaire qui autorise, en application de lrticle L. 622-16 du code de commerce, la vente de immeubles par voie de saisie immobilière ou d'ajudication amiable ».

Plus jusement, l'article R. 642-22 alinéa 1 du code de commerce vise « le juge-commissaire qui ordonne ou autorise, en application de l'article L. 624-18 du code de commerce, la vente des immeubles par voie de saisie immobilière ou d'adjudication amiable ».

L'article R. 642-22, alinéa 1, qui résulte du décret du 12 févrieı 2009[14], vise désormais la vente par voie d'« adjudication judiciaire ou amiable ». En effet, la vente sur saisie immobilière est ordonnée si elle intervient à l'initiative du liquidateur. Elle est autorisée si elle est poursuivie à l'initiative du créancier poursuivant.

Avant le décret du 12 février 2009, en cas d'opposition à l'ordonnance, c'est le jugement statuant sur opposition qui se substituera au commandement, non seulement pour le débiteur en liquidation judiciaire, mais encore pour son conjoint commun en biens[15]. Depuis ce décret, il s'agira de la décision de la cour d'appel statuant sur le recours formé à l'encontre de l'ordonnance du juge-commissaire.

L'ordonnance est notifiée par le greffier par lettre recommandée avec demande d'avis de réception au débiteur et aux créanciers inscrits, à domicile élu (C. com., art. R. 642-23, al. 1).

1. SUR CETTE QUESTION : Mastrullo, « Les rapports de la saisie immobilière et du droit des procédures collectives depuis l'ordonnance du 18 décembre 2008 et le décret du 12 février 2009 », *Rev. proc. coll.* 2010/2, 7, p. 20 s., sp. p. 21, n° 4.
2. L. n° 85-98, 25 janv. 1985, préc.
3. Ord. n° 2008-1345, 18 déc. 2008, préc.
4. D. n° 2009-160, 12 févr. 2009, *JO* 13 févr., p. 2596.
5. D. n° 2006-936, 27 juill. 2006, préc.
6. AUSSI : VALLENS, 2015, nos 4438, 4445.
7. D. n° 2006-936, 27 juill. 2006, préc.
8. SUR LA QUESTION : Aubert, « Le décret n° 85-1388 du 27 décembre 1985 », *RTD com.* 1987, n° sp., 138 s.
9. Ord. n° 2006-461, 21 avr. 2006, préc.
10. Com. 10 mars 2004, n° 00-22.783, *Bull. civ.* IV, n° 51.
11. Com. 11 avr. 1995, n° 92-12.254, *Bull. civ.* IV, n° 122; *D.* 1995. 333, rapp. Rémery, note Honorat; *Rev. proc. coll.* 1995, 350, n° 9, obs. Dureuil.
12. Com. 26 janv. 2010, n° 09-10.773, NP; n° 102 F-D; *Gaz. Pal.* 16-17 avr. 2010, nos 106, 107, p. 41, note Vauvillé.
13. D. n° 85-1388, 27 déc. 1985, *JO* 29 déc., p. 15281.
14. D. n° 2009-160, 12 févr. 2009, préc.
15. Civ. 2e, 16 juin 2004, n° 02-19.138, NP, *RD banc. fin.* 2004/6, p. 419, n° 262, obs. Piedelièvre.

L'article 88 du décret du 12 février 2009 supprime, dans l'article R. 642-23 du code de commerce, l'obligation de notifier la décision du juge-commissaire ordonnant la vente d'un immeuble du débiteur au créancier titulaire d'un privilège général immobilier. Cette suppression semble intéresser, au premier chef, l'AGS subrogée dans les privilèges des salariés.

Un alinéa est inséré à l'article R. 642-23 du code de commerce, juste après le premier alinéa, par l'article 88 du décret du 12 février 2009, qui a pour objet d'obliger le greffier du tribunal à aviser les contrôleurs de la décision du juge-commissaire ordonnant la vente d'un immeuble du débiteur.

L'ordonnance se substitue au commandement aux fins de saisie immobilière non seulement pour le débiteur en liquidation judiciaire, mais aussi, précise la jurisprudence, pour son conjoint commun en biens. La solution, posée sous l'empire de la législation antérieure à la loi de sauvegarde des entreprises[1], est pleinement justifiée, sous l'empire de la législation de sauvegarde des entreprises, par l'observation que, en application de l'article R. 641-30 alinéa 1 du code de commerce, le conjoint commun en biens est entendu par le juge-commissaire lorsqu'il est question de vendre des biens dépendant de la communauté[2]. La solution était beaucoup moins évidente, sous l'empire de la législation antérieure à la loi de sauvegarde, puisque l'audition du conjoint par le juge-commissaire était limitée à l'hypothèse où la dissolution de la communauté existant entre le débiteur et son conjoint devenait opposable aux tiers au cours du redressement ou de la liquidation judiciaire. Le conjoint était alors entendu ou dûment convoqué avant toute décision ordonnant ou autorisant la vente des biens de l'indivision (D. 27 déc. 1985, art. 20-1). Il aurait donc fallu, à notre sens, délivrer le commandement de saisie au conjoint *in bonis*. Quoi qu'il en soit, les droits du conjoint *in bonis* peuvent être suffisamment protégés par la possibilité qu'il détient de former un recours à l'encontre de l'ordonnance du juge-commissaire pour s'opposer à la vente sur saisie immobilière.

Il reste à déterminer le recours ouvert au conjoint commun en biens contre l'ordonnance du juge-commissaire. La difficulté n'était pas grande avant l'ordonnance du 18 décembre 2008[3] et le décret du 12 février 2009. Il suffisait de faire un recours devant le tribunal, le conjoint étant une personne dont les droits étaient affectés par l'ordonnance et qui, en tant que tel, devait donc être rendu destinataire de l'ordonnance par voie de notification. Depuis le décret du 12 février 2009, le recours ouvert sur l'ordonnance est désormais l'appel (C. com., art. R. 642-37-1, sur la question, v. s[s] n° 332.32).

562.23 Contenu de l'ordonnance du juge-commissaire autorisant la vente *sur saisie immobilière*. Il appartient au juge-commissaire, dans l'ordonnance, de fixer la mise à prix et les conditions essentielles de la vente et de déterminer les modalités de publicité. Il doit recueillir les observations des contrôleurs, le débiteur et le liquidateur entendus ou dûment appelés (C. com., art. L. 642-18, al. 1, réd. loi de sauvegarde des entreprises[4]). L'article R. 642-22 du code de commerce prévoit, de manière redondante, que l'ordonnance fixe la mise à prix des biens à vendre et les conditions essentielles de la vente, les modalités de publicité, compte tenu de la valeur, de la nature et de la situation des biens. Le liquidateur pourrait solliciter du juge-commissaire qu'il soit procédé à une publicité plus large que la publicité légale[5]. Si la vente intéresse un ensemble immobilier, il appartient exclusivement au juge-commissaire de ventiler le prix entre les différents biens[6]. En pratique, le liquidateur, dans sa requête à laquelle est annexé un projet d'ordonnance, donnera toutes indications utiles au juge-commissaire. Ce dernier pourra cependant, sous l'empire de la législation antérieure à la loi de sauvegarde des entreprises, la solution n'ayant pas été reproduite par le décret du 28 décembre 2005[7], faire procéder à une estimation totale ou partielle des biens, au besoin par expert[8], si leur valeur et leur consistance le justifient (D. 27 déc. 1985[9], art. 125, al. 3).

L'article R. 642-22, alinéa 3 du code de commerce prévoit utilement que le juge-commissaire peut préciser qu'à défaut d'enchères atteignant la mise à prix, la vente pourra se faire sur une mise à prix inférieure qu'il fixe. Dès lors que l'ordonnance contient cette faculté, l'insertion publicitaire relative à la vente n'a pas, à peine de nullité, à la reproduire[10].

L'article R. 642-28 du code de commerce ajoute que l'ordonnance doit, conformément au droit commun de la saisie, comporter certaines énonciations antérieurement prévues par le deuxième alinéa de

1. L. n° 2005-845, 26 juill. 2005, préc. – Com. 16 janv. 2007, n° 05-13.581, NP; n° 6 F-D.
2. Com. 26 janv. 2010, n° 09-10.773, NP; n° 102 F-D; *Gaz. Pal.* 16-17 avr. 2010, n°s 106, 107, p. 41, note Vauvillé.
3. Ord. n° 2008-1345, 18 déc. 2008, préc.
4. L. n° 2005-845, 26 juill. 2005, préc.
5. IFPPC 1999, recomm. n° 6070-1, p. 172.
6. TGI Limoges, 21 avr. 1988, *BICC* 1988, n° 778.
7. D. n° 2005-1677, 28 déc. 2005, préc.
8. IFPPC 1999, recomm. n° 6070-1, p. 172.
9. D. n° 85-1388, 27 déc. 1985, préc.
10. Civ. 2e, 9 déc. 1997, n° 95-21.200, *Bull. civ.* II, n° 300; *RJ com.* 1998. 292, n° 82, obs. Saint-Alary-Houin.

l'article 673 du code de procédure civile. L'article 158 du décret du 27 juillet 2006[1] substitue au visa de ces articles, ceux des 1°, 5° et 10° de l'article 15 du décret du 27 juillet 2006.

Le quatrièmement du deuxième alinéa de l'article 673 de l'ancien code de procédure civile intéresse la désignation précise de l'immeuble. Il en est de même du 5° de l'article 15 du décret du 27 juillet 2006.

Le cinquièmement du deuxième alinéa de l'article 673 de l'ancien code de procédure civile vise la copie de la matrice du rôle de la contribution foncière pour les biens à saisir. La solution n'a pas été reprise par le décret du 27 juillet 2006.

Le sixièmement du deuxième alinéa de l'article 673 de l'ancien code de procédure civile concerne l'indication du tribunal où l'expropriation sera poursuivie. La solution n'a pas été reprise par le décret du 27 juillet 2006.

Le septièmement intéresse la constitution de l'avocat chez lequel le domicile du créancier poursuivant est élu. Il en est de même du 1° de l'article 15 du décret du 27 juillet 2006.

Le 10° de l'article 15 du décret du 27 juillet 2006 rappelle qu'un huissier de justice pourra pénétrer dans les lieux afin de dresser un procès-verbal de description.

562.24 Publication à la conservation des hypothèques de l'ordonnance du juge-commissaire autorisant la vente sur saisie immobilière. L'ordonnance du juge-commissaire autorisant la saisie se substitue au commandement de saisie (C. com., art. R. 642-23, al. 2). Depuis le décret du 27 juillet 2006[2] modifiant la rédaction de l'article 269 alinéa 2 du décret du 28 décembre 2005[3], l'ordonnance produit les effets du commandement, ce qui entraîne l'indisponibilité de l'immeuble. Comme ce dernier, elle est publiée à la conservation des hypothèques du lieu de situation du bien (C. com., art. R. 642-23, al. 2). Cette publication est faite par le liquidateur, et cela, conformément au droit commun de la saisie immobilière, dans les quatre-vingt-dix jours[4]. Si, en droit commun, le point de départ du délai de quatre-vingt-dix jours, qui a été ramené à deux mois par l'article 18 du décret du 12 février 2009[5] réformant la procédure de saisie immobilière issu des textes du 27 juillet 2006, pour la publication du commandement de saisie, est sa signification au débiteur, ce délai courra ici à compter du jour où l'ordonnance sera passée en force de chose jugée[6]. À défaut, la solution classique de la caducité du commandement de saisie non publié dans les délais doit être transposée.

La publication à la conservation des hypothèques emportait indisponibilité de l'immeuble, dans les mêmes conditions que la publication du commandement aux fins de saisie (C. civ. art. 2093, al. 3). Depuis l'ordonnance du 21 avril 2006[7], l'indisponibilité de l'immeuble résulte de l'acte de saisie (C. civ. art. 2198, al. 1), mais l'opposabilité de la saisie aux tiers résulte de la publication au fichier immobilier (C. civ. art. 2200, al. 1), en l'occurrence de l'ordonnance.

Comme la publication du commandement à laquelle elle se substitue ou depuis l'ordonnance du 21 avril 2006, dont elle produit les effets, la publication de l'ordonnance du juge-commissaire cesse de produire effet à l'expiration d'un certain délai, qui était, avant la réforme de la saisie immobilière, de trois ans, et qui a été ramené à deux ans par l'article 32 du décret du 27 juillet 2006, faute d'adjudication mentionnée en marge de cette publication ou de jugement prolongeant le délai intervenu avant cette date[8].

Par dérogation à l'interdiction de publier un commandement aux fins de saisie s'il n'a pas été procédé à la mainlevée d'un précédent commandement, l'article R. 642-23, alinéa 3 du code de commerce prévoit que « le conservateur des hypothèques procède à la formalité de la publicité de l'ordonnance même si des commandements ont été antérieurement publiés. Ces commandements cessent de produire effet à compter de la publication de l'ordonnance ».

Après publication de l'ordonnance, qui produit les effets du commandement, une distinction s'impose selon que l'on est avant ou après le décret du 12 février 2009 (v. aussi s[s] n° 562.25).

> **Avant le décret du 12 février 2009**, le liquidateur doit, depuis la réforme de la saisie immobilière, assigner le débiteur à l'audience d'orientation. Il s'agit là d'une étape obligatoire de la procédure de saisie immobilière. Le débiteur a le droit, avant même d'être assigné à l'audience d'orientation, de saisir le juge de l'exécution d'une demande de vente amiable (D. 27 juill. 2006, art. 53). Le débiteur a également la faculté, lors de l'audience d'orientation, de présenter une telle demande[9]. Il faut cependant, dans le cadre d'une liquidation judiciaire, tenir compte d'éléments perturbateurs. Le premier

1. D. n° 2006-936, 27 juill. 2006, préc.
2. D. n° 2006-936, 27 juill. 2006, préc.
3. D. n° 2005-1677, 28 déc. 2005, préc.
4. DERRIDA ET *ALII*, n° 266.
5. D. n° 2009-160, 12 févr. 2009, préc.
6. Civ. 2e, 30 mars 2000, n° 96-21.478, *Bull. civ.* II, n° 59; *JCP E* 2000, pan. 875.
7. Ord. n° 2006-461, 21 avr. 2006, préc.
8. Com. 7 avr. 2004, n° 02-10.583, NP.
9. SUR CETTE QUESTION, en droit commun : Wickers, « La procédure de saisie immobilière après le décret du 27 juillet 2006 », *Gaz. Pal.* 9-10 août 2006, p. 2.

tient au fait que la forme de la vente ne dépend pas du poursuivant, mais du juge-commissaire, qui a ordonné la vente sous la forme de saisie immobilière. Un autre élément doit être intégré : il tient à l'observation que le débiteur est saisi de l'administration de ses droits patrimoniaux. L'article 55 du décret du 27 juillet 2006 prévoit que le débiteur doit accomplir les diligences nécessaires à la conclusion de la vente. Il est difficile d'imaginer un débiteur dessaisi accomplir ces démarches. Enfin, la vente amiable sur autorisation judiciaire produit tous les effets d'une vente volontaire. C'est ainsi qu'elle oblige le vendeur aux garanties classiques de la vente, ce qui semble bien impossible en présence d'un débiteur dessaisi. Ces éléments doivent conduire à décider que la conversion en vente amiable ne peut être sollicitée par un débiteur en liquidation judiciaire[1]. Sa demande doit être, nous semble-t-il, déclarée irrecevable. Une juridiction du fond a cependant jugé le contraire[2]. Ainsi, l'audience d'orientation, qui sera obligatoire même en liquidation judiciaire, ne servira-t-elle qu'à trancher les contestations et demandes incidentes, qui au demeurant ne pourront émaner du débiteur dessaisi.

Ensuite, et sans particularité par rapport aux règles du droit commun de la saisie immobilière, il appartient aux poursuivants, c'est-à-dire en l'occurrence le liquidateur, de procéder à la rédaction du cahier des charges – baptisé depuis le décret du 27 juillet 2006, cahier des conditions de la vente. L'article R. 642-25, alinéa 2 du code de commerce prévoit que le cahier des conditions de la vente doit indiquer l'ordonnance qui a ordonné ou autorisé la vente, au lieu de viser le commandement de saisie. Conformément au droit commun, il doit être fait mention de la désignation des biens à vendre, de la mise à prix, des conditions de vente et des modalités de paiement du prix, selon les règles prévues à l'article R. 643-3 du code de commerce, c'est-à-dire les règles de la procédure d'ordre et aujourd'hui de distribution du prix de vente de l'immeuble.

> **Le décret du 12 février 2009** a entendu assurer une harmonisation entre la procédure de saisie immobilière et la procédure de liquidation judiciaire. l'audience d'orientation créée par l'ordonnance réformant la procédure de saisie immobilière est ici supprimée[3].

1. TGI Pontoise, Jex, 29 nov. 2007, RG n° 07/000154, *Rev. proc. coll.* 2008, p. 80, n° 20, note Canet – EN CE SENS AUSSI : VALLENS, 2010, n° 4327 – Canet, note s[s] TGI Brest, jex, 20 sept. 2007, *Rev. proc. coll.* 2008, p. 79, n° 19.
2. TGI Brest, jex, 20 sept. 2007, *Rev. proc. coll.* 2008, p. 79, n° 19, note Canet.
3. Texier et Russo, « Le nouveau droit des entreprises en difficulté après l'ordonnance du 18 décembre 2008 et son décret d'application du 12 février 2009 », *LPA* 2 mars 2009, n° 43, p. 3 s., sp. p. 12, n° 34.

562.25 Sommation d'avoir à prendre communication du cahier des conditions de la vente[4] – Contestations et incidents.

> **Avant le décret du 12 février 2009**[5], il n'y avait pas à sommer le débiteur d'avoir à prendre communication du cahier des charges[6], devenu le cahier des conditions de la vente. La Cour de cassation avait posé en règle que le débiteur pouvait former un recours, malgré le dessaisissement qui l'atteint, à l'encontre de l'ordonnance autorisant la vente aux enchères d'un immeuble (v. s[s] n° 552.37). En l'absence d'opposition à l'ordonnance du juge-commissaire, ou si l'opposition était rejetée, l'ordonnance du juge-commissaire devenait définitive et il n'était plus question pour le débiteur de la contester. En conséquence, les dires du débiteur, aujourd'hui dénommés contestations, étaient jugés irrecevables[7], alors même qu'il était question pour le liquidateur de vendre un immeuble déclaré insaisissable[8]. Il en résultait qu'il était indifférent qu'il prît ou non connaissance du cahier des charges – cahier des conditions de la vente. Indiquons que la solution s'appliquait même lorsque la vente sur saisie avait été faite par le créancier inscrit en cas d'inaction du liquidateur (v. s[s] n° 566.32).

Un revirement de jurisprudence, non signalé par la Cour de cassation qui n'a pas cru utile de publier au bulletin sa décision, semblait être intervenu. La Cour de cassation avait en effet jugé que le dessaisissement ne rendait pas irrecevable le dire du débiteur, qui pouvait, en vertu de son droit propre, défendre seul à une action exercée contre lui par le liquidateur[9]. Il fallait semble-t-il, en conséquence de cette solution, depuis la réforme de la saisie

4. Depuis le décret du 27 juillet 2006.
5. D. n° 2009-160, 12 févr. 2009, préc.
6. Com. 11 avr. 1995, n° 91-21.534, *Bull. civ.* IV, n° 59; *D.* 1995. IR 153; *Rev. proc. coll.* 1996, 344, n° 4, obs. Dureuil – Cass., ch. mixte, 5 déc. 1997, n° 94-17.189, *Bull. ch. mixte*, n° 2; *D. Affaires* 1998, 29, note Lienhard; *Quot. Jur.* 1998, n° 6, p. 11, obs. P. M.; *RJ com.* 1998. 293, n° 92, obs. Saint-Alary-Houin; *BICC* 15 févr. 1998, p. 8, concl. Monnot – Paris, 2e ch. B, 24 févr. 2005, RG n° 2004/15879.
7. Com. 2 avr. 1996, n° 93-10.453, *Bull. civ.* IV, n° 102 – Com. 28 janv. 2004, n° 01-13.422, NP – Com. 3 oct. 2000, n° 98-13.169, NP, *Act. proc. coll.* 2000/19, n° 245 – Com. 3 déc. 2003, n° 01-11.606, NP, *RD banc. fin.* 2004, p. 108, n° 86, obs. Piedelièvre – Com. 28 janv. 2004, n° 00-18.724, NP, *LXB* N0084ABQ, note Le Corre – Com. 28 janv. 2004, n° 01-13.422, NP – Com. 1er mars 2005, n° 03-19.239, NP – Com. 5 juill. 2005, n° 04-12.597, NP – Paris, 2e ch. B, 24 févr. 2005, RG n° 2004/15879 – Com. 11 déc. 2012, n° 09-16.237, NP; n° 1266 F-D.
8. Civ. 2e, 6 juin 2013, n° 12-18.481, *Bull. civ.* IV, n° 121; n° 920 F-P+B; *Act. proc. coll.* 2013, comm. 208, note Salvat; *JCP E* 2013. 1452, note Lebel; *RTD civ.* 2013. 670, note Perrot; *RDBF* 2013, comm. 160, note Piedelièvre; *Rev. proc. coll.* 2014, comm. 29, note Reille.
9. Com. 17 nov. 2009, n° 08-19.151, NP; n° 1061 F-D.

immobilière, admettre identiquement l'irecevabilité des contestations des conditions de la vente.

Cette interprétation a, ensuite, été clairement démentie. Une autre décision, non publiée au bulletin, a en effet, dans la ligne orthodoxe antérieure, estimé que si le débiteur dessaisi peut exercer un recours contre l'ordonnance du juge-commissaire ayant autorisé la vente aux enchères publiques d'un immeuble lui appartenant, il est, en revanche, irrecevable à former un incident de saisie immobilière[1]. La solution a ensuite été confirmée[2]. Le débiteur est, selon la Cour de cassation, sans droit, « faute de capacité à agir, à relever appel du jugement du juge de l'exécution ordonnant la reprise des poursuites et la vente aux enchères publiques des biens »[3]. Le débiteur ne peut davantage, une fois la décision du juge-commissaire ordonnant la vente aux enchères devenue définitive, remettre en cause la vente à l'audience d'orientation, la solution posée sous l'empire de la législation antérieure à l'ordonnance du 18 décembre 2008[4] et du décret du 12 février 2009 ne pouvant qu'être reconduite. Le débiteur ne peut se réfugier derrière la violation de l'article 6 § 1 de la Convention EDH, car en soulevant une contestation – autrefois un dire –, il ne défend pas à une action engagée par son mandataire de justice et il n'a pas été privé de recours, ayant pu contester l'ordonnance du juge-commissaire au titre d'un droit propre échappant à son dessaisissement[5].

En revanche, la jurisprudence n'a pas varié sur la nécessité de la sommation à l'époux commun en biens, demeuré *in bonis*, et ce, à peine de nullité[6]. Le conjoint peut en conséquence, former des dires à l'audience éventuelle, sous l'empire de la législation antérieure à la réforme de la saisie immobilière, mais ne peut plus ensuite formuler des observations sur la régularité de la procédure, spécialement à l'occasion de la reprise des poursuites[7]. Il faudra qu'il s'agisse d'un véritable dire et non pas seulement d'une demande de remise de l'adjudication[8].

> **Le décret du 12 février 2009** a entendu assurer une harmonisation entre la procédure de saisie immobilière et la procédure de liquidation judiciaire.

L'article R. 642-25 du code de commerce reprend l'obligation de procéder, dans le cahier des conditions de la vente, ı désignation des biens à vendre. Le texte nouveaı oute qu'il convient d'indiquer l'origine de propı́é du bien, ainsi que les servitudes grevant l'immeuble et les baux consentis sur celui-ci. Le cahier des conditions de la vente doit en outre contenir le procès-verbal de description.

L'article R. 6‹29-1, alinéa 1 du code de commerce précise que le poursuivant dépose le cahier des conditions de la vente au greffe du juge de l'exécution du tribunal de grande instance compétent dans un délai deux mois à compter de la publication de l'ordonnance du juge-commissaire. Le dernier alinéa de l'article R. 642-29-1 du code de commerce prévoit e lorsque le délai de deux mois mentionné au premier alinéa a été dépassé, le juge de l'exécution déclare l'ordonnance du juge-commissaire non avenue, à moins qu'il ne soit justifié d'un motif légitime. La même sanction est posée en cas de dépassement du délai de quatre mois suivant l'avis d'avoir à prendre connaissance du cahier des conditions de la vente. Il est toutefois réservé l'hypothèse d'un dépassement de ces délais, justifié par un motif légitime.

L'alinéa 3 de l'article R. 642-29-1 du code de commerce précise les mentions que doit contenir l'avis d'avoir à prendre communication des conditions de la vente. Il précise que, outre les mentions prescrites pour les actes huissiers de justice, l'avis contient, à peine de nullité :

1° l'indication des lieu, jour et heure de l'audience d'adjudication du juge de l'exécution;

2° la sommation de prendre connaissance du cahier des conditions de la vente et l'indication du greffe du juge de l'exécution ainsi que du cabinet de l'avocat du poursuivant où celui-ci peut être consulté.

L'alinéa 2 de l'article R. 642-29 du code contient ensuite une disposition spécifique à la procédure de saisie immobilière initiée dans une liquidation judiciaire. Cette disposition oblige le poursuivant à aviser, par acte d'huissier, les créanciers inscrits à domicile élu et, si la vente porte sur bien dépendant de la communauté, le conjoint du débiteur, de la date de l'audience d'adjudication, laquelle est fixée dans un délai compris entre deux et quatre mois à compter de l'avis. Pour tenir compte de la possibilité de trancher les incidents de la saisie immobilière, cet avis doit, selon l'alinéa 3, 3° de l'article R. 642-29-1, contenir l'indication, en caractères très apparents, qu'à peine d'irrecevabilité, seules les contestations relatives à un acte de procédure postérieur à l'ordonnance du juge-commissaire peuvent être soulevées, par conclusions d'avocat déposées au greffe du juge de l'exécution, dans les quinze jours de l'acte ou, le cas échéant, de sa notification. En cas de contestation formée en application du 3°, les parties sont convoquées à une audience par le greffe

1. Com. 18 janv. 2011, nº 09-72.961, NP; nº 20 F-D.
2. Com. 28 janv. 2014, nº 12-14.875, NP; nº 115 F-D – Com. 23 sept. 2014, nº 13-20.304, NP; nº 778 F-D.
3. Com. 21 févr. 2012, nº 10-10.457, NP; nº 60 F-D; *Rev. proc. coll.* 2012, comm. 63, note Cagnoli.
4. Ord. nº 2008-1345, 18 déc. 2008, préc.
5. Com. 23 sept. 2014, nº 13-20.304, préc.
6. Com. 11 avr. 1995, nº 91-21.534, *Bull. civ.* IV, nº 59; *D.* 1995. IR 153; *Rev. proc. coll.* 1996, 344, nº 4, obs. Dureuil.
7. Com. 16 juin 2004, nº 02-19.138, NP.
8. Com. 7 avr. 2004, nº 01-02.638, NP.

du juge de l'exécution, conformément au troisième alinéa de l'article 7 du décret du 27 juillet 2006[1].

Les contestations relatives à l'ordonnance du juge-commissaire auront dû être vidées en amont, l'ordonnance n'étant publiée que lorsqu'elle est passée en force de chose jugée. Pour le surplus, il faut comprendre que l'audience d'orientation créée par l'ordonnance réformant la procédure de saisie immobilière est ici supprimée[2]. La solution vaut même si la contestation émane du conjoint, lequel ne dispose donc pas davantage que le débiteur d'une audience d'orientation[3]. Il devra donc faire valoir son désaccord en amont, à l'occasion de la décision du juge-commissaire ordonnant la vente.

562.26 Impossibilité pour le débiteur de faire renvoyer la vente. Le débiteur, du fait du dessaisissement qui le frappe, ne peut solliciter le renvoi de la vente[4]. Au demeurant, seuls la force majeure et la demande d'ouverture d'une procédure de surendettement constituent aujourd'hui des causes de remises exceptionnelles de l'adjudication.

562.27 Vente sur saisie immobilière d'immeubles multiples. L'article R. 642-29, alinéa 1 du code de commerce, après avoir énoncé que le « juge-commissaire peut autoriser le liquidateur à poursuivre simultanément la vente de plusieurs immeubles, même s'ils sont situés dans des ressorts de tribunaux de grande instance différents », poursuit, en son alinéa 2 en indiquant que le juge-commissaire « décide que la vente de ces biens sera poursuivie devant le tribunal de grande instance dans le ressort duquel chaque immeuble se trouve ou devant celui dans le ressort duquel est situé le domicile du débiteur ou le siège de l'entreprise ».

Il faut comprendre que le tribunal de grande instance dans le ressort duquel se trouve le tribunal de la faillite sera compétent pour connaître de la procédure de saisie immobilière d'un immeuble situé dans un autre ressort.

L'article R. 642-29 alinéa 1 du code de commerce, dans la rédaction que lui donne le décret du 12 février 2009[5], prévoit que, après avoir énoncé que le « juge-commissaire peut autoriser le liquidateur à poursuivre simultanément la vente de plusieurs immeubles, même s'ils sont situés dans des ressorts de tribunaux de grande instance différents », poursuit, en son alinéa 2 en indiquant que le juge-commissaire « décide que la vente de ces biens sera poursuivie devant le tribunal de grande instance dans le ressort duquel chaque immeuble se trouve ou devant celui dans le ressort duquel est situé le domicile du débiteur ou le siège de l'entreprise ».

L'alinéa 2 de cette disposition est modifié par l'article 92 du décret du 12 février 2009, qui remplace les termes « le domicile du débiteur ou le siège de l'entreprise » par ceux de « l'adresse de l'entreprise ou de l'activité déclarée par le débiteur personne physique ou le siège du débiteur personne morale ». Cette modification a pour objet de rendre symétrique la rédaction ici employée par rapport à celle de l'article R. 600-1 du code de commerce, qui détermine la juridiction compétente pour connaître de l'ouverture d'une procédure collective.

Cette règle, conforme au droit commun de la saisie immobilière n'a pas été supprimée à l'occasion de la réforme de la saisie immobilière. Elle est désormais prévue par l'article 3 du décret du 27 juillet 2006[6]. Elle nous semble pourtant dangereuse, tant pour le débiteur que pour ses créanciers. En effet, il est à craindre que le prix de vente retiré de la saisie soit inférieur à celui qui aurait été retiré dans le cadre d'une saisie se déroulant devant le tribunal de grande instance normalement compétent. La proximité peut, en la matière, avoir une certaine importance. La règle ne doit donc pas être utilisée par simple convenance, par solution de facilité et, *de lege ferenda*, il serait utile de supprimer cette dérogation aux règles de compétence, dans l'intérêt général.

562.28 Adjudication sur saisie immobilière. L'article R. 642-26 du code de commerce indique que le liquidateur ne peut être déclaré adjudicataire des immeubles du débiteur en qualité de mandataire. Pas davantage, il ne peut l'être à titre personnel, sauf à se rendre coupable du délit de malversation (C. com., art. L. 654-12, II).

Une fois l'adjudication intervenue, les règles de publication du jugement doivent être respectées. La publication de ce jugement doit intervenir dans les deux mois de sa date, sous peine de folle enchère, et aujourd'hui de réitération des enchères. La tardiveté de la signification du jugement d'adjudication au saisi reste sans conséquence sur ce droit[7]. Le paiement devra intervenir dans le délai prévu par l'article R. 643-3, alinéa 2 du code de commerce, c'est-à-dire un délai de trois mois à compter de l'adjudication, sauf jeu de la procédure de folle enchère (anc[t] C. pr. civ., art. 733 à 741) et aujourd'hui de réitération des enchères.

1. D. n° 2006-936, 27 juill. 2006, préc.
2. Texier et Russo, « Le nouveau droit des entreprises en difficulté après l'ordonnance du 18 décembre 2008 et son décret d'application du 12 février 2009 », *LPA* 2 mars 2009, n° 43, p. 3 s., sp. p. 12, n° 34.
3. Com. 26 janv. 2010, n° 09-10.773, NP; n° 102 F-D; *Gaz. Pal.* 16-17 avr. 2010, n°s 106, 107, p. 41, note Vauvillé.
4. Dijon, 1re ch., 1re sect., 14 avr. 1992, *JurisData* 045680.
5. D. n° 2009-160, 12 févr. 2009, préc.
6. D. n° 2006-936, 27 juill. 2006, préc.
7. Civ. 2e, 13 juill. 2005, n° 03-18.490, *Bull. civ.* II, n° 207; *Dr. et proc.* 2006/1, p. 54, note Leborgne.

L'expulsion du débiteur ne pourra intervenir que si le jugement d'adjudication lui a été signifié[1]. Le débiteur ne pourra se réfugier derrière le non-paiement par l'adjudicataire, pour refuser de quitter les lieux[2].

La réforme de la saisie immobilière par l'ordonnance du 21 avril 2006[3] facilitera la tâche de l'adjudicataire, dans la mesure où le jugement d'adjudication vaut désormais titre d'expulsion (C. civ., art. 2212, réd. ord. 21 avr. 2006).

562.29 Reprise par le liquidateur d'une saisie immobilière entamée avant jugement d'ouverture (v. aussi s[s] n° 622.11). Dans la version originale de la loi du 25 janvier 1985[4], aucun texte ne réglait la question de la saisie immobilière entamée avant jugement d'ouverture. Le droit commun de l'article 47 de cette loi trouvait à s'appliquer et il fallait, en conséquence, décider que la saisie ne pouvait prospérer, la règle de la règle de l'arrêt des voies d'exécution y faisant obstacle. La solution était extrêmement gênante si le jugement d'ouverture du redressement judiciaire était suivi, à bref délai, d'une liquidation judiciaire, car il appartenait au liquidateur d'entreprendre à nouveau la vente du bien grevé, en perdant le bénéfice de tous les actes précédemment accomplis par le créancier poursuivant.

Dans le souci d'accélérer la procédure de réalisation des immeubles[5], la loi du 10 juin 1994[6] a modifié la solution. L'article L. 622-16, alinéa 2 du code de commerce énonce que « lorsqu'une procédure de saisie immobilière engagée avant l'ouverture du redressement ou de la liquidation judiciaire a été suspendue par l'effet de cette dernière, le liquidateur peut être subrogé dans les droits du créancier saisissant pour les actes que celui-ci a effectués, lesquels sont réputés accomplis pour le compte du liquidateur qui procède à la vente des immeubles. La saisie immobilière peut alors reprendre son cours au stade où le jugement d'ouverture l'avait suspendue ».

La solution est reprise par la loi de sauvegarde et résulte désormais de l'article L. 642-18 alinéa 2, qui comporte comme seule modification le visa de l'ouverture d'une procédure de sauvegarde qui aurait interrompu une procédure de saisie immobilière.

La procédure sera considérée comme « engagée » dès lors que le commandement aux fins de saisie aura été *délivré* au débiteur, puisque c'est le premier acte de la saisie. Si la procédure *de saisie est commencée* au jour du jugement d'ouverture, elle se trouve suspendue jusqu'à ce que le liquidateur la reprenne à son compte, par une subrogation dans les droits du poursuivant. On remarquera qu'il pourra ne pas s'agir du liquidateur, dans le cadre de la réalisation d'actifs non compris dans le plan de cession, auxquels s'appliquent les modalités de la liquidation judiciaire (v. s[s] n° 572.55). Ce pourra donc être, sous l'empire de la législation antérieure à la loi de sauvegarde des entreprises[8], le commissaire à l'exécution du plan.

Ensuite, le texte n'édicte pas une obligation pour le liquidateur. Il n'y a qu'une simple faculté, qui a pour corollaire la règle de l'article L. 643-2 alinéa 1 du code de commerce, qui autorise le créancier titulaire de sûretés spéciales à reprendre l'exercice de son droit de poursuite individuelle en cas d'inaction du liquidateur pendant plus de trois mois après le jugement de liquidation judiciaire (v. s[s] n°s 566.11 s.). Le liquidateur pourra, en conséquence, préférer la reprise de la procédure par le créancier poursuivant. Dans le cas contraire, il appartiendra au liquidateur d'obtenir l'ordonnance du juge-commissaire prévoyant la subrogation, dans le délai de trois mois de la liquidation judiciaire. Une fois l'ordonnance autorisant le liquidateur à reprendre la procédure devenue définitive, la « subrogation » du liquidateur dans les droits du créancier poursuivant est de droit. Le liquidateur n'aura pas à démontrer que le créancier poursuivant est resté inactif ou négligent. Il avait été jugé à cet égard que l'article 722 de l'ancien code de procédure civile n'avait pas ici vocation à s'appliquer[9]. Il ne s'agit nullement de vaincre l'inertie du créancier poursuivant, mais bien plutôt d'en revenir au principe selon lequel les réalisations d'actifs sont de la compétence de principe du liquidateur[10]. Une fois que l'ordonnance autorisant la subrogation est devenue définitive, le créancier poursuivant ne peut, de toute façon, plus discuter de la question de savoir qui de lui ou du liquidateur peut poursuivre la saisie[11]. La « subrogation » est acquise au liquidateur.

Si le liquidateur ne demande pas la subrogation, le créancier poursuivant pourra préférer continuer lui-même l'action engagée, après s'être fait autoriser

1. Civ. 2e, 5 juin 1996, n° 94-15.060, *Bull. civ.* II, n° 127; *Rev. huissiers.* 1997, 294, obs. Martin.
2. Orléans, ch. éco. et fin., 3 mai 2001, *RJDA* 2001/7, n° 792.
3. Ord. n° 2006-461, 21 avr. 2006, préc. – Leborgne, « L'ordonnance portant réforme de la saisie immobilière : entre tradition et innovations », *JCP E* 2006. 2108, p. 1264.
4. L. n° 85-98, 25 janv. 1985, préc.
5. Rapp. Dailly, *JO* doc. adm. n° 303, p. 126 et interv. Dailly *JO Sénat CR* 9 avr. 1994, p. 889.
6. L. n° 94-475, 10 juin 1994, *JO* 11 juin, p. 8440.
7. AUSSI : LE CANNU, 7e éd., n° 1182.
8. L. n° 2005-845, 26 juill. 2005, préc.
9. Civ. 2e, 29 janv. 2004, n°s 02-14.944, 02-14.945, *Bull. civ.* II, n° 38; *D.* 2004. AJ 421; *Dr. et proc.* 2004/4, p. 229, note Leborgne; *RJ com.* 2004. 387, note Sortais.
10. RAPPR. : Com. 18 janv. 2005, n° 02-11.790, NP.
11. Com. 18 janv. 2005, n° 02-11.790, NP.

par le juge-commissaire à reprendre ses poursuites. Il a cependant été jugé en sens contraire que le créancier peut poursuivre la saisie, sans se faire autoriser par le juge-commissaire, dès lors que le liquidateur ne s'y oppose pas[1].

Juridiquement, il n'y a pas subrogation, opération qui suppose un paiement. Il y a plutôt une substitution[2].

La subrogation résultera d'une ordonnance du juge-commissaire.

L'article 126-1, alinéa 1, du décret du 27 décembre 1985[3], prévoyait que « le juge-commissaire autorise le liquidateur, le débiteur entendu ou dûment appelé, à reprendre la procédure suspendue par le jugement d'ouverture de redressement ou de liquidation judiciaire ».

L'article R. 642-24, alinéa 1 du code de commerce, issu de la rédaction du décret du 28 décembre 2005[4], reprend la solution, en semblant la cantonner au jugement d'ouverture de la liquidation judiciaire, ce qui signifierait que la procédure de saisie immobilière ne serait pas interrompue par l'effet du jugement d'ouverture de la sauvegarde ou du redressement judiciaire. La solution contrarierait alors la règle de l'arrêt des voies d'exécution posée par l'article L. 622-21, II du code de commerce. Mais ce serait oublier l'article L. 622-21, II du code selon lequel le jugement d'ouverture « arrête ou interdit également toute voie d'exécution de la part de ces créanciers tant sur les meubles que sur les immeubles ». Or ce texte de la sauvegarde est applicable tant en redressement (C. com., art. L. 631-14, I) qu'en liquidation judiciaire (C. com., art. L. 641-3, al. 1). La saisie immobilière est donc, de manière incontestable, suspendue par l'effet du jugement d'ouverture de toute procédure collective, ce que précise d'ailleurs également l'article L. 642-18 alinéa 2 du code, et est susceptible d'être reprise en liquidation judiciaire.

Pour sa part, l'article 89 du décret du 12 février 2009 précise que le juge-commissaire statue dans les conditions prévues à l'article R. 642-36-1, tel qu'il résulte de l'article 98 du décret du 12 février 2009. En conséquence, il devra statuer après avoir recueilli les observations des contrôleurs, le débiteur et le liquidateur entendus ou dûment appelés. Le conjoint devra également être entendu ou dûment appelé lorsqu'il se trouve dans l'une des situations prévues à l'article R. 641-30. Ce texte, qui n'a pas été modifié énonce, en son alinéa 2 que « Lorsque, au cours de la procédure, la dissolution de la communauté existant entre le débiteur et son conjoint devient opposable aux tiers, ce conjoint doit être entendu ou dûment convoqué avant toute décision ordonnant ou autorisant la vente des biens de l'indivision ».

L'ordonnance du juge-commissaire est, selon l'alinéa 2 de l'article R. 642-24 du code de commerce, *mentionnée en marge de la copie du commandement* publié à la conservation des hypothèques, à la requête du liquidateur. L'ordonnance du juge-commissaire est susceptible d'un recours dans les conditions classiques des recours formés en matière de réalisations d'actifs d'un débiteur en liquidation judiciaire (v. s[s] n°s 561.22 et 561.23). Le débiteur, même dessaisi, a ici un droit propre. Il a été jugé, avant l'ordonnance du 18 décembre 2008, que l'appel du jugement statuant sur le recours formé devant le tribunal, est irrecevable[5], sauf s'il émane du ministère public, tant sous l'empire de la législation antérieure à la loi de sauvegarde des entreprises, que sous l'empire de la législation de sauvegarde des entreprises.

La « subrogation du liquidateur dans les droits du créancier permet au premier de demander au tribunal de grande instance la prorogation du commandement aux fins de saisie, avant d'éviter sa péremption »[6]. Depuis l'ordonnance du 21 avril 2006 réformant la procédure de saisie immobilière, cette demande de prorogation doit être présentée au juge de l'exécution. Cette prorogation pourra identiquement être sollicitée par le créancier inscrit, poursuivant initial, sans qu'il ait besoin pour cela d'être autorisé par le juge-commissaire[7]. En procédant de la sorte, le créancier inscrit ne demande pas l'autorisation de vendre l'immeuble, mais effectue un acte conservatoire qui ne contrarie pas la règle de l'arrêt des voies d'exécution (v. aussi s[s] n° 622.11).

L'article L. 642-18, alinéa 2 du code de commerce prévoit que la procédure est reprise « au stade où le jugement d'ouverture l'avait suspendue ». Les actes accomplis antérieurement restent donc valables, à l'exception cependant des publicités qu'il y aura lieu d'effectuer à nouveau, et cela, précise la Cour de cassation, « quel que soit le régime applicable à la procédure de saisie immobilière en cours »[8]. Le créancier devra remettre au liquidateur les pièces de la poursuite, contre récépissé. Ses frais lui seront remboursés dans la procédure de distribution du

1. TGI Montbrison, aud. saisies imm., 21 nov. 2000, *Gaz. Pal.* 18-19 janv. 2002, jur. p. 38.
2. SOINNE, n° 2412.
3. D. n° 85-1388, 27 déc. 1985, préc.
4. D. n° 2005-1677, 28 déc. 2005, préc.
5. Civ. 2e, 10 mars 2004, n° 02-12.606, *Bull. civ.* II, n° 98; *Act. proc. coll.* 2004/8, n° 108, note Cagnoli.
6. Civ. 2e, 19 déc. 2002, n° 01-10.284, *Bull. civ.* II, n° 298; *Act. proc. coll.* 2003/5, n° 59, obs. Salvat – Civ. 2e, 10 mars 2004, n° 02-12.606, *Bull. civ.* II, n° 98; *D.* 2004. AJ 951.
7. Com. 2 juin 2004, n° 03-10.476, NP.
8. Civ. 2e, 12 juin 2012, n° 11-18.426, *Bull. civ.* II, n° 104; F-P+B; *Act. proc. coll.* 2012/13, comm. 186, note Hoonakker; *Gaz. Pal.* 2012. 2882, note Reifegerste.

prix (C. com., art. R. 642-24, al. 3). Si le cahier des conditions de la vente est devenu définitif au jour de l'ouverture de la procédure collective, le juge-commissaire peut simplement modifier la mise à prix. S'il n'est pas encore définitif à cette date, les conditions de la vente semblent devoir être laissées à l'appréciation du juge-commissaire [1]. La vente forcée doit en effet se poursuivre sur la mise à prix et selon les conditions essentielles fixées par le juge-commissaire [2], dans l'ordonnance autorisant la reprise de la procédure de saisie.

Une fois la reprise de la procédure intervenue, la saisie se déroulera dans les conditions de la saisie entamée après jugement d'ouverture (v. s^s^ n°s 562.22 s.). En revanche, la saisie continuée sans subrogation du liquidateur ou sans autorisation du juge-commissaire pour permettre au créancier de reprendre ses poursuites individuelles est irrégulière. Il en résultera la nullité de l'adjudication [3].

SECTION 562.30

VENTE SUR ADJUDICATION AMIABLE

562.31 Ordonnance d'adjudication amiable. L'article L. 642-18, alinéa 3 du code de commerce envisage la possibilité pour le juge-commissaire d'ordonner une forme de vente autre que la saisie immobilière. On a vu que la vente sur saisie immobilière était le principe. Cela doit conduire le juge-commissaire à motiver son ordonnance autorisant une forme autre. Il pourra s'agir de la cession par voie d'adjudication amiable.

Les règles exposées dans le cadre de la procédure de vente sur saisie immobilière sont applicables à la cession par adjudication amiable (v. s^s^ n°s 562.22 s.), sous réserve de quelques particularités ci-dessous exposées. Indiquons également qu'en Alsace-Moselle, sous l'empire de la législation antérieure à la loi de sauvegarde des entreprises [4], la vente par voie d'adjudication amiable est soumise aux dispositions des articles 249 à 254 de la loi du 1er juin 1924 (D. 27 déc. 1985 [5], art. 177-1, 3°).

Le juge-commissaire autorisera la vente sur adjudication amiable si la consistance des biens, leur emplacement ou les offres reçues, sont de nature à permettre une cession dans de meilleures conditions que celle de la saisie immobilière.

L'article R. 642-22 du code de commerce, qui réglemente le contenu de l'ordonnance, est ici applicable (v. s^s^ n°s 562.22 s.), sous *réserve du visa* supplémentaire par l'article R. 642-28 du code de commerce des 1°, 5° et 10° de l'article 15 du décret du 27 juillet 2006 [6]. Il en résulte notamment l'obligation d'indiquer le tribunal où l'expropriation est poursuivie et la constitution de l'avocat chez lequel le domicile du poursuivant est élu.

L'ordonnance doit désigner le notaire qui procédera à l'adjudication (C. com., art. R. 642-30).

Elle pourra préciser [7], sans excès de pouvoir du juge-commissaire, que le notaire devra verser les fonds de la vente aux comptes ouverts au nom du liquidateur, à la Caisse des dépôts et consignations [8].

C'est le notaire qui procédera, après publication de l'ordonnance à la conservation des hypothèques, à la rédaction du cahier des conditions de la vente (C. com., art. R. 642-25, al. 1) C'est lui qui informera les créanciers inscrits d'avoir à prendre communication du cahier des conditions de la vente, deux mois au moins avant la date fixée pour l'adjudication. Ce cahier sera déposé en l'étude du notaire. C'est là que les créanciers pourront y faire inscrire les dires et observations. Les dires ne pourront être formés qu'un mois au moins avant la date d'adjudication (C. com., art. R. 642-31, al. 1).

Contrairement au droit commun de la saisie immobilière, le débiteur n'a pas à être sommé d'avoir à pendre communication du cahier des conditions de la vente.

L'information envoyée par le notaire au créancier d'avoir à prendre connaissance du cahier des conditions de la vente contient également invitation des créanciers à assister à la vente. L'article R. 642-31, alinéa 2 du code de commerce prévoit que si un créancier formule un dire, il doit saisir le tribunal de grande instance dans les huit jours à peine de déchéance, en assignant le liquidateur, à comparaître à la première audience éventuelle utile. La constitution d'avocat est ici obligatoire pour le créancier, faute de règle contraire posée par le texte. Le décret du 27 juillet 2006 remplace la saisine du tribunal de grande instance par celle du juge de l'exécution, la constitution d'avocat demeurant néanmoins obligatoire.

Le créancier ayant formé un dire doit en informer immédiatement le notaire. Ce dernier doit inviter les autres personnes sommées (d'avoir à prendre communication du cahier des conditions de la vente) d'avoir à contester le dire.

1. Sénéchal, « Les vents d'immeubles aux enchères publiques », *LPA* 12 janv. 2000, n° sp., p. 30 s., sp. p. 33 – *Adde* Froehlich et Sénéchal, « De la réalisation de l'actif », *LPA* n° sp. 9 févr. 2006, n° 29, p. 21, sp. p. 35.
2. Civ. 2e, 12 juin 2012, n° 11-18.426; F-P+B; préc.
3. Com. 4 janv. 2000, n° 96-20.805, NP, *RJDA* 2000/3, n° 308.
4. L. n° 2005-845, 26 juill. 2005, préc.
5. D. n° 85-1388, 27 déc. 1985, préc.
6. D. n° 2006-936, 27 juill. 2006, préc.
7. IFPPC 1999, recomm. n° 6090-4, p. 175.
8. Com. 28 juin 1994, n° 90-14.828, *Bull. civ.* IV, n° 238; *D.* 1994. 477, obs. Honorat.

Le jugement statuant sur le dire doit être communiqué par le liquidateur au notaire, qui modifie s'il y a lieu le cahier des conditions de la vente (C. com., art. R. 642-31, al. 2).

Le notaire doit convoquer à la vente le liquidateur, le débiteur et les créanciers inscrits au moins un mois à l'avance (C. com., art. R. 642-31, al. 3).

On précisera également que l'article R. 642-35 du code de commerce réserve notamment l'application de l'article 75 du décret du 27 juillet 2006. Les frais de poursuite seront en conséquence taxés par le juge de l'exécution.

562.32 Les enchères de l'adjudication amiable. Contrairement à une règle de droit commun de la procédure de saisie immobilière, les enchères peuvent être faites sans ministère d'avocat (C. com., art. R. 642-32).

Les enchères doivent être pures et simples, ce que prévoit l'article R. 642-32 du code de commerce, dans la rédaction que lui donne le décret du 27 juillet 2006[1]. En outre, depuis le décret d'application de la réforme de la saisie immobilière du 27 juillet 2006, les enchères ne peuvent être portées qu'au moyen d'un chèque de banque ou avec une garantie bancaire.

L'article 137 du décret du 27 décembre 1985[2] prévoyait l'application des articles 705 à 707 de l'ancien code de procédure civile. L'article 705 et l'article 706 réglementaient la procédure des bougies, pendant la consommation desquelles les enchères peuvent être formées.

Le décret du 27 juillet 2006 remplace le visa des articles 705 à 707 par celui des articles 78 à 80 du décret du 27 juillet 2006. L'article R. 642-35 du code de commerce renvoie désormais aux dispositions des articles 72, 74 troisième alinéa, 75, 77, 78, 79, 81 deuxième et troisième alinéas, 90 troisième et quatrième alinéas et 100 à 106 du décret du 27 juillet 2006 relatif aux procédures de saisie immobilière et de distribution du prix d'un immeuble.

En application de l'article 78, les enchères sont arrêtées lorsque 90 secondes seront écoulées, depuis le décret du 23 décembre 2006[3] (art. 9) qui a modifié le décret du 27 juillet 2006 en abaissant le laps de temps devant s'écouler.

L'article 706, alinéa 2 de l'ancien code de procédure civile indiquait que s'il ne survenait pas d'enchère pendant la durée d'une bougie, le poursuivant était déclaré adjudicataire pour la mise à prix.

Depuis le décret du 27 juillet 2006, la règle vaut à l'expiration des 90 secondes. Ce texte ne peut trouver ici application, puisqu'il y aurait un non-sens à déclarer le liquidateur *ès qualités* adjudicataire. C'est pourquoi, malgré le visa sans distinction par l'article R. 642-35 du code de commerce, il faut décider que le principe de droit commun de la saisie immobilière est ici sans application. C'est d'ailleurs ce que prévoit, d'une autre manière, l'article R. 642-26 du code de commerce, en précisant que le liquidateur ne peut être déclaré adjudicataire des immeubles du débiteur (v. s^s n° 562.28).

L'article 707, alinéa 1 de l'ancien code de procédure civile prévoit que l'avocat du dernier enchérisseur est tenu, dans les trois jours de l'adjudication, de déclarer l'adjudicataire et de fournir son acceptation ou de représenter son pouvoir. Ce texte est, malgré le visa opéré par l'article 137 du décret du 27 décembre 1985, également inapplicable en l'état. En effet, l'article 134 du décret du 27 décembre 1985 prévoit que les enchères peuvent être faites sans avocat. La déclaration de l'adjudicataire pourra en conséquence être faite par l'adjudicataire lui-même.

Ces observations sont reconductibles sous l'empire de la loi de sauvegarde des entreprises[4], même en tenant compte de la réforme de la saisie immobilière. L'article R. 642-35 du code de commerce est inapplicable en l'état. En effet, l'article R. 642-32 du code de commerce prévoit que les enchères peuvent être faites sans avocat.

Les alinéas 2 et 3 de l'article 707 de l'ancien code de procédure civile qui concernaient la déclaration de command par l'adjudicataire avaient, en revanche, pleine vocation à s'appliquer.

Il importe ici de préciser que l'ordonnance du 21 avril 2006[5] a supprimé la technique de la déclaration de command. Ce principe d'interdiction est posé par l'article 2207 du code civil, afin d'assurer une plus grande transparence des enchères[6].

L'article 137 du décret du 27 décembre 1985 déclare également applicable l'article 711 de l'ancien code de procédure civile. Il faut en conséquence décider, si un avocat porte l'enchère, qu'il ne pourra le faire pour un membre du tribunal devant lequel est poursuivie la procédure, pas plus qu'il ne pourra le faire pour le saisi, pour des personnes notoirement insolvables, ni pour lui-même. À défaut d'avocat portant des enchères, il faut, semble-t-il, identiquement décider l'interdiction pour les membres du tribunal d'enchérir. Le visa opéré par l'article R. 642-35 du code de commerce conduit à la reconduction de la solution.

À défaut d'enchère atteignant la mise à prix fixée par le juge-commissaire, le notaire constate l'offre

1. D. n° 2006-936, 27 juill. 2006, préc.
2. D. n° 85-1388, 27 déc. 1985, préc.
3. D. n° 2006-1709, 23 déc. 2006, *JO* 29 déc., p. 19846.
4. L. n° 2005-845, 26 juill. 2005, préc.
5. Ord. n° 2006-461, 21 avr. 2006, préc.
6. Leborgne, « L'ordonnance portant réforme de la saisie immobilière : entre tradition et innovations », *JCP E* 2006. 2108, p. 1264 s., sp. n° 26.

la plus élevée et peut adjuger le bien à titre provisoire pour le montant de cette offre. Il appartiendra alors au juge-commissaire saisi soit par le notaire, soit par tout intéressé – l'adjudicataire provisoire, le liquidateur ou un créancier – de décider que l'adjudication est définitive et de rendre en ce sens une ordonnance (C. com., art. R. 642-32) ou au contraire d'ordonner une nouvelle vente, qui pourra prendre une des trois formes prévues à l'article L. 642-18 du code de commerce. Il est spécialement prévu que le juge-commissaire devra respecter un délai minimum de quinze jours s'il décide d'une nouvelle vente aux enchères. Le juge-commissaire fixera alors dans son ordonnance le délai de la nouvelle vente, la mise à prix et les modalités de publicité (C. com., art. R. 642-32).

562.33 Suites des enchères en matière d'adjudication amiable. L'article R. 642-35 du code de commerce rend également applicables d'une part, depuis le décret du 27 juillet 2006[1], les alinéas 3 et 4 de l'article 90 réglementant le jugement d'adjudication et, d'autre part, l'article 75 du décret du 27 juillet 2006, qui réglemente le paiement des frais préalables (frais de poursuite). Il y a donc place à taxation des frais préalables, ce que doit prévoir le notaire rédacteur du cahier des charges[2].

L'article L. 642-18, alinéa 3 du code de commerce prévoit qu'« en cas d'adjudication amiable, il peut toujours être fait surenchère ».

Cette surenchère du dixième devra être faite dans les dix jours suivant l'adjudication, par déclaration au greffe du tribunal de grande instance dans le ressort duquel réside le notaire qui a procédé à la vente. L'article 161 du décret du 27 juillet 2006, modifiant l'article 279 alinéa 1 du décret du 28 décembre 2005[3] (devenu C. com., art. R. 642-33, al. 1), prévoit un délai de surenchère de quinze jours. La déclaration devra, en outre, être faite par déclaration au greffe du juge de l'exécution du tribunal de grande instance dans le ressort duquel le notaire qui a procédé à la vente réside.

La déclaration devra intervenir oralement, faute pour le texte de prévoir la possibilité de faire surenchère par voie écrite. Il semble que la surenchère puisse être faite sans ministère d'avocat[4], si l'on veut assurer un parallélisme avec les enchères elles-mêmes qui peuvent intervenir sans avocat. La surenchère déclarée auprès du greffe d'un tribunal territorialement incompétent est frappée de nullité absolue[5].

Il peut y avoir qu'une seule surenchère lorsque seconde adjudication a lieu après surenchère com., art. R. 642-33, al. 3).

Le surenchérisseur doit dénoncer par acte d'huissier la déclaration de surenchère dans le délai de l'article du décret du 27 juillet 2006, raccourcissant à jours le délai de dénonciation, à la personne ou au domicile de l'adjudicataire.

Le point de départ de ce délai est le jour de l'adjudication en cas l'adjudication provisoire, il s'agira du jour où l'adjudication est devenue définitive, même si l'ordonnance du juge-commissaire est frappée de recours[6].

Le surenchérisseur doit également informer le notaire de ce déclaration de surenchère. La juridiction, par jugement validant la surenchère, renverra la nouvelle adjudication devant le même notaire qui procédera selon le cahier des charges précédemment dressé.

Il y a place au respect de la procédure de folle enchère et désormais de réitération des enchères, si l'adjudicataire ne publie pas le jugement dans les deux mois de l'adjudication ou s'il ne paye pas le prix dans les trois mois de l'adjudication (C. com., art. R. 643). L'article R. 642-34 du code de commerce, pour sa part, prévoit que la procédure est suivie devant le tribunal de grande instance, dans le ressort duquel réside le notaire qui a procédé à la vente. L'article 165 du décret du 27 juillet 2006, modifiant l'article R. 642-34 du code de commerce, prévoit que la procédure est suivie devant le juge de l'exécution (Jex) dans le ressort duquel réside le notaire qui a procédé à la vente.

Une copie authentique du procès-verbal d'adjudication doit être déposée au greffe du tribunal de grande instance et, depuis le décret du 27 juillet 2006, applicable à compter du 1er janvier 2007, au greffe du juge de l'exécution du tribunal de grande instance.

Il y a alors conversion de la procédure d'adjudication amiable en une procédure de saisie immobilière classique.

SECTION 562.40

CESSION DE GRÉ À GRÉ DES IMMEUBLES

562.41 L'ordonnance du juge-commissaire autorisant la cession de gré à gré. L'article L. 642-18 du code de commerce, en son alinéa 3, envisage

1. D. n° 2006-936, 27 juill. 2006, préc.
2. Versailles, 20 déc. 1989, *Rev. proc. coll.* 1992, 220, obs. Dureuil.
3. D. n° 2005-1677, 28 déc. 2005, préc.
4. DERRIDA ET *ALII*, n° 272.
5. TGI Guéret, 11 févr. 1992, *D.* 1993. Somm. 280, obs. Julien; *Rev. proc. coll.* 1993, 576, obs. Dureuil.
6. Grenoble, 30 juin 1992, *D.* 1992. Somm. 374, obs. Honorat; *Rev. proc. coll.* 1993, 153, n° 3, obs. Dureuil; *RJ com.* 1993. 238, obs. Honorat.

une dernière forme de réalisation des immeubles : la cession de gré à gré. Il pourra s'agir de céder un bail à construction, variété de droit réel immobilier. Il n'y a pas là excès de pouvoir du juge-commissaire[1].

Comme pour la vente par adjudication amiable, le juge-commissaire devra motiver son ordonnance par la considération que la consistance des biens, leur emplacement ou des offres reçues permettent une cession dans de meilleures conditions que la vente sur saisie immobilière.

Le liquidateur devra solliciter du juge-commissaire une ordonnance, qui contiendra le prix et les conditions de la vente. L'ordonnance pourra viser plusieurs immeubles. En ce cas, le prix et les conditions de vente de chaque immeuble devront être déterminés (C. com., art. R. 642-36, al. 1).

L'article R. 642-36-1 du code de commerce, dans la rédaction que lui donne le décret du 12 février 2009[2], précise que le juge-commissaire doit, avant de statuer sur la vente, recueillir les observations des contrôleurs. Il doit avoir entendu ou dûment appelé le débiteur et son conjoint, lorsque celui-ci se trouve dans l'une des situations prévues à l'article R. 641-30 du code, ainsi que le liquidateur. Il s'agit là de la solution de principe posée antérieurement pour la vente des biens du débiteur (v. s[s] n° 561.21).

L'ordonnance est notifiée à la diligence du greffier, par lettre recommandée avec demande d'avis de réception (C. com., art. R. 642-36, al. 2) au débiteur et aux créanciers inscrits à domicile élu. L'ordonnance dont il n'est pas prévu la notification au débiteur, méconnaît la Convention européenne de sauvegarde des droits de l'homme[3].

L'article R. 642-36, alinéa 3 du code de commerce précise que le liquidateur ne peut se porter acquéreur *ès qualités*. À titre personnel, il ne peut le peut davantage, sauf à commettre le délit de malversation.

L'ordonnance qui autorise la vente de gré à gré ne vaut que si la vente est autorisée au profit d'une personne déterminée. L'autorisation du juge-commissaire ne peut valoir qu'au profit de l'auteur de l'offre[4]. Cette ordonnance devra viser précisément l'auteur ou les auteurs de l'offre[5]. L'offre peut être présentée par une société en participation. Certes, cette dernière n'a pas la personnalité morale, mais ses associés contractent en leur nom et sont engagés à l'égard des tiers. Dès lors qu'ils ne contestent pas avoir agi conformément aux statuts et à l'objet social, que l'acte authentique précise l'identité de chaque associé et sa participation indivise dans *l'acquisition globale autorisée par le juge-commissaire*, il n'y a pas de difficulté à cette acquisition[6].

Si le candidat acquéreur abandonne son projet d'acquisition, le juge-commissaire doit impérativement autoriser la vente au profit d'un autre acquéreur, par une nouvelle ordonnance.

La saisine de l'autorité administrative compétente pour suspendre les poursuites au profit des rapatriés d'Algérie (v. s[s] n° 211.81) reste sans effet sur une ordonnance du juge-commissaire devenue définitive ayant antérieurement autorisé la vente d'un immeuble du débiteur.

La personne désignée dans l'ordonnance du juge-commissaire ne peut, sans autorisation du juge-commissaire, se substituer un tiers dans l'exécution de l'ordonnance[7].

562.42 Date de perfection de la vente de gré à gré[8]. La vente de l'immeuble est parfaite, comme en matière de meubles, dès l'ordonnance du juge-commissaire qui l'autorise, sous la condition suspensive que la décision acquière force de chose jugée[9], même si elle n'est réalisée que par l'accomplissement d'actes postérieurs à la décision du juge-commissaire. Il s'agit donc d'un « mécanisme à double détente » : une autorisation du juge-commissaire et la réalisation de l'opération par le liquidateur[10].

Cette question ne semble pas avoir été affectée par la loi de sauvegarde des entreprises[11], qui n'a pas modifié, dans le domaine des ventes immobilières, la rédaction des textes.

L'autorité de la chose jugée attachée à l'ordonnance du juge-commissaire, qui autorise la vente de gré à gré, n'est pas opposable au tiers qui invoque un droit de propriété sur ce bien. L'ordonnance du juge-

1. Com. 16 oct. 2012, n° 11-22.541, NP; n° 1019 F-D; *Gaz. Pal.* 18 janv. 2013, n° 18, p. 30, note Théron.
2. D. n° 2009-160, 12 févr. 2009, préc.
3. Com. 17 mai 1994, n° 91-21.627, *Bull. civ.* IV, n° 182; *D.* 1994. 510, obs. Derrida.
4. Com. 3 mai 2006, n° 04-20.397, *Bull. civ.* IV, n° 108; n° 726 FS-P+B; *D.* 2006. AJ 1453, obs. Lienhard; *JCP E* 2006, Chron. 2331, p. 1533, n° 7, obs. M. Cabrillac; *Gaz. proc. coll.* 2006/3, p. 30, obs. Sénéchal; *RD banc. fin.* sept.-oct. 2006, p. 20, n° 165, note Lucas; *RJ com.* 2006/5, p. 403, note Sortais.
5. SUR une difficulté d'identification : Com. 27 mai 2014, n° 13-14.220, NP; n° 533 F-D.
6. Com. 27 mai 2014, n° 13-14.220, NP; n° 533 F-D.
7. Com. 28 janv. 2004, n° 00-21.072, NP.
8. SUR LA QUESTION : Brignon B., « Le point sur les réalisations d'actif ou la question de la date du transfert de propriété des actifs », *Rev. proc. coll.* 2012, études 22, p. 15.
9. Com. 4 oct. 2005, n° 04-15.062, *Bull. civ.* IV, n° 191; n° 1202 FS-P+B+I+R; *D.* 2005. AJ 2593, obs. Lienhard; *JCP E* 2006, Chron. 1006, p. 74, n° 8, obs. M. Cabrillac et Pétel; *Act. proc. coll.* 2005/18, n° 233, note Roussel Galle; *Gaz. proc. coll.* 2006/1, p. 25, obs. Sénéchal – Com. 16 janv. 2007, n° 05-19.573, NP; n° 26 F-D – Com. 3 nov. 2015, n° 14-14.170, NP; n° 946 FS-D – Rouen, 2e ch., 15 juin 2006, *Juris-Data* 306180.
10. PÉROCHON, 10e éd., n° 1203.
11. L. n° 2005-845, 26 juill. 2005, préc.

commissaire est en conséquence sans effet à l'égard de ce tiers[1].

La décision ne peut devenir définitive que si elle est notifiée aux personnes dont les droits sont susceptibles d'être affectés par elle et au débiteur. Une difficulté se présentait, sous l'empire de la législation antérieure à la loi de sauvegarde des entreprises, lorsque le débiteur était une société. En effet, la dissolution de la société résultant de son placement en liquidation judiciaire emportait perte de la qualité de son dirigeant (v. s^s n° 561.21). Après avoir, dans un premier temps, décidé que la notification pouvait néanmoins valablement être faite à l'ancien dirigeant de la société débitrice, pourtant privé du droit d'exercer le recours à son encontre, la Cour de cassation a posé en règle qu'une ordonnance du juge-commissaire autorisant la vente de biens appartenant à une société en liquidation judiciaire n'avait pas à être notifiée au dirigeant de cette société privé du droit d'exercer un recours à son encontre[2]. Par sa formulation générale, la solution posée pour la vente de gré d'un fonds de commerce a vocation à s'appliquer identiquement pour la cession de gré à gré d'un immeuble.

La question demeure cependant entière de savoir comment cette ordonnance pourra devenir définitive. À notre sens, ce ne peut être que par la notification à une personne apte à représenter la société débitrice au titre de ses droits propres, c'est-à-dire soit un liquidateur amiable soit un mandataire *ad hoc*.

Cette difficulté a, par principe du moins, disparu sous l'empire de la loi de sauvegarde des entreprises, puisque le dirigeant de la société en liquidation judiciaire est maintenu en fonction (C. com., art. L. 641-9, II, al. 2 – v. s^s n° 553.22). Elle ne peut plus se poser depuis l'ordonnance du 12 mars 2014[3], qui a décalé au jour de la clôture pour insuffisance d'actif, la dissolution de la société.

Parce que la vente est parfaite dès l'ordonnance du juge-commissaire, il faut en tirer la conséquence que le juge-commissaire ne peut la rétracter pour la remplacer, par exemple, par une autorisation de vente en indivision[4]. Toutefois, si le juge-commissaire rétracte sa décision et autorise la vente à une autre personne, avant la décision condamnant le premier candidat acquéreur à des dommages et intérêts, l'ordonnance rendue au profit du second candidat acquéreur est parfaite dès qu'elle est rendue. Le premier candidat acquéreur, du fait de l'anéantissement de l'ordonnance qui autorisait la vente à son profit avant la décision de condamnation, est dégagé et ne saurait être condamné à des dommages et intérêts, même si les délais de recours à l'encontre de la seconde ordonnance d'autorisation ne sont pas expirés au jour de la décision de condamnation[5].

Parce que la vente est parfaite dès l'autorisation du juge-commissaire, il importe peu qu'un compromis irrégulier, comme accompli au mépris des règles du dessaisissement, ait été passé entre les parties. L'autorisation du juge-commissaire n'a pas pour effet de le régulariser, mais la vente n'en est pas moins parfaite, du fait de cette autorisation. Si, entre la vente accomplie au mépris du dessaisissement et l'autorisation du juge-commissaire, un incendie détruit l'immeuble, l'indemnité d'assurance est acquise à l'acquéreur car la vente n'a pas été déclarée inopposable à la procédure collective à la demande du liquidateur, sur le fondement de la violation des règles du dessaisissement[6]. Le liquidateur aurait donc du agir en deux temps : faire déclarer inopposable à la procédure collective la première vente, puis demander l'autorisation au juge-commissaire de vendre le bien litigieux.

La vente est parfaite dès l'ordonnance du juge-commissaire, sous condition qu'elle acquiert force de chose jugée. Il en est ainsi lorsque l'arrêt de la cour d'appel déclarant irrecevable le recours de l'acquéreur désigné dans l'ordonnance est cassé, ce qui entraîne anéantissement du jugement statuant sur le recours formé contre l'ordonnance par un candidat repreneur évincé. De la perfection de cette vente, il résulte que la vente ultérieurement consentie au profit du candidat acquéreur évincé est susceptible d'être annulée, la clôture de la liquidation judiciaire pour extinction du passif exigible étant sans effet sur la possibilité de rechercher cette nullité[7]. Peu importe que l'ordonnance initiale ait subordonné la vente à la réalisation de l'acte authentique dans un délai de trois mois, dès lors que la vente réalisée au profit de l'acquéreur initialement évincé empêchait, tant qu'elle n'était pas annulée, de réaliser celle autorisée au profit de l'acquéreur d'origine, ce dernier n'étant pas en mesure de respecter la condition de délai prévue par la juge-commissaire[8].

1. Civ. 3e, 10 mars 2009, n° 06-22.078, NP; n° 346 F-D.
2. Com. 13 mars 2007, n° 05-20.606, NP; n° 476 F-D.
3. Ord. n° 2014-326, 12 mars 2014, préc.
4. Rouen, 2e ch., 15 juin 2006, *JurisData* 306180.
5. Com. 16 janv. 2007, n° 05-19.573, NP; n° 26 F-D.
6. Com. 11 juin 2014, n°s 13-16.194, 13-20.375, *Bull. civ.* IV, n° 100; *Act. proc. coll.* 2014/12, comm. 223, note Vallansan; *JCP E* 2014, 1448, note Lebel; *Rev. proc. coll.* 2015, comm. 24, note Berthelot; *Defrénois* 2015, 245, note Vauvillé.
7. Com. 3 nov. 2015, n° 14-14.170, NP; n° 946 FS-D; *Gaz. Pal.* 19 janv. 2016, n° 3, p. 68, note Théron; *Act. proc. coll.* 2015/19, comm. 304, note Vallansan; *Rev. proc. coll.* 2016, comm. 50, note Berthelot; *LXB hebdo* 19 nov. 2015, n° 444, note Le Corre.
8. Com. 3 nov. 2015, n° 14-14.170, préc.

Cette perfection de la vente dès l'ordonnance est considérée comme une solution trop rigide par certains, en ce qu'elle impose une action [illegible]toire[1], alors même que l'absence de signature de l'acte de cession apparaît évident très peu de temps après la signification de l'ordonnance.

Elle fait également naître un problème pour purger le droit de rétractation-réflexion de l'acquéreur posé par l'article L. 271-1 du code de la construction et de l'habitation, dont rien n'écarte en liquidation judiciaire les dispositions. Il a été proposé que cette disposition ne s'applique pas à l'acte authentique réitérant la vente d'immeuble ordonnée par le juge[2].

Comme en matière de meubles (v. s[s] n° 3.42), si l'ordonnance du juge-commissaire rend la vente parfaite, le transfert de propriété est en revanche différé au jour de la signature de l'acte de cession.

Il en a été tiré la conséquence que le nu-propriétaire en indivision n'a pu, par le seul effet de l'ordonnance du juge-commissaire, mais en l'absence d'acte authentique, acquérir la part de nue-propriété de l'autre indivisaire, avant le décès de l'usufruitier. Cet acquéreur n'est donc pas devenu seul propriétaire des biens. Dès lors, le liquidateur du second indivisaire est en droit de vendre les droits indivis de propriété de cet indivisaire[3].

Dès lors que, après le passage en force de chose jugée de l'ordonnance du juge-commissaire autorisant la vente de gré, les parties n'ont accompli aucun acte, afin de rendre définitive la cession, le débiteur peut contester la date de transfert de propriété de l'immeuble à l'acquéreur, pour s'opposer à son expulsion, la vente étant certes parfaite, mais le transfert de propriété n'étant pas intervenu[4].

Si l'ordonnance du juge-commissaire retarde le transfert de la jouissance à la date de signature des actes de cession, la perfection de la vente au jour de l'ordonnance n'entraîne pas l'obligation pour le liquidateur d'avoir fait libérer les lieux, dès lors que les actes de cession ne sont pas signés, peu important, à la suite de l'absence de cette signature, qu'il y ait lieu de rechercher un nouvel acquéreur[5].

Il en résulte encore que, une fois les délais de recours expirés sur la décision du juge-commissaire, le liquidateur ne peut stopper la vente au prétexte que le débiteur aurait les fonds pour apurer tout son passif. L'acquéreur peut, en conséquence, l'assigner aux fins de constatation du caractère parfait de la vente.

Une distinction devrait, en réalité, être opérée entre deux situations.

Dans une première situation, les conditions de la clôture pour extinction du passif ne sont pas réunies antérieurement à la date à laquelle la vente est parfaite, c'est-à-dire au jour où l'ordonnance du juge-commissaire autorisant la vente acquiert force de chose jugée. L'ordonnance du juge-commissaire ne pourra alors être remise en cause et la clôture de la procédure pour extinction du passif ne fera pas obstacle à la possibilité pour l'acquéreur d'obtenir la rédaction de l'acte de cession ou une décision judiciaire substitutive[6].

Dans une seconde situation, les conditions de la clôture pour extinction du passif sont réunies antérieurement à l'ordonnance du juge-commissaire autorisant la vente. La clôture sur ce fondement est donc possible indépendamment de l'encaissement du prix de cession de l'immeuble. En ce cas, d'évidence, cette vente ne sert plus les objectifs de la liquidation judiciaire, à savoir le désintéressement des créanciers. L'objectif de réalisation du patrimoine du débiteur s'inscrit directement dans la notion même de liquidation. Liquider, c'est transformer des biens en liquidité. Il s'agit donc de vendre les biens du débiteur pour en retirer un prix qui sera ensuite distribué aux créanciers. Le liquidateur, lorsque les conditions de la clôture pour extinction du passif sont réunies, nous semble perdre son intérêt à agir. Il sort de son rôle de défense de l'intérêt collectif des créanciers, rôle qui n'existe évidemment plus lorsque ces derniers peuvent être intégralement payés, sans qu'il soit besoin de procéder à d'autres ventes. L'ordonnance autorisant la vente devrait alors être tenue pour caduque. La Cour de cassation n'est toutefois pas en ce sens (v. s[s] n° 592.21).

Sous cette réserve, le refus de signer les actes de cession de la part de la personne désignée par la décision du juge-commissaire pourra être sanctionné par des dommages et intérêts, s'il en résulte pour la collectivité des créanciers un préjudice, dans les mêmes conditions qu'en cas de cession d'un fonds de commerce (v. s[s] n° 563.43). Le liquidateur pourra préférer obtenir l'exécution forcée de la vente en obtenant du tribunal qui a ouvert la procédure collective le constat du transfert de propriété. Il n'y a pas place à arrêt de l'exécution provisoire attachée à ce jugement rendu à la suite de l'absence de signature de l'acte de cession par l'acquéreur de biens du débiteur, qui a déclaré la vente parfaite et constaté le transfert de propriété, qui est la suite de l'ordonnance du juge-commissaire ayant autorisé la

1. PÉROCHON, 10e éd., n° 1203.
2. 110e Congrès des notaires de France, 2e commission, 4e proposition, adoptée le 17 juin 2014 – *Adde*, Vauvillé, *Defrénois* 2015, 245.
3. Com. 13 mars 2012, n° 10-24.192, *Bull. civ.* IV, n° 52; n° 298 F-P+B; *D.* 2012. Actu 806, note Lienhard; *Gaz. Pal. entr. diff.* 3 août 2012, n° 216, p. 27, note Théron.
4. Com. 22 janv. 2013, n° 11-27.542, NP; n° 67 F-D.
5. Com. 9 déc. 2008, n° 07-17.610, NP; n° 1288 F-D.
6. Com. 4 oct. 2005, n° 04-15.062, préc.

vente de gré à gré et qui est donc rendu en matière de liquidation judiciaire au sens de l'article R. 661-1 du code de commerce[1].

Il faut toutefois tenir compte de l'existence d'une condition suspensive qui aurait défailli, et qui empêche alors la vente de devenir parfaite, ce qui interdit dès lors de rechercher la responsabilité du candidat acquéreur s'il ne veut pas signer les actes de cession[2].

En outre, bien que la vente soit parfaite entre les parties dès l'ordonnance du juge-commissaire, le cessionnaire peut avoir des motifs légitimes pour s'opposer à la signature de l'acte de vente. Aucune faute ne lui sera imputable et la résolution de la cession pourra alors être imputable au liquidateur qui n'aurait pas transmis une information essentielle à la vente[3].

L'annulation de l'ordonnance autorisant la vente pourra entraîner des difficultés, si la vente a été réalisée. En ce cas, la demande d'annulation de la vente devra faire l'objet d'une publication à la conservation des hypothèques, sous peine d'irrecevabilité de la demande. Encore faudra-t-il que la fin de non-recevoir ait été soulevée par une partie, avant l'ordonnance de clôture[4].

562.43 Nature juridique de la vente de gré à gré – Caractère sérieux du prix. Bien qu'il s'agisse de vente qualifiée de « gré à gré », il ne s'agit pas juridiquement d'une vente volontaire, mais d'une vente qui ne peut être faite que par autorité de justice. Il en est tiré la conséquence que la rescision pour lésion est impossible[5], encore qu'il s'agisse d'un faux problème car l'action en rescision n'appartient qu'au vendeur, c'est-à-dire le liquidateur, qui ne peut, par ce biais, contester une ordonnance du juge-commissaire devenue définitive.

Il s'agit cependant d'un contrat de vente. En conséquence, il est jugé que la vente doit être faite à un prix sérieux et, dès lors qu'il ne s'agit pas d'une unité de production, le fait que l'offre de reprise d'actifs ait prévu la conservation de salariés ne doit pas être prise en compte dans le sérieux du prix[6]. Il est égalen jugé que le liquidateur, même s'il précise dans te de cession vendre « en l'état » le bien, n'es dispensé d'informer l'acquéreur des vices qui ctent le bien et dont il a connaissance[7].

562.44 **lauses et droits restrictifs de cession.** Les claus d'inaliénabilité devront, semble-t-il, être respecté v. s[s] n° 561.41).

En re che, faute de règle contraire dans le code de comr ce, plein effet doit être donné au pacte de préfére . La solution a été posée en matière de vente onds de commerce intégrant la cession d'un d au bail (v. s[s] n° 563.45).

Une lution identique a été donnée pour le droit de pré ption de la Safer[8]. Sa mise à l'écart n'ayant été exi citement prévue par l'article L. 143-4 du code ral qu'en cas de plan de cession, il est maintenu n cas de liquidation judiciaire[9], y compris, nous emble-t-il dans le cadre d'une cession d'unité de production. L'exercice du droit de préemption de la Safer ne saurait toutefois avoir pour effet de modifier les conditions de la vente autorisée par le juge-commissaire, et, par exemple, de demander l'application de l'article L. 143-10 du code rural, qui lui permet de faire une offre d'achat établie à ses propres conditions[10]. Ainsi, le droit de préemption de la Safer, s'il est maintenu par principe, n'est pas applicable en toutes ses dispositions. La solution semble devoir être justifiée par le constat de la perfection de la vente par le seul effet de l'ordonnance, ce qui interdit de discuter ensuite d'un des éléments de cette vente, et notamment son prix[11].

1. Com. 1er oct. 2013, n° 12-23.999, *Bull. civ.* IV, n° 144; n° 920 FS-P+B; *Gaz. Pal.* 12 janv. 2014, p. 23, note Fricero; *Rev. proc. coll.* 2014, comm. 3, note Cagnoli.
2. Com. 2 nov. 2005, n° 04-15.977, NP; n° 1341 F-D.
3. Paris, pôle 5, 8e ch., 13 oct. 2009, RG n° 08/10258, *Act. proc. coll.* 2009/19, n° 293, note Vallansan.
4. Civ. 3e, 7 nov. 2001, n° 97-22.231, *Bull. civ.* III, n° 127; *JCP E* 2001, pan. p. 1987.
5. Com. 16 juin 2004, n° 01-17.185, *Bull. civ.* IV, n° 125; *D.* 2004. AJ 2045; *JCP E* 2004.jur. 1772, p. 1931, note Rakotovahiny; *JCP E*, 2005, Chron. 31, p. 28, n° 6, obs. M. Cabrillac; *Defrénois* 2005. 38148, note Roussel Galle – Civ. 3e, 6 oct. 2010, n° 09-66.683, *Bull. civ.* III, n° 182; n° 1201 FS-P+B; *Act. proc. coll.* 2010/17, comm. 248, note Vallansan; *JCP E* 2011, Chron. 1030, n° 7, obs. crit. M. Cabrillac.
6. Com. 28 sept. 2004, n° 02-11.210, *Bull. civ.* IV, n° 167; *D.* 2004. AJ 2652; *D.* 2005. jur. 302, note Rakotovahiny; *Act. proc. coll.* 2004/17, n° 216, note Vallansan; *JCP E*, 2005, Chron. 31, p. 29, n° 7, obs. M. Cabrillac.
7. Civ. 3e, 6 juill. 2005, n° 01-03.590, *Bull. civ.* III, n° 152.
8. SUR LA QUESTION : Lachaud, « Le droit de préemption de la Safer après la loi du 9 juillet 1999 », *Gaz. Pal.* 24-25 juill. 2002, Doctr. 7.
9. Com. 15 oct. 2002, n° 99-17.765, *Bull. civ.* IV, n° 143; *D.* 2002. AJ 3012, obs. Lienhard; *Act. proc. coll.* 2002/19, n° 254; *JCP E* 2003, Chron. 194, p. 220, n° 5, obs. Pétel; *LPA* 14 juill. 2003, n° 139, p. 8, note Roussel Galle; *Gaz. Pal.* 2003. 1805, note Lachaud – Com. 18 mars 2003, n° 99-20.122, NP, *Act. proc. coll.* 2003/10, n° 133; *LPA* 14 juill. 2003, n° 139, p. 8, note Roussel Galle – Civ. 3e, 30 avr. 2003, n° 02-10.368, *Bull. civ.* III, n° 94; *JCP N* 2004, aff. 1551, p. 1737, note Vauvillé – Civ. 3e, 19 sept. 2012, n° 10-21.858, *Bull. civ.* III, n° 129; n° 980 FS-P+B+I; *D.* 2012. actu 2164, note Lienhard; *Act. proc. coll.* 2012/17, comm. 249, note Lebel; *BJE* nov. 2012, comm. 200, note Saint-Alary-Houin; *JCP E* 2012, Chron. 1757, n° 10, obs. Pétel; *Rev. proc. coll.* 2012, comm. 221, note Lebel; *LPA* 15 avr. 2013, n° 75, p. 10, note Rossi.
10. Civ. 3e, 19 sept. 2012, n° 10-21.858, *Bull. civ.* III, n° 129; n° 980 FS-P+B+I; préc.
11. Saint-Alary-Houin, note s[s] Civ. 3e, 19 sept. 2012, n° 10-21.858, *Bull. civ.* III, n° 129; n° 980 FS-P+B+I; *BJE* nov. 2012, comm. 200, sp. p. 366.

L'article L. 143-4, 3° du code rural exclut le jeu du droit de préemption de la Safer pour les biens acquis par un parent ou un allié jusqu'au quatrième degré. Cette disposition est sans application en cas de vente aux enchères publiques autorisée par le juge-commissaire dans le cadre d'une liquidation judiciaire[1].

De même, le droit de préemption du locataire devra être respecté. La solution a été spécialement posée pour le droit de préemption du locataire à bail rural[2].

Le code de commerce reste muet sur le maintien, au profit de l'administration, de son droit de préemption urbain. Il a été jugé que le caractère forcé de la réalisation immobilière devait conduire à son exclusion[3], cependant que les textes, et plus spécialement l'article 213-1 du code de l'urbanisme, ne l'excluent expressément qu'en cas de plan de cession et de cession d'unité de production (v. ss n° 564.31), ce qui conduit *a contrario*, à décider qu'il doit être maintenu en cas de cession isolée d'un ou de plusieurs immeubles[4]. La jurisprudence administrative est en ce sens[5]. Notons toutefois, une décision de la Cour de cassation, qui a refusé d'entrer en voie de condamnation contre le liquidateur et le notaire rédacteur de l'acte, à l'égard d'un candidat acquéreur évincé, du fait de l'application du droit de préemption de la commune, dans la mesure où, à l'époque des faits, la jurisprudence sur la nature de vente forcée de la vente de gré n'avait pas encore été posée[6].

562.45 Demande d'expulsion du débiteur. La demande d'expulsion du débiteur devra être présentée par l'acquéreur, en référé[7]. Cependant, l'acquéreur ne pourra obtenir l'expulsion du débiteur qu'à partir de la rédaction des actes[8]. Le liquidateur ne saurait demander, avant cette date, l'expulsion de l'immeuble familial du conjoint divorcé[9].

562.46 Surenchère du dixième. La procédure de surenchère du dixième, qui existe en droit commun au profit des créanciers inscrits, n'est pas ici écartée, faute pour la vente de gré d'emporter purge des inscriptions (v. ss n° 591.22).

1. Civ. 3e, 10 juin 2009, n° 08-13.166, *Bull. civ.* III, n° 141; n° 747 FS-P+B; *Gaz. proc. coll.* 2009/4, 2e partie, p. 20, note Voinot; *Rev. proc. coll.* 2010/3, comm. 141, note Lebel.
2. Civ. 3e, 5 févr. 2003, n° 01-17.145, *Bull. civ.* III, n° 28; *Act. proc. coll.* 2003/6, n° 75, obs. Régnaut-Moutier; *LPA* 14 juill. 2003, n° 139, p. 8, note Roussel Galle – Civ. 3e, 13 juin 2012, n° 11-16.277, *Bull. civ.* III, n° 93, *Rev. proc. coll.* 2012, comm. 162, note Lebel.
3. CE 6 oct. 1995, n° 112083, *Lebon*; *JCP* 1996. I. 3935, n° 9, obs. Pétel.
4. Vauvillé, note *JCP N* 2004, aff. 1551, p. 1738.
5. CE 17 déc. 2008, *D.* 2009. AJ 102, obs. Vincent.
6. Civ. 1re, 30 mai 2012, n° 11-13.676, NP.
7. DERRIDA ET *ALII*, n° 275.
8. Versailles, 14e ch., 8 juin 1990, cité dans DERRIDA ET *ALII*, note n° 1085.
9. Paris, 9 févr. 1990, *JCP E* 1990. I. 20009; *Rev. proc. coll.* 1992, p. 217, obs. Dureuil.

CHAPITRE

563. Réalisation des meubles – Gages et nantissements

SECTION 0

ORIENTEUR

563.00 Plan du chapitre.

Sect.	563.10	Règles communes à la réalisation des meubles
Sect.	563.20	Archives
Sect.	563.30	Vente des meubles aux enchères publiques
Sect.	563.40	Cession de gré à gré des meubles
Sect.	563.50	Biens gagés – Domaine de la réglementation établie
Sect.	563.60	Retrait du gage ou de la chose retenue contre paiement
Sect.	563.70	Report du droit de rétention sur le prix et vente du bien gagé
Sect.	563.80	Attribution judiciaire du gage

563.01 Textes applicables. (V. les références complètes s[s] n° 011).

> Législation antérieure à la loi de sauvegarde des entreprises.

C. com., art. L. 141-12, L. 141-19, al. 3, L. 622-18, L. 622-19, L. 622-21, L. 623-5

D. 27 déc. 1985, art. 151

> Législation issue de la loi de sauvegarde des entreprises.

C. com., art. L. 642-19, L. 642-20, L. 642-23, L. 642-25, L. 661-5

C. com., art. R. 642-38 et R. 642-39 (anc[t] D. 28 déc. 2005, art. 284 et 285), R. 661-1, al. 1 et al. 2 (anc[t] D. 28 déc. 2005, art. 328, al. 1 et al. 2)

> Législation issue de l'ordonnance du 18 décembre 2008.

C. com., art. L. 641-3, al. 2, L. 642-19, L. 642-20, L. 642-20-1, L. 642-22, L. 642-23

C. com., art. R. 642-37-3, R. 642-38, R. 661-1, al. 1 et al. 2

563.02 Jurisprudence de référence.

> La vente des meubles est parfaite à compter de l'ordonnance du juge-commissaire.

• Com. 11 mars 1997, n° 94-19.207, *Bull. civ.* IV, n° 69

* V. s[s] n° 563.42

« Mais attendu que, si l vente de gré à gré d'un élément de l'actif mobilier du débiter en liquidation judiciaire n'est réalisée que par l'accomplissemnt d'actes postérieurs à la décision du juge-commissaire qui ordonne, sur le fondement de l'article 156 de la loi du 25 janvier 185 [devenu C. com., art. L. 622-18], la cession du bien, cell-ci n'en est pas moins parfaite dès l'ordonnance, sous la condition suspensive que la décision acquière force de chose jugée, dès lors que le cessionnaire ne peut ensuite refuser de procéder à la vente ordonnée en retirant l'offre d'achat retenue par le juge-commissaire, sauf à justifier, le cas échéant, d'un motif légitime tiré de la non-réalisation des conditions dont il avait pu l'assortir. »

> La vente des actifs mobiliers doit être faite à un prix sérieux et, dès lors qu'il ne s'agit pas d'une unité de production, le fait que l'offre de reprise d'actifs prévoit la conservation de salariés ne doit pas être prise en compte dans le sérieux du prix.

• Com. 28 sept. 2004, n°s 02-11.210, 02-11.210, *Bull. civ.* IV, n° 167

* V. s[s] n° 563.41

> Le retrait contre paiement suppose l'existence au profit du créancier d'un droit de rétention.

• Com. 4 janv. 2005, n° 02.10.511, *Bull. civ.* IV, n° 1

* V. s[s] n° 563.62

« Le juge-commissaire ne statue pas dans la limite de ses attributions lorsque, au mépris de l'ordre des créanciers, il autorise le liquidateur à retirer le bien nanti, en payant la dette du créancier titulaire d'un nantissement sur l'outillage et le matériel qui ne confère pas de droit de rétention. »

563.03 Bibliographie indicative. (V. les références complètes s[s] n° 031 – Aussi s[s] n° 560.03).

> Ouvrages. Aynès A., *Le droit de rétention : unité ou pluralité*, Economica 2005 – Lisanti C., *Les sûretés conventionnelles sur meubles incorporels*, « Bibl. dr. entr. », t. 55, Litec, 2001 – Macorig-Venier F., *Les sûretés sans dépossession dans le redressement et la liquidation judiciaires des entreprises*, th., dact. Toulouse, 1992.

> Articles.

› *Étude d'ensemble.* Dammann R., Hart de Keating Ch. et Lécuyer H., « Gage, nantissement, droit de rétention et fiducie »,

LPA 22 avr. 2010, n° 80, p. 4 – Delebecque Ph., « Sûretés réelles et procédures collectives », *Dr. et patr.* 2002, n° 106, p. 49 s. – Devèze J., « Le créancier titulaire d'un gage, d'un nantissement ou d'un droit de rétention », *Rev. proc. coll.* 1992, 119 – Farhi S., « Les sûretés permettant d'échapper à la règle de l'arrêt des voies d'exécution », *in Mesures d'exécution et procédures collectives*, « collection Procédures », Bruylant, 2012, p. 191.

› *Gage.* Amlon F., « L'attribution judiciaire du gage en cas de procédure collective », *JCP E* 1990. II. 13815 – Bros S., « Le gage-espèces », *Dr. et patr.* juill.-août 2007 p. 77 – Le Corre P.-M., « Les créanciers gagistes face au redressement judiciaire et la règle du concours », *Rev. proc. coll.* 1990, 21 ; « Un exemple d'exclusivité : le droit de rétention fictif du gagiste sans dépossession », Colloque Sûretés réelles et droit des entreprises en difficulté, Nice, 20 mars 2010, *LPA* 11 févr. 2011, n° 30, p. 6 – Le Corre-Broly E., « La situation du porteur d'un warrant agricole après l'ordonnance du 23 mars 2006 et la LME du 4 août 2008 », *JCP E* 2013. 1446 – Le Maigat P., « L'efficacité du droit de rétention du créancier gagiste dans les procédures collectives », *LPA* 6 déc. 1999, n° 242, p. 10 s.

› *Nantissement.* Amiot J.-C., « Le nantissement sur matériel de la loi du 18 janvier 1951 et le gage sur véhicule du 30 septembre 1953 satisfont-ils encore les établissements de crédit ? », *RD banc. et bourse* 1989, p. 191 – Le Corre P.-M., « Le créancier nanti sur comptes-titres bénéficiaire d'un paiement provisionnel confronté au super privilège des salaires », *Gaz. proc. coll.* 2009/4, 1re partie, nos 303 et 304, p. 27.

› *Droit de rétention.* Aynès A., « L'extension du droit de rétention dans le projet de réforme des procédures collectives », *JCP* 2008, act. 300 – Le Corre P.-M. et Dammann R., « Controverse : le droit de rétention fictif au cœur de tous les débats », *BJE* juill./août 2011, comm. 103, p. 227 – Le Corre-Broly E., « Le droit de rétention sur documents d'immatriculation », *D. Affaires* 1998, 1802 s. et 1838 s.

› *Date du transfert.* Brignon B., « Le point sur les réalisations d'actif ou la question de la date du transfert de propriété des actifs », *Rev. proc. coll.* 2012, études 22, p. 15.

› *Cession.* Dumont-Lefrand M.-P., « La cession isolée du contrat de bail commercial », *Rev. proc. coll.* 2015, dossier 25 – Macorig-Vénier F., « L'alternative à la cession des biens grevés : l'attribution en propriété », *Rev. proc. coll.* 2015, dossier 30 – Martial-Braz N., « Le sort des biens incorporels grevés de sûretés en cas de cession d'actifs isolés », *Rev. proc. coll.* 2015, dossier 29 – Monsérié-Bon M.-H. et Amizet B., « Cession du fonds de commerce en liquidation judiciaire », *Rev. proc. coll.* 2015, dossier 22 – Rakotovahiny M.-A., « Le clair-obscur de la vente de gré à gré d'un fonds de commerce dans le cadre d'une liquidation judiciaire », *D.* 2000. Chron. 51 – Théron J., « Liquidation judiciaire et ventes de fonds de commerce », *Rev. proc. coll.* 2008, p. 132.

› *Pacte de préférence.* Garçon J.-P., « Pacte de préférence et procédure collective du promettant – À propos de Com. 13 févr. 2007 (SCI 57 rue de Béthune) », *JCP E* 2007. 2548.

› *Droit de préemption.* Jacquin A., « Droit de préemption des fonds artisanaux, les fonds de commerce et les baux commerciaux », *Gaz. Pal.* 25-26 juill. 2007, p. 4.

› *Fonds libéral.* Jazottes G., « La question de la cession du fonds libéral », *Rev. proc. coll.* 2015, dossier 24.

563.04 Questions essentielles.

- Le bailleur peut-il exercer un recours à l'encontre de l'ordonnance autorisant la vente de gré à gré du fonds de commerce, fondé sur le non respect du droit de préemption ?

* *V. s*s *n° 563.44.*

- Le tribunal peut-il autoriser, sur opposition à l'ordonnance du juge-commissaire ayant autorisé la vente la vente du fonds à un acquéreur, la vente au profit d'un autre acquéreur, au motif que son offre serait supérieure ?

* V. ss n° 563.47.

- Tout créancier gagiste, même titulaire d'un droit de rétention fictif, bénéficie-t-il du report du droit de rétention sur le prix, dans la procédure de liquidation judiciaire ?

* V. ss n° 563.72.

SECTION 563.10

RÈGLES COMMUNES À LA RÉALISATION DES MEUBLES

563.11 Règles communes aux réalisations mobilières. Sous l'empire de la législation du 13 juillet 1967[1], il était acquis que le syndic pouvait vendre les meubles du débiteur sans appeler celui-ci et sans demander d'autorisation au juge-commissaire, sous la surveillance duquel toutefois il agissait. La vente amiable n'était pas interdite, mais n'était pas davantage clairement autorisée.

Désormais, il appartient au juge-commissaire de déterminer si la vente aura lieu aux enchères ou de gré à gré (C. com. art. L. 641-19). L'article L. 622-18 du Code de commerce (anct L. 25 janv. 1985[2], art. 156), dans sa rédaction antérieure à la loi de sauvegarde des entreprises[3], énonce que « le juge-commissaire ordonne la vente aux enchères publiques ou de gré à gré des autres biens de l'entreprise, le débiteur entendu ou dûment appelé et après avoir recueilli les observations des contrôleurs ». L'article L. 642-19, alinéa 1, dans sa rédaction issue de la loi de sauvegarde des entreprises, reprend la solution en modifiant cependant sur un point le texte : le juge-commissaire « ordonne la vente aux enchères publiques, mais autorise la vente de gré à gré ».

L'ordonnance du 18 décembre 2008[4] (ord. 18 déc. 2008, art. 117 codifié dans le Code de commerce à l'article L. 642-19), ajoute une précision que doit contenir l'ordonnance du juge-commissaire : le prix de vente doit être fixé par le juge-commissaire.

1. L. n° 67-563, 13 juill. 1967, *JO* 14 juill., p. 7059.
2. L. n° 85-98, 25 janv. 1985, *JO* 26 janv., p. 1097.
3. L. n° 2005-845, 26 juill. 2005, *JO* 27 juill., p. 12187.
4. Ord. n° 2008-1345, 18 déc. 2008, *JO* 19 déc., p. 19462.

En visant les « autres biens de l'entreprise », le législateur entend les biens meubles y compris les meubles par anticipation à l'exclusion des immeubles par destination. La classification entre biens meubles et immeubles peut s'obscurcir par la possibilité pour certains biens d'évoluer d'une qualification à l'autre. Cette éventualité peut en pratique compliquer la réalisation des biens meubles avec la possibilité d'un appel portant sur l'ordonnance du juge-commissaire autorisant ou ordonnant leurs ventes sous une qualification qui en appellerait une autre[1].

Les biens meubles devant être réalisés lors de la liquidation judiciaire doivent se trouver dans le commerce selon les termes de l'article 1598 du Code civil, à condition toutefois que des textes particuliers n'en aient pas prohibé l'aliénation. Il faut ainsi exclure les objets dont la vente et le débit ont été interdits par des dispositions spéciales ou qui ne sont autorisés qu'avec certaines restrictions tels que les armes et munitions de guerre, les comestibles nuisibles à la santé, les substances vénéneuses, etc.

Le liquidateur pourra aussi réaliser des éléments incorporels appartenant à un débiteur comme le fonds de commerce, les éléments s'y rattachant comme les fichiers clients, les marques, les brevets, les frais de recherches et de développement, les actifs financiers comme par exemple des titres de participation et les actifs incorporels.

L'ordonnance du 18 décembre 2008 a supprimé la première phrase de l'article L. 642-1, alinéa 4, du Code de commerce qui interdisait la cession des éléments incorporels appartenant à un débiteur personne physique exerçant une activité libérale réglementée lors de la cession d'entreprise. Cette interdiction prend donc fin. Elle pouvait, en effet, comme le décrit le rapport au Président de la République, « s'avérer excessivement pénalisante, par exemple dans l'hypothèse, assez fréquente, où le droit de présentation de la clientèle représentait une part importante de la valeur de l'actif »[2].

Si la vente de certains biens meubles du débiteur suffit à l'extinction du passif exigible, le liquidateur devrait *a priori*, arrêter la réalisation de ceux-ci dès lors qu'il y a désintéressement des créanciers. Cependant, la Cour de cassation a jugé que le juge-commissaire n'excédait pas ses pouvoirs à autoriser la vente d'un immeuble, alors qu'il n'y avait plus de passif exigible, dès lors que la liquidation judiciaire n'était pas clôturée[3]. *A fortiori*, cette solution risque de s'appliquer pour les biens meubles, bien qu'elle soit dommageable pour le débiteur et ce alors même que le but de la *liquidation a été atteint*.

Il ne peut s'agir que des biens appartenant au débiteur, non à des tiers. Les biens qui sont la propriété de tiers doivent être revendiqués dans la procédure du débiteur en liquidation judiciaire. Commet un excès de pouvoir, que confirme le tribunal, le juge-commissaire qui autorise la vente de biens crédit-baillés ayant fait l'objet d'une demande de restitution[4].

Les biens doivent être disponibles dans le patrimoine du débiteur. L'article R. 121-22 du code des procédures civiles d'exécution dispose que l'ordonnance sursoyant à l'exécution d'une décision du juge de l'exécution ayant annulé un procès-verbal de saisie-vente proroge l'effet d'indisponibilité attaché à la saisie jusqu'à la décision statuant sur l'appel formé contre cette décision. Cette indisponibilité fait obstacle à la vente de ces biens par le liquidateur[5].

Le juge-commissaire devra vérifier, sous l'empire de la législation antérieure à la loi de sauvegarde des entreprises, que la cession des autres biens ne cache pas une cession d'unité de production, obéissant à un régime propre (v. s[s] n°s 584.11 s.)[6].

En cas d'existence d'un actif non réalisé, l'article L. 643-13 du Code de commerce autorise une reprise de la procédure de liquidation judiciaire, antérieurement clôturée pour insuffisance d'actifs, s'il « apparaît que des actifs n'ont pas été réalisés ou que des actions dans l'intérêt des créanciers n'ont pas été engagées ». Il faut distinguer de la non réalisation d'actifs le fait pour le débiteur, personne physique, de percevoir après la clôture des sommes d'argent (v. s[s] n°s 593.11 et 593.21).

Dans le cas d'un débiteur décédé et si sa succession demeure vacante, il y a place à application des règles de droit commun (v. s[s] n° 211.71).

L'interdiction d'acquisition frappant les dirigeants de la personne morale débitrice et les parents ou alliés du dirigeant, ainsi que les parents ou alliés du débiteur qui s'applique aux cessions d'unité de production, ne s'applique pas, sous l'empire de la législation antérieure à la loi de sauvegarde des

1. POUR un bien faisant partie d'un monument historique : CE 24 févr. 1999, n° 191317, *S[té] Transurba*, *JCP G* 2000, II 10232, note Deumier.
2. Rapport au président de la République sur l'ordonnance n° 2008-1345 du 18 déc. 2008, *JO* 19 déc. 2008, Titre I, chap. IV-1, s[s] art. 110.
3. Com. 3 nov. 2009, n° 07-14.993, *Bull. civ.* IV, n° 139; n° 1007 FS-P+B; *D.* 2009. 2746, note Lienhard; *Gaz. Pal.* 8-10 janv. 2010, n° 8, 9, p. 25, note Voinot; *LXB hebdo* 10 déc. 2009, n° 375, note Le Corre.
4. Com. 3 févr. 2009, n° 07-18.932, NP; n° 111 FS-D; *Act. proc. coll.* 2009/6, n° 102, note Petit; *LPA* 12 oct. 2009, n° 203, p. 11, note Sortais.
5. Com. 2 juin 2015, n° 14-12.230, *Bull. civ.* IV [à paraître]; n° 542 F-P+B; *BJE* 2015, 365, note Camensuli-Feuillard; *JCP E* 2015, 1449, note Lebel.
6. AINSI : T. com. Lyon, 29 juill. 1986, *D.* 1987. Somm. 93, obs. Derrida.

entreprises, à la vente des biens meubles[1]. La loi de sauvegarde des entreprises a modifié la solution. L'article L. 642-20 du Code de commerce prévoit en effet que les dispositions de l'article L. 643 sont applicables aux cessions d'actifs réalisées en application de l'article L. 642-19. De la sorte, les interdictions d'acquisition intéressant certaines personnes posées dans le cadre du plan de cession (v. s^s n° 571.31) sont ici applicables.

L'article 119 de l'ordonnance du 18 décembre 2008 insère un alinéa 2 à l'article L. 642-20 du Code de commerce, pour permettre aux personnes auxquelles il est fait interdiction d'acquérir des biens du débiteur, à l'exception des contrôleurs, de se rendre acquéreur des biens de ce dernier, dès lors qu'il est question d'acquérir des biens nécessaires aux besoins de la vie courante du débiteur. Cette exception ne concerne pas les contrôleurs, l'interdiction étant relayée pour eux sur le terrain pénal par l'article L. 654-12, II, du Code de commerce. Une ordonnance spécialement motivée est exigée du juge-commissaire (C. com., art. L. 642-20), les observations des contrôleurs suffiront (C. com., art. R. 642-37-2) et la requête du ministère public exigée par l'article L. 642-3 du Code de commerce est remplacée par un simple avis du ministère public (C. com., art. L. 642-20, alinéa 2 - v. s^s n° 561.14).

La disposition semble devoir être strictement cantonnée à l'hypothèse d'une liquidation judiciaire, qui intéresse un débiteur personne physique, la personne morale n'ayant, d'évidence, pas de besoins de la vie courante. En outre, elle ne concerne, *a priori*, d'une manière regrettable[2], que le cas de la vente de gré à gré.

Pour respecter la lettre du texte, il faudra, en outre, qu'il s'agisse de biens de faible valeur. À cet égard, on peut prendre l'exemple d'une voiture ou de certains meubles meublants[3]. Il n'est pas question de soustraire aux règles classiques des réalisations d'actifs des œuvres d'art, car il faut bien comprendre, qu'en pratique, le prix de vente sera sans doute inférieur à la valeur vénale. La mesure poursuit en effet un but d'humanisation de la procédure de liquidation judiciaire[4], et c'est pourquoi il faut la prendre pour ce qu'elle est : un moyen indirect de ne pas laisser le débiteur dans un dénuement complet, les biens acquis par les proches ayant sans doute vocation à être restitués au débiteur. Il s'agit donc d'un assistanat social du débiteur, à moindre coût pour ses créanciers. La solution est d'ailleurs clairement posée dans le rapport au Président de la République sur l'ordonnance du 18 décembre 2008[5], qui va d'ailleurs jusqu'à évoquer la curieuse possibilité pour le débiteur d'acquérir lui-même les biens *dont il est propriétaire*... *Que devient* le dessaisissement ? Avec quel argent va-t-il faire cette acquisition ? De l'argent dissimulé à la liquidation judiciaire ?

L'ordonnance du juge-commissaire qui autorise ou ordonne la vente devra être préalable à celle-ci, à peine de nullité[6]. Elle devra être notifiée, à la diligence du greffier, au débiteur et aux contrôleurs (C. com., art. R. 642-39). La solution était prévue par l'article R. 642-39 du Code de commerce, qui la posait tant pour la réalisation des immeubles, que pour celles des meubles. Le décret du 12 février 2009, en son article 101, abroge l'article R. 642-39. Une disposition spéciale à la vente des meubles, l'article R. 642-37-3 du Code de commerce, qui résulte de l'article 100 du décret d'application du 12 février 2009, prévoit que l'ordonnance du juge-commissaire est, à la diligence du greffier, notifiée au débiteur et communiquée aux contrôleurs. On notera qu'une simple communication aux contrôleurs remplace la notification à ces derniers. La lettre simple devrait suffire[7], avec toutefois les difficultés probatoires qui en résulteront.

La notification fera courir, avant le décret du 12 février 2009, le délai de recours porté devant le tribunal à l'encontre du débiteur, qui a un droit propre à contester l'ordonnance. Elle fera également courir les délais à l'encontre de l'acquéreur qui ne pourra se voir imposer des charges non souscrites[8]. Le principe de solution posé en matière de plan de cession est transposable à la cession de gré à gré. L'excès de pouvoir commis par le juge dans le cadre d'une ordonnance de vente dépassant le cadre de l'offre ouvrirait la voie de l'appel nullité, à l'encontre du jugement, statuant sur opposition à l'ordonnance, qui viendrait confirmer cette dernière (v. s^s n° 333.22).

Depuis le décret du 12 février 2009, la notification fait courir le délai d'appel à l'encontre de l'ordonnance du juge-commissaire (C. com., art. R. 642-37-3).

La solution est toutefois inapplicable aux procédures ouvertes avant le 15 février 2009. Il a pour-

1. Com. 6 juin 1995, n° 93-10.273, NP; *Dr. sociétés* 1995, n° 5, 39, obs. Chaput.
2. Pérochon, « À propos de la réforme de la liquidation judiciaire par l'ordonnance du 18 décembre 2008 », *Gaz. Pal.* 8-10 mars 2009, n° sp. p. 3 s., sp. p. 20, n° 61.
3. Roussel Galle, « Premier aperçu sur l'ordonnance du 18 décembre 2008 réformant le droit des entreprises en difficulté », *LPA* 24 déc. 2008, n° 257, p. 3 s., sp. p. 10, n° 27.
4. Roussel Galle, art. préc., sp. p. 10, n° 27.
5. Rapport au président de la République sur l'ordonnance n° 2008-1345 du 18 déc. 2008, *JO* 19 déc. 2008, Titre I, chap. IV-1, s^s art. 119.
6. Com. 27 oct. 1998, n° 95-17.463, *Bull. civ.* IV, n° 259, sur pourvoi de Paris, 19 mai 1995, *D.* 1995. Somm. 309, obs. Honorat; *Rev. proc. coll.* 1996, 129, n° 5, obs. Dureuil.
7. AUSSI : Pérochon, « À propos de la réforme de la liquidation judiciaire par l'ordonnance du 18 décembre 2008 », *Gaz. Pal.* 8-10 mars 2009, n° sp. p. 3 s., sp. p. 60, n° 19.
8. Paris, 19 mai 1995, *D.* 1996. Somm. 96, obs. Honorat.

tant été expliqué que ce décret a été interprété trop extensivement en ce que désormais toutes les ordonnances dont il est possible de relever appel doivent être portées directement devant cette cour. Or, pour cet auteur, ce texte ne signifie pas que toutes les ordonnances sont susceptibles d'appel. L'article L. 642-18 du Code de commerce ne concernant que les ventes d'immeubles et l'article L. 642-19 du même Code concernant la vente des autres biens du débiteur n'étant pas visé, l'ordonnance rendue par le juge-commissaire ne serait susceptible que d'une opposition[1]. Cependant, l'article R. 642-37-3 du Code de commerce est clair sur ce point, son alinéa 2 dispose que les recours contre ces décisions, entendues comme les ordonnances rendues en application de la réalisation des biens meubles de l'article L. 642-19 du même Code, sont formés devant la cour d'appel.

Les ventes d'actifs mobiliers devront intervenir dans les délais les plus brefs afin de libérer, le cas échéant, les lieux loués[2].

La connaissance de la pratique démontre qu'aujourd'hui il est très difficile de conserver intact du matériel ou des biens meubles, ce qui peut aboutir à de fâcheux résultats en ce qui concerne le but poursuivi par la liquidation en réalisant les meubles du débiteur[3]. Bien souvent les mesures prises pour en assurer la conservation sont inefficaces. La rapidité d'exécution doit être le maître mot des opérations de réalisation. *A fortiori*, certains biens devraient faire l'objet d'une vente prioritaire comme les biens sujets à dépérissement[4]. Mais les termes de l'article L. 642-19 du Code de commerce n'établissent pas de différence entre les biens sujets à dépérissement prochain et les autres. Or, il n'y a pas lieu de distinguer là où la loi ne distingue pas. En conséquence, le liquidateur ne devrait pas prendre l'initiative de la vente de biens soumis à dépérissement prochain[5]. Néanmoins, certains biens, sujets à un dépérissement rapide, peuvent ne pas supporter l'écoulement du temps nécessaire à l'obtention de l'ordonnance; il paraît donc illogique, au nom du respect de la lettre de la loi, de laisser périr des biens qui peuvent représenter une part importante de l'actif. Sous l'empire de l'ancien article L. 621-31, alinéa 4 du Code de commerce, le juge-commissaire pouvait autoriser le débiteur ou l'administrateur, selon le cas, à vendre des meubles garnissant les lieux loués soumis à *dépérissement prochain lors du* redressement et de la poursuite d'activité.

Il conviendrait donc de permettre au liquidateur de différencier les biens, en s'inspirant de cet ancien texte pour affirmer le droit pour le liquidateur à vendre les biens périssables sans délai, sans attendre l'ordonnance du juge-commissaire.

1. Soinne, « Le yoyo (à propos de l'alourdissement et de l'enchevêtrement procédural du droit des procédures collectives) », *Rev. proc. coll.* 2010, repère 5.
2. Ifppc 1999, recomm. n° 6110-1, p. 178.
3. Com. 8 janv. 2002 n° 98-22.377, NP – Paris, 19 oct. 1999 : *Act. proc. coll.* 2000, n° 33, obs. Vallansan; *LPA* 2 août 2000, p. 23, note Rakotovahiny.
4. EN CAS de péremption d'une partie des marchandises objet de la cession : Com. 16 mai 2006, n° 04-19.785, *Bull. civ.* IV, n° 124; *D.* 2006. AJ 1683, obs. Lienhard; *JCP E* 2006, n° 37, p. 1537, note Vallansan.
5. Soinne, n° 2440.

SECTION 563.20
ARCHIVES

563.21 Destruction des archives. Les archives sont une variété particulière de biens meubles. Elles ne peuvent être détruites qu'en liquidation judiciaire. L'article L. 642-23, alinéa 1 du code de commerce prévoit qu'« avant toute vente ou toute destruction des archives du débiteur, le liquidateur en informe l'autorité administrative compétente pour la conservation des archives. Cette autorité dispose d'un droit de préemption ». L'administration compétente est la direction des archives de France, le plus généralement rattachée au ministère ayant en charge la culture. Le droit de préemption existera, que la vente intervienne aux enchères ou de gré à gré. Si la destruction est envisagée, il ne s'agit pas d'un droit de préemption, mais plutôt d'un droit d'appréhension, lequel permettra l'économie des frais de destruction de archives.

Il a été observé que si le sort des archives avait été réglé il n'en est pas de même de celui des frais d'archivage, qui *a priori*, ne semblent pas pouvoir être avancés par le Trésor public[6].

563.22 Destination des archives d'un débiteur soumis au secret professionnel. Si la procédure de liquidation judiciaire intéresse une personne soumise au secret professionnel, en pratique un professionnel libéral, la destination de ses archives est déterminée par le liquidateur en accord avec l'ordre professionnel ou l'autorité compétente dont il relève (C. com., art. L. 642-23, al. 2).

SECTION 563.30
VENTE DES MEUBLES AUX ENCHÈRES PUBLIQUES

563.31 Vente des meubles aux enchères publiques. Selon les articles L. 320-1 et L. 320-2 du Code

6. Froehlich et Sénéchal, « De la réalisation de l'actif », *LPA* n° sp. 9 févr. 2006, n° 29, p. 21, sp. p. 39.

de commerce (mod. par L. 20 juill. 2011[1]), les ventes aux enchères publiques sont définies comme des ventes faisant intervenir un tiers, agissant comme mandataire du propriétaire ou de son représentant, pour proposer et adjuger un bien au mieux-disant des enchérisseurs à l'issue d'un procédé de mise en concurrence ouvert au public et transparent. La vente de meubles aux enchères publiques, appelée aussi vente publique mobilière, se caractérise par trois éléments : une publicité, des enchères, et la nature mobilière du bien mis en vente. En l'absence de ces éléments on ne peut parler d'une vente publique mobilière et la législation spéciale à ce type de vente ne peut s'appliquer.

L'article L. 642-19 du Code de commerce envisage deux types de vente : la vente aux enchères publiques et la vente de gré à gré. Ces règles sont cependant écartées, sous l'empire de la loi de sauvegarde des entreprises[2], en cas d'application des règles de la liquidation judiciaire simplifiée (v. s[s] n°s 565.41 s.).

La vente aux enchères publiques ordonnée par le juge-commissaire ne constitue pas un acte d'exécution forcée, mais une opération de liquidation des biens du débiteur[3]. Le juge de l'exécution est incompétent. Sa saisine est inopérante pour remettre en cause la vente intervenue Seul le recours contre cette ordonnance obéissant aux règles du livre VI du code de commerce est envisageable.

L'ordonnance ordonnant la vente aux enchères publiques que rendra le juge-commissaire ne vaudra pas ici vente. Il n'a pas à fixer de mise à prix[4]. La fixation de la mise à prix, dès l'autorisation de la vente, aurait l'avantage de permettre d'en vérifier l'application. Mais selon un auteur, les enchères ont pour but de faire déterminer le prix d'adjudication par la loi du marché. Pour cette raison, la réalisation des biens du débiteur justifie un formalisme allégé et la mise à prix n'a pas à être fixée[5].

Dans les ventes judiciaires, l'objet mis en vente doit être vendu, ce qui constitue une différence fondamentale avec les ventes volontaires avec prix de réserve, au cours desquelles les objets sont retirés de la vente faute d'avoir atteint le prix exigé par le vendeur.

Néanmoins, il convient de rappeler que la vente judiciaire, fût-elle judiciaire, ne doit pas être une vente à vil prix, qui contrarierait la finalité de la liquidation judiciaire, qui est de vendre les biens du débiteur pour désintéresser les créanciers au meilleur prix. C'est donc ce prix dérisoire lors de la réalisation des actifs que la Cour de cassation censure[6].

Le principe selon lequel *l'objet doit toujours être* vendu doit, toutefois, être nuancé. En effet, dans la situation où aucun prix minimum n'est fixé, et bien que les textes ne prévoient rien sur ce point, on estime en général qu'il relève du libre arbitre de l'officier vendeur de retirer un objet de la vente, s'il n'y a aucun acheteur sur la base du prix que l'officier estime être un minimum au-dessous duquel on ne peut décemment descendre. Cette pratique est relativement courante aujourd'hui, notamment dans le cas des ventes après liquidation judiciaire pour lesquelles l'officier a préalablement fait une estimation des biens[7].

En outre, la propriété et les risques du bien vendu ne seront transférés qu'à compter de l'adjudication. La garantie contre les vices cachés n'est pas due à l'acquéreur, puisqu'il s'agit d'une vente faite par autorité de justice (C. civ., art. 1649). D'ailleurs, les officiers qui procèdent aux ventes judiciaires prennent toujours la précaution d'indiquer dans les conditions générales de la vente que celle-ci est faite « sans aucune garantie » et certains ajoutent même « sans réclamation possible une fois l'adjudication prononcée ».

Tant qu'il subsiste des actifs susceptibles de désintéresser les créanciers lors de la vente aux enchères publiques, la liquidation judiciaire ne pourra être clôturée pour insuffisance d'actif, peu importante la difficulté de réalisation de ces actifs (v. s[s] n° 592.32)[8].

La compétence appartient par principe au commissaire-priseur, dont le liquidateur veillera à percevoir un prix incluant la TVA[9], cependant que les huissiers, notaires et greffiers des tribunaux d'instance ou de commerce ont également compétence.

Notons que depuis la loi du 6 août 2015[10], dite loi Macron, une profession unique de commissaire

1. L. n° 2011-850, 20 juill. 2011 de libéralisation des ventes volontaires de meubles aux enchères publiques, *JO* 21 juill., p. 12441.
2. L. n° 2005-845, 26 juill. 2005, préc.
3. Com. 11 févr. 2014, n° 12-26.208, *Bull. civ.* IV, n° 35; n° 190 F-P+B; *Leden* avr. 2014, comm. 62, note Staes; *Act. proc. coll.* 2014/7, comm. 131, note Hoonakker.
4. Com. 26 oct. 1999, n° 96-13.186, *Bull. civ.* IV, n° 191; *D.* 2000. Somm. 330, obs. Honorat; *LPA* 3 févr. 2000, n° 24, p. 5, note P. M.; *Act. proc. coll.* 1999/19, n° 262; *RTD com.* 2000. 189, obs. Martin-Serf.
5. Honorat, *D.* 2000. Somm. 330.
6. Com. 28 sept. 2004 n° 02-11.210, *Bull. civ.* IV, n° 167; n° 1417 FS-P+B; *D.* 2004. AJ 2652; *D.* 2005. jur. 302, note Rakotovahiny; *Act. proc. coll.* 2004/17, n° 216, note Vallansan.
7. Maurice, J-CL. CONTRATS – DISTRIBUTION Fasc. 3870, [Ventes publiques mobilières], n° 63.
8. Com. 22 janv. 2008, n° 06-20.766, *Bull. civ.* IV, n° 11; *D.* 2008. 348, obs. Lienhard; *RTD civ.* 2008. 512, obs. Revet; *JCP N* 2009. 1278, note Vauvillé; *Rev. proc. coll.* 2009. comm. 51, obs. Dumont-Lefrand.
9. Ifppc 1999, recomm. n° 6110-3, p. 178.
10. L. n° 2015-990, 6 août 2015, *JO* 7 août, p. 13537, dite loi Macron.

de justice regroupe les commissaires-priseurs judiciaires et les huissiers de justice.

Il appartiendra au juge-commissaire de désigner, dans son ordonnance, l'officier ministériel compétent selon les dispositions des articles L. 322-2, alinéa 2, L. 322-4 ou L. 322-7 du Code de commerce. En présence de valeurs mobilières, la compétence appartient aux agents de change des bourses de valeurs où elles sont admises. Si les valeurs ne sont pas admises à la cote officielle, il y a compétence concurrente des agents de change et des commissaires priseurs ou notaires.

En ce qui concerne la vente aux enchères d'un fonds de commerce, la compétence n'appartient aux notaires que si la valeur des éléments incorporels est plus importante que celle des éléments corporels, aux commissaires-priseurs dans le cas contraire[1]. La vente du fonds doit alors obéir aux règles prévues par la loi du 17 mars 1909[2], la surenchère étant cependant ici exclue, s'agissant d'une vente judiciaire[3].

Si la vente est faite par un officier ministériel, elle intervient sous sa responsabilité, ce dernier n'étant que le mandataire du liquidateur[4]. L'officier ministériel engagerait sa responsabilité à vendre un bien n'appartenant pas au débiteur, dès lors du moins qu'une revendication aurait été exercée valablement par son légitime propriétaire, dans le délai de l'action en revendication.

Bien que les textes n'imposent pas une telle formalité en matière de vente intervenant au cours d'une liquidation judiciaire, les praticiens ont pris l'habitude, en cette hypothèse, de vérifier l'existence des objets à vendre et la concordance avec l'inventaire préalablement dressé. Ils mentionnent alors, en tête de leur procès-verbal de vente, tous les objets manquants ou détériorés, qui ne pourront pas être mis en vente[5].

Le cas de la cession isolée du bail est, quant à lui, envisagé à l'article L. 641-12 du Code de commerce, dont l'alinéa 5 prévoit expressément que le liquidateur peut céder le bail « dans les conditions prévues au contrat conclu avec le bailleur avec tous les droits et obligations qui s'y rattachent ». La Cour de cassation a d'ailleurs jugé que ce texte spécial ne déroge pas au texte général sur la vente d'actifs mobiliers et ne dispense pas le liquidateur de demander l'autorisation du juge-commissaire[6] (v. s^s n° 555.31).

L'ordonnance ordonnant la vente d'un fonds de commerce doit être notifiée aux créanciers inscrits. Ils peuvent frapper de recours devant le tribunal, sous l'empire de la législation antérieure à l'ordonnance du [illegible] décembre 2008, cependant qu'ils ne disposent pas de la faculté de surenchère. Depuis cette ordonnance, le recours est porté devant la cour d'appel (v. s^s n° 332.32).

La rédaction issue de la loi du 26 juillet 2005 (C. com. art. L. 642-19) effectue un renvoi au second alinéa de l'article L. 322-2, aux articles L. 322-4 et L. 322-7 du Code de commerce. Il en résulte que les ventes de mobiliers aux enchères publiques décidées en vertu de cette disposition devront respecter certaines conditions généralement applicables en matière d'enchères publiques[7]. Elles ne pourront être effectuées que par des commissaires-priseurs judiciaires[8], notaires ou huissiers, en application du second alinéa de l'article L. 322-2 du Code de commerce. Les ventes de marchandises en gros, quant à elles, seront effectuées par des courtiers de marchandises assermentés en application de l'article L. 322-4, et, en leur absence, par des commissaires-priseurs judiciaires, des notaires ou des huissiers, en application de l'article L. 322-7.

En ce qui concerne la purge des inscriptions en cas de ventes aux enchères, le régime de la liquidation judiciaire ne déroge pas au droit commun. La vente réalisée aux enchères publiques emportera donc, de plein droit, purge des inscriptions, puisqu'elle est réputée correspondre à la vraie valeur vénale (v. aussi, s^s n° 591.24).

SECTION 563.40

CESSION DE GRÉ À GRÉ DES MEUBLES

563.41 Règles générales de la cession de gré à gré de meubles. La cession de gré à gré de meubles, lors de la liquidation judiciaire, reste soumise au droit commun, sans préjudice de règles particulières liées à son caractère judiciaire.

Ainsi, en ce qui concerne le droit commun, faute de disposition légale en sens contraire, la proposition d'acquisition peut contenir des conditions suspensives ou toutes autres techniques juridiques légales ou conventionnelles liées à la vente[9]. En effet, malgré l'expression de gré à gré, c'est une vente

1. Civ., 17 déc. 1919, *DP* 1922, I, 123 – *Adde*, Grenoble, 6 févr. 1952, *RTD com.* 1952. 535, obs. J. Jauffret.
2. Rouen, 5 mars 1968, *RTD com.* 1969. 227 – *Adde*, Soinne, n° 2450.
3. L. 17 mars 1920, art. 5.
4. J.-cl. contrats-distribution, R. Maurice, fasc. 1420, [Ventes aux enchères publiques de marchandises neuves ou d'occasion], n°s 130 s. – Soinne, n° 2442.
5. J.-CL. DISTRIBUTION, R. Maurice, fasc. 3870 [Ventes Publiques Mobilières], n° 16.
6. Com. 9 mai 2007, n° 06-10.064, *Bull. civ.* IV, n° 122; *D.* 2008. AJ 1508, obs. Lienhard.
7. *Rapp. J.-J. Hyest*, n° 35, p. 418.
8. SUR LE RESPECT de cette règle : TGI Paris, 8 mars 2007, *Act. proc. coll.* 2008/5, *Ch. disc. Cie commissaires-priseurs judiciaires de la Région parisienne et ch. nat. commissaires priseurs judiciaires c/S^té Roux Troostwijk SA.*
9. Montpellier, 25 oct. 2011, RG n° 10/08036.

mixte, qui s'inscrit dans un cadre judiciaire. Le juge-commissaire l'autorise pour un prix déterminé, qui doit être réel[1]. Toutefois, il faut rappeler qu'une vente à vil prix, autorisée par le juge-commissaire, constituerait un excès de pouvoir[2].

Ce type de vente ne peut être envisagé que si le liquidateur a reçu des offres d'acquisition. Il en sera ainsi pour des stocks, et, le plus souvent, pour des fonds de commerce (v. ss n° 563.43). Le liquidateur présente une requête au juge-commissaire. *A priori*, il ne s'agit pour le liquidateur que de se faire autoriser. La lettre de l'article L. 622-18 du Code de commerce, dans sa rédaction antérieure à la loi de sauvegarde des entreprises[3], est cependant différente, puisque le juge-commissaire « ordonne » la vente de gré à gré des biens meubles. La loi de sauvegarde des entreprises rectifie l'erreur rédactionnelle et prévoit que la vente de gré à gré des meubles n'est plus ordonnée par le juge-commissaire, mais autorisée, contrairement à la vente aux enchères, qui, quant à elle, reste ordonnée (C. com., art. L. 642-19, al. 1)[4]. Cependant ce changement terminologique n'a pas eu de conséquence (v. ss n° 563.42) et il faut ajouter que le juge-commissaire, qui doit fixer les conditions de la vente, en application de l'alinéa 2 de l'article L. 642-19 du Code de commerce, pourra contrôler que celles-ci ont été suivies par le liquidateur dans l'acte de vente[5]. L'acte de cession, ne pourra pas contrarier le contenu de l'ordonnance du juge-commissaire, son caractère juridictionnel y fait obstacle. Si tel a été le cas, l'acquéreur pourra saisir le juge-commissaire pour qu'il statue sur la réclamation faite contre l'acte de vente du liquidateur aux termes de l'article R. 641-11, alinéa 2 du Code de commerce. Ce contrôle a été mis en place pour éviter les abus autrefois constatés[6].

La loi de modernisation de la justice du XXIe siècle vient en outre préciser, en modifiant en ce sens l'article L 642-19, alinéa 1 du code de commerce, que la vente de gré à gré ne devra être utilisée que si elle est de nature à garantir les intérêts du débiteur. La vente de gré à gré apparaît donc aujourd'hui subsidiaire par rapport à la vente aux enchères, qui devient le type de vente de principe des biens meubles. La disposition sera applicable aux procédures en cours au jour de la publication de la loi de modernisation de la justice du XXIe siècle.

Aucune obligation ne repose ici sur le liquidateur d'attendre d'être en possession de plusieurs offres. Contrairement à la solution existant en matière de cession d'unité de production (v. ss n° 564.21), le *liquidateur n'a pas à susciter des offres d'acquisition*, et n'a pas à fixer un délai aux acquéreurs éventuels. Dès lors, corrélativement, le juge-commissaire peut rendre rapidement une ordonnance autorisant la vente, sans que celle-ci puisse ensuite être remise en cause, au prétexte qu'un meilleur prix aurait pu être proposé[7]. Cette solution est à déplorer car elle n'est pas suffisamment protectrice des intérêts du débiteur et de celui de ses créanciers. A cependant été retenu l'excès de pouvoir commis par le juge-commissaire, qu'a refusé de sanctionner, avant l'ordonnance du 18 décembre 2008, le tribunal, ce qui a rendu recevable l'appel nullité, lorsque le juge-commissaire a retenu une offre d'acquisition d'un fonds de commerce en ne se prononçant pas sur une autre offre pourtant meilleure[8].

Dans le cadre de ces ventes, le liquidateur est tenu de respecter la législation du travail si elles ont pour objet des équipements de travail réputés dangereux[9].

En outre, la perfection de la vente à la date de l'ordonnance n'interdit pas l'action en nullité pour vice du consentement selon le droit commun[10].

563.42 Perfection de la vente de gré à gré au jour de l'ordonnance ou de la rédaction de l'acte de cession[11]. Comme cela est le cas en matière de vente immobilière de gré à gré, la vente est parfaite, avant même que l'acte de cession ne soit rédigé, dès l'ordonnance, sous la condition suspensive que la décision acquière force de chose jugée[12], la solution

1. Com. 8 juill. 2014, n° 13-19.395, *Bull. civ.* IV, n° 115; n° 640 F-P+B; *Act. proc. coll.* 2014/14, comm. 254, note Cagnoli; *BJE* 2014, 296, note Théron.
2. Com. 28 sept. 2004, n° 02-11.210, *Bull. civ.* IV, n° 167; *D.* 2004. 2652, note Rakotovahiny.
3. L. n° 2005-845, 26 juill. 2005, préc.
4. *Rapp. J.-J. Hyest*, n° 335, p. 418.
5. Député Gouzes dans son rapport, Doc. AN 1983-1984, 1re session ord. n° 1872, p. 170.
6. SAINT-ALARY-HOUIN, 4e éd., 2001, n° 1047 – LE CANNU, n° 786.
7. Colmar, 6 avr. 1993, *Rev. proc. coll.* 1995, 74, n° 6, obs. Dureuil.
8. Paris, 3e ch. A, 18 nov. 2003, RG n° 2002/20097.
9. Com. 9 janv. 2001, n° 97-17.599, *Bull. civ.* IV, n° 2; *D.* 2001. AJ 782; *JCP E* 2001, pan. 397.
10. Com. 10 déc. 1991, n° 89-22.023, *Bull. civ.* IV, n° 381 – Com. 31 mars 1998, n° 94-16.076, NP; n° 856 D; *G. Clément c/B. Soinne*, *RTD com.* 1998. 679 – Paris, 31 oct. 2000 *JurisData* 131782 – Pau, 2e ch., 1re sect., 11 janv. 2001, *JurisData* 142792 – Caen, 1re ch., 12 mai 2005, *JurisData* 286637.
11. Sur la question : B. Brignon, « Le point sur les réalisations d'actif ou la question de la date du transfert de propriété des actifs », *Rev. proc. coll.* 2012, études 22, p. 15.
12. Com. 3 oct. 2000, n° 98-10.672, *Bull. civ.* IV, n° 146; *Act. proc. coll.* 2000/17, n° 221; *D.* 2000. jur. 397, obs. Lienhard; *JCP E* 2001, Chron. 175, n° 6, obs. M. Cabrillac; *RTD com.* 2001. 224, obs. Saint-Alary-Houin – Com. 7 juill. 2004, n° 01-01.452, NP – Com. 7 juin 2005, n° 04-10.685, NP – Com. 7 sept. 2010, n° 09-66.284, *Bull.* ▶

contraire ayant également été posée en jurisprudence[1]. La perfection de la vente suppose toutefois que le jugement de liquidation judiciaire, sur le fondement duquel l'ordonnance autorisant la vente a été rendue, ne soit pas anéanti. L'infirmation du jugement de liquidation judiciaire prive rétroactivement de support la cession judiciaire. L'acquéreur ne peut, dès lors, être condamné à des dommages-intérêts au prétexte qu'il refuse de signer les actes[2].

Il n'y a vente parfaite, dès l'ordonnance, précise une juridiction du fond, que pour autant que le juge-commissaire ait autorisé la vente à un prix précis[3]. En outre, en présence d'une offre d'acquisition présentée au débiteur avant l'ouverture de sa procédure collective, d'un courrier du candidat acquéreur adressé au liquidateur réitérant l'offre d'acquisition, puis d'un autre courrier pouvant s'analyser en une condition suspensive, par lequel le candidat acquéreur demandait au liquidateur l'établissement d'un inventaire démontrant que les matériels, objets de l'offre d'achat, se trouvaient dans le patrimoine du débiteur à l'ouverture de la procédure collective, l'ordonnance du juge-commissaire autorisant la vente des biens ne rend pas la vente parfaite, dès lors que la condition liée à l'établissement d'un inventaire ne s'est pas réalisée[4].

L'ordonnance doit indiquer à qui incombent les frais de vente. Faute d'une telle précision, le candidat acquéreur, informé qu'il doit ajouter au prix mentionné dans son offre, les frais de la vente, est en droit de retirer son offre[5]. La vente est donc parfaite dès l'ordonnance du juge-commissaire, qui joue, en quelque sorte, le rôle d'acceptation de l'offre émanant de l'acquéreur, sous la condition suspensive que l'ordonnance du juge-commissaire acquière l'autorité de la chose jugée.

Ensuite, la décision ne peut devenir définitive que si elle est notifiée aux personnes dont les droits sont susceptibles d'être affectés par elle et au débiteur. Une difficulté se présentait, sous l'empire de la législation antérieure à la loi de sauvegarde des entreprises[6], lorsque le débiteur était une société. En effet, la dissolution de la société résultant de son placement en liquidation judiciaire emportait perte de la qualité de son dirigeant (v. s[s] n° 561.21). Après avoir, dans un premier temps, décidé que la notification pouvait néanmoins valablement être faite à l'ancien dirigeant de la société débitrice, pourtant privé du droit d'exercer le recours à son encontre, la Cour de cassation a posé en règle qu'une ordonnance du juge-commissaire autorisant la vente de gré à gré d'un fonds de commerce appartenant à une société en liquidation judiciaire n'avait pas à être notifiée au dirigeant de cette société privé du droit d'exercer un recours à son encontre[7]. La question demeure cependant entière de savoir comment cette ordonnance pourra devenir définitive. À notre sens, ce ne peut être que par la notification à une personne apte à représenter la société débitrice au titre de ses droits propres, c'est-à-dire soit un liquidateur amiable soit un mandataire *ad hoc*.

Cette difficulté a, par principe du moins, disparu sous l'empire de la loi de sauvegarde des entreprises, puisque le dirigeant de la société en liquidation judiciaire est maintenu en fonction (C. com., art. L. 641-9, II al. 1 – v. s[s] n° 553.22). Elle ne pourra plus se présenter, depuis l'ordonnance du 12 mars 2014[8], qui a différé au jour de la clôture pour insuffisance d'actif, la dissolution de la société.

Lorsque l'ordonnance du juge-commissaire autorisant la vente est devenue définitive, l'acquéreur est tenu et ne peut plus se rétracter[9], sans pouvoir se réfugier derrière le fait que le liquidateur n'aurait pas accepté son offre, sauf à justifier, le cas échéant, d'un motif légitime tiré de la non-réalisation des conditions dont il avait pu l'assortir[10].

Spécialement, la rétractation de l'acquéreur pour convenance personnelle est impossible, du fait de la perfection de la vente[11]. Lorsque l'ordonnance

▶ *civ.* IV, n° 132; n° 816 F-P+B; *D.* 2010. 2060, note Lienhard; *Act. proc. coll.* 2010/18, comm. 252, note Jazottes; *JCP E* 2010. 1910, note Brignon; *Gaz. Pal.* 19-20 nov. 2010, p. 28, note Brault; *Rev. proc. coll.* 2010/6, comm. 249, note Berthelot; *LPA* 20 déc. 2010, n° 252, p. 10, note Roussel Galle; *Leden* 2010/10, p. 5, obs. Sénéchal; *JCP E* 2011, Chron. 1030, n° 5, obs. M. Cabrillac; *BJE* mars/avr. 2011, p. 18, note Théron; *RTD com.* 2011. 796, n° 9, obs. Vallens – Riom, 1re ch. civ., 22 mai 2003, *RD banc. fin.* 2004, p. 106, n° 83, obs. Lucas.

1. Paris, 3 ch. A, 19 oct. 1999, *Act. proc. coll.* 2000/3, n° 33; *RTD com.* 2001. 224, obs. Saint-Alary-Houin.
2. Com., 31 mai 2016, n° 14-21.564, NP; n° 493 F-D.
3. Pau, 2e ch., 1re sect., 12 juin 2008, RG n° 06/03128, *Act. proc. coll.* 2008/18, n° 284, note Cagnoli; CONFIRMÉ PAR : Com. 6 oct. 2009, n° 08-19.857, NP; n° 875 F-D.
4. Com. 19 févr. 2013, n° 12-11.826, NP; n° 180 F-D.
5. Com. 6 oct. 2009, n° 08-19.857, NP; n° 875 F-D.
6. L. n° 2005-845, 26 juill. 2005, préc.
7. Com. 13 mars 2007, n° 05-20.606, NP; n° 476 F-D.
8. Ord. n° 2014-326, 12 mars 2014, *JO* 14 mars, p. 5249.
9. Com. 14 juin 1994, n° 92-14.721, *Bull. civ.* IV, n° 210; *Quot. Jur.* 20 sept. 1994, obs. P. M.; *Rev. proc. coll.* 1995, 343, obs. Dureuil – Com. 11 mars 1997, n° 94-19.207, *Bull. civ.* IV, n° 69; *RJ com.* 1998. 293, n° 94, obs. Saint-Alary-Houin; *Defrénois* 1997, 36621, p. 941, obs. Sénéchal.
10. Com. 25 mai 1993, n° 91-12.773, *Bull. civ.* IV, n° 206; *D.* 1994. Somm. 3, obs. Derrida – Com. 11 mars 1997, n° 94-19.207, *Bull. civ.* IV, n° 69; *D.* 1997. IR 87; *D. Affaires* 1997. 482; *JCP E* 1997. I. 681, n° 8, obs. Pételet; *Rev. huiss.* 1998. 351, note Courtier – Com. 11 mars 1997, *D. Affaires* 1997, 483; *Defrénois* 1997. 941, obs. Sénéchal, *JCP E* 1997. I, n° 681, n° 8, obs. Pételet – Orléans, 11 févr. 2010, RG n° 09/00990.
11. Com. 28 oct. 2008, n° 07-15.286, NP; n° 1078 F-D.

autorise la vente de deux fonds, le fait de ne pouvoir reprendre effectivement l'un des fonds en raison de la soustraction par les fournisseurs de biens vendus sous clause de réserve de propriété, ne constitue pas un motif pour refuser de signer l'acte de cession d'un autre fonds, faute d'indivisibilité stipulée au titre de la reprise des deux fonds[1]. En outre, le simple fait de la résiliation de la ligne téléphonique ne peut suffire à vider de sa substance le fonds et justifier la rétractation de l'offre d'acquisition[2]. Le fait qu'une clause de l'acte ait fait état du souhait de l'acquéreur d'entrer dans les lieux à une date déterminée ne peut davantage suffire à faire obstacle à la signature de l'acte de cession, dès lors que cette date ne constituait pas une condition suspensive[3].

Du fait de la perfection de l'ordonnance du juge-commissaire autorisant la vente, il est aussi tiré la conséquence que l'acquéreur ne peut obtenir restitution de l'acompte sur le prix de vente, sauf à entreprendre une action en résolution de la vente devant le tribunal de la faillite, au motif, par exemple, qu'il a été trompé sur la consistance des biens vendus[4].

L'article R. 121-22 du code des procédures civiles d'exécution dispose que l'ordonnance sursoyant à l'exécution d'une décision du juge de l'exécution ayant annulé un procès-verbal de saisie-vente proroge l'effet d'indisponibilité attaché à la saisie jusqu'à la décision statuant sur l'appel formé contre cette décision. Cette indisponibilité fait obstacle à la vente de ces biens par le liquidateur[5], car la perfection de la vente de gré à gré au jour de l'ordonnance emporte cette conséquence que le bien à vendre doit être disponible dès cette date[6].

Le juge-commissaire ne peut connaître de difficultés d'exécution de son ordonnance d'autorisation de vente. Pour cette raison, le juge-commissaire, après avoir autorisé la cession d'un bien du débiteur sous réserve de l'autorisation de coïndivisaires, ne peut, sans excéder ses pouvoirs, déclarer caduque la précédente décision et autoriser par une seconde ordonnance la vente du bien à un autre acquéreur[7]. Il ne peut davantage, sauf à commettre un excès de pouvoir, accorder une indemnisation à l'acquéreur d'un fonds de commerce, pour quelque raison que ce soit[8]. Il ne peut connaître des conséquences d'une rupture abusive des pourparlers relatifs à la cession ordonnée avant que l'ordonnance ne devienne définitive[9].

Pour cette même raison, le juge-commissaire qui a ordonné la cession à une personne ne peut, au prétexte qu'une meilleure offre aurait ensuite été présentée, rétracter la première ordonnance. Cependant, si le candidat acquéreur refuse de signer les actes de cession, le juge-commissaire retrouve alors pouvoir pour autoriser la cession à une autre personne[10], la première ordonnance étant alors atteinte de caducité[11]. Il ne peut cependant prononcer, à l'encontre du candidat acquéreur ou d'un tiers, d'astreinte, car seul le juge de l'exécution a ce pouvoir. Ainsi a-t-il été jugé que le juge-commissaire ne pouvait sous astreinte enjoindre à un notaire de restituer tout ou partie du prix de vente d'un actif[12].

Le liquidateur peut obtenir le constat judiciaire de la vente. En ce cas, la décision judiciaire se substitue à l'acte[13]. Il peut contraindre l'acquéreur, au besoin sous astreinte, en saisissant le juge de l'exécution[14].

Le liquidateur peut préférer la voie indemnitaire. Il peut faire condamner l'acquéreur à des dommages et intérêts s'il refuse de signer les actes de cession et s'il en résulte, pour la collectivité des créanciers, un préjudice[15]. On peut spécialement penser à la résiliation du bail, consécutive à ce refus du cessionnaire, malgré le caractère définitif de la décision du juge-commissaire ayant ordonné la vente[16]. De même, si le bien objet de l'ordonnance est ensuite vendu à un autre acquéreur, et si ce dernier offre un prix inférieur, le liquidateur peut obtenir la condamnation du premier candidat acquéreur à la différence[17].

La responsabilité du candidat repreneur ne peut toutefois être engagée qu'autant que l'offre d'acqui-

1. AINSI : Com. 27 mai 2008, n° 07-10.920, NP.
2. AINSI : Com. 27 mai 2008, n° 07-10.920, NP.
3. AINSI : Com. 27 mai 2008, n° 07-10.920, NP.
4. Com. 3 oct. 2000, n° 98-10.672, *Bull. civ.* IV, n° 146; *Act. proc. coll.* 2000/17, n° 221; *D.* 2000. jur. 397, obs. Lienhard; *JCP E* 2001, Chron. 175, n° 6, obs. Cabrillac; *RTD com.* 2001. 224, obs. Saint-Alary-Houin.
5. Com. 2 juin 2015, n° 14-12.230, *Bull. civ.* IV [à paraître]; n° 542 F-P+B; *BJE* 2015, 365, note Camensuli-Feuillard; *JCP E* 2015, 1449, note Lebel.
6. Com. 2 juin 2015, n° 14-12.230, préc.
7. Agen, ch. com., 15 mai 2007, *JurisData* 343819.
8. T. com. Valenciennes, 1re ch., 21 août 2012, RG n° 2012/002325, *Rev. proc. coll.* 2012, étude 41, note Vallens.
9. Douai 15 mai 2014, RG n° 13/02392, *Act. proc. coll.* 2014, comm. 341.
10. Com. 28 sept. 2004, n° 02-20.676, NP – Com. 27 mars 2012, n° 11-15.423, NP; n° 346 F-D.
11. Com. 27 mars 2012, n° 11-15.423, NP; n° 346 F-D.
12. Com. 28 avr. 1998 n° 95-18.132, *Bull. civ.* IV, n° 134; *RTD civ.* 1999. 465; *RTD com.* 1998. 690; *JCP E* 1998, pan. P 972.
13. Riom, 1re ch. civ., 22 mai 2003, *RD banc. fin.* 2004, p. 106, n° 83, obs. Lucas.
14. Douai, 2e ch., 2e sect., 27 juin 2006, *JurisData* 323489.
15. Com. 14 juin 1994, n° 92-14.721, *Bull. civ.* IV, n° 210; *Quot. Jur.* 20 sept. 1994, obs. P. M.; *Rev. proc. coll.* 1995, 343, obs. Dureuil – Com. 19 déc. 2000, *Act. proc. coll.* 2001/5, n° 68 – Com. 5 mai 2004, n° 01-17.809, NP – Com. 28 sept. 2004, n° 02-20.676, NP – Com. 7 juin 2005, n° 04-10.685, NP; *LXB hebdo* n° 177, 21 juill. 2005, n° N6689AIL, note Le Corre.
16. Com. 18 févr. 2004, n° 01-01.817, NP.
17. Com. 27 mars 2012, n° 11-15.423, NP; n° 346 F-D.

sition a été présentée par une personne habilitée à représenter la société candidate[1].

En outre, l'infirmation du jugement de liquidation judiciaire prive rétroactivement de support la cession judiciaire. L'acquéreur ne peut, dès lors, être condamné à des dommages-intérêts au prétexte qu'il refuse de signer les actes[2].

Si l'acquéreur fait l'objet d'une procédure collective, la créance du prix devra être déclarée à son passif[3]. Le liquidateur est responsable du non-paiement du prix des biens meubles vendus à l'amiable[4]. Il devra en conséquence s'abstenir, dans la mesure du possible, d'accorder des délais de paiement à l'acquéreur et engagera rapidement les actions résolutoires qui s'imposent contre l'acquéreur, avant que celui-ci ne fasse l'objet d'une procédure collective, dans laquelle le liquidateur *ès qualités* n'est qu'un créancier chirographaire du prix de vente.

La possibilité pour le liquidateur de prendre un jugement substitutif à l'acte de cession ou de poursuivre le candidat acquéreur en responsabilité présuppose toutefois que les éléments promis à la vente puissent être délivrés. S'il n'en est pas ainsi, le candidat acquéreur peut se rétracter, dès lors que l'élément qui ne peut être délivré, par exemple une marque dans le cadre de la cession d'un fonds de commerce, est un élément essentiel de la convention qui détermine la portée de l'offre[5]. De même, l'acquéreur d'un fonds de commerce peut se rétracter si le liquidateur a, par sa faute, perdu le droit au bail[6] Il en irait de même en cas d'acquisition d'un fonds de commerce, si le liquidateur a acquiescé à un congé avec refus de renouvellement. Toutefois, la solution est écartée, et l'acquéreur ne peut se rétracter, s'il est entré en jouissance en étant gérant de la société civile immobilière ayant acquis les locaux initialement donnés à bail. Il n'a plus alors de motif légitime pour justifier la rétraction de son offre d'acquisition[7].

Cependant, malgré la perfection de la vente au jour de l'ordonnance, le transfert de propriété n'est réalisé que par la rédaction de l'acte de cession. La Cour de cassation le rappelle classiquement dans ses attendus : « la vente n'est réalisée que par l'accomplissement d'actes postérieurs à la décision du juge-commissaire »[8].

Dès, si la délivrance d'un congé avec refus de renou ement d'un bail commercial intervient avant édaction des actes de cession, son destinataire, quéreur du fonds de commerce, n'est pas encor tulaire du droit au bail et le congé ne peut prod e effet faute d'être délivré à un locataire[9]. L'ordonnance du juge-commissaire, qui autorise la vent de gré d'un fonds de commerce n'interdit nullement au bailleur de poursuivre la résiliation de son bail. La résiliation peut être acquise après l'ordonnance et avant la signature des actes de cession, date du transfert de propriété du fonds de commerce. La solution a été posée en présence d'un jugement ordonnant, dans une liquidation judiciaire simplifiée, la vente du fonds de commerce[10].

Si une ordonnance prévoit une faculté de substitution dans une vente de fonds de commerce, le candidat d'origine ne peut être tenu de payer les loyers d'un bail entre l'ordonnance et le jour de la signature de l'acte de cession, puisqu'il n'est jamais devenu propriétaire du fonds de commerce, faute de transfert anticipé du fonds de commerce[11].

Si les actes de cession ne sont pas signés, le liquidateur doit se préoccuper de l'enlèvement des déchets dont l'acquisition était projetée. La charge des risques passe, à la date de signature des actes de cession, sur la tête de l'acquéreur[12].

En outre, il importe que le transfert de propriété puisse se réaliser. Or la vente, bien que judiciaire, ne cesse d'être une vente. Elle ne doit pas être dépourvue d'objet. C'est pourquoi elle ne peut porter sur

1. Com. 18 nov. 2008, nº 07-18.343, NP; nº 1202 F-D.
2. Com. 31 mai 2016, nº 14-21.564, NP; nº 493 F-D.
3. Com. 11 mars 1997, nº 94-19.207, *Bull. civ.* IV, nº 69; *RJ com.* 1998. 293, nº 94, obs. Saint-Alary-Houin; *Defrénois* 1997, 36621, p. 941, obs. Sénéchal.
4. Soinne, nº 2442.
5. Com. 16 oct. 2007, nº 06-10.916, NP; nº 1104 F-D.
6. Bordeaux, ch. civ. 2, 27 juin 2012, RG nº 10/03277, *Rev. proc. coll.* 2014, Chron. 1, nº 13, note Saintourens.
7. Com. 3 nov. 2010, nº 09-70.372, NP.
8. Com. 29 oct. 2002, nº 98-19.188, NP, *Act. proc. coll.* 2003/2, nº 21 – Civ. 3e, 5 janv. 2010, nº 08-12.156, NP; nº 25 F-D – Com. 7 sept. 2010, nº 09-66.284, *Bull. civ.* IV, nº 132; nº 816 F-P+B; *D.* 2010. 2060, note Lienhard; *Act. proc. coll.* 2010/18, comm. 252, note Jazottes; *JCP E* 2010. 1910, note Brignon; *Gaz. Pal.* 19-20 nov. 2010, p. 28, note Brault; *Rev. proc. coll.* 2010/6, comm. 249, note Berthelot; *LPA* 20 déc. 2010, nº 252, p. 10, note Roussel Galle; *Leden* oct. 2010, p. 5, obs. Sénéchal; *JCP E* 2011, Chron. 1030, nº 5, obs. Cabrillac; *BJE* mars/avr. 2011, p. 18, note Théron; *RTD com.* 2011. 796, nº 9, obs. Vallens – Riom, 1re ch. civ., 22 mai 2003, *RD banc. fin.* 2004, p. 106, nº 83, obs. Lucas – Paris, 3e ch. A, 28 mars 2006, RG nº 05/12523.
9. Civ. 3e, 5 janv. 2010, nº 08-12.156, NP; nº 25 F-D; *Act. proc. coll.* 2010/3, nº 51; *BJE* mars/avr. 2011, p. 18, note Théron.
10. Com. 21 févr. 2012, nº 11-11.512, *Bull. civ.* IV, nº 42; nº 217 F-P+B; *D.* 2012. Actu 607, note Lienhard; *Gaz. Pal.* 28 avr. 2012, nº 118, p. 20, note Kendérian; *Act. proc. coll.* 2012, comm. 99, note Vallansan; *JCP E* 2012, Chron. 1227, nº 10, obs. Pétel; *BJE* mai 2012, comm. 86, p. 155, note Benilsi; *Rev. proc. coll.* 2012, comm. 131, note Roussel Galle.
11. Com. 27 janv. 2015, nº 13-25.302, NP.
12. Paris, 19 oct. 1999, *LPA* 2 août 2000, nº 153, p. 23, note Rakotovahiny; *RTD com.* 2001. 224, obs. Saint-Alary-Houin – Orléans, ch. éco. et fin., 29 janv. 2009, RG nº 08/00298, *Act. proc. coll.* 2009/16, nº 253, note Vallansan.

des choses hors du commerce, tels des pits périmés. Si à la date de l'ordonnance du commissaire autorisant la vente, les produits périmés, la vente ne pourra avoir lieu[1] et le caat acquéreur sera en conséquence déchargé dete obligation.

La loi de sauvegarde des entreprisesuvait sembler de nature à entraîner une modation de la solution. La vente de gré à gré des meus n'est plus ordonnée, mais seulement autorisear le juge-commissaire. Cette substitution teriologique a pour objet, a-t-il été dit, à l'occasices travaux parlementaires, d'écarter la jurisprude qui considère que la vente de gré à gré est parfaès la décision du juge-commissaire ordonnala cession. Désormais, seul l'acte de vente empoait perfection de la vente[2], l'intervention du e-commissaire ne serait ainsi qu'une formalité abilitation, préalable à la formation du contrat[3].

L'opinion contraire a cependant étéprimée à la suite d'un arrêt de la Cour de cassationyant aligné sur la solution de la matière mobilièra question de la date de la perfection de la ventn matière immobilière (v. s[s] n° 582.42). Il a pure observé que cette dernière solution a été reten au visa de l'article L. 622-16 du code de comme, dans sa rédaction antérieure à la loi de sauvega des entreprises, où ne figure que le verbe autser et non celui d'ordonner[4]. C'est pourquoi, vnemblablement, la solution posée sous l'empire la législation antérieure par la jurisprudence sereconduite.

563.43 Vente de gré à gré de fonds commerce (sur la cession du bail commercial, v. s[s] n555.31 s.). Le fonds de commerce entre incontablement dans la cession des actifs isolés en liquation judiciaire, dès lors du moins qu'il ne constue pas une entreprise pouvant faire l'objet d'ne cession d'entreprise (v. s[s] n° 571.42). La présece de salariés semble bien constituer le critère dtinctif. Un autre critère a toutefois été suggéré pou distinguer, en liquidation judiciaire, cession du fods de commerce et cession d'entreprise. Il s'agit de la poursuite provisoire d'activité en liquidation judiciaire. Si cette poursuite est décidée, il y a place à cession d'entreprise. Dans le cas contraire, il s'agit de la cession d'un fonds de commerce[5]. Il faudra toutefois que la continuation d'activité ait été décidée pour permettre la cession partielle ou totale de l'entreprise en liquidation judiciaire.

La vente d'un fonds de commerce appelle des observations particulières.

Après obtention de l'ordonnance du juge-commissaire, il appartient au liquidateur de procéder à la rédaction des actes de cession. L'article L. 642-19, alinéa 2 du code de commerce prévoit que le juge-commissaire peut se faire communiquer le projet de vente amiable, afin de vérifier si les conditions fixées dans l'ordonnance ont été respectées.

En vertu du droit commun, le liquidateur a des obligations envers l'acquéreur. Il en est ainsi pour l'obligation d'information où l'acquéreur doit être exactement informé des prescriptions administratives de sécurité concernant l'exploitation de l'immeuble dans les murs duquel se situerait le fonds de commerce qu'il souhaiterait acquérir[6].

La législation du décret-loi du 29 juin 1935, codifiée aux articles 141-1 et suivants du code de commerce, n'est pas écartée.

En conséquence, il incombe au liquidateur, rédacteur de l'acte, de mentionner les trois derniers chiffres d'affaires réalisés par le débiteur, sous peine de nullité de la vente[7]. L'acquéreur pourra obtenir la nullité de la vente au motif que le mandataire de justice avait tenu des propos erronés, sans réserve, sur le montant des loyers du bail des locaux professionnels[8].

La vente devra faire l'objet des mesures de publicité prévues par l'article L. 141-12 du code de commerce, qui permet de déclencher les procédures d'opposition et de surenchère qui ne sont pas ici écartées. La publicité ne s'impose cependant qu'en cas de vente du fonds de commerce, mais non pour un élément de celui-ci[9].

La solution posée par la loi du 26 juillet 2005[10], qui a modifié l'article L. 141-12 du Code de commerce, et qui écarte la publicité de la vente du fonds de commerce, ne concerne que l'hypothèse de l'inclusion du fonds de commerce dans un plan de cession, mesure qui est le corollaire de l'interdiction de former surenchère en ce cas, la publicité ayant

1. Com. 16 mai 2006, n° 04-19.785, *Bull. civ.* IV, n° 124; n° 625 F-P+B; *D.* 2006. AJ 1683, obs. Lienhard; *Act. proc. coll.* 2006/10, n° 134, note Vallansan; *JCP E* 2006. 2332, p. 1537, note Vallansan.
2. Rapp. Hyest, n° 335, p. 416, 417 – *Adde*, Sénéchal, « La réforme de la liquidation judiciaire », colloque Crajefe, Nice 27 mars 2004, *LPA* 10 juin 2004, p. 48 – JACQUEMONT, 5e éd., n° 832.
3. Sénéchal, « La réforme de la liquidation judiciaire », colloque Crajefe, Nice 27 mars 2004, *LPA* 10 juin 2004, p. 48 – *Adde*, JACQUEMONT, 6e éd., n° 935.
4. M. Cabrillac et Pétel, obs. s[s] Com. 4 oct. 2005, n° 04-15.062; n° 1202 FS-P+B+I+R; *JCP E* 2006, Chron. 1006, p. 74, n° 8 – *Adde,* Lienhard, obs. s[s] Com. 4 oct. 2005, n° 04-15.062; n° 1202 FS-P+B+I+R; *D.* 2005. AJ 2593 – Froehlich et Sénéchal, « De la réalisation de l'actif », *LPA* n° sp. 9 févr. 2006, n° 29, p. 21, sp. p. 37.
5. Froehlich et Sénéchal, Lucas et Lécuyer (dir.), *La réforme des procédures collectives*…, Lgdj, 2006, p. 370.
6. Pau, 2e ch., 1re sect., 11 janv. 2001, *JurisData* 142792.
7. Rouen, 2e ch. civ., 5 août 1992, *JurisData* 048156.
8. Douai, 2e ch., 13 janv. 2000, *D.* 2000. jur. 117.
9. Com. 6 déc. 1982, n° 81-14.422, *Bull. civ.* IV, n° 396.
10. L. n° 2005-845, 26 juill. 2005, préc.

précisément pour effet de permettre le jeu de la surenchère. La règle s'applique non seulement en plan de cession totale, mais encore en cas de cession partielle décidée parallèlement à un plan de sauvegarde ou de redressement.

Les licenciements intervenus à l'occasion de la cession du fonds de commerce appellent quelques observations (v. s[s] n° 432.15).

563.44 Inapplication du mécanisme de la cession judiciaire des contrats. La vente de gré à gré du fonds de commerce, en phase liquidative, en dehors du plan de cession, ne permet pas le jeu des dispositions régissant la cession judiciaire des contrats. L'article L. 642-7 du Code de commerce est inapplicable aux cessions d'actifs isolés[1]. Sont ici spécialement en jeu les contrats de fourniture exclusive intéressant un fonds de commerce. Le juge-commissaire qui imposerait la cession d'un tel contrat commettrait un excès de pouvoir[2]. La mention de l'ordonnance selon laquelle le repreneur ferait son affaire personnelle d'un contrat de fourniture exclusive est sans portée[3].

Le droit commun de la cession de contrat doit, en conséquence, être respecté. La cession du contrat ne pourra intervenir qu'avec l'accord du cocontractant cédé[4], cet accord pouvant n'être qu'implicite, dès lors qu'il n'y a pas d'équivoque.

L'ordonnance autorisant la vente du fonds de commerce doit être notifiée au bailleur des lieux dans lesquels le fonds est exploité. Tant que la notification n'est pas effectuée, le bailleur peut exercer un recours contre l'ordonnance prévoyant la vente du fonds en ce compris le droit au bail. Il s'en déduit que, faute d'exercer ce recours, le bailleur ne peut remettre en cause la vente intervenue[5]. Le bailleur peut faire respecter les clauses d'agrément insérées au bail[6].

En l'absence de cession d'un fonds de commerce, et, sous l'empire de la législation antérieure à la loi de sa[uvega]rde des entreprises[7], en l'absence de cession d'[une] unité de production, le droit commun de la ven[te de]s actifs mobiliers en liquidation judiciaire doit êt[re re]specté pour la cession d'un droit au bail. Le seul [fait] que l'article L. 622-13 du code de commerce, [dan]s sa rédaction antérieure à la loi de sauvegarde [des] entreprises, prévoie la possibilité pour le liquidate[ur d]e céder le droit au bail n'a pas pour effet de le [d]ispenser de respecter les formes classiques de réal[isa]tion des actifs mobiliers en liquidation judiciai[re]. En conséquence, le liquidateur doit obtenir l'au[tor]isation du juge-commissaire pour être autorisé [à c]éder le droit au bail[8]. La solution est reconductib[le s]ous l'empire de la loi de sauvegarde des entrepri[ses].

Sur l'app[lica]tion de l'article L. 122-12 alinéa 2 du code du [tra]vail (devenu C. trav., art. L. 1224-1) en cas de c[essi]on d'un fonds de commerce en présence de sal[arié]s, v. s[s] n° 432.15.

563.45 R[es]pect des clauses restrictives de cession, et not[am]ment des pactes de préférence et des droits de p[ree]mption[9]. Les pactes de préférence, les clauses d'a[gré]ments et les droits de préemption auront, en [ca]s de vente de gré à gré d'un fonds de commerce, [plе]in effet. Toutefois, une clause de priorité de rach[at] incluse dans un acte d'acquisition est inapplicabl[e à] défaut d'avoir été acceptée, comme cela était pr[év]u dans l'acte de prêt, en présence d'un créancier g[ara]ntiste sur matériel. En outre, cette clause ne peut aut[or]iser une acquisition à un prix inférieur à celui cont[en]u dans l'ordonnance du juge-commissaire[10].

Il importa d'abord de respecter la clause prévoyant le d[ro]it de préemption.

Il a été [jugé] e[n] ce sens jugé que le bailleur immobilier, bénéficiair[e] d'un droit de préemption sur le fonds de commer[ce], peut exercer celui-ci jusqu'à l'expiration du dé[la]i qui lui est conventionnellement accordé, le[qu]el ne commence à courir qu'à compter du caract[èr]e irrévocable de l'ordonnance ayant autorisé la [c]ession de gré à gré du fonds de commerce[11]. Si [l]e bailleur frappe d'un recours l'ordonnance du juge-commissaire qui autorise la cession du fonds de commerce, l'ordonnance ne devient pas définitive, de sorte que la vente de gré à gré du fonds

1. Versailles, 14 oct. 2004, *RJDA* 2005, n° 306.
2. Com. 26 juin 2001, n° 98-15.883, NP, *Act. proc. coll.* 2001/16, n° 214; *RD banc. fin.* 2002/1, p. 23, n° 20, obs. Lucas – Com. 4 févr. 2003, n° 00-16.401, NP, *Act. proc. coll.* 2003/6, n° 76; *Rev. proc. coll.* 2003, p. 243, n° 10, obs. Roussel Galle – Com. 4 mars 2003, n° 00-16.401, NP, *RD banc. fin.* 2003/4, p. 216, n° 151, obs. Lucas; *Act. proc. coll.* 2003/11, n° 148 – Com. 4 mars 2003, n° 00-21.899, NP, *Rev. proc. coll.* 2003, p. 243, n° 10, obs. Roussel Galle – Com. 13 mai 2003, n° 00-13.397, NP.
3. Com. 15 févr. 2005, n° 03-17.019, NP.
4. Com. 13 mai 2003, n° 00-13.397, NP – Versailles, 12e ch., 14 oct. 2004, RG n° 03/06187, *Rev. proc. coll.* 2005/1, p. 44, n° 5, obs. Roussel Galle.
5. Com. 20 sept. 2005, n° 03-10.163, NP; n° 1109F-D; *Gaz. proc. coll.* 2006/1, p. 25, obs. Sénéchal.
6. Com. 14 oct. 1997, n° 95-18.029, NP, *D. Affaires* 1997, 1469; *LPA* 15 juill. 1998 note Teilliais.
7. L. n° 2005-845, 26 juill. 2005, préc.
8. Com. 9 mai 2007, n° 06-10.064, *Bull. civ.* IV, n° 122; n° 696 F-P+B; *D.* 2007. AJ 1508, note Lienhard; *Act. proc. coll.* 2007/10, n° 118, note Vallansan; *JCP E* 2007, Chron. 2119, p. 22, n° 5, obs. Pétel; *Gaz. Pal.* 25-26 juill. 2007, p. 24, note Brault.
9. Renault, « Les conséquences de la liquidation judiciaire des sociétés de production audiovisuelle », *Gaz. Pal.* 2003. 1383.
10. Com. 5 févr. 2013, n° 11-28.389, NP; n° 126 F-D; *Gaz. Pal.* 1er mai 2013, n° 121, p. 25, note Théron.
11. Com. 24 mars 2004, n° 01-00.843, NP.

de commerce n'est pas parfaite. Dès lors la cession du bail, dont une clause prévoyait que le preneur devait informer le bailleur de son intention de céder le bail deux mois à l'avance pour lui permettre d'exercer son droit de préemption, n'est pas davantage devenue parfaite[1]. Mais, s'il est stipulé que le projet d'acte de cession du fonds de commerce doit être signifié au bailleur, l'ordonnance autorisant la vente de gré à gré doit d'abord devenir définitive[2]. Il en résulte que le recours formé par le bailleur à l'encontre de l'ordonnance autorisant la vente de gré à gré du fonds de commerce, fondé sur le non-respect du droit de préemption, est irrecevable[3].

Il a également été jugé, dans le domaine de la cession d'unité de production, mais la solution est évidemment applicable en cas de cession isolée du fonds de commerce, que le pacte de préférence prévue au bail au profit du bailleur, tant sur le bail que sur le fonds de commerce, doit être respecté[4].

De même, le locataire a un droit de préemption sur l'immeuble qu'il occupe. Le juge-commissaire, puis le tribunal statuant sur opposition, sont compétents pour connaître de ce moyen soulevé par le titulaire du droit de préemption, car il s'agit d'une action ou d'une exception née du contrat de louage d'immeuble qu'aucun texte n'attribue de manière exclusive aux tribunaux d'instance ou de grande instance[5].

Mais, abstraction faite de ces clauses, le bailleur qui s'opposerait abusivement à la cession du droit au bail (v. aussi s[s] n° 555.31) et qui, de ce fait, empêcherait la cession, engagerait sa responsabilité à l'égard des créanciers[6]. Il en irait de même du bailleur qui n'effectuerait pas les travaux nécessaires et qui empêcherait ainsi la cession en obligeant le liquidateur à résilier le bail[7].

Le juge-commissaire, qui autorise le liquidateur à céder des biens du débiteur en liquidation judiciaire dont la vente est prohibée par l'effet d'une clause le liant à un tiers lui interdisant de vendre certains produits concurrençant ceux commercialisés par celui-ci, commet un excès de pouvoir[8]; en revanche, si l'ordonnance du juge-commissaire porte sur la cession de la marque, dont il peut être fait usage dans la limite de l'engagement de non-concurrence, il n'y a aucun excès de pouvoir[9].

La loi du 2 août 2005[10] en faveur des petites et moyennes entreprises a soumis la cession du fonds de commerce exploité dans un centre-ville à un droit de préemption au profit de la commune (C. urb., art. L. 214-1). Les modalités de mise en œuvre de ce droit de préemption sont précisées par le décret du 26 décembre 2007[11], codifié aux articles R. 241-11 à R. 214-16 du code de l'urbanisme. Ce décret écarte l'application du droit de préemption des communes sur les fonds artisanaux, les fonds de commerce et les baux commerciaux[12] pour les cessions de branches d'activités réalisées en sauvegarde et les cessions totales ou partielles réalisées en redressement ou en liquidation judiciaire. *A contrario*, il faut décider que le droit de préemption n'est pas écarté en présence de la cession d'un actif isolé, c'est-à-dire en dehors du plan de cession[13]. La déclaration préalable destinée à purger le droit de préemption devra être faite par le cédant, c'est-à-dire le liquidateur[14]. En l'absence de déclaration préalable, la cession encourt la nullité, qui devra être sollicitée dans les cinq ans de la prise d'effet de la cession, devant le tribunal de grande instance du lieu de situation du fonds ou du bail cédé. La commune, en cas d'exercice du droit de préemption, ne

1. Com. 11 avr. 2012, n° 11-14.884, NP; n° 419 F-D.
2. Com. 7 sept. 2010, n° 09-66.284, *Bull. civ.* IV, n° 132; n° 816 F-P+B; *D.* 2010. 2060, note Lienhard; *Act. proc. coll.* 2010/18, comm. 252, note Jazottes; *JCP E* 2010. 1910, note Brignon; *Gaz. Pal.* 19-20 nov. 2010, p. 28, note Brault; *Rev. proc. coll.* 2010/6, comm. 249, note Berthelot; *LPA* 20 déc. 2010, n° 252, p. 10, note Roussel Galle; *Leden* 2010/10, p. 5, obs. Sénéchal; *JCP E* 2011, Chron. 1030, n° 5, obs. M. Cabrillac; *BJE* mars/avr. 2011, p. 18, note Théron; *RTD com.* 2011. 796, n° 9, obs. Vallens.
3. Com. 7 sept. 2010, n° 09-66.284, préc.
4. Com. 13 févr. 2007, n° 06-11.289, *Bull. civ.* IV, n° 34; n° 226 FS-P+B+R+I; *D.* 2007. AJ 648, note Lienhard; *Gaz. proc. coll.* 2007/2, p. 39, note Sénéchal; *Act. proc. coll.* 2007/5, n° 51, note Régnaut-Moutier; *JCP E* 2007, Chron. 1450, p. 20, n° 3, obs. Pétel; *JCP E* 2007. 1523, p. 24, n° 26, obs. Monéger; *Gaz. Pal.* 20-22 mai 2007, p. 22, note Brault; *Defrénois* 2007. 38594, p. 775, note Ruet; *RTD civ.* 2007. 332, n° 3, obs. Mestre et Fages; *JCP N* 2007, aff. 1265, p. 31, note Vauvillé; *JCP E* 2007. 2548, note Garçon; *RTD com.* 2008. 856, n° 7, obs. Saint-Alary-Houin – *Adde*, Kenfack, « Le renforcement du pacte de préférence », *Defrénois* 2007/13, 38621, p. 1003 s., sp. p. 1008 à 1013.
5. Paris, 3e ch. A, 7 sept. 2004, RG n° 2004/361.
6. Civ. 2e, 14 oct. 1999, n° 96-21.701, *Bull. civ.* II, n° 155; *RJDA* 1999/12, n° 1365.
7. Civ. 2e, 10 juill. 2003, n° 02-11.264, NP.
8. Com. 17 sept. 2013, n° 12-23.736, NP; n° 817 F-D; *BJE* mars 2014, 90, note Boudour.
9. Com. 17 sept. 2013, n° 12-23.736, préc.
10. L. n° 2005-882, 2 août 2005, *JO* 3 août, p. 12639.
11. D. n° 2007-1827, 26 déc. 2007, *JO* 28 déc., p. 21536; *D.* 2008. act. lég. 73, note Rouquet.
12. *Act. proc. coll.* 2008/3, n° 47 – *Adde*, Ringler, « Cessions de fonds de commerce, de fonds artisanaux et de baux commerciaux : il faut dorénavant compter avec les communes », *LPA* 3 avr. 2008, n° 68, p. 4.
13. Ringler, « Cessions de fonds de commerce, de fonds artisanaux et de baux commerciaux : il faut dorénavant compter avec les communes », *LPA* 3 avr. 2008, n° 68, p. 4 s., sp. p. 5 – Vaissié, « Le droit de préemption des communes sur les cessions de fonds et de baux », *Dr. et patr.* juin 2008, n° 171, p. 40 s., sp. p. 41.
14. Vaissié, « Le droit de préemption des communes sur les cessions de fonds et de baux », préc.

pourra contester le prix, puisqu'il y aura ici substitution[1].

En ce qui concerne les objets d'art (D. 19 juill. 2001[2], art. 61), l'État dispose d'un droit de préemption qui lui permet de se trouver subrogé à l'adjudicataire ou à l'acheteur (L. 31 déc. 1921, art. 37 et 38 mod. par L. 10 juill. 2000[3], art. 59), qui n'est pas ici supprimé[4]. L'État peut également exercer ce droit de préemption à la demande et pour le compte des collectivités territoriales. L'officier chargé de procéder à une vente d'œuvre d'art doit en donner avis au ministre chargé de la culture au moins quinze jours à l'avance avec toutes les indications utiles concernant les œuvres. Toutefois en cas de vente judiciaire, si le délai de quinze jours ne peut être observé, l'officier public ou ministériel doit faire parvenir au ministre de la Culture les informations nécessaires aussitôt qu'il est désigné pour procéder à la vente (D. 19 juill. 2001, art. 62).

En ce qui concerne les ventes publiques d'œuvres d'art, quelles qu'elles soient, celles-ci sont soumises au droit de suite des artistes (CPI, art. L. 122-8). Après le décès de l'auteur de l'œuvre, ce droit subsiste au profit des héritiers pendant l'année civile en cause et les soixante-dix années suivantes (CPI, art. L. 123-7).

En ce qui concerne les taxes sur les bijoux, métaux précieux et objets d'art, l'officier public doit retenir sur le produit de la vente aux enchères publiques le montant de cette taxe lorsque celle-ci est due et il la versera au Trésor public (CGI, art. 150 V *ter*). Cette rétention du montant par l'officier public vient déroger au régime de la règle du traitement préférentiel et surtout en ce qui concerne la règle du paiement du créancier postérieur méritant (v. s[s] n°s 456.56 et 456.60).

Enfin, concernant le droit de retrait et de repentir de l'auteur intellectuel lors de la vente aux enchères publiques, l'article L. 121-4 du Code de la propriété intellectuelle défendant le droit d'auteur par le biais du droit de retrait et de repentir, peut permettre à l'auteur qui en use de retirer son œuvre de la réalisation des actifs.

563.46 Respect des garanties nées de la vente. Le débiteur a une obligation de non-concurrence que peut valablement souscrire en son nom, dans l'acte de cession, le liquidateur qui le représente. Ainsi, viole la clause de non-concurrence contenue dans le contrat de vente du fonds de commerce, *l'exploitant individuel qui se rétablit et crée une confusion dans* l'esprt de la clientèle[5].

S'i n'y a pasde difficulté pour le débiteur personne physique, n revanche, en ce qui concerne le débiteur personn morale, seul le dirigeant de la société devra respecter cette obligation de non-concurrence et non l'associé. Ainsi, il ne peut être reproché à l'ancien associé d'une société l'exercice d'une activité interdite par une clause de non-concurrence insérée dans la vente du fonds, dès lors que cette clause n'engage que l: société débitrice représentée par le liquidateur et non les associés de la société dont le liquidateur n'est pas mandataire[6].

En l'absence de pareilles clauses, le juge déterminera l'obligation de garantie due par le débiteur[7]. Le débiteur, en revanche, du fait du dessaisissement qui l'atteint, n'est pas personnellement soumis à une telle clause, alors surtout que son consentement à la vente n'est pas requis[8].

Le liquidateur doit, sauf clause contraire de l'acte de cession, sa garantie contre les vices cachés. La solution d'une cour d'appel ne peut en conséquence être suivie, qui énonce que le jeu des garanties du droit commun de la vente est ici écarté[9].

Le liquidateur doit également garantie contre l'éviction[10] et a l'obligation de délivrance, de tout vendeur. La solution, d'abord implicitement posée par la Cour de cassaion[11], l'a ensuite été explicitement, à propos de l'ace de francisation d'un navire[12]. La vente, bien que s'nscrivant dans un cadre judiciaire, n'est en effetpas une vente par autorité de justice.

L'obligation de délivrance du liquidateur trouve toutefois des limites. La cessation de l'activité du débiteur, par suite de l'expiration de la durée de poursuite de l'activité autorisée en la liquidation judiciaire, conduit nécessairement à l'arrêt de l'exploitation. Il en résulte que le cessionnaire ne peut prétendre, pour se dégager de son offre de reprise, avoir fait de la poursuite d'activité sur les lignes de transport, objets de son acquisition, une condition de la cession, alors que la décision du

1. Vaissié, « Le droit de préemption des communes sur les cessions de fonds et de baux », préc.
2. D. n° 2001-650, 19 juill. 2001, *JO* 21 juill., p. 11760.
3. L. n° 2000-642, 10 juill. 2000 portant réglementation des ventes volontaires de meubles aux enchères publiques, *JO* 11 juill., p. 10474.
4. SUR LA QUESTION : Savreux, Le droit de préemption de l'État en cas de vente publique d'œuvre d'art, th., dactyl., Lille, 1964.
5. Bourges, 10 sept. 1996, *Dr. sociétés* 1997, n° 87, obs. Chaput.
6. Nancy, 16 mars 1994, *Dr. sociétés* 1994, obs. Chaput – Paris, 5 juill. 1996 : *Dr. sociétés* 1997, n° 27, obs. Chaput.
7. Soinne, n° 2446.
8. T. com. Brest 28 juin 1991, *Rev. proc. coll.* 1990/4, p. 109, obs. Dureuil – *Adde*, SAINT-ALARY-HOUIN, 5e éd., n° 1219.
9. Aix-en-Provence, 8e ch. A, 10 nov. 2005, *JurisData* 302064.
10. Soinne, n° 2444.
11. Com. 29 avr. 2003, n° 00-11.123, NP – Com. 13 nov. 2012, n° 11-18.958, NP – Com. 9 juill. 2013, n° 12-21.062, P.
12. Com. 9 juill. 2013, n° 12-21.062, *Bull. civ.* IV, n° 126, *Rev. proc. coll.* 2014, comm. 28, note Reille.

juge-commissaire autorisant la vente était antérieure à la période de poursuite provisoire de l'acte[1].

L'acquéreur ne saurait prétendre, pour refuser de signer l'acte de cession, avoir été victime d'un vice du consentement sur la valeur de la clientèle, alors que l'offre de cession l'avait valorisée à un euro[2].

Si l'acquéreur a besoin d'une autorisation administrative ou d'un agrément pour exploiter le fonds de commerce, tel celui donné par la direction régionale des douanes pour un débit de tabacs, il ne peut faire de réclamation auprès du liquidateur dès lors qu'il a été exactement informé, dès avant son offre, des incertitudes relatives à l'obtention des autorisations ou agréments administratifs[3].

563.47 Absence de purge et maintien du droit de former surenchère. La procédure de purge présuppose que la purge n'intervienne pas par l'effet de la loi. Contrairement à la solution posée en présence d'une vente aux enchères publiques, la vente de gré à gré n'emporte pas purge des inscriptions. Il appartiendra, en conséquence, à l'acquéreur de se préoccuper de la purge des inscriptions grevant éventuellement les biens meubles vendus, ce qui est spécialement important en matière de vente de fonds de commerce. Il faut noter que l'article R. 642-38, alinéa 1 du Code de commerce permet à l'acquéreur du fonds de commerce d'obtenir l'accord des créanciers inscrits pour le dispenser de la procédure de purge.

Cependant, si rien, si ce n'est la sécurité juridique, n'oblige l'acquéreur à effectuer la purge des inscriptions[4], à défaut d'accomplissement des formalités de purge, les créanciers inscrits et les créanciers opposants peuvent former une surenchère[5], qui sera seule de nature à les préserver car il est jugé que l'erreur d'appréciation de la valeur du fonds de commerce n'est pas constitutive d'un excès de pouvoir[6], de sorte que le créancier inscrit sera désarmé si le tribunal refuse de faire droit à son recours.

Le surenchérisseur devra respecter les articles L. 143-13 à L. 143-15 du Code de commerce, et la Cour de cassation le rappelle à juste titre. La cession amiable d'un fonds de commerce est soumise aux dispositions de la loi du 17 mars 1909 en ce qui concerne la possibilité pour un créancier inscrit de faire surenchère du dixième du prix proposé[7]. En application du premier de ces articles, le créancier inscrit sur le fond doit former surenchère. La surenchère ne peut pas être effectuée tant que la notification aux fins de purge n'a pas été faite[8]. La surenchère du dixième, prévue par l'article L. 143-13, alinéa 1er, du Code de commerce, n'est ouverte qu'aux créanciers inscrits sur le fonds. Elle doit être faite dans les quinze jours de la notification aux créanciers inscrits.

Le tribunal ne peut donc autoriser, sur opposition à l'ordonnance du juge-commissaire ayant autorisé la vente du fonds à un acquéreur, la vente au profit d'un autre acquéreur, au motif que son offre serait supérieure[9]. La procédure de surenchère permet seule la cession à un autre acquéreur, créancier inscrit sur le bien. La procédure d'opposition à l'ordonnance du juge-commissaire ne doit en aucune manière permettre de tourner cette réglementation obligatoire de la surenchère, faute pour les textes des procédures collectives de l'avoir écartée, dans le domaine de la cession isolée des éléments d'actif en liquation judiciaire.

La loi de sauvegarde des entreprises[10] maintient la faculté de surenchère, en vue de la protection des créanciers du débiteur. L'article L. 141-19 du Code de commerce, dans la rédaction issue de la loi de sauvegarde, n'exclut en effet la surenchère que lorsqu'un fonds de commerce est compris dans un plan de cession, ce qui, par un argument *a contrario* qui s'impose[11], oblige à considérer qu'elle est maintenue lorsque le fonds de commerce est vendu en tant qu'actif isolé (C. com., art. L. 642-19). La solution posée pour le plan de cession totale vaut identiquement en cas de cession partielle décidée parallèlement à un plan de sauvegarde ou de redressement.

1. Com. 13 mars 2012, n° 11-13.983, NP; n° 285 F-D.
2. Com. 11 oct. 2011, n° 10-20.032, NP; n° 973 F-D; *Gaz. Pal. entr. diff.* 21 janv. 2012, n° 20, p. 29, note Théron.
3. Com. 27 nov. 2012, n° 11-24.822, NP; n° 1185 F-D; *Gaz. Pal.* 1er mai 2013, n° 121, p. 26, note Théron.
4. Com. 28 avr. 2004, n° 01-12.079, *Bull. civ.* IV, n° 78; *JCP E* 2004, jur. 1602, p. 1740, note Keita.
5. Soinne, n° 2446.
6. Dijon, 1re ch., 2e sect., 9 mai 2000, *Rev. proc. coll.* 2002, p. 170, n° 16, obs. Gorrias – Douai, 2e ch., 24 juill. 2001, DPDE *bull.* n° 229, p. 5744, V° Sûretés, n° 192.
7. Com. 10 janv. 2006, n° 03-19.519, *Bull. civ.* IV, n° 4; *D.* 2006. AJ 368, obs. Lienhard; *ibid.* Pan. 2254, obs. Lucas; *JCP E* 2006, n° 14-15, p. 670, obs. Cabrillac; *Act. proc. coll.* 2006, n° 30, obs. Vallansan; *Gaz. Pal.* 30 avr.-4 mai 2006, p. 35, obs. Sénéchal; *JCP N* 2006, n° 49, p. 2142, obs. Vauvillé; *Defrénois* 2006/11, p. 937, Chron. 38407, n° 5, note Gibirila; *RTD com.* 2006. 566, n° 14, obs. Saintourens – Com. 20 oct. 1998, n° 96-15.107, *Bull. civ.* IV, n° 248; *D. Affaires* 1998. 1946, obs. A.-L. M.-D – Paris, 28 nov. 1997 : *D. Affaires* 1998. 138, obs. A.-L. M.-D. et P. P.; *RTD com.* 1998. 325, obs. Derruppé – Douai, 24 juill. 2001 : *RTD com.* 2003. 59, obs. Saintourens.
8. Paris, 1re ch., 28 nov. 1997 : *D. affaires* 1998. 138, note Lienhard.; *RJ com.* 1998, n° 94, obs. C. Saint-Alary-Houin; *RTD com.* 1998. 325, obs. Derruppé; SOINNE, n° 2446.
9. Com. 10 janv. 2006, n° 03-19.519, *Bull. civ.* IV, n° 4; n° 25 F-P+B; *D.* 2006. AJ 368, obs. Lienhard; *D.* 2006. pan. 2254, obs. Lucas; *JCP E* 2006, Chron. 1569, p. 670, n° 4, obs. Cabrillac; *Act. proc. coll.* 2006/3, n° 30, note Vallansan; *Gaz. proc. coll.* 2006/2, p. 35, obs. Sénéchal.
10. L. n° 2005-845, 26 juill. 2005, préc.
11. Cabrillac, obs. ss Com. 10 janv. 2006, n° 03-19.519; n° 25 F-P+B; *JCP E* 2006, Chron. 1569, p. 670, n° 4.

563.48 Règle particulière aux entreprises de taxi. L'article L. 3121-3 du code des transports prévoit, en son alinéa 2 résultant de la rédaction que lui a donnée la loi du 6 août 2015[1], dite loi Macron, qu'en cas de sauvegarde, de redressement ou de liquidation judiciaire d'une entreprise de taxis exploitant plusieurs autorisations (licences ou « plaque » de taxis) délivrées avant la promulgation de la loi du 1er octobre 2014[2], et dont le ou les représentants légaux ne conduisent pas eux-mêmes un véhicule, l'entreprise débitrice, son administrateur ou son liquidateur judiciaire sont admis à présenter à titre onéreux un ou plusieurs successeurs à l'autorité administrative. Il s'agit donc de céder le droit de présentation, dans le cadre d'une procédure collective.

SECTION 563.50

BIENS GAGÉS – DOMAINE DE LA RÉGLEMENTATION ÉTABLIE

563.51 Notion de « gage » – Fongibilité des biens gagés (sur la question du pacte commissoire, v. ss no 631.12). Il convient d'abord de préciser la notion de « gage » qui sera ici retenue. Le gage est un contrat par lequel une personne remet à son créancier un objet mobilier pour assurer l'exécution de ses engagements. Il s'agit, avant la réforme du droit des sûretés qui a été opérée par l'ordonnance du 23 mars 2006[3], de celle visée à l'article 2072 du code civil qui énonce que « le nantissement d'une chose mobilière s'appelle gage ». Depuis cette ordonnance, il s'agit des gages, sûretés portant sur des meubles corporels. Il s'agit également des nantissements, c'est-à-dire des sûretés portant sur des meubles incorporels, dès lors qu'elles confèrent à leur titulaire un droit de rétention, tel le nantissement d'un compte d'instruments financiers.

La sûreté mobilière n'est opposable aux tiers que si les mesures de publicité spécifique à chaque type de gage ou de nantissement ont été respectées. C'est ainsi que le créancier gagiste sur automobile qui n'avait pas déclaré en préfecture son gage était considéré comme un créancier chirographaire[4]. Le créancier gagiste sur matériel et outillage doit publier, à peine de nullité, son gage sur un registre tenu au greffe du tribunal de commerce dans le ressort duquel le fonds, auquel est affecté le matériel, est exploité, et non au greffe du tribunal du lieu du siège social[5]. D'une manière souple, il a été jugé que l'erre l'adresse du fonds de ommerce nanti et figura ur les bordereaux d'ir cription de nantissemer de privilège de vendur n'empêchait pas les tie de faire toutes recheches utiles, de sorte que c erreur n'avait pas por effet de priver l'inscripti d'effet à l'égard de la société débitrice, et ainsi faisait pas obstacle à l'admission à titre privilégie la créance déclarée au passif[6].

Ce ins développement seront consacrés au sort cifique des gages et nantissements avec droit de rétion, cependant que certains autres intéresseroindistinctement les sûretés conférant un droit rétention et celles ne conférant pas un tel droit

Il porte ici de noter que l'ordonnance du 18 cembre 2008[7] a procédé à une réécriture complètes règles régissant la réalisation des biens gag ou retenus dans la liquidation judiciaire. Au fois placée à l'article L. 642-25 du code de commerce, la règle a désormais son siège au nouvel arle L. 642-20-1 du code (ord. 18 déc. 2008, ar 120). Ce déplacement ne résulte pas d'un caice législatif. Il a une explication. Il s'est agi de tenir compte du souci de faire échapper certaines dpositions du texte du domaine de la cession entreprise, avec laquelle elles s'étaient avérées compatibles, ainsi que cela avait été clairement émontré[8]. Corrélativement, l'article L. 642-25 du ode est abrogé (ord. 18 déc. 2008, art. 121). En conséquence de cette abrogation, à l'article L. 643-7 du code de commerce, qui s'intéresse aux distributions aux créanciers bénéficiaires d'une sûreté mobilière spéciale, le visa du troisième alinéa de l'article L. 642-25 du code (attribution judiciaire du gage) est remplacé par celui du deuxième alinéa de l'article L. 642-20-1 du code (ord. 18 déc. 2008, art. 123).

La possibilité de constituer des gages sur des choses fongibles, c'est-à-dire des choses interchangeables entre elles, et de prévoir, en conséquence, leur remplacement en cours d'exécution du contrat ne faisait pas difficulté. Mais la Cour de cassation est allée beaucoup plus loin, en reconnaissant l'effica-

1. L. no 2015-990, 6 août 2015, préc.
2. L. no 2014-1104, 1er oct. 2014, *JO* 2 oct., p. 15938.
3. Ord. no 2006-346, 23 mars 2006, *JO* 24 mars, p. 4475.
4. Com. 22 janv. 2002, no 99-14.445, NP.
5. Com. 1er oct. 2013, no 12-24.558, *Bull. civ.* IV, no 146; no 889 F-P+B; *Act. proc. coll.* 2013/18, comm. 273, note Petit; *JCP E* 2013, Chron. 1679, no 16, obs. Delebecque; *Gaz. Pal.* 2013, Jur. 3910, note Dumont-Lefranc; *Gaz. Pal.* 8 nov. 2013, no 312, p. 28, note Pailler; *JCP E* 2014. 1043, note Lebel; *Rev. proc. coll.* 2014, comm. 25, note Fraimout – Com. 1er oct. 2013, no 12-24.559, NP; no 890 F-D – Com. 1er oct. 2013, no 12-24.560, NP; no 891 F-D – Com. 1er oct. 2013, no 12-24.561, NP; no 892 F-D.
6. Com. 6 mai 2008, no 07-13.387, NP; no 541 F-D.
7. Ord. no 2008-1345, 18 déc. 2008, préc.
8. Interv. Pérochon, Séminaire sur les premiers mois d'application de la loi no 2005-845 du 26 juillet 2005 de sauvegarde des entreprises, Cour de cassation 23 juin 2006, www.courdecassation.fr/

cité d'une clause de fongibilité, par laquelle des biens de qualités et de natures différentes, deviennent fongibles si les parties le conviennent. Cette fongibilité conventionnelle peut être opposée aux tiers, y compris en cas d'ouverture d'une procédure collective du constituant, et tenir en échec une revendication exercée par un vendeur réservataire, dès lors que la clause de fongibilité est antérieure aux livraisons correspondant aux biens revendiqués[1].

Pour qu'il en soit ainsi, encore faut-il cependant, si le créancier utilise le mécanisme de l'entiercement, que la dépossession soit matérialisée et non équivoque. La procédure prévoyant que deux employés de la société débitrice avaient qualité pour intervenir après déclaration ou demande d'autorisation à la société assurant l'entiercement à la supposer respectée, ne suffisait pas à matérialiser la dépossession, dans la mesure où le débiteur avait gardé la maîtrise des marchandises, que ces dernières étaient entreposées dans une chambre froide sans système de sécurité et accessible à tout le personnel, que la manipulation de ces dernières étant rendue possible par le fait que la chaîne censée en interdire l'accès n'était pas fixée par un cadenas. En outre, aucune mention relative à des droits particuliers sur les marchandises n'était affichée ni sur la porte d'accès, ni à l'intérieur des locaux. Il s'en déduit que rien ne permettait d'identifier et d'isoler, de manière non équivoque, les marchandises effectivement remises en gage et d'assurer la publicité de leur dépossession. En conséquence, le gage obtenu par la banque ne pouvait tenir en échec le droit de revendication du vendeur sous clause de réserve de propriété[2].

Faisons observer que la loi de modernisation de la justice du XXIe siècle précise explicitement que le gage des stocks est opposable aux tiers soit par l'inscription sur un registre public tenue au greffe du tribunal, soit par la dépossession (C. com., art. L. 527-4), laquelle, en pratique, prendra la forme d'un entiercement.

563.52 Particularisme des nantissements sur meubles incorporels. En présence de meubles incorporels, la dépossession était assurée par une signification de l'acte de constitution du nantissement au débiteur (C. civ., art. 2075). L'acte de signification, pour que le gage fût efficace, devait intervenir avant jugement d'ouverture[3].

L'article 2355 du code civil, issu de la réforme du droit des sûretés, définit le nantissement comme l'affectation en garantie d'une obligation d'un bien meuble incorporel ou d'un ensemble de biens meubles incorporels, présents ou futurs.

L'article 2361 du code civil, issu de la réforme du droit des sûretés résultant de l'ordonnance du 23 mars 2006[4] prévoit une opposabilité aux tiers dès sa signature[5].

La constitution d'un gage espèces n'est toutefois pas soumise aux exigences de publicité de l'article L. 521-1 du code de commerce[6].

La mise en œuvre du nantissement de comptes-titres suppose une mise en demeure du débiteur principal[7]. Si ce dernier est sous procédure collective, la mise en demeure nous semble devoir prendre la forme d'une déclaration de créance à son passif.

Indiquons que la Cour de cassation juge, sous l'empire de la législation antérieure à l'ordonnance du 23 mars 2006 qui a réformé le droit des sûretés, que la cession de créance de droit commun, faite à titre de garantie, dès lors qu'elle est notifiée, investit le bénéficiaire de la qualité de créancier nanti, ce qui lui confère un droit exclusif (v. s^s^ n° 633.42). Cette analyse est celle consacrée par l'ordonnance du 23 mars 2006 pour le nantissement de créance (C. civ., art. 2363).

SECTION 563.60

RETRAIT DU GAGE OU DE LA CHOSE RETENUE CONTRE PAIEMENT

563.61 Modalités procédurales du retrait contre paiement. La technique du retrait contre paiement existe également en période d'observation (v. s^s^ n°s 633.31 s.). Elle fonctionne globalement dans les mêmes conditions en liquidation judiciaire.

Il appartient à l'administrateur, à son défaut au débiteur, ou au liquidateur de demander, par requête, au juge-commissaire de l'autoriser à retirer le gage ou la chose retenue. La disposition ne peut concer-

1. Com. 26 mai 2010, n° 09-65.812, *Bull. civ.* IV, n° 98; *D.* 2010. 1412, note Lienhard; *D.* 2011. pan. comm. 410, obs. Crocq; *Gaz. Pal. entr. diff.* 15-16 oct. 2010, p. 19, note Pérochon; *JCP E* 2010. 1601, note Legeais; *RTD civ.* 2010. 597, n° 4, note Crocq; *JCP E* 2011, Chron. 1251, n° 17, obs. Delebecque; *RTD com.* 2010. 785, n° 3, obs. Martin-Serf.
2. Com. 8 avr. 2015, n° 14-13.787, NP; n° 355 F-D; *RLDC* juin 2015, 36, obs. Pouliquen; *RTD civ.* 2015. 665, n° 2, note Crocq; *Leden* 2015, comm. 092, note Lucas.
3. Com. 23 janv. 2001, n° 98-10.974, *Bull. civ.* IV, n° 20; *D.* 2001. 779, obs. Lienhard; *Act. proc. coll.* 2001/4, n° 54, obs. Régnault-Moutier; *JCP E* 2001, Chron. p. 1858, n° 15; obs. Delebecque et Simler; *RD banc. fin.* 2001/3, p. 161, obs. Legeais; *Rev. proc. coll.* 2001, p. 250, n° 8, obs. Macorig-Venier; *Defrénois* 2001. 942, obs. Théry.
4. Ord. n° 2006-346, 23 mars 2006, préc.
5. de Balanda, *LPA* 29 juin 2007, n° 130, p. 11.
6. Com. 7 juill. 2004, n° 02-14.767, NP.
7. Com. 18 nov. 2008, n° 07-21.975, *Bull. civ.* IV, n° 196; *JCP E* 2009. 1644, n° 22, obs. Delebecque.

ner les immeubles[1]. Si l'autorisation doit être donnée au liquidateur, rien n'interdit, en revanche, que le juge-commissaire soit saisi par le créancier[2]. Le retrait peut ici être envisagé comme mode de réalisation du bien, au même titre que l'attribution judiciaire. Le créancier apparaît, dès lors, fondé à solliciter du tribunal qu'il autorise le liquidateur à retirer la chose retenue ou le bien gagé. Seule cette solution permet de sortir de l'impasse dans laquelle se trouve le créancier confronté à un liquidateur ne procédant pas à la réalisation du bien gagé. Une cour d'appel a même admis qu'un créancier puisse demander au juge-commissaire l'autorisation de réaliser le bien, cette autorisation lui permettant d'invoquer à son profit le report du droit de rétention sur le prix[3]. La solution ne peut toutefois être approuvée car, en demandant l'autorisation de vendre le bien, le créancier perd nécessairement son droit de rétention.

Cette solution, qui consiste pour le créancier à demander au juge-commissaire qu'il autorise le liquidateur à procéder au retrait contre paiement, semble bien contrarier la règle de l'interdiction de plaider par procureur. Pour éviter cet obstacle procédural, on pourrait songer à assigner le liquidateur aux fins de retrait du gage ou de la chose retenue, devant le tribunal. L'article L. 642-25, alinéa 1 du code de commerce, dans sa rédaction issue de la loi de sauvegarde des entreprises[4], et, depuis l'ordonnance du 18 décembre 2008[5], l'article L. 641-3, alinéa 2 visant le juge-commissaire, il semble qu'il faille lui reconnaître ici une compétence exclusive.

Il faut également considérer que l'accord donné par le créancier au liquidateur pour retirer le gage ne vaut pas vente par le créancier. Cet accord reste, en conséquence, sans influence sur le maintien du droit de rétention au profit du créancier, solution posée par la jurisprudence tant sous l'empire de la législation du 25 janvier 1985[6], que sous celui de la loi du 13 juillet 1967[7].

Lorsque l'autorisation du juge-commissaire vise à faire acquitter le prix des biens retenus par un tiers, le créancier rétenteur ne saurait se prévaloir des dispositions relatives au retrait contre paiement. Il est alors exclu de condamner le liquidateur au paiement. Il y aurait là violation de la règle de l'interdiction des paiements des créances antérieures, si le liquidateur n'a pas sollicité le retrait de la chose retenue ou gagée[8].

563.62 Domaine du retrait contre paiement (v. aussi en période d'observation s[s] n° 633.31). Le retrait contre paiement suppose l'existence au profit du créancier d'un droit de rétention. Le droit de rétention peut être indépendant de l'existence d'un gage. En revanche, avant la loi du 4 août 2008[9], dite loi LME, emportant modification de l'article 2286 du code civil, tout gage n'accordait pas un droit de rétention à son titulaire. Il en était spécialement ainsi du gage sur matériel et outillage. Le retrait contre paiement était donc inapplicable en présence d'un gage sur matériel et outillage et c'est pourquoi le juge-commissaire ne pouvait, sans commettre un excès de pouvoir ouvrant l'appel nullité à l'encontre de la décision du tribunal statuant sur le recours formé contre l'ordonnance du juge-commissaire, autoriser le retrait contre paiement en allouant une certaine somme au créancier gagiste sur le matériel et l'outillage, au mépris des droits de créanciers de rang préférable[10].

La loi de modernisation de l'économie (LME) du 4 août 2008 a modifié l'article 2286 du code civil, en créant un 4° qui prévoit la reconnaissance, au profit du créancier gagiste sans dépossession, d'un droit de rétention fictif. Ce texte est inapplicable aux sûretés constituées avant l'entrée en vigueur de la loi LME[11].

La solution issue de la loi LME est spécialement importante pour le créancier gagiste sur matériel et outillage auquel la loi ne reconnaissait pas de droit de rétention fictif, contrairement à la solution posée pour le gage sur véhicule automobile. La solution est tout aussi importante pour le créancier gagiste sur

1. Civ. 3e, 23 oct. 2002, n° 98-18.109, *Bull. civ.* III, n° 209; *Act. proc. coll.* 2002/20, n° 269, note Saintourens; *D.* 2002. AJ 3144; *RD banc. fin.* 2003/1, p. 25, n° 24, obs. Legeais; *JCP E* 2003, Chron. 194, p. 221, n° 7, obs. M. Cabrillac; *JCP E* 2003, Chron. 852, p. 951, n° 13, obs. Delebecque; *JCP* 2003. II. 10182, note Dubrulle.
2. RAPPR. : CHAPUT, n° 576; *JCP E* 2003, jur. 1509, p. 1720, note Keita.
3. Limoges, 23 févr. 1993, *JCP* 1993. I. 3704, note M. Cabrillac.
4. L. n° 2005-845, 26 juill. 2005, préc.
5. Ord. n° 2008-1345, 18 déc. 2008, préc.
6. L. n° 85-98, 25 janv. 1985, préc. – Paris, 25e ch. A, 15 mars 1990, *Rev. proc. coll.* 1991, 203, obs. Soinne.
7. L. n° 67-563, 13 juill. 1967, préc. – Com. 12 avr. 1988, n° 86-11.736, *Bull. civ.* IV, n° 128; *JCP E* 1988. II. 15344, obs. M. Cabrillac et Vivant – SOINNE, n° 2466.
8. Com. 16 janv. 2007, n° 05-14.262, NP; n° 7 F-D; *Act. proc. coll.* 2007/9, n° 105, note Petit; *JCP E* 2007. 1776, p. 14, n° 21, obs. Delebecque.
9. L. n° 2008-776, 4 août 2008, *JO* 5 août, p. 12471, dite loi LME.
10. Com. 4 janv. 2005, n° 02-10.511, *Bull. civ.* IV, n° 1; *D.* 2005. jur. 970, note Aynès; *D.* 2005. AJ 430, obs. Lienhard; *D.* 2005. Somm. 2018, obs. Lucas; *Gaz. proc. coll.* 2005/1, p. 31, n° 2-2, obs. Voinot; *Gaz. Pal.* 21-22 juin 2006, p. 45, note Robine; *JCP E* 2005, Chron. 639, p. 709, n° 8, obs. M. Cabrillac; *JCP E* 2005, Chron. 915, p. 1008, n° 20, obs. Delebecque; *RTD com.* 2005. 408, n° 6, obs. Bouloc; *Rev. proc. coll.* 2005/2, p. 133, n° 18, obs. Gorrias; *LXB* n° N4887ABM, note Le Corre.
11. Versailles, 20 janv. 2011, RG n° 09/07588, *BJE* mai/juin 2011, § 55, p. 120, note Macorig-Vénier.

stocks, qui n'avait pas davantage de t de rétention fictif.

Les fictions sont de droit strict et c'ourquoi il nous semble qu'il n'y a pas lieu d'aquer aux nantissements la faveur nouvellement ordée aux gages sans dépossession. Certes, l'arti 2355 du code civil prévoit que le nantissement meubles incorporels autres que celui portant sur créances est soumis aux règles du chapitre III du re IV du code civil. Il e est donc ainsi de l'artic 2286, 4° du code civil, qui serait ainsi rendu appable aux nantissements [1]. Toutefois le texte qui umet à l'article 2286, 4° u code civil une variété sûretés est un texte spécia qui ne vise que les ges sans dépossession. Il faudrait, pour suivre l'anae, considérer que ce texte spécial est plus large que lettre même, alors qu'il procède par la voie d'uniction juridique, qui est nécessairement d'interpration stricte. Dès lors, nous pensons que les créciers nantis ne peuvent bénéficier du droit de rétntion fictif reconnu aux gagistes sans dépossession [2]. La solution que nous préconisons a été posée pour le nantissement sur fonds de commerce [3], puis, dans une affaire intéressant le nantissement sur fonds de commerce, la Cour de cassation a jugé que le droit de rétention de l'article 2286, 4° du code civil ne s'applique qu'aux meubles corporels [4], c'est-à-dire aux gages.

Malgré cette restriction de domaine, la perturbation ainsi créée par ce texte au droit des entreprises en difficulté a semblé insupportable et c'est pourquoi l'ordonnance du 18 décembre 2008 [5] a entendu cantonner cette innovation. Pour cela, l'article L. 622-7, I, alinéa 2 du code de commerce (ord. 18 déc. 2008, art. 22) prévoit que le droit de rétention reconnu par l'article 2286, 4° du code civil aux créanciers gagistes sans dépossession est inopposable pendant la période d'observation de la sauvegarde – et celle du redressement judiciaire du fait de l'application en redressement judiciaire de l'article L. 622-7 – ainsi qu'en phase d'exécution du plan de sauvegarde ou de redressement.

Cette inopposabilité ne concerne logiquement que les seuls créanciers gagistes sans dépossession, auxquels l'article 2286, 4° du code civil a accordé un droit de rétention fictif. Elle ne concerne pas les créanciers gagistes sans dépossession, auxquels des lois spéciales ont reconnu un droit de rétention fictif [6]. En effet, il n'est pas alors question de neutraliser l'avantage exorbitant conféré par l'article 2286, 4° du code civil. Il en est ainsi tout spécialement du créancier gagiste sur véhicule automobile. La situation du porteur d'un warrant agricole ne nous semble pas comparable (v. s^s n° 482.11).

L'inopposabilité disparaît et le droit de rétention fictif est à nouveau pleinement opposable, en cas de résolution du plan, même en l'absence de cessation des paiements, alors pourtant que cette résolution du plan n'emporte pas ouverture d'une nouvelle procédure collective. En outre, si la résolution du plan s'accompagne d'une cessation des paiements, le droit de rétention fictif est pleinement restauré dans le cadre de la liquidation judiciaire. Les textes sur la liquidation judiciaire (C. com., art. L. 642-20-1, ord. 18 déc. 2008, art. 120) n'emportent en effet pas paralysie du droit de rétention fictif. Au stade liquidatif, l'avantage résultant du droit de rétention fictif sera appréciable pour son bénéficiaire, puisqu'il autorisera le jeu du report du droit de rétention sur le prix, si le liquidateur vend le bien gagé, ainsi que le retrait contre paiement.

Comme pour le retrait en période d'observation, il faut décider, et pour les mêmes raisons, qu'il n'y a pas à distinguer selon que le droit de rétention est réel ou fictif. Le retrait est possible dans les deux cas [7]. En pratique, cependant, le retrait supposera ici l'existence d'un droit de rétention réel. En effet, s'il y a simplement droit de rétention fictif, il n'y a pas place à retrait, mais à réalisation du bien avec report du droit de rétention sur le prix (v. s^s n° 563.72). Le retrait n'est donc d'aucune utilité, du fait de l'existence d'une disposition concurrente permettant de parvenir au même résultat : le paiement du rétenteur.

Indiquons que le droit de rétention réel pourra résulter d'un entiercement, c'est-à-dire d'une dépossession exercée par l'intermédiaire d'un tiers. À cet égard, la loi de modernisation de la justice du XXIe siècle précise explicitement que le gage des stocks est opposable aux tiers soit par l'inscription sur un

1. EN CE SENS : Pérochon, « À propos de la réforme de la liquidation judiciaire par l'ordonnance du 18 décembre 2008 », *Gaz. Pal.* 8-10 mars 2009, n° sp. p. 3 s., sp. p. 12, n° 34 – Cabrillac M. et S., Mouly et Pétel, *Droit des sûretés*, 9e éd., « Manuel », LexisNexis, 2010, n° 784.
2. Le Corre et R. Dammann, « Controverse : le droit de rétention fictif au cœur de tous les débats », *BJE* juill./août 2011, comm. 103, p. 227 – AUSSI : Macorig-Vénier, « Les apports de la réforme du 18 décembre 2008 en matière de sûretés », *Dr. et patr.* janv. 2010, n° 188, p. 26 s., sp. p. 33.
3. Lyon, 3e ch. A, 18 oct. 2012, RG n° 10/05800, *D.* 2013. pan. 1715, obs. crit. Crocq.
4. Com. 26 nov. 2013, n° 12-27.390, NP, *BJE* mai 2014, 156, note Macorig-Vénier; *RTD civ.* 2014. 158, n° 3, note Crocq.
5. Ord. n° 2008-1345, 18 déc. 2008, préc.
6. AUSSI : Rapport au président de la République sur l'ordonnance n° 2008-1345 du 18 déc. 2008, *JO* 19 déc. 2008, Titre I, chap. II-3, s^s art. 22.
7. EN CE SENS : T. com. Paris, 9 janv. 1987, *LPA* 8 juin 1987, n° 68, p. 12, note Crédot – *Adde*, LE CANNU, 7e éd., n° 1193 – DERRIDA ET *ALII*, n° 563 – PÉROCHON, 10e éd., n° 1206 – KERCKHOVE, n° 804 – JACQUEMONT ET VABRES, 9e éd., n° 1026.

registre public tenue au greffe du tribunal, soit par la dépossession (*C. com.*, art. L. 527-4).

La Cour de cassation juge que le fait, pour le tiers détenteur, de constituer mandataire une personne par ailleurs salariée du constituant du gage n'enlève rien au caractère effectif de la dépossession [1]. En pratique, le tiers détenteur passera avec le constituant une convention de commodat pour permettre d'entreposer les biens gagés.

Mais une dématérialisation trop grande de la dépossession fera perdre le bénéfice du gage avec dépossession. Il en sera ainsi lorsqu'aucune mention relative à des droits particuliers sur les marchandises n'était affichée ni sur la porte d'accès ni à l'intérieur des locaux et que la manipulation des marchandises constituées en gage ne faisait l'objet d'aucune restriction, ni d'aucun système de sécurité. La société débitrice gardant la maîtrise des marchandises, il en résultait que la dépossession n'était pas suffisamment matérialisée [2].

En outre, le commodat constitué entre la société d'entiercement et le débiteur, constituant du gage, ne peut l'être en contrariété avec les clauses d'un bail interdisant la mise à disposition à un tiers. En pareil cas, la Cour de cassation considère que le gage avec entiercement est constitué en fraude des droits du bailleur et ne peut être opposé à la saisie des biens gagés par le bailleur [3]. Observons que la dépossession reste efficace à l'égard des autres créanciers, et par voie de conséquence, de la procédure collective.

Le retrait n'a évidemment pas, en liquidation judiciaire, à être justifié pour la poursuite de l'activité, comme c'est le cas en période d'observation. Il suffira que le retrait soit intéressant pour la collectivité des créanciers, ce qui sera le cas si la créance antérieure à payer au créancier rétenteur est inférieure à la valeur de réalisation du bien retenu. Le retrait contre paiement peut aussi être justifié pour permettre l'inclusion dans un plan de cession d'un bien gagé [4]. Le liquidateur engagerait sa responsabilité à solliciter un retrait coûteux pour la collectivité des créanciers [5].

Aucune exigence d'admission de la créance n'est ici posée, puisque l'initiative appartient au liquidateur et non au créancier. Cependant, si la créance est étein n'y a pas place à retrait puisque le droit de réten est alors exercé illégitimement. La solution s'aique notamment, sous l'empire de la législatiantérieure, en l'absence de déclaration de créance suppression de l'extinction de la créance pour dét de déclaration de créance par la loi de sauvege des entreprises ne modifie pas, à notre sens, lolution. Si le rétenteur ne déclare pas sa créancelle-ci est inopposable à la procédure. En conséence, faute pour l'intéressé de pouvoir se présen comme créancier à la procédure collective, il cess'être un rétenteur légitime.

563.6 Effets du retrait contre paiement. Le paiement du créancier est la seule justification du retra C'est pourquoi, ce paiement devra être antérieur retrait. Cette solution posée par la Cour de cassaion pour le retrait en période d'observation (v. sn° 633.32), s'impose ici identiquement. Cette règljustifie que, sans faute de sa part, le créancier gagte puisse refuser de se dessaisir de son gage, dès lorsqu'il n'est pas payé à concurrence de la valeur des biens gagés, et alors même que les biens retenus seraient soumis à dépérissement [6].

Le retrait interviendra indépendamment de l'ordre des privilèges, le créancier étant traité ici non comme un gagiste, mais comme un rétenteur. À preuve : même s'il n'est pas gagiste, le retrait conduit au paiement pour retirer la « chose retenue ». On peut ici affirmer que « retenir et concourir ne vaut ».

SECTION 563.70

REPORT DU DROIT DE RÉTENTION SUR LE PRIX ET VENTE DU BIEN GAGÉ

563.71 Nature juridique du report du droit de rétention sur le prix. Le droit de rétention est la faculté accordée à un créancier qui détient la chose de son débiteur d'en refuser la délivrance, jusqu'à complet paiement de sa créance.

L'article L. 642-25, alinéa 4 du code de commerce, dans sa rédaction issue de la loi de sauvegarde des entreprises [7], dans sa rédaction d'origine, et l'article L. 642-20-1, alinéa 3, dans la rédaction de l'ordonnance du 18 décembre 2008 [8], prévoient qu'« en cas de vente par le liquidateur, le droit de rétention est de plein droit reporté sur le prix ».

1. Com. 12 janv. 2010, n° 08-17.420, NP, *D.* 2011. pan. comm. 410, obs. Crocq; *JCP* 2010, Doctr. 708, n° 15, obs. Delebecque; *Dr. et patr.* sept. 2010, p. 93, obs. Dupichot; *RD banc. fin.* 2010, comm. 61, note Legeais.
2. Com. 8 avr. 2015, n° 14-13.787, préc.
3. Com. 23 sept. 2014, n° 12-26.203, NP, *D.* 2015. pan. 1813, note Crocq; *JCP G*, chron. 604, obs. Delebecque.
4. PÉROCHON, 10e éd., n° 1206 – PÉTEL, 8e éd., n° 310.
5. Civ., 27 oct. 1942, *Sem. jur.* 1943, II, 2240, note Rousseau – *Adde*, SOINNE, n° 2466.
6. Com. 19 nov. 2002, n° 00-20.516, *Bull. civ.* IV, n° 172; *JCP E* 2003, jur. 449, p. 526, note Bouteiller; *RD banc. fin.* 2003/1, p. 24, n° 21, obs. Legeais; *JCP E* 2003, Chron. 852, p. 951, n° 17, obs. Delebecque; *Defrénois* 2003. 1616, n° 127, note Théry.
7. L. n° 2005-845, 26 juill. 2005, préc.
8. Ord. n° 2008-1345, 18 déc. 2008, préc.

Le report du droit de rétention su prix doit s'analyser comme faisant jouer le méc me de la subrogation réelle[1]. Celle-ci est aujour i définie comme « le report sur un bien nouveau un droit dont l'objet matériel a été détruit ou alié »[2]. Il est admis que la subrogation réelle puisse er non seulement en cas de destruction matériel u bien, mais encore en cas de destruction juridiq et, par exemple, en cas d'aliénation[3]. Le bien no au, en l'occurrence le prix, tire incontestablement n origine du bien remplacé, du fait de la vente effet essentiel de la subrogation réelle est le re t du droit sur un bien nouveau.

La subrogation réelle est une fiction légale. Or les fictions légales sont de droit strict. Il en résulte que le report du droit de rétention sur le prix ne peut être étendu par analogie à des situations non visées par la loi[4].

Le juge-commissaire, qui refuse de reconnaître à la banque créancière gagiste sur véhicule automobile le bénéfice des prérogatives attachées à son droit de rétention fictif, lequel constitue un droit réel opposable à la procédure collective, commet un excès de pouvoir[5].

563.72 Domaine du report du droit de rétention sur le prix. La disposition ici analysée s'applique tant au simple créancier rétenteur qu'au créancier gagiste ou nanti rétenteur. La technique doit être refusée au créancier nanti sur marchés de travaux publics car la remise de l'exemplaire du marché ne constitue pas l'instrument d'une véritable rétention et les dispositions spéciales du code des marchés publics l'emportent, comme cela avait déjà été jugé sous l'empire de la législation du 13 juillet 1967[6], sur les dispositions générales du droit des procédures collectives. Ne pourront davantage en profiter les créanciers nantis sur marchés de travaux privés ou sur fonds de commerce[7].

Avant la loi du 4 août 2008[8], dite loi LME, insérant un 4° à l'article 2286 du code civil, qui confère aux gagistes sans dépossession un droit de rétention fictif, le report du droit de rétention sur le prix était sans application pour le créancier gagiste auquel n'était pas reconnu le droit de rétention, tel le gagiste sur matériel et outillage. Depuis la loi du 4 août 2008, qui confère un droit de rétention fictif à tous les créanciers gagistes qui en étaient jusqu'alors dépourvus[9], tout créancier gagiste peut bénéficier du report du droit de rétention sur le prix, dans la procédure de liquidation judiciaire[10]. Il importe de préciser que le droit de rétention reconnu par cette disposition ne concerne que les sûretés constituées après l'entrée en vigueur de la loi LME (v. s[s] n° 563.62).

Il avait été soutenu que si le droit de rétention ne portait que sur des documents administratifs, par exemple des cartes grises, indépendamment de toute inscription de gage, il y avait place à report du droit de rétention sur le prix, en cas de vente des biens correspondant aux documents administratifs car le créancier rétenteur est en droit de conserver les documents qui lui ont été remis tant qu'il n'a pas été désintéressé[11]. La Cour de cassation n'a pas suivi la solution posée et décide que le droit de rétention du prêteur sur les documents d'immatriculation ne s'étend pas aux véhicules eux-mêmes et qu'il n'en résulte pas un droit pour le prêteur de se faire attribuer le prix de vente des véhicules concernés par ces documents[12]. La solution peut se justifier par l'idée de fiction légale qui explique le mécanisme de subrogation réelle du prix à la chose, laquelle doit, comme telle, recevoir une interprétation stricte. Elle apparaît cependant inopportune, en ce qu'elle aura presque nécessairement comme conséquence la responsabilité du mandataire de justice à l'égard de l'acquereur, en ce qu'il s'est émancipé du droit de rétention sur les documents en vendant un bien sans un accessoire indispensable à sa circulation, et n'exécutant dès lors pas correctement l'obligation

1. AUSSI : SAINT-ALARY-HOUIN, 9e éd., n° 1357.
2. Lauriol, *La subrogation*, th., 1954 – RÉP. CIV., Ponsard, « Subrogation réelle », n° 7.
3. RÉP. CIV., Ponsard, « Subrogation réelle », n° 13.
4. Le Corre-Broly, « Report du droit de rétention sur le prix et document d'immatriculation », *D.* 2004. doct. 55.
5. Com. 22 mai 2012, n° 11-12.015, *Bull. civ.* IV, n° 108; n° 597 FS-P+B; *D.* 2012. Actu 1398, note Lienhard; *Gaz. Pal. entr. diff.* 3 août 2012, n° 216, p. 28, note Théron; *Act. proc. coll.* 2012/11, comm. 171, note Vallansan; *LXB hebdo* 21 juin 2012, n° 301, note Le Corre-Broly.
6. L. n° 67-563, 13 juill. 1967, préc. – Com. 12 mai 1981, n° 79-16.102, *Bull. civ.* IV, n° 222; *D.* 1982. 205, note Agostini; *Gaz. Pal.* 1981. II, pan 332, obs. Piedelièvre.
7. Bordeaux, 20 déc. 1995, *Cah. jurispr. Aquitaine* 1996, n° 2, p. 94.
8. L. n° 2008-776, 4 août 2008, préc.
9. Le Corre, « Un exemple d'exclusivité : le droit de rétention fictif du gagiste sans dépossession », Colloque Sûretés réelles et droit des entreprises en difficulté, Nice, 20 mars 2010, *LPA* 11 févr. 2011, n° 30, p. 68.
10. AUSSI : Macorig-Vénier, « Les apports de la réforme du 18 décembre 2008 en matière de sûretés », *Dr. et patr.* janv. 2010, n° 188, p. 26 s., sp. p. 33.
11. SUR LA QUESTION : Le Corre-Broly, « Le droit de rétention sur documents d'immatriculation », *D. Affaires* 1998, 1802 s., 1838 s.
12. Com. 8 juill. 2003, n° 00-21.569, NP, *D.* 2004. Somm. 55, obs. Le Corre; *Act. proc. coll.* 2003/19, n° 250 – Com. 23 avr. 2013, n° 12-13.690, *Bull. civ.* IV, n° 66; n° 444 F-P+B; *Act. proc. coll.* 2013/10, comm. 129, note Legeais; *BJE* juill. 2013, p. 229, note Macorig-Vénier; *Gaz. Pal.* 12 juin 2013, n° 163, p. 21, note Dumont-Lefrand; *RTD com.* 2013. 575, n° 13, obs. Legeais; *JCP E* 2013, Chron. 1679, n° 13, obs. Delebecque; *LXB hebdo* n° 339, 22 mai 2013, note Le Corre-Broly.

de délivrance de la chose vendue. En effet, le droit de rétention portant sur des documents d'immatriculation peut être opposé au sous-acquéreur du véhicule, alors même qu'il aurait payé le prix à l'acquéreur intermédiaire, débiteur du prix garanti par le droit de rétention, dont la procédure avait été clôturée pour insuffisance d'actif[1].

Cette disposition ne distingue pas selon que le gage est assorti d'un droit de rétention réel ou d'un droit de rétention fictif. Les principes d'interprétation commandent de ne pas distinguer là où la loi ne distingue pas. C'est pourquoi le gagiste sur véhicule automobile[2], titulaire d'un droit de rétention simplement fictif, pouvait en bénéficier (pour le porteur d'un warrant agricole, v. s[s] n° 482.11). La même solution avait été posée pour le nantissement de comptes-titres[3].

Dès lors que le créancier gagiste perd son droit de rétention, il ne peut plus bénéficier du report du droit de rétention sur le prix. Cette perte résultera de la vente du bien gagé, intervenue à l'initiative du créancier (v. s[s] n° 563.76). Le simple accord donné par le créancier gagiste au liquidateur ne vaut pas vente à l'initiative du créancier. En une telle occurrence, il ne perd donc pas son droit de rétention[4], l'opinion contraire ayant toutefois été soutenue[5]. Cette perte résulte également de l'acceptation en paiement, par le créancier rétenteur, de lettres de change même non acceptées[6].

563.73 Effets du report du droit de rétention sur le prix. Le recours à la subrogation réelle pour expliquer le mécanisme du report du droit de rétention sur le prix justifie diverses solutions.

Sous l'empire des législations antérieures, il avait déjà été décidé, en jurisprudence, que si le syndic réalisait lui-même le bien gagé, objet du droit de rétention. Le report du droit de rétention sur le prix permet aux créanciers gagistes d'échapper à tout concours. La solution avait été reprise sous l'empire de la loi du 13 juillet 1967[8].

Les travaux préparatoires de la loi du 25 janvier 1985 permettent de conforter l'idée que la loi n'a fait que consacrer la solution jurisprudentielle[10]. La volonté d'assurer, grâce au droit de rétention, le paiement des créanciers gagistes rétenteurs ou des simples créanciers rétenteurs est ici évidente. Il faut affirmer la supériorité absolue du créancier gagiste, en cas de report du droit de rétention sur le prix. Il importe donc peu que celui-ci soit confronté aux titulaires de créances postérieures bénéficiant du traitement préférentiel ou au super privilège des salaires[11]. Le bénéficiaire du report du droit de rétention sur le prix, comme le rétenteur, est émancipé de la règle du concours et, par voie de conséquence, du classement légal.

Bien que la technique du report du droit de rétention sur le prix n'ait été posée qu'en situation de liquidation judiciaire, elle peut, sous l'empire de la législation antérieure à la loi de sauvegarde des entreprises[12], être utilisée en plan de cession, pour les biens non compris dans le plan de cession réalisés alors conformément aux modalités de la liquidation judiciaire (v. s[s] n°s 572.52 s.). La solution vaut également, sous l'empire de la loi de sauvegarde des entreprises, pour les biens non compris dans le plan de cession, qui seront réalisés selon les dispositions applicables aux réalisations d'actifs isolés en liquidation judiciaire. Observons toutefois que l'intégration d'un bien grevé d'un droit de rétention dans un plan de cession laissera subsister le droit de rétention, qui restera opposable au cessionnaire de l'entreprise. Cette solution, que nous soutenions, est consacrée par l'ordonnance du 18 décembre 2008[13], et spécialement par l'article L. 642-12, alinéa 5 du code de commerce.

Le créancier gagiste, dès lors du moins qu'il a déclaré sa créance, doit pouvoir être payé, avant même son admission. Cette dernière ne conditionnera pas le report du droit de rétention sur le prix, une opinion différente ayant cependant été émise[14]. Or le report du droit de rétention sur le prix oblige au paiement immédiat du créancier. Cependant, il y aura place à restitution si le créancier n'est pas

1. Civ. 1re, 24 sept. 2009, n° 08-10.152, *Bull. civ.* I, n° 178; FS P+B+I; *D.* 2010. 302, note Borga; *JCP E* 2009. 2088, note Aynès; *JCP E* 2010, Chron. 1011, n° 7, obs. M. Cabrillac; *Gaz. Pal.* 4-5 nov. 2009, Jur. 13, note Piedelièvre; *Rev. proc. coll.* 2010/2, comm. 67, p. 60, note Pérochon; *JCP E* 2010, Chron. 1036, n° 18, obs. Delebecque; *RTD com.* 2010. 784, n° 2, obs. Martin-Serf.
2. Com. 15 oct. 1991, n° 90-10.784, *Bull. civ.* IV, n° 288; *RTD com.* 1992. 4564, obs. Martin-Serf; *JCP E* 1992. I. 138, n° 25, obs. M. Cabrillac et Pétel; *Banque* 1992. 102, obs. Rives-Lange; *Rev. proc. coll.* 1992, 102, obs. Dureuil.
3. AINSI : Reims, ch. civ., 1re sect., 11 mai 2009, *Act. proc. coll.* 2009/15, n° 229, note Cagnoli – Versailles, 13e ch., 17 févr. 2011, RG n° 09/02959, *Act. proc. coll.* 2011/6, n° 104.
4. Com. 12 avr. 1988, n° 86-11.736, *Bull. civ.* IV, n° 128; *JCP E* 1988. II. 15344, obs. M. Cabrillac et Vivant – *Adde*, SOINNE, n° 2466.
5. Thévenet, « La supériorité absolue et ses limites de la situation du créancier gagiste et rétenteur », *Rev. huissiers* 1989. 470 s., sp. p. 472.
6. Com. 8 juill. 1997, n° 95-14.518, *Bull. civ.* IV, n° 221; *RD banc. et bourse* 1997, p. 25, n° 6, obs. Cazaro et Calendini.
7. Com. 4 juill. 1962, *JCP* 1962. II. 12885, note Nectoux.
8. L. n° 67-563, 13 juill. 1967, préc. – Orléans, 9 déc. 1974, *D.* 1975. 768, note Derrida; *RTD com.* 1975. 635, obs. Houin.
9. L. n° 85-98, 25 janv. 1985, préc.
10. *Rapp. Gouzes*, Assemblée nationale, *JO* doc. adm., n° 1872, p. 172.
11. Com. 15 oct. 1991, n° 90-10.784, préc.
12. L. n° 2005-845, 26 juill. 2005, préc.
13. Ord. n° 2008-1345, 18 déc. 2008, préc.
14. SOINNE, n° 2472.

admis au passif ou l'est pour une somférieure au montant perçu.

Le gagiste peut se porter acquéreur dn. En ce cas, la compensation est parfaitemermissible puisque, par l'effet du droit de rétentioporté sur le prix, le créancier gagiste ne saurait ên conflit avec un autre créancier. Il ne serait tde payer une somme que si sa créance est inférie au prix de vente du bien par le liquidateur.

Le liquidateur peut engager sa respobilité s'il tarde à vendre des biens entreposés d un local appartenant à un tiers. Il ne peut se réfr derrière l'existence du droit de rétention de cers sur les biens à vendre car il peut, nonobstar droit de rétention, vendre les biens retenus, le d de rétention étant alors reporté sur le prix[1].

563.74 Règles générales applicablesa réalisation des biens gagés ou nantis indépennment du report du droit de rétention sur le prixans certaines situations, le droit de rétention n'exera, sur les prérogatives du créancier, aucune incider. Il en sera ainsi d'une part en cas de vente du biegrevé sans report du droit de rétention sur le prix et,'autre part, en cas de jeu de l'attribution judiciaire dbien grevé.

L'article L. 642-25, alinéa 2 du cœ de commerce, dans sa rédaction issue de la l de sauvegarde des entreprises[2], et l'article L. 642-21, alinéa 1, dans la rédaction que lui donne l'ordonnance du 18 décembre 2008[3], disposent que, à défa de retrait du gage ou de la chose légitimement renue, « le liquidateur doit, dans les six mois du juement de liquidation judiciaire, demander au juge-commissaire l'autorisation de procéder à la réalisatior ». Cette règle présente un lien de parenté évident avec celle posée par l'article L. 643-2 du code de commerce, qui autorise le créancier à reprendre l'exercice de son droit de poursuite individuelle, si le liquidateur n'a pas entrepris la vente du bien grevé dans les trois mois de la liquidation judiciaire (v. s[s] n°s 566.11 s.).

L'autorisation accordée au liquidateur par le juge-commissaire de vendre le bien gagé n'est pas, contrairement aux règles de principe régissant les ordonnances du juge-commissaire, assortie de l'exécution de plein droit à titre provisoire (v. s[s] n° 234.12).

Le principe posé par la disposition ici analysée est celui de la vente par le liquidateur, cependant qu'en l'absence de vente par ce dernier, la réalisation appartiendra au créancier.

563.75 Vente par le liquidateur du bien gagé ou nanti. Le liquidateur a l'obligation de vendre le bien gagé ou nanti dans les six mois de la liquidation judiciaire. Il a été jugé que la carence du liquidateur pouvait permettre d'engager sa responsabilité. Il en sera ainsi en cas de dépréciation importante du bien, après expiration du délai de six mois par rapport au jugement de liquidation judiciaire.

Les modalités de vente du bien ne sont pas posées. Faute de texte particulier, il faut décider que les modalités générales de vente des biens meubles doivent recevoir application (v. s[s] n°s 563.11 s.). La vente aura lieu soit de gré à gré, soit aux enchères publiques. Le liquidateur devra se faire autoriser préalablement par le juge-commissaire.

L'article L. 642-25, alinéa 2 du code de commerce dans sa rédaction issue de la loi de sauvegarde des entreprises[4], et depuis l'ordonnance du 18 décembre 2008[5], l'article L. 642-20-1, alinéa 1 du code, obligent le liquidateur à faire notifier l'ordonnance d'autorisation du juge-commissaire au créancier gagiste avant la réalisation. Le respect de cette obligation permettra de purger le droit du créancier gagiste de demander l'attribution judiciaire. En effet, cette dernière pourra intervenir tant que l'ordonnance autorisant la vente par le liquidateur ne sera pas devenue définitive. C'est vraisemblablement pour cette raison que l'ordonnance d'autorisation de vente donnée au liquidateur n'est pas, par exception, exécutoire de droit (C. com., art. R. 661-1, al. 2).

Si le créancier gagiste est rétenteur, s'applique la règle du report du droit de rétention sur le prix (v. s[s] n° 563.72).

À défaut de droit de rétention, le prix de vente sera réparti selon l'ordre existant entre les créanciers. À cet égard, on rappellera que le gage sur matériel et outillage, qui n'accorde pas à son titulaire le droit de rétention[6], lui confère un rang préférable aux créanciers postérieurs, en cas de liquidation judiciaire (v. s[s] n° 456.59). Mais il sera primé par le super-privilège, le privilège des frais de justice et celui du conservateur de la chose (L. 18 mai 1951, art. 9), cependant qu'il primera le fisc. La solution a été posée sous l'empire des législations antérieures[7]. Elle ne vaut plus depuis la loi du

1. Com. 13 févr. 2007, n° 05-18.595, NP; n° 211 F-D; *Gaz. proc. coll.* 2007/2, p. 30, note Gorrias.
2. L. n° 2005-845, 26 juill. 2005, préc.
3. Ord. n° 2008-1345, 18 déc. 2008, préc.
4. L. n° 2005-845, 26 juill. 2005, préc.
5. Ord. n° 2008-1345, 18 déc. 2008, préc.
6. Com. 4 janv. 2005, n° 02-10.511, *Bull. civ.* IV, n° 1; *D.* 2005. jur. 970, note Aynès; *D.* 2005. AJ 430, obs. Lienhard; *D.* 2005. Somm. 2018, obs. Lucas; *Gaz. proc. coll.* 2005/1, p. 31, n° 2-2, obs. Voinot; *Gaz. Pal.* 21-22 juin 2006, p. 45, note Robine; *JCP E* 2005, Chron. 639, p. 709, n° 8, obs. M. Cabrillac; *JCP E* 2005, Chron. 915, p. 1008, n° 20, obs. Delebecque; *RTD com.* 2005. 408, n° 6, obs. Bouloc; *LXB* n° N4887ABM, note Le Corre.
7. Com. 18 juill. 1977, n° 75-13.929, *Bull. civ.* IV, n° 207; *D.* 1978. 404, note Mouly; *JCP* 1980. II. 19316, note Chartier; *JCP CI* 1980, I, 687, obs. M. Cabrillac et Argenson; *RTD com.* 1978. 598, obs. Hémard.

4 août 2008[1], dite loi LME, qui reconnaît aux gagistes sans dépossession un droit de rétention fictif (C. civ., art. 2286, 4°), qui reste efficace en liquidation judiciaire.

En cas de vente par le liquidateur, l'article L. 642-25, alinéa 4 du code de commerce, dans sa rédaction issue de la loi de sauvegarde des entreprises, et depuis l'ordonnance du 18 décembre 2008, l'article L. 642-20-1, alinéa 3 du code, prévoient que l'inscription prise pour la conservation du gage est radiée à la diligence du liquidateur. Le liquidateur devra obtenir l'accord du créancier gagiste, cependant qu'à défaut d'acceptation, il sollicitera la radiation en référé[2]. La solution est spécialement importante pour l'acquéreur d'un véhicule gagé, puisque ce sera une condition de mutation de la carte grise.

Bien que cette radiation ne soit prévue par le texte qu'en cas de vente par le liquidateur, elle s'imposera identiquement, si le créancier vend lui-même le bien ou se le fait judiciairement attribuer[3].

On a vu que le liquidateur a l'obligation de vendre le bien gagé ou nanti dans les six mois de la liquidation judiciaire. Cependant, le créancier titulaire d'un nantissement – mais aussi d'un gage (ord. 18 déc. 2008) – peut reprendre l'exercice de son droit de poursuite si le liquidateur n'a pas entrepris la vente dans le délai de trois mois de la liquidation judiciaire. Faute pour l'article L. 642-25, alinéa 2 du code de commerce, dans sa rédaction issue de la loi de sauvegarde des entreprises, et depuis l'ordonnance du 18 décembre 2008, pour l'article L. 642-20-1, alinéa 1 du code, de déroger à l'article L. 643-2 du code, il faut décider que si le liquidateur, qui a l'obligation de vendre le bien dans les six mois de la liquidation judiciaire, n'a pas entrepris la vente du bien gagé dans les trois mois, le créancier retrouve son droit de poursuite, ce qui l'autorise à vendre le bien gagé ou nanti. Il faut cependant réserver, sous l'empire de la loi de sauvegarde des entreprises, l'hypothèse dans laquelle le tribunal a fixé un délai pour présenter des offres tendant à la cession de l'entreprise. En ce cas, en effet les créanciers titulaires de sûretés devront attendre l'expiration de ce délai pour entreprendre leurs poursuites (C. com., art. 643-2, al. 2).

La forme de la vente sera déterminée par le juge-commissaire, en application de l'article L. 642-19 du code de commerce : la vente aux enchères publiques ou de gré à gré. Dans le premier cas, les modalités particulières de ventes prévues par les textes régissant les gages ou les nantissements devront être respectées. Ainsi, s'il est question de vente d'un fonds de commerce, on appliquera les articles L. 143-5 et L. 14[…]u code de commerce (anc^t^ loi du 17 mars 1909, 16 et 17)[4].

La sanction n'a cependant pas les mêmes effets selon le créancier est ou non rétenteur.

563.77 Vente par le créancier du bien gagé ou nanti. Le créancier est rétenteur, la vente par ses soins du bien grevé à une conséquence fondamentale : elle lui fait perdre son droit de rétention[5], puisque volontairement, il s'est dessaisi du bien. La caution pourrait d'ailleurs prétendre à une décharge sur le fondement de l'article 2314 du code civil ayant, par subrogation, également perdu son droit de rétention (v. s^s^ n° 724.16). Le simple accord donné par le créancier gagiste au liquidateur ne vaut pas vente par le créancier et, en conséquence, ne lui fait pas perdre son droit de rétention[6]. *A fortiori*, l'exécution par le créancier gagiste ou nanti d'une ordonnance du juge-commissaire autorisant le liquidateur à réaliser le bien grevé n'emporte pas perte du droit de rétention, pas plus que l'exécution par le créancier des termes de l'ordonnance lui enjoignant de remettre le prix de vente du bien grevé [en l'occurrence un compte-titres nanti] au liquidateur[7]. De même, la vente par le débiteur, à l'insu du créancier, ne fait pas perdre à ce dernier son droit de rétention, pas plus qu'elle n'affecte, plus globalement, sa qualité de créancier gagiste[8].

Une difficulté sérieuse, issue de la loi du 10 juin 1994[9], se présente alors sous l'empire de la législation antérieure à la loi de sauvegarde des entreprises[10]. En effet, l'article L. 621-32 du code de commerce (anc^t^ L. 25 janv. 1985[11], art. 40), issu de la rédaction que lui a donnée la loi du 10 juin 1994, énonce que, en cas de liquidation judiciaire, les créances « de l'article 40 » sont payées par priorité à toutes les autres, à l'exception du super privilège, des frais de justice et « de celles qui sont garanties par des sûretés immobilières ou mobilières spéciales assorties d'un droit de rétention ». La lecture du texte laisse apparaître que les sûretés mobilières spéciales, assorties d'un droit de rétention, priment les créances « de l'article 40 ». Nous avons vu cependant que le droit de rétention était exclusif de

1. L. n° 2008-776, 4 août 2008, préc.
2. Soinne, n° 2477.
3. Soinne, n° 2477.

4. Sous le régime antérieur : Com. 7 déc. 1971, n° 70-12.421, *Bull. civ.* IV, n° 292.
5. Chaput, n° 576 – Guyon, n° 1345 – *Adde*, Com. 15 janv. 1957, *D.* 1957. 267, note Hémard.
6. Com. 12 avr. 1988, n° 86-11.736, *Bull. civ.* IV, n° 128; *JCP E* 1988. II. 15344, n° 1, obs. M. Cabrillac et Vivant.
7. Reims, ch. civ., 1re sect., 11 mai 2009, *Act. proc. coll.* 2009/15, n° 229, note Cagnoli.
8. Caen, 29 avr. 2010, RG n° 08/03336, *Rev. proc. coll.* 2010/5, comm. 179, note Pérochon.
9. L. n° 94-475, 10 juin 1994, *JO* 11 juin, p. 8440.
10. L. n° 2005-845, 26 juill. 2005, préc.
11. L. n° 85-98, 25 janv. 1985, préc.

l'ordre es privilèges. La solution est :ialement posée das le cadre de l'interprétatiœ l'article L. 622-2, alinéa 4 du code de conrce, prévoyant le eport du droit de rétentioır le prix (v. s[s] n° 56.73). Ce texte n'a donc pa sens, dès lors qu'on oserve que le droit de rétem conduit à exclure toue idée de concours entrecréancier qui en est tituıire et les autres. Pour do:r un sens au texte, il faurait décider que lorsquecréancier gagiste rétenteuse dessaisit du bien et ıl, en conséquence, son drit de rétention, il prines créanciers « de l'article10 »[1]. La solution peıpparaître séduisante, dès lonqu'on veut s'acharrà donner un sens au texte. Cpendant, elle est pole moins surprenante car, pou l'appliquer, encorıut-il que la sûreté soit assorti d'un droit de rotion au moment où elle joue. Ce n'est qu'à cettete que la question du rang se pos, et non pas à late de la constitution de la sûreté. On ne peut fa abstraction de la perte du droit de rétention pouısayer de justifier un texte inexplicable. À la véritd semble préférable de considérer que ce texte rete d'une erreur législative qui a consisté à oubliei coordination nécessaire de l'article L. 621-32 a l'article L. 622-21. L'article L. 621-32, en ce qı vise les sûretés assorties d'un droit de rétention, un nonsens. Le législateur n'a simplement pacompris qu'un créancier rétenteur ne devait pas êttraité en termes de droit de préférence. Aussi faul décider que la mention de l'article L. 621-32 selı laquelle les sûretés assorties d'un droit de rétentiı priment les créances « de l'article 40 » n'a aucunportée, la solution étant d'évidence, non point, come le dit le législateur, en fonction d'un droit de référence, mais pour des raisons de pure matérialit: le caractère incontournable, faute de texte cotraire, du droit de rétention[2].

Les termes de la difficulté sont restés inchangés avec la loi de sauvegarde des entreprises, car l'article L. 641-13, II du code reprend la solution selon laquelle les créances postérieures seront payées après « celles qui sont garanties [...] par des sûretés mobilières spéciales assorties d'un droit de rétention ». La solution ci-dessus décrite doit donc continuer à s'appliquer.

L'ordonnance du 12 mars 2014[3] a enfin mis de l'ordre dans la rédaction des textes, en ne procédant plus au classement de l'inclassable titulaire d'un droit de rétention (v. s[s] n° 456.59).

Ainsi, si le créancier gagiste ou nanti rétenteur vend lui-même le bien gagé, il perd son droit de rétention et sera traité comme un créancier non rétenteur, venant à son rang classique. Par exemple, il faudra décider qu'un créancier gagiste sur véhicule automobile ayant vendu le véhicule, est primé par le super privilège des salaires, les créances postérieures bénéficiant du traitement préférentiel, mais aussi le fisc pour ses créances antérieures et, sous l'empire de la législation issue de la loi de sauvegarde des entreprises, le privilège de la conciliation.

Le créancier rétenteur aura ainsi compris qu'il ne peut vendre lui-même le bien, sauf à s'exposer à de graves déboires. Il incitera en conséquence le liquidateur à vendre le bien, pour pouvoir bénéficier du mécanisme du report du droit de rétention sur le prix.

Si le créancier gagiste ou nanti n'est pas rétenteur, la vente par ses soins du bien grevé n'exerce aucune influence sur son rang. Il devra remettre le produit de la vente au liquidateur[4], puisque seul ce dernier sera habile à assurer les répartitions (v. s[s] n° 591.41). S'il n'a pas déclaré sa créance, le prix de vente des biens gagés doit être restitué au liquidateur, l'extinction de la créance entraînant extinction du gage, qui n'en est que l'accessoire, et cela même au préjudice du Crédit Municipal, en dépit de textes spéciaux le concernant[5].

Compte tenu du traitement du créancier gagiste ou nanti en termes de droit de préférence, il apparaît largement préférable pour lui, dans la mesure où il le peut, de prendre l'initiative de l'attribution judiciaire. La disparition de l'extinction des créances non déclarées n'est pas de nature à modifier la solution, dès lors que, pendant la procédure collective, la créance non déclarée n'est pas opposable à la procédure collective et qu'il en est de même, par accessoire du gage (v. s[s] n° 665.75).

563.77 Conflit entre créancier gagiste par inscription et créancier gagiste rétenteur après l'ordonnance du 23 mars 2006[6] réformant le droit des sûretés[7]. Le code civil a prévu la possibilité de procéder à une publicité du gage autrement que par la dépossession. C'est le gage par inscription visé à l'article 2337, alinéa 1 du code civil.

Si plusieurs gages sans dépossession sont inscrits, le rang entre les créanciers sera établi par la date d'inscription (C. civ., art. 2340, al. 1). Ce n'est là que l'application de la règle *prior tempore potior jure*.

1. EN CE SENS : SAINT-ALARY-HOUIN, 5e éd., n° 1258 – PÉROCHON ET BONHOMME, 6e éd., n° 385 – Calendini, « La situation des créanciers titulaires de sûretés spéciales après la loi du 10 juin 1994 », *Rev. proc. coll.* 1994, 497, n° 32.
2. rappr. : PÉROCHON ET BONHOMME, 6e éd., n° 385.
3. Ord. n° 2014-326, 12 mars 2014, préc.
4. Lyon, 3e ch. civ., 7 mai 1992, *Rev. proc. coll.* 1993, 425, n° 10, obs. Dureuil.
5. Com. 3 déc. 2003, n° 01-01.990, NP, *RD banc. fin.* 2004, p. 102, n° 77, obs. Lucas.
6. Ord. n° 2006-346, 23 mars 2006, préc.
7. Andreu, « Gage avec dépossession contre gage sans dépossession », *D.* 2012. études 1761.

Une difficulté peut se présenter en revanche si un créancier gagiste avec dépossession entre en concours avec un créancier gagiste par inscription. La difficulté n'existe pas si le gage avec dépossession précède le gage sans dépossession. Le créancier gagiste en possession l'emportera. Mais que décider si un bien gagé sans dépossession fait ultérieurement l'objet d'un gage avec dépossession ? L'article 2340, alinéa 2 du code civil apporte la réponse. Le droit de préférence du créancier gagiste antérieur est opposable au créancier gagiste possesseur lorsqu'il l'a régulièrement publié nonobstant le droit de rétention de ce dernier. Il faut donc comprendre que le droit de rétention effectif du créancier gagiste entré en possession après la publication du gage par inscription sera inopposable au créancier gagiste par inscription.

Dans la liquidation judiciaire du débiteur constituant des deux gages, le liquidateur ne pourra méconnaître le droit de rétention lié à la possession. Le rétenteur devra donc être payé pour que puisse être éteint le droit de rétention. Mais puisque le créancier gagiste non rétenteur l'emportera sur le créancier gagiste entré en possession, ce dernier devra supporter le droit de préférence du créancier gagiste par inscription[1]. Il appartiendra en conséquence, semble-t-il au liquidateur de payer le créancier gagiste rétenteur en conservant pour le créancier gagiste par inscription les sommes devant lui revenir. Cela revient à dire que le droit de rétention sera éteint dès lors que l'intégralité de la somme correspondant à la créance du gagiste entré en possession sera versée soit à lui-même, soit au créancier gagiste par inscription.

À ce stade, il est singulier de remarquer que si le créancier est rétenteur sans être gagiste, la règle ci-dessus décrite sera sans application. Il ne pourra en aucune manière être primé par un créancier gagiste par inscription, qui aurait inscrit sa sûreté sur le bien objet du droit de rétention. Le créancier rétenteur qui n'est qu'un chirographaire sera ainsi mieux traité que le créancier gagiste, pourtant privilégié.

SECTION 563.80

ATTRIBUTION JUDICIAIRE DU GAGE

563.81 Domaine de l'attribution judiciaire du gage. L'attribution judiciaire est une prérogative offerte au créancier gagiste par l'article 2347 du code civil qui dispose, en son alinéa 1, que « le créancier peut aussi faire ordonner en justice que le bien lui demeurera en paiement. » L'alinéa 2 indique que « ileur du bien est détermine au jour du transfear un expert désigné à l'amiable ou judiciairent, à défaut de cotation officielle du bien sur unrché. Toute clause contrire est réputée non éc ». L'alinéa 3 poursuit n indiquant que lorsquevaleur du bien « excède montant de la dette gatie, la somme égale à l différence est versée au dteur ou, s'il existe d'atres créanciers gagistes esnsignée ». L'ordonnance de réforme du droit sûretés du 23 mar 2006[2] n'a pas modifié se fond le mécanisme de l'attribution judiciaire, i, en vertu du novel article 2347 du code civil, pplique désormais à tous les gages et à tous les ntissements de bins incorporels, sauf exclusion presse par un texe spécial[3].

Cette progative n'est qu'une faculté pour le créancier il ne l'exerce pa, il ne devrait pouvoir se le voir reprocher, spécialement sur le fondement de l'article 21 du code civil, par la caution. Cette solution est cependant pas celle de la jurisprudence (v. nº 724.13). L'attribution judiciaire constitue un oit préférentiel dont le non-exercice entraîne charge de la caution. Encore faut-il, cependant qu'il en résulte pour la caution, un préjudice, ceci présuppose que la situation du créancier se trve améliorée par le jeu de l'attribution judiciaire qui ne sera pas le cas lorsque le gagiste sera réteur, du fait du jeu du report du droit de rétention le prix en cas de vente du bien par le liquidateu

L'attribution judiciaire est réservée aux seuls créanciers gagistes ou nantis, ce qui suppose que le créancier it déclaré sa créance avec indication du gage[4], ma ne bénéficie pas au créancier rétenteur non gagiste[5]. L'extinction de la créance conduira nécessairement au rejet de la demande d'attribution judiciaire, qu'elle porte sur la chose gagée ou seulement sur son prix de vente[6]. La suppression de l'extinction de la créance non déclarée par la loi de sauvegarde des entreprises[7] ne doit pas modifier la solution. En effet, la créance est inopposable à la procédure, de sorte que l'intéressé ne peut se présenter à celle-ci comme un créancier gagiste (v. aussi ss nº 665.76).

Ce bénéfice est exclu pour le créancier nanti sur fonds de commerce. La solution résulte des termes mêmes de l'article 8 de la loi du 17 mars 1909 qui

1. Aynès et Crocq, *Les sûretés – La publicité foncière*, 9e éd., « Droit civil », Lgdj – Lextenso », 2015, nº 510.
2. Ord. nº 2006-346, 23 mars 2006, préc.
3. AUSSI : REP. COM., Macorig-Vénier, « Entreprises en difficulté (Les créanciers – 1º Situation des créanciers) », 2013, nº 500.
4. Com. 1er févr. 2000, nº 97-17.772, NP, *RJDA* 2000/5, nº 562.
5. Com. 9 juin 1998, nº 96-12.719, *Bull. civ.* IV, nº 181; *D. Affaires* 1998, 1323, obs. Lienhard; *Banque* oct. 1998, p. 77, note Guillot; *JCP E* 1998, Chron. p. 618, nº B 12, obs. M. Cabrillac; *RTD com.* 1999. 751, obs. Martin-Serf.
6. Com. 21 janv. 2003, nº 00-11.771, NP; nº 128 F-D.
7. L. nº 2005-845, 26 juill. 2005, préc.

dispose que « le nantissement [...] ne donne pas au créancier gagiste le droit de se faire attribuer le fond en paiement et jusqu'à due concurrence »[1].

Le droit d'obtenir l'attribution a été reconnu aux créanciers nantis sur marchés de travaux privés[2]. Inversement, il a été refusé en matière de travaux publics[3], en considération des règles spécifiques du code des marchés publics qui paralysent l'appropriation de la créance dès lors qu'une opposition régulière a préservé l'exercice des privilèges que ce code déclare préférables à celui des créanciers nantis. La solution semble aujourd'hui devoir être reconsidérée compte tenu de la position prise, par la suite, par la Cour de cassation qui a décidé que l'attribution judiciaire était indépendante de l'ordre des privilèges (v. *s*[s] n° 563.83). En conséquence, il faut décider, de façon générale, que dès lors qu'un texte exprès ne vient pas poser une solution différente, l'attribution judiciaire sera permise au créancier gagiste. La solution a ainsi été posée pour le nantissement d'une créance représentative d'une indemnité de résiliation[4]. Il faut ainsi l'admettre au profit du créancier titulaire d'un gage sur valeur mobilière[5], ou du créancier nanti sur fonds de garantie d'affacturage[6].

Il faut cependant qu'il s'agisse d'un véritable gage, ce qui n'est pas le cas du privilège du bailleur d'immeuble[7].

La technique est cependant inutile si le créancier a le droit de s'attribuer, sans demande en justice, le bien. Il en est ainsi dans le cas du gage-espèces. Par inscription sur un compte spécial, la dépossession est assurée, assurant le jeu d'une fiducie-sûreté, à distinguer d'un simple nantissement de sommes d'argent[8]. Le créancier peut s'attribuer les sommes gagées, à due concurrence de sa créance[9], au besoin en faisant jouer la compensation pour dettes connexes, dans la procédure collective du débiteur, constituant du gage-espèces[10]. La solution a ainsi été posée pour le compte de retenue de garantie créé en cas de cession de créance par bordereau Dailly[11].

Affirmer que l'attribution judiciaire du gage est possible dès lors qu'un texte exprès ne l'écarte pas présuppose toutefois la démonstration que l'attribution judiciaire *est indépendante de l'existence du droit de rétention*. Sous l'empire de la loi du 13 juillet 1967[12], une décision particulièrement remarquée de l'assemblée plénière du 26 octobre 1984[13] a décidé que l'attribution judiciaire est indépendante de l'existence d'un droit de rétention. Elle l'a jugée applicable au nantissement sur matériel et outillage, sûreté ne comportant pas de droit de rétention. La Cour de cassation, saisie sous l'empire de la loi du 25 janvier 1985[14] de la difficulté, a considéré dans un arrêt du 6 mars 1990[15], que, « à défaut de disposition contraire, l'attribution judiciaire du gage est offerte au créancier titulaire d'un nantissement sur outillage et matériel d'équipement ». La solution a été constamment reproduite par la suite[16]. Elle est applicable aux nantissements de parts sociales, le fait que la société dont les parts sont nanties soit dissoute n'étant pas un obstacle à cette attribution[17].

L'attribution judiciaire du gage ne peut jouer que si la créance pour laquelle le gage avait été consenti existe toujours. La règle de l'accessoire impose la solution. Tel ne sera pas le cas si la créance garantie a été remboursée[18], peu important que le créancier détienne sur le débiteur d'autres créances.

L'attribution judiciaire a vocation à s'appliquer au bien lui-même. Elle sera rejetée si le créancier, auquel incombe la charge de preuve[19], ne démontre

1. Com. 13 oct. 1998, n° 94-20.560, *Bull. civ.* IV, n° 233; *D. Affaires* 1998, 1805, obs. Lienhard et M. D.
2. Com. 5 mars 1985, n° 82-16.778, n° 83-12.223, *Bull. civ.* IV, n° 86; *Gaz. Pal.* 1985. II, pan. 266.
3. Com. 4 mai 1981, n° 79-15.222, *Bull. civ.* IV, n° 202; *D.* 1981. 489, note Derrida; *JCP CI* 1982, I, 10474, obs. M. Cabrillac et Vivant.
4. Com. 19 janv. 1988, n° 85-13.198, *Bull. civ.* IV, n° 43; *RTD com.* 1988. 675, n° 18, obs. Hémard.
5. Aix-en-Provence, 2 avr. 1992, *Dr. sociétés* 1992, n° 262, obs. Chaput; *Rev. proc. coll.* 1993, 156, obs. Dureuil – *Adde*, SUR LA QUESTION : Le Cannu, « Le nantissement conventionnel des actions », *Bull. Joly* 1993. 1091.
6. Com. 6 janv. 1998, n° 95-17.399, *Bull. civ.* IV, n° 9; *JCP E* 1998, Chron. 658, n° 5-b-16, obs. M. Cabrillac; *LPA* 8 févr. 1999, n° 27, p. 15, note Teilliais.
7. T. com. Nanterre, 25 août 1987, *RD banc. et bourse* 1998, 139, obs. Dekeuwer-Défossez.
8. SUR CETTE DIFFÉRENCE : Com. 6 févr. 2007, n° 05-16.649, NP, *RTD civ.* 2007. 373, n° 3, obs. Crocq.
9. Com. 9 mai 2001, n° 98-10.333, NP, *JCP E* 2001, Chron. p. 1858, n° 16, obs. Delebecque et Simler – Com. 11 janv. 2005, n° 02-21.118, NP.
10. Simler et Delebecque, *Droit civil : Les sûretés – La publicité foncière*, 3e éd., « Précis Dalloz », 2000, n° 547.
11. Reims, ch. 1re sect., 5 avr. 2006, *Banque et droit* sept.-oct. 2007, n° 115, p. 50, note Guillot.
12. L. n° 67-563, 13 juill. 1967, préc.
13. Cass. ass. plén., 26 oct. 1984, n° 83-10.055, *Bull. ass. plén.*, n° 6; *D.* 1985. 33, note Derrida; *Gaz. Pal.* 1985. I. 236 s., sp. p. 237, note Chartier; *JCP E* 1985. II. 14486, obs. Synvet.
14. L. n° 85-98, 25 janv. 1985, préc.
15. Com. 6 mars 1990, n° 88-16.036, *Bull. civ.* IV, n° 67; *D.* 1990. 311, note Derrida.
16. Com. 9 juill. 1991, n° 90-10.637, NP, *RJDA* 1991. 732 – 6 janv. 1998, *D. Affaires* 1998, 157, note Lienhard; *RJ com.* 1998. 297, n° 57, obs. Saint-Alary-Houin; *LPA* 8 févr. 1999, n° 27, p. 15, note Teilliais.
17. Lyon, 3e ch. civ. B, 3 mai 2007, *Act. proc. coll.* 2008/17, n° 272.
18. Douai, 2e ch., 21 janv. 1999, *D.* 2000. Somm. 391, obs. Piedelièvre.
19. V. T. com. Grenoble, 5 oct. 1993, *Rev. proc. coll.* 1995, 74, n° 7, obs. Dureuil.

pas l'existence du bien dans le patrimoine du débiteur.

Cependant, si le bien a été sinistré, l'attribution est reportée sur l'indemnité d'assurance[1]. Il ne pourra être imposé au créancier de recevoir le prix de vente du bien réparé, plutôt que l'indemnité d'assurance. La solution a été posée en plan de cession[2].

Elle peut également porter sur le prix de vente du bien si le liquidateur a vendu le bien grevé, nonobstant la demande d'attribution[3]. Elle pourra même s'exercer sur le produit de la vente de gré à gré. Il importe cependant que l'ordonnance du juge-commissaire ayant autorisé la vente du bien grevé ne soit pas définitive à l'encontre du créancier nanti. Si l'ordonnance ne lui a pas été notifiée, elle ne peut être considérée comme définitive à son égard.

La loi de sauvegarde des entreprises fait naître une difficulté nouvelle qui tient à la possibilité d'arrêter un plan de cession en liquidation judiciaire. Faudra-t-il admettre le jeu de l'attribution judiciaire, alors qu'un projet de plan de cession est présenté ? Faute d'articulation des textes et de mise à l'écart en plan de cession de l'attribution judiciaire, cette dernière nous semble possible en liquidation judiciaire, même si un projet de plan de cession est envisagé, dès lors du moins que l'attribution judiciaire a été sollicitée avant l'arrêté du plan de cession. Le code ne réserve en ce cas que l'application de l'article L. 643-2, texte qui envisage la possibilité pour le créancier inscrit de reprendre l'exercice de son droit de poursuite individuelle, lorsque le liquidateur n'a pas entrepris la vente du bien dans les trois mois du jugement de liquidation judiciaire.

Il a été soutenu qu'une solution différente devrait être posée sous l'empire de l'ordonnance du 18 décembre 2008[4], du fait de la migration des dispositions relatives à l'attribution judiciaire de la section 3 relatives aux dispositions communes à toute cession, ce qui incluait le plan de cession, vers la section II qui n'intéresse que les réalisations d'actifs isolés. Il en est tiré la conséquence que l'exercice de la faculté d'attribution judiciaire du gage devient une alternative à la réalisation du bien grevé offerte au créancier avant la réalisation par le liquidateur. Le créancier ne pourrait en revanche l'exercer lorsqu'un plan de cession est envisagé[5]. La solution ne nous semble pas devoir être suivie, dans la mesure où l'attribution judiciaire du gage est une modalité particulière, spécialement réglementée, qui n'obéit pas au règle général de l'article L. 643-2, alinéa 1 du code. En effet, ce texte présuppose un délai d'attente de trois mois, démontrant l'inaction du liquidateur, pour entreprendre la réalisation du bien grevé d'un gage ; délai qui n'est nullement exigé pour demander l'attribution judiciaire du gage. Ainsi, dès lors que l'on déconnecte l'attribution judiciaire du gage de l'alinéa 1 de l'article L. 643-2 du code, il faut tout aussi logiquement la rendre indépendante de l'alinéa 2, qui interdit la réalisation du bien grevé si une cession d'entreprise est envisagée.

563.82 Modalités procédurales de l'attribution judiciaire du gage. La nature juridique de l'attribution judiciaire conditionne, dans le silence des textes sur la question, la possibilité ou non de son exercice en période d'observation. Que celle-ci s'analyse en une voie d'exécution[6] ou, selon notre analyse, en une dation judiciaire en paiement, c'est-à-dire une remise à titre de paiement d'une chose différente de celle qui faisait l'objet de l'obligation, autorisée par justice[7], elle s'avère impossible en période d'observation. L'impossibilité résultera, selon la première analyse, de la règle de l'arrêt des voies d'exécution, et, selon la seconde, de l'interdiction des paiements.

C'est donc fort logiquement que la Cour de cassation exclut le jeu de l'attribution judiciaire en période d'observation[8].

L'attribution judiciaire est-elle possible après arrêté d'un plan de continuation, de redressement ou de sauvegarde ? Il est d'abord certain, ici encore, qu'il ne peut être distingué selon que le créancier gagiste est ou non rétenteur. L'attribution judiciaire devra être refusée aux créanciers après arrêté du plan de continuation, de redressement ou de sauvegarde, si le prêt sur lequel est assis le gage est anté-

1. Com. 4 févr. 1986, nº 84-16.639, *Bull. civ.* IV, nº 2; *SA Foncia crédit c/Lorda*, cité dans Soinne, note nº 8863 – *Adde*, Soinne, nº 2467.
2. Com. 12 mai 1998, nº 95-17.757, *Bull. civ.* IV, nº 153; *LPA* 29 mars 1999, p. 13, note Derrida; *RTD com.* 1999. 748, obs. Martin-Serf; *JCP E* 1998. I. 167, nº 8, obs. M. Cabrillac.
3. Com. 15 oct. 1991, nº 90-10 784, *Bull. civ.* IV, nº 288; *D.* 1991. IR 249; *JCP* 1991. IV. 439.
4. Ord. nº 2008-1345, 18 déc. 2008, préc.
5. Macorig-Vénier et Saint-Alary-Houin, « Les créanciers dans l'ordonnance nº 2008-1345 du 18 décembre 2008 portant réforme du droit des entreprises en difficulté », *Rev. proc. coll.* 2009/1, 9, p. 73, nº 48.
6. Soinne, obs. s[s] T. com. Lille, 27 mai 1988, *Rev. proc. coll.* 1989, p. 176, nº 13 – *Adde*, Montpellier, 2e ch., 18 févr. 1988, *JurisData* 186.
7. Foyer, « Le principe du gage sans dépossession », Hamel (dir.), *La loi de 1863 et ses précédents : Le gage commercial*, Dalloz, 1953, p. 15 s., sp. p. 65 – concl. Cabannes, s[s] Cass. ass. plén., 26 oct. 1984, nº 83-10.055, *D.* 1985. 33 s., spéc. 34 – Synvet, obs. s[s] Cass. ass. plén., 26 oct. 1984, nº 83-10.055, *JCP E* 1985. II. 14486 – Vallens, 2015, nº 3781.
8. Com. 6 mars 1990, nº 88-16.036, *Bull. civ.* IV, nº 67 – Com. 28 mai 1996, nº 94-16.269, *Bull. civ.* IV, nº 144; *D.* 1996. Somm. 385, obs. Piedelièvre; *RD banc. et bourse* 1996, 211, obs. Campana et Calendini – sol. impl. : Com. 7 juill. 2004, nº 02-14.767.

rieur au jugement d'ouverture. Certes fois le plan arrêté, l'entreprise est redevenue in. Mais la sûreté est l'accessoire d'une créancerieure. Dans ces conditions, si le créancier dem, après le plan, l'attribution judiciaire, il se préva non-paiement de créances antérieures. Grticle L. 626-8, 3° du code de commerce (anct; janv. 1985[1], art. 203, 3°), dans sa rédaction aeure à la loi de sauvegarde des entreprises, punite personne qui, pendant l'exécution du plancontinuation, a reçu un paiement irrégulier, pmportant qu'il s'agisse du paiement d'unmme d'argent ou d'un paiement par dation. Lantion est reprise, sous l'empire de la loi de sauvele des entreprises, pour le plan de redressement etnême été étendue à l'hypothèse du plan de saugarde (C. com., art. L. 654-8, 3°). L'irrégularité stend du non-respect des dispositions du plan, c'es-dire de l'échéancier. Le créancier devra donc subie jeu des échéances du plan. Il y a arrêt des pounites, pendant l'exécution du plan, pour les créancis qui y sont soumis[2], à moins qu'une résolution diplan n'ait été mise en œuvre. Au contraire, si le gagea été pris en garantie d'un prêt consenti après le jugement d'ouverture, la réduction des droits du gagiste n'existe plus, si du moins la créance peut bénéficier du traitement préférentiel réservé aux créanciers postérieurs. Ayant le droit d'être payé à l'échéance pendant la période d'observation, il ne perd pas ce droit après arrêté du plan de continuation, de redressement ou de sauvegarde. En conséquence, il pourra mettre en œuvre l'attribution judiciaire après arrêté du plan, s'il n'est pas payé aux échéances normales, puisque sa créance n'est pas intégrée au plan.

Une difficulté nouvelle naît de la possibilité d'arrêter un plan de cession en liquidation judiciaire. La loi de sauvegarde des entreprises paralyse le droit de poursuite du créancier titulaire d'une sûreté pendant le délai de dépôt des offres de cession. En revanche, le droit du gagiste de demander l'attribution judiciaire du gage n'est pas paralysé par la perspective d'arrêter un plan de cession[3]. C'est pourquoi, si le gage est assorti d'un droit de rétention, ce qui est nécessairement le cas depuis la loi du 4 août 2008[4], dite loi LME, qui a reconnu un droit de rétention fictif aux gagistes sans dépossession (C. civ., art. 2286, 4°), le liquidateur devra utiliser la technique du retrait du gage contre paiement pour pouvoir faire obstacle au jeu de l'attribution judiciaire.

Si le bien gagé n'est pas intégré dans le plan de cession, il est réalisé suivant les modalités classiques de la liquidation judiciaire et il suffit alors d'appliquer l'article L. 622-21 alinéa 3 du code de commerce (anct L. 25 janv. 1985, art. 159, al. 3), dans sa rédaction antérieure à la loi de sauvegarde des entreprises[5], l'article L. 642-25 alinéa 3, dans sa rédaction issue de la loi de sauvegarde des entreprises et, depuis l'ordonnance du 18 décembre 2008[6], l'article L. 642-20-1, alinéa 2 du code.

L'attribution judiciaire, enfin, ne fait pas de difficulté en liquidation judiciaire. Elle est explicitement prévue par l'article L. 642-25, alinéa 3 du code de commerce, dans sa rédaction issue de la loi de sauvegarde des entreprises, et depuis l'ordonnance du 18 décembre 2008, par l'article L. 642-20-1, alinéa 2 du code.

L'attribution judiciaire doit-elle être demandée dans les conditions générales tracées par l'article L. 643-2 du code de commerce ? Une réponse positive à la question commanderait au créancier gagiste d'attendre l'inaction du liquidateur pendant 3 mois pour pouvoir la solliciter. Cette solution ne peut être suivie. Ce n'est qu'à défaut d'attribution judiciaire que le liquidateur entreprendra la vente ou le retrait. L'ordre de subsidiarité est inverse. En outre, il y a là un ajout au texte tout à fait condamnable. Le texte n'introduit qu'une seule condition temporelle : la déclaration de créance préalable. Il faut à cet égard préciser que le créancier n'a pas besoin d'être admis au passif[7]. L'article L. 642-25, alinéa 3 du code de commerce, dans sa rédaction issue de la loi de sauvegarde des entreprises, et depuis l'ordonnance du 18 décembre 2008, l'article L. 642-20-1, alinéa 2 du code, dérogent incontestablement à l'article L. 643-2 du même code. La règle *specialia generalibus* interdit, en conséquence, l'application cumulative des deux articles. Indiquons que l'opinion contraire a toutefois été soutenue à la suite de l'introduction par l'ordonnance du 18 décembre 2008 du gage dans l'article L. 643-2, alinéa 1 du code[8].

Il n'y a pas davantage à respecter le délai de l'action en revendication pour procéder à une demande en attribution judiciaire du gage. Celle-ci ne s'analyse

1. L. n° 85-98, 25 janv. 1985, préc.
2. J.-CL. COM., Viandier, fasc. 2355, [Situation des créanciers – Arrêt des poursuites individuelles], n° 32 – Campana, « La situation des créanciers », dans « Les innovations de la loi sur le redressement judiciaire des entreprises », *RTD com.* 1986, n° sp., 171 s., sp. 79.
3. VALLENS, 2015, n° 3784.
4. L. n° 2008-776, 4 août 2008, préc.
5. ILLUSTR. : Paris, 3e ch. A, 4 mai 1988, *D.* 1988. Somm. 384, obs. Honorat.
6. Ord. n° 2008-1345, 18 déc. 2008, préc.
7. Chambéry, 27 sept. 1994, *Gaz. Pal.* 1995. I. 195 – Versailles, 30 janv. 1997, *D. Affaires* 1997, 577.
8. Canet, « Premières remarques sur les modifications apportées par l'ordonnance n° 2008-1345 du 18 décembre 2008 en matière de liquidation judiciaire », *Rev. proc. coll.* 2009/1, p. 91 s., sp. p. 94, n° 20.

pas en une revendication, puisqu'elle n'est pas l'œuvre d'un propriétaire[1]. C'est d'ailleurs pourquoi le jugement qui confirme l'ordonnance rejetant la demande d'attribution judiciaire n'est susceptible ni d'appel, ni de pourvoi en cassation[2].

En revanche, il y a un premier obstacle à exercer l'attribution judiciaire si un autre créancier se fait restituer le bien, à la suite d'une demande de revendication au titre d'une clause de réserve de propriété[3].

L'obstacle essentiel est cependant ailleurs. Il tiendra à une autorisation donnée par le juge-commissaire de vendre le bien gagé. Si l'ordonnance autorisant la vente, soit de gré à gré, soit, sous l'empire de la législation antérieure à la loi de sauvegarde des entreprises, dans le cadre d'une cession d'unité de production[4], est devenue définitive, le créancier ne pourra plus solliciter l'attribution judiciaire. L'ordonnance autorisant la vente devra avoir été notifiée au créancier gagiste. À défaut, il conservera le droit d'y faire opposition[5]. On voit parfois reconnu en jurisprudence la possibilité pour le créancier gagiste de former une tierce opposition à l'encontre de l'ordonnance du juge-commissaire autorisant la vente du bien gagé[6]. Il est préférable d'utiliser la notion de « personne dont les droits sont affectés par l'ordonnance » pour ouvrir le recours devant le tribunal, en considérant cette personne comme une partie, et non comme un tiers. La solution est importante, depuis le décret du 12 février 2009[7], qui ouvre, à l'encontre de l'ordonnance du juge-commissaire rendue en application de l'article L. 642-19 du code, l'appel (C. com., art. R. 642-37-3, al. 2). Le recours formé par le créancier gagiste à l'ordonnance autorisant la vente, qui empêchera celle-ci d'être définitive, permettra au créancier gagiste de présenter sa requête en attribution judiciaire[8]. L'attribution judiciaire peut toutefois porter sur le prix de vente (v. s[s] n° 563.81).

1. Com. 28 janv. 1997, n° 93-21.662, *Bull. civ.* IV, n° 32; *Dr. sociétés* 1997, n° 42, obs. Chaput; *RJ com.* 1998. 297, n° 57, obs. Saint-Alary-Houin – Com. 4 mars 2003, n° 00-11.021, NP, *Act. proc. coll.* 2003/10, n° 129; *JCP E* 2003, Chron. 1396, p. 1573, n° 11, obs. M. Cabrillac; *Rev. proc. coll.* 2003, p. 307, n° 3, obs. Monsérié-Bon; *D.* 2003. Somm. 1627, obs. Le Corre.
2. Com. 11 juin 2003, n° 00-18.127, NP.
3. Com. 5 avr. 1994, n° 90-11.559, *Bull. civ.* IV, n° 146; *JCP E* 1995. I. 4417, obs. M. Cabrillac; *Rev. huissiers* 1995. 720, note Bazin.
4. Com. 16 avr. 1996, n° 93-20.886, *Bull. civ.* IV, n° 122; *JCP E* 1996. I. 584, n° 16, obs. M. Cabrillac.
5. TGI Guéret, 25 juin 1991, *BICC* 1991, n° 1692, p. 33 – *Adde*, DERRIDA ET *ALII*, note 2582.
6. Pau, 2e ch., 1re sect., 6 mars 2007, *JurisData* 339752.
7. D. n° 2009-160, 12 févr. 2009, *JO* 13 févr., p. 2596.
8. COMP. : Froehlich et Sénéchal, « De la réalisation de l'actif », *LPA* n° sp. 9 févr. 2006, n° 29, p. 21, sp. p. 40.

L'attrin judiciaire est une action de droit commur onséquence, la juridiction des référés est comte[9]. Cependant, cette règle doit être combinec l'interdiction de l'attribution judiciaire du en période d'observation. Dès lors, si la demaen attribution est entamée avant jugement d'rture, elle pourra prospérer devant le juge desrés, même après jugement d'ouverture, mais à lition seulement que ce dernier soit un jugemee liquidation judiciaire. En effet, en ce cas, l'an en attribution judiciaire du gage n'est pas néla faillite et les règles de la faillite n'exercent pour elle aucune influence, de sorte que le monop de compétence attribué au tribunal de la faillite s'impose plus. Au contraire, si le jugement d'ouvre est un redressement judiciaire ou une sauvede, l'action se trouve arrêtée. Elle ne pourra être psentée qu'après liquidation judiciaire. Il s'agir l'ailleurs d'une demande nouvelle et la compéten appartiendra alors au juge-commissaire[10].

Si compétence du juge-commissaire a été affirmée par la Cour de cassation[11], il faut, sous l'empire de la législation antérieure à la loi de sauvegarde des entreprises, admettre la compétence concurrente du tribunal, faute pour la Cour de cassation de l'avoir condamnée. La transposition avec les solutions admises en matière de revendication s'impose. En cette matière, la compétence concurrente du juge-commissaire et du tribunal avait été admise, sous l'empire de la loi du 25 janvier 1985 non réformée, pour connaître d'une requête en revendication[12].

Consacrant les solutions jurisprudentielles, la loi du 26 juillet 2005 prévoit que la compétence pour autoriser l'attribution judiciaire du gage appartient au juge-commissaire (C. com., art. L. 642-25, al. 3, C. com., art. L. 642-20-1, al. 2, réd. ord. 18 déc. 2008). Mais il s'agira désormais d'une compétence exclusive de celle du tribunal[13]. Ce dernier devra donc se déclarer incompétent au profit du juge-commissaire.

L'ordonnance du juge-commissaire, qui statue sur une demande d'attribution judiciaire du gage, est susceptible d'un recours devant le tribunal. Sous

9. Com. 28 janv. 1997, n° 93-21.662, préc.
10. Com. 14 oct. 1997, n° 95-10.423, *Bull. civ.* IV, n° 265; *RJ com.* 1998. 298, n° 57, obs. Saint-Alary-Houin; *RD banc. et bourse* 1998, p. 25, n° 7, obs. Campana et Calendini; *RTD com.* 1999. 747, obs. Martin-Serf.
11. Com. 14 oct. 1997, n° 95-10.423, préc. – *Adde*, Cass., avis, 1er mai 1996, *BICC* 1er mai 1996, p. 37, Cazaro et Calendini.
12. Com. 10 juill. 1990, n° 88-20.505, *Bull. civ.* IV, n° 205; *Rev. proc. coll.* 1991, 226, n° 11, obs Soinne; *RTD com.* 1990. 644, obs. Martin-Serf; *D.* 1990. IR 468, obs. Derrida – Com. 1er oct. 1991, n° 90-11.653, NP, *D.* 1992. Somm. 6, obs. Derrida; *Rev. proc. coll.* 1993, 131, n° 17, obs. Soinne.
13. *Rapp. J.-J. Hyest*, n° 335, p. 424.

l'empire de la législation antérieure à la loi de sauvegarde des entreprises, le jugement vidant l'opposition n'est pas susceptible d'appel (Com., art. L. 623-4, 2°). Toutefois, l'irrecevabilité de l'appel ne s'applique qu'à la disposition du jugement statuant sur l'ordonnance du juge-commissaire proprement dite et non pas à la disposition par laquelle le tribunal s'est prononcé sur la contestation du nantissement présentée pour la première fois[1]. L'appel nullité est toutefois recevable en cas d'excès de pouvoir commis par le tribunal. Il est ainsi lorsque ce dernier réforme la décision du juge-commissaire ayant autorisé l'attribution judiciaire au motif que le créancier ne serait pas gagiste, alors qu'une décision d'admission de la créance à titre gagiste était intervenue. L'excès de pouvoir consistait pour le tribunal en la violation de l'autorité de la chose jugée attachée à la décision d'admission de la créance au passif[2].

L'irrecevabilité de l'appel à l'encontre des jugements statuant sur les recours formés contre les ordonnances du juge-commissaire a été supprimée, par principe, par la loi de sauvegarde des entreprises (v. s^s n° 333.31).

563.83 Effets de l'attribution judiciaire du gage. Corollaire de l'indépendance de l'existence du droit de rétention et de l'attribution judiciaire du gage, il faut décider que celle-ci est indépendante de l'ordre des privilèges.

L'un des intérêts pratiques majeurs de l'attribution judiciaire est de permettre au créancier gagiste d'éviter la loi du concours avec d'autres créanciers.

Il a encore été dit que, par définition, un privilège est un droit préférentiel qui s'exerce lors de la distribution d'un prix et qui consiste à le percevoir par priorité sur d'autres créanciers. L'exercice d'un privilège suppose donc l'existence d'un prix, ce qui présuppose la vente de la chose gagée. Or, comme il a été justement relevé, l'attribution judiciaire porte non pas sur le prix, mais sur la chose elle-même. Puisqu'il n'est pas question de distribuer un prix et de faire venir des créanciers en concours sur ce prix, il ne peut être soutenu que l'ordre des privilèges peut venir influencer la possibilité d'attribution judiciaire[3]. Ce dernier argument ne peut cependant être soutenu, lorsque l'attribution porte sur le prix lui-même, comme cela est possible.

Sous l'empire de la loi du 13 juillet 1967[4], la jurisprudence avait solidement posé la solution. Un arrêt de la chambre commerciale de la Cour de cassation avait décidé que « le droit d'attribution est indépendant des règles concernant l'ordre dans lequel s'exercent sur le prix les divers privilèges au cas de vente du bien nanti »[5]. La Cour de cassation, reprenant la solution antérieure, pose en règle que l'attribution judiciaire reste indépendante de l'ordre dans lequel s'exercent les privilèges. Peu importe en conséquence l'existence de créances postérieures[6], ou super privilégiées restées impayées[7].

Cette solution doit être pleinement approuvée[8]. À son soutien, il est possible de remarquer que les dispositions des articles L. 643-4 à L. 643-6 du code de commerce s'appliquent au créancier bénéficiaire d'une sûreté mobilière spéciale, sous réserve des dispositions relatives à l'attribution judiciaire du gage, précise l'article L. 643-7 du code. Il est donc logique d'en écarter l'application, car l'attribution judiciaire du gage exclut toute distribution de deniers[9].

L'attribution judiciaire ne constitue pas un mécanisme de distribution d'un prix. En conséquence, il n'est nullement question de raisonner en termes de droit de préférence. L'attribution judiciaire constitue une technique pour éviter le concours. Le créancier étant ainsi mis hors concours, sa situation apparaît complètement indépendante de l'existence du droit de préférence.

Une fois la décision d'attribution judiciaire rendue, trois possibilités se présentent. Une observation préliminaire s'impose cependant. Si les parties sont d'accord sur l'estimation du bien, une expertise n'est pas nécessaire. La solution a été posée à propos d'actions nanties. Il s'est déduit de l'attitude de la banque, créancière ayant sollicité l'attribution judiciaire du gage, qui n'avait pas demandé d'expertise qu'elle était d'accord pour que l'attribution intervienne pour la valeur nominale des actions[10]. La

1. Com. 7 févr. 2006, n° 04-17.557, NP; n° 163 F-D.
2. Rennes, 27 nov. 2007, *Act. proc. coll.* 2008/3, n° 51.
3. EN CE SENS : Corlay, note s^s Cass. ass. plén., 26 oct. 1984, n° 83-10.055, *JCP* 1985. II. 20342, spéc. n° 2 – Chartier, note s^s Cass. ass. plén., 26 oct. 1984, n° 83-10.055, *Gaz. Pal.* 1985. I. 236 s., sp. p. 237 – *Adde*, J.-CL. COM., Cabrillac M., fasc. 380, [Gages liés à une opération de crédit], n° 176 – RAPPR. : Mestre, note s^s Com. 12 févr. 1979, *RJ com.* 1979. 306.
4. L. n° 67-563, 13 juill. 1967, préc.
5. Com. 12 févr. 1979, n° 77-12.887, *Bull. civ.* IV, n° 58; *D.* 1979. 354, note Derrida; *RJ com.* 1979. 309, obs. Mestre.
6. Com. 6 mars 1990, n° 88-16.036, *Bull. civ.* IV, n° 67; *D.* 1990. 311, note Derrida.
7. Com. 6 janv. 1998, n° 95-17.399, *Bull. civ.* IV, n° 9; *D. Affaires* 1998, 157, note Lienhard; *RJ com.* 1998. 297, n° 57, obs. Saint-Alary-Houin; *LPA* 1999, n° 27, p. 15, note Teilliais; *RTD com.* 1998. 689, obs. Martin-Serf.
8. Neveu, « Le printemps du nantissement », *Banque et droit* 1990, 178.
9. Calendini, « Le conflit entre le droit d'attribution du gage et le privilège de l'article 40 de la loi du 25 janvier 1985 », *LPA* 6 oct. 1989, p. 10 s., sp. p. 11.
10. Com. 15 nov. 2005, n° 03-18.437, *Bull. civ.* IV, n° 228; n° 1418 F-P+B; *D.* 2006. pan. 2860, obs. *RTD com.* 2006. 655, obs. Bouloc; *JCP E* 2006, Chron. 1569, p. 674, n° 12, obs. M. Cabrillac et Pételet; *JCP E* 2006, Chron. 1753, p. 859, n° 14, obs. Delebecque; *Dr. et patr.* 2006/2, p. 124, obs. Dupichot; *RD banc. fin.* 2006/1, p. 20, obs. Legeais; *RTD com.* 2006. 655, n° 9, obs. Bouloc.

solution n'est pas sans rappeler la possibilité du pacte commissoire après constitution du gage, alors qu'elle était, avant l'ordonnance du 23 mars 2006[1] réformant le droit des sûretés réelles, prohibée lors de la constitution[2]. L'expertise ne s'impose pas davantage si le prix des biens, par exemple des actions cotées en bourse, peut être objectivement estimé. À défaut d'accord sur la valeur ou de possibilité de détermination objective de la valeur des biens gagés, les règles du code civil conduisent à la désignation d'un expert pour procéder à l'estimation du bien. Il a également été estimé qu'il n'y avait pas place à expertise pour l'attribution judiciaire de parts nanties d'une société, dès lors que la société est en liquidation judiciaire. En effet, l'évaluation des parts ne pourra être opérée qu'après paiement du passif social, remboursement du capital social et clôture de la procédure pour extinction du passif, sur la valeur du *boni* net ainsi dégagé, divisé, en application des dispositions statutaires, par le nombre de parts[3].

Dans un premier cas de figure, la valeur reconnue à la chose gagée est inférieure à la créance du gagiste. En cette hypothèse, le créancier gagiste concourt avec les autres créanciers dans une répartition chirographaire, pour le solde chirographaire de sa créance, par application de l'article L. 643-6 du code de commerce (v. s[s] n° 591.45).

Dans la deuxième hypothèse, la valeur attribuée à la chose gagée est supérieure à la créance. Le créancier gagiste doit alors reverser le trop-perçu au liquidateur.

Enfin une dernière occurence, il se peut que la créance soit rejetée en tout ou en partie, ou que la créance soit admise qu'à titre chirographaire. La solution est rendue possible par le fait que l'attribution judiciaire peut intervenir dès la déclaration de créance alors pourtant que le créancier n'est pas encore définitivement admis. Le créancier devra alors restituer au liquidateur la chose gagée ou, s'il l'a vendue, sa valeur. S'il a été admis à titre gagiste, mais pour un montant inférieur à la valeur du bien, il restituera le prix du bien, déduction faite du montant de l'admission de sa créance. À quelle date convient-il d'apprécier cette valeur ? Il semble qu'il faille se placer au jour de la restitution, car le liquidateur ne pourrait obtenir que cette valeur en réalisant le bien restitué[4]. Une seconde question se pose de savoir si le choix entre la restitution en nature et la restitution en valeur est laissé au créancier gagiste. Une réponse négative semble devoir être apportée[5]. Ce n'est que dans l'hypothèse où il y a vente du bien ou destruction de celui-ci que la restitution en valeur sera permise au créancier gagiste.

1. Ord. n° 2006-346, 23 mars 2006, préc.
2. Obs. M. Cabrillac et Pétel, obs. s[s] Com. 15 nov. 2005, n° 03-18.437 : n° 1418 F-P+B; *JCP E* 2006, Chron. 1569, p. 674, n° 12.
3. Lyon, 3e ch. civ. B, 3 mai 2007, *Act. proc. coll.* 2008/17, n° 272.
4. DERRIDA ET *ALII*, n° 565.
5. DERRIDA ET *ALII*, n° 565.

CHAPITRE

564. Cession dnité de produon – Législatior exclusivemnt antérieure à la loi du 26 juillet 2005

SECTION 0 ORIENTEUR

564.00 Plan du chapitre.

Sect.	564.10	Notion d'unité de production
Sect.	564.20	Offres de reprise d'unité de production
Sect.	564.30	Nature juridique de la cession d'unité de production
Sect.	564.40	Suites de l'ordonnance de cession d'unité de production
Sect.	564.50	Actes de cession d'unité de production
Sect.	564.60	Absence de cession des contrats et cession légale de certains autres contrats
Sect.	564.70	Absence de transfert de la charge de la sûreté
Sect.	564.80	Quote-part du prix de cession de l'unité de production

564.01 Textes applicables. (V. les références complètes s^s n° 011).

> Législation antérieure à la loi de sauvegarde des entreprises.

C. com., art. L. 622-17, L. 623-5

D. n° 85-1388, 27 déc. 1985, art. 138-1, 139 et 139-1

564.02 Jurisprudence de référence.

> Faute de disposition analogue en cas de cession d'unité de production, les dispositions de l'article L. 621-88 qui prévoient une cession judiciaire du contrat sont inapplicables.

• **Com. 19 déc. 1995,** n° 93-13.927, *Bull. civ.* IV, n° 303

* V. s^s n° 564.61

564.03 Bibliographie indicative. (V. les références complètes s^s n° 031 – Aussi s^s n° 560.03).

564.04 Question essentielle.

• Le juge-commissaire peut-il ordonner une cession des contrats dans le cadre de la cession d'unité de production ?

* V. s^s n° 564.61.

564.09 Suppression de la cession d'unité de production par la loi du 26 juillet 2005. L'avant-projet de loi de sauvegarde des entreprises[1] prévoyait que le plan de cession ne pourrait être arrêté qu'en phase de liquidation judiciaire. Dans ce contexte, la technique de la cession d'unité de production, concurrente du plan de cession, devenait inutile et son abrogation était donc inscrite dans le texte (art. 94). Au cours de la discussion parlementaire, la possibilité d'arrêter un plan de cession en phase de redressement judiciaire a été rétablie, mais le principe d'arrêter le plan de cession en liquidation judiciaire a été maintenu. Le plan de cession apparaît comme une technique de réalisation globale des actifs du débiteur. Logiquement, la technique de la cession d'unité de production, qui était également une technique de réalisation globale d'une partie des actifs du débiteur, a été purement et

1. L. n° 2005-845, 26 juill. 2005, *JO* 27 juill., p. 12187.

simplement supprimée. Personne ne semble devoir pleurer sur la disparition de ce « clone étrange et inutile du plan de cession »[1].

SECTION 564.10
NOTION D'UNITÉ DE PRODUCTION

564.11 Notion d'unité de production – Éclairage du choix. L'article L. 622-17 du code de commerce (anc^t^ L. 25 janv. 1985[2], art. 155) réglemente la seule technique de vente globale des actifs en phase liquidative : la cession d'unité de production, dont l'ancêtre indiscutable est la cession à forfait de l'article 88 de la loi du 13 juillet 1967[3].

Alors que l'objectif de la liquidation judiciaire est le paiement des créanciers par réalisation des actifs du débiteur (v. s^s^ n° 570.09), la cession d'unité de production se rapproche, d'une certaine manière, des objectifs de la loi du 25 janvier 1985, c'est-à-dire les objectifs du redressement judiciaire, tels qu'ils sont définis à l'article premier. La cession d'unité de production a pour objet premier de sauver, sinon l'entreprise, du moins une unité de production, pour permettre la sauvegarde des emplois et, plus accessoirement, le désintéressement des créanciers. En cela, elle est plus proche d'un plan de cession que d'une liquidation judiciaire, et sa justification, de ce fait, n'apparaît pas évidente. Pourquoi autoriser en liquidation judiciaire ce qui n'a pas été possible en plan de cession ? La question est inquiétante, spécialement pour les créanciers, qui pourraient y voir une technique déviationniste, permettant d'écarter certaines règles protectrices du plan de cession, tel l'article L. 621-96 alinéa 3 du code de commerce (anc^t^ L. 25 janv. 1985, art. 93, al. 3). Elle l'est aussi pour les salariés car le non-respect des engagements sociaux, contrairement à la situation existant en plan de cession, ne sera pas sanctionné par la résolution de la cession[4].

Aux termes de l'article L. 622-17, alinéa 1 du code de commerce, « des unités de production composées de tout ou partie de l'actif mobilier ou immobilier peuvent faire l'objet d'une cession globale ». Le législateur n'a pas défini le concept d'unité de production. Il doit s'agir, selon la jurisprudence, d'un ensemble d'éléments corporels ou incorporels permettant l'exercice d'une activité économique qui poursuit un objectif propre[5]. La jurisprudence refuse de voir une cession d'unité de production lorsqu'il n'y a pas cession d'un ensemble de biens de production associés à une force humaine de travail. Il est encore retenu qu'il doit être question, pour qu'il y ait unité de production, de moyens matériels et humains permettant la poursuite ou la naissance d'une activité économique[7]. Il y a, dans la définition de l'unité de production cessible, la permanence de l'association, à des moyens matériels, de moyens humains[8]. Le terme « production » utilisé dans l'expression « unité de production » ne doit pas être pris au sens étroit[9]. Toute activité économique est concernée[10]. Il n'y a donc pas cession d'unité de production en présence de droits indivis sur un immeuble et de matériels disparates, détériorés et obsolètes[11].

On peut rapprocher cette notion de celle d'apport partiel d'actifs[12] ou de celle d'unité économique, utilisée par le législateur en matière d'attribution préférentielle (C. civ., art. 832)[13]. En cette dernière matière, la notion d'unité économique est laissée à l'appréciation souveraine des juges du fond[14]. La solution est transposable à la notion d'unité de production, ce qui conduit à relativiser la portée des définitions ci-dessus posées, qui pourraient varier d'une juridiction à l'autre. En tout cas, la Cour de cassation refuse de considérer que l'unité de production à céder est l'entreprise elle-même[15].

La cession d'unité de production doit permettre de sauver des emplois[16]. Peu importera qu'il s'agisse de l'éviction de licenciements ou du réembauchage

1. Lucas, « Rapport de synthèse », colloque de Caen, janv. 2006, *Rev. proc. coll.* 2006/2, p. 217 s., sp. p. 219.
2. L. n° 85-98, 25 janv. 1985, *JO* 26 janv., p. 1097.
3. L. n° 67-563, 13 juill. 1967, *JO* 14 juill., p. 7059 – *Soinne*, n° 2385.
4. PÉROCHON ET BONHOMME, 6e éd., n° 394.
5. Soc. 27 oct. 1999, n° 97-43.194; *Bull. civ.* V, n° 415 – Soc. 24 sept. 2002, n° 00-41.643, NP, *LXB* n° A2212A4P – Soc. 24 oct. 2006, n°s 04-45.673, 04-45.851, 04-45.852, 04-46.022, *Bull. civ.* V, n° 316; n° 2382 FS-P+B; *D.* 2006. AJ 2789, obs. Lienhard; *Act. proc. coll.* 2007/1, n° 6, note Fin-Langer.
6. Com. 9 mai 2007, n° 06-10.064, *Bull. civ.* IV, n° 122; n° 696 F-P+B; *D.* 2007. AJ 1508, note Lienhard; *Act. proc. coll.* 2007/10, n° 118, note Vallansan; *JCP E* 2007, Chron. 2119, p. 22, n° 5, obs. Pétel.
7. Paris, 27 févr. 1990, *Gaz. Pal.* 1991. I. 314, note Marchi; *RTD com.* 1990. 479, obs. Haëhl.
8. T. com. Lyon, 29 juill. 1986, *D.* 1987. Somm. 93, obs. Derrida; *JCP E* 1987. II. 16003, obs. M. Cabrillac et Vivant; *RTD com.* 1989. 310, obs. Haëhl – Aix-en-Provence, 3 juin 1993, *Rev. proc. coll.* 1995, 878, n° 11, obs. Dureuil – T. com. Paris, 10e ch., 14 avr. 1995, *Rev. proc. coll.* 1996, 94, n° 9, obs. Soinne – Paris, 3e ch. C, 8 oct. 1999, *Act. proc. coll.* 1999/19, n° 257.
9. PÉROCHON ET BONHOMME, 6e éd., n° 390 – CHAPUT, n° 494.
10. Boy, « Liquidation judiciaire, continuité ou changement ? », *LPA* 21 nov. 1988, p. 13.
11. Com. 26 mars 2013, n° 12-13.077, NP; n° 296 F-D.
12. GUYON, n° 1298.
13. DERRIDA ET *ALII*, n° 276.
14. Civ. 1re, 20 nov. 1984, *D.* 1985. 166, note A. B.
15. Com. 4 janv. 2000, DPDE *bull.* n° 196, 12 mars 2000, p. 6316, *V° Juge-commissaire*, n° 100.
16. PÉTEL, 3e éd., n° 281.

de certains salariés de l'entreprise débitrice, la cession d'un fonds de commerce sans cession de salariés n'est donc pas une cession d'unité de production. *A fortiori*, il n'y a pas cession d'unité de production en cas de cession d'un droit au bail, du matériel et du mobilier d'un fonds de commerce fermé, auquel aucun emploi n'est attaché. La Cour de cassation évoque, pour retenir la qualification de cession d'unité de production, la « possibilité de reprise d'une activité porteuse d'emploi »[3]. Pas davantage la notion ne peut être retenue en cas de cession d'un contrat de financement ouvrant droit à une participation aux recettes proportionnellement au financement partiel initial[4].

Il peut y avoir cession d'unité de production même si l'entreprise liquidée a cessé toute activité[5], la solution contraire ayant également été émise[6]. Mais l'offre doit tendre à la reprise d'une activité, le visa par l'article L. 622-17 alinéa 4 de l'article L. 621-85 (anc[t] L. 25 janv. 1985, art. 8…) imposant la solution. La cession peut intervenir en conséquence, à condition que la reprise d'activité soit possible.

Enfin, l'idée de cession d'unité de « production » est inconciliable avec l'intégration, dans le périmètre de la cession, de biens non affectés à l'activité de l'entreprise[7], telle la maison à usage d'habitation du débiteur, à moins qu'elle ne soit aussi, pour partie, l'atelier artisanal ou le lieu d'exploitation du commerce.

Parce que l'autorisation d'une cession d'unité de production n'est pas neutre, spécialement pour les créanciers, il importe de savoir si le juge-commissaire a toute latitude pour décider du type de vente ou, au contraire, s'il doit utiliser les règles de l'article L. 622-17, dès lors qu'il y a une unité de production à céder. Si l'offre porte sur une unité de production, le juge-commissaire ne semble pas pouvoir choisir d'utiliser les articles L. 622-16 et L. 622-18 du code de commerce (anc[t] L. 25 janv. 1985, art. 154 et 156) ou l'article L. 622-17. Il est tenu d'appliquer, quelle que soit la qualification retenue par l'auteur de l'offre, la qualification de cession d'unité de production et en conséquence, de faire jouer l'article L. 622-17 du code de commerce, des solutions opposées ayant été soutenues[8].

Il incombera cependant à l'intéressé, tiers opposant, de démontrer l'erreur de qualification et son intérêt à agir, ce qui, s'agissant de ce dernier point, sera assez aisé pour le créancier titulaire de sûreté spéciale non assortie d'un droit de rétention[9].

Si le juge-commissaire autorise la cession d'un fonds de commerce, le liquidateur ne peut passer un acte de cession d'unité de production et inversement. L'acte irrégulier passé par le liquidateur est nul, et de nul effet.[10]

SECTION 564.20
OFFRES DE REPRISE D'UNITÉ DE PRODUCTION

564.21 Présentation des offres de reprise d'unité de production. L'alinéa 2 de l'article L. 622-17 du code de commerce (anc[t] L. 25 janv. 1985, art. 155) énonce que « le liquidateur suscite des offres d'acquisition et fixe le délai pendant lequel elles seront reçues ». L'article 138-1 du décret du 27 décembre 1985 prévoit qu'il appartient au liquidateur, dès qu'il lui apparaît qu'une cession d'unité de production peut intervenir, de communiquer au greffe une description succincte de l'unité de production concernée et des délais pour la réception des offres. Le greffier tient cette information à la disposition du public. Il y a là un élément opportun de transparence des opérations, qui permet d'éviter les suspicions liées à une trop grande confidentialité. En outre, en pratique, le liquidateur passera des annonces dans des journaux économiques spécialisés[11].

Le texte poursuit en indiquant que « toute personne intéressée peut soumettre son offre au liquidateur ». Cependant, l'alinéa 3 de l'article L. 622-17 se montre plus restrictif. En effet, cette disposition emporte interdiction pour le débiteur, les dirigeants de droit ou de fait de la personne morale débitrice, les parents ou alliés de ceux-ci jusqu'au deuxième degré inclusivement, de se porter acquéreur. Il s'agit là d'une interdiction de moralisation des affaires, que l'on retrouve identiquement dans le cadre du plan de redressement. L'acquéreur doit être un « tiers », au sens de l'article L. 621-57 du code de commerce (anc[t] L. 25 janv. 1985, art. 21 – v. s[s] n° 571.31), la différence rédactionnelle existant entre l'article L. 622-17 alinéa 3 et l'article L. 621-57 devant rester sans conséquence[12]. Il en résulte que la qualification de

1. CHAPUT, n° 496 – Haëhl, obs. *RTD com.* 1989. 310.
2. Com. 10 mars 2004, n° 01-03.202, NP – Com. 13 juin 2006, n° 05-10.251, NP; n° 778 F-D.
3. Com. 13 juin 2006, n° 05-10.251, NP; n° 778 F-D.
4. Com. 22 oct. 1996, n° 94-15.745, NP, *RJ com.* 1998. 293, n° 93, obs. Saint-Alary-Houin.
5. Paris, 3e ch. A, 22 mars 2005, RG n° 2004/7797 – *Adde,* SOINNE, n° 2386 – Couret, « La reprise d'entreprises en difficultés », *Ann. Univ. sciences sociales* Toulouse, 1986, t. 34, p. 64, n° 48.
6. T. com. Nanterre, 10 nov. 1993, *Rev. proc. coll.* 1995, 78, n° 11, obs. Dureuil – Lyon, 6 sept. 1996, *JCP E* 1997. I. 623, n° 4, obs. M. Cabrillac.
7. SOINNE, n° 2387.
8. RAPPR. : SOINNE, n° 2384 – *CONTRA :* DERRIDA ET *ALII*, n° 276.
9. Paris, 16e ch. A, 5 févr. 1991, *JCP E* 1991. I. 85, note Meleger.
10. Com. 24 mars 2009, n° 07-20.351, NP : n° 278 F-D.
11. IFPPC 1999, recomm. n° 6100-2, p. 177.
12. SOINNE, n° 2390.

cession d'unité de production, par opposition à la cession des autres biens de l'entreprise (C. com., art. L. 622-18 [anc[t] L. 25 janv. 1985, art. 156]) revêt ici une importance capitale, l'interdiction d'acquérir ne pouvant être tournée par un simple changement de qualification [1]. Il convient toutefois de noter que l'offre d'acquisition d'une unité agricole ne pourra être autorisée au profit d'un parent ou allié, contrairement à la solution posée en plan de cession.

L'article 139, alinéa 4 du décret du 27 décembre 1985 [2] interdit également au liquidateur de se porter acquéreur, que ce soit en son nom personnel ou en qualité de représentant des créanciers.

En revanche, l'interdiction d'acquisition ne frappe pas le contrôleur. On pourrait alors soupçonner quelques partenaires économiques, créanciers de l'entreprise, de se faire désigner contrôleur, pour avoir « accès au dossier » d'une entreprise à acheter.

L'offre, aux termes de l'alinéa 4 de l'article L. 622-17 du code de commerce, doit être présentée par écrit et comprendre les indications prévues aux 1° à 5° de l'article L. 621-85 du code (anc[t] L. 25 janv. 1985, art. 83), lequel réglemente les offres de plan de cession (v. s[s] n° 571.34). On notera, en revanche que l'offre, contrairement à une offre de plan de cession, n'a pas à indiquer les prévisions de cession d'actifs au cours des deux années suivant la cession. La solution s'explique par le fait que la cession d'unité de production ne s'accompagne pas de l'inaliénabilité des actifs cédés [3], comme c'est le cas en plan de cession (v. s[s] n° 582.24).

L'offre doit être déposée au greffe du tribunal où tout intéressé peut en prendre connaissance, ce qui est là une technique salvatrice de publicité, permettant, le cas échéant, d'assurer une compétition entre les candidats.

Contrastant avec la solution relative au plan de cession (v. s[s] n° 571.35), aucune réglementation particulière relative à l'irrévocabilité de l'offre n'est ici posée. Le droit commun des obligations semble, dès lors, devoir être appliqué. L'offre doit être maintenue pendant un délai raisonnable, mais reste révocable, même après dépôt au greffe, des solutions différentes ayant cependant été soutenues [4].

Faute de disposition contraire, rien n'interdit d'assortir l'offre d'une condition suspensive, à l'identique de la solution posée en plan de cession [5].

564.22 Choix entre les offres de cession d'unité de production. Toutes les offres doivent être transmis juge-commissaire (C. om., art. L. 622-17, al. nc[t] L. 25 janv. 1985 [6], rt. 155, al. 4]). Le choitre les offres lui income, es juges du fond ayai un pouvoir souverar sur le choix de l'offOn précisera que sous lmpire de la loi du 25 jaer 1985 non réformée le choix de l'offre appaait au liquidateur [7] et on au juge-commissaire, uel ne pouvait que l'cepter ou la refuser, sans voir en préférer une utre [8].

Dace choix, le juge-commissaire sera éclairé par le iteur, le comité d'etreprise ou à défaut les délégu du personnel, le contrôleurs et le cas échéale propriétaire de locaux professionnels dans luel l'unité de roduction est exploitée (C. cor art. L. 622-17, al. 5), ces diverses personnes dev être entendues ou dûment convoquées et leurs avdevant être joints aux offres de cession (D. 27 d. 1985 [9], art. 139, al. 1). Le ministère public pcra également émettre un avis, après avoir été rendiestinataire, par le greffe, de la demande de cessiœt des avis des personnes visées ci-dessus (D. 27 d 1985, art. 139, al. 2).

Le jugeommissaire retiendra l'offre qui lui paraît la plus seuse, et qui permet, dans les meilleures conditiond'assurer durablement l'emploi et le paiement deséanciers (C. com., art. L. 622-17, al. 5). On peut ece sens rapporter une décision acceptant une offre ontenant un prix dérisoire, mais permettant de coserver de nombreux salariés [10].

On raprochera cette formule de celle utilisée à l'article L 621-87 du code de commerce (anc[t] L. 25 janv.1985, art. 85), à propos du plan de cession : « offe qui permet dans les meilleures conditions d'assurer le plus durablement l'emploi attaché à l'ensemble cédé et le paiement des créanciers ». La même interprétation s'impose, en conséquence, de sorte que l'offre assurant mieux le maintien des emplois sera préférée à celle assurant un meilleur traitement aux créanciers (v. s[s] n° 571.51). Cependant, il ne faut pas oublier que l'on est ici dans un cadre liquidatif.

Le juge-commissaire ne pourra augmenter les charges résultant de l'offre. La solution posée, en matière de plan de redressement, par l'article L. 621-63 alinéa 3 du code de commerce (anc[t] L. 25 janv.

1. AINSI : Com. 6 juin 1995, *Rev. proc. coll.* 1996, 127, n° 2, obs. Dureuil.
2. D. n° 85-1388, 27 déc. 1985, *JO* 29 déc., p. 15281.
3. CHAPUT, n° 497.
4. EN CE SENS : VALLANSAN, 2e éd., s[s] art. 155, p. 241 – SOINNE, n° 2393 – *CONTRA* : SAINT-ALARY-HOUIN, 4e éd., n° 1036.
5. Com. 25 mai 1993, n° 91-12.773, *Bull. civ.* IV, n° 206; *D.* 1994. Somm. 3, obs. Derrida; *Rev. proc. coll.* 1993, 466, n° 4, obs. Soinne; *JCP E* 1993. I. 295, n° 8, obs. M. Cabrillac et Pétel; *RTD com.* 1994. 563, obs. Haëhl.
6. L. n° 85-98, 25 janv. 1985, préc.
7. Com. 19 oct. 1993, n° 91-15.310, *Bull. civ.* IV, n° 343; *JCP E* 1993, pan. 1409; *Rev. proc. coll.* 1995, 71, n° 3, obs. Dureuil.
8. DERRIDA ET *ALII*, n° 277.
9. D. n° 85-1388, 27 déc. 1985, préc.
10. AINSI : Montpellier, 2e ch. B, 13 mai 1997, *Rev. proc. coll.* 1998, 69, n° 8, obs. Soinne.

1985, art. 62, al. 3) doit, malgré le siles textes en matière de cession d'unité de prodn, également trouver application.

SECTION 564.30

NATURE JURIDIQUE DE LA CESSION D'É DE PRODUCTION

564.31 Nature juridique de la cessi unité de production et conséquences de cetture. La cession d'unité de production est la rentre d'une offre de reprise avec une décision jiaire. Le caractère judiciaire de la cession renmpte de celle-ci, qui ne présente pas la nature contrat. Des difficultés analogues à celles rentrées en plan de cession se posent ici (v. s[s] n°1.21). La nature juridique de la cession d'unité doduction peut donc être résumée à celle d'une vejudiciaire présentant un caractère forfaitaire et abire.

La cession d'unité de production 'abord la nature d'une vente d'autorité de justit non de vente amiable[1]. Pour cette raison, la rsion pour cause de lésion est inapplicable[2]. Pourtte même raison, il est exclu de faire jouer la garar des vices cachés, la solution pouvant se fonder sla nature de la cession, laquelle se distingue d'u vente, ce qui conduit à écarter les règles de cette mière[3].

La cession d'unité de production préste ensuite un caractère forfaitaire et aléatoire, qui té affirmé avec force par la Cour de cassation[4]. (a justifie l'exclusion des garanties de droit comun de la vente, qu'il s'agisse de la garantie d'évictn[5] ou des vices cachés. Il a encore été jugé que le csionnaire ne pouvait prétendre être indemnisé du tard dans la délivrance de la chose vendue[6], ce qune justifie pas, nous semble-t-il, l'exclusion des granties de droit commun de la vente, le retard dns la délivrance de la chose n'étant pas lié aux gaanties nées de la vente, mais à l'obligation de délivrance, qui subsiste nonobstant le caractère forfaitaire et aléatoire de la cession d'unité de production.

Cependant, en l'absence de texte exprès posant une solution contraire, les clauses restrictives de cession devront être respectées. La solution a ainsi été posée à propos des pactes de préférence ou les clauses d'agrément portant sur les parts de sociétés incluses dans la cession, ouverts aux coassociés[7]. Identiquement, les droits de préemption institués par diverses législations auront plein effet. La solution a par exemple été posée pour le droit de préemption de la Safer[8]. Certains textes écartent cependant le jeu des droits de préemption, en cas de cession d'unité de production. Il en est ainsi de la loi du 13 décembre 2000[9] relative à la solidarité et au renouvellement urbain, dite loi SRU[10], modifiant l'article L. 213-11 du code de l'urbanisme, qui exclut l'application du droit de préemption urbain aux immeubles intégrés dans une cession d'unité de production[11].

Le caractère forfaitaire doit aussi tenir en échec la possibilité de surenchère, qui présuppose qu'il soit possible de comparer le prix de vente de la chose vendue avec le prix qu'en propose le surenchérisseur. La globalité de la cession n'empêche pas complètement une application distributive de la surenchère aux éléments cédés, du fait de l'obligation d'affectation à chaque bien grevé d'une quote-part du prix de cession (v. s[s] n°s 564.81 et 564.82). Cependant le prix proposé tient nécessairement compte du caractère global de l'offre, qui inclut le coût lié à la conservation des salariés ou aux licenciements de ceux-ci. Dès lors, il faudrait, pour admettre la surenchère, comparer ce qui peut l'être, c'est-à-dire une surenchère portant sur la cession d'unité de production. Quatre obstacles s'élèvent alors contre l'admission de la procédure de surenchère. D'abord, l'admettre conduirait à tenir en échec l'autorité de chose jugée attachée à l'ordonnance du juge-commissaire emportant cession de l'unité de production. Ensuite, si la surenchère existe en matière de ventes de fonds de commerce ou d'immeubles, elle est inconnue de notre droit pour des cessions globales. En outre, il faudrait que le créancier surenchérisseur soit inscrit sur tous les biens inclus dans l'unité cédée. Enfin, la cession d'unité de production n'a pas pour objectif de dégager le prix le meilleur pour chacun des actifs qui la composent, mais d'abord d'assurer durablement le

1. Paris, 2 juin 1992, *Rev. proc. coll.* 1992, 412, obs. Soinne.
2. Civ. 3e, 8 janv. 1992, n° 90-12.141, *Bull. civ.* III, n° 9; *D.* 1992. IR 64.
3. Bordeaux, 2e ch., 16 mai 1995, *Rev. proc. coll.* 1996, 89, n° 3, obs. Soinne.
4. Com. 12 oct. 1993, n° 91-18.505, *Bull. civ.* IV, n° 331; *Rev. proc. coll.* 1993, 496, n° 25, obs. Soinne; *Defrénois* 1994. 565, obs. Sénéchal; *RTD com.* 1994. 599, obs. Haëhl; *Quot. Jur.* 1er févr. 1994, p. 5, note P. M.; *JCP E* 1994. I. 348, p. 193, n° 6, obs. M. Cabrillac et Pétel.
5. Com. 12 oct. 1993, n° 91-18.505, préc.
6. Paris, 3e ch. B, 7 janv. 2005, RG n° 2003/21775;
7. Com. 23 janv. 1996, n° 92-18.874, *Bull. civ.* IV, n° 22; *D.* 1996. 310, note Derrida; *Bull. Joly* 1996. 488, note Calendini.
8. Com. 15 oct. 2002, n° 99-17.765, *Bull. civ.* IV, n° 143; *JCP E* 2003, Chron. 194, p. 220, n° 5, obs. Pétel; *D.* 2002. AJ 3012, obs. Lienhard – Civ. 3e, 30 avr. 2003, n° 02-10.368, *Bull. civ.* III, n° 94; *D.* 2003. AJ 1365; *LPA* 10 déc. 2003, n° 246, p. 17, note Roussel Galle.
9. L. n° 2000-1208, 13 déc. 2000, *JO* 14 déc., p. 19777, dite loi SRU.
10. *RTD com.* 2001. 221, obs. Saint-Alary-Houin.
11. SUR cette loi : Garçon, « Le droit de préemption urbain et les procédures collectives après la loi SRU du 13 décembre 2000 », *JCP E* 2001, prat. 548.

maintien de l'activité et de l'emploi (C. com., art. L. 622-17, al. 5 [anc^t L. 25 janv. 1985[1], art. 155, al. 5]). Toutes ces raisons commandent donc d'écarter ici le jeu de la surenchère, cependant que les opinions divergent sur la question[2].

Ces mêmes raisons doivent aussi justifier l'exclusion des oppositions résultant de l'application de la loi du 17 mars 1909[3].

SECTION 564.40
SUITES DE L'ORDONNANCE DE CESSION D'UNITÉ DE PRODUCTION

564.41 Notification de l'ordonnance de cession d'unité de production. L'ordonnance du juge-commissaire autorisant la cession d'unité de production doit immédiatement être communiquée au procureur de la République et notifiée aux personnes mentionnées au 5e alinéa de l'article L. 622-17 du code de commerce (anc^t L. 25 janv. 1985[4], art. 155), débiteur, comité d'entreprise ou à défaut délégués du personnel, contrôleur et bailleurs des locaux professionnels (D. 27 déc. 1985[5], art. 139, al. 3). Ces personnes, qui doivent être rendues destinataires de l'ordonnance, ont, à l'exception du contrôleur, qualité pour la frapper d'opposition, conformément au droit commun, c'est-à-dire dans les huit jours de sa notification. Il faut ici reconnaître un droit propre au débiteur de former opposition, le contraire ayant toutefois été jugé[6].

564.42 Voies de recours à l'encontre de l'ordonnance de cession d'unité de production. Les créanciers titulaires de sûreté spéciale, peuvent, faute de texte prévoyant le contraire, et dans la mesure où ils doivent se faire notifier l'ordonnance, former un recours devant le tribunal, dans le délai classique ouvert aux parties.

La question du recours du candidat évincé n'est pas réglée nettement par la jurisprudence. Elle se pose dans les mêmes termes que pour la réalisation des biens isolés (v. s^s n° 561.22).

Conformément au droit commun des voies de recours sur les ordonnances du juge-commissaire, le jugement ɜnt sur opposition n'est pas susceptible d'appeimation (C. com., art. L. 623-4 [anc^t L. 25 janv. art. 173, 2°] – *Adde*, s^s n°s 333.11 s.), sauf de la ılu ministère public, son appel étant d'ailleurs ɜsif.

SECTION 50
ACTES DESION D'UNITÉ DE PRODUCTION

564.51 ɑn du liquidateur. De même que l'administrateur ɟiaire et, à son défaut, le commissaire à l'exécutiɑ plan dans le cadre d'un plan de cession est hité à passer les actes de cession, de même le lidateur a seul qualité pour passer les actes de cen de l'unité de production (D. 27 déc. 1985[7], art9, al. 4).

Le liquiɑr devra rendre compte de l'exécution des actes ɑssion, sans que l'alinéa 6 de l'article L. 622-17 code de commerce (anc^t L. 25 janv. 1985[8], art.5) ne précise si c'est au juge-commissaire ou aubunal. Il faut opter pour le juge-commissaire qayant autorisé la cession, doit pouvoir en contrôl'effectivité.

564.52 te de perfection de la cession. L'ordonnance autɑant la cession entraîne perfection de la vente[9]. Il ɑésulte que l'ouverture d'une procédure à l'encontdu repreneur oblige le liquidateur du débiteur dɑ l'unité de production est cédée à déclarer au passdu repreneur[10].

La ventparfaite en son principe, n'est cependant pas imédiatement translative, sauf décision contraire ɩ juge-commissaire. Dans le silence des textes, il y lieu de fixer le transfert de propriété des biens comris dans la cession au jour de la rédaction des aɩes de cession[11], comme en matière de plan de cɘsion. C'est également à cette date que s'opérera ɛ transfert de la charge des contrats de travail[12]. logiquement, cette date marquera aussi celle d'exigibilité de la créance de prix de cession[13].

564.53 Difficultés de signature des actes de cession. Contrairement à la solution retenue en plan de cession (v. s^s n° 582.12), aucune réglementation n'est posée en ce qui concerne la période intermédiaire, c'est-à-dire celle s'étendant du jour de la date de l'ordonnance de cession d'unité de production jusqu'à celle de rédaction des actes de cession. Il apparaît dès lors extrêmement délicat pour le liqui-

1. L. n° 85-98, 25 janv. 1985, préc.
2. EN CE SENS : SAINT-ALARY-HOUIN, 4e éd., n° 1038 – SOINNE, n° 2400 – *CONTRA* : RIPERT ET ROBLOT, n° 3230 – PÉROCHON ET BONHOMME, 6e éd., n° 392 – Sénéchal, « La loi de 1985 et les principaux actes reçus par le notaire », *JCP N* 1985. I. 407; « La vente des immeubles et la distribution de leur prix », intervention au colloque du Crajefe, Nice, 1998, *LPA* 28 oct. 1998, n° 129, p. 36 s., sp. p. 50.
3. LE CANNU, 6e éd., n° 784.
4. L. n° 85-98, 25 janv. 1985, préc.
5. D. n° 85-1388, 27 déc. 1985, préc.
6. Versailles, 14 déc. 1995, *D.* 1996. IR 56.
7. D. n° 85-1388, 27 déc. 1985, préc.
8. L. n° 85-98, 25 janv. 1985, préc.
9. Com. 6 juin 2000, *Act. proc. coll.* 2000/15, n° 195.
10. Com. 6 juin 2000, *Act. proc. coll.* 2000/15, n° 195.
11. Com. 5 déc. 1995, n° 93-17.793, *Bull. civ.* IV, n° 279.
12. PÉROCHON ET BONHOMME, 6e éd., n° 393.
13. Com. 5 déc. 1995, n° 93-17.793, *Bull. civ.* IV, n° 279.

dateur de confier la gestio de l'entrepru repreneur. En sens inverse, il fut tenir compe la perfection de la cesion dèle jour de l'onnance. Dans ces conditions, l juge-commise, sans commettre d'excè de poivoir, doit pouvtransférer la gestion au epreneur dès cette o. Il est cependant plus simle pour le juge-comnaire de fixer l'entrée en joissance à la date dordonnance.

Si le cessionnaire n régularise pas l'acle cession, les règles précédenment décrites enan de cession trouvent égalenent à s'appliqu (v. s[s] n° 582.13). Si l'absence d régularisation neexplique que par la volonté du repreneur, une cision judiciaire substitutive pourra être rendue. Ltribunal pourra préférer condamner le cessionnair à des dommages et intérêts, puisqu'il y a faute,pour l'auteur d'une offre, à ne pas régulariser les actes nécessaires à la cession[1]. La carence du notaire ou de l'avocat dans la rédaction de l'acte de cession est source de responsabilité, s'il en résulte l'impossibilité pour le liquidateur de percevoir le prix de cession, suite au redressement judiciaire atteignant le cessionnaire[2].

La cession d'unité de production peut-elle être précédée d'une location-gérance, à l'identique de la solution posée pour le plan de cession ? D'un côté, il peut être observé que le procédé n'est pas expressément interdit. D'un autre côté, il peut à l'inverse être remarqué que le législateur de 1985[3] a eu une vision restrictive de la location-gérance. Il s'agit pour lui d'une solution d'exception devant comme telle, être strictement interprétée. En dehors des cas où elle est expressément prévue, elle nous semble devoir être interdite, des opinions divergentes ayant cependant été émises[4], sans qu'il soit besoin, comme le font certains auteurs[5], de distinguer selon que la continuation provisoire de l'activité a été ou non autorisée.

564.54 Substitution dans la cession. Une difficulté de nature analogue à celle rencontrée en plan de cession se présente à propos de la faculté de substitution. Si l'ordonnance autorisant la cession reste muette sur la substitution, celle-ci apparaît impossible, sauf nouvelle décision du juge-commissaire[6]. Il en sera ainsi que l'offre du repreneur comporte ou non cette faculté de substitution. En outre, de la même façon que pour le plan de cession, le repreneur substitué restera garant du nouveau cessionnaire, la substitution n'ayant pas d'effet novatoire.

SECTION 564.60
ABSENCE DE CESSION DES CONTRATS ET CESSION LÉGALE DE CERTAINS AUTRES CONTRATS

564.61 Absence de cession des contrats et cession légale de certains autres contrats. Contrairement à l'hypothèse du plan de cession, la technique de la cession judiciaire des contrats est ici inapplicable. L'article L. 621-88 du code de commerce (anc[t] L. 25 janv. 1985[7], art. 86) est une disposition dérogatoire au droit commun, puisqu'un nouveau partenaire contractuel est imposé par le tribunal au contractant. Faute de disposition analogue en cas de cession d'unité de production, les dispositions de l'article L. 621-88 sont radicalement inapplicables[8]. Le droit commun de la cession de contrat doit, en conséquence, être respecté. La cession du contrat ne pourra intervenir qu'avec l'accord du cocontractant cédé[9]. Le juge-commissaire qui décide d'une cession judiciaire de contrat, dans le cadre d'une cession d'unité de production, commet un excès de pouvoir. Il appartient au cocontractant cédé de former opposition à l'ordonnance du juge-commissaire, dans les huit jours de la notification qui doit lui être faite. Il devient partie à l'ordonnance. L'absence de notification empêchera le cours du délai d'opposition. Le tribunal, statuant sur opposition, qui confirmerait l'ordonnance, commettrait lui-même un excès de pouvoir, rendant recevable l'appel-nullité.

Si la cession judiciaire des contrats est inapplicable en matière de cession d'unité de production, le transfert légal des contrats de travail, par application de l'article L. 122-12 du code du travail (devenu C. trav., art. L. 1224-1) s'impose, pour sa part[10] (v. s[s] n° 432.14). En conséquence, le licen-

1. Paris, 11 avr. 1995, *Rev. proc. coll.* 1996, 96, obs. Soinne – Riom, ch. com., 20 sept. 2006, *JCP E* 31 mai 2007, 1689, p. 46.
2. Com. 5 déc. 1995, n° 93-17.793, *Bull. civ.* IV, n° 279.
3. L. n° 85-98, 25 janv. 1985, préc.
4. EN CE SENS : LE CANNU, 6e éd., n° 784 – *CONTRA* : SOINNE, n° 2382.
5. AINSI : GUYON, n° 1298.
6. Civ. 3e, 11 juin 1997, n° 94-21.056, *Bull. civ.* IV, n° 135; *RJ com.* 1998. 293, n° 93, obs. Saint-Alary-Houin.
7. L. n° 85-98, 25 janv. 1985, préc.
8. Com. 19 déc. 1995, n° 93-13.927, *Bull. civ.* IV, n° 303; *D.* 1997. Somm. 3, obs. Derrida; *LPA* 27 déc. 1996, p. 18, obs. Derrida; *JCP E* 1996. I. 554, n° 12, obs. Pétel – Com. 1er oct. 1997, n°s 94-15.084, 95-11.737, *Bull. civ.* IV, n° 232; *JCP E* 1997. II. 1016, *rapp. Rémery* – Com. 4 févr. 2003, *Act. proc. coll.* 2003/7, n° 92 – Com. 13 mai 2003, n° 00-16.145, NP.
9. Com. 13 mai 2003, n° 00-16.145, NP.
10. Soc. 28 juin 2000, n° 97-43.606, *Bull. civ.* V, n° 254; *DPDE bull.* n° 203, 8 oct. 2000, p. 6226, *V° Juge-commissaire*, n° 101 – Soc. 3 avr. 2001, *Act. proc. coll.* 2001, n° 128.

ciement prononcé par le liquidateur pour déroger aux règles de l'article L. 122-12 de ce code, spécialement pour mettre à l'écart les règles relatives à l'ancienneté des salariés finalement repris, est privé d'effet[1].

La cession du bail de l'immeuble affecté à l'activité de l'unité de production cédée suit un sort particulier. Les solutions du décret-loi de 1953, aujourd'hui codifié, doivent trouver ici pleine application, faute de disposition contraire dans la législation. Il en résulte que la cession de l'unité de production emporte également cession du droit au bail de l'immeuble. Le juge-commissaire qui prévoit dans l'ordonnance de cession de l'unité de production la cession du bail ne commet donc aucun excès de pouvoir[2]. Cette règle conduit à décider que le bailleur de l'immeuble peut continuer à poursuivre la résiliation du bail de l'immeuble pour des causes antérieures à la cession, sans avoir besoin de contester l'ordonnance ayant autorisé la cession de l'unité de production[3]. Cette résiliation sera évidemment opposable au cessionnaire du droit au bail. Les pactes de préférence et autres doits de préemption devront être respectés. Il a spécialement été jugé que le pacte de préférence prévu au bail au profit du bailleur doit être respecté en cas de cession d'une unité de production[4].

Dans la cession du bail de l'immeuble affecté à l'activité de l'entreprise, un sort particulier doit être réservé au bail rural. L'incessibilité de principe de ce dernier subsiste même en cas de cession d'unité de production[5]. Il en ira cependant différemment si l'ensemble cédé est essentiellement constitué du bail rural (C. com., art. L. 621-84, al. 2 [anc[t] L. 25 janv. 1985, art. 83, al. 2] – v. aussi s[s] n° 582.54).

1. Soc. 15 déc. 1998, n° 96-44.233, *Bull. civ.* V, n° 549 – *Adde*, IFPPC 1999, recomm. n°s 6100-3, 6100-4, p. 177.
2. Com. 9 janv. 2001, n° 97-21.795, NP.
3. Com. 22 oct. 1996, n° 94-12.847, NP, *Rev. proc. coll.* 1997, 424, n° 28, obs. Cadiou.
4. Com. 13 févr. 2007, n° 06-11.289, *Bull. civ.* IV, n° 34; n° 226 FS-P+B+R+I; *D.* 2007. AJ 648, note Lienhard; *Gaz. proc. coll.* 2007/2, p. 39, note Sénéchal; *Act. proc. coll.* 2007/5, n° 51, note Régnaut-Moutier; *JCP E* 2007, Chron. 1450, p. 20, n° 3, obs. Pétel; *JCP E* 2007. 1523, p. 24, n° 26, obs. Monéger; *Gaz. Pal.* 20-22 mai 2007, p. 22, note Brault; *Defrénois* 2007. 38594, p. 775, note Ruet; *RTD civ.* 2007. 332, n° 3, obs. Mestre et Fages; *RTD com.* 2008. 856, n° 7, obs. Saint-Alary-Houin; *JCP N* 2007, aff. 1265, p. 31, note Vauvillé; *JCP E* 2007. 2548, note Garçon. Et sur renvoi après cassation, Paris, 3e ch. B, 21 févr. 2008, RG n° 07/08715, *Act. proc. coll.* 2008/10, n° 165 – *Adde,* Kenfack, « Le renforcement du pacte de préférence », *Defrénois* 2007/13, 38621, p. 1003 s., sp. p. 1008 à 1013.
5. Com. 1er oct. 1997, n° 94-15.084, n° 95-11.737, *Bull. civ.* IV, n° 232; *RJ com.* 1998. 294, n° 93, obs. Saint-Alary-Houin; *Rev. proc. coll.* 2001, 82, n° 26, obs. Soinne.

SECTION 564.70

ABSENCE DE TRANSFERT DE LA CHARGE DE LA SÛRETÉ

564.71 Absence de transfert de la charge de la sûreté. Pas plus qu'il n'y a possibilité de cession judiciaire de contrat, pas davantage il n'est possible de prévoir un transfert de charge de sûreté au repreneur. Cette exception à la purge des inscriptions, posée par l'article L. 621-96 alinéa 3 du code de commerce (anc[t] L. 25 janv. 1985[7], art. 93, al. 3), n'existe pas en cas de cession d'unité de production. Est-ce à dire que la cession d'unité de production emporte purge des inscriptions ? La règle doit être exactement comprise, par référence aux solutions existant en plan de cession. On a vu, en ce dernier domaine, que le plan de cession n'ouvrait, par principe, pas de droit de suite aux créanciers inscrits contre le repreneur. Le complet paiement du prix emporte purge des inscriptions. Tant que le paiement du prix n'est pas intervenu, les créanciers ne peuvent pas exercer de droit de suite contre le repreneur. Ils ne pourront l'exercer qu'en cas de vente du bien grevé par le repreneur (v. s[s] n° 582.38). Le droit sur le repreneur du créancier titulaire de la sûreté s'inscrit dans le strict cadre de l'article L. 621-96, alinéa 3, c'est-à-dire du transfert de charge de la sûreté. Pareille règle n'existe pas en matière de cession d'unité de production. Le juge-commissaire doit affecter une quote-part du prix de cession (v. s[s] n°s 564.81 s.). Le créancier bénéficie ainsi d'un droit de préférence. Aucun droit de suite ne lui est en revanche conféré. Il ne peut poursuivre le cessionnaire. Ce dernier est libre de tout engagement, dès lors qu'il a payé le prix de cession de l'unité de production.

SECTION 564.80

QUOTE-PART DU PRIX DE CESSION DE L'UNITÉ DE PRODUCTION

564.81 Affectation de la quote-part du prix de cession de l'unité de production. L'article L. 622-17 du code de commerce (anc[t] L. 25 janv. 1985[9], art. 155) ne contient qu'un seul alinéa relatif aux effets de la cession d'unité de production sur les créanciers. L'alinéa 7 indique en effet qu'« une quote-part du prix de cession est affectée à chacun des biens cédés pour la répartition du prix et l'exer-

6. PÉROCHON ET BONHOMME, 6e éd., n° 393 – RIPERT ET ROBLOT, n° 3230.
7. L. n° 85-98, 25 janv. 1985, préc.
8. CHAPUT, n° 497 – SOINNE, n° 2400.
9. L. n° 85-98, 25 janv. 1985, préc.

cice du droit de préférence ». Comme en période d'observation, le créancier peut obtenir le paiement provisionnel de sa créance. Le fait que tout ou partie des biens du débiteur soit réalisé dans le cadre de la cession d'unité de production n'affecte pas la solution (sur cette règle du paiement provisionnel en liquidation judiciaire, v. s^s n°s 591.11 s.).

L'analogie entre la cession d'unité de production et le plan de cession est très grande, pour les créanciers. La solution se vérifie d'abord avec la règle posée par l'article L. 622-17, alinéa 7 qui prévoit l'affectation d'une quote-part à chacun des biens cédés pour la répartition du prix et l'exercice du droit de préférence. Pour sa part, l'article L. 621-6 du code de commerce (anc^t L. 25 janv. 1985, art. 9, al. 1), en plan de cession, prévoit que « lorsque la cession porte sur des biens grevés d'un privilège spécial, d'un nantissement ou d'une hypothèque, une quote-part du prix est affectée par le tribunal à chacun de ces biens pour la répartition du prix et l'exercice du droit de préférence ». La formulation est très semblable. On remarquera cependant une différence. En cas de plan de cession, la quote-part ne doit être affectée par le tribunal que pour « ces biens », c'est-à-dire les biens grevés de sûretés spéciales. Au contraire, en phase liquidative, la quote-part doit être affectée à « chacun des biens cédés », sans qu'il soit précisé si ces biens doivent être grevés de sûretés. En réalité, cette différence terminologique ne doit pas emporter de conséquence. En effet, il n'est pas impératif pour le tribunal, en plan de cession, d'affecter l'intégralité du prix de cession aux biens grevés de sûreté. Le raisonnement par l'absurde permet de s'en convaincre. Il suffirait qu'il n'y ait qu'un bien grevé de sûreté de modeste importance pour absorber l'intégralité du prix de cession, qui peut être considérable. L'affectation de la quote-part doit donc, nous semble-t-il, en tous points, fonctionner comme en plan de cession (v. s^s n°s 582.33 s.).

Toutes les sûretés spéciales grevant le bien intégré dans la cession de l'unité de production doivent conduire à l'éclatement du prix. La solution résulte de l'article 139 alinéa 3 du décret du 27 décembre 1985[1] qui prévoit que l'ordonnance autorisant la cession de l'unité doit être notifiée « aux créanciers munis de sûretés concernés par la cession ». On réservera cependant les sûretés assorties d'un droit de rétention. Les créanciers rétenteurs ne peuvent se trouver affectés par la fixation d'une quote-part[2]. Ils n'auront pas, comme cela a été décidé en plan de cession (v. s^s n° 582.32), à se satisfaire d'une simple quote-part. Seul le paiement complet de leurs créances emportera extinction de leur droit de rétention, à moins qu'ils ne donnent leur accord.

1. D. n° 85-1388, 27 déc. 1985, préc.
2. Pérochon et Bonhomme, 6e éd., n° 392.

L'affectation de la quote-part sera faite dans les mêmes conditions qu'en plan de cession, sous une réserve : alors qu'en cas de plan de cession, la quote-part est déterminée par le tribunal, elle l'est ici par le juge-commissaire.

Le repreneur a suscité la ventilation du prix de cession, cependant que le juge-commissaire a toute latitude de suivre ou non la proposition, lui seul fixant la quote-part. Il a été spécialement jugé que le juge-commissaire ne pouvait, dans l'ordonnance autorisant la cession d'unité de production, établir l'ordre de préférence entre les créanciers hypothécaires et les créanciers nantis, sauf à excéder ses pouvoirs[3]. Il doit affecter, en pareille hypothèse, aux créanciers hypothécaires une quote-part du prix de cession. Il doit faire de même pour les créanciers nantis. En revanche, faute d'identité d'assiettes entre ces deux types de créanciers, il est exclu de les classer entre eux sur le prix de cession. *A fortiori*, le juge-commissaire n'a pas la possibilité de procéder lui-même à la répartition des fonds perçus, sauf à commettre un excès de pouvoir, ce qui rendrait recevable l'appel nullité à l'encontre du jugement confirmant une telle ordonnance[4].

En outre, le créancier qui estime que ses droits ont été méconnus dans le cadre de la fixation de la quote-part opérée par le juge-commissaire pourra former opposition[5] à l'ordonnance, pour qu'il soit procédé à une nouvelle fixation de quote-part, au besoin après expertise. Il pourrait d'ailleurs parfaitement limiter sa voie de recours à la seule question de la fixation de la quote-part, sans que soit remis en cause le principe de la cession intervenue. Le jugement rendu sur opposition à ordonnance, conformément au droit commun (C. com., art. L. 623-4, 2° [anc^t L. 25 janv. 1985, art. 173, 2°]) ne sera pas susceptible d'appel[6].

Afin de respecter la règle du contradictoire, il serait opportun que le tribunal fasse convoquer les autres créanciers inscrits sur le bien, dont les droits risquent de se trouver affectés par la décision que rendra le tribunal, en statuant sur opposition. Cette voie de recours devra être faite dans le délai de huitaine de la notification de l'ordonnance du juge-commissaire autorisant la cession. L'article 139, alinéa 3 du décret du 27 décembre 1985 prévoit, en effet, cette notification aux « créanciers munis de sûretés concernées par la cession ».

En l'absence de fixation par le juge-commissaire de la quote-part, la même solution que celle précé-

3. Com. 16 mars 1993, n° 90-20.161, *Bull. civ.* IV, n° 104.
4. Com. 4 janv. 2000, DPDE *bull.*, n° 196, 12 mars 2000, p. 6316, *V^o Juge-commissaire*, n° 51.
5. Com. 16 avr. 1996, n° 93-20.886, *Bull. civ.* IV, n° 122; *D. Affaires* 1996, 687.
6. Com. 16 avr. 1996, n° 93-20.886, préc.

demment développée en plan de cession semble s'appliquer (v. s[s] n° 582.35), sous réserve de la transposition nécessaire qui s'impose : ce n'est pas le tribunal qui omet de fixer la quote-part, mais le juge-commissaire.

564.82 Effets de l'affectation de la quote-part du prix de cession de l'unité de production. Les effets de l'affectation de la quote-part sont identiques à ceux se produisant en plan de cession (v. s[s] n° 582.36). Une différence notable doit cependant être signalée.

Le classement des créanciers entre eux n'est pas identique en plan de cession et en liquidation judiciaire. Dans le premier cas, après le super privilège, il faut remplir de leurs droits les créanciers « de l'article 40 » (C. com., art. L. 621-32), qui l'emportent sur les créanciers titulaires de sûretés spéciales. En cas de liquidation judiciaire, après le super privilège des salaires, certains créanciers titulaires de sûretés spéciales doivent être payés, et ce, avant les créanciers « de l'article 40 » (v. s[s] n°s 456.56 s.).

Le paiement des créanciers se fera, sur le prix de la cession de l'unité de production, en fonction du rang existant entre eux. Ce paiement est l'œuvre du liquidateur, qui doit recevoir le prix de cession. Les créanciers chirographaires ne perçoivent des fonds qu'après paiement des créanciers super privilégiés, des titulaires de sûretés spéciales dans la limite de leur quote-part, des créanciers « de l'article 40 » et des créanciers titulaires de privilèges généraux.

Si les fonds provenant de la cession de l'unité de production ne suffisent pas à désintéresser les titulaires de sûretés spéciales, à hauteur de la quote-part fixée par le tribunal, ces derniers concourront sur le solde à répartir dans le cadre des répartitions chirographaires, dans les mêmes conditions que celles existant en cas de cession de biens isolés en liquidation judiciaire (v. s[s] n° 59.43).

Ces créanciers ne peuvent rien espérer sur le repreneur, en dehors du prix de cession. Ce dernier constituera toujours ici la limite des obligations du repreneur.

CHAPITRE

565. Liquidation judiciaire simplifiée – Législation issue de la loi de sauvegarde des entreprises

SECTION 0

ORIENTEUR

565.00 **Plan du chapitre.**

Sect. 565.10 Applicabilité de la liquidation judiciaire simplifiée

Sect. 565.20 Décision d'appliquer les règles de la liquidation judiciaire simplifiée

Sect. 565.30 Fonctionnement général de la liquidation judiciaire simplifiée

Sect. 565.40 Modalités particulières de vente des biens du débiteur

Sect. 565.50 Vérification allégée des créances

Sect. 565.60 Projet de répartition par le liquidateur

Sect. 565.70 Clôture accélérée de la procédure

565.01 **Textes applicables.** (V. les références complètes s[s] n° 011).

> Législation issue de la loi de sauvegarde des entreprises.

C. com., art. L. 641-2, L. 643-13, L. 644-1 à L. 644-6

C. com., art. R. 641-10 (anc[t] D. 28 déc. 2005, art. 223), R. 644-1 à R. 644-4 (anc[t] D. 28 déc. 2005, art. 312 à 315)

> Législation issue de l'ordonnance du 18 décembre 2008.

C. com., art. L. 641-2, L. 643-13, L. 644-1 à L. 644-6

C. com., art. R. 644-1, R. 644-2, R. 644-3, R. 644-4

C. com., art. D. 641-10 (anc[t] D. 28 déc. 2005, art. 223)

> Législation issue de l'ordonnance du 12 mars 2014.

C. com., art. L. 641-2-1, L. 644-1-1, L. 644-2, L. 644-4, L. 644-5, L. 663-1

C. com., art. R. 644-1, R. 644-2, R. 644-4, R. 663-27-1

565.02 **Jurisprudence de référence.**

> L'application de la liquidation judiciaire simplifiée prévue par l'article L. 641-2 alinéa deux, du code de commerce est une faculté dont le tribunal peut faire usage dès l'ouverture de la procédure.

• Avis, 10 juill. 2006, n° 06.00.008, *Bull. avis*, n° 5

* V. s[s] n° 565.21

> La décision de mettre fin à l'application des règles de la liquidation judiciaire simplifiée comme une mesure d'administration judiciaire. En conséquence, elle ne sera pas susceptible de recours.

• Com. 9 juill. 2013, n° 12-13.193, *Bull. civ.* IV, n° 118; n° 763 F-P+B

* V. s[s] n° 565.26

565.03 **Bibliographie indicative.** (V. les références complètes s[s] n° 031).

> Actualisables. J.-CL. COM., Vallansan J., fasc. 2702, [Liquidation judiciaire – Régime – Administration de l'entreprise – Liquidation judiciaire simplifiée], 2014.

> Ouvrages postérieurs à la loi de sauvegarde des entreprises. COQUELET, 5e éd., n°s 456 à 460 – JACQUEMONT ET VABRES, 9e éd., n°s 1078 à 1089 – LE CANNU, 7e éd., n°s 1148 à 1166 – LIENHARD, 6e éd., n°s 122.55 à 122.59, 127.11 à 127.23 – PÉROCHON, 10e éd., n°s 1222 à 1230 – PÉTEL, 8e éd., n° 299 – ROUSSEL GALLE, 2e éd., n°s 786 à 810 – SAINT-ALARY-HOUIN, 9e éd., n°s 1363 à 1373 – VALLANSAN et *alii*, 6e éd., p. 356 à 358, 453 à 457 – VALLENS, 2015, n°s 4490 à 4498 – VIDAL et GIORGINI, n°s 1377 à 1393 – VOINOT, 2e éd., n°s 804, 805.

> Articles. Berthelot G., « Les aménagements de la liquidation judiciaire issus de l'ordonnance du 18 décembre 2008 », *JCP E* 2009. 1312 – Le Corre P.-M., « Le nouveau visage de la liquidation judiciaire simplifiée », *D.* 2009. 677 – Martin-Serf A., « La liquidation judiciaire simplifiée : encore plus simplifiée mais en concurrence avec le rétablissement professionnel », interv. Colloque Besançon 10 oct. 2014, *Gaz. Pal.* 31 déc. 2014, n° 365, 23 – Pérochon F., « La liquidation judiciaire simplifiée », *Rev. proc. coll.* 2006, p. 191 – Sénéchal M., « La liquidation judiciaire simplifiée dans la loi de sauvegarde des entreprises », *Gaz. Pal.* 7-8 sept. 2005, n° sp., p. 46 –

Theetten J., « La liquidation judiciaire simplifiée après le décret du 23 décembre 2006 », *D.* 2007. 394.

565.04 Questions essentielles.
• L'application des règles de la liquidation judiciaire simplifiée est-elle obligatoire ?
* V. s[s] n° 565.21.
• L'application des règles de la liquidation judiciaire simplifiée est-elle possible dès l'ouverture de la liquidation judiciaire ?
* V. s[s] n° 565.12.
• La vente aux enchères des biens du débiteur à l'intérieur du délai de trois mois suivant la publication du jugement décidant de faire application des règles de la liquidation judiciaire simplifiée suppose-t-elle une ordonnance du juge-commissaire ?
* V. s[s] n° 565.41.

565.06 Principales actions.
• Vente de gré à gré par le liquidateur des biens désignés dans le jugement
* V. s[s] n° 565.41.
• Délai de trois mois à compter de la publication du jugement décidant l'application des règles de la liquidation judiciaire simplifiée
* V. s[s] n° 565.41.
• Établissement d'un projet de répartition par le liquidateur après vérification et admission des créances susceptibles de venir en rang utile dans les répartitions
* V. s[s] n° 565.61.
• Clôture de la procédure dans l'année du jugement d'ouverture
* V. s[s] n° 565.71.

565.07 Voies de recours sur les décisions mettant en jeu les actions, v. s[s] n° 565.62.
• Contestation du projet de répartition par saisine du juge-commissaire dans le délai d'un mois à compter de l'avis d'insertion au *Bodacc* du dépôt au greffe du projet de répartition.
• Recours sur l'ordonnance du juge-commissaire devant le tribunal dans le délai de dix jours à compter de la notification.
• Appel possible sur le jugement du tribunal dans le délai de dix jours de la notification.

565.08 Sanction de l'absence ou de l'échec de l'action en contestation du projet de répartition.
• Perte du droit de participer aux répartitions
* V. s[s] n° 565.62.

565.09 Objectif de l'instauration d'une liquidation judiciaire simplifiée. L'une des innovations majeures de la réforme du 26 juillet 2005[1] tient à la création d'une liquidation judiciaire simplifiée.

L'idée est ici d'adapter à la faible importance de l'actif exclusivement mobilier, au demeurant facile à réaliser, et pour des entreprises de petite taille, une procédure de liquidation permettant dans un délai raisonnable de réaliser l'actif, de payer les créanciers et de mettre fin à l'activité du débit fin de lui permettre d'exercer à nouveau sa capacité d eprendre, si le tribunal n'estime pas nécessaire de pronc à son encontre une mesure emportant interdiction de gé La mesure, qui intéresse au premier chef les personne ysiques, qui pourront prendre ce que les Américains allent le *fresh start*[3] (nouveau départ) peut également é regardée avec faveur pour les dirigeants de personi morales débitrices[4], qui seront débarrassés de l'épée Damoclès que représente pour eux le risque de sanction ivles professionnelles ou patrimoniales. L'utilisation de la rcédure simplifiée devrait également induire une réduction ecoûts de la procédure[5].

En oute, rapidité de réalisation des actifs mobiliers est souvent u teur déterminant dans leur valorisation[6], le meilleur exee étant sans doute celui des véhicules automobiles.

Il a été dit e la liquidation judiciaire simplifiée, véritable procédure, es référable à la radiation administrative pratiquée dans ce ins pays étrangers[7], en présence d'actifs très faibles. La ren que nous semble exacte, sous la réserve que des répartitio aient lieu au profit des créanciers. Dans le cas contraire, il se t économiquement plus judicieux de clôturer immédiateme après avoir eu la certitude qu'aucune répartition n'était e visageable. Il suffirait alors de réserver une instance perm tant aux salariés d'appeler l'AGS pour être indemnisé, car est là le seul écueil à éviter.

Dans la sui des développements, seront opposées la liquidation judi aire générale et la liquidation judiciaire simplifiée, même s cette dernière n'est pas une procédure autonome, mais n constitue qu'un aménagement des règles générales de la liquidation judiciaire.

Les disposit ons concernant la procédure de liquidation judiciaire simpl fiée, issue de la loi du 26 juillet 2005, s'appliquent aux procédures en cours, lors de l'entrée en vigueur de la loi (L. 26 juill. 2005, art. 191-1, D. 28 déc. 2005[8], art. 361 – v. s[s] n° 73.31).

La procédure de liquidation judiciaire simplifiée, avait-on annoncé ors des travaux parlementaires, pourrait être appliquée à environ la moitié des entreprises faisant l'objet d'une procédure de liquidation judiciaire[9]. La prophétie était sans doute statistiquement exacte, mais les faits ont démontré une pratique très différente, qui a pu être très rapidement observée. En effet, les dispositions concernant la procédure de liquidation judiciaire simplifiée, issue de la loi du 26 juillet 2005, pouvaient s'appliquer aux procédures en cours, lors de

1. L. n° 2005-845, 26 juill. 2005, *JO* 27 juill., p. 12187.
2. Exp. motifs, p. 2.
3. Tanger, *La faillite en droit fédéral des États-Unis*, préf. Larrieu, Economica 2002, p. 448 s.
4. Pérochon, « La liquidation judiciaire simplifiée », *Rev. proc. coll.* 2006/2, p. 191 s., sp. p. 193, n° 5.
5. *Rapp. J.-J. Hyest*, Doc Sénat, n° 335, p. 437.
6. Sénéchal, « La liquidation judiciaire simplifiée dans la loi de sauvegarde des entreprises », *Gaz. Pal.* 7-8 sept. 2005, n° sp., p. 46 s., sp. p. 47.
7. Saint-Alary-Houin, Le projet de loi sur la sauvegarde des entreprises : continuité, rupture ou retour en arrière, *Dr. et patr.* 2005/1, p. 24 s., sp. p. 36.
8. D. n° 2005-1677, 28 déc. 2005, *JO* 29 déc., p. 20324.
9. *Rapp. J.-J. Hyest*, n° 335, p. 365.

l'entrée en vigueur de la loi (L. 26 juill. 2005191-1, D. 28 déc. 2005, art. 361). Il avait toutefois éten évidence que si les tribunaux avaient fait une certpplication des règles de la liquidation judiciaire simplif cas de conversion après le 1er janvier 2006 d'un redrent judiciaire ouvert antérieurement, en revanche, ilsent peu appliqué ces règles aux liquidations judiciaires oes avant le 1er janvier 2006[1]. Le pli avait donc rapidemté pris : l'accueil du dispositif a été « un peu tiède » dpart des praticiens, qui pouvaient librement orienter la don du tribunal, dans la mesure où l'application des règle la liquidation judiciaire simplifiée était simplement faative. Les praticiens reprochaient essentiellement à la liqution judiciaire simplifiée sa trop grande sophistication[2].

L'objectif poursuivi par le législateur, de *voir*pidement clôturées les procédures, afin de permettre raement le « rebond » du débiteur s'évanouissait. *Pourtant*a communication de la Chancelerie autour de *l'applicatio* des règles de la liquidation judichire simplifiée *était claire* : les professionnels devaient jouer e jeu. Sinon, la Chancellerie se réservait le droit d'intervenir le manière plus autoritaire…

C'est chose faite. Appliquer la liquidation judiciaire ne relèvera plus seulement du bon vouloir des mandataires de justice et des tribunaux, pusqu'il existe une forme désormais obligatoire de la liquidatioi judiciaire, à côté d'une liquidation judiciaire simplifiée facutative.

SECTION 565.10
APPLICABILITÉ DE LA LIQUIDATION JUDICIAIRE SIMPLIFIÉE

565.11 Application interdite de la liquidation judiciaire simplifiée – Critères de non-application de la liquidation judiciaire simplifiée. La distinction régime simplifié – régime général – supprimée par la loi de sauvegarde des entreprises[3] en redressement est réintroduite en liquidation judiciaire, par cette même loi.

Il y a place à liquidation judiciaire simplifiée sous trois conditions négatives cumulatives posées par l'article L. 641-2 alinéa 2, sous l'empire de la loi de sauvegarde des entreprises, et par l'article L. 641-2, alinéa 1, depuis l'ordonnance du 18 décembre 2008[4] : l'absence de bien immobilier à réaliser, l'absence de dépassement d'un certain nombre de salariés au cours des six mois précédant l'ouverture de la procédure – et non le prononcé de la liquidation judiciaire –, l'absence de dépassement d'un certain chiffre d'affaires, ces deux derniers critères devant être précisés par décret.

La disposition analysée vise l'absence de « biens immobiliers ». Elle ne mentionne pas l'existence de droits immobiliers[5]. Ce visa plus restrictif pourrait constituer un argument de texte permettant l'utilisation des règles de la liquidation judiciaire simplifiée. Deux arguments en sens inverse permettent toutefois d'en douter. D'une part, la liquidation judiciaire simplifiée, ainsi que cela ressort clairement des travaux préparatoires, est réservée à la réalisation d'actifs de faible valeur[6]. D'autre part, la liquidation judiciaire simplifiée doit permettre la réalisation d'actifs facile à réaliser, c'est-à-dire d'une réalisation rapide. Or tel n'est pas le cas de droits sociaux immobiliers, par exemple des parts de société civile immobilière, faute de marché véritable[7].

Le seuil prévu pour le chiffre d'affaires hors taxes est de 750 000 euros (C. com., art. R. 641-10, al. 1). Il est défini conformément aux dispositions du cinquième alinéa de l'article 17 du décret du 29 novembre 1983[8]. Le montant net du chiffre d'affaires est égal au montant des ventes de produits et services liés à l'activité courante, diminué des réductions sur ventes, de la taxe sur la valeur ajoutée et des taxes assimilées. Il s'apprécie à la date de clôture du dernier exercice comptable (C. com., art. R. 641-10, al. 2). Il s'agit de l'exercice qui précède l'ouverture de la procédure, qui n'est pas nécessairement le dernier clôturé sur le plan comptable, du fait que les comptabilités d'une petite entreprise ne sont pas nécessairement à jour, lors de l'ouverture de la procédure collective, faute d'avoir payé l'expert-comptable[9]. En outre, il se peut que la procédure soit ouverte avant clôture du premier exercice, ce qui ne doit pas conduire à l'exclusion des règles de la liquidation judiciaire simplifiée[10]. Ce seuil a été conservé par le décret du 12 février 2009[11], sous deux précisions. Les articles L. 641-2 et L. 641-2-1 du code, issus de la rédaction que leur a donnée l'ordonnance du 18 décembre 2008, visent un décret et non un décret en Conseil d'État, ce qui devrait permettre de modifier très souplement les seuils ainsi fixés. Logiquement, les textes réglementaires ne sont pas précédés de la lettre « R » mais de la lettre « D ». Il s'agit désormais de l'alinéa 2 de l'article D. 641-10 du code de commerce. L'article L. 641-2 du code de commerce est une disposition qui rend obligatoire l'application des règles de la liquidation judiciaire simplifiée, en fonction de seuils précisés à l'article

1. Theetten, « La liquidation judiciaire simplifiée après le décret du 23 décembre 2006 », *D.* 2007. 394, 395.
2. SUR CETTE OBSERVATION : ROUSSEL GALLE, 2e éd., 2007, no 786.
3. L. no 2005-845, 26 juill. 2005, préc.
4. Ord. no 2008-1345, 18 déc. 2008, *JO* 19 déc., p. 19462.
5. LE CANNU, 7e éd., no 1152.
6. *Rapp. Xavier de Roux*, no 2095, *Doc. Ass. Nat.*, p. 403 – *Rapp. J.-J. Hyest*, no 335, *Doc. Sénat*, p. 437.
7. Theetten, art. préc., sp. 396.
8. D. no 83-1020, 29 nov. 1983, *JO* 1er déc., p. 3461.
9. Theetten, art. préc., sp. 396.
10. Theetten, art. préc., sp. 396.
11. D. no 2009-160, 12 févr. 2009, *JO* 13 févr., p. 2596.

D. 641-10, alinéa 1. L'article L. 641-2-1 du code, pour sa part, s'intéresse à la liquidation judiciaire simplifiée facultative. Les seuils anciens d'application de la liquidation judiciaire sont ici conservés par le nouvel article D. 641-10, alinéa 2.

Le seuil prévu pour le nombre de salariés employés par le débiteur est fixé à 5 (C. com., art. R. 641-10, al. 1). Il s'apprécie au premier jour du sixième mois précédant l'ouverture de la procédure (C. com., art. R. 641-10, al. 3). Faute de distinction du texte, il importe peu que les salariés soient employés à temps partiel ou à temps plein. La qualité des salariés est indifférente. Il pourrait s'agir, par exemple, d'avocats salariés[1]. Ce seuil a été conservé par le décret du 12 février 2009, sous les deux précisions identiques à celles déjà indiquées à propos du seuil intéressant le chiffre d'affaires.

Ainsi, sous l'empire de la loi de sauvegarde, dans sa rédaction d'origine, ou sous l'empire de l'ordonnance du 18 décembre 2008, l'application de la liquidation judiciaire simplifiée est interdite si le débiteur possède un actif immobilier, a réalisé un chiffre d'affaires supérieur à 750 000 euros hors taxes ou a employé plus de 5 salariés, l'un seul de ces critères étant suffisant pour exclure l'application de la liquidation judiciaire simplifiée.

565.12 Application obligatoire de la liquidation judiciaire simplifiée sous l'empire de la loi de sauvegarde des entreprises[2] dans sa rédaction d'origine – Réouverture de la liquidation judiciaire clôturée pour insuffisance d'actif. En cas de réouverture de la procédure de liquidation judiciaire, s'il ne subsiste au titre des actifs recouvrés qu'une somme d'argent, il y a place à utilisation de la liquidation judiciaire simplifiée (C. com., art. L. 643-13, al. 3), indépendamment de la taille de l'entreprise et du fait de savoir si cette entreprise, lors du prononcé de la liquidation judiciaire, aurait pu bénéficier de la liquidation judiciaire simplifiée. Il s'agit même d'une liquidation judiciaire encore plus simplifiée, puisqu'il ne s'agit que de répartir une somme d'argent[3].

Alors que l'alinéa 1 de l'article L. 643-13 du code qui s'intéresse aux deux cas de réouverture de la liquidation judiciaire, vise « des actifs [qui] n'ont pas été réalisés ou... des actions dans l'intérêt des créanciers [qui] n'ont pas été engagées », l'alinéa 3 ne concerne que des « actifs du débiteur [qui] consistent en une somme d'argent ». Il faut en déduire que le texte n'a pas vocation à régir l'hypothèse de l'iction d'une action en justice pour obtenir pait d'une somme d'argent, mais simplement l'ajension d'une somme d'argent sur simple dere[4], l'opinion contraire ayant toutefois été soue[5].

565 Application obligatoire de la liquidation judice simplifiée sous l'empire de la loi de sauvegades entreprises[6] dans la rédaction donnée par lonnance du 18 décembre 2008[7]. L'article L. 64-1 du code de commerce, tel qu'il résulte de la rédaon que lui donne l'ordonnance du 18 décembre 20 (ord. 18 déc. 2008, art. 95) établit très clairemendans les cas qu'il détermine, qu'« il est fait applicaon de la procédure simplifiée... ». L'application obatoire des règles de la liquidation judiciaire simplifie est sans aucun doute a mesure phare de la réforme de la procédure de liquidation judiciaire issue de l'ordonnance du 18 décembre 2008[8].

Quels sont ces cas ? L'acti du débiteur ne doit pas comprendre de bien immobilier. Le débiteur ne doit pas employer, au cours les six mois précédant l'ouverture de la procédure, plus d'un certain nombre de salariés. Le débiteur ne doit pas avoir réalisé un chiffre d'affaires hors taxes supérieur à un certain montant. Le nombre de salariés et le montant du chiffre d'affaires sont déterminés par décret. Les critères d'application de la liquidation judiciaire simplifiée sont identiques, dans l'ordonnance, à ceux retenus par la loi de sauvegarde. C'est donc le décret qui viendra apporter une différence par rapport à la situation résultant de la législation de sauvegarde. Observons que les articles L. 641-2 et L. 641-2-1 du code visent un décret et non un décret en Conseil d'État, ce qui devrait permettre de modifier très souplement les seuils ainsi fixés. Logiquement, les textes réglementaires ne sont pas précédés de la lettre « R » mais de la lettre « D ».

L'article D. 641-10, alinéa 1 du code de commerce, dans la rédaction que lui donne l'article 71 du décret du 28 décembre 2005[9], fixe à 1 le nombre de salariés. L'alinéa 4 de l'article D. 641-10 précise que le nombre de salariés ne doit pas avoir été dépassé au cours des six mois précédant l'ouverture de la procédure.

L'article D. 641-10, alinéa 1 du code de commerce, dans la rédaction que lui donne l'article 71

1. Martin et Neveu, « L'application à la profession d'avocat de la loi du 26 juillet 2005 sur la sauvegarde des entreprises », *JCP E* 2006. 1764, p. 867 s., sp. p. 869, n° 10.
2. L. n° 2005-845, 26 juill. 2005, préc.
3. Pérochon, « La liquidation judiciaire simplifiée », *Rev. proc. coll.* 2006/2, p. 191 s., sp. p. 196, n° 28.
4. EN CE SENS : Froehlich et Sénéchal, « De l'ouverture et du déroulement de la liquidation judiciaire », *LPA* n° sp. 9 févr. 2006, n° 29, p. 4 s., sp. p. 47.
5. Pérochon, art. préc., sp. p. 196, n° 28.
6. L. n° 2005-845, 26 juill. 2005, préc.
7. Ord. n° 2008-1345, 18 déc. 2008, préc.
8. Lienhard, « Réforme du droit des entreprises en difficulté : présentation de l'ordonnance du 18 décembre 2008 », *D.* 2009. Chron. 110 s., sp. 118.
9. D. n° 2005-1677, 28 déc. 2005, préc.

du décret du 28 décembre 2005, fixe à 00 euros le chiffre d'affaires. Ce dernier s'appen vertu de l'alinéa 3 de l'article D. 641-10, quınd fidèlement les dispositions de l'ancien alinde l'article R. 641-10, à la date de clôture du de exercice comptable, et cela conformément auositions du cinquième alinéa de l'article R. 123.

Ainsi, si le débiteur emploie ou empt au plus un salarié, et s'il a réalisé un chiffre dires hors taxes d'au plus 300 000 euros, la liquon judiciaire simplifiée sera obligatoire. A été ıuée à ce sujet « la liquidation judiciaire ultra sifiée »[1].

Mais, si après dépôt du rapport du lidateur le président du tribunal ne rend aucune onnance pour faire application des règles de lauidation judiciaire simplifiée, celle-ci ne s'appliqpas, alors même que les critères seraient réunis. Lebiteur ne peut en conséquence reprocher au tribal d'avoir rejeté sa requête tendant à voir constatela clôture de la liquidation judicaire dans les *délais*mpératifs de clôture de la liquidation judiciaire simplifiée[2]. On peut regretter que l'inapplication d'un dispositif obligatoire ne soit pas sanctionnée par les textes, car la liquidation judiciaire obligatoire devient ainsi, faute de sanction, parfaitement facultative !

565.14 Application facultative de la liquidation judiciaire simplifiée sous l'empire de la loi de sauvegarde des entreprises[3] dans sa rédaction d'origine. Sous l'empire de la loi de sauvegarde des entreprises, dans sa rédaction d'origine, lorsque les critères d'application de la procédure de liquidation judiciaire simplifiée sont réunis, ce dont le tribunal devra être certain sauf à écarter l'application du dispositif[4], le tribunal, est-il tenu d'appliquer les règles de la liquidation judiciaire simplifiée ? Il a été dit lors des travaux parlementaires qu'il ne s'agirait pour le tribunal que d'une faculté[5]. La lettre du texte laisse la porte ouverte aux deux interprétations, puisque l'article L. 641-2, alinéa 1 du code de commerce indique que cette procédure « est applicable ».

Cette procédure présente des intérêts notables pour le débiteur, qui pourra reprendre plus rapidement une activité indépendante, mais aussi pour ses créanciers, qui obtiendront plus rapidement les fonds, du fait de l'accélération des procédures de répartitions induites par l'accélération des procédures de réalisations d'actifs. C'est pourquoi, du fait de la liberté d'interprétation qu'autorisait le texte, il aurait été préférable de considérer que la disposition revêtait un caractère impératif et ne devait pas être laissée à l'initiative du tribunal ou des organes de la procédure. Elle contribue en effet au respect d'un des objectifs majeurs de la loi de sauvegarde des entreprises : l'accélération des procédures. Ainsi la *ratio legis* aurait commandé de voir là pour le tribunal une obligation.

La lettre des textes est cependant incontestablement en sens inverse. Comme il a été relevé[6], l'article L. 644-2 du code indique que « par dérogation aux dispositions de l'article L. 642-19, lorsque le tribunal décide de l'application du présent chapitre, il détermine les biens du débiteur pouvant faire l'objet d'une vente de gré à gré ». Le tribunal aurait donc le pouvoir de décider d'appliquer les règles de la liquidation judiciaire simplifiée. En outre, le tribunal, à tout moment, peut décider de revenir aux règles générales de la liquidation judiciaire, ce qui rendait curieux le caractère obligatoire de l'application des règles de la liquidation judiciaire simplifiée[7]. C'est dans le sens du caractère facultatif que la Cour de cassation, saisie pour avis, s'est prononcée[8], après qu'une circulaire se fut identiquement positionnée en indiquant que la juridiction « en apprécie souverainement l'opportunité »[9].

Il appartient au liquidateur, spécialement dans le rapport qu'il doit dresser en cas d'ouverture d'une liquidation judiciaire immédiate, d'attirer l'attention du tribunal sur les obstacles qui peuvent se dresser contre l'application des règles de la liquidation judiciaire simplifiée[10]. On peut penser à un fonds de commerce d'une grande valeur ou d'une réalisation *a priori* délicate supposant un traitement particulier[11], à l'existence d'un contentieux important existant avant l'ouverture de la procédure, notamment en matière prud'homale[12], aux difficultés de recouvrement des créances sur les clients du

1. Pérochon, « À propos de la réforme de la liquidation judiciaire par l'ordonnance du 18 décembre 2008 », *Gaz. Pal.* 8-10 mars 2009, n° sp. p. 3 s., sp. p. 4, n° 2.
2. Com. 2 déc. 2014, n° 13-24.527, NP; n° 1064 F-D.
3. L. n° 2005-845, 26 juill. 2005, préc.
4. Theetten, « La liquidation judiciaire simplifiée après le décret du 23 décembre 2006 », *D.* 2007. 394 s., sp. 396.
5. *Rapp. J.-J. Hyest*, n° 335, p. 366.
6. Lienhard, 2e éd., 2007, n° 2202.
7. Pérochon, « La liquidation judiciaire simplifiée », *Rev. proc. coll.* 2006/2, p. 191 s., sp. p. 197, n° 29 – *Adde*, Vallansan, 4e éd., n° 398.
8. Avis, 10 juill. 2006, n° 00-60.008, *Bull. avis*, n° 5; *D.* 2006. AJ 2032, obs. Lienhard; *D.* 2007. pan. 43, obs. Le Corre; *Gaz. proc. coll.* 2006/4, p. 22, note Sénéchal; *JCP E* 2006. 379, p. 1510, note Roussel Galle; *JCP E* 2007, Chron. 1004, p. 21, n° 6, obs. Pétel; *Rev. proc. coll.* 2006/3, p. 254, n° 3, obs. Roussel Galle; *LXB* n° N2919ALP, note Le Corre.
9. Circ. 9 janv. 2006, NOR JUS C 06 20 008 C, *JCP E* 2006. 1306.
10. Sénéchal, « La liquidation judiciaire simplifiée dans la loi de sauvegarde des entreprises », *Gaz. Pal.* 7-8 sept. 2005, n° sp., p. 46.
11. Froehlich et Sénéchal, « De l'ouverture et du déroulement de la liquidation judiciaire », *LPA* n° sp. 9 févr. 2006, n° 29, p. 4 s., sp. p. 47.
12. Froehlich et Sénéchal, art. préc., sp. p. 10 et p. 51.

débiteur, lorsqu'elles sont à échéance lointaine[1], ou une éventualité de sanctions contre les dirigeants de la personne morale débitrice[2], du fait de l'obligation de vérifier le passif (v. s^s^ n°s 565.51 et 672.12).

Il a été dit qu'il fallait être en présence de « procédures carrées »[3], c'est-à-dire ne posant aucune difficulté particulière. Toutefois, depuis le décret du 23 décembre 2006, qui a modifié les articles R. 644-1 à R. 641-4 du code de commerce, la réduction des coûts, notamment de publicité des jugements décidant l'application ou mettant fin à l'application de règles de la liquidation judiciaire, nous semble de nature à permettre une application plus sereine des règles de la liquidation judiciaire simplifiée, sans avoir besoin de penser, d'une manière obsessionnelle, à la sortie de ce régime.

La décision de faire application des règles de la liquidation judiciaire simplifiée peut émaner du tribunal, mais également de la cour d'appel[4].

En cas de reprise de la procédure de liquidation judiciaire, s'il ne subsiste au titre des actifs recouvrés qu'une somme d'argent, il y a place à utilisation de la liquidation judiciaire simplifiée. Contrairement aux principes en la matière, les règles de la liquidation judiciaire simplifiée sont ici applicables de plein droit (C. com., art. L. 643-13, al. 3). Leur application est obligatoire (v. s^s^ n° 565.12).

565.15 Application facultative de la liquidation judiciaire simplifiée sous l'empire de la loi de sauvegarde des entreprises[5] dans la rédaction donnée par l'ordonnance du 18 décembre 2008[6]. Au-delà de seuils ainsi fixés pour l'application obligatoire de la liquidation judiciaire simplifiée, l'application de cette procédure demeurera facultative. Le nouvel article L. 641-2-1, alinéa 1 du code de commerce, dans sa rédaction issue de l'ordonnance du 18 décembre 2008 (ord. 18 déc. 2008, art. 96), prévoit en effet une application facultative des règles de la liquidation judiciaire simplifiée, si le débiteur dépasse les seuils d'application obligatoire, sans dépasser les seuilelà desquels il est interdit de faire usage de ces.

L'ɛ D. 641-10, alinéa 2 du code de commercis la rédaction que lui donne l'article 71 du déu 28 décembre 2005[7], fixe à 750 000 euros le chi' affaires hors taxes. Ce chiffre s'apprécie, en vele l'alinéa 3 de l'article D. 641-10, qui reprerèlement les dispositions de l'ancien alinéa 2 de l'aı R. 641-10, à la date de clôture du dernier exercicomptable, et cela conformément aux dispositidu cinquième alinéa de l'article R. 123-200.

L'aıe R. 641-10, alinéa 2 du code de commercens la rédaction que lui donne l'article 71 du décdu 28 décembre 2005, fixe à 5 le nombre de sala.. L'alinéa 4 de l'article R. 641-10 du code précise.e le nombre de salariés ne doit pas avoir été dépé au cours des six mois précédant l'ouverture de procédure.

Ces seils sont la reprise fidèle des seuils au-delà desquelsa liquidation judiciaire simplifiée ne pouvait plus être appliquée. En conséquence, si le débiteur emploie ou employait de 2 à 5 salariés, et s'il a réalisé un chiffre d'affaires hors taxes supérieur à 300 000 euros et au plus égal à 750 000 euros, le tribunal pourra décider d'appliquer les règles de la liquidation judicaire simplifiée.

SECTION 565.20
DÉCISION D'APPLIQUER LES RÈGLES DE LA LIQUDATION JUDICIAIRE SIMPLIFIÉE

565.21 Possibilité d'appliquer dès le jugement de liquidation judiciaire la liquidation judiciaire simplifiée sous l'empire de la loi de sauvegarde des entreprises[8] dans sa rédaction d'origine. Si la procédure de liquidation est immédiate, le tribunal ne sera pas nécessairement en mesure de savoir si ces critères existent ou non. C'est pourquoi l'article L. 641-2, alinéa 1 du code de commerce prévoit que le liquidateur devra établir un rapport dans le mois du prononcé de la liquidation judiciaire, afin que le tribunal puisse statuer. Ce rapport n'est pas prévu, parce qu'il est *a priori* inutile, si la procédure de liquidation judiciaire est prononcée sur conversion du redressement judiciaire, les éléments devant déjà être à disposition du tribunal.

C'est en ce sens que l'article R. 644-1 du code de commerce prévoit que, au vu du rapport du liquidateur, le tribunal décide d'appliquer les règles de la liquidation judiciaire simplifiée. Le texte laisse donc entendre que le tribunal est d'abord obligé d'ouvrir la liquidation judiciaire sous le régime général, puis,

1. Theetten, art. préc., sp. 396.
2. Theetten, art. préc., sp. 396.
3. Froehlich et Sénéchal, art. préc., sp. p. 10 et p. 51.
4. Com. 4 mars 2008, n° 07-10.033, *Bull. civ.* IV, n° 51; n° 341 FS-P+B; *D.* 2008. AJ 847, note Lienhard; *D.* 2008. Chron. C. cass. 1233, n° 5, note Orsini; *Gaz. proc. coll.* 2008/3, p. 39, note Voinot; *Act. proc. coll.* 2008/7, n° 117, note Staes; *Dr. sociétés* 2008/6, p. 25, n° 127, note Legros; *JCP E* 2008, Chron. 2062, n° 7, obs. M. Cabrillac; *Rev. proc. coll.* 2008, p. 50, n° 52, note Gorrias; *RTD com.* 2008. 631, n° 10, obs. Martin-Serf; *Defrénois* 2009. 38894, p. 350, n° 4, note Gibirila; *LXB hebdo* 20 mars 2008, n° 297, n° N4524BEB, note Le Corre.
5. L. n° 2005-845, 26 juill. 2005, préc.
6. Ord. n° 2008-1345, 18 déc. 2008, préc.
7. D. n° 2005-1677, 28 déc. 2005, préc.
8. L. n° 2005-845, 26 juill. 2005, préc.

après rapport lu liuidateur, de plad'entreprise en liquidation jdicire simplifiée. Il a été observé que décider imnéditement de faire alication des règles de liquidaionjudiciaire simplie lorsque le jugement ouvre liquidation peut apraître délicat car le tribunal'aura pas à sa dispoion l'inventaire à partir duqel il décidera que tou tel bien sera vendu de gré àré[1].

La solution appaît cependant peupportune si le tribunal a, au moent où il doit stuer, les éléments lui permettant e décider d'applier les règles de la liquidation judicaire simplifiée.n effet, il y aurait alors lieu de redre deux jugemnts au lieu d'un. La raison commnde donc demplifier et d'autoriser le tribunal à uvrir imméditement, s'il a en sa possession les éléments – par emple dans la déclaration de cessation des paiement– la procédure de liquidation judiciaire simplifiée alors surtout que, s'il advenait que le tribunal se soit rompé dans son appréciation ou que la solution soitinopportune, rien ne serait irréversible puisque, àtout moment, le tribunal peut utiliser à nouveau les règles du régime général de la liquidation judiciaire (v. s[s] n° 565.24).

C'est en ce sens que s'est prononcée par avis la Cour de cassation, qui estime que la liquidation judiciaire simplifiée peut être appliquée à l'ouverture de la liquidation judiciaire[3].

Mais le pouvoir réglementaire a entendu réagir contre cette interprétation souple de la Cour de cassation et a modifié, à l'occasion du décret du 23 décembre 2006[4], l'article 312 du décret du 28 décembre 2005[5]. Il résulte désormais clairement du texte que, en cas de liquidation judiciaire immédiate, le tribunal ne pourra statuer qu'au vu du rapport du liquidateur, ce qui conduit à décider que deux décisions doivent intervenir.

Le décret du 28 décembre 2005 précise toutefois, afin de ne pas ralentir à l'excès le déroulement de la procédure qui se veut rapide, que le tribunal statue d'office, dès réception du rapport du liquidateur (C. com., art. R. 644-1, al. 1, réd. D. 23 déc. 2006, art. 66). Il n'est donc pas besoin pour ce dernier de solliciter le tribunal en ce sens par voie de requête. La convocation du débiteur n'est plus exigée, alors qu'elle l'était dans la version d'origine de l'article 312, alinéa 1 du décret du 28 décembre 2005[6].

Nous avions pensé qu'il serait de bonne pratique pour la juridiction, de distinguer deux cas : celui de la liquidation judiciaire immédiate et celui de la liquidation judiciaire sur conversion. C'est ce que fait le décret du 23 décembre 2006, qui modifie l'article 312 du décret du 28 décembre 2005 (devenu C. com., art. R. 644-1). Son alinéa 1 prévoit en effet que, dans la liquidation judiciaire prononcée sur conversion d'une sauvegarde ou d'un redressement judiciaire, le rapport est inutile et, en conséquence, le tribunal peut, à l'occasion du jugement convertissant la procédure en liquidation judiciaire, décider de faire application des règles de la liquidation judiciaire simplifiée.

Il était originellement prévu que le jugement qui décide de l'application des règles de la liquidation judiciaire fasse l'objet des mesures de publicité prévues par l'article 63 du décret (D. 28 déc. 2005, art. 312, al. 2), c'est-à-dire les publicités prévues pour le jugement d'ouverture (v. s[s] n° 233.33). Il était donc notamment publié au *Bodacc*.

L'utilité de la publicité au *Bodacc*, laquelle est coûteuse, restait à démontrer[7], dès lors que les délais intéressant les tiers – revendication, déclaration des créances et tierce opposition – courent tous à compter de la publication au *Bodacc* du jugement d'ouverture.

Logiquement, le décret du 23 décembre 2006, après avoir indiqué que cette décision décidant de faire application des règles de la liquidation judiciaire simplifiée n'était pas susceptible de recours, a supprimé la publicité au *Bodacc*. L'article R. 644-1, alinéa 2 du code de commerce, qui résulte du décret du 23 décembre 2006, se contente de prévoir une mention aux registres ou répertoires visés à l'article R. 621-8 du code. De manière plus précise, le décret du 30 juin 2014[8] (art. 108) vise désormais les registres ou répertoires prévus aux trois premiers alinéas de l'article R. 621-8. Si le débiteur est commerçant, ce jugement sera ainsi mentionné d'office au registre du commerce et des sociétés (D. 30 mai 1984[9], art. 36-3, 13°, réd. décret du 28 décembre 2005, art. 353, 13°). L'argument tenant au surcoût du second jugement, pour justifier l'application de la liquidation judiciaire simplifiée dès le jugement

1. Sénéchal, note s[s] Avis, 10 juill. 2006, n° 00-60.008, *Bull. avis*, n° 5; *Gaz. proc. coll.* 2006/4, p. 22.
2. EN CE SENS AUSSI : Circ. 9 janv. 2006, NOR JUS C 06 20 008 – Froehlich et Sénéchal, « De l'ouverture et du déroulement de la liquidation judiciaire », *LPA* n° sp. 9 févr. 2006, n° 29, p. 4 s., sp. p. 10 et p. 48.
3. Avis, 10 juill. 2006, n° 00-60.008, *Bull. avis*, n° 5; *D.* 2006. AJ 2032, obs. Lienhard; *D.* 2007. pan. 43, obs. Le Corre; *Gaz. proc. coll.* 2006/4, p. 22, note Sénéchal; *JCP E* 2006. 379, p. 1509, note Roussel Galle; *JCP E* 2007, Chron. 1004, p. 21, n° 6, obs. Pétel; *Rev. proc. coll.* 2006/3, p. 254, n° 3, obs. Roussel Galle; *LXB* n° N2919ALP, note Le Corre.
4. D. n° 2006-1709, 23 déc. 2006, *JO* 29 déc., p. 19846.
5. Vallansan, note s[s] D. n° 2006-1709, 2 déc. 2006, *Act. proc. coll.* 2007/1, n° 7.
6. Theetten, « La liquidation judiciaire simplifiée après le décret du 23 décembre 2006 », *D.* 2007. 394 s., sp. 395.
7. Pérochon, « La liquidation judiciaire simplifiée », *Rev. proc. coll.* 2006/2, p. 191 s., sp. p. 196, 197, n° 34.
8. D. n° 2014-736, 30 juin 2014, *JO* 1er juill., p. 10834.
9. D. n° 84-406, 30 mai 1984, *JO* 31 mai, p. 1699.

d'ouverture de la liquidation judiciaire, n'a donc plus du tout la même portée que celle qu'il avait dans la rédaction d'origine du décret du 28 décembre 2005 [1].

L'ordonnance du 18 décembre 2008 [2] éclaircit considérablement le dispositif, en distinguant deux situations : l'application obligatoire des règles de la liquidation judiciaire simplifiée et l'application simplement facultative.

565.22 Décision se prononçant sur l'application des règles de la liquidation judiciaire simplifiée à titre obligatoire. Si l'application des règles de la liquidation judiciaire simplifiée est obligatoire, son application sera ordonnée dès le jugement d'ouverture, dès lors que le tribunal dispose des éléments lui permettant de vérifier que les conditions légales d'application à titre obligatoire de la liquidation judiciaire simplifiée sont réunies [3].

Si le tribunal n'a pas en sa possession les éléments pour apprécier l'éligibilité à la liquidation judiciaire simplifiée obligatoire, il appartiendra au président du tribunal de statuer sur cette application au vu du rapport établi par le liquidateur dans le mois de la liquidation judiciaire. L'article 105 du décret du 12 février 2009 [4] modifie la rédaction de l'article R. 644-1 du code de commerce, pour indiquer que le président du tribunal statue d'office au vu du rapport du liquidateur.

565.23 Décision se prononçant sur l'application des règles de la liquidation judiciaire simplifiée à titre facultatif. Si l'application des règles de la liquidation judiciaire simplifiée est facultative, une sous distinction doit être établie.

L'ordonnance du 18 décembre 2008 [5] fait passer en partie législative la précision apportée par le décret du 23 décembre 2006 [6]. Il est en effet prévu, au nouvel article L. 641-2-1, alinéa 2 du code de commerce, issu de la rédaction que lui donne cette ordonnance (ord. 18 déc. 2008, art. 96), que si la liquidation judiciaire est prononcée sur conversion, le tribunal statue sur l'application à titre facultatif des règles de la liquidation judiciaire simplifiée dans le jugement prononçant la liquidation judiciaire.

En revanche, en cas de liquidation judiciaire immédiate, il ne sera possible de statuer sur cette application qu'au vu du rapport sur la situation du débiteur, e doit établir le liqulateur, dans le mois de sa nomation. En ce cas, et e manière nouvelle, l'ordonnze de du 18 décemre 2008 prévoit que le préside du tribunal – et non plus le tribunal – statuera s l'application des règles de la liquidation judiciairdmplifiée. L'artic 105 du décret du 12 févrie 2009 [7] modifie la rdaction de l'article R. 644-1 code de commerc pour indiquer que le présidentı tribunal statue office au vu du rapport du liidateur.

565.24 asserelle entrdiquidation judiciaire simplifiét liquidation judiciaire générale – Fin d'applicaon des règles d la liquidation judiciaire simplifié Le législateur a prévu une possibilité de passerellentre le régime de la liquidation judiciaire simplifié t celui de la liquidation judiciaire générale. L'artcle L. 644-6 du code de commerce, disposition qu n'a subi aucune modification lors de l'ordonnance du 18 décembre 2008 [8], prévoit en ce sens que, « à tout moment, le tribunal peut décider, par un jugement spécialement motivé, de ne plus faire application des dérogations prévues au présent chapitre ». D'une autre manière, cela revient à affirmer que les règles spéciales de la liquidation judiciaire simplifiée seront écartées et que, en conséquence, les règles générales de la procédure classique de liquidation judiciaire devront à nouveau être appliquées, et cela même si, sous l'empire de l'ordonnance du 18 décembre 2008, la liquidation judiciaire simplifiée avait été appliquée à titre obligatoire [9].

L'article R. 644-4 alinéa 1 du code de commerce prévoit que lorsque le tribunal envisage de ne plus faire application des règles de la liquidation judiciaire simplifiée, il fait convoquer le débiteur par le greffier à comparaître dans le délai qu'il fixe, par lettre recommandée avec demande d'avis de réception.

Cette disposition ne semble implicitement prévoir qu'une saisine d'office du tribunal, un peu orchestrée par le rapport du liquidateur [10]. À moins qu'il ne faille comprendre que le rapport du liquidateur pour demander qu'il soit mis fin à l'application des règles de la liquidation judiciaire simplifiée soit

1. RAPPR. : Roussel Galle, « De quelques modifications du décret du 28 décembre 2005 pris en application de la loi de sauvegarde des entreprises par le décret du 23 décembre 2006 », *JCP E* 2007. 48, p. 3 s., sp. p. 4.
2. Ord. n° 2008-1345, 18 déc. 2008, préc.
3. Rapport au président de la République sur l'ordonnance n° 2008-1345 du 18 déc. 2008, *JO* 19 déc. 2008, Titre I, chap. IV-2, s[s] art. 95, 96.
4. D. n° 2009-160, 12 févr. 2009, préc.
5. Ord. n° 2008-1345, 18 déc. 2008, préc.
6. D. n° 2006-1709, 23 déc. 2006, préc.
7. D. n° 2009-160, 12 févr. 2009, préc.
8. Ord. n° 2008-1345, 18 déc. 2008, préc.
9. Lienhard, « Réforme du droit des entreprises en difficulté : présentation de l'ordonnance du 18 décembre 2008 », *D.* 2009. Chron. 110 s., sp. 119 – Pétel, « Le nouveau droit des entreprises en difficulté : acte II – commentaire de l'ordonnance n° 2008-1345 du 18 décembre 2008 », *JCP E* 2009. 1049, n° 21 – Pérochon, « À propos de la réforme de la liquidation judiciaire par l'ordonnance du 18 décembre 2008 », *Gaz. Pal.* 8-10 mars 2009, n° sp. p. 3 s., sp. p. 4, n° 5.
10. COMP. : J.-CL. COM., Vallansan et Beaubrun, fasc. 2702, [Liquidation judiciaire – Régime – Administration de l'entreprise – Liquidation judiciaire simplifiée], 2007, n° 94.

le mode de saisine du tribunal, qui serait alors l'œuvre exclusive du liquidateur... Retenir la première solution assurerait une cohérence par rapport aux règles qui président à l'application du régime de la liquidation judiciaire simplifiée, celle-ci devant intervenir d'office depuis le décret du 23 décembre 2006[1] (C. com., art. R. 644-1, al. 1).

L'alinéa 2 de ce même article R. 644-4 du code de commerce prévoit que le tribunal statue au vu du rapport du liquidateur. Il appartiendra à ce dernier d'expliquer en quoi les règles de la liquidation judiciaire simplifiée posent problème. Il s'agira en pratique de complications intervenues en cours de liquidation judiciaire, voire de difficultés préexistantes, mais sous estimées ou ignorées, par exemple des contentieux en cours, des créances s'avérant plus difficiles à recouvrer que cela était prévu, ou encore des réalisations d'actifs plus compliquées que cela avait été envisagé. Les délais de clôture (v. ss no 565.71) ne pourront plus alors être tenus. En outre, la découverte d'un actif immobilier pendant le cours de la liquidation judiciaire simplifiée conduit obligatoirement à l'abandon des règles de celle-ci. La volonté de rechercher la responsabilité pécuniaire des dirigeants pourra constituer également un des motifs, compte tenu de l'obligation de vérifier, en ce cas, toutes les créances, règle inconciliable avec la liquidation judiciaire simplifiée (v. aussi ss no 565.51).

Dans le silence des textes sur la question, le dépassement des délais de la liquidation judiciaire simplifiée – un an à compter du jugement de liquidation judiciaire, sauf renouvellement pour au plus trois mois (C. com., art. L. 644-5, al. 1 et al. 2) – semble devoir conduire de plein droit, et donc sans jugement spécial, à un retour automatique aux règles générales de la liquidation judiciaire[2].

L'alinéa 3 de l'article R. 644-4 du code de commerce prévoit des mesures de publicité de la décision mettant fin à l'application des règles de la liquidation judiciaire simplifiée. Dans sa rédaction d'origine, le décret exigeait des mesures de publicités identiques à celles intéressant le jugement d'ouverture (v. ss nos 233.33 et 233.34), et notamment une publication au *Bodacc*. L'article 67 du décret du 23 décembre 2006, qui modifie l'article R. 644-4 du code de commerce, supprime la publicité au *Bodacc*. Il ne laisse subsister que la mention sur les registres ou répertoires professionnels prévus à l'article R. 621-8 du code commerce. De manière plus précise, le décret du 30 juin 2014[3] (art. 110) vise désormais les registres et répertoires prévus aux trois premiers alinéas de l'article R. 621-8. C'est ainsi que si le débiteur est commerçant, le jugement mettant fin à l'application des règles de la liquidation judiciaire simplifiée est mentionné d'office au registre du commerce et des sociétés (D. 30 mai 1984[4], art. 36-3, 14°, réd. D. 28 déc. 2005, art. 353, 14°).

565.25 Voies de recours sur le jugement décidant l'application des règles de la liquidation judiciaire simplifiée[5] – Mesure d'administration judiciaire. Le jugement décidant d'appliquer les règles de la liquidation judiciaire simplifiée n'est pas un jugement d'ouverture, encore que ce concept soit parfois utilisé en doctrine[6]. Il ne porte pas atteinte aux droits des tiers. C'est pourquoi on cherchera *a priori* en vain l'intérêt à agir que pourra invoquer un créancier pour former une tierce opposition à l'encontre d'une telle décision.

Pour le débiteur, la liquidation judiciaire simplifiée présente essentiellement des avantages. C'est d'ailleurs pour lui qu'elle a été conçue. Ici encore, l'intérêt à former appel de cette décision peut être délicat à préciser. Si les actifs sont vendus à un prix insuffisant par rapport à ce qui ressortait de l'inventaire, la voie de la responsabilité civile du mandataire[7] semble plus exploitable que celle du recours à l'encontre de la décision de liquidation judiciaire simplifiée.

De manière très générale, il est possible d'analyser le jugement décidant d'appliquer les règles de la liquidation judiciaire simplifiée en un acte d'administration judiciaire. Ne s'agit-il pas fondamentalement d'accélérer le déroulement de la procédure ? Dès lors, ne peut-on décider que tout recours à son encontre doit être fermé ? C'est la solution qu'a adoptée le décret du 23 décembre 2006[8], en modifiant l'article R. 644-1 du code de commerce et en lui adjoignant un alinéa 2. Il faut remarquer la redondance réglementaire, l'article 537 du code de procédure civile, qui fixe le régime général des décisions d'administration judiciaire, excluant en effet tout recours contre ce type de décisions.

Observons que la lettre de l'article L. 644-6 du code de commerce, qui exige que la décision par laquelle il est mis fin à l'application des règles de la liquidation judiciaire simplifiée soit spécialement motivée, est peu compatible avec l'analyse que fait le décret (C. com., art. R. 644-4, al. 3, réd. D. 23 déc. 2006) en une mesure d'administration judiciaire.

1. D. no 2006-1709, 23 déc. 2006, préc.
2. Pérochon, « La liquidation judiciaire simplifiée », *Rev. proc. coll.* 2006/2, p. 191 s., sp. p. 199, no 43 – RAPPR. : Bolard, « Les fonctions des mandataires de justice », *Rev. proc. coll.* 2006/2, p. 205 s., sp. p. 207, no 14.
3. D. no 2014-736, 30 juin 2014, préc.
4. D. no 84-406, 30 mai 1984, préc.
5. SUR LA QUESTION : Pérochon, art. préc., sp. p. 198, nos 35 à 37.
6. Bolard, art. préc., sp. p. 207, no 14.
7. Pérochon, art. préc., sp. p. 193, no 11.
8. D. no 2006-1709, 23 déc. 2006, préc.

Si le jugement prononce la liquidation judiciaire et simultanément décide de faire application des règles de la liquidation judiciaire simplifiée, le recours ne pourra porter sur la partie du dispositif de la décision décidant l'application des règles de la liquidation judiciaire simplifiée. En revanche, il sera recevable sur la partie du jugement décidant la conversion en liquidation judiciaire. Il a été jugé, à cet égard, sous l'empire du décret du 28 décembre 2005[1], dans sa rédaction d'origine, anticipant sur la rédaction que lui a donnée le décret du 23 décembre 2006, que « l'exercice de la faculté par le tribunal ou la cour d'appel d'appliquer à la procédure les règles de la liquidation judiciaire simplifiée est une mesure d'administration non susceptible de recours; le moyen qui critique l'arrêt uniquement en ce qu'il a pris une telle décision est irrecevable »[2], encore qu'une juridiction ait pu accepter la recevabilité de l'appel sur la décision appliquant à tort la liquidation judiciaire simplifiée[3]. Et l'on aperçoit ici que la qualification choisie par le pouvoir réglementaire de « mesure d'administration judiciaire » peut apparaître choquante[4], puisqu'elle peut laisser sans sanction un excès de pouvoir, ce qui était, d'évidence, le cas en l'espèce[5]. Il a été toutefois observé que si les intérêts des personnes concernées par la procédure collective étaient affectés, le recours à l'article 6 § 1 de la Convention EDH – droit à un procès équitable et droit d'accès au juge – pourrait permettre de tourner la difficulté[6].

565.26 Voies de recours sur le jugement décidant de mettre fin à l'application des règles de la liquidation judiciaire simplifiée[7] – Mesure d'administration judiciaire. Assurant un parallélisme des formes par rapport au jugement décidant d'appliquer les règles de la liquidation judiciaire simplifiée, l'article [illegible] du décret du 23 décembre 2006[8], qui modifie l'article R. 644-4 du code de commerce, considère la décision de mettre fin à l'application des règles de la liquidation judiciaire simplifiée comme une mesure d'administration judiciaire. En conséquence, elle ne sera pas susceptible de recours[9].

565.27 Voies de recours sur le jugement de prorogation du délai d'examen de la clôture de la liquidation judiciaire simplifiée – Mesure d'administration judiciaire. Le jugement de prorogation du délai d'examen de la clôture de la liquidation judiciaire simplifiée constitue une mesure d'administration judiciaire. Il n'est pas susceptible de recours, fût-ce pour excès de pouvoir, de sorte que le jugement qui en prononce la rectification est lui-même non susceptible de recours.

SECTION 565.30

FONCTIONNEMENT GÉNÉRAL DE LA LIQUIDATION JUDICIAIRE SIMPLIFIÉE

565.31 Application de principe des règles de la liquidation judiciaire générale en liquidation judiciaire simplifiée. Comme la législation antérieure à la loi du 26 juillet 2005[10], qui prévoit que les règles du régime général du redressement judiciaire s'appliquent, sous réserve de dispositions particulières, au régime simplifié, l'article L. 644-1 du code de commerce, texte non modifié par l'ordonnance du 18 décembre 2008[11], prévoit l'application des dispositions de la liquidation judiciaire – sous-entendant celles du régime général – sous réserve des dispositions du présent chapitre IV, c'est-à-dire celles de la liquidation judiciaire simplifiée. La liquidation judiciaire simplifiée n'est donc pas, ainsi que cela a été relevé, une procédure autonome[12], mais une simple variante de la liquidation judiciaire, qui « s'inscrit dans le mouvement très marqué de diversification des procédures collectives »[13] opéré par la loi de sauvegarde.

1. D. n° 2005-1677, 28 déc. 2005, préc.
2. Com. 4 mars 2008, n° 07-10.033, *Bull. civ.* IV, n° 51; n° 341 FS-P+B; *D.* 2008. AJ 847, note Lienhard; *D.* 2008. Chron. C. cass. 1233, n° 5, note Orsini; *Gaz. proc. coll.* 2008/3, p. 39, note crit. Voinot; *Act. proc. coll.* 2008/7, n° 117, note Staes; *Dr. sociétés* 2008/6, p. 25, n° 127, note Legros; *JCP E* 2008, Chron. 2062, n° 7, obs. M. Cabrillac; *Rev. proc. coll.* 2008, p. 50, n° 52, note Gorrias; *RTD com.* 2008. 631, n° 10, obs. Martin-Serf; *Defrénois* 2009. 38894, p. 350, n° 4, note Gibirila; *LXB hebdo* 20 mars 2008, n° 297, n° N4524BEB, note Le Corre.
3. Douai, 2e ch., 2e sect. 5 avr. 2011, RG n° 10/05540, *JCP E* 2011. 1552, obs. Lebel.
4. EN CE SENS AUSSI : Staes, note ss Com. 4 mars 2008, n° 07-10.033; n° 341 FS-P+B; *Act. proc. coll.* 2008/7, n° 117 – Pérochon, « À propos de la réforme de la liquidation judiciaire par l'ordonnance du 18 décembre 2008 », *Gaz. Pal.* 8-10 mars 2009, n° sp. p. 3 s., sp. p. 5, n° 11.
5. EN CE SENS AUSSI : M. Cabrillac, obs. ss Com. 4 mars 2008, n° 07-10.033; n° 341 FS-P+B; *JCP E* 2008, Chron. 2062, n° 7.
6. Staes, note ss Com. 4 mars 2008, n° 07-10.033; n° 341 FS-P+B; *Act. proc. coll.* 2008/7, n° 117 – Pérochon, « À propos de la réforme de la liquidation judiciaire par l'ordonnance du 18 décembre 2008 », *Gaz. Pal.* 8-10 mars 2009, n° sp. p. 3 s., sp. p. 6, n° 12 – PÉROCHON, 9e éd., n° 1156.
7. SUR LA QUESTION : Pérochon, « La liquidation judiciaire simplifiée », *Rev. proc. coll.* 2006/2, p. 191 s., sp. p. 198, n° 35 à 37.
8. D. n° 2006-1709, 23 déc. 2006, préc.
9. Com. 9 juill. 2013, n° 12-13.193, *Bull. civ.* IV, n° 118; n° 763 F-P+B; *Gaz. Pal.* 29 sept. 2013, n° 272, p. 6, note Voinot; *Rev. proc. coll.* 2014, comm. 4, note Cagnoli.
10. L. n° 2005-845, 26 juill. 2005, préc.
11. Ord. n° 2008-1345, 18 déc. 2008, préc.
12. Pérochon, « La liquidation judiciaire simplifiée », *Rev. proc. coll.* 2006/2, p. 191, n° 1.
13. Pérochon, art. préc. – *Adde,* Exp. Motifs, Ass. nat n° 1596, 12 mai 2004, p. 3 – Monsérié-Bon, « La diversification des liquidations judiciaires », *Rev. proc. coll.* 2005/4, p. 367.

Les règles particulières tiennent à des modalités particulières de vente des biens du débiteur, une vérification des créances allégée, l'établissement d'un projet de répartition par le liquidateur et une clôture accélérée de la procédure. L'ordonnance du 12 mars 2014[1] conduit à quelques observations complémentaires relatives aux mesures conservatoires.

565.32 **Établissement de l'inventaire.** Les textes antérieurs à l'ordonnance du 12 mars 2014[2] ne comportaient aucune précision sur les règles d'établissement de l'inventaire. Le droit commun des règles de la liquidation judiciaire était en conséquence applicable, en vertu de l'article L. 644-1 du code posant ce principe.

L'article 61 de l'ordonnance du 12 mars 2014 modifie la solution. Le dernier alinéa du II de l'article L. 641-1 est complété par l'expression « sans préjudice de l'application de l'article L. 641-2 ». Il faut comprendre que des règles particulières vont régir l'établissement de l'inventaire et de la prisée de l'actif du débiteur dans la liquidation judiciaire simplifiée à titre obligatoire.

Pour éviter l'écueil tenant à l'augmentation du coût de la procédure collective, l'article 63 de l'ordonnance du 12 mars 2014 prévoit, en modifiant la rédaction de l'alinéa 2 de l'article L. 641-2, la possibilité que le tribunal confie au liquidateur le soin de réaliser l'inventaire. L'article R. 663-27-1 (réd. D. 30 juin 2014[3], art 126) lui alloue 100 euros, ce qui est un montant extrêmement faible au regard du coût de l'inventaire confié à un autre professionnel. Insistons sur le fait que la solution est facultative et qu'il conviendra que le tribunal apporte la précision dans le jugement statuant sur la liquidation judiciaire simplifiée. En outre, la solution ne sera applicable que lorsque le tribunal aura, en décidant de la liquidation judiciaire simplifiée, les éléments lui permettant d'appliquer les règles de la liquidation judiciaire simplifiée. En pratique, il s'agira de l'application obligatoire de la liquidation judiciaire simplifiée le plus souvent dans le jugement de conversion en liquidation judiciaire. En effet, le tribunal aura rarement, s'il statue sur une liquidation judiciaire immédiate, les éléments d'appréciation. Si le tribunal n'a pas les éléments lui permettant de statuer sur l'applicabilité des règles de liquidation judiciaire simplifiée, et si, par voie de conséquence, une ordonnance du président du tribunal intervient ultérieurement pour décider d'appliquer les règles de la liquidation judiciaire simplifiée, l'inventaire sera réalisé dans les conditions classiques. Il ne pourra l'être, à notre sens, par le liquidateur, seul le dernier alinéa du II de l'article L. 641-1 du code de commerce étant alors applicable[4].

> La loi de modernisation de la justice du XXIe siècle modifie une nouvelle fois les solutions. L'article L. 641-2, alinéa 2, vient indiquer que l'inventaire sera établi « s'il y a lieu ». S'il n'y a rien à inventorier, *il n'y a pas place à établissement* d'un inventaire, dans la procédure de liquidation judiciaire simplifiée obligatoire. À lire le texte, l'inventaire resterait donc obligatoire dans la liquidation judiciaire simplifiée facultative. Il faut en réalité comprendre qu'il ne sera pas plus obligatoire dans la liquidation judiciaire simplifiée facultative que dans la liquidation judiciaire du régime général (v. ss no 462.31). Pas d'inventaire s'il n'y a rien à inventorier. Cette disposition sera inapplicable aux procédures en cours au jour de la publication de la loi de modernisation de la justice du XXIe siècle.

565.33 **Prisée des biens du débiteur.** Si le tribunal, dans le jugement de liquidation judiciaire, se prononce sur l'application à titre obligatoire de la liquidation judiciaire simplifiée et confie au liquidateur le soin de réaliser l'inventaire, la prisée des biens du débiteur n'est plus obligatoire. En ce sens, l'article 81 de l'ordonnance du 12 mars 2014[5] prévoit, en créant un article L. 644-1-1 que « si la valeur des biens le justifie, le juge-commissaire désigne aux fins de réaliser la prisée de l'actif, l'une des personnes mentionnées au dernier alinéa du II de l'article L. 641-1 ». Il faut donc comprendre, *a contrario*, que le principe sera celui de l'absence de prisée. Au cas par cas, il conviendra de faire la prisée. Cette dernière ne nous semble devoir porter que sur le ou les biens le justifiant. Autrement dit, si figurent parmi les actifs du débiteur, plusieurs biens d'inégale valeur, la prisée ne sera effectuée que pour le bien d'une valeur le justifiant. Une appréciation sera portée par le liquidateur, qui aura effectué l'inventaire, sur l'utilité de la prisée, le liquidateur déterminant également la portée de la prisée.

Si la prisée est décidée, le juge-commissaire désigne, en tenant compte du type de biens à évaluer, le professionnel parmi les commissaires-priseurs, huissiers, notaires ou courtiers en marchandises assermentés. Ajoutons qua loi du 6 août 2015[6], dite loi Macron, a fusionné les professions de commissaires-priseurs judiciaires et d'huissiers de justice, sous l'appellation de commissaires de justice.

Pour tenir compte de cette désignation par le juge-commissaire, l'article L. 663-1, 5° du code de

1. Ord. no 2014-326, 12 mars 2014, *JO* 14 mars, p. 5249.
2. Ord. no 2014-326, 12 mars 2014, préc.
3. D. no 2014-736, 30 juin 2014, préc.
4. AUSSI : PÉROCHON, 10e éd., no 1226.
5. Ord. no 2014-326, 12 mars 2014, préc.
6. L. no 2015-990, 6 août 2015, *JO* 7 août, p. 13537, dite loi Macron.

commerce, texte relatif à l'avance des fonds par le Trésor public, est modifié (Ord. 12 mars 2014, art. 94).

SECTION 565.40
MODALITÉS PARTICULIÈRES DE VENTE DES BIENS DU DÉBITEUR

565.41 Règles de réalisation des actifs en liquidation judiciaire simplifiée sous l'empire de la loi de sauvegarde des entreprises [1] dans sa rédaction d'origine. La procédure de liquidation judiciaire simplifiée présuppose qu'il n'y ait pas cession d'entreprise.

Les réalisations d'actifs ici en cause ne concernent que des meubles, la présence d'un immeuble interdisant le recours à la procédure simplifiée.

Dans la liquidation judiciaire du régime général, le juge-commissaire ordonne la vente aux enchères publiques ou autorise la vente de gré à gré des biens meubles. Dans la liquidation judiciaire simplifiée, l'intervention du juge-commissaire n'est, *a priori*, plus requise pour la vente des meubles. C'est le liquidateur qui procède aux ventes de gré à gré ou aux enchères publiques dans les trois mois de la publication du jugement de liquidation judiciaire simplifiée (C. com., art. L. 644-2, al. 1). Ce délai a été préféré à celui de trois mois courant du jour du jugement d'ouverture pour le faire coïncider avec celui des actions en revendication [2].

Une première question se pose alors : « ce jugement » visé à l'article L. 644-2, alinéa 1 du code, à compter de la publication duquel commence à courir le délai de trois mois, est-il le jugement de liquidation judiciaire simplifiée ou le jugement de liquidation ? La construction du texte de l'article L. 644-2, alinéa 1 fait apparaître que le jugement visé par le texte est celui par lequel « le tribunal décide de l'application du présent chapitre », c'est dire le jugement de liquidation judiciaire simplifiée et non le jugement de liquidation. Les travaux parlementaires sont clairement en ce sens [3], cependant que les auteurs sont divisés sur la question [4]. Le décret du 25 mars 2007 [5], qui a modifié l'article R. 644-1 du code de commerce, fait toutefois naître une sérieuse difficulté : en effet, l'article R. 644-1 alinéa 2 du code de commerce ne prévoit plus la publication du jugement au *Bodacc*, *mais seulement une mention* au registre et répertoire visés à l'article R. 621-8 du code de commerce. Faut-il dès lors considérer que le délai de trois mois court de l'accomplissement de cette formalité ? Il a été suggéré de répondre par l'affirmative [6]. L'opinion nous semble devoir être suivie. La mention à un registre public doit recevoir l'appellation de mesure de publicité.

Une deuxième question peut se poser de savoir si les cessions de gré devront respecter les règles restrictives applicables aux personnes qui ne sont pas des tiers par rapport au débiteur. La solution n'est pas certaine, même s'il a été apporté une réponse positive à la question [7]. En effet, si l'article L. 642-20 du code est une disposition commune au plan de cession (C. com., art. L. 642-3) et aux règles gouvernant la réalisation isolée des meubles en liquidation (C. com., art. L. 642-19), elle n'est pas explicitement applicable en liquidation judiciaire simplifiée. Cette analyse doit cependant être rejetée, car le principe de solution est clairement posé par l'article L. 644-1 du code de commerce : « La procédure de liquidation judiciaire simplifiée est soumise aux règles de la liquidation judiciaire, sous réserve des dispositions du présent chapitre ». Ce texte conduit à rendre ici applicable les règles d'interdiction posées dans le cadre de la liquidation judiciaire du régime général.

À l'intérieur de ce délai de trois mois, il nous semble que les biens peuvent être vendus aux enchères publiques sans autorisation du juge-commissaire [8]. Cette solution doit être posée même si le texte (C. com., art. L. 644-2) dispose « à l'issue de cette période de trois mois », ce qui peut autoriser l'interprétation contraire obligeant à un recours au droit commun, c'est-à-dire à la nécessité de l'ordonnance du juge-commissaire. Décider le contraire rendrait très surprenante l'observation que, passé le délai de trois mois, aucune autorisation du juge-commissaire n'est nécessaire pour vendre les biens aux enchères.

1. L. n° 2005-845, 26 juill. 2005, préc.
2. Amend. n° 190, Interv. Xavier de Roux, *JOAN CR*, 3e séance du 8 mars 2005, p. 1790.
3. *Rapp. J.-J. Hyest*, n° 335, doc. Sénat, p. 438.
4. EN CE SENS : Pérochon, « La liquidation judiciaire simplifiée », *Rev. proc. coll.* 2006/2, p. 191 s., sp. p. 193, n° 10 et note 27 – Froehlich et Sénéchal, Lucas et Lécuyer (dir.), *La réforme des procédures collectives...*, Lgdj, 2006, p. 401 – J.-CL. COM., Vallansan et Beaubrun, fasc. 2702, [Liquidation judiciaire – Régime – Administration de l'entreprise – Liquidation judiciaire simplifiée], 2007, n° 96 – Dans le sens opposé, ROUSSEL GALLE, 2e éd., 2007, n° 802.
5. D. n° 2007-431, 25 mars 2007, *JO* 27 mars, p. 5648.
6. Theetten, « La liquidation judiciaire simplifiée après le décret du 23 décembre 2006 », *D.* 2007. 394 s., sp. 395.
7. Pérochon, « La liquidation judiciaire simplifiée », *Rev. proc. coll.* 2006/2, p. 191 s., sp. p. 194, nos 13, 14.
8. *Rapp. J.-J. Hyest*, n° 335, p. 438 – EN CE SENS AUSSI : Froehlich et Sénéchal, Lucas et Lécuyer (dir.), *La réforme des procédures collectives...*, Lgdj, 2006, p. 401 – Pérochon, « La liquidation judiciaire simplifiée », *Rev. proc. coll.* 2006/2, p. 191 s., sp. p. 194, n° 10 – PÉROCHON ET BONHOMME, 7e éd., n° 438 – SAINT-ALARY-HOUIN, 5e éd., n° 1243 – LIENHARD, 2e éd., 2007, n° 2203 – VALLENS, 2007, n° 4112 – J.-CL. COM., Vallansan et Beaubrun, fasc. 2702, [Liquidation judiciaire – Régime – Administration de l'entreprise – Liquidation judiciaire simplifiée], 2007, n° 96.

Cette solution, qu le service de doentation et d'études de la Cour le cassation a e se raisonnable[1], apparaî opportune, puisqu'e eule permet d'éviter une dépr ciation des bien vendre et des frais de gardiennage pouvant abso la valeur de l'actif[2], contraires aux intérêts de to i ce n'est l'acquéreur, que le exte n'a pas vocatio emière à protéger. La solution nous semble pouv tre justifiée par l'évolution u texte au cours travaux préparatoires. Il n'y avit, en l'état du te adopté à l'Assemblée nationale, aucun contrôle diction- nel sur les ventes, ce qu était curieux a egard de l'évolution générale de la matière. La c mission des lois du Sénat[3], tenant compte de cet tritique[4], a proposé un amendement obligeant le bunal à déterminer les biens qui seront suscepti s d'être vendus de gré à gré dans le délai de tro mois du prononcé de la liquidation judiciaire. Ce e précision est contenue à l'article L. 644-2, alinéa 1 du code de commerce.

Le principe est donc celui de la vente aux enchères publiques, qui sera seule applicable lorsque le tribunal n'aura pas apporté ces précisions. Dès lors que le tribunal est intervenu en amont pour décider que, par exception au principe de la vente aux enchères, les biens pourront être vendus de gré à gré, il faut semble-t-il comprendre que l'autorisation du juge-commissaire n'est jamais obligatoire, le contrôle n'étant ici exercé que par le tribunal, non par le juge-commissaire.

À l'issue du délai de trois mois qui court, depuis le décret du 23 décembre 2006[5], à compter de la mention aux registres ou répertoires professionnels du jugement décidant d'appliquer les règles de la liquidation judiciaire simplifiée, les biens non encore vendus sont obligatoirement réalisés aux enchères publiques (C. com., art. L. 644-2, al. 2). Rien n'interdit toutefois à un créancier inscrit sur un bien meuble de reprendre son droit de poursuite individuelle si le liquidateur n'a pas entrepris la vente du bien grevé dans le délai de trois mois[6], qui court à compter du jugement de liquidation judiciaire et non de sa publication.

L'accélération des réalisations d'actifs est nécessairement considérable.

1. *D.* 2006. dern. act. 1036.
2. Lizé, « Les solutions vues par un mandataire judiciaire – plan de cession, liquidation judiciaire générale, liquidation judiciaire simplifiée issus de la loi du 26 juillet 2005 et du décret du 28 décembre 2005 », *Rev. proc. coll.* 2006/2, p. 200 s., sp. p. 203.
3. *Rapp. J.-J. Hyest*, n° 335, p. 438.
4. Le Corre, « La situation générale du débiteur dans l'avant-projet de réforme des entreprises en difficulté », *Gaz. Pal.* 10-11 déc. 2003, Doctr. 13 s., sp. p. 24, n° 33.
5. D. n° 2006-1709, 23 déc. 2006, préc.
6. Vallens, 2007, n° 4112.

Le débiteur et les contrôleurs n'ont pas à être consultés, compte tenu, a-t-on dit, de la faible valeur des actifs[7]. Que décider, en revanche, si un actif mobilier de valeur – on pense spécialement au fonds de commerce – figure dans les actifs ? Il nous semble que la protection du débiteur, mais aussi de ses créanciers, commande la conversion en procédure de liquidation judiciaire générale, par application de l'article L. 644-6 du code de commerce. Il a aussi été suggéré de consulter, en pareil cas, le débiteur et les contrôleurs, malgré l'absence d'exigence légale[8].

565.42 Présentation générale des règles de réalisation des actifs en liquidation judiciaire simplifiée sous l'empire de la loi de sauvegarde des entreprises[9] dans la rédaction donnée par l'ordonnance du 18 décembre 2008[10]. Parmi les conditions d'application des règles de la liquidation judiciaire simplifiée, qui ont été préalablement exposées, figure l'absence de biens et droits immobiliers dans les actifs du débiteur. Cette condition posée sous l'empire de la législation de sauvegarde des entreprises n'a pas été modifiée par l'ordonnance du 18 décembre 2008. En revanche, cette dernière introduit un distinguo, dans les conditions de vente des meubles du débiteur, sous le régime de la liquidation judiciaire simplifiée. L'article L. 644-2 du code de commerce est complètement réécrit par l'ordonnance du 18 décembre 2008 (ord. 18 déc. 2008, art. 126).

Le 1° de l'article 126 de cette ordonnance, qui procède à la réécriture de l'article L. 644-2, alinéa 1 du code de commerce, s'intéresse à la vente des biens du débiteur, dans l'hypothèse de la liquidation judiciaire simplifiée décidée en application de l'article L. 641-2 du code, dans la rédaction que lui donne l'ordonnance du 18 décembre 2008 (ord. 18 déc. 2008, art. 95). Il s'agit de la liquidation judiciaire simplifiée obligatoire.

Le 2° de l'article 126 de l'ordonnance du 18 décembre 2008, qui procède à la réécriture de l'article L. 644-2, alinéa 2 du code de commerce, a trait, pour sa part, à la vente des biens du débiteur, dans l'hypothèse de la liquidation judiciaire simplifiée décidée en application de l'article L. 641-2-1 du code, tel qu'issu de l'ordonnance du 18 décembre 2008 (ord. 18 déc. 2008, art. 96). Il s'agit de la liquidation judiciaire simplifiée facultative.

565.43 Vente des biens du débiteur dans la liquidation judiciaire simplifiée obligatoire avant l'ordonnance du 12 mars 2014[11]. L'article L. 644-2,

7. *Rapp. Xavier de Roux*, n° 2095, p. 403.
8. Vallens, 2007, n° 4112.
9. L. n° 2005-845, 26 juill. 2005, préc.
10. Ord. n° 2008-1345, 18 déc. 2008, préc.
11. Ord. n° 2014-326, 12 mars 2014, préc.

alinéa 1 du code de commerce, dans sa rédaction issue de l'ordonnance du 18 décembre 2008[1] (ord. 18 déc. 2008, art. 126, 1°), réglemente la vente des biens du débiteur, dans la liquidation judiciaire simplifiée décidée à titre obligatoire. Selon ce texte, il appartient au liquidateur de vendre les biens mobiliers de gré à gré ou aux enchères publiques. Le choix lui appartient. Il a ici « carte blanche »[2]. Il n'a pas à solliciter d'autorisation du juge-commissaire, l'article L. 644-2, alinéa 1 du code de commerce prenant, à cet égard, le soin de préciser que les réalisations d'actifs sont ici effectuées « par dérogation aux dispositions de l'article L. 642-19 » du code. Il peut même vendre les biens du débiteur, avant établissement de l'inventaire[3], lequel reste obligatoire dans la liquidation judiciaire simplifiée facultative. La solution n'est toutefois pas sans risque pour le liquidateur, qui expose à engager sa responsabilité, en vendant, par exemple, un bien susceptible de revendication.

Le liquidateur dispose d'un délai de trois pour procéder à la réalisation des meubles du débiteur, qui court à compter du jugement de liquidation judiciaire. Il faut à cet égard rappeler que, lorsque la liquidation judiciaire simplifiée est obligatoire, son application est ordonnée dès le jugement d'ouverture si le tribunal dispose des éléments lui permettant de vérifier que les conditions légales d'application à titre obligatoire de la liquidation judiciaire simplifiée sont réunies[4]. En revanche, si le tribunal n'a pas en sa possession les éléments pour apprécier l'éligibilité à la liquidation judiciaire simplifiée obligatoire, il appartient au président du tribunal de statuer sur cette application au vu du rapport établi par le liquidateur dans le mois de la liquidation judiciaire. En cette hypothèse, le délai de trois mois offert au liquidateur pour réaliser les biens du débiteur sera amputé d'un mois[5]. Deux mois pour réaliser les actifs, cela risque d'être un peu court[6]. Il aurait sans doute fallu faire courir le délai de trois mois de la date à laquelle il a été décidé d'appliquer les règles de la liquidation judiciaire simplifiée.

L'alinéa 2 de l'article L. 644-2 du code de commerce a été conservé par l'ordonnance du 18 décembre 2008. Il prend le soin de prévoir que, à l'issue du délai dis mois imparti auliquidateur pour vendre lesns du débiteur, le biens non réalisés le serontgatoirement sous l forme de la vente aux enchèr

565.4Vente des biens dudébiteur dans la liquidatioidiciaire simplifié facultative avant l'ordomce du 12 mars 201[7]. L'article L. 644-2, alinéalu code de commece, dans sa rédaction issue cordonnance du 18décembre 2008[8] (ord. 18 déc008, art. 126, 2°) réglemente la vente des biens débiteur, dans la liquidation judiciaire simplifiéecidée à titre facutatif.

Si laquidation judiciaire est prononcée sur conversiole tribunal statue sur l'application à titre facultà des règles de la liquidation judiciaire simplifiéeans le jugement prononçant la liquidation judiciae. En ce cas, le tribunal détermine, dans le jugement de conversion, les biens du débiteur qui pourront faire l'objet d'une cession de gré à gré (C. com., art. L. 644-2, al. 2, réd. ord. 18 déc. 2008, art. 126, 2°).

Précisons que le jugement ordonnant, dans une liquidation judiciaire simplifiée, la vente du fonds de commerce, n'interdit nullement au bailleur de poursuivre la résiliation de son bail[9]. La résiliation peut en effet n'être acquise qu'après et avant la signature des actes de cession, date du transfert de propriété du fonds de commerce.

En cas de liquidation judiciaire immédiate, il ne sera possible de statuer sur l'application des règles de la liquidation judiciaire qu'au vu du rapport sur la situation du débiteur, que doit établir le liquidateur, dans le mois de sa nomination. En ce cas, le président du tribunal, en statuant sur l'application des règles de la liquidation judiciaire simplifiée, déterminera les biens susceptibles d'être vendus de gré à gré (C. com., art. L. 644-2, al. 3, réd. ord. 18 déc. 2008, art. 126, 2°). Le délai de trois mois pour vendre les biens de gré à gré court ici de la décision d'application des règles de la liquidation judiciaire simplifiée. Le raccourcissement constaté dans la liquidation judiciaire simplifiée obligatoire (v. s[s] n° 565.43) n'existe pas ici.

Sous cette réserve, énonce l'article L. 644-2, alinéa 3 du code de commerce, les biens sont vendus aux enchères publiques. L'expression « sous réserve » permet de comprendre d'abord que les biens non

1. Ord. n° 2008-1345, 18 déc. 2008, préc.
2. Pérochon, « À propos de la réforme de la liquidation judiciaire par l'ordonnance du 18 décembre 2008 », *Gaz. Pal.* 8-10 mars 2009, n° sp. p. 3 s., sp. p. 6, n° 13.
3. Pérochon, art. préc., sp. p. 6, n° 14.
4. Rapport au président de la République sur l'ordonnance n° 2008-1345 du 18 déc. 2008, *JO* 19 déc. 2008, Titre I, chap. IV-2, s[s] art. 95, 96.
5. AUSSI : Pérochon, art. préc., sp. p. 7, n° 15.
6. AUSSI, sur cette observation : Voinot, « L'ouverture des procédures collectives », *Gaz. proc. coll.*, n° sp. 6-7 mars 2009, p. 10 s., sp. p. 14.
7. Ord. n° 2014-326, 12 mars 2014, préc.
8. Ord. n° 2008-1345, 18 déc. 2008, préc.
9. Com. 21 févr. 2012, n° 11-11.512, *Bull. civ.* IV, n° 42; n° 217 F-P+B; *D.* 2012. Actu 607, note Lienhard; *Gaz. Pal.* 28 avr. 2012, n° 118, p. 20, note Kendérian; *Act. proc. coll.* 2012, comm. 99, note Vallansan; *JCP E* 2012, Chron. 1227, n° 10, obs. Pételetc; *BJE* mai 2012, comm. 86, p. 155, note Benilsi; *Rev. proc. coll.* 2012, comm. 131, note Roussel Galle.

visés dans le jugenent du tribunaldans l'ordonnance présidentille, selon le cas, ront être vendus aux enchères publiques. Elle pet aussi d'affirmer que, pasé le délai de trois mois biens seront nécessairement vendus aux enchs. Elle permet enfin de considérer qu'il n'y a pas obstacle à vendre, selon la forme de la vente aenchères, les biens, à l'intérier-même du délai trois mois[1].

565.45 Uniforisation des règ de vente des biens du débiteur ans la liquidon judiciaire simplifiée depuis l'odonnance du mars 2014[2]. L'ordonnance du 18 lécembre 20[3] avait introduit un distinguo, dans les conditis de vente des meubles du débiteur, sous le régin de la liquidation judiciaire simplifiée.

L'article 82 de l'ordonnance du 12 mars 2014 apporte des modifications multiples à la réglementation antérieure, qui conduisent à simplifier la liquidation judiciaire... simplifiée, ce qui ne sarait déplaire.

Ce texte supprime, au regard des rèles de vente des biens du débiteur, la distinction entre les règles de la liquidation judiciaire simplifiée oligatoire et celles de la liquidation judiciaire simplifie facultative. Pour cela, d'une part, il procède à la réécriture du premier alinéa de l'article L. 644-2, qui n'intéressait que la liquidation judiciaire simplifiée obligatoire, et à la suppression du deuxième alinéa de l'article L. 644-2, qui, pour sa part, n'intéressait que la liquidation judiciaire simplifiée facultative.

Dans les deux cas, précise le 1er alinéa de l'article L. 644-2, le liquidateur procède à la vente des biens mobiliers de gré à gré ou aux enchères publiques. Il dispose pour cela d'un délai de quatre mois qui court de la décision ordonnant la procédure simplifiée.

SECTION 565.50

VÉRIFICATION ALLÉGÉE DES CRÉANCES

565.51 Vérification des créances allégée en liquidation judiciaire simplifiée. La vérification des créances, qui contribue dans nombre de procédures actuelles à ralentir le paiement des créanciers et l'obtention de la clôture de la procédure, est très allégée en liquidation judiciaire simplifiée. Dans la liquidation judiciaire générale, l'article L. 641-4, alinéa 2 prévoit qu'« il n'est pas procédé à la vérification des créances chirographaires s'il apparaît que le produit de la réalisation de l'actif sera antérieurement absorbé par les frais de justice et les créances privilégiées, à moins que, s'agissant d'une personne morale, il n'y ait lieu de mettre à la charge des dirigeants sociaux de droit ou de fait, rémunérés au non, tout ou partie du passif conformément à l'article L. 651-2 et L. 652-1 ».

L'article L. 644-3 du code, qui n'a pas été modifié par l'ordonnance du 18 décembre 2008[4], va beaucoup plus loin. Plutôt qu'une dispense de vérification des créances, on pourrait parler d'une obligation très limitée de vérification des créances. Le principe apparaît en effet inversé. Il ne sera procédé à la vérification que des seules créances susceptibles de venir en rang utile dans les répartitions. Cependant, les créances salariales doivent obligatoirement être vérifiées.

L'obligation de vérifier les créances lorsqu'il est envisagé de condamner le dirigeant en responsabilité pour insuffisance d'actif ou, avant l'ordonnance du 18 décembre 2008, à l'obligation aux dettes sociales, nous semble faire obstacle à l'utilisation des règles de la procédure de liquidation judiciaire simplifiée[5]. Il ne nous apparaît pas possible de continuer à utiliser les règles de la liquidation judiciaire si toutes les créances doivent être vérifiées, l'opinion contraire ayant toutefois été soutenue[6]. Il semble qu'il y ait ici place à un retour aux règles générales de la liquidation judiciaire (v. aussi ss no 672.12).

L'idée de dispenser de vérifier les créances ne venant pas en rang utile est bonne, car il est bien inutile et bien dispendieux de vérifier un passif pour le plaisir. Toutefois, sa mise en œuvre risque de se révéler délicate, car le liquidateur devra classer les créances entre elles, pour savoir celles qui viennent en rang utile, ce qui est difficile sans vérification[7]. Il faudra qu'il fasse une projection du produit maximal des réalisations et du montant minimal des créances privilégiées, le plus souvent de premier rang[8]. Il a justement été observé qu'il y avait là une inversion des opérations, puisque logiquement, on doit d'abord vérifier les créances pour ensuite savoir celles qui viennent en rang utile[9].

1. Texier et Russo, « Le nouveau droit des entreprises en difficulté après l'ordonnance du 18 décembre 2008 et son décret d'application du 12 février 2009 », *LPA* 2 mars 2009, no 43, p. 3 s., sp. p. 10, no 27 – Berthelot, « Les aménagements de la liquidation judiciaire issus de l'ordonnance du 18 décembre 2008 », *JCP E* 2009. 1312, no 16.
2. Ord. no 2014-326, 12 mars 2014, préc.
3. Ord. no 2008-1345, 18 déc. 2008, préc.
4. Ord. no 2008-1345, 18 déc. 2008, préc.
5. EN CE SENS AUSSI : ROUSSEL GALLE, 2e éd., no 806.
6. Pérochon, « La liquidation judiciaire simplifiée », *Rev. proc. coll.* 2006/2, p. 191 s., sp. p. 194, no 16.
7. Sénéchal, « La liquidation judiciaire simplifiée dans la loi de sauvegarde des entreprises », *Gaz. Pal.* 7-8 sept. 2005, no sp., p. 46 s., sp. p. 47.
8. Pérochon, « La liquidation judiciaire simplifiée », *Rev. proc. coll.* 2006/2, p. 191 s., sp. p. 195, no 18.
9. Sénéchal, art. préc., sp. p. 47, no 5 – Pérochon, art. préc., sp. p. 195, no 17.

SECTION 565.60
PROJET DE RÉPARTITION PAR LE LIQUIDATEUR

565.61 Établissement d'un projet de répartition dans la liquidation judiciaire simplifiée sous l'empire de la loi de sauvegarde des entreprises[1] dans sa rédaction d'origine. La loi du 26 juillet 2005 (C. com., art. L. 644-4, al. 1) prévoit utilement, à notre sens, l'établissement d'un projet de répartition dans la liquidation judiciaire simplifiée, alors que le dispositif n'existe pas dans la liquidation judiciaire du régime général. Dans la législation précédente, il existe la procédure d'ordre lorsqu'il s'agit de distribuer le prix de vente d'un immeuble. En revanche, aucun texte n'édicte l'obligation de préparer un projet de répartition du prix de vente de biens meubles. Des difficultés se présentent alors pour le créancier qui, à tort, n'a pas été payé. Le créancier est contraint d'agir en répétition de l'indu ou en responsabilité contre le mandataire judiciaire (v. s[s] n° 591.51).

Le dispositif institué nous semble au contraire interdire la recherche de la responsabilité du liquidateur[2], le créancier intéressé pouvant contester en amont le projet de répartition (v. s[s] n° 565.64). Il est simplement dommage que le législateur ait limité le dispositif à la procédure qu'il appelle simplifiée[3].

La lettre de l'article L. 644-4, alinéa 1 du code de commerce, légèrement retouchée par l'ordonnance du 18 décembre 2008[4], sans conséquence de fond, fait apparaître que le projet de répartition n'est obligatoire que si des répartitions sont envisagées. En effet, il fait suite à une vérification et à une admission des créances susceptibles de venir en rang utile dans les répartitions. Si des répartitions au profit des créanciers ne sont pas envisagées, la vérification des créances autres que salariales ne s'impose pas. Dès lors, le projet de répartition est lui-même inutile.

L'esprit général de ce projet de répartition est calqué sur la technique des distributions mobilières de l'article 1281-4 du code de procédure civile[5]. Le liquidateur devra déposer son projet de répartition au greffe du tribunal qui a ouvert la procédure. Ce dépôt fait l'objet d'une publicité, sous la forme d'un avis de dépôt publié au *Bodacc* et dans un journal d'annonces légales (C. com., art. R. 644-2, al. 1). Tout intéres:ut en prendre connissance (C. com., art. R. 644-l. 1) et ainsi le conester

Une diffré non résolue par les extes peut se présenter loue le tribunal décide e mettre fin à l'applicatioes règles de la liquidtion judiciaire simplifiée. C devient en ce cas l projet de répartition ? Il prait être soutenu ue si celui-ci est devenu défirf par expiration ds délais de recours, les répartitic qui auront lieu elon les règles de la liquidation diciaire du réme général seront effectuées suase de cet état le répartition, lequel a été établi da des conditions de classement des créanciers infférentes au fait que la procédure de liquidation juciaire ait été suivie selon les règles de la liquidation udiciaire simplifiée ou selon les règles de droit comun[6]. Il a d'ailleurs, de manière plus systématique, été soutenu que la décision de revenir aux règles générales de la liquidation judiciaire ne rend pas cad ques les mesures prises[7]. La raison de douter de la solution tient à l'obligation, en cas de passage à l liquidation judiciaire du régime général, de procéd à la vérification des créances sinon chirographa es, du moins privilégiées. Il en résultera la création d'honoraires de vérification des créances, qui bo leverseront le classement institué. Il faut donc décid que le projet de répartition devient caduc, sa raison d'être ayant disparu avec l'abandon des règles de la liquidation judiciaire simplifiée.

565.62 Propositions de répartition dans la liquidation judiciaire simplifiée sous l'empire de la loi de sauvegarde des entreprises[8] dans la rédaction donnée par l'ordonnance du 18 décembre 2008[9]. L'article L. 644-3 du code de commerce, issu de la rédaction que lui a donnée la loi de sauvegarde des entreprises, n'a pas été modifié. Il en résulte qu'il n'est procédé à la vérification que des seules créances susceptibles de venir en rang utile dans les répartitions et des créances résultant d'un contrat de travail.

À l'issue de la procédure de vérification et d'admission de ces créances et de la réalisation des biens, ainsi que le précise l'article L. 644-4, alinéa 1 du code de commerce, dans la rédaction que lui donne l'ordonnance du 18 décembre 2008 (ord. 18 déc. 2008, art. 127), le liquidateur doit faire figurer ses propositions de répartitions sur l'état des créances.

Cette technique remplace l'élaboration d'un projet de répartitions et d'un état des créances déclarées et vérifiées, que devait confectionner le liquidateur, sous l'empire du texte ancien.

1. L. n° 2005-845, 26 juill. 2005, préc.
2. Froehlich et Sénéchal, Lucas et Lécuyer (dir.), *La réforme des procédures collectives...*, Lgdj, 2006, p. 404.
3. AUSSI : Froehlich et Sénéchal, « De l'ouverture et du déroulement de la liquidation judiciaire », *LPA* n° sp. 9 févr. 2006, n° 29, p. 4 s., sp. p. 10 et p. 49.
4. Ord. n° 2008-1345, 18 déc. 2008, préc.
5. AUSSI : Vallens, « La réforme du droit français des entreprises en difficulté », *RLDA* sept. 2005, p. 13, n° 23.
6. RAPPR. : Pérochon, art. préc., sp. p. 198, n° 41.
7. VALLENS, 2007, n° 4115.
8. L. n° 2005-845, 26 juill. 2005, préc.
9. Ord. n° 2008-1345, 18 déc. 2008, préc.

À suivre le texte à la lettre, le liquidateur doit donc procéder en deux temps : d'abord transmettre au juge-commissaire la liste des créances vérifiées, afin que ce dernier rende une décision à leur égard, puis, dans un second temps, faire figurer sur l'état des créances déjà confectionné ses propositions de répartitions.

Une autre pratique pourrait être suivie, beaucoup plus simple et plus rapide, qui ne peut toutefois être utilisée que si le liquidateur n'émet pas de contestation des créances : en même temps qu'il transmet la liste des créances déclarées, il fait figurer sur cette liste ses propositions de répartitions. Le juge-commissaire pourra ainsi déposer au greffe l'état des créances sur lequel figureront déjà les propositions de répartitions du liquidateur.

Cette technique ne peut être utilisée si le liquidateur émet des contestations sur les créances soumises à sa vérification. En ce cas, il faudra nécessairement attendre les décisions du juge-commissaire, puisqu'elles conditionneront le principe et le montant des droits à répartition des créanciers.

565.63 Publicité unique du projet de répartitions et de l'état des créances sous l'empire de la loi de sauvegarde des entreprises [1] dans sa rédaction donnée par l'ordonnance du 18 décembre 2008 [2]. Parce que l'ordonnance du 18 décembre 2008 a décidé de concentrer les contestations – état des créances et propositions de répartitions –, le législateur prend le soin de préciser que l'état des créances, complété des propositions de répartitions, est déposé au greffe. Un seul document est, en conséquence, déposé au greffe.

Il appartient ensuite au greffier d'effectuer la formalité classique de publicité du dépôt de l'état des créances au greffe.

Ainsi, une seule publicité pourra faire courir, de manière astucieuse [3], un délai unique de contestation.

Toutefois, avant l'ordonnance du 12 mars 2014 [4], cette publicité revêt un caractère obligatoire. Pourtant, son utilité reste à démontrer et c'est pourquoi, de manière très pragmatique, l'article 83 de l'ordonnance du 12 mars 2014, procédant à la réécriture de la dernière phrase du premier alinéa de l'article L. 644-4 du code de commerce, limite cette publicité à l'hypothèse où des répartitions sont susceptibles d'intervenir au profit de personnes autres que les créanciers titulaires de privilèges généraux ou de sûretés spéciales primant les créanciers postérieurs méritants et les créanciers postérieurs privilégiés eux-mêmes.

L'article R. 644-2, alinéa 2 (réd. D. 30 juin 2014 [5], art. 109, 1°) précise que lorsque l'état des créances ne fait l'objet que d'un dépôt au greffe, le liquidateur notifie aux créanciers titulaires de privilèges généraux ou de sûretés spéciales primant les créanciers postérieurs méritants et les créanciers postérieurs privilégiés, par lettre recommandée avec demande d'avis de réception, le dépôt au greffe de l'état des créances.

Lorsque ces créanciers ont déclaré leur créance par la voie du portail électrique du Conseil National des administrateurs judiciaires et mandataires judiciaires (portail visé aux articles L. 814-2 et L. 814-13), le liquidateur leur notifie le dépôt au greffe de l'état des créances par la même voie.

565.64 Contestation du projet de répartition dans la liquidation judiciaire simplifiée sous l'empire de la loi de sauvegarde des entreprises [6] dans sa rédaction d'origine. La procédure de contestation du projet de répartition se déroulera devant le juge-commissaire (C. com., art. L. 644-4, al. 2). La contestation prendra la forme d'une requête en contestation du projet de répartition, qui devra être formée, précise l'article R. 644-2, al. 2 du code de commerce, dans le mois de la publication de cet avis, délai dont il a été souligné l'exceptionnelle longueur dans le droit des procédures collectives [7]. Du fait de la double publicité de cet avis, seule la publicité au *Bodacc* fera courir le délai de contestation. C'est un principe de solution posé pour les décisions soumises à cette double publicité (C. com., art. R. 661-2, al. 3), qui nous semble devoir ici être appliqué. Pour tenir compte de la possibilité, depuis l'ordonnance du 12 mars 2014, de ne pas faire d'insertion au *Bodacc* du dépôt de l'état des créances au greffe, le décret du 30 juin 2014 [8] (art. 109, 2°) a ajouté que le délai de recours courra, en ce cas, de la notification par le liquidateur du dépôt au greffe de l'état des créances.

Le juge-commissaire rendra une ordonnance qui fait l'objet des mêmes mesures de publicité que celles intéressant le projet de répartition (C. com., art. R. 644-3), à savoir une publication au *Bodacc* et dans un journal d'annonces légales. Cette décision devra être notifiée aux créanciers intéressés (C. com., art. L. 644-4, al. 3), à la diligence du greffier (C. com., art. R. 644-3). Il ne semble pas que le débiteur soit au rang des personnes intéressées, du fait de son des-

1. L. n° 2005-845, 26 juill. 2005, préc.
2. Ord. n° 2008-1345, 18 déc. 2008, préc.
3. Pétel, « Le nouveau droit des entreprises en difficulté : acte II – commentaire de l'ordonnance n° 2008-1345 du 18 décembre 2008 », *JCP E* 2009. 1049, n° 20.
4. Ord. n° 2014-326, 12 mars 2014, préc.
5. D. n° 2014-736, 30 juin 2014, préc.
6. L. n° 2005-845, 26 juill. 2005, préc.
7. Pérochon, « La liquidation judiciaire simplifiée », *Rev. proc. coll.* 2006/2, p. 191 s., sp. p. 195, n° 19.
8. D. n° 2014-736, 30 juin 2014, préc.

saisissement, faute pour le décret d'avoir prévu explicitement son recours, ce qui lui aurait alors permis de faire valoir un droit propre. L'opinion contraire a toutefois été soutenue[1].

La décision du juge-commissaire est susceptible d'un recours de la part des personnes intéressées dans les conditions classiques des recours sur les ordonnances du juge-commissaire, précise l'article R. 644-3 du code de commerce (v. s[s] n° 332.14). Le délai de dizaine pour former le recours devant le tribunal à l'encontre de l'ordonnance du juge-commissaire courra en conséquence de la notification (C. com., art. R. 621-21, al. 4). Le jugement statuant sur ce recours sera susceptible d'appel[2] dans les dix jours de sa notification.

La multiplication de ces recours – instituant une sécurité juridique surdimensionnée a-t-on dit[3] – risque fort de mettre à mal cette procédure de liquidation judiciaire – prétendument – simplifiée, tout simplement parce qu'ils sont par essence inconciliables avec les délais de la liquidation judiciaire simplifiée[4]. Cela risque d'être la source d'un contentieux très délicat, tel celui de savoir comment concilier le passage à la liquidation judiciaire du régime général avec la contestation d'un projet de répartition (v. s[s] n° 565.61). Faudra-t-il vérifier les créances privilégiées qui ne l'avaient pas été ? Une réponse positive doit ici être apportée[5]. Mais alors le ralentissement de la procédure, que l'on avait voulu éviter en amont, existera encore plus en aval.

Il faut bien concéder, toutefois, que le respect du droit d'accès au juge, exigence posée par le droit européen, obligeait à la création de tels recours, qui ne devraient, en pratique, pas avoir l'occasion, de se multiplier.

En tout cas, à défaut de contestation ou une fois celle-ci tranchée, le liquidateur procédera aux répartitions. Dans le premier cas, la répartition sera conforme au projet. Dans le second, elle sera conforme à la décision judiciaire rendue à la suite de la contestation (C. com., art. L. 644-4, al. 4).

565.65 Contestation du projet de répartition dans la liquidation judiciaire simplifiée sous l'empire de la loi de sauvegarde des entreprises[6] dans la rédaction donnée par l'ordonnance du 18 décembre 2008[7].

Sous l'empire de la loi de sauvegarde des entreprises, l'article L. 644-2, alinéa 2 du code de commerce prévoyait que tout intéressé pouvait contester le projet de répartition devant le juge-commissaire, en application de l'article L. 644-4 du code de commerce, dans le délai d'un mois à compter de la publication de l'avis d'insertion au *Bodacc* du dépôt au greffe du projet de répartition.

Parallèlement, toute personne intéressée, qui n'était pas une partie, pouvait former réclamation à l'encontre de l'état des créances, dans le mois de l'avis d'insertion au *Bodacc* du dépôt au greffe de l'état des créances.

Afin de concentrer les recours – éviter une démultiplication de ces recours a-t-il été écrit[8] – l'alinéa 2 de l'article L. 644-2 du code de commerce, dans sa rédaction issue de l'ordonnance du 18 décembre 2008 (Ord. 18 déc. 2008, art. 127), prévoit que tout intéressé peut former réclamation à l'encontre de l'état des créances complété des propositions de répartitions, par-devant le juge-commissaire, comme c'est classiquement le cas, en matière de réclamation à l'état des créances. La solution est reproduite par l'article R. 644-2 du code, dans la rédaction que lui donne l'article 106 du décret d'application de l'ordonnance du 18 décembre 2008.

Le texte exclut de la liste des intéressés le liquidateur. La solution est logique puisque, d'une part, ce dernier dispose d'un recours contre l'ordonnance du juge-commissaire statuant sur la créance déclarée qu'il a vérifiée et que, d'autre part, il est l'auteur des propositions de répartitions. *A priori*, donc, il ne peut avoir succombé et il n'a donc aucun intérêt à agir.

Pour sa part, le débiteur ne peut, par la voie de la réclamation, contester que les propositions de répartitions (C. com., art. L. 644-2, al. 2). La solution s'explique ici pour deux raisons procédurales. La première tient au fait que, comme le liquidateur, il dispose d'un recours contre l'ordonnance du juge-commissaire statuant sur la créance déclarée. La seconde tient au fait que la réclamation à l'état des créances est classiquement analysée comme une variété de tierce-opposition[9] (v. s[s] n° 683.25). Or le débiteur n'est pas un tiers, mais une partie.

Les réclamations des créanciers ne peuvent être formées contre les décisions du juge-commissaire portées sur l'état des créances auxquelles ils ont été des parties. L'explication de la solution, est, ici encore, d'ordre procédural. D'une part, le créancier dispose d'un recours contre l'ordonnance du juge-

1. VALLENS, 2007, n° 4114.
2. EN CE SENS AUSSI : Pérochon, « La liquidation judiciaire simplifiée », *Rev. proc. coll.* 2006/2, p. 191 s., sp. p. 195, n° 21 – LE CANNU, 7e éd., n° 1163.
3. Pérochon, « La liquidation judiciaire simplifiée », *Rev. proc. coll.* 2006/2, p. 191 s., sp. p. 196, n° 21.
4. RAPPR. : Lizé, « Les solutions vues par un mandataire judiciaire – plan de cession, liquidation judiciaire générale, liquidation judiciaire simplifiée issus de la loi du 26 juillet 2005 et du décret du 28 décembre 2005 », *Rev. proc. coll.* 2006/2, p. 200 s., sp. p. 203.
5. EN CE SENS AUSSI : Pérochon, art. préc., sp. p. 198, n° 41.
6. L. n° 2005-845, 26 juill. 2005, préc.
7. Ord. n° 2008-1345, 18 déc. 2008, préc.
8. Rapport au président de la République sur l'ordonnance n° 2008-1345 du 18 déc. 2008, *JO* 19 déc. 2008, Titre I, chap. IV-2, s[s] art. 127.
9. Com. 10 mars 2004, n° 01-00.860, NP.

commissaire statuant sur la créance déclarée. D'autre part, le créancier n'est pas un tiers à la décision du juge-commissaire portée sur l'état des créances, à laquelle, par hypothèse, il a été partie. Il ne peut donc former une tierce-opposition prenant ici le nom de réclamation.

Le recours fermé au créancier ne porte toutefois que sur la créance figurant à l'état. Il ne s'étend pas des propositions de répartitions. Il peut donc, à notre sens, parfaitement former une réclamation à l'encontre de l'état des créances, en limitant évidemment son recours à la question des propositions de répartitions. À cet égard, il peut être question de contester son droit à répartitions, s'il le trouve trop faible, ou le droit à répartitions d'un autre, dès lors qu'il a un intérêt à agir, ce qui suppose que par la remise en cause du droit à répartitions d'un autre créancier, sa propre part, dans les répartitions, se trouve augmentée.

La décision qui statue surle recours contre l'état des créances complété des propositions de répartition, comme celle qui sous l'empire du texte ancien (C. com., art. R. 644-3) statuait sur le recours contre le projet de répartition, fait l'objet d'un avis d'insertion au *Bodacc* (C. com., art. R 644-3, réd. D. art. 107).

Sous l'empire de la loi de sauvegardedes entreprises, l'article L. 644-3 du code de commerce prévoyait que la décision par laquelle le juge-commissaire statuait sur les contestations formées contre le projet de répartition était susceptible d'un recours.

La solution est conservée par l'alinéa 3 de l'article L. 644-4 du code de commerce, dans sa rédaction issue de l'ordonnance du 18 décembre 2008 (ord. 18 déc. 2008, art. 127).

Les répartitions seront effectuées conformément aux propositions du liquidateur, à défaut de contestation.

En cas de contestation de l'état des créances sur lequel figurent les propositions de répartitions, ces dernières seront conformes à la décision judiciaire rendue à la suite de la contestation (C. com., art. L. 644-4, al. 4, ord. 18 déc. 2008, art. 127).

SECTION 565.70

CLÔTURE ACCÉLÉRÉE DE LA PROCÉDURE

565.71 Clôture accélérée dans la liquidation judiciaire simplifiée. En gagnant du temps à toutes les étapes – celle de la vérification des créances et celle de la réalisation des actifs –, le paiement des créanciers pourra intervenir plus rapidement. Ainsi, la clôture de la procédure, subordonnée elle-même à la distribution du prix des actifs, pourra intervenir beaucoup plus vite, ce qui est une préoccupation de premier plan du législateur, pour réduire la durée du dessaisissement frappant le débiteur, ce qui est spécialement important pour un débiteur personne physique, privé du droit de reprendre une nouvelle activité indépendante, tant que la clôture n'est pas intervenue.

> Avant l'ordonnance du 12 mars 2014[1]. L'article L. 644-5 du code de commerce prévoit que le tribunal sera par principe saisi aux fins d'examen de la clôture de la procédure au plus tard un an « après l'ouverture de la procédure ». Ce délai d'un an ne peut ici, compte tenu de l'expression utilisée par le législateur, s'entendre du jugement décidant de faire application des règles de la liquidation judiciaire simplifiée[2], mais du jugement ouvrant la liquidation judiciaire[3]. En cas de conversion, si l'on veut être raisonnable, et même si cela n'est pas strictement conforme à la lettre du texte, qui comporte ici, à notre sens, une malfaçon, il est nécessaire de comprendre que le jugement d'ouverture est en réalité le jugement prononçant la liquidation judiciaire et non celui, qui peut être très antérieur, qui ouvre la sauvegarde ou le redressement judiciaire, et cela même si le texte vise l'ouverture de la procédure. Un raisonnement par l'absurde permet de se convaincre que seule cette interprétation doit être menée : qu'il suffise d'imaginer un jugement d'ouverture de sauvegarde, converti en redressement judiciaire, puis en liquidation judiciaire, 16 mois après la publication de la sauvegarde au *Bodacc*. La liquidation simplifiée doit être clôturée avant même qu'elle n'ait pu être ouverte ! En outre, à suivre strictement la lettre du texte, les délais de clôture ne pourraient presque jamais être tenus, compte tenu des délais ouverts aux créanciers postérieurs éligibles au traitement préférentiel pour faire connaître au liquidateur leurs créances postérieures privilégiées (v. s[s] n° 456.16).

La lettre du texte est modifiée par l'ordonnance du 18 décembre 2008[4], pour réparer la malfaçon. En ce sens, l'alinéa 1 de l'article L. 644-5 du code de commerce, issu de la rédaction que lui donne l'ordonnance du 18 décembre 2008 (ord. 18 déc. 2008, art. 128), prévoit désormais que « au plus tard dans le délai d'un an à compter de la décision ayant ordonné ou décidé l'application de la procédure simplifiée, le tribunal prononce la clôture de la liquidation judiciaire, le débiteur entendu ou dûment appelé ». Il ne fait pas de doute que la solution posée par

1. Ord. n° 2014-326, 12 mars 2014, préc.
2. EN CE SENS AUSSI : Pérochon, « La liquidation judiciaire simplifiée », *Rev. proc. coll.* 2006/2, p. 191 s., sp. p. 196, n° 23.
3. EN CE SENS AUSSI : LE CANNU, 7e éd., n° 1163 – J.-CL. COM., Vallansan et Beaubrun, fasc. 2702, [Liquidation judiciaire – Régime – Administration de l'entreprise – Liquidation judiciaire simplifiée], 2007, n° 93.
4. Ord. n° 2008-1345, 18 déc. 2008, préc.

l'article 128 de l'ordonnance du 18 décembre 2008 est interprétative.

Le tribunal a la possibilité, par un jugement motivé, de prolonger la procédure pour une durée ne pouvant excéder trois mois. Le silence du décret sur une éventuelle publication de ce jugement ne doit pas, à notre sens, conduire à publier cette énième décision rendue dans le cadre de la liquidation judiciaire...simplifiée, et ce d'autant que le décret du 23 décembre 2006[1] a supprimé la publication au *Bodacc* du jugement décidant de faire application des règles de la liquidation judiciaire simplifiée. Le parallélisme des formes commande la solution. Cette décision, qui fait suite à une décision d'administration judiciaire, a la même nature et n'est donc pas susceptible de recours.

Cependant, en pratique, il est évident que des difficultés liées à des recours sur les créances déclarées et venant *a priori* en rang utile, et spécialement les procédures d'appel, auront pour effet de ralentir considérablement la procédure et tout l'excellent dispositif s'effondrera. Il en sera de même des contestations sur le projet de distribution, qui peuvent contribuer, par trois niveaux de recours, à ralentir d'une manière considérable la clôture[2]. Il en sera ainsi enfin « si la réalisation des actifs s'avère plus complexe que prévu ou si le tribunal vient à soupçonner le chef d'entreprise d'avoir commis des fautes »[3], les sanctions devant être prononcées avant la clôture.

Le texte de l'article L. 644-6 du code de commerce laisse d'ailleurs largement transpirer cette crainte en prévoyant que le tribunal, par un jugement spécialement motivé, pourra faire application des dispositions du régime général de la liquidation judiciaire (v. s^s^ n° 565.24). Nombreuses seront sans doute les hypothèses où les délais ne pourront être respectés. À quoi bon prévoir, a-t-il été justement observé, un jugement spécialement motivé pour passer à l'application des règles de la liquidation judiciaire classique si les délais sont expirés et si, par la force des choses, il y a obligation de passer en régime général ? Un retour de plein droit au régime classique de la liquidation judiciaire aurait été plus opportun qu'un jugement[4].

Les textes ne prévoient pas que le dépassement du délai légal entraîne de plein droit la clôture de la procédure. Pour cette raison, notamment, il serait contraire [illegible]roit à un accès effectif au juge, au droit de [illegible]iété, à la liberté d'entreprendre et à l'incomp[illegible]ce négative. Tel[illegible]e n'est pourtant pas l'opinio[illegible] la Cour de cassation, qui a refusé de transm[illegible] une question [illegible]rioritaire de constitutionnal[illegible]portant sur cette question[5].

> **Dep[illegible]l'ordonnance du 12 mars 2014[6].** L'article 84 [illegible]l'ordonnance du 12 mars 2014 modifie les règle[illegible]latives au délai de clôture de la liquidation judic[illegible]re simplifiée.

P[illegible] précisément, le 1° de cette disposition complè[illegible]e premier alinéa de l'article L. 644-5 du code de [illegible]mmerce en énonçant que « la clôture est pro[illegible]noncée au plus tard dans un délai de six mois si le tribunal ou, selon le cas, son président ont statué en application de l'article L. 641-2 ». Il faut comprendre que la clôture de la liquidation judiciaire simplifiée obligatoire doit intervenir dans les six mois du jugement ou de l'ordonnance décidant l'application des règles de la liquidation judiciaire simplifiée.

Le délai d'un an prévu par le texte ancien subsiste, en revanche, pour la liquidation judiciaire simplifiée facultative.

L'explication de la différence de délais de clôture entre la liquidation judiciaire simplifiée obligatoire et la liquidation judiciaire simplifiée facultative peut être recherchée dans deux directions. D'une part, les critères d'application sont différents, ce qui peut justifier une longueur plus importante de la liquidation judiciaire simplifiée obligatoire. D'autre part, et surtout, nous semble-t-il, dès lors que la liquidation judiciaire simplifiée n'est que facultative, il faut accorder au liquidateur plus de délai afin que la contrainte ne lui semble pas trop importante et qu'il ait ainsi l'envie d'utiliser cette procédure.

Comme cela était déjà le cas avant l'ordonnance du 12 mars 2014, il est possible d'obtenir, par décision spécialement motivée, une prorogation de délai de trois mois, tant pour la liquidation judiciaire simplifiée facultative, que pour la version obligatoire[7]. Mais, alors que l'alinéa 2 de l'article L. 644-5 du code de commerce prévoyait que la compétence pour proroger le délai appartenait exclusivement au tribunal, la prorogation peut désormais émaner soit du tribunal soit, le cas échéant, du président. Il faut comprendre que si la décision d'application des règles de la liquidation judiciaire simplifiée émane du tribunal, la compétence pour la prorogation appartient au tribunal. Si la décision est l'œuvre du président du tribunal, c'est ce dernier qui sera saisi pour la prorogation. Ici encore, tout est question de parallélisme des formes.

1. D. n° 2006-1709, 23 déc. 2006, préc.
2. EN CE SENS AUSSI : Sénéchal, « La liquidation judiciaire simplifiée dans la loi de sauvegarde des entreprises », *Gaz. Pal.* 7-8 sept. 2005, n° sp., p. 46 s., sp. p. 48.
3. *Rapp. Xavier de Roux*, n° 2095, p. 404.
4. Pérochon, « À propos de la réforme de la liquidation judiciaire par l'ordonnance du 18 décembre 2008 », *Gaz. Pal.* 8-10 mars 2009, n° sp. p. 3 s., sp. p. 9, n° 24.
5. Com. 8 avr. 2014, n° 13-24.527, NP.
6. Ord. n° 2014-326, 12 mars 2014, préc.
7. PÉROCHON, 10e éd., n° 1222.

CHAPITRE

566. Reprise des poursuites au profit des créanciers titulaires de sûretés spéciales

SECTION 0

ORIENTEUR

566.00 Plan du chapitre.

Sect. 566.10 Fondement de la reprise des poursuites au profit des créanciers titulaires de sûretés spéciales

Sect. 566.20 Domaine de la reprise des poursuites

Sect. 566.30 Conditions de la reprise des poursuites

Sect. 566.40 Effets de la règle de la reprise des poursuites individuelles

566.01 Textes applicables. (V. les références complètes s[s] n° 011).

> Législation antérieure à la loi de sauvegarde des entreprises.

C. com., art. L. 622-23

D. 27 déc. 1985, art. 125

> Législation issue de la loi de sauvegarde des entreprises.

C. com., art. L. 643-2

C. com., art. R. 643-1 (anc[t] D. 28 déc. 2005, art. 288)

> Législation issue de l'ordonnance du 18 décembre 2008.

C. com., art. L. 643-2

C. com., art. R. 643-1

566.02 Jurisprudence de référence.

> La reprise des poursuites par le créancier inscrit sur un bien en cas d'inaction du liquidateur ne l'autorise pas à faire jouer l'action résolutoire.

• **Com. 19 déc. 1995,** n° 92-19.525, *Bull. civ.* IV, n° 305

* V. s[s] n° 566.22

« Mais attendu que le droit de poursuite individuelle des créanciers, qui ne peut avoir pour effet de modifier l'ordre des paiements, autorise seulement la poursuite ou l'engagement des voies d'exécution; que la cour d'appel a fait l'exacte application de l'article 161 de la loi du 25 janvier 1985 [devenu C. com., art. L. 622-23] en déduisant que la S... et le C..., qui étaient subrogés dans les droits du vendeur, étaient irrecevables à exercer l'action résolutoire du contrat de vente, bien que le liquidateur judiciaire n'ait pas entrepris la liquidation des biens grevés dans le délai de 3 mois à compter du jugement de liquidation judiciaire. »

566.03 Bibliographie indicative. (V. les références complètes s[s] n° 031 – Aussi s[s] n° 560.03).

566.04 Question essentielle.

• Lorsqu'un créancier est autorisé à reprendre ses poursuites individuelles, bénéficie-t-il du produit de la vente qu'il initie ?

* V. s[s] n° 566.41.

SECTION 566.10

FONDEMENT DE LA REPRISE DES POURSUITES AU PROFIT DES CRÉANCIERS TITULAIRES DE SÛRETÉS SPÉCIALES

566.11 Fondement de la reprise des poursuites au profit des créanciers titulaires de sûretés spéciales. Aux termes de l'article L. 643-2 du code de commerce, dans sa rédaction issue de la loi de sauvegarde des entreprises[1], « les créanciers titulaires d'un privilège spécial, d'un nantissement ou d'une hypothèque et le Trésor public pour ses créances pri-

1. L. n° 2005-845, 26 juill. 2005, *JO* 27 juill., p. 12187.

vilégiées peuvent, dès lors qu'ils ont déclaré leur créance, même s'ils ne sont pas encore admis, exercer leur droit de poursuite individuelle si le liquidateur n'a pas entrepris la liquidation des biens grevés dans le délai de trois mois à compter du jugement qui ouvre ou prononce la liquidation judiciaire ». L'ordonnance du 18 décembre 2008 [1] a ajouté à la liste des sûretés visées le gage.

Le texte a pour objet de pallier la carence du liquidateur [2], auquel il est évidemment conseillé d'engager sans tarder les démarches requises en vue de la vente des biens grevés, fonds de commerce et immeubles, principalement, en informant de ses diligences les créanciers inscrits [3]. Il ne remet pas en cause le principe de dévolution au liquidateur de la mission de procéder aux opérations de réalisation. Mais encore faut-il qu'il s'en acquitte dans des délais raisonnables, que le législateur a ici fixés à trois mois.

On ajoutera que le liquidateur négligent, dans les opérations de réalisations, pourrait engager sa responsabilité, à l'égard d'un créancier qui en subirait un préjudice [4], spécialement en cas de dépréciation très importante d'un bien entre sa valeur au jour de la liquidation et sa valeur au jour de la vente. La solution s'imposera d'autant plus que le liquidateur aurait été rendu destinataire d'offres d'acquisition du bien. La responsabilité serait également envisageable en cas de vol d'un bien non assuré, survenu relativement longtemps après l'ouverture de la procédure.

566.12 Caractère facultatif de la reprise des poursuites au profit des créanciers titulaires de sûretés spéciales. La règle qui autorise le créancier inscrit à reprendre son droit de poursuite individuelle en cas d'inaction du liquidateur est une faculté pour le créancier. En conséquence, le créancier n'engage pas sa responsabilité à ne pas reprendre l'exercice de son droit de poursuite, tant à l'égard du débiteur, que du codébiteur *in bonis* [5], ou encore d'une caution (v. s[s] n° 724.13).

SECTION 566.20
DOMAINE DE LA REPRISE DES POURSUITES

566.21 Domaine de la reprise des poursuites quant aux créanciers. L'article L. 643-2, alinéa 1 du code de commerce a vocation à s'appliquer à tous créanciers titulaires de sûretés spéciales immobilières.

En ce qui concerne les créanciers titulaires de sûretés spéciales mobilières, le texte envisage les « nantissements ». Il n'évoque pas les gages. Ces deux expressions semblaient, avant la réforme des sûretés réelles par l'ordonnance du 23 mars 2006 [6], recevoir une acception particulière, permettant d'affirmer que les créanciers gagistes n'étaient pas concernés par la règle ici étudiée. Les termes du débat ont été renouvelés avec l'ordonnance du 23 mars 2006, le terme nantissement étant réservé aux sûretés réelles mobilières portant sur un meuble incorporel, alors que le vocable gage concerne, pour sa part, les sûretés réelles mobilières relatives à un bien corporel. Ce qui importe seul est en réalité l'existence ou non d'un droit de rétention pour le gage ou le nantissement.

L'ordonnance du 18 décembre 2008 [7] a ajouté à la liste des sûretés visées le gage. L'interprétation ne doit pas, selon nous, être modifiée.

L'article L. 642-24 alinéa 1 du code de commerce, dans sa rédaction issue de la loi de sauvegarde des entreprises [8], accorde au liquidateur un délai de six mois pour solliciter du juge-commissaire l'autorisation de vendre le bien grevé d'un gage, ce qui s'accommode mal avec le délai de trois mois indiqué par la disposition ici analysée.

En outre, et surtout, le fait pour un créancier gagiste d'entreprendre la réalisation de son bien lui fait perdre son droit de rétention, l'exposant ainsi à un concours difficile où il aurait tout à perdre. Il faut donc décider que le droit de reprise des poursuites individuelles ici envisagé n'a vocation à n'intéresser que les créanciers gagistes ou nantis ne disposant pas d'un droit de rétention. La situation se complique depuis que la loi du 4 août 2008 [9], dite loi LME, reconnaît aux créanciers gagistes sans dépossession un droit de rétention fictif, que l'ordonnance du 18 décembre 2008 n'a pas neutralisé en situation de liquidation judiciaire. Il faut donc décider que la disposition ici analysée ne peut pas concerner les créanciers gagistes que s'ils acceptent de perdre le bénéfice de leur droit de rétention, réel ou fictif.

Le texte ne concerne pas les créanciers titulaires d'un privilège général, à l'exception cependant du Trésor public. Il faut enfin préciser que la disposition ici étudiée trouve application au profit des créanciers de l'époux commun en biens resté *in*

1. Ord. n° 2008-1345, 18 déc. 2008, *JO* 19 déc., p. 19462.
2. Soinne, « L'action résolutoire du créancier bénéficiaire de sûreté de l'article L. 161 – À propos d'un arrêt de la Cour de cassation du 19 décembre 1995 », *Rev. proc. coll.* 1996, 145 s., spéc. 146, n° 5 – Pérochon, 10e éd., n° 1204 – Chaput, n° 501.
3. Ifppc 1999, recomm. n° 6061, p. 170.
4. Soinne, n° 2372.
5. Com. 7 juin 2005, n° 04-12.596, NP.
6. Ord. n° 2006-346, 23 mars 2006, *JO* 24 mars, p. 4475.
7. Ord. n° 2008-1345, 18 déc. 2008, préc.
8. L. n° 2005-845, 26 juill. 2005, préc.
9. L. n° 2008-776, 4 août 2008, *JO* 5 août, p. 12471, dite loi LME.

bonis, dans les mêmes conditions qu'à l'encontre du débiteur[1] (v. ss n° 741.42).

566.22 Domaine de la reprise des poursuites quant aux actions. L'une des difficultés relatives au domaine d'application de la règle tient à la détermination des actions reprises. La formulation de l'article L. 643-2 alinéa 1 du code de commerce laisse apparaître qu'il y a là une exception à la règle de l'arrêt ou de la suspension des poursuites individuelles. En situation de liquidation judiciaire, il y a possibilité d'exercice des poursuites individuelles sur un bien grevé de sûreté au profit du créancier titulaire de ladite sûreté. Sont évoquées, à cet égard, les poursuites individuelles. Il semble ainsi que toutes les poursuites individuelles arrêtées ou suspendues puissent être reprises. Le législateur n'a en effet pas distingué en évoquant les poursuites individuelles.

Cependant, les poursuites individuelles doivent tendre à la réalisation du bien grevé, puisqu'il s'agit de pallier la carence du liquidateur dans les opérations de réalisation. C'est donc la seule restriction aux poursuites individuelles qui peuvent être reprises, mais elle est d'importance. Deux conséquences essentielles peuvent en être tirées.

Tout d'abord, il ne peut sérieusement être discuté de la possibilité de faire vendre sur saisie un immeuble ou un fonds de commerce, ou encore des biens mobiliers. Une difficulté particulière se présente pour le vendeur d'immeuble ou de fonds de commerce ou le créancier prêteur subrogé dans les droits de ces derniers. Ces personnes disposent en effet de la possibilité d'exercer leur action résolutoire pour défaut de paiement. Il s'agit là incontestablement d'une action arrêtée ou suspendue par la règle de l'arrêt des poursuites individuelles, rentrant dans la catégorie des actions susceptibles d'être reprises. Cependant, l'action résolutoire n'a pas pour objet d'entraîner la réalisation du bien grevé, mais seulement de permettre le retour du bien litigieux dans le patrimoine du vendeur ou du créancier subrogé dans ses droits. Dès lors, elle ne répond pas au fondement du rétablissement des poursuites individuelles, qui est de pallier la carence du liquidateur dans les opérations de liquidation. Fort logiquement, la Cour de cassation, en conséquence, a considéré, sous l'empire de la loi du 25 janvier 1985[2] que cette action ne pouvait prospérer en situation de liquidation judiciaire, par application de l'article L. 622-23, alinéa 1 du code de commerce[3]. La solution doit être reconduite sous l'empire de la loi de sauvegarde des entreprises[4].

Si la solution ne peut être discutée, le fondement proposé, en revanche, n'apparaît pas satisfaisant. Il n'est pas question ici d'éviter, par l'interdiction de l'action résolutoire, la mise à l'écart de règles relatives à l'ordre des créanciers. Outre, d'une part, que l'ordre entre les créanciers peut parfaitement être tourné par le jeu de diverses techniques, telle la compensation ou encore le droit de rétention, il faut apercevoir, d'autre part, que les créanciers titulaires de privilèges spéciaux immobiliers l'emportent, en liquidation judiciaire, sur les créanciers postérieurs, depuis la loi 10 juin 1994[5]. Autoriser l'action résolutoire du vendeur d'immeuble ne revient donc pas à tourner les règles posées pour le traitement des créances antérieures.

La solution doit être uniquement justifiée par la considération que l'action résolutoire n'est pas un procédé de réalisation du bien grevé de sûreté, mais une technique de retour du bien dans le patrimoine du vendeur. On remarquera d'ailleurs identiquement que L. 643-2 du code de commerce n'a aucune vocation à s'appliquer en matière d'attribution judiciaire du gage, spécifiquement réglementée par le code de commerce, de sorte que le créancier gagiste n'aura nullement à attendre l'expiration du délai de trois mois pour l'entreprendre (v. ss n° 563.82).

Ensuite, le fait que l'action doive nécessairement tendre à la réalisation du bien grevé conduit à interdire la simple action en paiement dirigée contre le liquidateur négligent dans la réalisation du bien grevé[6], la justification de la Cour de cassation reposant, ici encore, sur le fait que la mise en œuvre de la règle ne doit pas avoir pour effet de modifier l'ordre des paiements entre les créanciers.

SECTION 566.30

CONDITIONS DE LA REPRISE DES POURSUITES

566.31 Conditions générales de la reprise des poursuites tenant aux créanciers. Le créancier titulaire de sûretés spéciales (sur la question de l'attri-

1. Cass. ass. plén., 23 déc. 1994, n° 90-15.305, *Bull. ass. plén.*, n° 7; *BICC* 1er févr. 1995, p. 1, concl. Roehrich, rapp. Chartier; *D.* 1995. 145, note Derrida et rapp. Chartier; *RJ com.* 1995. 55, note Storck; *JCP* 1995. II. 22401, note Randoux; *JCP E* 1995. II. 660, note Pétel; *Gaz. Pal.* 1995. II. 407, note Delamarnière – Cass., ass. plén., 17 juin 1997, *D. Affaires* 1997, 901.
2. L. n° 85-98, 25 janv. 1985, *JO* 26 janv., p. 1097.
3. Com. 19 déc. 1995, n° 92-19.525, *Bull. civ.* IV, n° 305; *D.* 1996. 145, note Campana; *D.* 1996. Somm. 390, obs. Piedelièvre; *Defrénois* 1996. 937, obs. Sénéchal; *RTD com.* 1996. 533, obs. Martin-Serf; *JCP E* 1996. I. 554, n° 13, obs. Pétel – Com. 19 janv. 1999, *Act. proc. coll.* 1999/5, n° 73 – Com. 13 nov. 2001, *Act. proc. coll.* 2002/1, n° 13; *RJDA* 2002/3, n° 285, p. 239.
4. L. n° 2005-845, 26 juill. 2005, préc.
5. L. n° 94-475, 10 juin 1994, *JO* 11 juin, p. 8440.
6. Civ. 3e, 2 juill. 2003, n° 99-21.270, NP, *Act. proc. coll.* 2003/16, n° 214.

bution judiciaire de l'immeuble hypothéqué, v. s[s] nº 621.79) et le Trésor public, pour ses créances privilégiées, doivent avoir procédé à la déclaration de leur créance. On rappellera, en effet, que le créancier avait, par l'effet du jugement d'ouverture, perdu son droit de poursuite individuelle. Son action a été remplacée par une déclaration de créance au passif.

Si celle-ci n'est pas effectuée, la créance est, sous l'empire de la législation antérieure à la loi de sauvegarde des entreprises[1], éteinte. N'étant plus créancier, l'intéressé ne pourra donc plus reprendre d'actions individuelles[2]. Cette solution s'applique identiquement si le créancier veut poursuivre la réalisation d'un bien commun, du chef du conjoint resté *in bonis*[3].

La suppression par la loi de sauvegarde des entreprises de l'extinction des créances non déclarées ne modifie pas, à notre sens, la règle. En effet, la créance non déclarée est inopposable à la procédure, ce qui interdit à l'intéressé de se présenter à la procédure comme un créancier inscrit sur un bien du débiteur.

Il est dès lors logique de décider qu'il appartiendra, au besoin d'office, à la juridiction qui doit connaître de la reprise des poursuites, c'est-à-dire la juridiction de droit commun, de vérifier si le créancier a déclaré sa créance régulièrement, c'est-à-dire spécialement dans le délai, sauf à faire valoir qu'il n'a pas été averti par le représentant des créanciers – mandataire judiciaire – et qu'il n'encourt pas de forclusion ou qu'il a sollicité un relevé de forclusion.

Le texte n'exige pas que le créancier soit admis au passif. Il n'appartient pas, en conséquence, à la juridiction saisie, d'anticiper sur la décision de relevé ou d'inopposabilité de forclusion selon le cas, en cas d'absence de déclaration dans les délais. La simple demande en inopposabilité ou en relevé de forclusion, à condition pour cette dernière d'être exercée dans le délai de l'action en relevé de forclusion, doit suffire à permettre la reprise des poursuites individuelles.

L'action du créancier est subsidiaire par rapport à celle du liquidateur. Il ne s'agit pas véritablement d'une restitution du droit de poursuites individuelles au créancier, mais plutôt, comme cela a été analysé, d'une mise en mouvement *ut singuli* de la procédure collective[4]. C'est la raison pour laquelle, tant en matière immobilière, qu'en matière mobilière, le créancier doit se faire autoriser par le juge-commissaire, comme l'aurait fait le liquidateur, sur le principe de la réalisation et sur les modalités de celle-ci[5]. Ce caractère subsidiaire, qui s'analyse en une simple faculté non en une obligation, ne peut entraîner sa responsabilité en cas d'inaction[6].

Pour pouvoir reprendre ses poursuites individuelles afin de parvenir à la réalisation du bien grevé, l'intéressé doit être créancier. C'est pourquoi, en cas de procédure engagée par le créancier inscrit avant le jugement d'ouverture et d'exercice d'une surenchère, la remise en vente de l'immeuble, après prononcé de la liquidation judiciaire, n'est pas possible à l'initiative du surenchérisseur, dès lors qu'il n'est pas créancier. Aucune faute ne peut en conséquence être commise par son avocat[7].

566.32 Règles particulières à la saisie immobilière. Sous l'empire de la loi du 25 janvier 1985[8] non réformée, la règle de la suspension des voies d'exécution n'autorisait pas le créancier à continuer, après le jugement d'ouverture, la procédure de saisie immobilière engagée avant ledit jugement.

La loi du 10 juin 1994[9] a modifié la solution sous deux aspects.

D'une part, le liquidateur peut être subrogé dans les droits du créancier saisissant.

D'autre part, si le liquidateur ne fait pas usage de la faculté de subrogation prévue par le code de commerce, le créancier saisissant peut également reprendre, sur le fondement de l'article L. 622-23 alinéa 1 du code de commerce (anc[t] L. 25 janv. 1985, art. 161, al. 1), dans sa rédaction antérieure à la loi de sauvegarde des entreprises[10], sur celui de l'article L. 643-2 alinéa 1, dans sa rédaction issue de la loi de sauvegarde des entreprises, ses poursuites individuelles. L'article L. 622-23 alinéa 2 du code, dans sa rédaction antérieure à la loi de sauvegarde des entreprises et l'article L. 642-3 alinéa 3 du code, depuis la loi de sauvegarde des entreprises, prévoient alors que le créancier saisissant est dispensé de recommencer les actes et formalités effectués avant jugement. En d'autres termes, la saisie pourra reprendre son cours sur ses derniers errements.

L'article L. 622-23 alinéa 2 du code de commerce réservant le jeu de l'article L. 622-16 alinéa 3, sous l'empire de la législation antérieure à la loi de sauvegarde des entreprises, il en résulte qu'il y aura possibilité de procéder par voie de vente amiable[11]. Cette

1. L. nº 2005-845, 26 juill. 2005, préc.
2. TGI Fontainebleau, 8 avr. 1987, *D.* 1988. Somm. 145, obs. Honorat; *Rev. proc. coll.* 1988, 324, obs. Dureuil.
3. Com. 16 mars 1999, *Act. proc. coll.* 1999/12, nº 165.
4. Sénéchal et Froehlich, « De la liquidation judiciaire », Lucas et Lécuyer (dir.), *La réforme des procédures collectives...*, Lgdj, 2006, p. 383 – *Adde*, REP. COM., Macorig-Vénier, « Entreprises en difficulté (Les créanciers – 1º Situation des créanciers) », nº 301.
5. SOINNE, nº 2374.
6. Paris, 1re ch. A, 3 mai 2004, RG nº 2003/02903.
7. Paris, 1re ch. A, 3 mai 2004, RG nº 2003/02903.
8. L. nº 85-98, 25 janv. 1985, préc.
9. L. nº 94-475, 10 juin 1994, préc.
10. L. nº 2005-845, 26 juill. 2005, préc.
11. SOINNE, nº 2373.

possibilité doit également conduire à re possible la conversion en vente amiable de la ve sur saisie commencée avant jugement d'ouvert. Rien ne semblera interdire au juge-commissai le rendre une ordonnance de conversion sur requê du créancier poursuivant, l'opinion inverse aya toutefois été soutenue[1], contrairement à la soluti retenue en cas de vente sur saisie à l'initiative du uidateur (v. s[s] n° 562.22).

Sous l'empire de la loi de sauvegarde des ntreprises, l'article L. 643-2 alinéa 3 réserve le jeu e l'article L. 642-18 alinéa 3. Il semble toujours en résulter la possibilité de procéder par voie de vente amiable. En revanche, la réglementation spécifique, depuis la réforme de la procédure de saisie immobilière de la conversion en vente volontaire, qui est décide lors de l'audience d'orientation, ne semble plus possible, l'audience d'orientation n'existant pas dans la procédure de saisie immobilière intervenant au cours d'une liquidation judiciaire (v. s[s] n° 562.2!).

Le commandement aux fins de saisie sera remplacé par une ordonnance du juge-commissaire, sur requête du créancier autorisant la saisie. La mise à prix est fixée par le juge-commissaire, en accord avec le créancier poursuivant (C. com, art. R. 643-1). L'ordonnance fixe également les condions essentielles de la vente et les modalités de pubcité[2]. L'ordonnance du juge-commissaire sera égament obligatoire en cas de saisie immobilière dn immeuble indivis entre plusieurs personnes, dèlors que l'un fait l'objet d'une procédure collectiv peu important que l'hypothèque ait été consent par tous les coïndivisaires, cependant que le commndement de saisie s'imposera également à l'encont des coïndivisaires *in bonis*[3]. De la même façon qe si la saisie avait été initiée par le liquidateur, le débiteur est irrecevable à former des dires[4] et n'a doc pas à être sommé d'avoir à prendre communicatin du cahier des conditions de la vente. Le liquidatur peut en revanche, du fait du dessaisissement frappant le débiteur, former des contestations. Le débiteur conserve en amont la possibilité de former opposition à l'ordonnance autorisant le créancier inscrit à vendre l'immeuble sur saisie, du fait de la carence du liquidateur[5].

En cas de carence d'enchères, le créancier poursuivant sera, conformément au droit commun (anc[t] C. pr. civ., art. 706, al. 2), déclaré adjudicataire[6]. Ce mode de réalisation emportera purge des inscriptions, même si l'article L. 643-2 du code de commerce, sous l'empire de la loi de sauvegarde des entreprises, ne renvoie pas à l'alinéa 4 de l'article L. 642-18.

La saisie immobilière effectuée sans avoir respecté la formalité de l'autorisation du juge-commissaire est frappée d'une nullité absolue[7].

566.33 Conditions de la reprise des poursuites tenant au liquidateur. Le liquidateur qui a, d'après l'article L. 641-4 alinéa 1 du code de commerce, pouvoir de procéder aux opérations de liquidation et, partant, aux opérations de réalisation, n'est enfermé dans aucun délai pour vendre les actifs du débiteur. La solution peut être gênante pour le créancier qui espère obtenir rapidement des fonds, au titre de la réalisation des biens du débiteur. C'est pourquoi, pour éviter un immobilisme préjudiciable aux créanciers et tout spécialement aux créanciers privilégiés, la loi autorise le créancier titulaire de sûreté spéciale à reprendre ses poursuites individuelles pour faire vendre les biens grevés du débiteur, à l'expiration d'un délai de trois mois qui suit l'ouverture de la liquidation judiciaire ou la conversion du redressement en liquidation judiciaire.

Le créancier inscrit sur un bien devra impérativement attendre le délai de trois mois, sous peine d'irrecevabilité de son action[8].

Le liquidateur, indique le texte de l'article L. 642-3 alinéa 1 du code de commerce, ne doit pas avoir « entrepris » la liquidation des biens grevés dans le délai de trois mois de la liquidation judiciaire. Ce délai est préfix.

L'expression « avoir entrepris » n'est guère juridique, de sorte que son interprétation s'impose.

Il faut d'abord décider que le texte n'oblige pas le liquidateur à avoir vendu le bien grevé[9]. Inversement, si le liquidateur n'a effectué aucune diligence, il est certain qu'il n'a pas « entrepris » la réalisation du bien grevé.

Mais entre ces deux situations, il y a une gamme de possibilités. Le liquidateur peut avoir recherché des acquéreurs par notaire, agent immobilier ou autres intermédiaires. Le liquidateur peut s'être fait autoriser par le juge-commissaire à vendre les actifs, selon une forme déterminée. Cela sera-t-il suffisant pour considérer qu'il a entrepris la vente, rendant

1. SOINNE, n° 2374.
2. Com. 6 janv. 1998, n° 95-12.258, *Bull. civ.* IV, n° 2; *JCP E* 1998, pan. 299.
3. Com. 22 avr. 1997, *D. Affaires* 1997, 703.
4. Com. 5 juill. 2005, n° 04-12.597, NP.
5. Com. 5 juill. 2005, n° 04-12.597, NP.
6. Com. 6 janv. 1998, n° 95-12.258, préc.
7. Com. 19 mars 1991, n° 89-17.285, *Bull. civ.* IV, n° 103; *Defrénois* 1992. 100, obs. Honorat; *D.* 1991. 360, note Honorat – *Adde*, SOL. IMPL. : Com. 28 mars 1995, n° 93-10.557, *Citibank c/Botte*, NP; n° 862-D; NP.
8. Paris, 3e ch. A, 9 déc. 2003, RG n° 2003/02257.
9. Com. 28 mai 1991, n° 89-20.532, *Bull. civ.* IV, n° 186; *D.* 1991. Somm. 333, obs. Honorat; *JCP E* 1991. I. 100, n° 6, obs. M. Cabrillac; *Rev. proc. coll.* 1992, 110, obs. Dureuil.

ainsi impossible toute initiative individuelle de la part des créanciers titulaires de sûreté ?

La Cour de cassation exige que soit intervenu un « commencement d'exécution »[1]. Il a été considéré que le simple fait pour le liquidateur d'avoir déposé une requête aux fins d'être autorisé par le juge-commissaire à procéder à toutes expertises et à toutes recherches pour déterminer la consistance et l'évaluation des immeubles du débiteur et à poursuivre la réalisation selon les formes du livre VI du code de commerce était insuffisant pour qu'il y ait « commencement d'exécution »[2]. Ces actes ne sont que des actes préparatoires. Une juridiction a cependant cru devoir considérer que la réalisation aurait été entreprise par le liquidateur, dès lors que celui-ci était intervenu volontairement à une audience du juge de l'exécution, au cours de laquelle était contestée par le débiteur la saisie conservatoire opérée sur des meubles lui appartenant[3]. La solution ne peut être suivie, car il s'agit ici, sinon d'acte préparatoire, du moins d'acte purement conservatoire, le fait de s'opposer à une saisie ne pouvant être assimilé à une démarche tendant à la réalisation des biens litigieux. De même, ne sont pas des actes constitutifs d'un commencement d'exécution, les constats d'huissier ou les mandats de recouvrer des loyers impayés ou de résilier des baux en cours suite à des loyers impayés[4]. Ne sont pas davantage des actes permettant d'établir un commencement d'exécution, l'inventaire, le rapport du liquidateur établi dans le respect de l'article L. 641-7 du code de commerce, ces actes relevant des diligences classiques d'un liquidateur. Les demandes d'estimation des biens faites deux ans auparavant ne peuvent également suffire à établir que le liquidateur a entrepris la vente d'un bien grevé[5].

La décision ci-dessus visée de la Cour de cassation fait clairement ressortir que le simple dépôt d'une requête aux fins d'être autorisé à vendre est insuffisant, puisque l'autorisation de vendre serait elle-même insuffisante. Cependant, l'ordonnance du juge-commissaire autorisant la vente d'un bien grevé sera inattaquable, si elle est notifiée aux créanciers inscrits, dès lors que ces derniers n'y auraient pas fait opposition[6]. Des motifs procéduraux tirés de l'autorité de la chose jugée feront alors obstacle à la possibilité pour le créancier de reprendre ses poursuites individuelles.

On observera également qu'en matière immobilière, la publication à la conservation des hypothèques de l'ordonnance du juge-commissaire autorisant la vente interdira toutes saisies ultérieures, puisque l'ordonnance se substituera au commandement de saisie[7]. La réalisation sera donc nécessairement entreprise à ce moment.

La vente du bien grevé est considérée comme entreprise lorsque le liquidateur a donné mandat à un agent immobilier de réaliser le bien[8].

Depuis la loi du 26 juillet 2005[9], le délai de trois mois d'inaction du liquidateur doit encore être coordonné avec le délai prévu à l'article 642-2, I du code de commerce, à savoir le délai que le tribunal a fixé pour faire parvenir au liquidateur et à l'administrateur, lorsqu'il en a été désigné un, des offres de cession totale ou partielle de l'entreprise. En ce cas, les créanciers ne peuvent exercer leur droit de poursuites individuelles qu'à l'expiration de ce délai, si aucune offre incluant le bien grevé d'une sûreté à leur profit n'a été présentée.

Ainsi, si le tribunal a fixé un délai pour la réception des offres de cession totale ou partielle de l'entreprise, ce délai devra être expiré avant que le créancier ne puisse reprendre l'exercice de son droit de poursuite individuelle. Son droit ne pourra en outre être exercé que si l'offre de cession n'inclut pas le bien grevé de sa sûreté. La solution a été posée pour éviter que les créanciers privilégiés ne compromettent un projet de cession par l'exercice prématuré de leur droit de poursuite individuelle[10].

À l'inverse, si le tribunal n'a pas fixé de délai pour la réception des offres de cession totale ou partielle de l'entreprise, le créancier pourra exercer de son droit de poursuite individuelle, comme sous l'empire de la législation antérieure à la loi du 26 juillet 2005, si le liquidateur n'a pas entrepris la vente du bien grevé dans le délai de trois mois de la liquidation judiciaire.

SECTION 566.40

EFFETS DE LA RÈGLE DE LA REPRISE DES POURSUITES INDIVIDUELLES

566.41 Effets de la règle de la reprise des poursuites individuelles. L'autorisation de reprise des poursuites individuelles n'a pas pour effet de per-

1. Com. 28 mai 1991, n° 89-20.532, *Bull. civ.* IV, n° 186; *D.* 1991. Somm. 333, obs. Honorat; *JCP E* 1991. I. 100, n° 6, obs. M. Cabrillac; *Rev. proc. coll.* 1992, 110, obs. Dureuil.
2. Com. 28 mai 1991, n° 89-20.532, préc.
3. Paris, 1re ch. A, 12 déc. 1995, *Rev. proc. coll.* 1996, 221, n° 6, obs. Canet.
4. TGI Cambrai 24 avr. 2014, RG n° 09/00425.
5. Nancy, 5e ch., 23 mars 2015, RG n° 14/01841, *APC* 2015/9, comm. 141.
6. Com. 1er déc. 1992, cité dans Soinne, note n° 8550-1.
7. Sénéchal, « La loi de 1985 et la pratique notariale », *JCP N* 1985. I. 407.
8. TGI Cambrai 24 avr. 2014, RG n° 09/00425.
9. L. n° 2005-845, 26 juill. 2005, préc.
10. *Rapp. Xavier de Roux*, n° 2095, p. 395.

mettre la captationpar un créancier du uit de la vente du bien venu. L'autorisation drise des poursuites ne changera rien à l'ordre dpartition à intervenir sur l produit de la vente[1].

La solution vau également pour le Tr public, qui peut mettre en œuvre l'action indiuelle. Ce créancier est concené par le caractèrellectif du produit de l'action[2]Il est donc exclu q pour des créances autres que ostérieures éligib au traitement préférentiel, le Trésor public pui pratiquer par la voie de l'avis à ters détenteur[3]. C d'ailleurs pourquoi la loi de sauvegarde des enprises[4] a prévu, par modificatio de l'article 26! du Livre des procédures fiscales, 'obligation faite compta-ble public compétent, su ordonnance duge-commissaire, de restituer à pemière deman au liquidateur tout ou partie des sommes reçues à suite de la reprise de ses poursuites *individuelle* lorsque l'encaissement est partiellement indu, ce qi sera le cas, en cas de rejet total ou partiel de la créance.

Seul le liquidateur est en conséquence autorisé à percevoir le prix de vente du bien vendu à l'initiative d'un créancier, qu'il devra consigner à la Caisse des dépôts et consignations[5]. Cette initiative du créancier titulaire de sûreté est d'ailleurs analysée par certains, non comme la restitution du droit de poursuite individuelle, mais comme la « mise en mouvement *ut singuli* de la procédure collective »[6].

En matière de réalisation d'immeubles, la solution est textuellement justifiée par le renvoi qu'effectue l'article L. 643-2, alinéa 3 du code de commerce aux dispositions de l'alinéa 5 de l'article L. 642-18, qui donne compétence au liquidateur pour percevoir le produit de la vente et régler l'ordre entre les créanciers.

L'absence d'exercice par le créancier de la faculté ouverte par l'article L. 643-2, alinéa 1 du code de commerce restera sans influence sur le jeu de la prescription. Les délais de prescription ne recommenceront en effet pas à courir à compter de l'expiration du délai de trois mois faisant suite à la liquidation judiciaire, mais à compter seulement de la clôture de la procédure de liquidation[7].

1. Com. 19 déc. 1995, nº 92-19.525, *Bull. civ.* IV, nº 305; *D.* 1996. 145, note Campana; *D.* 1996. Somm. 390, obs. Piedelièvre; *Defrénois* 1996. 937, obs. Sénéchal; *RTD com.* 1996. 133, obs. Martin-Serf; *JCP E* 1996. I. 554, nº 13, obs. Pétel – Com. 2 juill. 2003, nº 99-21.270, NP.
2. Froehlich et Sénéchal, Lucas et Lécuyer (dir.), *La réforme des procédures collectives*..., Lgdj, 2006, p. 384.
3. Froehlich et Sénéchal, Lucas et Lécuyer (dir.), *La réforme des procédures collectives*..., Lgdj, 2006, p. 384.
4. L. nº 2005-845, 26 juill. 2005, préc.
5. DERRIDA ET *ALII*, nº 443 – SOINNE, nº 2367 – KERCKHOVE, nº 808 – LE CANNU ET *ALII*, nº 1189.
6. Froehlich et Sénéchal, « De la réalisation de l'actif », *LPA* nº sp. 9 févr. 2006, nº 29, p. 21, sp. p. 41.
7. Com. 12 déc. 1995, *JCP* 1996. I. 3935, nº 22, obs. Pétel.

CHAPITRE
567. Compromis et transactions

SECTION 0
ORIENTEUR

567.00 Plan du chapitre.

Sect. 567.10 Règles communes au compromis et à la transaction

Sect. 567.20 Règles spécifiques à la transaction

Sect. 567.30 Règles spécifiques au compromis

567.01 Textes applicables. (V. les références complètes s[s] n° 011).

> Législation antérieure à la loi de sauvegarde des entreprises.

C. com., art. L. 622-20

D. n° 85-1388, 27 déc. 1985, art. 124

> Législation issue de la loi de sauvegarde des entreprises.

C. com., art. L. 642-24

C. com., art. R. 642-41 (anc[t] D. 28 déc. 2005, art. 287)

> Législation issue de l'ordonnance du 18 décembre 2008.

C. com., art. L. 642-24

C. com., art. R. 642-41

567.02 Jurisprudence de référence.

> Le liquidateur ne peut renoncer à l'extinction d'une créance, faute de déclaration dans les délais, dans le cadre d'une transaction.

• **Com. 23 nov. 1999,** n° 97-16.870, *Bull. civ.* IV, n° 208

* V. s[s] n° 567.21

567.03 Bibliographie indicative. (V. les références complètes s[s] n° 031 – Aussi s[s] n° 560.03).

> Actualisables. J.-CL. COM., Canet P., fasc. 2712, [Redressement et liquidation judiciaires – Réalisation de l'actif – Transaction, compromis, actes voisins].

> Articles. Croze H. et Reinhard Y., « Procédures collectives et arbitrage : conseils pratiques aux parties et aux arbitres », *JCP E* 2005, comm. 567, p. 61 2 – Neveu P. et Guéry D., « L'arbitrage Tapie vu sous l'angle de la procédure collective », *Rev. proc. coll.* 2013, étude 32 – Vidal D., « Procédure collective et procédure d'arbitrage : quelle rencontre ? », *Gaz. proc. coll.* 2004, 1re partie, n°s 303 et 304, p. 3.

SECTION 567.10
RÈGLES COMMUNES AU COMPROMIS ET À LA TRANSACTION

567.11 Autorisation du compromis et de la transaction. Précisons d'abord que certaines règles communes ont déjà été énoncées lors de l'étude de la transaction et du compromis en période d'observation (v. s[s] n°s 422.31 s.).

En situation de liquidation judiciaire, une restriction inexistante en sauvegarde et en redressement judiciaire, sous l'empire de la législation issue de la loi de sauvegarde des entreprises[1], est posée par l'article L. 642-24, alinéa 1 du code de commerce. En effet, compromis et transactions ne pourront porter que sur des contestations intéressant collectivement les créanciers, même sur celles qui sont relatives à des droits et actions immobiliers. La solution a ainsi été posée dans le cadre d'une transaction en matière de responsabilité bancaire[2]. On retrouve ici la notion d'intérêt collectif.

567.12 Modalités procédurales du compromis et de la transaction. L'autorisation de compromettre ou transiger sera ici sollicitée auprès du juge-commissaire par le liquidateur[3], lequel signera seul les actes[4]. Le débiteur ne saurait se prévaloir d'une transaction ni signée par le liquidateur, ni autorisée par le juge-commissaire[5].

1. L. n° 2005-845, 26 juill. 2005, *JO* 27 juill., p. 12187.
2. AINSI : Toulouse, 2e ch., 1re sect., 29 mars 1999, *RJ com.* 2000. 179, n° 1555, note Monsérié-Bon.
3. IFPPC 1999, recomm. n°s 6040-1 à 6040-5, p. 169.
4. IFPPC 1999, recomm. n° 6040-4, p. 169.
5. Paris, 20 févr. 2001, RG n° 2000/18839, *Rev. proc. coll.* civ. et com. 2002, p. 286, n° 5, obs. Canet.

L'article 124, alinéa 1 du décret du 27 décembre 1985[1] prévoyait que le débiteur était convoqué par le greffier du tribunal trois jours avant la décision, le greffier devant joindre à la convocation copie de la requête du liquidateur.

L'article R. 642-41 du code de commerce, sous l'empire de la loi de sauvegarde des entreprises[2], est plus respectueux des droits du débiteur. Il prévoit que le greffier doit convoquer le débiteur en joignant copie de cette convocation au liquidateur quinze jours au moins avant l'audience. Si le compromis ou la transaction doit être soumis à l'homologation du tribunal, le débiteur doit être convoqué dans les mêmes conditions (C. com., art. R. 642-41, al. 2).

L'article 151-2 du décret du 27 décembre 1985 prévoit que l'ordonnance autorisant la transaction ou le compromis est notifiée au débiteur et au contrôleur. Cette notification n'a cependant pas pour effet d'autoriser le débiteur dessaisi à interjeter seul appel de la décision statuant sur la transaction[3].

La notification, plus généralement, devra être effectuée à toutes les personnes dont les droits risquent d'être affectés par la transaction. Tel n'est pas le cas d'un créancier, lorsque la transaction porte sur l'abandon d'une procédure de redressement judiciaire à titre de sanction contre un dirigeant, en contrepartie du versement par ce dirigeant d'une certaine somme d'argent, au motif que le créancier ne peut saisir le tribunal aux fins de sanctions patrimoniales[4].

La solution mériterait d'être nuancée, sous l'empire de la loi de sauvegarde des entreprises, du fait du pouvoir subsidiaire d'action des contrôleurs, ce qui doit, à notre sens, conduire à la notification de cette ordonnance.

Une distinction s'impose ensuite.

Si le compromis ou la transaction porte sur une valeur inférieure au taux du ressort, l'autorisation sera donnée par le juge-commissaire seul. Son ordonnance sera, conformément au droit commun des procédures collectives, susceptible d'un recours devant le tribunal, le recours réformation étant, sous l'empire de la législation antérieure à la loi de sauvegarde des entreprises, fermé sur le jugement vidant le recours à l'encontre de l'ordonnance, alors que l'appel est ouvert, depuis la loi de sauvegarde des entreprises.

Selon l'article L. 642-24, alinéa 2 du code de commerce, dans sa rédaction issue de la loi de sauvegarde des entreprises, « si l'objet du compromis ou de la transaction est d'une valeur indéterminée ou excède la compétence en dernier ressort du tribunal, le compromis ou la transaction est soumis à l'homologation du tribunal ». Les juges du fond sont d'avis divergents sur l'interprétation de la disposition, certains considérant que l'homologation du tribunal suffit[5], d'autres exigeant cumulativement l'ordonnance du juge-commissaire et l'homologation du tribunal[6]. Seule la seconde interprétation nous semble correcte. Elle a été retenue par la Cour de cassation[7]. Il conviendra au liquidateur de présenter une requête au juge-commissaire l'autorisant à compromettre ou à transiger. Puis, après avoir obtenu l'ordonnance du juge-commissaire, il devra obtenir l'homologation du tribunal.

L'homologation du compromis ou de la transaction faite directement par le juge-commissaire serait constitutive d'un excès de pouvoir[8].

À défaut d'autorisation par le juge-commissaire, il y place à nullité absolue du compromis ou de la transaction[9], que peut invoquer le liquidateur, en faisant appel du jugement d'homologation[10].

Le juge-commissaire qui autorise une prétendue transaction ne comportant pas de concessions réciproques, commet un excès de pouvoir[11]. Il n'en est pas ainsi d'une remise de dette effectuée en contrepartie d'un paiement immédiat, alors que le risque de non paiement n'était pas totalement exclu en raison de la situation difficile du *solvens*[12].

567.13 Voies de recours sur les décisions statuant sur les compromis et transactions. L'ordonnance du juge-commissaire qui autorise un compromis sera, conformément au droit commun des procédures collectives, susceptible d'un recours devant le tribunal.

Le recours réformation est fermé sur le jugement vidant le recours à l'encontre de l'ordonnance, sous l'empire de la législation antérieure à la loi de sauvegarde des entreprises[13], seul restant envisageable le recours nullité en cas d'excès de pouvoir. Le seul fait pour le juge-commissaire de ne pas convoquer le débiteur ne constitue pas un excès de pouvoir, alors

1. D. n° 85-1388, 27 déc. 1985, *JO* 29 déc., p. 15281.
2. L. n° 2005-845, 26 juill. 2005, préc.
3. Versailles 12 oct. 1995, *Rev. proc. coll.* 1999, 177, n° 4, obs. Canet.
4. Com. 27 févr. 2007, n° 05-20.678, NP; n° 376 F-D.
5. Orléans, 17 févr. 2000, *Rev. proc. coll.* civ. et com. 2002, p. 286, n° 5, obs. Canet.
6. Aix-en-Provence, 26 nov. 1998, *Rev. proc. coll.* civ. et com. 2002, p. 286, n° 5, obs. Canet – Paris, 3e ch. B, 31 mai 2002, *D.* 2002. AJ 2533.
7. Com. 29 avr. 2002, n° 99-15.449, NP, *Rev. proc. coll.* civ. et com. 2002, p. 286, n° 5, obs. Canet.
8. Com. 2 mars 1999, n° 95-18.137, NP, *LPA* 24 avr. 2000, n° 81, p. 9, note Gallet.
9. Com. 26 nov. 2002, n° 99-18.007, NP, *Rev. proc. coll.* 2004, p. 49, n° 12, obs. Lebel.
10. Com. 11 juin 2002, *Act. proc. coll.* 2002/14, n° 184.
11. Com. 26 mars 2013, n° 12-13.077, NP; n° 296 F-D.
12. Com. 26 mars 2013, n° 12-13.077, NP; n° 296 F-D.
13. L. n° 2005-845, 26 juill. 2005, préc.

surtout que le débiteur, dans le cadre du recours devant le tribunal peut assurer sa défense. Son recours nullité à l'encontre du jugement du tribunal statuant sur le recours contre l'ordonnance est en conséquence irrecevable[1].

Le recours réformation – appel – est au contraire ouvert sur le jugement statuant sur le recours à l'encontre de l'ordonnance, sous l'empire de la loi de sauvegarde des entreprises.

Le jugement d'homologation de la transaction ou du compromis est, faute de texte contraire, susceptible d'appel de la part des parties. Le débiteur n'est pas une partie à la transaction. Est-ce une raison pour lui fermer l'appel ? Certaines cours d'appel ont statué en ce sens[2]. La solution n'est pas certaine. En effet, dès lors que le débiteur doit être entendu ou dûment convoqué, et ce au titre d'un droit propre, il serait logique de lui ouvrir le droit d'appel, au titre d'un droit propre. Observons au demeurant que la Cour de cassation a jugé que le débiteur, du fait de son droit propre, peut former un recours contre la décision ayant rejeté sa demande d'annulation d'une transaction, formulée avant le jugement d'ouverture, pour défaut de concessions réciproques (v. ss n° 552.37). Quoi qu'il en soit, il faut de toute façon réserver l'hypothèse dans laquelle la transaction porterait sur un droit propre du débiteur, ce qui incontestablement l'autorisera alors à faire appel[3].

Un tiers à l'instance d'homologation d'une transaction est évidemment irrecevable à faire appel du jugement refusant l'homologation de la transaction[4]. Il en est de même de l'assureur de responsabilité civile professionnelle du liquidateur, alors même qu'il serait appelé à la transaction, dès lors que les droits et obligations de cet assureur ne peuvent se trouver affectés par l'objet de la transaction[5].

De même, les associés de la personne morale en liquidation judiciaire sont irrecevables en leur appel du jugement homologuant une transaction[6]. En revanche, le créancier titulaire d'une sûreté, qui intervient à l'instance d'homologation de la transaction devant le tribunal, et qui justifie d'un intérêt personnel, distinct de celui de la collectivité des créanciers, est recevable à faire appel du jugement d'homologation[7].

L'ordonnance du juge-commissaire, qui autorise la transaction, est une décision dissociable du jugement qui l'homologue.

Il en résulte qu'est irrecevable l'appel formé contre l'ordonnance du juge-commissaire, alors que les conclusions sollicitent l'annulation du jugement, de sorte que la détermination de la décision contestée fait difficulté[8].

L'ordonnance du juge-commissaire doit faire l'objet d'un recours devant le tribunal. La cause de nullité contenue dans l'ordonnance ne pourra être discutée dans le cadre d'un recours formé à l'encontre de la décision du tribunal qui homologue la transaction[9].

SECTION 567.20

RÈGLES SPÉCIFIQUES À LA TRANSACTION

567.21 Règles spécifiques à la transaction. Commençons par indiquer que la transaction autorisée par le juge-commissaire en période d'observation reste soumise aux règles la régissant en période d'observation, le liquidateur étant tenu de l'exécuter[10].

Les hypothèses de transactions autorisées sont multiples. A été ainsi admise la résiliation amiable d'un bail en contrepartie de l'abandon des loyers[11], ou en contrepartie du versement d'une indemnité[12].

La transaction ne peut cependant pas mettre en échec une règle d'ordre public des procédures collectives puisqu'on ne peut transiger que ce sur quoi on a la libre disposition, ce qui n'est pas le cas des matières intéressant l'ordre public[13]. Cette solution justifie l'impossibilité pour le liquidateur de renoncer, sous l'empire de la législation antérieure à la loi de sauvegarde des entreprises[14], à l'extinction d'une créance, faute de déclaration dans les délais, dans le cadre d'une transaction[15]. De même, le liquidateur ne saurait, par une transaction, assurer à un créan-

1. Com. 16 oct. 2007, n° 06-11.208, NP; n° 1088 F-D.
2. Versailles, 12 oct. 1995, *Rev. proc. coll.* 1999, p. 177, obs. Canet – Amiens, 3 juin 2004, RG n° 03/00432, *Rev. proc. coll.* 2005/1, p. 54, n° 5, obs. Dumont.
3. Paris, 21 juin 1994, *Rev. proc. coll.* 1999, p. 177, obs. Canet.
4. Toulouse, 29 mars 1999, RG n° 97/01226; *RJ com.* 2000. 179, n° 1555, note Monsérié-Bon; *Rev. proc. coll.* civ. et com. 2002, p. 287, n° 6, obs. Canet.
5. Com. 27 mai 2008, n° 07-11.967, NP; n° 629 F-D; *Gaz. proc. coll.* 2008/4, p. 45, n° 4, note Gorrias.
6. Com. 16 oct. 2001, *Rev. proc. coll.* civ. et com. 2002, p. 287, n° 7, obs. Canet.
7. Com. 10 déc. 2002, n° 99-21.411, *Bull. civ.* IV, n° 192; *D.* 2003. AJ 134, obs. Lienhard; *JCP E* 2003, Chron. 760, n° 8, obs. Péte.
8. Com. 24 mars 2004, n° 01-11.785, NP.
9. Com. 2 oct. 2007, n° 06-12.571, NP; n° 1024 F-D.
10. Paris, 7 oct. 1997, *Rev. proc. coll.* 1999, p. 180, obs. Canet.
11. TGI Boulogne/Mer, 5 mai 1998, *Rev. proc. coll.* 1999, p. 174, obs. Canet.
12. Paris, 3e ch. B, 16 juin 2000, cité par Canet, J.-CL. COM., fasc. 2712, n° 29.
13. J.-CL. CIV., Veaux-Fournerie et Veaux, art. 2044, 2058, fasc. 2, [Transaction – Domaine], n° 1.
14. L. n° 2005-845, 26 juill. 2005, préc.
15. Com. 23 nov. 1999, n° 97-16.870, *Bull. civ.* IV, n° 208; *D.* 2000. AJ 13, obs. Lienhard; *LPA* 11 juill. 2000, p. 27, note Courtier; *RTD com.* 2000. 719, obs. Martin-Serf; *JCP E* 2000, Chron. p. 752, obs. Pételt; *Rev. proc. coll.* civ. et com. 2002, p. 282, n° 1, obs. Canet.

cier chirographaire des droits supérieurs à ceux créancier privilégié[1]. En revanche, la transactio possible, lorsqu'elle intervient entre le créancier crit sur un immeuble et l'acquéreur de cet imme dans le cadre des opérations de liquidation judici la contrepartie financière obtenue de l'acquéreu l'immeuble par le créancier inscrit résultant d renonciation par ce dernier à former surenchèl ne s'agit donc pas d'un complément de prix de ve dont le versement romprait l'égalité entre les cré ciers[2].

Une difficulté se présente également en mate d'action en comblement de passif (v. s[s] n° 922.5, dont les termes peuvent être étendus à toutes sanctions pécuniaires atteignant les dirigeants e personnes morales débitrices.

Cette règle de droit communselon laquelle a transaction ne peut mettre en échec une règle d'ordre public doit cependant être immédiatement corrigée par des règles spécifiques au droit des procédures collectives. Ainsi, en liquidation judiciaire, l'article L. 642-25, alinéa 1 du code de commerce, dans sa rédaction issue de la loi de sauvegarde des entreprises (devenu C. com., art. L. 641-3, al. 2, réd. ord. 18 déc. 2008[3]) autorise-il, dans certaines circonstances, le paiement des créanciers antérieurs. Il en est ainsi en réalité lorsqu'il y va de l'intérêt du débiteur et de celui de ses créanciers. C'est cette règle qui doit imprégner un principe de solution pour autoriser la transaction portant sur le paiement le créances antérieures, dès lors que l'intérêt collectif des créanciers est en jeu, encore que la solution soit discutée[4]. L'ordre public de la législation des procédures collectives obéit à un régime de protection bien compris de l'entreprise du débiteur ou de l'intérêt collectif de ses créanciers qui, dès lors qu'il n'est pas méconnu, doit permettre d'infléchir la règle de droit commun.

En pratique, il apparaît ainsi possible que la transaction ait pour objet d'aménager les droits d'un créancier ayant obtenu à l'encontre du débiteur une décision inconciliable avec l'intérêt collectif des créanciers. Il en serait ainsi d'un crédit-bailleur ayant obtenu l'autorisation de reprendre le bien crédit-baillé, alors que les sommes restant à payer au titre du contrat sont inférieures à la valeur vénale du bien, mais correspondent à des créances antérieures au jugement d'ouverture, soumises comme telles à la règle de l'interdiction des paiements (v. aussi s[s] n° 633.22). Il y a là le prototype d'une transaction à autoriser, puisqu'elle permettra au crédit-bailleur de toucher ce qui lui est dû, et même un peu plus, à défaut de quoi il n'y aurait pas de concessions réciproques, cependant qu'elle autorisera également le débiteur à conserver un bien utile à son activité ou permettra au liquidateur d'appréhender un actif, dans l'intérêt bien compris de la collectivité des créanciers.

Le liquidateur, dans sa mission de défense de l'intérêt collectif des créanciers, veillera à ce que la transaction n'avantage pas, par trop, le créancier transigeant. Elle devra donc prévoir des concessions réciproques, sinon avantageuses pour la collectivité des créanciers, du moins équilibrées.

Du fait du dessaisissement atteignant le débiteur en liquidation judiciaire, le liquidateur qui transige sur des droits patrimoniaux n'a nul besoin de recueillir l'accord des associés de la personne morale débitrice. Il en résulte que ces derniers sont sans qualité pour contester la transaction passée entre le liquidateur et un tiers[5].

Le liquidateur représente collectivement les créanciers antérieurs. Il en résulte qu'ils sont, par principe, dépourvus de qualité à contester une transaction intervenue. Il en va cependant différemment si le créancier a un intérêt personnel, distinct de celui de la collectivité des créanciers[6]. Il a aussi été jugé que la transaction intervenue entre le liquidateur, défendant l'intérêt collectif des créanciers et un créancier n'interdira pas l'action en responsabilité engagée contre lui par un tiers s'estimant victime de la faute du créancier, et demandant la réparation d'un préjudice personnel[7].

SECTION 567.30
RÈGLES SPÉCIFIQUES AU COMPROMIS

567.31 Règles spécifiques au compromis. Le compromis désigne la convention d'arbitrage conclu une fois le litige né.

Les règles spécifiques au compromis ont déjà été envisagées au stade de la période d'observation (v. s[s] n° 422.33). Rappelons que seule la faculté de compromettre est réglementée, non l'application d'une clause compromissoire incluse dans un contrat conclu avant le jugement d'ouverture[8].

Si une clause d'arbitrage a été conclue avant le jugement d'ouverture, il y a place à distinguer selon

1. Com. 10 déc. 2002, n° 99-21.411, *Bull. civ.* IV, n° 192; *D.* 2003. AJ 134, obs. Lienhard; *JCP E* 2003, Chron. 760, p. 851, n° 8, obs. Pétel.
2. Civ. 1re, 21 juin 2005, n° 03-12.316, NP.
3. Ord. n° 2008-1345, 18 déc. 2008, *JO* 19 déc., p. 19462.
4. EN CE SENS : SOINNE, n° 2452 – Canet, J.-CL. COM., fasc. 2712, n° 31 – *EN SENS INVERSE* : DERRIDA ET *ALII*, note 1539.
5. Com. 16 oct. 2001, *Act. proc. coll.* 2001/20, n° 266.
6. Com. 10 déc. 2002, n° 99-21.411, préc.
7. Paris, 1re ch. D, 20 nov. 2002, *D.* 2002. jur. 1560, note Sortais.
8. Canet, J.-CL. COM., fasc. 2712, n° 48.

que l'instance arbitrale est en cours ou non au jour du jugement d'ouverture (v. s[s] n° 422.33).

Le liquidateur qui demande l'exécution du contrat, par exemple le paiement de la créance qui en est issue, doit respecter la clause compromissoire[1]. La solution est la même lorsque le liquidateur aura opté pour la poursuite du contrat ou qu'il aura « hérité » de l'option exercée par le débiteur ou l'administrateur en période d'observation.

Les règles de compétence du droit des procédures collectives de paiement sont d'ordre public. Dès lors, il y a interdiction du compromis si l'action est née de la faillite ou si les règles exercent sur elle une influence sur la solution du litige. C'est la règle de compétence classiquement établie par l'article R. 662-3 du code de commerce (v. s[s] n°s 312.11 s.). Lorsque, ce qui *a priori* devrait être rare en pratique, le liquidateur a été autorisé à compromettre en liquidation judiciaire, les règles de fond du droit de late devront être respectées[2]. Ainsi jugé que, en iruisant une action en nullité de la période suspcontre le partenaire contractuel, le liquidateur nsubstitue pas au débiteur dessaisi pour agir en scom, mais exerce une action au nom et dans l'têt collectif des créanciers. Il en résulte que la cle compromissoire stipulée à l'acte litigieux – untrat de franchise – est inapplicable au litige[3].

ais la question est de minime portée. En effet, diors qu'il n'est pas possible de compromettre lque le tribunal de la faillite est exclusivement cpétent en application de l'article R. 662-3 du ce de commerce, cela signifie que, pour l'hypotlse envisagée, les règles de la faillite n'exercent p leur incidenc sur la solution du litige. Dans ces liges qui ne sontpas nés de la faillite et sur lesquels lafaillite n'exercepas d'incidence, le compromis est possible[4].

1. Orléans, 5 juill. 2001, *JurisData* 162917, cité par Canet, J.-Cl. com., fasc. 2712, n° 53.
2. Canet, J.-Cl. com., fasc. 2712, n° 51.
3. Com. 17 nov. 2015, n° 14-16.012, *Bull. civ.* IV [à paraître]; n° 988 F-P+B; *D.* 2015. actu 2439, note Lienhard; *Gaz. Pal.* 12 avr. 2016, n° 14, p. 68, note Roussel Galle; *Act. proc. coll.* 2015/20, comm. 319, note Fin-Langer; *Rev. sociétés* 2016. 198, note Roussel Galle; *JCP E* 2016, 1135, note Lebel; *BJE* 2016, 121, note Vidal; *Rev. proc. coll.* 2016, comm. 47, note Reille.
4. Vidal, 2006, n° 697.

TITRE

570. Élaboration et adoption du plan de cession

SECTION 0 ORIENTEUR

570.00 Plan du titre.

Chap.	571	Règles d'élaboration du plan de cession
Sect.	571.10	Finalité du plan de cession
Sect.	571.20	Nature juridique de la décision arrêtant le plan de cession
Sect.	571.30	Offres de cession
Sect.	571.40	Réglementation de la procédure d'appel d'offres
Sect.	571.50	Choix entre les offres de cession
Chap.	572	Arrêté du plan de cession
Sect.	572.10	Intervention de la décision statuant sur le plan de cession
Sect.	572.20	Voies de recours sur les décisions statuant sur le plan de cession
Sect.	572.30	Plan de cession totale ou plan de cession partielle
Sect.	572.40	Location-gérance préalable au plan de cession
Sect.	572.50	Périmètre objectif de la cession
Sect.	572.60	Efficacité de la décision statuant sur le plan de cession – Personnes tenues d'exécuter le plan

570.01 Textes applicables.

> Législation issue de la loi de sauvegarde des entreprises.
C. com., art. L. 631-13, L. 631-22, L. 642-21
C. com., art. R. 631-39 à 631-42 (anc^{t} D. n° 2005-1677, 28 déc. 2005, art. 207 à 210)

> Législation issue de l'ordonnance du 18 décembre 2008.
C. com., art. L. 631-13, L. 631-21-1, L. 631-22
C. com., art. R. 631-23, R. 631-39, R. 631-40

> Législation issue de l'ordonnance du 12 mars 2014.
C. com., art. L. 626-1

570.03 Bibliographie indicative. (V. les références complètes s^{s} n° 031).

> Actualisables. Avant LSE : RÉP. COM., Monsérié M.-H. « Entreprises en difficulté – Redressement judiciaire (Période d'observation) », n°s 304 à 323, 350 à 364; Poracchia D., Rizzo F. et Vignal N., « Entreprises en difficulté – Redressement judiciaire (Phase de traitement – Redressement ou liquidation) », n°s 5 à 25, 69 à 84, 112 à 115 – J.-CL. COM., Chaput Y., fasc. 2400, [Plan – Généralités]; Fraimout J.-J., fasc. 2420, [Plan de cession – Conception et adoption]; Mascala C., fasc. 2345, [Location-gérance]. Après LSE : J.-CL. COM., Fraimout J.-J., fasc. 2730, [Plan de cession – Conception et adoption], 2007; Houin-Bressand C. et Saint-Alary-Houin C., fasc. 2345, [Location-gérance], 2010 – J.-CL. COM., Rolland B., fasc. 3250, [Environnement et procédures collectives], 2014, n°s 45 à 62.

> Ouvrages antérieurs à la loi de sauvegarde des entreprises. Berger C., *L'offre de reprise d'une entreprise en procédure collective*, PUAM 2001 – CHAPUT, n°s 313, 399, 424 à 441, 481 à 482 *bis* – GUYON, n°s 1193, 1273 à 1283 – JACQUEMONT, n°s 422 à 430, 650 et 651, 656 à 659 – KERCKHOVE, n°s 721 à 724, 726, 728 et 729, 749 à 753 – LE CANNU, n°s 702 à 704, 708, 734 à 738 – LE CORRE-BROLY, n°s 235 à 245, 273 à 275 – MARTIN ET VALLENS, n°s 3668 à 3693, 3757 à 3830, 3859 à 3885 – PÉROCHON ET BONHOMME, n°s 240 à 242, 308 à 315 – PÉTEL, n°s 254 à 259, 293 à 297 – RIPERT ET ROBLOT, n°s 3172-7, 319 à 3196, 3199, 3207 à 3210 – SAINT-ALARY-HOUIN, n°s 481 à 487, 821 à 828, 830 à 838, 916 à 921, 935 à 943 – SOINNE, n°s 1440 à 1454, 1511 à 1523, 1637, 1649 à 1656, 1666 à 1689, 1795 – Vallansan J., *La cession d'entreprise*, th., Caen 1986 – VALLANSAN, p. 149 à 152, 159 à 168.

> Ouvrages postérieurs à la loi de sauvegarde des entreprises. COQUELET, 5e éd., n°s 461 à 468 – GIBIRILA, n°s 675 à 692 – JACQUEMONT ET VABRES, 9e éd., n°s 779 à 783, 914 à 936 – LE CANNU, 7e éd., n°s 984 à 995, 1005 à 1024, 1035 à 1044, 1048 à 1051, 1088 à 1092 – LIENHARD, 6e éd., n°s 116.24 à

116.28, 124.11 à 124.29 – PÉROCHON, 10e éd., nos 1127 à 1129, 1231 à 1253 – PÉTEL, 8e éd. nos 312 à 323 – ROUSSEL GALLE, 2e éd., nos 412, 730 à 742 – SAINT-ALARY-HOUIN, 9e éd., nos 1235 à 1270, 1289 – VALLANSAN ET *ALII*, 6e éd., p. 330 à 332, 383 à 395 – VALLENS, 2015, nos 4229 à 4291, 4355 à 4376 – VIDAL et GIORGINI, nos 1154 à 1198, 1396, 1397 – VOINOT, 2e éd., nos 650 à 664, 725 à 738.

> Articles.

› *Étude d'ensemble.* Armand-Prévost M. et Domain L., « La morale des affaires, le plan de cession et le plan de continuation », *Rev. proc. coll.* 1989, p. 321 – Coquelet M.-L., « Le plan de cession a-t-il changé ? », *Rev. proc. coll.* 2006, p. 188; « Le plan de cession : Faut-il déjà réformer ? », *Rev. proc. coll.* 2008, p. 128 – Cordier P., « Le plan de cession devant la Cour de cassation – Panorama de deux années de jurisprudence », *RJDA* 1999/2, p. 103 – Couret A., « Le plan de cession, mesure de redressement ou de liquidation », LAMY AFFAIRES mars 2005, suppl. nº 80, p. 42 – Couturier G., « Le plan de cession, instrument de restructuration des entreprises défaillantes », *Bull. Joly* févr. 2008, § 35, p. 142 – de Montalembert P. et Niedolistek L., « L'exception d'entreprise défaillante – approche comparée », *JCP E* 2005, comm. 314, p. 314 – Deharveng J., « Le plan de cession dans la nouvelle architecture des procédures collectives – un événement et non plus une issue du cours de la procédure », *D.* 2006. chron. 1047 – Fraimout J.-J., « Le plan de cession 30 ans après : brèves observations à propos des injonctions de l'analyse économique du droit », *Rev. proc. coll.* 2016, dossier 14 – Froehlich Ph., « L'ambivalence du plan de cession totale dans la loi de sauvegarde des entreprises », *D.* 2005. Doctr. 2878 – Henry L.-C. « Le plan de cession et la loi de sauvegarde des entreprises », *Gaz. Pal.* 7-8 sept. 2005, nº sp. p. 39 – Jamet M., « La problématique de la cession des œuvres audiovisuelles dans le cadre des procédures collectives », *Rev. proc. coll.* 2014, études 30 – Moulette Ch., « Le repreneur : la rédaction des offres de reprise et leur portée », *Rev. proc. coll.* 2015, dossier 51 – Pérochon F., « Halte au détournement de la cession judiciaire d'entreprise », *LPA* 9 mai 1990, p. 44 – Rétif S., « Observations à propos du plan de cession de l'entreprise libérale individuelle », *Rev. proc. coll.* 2006, p. 232 – Pétel Ph., « La moralisation des plans de redressement », *in Les réformes de l'entreprise, Montchrestien* 1195, p. 89 – Roussel Galle Ph., « Les plans : apports de la réforme », *Dr. et patr.* déc. 2009, nº 187, p. 79 – Sabathier S. et Caviglioli Ch., « La cession : *prepack*, redressement et liquidation judiciaires », *Rev. proc. coll.* 2015, dossier 55 – Saint-Alary-Houin C., « Variations sur le plan de cession d'une entreprise en difficulté », *Mél. Champaud*, Dalloz, 1997, p. 539 – Soinne B., « Problématique de la nouvelle cession d'entreprises », *Rev. proc. coll.* 2006, p. 313 – Teboul G., « Le plan de cession : Actualité », *Gaz. Pal.* 2003, Doctr. 4-5 juill., p. 2 – Thévenot Ch., « Du film noir et blanc à la 3D couleur ou comment améliorer les processus de cession d'entreprises en redressement judiciaire », *Rev. proc. coll.* 2014, études 26.

› *SCI.* Berthoud-Ribaute H., « Le sort de la société civile immobilière dans la procédure collective », *RTD com.* 2003. 259.

› *Fisca* Dedeurwaerder G., « Les habitneufs du régime fiscal reprise d'une entreprise en diffulté », *Rev. proc. coll.* 2, dossier 58.

› *Manaires de justice.* Froehlich Ph., « nouvelle répartition dôles entre administrateurs et mandaires judiciaires », *LPA* 1 in 2007, nº 114, p. 79.

› *Concence.* Idot L., « La prise en conte de la procédure collect dans la mise en œuvre des rès de concurrence » *in* « Eeprises en difficultés et appltion du droit de la concuence », *CCC* juill.-août-sept. 005, nº 143, p. 3 – Henry-C. « Reprise d'entreprises enfficulté et droit de la concuence », *Rev. proc. coll.* 2015 dossier 57 – Le Corre-Broly « Droit de la concurrence et océdures collectives », *JCP E* A 2000, *Cah. dr. entr.* nº 3 · 40 s. – Montéran Th., Ponsd M. et Marcinkowski M., « e contrôle des concentratis et les entreprises en recssement et liquidation judicires », *Rev. proc. coll.* 2004 p. 193-226 – Saint-Alary-HouiC., « La prise en compte da concurrence par le droit des océdures collectives » *in* « ntreprises en difficultés et applation du droit de la concurence », *CCC* juill.-août-sept. 200! nº 143, p. 3 – Seabright P. « Le point de vue de l'économste sur la relation entr faillite des entreprises et conurrence » *in* « Entreprises n difficultés et application du droit de la concurrence », *CCC* juill.-août-sept. 2005, nº 143, p. 6 – Vallens J.-L., « Le droit de l'insolvabilité, une atteinte contrôlée à la concurrence » *LPA* 11 juin 2008, nº 117, p. 5.

› *Dirigeants et associés.* Pagnucco J.-Ch., « Les associés et le plan de cession », *Rev. proc. coll.* 2015, dossier 43, p. 82.

570.09 **Présentation générale du plan de cession.** Le plan de cession a été conçu par le législateur de 1985[1] comme une technique de redressement de l'entreprise, manifestant de la manière la plus nette l'idée du législateur de 1967[2] de dissociation de l'homme et de l'entreprise. Alors que les plans de continuation, de sauvegarde et de redressement assurent le redressement du débiteur, qu'ils servent à « guérir le patient, la cession d'entreprise recherche la survie de ses organes sains, greffés sur un meilleur porteur »[3].

Il peut constituer la pire ou la meilleure des techniques de redressement[4]. En effet, il peut être source de graves abus pour les créanciers, mais aussi pour les salariés, que le législateur de 1994[5] s'est soucié d'éviter. À l'inverse, par sa rapidité d'intervention, il peut être le gage de préservation de l'outil de production. Il présente, par rapport au plan de continuation, une spécificité très importante puisque le redressement recherché ne se fera pas avec le débiteur, mais avec un tiers.

La législation fiscale des reprises d'entreprises en difficulté par des sociétés créées à cette fin est particulièrement attractive (v. s^{s} nº 112.31).

Il reste que l'instruction du 11 juillet 2005[6] relative à la reprise d'immobilisations d'une entreprise en redressement judiciaire ramène de 80 % à 50 % la valeur locative plancher pour les opérations de reprise d'immobilisations d'une entre-

1. L. nº 85-98, 25 janv. 1985, *JO* 26 janv., p. 1097.
2. L. nº 67-563, 13 juill. 1967, *JO* 14 juill., p. 7059.
3. PÉROCHON, 10e éd., nº 1234.
4. GUYON, nº 1273.
5. L. nº 94-475, 10 juin 1994, *JO* 11 juin, p. 8440.
6. *JCP E* 2005. 1215, p. 1350.

prise faisant l'objet d'un redressement judiciair dant la procédure et dans les deux années suivant la clô celle-ci, ce qui peut correspondre à une durée asse ue en plan de cession.

Le plan de cession aura des effets particulièrem mportants et souvent relativement dévastateurs pour le nciers antérieurs. Le prix de cession constituera certes l' s éléments pris en compte pour l'arrêté d'un plan de ce , mais il passe largement au second plan par rapport à la serva-tion des emplois. On mesure immédiatement les ifices auxquels vont se trouver exposés les créanciers. utre, diverses règles particulièrement contraignantes vont r être appliquées pour permettre le redressement recherch

> Moment de l'arrêté d'un plan de cession. Pour le dé teur, le plan de cession constitue une technique d'expropr tion forcée pour cause d'intérêt privé. Cependant, l'intérêt privé dont il est ici question se situe sur un plan macro-économique, car le législateur privilégie la sauvegarde de l'entreprise et des emplois. La personne du débiteur est nécessairement reléguée au second plan, par rapport à l'entreprise, cependant que le plan de cession, s'il intéresse une entreprise exploitée sous la forme individuelle, ne pourra porter sur des biens non affectés à l'activité de l'entreprise[1]. En outre la cession ne pourra porter que sur les biens du débiteur, et non sur ceux de ses associés, fussent-ils solidairement et indéfiniment tenus du passif social[2], même si le contraire a été jugé[3].

Pour les repreneurs, toute entreprise en redressement judiciaire est à vendre[4], puisqu'ils peuvent présenter des offres de reprise avant même que l'administrateur ait eu la moindre initiative en ce sens.

Cette solution a été repensée par la loi de sauvegarde des entreprises[5], raisonnant prioritairement par rapport au débiteur, non par rapport à l'entreprise, la procédure étant ouverte contre le premier, non contre la seconde[6]. Il s'est agi de ne plus confondre le débiteur et l'entreprise[7]. L'activité du débiteur cesse par la cession[8], du moins si cette dernière est totale. Le plan de cession n'est plus qu'un événement de la procédure du débiteur[9], laquelle poursuit son cours, et c'est pourquoi il est désormais préférable de parler de cession d'entreprise plutôt que de plan de cession, dans la mesure où la cession ne scelle plus le sort du débiteur[10], qui pourra obtenir un plan de redressement ou sera placé en liquidation judiciaire. Par commodité, on continuera néanmoins à évoquer le plan de cession.

1. Com. 22 avr. 1997, n° 94-19.522, NP, *Rev. proc. coll.* 1998, 373, n° 40, obs. Soinne.
2. SAINT-ALARY-HOUIN, 9e éd., n° 1245.
3. Paris, 2 mars 1990, *Rev. proc. coll.* 1991, 319, obs. Soinne.
4. Honorat, *LPA* 12 juin 1985, p. 19.
5. L. n° 2005-845, 26 juill. 2005, *JO* 27 juill., p. 12187.
6. Henry, « Le plan de cession et la loi de sauvegarde des entreprises », *Gaz. Pal.* 7-8 sept. 2005, n° sp. p. 39, n° 3.
7. Deharveng, « Le plan de cession dans la nouvelle architecture des procédures collectives – un événement et non plus une issue du cours de la procédure », *D.* 2006. Chron. 1047.
8. Henry, art. préc., sp. p. 40, n° 5.
9. Deharveng, art. préc., sp. 1048.
10. Deharveng, art. préc., sp. 1048 – *Adde*, PÉROCHON ET BONHOMME, 7e éd., n° 132.

Il est d'abord exclu qu'une procédure de sauvegarde se termine par un plan de cession totale, du moins dans la version d'origine de la loi de sauvegarde des entreprises. L'entreprise sous sauvegarde n'est pas à vendre. Tout au plus, peut-il être envisagé des cessions partielles volontaires (v. ss n° 550.09).

L'un des grands enjeux de la réforme des procédures collectives par la loi du 26 juillet 2005 a été de déterminer la place du plan de cession. Fallait-il continuer à le considérer comme une technique de redressement de l'entreprise ? Fallait-il au contraire lui attribuer la nature d'une procédure liquidative, ce que reconnaissent les travaux parlementaires[11] ?

Le projet de loi de réforme de sauvegarde des entreprises avait clairement opté pour un déplacement du plan de cession dans la procédure de liquidation judiciaire. Le rapport au nom de la Commission des lois de l'Assemblée Nationale indique clairement que la procédure de plan de cession est essentiellement de nature liquidative[12]. La cession d'actifs isolés ne devra être engagée que de façon subsidiaire, si aucune reprise globale n'est présentée ou acceptée.

Une unanimité s'est cependant faite jour à l'Assemblée Nationale pour ne pas cantonner le plan de cession à la phase liquidative. Plusieurs amendements ont été présentés en ce sens. C'est ainsi qu'il a été affirmé que « la procédure de liquidation, c'est la dévalorisation des actifs »[13]. « Tout milite pour qu'un plan de cession puisse être présenté au tribunal de commerce à tout moment de la procédure, la dimension psychologique ne doit pas non plus être oubliée : la cession de l'entreprise est vécue comme un sauvetage par le dirigeant et il ne faudrait pas que celui-ci ait le sentiment qu'il faut attendre la liquidation pour pouvoir sauver son bien. Au demeurant le terme "liquidation" est très péjoratif »[14].

Même si la solution se rencontre en pratique, dès lors que tout redressement est exclu, et même si un plan de cession est envisagé, seule la liquidation judiciaire devra être prononcée, avec maintien de l'activité. Ouvrir un redressement judiciaire alors que les conditions n'en sont pas réunies, pour pouvoir arrêter un plan de cession en période d'observation, non en liquidation judiciaire, nous semble constitutif d'un excès de pouvoir[15].

Cependant, une fois l'accord sur le principe posé, sur le plan technique, lors de la discussion du texte, à l'Assemblée Nationale, un flottement certain a pu être constaté. Il a été suggéré d'améliorer et de clarifier le dispositif au Sénat.

La commission des lois du Sénat n'est pas revenue sur le principe de rendre possible la cession d'entreprise en phase de redressement judiciaire, tout en conservant le principe selon lequel le plan de cession devrait être arrêté en liquidation judiciaire.

11. *Rapp. J.-J. Hyest*, n° 335, p. 346.
12. *Rapp. Xavier de Roux*, n° 2095, p. 376.
13. Amend. n° 490, Interv. Arnaud Montebourg, *JOAN CR*, 3e séance du 8 mars 2005, p. 1761.
14. Interv. Pascal Clément, *JOAN CR*, 3e séance du 8 mars 2005, p. 1762.
15. SUR cette question : Duverne-Hanachowicz, « Difficultés d'application de la loi de sauvegarde : la cession dans le cadre d'une liquidation judiciaire », *LPA* 24 oct. 2007, n° 213, p. 3.

La traduction de ce principe dans les textes résulte d'abord du déplacement complet des règles du plan de cession dans le chapitre II du titre IV du livre VI du code de commerce, c'est-à-dire les articles L. 642-1 à L. 642-17. Elle tient ensuite à la possibilité pour les tiers de présenter des offres de cession en phase de redressement judiciaire, ce qui est impossible dans la procédure de sauvegarde. En ce sens, l'article L. 631-13 du code de commerce énonce que « dès l'ouverture de la procédure, les tiers sont admis à soumettre à l'administrateur des offres tendant au maintien de l'activité de l'entreprise, par une cession totale ou partielle de celle-ci selon les dispositions de la section I du chapitre II du titre IV ». L'article R. 631-39 du code de commerce réglemente, sous l'empire du décret du 28 décembre 2005[1], ces offres présentées en phase de redressement.

Elle résulte enfin du maintien de la possibilité d'adoption d'un plan de cession en phase de redressement judiciaire. C'est l'objet de l'article L. 631-22 du code qui énonce que « au vu du rapport de l'administrateur, le tribunal peut ordonner la cession totale ou partielle de l'entreprise si le débiteur est dans l'impossibilité d'en assurer lui-même le redressement ». Ce dernier texte a été réécrit par l'ordonnance du 18 décembre 2008[2]. L'article L. 631-21-1 du code de commerce commence par indiquer que, si le tribunal estime possible une cession partielle ou totale de l'entreprise en redressement judiciaire, il nomme un administrateur pour préparer et réaliser la cession. Ensuite, l'article L. 631-22 du code de commerce reprend les solutions du texte ancien, en supprimant toutefois le visa du rapport de l'administrateur, pour indiquer simplement que la cession est demandée par l'administrateur.

Force est de constater, au regard de la rédaction de l'article L. 631-22 du code, le caractère subsidiaire de l'adoption d'un plan de cession, en phase de redressement judiciaire, par rapport à l'adoption d'un plan de redressement, qui, en cette phase, est la règle[3]. Il est indiqué en effet que « le tribunal peut ordonner la cession totale ou partielle de l'entreprise si le débiteur est dans l'impossibilité d'en assurer lui-même le redressement ». Cela ne signifie pas que le plan de redressement aura été préalablement rejeté. Il suffit qu'il ne soit pas possible de le présenter[4].

Ainsi, le plan de cession pourra t-il être arrêté tant en redressement judiciaire, qu'en liquidation judiciaire. Le tribunal n'a pas à attendre la fin de la période d'observation et ne commet donc pas un excès de pouvoir rendant recevable le pourvoi nullité du débiteur s'il arrête le plan avant la fin de la période d'observation dès lors que le redressement par le débiteur est impossible[5].

Si, d'ut de vue théorique, c'est-à-dire au seul examen des, aucun argument ne permet d'affirmer qu'un plan de n doive plutôt être arrêté en redressement ou en liquic judiciaire, sous réserve de la subsidiarité[6] de l'arrêté plan de cession par rapport au plan de redressement, cue explicitement dans l'article L. 631-22, alinéa 1 du code commerce, de nombreux arguments militent en faveur arrêté du plan de cession en phase de redressement juaire[7]. Il en est ainsi notamment des conséquences psychoques pour les partenaires du débiteur du prononcé de la lidation judiciaire. La durée réduite de la poursuite d'activ autorisée en liquidation judiciaire sera également source problèmes, pour la consultation des institutions représtatives du personnel. De *lege ferenda*, il pourrait d'aillers être suggéré d'allonger la durée de poursuite provisoire le l'activité lorsqu'un plan de cession est envisagé. Il a encore été relevé que l'infomation du repreneur serait moindre en liquidation judiciaire, car l'administrateur ne doit, en cette phase, que rapporter sur les mérites des offres, et non élaborer un diagnostic[8].

On peut aussi remarquer que, pour les créanciers, le même corps le règles aura vocation à s'appliquer, ce que certains critiquent en faisant observer que le déplacement du plan de cesson en liquidation judiciaire aurait dû s'accompagner d'une modification de son régime, pour prendre davantage en compte l'aspect liquidatif de la mesure[9]. Il est ainsi curieux de constater que les mêmes règles sont appliquées pour les créanciers, que le plan soit arrêté en redressement ou en en lquidation judiciaire. Or ces règles sont celles de la liquidation judiciaire, devant logiquement avoir vocation à ne prendre en compte que les intérêts des créanciers, alors que, au contraire, elles sont presque exclusivement centrées sur l'entreprise et non sur les créanciers.

L'article 36 de l'ordonnance du 12 mars 2014[10] modifie l'alinéa 3 de l'article L. 626-1, qui concerne la possibilité de céder l'entreprise à des personnes n'étant pas des tiers (v. ss n° 515.22). Il introduit un assouplissement, qui, dans la rédaction du projet d'ordonnance, devait être réservée à la cession partielle intervenant en sauvegarde. Puis la limitation du domaine d'application du texte, qui résultait de l'article 40 du projet d'ordonnance, et qui modifiait l'article L. 631-18, alinéa 1er du code de commerce, pour prévoir l'inapplication en redressement judiciaire du troisième alinéa de l'article L. 626-1, a été supprimée. Il faut en déduire la possibilité d'appliquer le texte en redressement et même en liquidation judiciaire.

S'il est donc certain que l'opportunité commande d'arrêter un plan de cession en redressement judiciaire plutôt qu'en phase liquidative, ce n'est pas à dire qu'il faille commencer

1. D. n° 2005-1677, 28 déc. 2005, *JO* 29 déc., p. 20324.
2. Ord. n° 2008-1345, 18 déc. 2008, *JO* 19 déc., p. 19462.
3. Monsérié-Bon, « La diversification des liquidations judiciaires », *Rev. proc. coll.* 2005/4, p. 367 s., sp. p. 369 – PÉROCHON, 9e éd., n° 1067 – COMP. : Couturier, *Droit des sociétés et droit des entreprises en difficulté*, th., Lyon III, 2011, nos 747 s.
4. AUSSI : LE CANNU, 7e éd., n° 1039.
5. Com. 3 mai 2016, n° 14-24.865, *Bull. civ.* IV [à paraître]; n° 382 FS-P+B; *BJE* 2016, 251, note Vincent.
6. Coquelet, « Le plan de cession : Faut-il déjà réformer ? », *Rev. proc. coll.* 2008/2, p. 128 s., sp. p. 130, n° 10.
7. Couturier, « Le plan de cession, instrument de restructuration des entreprises défaillantes », *Bull. Joly* févr. 2008, § 35, p. 142 s., sp. p. 146 s.
8. Couturier, art. préc., sp. p. 149.
9. Froehlich et Sénéchal, « De la réalisation de l'actif », *LPA* n° sp. 9 févr. 2006, n° 29, p. 21 – *Adde*, Henry, « Le plan de cession et la loi de sauvegarde des entreprises », *Gaz. Pal.* 7-8 sept. 2005, n° sp. p. 39, n° 1.
10. Ord. n° 2014-326, 12 mars 2014, *JO* 14 mars, p. 5249.

par poser le résultat pour en induire le raisment. En clair, si les critères d'ouverture de la liquidationaire sont réunis, c'est-à-dire si les chances pour le débile se redresser n'existent manifestement pas, alors il faurir une liquidation judiciaire, à défaut de texte autorisouverture d'un redressement judiciaire si des chances sses de cession existent au jour de l'ouverture de la procé ce qui présuppose que les dirigeants sociaux aient troin repreneur en amont de l'ouverture de la procédure.

Il ne faut pas oublier en outre les qui seront sans doute nombreux, de présentation des s de cession en redressement judiciaire et d'adoption dan après la conversion en liquidation judiciaire. Les inconients de l'arrêté du plan de cession en liquidation judiciaieront alors moindres. On pense spécialement au travde diagnostic de l'administrateur judiciaire qui aura alété accompli en phase de période d'observation. Il reste ademander toutefois si un repreneur pourrait ériger en condition suspensive de son offre l'absence de conversio dudressement en liquidation judiciaire. Aucun obstacle, en l't du droit positif, ne semble s'y opposer.

Ainsi, plus que l'arrêté du plan de cessen liquidation judiciaire, ce qui peut être dommageable sa préparation en phase de liquidation judiciaire. Mais le ix n'existe pas pour les organes de la procédure et spécient l'administrateur judiciaire ou le liquidateur mis devarfait accompli.

Le choix entre les offres se fera, comme le passé, prioritairement par rapport à l'objectif de contition de l'activité et de conservation des emplois, à moinomme il a été suggéré, mais qui est peu probable, qu'il n'e une volonté affichée de tenir compte du basculement dan de cession en liquidation judiciaire[1], justifiant une plusnde prise en compte de l'intérêt des créanciers, qui pderait qu'une attention plus grande soit portée au prix de sion. En effet, malgré le basculement des règles du plan dession en liquidation, celui-ci demeure substantiellementie mesure de continuation de l'activité de l'entreprise pan tiers[2]. Les objectifs restent les mêmes, ce que permett de constater les critères que doit mettre en œuvre le tribul pour choisir entre les offres présentées : « le tribunal rent l'offre qui permet dans les meilleures conditions d'assui le plus durablement l'emploi attaché à l'ensemble cédé, paiement des créanciers et qui présente les meilleures ganties d'exécution » (C. com., art. L. 642-5, al. 1). Par raport à l'ancien texte (C. com., art. L. 621-87), il a simplemnt été ajouté « les meilleures garanties d'exécution », ce ui ne conduit nullement à une modification des critères dechoix entre les offres et laisse intacte la hiérarchie des priontés telle qu'elle avait été établie par le législateur du 25 janvier 1985.

Lorsque le plan de cession sera adopté en redressement judiciaire, les dispositions régissant le plan de cession, désormais posées en phase liquidative, trouveront application.

L'articl. 642-21 du code de commerce, dans la rédaction quei donne la loi du 26 juillet 2005, énonce que « lorsqu'a été fait application des dispositions de l'article L. 631-2et que le débiteur ne peut obtenir du tribunal l'arrêté un plan de redressement, les dispositions du présent titrsont applicables ». Identiquement, l'article L. 631-22 du cde, de manière redondante, indique que, « à l'exception du de l'article L. 642-2, les dispositions de la section I du chaitre II du titre IV sont applicables à cette cession ». L'impression qui se dégageait de ces textes était cependant que seles les règles de la liquidation judiciaire étaient appliquées, cependant que le débiteur, quant à lui, n'était pas placé n liquidation judiciaire. Force est de constater que le décreteclaircit notablement le dispositif confus, « indigent » pour eprendre l'expression d'un auteur[3], qui était sorti du Parlement.

D'abord, l'article R. 631-41 du code de commerce indique que lorsque la cession partielle ou totale de l'entreprise est ordonnée, la procédure est poursuivie selon le cas aux fins d'arrêté d'un plan de redressement ou de prononcé de la liquidation du débiteur.

Si la cession de l'entreprise est partielle, il y a possibilité pour le débiteur d'obtenir un plan de redressement. Il y a alors plan de cession partielle accompagné d'un plan de redressement[4]. Toutefois, même si toute l'entreprise n'est pas cédée, si le débiteur n'obtient pas un plan de redressement pour la partie non cédée, il y a place à liquidation judiciaire du débiteur. Le décret traduit bien la distinction entre l'entreprise, qui peut être cédée et le débiteur qui, parallèlement, peut obtenir un plan de redressement ou se voir appliquer la liquidation judiciaire.

Si la cession de l'entreprise était totale, le débiteur ne pouvait, sous l'empire de la législation antérieure à la loi de sauvegarde des entreprises, obtenir un plan de redressement. La législation du 26 juillet 2005, spécialement les articles R. 631-41 et R. 631-42 du code de commerce, semble au contraire rendre possible la solution[5].

L'article L. 631-1 alinéa 2 du code de commerce définit ainsi les objectifs du redressement judiciaire : « La procédure de redressement judiciaire est destinée à permettre la poursuite de l'activité de l'entreprise, le maintien de l'emploi et l'apurement du passif. » Le texte reprend la solution de la législation antérieure posée par l'alinéa 1 de l'article L. 620-1 du code de commerce sous réserve de la substitution de l'expression « poursuite de l'activité de l'entreprise » à celle de « sauvegarde de l'entreprise ». Ainsi, la finalité du redressement judiciaire n'a-t-elle pas évolué. Or la jurisprudence refusait, sous l'empire de la législation antérieure, la possibilité d'obtention d'un plan de continuation ayant pour seule finalité de permettre l'apurement du passif ; il devait conduire au redressement de l'entreprise (v. s^{s} n° 530.09). C'est pourquoi l'on pouvait considérer que le plan de redressement du

1. Henry, « Le plan de cession et la loi de sauvegarde des entreprises », *Gaz. Pal.* 7-8 sept. 2005, n° sp. p. 39 s., sp. p. 42, n° 12.
2. Coquelet, « Le plan de cession a-t-il changé ? », *Rev. proc. coll.* 2006/2, p. 188, n° 4 – Deharveng, « La philosophie de la réforme et présentation du nouveau cadre juridique », *RLDA* déc. 2005, p. 8.
3. LE CANNU, 7e éd., n° 985.
4. AINSI : Paris, 3e ch. A, 18 déc. 2007, RG n° 07/00166.
5. Froehlich, « L'ambivalence du plan de cession totale dans la loi de sauvegarde des entreprises », *D.* 2005. Doctr. 2878 s., sp. 2881 – Froehlich et Sénéchal, « De la réalisation de l'actif », *LPA* n° sp. 9 févr. 2006, n° 29, p. 21, sp. p. 38 – PÉROCHON ET BONHOMME, 7e éd., n°s 133, 348.

débiteur, obtenu après arrêté du plan de cessiototale de son entreprise, ne pouvait avoir comme seule final le paiement de son passif[1]. Il a été démontré que les artis 209 et 210 du décret du 28 décembre 2005 (devenus C. com., art. R. 631-41 et R. 631-42) semblent ajouter à la loi, qi n'envisage pas explicitement la possibilité d'un plan d cession totale et d'un plan de redressement du débiteur, et insi faire plus qu'une simple application de celle-ci. Leur légalé pourrait donc apparaître douteuse[2]. Observons d'ailleur qu'une juridiction du fond a cru devoir juger que le débiteur ne pouvait obtenir un plan de redressement, dont le seul objt serait de payer le passif sur des délais aménagés[3].

Selon une deuxième opinion[4], serait admise la possibilité d'un plan de redressement ayant pour seul objectif le paiement du passif. Deux arguments l'étayent. L'une part, le code de commerce n'exige pas que ce plan de redressement ait une finalité autre que le paiement du passif. D'autre part, il a été observé que la procédure de redressement judiciaire, qui naturellement doit conduire à l'adoption d'un plan de redressement, peut être ouverte au bénéfice d'une personne qui a cessé d'exploiter[5].

On pourrait, pour tenter une conciliation des deux thèses en présence, suggérer que le plan de redressement du débiteur suppose qu'il reprenne, après arrêté du plan de cession, une activité indépendante[6] lui permettant de payer son passif, lequel sera partiellement payé par l'encaissement du prix de cession par le mandataire judiciaire. L'intérêt de la solution serait de permettre à un débiteur personne physique de conserver les biens non compris dans le plan de cession, c'est-à-dire pour l'essentiel, sa maison d'habitation[7]. L'observation reste cependant, en pratique, largement théorique car les plans de cession intéressant des entreprises exploitées sous forme individuelle sont excessivement rares.

Aussi, la deuxième opinion nous semble devoir être suivie, depuis l'ordonnance du 18 décembre 2008[8]. L'article R. 631-41 du code de commerce a été abrogé par l'article 63 du décret du 12 février 2009[9]. En revanche, son contenu est passé en partie législative. L'article L. 631-22, alinéa 3, qui résulte de l'ordonnance du 18 décembre 2008, prévoit que « lorsque la cession totale ou partielle a été ordonnée en application du premier alinéa, la procédure est poursuivie dans les limites es par l'article L. 621-3. Si l'arrêté d'un plan de redress ne peut être obtenu, le tribunal prononce la liquida judiciaire… ». Il faut donc admettre que si un plan de cesotale est adopté, le débiteur peut obtenir parallèlementlan de redressement, dont l'objectif ne peut évidemmen que le paiement de son passif.

La lettre de le R. 631-41 du code de commerce oblige à considére le jugement qui arrête le plan ne peut simultanément ar un plan de redressement au profit du débiteur ou pronr sa liquidation judiciaire. En effet, ce texte dispose quersque la cession… a été ordonnée, la procédure est pourie… dans les limites de l'article L. 621-3 du code de comrce ». Il faut donc comprendre que la recherche dt redrement du débiteur peut être tentée pendant la duré restà courir de la période d'observation, le cas échéan en prédant à un renouvellement de ladite période. Il faut as comprendre que si, dès l'arrêté du plan de cession, il estqué que le débiteur ne pourra obtenir un redressement tie, la conversion de son redressement devra intervenir,nme l'énonce l'article L. 622-10 alinéa 2, à tout moment a période d'observation, c'est-à-dire le plus rapidemenssible après l'arrêté du plan de cession – un instant de ra dit un auteur[10] –, dès lors du moins qu'il y a bien deux juents distincts, l'un arrêtant le plan de cession, l'autre prnçant la liquidation judiciaire. La liquidation judiciaire ra donc, à notre sens, être prononcée le même jour queugement arrêtant le plan de cession, mais par deux jugems distincts[11] et en respectant les modalités procédurales pres à chacune de ces décisions, celle statuant sur le plde cession, l'autre sur la conversion du redressement liquidation judiciaire. Certains auteurs admettent mé, en dépit de la lettre claire de l'article R. 631-41 dude de commerce, et désormais, depuis l'ordonnance 18 décembre 2008, de celle de l'article L. 631-22, alir 3, la possibilité d'un jugement arrêtant le plan de cessiole l'entreprise et prononçant la liquidation judiciaire du dteur[12]. En ce cas, le régime procédural du jugement quiête le plan de cession et de celui qui prononce la liquition judiciaire devront être respectés. Les voies de recol à l'encontre du jugement devront être distinctes[13], en fction du point de savoir ce qu'elles chercheront à atteind, à savoir la remise en cause du plan de cession ou le proncé de la liquidation judiciaire.

En revanch, il n'y a pas, à notre sens, d'obstacle à arrêter simultanémen un plan de redressement et une cession partielle[14].

Le particularisme de l'arrêté du plan de cession en phase de redressement oblige à une distribution particulière des tâches entre les organes de la procédure. L'article L. 631-22, alinéa 1 du code de commerce indique que « le mandataire judiciaire exerce les missions dévolues au liquidateur », cependant que l'alinéa 2 dispose que « l'administrateur reste en fonction pour passer tous les actes nécessaires à la réalisa-

1. AINSI : Soinne, « La dénaturation de la loi de 2006 (à propos de la distinction prétendue des plans de redressement de "l'entreprise" et du "débiteur") », *Act. proc. coll.* 2006/15.
2. Soinne, « Problématique de la nouvelle cession d'entreprises », *Rev. proc. coll.* 2006/4, p. 313 s., sp. p. 321, n° 17.
3. Bordeaux, 2e ch. civ., 25 juin 2008, RG n° 08/332, *Act. proc. coll.* 2008/16, n° 258, note Vallansan; *JCP E* 2008. 2435, note Vallansan.
4. PÉROCHON, 10e éd., n° 260; LIENHARD, 2e éd., n° 1616.
5. PÉROCHON, 10e éd., n° 260.
6. RAPPR. : Deharveng, « Le plan de cession dans la nouvelle architecture des procédures collectives – un événement et non plus une issue du cours de la procédure », *D.* 2006. Chron. 1047 s., sp. 1050.
7. Froehlich, « L'ambivalence du plan de cession totale dans la loi de sauvegarde des entreprises », *D.* 2005. Doctr. 2878 s., sp. 2883.
8. LIENHARD, 6e éd., n° 116.28.
9. D. n° 2009-160, 12 févr. 2009, *JO* 13 févr., p. 2596.
10. LIENHARD, 6e éd., n° 116.27.
11. Douai, 16 déc. 2009, *Act. proc. coll.* 2010/2, n° 30 – Deharveng, art. préc., sp. 1049.
12. AINSI : PÉROCHON, 10e éd., n° 1132.
13. PÉROCHON, 10e éd., n° 1132.
14. Paris, 3e ch. A, 18 déc. 2007, RG n° 07/00166.

tion de la cession ». Explicitant la formule législat'article R. 631-42, alinéa 1 du code de commerce pré que le mandataire judiciaire reçoit le prix de cession nortant la passation des actes par l'administrateur. Observonutefois le mutisme gênant du législateur sur l'hypothèsen plan de cession en redressement judiciaire sans admirateur, qui semble condamner la possibilité[1].

Depuis l'ordonnance du 18 décembre 2008, en sence d'administrateur désigné à l'ouverture du redressent judiciaire, le tribunal devra en désigner un s'il estime pose une cession partielle ou totale. L'article L. 631-21-1 que administrateur procédera à « tous les actes nécessaires à lréparation de cette cession et, le cas échéant, à sa réalisan ».

Si le débiteur obtient un plan de redressement piel, il n'y a donc pas liquidation judiciaire. L'article R. 6-42, alinéa 2 du code de commerce en tire cette conséquen que le mandataire judiciaire remet le prix de cession au comissaire à l'exécution du plan. Ce dernier restera en fontion pendant toute la durée d'exécution du plan de redressement et les dispositions de l'article L. 626-25 du code de commerce s'appliqueront[2].

Au contraire, en l'absence de plan de redressement, le débiteur est placé en liquidation judiciaire. Le prix de cession est alors conservé par le mandataire judiciaire en sa qualité de liquidateur. S'il n'est pas nommé liquidateur, le mandataire judiciair doit remettre le prix de cession au liquidateur, qui le répartin, et cela même si un administrateur judiciaire a été nomm.

Aini, si le plan de cession est arrêté en liquidation et si aucun administrateur judiciaire n'est désigné, la totalité des tâches incombe au liquidateur, sous une seule réserve : la fixation du délai de réception des offres incombe désormais au tribunal.

Si un administrateur est désigné – ce qui est obligatoire à partir de 20 salariés ou si l'entreprise réalise un chiffre d'affaires supérieur à 3 000 000 d'euros (C. com., art. L. 641-10 ; C. com., art. R. 641-19, renvoyant à C. com., art. R. 621-11) –, c'est lui qui réceptionnera et analysera les offres[3], cependant que, de façon concurrente, semble-t-il, le liquidateur pourra également recevoir les offres (C. com., art. L. 642-2-1) et donner son avis sur celles-ci au tribunal (C. com., art. L. 642-5)[4]. L'administrateur aura la charge de passer les actes nécessaires à la cession et de procéder aux licenciements économiques. Il recevra du liquidateur les fonds nécessaires à la poursuite de l'activité. Pour sa part, le liquidateur recevra le prix de cession et le répartira. Il réalisera les biens non compris dans le plan de cession. Enfin, il surveillera l'exécution du plan de cession. Dans ce cadre, il donnera son avis sur une demande de modification du plan de cession émanant du repreneur.

1. Coquelet, « Le plan de cession : Faut-il déjà réformer ? », *Rev. proc. coll.* 2008/2, p. 128 s., sp. p. 131, n° 13.
2. Houin-Bressand C. et Saint-Alary-Houin C., fasc. 2238, [Organes – Commissaire à l'exécution du plan], 2011, n° 34.
3. Henry, « Le plan de cession et la loi de sauvegarde des entreprises », *Gaz. Pal.* 7-8 sept. 2005, n° sp. p. 39 s., sp. p. 43, n° 13.
4. Froehlich et Sénéchal, « De la réalisation de l'actif », *LPA* n° sp. 9 févr. 2006, n° 29, p. 21, sp. p. 27.

CHAPITRE

571. Règles d'élaboration du plan de cession

SECTION 0 Orienteur

571.00 Plan du chapitre.

Sect.	571.10	Finalité du plan de cession
Sect.	571.20	Nature juridique de la décision arrêtant le plan de cession
Sect.	571.30	Offres de cession
Sect.	571.40	Réglementation de la procédure d'appel d'offres
Sect.	571.50	Choix entre les offres de cession

571.01 Textes applicables. (V. les références complètes s^{s} n° 011).

> Législation antérieure à la loi de sauvegarde des entreprises.

C. com., art. L. 621-57, L. 621-83, L. 621-85, L. 621-86, L. 621-140

D. n° 85-1388, 27 déc. 1985, art. 103-2

> Législation issue de la loi de sauvegarde des entreprises.

C. com., art. L. 631-13, L. 631-22, L. 642-1 à L. 642-5, L. 642-21, L. 642-22

C. com., art. R. 631-39 (anc^{t} D. n° 2005-1677, 28 déc. 2005, art. 207), R. 631-40 (anc^{t} D. n° 2005-1677, 28 déc. 2005, art. 208), R. 642-1 (anc^{t} D. 28 déc. 2005, art. 252), R. 642-40 (anc^{t} D. 28 déc. 2005, art. 286)

> Législation issue de l'ordonnance du 18 décembre 2008.

C. com., art. L. 631-13, L. 631-21-1, L. 631-22, L. 642-1 à L. 642-5, L. 642-22

C. com., art. R. 631-39, R. 631-40, R. 642-1, R. 642-40

> Législation issue de l'ordonnance du 12 mars 2014.

C. com., art. L. 626-1, L. 642-2, I

C. com., art. R. 642-2, R. 642-40

571.02 Jurisprudence de référence.

> L'offre n'ayant pour objet que la reprise d'actifs est irrecevable.

• **Com. 22 avr. 1997,** n° 94-22.144, NP

* V. s^{s} n° 571.11

« Vu les articles 81 alinéa 4, 155 et 156 de la loi du 25 janvier 1985 [devenus C. com., art. L. 621-83, al. 4, L. 622-17 et L. 622-18]; Attendu qu'il résulte de la combinaison de ces textes qu'en l'absence de plan de continuation de l'entreprise, les biens non compris dans le plan de cession sont vendus, sur ordonnance du juge-commissaire, selon les modalités de la liquidation judiciaire, aux enchères publiques ou de gré à gré, s'ils ne constituent pas des unités de production; Attendu que, pour rejeter l'appel-nullité de la société E..., l'arrêt retient que le fait que les actifs cédés ne soient constitués que par des immeubles ne constitue nullement une irrégularité compte tenu de la personne même du débiteur qui est une société civile immobilière; Attendu qu'en statuant ainsi, alors que ces immeubles ne pouvaient qu'être vendus selon les modalités de la liquidation judiciaire, la cour d'appel a excédé ses pouvoirs. »

> L'offre peut émaner de l'ancien dirigeant.

• **Com. 3 sept. 2014,** n°s 13-19.713, 13-25.708, *Bull. civ.* IV, n° 136, n° 785 FS-P+B

* V. s^{s} n° 571.31

> L'administrateur provisoire de la société débitrice n'est pas un tiers pouvant présenter une offre de cession.

• **Com. 13 nov. 2002,** n° 99-10.631, *Bull. civ.* IV, n° 165

* V. s^{s} n° 571.31

« Mais attendu que l'arrêt retient que, par sa mission d'administrateur de la SCP d'huissiers, Mme C... a recueilli les pouvoirs légaux dont les organes de cette société étaient investis et a effectué tous les actes de gestion et d'administration nécessaires au fonctionnement de l'étude d'huissiers, ce qui autorise à la considérer comme ayant eu les prérogatives de dirigeante de celle-ci avant d'être, postérieurement à la désignation de M. P..., adjointe à ce dernier pour assurer la continuation professionnelle de la SCP; que de ces constatations et appréciations la cour d'appel a pu déduire que le fait d'avoir été nommée par l'autorité judiciaire et d'avoir agi sous le contrôle des instances professionnelles ne faisait pas échapper Mme C... à l'exclusion résultant de l'article 21 de la loi du 25 janvier 1985 [devenu C. com., art. L. 621-57]. »

> Le repreneur peut être responsable en cas de retrait de son offre.

• **Com. 28 juin 1994,** n° 92-13.135, *Bull. civ.* IV, n° 243

* V. s^{s} n° 571.35

« Attendu, enfin, que l'arrêt relève que l'U… avait fait connaître, dès la déclaration de cessation des pents, son intention de présenter une offre, n'a fait parves premières propositions de redressement qu'en septem987, que la poursuite de l'activité pendant 10 mois n' lieu que pour permetre à l'U… de mener à bien son prque, pendant la péricde d'observation, elle a cautiona société débitrice auprs de ses fournisseurs avec lesquel a négocié des délais le paiement et que, sans son inention, il aurait été mis rpidement fin à la période d'obstion pour éviter la créatin d'un passif soumis aux disptions de l'article 40 de lapi du 25 janvier 1985 [devenu com., art. L. 621-32]; qu'enétat de ces constatations et apéciations, la cour d'appel a u décider que l'U…, en refusa de poursuivre l'exécution u plan, avait commis une fautengageant sa responsabilité envers les créanciers dont les crénces sont nées après le jugement d'ouverture qui pouvaient légitimement compter sur le paiement intégral de celles-ci par la société T… et L… restucturée. »

> L'offre, pour être retenue par la juridictin, n'a pas à proposer un désintéressement complet desréanciers.

- **Com. 26 juin 1990,** n° 89-12.496, *Bull. civ.* IV, n° 191

* V. s^{s} n° 571.51

« Mais attendu qu'en vert de l'article 81 alinéa de la loi du 25 janvier 1985 [devenu C. com., art. L. 621-83, . 2], la cession a pour but d'assurer le maintien d'activités susceptibles d'exploitation autonome, de tout ou partie des eplois qui y sont attachés et d'apurer le passif; que, dès lors, peu important que le plan ne permette pas le règlement intégral des créanciers, la cour d'appel n'a fait qu'user des pouvoirs qu'elle tient du texte susvisé en arrêtant le plan de cession litigieux. »

571.03 **Bibliographie indicative.** (*V.* les références complètes s^{s} n° 031 – Aussi s^{s} n° 570.03).

> Articles. Béhar-Touchais M., « La fraude aux droits des créanciers dans le plan de cession », *D. affaires* 1997. 365 – Bourbouloux H. et Fort C., « Cession partielle ou cession isolée du redressement d'un groupe fortement intégré ? Gare à l'effet trompe-l'œil ! », *BJE* 2016, 237 – Cérati-Gauthier A., « L'associé dans la loi de sauvegarde des entreprises », *Rev. sociétés* 2006. 305 – Couret A., « Entreprises en difficultés : les nouvelles conditions de l'offre de reprise », *Dr. et patr.* nov. 1995, p. 41 – Derrida F., « La notion de tiers admis aux termes de l'article 21 de la loi du 25 janvier 1985 à présenter une offre de reprise », *LPA* 19 févr. 1999, p. 9 – Derrida F. et Amalvy R., « Plan de cession de l'entreprise et vices du consentement », *D.* 1988. 208, n° 3 – Feugère B., « Le devoir de loyauté dans les cessions d'entreprises en difficulté », *Gaz. Pal.* 2000. II, Doctr. 2162 – Firley L., « EIRL : étendue de l'offre de reprise de l'entreprise en difficulté », *BJE* juill./août 2011, comm. 102, p. 221 – Freyria Ch., « Le prix de vente symbolique », *D.* 1997. Chron. 51 – Guyomarc'h P., « Les risques du *prepack* cession », *BJE* 2015, 389 – Mallet B., « Apurement, cession et… justice », *Gaz. Pal.* 1988. I. 177 – Monsérié-Bon M.-H., « Les ventes dans le plan de cession » *RLDA* mai 2003, n° 60, p. 5 – Monsérié-Bon M.-H., Amizet B., Azam G. et Cavigloli Ch., « Le prepack-cession FRAM : expériences et enseignements », *BJE* 2016, 144 – Montéran et Mieulle, « Le vade-mecum du plan de cession "prepack" », *BJE* mai 2015, 164 – Teboul G., « Le tiers acquéreur dans le cadre de la procédure collective », *RJ com.* 1999. 101 s. – Vallansan J., « Fonds de commerce et plan de cession », *BJE* janv. 2013, doctrine 6 – Vinceneux L., « Reprise par les proches », *Rev. proc. coll.* 2003, p. 206 – Vincent C., « L'adoption d'un plan de cession sans poursuite d'activité », *BJE* 2014, 331 ; « La faillite du plan de cession (ou les incidences du prepack-cession) », *D.* 2015. 577.

571.04 **Questions essentielles.**

- Toute personne peut-elle présenter une offre de reprise ?

* V. s^{s} n° 571.31.

- Est-il possible de présenter une offre conditionnelle ?

* V. s^{s} n° 571.35.

- Est-il possible de modifier son offre ?

* V. s^{s} n° 571.36.

571.09 **Application de principe à l'arrêté du plan de cession en redressement judiciaire des règles applicables en liquidation judiciaire.** Sous l'empire de la loi du 26 juillet 2005[1], l'article L. 631-22, alinéa 1 du code de commerce rend applicables, à l'exception du I de l'article L. 642-2, les dispositions de la section I du chapitre II du titre IV. L'ordonnance du 18 décembre 2008[2], pour sa part, prévoit que l'article L. 631-22, alinéa 1er du code rend applicables, à l'exception du I de l'article L. 642-2 et de l'article L. 642-22, les dispositions de la section I du chapitre II du titre IV.

Le décret du 28 décembre 2005[3] prévoit que l'article R. 631-40 rend applicables les articles R. 642-1 à R. 642-21. Le décret du 12 février 2009[4], pour sa part, prévoit à l'article R. 631-40 que sont applicables à la cession mentionnée à l'article L. 631-22, les articles R. 642-1 à R. 642-21, à l'exclusion du premier alinéa de l'article R. 642-10. Ce dernier texte prévoit la répartition du prix de cession par le liquidateur.

SECTION 571.10
FINALITÉ DU PLAN DE CESSION

571.11 **Cession de branches d'activités susceptibles d'exploitation autonome.** L'article L. 621-83, alinéa 2 du code de commerce (anc^{t} L. 25 janv. 1985[5], art. 81, al. 2) énonce que « la cession a pour but d'assurer le maintien d'activités susceptibles d'exploitation autonome, de tout ou partie des emplois qui y sont attachés et d'apurer le passif ».

Malgré le déplacement de principe de l'arrêté du plan de cession en liquidation judiciaire opéré par la loi de sauvegarde des entreprises[6], la finalité du plan de cession n'est pas modifiée. L'article L. 642-1 alinéa 1 du code, qui en est issu, reproduit très exactement la formule.

1. L. n° 2005-845, 26 juill. 2005, *JO* 27 juill., p. 12187.
2. Ord. n° 2008-1345, 18 déc. 2008, *JO* 19 déc., p. 19462.
3. D. n° 2005-1677, 28 déc. 2005, *JO* 29 déc., p. 20324.
4. D. n° 2009-160, 12 févr. 2009, *JO* 13 févr., p. 2596.
5. L. n° 85-98, 25 janv. 1985, *JO* 26 janv., p. 1097.
6. L. n° 2005-845, 26 juill. 2005, préc.

La cession doit porter sur une entreprise, c'est-à-dire sur une « activité économique autonome organisée par les moyens nécessaires à l'exercice de cette activité »[1]. L'entreprise ici visée n'est nullement personnifiée car, précisément, le plan de cession totale est, sous l'empire de la loi de sauvegarde des entreprises, un cas de dissolution de la société, par application de l'article 1844-7, 7° du code civil. La solution a été modifiée avec la loi de sauvegarde des entreprises, du moins en apparence. Seul le prononcé de la liquidation judiciaire entraîne dissolution de la société (solution au demeurant abandonnée par l'ordonnance du 12 mars 2014[2] qui déplace, au jour de la clôture pour insuffisance d'actif, la dissolution). Cependant, en pratique, le plus souvent l'arrêté d'un plan de cession totale interviendra en phase de liquidation judiciaire ou entraînera la liquidation judiciaire. L'entreprise n'est donc appréhendée que sous l'angle économique et non sous l'angle juridique[3].

La cession peut porter, selon l'article L. 642-1 alinéa 2 du code de commerce, dans sa rédaction issue de la loi de sauvegarde des entreprises, sur un ou plusieurs ensembles, formant une ou plusieurs branches autonomes d'activité. Dans le même sens, l'article L. 642-1 alinéa 2 du code prévoit que la cession peut être totale ou partielle. Si elle est partielle, elle porte, sur un ensemble d'éléments d'exploitation qui forme une ou plusieurs branches complètes et autonomes d'activité (sur les notions de plan de cession totale et de plan de cession partielle, v. ss n° 572.32). Il ne peut s'agir du seul droit au bail[4]. Pour cette raison, si l'activité exercée dans un fonds de commerce appartenant à une société propriétaire de multiples fonds de commerce ne peut être continuée, il n'y a pas plan de cession partielle de ce fonds, mais cession d'actif isolé[5].

Sur le plan fiscal, la branche se définit comme « l'ensemble des éléments d'actif et de passif d'une division d'une société qui constituent, du point de vue de l'organisation, une exploitation autonome, c'est-à-dire un ensemble capable de fonctionner par ses propres moyens »[6]. Un arrêt plus récent a pu ajoute l'ensemble devait être capable de fonctionr durablement »[7].

Urteur a pu définir la branche d'activité comn un ensemble homogène de biens, de connaisss et de techniques et de moyens de le faire foncter de manière autonome, sans recourir à des élents extérieurs »[8]. Une juridiction a pu ajoutela définition l'exigence de « conditions normales ns le secteur d'activité en case »[9].

S'il s'agit pas nécessairement de maintenir l'intégrité de l'entreprise[10], la cesson doit en tout cas penettre le maintien de branhes autonomes d'activé. S'il n'est question que e reprendre une masse actifs hétérogènes, san véritable projet d'entreprise, il ne peut y avoir an de cession[11]. Ainsi une offre ne peut-elle avoipour seul objet des immeubles appartenant à un marchand de biens[12] ou être esentiellement relate au droit au bail rural[13] ou au droit au bail du ınds de commerce[14] ou encor un ensemble immobilier non exploité[15]. En ce casl'offre devra être renvoyée à l'autorisation du juge-ommissaire, puisq'il n'est question que de cédeun bien mobilier solé[16]. Plus généralement, ee ne peut porter niquement sur des éléments dactifs[17]. Dans ce conditions, une société civile inmobilière peut-ele faire l'objet d'un plan de cessin ? Une réponsenégative de principe a parfois été apportée[18]. Il a été suggéré de distinguer selon que la société civile immobilière a pour objet l'exploitation économique d'un ou de plusieurs immeubles ou qu'elle n'est qu'un montage patrimonial. La notion d'entreprise pouvant être cédée

1. VALLANSAN et *alii*, 6e éd., p. 385 – *Adde*, Vallansan, *La cession d'entreprise*, th., Caen, 1986, n° 40.
2. Ord. n° 2014-326, 12 mars 2014, *JO* 14 mars, p. 5249.
3. AUSSI sur la question : SAINT-ALARY-HOUIN, 9e éd., n° 1238.
4. Paris, 3e ch. B, 14 janv. 2005, RG n° 04/20667.
5. SUR CETTE QUESTION : Bourbouloux et Fort, « Cession partielle ou cession isolée du redressement d'un groupe fortement intégré ? Gare à l'effet trompe-l'œil ! », *BJE* 2016, 237.
6. Dir. CEE 90/434, Conseil, 23 juill. 1990, art. 2i, *JOCE* L 225, 20 août 1990, p. 1 – *Adde*, Renault, « Les nouveaux contours de la notion de branche complète et autonome d'activité – Un essai de clarification de la notion par l'administration ou une tentative d'imposer des sous-jacents restrictifs ? », *JCP E* 2002, ét. 368, p. 364.
7. Com. 15 mai 2012, n° 11-17.972, *Bull. civ.* IV, n° 100; *Rev. sociétés* 2013. 117, note Masclet de Barbarin.
8. Le Nabasque, « la cession de l'entreprise en redressement judiciaire », *JCP E* 1992. II. 15770.
9. Rennes, 1er juill. 2008, 2e ch. com., RG n° 08/01007, *Gaz. proc. coll.* 2008/4, p. 50, note Voinot.
10. SUR LA QUESTION : Mbarga, « Les formes sociétaires de gestion du patrimoine immobilier à l'épreuve des procédures collectives », *LPA* 13 janv. 2000, p. 14 s.
11. Paris, 3e ch. A, 21 févr. 1995 et Paris, 10 mai 1995, *Rev. proc. coll.* 1995, 156, n° 37, obs. Soinne.
12. Com. 22 avr. 1997, n° 94-22.144, NP, *Rev. proc. coll.* 1998, 330, n° 2, obs. Soinne.
13. Dijon, ch. soc. paritaire, 18 mai 1995, *Rev. proc. coll.* 1996, 466, n° 42, obs. Soinne.
14. Metz, 13 févr. 1990, *D.* 1991. Somm. 13, obs. Derrida; *Rev. proc. coll.* 1991, 317, obs. Soinne – Chambéry, ch. civ., 15 mai 1995, *Rev. proc. coll.* 1995, 157, n° 37, obs. Soinne – Rennes, 1er juill. 2008, RG n° 08/01007.
15. Douai 2 juill. 2015, RG n° 15/02762, *Leden* 2015, comm. 126, note Lucas.
16. Rennes, 1er juill. 2008, RG n° 08/01007.
17. Paris, 18 mars 1994, *Rev. proc. coll.* 1995, 156, n° 37, obs. Soinne.
18. Berthoud-Ribaute, « Le sort de la société civile immobilière dans la procédure collective », *RTD com.* 2003. 259, sp. 264.

devrait être réservée à la première ɔthèse[1]. La jurisprudence a pı décider que la ceı était possible si la société cıvle immobilière a les locaux d'exploitation et que a cession, en m temps que la société commerciale constitue unndition du maintien de l'activité[2].

> Problématique de la cession du fondcommerce. La difficulté existe lorsque la cessicorte seulement sur un **fonds de commerce**. t-il estimer alors qu'il n'y a pas cession d'entrse, comme cela a pu être jugé[3] ? Une réponse auranchée ne peut être suivie[4]. Inversement, la cess d'un fonds de commerce ne peut être purement implement assimilée à une cession d'entreprise dant applicables les règles spéciales du plan de cion[5].

Il faut semble-t-il décider que si cession du fonds s'accompagne de la cession de t ou partie des contrats de travail, il y a bien cesn d'entreprise[6]. En revanche, une cession de fcs sans cession de contrat de travail ne semble papouvoir être qualifiée de cession d'entreprise. Elle nourra faire l'objet que d'une cession d'actifs mobits en liquidation. Ainsi, le critère distinctif semblere celui de la présence de salariés repris[7]. Un auur évoque « une cellule économique vivante, au seide laquelle sont réunis le travail et les moyens aservice de l'activité »[8].

Une cour d'appel a ainsi estimé qe les biens composant des entreprises agricoles exploitées en leur entier ne pouvaient être vendus sur simple ordonnance du juge-commissaire, mais devaient faire l'objet d'une cession d'entreprise[9]. Elle a en conséquence reçu en leur tierce-opposition nullité les offrants.

1. VALLANSAN ET ALII, 6e éd., p. 385.
2. Com. 14 mars 2000, n° 96-21.497, NP, *Act. proc. coll.* 2000, n° 109.
3. Paris, 19 avr. 1988, *D.* 1991. Somm. 5, obs. Derrida.
4. RAPPR. : SAINT-ALARY-HOUIN, 9e éd., n° 1245 – SUR cette question : Vallansan « Fonds de commerce et plan de cession », *BJE* janv. 2013, doctrine 6.
5. Vauvillé, « La cession d'actifs après la réforme du 26 juillet 2005 », *Dr. et patr.* mars 2006, p. 80, sp. p. 87 – M. Cabrillac, obs. ss Com. 10 janv. 2006, n° 03-19.519, *JCP E* 2006. 1569, p. 670 – Froehlich et Sénéchal, Lucas et Lécuyer (dir.), *La réforme des procédures collectives...*, Lgdj, 2006, p. 370.
6. AINSI : Rennes, 2e ch. com., 1er juill. 2008, RG n° 08/01007, *Gaz. proc. coll.* 2008/4, p. 50, note Voinot – *Adde*, Théron, « Liquidation judiciaire et ventes de fonds de commerce », *Rev. proc. coll.* 2008/2, p. 132 s., sp. p. 135, nos 17, 18.
7. AINSI : Paris, 14 déc. 1993, *D.* 1996. Somm. 5, obs. Derrida – Chambéry, ch. civ., 15 mai 1995, *Rev. proc. coll.* 1995, 157, n° 37, obs. Soinne – Paris, 7 juill. 1995, *Dr. sociétés* 1995, n° 240, obs. Chaput; *Rev. proc. coll.* 1996, 467, obs. Soinne.
8. VALLENS, 2012, n° 3172.
9. Poitiers, 2e ch., 17 mai 2011, RG n° 10/02898, *BJE* sept./oct. 2011, comm. 122, p. 244, note Vincent.

La cession doit présenter un caractère global, puisqu'elle doit permettre la continuation d'une activité autonome. Mais, dès lors que cette dernière est possible, la cession n'a pas à porter sur tous les actifs de l'entreprise débitrice. La solution est explicite, puisque le législateur prend le soin de régler le sort des biens non intégrés dans le plan de cession (C. com., art. L. 621-83, réd. issue de la législation antérieure à la loi de sauvegarde des entreprises). La solution est reprise par l'article L. 642-21 du code, dans la rédaction que lui donne la loi de sauvegarde des entreprises, lorsque le plan de cession a été arrêté en phase de redressement (v. ss n° 572.52) et, depuis l'ordonnance du 18 décembre 2008, par l'alinéa 3 de l'article L. 631-22.

La cession du portefeuille d'actions détenues par la société débitrice[10] ou celle de titres de placement ou de participation[11] ne constitue pas davantage une cession de l'entreprise. De même, ne constitue pas un plan de cession la reprise des parts ou actions de la société débitrice, qui laisse persister sa personnalité morale de la société débitrice. Il s'agit alors d'une forme de plan de continuation ou de redressement (v. ss n° 531.11).

La qualification de plan de cession, qui apparaît centrale, est cependant abandonnée par la Cour de cassation au pouvoir souverain d'appréciation de juges du fond[12]. La solution mériterait d'être repensée, compte tenu de l'impact de la qualification sur le régime.

571.12 Particularisme de l'exploitation agricole.

Après avoir défini l'objet de la cession, le législateur s'intéresse spécifiquement à l'activité agricole. L'article L. 642-1 alinéa 3 du code de commerce vise l'ensemble essentiellement constitué du droit à un bail rural. L'entreprise objet de la disposition est donc soumise au statut du fermage.

Ce texte dépasse le seul aménagement de la cession judiciaire des contrats, puisqu'il faut supposer que l'essentiel est représenté par le bail rural. Il ne s'agit donc pas seulement de cession de contrat, mais bien de cession d'entreprise. Nous l'envisagerons cependant à l'occasion de l'étude de la cession judiciaire des contrats (v. ss n° 572.54). Contentons-nous ici d'indiquer que, comme tout texte d'exception, il doit être restrictivement interprété. Il n'est ainsi pas question de l'étendre à la cession de l'unité de production en phase liquidative[13].

10. Paris, 18 mars 1994, *Rev. proc. coll.* 1994, 223, obs. Soinne.
11. Paris, 3e ch. A, 5 oct. 2004, RG n° 2003/16919.
12. Com. 28 mai 1996, n° 94-15.501, NP, *Rev. proc. coll.* 1998, 329, n° 1, obs. Soinne.
13. Com. 1er oct. 1997, n° 94-15.084, n° 95-11.737, *Bull. civ.* IV, n° 232; *JCP* 1997. II. 22941, note Périnet-Marquet; *Rev. proc. coll.* 1998, 377, n° 44, obs. Soinne.

SECTION 571.20
NATURE JURIDIQUE DE LA DÉCISION ARRÊTANT LE PLAN DE CESSION

571.21 Détermination de la nature juridique du plan de cession. La doctrine a beaucoup disserté sur la nature juridique de la cession d'entreprise telle qu'elle a été organisée par la loi du 25 janvier 1985[1]. Toutes les thèses ont été soutenues. La discussion conserve son actualité sous l'empire de la loi de sauvegarde des entreprises[2].

Il a ainsi été estimé que la cession avait une nature contractuelle, ce qui autorisait son anéantissement sur le fondement des vices du consentement, mais aussi l'obligation pour le cédant à toutes les garanties nées de la vente[3].

En sens inverse, il a été soutenu que la cession avait une nature essentiellement judiciaire[4].

Des solutions intermédiaires ont encore été avancées[5].

L'utilité de la discussion est essentiellement trouvée dans la possibilité d'utiliser, en la matière, les règles relatives à la formation des contrats, spécialement les vices du consentement et les garanties nées tant du droit commun de la vente, que des règles spéciales à la vente de tels ou tels biens, par exemple celle des fonds de commerce.

Dans ce débat, statuant à propos de la cession d'unité de production en liquidation judiciaire, la Cour de cassation a nettement pris parti en faveur de la nature judiciaire de la cession[6]. Ayant ensuite eu à préciser la nature de la responsabilité du cessionnaire en cas de refus de signer les actes, la Cour de cassation a visé, pour appuyer sa solution, l'article 1371 du code civil (devenu : C. civ., art. 1300[7]), ce qui condamne la thèse selon laquelle le plan de cession aurait une nature contractuelle[8].

La solutiorfaitement tranposable au plan de cession, nouable devoir êtreleinement approuvée. En effet,eul aspect corractuel véritable en la matière tie l'offre de cession qui est présentée. Pour parvenila cession, cette offre ne rencontre pas la volontun cocontractant, mais celle du tribunal. Ce deer ne retient pas seulement l'offre présentée. Ilrête le plan, ce qui l'autorisait, du moins sous hpire de la loi du 25 janvier 1985, à déterminer s les contrats cédés (v. s[s] n° 582.57). Il n'y a donc acceptation d'une offre dès lors que le tribunal, prapport à celle-ci, dispose d'un pouvoir d'aménment partiel, lequel est exclusif de l'idée de remtre des volontés, tel que l'entend le droit des obitions. La nature judiciaire de la cession s'impodonc. Le fait qu'il faille ensuite passer des actes dession n'a pas pour effet de changer cette naturen effet, les actes ne sont nullement autonomes r rapport au jugement de cession[9]. Il en résulte ce conséquence fondamentale que les actes de ceon ne peuvent contenir des clauses contraires contenu de la décision arrêtant le plan, et, pant, ne peuvent permettre de modifier le plan arrê par la juridiction[10].

On pouait certes objecter que les actes de cession condunt généralement au transfert de propriété des atifs cédés (v. s[s] n° 572.44). Cette vision est cependant partiellement fausse. Rien n'interdit en effet au tibunal de fixer au jour de sa décision le transfert de propriété. Dès lors, la rédaction des actes de cession peut parfaitement rester indifférente au transfert de propriété des actifs cédés. On pourrait rapprocher cette situation de celle d'une promesse synallagmatique de vente, pour laquelle le transfert de propriété peut être différé au jour de la signature de l'acte authentique, ce dernier ne jouant que le rôle d'un terme suspensif du transfert de propriété et non celui d'une condition suspensive de la vente. *Mutatis mutandis*, la cession serait ici parfaite dès le jugement arrêtant le plan, le transfert de propriété étant affecté d'un terme suspensif constitué par la passation des actes de cession.

Le plan de cession a une nature judiciaire marquée, ce qui résulte de l'observation que le tribunal « arrête » le plan de cession. Le tribunal ne donne pas acte de l'offre de reprise, pas plus qu'il ne l'homologue. C'est également le tribunal qui détermine le périmètre de la cession, non seulement quant aux biens, mais encore quant aux contrats, du moins sous l'empire de la loi du 25 janvier 1985.

571.22 Conséquences de la nature judiciaire de la cession. Lorsque le caractère contractuel du plan

1. L. n° 85-98, 25 janv. 1985, préc.
2. L. n° 2005-845, 26 juill. 2005, préc.
3. Derrida et Amalvy, « Plan de cession de l'entreprise et vices du consentement », *D.* 1988. 208, n° 3 – DERRIDA ET *ALII*, n° 449 – Monsérié-Bon, « Les ventes dans le plan de cession » *RLDA* mai 2003, n° 60, p. 5.
4. Pirovano, « La contestation du plan de cession d'entreprise », *D.* 1988. 273, n° 11 – SOINNE, n° 1667.
5. AINSI : Le Nabasque, « La cession de l'entreprise en redressement judiciaire », *JCP E* 1 990 II, 15770, n° 61.
6. Com. 12 oct. 1993, n° 91-18.505, *Bull. civ.* IV, n° 331; *LPA* 10 nov. 1993, n° 135, p. 10, note Soinne; *LPA* 10 juill. 1994, n° 86, p. 27, note Courtier; *Rev. proc. coll.* 1993, 496, n° 25, p. 1994, p. 211, n° 30, obs. Soinne; *JCP E* 1994. 348, n° 6, obs. Pétel – *Adde*, SOINNE, n° 1669.
7. DEPUIS le 1er oct. 2016 : Ord. n° 2016-131, 10 févr. 2016, *JO* 11 févr.
8. Pételet M. Cabrillac, obs. s[s] Com. 26 oct. 1999, n° 96-19.156, *Bull. civ.* IV, n° 193; *JCP E et A* 1999, Chron. 127, n° 7.
9. SOINNE, n° 1667.
10. Com. 23 mai 2000, n° 98-13.134, NP, *RJDA* 2000/11, n° 1019 – Com. 6 févr. 2001, n° 99-13.598, NP.

de cession est affirmé, les vices du consentement sont admis. Et c'est ainsi que certaines décisions ont pu donner plein effet à l'action en nullité pour vice du consentement à l'intérieur du délai de recours sur le jugement arrêtant le plan de cession. A été ainsi admise la nullité du jugement arrêtant le plan de cession, par suite de la démence du repreneur lors de la présentation de son offre[3].

La tendance dominante est cependant clairement en sens contraire. La nature judiciaire de la cession conduit à mettre à l'écart les règles du droit commun des obligations et spécialement les vices du consentement[4]. Ainsi a été rejetée l'erreur sur le chiffre d'affaires[5].

Seule l'offre qui semble présenter un caractère contractuel pourrait, à notre sens, être concernée. Mais, faute de contrat, l'offre ne peut recevoir la qualification contractuelle. Comment appliquer la théorie des vices du consentement permettant l'anéantissement d'un contrat, faute de contrat ? Au surplus, la remise en cause de la cession intervenue présuppose la remise en cause d'une décision judiciaire. Dès lors, seules les voies de recours ouvertes au cessionnaire peuvent être mises en œuvre. En la matière, le repreneur ne dispose que de l'appel réformation s'il y a eu augmentation des charges souscrites. Tel n'est pas le cas si celui-ci invoque un vice du consentement ayant affecté son offre. Le tribunal n'a, en aucune manière, augmenté les engagements souscrits. Ne disposant pas de la voie de recours réformation, il ne lui resterait que la voie de recours nullité. Pour que celle-ci soit recevable, le repreneur devrait invoquer un excès de pouvoir commis par la juridiction. Or cette notion est étrangère à celle de vices du consentement, sauf peut-être l'hypothèse de la violence morale dont aurait été victime le repreneur de la part du tribunal. Dès lors, sous cette réserve bien limitée, il apparaît impossible au repreneur de faire appel du jugement arrêtant le plan de cession en se fondant sur un vice du consentement.

571.23 Conséquences de la nature forfaitaire et aléatoire du plan de cession. La Cour de cassation a posé, dans le domaine des cessions d'unité de production, la règle selon laquelle la cession n'était pas une vente de droit commun, mais une « opération dont le caractère forfaitaire impliquait l'existence d'un aléa exclusif de l'application des garanties prévues dans le droit commun de la vente » (v. s[s] n° 564.31). La solution a ensuite été transposée, avec la reprise de la même formule, au plan de cession[6].

Comme il a été relevé à propos de la cession à forfait de la loi du 13 juillet 1967[7], identiquement qualifiée d'opération aléatoire et forfaitaire, l'analyse a de quoi satisfaire les praticiens des procédures collectives, mais aussi les pouvoirs publics, désireux de faire en sorte que des entreprises en état de marche puissent être cédées[8].

Le caractère forfaitaire de l'opération ne peut prêter à discussion. Le repreneur reprend des actifs tout en s'engageant sur le plan social. Or le coût de cet engagement n'est guère chiffrable avec précision, sur une longue durée.

Pour cette même raison, le caractère aléatoire de la cession est justifié[9]. Il faut ajouter que la consistance et la valeur des biens, par exemple le fonds de commerce, sont souvent difficiles à appréhender, compte tenu de la situation économique de l'entreprise débitrice.

Un troisième caractère doit être affirmé. La cession n'est pas un acte volontaire, mais forcé.

Ces caractères empêchent de considérer la cession comme une vente de droit commun. On exclura tout d'abord la possibilité, en matière immobilière, d'invoquer la lésion comme source de rescision[10]. L'article 1684 du code civil exclut la lésion dans les ventes d'autorité de justice, ce qui est ici le cas. En outre, le caractère aléatoire du plan de cession exclut la lésion, puisque cette dernière ne peut jouer qu'en présence d'un contrat commutatif.

Le caractère forfaitaire de la cession est exclusif de l'application des garanties nées de la vente, qu'il s'agisse de la garantie d'éviction, le contraire ayant cependant été jugé[11] ou des vices cachés[12], à moins

1. Bordeaux, 27 févr. 1990, *D.* 1994. Somm. 5, obs. Derrida – *Adde,* Derrida et Amalvy, « Plan de cession de l'entreprise et vice du consentement », *D.* 1988. Chron. 208 – DERRIDA ET *ALII*, n° 449.
2. Paris, 5e ch. B, 22 nov. 1990, *Rev. loyers* 1991. 153, note Gallet.
3. Rennes, 1re ch. B, 2 mai 2002, *Bull. Joly* 2002. 1291, § 273, note Lucas.
4. Versailles, 13e ch., 9 févr. 1989, *JurisData* 040201 – *Adde,* SAINT-ALARY-HOUIN, 9e éd., nos 1240, 1276 – SOINNE, n° 1668.
5. Riom, 15 janv. 1997, *Rev. proc. coll.* 2001, 97, n° 54, obs. Soinne – Paris, 14 sept. 2001, *RTD com.* 2002. 156, n° 6, obs. Saint-Alary-Houin.
6. Com. 22 oct. 1996, n° 94-10.356, NP, *LPA* 8 janv. 1997, p. 14, note Derrida; *Rev. huissiers* 1997. 1108, note Courtier.
7. L. n° 67-563, 13 juill. 1967, *JO* 14 juill., p. 7059.
8. Didier, *Droit commercial : L'entreprise en difficulté*, t. V, « Thémis », PUF, 1995, p. 177.
9. SUR LA QUESTION : Soinne, « L'entreprise et les lois de 1984 et de 1985 », *Rev. proc. coll.* 2002, p. 19 s., spéc. nos 17 à 28.
10. Versailles, 13e ch., 9 févr. 1989, *Rev. proc. coll.* 1993, 94, n° 20, obs. Soinne – *CONTRA :* DERRIDA ET *ALII*, n° 456.
11. Nîmes, 30 juin 1994, *Rev. proc. coll.* 1996, 476, n° 52, obs. Soinne – *Adde*, GUYON, n° 1286.
12. Com. 22 oct. 1996, n° 94-10.356, NP, *LPA* 8 janv. 1997, p. 14, note Derrida; *Rev. huissiers* 1997. 1108, note Courtier – Amiens, 3e et 4e ch. réun., 20 févr. 1995, *Rev. proc. coll.* 1996, 476, n° 51, obs. Soinne – T. com. Saint-Malo, 29 juin 2004, RG n° 2004/00644.

qu'une clause de l'acte de cession ne vienne préciser le contraire[1].

Cette nature forfaitaire, à laquelle s'ajoute la nature de vente forcée, rendait impossible, à notre sens, avant même l'ordonnance du 18 décembre 2008[2], l'exercice des droits de préférence ou de préemption[3], faute de prix de référence du bien qui en serait l'objet. La solution a été posée en ce qui concerne le droit de préemption de la Safer[4]. La loi du 13 décembre 2000[5], relative à la solidarité et au renouvellement urbain, dite loi SRU, modifiant l'article L. 213-1 du code de l'urbanisme, exclut l'application du droit de préemption urbain aux immeubles cédés en plan de cession[6].

Comme elle le fait en matière de cession partielle décidée en sauvegarde, l'ordonnance du 18 décembre 2008 (ord. 18 déc. 2008, art. 112) réglemente le jeu des droits de préemption dans la cession totale.

Il est procédé, par le nouvel alinéa 4 de l'article L. 642-5, à une neutralisation des droits de préemption en cas de cession. Les droits de préemption institués par le code rural ou le code de l'urbanisme ne peuvent s'exercer sur un bien compris dans le plan de cession. Est ainsi écarté le droit de préemption reconnu aux communes sur les fonds de commerce ou les fonds artisanaux.

Cette disposition reprend le principe jurisprudentiel écartant le jeu des droits de préemption en matière de plan de cession. Elle est cependant plus restrictive. En effet, ne sont écartés que les droits de préemption d'origine légale visés au texte. La question se pose de savoir si ce texte, bien qu'il soit restrictif de droits pour les bénéficiaires des droits de préemption, doit, pour autant, recevoir une interprétation stricte, qui conduirait à conserver l'efficacité des droits de préemption conventionnels et des droits de préemption d'origine légale non visés au texte (v. s[s] n° 582.65).

Pour les mêmes raisons, les règles spécifiques à certaines ventes sont tout aussi inapplicables. C'est ainsi qu'il faut exclure les procédures de surenchère, par exemple celle existant en matière de fonds de commerce, l'unanimité n'ayant cependant pas existé sur cette solution, sous l'empire de la législation antérieure à la loi de sauvegarde des entreprises[7]. La difficulté est supprimée par la loi de sauvegarde des entreprises, la surenchère étant explicitement écartée lorsque la cession comprend un fonds de commerce (C. com., art. L. 642-8, al. 2).

Ce même caractère justifie encore que les droits d'enregistrement ne puissent être calculés sur la valeur des actifs cédés[8].

571.24 Clause de non-concurrence de la part du débiteur cédant. Le cessionnaire a le plus grand intérêt à ce que le débiteur ou le dirigeant de la personne morale débitrice ne se prête pas à des actes de concurrence. La législation ne crée, en effet, aucune restriction de concurrence de la part du débiteur. Ainsi, le repreneur se trouve-t-il désarmé face aux actes de concurrence du cédant forcé[9]. Conventionnellement, le débiteur ou son dirigeant peut accepter de s'engager dans les liens d'une clause de non-concurrence. Mais si, spontanément, pareille clause n'est pas souscrite, le tribunal n'a aucun moyen d'obliger de la sorte le débiteur. Le tribunal commet en effet un excès de pouvoir à prévoir à l'encontre du cédant un engagement de non-concurrence qu'il n'aurait pas entendu souscrire[10]. La seule solution, pour le repreneur, est d'assortir son offre de reprise de la souscription par le débiteur d'une clause de non-concurrence, en érigeant celle-ci en une condition suspensive de son offre[11].

SECTION 571.30

OFFRES DE CESSION

571.31 Auteur de l'offre de reprise – Un tiers – Situation des contrôleurs avant et après l'entrée en vigueur de la loi du 26 juillet 2005[12]. L'offre ne peut émaner de n'importe qui. Il y a une réglementation subjective de l'offre.

1. AINSI : Com. 9 nov. 1993, n° 90-14.271, *Bull. civ.* IV, n° 391; *Rev. proc. coll.* 1994, 236, n° 46, obs. Soinne.
2. Ord. n° 2008-1345, 18 déc. 2008, préc.
3. Civ. 3e, 1er avr. 1998, n° 96-14.393, *Bull. civ.* III, n° 79; *D. Affaires* 1998, 805, obs. Lienhard.
4. Civ. 3e, 19 mai 2010, n° 09-14.167, *Bull. civ.* III, n° 102; n° 615 FS-P+B; *D.* 2010. *Act. dr. affaires* 1342, note Lienhard; *Rev. proc. coll.* 2010/5, comm. 196, note Lebel.
5. L. n° 2000-1208, 13 déc. 2000, *JO* 14 déc., p. 19777, dite loi SRU.
6. SUR cette loi : Garçon : « Le droit de préemption urbain et la procédure collective après la loi SRU du 13 décembre 2000 », *JCP E et A* 2001, prat. 548.
7. L. n° 2005-845, 26 juill. 2005, préc. – EN CE SENS : SAINT-ALARY-HOUIN, 4e éd., nos 954, 955 – RIPERT ET ROBLOT, n° 3198 – SOINNE, n° 1735 – LE CANNU, 6e éd., n° 745 – Couret, « La cession d'entreprise dans le cadre d'une procédure collective », *Bull. Joly* mars 1996, 289 – *CONTRA* : *GUYON*, n° 1288 – DERRIDA ET *ALII*, n° 456.
8. Com. 16 juin 1998, n° 95-15.689, *Bull. civ.* IV, n° 196; *JCP E* 1998. I. 2064, note Pétel; *D.* 1999. Somm. 1, obs. Derrida; *D. Affaires* 1998, 1215, obs. Lienhard; *Defrénois* 1998. 1458, obs. Bénabent; *RTD civ.* 1998. 926, obs. Gautier.
9. Rouen, 12 sept. 1996, *Rev. proc. coll.* 2001, 99, n° 58, obs. Soinne.
10. Com. 17 mars 1998, n° 95-21.179, *Bull. civ.* IV, n° 109; *JCP E* 1998. 1549, rapp. Rémery; *RTD com.* 1998. 676, obs. Saint-Alary-Houin.
11. EN CE SENS AUSSI : J.-CL. COM., Fraimout, fasc. 2730, [Plan de cession – Conception et adoption], 2007, n° 25.
12. L. n° 2005-845, 26 juill. 2005, préc.

L'offre de reprise doit en effet émaner d'un tiers (C. com., art. L. 621-57, al. 4 [anc^{t} L. 25 janv. 1985[1], art. 21, al. 1]), c'est-à-dire depuis la loi du 10 juin 1994[2], d'une personne qui n'est ni dirigeant de la personne morale en redressement judiciaire, ni parent ou allié jusqu'au deuxième degré de ces dirigeants ou du débiteur personne physique (C. com., art. L. 621-57 [anc^{t} L. 25 janv. 1985, art. 21, al. 4]).

La solution est reproduite par l'article L. 642-3, alinéa 1 du code de commerce, tel qu'il résulte de la loi de sauvegarde des entreprises. Il a ainsi été considéré que le repreneur soutenu par la société mère dont la filiale a fait l'objet d'un plan de cession est un tiers[3].

La réglementation issue de la loi du 10 juin 1994[4] permet de pallier les difficultés inhérentes à une jurisprudence hésitante des juges du fond sous l'empire de la législation initiale de 1985, faute de détermination par les textes de la notion de tiers. La Cour de cassation, après l'entrée en vigueur de la loi du 10 juin 1994, devait appliquer les solutions issues de cette loi à des situations antérieures à son entrée en vigueur en considérant le dirigeant comme n'étant pas un tiers au sens de l'article 21 de la loi du 25 janvier 1985 (devenu C. com., art. L. 621-57)[5].

La réglementation établie constitue un élément central de la moralisation des plans de cession. Il faut interdire à un dirigeant de la personne morale débitrice de reprendre les actifs et de recommencer l'activité, après s'être débarrassé de son passif[6]. Le défaillant ne doit pas être le profiteur. Il ne lui est pas interdit de continuer l'activité. Mais, pour cela, il doit présenter un plan de continuation et payer le passif qu'il a créé.

La règle s'applique aux dirigeants de la personne morale débitrice. Il en est ainsi de l'administrateur provisoire désigné en cas de difficultés particulières, qui recueille les pouvoirs légaux dont les organes de la société étaient investis. La solution a été posée à propos d'un huissier, administrateur provisoire d'une société civile professionnelle d'huissier qu'il envisageait de reprendre[7], et cela même si l'administrateur provisoire n'a participé ni à la cessation des paiements, ni au dépôt de bilan intervenus avant sa prise de fonctions provisoires et partielles, et alors que celle-ci n'a pu lui procurer une meilleure connaissance des éléments de l'office d'huissier[8].

Une juridiction du fond a pu considérer que le secrétaire et membre du bureau d'une association ne pouvait présenter pour le compte d'une nouvelle association identiquement dénommée une offre de reprise[9].

Le texte s'applique également au dirigeant de fait. Sont coupables d'escroquerie au jugement les prévenus, dirigeants de la banque, ayant recours à une mise en scène afin d'obtenir du juge l'adoption d'un plan de cession, lorsque la banque présente une offre, par l'intermédiaire d'une société écran, avec substitution immédiate au profit d'une autre société créée pour les besoins de la cause et apparaissant comme une émanation de la banque[10].

Le texte ne précise pas que l'interdiction frappe aussi les anciens dirigeants. Le texte étant restrictif de droits doit recevoir une interprétation stricte. Aussi pouvait-il être décidé que seuls les dirigeants en place au jour de la formulation de l'offre étaient irrecevables à présenter une offre[11], le contraire ayant cependant été soutenu[12]. Pour l'heure, la Cour de cassation a estimé l'offre recevable, dès lors que le candidat repreneur n'est plus en fonction au jour de l'ouverture de la procédure collective, alors même que l'ancien dirigeant, auteur de l'offre, avait du être remplacé quelques jours avant l'ouverture de la procédure pour une interdiction de gérer liée à une infraction à la législation sur les jeux de hasard[13]. La fraude est évidemment réservée par la

1. L. n° 85-98, 25 janv. 1985, préc.
2. L. n° 94-475, 10 juin 1994, *JO* 11 juin, p. 8440.
3. Lyon, 3e ch., 26 juin 1998, *RTD com.* 1999. 895, obs. Champaud et Danet.
4. L. n° 94-475, 10 juin 1994, préc.
5. Com. 26 mai 1998, n° 96-11.106, *Bull. civ.* IV, n° 171; *D. Affaires* 1998, 1047, obs. Lienhard; *Quot. Jur.* 2 juill. 1998, p. 5, note P. M.
6. RAPPR. : PÉTEL, 8e éd., n° 317.
7. Com. 13 nov. 2002, n° 99-10.631, *Bull. civ.* IV, n° 165; *Act. proc. coll.* 2002/20, n° 268; *D.* 2003. jur. 269, note Derrida; *LPA* 29 avr. 2003, n° 85, p. 18, note Derrida; *Dr. et patr.* 2003, n° 113, p. 96, obs. Monsérié-Bon; *Rev. sociétés* 2003. 366, note Bouloc; *Bull. Joly* 2003, n° 77, p. 396, note Lucas; *JCP E* 2003, Chron. 760, p. 850, n° 6, obs. Pétel; *Rev. proc. coll.* 2004, p. 272, n° 12, obs. Dumont – Com. 4 oct. 2005, n° 04-15.060, *Bull. civ.* IV, n° 203; n° 1196 F-P+B; *D.* 2006. Somm. 81, obs. Le Corre; *Gaz. proc. coll.* 2006/1, p. 16, obs. Rohart-Messager; *RD banc. fin.* janv.-févr. 2006, p. 25, n° 25, note Lucas.
8. Com. 4 oct. 2005, n° 04-15.060, préc.
9. Aix-en-Provence, 8e ch. A, 26 janv. 2012, RG n° 11/04924, *Rev. proc. coll.* 2012, comm. 85, note Fraimout.
10. Paris, 20 juin 2007, *JurisData* 339912, *Gaz. Pal.* 2009, Jur. 3156, note Lasserre Capdeville.
11. Douai, 2e ch. 18 oct. 1990, *Rev. proc. coll.* 1991, 285, obs. Soinne – Douai, 16 avr. 1992, *Rev. proc. coll.* 1992, 401, obs. Soinne – Paris, 3^{e} ch. B, 7 mars 2003, RG n° 2003/01833.
12. Douai, 2^{e} ch. 31 mars 1988, *Gaz. Pal.* 1988. II. 584, note Soinne; *D.* 1990. Somm. 3, obs. Derrida – Metz, 23 sept. 1992, *D.* 1996. Somm. 3, obs. Derrida – *Adde*, SOINNE, n° 1444-1.
13. Com. 23 sept. 2014, n°s 13-19.713, 13-25.708, *Bull. civ.* IV, n° 136; n° 785 FS-P+B; *D.* 2014. actu 1935, note Lienhard; *Act. proc. coll.* 2014/16, comm. 290, note Fin-Langer; *Rev. proc. coll.* 2014, comm. 164, note Fraimout; *Rev. sociétés* 2014. 750, note Roussel Galle; *JCP E* 2014, 1637, n° 2, note Pétel; *Gaz. Pal.* 2014, jur. 3688, note Lecea; *Dr. sociétés* 2015, comm. 36, note Legros.

Cour de cassation, qui consisterait à démissionner quelques jours avant l'ouverture de la procédure collective pour présenter ensuite « tranquillement » une offre de reprise. Il faut y ajouter ceux à l'éviction desquels le tribunal a subordonné l'adoption du plan de continuation.

La règle énoncée s'applique aussi aux parents et alliés jusqu'au deuxième degré inclusivement. Est ainsi posée une présomption irréfragable d'interposition de personnes[1], laquelle n'aurait pas manqué de générer du contentieux pour l'établir, si elle n'avait été créée par le législateur.

La règle a posé parfois en pratique des difficultés particulières, sous l'empire de la législation antérieure à la loi de sauvegarde des entreprises. En effet, on rencontre des reprises d'entreprises en plan de cession par le canal de sociétés apparemment étrangères à la personne du dirigeant de la personne morale débitrice. En réalité, ces sociétés ont passé avec l'ancien dirigeant des conventions de portage, dont le débouclage se fera au profit de celui-ci. La fraude est établie[2]. Sur le fondement de la fraude, une cession de parts consentie par des anciens salariés à l'ancien dirigeant de la société débitrice, qui avait prêté aux salariés l'argent nécessaire à la constitution de la société s'étant portée acquéreur des actifs de la société débitrice, a été annulée en raison du caractère illicite de sa cause[3]. La technique permettant de sanctionner la fraude est de frapper de nullité la rétrocession au maître de l'affaire, qui n'est pas un tiers[4].

La loi du 26 juillet 2005 renforce le dispositif pour assurer que le repreneur sera effectivement un tiers, ce qui permet d'affirmer à certains que toute personne non visée, *expressis verbis*, est un tiers recevable à présenter une offre de reprise[5]. La technique des conventions de portage est clairement visée. En effet, il est fait interdiction aux personnes qui ne peuvent directement acquérir l'entreprise d'acquérir tout ou partie des biens en dépendant dans les cinq années qui suivent la cession, directement ou indirectement, ainsi que d'acquérir des parts ou actions de toute société ayant dans son patrimoine directement ou indirectement tout ou partie de ces biens (C. com., art. L. 642-3, al. 1). La commission des lois du Sénat a étendu l'interdiction d'acquérir les parts sociales ou actions à l'ensemble des titres de capita aux valeurs mobilières donnant accès au capita la société[6].

Su fondement de ce texte, une cession de parts cons es par des anciens salariés à l'ancien dirigean la société débitrice, qui avait prêté aux salariés gent nécessaire à la constitution de la société s'ét portée acquéreur des actifs de la société débitric été annulée en raison du caractère illicite de sa se[7].

s actes de cession conclus avec des associés de la ciété qui a été créée afin de reprendre les actifs d sociétés en redressement judiciaire peuvent être nulés pour cause illicite, dès lors que leur finalité de permettre à l'ancien dirigeant de devenir, par ersonne interposée, dirigeant de la société reprenneuse[8].

La simple détention d'une fraction du capital de la société débitrice sera insuffisante, seuls étant visés par l'interdiction les dirigeants, non les associés[9]. Ainsi une filiale ou une société mère peut-elle présenter une offre de reprise[10], cependant que la position d'associé majoritaire pourra incliner à une solution contraire[11]. Il faut cependant remarquer que, depuis la loi de sauvegarde des entreprises, les dirigeants de fait sont visés, ce qui permet, selon une analyse, d'exclure la société holding des candidats repreneurs[12]. La précision de la loi de sauvegarde ne change rien aux analyses précédemment admises, qui refusaient aux dirigeants de fait la possibilité de présenter une offre de cession[13].

La plus grande difficulté à tourner l'interdiction d'acquérir pour des personnes qui ne sont pas des tiers contribue à moraliser les plans de cession[14].

L'auteur de l'offre peut être une société en formation[15]. Il y a en effet une incitation fiscale à la créa-

1. *Rapp. Houillon*, doc. AN, 1993, n° 411, p. 32.
2. ILLUSTR. : T. com. Paris, 2e ch. 2 oct. 2001, *Act. proc. coll.* 2002/18, n° 239, obs. Régnaut-Moutier – *Adde*, sur cette question : Com. 26 mai 2010, n° 09-14.721, NP.
3. Com. 25 sept. 2012, n° 11-23.667, NP, *Bull. Joly* déc. 2012, comm. 471, note Lucas; *Rev. proc. coll.* 2013, comm. 21, note Fraimout.
4. Com. 25 sept. 2012, n° 11-23.667, NP, préc.
5. Froehlich et Sénéchal, « De la réalisation de l'actif », *LPA* n° sp. 9 févr. 2006, n° 29, p. 21, sp. p. 24.
6. *Rapp. J.-J. Hyest*, n° 335, p. 400.
7. Com. 25 sept. 2012, n° 11-23.667, préc.
8. Com. 25 sept. 2012, n° 11-23.667, préc.
9. Paris, 4 juin 1996, *RJ com.* 1996. 314, note Heit; *Rev. sociétés* 1996. 851, obs. Guyon; *Dr. sociétés* 1997, n° 89, obs. Chaput – Paris, 3e ch. B, 7 mars 2003, RG 2003/01833 – Cérati-Gauthier, « L'associé dans la loi de sauvegarde des entreprises », *Rev. sociétés* 2006. 305 s., sp. 307, n° 4.
10. Montpellier, 10 avr. 2002, *JCP E et A* 2002, Chron. 1380, p. 1522, n° 5, obs. désapprob. Pétel.
11. Aix-en-Provence, ch. com., 14 févr. 2001, *JCP E* 2001, pan. 1987 – Aix-en-Provence, 8e ch. A, 14 févr. 2002, *RJ com.* 2002. 168, n° 1595, note Auger et Morelli.
12. JACQUEMONT ET VABRES, 9e éd., n° 920.
13. AINSI : Poitiers, 5 juill. 2001, *Dr. sociétés* 2003, n° 49, note Legros.
14. Henry, « Le plan de cession et la loi de sauvegarde des entreprises », *Gaz. Pal.* 7-8 sept. 2005, n° sp. p. 39 s., sp. p. 43, n° 12.
15. Com. 25 nov. 1997, n° 95-16.760, *Bull. civ.* IV, n° 299; *D. Affaires* 1998, 161, obs. Lienhard – Com. 8 nov. 2011, n° 10-24.119, NP; n° 1116 F-D – Paris, 29 nov. 1995, *Dr. sociétés* 1996, n° 98, obs. Chaput.

tion d'une société aux fins de reprune entreprise en difficulté (v. s[s] n°s 112.31 et). Il s'agira de ratifier l'engagement de reprisentreprise, objet du plan de cession. Les engagts du plan passeront rétroactivement à la char la société, une fois qu'elle sera immatriculéeonformité avec l'article 1843 du code civil[1]. Tou, en ce cas, les fondateurs qui présentent l'offont tenus non seulement jusqu'à la reprise deagements, mais même une fois la société immatée. Ils sont garants (v. s[s] n° 572.62). En revancbs lors que l'offre est présentée par un fondateur · le compte de la société à constituer, il ne peut considéré qu'il s'est substitué une société[2].

L'offre peut également émaner d'uéancier. La solution a été posée pour une offre dorise d'une banque par une association de défens ses déposants[3]. Le créancier repreneur ne poucependant compenser sa créance avec le prix de con.

Sous l'empire de la législation antéıre à la loi de sauvegarde des entreprises, les conteurs pouvaient présenter des offres d'acquisitiode l'entreprise, alors même que, par leurs fonctiorils avaient pu avoir accès à des informations inonues des autres candidats à la reprise, ce qui faust le jeu de la concurrence. La loi du 26 juillet 20 pose en règle que les contrôleurs ne pourront p acquérir l'entreprise, et cela sans dérogation possle, même dans les entreprises agricoles. Il s'agit paa d'éviter une rupture d'égalité, en quelque sort un délit d'initiés, car les contrôleurs bénéficien, tout au long de la procédure, d'informations privilégiées par rapport aux candidats extérieurs.

La loi de sauvegarde des entreprises a cependant entendu introduire de la souplesse dans la réglementation établie. En ce sens l'article L. 642-3 alinéa 2 du code de commerce prévoit que « le tribunal, sur requête du ministère public, peut autoriser la cession à l'une des personnes visées au premier alinéa, à l'exception des contrôleurs, par un jugement spécialement motivé, après avoir recueilli l'avis des contrôleurs ». Ainsi, le tribunal pourra-t-il décider, d'une manière très encadrée – le tribunal sera saisi par une requête en ce sens du ministère public, devra recueillir l'avis des contrôleurs et devra statuer par une décision spécialement motivée – de rendre possible la cession à une personne qui ne peut, en application de l'alinéa 1 de l'article L. 642-3, présenter d'offre d'acquisition. Il pourra s'agir de la fille du débiteur, dans le cadre de la cession d'une pharmacie[4]. Toutefois, aucune dérogation ne sera possible pour les contrôleurs. C'est une façon de leur faire comprendre qu'ils doivent choisir dans leurs candidatures : être candidat à un poste de contrôleur ou être candidat acquéreur.

Notons que l'article 36 de l'ordonnance du 12 mars 2014[5] modifie l'alinéa 3 de l'article L. 626-1, qui concerne la possibilité de céder l'entreprise à des personnes n'étant pas des tiers (v. s[s] n° 515.22). Il introduit un assouplissement, qui, dans la rédaction du projet d'ordonnance, devait être réservée à la cession partielle intervenant en sauvegarde. Puis la limitation du domaine d'application du texte, qui résultait de l'article 40 du projet d'ordonnance, et qui modifiait l'article L. 631-18, alinéa 1er du code de commerce, pour prévoir l'inapplication en redressement judiciaire du troisième alinéa de l'article L. 626-1, a été supprimée. Il faut en déduire la possibilité d'appliquer le texte en redressement et même en liquidation judiciaire.

En outre, la loi de sauvegarde des entreprises maintient la dérogation posée par la législation antérieure aux règles de présentation des offres d'acquisition pour les entreprises agricoles[6], après une hésitation dans les discussions parlementaires, car il avait été question d'aligner sur le droit commun la situation des exploitations agricoles[7]. À la suite d'un amendement[8], un sort particulier leur a été réservé, qui fait écho à la situation exceptionnelle qui était déjà la leur dans la législation antérieure. Le code (C. com., art. L. 621-57, al. 4, dans sa rédaction issue de la législation antérieure à la loi de sauvegarde des entreprises, C. com., art. L. 642-3, al. 2, dans sa rédaction issue de la loi de sauvegarde des entreprises), réserve en effet les offres intéressant la reprise de l'exploitation agricole. L'alinéa 1 de l'article L. 642-3 du code, dans sa rédaction issue de la loi de sauvegarde des entreprises, est écarté lorsque l'entreprise à céder est une exploitation agricole. Cela signifie que le repreneur pourra être le dirigeant, un parent ou allié du débiteur ou du dirigeant. Nul besoin ici de requête en ce sens du ministère public, d'avis des contrôleurs et de décision motivée du tribunal. Une seule réserve : les contrôleurs ne peuvent acquérir l'entreprise agricole (C. com., art. L. 642-3, al. 2).

Les actes passés en violation de l'article L. 642-3 sont annulés par le tribunal à la demande du ministère public ou de tout intéressé. La solution permet

1. J.-CL. COM., Fraimout, fasc. 2730, [Plan de cession – Conception et adoption], 2007, n° 23.
2. Com. 8 nov. 2011, n° 10-24.119, NP; n° 1116 F-D; *Gaz. Pal. entr. diff.* 21 janv. 2012, n° 20, p. 27, note Voinot.
3. T. com. Paris, 22 janv. 1991, *D.* 1992. Somm. 335, obs. Vasseur; *JCP E* 1991. II. 207, note Peltier.
4. Metz, ch. com., 13 mai 2014, RG n° 14/00952, *JurisData* 027646.
5. Ord. n° 2014-326, 12 mars 2014, préc.
6. ILLUSTR. : Rennes, 2e ch., 26 oct. 2010, RG n° 09/06214, *Rev. proc. coll.* 2011, comm. 210, note Lebel.
7. *Rapp. Xavier de Roux*, n° 2095, p. 380.
8. Amend. n° 175, Interv. Xavier de Roux, *JOAN CR*, 3e séance du 8 mars 2005, p. 1784.

de faire échec à l'autorité de la chose jugée attachée à la décision arrêtant le plan.

Il s'agit là d'annuler d'abord les acquisitions faites par des personnes qui ne pouvaient directement présenter d'offre.

Il s'agit ensuite, à notre sens, d'annuler les acquisitions faites par des personnes pour lesquelles le tribunal a autorisé exceptionnellement la cession, sans respecter la réglementation, par exemple sans avoir été saisi en ce sens par le ministère public. La discussion sur la possibilité de l'annulation peut en revanche exister si la requête a été présentée par le ministère public, mais que l'avis des contrôleurs n'a pas été recueilli. Eux seuls devraient *a priori* avoir le droit de soulever l'excès de pouvoir commis par la juridiction, mais n'étant pas, par principe, des organes, ils n'émettent pas de prétention et ne devraient pas être recevables en leur action. La discussion peut aussi exister si le recours émane d'un candidat évincé. Ces personnes n'émettent pas, selon la Cour de cassation, de prétention juridique et ne devraient pas, en conséquence, être recevables en leur action en nullité. La raison de douter de cette solution résulte cependant du visa opéré par l'article L. 642-3, alinéa 3 du code à « tout intéressé ». Tel est assurément le cas d'un candidat évincé et il n'apparaîtrait pas logique, au regard de ce texte, de déclarer l'action initiée par un candidat évincé, qui est incontestablement un intéressé à la cession, et qui doit pouvoir, alors que son offre a été rejetée, faire sanctionner le non-respect de la réglementation établie dont il a été directement victime.

La prescription de l'action en nullité est de trois ans à partir de la conclusion de l'acte ou éventuellement à compter de sa publicité, si celui-ci est soumis à publicité.

571.32 Attestation dans l'offre de la qualité de tiers. Il doit être attesté dans l'offre qu'elle émane d'un tiers au sens de la loi (C. com., art. R. 642-1, al. 1). En pratique, l'administrateur sollicitera une attestation sur l'honneur du candidat repreneur[1].

571.33 Information du candidat repreneur. L'administrateur judiciaire doit mettre en mesure le candidat repreneur de formuler une offre éclairée. La jurisprudence, logiquement, fait en conséquence peser sur lui une obligation d'information. Il doit informer le candidat dans la mesure où il dispose d'informations d'ordre économique, financier ou comptable sur l'entreprise devant faire l'objet de la cession. Son obligation d'élaborer un bilan économique et social le conduit d'ailleurs à rechercher obligatoirement ces informations.

L'absence ournitures d'informations au repreneur est d'engagement de la responsabilité de l'adm teur[2].

Même si tes ne le prévoient pas expressément, l'adm ateur doit également informer le candidat rep r de la situation de l'entreprise au regard de se gations environnementales[3].

Mais, en nverse, toutes les informations ne peuvent circ[4]. On pense spécialement à celles qui intéres spécialement le savoir-faire, les secrets de fa e.

571.34 C nu des offres de reprise. Le contenu de l'of st étroitement réglementé, tant par l'article L. -85 du code de commerce (anc[t] L. 25 janv. 1[5], art. 83), dans sa rédaction issue de la législatio ntérieure à la loi de sauvegarde des entreprises ue par l'article L. 642-2, II, dans sa rédaction is de la loi de sauvegarde des entreprises.

C'est po uoi l'offre doit être écrite, peu important en rev he le support de l'écrit, celui-ci pouvant, depuis la l du 13 mars 2000[7] (C. civ., art. 1316 et 1316-1, de nus C. civ., art. 1366 et 1368, al. 2, réd. ord. 1 févr. 2016[8]) être électronique[9].

L'offre it contenir l'indication :

– des p isions d'activité et de financement. Alors que les pr isions à court terme doivent être précises, celles à m yen terme présenteront un caractère largement in icatif[10];

– du p x de cession et de ses modalités de règlement. Il a été jugé que, dans le silence de l'offre sur ce point, le prix de cession proposé s'entend hors taxes, cette technique d'interprétation correspondant à un usage entre commerçants[11]. Les droits d'enregistrement seront assis sur ce prix qu'il faudra augmenter du montant des sommes correspondant à la charge des sûretés transmises[12]. Les précisions sur les

1. IFPPC 1999, recomm. n° 3150-11, p. 86.

2. Paris, 1re ch. A, 8 avr. 2002, RG n° 2001/02333, *Rev. proc. coll.* 2004, p. 47, n° 9, obs. Lebel.
3. Rolland, « Procédures de traitement des difficultés des entreprises : un nouveau champ pour la RSE ? », *Journ. sociétés* oct. 2009, n° 69, p. 47 s., sp. p. 51.
4. Bourbouloux, « Confidentité et transparence réconciliées pour la prévention et le traitement des difficultés », *BJE* mai 2012, doctrine 87, p. 183.
5. L. n° 85-98, 25 janv. 1985, préc.
6. L. n° 2005-845, 26 juill. 2005, préc.
7. L. n° 2000-230, 13 mars 2000, *JO* 14 mars, p. 3968.
8. Depuis le 1er oct. 2016 : Ord. n° 2016-131, 10 févr. 2016, préc.
9. Vallens, 2015, n° 4252.
10. Guyon, n° 1278.
11. Com. 9 janv. 2001, n° 97-22.212, *Bull. civ.* IV, n° 8; *JCP E et A* 2001, pan. 349; *LPA* 13 juin 2001, p. 11, note Lagarde.
12. Com. 7 avr. 1998, n° 96-15.069, *Bull. civ.* IV, n° 128; *Act. proc. coll.* 1998/1, n° 13; *Rev. proc. coll.* 2001, 81, n° 25, obs. Soinne.

modalités de règlement auron leur part, une grande importance lorsque reneur entend payer à terme le prix de cession de sauvegarde des entreprises ajoute que l' doit contenir l'indication de la qualité des ap rs de capitaux et, le cas échéant, de leurs garant agit là de vérifier l'origine des fonds pour pa blanchiment d'argent[1]. Si l'offre propose un re à l'emprunt, elle doit en préciser les condition particulier de durée;

– de la date de réalisation de la n. Cette précision est de grande importance si ssion est précédée d'une période de location-ge ce. Mais elle revêt aussi un grand intérêt en deh e ce cas particulier, car la date de passation d ctes constituera, par principe, la date du transf de propriété des actifs repris et, par le fait même, l te de début des obligations du repreneur envers le teur en cas de jeu de transfert de la date de la sû . Elle marquera également, par principe, la date début des obligations du repreneur à l'égard du contractant cédé;

– du niveau et des perspectives d'emp justifiées par l'activité considérée. Cette précision le l'offre est essentielle pour les salariés, surtout depuis la loi du 10 juin 1994[2] qui sanctionne l'inexécution des engagements sociaux de la même façon que les inexécutions financières. Le repreneur devra donc indiquer, d'une part, le nombre de licenciements auquel il subordonne son offre et, d'autre part, dans l'avenir, le nombre de salariés qu'il entend conserver pour poursuivre l'activité reprise. Seules les prévisions à court terme peuvent cependant être fournies[3];

– des garanties souscrites en vue d'assurer l'exécution de l'offre. Ces garanties sont spécialement utiles si le cessionnaire obtient des délais de paiement du prix de cession. Elles constituent alors, en quelque sorte, les garanties d'un crédit vendeur;

– des prévisions de cession d'actifs au cours des deux années suivant la cession. Cette précision est un apport de la loi du 10 juin 1994, qui s'inscrit dans la volonté de moralisation des plans de cession. Il s'agit d'éviter la revente de l'entreprise par appartements, afin de dégager des plus-values exclusives de la volonté de préserver l'activité et les emplois. Le législateur écarte ainsi, *a priori*, les risques de « dépeçage de l'entreprise »[4] par la possibilité de liquidations cessions.

Afin de renforcer la rigueur des plans de cession[5], la loi du 26 juillet 2005 étoffe le contenu obligatoire des offres d'acquisition. Le périmètre de l'offre devra être précisé, en désignant exactement les biens, droits et contrats inclus ainsi que la durée de chacun des engagements pris par l'auteur de l'offre.

Tenant compte de l'extension de procédures collectives aux professionnels libéraux, l'article L. 642-2, III, du code, dans la rédaction que lui donne la loi de sauvegarde des entreprises, prévoit que « lorsque le débiteur exerce une profession libérale soumise à un statut législatif ou réglementaire, ou dont le titre est protégé, l'offre doit en outre comporter l'indication de la qualification professionnelle du cessionnaire ». Il s'agit là d'anticiper sur l'impossibilité pour un tiers d'acquérir l'entreprise libérale s'il ne remplit pas les conditions de diplôme et plus généralement de qualification professionnelle.

En contrepartie des plus grandes prévisions prévues par la loi, la faculté reconnue au juge-commissaire, sous l'empire de la législation antérieure à la loi de sauvegarde des entreprises (C. com., art. L. 621-85, II) de demander des indications complémentaires est supprimée.

Sous l'empire de la loi du 25 janvier 1985, à l'offre, doivent être joints, si son auteur est tenu de les établir, ses comptes annuels relatifs aux trois derniers exercices et ses comptes prévisionnels (D. 27 déc. 1985, art. 32, al. 2). Cette obligation, qui a disparu dans la législation de sauvegarde des entreprises, mais cette communication peut être sollicitée par l'administrateur judiciaire ou le liquidateur, selon le cas. Elle doit en effet permettre au tribunal d'apprécier la surface financière du candidat à la reprise, pour éviter de céder l'entreprise à un repreneur dans une situation comparable à celle du débiteur, voire pire que cette dernière, ce que la pratique permet malheureusement de constater parfois.

Ces mentions sont destinées à assurer une exacte information de la juridiction. Elles ne sont pas prescrites à peine d'irrecevabilité automatique de l'offre, mais le tribunal a toute latitude pour apprécier si l'offre incomplète lui apparaît recevable.

Il appartiendra à l'administrateur de demander, le cas échéant, des informations complémentaires. Ces dernières pourraient aussi être sollicitées du tribunal, en chambre du conseil, si le candidat à la reprise a été convoqué.

Les mentions de l'offre constituent aussi la limite des engagements du candidat repreneur, que le tribunal ne pourra augmenter (C. com., art. L. 661-6, II, dans sa rédaction issue de la loi de sauvegarde des entreprises, devenu C. com., art. L. 661-6, III, réd. ord. 18 déc. 2008). Il faut donc qu'elles soient précises.

571.35 Irrévocabilité de l'offre de reprise. L'offre présente toutes les caractéristiques de la manifestation unilatérale de volonté devant conduire à la for-

1. JACQUEMONT ET VABRES, 9e éd., no 928, note 19.
2. L. no 94-475, 10 juin 1994, préc.
3. GUYON, no 1278.
4. Pérochon, « Halte au détournement de la cession judiciaire d'entreprise », *LPA* 9 mai 1990, p. 44.
5. *Rapp. Xavier de Roux*, no 2095, p. 379.

mation d'un contrat, même si la réalité est très différente (v. s[s] n° 571.21).

Sous l'empire de la législation antérieure à la loi de sauvegarde des entreprises [1], conformément au droit commun, l'offre pouvait donc être retirée. Mais la liberté était ici très loin d'être complète et l'impression générale était plutôt que l'offre était irrévocable. En effet, il y avait irrévocabilité de l'offre à partir du dépôt au greffe du rapport de l'administrateur judiciaire (C. com., art. L. 621-57, al. 2 [anc[t] L. 25 janv. 1985, art. 21, al. 2]) [2].

La loi de sauvegarde des entreprises modifie la solution. L'article L. 642-2, V, du code prévoit que l'offre ne peut être retirée. Faute de précision du texte, il faut comprendre qu'elle lie son auteur dès réception [3] par l'administrateur ou, à son défaut, par le liquidateur, et cela jusqu'à la décision du tribunal arrêtant le plan.

En l'absence d'administrateur, il semble qu'il faille décider que l'offre ne peut plus être retirée après dépôt par le débiteur au greffe du projet de plan [4]. Ainsi, l'intégration de l'offre dans le projet de plan équivaut-elle à l'acceptation du bénéfice d'une promesse unilatérale d'achat qui ne peut plus être retirée.

Bien que l'offre soit révocable pendant un certain temps, le retrait de celle-ci par son émetteur peut conduire à la condamnation du candidat repreneur à des dommages et intérêts, si l'offre a été présentée à la légère. Elle peut en effet conduire à la poursuite de l'activité par une décision de renouvellement de la période d'observation en contemplation de l'offre présentée. La responsabilité du candidat repreneur sera engagée sur le fondement délictuel à l'égard des créanciers postérieurs non payés [5] par suite de la longueur de la période d'observation. La responsabilité sera identiquement engagée à l'égard des créanciers antérieurs si l'aggravation du passif postérieur a conduit à l'absorption du prix de vente des actifs *a priori* destinés au désintéressement des créanciers antérieurs. L'action appartiendra alors exclusivement au défenseur de l'intérêt collectif des créanciers.

À partir du moment où l'offre devient irrévocable, la volonté du candidat repreneur devient, en revanche, indifférente à la perfection de la vente [6].

Le princi rrévocabilité doit cependant être combiné av possibilité de présenter une offre conditionn Il pourra s'agir, par exemple, de l'obtentione autorisation administrative. La solution a ée à propos de la cession de chaîne de radios, s de refus d'agrément du Conseil supérieur udiovisuel, conduisant à la liquidation [8]. Le ment autorisant la cession d'une entreprise sant d'une fréquence pour la diffusion d'un ce de télévision est entaché de nullité s'il est ad sans que le Conseil supérieur de l'audiovisi CSA) ait donné son autorisation; il n'est à ce ard pas suffisant que le repreneur déclare fa on affaire personnelle de cette autorisation [9]. plution est identique pour l'existence du droit a il commercial. A également été admise la possibi de céder une convention passée entre une colle ité territoriale et une entreprise privée, sous rése de l'agrément de l'autorité administrative [10]. Il urrait encore s'agir d'assortir l'offre de reprise d a condition suspensive d'un engagement de non- ncurrence par les dirigeants de la personne m rale débitrice [11]. Il est également concevable d'as rtir l'offre de reprise d'une réserve d'inventaire, qi permettra, dans l'hypothèse où une difficulté de tran ert d'un bien compris dans l'offre se révélerait, de ne pas payer le prix correspondant au bien en question [12]. Une telle clause a pour effet d'assouplir es caractères forfaire et aléatoire du plan de cession exclusifs de l'application du droit commun de la vente.

Cependant, la multiplication des conditions suspensives altère singulièrement le sérieux de l'offre de reprise [13], qui peut n'être alors qu'à l'état larvaire, ce qu'appréciera le tribunal lorsqu'il choisira l'offre (v. s[s] n° 571.51).

L'offre peut aussi être enfermée dans un délai. En ce cas, si le délai expire avant le délai fixé par l'administrateur pour le dépôt des offres ou avant la date prévisible à laquelle le tribunal statuera sur le projet de plan, l'administrateur en avisera à la fois le tribu-

1. L. n° 2005-845, 26 juill. 2005, préc.
2. SUR CETTE QUESTION : Aix-en-Provence, 25 oct. 1989, *D.* 1991. Somm. 5, 6, obs. Derrida.
3. PÉROCHON, 10e éd., n° 1240.
4. DERRIDA ET *ALII*, n° 168.
5. Com. 28 juin 1994, n° 92-13.135, *Bull. civ.* IV, n° 243; *Dr. sociétés* 1994, n° 188, obs. Chaput; *JCP E* 1995. I. 417, n° 4, obs. M. Cabrillac.
6. SOINNE, n° 1453.
7. Com. 25 mai 1993, n° 91-12.773, *Bull. civ.* IV, n° 206; *D.* 1994. Somm. 4, obs. Derrida; *Rev. proc. coll.* 1993, p. 466, obs. Soinne – Com. 24 oct. 1995, n° 92-17.066, *Bull. civ.* IV, n° 253; *RJDA* 1996. 103 – Com. 14 mai 1996, n° 93-18.453, NP, *RJDA* 1996, n° 1263; *Rev. proc. coll.* 1996, 369, obs. Soinne – Aix-en-Provence, 19 nov. 1998, *D.* 1999. jur. 78.
8. Paris, 29 juill. 1998, *Rev. proc. coll.* 2001, 84, n° 29, obs. Soinne.
9. Aix-en-Provence, 8e ch. A, 20 févr. 2014, RG n° 13/09581, *JurisData* 003942.
10. Paris, 3e ch. B, 7 avr. 2006, *Act. proc. coll.* 2006/15, n° 180.
11. EN CE SENS AUSSI : J.-CL. COM., Fraimout, fasc. 2730, [Plan de cession – Conception et adoption], 2007, n° 25.
12. Com. 24 avr. 1995, n° 92-17.066, *Bull. civ.* IV, n° 253.
13. SOINNE, n° 1450.

nal et le cardid t repreneur,[1] qui pq ainsi présenter une nouvle offre.

Le princip d'irévocabilité de l'offr reprise ne fait pas davantag obstacle à la valé d'offres alternatives.

571.36 Intangibilité de l'offre de rep. L'auteur d'une offre ne eut, pai principe, la mfier après dépôt du rapport de l'administrateur . 27 déc. 1985[2], art. 103, al. 2), sous l'empire la loi du 25 janvier 1985 Accepter une offre mfiée peut entraîner la nullit du jugement[4]. À partir dépôt du rapport, la persone qui a présenté une o est liée par elle, à conditio que la décision du tribal intervienne dans le moi du dépôt au greffe du port de l'administrateur (C com., art. L. 621-57, al [anc L. 25 janv. 1985, art 21, al. 2], réd. antérieure à la loi de sauvegarde des entreprises[5]).

Depuis la loi de sauvegarde des entreprises, rticle L. 642-2, V, du code de commerce prévoit ue l'auteur de l'offre est li jusqu'à la décision du tunal, ce qui incite à penser que l'intangibilité le l'offre existe dès sa réception par le mandataire le justice ayant qualité pour la recevoir[6]. Au-delà da décision du tribunal, et notamment en cas d'app, il ne demeure lié que s'il y consent, cependant que repreneur commet une faute à retirer son offre aps prise de possession des lieux[7]. Les candidats reprneurs évincés ne sont plus liés par leurs offres en cs d'appel[8]. De façon interprétative par rapport à la jurisprudence de la Cour de cassation, à la suite d'un amendement présenté par la commission des lois du Sénat[9], l'article L. 642-2 du code, dans sa rédaction issue de la loi de sauvegarde des entreprises, prévoit que, en cas d'appel, seul le cessionnaire restera tenu par son offre, non les autres candidats repreneurs.

Le principe d'intangibilité de l'offre n'est cependant pas absolu.

Sous l'empire de la législation antérieure à la loi de sauvegarde des entreprises, l'offre peut être modifiée, même à l'intérieur du délai de quinzaine devant s'écouler entre la réception par l'administrateur et l'audience du tribunal, si elle est dans un sens plus favorable aux objectifs de l'article L. 621-83 du code de commerce, c'est-à-dire le maintien de l'activité, des emplois et l'apurement du passif (D. 27 déc. 1985, art. 103-2). La date butoir est alors de deux jours ouvrés avant la date d'audience du tribunal, et ce à peine d'irrecevabilité de la modification (D. 27 déc. 1985, art. 103-2, al. 2). Si l'affaire est renvoyée, le tribunal doit fixer un nouveau délai pour l'amélioration des offres précédemment déposées (D. 27 déc. 1985, art. 103-2, al. 3). Il doit en être de même si l'affaire est portée devant la cour d'appel.

À l'occasion du projet de réforme de sauvegarde des entreprises, l'interdiction de modifier ou de retirer son offre entre le dépôt du rapport de l'administrateur et le jugement du tribunal statuant sur le plan avait été supprimée par le projet de loi car avait-on dit, elle s'était révélée illusoire en pratique[10]. Mais elle a été rétablie à la suite d'un amendement. La commission des lois du Sénat, pour tenir compte de la possibilité de présenter un plan de cession en liquidation judiciaire[11], a modifié la date buttoir à partir de laquelle l'offre ne pourrait plus être modifiée. Il s'agit du dépôt de l'offre, et non plus du rapport de l'administrateur.

Il est vrai qu'une certaine stabilité des offres est nécessaire pour que le tribunal puisse les évaluer et les comparer; elle évite en outre les ententes. L'interdiction pour son auteur de retirer et de modifier l'offre après son dépôt et jusqu'à ce que le tribunal statue (C. com., art. L. 642-2, V, al. 1) ne fait cependant pas obstacle, comme sous l'empire de la législation antérieure, à une modification de l'offre à la hausse, c'est-à-dire au bénéfice des salariés et/ou des créanciers. En d'autres termes a-t-il été dit, « une offre peut être révisée à la hausse, mais pas à la baisse »[12]. L'article L. 642-2, V du code précise ainsi clairement que « l'offre ne peut être ni modifiée, sauf dans un sens plus favorable aux objectifs mentionnés au premier alinéa de l'article L. 642-1... ».

Le décret (C. com., art. R. 642-1, al. 2) précise les modalités de la modification des offres à la hausse. Les offres ainsi modifiées doivent être communiquées par le liquidateur ou l'administrateur judiciaire, selon le cas, au débiteur, au représentant des salariés aux contrôleurs, et le cas échéant, à l'ordre professionnel ou à l'autorité compétente dont relève le débiteur. À peine d'irrecevabilité, aucune modification ne peut cependant être apportée à une offre postérieurement à l'audience au cours de laquelle il

1. IFPPC 1999, recomm. n° 3150-13, p. 846.
2. D. n° 85-1388, 27 déc. 1985, *JO* 29 déc., p. 15281.
3. L. n° 85-98, 25 janv. 1985, préc. – Com. 9 juin 1992, n° 90-13.400, *Bull. civ.* IV, n° 232; *Quot. Jur.* 17 nov. 1992, n° 92, p. 5, note P. M.; *JCP E*, 23 sept. 1993, n° 38, p. 209. note Blanc; *Defrénois* 1993. 521, obs. Sénéchal; *D.* 1994. Somm. 4, obs. Derrida; *RD banc. et bourse* 1994, 103, obs. Campana et Calendini.
4. Paris, 3e ch. A, 4 févr. 1997, *LPA* 4 mai 1998, n° 53, p. 7, note Derrida.
5. L. n° 2005-845, 26 juill. 2005, préc.
6. EN CE SENS AUSSI : PÉROCHON, 10e éd., n° 1240.
7. Nancy, 2e ch., 3 juin 1994, *Rev. proc. coll.* 1995, 404, n° 3, obs. Soinne.
8. Com. 9 juin 1992, n° 90-13.400, préc.
9. *Rapp. J.-J. Hyest*, n° 335, p. 398.
10. *Rapp. Xavier de Roux*, n° 2095, p. 379.
11. *Rapp. J.-J. Hyest*, n° 335, p. 398.
12. Amend. n° 174, Interv. Xavier de Roux, *JOAN CR*, 3e séance du 8 mars 2005, p. 1784.

en a été contradictoirement débattu (C. com., art. R. 642-1, I, al. 2). Il s'agit ici de respecter le principe du contradictoire[1]. En revanche, le délai de deux jours prévu dans la législation précédente, et dont le respect n'était pas toujours assuré par les tribunaux[2], a été supprimé.

Le tango argentin est souvent de mise dans les réformes. La preuve en est ici encore apportée. En effet, l'article 80 du décret du 12 février 2009[3] modifie le troisième alinéa de l'article R. 642-1 du code de commerce pour réintroduire le délai de deux jours ouvrés. Il précise que « À peine d'irrecevabilité, aucune modification ne peut être apportée à une offre moins de deux jours ouvrés avant la date fixée pour l'examen des offres par le tribunal. » L'alinéa 4 de l'article R. 642-1 du code de commerce envisage l'hypothèse d'un renvoi de la date de l'audience au cours de laquelle les offres de cession doivent être examinées par la juridiction. Dans sa rédaction issue du décret du 28 décembre 2005[4], le texte n'envisageait que l'hypothèse de présentation de nouvelles offres. L'alinéa 4 de l'article R. 642-1 du code, issu de la rédaction que lui donne l'article 80 du décret du 12 février 2009, envisage également l'hypothèse de l'amélioration des offres. Ainsi, s'il advenait que des offres soient améliorées à l'intérieur du délai de deux jours ouvrés avant l'audience, le tribunal pourrait reporter cette dernière et fixer un nouveau délai de présentation ou d'amélioration des offres. Les praticiens ont applaudi le rétablissement du délai de deux jours ouvrables, car ils avaient pu assister, avec sa suppression par le décret du 28 décembre 2005, à de véritables foires d'empoigne en chambre du conseil, certains repreneurs étant munis d'une multitude de chèques de banques pour ajuster leur proposition au fur et à mesure du déroulement de l'audience d'arrêté du plan de cession[5].

Lorsque l'offre est améliorée, le débat contradictoire sur l'amélioration n'est pas exigé[6]. La solution s'impose puisque, par principe, aucun débat contradictoire ne doit être organisé avec les candidats repreneurs.

Le tribunal ne peut imposer à son auteur une modification de son offre[7], par exemple la suppression d'une condition suspensive qui assortirait celle-ci. auteur de l'offre n'acce pas la modification sagée par la juridictior il st en droit de retirer s ffre[8].

SECTION 1.40
RÉGLENTATION DE LA PROCÉDURE D'APPE'OFFRES

571.4 Présentation des offes de reprise – Public des possibilités de cessn d'entreprises – *prepacession*[9]. Dès que l'entrerise est susceptible de bencier d'un plan de cessin, l'administrateur doit comuniquer au greffe les ractéristiques essentielles s éléments d'actifs, qu pourront faire l'objet dudit lan. À cette fin, l'admiistrateur dresse une notic descriptive des élémets de l'entreprise, en signnt les charges et litige les concernant[10].

Cte règle posée par l'aticle 32 du décret du 27 cembre 1985[11], issu e la rédaction que lui a doée le décret du 21 octore 1994[12], est destinée à aurer une publicité des pérations, tout intéressé pouvant recueillir les infomations auprès du greffe. E revanche, l'administateur ne communiquera p aux tiers les offres q'il aura reçues[13].

Il est dans la mission naturelle des administrators de susciter des offres de cession, ce qu'ils font, e pratique, par l'insertion d'annonces dans les journaux spécialisés et dans les journaux d'annonces légales locaux. Il est conseillé aux administrateurs de limiter la publicité relative aux actifs à céder à leur description sommaire, sans évaluation[14], sous peine d'engager leur responsabilité.

Les textes, sous l'empire de la législation antérieure à la loi de sauvegarde des entreprises[15], ne

1. Deharveng, « Le plan de cession dans la nouvelle architecture des procédures collectives – un événement et non plus une issue du cours de la procédure », *D.* 2006. Chron. 1047 s., sp. 1048.
2. Deharveng, art. préc., sp. 1048.
3. D. n° 2009-160, 12 févr. 2009, préc.
4. D. n° 2005-1677, 28 déc. 2005, préc.
5. Thévenot, *in* Menjucq, Sénéchal, Sonier et Thévenot, « Les cent jours de la réforme des procédures collectives : premier bilan », *Rev. proc. coll.* 2009/3, p. 52.
6. Paris, 15 oct. 1996, *RJ com.* 1997, n° 1479, p. 73, note Vincent – RAPPR. : IFPPC 1999, recomm. n° 3150-15, p. 87.
7. Paris, 3e ch. A, 4 févr. 1997, *LPA* 4 mai 1998, n° 53, p. 7, note Derrida.
8. Com. 2 oct. 1990, n° 88-19.963, *Bull. civ.* IV, n° 223 – Paris, 3e ch. C, 12 mai 1995, *Rev. proc. coll.* 1995, 404, n° 3, obs. Soinne.
9. Lucas, « *Vade mecum* de la réforme du livre VI », *Leden* déc. 2013, comm. 182 ; « Présentation de l'ordonnance portant réforme de la prévention des difficultés des entreprises et des procédures collectives », *BJE* mars 2014, 111, sp. p. 113 – Vincent, « La faillite du plan de cession (ou les incidences du prepack-cession) », *D.* 2015. 577 – Montéran et Mieulle, « Le vade-mecum du plan de cession "prepack" », BJE mai 2015, 164 – Gorins Ch., « Évolution de la cession judiciaire d'entreprise en prévention et en procédure collective », *BJE* mai 2015, 185 – Monsérié-Bon M.-H., « Les ventes dans le plan de cession » *RLDA* mai 2003, n° 60, p. 5 – Monsérié-Bon M.-H., Amizet B., Azam G. et Cavigloli Ch., « Le prepack-cession FRAM : expériences et enseignements », *BJE* 2016, 144.
10. IFPPC 1999, recomm. n° 3150-1, p. 83.
11. D. n° 85-1388, 27 déc. 1985, préc.
12. D. n° 94-910, 21 oct. 1994, *JO* 22 oct., p. 15019.
13. IFPPC 1999, recomm. n° 3150-3, p. 84.
14. IFPPC 1999, recomm. n° 3095-5, p. 70.
15. L. n° 2005-845, 26 juill. 2005, préc.

semblent rien imposé de plus à l'administrateur en phase de redressement judiciaire.

La loi de sauvegarde des entreprises, au contraire, énonce que « toute cession d'entreprise et toute réalisation d'actif doivent être précédées d'une publicité dont les modalités sont déterminées par un décret en Conseil d'État en fonction de la taille de l'entreprise et de la nature des actifs à vendre » (C. com., art. L. 641-22). Il est symptomatique de remarquer que ce texte de la procédure de liquidation judiciaire, dont le contenu est plutôt de nature réglementaire, se situe dans la partie législative. C'est assez dire l'importance que le législateur attache à la règle.

Faute de renvoi, ce texte n'était pas applicable en redressement judiciaire – l'opinion contraire ayant été soutenue[1] –, l'article R. 631-40 du code de commerce ne rendant applicables en redressement judiciaire que les articles R. 642-1 à R. 642-21 du même code. L'article 60 du décret du 23 décembre 2006[2] modifie l'article 207 du décret du 28 décembre 2005[3] (devenu C. com., art. R. 631-39) en introduisant au début de ce texte, la phrase suivante : « sans préjudice de l'application des deux premiers *alinéa* de l'article 286 » du décret du 28 décembre 2005. Or l'article 286 alinéa 1 du décret du 28 décembre 2005 (devenu C. com., art. R. 642-40, al. 1) commence par indiquer que la publicité de toute cession d'entreprise doit être faite par voie électronique. En outre, toute cession d'entreprise doit être précédée d'une publicité par voie de presse, dont l'étendue est précisée par le juge-commissaire (al. 2). Il résulte de la modification introduite par le décret du 23 décembre 2006 que les modalités de publicité des offres de cession posées en liquidation judiciaire s'imposeront en redressement judiciaire[4].

L'administrateur, s'il en a été désigné, doit communiquer au greffe les caractéristiques de l'entreprise ou des branches d'activité susceptibles d'être cédées. Dans la version d'origine du décret du 28 décembre 2005, il était prévu que cette information était tenue par le greffier à la disposition du public (D. 28 déc. 2005, art. 207, al. 1). L'article 60, 2° du décret du 23 décembre 2006 a modifié l'article 207 alinéa 1 *in fine* du décret du 28 décembre 2005 (devenu C. com., art. R. 631-39, al. 1). Désormais, il est prévu que « tout intéressé peut prendre connaissance de ces informations au greffe ». Il en résulte que l'intéresse devra se déplacer au greffe sans pouvoir être rendu destinataire de ces informations.

Comme en redressement judiciaire, l'article 286, alinéa 3 du décret, tel qu'il résulte de l'article 64 du décret du 23 décembre 2006, prévoit que le liquidateur ou l'administrateur s'il en a été désigné doit communiquer au greffe les caractéristiques de l'entreprise ou des branches d'activité susceptibles d'être cédées. Ici encore, l'article 286 alinéa 3 du décret du 28 décembre 2005 (devenu C. com., art. R. 642-40, al. 3) prévoit que « tout intéressé peut prendre connaissance de ces informations au greffe ».

La loi du 29 mars 2014[5] visant à reconquérir l'économie réelle a modifié la rédaction de l'article L. 631-13 du code de commerce. Le texte prévoit que l'administrateur doit informer le représentant du comité d'entreprise, les délégués du personnel ou le représentant des salariés de la possibilité qu'ont les salariés de soumettre une ou plusieurs offres.

Les offres devront être écrites et signées de leur auteur[6], et ce à peine d'irrecevabilité puisque, à défaut d'être écrites, elles ne pourraient respecter la réglementation relative à leur contenu.

Manifestation unilatérale de volonté, l'offre doit être précise[7] et, partant, dépourvue d'équivoque. Elle doit présenter un caractère de fermeté exclusif d'une simple intention d'acquérir[8]. Elle peut émaner d'une personne unique ou être présentée pour un groupe de personnes[9]. Symétriquement, elle peut concerner la reprise de plusieurs entreprises débitrices. En ce cas, l'offre sera indivisible[10].

Le texte de l'article L. 631-13 du code de commerce indique la possibilité de présenter des offres d'acquisition « dès l'ouverture de la procédure ». Le code autorise en conséquence la présentation de l'offre avant toute démarche de l'administrateur.

La réglementation ne concerne que la date butoir.

Les offres, sous l'empire de la législation antérieure à la loi de sauvegarde des entreprises, doivent être communiquées à l'administrateur, dans le délai qu'il a fixé. Notons qu'il n'y a pas de réglementation relative au délai minimum que peut fixer l'administrateur[11], qu'il a porté à la connaissance du représentant des créanciers et des contrôleurs (C. com., art. L. 621-85) et dont il a informé le greffe (D. 27 déc. 1985, art. 32, al. 1). En cas de prorogation du délai de présentation des offres, l'information doit être

1. Pérochon et Bonhomme, 7e éd., n° 424.
2. D. n° 2006-1709, 23 déc. 2006, *JO* 29 déc., p. 19846.
3. D. n° 2005-1677, 28 déc. 2005, préc.
4. Roussel Galle, « Actualité de la loi de sauvegarde des entreprises », *Rev. proc. coll.* 2007/1, p. 32, n° 19.
5. L. n° 2014-384, 29 mars 2014, *JO* 1er avr., p. 6227.
6. T. com., Paris, 19 nov. 1986, *LPA* 10 déc. 1986.
7. Pérochon, 10e éd., n° 1241.
8. Versailles, 5 mai, 1988, *Rev. proc. coll.* 1989, 512, obs. Soinne ; *JCP* 1988. II. 21112 – Aix-en-Provence, 16 mars 1989, *Rev. proc. coll.* 1989, 511, obs. Soinne.
9. Aix-en-Provence, 16 mars 1989, *Rev. proc. coll.* 1989, 511, obs. Soinne – *Adde*, Saint-Alary-Houin, 6e éd., n° 1132.
10. Soinne, n° 1449.
11. Rennes, 2e ch., 18 nov. 1998, *Rev. proc. coll.* 2001, 73, n° 8, obs. Soinne.

reproduite[1]. À défaut d'administrateur, les offres sont directement adressées au greffe du tribunal, tant sous l'empire de la législation antérieure à la loi de sauvegarde que, selon nous, sous l'empire de la loi du 26 juillet 2005. Depuis l'ordonnance du 18 décembre 2008[2], un administrateur judiciaire sera obligatoirement nommé par le tribunal, si ce dernier estime possible une cession de l'entreprise (C. com., art. L. 631-21-1).

La loi de sauvegarde des entreprises introduit une distinction selon que les offres sont présentées en phase de redressement judiciaire, ce que permet l'article L. 631-13 du code de commerce, ou en phase de liquidation judiciaire.

En phase de redressement judiciaire, il est prévu que l'administrateur judiciaire, comme dans la législation antérieure, fixe le délai dans lequel ces offres pourront lui être soumises (C. com., art. R. 631-39, al. 1), délais qu'il porte à la connaissance du mandataire judiciaire et des contrôleurs (C. com., art. R. 631-39, al. 2).

En phase de liquidation judiciaire, le délai de réception des offres n'est pas fixé par l'administrateur ou le liquidateur, mais par le tribunal. L'article L. 642-2, I, alinéa 1 indique en ce sens que « lorsque le tribunal estime que la cession totale ou partielle de l'entreprise est envisageable, il autorise la poursuite de l'activité et il fixe le délai dans lequel les offres de reprise doivent parvenir au liquidateur et à l'administrateur lorsqu'il en a été désigné ». Le texte semble conduire à décider que si l'administrateur ou le liquidateur a besoin d'un nouveau délai, un nouveau jugement fixant le délai de présentation des offres est nécessaire[3].

Pour tenir compte de la possibilité de présentation d'offres de cession reçues en phase de redressement judiciaire (C. com., art. L. 631-13), mais alors que le plan de cession n'est pas arrêté en redressement, l'alinéa 2 de l'article L. 642-2, I prévoit que « toutefois, si les offres reçues en application de l'article L. 631-13 remplissent les conditions prévues au II du présent article et sont satisfaisantes, le tribunal peut décider de ne pas faire application de l'alinéa précédent ». Il faut donc comprendre que si l'administrateur ou le liquidateur, au jour de la liquidation judiciaire, est déjà en possession d'offres recevables, il est à la faculté du tribunal de prévoir ou non un délai de présentation de nouvelles offres de cession et de demander, en conséquence, à l'administrateur ou au liquidateur, de procéder à un nouvel appel d'offres. Si le tribunal ouvre un nouveau délai de prntation des off de cession, il y aura place à pouite provisoire l'activité en liquidation judicie, pendant ce lai, en application de l'article L. 2-2, I, alinéa 1du code.

L'articl0 de l'ordonnce du 12 mars 2014[4] complète dispositif, pou tenir compte de la possibilité deésentation dne cession d'entreprise dans le mdat *ad hoc* ou la conciliation. C'est le mécanism du *prepack-cession*[5]. En ce sens, l'article L. 642-2 alinéa 2 du ode de commerce prévoit que le tunal peut également tenir compte des démarcs effectuées par le mandataire *ad hoc* ou le concilieur, après avoi recueilli l'avis du ministère public faut donc comprendre que si le mandataire *ad ho* sans qu'il soit nécessaire que le mandat *ad ho* oit suivi d'une conciliation[6], ou le conciliateur nt reçu des offres de reprise remplissant les contions prévues au II de l'article L. 642-2, le tribul peut ne pas prévoir de délai de présentation de ouvelles offres de cession[7]. Il n'y aura pas alors pce aux mesures de publicité prévues à l'article R642-40, alinéa 2.

Compte tenu de la gravité potentielle de cette solution, l'alinéa 4 de l'article R. 642-40 (réd. D. 30 juin 2014[8], art. 102) précise que lorsque le tribunal a fait application du second alinéa de l'article L. 642-2, le tribunal s'assure que, compte tenu de la nature de l'activité en cause, les démarches effectuées par le mandataire *ad hoc* ou le conciliateur désigné en application de l'article L. 611-3 ou L. 611-6 ont assuré une publicité suffisante de la préparation de la cession. La loi de modernisation de la justice du XXIe siècle, dont la solution sera inapplicable aux procédures en cours au jour de sa publication, modifie le second alinéa du I de l'article L. 642-2 pour venir préciser que le mandataire *ad hoc* ou le conciliateur devront rendre compte au tribunal des démarches effectuées en vue de recevoir des offres de reprise, nonobstant le caractère confidentiel du mandat *ad hoc* ou de la conciliation. Comme cela a été énoncé, « le caractère confidentiel de la conciliation fait que le projet de cession sera noué sans appel d'offres préalables. Lorsque le temps de la procédure collective sera venu, il sera même possible de s'en affranchir »[9].

1. IFPPC 1999, recomm. n° 3150-7, p. 85.
2. Ord. n° 2008-1345, 18 déc. 2008, préc.
3. Bolard, « Les fonctions des mandataires de justice », *Rev. proc. coll.* 2006/2, p. 205 s., sp. p. 208, n° 18.
4. Ord. n° 2014-326, 12 mars 2014, préc.
5. Vincent, « La faillite du plan de cession (ou les incidences du prepack-cession) », *D.* 2015. 577.
6. PÉROCHON, 10e éd., n° 100.
7. AUSSI : Lienhard, « Réforme issue de l'ordonnance du 12 mars 2014 », *in Code des procédures collectives commenté*, Dalloz, 2014, p. 62.
8. D. n° 2014-736, 30 juin 2014, *JO* 1er juill., p. 10834.
9. Thuillier, « La conciliation après l'ordonnance du 12 mars 2014 : jamais pareille mais toujours plus proche des procédures collectives », *BJE* mai 2014, 174 s., sp. 175.

Cette mesure, que l'on peut compre sur le terrain de l'efficacité économique, devrermettre d'obtenir une cession de l'entreprise à denditions intéressantes en termes d'exploitation pe repreneur. Pour les créanciers, il a été écrit qu condi- tions devraient également être meilleurour les créanciers[1]. La solution est loin d'être cene, du fait de la faiblesse en matière de transpare dans le choix des offres[2] et, par voie de consience, d'émulation entre les candidats. Le seul ge-fou tient à l'avis du ministère public. L'opacité nonde cée en 1994 risque de faire un net retour, cui ne saurait, au regard de la morale des affaires, nsti- tuer une avancée. En somme, à nos yeux, une usse bonne idée ! Les premières expériences de *prepack-cession* – et notamment le dossier Fram – ont démontré l'utilité d'une certaine publicité. Intelligemment, il a été suggéré de modifier les textes pour prévoir que, à la demande du débiteur et du conciliateur, la confidentialité soit levée si l'heure est à la cession de l'entreprise[3]. La logique de la prévention et celle de la cession ne sont en effet plus les mêmes.

Quoi qu'il en soit, le tribunal peut décider de ne pas faire application du premie alinéa du I de l'article L. 642-2 du code de commerce n ce cas, précise l'article R. 642-1, alinéa 3 (réd. . 30 juin 2014, art. 99), il fixe la date de l'audiee d'examen des offres. D'autres offres de reprise peent parvenir au liquidateur ou à l'administrateur l en a été désigné, au plus tard huit jours ouvrésvant cette date.

En dehors même de ce strict cae, quelle sanction attacher à la réception d'une cre en dehors du délai fixé ? Elle n'est pas explicitemnt fixée par les textes.

Il semble, sous l'empire de la gislation antérieure à la loi de sauvegarde des etreprises, qu'il faille coordonner la possibilité de ceptionner des offres au-delà du délai imparti par administrateur avec le délai de quinze jours qui doi s'écouler entre la réception d'une offre et son exaren par le tribunal. Un auteur a suggéré comme date limite de dépôt des offres le dépôt au greffe du rapport de l'administrateur[4]. Si ce délai de quinzaine n'a pas commencé à courir, la réception tardive d'une offre par rapport au délai fixé par l'administrateur doit rester sans conséquence[5]. Si le délai de quinze jours a commencé à courir, il convient d'utiliser les dispositions de l'article L. 621-85 alinéa 1 *in fine* du code de commerce, qui depuis la modification introduite dans la législation par la loi du 10 juin 1994, prévoit la possibilité de réduction du délai de quinzaine entre la réception d'une offre par l'administrateur et la date à laquelle elle sera examinée par le tribunal, dès lors que le débiteur, le représentant des créanciers, le représentant des salariés et les contrôleurs sont d'accord avec la réduction proposée par l'administrateur. En pratique, cette demande d'autorisation de réduction du délai de quinzaine sera accompagnée de l'offre nouvellement reçue par l'administrateur. Il a en tout cas été jugé qu'une offre de reprise était irrecevable, dès lors qu'elle était présentée dans le cadre d'une intervention volontaire, elle-même irrecevable, comme étant effectuée moins de dix jours avant l'audience[6].

Sous l'empire de la législation issue de la loi de sauvegarde des entreprises, le décret du 28 décembre 2005 a introduit de la souplesse dans le mécanisme. L'article R. 631-39, alinéa 3 du code de commerce maintient un délai de quinze jours entre la réception d'une offre par l'administrateur judiciaire et l'audience au cours de laquelle cette offre sera examinée, mais seulement dans l'hypothèse d'arrêté d'un plan de cession en redressement judiciaire. Cependant, après avoir posé ce principe, le texte ajoute que ce délai peut être écarté, sans précision de minimum, en cas d'accord entre le débiteur, le représentant des salariés – qui dispose ici d'un pouvoir totalement nouveau –, le mandataire judiciaire et les contrôleurs. Il faut comprendre que cet accord sera sollicité par l'administrateur judiciaire. Aucune règle comparable n'est posée pour l'arrêté du plan en phase de liquidation judiciaire. Il faut en déduire que si un blocage survient du fait de la présentation tardive d'une offre, l'administrateur sollicitera la conversion en liquidation judiciaire pour que cette offre puisse être examinée par le tribunal.

Le délai minimum de quinze jours entre la réception de l'offre et son examen par le tribunal est supprimé par la loi de sauvegarde des entreprises, lorsque le projet de plan de cession est examiné en liquidation judiciaire. La solution est justifiée par l'observation que le délai n'est plus fixé par l'administrateur judiciaire, mais par le tribunal et qu'il n'appartient donc pas aux organes de la modifier selon leurs besoins.

1. Legrand, *in* Menjucq M., Lelièvre Y, Bouru O., Legrand F. et Couturier G., « Les enjeux de la réforme du droit des entreprises en difficulté », *Rev. proc. coll.* 2014, table ronde 2, p. 58.
2. RAPPR. : Montéran, « L'ordonnance du 12 mars 2014 et la prévention », *Gaz. Pal.* 6 avr. 2014, n° 96, p. 7 s., sp. p. 8 – Pétel, « Entreprises en difficulté : encore une réforme ! », *JCP E* 2014. 1223, n° 9.
3. Monsérié-Bon M.-H., « Les ventes dans le plan de cession » *RLDA* mai 2003, n° 60, p. 5 – Monsérié-Bon M.-H., Amizet B., Azam G. et Cavigloli Ch., « Le prepack-cession FRAM : expériences et enseignements », *BJE* 2016, 144 s., sp. p. 146.
4. SOINNE, n° 1452.
5. EN CE SENS : Paris, 3e ch. C, 5 déc. 1997 et Paris, 3e ch. B, 2 juill. 1999, *Rev. proc. coll.* 2001, 73, n° 8, obs. Soinne.
6. Paris, 3e ch. B, 21 févr. 2008, RG n° 2006/00956.

Si l'affaire est renvoyée, le tribunal doit fixer un nouveau délai pour la présentation de nouvelles offres ou l'amélioration des offres déjà déposées (C. com., art. R. 642-1, al. 3), solution applicable tant en liquidation judiciaire qu'en redressement (C. com., art. R. 631-40). Il doit en être de même si l'affaire est portée devant la cour d'appel, les offres pouvant valablement être présentées en cause d'appel[1], le recours à l'avoué – et aujourd'hui à l'avocat – étant obligatoire pour saisir la cour de l'offre[2].

571.42 Problématique de la présentation des offres de cession en liquidation judiciaire[3] – nécessité de la poursuite provisoire d'activité. Le basculement du plan de cession dans la liquidation judiciaire fait naître, sous l'empire de la loi de sauvegarde des entreprises[4], une difficulté particulière. Est-il possible de présenter une offre de cession, en dehors de toute poursuite d'activité autorisée en liquidation judiciaire ? Le législateur n'a pas envisagé la possibilité de présenter des offres de cession en liquidation judiciaire, en dehors de la poursuite provisoire de l'activité. Faut-il interpréter ce silence comme une permission ou comme une condamnation ?

Il importe d'abord de réserver le jeu de l'article L. 642-2, I, alinéa 2 du code de commerce selon lequel « si les offres reçues en application de l'article L. 631-13 remplissent les conditions prévues au II du présent article et sont satisfaisantes, le tribunal peut décider de ne pas faire application de l'alinéa précédent ». L'article L. 631-13 du code de commerce autorise les tiers à soumettre à l'administrateur judiciaire toute offre de cession partielle ou totale de l'entreprise pendant la période d'observation du redressement judiciaire. Si de telles offres sont présentées en cette période, mais que le plan de cession n'est pas, à l'issue de la période d'observation, arrêté, la possibilité nouvelle d'arrêter un plan de cession en liquidation judiciaire subsiste. Intervient alors l'article L. 642-2, I, alinéa 2 qui permet au tribunal de ne pas autoriser la poursuite de l'activité et de ne pas fixer de délai de réception des offres de reprise. Pour cela, il faudra que les offres de cession présentées remplissent les conditions du II de l'article L. 642-2 du code de commerce et qu'elles soient satisfaisantes. Il faut ensuite réserver le jeu de l'article L. 642-2, I, alinéa 2 du code de commerce issu de la rédaction que lui donne l'article 70 de l'ordonnance du 12 mars 2014[5]. Ce texte tient compte de la possibilité de présentation d'une cession d'eprise dans le mandat *ad hoc* ou la conciliatio s n° 571.41).

Ce tes nous semblent absolument décisifs pour ndre à la question posée.

L nditions de l'interprétation *a contrario* sont, ici, aitement réunies. Le principe est celui de l'obl ion pour le tribunal de décider d'une poursuit ovisoire d'activité pour ouvoir, en liquidation diciaire, arrêter un pla cession. Par exception es offres de cession présentées en phase de redr sement judiciaire pourront permettre d'arrêter n plan de cession en liquidation judiciaire. Les offr de cession n'auront as alors à être présentées pen ant la périod de poursuite provisoire de l'activité.

En dehors de c tte exception, le retour au principe s'impose : les offres de cession ne peuvent être présentées en liquidation judiciaire que pendant la poursuite rovisoire de l'activité[6].

Au-delà des te tes, il faut bien comprendre que la réglementation établie serait largement inutile si l'on pouvait facil ment s'en émanciper. À quoi bon instituer un déla de présentation des offres de cession, qui ne dép pas, en liquidation judiciaire, du bon vouloir du uidateur ou de l'administrateur judiciaire, mais est fixé par le tribunal lui-même, s'il était possib le présenter des offres de cession indépendamme le toute poursuite d'activité et donc, indépendamme de tout délai de présentation ?

Deux difficul s particulièrement importantes ne manqueraient p de se poser, sous l'empire de la loi de sauvegarde d entreprises, si la possibilité de présenter un plan cession en liquidation judiciaire, en dehors de la oursuite d'activité, était admise.

Tout d'abord comment coordonner cette possibilité avec les gles strictes de licenciement des salariés en liq idation judiciaire en dehors de la poursuite provi oire d'activité ? L'AGS, on le sait, ne couvre les licen iements que si ceux-ci ont été effectués dans le dé ai de quinze jours qui suit le jugement de liquid ation judiciaire. Certes, les licenciements pourront intervenir dans le mois du jugement arrêtant le plan de cession, l'AGS continuant à devoir sa garantie. Mais si le plan de cession n'est pas arrêté, les délais de licenciement seront dépassés. Au contraire, si une période de poursuite provisoire de l'activité est autorisée, les licenciements pourront n'intervenir que juste avant l'expiration de la période de poursuite provisoire de l'activité et même, sous l'empire de l'ordonnance du 18 décembre 2008[7] (ord. 18 déc. 2008, art. 167), dans les quinze

1. AINSI : Com. 19 déc. 2000, n° 98-11.361, NP, *RJ com.* 2002. 133, n° 1592, note Merven.
2. Paris, 3e ch. B, 7 avr. 2006, RG n° 2006/00397.
3. Vincent, « L'adoption d'un plan de cession sans poursuite d'activité », *BJE* 2014, 331.
4. L. n° 2005-845, 26 juill. 2005, préc.
5. Ord. n° 2014-326, 12 mars 2014, préc.
6. AUSSI : VALLANSAN et *alii*, 6e éd., p. 388 – RAPPR. : J.-CL. COM., Fraimout, fasc. 2730, [Plan de cession – Conception et adoption], 2007, n° 18 – COMP. : LE CANNU, 7e éd., n° 991.
7. Ord. n° 2008-1345, 18 déc. 2008, préc.

jours qui suivent la fin du maintien de ctivité (v. ss n° 432.25). On pourrait certes objecte ue le sauvetage d'une entreprise serait supérieur à igueur de la réglementation établie. Outre qu ela ferait bon marché du cadre légal d'interventio du plan de cession, il faut apercevoir que le plan de s-sion n'est pas la seule technique qui permette préserver les droits des salariés. En effet, la cessio d'un fonds de commerce, en application de l'articl L. 642-19 du code de commerce, entraîne l'application pure et simple de la cession légale des contrats de travail, en vertu de l'article L. 122-12 alinéa 2 du code du travail (devenu C. trav., art. L. 1224-1). La cession d'un fonds de commerce est donc plus respectueuse des droits des salariés que la cession d'entreprise. En effet, en ce dernier domaine, l'article L. 1224-1 du code du travail ne joue qu'à concurrence des salariés conservés par le repreneur, dont le nombre et les catégories professionnelles ont été précisés dans l'offre de cession.

Compte tenu du basculement du plan de cession dans la liquidation judiciaire, le législateur a en outre prévu de différer la déchéance du terme au jour de la décision statuant sur le plan de cession. Cette disposition est très importante. En son absence, la liquidation judiciaire aurait nécessairement entraîné déchéance du terme (v. ss n° 642.31). En conséquence, les prêteurs ayant financé un bien, sur lequel porte une sûreté prise en garantie du financement, auraient encouru la déchéance du terme. Aucune échéance n'aurait plus été exigible après la survenance de la liquidation judiciaire. En conséquence, le dispositif de transfert de la charge de la sûreté régi par l'article L. 642-12, alinéa 4 du code de commerce aurait été purement et simplement inapplicable, alors qu'aucune disposition légale ne prévoyait son contournement. C'est bien la preuve que le législateur n'a jamais envisagé la possibilité d'arrêter un plan de cession, en liquidation judiciaire, indépendamment de la poursuite provisoire d'activité. C'est pourquoi d'ailleurs, il faut décider que la poursuite provisoire de l'activité en liquidation judiciaire ne vaut pas seulement pour permettre la présentation des offres de cession, mais encore, plus fondamentalement, pour permettre l'arrêté d'un plan cession, alors même que les offres de cession auraient été présentées pendant la période d'observation, en application de l'article L. 631-13.

Si la poursuite d'activité n'est pas décidée, le plan de cession apparaît donc impossible, même si le contraire est soutenu par certains auteurs [1], voire pratiqué en jurisprudence [2]. En présence d'un fonds de commerce, la seule possibilité est alors d'utiliser l'article L. 642-19 du code de commerce, qui réglemente, en liquidation judiciaire, la cession des biens meubles indépendamment d'un plan de cession. Certains auteurs n'hésitent d'ailleurs pas à affirmer que le critère de choix entre la réalisation du fonds de commerce, selon les voies de l'article L. 642-19 du code de commerce ou selon les voies du plan de cession, ne dépend que d'un événement : la poursuite provisoire de l'activité en liquidation judiciaire [3]. Dans le premier cas, et dès lors que le fonds de commerce recouvre une entreprise, ce qui présuppose que des salariés soient encore attachés à son exploitation, le plan de cession est seul utilisable. Dans le second cas, et même si le fonds de commerce recouvre une entreprise, la seule possibilité sera l'utilisation de l'article L. 642-19 du code de commerce. Il a ainsi été jugé que la présentation d'une offre de cession ne comportant aucune indication sur l'aspect social ne pouvait être qualifiée que d'offre de reprise d'un fonds de commerce, et non d'offre de cession d'entreprise [4].

Le liquidateur prendra garde, en présence d'un fonds de commerce en activité au jour de la liquidation judiciaire et comportant des salariés, à placer l'opération sous le régime du plan de cession. En effet, il est certes également concevable de faire autoriser la cession par le juge-commissaire en application de l'article L. 642-19 du code de commerce. La doctrine est unanime pour considérer que la cession d'un fonds de commerce relève bien de l'article L. 642-19 du code de commerce. Mais les conséquences de l'opération, au plan social, sont très loin d'être neutres pour le repreneur.

S'il présente une offre de cession de l'entreprise, le repreneur détermine librement le nombre de salariés repris. Les salariés non repris font l'objet d'un licenciement en application des dispositions du plan de cession. Les licenciements sont supportés par la procédure collective.

Si la cession est décidée sur le fondement de l'article L. 642-19 du code de commerce, s'il n'est donc question que de céder un fonds de commerce, élément d'actif isolé, l'article L. 122-12 alinéa 2 du code du travail (devenu C. trav., art. L. 1224-1) trouve pleine application. Le repreneur est obligé de reprendre la totalité des salariés attachés au fonds de commerce. La précision dans son offre de reprise du fonds de commerce qu'ils ne reprendraient que qu'un nombre limité de salariés serait sans portée juridique, puisqu'elle entrerait en contradiction avec l'article L. 122-12 alinéa 2 du code du travail (devenu C. trav., art. L. 1224-1), qui est d'ordre public. De même, la précision contenue dans

1. PÉROCHON, 10e éd., n° 1237.
2. Poitiers, 17 mai 2011, *BJE* juill. 2011, p. 244, note Vincent.
3. Froehlich et Sénéchal, Lucas et Lécuyer (dir.), *La réforme des procédures collectives...*, Lgdj, 2006, p. 371.
4. Orléans, ch. éco. et fin., ord. prés., 26 sept. 2007, RG n° 07/1822, *RJDA* 2007/12, p. 1240, n° 1264.

l'ordonnance du juge-commissaire autorisant la vente du fonds de commerce, selon laquelle le repreneur limite à certains salariés la poursuite de leur contrat de travail, est privée d'efficacité, puisque le juge-commissaire n'a pas ce pouvoir. La solution a été expressément posée par la chambre sociale de la Cour de cassation[1].

571.43 Communication et dépôt au greffe des offres de reprise. Au terme du délai fixé pour la communication des offres, qui devra être raisonnable, mais bref[2], l'administrateur, s'il en a été nommé un, procède à l'information du représentant des créanciers, des contrôleurs, du débiteur et du représentant des salariés sur le contenu des offres (D. 27 déc. 1985[3], art. 103-2, al. 2, renvoyant à C. com., art. L. 621-85).

L'article L. 642-2, IV du code, dans la rédaction issue de la loi de sauvegarde des entreprises[4], prévoit pour sa part que « le liquidateur ou l'administrateur lorsqu'il en a été désigné informe le débiteur, le représentant des salariés et les contrôleurs du contenu des offres reçues ».

Sous l'empire de la législation antérieure à la loi de sauvegarde des entreprises, l'administrateur informe également du contenu définitif des offres le juge-commissaire et le procureur de la République (D. 27 déc. 1985, art. 103-2, al. 2). En régime simplifié, le greffier du tribunal, rendu destinataire des offres, doit les communiquer au juge-commissaire, au débiteur et au représentant des créanciers.

Les offres doivent faire l'objet d'un dépôt au greffe (D. 27 déc. 1985, art. 32, al. 2).

La solution est reprise par la loi de sauvegarde des entreprises (C. com., art. L. 642-2, IV). En pratique, ce dépôt intervient en même temps que celui du rapport de l'administrateur judiciaire, dans lequel il se prononce sur le mérite respectif des offres, afin que le tribunal ait une étude comparative de celles-ci pour le jour où il sera amené à statuer. En l'absence d'administrateur, sous le régime antérieur à la loi de sauvegarde des entreprises, c'est le débiteur qui fera état dans son projet de plan de toutes les offres que le juge-commissaire aura considéré recevables. Sous le régime issu de la loi de sauvegarde des entreprises, cette tâche incombera au liquidateur, en liquidation judiciaire, au mandataire judiciaire, en redressement judiciaire.

Le liquidateur ou l'administrateur judiciaire ne dispose d'aucun pouvoir pour opérer un tri entre les offres et ne communiquer le contenu que de certaines d'entre elles aux personnes qui doivent être rendues destinataires de ces informations. De même, le liquidateur n'a pas la possibilité d'opérer une sélection entre les offres pour ne déposer au greffe que certaines d'entre elles.

Un autre texte confirme l'obligation pour le liquidateur de déposer au greffe toutes les offres reçues : article L. 642-4 du code de commerce. Selon le premier alinéa de l'article L. 642-4 du code de commerce, « le liquidateur ou l'administrateur, *lorsqu'il* en a été désigné, donne au tibunal tous éléments permettant de vérifier le caractère sérieux de l'offre ainsi que la qualité de tiers de son auteur au sens des dispositions de l'article L 642-3 ». Ainsi, appartient-il au liquidateur ou à l'administrateur de donner son avis au tribunal, afin que celui-ci se détermine sur le caractère sérieux ou non de l'offre. L'appréciation n'est faite que par le tribunal, non par le liquidateur ou l'administrateur. Cet organe n'est là que pour éclairer le tribunal. En conséquence, il a bien l'obligation de déposer au greffe toutes les offres qu'il reçoit, fussent-elles fantaisistes ou simplement inacceptables à son avis, voire, pour un auteur, tardives[5], avec en ce dernier cas, l'obligation d'attirer l'attention du tribunal sur leur irrecevabilité. Il n'en sera toutefois ainsi, pour le liquidateur, que si l'offre de cession est présentée au cours d'une poursuite provisoire d'activité (v. ss n° 531.42).

Le dépôt au greffe des offres a, sous l'empire de la législation antérieure à la loi de sauvegarde des entreprises, pour seule finalité d'enregistrer officiellement ce à quoi s'est engagé le repreneur, puisque le tribunal devra lui en donner acte sans pouvoir lui imposer des charges non souscrites dans l'offre. Il ne constitue pas une mesure de publicité[6], les tiers ne devant pas être rendus destinataires des offres déposées (D. 27 déc. 1985, art. 32, al. 3), cependant qu'il permet d'assurer une plus grande transparence dans la procédure d'appel d'offres[7]. L'administrateur se réfugiera derrière cette disposition pour refuser de communiquer aux tiers le bilan économique et social[8].

La solution a été modifiée par la loi de sauvegarde des entreprises. L'article L. 642-2, IV du code prévoit que, après le dépôt au greffe des offres de cession par l'administrateur judiciaire ou le liquidateur, « tout intéressé peut en prendre connaissance ». Il s'agit donc d'une véritable mesure de publicité, cette finalité s'ajoutant à celle existant déjà sous la législation

1. Soc. 11 oct. 2006, n° 04-45.212, NP, *Act. proc. coll.* 2007/1, n° 6, note Fin-Langer.
2. IFPPC 1999, recomm. n° 3150-6, p. 85.
3. D. n° 85-1388, 27 déc. 1985, préc.
4. L. n° 2005-845, 26 juill. 2005, préc.
5. VALLENS, éd., 2015, n° 4260.
6. GUYON, n° 1279.
7. SUR la question : Guyon, « La transparence dans les procédures collectives », *LPA* 21 avr. 1999.
8. IFPPC 1999, recomm. n° 3100-1, p. 71.

antérieure. Il y a là une véritable teue de lutte contre l'« opacité des plans de cessi

L'évolution est importante car, dalégislation antérieure à la loi du 26 juillet 200 offres de plan de cession étaient confidentiellers curieusement que les offres de cession d'une production étaient, depuis la loi du 10 juin 1, accessibles au public. Cette mesure va dansns de la transparence des opérations de cession,s l'objectif de moraliser les plans de cession[3], aussi de favoriser le jeu de la concurrence entr offres[4]. Le secret des affaires cède ici claireme pas au sauvetage de l'entreprise[5].

Il reste à s'interroger sur la sanction acable à une offre qui n'aurait pas été déposée greffe. Celle-ci nous apparaît irrecevable. Si un pde cession est arrêté, il y a, sous l'empire de la slation antérieure à la loi de sauvegarde des erprises, place à nullité du jugement pour excès douvoir. La voie de recours peut être exercée par lebiteur, mais pour qu'il y ait intérêt, il faudra quit été l'auteur d'un projet de plan. Sous l'empire la loi de sauvegarde des entreprises, le débiteur t former un appel réformation à l'encontre du jment arrêtant le plan de cession. La voie de recrs ne pourra, en revanche, tant avant que depuis loi de sauvegarde des entreprises, émaner du caidat repreneur évincé, puisqu'il n'émet pas de prétetion (v. s[s] n° 532.22).

Signalons enfin que les offres de reprise doivent être notifiées à l'ordre professionnel ou à l'autorité professionnelle, qui seule, à notre sens, pourrait se prévaloir de l'inobservation de la formalité.

SECTION 571.50
CHOIX ENTRE LES OFFRES DE CESSION

571.51 **Critère du choix entre les offres.** L'administrateur judiciaire, s'il en a été nommé un, établit un rapport, où figurent ses observations sur chacune des offres reçues. Il lui est conseillé d'établir un rapport objectif, en s'abstenant de tout avis subjectif sur l'auteur de l'offre[6].

À défaut d'administrateur, il appartient au débiteur de faire état, dans son projet de plan, des offres dont le juge-commissaire a vérifié la recevabilité (C. com., art. L. 621-140 [anc[t] L. 25 janv. 1985[7], art. 144], réd. antérieure à la loi de sauvegarde des entreprises[8]).

Sous l'empire de la loi de sauvegarde, le rapport peut également être établi, à défaut d'administrateur, par le liquidateur si le tribunal doit statuer en liquidation judiciaire.

Au vu de ce rapport, le tribunal choisira, dans le respect de l'article L. 642-5 alinéa 1 du code de commerce, « l'offre qui permet dans les meilleures conditions d'assurer le plus durablement l'emploi attaché à l'ensemble cédé et le paiement des créanciers ». Le législateur reproduit ici la volonté affichée à l'article premier de la loi du 25 janvier 1985, fixant les objectifs législatifs. Les trois objectifs énoncés à l'article premier sont en réalité classés dans l'ordre des priorités. En conséquence, il semble que le tribunal sera enclin à choisir, parmi les offres sérieuses qui lui sont présentées, celles qui permettront de sauvegarder les emplois même si le traitement assuré aux créanciers n'est pas aussi favorable que celui contenu dans une autre offre, dès lors que cette dernière assure moins bien le maintien de l'activité et des emplois[9]. Il n'est pas sans importance de remarquer que le coût des licenciements des salariés non repris incombe à l'entreprise débitrice. Il est avancé par l'AGS, bien classé sur le prix de cession pour en obtenir le remboursement. Les créanciers seront évidemment, dans leur grande majorité, privés de ces sommes, qui seront réparties au profit de l'AGS. Il est donc neutre, pour eux, que le prix de cession soit minoré du coût des licenciements évités[10].

Mais, puisqu'il faut tenir compte de l'offre qui assure l'emploi « le plus durablement », le mieux-disant en matière d'emplois ne sera pas forcément celui qui propose de reprendre le plus grand nombre d'emplois : la stabilité des emplois entre aussi en ligne de compte, voire la potentialité de création d'emplois par le repreneur[11].

La doctrine n'est cependant pas unanime sur ce point[12], un auteur allant même jusqu'à considérer cette présentation dans les critères de choix des offres comme archaïque[13].

1. Pétel, « La moralisation des plans de redressement », *in Les réformes du droit de l'entreprise,* Montchrestien, 1994, p. 89, n° 7 – *Adde*, SAINT-ALARY-HOUIN, 9e éd., n° 1253.
2. L. n° 94-475, 10 juin 1994, préc.
3. *Rapp. Xavier de Roux*, n° 2095, p. 380.
4. *Rapp. J.-J. Hyest*, n° 335, p. 397.
5. COMP. : LE CANNU 7e éd., n° 1013.
6. IFPPC 1999, recomm. n° 3150-4, p. 84.
7. L. n° 85-98, 25 janv. 1985, préc.
8. L. n° 2005-845, 26 juill. 2005, préc.
9. Orléans, 1re ch. civ., 19 févr. 1988, *Rev. proc. coll.* 1998, 397, n° 21, obs. Soinne.
10. Bordeaux, 2e ch., 12 juin 2007, *JurisData* 340494 – COMP. : SAINT-ALARY-HOUIN, 6e éd., n° 1141.
11. Poitiers, 2e ch. civ., 25 mars 2009, RG n° 09/00530, *Rev. proc. coll.* 2010/6, comm. 236, note Fraimout.
12. EN CE SENS : LE CANNU, 7e éd., n° 1021 – *CONTRA* : GUYON, n° 1280 – CHAPUT, n° 434 – VOINOT, 2011, n° 733.
13. Rizzi, *La protection des créanciers à travers l'évolution des procédures collectives*, Bibl. dr. privé, t. 459, Lgdj, 2007, p. 384, n° 390.

L'offre ne peut être en réalité, être retenue par le tribunal que si elle présente un caractère de sérieux. C'est pourquoi l'article L. 621-86 du code de commerce, dans sa rédaction issue de la législation antérieure à la loi de sauvegarde des entreprises, oblige l'administrateur judiciaire à donner au tribunal tout élément permettant de vérifier ce caractère sérieux.

La même solution est reprise par l'article L. 642-4, alinéa 1 du code de commerce dans sa rédaction issue de la loi de sauvegarde des entreprises, cependant que ces précisions peuvent ici aussi être à la charge du liquidateur, si le plan de cession est arrêté en liquidation judiciaire, en l'absence d'administrateur judiciaire. En outre, l'article L. 642-4, alinéa 2 obige également l'administrateur ou le liquidateur à donner au tribunal les éléments permettant d'apprécier les conditions d'apurement du passif. Pour cela, les éléments d'appréciation communiqués au tribunal, notamment au regard du prix offert, porteront, énonce l'article L. 642-4 alinéa 2, sur les actifs résiduels à recouvrer ou à réaliser, les dettes de la période de poursuite d'activité et, le cas échéant, les autres dettes restant à la charge du débiteur. Il a été dit que « cette nouvelle obligation d'information correspond au fait que, désormais effectuée dans le cadre des dispositions relatives à la procédure de liquidation judiciaire, la cession de l'entreprise devrait prendre davantage en compte le désintéressement des créanciers »[1].

L'obligation qui pèse ainsi sur l'administrateur judiciaire ou sur le liquidateur peut être source de responsabilité pour lui lorsque la vérification de la solvabilité du repreneur s'est révélée insuffisante et qu'il en est résulté des déboires pour les créanciers[2].

Même si le désintéressement des créanciers est la « dernière des priorités », le paiement des créanciers doit exister. Les effets anticoncurrentiels d'une reprise d'actifs à vil prix ont été dénoncés[3]. Cependant, le gouvernement a refusé, lors du projet de loi de sauvegarde des entreprises, de tenter une harmonisation entre le droit de la concurrence et le droit des entreprises en difficultés, au motif essentiel que le droit de la concurrence ne peut être écarté par le droit des procédures collectives, l'arrêté d'un plan de cession pouvant être remis en cause si les autorités administratives de la concurrence y font obstacle[4]. Il n'en demeure pas moins que l'autorité de la concurrence peut prendre en compte les difficultés de l'entreprise pour moduler le montant de l'amende prononcée[5]. Le représentant des créanciers rapportera d'a sur chacune des offres présentées, sous le seul de l'intérêt des créanciers[6]. Si la reprise de l'ent e en difficulté a des impacts en matière de con ation, le ministre de l'économie doit autoris pération sans l'assortir de prescriptions lorsqu' paraît que les effets de cette opération sur la con nce ne seraient pas plus défavorables que ceux q sulteraient de la disparition de l'entreprise en diff é. Pour cela, trois conditions doivent être réuni 'abord, il est établi que les difficultés de l'entr se entraîneront sa disparition rapide, en l'abse de reprise. Ensuite, il n'existe pas d'autre offre eprise moins dommageable pour la concurrence fin, la disparition de l'entreprise en difficulté ne se pas moins dommageable pour les consommate que la reprise projetée[7]. Cette autorisation conse e une condition suspensive, le tribunal arrêtant plan sous condition de l'autorisation[8].

E ratique, le paiement ne sera jamais total et rap inent la Cour de cassation a décidé que le dési ressement complet des créanciers n'était pas une ndition d'arrêté du plan de cession[9]. La solution eut d'ailleurs, sous l'empire de la législation ant eure à la loi de sauvegarde des entreprises, se rec mander d'un argument de texte. Il est en effet pos le de ne pas vérifier le passif chirographaire en cas 'arrêté d'un plan de cession totale, ce qui présuppose évidemment que les créanciers chirographaires n'aient rien à espérer sur le prix de cession[10]. Pour autant, la spoliation complète des créanciers est impossible[11]. La jurisprudence exige un prix sérieux[12], alors qu'au lendemain de la loi du 25 janvier 1985, on a assisté à des plans de cession prévoyant des « prix » de cession d'un franc[13], ou plus généralement ridiculement bas[14]. Le sérieux de l'offre intégrera ainsi une appréciation objective, dont l'une des données sera le montant du prix de cession. L'appréciation sera aussi portée par le mandataire judiciaire au regard de l'application des

1. *Rapp. J.-J. Hyest*, nº 335, p. 401.
2. TGI Nevers, 15 sept. 1994, *Rev. proc. coll.* 1996, 405, nº 22, obs. Soinne.
3. Le Corre-Broly, « Droit de la concurrence et procédures collectives », *JCP E et A* 2000, *Cah. dr. entr.* nº 3, p. 40 s.
4. Rép. min., nº 48702, *JOAN Q* 15 févr. 2005, p. 1734; *D.* 2005. 636.
5. J. Lucas, « De la prise en compte par l'autorité de la concurrence des difficultés de l'entreprise », *Rev. proc. coll.* 2012, étude 11, p. 28.
6. IFPPC 1999, recomm. nº 3180-4, p. 92.
7. CE, cont., 6 févr. 2004, nº 249267, *Lebon*; *D.* 2004. AJ 695.
8. Rép. min., nº 48702, *JOAN Q* 15 févr. 2005, p. 1734; *D.* 2005. 636.
9. Com. 26 juin 1990, nº 89-12.496, *Bull. civ.* IV, nº 191; *LPA* 19 juin 1991, nº 73, p. 27, note D. Martin; *Rev. proc. coll.* 1991, 320, obs. Soinne; *JCP E* 1991. 355, obs. M. Cabrillac et Pétel.
10. SAINT-ALARY-HOUIN, 9e éd., nº 1257.
11. CHAPUT, nº 434.
12. AINSI : Versailles, 23 juill. 1986, *Gaz. Pal.* 1986. II. 781 – Metz, 3 août 1988, *D.* 1991. Somm. 17 – Orléans, 5 janv. 1993, *Rev. proc. coll.* 1993, 505, obs. Soinne.
13. AINSI : T. com. Paris, 22 janv. 1991, *D.* 1992. Somm. 355, obs. Vasseur.
14. Aix-en-Provence, 2 oct. 1986, *BRDA* 15 mars 1987, p. 13 – Paris, 6 févr. 1987, *Gaz. Pal.* 1987. I. 197.

règles contenues à l'article L. 642 du code de commerce, c'est-à-dire les règles de quote-part du prix de cession et celles du transfert de la charge des sûretés[1]. Le plus souvent, le caractère insuffisant du prix de cession conduira à considérer l'offre comme n'étant pas sérieuse[2]. On rejoint ainsi le droit commun de la vente[3], lequel exige un prix sérieux, même si le plan de cession, par son caractère aléatoire et non commutatif, ne peut être analysé en une vente. La solution a été posée à propos de la question voisine de la cession d'unité de production[4].

Ce sérieux du prix justifie que le paiement par compensation avec une créance détenue par le repreneur sur le débiteur ne puisse être admis, puisqu'en ce cas il n'y a pas versement d'un prix de cession.

La volonté de sauver les emplois attachés à une entreprise ne doit pas conduire à déstabiliser un pan complet de l'économie, par des cessions d'actifs à vil prix, extrêmement nuisibles en termes de concurrence pour les entreprises *in bonis* du même secteur d'activité[5]. À défaut, il y aurait organisation judiciaire d'une concurrence déloyale. La notion de biens à valeur négative ne peut ici être retenue, même s'il est exact que, dans certains cas, la reprise de certains engagements, notamment de nature sociale, par les repreneurs peut aboutir à une valeur négative[6]. Mais l'intérêt des créanciers ne doit pas complètement disparaître et c'est pourquoi il n'apparaît pas concevable de céder l'entreprise pour un prix nul.

Les créanciers n'auront cependant rien à dire sur le sérieux du prix de cession puisqu'ils n'ont pas été consultés, à moins qu'ils ne soient contrôleurs.

Le « sérieux » de l'offre, qui s'apprécie d'abord objectivement, doit également intégrer une appréciation prospective. Elle résultera de la probabilité d'exécution des engagements qui sont souscrits, qu'il s'agisse de la poursuite d'activité, du maintien des emplois ou encore du paiement du prix de cession. Le sérieux de l'offre s'apprécie ainsi au regard de la capacité du cessionnaire à reprendre l'entreprise. Il est porté une appréciation sur la solvabilité financière du repreneur. Constituera, dans ce contexte, un élément d'appréciation, les difficultés du candidat repreneur à obtenir une garantie bancaire[7]. L'offre sera rejetée si elle émane d'une personne présentant de mauvais bilans[8] et, *a fortiori*, d'une entreprise en état de cessation des paiements[9]. La préférence pourra être donnée à un candidat repreneur expérimenté dans le secteur d'activité de l'entreprise débitrice, par rapport à un candidat investissant pour la première fois dans le secteur d'activité considéré[10]. Le regard sera aussi porté sur la faisabilité du plan sur le terrain social. C'est ainsi que pourra être préférée une offre prévoyant le versement d'un prix de cession inférieur, mais dont les garanties de versement sont plus grandes que celles d'une offre supérieure[11].

571.52 Fraude dans le choix de l'offre. Il peut arriver que l'offre retenue ne soit pas la plus intéressante au regard des critères légaux. La solution résultera d'une fraude tenant à la présence, au sein de la juridiction, d'un magistrat intéressé à ce qu'une offre présentée soit retenue de préférence à une autre. Peut ainsi être évoquée une affaire[12] dans laquelle un président de chambre avait assuré la présidence d'une audience d'arrêté de plan de cession, alors que, quelques jours plus tôt, il avait signé un contrat de collaboration avec la société repreneur. Le jugement arrêtant le plan de cession devenu définitif pourra être déclaré inopposable aux victimes de la fraude, en application du principe « *fraus omnia corrumpit* ». Il pourra s'agir des dirigeants de la société débitrice, objet du plan de cession, auquel le repreneur devra restituer les actifs repris, ainsi que les redevances d'une location-gérance signée avec un tiers. En revanche, le repreneur, auteur de la fraude, ne peut tirer les conséquences de l'inopposabilité des actes frauduleux. En conséquence, il restera engagé au titre du transfert de la charge de la sûreté envers le prêteur qui avait financé les biens objets de la reprise.

L'administrateur, qui a l'obligation de donner au tribunal les éléments permettant d'apprécier le sérieux de l'offre ainsi que la qualité de son auteur, peut être déclaré complice d'escroquerie au jugement ayant arrêté le plan de cession à partir d'éléments faux[13].

Le recours en révision est également envisageable en une telle hypothèse, puisqu'il n'est pas explicitement fermé, sur le jugement arrêtant le plan de cession[14].

1. IFPPC 1999, recomm. n° 3151-3, p. 88.
2. Versailles, 23 juill. 1986, *Gaz. Pal.* 1986. II. 87.
3. SOINNE, n° 1671.
4. Com. 12 oct. 1993, n° 91-18.505, *Bull. civ.* IV, n° 331; *LPA* 10 nov. 1993, n° 135, p. 10, note Soinne; *LPA* 10 juill. 1994, n° 86, p. 27, note Courtier; *Rev. proc. coll.* 1993, 496, n° 25, p. 1994, p. 211, n° 30, obs. Soinne; *JCP E* 1994. 348, n° 6, obs. Pétel.
5. SOINNE, n° 1671.
6. SUR CETTE QUESTION : Chilstein, « Les biens à valeur négative », *RTD civ.* 2006. 663 s.
7. T. com. Valenciennes, 25 févr. 1994, *Rev. proc. coll.* 1995, 155, n° 36, obs. Soinne.
8. Versailles, 13e ch., 26 oct. 1995, *Rev. proc. coll.* 1996, 468, n° 46, obs. Soinne.
9. Chambéry, ch. civ., 13 mars 1995, *Rev. proc. coll.* 1996, 468, n° 46, obs. Soinne.
10. Poitiers, 2e ch. civ., 25 mars 2009, RG n° 09/00530, *Rev. proc. coll.* 2010/6, comm. 236, note Fraimout.
11. Paris, 3e ch. A, 18 déc. 2007, n° 07/00166, *RJDA* 2008/5, p. 548, n° 554.
12. Paris, 3e ch. A, 11 janv. 2005, RG n° 2000/12372.
13. Crim. 11 janv. 2006, n° 05-82.530, NP, *Gaz. proc. coll.* 2006/2, p. 55, n° 3, obs. Robaczewski.
14. J.-CL. COM., Fraimout, fasc. 2730, [Plan de cession – Conception et adoption], 2007, n° 61.

CHAPITRE

572. Arrêté du plan de cession

SECTION 0 ORIENTEUR

572.00 Plan du chapitre.

Sect.	572.10	Intervention de la décision statuant sur le plan de cession
Sect.	572.20	Voies de recours sur les décisions statuant sur le plan de cession
Sect.	572.30	Plan de cession totale ou plan de cession partielle
Sect.	572.40	Location-gérance préalable au plan de cession
Sect.	572.50	Périmètre objectif de la cession
Sect.	572.60	Efficacité de la décision statuant sur le plan de cession – Personnes tenues d'exécuter le plan

572.01 Textes applicables. (V. les références complètes s[s] n° 011).

> Législation antérieure à la loi de sauvegarde des entreprises.

C. com., art. L. 621-62 à L. 621-67, L. 621-83 et L. 621-84, L. 621-87, L. 621-97 à L. 621-101, L. 623-6 et L. 623-7, L. 623-9

D. n° 85-1388, 27 déc. 1985, art. 87, 93, 160

> Législation issue de la loi de sauvegarde des entreprises.

C. com., art. L. 642-5, L. 642-13 à L. 642-17, L. 642-21, L. 661-6, L. 661-7

C. com., art. R. 642-2 à R. 642-4 (anc[t] D. 28 déc. 2005, art. 253 à 255), R. 642-21 (anc[t] D. 28 déc. 2005, art. 267), R. 661-3 (anc[t] D. 28 déc. 2005, art. 330), R. 661-6 (anc[t] D. 28 déc. 2005, art. 333), R. 662-13 (anc[t] D. 28 déc. 2005, art. 349)

> Législation issue de l'ordonnance du 18 décembre 2008.

C. com., art. L. 642-5, L. 642-13 à L. 642-17, L. 661-6, L. 661-7

C. com., art. R. 631-23, R. 642-2 à R. 642-4, R. 642-21, R. 661-3, R. 661-6, R. 662-13

572.02 Jurisprudence de référence.

> Le candid repreneur évincé ne peut exercer de voie de recours s la décision arrêtant le plan de cession au profit d'un tre.

• **Com. 22 mrs 1988,** n° 87-15.902, *Bull. civ.* IV, n° 113

* V. *s*[s] n° 572.22

« Vu les ar es 4, 30, 31 et 609 du Nouveau code de procédure civile ensemble les articles 21 et 61 de la loi du 25 janvier 15 [devenus C. com., art. L. 621-57 et L. 621-62] ainsi que le rticles 32 et 86 du 1er décret du 27 décembre 1985; [...]

Mais att du qu'avant de se prononcer sur le plan de redressemet de l'entreprise, le tribunal n'est pas tenu de procéder à l' dition des candidats repreneurs et que ceux-ci, quant bie même seraient-ils entendus pour une bonne administratio de la justice, n'ont pas de prétentions à soutenir au sens es articles 4 et 31 du Nouveau code de procédure civile que dès lors, la société R... G..., qui n'était pas partie à l'instance et à l'encontre de laquelle aucune condamnation n'a été prononcée, est irrecevable à se pourvoir. »

> La substitution envisagée dans l'offre n'a pas d'effet novatoire et le repreneur substitué reste garant de l'exécution du plan.

• **Com. 8 déc. 1998,** n° 95-16.503, *Bull. civ.* IV, n° 296

* V. *s*[s] n° 572.62

« Mais attendu qu'en application de l'article 62 de la loi du 25 janvier 1985 [devenu C. com., art. L. 621-63], le plan désigne les personnes tenues de l'exécuter et mentionne l'ensemble des engagements qui ont été souscrits par elles et qui sont nécessaires au redressement de l'entreprise; que, dès lors, si l'offre de cession est assortie d'une faculté de substitution, celle-ci, qui ne peut être exercée qu'en cas d'accord du tribunal, ne décharge pas son auteur de ses obligations; attendu que, saisi du litige portant sur l'obligation de M. P..., repreneur substitué, de garantir l'exécution du plan après la reprise par la SA substituante, la cour d'appel a énoncé, à bon droit, que l'auteur de l'offre demeurait personnellement engagé. »

> **L'obligation de garantie du rep substitué ne s'étend pas aux sommes dues au titransfert de la charge de la sûreté.**

• **Com. 16 sept. 2014,** n°s 13-17.189, 901, *Bull. civ.* IV, n° 121 ; n° 729 FS-P+B

* V. s^s n° 572.62

> **Le repreneur qui n'exécute pas lrmes de l'offre de cession engage sa responsabilitési contractuelle à l'égard du débiteur.**

• **Com. 26 oct. 1999,** n° 96-19.156, *Juv.* IV, n° 193

* V. s^s n° 572.64

Ne donne pas de base légale à sa clon, au regard des articles 1371 du code civil et 62 la 1er de la loi du 25 janvier 1985 [devenu C. com., a. 621-63], la cour d'appel qui, en présence de l'inexécu de l'engagement pris par le cessionnaire qui n'a pas siges actes de cession nécessaires à la reprise, rejette la créardu liquidateur correspondant au préjudice de la sociétélante résultant de l'absence de signature par le cessionndes actes de cession, sans retenir une cause d'exonérat de la responsabilité du cessionnaire.

> **Le comité d'entreprise a qualité pr interjeter un appel nullité à l'encontre de la décisioarrêtant le plan de cession.**

• **Com. 17 févr. 2015,** n° 14-10.279, *Bull. c.* IV [à paraître] ; n° 210 FS-P+B

* V. s^s n° 572.22

572.03 Bibliographie indicative. (V. lréférences complètes s^s n° 031 – Aussi s^s n° 570.03).

> **Actualisables.** J.-CL. COM., Hoin-BressanC. et Saint-Alary Houin C, fasc. 2345, [Location-gérance], 216.

> **Articles.** Bolard G., « L'élaboration du pla et l'exercice des voies de recours », *Rev. proc. coll.* 2003, p.177 – Guerin M., « La cession de bail et la location-gérancedans la nouvelle procédure de redressement judiciaire », *JCIE* 1985. 14547 – Teboul G., « Les effets de l'infirmation d'un lan de cession », *Rev. proc. coll.* 2016, études 3.

572.04 Questions essentielles.

• Quelle voie de recours peut exercer un créancier dont les droits ont été méconnus par le jugement arrêtant le plan de cession ?

* V. s^s n° 572.24.

• La maison d'habitation du débiteur peut-elle être intégrée dans un plan de cession ?

* V. s^s n° 572.51.

• Quel est le sort des biens non compris dans le plan de cession ?

* V. s^s n° 572.52.

• Le candidat repreneur peut-il se substituer une personne dans l'exécution de l'offre ?

* V. s^s n° 572.62.

• Le tribunal peut-il imposer au repreneur de conserver plus de salariés que ce qui est prévu dans l'offre de reprise ?

* V. s^s n° 572.63.

SECTION 572.10

INTERVENTION DE LA DÉCISION STATUANT SUR LE PLAN DE CESSION

572.11 Débats et intervention de la décision arrêtant le plan de cession. Sous l'empire de la loi du 25 janvier 1985 [1], l'article 86, alinéa 1 du décret du 27 décembre 1985 [2] prévoit que les débats sur l'arrêté du plan de cession doivent avoir lieu en chambre du conseil.

La solution s'impose identiquement, sous l'empire de la loi de sauvegarde des entreprises [3] du fait du principe posé par l'article L. 662-3, alinéa 1 du code de commerce, selon lequel « les débats devant le tribunal de commerce et le tribunal de grande instance ont lieu en chambre du conseil. Néanmoins, la publicité des débats est de droit après l'ouverture de la procédure si le débiteur, le mandataire judiciaire, l'administrateur, le liquidateur, le représentant des salariés ou le ministère public en font la demande ».

Sous l'empire de la législation antérieure à la loi de sauvegarde des entreprises, le procureur de la République devait être avisé de la date de l'audience.

L'article L. 642-5, alinéa 2, issu de la rédaction que lui donne la loi de sauvegarde des entreprises, prévoit que « les débats doivent avoir lieu en présence du ministère public lorsque la procédure est ouverte au bénéfice de personnes physiques ou morales dont le nombre de salariés ou le chiffre d'affaires hors taxes est supérieur à un seuil fixé par décret en Conseil d'État ». L'article R. 642-2 du code de commerce (anc^t D. 28 déc. 2005, art. 253) précise ces seuils. Ils sont identiques à ceux retenus pour la nomination obligatoire d'un administrateur judiciaire dans la procédure de sauvegarde (v. s^s n° 371.11). En conséquence, si l'entreprise a moins de 20 salariés et réalise moins de 3 000 000 d'euros hors taxes de chiffres d'affaire par an, la présence du ministère public n'est pas obligatoire. La disposition a pour objet d'associer plus étroitement aux procédures collectives le ministère public. Il ne sera pas ici suffisant que son avis soit recueilli (sur cette question, v. s^s n° 340.21).

La législation de sauvegarde des entreprises précise que les personnes appelées à l'audience au cours de laquelle il est débattu de l'arrêté du plan de cession sont convoquées selon les modalités de l'article R. 626-17 du code de commerce (C. com., art. R. 642-3). Il s'agit, selon l'article L. 642-5, alinéa 1 du code de commerce, du débiteur et des représentants du comité d'entreprise ou à défaut des délégués du personnel, qui doivent être convoqués par le

1. L. n° 85-98, 25 janv. 1985, *JO* 26 janv., p. 1097.
2. D. n° 85-1388, 27 déc. 1985, *JO* 29 déc., p. 15281.
3. L. n° 2005-845, 26 juill. 2005, *JO* 27 juill., p. 12187.

greffier par lettre recommandée avec demande d'avis de réception. Il s'agit encore du ministère public, du liquidateur, de l'administrateur lorsqu'il en a été désigné un et des contrôleurs, qui doivent simplement être avisés par le greffier de la date d'audience.

Le jugement arrêtant le plan de cession est rendu en audience publique (C. com., art. R. 662-13).

572.12 Signification de la décision arrêtant le plan de cession. Sous l'empire de la loi du 25 janvier 1985[1], le jugement arrêtant le plan de cession est signifié par le greffier, dans les huit jours de son prononcé, aux personnes autres que le procureur ayant la qualité pour interjeter appel, à l'exception des cocontractants cédés, ainsi qu'aux personnes qui sont tenues de l'exécuter, et ce dans les huit jours de sa date (D. 27 déc. 1985[2], art. 97).

Sous l'empire de la loi de sauvegarde, le décret du 28 décembre 2005[3] précise davantage. L'article R. 642-4, alinéa 2 du code de commerce reprend la formule selon laquelle le jugement arrêtant le plan de cession est signifié – ce qui suppose un acte extra-judiciaire – à la diligence du greffier dans les huit jours de son prononcé, aux personnes qui ont qualité pour en interjeter appel, à l'exception du ministère public. Il précise en outre que le jugement n'a pas à être signifié au procureur de la République, aux cocontractants et au bailleur des locaux professionnels. L'article R. 661-3, alinéa 2 du code de commerce et, depuis l'ordonnance du 18 décembre 2008[4], l'article L. 661-3, alinéa 3, précisent que, pour ces personnes, qui sont des parties et qui peuvent donc faire appel du jugement arrêtant le plan de cession, le greffier notifie, par lettre recommandée avec demande d'avis de réception (C. com., art. R. 662-1, 2°), dans les quarante-huit heures de son prononcé, le jugement. Observons que pour ces personnes, la solution est infiniment plus protectrice que celle de la législation antérieure, qui ne prévoyait pas la notification en la forme recommandée. La solution est d'autant plus importante que le délai d'appel court désormais de cette notification.

572.13 Publicité et communication de la décision arrêtant le plan de cession. Le jugement arrêtant le plan de cession fait l'objet des publicités visées à l'article 63 du décret du 28 décembre 2005[5], c'est-à-dire les publicités d'un jugement d'ouverture de la procédure (v. ss nos 233.33 et 233.34) En conséquence, il fait notamment l'objet d'un avis d'insertion au *Bodacc*, comme le jugement modificat plan (C. com., art. R. 642-5, al. 3), ce qui reve incidence particulière sur le point de départ oies de recours. Si le débiteur est commerçan jugement arrêtant le plan de cession est mention l'office au registre du commerce et des sociétés 30 mai 1984[6], art. 36-3, 15°, réd. D. 28 déc. 2 art. 353, 15°).

Le jugement arrêtant le plan de cession est communiqué aux mandataires de justice désignés par la juridiction, au procureur de la République et au trésorier-payeur gén du département dans lequel le débiteur a son siège ainsi qu'a celui du département dans lequel il a principal établissement (C. com., art. R. 642-4, al 1

572.14 Dissolution des sociétés. Selon l'article 1844-7, 7° code civil, le jugement qui arrête un plan de cession totale emporte, sous l'empire de la législation antérieure à la loi de sauvegarde des entreprises[7], dissolution de la société, dans les mêmes conditions qu'un jugement prononçant la liquidation judiciaire (v. ss 553.11 à 553.33). Parce que le commissaire à l'exécution du plan ne représente pas le débiteur (v. ss 521.31), un mandataire *ad hoc* ou un liquidateur amiable doit être nommé pour exiger d'un associé qu'il libère ses apports[8].

La loi de sauvegarde des entreprises a modifié l'article 1844-7, 7° du code civil, pour tenir compte de la possibilité d'arrêté d'un plan de cession en liquidation judiciaire. Le plan de cession totale n'entraîne plus, par lui-même, dissolution de la société. Celle-ci sera la conséquence de la seule liquidation judiciaire. La solution résulte d'un amendement de coordination présenté par la commission des lois du Sénat. Lorsqu'un plan de cession sera arrêté, s'il s'accompagne d'un plan de redressement, il n'y aura pas plus que par le passé, dissolution de la société. Il se peut aussi, même si l'hypothèse semble être d'école, mais elle a été avancée par la commission des lois du Sénat[9], que la société débitrice ne soit plus en état de cessation des paiements et elle puisse alors reprendre une nouvelle activité ou décider sa liquidation amiable. En cas d'arrêté d'un plan de cession totale, la solution la plus courante sera toutefois celle du placement subséquent du débiteur

1. L. n° 85-98, 25 janv. 1985, préc.
2. D. n° 85-1388, 27 déc. 1985, préc.
3. D. n° 2005-1677, 28 déc. 2005, *JO* 29 déc., p. 20324.
4. Ord. n° 2008-1345, 18 déc. 2008, *JO* 19 déc., p. 19462.
5. D. n° 2005-1677, 28 déc. 2005, préc.
6. D. n° 84-406, 30 mai 1984, *JO* 31 mai, p. 1699.
7. L. n° 2005-845, 26 juill. 2005, préc.
8. Com. 12 oct. 2004, n° 02-16.762, *Bull. civ.* IV, n° 184; n° 1480 FS-P; *RTD com.* 2005. 96-97, obs. Champaud et Danet; *RTD com.* 2005. 125-126, obs. Monsérié-Bon; *D.* 2004. AJ 2790; *D.* 2005. pan. 295, obs. Le Corre; *JCP E* 2005, Chron. 31, p. 27, n° 4, obs. M. Cabrillac et Pétel; *RTD com.* 2005. 592, n° 2, obs. Saint-Alary-Houin; *Bull. Joly* 2005/1, § 2, p. 27, note Cérati-Gauthier; *Defrénois* 2005/11, p. 987, Chron. 38177, n° 2, note Gibirila; *RJ com.* 2005. 278 note Sortais; *Rev. proc. coll.* 2006/1, p. 46, n° 1, obs. Lebel.
9. *Rapp. J.-J. Hyest*, n° 335, p. 577.

en liquidation judiciaire. La réalisation des biens non compris dans la cession interviendra alors en liquidation judiciaire, laquelle entraîne dissolution de la société.

L'ordonnance du 12 mars 2014[1] a modifié une nouvelle fois la solution, la dissolution des sociétés ne résultant plus désormais de la liquidation judiciaire, mais de la clôture pour insuffisance d'actif de la liquidation judiciaire (C. civ., art. 1844-7, 7°, réd. ord. 12 mars 2014, art. 100).

572.15 Clôture du compte-courant. Le plan de cession totale a pour effet d'entraîner clôture du compte-courant de la société débitrice. Il en est tiré la conséquence que la contre-passation de la part d'une société d'affacturage n'est plus possible après l'arrêté du plan de cession[2]. Cette solution, posée sous l'empire de la législation antérieure à la loi de sauvegarde des entreprises[3], n'est pas reconductible, la clôture du compte intervenant en revanche en liquidation judiciaire (v. s^s^ n° 434.11).

SECTION 572.20
VOIES DE RECOURS SUR LES DÉCISIONS STATUANT SUR LE PLAN DE CESSION

572.21 Personnes ayant qualité pour interjeter appel réformation du jugement statuant sur le plan de cession (sur les délais de l'appel, v. s^s^ n° 322.22). L'article L. 623-6, alinéa 2 du code de commerce, dans sa rédaction antérieure à la loi de sauvegarde des entreprises[4] et l'article L. 661-6, II, dans la rédaction issue de la loi de sauvegarde des entreprises (devenu C. com., art. L. 661-6, III, réd. ord. 18 déc. 2008[5]), déterminent les personnes ayant qualité pour exercer un appel réformation.

> Ministère public. Peut interjeter appel, le ministère public, même s'il n'a pas agi comme partie principale, que le jugement arrête ou rejette le plan. Son appel pourra être justifié par le fait qu'une offre meilleure que celle retenue a été présentée[6] (v. spécialement s^s^ n° 322.11).

> Cessionnaire. Peut interjeter appel, le cessionnaire, dans une limite précise : le jugement doit lui avoir imposé des charges non souscrites, pendant la période d'observation sous l'empire de la loi du 25 janvier 1985[7], en phase de préparation du plan sous l'empire de la loi de sauvegarde, cette préparation pouvant en effet intervenir soit pendant la période d'observation, soit pendant la liquidation judiciaire (v. aussi s^s^ n° 572.63). Depuis la loi de sauvegarde des entreprises, constitue une charge non souscrite par le repreneur justifiant la recevabilité de son appel, le fait pour le tribunal de lui imposer la cession judiciaire d'un contrat non mentionné dans son offre de reprise[8].

Il n'y a pas en revanche ouverture de l'appel au profit du repreneur, qui se plaint de la dépréciation de certains actifs repris, faute de s'être fait imposer des charges non souscrites[9].

À cet égard, le tiers qui souscrit des engagements pour l'exécution du plan devient partie à l'instance. L'appel lui est donc ouvert, au même titre que le cessionnaire[10]. Le jugement interprétatif du plan obéira pour le cessionnaire aux mêmes conditions de recevabilité que l'appel à l'encontre du jugement arrêtant le plan[11].

Le délai d'appel du cessionnaire partait, sous l'empire de la législation antérieure à la loi de sauvegarde des entreprises, de la décision elle-même, et non de sa signification (v. s^s^ n° 322.22). La solution a été modifiée par la loi de sauvegarde des entreprises (v. s^s^ n° 322.22).

> Cocontractant cédé. Le cocontractant dont le contrat est judiciairement cédé est recevable à former un appel, mais son appel est limité à la partie du jugement emportant cession de son contrat. Il n'a donc pas qualité pour faire appel de l'intégralité du jugement arrêtant le plan[12]. La solution demeure même s'il prétend que, en l'absence de possibilité de cession du contrat de bail, cela rend impossible la

1. Ord. n° 2014-326, 12 mars 2014, *JO* 14 mars, p. 5249.
2. Com. 12 oct. 2004, n° 03-13.223, NP.
3. L. n° 2005-845, 26 juill. 2005, préc.
4. L. n° 2005-845, 26 juill. 2005, préc.
5. Ord. n° 2008-1345, 18 déc. 2008, préc.
6. AINSI : Nancy, 18 déc. 2003, *RTD com.* 2004. 162, n° 10, obs. Vallens.
7. L. n° 85-98, 25 janv. 1985, préc. – AINSI : Com. 13 nov. 2001, n° 98-20.207, *Bull. civ.* IV, n° 179; *Act. proc. coll.* 2002/1, n° 15; *Rev. proc. coll.* 2003, p. 109, n° 13, obs. Gorrias – Aix-en-Provence, 9 déc. 1988, *D.* 1990. Somm. 3, obs. Derrida – Montpellier, 19 juin 1990, *D.* 1992. Somm. 93, obs. Derrida – Besançon, 2e ch. com., 5 mars 2002, *Act. proc. coll.* 2002/10, n° 134; *Act. proc. coll.* 2002/12, n° 154.
8. Com. 15 déc. 2009, n° 08-21.235, *Bull. civ.* IV, n° 169; n° 1191 F-P+B; *D.* 2010. AJ 11, note Lienhard; *D.* 2010. 1112, note Bélaval; *Procédures* 2010, comm. 42, note Rolland; *Rev. proc. coll.* 2010/3, comm. 96, note Cagnoli; *LXB hebdo* 21 janv. 2010, n° 379, note Le Corre-Broly.
9. Rennes, 2e ch. com., 27 oct. 2009, RG n° 08/01239, *Rev. proc. coll.* 2010/4, comm. 173, note Fraimout.
10. AINSI : Paris, 3e ch. B, 29 nov. 1995, *Rev. proc. coll.* 1996, 469, n° 47, obs. Soinne.
11. Com. 12 févr. 1991, n° 89-18.647, *Bull. civ.* IV, n° 68.
12. Limoges, 13 août 1986, *D.* 1987. 44, note Derrida; *JCP* 1986. II. 20693, note M. Cabrillac; *Gaz. Pal.* 1986. II. 722, note Martin – Limoges, ch. civ., 1re sect., 21 oct. 1998, *BICC* 1999, n° 632 – Paris, 3e ch. C, 16 mai 2003, RG n° 2002/18956 – Paris, 3e ch. A, 23 sept. 2003, RG n° 2003/05619 – Paris, pôle 5, 9e ch., 12 mai 2011, RG n° 11/06002, *Rev. proc. coll.* 2011, comm. 188, note Fraimout.

cession du fonds de commerce[1]. Il doit toutefois articuler des moyens sérieux au soutien de son appel, sauf à être condamné à une amende civile, alors surtout qu'il n'a pas comparu ni même adressé au tribunal d'observations à l'occasion de la décision arrêtant le plan à laquelle il a été convoqué[2].

Le cocontractant cédé, partie au jugement arrêtant le plan de cession au titre de la cession de son contrat, n'a pas qualité pour former une tierce opposition à l'encontre du jugement arrêtant le plan de cession[3]. Le fait qu'il soit titulaire d'un appel sur la partie du jugement emportant cession judiciaire de son contrat a évidemment pour effet de lui fermer la voie de recours de la tierce opposition, fût-ce en nullité[4]. Au surplus, si le cocontractant forme un appel, il ne peut ultérieurement former une tierce opposition contre la même décision, car la tierce opposition formée contre un jugement n'est pas recevable lorsque l'affaire est, en son entier, pendante devant la cour d'appel[5].

Le jugement réparant une omission matérielle du plan de cession obéit aux mêmes voies de recours que le jugement rectifié. Le cocontractant cédé ne peut donc faire appel que de la partie du jugement rectifié statuant sur la cession de son contrat[6].

Ce cocontractant devra justifier, conformément au droit commun, d'un intérêt à agir, qui ne pourra être trouvé dans la discussion sur des difficultés d'exécution du contrat, question préexistante à la cession du contrat, qui n'est pas née de la procédure collective[7].

En outre, il n'a pas qualité pour faire appel si le tribunal ne cède pas son contrat[8], malgré la lettre du texte semblant lui ouvrir l'appel même en cas de rejet du plan. Il n'y a pas violation du droit à un procès équitable, faute pour le cocontractant d'être une partie à la décision arrêtant le plan de cession[9].

Mais, en l'absence d'appel du cocontractant cédé, la cour d'appel ne peut discuter de la validité ou de l'opposabilité de la partie du jugement emportant cession de son contrat[10].

À l'occasion de l'appel de la partie du jugement arrêtant le plan de cession qui emporte cession du contrat, la cour d'appel ne peut statuer sur des demandes relatives aux conséquences d'une violation des clauses du bail, alors même qu'elle serait territorialement compétente[11].

Le cocontractant d'un contrat judiciairement cédé en plan de cession pouvant faire appel-réformation, il est jugé qu'il se voit fermer l'appel-nullité[12]. Il faut toutefois réserver des hypothèses particulières, dans lesquelles la question ne porterait pas directement sur la cession du contrat, ce qui entraînerait alors l'irrecevabilité de l'appel-réformation. Il a été ainsi estimé que le cocontractant cédé ne pouvait interjeter appel-nullité, faute d'excès de pouvoir, lorsque le tribunal, saisi d'une requête en rectification d'erreur matérielle par le repreneur, acceptait de préciser que le plan de cession était arrêté au profit du repreneur ou de la personne morale qu'il se substituerait, dès lors que cette faculté de substitution était prévue dans l'offre de reprise et que le cocontractant cédé avait eu l'occasion de s'expliquer sur l'offre de cession présentée lors de l'audience d'arrêté du plan[13].

Le délai d'appel du cocontractant cédé partait, sous l'empire de la législation antérieure à la loi de sauvegarde des entreprises, de la décision elle-même, et non de sa signification (v. s[s] n° 322.22). La solution a été modifiée par la loi de sauvegarde des entreprises (v. s[s] n° 322.22).

> **Débiteur.** La loi de sauvegarde des entreprises a ouvert au débiteur la faculté de faire appel du jugement arrêtant ou rejetant le plan de cession (C. com., art. L. 661-6, II, devenu C. com., art. L. 661-6, III, réd. ord. 18 déc. 2008). Il s'est agi de mettre « fin à une situation paradoxale dans laquelle le débiteur dispose de la possibilité de faire appel d'un jugement arrêtant le plan de continuation, tandis qu'il ne peut contester une décision d'un jugement relatif au plan de cession aux conséquences plus graves eu égard aux atteintes portées au droit de propriété »[14].

Son appel court à compter de la décision elle-même[15], et non de sa notification (C. com., art. R. 661-3, al. 2).

Mais, au-delà de la qualité à agir que lui reconnaît le texte, s'il n'a pas présenté un projet de plan de redressement, cette présentation étant au demeurant impossible en cas de liquidation judiciaire immédiate, la question de son intérêt à agir se pose[16]

1. Paris, 3e ch. A, 28 juin 2005, RG n° 2005/3177.
2. Com. 3 nov. 2009, n° 07-14.283, NP; n° 979 F-D.
3. Com. 17 nov. 2009, n° 08-18.588, NP; n° 1057 F-D; *D.* 2009. AJ 2930, note Lienhard.
4. Com. 22 nov. 2011, n° 10-23.576, NP; n° 1170 F-D; *Gaz. Pal.* 28 avr. 2012, n° 118, p. 16, note Fricero.
5. Com. 22 nov. 2011, n° 10-23.576, NP; n° 1170 F-D; préc.
6. Paris, 3e ch. A, 23 mai 2006, RG n° 2005/19844.
7. Paris, 3e ch. A, 23 sept. 2003, RG n° 2003/05619.
8. Com. 22 nov. 1994, n° 93-19.484, *Bull. civ.* IV, n° 346; *D.* 1997. Somm. 7, obs. Derrida – Paris, 22 oct. 1991, *D.* 1992. 417, note Derrida – Versailles, 15 avr. 1996, *Rev. proc. coll.* 1998, 384, n° 51, obs. Soinne – Douai, 2e ch., 2e sect., 29 sept. 2007, *JCP E* 10 janv. 2008, 1048, p. 40.
9. Douai, 2e ch., 2e sect., 29 sept. 2007, *JCP E* 10 janv. 2008, 1048, p. 40.
10. Com. 7 déc. 1999, n° 97-17.244, NP, *RJDA* 2000/3, n° 317.
11. Com. 12 avr. 2005, n° 03-16.538, NP.
12. Com. 12 avr. 2005, n° 03-16.538, NP.
13. Com. 30 mars 2010, n° 09-12.490, *Bull. civ.* IV, n° 68, n° 400 F-P+B; *RTD com.* 2010. 429, n° 9, note Vallens.
14. *Rapp. J.-J. Hyest*, n° 335, p. 507.
15. Com. 20 janv. 2009, n° 07-21.587, NP; n° 52 F-D.
16. AUSSI : Cagnoli, « La qualité pour agir, questions procédurales », *Rev. proc. coll.* 2006/2, p. 209 s., sp. p. 211.

et, pour cette raison, son appel a ṛe déclaré irrecevable[1]. Il ne peut sérieusementenir avoir un intérêt à interjeter appel à l'enc du jugement ayant arrêté ce plan de cessiona toutefois pu être jugé que l'intérêt à agir dẹiteur pouvait résulter du risque d'augmentatioson passif[3], ou plus justement du risque d'augmtion de la fraction non éteinte de son passif.

En outre, en supposant l'appcevable, encore faut-il qu'il soit fondé. Tel n'est le cas lorsque le débiteur entend contester le rejeṭne offre de cession, alors que le prix proposé représentait que 16 % du passif déclaré et surtouṭait très inférieur à la seule valeur des droits au bạous commerces portant sur des locaux situés dans même zone de chalandise, et qu'il n'était questn de conserver que deux emplois à temps très partel.

L'ouverture de l'appel au débiteur s'étend pas aux associés de la personne morale ḍbitrice, qui n'auront pas plus qu'avant la loi de sauvegarde des entreprises[5], le droit d'interjeter appel de la décision statuant sur le plan de cession.

572.22 Personnes n'ayant pas qualité pr interjeter appel réformation du jugement staant sur le plan de cession.

> Administrateur judiciaire. L'administrate judiciaire n'a pas qualité, faute d'être visé par lexte, à interjeter appel d'un jugement arrêtant le ạn de cession. En cas de rejet du plan, il y aura soiṭiquidation judiciaire, soit plan de continuation u de redressement. Dans le second cas, il retrouve qạlité pour interjeter appel. Le tribunal devra cepenant avoir statué sur le plan de continuation, ce qune sera pas le cas si le projet de plan présenté est irrcevable. En cette hypothèse, l'appel ne devrait donc pas être recevable, le contraire ayant cependant été jugé[6].

> Institutions représentatives du personnel. Le comité d'entreprise ou les délégués du personnel ne peuvent relever appel du jugement arrêtant ou rejetant le plan de cession[7], pas plus que le représentant des salariés. La solution ne fait pas difficulté en ce qui concerne l'appel réformation[8], du fait des textes clairs sur la question.

La solution a parfois été étendue à l'appel nullité[9]. Mais la solution contraire avait également été posée en jurisprudence, l'appel nullité étant ainsi déclaré recevable[10]. La Cour de cassation a nettement affirmé la possibilité pour le comité d'entreprise – et la solution vaudrait pour les délégués du personnel – d'interjeter un appel nullité à l'encontre de la décision arrêtant le plan de cession[11]. La solution ne peut qu'être approuvée, car les institutions représentatives du personnel sont biens des parties au jugement statant sur le plan de cession, et elles peuvent donc émettre des prétentions juridiques sur de telles décisions. Conformément aux principes en la matière, l'appel nullité suppose de caractériser un excès de pouvoir. Tel n'est pas le cas, et l'appel nullité est irrecevable, lorsque le tribunal a retenu une offre de cession moins avantageuse qu'une autre, sur le terrain de la conservation des emplois[12]. En outre, l'appel ne peut être exercé à l'encontre d'une décision du tribunal qui déclare recevable une offre, sans statuer sur le fond[13]. Cependant, si le représentant des salariés a demandé la conversion du redressement judiciaire en liquidation judiciaire, il retrouve qualité pour interjeter appel, sur la partie du jugement ayant rejeté sa demande de liquidation judiciaire[14].

Une question prioritaire de constitutionnalité a été posée à propos de la fermeture de l'appel aux institutions représentatives du personnel. La question n'a pas été jugée sérieuse. Elle avait pour fondement le recours juridictionnel effectif. Celui-ci, estime la Cour de cassation, n'implique pas le double degré de juridiction, dès lors que la décision est prise par le tribunal qui statue après avoir convoqué et entendu le représentant du comité d'entreprise. La limitation du droit d'appel répond à des impéra-

1. Paris, pôle 5, 8e ch., 26 juill. 2013, RG no 13/10703, *Act. proc. coll.* 2013/15, comm. 221, note Fin-Langer – Lyon, 3e ch. A, 28 janv. 2016, RG no 17/09777, *JurisData* 001407.
2. Orléans, ch. com. éco et fin., 2 oct. 2008, RG no 08/02547, *Gaz. proc. coll.* 2009/1, p. 34, note Voinot.
3. Riom, ch. com., 29 juin 2007, RG no 07/01211, *Act. proc. coll.* 2008/9, no 152, note Cagnoli; *Rev. proc. coll.* 2009/1, p. 28, no 13, note Fraimout.
4. Grenoble, ch. com., 20 mars 2014, RG no 13/05574, *JurisData* 005932.
5. Paris, 3e ch. B, 6 juill. 2006, RG no 2006/08486.
6. Douai, 2e ch., 6 oct. 1994, *Rev. proc. coll.* 1995, 419, no 19, obs. Soinne.
7. Paris, 13 janv. 1987, *Gaz. Pal.* 1987. I. 199, note Marchi – Paris, 6 févr. 1987, *D.* 1987. IR 42 – Amiens, 9 févr. 1989, *D.* 1990. Somm. 3, obs. Derrida – Paris, 22 févr. 1989, *D.* 1989. IR 91.
8. Com. 17 févr. 2015, no 14-10.279, *Bull. civ.* IV [à paraître]; no 210 FS-P+B; *JCP E* 2015, chron. 1204, no 6, obs. Pétel; *BJE* 2015, 245, note de Lajarte-Moukoko; *Rev. sociétés* 2015. 411, note Henry; *Rev. proc. coll.* 2015, comm. 84, note Cagnoli.
9. Limoges, 13 août 1986, *D.* 1987. 44, note Derrida; *JCP* 1986. II. 20693, note M. Cabrillac; *Gaz. Pal.* 1986. II. 722, note Martin – Amiens, 7 nov. 2013, RG no 13/03853, *Leden* déc. 2013, comm. 191, note Dedessus-Le-Moustier.
10. Rennes, 7 juill. 1993, *D.* 1996. Somm. 7, obs. Derrida.
11. Com. 17 févr. 2015, no 14-10.279, préc.
12. Paris, pôle 5, 8e ch., 5 avr. 2011, RG no 11/02641, *Rev. proc. coll.* 2011, comm. 189, note Fraimout.
13. Paris, pôle 5, 8e ch., 5 avr. 2011, RG no 11/03928, *Rev. proc. coll.* 2011, comm. 189, note Fraimout.
14. Com. 1er oct. 1997, no 95-17.113, NP, *Rev. proc. coll.* 1998, 245, no 46, obs. Cadiou.

tifs d'efficacité et de célérité de la procédure collective et ne porte pas une atteinte disproportionnée au regard de l'objectif d'intérêt général poursuivi[1].

> **Candidat repreneur évincé.** Le candidat repreneur évincé n'étant pas une partie, n'a pas qualité pour faire appel[2]. La solution a été spécialement posée pour la Safer, qui ne dispose pas davantage de la faculté d'exercice de son droit de préemption, en matière de plan de cession[3]. N'émettant pas de prétention, au sens procédural, il faut plus généralement lui dénier qualité pour exercer une quelconque voie de recours[4]. Il n'a d'ailleurs pas à être convoqué[5]. Le candidat repreneur évincé n'a pas davantage qualité pour faire une intervention volontaire. Ainsi a été rejeté le pourvoi exercé par un candidat évincé qui était intervenu, par voie accessoire, en cause d'appel[6]. Le contraire a cependant été jugé dans une espèce où le candidat repreneur évincé était intervenu par voie accessoire, afin de soutenir le ministère public dans son appel[7].

> **Créanciers.** Les créanciers, en tant que tels, n'étant pas des parties au jugement arrêtant le plan de cession, ne peuvent en faire appel[8]. La circonstance qu'ils seraient bénéficiaires d'une fiducie-sûreté ne modifie pas la solution[9].

> **Caution.** caution n'a pas qualité pour faire appel du pl cession[10]. Elle n'a pas davantage de prétention e valoir lors de l'arrêté de ce plan, ce qui rend irable son intervention à titre principal[11].

> **Débiteur, s l'empire de la législation antérieure à la lo sauvegarde des entreprises**[12]. Enfin, le débiteur, s l'empire de la législation antérieure à la loi de sagarde des entreprises – la solution ayant été mocée par cette loi (v. s[s] n° 572.21), n'a pas davantag ualité pour faire appel réformation du jugement tant le plan de cession[13]. Cependant, il a été jé que le tribunal devait avoir arrêté un véritable pr de cession. Tel n'est pas le cas, lorsque le repeur n'a repris que le droit au bail. En pareille hyhèse, le tribunal, sauf à commettre un dévoieme de procédure en qualifiant de plan de cession rtielle ce qui n'était qu'une vente d'actifs, a eréalité prononcé la liquidation judiciaire[14]. La lution est difficile à approuver. S'il est exact qu'e erreur de qualification est intervenue, l'arrêté dn plan de cession partielle mal qualifié ne peut re considéré comme équivalent à une liquidati judiciaire. Il aurait appartenu à la cour d'appel annuler le jugement pour excès de pouvoir, ate à statuer à nouveau et à prononcer, ensuit a liquidation judiciaire.

En tre, le débiteur, sous l'empire de la législation térieure à la loi de sauvegarde des entreprises, trouve qualité pour faire appel réformation d'unugement mixte, qui rejette un plan de continuaon et arrête un plan de cession[15], ce qui suppos cependant que le projet de plan de continuatio présenté soit sérieux[16]. La Cour de cassation

1. Com. 2 juill. 2013, n° 13-40.020 QPC, NP; n° 737 F-D; *Gaz. Pal.* 12 janv. 2014, p. 37, note Gailhbaud.
2. Com. 22 mars 1988, n° 87-15.902, *Bull. civ.* IV, n° 113; *D.* 1988. 375, note Derrida et Julien; *Rev. proc. coll.* 1988, 319, n° 4, obs. Soinne; *Rev. proc. coll.* 1989, 141, n° 1, obs. Le Cannu; *Rev. proc. coll.* 1989, 40, obs. Cadiet; *RTD com.* 1989. 332; *JCP E* 1988. II. 15335, n° 9, obs. M. Cabrillac et Vivant; *Gaz. Pal.* 1988. II. 661, note Marchi – Com. 8 nov. 1988, n° 87-18.077, *Bull. civ.* IV, n° 295 – Com. 2 avr. 1996, n° 94-13.201, *Bull. civ.* IV, n° 109 – Com. 22 oct. 1996, n° 94-12.847, NP, *Rev. proc. coll.* 1997, 424, n° 28, obs. Cadiou – Com. 19 nov. 1996, n° 94-19.533, *Bull. civ.* IV, n° 279; *Rev. proc. coll.* 1997, 424, n° 28, obs. Cadiou – Com. 3 févr. 1998, n° 95-17.329, NP, *RTD com.* 1998. 680, obs. Martin-serf – Com. 11 mai 1999, n° 98-11.392, *Bull. civ.* IV, n° 101; *RJDA* 1999/8 et 9, n° 967 – Com. 10 mars 2009, n° 07-20.719, NP; n° 201 F-D – Grenoble, ch. com., 20 mars 2014, RG n° 13/05574, *JurisData* 005932.
3. Civ. 3e, 19 mai 2010, n° 09-14.167, *Bull. civ.* III, n° 102; n° 615 FS-P+B; *D.* 2010. *Act. dr. affaires* 1342, note Lienhard.
4. Com. 10 mars 2009, n° 07-20.719, NP; n° 201 F-D – Com. 10 mars 2009, n° 07-20.720, NP; n° 202 F-D – Com. 17 nov. 2009, n° 08-18.588, NP; n° 1057 F-D; *D.* 2009. AJ 2930, note Lienhard – Versailles, 13e ch., 13 juin 1996, *Rev. proc. coll.* 1996, 470, n° 47, obs. Soinne – CONTRA : LE CANNU, 7e éd., n° 1043.
5. Paris, 3e ch. C, 26 janv. 1996, *D.* 1996. IR 91.
6. Com. 27 nov. 1991, n° 90-13.970, *Bull. civ.* IV, n° 358; *JCP* 1992. IV. 394.
7. Versailles, 23 avr. 1992, *RJ com.* 1992. 307, note Vallens.
8. Com. 3 mars 1992, n° 89-15.336, *Bull. civ.* IV, n° 100.
9. Com. 21 févr. 2012, n° 11-10.553, NP; n° 246 F-D.
10. Com. 12 janv. 2016, n° 13-24.058, *Bull. civ.* IV [à paraître]; n° 49, FS-P+B+I; *D.* 2016. 1038, n° 2, note Arbellot; *Act. proc. coll.* 2016/3, comm. 43, note Cagnoli; *BJE* 2016, 184, note Staes; *Gaz. Pal.* 17 mai 2016, n° 18, p. 72, note Théron; *JCP E* 2016. 1232, note Lebe; *Rev. proc. coll.* 2016, comm. 34, note Cagnoli.
11. Com. 12 janv. 2016, n° 13-24.058, préc.
12. L. n° 2005-845, 26 juill. 2005, préc.
13. Paris, 3e ch. B, 16 janv. 2004, RG n° 2003/10675 – Paris, 3e ch. B, 6 juill. 2006, RG n° 2006/08486.
14. Paris, 3e ch. B, 14 janv. 2005, RG n° 2004/20667.
15. Com. 6 mars 1990, n° 88-11.500, *Bull. civ.* IV, n° 65; *D.* 1990. 218, note Derrida; *JCP* 1990. II. 21513, note Bolard – Com. 16 avr. 1991, n° 89-13.677, *Bull. civ.* IV, n° 145; *JCP* 1991. IV. 235 – Com. 14 mai 1991, n° 89-17.072, *Bull. civ.* IV, n° 165; *D.* 1991. Somm. 93, obs. Derrida – Com. 6 juill. 1999, n° 98-20.883, *Bull. civ.* IV, n° 153; *Act. proc. coll.* 1999, 14, n° 197, note Fricero – Com. 29 nov. 2005, n° 04-10.515, NP; n° 1495 F-D – Paris, 3e ch. B, 27 sept. 2007, RG n° 07/11467.
16. Com. 6 oct. 1992, n° 90-19.638, *Bull. civ.* IV, n° 288; *D.* 1994. Somm. 44, obs. Derrida – Com. 20 févr. 1996, n° 94-13.417, NP, *D.* 1996. IR 112; *Dr. sociétés* 1996, n° 127, obs. Chaput – Com. 24 juin 2003, n° 01-02.892, NP.

s'autorise d'ailleurs à apprécier l'ce de caractère sérieux du projet de plan de quation, qui conditionne l'irrecevabilité de l'apu débiteur[1]. L'appel sera recevable en tant cest formé à l'encontre du jugement rejetant an de continuation. Il est en revanche irrece en ce qu'il critique la partie du jugement ant le plan de cession. La solution est la même pe pourvoi en cassation, irrecevable sur la parte l'arrêt qui arrête le plan de cession[2].

Le droit propre du débiteur de faappel de cette décision doit être combiné avec les es de dissolution des sociétés par l'effet de l'arr d'un plan de cession, sous l'empire de la loi du 2anvier 1985[3]. En conséquence, seul un mandata *ad hoc* ou un liquidateur amiable peut formerapel à l'encontre de la décision (v. s[s] n° 553.32).

Si le jugement rejette le plankcession et prononce la liquidation judiciaire, ils également susceptible d'appel par le débiteur entant que jugement prononçant la liquidation judicire. En revanche, il est irrecevable en tant qu'il *re*jte le plan de cession[4]. C'est pourquoi, d'une parte débiteur ne pourra se contenter de critiquer le chef du jugement rejetant le plan de cession[5], et, d'autre part, le débiteur devra proposer une solution alternative à la liquidation judiciaire[6], c'est-à-dire, en pratique, un projet de plan de continuation.

Le débiteur ne peut davantage faire de recours en cassation sur une décision arrêtant le plan de cession[7].

Le débiteur peut cependant interjeter un appel-nullité à l'encontre du jugement arrêtant le plan de cession. Mais encore faut-il que soit constaté un excès de pouvoir commis par la juridiction[8]. Tel est le cas lorsque la juridiction arrête un plan de cession au profit des anciens administrateurs provisoires d'une société civile professionnelle d'huissiers de justice, qui ne sont pas des tiers pouvant présenter une offre de reprise[9]. Au contraire, il n'y a pas excès de pouvo rendant recevable l'appel nullité, lorsque le tribunl accepte, après la clôture des débats, un constat l'inventaire du matériel et des marchandises cédés[10].

572.23 Soumission de l'appel des jugements statuant sur le plan de cession à la procédure à jour fixe. L'appel des jugements arrêtant ou rejetant un plan de cession est soumis à la procédure à jour fixe, par l'article R. 661-6, 2° du code de commerce. Le respect de cette forme procédurale destinée à accélérer l'examen du recours s'impose même au ministère public, les juridictions du fond étant cependant divisées sur la question[11], certaines juridictions soumettant cet appel à la procédure à jour fixe, mais considérant que son non-respect ne peut être sanctionné, car il ne s'agit que d'une simple modalité procédurale n'étant pas de nature à affecter le lien d'instance[12].

572.24 Tierce opposition sur le jugement arrêtant le plan de cession.

> Tierce-opposition réformation. Faut-il ouvrir la voie de la tierce opposition réformation sur les jugements statuant en matière de plan de cession ? Une réponse négative avait été apportée à la question par la jurisprudence, sous l'empire de la loi du 25 janvier 1985[13] non réformée[14].

La solution n'a pas changé après la loi du 10 juin 1994[15]. Il résulte en effet de l'article L. 623-6, II du code de commerce, dans sa rédaction antérieure à la loi de sauvegarde des entreprises[16], que « ne sont susceptibles que d'un appel [...] les jugements qui arrêtent ou qui rejettent le plan de cession ». La tierce opposition réformation est donc fermée[17], même si le contraire a été soutenu[18]. La solution n'a cependant pas été étendue aux jugements interprétatifs du plan de cession[19].

Le fait que l'article L. 623-7 du code de commerce (anc[t] L. 25 janv. 1985, art. 175), dans sa rédaction antérieure à la loi de sauvegarde des entreprises, énonce que la tierce opposition est irrecevable sur les arrêts rendus en application du I de l'arti-

1. Com. 25 févr. 2004, n° 01-10.921, n° 01-11.381, NP.
2. Com. 7 févr. 2006, n° 04-18.785, NP; n°234 F-D.
3. L. n° 85-98, 25 janv. 1985, préc.
4. Com. 25 mars 1997, n° 94-10.289, NP, *Rev. proc. coll.* 1997, 436, n° 42, obs. Cadiou – RAPPR. : Com. 10 mai 2000, n° 97-19.759, *Bull. civ.* IV, n° 97; *Act. proc. coll.* 2000/11, n° 143, note Cagnoli.
5. Com. 30 oct. 2000, n° 98-13.205, NP, *RTD com.* 2001. 245, note Vallens.
6. Paris, 3e ch. B, 16 janv. 2004, RG n° 2003/10675.
7. Com. 19 déc. 2000, n° 98-11.361, NP, *RJ com.* 2002. 133, n° 1592, note Merven – Com. 29 nov. 2005, n° 04-10.515, NP; n° 1495 F-D.
8. Com. 29 nov. 2005, n° 04-10.515, NP; n° 1495 F-D.
9. Com. 4 oct. 2005, n° 04-15.060, *Bull. civ.* IV, n° 203; n° 1196 F-P+B; *D.* 2006. Somm. 81, obs. Le Corre; *Gaz. proc. coll.* 2006/1, p. 16, obs. Rohart-Messager; *RD banc. fin.* janv.-févr. 2006, p. 25, n° 25, note Lucas.
10. Com. 11 févr. 2004, n° 01-14.198, NP.
11. EN CE SENS : Poitiers, 25 mars 1992, *JCP* 1992. IV. 2951 – Poitiers, 2e ch. civ., 5 juill. 2001, *Rev. proc. coll.* 2003, p. 107, n° 9, obs. Gorrias – *CONTRA :* Besançon, ch. com., 2e sect., 13 févr. 2001, *Rev. proc. coll.* 2002, p. 166, n° 3, obs. Gorrias.
12. Poitiers, 2e ch. civ., 5 juill. 2001, préc.
13. L. n° 85-98, 25 janv. 1985, préc.
14. Com. 27 oct. 1998, n° 96-14.114, NP, *RTD com.* 1999. 207, obs. Vallens.
15. L. n° 94-475, 10 juin 1994, *JO* 11 juin, p. 8440.
16. L. n° 2005-845, 26 juill. 2005, préc.
17. Com. 10 mars 2009, n° 07-20.718, NP; n° 200 F-D; *Rev. proc. coll.* 2010/1, § 3, p. 23, note Gorrias et Manié.
18. SOINNE, n° 655.
19. Com. 14 mars 2000, n° 97-17.253, NP.

cle L. 623-6, et qu'identiquement, l'articl L. 661-7 alinéa 1, dans sa rédaction issue de la loi e sauvegarde des entreprises, dispose qu'« il ne peut être exercé de tierce opposition ou de recours en cassation contre les arrêts rendus en application du I de l'article L. 661-6 », n'a pas pour effet, *a contrario*, de la rendre recevable sur les jugements en matère de plan de cession. En effet, la lettre de l'article L. 623-6, II du code de commerce, dans sa rédaction antérieure à la loi de sauvegarde des entreprises, et celle de l'article L. 661-6 du code, dans sa rédaction issue de la loi de sauvegarde des entreprises, n'ont pas seulement pour objet de déterminer restrictivement les personnes recevables à former appel, mais ont aussi pour but de n'ouvrir sur ce type de jugement que l'appel. La tierce opposition réformation reste donc irrecevable[1].

L'article L. 661-7, alinéa 1 du code de commerce, issu de la rédaction que lui donne l'ordonnance du 18 décembre 2008 (ord. 18 déc. 2008, art. 152), est beaucoup plus explicite. Il ferme clairement la tierce opposition contre les jugements arrêtant ou rejetant le plan de cession.

La fermeture de la tierce opposition réformation contre les jugements statuant sur le plan de cession entraîne, par voie de conséquence, irrecevabilité de l'appel sur le jugement vidant la tierce opposition[2], ainsi que celle du pourvoi en cassation, lequel n'est réservé qu'au ministère public[3].

> Tierce opposition nullité. Seule demeure donc envisageable la tierce opposition nullité.

Commençons par apporter deux précisions.

La seule voie de recours recevable, à l'encontre d'un jugement rectificatif, dès lors que la décision rectifiée est passée en force de chose jugée, est le pourvoi en cassation. Cela a pour effet de rendre irrecevable la tierce opposition, fût-ce en nullité, formée à l'encontre du jugement rectificatif[4].

Indiquons également qu'il a été jugé que l'appel nullité exercé à l'encontre du jugement rejetant la tierce opposition nullité, doit être formé dans les dix jours de la décision statuant sur la tierce opposition, et non dans les dix jours de la signification de cette décision[5].

Le créancier ne pourra exercer une tierce opposition nullité que s'il n'est pas représenté à l'instance ayant co à la décision contre laquelle il forme sa tierce sition. Dès lors, s'il n'a pas un intérêt distinct lui des autres créanciers, sa tierce oppositio a irrecevable. Deux grandes hypothèses sont s tibles d'intéresser ici les créanciers. Il faut supp dans les deux cas, qu'ils soient titulaires de s spéciale car un créancier chirographaire ne avoir, en matière de plan de cession, un intérêt inct des autres.

> Créanci contestant la transmission de la charge d'une sûre spéciale. Le créancier aura nécessairement un in t distinct s'il entend contester les conditions de tr mission de la charge d'une sûreté spéciale dont il titulaire. Cette transmission, malgré la convocati qu'il'entoure nécessairement, ne semble pas lui co fére, selon la jurisprudence qui s'est formée sur la uesion sous l'empire de la législation antérieure à la lo de sauvegarde des entreprises, la qualité de parte[6], e qui a justifié pour une juridiction la recevabi té la tierce opposition[7] et logiquement pour d'autre le rejet de l'appel[8]. Cependant, certaines juridiction ont admis l'appel nullité[9], voire l'appel réformatio[10]. La Cour de cassation a jugé que le créancier de nt bénéficier du transfert de la charge de la sûreté et qui en est privé à la suite de la décision du tribunal qui arrête le pan de cession, n'est pas une partie audit jugement. Il ne peut être assimilé au contractant de l'article L. 642-7 du code de commerce. L'appel réformation, mais également l'appel nullité, lui est donc fermé[11].

Cette solution consistant à dénier la qualité de partie au créancier titulaire de la sûreté dont la charge est transférée, et qui est présent ou représenté à l'audience, ne nous semble pas devoir être abandonnée, sous l'empire de la loi de sauvegarde des entreprises[12], encore que la doctrine soit divi-

1. Paris, 18 févr. 2005, RG n° 2004/19523, *RTD com.* 2005. 421, n° 8, obs. Vallens – *Adde*, Pétel, 6e éd., n° 311 – Vallens, 2010, n° 4250.
2. Com. 6 mai 1997, n° 95-12.451, NP, *Rev. proc. coll.* 1997, 439, n° 47, obs. Cadiou.
3. Com. 17 nov. 2009, n° 08-18.588, NP; n° 1057 F-D; *D.* 2009. AJ 2930, note Lienhard – Com. 17 nov. 2009, n° 08-18.589, NP; n° 1058 F-D.
4. Com. 25 oct. 2011, n° 10-19.936, NP; n° 1045 F-D.
5. Paris, 3e ch. B, 18 févr. 2005, RG n° 2004/19253.
6. Amiens, 16 déc. 1988, *Rev. proc. coll.* 1989, 183, obs. Soinne; *D.* 1990. Somm. 3, obs. Derrida.
7. T. com. Pari, 5e ch., 9 févr. 2001, *RJ com.* 2002. 318, n° 1601, note Merven.
8. Caen, 1re ch civ., 9 oct. 2008, n° 08/1887, *Act. proc. coll.* 2009/4, n° 4; *RTD com.* 2010. 192, n° 9, obs. Saint-Alary-Houin.
9. Caen, 14 avr 1994, *JCP* 1994. IV. 1351 – Aix-en-Provence, 4 avr. 2000 et Aix-en-Provence, 20 juin 2000, *Act. proc. coll.* 2000/17, n° 220, note Régnaut-Moutier.
10. Riom, 28 avr. 1988, *Rev. proc. coll.* 1989, 183, obs. Soinne; *JCP N* 1989. 809 – Nancy, 2e ch. civ. et com., 12 janv. 1995, *Rev. proc. coll.* 1996, 106, n° 23, obs. Soinne.
11. Com. 15 déc. 2009, n° 08-21.553, *Bull. civ.* IV, n° 167; n° 1202 FS-P+B; *D.* 2010. AJ 11, note Lienhard; *D.* 2010. pan. com. 1827, note Le Corre; *Rev. proc. coll.* 2010/2, 65, p. 58, note Pérochon; *Rev. proc. coll.* 2010/3, comm. 96, note Cagnoli; *LXB hebdo* 21 janv. 2010, n° 379, note Le Corre.
12. Bordeaux, 2e ch. civ., 17 nov. 2009, RG n° 09/04096, *Rev. proc. coll.* 2010/4, comm. 172, note Fraimout.

sée[1]. Certes, comme par le passé, il est invoqué à l'audience au cours de laquelle il doit être statué sur le transfert de la charge de la sûreté (D. 28 déc. 2005[2], art. 260). En outre, nouveau il est vrai troublante, l'article R. 661-6 4° du code de commerce prévoit que « lorsqu'ils ne sont pas parties à l'instance d'appel, [...] les titulaires des sûretés mentionnées à l'article L. 642-12 du même code... sont convoqués pour être entendus par la cour ». Ce texte envisage donc la possibilité pour ces personnes d'être parties à l'instance, puisqu'il précise ce qu'il advient lorsqu'elles ne le sont pas. Remarquons cependant que, pas plus que par le passé, le jugement arrêtant le plan de cession n'a à être notifié au créancier bénéficiant du transfert de la charge de la sûreté. En effet, l'article R. 661-3, alinéa 3 du code de commerce (réd. D. 28 déc. 2005) prévoit que « dans les cas prévus au troisième alinéa de l'article L. 642-1 et à l'article L. 642-7 du code de commerce, le greffier notifie la décision, dans les quarante-huit heures de son prononcé, au cocontractant, au cessionnaire ou au bailleur. Le délai d'appel est de dix jours à compter de la notification ». Cette disposition ne renvoie pas à l'article L. 642-12 qui intéresse le transfert de la charge de la sûreté. Et c'est pourquoi le mutisme du texte légal sur le point de départ du délai d'appel qu'il n'aurait pas manqué de réglementer si l'appel avait été ouvert ne peut conduire qu'au rejet de la possibilité pour ce type de créancier de la possibilité de faire appel.

La tierce opposition réformation est fermée en matière de jugement statuant sur le plan de cession. Ce créancier titulaire de la sûreté dont la charge est transférée formera donc une tierce opposition nullité, à condition qu'un excès de pouvoir ait été commis par la juridiction. Tel sera le cas lorsque le tribunal aura décidé d'écarter purement et simplement le mécanisme du transfert de la charge de la sûreté ou simplement de l'aménager, sans l'accord du créancier concerné. Tel ne sera pas le cas, en revanche, lorsque le tribunal aura écarté le transfert de la charge de la sûreté, au prétexte erroné que le nantissement sur fonds de commerce en cause aurait disparu, par suite de la résiliation du bail. Il y a là mal jugé et non excès de pouvoir[3]. Même si, sur le terrain de l'excès de pouvoir, la solution est justifiée, on peut s'émouvoir d'une telle solution, qui fait assez bon marché du droit d'accès au juge, le créancier ou la caution n'ayant en effet alors aucun recours.

Le délai de cette tierce opposition sera de dizaine à compter de la publication au *Bodacc* du jugement arrêtant le plan de cession. Si le tribunal rejette le plan de cession, l'excès de pouvoir est évidemment exclu et le recours fermé.

> Créancier titulaire d'une sûreté spéciale contestant l'affectation de la quote-part du prix de cession. On peut encore envisager, tant sous l'empire de la législation antérieure à la loi de sauvegarde des entreprises, que *sous l'empire de la loi de sauvegarde* des entreprises, la tierce opposition nullité du créancier titulaire d'une sûreté spéciale, qui voudrait contester les conditions d'affectation de la quote-part du prix de cession. Son intérêt propre est ici évident et rend recevable sa tierce opposition. La recevabilité de la tierce-opposition est plus évidente depuis l'ordonnance du 12 mars 2014, qui oblige le tribunal à respecter des critères précis pour fixer les quotes-parts du prix de cession (v. s[s] n° 582.34).

> Contrôleurs. Les contrôleurs, pris en cette qualité, n'émettent aucune prétention. Ils sont dépourvus de qualité à exercer une quelconque voie de recours[4]. Malgré les réserves introduites par la loi de sauvegarde des entreprises, lorsqu'ils agissent subsidiairement aux fins de défense de l'intérêt collectif des créanciers, ils restent sans qualité à former un recours à l'encontre du jugement statuant sur le plan de cession[5].

> Candidat repreneur évincé. La tierce opposition nullité n'est pas ouverte au candidat repreneur évincé, qui n'émet pas de prétention juridique en présentant une offre de reprise. Le repreneur évincé n'étant pas une partie au sens de l'article 6 § 1 de la Convention EDH ne peut se plaindre d'être privé du droit d'accès au juge du fait de l'irrecevabilité de sa tierce opposition[6].

> Conjoint du débiteur. Le conjoint du débiteur, qui doit être considéré comme un tiers au plan de cession, ne peut davantage former une tierce opposition, même si le contraire a été jugé[7].

572.25 Pourvoi en cassation sur les arrêts statuant en matière de plan de cession. Désireux d'assurer une efficacité maximale à la décision arrêtant le plan de cession, le législateur s'est montré particulièrement restrictif quant à l'admission des voies de recours sur cette décision.

Tout d'abord, les arrêts statuant sur des jugements arrêtant ou rejetant le plan de cession ne sont

1. EN CE SENS : PÉROCHON, 10e éd., n° 1249 – En sens inverse, SAINT-ALARY-HOUIN, 9e éd., n° 1297 admettant l'appel-nullité.
2. D. n° 2005-1677, 28 déc. 2005, préc.
3. Com. 28 juin 2016, n° 14-21.766, NP; n° 612 F-D.
4. Paris, 8 juill. 1987, *D.* 1988. concl. Saivel – Paris, 20 déc. 1996, *D. Affaires* 1997, 351 ; *RD banc. et bourse* 1997, 80, obs. Campana et Calendini.
5. AUSSI : VALLENS, 2015, n° 4367.
6. Com. 17 nov. 2009, n° 08-18.588, NP; n° 1057 F-D; *D.* 2009. AJ 2930, note Lienhard.
7. Douai, 2e ch., 20 nov. 2003, *JCP N* 2004, aff. 1554, p. 1742, note Vauvillé.

pas susceptibles de pourvoi en cassation[1], sauf de la part du ministère public (C. com., art. L. 661-7), à moins de constater l'existence d'un excès de pouvoir[2]. Ainsi, le liquidateur ne peut-il former un pourvoi nullité contre l'arrêt de la cour d'appel, statuant sur l'appel du cessionnaire, qui avait annulé le jugement et arrêté le plan de cession[3]. Le pourvoi du débiteur qui se borne à critiquer le manque de base légale et la violation de la loi par l'arrêt ayant confirmé le jugement d'arrêté d'un plan de cession, après avoir rejeté le plan de continuation, est irrecevable, faute d'avoir allégué un excès de pouvoir[4].

Constitue un excès de pouvoir, le fait d'imposer au repreneur des engagements non souscrits.

Au contraire, il a été jugé que ne constitue pas un excès de pouvoir, le fait pour la cour d'appel d'avoir prononcé l'arrêt statuant sur le recours contre le jugement du tribunal ayant adopté le plan, en chambre du conseil, en violation des règles de publicité énoncées à l'article 451 du code de procédure civile prévoyant un prononcé en audience publique[5].

Ne constitue pas un excès de pouvoir la cour d'appel qui déclare irrecevable l'intervention à titre principal d'une caution, laquelle n'a pas qualité pour faire appel du plan de cession et n'a pas davantage de prétention à faire valoir lors de l'arrêté de ce plan[6].

Ne constitue pas davantage un excès de pouvoir le fait de céder judiciairement un bail commercial sans respecter le droit de préférence du bailleur, puisque le plan de cession n'a pas à respecter le droit conventionnel de préférence[7].

Le t[...]nal n'a pas à attendre la fin de la période d'obser[...]ion et ne commet donc pas un excès de pouvoi[...]ndant recevable le pourvoi nullité du débiteur [...] arrête le plan avant la fin de la période d'observ[...]on dès lors que le redressement par le débiteur [...]impossible[8].

Cette rè[...] vaut pour les arrêts statuant sur appel des jugem[...]ts vidant une tierce opposition formée sur un jugement ayant arrêté ou rejeté un plan de cession, pu[...]sque ces arrêts sont susceptibles des mêmes voies de recours que les décisions de la juridiction do[...] ils émanent[9].

La règle [...]aut pour le débiteur, qui ne peut contester, devant [...] Cour de cassation, le candidat retenu[10], la recevab[...]té de l'offre du candidat retenu[11], le périmètre [...]s contrats cédés devant la Cour de cassation[12] [...] l'attribution au prene[...]r choisi par le bailleur de baux ruraux[13].

Elle est [...]galement valable pour le cocontractant dont le co[...]trat est judiciairement cédé[14]. La Cour de cassati[...]n considère ainsi qu'il n'y a pas d'excès de pouv[...]r, dans le fait pour une juridiction de ne pas con[...]quer le bailleur, dont le contrat est cédé. Dès lors le pourvoi nullité sur l'arrêt confirmant la cession [...]u contrat n'est pas jugé recevable[15].

La r[...]le vaut également pour le repreneur[16]. Il en va de même pour le cessionnaire retenu par le premier juge, qui se voit préféré, en cause d'appel formé par le débiteur, un autre candidat repreneur[17]. En revanche, mais seulement depuis la loi de sauvegarde des entreprises[18], le repreneur qui se verrait

1. Com. 15 juill. 1987, nº 86-17.348, *Bull. civ.* IV, nº 185; *Gaz. Pal.* 1987. II. 676, note Martin – Com. 20 déc. 1988, nº 87-12.108, *Bull. civ.* IV, nº 346; *D.* 1989. 484, note Derrida – Com. 24 janv. 1989, nºs 87-13.149, 87-19.728, *Bull. civ.* IV, nº 34 – Com. 14 nov. 1989, nº 88-14.397, *Bull. civ.* IV, nº 287 – Com. 12 juill. 1993, nº 91-16.826, *Bull. civ.* IV, nº 296 – Com. 3 nov. 2009, nº 07-14.283, NP; nº 979 F-D – Com. 30 oct. 2012, nº 11-12.588, NP; nº 1056 F-D.
2. Com. 24 juin 2008, nº 07-14.675, NP; nº 728 F-D – Com. 21 sept. 2010, nº 09-14.931, NP; nº 880 F-D – Com. 25 oct. 2011, nº 10-23.033, NP; nº 1041 F-D; *Gaz. Pal. entr. diff.* 21 janv. 2012, nº 20, p. 23, note Lebel – Com. 25 oct. 2011, nº 10-19.936, NP; nº 1045 F-D – Com. 30 oct. 2012, nº 11-12.588, NP; nº 1056 F-D – Com. 12 janv. 2016, nº 13-24.058, *Bull. civ.* IV [à paraître] – Com. 3 mai 2016, nº 14-24.865, *Bull. civ.* IV [à paraître]; nº 382 FS-P+B; *BJE* 2016, 251, note Vincent – Com. 3 mai 2016, nº 14-20.895, NP; nº 398 F-D.
3. Com. 19 févr. 2013, nº 11-22.950, NP; nº 186 F-D – Com. 13 janv. 2015, nº 13-21.650, NP; nº 30 F-D.
4. Com. 13 oct. 2015, nº 14-11.983, NP, *Rev. proc. coll.* 2016, comm. 86, note Fraimout.
5. Com. 7 févr. 2012, nº 11-12.580, 11-12.581, NP; nº 178 FS-D – Com. 30 oct. 2012, nº 11-12.588, NP; nº 1056 F-D.
6. Com. 12 janv. 2016, nº 13-24.058, préc.
7. Com. 13 janv. 2015, nº 13-21.650, NP; nº 30 F-D; préc.
8. Com. 3 mai 2016, nº 14-24.865, *Bull. civ.* IV [à paraître]; nº 382 FS-P+B; *BJE* 2016, 251, note Vincent.
9. Com. 18 janv. 2011, nº 10-30.024, NP; nº 5 F-D; *Gaz. Pal. entr. diff.* 1-2 avr. 2011, p. 28, note Voinot – Com. 8 nov. 2011, nº 10-20.917, NP; nº 1102 F-D – Com. 10 mai 2012, nº 11-15.515, NP; nº 513 F-D.
10. Com. 27 mai 2014, nº 13-14.172, NP; nº 537 F-D.
11. Com. 13 oct. 2015, nº 14-11.983, NP; nº 882 F-D; *Rev. proc. coll.* 2015, comm. 182, note Lebel.
12. Com. 15 déc. 2009, nº 08-21.235, *Bull. civ.* IV, nº 169; nº 1191 F-P+B; *D.* 2010. AJ 11, note Lienhard; *D.* 2010. 1112, note Bélaval; *Procédures* 2010, comm. 42, note Rolland; *Rev. proc. coll.* 2010/3, comm. 96, note Cagnoli; *LXB hebdo* 21 janv. 2010, nº 379, note Le Corre-Broly.
13. Com. 27 mai 2014, nº 12-11.674, NP; nº 547 FS-D.
14. Com. 15 déc. 2009, nº 08-19.723, *Bull. civ.* IV, nº 168; nº 1185 F-P+B; *D.* 2010. AJ 11, note Lienhard; *Procédures* 2010, comm. 42, note Rolland – Com. 9 juill. 2013, nº 12-23.378, NP; nº 762 F-D.
15. Com. 21 sept. 2010, nº 09-14.931, NP; nº 880 F-D – Com. 25 oct. 2011, nº 10-23.033, NP; nº 1041 F-D; *Gaz. Pal. entr. diff.* 21 janv. 2012, nº 20, p. 23, note Lebel.
16. Com. 7 févr. 2012, nºs 11-12.580, 11-12.581, NP; nº 178 FS-D.
17. Com. 18 janv. 2011, nº 09-17.350, NP; nº 21 F-D; *D.* 2011. actu 370, note Lienhard; *Gaz. Pal. entr. diff.* 1-2 avr. 2011, p. 28, note Voinot.
18. L. nº 2005-845, 26 juill. 2005, préc.

imposer la cession judiciaire d'un contrat non mentionné dans son offre devrait être recevable à former un pourvoi nullité, le tribunal, et à sa suite la cour d'appel refusant de réformer le jugement, excédant leurs pouvoirs à imposer au repreneur une charge non souscrite dans l'offre de reprise. La solution semble pouvoir se déduire *a contrario* d'un arrêt de la Cour de cassation[1].

Les décisions interprétatives ont, quant aux voies de recours, le même caractère et le même régime que les décisions interprétées, il en résulte que le pourvoi en cassation formé par le repreneur sur l'arrêt interprétatif est irrecevable, sauf excès de pouvoir[2].

Il faut cependant réserver les arrêts mixtes, statuant tout à la fois sur un plan de cession et sur un plan de continuation ou de redressement, en arrêtant le premier et en écartant le second, ou inversement, ou rejetant un plan de cession en prononçant la liquidation judiciaire[3]. Toutefois, le pourvoi reste irrecevable, en présence d'une décision arrêtant le plan de cession et rejetant un plan de redressement, si le débiteur se contente de critiquer l'arrêt en ses seules dispositions ayant arrêté le plan de cession[4].

Il faut également réserver les pourvois ayant pour objet de faire annuler un arrêt ayant déclaré à tort recevable une voie de recours[5] ou les pourvois exercés à l'encontre de décisions de cours d'appel ayant condamné l'appelant à une amende civile pour appel abusif[6].

Il faut encore faire exception du pourvoi, seule voie de recours recevable, à l'encontre d'un jugement rectificatif, dès lors que la décision rectifiée est passée en force de chose jugée. Cela a pour effet de rendre irrecevable la tierce opposition formée à l'encontre du jugement rectificatif[7].

En outre, les arrêts qui statuent sur des jugements qui ne sont pas indivisiblement liés à l'instance relative à l'arrêté du plan de cession reste susceptibles d'un pourvoi en cassation. Il en est ainsi de l'arrêt qui statue sur le recours d'une banque, créancier nanti sur matériel et outillage (gagiste depuis l'ordonnance du 23 mars 2006[8]), agissant en paiement de deux prêts consentis avant l'ouverture de la procédure, tant à l'encontre du commissaire à l'exécution du plan que du repreneur, sur le fondement du transfert de la charge de la sûreté[9].

L'exclusion du pourvoi, qui concerne les arrêts arrêtant, rejetant ou modifiant le plan de cession, est étendue au jugement refusant la modification du plan, la solution ayant été posée pour le pourvoi exercé par le cessionnaire[10]. En revanche, faute d'exclusion, reste recevable le pourvoi contre les arrêts statuant sur la caducité du plan[11] ou sa résolution[12].

Enfin, le recours en révision est recevable sur une décision arrêtant ou rejetant le plan de cession[13], dès lors du moins qu'il émane d'une personne qui est une partie à la décision attaquée, ce qui n'est pas le cas du commissaire à l'exécution du plan[14]. Ses modalités procédurales seront, faute de texte contraire, celles du droit commun[15].

572.26 Voies de recours nullité sur les décisions statuant en matière de plan de cession. La question des voies de recours nullité a été présentée antérieurement (v. s[s] n°s 321.11 s.) de façon générale. Son importance pratique, en matière de plan de cession, conduit cependant à apporter ici des précisions.

Il a été indiqué que le représentant des créanciers – mandataire judiciaire – n'avait pas qualité pour former appel réformation. Faut-il lui ouvrir la voie de l'appel nullité ? Une réponse négative doit être apportée[16], car il a cessé ses fonctions de défense de l'intérêt collectif des créanciers au jour de l'arrêté du plan et n'est maintenu en fonction que pour assurer l'achèvement de sa mission de vérification du passif (v. s[s] n° 361.34).

L'administrateur judiciaire n'a pas davantage qualité pour faire appel réformation. Faut-il lui ouvrir la voie de l'appel nullité ? L'administrateur est, aux termes de l'article L. 621-89, alinéa 1 du code de commerce, dans sa rédaction antérieure à la

1. Com. 15 déc. 2009, n° 08-21.235, *Bull. civ.* IV, n° 169; n° 1191 F-P+B; *D.* 2010. AJ 11, note Lienhard; *D.* 2010. 1112, note Bélaval; *Procédures* 2010, comm. 42, note Rolland; *Rev. proc. coll.* 2010/3, comm. 96, note Cagnoli; *LXB hebdo* 21 janv. 2010, n° 379, note Le Corre-Broly.
2. Com. 13 mai 2014, n° 13-11.622, NP; n° 455 F-P+B; *Gaz. Pal.* 5 oct. 2014, n° 278, p. 30, note Fricero; *Rev. proc. coll.* 2014, comm. 167, note Fraimout.
3. Com. 26 juin 1990, n° 89-12.496, *Bull. civ.* IV, n° 191 – Com. 21 janv. 1992, n° 90-13.127, *Bull. civ.* IV, n° 28.
4. Com. 16 déc. 2008, n° 07-18.796, NP.
5. Com. 6 mars 1990, n° 88-11.500, *Bull. civ.* IV, n° 65; *D.* 1990. 218, note Derrida; *JCP* 1990. II. 21513, note Bolard – Com. 14 mai 1991, n° 89-17.072, *Bull. civ.* IV, n° 165; *D.* 1992. Somm. 93, obs. Derrida – Com. 14 mai 1996, n° 94-21.847, *Bull. civ.* IV, n° 136; *LPA* 30 mars 1998, n° 38, p. 15, note Derrida.
6. Com. 3 nov. 2009, n° 07-14.283, NP; n° 979 F-D.
7. Com. 25 oct. 2011, n° 10-19.936, NP; n° 1045 F-D.
8. Ord. n° 2006-346, 23 mars 2006, *JO* 24 mars, p. 4475.
9. Com. 13 févr. 2007, n° 05-19.620, n° 06-11.528, NP; n° 273 F-D.
10. Com. 5 nov. 2003, n° 00-17.547, NP.
11. Com. 6 févr. 1996, n° 93-11.081, *Bull. civ.* IV, n° 37; *LPA* 24 avr. 1998, n° 49, p. 12, note Derrida.
12. Com. 6 mai 1997, n° 94-19.017, *Bull. civ.* IV, n° 124; *LPA* 27 févr. 1998, n° 25, p. 19, note Derrida.
13. Com. 2 avr. 1996, n° 92-20.728, *Bull. civ.* IV, n° 107; *JCP E* 1996. I. 584, n° 1, obs. M. Cabrillac.
14. Com. 16 mars 1999, n° 96-18.933, *Bull. civ.* IV, n° 68; *Act. proc. coll.* 1999/7, n° 88; *D. Affaires* 1999, 718, obs. Lienhard.
15. Paris, 5 juill. 1996, *Rev. proc. coll.* 1998, p. 268, obs. Soinne.
16. Lyon, 4 nov. 1988, *D.* 1989. Somm. 12, obs. Derrida.

loi de sauvegarde des entreprises [1], chargé de passer tous les actes nécessaires à la réalisation de la cession. La solution est reproduite par l'article L. 642-8, alinéa 1 du code, dans la rédaction que lui donne la loi de sauvegarde des entreprises, et qui prévoit que « en exécution du plan arrêté par le tribunal, le liquidateur ou l'administrateur lorsqu'il en a été désigné, passe tous les actes nécessaires à la réalisation de la cession ». Faut-il pour autant reconnaître qualité à l'administrateur et, sous l'empire de la loi de sauvegarde des entreprises, au liquidateur, pour interjeter appel d'un jugement statuant sur un plan de cession ? Il ne semble pas que la lettre de ces dispositions puisse leur ouvrir la voie de l'appel car il n'est question, dans ces dispositions, que de la passation des actes et non de la discussion sur le plan de cession lui-même.

Le commissaire à l'exécution du plan, sous l'empire de la législation antérieure à la loi de sauvegarde des entreprises, ne peut davantage faire appel réformation. Faut-il lui ouvrir la voie de l'appel nullité ? Ici encore, une réponse négative semble devoir être apportée, car le commissaire à l'exécution du plan n'est, sauf disposition spéciale du code de commerce, qu'un organe de surveillance de l'exécution du plan. Il ne peut donc discuter de l'arrêté d'un plan de cession ou du rejet d'un plan de cession par adoption d'un plan de continuation.

Le débiteur qui n'a pas, sous l'empire de la législation antérieure à la loi de sauvegarde des entreprises, qualité pour faire appel réformation semble en revanche avoir qualité pour faire appel nullité, si un excès de pouvoir a été commis [2], spécialement si la décision arrêtant le plan a été rendue alors qu'il n'a pas été convoqué.

Enfin, les candidats repreneurs évincés n'émettant pas de prétention au sens procédural sont sans qualité pour exercer des voies de recours nullité [3].

La solution est la même pour les contrôleurs.

SECTION 572.30
PLAN DE CESSION TOTALE OU PLAN DE CESSION PARTIELLE

572.31 Possibilité d'arrêté un plan de cession totale ou partielle (v. aussi s^s n° 570.09). La décision arrêtant le plan de cession peut prévoir, selon l'article L. 621-62 du code de commerce, dans sa rédaction antérieure à la loi de sauvegarde des entreprises [4], soit la cession, soit la cession partielle accompagnée d'une continuation. Identiquement, la cession peut, d'après l'article L. 621-83, alinéa 3 du code de commerce, dans sa rédaction antérieure à la loi de sauvegarde des entreprises, être totale ou partielle.

La solution n'a pas été modifiée, sous l'empire de la loi de sauvegarde, par les articles L. 631-22, alinéa et L. 642-1, alinéa 2, qui envisagent tous deux la possibilité d'une cession totale ou partielle. Ne peut être suivie l'opinion d'auteurs [5] considérant impossible l'adoption d'un plan de redressement partiel et d'un plan de cession partielle, faute de permission des textes.

572.32 Notion de cession partielle. La notion de plan de cession totale est faussement simple. Elle est même protéiforme, en fonction des règles juridiques à lui appliquer. Elle se définit ainsi plus par son régime que par sa nature.

Il est d'abord certain que si tous les actifs sont cédés, et alors que l'activité de l'entreprise se poursuit sous l'égide du repreneur, il y a plan de cession totale, même si la juridiction n'a pas qualifié ainsi l'opération [6].

Il est tout aussi certain que si le débiteur obtient un plan de redressement, alors que parallèlement un repreneur est désigné pour reprendre une partie des actifs, il y a plan de cession partielle. La logique rejoint ici la lettre des textes.

En effet, l'article L. 621-70 alinéa 2 du code de commerce (anc^t L. 25 janv. 1985 [7], art. 69, al. 2, réd. L. 10 juin 1994 [8]), dans sa rédaction antérieure à la loi de sauvegarde des entreprises [9], indique que ces cessions sont soumises aux dispositions des articles L. 621-84, L. 621-93 et L. 621-96 du code. Le texte exclut donc l'application des articles L. 621-94 et L. 621-95 du code de commerce, textes qui s'intéressent spécifiquement aux cessions totales. On comprend que l'article L. 621-70, alinéa 2 rende notamment inapplicable, au plan de cession partielle, la disposition de l'article L. 621-94 énonçant que le plan de cession emporte déchéance du terme. En effet, plan de continuation et déchéance du terme sont antinomiques. De même, l'article 1844-7, 7° du code civil dans sa rédaction antérieure à la loi de sauvegarde des entreprises, fait apparaître que le plan de cession n'emporte disparition de la personnalité morale de la société qu'en cas de cession totale, laquelle présuppose qu'il n'y ait pas de plan de continuation. Enfin, la clôture de la procédure

1. L. n° 2005-845, 26 juill. 2005, préc.
2. Lyon, 4 nov. 1988, *D.* 1989. Somm. 12, obs. Derrida.
3. Com. 27 mars 2012, n° 11-10.139, NP; n° 351 F-D; *Rev. proc. coll.* 2012, comm. 86, note Fraimout.
4. L. n° 2005-845, 26 juill. 2005, préc.
5. JACQUEMONT ET VABRES, 9e éd., n° 940.
6. Agen, 5 mars 1996, *Rev. proc. coll.* 2001, 87, n° 34, obs. Soinne.
7. L. n° 85-98, 25 janv. 1985, préc.
8. L. n° 94-475, 10 juin 1994, préc.
9. L. n° 2005-845, 26 juill. 2005, préc.

n'est pas envisagée par l'article L. 621-95 du code de commerce, en cas de plan de cession partielle, solution qui semble se justifier par la coexistence d'un plan de continuation partielle.

La loi de sauvegarde des entreprises contient également une disposition qui va dans le sens de l'interprétation suggérée. Il s'agit de l'article L. 642-21 du code, selon lequel « lorsqu'il a été fait application des dispositions de l'article L. 631-22 et que le débiteur ne peut obtenir du tribunal l'arrêté d'un plan de redressement, les dispositions du présent titre sont applicables ». L'article L. 642-21 a été abrogé par l'ordonnance du 18 décembre 2008[1]. Il a été déplacé à l'article L. 631-22, alinéa 3. Le code envisage donc la possibilité d'arrêter un plan de cession et un plan de redressement en phase de redressement judiciaire.

D'autres situations posent cependant problème. Comment d'abord qualifier l'hypothèse dans laquelle il n'y a pas de plan de continuation, qu'un seul repreneur est désigné en ne reprenant qu'une partie des actifs du débiteur ? La question ne fait pas difficulté si le débiteur n'avait qu'une seule activité sur un seul site. Il y a plan de cession totale[2]. En effet, si les éléments non compris dans le plan de cession sont indifférents à la poursuite de l'activité, il y a bien plan de cession totale[3].

L'article L. 621-83, alinéa 4 du code de commerce, dans sa rédaction antérieure à la loi de sauvegarde des entreprises, prévoit cette situation en indiquant que les biens non cédés seront réalisés selon les modalités du titre III de la loi, c'est-à-dire les règles de la liquidation judiciaire.

L'article L. 642-21 du code, dans la rédaction que lui donne la loi de sauvegarde des entreprises (devenu C. com., art. L. 631-22, al. 3), prévoit identiquement que, en cas arrêté d'un plan de cession en phase de redressement judiciaire, « les biens non compris dans le plan de cession sont cédés dans les conditions de la présente section », c'est-à-dire la section consacrée à la cession des actifs du débiteur, alors que la section 1 est consacrée au plan de cession.

La difficulté surgit, en revanche, si un seul repreneur est désigné et qu'il ne reprend qu'une seule branche d'activité, les autres étant purement et simplement arrêtées. Y a-t-il plan de cession partielle ? *A priori*, c'est bien ce qu'envisage l'article L. 621-83 alinéa 3, dans sa rédaction antérieure à la loi de sauvegarde des entreprises, et l'article L. 642-1 alinéa 2 du code, dans la rédaction issue de la loi de sauvegarde des entreprises, qui s'intéressent à la cession portant sur un ensemble d'éléments d'exploitation qui forment une ou plusieurs branches complètes et autonomes d'activité[4]. C'est en ce sens que s'est prononcée la Cour de cassation[5], dans une espèce où *cette question centrale concernait* l'application du tarif des administrateurs judiciaires. L'article 6, alinéa 2 du décret du 27 décembre 1985[6] sur les honoraires des mandataires prévoit un droit proportionnel calculé sur le chiffre d'affaires hors taxes après adoption d'un plan de cession totale. Le droit n'est pas du en cas de cession partielle. Pour la Cour de cassation, la cession est partielle dès lors que certaines des branches autonomes d'activité ne sont pas reprises. Mais, en ce cas, faute de plan de continuation, les dispositions spéciales au plan de cession accompagné d'un plan de continuation posées par l'article L. 621-70 alinéa 2 du code de commerce, dans sa rédaction antérieure à la loi de sauvegarde des entreprises, sont inapplicables à ces cessions. Il ne reste donc que la possibilité d'appliquer toutes les dispositions relatives au plan de cession, et notamment, sous l'empire de la législation antérieure à la loi de sauvegarde des entreprises, les articles L. 621-94 et L. 621-95 qui, pourtant ne concernent que les cessions totales. La solution s'impose rationnellement. Ainsi, l'article L. 621-94 du code qui pose la règle de la déchéance du terme doit-il s'appliquer. De même, l'article L. 621-95 qui envisage la clôture de la procédure a tout autant vocation à s'appliquer. Aucune raison de logique juridique ne conduit à écarter ces deux textes. On peut, à la suite d'auteurs, résumer ce type de cession de la façon suivante : dès lors qu'une sous-entreprise est cédée, le plan de cession est bien partiel[7].

Il a en outre été jugé qu'il y avait cessions partielles en présence de la reprise de tous les magasins du débiteur par le cessionnaire, chacun des magasins devant être considérés comme une branche d'activité susceptible d'une exploitation autonome. La conséquence de l'analyse a été d'emporter cession judiciaire des contrats de bail commercial[8], alors que l'analyse en simple fonds de commerce des magasins aurait conduit à décider que la cession du

1. Ord. n° 2008-1345, 18 déc. 2008, préc.
2. COMP. : Douai, 2e ch., 18 févr. 1999, *D. Affaires* 1999, 599.
3. Com. 11 juin 1996, n° 94-15.295, *Bull. civ.* IV, n° 170; *D.* 1997. Somm. 2, obs. Derrida; *Rev. proc. coll.* 1996, 457, n° 40, obs. Soinne; *Quot. Jur.* 9 juill. 1996, p. 13, note P. M. – *Adde*, J.-CL. COM., Fraimout, fasc. 2730, [Plan de cession – Conception et adoption], 2007, n° 9.
4. J.-CL. COM., Fraimout, fasc. 2730, [Plan de cession – Conception et adoption], 2007, n° 9.
5. Com. 11 juin 1996, n° 94-15.295, *Bull. civ.* IV, n° 170; *D.* 1997. Somm. 2, obs. Derrida; *Rev. proc. coll.* 1996, 457, n° 40, obs. Soinne; *Quot. Jur.* 9 juill. 1996, p. 13, note P. M. – *Adde*, Orléans, 27 avr. 2000, *Rev. proc. coll.* 2001, 87, n° 34, obs. Soinne.
6. D. n° 85-1388, 27 déc. 1985, préc.
7. SAINT-ALARY-HOUIN, 9e éd., n° 1247.
8. Rennes, 2e ch., 1er juill. 2008, Rg n° 08/01007; *Rev. proc. coll.* 2010/2, comm. 75, p. 68, note Fraimout.

droit au bail était conventionnelle. L'analyse pouvait être discutée dans la mesure où l'activité de la société débitrice avait été arrêtée.

La question pose problème dans une dernière hypothèse, celle où plusieurs repreneurs sont désignés pour reprendre chacun une ou plusieurs branches d'activité. Y a-t-il alors autant de cessions partielles ou est-on en présence d'un plan de cession totale ? Intuitivement, il serait tentant de considérer qu'il y a alors plusieurs cessions partielles. C'est ce que décide la Cour de cassation [1]. Pourtant, ici encore, faute de pouvoir appliquer l'article L. 621-70, alinéa 2, dans la rédaction antérieure à la loi de sauvegarde des entreprises, qui écarte le jeu des articles L. 621-94 et L. 621-95, la mise à l'écart de ces deux articles réservés au plan de cession totale serait totalement illogique. Faudrait-il, par exemple, écarter le jeu de la déchéance du terme de l'article L. 621-94 et obliger ainsi, sans raison logique, les créanciers à être payés à terme ?

La loi de sauvegarde nous semble résoudre la difficulté. Elle n'envisage pas de mettre à l'écart les règles du plan de cession totale au prétexte qu'il y a plan de cession partielle. La solution de la pluralité de plans de cession est d'ailleurs explicitement envisagée par l'article L. 642-5, alinéa 1 du code qui énonce que le tribunal « arrête un ou plusieurs plans de cession ». Le texte ne précise pas s'il y a alors plan de cession totale ou plusieurs plans de cession partielle. En revanche, les travaux préparatoires de la loi de sauvegarde des entreprises sont très clairs sur la question. « Afin de tenir compte du fait que les cessions d'entreprises peuvent être totales ou partielles, il est également précisé que le tribunal devrait arrêter un ou plusieurs plans de cession » [2].

572.33 Les trois types de plan de cession partielle. Il y a ainsi, dans la loi, trois types de plans de cession partielle. Le premier est celui de la pluralité de cessions partielles. Le deuxième est celui d'une cession ne portant pas sur la totalité des branches autonomes d'activité de l'entreprise débitrice. Mais le seul plan de cession partielle doté d'un régime propre est le troisième : la cession partielle accompagnant un plan de continuation ou de redressement partiel. Il convient d'ajouter immédiatement que ce qui *a priori* constitue des cessions partielles reçoit le traitement juridique d'un plan de cession totale, en l'absence de plan de continuation ou de redressement, avec cette seule particularité qu'il faudra éclater en quote-part chacun des prix de cession versés pour l'exercice des droits de préférence des créanciers inscrits sur les biens intégrés dans chacune des cessions partielles.

Indiquons que, *comme il a été justement relevé* [3], à l'occasion de la réforme de la loi du 25 janvier 1985 [4] par celle du 10 juin 1994 [5] et de la modification de l'article 69 alinéa 2, les travaux préparatoires font clairement ressortir que les cessions partielles sont celles « réalisées dans le cadre de la continuation de l'entreprise » [6].

Il est enfin constaté, sous l'empire de la loi de sauvegarde des entreprises [7], que seul ce plan de cession partielle présente un intérêt au regard du régime spécifique dont il est doté [8].

C'est pourquoi il nous semble préférable de réserver l'expression de « plan de cession partielle » à l'hypothèse du plan de continuation ou de redressement assorti d'une cession partielle [9], seul doté d'un régime juridique propre.

572.34 Effets du plan de cession partielle accompagnant un plan de continuation ou de redressement (v. aussi s[s] n° 572.53). La clôture des opérations, sous l'empire de la législation antérieure à la loi de sauvegarde des entreprises [10], n'interviendra qu'en cas de plan de cession totale. Dès lors, les créanciers ne seront pas payés par distribution du prix de cession. En effet, la cession partielle accompagnée d'un plan de continuation est régie par l'article L. 621-70, alinéa 2 du code de commerce. Il est prévu que ces cessions partielles obéissent aux dispositions des articles L. 621-84, L. 621-93 et L. 621-96 du code de commerce ci-après. L'article L. 621-94 du code de commerce est donc inapplicable. Il n'y a en conséquence pas déchéance du terme, ce qui est logique puisque le plan de continuation qui repose sur des délais de paiement est inconciliable avec une déchéance du terme. L'article L. 621-95, alinéa 2 du code de commerce est également sans application. Il faut en conséquence décider que le prix de cession ne sera pas réparti par le commissaire à l'exécution du plan, seul l'article L. 621-96 étant réservé. Cette dernière disposition intéresse les créanciers titulaires de sûreté spéciale (v. s[s] n°s 582.31 s.).

La solution est modifiée par la loi de sauvegarde des entreprises, qui envisage également la clôture du plan de redressement (C. com., art. L. 626-28, disposition de la procédure de sauvegarde applicable

1. Com. 24 nov. 1998, n° 96-12.412, NP, *Rev. proc. coll.* 2001, 87, n° 34, obs. Soinne.
2. *Rapp. J.-J. Hyest*, n° 335, p. 401.
3. SOINNE, n° 1652.
4. L. n° 85-98, 25 janv. 1985, préc.
5. L. n° 94-475, 10 juin 1994, préc.
6. *Rapp. Gouzes*, *JO* doc. adm., n° 411, p. 42 – *Rapp. Dailly*, Sénat, *JO* doc. adm., n° 303, p. 93.
7. L. n° 2005-845, 26 juill. 2005, préc.
8. VALLANSAN ET *ALII*, 6e éd., p. 386.
9. AUSSI : LE CANNU, 7e éd., n° 1022.
10. L. n° 2005-845, 26 juill. 2005, préc.

également en redressement judiciaire :n., art. L. 631-19, I).

Si un bien grevé de sûreté est intéṇs une cession partielle, il convient d'app, sous l'empire de la législation antérieure à la sauvegarde des entreprises, l'article L. 621-8code de commerce qui envisage spécialemene hypothèse. Selon cette disposition, le prix sion est versé à l'entreprise, sous réserve du jel'article L. 621-80 du code.

Sous l'empire de la loi de sauvegardeentreprises, l'article L. 626-23 du code trouve ppliquer. Selon cette disposition, « en cas de ces partielle d'actifs, le prix est versé au débiteur scéserve de l'application de l'article L. 626-22 ».

Ces articles concernent l'hypothèse ente d'un bien grevé de sûreté en phase d'exécutilu plan de continuation ou de redressement. Il cendra, en conséquence, de payer les créanciers tituls de sûreté spéciale, lorsque le bien grevé aura été vu dans les conditions de cette disposition (v. s[s] n22.31 s.), laquelle est dérogatoire au droit comm du paiement des créanciers dans le plan de conuation ou de redressement, qui intervient sous fe de dividendes. La coordination de l'article L.21-96, alinéa 1 du code de commerce, dans sa rétion antérieure à la loi de sauvegarde des enprises, de l'article L. 642-12 alinéa 1, dans sa rétion issue de la loi de sauvegarde des entreprises, des dispositions applicables au plan de cession paielle oblige à considérer qu'il convient pour le tribnal d'affecter aux biens grevés de sûretés une qute-part, ce que fera préciser le mandataire de justic concerné[1]. Le tribunal devra autoriser le paiemnt, dans le cadre de l'article L. 621-80 du code, dans sa rédaction antérieure à la loi de sauvegarde des entreprises, de l'article L. 622-22, dans la rédaction de la loi de sauvegarde des entreprises, et ce dans la limite de la quote-part. Cependant, l'application de cette disposition supposera que le bien grevé de sûreté soit intégré dans le plan de cession. Si tel n'est pas le cas, il sera vendu en dehors du plan à un tiers et les dispositions applicables aux biens cédés en dehors du plan de cession s'appliqueront alors (v. s[s] n°s 572.31 s.).

Les créanciers chirographaires ne pourront rien percevoir sur le prix de cession, ce qui revient à dire que, sous réserve du jeu de la quote-part du prix de cession permettant l'exercice des droits de préférence des créanciers inscrits sur les biens cédés, le prix de cession restera à disposition du débiteur, pour assurer la poursuite de son activité, dans les conditions du plan de continuation ou de redressement partiel dont il bénéficie[2]. La règle est posée par l'article L. 621-81, dans sa rédaction antérieure à la loi de sauvegarde des entreprises, par l'article L. 626-22, dans sa rédaction issue de la loi de sauvegarde des entreprises. Les créanciers chirographaires ne pourront donc être payés selon les dispositions du plan de continuation[3] ou de redressement.

SECTION 572.40

LOCATION-GÉRANCE PRÉALABLE AU PLAN DE CESSION

572.41 Règles générales relatives à la location-gérance préalable à la cession – Nature juridique. Le législateur de 1985[4] envisage à deux reprises la technique de la location-gérance. Cette dernière est d'abord, sous l'empire de la législation antérieure à la loi de sauvegarde des entreprises[5], réglementée pendant la période d'observation, à l'article L. 621-34 du code de commerce (anc[t] L. 25 janv. 1985, art. 42 – v. s[s] n°s 423.11 s.). La loi de sauvegarde des entreprises l'a supprimée. Elle est ensuite envisagée dans le cadre de l'arrêté d'un plan de cession. Elle seule nous intéressera ici.

Le plan qui organise la cession totale ou partielle de l'entreprise peut inclure une période de location-gérance de tout ou partie du fonds de commerce. Dans ce cas, le contrat de location-gérance comporte l'engagement d'acquérir à son terme.

Les articles L. 642-13 à L. 642-17 du code de commerce réglementent le contrat.

La location-gérance n'apparaît pas comme une solution autonome. Elle ne constitue qu'un préalable à la cession[6], laquelle est obligatoire pour le locataire-gérant. Elle tend nécessairement vers un transfert de propriété au locataire-gérant alors que le mécanisme de droit commun de la location-gérance est inverse : au terme de la période de location-gérance, le fonds pris en location-gérance fait retour au bailleur. La location-gérance apparaît ici en réalité comme une location-gérance vente, mais sans faculté d'option d'achat. Ainsi, comme il a été justement relevé, elle s'apparente à une location-vente, du fait de la promesse synallagmatique de vente qui y est incluse[7]. Cependant, seule la cession opère transfert de propriété. c'est à la date de passa-

1. IFPPC 1999, recomm. n° 3102-5, p. 73.

2. DERRIDA ET *ALII*, n° 558 – SOINNE, n° 1656 – RIPERT ET ROBLOT, n° 3203 – SUR LA QUESTION, SOUS L'EMPIRE de la loi de sauvegarde : Dorléac, « Étude sur le sort du prix de cession en cas de cession partielle en plan de sauvegarde », *BJE* sept./oct. 2011, comm. 131, p. 293.
3. RIPERT ET ROBLOT, n° 3203.
4. L. n° 85-98, 25 janv. 1985, préc.
5. L. n° 2005-845, 26 juill. 2005, préc.
6. Versailles, 13e ch., 16 déc. 1987, *Rev. proc. coll.* 1988, 317, n° 12, obs. Soinne; *RJ com.* 1988. 232, obs. Martin-Serf.
7. GUYON, n° 1294.

tion des actes que seront exigibles les droits de mutation[1].

La défaveur du législateur à l'égard de la location-gérance apparaît ici clairement. Alors que sous l'empire de la loi du 13 juillet 1967[2], la location-gérance constituait largement une technique de « vente à l'essai » d'une entreprise, le législateur de 1985 – et la solution n'a pas été modifiée par la loi du 26 juillet 2005 – fait passer au premier plan la sauvegarde de l'entreprise. Il se démarque en conséquence nettement de la vision de la loi du 13 juillet 1967, en obligeant le locataire-gérant à acquérir l'entreprise au terme de la location-gérance.

572.42 Conclusion du contrat de location-gérance préalable à la cession. Le contrat de location-gérance ne peut être conclu qu'avec le repreneur retenu par le tribunal[3], puisqu'il n'est pas autonome par rapport à la cession projetée. Le jugement statuant sur le plan de cession devra le prévoir[4].

L'article L. 642-13, alinéa 2 du code de commerce, dans la rédaction que lui donne la loi de sauvegarde des entreprises[5], prévoit que « le tribunal statue après avoir entendu ou dûment appelé le liquidateur, l'administrateur judiciaire lorsqu'il en a été désigné, les contrôleurs, les représentants du comité d'entreprise ou, à défaut, des délégués du personnel et toute personne intéressée et après avoir recueilli l'avis du ministère public ». Cette législation a supprimé de la liste le débiteur, qui y figurait antérieurement, alors pourtant que l'atteinte au droit de propriété du débiteur est patente[6].

Il pourra être conclu, nonobstant toute clause conventionnelle interdisant le recours à la technique, spécialement dans le bail des immeubles d'exploitation (C. com., art. L. 642-13, al. 1).

Le tribunal peut autoriser le recours à la location-gérance, même si les conditions classiques posées par le code de commerce, et spécialement par les articles L. 144-3, L. 144-4 ne sont pas remplies. (C. com., art. L. 642-14).

L'autorisation du tribunal ne sera, en pratique, donnée que si les garanties fournies par le locataire-gérant sont suffisantes.

La dura location-gérance ne peut excéder deux anque l'article L. 642-15 du code de commeroit que l'entreprise doit être effectivement dans les deux ans du jugement qui arrête le p

Le cont location-gérance sera publié selon les règlesroit commun, quelle que soit sa durée[8].

572.43 ution du contrat de location-gérance préalable cession – Effets sur le débiteur des créances pendant la phase de location-gérance. L'article L. -7, alinéa 2 du code de commerce prévoit explicient que le jugement qui arrête le plan emporte con des contrats, même lorsque la cession est prlée d'une location-gérance. Le locataire-gérarevient donc directement le débiteur des obligats nées du contrat cédé.

Le locat-gérant se voit transférer, en application de l'a:le L. 1224-1 du code du travail, les contrats de avail, sous réserve des licenciements prévus par plan.

De mêm le repreneur doit prendre à sa charge les échéanc restant à échoir d'un crédit en cas de transfert dla charge de la sûreté (C. com., art. L. 642-12, . 4).

L'article 642-14 du code de commerce, pour sa part, prévo que l'article L. 144-7 du code de commerce est sns application. Cette dernière disposition institu une solidarité entre le locataire-gérant et le baille du fonds pour les dettes nées entre la conclusionlu contrat de location-gérance et les six premiers mis qui suivent sa publication. En conséquence, il fat décider que le débiteur, c'est-à-dire le loueur du fonds, n'est pas solidairement responsable des dettes contractées par le locataire-gérant dans le cadre de l'exploitation du fonds. Les dettes nées du chef du locataire-gérant lui sont donc strictement personnelles.

L'absence de caractère novatoire du plan de cession n'a pas pour effet de contrarier cette absence de solidarité, puisque les dettes dont il est ici question sont des dettes nées du chef du locataire-gérant. Il ne s'agit donc pas de dettes nées du chef du débiteur, dont il ne serait pas déchargé.

572.44 Inexécution du contrat de location-gérance préalable à la cession. L'article L. 621-98 du code de commerce, dans sa rédaction antérieure à la loi de sauvegarde des entreprises[9], prévoit que le commissaire à l'exécution du plan se fait communi-

1. Com. 7 avr. 1998, n° 96-15.069, *Bull. civ.* IV, n° 128; *Act. proc. coll.* 1998, n° 44.
2. L. n° 67-563, 13 juill. 1967, *JO* 14 juill., p. 7059.
3. GUYON, n° 1293 – SOINNE, n° 1653 – PÉROCHON, 10e éd., n° 1263 – LE CANNU, 7e éd., n° 1089 – VALLANSAN et *alii*, 6e éd., p. 411 – JACQUEMONT, 7e éd., n° 931.
4. SAINT-ALARY-HOUIN, 9e éd., n° 1261.
5. L. n° 2005-845, 26 juill. 2005, préc.
6. LIENHARD, 6e éd., n° 124.48 – Jouffin, « Le lancinant mouvement de balancier des procédures collectives, Présentation de la seconde version de l'avant-projet de loi de sauvegarde des entreprises », REP. COM., *Cah. d'actualité*, mars 2004.
7. Versailles, 13e ch., 16 déc. 1987, *Rev. proc. coll.* 1988, 317, n° 12, obs. Soinne; *RJ com.* 1988. 232, note Martin-Serf.
8. IFPPC 1999, recomm. n° 4013-7, p. 96.
9. L. n° 2005-845, 26 juill. 2005, préc.

quer par le locataire-gérant tous les documents et informations utiles à sa mission.

La solution est reprise par l'article L. 642-16 alinéa 1 du code, dans la rédaction qui donne la loi de sauvegarde des entreprises. La communication est ici assurée au liquidateur.

Ainsi, le commissaire à l'exécution du plan, sous l'empire de la législation antérieure à la loi de sauvegarde des entreprises, le liquidateur dans la législation de sauvegarde des entreprises, veillent-ils à la bonne exécution du contrat, par le locataire-gérant. Ils doivent faire rapport de toute atteinte aux éléments pris en location-gérance et de toute inexécution des obligations du locataire-gérant (D. 27 déc. 1985[1], art. 109, C. com., art. R. 642-21). Le rapport doit contenir les observations du locataire-gérant et proposer éventuellement les solutions qui seraient de nature à permettre l'exécution du plan.

Le tribunal, au vu de ce rapport, soit d'office, soit à la demande du commissaire à l'exécution du plan, ou, depuis la loi de sauvegarde des entreprises, du liquidateur, lesquels ne présenteront cette demande que s'il y a péril en la demeure[2], peut ordonner la résiliation du contrat de location-gérance et la résolution du plan. La demande peut également émaner du procureur de la République et plus largement, depuis la loi de sauvegarde des entreprises, du ministère public. Le débiteur n'a pas qualité pour demander cette résiliation[3].

Si la location-gérance a déjà pris fin, il ne peut être question de prononcer judiciairement sa résiliation. En conséquence, la résolution du plan, consécutive à la résiliation de la location-gérance, s'avère impossible[4]. Il y a alors place à résolution du plan.

Sous l'empire de la législation antérieure à la loi de sauvegarde des entreprises, la résolution du plan entraînera ouverture d'une nouvelle procédure de redressement judiciaire. Dans le cadre de la procédure ouverte contre le débiteur, les créanciers de la première procédure recouvrent l'intégralité de leurs droits (créances et sûretés), sous déduction des sommes déjà perçues (C. com., art. L. 621-98, al. 3)[5]. Cette nouvelle procédure ouverte à l'encontre du loueur oblige les créanciers admis au passif de la première procédure à déclarer à nouveau leur créance[6]. La formule de l'article L. 621-98, alinéa 3 rappelle celle de l'article L. 621-82 alinéa 1 et soumet, en conséquence, les créanciers aux mêmes obligations. Cette ouverture d'une « nouvelle procédure de redressement judiciaire à l'égard du loueur » oblige également à considérer que les créanciers « de l'article 40 » (C. com., art. L. 621-32) du loueur deviennent, dans sa seconde procédure, des créanciers antérieurs, astreints comme tels à l'obligation de déclaration au passif. Le tribunal, contrairement à la solution applicable à la résolution du plan de continuation, n'a pas à prononcer la liquidation judiciaire. La lettre du texte semble même l'interdire[7]. Il devra donc ouvrir un nouveau redressement judiciaire et pourra décider d'arrêter un nouveau plan de cession, au profit d'un autre repreneur. Il ne semble pas interdit au tribunal d'autoriser une location-gérance au profit d'un autre repreneur. Le tribunal pourrait également arrêter un plan de continuation au profit du débiteur[8], même si la solution en pratique, s'avérera rare.

Sous l'empire de la loi de sauvegarde des entreprises, la résiliation du contrat de location-gérance entraînera également résolution du plan (C. com., art. L. 642-16, al. 2). Mais il n'y aura plus place à ouverture d'une nouvelle procédure contre le loueur. Celui-ci est déjà en liquidation judiciaire et sa procédure, par hypothèse, ne peut être clôturée, puisque les opérations de cession n'ont pu être menées à leur terme. Le débiteur, loueur, reste en liquidation judiciaire, en l'absence de plan de redressement[9].

572.45 Inexécution de l'obligation d'acquérir au terme de la location-gérance préalable à la cession. Si le locataire-gérant n'exécute pas, au terme de la location-gérance, son obligation d'acquérir l'entreprise, l'article L. 621-101 du code de commerce, dans sa rédaction antérieure à la loi de sauvegarde des entreprises[10], organise une sanction originale. Le commissaire à l'exécution du plan, le procureur de la République et tout intéressé – il pourra donc s'agir des salariés ou des créanciers – peuvent solliciter la mise en redressement judiciaire du locataire-gérant.

L'ouverture de cette procédure collective est indépendante d'une condition classique : le constat de l'état de cessation des paiements. Le refus d'acquérir sera donc sanctionné par la mise en redressement judiciaire, au même titre que l'impossibilité d'acquérir, laquelle dénotera, quant à elle, en pratique, l'état de cessation des paiements.

Le locataire-gérant ne supportera cependant que son passif, sans que puisse être mis à sa charge le passif du débiteur, c'est-à-dire du loueur. Les tra-

1. D. n° 85-1388, 27 déc. 1985, préc.
2. IFPPC 1999, recomm. n° 5100, p. 115.
3. Paris, 2 mars 1990, *D.* 1991. Somm. 16, obs. Derrida.
4. Paris, 19 oct. 1990, *Gaz. Pal.* 1991. I. 199, note Marchi.
5. ILLUSTR. : Nancy, 1er avr. 1988, *Rev. proc. coll.* 1989, 172, obs. Soinne.
6. PÉROCHON ET BONHOMME, 6e éd., n° 370.
7. RAPPR. : PÉROCHON ET BONHOMME, 6e éd., n° 370.
8. SOINNE, n° 1664.
9. EN CE SENS AUSSI : Froehlich et Sénéchal, Lucas et Lécuyer (dir.), *La réforme des procédures collectives…*, Lgdj, 2006, p. 346.
10. L. n° 2005-845, 26 juill. 2005, préc.

vaux préparatoires de la loi du 25 janvier 1985[1] excluent ouvertement cette possibilité de faire supporter au locataire-gérant le passif du loueur, du fait du rejet d'un amendement prévoyant ce support[2]. En revanche, en application du droit commun, le locataire-gérant pourra être condamné à réparer le préjudice qu'il fait subir, par l'inexécution de ses obligations, tant au loueur qu'aux salariés[3].

La loi de sauvegarde des entreprises modifie la sanction applicable à l'inobservation de l'obligation d'acquérir l'entreprise par le locataire-gérant. En cas d'inexécution de l'engagement d'acquérir l'entreprise au terme de la location-gérance, le tribunal, d'office ou à la demande du liquidateur ou du ministère public, est saisi pour prononcer la résiliation du contrat de location-gérance et la résolution du plan. La possibilité de saisine par tout intéressé est supprimée, au profit d'une faculté de saisine d'office (C. com., art. L. 642-17, al. 1). Le tribunal a la possibilité de condamner le locataire-gérant à des dommages et intérêts pour réparer le préjudice causé aux loueurs et aux salariés.

La loi de sauvegarde des entreprises supprime, en revanche, l'ouverture d'une nouvelle procédure de redressement contre le locataire-gérant qui n'exécute pas l'engagement d'acquérir. La solution a été justifiée par la considération que la cession se fait désormais dans le cadre de la liquidation judiciaire[4].

Cette règle s'inscrit également dans la suppression des ouvertures de procédures collectives à titre de sanction.

L'obligation d'acquérir doit se faire aux conditions arrêtées dans le plan de cession. L'article L. 642-17, alinéa 2 du code de commerce autorise cependant une modification des conditions d'acquisition. Le locataire-gérant doit justifier qu'il ne peut acquérir aux conditions initiales pour une cause qui ne lui est pas imputable, ce qui a permis de donner ici, de manière dérogatoire, et avant l'heure, effet à la théorie de l'imprévision[5]. Les simples difficultés de gestion qu'il rencontre ne peuvent être considérées comme une cause non imputable[6]. Il n'y a cependant pas à démontrer de circonstances imprévisibles, ce qui distingue la non-imputabilité de la force majeure[7].

L'article L. 642-17, alinéa 2 du code prévoit que le tribunal ne pourra statuer sur la demande de modification des conditions d'acquisition de l'entreprise p[…] locataire-gérant qu'« après avoir recueilli l'av[…]u ministère public et entendu ou dûment ap[…] le liquidateur, l'administrateur lorsqu'il en […]ésigné, les contrôleurs, les représentants du co[…] d'entreprise ou, à défaut, des délégués du per[…]nel et toute personne intéressée ».

Avant co[…]ne après l'entrée en vigueur de la loi de sauvega[…] des entreprises, la modification des conditions […] peut porter sur le prix d'acquisition.

Avant […]oi de sauvegarde des entreprises, la modifica[…] des conditions d'acquisition devait être prés[…]ée avant l'expiration du délai de deux ans imp[…]ti au locataire-gérant pour acquérir l'entrep[…] (C. com., art. L. 621-101, al. 2).

La l[…]de sauvegarde des entreprises est plus stricte […]énonçant que la modification ne peut porter su[…]e délai de deux ans pour acquérir l'entreprise, […] qui, par le fait même, interdit également de prése[…]ter une demande de modification des condition[…]d'acquisition après l'expiration de ce délai.

L[…] jugement emportant modification de l'offre du locataire-gérant est un jugement modificatif du plan de cession et sera en conséquence susceptible des mêmes voies de recours (v. s^s^ n°s 583.31 à 583.36).

SECTION [5]72.50
PÉRIMÈ[T]RE OBJECTIF DE LA CESSION

572.5[1] Détermination des biens cédés. Outre qu'il détermine les contrats nécessaires à la poursuite de l'activité qu'il convient de céder au repreneur (v. s^s^ n° 582.57), le jugement qui arrête le plan de cession précise les biens qui seront cédés.

L'article L. 621-84, alinéa 2 du code de commerce, dans sa rédaction antérieure à la loi de sauvegarde des entreprises[8], indique, à cet égard, que le tribunal statue sur la composition des ensembles cédés. Il le fait par référence à l'article L. 621-83, alinéa 2 du code, c'est-à-dire en tenant compte du fait que ces actifs doivent permettre d'assurer le maintien d'activités susceptibles d'exploitation autonome. Il ne s'agit pas tant d'un ensemble d'actifs que de l'outil de production.

La solution n'a pas été reprise par la loi de sauvegarde des entreprises. Elle n'est cependant pas écartée. L'explication peut être trouvée dans la modification opérée par la loi de sauvegarde des entreprises quant au contenu des offres de cession. Désormais, l'article L. 642-2, II, 1° dispose que toute offre doit comporter l'indication « de la désignation précise des biens, des droits [...] inclus dans l'offre ». Le tribunal statuera donc au vu du contenu de l'offre pour déterminer les biens cédés, sans pouvoir cependant

1. L. n° 85-98, 25 janv. 1985, préc.
2. *JO Sénat CR* 7 nov. 1984, p. 2975.
3. VALLANSAN ET *ALII*, 6e éd., p. 411.
4. *Rapp. Xavier de Roux*, n° 2095, p. 389.
5. GUYON, n° 1294.
6. T. com. Paris, 31 oct. 1988, *Gaz. Pal.* 1989. I. 355, note Marchi.
7. RAPPR. : SOINNE, n° 1662.

8. L. n° 2005-845, 26 juill. 2005, préc.

s'en écarter sauf à imposer au cessionnaire des charges non souscrites au cours de l'élaboration du plan. La solution, qui semble s'écarter de la situation issue de la législation antérieure, est donc en réalité la même. En pratique, en effet, le plus souvent le repreneur sous l'empire de la législation antérieure à la loi de sauvegarde des entreprises, aura détaillé dans son offre les actifs qu'il entend reprendre et le tribunal ne fera que suivre sa proposition. Le fait que le tribunal, sous l'empire de la législation antérieure « statue sur la composition des ensembles cédés » ne l'autorise pas à s'émanciper du contenu de l'offre.

Les biens inclus dans le plan de cession doivent présenter certaines caractéristiques.

Tout d'abord, ils doivent être cessibles. Tel n'est pas le cas, en application de l'article 20 *quinquies* du code général des impôts, de la créance de report en arrière des déficits (*carry-back*), qui est inaliénable et incessible[1]. La question se pose pour les actions de sociétés, frappées d'une clause d'inaliénabilité[2].

La seule modalité de valorisation du stock est l'inventaire contradictoire établi en application du jugement d'ouverture et non une évaluation à dire d'expert établie ultérieurement, par l'analyse de la comptabilité[3].

Ensuite, pour pouvoir être cédés, les biens doivent appartenir au débiteur et non à des tiers, fussent-ils associés solidairement tenus du passif. *Il n'y* a pas d'obstacle à intégrer dans le plan de cession des biens communs à deux époux, puisqu'ils sont soumis à la procédure de redressement judiciaire (v. s[s] n° 741.41). Le plan ne pourrait porter sur des actifs cédés par le débiteur avant jugement d'ouverture[4], sauf jeu des nullités de la période suspecte ou de la fraude paulienne.

Une règle curieuse – inopportune et discriminatoire[5] – a été posée lorsque le débiteur, personne physique, exerce une activité libérale soumise à un statut législatif ou réglementaire ou dont le titre est protégé. En ce cas, en effet, l'article L. 642-1 alinéa 4 du code, tel qu'issu de la loi de sauvegarde, dans sa rédaction d'origine, prévoit que la cession ne peut porter que sur les éléments corporels. La clientèle, élément essentiel du fonds libéral, ne peut être intégrée dans le plan de cession[6]. Il est simplement réservé le droit du débiteur de présenter son successeur au garde des Sceaux, lorsqu'il est titulaire d'un office public ou ministériel. Il y a là, assurément, une malfaçon[7]. En effet, la Cour de cassation admet la cessibilité des clientèles civiles depuis la reconnaissance juridique du fonds d'exercice libéral[8]. Il n'y avait donc pas d'obstacle à ce que la clientèle fasse partie du plan de cession. En outre, la disposition n'existe que pour les professionnels libéraux exerçant à titre individuel, non pour les sociétés[9], fussent-elles unipersonnelles. De plus, la cession des parts de société exerçant une activité libérale est possible[10]. Enfin, et c'est peut-être la remarque la plus importante, rien n'interdit de céder la clientèle en tant qu'élément isolé, faute de disposition comparable dans le cadre de la réalisation des autres actifs. Alors, faut-il décider que la clientèle est un droit qui n'est pas cédé dans le plan de cession, mais qui, comme les biens non compris dans le plan, sera réalisé selon les modalités classiques de la liquidation judiciaire ? Rien ne l'interdit et tout doit, au contraire, conduire à l'admettre, sous l'observation qu'il peut apparaître bien délicat de parler encore de cession d'entreprise, lorsque la clientèle n'est pas cédée[11]. L'incohérence du dispositif atteint alors son paroxysme.

La contrariété de la disposition avec l'article 1er du 1er protocole additionnel de la Convention européenne des droits de l'homme et des libertés fondamentales, selon lequel « toute personne physique ou

1. Com. 15 déc. 2009, n° 08-13.419, *Bull. civ.* IV, n° 165; n° 1242 FP-P+B; *D.* 2010. AJ 87, note Lienhard; *Act. proc. coll.* 2010/3, n° 47, note Lamulle.
2. SUR LA QUESTION : Ferry, « Portée des clauses d'inaliénabilité ayant pour objet des actions », *Dr. sociétés* 2010, comm. 12, sp. n° 10.
3. Com. 22 mai 2012, n° 11-16.114, NP.
4. Com. 2 févr. 1993, n° 91-14.270, *Bull. civ.* IV, n° 40; *D.* 1996. Somm. 5, obs. Derrida.
5. PÉROCHON ET BONHOMME, 7e éd., n° 452 – Rétif, « L'extension des procédures collectives aux professions libérales », *Rev. proc. coll.* 2006/2, p. 152 s., sp. p. 155 – LIENHARD, 2e éd., 2007, n° 2006 – Froehlich et Sénéchal, Lucas et Lécuyer (dir.), *La réforme des procédures collectives…*, Lgdj, 2006, p. 320 – Rétif, « Observations à propos du plan de cession de l'entreprise libérale individuelle », *Rev. proc. coll.* 2006, p. 232 s., sp. p. 233, n° 4.
6. V. Rép. min. n° 2060, *JOAN Q*, 4 déc. 2007, p. 7705, *D.* 2007. AJ 3062, obs. Lienhard; *JCP E* 10 janv. 2008, n° 2, 1050, p. 40.
7. Froehlich et Sénéchal, « De la réalisation de l'actif », *LPA* n° sp. 9 févr. 2006, n° 29, p. 21.
8. Civ. 1re, 7 nov. 2000, n° 98-17.731, *Bull. civ.* I, n° 283; *RTD civ.* 2001, n° 1, 167, note Revet; *JCP* 10 janv. 2001, n° 2, p. 69, note Viala; *JCP E*, supplément, 8 févr. 2001, n° 1 p. 10, note Viala; *JCP E* 8 mars 2001, n° 10 p. 419, note Loiseau; *CCC* avr. 2001, n° 4 p. 9, note Chemtob; *JCP N* 20 juill. 2001, n° 29 p. 1235, note Daigre; *D. Affaires* 19 juill. 2001, n° 28, 2295, note Serra; *RTD civ.* 2001. 131, obs. Mestre et Fages.
9. Rétif, « L'extension des procédures collectives aux professions libérales », *Rev. proc. coll.* 2006/2, p. 152 s., sp. p. 155; « Observations à propos du plan de cession de l'entreprise libérale individuelle », *Rev. proc. coll.* 2006/3, p. 232 s., sp. p. 235, n° 11 – Favario, « L'avocat en difficulté (application de la loi de sauvegarde à l'avocat exerçant en nom) », *Bull. Joly* 2006/6, § 155, p. 691 s., sp. p. 697, n° 16.
10. Martin et Neveu, « L'application à la profession d'avocat de la loi du 26 juillet 2005 sur la sauvegarde des entreprises », *JCP E* 2006. 1764, p. 867 s., sp. p. 869, n° 11.
11. J.-CL. COM., Fraimout, fasc. 2730, [Plan de cession – Conception et adoption], 2007, n° 6.

morale a droit au respect de ses biens » a été mise en avant, la clientèle étant analysée en un bien[1].

Observons, en tout cas, que la prohibition de la cession du fonds libéral ne s'applique pas au commerçant exerçant une profession réglementée, tel un pharmacien. La genèse du texte permet de s'en convaincre, le code de commerce ne visant que la profession libérale, non de manière plus large, le professionnel indépendant[2].

L'ordonnance de réforme du 18 décenbre 2008[3], qui tient compte de ces observations, et des suggestions de la pratique[4], a supprimé cette soution (ord. 18 déc. 2008, art. 110). Il n'y a donc, lésormais, plus d'obstacle à la cession de l'entreprise d'un professionnel libéral.

Toutefois, l'ordonnance du 18 décembre 2008 maintient la règle spéciale posée par l'article L 642-1, alinéa 4 du code de commerce, lorsque la procédure collective intéresse un officier public ou ministériel. En ce cas, le liquidateur continuera à exercer le droit du débiteur de présenter son successeur au garde des Sceaux, ministre de la Justice.

L'article L. 3121-3 du code des transports prévoit, en son alinéa 2 résultant de la rédaction que lui a donnée la loi du 6 août 2015[5], dite loi Macron, qu'en cas de sauvegarde, de redressement ou de liquidation judiciaire d'une entreprise de taxis exploitant plusieurs autorisations (licences ou « plaque » de taxis) délivrées avant la promulgation de la loi du 1er octobre 2014[6], et dont le ou les représentants légaux ne conduisent pas eux-mêmes un véhicule, l'entreprise débitrice, son administrateur ou son liquidateur judiciaire sont admis à présenter à titre onéreux un ou plusieurs successeurs à l'autorité administrative. Il s'agit donc de céder le droit de présentation, dans le cadre d'une procédure collective.

Des difficultés peuvent se présenter si les biens cédés ont fait l'objet d'une demande en revendication ou en restitution. Si une décision reconnaissant le droit du propriétaire est intervenue avant le jugement d'arrêté de plan, le bien ne peut être cédé s'il est entre les mains du propriétaire. En revanche, si le bien est entre les mains du repreneur, la règle de l'article 2276 du code civil empêche sa récupération. Le repreneur sera protégé par les effets de la possession. La seule possibilité est alors d'admettre la nasance d'une créance de prix couverte par les disptions assurau créancier postérieur, sur le prix e cession, un tement préférentiel. Si la décision reconnaissant droit de propriété du revendiquat est postérie au plan de cession et si le repreneur est entré possession du bien litigieux, il y ara également pla à naissance d'une créance de pri garantie par les dpositions assurant un traitemnt préférentiel au céancier postérieur.

Les biens cédés doivent être nécessaires à l'exploitation. En présence d'un débiteur personne physique, il et donc exclu d'intégrer dans le périmètre de la cessio des biens qui ne sont pas affectés à l'activité de l'ntreprise[7], tels l'immeuble d'habitation du débiteur u le véhicule de tourisme utilsé à des fins non profeionnelles. La remarque vau évidemment pour l'EIR, seuls les biens comprisdans le patrimoine conoerné par la procédure colective pouvant au surplusêtre cédés.

Le débieur cédant peut s'engagr, dans le cadre d'un pla de cession partielle, transmettre le savoir fai relatif aux activités cédées. L'inexécution de cette oligation est source de lommages et intérêts, à mins qu'elle ne soit la conséquence du refus opposé pr les salariés à la décalisation de leur poste deravail[8].

Le dispositif du jugement arêtant le plan de cession, qui n'est pas suffisamnent précis pour déterminer le périmètre de la cesion, doit être complété par les dispositions des ofres de cession, dès lors que le dispositif renvoie au contenu de ces offres[9]. Il peut même être estimé que, à défaut de précision contraire dans le dispositif du jugement d'arrêté de plan, il pourra être complété par l'offre indépendamment de tout renvoi du dispositif à celle-ci. L'offre est considérée comme faisant partie intégrale du plan.

Le fonds de concours, représentatif d'une créance détenue par la société débitrice, au titre d'une convention par laquelle elle assure la gestion d'une résidence de tourisme, n'est pas cédé au repreneur, faute de mention dans l'offre de cession et partant dans le jugement arrêtant le plan de cession, alors même que la convention serait cédée. La cour d'appel peut en conséquence, dans l'exercice de son pouvoir souverain d'appréciation, décider qu'il s'agit d'un actif résiduel non cédé[10].

Si les biens cédés sont grevés d'un **droit de rétention**, le repreneur devra le respecter. Il ne pourra donc prétendre faire disparaître le droit de rétention

1. Rétif, « Observations à propos du plan de cession de l'entreprise libérale individuelle », *Rev. proc. coll.* 2006/3, p. 232 s., sp. p. 235, n° 13.
2. Rétif, art. préc., p. 232, n° 2.
3. Ord. n° 2008-1345, 18 déc. 2008, préc.
4. Montéran, « Pour améliorer le droit des entreprises en difficulté, osons la réforme », *Gaz. proc. coll.* 2008/1, p. 3 s., sp. p. 13.
5. L. n° 2015-990, 6 août 2015, *JO* 7 août, p. 13537, dite loi Macron.
6. L. n° 2014-1104, 1er oct. 2014, *JO* 2 oct., p. 15938.
7. Com. 3 mars 1992, n° 90-12.602, *Bull. civ.* IV, n° 103; *D.* 1992. 345, note Bolard; *Quot. Jur.* 17 juill. 1992, n° 56, p. 4, note P. M.
8. Com. 7 juill. 2009, n° 08-17.811, NP; n° 714 F-D.
9. Derrida et *alii*, n° 249.
10. Com. 3 nov. 2009, n° 08-19.634, NP; n° 986 F-D.

qu'en payant le créancier rétenteur (v. s[s] n° 633.33). Si, en connaissance de cause, il aliène des biens gagés, il peut être poursuivi pour délit de détournement de biens gagés[1].

Cette opinion que nous avions soutenue se trouve explicitement affirmée par l'ordonnance du 18 décembre 2008. C'est ainsi qu'il faut comprendre le nouvel alinéa 5 de l'article L. 642-12 du code de commerce, dans sa rédaction issue de cette ordonnance (ord. 18 déc. 2008, art. 115), selon lequel « les dispositions du présent article n'affectent pas le droit de rétention acquis par un créancier sur des biens compris dans la cession ». Ainsi, n'est-il pas purement et simplement interdit d'intégrer dans un plan de cession des biens grevés d'un droit de rétention. En revanche, s'il est procédé à cette intégration, le droit de rétention reste opposable au repreneur.

En présence d'un droit de rétention réel, attribut ou non d'un gage, faute de distinction du texte de l'article L. 642-12, alinéa 5 du code de commerce, rien ne peut obliger le créancier rétenteur à se dessaisir du bien. Le repreneur ne peut appréhender le bien qu'en payant.

On peut alors se poser la question de l'incidence d'une absence de déclaration de la créance au passif. L'article L. 622-26, alinéa 2 du code de commerce, qui résulte de l'ordonnance du 18 décembre 2008 (ord. 18 déc. 2008, art. 34), texte de la sauvegarde applicable en liquidation judiciaire, prévoit que « les créances non déclarées régulièrement dans ces délais sont inopposables au débiteur ». Il faut donc, *a contrario*, décider que la créance reste opposable au repreneur, ce qui doit, à notre sens, justifier l'opposabilité à son égard du droit de rétention, en dépit de l'absence de déclaration au passif du débiteur de la créance fondant le droit de rétention.

Le caractère fictif du droit de rétention ne nous semble pas, faute de distinction du texte, modifier les solutions. Certes, les biens à céder au repreneur sont ici entre les mains du débiteur. Mais, puisqu'il faut respecter le droit de rétention, il faut considérer que le droit de rétention reste opposable au repreneur, ce qui autorise le créancier gagiste rétenteur à poursuivre le paiement de sa créance entre les mains du repreneur. S'il bénéficie d'un droit de suite, ce dernier peut être mis en œuvre contre le repreneur, qui n'est qu'un détenteur.

Cette analyse nous semble au demeurant confortée par l'article L. 622-7, I, alinéa 2 du code de commerce. Cette disposition commence par poser un principe d'inopposabilité du droit de rétention fictif accordé par l'article 2286, 4° du code civil aux créanciers gagistes sans dépossession, qui ne sont pas déjà titulaires d'un droit de rétention fictif. Au principe selon lequel l'inopposabilité du droit de rétention joue pendant l'exécution du plan de sauvegarde ou de redressement, une exception est apportée, si le bien objet du gage est compris dans une cession d'activité décidée en application de l'article L. 626-1. Il faut donc comprendre que le droit de rétention reste efficace dans l'hypothèse d'une cession. Le droit de rétention inopposable au débiteur reste en revanche opposable au repreneur. L'application de la disposition à la cession intervenant dans le cadre d'un redressement paraît résulter de la combinaison de l'article L. 631-14, alinéa 1, qui rend applicable en redressement judiciaire l'article L. 622-7 du code et de l'article L. 631-19, qui rend applicable en redressement judiciaire l'article L. 626-1.

Ainsi le droit de rétention fictif accordé par l'article 2286, 4° du code civil aux créanciers gagistes sans dépossession, qui ne sont pas déjà titulaires d'un droit de rétention fictif, reste-t-il efficace en cas de cession partielle en sauvegarde, et en cas de cession partielle ou totale en redressement judiciaire.

La disposition de l'alinéa 5 de l'article L. 642-12 du code de commerce s'inscrit exactement dans le même esprit : celui d'assurer une efficacité complète au droit de rétention, qu'il soit ou non l'attribut d'un gage ou d'un nantissement et qu'il soit réel ou fictif.

Dès lors, il nous semble que la modification apportée par l'article 165 de l'ordonnance du 18 décembre 2008 à l'alinéa 1 de l'article L. 642-12, et au visa qui est ainsi opéré au « gage », alors que jusqu'alors n'était visé, au titre des sûretés mobilières, que le nantissement, est inopportune. En effet, dès lors que le créancier bénéficiera d'un gage, fût-il sans dépossession, il disposera toujours d'un droit de rétention, du fait du jeu, non neutralisé en liquidation judiciaire, de l'article 2286, 4° du code civil. La règle de la fixation d'une quote-part du prix de cession, et corrélativement, celle du transfert de la charge de la sûreté, resteront, en conséquence, toujours inapplicables. Il est donc contradictoire de procéder à l'affirmation de la pleine efficacité du gage en plan de cession et d'appliquer à ce même gage une règle conduisant à réduire à une simple quote-part du prix de cession les droits de ce créancier gagiste.

572.52 Sort des biens non compris dans le plan de cession – Domaine de la règle.

> Loi du 25 janvier 1985[2]. Après avoir précisé que la cession peut être totale ou partielle (C. com., art. L. 621-83), l'article L. 621-83, dans sa rédaction antérieure à la loi de sauvegarde des entreprises[3],

1. Crim. 16 mai 2001, n° 00-84.780, *Bull. crim.* n° 125.

2. L. n° 85-98, 25 janv. 1985, préc.
3. L. n° 2005-845, 26 juill. 2005, préc.

indique, en son alinéa 4, que, « en l'absence de plan de continuation de l'entreprise, les biens non compris dans le plan de cession sont vendus et les droits et actions du débiteur sont exercés par le commissaire à l'exécution du plan, selon les modalités prévues au chapitre II ».

Malgré la lettre du texte qui semble imposer la réalisation de tous les actifs résiduels, la vente des biens non compris dans le plan de cession ne s'impose que dans la mesure de l'apurement du passif. Dès lors, si le passif peut être éteint sans ces ventes, ces dernières ne doivent pas intervenir[1]. En outre, il faut exclure de la réalisation des actifs non compris dans le plan de cession, la résidence principale, qui servirait également à l'exploitation, que le débiteur aurait fait déclarer insaisissable selon le mécanisme instauré par la loi du 1er août 2003, dite loi pour l'initiative économique[2] (v. s[s] n° 562.13) ou qui est devenue insaisissable légalement depuis la loi du 6 août 2015, dite loi Macron (v. s[s] n° 562.14).

La rédaction de l'article L. 621-83, alinéa 4 contraste avec celle de l'article L. 621-83, alinéa 3. Il semblerait qu'il faille, de cette différence rédactionnelle, tirer la conséquence que l'article L. 621-83, alinéa 4 s'applique non seulement s'il y a plan de cession totale, mais aussi s'il y a plan de cession partielle. Nous avons vu (v. s[s] n°s 572.32 et 572.33) que, selon notre opinion, il n'y a plan de cession partielle que s'il y a plan de continuation partielle, ce qui évite ainsi la discussion sur la portée de l'article L. 621-83 alinéa 4.

L'application des règles de la liquidation judiciaire conduit à décider que le juge-commissaire doit autoriser la cession des actifs résiduels. La Cour de cassation a jugé que l'autorisation du juge-commissaire donnée au commissaire à l'exécution du plan de vendre les biens non compris dans le plan à une personne désignée dans l'ordonnance n'emportait pas perfection de la vente[3]. L'évolution ultérieure de la position de la Cour de cassation sur la perfection de la vente au jour de l'ordonnance du juge-commissaire (v. s[s] n° 582.42) conduit à abandonner cette solution.

Le renvoi opéré par l'article L. 621-83, alinéa 4 aux modalités prévues au chapitre II, c'est-à-dire à la liquidation judiciaire, n'implique cependant pas que la juridiction, qui a arrêté un plan de cession non accompagné d'un plan de continuation, soit obligée de prononcer une liquidation judiciaire, pour que les biens non compris dans le plan de cession puissent être réalisés. Liquidation judiciaire et plan de cession sont, sous l'empire de la législation antérieure à la loi de sauvegarde des entreprises, inconciliables[4]. Cette interprétation se trouve d'ailleurs confortée par l'article L. 621-95 du code de commerce qui prévoit que, « en cas de cession totale de l'entreprise, le tribunal prononce la clôture des opérations après régularisation des actes nécessaires à la cession, paiement du prix et réalisation des actifs non compris dans le plan ». La clôture de la procédure de plan de cession n'intervient qu'après réalisation des actifs non compris dans ce plan. Il est donc clair qu'une procédure de liquidation judiciaire ne peut être prononcée pour la réalisation de ces actifs.

> **Loi du 26 juillet 2005.** La loi de sauvegarde des entreprises modifie la solution.

Le plan de cession peut d'abord – et c'est le principe sur lequel raisonne la loi de sauvegarde des entreprises –, être arrêté dans le cadre d'une liquidation judiciaire. La question de savoir s'il faudra prononcer une liquidation judiciaire résiduelle est alors sans objet.

Le plan de cession, par exception, peut également être arrêté en redressement judiciaire (C. com., art. L. 631-22). En ce cas, l'article L. 642-21 du code indique que « lorsqu'il a été fait application des dispositions de l'article L. 631-22 et que le débiteur ne peut obtenir du tribunal l'arrêté d'un plan de redressement, les dispositions du présent titre sont applicables. Les biens non compris dans le plan de cession sont cédés dans les conditions de la présente section ».

L'ordonnance du 18 décembre 2008[5] a abrogé l'article L. 642-21 et a déplacé son contenu à l'article L. 631-22, alinéa 3, sans changer les solutions. Ainsi, toutes les dispositions de la liquidation judiciaire (titre IV) s'appliquent-elles, et non plus seulement les modalités liquidatives de la cession. Il a été dit que, en ce cas, « le débiteur serait mis en liquidation judiciaire »[6]. L'affirmation était sans doute excessive au regard de la lettre des textes (v. s[s] n° 570.09). Elle est en revanche conforme aux articles R. 631-41 (devenu C. com., art. L. 631-22, al. 3) et R. 631-42 du code de commerce, qui dans un souci d'éclaircissement, posent clairement en règle que, après arrêté du plan de cession de l'entreprise, le débiteur qui n'obtient pas un plan de redressement, est placé en liquidation judiciaire. Les biens non compris dans le plan de cession ne sont donc pas réalisés selon les règles de la liquidation judiciaire, mais véritablement réalisés en liquidation judiciaire.

1. Com. 22 avr. 1997, n° 94-19.522, NP, *D.* 1998. Somm. 11 obs. Derrida.
2. L. n° 2003-721, 1er août 2003, *JO* 5 août, p. 13449.
3. Com. 22 janv. 2002, n° 99-15.241, NP, *RJDA* 2002/5, n° 534.
4. Limoges, 13 août 1986, *D.* 1987. 46, 2e esp., obs. Derrida – Paris, 4 mai 1988, *RD banc. et bourse* 1988, 207 ; *D.* 1988. Somm. 384, obs. Honorat – Paris, 23 mai 1990, *Banque et droit* 1991, 37.
5. Ord. n° 2008-1345, 18 déc. 2008, préc.
6. *Rapp. J.-J. Hyest*, n° 335, p. 420.

Il convient en effet désormais de distinguer s que le débiteur obtiendra ou non, parallèlemen plan de cession, un plan de redressement.

Si le plan de cession est arrêté à l'issue de période d'observation, et si le débiteur n'obtient p un plan de redressement, les biens seront vend dans le cadre de la liquidation judiciaire qui se nécessairement prononcée contre lui[1]. Il faut e effet appliquer l'article L. 642-21 du code de com merce (devenu C. com., art. L. 631-22, al. 3). Le biens non intégés dans le plan de cession seron cédés selon les dispositions de la section II du chapitre 2 du titre IV, c'est-à-dire les dispositions applicables à la réalisation des biens isolés en liquidation judiciaire.

Si le plan de cession est arrêté à l'issue de la période d'observation, et si le débiteur obtient subséquemment un plan de redressement, les biens non intégrés dans le plan de cession restent naturellement dans son patrimoine.

572.53 Incidence du dessaisissement sur le sort des biens non compris dans le plan de cession.

> Sous l'empire de la législation du 25 janvier 1985[2], le jugement qui arrête le plan de cession met fin, dès son prononcé, à la période d'observation. Est-ce à dire que le débiteur retrouve ses pouvoirs ? Il faut d'abord faire réserve de ceux qui sont attribués à l'administrateur pour la mise en œuvre du plan. Il faut ensuite réserver les pouvoirs reconnus au commissaire à l'exécution du plan, lequel doit veiller à la bonne exécution du plan, vendre les biens non compris dans le plan de cession[3] (v. aussi s[s] n° 455.42) et exercer les droits et actions du débiteur (C. com., art. L. 621-83). De ce droit d'exercer les droits et actions du débiteur, il est déduit que le commissaire à l'exécution du plan a seul qualité pour saisir la cour d'appel de renvoi après cassation, dans une instance intéressant les droits patrimoniaux du débiteur[4].

Pour le surplus, il faut distinguer selon que le plan de cession s'accompagne ou non d'une continuation partielle.

Dans le premier cas, les biens non compris dans le plan de cession n'ont pas vocation à être réalisés. Le débiteur retrouve sur eux ses pouvoirs, ce qui va lui permettre d'assurer son redressement.

Dans le second cas, c'est-à-dire si le plan de cession n'est pas accompagné d'une continuation partielle, les pouvoirs que retrouve le débiteur, après arrêté du plan de cession, ne peuvent s'exercer ni sur les actifs cédés, ni sur les actifs résiduels non compris dans le plan qui sont définitivement voués à être vendus[5], selon les modalités de la liquidation, et échappent entièrement, du fait de cette affectation spéciale, aux débiteurs, pour relever des seuls pouvoirs du commissaire à l'exécution du plan chargé de leur réalisation, ni sur les créances existantes au jour de l'ouverture de la procédure collective, qui ont pu être recouvrées par le commissaire à l'exécution du plan[6]. En revanche, le dessaisissement ne s'applique pas sur les actifs non destinés à être vendus, ce que la Cour de cassation a confirmé à l'occasion du rejet d'une question prioritaire de constitutionnalité ayant faussement interprété la position de la Cour de cassation[7].

Il en résulte que le commissaire à l'exécution du plan a qualité pour délivrer un commandement d'avoir à libérer les lieux à l'occupant sans droit ni titre d'un immeuble du débiteur non cédé au repreneur et devant, en conséquence, être réalisé par le commissaire à l'exécution du plan dans les conditions de la liquidation judiciaire[8].

Il en résulte aussi que les dispositions de l'article 91 du décret du 27 décembre 1985[9], qui organisent les conditions et modalités de la remise par le débiteur des sommes nécessaires à l'accomplissement de la mission du commissaire à l'exécution du plan, lorsque le débiteur entre en possession de telles sommes, doivent être écartées lorsque le plan de cession ne s'accompagne pas d'une continuation partielle[10].

Sur les biens non compris dans le plan de cession, les créanciers ne peuvent reprendre leurs poursuites individuelles. La règle de l'arrêt des poursuites individuelles et des voies d'exécution continue à s'appliquer[11]. Le droit de poursuite ne sera retrouvé que dans les conditions de l'article L. 622-23 du code (anc[t] L. 25 janv. 1985, art. 161 – v. s[s] n° 566.11).

> Dans la législation issue de la loi de sauvegarde des entreprises[12], les données du problème changent. Tout dépendra en effet du point de savoir si le

1. EN CE SENS AUSSI : Froehlich et Sénéchal, Lucas et Lécuyer (dir.), *La réforme des procédures collectives...*, Lgdj, 2006, p. 376.
2. L. n° 85-98, 25 janv. 1985, préc.
3. Com. 7 avr. 2004, n° 01-15.034, NP – Com. 12 juill. 2004, n° 01-16.034, *Bull. civ.* IV, n° 158; *D.* 2004. AJ 2154; *Act. proc. coll.* 2004/15, n° 192, note Vallansan.
4. Versailles, ch. com. réunies, 8 mars 2005, RG n° 2003/4405.
5. Com. 30 nov. 1993, n° 91-18.067, *Bull. civ.* IV, n° 442; *D.* 1996. Somm. 6, obs. Derrida; *Rev. proc. coll.* 1994, 214, obs. Soinne; *JCP E* 1994. I. 348, n° 5, obs. Pétel.
6. Com. 5 avr. 2011, n° 10-30.281, NP.
7. Com. 27 mars 2015, n° 14-19.771 QPC, NP, *Rev. proc. coll.* 2016, comm. 12, note Reille.
8. Com. 15 mars 2005, n° 03-17.569, NP.
9. D. n° 85-1388, 27 déc. 1985, préc.
10. Com. 5 avr. 2011, n° 10-30.281, NP.
11. Com. 5 févr. 1997, *Rev. proc. coll.* 1998, 397, n° 62, obs. Soinne.
12. L. n° 2005-845, 26 juill. 2005, préc.

débiteur, après l'arrêté du plan de cession, obtiendra un plan de redressement ou s'il sera placé en liquidation judiciaire (v. s[s] n° 572.52).

572.54 Application des modalités de réalisation des actifs de la liquidation judiciaire et non pas seulement des règles relatives aux ventes – Conséquences. Les solutions ici décrites n'ont d'intérêt véritable que dans la législation antérieure à la loi de sauvegarde des entreprises[1] (v. s[s] n° 572.52).

Bien que le texte de l'article L. 621-83, alinéa 4 du code de commerce, dans sa rédaction antérieure à la loi de sauvegarde des entreprises, ne vise que des biens « vendus », il faut considérer que ce sont les modalités de réalisations de l'actif qui sont applicables[2].

Les réalisations d'actifs obéissent aux règles de la liquidation judiciaire, c'est-à-dire, puisqu'il s'agit d'actifs isolés, à l'article L. 622-16 du code pour les immeubles et à l'article L. 622-18 pour les meubles. Le juge-commissaire peut donc parfaitement autoriser le commissaire à l'exécution du plan à vendre un immeuble de gré à gré, plutôt que d'ordonner la vente de cet immeuble aux enchères[3].

Le juge-commissaire autorisera les ventes d'actifs du débiteur, dès lors que le commissaire à l'exécution du plan ne disposera pas de sommes suffisantes à désintéresser les créanciers. Il pourra se fonder sur un état provisoire des créances pour porter cette appréciation[4], ce qui apparaît discutable.

L'article 104 du décret du 27 décembre 1985[5] précise que le juge-commissaire devra exercer les attributions conférées par les articles L. 622-16 et L. 622-18 du code de commerce. Il nous paraît curieux que le renvoi soit ainsi fait à l'article 155, qui envisage la cession d'unité de production, laquelle semble bien inconciliable avec les réalisations résiduelles d'actifs. L'article 104, alinéa 3 du décret du 27 décembre 1985 prévoit que lorsque la cession porte sur un fonds de commerce, l'acquéreur peut, après avoir payé le prix, saisir le juge-commissaire pour faire prononcer la radiation des inscriptions grevant le fonds, selon la procédure prévue à l'article 151-1 du même décret, texte régissant la liquidation judiciaire. Enfin, l'article 104, alinéa 2 de ce décret précise que la répartition du prix des immeubles obéit aux règles prévues par les articles 140 à 151 pour la procédure d'ordre.

L'article L. 622-21 du code de commerce, pour les biens gagés ou grevés d'un droit de rétention, est également applicable. Il faut ainsi décider que l'attribution judiciaire du gage est ouverte au créan-gagiste[6]. En outre, si le bien gagé ou grevé d'un de rétention est vendu par le commissaire à ution du plan, il y a place à report du droit de ation sur le prix[7]. Ce ne sont donc pas seule-t les modalités de vente, mais les modalités de isations des actifs qui sont applicables.

2.55 Classement des créanciers sur le prix de nte des biens non compris dans le plan de ces-on – Classement institué pour la liquidation diciaire ou hors liquidation judiciaire. La question, ici encore, n'intéresse que la législation anté-eure à la loi de sauvegarde des entreprises[8], puis-ue la législation du 26 juillet 2005 a instauré une iquidation judiciaire résiduelle en rendant applicables toutes les dispositions de la liquidation. Le problème, sous l'empire de la législation antérieure à la loi de sauvegarde des entreprises, se pose ici de savoir si la distribution du prix de vente des actifs doit respecter l'ordre établi par l'article L. 621-32 (anc[t] L. 25 janv. 1985[9], art. 40) en liquidation judiciaire, ou en dehors de la liquidation judiciaire, c'est-à-dire en l'occurrence en plan de cession. La solution est d'importance pour les créanciers titulaires de sûretés spéciales. Il nous apparaît que seules les modalités de réalisations de la liquidation judiciaire sont applicables et non les règles de classement des créanciers posées par l'article L. 621-32, en liquidation judiciaire. L'article L. 621-32, alinéa 1 pose le classement des créanciers « en cas de cession totale », ce qui incontestablement est le cas lorsqu'il y a « réalisation d'actifs en dehors du plan de cession ». Cette situation est bien celle visée par l'article L. 621-83, alinéa 4 du code de commerce (anc[t] L. 25 janv. 1985, art. 81, al. 4).

SECTION 572.60

EFFICACITÉ DE LA DÉCISION STATUANT SUR LE PLAN DE CESSION – PERSONNES TENUES D'EXÉCUTER LE PLAN

572.61 Opposabilité ou applicabilité *erga omnes* des dispositions arrêtant le plan de cession. L'article L. 621-65, alinéa 1 du code de commerce, dans sa rédaction antérieure à la loi de sauvegarde des entreprises[10], dispose que « le jugement qui arrête le plan en rend les dispositions opposables à tous ».

1. L. n° 2005-845, 26 juill. 2005, préc.
2. Rép. min. n° 262, *JOAN Q* 30 août 1993, p. 2740.
3. Paris, 3e ch. B, 9 févr. 2006, RG n° 2005/489.
4. AINSI : Com. 7 avr. 2004, n° 01-12.769, NP.
5. D. n° 85-1388, 27 déc. 1985, préc.
6. Paris, 4 mai 1988, *RD banc. et bourse* 1988, 207, obs. Honorat – *Adde*, Le Corre, « Les créanciers gagistes face au redressement judiciaire et la règle du concours », *Rev. proc. coll.* 1990, 21 s., spéc. 35, n° 20.
7. Com. 11 janv. 2005, n° 01-15.215, NP.
8. L. n° 2005-845, 26 juill. 2005, préc.
9. L. n° 85-98, 25 janv. 1985, préc.
10. L. n° 2005-845, 26 juill. 2005, préc.

Pour sa part, l'article L. 642-5, alinéa 3 dans sa rédaction issue de la loi de sauvegarde des entreprises, énonce que « le jugement qui arrête le plan en rend les dispositions applicables à tous ». Substitution de terminologie, qui n'a pas retenu l'attention lors de la discussion parlementaire, ne semble pas emporter de conséquence[1].

La disposition légale signifie d'abord que les dispositions ne pourront être méconnues par le repreneur.

Les dispositions restrictives des droits des créanciers, fussent-elles contraires à la loi, s'imposent à eux, dès lors que le jugement arrêtant le plan de cession est à l'abri des voies de recours. La préservation de leurs droits passera en amont par une tierce opposition nullité (v. s[s] n° 572.24), *qui* ne sera plus recevable après expiration d'un *délai de dizaine* faisant suite à la publication au *Bodacc* du jugement arrêtant le plan.

L'opposabilité ou l'applicabilité à tous des dispositions arrêtant le plan ne signifie pas pour autant que le plan pourrait contenir des dispositions restrictives ou augmentatives des droits des tiers[2].

La décision arrêtant le plan ne peut d'abord porter atteinte aux droits des tiers[3]. C'est pourquoi, elle ne peut régler les conflits de propriété entre le débiteur et un tiers[4], spécialement en matière de revendication. Ainsi, le jugement arrêtant le plan de cession ne pourrait-il se substituer à une ordonnance du juge-commissaire pour rejeter une action en revendication et intégrer, par voie de conséquence, dans les actifs cédés, un bien vendu sous clause de réserve de propriété ou loué.

Il a été jugé également que le jugement arrêtant le plan de cession ne peut confier, dans le cadre d'une administration provisoire, des mandats de gestion de syndic, cette désignation étant de la compétence exclusive du tribunal de grande instance. La désignation est inopposable aux syndicats de copropriété[5].

Cependant, la décision prévoyant la cession judiciaire du contrat a nécessairement des incidences sur le droit de propriété des cocontractants du débiteur puisque, en prévoyant la cession d'un contrat sans l'assortir de l'opposabilité du droit de propriété du cocontractant à la procédure collective, la décision reconnaît, par là-même, cette opposabilité, ce qui interdirait au repreneur de prétendre avoir acquis, dans le cadre du plan de cession, un bien, objet d'un contrat cédé.

En sens inverse, l'opposabilité à tous du jugement arrêtant le plan de cession a permis à un crédit-bailleur d'opposer son droit de propriété à la procédure collective du locataire repreneur, alors pourtant qu'aucune publication du contrat de crédit-bail n'avait été effectuée sur le repreneur[6]. La procédure ne pouvait prétendre ignorer le droit de propriété du crédit-bailleur, car le jugement arrêtant le plan de cession avait transféré au repreneur le contrat de crédit-bail le liant au débiteur d'origine, disposition opposable à tous.

Enfin si le jugement est opposable à tous, en revanche, l'article L. 621-65, alinéa 2, dans sa rédaction antérieure à la loi de sauvegarde des entreprises, prévoit explicitement que les cautions solidaires et coobligés ne pourront s'en prévaloir (v. s[s] n°s 723.31 et 723.32). Cela signifie, par exemple, que la caution ne pourrait se prévaloir de la réduction des droits du créancier inscrit sur un bien, par la technique de la fixation de la quote-part du prix de cession, pour prétendre être déchargée sur le fondement de l'article 2314 du code civil (anc[t] C. civ., art. 2037).

La solution a été inversée par la loi de sauvegarde des entreprises, pour le plan de sauvegarde des entreprises. La disposition particulière au plan de sauvegarde posée par l'article L. 626-11, alinéa 2, qui prévoit que « à l'exception des personnes morales, les coobligés et les personnes ayant consenti une caution ou une garantie autonome peuvent s'en (des dispositions du plan de sauvegarde) prévaloir » est rendue inapplicable en plan de redressement. L'article L. 631-20 du code de commerce prévoit en effet que « par dérogation aux dispositions de l'article L. 626-11, les coobligés et les personnes ayant consenti un cautionnement ou une garantie autonome ne peuvent se prévaloir des dispositions du plan » (v. s[s] n°s 721.17, 723.31 et 723.32).

L'ordonnance du 18 décembre 2008[7] conserve la solution, en étendant le domaine de l'article L. 626-11 à toutes les personnes physiques codébitrices, celles ayant consenti une sûreté personnelle, cédé ou affecté un bien en garantie.

Conformément au droit commun, il faut donc décider que les garants, personnes physiques ou personnes morales, ne pourront se prévaloir des dispositions du plan de cession.

572.62 Détermination des personnes tenues d'exécuter le plan de cession – Substitution. L'article L. 621-63, alinéa 1 du code de commerce oblige le tribunal à déterminer les personnes tenues d'exécuter le plan. Cette disposition de la législation anté-

1. AUSSI : PÉROCHON, 10e éd., n° 1247.
2. SOINNE, n° 1526.
3. DERRIDA ET *ALII*, n° 246.
4. SOINNE, n° 1526.
5. Com. 12 juill. 2004, n° 01-17.334, NP.
6. Com. 11 févr. 1997, n° 94-14.243, *Bull. civ.* IV, n° 48; *Rev. proc. coll.* 1997, 189, n° 1, obs. Soinne – *CONTRA* : Montpellier, 2e ch. B, 10 sept. 1996, *Diac c/Me Morelon ès-qual. Isotop*, NP.
7. Ord. n° 2008-1345, 18 déc. 2008, préc.

rieure à la loi de sauvegarde des entreprises[1], commune au plan de continuation et au plan de cession, a davantage de portée en plan de continuation qu'en plan de cession. Elle n'a pas été reprise par la loi de sauvegarde des entreprises.

Des personnes peuvent cependant avoir pris des engagements dans le cadre du plan de cession. Il peut en aller ainsi d'une garantie d'emploi souscrite dans le plan par des personnes physiques, ayant prévu de constituer une société. Cette société, dont on suppose qu'elle a bien été constituée, est alors tenue, en vertu de l'article L. 642-5 du code de commerce, de reprendre cet engagement, en se substituant aux associés qui l'avaient souscrit pour elle[2].

Le tribunal a désigné le repreneur ou les repreneurs en cas de plan de cession partielle. Une substitution à la personne désignée dans le plan peut-elle intervenir ?

La législation antérieure à la loi de sauvegarde des entreprises n'avait pas réglé la difficulté, ce qu'a fait la jurisprudence. Si l'offre du candidat repreneur comporte cette faculté de substitution, alors cette dernière est possible avec l'accord du tribunal[3]. Cependant, si la cession est totale, la substitution ne pourra alors être partielle[4]. Si le jugement reste muet sur la possibilité de substitution, celle-ci est impossible par le seul accord intervenu entre le repreneur et l'administrateur. La substitution opérée sans autorisation du tribunal encourt la nullité[5]. Une requête en rectification d'erreur matérielle ne peut utilement tenir en échec le mutisme du tribunal[6], l'omission étant le fait du repreneur, non une erreur du tribunal.

La substitution peut être acceptée par le tribunal au profit d'une société à constituer, alors même que son identité ne serait pas précisée[7]. Mais si l'offre est présentée par un fondateur pour le compte de la société à constituer, il ne peut être considéré qu'il y a eu substitution[8], ce qui est très important lorsqu'aucune fa de substitution n'avait été prévue par le jugem adoptant le plan.

substitution peut en revanche être décidée d le jugement qui arrête le plan ou par un jugem ultérieur. En ce dernier cas, le tribunal sera sa une demande, qui constituera une modificatio substantielle dans les objectifs et les moyens du pla L'administrateur et le commissaire à l'exécutio du plan engageraient leur responsabilité à acc er ce principe de substitution sans autorisatio udiciaire[10]. Dès lors que la substitution a été acc ée par le jugement arrêtant le plan, le commiss re à l'exécution du plan ne saurait engager sa resp sabilité envers les ayants droit de l'auteur de l'off , ce dernier étant décédé, au seul prétexte que la ces ion a été faite au profit d'une Sarl, alors que la substitution était envisagée au profit d'une société en nom collectif, l'auteur de l'offre – et donc ses ayants droit – restant identiquement garant de l'exécution. De la sorte, le lien de causalité entre la faute prétendue du commissaire à l'exécution du plan et le préjudice des ayants droit de l'auteur de l'offre n'est nullement établi[11].

En cas de substitution, le repreneur d'origine perd le droit de contester le jugement arrêtant le plan. Le repreneur peut toutefois se réserver les droits à la contestation du jugement arrêtant le plan de cession totale ou partielle[12].

La substitution envisagée dans l'offre n'aura cependant pas d'effet novatoire et le repreneur initialement retenu restera garant de l'exécution du plan[13], aux côtés du repreneur substitué, pouvant prendre en cela, en fonction des termes de l'offre de reprise un engagement direct et personnel d'exécuter les obligations du plan de cession indépendamment de la passation des actes de cession[14].

Il a été justement jugé que le cessionnaire ne saurait faire lever une inaliénabilité ayant pour finalité de le décharger de sa garantie de bonne exécution du plan par le cessionnaire substitué, grâce à un trans-

1. L. n° 2005-845, 26 juill. 2005, préc.
2. Soc. 12 nov. 2015, n°s 14-16.489, 14-16.567, 14-16.814, NP, *Leden* 2016, comm. 046, note de Frémont.
3. Versailles, 6e ch., 12 avr. 2005, RG n° 04/03467.
4. Com. 16 juill. 1991, n° 90-13.220, *Bull. civ.* IV, n° 261; *RJDA* 1991. 899.
5. Com. 6 juin 1995, n° 93-11.482, *Bull. civ.* IV, n° 166; *Rev. proc. coll.* 1996, 95, n° 10, obs. Soinne – Paris, 31 oct. 1989, *D.* 1991. Somm. 14, obs. Derrida – COMP. : Paris, 3^e^ ch. C, 30 juin 1995, *Rev. proc. coll.* 1996, 480, n° 58, obs. Soinne.
6. Com. 26 mai 1999, n° 95-20.253, n° 96-18.538, NP, *Rev. proc. coll.* 2000, 206, n° 18, obs. Soinne.
7. Com. 27 sept. 2011, n° 10-24.836, *Bull. civ.* IV, n° 140; n° 913 FS-P+B; *D.* 2011. actu 2399, note Lienhard; *Gaz. Pal. entr. diff.* 21 janv. 2012, n° 20, p. 25, note Voinot; *BJE* janv. 2012, comm. 17, p. 15, note Vincent; *Act. proc. coll.* 2011/17, comm. 267, note Cagnoli.
8. Com. 8 nov 2011, n° 10-24.119, NP; n° 1116 F-D; *Gaz. Pal. entr. diff.* 21 janv. 2012, n° 20, p. 27, note Voinot.
9. KERCKHOVE, n° 762.
10. Paris, 20 juin 1995, *Rev. proc. coll.* 1996, 406, n° 23, obs. Soinne.
11. Com. 26 sept. 2006, n°s 05-14.545, 05-14.546, NP; n° 1026 F-D.
12. Com. 30 sept. 2008, n° 04-18.050, NP; n° 908 F-D.
13. Com. 8 déc. 1998, n° 95-16.503, *Bull. civ.* IV, n° 296; *JCP* 19 janv. 2000, n° 3, p. 87, note Brocard et Jeuland; *RJDA* 1999/2, p. 158, n° 202; *D. Affaires* 1999, 80; *RJ com.* 2000. 214, n° 1557, note Courtier; *Rev. proc. coll.* 2001, 71, n° 2, obs. Soinne – Versailles, 6e ch., 12 avr. 2005, RG n° 04/03467 – *Adde*, Vincent, « Portée de la garantie de l'auteur de l'offre de reprise assortie d'une faculté de substitution », *D.* 2004. Chron. 686.
14. Com. 10 janv. 2006, n° 04-15.102, NP; n° 19 F-D.

fert des actifs au profit d'un autre r neur substitué[1].

Selon la jurisprudence, cette oblig n de garantie ne l'obligera pas, sous l'empi e la loi du 25 janvier 1985[2], à garantir l'exécuti les contrats judiciairement cédés[3]. Pas davantage e ne l'obligera à exécuter les obligations résulta u transfert de la charge de la sûreté[4] (v. s[s] n° 58).

La loi de sauvegarde des entrepri (C. com., art. L. 642-9, al. 3), d'une manière i rprétative, pose désormais en règle que « toute s titution de cessionnaire doit être autorisée par le unal dans le jugement arrêtant le plan de cession ns préjudice de la mise en œuvre des dispositio e l'article L. 642-6 ». L'auteur de l'offre retenue le tribunal reste garant solidairement de l'exécuti des engagements qu'il a souscrits (C. com., ar . 642-9, al. 3). L'article L. 642-6 pose les règles r ives à la modification substantielle dans les obj fs et les moyens du plan. Il faut donc comprendre q es solutions jurisprudentielles antérieures sont sacrées législativement et que, si la substitution pas été autorisée par le tribunal, seule la techni e de la demande de modification du plan peut êtr tilisée.

La consécration législative ne nous semb epen-dant que partielle, car les dispositions de rticle L. 642-9, alinéa 3 du code de commerce vo plus loin que la jurisprudence « dans la mesure il ne limite pas la responsabilité du cessionnaire a seules obligations contenues dans le plan et l'éte drait à tous les engagements, y compris ceux résultant des contrats cédés »[5], en rupture avec les solutions retenues en ce dernier domaine par la Cour de cassation[6]. Cette vision résultant des travaux parlementaires n'a cependant pas été partagée par la Cour de cassation, qui continue à poser en règle que « l'engagement de poursuivre ces contrats résultant du plan arrêté p le tribunal ne s'étend pas à la garantie, envers le cocontractants cédés, de la bonne exécution des obligations en résultant par le cessionnaire substitué »[7].

Ainsi, du fait de la consécration légale de la substitution dans l'exécution de la cession, les règles seront les mêmes, avant et après la loi de sauvegarde des entreprises, y compris en ce qui concerne la cession judiciaire des contrats.

La dissolution de la société repreneur ou son absorption devra être autorisée par le tribunal, au titre d'une modification substantielle dans les moyens du plan[8].

L'auteur de l'offre de cession, assortie d'une faculté de substitution, n'est pas déchargé des obligations souscrites en vue de la cession. Il en résulte qu'il reste personnellement tenu des engagements nés du plan de cession, et notamment de la garantie d'emploi[9], et ne peut, en conséquence, invoquer la cession volontaire à sa filiale pour s'exonérer de son obligation de ne pas licencier le personnel pendant deux ans[10].

572.63 Impossibilité d'imposer aux personnes tenues d'exécuter le plan de cession des charges non souscrites. L'article L. 621-63, alinéa 3 du code de commerce, dans sa rédaction antérieure à la loi de sauvegarde des entreprises[11], dispose que « les personnes qui exécuteront le plan, même à titre d'associé, ne peuvent se voir imposer des charges autres que les engagements qu'elles ont souscrits au cours de sa préparation ».

La solution n'est pas directement reprise par la loi de sauvegarde. Cependant, l'article L. 661-6, II du code (devenu C. com., art. L. 661-6, III, réd. ord. 18 déc. 2008[12]) ouvre au cessionnaire le droit de faire appel du jugement arrêtant le plan de cession, si le tribunal lui a imposé des charges non souscrites au cours de la préparation du plan. La solution ancienne est donc maintenue.

L'offre du repreneur apparaît, en conséquence, incontournable pour le tribunal, qui ne pourrait lui imposer, par exemple, la reprise d'un nombre supplémentaire de salariés, une augmentation du prix de cession, ou encore la charge des impôts relatifs aux éléments cédés[13], par exemple la taxe profes-

1. Paris, pôle 5, 8e ch., 19 oct. 2010, RG n° 10/13290, *Rev. proc. coll.* 2011, comm. 54, p. 58, note Fraimout.
2. L. n° 85-98, 25 janv. 1985, préc.
3. Com. 7 janv. 2003, n° 00-14.120, *Bull. civ.* IV, n° 5; *D.* 2003. AJ 276; *Act. proc. coll.* 2003/3, n° 37; *JCP E* 2003, Chron. 760, p. 851, n° 7, obs. Pétel – Com. 27 sept. 2011, n° 10-24.836, *Bull. civ.* IV, n° 140; n° 913 FS-P+B; *D.* 2011. actu 2399, note Lienhard; *Gaz. Pal. entr. diff.* 21 janv. 2012, n° 20, p. 25, note Voinot; *BJE* janv. 2012, comm. 17, p. 15, note Vincent; *Act. proc. coll.* 2011/17, comm. 267, note Cagnoli – Paris, pôle 5, 10e ch., 19 mai 2010, RG n° 08/19447, *Rev. proc. coll.* 2010/6, comm. 243, note Fraimout – *Adde*, sol. impl., Com. 16 oct. 2007, n° 06-13.202, NP; n° 1107 F-D.
4. Com. 16 sept. 2014, nos 13-17.189, 13-23.901, *Bull. civ.* IV, n° 121; n° 729 FS-P+B; *Act. proc. coll.* 2014/15, comm. 273, note Vallansan; *Rev. proc. coll.* 2014, comm. 165, note Fraimout; *JCP E* 2014, 1637, n° 3, note Pétel; *BJE* 2015, 21, note Vincent; *Leden* 2014, comm. 141, note Le Corre.
5. *Rapp. J.-J. Hyest*, n° 335, p. 408.
6. EN CE SENS AUSSI : VALLENS, 2015, n° 4264.
7. Com. 12 juill. 2016, n° 15-16.389, *Bull. civ.* IV [à paraître]; n° 680 FS-P+B.
8. LE CANNU, 7e éd., n° 1051.
9. Soc. 12 nov. 2015, nos 14-16.489, 14-16.567, 14-16.814, NP, *Rev. proc. coll.* 2016, comm. 59, note Fin-Langer.
10. Soc. 14 mars 2012, nos 07-04.941, 07-04.942, 07-44.943, NP, *BJE* mai 2012, comm. 85, p. 150, note Vincent.
11. L. n° 2005-845, 26 juill. 2005, préc.
12. Ord. n° 2008-1345, 18 déc. 2008, préc.
13. Versailles, 13e ch., 26 nov. 2009, RG n° 09/07089, *Rev. proc. coll.* 2010/4, comm. 173, note Fraimout.

sionnelle *prorata temporis*, même si cela e l'usage dans les cessions, dès lors qu'il ne s'agit as d'une obligation légale[1]. De même, il ne peut êt imposé au repreneur de faire son affaire ersomelle des revendications mobilières émanant es ties[2].

La date d'entrée en jouissance du rerereur marquera la date à laquelle il pourrait être co damné pour pratique anticoncurrentielle sur les actir cédés[3].

L'article L. 621-63, alinéa 3, dans sa rédaction antérieure à la loi de sauvegarde des entreprises, réserve le jeu de l'article L. 621-88 du code, c'est-à-dire la cession judiciaire des contrats. Le tribunal a en effet, sous l'empire de la loi du 25 janvier 1985[4], seul la maîtrise de la détermination des contrats nécessaires qu'il convient de céder au repreneur. Imposer la cession judiciaire d'un contrat ne constitue donc pas une charge supplémentaire interdite.

La solution ne peut être conservée sous l'empire de la loi de sauvegarde des entreprises. Il a été observé que la suppression, dans le nouvel article L. 626-10 du code, de la référence à l'article L. 642-7, conduirait à modifier la solution[5]. Mais, surtout, l'offre de cession doit, depuis la loi de sauvegarde des entreprises, contenir l'indication des contrats que le candidat repreneur veut reprendre, ce qui exclut que le tribunal puisse seul déterminer les contrats cessibles. Il impose une charge non souscrite en cédant un contrat non mentionné dans l'offre (v. s^s^ n° 582.57).

Est également réservé par l'article L. 621-63, alinéa 3 du code de commerce, dans sa rédaction antérieure à la loi de sauvegarde des entreprises, le jeu de l'article L. 621-96 du même code, lequel envisage notamment le transfert de la charge des sûretés (v. s^s^ n°s 582.41 s.).

La solution n'est pas modifiée, à notre sens, par la loi de sauvegarde des entreprises, malgré le mutisme des textes nouveaux sur la réserve du jeu du transfert de la charge de la sûreté, car ce mécanisme s'applique de plein droit, indépendamment de la volonté du repreneur, qui ne pourrait donc l'écarter.

Sous ces réserves, le tribunal ne peut arrêter un plan de cession, en méconnaissance des termes de l'offre présentée par le candidat repreneur.

L'article L. 623-6, alinéa 2 du code de commerce, dans sa rédaction antérieure à la loi de sauvegarde des entreprises, en tire la conséquence procédurale, en autorisant le repreneur à interjeter appel du jugement arrêt le plan en cas d'augmentation des charges scrites, en violation de l'article L. 621-63[6], alore son appel est irrecevable, à défaut d'augmeron des charges souscrites.

La solun est reprise par l'article L. 661-6, II du code, dan rédaction issue de la loi de sauvegarde des entreses (devenu C. com., art. L. 661-6, III, réd. ord. déc. 2008), en permettant au repreneur de faire el du jugement arrêtant le plan de cession quilui impose des charges autres que les engagents qu'il a souscrits au cours de la préparation dlan ». C'est ainsi qu'a été déclaré irrecevable l'el formé par le cessionnaire du jugement interprif du plan de cession, lequel suit le même régime le jugement arrêtant le plan de cession[7]. En l'abce d'appel, le cessionnaire ne pourra plus, par la te, contester les dispositions arrêtant le plan qui imposeraient des charges non souscrites. L'orité de la chose jugée attachée au jugement rrêté de plan y fera obstacle[8].

572.(Inexécution des engagements souscrits dans plan de cession[9]. Un engagement peut être sousc par un candidat à la reprise. Ainsi peut-il s'enger à payer les dettes nées de la prolongation de laériode d'observation, lorsque cette prolongationst destinée à permettre la présentation de meilures offres. Il ne sera cependant tenu que si la propsition est acceptée par le tribunal, qui en fait uneondition de l'arrêté du plan. Le simple donné actedu tribunal à cet engagement a été jugé insuffisant[10].

Lesassociés fondateurs d'une société constituée pour a reprise d'une entreprise en plan de cession peuvent s'engager à faire des apports en compte-courant. L'engagement peut résulter, non de l'offre de reprise, mais du plan de financement transmis à l'administrateur judiciaire. Si le tribunal arrête le plan en donnant acte aux actionnaires de leur engagement d'apporter une certaine somme en compte-courant, et si, dans les délais, les associés ne contestent pas le contenu du plan, ils ne peuvent préten-

1. Agen, ch. com., 8 juill. 2009, RG n° 09/00682, *Rev. proc. coll.* 2010/4, comm. 173, note Fraimout.
2. Agen, ch. com., 8 juill. 2009, RG n° 09/00682, préc.
3. Cons. conc., déc. n° 02-D-48, 29 juill. 2002, DPDE *bull.* n° 229, 8 oct. 2002, p. 5743, *V° Plan de cession*, n° 19 a.
4. L. n° 85-98, 25 janv. 1985, préc.
5. Thuillier, « Cession judiciaire des contrats et loi de sauvegarde des entreprises », *D.* 2006. Point de vue, 130.
6. ILLUSTR. : Com. 28 févr. 1995, n° 92-15.259, *Bull. civ.* IV, n° 57; *D.* 1995. n° 39, 562, note Bolard; *Rev. proc. coll.* 1995, p. 135, n° 14, obs. Soinne – Aix-en-Provence, 9 déc. 1988, *D.* 1990. Somm. 3, obs. Derrida – Rennes, 1er févr. 1989, *Rev. proc. coll.* 1990, 150, n° 3, obs. Le Corre – Montpellier, 19 juin 1990, *D.* 1992. Somm. 93, obs. Derrida – Paris, 8 juin 1993, *Gaz. Pal.* 1994. I. 20, note Marchi – Paris, 3e ch. C, 17 nov. 1994, *Rev. proc. coll.* 1996, 94, n° 7, obs. Soinne.
7. Com. 12 févr. 1991, n° 89-18.647, *Bull. civ.* IV, n° 68.
8. Com. 6 févr. 1996, n° 93-11.081, *Bull. civ.* IV, n° 37; *LPA* 24 avr. 1998, n° 49, p. 12, note Derrida; *Rev. proc. coll.* 1996, 467, n° 44, obs. Soinne.
9. Piniot, « Plan de cession, responsabilité du repreneur infidèle à ses engagements », *RJDA* 2000/7 et 8, p. 594.
10. Com. 12 juin 2001, n° 98-19.982, NP, *RJDA* 2001/12, n° 1231.

dre s'être v imposer par le tribunal d harges non souscrit. Dès lors, ils sont tenus obligation d'effectu l'apport en compte-cour En cas d'inexécution, dans le cadre de la liqui on judiciaire prononcé contre le repreneur, le idateur peut les assigner n libération de leurs arts[1].

L'inexécution de engagements sousc autorise tout intéressé à agr en responsabili ontre le repreneur. En effet, i le jugement arrt le plan est opposable à tous, smétriquement, t opposable – ou applicable – pa tous.

Depuis la loi du 26 juilet 2005[2], l'ar L. 642-5, alinéa 3 du code de commerce prévoi le jugement qui arrête le plan en rend les positions applicables à tous, ce qui ne semble pa odifier les solutions.

À l'égard du cédant, la sanction de exécution de ses engagements par le repreneur double. Il pourra s'agir de la résolution du plan d ssion (v. s[s] n° 584.11). Mais il pourra également question d'engager sa responsabilité civile. La s tion intermédiaire d a responsabilité civile, entre le tout – résolution u plan –, et le rien – absence de sanction du repren r infidèle –, est opportune, par son effet dissuasif[3] Pour la Cour de cassation, la nature de la responsa ilité à l'égard du cédant est de nature quasi co tractuelle[4], le repreneur ayant certes pris un engagement, ce qui est exclusif d'une responsabilité dé ctuelle, mais dans un cadre judiciaire.

Les autres intéressés auront également qualité pour faire respecter les engagements pris par le repreneur. Ils pourront donc agir en justice pour engager la responsabilité du repreneur, sur le terrain délictuel, cette fois[5]. Il a ainsi pu être jugé que lorsque le cessionnaire prend l'engagement d'exécuter des travaux de sécurisation d'une galerie marchande implantée sans autorisation dans une station de sport d'hiver, les copropriétaires qui avaient avancé les frais de sécurisation ont droit d'en obtenir le remboursement, car ces dépenses sont imputables à la carence du cessionnaire dans l'exécution de ses engagements et constituent, en conséquence, un préjudice réparable[6].

1. Com. 5 févr. 2008, n° 04-19.861, NP; n° 212 F-D; *Bull. Joly* juin 2008, § 108, p. 498, note Couret.
2. L. n° 2005-845, 26 juill. 2005, préc.
3. Lucas, obs. s[s] Com. 28 mars 2000, n° 98-12.074, *Bull. civ.* IV, n° 73; *RJDA* 2000, n° 7/8, p. 594, note M. Piniot; *RD banc. et bourse* 2000/2, n° 72.
4. Com. 26 oct. 1999, n° 96-19.156, *Bull. civ.* IV, n° 193; *JCP E et A* 2000, jur. 563, note Delfour; *D.* 2000. jur. 383, note Pélissier; *D.* 2000. Somm. 328, obs. Honorat; *Defrénois* 2000. 1128, n° 71, obs. Delebecque; *RTD civ.* 2000. 835, obs. Mestre.
5. Com. 28 mars 2000, n° 98-12.074, *Bull. civ.* IV, n° 73; *D.* 2000. jur. 210; *JCP E et A* 2000, Chron. 1561, n° 4, obs. Pétel; *RTD com.* 2000. 727, obs. Vallens; *RTD com.* 2001. 222, obs. Saint-Alary-Houin; *RD banc. et bourse* 2000/2, n° 72, obs. Lucas; *RTD civ.* 2000. 835, obs. Mestre.
6. Com. 5 oct. 2010, n° 09-15.942, NP; n° 946 F-D.

TITRE

580. Suites de l'arrêté du plan de cession

SECTION 0 ORIENTEUR

580.00 **Plan du titre.**

Chap.	581	**Surveillance de l'exécution du plan de cession**
Sect.	581.10	Durée des fonctions du commissaire à l'exécution du plan de cession – Législation antérieure à la loi du 26 juillet 2005
Sect.	581.20	Contenu de la fonction de commissaire à l'exécution du plan de cession – Législation antérieure à la loi du 26 juillet 2005
Sect.	581.30	Rémunération du commissaire à l'exécution du plan de cession – Législation antérieure à la loi du 26 juillet 2005
Sect.	581.40	Responsabilité du commissaire à l'exécution du plan de cession – Législation antérieure à la loi du 26 juillet 2005
Sect.	581.50	Sanctions disciplinaires atteignant le commissaire à l'exécution du plan en plan de cession – Législation antérieure à la loi du 26 juillet 2005
Sect.	581.60	Surveillance de l'exécution du plan de cession sous le régime de la loi du 26 juillet 2005
Chap.	582	**Exécution du plan de cession**
Sect.	582.10	Actes de cession
Sect.	582.20	Règles générales d'apurement du passif
Sect.	582.30	Quote-part du prix de cession
Sect.	582.40	Transfert de la charge de la sûreté
Sect.	582.50	Nature juridique, domaine et modalités de la cession judiciaire des contrats
Sect.	582.60	Effets de la cession judiciaire des contrats en plan de cession
Sect.	582.7	Cession du contrat de bail des locaux professionnels
Sect.	582.8	Règles spéciales à la levée d'option d'achat du contrat de crédit-bail
Chap.	583	**Modification du plan de cession**
Sect.	583.1	Conditions de fond de la modification du plan de cession
Sect.	583.2	Modalités procédurales de la modification du plan de cession
Sect.	583.3	Voies de recours sur la décision statuant sur la modification du plan de cession
Chap.	584	**Difficultés d'exécution du plan de cession**
Sect.	584.1	Modalités procédurales de la résolution du plan de cession
Sect.	584.2	Conditions de fond de la résolution du plan de cession
Sect.	584.3	Voies de recours sur le jugement de résolution du plan de cession
Sect.	584.4	Effets de la résolution du plan de cession

580.03 **Bibliographie indicative.** (V. les références complètes s[s] n° 031).

> Actualisables. RÉP. COM., Derruppé J., « Entreprises en difficulté – Redressement judiciaire (Phase de traitement – Les créanciers) », n°s 733 à 748 – Poracchia D., Rizzo D. et Vignal N., « Entreprises en difficulté – Redressement judiciaire (Phase de traitement – Redressement ou liquidation) », n°s 69 à 81, 85 à 22 – J.-CL. COM., Fraimout J.-J., fasc. 2423, [Plan de cession – cession des contrats]; Saint-Alary-Houin C. et Mascala C., fasc. 2405, [Commissaire à l'exécution du plan]; Fraimout J.-J., fasc. 2426, [Plan de cession – Obligations du cessionnaire].

> Ouvrages antérieurs à la loi de sauvegarde des entreprises. CHAPUT, n°s 442 à 480 – GUYON, n°s 1194, 1196, 1284 à 1294 – JACQUEMONT ET VABRES, 9e éd., n°s 937 à 990 – KERCKHOVE, n°s 725, 730 à 730-2, 760, 762, 767 à 771, 776 – LE CANNU, n°s 705 à 707, 709, 739 à 760 – LE CORRE-BROLY, n°s 246 à 253, 276 à 296 – MARTIN ET VALLENS, n°s 3693, 3694 et 3695, 3697 à 3701, 3798 à 3860 – PÉROCHON ET BONHOMME, n°s 333 à 370 – PÉTEL, n°s 323 à 342 – RIPERT ET ROBLOT, n°s 3197 à 3198, 3200 à 3206-2 – SAINT-ALARY-HOUIN, n°s 829, 839 à 841-2, 843 à 853, 922 à 934, 944 à 999-2 – SOINNE, n°s 1525 à 1538-1, 1540 à 1547, 1658 à 1665, 1690 à 1778, 1796 – VALLANSAN, p. 168 à 173, 189 à 217.

> **Ouvrages postérieurs à la loi de sauvegarde des entreprises.** COQUELET, 5e éd., n°s 469 à 488 – GIBIRILA, n°s 93 à 699 – JACQUEMONT, 7e éd., n°s 897 à 943 – LE CANN, 7e éd., n°s 1024, 1026 à 1034, 1053 à 1102 – LIENHARD, 6e éd., n°s 124.30 à 124.48 – PÉROCHON, 10e éd., n°s 1254 à 1304 – PÉTEL, 8e éd. n°s 334 à 339 – ROUSSEL GALLE, 2e éd., n°s 743 à 750 – SAINT-ALARY-HOUIN, 9e éd., n°s 1261, 1271 à 1321 – VALLANSAN ET ..., 6e éd., p. 395 à 412 – VALLENS, 2015, n°s 4266 à 420, 4290 à 4354 – VIDAL et GIORGINI, n°s 1199 à 1236 – VOINOT, 2e éd., n°s 739 à 764.

> **Articles.** Coquelet M.-L., « Le plan de cession a-t-il changé ? », *Rev. proc. coll.* 2006, p. 188 – Monsérié-Bon M.-H., « Le plan de cession », *LPA 6 sept.* 2000, n° 178, p. 43 s. – « La nouvelle répartition des rôles entre administrateurs et mandataires judiciaires », *LPA* 14 juin 2007, n° 114, p. 79 – Soinne B., « Le nouveau Kafka (À propos de la répartition des pouvoirs entre les organes de la procédure après jugement d'arrêté de plan) », *Rev. proc. coll.* 2001, p. 163.

CHAPITRE

581. Surveillance de l'exécution du plan de cession

SECTION 0
ORIENTEUR

581.00 **Plan du chapitre.**

Sect.	581.10	Durée des fonctions du commissaire à l'exécution du plan de cession – Législation antérieure à la loi du 26 juillet 2005
Sect.	581.20	Contenu de la fonction de commissaire à l'exécution du plan de cession – Législation antérieure à la loi du 26 juillet 2005
Sect.	581.30	Rémunération du commissaire à l'exécution du plan de cession – Législation antérieure à la loi du 26 juillet 2005
Sect.	581.40	Responsabilité du commissaire à l'exécution du plan de cession – Législation antérieure à la loi du 26 juillet 2005
Sect.	581.50	Sanctions disciplinaires atteignant le commissaire à l'exécution du plan en plan de cession – Législation antérieure à la loi du 26 juillet 2005
Sect.	581.60	Surveillance de l'exécution du plan de cession sous le régime de la loi du 26 juillet 2005

581.01 **Textes applicables.** (V. les références complètes ss n° 011).

> **Législation antérieure à la loi de sauvegarde des entreprises.**

C. com., art. L. 621-68, L. 621-90, L. 621-98

D. n° 85-1388, 27 déc. 1985, art. 90 à 92, 109

D. n° 85-1390, 27 déc. 1985, art. 8 à 10

> **Législation issue de la loi de sauvegarde des entreprises.**

C. com., art. L. 631-22, L. 642-11, al. 1, L. 642-21

C. com., art. R. 642-18, al. 1 (anct D. 28 déc. 2005, art. 264, al. 1), R. 642-21 (anct D. 28 déc. 2005, art. 267)

> **Législation issue de l'ordonnance du 18 décembre 2008.**

C. com., art. L. 631-21-1, L. 631-22, L. 642-11, al. 1

C. com., art. R. 642-18, al. 1, R. 642-21

581.02 **Jurisprudence de référence**

> À défaut d'indication dans le plan de cession, la mission du commissaire à l'exécution du plan durera jusqu'à la *clôture de la procédure* (jur. ant. L. 10 juin 1994).

• **Com. 10 mars 2004,** n° 01-12.915, *Bull. civ.* IV, n° 48

* V. ss n° 581.12

> À défaut d'indication de la durée du plan de cession dans le jugement l'arrêtant, cette durée sera limitée à 10 ans – durée maximale du plan, portée à 15 ans pour les agriculteurs (jur. post. *L.* 10 juin 1994).

• **Com. 10 mars 2004,** n° 02-17.820, *Bull. civ.* IV, n° 49

* V. ss n° 581.12

> À défaut d'indication de la durée du plan de cession dans le jugement l'arrêtant, cette durée sera limitée à 10 ans, peu important que le prix de cession ait été encaissé à cette date.

• **Com. 20 oct. 2009,** n° 08-16.935, *Bull. civ.* IV, n° 129; n° 940 FS-P+B

* V. ss n° 581.12

> La contestation de la désignation du mandataire *ad hoc* appelé à poursuivre la mission du commissaire à l'exécution du plan, à l'expiration de la durée celle-ci, prend la forme d'un référé-rétractation, et doit être portée devant le tribunal qui a désigné le mandataire spécial.

• **Com. 30 oct. 2007,** nos 06-16.129, 06-16.178, *Bull. civ.* IV, n° 230; n° 1201, FS-P+B

* V. ss n° 581.15

581.03 **Bibliographie indicative.** (V. les références complètes ss n° 031 – Aussi ss n° 580.03).

> **Actualisables.** J.-CL. COM., Saint-Alary-Houin C. et Mascala C., fasc. 2405, [Commissaire à l'exécution du plan].

> **Articles.** Gomez R., « Réflexions sur la durée de la mission du commissaire à l'exécution du plan », *Rev. proc. coll.* 2008, p. 28 – Le Corre P.-M., « Nouvel aperçu sur la durée des fonctions du commissaire à l'exécution du plan de cession », *Gaz. Pal.* Doctr. 29-30 déc. 2004, p. 2 – Montéran Th. et Le Bourgeois S., « Les pouvoirs du commissaire à l'exécution du

plan », *Rev. proc. coll.* 2003, p. 294 – Soinne B., Le nouveau Kafka (À propos de la répartition des pouvoirs entre les organes de la procédure après jugement d'arrêté du plan) », *Rev. proc. coll.* 2001, p. 163.

581.09 Absence de commissariat au plan de cession sous l'empire de la loi du 26 juillet 2005[1]. Contrairement à la solution posée sous l'empire de la loi du 25 janvier 1985[2], la loi de sauvegarde des entreprises n'organise pas de commissariat au plan de cession. La solution est justifiée par le basculement de principe du plan de cession en liquidation judiciaire (v. s^{s} n° 581.61).

SECTION 581.10

DURÉE DES FONCTIONS DU COMMISSAIRE À L'EXÉCUTION DU PLAN DE CESSION – LÉGISLATION ANTÉRIEURE À LA LOI DU 26 JUILLET 2005

581.11 Nomination du commissaire à l'exécution du plan. L'article L. 621-68, alinéa 1 du code de commerce indique que « le tribunal nomme [...] un commissaire à l'exécution du plan ». *Il peut* s'agir, précise le texte, soit de l'administrateur judiciaire, soit du représentant des créanciers, des critères étant suggérés en opportunité pour la désignation de l'un ou de l'autre[3]. Au-delà de ces mandataires, le tribunal pourrait aussi choisir une autre personne[4].

581.12 Durée des fonctions du commissaire à l'exécution du plan. Le tribunal détermine la durée de la mission du commissaire à l'exécution du plan (C. com., art. L. 621-68, al. 1). Deux situations sont alors à distinguer.

> **Dans une première hypothèse**, le tribunal procède à la **fixation de la durée de la mission**. Sans être fixée précisément, la durée de la mission du commissaire à l'exécution du plan pourra être fonction de la date à laquelle interviendra un événement précis, tel l'apurement du passif résultant de la vente des actifs du débiteur[5].

En cas de fixation de la durée de la mission du commissaire à l'exécution du plan, une difficulté se présente, qui résulte de l'article L. 621-90 du code de commerce, selon lequel « la mission du commissaire à l'exécution du plan dure jusqu'au paiement intégral du prix de cession, par exception à l'article L. 621-68 ». Deux interprétations de ce texte sont possibles.

Dans une première interprétation, la mission du commissaire à l'exécution du plan prend fin, dès que le paiement intégral du prix de cession est intervenu, alors même que la durée de la mission fixée par le jugement arrêtant le plan n'est pas encore expirée[6].

Selon une seconde interprétation, la mission du commissaire à l'exécution du plan prend fin dans les conditions énoncées dans le jugement, à moins que le prix de cession ne soit pas encore payé, auquel cas sa mission sera prolongée jusqu'audit paiement.

Fort logiquement, suivant en cela les travaux préparatoires très clairs sur la question[7], la jurisprudence a considéré que seule cette dernière interprétation était concevable. La durée de la mission du commissaire à l'exécution du plan sera donc au moins égale à celle fixée dans le jugement. Elle sera allongée, si cette durée expire avant le complet paiement du prix de cession[8]. La solution applicable au plan de cession totale l'est aussi au plan de cession partielle[9]. L'action sera irrecevable si elle est engagée après expiration du délai prévu par le jugement arrêtant le plan et paiement du prix de cession[10].

Une discussion existe en jurisprudence pour savoir si la perception du prix met fin à la mission, ou si la mission peut être prorogée jusqu'à la répartition du prix. La lettre du texte d'exception, qui mérite en conséquence une interprétation stricte, incline à pencher en faveur de la stricte limitation de la mission au paiement du prix de cession[11]. Le contraire est cependant aussi jugé, mais il est alors précisé que la prorogation de mission doit être strictement cantonnée aux seuls actes rendus nécessaires par la répartition du prix de cession[12].

À défaut de prorogation de la durée de la mission du commissaire à l'exécution du plan, la mission de ce dernier prend donc fin à la date prévue dans le

1. L. n° 2005-845, 26 juill. 2005, *JO* 27 juill., p. 12187.
2. L. n° 85-98, 25 janv. 1985, *JO* 26 janv., p. 1097.
3. Soinne, obs. s^{s} Douai, 2e ch., 12 oct. 1995, *Rev. proc. coll.* 1995, 410, n° 13.
4. DERRIDA ET *ALII*, n° 109 – RIPERT ET ROBLOT, n° 3179.
5. Com. 11 juin 2003, n° 00-18.042, NP.
6. EN CE SENS : Chambéry, 21 mai 1996, *Banque et droit* sept.-oct. 1996, 35, obs. Guillot.
7. *Rapp. Gouzes*, Assemblée nationale, doc. adm., n° 1872, p. 110 – *Rapp. Thyraud*, Sénat, doc. adm., n° 332, p. 140.
8. Com. 4 janv. 2000, n° 97-12.605, NP, *RJDA* 2000/3, n° 315 – Com. 15 févr. 2000, n° 97-18.811, NP, *RTD com.* 2001. 215, obs. Saint-Alary-Houin – Soc. 29 mai 2002, n° 00-42.546, NP, *Act. proc. coll.* 2002/16, n° 211 – Com. 7 janv. 2003, n° 00-10.718, NP – Com. 7 janv. 2003, n° 00-10.719, NP – Com. 7 janv. 2003, n° 00-10.720, NP – Crim. 9 févr. 2005, n° 04-81.776, *Bull. crim.* n° 47; *D.* 2005. AJ 1228, obs. Lienhard; *D.* 2005. Somm. 2017, obs. Lucas; *Rev. sociétés* 2005. 673, obs. Bouloc.
9. Com. 5 juill. 2005, n° 04-10.500, NP; CONFIRMANT : Paris, 3e ch. A. 14 oct. 2003, RG n° 2003/03913.
10. Paris, 4e ch. A, 29 oct. 2003, RG n° 2002/11960 – Paris, 25e ch. B, 14 déc. 2007, RG n° 2005/17270.
11. Nancy, ch. com., 2 oct. 2002, RG n° 99/01024, *RD banc. fin.* 2004/1, p. 31, n° 34, obs. Lucas – Paris, 3e ch. B, 27 oct. 2005, RG n° 2003/21964.
12. Paris, 15e ch. B, 13 févr. 2004, RG n° 2002/16068.

jugement arrêtant le plan, sauf si le prix de cession n'est pas encore payé à cette date. Il importe peu, en revanche, que le prix de cession ne soit pas réparti [1] ou que les actifs résiduels non compris dans le plan de cession n'aient pas été vendus par le commissaire à l'exécution du plan [2].

Si le paiement du prix intervient avant la fin de la durée prévue par le plan, il n'y a évidemment pas place à allongement de la durée de la mission du commissaire à l'exécution du plan [3], cette dernière ne prenant fin qu'à la date prévue dans le jugement arrêtant le plan.

Le commissaire à l'exécution du plan perd qualité à agir, par exemple en responsabilité contre un tiers, après expiration de la durée de sa mission. Toutefois, s'il lance une assignation après expiration de la durée de sa mission, et qu'il obtient ensuite une prorogation de sa mission, comme cela a été jugé possible par la Cour de cassation (v. s[s] n° 581.14), la fin de non-recevoir tirée du défaut de qualité à agir aura disparu si à la date à laquelle le tribunal statue, la mission du commissaire à l'exécution du plan a été prorogée [4].

Lorsque le tribunal a fixé initialement à un an la durée du plan de cession, puis, par un jugement modificatif, a prorogé le délai de signature des actes de cession, ce dont il est nécessairement résulté une prorogation de la durée du plan, sans précision de sa durée, la mission du commissaire à l'exécution du plan, s'agissant d'une procédure ouverte avant l'entrée en vigueur de la loi du 10 juin 1994 [5], dure jusqu'à la clôture de la procédure [6].

> **Dans une seconde hypothèse, en l'absence de fixation de la durée du plan par le tribunal**, la mission du commissaire à l'exécution du plan dure jusqu'à la clôture de la procédure, sans limitation de délai autre, si la procédure a été ouverte avant le 1er octobre 1994, date d'entrée en vigueur de la loi du 10 juin 1994 [7]. Peu importe donc que le paiement du prix de cession soit intervenu [8], puisque ce dernier, en toute occurrence, est nécessairement antérieur à la clôture des opérations de cession. La clôture de la procédure s'impose en l'état de l'accomplissement de tous les actes nécessaires à la cession, de la vérification des créances, du rapport du juge-commissaire en vue de la clôture, de la réalisation des actifs non cédés dans le plan de cession et de la perception du prix: cession [9]. Peumporte encore que les échéancrestant à échoinu titre du transfert de la charge la sûreté aient té acquittées [10]. Le commissair l'exécution est oncrecevable en sa constitutiore partie civile, tnt que le prix de cession n'a pasé encaissé [11].

Sous·mpire de la loi 1 10 juin 1994, la mission d·ommissaire à l'xécution du plan dure identi·ement jusqu'à la clôture de la procédure, cette ·ée étant toutefois imitée à dix ans [12] – durée maxile du plan –, et à uinze ans pour les agriculteur·eu importe quele prix de cession ait été encaé à cette date [13].

ribunal peut prévoir, dans la limite de la durée lég, que la mission du commissaire à l'exécution prdra fin à l'arrivée d'un événement précis, par exple la réalisation des actes de cession et le paient intégral du prix de cession [14]. L'engagement crepreneur de payer à la place du débiteur certais taxes foncières et professionnelles pesant anté-

1. Com. 12 avr. 2005, n° 03-19.002, NP.
2. Com. 12 avr. 2005, n° 03-19.002, NP.
3. Com. 7 janv. 2003, n° 99-13.241, NP; n° 5 F-D – Com. 11 juin 2003, n° 00-16.146, NP – Paris, 3e ch. B., 30 juin 2006, RG n° 2005/12015.
4. Com. 16 sept. 2008, n° 07-17 041, NP; n° 857 F-D; *Rev. proc. coll.* 2009/6, 174, p. 49, note Martin-Serf.
5. L. n° 94-475, 10 juin 1994, *JO* 11 juin, p. 8440.
6. Com. 16 juin 2009, n° 07-14.383, NP; n° 574 F-D.
7. Civ. 3e, 29 janv. 2003, n° 99-16.496, NP, *RTD com.* 2005. 593, n° 3, obs. Saint-Alary-Houin – Com. 10 mars 2004, n° 01-12.915, *Bull. civ.* IV, n° 48; *D.* 2004. AJ 950, obs. Lienhard; *Act. proc. coll.* 2004/8, n° 98, note Régnaut-Moutier; *JCP E* 2004, Chron. 1292, p. 1385, n° 4, obs. M. Cabrillac; *RD banc. fin.* 2004/4, p. 256, n° 175, obs. Lucas – Com. 10 mars 2004, n° 01-03.004, NP – Crim. 23 mars 2005, n° 04-80.703, *Bull. crim.* n° 102; *Rev. sociétés* 2005. 888, note Bouloc – Com. 30 mai 2006, n° 05-11.355, NP; n° 722 F-D; *Gaz. proc. coll.* 2006/3, p. 26, obs. Voinot – Com. 22 mai 2007, n° 05-21.542, NP; n° 767 F-D – Com. 22 mai 2007, n° 05-21.543, NP; n° 768 F-D – Com. 22 mai 2007, n° 06-11.557, NP; n° 771 F-D; *RTD com.* 2008. 858, n° 8, obs. Saint-Alary-Houn – Com. 17 févr. 2009, n° 08-10.552, NP; n° 154 F-D.
8. Com. 22 mai 2007, n° 05-21.542, NP; n° 767 F-D – Com. 22 mai 2007, n° 05-21.543, NP; n° 768 F-D – Com. 22 mai 2007, n° 06-11.557, NP; n° 771 F-D; *RTD com.* 2008. 858, n° 8, obs. Saint-Alary-Houin.
9. Com. 3 juin 2009, n° 08-12.250, NP; n° 514 F-D.
10. Com. 3 juin 2009, n° 08-12.250, NP; n° 514 F-D.
11. Crim. 10 juin 2010, n° 09-86.159, NP, *Dr. sociétés* 2010, comm. 191, note Salomon.
12. Com. 10 mars 2004, n° 02-17.820, *Bull. civ.* IV, n° 49; *D.* 2004. AJ 949, obs. Lienhard; *Act. proc. coll.* 2004/8, n° 98, note Régnaut-Moutier; *JCP E* 2004, Chron. 1292, p. 1385, n° 4, obs. M. Cabrillac; *RD banc. fin.* 2004/4, p. 255, n° 174, obs. Lucas – Com. 28 sept. 2004, n° 02-21.299, NP – Com. 1er févr. 2005, n° 03-13.140, n° 03-13.317, NP, *Gaz. proc. coll.* 2005/1, p. 28, n° 2-1, obs. Voinot – Com. 10 juin 2008, n° 07-10.940, NP; n° 691 F-D; *Gaz. proc. coll.* 2008/3, p. 51, note Routier; *Rev. proc. coll.* 2009/1, p. 24, n° 7, note Fraimout.
13. Com. 20 oct. 2009, n° 08-16.935, *Bull. civ.* IV, n° 129; n° 940 FS-P+B; *D.* 2009. AJ 2610, note Lienhard; *Gaz. Pal.* 8-10 janv. 2010, n°s 8, 9, p. 23, note Voinot; *Act. proc. coll.* 2009/20, n° 298, note Lucas; *JCP E* 2010, Chron. 1011, n° 5, obs. M. Cabrillac; *RTD com.* 2010. 190, n° 6, obs. Saint-Alary-Houin – Orléans, ch. éco. et fin., 10 juill. 2007, RG n° 06/2826, *RJDA* 2007/12, p. 1244, n° 1267.
14. Com. 27 sept. 2011, n° 10-16.283, *Bull. civ.* IV, n° 139; n° 895 F-P+B; *D.* 2011. actu 2466, note Lienhard.

rieurement à la cession sur ce dernier distinct du paiement du prix de cession. Il en résulte que son inexécution ne fera pas obstacle à la fin de la mission du commissaire à l'exécution du plan que comme devant intervenir au jour du complet paiement du prix de cession[1].

Après la fin de la mission du commissaire à l'exécution du plan de cession, l'action tendant à recouvrer le prix de cession ne pourra plus être l'œuvre du commissaire à l'exécution du plan. Elle sera entamée ou poursuivie, selon le cas, par un mandataire *ad hoc*[2]. Il en ira de même de la réalisation de biens non intégrés dans le plan.

Identiquement, le commissaire à l'exécution, dont la mission a pris fin, ne peut plus agir en remboursement de taxes foncières et professionnelles, que le repreneur s'était engagé à acquitter à la place du débiteur[3].

581.13 Prorogation légale de la durée du plan de cession et de la mission du commissaire à l'exécution du plan. Diverses dispositions de la loi et du décret prévoient que la mission du commissaire à l'exécution du plan sera prorogée jusqu'à achèvement de certaines opérations ou jusqu'à arrivée d'un certain événement.

Tout d'abord, l'article L. 621-68 alinéa du code de commerce réserve le jeu de l'article L. 621-100 du même code. Le commissaire à l'exécution du plan restera, en conséquence, en fonction pendant la phase de location-gérance, qui anticipera la cession de l'entreprise.

L'article 93, alinéa 1 du décret du 27 décembre 1985[4] prévoit encore que, en cas de cession partielle accompagnée d'un plan de continuation, le tribunal peut nommer un ou plusieurs commissaires à l'exécution du plan. En ce cas, leur mission prendra fin à la clôture du plan de cession, pour leur permettre de réaliser les biens résiduels et procéder à la répartition du prix de vente[5].

Enfin, la mission du commissaire à l'exécution du plan peut être prolongée par application de l'article 104, alinéa 1 du décret du 27 décembre 1985, jusqu'à achèvement des opérations de réalisation des biens non cédées dans le plan de cession[6]. La possibilité de cette prorogation de la durée de la mission, qui présuppose la démonstration que certains actifs n'ont pas été réalisés[7], est strictement posée. Il en résulte, à notre sens, qu'elle ne peut être motivée par d'autres raisons, par exemple la volonté du commissaire à l'exécution du plan de faire annuler des cessions de créances professionnelles intervenues par la voie du bordereau Dailly[8] ou de récupérer des sommes à l'encontre d'un factor[9]. Le contraire a cependant été jugé[10]. Il en est spécialement ainsi de la volonté du commissaire à l'exécution du plan d'introduire des actions en responsabilité contre des tiers. Il n'apparaît pas que le commissaire à l'exécution du plan, dont la mission serait terminée, puisse saisir à cette fin le tribunal, faute de qualité à agir. La prorogation de la mission du commissaire à l'exécution du plan afin de lui permettre de réaliser les actifs non cédés dans le plan de cession est strictement limitée à cette tâche et à celle de distribution de leur prix. En revanche, elle ne confère pas à cet organe qualité pour exercer toutes les prérogatives classiquement attachées à sa fonction. C'est ainsi qu'il ne peut agir en nullité de la période suspecte[11].

581.14 Modification judiciaire de la durée du plan de cession et de la mission du commissaire à l'exécution du plan. La prorogation judiciaire de la durée de mission du commissaire à l'exécution du plan de cession ne peut avoir lieu que si la durée de sa mission a été fixée par le tribunal. À défaut, une limite légale est posée depuis la loi du 10 juin 1994[12] : dix ans. Aucune prorogation ne peut avoir lieu au-delà de cette limite de dix ans. Le commissaire à l'exécution peut toutefois, pour une mission ponctuelle, faire nommer un mandataire *ad hoc*.

La durée du plan peut être prorogée par le tribunal avant expiration de celle-ci. En cas de prorogation de la mission motivée par le fait qu'un bien non compris dans le plan de cession n'avait pas été réalisé, la mission du commissaire à l'exécution du plan n'est pas limitée à la réalisation de ce bien,

1. Com. 27 sept. 2011, n° 10-16.283, *Bull. civ.* IV, n° 139; n° 895 F-P+B; *D.* 2011. actu 2466, note Lienhard.
2. Com. 20 oct. 2009, n° 08-16.935, *Bull. civ.* IV, n° 129; n° 940 FS-P+B; *D.* 2009. AJ 2610, note Lienhard; *Gaz. Pal.* 8-10 janv. 2010, n°s 8, 9, p. 23, note Voinot; *Act. proc. coll.* 2009/20, n° 298, note Lucas; *JCP E* 2010, Chron. 1011, n° 5, obs. M. Cabrillac – Com. 13 sept. 2011, n° 10-22.801, NP; n° 842 FS-D.
3. Com. 27 sept. 2011, n° 10-16.283, *Bull. civ.* IV, n° 139; n° 895 F-P+B; *D.* 2011. actu 2466, note Lienhard.
4. D. n° 85-1388, 27 déc. 1985, *JO* 29 déc., p. 15281.
5. Com. 3 janv. 1995, n° 91-18.111, NP, *Rev. proc. coll.* 1995, 125, obs. Soinne – Paris, 15e ch. A, 20 juin 2000, *D.* 2000. jur. 382, obs. Pisoni.
6. Com. 3 janv. 1995, n° 91-18.111, NP, *Rev. proc. coll.* 1995, 125, n° 6, obs. Soinne – Com. 26 nov. 2002, n° 00-22.238, NP; n° 1946 F-D – Paris, 15[e] ch. A, 23 sept. 2003, RG n° 2002/20881.
7. Paris, 3e ch. B, 27 oct. 2005, RG n° 2003/21964.
8. Com. 7 janv. 2003, n° 00-10.718, NP; n° 5 F-D.
9. Com. 7 janv. 2003, n° 99-13.241, NP; n° 31 FS-D.
10. Paris, 3e ch. A, 18 juin 2002, *D.* 2002. AJ 2331, obs. Lienhard; *RTD com.* 2003. 811, n° 2, obs. Saint-Alary-Houin.
11. Com. 17 déc. 2013, n° 12-23.510, *Bull. civ.* IV, n° 185; n° 1245 F-P+B; *Gaz. Pal.* 29 juin 2014, p. 26, note Voinot; *Act. proc. coll.* 2014/2, comm. 27, note Cagnoli; *RTD com.* 2014. 695, n° 7, note Martin-Serf; *Rev. proc. coll.* 2015, comm. 121, note Blanc.
12. L. n° 94-475, 10 juin 1994, préc.

faute de restriction en ce sens dans la décision de prorogation, de sorte que le commissaire à l'exécution du plan peut exercer une action en responsabilité contre un tiers[1].

Le tribunal n'excède pas ses pouvoirs à statuer après expiration de la durée de la mission du commissaire à l'exécution du plan, s'il a été saisi auparavant à cette fin[2]. Il a été indiqué qu'il y avait là cependant un artifice, car si le tribunal n'a pas statué avant expiration de la mission, celle-ci a pris fin[3]. Il faut alors la faire revivre rétroactivement, et cela sans texte, alors pourtant que la rétroactivité est une fiction juridique, qui ne peut exister sans texte. La Chambre criminelle de la Cour de cassation est même allée plus loin en admettant, d'une manière critiquable à notre sens, la prorogation de la durée du plan après expiration de celle-ci, au motif que la procédure n'était pas clôturée[4]. Cela revient à proroger ce qui n'existe plus.

Il a été jugé que le tribunal pouvait se saisir d'office à cette fin[5]. La solution ne peut être suivie que si l'on admet que la décision prorogeant la durée du plan et la mission du commissaire à l'exécution du plan ne doit pas être analysée en une modification substantielle dans les moyens du plan, ce qui n'est pas l'état de la jurisprudence de la Cour de cassation.

Il n'y a pas excès de pouvoir pour la juridiction à proroger, avant qu'elles n'aient pris fin, la durée du plan de cession et la mission du commissaire à l'exécution du plan[6]. Cette prorogation est possible, même si la mission du commissaire à l'exécution du plan avait déjà fait l'objet de prorogations[7]. Il y a en revanche excès de pouvoir pour un tribunal à proroger la durée d'un plan de cession alors que la durée fixée par le tribunal était déjà expirée au jour de la prorogation[8], encore que le contraire ait été jugé[9]. Il y a identiquement, à notre sens, excès de pouvoir à proroger, dans le cadre d'une procédure ouverte après le 1er octobre 1994, une mission au-delà du délai de dix ans, délai buttoir fixé par le code de commerce[10]. Une autre opinion, moins tranchée, a toutefois été émise sur la question[11].

La décision du tribunal, qui proroge la mission du commissaire à l'exécution du plan et la durée du plan de cession, s'analyse en une décision modifiant le plan de cession[12]. Une solution contraire a parfois été posée. Il a encore été relevé qu'il s'agirait d'une modification non substantielle du plan[14], ce qui serait de nature à créer une incertitude sérieuse sur le régime applicable. En effet, si l'on connaît le régime applicable au jugement de modification substantielle dans les moyens du plan, aucun régime préétabli n'existe pour le jugement modifiant de façon non substantielle le plan. Il est en tout exclu, à notre sens, de considérer qu'il n'y a là qu'un acte d'administration judiciaire[15], même si l'opinion contraire a pu être émise[16].

Cette décision n'est susceptible que d'un appel et de la part du seulement du ministère public[17] et du cessionnaire en cas d'augmentation des charges souscrites[18], sauf excès de pouvoir. Elle doit faire l'objet d'une publication au *Bodacc*, qui seule fera courir, pour les tiers, le délai de tierce opposition nullité pour excès de pouvoir[19]. À défaut d'un tel recours,

1. Com. 16 sept. 2008, nº 07-17.041, NP; nº 857 F-D; *Rev. proc. coll.* 2009/6, 174, p. 49, note Martin-Serf.
2. Com. 13 nov. 2007, nº 06-10.914, *Bull. civ.* IV, nº 244; nº 1255 FS-P+B; *D.* 2007. AJ 3010, note Lienhard; *D.* 2008. pan. 575, obs. Lucas; *JCP E* 10 janv. 2008, 1046, p. 38, note Régnaut-Moutier; *JCP E* 2008. 1432, nº 5, obs. M. Cabrillac; *RTD com.* 2008. 859, nº 9, obs. Saint-Alary-Houin; *Rev. proc. coll.* 2009/1, p. 24, nº 7, note Fraimout.
3. Lucas, obs. ss Com. 13 nov. 2007, nº 06-10.914, *Bull. civ.* IV, nº 244; nº 1255 FS-P+B; *D.* 2008. pan. 575.
4. Crim. 28 nov. 2007, nº 06-88.860, NP, *Dr. sociétés* 2008/3, p. 34, nº 62, note Salomon.
5. Paris, 3e ch. B, 15 déc. 2005, RG nº 2004/5690.
6. Com. 19 juin 2007, nº 06-12.101, *Bull. civ.* IV, nº 169; nº 861 F-P+B; *D.* 2007. AJ 1965, note Lienhard; *D.* 2008. pan. 575, obs. Lucas; *Gaz. proc. coll.* 2007/4, p. 43, note Voinot; *RD banc. fin.* juill.-août 2007, p. 22, nº 157, note Lucas.
7. Com. 19 juin 2007, nº 06-12.101, *Bull. civ.* IV, nº 169; nº 861 F-P+B; *D.* 2007. AJ 1965, note Lienhard; *D.* 2008. pan. 575, obs. Lucas; *Gaz. proc. coll.* 2007/4, p. 42, note Voinot; *RD banc. fin.* juill.-août 2007, p. 22, nº 157, note Lucas.
8. Com. 16 mai 2006, nº 05-12.214, nº 05-12.911, NP; nº 630 F-D; *RD banc. fin.* sept.-oct. 2006, p. 18, nº 162, note Lucas.
9. Paris, 3e ch. B, aud. sol., 1er déc. 2005, RG nº 2003/16776.
10. APPR. : Lienhard, note ss Com. 19 juin 2007, nº 06-12.101, *Bull. civ.* IV, nº 169; nº 861 F-P+B; *D.* 2007. AJ 1965.
11. Lucas, obs. ss Com. 19 juin 2007, nos 06-12.101, 06-12.101, *Bull. civ.* IV, nº 169; nº 861 F-P+B; *RD banc. fin.* juill.-août 2007, p. 22, nº 157.
12. Com. 30 mars 2005, nº 03-13.506, NP – Com. 19 juin 2007, nº 06-12.101, *Bull. civ.* IV, nº 169; nº 861 F-P+B; *D.* 2007. AJ 1965, note Lienhard; *D.* 2008. pan. 575, obs. Lucas; *Gaz. proc. coll.* 2007/4, p. 42, note Voinot; *RD banc. fin* juill.-août 2007, p. 22, nº 157, note Lucas – Paris, 3e ch. A, 11 mai 2004, RG nº 2003/17624 – Paris, 3e ch. A, 8 nov. 2005, RG nº 2004/7056.
13. Paris, 3e ch. B, aud. sol., 1er déc. 2005, RG nº 2003/16776 – Paris, 3e ch. B, 15 déc. 2005, RG nº 2004/5690.
14. Gomez, « Réflexions sur la durée de la mission du commissaire à l'exécution du plan », *Rev. proc. coll.* 2008, p. 28 s., sp. p. 33, nº 57.
15. Gomez, art. préc., sp. p. 32, nº 47.
16. Lucas, note ss Com. 19 juin 2007, nº 06-12.101, *RD banc. fin.* 2007, comm. 157.
17. Com. 19 juin 2007, nº 06-12.101, *Bull. civ.* IV, nº 169; nº 861 F-P+B; *D.* 2007. AJ 1965, note Lienhard; *D.* 2008. pan. 575, obs. Lucas; *RD banc. fin.* juill.-août 2007, p. 22, nº 157, note Lucas.
18. Paris, 3e ch. A, 8 nov. 2005, RG nº 2004/7056.
19. Com. 30 mars 2005, nº 03-13.506, NP – Paris, 3e ch. A, 18 juin 2002, *D.* 2002. AJ 2331, obs. Lienhard; *RTD com.* 2003. 811, nº 2, obs. Saint-Alary-Houin – Paris, 3e ch. A, 11 mai 2004, RG nº 2003/17624.

l'irrégularité de la prorogation de mission du commissaire à l'exécution ne pourra plus être levée[1].

En cas d'extension de la procédure sur le fondement de la confusion des patrimoines, la mission du commissaire à l'exécution du plan dure jusqu'à la clôture globale de la procédure[2].

581.15 Mandataire spécial désigné pour poursuivre les actions poursuivies par le commissaire à l'exécution du plan. Les solutions dégagées à propos du plan de continuation, et qui sont en réalité communes au plan de cession, doivent ici être simplement et simplement transposées (v. s[s] n° 521.22). On rappellera notamment que la désignation d'un mandataire spécial ne peut intervenir que pour continuer une action engagée, non pour l'entamer[3]. L'encaissement du prix de cession, qui participe de la mission générale du commissaire à l'exécution du plan, pourra être mené par un mandataire *ad hoc* après expiration de la durée de la mission du commissaire à l'exécution du plan[4].

Comme en matière de plan de sauvegarde ou de redressement (v. s[s] n° 521.22), la demande de nomination d'un mandataire *ad hoc* présentée par le commissaire à l'exécution doit l'être avant la fin de sa mission[5]. Il perd qualité à agir, une fois que sa mission a pris fin[6]. En outre, l'auxiliaire de justice, qui a engagé une action non terminée à la date à laquelle sa mission a pris fin, n'a pas un intérêt personnel à voir désigner un mandataire *ad hoc* pour poursuivre cette action[7]. La désignation par la juridiction avant la fin de la mission du commissaire à l'exécution n'a pas pour effet de retirer au commissaire à l'exécution du plan les pouvoirs qu'il tient de la loi. La solution a été posée pour un commissaire à l'exécution du plan de cession qui, alors qu'il était encore en fonction, s'était constitué partie civile devant une juridiction répressive pour poursuivre l'action engagée par le représentant des créanciers et l'administrateur judiciaire, alors qu'à cette date, il avait déjà été désigné mandataire *ad hoc* pour poursuivre cette action[8].

La demande de nomination d'un mandataire *ad hoc* peut émaner d'un mandataire *ad hoc* chargé, sous l'empire de la loi du 25 janvier 1985[9], d'assurer la défense des droits propres du débiteur après dissolution de la société résultant de l'adoption d'un plan de cession[10].

Si aucun mandataire spécial n'a été désigné au jour de la cessation des fonctions du commissaire à l'exécution du plan, l'action ne peut, par principe, plus être poursuivie. Il en est ainsi même si, après cessation de ses fonctions, une personne est désignée pour succéder au commissaire à l'exécution, dans un certain nombre de dossiers dont il a la charge, par suite de la cessation de ses fonctions de mandataire[11].

Le ministère public peut-il, après expiration de la mission du commissaire à l'exécution du plan, solliciter la désignation d'un mandataire *ad hoc* pour continuer une action, par exemple celle tendant à obtenir la condamnation d'un dirigeant social au paiement de l'insuffisance d'actif ? La difficulté tient au fait que le ministère public ne peut agir à titre principal que pour assurer la défense de l'intérêt public à l'occasion de faits qui portent atteinte à celui-ci. La Cour de cassation a répondu qu'une cour d'appel ne saurait s'émanciper de ce principe, alors que la demande tendant à la désignation d'un mandataire *ad hoc* après expiration de la durée de la mission du commissaire à l'exécution émanait du ministère public, sans rechercher en quoi il y aurait une atteinte à l'ordre public qu'une procédure collective se trouve privée d'organes pouvant la représenter, dans le cadre d'une demande en paiement de l'insuffisance d'actif[12]. Elle a ensuite approuvé une autre cour d'appel d'avoir retenu que lorsque le dirigeant social a été condamné par les premiers juges, alors que le commissaire à l'exécution du plan était encore en fonction, la demande émanant du ministère public, tendant à la désignation d'un mandataire *ad hoc* doit être jugée recevable, car décider le contraire aboutirait à laisser la procédure sans organe pour la poursuivre, ce fait portant manifestement atteinte à l'ordre public, dont le ministère public est chargé d'assurer le respect[13].

Cette demande de désignation d'un mandataire *ad hoc* pour continuer une action relève de la matière gracieuse, ce qui justifie son introduction par voie de requête[14]. Les conditions de la nomination du mandataire *ad hoc* ne peuvent être discutées,

1. Com. 29 avr. 2003, n° 00-18.033, n° 00-18.326, NP.
2. Com. 19 nov. 2003, n° 00-19.584, NP, *Act. proc. coll.* 2004/1, n° 12, obs. Vallansan.
3. Com. 18 mars 2008, n° 07-15.754, NP; n° 394 F-D; *Rev. proc. coll.* 2008, p. 52, n° 55, note Gorrias.
4. Com. 13 sept. 2011, n° 10-22.801, NP; n° 842 FS-D.
5. Com. 27 mai 2014, n° 13-13.325, NP; n° 544 F-D.
6. Com. 27 mai 2014, n° 13-13.325, préc.; *BJE* 2014, 322, note Sortais.
7. Com. 27 mai 2014, n° 13-13.325, préc.
8. Crim. 6 juin 2007, n° 06-85.720, NP, *Dr. sociétés* 2007, p. 36, n° 186, note Salomon.
9. L. n° 85-98, 25 janv. 1985, préc.
10. Com. 13 sept. 2011, n° 10-22.801, NP; n° 842 FS-D.
11. Com. 16 juin 2004, n° 01-13.690, NP.
12. Com. 10 mars 2009, n° 07-16.078, *Bull. civ.* IV, n° 35; n° 230 FS-P+B; *Gaz. proc. coll.* 2009/3, p. 23, note Voinot; *Rev. proc. coll.* 2009/6, 174, p. 49, note Martin-Serf.
13. Com. 11 oct. 2011, n° 10-21.373, NP; n° 989 FS-D; *Rev. proc. coll.* 2012, comm. 1, p. 30, note Cagnoli.
14. Com. 9 juin 1998, n° 96-16.465, *Bull. civ.* IV, n° 184; *JCP E et A* 1998, pan. 1334; *RTD com.* 1998. 931, obs. Saint-Alary-Houin; *RJDA* 1998/10, p. 843, n° 1138 – Paris, 3e ch. B, aud. sol., 1er déc. 2005, RG n° 2003/16776.

si la décision qui le nomme n'a fait l'objet d'aucun recours[1].

La décision désignant un mandataire de justice à l'effet de poursuivre les instances en cours, lorsque les organes de la procédure ont cessé leurs fonctions, ne peut être attaquée que par le recours en rétractation institué par l'article 496 du code de procédure civile, qui relève de la compétence exclusive du juge qui a désigné ce mandataire.

La contestation de cette désignation ne peut être portée devant le juge appelé à connaître d'une action en responsabilité contre un tiers. Elle prend la forme d'un référé-rétractation, et doit être portée devant le tribunal qui a désigné le mandataire spécial[2].

SECTION 581.20 CONTENU DE LA FONCTION DE COMMISSAIRE À L'EXÉCUTION DU PLAN DE CESSION – LÉGISLATION ANTÉRIEURE À LA LOI DU 26 JUILLET 2005

581.21 Mission légale générale du commissaire à l'exécution du plan. L'article L. 621-68, alinéa 1 du code de commerce prévoit que le commissaire à l'exécution du plan, comme son nom l'indique, est un organe « chargé de veiller à l'exécution du plan ». *A priori*, c'est sa seule fonction.

C'est ainsi que le commissaire à l'exécution du plan se voit refuser la possibilité d'exiger la continuation d'un contrat en cours[3] et *a fortiori* sa cession judiciaire.

Le commissaire à l'exécution du plan ne représente pas le débiteur[4] (v. aussi s^s^ n° 521.31). Il ne peut agir en nullité d'un paiement d'une dette antérieure au jugement d'ouverture fait pendant la période d'observation[5]. Il n'a pas qualité pour poursuivre une instance en cours au jour du jugement d'ouverture entamée à l'initiative du débiteur[6], qui n'a pas été reprise par le mandataire judiciaire ou l'administrateur.

C'est aussi pourquoi la compensation entre la créance contractuelle détenue par le débiteur par le repreneur en plan de cession et sa dette de prix de cession n'est pas possible, en application du principe selon lequel la compensation n'est possible qu'entre deux obligations dans lesquelles les parties figurent en la même qualité[7].

Parce qu'il ne représente pas le débiteur, le commissaire à l'exécution du plan ne peut demander la condamnation, sur un fondement contractuel, du partenaire du débiteur[8]. La solution contraire a parfois été posée en jurisprudence. Une cour d'appel a ainsi admis la possibilité pour le commissaire à l'exécution du plan de demander à une société d'affacturage la restitution de sommes conservées à tort[9]. La cour d'appel a fondé la solution sur le fait que les sommes litigieuses étaient des biens non compris dans le plan de cession, que pouvait réaliser le commissaire à l'exécution du plan, ce qui semble étendre un peu la notion. En revanche, sous l'empire de la législation antérieure à la loi de sauvegarde des entreprises[10], il a qualité, tant qu'il est encore en fonction, pour demander la nomination d'un mandataire *ad hoc*, aux fins de représenter la société dissoute en application de l'article 1844-7, 7° du code civil, du fait de l'arrêté du plan de cession totale pour exercer l'action indemnitaire sur le fondement de la responsabilité contractuelle[11].

Le commissaire à l'exécution du plan n'a pas qualité pour demander la mainlevée d'avis à tiers détenteur pratiqué pour des créances antérieures avant le jugement d'ouverture et qui n'ont pas été dénoncés aux organes de la procédure collective[12].

Après avoir ainsi refusé au commissaire à l'exécution du plan le pouvoir de procéder au recouvrement de créances[13], la poursuite et même l'engagement de telles actions a été admis. Mais il faut qu'il s'agisse de créances antérieures au jugement

1. Com. 2 oct. 2007, n° 05-20.324, *Bull. civ.* IV, n° 210; n° 1040 F-P+B; *D.* 2007. AJ 2611, note Lienhard; *Gaz. proc. coll.* 2008/1, p. 51, note Roussel Galle; *RTD com.* 2008. 200, n° 7, obs. Martin-Serf; *JCP E* 2008, Chron. 1207, n° 9, p. 31, obs. M. Cabrillac; *Rev. proc. coll.* 2008, p. 57, n° 65, note Blanc; *Rev. proc. coll.* 2008, p. 61, n° 71, note Blanc.
2. Com. 30 oct. 2007, n° 06-16.129, n° 06-16.178, *Bull. civ.* IV, n° 230; n° 1201, FS-P+B; *D.* 2007. AJ 2078, note Lienhard; *D.* 2008. pan. 575, obs. Lucas; *Gaz. proc. coll.* 2008/1, p. 58, note Routier; *RTD com.* 2008. 207, n° 13, obs. Vallens; *JCP E* 2008, Chron. 1207, n° 14, p. 34, obs. M. Cabrillac; *LXB hebdo* n° 282, 22 nov. 2007, n° N1983BDS, note Le Corre – Com. 13 nov. 2007, n° 06-10.817, NP; n° 1247 F-D.
3. Paris, 15^e^ ch. A, 17 nov. 1998, *Act. proc. coll.* 1999/3, n° 38.
4. Paris, 25^e^ ch. B, 9 nov. 2007, RG n° 2004/18057.
5. Paris, 3^e^ ch. B, 4 oct. 2007, RG n° 2006/1355.
6. Paris, 5e ch. A, 29 juin 2005, RG n° 2003/06080 – Paris, 25e ch. B, 9 nov. 2007, RG n° 2004/18057.
7. Com. 23 nov. 2004, n° 03-12.779, NP.
8. Com. 10 mars 2009, n° 07-21.410, NP; n° 204 F-D; *Gaz. proc. coll.* 2009/3, p. 24, note Rohart-Messager; *Act. proc. coll.* 2009/7, n° 111, note Régnaut-Moutier; *RTD com.* 2010. 190, n° 7, obs. Saint-Alary-Houin; Paris, 25e ch. B, 9 nov. 2007, RG n° 2004/18057.
9. Paris, 15e ch. B, 4 oct. 2007, RG n° 06/13122.
10. L. n° 2005-845, 26 juill. 2005, préc.
11. Com. 7 févr. 2006, n° 05-13.662, NP; n° 180 F-D; *Gaz. proc. coll.* 2006/2, p. 33, obs. Voinot; *RD banc. fin.* mars-avr. 2006, p. 24, n° 73, note Lucas.
12. Com. 19 févr. 2008, n° 06-21.796, NP; n° 257 F-D; *Rev. proc. coll.* 2009/1, p. 25, n° 8, note Fraimout.
13. Com. 9 mars 1993, n° 90-19.565, *Bull. civ.* IV, n° 97; *Rev. proc. coll.* 1993, 308, n° 10, obs. Soinne – Com. 29 avr. 2003, n° 00-21.182, NP.

d'ouverture, pour que ce recouvrement se rattache à la fonction de défenseur de l'intérêt collectif des créanciers[1], la solution étant valable même dans le cadre de la surveillance de l'exécution d'un plan de cession partielle[2].

Ce principe de solution semblait pouvoir justifier la possibilité pour le commissaire à l'exécution du plan de déclarer une créance au passif de la procédure collective d'un débiteur de la société dont assure le commissariat au plan[3]. La Cour de cassation ne l'a cependant pas admis et juge, au contraire, que le commissaire à l'exécution du plan n'a pas qualité pour déclarer une créance au passif d'un débiteur de la société dont il assure le commissariat au plan[4]. Il en est tiré la conséquence qu'il n'a pas être avisé de la contestation de la créance et n'a pas davantage à être convoqué à l'audition des créanciers contestés[5]. La Cour de cassation a sans doute ici fait prévaloir le principe de solution selon lequel le commissaire à l'exécution du plan ne représente pas le débiteur.

Le commissaire à l'exécution du plan ne peut recouvrer une créance détenue par le débiteur si elle est postérieure au jugement d'ouverture, le pouvoir de réaliser les biens non compris dans le plan ne pouvant être assimilé à celui de recouvrer des créances non incluses dans le plan[6].

L'article L. 621-68, alinéa 4 du code de commerce, dans le cadre de la surveillance de l'exécution du plan, prévoit que le commissaire à l'exécution du plan « rend compte au président du tribunal et au procureur de la République du défaut d'exécution du plan ».

Dans le cadre de l'exécution des plans de cession, le commissaire à l'exécution du plan a seul qualité pour recouvrer le prix de cession. Ce droit n'appartient pas au débiteur, qui ne peut donc en poursuivre le recouvrement à son seul profit, alors qu'il doit être distribué aux créanciers[7]. Le commissaire à l'exécution du plan tire du monopole de recouvrement du prix de cession sa qualité à introduire contre le repreneur une action portant sur la valorisation des stocks cédés[8].

Dans ce même cadre, *le cessionnaire doit lui rendre* compte annuellement de l'exécution du plan (C. com, art. L. 621-91, al. 4). Le commissaire à l'exécution du plan doit donner son avis au tribunal sur le projet de modification du plan.

À défaut d'exécution, le commissaire à l'exécution du plan peut saisir le tribunal aux fins de résolution du plan (C. com., art. L. 621-91, al. 4). Si l'inexécution concerne le paiement du prix de cession, le commissaire à l'exécution du plan peut saisir le tribunal aux fins de nomination d'un administrateur *ad hoc* (C. com., art. L. 621-93). *A priori*, en revanche, il ne peut saisir la juridiction à une autre fin, en cas de difficultés d'exécution[9]. Cependant, malgré la lettre du texte, la Cour de cassation a considérablement élargi les pouvoirs du commissaire à l'exécution du plan qui, chargé de veiller à son exécution, « dispose du pouvoir de saisir le tribunal de tous faits de nature à empêcher son exécution »[10]. Le commissaire à l'exécution du plan a ainsi un pouvoir général de surveillance de l'exécution du plan et peut saisir à cette fin le tribunal, nonobstant la lettre plus restrictive du texte.

Le commissaire à l'exécution du plan surveille également la bonne exécution de la location-gérance précédant la cession (C. com., art. L. 621-98, al. 1) et peut solliciter du tribunal la résiliation de ce contrat (C. com., art. L. 621-98, al. 2). Il signale dans un rapport au président du tribunal et au procureur de la République toute atteinte aux éléments pris en location-gérance (D. 27 déc. 1985[11], art. 109). En cas d'inexécution de l'obligation d'acquérir l'entreprise à l'issue de la période de location-gérance, il peut saisir le tribunal aux fins d'ouverture d'un redressement judiciaire (C. com., art. L. 621-101, al. 1). Si l'impossibilité d'acquérir aux conditions initialement prévues se révèle pour une cause étrangère au locataire-gérant, l'avis du commissaire à l'exécution du plan sera recueilli par

1. Com. 20 mai 1997, n°s 93-20.861, 93-20.862, *Bull. civ.* IV, n° 148; *LPA* 28 févr. 1998, n° 23, p. 16, note Derrida; *Quot. Jur.* 15 juill. 1997, p. 2, note P. M.; *D.* 1998. Somm. 11, obs. Derrida – Com. 6 juill. 1999, n° 96-16.486, NP – Com. 29 févr. 2000, n° 97-16.651, NP, *RJDA* 2000/6, n° 695; *RTD com.* 2001. 217, obs. Saint-Alary-Houin – Com. 13 mars 2007, n° 05-21.429, NP; n° 446 F-D – Com. 22 janv. 2008, n° 06-18.563, NP, *Rev. proc. coll.* 2009/1, p. 25, n° 8, note Fraimout – Paris, 5e ch. B, 10 juin 2004, RG n° 2002/3564.
2. Com. 13 mars 2007, n° 05-21.429, NP; n° 446 F-D – Com. 18 sept. 2007, n° 06-10.713, NP; n° 977 F-D.
3. Paris, 3e ch. A, 13 avr. 1999, *RTD com.* 1999. 957, obs. Saint-Alary-Houin – Paris, 3e ch. B, 15 sept. 2005, RG n° 2002/16216.
4. Com. 18 sept. 2007, n° 06-10.713, NP; n° 977 F-D; *Gaz. proc. coll.* 2008/1, p. 54, note Le Corre-Broly.
5. Com. 18 sept. 2007, n° 06-10.713, préc.
6. Com. 3 oct. 2006, n° 05-16.281, *Bull. civ.* IV, n° 196; n° 1146 FS-P+B; *D.* 2006. AJ 2601, obs. Lienhard; *Gaz. proc. coll.* 2007/1, p. 31, note Voinot; *JCP E* 2007, Chron. 1004, p. 21, n° 5, obs. M. Cabrillac; *Act. proc. coll.* 2006/18, n° 217, note Régnaut-Moutier; *RD banc. fin.* nov.-déc. 2006, n° 205, note Lucas.
7. Com. 19 oct. 2010, n° 09-67.180, *Bull. civ.* IV, n° 156; n° 1021 F-P+B; *D.* 2010. 2573, note Lienhard; *Act. proc. coll.* 2010/19, comm. 268, note Pagnucco; *Rev. proc. coll.* 2011, comm. 53, p. 58, note Fraimout.
8. Com. 11 avr. 2012, n° 11-14.957, NP; n° 434 F-D.
9. AINSI : Paris, 3e ch., 14 sept. 1993, *Rev. proc. coll.* 1991, 381, n° 14, obs. Soinne.
10. Com. 23 janv. 1996, n° 93-20.329, *Bull. civ.* IV, n° 26; *Quot. Jur.* 29 févr. 1996, n° 18, p. 7, note P. M.; *Rev. proc. coll.* 1996, 380, n° 14, obs. Soinne.
11. D. n° 85-1388, 27 déc. 1985, préc.

le tribunal pour statuer sur la modification des conditions de cession (C. com., art. L. 621-101, al. 2).

La mission de surveillance de l'exécution du plan est la raison d'être du commissaire à l'exécution du plan. Cependant, la loi lui attribue qualité pour certaines autres actions.

581.22 Missions légales spéciales du commissaire à l'exécution du plan. L'article 89, alinéa 2 du décret du 27 décembre 1985[1] prévoit ainsi que le commissaire à l'exécution du plan doit faire rapport sur tout projet d'aliénation.

L'article 90 l'autorise à solliciter la nomination d'un mandataire spécial pour terminer les actions qu'il aurait engagées ou dans lesquelles il doit défendre.

Le commissaire à l'exécution du plan donne son avis sur toute demande de modification du plan (D. 27 déc. 1985, art. 98, al. 2 et C. com., art. L. 621-69). Il peut former appel de la décision statuant sur la modification du plan (C. com., art. L. 623-1).

Il peut agir en nullité de la période suspecte (C. com., art. L. 621-110), en comblement de passif ou en redressement ou en liquidation judiciaire personnels à l'encontre des dirigeants (C. com., art. L. 624-6) ou se constituer partie civile dans le cadre d'instances pénales pour banqueroute (C. com., art. L. 626-16). Il peut également continuer l'action civile engagée par l'administrateur judiciaire ou le représentant des créanciers[2].

La publication des clauses d'inaliénabilité est assurée par le commissaire à l'exécution du plan (D. 27 déc. 1985, art. 87-1).

Le commissaire à l'exécution du plan a également mission de réaliser les actifs non compris dans le plan de cession. Il exerce alors les droits et actions du débiteur (C. com., art. L. 621-83, al. 4 – v. ss nº 572.52).

Enfin, l'article L. 621-68 alinéa 2 du code de commerce indique que « les actions introduites » avant le jugement qui arrête le plan, soit par l'administrateur, soit par le représentant des créanciers, sont poursuivies par le commissaire à l'exécution du plan. Cette question, qui a été l'occasion de constater l'extension jurisprudentielle du texte légal permettant au commissaire à l'exécution du plan d'entreprendre des actions tendant à la défense de l'intérêt collectif des créanciers, a déjà été analysée dans le cadre de l'étude du plan de continuation (v. ss nos 521.32 à 521.34). Précisons seulement ici que l'arrêté d'un plan de cession totale entraîne dissolution de la société. Il en résulte qu'un mandataire *ad hoc* ou un liquidateur au sens du droit des sociétés devra être nommé pour poursuivre l'action introduite avant le jugement d'ouverture par le débiteur[3], le commissaire à l'exécution du plan n'ayant pas la possibilité de poursuivre des actions entamées par le débiteur avant le jugement d'ouverture (v. ss nº 521.32).

SECTION 581.30

RÉMUNÉRATION DU COMMISSAIRE À L'EXÉCUTION DU PLAN DE CESSION – LÉGISLATION ANTÉRIEURE À LA LOI DU 26 JUILLET 2005

581.31 Rémunération du commissaire à l'exécution du plan de cession. La rémunération du commissaire à l'exécution du plan de cession est fixée par le décret nº 85-1390 du 27 décembre 1985[4].

Il a d'abord un droit gradué, exprimé en taux de base, qui est fonction du nombre de salariés employés à la date du jugement arrêtant le plan (D. 27 déc. 1985, art. 8). Cette question est commune aux deux types de plan de cession et de continuation et a déjà été abordée (v. ss nº 521.41).

En plan de cession, une rémunération complémentaire est prévue.

Le commissaire à l'exécution du plan est rémunéré pour la distribution du prix de cession entre les créanciers, en cas de cession totale de l'entreprise (D. 27 déc. 1985, art. 9). Sa rémunération est fixée par le président du tribunal, après avis du juge-commissaire. Il est conseillé aux mandataires d'un même tribunal d'élaborer avec celui-ci un barème indicatif[5].

Le commissaire à l'exécution du plan est également rémunéré au titre de la vente des biens non compris dans le plan de cession (D. 27 déc. 1985, art. 10). Lui est alors alloué le droit proportionnel de l'article 18 du décret prévu pour la rémunération du liquidateur au titre des réalisations et recouvrement d'actifs (v. ss nº 352.48), susceptible de majoration en cas de répartition au profit des créanciers, selon la solution applicable au liquidateur (D. 27 déc. 1985, art. 18 – v. ss nº 352.49). *A priori*, pour le calcul de la majoration, il convient de prendre en considération la totalité des cessions réalisées, y compris celles incluses dans le plan[6].

On peut observer à cet égard que la rémunération du commissaire à l'exécution du plan est plus élevée en plan de cession qu'en plan de continuation.

1. D. nº 85-1388, 27 déc. 1985, préc.
2. AINSI : Crim. 10 mai 2007, nº 06-86.173, NP, *Dr. sociétés* sept. 2007, p. 37, nº 167, note Salomon – Crim. 6 juin 2007, nº 06-85.720, NP, *Dr. sociétés* 2007, p. 36, nº 186, note Salomon.
3. Paris, 5e ch. A, 8 oct. 2003, nº 2002/07712.
4. D. nº 85-1390, 27 déc. 1985, *JO* 29 déc., p. 15304.
5. IFPPC 1999, recomm. nº 8650-3, p. 280.
6. IFPPC 1999, recomm. nº 8650-4, p. 281.

SECTION 581.40

RESPONSABILITÉ LU OMMISSAIR À L'EXÉCUTION DU PAN DE CESSI – LÉGISLATION ANTÉEURE À LA I DU 26 JUILLET 200

581.41 Responsabité du comsaire à l'exécution du plan de cesion. La reonsabilité du commissaire à l'exécuti du plan vrait être plus rarement retenue que ce d'autrorganes. Pour l'essentiel, il n'est qu'un ogane de sveillance de la bonne exécution du plan.

N'ayant pas le pouvoir dadministr l'entreprise, il ne peut à ce titre engagersa responbilité[1]. Il n'a pas davantage, lorsqu'il y a un admistrateur judiciaire, la responsabilité de la passatides actes de cession, laquelle incombe à ce dernier. est dès lors logique de décider que sa responsabilite sera pas retenue en cas de difficulté dans la pation des actes de cession[2].

Il pourrait, en plan de cession, engaga responsabilité dans le cadre des réalisations ctifs non compris dans le plan de cession. Sa ronsabilité est ici de même nature que celle du liquteur (v. ss nº 362.32).

Il engage sa responsabilité à réclama restitution de biens gagés, pour les céder aupreneur, sans payer le créancier gagiste[3].

Il a été jugé que le commissaire à l'eution du plan de cession engage sa responsabilitnvers un créancier postérieur à ne pas recouvrer le se du prix de cession, empêchant le paiement du cncier[4].

Sa principale source de responsabilitévrait être trouvée dans les répartitions, dont il a, so l'empire de la législation antérieure à la loi de saugarde des entreprises[5], la charge en plan de cession l'identique ici encore de celle du liquidateur (v. ss 362.33). Le commissaire à l'exécution a l'obligatn, comme les autres mandataires de justice, de plar les sommes qu'il perçoit dans le cours de sa ission à la Caisse des dépôts et consignations. Cs sommes sont clairement insaisissables, échapper aux poursuites individuelles des créanciers postérieurs et sonaffectées au règlement des créanciers selon leur rang[6]. Il en résulte que, à partir du moment où les sommes sont consignées, un créancier ne peut reprocher à faute à un commissaire à l'exécution du planle défaut de paiement de sa créance postérieur, dès lors qu'un créancier de rang préférable existe[7]. Le commissaire à l'exécution du plan engage en revanche sa responsabilité s'il paie un créancier postérieur en négligeant les droits d'un créancier de rang préférable ou de rang identique, la répartition au marc le franc s'imposant en ce dernier cas[8]. Il semble que, si aucun créancier de rang préférable n'existe, le mandataire de justice doit procéder à la déconsignation des sommes pour pouvoir payer le créancier postérieur qui en fait la demande, le principe du paiement à l'échéance, supérieur au principe de paiement par priorité ou par privilège commandant la solution.

Sa responsabilité n'a pas été retenue pour défaut de surveillance d'un locataire-gérant, alors que d'une part, le tribunal avait prorogé le délai de paiement du prix de cession et que, d'autre part, le bailleur qui tentait d'engager la responsabilité du commissaire à l'exécution du plan pouvait lui-même agir en résiliation du bail, ce qui privait ainsi de lien de causalité la faute prétendue du commissaire à l'exécution et le préjudice subi par le bailleur[9].

SECTION 581.50

SANCTIONS DISCIPLINAIRES ATTEIGNANT LE COMMISSAIRE À L'EXÉCUTION DU PLAN EN PLAN DE CESSION – LÉGISLATION ANTÉRIEURE À LA LOI DU 26 JUILLET 2005

581.51 Sanctions disciplinaires atteignant le commissaire à l'exécution du plan de cession. Les sanctions disciplinaires atteignant les administrateurs judiciaires ou les mandataires s'appliquent également au commissaire à l'exécution du plan de cession. Il a ainsi été jugé qu'était passible d'un blâme le commissaire à l'exécution du plan qui n'avait pas rendu compte au président du tribunal et au procureur de la République du défaut d'exécution du plan[10].

1. Com. 22 mai 2007, nº 05-21.936, *Bull. civ.* IV, nº 138; nº 776 FS-P+B; *D.* 2007. AJ 1665, note Lienhard; *Rev. proc. coll.* 2007/3, p. 128, nº 7, obs. Lebel; *RTD com.* 2007. 841, nº 7, obs. Martin-Serf – Com. 22 mai 2007, nº 06-10.632, NP; nº 777 FS-D.
2. Com. 5 déc. 1995, nº 93-18.830, NP, *Rev. proc. coll.* 1998, 197, nº 41, obs. Soinne.
3. Com. 3 mai 2011, nº 10-16.146, NP; nº 421 F-D; *BJE* sept./oct. 2011, comm. 132, p. 256, note Nabet; *Rev. proc. coll.* 2011, comm. 184, note Fraimout.
4. Paris, 3e ch. B, 6 oct. 2006, RG nº 04/15832, *Rev. proc. coll.* 2007/3, p. 146, nº 7, obs. Saint-Alary-Houin.
5. L. nº 2005-845, 26 juill. 2005, préc.
6. Com. 22 mai 2007, nº 05-21.936, préc. – Com. 22 mai 2007, nº 06-10.632, préc.
7. Com. 22 mai 2007, nº 05-21.936, préc. – Com. 22 mai 2007, nº 06-10.632, préc.
8. AINSI : Com. 4 mars 2008, nº 06-21.692, NP; nº 334 F-D; *Gaz. proc. coll.* 2008/4, p. 43, note Gorrias.
9. Com. 24 juin 2003, nº 00-17.822, NP.
10. Com. 8 juill. 2003, nº 00-21.473, *Bull. civ.* IV, nº 125; *D.* 2003. AJ 2175; *Act. proc. coll.* 2003/125, nº 193; *Rev. proc. coll.* 2004, p. 56, nº 10, obs. Soinne.

SECTION 581.60 SURVEILLANCE DE L'EXÉCUTION DU PLAN DE CESSION SOUS LE RÉGIME DE LA LOI DU 26 JUILLET 2005

581.61 Le liquidateur, surveillant de l'exécution du plan de cession sous l'empire de la loi du 26 juillet 2005 [1]. La loi de sauvegarde des entreprises modifie en profondeur la surveillance de l'exécution du plan de cession. La solution s'explique par l'observation que le législateur part du postulat que le plan de cession sera arrêté en liquidation, ce qui le fait apparaître comme une modalité de réalisation des actifs et non plus comme une technique de redressement par plan. La section 1 ci-dessus visée est en effet placée dans un chapitre II intitulé « De la réalisation de l'actif ». C'est la raison de la suppression du commissariat au plan de cession.

En conséquence, l'exécution du plan de cession est surveillée par l'organe de la liquidation judiciaire, le liquidateur. En ce sens, l'article L. 642-11 du code de commerce prévoit, en son alinéa 1, que « le cessionnaire rend compte au liquidateur de l'application des dispositions prévues par le plan de cession ». Les missions dévolues au commissaire à l'exécution du plan, sous l'empire de la législation antérieure à la loi de sauvegarde sont, par principe, transférées sur la tête du liquidateur. En vertu de cette mission, le liquidateur pourra ensuite informer le tribunal de l'inexécution du plan de cession. L'article R. 642-18, alinéa 1 du code de commerce précise que cette information émanant du liquidateur prend la forme d'un rapport adressé au juge-commissaire et au procureur de la République. Ce rapport est déposé au greffe. Il appartiendra au tribunal d'envisager alors la résolution du plan de cession (v. s[s] n° 584.22).

À défaut d'exécution du plan de cession, le liquidateur peut saisir le tribunal aux fins de résolution du plan (C. com., art. L. 642-11, al. 2).

Le liquidateur, mais aussi l'administrateur s'il en a été désigné un, doivent être entendus ou à tout le moins convoqués pour donner leur avis au tribunal sur le projet de modification du plan (C. com., art. L. 642-6, al. 2).

C'est le liquidateur qui passe les actes nécessaires à la cession, à moins qu'un administrateur judiciaire n'ait été désigné, auquel cas la tâche lui incombe (C. com., art. L. 642-8, al. 1).

C'est le liquidateur qui est chargé d'établir un rapport au tribunal, lorsque le cessionnaire demande l'autorisation judiciaire de vendre des biens cédés, qui sont inaliénables, tant que le prix de cession n'a pas été payé (Com., art. L. 642-9, al. 2).

Le tribunal doit entendre ou à tout le moins appeler le liquidateur pour autoriser la conclusion d'une location-gérance (C. com., art. L. 642-13, al. 2). Le liquidateur se fait communiquer par le locataire-gérant tous les documents et informations utiles à sa mission. Il surveille la bonne exécution du contrat en en rendant compte au tribunal (C. com., art. L. 642-16, al. 1). L'article R. 642-21, alinéa 1 du code de commerce prévoit que le liquidateur doit signaler, dans un rapport adressé au juge-commissaire et au procureur de la République et déposé au greffe, toute atteinte aux éléments pris en location-gérance, ainsi que le défaut d'exécution par le locataire-gérant de ses obligations. Il s'agit notamment de signaler l'inexécution par le locataire-gérant de son obligation d'acquérir l'entreprise à l'issue de la période de location-gérance (C. com., art. L. 642-17). Le liquidateur peut solliciter du tribunal la résiliation de ce contrat (C. com., art. L. 642-16, al. 2). Le liquidateur peut aussi solliciter du tribunal la résolution du plan si le locataire-gérant n'exécute pas son obligation d'acquérir l'entreprise (C. com., art. L. 642-17, al. 1). Le liquidateur doit être entendu lorsque le locataire-gérant sollicite du tribunal la possibilité de modifier les conditions de son offre (C. com., art. L. 642-17, al. 2).

Le fait que le liquidateur devienne le surveillant de l'exécution du plan de cession peut faire apparaître curieuse la décision d'un tribunal de nommer un mandataire *ad hoc* pour surveiller l'exécution du plan [2].

Le mandataire judiciaire est le surveillant de l'exécution du plan de cession, sous l'empire de la loi du 26 juillet 2005, en l'absence de liquidateur. La loi de sauvegarde des entreprises a conservé la possibilité d'arrêter un plan de cession en redressement judiciaire. L'article L. 631-22, alinéa 1 du code de commerce dispose en effet que « à l'exception du I de l'article L. 642-2 [et de l'article L. 642-22, réd. ord. 18 déc. 2008 [3]], les dispositions de la section 1 du chapitre II du titre IV sont applicables à cette cession ». L'article R. 631-40 du code, pour sa part, indique que les articles R. 642-1 à R. 642-21 sont applicables à cette cession. Il s'agit là des dispositions relatives au plan de cession arrêté en liquidation judiciaire. L'alinéa 1er *in fine* de l'article L. 631-22 du code de commerce prévoit que « le mandataire judiciaire exerce les missions dévolues au liquidateur ».

1. L. n° 2005-845, 26 juill. 2005, préc.

2. TC Nanterre, 22 mai 2014, *Leden* 201, comm. 170, note approb. Lucas.
3. Ord. n° 2008-1345, 18 déc. 2008, *JO* 19 déc., p. 19462.

Le décret du 12 février 2009[1] exclut toutefois, de manière interprétative, puisque telle était déjà l'interprétation, l'application de l'article 642-10, qui envisage la répartition du prix de cession. Le mandataire judiciaire sera ainsi chargé de recouvrer le prix de cession, mais n'aura pas à le répartir.

De manière plus précise, l'article R. 631-40, alinéa 2, qui résulte de la rédaction que lui donne le décret du 12 février 2009, prévoit que le mandataire judiciaire exerce les fonctions dévolues au liquidateur par les articles R. 642-8, R. 642-18, R. 642-20 et R. 642-21. L'article R. 642-8 envisage le versement au liquidateur des sommes restant dues par le débiteur au titre du contrat de crédit-bail, afin de permettre la levée d'option d'achat par le repreneur. L'article R. 642-18 s'intéresse à l'inexécution du plan de cession par le repreneur, au rapport que doit déposer le liquidateur et à ses suites, à savoir l'action en résolution du plan de cession. L'article R. 642-20 s'intéresse à l'aliénation par le repreneur d'un bien grevé de sûreté ou dont l'aliénation n'était pas prévue dans l'offre de cession. Enfin, l'article L. 642-21 concerne le rapport du liquidateur sur l'atteinte portée aux éléments pris en location-gérance et l'inexécution de ses obligations par le locataire-gérant.

Pour sa part, l'administrateur judiciaire reste en fonction pour passer les actes nécessaires à la cession (C. com., art. L. 631-22, al. 2).

Si le redressement judiciaire est ensuite converti en liquidation judiciaire, la surveillance de l'exécution du plan de cession sera naturellement dévolue au liquidateur.

581.62 Conséquences de la mission de surveillance confiée au liquidateur sur les actions en responsabilité civile délictuelle. Puisque le liquidateur est désormais en charge de l'exécution du plan de cession, il n'y a aucune difficulté à l'engagement des actions en responsabilité civile délictuelle contre les tiers. C'est en effet l'organe de défense de l'intérêt collectif de créanciers qui est ici en fonction.

La même observation s'impose si le plan de cession est arrêté en redressement judiciaire. En effet, la surveillance de l'exécution du plan de cession appartient au mandataire judiciaire, organe de défense de l'intérêt collectif des créanciers.

581.63 Durée de la surveillance de l'exécution du plan de cession sous le régime de la loi du 26 juillet 2005[2]. Une difficulté, source d'un contentieux pléthorique sous l'empire de la législation antérieure à la loi de sauvegarde des entreprises, est supprimée par la loi du 26 juillet 2005 : celle de la durée de la mission de l'organe de surveillance de l'exécution du plan.

Si le plan de cession est arrêté en phase de liquidation judiciaire, le liquidateur reste en fonction jusqu'à la clôture de la liquidation judiciaire. Une seule précision est alors apportée par la loi de sauvegarde des entreprises : le tribunal ne peut prononcer la clôture de la procédure « qu'après avoir constaté le respect de ses obligations par le cessionnaire » (C. com., art. L. 643-9, al. 4). La seule source de difficultés tiendra à cette notion de « respect de ses obligations par le cessionnaire ». Faudra-t-il tenir compte d'obligations mineures qui n'auraient pas été respectées et qui pourraient faire obstacle à la clôture ?

Si le plan de cession est arrêté en phase de redressement judiciaire, en application de l'article L. 631-22 du code, c'est, selon l'alinéa 1 de cet article, le mandataire judiciaire qui « exerce les missions dévolues au liquidateur ». Les dispositions de la liquidation judiciaire ont cependant alors vocation à s'appliquer. Il faut, en conséquence, décider que l'article L. 643-9, alinéa 4 du code de commerce obligera le tribunal à ne clôturer la procédure qu'après accomplissement par le cessionnaire de ses obligations. Mais il faudra encore que les biens non compris dans le plan de cession aient été réalisés et que leur prix en ait été distribué. La plus tardive des exécutions conditionnera en conséquence la clôture de la procédure. En outre, si le débiteur n'obtient pas un plan de redressement partiel, le débiteur sera placé en liquidation judiciaire. Il y aura dès lors place à nomination d'un liquidateur, qui aura en charge la surveillance de l'exécution du plan de cession, en prenant le relais du mandataire judiciaire.

1. D. n° 2009-160, 12 févr. 2009, *JO* 13 févr., p. 2596.

2. L. n° 2005-845, 26 juill. 2005, préc.

CHAPITRE

582. Exécution du plan de cession

SECTION 0 ORIENTEUR

582.00 **Plan du chapitre.**

Sect. 582.10 Actes de cession
Sect. 582.20 Règles générales d'apurement du passif
Sect. 582.30 Quote-part du prix de cession
Sect. 582.40 Transfert de la charge de la sûreté
Sect. 582.50 Nature juridique, domaine et modalités de la cession judiciaire des contrats
Sect. 582.60 Effets de la cession judiciaire des contrats en plan de cession
Sect. 582.70 Cession du contrat de bail des locaux professionnels
Sect. 582.80 Règles spéciales à la levée d'option d'achat du contrat de crédit-bail

582.01 **Textes applicables.** (V. les références complètes s^s^ n° 011).

> Législation antérieure à la loi de sauvegarde des entreprises.

C. com., art. L. 621-84, al. 3, L. 621-88, L. 621-89, L. 621-91 et L. 621-92, L. 621-94 à L. 621-96

D. n° 85-1388, 27 déc. 1985, art. 103-3 à 106, 108

> Législation issue de la loi de sauvegarde des entreprises.

C. com., art. L. 141-19, al. 3, L. 631-22, L. 642-1, al. 4, L. 642-7 à L. 642-10, L. 642-12, L. 642-21, L. 654-8

C. com., art. R. 631-40 (anc^t^ D. 28 déc. 2005, art. 208), R. 642-7 (anc^t^ D. 28 déc. 2005, art. 260), R. 642-8 (anc^t^ D. 28 déc. 2005, art. 261), R. 642-9 (anc^t^ D. 28 déc. 2005, art. 256), R. 642-11 (anc^t^ D. 28 déc. 2005, art. 262), R. 642-12 (anc^t^ D. 28 déc. 2005, art. 263), R. 642-19 (anc^t^ D. 28 déc. 2005, art. 265), R. 642-20 (anc^t^ D. 28 déc. 2005, art. 266)

> Législation issue de l'ordonnance du 18 décembre 2008.

C. com., art. L. 141-19, al. 3, L. 631-21-1, L. 631-22, L. 642-1, al. 4, L. 642-7 à L. 642-10, L. 642-12, L. 654-8

C. com., art. R. 631-40, R. 642-7, R. 642-8, R. 642-9, R. 642-11, R. 642-12, R. 642-19, R. 642-20

> Législation issue de l'ordonnance du 12 mars 2014.

C. com., art. L. 642-7, L. 642-12

582.02 **Jurisprudence de référence.**

> Les actes de cession ne peuvent réduire la portée du jugement arrêtant le plan de cession.

• **Com. 9 janv. 1996,** n° 94-11.321, *Bull. civ.* IV, n° 12

* V. s^s^ n° 582.11

Les modalités des actes nécessaires à la réalisation d'un plan de cession ne peuvent avoir pour effet de modifier le contenu et les objectifs du plan homologué. Ayant constaté que le tribunal avait ordonné une cession totale et immédiate des actifs de l'entreprise, une cour d'appel, qui n'a pas imposé de charges autres que les engagements souscrits, en déduit exactement que la clause résolutoire insérée à l'acte de cession et destinée à s'appliquer en cas de refus d'agrément par l'administration des douanes, est dépourvue de tout effet juridique, en ce qu'elle contredit les termes du plan de cession homologué par le tribunal.

> Le tribunal peut prononcer contre le repreneur qui ne veut pas signer les actes de cession une condamnation à des dommages et intérêts.

• **Com. 26 oct. 1999,** n° 96-19.156, *Bull. civ.* IV, n° 193

* V. s^s^ n° 582.13

Ne donne pas de base légale à sa décision, au regard des articles 1371 du code civil et 62 alinéa 1er de la loi du 25 janvier 1985 [devenu C. com., art. L. 621-63], la cour d'appel qui, en présence de l'inexécution de l'engagement pris par le cessionnaire qui n'a pas signé les actes de cession nécessaires à la reprise, rejette la créance du liquidateur correspondant au préjudice de la société cédante résultant de l'absence de signature par le cessionnaire des actes de cession, sans retenir une cause d'exonération de la responsabilité du cessionnaire.

> Le repreneur n'est pas tenu du passif non apuré par le prix de cession.

• **Com. 30 mars 1993,** n° 90-13.942, *Bull. civ.* IV, n° 138

* V. s^s^ n° 582.25

Manque de base légale le jugement qui condamne le repreneur d'une entreprise à payer une dette de cette entreprise, sans préciser si la société poursuivie bénéficiait d'une fusion ou d'un apport partiel d'actif soumis au régime des scissions entraînant, en application de l'article 372-1 alinéa 1er de la loi du 24 juillet 1966 [devenu C. com., art. L. 236-3, al. 1er], la transmission universelle du patrimoine de la société débitrice originaire ou si la société poursuivie n'était pas cessionnaire d'une branche d'activité de celle-ci en exécution d'un plan de redressement judiciaire, auquel cas, n'étant pas l'ayant cause à titre universel de la société débitrice et ne pouvant se voir imposer, selon l'article 62 alinéa 3 de la loi du 25 janvier 1985 [devenu C. com., art. L. 621-63, al. 3], d'autres charges que les engagements souscrits par elle lors de la préparation du plan, la société poursuivie n'aurait pu être tenue, sauf volonté contraire de sa part, du passif de la société cédante.

> Le droit de rétention grevant un actif cédé dans le plan de cession oblige le repreneur à payer intégralement le créancier rétenteur, qui n'a pas à se satisfaire d'une simple quote-part du prix de cession.

• Com. 20 mai 1997, n° 95-12.925, *Bull. civ.* IV, n° 151

* V. s[s] n° 582.43

« Vu l'article 93 de la loi du 25 janvier 1985 [devenu C. com., art. L. 621-96]; Attendu que la cession de l'entreprise, par suite de l'adoption d'un plan de redressement, ne peut porter atteinte au droit de rétention issu du gage avec dépossession qu'un créancier a régulièrement acquis sur des éléments compris dans l'actif cédé; qu'en l'absence de disposition légale en ce sens le créancier rétenteur ne peut être contraint de se dessaisir du bien qu'il retient légitimement que par le paiement du montant de la créance qu'il a déclarée, et non par celui d'une quote-part du prix de cession qui serait affectée à ce bien pour l'exercice du droit de préférence. »

> Pour lever l'option d'achat d'un crédit-bail, le repreneur doit payer les « sommes restant dues ». Ces dernières sont limitées, d'après l'article L. 621-88 alinéa 4, à la valeur du bien. Le plafonnement ainsi institué ne s'applique qu'aux sommes demeurées impayées du chef du précédent crédit-preneur, le cessionnaire n'étant pas dispensé du paiement de l'intégralité des sommes qui lui incombent personnellement.

• Com. 23 nov. 2004, n° 03-13.035, *Bull. civ.* IV, n° 205; n° 1680 FS-P+B

* V. s[s] n° 582.84

> Seuls les crédits précisant leur destination et prévoyant que la sûreté accordée en garantira le remboursement permettent le jeu du transfert de la charge de la sûreté.

• Com. 23 nov. 2004, n° 02-12.982, *Bull. civ.* IV, n° 204; FS-P+B+I

* V. s[s] n° 582.42

> Le créancier inscrit sur un bien du débiteur, auquel le tribunal arrêtant le plan de cession n'affecte pas de quote-part du prix de cession et qui se voit privé du droit de bénéficier du transfert de la charge de la charge de la sûreté ne peut faire appel nullité à l'encontre du jugement ayant arrêté le plan de cession.

• Com. 15 déc. 2009, n° 08-21.553, *Bull. civ.* IV, n° 167; n° 1202 FS-P+B

* V. s[s] n° 582.41

« L'appel nullité ne peut être formé que par une partie au procès; la cour d'appel ayant relevé d'un côté qu'il était nécessaire que la banque ait qualité à agir en vertu des règles relatives aux procédures collectives et, de l'autre, que la banque n'était pas un cocontractant mentionné à l'article L. 642-7 du code de commerce – il s'agissait d'un prêteur bénéficiant du jeu du transfert de la charge de la sûreté –, il en résultait que l'appel était irrecevable. »

> Les contrats pour lesquels aucune option n'a été formulée pendant la période d'observation sont toujours en cours et pourront donc être cédés.

• Com. 17 févr. 2015, n° 13-17.076, *Bull. civ.* IV [à paraître]; n° 212 FS-P+B

* V. s[s] n° 582.52

582.03 **Bibliographie indicative.** (V. les références complètes s[s] n° 031 – Aussi s[s] n° 540.03).

> Actualisables. J.-CL. COM., Fraimout J.-J., fasc. 2740, [Plan de cession – Cession des contrats], 2014; fasc. 2750, [Plan de cession – Effets : Obligations du cessionnaire], 2010 – Amlon G., J.-CL. COM., fasc. 2383, [Créanciers antérieurs titulaires de sûretés spéciales], 2012 – LAMY SÛRETÉS, Delebecque Ph., « Sûretés réelles et procédures collectives », étude 284.

> Ouvrages. Fabiani D., *La cession judiciaire des contrats*, Crajefe, Nice, 1988 – Le Corre-Broly E., *Crédit-bail mobilier et procédures collectives*, th., dactyl., Lille II, 1997 – Monsérié-Bon M.-H., *Les contrats dans le redressement et la liquidation judiciaires des entreprises*, Litec, 1994.

> Articles.

› *Étude d'ensemble.* – Bureau H., « La période intermédiaire entre l'adoption et la réalisation d'un plan de cession », *JCP E* 1999. 1182 – Martin D., « Les ventes dans le plan de cession », *Lamy affaires*, mai 2003, suppl. au n° 60, p. 5 – Théron J., « Les actes de cession et difficultés d'exécution. Analyse juridique », *Rev. proc. coll.* 2015, dossier 59 – Thiollet Ph., « Les actes de cession et les difficultés d'exécution. Point de vue du praticien », *Rev. proc. coll.* 2015, dossier 60.

› *Sûreté.* Buisine O., « L'opposabilité du droit de rétention "fictif" dans le cadre du plan de cession », *Rev. proc. coll.* 2011, étude 31, p. 15 – Cabrillac M. et Pétel Ph., « Juin 1994, le printemps des sûretés réelles », *LPA* 14 sept. 1994, n° 110, p. 59 s. – Cagnoli P., « Le sort des créanciers munis de sûretés réelles », *Rev. proc. coll.* 2015, dossier 3, p. 69 – Dubois P. et Terrier G., « Réflexions sur l'article 93 alinéa 3 de la loi du 25 janvier 1985 (rédaction de la loi n° 94-475 du 10 juin 1994) », *Mél. Jeantin*, Dalloz, 1999, 389 – Henry L.-C. et Fabiani D., « L'article 93 de la loi du 25 janvier 1985 », *LPA* 20 sept. 2000, n° 188, p. 22 s. – Lanzara D., « La nature juridique du transfert de la charge de la sûreté », *BJE* nov.-déc. 2016, à paraître – Le Corre P.-M., « Le gage avec droit de rétention face au plan de cession (rien ne sert de concourir, il faut à point retenir) »; « Les créanciers gagistes face au redressement judiciaire et la règle du concours », *Rev. proc. coll.* 1990, p. 21 s.; « Le créancier titulaire d'une sûreté spéciale victime de l'absence d'affectation d'une quote-part du prix de cession », *Gaz. Pal.* entr. diff. 7-8 janv. 2011, p. 13; « Un exemple d'exclusivité : le droit de rétention fictif du gagiste sans dépossession », Colloque Sûretés réelles et droit des entreprises en difficulté, Nice, 20 mars 2010, *LPA* 11 févr. 2011, n° 30, p. 68; « Cautionnement et transfert de la charge de la sûreté en plan de cession : questions-réponses », *Gaz. Pal.* 12 juill. 2013, n° 193, Technique p. 33 ; « Coordination des règles du cautionnement avec le droit des entreprises en difficulté », *Rev. proc. coll.* 2013, dossier 26 – Macorig-Vénier F., « Les créanciers et leurs garanties », *Rev. proc. coll.* 2015, dossier 53 – Soltner B., « Sûretés spéciales et cession d'entreprise », *RJ com.* 1999. 381 – Vigreux S., « Les difficultés d'application de l'article 93 de la loi du 25 janvier 1985 », *Rev. proc. coll.* 1999, p. 141.

› *Contrats en général.* Barat F., « La levée d'option d'achat du crédit-bail par le preneur soumis à une procédure collective après l'ordonnance du 18 décembre 2008 », *RD banc. fin.* mars/avr. 2010, dossier 13, p. 99 Briand D., « Cessions et réseaux de distribution », *Rev. proc. coll.* 2015, dossier 33 – Calendini J.-M., « La détermination des contrats cédés », *RJ com.* 1992, n° sp., p. 134 – Derrida F., « Les voies de recours en matière de transfert des contrats dans le plan de cession de l'entreprise », *LPA* 15 janv. 1997, p. 24 – Fabiani D., « Les conditions de la cession judiciaire des contrats dans la loi du 25 janvier 1985 », *RJ com.* 1987. 41 – Le Corre P.-M., « Le sort du contrat non cédé en plan de cession », *JCP E* 2006. 2671 – Martin D., « La sécurité contractuelle à l'épreuve du redressement judiciaire », *JCP N* 1986. 180 – Rakotovahiny M.-A., « Le maintien forcé du contrat ou l'éviction de la volonté individuelle », *LPA* 2 août 2011, n° 152, p. 6 – Rossignol P.-Y., « Le règlement des crédits-bailleurs après la loi du 26 juillet 2005 sur la sauvegarde des entreprises », *LPA* 1er et 2 mai 2008, n° 88-89, p. 4 – Stéphan C., « À propos des conditions du transfert de contrat au cas de cession d'entreprise », *Banque et droit* 1989, 16 – Thuillier B., « Les cocontractants dans l'actualité : des acteurs de la reprise d'entreprise ? », *Rev. proc. coll.* 2015, dossier 52 – Zuin M., « La transmission judiciaire des contrats dans les procédures collectives », *Gaz. Pal.* 1989. I, Doctr. 110.

› *Bail.* Gravillou J.-A., « L'incessibilité du bail rural (*de lege ferenda*) », *Cah. dr. entr.* 2005/2, p. 18 — Jamet M., « La déspécialisation partielle de l'article L. 642-7, alinéa 4 du code de commerce : incertitudes et limites », *Rev. proc. coll.* 2015, études 8, p. 12 – Kendérian F., « La nouvelle cession-déspécialisation du bail commercial en cas de procédure collective », *Rev. proc. coll.* 2014, études 25 ; « Bail commercial : de la garantie solidaire du cédant à celle du cessionnaire », *JCP E* 2015. 1590 – Rohart-Messager, « Plan de cession et autorisation pour le repreneur d'exercer des activités connexes ou complémentaires à celle prévue dans le bail », *BJE* 2014, 339 – Vercken H., « Déspécialisation partielle autorisée par le tribunal en plan de cession », *RLDA* nov. 2014, n° 98.

› *Prix de cession.* Dorléac Th., « Étude sur le sort du prix de cession en cas de cession partielle en plan de sauvegarde », *BJE* sept./oct. 2011, comm. 131, p. 293.

› *Droit administratif.* Governatori J.-J., « Le droit administratif à l'épreuve des procédures collectives », *Gaz. proc. coll.* 2009/4, 1re partie, nos 303 et 304, p. 9.

› *Site pollué.* Saint-Alary-Houin C., « La cession d'un site pollué », *Lamy affaires*, mai 2003, suppl. au n° 60, p. 55.

582.04 Questions essentielles.

• Comment sont réglés sur le prix de cession les créanciers titulaires de sûretés ?

* V. ss nos 582.31 s.

• Le repreneur peut-il reprendre un bien grevé de sûreté inscrite à l'occasion du financement du bien sans être tenu de payer le banquier prêteur ?

* V. ss n° 582.45.

• Le cocontractant peut-il s'opposer à la cession de son contrat au repreneur ?

* V. ss n° 582.57.

• Que doit le repreneur en cas de cession d'un contrat ?

* V. ss n° 582.61.

SECTION 582.10
ACTES DE CESSION

582.11 Effectivité de la cession – Passation des actes[1]. Aux termes de l'article L. 621-89, alinéa 1 du code de commerce, « en exécution du plan arrêté par le tribunal, l'administrateur passe tous les actes nécessaires à la réalisation de la cession ». La compétence n'appartient donc pas au commissaire à l'exécution du plan.

La loi de sauvegarde des entreprises[2] a supprimé le commissariat au plan de cession. La surveillance de l'exécution du plan appartient désormais, si le plan de cession est arrêté en liquidation judiciaire, au liquidateur, s'il est arrêté en redressement judiciaire au mandataire judiciaire qui exerce les fonctions dévolues au liquidateur. Mais, dans les deux cas, seul l'administrateur judiciaire, s'il en a été nommé un en liquidation judiciaire, sa désignation étant obligatoire en redressement, passe les actes nécessaires à la cession (C. com., art. L. 631-22, al. 2, en redressement judiciaire, C. com., art. L. 642-8, al. 1, en liquidation judiciaire). Si, sous l'empire de la loi du 26 juillet 2005, dans sa rédaction d'origine, il n'a pas été nommé d'administrateur, cette tâche incombe, en redressement judiciaire, au mandataire judiciaire (C. com., art. L. 631-22, al. 1). La solution n'est plus possible depuis l'ordonnance du 18 décembre 2008[3], qui oblige le tribunal à nommer un administrateur judiciaire si, en redressement judiciaire, une cession d'entreprise est envisageable (C. com., art. L. 631-21-1). En liquidation judiciaire, cette mission échoit au liquidateur (C. com., art. L. 642-8, al. 1).

L'article R. 642-9 du code de commerce oblige, sous l'empire de la loi de sauvegarde des entreprises, le liquidateur ou l'administrateur à faire un rapport, et à le déposer au greffe du tribunal, dès l'accomplissement des actes de cession. Ce texte de la liquidation judiciaire est applicable en redressement judi-

1. Théron, « Les actes de cession et difficultés d'exécution. Analyse juridique », *Rev. proc. coll.* 2015, dossier 59.
2. L. n° 2005-845, 26 juill. 2005, *JO* 27 juill., p. 12187.
3. Ord. n° 2008-1345, 18 déc. 2008, *JO* 19 déc., p. 19462.

ciaire (C. com., art. R. 631-40). Le rapport devra identiquement être fait par l'administrateur judiciaire.

L'article R. 642-11, alinéa 1 du code de commerce prévoit que l'administrateur [et à son défaut le liquidateur, précise de manière interprétative cet article depuis le décret du 12 février 2009[1]], doit rendre compte au juge-commissaire de l'exécution des actes permettant la mise en œuvre du plan. L'alinéa 2 ajoute que, lorsqu'il a accompli sa mission, il dépose un compte rendu de mission dans les conditions des articles R. 626-39 et R. 626-40 du code de commerce, l'article R. 626-41 du code de commerce étant applicable (v. s^s^ n° 361.32).

La présence aux actes de l'administrateur, s'il en a été nommé un, est indispensable. L'acte de cession n'est pas la chose des parties[2]. Inversement, la présence du débiteur à l'acte est inutile[3], l'opinion contraire ayant toutefois été soutenue[4].

Sous l'empire de la législation antérieure à la loi de sauvegarde des entreprises, en régime simplifié sans administrateur, l'article L. 621-143 du code de commerce énonce que « le commissaire à l'exécution du plan assiste le débiteur dans l'accomplissement des actes nécessaires à la mise en œuvre du plan ». Il y a ici un régime d'assistance, qui oblige à considérer que les actes seront accomplis par les deux, l'absence de l'un à l'acte devant conduire à son invalidation. En cas de résistance du débiteur, la seule possibilité pour le commissaire à l'exécution du plan sera de saisir le tribunal de la difficulté[5]. Ce dernier devrait alors pouvoir autoriser le commissaire à l'exécution du plan à passer seul les actes.

On remarquera que, sous l'empire de la législation antérieure à la loi de sauvegarde des entreprises, l'article L. 621-89 et l'article L. 621-143 du code de commerce ne s'expriment pas exactement de la même façon. Il ne faut cependant pas attacher d'importance à la différence entre « actes nécessaires à la réalisation de la cession » et « actes nécessaires à la mise en œuvre du plan ».

Le pouvoir de passer l'acte ne confère en revanche pas le pouvoir de modifier le contenu et les objectifs du plan. Il ne s'agit que des « actes nécessaires à l'exécution – ou à la réalisation – de la cession ». Il est dès lors logique qu'ils ne puissent venir contrarier le dispositif du jugement ayant arrêté le plan de cession[6] ou en réduire la portée[7], par exemple par l'insertion dans l'acte de cession d'une condition suspensive non prévue dans le jugement arrêtant le plan[8]. Un tel acte a, à notre sens, un objet illicite. Mais, tant qu'il n'a pas été annulé, l'acte non conforme au plan doit produire plein effet[9]. Il faut toutefois réserver l'hypothèse d'une clause insérée à l'acte de cession, qui méconnaîtrait le principe selon lequel les contrats judiciairement cédés doivent être exécutés aux conditions contractuelles existant lors du jugement d'ouverture. Pareille clause serait dépourvue d'effet[10].

Les actes de cession, par leur signature, ne peuvent permettre de tourner les interdictions d'acquérir de la part de personnes n'ayant pas la qualité de tiers (v. s^s^ n° 571.31).

La rédaction des actes ne pourrait opérer modification de la personne du cessionnaire, sans autorisation du tribunal (v. s^s^ n° 572.62).

La rédaction des actes ne pouvant prévoir des clauses entraînant modification du plan arrêté par le tribunal, seul importera le jugement[11]. Les actes de cession ne sont que de simples *instrumenta*, le jugement constituant le *negotium* d'acquisition[12]. Pour cette raison, la décision arrêtant le plan de cession et prévoyant la cession judiciaire d'un contrat ne pourra être tenue en échec par un acte subséquent de cession de fonds de commerce prévoyant l'absence de cession du contrat[13].

Les actes envisagés seront établis sous-seing privé ou passés en la forme authentique. L'intégration dans le plan de cession d'un immeuble obligera l'administrateur ou le débiteur, selon le cas, à avoir recours à un notaire. Cependant, même en ce cas, le prix de cession doit être remis, sous l'empire de la législation antérieure à la loi de sauvegarde des

1. D. n° 2009-160, 12 févr. 2009, *JO* 13 févr., p. 2596.
2. Soinne, n° 1733.
3. Guyon, n° 1284 – Derrida et *alii*, n° 455 – *Adde*, Ifppc 1999, recomm. n° 4013-1, p. 95.
4. Vallens, 2015, n° 4312.
5. Com. 12 juill. 1994, n° 92-14.349, *Bull. civ.* IV, n° 265; *LPA* 21 déc. 1994, n° 152, p. 17, note Derrida; *LPA* 16 juin 1995, n° 72, p. 22, note Courtier; *JCP* 1996. I. 3935, n° 5, obs. M. Cabrillac.
6. Com. 23 mai 2000, n° 98-13.134, NP, *RJDA* 2000/11, n° 1019.
7. Com. 9 janv. 1996, n° 94-11.321, *Bull. civ.* IV, n° 12; *D.* 1998. Somm. 11, obs. Derrida; *JCP E* 1996. I. 553, obs. M. Cabrillac; *LPA* 1997, n° 10, p. 31, note Courtier; *LPA* 17 avr. 1998, n° 46, p. 13, note Derrida; *Rev. proc. coll.* 1998, 370, n° 38, obs. Soinne – *Adde, Rapp. J.-J. Hyest*, n° 335, p. 405.
8. Civ. 3e, 7 déc. 2011, n° 10-30.695, *Bull. civ.* IV, n° 207; n° 1479 FS-P+B; *D.* 2012. Actu 88, note Lienhard; *Gaz. Pal.* 28 avr. 2012, n° 118, p. 25, note Voinot – Civ. 3e, 18 sept. 2012, n° 10-30.696, NP; n° 998 F-D.
9. Com. 8 juin 1999, n° 96-19.630, NP.
10. Civ. 3e, 7 déc. 2011, n° 10-30.695, préc.
11. Com. 9 janv. 1996, n° 94-11.321, *Bull. civ.* IV, n° 12; *D.* 1998. Somm. 11, obs. Derrida; *JCP E* 1996. I. 553, obs. M. Cabrillac; *LPA* 1997, n° 10, p. 31, note Courtier; *LPA* 17 avr. 1998, n° 46, p. 13, note Derrida; *Rev. proc. coll.* 1998, 370, n° 38, obs. Soinne – *Adde, Rapp. J.-J. Hyest*, n° 335, p. 405.
12. Théron, « Les actes de cession et difficultés d'exécution. Analyse juridique », *Rev. proc. coll.* 2015, dossier 59, n°s 7, 8.
13. Com. 2 juin 2004, n° 01-11.215, NP.

entreprises, au commissaire à l'exécution du plan pour être immédiatement déposé à la Caisse des dépôts et consignations. Lui seul pourra le répartir, à l'exclusion du notaire, qui pourrait engager sa responsabilité dans la répartition. La solution avait été posée pour le syndic sous l'empire de la loi du 13 juillet 1967[1]. Depuis la loi de sauvegarde des entreprises, identiquement le prix de cession devra être remis au liquidateur ou au mandataire judiciaire, selon que le plan aura été arrêté en liquidation ou en redressement judiciaire.

La date de passation des actes exerce une incidence sur la date du transfert de propriété des actifs (v. s[s] n° 582.44) et des contrats cédés (v. s[s] n° 582.61).

582.12 Aménagement de la période intermédiaire – Gestion confiée au repreneur. Entre le jour du jugement arrêtant le plan de cession et la date à laquelle les actes seront passés, par principe, le repreneur ne sera pas installé à la tête de l'entreprise reprise. Pour sa part, le débiteur n'est plus dessaisi, raison pour laquelle les actions doivent être dirigées contre lui[2]. Il semble donc que ce soit ce dernier qui assure la gestion[3].

La raison de douter de la solution résulte cependant de la rédaction de l'article L. 621-89, alinéa 2 du code de commerce, dans sa rédaction antérieure à la loi de sauvegarde des entreprises[4], qui prévoit que l'administrateur peut confier la gestion au cessionnaire. Or, pour la confier, ne doit-il pas l'avoir eue ? Il faut donc décider que, à défaut de précision du tribunal sur la date d'entrée en jouissance du repreneur et sur le poids de la gestion, ce dernier repose sur l'administrateur judiciaire.

Quoi qu'il en soit, le tribunal a la faculté de décider une entrée en jouissance immédiate, si tel est le souhait du repreneur. En pratique, l'administrateur exigera, en ce cas, du repreneur qu'il ait payé l'intégralité du prix de cession ou la fourniture d'une caution bancaire pour répondre dudit prix[5]. En cas d'entrée en jouissance immédiate, le repreneur devient immédiatement débiteur des sommes qui sont la contrepartie des contrats qui lui ont été cédés. C'est ainsi qu'il doit payer les loyers du bail des locaux professionnels[6].

Cette solution entraînera fixation à cette date de la naissance des obligations du cessionnaire, qui deviendra ainsi immédiatement l'employeur[7]. Elle présentera aussi l'avantage d'empêcher la naissance de créances postérieures[8], les obligations nées des contrats cédés au repreneur *étant alors nées de son chef.*

Si tel n'est pas le cas, et pour tenir compte des difficultés inhérentes à cette situation, l'article L. 621-89, alinéa 2, dans sa rédaction antérieure à la loi de sauvegarde des entreprises, offre à l'administrateur judiciaire, qui ne pourra plus guère compter sur le chef de l'entreprise débitrice, la possibilité de confier, sous sa responsabilité, la gestion au repreneur. Si cette solution est retenue, le cessionnaire devient le chef de l'entreprise cédée. Il est investi de la qualité d'exploitant et peut agir en contrefaçon[9] ou en concurrence déloyale. Il est également investi de la qualité d'employeur. Il a en été tiré la conséquence de la validité des transactions passées entre lui et les salariés, pendant cette période intermédiaire[10]. Il y a ainsi dérogation à la règle classique selon laquelle la qualité d'employeur passe sur la tête du repreneur à la date de passation des actes, s'il n'en est autrement disposé dans le jugement arrêtant le plan (v. s[s] n° 432.18)[11]. Cette solution de la Chambre sociale de la Cour de cassation doit-elle être étendue à tous types de contrats ? Une réponse positive entraînerait la fixation du début des obligations du repreneur à cette date, ce qui aurait des incidences en matière de cession de contrat (v. s[s] n° 582.61) et de transfert de charge des sûretés (v. s[s] n° 582.44). Corrélativement, la solution aurait pour effet de fixer au jour du plan de cession, la date limite de naissance des créances postérieures (v. s[s] n° 451.32). Pareille solution ne nous semble pas pouvoir être posée. Pour des considérations d'opportunité, la Chambre sociale considère logique de mettre sur la tête du repreneur, qui assure la gestion, la casquette d'employeur. N'est-ce pas lui qui dirige les salariés, dès cette date ? L'entrée en jouissance du repreneur n'est pas encore assurée en qualité de propriétaire, puisqu'il reste sous la surveillance de l'organe de redressement du débiteur. Au surplus, son entrée en jouissance ne résulte pas de la volonté du tribunal, mais

1. L. n° 67-563, 13 juill. 1967, *JO* 14 juill., p. 7059. – Com. 2 juill. 1991, n° 89-15.082, NP, cité dans SOINNE, note 5439.
2. Com. 3 mars 1994, *Rev. proc. coll.* 1994, 232, obs. Soinne.
3. EN CE SENS : SAINT-ALARY-HOUIN, 4e éd., n° 949 – SOINNE, n° 1729.
4. L. n° 2005-845, 26 juill. 2005, préc.
5. IFPPC 1999, recomm. n°s 4013-4, 4013-5, p. 95.
6. Com. 5 nov. 2003, n° 00-17.564, NP.
7. Com. 31 mars 1998, n° 95-21.740, *Bull. civ.* IV, n° 121; *Act. proc. coll.* 1998/2, n° 25; *JCP E* 1998. 1358, obs. M. Cabrillac.
8. Com. 28 janv. 1997, n° 94-21.401, *Bull. civ.* IV, n° 36; *Gaz. Pal.* 27 juin 1998, n° 178, note Massoni. *RTD com.* 1997. 688, note Martin-Serf; *LPA* 10 juin 1998, p. 20, note Derrida.
9. Com. 11 févr. 1997, n° 93-21.226, NP, *D.* 1998. Somm. 8, obs. Derrida.
10. Soc. 26 nov. 1996, n° 95-42.006, *Bull. civ.* V, n° 402; *LPA* 20 mars 1998, n° 34, p. 25, note Derrida; *D.* 1998. Somm. 8, obs. Derrida; *Rev. sociétés* 1997. 883, note Caronna.
11. Com. 26 janv. 1993, n° 91-40.308, *Bull. civ.* IV, n° 30; *LPA* 2 avr. 1993; n° 40, p. 14, note Derrida; *D.* 1993. n° 15, 205, note Derrida – Soc. 10 janv. 1995, n° 92-44.204, NP, *Rev. proc. coll.* 1996, 104, obs. Soinne.

seulement de la décision de l'adm ateur judiciaire. Dès lors, le transfert de propr e peut être déplacé à la date de l'arrêté du plan d ion, faute de précision du jugement en ce sens.

L'article L. 621-89, alinéa 2 du de commerce réserve la responsabilité de l'ad strateur, si la gestion du cessionnaire occasion n préjudice à des tiers. La responsabilité de l'ad strateur sera retenue s'il laisse entrer en jouissan e repreneur avant régularisation des actes de ce n, alors que la gestion n'avait pas été confiée à ce d er[1]. La responsabilité de l'administrateur judiciaire égalemement retenue à l'égard du bailleur, si ce der n'est pas payé par le repreneur autorisé à prendr ssession des lieux avant signature des actes de c ion[2].

Le fait que la gestion soit confiée au repren r ne changera pas la solution, sauf pour l'administ teur à obtenir du tribunal une décision de gesti de l'entreprise sous la seule responsabilité du r reneur[3]. En revanche, le dépassement par le cessionnaire des limites du mandat qui lui a été confié est exclusif de la possibilité de rechercher la responsabilité de l'administrateur[4].

Les textes ne précisent pas la forme selon laquelle la gestion sera confiée au cessionnaire. Il semble que la technique du mandat[5], en l'occurrence salariée, soit la plus adéquate. En pratique, cependant, les administrateurs concluent fréquemment un contrat de location-gérance avec le repreneur. Cette solution semble contrarier les textes[6], car la location-gérance est prévue restrictivement dans la législation et ne l'a pas été pour cette situation.

La **loi de sauvegarde des entreprises** modifie profondément le système applicable. Le système issu de la loi antérieure était surprenant, puisque le risque d'une mauvaise gestion pesait sur l'administrateur et que le cessionnaire, inversement, pouvait accomplir des actes dont il n'assumait pas la responsabilité. L'article L. 642-8, alinéa 1 du code, dans la rédaction que lui donne la loi de sauvegarde des entreprises, prévoit à l'inverse que la gestion de l'entreprise par le cessionnaire est décidée par le tribunal et s'effectue sous la responsabilité du cessionnaire. Les dettes nées de cette gestion n'engageront donc que le repreneur et ne bénéficieront pas du privilège attaché aux créances postérieures[7].

La gestion de l'entreprise ne pourra être confiée au cessionnaire, dans l'attente de l'établissement des actes de cession, que si ce dernier justifie de la consignation du prix de cession, ou éventuellement d'une garantie équivalente, en pratique un cautionnement bancaire. La solution a pour objectif évident de protéger les créanciers du débiteur cédant[8].

La demande de gérer de façon anticipée l'entreprise ne peut émaner que du cessionnaire[9].

582.13 Difficultés de passation des actes[10]. Les difficultés peuvent être d'une autre nature, lorsque l'acte ne peut être passé. Il faut ici distinguer selon que la difficulté a pour origine un fait extérieur au cessionnaire ou un fait qui lui est propre.

Il se peut d'abord que l'acte ne puisse être passé pour un fait extérieur au repreneur.

Il en est ainsi, par exemple, si une condition suspensive a défailli, telle une autorisation administrative[11]. L'offre devra avoir explicitement érigé en condition suspensive ou résolutoire l'autorisation ou l'agrément nécessaire à la poursuite de l'activité. À défaut, le repreneur sera réputé avoir pris ses risques et ne pourra prétendre ne pas être engagé du fait de la défaillance de la condition suspensive ou de la réalisation de la condition résolutoire[12].

Le repreneur peut se réfugier, pour refuser de signer les actes de cession, derrière le non respect des obligations imposées à tout vendeur par l'article L. 514-20 du code de l'environnement prescrivant l'obligation d'informer l'acquéreur de ce que l'installation est classée, ainsi que des dangers et inconvénients résultant de l'exploitation. Mais le seul fait que l'état descriptif, dont avait pris connaissance le repreneur, mentionne l'existence d'amiante est suffisant pour considérer que le refus de signature des actes de cession, au motif d'une obligation de désamiantage, est imputable au seul repreneur[13].

Il a été soutenu que si le plan, par suite de l'impossibilité de passer l'acte, ne peut être exécuté, il y

1. Com. 1er avr. 2003, n° 99-12.499, NP.
2. Com. 5 févr. 2002, nos 99-10.676, 99-11.736, NP.
3. IFPPC 1999, recomm. n° 4013-5, p. 95.
4. SOINNE, n° 1732.
5. VALLANSAN, 2e éd., p. 206.
6. RAPPR. : SAINT-ALARY-HOUIN, 4e éd., n° 949 – VALLANSAN, 2e éd., ss art. 87, p. 146.
7. *Rapp. Xavier de Roux*, n° 2095, p. 384.
8. Froehlich et Sénéchal, « De la réalisation de l'actif », *LPA* n° sp. 9 févr. 2006, n° 29, p. 21 s., sp. p. 25.
9. *Rapp. J.-J. Hyest*, n° 335, p. 406.
10. Thiollet, « Les actes de cession et les difficultés d'exécution. Point de vue du praticien », *Rev. proc. coll.* 2015, dossier 60.
11. POUR des difficultés de cette nature : Bordeaux, 2e ch., 7 oct. 1993, *Rev. proc. coll.* 1995, 170, n° 42, obs. Soinne – Douai, 2e ch., 27 juin 1996, *Rev. proc. coll.* 1996, 465, n° 41, obs. Soinne.
12. Com. 9 janv. 1996, n° 94-11.321, *Bull. civ.* IV, n° 12; *JCP E* 1996. I. 553, obs. M. Cabrillac; *LPA* 17 avr. 1998, n° 46, p. 13, note Derrida, *Rev. proc. coll.* 1998, 370, n° 38, obs. Soinne.
13. Civ. 3e, 18 juin 2008, n° 07-12.966, *Bull. civ.* IV, n° 108; n° 672 FS-P+B; *Gaz. proc. coll.* 2008/3, p. 39, note Voinot; *Gaz. proc. coll.* 2008/4, p. 51, note Steichen; *Act. proc. coll.* 2008/15, n° 241, note Fraimout; *RTD com.* 2008. 856, n° 6, obs. Saint-Alary-Houin; *Rev. proc. coll.* 2009/1, p. 29, n° 14, note Fraimout; *Rev. proc. coll.* 2009/6, 180, p. 54, note Ruffié.

avait place à caducité, laquelle se distingue de la résolution du plan. La caducité autoriserait la juridiction à arrêter un nouveau plan de cession[1], ce qui est impossible en présence d'une résolution du plan. La solution nous semble difficile à suivre, car si les actes de cession ne sont pas passés, la cession n'est pas réalisée. Elle ne peut donc être considérée comme parfaite, ce qui semble bien faire obstacle à sa caducité.

Dans une seconde hypothèse, l'acte ne peut être passé par suite d'un fait dépendant du repreneur. À cet égard, la perte de valeur du fonds cédé n'a pas pour effet d'entraîner décharge du repreneur[2]. Il n'apparaît pas que l'abstention du cessionnaire puisse être justifiée par un vice du consentement (v. s[s] n° 571.22). Si aucune raison ne s'oppose à la signature de l'acte, si ce n'est l'absence de volonté du repreneur, celui-ci peut être contraint par l'administrateur ou le commissaire à l'exécution du plan selon le cas[3]. Une astreinte pourra être utilisée[4]. Une décision de justice pourra suppléer la carence du cessionnaire pour venir constater la cession[5]. Le tribunal pourrait cependant préférer constater l'inexécution du plan et prononcer sa résolution[6], ou simplement prononcer contre le repreneur une condamnation à des dommages et intérêts[7], laquelle sera fixée à la différence de valeur entre l'offre du candidat ne donnant pas suite et l'offre nouvelle. Cette sanction sera la seule possible, si le plan de cession ne peut être mis en œuvre[8]. La responsabilité semble alors de nature quasi contractuelle, la Cour de cassation visant, pour appuyer sa solution, l'article 1371 du code civil (devenu : C. civ., art. 1300[9]), ce qui condamne la thèse selon laquelle le plan de cession aurait une nature contractuelle[10].

582.14 Date du transfert de propriété des actifs cédés[11]. La Cour de cassation décide que, s'il n'en est autrement disposé dans le jugement arrêtant le plan de cession, le transfert des biens et droits compris dans le plan s'opère à la date de passation des actes de cession[12].

La solution imprime un certain nombre de conséquences.

C'est par principe à la date de passation des actes de cession qu'il faut fixer le point de départ des obligations du repreneur au titre du transfert de la charge des sûretés (v. s[s] n° 582.44). La solution est la même pour le point de départ des obligations du repreneur au titre des contrats judiciairement cédés (v. s[s] n° 582.61).

En application du principe ci-dessus énoncé, le jugement arrêtant le plan de cession ne peut constituer l'acte constatant l'opération ou le transfert de propriété au sens de l'article 269-1-c du code général des impôts[13].

La solution a aussi des conséquences en matière de taxe professionnelle. Les bases et valeurs d'origine retenues dans les écritures comptables de l'entreprise cédante doivent être retenues, pour le calcul de la taxe professionnelle, si le repreneur a à sa disposition des biens cédés qui constitue des immobilisations chez le débiteur cédant, dès avant le transfert de propriété des actifs à son profit[14]. La solution sera extrêmement pénalisante pour le repreneur et il serait de sage précaution, lorsque les immobilisations sont importantes, d'aligner la date de rédaction des actes de cession, dont la signature emporte par principe transfert de propriété des actifs cédés, sur la date de début de jouissance par le repreneur des actifs immobilisés. En cette hypothèse, la valorisation retenue par le plan de cession s'appliquera pour le calcul de la taxe professionnelle.

SECTION 582.20

RÈGLES GÉNÉRALES D'APUREMENT DU PASSIF

582.21 Généralités relatives à l'apurement du passif. Il convient ici de déterminer la façon dont les créanciers seront payés de leur créance antérieure.

1. SOINNE, n° 1547.
2. Com. 31 mars 1998, n° 94-16.076, NP, *RTD com.* 1998. 679, obs. Saint-Alary-Houin.
3. IFPPC 1999, recomm. n° 4013-2, p. 95.
4. Com. 31 mars 1998, n° 94-16.076, préc.
5. Douai, 2e ch. civ., 11 janv. 1994, *Rev. proc. coll.* 1996, 471, n° 48, obs. Soinne – Aix-en-Provence, 8e ch. A, 23 oct. 1997, *BICC* 1er avr. 1998, p. 21, n° 391; *Rev. proc. coll.* 2001, 97, n° 55, obs. Soinne.
6. Com. 5 déc. 1995, n° 93-21.026, NP, *Rev. proc. coll.* 1996, 471, obs. Soinne.
7. Com. 26 oct. 1999, n° 96-19.156, *Bull. civ.* IV, n° 193; *JCP E* 30 mars 2000, n° 13, p. 563, note Delfour; *JCP E* et *A* 1999, Chron. 127, n° 7, obs. M. Cabrillac et Pételle; *Act. proc. coll.* 1999/19, n° 254, note Saintourens; *D. Affaires* 1999, jur. 67, obs. Lienhard; *D. Affaires* 2000, 383, note Pélissier; *Defrénois* 2000. 1128, n° 71, obs. Delebecque.
8. Com. 24 mars 2004, n° 01-11.972, NP.
9. DEPUIS le 1er oct. 2016 : Ord. n° 2016-131, 10 févr. 2016, *JO* 11 févr.
10. Pétel et M. Cabrillac, obs. s[s] Com. 26 oct. 1999, *JCP E* et *A* 1999, Chron. 127, n° 7.
11. SUR CETTE QUESTION : Théron, « Les actes de cession et difficultés d'exécution. Analyse juridique », *Rev. proc. coll.* 2015, dossier 59.
12. Com. 26 janv. 1993, n° 91-40.308, *Bull. civ.* IV, n° 30; *LPA* 2 avr. 1993, n° 40, p. 14, note Derrida; *D.* 1993. 205, note Derrida; *JCP E* 1993. I. 275, n° 4, obs. M. Cabrillac et Pételle; *Defrénois* 1994. 564, note Sénéchal; *Rev. proc. coll.* 1993, p. 85, note Soinne – Com. 6 déc. 1994, n° 91-17.684, *Bull. civ.* IV, n° 369.
13. Com. 10 janv. 2006, n° 02-13.634, *Bull. civ.* IV, n° 6; n° 16 F-P+B; *Rev. proc. coll.* 2007/3, p. 154, n° 3, obs. Neau-Leduc et Hubert.
14. CE 20 oct. 2004, req. n° 249978, *Lebon T.*; *Rev. proc. coll.* 2006/1, p. 75, n° 7, obs. Neau-Leduc et Hubert.

L'exécution du plan de cession aîner versement d'un prix de cession entre lns du commissaire à l'exécution du plan, l'empire de législation antérieure à la loi dvegarde des entreprises[1], du liquidateur ou dudataire judiciaire, sous l'empire de la loi dvegarde des entreprises, qui doivent immédiat le déposer à la Caisse des dépôts et consignatiCe prix va se trouver augmenté d'une part du de vente des actifs résiduels non compris dans n de cession (v. s^{s} n°s 572.52 s.), mais aussi, tre part, du produit des actions en nullité de la ode suspecte, de celui des actions en responsabilité ontre les tiers et de celui des actions en comblem de passif ou en contribution aux dettes sociales.

En outre, le prix de cession se trouve augmenté des intérêts légaux versés par la C des dépôts et consignations, ces intérêts profit aux créanciers en proportion de la fraction du p de cession que représente le bien grevé de leur sûr dans le prix de cession[2].

Le tribunal de la faillite a une co tence d'attribution pour connaître de l'action paiement du prix de cession contre le repreneur' action étant évidemment née de la faillite.

Le principe d'apurement du pass st celui de la satisfaction des créanciers par le prix cession. Par exception, la satisfaction des créanci interviendra en dehors du prix de cession.

Pour permettre les distributions, u règle technique a été posée : celle de la déchéa e du terme. Deux autres règles – celle de l'indisnibilité des biens cédés avant paiement du prix cession et celle de l'inaliénabilité des biens cédés sont destinées à en assurer l'exécution.

582.22 Déchéance du terme issu e l'arrêté d'un plan de cession totale. La satisfa on immédiate du créancier passe d'abord par un règle classique des procédures collectives de paie ent, destinée à apurer le passif par réalisation 'actifs du débiteur. On la retrouve en phase de liquidation judiciaire et en phase de plan de cession, c'est-à-dire dans les phases entraînant ventes d'actifs du débiteur, ce qui présuppose que les créances soient exigibles. C'est l'objet de l'article L. 621-94 du code de commerce, dans sa rédaction antérieure à la loi de sauvegarde des entreprises[4], qui prévoit qu'en cas de plan de cession, il y a déchéance du terme. Cette règle n'est cependant posée qu'en cas de plan de cession totale. En effet, s'il y a plan de cession partielle, il y a également plan de continuation partielle (v. s^{s} n°s 532.31 s.), ce qui est exclusif d'une déchéance du terme, puisque les créanciers, dans le cadre du plan de continuation partielle, seront payés selon les délais du plan.

La règle est conservée sous l'empire de la loi de sauvegarde des entreprises, sous deux observations. D'une part, le prononcé de la *liquidation judiciaire* ne suffit pas, contrairement à la solution issue de la législation antérieure, à permettre le jeu de la déchéance du terme si est envisagé un plan de cession. L'article L. 643-1 du code, qui résulte de la loi de sauvegarde des entreprises, dispose que « le jugement qui ouvre ou prononce la liquidation judiciaire rend exigibles les créances non échues. Toutefois, lorsque le tribunal autorise la poursuite de l'activité au motif que la cession totale ou partielle de l'entreprise est envisageable, les créances non échues sont exigibles à la date du jugement prononçant la cession » (sur les difficultés d'interprétation de ce texte, v. s^{s} n° 642.31). D'autre part, si le plan de cession est arrêté en phase de redressement judiciaire, l'article L. 631-22, alinéa 1 du code, dans sa rédaction issue de la loi de sauvegarde des entreprises, prévoit que « ... le tribunal peut ordonner la cession totale ou partielle de l'entreprise si le débiteur est dans l'impossibilité d'en assurer lui-même le redressement. Les dispositions de la section 1 du chapitre II du titre IV sont applicables à cette cession ». Il faudrait, *a contrario*, décider que l'article L. 643-1 du code, qui ne figure pas dans le chapitre II du titre IV, mais dans le chapitre III, serait inapplicable au plan de cession intervenant en phase de redressement, ce qui entraînerait cette curieuse conséquence que les créances ne deviendraient pas exigibles, rendant ainsi impossibles les répartitions et, par voie de conséquence, les clôtures. Cette interprétation ne peut cependant être suivie car une autre disposition, l'article L. 642-21 du code, issu de la rédaction que lui donne la loi de sauvegarde des entreprises dispose que « lorsqu'il a été fait application des dispositions de l'article L. 631-22 et que le débiteur ne peut obtenir du tribunal l'arrêté d'un plan de redressement, les dispositions du présent titre sont applicables ». La solution est reprise, par l'article L. 631-22, depuis l'ordonnance du 18 décembre 2008[5]. Il faut donc comprendre que lorsque le plan de cession a été arrêté en phase de redressement judiciaire, toutes les règles de la liquidation judiciaire, à moins qu'il n'en soit autrement disposé par un texte spécial, ont vocation à s'appliquer. En conséquence, il n'y a, au final, pas de difficulté à décider que le plan de cession arrêté en redressement judiciaire, non accompagné d'un plan de redressement,

1. L. n° 2005-845, 26 juill. 2005, préc.
2. Com. 3 déc. 2003, n° 01-01.400, *Bull. civ.* IV, n° 192 ; *Act. proc. coll.* 2004/3, n° 33 et 2004/4, n° 51, note Salvat.
3. Com. 4 oct. 2005, n° 04-13.006, NP.
4. L. n° 2005-845, 26 juill. 2005, préc.

5. Ord. n° 2008-1345, 18 déc. 2008, préc.

emporte déchéance du terme. L'article R. 631-41 code de commerce conforte la solution, en précisant que le débiteur est placé en liquidation judiciaire, s'il n'obtient pas un plan de redressement partiel.

Sans modifier le fond, l'ordonnance du 18 décembre 2008 apporte des précisions rédactionnelles. L'article L. 643-1 du code de commerce est modifié, pour le mettre en phase avec l'objectif poursuivi. Il est désormais prévu (ord. 18 déc. 2008, art. 122), que « lorsque le tribunal autorise la poursuite de l'activité au motif que la cession totale ou partielle de l'entreprise est envisageable, les créances non échues sont exigibles à la date du jugement statuant sur la cession ou, à défaut, à la date à laquelle le maintien de l'activité prend fin ». Cette formulation nous semble présenter un caractère interprétatif (v. s^s n° 642.31).

La règle de la déchéance du terme a pour seul but de permettre le paiement des créanciers. À défaut, il aurait fallu attendre l'arrivée du terme, ce qui aurait été une source de complication et de lenteur des opérations de distribution.

582.23 Indisponibilité des biens cédés avant paiement du prix de cession. Afin de garantir aux créanciers que le paiement du prix de cession leur sera assuré, le législateur a posé une règle particulièrement importante, en prévoyant à l'article L. 642-9, alinéa 1 du code de commerce que « tant que le prix de cession n'est pas intégralement payé, le cessionnaire ne peut, à l'exception des stocks, aliéner ou donner en location-gérance les biens corporels ou incorporels qu'il a acquis ».

La mesure interdit l'aliénation totale ou partielle, l'affectation à titre de sûreté, la location ou la location-gérance. Il a été jugé, en revanche, que cette mesure ne s'étend pas à la résiliation du bail[1].

Le fondement de cette disposition est d'assurer une protection aux créanciers[2]. La mesure peut ainsi être qualifiée de sûreté négative[3].

Contrairement à l'inaliénabilité facultative que peut décider le tribunal (v. s^s n° 582.24), l'indisponibilité ne fait l'objet d'aucune mesure de publicité, et pourrait donc engendrer des problèmes de connaissance pour les acquéreurs, du moins en matière mobilière.

Les biens cédés en plan de cession se trouvent ainsi indisponibles entre les mains du cessionnaire, à l'excedes stocks qu'il peut réaliser. Cette indispor a-t-elle pour effet de rendre ces biens insaisiss Il est d'abord certain que les créanciers ants frappés par la règle de l'arrêt des poursuitividuelles et des voies d'exécution ne pourraieraisir. Mais que décider pour les créanciers posts bénéficiant du traitement préférentiel et desnciers dont la créance est née sur le repreneurs son entrée en jouissance ? Certains auteurs ccèrent que l'indisponibilité n'entraîne pas insaisisité[4]. Suivant une autre opinion[5], pour laquelle nonclinons, il apparaît préférable de considérer quesaisissbilité est attachée à l'indisponibilité, danièr presque naturelle a-t-il été même affirr[6].

L'indispobilé du bien peut cependant être levée par le tbul. C'est l'objet de l'alinéa 2 de la disposition anale. Le tribunal pourra ainsi autoriser l'aliénation l'affectation à titre de sûreté, la mise en locatio ou encore en location-gérance. La demande énera du cessionnaire.

Sous l'empie la législation antérieure à la loi de sauvegardes entreprises[8], le commissaire à l'exécution duan devra faire rapport après avoir consulté le coré d'entreprise ou, à défaut, les délégués du persoel.

Sous l'emp de la loi de sauvegarde des entreprises, il apparti au liquidateur – ou au mandataire judiciaire quemplit sa fonction en cas d'arrêté d'un plan dession en redressement judiciaire – d'établir un pport, après avoir préalablement consulté le comi d'entreprise ou, à défaut, les délégués du personne

Le tribunl assoira sa décision, selon l'article L. 642-9, aléa 2 *in fine* du code de commerce, sur les garantieoffertes par le cessionnaire. En pratique, le tribal devra refuser de lever l'indisponibilité attachéaux éléments cédés, s'il apparaît qu'un doute exist sur la possibilité pour le repreneur de s'acquitterle l'intégralité du prix de cession.

L'alinéa 1 de l'article 108 du décret du 27 décembre 1985[9] et l'article R. 642-20, alinéa 1 du code de commerce obligent le cessionnaire, préalablement à tout projet d'aliénation d'un bien cédé, à avertir, pour le premier de ces textes, le commissaire à l'exécution du plan, pour le second le liquidateur. Il doit également informer le tribunal si l'aliénation n'était pas envisagée lors du dépôt de son offre.

1. Com. 8 juin 1999, n° 96-19.437, *Bull. civ.* IV, n° 124; *D. Affaires* 1999, 1041, obs. Lienhard; *JCP E* 2000. 125, obs. M. Cabrillac; *RTD com.* 1999. 962, obs. Saint-Alary-Houin; *Rev. proc. coll.* 2001/1, p. 88, obs. Soinne.
2. SUR CET OBJECTIF de protection des créanciers : *Rapp. Gouzes, JO* doc. adm. n° 1872, p. 111; *Rapp. Thyraud, JO* doc. adm n° 332, p. 140 – *Adde*, Randoux, *JCP N* 1990. 195, n° 37.
3. LE CANNU, 7e éd., n° 1063.
4. DERRIDA ET *ALII*, n° 470.
5. SOINNE, n° 1746 – LE CANNU, 7e éd., 1065.
6. Sénéchal, *L'effet réel de la procédure collective*, Litec, 2002, p. 409 s., sp. n° 395 s.
7. ILLUSTR. : Aix-en-Provence, 14 déc. 1989, *D.* 1991. Somm. 14, obs. Derrida.
8. L. n° 2005-845, 26 juill. 2005, préc.
9. D. n° 85-1388, 27 déc. 1985, *JO* 29 déc., p. 15281.

L'alinéa 2 de l'article 108 du décret ddécembre 1985 prévoit ensuite que le commisà l'exécution du plan doit avertir immédiatene juge-commissaire ou, s'il n'est plus en foncte président du tribunal. L'article R. 642-20, éa 2 du code de commerce, identiquement, obliliquidateur à avertir sans délai le juge-commis.

Ces deux dispositions prévoient égalet l'obligation pour le commissaire à l'exécutidu plan, pour le premier de ces textes, pour leuidateur pour le second, d'avertir immédiatemees créanciers bénéficiant d'un droit de suite. Laution est importante. En effet, si le droit de suitecréancier inscrit ne peut s'exercer contre le reneur, en revanche, il peut être exercé à l'encone du sous-acquéreur.

L'article L. 621-91, alinéa 3 du de de commerce, dans sa rédaction antérieure à loi de sauvegarde des entreprises et l'article L. 6-9 alinéa 4, dans sa rédaction issue de la loi de svegarde des entreprises, prévoient la sanction attachà la méconnaissance de l'indisponibilité : il y a pce à nullité de l'acte. La demande émanera de tountéressé. La nullité est donc absolue. Un créancierourrait agir. L'action peut également être l'œuvreu commissaire à l'exécution du plan, puisque la iestion rentre indiscutablement dans sa mission dsurveillance générale de l'exécution du plan[1].

Sous l'empire de la loi de sauvegardees entreprises, elle pourrait également être l'œuv du mandataire judiciaire ou du liquidateur.

En outre, dans le souci d'assurer lfficacité du mécanisme mis en place et d'associerojours plus étroitement le ministère public aux prcédures collectives, l'article L. 642-9, alinéa 4 du ode, tel qu'il résulte de la loi de sauvegarde des entteprises, prévoit la possibilité pour le ministère public de saisir le tribunal aux fins de nullité de l'acte.

Bien qu'absolue, la nullité est enfermée dans un délai de trois ans qui court soit à compter de l'acte, soit, lorsque l'acte est soumis à publicité (par exemple une vente d'immeuble), à compter de la mesure de publicité.

Comme pour la méconnaissance d'une clause d'inaliénabilité (v. s[s] n° 582.24), il faut décider que la nullité ne sera encourue, lorsque l'acte est soumis à publicité, que si cette dernière a été régulièrement accomplie. Cependant, contrairement à la solution retenue pour la clause d'inaliénabilité, la nullité ne s'accompagne pas ici de sanctions pénales.

L'article 108, alinéa 4 du décret du 27 décembre 1985 autorise le tribunal, à titre de sanction de cette inexécution du plan, à prononcer, s'il l'estime justifiée, la résolution du plan.

1. SOINNE, n° 1746.

La solution n'a pas été reproduite par le décret du 28 décembre 2005[2].

582.24 Inaliénabilité des biens cédés. Alors que l'indisponibilité est attachée de plein droit au statut des biens compris dans le plan de cession, tant que le prix de cession n'a pas été payé, le législateur a prévu facultativement la possibilité d'inclure, dans le plan de cession, une clause d'inaliénabilité. Le tribunal ne saurait cependant prévoir cette inaliénabilité, alors que le repreneur avait érigé, en condition suspensive de son offre, l'absence d'une telle clause[3]. En réalité, pareille clause doit rendre l'offre irrecevable, car elle contrarie la possibilité, qui est d'ordre public, pour le tribunal de prévoir une telle inaliénabilité.

Cette clause est un prolongement temporel de l'indisponibilité, puisqu'elle peut dépasser le temps du paiement du prix de cession[4]. Elle n'a cependant pas le même objet. Alors que l'indisponibilité est une garantie du paiement du prix de cession, la clause d'inaliénabilité prévue par l'article L. 642-10 du code de commerce a pour objet d'assurer la complète exécution du plan de cession.

La clause pourra frapper tout ou partie des biens cédés, pour la durée fixée par le tribunal. Elle ne peut frapper les parts constitutives du capital de la société cédée[5]. De même, elle reste sans effet sur la possibilité de résiliation d'un bail commercial par le cessionnaire[6].

Comme en matière de plan de sauvegarde ou de redressement, cette clause fait l'objet d'une publication (C. com., art. L. 642-10, al. 2), dans les mêmes conditions (C. com., art. R. 642-12 – v. s[s] n° 522.73). Il suffit ici d'indiquer que la publicité est assurée à la diligence du liquidateur (C. com., art. R. 642-12, al. 1). En cas de plan de cession arrêté en phase de redressement, cette tâche incombe au mandataire judiciaire, à qui sont alors dévolues les fonctions du liquidateur (C. com., art. L. 631-22, al. 1).

L'aliénation au mépris de l'inaliénabilité judiciaire est annulée, sous l'empire de la législation antérieure à la loi de sauvegarde des entreprises[7], dans les conditions de l'article 108 alinéas 3 et 4 du décret du 27 décembre 1985[8]. La sanction est donc identique à celle régissant l'indisponibilité (v. s[s] n° 582.23).

2. D. n° 2005-1677, 28 déc. 2005, *JO* 29 déc., p. 20324.
3. PÉROCHON, 10e éd., n° 1264.
4. SOINNE, n° 1746.
5. Paris, 9 déc. 2008, RG n° 08/18601.
6. Com. 8 juin 1999, n° 96-19.437, *Bull. civ.* IV, n° 124; *D. Affaires* 1999, 1041, obs. Lienhard; *JCP E* 2000. 125, obs. M. Cabrillac; *RTD com.* 1999. 962, obs. Saint-Alary-Houin; *Rev. proc. coll.* 2001/1, p. 88, obs. Soinne.
7. L. n° 2005-845, 26 juill. 2005, préc.
8. D. n° 85-1388, 27 déc. 1985, préc.

L'article L. 642-10, alinéa 3 du code de commerce, issu de la rédaction que lui donne la loi de sauvegarde des entreprises, a posé la sanction : « tout acte passé en violation des dispositions du premier alinéa est annulé à la demande de tout intéressé ou du ministère public, présentée dans le délai de trois ans à compter de la conclusion de l'acte. Lorsque l'acte est soumis à publicité, le délai court à compter de celle-ci ». La sanction civile est donc la même que pour l'aliénation de biens indisponibles (v. s^s^ n° 582.23).

L'article L. 654-8, 2° du code de commerce sanctionne aussi pénalement les actes d'aliénation, sans autorisation du tribunal, de biens déclarés inaliénables par le jugement arrêtant le plan de cession (v. s^s^ n° 933.12).

Le texte de l'article R. 642-13 énonçait que l'administrateur judiciaire ou à défaut le mandataire judiciaire devait demander l'inscription de la mesure d'inaliénabilité sur le registre prévu à l'article R. 143-9 du code de commerce, c'est-à-dire le registre des nantissements de fonds de commerce. Cette disposition est modifiée par l'article 84 du décret du 12 février 2009[1], l'obligation édictée par le texte pesant désormais sur le liquidateur.

Il s'est agi, par cette modification, de tenir compte du basculement du plan de cession en liquidation judiciaire et du fait que si la cession est réalisée en redressement judiciaire, un administrateur judiciaire sera obligatoirement nommé. En effet, si le plan de cession est arrêté en redressement, l'article L. 631-2-1 du code de commerce, issu de la rédaction que lui donne l'article 86 de l'ordonnance du 18 décembre 2008[2], trouvera application. Si aucune liquidation judiciaire n'est prononcée contre le débiteur, parce qu'il a obtenu un plan de redressement, l'obligation de publicité pèsera sur l'administrateur judiciaire, qui aura été obligatoirement nommé, et qui aura en charge la réalisation de tous les actes nécessaires à la réalisation de la cession.

L'alinéa 1 de l'article L. 642-10, dans la rédaction que lui avait donnée la loi de sauvegarde, se contentait d'indiquer que « Le tribunal peut assortir le plan de cession d'une clause rendant inaliénable, pour une durée qu'il fixe, tout ou partie des biens cédés ». La règle est formulée autrement par le nouvel alinéa 1 de l'article L. 642-10 du code de commerce, dans sa rédaction issue de l'ordonnance du 18 décembre 2008 (ord. 18 déc. 2008, art. 114).

Le texte nouveau prend le soin de préciser que l'aliénation des biens frappés d'inaliénabilité est possible avec l'accord du tribunal. La solution n'est pas neutre. En effet, sous l'empire des textes anciens, la seule possibilité pour aliéner un bien déclaré inaliénable par le tribunal était de solliciter du tribunal une modification substantielle du plan[3]. Il faut toutefois concéder que cette simplification n'a pas été recherchée par le législateur. La modification a plutôt pour objet d'assurer une effectivité à la mesure d'inaliénabilité décidée par le tribunal, du fait de l'avis obligatoire du ministère public sur la levée de la mesure[4].

L'alinéa 3 du nouvel article L. 642-10 du code de commerce réglemente, en conséquence de la possibilité pour le tribunal d'autoriser l'aliénation du bien frappé d'inaliénabilité, la demande de levée de l'inaliénabilité. Il est indiqué que lorsque le tribunal est saisi d'une telle demande, il statue, à peine de nullité, après avoir recueilli l'avis du ministère public. En revanche, puisque la levée de l'inaliénabilité est considérée comme possible par le texte de l'article L. 642-10, alinéa 1 du code de commerce, il n'apparaît plus nécessaire de passer par le canal d'une modification substantielle du plan.

Tout acte passé en violation des dispositions du premier alinéa est annulé à la demande de tout intéressé ou du ministère public, présentée dans le délai de trois ans à compter de la conclusion de l'acte. Lorsque l'acte est soumis à publicité, le délai court à compter de celle-ci.

Ainsi, l'aliénation au mépris de l'inaliénabilité judiciaire est-elle source d'annulation, l'alinéa 3 de l'article L. 642-10 du code de commerce, qui pose la règle, étant devenu l'alinéa 4.

582.25 Prix de cession – Limite de principe de l'engagement du repreneur. Les créanciers chirographaires sont dans une situation délicate dans un plan de cession. Le prix de cession, qui sera versé aux dates fixées par le plan – il peut donc être stipulé payable à terme – constitue la limite de leurs prétentions.

Le repreneur n'est pas tenu du passif non apuré par le prix de cession[5]. Le cessionnaire est un ayant-cause à titre particulier, comme tout acquéreur d'un bien[6]. Il n'est pas l'ayant-cause à titre universel du débiteur[7]. Il ne recueille en conséquence que les droits

1. D. n° 2009-160, 12 févr. 2009, préc.
2. Ord. n° 2008-1345, 18 déc. 2008, préc.
3. Soinne, n° 1544 – Derrida et alii, n° 435 – Le Corre, *Droit et pratique des procédures collectives*, 4e éd., « Dalloz action », 2008, n° 543.11.
4. Rapport au président de la République sur l'ordonnance n° 2008-1345 du 18 déc. 2008, *JO* 19 déc. 2008, Titre I, chap. IV-1, s^s^ art. 114.
5. Com. 30 mars 1993, n° 90-13.942, *Bull. civ.* IV, n° 138; *D.* 1993. 384, note Le Cannu; *Rev. proc. coll.* 1993, 307, obs. Soinne; *JCP* 1993. I. 3704, n° 5, obs. Pétel – Com. 11 oct. 1994, n° 92-15.822, NP, *Bull. Joly* déc. 1994, 1340, n° 379 – *Adde*, Derrida et alii, n° 469.
6. Pérochon, 10e éd., n° 1279.
7. Com. 19 déc. 2006, n° 04-20.591, NP; n° 1434 F-D – Com. 24 avr. 2007, n° 05-20.151, NP; n° 613 F-D – Com. 17 nov. 2009, n° 08-19.017, NP; n° 1060 F-D.

et actions afférents aux éléments d'actifs cédés[1]. Il est exclu que le cessionnaire intente des actions en nullité de vente de biens conclus avant l'arrêté du plan, dès lors que le plan n'avait pas prévu leur cession au repreneur[2]. La convention de compensation signée entre la société débitrice et l'un de ses créanciers n'est pas opposable au repreneur[3]. Le repreneur ne peut davantage se voir tenu des conséquences de pratiques anticoncurrentielles reprochées au débiteur[4].

Le cessionnaire n'est pas davantage tenu de réparer la faute inexcusable du débiteur employeur d'un salarié repris[5].

L'offre de reprise, pour être admise par le tribunal, doit être sérieuse. Pour cela, il faut notamment qu'elle permette d'apurer le passif (C. com., art. 642-1, al. 1). L'apurement du passif n'est cependant pas son extinction[6]. Le passif doit être payé au moins pour partie[7], mais il n'est nullement exigé qu'il le soit intégralement. En cela, le plan de cession diffère du plan de continuation. En pratique, le plan de cession permet de désintéresser tout ou partie du passif privilégié, mais assez rarement le passif chirographaire.

Le prix de cession est versé par le cessionnaire au commissaire à l'exécution du plan, sous l'empire la législation antérieure à la loi de sauvegarde des entreprises[8], au liquidateur ou au mandataire judiciaire, sous l'empire de la loi de sauvegarde des entreprises.

La compensation est impossible entre la créance contractuelle détenue sur le débiteur par le repreneur en plan de cession et sa dette de prix de cession, de nature judiciaire, car la compensation n'est possible qu'entre deux obligations de même nature. Un argument pouvait être ajouté, sous l'empire de la législation antérieure à la loi de sauvegarde des entreprises. La compensation n'est possible qu'entre deux parties figurant en la même qualité. Or, le commissaire à l'exécution du plan ne représente pas le débiteur[9].

L'obligation pour le commissaire à l'exécution, sous l'empire de la législation antérieure à la loi de sauvegarde des entreprises, pour le liquidateur ou le mandataire judiciaire, sous l'empire de la loi de sauvegarde des entreprises, de répartir le prix en fonction du rang l'oblige à établir l'ordre, ce que confirme l'article 103-3 alinéa 1 *in fine* du décret du 27 décembre 1985[10].

L'article R. 642-10 du code de commerce prévoit que les règles de règlement des créanciers posées en liquidation judiciaire s'appliquent pour la répartition du prix de cession. L'alinéa 2 de l'article R. 642-10 du code de commerce prévoit que lorsque la cession porte sur un fonds de commerce, le cessionnaire peut, après avoir payé le prix, saisir le juge-commissaire pour faire prononcer la radiation des inscriptions grevant le fonds, et cela sans qu'il soit besoin d'accomplir les formalités de purge (v. s^s n° 582.39).

La répartition doit, sous l'empire de la législation antérieure à la loi de sauvegarde des entreprises, être l'œuvre du commissaire à l'exécution du plan; elle ne saurait être réalisée par un tiers, par exemple un notaire[11]. La solution est évidemment transposable pour le mandataire judiciaire ou le liquidateur, sous l'empire de la loi de sauvegarde des entreprises.

Les répartitions semblent pouvoir intervenir, alors même que l'intégralité du prix n'a pas encore été versée[12].

Le prix de cession servira à apurer les créances super privilégiées, les créances postérieures privilégiées, les créances antérieures assorties de sûreté spéciale, puis les créances chirographaires.

582.26 Engagement particulier pris par le repreneur envers un ou plusieurs créanciers – charges augmentatives du prix de cession. Si le prix de cession constitue par principe la limite de l'engagement du repreneur, il n'est pas interdit à ce dernier de prendre, à l'égard d'un créancier, un engagement en dehors du plan, par une clause spéciale de l'acte de cession[13]. La jurisprudence rappelle la règle, après avoir posé le principe de limitation des engagements du repreneur aux dettes nées de son chef, par exemple en cas de cession judiciaire des contrats[14]. Il pourra ainsi être question de répartir

1. Com. 19 déc. 2006, n° 04-20.591, NP; n° 1434 F-D – Com. 17 nov. 2009, n° 08-19.017, NP; n° 1060 F-D.
2. Com. 19 déc. 2006, n° 04-20.591, NP; n° 1434 F-D.
3. Com. 11 oct. 1994, n° 92-15.822, NP, *Bull. Joly* 1994. 1340, note Le Cannu.
4. Cons. conc., déc. n° 01-D. 77, 27 nov. 2001, *BOCCRF* 28 févr. 2002, p. 177.
5. Com. 17 nov. 2009, n° 08-19.017, NP; n° 1060 F-D; *Rev. proc. coll.* 2010/2, comm. 79, p. 70, note Fraimout.
6. Martin, « La cession d'entreprise aux dirigeants ou actionnaires de la personne morale en redressement judiciaire ou à une société constituée par eux », *Gaz. Pal.* 1989. II, Doctr. 711.
7. Soinne, n° 1650.
8. L. n° 2005-845, 26 juill. 2005, préc.
9. Com. 23 nov. 2004, n° 03-12.779, NP.
10. D. n° 85-1388, 27 déc. 1985, préc.
11. Colmar, 8 mars 1994, *LPA* 22 juin 1994, p. 19, note Calendini.
12. Versailles, 18 nov. 1993, *RJDA* 1994, n° 1073.
13. Com. 30 nov. 1993, n° 91-19.478, NP, *Rev. sociétés* 1994, n° 28, obs. Chaput – Com. 17 mai 1994, n° 92-13.216, *Bull. civ.* IV, n° 180; *Rev. proc. coll.* 1995, 138, n° 16, obs. Soinne – Com. 3 janv. 1995, n° 92-22.004, *Bull. civ.* IV, n° 4; *RJ com.* 1995. 203, rapp. Rémery, et note Vincent; *Rev. proc. coll.* 1995, 138, n° 16, obs. Soinne; *JCP E* 1995. I. 455, obs. M. Cabrillac et Pétel.
14. Com. 24 avr. 2007, n° 05-20.151, NP; n° 613 F-D.

prorata temporis des impôts [1]. C'est ici la liberté contractuelle qui l'autorise à payer ce qu'il ne doit pas.

L'engagement du repreneur de payer, à la place du débiteur, certaines charges pesant antérieurement à la cession sur ce dernier, est distinct du paiement du prix de cession. Il en est ainsi des indemnités de licenciement, qui constituent des charges augmentatives du prix de cession, taxables par l'administration fiscale au titre des droits d'enregistrement [2].

Il peut aussi être question de la prise en charge de la taxe professionnelle. Si cette prise en charge est mentionnée dans le jugement arrêtant le plan de cession, alors qu'elle n'a pas été souscrite par le repreneur, ce dernier peut interjeter appel de la partie du jugement arrêtant le plan de cession qui la mentionne, car le tribunal a alors imposé au repreneur une charge non souscrite pendant la période d'observation. En revanche, le tribunal ne saurait rectifier une erreur matérielle tenant à la précision de cette obligation pour le repreneur, puisqu'il modifierait les droits et obligations reconnues aux parties par la décision, ce qu'il ne peut faire [3].

La clause stipulant que le cessionnaire du fonds de commerce inclus dans un plan de cession totale aurait la charge d'acquitter, à compter de l'entrée en jouissance, les contributions, impôts, taxes, impositions locales perçues au titre de la taxe professionnelle et autres charges quelconques de toute nature, auxquelles le fonds vendu est et pourra être assujetti, le tout de manière que le vendeur ne puisse jamais être inquiété ni recherché à ce sujet, ne fait ressortir aucun accord de partage *prorata temporis* des impositions de l'année d'acquisition imputables à la personne exploitant le fonds au 1er janvier de l'année en cours. Doit en conséquence être cassé l'arrêt qui condamne le cessionnaire à payer au liquidateur la somme calculée au *prorata temporis* de la période postérieure à son entrée en jouissance [4].

Il résulte de l'analyse de tels engagements en charges augmentatives du prix de cession que l'inexécution de l'obligation de payer des charges antérieurement dues par le débiteur ne fera pas obstacle à la fin de mission du commissaire à l'exécution du plan prévue comme devant intervenir au jour du complet paiement du prix de cession (v. s^s^ n° 581.12).

Le repreneur souscrit alors un engagement de codébiteur. Cela justifie qu'il reste tenu, en cette qualité, même si l'engagement qu'il a pris concerne une dette antérieure au jugement d'ouverture non déclarée et, par suite, éteinte, sous l'empire de la législation antérieure à la loi de sauvegarde des entreprises [5].

Certains auteurs jettent sur ces conventions un regard extrêmement négatif [6]. En effet, l'engagement hors plan est par définition un engagement qui ne profitera pas à la collectivité des créanciers. Or il est à craindre que, dans l'enveloppe globale que le repreneur avait affectée à la reprise, ne figure cet engagement hors plan. Dès lors, ce dernier, à due concurrence, vient minorer l'enveloppe globale au préjudice des autres créanciers. L'égalité des créanciers est rompue. Éventuellement, le droit des créanciers titulaires de sûreté spéciale est bafoué, puisque le montant correspondant à l'engagement hors plan aurait pu être affecté au désintéressement du créancier titulaire de sûreté spéciale, par le jeu de la quote-part (v. s^s^ n°s 582.31 s.).

582.27 Incidence de la fin du dessaisissement frappant le débiteur résultant de l'arrêté du plan de cession.

> Sous l'empire de la loi du 25 janvier 1985 [7], il est admis par la jurisprudence que le débiteur, après arrêté d'un plan de cession, n'est plus frappé par le dessaisissement, sauf les pouvoirs attribués au commissaire à l'exécution du plan, à l'administrateur pour veiller à l'exécution du plan [8] ou à un mandataire *ad hoc* [9].

En résulte-t-il la possibilité, pour le créancier, de pratiquer des saisies, même pour des créances antérieures, le débiteur ayant retrouvé tous ses pouvoirs ? Pareille solution ne saurait être admise. Le droit de poursuite est suspendu jusqu'au jugement de clôture [10]. La fin du dessaisissement du débiteur n'ouvre pas à nouveau le droit de poursuite du créancier soumis à la discipline collective. Le débiteur n'étant plus dessaisi et le créancier n'ayant pas retrouvé son droit de poursuite, il en résulte la qualité pour le débiteur de faire lever une saisie pratiquée par un créancier antérieur, après jugement d'ouverture, et avant clôture du plan de cession [11].

1. AINSI : Douai, 4 juin 1998, *Rev. proc. coll.* 2001, 94, n° 58, obs. Soinne.
2. Com. 27 mai 2015, n° 14-14.744, NP, *Rev. proc. coll.* 2015, comm. 197, note Vabres.
3. Com. 12 nov. 2008, n° 07-14.716, NP; n° 1166 F-D.
4. Com. 19 janv. 2016, n° 14-22.655, NP, *Rev. proc. coll.* 2016, comm. 87, note Fraimout.
5. L. n° 2005-845, 26 juill. 2005, préc. – Com. 3 janv. 1995, n° 92-22.004, *Bull. civ.* IV, n° 4; *RJ com.* 1995. 203, rapp. Rémery, et note Vincent; *Rev. proc. coll.* 1995, 138, n° 16, obs. Soinne; *JCP E* 1995. I. 455, obs. M. Cabrillac et Pétel.
6. Soinne, obs. *Rev. proc. coll.* 1995, 138, n° 16 – PÉTEL, 5e éd., n° 321.
7. L. n° 85-98, 25 janv. 1985, *JO* 26 janv., p. 1097.
8. Soc. 3 mars 1994, n° 91-45.561, NP, cité dans SOINNE, note n° 5548-1.
9. Com. 15 oct. 2013, n° 12-20.658, NP; n° 982 F-D.
10. Com. 11 avr. 1995, n° 93-16.969, *Bull. civ.* IV, n° 124; *Rev. proc. coll.* 1995, 123, n° 5, obs. Soinne.
11. Orléans, ch. civ., 1re sect., 14 juin 1995, *Rev. proc. coll.* 1996, 486, n° 62, obs. Soinne.

La fin du dessaisissement du [illegible]eur, qui résulte de l'arrêté du plan de cession, [illegible]ge le créancier désireux d'obtenir paiement d'un[illegible]ance postérieure à assigner le débiteur, le commiss[illegible]à l'exécution du plan ne représentant pas ce derni[illegible]v. s[s] n° 455.42). Le créancier postérieur peut pratiq[illegible]des saisies-attributions à l'encontre du débiteu[illegible]insi, a pu être admise la saisie-attribution prati[illegible] par le vendeur d'une pharmacie alors que l'ach[illegible]r bénéficiaire d'une promesse de vente, aprè[illegible]esion de son entreprise, avait levé celle-ci, mais [illegible]av[illegible]t pas réalisé la cession[1].

La fin du dessaisissement du débite[illegible]l'autorise aussi à contester seul les frais dus au r[illegible]ésentant des créanciers[2].

> La loi de sauvegarde des entreprises [illegible]nodifie complètement la question. En effet, soit l[illegible]plan de cession est arrêté en liquidation judiciaire e[illegible] débiteur reste dessaisi pendant toute la procédur[illegible]soit le plan de cession est arrêté en phase de redres[illegible]ment judiciaire. Les dispositions de la liquidatio[illegible]udiciaire sont alors inapplicables.

582.28 Clôture des opérations de cession – [illegible]ort des créances non payées après clôture du pla[illegible]de cession.

> Dans sa rédaction antérieure à la loi de sauvegarde des entreprises[4], l'article L. 621-95, alinéa 1 du code de commerce précise que, en cas de cession totale de l'entreprise, le tribunal prononce la clôture des opérations après régularisation des actes nécessaires à la cession, paiement du prix et réalisation des actifs non compris dans le plan de cession.

Le commissaire à l'exécution du plan, qui, faute de fermeture explicite de l'appel en la matière, a qualité pour interjeter appel du jugement prononçant la clôture de la procédure des opérations de cession[5], y a également intérêt s'il subsiste des actifs à réaliser[6].

La clôture n'interviendra pas automatiquement. Elle devra faire l'objet d'un jugement[7], qui fera suite à un rapport établi par les mandataires (commissaire à l'exécution du plan ou mandataire spécial si la mission du commissaire à l'exécution du plan a pris fin), déposé au greffe du tribunal (D. 27 déc. 1985[8], art. 106, al. 1). Ce mandataire s'assurera, avant de solliciter la clôture, que tous les actifs ont été réalisés, en ce compris les biens non inclus dans le plan de cession, que tous les dividendes ont été distribués, qu'aucune instance à laquelle il est partie n'est plus en cours et qu'il n'y a pas lieu à application de sanctions pour lesquelles il aurait qualité à saisir le tribunal[9]. Le texte prévoit que ce rapport est communiqué au juge-commissaire. Cependant, en principe, le juge-commissaire sera rarement en fonction à cette époque. Le destinataire du rapport sera donc plutôt le président du tribunal (argument, par analogie, D. 27 déc. 1985, art. 91). Si le juge-commissaire est encore en fonction, il saisit le tribunal aux fins de clôture. À défaut, cette mission incombera au président du tribunal.

Le jugement de clôture sera publié au *Bodacc* (D. 27 déc. 1985, art. 106, al. 2, renvoyant à l'art. 21) et sera susceptible de tierce opposition de la part du créancier, dans les dix jours de sa publication, faute pour un texte particulier de fermer cette voie de recours.

Si des créances restent impayées, la clôture interviendra pour insuffisance d'actifs, dans les mêmes conditions qu'en cas de liquidation judiciaire (C. com., art. L. 622-32). L'article L. 621-95, alinéa 3 du code de commerce reproduit la solution de l'article L. 622-32 en cas de plan de cession. La clôture de la procédure ne fait pas recouvrer aux créanciers l'exercice de leur droit de poursuite individuelle. Cette règle ne concerne que les seuls créanciers antérieurs, non les créanciers postérieurs[10]. Malgré le libellé de l'article L. 621-95, alinéa 3 du code de commerce, le principe est celui de l'absence de reprise des poursuites individuelles. Par exception, ce droit de reprise interviendra (sur ces exceptions, v. s[s] n°s 592.61 s.), mais seulement après clôture de la procédure[11].

> La loi de sauvegarde des entreprises prévoit également une clôture de la procédure. Mais il faut ici tenir compte du fait que, par principe, le plan de cession est arrêté en liquidation judiciaire. Il y aura donc clôture de la liquidation judiciaire et non clôture du plan de cession. Cette clôture de la procédure sera d'ailleurs subordonnée par l'article L. 643-9 du code de commerce au constat que le cessionnaire a respecté les obligations qu'il avait souscrites dans le cadre du plan de cession.

La clôture est donc ici une clôture de la liquidation judiciaire qui ne présente aucune particularité. Le principe est que les créanciers dont le droit de poursuite avait été arrêté par l'effet du jugement d'ouverture – règle de l'arrêt des poursuites individuelles – ne pourront reprendre leurs poursuites con-

1. Com. 15 oct. 2013, n° 12-20.658, NP; n° 982 F-D.
2. Soinne, obs. *Rev. proc. coll.* 2004, p. 62, n° 15.
3. L. n° 2005-845, 26 juill. 2005, préc.
4. L. n° 2005-845, 26 juill. 2005, préc.
5. Com. 5 mai 2004, n° 01-16.758, *Bull. civ.* IV, n° 83; *Act. proc. coll.* 2004/11, n° 143, note Cagnoli; *RTD com.* 2004. 612, n° 15, obs. Vallens.
6. Com. 5 mai 2004, n° 01-16.758, préc.
7. Com. 27 avr. 1993, n° 91-14.203, *Bull. civ.* IV, n° 153; *Rev. proc. coll.* 1993, 478, obs. Soinne.
8. D. n° 85-1388, 27 déc. 1985, préc.
9. IFPPC 1999, recomm. n° 5122-2, p. 117.
10. Com. 1er avr. 2003, n° 00-11.570, NP.
11. Civ. 2e, 5 févr. 1997, n° 94-16.698, NP, *D.* 1997. IR 114.

tre le débiteur. Ce droit ne sera ouvert que par exception par l'article L. 643-11 du code.

Lorsque le plan de cession aura été arrêté en phase de redressement judiciaire, les dispositions du titre IV, c'est-à-dire celles de la liquidation judiciaire, trouveront identiquement application en vertu de l'article L. 642-21 du code, tel qu'issu de la loi de sauvegarde des entreprises [et depuis l'ordonnance du 18 décembre 2008 [1], en vertu de l'article L. 631-22, al. 1]. Il y aura donc place à un jugement de clôture après accomplissement de toutes les opérations liquidatives, une fois que le cessionnaire aura respecté tous ses engagements au titre du plan de cession.

582.29 Clôture des opérations de cession et plan de cession partielle.

> Sous l'empire de la loi du 25 janvier 1985 [2], La clôture des opérations n'interviendra qu'en cas de plan de cession totale, au sens de plan de cession non accompagné d'un plan de cession (v. s[s] n°s 572.31 s.). Dès lors, les créanciers ne seront pas payés par distribution du prix de cession. En effet, la cession partielle accompagnée d'un plan de continuation est régie, sous l'empire de la législation antérieure à la loi de sauvegarde des entreprises [3], par l'article L. 621-70 alinéa 2 du code de commerce. Il est prévu que ces cessions partielles obéissent aux dispositions des articles L. 621-84, L. 621-93 et L. 621-96 du code. L'article L. 621-94 du code est donc inapplicable. Il n'y a, en conséquence, pas déchéance du terme, ce qui est logique puisque le plan de continuation qui repose sur des délais de paiement est inconciliable avec une déchéance du terme. L'article L. 621-95 du code est également sans application. Il faut en conséquence décider que le prix de cession ne sera pas réparti par le commissaire à l'exécution du plan, seul l'article L. 621-96 étant réservé. Cette dernière disposition intéresse les créanciers titulaires de sûreté spéciale. Dès lors, les créanciers chirographaires ne pourront rien percevoir sur le prix de cession, ce qui revient à dire que, en dehors du jeu de l'article L. 621-96, le prix de cession restera à disposition du débiteur, pour assurer la poursuite de son activité, dans les conditions du plan de continuation partielle dont il bénéficie [4]. Les créanciers chirographaires seront donc payés selon les dispositions du plan de continuation [5].

> La loi de sauvegarde des entreprises ne modifie pas la solution. L'article L. 626-23 du code de commerce trouv[…] appliquer. Selon cette disposition, « en cas de c[…]n partielle d'actifs, le prix est versé au débiteur s[…] réserve de l'application de l'article L. 626-22 ». [...]rix de cession ne pourra donc être, par principe, [...]ribué aux créanciers par le mandataire judicia[...]. Seuls les créanciers titulaires de sûretés inscri[...] sur les biens cédés dans le cadre du ou des plan[...] cessions partielles, ainsi que les créanciers ay[...] vocation à les primer, pourront être désintéressé[...] le mécanisme de la quote-part du prix, tel que [...]visage l'article L. 626-22 du code de commerce.

SECTION [...]2.30

QUOTE-[...]RT DU PRIX DE CESSION

582.3[...] Règles générales relatives au paiement des cr[...]anciers titulaires de sûreté spéciale.

Le régim[...]pplicable aux créanciers titulaires de sûretés spéci[...] est posé par les dispositions de l'article L. 64[...]12 du code, dans sa rédaction issue de la loi de sa[...]vegarde des entreprises [7] et par celles de l'article L. 621-96 du code de commerce, dans sa rédaction ant[...]ieure à la loi de sauvegarde des entreprises.

[...]es articles se contentent cependant d'indiquer les droits de ces créanciers sur le prix de cession, mais restent muets sur leurs droits quant au produit des actions en nullité de la période suspecte, en comblement de passif ou en responsabilité des tiers. Le produit de ces actions ne semble pas devoir être ajouté au prix de cession, pour permettre le calcul des quotes-parts à affecter pour l'exercice des droits de préférence. Il s'agit là de distributions de fonds libres. Cependant, les droits de préférence s'exerceront sur le produit des actions en nullité de la période suspecte et des actions en responsabilité contre les tiers. Au contraire, les droits de préférence ne jouent plus sur le produit de la distribution d'une action en comblement de l'insuffisance d'actif.

En ce qui concerne spécifiquement le prix de cession, la disposition ici analysée adapte aux créanciers titulaires de sûretés spéciales le caractère global de la cession intervenue, qui fait obstacle à l'exercice du droit de préférence.

Cette disposition est particulièrement réductrice des droits des créanciers titulaires de sûretés. Le mécanisme de l'affectation de la quote-part du prix de cession est qualifié d'« outil absolu d'écrasement du passif » [8]. Et c'est pourquoi il a été observé que ce

1. Ord. n° 2008-1345, 18 déc. 2008, préc.
2. L. n° 85-98, 25 janv. 1985, préc.
3. L. n° 2005-845, 26 juill. 2005, préc.
4. DERRIDA ET *ALII*, n° 558 – SOINNE, n° 1656 – RIPERT ET ROBLOT, n° 3203.
5. LE CANNU, 6e éd., n° 760 – RIPERT ET ROBLOT, n° 3203.
6. SUR LA QUESTION : Dorléac, « Étude sur le sort du prix de cession en cas de cession partielle en plan de sauvegarde », *BJE* sept./oct. 2011, comm. 131, p. 293.
7. L. n° 2005-845, 26 juill. 2005, préc.
8. Sénéchal, *in* Menjucq, Sénéchal, Sonier et Thévenot, « Les cent jours de la réforme des procédures collectives : premier bilan », *Rev. proc. coll.* 2009/3, p. 52 s., sp. p. 55.

mécanisme semblait assez peu compatible avec les règles de la liquidation judiciaire[1], de sorte que le prononcé du plan de cession en liquidation judiciaire aurait dû conduire à sa mise à l'écart. Mais alors, d'évidence, cela aurait rendu impossible tout plan de cession.

582.32 Domaine de la règle de l'affectation de la quote-part du prix de cession. L'article L. 642-12, alinéa 1 du code de commerce, dans sa rédaction issue de la loi de sauvegarde des entreprises[2], dispose que « lorsque la cession porte sur des biens grevés d'un privilège spécial, d'un nantissement ou d'une hypothèque, une quote-part du prix est affectée par le tribunal à chacun de ces biens, pour la répartition du prix et l'exercice du droit de préférence ». L'ordonnance du 18 décembre 2008[3] ajoute à la liste des sûretés visées par le texte le gage.

Faut-il exclure les sûretés assorties d'un droit de rétention ? La question est en réalité de savoir si la règle s'applique ou non au gage et au nantissement assorti d'un droit de rétention. Le créancier gagiste ou nanti devra-t-il se satisfaire du paiement d'une simple quote-part ou devra-t-il être intégralement payé pour que son droit de rétention disparaisse ? La problématique est ici strictement identique à celle existant pour le jeu de la consignation du prix de vente d'un bien grevé vendu en période d'observation (v. s[s] n° 482.11), ou du jeu de la substitution de garantie en période d'observation (v. s[s] n° 484.11).

La question doit recevoir une réponse identique. Faute de disposition spéciale mettant en échec, en plan de cession, la force du droit de rétention, il faut décider qu'il ne sera pas possible d'affecter, pour la satisfaction du créancier gagiste ou nanti, une simple quote-part du prix de cession. Cette dernière ne conduira d'ailleurs pas à un paiement effectif, sauf si le droit de rétention se reportait sur la quote-part. Cette technique, hasardeuse au regard des textes, qui emprunte aux règles générales de la liquidation judiciaire (C. com., art. L. 642-25, al. 4, réd. loi de sauvegarde des entreprises), tout en étant combinée avec l'article L. 642-12 alinéa 1 (réd. loi de sauvegarde des entreprises), est appliquée en pratique[4]. Elle est cependant fort peu respectueuse des textes et surtout de la force du droit de rétention, qui interdit d'affecter une simple quote-part de sa créance au créancier rétenteur, fût-ce au moyen d'un report du droit de rétention sur cette quote-part.

Le créancier gagiste devra donc être intégralement réglé[5]. Il en résulte que le commissaire à l'exécution du plan ne peut, sans engager sa responsabilité, réclamer la restitution de biens gagés pour les céder au repreneur, sans payer le créancier gagiste[6]. Il en va de même du créancier bénéficiaire d'une antichrèse. Cette sûreté immobilière, rebaptisée gage immobilier, emporte en effet droit de rétention, avant comme depuis la réforme du droit des sûretés issue de l'ordonnance du 23 mars 2006[7]. Au demeurant, elle n'est pas visée par l'article L. 642-12, alinéa 1 du code de commerce[8].

Il n'y a pas ici, plus qu'en période d'observation ou en plan de continuation, à distinguer selon que le droit de rétention est fictif ou réel, pour les raisons ci-dessous exprimées (v. s[s] n° 582.43).

Le droit de rétention devrait, en bonne logique, être éteint avant le plan de cession, c'est-à-dire en période d'observation, pour permettre l'intégration des biens grevés du droit de rétention dans le plan de cession. La technique est explicitement envisagée par le législateur : le retrait contre paiement en période d'observation (v. s[s] n°s 633.31 s.).

L'ordonnance du 18 décembre 2008[9] conforte l'analyse[10]. En effet, l'alinéa 5 de l'article L. 642-12 du code, issu de cette ordonnance, prévoit que « Les dispositions du présent article n'affectent pas le droit de rétention acquis par un créancier sur des biens compris dans la cession ». Ainsi, apparaît-il

1. Froehlich et Sénéchal, « De la réalisation de l'actif », *LPA* n° sp. 9 févr. 2006, n° 29, p. 21 s., sp. p. 31.
2. L. n° 2005-845, 26 juill. 2005, préc.
3. Ord. n° 2008-1345, 18 déc. 2008, préc.
4. T. com. Lille, 27 mai 1988, *Rev. proc. coll.* 1989, 176, n° 14, obs. Soinne – Grenoble, ch. urg., 30 mai 1995, *Marseillaise de crédit c/Me Poy ès-qual.*, NP – Nancy, 2e ch. civ. et com., 12 janv. 1995, *Rev. proc. coll.* 1996, 107, n° 24, obs. Soinne.
5. Com. 20 mai 1997, n° 95-12.925, *Bull. civ.* IV, n° 151 ; *LPA* 28 juill. 1997, n° 90, p. 24, note Crédot ; *JCP E* 2 juill. 1998, n° 27, p. 1083, note Campana et Calendini ; *LPA* 22 oct. 1997, n° 127, p. 10 ; *LPA* 19 avr. 1999, n° 77, p. 10, note Derrida ; *D.* 1999. Somm. 5, obs. Derrida ; *RJ com.* 1997. 308, rapp. Rémery, note Saint-Alary-Houin ; *JCP E* 1997. I. 681, n° 5, obs. M. Cabrillac – Com. 3 mai 2011, n° 10-16.146, NP ; n° 421 F-D ; *BJE* sept./oct. 2011, comm. 132, p. 256, note Nabet ; *Rev. proc. coll.* 2011, comm. 184, note Fraimout – *Adde*, Martin, « De la survie du gage à la cession de l'entreprise », *RJ com.* 1987. 81 ; « De la rétention d'actifs au cas de cession de l'entreprise », *Gaz. Pal.* 1988. I, Doctr. 161 – Credot, « *Procédures* collectives, la cession de l'entreprise et le droit de rétention », *LPA* 6 juin 1987 – Le Corre, « Le gage avec droit de rétention face au plan de cession (rien ne sert de concourir, il faut à point retenir) », *LPA* 22 oct. 1997, n° 127, p. 5.
6. Com. 3 mai 2011, n° 10-16.146, NP ; n° 421 F-D ; *BJE* sept./oct. 2011, comm. 132, p. 256, note Nabet.
7. Ord. n° 2006-346, 23 mars 2006, *JO* 24 mars, p. 4475 – TOUTEFOIS : Borga, « L'autonomie conceptuelle de l'antichrèse, sources d'effets imprévus », *D.* 2006. point de vue 2090.
8. Borga, « L'autonomie conceptuelle de l'antichrèse, source d'effets imprévus », *D.* 2006. point de vue 2090.
9. Ord. n° 2008-1345, 18 déc. 2008, préc.
10. AUSSI : Canet, « Premières remarques sur les modifications apportées par l'ordonnance n° 2008-1345 du 18 décembre 2008 en matière de liquidation judiciaire », *Rev. proc. coll.* 2009/1, p. 91 s., sp. p. 94, n° 15.

bien impossible, sauf accord du créancier rétenteur, d'intégrer dans un plan de cession un bien grevé d'un droit de rétention. « **Retenir et céder ne vaut**[1] ».

Précisons que le droit de rétention fictif accordé par l'article 2286, 4° du code civil aux créanciers gagistes sans dépossession, qui ne sont pas déjà titulaires d'un droit de rétention fictif, inopposable pendant la période d'observation et en phase d'exécution des plans de sauvegarde et de redressement, reste efficace en cas de cession partielle en sauvegarde, et en cas de cession partielle ou totale en redressement judiciaire ou en liquidation judiciaire. Il importe de préciser que le droit de rétention reconnu par cette disposition ne concerne que les sûretés constituées après l'entrée en vigueur de la loi du 4 août 2008[2], dite loi LME (v. s^s n° 563.62).

582.33 Affectation de la quote-part du prix de cession. L'article L. 642-12, alinéa 1 du code de commerce, dans sa rédaction issue de la loi de sauvegarde des entreprises[3], indique que le tribunal affecte une quote-part. Cette disposition altère profondément la sûreté dont dispose le créancier. Titulaire d'un droit de suite sur le bien et d'un droit de préférence sur l'intégralité du prix de vente du bien, le créancier est ici réduit à n'exercer qu'un simple droit de préférence limité à la valeur, nécessairement inférieure à la valeur marchande, que le tribunal aura bien voulu attribuer au bien grevé[4]. En pratique, la quote-part applicable à chaque bien grevé de sûreté visé à la disposition ici analysée sera suggérée par l'administrateur judiciaire ou le repreneur, cependant qu'il est recommandé au premier de laisser ce soin au second[5]. Sous l'empire de la loi de sauvegarde, la quote-part pourra également être suggérée, en l'absence d'administrateur judiciaire, par le mandataire judiciaire [du moins avant l'ordonnance du 18 décembre 2008[6], puisque, depuis ce texte, un administrateur judiciaire est obligatoirement nommé en redressement judiciaire si une cession d'entreprise est envisagée] ou le liquidateur. Le repreneur, pour être parfaitement éclairé, se verra remettre par l'organe compétent pour l'élaboration du plan de cession les contrats éventuels concernant les biens grevés[7]. Le représentant des créanciers – mandataire judiciai devra formuler es observations sur l'affecta. À défaut, le créancier titulaire de la sûreté sle pourra engag la responsabilité de cet orga'il en subissait u préjudice, sur lequel celui-ci rait pas attiré l'attention du tribunal[8].

Avan rdonnance du 1 mars 2014[9], le tribunal est l de son appréciation. S'il n'a pas à suivre la venti n proposée par e repreneur[10], il ne lui est pas evanche interdi de la suivre et le repreneur, q urait érigé en condition de son offre, la ventilat qu'il a suggéré, s'expose au rejet de son offre[11]. prévision de a quote-part ne constitue nullem t un élément de l'offre de cession, puisqu' doit être l'œuvre du tribunal. Il faut en tirer la nséquence que le repreneur ne pourrait exercer recours sur cette fixation par le tribunal, alors s out qu'il n'y aurait aucun intérêt, puisque l'affec ion de telle ou telle quote-part est absolu-ment différente pour lui. Il ne s'agira pas de l'augment on d'une charge, qui seule rendrait recevable sc appel (v. s^s n° 572.21).

L'ordonnance du 12 mars 2014, en son article 73, modifie la rédaction du premier alinéa de l'article L. 642-12 du code de commerce, pour prévoir que la quote-part du prix de cession affectée à chacun des biens cédés pour la répartition du prix et l'exercice du droit de préférence, est déterminée au vu de l'inventaire et de la prisée des actifs. Le texte poursuit en préciant que la quote-part correspond « au rapport entre la valeur de ce bien et la valeur totale des actifs cédés ». Il est donc aujourd'hui extrêmement clair que le tribunal fixera les fractions du prix de cession en enant compte des valeurs respectives des biens grevés de sûretés. Cette précision est évidemment de nature à chasser l'arbitraire que l'on pouvait constater parfois dans la fixation des quotes-parts, ce qui pourrait avoir des conséquences sur la recevabilité des voies de recours (v. s^s n° 582.34).

Il importe enfin de préciser que si le bien grevé de sûreté est intégré dans une cession partielle, il convient d'appliquer, sous l'empire de la loi de sauvegarde des entreprises, l'article L. 626-23, qui envisage spécialement cette hypothèse. Selon cette disposition, le prix de cession est versé à l'entreprise, sous réserve du jeu de l'article L. 626-22 du code de commerce. Cette disposition concerne l'hypothèse

1. Le Corre, « Le gage avec droit de rétention face au plan de cession (rien ne sert de concourir, il faut à point retenir) », *LPA* 22 oct. 1997, n° 127, p. 5 s.
2. L. n° 2008-776, 4 août 2008, *JO* 5 août, p. 12471, dite loi LME.
3. L. n° 2005-845, 26 juill. 2005, préc.
4. RAPPR. : Saint-Alary-Houin, « Rapport de synthèse », colloque Crajefe, Nice-Sophia Antipolis, 2000, *LPA* 20 sept. 2000, n° 188, p. 40 s., sp. p. 42, n° 9.
5. IFPPC 1999, recomm. n° 3151-2, p. 88.
6. Ord. n° 2008-1345, 18 déc. 2008, préc.
7. IFPPC 1999, recomm. n° 3151-4, p. 89.
8. Paris, 1re ch. B, 12 oct. 1995, *Rev. proc. coll.* 1996, 407, n° 24, obs. Soinne.
9. Ord. n° 2014-326, 12 mars 2014, *JO* 14 mars, p. 5249.
10. AINSI : Versailles, 13e ch., 25 nov. 1993, *Rev. proc. coll.* 1995, 178, n° 52, obs. Soinne.
11. Com. 14 janv. 1997, n° 94-12.164, NP, *Rev. proc. coll.* 1998, 331, n° 3, obs. Soinne. *D.* 1997. IR 67 – *Adde*, Colmar, 8 mars 1994, *LPA* 22 juin 1994, p. 17, note Calendini – *Adde*, Henry et Fabiani, « L'article 93 de la loi du 25 janvier 1985 », *LPA* 20 sept. 2000, n° 188, p. 22 s., sp. p. 24, n° 8.

de la vente d'un bien grevé de sûr en phase d'exécution du plan de continuation. conviendra, en conséquence, de payer les créanc s titulaires de sûreté spéciale dont le bien aura ét endu dans les conditions de cette disposition (v. nº 522.32), laquelle est dérogatoire au droit con un du paiement des créanciers dans le plan de ntinuation, qui intervient sous forme de dividende La coodination de la règle de l'affectation d'un quote-art du prix de cession et des dispositions aplcableau plan de cession partielle oblige à consi rer l'il convient, pour le tribunal, d'affecter aux be sre vés de sûretés une quote-part et d'autoriser le ie ment des créanciers inscrits sur les biens cé et des créanciers qui les priment, dans la limite la quote-part fixée par le tribunal pour l'exercice s droits de préférence.

582.34 Recours du créancier s'estimant insu samment rempli de ses droits – recours du rep neur.

> **Recours du créancier.** Que faut-il décider pour créancier qui s'estime spolié quant à la détermin tion de la quote-part ? Il faut d'abord remarquer qu le créancier concerné n'a pas à être convoqué[1]. Le convocations intéressent les cocontractants dont il est envisagé de céder judiciairement les contrats, ainsi que les créanciers qui bénéficient de la transmission de la charge de la sûreté (v. s[s] n°s 582.48 s.), mais non les autres. Le créancier aura-t-il un recours ? Nous avons vu que le créancier ne disposait pas de la voie de l'appel, qui lui a été clairement fermée par la Cour de cassation[2], s'agirait-il d'un appel nullité, même si le contraire a pu être jugé[3]. La tierce opposition réformation lui est fermée par le Code de commerce.

L'intérêt à agir du créancier titulaire de la sûreté spéciale qui se voit affecter une quote-part est pourtant évident puisque le montant de la quote-part affectée conduira ensuite à la détermination de ses droits.

On peut alors penser à la tierce opposition nullité. Pourrait-il obtenir gain de cause s'il démontre, au besoin par expertise, que les valeurs retenues par le tribunal pour la détermination des quotes-parts sont sans rapport avec la réalité ? Il a été jugé que, dans cette appréciation de la valeur du bien, le tribunal devait tenir compte des immeubles par destination pour fixer la valeur de l'immeuble hypothéqué, car la disposition ici analysée ne déroge pas à l'article 524 du code civil[4].

Avant l'ordonnance du 12 mars 2014[5], une réponse positive ne semble toutefois pas pouvoir être apportée. Une erreur d'appréciation ne constitue pas un excès de pouvoir (v. s[s] nº 321.22), de sorte que la tierce opposition nullité pour insuffisante affectation au bénéfice d'un créancier ne peut être déclarée recevable.

En revanche, depuis l'ordonnance du 12 mars 2014, qui oblige le tribunal à fixer les quotes-parts du prix de cession en tenant compte de l'inventaire et de la prisée, et à respecter un rapport entre la valeur de chaque bien et la valeur totale des actifs cédés, il nous semble que des fixations arbitraires de quotes-parts du prix de cession, totalement déconnectées de la valeur respective des biens telle qu'elle résulte de l'inventaire et de la prisée, devrait ouvrir le recours nullité pour excès de pouvoir[6]. En effet, le tribunal s'est alors délibérément émancipé d'une règle d'ordre public l'obligeant à prendre en compte des éléments objectifs pour fixer les quotes-parts du prix de cession.

> **Recours du repreneur.** Par principe, le repreneur n'a pas d'intérêt à contester l'affectation de la quote-part retenue par le tribunal. Il en va autrement si le repreneur est aussi le créancier inscrit ou si le repreneur a convenu avec un autre repreneur des sommes qui devraient être versées par chacun des repreneurs pour la reprise de tel ou tel bien figurant dans l'offre. En ce dernier cas, les repreneurs ont, de manière indiscutable, intérêt à vérifier que la ventilation proposée dans l'offre soit celle retenue par le tribunal. Si tel n'est pas le cas, l'un des repreneurs s'expose à payer plus que ce qu'il avait envisagé de payer. En ce sens, le tribunal a donc, de manière indiscutable, augmenté les charges que ce candidat repreneur avait souscrites pendant la période de préparation du plan, ce qui rend recevable, et dans le même temps bien fondé, son appel de la décision du tribunal en ce qu'elle a modifié les contours de son offre en augmentant les charges qu'il avait souscrites[7].

582.35 Absence d'affectation de la quote-part du prix de cession. L'article L. 642-12, alinéa 1 du code de commerce, dans sa rédaction issue de la loi

1. SOINNE, nº 1751.
2. Com. 15 déc. 2009, nº 08-21.553, *Bull. civ.* IV, nº 167; nº 1202 FS-P+B; *D.* 2010. AJ 11, note Lienhard; *D.* 2010. 1111, note Bélaval; *D.* 2010. pan. com. 1827, note Le Corre; *Rev. proc. coll.* 2010/2, 65, p. 58, note Pérochon; *Rev. proc. coll.* 2010/3, comm. 96, note Cagnoli; *LXB hebdo* 21 janv. 2010, nº 379, note Le Corre.
3. Nancy, 2e ch. civ. et com., 12 janv. 1995, *Rev. proc. coll.* 1996, 106, nº 23, obs. Soinne.
4. Com. 24 oct. 1995, nº 93-18.479, NP, *Rev. proc. coll.* 1996, 481, nº 59, obs. Soinne; CASSANT : Paris, 25e ch. A, 14 mai 1993, *Rev. proc. coll.* 1995, 180, nº 54, obs. approb. Soinne.
5. Ord. nº 2014-326, 12 mars 2014, préc.
6. PARTAGEANT l'analyse : Lienhard, 6e éd., 2014, nº 124.44; VIDAL et GIORGINI, nº 1211.
7. Paris, pôle 5, 8e ch., 7 déc. 2015, RG nº 15/15957, *Leden* 2016, comm. 018, note Pelletier.

de sauvegarde des entreprises[1], oblige le tribunl à affecter une quote-part du prix de cession pur caque bien grevé de sûreté qu'il détermine. À déau de cette détermination, deux situations doiven tre distinguées.

Dans le dispositif du jugement arrêtant le plan e cession, le tribunal indique explicitement que te créancier inscrit ne se verra pas affecter de quote-part. Il y a là une violation caractérisée de la loi, constitutive d'un excès de pouvoir. Il appartiendra au créancier de former une tierce opposition nullité pour obtenir réparation de cette violation.

Le dispositif du jugement arrêtant le plan reste muet sur la quote-part applicable à un créancier inscrit sur un bien cédé. Il y a une omission de statuer. Peut-elle être réparée conformément à l'article 463 du code de procédure civile, par la voie de l'omission de statuer qu'il convient de former dans l'année de la décision arrêtant le plan ? À cette question, la Cour de cassation apporte une réponse négative[2], cependant qu'une juridiction du fond a cru devoir statuer en sens contraire[3]. La Cour de cassation considère que la fixation ultérieure, par le tribunal, d'une quote-part porterait atteinte aux droits des autres créanciers. Cette solution s'inscrit directement dans l'interprétation de la Cour de cassation en matière d'omission de statuer, cette technique ne devant pas permettre de toucher aux droits acquis par d'autres personnes[4].

À notre sens, une distinction devrait cependant être opérée[5].

Si le tribunal a oublié un créancier en affectant pour un ou plusieurs autres des quotes-parts du prix de cession, la technique de l'omission de statuer ne semble pas praticable. Peut-être faut-il encore sous distinguer. Si la somme des quotes-parts affectée par le tribunal ne couvre pas l'intégralité du prix de cession, rien ne semble faire obstacle à l'affectation d'une quote-part aux créanciers titulaires de sûreté spéciale oubliés, à concurrence de la différence entre le prix de cession d'une part, et la somme des quotes-parts déjà affectée d'autre part. Au contraire, il ne saurait être question de procéder à une réaffectation des quotes-parts des autres créanciers servis dans le cadre plan de cession pour pouvoir tenir compte des dts du créancier omis.

Si le tribul n'a affecté aucune quote-part, la technique l'omission de statuer nous semble pouvoir prérer.

Les quo-parts ne doivent être fixées que pour les créanrs titulaires de sûreté spéciale, mais n'ot pas représenter, par leur somme, l'intégralitéu px de cession. Décider le contraire pourrait abtir une absurdité. Ainsi, en supposant un prix de ssin de 1 000 000 d'euros, un immeuble hypothéé dont la valeur est de 1 000 000 euros, il serhors de propos de fixer à 100 % la quote-part duancier hypothécaire, si l'immeuble ne représedans les actifs cédés que 10 %. Le solde du prix desion, soit 90 %, devrait être affecté au désintérement des créanciers non titulaires de sûreté spale, et notamment les créanciers chirographairntérieurs. En sens inverse, et faute de dispositi spéciale, il n'est pas davantage obligatoire pour lribunal de prévoir qu'une partie du prix de cesn sera affectée au désintéressement des créanrs chirographaires[6]. N'oublions pas, en outre, e d'autres créanciers ont vocation à être payés sur e prix de cession, et notamment le super privilège des salaires, dont bénéficie par subrogation l'AGS, les éventuels créanciers titulaires du privilège de la conciliation, ainsi que, si la distribution du prix de cession intervient en dehors d'une liquidation judiciaire, les créanciers postérieurs éligibles au traitement préférentiel.

582.36 Effets de l'affectation de la quote-part du prix de cession. En application des dispositions du code de commerce, sous l'empire de la loi du 26 juillet 2005[7], comme sous celui de la loi du 25 janvier 1985[8], la quote-part du prix de cession fait l'objet d'un dépôt à la Caisse des dépôts et consignations, et il se produit un effet d'affectation de la quote-part du prix de cession, qui vaut alors consignation au sens de l'article 2435 alinéa 3 du code civil (anc[t] C. civ., art. 2154-1, al. 3). Il en résulte que le renouvellement d'une inscription de sûreté ne s'impose plus après cette consignation[9], contrairement à la solution classiquement posée en cas de vente de biens isolés, le placement à la Caisse des

1. L. n° 2005-845, 26 juill. 2005, préc.
2. Com. 11 oct. 1994, n° 92-18.500, *Bull. civ.* IV, n° 282; *Quot. Jur.* 1er déc. 1994, n° 96, p. 5, note P. M.; *D.* 1995. n° 21, 297, note Rémery; *Rev. proc. coll.* 1995, 179, n° 53, obs. Soinne; *JCP E* 1995. I. 435, obs. M. Cabrillac et Pétel.
3. T. com. Bobigny, 6 avr. 1999, *Rev. proc. coll.* 2001, 88, n° 36, obs. Soinne.
4. Cass. ass. plén., 1er avr. 1994, n° 91-20.250, *Bull. ass. plén.*, n° 3.
5. Le Corre, « Le créancier titulaire d'une sûreté spéciale victime de l'absence d'affectation d'une quote-part du prix de cession », *Gaz. Pal. entr. diff.* 7-8 janv. 2011, p. 13.
6. Paris, 8 juin 1993, *Gaz. Pal.* 1994. I. 20, note Marchi; *D.* 1996. Somm. 5, obs. Derrida; *JCP E* 1993. I. 295, n° 8, obs. Pétel; *RD banc. et bourse* 1994, 136, obs. Campana et Calendini.
7. L. n° 2005-845, 26 juill. 2005, préc.
8. L. n° 85-98, 25 janv. 1985, préc.
9. Com. 1er févr. 2000, n° 96-18.383, *Bull. civ.* IV, n° 25; *JCP* 5 avr; 2007, n° 14, p. 652, note Rémery; *JCP N* 13 oct. 2000, n° 41, p. 1484, note Rémery; *D.* 2000. Somm. 331, obs. Honorat; *JCP E* et *A* 2000, jur. 702, note Rémery; *JCP E* et A 2000, Chron. 1708, n° 15, obs. Delebecque; *Rev. proc. coll.* 2001, 90, n° 39, obs. Soinne.

dépôts et consignations ne valant pas consignation au sens de l'article 2435, alinéa 3 du code civil. La règle ne vaut évidemment que si le tribunal a affecté une quote-part du prix de cession pour l'exercice du droit de préférence du créancier intéressé. À défaut, le renouvellement de l'inscription avant péremption s'impose au créancier qui veut espérer participer aux répartitions privilégiées. En dehors de cession d'entreprise, la Cour de cassation décide que le versement à la Caisse des dépôts et consignations du prix de vente aux enchères publiques des actifs de la liquidation judiciaire n'équivaut pas à la consignation du prix du gage au sens de l'article 2154-1, alinéa 3 du code civil, (devenu C. civ., art. 2435, al. 3), dès lors qu'aucune *quote-part* de celui-ci n'est affectée au droit du créancier inscrit. Il en résulte que le créancier ne pourra participer à une répartition privilégiée que s'il a *renouvelé* l'inscription de sa sûreté[1].

La quote-part affectée aux biens grevés de sûretés permet la détermination d'un droit théorique dont dispose le créancier inscrit sur le prix de cession. Ainsi, si le prix de cession est de 200 et que la quote-part et de 1/5e, cela signifie que le droit théorique du créancier inscrit est de 40.

Ce droit théorique n'est cependant pas le droit effectif. Il convient de tenir compte des droits des créanciers de rang préférable. En effet, en plan de cession, les titulaires de sûretés spéciales sont nécessairement primés par le super privilège des salaires, par les créanciers titulaires du privilège des frais de justice [antérieurs avant l'ordonnance du 18 décembre 2008[2], postérieurs dont la créance est utile au déroulement de la procédure, depuis l'ordonnance du 18 décembre 2008] et ceux titulaires du privilège de la conciliation. En ce qui concerne les créanciers postérieurs privilégiés, il convient de distinguer selon que l'on raisonne avant ou depuis la loi de sauvegarde des entreprises.

Avant cette loi, les créanciers postérieurs primaient les créanciers titulaires de sûretés spéciales. Depuis, cette loi, tout dépend du moment où sont distribués les fonds provenant du prix de cession. Si cette répartition intervient en dehors d'une liquidation judiciaire, ce qui présuppose que le débiteur ait obtenu un plan de redressement, les créanciers postérieurs l'emportent. Si, au contraire, comme cela sera le plus souvent le cas, le débiteur est placé en liquidation judiciaire, certains créanciers antérieurs titulaires de sûretés spéciales l'emporteront sur les créanciers postérieurs : les créanciers dont les créances sont garanties par des sûretés immobilières. Avant l'ordonnance du 12 mars 2014[3], il fallait ajouter aux titulaires de sûretés immobilières, les titulaires de sûretés mobilières spéciales assorties d'un droit de rétention ou constituées en application du chapitre V du titre II du livre V du code de commerce, c'est-à-dire le gage sur matériel et outillage. Mais cette précision résultait d'une malfaçon puisque les créanciers gagistes sont titulaires d'un droit de *rétention*, lequel les placent en dehors de tout concours. C'est la raison de la modification *de l'article* L. 641-13, II, résultant de l'ordonnance du 12 mars 2014 qui précise que le classement qu'il institue est « sans préjudice des droits de rétention opposables à la procédure collective » (v. s[s] n° 456.59).

Les créanciers titulaires d'un privilège général doivent être prioritairement payés sur le prix de vente des biens mobiliers et, s'il n'y suffit, sur le prix de vente des biens immobiliers, dès lors du moins qu'ils entrent en concours avec les titulaires de sûreté spéciale sur les biens immobiliers (C. civ., art. 2105, devenu C. civ., art. 2376). Pour l'élaboration de l'ordre, il faudra distinguer selon que les biens mobiliers grevés de sûretés sont ou non cédés. Les créanciers titulaires de privilèges généraux prioritaires sur les titulaires de sûreté spéciale, par exemple les créanciers super privilégiés, seront payés par ponction sur les actifs.

Dans le premier cas, c'est-à-dire l'hypothèse de créanciers titulaires de sûreté spéciale sur les immeubles, il faut décider que les créanciers titulaires de privilèges généraux prioritaires sur les titulaires de sûretés spéciales seront payés par ponction prioritaire sur les actifs mobiliers, puis sur les actifs immobiliers.

La règle de subsidiarité du paiement des créanciers titulaires de privilèges généraux sur les immeubles ne s'applique pas, sous l'empire de la législation antérieure à la loi de sauvegarde des entreprises, aux créanciers « de l'article 40 » (C. com., art. L. 621-32), titulaires d'un droit de priorité général, mais non, selon la Cour de cassation, d'un privilège général (v. s[s] n° 456.11). Ces créanciers devront être payés par prélèvement égal sur les masses mobilières et immobilières.

Au contraire, la règle de subsidiarité sur les immeubles aura vocation à jouer pour le paiement des créanciers titulaires, sous l'empire de la loi de sauvegarde des entreprises, du privilège de la conciliation (C. com., art. L. 611-11) et du privilège réservé aux créanciers postérieurs élus (C. com., art. L. 622-17 et L. 641-13).

Le créancier bénéficiaire de la quote-part peut exercer son droit de préférence sur la portion correspondante des intérêts produits par le prix de

1. Com. 16 juin 2004, n° 03-11.167, NP, *RJDA* 2004, n° 1390.
2. Ord. n° 2008-1345, 18 déc. 2008, préc.
3. Ord. n° 2014-326, 12 mars 2014, préc.

cession déposé à la Caisse des dépôts et consignations[1].

582.37 Suppression du droit de suite contre le repreneur. La lecture isolée de l'article L. 642-12, alinéa 2 du code de commerce, dans sa rédaction issue de la loi de sauvegarde des entreprises[2], comme celle de l'article L. 621-96, alinéa 2 du même code, dans sa rédaction antérieure à la loi de sauvegarde des entreprises, pourrait laisser croire que le créancier inscrit dispose d'un droit de suite à l'encontre du repreneur. En effet, ces textes énoncent identiquement que « le paiement du prix de cession fait obstacle à l'exercice, à l'encontre du cessionnaire, des droits des créanciers inscrits sur ces biens ». Il semble en résulter, *a contrario*, que ce droit de suite existerait tant que le prix de cession n'est pas payé. Cette lecture est cependant démentie par l'alinéa 3 de l'article L. 642-12, dans sa rédaction issue de la loi de sauvegarde des entreprises, et par l'alinéa 4 de l'article L. 621-96 du code de commerce, dans sa rédaction antérieure à la loi de sauvegarde des entreprises. Ces deux textes prévoient que « jusqu'à paiement complet du prix qui emporte purge des inscriptions grevant les biens compris dans la cession, les créanciers bénéficiant d'un droit de suite ne peuvent l'exercer qu'en cas d'aliénation du bien cédé par le cessionnaire ». Il n'y a donc reconnaissance du droit de suite contre le repreneur.

La coordination des alinéas 2 et 3 de l'article L. 642-12, et celle des alinéas 2 et 4 de l'article L. 621-96 du code de commerce, conduit au constat de l'inexistence du droit de suite contre le repreneur, le créancier n'ayant sur la quote-part qu'un simple droit de préférence[3]. Le repreneur doit payer le prix de cession. Si le créancier inscrit n'est pas totalement désintéressé par la perception de son droit effectif sur la quote-part du prix de cession, il devient chirographaire pour le surplus. Par principe, il ne sera donc pas payé et s'expose à perdre sa créance, sauf s'il retrouve, contre le débiteur personne physique, l'exercice de son droit de poursuite individuelle (v. ss nos 592.61 s.).

582.38 Restauration du droit de suite contre l'ayant – cause du repreneur. Une fois le prix de cession complètement payé, le droit de suite du créancier inscrit disparaît complètement, sous réserve du jeu du transfert de la charge de la sûreté. Peu importe, en conséquence, que le repreneur revende l'actif grevé de la sûreté. Après paiement du prix de cession, la sûreté disparaît. En revanche, tant que le prix de cession n'est pas complètement payé, la revente par le repreneur d'un bien grevé autorise le créancier inscrit à exercer son droit de suite à l'encontre du tiers acquéreur (C. com., art. L. 642-12, al. réd. loi de sauvegarde des entreprises[4], C. com., art. L. 621-96, al. 4, réd. antérieure à la loi de sauvegarde des entreprises).

Il importe, dans ces conditions, aux créanciers titulaires de la sûreté de savoir que le bien grevé va être vendu, alors que le prix de cession n'est pas encore complètement payé. C'est pourquoi, l'article 108 du décret du 27 décembre 1985[5] prévoit que « le cessionnaire informe préalablement le commissaire à l'exécution du plan de tout projet d'aliénation d'un bien cédé », mais uniquement dans le cas prévu au dernier alinéa de l'article L. 621-96, c'est-à-dire la vente d'un bien grevé par le repreneur avant complet paiement du prix.

La solution est reproduite par l'article R. 642-20, alinéa 1 du code de commerce, qui substitue au commissaire à l'exécution du plan le liquidateur.

Le cessionnaire doit également, sous l'empire de la législation antérieure à la loi de sauvegarde des entreprises, tenir informé le tribunal, si l'aliénation n'était pas envisagée lors du dépôt de son offre, dans les conditions du 6° de l'article L. 621-85 du code de commerce (anct L. 25 janv. 1985[6], art. 83, 6° – prévision de cession d'actifs au cours des deux années suivant la cession).

La solution est reprise par l'article R. 642-20, alinéa 1 du code de commerce.

L'article 108, alinéa 2 du décret du 27 décembre 1985 et l'article R. 642-20 alinéa 2 du code de commerce (anct D. 28 déc. 2005[7], art. 266, al. 2) obligent alors le commissaire à l'exécution du plan, pour le premier texte, le liquidateur, pour le second, à avertir immédiatement le juge-commissaire, ou, à défaut, le président du tribunal. Cette disposition oblige aussi le commissaire à l'exécution du plan ou le liquidateur, selon la législation applicable, à informer immédiatement le créancier bénéficiant d'un droit de suite. Cette dernière disposition vise à permettre effectivement le jeu, par le créancier inscrit, de son droit de suite.

582.39 Radiation des inscriptions après paiement du prix de cession. Si le droit de suite disparaît par l'effet du complet paiement du prix de cession, il est corrélativement logique de faire disparaître les ins-

1. Com. 3 déc. 2003, no 01-01.400, *Bull. civ.* IV, no 192; *JCP* 2004. I. 153, no 4, obs. M. Cabrillac.
2. L. no 2005-845, 26 juill. 2005, préc.
3. Com. 17 janv. 1995, no 91-21.671, *Bull. civ.* IV, no 17; *LPA* 29 avr. 1996, no 52, p. 12, note Courtier; *D.* 1995. Somm. 216, obs. Honorat; *D.* 1996. Somm. 206, obs. Piedelièvre; *JCP N* 1995. II. 935, note Frémont; *Defrénois* 1995. 967, obs. Sénéchal; *Rev. huissiers* 1996. 57, note Courtier; *Rev. proc. coll.* 1995, 181, no 56, obs. Soinne.
4. L. no 2005-845, 26 juill. 2005, préc.
5. D. no 85-1388, 27 déc. 1985, préc.
6. L. no 85-98, 25 janv. 1985, préc.
7. D. no 2005-1677, 28 déc. 2005, préc.

criptions de sûreté grevant le bien. La ution ne vaut toutefois que si le bien grevé de la sû est cédé dans le cadre du plan de cession, non s'il é vendu avant l'adoption du plan de cession[1].

Le législateur évoque, d'une manière sive à notre sens, à l'article L. 642-12 alinéa 3, ns sa rédaction issue de la loi de sauvegarde des erepri-ses[2], et à l'article L. 621-96, alinéa 4 du code commerce, dans sa rédaction antérieure à la loi de uvegarde des entreprises, une purge des inscripons, alors qu'il n'existe pas de faculté de surenchère.

La loi de sauvegarde des entreprises supprme d'ailleurs la publicité de la vente du fonds de commerce, prévue par l'article L. 141-12 du code de commerce, lorsque la vente intervient dans le cadre d'un plan de cession. Le droit de surenchère du sixième existant au profit des créanciers du vendeur (C. com., art. L. 141-19) est explicitement supprimé (C. com., art. L. 642-8, al. 2). La solution est logique, puisque la publicité a pour effet de déclencher le droit de former opposition au prix de vente du fonds (C. com., art. L. 141-4), ce qui autorise alors la surenchère (C. com., art. L. 141-19). L'article L. 141-19, alinéa 3 du code de commerce se trouve, en conséquence modifié (L. 26 juill. 2005, art. 161, II).

Le législateur aurait dû, en réalité, parler de la radiation des inscriptions. Au-delà de la disparition du droit de suite, il y a en réalité disparition de la sûreté.

L'article 103-3, alinéa 2 du décret du 27 décembre 1985[3] envisage la radiation des inscriptions grevant le fonds de commerce, après paiement du prix de cession. Il appartient au cessionnaire de saisir le juge-commissaire à cette fin. L'ordonnance que rendra le juge-commissaire emportera disparition de la sûreté, sans que la procédure de purge n'ait à être effectuée (D. 27 déc. 1985, art. 103-3, al. 2).

La solution est reprise par l'alinéa 2 de l'article R. 642-10 du code de commerce, qui prévoit que lorsque la cession porte sur un fonds de commerce, le cessionnaire peut, après avoir payé le prix, saisir le juge-commissaire pour faire prononcer la radiation des inscriptions grevant le fonds, et cela sans qu'il soit besoin d'accomplir les formalités de purge.

Pour les immeubles, il convient d'appliquer les articles 140 à 150 du décret du 27 décembre 1985, auquel renvoie l'article 103-3 alinéa 1 du même décret.

Sous l'empire de la loi de sauvegarde des entreprises, identiquement, l'article R. 642-10, alinéa 1 du code de commerce renvoie aux dispositions intéressant le règlement des créanciers en liquidation judiciaire, à savoir les articles R. 643-1 à 643-15 du code de commerce.

Les articles 145 à 147 du décret du 27 décembre 1985 et les articles R. 643-8 à R. 643-10 du code de commerce réglementent spécialement la radiation des inscriptions. Ces dispositions sont étudiées dans le cadre de la réalisation des biens en liquidation judiciaire (v. ss nos 591.21 à 591.25.). On se contentera d'indiquer ici que, à défaut de mainlevée amiable de l'inscription, seul le juge aux ordres sera compétent pour prononcer la radiation des inscriptions[4].

L'article 103-3, alinéa 1 du décret du 27 décembre 1985 donne compétence au commissaire à l'exécution du plan, de sorte que le visa dans les articles 145 à 147 du liquidateur sera nécessairement remplacé par celui du commissaire à l'exécution du plan.

Cette disposition n'avait évidemment pas à être reprise par la législation de sauvegarde des entreprises, seul le liquidateur ayant compétence, en liquidation judiciaire, le mandataire judiciaire exerçant, pour le plan de cession arrêté en redressement judiciaire, les attributions du liquidateur (C. com., art. L. 631-22, al. 1).

SECTION 582.40
TRANSFERT DE LA CHARGE DE LA SÛRETÉ

582.41 Énoncé de la règle et nature juridique du transfert de la charge de la sûreté – Convocation du créancier inscrit et voies de recours. La règle ici étudiée, d'abord posée par l'article 93, alinéa 3 de la loi du 25 janvier 1985, dans sa rédaction d'origine, et aujourd'hui par l'article L. 642-12, alinéa 4 du code de commerce (réd. loi de sauvegarde des entreprises[5]) ne concernait au départ que les crédits ayant servi à l'acquisition d'un bien. L'un des objectifs de la loi du 10 juin 1994[6] a été la restauration des sûretés. C'est le gouvernement qui a proposé d'étendre le mécanisme applicable, sous l'empire de la loi du 25 janvier 1985[7], dans sa rédaction d'origine, aux seuls créanciers nantis sur matériel et outillage, à d'autres créanciers. Une résistance timide

1. Com. 30 mars 2010, n° 09-13.101, *Bull. civ.* IV, n° 67; n° 380 F-P+B; *D.* 2010. 958, note Lienhard; *D.* 2010. 1111, note Bélaval; *Gaz. Pal. entr. diff.* 2-3 juill. 2010, nos 183, 184, p. 28, note Voinot; *Rev. proc. coll.* 2010/4, comm. 174, note Fraimout; *Defrénois* 2010, Chron. 39138, p. 1485, note Gibirila; *LXB hebdo* 15 avr. 2010, n° 391, note Le Corre-Broly.
2. L. n° 2005-845, 26 juill. 2005, préc.
3. D. n° 85-1388, 27 déc. 1985, préc.
4. Com. 11 oct. 1994, n° 90-14.131, *Bull. civ.* IV, n° 287; *Dr. soc.* 1995, n° 1, p. 101, note Rémery; *Rev. proc. coll.* 1995, 181, n° 56, obs. Soinne.
5. L. n° 2005-845, 26 juill. 2005, préc.
6. L. n° 94-475, 10 juin 1994, *JO* 11 juin, p. 8440.
7. L. n° 85-98, 25 janv. 1985, préc.

s'est fait sentir. Ainsi, a-t-il été indiqué, que le transfert mis en place risquait de décourager les candidats à la reprise. On a parlé, à cet égard, d'« épouvantail à repreneurs »[1]. La chancellerie a répondu que « nous ne cherchons à décourager que ceux qui sont en quête d'une bonne affaire »[2]. Il est évoqué le fait que « le système équilibré auquel nous sommes parvenus sera plus un épouvantail pour les prédateurs d'entreprises que pour les repreneurs »[3].

L'avant-projet de loi de sauvegarde des entreprises avait voulu revenir sur la solution, en supprimant purement et simplement le mécanisme du transfert de la charge des sûretés. Le projet de loi l'a réintroduite (art. 124, créant un article L. 642-12 du code de commerce). Un amendement avait été déposé à l'Assemblée nationale pour supprimer le transfert de la charge la sûreté[4]. Cet amendement a été rejeté.

Certes, ce mécanisme effraie les repreneurs et a tendance à les écarter du plan de cession. Mais la négociation est permise entre le candidat repreneur et le prêteur. En outre, pour défendre cette mesure, soulignons qu'elle est, dans l'esprit, très comparable à la cession judiciaire des contrats et qu'il serait illogique d'obliger le repreneur à payer les loyers d'un crédit-bail restant à échoir, en le dispensant d'avoir à payer les échéances restant à échoir d'un crédit affecté. Dans les deux cas, il s'agit du financement d'un bien d'équipement ou d'un immeuble (crédit hypothécaire ou crédit-bail immobilier) nécessaire à l'activité, le fait que ce financement soit assuré par un prêt ou un crédit-bail (voire une location financière sans option d'achat en matière mobilière) devant, à notre sens rester sans conséquence. Quoi qu'il en soit, la loi de sauvegarde des entreprises a maintenu la règle du transfert de la charge des sûretés.

L'article L. 621-96, alinéa 3 du code de commerce, tel qu'issu de la réforme du 10 juin 1994, dispose que « toutefois, la charge des sûretés immobilières et mobilières spéciales garantissant le remboursement d'un crédit consenti à l'entreprise pour lui permettre le financement d'un bien sur lequel portent ces sûretés est transmise au cessionnaire. Celui-ci est alors tenu d'acquitter entre les mains du créancier les échéances convenues avec lui et qui restent dues à compter du transfert de la propriété ou, en cas de location-gérance, de la jouissance du bien sur lequel porte la garantie, sous réserve des délais de paiement qui pourraient être accordés dans les conditions prévues au troisième alinéa de l'article L. 621-88 du code de commerce. Il peut être dérogé aux dispositions du présent alinéa par accord entre le cessionnaire et les créanciers titulaires des sûretés ».

Ce texte a été repris par la loi de sauvegarde des entreprises, pour devenir l'article L. 642-12, alinéa 4, avec une modification minime. A été supprimé le membre de phrase « sous réserve des délais de paiement qui pourraient être accordés dans les conditions prévues au troisième alinéa de l'article L. 621-88 du code de commerce ».

Les crédits assortis d'une sûreté se rapprochent ainsi sensiblement de la cession judiciaire de contrat, telle qu'elle résulte du code de commerce. L'assimilation entre la disposition ci-dessus et la cession judiciaire des contrats, au lendemain de la loi du 25 janvier 1985, avait été tentée[5]. Les effets semblent assez comparables. Dans les deux cas, il s'agit de faire prendre en charge un passif par un cessionnaire. Ce qui diffère tient à la nature de ce passif. Dans le cadre de la cession judiciaire des contrats, il s'agit d'un passif qui naît après le plan de cession. Il est relatif à des contrats à exécution successive. Dans le cadre de la disposition ici analysée – règle du transfert de la charge des sûretés –, il s'agit d'un passif qui est déjà né, mais dont l'exigibilité – et elle seule – n'est acquise qu'après le plan de cession. Parce que le contrat de prêt n'est pas au rang des contrats susceptibles de continuation, il n'est pas davantage au rang des contrats cessibles en plan de cession[6]. C'est dès lors tout l'intérêt de la règle du transfert de la charge des sûretés de rapprocher la situation du prêteur, titulaire d'une sûreté spéciale, de celle du cocontractant, dont le contrat est cédé judiciairement.

Il ne s'agit pas, à notre sens, de la mise en œuvre d'un droit de suite, car, ainsi que cela a été analysé, le repreneur n'est pas un obligé réel à la dette – un obligé *propter rem*. Le délaissement du bien ne lui permettra pas d'être dégagé. C'est un débiteur principal, tenu à la fraction de la dette restant à échoir, sur la totalité de son patrimoine[7].

L'opinion contraire a toutefois été soutenue[8], et la Cour de cassation a pu, dans un arrêt unique, rat-

1. Interv. Allouche, débats Sénat, *JO Sénat CR* 12 avr. 1994, p. 915.
2. Interv. Méhaignerie, débats Assemblée nationale, 23 nov. 1993, *JOAN CR* 24 nov. 1993, p. 6174.
3. Interv. Méhaignerie, débats Sénat, *JO Sénat CR* 12 avr. 1994, p. 916.
4. Amend. n° 522, Interv. Arnaud Montebourg, *JOAN CR*, 3e séance du 8 mars 2005, p. 1785, 1786.
5. DERRIDA ET ALII, n° 464.
6. Com. 13 avr. 1999, n° 97-11.383, *Bull. civ.* IV, n° 87; *Defrénois*, 1999-08, n° 15/16, p. 870, note Sénéchal; *D. Affaires* 2000, n° 11, 257, note Lipinski; *Rev. proc. coll.* 2000, n° 3 p. 96, note Mahinga; *LPA* 25 mai 1999, n° 103, p. 10, note P. M.; *D. Affaires* 1999, 801, obs. Lienhard – Nîmes, 2e ch., 15 oct. 1992, *Rev. proc. coll.* 1993, 314, n° 17, obs. Soinne.
7. Froehlich et Sénéchal, « De la réalisation de l'actif », *LPA* n° sp. 9 févr. 2006, n° 29, p. 21 s., sp. p. 32.
8. Amlon, J.-CL. COM., fasc. 2383, [Créanciers antérieurs titulaires de sûretés spéciales], 2012, n° 49.

tacher le transfert de la charge de la sûreté au mécanisme du droit de suite[1] (v. s^s n° 722.14).

Même si le contraire a pu être soutenu, la disposition ici analysée n'institue pas une cession de contrat de prêt[2], la cession de contrat étant réservée aux contrats synallagmatiques. Il s'agit d'une adjonction de débiteur, qui se rapproche d'une délégation imparfaite de créance[3] avec cette différence essentielle que l'ordre de payer donné à un tiers est l'œuvre du législateur, non d'une partie à l'opération. La consécration par le code civil de la notion de cession de dette a permis, de manière convaincante, à un auteur d'analyser le mécanisme en une cession de dette imparfaite, c'es-à-dire non novatoire[4].

Bien que les textes obligent le greffier du tribunal à convoquer le créancier susceptible de bénéficier du transfert de la charge de la sûreté, et, qu'en outre, le greffier doive adresser au titulaire de la sûreté dont la charge est transférée au repreneur un extrait du jugement arrêtant le plan de cession, il ne peut être reconnu à ce créancier la qualité de partie au jugement arrêtant le plan de cession.

La jurisprudence des juges du fond semblait refuser aux créanciers titulaires de la sûreté spéciale la possibilité de faire appel du jugement arrêtant le plan de cession (v. s^s n° 572.24). La Cour de cassation est clairement en ce sens, et a jugé que le créancier devant bénéficier du transfert de la charge de la sûreté et qui en est privé à la suite de la décision du tribunal qui arrête le plan de cession, n'est pas une partie audit jugement. Il ne peut être assimilé au contractant de l'article L. 642-7 du code de commerce. L'appel réformation ne lui est pas ouvert. L'appel nullité lui est également fermé[5]. La solution est suivie par les juges du fond[6].

Si la qualité de partie est refusée au créancier titulaire de la sûreté dont la charge doit être transmise au repreneur, il faut l'admettre à exercer une tierce opposition nullité. En pratique, elle se fondera sur le non-respect de l'obligation imposée au tribunal de constater, dans le jugement arrêtant le plan de cession, les sûretés dont la charge est transmise. Le non-respect de cette obligation semble, en effet, devoir s'analyser en un excès de pouvoir. Pour qu'il en soit ainsi, il faut toutefois que le créancier inscrit fournisse au tribunal, qui lui en fait la demande, les éléments permettant de vérifier les conditions du jeu du transfert de la charge de la sûreté. S'il ne le fait pas, le tribunal ne commet aucun excès de pouvoir à préciser qu'il est donné acte au repreneur de ce « qu'il s'engage à assumer la charge du transfert des sûretés sauf à considérer qu'il s'agit de prêt non affecté et qu'il indique en faire son affaire »[7].

582.42 Domaine de la règle du transfert de la charge de la sûreté. Il convient d'abord d'indiquer que le texte s'appliquera aussi bien aux cessions totales, qu'aux cessions partielles.

Sous l'empire de la législation antérieure à la loi de sauvegarde des entreprises[8], l'article L. 621-70, alinéa 2 du code de commerce, qui réglemente les cessions partielles, comporte une référence explicite à l'article L. 621-96 alinéa 3.

Bien que la solution n'ait pas été explicitement reproduite par la loi de sauvegarde des entreprises, il n'apparaît pas de raison de la modifier.

Pour pouvoir bénéficier du dispositif protecteur, il faudra d'abord que la sûreté soit régulièrement inscrite, les dispositions du jugement arrêtant le plan de cession n'impliquant qu'un transfert des sûretés valablement inscrites[9]. Spécialement, en matière de gage sur matériel, les biens gagés doivent, dans la publicité, être identifiés[10]. En outre, la publicité doit

1. Com. 7 juill. 2009, n° 08-17.275, *Bull. civ.* IV, n° 100; n° 736 FS-P+B; *D.* 2009. AJ 1891, note Lienhard; *Gaz. proc. coll.* 2009/4, 2e partie, n°s 305 à 307, p. 38, note Le Corre; *JCP E* 2010, Chron. 1011, n° 4, obs. M. Cabrillac; *Act. proc. coll.* 2009/15, n° 231, note Salvat; *Rev. proc. coll.* 2010/2, comm. 66, p. 59, note Pérochon; *RD banc. fin.* 2009, § 157, p. 32, note Cerles; *RTD com.* 2010. 787, n° 4, obs. Martin-Serf; *LXB hebdo* 17 sept. 2009, n° 363, note Le Corre-Broly.
2. Henry et Fabiani, « L'article 93 de la loi du 25 janvier 1985 », *LPA* 20 sept. 2000, n° 188, p. 22 s., sp. p. 28, n° 28 – M. Cabrillac et Pétel, « Juin 1994, le printemps des sûretés réelles », *LPA* 14 sept. 1994, n° 110, p. 59 s., sp. p. 63, n° 30 – *Adde*, Bordeaux, 2e ch., 22 mars 1995, *Rev. proc. coll.* 1996, 105, n° 22, obs. Soinne.
3. Sénéchal, « L'inclusion d'un matériel nanti dans un plan de cession », *Mél. Derruppé*, Montchrestien, 1991, p. 367.
4. Lanzara, « La nature juridique du transfert de la charge de la sûreté », *BJE* nov.-déc. 2016, à paraître.
5. Com. 15 déc. 2009, n° 08-21.553, *Bull. civ.* IV, n° 167; n° 1202 FS-P+B; *D.* 2010. AJ 11, note Lienhard; *D.* 2010. pan. com. 1827, note Le Corre; *Rev. proc. coll.* 2010/2, 65, p. 58, note Pérochon; *Rev. proc. coll.* 2010/3, comm. 96, note Cagnoli; *LXB hebdo* 21 janv. 2010, n° 379, note Le Corre.
6. Grenoble, ch. com., 18 déc. 2014, RG n° 14/05258, *Juris-Data* 031918.
7. Com. 18 janv. 2011, n° 10-30.024, NP; n° 5 F-D; *Gaz. Pal. entr. diff.* 12 avr. 2011, p. 28, note Voinot.
8. L. n° 2005-845, 26 juill. 2005, préc.
9. Com. 1er oct. 2013, n° 12-24.558, *Bull. civ.* IV, n° 146; n° 889 F-P+B; *Act. proc. coll.* 2013/18, comm. 273, note Petit; *JCP E* 2013, Chron. 1679, n° 16, obs. Delebecque; *Gaz. Pal.* 2013, Jur. 3910, note Dumont-Lefranc; *Gaz. Pal.* 8 nov. 2013, n° 312, p. 28, note Pailler; *JCP E* 2014. 1043, note Lebel; *Rev. proc. coll.* 2014, comm. 25, note Fraimout – Com. 1er oct. 2013, n° 12-24.559, NP; n° 890 F-D – Com. 1er oct. 2013, n° 12-24.560, NP; n° 891 F-D – Com. 1er oct. 2013, n° 12-24.561, NP; n° 892 F-D.
10. Com. 1er oct. 2013, n° 12-24.558, préc. – Com. 1er oct. 2013, n° 12-24.559, préc. – Com. 1er oct. 2013, n° 12-24.560, préc. – Com. 1er oct. 2013, n° 12-24.561, préc. – Lyon, 3e ch., 16 janv. 2003, RG n° 2000/02952, *RD banc. fin.* 2004/1, p. 30, n° 31, obs. Lucas.

être effectuée au greffe du tribunal dans le ressort duquel se situe le fonds de commerce auquel est affecté le matériel gagé[1].

Il a toutefois été jugé que le mécanisme légal pouvait jouer au profit d'un créancier gagiste sur véhicule automobile qui n'avait pas déclaré son gage en préfecture, au prétexte que le gage avait été convenu entre les parties[2]. La solution est bien discutable, puisque le gage n'est pas opposable à la procédure collective, faute de mesure de publicité.

Il faudra ensuite que la sûreté vienne garantir « le remboursement d'un crédit consenti à l'entreprise pour lui permettre le financement d'un bien sûr lequel portent ces sûretés ». On remarquera d'abord que le terme « crédits » est plus large que le terme « prêt ». Il pourra donc s'agir d'un prêt *stricto sensu*, mais aussi de toute ouverture de crédit. On observera ensuite que la sûreté doit être inscrite sur un bien du débiteur pour un crédit qui lui a été consenti. Il ne peut donc être question de faire jouer le mécanisme légal pour payer les dettes d'un tiers, fût-il le dirigeant social. Décider le contraire est constitutif d'excès de pouvoir. Encore faut-il cependant que le recours soit exercé. Si tel n'est pas le cas, l'engagement du repreneur de payer les dettes du dirigeant social est augmentatif du prix de cession et, à ce titre, ne peut ensuite faire l'objet d'une modification substantielle dans les moyens du plan[3].

Il avait été indiqué que, au regard des principes régissant le droit des sûretés, la limitation aux seules sûretés attachées à un bien assortissant le financement n'était pas souhaitable. Cette absence de limitation « n'en aurait pas moins rendu les reprises très difficiles en raison de l'absence de lien entre la sûreté et le financement du bien transmis »[4]. La solution retenue par la commission des lois devait constituer « un bon équilibre entre le nécessaire rétablissement de la sécurité du crédit et le légitime souci, qui doit être aussi le nôtre, de ne pas faire obstacle aux reprises lorsqu'elles sont justes et possibles »[5].

Le texte précise que le crédit devra être « consenti à l'entreprise pour lui permettre le financement d'un bien sur lequel portent ces sûretés ». Il n'est pas indiqué que le financement doit permettre l'acquisition du bien. Il faut donc, par application du principe *Ubi lex*... décider que le financement peut permettre l'acquisition du bien, autant de son amélioration[6] ou son entretien[7], ainsi que l'acquisition des biens composant le fonds de commerce grevé[8]. La solution se justifie d'autant plus que le législateur de 1985[9], envisageant la solution à propos du seul nantissement sur matériel et outillage, visait, à l'article 93, alinéa 2 de la loi du 25 janvier 1985, la charge du nantissement garantissant vis-à-vis du vendeur ou du prêteur « le prix d'acquisition de l'outillage et du matériel », alors que le texte actuel concerne le financement du bien et non plus seulement son acquisition.

Le prêt consenti devra être effectivement utilisé aux fins ci-dessus indiquées. À défaut, la règle n'aurait plus vocation à jouer[10].

Financement n'est cependant pas refinancement, l'opinion contraire ayant toutefois été émise[11]. En outre, la jurisprudence refuse l'application du transfert de la charge de la sûreté lorsque le prêt a pour destination « le financement *a posteriori* de divers investissements autofinancés ». L'acte par lequel le crédit est accordé doit préciser sa destination et prévoir la sûreté qui en garantira le remboursement[12]. Ne pourront donc être concernées que les seules sûretés accordées en garantie de crédits affectés. L'interprétation stricte de ce texte d'exception au principe de non-paiement des dettes par le repreneur nous semble s'imposer.

Il est donc certain qu'il faut exclure du dispositif légal les hypothèques et nantissements judiciaires.

De même, il faudra écarter les sûretés prises en garantie du solde débiteur d'un compte-courant ou celles prises en garantie d'un crédit servant aux besoins en fonds de roulement. Elles ne garantissent

1. Com. 1er oct. 2013, no 12-24.558, préc. – Com. 1er oct. 2013, no 12-24.559, préc. – Com. 1er oct. 2013, no 12-24.560, préc. – Com. 1er oct. 2013, no 12-24.561, préc.
2. Rennes, 2e ch., 3 mai 1995, *Rev. proc. coll.* 1996, 483, no 60, obs. Soinne.
3. Com. 18 juin 2000, *Rev. proc. coll.* 2001, 91, no 42, obs. Soinne.
4. Interv. Dailly, débats Sénat, *JO Sénat CR* 12 avr. 1994, p. 914 – *Adde*, Franchon, dans *Rapp. Dailly, JO Sénat* doc. adm., no 303, p. 23.
5. Interv. Dailly, débats Sénat, *JO Sénat CR* 12 avr. 1994, p. 914 – *Adde*, Jolibois et Larcher, dans *Rapp. Dailly, JO Sénat* doc. adm., no 303, p. 24.
6. Com. 17 mai 2011, no 10-17.736, NP; no 472 F-D; *Gaz. Pal.* 7 oct. 2011, no 280, p. 35, note Le Corre.
7. T. com. Paris, 1re ch., 5 févr. 2001, *Gaz. Pal.* 30 juin-2 juill. 2002, Somm. 29 – *Adde*, GUYON, no 1289 – Henry et Fabiani, « L'article 93 de la loi du 25 janvier 1985 », *LPA* 20 sept. 2000, no 188, p. 22 s., sp. p. 26, no 21 – LE CANNU, 7e éd., no 1077 – *Adde*, SOL. IMPL. : Com. 4 janv. 2005, no 04-16.019, NP.
8. T. com. Paris, 5e ch., 9 févr. 2001, *RJ com.* 2002. 318, no 1601, note Merven.
9. L. no 85-98, 25 janv. 1985, préc.
10. Com. 4 oct. 2005, no 04-16.019, NP.
11. Henry et Fabiani, « L'article 93 de la loi du 25 janvier 1985 », *LPA* 20 sept. 2000, no 188, p. 22 s., sp. p. 26, no 21.
12. Com. 23 nov. 2004, no 02-12.982, *Bull. civ.* IV, no 204; FS-P+B+I; *D.* 2005. AJ 142 note Lienhard; *D.* 2005. pan. 294, obs. Le Corre; *D.* 2005. Somm. 2017, obs. Lucas; *RTD com.* 2005. 596, no 9, obs. Saint-Alary-Houin; *RD banc. fin.* 2005/1, p. 23, no 17, note Lucas; *JCP E* 2005, Chron. 639, p. 709, no 7, obs. M. Cabrillac; *JCP E* 2005, jur. 407, p. 433, note Le Corre; *LXB* no N4127ABH, note Le Corre.

pas, en effet, un crédit consenti à l'entreprise pour lui permettre le financement d'un bien.

Il n'est pas rare que les prêts servent à la fois à l'acquisition d'un fonds de commerce tout à la fois aux fonds de roulement. En pareil cas, il convient, à notre sens, d'opérer un prorata au sein du prêt, pour déterminer la fraction de celui-ci ayant servi à l'acquisition du fonds de commerce et la fraction ayant servi à constituer les besoins en fonds de roulement. Cette dernière fraction n'autorisera pas le jeu du transfert de la charge de la sûreté, cependant que la première le permettra. Une cour d'appel a cependant cru devoir juger le contraire, estimant que le contrat de prêt forme un tout et que ni le jugement arrêtant le plan de cession, ni l'acte de cession, n'excluent la partie du prêt ayant financé le besoin en fonds de roulement[1].

Faudra-t-il cependant que la sûreté soit prise concomitamment à l'octroi du crédit ? À cet égard, comme en matière de nullité de la période suspecte, il conviendra de distinguer la constitution de la sûreté de sa publicité. Dès lors que le débiteur a affecté tel ou tel bien en garantie, au moment du crédit à lui consenti, il importera peu, au regard de l'application de la règle du transfert de la charge des sûretés, que l'inscription d'hypothèque n'ait été prise qu'ultérieurement. Il ne faut cependant pas oublier, s'agissant des hypothèques, que celles-ci sont des actes solennels, nécessitant le recours à un notaire. Dès lors, la simple promesse de sûreté, si elle n'est pas faite par acte authentique, ne permettra pas de considérer qu'il y a eu constitution de la sûreté. Au contraire, la promesse d'hypothèque faite par acte notarié vaudra bien constitution de la sûreté. Il importera alors peu, au regard de la règle ici étudiée, que l'inscription d'hypothèque n'ait été prise qu'ultérieurement.

Peu importera également que le bien soit utile ou nécessaire à l'exploitation. Dès lors quil est intégré dans le plan de cession, la charge de la sûreté s'imposera au cessionnaire. La solution avait été posée à propos du nantissement sur matériel et outillage[2]. Au contraire, le mécanisme du transfert de la charge de la sûreté est sans application si le bien grevé de la sûreté a été cédé avant le plan de cession, alors même que la vente aurait été passée sous le régime de la vente à terme et que le transfert de propriété à l'acquéreur ne serait pas intervenu à la date d'arrêté du plan de cession.[3].

L'article R. 642-19, alinéa 1 du code de commerce, sous l'empire de la loi de sauvegarde, et l'article 105-1, alinéa 1 du décret du 27 décembre 1985 obligent le tribunal à vérifier que les conditions requises pour l'application de la règle du transfert de la charge de la sûreté sont réunies.

582.43 Exclusion des sûretés assorties d'un droit de rétention. La nature des choses commande d'exclure l'application du texte de l'article L. 642-12, alinéa 4 du code de commerce, dans sa rédaction issue de la loi de sauvegarde des entreprises[4], celle de l'article L. 621-96, alinéa 3, dans sa rédaction antérieure à la loi de sauvegarde des entreprises, comme d'ailleurs celle de l'alinéa 1 de ces mêmes articles (v. ss n° 582.32), aux sûretés conférant aux créanciers un droit de rétention, réel ou fictif[5]. La situation générale du droit de rétention face au plan de cession doit ici être appliquée.

L'analyse exégétique d'une part, les arguments d'ordre juridique d'autre part, conduisent à l'inapplication de la règle du transfert de la charge des sûretés aux sûretés assorties d'un droit de rétention.

A priori, la règle du transfert de la charge de la sûreté au profit des créanciers est une faveur par rapport à la vision classique du législateur, dans le cadre du plan de cession. Cependant, cette faveur est enfermée dans certaines limites. Alors que, dans le cadre général, le rétenteur est en droit d'obtenir le paiement de l'intégralité de sa créance, la disposition ici analysée limite l'obligation du repreneur à la dette aux seules échéances convenues avec lui (le créancier) et qui restent dues à compter du transfert de propriété ou, en cas de location-gérance, à compter de la jouissance du bien sûr lequel porte la garantie. La faveur législative connaît donc un sérieux tempérament, de sorte que le sacrifice imposé aux créanciers titulaires de la sûreté est l'exacte mesure des échéances échues et non payées, de première part avant jugement d'ouverture, de deuxième part pendant la période d'observation et de troisième part après l'arrêté du plan de cession et avant le transfert au cessionnaire de la propriété de l'actif grevé. Ces échéances peuvent représenter une fraction très importante de la créance totale du créancier. Dans ces conditions, même si *a priori* la règle du transfert de la charge des sûretés constitue

1. Paris, pôle 5, 6e ch., 14 janv. 2016, RG n° 14/18861.
2. Riom, 28 avr. 1988, *D.* 1991. Somm. 15, obs. Derrida; *Rev. proc. coll.* 1988, 395, obs. Soinne.
3. Com. 30 mars 2010, n° 09-13.101, *Bull. civ.* IV, n° 67; n° 380 F-P+B; *D.* 2010. 958, note Lienhard; *Gaz. Pal. entr. diff.* 2-3 juill. 2010, nos 183, 184, p. 28, note Voinot; *Rev. proc. coll.* 2010/4, comm. 174, note Fraimout; *Rev. proc. coll.* 2010/5, comm. 177, note Pérochon; *Leden* 2010/6, p. 3, obs. Sénéchal; *Defrénois* 2010, Chron. 39138, p. 1485, note Gibirila; *LXB hebdo* 15 avr. 2010, n° 391, note Le Corre-Broly.
4. L. n° 2005-845, 26 juill. 2005, préc.
5. Le Corre, « Un exemple d'exclusivité : le droit de rétention fictif du gagiste sans dépossession », Colloque Sûretés réelles et droit des entreprises en difficulté, Nice, 20 mars 2010, *LPA* 11 févr. 2011, n° 30, p. 68 – PARTAGEANT l'analyse : VIDAL et GIORGINI, n° 1214.

une faveur pour les créanciers titulaires le sûreté spéciale, il n'en demeure pas moins qu'il s'git d'un sacrifice important par rapport à la situatɔn d'un créancier rétenteur qui a le droit d'être ɪayé de l'intégralité de sa créance, sauf à continuer àretenir le bien.

En faveur de l'application de la règle du trnsfert de la charge des sûretés au créancier rétenteır, on remarquera certes que la loi ne distingue passelon que la sûreté dont il est envisagé le transfertde la charge est assortie ou non d'un droit de rétertion. En sens inverse, on remarquera que la règle étudiée n'est pas protectrice du créancier gagiste ou nanti rétenteur. La règle oblige en effet le repreneur à s'acquitter des seules échéances échues après transfert de la propriété du bien grevé à son profit. Il est certain que les échéances échues avant cette date ne peuvent être mises à la charge du repreneur, puisqu'il y aurait violation flagrante des dispositions de l'article L. 642-12, alinéa 4 du code de commerce, dans sa rédaction issue de la loi de sauvegarde des entreprises, et de celles de l'article L. 621-96, alinéa 3, dans sa rédaction antérieure à la loi de sauvegarde des entreprises. Mais alors, si ces échéances restent à la charge du débiteur, elles ne seront pas payées au jour où surviendra le transfert de propriété au profit du repreneur. Dès lors, la cession intervient en violation du droit de rétention du créancier gagiste rétenteur. Alors que le créancier n'est pas payé, son droit de rétention disparaît. Pourtant, la législation ne prévoit pas cette disparition, pas plus qu'elle ne prévoit, dans l'une quelconque de ses dispositions, de mettre à néant le droit de rétention.

Au surplus, il convient de remarquer que si le créancier rétenteur avait eu la chance de ne pas être gagiste ou nanti, la règle du transfert de la charge des sûretés n'aurait eu aucune vocation à s'appliquer à lui. Dès lors, le repreneur aurait été confronté à l'obligation pure et simple de payer l'intégralité des créances restant dues au créancier rétenteur pour que celui-ci abandonne son droit en rétention. La solution ne manquerait pas d'être surprenante, qui consisterait à mieux traiter le créancier rétenteur ordinaire que le créancier rétenteur gagiste ou nanti. Curieux privilège !

Il convient alors d'extrapoler la solution posée par la Cour de cassation de l'inapplicabilité de la règle de la fixation de la quote-part du prix de cession posée par l'article L. 642-12, alinéa 1, dans sa rédaction issue de la loi de sauvegarde des entreprises, par l'article L. 621-96, alinéa 1 du code, dans sa rédaction antérieure à la loi de sauvegarde des entreprises, au droit de rétention et de s'apercevoir que, comme elle l'énonce dans son arrêt du 20 mai 1997[1], « la cession de l'entreprise, par suite de l'adoption d'un plan de redressement, ne peut porter atteinte au droit de rétention issu du gage avec dépossessio'un créancier a régulièrement acquis sur des éléntscompris dans l'actif cédé ». Or, si le droit detetion disparaît alors que les échéances échues aıne transfert de propriété au repreneur de l'actif gene sont pas réglées, il y a une atteinte directemenrtée atteinte au droit de rétention.

L'analys-dessus développée est aujourd'hui confortée pı lettre de l'article L. 642-12, alinéa 5, qui résulte a rédaction que lui a donnée l'ordonnance du 1écembre 2008[2]. Selon ce texte, interprétatif à re avis, « les dispositions du présent article n'atent pas le droit de rétention acquis par un cncier sur des biens compris dans la cession ».

Le faitɛ le créancier titulaire de la sûreté lui conférann droit de rétention n'ait émis aucune contestat sur l'application à son encontre de la règle du ısfert de la charge de la sûreté et n'ait pas frappe recours la décision arrêtant le plan de cession raut pas de sa part renonciation à obtenir le paiemeintégral des sommes qui lui sont dues[3]. L'extinct du droit de rétention est à ce prix.

Le drole rétention fait ainsi échec à la règle du transfert la charge des sûretés en plan de cession, *a priori* prtant favorable aux créanciers gagistes ou nantimais en réalité défavorable aux créanciers rétenteur

582.44 Droits du créancier sur les échéances à échoir encas de jeu du transfert de la charge de la sûreté. Ax termes de l'article L. 621-96, alinéa 3 du code c commerce, dans sa rédaction antérieure à la loi deauvegarde des entreprises[4], « le cessionnaire seralors tenu d'acquitter entre les mains du créancier s échéances convenues avec lui et qui restent due à compter du transfert de la propriété, ou en cas e location-gérance, de la jouissance du bien sûr leqel porte la garantie ».

La solution est exactement reproduite par l'article L. 642-12, alinéa 4 du code de commerce, dans sa rédaction issue de la loi de sauvegarde des entreprises.

Le créancier ne peut cependant solliciter du repreneur le paiement des échéances restant à échoir, que si ces dernières ne sont pas éteintes. Or, sous l'empire de la législation antérieure à la loi de sauvegarde des entreprises, il ne peut plus y avoir d'échéances à

1. Com. 20 mai 1997, n° 95-12.925, *Bull. civ.* IV, n° 151 ; *LPA* 28 juill. 1997, n° 90, p. 24, note Credot ; *JCP E* 2 juill. 1998, n° 27, p. 1083, note Campana et Calendini ; *LPA* 22 oct. 1997, 308, n° 127, p. 10 ; *LPA* 19 avr. 1999, n° 77, p. 10, note Derrida, *D.* 1999. Somm. 5, obs. Derrida ; *RJ com.* 1997. 308 – RAPPR. : Rémery, note Saint-Alary-Houin ; *JCP E* 1997. I. 681, n° 5, obs. M. Cabrillac.
2. Ord. n° 2008-1345, 18 déc. 2008, préc.
3. Com. 12 avr. 2005, n° 00-20.455, NP.
4. L. n° 2005-845, 26 juill. 2005, préc.

échoir si la créance est éteinte, faute de dé ion[1]. Puisque, avec la loi de sauvegarde des entr es, la créance n'est plus éteinte faute de déclara mais seulement inopposable à la procédure ctive (v. s[s] n°s 665.75 et 665.78), il ne semble avoir d'obstacle, pour le créancier, à opposer so it de créance au repreneur. L'opinion contraire pendant été émise[2].

La règle posée va avoir pour effet d'au nter considérablement les droits du créancier cerné, qui échappera, sur ces sommes, au conco avec des créanciers de rang préférable[3].

Le texte énonce que sont concernées « les éances [...] qui restent dues à compter du transf de la propriété ou en cas de location-gérance, de uissance du bien ». Il ne peut s'agir que des éc nces postérieures au transfert de propriété, et non toutes les échéances impayées y compris celle ntérieures au transfert de propriété, contrairem à ce qui a pu être soutenu[4]. Sont en effet vis les « échéances », ce qui désigne des sommes no xigibles, et non les sommes restant dues. Il faut core indiquer qu'un problème sérieux se pose si le éancier déclare sa créance comme étant intégral ment échue, alors qu'il n'y a pas eu déchéance du terme (v. s[s] n° 724.12).

Le transfert de propriété n'est pas fixé à la date du jugement arrêtant le plan de cession, car le texte n'aurait pas manqué de viser les échéances qui restent dues au jour du plan de cession et non pas les échéances qui restent dues à compter du transfert de propriété. Il a logiquement été décidé, sauf en cas de location-gérance, que les échéances transférées seront celles à compter de la passation des actes[5], comme le décide identiquement la jurisprudence en matière de cession de contrat (v. s[s] n° 582.61).

Notons que, en cas de substitution dans la personne du repreneur, le candidat d'origine ne reste pas garant des obligations au titre du transfert de la charge de la sûreté. La solution, posée sous l'empire de la loi du 25 janvier 1985[6], nous semble reconductible sous l'empire de la loi de sauvegarde des entreprises, les termes du débat restant inchangés.

582.45 Automaticité du transfert de la charge de la sûreté. La jurisprudence s'est fixée dans le sens de l'automaticité du transfert de la charge de la sûreté[7]. En d'autres termes, la transmission de la sûreté au cessionnaire s'opère de plein droit[8]. Il faut mais il suffit que le bien grevé de la sûreté figure au rang des actifs cédés au repreneur. Peu importera donc que la juridiction ait prévu le transfert de la charge de la sûreté, dès lors que le bien grevé est inclus dans le plan[9]. L'accord du repreneur n'est évidemment pas nécessaire[10].

L'article R. 642-19, alinéa 1 du code de commerce (lég. sauvegarde des entreprises[11]) et l'article 105-1 du décret du 27 décembre 1985[12] confortent cette opinion en prévoyant que le tribunal se contente de vérifier que les conditions d'application de la règle du transfert de la charge des sûretés sont réunies.

La règle joue même si le repreneur ignore l'existence de la sûreté, des solutions divergentes existant cependant en jurisprudence[13]. Ce danger doit conduire l'administrateur judiciaire à informer toute personne déposant une offre de cession sur l'existence de biens susceptibles d'entraîner l'application

1. Com. 20 juin 1995, n° 93-13.802, *Bull. civ.* IV, n° 188; *RTD com.* 1996. 339, obs. Martin-Serf; *JCP* 1996. I. 3896, n° 6, obs. Pétel; *Dr. sociétés* 1995, n° 163, p. 10, note Chaput.
2. A. Aynès, *Le droit de rétention : unité ou pluralité*, Economica 2005, n° 378 – PÉROCHON, 10e éd., n° 1577 – Henry, « Les modifications apportées par l'ordonnance du 18 décembre 2008 à la fixation du passif non salarial dans les procédures collectives », *Gaz. Pal.* 8-10 mars 2009, n° sp. p. 32 s., sp. p. 38, n° 21.
3. Le Corre, « Les créanciers gagistes face au redressement judiciaire et la règle du concours », *Rev. proc. coll.* 1990, p. 21 s., sp. p. 25, n° 5.
4. Bréna, note s[s] Com. 3 juill. 2012, n° 11-21.831, NP; n° 759 F-D; *BJE* nov. 2012, comm. 188.
5. Com. 26 janv. 1993, n° 91-40.308, *Bull. civ.* IV, n° 30, P+B; *Defrénois* 1994. 564, obs. Sénéchal.
6. Com. 16 sept. 2014, n°s 13-17.189, 13-23.901, *Bull. civ.* IV, n° 121; n° 729 FS-P+B; *Act. proc. coll.* 2014/15, comm. 273, note Vallansan; *Rev. proc. coll.* 2014, comm. 165, note Fraimout; *BJE* 2015, 21, note Vincent; *Leden* 2014, comm. 141, note Le Corre.
7. Com. 23 nov. 1993, n° 91-16.846, *Bull. civ.* IV, n° 420; *LPA* 26 janv. 1994, n° 11, p. 13, obs. Soinne; *JCP* 1994. I. 3759, obs. M. Cabrillac; *JCP* 1994. I. 3765, n° 21, obs. Simler et Delebecque; *RTD civ.* 1994. 910, obs. Bandrac; *Defrénois* 1994. 1240, obs. Sénéchal.
8. Com. 4 janv. 2005, n° 02-19.099, NP, *Gaz. proc. coll.* 2005/1, p. 44, n° 1, obs. Le Corre – Com. 4 oct. 2005, n° 04-16.019, NP – Com. 19 oct. 2010, n° 09-68.377, *Bull. civ.* IV, n° 156; n° 1016 F-P+B; *D.* 2011. pan. comm. 408, obs. Crocq; *Gaz. Pal. entr. diff.* 7-8 janv. 2011, p. 42, note Le Corre; *Act. proc. coll.* 2010/20, comm. 277, note Amlon; *LPA* 20 déc. 2010, n° 252, p. 9, note Nabet; *JCP E* 2011, Chron. 1030, n° 4, obs. M. Cabrillac; *Rev. proc. coll.* 2011, comm. 9, note Patureau et Perot-Reboul; *BJE* mars/avr. 2011, p. 30, note Lisanti; *Gaz. Pal.* 30/31 mars 2011, p. 19, note Dumont; *JCP E* 2011, Chron. 1251, n° 15, obs. Delebecque; *Rev. proc. coll.* 2011, comm. 50, p. 55, note Fraimout; *RTD com.* 2011. 170, n° 3, obs. Martin-Serf; *LXB hebdo* 21 nov. 2010, n° 417, note Le Corre-Broly – Com. 30 oct. 2012, n° 11-12.588, NP; n° 1056 F-D.
9. SAINT-ALARY-HOUIN, 7e éd., n° 1178 – RIPERT ET ROBLOT, n° 3197-1.
10. Com. 30 oct. 2012, n° 11-12.588, NP; n° 1056 F-D.
11. L. n° 2005-845, 26 juill. 2005, préc.
12. D. n° 85-1388, 27 déc. 1985, préc.
13. EN CE SENS : Aix-en-Provence, 20 juin 2000, *Act. proc. coll.* 2000/17, n° 220, note Régnaut-Moutier – Rouen, 2e ch., 22 janv. 2009, RG n° 08/04987, *Act. proc. coll.* 2009/7, n° 110; *RTD com.* 2010. 192, n° 9, obs. Saint-Alary-Houin – CONTRA : Douai, 2e ch., 2 sept. 1999, *Rev. proc. coll.* 2001, 89, n° 38, obs. Soinne.

de la règle[1]. Pour cela, il interrogera le mandataire judiciaire sur les sûretés déclarées au passif. Pour être parfaitement éclairé, il se verra remettre, sur sa demande, les contrats portant constitution des sûretés dont la charge est appelée à être transmise[2].

Il a été suggéré, pour éviter toute difficulté, que le tribunal, dans la décision arrêtant le plan de cession, précise le montant des sommes dues en application du transfert de la charge de la charge de la sûreté[3]. La préconisation ne peut être suivie, puisque ne sont dues que les sommes restant à échoir au jour de la passation des actes, date que l'on ne connaît pas alors. Au surplus, cette préconisation ne change rien aux contraintes du repreneur. En effet, même si le jugement conserve le mutisme sur la question du transfert de la charge de la sûreté, la demande qui lui sera présentée par le créancier titulaire de la sûreté dont la charge lui est transférée ne constitue nullement une augmentation des charges souscrites par le repreneur au cours de la période d'observation. En effet, la charge de la sûreté ne peut être qualifiée de nouvelle, dès lors qu'elle est légale et qu'elle ne peut être écartée. Le repreneur ne saurait écarter de son offre la charge des sûretés, sauf à voir rejeter son offre[4]. Le tribunal qui accepterait pareille prétention du repreneur, sans que la volonté du créancier inscrit soit en ce sens, commettrait un excès de pouvoir[5].

Cette solution doit être pleinement approuvée. Il suffirait pour le repreneur d'être suffisamment habile dans la présentation de son offre pour que le mécanisme d'ordre public institué par la règle du transfert de la charge des sûretés soit sans application. En conséquence, soit le bien grevé est intégré dans le plan et, par l'effet automatique de la loi, la charge de la sûreté le grevant sera transmise au cessionnaire, sans que le tribunal ait à statuer sur ce point. Soit le bien grevé n'est pas intégré dans le plan. Il sera alors réalisé selon les modalités classiques de la liquidation judiciaire (v. s[s] n° 572.52).

Le non-respect de l'obligation imposée au tribunal par l'article R. 642-19, alinéa 1 du code de commerce (lég. sauvegarde des entreprises) et par l'article 105-1, alinéa 1 du décret du 27 décembre 1985, de constater, dans le jugement arrêtant le plan de cession, les sûretés dont la charge est transmise, doit s'analyser en un excès de pouvoir (v. s[s] n° 582.41).

Lorse repreneur fait l'objet d'une procédure collecti paiement, le créancier doit-il avoir procédé à modification de l'inscription de la sûreté initiale prise du chef du débiteur ? La Cour de cassation nd négativement à la question. Elle estime que la ion du bien grevé de la sûreté, ordonnée par le ement ayant arrêté le plan de cession, « opèr nsmission de plein droit au cessionnaire de la cge de la sûreté, qui n'est pas perdue, et que le priv du créancier gagiste suit le fonds de commerce quelques mains qu'il passe »[6]. Il en est tiré la con ience que la caution ne peut prétendre être décha pour défaut de modification de l'inscription d sûreté, sur le fondement de l'article 2314 du co civil (v. s[s] n° 722.14). L'automaticité du transf de la charge de la sûreté explique la solution, i vaut pour toutes les sûretés accordant à leur t laire un droit de suite.

582.4 Purge de la sûreté décalée au complet paiement des échéances transférées au repreneur. La puge de la sûreté n'interviendra que lorsque le cessionnaire aura payé non seulement l'intégralité du pix de cession (C. com., art. L. 642-12, al. 2, réd. bi de sauvegarde des entreprises[7], C. com., art. L. 621-96, al. 2, réd., antérieure à la loi de sauvegarde des entreprises), mais encore la totalité des échéances prises en charge par le fait du transfert de la charge de la sûreté[8]. La Cour de cassation décide en effet que « le paiement complet du prix de cession est sans influence sur le droit pour le créancier bénéficiaire [...] (de la sûreté) de poursuivre le recouvrement de sa créance contre le cessionnaire ».

Il appartiendra au conservateur des hypothèques ou au greffier du tribunal ayant pris l'inscription de la sûreté, selon le cas, de procéder à sa radiation sur demande que lui présentera le commissaire à l'exécution du plan, sous l'empire de la législation antérieure à la loi de sauvegarde des entreprises, le mandataire judiciaire ou le liquidateur, sous l'empire de la loi de sauvegarde des entreprises, sauf pour le créancier à donner mainlevée amiable.

Comme il a été justement relevé, il ne s'agit pas en réalité d'une purge des inscriptions, puisqu'il n'y a pas de possibilité de surenchère[9]. Il s'agit plus exactement de la radiation de l'inscription.

1. IFPPC 1999, recomm. n° 3151-1, p. 88.
2. IFPPC 1999, recomm. n° 3151-4, p. 89.
3. LE CANNU, 7e éd., n° 1054.
4. Metz, ch. civ., 4 juill. 1996, *Rev. proc. coll.* 1998, 402, n° 67, obs. Soinne.
5. Aix-en-Provence, 4 avr. 2000, *Act. proc. coll.* 2000/17, n° 220, note Régnault-Moutier.
6. Com. 7 juill. 2009, n° 08-17.275, *Bull. civ.* IV, n° 100; n° 736 FS-P+B; *D.* 2009. AJ 1891, note Lienhard; *Gaz. proc. coll.* 2009/4, 2e partie, n°s 305 à 307, p. 38, note Le Corre; *Act. proc. coll.* 2009/15, n° 231, note Salvat; *JCP E* 2010, Chron. 1011, n° 4, obs. M. Cabrillac; *Rev. proc. coll.* 2010/2, comm. 66, p. 59, note Pérochon; *RD banc. fin.* 2009, § 157, p. 32, note Cerles; *RTD com.* 2010. 787, n° 4, obs. Martin-Serf; *LXB hebdo* 17 sept. 2009, n° 363, note Le Corre-Broly.
7. L. n° 2005-845, 26 juill. 2005, préc.
8. Com. 23 nov. 1993, n° 91-16.846, préc.
9. DERRIDA ET *ALII*, n° 538.

Le créancier sera payé par le reur des échéances prises en charge au titre du trt de la charge de la sûreté. Doit-on pour autansidérer que le créancier a perdu ses droits sprix de cession ?

582.47 Droits du créancier sur le de cession. La question la plus délicate de laière est celle de la coordination des alinéas 1 et l'article L. 642-12 du code de commerce, dansr rédaction issue de la loi de sauvegarde des entises[1], et des alinéas 1 et 3 de l'article L. 621-9ans leur rédaction antérieure à la loi de sauvegares entreprises.

Selon le premier alinéa des dispositioétudiées, « lorsque la cession porte sur des biens vés d'un privilège spécial, d'un nantissement ou dne hypothèque, une quote-part du prix estaffectépar le tribunal à chacun de ces biens pour la répétition du prix et l'exercice du droit de préférence ».L'ordonnance du 18 décembre 2008 a maladroitement ajouté à la liste des sûretés, le gage, alors pourtant que le droit de rétention qui l'accompagne est inconciliable avec les dispositions étudiées (v. s^s n° 582.43).

Selon l'alinéa 4 de l'article L. 642-12, dans sa rédaction issue de la loi de sauvearde des entreprises, et selon l'alinéa 3 de l'article L. 621-96, dans sa rédaction antérieure à la loi de savegarde des entreprises, le repreneur a l'obligatiode payer les échéances restant dues à compter dutransfert de la propriété, ou en cas de location-grance, de l'entrée en jouissance du bien.

L'application alternative des alinéas conduit à la solution suivante : du fait de l'application de la règle du transfert de la charge de la sûreté, les droits du créancier sur le prix de cession disparaissent. Le prix de cession doit donc être réparti entre les créanciers titulaires de sûreté spéciale ne bénéficiant pas de la règle, les créanciers super privilégiés, créanciers postérieurs privilégiés et créanciers titulaires du privilège de la conciliation et, de façon beaucoup plus hypothétique, les créanciers chirographaires.

L'application cumulative des alinéas consiste au contraire à permettre au créancier titulaire de la sûreté spéciale d'exercer ses droits sur la quote-part du prix de cession qui lui a été attribuée, en percevant du cessionnaire les échéances restant à échoir, au titre de la règle du transfert de la charge de la sûreté.

La doctrine, qui s'est assez peu penchée sur cette question, est en faveur de l'application cumulative des deux alinéas de l'article[2]. La jurisprudence des juges du fond, pour sa part, était divisée, certaines juridictions étant pour une application alternative[3], d'autres pour une application cumulative[4]. Ainsi, le fait pour une banque de donner mainlevée de son inscription de nantissement sur le fonds de commerce contre engagement de payer la somme forfaitaire de 50 000 euros au titre du transfert de la charge de la sûreté a-t-il été analysé en un abandon du droit à percevoir une quote-part du prix de cession, ce qui implique implicitement une application cumulative[5].

Des opinions très variées ont été présentées sur la question. Ainsi, pour certains auteurs, rien n'interdit au tribunal de tenir compte de l'importance des sommes que percevra du cessionnaire, au titre des échéances restant à échoir, le créancier titulaire de la sûreté, pour corriger quelque peu la quote-part affectée au bien grevé[6]. Il a même été suggéré de minorer purement et simplement du montant des échéances à échoir les droits sur la quote-part[7].

Un autre auteur estime que la règle de la fixation de la quote-part doit être combinée avec celle du transfert de la charge de la sûreté, mais que ce cumul, pour des raisons d'éthique, ne s'impose pas à la juridiction[8]. C'est ainsi faire prévaloir l'éthique sur les principes juridiques.

La clé de la combinaison de la règle de la fixation de la quote-part et de la règle du transfert de la charge des sûretés nous semble dépendre de deux constatations.

La première tient à l'absence d'effet novatoire du plan de cession. Le transfert de la charge de la sûreté n'a pas pour effet de décharger le débiteur de ses obligations, même si le contraire a déjà été jugé[9]. Ce transfert ne peut donc conduire à minorer l'admission au passif du montant des échéances transférées[10]. La

1. L. n° 2005-845, 26 juill. 2005, préc.

2. POUR L'APPLICATION CUMULATIVE : M. Cabrillac et Pétel, « Juin 1994, le printemps des sûretés réelles », *LPA* 14 sept. 1994, n° 110, p. 59 s., sp. p. 65, n° 40 – SAINT-ALARY-HOUIN, 9e éd., n° 1298 – SOINNE, n° 1759 – Amlon, J.-CL. COM., fasc. 2383, [Créanciers antérieurs titulaires de sûretés spéciales], 2012, n° 52 – VALLANSAN et *alii*, 6e éd., p. 409.
3. Caen, 1re ch., 1er oct. 1987, *Rev. proc. coll.* 1988, p. 320, n° 15, obs. Soinne.
4. TGI Béthune, 27 nov. 1987, *Rev. proc. coll.* 1988, 70, n° 6, obs. Soinne.
5. Lyon, 3e ch. A, 11 déc. 2014, RG n° 14/00111, *JurisData* 032024.
6. EN CE SENS AUSSI : Froehlich et Sénéchal, « De la réalisation de l'actif », *LPA* n° sp. 9 févr. 2006, n° 29, p. 21 s., sp. p. 31.
7. RAPPR. : Henry et Fabiani, « L'article 93 de la loi du 25 janvier 1985 », *LPA* 20 sept. 2000, n° 188, p. 22 s., sp. p. 25, n° 15 – *Adde*, M. Cabrillac et Pétel, « Juin 1994, le printemps des sûretés réelles », *LPA* 14 sept. 1994, n° 110, p. 59 s., sp. p. 65, n° 40.
8. SOINNE, n° 1759.
9. Caen, 1re ch. civ. et com., 5 févr. 2009, n° 07-4050, *Act. proc. coll.* 2009/10, n° 156.
10. Com. 11 mai 2010, n° 09-13.106, NP; n° 520 F-D; *Rev. proc. coll.* 2012, comm. 44, note Saint-Alary-Houin.

solution contraire ayant pourtant été posée[1]. L'absence d'effet novatoire du plan de cession fait obstacle à la solution. En outre, le juge-commissaire ne peut minorer le montant de l'admission du fait de paiements postérieurs au jugement d'ouverture (v. s[s] n° 682.24).

La seconde constatation déterminante tient à l'observation que les sommes à verser par le repreneur, au titre de la charge de la sûreté, ne feront pas partie du prix de cession, sur lequel s'applique seulement la règle de la fixation d'une quote-part du prix de cession. Cette solution est celle posée par la Cour de cassation[2]. Elle énonce que « le cessionnaire n'est pas fondé à soutenir que la charge du nantissement [...] est comprise dans le prix de cession qu'il appartenait au tribunal d'affecter à chacun des biens suivant l'alinéa 1 du même article ». La coordination des deux textes, commandée par l'expression « toutefois », adverbe qui fait référence à une opposition entre deux situations – celle de la fixation de la quote-part du prix de cession et celle du transfert de la charge de la sûreté – semble impliquer que les droits du créancier titulaire de la sûreté sur la quote-part doivent être limités à sa créance échue avant l'intervention du transfert de propriété. À partir de cette phase, la règle du transfert de la charge des sûretés prendra le relais, une opinion contraire ayant cependant été soutenue[3].

L'article 52, 2° du projet d'ordonnance du 12 mars 2014[4] avait réglé clairement la difficulté. Il précisait, en modifiant l'article L. 642-12, alinéa 1 du code de commerce, que le tribunal prenait en compte les paiements prévus par le quatrième alinéa du présent article. Ainsi, d'une part, il était clairement établi que la règle de la fixation de la quote-part du prix de cession et celle du transfert de la charge de la sûreté étaient cumulatives. D'autre part, la fixation de la quote-part devait tenir compte du jeu du transfert de la charge de la sûreté. Pour bien comprendre la solution, il faut prendre un exemple. Si le tribunal estime que le bien en question représente 20 % de la valeur des actifs cédés, que le prix de cession est de 1 million d'euros, le droit théorique du créancier s'établit à 200 000 euros. Si, au titre du transfert de la charge de la sûreté, le créancier peut espérer percevoir 120 000 euros, alors il faut réduire le droit thé[illegible] à 80 000 euros, ce qui représente alors 8 % [illegible]rix de cession, qui représentera la quote-part [illegible]ix de cession.

Il [illegible]éplorer que le texte, à la sortie du Conseil d'État [illegible] plus fait état de l'excellente solution, qui reflét[illegible]opinion doctrinale dominante et avait surtout [illegible]érite de poser une règle claire pour tous, au lieu [illegible]pproximations qui entourent aujourd'hui les p[illegible]ues en la matière. *De lege ferenda*, le texte mérit[illegible] assurément d'être repris.

Il n[illegible] pas lieu de distinguer, pour l'application de la r[illegible] obligeant le tribunal à affecter une quote-part d[illegible]rix de cession pour l'exercice des droits de préfére[illegible] des créanciers inscrits sur les biens cédés, selon q[illegible] la créance est échue avant jugement d'ouverture de [illegible] procédure collective ou entre le jugement d'ouver[illegible]re et la date du transfert de propriété suite au plan [illegible]e cessio[illegible] L'effet de l'application de la règle du tran[illegible]ert de la charge des sûretés est d'écarter le jeu de l[illegible] déchéance du terme résultant du plan de cession[illegible] Il est donc logique que la règle de la fixation d'une quote-part du prix de cession ne s'applique que sur ce qui est dû à la date du transfert de propriété, ou en cas de location-gérance, à la date de prise de jouissance, les sommes dues après n'étant pas encore exigibles.

Le texte vise « [illegible]es échéances convenues qui restent dues ». Une d[illegible]tinction s'impose selon que l'on raisonne avant ou depuis la loi de sauvegarde des entreprises.

Avant la loi de sauvegarde des entreprises, les échéances à échoir ne seront dues que pour autant qu'elles ont été déclarées au passif. À défaut de déclaration de créance et d'admission au passif, ces échéances seront éteintes. Il n'y aura pas place au transfert de charge de la sûreté[5]. Les échéances à échoir ne sauraient être rejetées de l'admission au passif, le débiteur n'en étant pas déchargé, des opinions contraires ayant toutefois été soutenues sur ce point[6].

Depuis la loi de sauvegarde des entreprises, la créance non déclarée n'est plus éteinte. Il y a inopposabilité de la créance à la procédure collective, c'est-à-dire aux créanciers et à leur représentant (v. s[s] n° 665.75). L'absence d'extinction de la créance pour défaut de déclaration semble de nature à permettre la modification de la solution issue de la législation antérieure, qui peut se recommander de l'idée que la cession légale de dette instituée par le dispo-

1. Caen, 1re ch. civ. et com., 5 févr. 2009, n° 07-4050, *Act. proc. coll.* 2009/10, n° 156.
2. Com. 23 nov. 1993, n° 91-16.846, *Bull. civ.* IV, n° 420; *LPA* 26 janv. 1994, n° 11, p. 13, obs. Soinne; *JCP* 1994. I. 3759, obs. M. Cabrillac; *JCP* 1994. I. 3765, n° 21, obs. Simler et Delebecque; *RTD civ.* 1994. 910, obs. Bandrac; *Defrénois* 1994. 1240, obs. Sénéchal.
3. Sénéchal, « La vente des immeubles et la distribution de leur prix », intervention au colloque du Crajefe, Nice 1998, *LPA* 28 oct. 1998, p. 61.
4. Ord. n° 2014-326, 12 mars 2014, préc.
5. Com. 20 juin 1995, n° 93-13.802, *Bull. civ.* IV, n° 188; *RTD com.* 1996. 339, obs. Martin-Serf; *JCP* 1996. I. 3896, n° 6, obs. Pétel; *Dr. sociétés* 1995, n° 163, p. 10, note Chaput.
6. EN CE SENS : Douai, 2e ch., 12 nov. 1998, *Rev. proc. coll.* 2001, 91, n° 41, obs. Soinne – *CONTRA* : Bordeaux, 2e ch., 22 mars 1995, *Rev. proc. coll.* 1996, 105, n° 22, obs. Soinne.

sitif du transfert de la charge de la sûreté ne peut se concevoir si la sûreté a disparu, ce qui est incontestablement le cas lorsque la créance est éteinte, par application de la règle de l'accessoire. Puisque, avec la loi de sauvegarde des entreprises, la créance non déclarée n'est plus éteinte, il ne semble pas y avoir d'obstacle, pour le créancier, à opposer son droit de créance au repreneur. L'inopposabilité de la créance ne concerne en effet que la procédure, c'est-à-dire les créanciers et leur représentant.

Que décider ensuite, que l'on soit avant ou depuis la loi de sauvegarde, si le créancier a fait jouer la déchéance du terme avant le jugement arrêtant le plan de cession ? Juridiquement, il ne reste plus échéances dues à compter du transfert de propriété ou à compter de l'entrée en jouissance en cas de location-gérance. Dès lors, la règle du transfert de la charge des sûretés ne peut plus jouer[1]. Le créancier ne pourra donc être payé que par le jeu de la fixation d'une quote-part du prix de cession[2].

On rappellera cependant que la déchéance du terme est une faculté pour le créancier qui peut ou non s'en prévaloir, selon la solution la plus avantageuse pour lui. Dans ces conditions, il n'a pas nécessairement intérêt à déclarer au passif en se prévalant de la déchéance du terme acquise, à moins qu'il ne bénéficie d'une caution solvable, qu'il pourra rapidement poursuivre. Le fait pour le créancier de déclarer sa créance en totalité en « échu » lui fait perdre la possibilité du jeu du transfert de la charge de la sûreté. Cela peut permettre à la caution d'être déchargée sur le fondement de l'article 2314 du code civil[3]. Mais, à notre sens, pour qu'il y ait fait exclusif du créancier faisant perdre un droit préférentiel à la caution, dans lequel elle aurait pu être subrogée, il faut que le créancier ait commis une erreur dans la déclaration de sa créance, en déclarant « échu » ce qui n'était que « à échoir ». Il ne peut, en effet, lui être reproché à faute d'avoir déclaré une créance « échue », si tel était le cas au jour du jugement d'ouverture.

Si le repreneur fait l'objet d'une procédure collective, la question peut se poser de savoir si la sûreté peut être opposée à ses créanciers sans avoir été régulièrement inscrite sur lui. Il avait, dans un premier temps, été répondu à la question par l'affirmative. À défaut de modification de l'inscription de la sûreté, le créancier titulaire de la sûreté spéciale ne pouvait être admis au passif du repreneur qu'à titre chirographaire[4], ce dont la caution pouvait s'emparer pour soulever le jeu de l'article 2037 du code civil (devenu C. civ., art. 2314)[5] et ainsi être déchargée (*adde*, v. s^s n° 724.6). Puis, dans une seconde phase, la Cour de cassation a estimé que la cession du bien grevé de la sûreté, ordonnée par le jugement ayant arrêté le plan de cession, « opère transmission de plein droit au cessionnaire de la charge de la sûreté qui n'est pas perdue et que le privilège du créancier gagiste suit le fonds de commerce en quelques mains qu'il passe »[6]. Le créancier ne peut donc se voir reprocher par la caution de ne pas avoir fait procéder à une modification de l'inscription de la sûreté[7].

582.48 Aménagement judiciaire de la règle du transfert de la charge de la sûreté – Convocation du créancier inscrit. De façon préalable, il convient d'indiquer qu'il n'apparaît pas possible, pour la juridiction, de céder au repreneur le bien grevé de la sûreté en appliquant les modalités autres que celles du transfert de la charge des sûretés. Le tribunal ne pourrait décider de refuser l'intégration du bien grevé dans le plan de cession tout en le cédant au repreneur. La lettre du texte de l'article L. 642-12, alinéa 4 du code de commerce, dans sa rédaction issue de la loi de sauvegarde des entreprises[8], celle de l'article L. 621-96, alinéa 3 du code de commerce, dans sa rédaction antérieure à la loi de sauvegarde des entreprises, ne l'interdit certes pas. Le moyen serait donc légal. Cependant, par ce moyen légal il y aurait éviction d'une règle d'ordre public : celle du transfert de la charge de la sûreté. Cette éviction interviendrait au préjudice du créancier inscrit. Les trois éléments caractéristiques de la fraude à la loi seraient alors réunis : moyen légal permettant de tourner une règle obligatoire au préjudice d'un créancier[9]. En pareil cas, le créancier victime de la

1. Montpellier, 12 janv. 1999, *Banque et droit* nov.-déc. 1999, p. 60, obs. Guillot.
2. T. com. Paris, 2e ch., 25 nov. 1997, *BNP c/SA Blanc Bleu*, NP – Soinne, n° 1755-1.
3. Com. 3 juill. 2012, n° 11-21.831, NP; n° 759 F-D; *Gaz. Pal. entr. diff.* 13 oct. 2012, n° 286, p. 13, note Le Corre-Broly.
4. Com. 3 févr. 1998, n° 95-13.853, *Bull. civ.* IV, n° 57; *D. Affaires* 1998, 478.
5. Com. 3 févr. 1998, n° 95-13.853, préc.; *D.* 1998. 583, note Chazal; *D.* 1999. Somm. 7, obs. Derrida; *LPA* 15 mars 1999, n° 52, p. 13, note Derrida; *D. Affaires* 1998, 478; *JCP E* et *A* 1998, Chron. n° 7, obs. M. Cabrillac; *Defrénois* 1999. 36944, p. 280, note Piedelièvre.
6. Com. 7 juill. 2009, n° 08-17.275, *Bull. civ.* IV, n° 100; *D.* 2009. AJ 1891, obs. Lienhard; *Gaz. proc. coll.* 2009/4, 2e partie, n°s 305 à 307, p. 38, note Le Corre; *Act. proc. coll.* 2009, n° 231, note Salvat; *Rev. proc. coll.* 2010, n° 66, note Pérochon; *RD banc. fin.* 2009, § 157, p. 32, note Cerles; *RTD com.* 2010. 787, n° 4, obs. Martin-Serf; *LXB hebdo* 17 sept. 2009, n° 363, note Le Corre-Broly.
7. Com. 7 juill. 2009, n° 08-17.275, préc., *D.* 2009. AJ 1891, obs. Lienhard; *JCP E* 2010. Chron. 1011, n° 4, note Cabrillac; *Act. proc. coll.* 2009, n° 231, note Salvat; *LXB hebdo* 17 sept. 2009, n° 363, note Le Corre-Broly.
8. L. n° 2005-845, 26 juill. 2005, préc.
9. Vidal, *Essai d'une théorie générale de la fraude en droit français, le principe* fraus omnia corrumpit, Dalloz, 1957, sp. p. 62.

fraude devrait pouvoir faire annuler la décision, sans qu'il soit enfermé dans les délais de voie de recours du droit des procédures collectives de paiement, la fraude faisant échec à toutes les règles.

Au-delà de cet « aménagement » qui apparaît interdit, la lettre du texte de l'article L. 621-96, alinéa 3 du code de commerce, dans sa rédaction antérieure à la loi de sauvegarde des entreprises, prévoit explicitement des possibilités d'aménagement judiciaire. Le tribunal peut accorder des délais de paiement au repreneur.

La modalité procédurale prévue à l'article L. 621-88, alinéa 3 du code de commerce, en cas de cession de contrat, doit ici être respectée. Le créancier titulaire de la sûreté dont la charge est transmise devra donc être entendu ou dûment appelé (D. 27 déc. 1985[1], art. 105). Il doit être convoqué à l'audience par lettre recommandée avec demande d'avis de réception, par les soins du greffier. Le non-respect de ces modalités procédurales, c'est-à-dire l'absence de convocation du créancier titulaire de la sûreté, semble devoir lui ouvrir la voie de la tierce opposition nullité.

La référence explicite aux « conditions prévues au troisième alinéa de l'article L. 621-88 » oblige également à considérer, dans le respect de la lettre de ce dernier texte, que ces délais ne seront imposés que pour assurer la poursuite de l'activité. Les délais devront donc être nécessaires au cessionnaire et ne pas constituer simplement une facilité pour lui.

Le tribunal est-il limité dans son pouvoir d'accorder des délais ? Les délais doivent-ils être enfermés dans le terme initial du contrat ? Est-il au contraire possible au tribunal de dépasser ce terme ? L'analogie s'impose ici avec ce qui a été décidé en matière de cession de contrat, par application de l'article L. 621-88, alinéa 3 du code de commerce. La jurisprudence, en ce dernier domaine, s'est fixée dans le sens de l'impossibilité d'accorder des délais de paiement dépassant le terme initial du contrat[2].

La question rebondit cependant sur le point de savoir si les délais rééchelonnés ou reportés font courir des intérêts. Par application de l'article L. 621-48 du code de commerce, les intérêts continuent à courir pour les contrats de prêt d'une durée supérieure à un an. Le plan de cession, dès lors qu'il y a application de l'article L. 621-96, alinéa 3, ne semble pas mettre fin au cours des intérêts[3]. Ce sont les échéances, telles que convenues entre le créancier et le prêteur, qui doivent être payées. Dès lors, s'il y a rééchelonnement ou report d'échéances, les intérêts seront *dus de plein droit. La suppression par* le tribunal de leur cours semble s'analyser en un excès de pouvoir. Les pouvoirs du tribunal apparaissent ainsi enfermés dans certaines limites. Celles-ci n'existent plus en cas d'aménagement conventionnel de la règle.

La loi de sauvegarde des entreprises a supprimé la possibilité pour le tribunal d'accorder des délais de paiement au repreneur pour acquitter les échéances du crédit à sa charge, par identité de solution avec les règles régissant la cession judiciaire des contrats. La méconnaissance de la règle sera constitutive d'un excès de pouvoir.

582.49 Aménagement conventionnel de la règle du transfert de la charge de la sûreté. L'article L. 642-12, alinéa 4 du code de commerce, dans sa rédaction issue de la loi de sauvegarde des entreprises[4] et l'article L. 621-96, alinéa 3 *in fine* du même code, dans sa rédaction antérieure à la loi de sauvegarde des entreprises, indiquent qu'« il peut être dérogé aux dispositions du présent alinéa par accord entre le cessionnaire et les créanciers titulaires des sûretés ». Le tribunal devra constater un tel accord, qui ne peut résulter du seul fait que le prêteur ne s'est pas opposé à l'exclusion du transfert de la charge de la sûreté[5]. La simple mention dans les motifs de la décision de l'accord du prêteur pour un rachat à un certain montant de la créance, pour laquelle le transfert de la charge de la sûreté doit jouer, non reprise dans le dispositif de la décision arrêtant le plan de cession, fait peser une incertitude sur l'existence de l'accord dérogatoire, et, en conséquence, n'est pas suffisante pour permettre la dérogation à la règle du transfert de la charge de la sûreté, dont pourrait s'emparer la caution du débiteur[6].

Le fait pour le créancier titulaire de la sûreté d'abandonner sa prétention à faire jouer la règle du transfert de la charge de la sûreté ne vaut pas renonciation à sa sûreté et n'affecte pas, en conséquence, son droit à participer à des répartitions en qualité de créancier privilégié[7].

Il n'y a, *a priori*, aucun intérêt pour les créanciers à abandonner le transfert de la charge de la sûreté. Si cela est bloquant pour le repreneur, il abandon-

1. D. n° 85-1388, 27 déc. 1985, préc.
2. AINSI : Aix-en-Provence, 13 janv. 1988, *JCP E* 1988. II. 15309, n° 9, obs. M. Cabrillac et Pétel; *Rev. proc. coll.* 1988, p. 392, n° 16, obs. Soinne; *RD banc. et bourse* 1988, p. 208, n° 10, obs. Dekeuwer-Défossez – Paris, 2 nov. 1988, *Bull. avoués* 1988, p. 150 – Montpellier, 7 mai 1991, *Dr. sociétés* 1992, n° 78, p. 9, obs. Chaput; *LPA* 18 oct. 1991, p. 12, note Derrida.
3. Soinne, note ss Com. 23 nov. 1993, n° 91-16.846, *Bull. civ.* IV, n° 420; *LPA* 26 janv. 1994, n° 11, p. 13, obs. Soinne; *JCP* 1994. I. 3759, obs. M. Cabrillac; *JCP* 1994. I. 3765, n° 21, obs. Simler et Delebecque; *RTD civ.* 1994. 910, obs. Bandrac; *Defrénois* 1994. 1240, obs. Sénéchal.
4. L. n° 2005-845, 26 juill. 2005, préc.
5. Com. 4 janv. 2005, n° 02-19.099, NP.
6. Com. 19 févr. 2013, n° 11-27.906, NP; n° 166 F-D.
7. Com. 5 févr. 2002, n° 98-21.441, n° 98-21.850, NP.

nera la reprise de ce bien, lequel sera réalisé selon les modalités de la liquidation judiciaire. La solution ne sera pas plus pénalisante pour les créanciers titulaires de sûreté spéciale, sauf pour les créanciers titulaires d'un nantissement ne disposant pas d'un droit de rétention. On pense spécialement au créancier nanti sur fonds de commerce. Celui-ci aura donc intérêt à éviter le traitement de sa sûreté selon d'autres règles que celles régissant le plan de cession et peut donc être enclin à négocier avec le repreneur.

Il y a cependant de graves dangers pour le créancier à écarter conventionnellement le transfert de la charge de la sûreté. Sa créance sera chirographaire si le repreneur, par la suite, fait l'objet d'une procédure collective. La caution pourra prétendre être déchargée, en application de l'article 2314 du code civil, puisque le créancier lui a fait perdre un droit préférentiel[1] (v. ss n° 724.13). Mais le seul fait que le créancier et le cessionnaire conviennent du montant dû par ce dernier, au titre des échéances futures du prêt garanti par la sûreté, ne vaut pas renonciation au jeu du transfert de la charge de la sûreté[2].

SECTION 582.50

NATURE JURIDIQUE, DOMAINE ET MODALITÉS DE LA CESSION JUDICIAIRE DES CONTRATS

582.51 Nature juridique de la cession de contrat. L'article L. 642-7, alinéa 2 du code de commerce, dans sa rédaction issue de la loi de sauvegarde des entreprises[3], et l'article L. 621-88, alinéa 2 du même code, dans sa rédaction antérieure à la loi de sauvegarde des entreprises, indiquent que « le jugement qui arrête le plan emporte cession de ces contrats ». Le législateur évoque une cession de contrat. Il y a, par cette cession judiciaire des contrats, transport des droits et obligations sur la tête d'un tiers, qui devient partie au contrat. La disposition légale est remarquable. Elle constitue, en effet, le seul cas de cession judiciaire en droit français. Le mécanisme législatif est destiné à permettre la cession d'une entreprise et de ses contrats indépendamment de toute personnalité morale de l'entreprise empêchant juridiquement le rattachement du contrat à cette dernière. La patrimonialisation du contrat[4], qui fait apparaître celui-ci comme « une véritable valeur économique participant au redressement des entreprises »[5], apparaît ici avec évidence. Source de richesses, le contrat a logiquement été attaché par le législateur de 1985 à l'entreprise. Le contrat, élément de l'entreprise, pourra donc être cédé en même temps que celle-ci.

Certaines législations spéciales prévoient une cession légale de contrat. Il en est ainsi du contrat de travail (C. trav., art. L. 122-12, al. 2, devenu C. trav., art. L. 1224-1), ou encore des contrats d'assurance.

Il est également possible de convenir d'une cession de contrat, mais l'accord du cocontractant cédé est alors nécessaire.

Ici, la cession est judiciaire. Elle intervient indépendamment de la volonté du cocontractant cédé.

L'entorse au droit commun des obligations est donc évidente. Elle doit cependant être analysée comme « une pièce en mouvement insérée dans un processus dynamique de protection de l'entreprise »[6].

Cependant, rien n'interdit aux parties de convenir de la cession de contrat et de ses modalités, ce que le tribunal pourra relayer en indiquant dans le jugement arrêtant le plan, que le repreneur fera son affaire personnelle des contrats à reprendre.

Le caractère dérogatoire au droit commun de la disposition légale conduit à son exclusion en dehors de son strict domaine. La cession forcée du contrat n'est donc pas possible en cas de cession d'unité de production en liquidation judiciaire (v. ss n° 564.61). Elle n'est pas davantage concevable en tant qu'accessoire de la cession d'un élément d'actif, par exemple un fonds de commerce (v. ss n° 563.44). La solution s'applique identiquement pour la cession du bail rural, sur le fondement de l'article L. 642-1, alinéa 3 du code de commerce, dans sa rédaction issue de la loi de sauvegarde des entreprises, et sur celui de l'article L. 621-84 du même code[7], dans sa rédaction antérieure à la loi de sauvegarde des entreprises.

Le mécanisme de la cession judiciaire des contrats est d'ordre public. Il ne saurait être tenu en échec par des clauses en écartant ou en aménageant le jeu[8] (v. aussi ss n° 582.65).

1. Basse-Terre, 3e ch. civ., 20 févr. 2008, RG n° 04/00161, *Act. proc. coll.* 2008/15, n° 240, note Cagnoli – Chambéry, ch. com., 17 mai 2011, RG n° 10/01703, *Rev. proc. coll.* 2011, comm. 185, note Fraimout.
2. Com. 19 oct. 2010, n° 09-68.377, *Bull. civ.* IV, n° 156, n° 1016 F-P+B; *Gaz. Pal. entr. diff.* 7-8 janv. 2011, p. 42, note Le Corre; *Act. proc. coll.* 2010/20, comm. 277, note Amlon; *LPA* 20 déc. 2010, n° 252, p. 9, note Nabet; *JCP E* 2011, Chron. 1030, n° 4, obs. M. Cabrillac; *Rev. proc. coll.* 2011, comm. 9, note Patureau et Perot-Reboul; *D.* 2011. pan. comm. 408, obs. Crocq; *BJE* mars/avr. 2011, p. 30, note Lisanti; *Gaz. Pal.* 30/31 mars 2011, p. 19, note Dumont; *JCP E* 2011, Chron. 1251, n° 15, obs. Delebecque; *Rev. proc. coll.* 2011, comm. 50, p. 55, note Fraimout; *RTD com.* 2011. 170, n° 3, obs. Martin-Serf; *LXB hebdo* 21 nov. 2010, n° 417, note Le Corre-Broly.
3. L. n° 2005-845, 26 juill. 2005, préc.
4. SUR CETTE QUESTION : obs. Mestre, *RTD civ.* 1987. 538.
5. Monsérié, *Les contrats dans le redressement et la liquidation judiciaire des entreprises*, Litec, 1994, n° 13.
6. Rizzi, *La protection des créanciers à travers l'évolution des procédures collectives*, « Bibl. dr. privé », t. 459, Lgdj, 2007, p. 222, n° 227.
7. Caen, 14 avr. 1994, *JCP* 1994. IV. 1350.
8. SOINNE, n° 1693.

582.52 Domaine du contrat cessible : un contrat conclu par le débiteur, continué et non légalement cédé. Aux termes de l'article L. 642-7, alinéa 1 du code de commerce, dans sa rédaction issue de la loi de sauvegarde des entreprises[1], de l'article L. 621-88, alinéa 1 du même code, dans sa rédaction antérieure à la loi de sauvegarde des entreprises, « le tribunal détermine les contrats de crédit-bail, de location ou de fourniture de biens ou services nécessaires au maintien de l'activité ».

Même si le texte de la loi reste muet sur cette exigence, le contrat cessible ne peut être qu'un contrat passé entre le débiteur et son cocontractant. C'est pourquoi la Cour de cassation refuse la cession d'un contrat de cautionnement conclu entre l'organisme de cautionnement et le bénéficiaire de la garantie[2], le débiteur cautionné restant un tiers à ce contrat.

En présence d'un EIRL, seuls les contrats intéressant le patrimoine concerné par la procédure collective pourront être judiciairement cédés, en conformité avec le principe posé par l'article L. 680-4 du code de commerce (réd. ord. 9 déc. 2010[3]).

Le contrat ne pourra être cédé que pour autant qu'il existe. L'alinéa 3 de l'article L. 642-7 du code de commerce, dans sa rédaction issue de la loi de sauvegarde des entreprises, et l'alinéa 3 de l'article L. 621-88 du code de commerce, dans sa rédaction antérieure à la loi de sauvegarde des entreprises, précisent que les contrats devront être exécutés aux conditions en vigueur au jour de l'ouverture de la procédure. Ces dispositions conduisent à décider que seuls les contrats existant au jour du jugement d'ouverture pourront être cédés. Le contrat résilié au jour du jugement d'ouverture ne pourra pas être cédé[4].

Cependant, malgré la lettre du texte, il semble qu'il faille considérer comme cessible un contrat conclu après jugement d'ouverture[5]. Encore faut-il que le contrat existe au jour de l'arrêté du plan de cession. Si tel n'est pas le cas, le contrat ne pourra être cédé. La solution, posée sous l'empire de la loi du 25 janvier 1985[6] non réformée[7], qui empêche ainsi la cession d'un contrat de bail résilié[8], est reconductible sous l'empire de la loi de sauvegarde des entreprises. Cependant, un client du cocontractant cédé ne pourrait se prévaloir de la résiliation, alors que le contrat aurait été cédé sans opposition[9].

Sous l'empire de la loi du 25 janvier 1985, dans sa rédaction initiale, le contrat en cours au jour du jugement d'ouverture, qui n'avait pas été continué, mais qui n'avait pas été résilié, pouvait être cédé[10]. Depuis la loi du 10 juin 1994[11], et la solution n'a pas été modifiée avec la loi de sauvegarde des entreprises, en cas d'option pour la non continuation faisant suite à une mise en demeure, le contrat est résilié. Il ne peut donc être cédé. En cas d'option spontanée pour la non continuation, c'est-à-dire en l'absence de mise en demeure d'opter, le contrat non continué n'est pas résilié, le cocontractant pouvant seulement demander que soit prononcée sa résiliation. En pareille situation, la cession judiciaire du contrat n'apparaît pas possible, compte tenu du droit à résiliation acquis au cocontractant[12]. Enfin, les contrats pour lesquels aucune option n'a été formulée pendant la période d'observation sont toujours en cours et pourront donc être cédés[13].

Une difficulté propre à la législation antérieure à la loi de sauvegarde des entreprises, peut tenir au titulaire de l'option de continuation. Au jour de l'arrêté du plan de cession, l'administrateur judiciaire n'est plus maintenu en fonction que pour passer les actes nécessaires à la cession. Or le commissaire à l'exécution du plan n'a pas qualité pour opter en faveur de la continuation des contrats en cours (v. s^s n° 431.43). Il en résulte que le contrat en cours, au jour du plan de cession, mais pour lequel aucune option n'est intervenue, ne pourra plus être continué et, par voie de conséquence, ne pourra plus être cédé. Cette difficulté semble avoir disparu, sous l'empire de la loi de sauvegarde des entreprises. Si le plan de cession est arrêté en liquidation judiciaire, le liquidateur peut opter pour la continuation du contrat, alors surtout qu'il y a eu une poursuite d'activité, ici justifiée par l'éventualité d'un plan de cession. Si le plan de cession est arrêté en redressement judiciaire, les dispositions de la liquidation judiciaire s'appliquent (C. com., art.

1. L. n° 2005-845, 26 juill. 2005, préc.
2. Com. 10 juill. 2001, n° 98-14.462 *Bull. civ.* IV, n° 135; *Act. proc. coll.* 2001/15, n° 201, obs. Vallansan; *D.* 2001. AJ 2595, obs. Lienhard; *JCP E* 2001, pan. p. 1603; *JCP E* 2002, Chron. 121, p. 128, n° 6, obs. M. Cabrillac.
3. Ord. n° 2010-1512, 9 déc. 2010, *JO* 10 déc., p. 21617.
4. Paris, 3e ch. A, 28 juin 2005, RG n° 2005/3177.
5. Le Cannu, 7e éd., n° 1027 – Derrida et *alii*, n° 364 – Guyon, n° 1290 – Pérochon, 10e éd., n° 1272 – Saint-Alary-Houin, 9e éd., n° 1282.
6. L. n° 85-98, 25 janv. 1985, préc.
7. Com. 13 nov. 2001, n° 98-20.642, NP, *Rev. proc. coll.* 2003/1, p. 19, n° 5, obs. Roussel Galle.
8. Paris, 3e ch. A, 28 juin 2005, RG n° 2004/84521.
9. Lyon, 3e ch., 8 déc. 1995, *Rev. proc. coll.* 1998, 382, n° 48, obs. Soinne.
10. Com. 21 janv. 1992, n° 90-11.509, *Bull. civ.* IV, n° 27.
11. L. n° 94-475, 10 juin 1994, préc.
12. Aussi : Pérochon, 10e éd., n° 1272.
13. Sur ce principe de solution : Com. 17 févr. 2015, n° 13-17.076, *Bull. civ.* IV [à paraître]; n° 212 FS-P+B; *JCP E* 1235, note Brignon et chron. 1204, n° 11, obs. Pétel; *RTD com.* 2015. 381, n° 11, note Vallens; *Act. proc. coll.* 2015/7, comm. 95, note Reille; *RTD com.* 2015. 381, n° 11, note Vallens; *BJE* 2015, 218, note Monsérié-Bon; *Dr. et patr.* sept. 2015, n° 250, chron. 92, n° 5, note Monsérié-Bon; *Rev. proc. coll.* 2016, comm. 45, note Roussel Galle; *LXB hebdo* 19 mars 2015, n° 416, note Le Corre-Broly.

L. 642-21) et le mandataire judiciaire exerce alors les fonctions dévolues au liquidateur (C. com., art. L. 631-22).

Avant l'ordonnance du 18 décembre 2008[1], l'absence de revendication ne peut exercer aucune incidence sur la cession du contrat, l'opinion contraire ayant toutefois été soutenue[2]. En effet, si le contrat n'a pas été continué, il n'est pas cessible. S'il a été continué, la revendication ne s'impose pas.

Depuis l'ordonnance du 18 décembre 2008, la revendication s'impose indépendamment de la poursuite du contrat. Il peut donc être soutenu que l'absence de revendication, qui rend le droit de propriété inopposable à la procédure collective, empêche la transmission du contrat, puisque le bien qui en est l'objet est réputé, à l'égard de la procédure collective, ne plus appartenir au cocontractant, et qu'il peut donc être cédé comme un élément d'actif. Ainsi, le bien ne sera pas remis à titre précaire au repreneur, en vertu du contrat, mais pourra être réalisé comme les autres biens inclus dans la cession. Le repreneur, tiers acquéreur, ne sera toutefois protégé de la revendication du propriétaire que s'il est de bonne foi, c'est-à-dire s'il est resté dans l'ignorance que le bien appartenait à un autre que le débiteur (v. s[s] n° 813.73).

Les contrats légalement cédés, tels ceux cédés par accessoire de la cession du bien, qui en est l'objet, ne sont pas judiciairement cédés. Il en est ainsi du bail d'un immeuble vendu, par application de l'article 1743 du code civil[3]. À l'instar du bail des immeubles vendus, la transmission de la chose assurée entraîne de plein droit cession du contrat d'assurance[4].

582.53 Liste des contrats cessibles. Jeu de l'article L. 642-7, réd. loi du 26 juillet 2005[5] – Jeu de l'article L. 621-88, réd. législation antérieure à la loi du 26 juillet 2005 – Contrat de fiducie-sûreté. L'article L. 642-7, alinéa 1, du code de commerce, dans sa rédaction issue de la loi de sauvegarde des entreprises, et l'article L. 621-88, alinéa 1 du même code, dans sa rédaction antérieure à la loi de sauvegarde des entreprises, énumèrent les contrats cessibles : contrat de crédit-bail, de location, de fourniture de biens ou services. Le caractère dérogatoire au droit commun de la cession judiciaire des contrats devrait conduire à une interprétation stricte de la liste instituée.

La cession de contrat, comme permet de s'en convaincre la liste ci-dessus, ne concerne que les contrats synallagmatiques. Les contrats unilatéraux, tel le contrat de cautionnement ou de prêt[6], qui au demeurant ne sont des contrats en cours ni au jour du jugement d'ouverture, ni au jour de la cession, ne sont pas concernés. Ce dernier contrat pourra entraîner un transfert de charges des sûretés, qui produira des effets assez comparables à une cession de contrat (v. s[s] n°s 582.41 s.).

Cependant, il n'y a qu'apparence de liste limitative, dans la mesure où la notion de « contrat de fourniture de biens ou services » est particulièrement large, ce qui revient à supprimer, en grande partie, le caractère limitatif de la liste[7]. Observons que le contrat de franchise, qui se caractérise avant tout par la transmission d'un savoir-faire, ne peut être réduit à un contrat de fourniture[8].

Pour autant, le contrat de fourniture doit être compris comme celui exécuté au profit du débiteur, non celui exécuté au profit de ses clients. La cession judiciaire des contrats a en effet pour but de garantir au cessionnaire le maintien de l'activité cédée, non de forcer les clients du débiteur à recourir à ses services[9].

La disposition analysée vise les contrats de location. Ce visa a pour effet de rendre possible la cession judiciaire du contrat de bail des locaux professionnels (v. s[s] n° 582.71).

Elle ne vise pas la sous-location (v. s[s] n° 582.72).

Une juridiction a estimé que le contrat par lequel un employeur garantit au profit des salariés assurés des indemnités de départ ou de mise à la retraite n'est pas un contrat cessible[10].

Une juridiction du fond a toutefois pu juger, d'une manière convaincante, que les contrats dont l'exécution représente l'activité ordinaire de l'entreprise, par exemple les chantiers en cours, pouvaient être cédés en dehors du formalisme de la cession judiciaire. Un *prorata temporis* devait être établi pour déterminer les créances de l'entreprise débitrice et celles du repreneur en fonction de l'avancement des

1. Ord. n° 2008-1345, 18 déc. 2008, préc.
2. Soinne, n° 1698.
3. Com. 4 janv. 2005, n° 01-14.687, NP.
4. Civ. 2e, 13 juill. 2005, n° 03-12.533, *Bull. civ.* II, n° 195; *JCP E* 2006, Chron. 1006, p. 72, n° 4, obs. Pétel; *Act. proc. coll.* 2005/17, n° 218, note Monsérié-Bon.
5. L. n° 2005-845, 26 juill. 2005, préc.
6. Com. 9 févr. 2016, n° 14-23.219, *Bull. civ.* IV [à paraître]; n° 138 F-P+B; *D.* 2016. actu 423, note Lienhard; *Gaz. Pal.* 12 avr. 2016, n° 14, p. 72, note Le Corre-Broly et n° 23, p. 33, note Dumont-Lefrand; *BJE* 2016, 175, note Reille; *JCP E* 2016, 1280, note Stefania; *Rev. proc. coll.* 2016, comm. 85, note Fraimout – Com. 9 févr. 2016, n° 14-23.229, NP; n° 139 F-D – Besançon, 11 janv. 1990, *Rev. proc. coll.* 1991, 326 – Nîmes, 15 oct. 1992, *JCP* 1993. IV. 2339 – Paris, 16 mars 1993, *RJDA* 1993, n° 659.
7. Rappr. : Derrida et *alii*, n° 464 – Soinne, n° 1702 – Pétel, 8e éd., n° 324.
8. Lucas, note s[s] TGI Strasbourg, 20 déc. 2013, *BJE* mai 2014, 167.
9. Bastia, ch. civ., 20 juin 2012, RG n° 11/00984.
10. Versailles, 12e ch. 1re sect., 3 déc. 2009, RG n° 08/04967.

travaux[1]. Il a été estimé que cette solution respecte le mécanisme de cession d'entreprise, qui suppose une continuité dans les affaires[2].

L'adhésion à un groupement d'intérêt économique ne peut être considérée comme un contrat de fourniture de biens ou de services, puisqu'il ne s'agit que de développer l'activité des membres[3]. Il en est de même de la détention de parts de société par le débiteur, qui ne peuvent être cédées par le canal de la cession judiciaire des contrats[4]. En conséquence, l'agrément des autres associés s'imposera.

Le contrat de travail n'est pas soumis au jeu de la cession judiciaire des contrats Une disposition spéciale, l'article L. 122-12 du code du travail (devenu C. trav., art. L. 1224-1), permet en effet la cession automatique de ces contrats, indépendamment de toute décision de justice[5]. Cette question a déjà été traitée (v. s[s] n° 432.18).

Pour tenir compte de l'intrusion de la fiducie dans le droit des entreprises en difficulté, l'article 113 de l'ordonnance du 18 décembre 2008[6] ajoute un alinéa 5 à l'article L. 642-7 du code de commerce, aux termes duquel « la convention en exécution de laquelle le débiteur constituant conserve l'usage ou la jouissance de biens ou droits transférés à titre de garantie dans un patrimoine fiduciaire ne peut être cédée au cessionnaire, sauf accord des bénéficiaires des contrats de fiducie ».

La disposition interdit ainsi la cession judiciaire de la convention par laquelle le débiteur conserve l'usage ou la jouissance des biens transférés dans le patrimoine fiduciaire. Seule une cession conventionnelle est envisageable. L'accord du ou des bénéficiaires sera nécessaire. Dans le mécanisme de la fiducie-sûreté, le plus souvent, deux bénéficiaires alternatifs sont désignés : le débiteur constituant pour l'hypothèse de la bonne exécution de l'obligation garantie par la fiducie, le créancier garanti dans le cas contraire. Dès lors que le créancier n'est pas certain de percevoir ce qui lui est du, on imagine assez mal qu'il autorise le transfert de la convention assurant la détention précaire des biens au débiteur. Il prendrait évidemment des risques quant à la conservation du gage qui est l'assiette de sa sûreté.

Cette disposition tient en échec l'impérativité du plan de cession et assure au créancier bénéficiaire de la fiducie-sûreté une très grande sécurité, à l'heure où les autres créanciers titulaires de sûretés spéciales seront assez largement sacrifiés, désormais garantis par une simple quote-part du prix de cession correspondant, en théorie, à la valeur relative du bien grevé par rapport à la valeur des actifs cédés, alors surtout que sur cette quote-part, s'exerceront les droits des créanciers de rang préférable, et notamment les titulaires de privilèges généraux. Le bénéficiaire de la fiducie-sûreté est dans une situation comparable à celle du créancier titulaire d'un droit de rétention, qui ne peut subir les vicissitudes du plan de cession.

582.54 Bail rural. Jeu de l'article L. 642-1, alinéa 3, réd. loi du 26 juillet 2005[7] – Jeu de l'article L. 621-84 du code de commerce (réd. L. 25 janv. 1985[8]). L'article L. 642-1, alinéa 3 du code de commerce, dans sa rédaction issue de la loi de sauvegarde des entreprises[9], et l'article L. 621-84 du même code, dans sa rédaction antérieure à la loi de sauvegarde des entreprises, soumettent à un régime particulier la cession du bail rural. Ce contrat n'est donc pas régi par le droit commun de la cession judiciaire des contrats[10].

En droit commun, le bail rural est intransmissible (C. rur., art. L. 411-35). Cette solution n'est, par principe, pas écartée par les règles du redressement judiciaire[11] ou de la liquidation judiciaire. En conséquence, le bail rural qui ne constitue pas l'essentiel d'un ensemble agricole demeure incessible[12]. De même, le droit des entreprises en difficulté ne comporte aucune mise à l'écart de l'article L. 411-35 du code rural en cas de liquidation judiciaire atteignant le bailleur[13]. Il en résulte que les preneurs à bail ont la possibilité, malgré l'opposition du liquidateur du bailleur, de céder leur bail, sur autorisation du tribunal paritaire des baux ruraux[14].

1. Douai, 2e ch., 8 févr. 2007, RG n° 04/03181, *D.* 2007. AJ 732, note Lienhard.
2. Lienhard, note s[s] Douai, 2e ch., 8 févr. 2007, RG n° 04/03181, *D.* 2007. AJ 732.
3. Lyon, 13 mars 1992, *Bull. Joly* 1992. 1306, note Le Cannu; *Rev. proc. coll.* 1993, 517, obs. Soinne; *Dr. sociétés* 1993, n° 7, obs. Chaput.
4. Com. 31 janv. 1995, n° 91-20.735, *Bull. civ.* IV, n° 31; *LPA* 28 avr. 1995, n° 50, p. 23, note Soinne; *LPA* 2 août 1995, n° 92, p. 24, note Courtier; *Bull. Joly*, 1995-11, n° 11, p. 953, note Daigre; *D.* 1995. 426, note Parleani; *JCP E* 1995. II. 678, note Guyon; *JCP E* 1995. I. 455, n° 6, obs. Pétel – *Adde*, Douai, 12 oct. 1995, *Rev. proc. coll.* 1996, 98, n° 14, obs. Soinne.
5. Soc. 26 juin 1991, n° 90-46.055, *Bull. civ.* V, n° 328; *JCP E* 1992. II. 274, note Serret – Soc. 30 juin 1992, n° 90-44.057, *Bull. civ.* V, n° 427.
6. Ord. n° 2008-1345, 18 déc. 2008, préc.
7. SUR LA QUESTION : Moreau, « Les dispositions de la loi n° 88-1202 du 30 décembre 1988 relative aux baux ruraux », *JCP N* 1989. I. 201 – Lachaud, « La loi du 30 déc. 1988 », *Ann. loyers* 1989. 125 – J.-CL. COM. Lebel Ch., fasc. 1715, [Procédures collectives agricoles], 2015, n°s 108s.
8. L. n° 85-98, 25 janv. 1985, préc.
9. L. n° 2005-845, 26 juill. 2005, préc.
10. Paris, 2 nov. 1993, *RD banc. et bourse* 1994, 111.
11. AINSI : Com. 14 mars 2000, n° 97-15.924, *Bull. civ.* IV, n° 62; *D.* 2000. AJ 189.
12. Com. 28 avr. 1998, n° 95-20.682, *Bull. civ.* IV, n° 138; *Rev. proc. coll.* 1998, 375, obs. Soinne; *RTD com.* 1998. 678, obs. Saint-Alary-Houin.
13. Com. 7 avr. 2009, n° 08-11.737; NP; n° 345 F-D.
14. Com. 7 avr. 2009, n° 08-11.737; NP; n° 345 F-D.

L'article L. 642-1, alinéa 3, dude de commerce, dans sa rédaction issue de oi de sauvegarde des entreprises, et l'article L. -84, alinéa 3 du même code de commerce, dasa rédaction antérieure à la loi de sauvegarde entreprises, réservent cependant l'hypothèse d'ursemble essentiellement constitué du droit à un burural. Il en est ainsi, selon la jurisprudence, si le burural présente un caractère essentiel quant à l'éqbre économique de l'exploitation[1]. Les droits bail peuvent d'ailleurs être multiples. Leur intranisissibilité sera identiquement écartée, s'ils constitut l'essentiel de l'exploitation cédée[2].

Au contraire, si l'exploitation n'; pas essentiellement constituée du droit au baiural, celui est intransmissible[3].

Lorsque l'existence d'un ensemblessentiellement constitué du droit à un bail rural et constatée, le tribunal peut autoriser le bailleur, son conoint ou l'un de ses descendants à reprendre le fords pour l'exploiter. La règle sera évidemment écarte s'il est soutenu que l'ensemble cédé n'est pas esentiellement constitué par un bail rural[4].

Le tribunal peut aussi attribuer le bail ral à un autre preneur proposé par le bailleur ou, à faut, à tout repreneur dont l'offre aura été recueil par le tribunal. Le texte édicte ainsi un ordre, que tribunal doit respecter. Ce n'est qu'à défaut de eneur proposé par le bailleur que le tribunal peut der le bail à un repreneur[5]. La solution subsiste mne en cas de pluralité de baux ruraux et de bailleur.

Le tribunal ne saurait, en revanche, obliger le propriétaire à consentir sur des terres non pises à bail, un bail rural au repreneur[7].

En outre, si le tribunal peut attribuer le droit à un bail rural à un repreneur sans tenir compte des dispositions relatives au contrôle des structures, une telle cession suppose que le preneur, qui a fait l'objet de la procédure collective, soit titulaire de ce droit[8] Ainsi, a-t-il été résumé[9], mise à disposition du bail ne vaut pas droit au bail. Si la demande d'autorisation d'exploiter a été refusée au preneur à bail, le repreneur ne peut se voir transmettre par le jugement arrêtant le plan de cession des droits supérieurs à ceux détenus par le preneur cédant[10].

La loi du 13 octobre 2014[11] (art. 32) modifie l'article L. 642-1, alinéa 2 du code de commerce pour préciser que lorsque plusieurs offres de cession ont été recueillies, le tribunal tient compte des priorités du schéma directeur régional des exploitations agricoles mentionné à l'article L. 312-1 du code rural et de la pêche maritime.

582.55 Contrat cessible et nécessité du contrat pour le maintien de l'activité. Alors que l'article L. 621-28 du code de commerce, dans sa rédaction antérieure à la loi de sauvegarde des entreprises[12] et l'article L. 622-13, dans sa rédaction issue de la loi de sauvegarde des entreprises, ne distinguent pas selon que le contrat est ou non nécessaire au maintien de l'activité, l'article L. 621-88, alinéa 1 du code, dans sa rédaction antérieure à la loi de sauvegarde des entreprises et l'article L. 642-7 alinéa 1, dans sa rédaction issue de la loi de sauvegarde des entreprises, font de ce critère une condition de la cession judiciaire.

La solution ne doit pas surprendre. La règle relative à la continuation des contrats en cours envisage une relation entre cocontractants d'origine. La règle relative à la cession judiciaire des contrats impose, pour sa part, un partenaire contractuel à un autre cocontractant. Cette sujétion doit être indispensable. Elle est dictée par le maintien de l'entreprise, recherchée par la voie de la cession.

Le caractère nécessaire est une question de fait, laissé à l'appréciation des juges du fond. Il résultera notamment du contenu de l'offre du repreneur ou des observations du cocontractant.

1. AINSI : Com. 28 avr. 1998, n° 95-20.682, *Bull. civ.* IV, n° 138; *Quot. Jur.* 18 juin 1998, n° 49, p. 8, note P.-M.; *D. Affaires* 1998, 960; *RTD com.* 1998. 678, obs. obs. Saint-Alary-Houin.
2. Com. 9 juin 1998, n° 96-11.717 *Bull. civ.* IV, n° 186; *D. Affaires* 1998, 1217, obs. Avéna-Robardet; *JCP E* 1998, pan. 1335; *Rev. proc. coll.* 2001, 82, n° 26, obs. Soinne – Rouen, 2e ch. civ., 7 janv. 2010, RG n° 09/04800, *Act. proc. coll.* 2010/6, n° 89, note Fin-Langer.
3. Dijon, ch. civ. B, 17 juin 2008, RG n° 08/00667, *Act. proc. coll.* 2008/19, n° 291, note Blanc.
4. Com. 18 janv. 2005, n° 02-14.626, NP.
5. Com. 30 nov. 1993, n° 91-20.358, *Bull. civ.* IV, n° 443; *JCP N* 1994, n° 38, p. 263, note Ourliac; *Quot. Jur.* 23 juin 1994; n° 50, p. 5, note P.-M.; *Defrénois* 15 oct. 1994, n° 19, p. 1239, note Sénéchal; *RD rur.* 1994-05, n° 223, p. 260, note Ourliac; *D.* 1996. Somm. 2, obs. Derrida; *JCP* 1994. II. 22248, note Ourliac; *Defrénois* 1994. 1239, obs. Sénéchal; *Rev. proc. coll.* 1994, 229, obs. Soinne.
6. Rouen, 2e ch. civ., 7 janv. 2010, RG n° 09/04800, *Act. proc. coll.* 2010/6, n° 89, note Fin-Langer; *Rev. proc. coll.* 2010/3, comm. 127, note Lebel.
7. Com. 14 mars 2000, n° 97-15.924, *Bull. civ.* IV, n° 62; *D.* 2000. jur. 189; *Act. proc. coll.* 2000/8, n° 94; *Rev. proc. coll.* 2001, 84, n° 28, obs. Soinne – Dijon, ch. civ. B, 17 juin 2008, RG n° 08/00667, *Act. proc. coll.* 2008/19, n° 291, note Blanc.
8. Besançon, 2e ch. civ., 5 nov. 2008, RG n° 08/02213, *Rev. proc. coll.* 2009/2, p. 36, n° 39, note Lebel; *Act. proc. coll.* 2009/11, n° 165, note Barbièri; *Dr. sociétés* 2009, § 168, p. 30, note Legros.
9. Barbièri, note ss Besançon, 2e ch. civ., 5 nov. 2008, RG n° 08/02213, *Act. proc. coll.* 2009/11, n° 165.
10. Com. 28 oct. 2008, n° 06-20.584, *Bull. civ.* IV, n° 180; n° 1093 F-P+B; *D.* 2008. AJ 2932, note Lienhard; *Gaz. proc. coll.* 2009/1, p. 34, note Voinot; *Rev. proc. coll.* 2009/2, p. 34, n° 36, note Lebel.
11. L. n° 2014-1170, 13 oct. 2014, *JO* 14 oct., p. 16601.
12. L. n° 2005-845, 26 juill. 2005, préc.

Certains contrats seront par nature nécessaires, tels ceux qui permettent la jouissance du local d'exploitation : bail des locaux ou crédit-bail immobilier. Inversement, le contrat ne sera pas nécessaire, en présence d'un débiteur personne physique, s'il porte sur un bien destiné à un usage exclusivement extra-professionnel[1]. Identiquement, le contrat de bail consenti par la société débitrice en vue de rentabiliser son patrimoine immobilier n'est pas nécessaire à la poursuite d'activité du repreneur[2].

582.56 Contrat cessible et contrat teinté d'*intuitus personae*. On a observé que le caractère *intuitus personae* d'un contrat n'était pas un obstacle à sa continuation. En est-il de même de sa cession ? Il est d'abord possible d'observer que la loi n'envisage pas, mais n'exclut pas davantage, la cession judiciaire de tels contrats. Comment interpréter le mutisme du texte ? Le principe *Ubi lex...* pourrait conduire à rendre applicable le dispositif de la cession judiciaire à ce type de contrat[3]. La solution a été appliquée au contrat de licence d'exploitation de brevet[4], au contrat de concession[5], de sponsoring sportif[6], ou encore au contrat liant le praticien à un établissement de soins[7].

Pourtant, le parallèle avec la continuation des contrats pose difficulté. Sous l'empire de la loi du 13 juillet 1967[8], la continuation des contrats *intuitus personae* n'était pas possible. La solution se justifiait par le changement opéré dans la personne du cocontractant, la masse prenant la suite du débiteur dans la poursuite du contrat. Cette justification peut conduire à exclure l'application des règles relatives à la cession judiciaire aux contrats *intuitus personae*. Certains auteurs excluent la possibilité de cession des contrats conclus *intuitus personae*[9]. La doctrine majoritaire est pourtant favorable à la cession de tels contrats[10], cependant que certains autres auteurs, dont nous partageons l'analyse, estiment qu'il peut y avoir des degrés, dans l'*intuitus personae*. Il semble bien que seul l'*intuitus personae* lié à l'exécution du contrat, c'est-à-dire à la prestation promise, et non à sa formation, fasse obstacle à la cession[11]. La cession du contrat serait ainsi, selon ce critère, impossible, lorsque la qualité de l'exécution du contrat est en jeu, compte tenu de la spécificité de la prestation[12]. Comme l'expose excellemment un auteur, La prestation objet du contrat porte à ce point l'empreinte de la personnalité de celui qui s'oblige qu'e ne peut être fournie que par lui et que la cess du contrat n'a pas de sens et ne peut être ordon »[13]. C'est en ce sens que certaines juridictions tent pour l'inapplication du dispositif au contrat mandat ducroire[14] ou au contrat de franchise lque la procédure atteint le franchiseur[15], alors que la cession du contrat est possible lorsque la procédure est ouverte contre le franchisé[16], ce est logique, le contrat de franchise reposant paisence sur un réseau de franchisés que le franchise considère comme équivalents, pour ne pas dire interchangeables. La solution serait la même, lorsq la prestation demandée au débiteur est une œuvr de l'esprit[17].

A été admis, la possibilité de céder une convention passée entre une collectivité territoriale et une entreprise privée, sous réserve de l'agrément de l'autorité administrative[18]. La cession judiciaire est alors faite sous condition suspensive de l'agrément[19].

582.57 Titulaire du choix pour la cession du contrat. L'article L. 621-88, alinéa 1 du code de commerce, dans sa rédaction antérieure à la loi de sauvegarde des entreprises[20], indique que « le tribunal détermine les contrats [...] nécessaires au maintien de l'activité ». La lettre du texte est extrêmement aire. Le tribunal apparaît seul maître de la

1. SOINNE, n° 1706.
2. Com. 4 janv. 2005, n° 01-14.687, NP.
3. Douai, 8 mars 1990, *D.* 1990. IR 87.
4. Colmar, 13 juin 1990, *D.* 1991. 97, note Fabiani.
5. Douai, 8 mars 1990, *D.* 1990. IR 87.
6. Poitiers, 20 avr. 1988, *Gaz. Pal.* 1989. I, Somm. 111.
7. Com. 17 mars 1992, n° 90-17.364, *Bull. civ.* IV, n° 120.
8. L. n° 67-563, 13 juill. 1967, préc.
9. Fabiani, *La cession judiciaire des contrats*, éd. Crajefe, Nice, 1988, n°s 145 s.
10. SAINT-ALARY-HOUIN, 9e éd., n° 1282.
11. KERKHOVE, n° 755 – DERRIDA ET ALII, n° 464 – PÉROCHON, 10e éd., n° 1271 – LE CANNU, 7e éd., n° 1028 – RAPPR. : SOINNE, n° 1705 – *Adde*, L. Aynès, « Les clauses de circulation du contrat », dans *Les principales clauses des contrats entre professionnels*, PUAM, 1992, p. 131 s. – Contamine-Raynaud, *L'intuitus personae dans les contrats*, th., Paris II, 1973.
12. TGI Strasbourg, 20 déc. 2013, *BJE* mai 2014, 167, note Lucas; *Leden* mai 2014, comm. 069, note Lucas – PÉROCHON, 10e éd., n° 1271.
13. Lucas, notes TGI Strasbourg, 20 déc. 2013, *BJE* mai 2014, 168.
14. Paris, 3e ch. A, 23 mai 2006, RG n° 2005/19844.
15. Paris, 15 déc. 1992, *RJ com.* 1993. 151, note Martin-Serf; *JCP* 1993. II. 22205, note Jamin; *JCP E* 1993. I. 275, n° 6, obs. Pétel; et SUR POURVOI : Com. 14 mars 1995, n° 93-11.514, *Bull. civ.* IV, n° 79; *D.* 1997. Somm. 7, obs. Derrida – Versailles, 28 mars 1996, *RJDA* 1996, n° 973 – Orléans, ch. com., éco. et fin., 14 sept. 2000, *D.* 2001. jur. 1017, note Picod – TGI Strasbourg, 20 déc. 2013, *BJE* mai 2014, 167, note Lucas; Leden mai 2014, comm. 069, note Lucas.
16. Versailles, 23 juin 1988, *Gaz. Pal.* 1989. I, Somm. 112; *JCP E* 1989. I. 15591, n° 12, obs. M. Cabrillac et Pétel; *Rev. proc. coll.* 1989, 190.
17. LE CANNU ET ALII, n° 977, note 444.
18. Paris, 3e ch. B, 7 avr. 2006, *Act. proc. coll.* 2006/15, n° 180.
19. SUR CETTE QUESTION, et pour une autre analyse : Governatori, « Le droit administratif à l'épreuve des procédures collectives », *Gaz. proc. coll.* 2009/4, 1re partie, n°s 303, 304, p. 9 s., sp. p. 11.
20. L. n° 2005-845, 26 juill. 2005, préc.

liste des contrats cédés[1]. Le repren a donc pas le pouvoir de décider de la reprise de ontrat et de l'exclusion de tel autre[2], même si le traire a été soutenu[3]. Le consentement du repr r n'est pas requis pour qu'un contrat lui soit judic nent cédé[4]. Le tribunal, qui cède au repreneur un c t dont il ne veut pas, lui impose une charge suppl entaire. Le législateur, tout en interdisant à l'aliné le l'article L. 621-63 du code de commerce au tri l d'imposer au repreneur des charges non so ites dans son offre, réserve, dans son alinéa 3, l de l'article L. 621-88. Il faut donc comprendre la charge supplémentaire liée à la cession d'un trat dont ne voulait pas le repreneur peut être blement imposée par le tribunal[5]. Il en résulte, contraire ayant cependant été jugé[6], que le repre r se voit fermer la voie de recours réformation d appel et, faute d'excès de pouvoir de la juridict se voit également fermer, sur ce fondement, voie de recours nullité[7].

Si la solution est ainsi extrêmement re sous l'empire de la législation antérieure à la l sauvegarde, elle fait difficulté depuis la loi de s egarde. Certes, l'article L. 642-7, alinéa 1 du code commerce, dans sa rédaction issue de la loi sauvegarde des entreprises, comme le faisai article L. 621-88 alinéa 1 antérieurement, dispos ue « le tribunal détermine les contrats [...] néces res au maintien de l'activité ». La lettre du texte t donc identique et le tribunal apparaît toujours se maître de la liste des contrats cédés[8]. La raison d louter du maintien des solutions antérieures tien toutefois à deux dispositions nouvelles.

Tout d'abord, l'article L. 642-2, II disp e que « Toute offre doit être écrite et comporter l' dication :

1° De la désignation précise des biens, des roits et des contrats inclus dans l'offre. » Cette préision est nouvelle. Bien que les travaux parlementaires soient restés muets sur la portée de cette nouvelle exigence, il semble pouvoir en être tiré la conséquence que la liste des contrats cessibles appartient désormais au repreneur[9] et, en tout cas, il n'apparaît pas possible de céder un contrat non mentionné dans la liste[10].

Ensuite, comme par le passé, le tribunal ne peut imposer au repreneur des charges non souscrites dans son offre. Mais il n'est plus fait réserve du jeu de la cession judiciaire des contrats. Céder au repreneur un contrat dont il ne veut pas constitue donc une charge supplémentaire que le tribunal ne peut imposer, ce qui ouvre désormais le droit pour le repreneur d'interjeter appel, en application de l'article L. 661-6, II du code de commerce (devenu C. com., art. L. 6 1-6, III, réd. ord. 18 déc. 2008[11]). La Cour de cass tion s'est fixée en ce sens, en considérant que le ibunal ne peut imposer au repreneur la cession ju iciaire d'un contrat non mentionné dans son offre e cession[12]. L'appel réformation est donc ouver au repreneur, qui s'est vu imposer une charge non ouscrite (v. aussi s[s] n°s 572.21 et 572.25). Par prin ipe, le pourvoi est fermé sur l'arrêt d'appel, mai , du fait de l'excès de pouvoir commis par la juridicton, le pourvoi nullité doit pouvoir prospérer.

I nous semble qu'une solution symétrique doive êtr adoptée si le tribunal ne cède pas au repreneur un contrat figurant sur la liste, même si, *stricto sensu*, il est alors difficile de parler de charges supplémentaires imposées par le tribunal.

Faisons toutefois état d'un arrêt, même s'il ne nous apparaît pas très significatif, dans lequel on voit la Cour de cassation énoncer que le tribunal ne commettait pas d'excès de pouvoir à exclure du périmètre de la cession un contrat de sous-location, le tribunal ne faisant qu'user du pouvoir qu'il tient de la loi de déterminer les contrats nécessaires au maintien de l'activité[13]. Mais le repreneur n'avait pas sollicité la transmission du contrat, de sorte que la question du titulaire du choix des contrats cédés ne se posait pas véritablement.

Cette solution, qui consiste à laisser au repreneur la maîtrise dans l'établissement de la liste des contrats qui lui seront judiciairement cédés est incontestablement opportune, car le repreneur est plus à même que n'importe qui pour déterminer les contrats dont il a besoin pour assurer la poursuite de l'activité[14].

1. Aix-en-Provence, 9 déc. 1988, *D.* 1990. Somm. 3, obs. Derrida.
2. Reims, ch. civ., 1re sect., 13 sept. 1995, *Rev. proc. coll.* 1998, 382, n° 48, obs. Soinne.
3. Colmar, 13 juin 1990, *D.* 1991. 97, note Fabiani.
4. Paris, 5e ch. A, 7 juin 2006, RG n° 2005/19871.
5. SAINT-ALARY-HOUIN, 5e éd., n° 1167.
6. Paris, 3e ch. C, 5 déc. 1997, *RJ com.* 1998, n° 1514, p. 325, obs. Monsérié.
7. Versailles, 15 avr. 1996, *Rev. proc. coll.* 1998, 384, n° 51, obs. Soinne.
8. EN CE SENS : Diana-Douaoui, « À propos de quelques difficultés d'application de la loi de sauvegarde des entreprises », *LPA* 8 janv. 2007, n° 6, p. 4 s., sp. p. 17 à 20 – SAINT-ALARY-HOUIN, 9e éd., n° 1284.
9. Thuillier, « Cession judiciaire des contrats », *D.* 2006. Chron. 130 – PÉROCHON ET BONHOMME, 7e éd., n° 459.
10. EN CE SENS AUSSI : PÉROCHON, 10e éd., n° 1272.
11. Ord. n° 2008-1345, 18 déc. 2008, préc.
12. Com. 15 déc. 2009, n° 08-21.235, *Bull. civ.* IV, n° 169; n° 1191 F-P+B; *D.* 2010. AJ 11, note Lienhard; *D.* 2010. 1112, note Bélaval; *Procédures* 2010, comm. 42, note Rolland; *Rev. proc. coll.* 2010/3, comm. 96, note Cagnoli; *LXB hebdo* 21 janv. 2010, n° 379, note Le Corre-Broly.
13. Com. 3 mai 2016, n° 14-20.895, NP; n° 398 F-D.
14. Monsérié-Bon, *Les contrats dans le redressement et la liquidation judiciaire des entreprises*, Litec, 1994, préc., n° 375.

Le contractant n'a aucun pouvoir pour exiger du repreneur la continuation des relations contractuelles. La disposition analysée indique, à cet égard, que *les cocontractants transmettent leurs observations* par le canal de l'administrateur, sous l'empire de la législation antérieure à la loi de sauvegarde des entreprises, par le canal de l'administrateur ou du liquidateur, sous l'empire de la loi de sauvegarde des entreprises. Symétriquement, ils ne peuvent s'opposer à la cession. Il en résulte qu'ils n'ont pas à donner leur accord à ladite cession, alors même qu'ils seraient en conflit avec le repreneur, au titre d'un autre contrat[1].

582.58 Indication de la cession du contrat dans le jugement arrêtant le plan de cession. L'administrateur, en cas d'imprécision de l'offre sur le périmètre des contrats cédés, sollicitera toutes précisions utiles au candidat repreneur[2]. Il en ira de même, sous l'empire de la loi de sauvegarde des entreprises[3], du liquidateur. La mention du contrat litigieux dans l'offre de cession est insuffisante à permettre la cession judiciaire du contrat. Pour être judiciairement cédé, une mention expresse dans le jugement arrêtant le plan est par principe nécessaire[4]. Dès lors que le dispositif du jugement détermine clairement les contrats cédés dans le plan de cession, la cour d'appel n'a pas à se référer aux termes de l'offre d'acquisition non repris dans le dispositif[5].

Sous l'empire de la législation antérieure à la loi de sauvegarde des entreprises, en l'absence de précision de la cession du contrat dans le jugement d'arrêté de plan, la technique de la rectification d'erreur matérielle ou même celle de l'omission de statuer semble poser difficulté[6], dès lors qu'il est rappelé, que le seul titulaire du choix des contrats cédés est le tribunal, non le cocontractant ni le repreneur. Depuis la loi de sauvegarde des entreprises, le titulaire de la liste des contrats cédés étant le repreneur, il semble justifié d'admettre la technique de la rectification d'erreur matérielle ou même celle de l'omission de statuer, si le repreneur avait mentionné un contrat omis par la juridiction.

Quoi qu'il en soit, la précision selon laquelle la cession du contrat est autorisée doit être tenue pour équivalente à une cession ordonnée par le tribunal[7].

En outre, en l'absence de mention expresse dans le jugement de la cession du contrat, le repreneur a continué *proprio motu* la relation contractuelle, il en résulte la cession du contrat[8], dès lors qu'il n'y a eu aucune opposition du cocontractant qui a encaissé la contrepartie financière du contrat, par exemple les loyers d'une location financière.

L'absence de mention dans le jugement n'emportera cependant pas mise à l'écart de la cession du contrat si la cause essentielle de la cession repose sur la continuation du ou des contrats litigieux[9].

582.59 Observations des cocontractants sur la cession du contrat – Voies de recours. L'article L. 642-7, alinéa 1 du code de commerce, dans sa rédaction issue de la loi de sauvegarde des entreprises[10], et l'article L. 621-88, alinéa 1 du même code, dans sa rédaction antérieure à la loi de sauvegarde des entreprises, prévoient que le tribunal détermine les contrats nécessaires au maintien de l'activité « au vu des observations des cocontractants du débiteur, transmises par l'administrateur » – ou le liquidateur.

Pour assurer l'effectivité de ces observations, l'article 1[illegible] du décret du 27 décembre 1985[11] prévoit que lorsque le tribunal est appelé à se prononcer sur la cession des contrats mentionnés à l'article L. 621-88 du code de commerce [...], le ou les cocontractants [...] sont convoqués à l'audience, 15 jours au moins avant la date d'audience, par lettre recommandée avec demande d'avis de réception, par les soins du greffier sur les indications de l'administrateur ou du chef d'entreprise ».

La solution est reprise, sous réserve d'une modification, par l'article R. 642-7 du code de commerce : les indications des cocontractants pour la convocation par le greffier pourront être l'œuvre du liquidateur. Sous l'empire de la loi de sauvegarde, dans sa rédaction d'origine, si le plan de cession est arrêté en redressement judiciaire, à défaut d'administrateur judiciaire, ces indications émaneront du mandataire judiciaire, les attributions du liquidateur étant alors dévolues au mandataire judiciaire (C. com., art. L. 631-22, al. 1). La solution n'est pas reconductible, sous l'empire de l'ordonnance du 18 décembre 2008, la présence d'un administrateur judiciaire étant obligatoire en redressement pour l'adoption d'un plan de cession (C. com., art. L. 631-21-1).

Bien que la convocation du cocontractant apparaisse impérative, une juridiction du fond a pu con-

1. Paris, 22 nov. 1996, *RJDA* 1997, n° 418.
2. IFPPC 1999, recomm. n° 3160-1, p. 90.
3. L. n° 2005-845, 26 juill. 2005, préc.
4. Com. 16 oct. 1990, n° 89-13.367, *Bull. civ.* IV, n° 241 – Com. 4 janv. 2005, n° 02-10.886, NP – Grenoble, 26 nov. 1997, *Rev. proc. coll.* 1998, 383, n° 43, obs. Soinne.
5. Com. 13 oct. 2015, n° 14-19.157, NP; n° 885 F-D.
6. CEP., pour cette possibilité : T. com. Paris, 22 juin 1999, *Rev. proc. coll.* 2001, 93, n° 46, obs. Soinne.
7. Paris, 5e ch. B, 20 sept. 1996, *Loxxia c/Sté financière de participation*, NP.
8. Com. 27 oct. 1998, n° 96-14.666, *Bull. civ.* IV, n° 264; *RJDA* 1998/12, n° 1389.
9. AINSI : Com. 15 mai 2001, n° 98-12.725, NP, *RJDA* 2001/10, n° 1001.
10. L. n° 2005-845, 26 juill. 2005, préc.
11. D. n° 85-1388, 27 déc. 1985, préc.

sidérer qu'il n'y avait pas place à nullité gement en cas d'inobservation de l'obligation nvocation, sous l'empire de la législation antérià la loi de sauvegarde des entreprises[1]. La Cour ssation considère identiquement qu'il n'y a pascès de pouvoir, dans le fait pour une juridiction ne pas convoquer le bailleur, dont le contrat a édé, la violation du principe de contradictoire ant pas constitutive d'un excès de pouvoir[2]. Dors, le pourvoi nullité sur l'arrêt confirmant laion du contrat n'est pas recevable[3].

Une cour d'appel juge, pour sa part, qirrégularité de la convocation du cocontractanton-respect du délai] est un vice de forme, qui noit être sanctionné qu'en cas de grief. Tel n'est pe cas si le cocontractant écrit avant l'audience à lministrateur qu'il ne pourra être présent[4].

Il n'est pas certain que cette absence dnction attachée à une règle impérative, qui contri à rendre le procès équitable pour le cocontractadont le contrat est cédé, soit bien respectueuse de rticle 6 § 1 de la Convention EDH.

Si le contrat n'est pas cédé, le cocontrant n'a aucun grief à faire valoir sur son absence convocation, car seul le tribunal détermine leontrats cessibles, du moins sous l'empire de la lslation antérieure à la loi de sauvegarde des entrrises. Il en résulte qu'aucune voie de recours, fût-en nullité, ne sera recevable, en l'absence d'inté à agir, des solutions contraires ayant cependant éposées[5]. Le fait que le titulaire du choix des contrs à céder soit le repreneur, depuis la loi de sauvarde des entreprises, ne semble pas conduire à unnodification de la solution.

L'article R. 642-19, alinéa 2 du code dcommerce oblige le greffier à adresser au cocontracnt dont le contrat est judiciairement cédé au reprener un extrait du jugement arrêtant le plan de cession C. com., art. R. 661-3, al. 3).

Les voies de recours en matière decession judiciaire de contrats sont examinées à l'occasion des voies de recours sur le jugement arrêtant le plan de cession (v. ss no 572.21).

1. Paris, 25e ch. A, 17 mars 2000, *D.* 2000. AJ 249, obs. Pisoni.
2. Com. 22 nov. 2011, no 10-23.576, NP; no 1170 F-D; *Gaz. Pal.* 28 avr. 2012, no 118, p. 16, note Fricero.
3. Com. 21 sept. 2010, no 09-14.931, NP; no 880 F-D – Com. 25 oct. 2011, no 10-23.033, NP; no 1041 F-D; *Gaz. Pal. entr. diff.* 21 janv. 2012, no 20, p. 23, note Lebel.
4. Montpellier, 2e ch., 15 juin 2010, RG no 10/1400, *Rev. proc. coll.* 2010/6, comm. 244, note Fraimout.
5. EN CE SENS : Limoges, 13 août 1986, *D.* 1987. 44, note Derrida; *JCP* 1996. II. 20693, note M. Cabrillac; *Gaz. Pal.* 1986. II. 722, note Martin – *CONTRA* : Angers, 15 janv. 1990, *Rev. huissiers* 1990. 115, note Martin.

SECTION 582.60

EFFETS DE LA CESSION JUDICIAIRE DES CONTRATS EN PLAN DE CESSION

582.6 Cession du contrat par l'effet du jugement rrêtant le plan – Détermination des obligations u repreneur – problème du dépôt de garantie. Ax termes de L. 642-7, alinéa 2 du code de commerce, dans sa rédaction issue de la loi de sauvegarde des entreprises[6], de l'article L. 621-88, alinéa 2du même code, dans sa rédaction antérieure à la loide sauvegarde des entreprises, « le jugement qui arête le plan emporte cession de ces contrats même lorsque la cession est précédée d'une location-gérance... ». Le dispositif du jugement d'arrêté de plan est ainsi particulièrement important. Il n'est pas possible, par acte subséquent, de décider que les contrats judiciairement cédés ne seront pas repris par le cessionnaire de l'entreprise. Peu importe, en conséquence, quant au principe de la cession du contrat, la rédaction des actes de cession.

En revanche, la rédaction des actes de cession est extrêmement importante pour déterminer la date de la cession du contrat. Malgré la lettre des textes ici analysés, qui prévoit que « le jugement qui arrête le plan emporte cession de ces contrats », la jurisprudence considère que la date de la cession est celle de rédaction des actes de cession, s'il n'en est autrement disposé par le jugement d'arrêté de plan[7], qui pourra ainsi fixer une entrée en jouissance immédiate. Si le jugement arrêtant le plan de cession n'est pas exécuté et que les actes de cession ne sont pas rédigés, le contrat n'est donc pas cédé[8].

Si la date d'entrée en jouissance est antérieure à la date de rédaction des actes, elle marque le point de départ des obligations du repreneur[9]. Peu importe, à cet égard, que les sommes mises à sa charge soient exigibles antérieurement à son entrée en jouissance, dès lors qu'elles sont afférentes à une période postérieure à son entrée en jouissance[10]. La solution présente un intérêt particulier lorsque le repreneur se refuse, après son entrée en jouissance, à signer les actes de cession[11], alors surtout que l'absence de

6. L. no 2005-845, 26 juill. 2005, préc.
7. Com. 6 janv. 1998, no 95-15.407, *Bull. civ.* IV, no 7; *D. Affaires* 1998, 956, obs. Lienhard; *JCP E* 1998, Chron. 654, no 2-6, obs. M. Cabrillac.
8. Com. 22 sept. 2009, no 08-19.446, NP; no 795 F-D; *Rev. proc. coll.* 2009/6, 162, p. 40, note Roussel Galle.
9. Com. 3 mai 1994, no 92-12.992, NP, *Rev. proc. coll.* 1995, 174, no 47, obs. Soinne – Com. 26 mai 1999, no 95-20.984, *Sofidis c/Sovac Entreprises*, NP – Paris, pôle 5, 9e ch., 18 sept. 2014, RG no 13/12567, *JurisData* 022093.
10. Com. 6 janv. 1998, no 95-15.407, préc., *RJDA* 1998/5, no 624; *JCP E* 1998, Chron. 654, no 2-6, obs. M. Cabrillac.
11. Paris, 14e ch. C, 8 sept. 1995, *Rev. proc. coll.* 1998, 382, no 48, obs. Soinne.

signature des actes emporterait résolution u plan. Le repreneur ne serait pas pour autant déchargé de l'obligation d'exécuter le contrat qui lui a été cédé[1].

Il résulte de cette position jurisprudentiele que, entre l'arrêté du plan de cession et la rédactin des actes de cession, les obligations du contrat n sont pas transférées au repreneur, à moins que celui-ci ne soit entré en jouissance avant la signature deactes de cession[2]. C'est logiquement, compte tenu dcette règle, que la jurisprudence interdit au tribunl et *a fortiori* au juge-commissaire, d'imposer au cocotractant cédé un aménagement, sous la forme d'un cntrat précaire, par exemple une convention d'occupaton[3], de la période s'étendant entre le jugement arrêtant le plan de cession et la date d'entrée en jouissance du repreneur. Les obligations restent sur la dette du débiteur en qualité de créances postérieures[4]. Après passation des actes, elles sont transférées sur la tête du cessionnaire. Il se produit ainsi une rupture entre les obligations, la date de rédaction des actes de cession permettant sa détermination.

Si, dans l'attente de l'accomplissement des actes nécessaires à la réalisation de la cession, la gestion est confiée au cessionnaire, les obligations du repreneur au titre des contrats cédés commencent à la date du jugement arrêtant le plan[5], puisqu'il s'agit de la date d'entrée en jouissance du repreneur.

Il faut toutefois remarquer que, si le repreneur n'a pas à prendre en charge les obligations nées du contrat, antérieures à son entrée en jouissance, il n'en demeure pas moins que le cocontractant peut continuer à se prévaloir, après la cession, d'une inexécution antérieure du débiteur et faire, en conséquence, constater, après la cession, la résiliation du contrat, qui était auparavant acquise. Cette jurisprudence de la troisième Chambre civile de la Cour de cassation ne semble pas identique à celle de la Chambre commerciale (v. s[s] n° 582.63)[6].

Un problème particulier se pose lorsque le contrat cédé prévoit la constitution d'un **dépôt de garantie**. Que devient celui-ci ? Doit-il être restitué à la procédure collective ou peut-il être conservé par le cocontractant cédé ? À cette question, la Cour de cassation répond que le dépôt de garantie ayant pour objet de garale paiement des sommes que le locataire peutir au bailleur lors de la libération des lieux, etret que seul le droit au bail a été cédé dans le cadr plan de cession, le dépôt de garantie doit être tué au débiteur, dès lors que le cocontractant é n'invoque aucune créance à l'égard du cédaı La solution posée pour le bail commercial vaut : autant pour le crédit-bail ou pour la location ıncière. Comme il a pu être résumé[8], le sort du dé de garantie est commandé par les principes de rure – les obligations du débiteur d'origine cessent égard du contractant – et d'intangibilité – le contrloit être continué par le repreneur comme s'il l'étpar le débiteur cédant.

Du i de l'obligation du cocontractant cédé de restitur dépôt de garantie, il peut invoquer la compeısion pour dettes connexes s'il est encore créancieu débiteur sous procédure collective, peu importa en ce cas, que le contrat de bail ne soit pas arriv son terme ou ne soit pas résilié[9] (COMPR. avec le ıncipe de solution, v. s[s] n° 632.44), ce qui est une dence puisqu'il a été cédé.

Il imte toutefois de se demander si le cocontractantdé ne peut conditionner la cession judiciaire don contrat à la reconstitution du dépôt de garantier le repreneur. Il ne s'agit là, en effet, que d'une clse du contrat, qui a été cédé, sans modification[10]. C'est en ce sens que s'est fixée la Cour de cassatiorn jugeant que la clause du bail prévoyant la constition d'un dépôt de garantie devait être respectéde contrat cédé devant être exécuté aux condition en vigueur lors de l'ouverture de la procédure. Etonséquence, le cessionnaire doit reconstituer le dét de garantie, sauf à se rendre responsable d'une inexution contractuelle pouvant justifier la résiliation u contrat[11]. Les organes de la procédure collective r peuvent, en conséquence, solliciter le

1. Paris, 3e ch. A, 11 mars 1997, *Rev. proc. coll.* 1998, 384, n° 50, obs. Soinne.
2. Com. 16 oct. 2007, n° 06-13.202, NP; n° 1107 F-D.
3. Com. 20 juin 2000, n° 97-16.932, NP.
4. Com. 30 nov. 1993, n° 91-19.478, NP, *Rev. proc. coll.* 1994, 179, n° 12, obs. Soinne – Com. 3 mars 1994, *Rev. proc. coll.* 1994, 232, n° 42, obs. Soinne – Soc. 10 janv. 1995, n° 92-44.204, NP, *Rev. proc. coll.* 1996, 104, n° 20, obs. Soinne – *Adde*, SOINNE, n° 1714.
5. Versailles, 12e ch., 23 mars 2000, *RJ com.* 2000. 273, n° 1562, note Martin-Serf.
6. Civ. 3e, 12 juill. 2000, n° 98-21.945, *Bull. civ.* III, n° 140; *Loyers et copr.* 2001, n° 94, obs. Brault et Pereira.
7. Com. 5 fév. 2008, n° 07-11.010, NP; n° 219 F-D; *LXB hebdo* 21 févr. 2008, n° 293, n° N2049BEM, note Le Corre-Broly.
8. Le Corre-Broly, note s[s] Com. 16 sept. 2008, n° 06-17.809, *Bull. civ.* IV, n° 155; n° 871 FS-P+B; *Act. proc. coll.* 2008/17, n° 261.
9. TGI Paris, 18e ch., 1re sect., 20 janv. 2015, RG n° 14/15133, aimablement communiqué par I. Rohart-Messager, *BJE* juill. 2015, 226, note Reille; *LXB hebdo* 19 févr. 2015, n° 413, note Le Corre-Broly.
10. EN CE SENS : Le Corre-Broly, note s[s] Com. 5 févr. 2008, n° 07-11.010, NP; n° 219 F-D; *LXB hebdo* 21 févr. 2008, n° 293, n° N2049BEM.
11. Com. 16 sept. 2008, n° 06-17.809, *Bull. civ.* IV, n° 155; n° 871 FS-P+B; *D.* 2008. AJ 2345, note Lienhard; *Gaz. proc. coll.* 2008/4, p. 49, note Voinot; *JCP E* 2008. 2465, note Brault; *Act. proc. coll.* 2008/17, n° 261, note Le Corre-Broly; *JCP E* 2009. 1008, n° 6, obs. M. Cabrillac; *Rev. proc. coll.* 2009/1, p. 29, n° 15, note Fraimout; *LXB hebdo* n° 323, oct. 2008, n° N4819BHX, note Le Corre-Broly – *Adde* TGI Paris, 18e ch., 1re sect., 20 janv. 2015, RG n° 14/15033, préc.

versement entre leurs mains du dépôt de gar, puisque ce dernier a pour objet de garantir les gations du locataire, non de constituer un con ment du prix de cession[1].

582.62 Absence de transmission au repren des obligations nées du chef du débiteur. Ava transfert des obligations sur la tête du repreneu seul le débiteur est tenu et le tribunal ne peut subo donner la cession du contrat à l'obligation pour l repreneur de payer les dettes nées du chef du débiteur[2]. Les obligations nées du chef du repreneur ne sont pas des dettes du débiteur[3]. Le repreneur n'est en effet pas l'ayant-cause universel du débiteur cédant. Il en résulte que le repreneur n'a pas à payer les créances antérieures au plan de cession[4], et, *a fortiori*, des créances nées avant jugement d'ouverture. Les obligations incombant au débiteur ne peuvent être mises à charge du repreneur et ce même à titre de garant[5]. C'est ainsi qu'il est impossible de condamner le repreneur à payer les indemnités de licenciement de salariés licenciés en exécution du plan[6].

Cependant, le repreneur peut accepterdes obligations incombant au débiteur[7], alors même que la créance du cocontractant n'aurait pas été déclarée au passif du débiteur[8]. La jurisprudencepeut se justifier, car les textes ne contiennent pasde prohibition. Cependant, elle est inopportune, car elle conduit à favoriser un créancier au détriment des autres, le prix de cession se trouvant en pratique réduit de l'avantage procuré au cocontractant. Il y a ici augmentation des charges transmissibles. Mais le cocontractant ne peut conditionner la cession au règlement, par le preneur, d'obligations incombant au débiteur[9], sous la réserve de la levée d'option d'achat du crédit-bail depuis la loi du 10 juin 1994[10] (v. s^s^ n°s 582.81 s.).

582.63 Absence d'effet novatoire du plan de cession. Le transfert du contrat intervient par la volonté du tribunal et non par celle des parties. Il en résulte que la cession n'a pas d'effet novatoire[11]. Le débiteur n'est donc pas déchargé des obligations lui incombant avant la cession. L'absence de novation emporte également la conséquence de l'absence de purge des vices de formation infectant le contrat, dès lors du moins qu'ils ne sont pas personnels au débiteur d'origine[12]. En revanche, selon la Chambre commerciale de la Cour de cassation, les manquements du débiteur dans le cadre de l'exécution du contrat ne sauraient être opposés au repreneur[13]. Cette jurisprudence ne semble pas identique à celle de la troisième Chambre de la Cour de cassation (v. s^s^ n° 582.61).

Si la dette du débiteur subsiste, il n'en demeure pas moins qu'il est déchargé pour les dettes nées du chef du repreneur[14]. Il n'est même plus tenu à titre de garant. Le plus souvent, il y aura place à calculer un *prorata temporis*, pour déterminer les sommes dues par le débiteur et celles qui le sont par le repreneur. Ainsi a-t-il été jugé, en présence d'un contrat de crédit-bail prévoyant le paiement de loyers trimestriels, qu'il fallait scinder le loyer à cheval sur la période antérieure à l'entrée en jouissance du repreneur en deux fractions, sans tenir compte de la date d'exigibilité du loyer, la première étant supportée par le débiteur, la seconde par le repreneur[15].

La consécration par le code civil de la cession de contrat apparaît de nature à changer les données du problème. En effet, le nouvel article 1216-1 du code civil[16] prévoit que le cédant est tenu solidairement à

1. TGI Paris, 18e ch., 1re sect., 20 janv. 2015, *RG* n° 14/15033, préc.
2. Paris, 11 juill. 1986, *D.* 1987. 55, note Fabiani; *Gaz. Pal.* 1988. I. 87, note Bey; *RTD com.* 1987. 539, obs. Mestre.
3. CHAPUT, n° 462 – DERRIDA ET *ALII*, n° 361 – SAINT-ALARY-HOUIN, 9e éd., n° 1287.
4. Com. 24 avr. 2007, n° 05-20.151, NP; n° 613 F-D.
5. CHAPUT, n° 462.
6. Soc. 10 nov. 1999, n° 97-42.787, NP, *Act. proc. coll.* 2000/1, n° 15.
7. Com. 30 mars 1993, n° 90-13.942, *Bull. civ.* IV, n° 138; *D.* 1993. 384, obs. Le Cannu; *Bull. Joly* 1993. 676, note Couret; *JCP E* 1993. 275, n° 5, obs. Pétel – Com. 30 nov. 1993, n° 91-19.478, NP, *RJDA* 1994. 458 – Com. 17 mai 1994, n° 92-13.216, *Bull. civ.* IV, n° 180; *RJDA* 1994. 941; *JCP* 1994. I. 3799, n° 5, obs. M. Cabrillac – Com. 3 janv. 1995, n° 92-22.004, *Bull. civ.* IV, n° 4; *Bull. Joly* 1995. 131, note de Vauplane; *RTD com.* 1995. 846, obs. Martin-Serf; *JCP* 1995. I. 3841, n° 4, obs. M. Cabrillac et Pétel; *Rev. proc. coll.* 1995, 138, obs. Soinne; *RJ com.* 1995. 198, rapp. Rémery.
8. Com. 3 janv. 1995, n° 92-22.004, *Bull. civ.* IV, n° 4; *Bull. Joly* 1995. 131, note de Vauplane; *RTD com.* 1995. 846, obs. Martin-Serf; *JCP* 1995. I. 3841, n° 4, obs. M. Cabrillac et Pétel; *Rev. proc. coll.* 1995, 138, obs. Soinne; *RJ com.* 1995. 198, rapp. Rémery.
9. Paris, 11 juill. 1986, *D.* 1987. 55, note Fabiani; *Gaz. Pal.* 1988. I. 87, note Bey, *RTD com.* 1987. 539, obs. Mestre.
10. L. n° 94-475, 10 juin 1994, préc.
11. Com. 12 oct. 1993, n° 91-17.128, *Bull. civ.* IV, n° 333; *D.* 1994. 353, note Playoust; *Banque* janv. 1994, p. 91, obs. Guillot; *Rev. proc. coll.* 1993, 512, obs. Soinne; *Dr. sociétés* 1994, n° 6, obs. Chaput; *JCP E* 1994. I. 348, n° 2, obs. M. Cabrillac et Pétel; *Defrénois* 1994. 1237, obs. Sénéchal; *JCP* 1994. I. 3744, n° 17, obs. Billiau – Com. 14 févr. 1995, n° 93-11.030, NP, *Banque* 1995. 92, obs. Guillot; *Rev. proc. coll.* 1995, 171, obs. Soinne – Com. 14 oct. 1997, n° 95-10.418, NP, *RJDA* 1998/2, n° 193.
12. DERRIDA ET *ALII*, n° 466.
13. Com. 1er oct. 1997, n° 94-22.145, *Bull. civ.* IV, n° 237; *JCP E* 1998, Chron. 29, n° 1, obs. M. Cabrillac.
14. Nancy, 2e ch., 12 déc. 1995, *Rev. proc. coll.* 1998, 383, n° 49, obs. Soinne.
15. Com. 6 janv. 1998, n° 95-15.407, *Bull. civ.* IV, n° 7; *D. Affaires* 1998, 956, obs. Lienhard; *JCP E* 1998, Chron. 654, n° 2-6, obs. M. Cabrillac.
16. DEPUIS le 1er oct. 2016 : Ord. n° 2016-131, 10 févr. 2016, *JO* 11 févr.

l'exécution du contrat, sauf clause contraire. Sauf intervention législative en droit des entreprises en difficulté, ce principe semble devoir s'appliquer à la cession judiciaire de contrat.

La délimitation des obligations du débiteur et de celles du repreneur conditionne également la délimitation des obligations de la caution, qui reste tenue des obligations nées du chef du débiteur, au titre de son obligation de règlement, mais n'est plus tenue, au titre de l'obligation de couverture, des obligations nées du chef du repreneur (v. s[s] n°s 722.13 et 722.14). Si l'on applique le principe de l'article 1216-1 du code civil, la solution va également évoluer pour la caution (v. s[s] n° 722.13).

582.64 Principe d'exécution des contrats cédé aux conditions existant au jour du jugemen d'ouverture. Aux termes de L. 642-7, alinéa 3 d code de commerce, dans sa rédaction issue de la lc de sauvegarde des entreprises[1], et de l'article L. 621 88, alinéa 3 du même code, dans sa rédaction anté rieure à la loi de sauvegarde des entreprises, les con trats cédés « doivent être exécutés aux conditions e vigueur au jour de l'ouverture de la procédure, nonobs tant toute clause contraire ». La règle, déjà exami née à propos de la continuation des contrats (v. s n°s 431.53 s.), s'impose identiquement en matière de cession du contrat. Le contrat est cédé exactement aux conditions contractuelles, sans qu'il soit possible au repreneur de changer la moindre virgule. Cela justifie le maintien des clauses attributives de compétence[2]. Cela entraîne également le maintien d'une délégation des loyers[3]. De même, le repreneur ne peut prétendre payer les obligations d'un contrat cédé jusqu'à une certaine date, qui serait antérieure à celle du terme de ce contrat[4]. Il faut toutefois tenir compte des modifications résultant de la loi du 18 juin 2014[5] (art. 15). L'alinéa 4 de l'article L. 642-7 du code de commerce, qui en résulte, autorise en effet l'adjonction d'activités connexes ou complémentaires à celles du débiteur, locataire d'origine du bail des locaux professionnels (v. s[s] n° 582.77).

Une clause insérée à l'acte de cession, par exemple une condition suspensive, qui contrarie le dispositif du jugement arrêtant le plan de cession, qui ne la prévoit pas (v. aussi s[s] n° 582.11), et méconnaît le principe selon lequel les contrats judiciairement cédés doivent être exécutés aux conditions contractuelles existant lors du jugement d'ouverture, est dépourvue d'effet[6].

1. L. n° 2005-845, 26 juill. 2005, préc.
2. Paris, 25e ch. A, 17 mars 2000, *D.* 2000. AJ 249, obs. Pisoni – *Adde*, DERRIDA ET *ALII*, n° 466.
3. Paris, 5e ch. A, 7 juin 2006, RG n° 2005/19871.
4. Com. 31 mai 2011, n° 10-18.076, NP.
5. L. n° 2014-626, 18 juin 2014 relative à l'artisanat, au commerce et aux très petites entreprises, *JO* 19 juin, p. 10105.

[Il con]vient de remarquer que la disposition analyse les conditions contractuelles existant au jour du jugement d'ouverture[7]. Faut-il faire abstraction des aménagements du contrat, intervenus au cours de la période d'observation ? La règle semble y contraindre. C'est ainsi que les délais de paiement qu'aurait pu accepter le cocontractant, dans le cadre de la continuation du contrat en cours pendant la période d'observation, ne sauraient profiter au repreneur. La période d'observation doit être mise entre parenthèses, quant aux modalités d'exécution du contrat continué. Il a cependant été considéré, en sens contraire, que les conditions de la cession sont celles existant au jour de la cession et non au jour du jugement d'ouverture[8].

Si le contrat est à durée indéterminée, conformément au droit commun, chacun des cocontractants dispose de la faculté d'y mettre fin[9], ou de subordonner la poursuite de la convention à une modification des obligations qu'elle comporte[10]. De même, le cocontractant cédé a parfaitement la faculté de ne pas renouveler le contrat[11].

Le principe d'exécution du contrat selon les dispositions contractuelles existant au jour du jugement d'ouverture ne conduit cependant pas à obliger à respecter un pacte de préférence en cas de vente du bien loué, stipulé au profit exclusif du débiteur. Le cessionnaire ne peut s'en prévaloir, la transmission d'un contrat n'entraînant pas transmission du pacte de préférence, dès lors que son caractère personnel est marqué dans le contrat de bail[12]. Il ne semble pas, au demeurant, que le pacte de préférence puisse être cédé dans le cadre de la cession judiciaire du contrat, du fait de son caractère distinct et non accessoire[13].

6. Civ. 3e, 7 déc. 2011, n° 10-30.695, *Bull. civ.* III, n° 207; n° 1479 FS-P+B; *D.* 2012. Actu 88, note Lienhard; *Gaz. Pal.* 28 avr. 2012, n° 118, p. 25, note Voinot.
7. SUR UNE APLICATION du texte : Com. 1er oct. 1997, n° 94-22.145, *Bul. civ.* IV, n° 237; *RJDA* 1998/1, n° 75.
8. SOINNE, n° 1111.
9. DERRIDA ET *ALII*, n° 466.
10. Com. 21 janv. 1992, n° 90-16.342, *Bull. civ.* IV, n° 26; *RJDA* 1992/5, n° 512.
11. Civ. 3e, 12 juill. 2000, n° 98-21.671, *Bull. civ.* III, n° 139; *JCP* 25 janv. 2001, n° 4, p. 177, note Keita.
12. Com. 13 févr. 2007, n° 05-17.296, *Bull. civ.* IV, n° 38; n° 224 FS-P+B+R+I; *D.* 2007. AJ 648, note Lienhard; *Gaz. proc. coll.* 2007/2, p. 35, note Voinot; *Act. proc. coll.* 2007/6, n° 66, note Monsérié-Bon; *JCP E* 2007, Chron. 1450, p. 19, n° 2, obs. Pétel; *JCP E*, 2007, 1523, p. 24, n° 29, obs. Monéger; *Gaz. Pal.* 20-22 mai 2007, p. 22, note Brault; *Defrénois* 2007. 38594, p. 775, note Ruet; *RTD civ.* 2007. 366, n° 2, obs. Gautier; *RTD com.* 2008. 856, n° 7, obs. Saint-Alary-Houin – *Adde*, Kenfack, « Le renforcement du pacte de préférence », *Defrénois* 2007/13, 38621, p. 1003 s., sp. p. 1008 à 1013.
13. Monsérié-Bon, note s[s] Com. 13 févr. 2007, n° 05-17.296, *Bull. civ.* IV, n° 38; n° 224 FS-P+B+R+I; *Act. proc. coll.* 2007/6, n° 66.

582.65 Clauses restrictives de cession. Le principe d'ordre public de cession judiciaire des contrats posé par le Code de commerce conduit à invalider les clauses restrictives de la cession[1].

Il en est ainsi pour les clauses d'agrément en matière de bail (v. aussi *supra*, n° 582.73[2]).

Il en est de même pour les pactes de préférence[3] ou les clauses de préemption[4].

La solution est identique pour les droits de préemption, la solution étant justifiée par la considération selon laquelle l'aliénation ici intervenue n'est pas volontaire, mais judiciaire[5]. La solution a été spécialement posée pour un bail rural[6]. Le décret du 26 décembre 2007[7] écarte également l'application du droit de préemption des communes sur les fonds artisanaux, les fonds de commerce et les baux commerciaux[8].

Comme elle le fait en matière de cession partielle décidée en sauvegarde, l'ordonnance du 18 décembre 2008[9] (ord. 18 déc. 2008, art. 112) réglemente le jeu des droits de préemption dans la cession totale. Il est procédé, par le nouvel alinéa 4 de l'article L. 642-5, à une neutralisation des droits de préemption. Ceux institués par le code rural ou le code de l'urbanisme ne peuvent s'exercer sur un bien compris dans le plan de cession. Cette disposition reprend le principe jurisprudentiel écartant le jeu des droits de préemption en matière de plan de cession. Elle est cependant plus restrictive. En effet, ne sont écartés que les droits de préemption d'origine légale visés au texte.

Ce texte d'exception, restrictif de droits pour les bénéficiaires des droits de préemption, mérite-t-il une interprétation stricte, qui conduirait à conserver l'efficacité des droits de préemption non visés au texte ? Il a été dit que les droits de préemption d'origine légale non visés au texte, par exemple celui reconnu à l'auteur par les articles L. 132-15 et L. 132-30 du code de la propriété intellectuelle, resteront efficaces[10].

Il nous apparaît qu'il faut nuancer le propos, en ce qui concerne les droits de préemption conventionnels. Sans doute, ne sont-ils pas tenus en échec par l'article L. 642-5, alinéa 4 du code de commerce. Mais il ne peut être fait abstraction de la nature juridique de la cession d'entreprise. De façon générale, il faut bien continuer à admettre que l'exclusion du droit de préemption, en matière de plan de cession, est de la nature des choses. Comme le relève très justement un auteur, la cession d'entreprise est une « opération globale spécifique ayant pour objet un ensemble, qui ne doit pas être disloqué ». Cela justifie l'exclusion du droit de préemption[11].

On peut toutefois réserver l'hypothèse d'une clause restrictive de la cession, qui porterait sur un bien compris dans la cession, qui ne serait pas indispensable à la poursuite de l'activité du repreneur, et qui pourrait donc être soustrait à la cession de l'entreprise. La Cour de cassation a entendu assurer le respect de la clause d'agrément figurant dans les statuts d'une société, dont les actions, détenues par la société en redressement judiciaire, avaient été cédées en exécution du plan de cession[12]. On pourrait identiquement respecter, en pareille situation, le droit de préemption reconnu aux autres associés. Mais ces situations conduisant à respecter, en cas de cession d'entreprise, un droit de préemption, doivent, à notre sens, rester exceptionnelles, compte tenu du caractère forfaitaire, aléatoire et forcée de la cession intervenue, qui, dans l'immense majorité des cas, apparaît incompatible avec la mise en œuvre d'un droit de préemption.

Par la mise à l'écart des clauses restrictives de cession, il s'agit de ne pas laisser la cession au bon vouloir du cocontractant, puisqu'il n'en a pas la maîtrise. Mais ces clauses ne seront réputées non écrites que dans les rapports du cédé et du cessionnaire. Elles conserveront leur efficacité en cas de cession du contrat au cessionnaire du repreneur[13].

1. AINSI : Paris, 25e ch. A, 17 mars 2000, *D.* 2000. AJ 249, obs. Pisoni.
2. Com. 6 déc. 1994, n° 91-17.927, *Bull. civ.* IV, n° 368; *LPA* 3 janv. 1997, n° 2, p. 14, note Derrida; *D.* 1997. Somm. 2, obs. Derrida; *Defrénois* 1995. 964, obs. Sénéchal – Rennes, 2e ch. com., 1er juill. 2008, RG n° 08/01007, *Gaz. proc. coll.* 2008/4, p. 50, note Voinot.
3. Com. 13 janv. 2015, n° 13-21.650, NP; n° 30 F-D – Chambéry, 13 nov. 1995, *Rev. proc. coll.* 1998, 381, n° 46, obs. Soinne – *Adde*, Garçon, « Pacte de préférence et procédure collective du promettant » – Com. 13 févr. 2007, n° 06-11.289, *SCI 57 rue de Béthune*, *Bull. civ.* IV, n° 155; *JCP E* 2007. 2548, p. 27 s. sp. p. 29, n° 16.
4. Caen, 1re ch. civ. et com., 9 nov. 2010, RG n° 10/02643, *JCP E* 2011. 1265, note Kendérian; *Rev. proc. coll.* 2011, comm. 49, p. 55, note Fraimout.
5. RIPERT ET ROBLOT, n° 3197.
6. Civ. 3e, 1er avr. 1998, n° 96-14.393, *Bull. civ.* III, n° 79; *BICC* 1998, 805.
7. D. n° 2007-1827, 26 déc. 2007, *JO* 28 déc., p. 21536.
8. *Act. proc. coll.* 2008/3, n° 47 – *Adde*, Ringler, « Cessions de fonds de commerce, de fonds artisanaux et de baux commerciaux : il faut dorénavant compter avec les communes », *LPA* 3 avr. 2008, n° 68, p. 4.
9. Ord. n° 2008-1345, 18 déc. 2008, préc.
10. Texier et Russo, « Le nouveau droit des entreprises en difficulté après l'ordonnance du 18 décembre 2008 et son décret d'application du 12 février 2009 », *LPA* 2 mars 2009, n° 43, p. 3 s., sp. p. 11, n° 31.
11. PÉROCHON, 10e éd., n° 1265.
12. Com. 31 janv. 1995, n° 91-20.735, *Bull. civ.* IV, n° 31, *JCP E* 1995. II. 678, note Guyon; *JCP E* 1995. I. 455, n° 4, obs. M. Cabrillac et Pétel.
13. Versailles, 2 févr. 1995, *AJDI* 1995. 588, note Blatter.

Au contraire, les autorisations ou agréments administratifs nécessaires à l'exercice d'une activité déterminée ne peuvent être mises à l'écart[1].

Si le principe est celui de l'exécution du contrat aux conditions existant au jour du jugement d'ouverture, un aménagement est concevable.

582.66 Possibilité d'octroyer des délais de paiement au repreneur sous l'empire de la législation antérieure à la loi de sauvegarde des entreprises[2]. Après avoir posé la règle de la cession du contrat aux conditions contractuelles existant au jour du jugement d'ouverture, l'article L. 621-88 du code de commerce, dans sa rédaction antérieure à la loi de sauvegarde des entreprises, complète la solution en accordant au tribunal la possibilité d'octroyer des délais de paiement, pour assurer la poursuite de l'activité. L'article L. 621-88, alinéa 3 du code de commerce précise alors que le cocontractant doit être entendu ou dûment appelé.

Cette disposition apparaît restrictive. Les délais ne peuvent être accordés que si la poursuite de l'activité est en jeu. Il s'agit de donner un ballon d'oxygène, en termes de trésorerie, au repreneur, confronté à l'exécution d'un contrat nécessaire, mais onéreux. Cette exigence, d'intérêt général, justifie que l'octroi du délai puisse intervenir en l'absence de toute demande en ce sens du repreneur[3].

Rapidement, en jurisprudence, s'est posée la question de savoir si les délais de paiement accordés pouvaient dépasser le terme du contrat. La formule légale l'autorise, puisqu'elle ne comporte aucune restriction[4]. La jurisprudence s'y est pourtant refusée, cantonnant l'octroi de délais à l'intérieur de la durée initiale du contrat[5].

Une autre difficulté s'est présentée en cas d'octroi de délais. Est-il possible pour le cocontractant cédé d'obtenir des intérêts de retard, sur les échéances reportées ? La réponse à la question conduit à s'interroger sur la nature des délais octroyés par le tribunal. Il s'agit d'un report d'exigibilité et non de délais de grâce[6] – le contraire ayant toutefois été soutenu[7] –, ce qui justifie la possibilité de dispenser le repreneur du paiement des intérêts moratoires. La solution contraire ôterait en réalité toute portée aux délais accordés, car la charge financière, pour le repreneur, serait, le plus souvent, supérieure.

La loi de sauvegarde des entreprises supprime la possibilité pour le tribunal d'imposer des délais de paiement au cocontractant. Il est en effet déjà contraignant pour les cocontractants de se voir imposer la poursuite des contrats alors qu'ils n'ont pas été payés du passif antérieur à l'ouverture de la procédure. Il convient donc de ne pas ajouter de contraintes supplémentaires. En outre, pour que l'activité soit maintenue, le tribunal doit pouvoir attendre du cessionnaire qu'il soit suffisamment solvable pour au moins honorer les contrats nécessaires à l'activité de l'entreprise[8]. L'octroi des délais de grâce de droit commun ne semble cependant pas interdit[9]. Ils le seront dans les conditions classiques et par le juge normalement compétent.

582.67 Modalités de l'octroi de délais de paiement au repreneur sous l'empire de la législation antérieure à la loi de sauvegarde des entreprises[10]. Le tribunal ne peut octroyer un report de délai qu'après avoir convoqué ou entendu le cocontractant (C. com., art. 621-88, al. 3). L'article 105 du décret du 27 décembre 1985[11] relaie la solution en prévoyant que « lorsque le tribunal est appelé à se prononcer sur la cession des contrats mentionnée à l'article 86 de la loi du 25 janvier 1985[12], [...] le ou les cocontractants [...] sont convoqués à l'audience 15 jours au moins avant la date d'audience, par lettre recommandée avec demande d'avis de la réception, par les soins du greffier sur les indications de l'administrateur ou du chef d'entreprise ». L'article L. 621-88 du code de commerce est plus restrictif que l'article 105 du décret. La convocation semble s'imposer dans tous les cas mais, en cas d'octroi de délais de paiement au repreneur, la violation de la règle du contradictoire aura une incidence qu'elle n'aura pas en l'absence d'octroi de délai. Dans le premier cas, le cocontractant sera bien fondé à faire appel de la partie du jugement arrêtant le plan qui emporte cession de son contrat (C. com., art. L. 623-6 II [anc[t] L. 25 janv. 1985, art. 174-2, al. 2]), dans le délai de dix jours à compter de la décision

1. Paris, 3e ch. B, 17 oct. 1991, *RJDA* 1992/5, p. 408 – Bordeaux, 2e ch., 7 oct. 1993, *Rev. proc. coll.* 1995, 170, n° 42, obs. Soinne.
2. L. n° 2005-845, 26 juill. 2005, préc.
3. Montpellier, 7 mai 1991, *D.* 1991. 557, note Derrida; *JCP* 1991. II. 21717, note Robert; *JCP E* 1991. II. 224, note Bey; *Dr. sociétés* 1992, n° 79, obs. Chaput; *JCP E* 1991. I. 73, n° 9, obs. M. Cabrillac et Pétel.
4. EN CE SENS : SOINNE, n° 1712.
5. Versailles, 27 mai 1987, *JCP E* 1987. I. 16790 – Aix-en-Provence, 13 janv. 1988, *D.* 1988. 283, note Fabiani; *Gaz. Pal.* 1988. I. 248, note Bey; *RD banc. et bourse* 1988, 210, obs. Dekeuwer-Défossez; *Rev. proc. coll.* 1988, 392, obs. Soinne.
6. KERCKHOVE, n° 756 – DERRIDA ET *ALII*, n° 466 – Couret, « La cession de l'entreprise dans le cadre d'une procédure collective », *Bull. Joly* 1986. 289 s., spéc. n° 52 – SAINT-ALARY-HOUIN, 4e éd., n° 964 – SOINNE, n° 1713.
7. Delebecque, « Le régime des contrats cédés en application de l'article 86 de la loi du 25 janvier 1985 », *RJ com.* 1992. 134 s., spéc. n° 21.
8. *Rapp. Xavier de Roux*, n° 2095, p. 384 – *Adde*, *Rapp. J.-J. Hyest*, n° 335, p. 405.
9. LE CANNU, 7e éd., n° 1030.
10. L. n° 2005-845, 26 juill. 2005, préc.
11. D. n° 85-1388, 27 déc. 1985, préc.
12. L. n° 85-98, 25 janv. 1985, préc.

(v. aussi s^{s} n° 572.21 Dans le second cas, le coc tractant ne pouvant opposer à la cession, ne pou faire appel de la part du jugement emportant c sion de son contrat puisqu'il n'y aura pas de grief qui rendra irrecevable tant son appel réformatic que son appel nullité. Il n'en ira différemment q s'il démontre que le contrat cédé n'était pas néce saire à l'activité, son appel étant alors possible.

582.68 Effets de l'absence de cession sur le con trat – problématique des relations commerciale établies. Le Code de commerce observe le mutisme sur le sort du contrat non cédé. La question se pose dès lors de savoir s'il se trouve *ipso facto* résilié, pr l'effet de la décision arrêtant le plan de cession.

En jurisprudence, il est possible de faire état d'un arrêt de la cour d'appel de Paris qui a cru devoir juger que le contrat non cédé était résilié au motif que le plan de cession a emporté la fin de la société débitrice[1]. La solution n'a donc pas été justifiée par les règles propres du droit de la faillite, mais par celle du droit des sociétés. Deux remarques s'imposent dès lors. La première tient à la méconnaissance grossière par la cour d'appel de Paris des effets du plan de cession[2]. Si, sous l'empire de la législation antérieure à la loi de sauvegarde, l'article 1844-7, 7° du code civil prévoyait que le plan de cession entraînait dissolution de la société, il était aussi incontestable que la dissolution n'entraînait pas la disparition de la société, celle-ci subsistant pour les besoins de sa liquidation au sens du droit des sociétés, mais également d'ailleurs pour les besoins de sa liquidation au sens du droit des procédures collectives, la liquidation judiciaire emportant identiquement dissolution de la société, en application de l'article 1844-7, 7° du code civil. La seconde observation tient à la modification de l'article 1844-7, 7° du code civil par la loi de sauvegarde des entreprises[3]. Le plan de cession n'entraîne plus la dissolution de la société, car il n'est plus qu'un événement de la procédure collective du débiteur et non une issue de celle-ci[4]. La solution de la cour d'appel de Paris a donc vécu.

Un auteur considère que le contrat non cédé serait caduc[5]. Un autre auteur approuve le principe de résiliation du contrat non cédé, en introduisant toutefois un tempérament pour le contrat qui serait utile à la poursuite des opérations de la procédure collective[6].

De façon générale, il nous avait semblé hors de propos d'inventer des causes de résiliation. Faute pour le Code de commerce de poser en règle que le contrat non cédé dans le plan de cession est résilié, il faut donc considérer qu'il reste en cours[7]. Le lien contractuel existant entre le débiteur et le cocontractant subsiste. Il appartient au cocontractant de se prévaloir du non-paiement dans les conditions applicables aux contrats continués pour faire jouer, pour ce motif, et non pour le motif tiré de la non-cession, la résiliation[8].

La Cour de cassation s'est clairement fixée pour l'absence de résiliation du contrat non cédé. Il est exclu pour le tribunal, ce qu'a précisé la Cour de cassation, de prononcer la résiliation du contrat non cédé, sauf pour le tribunal à commettre un excès de pouvoir rendant recevable la tierce opposition nullité émanant du cocontractant[9]. Les juridictions du fond suivent aujourd'hui l'analyse[10], même si certaines continuent parfois à poser la solution contraire et jugent que le contrat non cédé est résilié de plein droit[11].

Dès lors que le contrat non cédé n'est pas résilié, le repreneur peut proposer au cocontractant souhaitant bénéficier de ses services des conditions tarifaires nouvelles[12].

L'article 72 de l'ordonnance du 12 mars 2014[13], sans modifier le principe de non résiliation du contrat non cédé, vient apporter à l'article L. 642-7, alinéa 6, des précisons utiles. Le cocontractant dont le contrat n'a pas été cédé peut demander au juge-commissaire qu'il en prononce la résiliation, si la poursuite de son exécution n'est pas demandée par le liquidateur. Ainsi, la non cession du contrat peut constituer un motif de résiliation, alors même qu'il n'y aurait pas encore eu d'acte d'inexécution. Mais

1. Paris, 17 mai 1994, *RJ com.* 1995. 115, note Vincent; *Rev. proc. coll.* 1995, p. 169, n° 41, obs. Soinne.
2. EN CE SENS : Soinne, obs. s^{s} Paris, 17 mai 1994, *Rev. proc. coll.* 1995, p. 169, n° 41.
3. L. n° 2005-845, 26 juill. 2005, préc.
4. AINSI : Deharveng, « Le plan de cession dans la nouvelle architecture des procédures collectives – un événement et non plus une issue du cours de la procédure », *D.* 2006. Chron. 1047.
5. SAINT-ALARY-HOUIN, 7e éd., n° 1168 – RAPPR. : LE CANNU, 7e éd., n° 1029.
6. LE CANNU, 7e éd., n° 1029.
7. Com. 6 oct. 2009, n° 07-15.325, *Bull. civ.* IV, n° 120; n° 879 FS-P+B; *D.* 2009. AJ 2484, note Lienhard; *Gaz. Pal.* 8-10 janv. 2010, nos 8, 9, p. 24, note Voinot; *Act. proc. coll.* 2009/18, n° 278, note Cagnoli; *Rev. proc. coll.* 2009/6, 161, p. 39, note Roussel Galle; *JCP E* 2010, Chron. 1011, n° 6, obs. Pétel; *RTD com.* 2010. 191, n° 8, obs. Saint-Alary-Houin.
8. Le Corre, « Le sort du contrat non cédé en plan de cession », *JCP E* 2006. 2671.
9. Com. 10 mars 2009, n° 07-16.325, NP; n° 207 F-D; *Act. proc. coll.* 2009/8, n° 128, note Petit; *RTD com.* 2010. 191, n° 8, obs. Saint-Alary-Houin; *LXB hebdo* 23 avr. 2009, n° 347, note Le Corre.
10. Versailles, 12e ch., 2e sect., 10 déc. 2009, n° 08/04414, *Rev. proc. coll.* 2010/4, comm. 172, note Fraimout.
11. Versailles, 12e ch. 1re sect., 3 déc. 2009, RG n° 08/04967.
12. Versailles, 12e ch., 2e sect., 10 déc. 2009, n° 08/04414, *Rev. proc. coll.* 2010/4, comm. 172, note Fraimout.
13. Ord. n° 2014-326, 12 mars 2014, préc.

la non cession n'entraîne pas la résiliation de plein droit, puisque le juge-commissaire ne peut se contenter de constater la résiliation. Il doit la prononcer. La poursuite du contrat par le liquidateur devrait être rare, dès lors que l'entreprise a été cédée, sauf le cas d'une cession partielle.

En dépit de l'absence de cession judiciaire d'un contrat, les relations commerciales établies peuvent se poursuivre entre le cocontractant et le repreneur. En pareil cas, le repreneur peut prétendre à une indemnisation pour rupture brutale de relations commerciales établies sur le fondement de l'article L. 442-6-1, 5° du code de commerce[1].

SECTION 582.70
CESSION DU CONTRAT DE BAIL DES LOCAUX PROFESSIONNELS

582.71 Double possibilité de cession du bail en cas de cession du fonds de commerce dans le cadre du plan de cession. Le code de commerce institue une cession judiciaire des contrats, applicable aux contrats limitativement énumérés par L. 642-7, alinéa 1, du code de commerce, dans la rédaction que lui donne la loi de sauvegarde des entreprises[2], par l'article L. 621-88, alinéa 1 du même code, avant la loi de sauvegarde des entreprises.

Cette disposition visant, sans doute maladroitement au regard des travaux préparatoires de la loi du 25 janvier 1985[3], les contrats de location, il faut décider que la cession judiciaire du bail commercial est possible[4]. La solution est confirmée par l'article 15 de la loi du 18 juin 2014[5] et l'alinéa 4 de l'article L. 642-7 du code de commerce qui en résulte.

Pour sa part, la législation sur les baux commerciaux prévoit une quasi-cession légale du contrat de bail en cas de cession du fonds de commerce. En effet, l'article L. 145-16 du code de commerce répute nulles, « quelle qu'en soit la forme, les conventions tendant à interdire au locataire de céder son bail ou les droits qu'il tient du présent chapitre à l'acquéreur de son fonds de commerce ou de son entreprise ». La cession d'un fonds de commerce n'inclut toutefois pas nécessairement celle du droit au bail[6]. Il convient de préciser que le dispositif ne concerne que le bail, laissant ainsi soumis à l'application du droit commun, le contrat de crédit-bail immobilier[7]. Pour ce dernier, seules les dispositions relatives à la cession judiciaire des contrats ont vocation à s'appliquer.

Du fait de l'existence de la cessibilité du bail, en application de l'article L. 145-16 du code de commerce, la question pouvait légitimement se poser de savoir si une cession judiciaire de ce même bail était possible, lorsque l'absence de cession du bail aurait ôté toute pertinence au plan de cession, dans la mesure où l'exploitation n'aurait pu être poursuivie. La Chambre commerciale de la Cour de cassation a clairement répondu par l'affirmative. Si le jugement arrêtant le plan prévoit par une mention expresse la cession du droit au bail, cette cession est judiciaire[8]. Mais conformément à la règle générale en matière de cession judiciaire de contrat, cette dernière n'interviendra que si le jugement arrêtant le plan de cession mentionne expressément le bail des locaux professionnels au rang des contrats cédés. Il a été ainsi jugé que la seule cession du fonds de commerce, sans précision de la cession du droit au bail, n'emportait pas cession judiciaire de celui-ci[9]. Dès lors que le jugement mentionne le bail commercial parmi les contrats cédés, la société cessionnaire ne peut prétendre que le bail ne lui a pas été cédé, au double motif que les actes de cession n'avaient pas été passés et que la clause d'agrément n'avait pas été respectée[10].

Le contrat ne pourra cependant être cédé qu'autant qu'il existe. L'alinéa 3 de l'article L. 642-7 du code de commerce, dans la rédaction que lui donne la loi de sauvegarde des entreprises, et l'alinéa 3 de l'article L. 621-88 du même code, sous l'empire de la loi du 25 janvier 1985, précisent que les contrats devront être exécutés aux conditions en vigueur au jour de l'ouverture de la procédure. La précision conduit à décider que seuls les contrats existant au jour du jugement d'ouverture pourront être cédés. Mais encore faut-il, en outre, que les contrats existent au jour de l'arrêté du plan de cession. Si tel n'est pas le cas, le contrat ne pourra être cédé. La solution a été posée en matière de bail commercial, en l'état d'un congé avec refus de renouvellement délivré au preneur pendant le redressement judi-

1. Com. 20 mai 2014, n° 12-20.313, NP; n° 512 F-D; *Gaz. Pal.* 18 janv. 2015, n° 18, p. 24, note Voinot.
2. L. n° 2005-845, 26 juill. 2005, préc.
3. L. n° 85-98, 25 janv. 1985, préc. – *Rapp. Thyraud*, Doc. parlem. Sénat, n° 332, p. 139.
4. Com. 6 déc. 1994, n° 91-17.927, *Bull. civ.* IV, n° 368; *LPA* 3 janv. 1997, n° 2, p. 14, note Derrida; *RJDA* 1995/4, n° 501 – Com. 17 déc. 1996, n° 94-20.689, NP, *D. Affaires* 1997, 188; *Rev. proc. coll.* 1998, 381, n° 47, obs. Soinne – Com. 9 mai 2007, n° 05-20.057, NP; n° 673 F-D; *Gaz. proc. coll.* 2007/4, p. 42, note Voinot.
5. L. n° 2014-626, 18 juin 2014, préc.
6. Com. 9 mai 2007, n° 05-20.057, NP; n° 673 F-D; *Gaz. proc. coll.* 2007/4, p. 42, note Voinot.
7. Com. 11 mars 1997, n° 94-15.678, NP, *Dr. sociétés* 1997, n° 82, obs. Chaput.
8. Com. 9 mai 2007, n° 05-20.057, NP; n° 673 F-D; *Gaz. proc. coll.* 2007/4, p. 42, note Voinot.
9. Com. 17 déc. 1996, n° 94-20.689, NP, *D. Affaires* 1997, 188; *Rev. proc. coll.* 1998, 381, n° 47, obs. Soinne.
10. Pau, 2e ch., 1re sect., 13 sept. 2012, n° 11/02868, *Rev. proc. coll.* 2013, comm. 24, note Fraimout.

ciaire, la présence du bailleur à l'audience d'arrêté de plan n'emportant pas renonciation par celui-ci au congé délivré[1]. En revanche, faute de décision de justice ayant acquis, au jour du jugement d'ouverture de la procédure collective, l'autorité de la chose jugée, constatant ou prononçant la résiliation du bail commercial, ce dernier peut être judiciairement cédé[2].

Les deux corps de règles instituant une cession du contrat de bail – la cession en application de l'article L. 145-16 du code de commerce et la cession judiciaire par le plan de cession – ont vocation à jouer alternativement. À défaut de précision dans le jugement arrêtant le plan de cession de la cession judiciaire du bail des locaux professionnels, seule une cession en application de l'article L. 145-16 du code de commerce est concevable[3]. La cession ne sera pas alors judiciaire, ce qui aura des conséquences sur le régime applicable.

582.72 Absence de cession judiciaire du contrat de sous-location. N'est pas visée par le code de commerce, au rang des contrats cessibles, la sous-location. Le caractère limitatif de la liste des contrats cessibles doit conduire à son exclusion.

Au surplus, ce contrat ne sera, le plus souvent, pas nécessaire au maintien de l'activité, alors surtout que les sous-loyers seraient versés directement au bailleur, dans le cadre d'une délégation de loyers, et non au débiteur, locataire principal[4].

En pratique, il existe pourtant des cessions judiciaires de contrats de sous-location. La Cour de cassation n'a pas été amenée à déterminer si ces contrats rentrent bien dans la liste des contrats cessibles. Dans une espèce, la Cour de cassation a estimé que le tribunal ne commettait pas d'excès de pouvoir à exclure du périmètre de la cession un contrat de sous-location, le tribunal ne faisant qu'user du pouvoir qu'il tient de la loi de déterminer les contrats nécessaires au maintien de l'activité[5].

Leur cession n'est pas sans faire naître de difficultés. Ainsi, le contrat de crédit-bail immobilier peut prévoir que toute sous-location devra être préalablement autorisée par le crédit-bailleur. La sous-location non autorisée n'est pas nulle, mais seulement inopposable au crédit-bailleur. Il en résulte qu'elle produit ses effets entre le crédit-preneur et le sous-locataire. L'insertion dans l'acte de cession du contrat de sous-location de la condition suspensive d'autorisation par le crédit-bailleur est sans effet, dès lors qu'elle vient contrarier le dispositif du jugement arrêtant le plan de cession, qui prévoyait la cession de ce contrat sans réserver la condition suspensive[6].

582.73 Clauses restrictives de la cession du bail. Nous avons vu que le principe d'ordre public de la *cession judiciaire* des contrats conduisait à invalider les clauses restrictives de la cession (v. *s*^s *n° 582.65*). La solution s'applique pleinement en matière de cession judiciaire du bail des locaux professionnels et revêt ici une importance de premier plan, dans la perspective du redressement de l'entreprise par la voie de sa cession.

Ainsi, la cause d'agrément sera-t-elle privée d'effet en cas de cession judiciaire du bail[7].

Il en est de même des pactes de préférence[8].

De même, la Cour de cassation juge que « sauf disposition contraire du jugement arrêtant le plan de cession, la cession judiciaire forcée du bail commercial en exécution de ce plan n'est pas soumise aux exigences de forme prévues par ce contrat »[9].

Au contraire, lorsque la cession du bail des locaux professionnels n'intervient pas judiciairement, mais par les voies du droit commun (C. com., art. L. 145-16) les clauses insérées au bail, dès lorsqu'elles n'ont pas pour effet d'empêcher la cession, devront être respectées. Pleine efficacité doit ainsi être reconnue à la clause d'agrément, qui interdit la cession du bail sans l'accord du bailleur.

De même, si la cession du bail n'est pas judiciaire, il faut reconnaître efficacité aux pactes de préférence. Identiquement, il y aura place à respecter toutes les clauses par lesquelles le bailleur enferme dans certaines formes la cession du bail[10]. Il pourra s'agir de l'obligation de rédiger un acte authentique pour la cession du bail permettant au bailleur d'être en possession d'un titre exécutoire. Il pourra être question du respect des clauses prévoyant la délivrance d'une copie exécutoire au bailleur, la signification par acte extrajudiciaire de la cession de bail intervenue ou encore de la clause obligeant à appeler le bailleur à la rédaction de l'acte de cession sous la même forme. Certaines législa-

1. Civ. 3e, 12 juill. 2000, n° 98-21.945, *Bull. civ.* III, n° 140; *Loyers et copr.* 2001, n° 14, obs. Brault et Pereira.
2. Paris, 3e ch., 30 oct. 2008, RG n° 2008/06058.
3. Soinne, n° 1701.
4. Paris, 24 mars 1992, *Rev. proc. coll.* 1993, 98, obs. Soinne.
5. Com. 3 mai 2016, n° 14-20.895, NP; n° 398 F-D.
6. Civ. 3e, 18 sept. 2012, n° 10-30.696, NP; n° 998 F-D.
7. Paris, 3e ch. B, 25 juin 2004, RG n° 2004/2812.
8. Ainsi : Paris, pôle 5, 8e ch., 15 janv. 2013, RG n° 12/17592, *LXB hebdo* éd. affaires 4 avr. 2013, n° 433, note Kendérian.
9. Com. 1er mars 2016, n° 14-14.716, *Bull. civ.* IV [à paraître]; n° 222 FS-P+B; *Gaz. Pal.* 28 juin 2016, n° 24, p. 61, note Kendérian; *BJE* 2016, 169, note Rohart-Messager; *JCP E* 2016, chron. 1273, n° 15, note Monéger; *LXB Hebdo* 17 mars 2016, n° 458, note Le Corre.
10. Com. 26 oct. 1993, n° 91-15.877, *Bull. civ.* IV, n° 362; *JCP N* 1994, n° 8, p. 65, obs. Destame.

tions accordent des droits de préemption, qui devront également être respectés[1].

582.74 Exclusion des clauses de garantie solidaire en cas de cession judiciaire du bail sous l'empire de la législation antérieure à la loi du 26 juillet 2005[2]. Le locataire d'origine, c'est-à-dire le débiteur, n'est *a priori*, même en cas de clause contraire, plus tenu à titre de garant. La solution résulte de l'article L. 621-30 du code commerce, dans la rédaction que lui donne la législation antérieure à la loi de sauvegarde des entreprises, qui dispose que « en cas de cession du bail, toute clause imposant au cédant des dispositions solidaires avec le cessionnaire est inopposable à l'administrateur ». Cette disposition, qui invalide les clauses de garanties solidaires, ne distingue pas entre cession légale, cession judiciaire et cession conventionnelle du bail. Elle fait naître deux difficultés.

En premier lieu, la clause n'est inopposable qu'à l'administrateur. Que décider, en régime simplifié, sans administrateur ? Il a été proposé de considérer efficace la clause de solidarité en ce cas[3]. Certes, le silence des textes en régime simplifié pourrait conduire à la solution. Cependant, outre qu'il n'y a pas de bonne raison – autre que textuelle – d'opposer régime général et régime simplifié sur cette question, le renvoi opéré par l'article L. 621-137 du code de commerce à l'article L. 621-28, c'est-à-dire aux règles générales de continuation des contrats en cours, semble devoir permettre de considérer que tout le dispositif applicable à la continuation des contrats en cours en régime général est applicable en régime simplifié. La justification complémentaire, *a priori* décisive, résulte de l'article L. 621-133 qui prévoit que, sauf solutions contraires énoncées en régime simplifié, les règles du régime général sont applicables. Il y a donc place à transposer et à énoncer, en conséquence, que les clauses de garanties solidaires sont inopposables au débiteur, en l'absence d'administrateur.

En second lieu, en présence d'un administrateur, l'inopposabilité est limitée à ce dernier. Il n'y a pas de difficulté à appliquer le principe d'inopposabilité en cas de cession du bail pendant la période d'observation. Mais que décider si la cession du bail résulte de l'arrêté d'un plan de cession ? D'abord, il faut observer que la règle a essentiellement vocation à s'appliquer en plan de cession[4], rares seront les cessions de bail commercial en période d'observation, car il y a là acte étranger à la gestion courante. En outre, l'administrateur reste en fonction pour passer les actes nécessaires à la cession de l'entreprise. Or, la cession du bail commercial rentre bien dans ces actes nécessaires. Dans ces conditions, la clause a vocation à jouer en cas de plan de cession.

582.75 Exclusion des clauses de garantie solidaire en cas de cession du bail sous l'empire de la loi du 26 juillet 2005[5]. La loi de sauvegarde des entreprises a modifié la règle et répute non écrite, en cas de cession du bail, toute clause imposant au cédant les dispositions solidaires avec le cessionnaire, tant en procédure de sauvegarde (C. com., art. L. 622-15), qu'en procédure de redressement judiciaire (C. com., art. L. 631-14, I, devenu C. com., art. L. 631-14, al. 1, réd. ord. 18 déc. 2008[6], rendant applicable l'article L. 622-15 en redressement judiciaire). Mais, et c'est l'apport essentiel de la loi de sauvegarde des entreprises, la solution est la même en liquidation judiciaire (C. com., art. L. 641-12, al. 2). La règle a vocation à régir le plan de cession. Il importera peu, faute de distinction du texte, que la cession soit légale ou judiciaire.

La règle ne concerne que les clauses de garanties solidaires entre le cédant et le cessionnaire. Pleine efficacité doit donc, *a contrario*, être accordée à la cause par laquelle le cessionnaire est garant solidaire du débiteur cédant[7].

582.76 Modalités d'exécution du contrat de bail. La règle générale selon laquelle les contrats cédés doivent être exécutés aux conditions en vigueur au jour du jugement d'ouverture (v. s^s^ n° 582.64) est applicable en cas de cession judiciaire du bail. Elle doit toutefois être combinée avec le jeu des dispositions légales, telles celles concernant la révision triennale du bail commercial et avec la loi du 18 juin 2014[8] (art. 15) et l'alinéa 4 de l'article L. 642-7 du code de commerce qui en résulte.

La procédure de révision triennale du bail sera dirigée contre l'administrateur judiciaire, s'il a mission de représentation, conjointement contre ce dernier et le débiteur en cas de mission d'assistance, contre le débiteur seul si l'administrateur n'a qu'une mission d'assistance ou si aucun administrateur n'a été nommé, ce qui n'est au demeurant plus possible sous l'empire de l'ordonnance du 18 décembre 2008[9], l'article L. 631-31-1 du code obligeant le tribunal à nommer un administrateur judiciaire si une cession

1. Paris, 14 sept. 1993, *LPA* 20 avr. 1994, note Calendini; *Gaz. Pal.* 1994. I. 23, note Marchi; *Rev. proc. coll.* 1994, 225, obs. Soinne.
2. L. n° 2005-845, 26 juill. 2005, préc.
3. PÉROCHON ET BONHOMME, 6e éd., n° 205.
4. SOINNE, n° 1718.
5. L. n° 2005-845, 26 juill. 2005, préc.
6. Ord. n° 2008-1345, 18 déc. 2008, préc.
7. Versailles 12 mars 2015, RG n° 14/02599, *D.* 2015. 1620, note Dumont-Lefrand – SUR la question : Kendérian, « Bail commercial : de la garantie solidaire du cédant à celle du cessionnaire », *JCP E* 2015, 1590.
8. L. n° 2014-626, 18 juin 2014, préc.
9. Ord. n° 2008-1345, 18 déc. 2008, préc.

d'entreprise est envisagée. En liquidation ciaire, la procédure de révision triennale sera dirigontre le liquidateur, lequel représente le débiteur titre des règles du dessaisissement. Il n'apparaîts que la révision triennale puisse être analysée en acte de gestion courante du fait de sa faible réptivité, laquelle caractérise les actes de gestion courte.

Le bailleur cédé a parfaitement la faculté de pas renouveler le contrat[1]. Il devra ici respecter lerègles du statut des baux commerciaux. Ainsi, s'il suhaite donner congé sans offre de renouvellemen devra-t-il payer l'indemnité d'éviction au reprerur, son nouveau locataire[2].

582.77 Respect du statut des baux commerciaux en cas de cession du bail commercial – éspécialisation. Que la cession du bail soit légae ou judiciaire, le statut des baux commerciaux doit en tout point être respecté.

Ainsi, les modalités de révision du loyer s'imposeront-elles.

Il en est encore ainsi de l'obligation de respecter les règles relatives à la déspécialisation, malgré la cession judiciaire du contrat[3].

Il en est de même du formalisme lié à la délivrance du congé, à la fin du bail.

Les règles relatives à la déspécialisation s'imposeront identiquement. Toutefois, la loi du 18 juin 2014[4] (art. 15) modifie l'article L. 642-7 du code de commerce[5]. Le nouvel alinéa 4 de cet article prévoit que « le tribunal peut, si un contrat de bail soumis au chapitre V du titre IV du livre 1er portant sur un ou plusieurs immeubles ou locaux utilisés pour l'activité de l'entreprise figure dans le plan de cession, autoriser dans le jugement arrêtant le plan le repreneur à adjoindre à l'activité prévue au contrat des activités connexes ou complémentaires. Le tribunal statue après avoir entendu ou dûment appelé le bailleur ».

Commençons par indiquer que la solution sera inapplicable aux procédures ouvertes avant l'entrée en vigueur de l'ordonnance du 12 mars 2014[6], soit le 1er juillet 2014.

Il est à regretter que le législateur n'ait pas prévu la coordination exacte des règles qu'il a posées à l'alinéa 4 de l'article L. 642-7 et de celles du statut des baux commerciaux, obligeant l'interprète à un exercice d'acrobatie juridique qui n'est pas sans risque.

Il s'agit pour le tribunal d'autoriser une déspécialisation partielle – celle envisagée à l'article L. 145-47 du code de commerce –, et non une déspécialisation totale, et cela sans avoir à respecter, nous semble t-il, la procédure de déspécialisation[7], la solution résultant en effet de la décision adoptant le plan et paraissant, en ce qui concerne les délais, incompatible avec les prévisions de l'article L. 145-47. En pratique, il conviendra donc que le repreneur, dans son offre de reprise, ait prévu cette possibilité pour qu'il en présente la demande au tribunal. Le bailleur aura donc à subir une « déspécialisation partielle forcée »[8]. Si la procédure de déspécialisation partielle semble devoir être écartée[9], en revanche, le jeu de l'article L. 145-50 du code de commerce nous semble devoir s'imposer. En conséquence, le changement d'activité peut motiver une majoration de loyers, lors de la révision triennale, par le biais d'un déplafonnement[10].

582.78 Voie de recours ouverte au bailleur. Le bailleur dispose du droit d'interjeter appel de la partie du jugement arrêtant le plan de cession, qui emporte cession du bail[11]. L'appel est, selon la règle générale applicable en matière de cession judiciaire de contrats, limité à la partie du jugement emportant cession du contrat (C. com., art. L. 661-6, II, depuis la loi de sauvegarde[12], devenu C. com., art. L. 661-6, III, réd. ord. 18 déc. 2008[13]; C. com., art. L. 623-6, II, avant la loi de sauvegarde des entreprises). Il ne peut porter sur l'intégralité du jugement arrêtant le plan, par exemple pour contester le caractère dérisoire du prix de cession[14].

1. Civ. 3e, 12 juill. 2000, no 98-21.671, *Bull. civ.* III, no 139; *JCP* 25 janv. 2001, no 4, p. 177, note Keita.
2. Rennes, 2e ch. com., 1er juill. 2008, RG no 08/01007, *Gaz. proc. coll.* 2008/4, p. 50, note Voinot.
3. SOINNE, no 1719.
4. L. no 2014-626, 18 juin 2014, préc.
5. SUR la question : Rohart-Messager, « Plan de cession et autorisation pour le repreneur d'exercer des activités connexes ou complémentaires à celle prévue dans le bail », *BJE* 2014, 339 – Kendérian, « La nouvelle cession déspécialisation du bail commercial en cas de procédure collective », *Rev. proc. coll.* 2014, études 25 – Kendérian, Le *sort du bail commercial dans les procédures collectives*, 4e éd., « Droit & professionnels », LexisNexis, 2015, no 125.
6. Ord. no 2014-326, 12 mars 2014, préc.
7. AUSSI EN CE SENS : Monéger et Kendérian, *RTD com.* 2014. 557, no 75.
8. Kendérian, *Le sort du bail commercial dans les procédures collectives*, 4e éd., LexisNexis, 2015, no 125.
9. Kendérian, *Le sort du bail commercial dans les procédures collectives*, 4e éd., LexisNexis, 2015, no 125.
10. Rohart-Messager, « Plan de cession et autorisation pour le repreneur d'exercer des activités connexes ou complémentaires à celle prévue dans le bail », *BJE* 2014, 339, sp. 341 – Kendérian, *Le sort du bail commercial dans les procédures collectives*, 4e éd., LexisNexis, 2015, no 125.
11. Com. 9 mai 2007, no 05-20.057, NP; no 673 F-D.
12. L. no 2005-845, 26 juill. 2005, préc.
13. Ord. no 2008-1345, 18 déc. 2008, préc.
14. Paris, pôle 5, 9e ch., 12 mai 2011, RG no 11/06002, *Rev. proc. coll.* 2011, comm. 188, note Fraimout.

L'appel devait être formé, sous l'empire de la législation antérieure à la loi de sauvegarde des entreprises, dans le délai de dix jours à compter de la décision.

Sous l'empire de la loi de sauvegarde des entreprises, la décision emportant cession judiciaire du bail doit être notifiée au bailleur. L'appel, identiquement enfermé dans un délai de dix jours, courra pour le bailleur à compter de cette notification.

Si la cession du contrat de bail n'est pas judiciaire, le cocontractant n'a pas qualité pour faire appel[1]. La solution s'applique au bailleur des locaux professionnels. Ainsi, en présence d'une cession légale du contrat de bail, il apparaît que le bailleur est privé du droit d'appel. La solution demeure, même si le bailleur prétend que, en l'absence de possibilité de cession du contrat de bail, cela rend impossible la cession du fonds de commerce[2].

SECTION 582.80 RÈGLES SPÉCIALES À LA LEVÉE D'OPTION D'ACHAT DU CONTRAT DE CRÉDIT-BAIL[3]

582.81 Contrats de crédit-bail concernés. Il s'agira tant des contrats de crédit-bail mobilier que des contrats de crédit-bail immobilier[4].

Il faut supposer que, avant le jugement d'ouverture, le contrat de crédit-bail ne soit pas résilié. À défaut, il ne peut être continué pendant la période d'observation. Le contrat en cours, au jour du jugement d'ouverture, devra être continué pendant la période d'observation. Depuis la loi du 10 juin 1994[5], le contrat non continué soit à la suite d'une option restée sans réponse plus d'un mois, soit à la suite d'une option expresse de non continuation est résilié. Il ne peut donc être cédé[6]. La même solution doit être posée pour le contrat non continué, à la suite d'une option spontanée, bien que, en ce cas, il ne soit pas résilié, le crédit-bailleur ayant seulement le droit d'en faire prononcer la résiliation par le tribunal compétent.

Il faut encore que le contrat, continué pendant la période d'observation, ne soit pas résilié pendant cette phase et qu'il soit encore en cours au jour du plan de cession. Le tribunal devra l'avoir cédé au repreneur. Toute clause prévoyant la résiliation du contrat en cas de plan de cession ou faisant obstacle à sa cession sera réputée non écrite. En effet, l'article L. 642-7 du code de commerce, dans sa rédaction issue de la loi de sauvegarde des entreprises[7], et l'article L. 621-88 du même code, dans sa rédaction antérieure à la loi de sauvegarde des entreprises, ne peuvent être conventionnellement mis en échec[8]. Le repreneur ne devra pas avoir encouru la résiliation de ce contrat. Ce contrat arrivera alors à terme après le plan de cession. Le repreneur sera confronté à la triple option classique ouverte au locataire : restituer le bien, s'engager dans le cadre d'une nouvelle convention locative, lever l'option d'achat. S'il opte pour cette dernière solution, trouvera à s'appliquer la réglementation issue de l'article L. 621-88 alinéa 4 du code de commerce, dans sa rédaction antérieure à la loi de sauvegarde des entreprises, celle de l'article L. 642-7 alinéa 4, dans sa rédaction issue de la loi de sauvegarde des entreprises.

La réglementation doit s'appliquer indistinctement au contrat de crédit-bail ou de location avec option d'achat, le contraire ayant cependant été soutenu[9]. En effet, de deux choses l'une. Ou bien le contrat de location avec option d'achat ne peut être cédé parce qu'il n'est pas un contrat de crédit-bail figurant au rang des contrats judiciairement cessibles. Ou bien le contrat de location d'option avec option d'achat est cédé, mais alors c'est par assimilation au crédit-bail et, dans cette hypothèse, il faut lui appliquer la réglementation protectrice du créancier pour les conditions de levée d'option d'achat. En pratique, il faut cependant préciser que le problème devrait rarement se poser, car si le contrat est effectivement une location avec option d'achat, cela signifie que le bien a une destination principalement non professionnelle, au contraire de la solution applicable au contrat de crédit-bail. Dès lors, il n'est guère envisageable de considérer que le contrat est nécessaire à la poursuite de l'activité, condition de sa cession judiciaire.

582.82 Problématique de la levée d'option d'achat. Les clauses de style des contrats de crédit-bail prévoient que le locataire ne pourra lever l'option d'achat que si toutes les obligations issues du contrat ont été exécutées. Or, parmi celles-ci, figurent des obligations antérieures au jugement d'ouverture qui, par principe, n'ont pas à être prises en charge par le repreneur.

1. Com. 22 nov. 1994, n° 93-19.484, *Bull. civ.* IV, n° 346; *D.* 1997. Somm. 7, obs. Derrida.
2. Paris, 3e ch. A, 28 juin 2005, RG n° 2005/3177.
3. Barat, « La levée d'option d'achat du crédit-bail par le preneur soumis à une procédure collective après l'ordonnance du 18 décembre 2008 », *RD banc. fin.* mars/avr. 2010, dossier 13, p. 99.
4. Paris, 11 juill. 1986, *D.* 1987. 55, note Fabiani; *RTD com.* 1987. 539, obs. Mestre; *Gaz. Pal.* 1988. I. 87, note Bey.
5. L. n° 94-475, 10 juin 1994, préc.
6. SOINNE, n° 1696.
7. L. n° 2005-845, 26 juill. 2005, préc.
8. Versailles, 12e ch., 16 mai 1993, *Rev. proc. coll.* 1995, 172, n° 45, obs. Soinne.
9. SOINNE, n° 714 – Le Corre-Broly, « Le régime de la levée d'option d'achat du contrat de crédit-bail judiciairement cédé », *LPA* 10 juin 1996, n° 70, p. 4 s., sp. p. 5.

Dans une première hypothèse, le crédit-bail peut avoir fait naître au profit du crédit-bailleur une créance déclarée au passif. La règle de l'interdiction du paiement des créances antérieures lui interdit d'en obtenir paiement pendant la période d'observation. En phase d'exécution du plan, il aura pu être payé dans le cadre de la distribution du prix de cession. Le plus souvent, simple créancier chirographaire, il n'aura pas été payé. On a vu que le repreneur n'était tenu, par principe, que du paiement du prix de cession, lequel entraîne satisfaction du créancier. Le paiement de cette créance antérieure ne peut donc, par principe, être mis à charge du repreneur. Dès lors, on aperçoit que le crédit-bailleur ne peut contraindre le repreneur à payer l'arriéré dû par le débiteur. Mais, pas davantage, le repreneur ne peut prétendre lever l'option d'achat si tout n'a pas été réglé.

Sous l'empire de la loi du 25 janvier 1985[1], la jurisprudence était divisée. Certaines juridictions se réfugiaient derrière l'idée d'égalité devant régner entre les créanciers pour refuser au crédit-bailleur la possibilité de subordonner la levée l'option d'achat au paiement par le repreneur de l'arriéré dû par le débiteur[2]. D'autres juridictions observaient que le crédit-bailleur ne pouvait obliger le locataire à payer, mais qu'inversement, faute de paiement, le locataire ne pouvait lever l'option d'achat[3]. Cette dernière solution nous semblait seule compatible avec l'absence de réglementation de la question[4].

La loi du 10 juin 1994[5] est intervenue pour mettre un terme à cette difficulté, en énonçant à l'alinéa 4 de l'article 86 (devenu C. com., art. L. 621-88) que, « en cas de cession d'un contrat de crédit-bail, ces délais prennent fin si, avant leur expiration, le crédit-preneur lève l'option. Cette option ne peut être levée qu'en cas de paiement des sommes restant dues, dans la limite de la valeur du bien, fixée d'un commun accord entre les parties ou, à défaut, par le tribunal à la date de la cession ».

La loi de sauvegarde des entreprises[6] a amélioré la rédaction du texte, en supprimant la première phrase et en se contentant d'énoncer, à l'article L. 642-7, alinéa 4 du code de commerce, que « en cas de cession d'un contrat de crédit-bail, le crédit-preneur ne peut lever l'option d'achat qu'en cas de paiement des sommes restant dues dans la limite de la valeur du bien fixée d'un commun accord entre les parties ou, à défaut, par le tribunal à la date de la cession ».

Il est donc clairement établi, aujourd'hui, que la levée d'option d'achat n'interviendra que si le repreneur paye l'arriéré. La question reste cependant entière de savoir si le repreneur est obligé de payer les sommes restant dues par le débiteur, alors que le crédit-bailleur n'aurait pas déclaré au passif sa créance ou que celle-ci aurait été éteinte. Sous l'empire de la législation antérieure à la loi de sauvegarde des entreprises, la créance non déclarée est éteinte. Il apparaît exclu d'en demander paiement au repreneur qui n'est tenu de payer que les « sommes restant dues ». Sous l'empire de la législation issue de la loi de sauvegarde des entreprises, la créance non déclarée n'est plus éteinte, mais seulement inopposable à la procédure. Il s'agit donc bien de « sommes restant dues » par le débiteur, qui, à notre sens, font obstacle à la levée d'option.

Avant comme depuis la loi de sauvegarde des entreprises, la créance déclarée au passif qui a été rejetée est éteinte. Il ne s'agit plus de « sommes restant dues » par le débiteur. Cette créance éteinte ne peut faire obstacle à la levée d'option d'achat par le repreneur.

582.83 Incidence de l'octroi de délais de paiement au repreneur. La lettre de l'article L. 621-88, alinéa 4 du code de commerce, dans sa rédaction antérieure à la loi de sauvegarde des entreprises[7], peut conduire à décider que la réglementation issue de la loi du 10 juin 1994[8] n'a vocation à s'appliquer que si, par application de l'article L. 621-88 alinéa 3, le tribunal accorde au repreneur des délais. Cependant, cette lecture ne nous semble pas correcte. On remarque d'abord que, par deux phrases distinctes, le législateur traite, d'une part, des délais accordés, lesquels prennent fin si le repreneur lève l'option d'achat, et d'autre part, de la réglementation même de la levée d'option d'achat. Il est donc parfaitement possible de dissocier les deux phrases et d'avoir du texte la lecture suivante : la levée d'option d'achat présuppose que le repreneur paye l'arriéré. En outre, si le tribunal a accordé des délais au repreneur, ces derniers prennent fin s'il veut lever l'option. Cette dernière lecture est conforme aux travaux préparatoires, dans lesquels l'obligation de payer l'arriéré pour lever l'option d'achat n'apparaît jamais limitée à la seule hypothèse où le repreneur a disposé, par application de l'article L. 621-88, alinéa 3 du code de commerce, de délais de la part du tribunal[9]. Il n'y a donc pas lieu de distinguer selon que des délais

1. L. n° 85-98, 25 janv. 1985, préc.
2. AINSI : Paris, 7 mars 1995, *Rev. proc. coll.* 1996, 102, obs. Soinne.
3. Douai, 2e ch., 27 févr. 1996, *SA Lofinord c/SA Video System Partners*, NP.
4. AUSSI : Le Corre-Broly, « Le régime de la levée d'option d'achat du contrat de crédit-bail judiciairement cédé », *LPA* 10 juin 1996, n° 70, p. 4 s., sp. p. 5.
5. L. n° 94-475, 10 juin 1994, préc.
6. L. n° 2005-845, 26 juill. 2005, préc.
7. L. n° 2005-845, 26 juill. 2005, préc.
8. L. n° 94-475, 10 juin 1994, préc.
9. V. spéc. amend. Barrot, *JOAN CR* 2e séance, 24 nov. 1993, p. 6305.

ont été ou non accordés au repreneur, afin d'exécuter les obligations nées du contrat de crédit-bail, pour appliquer la réglementation de la levée d'option d'achat[1].

La difficulté d'interprétation a été supprimée par la loi de sauvegarde des entreprises, qui a fait disparaître la faculté pour le tribunal d'accorder des délais de paiement au repreneur pour payer les obligations des contrats qui lui sont judiciairement cédés. L'article L. 642-7, alinéa 4 du code de commerce, par voie de conséquence, ne fait plus état des délais de paiement qui auraient été accordés au repreneur.

582.84 Limitation des sommes dues par le repreneur. L'article L. 642-7, alinéa 4, du code de commerce, dans sa rédaction issue de la loi de sauvegarde des entreprises[2], et l'article L. 621-88, alinéa 4 du même code, dans sa rédaction antérieure à la loi de sauvegarde des entreprises, indiquent que l'option d'achat ne peut être levée qu'en cas de « paiement des sommes restant dues, dans la limite de la valeur du bien, fixée d'un commun accord entre les parties ou, à défaut, par le tribunal à la date de la cession ».

Il faut d'abord décider que, faute de distinction, toutes les sommes dues doivent être payées, non seulement celles nées du chef du débiteur d'origine, mais aussi celles nées du chef du repreneur. D'une part, il s'agit des sommes restant dues du chef du locataire d'origine, le débiteur, c'est-à-dire non seulement les loyers, mais aussi les pénalités et intérêts de retard[3]. On remarque cependant que l'article R. 642-8, alinéa 2 du code de commerce, dans la rédaction que lui donne la législation de sauvegarde des entreprises, et l'article 105-2 du décret du 27 décembre 1985[4], semblent plus restrictifs en évoquant les sommes « relatives à des loyers impayés ». Il s'agit, d'autre part, des sommes que doit personnellement le repreneur, c'est-à-dire les loyers nés de son chef, ainsi que la valeur résiduelle, qui correspond au prix de la levée d'option d'achat.

Le paiement de ces sommes par le repreneur entraîne réduction, à due concurrence, de la créance restant due. En ce qui concerne spécialement la créance antérieure au jugement d'ouverture déclarée au passif, il y a place à réduction des droits du créancier et, si le paiement intervient avant l'admission, à réduction du montant de la créance à admettre au passif (C. com., art. R. 642-8, al. 2, D. 27 déc. 1985, art. 105-2, al. 2). Observons que cette solution n'est pas conforme au principe selon lequel la créance doit être admise *pour le montant existant* au jour du jugement d'ouverture (v. s[s] n° 682.24).

Le paiement doit intervenir immédiatement après manifestation de la volonté de lever l'option d'achat, ce qui explique que si le tribunal, appliquant l'article L. 621-88, alinéa 3 du code de commerce, dans sa rédaction antérieure à la loi de sauvegarde des entreprises, accorde au repreneur des délais de paiement, ces délais prennent fin pour pouvoir lever d'option d'achat (C. com., art. L. 621-88, al. 4).

Ces « sommes restant dues » sont cependant limitées, d'après l'article L. 621-88, alinéa 4 du code de commerce, dans sa rédaction antérieure à la loi de sauvegarde des entreprises et d'après l'article L. 642-7, alinéa 4, dans sa rédaction issue de la loi de sauvegarde des entreprises, à la valeur du bien. Le plafonnement ainsi institué ne s'applique qu'aux sommes demeurées impayées du chef du précédent crédit-preneur, le cessionnaire n'étant évidemment pas dispensé du paiement de l'intégralité des sommes qui lui incombent personnellement[5].

La valeur du bien sera fixée d'un commun accord entre les parties. À défaut, elle le sera par le tribunal, qui sera saisi par la partie la plus diligente. La fixation de la valeur pourra intervenir après le jugement arrêtant le plan[6]. Ce sera le cas le plus fréquent. Le crédit-bailleur pourra cependant, à l'occasion de l'audience d'arrêté du plan de cession à laquelle il est convoqué en tant que cocontractant cédé (C. com., art. R. 642-7, D. 27 déc. 1985, art. 105), suggérer au tribunal la valeur du bien pour l'exercice de la levée d'option. L'autorité de la chose jugée attachée à cette détermination dans le jugement arrêtant le plan empêchera toute discussion ultérieure.

La détermination pourra intervenir après expertise, le cas échéant.

L'article 105-2 du décret du 27 décembre 1985 donne des indications en son alinéa 1, au tribunal. Ce dernier tiendra compte notamment de l'utilité du bien pour le cessionnaire et de son coût de remplacement.

L'article R. 642-8, alinéa 1 du code de commerce supprime cette précision, qui n'avait en réalité qu'une portée indicative du fait de l'adverbe « notamment ».

1. EN CE SENS : CHAPUT, n° 466.
2. L. n° 2005-845, 26 juill. 2005, préc.
3. Le Corre-Broly, « Le régime de la levée d'option d'achat du contrat de crédit-bail judiciairement cédé », *LPA* 10 juin 1996, n° 70, p. 4 s., sp. p. 6.
4. D. n° 85-1388, 27 déc. 1985, préc.
5. Com. 23 nov. 2004, n° 03-13.035, *Bull. civ.* IV, n° 205; n° 1680 FS-P+B; *D. Affaires* 2005, n° 7, 510-512, obs. Le Corre-Broly; *D.* 2005. AJ 79, obs. Lienhard; *D.* 2005. jur. 510, note Le Corre-Broly; *D.* 2005. pan. 294, obs. Le Corre; *D.* 2005. Somm. 2088, obs. Crocq; *RTD com.* 2005. 597, n° 10, obs. Saint-Alary-Houin; *Act. proc. coll.* 2005/1, n° 12, note Vallansan; *JCP E* 2005, Chron. 639, p. 708, n° 6, obs. Pétel; *LXB* n° N4128ABI, note Le Corre-Broly.
6. TGI Annecy, ch. com., 10 févr. 1998, *Rev. proc. coll.* 2001, 94, n° 49, obs. Soinne.

Il reste à déterminer la date à lale il convient de se placer pour déterminer la vale bien. L'article L. 642-7, alinéa 4 du code de coerce, dans sa rédaction issue de la loi de sauvegades entreprises, et l'article L. 621-88, alinéa 4 même code, dans sa rédaction antérieure à la lo sauvegarde des entreprises, visent « la date de la con ». Il s'agit de la date de la cession des biens crédaillés, c'est-à-dire la date de levée d'option d'acha Cette limitation des droits du crédit bailleur p apparaître curieuse. Cependant, d'une part, il set choquant que le repreneur soit astreint à payer des sommes supérieures à la valeur du bien, alors qu'en droit commun de la cession judiciaire des contrats, le repreneur n'est pas tenu des dettes nées du chef du débiteur. D'autre part, et surtout, faute d'avoir trouvé une solution respectueuse des droits du repreneur, ce dernier n'aurait pas levé l'option d'achat. Le crédit-bailleur aurait alors été confronté à l'obligation de reprendre le bien et de le vendre... à sa valeur vénale au jour de la cession.

1. Le Corre-Broly, « Le régime de la levée d'option d'achat du contrat de crédit-bail judiciairement cédé », *LPA* 10 juin 1996, n° 70, p. 4 s., sp. p. 10.

CHAPITRE

583. Modification du plan de cession

SECTION 0
ORIENTEUR

583.00 **Plan du chapitre.**

Sect.	583.10	Conditions de fond de la modification du plan de cession
Sect.	583.20	Modalités procédurales de la modification du plan de cession
Sect.	583.30	Voies de recours sur la décision statuant sur la modification du plan de cession

583.01 **Textes applicables.** (V. les références complètes s^{s} n° 011).

> Législation antérieure à la loi de sauvegarde des entreprises.

C. com., art. L. 621-69, L. 623-6 et L. 623-7, al. 2

D. n° 85-1388, 27 déc. 1985, art. 95, 96

> Législation issue de la loi de sauvegarde des entreprises.

C. com., art. L. 642-6, L. 661-6, L. 661-7

C. com., art. R. 642-5 (anc^{t} D. 28 déc. 2005, art. 258), R. 642-6 (anc^{t} D. 28 déc. 2005, art. 259)

> Législation issue de l'ordonnance du 18 décembre 2008.

C. com., art. L. 642-6, L. 661-6, L 661-7

C. com., art. R. 642-5, R. 642-6

> Législation issue de l'ordonnance du 12 mars 2014.

C. com., art. R. 642-5

583.03 **Bibliographie indicative.** (V. les références complètes s^{s} n° 031 – Aussi s^{s} n° 580.03).

583.04 **Questions essentielles.**

• Peut-on demander une modification du prix de cession ?

* V. s^{s} n° 583.12.

• Peut-on demander une modification du périmètre des contrats cédés ?

* V. s^{s} n° 583.11.

SECTION 583.10
CONDITIONS DE FOND DE LA MODIFICATION DU PLAN DE CESSION

583.11 **Modifications substantielles dans les moyens du plan de cession.** La réglementation de la modification substantielle dans les moyens du plan était, sous l'empire de la législation antérieure à la loi de sauvegarde des entreprises[1], commune au plan de continuation et au plan de cession. Elle a été examinée avec l'étude du plan de sauvegarde (v. s^{s} n°s 523.11 s.). Seules seront apportées ici les précisions spécifiques à la modification du plan de cession.

Précisions d'abord que la jurisprudence pose difficulté, sous l'empire de la législation antérieure à la loi de sauvegarde des entreprises, en ce qui concerne la demande de prorogation du plan de cession (v. aussi s^{s} n° 581.13) et de la mission du commissaire à l'exécution.

La Cour de cassation a d'abord admis que la décision par laquelle le tribunal statuait sur l'allongement de la durée de la mission du commissaire à l'exécution du plan de cession était un jugement modifiant le plan de cession[2]. Une juridiction du fond a estimé de même que si la modification de la durée de la mission du commissaire à l'exécution du plan s'accompagne d'une modification de la durée du plan, il y a jugement modifiant le plan de cession[3].

Une autre décision de la Cour de cassation a, en revanche, considéré que l'allongement de la durée du plan et de celle de la mission du commissaire à l'exécution du plan ne s'analyse pas en une modification substantielle dans les moyens du plan[4].

1. L. n° 2005-845, 26 juill. 2005, *JO* 27 juill., p. 12187.
2. Com. 29 avr. 2003, n°s 00-17.842, 00-18.032, 00-18.518, NP.
3. Paris, 3e ch. B, 3 déc. 2004, RG n° 2002/9460.
4. Com. 23 nov. 2004, n° 02-20.700, NP.

Une troisième décision de la Cour de cassation, d'une manière très nette, dans un arrêt cassant la décision d'appel, pose en règle que la décision qui allonge la durée de la mission du commissaire à l'exécution est une décision modifiant le plan de cession. Elle en tire la conséquence que cette décision doit faire l'objet d'une insertion au *Bodacc*, qui seule sera susceptible de faire courir le délai de tierce opposition[1].

L'analyse de la modification de la durée de la mission du commissaire à l'exécution du plan de cession en un jugement modificatif du plan de cession nous semble devoir être approuvée, car le commissaire à l'exécution du plan a été érigé, d'abord par la jurisprudence, puis par le législateur, en défenseur de l'intérêt collectif des créanciers. Il prend en cela la suite du représentant des créanciers, dont la mission de défense de l'intérêt collectif des créanciers prend fin au jour de l'arrêté du plan de cession. Et c'est pourquoi il nous semble que l'allongement de la durée du plan de la mission du commissaire à l'exécution du plan a pour effet d'affecter sinon les objectifs, du moins les moyens – financiers – du plan, en permettant d'augmenter les distributions collectives.

La modification pourra avoir pour objet de faire lever une clause d'inaliénabilité[2], laquelle constitue indiscutablement un moyen d'exécution du plan. Il a toutefois été justement jugé que le cessionnaire ne saurait faire lever une inaliénabilité ayant pour finalité de le décharger de sa garantie de bonne exécution du plan par le cessionnaire substitué, grâce à un transfert des actifs au profit d'un autre repreneur substitué[3].

Il a déjà été indiqué que constitue une modification substantielle dans les moyens du plan, soumise comme telle au formalisme institué par l'article R. 642-5 du code de commerce et par l'article 95 du décret du 27 décembre 1985, la substitution à une personne d'une autre personne dans l'exécution du plan[4] (v. s^s^ n° 572.62).

La modification peut également porter sur le périmètre de la cession, par exemple sur l'inclusion de biens non compris dans le plan de cession[5].

Parce que le fait générateur de la cession judiciaire du contrat repose sur le jugement qui arrête le plan, il nous avait semblé que la modification du plan ne pouvait permettre la cession judiciaire d'un contrat qui ne l'avait pas été initialement[6]. Pourtant, il a été admis que la modification du jugement arrêtant le plan peut porter sur l'exclusion de contrats initialement cédés[7]. La Cour de cassation, saisie de la difficulté, a considéré qu'il n'y avait aucun *excès de pouvoir de la part de la juridiction à accepter* une telle modification[8]. Une solution contraire avait été préconisée[9], d'une manière convaincante, à notre sens. Il apparaît en effet difficile, d'un côté, de poser en règle que la détermination du périmètre des contrats cessibles appartient au tribunal (v. s^s^ n° 582.57) et de permettre ensuite au repreneur, qui n'est pas le titulaire du périmètre des contrats à céder, de demander au tribunal de modifier ce périmètre. Cela revient à conférer au repreneur, dans le cadre de la modification du plan des pouvoirs qu'il n'a pas lors de son arrêté. Cet argument n'a cependant plus de portée, depuis la loi de sauvegarde des entreprises, dans la mesure où, désormais, la maîtrise de la liste des contrats cessibles appartient au repreneur.

583.12 Interdiction de la modification du prix de cession. L'un des objectifs de la cession, à savoir l'apurement du passif, ne peut *a priori* faire l'objet de modification. En effet, l'article L. 621-69, alinéa 3 du code de commerce, dans sa rédaction antérieure à la loi de sauvegarde des entreprises[10], prévoit que « le montant du prix (de cession) [...] ne peut être modifié ».

L'interdiction de modifier le prix de cession avait été supprimée, à l'occasion du vote de la loi de sauvegarde des entreprises, dans le texte adopté par l'Assemblée nationale. Cependant, elle a été rétablie à la suite d'un amendement de la commission des lois du Sénat, qui a considéré que l'impossible modification du prix de cession constitue une garantie essentielle pour les créanciers[11].

L'article L. 642-6, alinéa 3 du code de commerce, qui résulte de la loi de sauvegarde des entreprises, énonce, identiquement à la solution posée sous l'empire de la législation antérieure à la loi de sauvegarde des entreprises, que « toutefois, le montant du

1. Com. 30 mars 2005, n° 03-13.506, NP.
2. SOINNE, n° 1544 – DERRIDA ET *ALII*, n° 435.
3. Paris, pôle 5, 8e ch., 19 oct. 2010, RG n° 10/13290, *Rev. proc. coll.* 2011, comm. 54, p. 58, note Fraimout.
4. *Rapp. Xavier de Roux*, n° 2095, p. 383 – *Rapp. J.-J. Hyest*, n° 335, p. 403.
5. Com. 8 juin 1993, n° 89-17.147, *Bull. civ.* IV, n° 235; *Quot. Jur.* 19 oct. 1993, n° 83, p. 5, note P. M.; *LPA* 29 juin 1994, n° 77, p. 23, note Derrida; *D.* 1993. Somm. 43, obs. Derrida; *Rev. proc. coll.* 1994, 242, obs. Soinne – *Adde*, *Rapp. J.-J. Hyest*, n° 335, p. 402, 403.
6. Fabiani, n° 213 – RAPPR. : T. com. Saint-Malo, 29 juin 2004, RG n° 2004/000644.
7. Reims, ch. civ., 1re sect., 30 mars 2004, RG n° 04/00188.
8. Com. 3 mai 2006, n° 04-15.760, *Bull. civ.* IV, n° 111; n° 556 FS-P+B+R+I; *D.* 2006. AJ 1369, obs. Lienhard; *JCP E* 2006, Chron. 2331, p. 1532, n° 5, obs. Pétel; *Gaz. proc. coll.* 2006/3, p. 19, obs. Rohart-Messager; *Gaz. proc. coll.* 2006/3, p. 26, obs. Voinot; *LXB* n° N0179AL9, note Le Corre-Broly.
9. Fabiani D., *La cession judiciaire des contrats*, éd. Crajefe, Nice, 1988, n° 216.
10. L. n° 2005-845, 26 juill. 2005, préc.
11. *Rapp. J.-J. Hyest*, n° 335, p. 403.

prix de cession tel qu'il a été fixé dans le jugement arrêtant le plan ne peut être modifié ».

Depuis la loi du 10 juin 1994[1], cette interdiction existe même dans l'hypothèse de la location-gérance. Il s'agit là incontestablement d'une garantie pour les créanciers qui, globalement, sont dans une situation inférieure à celle qui leur est réservée en plan de redressement. Il est dès lors, logique de prévoir cette soupape de sécurité. La modification du prix de cession par le tribunal constitue un excès de pouvoir[2].

L'interdiction de modifier le prix de cession fait obstacle à la demande du repreneur tendant à obtenir une réfaction de ce prix, au motif qu'un certain nombre de contrats, devant lui être cédés, ne l'ont pas été[3].

De même, l'interdiction de modifier le prix de cession interdit au repreneur de compenser une dette d'arriéré de loyers et de taxe foncière avec une créance détenue sur le débiteur, au motif que ce dernier aurait vendu une partie du stock, alors que le prix de cession avait été fixé à un montant très inférieur à la valeur des actifs repris, ce qui empêchait le repreneur de caractériser un préjudice[4].

L'interdiction de modifier le prix de cession est une exception au principe de la possibilité de modification du plan. Comme telle, elle doit recevoir une interprétation restrictive. Il faut en conséquence considérer que seul le prix de cession, *stricto sensu*, est intangible. Rien ne semble, en revanche, interdire au repreneur de solliciter des délais de paiement du prix, seule étant interdite la modification du prix, et non ses délais de règlement, le contraire ayant cependant été soutenu[5]. Les tribunaux devront cependant accueillir avec une certaine réserve pareille demande, qui modifie l'économie de l'offre qui a été retenue par le tribunal et qui ne l'aurait peut-être pas été, si de tels délais avaient été sollicités dès le dépôt de l'offre.

Le repreneur, qui est seul l'auteur de la saisine du tribunal (C. com., art. R. 642-5, al. 1, D. 27 déc. 1985[6], art. 95, al. 1), nous semble également pouvoir, sous l'empire de la législation antérieure à la loi de sauvegarde des entreprises, saisir le tribunal aux fins d'octroi de délais de paiement du contrat cédé (C. com., art. L. 621-88, al. 3) ou de la charge de la sûreté transférée (C. com., art. L. 621-96, al. 3). Depuis la loi de sauvegarde des entreprises, les délais de paiement ne pourront porter ni sur les échéances des prêts dans le cadre de la transmission de la charge des sûretés, ni sur les obligations résultant des contrats judiciairement cédés.

1. L. n° 94-475, 10 juin 1994, *JO* 11 juin, p. 8440.
2. Com. 26 nov. 2002, n° 00-12.562, NP; n° 1952 F-D.
3. Com. 15 mars 2005, n° 04-11.473, NP.
4. Com. 22 mai 2013, n° 12-14.798, NP; n° 512 F-D.
5. SOINNE, n° 1769.
6. D. n° 85-1388, 27 déc. 1985, *JO* 29 déc., p. 15281.

Pas plus qu'il n'en a le pouvoir lors de l'arrêté du plan, le tribunal ne pourrait, à l'occasion d'une modification du plan, imposer au cocontractant une modification de son contrat ou une modification des échéances dans le cadre du transfert de la charge de la sûreté, sous la seule réserve – et seulement sous l'empire de la législation antérieure à la loi de sauvegarde des entreprises – des délais de paiement. Le tribunal ne pourrait décider que le repreneur serait dégagé des obligations du contrat cédé. Il y aurait là un excès de pouvoir. La jurisprudence admet cependant une modification du périmètre des contrats cédés (v. s[s] n° 583.11).

Conformément au droit commun de la modification du plan, il faut que l'exécution du plan soit rendue impossible pour des causes postérieures à l'arrêté du plan. Il ne s'agit pas ici d'accorder une faveur au repreneur au détriment de ses partenaires économiques. Il y doit être question d'une impossibilité d'exécution.

SECTION 583.20
MODALITÉS PROCÉDURALES DE LA MODIFICATION DU PLAN DE CESSION

583.21 Saisine aux fins de modification du plan de cession. L'article L. 621-69, alinéa 1 du code de commerce, dans sa rédaction antérieure à la loi de sauvegarde des entreprises[7], énonce que la demande de modification du plan de cession doit émaner du chef d'entreprise.

L'article L. 642-6, alinéa 1 du code, dans la rédaction issue de la loi de sauvegarde des entreprises, énonce plus spécifiquement que la demande doit émaner du cessionnaire. Le liquidateur n'a pas qualité[8].

Sous l'empire de la législation antérieure à la loi de sauvegarde des entreprises, le tribunal ne statue qu'après avoir eu communication du rapport du commissaire à l'exécution du plan (C. com., art. L. 621-69, al. 1), lequel doit contenir les éléments dont il a disposé pour porter son appréciation[9]. La solution n'est évidemment pas reprise sous l'empire de la loi de sauvegarde des entreprises, qui a supprimé le commissariat au plan de cession.

La demande doit être présentée, en application de l'article R. 642-5, alinéa 1 du code de commerce et de l'article 95 alinéa 1 du décret du 27 décembre 1985[10], par déclaration du cessionnaire au greffe du

7. L. n° 2005-845, 26 juill. 2005, préc.
8. LIENHARD, 6e éd., n° 124.31.
9. IFPPC 1999, recomm. n° 5040-1, p. 108.
10. D. n° 85-1388, 27 déc. 1985, préc.

tribunal de la faillite. Seule une déclaration orale apparaît recevable[1]

583.22 Compétence du tribunal aux fins de modification du plan de cession. La décision de modification du plan appartient, selon l'article L. 642-6, alinéa 1 du code de commerce dans la rédaction issue de la loi de sauvegarde des entreprises[2], selon l'article L. 621-69, alinéa 1 du code, dans sa rédaction antérieure à la loi de sauvegarde des entreprises, au tribunal. Faute de précision, il ne peut s'agir que du tribunal ayant arrêté le plan de cession qu'il s'agit de modifier.

La demande présentée en cause d'appel, pour répondre à une demande en résolution du plan, doit être déclarée irrecevable, la question ayant été posée en présence d'une demande de résolution du plan de continuation[3], mais étant applicable en présence d'une demande de résolution du plan de cession. Il appartient au débiteur de saisir le tribunal et de solliciter de la cour d'appel un sursis à statuer, jusqu'à ce que le tribunal, saisi de la demande de modification de plan, ait statué, la modification du plan ayant nécessairement une incidence sur la demande en résolution du plan.

Le tribunal pourra procéder par renvoi à la cour d'appel de la question de la modification. Le débiteur pourrait en ce sens soulever une exception de connexité, car il existe bien, au sens de l'article 101 du code de procédure civile, des « affaires portées devant deux juridictions distinctes présentant entre elles un lien tel qu'il soit de l'intérêt d'une bonne justice de les faire instruire et juger ensemble ».

583.23 Convocation dans le cadre de la modification du plan de cession. L'article L. 621-69, alinéa 2 du code de commerce, dans la rédaction antérieure à la loi du 26 juillet 2005[4], précise que le tribunal ne peut statuer qu'après avoir entendu ou dûment appelé les parties, le représentant du comité d'entreprise, ou, à défaut, le délégué du personnel et toute personne intéressée, notion délibérément vague qui laisse ici au tribunal un pouvoir d'appréciation. L'article 95, alinéa 2 du décret du 27 décembre 1985[5] prévoit la convocation par le greffier, et ce par lettre recommandée avec demande d'avis de réception, du débiteur, du représentant du comité d'entreprise ou à défaut des délégués du personnel. Le greffier du tribunal avise de la date de l'audience le procureur de la République ainsi que le commissaire à l'exécution du plan. Le tribunal ne pourra se prononcer, sous l'empire de la loi de sauvegarde des entreprises, que sur le rapport du commissaire à l'exécution du plan et après avoir recueilli l'avis du ministère public, lequel n'a donc pas à être convoqué et *a fortiori* entendu.

L'article L. 642-6, alinéa 2 du code, dans la rédaction que lui donne la loi de sauvegarde des entreprises, prévoit l'audition ou à tout le moins la convocation d'un certain nombre de personnes. Il est d'abord ainsi du liquidateur ou, pour le plan de cession arrêté en phase de redressement judiciaire, sans conversion ultérieure du redressement en liquidation judiciaire lorsque le débiteur aura parallèlement obtenu un plan de redressement, du mandataire judiciaire qui a les attributions du liquidateur (C. com., art. L. 631-22, al. 1). Il y a ensuite place pour le tribunal à entendre, ou du moins à convoquer, l'administrateur judiciaire, s'il en a été désigné un. Le tribunal doit entendre ou à tout le moins convoquer les contrôleurs, sans distinction selon qu'ils sont contrôleurs de droit ou contrôleurs désignés. Notons ici que leur mission n'a donc pas pris fin à compter de l'arrêté du plan de cession. Le tribunal doit encore entendre ou au moins convoquer les institutions représentatives du personnel. L'obligation d'entendre ou de convoquer les institutions représentatives du personnel oblige, sous l'empire de la législation de sauvegarde des entreprises, pour les entreprises non dotées d'institutions représentatives des salariés, à convoquer le représentant des salariés, qui, en vertu de l'article L. 621-4 alinéa 2 du code, exerce les fonctions dévolues aux institutions représentatives du personnel. Enfin, il y a place à audition, ou à tout le moins à convocation, de toute personne intéressée. L'avis du ministère public devra être recueilli (C. com., art. L. 642-6, al. 2), ce qui ne nécessite pas sa présence à l'audience, même pour les grandes entreprises, alors que l'arrêté du plan de cession nécessitait sa présence. Les personnes appelées à l'audience au cours de laquelle la modification du plan de cession est débattue sont convoquées, en application de l'article R. 642-6 du code de commerce, selon les modalités de l'article R. 626-17 du code de commerce. Le greffier doit convoquer par lettre recommandée avec demande d'avis de réception le débiteur, les contrôleurs et les représentants des institutions représentatives du personnel. Le ministère public et les mandataires de justice doivent simplement être avisés par le greffier de la date d'audience.

583.24 Communication et publicité du jugement modifiant le plan de cession. Le jugement modifiant le plan de cession doit être communiqué aux mandataires de justice désignés par la juridiction, au procureur de la République et au trésorier-payeur général du département dans lequel le débiteur a son siège ainsi qu'a celui du département dans

1. Paris, 3e ch. C, 25 nov. 1994, *Rev. proc. coll.* 1995, 145, no 23, obs. Soinne – Paris, 3e ch. A, 2 juill. 1996, *Rev. proc. coll.* 1996, 448, no 28, obs. Soinne.
2. L. no 2005-845, 26 juill. 2005, préc.
3. Metz, ch. civ., 11 mai 1993, *Rev. proc. coll.* 1995, 145, no 23, obs. Soinne.
4. L. no 2005-845, 26 juill. 2005, préc.
5. D. no 85-1388, 27 déc. 1985, préc.

lequel il a son principal établissement (D. 28 déc. 2005[1], art. 258, al. 2, D. 27 déc. 1985[2], art. 96).

L'article R. 642-5, alinéa 3 du code de commerce (lég. de sauvegarde des entreprises[3]) et l'article 95, alinéa 3 du décret du 27 décembre 1985, qui renvoie à l'article 97 du même décret, prévoient que le jugement modificatif de plan de cession est signifié à la diligence du greffier dans les huit jours de sa date aux personnes qui ont qualité pour en interjeter appel, à l'exception du ministère public, auquel il est simplement communiqué.

Le jugement modifiant le plan de cession fait l'objet des publicités visées à l'article 21 du décret du 27 décembre 1985 (D. 27 déc. 1985, art. 96). Il s'agit des publicités relatives au jugement d'ouverture (v. s[s] n°s 233.33 et 233.34). Ce jugement est, en conséquence, publié au *Bodacc*.

Sous l'empire de la loi de sauvegarde des entreprises, l'article R. 642-5, alinéa 2 du code de commerce se contente de prévoir qu'il est mentionné aux registres ou répertoires prévus à l'article R. 621-8 du code de commerce (v. s[s] n° 233.34). Il n'a donc pas, *a priori*, à être publié au *Bodacc*. Si le débiteur est commerçant, le jugement modifiant le plan de cession est mentionné d'office au registre du commerce et des sociétés (D. 30 mai 1984[4], art. 36-3, 16°, réd. décret du 28 décembre 2005, art. 353, 16°).

La solution est conservée par le décret du 30 juin 2014[5] (art. 100), qui modifie l'alinéa 2 de l'article R. 642-5 pour prévoir, de façon plus précise, que le jugement modifiant le plan de cession est communiqué aux personnes visées à l'article R. 621-7 et est mentionné aux registres ou répertoires prévues aux trois premiers alinéas de l'article R. 621-8.

SECTION 583.30

VOIES DE RECOURS SUR LA DÉCISION STATUANT SUR LA MODIFICATION DU PLAN DE CESSION

583.31 Voies de recours sur la décision modifiant le plan de cession. L'article L. 623-6, III du code de commerce, dans sa rédaction antérieure à la loi de sauvegarde des entreprises[6], prévoit que les jugements modifiant le plan de cession ne sont susceptibles d'appel que de la part du ministère public, même s'il n'a pas agi comme partie principale, et du cessionnaire si le jugement modifiant le plan lui impose des charges non souscrites au cours de la période d'observation. L'appel du ministère public est suspensif (art. L. 623-6, IV). Le débiteur ne peut faire appel du jugement modifiant son plan de cession[7].

Ces solutions sont reconduites par l'article L. 661-6, III du code, dans sa rédaction issue de la loi de sauvegarde des entreprises (devenu C. com., art. L. 661-6, IV, réd. ord. 18 déc. 2008[8]), l'article L. 661-6, IV (devenu C. com., art. L. 661-6, VI, réd. ord. 18 déc. 2008) reprenant le principe du caractère suspensif de l'appel du ministère public, sous une réserve : l'appel est ouvert au cessionnaire si le jugement lui impose des charges non souscrites au cours de la phase de préparation du plan et non plus en période d'observation, cette modification ayant pour objet de tenir compte de l'éventualité de l'arrêté d'un plan de cession en liquidation judiciaire.

Le commissaire à l'exécution du plan, sous l'empire de la législation antérieure à la loi de sauvegarde des entreprises, est irrecevable à former appel. Il faut cependant réserver l'hypothèse d'un jugement modifiant le plan qui serait intervenu en fraude des droits des créanciers[9], la fraude faisant échec à toutes les règles. Les solutions sont applicables au liquidateur, sous l'empire de la loi de sauvegarde des entreprises.

L'article L. 623-6 III du code de commerce, dans sa rédaction antérieure à la loi de sauvegarde des entreprises et l'article L. 661-6, III, dans sa rédaction issue de la loi de sauvegarde des entreprises (devenu C. com., art. L. 661-6, IV, réd. ord. 18 déc. 2008), n'ouvrent que l'appel à l'encontre du jugement modifiant le plan de cession et à certaines personnes seulement. Les créanciers n'étant pas parties, ne peuvent faire appel de la décision modifiant le plan de cession[10]. Seul l'appel étant ouvert par les textes, comme la tierce opposition à l'encontre du jugement arrêtant le plan de cession, la tierce opposition réformation à l'encontre du jugement modifiant le plan de cession est fermée aux créanciers. Une opinion contraire avait toutefois été émise avant l'ordonnance du 18 décembre 2008[11]. Les créanciers disposeront cependant des voies de recours nullité, en cas d'excès de pouvoir[12]. Si la tierce opposition nullité est formée hors délai, l'appel du jugement la déclarant irrecevable est lui-même irrecevable[13].

583.32 Voies de recours sur la décision refusant de modifier le plan de cession. Faute de fermeture explicite, la question se pose de savoir si la décision

1. D. n° 2005-1677, 28 déc. 2005, *JO* 29 déc., p. 20324.
2. D. n° 85-1388, 27 déc. 1985, préc.
3. L. n° 2005-845, 26 juill. 2005, préc.
4. D. n° 84-406, 30 mai 1984, *JO* 31 mai, p. 1699.
5. D. n° 2014-736, 30 juin 2014, *JO* 1er juill., p. 10834.
6. L. n° 2005-845, 26 juill. 2005, préc.
7. Com. 25 févr. 2004, n° 01-15.757, NP.
8. Ord. n° 2008-1345, 18 déc. 2008, *JO* 19 déc., p. 19462.
9. Com. 30 mars 2005, n° 03-18.169, NP.
10. Paris, 3e ch. B, 3 déc. 2004, RG n° 2002/9460.
11. Le Cannu, 7e éd., n° 1097.
12. Com. 18 janv. 2005, n° 02-16.342, NP, *Gaz. proc. coll.* 2005/1, p. 29, n° 2-1, obs. Voinot.
13. Paris, 3e ch. A, 8 nov. 2005, RG n° 2004/7056.

rejetant la demande de modification de plan est susceptible d'appel. Il y a été parfois répondu par l'affirmative[1]. Il est exact qu'elle n'a pas à obéir au régime des voies de recours sur le jugement arrêtant le plan de cession, car le jugement refusant la modification du plan ne peut par hypothèse faire corps avec le jugement arrêtant le plan n'est cependant pas certain pour autant qu'il faille ouvrir au repreneur principal intéressé par une décision refusant de faire droit à la demande de modification du plan de cession, la voie de l'appel, même si une jurisprudence l'a décidé[2]. En effet, la réglementation restrictive de l'appel du jugement modifiant le plan doit, par symétrie, conduire à décider de la fermeture de l'appel du jugement refusant la modification, observation faite que l'appel du jugement modifiant le plan de cession n'est possible de la part du repreneur, comme d'ailleurs l'appel du jugement arrêtant le plan de cession, que lorsque le tribunal aura imposé des charges non souscrites au repreneur.

La rédaction du IV de l'article L. 661-6, tel qu'il résulte de l'ordonnance du 18 décembre 2008[3], nous semble clore toute discussion. Seuls les jugements modifiant le plan de cession sont susceptibles d'appel, et de la part de certaines personnes seulement. *A contrario*, les jugements rejetant la modification du plan ne sont pas susceptibles d'appel. La solution contraire a toutefois été posée par une juridiction[4].

Selon l'article L. 623-7 du code de commerce, dans sa rédaction antérieure à la loi de sauvegarde des entreprises[5] et selon l'article L. 661-7, dans sa rédaction issue de la loi de sauvegarde des entreprises, le pourvoi en cassation n'est ouvert qu'au ministère public à l'encontre des arrêts statuant sur les décisions modifiant le plan de cession, non sur les jugements refusant la modification. Le pourvoi formé par le cessionnaire, contre l'arrêt qui a rejeté sa demande de modification du plan, est donc irrecevable[6].

583.33 Voies de recours sur la décision modifiant le périmètre de la cession des contrats. Le cocontractant, dont le contrat est cédé, ne dispose pas, ici, explicitement de la voie de l'appel. Pourtant, ses droits peuvent se trouver affectés par la modification du plan. Il pourra être question du montant des obligations du repreneur à son égard. Il faut donc décider que le cocontractant est une partie nécessaire au jugement modifiant le plan de cession, qui affecterait la question des contrats judiciairement cédés.

Si la juridiction accepte de modifier le plan de cession quant à la détermination des contrats cédés[7], le cocontractant, partie nécessaire au jugement modifiant le plan de cession, doit pouvoir être déclaré recevable en son appel, limité cependant à la question de la cession des contrats par symétrie avec la solution posée pour le jugement arrêtant le plan de cession.

Le pourvoi réformation est en revanche fermé, sauf au ministère public, du fait de l'article L. 623-7 du code de commerce, qui interdit l'appel des jugements statuant sur le plan de cession ou modifiant le plan.

La solution est reprise par la loi de sauvegarde des entreprises[8] (C. com., art. L. 661-7).

À supposer fermé l'appel réformation, l'appel nullité ne pourrait être ouvert au cocontractant, que dans la mesure de l'excès de pouvoir commis par la juridiction. Mais la Cour de cassation, d'une manière critiquable à notre sens (v. s^{s} n° 583.11) n'a pas considéré comme un excès de pouvoir le fait de modifier le périmètre de la cession des contrats[9].

583.34 Voies de recours sur la décision modificative du plan de cession affectant les droits des créanciers inscrits. Si les droits du créancier titulaire d'une sûreté spéciale dont la charge est transmise au repreneur sont affectés par la modification, il y a excès de pouvoir. Il y a place, de la part des créanciers, à tierce opposition nullité. En effet, la tierce opposition réformation sur le jugement modifiant le plan de cession n'est pas ouverte[10], du fait du caractère restrictif de termes de l'article L. 623-6, III du code de commerce, dans sa rédaction antérieure à la loi de sauvegarde des entreprises[11], de l'article L. 661-6, III (devenu C. com., art. L. 661-6, IV, réd. ord. 18 déc. 2008[12]), dans sa rédaction issue de la loi de sauvegarde des entreprises, « ne sont susceptibles que d'un appel [...] les jugements modifiant le plan de cession ».

L'appel des créanciers sur le jugement statuant sur leur tierce opposition sera, par voie de conséquence, fermé[13].

1. Paris, 3e ch. A, 23 sept. 2003, RG n° 2002/01248 – *Adde*, Soinne, n° 1768-2.
2. Reims, ch. civ., 1re sect., 30 mars 2004, RG n° 04/00188.
3. Ord. n° 2008-1345, 18 déc. 2008, préc.
4. Lyon, 3e ch. civ., sect. A, 14 mai 2009, RG n° 08/05390.
5. L. n° 2005-845, 26 juill. 2005, préc.
6. Com. 6 juill. 2010, n° 09-67.940, NP; n° 745 F-D; *Rev. proc. coll.* 2010/6, comm. 242, note Fraimout.
7. Reims, ch. civ., 1re sect., 30 mars 2004, RG n° 04/00188.
8. L. n° 2005-845, 26 juill. 2005, préc.
9. Com. 3 mai 2006, n° 04-15.760, *Bull. civ.* IV, n° 111; n° 556 FS-P+B+R+I; *D.* 2006. AJ 1369, obs. Lienhard; *JCP E* 2006, Chron. 2331, p. 1532, n° 5, obs. Pétel; *Gaz. proc. coll.* 2006/3, p. 19, obs. Rohart-Messager; *Gaz. proc. coll.* 2006/3, p. 26, obs. Voinot; *LXB* n° N0179AL9, note Le Corre-Broly.
10. Com. 29 avr. 2003, n°s 00-17.842, 00-18.032, 00-18.518, NP – Com. 29 avr. 2003, n° 00-18.517, n° 00-19.450, NP.
11. L. n° 2005-845, 26 juill. 2005, préc.
12. Ord. n° 2008-1345, 18 déc. 2008, préc.
13. Com. 29 avr. 2003, n°s 00-17.842, 00-18.032, 00-18.518, NP.

583.35 Pourvoi en cassation sur la décision modifiant le plan de cession. On précisera encore que le pourvoi en cassation en matière de décision modifiant le plan de cession n'apparaît ouvert qu'au ministère public, l'article L. 623-7, alinéa 2 du code de commerce, dans sa rédaction antérieure à la loi de sauvegarde des entreprises[1], visant les II et III de l'article L. 623-6, le jugement de modification plan étant envisagé au III de cet article.

La fermeture de principe du pourvoi en cassation reste posée avec l'article L. 661-7 alinéa 2, qui vise les II et III de l'article L. 661-6, avant l'ordonnance du 18 décembre 2008[2]. La solution reste inchangée, depuis cette ordonnance, l'article L. 661-7, alinéa 2 du code visant les arrêts rendus en application du III, IV et V de l'article L. 661-6[3].

583.36 Point de départ du délai de recours à l'encontre de la décision modifiant le plan de cession. Le jugement modificatif est, par principe, notifié aux parties. Le point de départ du délai de recou à l'encontre jugement de modification du p de cession en notification de la décision. Faut de réglementat particulière, cette solution du oit commun de procédure civile s'appliquera égament au cocontractant dont le contrat est judiciement cédé.

Le jugement modcatif du plan de cession est, sus l'empire de la lslation antérieure à la loi de auvegarde des entrrises[4], publié au *Bodacc*. La date de publication cstituera le point de départ de la tierce oppositionullité au créancier. Au contraire, sous l'empire législation issue de la loi de sauvegarde, la publicion au *Bodacc* n'est plus prévue. Le délai de tierc opposition nullité courra, en conséquence, de la dte du prononcé de la décision modifiant le plan de cession, ce qui semble poser problème au regard du droit procès équitable imposé par l'article 6 § 1 de la Convention EDH, du fait que le délai de recours commence à courir à compter d'un événement inconnu du plaideur.

1. L. n° 2005-845, 26 juill. 2005, préc.
2. Ord. n° 2008-1345, 18 déc. 2008, préc.
3. Com. 16 sept. 2014, n° 12-26.478, NP; n° 712 F-D.
4. L. n° 2005-845, 26 juill. 2005, préc.

CHAPITRE

584. Difficultés d'exécution du plan de cession

SECTION 0 ORIENTEUR

584.00 Plan du chapitre.

Sect. 584.10 Modalités procédurales de la résolution du plan de cession

Sect. 584.20 Conditions de fond de la résolution du plan de cession

Sect. 584.30 Voies de recours sur le jugement de résolution du plan de cession

Sect. 584.40 Effets de la résolution du plan de cession

584.01 Textes applicables. (V. les références complètes ss n° 011).

> Législation antérieure à la loi de sauvegarde des entreprises.

C. com., art. L. 621-91, al. 4, L. 621-93

D. n° 85-1388, 27 déc. 1985, art. 107 et 108

> Législation issue de la loi de sauvegarde des entreprises.

C. com., art. L. 642-11

C. com., art. R. 642-18 (anct D. 28 déc. 2005, art. 264), R. 642-21 (anct D. 28 déc. 2005, art. 267)

> Législation issue de l'ordonnance du 18 décembre 2008.

C. com., art. L. 642-11

C. com., art. R. 642-18, R. 642-21

584.02 Jurisprudence de référence.

> La résolution du plan de cession n'emporte pas anéantissement des actes de cession (lég. 1985).

• **Com. 22 juin 1993,** n° 91-13.307, *Bull. civ.* IV, n° 263

* V. ss n° 584.43

« Mais attendu que la résolution du plan de cession n'a pas pour effet d'entraîner de plein droit la résolution d'une convention de vente conclue, pour son exécution, par l'administrateur judiciaire; qu'ayant retenu que le jugement ayant prononcé la résolution du plan de cession n'avait pas décidé la résolution de la vente du fonds de commerce, acte distinct du jugement arrêtant le plan, et que cette résolution n'avait pas été demandée dans l'instance introduite par la banque, c'est à bon droit que la cour d'appel a décidé que la convention subsistait en l'état. »

584.03 Bibliographie indicative. (V. les références complètes ss n° 031 – Aussi ss n° 540.03).

> Ouvrages. Grillier F., *La seconde faillite*, th., Paris, 1995.

> Articles. Chatelon S. et Grillier F., « Les conséquences incertaines de la résolution du plan de cession », *Rev. proc. coll.* 2002 – Le Corre P.-M., « Résolution du plan de cession et adoption d'un second plan de cession », *Gaz. Pal.* entr. diff. 2-3 juill. 2010, nos 183, 184, p. 9.

584.04 Question essentielle.

• Quel est le sort des actes de cession en cas de résolution du plan de cession ?

* V. ss n° 584.43.

SECTION 584.10 MODALITÉS PROCÉDURALES DE LA RÉSOLUTION DU PLAN DE CESSION

584.11 Modalités procédurales de la résolution du plan de cession. Jusqu'à la loi du 10 juin 1994[1], la question de la résolution du plan de cession était l'une des difficultés majeures de la loi du 25 janvier 1985[2]. En effet, alors qu'il avait soigneusement réglementé la question en plan de continuation, le législateur était resté muet sur les conséquences de l'inexécution du plan de cession, sous réserve d'une disposition qui prévoyait la possibilité de saisir le tribunal aux fins de nomination d'un mandataire *ad hoc* (C. com., art. L. 621-93). La mission de ce dernier n'était pas précisée, de sorte que la question s'était rapidement posée de déterminer exactement ses pouvoirs. Dans le silence de la loi du 25 janvier 1985 sur ce point, était-il possible au tribunal de prononcer la résolution du plan de cession ?

1. L. n° 94-475, 10 juin 1994, *JO* 11 juin, p. 8440.
2. L. n° 85-98, 25 janv. 1985, *JO* 26 janv., p. 1097.

La jurisprudence s'était orientée en ce sens. La résolution pouvait intervenir à titre de sanction du défaut de paiement du prix[1]. Cependant, seul le mandataire *ad hoc*[2], désigné par le tribunal sur le fondement de l'article 90 de la loi du 25 janvier 1985 et le procureur de la République[3], avait qualité pour saisir à cette fin le tribunal, cette possibilité n'étant pas reconnue au débiteur[4].

La loi du 10 juin 1994, tout en conservant la possibilité de nomination d'un administrateur *ad hoc*, a prévu à l'article L. 621-91 du code de commerce, que « si le cessionnaire n'exécute pas ses engagements, le tribunal peut, d'office, à la demande du procureur de la République, du commissaire à l'exécution du plan, du représentant des créanciers ou d'un créancier, prononcer la résolution du plan ». Cette liste doit être considérée comme limitative. On en déduit que l'administrateur *ad hoc* ne dispose pas de cette qualité. La nomination d'un mandataire spécial apparaît, à cette fin, impossible. L'article 90 du décret du 27 décembre 1985[5] ne la prévoit que pour terminer les instances poursuivies par le commissaire à l'exécution du plan, non pour terminer les opérations de cession.

Il est singulier que le représentant des créanciers ait qualité pour exercer une action en résolution du plan de cession, alors que sa mission de défense de l'intérêt collectif des créanciers a cessé et qu'il ne demeure en fonction que pour terminer les opérations de vérification du passif.

Sous l'empire de la loi de sauvegarde des entreprises[6], l'article L. 642-11, alinéa 2 du code de commerce dispose que « si le cessionnaire n'exécute pas ses engagements, le tribunal peut, à la demande du ministère public d'une part, du liquidateur, d'un créancier, de tout intéressé ou d'office, après avoir recueilli l'avis du ministère public, d'autre part, prononcer la résolution du plan... » La liste n'a donc plus de caractère limitatif puisque tout intéressé peut saisir le tribunal. Il est dès lors inutile que le législateur ait cru bon de procéder par énumération. Un salarié pourrait ainsi saisir le tribunal aux fins de résolution du plan de cession[7]. Il s'agit là d'une saine incitation pour le repreneur à respecter les engagements sociaux souscrits dans son offre.

Le candidat repreneur évincé n'est pas, en cette qualité, une personne intéressée et ne peut donc exercer une action en résolution du plan de cession. Il ne peut davantage, en sa qualité de repreneur évincé, exercer un recours à l'encontre de la décision le déboutant de sa demande et pas davantage n'a qualité pour former un pourvoi en cassation, alors même que sous l'empire de la loi de sauvegarde des entreprises, dans sa rédaction initiale, les textes ne réservaient pas le pourvoi en cassation au ministère public à l'encontre des arrêts statuant sur la résolution du plan de cession[8].

En cas de plan de cession partielle, la défaillance de l'un des cessionnaires peut être sanctionnée par la résolution du plan de cession partielle arrêté à son profit[9].

L'article 107 du décret du 27 décembre 1985 envisage la convocation en chambre du conseil du cessionnaire par le greffier. Il s'agit de l'inexécution du plan de cession pour motif tiré du non-paiement du prix de cession (v. s[s] n° 584.22). Pareille précision n'est pas apportée par le décret du 27 décembre 1985 pour les inexécutions d'une autre nature.

Plus logiquement, sous l'empire de la loi de sauvegarde des entreprises, l'article R. 642-18, alinéa 2 du code de commerce prévoit que le cessionnaire est convoqué par le greffier par lettre recommandée avec demande d'avis de réception, pour être entendu par le tribunal sur toute inexécution du plan de cession, de quelque nature qu'elle soit.

Le tribunal ne peut statuer sur la résolution du plan de cession qu'après avoir appelé à l'audience le demandeur à la résolution. S'il est créancier, le greffier doit le convoquer par lettre recommandée avec demande d'avis de réception. Le liquidateur et le ministère public seront avisés de la date d'audience.

Le tribunal se prononce sur la résolution du plan, dans les conditions des deux premiers alinéas de l'article L. 642-5 du code de commerce (C. com., art. R. 642-18, al. 4), les personnes appelées à l'audience étant, en application de l'article R. 642-18 alinéa 3 du code de commerce, convoquées dans les conditions de l'article R. 626-17 du code de commerce. En conséquence, le tribunal se prononcera sur la résolution après avoir recueilli l'avis du ministère public, qui a été avisé de la date d'audience. Le tribunal doit entendre ou du moins appeler le débiteur, qui est convoqué par le greffier par lettre recommandée avec demande d'avis de réception. Les représentants du

1. Com. 9 juin 1998, n° 96-12.750, *Bull. civ.* IV, n° 187; *Gaz. Pal.* 1998, pan. 236; *JCP E* et *A* 1998, pan. 1335; *D.* 1998. IR 179.
2. T. com. Orléans, 1er avr. 1988, *Rev. proc. coll.* 1988, 400, n° 23, obs. Soinne.
3. T. com. Paris, 30 juill. 1987, *Gaz. Pal.* 11 nov. 1987, note Marchi et de Guillenschmitt; *Rev. proc. coll.* 1989, 178, n° 2, obs. Soinne; *JCP E* 1988. II. 15114, obs. M. Cabrillac et Vivant.
4. Paris, 3e ch. B, 2 mars 1990, *Gaz. Pal.* 29 nov. 1990.
5. D. n° 85-1388, 27 déc. 1985, *JO* 29 déc., p. 15281.
6. L. n° 2005-845, 26 juill. 2005, *JO* 27 juill., p. 12187.
7. Pétel, « La réforme des plans de redressement », Colloque Crajefe Nice 27 mars 2004, *LPA* 10 juin 2004, p. 34, n° 29 – LIENHARD, 6e éd., n° 124.43 – ROUSSEL GALLE, 2e éd., 2007, n° 747 – JACQUEMONT, 6e éd., 2009, n° 903.
8. Com. 10 mars 2015, n° 13-25.352, NP; n° 263 F-D; *Act. proc. coll.* 2015/19, comm. 304, note Vallansan.
9. Com. 17 déc. 2003, n° 01-01.953, NP.

comité d'entreprise ou à défaut des délégués du personnel et les contrôleurs doivent également être convoqués par lettre recommandée avec demande d'avis de réception. Le liquidateur et l'administrateur, lorsqu'il en a été désigné un et s'il est encore en fonction, sont simplement avisés de la date d'audience.

Les débats doivent avoir lieu en présence du ministère public lorsque la procédure est ouverte au bénéfice de personnes physiques ou morales dont le nombre de salariés ou le chiffre d'affaires hors taxes est supérieur à un seuil fixé par décret en Conseil d'État. Le seuil étant de vingt salariés ou de 3 000 000 d'euros de chiffre d'affaires hors taxes par an, et l'article L. 642-5 du code de commerce auquel il est renvoyé prévoyant que les débats supposent la présence du ministère public en-deçà du seuil fixé par décret, il faut décider que la présence du ministère public s'impose au-delà de vingt salariés ou au-delà de 3 000 000 d'euros de chiffre d'affaires hors taxes par an.

Conformément au principe posé par l'article R. 662-13 du code de commerce, le jugement sera rendu en audience publique.

584.12 Communication, signification et publicité de la décision de résolution du plan de cession. La législation antérieure à la loi de sauvegarde avait peu réglementé la résolution du plan de cession. Aucune règle n'était posée relativement à la communication, à la signification et à la publicité de la décision prononçant la résolution du plan de cession.

L'article R. 642-18, alinéa 6 du code de commerce prévoit que la décision est signifiée par les soins du greffier aux personnes autres que le ministère public qui ont qualité pour en interjeter appel.

L'article R. 642-18, alinéa 5 du code de commerce prévoit que la décision qui prononce la résolution du plan de cession est communiquée par le greffier aux mandataires de justice désignés par la juridiction, au procureur de la République et au trésorier-payeur général du département dans lequel le débiteur a son siège ainsi qu'a celui du département dans lequel il a son principal établissement.

Cette décision fait l'objet des mêmes mesures de publicité qu'un jugement d'ouverture (v. ss n°s 233.33 et 233.34). Elle est notamment publiée au *Bodacc*. Si le débiteur est commerçant, le jugement prononçant la résolution du plan de cession est mentionné d'office au registre du commerce et des sociétés (D. 30 mai 1984[1], art. 36-3, 17°, réd. D. 28 déc. 2005[2], art. 353, 17°).

1. D. n° 84-406, 30 mai 1984, *JO* 31 mai, p. 1699.
2. D. n° 2005-1677, 28 déc. 2005, *JO* 29 déc., p. 20324.

SECTION 584.20

CONDITIONS DE FOND DE LA RÉSOLUTION DU PLAN DE CESSION

584.21 Motifs de la résolution du plan de cession. La résolution peut être prononcée si l'inexécution émane du repreneur. *Si elle est l'œuvre du débiteur*, il n'y a évidemment pas place à résolution[3].

Dès lors qu'elle a pour origine le fait ou l'abstention du repreneur, l'inexécution de tout type d'engagement peut causer la résolution du plan. Faute pour le code de commerce de distinguer (C. com., art. L. 642-11, al. 2, réd. loi de sauvegarde des entreprises[4]; C. com., art. L. 621-91, al. 4, réd. législation antérieure à la loi de sauvegarde des entreprises), l'interprète ne devra pas d'avantage procéder à une distinction.

Il pourra s'agir de l'inexécution d'engagements souscrits dans l'offre, par exemple l'inexécution d'engagements sociaux, lesquels étaient classiques sous l'empire de la loi du 25 janvier 1985[5]. Il pourra encore s'agir de l'inexécution d'engagements financiers[6], par exemple l'apport de capitaux promis ou le non-paiement du prix de cession.

Cette solution contraste avec celle existant sous l'empire de la loi du 25 janvier 1985 non réformée. La jurisprudence majoritaire des juges du fond s'était alors fixée dans le sens de l'impossible résolution du plan de cession, si l'inexécution n'était pas relative au paiement du prix de cession[7].

Encore faut-il préciser que le repreneur peut avoir limité dans son offre la durée de ses engagements. Seule une inexécution intervenue pendant cette durée peut alors justifier la résolution du plan[8].

Il ne semble pas que la résolution du plan de cession puisse aussi être fondée sur l'inexécution de l'obligation de payer les échéances restant à échoir d'un crédit lorsqu'un bien grevé de sûreté financé par ce prêt aura été cédé au repreneur. En effet, l'engagement légal n'est pas pris à l'égard de la procédure collective, mais à l'égard du prêteur bénéficiant du transfert de la charge de la sûreté, qui devra donc individuellement le faire respecter.

584.22 Particularités de l'inexécution du plan de cession fondée sur le non-paiement du prix de

3. Com. 6 juin 2000, n° 97-16.896, NP, *RJDA* 2000/11, n° 1020.
4. L. n° 2005-845, 26 juill. 2005, préc.
5. L. n° 85-98, 25 janv. 1985, préc.
6. Com. 13 janv. 1993, *Rev. proc. coll.* 1994, 237, n° 48, obs. Soinne.
7. Dijon, 1re ch., 1re sect., 31 janv. 1995 et Douai, 12e ch., 28 mars 1996, *Rev. proc. coll.* 1996, 488, n° 64, obs. Soinne.
8. PÉROCHON, 10e éd., n° 1216.

cession sous l'empire de la loi du 25 janvier 1985[1]. L'article L. 621-93 du code de commerce, dans sa rédaction antérieure à la loi de sauvegarde des entreprises[2], prévoit spécialement l'hypothèse de défaut de paiement du prix de cession. Il indique, en cette occurrence, que « le tribunal peut, d'office, à la demande du commissaire à l'exécution du plan, du procureur de la République, ou de tout intéressé, nommer un administrateur *ad hoc* dont il détermine la mission ».

Il convient d'abord de préciser que l'inexécution fondée sur le non-paiement du prix de cession pourra être sanctionnée par l'article L. 621-91, alinéa 4 du code de commerce. L'article L. 621-93 ne déroge pas à l'article L. 621-91, alinéa 4, texte général, qui embrasse, à notre sens, l'hypothèse visée à l'article L. 621-93. Le non-paiement du prix de cession, comme toute autre inexécution du plan peut donc être sanctionné par la résolution du plan. Mais, et c'est là l'intérêt de l'article L. 621-93, il est possible de rechercher une solution alternative à la résolution du plan[3]. L'administrateur *ad hoc*, nommé sur le fondement de l'article L. 621-93, a précisément pour mission de rechercher une solution permettant d'exécuter le plan, afin d'éviter sa résolution. C'est donc dans ce cadre que doit s'inscrire strictement[4] la mission que lui conférera le tribunal, puisqu'il appartient à ce dernier de déterminer cette mission (C. com., art. L. 621-93). Il pourra s'agir d'obtenir l'exécution forcée du plan et spécialement le paiement du prix de cession, au besoin sous astreinte[5], cependant que ce mandataire *ad hoc* n'a pas qualité pour recouvrer le prix de cession, cette mission étant strictement dévolue au commissaire à l'exécution du plan[6].

Le périmètre flou de la mission de l'administrateur *ad hoc* n'englobe, en tout cas, pas la possibilité de déclarer l'état de cessation des paiements du repreneur[7], ou de prendre des mesures conservatoires sur l'entreprise du débiteur[8].

Si le repreneur, avant paiement du prix de cession, fait l'objet d'une procédure collective, le prix de vente des actifs cédés par le canal du plan de cession, perçu dans la procédure du repreneur, n'a pas à être remis au commissaire à l'exécution du plan, en l'absence d'action en résolution du plan[9].

La loi de sauvegarde des entreprises, qui réglemente, à l'article L. 642-11 du code de commerce, la question de l'inexécution du plan de cession, ne comporte plus de disposition particulière à l'hypothèse du non-paiement du prix de cession. C'est une inexécution comme une autre, qui sera sanctionnée comme toute inexécution.

SECTION 584.30
VOIES DE RECOURS SUR LE JUGEMENT DE RÉSOLUTION DU PLAN DE CESSION

584.31 Voies de recours sur le jugement de résolution du plan de cession.

> Avant l'ordonnance du 18 décembre 2008[10]. La loi du 25 janvier 1985[11] et celle du 26 juillet 2005[12] ne contiennent pas de réglementation particulière des voies de recours sur la décision de résolution du plan de cession. Conformément aux principes gouvernant la matière, il faut en conséquence décider que, faute pour les textes d'avoir fermé les voies de recours, celles-ci sont ouvertes[13]. Il en est ainsi de l'appel[14].

En conséquence, le repreneur, tout d'abord, pourra faire appel. Il en est de même du cocontractant dont le contrat aura été cédé.

Les créanciers pourront, à notre sens, former tierce opposition réformation.

Le débiteur, quant à lui, ne semble pas pouvoir interjeter appel, qu'il soit une personne physique ou une personne morale, puisqu'il n'y a pas intérêt.

En outre, sous l'empire de la législation antérieure à la loi de sauvegarde des entreprises, sauf nomination d'un liquidateur au sens du droit des sociétés ou d'un mandataire *ad hoc*, le dirigeant social n'a plus qualité pour exercer l'action en justice au nom de la personne morale[15], car le plan de cession totale a emporté sa dissolution (C. civ., art. 1844-7, 7° – v. s^s^ n° 553.32). Il a cependant été jugé que si le jugement de résolution de plan entraîne ouverture d'une nouvelle procédure contre le débiteur, ce dernier est recevable à former appel[16]. Cette solution, sous-tendue

1. L. n° 85-98, 25 janv. 1985, préc.
2. L. n° 2005-845, 26 juill. 2005, préc.
3. EN CE SENS : IFPPC 1999, recomm. n°s 5085-3, 5085-4, p. 114.
4. EN CE SENS : IFPPC 1999, recomm. n° 5085-4, p. 114.
5. SAINT-ALARY-HOUIN, 4e éd., n° 999.
6. SOINNE, n° 1772.
7. Com. 28 févr. 1995, n° 92-18.197, *Bull. civ.* IV, n° 62; *JCP* 1995. I. 3871, n° 5, obs. Pétel; *Bull. Joly* 1995. 541, note Le Cannu; *Rev. proc. coll.* 1995, 182, n° 57, obs. Soinne.
8. Com. 28 févr. 1995, n° 92-18.197, *Bull. civ.* IV, n° 62; *JCP* 1995. I. 3871, n° 5, obs. Pétel; *Bull. Joly* 1995. 541, note Le Cannu; *Rev. proc. coll.* 1995, 182, n° 57, obs. Soinne.
9. Com. 1er févr. 2000, n° 97-14.234, NP, *LPA* 10 août 2000, n° 159, p. 21, note Gallet; *RTD com.* 2001. 223, obs. Saint-Alary-Houin.
10. Ord. n° 2008-1345, 18 déc. 2008, *JO* 19 déc., p. 19462.
11. L. n° 85-98, 25 janv. 1985, préc.
12. L. n° 2005-845, 26 juill. 2005, préc.
13. EN CE SENS AUSSI : PÉROCHON ET BONHOMME, 7e éd., n° 475.
14. Com. 6 mai 1997, n° 94-19.017, *Bull. civ.* IV, n° 124; *LPA* 27 févr. 1998, n° 25, p. 19, note Derrida; *D. Affaires* 1997, 766.
15. Paris, 3e ch. B, 5 déc. 1990, *JurisData* 026161.
16. Toulouse, 2e ch., 11 mars 1991, cité dans SOINNE, note n° 5589.

par le constat que le débiteur forme appel d'un jugement d'ouverture et non pas simplement d'un jugement de résolution du plan de cession, ne peut être suivie, la société débitrice dissoute n'ayant plus d'organe apte à la représenter pour interjeter appel.

Sous l'empire de la loi de sauvegarde des entreprises, cette justification tirée de la perte de qualité du dirigeant social de la société débitrice ne pourra plus, par principe, être avancée, puisque le dirigeant social demeurera par principe en fonction même en liquidation judiciaire.

La législation antérieure à la loi de sauvegarde des entreprises ne contient pas davantage de disposition sur les voies de recours ouvertes à l'encontre de la décision de nomination d'un administrateur *ad hoc*. Il faut donc décider de qu'il y a place à application des voies de recours de droit commun, faute de fermeture explicite[1], les restrictions apportées par l'article L. 623-6 II du code de commerce, dans sa rédaction antérieure à la loi de sauvegarde des entreprises, en matière de jugement statuant sur le plan de cession étant ici inapplicables[2].

Le cessionnaire est également recevable à interjeter appel du jugement de résolution du plan de cession[3], quoique le contraire ait été jugé[4]. Le délai d'appel court de la notification du jugement, faute de disposition contraire, et non de la décision elle-même[5].

On précisera enfin que les voies de recours seront identiquement ouvertes sur les jugements statuant sur la caducité du plan de cession[6].

> L'ordonnance du 18 décembre 2008 vient, de manière nouvelle, réglementer la question des voies de recours à l'encontre des jugements statuant sur la résolution du plan de cession. Le V de l'article L. 661-6 du code de commerce, dans la rédaction que lui donne l'ordonnance du 18 décembre 2008 (ord. 18 déc. 2008, art. 151), prévoit que « ne sont susceptibles que d'un appel les jugements statuant sur la résolution du plan de cession ». La formulation autorise, sous réserve évidemment de l'intérêt à agir, l'appel à l'encontre des jugements, qui prononcent, mais aussi à l'encontre de ceux qui refusent de prononcer, la résolution du plan de cession.

L'appel est ouvert, de manière nouvelle, au débiteur. On voit mal cependant quel pourrait être l'intérêt à agir du débiteur. L'appel est également ouvert à l'administrateur, au liquidateur et au cessionnaire. Enfin, il est ouvert au ministère public, l'appel de ce dernier étant, en application du VI de l'article L. 661-6 du code, suspensif.

La limitation du droit d'appel instaurée par ce texte, et notamment la fermeture du recours aux créanciers, a fait l'objet d'une question prioritaire de constitutionnalité jugée non sérieuse par la Cour de cassation[7]. En effet, elle ne porte pas atteinte aux principes d'égalité devant la justice et de respect des droits de la défense, ni au droit à un recours juridictionnel effectif, dès lors que la différence qui en résulte entre les créanciers du débiteur en procédure collective, d'un côté, et les personnes titulaires du droit de relever appel-réformation, de l'autre, est en rapport direct avec l'objet et de la loi tenant, dans l'intérêt général, à sécuriser les plans de cession et qu'elle aménage des garanties aux créanciers quant au respect des droits de la défense, tenant à leur possibilité de demander la résolution du plan, ce qui fait d'eux des parties, et à la recevabilité du recours nullité.

On précisera encore que les voies de recours seront identiquement ouvertes sur les jugements statuant sur la caducité du plan de cession, comme cela avait été jugé sous l'empire de la loi du 25 janvier 1985.

En application de l'article L. 661-7, alinéa 1 du code de commerce, issu de la rédaction que lui donne l'ordonnance du 18 décembre 2008 (ord. 18 déc. 2008, art. 152), la tierce opposition et le pourvoi en cassation[8] sont clairement fermés contre les jugements statuant sur la résolution du plan de cession. Il en est tiré la conséquence que le repreneur ne peut former un pourvoi contre la décision de la cour d'appel prévoyant la conservation du prix de cession par la procédure collective après résolution du plan de cession[9].

Toutefois, en application de l'alinéa 2 de l'article L. 661-7 du code de commerce, dans sa rédaction issue de l'ordonnance du 18 décembre 2008 (ord. 18 déc. 2008, art. 152), il convient de réserver la possibilité pour le ministère public de former un pourvoi en cassation à l'encontre des arrêts rendus en application du V de l'article L. 661-6, c'est-à-dire les arrêts statuant sur la résolution du plan de cession.

1. Amiens, 3e ch. com., 17 sept. 1992, *Rev. proc. coll.* 1993, 529, no 39, obs. Soinne.
2. Colmar, 1re ch. civ., 16 janv. 1991 et Amiens, 3e ch. com., 17 sept. 1992, *Rev. proc. coll.* 1993, 529, no 39, obs. Soinne.
3. Com. 13 avr. 2010, no 08-21.825, *Bull. civ.* IV, no 79; no 463 FS-P+B; *D.* 2010. *Act. dr. affaires* 1071, note Lienhard.
4. Angers, 27 nov. 1989, *Rev. proc. coll.* 1991, 483, no 2, obs. Dureuil; *Rev. proc. coll.* 1991, 333, no 49, obs. Soinne; *D.* 1991. Somm. 16, obs. Derrida; *Rev. huissiers* 1990. 921, obs. Daigre.
5. Com. 13 avr. 2010, no 08-21.825, préc.
6. Com. 6 févr. 1996, no 93-11.081, *Bull. civ.* IV, no 37; *LPA* 24 avr. 1998, no 49, p. 12, note Derrida; *Rev. proc. coll.* 1996, 480, no 57, obs. Soinne.
7. Com. 9 juill. 2013, no 13-40.030 QPC, NP.
8. Com. 9 juill. 2013, no 12-30.050, NP; no 765 F-D; *Gaz. Pal.* 29 sept. 2013, no 272, p. 27, note Voinot.
9. Com. 9 juill. 2013, no 12-30.050, NP; no 765 F-D; préc.

SECTION 584.40
EFFETS DE LA RÉSOLUTION DU PLAN DE CESSION

584.41 Absence d'ouverture d'une nouvelle procédure contre le débiteur. Contrairement à l'article L. 626-27, dans sa rédaction issue de la loi de sauvegarde des entreprises[1], et à l'article L. 621-82 du code de commerce, dans sa rédaction antérieure à la loi de sauvegarde des entreprises, qui posent la règle selon laquelle la résolution du plan de continuation entraîne ouverture d'une nouvelle procédure, l'article L. 621-91, alinéa 4 du code de commerce, dans sa rédaction antérieure à la loi de sauvegarde des entreprises, reste muet sur les effets de la résolution du plan. L'article L. 642-11 du code, dans sa rédaction issue de la loi de sauvegarde des entreprises, précise davantage les effets de la résolution du plan de cession, sans indiquer pour autant qu'il y a place à ouverture d'une nouvelle procédure collective.

> Sous l'empire de la loi du 25 janvier 1985[2] non réformée, il a parfois été décidé que la résolution du plan de cession entraînait ouverture d'une nouvelle procédure à l'encontre du débiteur cédant[3]. En sens inverse, il a été observé que tant que la première procédure ouverte contre le débiteur n'avait pas été clôturée, il était impossible de prononcer l'ouverture d'une seconde procédure[4].

Si la procédure ouverte contre le débiteur n'a pas encore été clôturée, l'ouverture d'une nouvelle procédure à son encontre est impossible. Puisqu'il n'y a pas ouverture d'une nouvelle procédure, il n'est pas question d'obliger les créanciers à déclarer à nouveau leur créance[5]. De la même façon, les créanciers postérieurs du débiteur conservent cette qualité dans sa procédure qui continuera son cours. La résolution du plan s'inscrira dès lors dans le cadre de la procédure initiale du débiteur, non encore clôturée. Elle conduira généralement, sous l'empire de la législation antérieure à la loi de sauvegarde des entreprises, au prononcé d'une liquidation judiciaire à l'encontre du débiteur, dès lors que toute autre tentative de redressement s'avère impossible[6].

> Sous l'empire de la loi de sauvegarde des entreprises, la liquidation judiciaire poursuivra son cours, car l'article L. 643-9, *alinéa 4 du code prévoit que* « en cas de plan de cession, le tribunal ne prononce la clôture de la procédure qu'après avoir constaté le respect de ses obligations par le cessionnaire ». Il est donc clair que, si le plan de cession est intervenu en phase liquidative, la clôture de la procédure de liquidation judiciaire supposera la complète exécution du plan de cession. Une nouvelle procédure contre le débiteur est en conséquence exclue[7]. Le jeu de l'article L. 642-21 du code, dans sa rédaction issue de la loi du 26 juillet 2005 [et depuis l'ordonnance du 18 décembre 2008[8], le jeu de l'article L. 631-22, alinéa 1 du code], qui prévoient l'application des dispositions de la liquidation judiciaire en cas de plan de cession arrêté pendant le redressement judiciaire, aboutissent aux mêmes conséquences.

Il y aura alors simplement place, faute d'ouverture d'une nouvelle procédure, à liquidation résiduelle des biens qui, à la suite de la résolution du plan de cession du repreneur, feraient retour dans le patrimoine du débiteur. La loi de sauvegarde des entreprises envisage explicitement la solution en prévoyant que « le tribunal peut prononcer la résolution ou la résiliation des actes passés en exécution du plan résolu » (v. s[s] n° 584.43). Il a été affirmé qu'il n'y avait pas d'obstacle, en ce cas, à ce que le tribunal décide une nouvelle période de poursuite d'activité[9]. La raison de douter de cette affirmation nous semble toutefois tenir à l'observation que la poursuite d'activité semble bien s'inscrire dans le jugement d'ouverture de la liquidation judiciaire et que, en tout état de cause, si une première poursuite d'activité a été autorisée, une nouvelle ne pourra intervenir que dans la limite de la durée maximale de poursuite d'activité autorisée par la loi non utilisée préalablement.

584.42 Ouverture éventuelle d'une procédure contre le repreneur. Le code de commerce ne précise pas, en son article L. 642-11, dans sa rédaction issue de la loi de sauvegarde des entreprises[10], en son article L. 611-91, alinéa 4, dans sa rédaction antérieure à la loi de sauvegarde des entreprises, les conséquences de la résolution du plan à l'égard du repreneur. Y a-t-il place à ouverture d'une procédure de redressement judiciaire ou de liquidation judiciaire à son encontre ?

1. L. n° 2005-845, 26 juill. 2005, préc.
2. L. n° 85-98, 25 janv. 1985, préc.
3. Paris, 3e ch., 14 mars 1989, *Rev. proc. coll.* 1990, 159, n° 17, obs. Le Corre – Caen, 1re ch., 18 oct. 1990, *Juris-Data* 0473.
4. Besançon, 6 janv. 1989, *Rev. proc. coll.* 1990, 138, n° 16, obs. Le Corre – Grenoble, ch. urg., 6 oct. 1991, *Rev. proc. coll.* 1992, 415, n° 15, obs. Soinne.
5. Com. 10 déc. 2002, n° 01-13.640, NP, *Act. proc. coll.* 2003/4, n° 49, obs. Régnaut-Moutier – Paris, 5e ch. A, 9 févr. 2000, *D.* 2000. jur. 200, obs. Lienhard.
6. Com. 17 déc. 2003, n° 01-01.953, NP.
7. EN CE SENS AUSSI : Froehlich et Sénéchal, « De la réalisation de l'actif », *LPA* n° sp. 9 févr. 2006, n° 29, p. 21, sp. p. 30 et p. 33 – PÉROCHON, 10e éd., n° 1301 – PÉTEL, 8e éd., n° 338.
8. Ord. n° 2008-1345, 18 déc. 2008, préc.
9. Deharveng, « Le plan de cession dans la nouvelle architecture des procédures collectives – un événement et non plus une issue du cours de la procédure », *D.* 2006. Chron. 1047 s., sp. 1049.
10. L. n° 2005-845, 26 juill. 2005, préc.

La question ne présente en réalitéte de réglementation spéciale, aucune particité[1]. Il faut d'abord décider que l'ouverture de la édure contre le repreneur n'a pas pour effet d'aîner, *ipso facto*, résolution du plan de cession a règle de l'arrêt des poursuites individuelles plysera une action en résolution du plan de cessiondée sur le non-paiement du prix de cession, ce nier étant par hypothèse une créance antérieure, ns la procédure ouverte contre le cessionnaire, contraire ayant toutefois été jugé[3]. Cependant, cetaction ne sera paralysée que si elle est mise en œue par un mandataire de justice ou un créancier, on si elle l'est sur l'initiative du ministère public oudu tribunal.

Du fait de l'application du droit commun, l faut décider que la résolution du plan n'a pas poueffet d'entraîner, *ipso facto*, l'ouverture d'une procdure contre le repreneur. Cette dernière pourra interenir sur démonstration que ce dernier est en état dees-sation des paiements. Le redressement judiciair ou la liquidation judiciaire du repreneur n'est pas ne sanction automatique de la résolution du plande cession, contrairement à la solution retenue, sous l'empire de la législation antérieure à la loi de saivegarde des entreprises, à l'encontre du locataire-géant qui n'exécute pas l'obligation d'acquérir l'entreprise (C. com., art. L. 621-101, al. 1 – v. s^s^ n° 572.45). Il n'apparaît pas que le tribunal de la faillite du débiteur soit nécessairement compétent pour connaître de la procédure collective du repreneur[4], même si le contraire a déjà été jugé[5], du fait de l'absence d'automaticité de l'ouverture de sa procédure, ce qui doit conduire à décider qu'elle est autonome et obéit aux règles du droit commun[6].

L'ouverture de la procédure contre le repreneur oblige ses propres créanciers à déclarer au passif. Que faut-il décider pour les créanciers du débiteur ? S'ils sont devenus créanciers du repreneur, il n'y a pas de difficulté. Ils sont astreints à l'obligation de déclaration au passif. Il en sera ainsi, en cas de cession de contrat et en cas de transfert de charge de sûreté. En dehors de ces deux hypothèses, et sauf engagement particulier du repreneur à leur égard, les créanciers du débiteur ne deviennent pas créanciers du repreneur, lequel ne prend pas en charge le passif du débiteur.

1. Saint-Alary-Houin, 5e éd., n° 1202 – *Adde*, Soinne, obs. s^s^ Douai, 13 déc. 1992, *Rev. proc. coll.* 1996, 109, n° 26.
2. TGI Metz, 3 août 1988, *Rev. proc. coll.* 1989, 526, n° 26, obs. Soinne; *D.* 1991. Somm. 17, obs. Derrida.
3. TGI Metz, 3 août 1988, préc.
4. Pérochon, 10e éd., n° 1304.
5. Douai, 2e ch., 13 déc. 1994, *Rev. proc. coll.* 1996, 109, n° 26, obs. Soinne.
6. Rappr. : Saint-Alary-Houin, 9e éd., n° 1320.

584.43 Sort des actes de cession et des contrats cédés.

> La législation antérieure à la loi de sauvegarde des entreprises[7], pas plus qu'elle ne prévoit les conséquences de la résolution du plan de cession, ne règle le sort des actes de cession, à la suite de la résolution. Cette dernière doit-elle entraîner disparition des actes de cession ? Derrière cette question, c'est de façon plus générale le caractère rétroactif ou non de la résolution du plan de cession qui est posé.

Avant la législation du 10 juin 1994[8], qui a explicitement prévu le cas de la résolution du plan de cession, la jurisprudence avait décidé que la résolution du plan n'opérait pas rétroactivement. Un arrêt très net de la cour d'appel de Toulouse[9], dont la solution devait être exactement reprise par la Cour de cassation[10], a ainsi posé que la loi distingue les actes de cession, d'un côté, le jugement d'un autre. « Le jugement ayant prononcé la résolution du plan de cession n'avait pas décidé la résolution de la vente du fonds de commerce, acte distinct du jugement arrêtant le plan. » Par principe, la résolution du plan de cession reste sans effet sur les actes de cession, à moins que le tribunal ne décide le contraire. Cette solution ne peut être cependant posée que si la clôture de la procédure n'est pas intervenue contre la personne morale débitrice. Dans le cas contraire, la disparition de la personnalité morale fera obstacle à l'anéantissement des actes de cession puisque contrats et biens cédés ne pourraient faire retour dans le patrimoine d'une personne qui n'existe plus[11]. En revanche, si le débiteur est une personne physique, il ne semble pas y avoir d'obstacle à ce que la résolution du plan s'accompagne d'une résolution des actes. La solution sera alors identique à celle existant lorsque la procédure ouverte contre le débiteur n'aura pas été clôturée.

La solution de principe est cependant écartée par la Cour de cassation, en matière de contrat de travail. La résolution du plan de cession emporte retour de l'entité transférée et des contrats de travail y afférents au cédant[12]. Cette solution déborde le cadre du contrat de travail et doit être généralisée. Cependant, la résolution n'a pas d'effet rétroactif,

7. L. n° 2005-845, 26 juill. 2005, préc.
8. L. n° 94-475, 10 juin 1994, préc.
9. Toulouse, 14 janv. 1991, *Rev. proc. coll.* 1991, 297, obs. Soinne.
10. Com. 22 juin 1993, n° 91-13.307, *Bull. civ.* IV, n° 263; *Rev. proc. coll.* 1994, 240, obs. Soinne; *JCP* 1993. I. 3721, obs. M. Cabrillac et Pétel; *Dr. sociétés* 1993, p. 9, obs. Chaput.
11. Relevant cette difficulté : Saint-Alary-Houin, obs. s^s^ Com. 8 juin 1999, n° 97-12.731, *RTD com.* 1999. 966.
12. Com. 8 juin 1999, n° 97-12.731, *Bull. civ.* IV, n° 263; *JCP E et A* 2000, Chron. 127, n° 7, obs. Pétel; *Act. proc. coll.* 1999, n° 176; *RTD com.* 1999. 966, obs. Saint-Alary-Houin.

ce dont il résulte que les obligations nées entre le plan de cession et sa résolution restent à la charge du cessionnaire[1].

Ultérieurement, il a pu être jugé que la juridiction qui prononce la résolution du plan de cession peut en écarter la rétroactivité. En ce cas, les licenciements effectués en exécution du plan de cession restent efficaces, malgré la résolution dudit plan[2].

On précisera enfin que cette situation de la résolution du plan de cession peut être distinguée de la réformation du plan de cession qui, quant à elle, entraînera de façon systématique, anéantissement rétroactif des actes passés[3].

> La loi de sauvegarde des entreprises, contrastant avec la législation précédente, envisage explicitement la question du sort des actes de cession en prévoyant que « le tribunal peut prononcer la résolution ou la résiliation des actes passés en exécution du plan résolu ». Certains auteurs ont fait observer qu'il aurait plus correct juridiquement de prévoir une caducité des actes de cession[4]. Quoi qu'il en soit, les biens cédés font ainsi retour dans le patrimoine du débiteur[5], conséquence inéluctable de l'anéantissement des actes de cession. L'expression « actes de cession » semble permettre d'englober les contrats cédés[6], ce qui pourrait, en conséquence, autoriser la reprise du lien contractuel avec le débiteur d'origine, la solution présentant cet intérêt de faire supporter au débiteur d'origine le poids des indemnités de résiliation des contrats cédés.

La résolution du plan de cession ne sera pas automatique. Une décision du tribunal devra prononcer cette résolution ou résiliation des actes de cession. Il faut, nous semble-t-il, considérer que cet anéantissement des actes de cession sera prononcé s'il est possible, le tribunal ne devant pas faire profiter le repreneur d'une aubaine, consistant à le délier du plan de cession, en l'autorisant à conserver des actifs, qu'il n'aura éventuellement pas payés.

La loi de sauvegarde des entreprises précise enfin que la résolution du plan de cession n'exerce aucune incidence sur le prix de cession versé par le repreneur. Il r acquis à la procédure collective, ce qui peut s'a ser comme une légitime sanction du repreneu aillant. Cette sanction est cependant critiquée pa tains auteurs, qui l'estiment « infondée et contr aux principes contractuels et aux effets de la rés ion »[7]. En sens, inverse, elle assure une meilleur rotection contre l'indélicatesse de certains rep eurs et, en ce sens, il a pu être écrit que la résolu n du plan n'est plus platonique, comme par le pa [8]. Si le prix de cession n'a pas été payé, il est excl d'agir en paiement contre le repreneur, une fois résolution du plan prononcée[9].

584.44 Absence de maintien des engagements du rep eneur pour l'avenir en cas de résolution du plan – sanction de l'inexécution du plan de cession. La qu tion des effets de la résolution du plan de cession s r les engagements du repreneur n'était pas résolue p la législation antérieure à la loi de sauvegarde des ntreprises[10]. L'idée de résolution évoque cependan la disparition des engagements pour l'avenir.

Assemblée nationale, à l'occasion du vote de la lo de sauvegarde des entreprises, avait adopté un te te posant en règle que le cessionnaire resterait ten de ses engagements et n'aurait pas droit au remboursement du prix de cession. Il s'agissait d'une san tion de l'attitude du repreneur.

La ommission des lois du Sénat, tout en comprenan l'objectif de moralisation poursuivi par la disposition, a estimé qu'il était inconcevable de poser en règle le maintien des engagements souscrits par le repreneur malgré la résolution du plan[11]. Ne subsiste de cette idée du maintien des engagements du repreneur que la possibilité pour la procédure collective de conserver la fraction du prix de cession qui aurait été versée (v. s[s] n° 584.43).

584.45 Dommages et intérêts contre le repreneur. La loi de sauvegarde des entreprises[12], soucieuse d'assurer l'effectivité de l'exécution du plan de cession, prévoit la possibilité de sanctionner le repreneur, en prononçant contre lui une condamnation à verser des dommages et intérêts à la procédure collective. C'est l'objet de l'article L. 642-11, alinéa 2 du code de commerce.

Cette condamnation sera possible que la résolution du plan soit prononcée ou non. Elle autorise ainsi une gradation des sanctions à disposition du tribunal qui peut, en cas de manquement léger du

1. Com. 8 juin 1999, n° 96-19.437, *Bull. civ.* IV, n° 124; *Act. proc. coll.* 1999, n° 175; *JCP E* et *A* 2000, Chron. 128, obs. Pétel – Soc. 22 mars 2007, n° 05-44.089, NP, *Act. proc. coll.* 2007/8, n° 95.
2. Soc. 9 juill. 2008, n° 06-40.945, *Bull. civ.* IV, n° 156; FS-P+B; *Gaz. proc. coll.* 2009/1, p. 47, n° 3, note Saintourens; *Act. proc. coll.* 2008/15, n° 242, note Fin-Langer.
3. AINSI : Versailles, 14 janv. 1987, *D.* 1987. 249, obs. Derrida.
4. Froehlich et Sénéchal, « De la réalisation de l'actif », *LPA* n° sp. 9 févr. 2006, n° 29, p. 21, sp. p. 29 – *Adde*, sur cette préconisation : M. Cabrillac et Pétel, *JCP E* 1993. I. 295, n° 7.
5. Monsérié-Bon, « La diversification des liquidations judiciaires », *Rev. proc. coll.* 2005/4, p. 367 s., sp. p. 370.
6. INCERTAINE : PÉROCHON, 10e éd., n° 1302.
7. PÉROCHON, 10e éd., n° 1303.
8. Henry, « Le plan de cession et la loi de sauvegarde des entreprises », *Gaz. Pal.* 7-8 sept. 2005, n° sp. p. 39 s., sp. p. 45, n° 18.
9. LE CANNU, 7e éd., n° 1101.
10. L. n° 2005-845, 26 juill. 2005, préc.
11. *Rapp. J.-J. Hyest*, n° 335, p. 410.
12. L. n° 2005-845, 26 juill. 2005, préc.

repreneur, condamner celui-ci à des dommages et intérêts, en cas de manquement beaucoup plus grave, le condamner à des dommages et intérêts en prononçant la résolution du plan, tout en pouvant se contenter de prononcer la résolution du plan.

Il semble en outre que la sanction la plus adaptée en cas de manquement du repreneur à ses engagements sociaux sera la condamnation à des dommages et intérêts, car prononcer la résolution du plan serait plus grave pour les salariés que de ne pas sanctionner du tout le repreneur. Cette solution était déjà adoptée sous l'empire de la législation antérieure à la loi de sauvegarde des entreprises. C'est ainsi qu'une cour d'appel a pu condamner le repreneur à des dommages et intérêts envers des salariés licenciés au mépris de l'engagement de les conserver pendant deux ans. La Cour a fixé les dommages et intérêts par rapport aux salaires que les salariés licenciés auraient perçus jusqu'au terme de l'engagement du repreneur[1].

La condamnation à des dommages et intérêts ne sera plus possible après ouverture d'une procédure collective contre le repreneur. Seule une fixation au passif de la créance de dommages et intérêts sera recevable, du fait de la règle de l'arrêt des poursuites individuelles. Si l'instance a été engagée contre le repreneur avant sa procédure collective, elle se trouve interrompue[2].

1. Versailles, 6e ch., 12 avr. 2005, RG no 04/03647.
2. Com. 28 janv. 2014, no 12-26.478, NP; no 117 F-D.

TITRE

590. Effets de la liquidation judiciaire pour les créanciers – Clôture de la procédure

SECTION 0 ORIENTEUR

590.00 Plan du titre.

Chap. 591 Effets de la liquidation judiciaire sur les créanciers

Sect. 591.10 Paiement provisionnel

Sect. 591.20 Procédure de purge des inscriptions

Sect. 591.30 Procédure d'ordre et de distribution du prix de vente d'un immeuble

Sect. 591.40 Distributions aux créanciers du produit des réalisations d'actif en liquidation judiciaire

Sect. 591.50 Erreur dans les répartitions – Répétition de l'indu

Sect. 591.60 Incidence de la liquidation judiciaire sur les privilèges

Chap. 592 Clôture de la procédure de liquidation judiciaire

Sect. 592.10 Clôture de la procédure dans la liquidation judiciaire simplifiée

Sect. 592.20 Clôture de la liquidation judiciaire par extinction du passif

Sect. 592.30 Clôture de la liquidation judiciaire pour insuffisance d'actif

Sect. 592.40 Effets communs aux deux formes de clôture de la procédure

Sect. 592.50 Effets particuliers à la clôture pour insuffisance d'actif

Sect. 592.60 Exceptions au principe de l'absence de reprise des poursuites individuelles en cas de clôture de la procédure pour insuffisance d'actif

Sect. 592.70 Modalités procédurales de la reprise des poursuites individuelles après clôture de la procédure pour insuffisance d'actif

Chap. 593 Reprise de la procédure

Sect. 593.10 Conditions de fond de la reprise de la procédure

Sect. 593.20 Conditions de forme de la reprise de la procédure

Sect. 593.30 Effets de la reprise de la procédure

Chap. 594 Rétablissement professionnel

Sect. 594.10 Conditions d'ouverture de la procédure de rétablissement professionnel

Sect. 594.20 Ouverture de la procédure de rétablissement professionnel sans liquidation après enquête

Sect. 594.30 Effets de la procédure de rétablissement professionnel après enquête

Sect. 594.40 Détermination de l'actif dans la procédure de rétablissement professionnel

Sect. 594.50 Possibilité d'ouvrir une liquidation pendant la procédure de rétablissement professionnel

Sect. 594.60 Clôture de la procédure de rétablissement professionnel

Sect. 594.70 Effets de la clôture de la procédure de rétablissement professionnel

Sect. 594.80 Clôture immméritée d'une procédure de rétablissement professionnel

590.03 **Bibliographie indicative.** (V références complètes s[s] n° 031).

> **Actualisables.** Avant LSE : RÉP. COM., Le J.-J., « Entreprises en difficulté – Redressement judire (Personnes morales et dirigeants) », n°s 308 à 3 Derruppé J., « Entreprises en difficulté – Redressement jiaire (Phase de traitement – Les créarciers) », n°s 556 à , 749 à 768 – Poracchia D., Rizzo F. et Vignal N., « Entreps en difficulté – Redressement judiciaire (Phase de traitent – Redressement ou liquidation) », n°s 203, 206 à 21 J.-CL. COM., Vallansan J., fasc. 2770, [Clôture pour insufnce d'actif]; fasc. 2772, [Clôture pour extinction du passif] AMY SÛRETÉS, Delebecque Ph., « Sûretés réelles et procédure ollectives », étude 284. Depuis LSE : J.-CL. COM., Vallansan fasc. 2770, [Clôture de la procédure], 2014.

> **Ouvrages antérieurs à la loi de sauvegarde des entreprises.** CHAPUT, n°s 490, 502 à 509, 575 à 58 – GUYON, n°s 1308 et 1309, 1339, 1343, 1346 à 1349 – JACQUEMONT, n°s 821 à 839 – KERCKHOVE, n°s 806 et 807, 809 à 820 – LE CANNU, n°s 789 à 804 – LE CANNU ET *ALII*, n°s 731 à 754, 859 à 861, 1270 – LE CORRE-BROLY, n°s 301 à 306 et 320 à 327 – MARTIN ET VALLENS, n°s 3459, 3947 à 3966 – PÉROCHON ET BONHOMME, n°s 395 à 397, 405 à 420 – PÉTEL, n°s 287 à 292 – RIPERT ET ROBLOT, n°s 3233 à 3240, 3250 à 3255, 3266 à 3269, 3272 à 3276 – SAINT-ALARY-HOUIN, n°s 1049 à 1060-1, 1066 à 1069 – SOINNE, n°s 2426 à 2435, 2480-1 à 2 536 – VALLANSAN, p. 311 à 323.

> **Ouvrages postérieurs à la loi de sauvegarde des entreprises.** COQUELET, 5e éd., n°s 489 à 508 – GIBIRILA, n°s 709 à 712, 735 à 750 – JACQUEMONT ET VABRES, 9e éd., n°s 432, 1033 à 1076 – LE CANNU, 7e éd., n°s 1144 à 1147, 1197 à 1242 – LIENHARD, 6e éd., n°s 76.50, 126.11 à 126.48 – PÉROCHON, 10e éd., n°s 1305 à 1312, 1320 à 1387 – PÉTEL, 8e éd., n°s 340 à 345 – ROUSSEL GALLE, 2 éd., n°s 425 à 442 – SAINT-ALARY-HOUIN, 9e éd., 638, 639, 1339 à 1354, 1370 à 1379 – VALLANSAN et *alii*, 6e éd., p. 433 à 451 – VALLENS, 2015, 3277, 4480 à 4489, 4499 à 4531 – VIDAL et GIORGINI, n°s 1302 à 1330, 1376, 1442 à 1447 – VOINOT, 2e éd., n°s 812 à 838.

> **Articles.** Leuret N. et Le Corre P.-M., « Les répartitions en liquidation judiciaire », *LPA* 28 mars 2016, n° 62, p. 27 – Pérochon F., « À propos de la réforme de la liquidation judiciaire par l'ordonnance du 18 décembre 2008 », *Gaz. Pal.* 8-10 mars 2009, n° sp. p. 3 – Vallansan J., « La réalisation des actifs hors procédure », *Rev. proc. coll.* 2015, dossier 35.

CHAPITRE

591. Effets de la liquidation judiciaire sur les créanciers

SECTION 0

ORIENTEUR

591.00 Plan du chapitre.

Sect.	591.10	Paiement provisionnel
Sect.	591.20	Procédure de purge des inscriptions
Sect.	591.30	Procédure d'ordre et de distribution du prix de vente d'un immeuble
Sect.	591.40	Distributions aux créanciers du produit des réalisations d'actif en liquidation judiciaire
Sect.	591.50	Erreur dans les répartitions – Répétition de l'indu
Sect.	591.60	Incidence de la liquidation judiciaire sur les privilèges

591.01 Textes applicables. (V. les références complètes s[s] n° 011).

> Législation antérieure à la loi de sauvegarde des entreprises.

C. COM., art. L. 141-19, al. 3, L. 621-31, L. 622-22, L. 622-24 à L. 622-29

D. n° 85-1388, 27 déc. 1985, art. 123, 139-1 à 151-1

> Législation issue de la loi de sauvegarde des entreprises.

C. com., art. L. 622-16, L. 631-14, I, L. 641-12, al. dern., L. 643-1, L. 643-3 à L. 643-8

C. com., art. R. 622-19 (anc[t] D. 28 déc. 2005, art. 94), R. 631-20 (anc[t] D. 28 déc. 2005, art. 189), R. 641-23 et R. 641-24 (anc[t] D. 28 déc. 2005, art. 234 et 235), R. 642-38 (anc[t] D. 28 déc. 2005, art. 284), R. 643-2 à R. 643-15 (anc[t] D. 28 déc. 2005, art. 289 à 302)

> Législation issue de l'ordonnance du 18 décembre 2008.

C. com., art. L. 622-16, L. 631-14, al. 1, L. 641-12, al. dern., L. 643-1, L. 643-3 à L. 643-8

C. com., art. R. 622-19, R. 631-20, R. 641-23, R. 641-24, R. 642-38, R. 643-2 à 643-15

> Législation issue de l'ordonnance du 12 mars 2014.

C. com., art. L. 643-7, I

591.02 Jurisprudence de référence.

> La vente de gré à gré d'un bien du débiteur en liquidation judiciaire autorise la surenchère du créancier inscrit.

• Civ. 3e, 17 janv. 2007, n° 05-17.695, *Bull. civ.* III, n° 4

* V. s[s] n° 591.22

« Le fait que l'immeuble vendu soit la propriété d'un débiteur en liquidation judiciaire n'est pas de nature à exclure le droit de surenchère. »

> L'erreur dans les répartitions au profit d'un créancier privilégié n'oblige pas ce dernier à restituer ce qu'il a reçu à tort (lég. ant. Ord. 12 mars 2014).

• Com. 30 oct. 2000, n° 98-10.688, *Bull. civ.* IV, n° 169

* V. s[s] n° 591.51

« Vu les articles 1376 et 1377 du code civil; […] – Attendu que, pour condamner le receveur à restituer au liquidateur la somme de 81 293 francs, l'arrêt, après avoir relevé que le paiement effectué par le mandataire correspondait à une créance admise, retient que ce paiement était indu au regard des règes de la procédure collective puisque "le privilège du receveur venait en rang postérieur à celui du Crédit immobilier de l'Eure"; Attendu qu'en statuant ainsi, alors que le paiement était intervenu sans atteinte au principe de l'égalité de créanciers inapplicable aux créanciers privilégiés, et que ce paiement, fait par une erreur sur l'ordre des privilèges, n'ouvrait pas droit à répétition dès lors que l'accipiens n'avait reçu que ce que lui devait son débiteur, la cour d'appel a violé les textes susvisés. »

> L'ordonnance du juge-commissaire, qui ordonne un paiement provisionnel, est une mesure provisoire, qui n'a pas autorité de chose jugée au fond du droit, le paiement n'étant que provisionnel.

• Com. 21 sept. 2010, n° 09-68.604, *Bull. civ.* IV, n° 139; n° 878 F-P+B

* V. s[s] n° 591.13

591.03 Bibliographie indicative. (V. les références complètes s[s] n° 031 – Aussi s[s] n° 590.03).

> Articles. Barrère J., « L'ordre au cours de la liquidation judiciaire, la déjuridictionnalisation de l'ordre ? », *Ann. Univ. sc.*

soc. Toulouse, t. 34, 1986, p. 101 – Brénac A.‚nco Fernandes Y., « Le sort du prix de cession du fde commerce en liquidation judiciaire », *Rev. prol.* 2015, dossier 23 – Canet P., « La compétence poucrire les répartitions et statuer sur les conflits de privilècatifs aux prix de cession d'entreprises », *Gaz. Pal.* 28 1er mars 2001, Doctr. 3 – Huille P., « Les répartitions pronelles », *Gaz. Pal.* 2001, Doctr. 298 – IFPPC, « Les rétions en matière de procédures collectives – De la répon provisionnelle à la répartition définitive : Formules 11re compagnie régionale de l'iFPPC », *Gaz. proc. coll.* 20, p. 21 – Le Corre P.-M., « Le créancier nanti sur comptes bénéficiaire d'un paiement provisionnel confronté aper privilège des salaires », *Gaz. proc. coll.* 2009/4, 1re p., n°s 303 et 304, p. 27 – Pierre S., « L'indu et les erreurs dles répartitions dans le cadre de la liquidation judiciaire *ev. proc. coll.* 2000, p. 1 s. – Provansal A., « La distributidu prix ou l'inexcellence d'un décret », *Rev. proc. coll.* 87, 11 – Rouger C., « La distribution du prix de vente denmeubles dans les procédures collectives », *Gaz. Pal.* 28 f.-1er mars 2001, Doctr. 15 – Sénéchal M., « La réalisation droits du créancier hypothécaire dans les procédures dequidation judiciaire », *D.* 2004. Chron. 2845 – Vauvillé F., La remise du prix de vente en cas de procédure collective *Defrénois* 2010. 39048, p. 17.

591.04 Questions essentielles.

• Un créancier peut-il obtenir paiement de sa crince avant les répartitions ?

* V. s[s] n°s 591.11 s.

• Les ventes intervenant en liquidation judiciaire mportent-elles purge des inscriptions ?

* V. s[s] n°s 591.21 s.

• L'action en répétition de l'indu peut-elle prospérer au préjudice d'un créancier privilégié ?

* V. s[s] n° 591.51.

591.09 Effets généraux de la liquidation judiciaire sur les créanciers. La liquidation judiciaire a les mêmes effets pour les créanciers antérieurs que le jugement d'ouverture du redressement judiciaire. La règle est explicitement posée par l'article L. 641-3 du code de commerce, dans sa rédaction issue de la loi de sauvegarde des entreprises[1], et par l'article L. 622-3, alinéa 1 du même code, dans sa rédaction antérieure à la loi de sauvegarde des entreprises.

Sont ainsi applicables les règles relatives à l'interdiction du paiement des créances antérieures (C. com., art. L. 622-7, al. 1 et 4 dans sa rédaction issue de la loi de sauvegarde des entreprises). Les alinéas 2 et 3 sont logiquement écartés puisqu'il s'agit pour le juge-commissaire de délivrer, en période d'observation, soit à l'administrateur judiciaire, soit au débiteur, des habilitations. Cependant, certains des actes visés pourront être autorisés en liquidation, mais l'habilitation sera alors donnée au liquidateur. Il en est ainsi des compromis et transactions (C. com., art. L. 642-24, dans sa rédaction issue de la loi de sauvegarde des entreprises), ainsi que de l'autorisation de payer le créancier antérieur pour retirer le gage ou la chose retenue (C. com., art. L. 642-25 dans sa rédaction issue de la loi de sauvegarde des entreprises, devenu C. com., art. L. 641-3, al. 2, réd. ord. 18 déc. 2008[2]).

D'autres actes, en revanche, ne pourront être autorisés. Il en sera ainsi des actes de disposition étrangers à la gestion courante. La solution est logique, puisque, en liquidation judiciaire, ce ne sont pas seulement quelques biens qui seront vendus, mais, du moins jusqu'à extinction du passif, tous les biens du débiteur. La véritable exception concerne, en revanche, les constitutions d'hypothèques ou de gages. Il serait *a priori* difficile d'en justifier l'existence, si ce n'est peut-être, pour éviter à un bailleur de l'immeuble de l'exploitation de se prévaloir de la résiliation du bail intervenue avant jugement d'ouverture. La constitution de sûreté aurait alors été faite dans le prolongement de la transaction entre le liquidateur et le bailleur.

Sont aussi applicables, les règles relatives à l'arrêt des poursuites individuelles et des voies d'exécution (C. com., art. L. 622-21 et L. 622-22, dans leur rédaction issue de la loi de sauvegarde des entreprises). Les règles relatives à la déclaration des créances antérieures s'appliquent également (C. com., art. L. 622-24 à L. 622-27, dans leur rédaction issue de la loi de sauvegarde des entreprises).

Les règles relatives à l'arrêt du cours des intérêts s'appliquent identiquement (C. com., art. L. 622-28, dans sa rédaction issue de la loi de sauvegarde des entreprises), ainsi que celles relatives à l'arrêt du cours des inscriptions (C. com., art. L. 622-30, dans sa rédaction issue de la loi de sauvegarde des entreprises).

Sous l'empire de la loi de sauvegarde des entreprises, les règles relatives à l'arrêt des poursuites individuelles et des voies d'exécution, celles intéressant l'interdiction des paiements et celles corrélatives qui concernent la déclaration des créances, qui frappent les créances antérieures au jugement d'ouverture, s'appliquent identiquement aux créances postérieures non éligibles au traitement préférentiel.

En revanche, se trouve écartée la disposition de l'article L. 622-29 du code de commerce, dans sa rédaction issue de la loi de sauvegarde des entreprises, qui pose la règle de l'indifférence du jugement de redressement sur le terme accordé au débiteur. La solution est explicitée par l'article L. 643-1, alinéa 1, dans sa rédaction issue de la loi de sauvegarde des entreprises, qui pose la solution inverse de la déchéance du terme par suite du prononcé de la liquidation judiciaire. Il en est ainsi tant du jugement d'ouverture de liquidation judiciaire, que du jugement de conversion en liquidation judiciaire. Il n'est pas neutre de remarquer que, en liquidation judiciaire, elle est située dans une section intitulée « du règlement des créanciers », tant sous l'empire de la législation antérieure à la loi de sauvegarde des entreprises, que dans la législation issue de la loi de sauvegarde des entreprises.

La loi de sauvegarde des entreprises apporte toutefois un tempérament à la règle. Si la liquidation judiciaire continue par principe à entraîner déchéance du terme, il en va différemment en cas de poursuite d'activité fondée sur une perspective de cession de l'entreprise. En ce cas, la déchéance du terme ne sera acquise qu'au jour où il sera statué sur le plan

1. L. n° 2005-845, 26 juill. 2005, *JO* 27 juill., p. 12187.

2. Ord. n° 2008-1345, 18 déc. 2008, *JO* 19 déc., p. 19462.

de cession ou, à défaut, au jour de l'expiration de la poursuite provisoire de l'activité (C. com., art. L. 643-1, al. 1). Observons que la déchéance du terme n'est pas écartée au seul motif de la poursuite d'activité autorisée en liquidation judiciaire. Il faut que cette dernière ait pour objet la préparation d'un plan de cession.

Les règles générales de restriction des droits des créanciers antérieurs s'appliquent ainsi tant en redressement judiciaire qu'en liquidation judiciaire. Il en est ainsi spécialement de la règle de l'arrêt des poursuites individuelles, cependant que l'article L. 643-2, alinéa 1 du code de commerce, dans sa rédaction issue de la loi de sauvegarde des entreprises, restaure, au profit des titulaires de sûreté spéciale, leur droit de poursuite individuelle si le liquidateur n'a pas entrepris la vente des biens grevés dans un délai de trois mois de la liquidation judiciaire (v. s[s] n°s 566.11 s.).

Si la liquidation judiciaire intervient sur conversion d'un redressement judiciaire, elle n'est pas une procédure distincte du redressement judiciaire. La conséquence est importante pour les créanciers puisqu'ils n'ont pas à déclarer à nouveau leurs créances au passif[1]. La solution est posée même en cas de prononcé du redressement judiciaire par suite de l'apparition d'un nouvel état de cessation des paiements après arrêté du plan de continuation, converti ensuite en liquidation judiciaire[2]. Symétriquement, la conversion de la procédure ne fait pas courir un nouveau délai de déclaration de créance[3]. Les solutions seront les mêmes en cas de conversion d'une sauvegarde en une autre procédure. Observons que la sauvegarde financière accélérée n'est pas susceptible de conversion, la question ne pouvant donc se poser.

Les créanciers peuvent réactualiser leurs créances, en tenant compte de la déchéance du terme induite par la liquidation judiciaire. La solution est transposable à l'hypothèse de la conversion d'une procédure de sauvegarde en liquidation judiciaire.

Le prononcé de la liquidation judiciaire autorise l'imputation ou le remboursement de la taxe sur la valeur ajoutée. Cette imputation ou ce remboursement sont subordonnés à la justification, auprès de l'administration fiscale, de la rectification préalable de la facture initiale. Si le caractère irrécouvrable d'une créance ne peut résulter de la seule ouverture de la liquidation judiciaire, le créancier peut en revanche établir le caractère définitivement irrécouvrable de sa créance[4]. En pratique, ce caractère résultera d'un certificat d'irrecouvrabilité délivré par le liquidateur.

Dans le de rendre plus transparentes, spécialement pour les cré, les opérations de liquidation, le décret du 29 décemb 8[5] a accru les contrôles exercés sur l'activité des manda à la liquidation judiciaire des entreprises. Dans cette ective, il est fait obligation aux mandataires de déposer les fonds qu'ils détiennent à la Caisse des dépôts et ignations (C. com., art. L. 641-8, dans sa rédaction ide la loi de sauvegarde des entreprises). En outre, ils ont présenter un rapport de liquidation[6], sur demande ge-commissaire ou du procureur de la République, et tout moment. Ce rapport doit indiquer le montant du paadmis, l'état des répartitions faites aux créanciers, les mmes détenues à la Caisse des dépôts et consignati ainsi que les perspectives d'évolution de la procédure. rapport peut être demandé en communication par tout crcier.

SECTION 1.10

PAIEMENPROVISIONNEL

591.11 Domaine du paiement provisionnel. Aux termes dl'article L. 622-24 alinéa 1 du code de commerc issu de la rédaction que lui a donnée la loi du 10uin 1994[7], « le juge-commissaire peut, d'office o à la demande du représentant des créanciers, du liquidateur, du commissaire à l'exécution du plan ou dun créancier, ordonner le paiement provisionnel dune quote-part d'une créance définitivement admise ». Ce texte a vocation à déborder le strict cadre de la liquidation judiciaire, puisque sont visés le représentant des créanciers ou le commissaire à l'exécution du plan, organes qui n'existent pas en liquidation judiciaire. Ce visa s'explique par le fait que les biens non compris dans le plan de cession sont réalisés selon les modalités de la liquidation judiciaire (v. s[s] n°s 572.52 s.). En revanche, le paiement provisionnel ici envisagé est distinct de celui pouvant intervenir en période d'observation car une disposition spécifique – l'article L. 621-25 – réglemente celui-ci (v. s[s] n°s 483.11 s.).

La loi de sauvegarde des entreprises[8] reprend la possibilité de principe d'autoriser un paiement provisionnel. En ce sens l'article L. 643-3, alinéa 1 du code de commerce dispose que « le juge-commissaire peut, d'office ou à la demande du liquidateur ou d'un créancier, ordonner le paiement à titre provisionnel d'une quote-part d'une créance définitivement admise ». Le visa du représentant des créanciers et du commissaire à l'exécution du plan a disparu, logiquement, car en plan de cession, il n'y a plus de commissaire à l'exécution du plan. Il est

1. Com. 7 juill. 2009, n° 08-13.849, NP; n° 724 F-D; *Dr. sociétés* 2009, comm. 231, p. 27, note Legros; *Bull. Joly* 2010, p. 48, comm. 10, note Lucas – Com. 10 juill. 2012, n° 11-20.367, NP; n° 814 F-D; *BJE* oct. 2012, comm. 155, note Le Mesle – Com. 5 févr. 2013, n° 12-10.226, NP; n° 127 F-D.
2. Com. 5 juin 2007, n° 06-14.847, *Bull. civ.* IV, n° 155; n° 820 F-P+B; *D.* 2007. AJ 1787, note Lienhard; *Gaz. proc. coll.* 2007/4, p. 49, note Le Corre-Broly; *RTD com.* 2008. 855, n° 5, obs. Saint-Alary-Houin; *LXB hebdo* juin 2007, n° 265, n° N5621BBS, note Le Corre.
3. Besançon, 2e ch. civ., 5 sept. 2012, RG n° 10/02268.
4. CE 1er juin 2005, req. n° 260041, *S[té] des Brasseries Kronenbourg*, NP.
5. D. n° 98-1232, 29 déc. 1998, *JO* 30 déc., p. 19906.
6. SUR LE DÉTAIL de cette question : Soinne, obs. *Rev. proc. coll.* 2003, p. 123 à 129.
7. L. n° 94-475, 10 juin 1994, *JO* 11 juin, p. 8440.
8. L. n° 2005-845, 26 juill. 2005, préc.

toutefois possible que les dispositions de la liquidation judiciaire s'appliquent, alors qu'il n'y aura pas liquidation judiciaire, lorsque le plan de cession aura été arrêté en phase de redressement judiciaire. Avant l'ordonnance du 18 décembre 2008 [1], l'article L. 642-21 du code de commerce dispose ainsi que « lorsqu'il a été fait application des dispositions de l'article L. 631-22 et que le débiteur ne peut obtenir du tribunal l'arrêté d'un plan de redressement, les dispositions du présent titre sont applicables. Les biens non compris dans le plan de cession sont cédés dans les conditions de la présente section ». Il aurait donc fallu, à notre sens, que le texte de l'article L. 643-3 alinéa 1 visât aussi le mandataire judiciaire. À la vérité, la solution est de peu d'importance, compte tenu de l'éclaircissement apporté par le décret du 28 décembre 2005 [2]. En effet, de deux choses l'une. Ou bien le débiteur n'obtient pas un plan de redressement et il est, en ce cas, placé en liquidation judiciaire. Les règles de la liquidation judiciaire s'appliquent alors intégralement pour les biens non cédés en plan de cession. Ou bien le débiteur obtient un plan de redressement parallèlement au plan de cession et, en cas, les biens non cédés dans le plan de cession ne sont pas réalisés. Ces solutions doivent identiquement s'appliquer depuis l'ordonnance du 18 décembre 2008, du fait des alinéas 1 et 3 de l'article L. 631-22 du code.

Prise à la lettre, la disposition ici étudiée n'est pas réservée aux seuls créanciers titulaires de sûreté spéciale. En théorie, elle est applicable aux créanciers chirographaires [3]. En pratique, cependant, on voit mal un paiement provisionnel intervenir au profit d'un créancier chirographaire, dès lors qu'il faut une suffisante probabilité que l'intéressé ait droit à des répartitions. Il pourrait en être différemment si la procédure devait manifestement tendre à une clôture par extinction du passif. L'article 122, alinéa 2 du décret du 27 décembre 1985 [4] et l'article R. 643-2 alinéa 2 du code de commerce, dans la rédaction du décret du 28 décembre 2005, indiquent en effet que la provision est allouée à hauteur d'un montant déterminé en fonction de l'existence, du montant et du rang des autres créances, dues ou susceptibles d'être ultérieurement dues. Il devra, en conséquence, être éventuellement tenu compte des créances faisant l'objet d'un relevé de forclusion ou de contestations.

591.12 Conditions de fond – Modalités du paiement provisionnel. La compétence appartient exclusivement au juge-commissaire. Le juge de l'exécution est ici incompétent [5].

Le juge-commissaire sera saisi par voie de requête. La demande, qui peut être présentée par le créancier, peut également l'être par le liquidateur. Le juge-commissaire peut également se saisir d'office. En revanche, *toute autre personne pouvant y avoir* intérêt, qu'il s'agisse du débiteur ou de sa caution, ne peut solliciter qu'un paiement provisionnel soit effectué au profit d'un créancier, alors que, d'évidence, la caution y aurait intérêt en cas de continuation du cours des intérêts contre le débiteur, qui, par voie accessoire, s'imposera aussi à la caution.

Le juge-commissaire rendra sa décision au vu des documents justificatifs de l'admission définitive de la créance, et le cas échéant de la garantie bancaire, après avis du liquidateur, qui sera donné par écrit et qui portera sur l'existence de la créance, la qualité et la suffisance des garanties proposées, ainsi que sur la quote-part réclamée [6]. Une juridiction du fond a ajouté que le versement d'une provision suppose l'absence de difficulté sérieuse, notamment sur l'efficacité de la sûreté bénéficiant au créancier sollicitant le paiement provisionnel [7]. En bonne logique, la difficulté ne devrait pas se poser, puisque la créance doit être admise au passif. En pratique, cependant, il faut apprécier l'existence de la sûreté au jour de la répartition. Or, à cette date, elle peut ne plus exister.

Il est conseillé au liquidateur de donner un avis négatif si la garantie fournie n'émane pas d'un établissement de crédit, si la garantie est conditionnelle ou temporaire ou émane du créancier lui-même [8].

La différence la plus notable de régime entre le paiement provisionnel en période d'observation et en liquidation judiciaire tient au fait que, en ce dernier cas, le créancier doit être définitivement admis au passif. Cette exigence particulière explique que le créancier puisse être désintéressé, sans être amené à présenter une garantie bancaire. Mais là où il n'y a que faculté en liquidation judiciaire (C. com., art. L. 643-3, al. 2, dans sa rédaction issue de la loi de sauvegarde des entreprises [9]), il y a, par principe, obligation en période d'observation (C. com., art. L. 622-8, al. 2, dans sa rédaction issue de la loi de sauvegarde des entreprises). En pratique, le juge-commissaire ne devrait exiger la garantie bancaire que des seuls créanciers dont la solvabilité pourrait faire douter de la capacité de représenter les fonds, s'il advenait que

1. Ord. n° 2008-1345, 18 déc. 2008, préc.
2. D. n° 2005-1677, 28 déc. 2005, *JO* 29 déc., p. 20324.
3. Le Cannu, 7e éd., n° 1202 – Vallansan et *alii*, 6e éd., p. 436.
4. D. n° 85-1388, 27 déc. 1985, *JO* 29 déc., p. 15281.
5. Paris, 8e ch. B, 27 nov. 2003, RG n° 2002/18885.
6. IFPPC 1999, recomm. n° 6062-1, p. 171.
7. Pau, 2e ch. 1re sect., 12 juin 2008, *Act. proc. coll.* 2008/18, n° 285.
8. IFPPC 1999, recomm. n° 6062-2, p. 171.
9. L. n° 2005-845, 26 juill. 2005, préc.

la distribution provisionnelle ait été trop généreuse pour les créanciers *accipiens*.

La loi du 26 juillet 2005 va plus loin que la législation antérieure, afin de faciliter le paiement des créances publiques, et dispense de la fourniture de la garantie bancaire les administrations financières, les organismes de sécurité sociale, les institutions gérant le régime d'assurance-chômage et les institutions régies par le livre IX du code de la sécurité sociale (C. com., art. L. 643-3, al. 3).

Pour tenir compte de la suppression de la garantie bancaire de ces créanciers publics, l'article 269-B du Livre des procédures fiscales, qui résulte de la loi de sauvegarde des entreprises, prévoit que, sur ordonnance du juge-commissaire, le comptable public doit restituer à la demande du liquidateur, tout ou partie des sommes reçues à tort. Cette restitution est considérée comme une dépense de l'État.

591.13 Suites de l'ordonnance autorisant le paiement provisionnel. Le paiement provisionnel, en liquidation judiciaire, qui a le même fondement que celui existant en période d'observation, c'est-à-dire accélérer le paiement des créanciers, obéit, dans ses grandes lignes, au même régime.

L'ordonnance du juge-commissaire sera susceptible d'un recours devant le tribunal, dans les conditions classiques, de la part du créancier, en cas de refus ou de cantonnement excessif de la somme allouée. Un créancier de rang préférable pourrait également former un recours à l'encontre de la décision du juge-commissaire.

L'appel directement formé sur l'ordonnance du juge-commissaire, fût-ce en nullité, est donc irrecevable[1].

Sous l'empire de la législation antérieure à la loi de sauvegarde des entreprises[2], le jugement statuant sur le recours contre l'ordonnance n'est pas susceptible d'appel, sauf excès de pouvoir. Le pourvoi nullité, directement formé sur le jugement est irrecevable, du fait de la possibilité de former sur le jugement statuant sur le recours formé contre l'ordonnance un appel nullité[3].

Depuis la loi de sauvegarde des entreprises, l'appel réformation est ouvert à l'encontre du jugement statuant sur le recours à l'encontre de l'ordonnance.

La question de la consignation du prix, préalable au paiement provisionnel, qui s'est élevée en période d'observation (v. s^s n°s 482.11 s.), ne peut ici se poser. En effet, le liquidateur devra avoir vendu le bien et aura l'obligation de consigner le prix (C. com., art. L. 641-8, dans sa rédaction issue de la loi de sauvegarde des entreprises).

L'ordonnance du juge-commissaire, qui ordonne un paiement provisionnel, est une mesure provisoire et n'a évidemment pas autorité de chose jugée au fond du droit, le paiement n'étant que provisionnel[4].

L'article R. 643-2, alinéa 3 du code de commerce règle d'ailleurs la question des fonds indûment versés. La règle posée dans le cadre du paiement provisionnel en période d'observation, par l'article R. 622-7, alinéa 3 du code de commerce, doit s'appliquer identiquement. Le liquidateur sera compétent pour agir en restitution contre le créancier qui a trop perçu. À défaut de restitution spontanée, le liquidateur saisira le juge-commissaire pour obtenir une ordonnance de restitution du trop perçu.

SECTION 591.20
PROCÉDURE DE PURGE DES INSCRIPTIONS

591.21 Purge des inscriptions de sûretés en matière de ventes immobilières sur saisies ou sur adjudication amiable. L'article L. 642-18, alinéa 4 du code de commerce, dans sa rédaction issue de la loi de sauvegarde des entreprises[5], précise que « les adjudications réalisées en application des alinéas qui précèdent emportent purge des hypothèques ». Il y a donc « purge des hypothèques » pour les ventes sur saisies et les ventes par adjudication amiable.

Le liquidateur, d'après l'article R. 643-8, alinéa 1 du code de commerce, peut solliciter la radiation des inscriptions après paiement du prix de vente. Il saisit à cette fin le juge des ordres du tribunal de grande instance du ressort du tribunal d'ouverture de la faillite. Depuis la réforme de la saisie immobilière résultant de l'ordonnance du 21 avril 2006[6], il s'agit du juge l'exécution de ce même tribunal. Il n'y a pas ici option de compétence entre le tribunal de la faillite et la juridiction devant laquelle la procédure de saisie immobilière s'est déroulée. Seule est en cause la décision du juge-commissaire qui a ordonné la cession. Seul le tribunal du lieu de la faillite est, dès lors, compétent.

1. Paris, 3e ch. C, 2 juill. 2003, RG n° 2001/15050 – Paris, 3e ch. C, 2 juill. 2003, RG n° 2001/22272.
2. L. n° 2005-845, 26 juill. 2005, préc.
3. Com. 18 sept. 2007, n° 06-11.223, *Bull. civ.* IV, n° 201; n° 973 F-P+B; *D.* 2007. AJ 2476, note Lienhard.
4. Com. 21 sept. 2010, n° 09-68.604, *Bull. civ.* IV, n° 139; n° 878 F-P+B; *D.* 2010. 2223, note Lienhard; *Gaz. Pal. entr. diff.* 7-8 janv. 2011, p. 29, note Henry; *Act. proc. coll.* 2010/18, comm. 257, note Régnaut-Moutier; *JCP E* 2011, Chron. 1030, n° 12, obs. M. Cabrillac; *BJE* mars/avr. 2011, p. 22, note Macorig-Vénier; *Rev. proc. coll.* 2012, comm. 53, note Saint-Alary-Houin; *LXB hebdo* 21 oct. 2010, n° 413, note Le Corre-Broly.
5. L. n° 2005-845, 26 juill. 2005, préc.
6. Ord. n° 2006-461, 21 avr. 2006, *JO* 22 avr., p. 6072.

L'alinéa 3 de l'article R. 643-8 du code de commerce prévoit que les créanciers inscrits sur l'immeuble, qui n'ont pas donné mainlevée de leurs inscriptions, sont avisés à domicile élu par le greffier de la juridiction qu'ils peuvent former opposition au paiement du prix. Ils disposent d'un délai de trente jours, qui court à compter de l'information envoyée par le greffier, de la demande tendant à la radiation des inscriptions. La contestation est formée par déclaration orale ou par lettre recommandée avec avis de réception au greffe du tribunal de grande instance saisi de la demande de radiation des inscriptions dont dépend le juge des ordres et, depuis l'ordonnance du 21 avril 2006, le juge de l'exécution. Sur le fond, l'opposition ne peut être motivée que par l'absence de paiement du prix par l'acquéreur[1].

591.22 Purge des sûretés en matière de ventes immobilières de gré à gré. L'article 140, alinéa 3 du décret du 27 décembre 1985[2], disposait qu'« en cas de vente de gré à gré, le notaire chargé de la vente remet le prix au liquidateur après l'accomplissement des formalités de purge ou l'obtention de l'accord des créanciers pour l'en dispenser ».

L'article R. 643-3, alinéa 3 du code de commerce, issu du décret du 28 décembre 2005[3], modifie la règle en prévoyant que le notaire chargé de la vente remet le prix, dès sa perception, au liquidateur, peu important donc que les formalités de purge aient été accomplies. C'est donc la procédure collective, par le biais de la Caisse des dépôts et consignations, qui percevra les intérêts du placement du prix de vente. La solution est opportune, car elle permet d'éviter la saisie du prix de vente par un créancier postérieur éligible au traitement préférentiel, du fait du placement obligatoire de ce prix à la Caisse des dépôts et consignations par le liquidateur[4]. En revanche, il appartient au liquidateur d'attendre l'accomplissement des formalités de purge ou l'obtention d'un accord des créanciers inscrits pour disposer du prix. En ce sens, l'article R. 643-3, alinéa 4 du code de commerce, qui instaure une règle nouvelle, dispose que « le prix de vente ne peut faire l'objet d'aucun prélèvement jusqu'à ce qu'il soit justifié par l'acquéreur qu'il a conduit à son terme la procédure de purge ou qu'il a obtenu des créanciers inscrits la dispense d'y procéder ».

En pratique, le notaire commence par demander aux créanciers inscrits une dispense de procédure de purge. S'il l'obtient, les créanciers donneront amiablement mainlevée des inscriptions. S'il ne l'obtient pas, il y aura alors place à la procédure de purge.

Au sens strict, la procédure de purge désigne la formalité destinée à affranchir un bien grevé de ses inscriptions. La purge est réglementée par l'article 2478 du code civil, aux termes duquel « si le nouveau propriétaire veut se garantir de l'effet des poursuites *autorisées dans le chapitre VI du présent titre* (droit de suite du créancier inscrit sur l'immeuble par application de l'article 2461 du code civil), il est tenu, soit avant la poursuite, soit dans le mois, au plus tard, à compter de la première sommation qui lui est faite, de notifier aux créanciers, au domicile par eux élu dans leur inscription » un acte contenant d'après l'article 2479 du code civil, déclaration « qu'il est prêt à acquitter, sur le champ, les dettes et charges hypothécaires, jusqu'à concurrence seulement du prix ».

L'article 2480 du code civil prévoit qu'après notification aux créanciers inscrits, ceux-ci peuvent requérir la mise de l'immeuble aux enchères et adjudications publiques. L'article 2480, 2° du code civil prévoit que la réquisition du créancier inscrit contient soumission « de porter ou faire porter le prix à un dixième en sus de celui qui aura été stipulé ». C'est la procédure de surenchère du dixième, qui devra être formée dans les quarante jours de la notification. La jurisprudence, fort logiquement, estime que « le fait que l'immeuble vendu soit la propriété d'un débiteur en liquidation judiciaire n'est pas de nature à exclure le droit de surenchère »[5].

L'article 140, alinéa 3 du décret du 27 décembre 1985 prévoit d'ailleurs explicitement que « en cas de vente de gré à gré, le notaire chargé de la vente remet le prix au liquidateur après l'accomplissement des formalités de purge ou l'obtention de l'accord des créanciers inscrits pour en dispenser ». La purge est donc un préalable à la remise du prix au liquidateur, sous l'empire de la loi du 25 janvier 1985.

Au contraire, l'alinéa 4 de l'article R. 643-3 du code de commerce rend incontestablement possible la perception par le liquidateur du prix de vente de l'immeuble avant la purge, en disposant que « le prix de vente ne peut faire l'objet d'aucun prélèvement par le liquidateur jusqu'à ce que soit justifié par l'acquéreur qu'il a conduit à son terme la procédure de purge ou qu'il a obtenu des créanciers inscrits la dispense d'y procéder ». Et l'alinéa 5 envisage explicitement l'exercice de la faculté de surenchère en dispo-

1. Sénéchal, « La vente des immeubles et la distribution de leur prix », intervention au colloque du Crajefe, Nice, 1998, *LPA* 28 oct. 1998, n° 129, p. 36 s., sp. p. 64.
2. D. n° 85-1388, 27 déc. 1985, préc.
3. D. n° 2005-1677, 28 déc. 2005, préc.
4. Froehlich et Sénéchal, Lucas et Lécuyer (dir.), *La réforme des procédures collectives...*, Lgdj, 2006, p. 362.
5. Civ. 3e, 17 janv. 2007, n° 05-17.695, *Bull. civ.* III, n° 4; n° 20 FS-P+B; *D.* 2007. AJ 379, obs. Lienhard; *Gaz. proc. coll.* 2007/2, p. 37, note Sénéchal; *JCP E* 2007, Chron. 1450, p. 20, n° 4, obs. M. Cabrillac; *Act. proc. coll.* 2007/5, n° 50, note Vauvillé; *Defrénois* 2007. 38567, p. 548, note Théry; *JCP N* 2007, Affaires 1264, 30, note Vauvillé – Versailles, 13e ch., 4 juill. 2013, RG n° 12/08961.

sant que « en cas de surenchère, le prix est restitué sans délai à l'acquéreur par le liquidateur, par l'intermédiaire du notaire ».

La purge est l'œuvre de l'acquéreur. Il en supportera les frais, ce que le liquidateur pourra faire préciser au juge-commissaire, dans son ordonnance[1]. Si l'acquéreur ne se préoccupe pas de la procédure de purge, le liquidateur doit le sommer. Il a été jugé qu'à défaut, il engagerait sa responsabilité[2].

Il est toutefois possible de préciser, dans l'acte de vente, que la procédure de purge incombera au liquidateur. En ce cas, il engage sa responsabilité s'il ne l'accomplit pas[3].

Une fois qu'il aura effectué la purge ou obtenu des créanciers inscrits la dispense de l'effectuer, et après avoir versé le prix de vente, il appartiendra à l'acquéreur, en constituant avocat, de saisir le juge des ordres du tribunal de la faillite – désormais le juge de l'exécution – pour faire prononcer la radiation des inscriptions (C. com., art. R. 643-8, al. 2). Le liquidateur n'a pas à dresser l'état de collocation et à faire prononcer la radiation des inscriptions avant complet versement du prix d'adjudication[4], la solution ayant été posée sous l'empire de l'article 140 du décret du 27 décembre 1985.

591.23 Purge en cas de vente d'un immeuble avant le jugement d'ouverture. Le décret du 28 décembre 2005[5] (C. com., art. R. 622-19, al. 3) envisage l'hypothèse d'une vente d'immeuble avant le jugement d'ouverture. Lorsque l'acquéreur de l'immeuble, qui fait l'objet de la procédure d'ordre entamée avant le jugement d'ouverture, s'est acquitté d'un prix rendu définitif par la purge ou par la dispense d'y procéder, il peut, énonce le texte, saisir le tribunal de grande instance aux fins de radiation des inscriptions. Depuis la réforme de la saisie immobilière opérée par l'ordonnance du 21 avril 2006[6], il s'agit de la procédure de distribution du prix de vente d'un immeuble suivie devant le juge de l'exécution. À sa demande, il joint, indique l'alinéa 4 de l'article R. 622-19 du code de commerce, un justificatif du paiement du prix, un état des inscriptions sur formalité, la justification de l'accomplissement des formalités de purge ou de la dispense d'y procéder, ainsi que la justification des frais préalables de vente en cas de vente sur saisie immobilière.

591.24 Règles générales de purge en matière de vente de fonds de commerce. La procédure de purge présuppose que la purge n'intervienne pas par l'effet de la loi. Il y aura purge par l'effet de la loi en cas de vente aux enchères[7].

La purge n'intervient pas, *en revanche, par l'effet* de la loi, en cas de vente de gré à gré[8].

Les formalités de purge incombent à l'acquéreur du fonds de commerce. Le liquidateur n'a, à cette fin, aucune qualité[9]. La purge est en effet destinée à rendre le prix définitif et opposable aux créanciers inscrits. C'est donc l'affaire exclusive de l'acquéreur, lui seul pouvant être inquiété par les créanciers inscrits. Elle ne constitue logiquement pour lui qu'une simple faculté[10], même si son absence d'exercice peut être source de danger, du fait de l'éventualité du droit de suite. En pratique, rien n'interdit à l'acquéreur de donner mandat au liquidateur d'accomplir, en son nom et pour son compte, la purge[11]. Le mandat supposant la volonté de l'acquéreur, il ne semble pas que le juge-commissaire puisse décider, sans excéder ses pouvoirs, à la demande du liquidateur, de confier mandat à ce dernier, l'opinion contraire ayant cependant été émise[12].

Il y a lieu de respecter l'article 22, alinéa 2 de la loi du 17 mars 1909 qui énonce que « lorsque la vente du fonds n'a pas lieu aux enchères publiques, l'acquéreur qui veut se garantir des poursuites des créanciers inscrits est tenu, à peine de déchéance, avant la poursuite ou dans la quinzaine de la sommation de payer à lui faite, de notifier à tous les créanciers inscrits au domicile élu par eux dans leur inscription » un acte dont le contenu est strictement réglementé et qui contient déclaration selon laquelle il est prêt à acquitter les dettes inscrites jusqu'à concurrence de son prix.

La procédure de purge entraîne ouverture de la procédure de surenchère[13]. La surenchère du dixième, prévue par l'article 23 de la loi du 17 mars 1909, devenu l'article L. 143-13 du code de commerce, n'est ouverte qu'aux créanciers inscrits sur le fonds (v. aussi s[s] n° 563.47). Elle doit être faite dans les quinze jours de la notification aux créanciers inscrits. La réquisition d'une mise aux enchères faite par le déclarant doit être signifiée à l'acquéreur et au débiteur, c'est-à-dire du fait du dessaisissement, à son liquidateur. Dans ce même délai, une assignation devant le tribunal de commerce du lieu du

1. IFPPC 1999, recomm. n° 6090-2, p. 175.
2. Paris, 18 sept. 1992, *Rev. proc. coll.* 1994, 118, obs. Soinne.
3. Com. 1er févr. 2002, *RJDA* 2003/2, n° 168.
4. Com. 16 juin 2009, n° 07-18.878, NP; n° 575 F-D.
5. D. n° 2005-1677, 28 déc. 2005, préc.
6. Ord. n° 2006-461, 21 avr. 2006, préc.
7. DERRIDA ET *ALII*, n° 287 – CHAPUT, n° 500 – LE CANNU, 7e éd., n° 1188 – SOINNE, n° 2446.
8. T. com. Paris, 28 juin 1993, *Rev. proc. coll.* 1995, 78, n° 12, obs. Dureuil.
9. T. com. Paris, 28 juin 1993, préc.
10. Com. 28 avr. 2004, n° 01-12.079, *Bull. civ.* IV, n° 78; *D.* 2004. 1527; *RTD com.* 2004. 696, n° 4, obs. Saintourens; *JCP E* 2005, Chron. 179, p. 180, n° 18, obs. Delebecque.
11. SOINNE, n° 2430.
12. SOINNE, n° 2430.
13. ILLUSTR. : Paris, 1re ch., 28 nov. 1997, *D. Affaires* 1998, 138, note Lienhard; *RJ com.* 1998, n° 94, obs. Saint-Alary-Houin.

fonds doit être lancée. Aucune surère ne sera ici possible sur la surenchère pratiq L. 17 mars 1909, art. 21, visant l'article 23 de lme loi).

L'article 16 de la loi du 17 mars 1– vente du fonds à la demande d'un créancier iit – pourra trouver à s'appliquer en cas de jeu de l:cle L. 643-3 du code de commerce, dans sa rédact issue de la loi de sauvegarde des entreprises[1], t-à-dire la reprise des poursuites individuelles pa créancier inscrit. Cette disposition est égalemexclusive de surenchère.

L'article 3 de la loi du 17 mars 19 qui prévoit des mesures de publicité de la vente dfonds n'est pas écarté, en cas de vente dans unqquidation judiciaire[2]. L'assujettissement à la pulicité de la vente de gré à gré a des conséquence importantes. Elle autorise en effet l'opposition parn créancier, ce qui rend ensuite possible la surenché du dixième (L. 17 mars 1909, art. 5).

591.25 Règles particulières à la pu e des inscriptions grevant un fonds de comme e en cession d'unité de production sous l'emp e de la législation antérieure à la loi de sauvegale des entreprises[3]. À côté des règles générales dpurge des inscriptions grevant le fonds de comerce, l'article 139-1 du décret du 27 décembre 198[4], qui réglemente la question de l'intégration da une cession d'unité de production d'un fonds decommerce, renvoie à l'article 151-1 du même ccret. Cette dernière disposition, intégrée dans la stion IV intitulée « vente des autres biens » énoncque, « en cas de vente d'un fonds de commerce, l'aquéreur peut saisir le juge-commissaire pour fairprononcer la radiation des inscriptions. Il joint à sa demande un état des inscriptions, la justificatin de l'accomplissement des formalités de purge ou de l'accord des créanciers inscrits pour l'en dispenser, et la justification du paiement des frais préalables à la vente ». Il résulte de ce dernier texte que, si la cession d'unité de production intègre un fonds de commerce, il y a place à accomplissement des formalités de purge.

La solution ne manque pas de surprendre, eu égard à la nature de la cession de l'unité de production. Cette dernière s'analyse, en effet, en une cession forfaitaire et aléatoire qui apparaît inconciliable avec le droit commun de la vente (v. s[s] n° 564.31), et, en conséquence, avec le droit commun de la vente de fonds de commerce. Or, affirmer que la procédure de purge doit être accomplie, revient à accorder au créancier inscrit une faculté de surenchère, complètement incompatible avec le caractè forfaitaire et aléatoire de l'opération intervenue (v. s[s] n° 564.31).

Le renvoi inapproprié, par l'article 139-1, à l'article 151-1 ne doit pas pouvoir venir contrarier la nature juridique de l'opération posée par la loi, qui est inconciliable avec les dispositions réglementaires[6]. Dès lors, il faut décider que l'intégration dans une cession d'unité de production d'un fonds de commerce ne doit pas conduire au respect de la procédure de purge (v. s[s] n° 564.31), laquelle entraîne ouverture de la surenchère. Il s'agit plus exactement d'une procédure de radiation des inscriptions, sans procédure de purge.

En conséquence, dès que le prix de la cession d'unité de production aura été versé par le cessionnaire au liquidateur, et indépendamment du paiement des créanciers, titulaires de sûretés spéciales sur les biens grevés, ces derniers devront donner mainlevée amiable. À défaut, le liquidateur saisit le juge-commissaire ou le juge aux ordres, et en Alsace-Moselle, le juge de l'exécution[7], pour obtenir radiation des inscriptions. Si le cessionnaire n'a pas encore payé le prix, les créanciers inscrits peuvent s'opposer à la demande de radiation émanant du liquidateur. Par rapport à la lettre du texte du décret, des adaptations s'imposent. L'article 155-1, alinéa 2 du décret du 27 décembre 1985 prévoit spécialement, pour les créanciers inscrits sur le fonds de commerce, qu'ils peuvent former contestation à la demande de radiation, pour tous motifs tirés du non-paiement du prix. Ils disposent d'un délai de trente jours, qui s'ouvre à compter de l'information envoyée par le greffier de la demande tendant à la radiation des inscriptions. La contestation sera formée au greffe, soit oralement, soit par lettre recommandée avec accusé de réception.

En outre, les droits des créanciers inscrits sont encore préservés par le jeu de l'article 139, alinéa 3 du décret du 27 décembre 1985, lequel prévoit que l'ordonnance autorisant la cession doit leur être notifiée. Ils utilisent, en conséquence, le recours contre l'ordonnance devant le tribunal pour faire valoir leurs droits.

SECTION 591.30
PROCÉDURE D'ORDRE ET DE DISTRIBUTION DU PRIX DE VENTE D'UN IMMEUBLE

591.31 Délimitation de compétence pour l'établissement de l'ordre.

1. L. n° 2005-845, 26 juill. 2005, préc.
2. Obs. Sénéchal, *Defrénois* 1998. 252, n° 5.
3. L. n° 2005-845, 26 juill. 2005, préc.
4. D. n° 85-1388, 27 déc. 1985, préc.
5. RAPPR. : SOINNE, n° 2400.
6. EN CE SENS : SOINNE, n° 2400.
7. D., 27 déc. 1985, art. 177-2°.

la législation du 25 janvier 1985[1] ...a délimitation de la compétence ...dateur et le juge des ordres est une ques- ...cate. En droit commun, seul le juge des ordres ...ribunal de grande instance est compétent pour procéder à l'ordre. Cette règle est écartée par le code de commerce attribuant compétence au liquidateur. Aux termes de l'article L. 622-5 alinéa 3 du code de commerce (anc[t] L. 25 janv. 1985, art. 148-4, al. 3), dans sa rédaction antérieure à la loi de sauvegarde des entreprises[2], « le liquidateur... établit l'ordre entre les créanciers ». Il y a là, apparemment, une compétence exclusive qui traduit une « déjuridictionnalisation » de l'ordre.

La Cour de cassation avait décidé que si le jugement d'adjudication était publié au jour du jugement d'ouverture, le juge des ordres demeurait compétent pour continuer l'ordre commencé. Il était également compétent pour commencer l'ordre, en ce cas[3]. L'ordre est considéré comme achevé lorsque le paiement aux créanciers hypothécaires de leur bordereau de collocation sera intervenu[4]. Le juge des ordres devait cependant se plier aux contraintes de la procédure collective. Il ne pouvait tenir compte des créances antérieures non admises au passif[5]. Il devait également tenir compte des sûretés spécifiques du droit des procédures collectives, par exemple des créanciers postérieurs bénéficiant du traitement préférentiel[6].

Si le jugement d'adjudication n'était pas encore publié, au jour du jugement d'ouverture, seul le liquidateur était compétent pour commencer l'ordre, et aussi le terminer[7]. La solution devait être transposée en cas de vente amiable. Si elle n'avait pas été publiée avant jugement d'ouverture, le prix devait être réparti par le liquidateur[8]. La solution d'une cour d'appel, qui considérait que même si la vente avait été publiée avant le jugement d'ouverture, le liquidateur restait compétent dès lors que la procédure de purge n'avait été entreprise qu'après jugemen...verture, ne nous semblait pas pouvoir être suiv...

Conséc...e de l'obligation pour le liquidateur d'établir ...re, l'adjudicataire était tenu de verser entre se...ins le prix. Certains établissements financier...l le Crédit foncier de France, ne pouvaient dès se retrancher derrière des législations particuliè...pour voir consigner, entre leurs mains, les somm...provenant de la vente de l'immeuble vendu sui...sie[10]. Dans cette même logique, la procédure d'...re excluait la possibilité pour un créancier inscri...e pratiquer une saisie-attribution sur le prix de ve... du bien grevé de la sûreté[11].

Enfin, ...a vente était intervenue après jugement d'ouvertu..., le liquidateur était seul compétent pour établir l'ord...

> Depuis le décret du 21 octobre 1994[12], la question de la ...limitation de compétence entre le juge des ordres ... le liquidateur est beaucoup plus simple. L'article ...622-5, alinéa 3 du code de commerce, dans sa ...daction antérieure à la loi de sauvegarde des ent...prises, a été maintenu. En conséquence, « le liq...dateur... établit l'ordre entre les créanciers ». Mais i... a été complété par le décret du 21 octobre 1994, ...ui a modifié la situation en insérant un article ...5-1 dans le décret du 27 décembre 1985[13], selon ...quel les procédures d'ordre en cours au jour du ju...ment d'ouverture sont interrompues. Si le tribu...al arrête un plan de redressement, la procédure ...ordre est caduque et les fonds sont remis au commissaire à l'exécution du plan. En cas de liquidatio..., la procédure d'ordre est reprise à l'initiative de to...t créancier intéressé, après déclaration de sa créance, dont il doit produire une copie au tribunal, et après mise en cause du liquidateur.

> La législation de sauvegarde des entreprises reprend la solution. L'article R. 622-19, alinéa 1 du code de commerce, issu du décret du 27 juillet 2006[14], prévoit que les procédures de distribution du prix de vente des immeubles en cours au jour du jugement d'ouverture sont caduques. Cette solution est applicable en redressement judiciaire (C. com., art. R. 631-20) et en liquidation judiciaire (R. 641-23). En ce cas, seul le mandataire judiciaire ou le

1. L. n° 85-98, 25 janv. 1985, *JO* 26 janv., p. 1097.
2. L. n° 2005-845, 26 juill. 2005, préc.
3. Com. 12 juill. 1994, n° 92-14.090, *Bull. civ.* IV, n° 262; *D.* 1994. 569, rapp. Rémery, note Honorat; *Defrénois* 1995. 269, note Sénéchal – Paris, 2e ch. B, 12 déc. 2002, *Gaz. Pal.* 8-9 août 2003, Somm. 16, note Vray.
4. Com. 23 janv. 1996, n° 92-21.642, *Bull. civ.* IV, n° 25; *D.* 1996. 425, note Prévault; *D.* 1996. Somm. 282, obs. Honorat; *Defrénois* 1996. 940, obs. Sénéchal; *JCP E* 1996. I. 554, n° 14, obs. M. Cabrillac.
5. Paris, 2e ch. B, 24 mars 2005, RG n° 2004/21765.
6. Com. 12 juill. 1994, n° 92-14.090, *Bull. civ.* IV, n° 262; *D.* 1994. 569, rapp. Rémery, note Honorat; *Defrénois* 1995. 269, note Sénéchal.
7. Com. 6 févr. 1996, n° 94-11.022, NP, *D.* 1996. IR 139 – Com. 11 févr. 2014, n° 12-19.722, *Bull. civ.* IV, n° 34; n° 189 F-P+B; *Leden* avr. 2014, comm. 061, note Staes.
8. Com. 11 févr. 2004, n° 01-01.112, NP.
9. Paris, 3e ch. A, 31 août 2004, RG n° 2003/17434.
10. Com. 9 juin 1992, n° 88-15.063, *Bull. civ.* IV, n° 229, *Rev. proc. coll.* 1992, 440, n° 6; *D.* 1992. 388, obs. Honorat; *JCP N* 1993, prat. 2460, obs. M. Cabrillac; *RTD com.* 1993. 582, obs. Martin-Serf – Com. 19 oct. 1993, n° 91-11.385, *Bull. civ.* IV, n° 342 – Com. 28 juin 1994, n° 90-14.828, *Bull. civ.* IV, n° 238; *D.* 1994. 77, obs. Honorat; *Rev. proc. coll.* 1995, 109, n° 6, obs. Dureuil.
11. Com. 19 déc. 2000, DPDE *bull.* n° 209, 27 févr. 2001, p. 6109, *V° Juge-commissaire*, n° 93.
12. D. n° 94-910, 21 oct. 1994, *JO* 22 oct., p. 15019.
13. D. n° 85-1388, 27 déc. 1985, préc.
14. D. n° 2006-936, 27 juill. 2006, *JO* 29 juill., p. 11316.

liquidateur est compétent. Il en va différemment si une procédure d'exécution a produit un effet attributif avant le jugement d'ouverture. Tel est le cas lorsque, avant la procédure collective du débiteur, le juge aux ordres a établi un procès-verbal d'ordre amiable, fût-il partiel[1]. En ce cas, la répartition doit se poursuivre devant le juge aux ordres, et depuis l'ordonnance du 21 avril 2006[2], devant le juge de l'exécution.

591.32 Procédure de l'ordre (sur la procédure d'ordre entamée avant jugement d'ouverture, v. aussi s^s^ n° 622.41). La procédure de distribution du prix de vente d'un immeuble est régie, sous l'empire de la législation de sauvegarde des entreprises[3], par les articles R. 643-3 à 643-7 du code commerce, celle d'ordre, par les articles 141 à 144 du décret du 27 décembre 1985[4], sous l'empire de la loi du 25 janvier 1985[5].

Il importe de préciser que la procédure d'ordre, en droit commun, a été remplacée, depuis l'ordonnance du 21 avril 2006[6] et son décret d'application du 27 juillet 2006[7], par une procédure de distribution du prix de vente de l'immeuble[8]. Cette procédure, qui comporte notamment l'obligation pour le créancier inscrit, de déclarer sa créance à l'ordre sous peine de déchéance de sa sûreté, est inapplicable lorsque la distribution du prix de vente de l'immeuble s'inscrit dans une liquidation judiciaire[9], du fait de règles spéciales, exclusives du droit commun, sauf renvoi à ces dispositions de droit commun par le texte spécial. La procédure d'ordre des procédures collectives est donc spécifique[10]. La solution, qui résultait d'une interprétation, est, depuis le décret du 12 février 2009[11], indiscutable, du fait de la suppression de l'état ordonné de répartition dans la procédure de saisie immobilière intervenant au cours d'une liquidation judiciaire.

Ces textes, bien que placés dans des dispositions relatives à la liquidation judiciaire, ont vocation à s'appliquer dans le redressement judiciaire, par renvoi aux textes en cause opéré sous l'empire de la législation antérieure à la loi de sauvegarde des entreprises, par l'article 102 alinéa 2 du décret du 27 décembre 1985 pour l'hypothèse de vente d'un immeuble en phase d'exécution d'un plan de continuation et 103-3, alinéa 1 de ce même décret pour l'hypothèse d'intégration d'un immeuble dans un plan de cession[12].

L'article R. 626-36, alinéa 2 du code de commerce rend identiquement applicables, en phase d'exécution d'un plan de sauvegarde, les articles R. 643-3 à R. 643-14. La solution vaut identiquement pour le plan de redressement (C. com., art. R. 631-35).

Le décret du 28 décembre 2005 (C. com., art. R. 622-19, al. 2) prévoit que si le tribunal arrête un plan de sauvegarde, le mandataire judiciaire remet ces fonds au commissaire à l'exécution du plan aux fins de répartition. Ce texte est applicable au plan de redressement (C. com., art. R. 631-20).

Si l'ordre est établi par le liquidateur, ce dernier doit d'abord requérir du conservateur des hypothèques l'état des inscriptions grevant le bien vendu, sitôt la publication de la vente intervenue. Lorsque la vente intervient de gré à gré, l'ouverture de l'ordre intervient soit d'office à l'initiative du liquidateur, soit à la demande de l'acquéreur ou de tout intéressé, c'est-à-dire en pratique un créancier. L'ordre ne pourra alors être ouvert qu'après les opérations de purge ou l'obtention de la dispense d'y procéder[13].

Si la vente est intervenue par adjudication, l'ordre sera ouvert après versement du prix d'adjudication (C. com., art. R. 643-6, al. 1, D. 27 déc. 1985, art. 142, al. 1).

Il appartient au liquidateur de dresser un état de collocation. Il tiendra compte, pour les créances antérieures, de l'admission au passif, qui devra être irrévocable[14], et des inscriptions. Une créance d'intérêts déclarée « pour mémoire » et non reportée sur l'état des créances n'autorise pas le versement d'intérêts conventionnels au créancier[15]. Le liquidateur ne peut réserver sur l'état de collocation des créances provisionnelles. La solution, posée sous l'empire de la loi du 25 janvier 1985, pour des créances postérieures de l'article L. 621-32[16], vaut identique-

1. Paris, pôle 4, 1re ch., 8 oct. 2009, RG n° 09/01373, *Act. proc. coll.* 2009/18, n° 281.
2. Ord. n° 2006-461, 21 avr. 2006, préc.
3. L. n° 2005-845, 26 juill. 2005, préc.
4. D. n° 85-1388, 27 déc. 1985, préc.
5. L. n° 85-98, 25 janv. 1985, préc.
6. Ord. n° 2006-461, 21 avr. 2006, préc.
7. D. n° 2006-936, 27 juill. 2006, préc.
8. Brenner, « La saisie immobilière version 2006 », *Dr. et patr.* févr. 2007, n° 156, p. 26 s., sp. p. 37 – Pansier, « De l'ordre à la distribution du prix », *D.* 2007. 253 – Piedelièvre, « Ordonnance du 21 avril 2006 et distribution du prix », *RD. banc et fin.* mai-juin 2006, p. 33, n° 117 – *RD. banc et fin.* sept. Oct. 2006, p. 26, n° 173.
9. AINSI : TGI Pontoise, jex, 29 nov. 2007, RG n° 07/000154, *Rev. proc. coll.* 2008, p. 80, n° 20, note Canet.
10. AUSSI : VALLENS, 2015, n° 3813 – VOINOT, 2007, n° 670 – Canet, note s^s^ TGI Pontoise, jex, 29 nov. 2007, RG n° 07/000154, *Rev. proc. coll.* 2008, p. 80, n° 20.
11. D. n° 2009-160, 12 févr. 2009, *JO* 13 févr., p. 2596.
12. Salvat, obs. s^s^ Com. 30 mars 2005, n° 03-19.029, *Bull. civ.* IV, n° 74; *Act. proc. coll.* 2005/11, n° 134.
13. IFPPC 1999, recomm. n° 6140-2, p. 180.
14. IFPPC 1999, recomm. n° 6140-3, p. 181.
15. Paris, 3e ch. B, 31 mars 2006, RG n° 2004/4615.
16. Com. 7 févr. 2012, n° 10-25.930, *Bull. civ.* IV, n° 25; n° 167 F-P+B; *Act. proc. coll.* 2012/5, comm. 6, note Le Corre.

ment, pour des créances antérieures, tant sous l'empire de la loi du 25 janvier 1985, que sous celui de la loi de sauvegarde des entreprises.

Le liquidateur prendra en compte les éventuelles cessions d'antériorité consenties par un créancier privilégié à un autre[1]. En présence de biens indivis, si le créancier de l'indivision apparue avant l'ouverture de la procédure n'a pas fait vendre l'immeuble avant tout partage, le liquidateur, qui aura agi par voie oblique en licitation-partage, ne sera pas autorisé à appréhender la totalité du prix de vente du bien indivis. Il ne pourra conserver que la part indivise de la personne en liquidation judiciaire (v. s[s] n° 561.32).

Les créances éteintes par suite de rejet seront mentionnées comme telles sur l'état de collocation[2]. Il en sera de même des créances non déclarées dans les délais qui, dans une procédure soumise à la législation antérieure à la loi de sauvegarde des entreprises, seront éteintes et qui, dans une procédure soumise à la législation issue de la loi de sauvegarde des entreprises, seront inopposables à la procédure et n'autoriseront donc pas le créancier à être colloqué en rang utile dans les répartitions.

Il se peut ensuite que l'état des créances ne soit pas conforme aux inscriptions. La situation se présente lorsque l'admission de la créance intervient à titre privilégié mais que, au jour de l'établissement de l'état de collocation, le créancier a vu sa sûreté se périmer, si elle est soumise à renouvellement pour sa conservation, par exemple une hypothèque. En ce cas, malgré l'admission à titre privilégié, la collocation ne pourra intervenir qu'à titre chirographaire[3] (v. s[s] n° 652.15).

Pour dresser l'état de collocation, l'article 142, alinéa 1 du décret du 27 décembre 1985 indique que le liquidateur doit tenir compte de « la liste des créances mentionnées à l'article 40 [C. com., art. L. 621-32] ».

De même, depuis la loi de sauvegarde des entreprises, l'article R. 643-6 alinéa 1 du code de commerce indique que le liquidateur doit prendre en compte les créances mentionnées à l'article L. 641-13 du code de commerce. Il s'agit là des créances postérieures élues au traitement préférentiel et bénéficiant, à ce titre du privilège.

Parmi ces créances postérieures bénéficiant du traitement préférentiel, il y aura les frais de radiation des inscriptions et de poursuite de l'ordre (C. com., art. R. 643-10, D. 27 déc. 1985, art. 147). Le liquidateur ne peut réserver, sur l'état de collocation, des créances postérieures provisionnelles[4]. Si une ins[illegible]nce concerne une créance postérieure, le juge d[illegible]a avoir statué par décision définitive sur cette [illegible]ance[5], *avant que le liquidateur ne dresse* l'état [illegible] collocation, dès lors du moins que le rang de c[illegible]e créance est susceptible d'avoir des conséque[illegible]es sur l'ordre des répartitions.

Pour l'établissement de la liste, le liquidateur *peut*, s'il l'estime utile, convoquer les créanciers inscrits, l'adjudicataire ou l'acquéreur (C. com., art. R. 643-6, al. 1, D. 27 déc. 1985, art. 142, al. 1). L'article R. 643-15 du code de commerce devra ici être respecté, de sorte que si la lettre de notification qui n'a pu être remise à son destinataire fait retour au liquidateur, celui-ci doit procéder par voie de signification.

En revanche, le liquidateur ne peut solliciter l'avis du tribunal pour préciser l'établissement de l'ordre, par exemple pour faire préciser le rang d'un créancier postérieur du 5e rang (C. com., art. L. 621-32[6] du code de commerce, dans sa rédaction antérieure à la loi de sauvegarde des entreprises, C. com., art. L. 622-17, III et art. L. 641-13, III dans sa rédaction issue de la loi de sauvegarde des entreprises).

L'état de collocation est déposé par le liquidateur au greffe du tribunal de la faillite, où toute personne peut en prendre connaissance. Il appartient alors au greffier d'avertir les créanciers et l'adjudicataire ou l'acquéreur du dépôt de l'état de collocation, par une insertion dans un journal d'annonces légales et au *Bodacc*, contenant l'indication du journal d'annonces légales dans lequel l'insertion a été faite. En outre, l'insertion au *Bodacc* doit contenir la mention du délai de contestation prévue par l'article R. 643-11 du code de commerce, sous l'empire de la loi de sauvegarde des entreprises, ainsi que le précise l'article R. 643-6, alinéa 2 du code de commerce, et par l'article 148 du décret du 27 décembre 1985, ainsi que le mentionne l'article 142, alinéa 2 du décret du 27 décembre 1985. L'absence de ces indications entraîne irrégularité de l'insertion et il faut en tirer la conséquence que le délai de contestation n'a pas commencé à courir. Un auteur préfère considérer, en ce cas, que la question ne peut être réglée que par l'engagement de la responsabilité du greffier[7].

À moins que le juge-commissaire n'en décide autrement, le greffier doit en outre envoyer à chaque créancier colloqué et à chaque créancier inscrit sur l'immeuble, à domicile élu, une copie de l'état de collocation. Il doit en outre indiquer, comme le précise l'article 142, alinéa 3 du décret du 27 décem-

1. AINSI : Com. 7 déc. 2004, n° 02-12.735, NP.
2. IFPPC 1999, recomm. n° 6140-5, p. 182.
3. IFPPC 1999, recomm. n° 6140-5, p. 182.
4. Com. 7 févr. 2012, n° 10-25.930, préc.
5. Com. 7 févr. 2012, n° 10-25.930, préc.
6. Paris, 11 oct. 1995, *RJDA* 1996. 277.
7. M. Cabrillac, obs. s[s] Com. 13 févr. 2007, n° 05-17.794; n° 185 F-P+B; *JCP E* 2007, Chron. 1450, p. 21, n° 5.

bre 1985, le délai et les modalités de recours prévus à l'article 148 du décret du 27 décembre 1985.

Sous l'empire de la loi de sauvegarde des entreprises, il s'agit, selon l'article R. 643-6, alinéa 3 du code de commerce, du délai et des modalités de recours prévus à l'article R. 643-11 du code de commerce. Cette information supplémentaire ajoute à l'insertion au *Bodacc*, puisqu'il est prévu la forme du recours.

Sur un plan procédural, il pouvait en être tiré la conséquence que si l'insertion au *Bodacc* avait été faite, mais que l'information n'avait pas été envoyée au créancier par le greffe, sans que le juge-commissaire en ait dispensé le greffier, ou qu'elle avait été envoyée sans préciser les formes du recours, le délai de recours n'avait pas commencé à courir.

La jurisprudence s'est cependant fixée dans un autre sens, en estimant que le délai de contestation à l'encontre de l'état de collocation est unique et qu'il ne court qu'à compter de l'insertion au *Bodacc* avisant du dépôt de l'état de collocation. Le délai ne peut varier en fonction des notifications individuelles, dont le juge-commissaire peut discrétionnairement dispenser le greffier[1]. La justification de la solution repose donc sur le caractère facultatif de la notification. La Cour de cassation estime que cette solution ne viole pas le droit d'accès au juge même pour un créancier étranger n'ayant pas facilement l'accès au *Bodacc*[2].

La Cour de cassation a toutefois estimé que si l'avis adressé aux créanciers par le greffe ne contient pas la mention, exigée à peine d'irrecevabilité du recours, de la dénonciation de la contestation par acte d'huissier de justice aux créanciers en cause et au liquidateur dans les dix jours de son dépôt, le délai de contestation n'a pu commencer à courir[3].

L'alinéa 4 de l'article R. 643-6 du code de commerce et l'alinéa 4 de l'article 142 du décret du 27 décembre 1985 prévoient enfin que l'état de collocation devra être notifié aux institutions mentionnées à l'article L. 143-11-4 du code du travail (devenu C. trav. art. L. 3253-14), c'est-à-dire à l'AGS, si elles en font la demande. Cette mesure est destinée à permettre de vérifier que les créances salariales ont été prises en compte à leur juste rang.

La responsabilité du liquidateur dans l'établissement de l'ordre ne peut être engagée envers un créancier qu'autant qu'un préjudice a été subi par ce dernier. Tel n'est pas le cas d'un créancier, qui a été colloqué à tort dans un ordre hypothécaire pour plus que les sommes lui revenant, et qui a intégralement perçu les sommes devant lui être attribuées[4].

591.33 Clôture de l'ordre. L'article R. 643-7, alinéa 1 du code de commerce et l'article 144, alinéa 1 du décret du 27 décembre 1985[5] prévoient que s'il n'y a pas de contestation, le liquidateur est tenu de procéder à la clôture de l'ordre dans un certain délai. Il s'agit d'un délai de quarante-cinq jours, à compter de l'insertion au *Bodacc* de l'avis de dépôt de l'état de collocation. En effet, ces deux dispositions énoncent que le liquidateur doit procéder à la clôture de l'ordre dans les quinze jours de l'expiration du délai de contestation, lequel est de trente jours à compter de l'insertion au *Bodacc* de l'avis de dépôt de l'état de collocation. Cela présuppose que le liquidateur ait vérifié, avant de déposer le procès-verbal de clôture de l'ordre, que l'état de collocation a fait l'objet d'une publication au *Bodacc*[6].

Le procès-verbal de clôture de l'ordre doit être déposé au greffe du tribunal devant lequel s'est déroulée la procédure collective. Ce délai de dépôt du procès-verbal de clôture de l'ordre n'est pas sanctionné. En revanche, il est d'une particulière importance puisqu'il a pour effet de figer les droits des créanciers colloqués. L'article R. 643-7, alinéa 2 du code de commerce et l'article 144 alinéa 2 du décret du 27 décembre 1985 indiquent en effet que, « à compter du dépôt du procès-verbal de clôture de l'ordre, la collocation du créancier est définitivement arrêtée en capital et intérêts ». Pour les créanciers bénéficiant de la continuation du cours des intérêts, le cours sera donc arrêté à cette date, sous la réserve cependant introduite par la suite de l'article R. 643-7, alinéa 2 du code de commerce et de l'article 144, alinéa 2 du décret du 27 décembre 1985. En effet, les sommes ainsi liquidées continuent à être productives d'intérêts au taux de la Caisse des dépôts et consignations. Le service de ces intérêts est dû non seulement au créancier bénéficiant de la continuation du cours des intérêts, mais aussi aux autres, car il n'est pas la résultante de la règle de la continuation du cours des intérêts.

L'article R. 643-14 du code de commerce et l'article 151 du décret du 27 décembre 1985 traitent d'un cas particulier d'incident qui peut retarder la clôture de l'ordre : l'adjudication sur folle enchère intervenant dans le cours de l'ordre – on parle maintenant de procédure de réitération des enchères intervenant dans le cours de la procédure de distribution du prix de vente de l'immeuble. En pareille hypothèse, il appartient au liquidateur de modifier

1. Com. 13 févr. 2007, nº 05-17.794, *Bull. civ.* IV, nº 35; nº 185 F-P+B; *D.* 2007. AJ 731, note Lienhard; *Gaz. proc. coll.* 2007/2, p. 37, note Sénéchal; *JCP E* 2007, Chron. 1450, p. 21, nº 5, obs. M. Cabrillac.
2. Com. 13 févr. 2007, nº 05-17.794, préc.
3. Com. 8 juill. 2014, nºs 12-29.298, 13-18.447, NP; nº 658 F-D.
4. Com. 30 oct. 2007, nº 06-17.595, NP; nº 1186 F-D.
5. D. nº 85-1388, 27 déc. 1985, préc.
6. IFPPC 1999, recomm. nº 6145, p. 183.

l'état de collocation. Le montant des sommes dues aux créanciers inscrits au procès-verbal de l'ordre pourra être différent de celui initialement fixé, en fonction des résultats de l'adjudication. Les paiements à faire aux créanciers intéressés s'en trouveront alors modifiés.

591.34 Contestations de l'ordre – Notion de contestations de l'ordre. Les « contestations » visées à l'article L. 642-18, alinéa 5 du code de commerce, dans sa rédaction issue de la loi de sauvegarde des entreprises[1], et à l'article L. 622-16, alinéa 5 du code de commerce, dans sa rédaction antérieure à la loi de sauvegarde des entreprises, sont celles qui sont formées contre l'état de collocation dressé par le liquidateur et qui portent sur le montant des sommes à distribuer, l'ordre de préférence entre les créanciers ou le montant de la collocation[2]. Elles relèvent, avant l'ordonnance du 21 avril 2006[3], de la compétence exclusive du tribunal de grande instance, et, depuis l'ordonnance du 21 avril 2006, du juge de l'exécution, et non point du tribunal de la faillite[4]. En revanche, les contestations qui portent sur l'obligation pour l'adjudicataire de verser le prix d'adjudication à la Caisse des dépôts et consignations appartiennent à la compétence exclusive du tribunal de la faillite[5].

591.35 Procédure de contestation de l'ordre – Procédure de contestation de la procédure de distribution. Les contestations sont régies, depuis la loi de sauvegarde des entreprises[6], par les articles R. 643-11 à R. 643-14 du code de commerce et, avant la loi de sauvegarde, par les articles 148 à 151 du décret du 27 décembre 1985[7].

Des règles spéciales sont posées en Alsace-Moselle. Ces contestations sont de la compétence du tribunal d'instance.

La procédure de contestation est spécialement réglementée par l'article R. 643-11 du code de commerce et par l'article 148 du décret du 27 décembre 1985.

L'alinéa 1 de ces deux dispositions précise d'abord le délai : trente jours à compter de l'insertion au *Bodacc* de l'avis du dépôt de l'état de collocation, sous réserve cependant de la régularité de l'avis d'insertion au *Bodacc* et de l'information par le greffier (v. s[s] n° 591.33).

Jusqu'au décret du 27 juillet 2006[8] réformant le décret du 28 décembre 2005, les contestations étaient reçues au greffe du tribunal de grande instance devant lequel s'était déroulée la procédure de liquidation judiciaire ou dans le ressort duquel la procédure s'était déroulée. Il pouvait s'agir d'un tribunal de grande instance différent de celui devant lequel l'adjudication de l'immeuble s'est déroulée, si cette dernière a été faite dans un lieu autre que celui du tribunal d'ouverture de la procédure. Depuis le décret du 27 juillet 2006, applicable à compter du 1er janvier 2007, les contestations sont reçues au greffe du juge de l'exécution du tribunal de grande instance devant lequel la procédure de liquidation judiciaire s'est déroulée ou dans le ressort duquel la procédure s'est déroulée (v. D. 27 juill. 2006, art. 122).

Le juge-commissaire n'est pas compétent pour connaître des contestations relatives à la répartition du prix de cession d'un actif immobilier, qui relèvent, avant la réforme de la saisie immobilière, du juge des ordres, et depuis cette réforme, du juge de l'exécution. Il en résulte qu'il ne commet pas d'excès de pouvoir en se déclarant incompétent et que la décision du tribunal statuant sur le recours formé à l'encontre de l'ordonnance du juge-commissaire, non susceptible de recours avant la loi de sauvegarde des entreprises, n'est pas susceptible d'appel nullité, faute d'excès de pouvoir. L'arrêt de la cour d'appel n'est, quant à lui, pas susceptible de pourvoi, faute d'avoir consacré d'excès de pouvoir[9].

Le ministère d'avocat est obligatoire. La solution est établie par l'article R. 643-11, alinéa 2 du code de commerce, depuis la loi de sauvegarde, et par l'article 148, alinéa 2, du décret du 27 décembre 1985, avant la loi de sauvegarde. Ces dispositions prévoient que le créancier et le liquidateur doivent constituer avocat dans le délai de quinze jours à compter de la dénonciation qui leur est faite de la contestation. Cette dénonciation aux créanciers en cause et au liquidateur doit intervenir, à peine d'irrecevabilité de la contestation, dans le délai de dix jours de la déclaration de contestation au greffe, et ce par acte d'huissier (C. com., art. R. 643-11, al. 2, D. 27 déc. 1985, art. 148, al. 2). La dénonciation aux créanciers, même postérieurs à celui dont la collocation est discutée, s'impose à peine d'irrecevabilité de la contestation de l'état de collocation[10], dès lors du moins qu'est en cause la collocation des créances du mandataire au titre des frais de justice, l'expression « créanciers en cause » ne devant pas

1. L. n° 2005-845, 26 juill. 2005, préc.
2. Com. 28 juin 1994, n° 90-14.828, *Bull. civ.* IV, n° 238; *D.* 1994. 77, obs. Honorat; *Rev. proc. coll.* 1995, 109, n° 6, obs. Dureuil.
3. Ord. n° 2006-461, 21 avr. 2006, préc.
4. Com. 9 juin 1992, *Rev. proc. coll.* 1995, 72, n° 5, obs. Dureuil; *D.* 1992. 383, obs. Honorat.
5. Com. 28 juin 1994, n° 90-14.828, préc.
6. L. n° 2005-845, 26 juill. 2005, préc.
7. D. n° 85-1388, 27 déc. 1985, préc.
8. D. n° 2006-936, 27 juill. 2006, préc.
9. Com. 11 déc. 2007, n° 06-12.921, NP; n° 1337 F-D.
10. Com. 16 sept. 2008, n° 07-13.135, *Bull. civ.* IV, n° 153; n° 855 F-P+B; *D.* 2008. AJ 2425; *Act. proc. coll.* 2008/17, n° 273, note Salvat; *JCP E* 2009. 1008, n° 10, obs. M. Cabrillac; *RJ com.* 2009/1, p. 64, note Sortais.

s'entendre comme visant tous les créancs colloqués[1]. La solution posée sous l'empire de législation du 25 janvier 1985[2] s'impose identiement, sous l'empire de la loi de sauvegarde des trepri-ses[3], sous réserve des règles nouvelles en mière de saisie immobilière.

La solution n'a pas été modifiée par le dret du 27 juillet 2006, alors pourtant que la procéire de contestation ne se déroule plus devant le tribnal de grande instance, mais devant le juge de l'exéation.

Ces contestations obéissent aux règles des articles 761 à 764, 766 et 768 du code de procédure civile (D. 27 déc. 1985, art. 148, al. 3), c'est-à-dire les règles applicables aux contestations de l'ordre dans la procédure d'ordre. Depuis le décret du 27 juillet 2006, les contestations obéissent aux règles des articles 5, 7 alinéa 1 et 8 du décret du 27 juillet 2006, relatif aux procédures de saisie immobilière et de distribution du prix de vente d'un immeuble.

Ce n'est pas la partie qui est intimée, mais son avocat (anc^t C. pr. civ., art. 763). Il a été jugé ainsi que la cour d'appel, en application de l'article 764 de l'ancien code de procédure civile, ne pouvait statuer sur une contestation de l'ordre, sans que la cause ait été communiquée au ministère public[4]. La règle du droit des procédures collectives (C. com., art. L. 661-8 du code, dans sa rédaction issue de la loi de sauvegarde des entreprises, C. com., art. L. 623-8, dans sa rédaction antérieure à la loi de sauvegarde des entreprises) selon laquelle le pourvoi n'est ouvert qu'au ministère public lorsque la communication obligatoire de la cause ne lui a pas été assurée n'a pas vocation à s'appliquer, car la procédure de redressement ou de liquidation judiciaire n'est pas ici, par elle-même, en cause[5].

Depuis le décret du 27 juillet 2006, l'article 8, alinéa 2 prévoit que l'appel est formé dans les 15 jours de la notification faite par le greffe. Les textes ne précisent plus si la notification sera faite à la partie ou à son avocat.

591.36 Choix du liquidateur de poursuivre l'établissement de l'ordre ou d'attendre l'issue de la contestation. Il appartient, d'après l'article R. 643-12 du code de commerce, et avant la loi de sauvegarde des entreprises[6], d'après l'article 149 du décret du 27 décembre 1985[7], au liquidateur de choisir, malgré la contestation, de procéder à l'établissement de l'ordre ou d'attendre que la contestation soit tranchée. Ce pouvoir apparaît discrétionnaire. En pratique, le liquidateur apprécie le caractère sérieux ou non de la contestation et, en fonction de cette appréciation, établit ou non l'ordre.

Ces deux dispositions posent une règle précieuse pour les créanciers en indiquant que le liquidateur peut « délivrer le titre de paiement pour les créances antérieures à celles qui sont contestées ». Il est en effet inutile de paralyser le paiement des créanciers dont le rang n'est pas remis en cause par la contestation.

La dernière solution posée par ces deux articles est moins évidente. Le liquidateur peut en effet « régler l'ordre pour les créanciers postérieurs, en réservant une somme suffisante pour les créanciers contestés ». En pratique, le liquidateur ne procède de la sorte que s'il a une conviction du caractère non fondé de la contestation[8]. Cette règle s'apparente à celle posée en matière de paiements provisionnels des créanciers en période d'observation, ou encore à celle permettant l'attribution judiciaire du gage, avant admission de la créance.

Si le liquidateur s'est abstenu de régler l'ordre, du fait de la contestation, il y procède dans les huit jours qui suivent l'expiration du délai d'appel, c'est-à-dire dans les vingt-trois jours de la signification à avocat, en l'absence d'appel (C. com., art. R. 643-13, D. 27 déc. 1985, art. 150). Si le créancier a fait appel, il appartient au liquidateur de régler définitivement l'ordre dans les huit jours de la signification de l'arrêt, le pourvoi en cassation n'étant pas suspensif (C. com., art. R. 643-13, D. 27 déc. 1985, art. 150).

SECTION 591.40

DISTRIBUTIONS AUX CRÉANCIERS DU PRODUIT DES RÉALISATIONS D'ACTIF EN LIQUIDATION JUDICIAIRE

591.41 Règles générales de distributions aux créanciers du produit des réalisations d'actif en liquidation judiciaire. La question des répartitions du produit de la liquidation judiciaire est réglée par les articles L. 643-4 à L. 643-8, dans leur rédaction issue de la loi de sauvegarde des entreprises[9], et par les articles L. 622-25 à L. 622-29 du code de com-

1. Salvat, note s^s Com. 16 sept. 2008, n° 07-13.135; n° 855 F-P+B; *Act. proc. coll.* 2008/17, n° 273.
2. L. n° 85-98, 25 janv. 1985, préc.
3. Salvat, note s^s Com. 16 sept. 2008, n° 07-13.135; n° 855 F-P+B; *Act. proc. coll.* 2008/17, n° 273.
4. Com. 30 mars 2005, n° 03-19.029, *Bull. civ.* IV, n° 74; *D.* 2005. AJ 1227, obs. Lienhard; *Act. proc. coll.* 2005/11, n° 134, note Salvat; *JCP E* 2005, Chron. p. 1425, n° 10, obs. M. Cabrillac.
5. Salvat, obs. s^s Com. 30 mars 2005, n° 03-19.029, *Act. proc. coll.* 2005/11, n° 134.
6. L. n° 2005-845, 26 juill. 2005, préc.
7. D. n° 85-1388, 27 déc. 1985, préc.
8. RAPPR. : IFPPC 1999, recomm. n° 6170, p. 182.
9. L. n° 2005-845, 26 juill. 2005, préc.

merce, dans leur rédaction antérieure à la loi de sauvegarde des entreprises.

Les distributions sont l'œuvre du liquidateur. La solution doit-elle être maintenue en présence d'un séquestre effectué avant jugement d'ouverture portant sur le prix de vente d'un actif vendu ? La jurisprudence, sous l'empire de la législation antérieure à la loi de sauvegarde des entreprises, l'admet, au prétexte que l'ouverture de la procédure de liquidation judiciaire ne le prive pas de sa mission[1].

La solution est modifiée sous l'empire de la législation de sauvegarde des entreprises. En effet, l'article R. 622-19, alinéa 1 du code de commerce dispose que « Conformément au II de l'article L. 622-21 du code de commerce, les procédures d'ordre en cours et les procédures de distribution mobilière, en dehors de toutes procédures d'exécution ayant produit un effet attributif avant le jugement d'ouverture, en cours au jour de ce jugement sont caduques. Les fonds sont remis au mandataire judiciaire, le cas échéant par le séquestre qui par cette remise est libéré à l'égard des parties ». Ce texte de la sauvegarde est applicable en redressement judiciaire (C. com., art. R. 631-20) et en liquidation judiciaire (C. com., art. R. 641-23), les fonds étant en ce denier cas remis au liquidateur (C. com., art. R. 641-24). Ainsi, appartient-il désormais au séquestre de remettre au liquidateur les fonds qu'il détient, ce dernier ayant seul la charge de les répartir (v. s[s] n° 456.32).

Les règles établies par les articles précités postulent des distributions multiples. En pratique, cependant, le plus souvent, une répartition unique interviendra. L'unicité de la répartition présente incontestablement un inconvénient : elle n'interviendra que lorsque toutes les réalisations d'actifs auront été faites. À l'inverse, des répartitions multiples peuvent être sources de difficultés majeures si le produit des réalisations se trouve absorbé par le super privilège des salaires ou par les créanciers titulaires du privilège de la conciliation, au préjudice des créanciers titulaires de sûreté spéciale immobilière, ou encore par le fisc, ou encore les créanciers postérieurs bénéficiant du traitement préférentiel, au préjudice des créanciers nantis sur le fonds de commerce, alors qu'il existe plusieurs actifs grevés.

Si les distributions peuvent être uniques ou multiples, elles ne peuvent en revanche être provisionnelles, sauf pour le juge-commissaire, qui les autoriserait, à commettre un excès de pouvoir. Si le tribunal confirme l'ordonnance, il consacre lui-même un excès de pouvoir rendant recevable l'appel nullité. Le pourvoi nullité contre la décision de la cour d'appel sera irrecevable s'il est formé contre l'arrêt de la cour d'appel qui a justement annulé le jugement attaqué pour excès de pouvoir. En effet, le pourvoi est alors formé contre une décision qui n'est pas entachée d'excès de pouvoir et qui n'en a pas consacré[2].

Le juge-commissaire doit donc prendre garde à ne pas confondre les distributions provisionnelles, qui n'existent pas dans les textes, avec les paiements provisionnels (sur ces derniers, en liquidation judiciaire, v. s[s] n°s 591.11 à 591.13).

Précisons que, en cas de distribution du prix de vente d'un immeuble hypothéqué au profit de deux prêteurs ayant chacun accordé un prêt de même montant, mais ayant déclaré des créances différentes au passif, le produit de la vente se fait par contribution, en tenant compte des créances respectivement admises au passif[3].

591.42 Principe de subsidiarité sur les immeubles – Incidence de l'existence de plusieurs immeubles et d'une pluralité de répartitions. Le principe de subsidiarité sur les immeubles, qui n'est pas écarté en notre matière[4], oblige à payer les créanciers titulaires de privilèges généraux, d'abord sur les actifs mobiliers et, s'ils n'y suffisent, sur les actifs immobiliers ensuite. Il faut donc qu'il y ait insuffisance des actifs mobiliers pour que joue la règle de l'article 2105 du code civil (devenu C. civ., art. 2376). Cependant, il est admis que cette insuffisance n'a pas à être prouvée par les créanciers intéressés, lesquels peuvent faire valoir leurs privilèges dès qu'un immeuble est vendu[5]. Le liquidateur, qui représente collectivement les créanciers, serait cependant mal placé pour soutenir pareille argumentation, étant mieux informé que quiconque pour apprécier le caractère insuffisant des actifs mobiliers. Il y aurait donc méconnaissance par le liquidateur de la règle de subsidiarité sur les immeubles s'il procédait à la distribution du prix de vente d'un immeuble, alors que les actifs mobiliers suffisent à désintéresser les créanciers titulaires de privilèges généraux, ce qui pourrait être source, à son encontre, de responsabilité personnelle. Il est cependant possible de faire état d'une décision qui s'éloigne assez sensiblement des règles ci-avant énoncées, en estimant que le liquidateur n'a pas à prouver l'insuffisance du prix de vente des meubles pour acquitter les privi-

1. Paris, 16e ch. A, 7 nov. 2001, *Dr. et proc.* 2002/2, n° A. 029, p. 127.

2. Com. 8 mars 2011, n° 09-72.919, NP; n° 214 F-D.
3. Com. 5 mai 2015, n° 14-17.941, *Bull. civ.* IV [à paraître]; n° 406 F-P+B; *APC* 2015/11, comm. 179, note Salvat; *BJE* sept. 2015, 296, note Macorig-Vénier; *Defrénois* 2015, 1233, note Piedelièvre.
4. IFPPC 1999, recomm. n° 6140-6, p. 182.
5. Civ., 24 févr. 1932, *DH* 1932, p. 217 – *Adde*, M. Cabrillac et Mouly, *Droit des sûretés*, 6e éd., Litec, 2002, n° 584.

lèges généraux sur le prix de vente dimmeubles[1].

Le domaine de la règle mérite des ;cisions. Figurent parmi les privilèges absolumenénéraux, le super privilège des salaires, le privilège s frais de justice, ainsi que le privilège de la concilion créé par la loi de sauvegarde des entreprises[2].

Une distinction doit être établie pour:s créanciers postérieurs éligibles au traitement piérentiel, selon que l'on se situe sous l'empire de lagislation du 25 janvier 1985[3] ou sous celui dea loi du 26 juillet 2005 de sauvegarde des entrepr:es.

Sous l'empire de la loi du 25 janvier 135, l'article L. 621-32 du code de commerce (anc[t] 25 janv. 1985, art. 40), la Cour de cassation a refusde reconnaître aux créanciers postérieurs l'exisnce d'un véritable privilège (v. s[s] n° 456.11). Ils ndisposent que d'un simple droit de priorité. Le prinpe de subsidiarité sur les immeubles doit donc, à otre sens, être écarté.

Au contraire, sous l'empire de la loi deauvegarde des entreprises, un véritable privilège et reconnu aux créanciers postérieurs éligibles auraitement préférentiel (C. com., art. L. 622-17, *II* et L. 641-13, III). Il y a donc place à application du principe de subsidiarité sur les immeubles (v. s[s] n° 456.14).

La règle de subsidiarité sur les immeubles met les créanciers titulaires de sûretés immobilières dans une situation confortable. Pour jouer, encore faut-il que les distributions privilégiées immobilières ne précèdent pas des distributions mobilières.

On observera que l'existence de plusieurs immeubles et la distribution séparée de leur prix de vente peuvent être source de graves préjudices pour les titulaires de sûreté spéciale grevant l'immeuble, objet de la première répartition. Ils pourraient en effet voir le prix de vente absorbé, par exemple, par le super privilège des salaires ou le privilège de la conciliation, alors que, dans le cadre de la seconde distribution immobilière, les salariés ou les créanciers de la conciliation ayant été intégralement payés n'auraient vocation à aucune répartition. Cette difficulté est majeure.

Pour l'éviter, il a été suggéré de procéder par report d'une quote-part des privilèges généraux sur chaque immeuble vendu, afin que chacun des immeubles supporte identiquement la charge des privilèges généraux[4]. Cette solution ingénieuse, fondée sur l'idée de neutralité de l'ordre des opérations de distribution, semble cependant ajouter au texte. Elle n'est pas toujours suivie en jurisprudence[5]. Cette solution devrait recueillir l'accord des créanciers – ceux bénéficiant des dernières répartitions – qui verraient leurs droits réduits par cette technique. Un autre auteur a envisagé une subrogation au profit du créancier titulaire de la sûreté dont les droits ont été sacrifiés, sur les répartitions subséquentes[6].

Du fait de ces difficultés, en présence de créances salariales privilégiées ou super privilégiées, il apparaît opportun, d'une part, pour le liquidateur de ne pas procéder à des distributions immobilières avant les distributions mobilières, d'autre part, de ne pas procéder à une distribution immobilière antérieurement à d'autres distributions immobilières, sauf à utiliser la technique des paiements provisionnels. Cette technique l'autorisera en effet à demander aux créanciers *accipiens* inscrits sur un immeuble de restituer ce qu'ils auraient reçu en excédent par rapport à leurs droits, afin de satisfaire d'autres créanciers inscrits, afin que chaque créancier inscrit supporte proportionnellement les droits de préférence des créanciers titulaires de privilèges généraux, ce qui permettra de neutraliser l'ordre des répartitions.

591.43 Règles générales de distributions aux créanciers chirographaires. Aux termes de l'article L. 643-8, alinéa 1, dans sa rédaction issue de la loi de sauvegarde des entreprises[7], de l'article L. 622-29, alinéa 1 du code de commerce, dans sa rédaction antérieure à la loi de sauvegarde des entreprises, « le montant de l'actif, distraction faite des frais et dépens de la liquidation judiciaire, des subsides accordés au chef d'entreprise ou au dirigeant ou à leur famille et des sommes payées aux créanciers privilégiés, est réparti entre tous les créanciers au marc le franc de leurs créances admises ». Cette règle classique de paiement des créanciers chirographaires entrant en concours est respectée dans le droit des procédures collectives de paiement. Cependant, elle est enfermée dans les contraintes de la procédure collective puisque le droit au paiement du créancier – son droit théorique – est plafonné au montant de son admission au passif.

La masse chirographaire à répartir correspond, d'une part, au prix de vente des biens non grevés de sûretés et, d'autre part, au reliquat de prix de vente des biens grevés de sûretés après paiement des créanciers titulaires de sûreté. Elle est augmentée du produit des actions en reconstitution du gage commun, notamment les actions en nullités de la période suspecte, les recouvrements de créance et le produit

1. Amiens, 1re ch. civ., 9 oct. 1998, *Gaz. Pal.* 28-30 sept. 2003, Somm. 26, note Fosset-Lefebvre.
2. L. n° 2005-845, 26 juill. 2005, préc.
3. L. n° 85-98, 25 janv. 1985, préc.
4. Sénéchal, « La vente des immeubles et la distribution de leur prix », intervention au colloque du Crajefe, Nice, 1998, *LPA* 28 oct. 1998, n° 129, p. 36 s., sp. p. 60.
5. AINSI : Bordeaux, 1re ch. A, 16 janv. 2007, *JurisData* 334950.
6. SOINNE, n° 2488.
7. L. n° 2005-845, 26 juill. 2005, préc.

des actions en responsabilité civile contre les tiers. N'est pas concerné le produit de l'action en responsabilité pour insuffisance d'actif, qui doit être réparti en tenant compte du rang des créanciers.

Cette masse chirographaire va se trouver encore corrigée. Elle le sera d'abord, selon la disposition étudiée, par les subsides attribués au débiteur, au dirigeant de la personne morale débitrice, et à leur famille.

À cet égard, il pourrait paraître superflu que la disposition ici analysée ait cru bon de prévoir que la masse chirographaire serait diminuée des « frais et dépens de la liquidation judiciaire ». En effet, ces sommes représentent des créances postérieures. Il est dès lors, *a priori*, logique qu'elles viennent minorer l'actif à répartir aux créanciers chirographaires. Si ces sommes ne sont pas représentatives de frais de justice, bénéficiant à ce titre du 2e rang de l'article L. 621-32 du code, dans sa rédaction antérieure à la loi de sauvegarde des entreprises, du 2e rang des articles L. 622-17, III, et L. 641-13, III, dans leur rédaction issue de la loi de sauvegarde des entreprises, elles bénéficient du cinquième rang de chacun de ces articles (v. ss no 456.63). Il pouvait donc apparaître inutile de prévoir qu'elles venaient minorer le montant de l'actif à répartir entre les créanciers chirographaires, puisque ce sera le cas de toutes créances postérieures bénéficiant du traitement préférentiel. En réalité, la précision a pour effet de permettre de faire sortir du classement, de mettre hors concours, ces dépens et frais de la liquidation judiciaire. À notre sens, il peut s'agir là des honoraires des mandataires de justice, dus au titre de la réalisation des actifs ou du recouvrement des actifs, qui ne peuvent être compris dans les frais et dépens. Ces frais et dépens ne peuvent en revanche couvrir la totalité des honoraires dus aux mandataires de justice, ainsi que l'a précisé la Cour de cassation (v. ss no 456.58).

Les créanciers antérieurs titulaires de privilèges généraux devront également être payés, avant toute répartition chirographaire, qu'il s'agisse des créances fiscales ou des créances sociales bénéficiant du privilège de la sécurité sociale (Urssaf, caisse de retraite etc.).

Enfin, la masse chirographaire se trouve minorée des sommes mises en réserve.

Il s'agira d'abord des rémunérations allouées aux dirigeants tant qu'il n'aura pas été statué sur leur cas (C. com., art. L. 643-8, al. 2, dans sa rédaction issue de la loi de sauvegarde des entreprises, C. com., art. L. 622-29, al. 2, dans sa rédaction antérieure à la loi de sauvegarde des entreprises).

Il s'agira, ensuite, et surtout, des créanciers non définitivement admis au passif. Plusieurs situations peuvent ici se présenter.

Il pourra d'abord s'agir de créances déclarées au passif dans les délais, mais contestées. Tant qu'une décision définitive ne sera pas rendue à leur sujet, la mise en réserve des sommes susceptibles de revenir aux créanciers devra être effectuée. Le plus souvent, il s'agira de créanciers privilégiés.

Si la créance n'a pas été déclarée dans les délais, deux situations peuvent également se présenter. Il se peut d'abord que le créancier soit titulaire d'une sûreté spéciale publiée ou d'un contrat de crédit-bail publié, et plus généralement, depuis la loi de sauvegarde des entreprises, d'un contrat publié. En pareille hypothèse, si le représentant des créanciers – mandataire judiciaire – ou le liquidateur ne l'a pas averti d'avoir à déclarer sa créance, le délai de déclaration de créance n'a pas couru à son encontre (v. ss no 665.87). Tant qu'une décision définitive ne sera pas intervenue sur le jeu de la forclusion et sur l'admission de la créance, la mise en réserve de la somme à revenir au créancier devra être effectuée. En dehors de ces créanciers, si la créance n'a pas été déclarée dans les délais, le créancier ne pourra participer aux répartitions que s'il est relevé de la forclusion. En ce cas, l'article L. 622-26, alinéa 1 du code, dans sa rédaction issue de la loi de sauvegarde des entreprises, et l'article L. 621-46, alinéa 1 du même, dans sa rédaction antérieure à la loi de sauvegarde des entreprises, prévoient que le créancier ne pourra participer qu'aux répartitions postérieures à sa demande. Cela oblige, en conséquence, le liquidateur à mettre en réserve les fonds revenant, le cas échéant, aux créanciers, dès que la demande en relevé de forclusion est présentée, cependant que les droits du créancier sont perdus pour les répartitions antérieures.

La créance non définitivement admise pourra également avoir été déclarée régulièrement dans les délais, mais être assortie d'une condition suspensive. En ce cas, l'obligation n'est pas née tant que la condition n'est pas réalisée. Cependant, si la condition se réalise, son jeu rétroactif conduira à considérer que la créance était née dès avant le jugement d'ouverture et, en conséquence, qu'elle devait être admise au passif. L'impossibilité de statuer sur la créance tant que la condition est pendante oblige, ici encore, le liquidateur à mettre en réserve la somme devant revenir aux créanciers conditionnels.

591.44 Règles générales de distributions applicables au paiement des créanciers privilégiés – Répartition privilégiée précédant une répartition chirographaire. Les articles L. 643-4 à L. 643-7, dans leur rédaction issue de la loi de sauvegarde des entreprises[1], les articles L. 622-25 à L. 622-28 du

1. L. no 2005-845, 26 juill. 2005, préc.

code de commerce, dans leur rédaction antérieure à la loi de sauvegarde des entreprises, réglementent le sort des créanciers privilégiés. Deux observations préalables s'imposent.

L'article L. 643-6 du code de commerce, dans sa rédaction issue de la loi de sauvegarde des entreprises, l'article L. 622-27 du même, dans sa rédaction antérieure à la loi de sauvegarde des entreprises, reprenant une solution du droit commun des sûretés, prévoient tout d'abord que « les créanciers privilégiés ou hypothécaires, non remplis sur le prix des immeubles, concourent avec les créanciers chirographaires pour ce qui leur reste du ». Le solde de la créance du créancier privilégié, après jeu de la sûreté, est en effet chirographaire.

Ensuite, les règles instituées par les articles L. 643-4 à L. 643-8 du code de commerce, dans leur rédaction issue de la loi de sauvegarde des entreprises, par les articles L. 622-25 du code à L. 622-29, dans leur rédaction antérieure à la loi de sauvegarde des entreprises, ne dérogent pas aux règles classiques d'imputation des paiements. Il faut en conséquence décider que toutes les sommes perçues par des créanciers bénéficiant de la continuation du cours des intérêts s'imputent, conformément au droit commun de l'article 1254 du code civil (devenu C. civ., art. 1343-1[1]), prioritairement sur les intérêts et subsidiairement sur le capital, le contraire ayant cependant été soutenu[2], et cela même si cette règle contribue indiscutablement à déséquilibrer les répartitions[3]. Cette solution avait déjà été posée sous l'empire de la loi du 13 juillet 1967[4]. La continuation du cours des intérêts au profit de certains n'a en effet d'autre objectif que de les favoriser (v. s^s n° 641.32). Cette faveur doit aller jusqu'à son terme, c'est-à-dire jusqu'aux répartitions.

591.45 Règles générales de distributions applicables au paiement des créanciers privilégiés – Répartition chirographaire précédant ou non une répartition privilégiée. Dans une première situation, une répartition privilégiée précédera une répartition chirographaire Cette répartition privilégiée pourra résulter du jeu d'un paiement provisionnel institué par l'article L. 643-3 du code de commerce, dans sa rédaction issue de la loi de sauvegarde des entreprises[5], par l'article L. 622-24 du même code, dans sa rédaction antérieure à la loi de sauvegarde des entreprises. Elle pourra aussi avoir pour origine la volonté du liquidateur, indépendamment de tout paiement provisionnel.

Si le créancier privilégié, après avoir perçu ce qui lui revient au titre des répartitions du prix des actifs grevés à son profit, n'est pas complètement désintéressé, l'article L. *643-6, du code, dans sa rédaction* issue de la loi de sauvegarde des entreprises, et l'article L. 622-27 du code de commerce, dans sa rédaction antérieure à la loi de sauvegarde des entreprises, reprennent une solution du droit commun des sûretés. Il énonce que « les créanciers privilégiés ou hypothécaires, non remplis sur le prix des immeubles, concourent avec les créanciers chirographaires pour ce qui leur reste dû ». Le droit du créancier, dans la distribution chirographaire, sera calculé non par rapport à son droit initial, mais par rapport au solde de sa créance, ce dernier étant devenu chirographaire.

Inversement, une répartition chirographaire peut précéder une répartition privilégiée.

Aux termes de l'article L. 643-4 alinéa 1 du code de commerce dans sa rédaction issue de la loi de sauvegarde des entreprises, de l'article L. 622-25 alinéa 1 du même code, dans sa rédaction antérieure à la loi de sauvegarde des entreprises, « si une ou plusieurs distributions de sommes précèdent la répartition du prix des immeubles, les créanciers privilégiés et hypothécaires admis concourent aux répartitions dans la proportion de leurs créances totales ». Cette règle, qui n'a vocation à régir que les seuls créanciers titulaires de sûretés et de privilèges immobiliers, s'applique également aux créanciers titulaires de sûretés mobilières spéciales, du fait de l'article L. 643-7 du code, dans sa rédaction issue de la loi de sauvegarde des entreprises, de l'article L. 622-28 du code de commerce, dans sa rédaction antérieure à la loi de sauvegarde des entreprises.

D'une manière très logique, le créancier privilégié n'ayant encore rien touché sur le prix de vente des biens grevés à son profit, participe à la répartition chirographaire pour l'intégralité de sa créance. Cependant, cette logique qui résulte de l'impossibilité pratique de procéder autrement, affecte les droits des créanciers chirographaires en améliorant sensiblement la situation du créancier titulaire de la sûreté spéciale, par rapport à la situation qui aurait été la sienne si la répartition chirographaire avait été faite après la répartition privilégiée à son profit. Il en ira cependant différemment, et la solution sera alors plus équitable pour les créanciers chirographaires, si les créanciers titulaires de sûreté sont remplis de leurs droits dans les répartitions privilégiées puisqu'alors, l'article L. 643-4 alinéa 2 du code, dans sa rédaction issue de la loi de sauvegarde des entreprises, et l'article L. 622-25 alinéa 2 du

1. Depuis le 1er oct. 2016 : Ord. n° 2016-131, 10 févr. 2016, *JO* 11 févr.
2. Soinne, n° 2487.
3. Gauthier, « La continuation du cours des intérêts dans le cadre de la liquidation judiciaire », *Gaz. Pal.* 28 févr.-1er mars 2001, Doctr. 52.
4. L. n° 67-563, 13 juill. 1967, *JO* 14 juill., p. 7059 – Paris, 3e ch., 2 févr. 1983, *D.* 1983. IR 341, obs. Honorat.
5. L. n° 2005-845, 26 juill. 2005, préc.

code, dans sa rédaction antérieure à la loi de sauvegarde des entreprises, prévoient qu'« après la vente des immeubles, et le règlement définitif de l'ordre entre les créanciers hypothécaires et privilégiés, ceux d'entre eux qui viennent en rang utile sur le prix des immeubles pour la totalité de leur créance ne perçoivent le montant de leur collocation hypothécaire que sous la déduction des sommes par eux reçues ». L'article L. 643-4, alinéa 3 du code, dans sa rédaction issue de la loi de sauvegarde des entreprises, et l'article L. 622-25, alinéa 3 du code, dans sa rédaction antérieure à la loi de sauvegarde des entreprises, ajoutent alors que « les sommes ainsi déduites profitent aux créanciers chirographaires ». On précisera d'abord que les créanciers privilégiés qui ne viennent pas en rang utile seront traités comme des chirographaires. La règle est importante pour le créancier chirographaire, car si le créancier privilégié est également titulaire d'une créance chirographaire, il ne pourra affecter les dividendes perçus dans la répartition chirographaire antérieure à la répartition privilégiée au paiement de la fraction non privilégiée de sa créance. Il y a obligatoirement imputation des répartitions chirographaires sur la partie privilégiée de sa créance. C'est ce que traduisent, d'une autre façon, l'article L. 643-4 du code de commerce, dans sa rédaction issue de la loi de sauvegarde des entreprises, et l'article L. 622-25, dans sa rédaction antérieure à la loi de sauvegarde des entreprises.

Alors que l'article L. 643-4, alinéa 2 du code, dans sa rédaction issue de la loi de sauvegarde des entreprises, et l'article L. 622-25 alinéa 2 du code, dans sa rédaction antérieure à la loi de sauvegarde des entreprises, envisagent l'hypothèse où le créancier privilégié est intégralement rempli de ses droits, l'article L. 643-5 du code, dans sa rédaction issue de la loi de sauvegarde des entreprises, et l'article L. 622-26 du même code, dans sa rédaction antérieure à la loi de sauvegarde des entreprises, se préoccupent quant à eux de l'hypothèse où il n'est que partiellement rempli de ses droits. En ce cas, « les droits des créanciers hypothécaires qui sont colloqués partiellement sur la distribution du prix des immeubles sont réglés d'après le montant qu'il leur reste dû après la collocation immobilière. L'excédent des dividendes qu'ils ont touchés dans des distributions antérieures par rapport au dividende calculé après collocation est retenu sur le montant de leur collocation hypothécaire et est inclus dans les sommes à répartir aux créanciers chirographaires ».

La règle a pour objet de rétablir une situation identique à celle qui aurait existé si la répartition chirographaire était intervenue après la répartition privilégiée. Les droits à répartition chirographaire d'un créancier privilégié n'auraient été calculés que sur le reliquat de sa créance, après paiement de sa part au titre des artitions privilégié et non pas sur la totalité da créance, comm obligent à le faire l'article L. 3-4 alinéa 1 du c de, dans sa rédaction issue de la de sauvegarde s entreprises et l'article L. 6225 alinéa 1 du de, dans sa rédaction antérieure a loi de sauve arde des entreprises, dès lors que la épartition irographaire précède la répartition ivilégiée.

La différe e entre c qu'il aurait dû toucher si la répartition irographaire était intervenue après la répartition vilégiée et ce qu'il a touché doit être affectée aux éanciers chirographaires. Pour éviter que le créa er ne perçoive l'intégralité de son droit, dans la partition privilégiée à intervenir, les sommes qu'il perçues en excédent de ses droits à répartition ch graphaire lui sont retenues.

591.46 Par ularisme de la vente d'un fonds de commerce av t ouverture de la procédure du vendeur. En c de vente de fonds de commerce, s'ouvre au prof des créanciers du vendeur un droit de former opp tion au prix de vente du fonds de commerce, dan les dix jours qui suivent l'accomplissement des f malités de publicité de cette vente. L'acquéreur doit mpérativement attendre l'expiration sauf à effec er un paiement non libératoire (C. com., art. L. 141-17). Si, entre la vente et l'accomplissement des formalités de publicité le vendeur fait l'objet d'une procédure collective, le paiement prématurément effectué, inopposable aux créanciers du vendeur, devient identiquement inopposable à leur représentant. La solution a été posée en liquidation judiciaire et le liquidateur a ainsi été en droit de réclamer à l'acquéreur le paiement du prix de vente du fonds de commerce, pourtant déjà réglé entre les mains du vendeur avant l'ouverture de la procédure collective[1].

SECTION 591.50
ERREUR DANS LES RÉPARTITIONS – RÉPÉTITION DE L'INDU

591.51 Erreurs dans les répartitions. Une difficulté particulière se présente si les créanciers antérieurs admis au passif ou les créanciers postérieurs perçoivent une somme qui leur est due, mais à laquelle ils n'ont pas droit, compte tenu de leur rang. Doivent-ils la restituer aux créanciers de rang préférable qui en font la demande ? Une distinction s'impose.

Si le créancier *accipiens* est chirographaire, il doit restituer la somme perçue, car il y a violation de la

1. Com. 24 mai 2006, n° 01-15.337, *Bull. civ.* IV, n° 113; n° 784 FS-P+B; *D.* 2005. Jur. 2612, note Sénéchal.

règle de l'égalité des créanciers[1], alors la jurisprudence antérieure considérait qu'il n'ait pas là indu[2].

Si le créancier *accipiens* est un créan privilégié, la règle de l'égalité des créanciers ni est pas applicable. Il en résulte qu'en ayant reçe à quoi il n'avait pas droit compte tenu de son ra, il n'a pas perçu l'indu. Il n'a donc pas à restitu créancier de rang préférable ou au liquidateur qui en ferait la demande, ce qu'il n'aurait pas dû toucher[3]. La seule ressource du créancier indûment lvé des répartitions par le fait du liquidateur sera rs d'engager la responsabilité de celui-ci. La solun a été posée sous l'empire de la loi du 13 juillet 67[4].

Toutefois, si le créancier admis passif à titre privilégié omet de renouveler son iription avant de percevoir son paiement, il devient irographaire. Il doit alors restituer ce qu'il a perçu tort[5].

Cette solution consistant à permre au créancier privilégié de conserver ce que s rang ne lui permettait pas de percevoir est choqute, même si elle est respectueuse des règles civilis. Nous avions indiqué que, *de lege ferenda*, il ait utile de poser une règle aux termes de laquelle paiement effectué est fait sous réserve d'erreurs as les répartitions, ce qui, d'une part, ouvrirait au créancier injustement privé de son dû un recours contre le créancier injustement payé, et, d'autre part, éviterait des actions en responsabilité contre les mandataires, au seul prétexte qu'un créancier n'aurait pas dû être payé, ce qui a privé de son dû un autre créancier.

Le législateur a *entendu l'appel qui lui avait été* lancé par un syndicat professionnel, l'institut Français des Praticiens des Procédures Collectives (IFPPC), et l'article 76 de l'ordonnance du 12 mars 2014[6] insère un article L. 643-7, I dans le code de commerce qui prévoit que le créancier qui a reçu un paiement en violation de la règle de l'égalité des créanciers chirographaires ou par erreur sur l'ordre des privilèges doit restituer les sommes ainsi versées. La solution est heureuse, en ce qu'elle évitera la peur paralysante qui envahit tout mandataire de justice à l'heure des répartitions, tant la complexité de notre droit des sûretés rend impossible la perfection dans l'exécution des répartitions.

Observons que, dès avant l'ordonnance du 12 mars 2014, si les paiements sont effectués à titre provisionnel, la responsabilité du mandataire ne peut être engagée, à moins que le créancier, qui aurait été dispensé de fournir une garantie bancaire de représentation des fonds, ne soit pas en mesure de restituer ce qu'il n'aurait pas dû percevoir. Précisons, en outre, que l'obligation de dresser un état de collocation pour la distribution du prix de vente d'un immeuble, en présence d'au moins un créancier inscrit sur l'immeuble, ouvre aux créanciers inscrits la possibilité de contester cet état, ce qui doit, ensuite, les priver de la possibilité d'engager la responsabilité du liquidateur pour erreur dans les répartitions[7].

SECTION 591.60

INCIDENCE DE LA LIQUIDATION JUDICIAIRE SUR LES PRIVILÈGES

591.61 Incidence générale de la liquidation judiciaire sur les privilèges. De manière classique, les ouvrages intéressant le droit des procédures collectives de paiement traitent des privilèges et de leur classement. Il nous apparaît que cette question intéresse le droit des sûretés, non le droit des procédures collectives de paiement. C'est pourquoi nous l'excluons de cette étude, sous réserve des seuls privilèges résultant directement du droit des procédures collectives, à savoir le super privilège des salaires, le droit de priorité accordé aux créanciers postérieurs, qui est

1. Com. 17 nov. 1992, nº 90-19.013, *Bull.v.* IV, nº 361; *Rev. proc. coll.* 1994, 124, nº 34, obs. Sne; *D.* 1993. Somm. 191, obs. Honorat; *D.* 1993. jur. 34 obs. Sortais; *JCP* 1993. II. 22140, obs. Dagorne – Com 1 févr. 2004, nº 02-17. 520, *Bull. civ.* IV, nº 27; *D.* 200 AJ 701; *Act. proc. coll.* 2004/6, nº 72, note Régnaut-outier; *JCP E* 2004, jur. 879, p. 963, note Millet; *JCP E*004, Chron. 1292, p. 1391, nº 19, obs. M. Cabrillac; *D civ.* 2004. 732, nº 8, obs. Mestre et Fages; *RTD coi* 2005. 165, nº 1, obs. Martin-Serf – SUR le caractère anigu de cette règle, M. Cabrillac, « Les ambiguïtés de l'éalité entre le créanciers », *Mél. Breton et Derrida*, Dalloz,1991, p. 31 – Pollaud-Dullian, « Le principe d'égalité dans les procédures collectives », *JCP* 1998. I. 138.
2. Com. 26 nov. 1985, nº 84-16.893, *Bull. civ.* IV, nº 281; *D.* 1986. IR 240, obs. Honorat; *RTD civ.* 1986. 749, nº 8, obs. Mestre – Com. 7 nov. 1989, nº 87-19.234, *Bull. civ.* IV, nº 283; *D.* 1990. Somm. 62, obs. Honorat; *RTD civ.* 1990. 281, nº 2, obs. Mestre.
3. Com. 30 oct. 2000, nº 98-10.688, *Bull. civ.* IV, nº 169; *D.* 2000. AJ 430, obs. Pisoni; *D.* 2001. jur. 1527, note Pierre; *D.* 2001 Somm. 620, obs. crit. Honorat; *D.* 2001. Somm. 1612, obs. Brémond; *Act. proc. coll.* 2000/19, nº 242, note Vallansan – Versailles, 13e ch., 17 févr. 2011, RG nº 09/02959, *Act. proc. coll.* 2011/6, nº 104.
4. L. nº 67-563, 13 juill. 1967, préc. – Com. 19 févr. 1985, *JCP* 1985. IV. 162.
5. Com. 12 mai 2009, nº 08-11.421, *Bull. civ.* IV, nº 68; nº 448 F-P+B; *D.* 2009. AJ 1414, note Lienhard; *Gaz. proc. coll.* 2009/3, p. 30, nº 4, note Roussel Galle; *Act. proc. coll.* 2009/11, nº 180, note Régnaut-Moutier; *JCP E* 2009, Chron. 1814, nº 8, note M. Cabrillac; *Gaz. Pal.* 2009, jurispr. p. 3098, note Huchet; *JCP E* 2010, Chron. 1036, nº 16, obs. Delebecque; *LPA* 17 juin 2010, nº 120, p. 20, note Despaquis.
6. Ord. nº 2014-326, 12 mars 2014, *JO* 14 mars, p. 5249.
7. Pierre, « Le paiement fait par erreur sur l'ordre des sûretés est-il indu ? », *D.* 2001. 1527 – VALLENS, 2015, nº 4483.

devenu avec la loi de sauvegarde des entreprises[1] un véritable privilège (sur ces privilèges, v. s^s^ n°s 456.11 s.) et le privilège de la conciliation (v. s^s^ n°s 144.51 à 144.55). La loi de modernisation de la justice du XXIe siècle, adoptée le 12 octobre 2016, a créé un nouveau privilège, qui a vocation à s'exercer en cas d'ouverture d'une sauvegarde, d'un redressement ou d'une liquidation judiciaire, en insérant un article 2332-4 dans le code civil. Il s'agit du privilège des producteurs agricoles. Ce privilège s'exerce au profit des producteurs agricoles dans la procédure collective de leurs acheteurs, pour les sommes dues par ces derniers, à due concurrence du montant total des produits livrés par le producteur agricole, au cours des quatre-vingt-dix jours précédant l'ouverture de la procédure. La formulation rappelle celle du super privilège des salaires et a la même efficacité que le super privilège reconnu par la loi de sauvegarde aux façonniers (v. s^s^ n° 456.55).

Seules seront ici abordées les restrictions spécifiquement apportées par les textes du droit des procédures collectives au privilège du bailleur d'immeuble (v. s^s^ n°s 591.62 et 591.63).

Les règles établies pour les créanciers titulaires de sûretés immobilières s'appliquent pour les créanciers titulaires de sûretés mobilières. Les articles L. 622-25 à L. 622-27 du code de commerce, dans leur rédaction antérieure à la loi de sauvegarde des entreprises, les articles L. 643-4 à L. 643-6, dans leur rédaction issue de la loi de sauvegarde des entreprises, réglementent la situation des créanciers titulaires de sûretés immobilières. L'article L. 622-28 du code de commerce, dans sa rédaction antérieure à la loi de sauvegarde des entreprises, l'article L. 643-7 du code, dans sa rédaction issue de la loi de sauvegarde des entreprises, indiquent que les règles posées pour les sûretés immobilières s'appliquent également aux créanciers bénéficiaires d'une sûreté mobilière spéciale. L'article L. 622-28, dans sa rédaction antérieure à la loi de sauvegarde des entreprises, l'article L. 643-7 du code, dans sa rédaction issue de la loi de sauvegarde des entreprises, réservent seulement le cas de l'attribution judiciaire du gage, dont on sait qu'elle est exclusive de l'ordre des sûretés (v. s^s^ n° 563.83).

591.62 Dispositif établi par le code de commerce pour le privilège du bailleur d'immeuble – Limitation du privilège du bailleur d'immeuble à deux années de loyers. Afin d'empêcher le bailleur d'absorber une partie importante du prix de vente des actifs du débiteur en redressement ou en liquidation judiciaire, et contribuant de la sorte au crédit du preneur à bail, l'article L. 621-31 du code de commerce, dans sa rédaction antérieure à la loi de sauvegarde des entrepr[2], réduit le privilège du bailleur de l'immeuble d'extation, lequel ne pourra jouer que s'il en a été faitntion dans la déclaration de créance du bailleur, règle est étendue par la loi de sauvegarde des entrises à l'hypothèse de l'ouverture d'une procédure sauvegarde (C. com., art. L. 622-16).

En drocommun, le code civil (C. civ., art. 2332, réd. ord. 2 mars 2006[4]) accorde au bailleur privilège pour les lcers, l'occupation des lieux à quelque titre qe csoit, les réparations locatives et pour tout ce quoncerne l'exécution du bail. Il en est tiré la consuence que le privilège du bailleur couvre la créar d'indemnité d'occupation[5]. Si le bail est authenue ou a date certaine, ce privilège s'étend à tout qui est échu et tout ce qui est à échoir. Si le ba'a pas date certaine, seule est couverte une annà partir de l'expiration de l'année courante.

Le privilège bailleur, fondé sur l'idée de gage, prime les priges généraux, notamment le privilège des salai[6], à l'exception cependant du privilège des fraie justice et du super privilège des salaires. Il pre, par principe les privilèges fiscaux, sous la seuleserve du privilège des contributions directes, poues six derniers mois de loyers (CGI, art. 1927).

Parce qu'a vocation à s'exercer sur tous les biens meubl garnissant les lieux loués, même sur ceux appartant à des tiers, le bailleur peut opposer son privilègau vendeur réservataire de propriété[7]. Il n'en serautrement que s'il peut être démontré contre le bailleur sa connaissance, lors de l'entrée du bien das les lieux loués, de l'absence de propriété du loataire sur ce meuble.

Dans leconflit avec le privilège reconnu au créancier nanti sur fonds de commerce, reposant identiquement sur l'idée de gage tacite, la règle *prior tempore, potior jure* sera le principe de résolution. En conséquence, priorité sera reconnue au privilège du

1. L. n° 2005-845, 26 juill. 2005, préc.
2. L. n° 2005-845, 26 juill. 2005, préc.
3. Com. 10 juill. 2001, *Rev. proc. coll.* 2002, p. 94, n° 6, obs. Legrand – Com. 7 déc. 2004, n° 03-12.921, NP.
4. Ord. n° 2006-346, 23 mars 2006, *JO* 24 mars, p. 4475.
5. Com. 25 oct. 2011, n° 10-25.257, *Bull. civ.* III, n° 171; n° 1055 FS-P+B; *D.* 2011. Actu 2653, note Lienhard; *Gaz. Pal. entr. diff.* 21 janv. 2012, n° 20, p. 21, note Kendérian; *BJE* mars 2012, comm. 56, p. 92, note Macorig-Vénier; *JCP E* 2011, Chron. 1000, n° 13, obs. Pétel; *JCP E* 2012, Chron. 1422, n° 26, obs. Delebecque; *Rev. proc. coll.* 2012, comm. 132, note Roussel Galle – Com. 23 avr. 2013, n° 12-17.520, NP; n° 446 F-D.
6. Civ. 18 juin 1889, *D.* 1889. I. 399 – Req. 15 juin 1898, *Gaz. Pal.* 1898. II. 103.
7. Civ. 3e, 24 juin 2009, n° 08-14.357, *Bull. civ.* III, n° 154; n° 836 FS-P+B; *D.* 2009. AJ 1888, note Prigent; *RD banc. fin.* 2009, § 161, p. 34, note Legeais.

bailleur si le bail a une date antérieure à celle du nantissement.

L'idée de gage tacite n'autorisera cependant pas le bailleur à bénéficier de deux armes précieuses dans la liquidation judiciaire du preneur : l'attribution judiciaire[1] et le droit de rétention[2].

C'est à la lumière des principes généraux dégagés par l'article 2332, 1° du code civil que doivent s'interpréter l'article L. 621-31 du code de commerce, dans sa rédaction antérieure à la loi de sauvegarde des entreprises, l'article L. 622-16 du code, dans sa rédaction issue de la loi de sauvegarde des entreprises. Spécialement, il semblait impossible, au regard de l'objectif du législateur de réduire l'efficacité du privilège en cas de procédure collective atteignant le bailleur, d'interpréter extensivement la disposition ici analysée.

L'article L. 621-31, alinéa 1 du code de commerce énonce que « en cas de redressement judiciaire, le bailleur n'a privilège que pour les deux années de loyers avant le jugement d'ouverture de la procédure ». La solution est reprise par l'article L. 622-16, alinéa 1 qui vise la procédure de sauvegarde, mais dont les dispositions sont applicables en redressement judiciaire (C. com., art. L. 631-14, I) et en liquidation judiciaire (C. com., art. L. 641-12, al. dern.). Le texte, qui ne distingue pas selon que le bail est ou non résilié, contrairement aux alinéas 2 et 3, ne vise que les loyers. L'étendue du privilège quant aux créances garanties, telle que posée par le code civil, ne peut être maintenue. La solution se recommande de l'alinéa 2 de ce même article qui reconnaît, en outre au bailleur, « privilège pour tout ce qui concerne l'exécution du bail et pour les dommages et intérêts qui pourront lui être alloués par les tribunaux ». C'est en ce sens que s'est orientée la jurisprudence, qui a refusé le privilège au bailleur pour un pas-de-porte, lequel s'analyse en un supplément de loyer[3]. En conséquence, les accessoires du loyer, les indemnités d'occupation, les indemnités de résiliation[4], les créances de réparations locatives et, de façon plus générale, toutes les créances qui ne sont pas des loyers ne pourront être couvertes, des opinions divergentes existant cependant sur la question[5].

La formulation du texte conduit à décider que sont couvertes les deux années de loyers qui précédent le jugement d'ouverture, en raisonnant de quantième à quantième. Ainsi, si le jugement d'ouverture est du 29 juin 2000, les loyers seront couverts du 28 juin 1998 au 28 juin 2000. Il n'y a pas, en revanche, à se référer au terme du loyer, l'unanimité n'existant cependant pas sur cette interprétation[6].

En cas de paiement partiel de loyers arriérés depuis une durée dépassant deux années, et à défaut d'indication d'imputation dans la quittance, les règles de droit commun de l'imputation des paiements sur les dettes les plus anciennes conduisent à conférer le privilège aux dettes les plus récentes enfermées dans le délai de deux ans[7].

Le visa de deux années de loyers par le texte ne doit pas, symétriquement, autoriser l'attribution d'une telle prérogative au bailleur dont le bail n'a pas date certaine, ce dernier, conformément au droit commun de l'article 2332, 1° du code civil, n'ayant vocation à être privilégié que pour l'année précédant l'année courante.

Avant la loi du 10 juin 1994[8], la question avait pu se poser de l'application du texte à la liquidation judiciaire. La jurisprudence y avait justement apporté une réponse positive[9], la liquidation n'étant alors qu'une des trois issues du redressement judiciaire. La difficulté ne se pose plus depuis cette loi, l'article L. 622-13, alinéa 5 du code de commerce, dans sa rédaction antérieure à la loi de sauvegarde des entreprises, énonçant que les trois premiers alinéas de l'article L. 621-31 du code de commerce sont applicables en liquidation judiciaire. L'article L. 641-12, dernier alinéa du code, dans sa rédaction issue de la loi de sauvegarde des entreprises, texte spécifique à la liquidation judiciaire, dispose quant à lui que « le privilège du bailleur est déterminé conformément aux trois premiers alinéas de l'article L. 622-16 ».

591.63 Limitation du privilège du bailleur d'immeuble en cas de résiliation du bail – Règle spéciale posée en en cas de continuation du bail. Selon l'article L. 621-31, alinéa 2 du code de commerce, dans sa rédaction antérieure à la loi de sauvegarde des entreprises[10], selon l'article L. 622-16 alinéa 2 du code, dans sa rédaction issue de la loi de sauvegarde des entreprises, « si le bail est résilié, le bailleur a en outre privilège pour l'année courante, pour tout ce qui concerne l'exécution du bail et pour les dommages et intérêts qui pourront lui être alloués par les tribunaux ».

Le privilège est ici étendu à toutes les créances couvertes, en droit commun, par le code civil.

1. SOINNE, n° 2332.
2. RÉP. COM., Derruppé, « Entreprises en difficulté – Redressement judiciaire (Phase de traitement – Les créanciers) », n° 571.
3. Paris, 14 nov. 1995, *D. Affaires* 1996, 77.
4. GUYON, n° 1349.
5. *CONTRA* : RÉP. COM., Derruppé J., « Entreprises en difficulté – Redressement judiciaire (Phase de traitement – Les créanciers) », n° 561.
6. EN CE SENS : SOINNE, n° 2333 – *COMP. : RÉP. COM.*, Derruppé, « Entreprises en difficulté – Redressement judiciaire (Phase de traitement – Les créanciers) », n° 560.
7. Rouen, 29 mars 1990, *Rev. loyers* 1994. 291, note Gallet.
8. L. n° 94-475, 10 juin 1994, préc.
9. Versailles, 1er oct. 1992, *RJDA* 1993, n° 257.
10. L. n° 2005-845, 26 juill. 2005, préc.

Le privilège est ici étendu à toutes les créances couvertes, en droit commun, par le code civil.

L'année courante s'entend de l'année au cours de laquelle intervient le jugement d'ouverture. Elle est intégrée dans les deux années de loyers couverts par le privilège au titre de l'alinéa 1 de la disposition étudiée. La disposition n'est cependant pas redondante, dès lors que l'on a observé que l'alinéa 1 ne couvre que les loyers, non les créances spécialement visées par l'alinéa 2, l'opinion contraire ayant cependant été soutenue[1].

La formule extensive du texte permet d'englober toutes les créances liées à l'exécution et symétriquement à l'inexécution du bail. La jurisprudence, sous l'empire de l'article 53, alinéa 1 de la loi du 13 juillet 1967[2], qui s'exprimait selon des termes identiques à ceux du texte actuel – « tout ce qui concerne l'exécution du bail et pour les dommages-intérêts qui pourront lui être alloués par les tribunaux » –, en avait refusé cependant l'application à l'indemnité d'occupation[3]. La solution semble donc devoir être reconduite[4].

Selon l'article L. 622-16, alinéa 3 du code, dans sa rédaction issue de la loi de sauvegarde des entreprises, et selon l'article L. 621-31 alinéa 3 du code de commerce, dans sa rédaction antérieure à la loi de sauvegarde des entreprises, « si le bail n'est pas résilié, le bailleur ne peut exiger le paiement des loyers à échoir lorsque les sûretés qui lui ont été données lors du contrat sont maintenues ou lorsque celles qui ont été fournies depuis le jugement d'ouverture sont jugées suffisantes ».

Deux difficultés se présentent ici. La première a trait à l'hypothèse où les sûretés données apparaissent insuffisantes. Cela autorise-t-il le bailleur à être payé immédiatement de créances de loyers correspondant à une jouissance postérieure ? Faut-il au contraire comprendre que le bailleur peut être payé immédiatement d'un loyer non encore exigible, mais correspondant à une période de jouissance passée, lorsque le loyer est payable à terme échu ? La seconde interprétation, qui met en échec la règle du maintien du terme, apparaît préférable. En effet, il serait curieux d'obliger, sous prétexte du redressement ou de la liquidation judiciaire du preneur, ce dernier à payer une créance qui, au regard des règles des procédures collectives, ne serait pas encore née[5], quoique l'opinion contraire ait été émise[6], puis abandonnée[7].

La seconde difficulté est de définir la notion de sûreté « donnée ou fournie ». Il apparaît que seules les sûretés conventionnelles sont concernées, non le privilège du bailleur, lequel n'est ni donné ni fourni, mais attribué de plein droit par l'effet de la loi. La raison de douter de cette interprétation résulte cependant de l'alinéa 4 de l'article L. 622-16, dans sa rédaction issue de la loi de sauvegarde des entreprises, de l'alinéa 4 de l'article L. 621-31 du code de commerce, dans sa rédaction antérieure à la loi de sauvegarde des entreprises, selon lesquels « le juge-commissaire peut autoriser le débiteur ou l'administrateur, selon le cas à vendre ces meubles garnissant les lieux loués soumis à dépérissement prochain ou dispendieux à conserver, ou dont la réalisation ne met pas en cause, soit l'existence du fonds, soit le maintien de garanties suffisantes pour le bailleur ». Ainsi, est-ce par abus de langage que le législateur a visé la sûreté au lieu de son assiette, qui seule, en réalité l'intéressait.

La disposition aura donc vocation à s'appliquer non seulement lorsque la sûreté consentie, *stricto sensu*, mais encore lorsque l'assiette sur laquelle s'exerce la sûreté, légale, judiciaire ou conventionnelle, seront insuffisantes[8].

On précisera que le privilège autorisera le bailleur, pour les loyers correspondant à une jouissance postérieure au jugement d'ouverture, peu important qu'ils soient exigibles avant ledit jugement, à bénéficier d'un sous-rang préférentiel parmi les créanciers postérieurs du cinquième rang de l'article L. 621-32 du code de commerce, dans sa rédaction antérieure à la loi de sauvegarde des entreprises, du cinquième rang des articles L. 622-17, III, et L. 641-13, III, du code, dans leur rédaction issue de la loi de sauvegarde des entreprises, du troisième rang de l'article L. 622-17, III, du code, du quatrième rang de l'article L. 641-13, III, du code, dans leur rédaction issue de l'ordonnance du 18 décembre 2008[9].

1. RÉP. COM., Derruppé, « Entreprises en difficulté – Redressement judiciaire (Phase de traitement – Les créanciers) », n° 560.
2. L. n° 67-563, 13 juill. 1967, préc.
3. Com. 18 juin 1975, n° 73-14.729, *Bull. civ.* IV, n° 172.
4. SOINNE, n° 2335.
5. RAPPR. : JACQUEMONT ET VABRES, 9e éd., 2015, n° 432.
6. PÉROCHON, 9e éd., n° 734.
7. PÉROCHON, 10e éd., n° 753.
8. RÉP. COM., Derruppé, « Entreprises en difficulté – Redressement judiciaire (Phase de traitement – Les créanciers) », n° 565.
9. Ord. n° 2008-1345, 18 déc. 2008, préc.

CHAPITRE

592. Clôture de la prédure de liquiction judiciair

SECTION 0 ORIENTEUR

592.00 **Plan du chapitre.**

Sect. 592.10 Clôture de la procédure la la liquidation judiciaire simplifiée

Sect. 592.20 Clôture de la liquidation juiaire par extinction du passif

Sect. 592.30 Clôture de la liquidation juiaire pour insuffisance d'actif

Sect. 592.40 Effets communs aux deux mes de clôture de la procédure

Sect. 592.50 Effets particuliers à la clôtu pour insuffisance d'actif

Sect. 592.60 Exceptions au principe de l'ence de reprise des poursuites indduelles en cas de clôture de la procure pour insuffisance d'actif

Sect. 592.70 Modalités procédurales de laprise des poursuites individuelles aès clôture de la procédure pour insuffisace d'actif

592.01 **Textes applicables.** (V. les référencs complètes s[s] n° 011).

> Législation antérieure à la loi de sauvegarde des entreprises.

C. com., art. L. 622-30 à L. 622-33

D. n° 85-1388, 27 déc. 1985, art. 152 à 154, 154-2

> Législation issue de la loi de sauvegarde des entreprises.

C. com., art. L. 622-12, L. 631-16, L. 643-9, L. 643-10, L. 643-11, L. 643-12

C. com., art. R. 631-25 (anc[t] D. 28 déc. 2005, art. 193), R. 643-16 à R. 643-19 (anc[t] D. 28 déc. 2005, art. 303 à 306), R. 643-20 (anc[t] D. 28 déc. 2005, art. 309), R. 643-21 (anc[t] D. 28 déc. 2005, art. 307), R. 643-22 (anc[t] D. 28 déc. 2005, art. 308), R. 643-23 (anc[t] D. 28 déc. 2005, art. 310), R. 662-13 (anc[t] D. 28 déc. 2005, art. 349 et 361)

> Législation issue de l'ordonnance du 18 décembre 2008.

C. com., art. L. 622-12, L. 631-16, L. 643-9, L. 643-10, L. 643-11, L. 643-12

C. com., art. R. 631-25, R. 643-16 à R. 643-23, R. 662-13

> Législation issue de l'ordonnance du 12 mars 2014.

C. com., art. L. 643-9, L. 643-11, L. 643-12, L. 663-2

C. com., art. R. 643-18, R. 643-21, R. 663-40-2, R. 663-40-3, R. 663-40-4

592.02 **Jurisprudence de référence.**

> Il est impossible de remettre en cause la dissolution de la société résultant de la clôture de la procédure pour extinction du passif, lég. ant. ord. 12 mars 2014).

• Com. 26 oct. 1999, n° 97-12.640, *Bull. civ.* IV, n° 196

* V. s[s] n° 592.42

« Vu les articles 1844-7, 7° et 1844-8 alinéa 3 du code civil ainsi que les articles 167 et 195 de la loi du 25 janvier 1985 [devenus C. com., art. L. 622-30 et L. 625-10];

Attendu qu'il résulte des articles 1844-7, 7° et 1844-8 alinéa 3 du code civil que la société prend fin par l'effet du jugement prononçant la liquidation judiciaire, que les pouvoirs des organes de la société prennent fin à la date de sa dissolution, et que sa personnalité morale subsiste pour les besoins de sa liquidation; [...]

Attendu que, pour dire n'y avoir lieu à désignation d'un liquidateur de la société, l'arrêt retient que l'article 195 de la loi du 25 janvier 1985 doit être interprété comme rétablissant la société dans ses droits, et que celle-ci, qui avait été rétablie dans son existence sociale par l'effet de la clôture de sa liquidation judiciaire pour extinction du passif, disposait de ses organes sociaux;

Attendu qu'en statuant ainsi, alors que le jugement de clôture pour extinction du passif est sans influence sur la dissolution, consécutive au prononcé de la liquidation judiciaire, de la personne morale dont la personnalité ne subsiste que pour les besoins de sa liquidation, la cour d'appel a violé les textes susvisés. »

> La clôture de la liquidation judiciaire peut intervenir pour extinction du passif exigible, en cas de report de l'exigibilité d'une créance, ce report ne s'analysant pas en une transaction nécessitant l'intervention du juge-commissaire.

• Com. 4 oct. 2005, n° 03-17.619, *Bull. civ.* IV, n° 192; n° 1279 F-P+B

* V. s[s] n° 592.21

> La longueur de la liquidation n'est pas une cause de clôture de la procédure s'il subsiste des actifs réalisables.

• **Com. 16 déc. 2014,** n° 13-19.402, *Bull. civ.* IV [à paraître]; n° 1141 FP-P+B+R+I

* V. s^s n° 592.32

« Lorsqu'il existe un actif réalisable de nature à désintéresser en tout ou partie les créanciers, la violation du droit du débiteur à être jugé dans un délai raisonnable et de celle qui en résulte de son droit d'administrer ses biens et d'en disposer, n'est pas sanctionnée par la clôture de la procédure de liquidation des biens, mais lui ouvre l'action en réparation prévue à l'article L. 141-1 du code de l'organisation judiciaire qu'il peut exercer au titre de ses droits propres.

La clôture de la liquidation judiciaire pour insuffisance d'actif a pour effet d'interdire aux créanciers la reprise de leur droit de poursuites individuelles. Les créances ne sont pas pour autant éteintes. Il en résulte que, si l'absence de régularisation des cotisations de retraite ne prive pas l'assuré de tout droit aux prestations de retraite, cela a pour effet d'exclure la période pendant laquelle les cotisations n'ont pas été payées du calcul du montant des prestations. »

• **Civ. 2e, 17 janv. 2007,** n° 04-30.797, *Bull. civ.* II, n° 6; n° 45 FS-P+B

* V. s^s n° 592.54

• **Com. 13 mars 2007,** n° 05-20.396, *Bull. civ.* IV, n° 85; n° 445 F-P+B

* V. s^s n° 592.54

> Un créancier antérieur peut reprendre ses poursuites contre le débiteur en cas de fraude nonobstant l'extinction de sa créance, lég. 25 janv. 1985).

• **Com. 26 oct. 1999,** n° 97-12.092, *Bull. civ.* IV, n° 186

* V. s^s n° 592.66

« Mais attendu que la cour d'appel a constaté que M. M..., qui, en vertu des articles 52 de la loi du 25 janvier 1985 [devenu C. com., art. L. 621-45] et 69 du décret du 27 décembre 1985, était tenu de remettre au représentant de ses créanciers la liste certifiée de ses créanciers et du montant de ses dettes, avait, en poursuivant le paiement des échéances, dissimulé l'existence des sommes dont il était redevable envers la banque, laquelle n'avait pu, en conséquence, bénéficier de l'avertissement aux créanciers connus d'avoir à déclarer leurs créances, prévu à l'article 66 de ce décret; qu'elle en a justement déduit qu'un tel comportement à l'égard d'un créancier était constitutif d'une fraude au sens de l'article 169 alinéa 2 de la loi précitée [devenu C. com., art. L. 622-32, al. 2]; qu'il en résulte que le jugement de clôture pour insuffisance d'actif a fait recouvrer à ce créancier son droit de poursuite individuelle pour obtenir, à titre de dommages-intérêts, en application de l'article 1382 du code civil, le paiement de l'équivalent de la créance éteinte par la fraude du débiteur. »

> Le créancier peut reprendre ses poursuites après clôture pour insuffisance en cas de fraude, peu important que la fraude soit commise avant ou après l'ouverture de la procédure.

• **Com. 15 févr. 2005,** n° 03-14.547, *Bull. civ.* IV, n° 26

* V. s^s n° 592.66

« Vu l'article la loi du 25 janvier 1985, dans sa rédaction initiale ole en la cause;

Attendu texte ne distingue pas selon que la fraude a été commint ou après l'ouverture de la procédure collective. »

592.03 **raphie indicative.** (V. les références complètes s^s n° 0 ussi s^s n° 590.03).

> Ouvrages. yere D., *Personnalité morale et droit des entreprises erulté*, th., Paris X Nanterre, 2005.

> Articles. Bet G., « La durée de la liquidation judiciaire à l'épreuve dnps », *Rev. proc. coll.* 2016, dossier 15 – Dureuil B. et Ne J., « La purge des dettes par l'article 169 de la loi du 2 vier 1985 », *Rev. proc. coll.* 1989, 38 – Houtcieff D., « recherche de la créance disparue : l'indemnisation du créer forclos en cas de fraude du débiteur », *Bull. Lamy dr. m.* juill. 2002, p. 1 – Le Corre P.-M., « Les clôtures », *Revoc. coll.* 2008, p. 136 – La créance non déclarée et la cure de la liquidation judiciaire pour extinction du passif exble, *JCP E* 2011. 1318 – Macorig-Venier F., « Le poids du pé : le poids du passif impayé après la clôture de la procedre », *Rev. proc. coll.* 2003, p. 186 – Monsérié-Bon M.-, « leffacement des dettes dans le droit des entreprises edifculté », *Dr. et patr.* sept. 2009, n° 184, p. 64 – Pellid.-D., « La poursuite de la construction d'un régime des stés pour autrui – À propos de la modification de l'article L3-11 du code de commerce par l'ordonnance du 12 mars 14 », *D.* 2014. 1054 – Pérochon F., « Fraude du débiteur poursuite du créancier forclos », *Mél. Honorat*, éd. FrisRoche, 2000, p. 161 – Pérochon F. et Roussel Galle Ph., « ntroverse amicale sur la non reprise des poursuites après ture de la liquidation judiciaire pour extinction du passif » *él. Tricot*, LexisNexis – Dalloz, 011, p. 559 – Pétel Ph., « redressement de l'entreprise en liquidation judiciaire » *Mél. Catala*, LexisNexis, 2001, p. 903 – Saint-Alary-Houin., « Le rebond du débiteur en liquidation : vrai ou faux dért ? », *Mél. Tricot*, LexisNexis – Dalloz, 2011, p. 579 – Solastique E., « Titre exécutoire et procédures collectives » *Dr. et proc.* 2005/1, p. 7 – Vallansan J., « La liquidation judicire plus rapide, plus respectueuse des droits du créancier etdu débiteur », interv. Colloque Besançon 10 oct. 2014, *Gaz. al.* 31 déc. 2014, n° 365, 15; « L'écran de la clôture de la liquidation judiciaire », colloque Montpellier 29 mai 2015, *Act. dr. entr.* 2015, p. 55 – Vallens J.-L., « L'effacement des dettes du débiteur en liquidation judiciaire », *LPA* 19 sept. 1999, p. 4 – Wicker G. et Sautonie-Laguionie, « La fraude de l'EIRL », *BJE* juill./août 2011, comm. 85, p. 224.

592.04 **Questions essentielles.**

• Un créancier non payé au jour de la clôture de la procédure pour insuffisance d'actif pourra-t-il poursuivre un jour le débiteur en paiement ?

* V. s^s n°s 592.51 s.

• Un débiteur personne physique peut-il prétendre au paiement complet de sa retraite s'il a laissé impayées des cotisations de retraite pendant le cours de son activité ?

* V. s^s n° 592.54.

• Un débiteur interdit bancaire retrouve-t-il, après clôture de sa procédure pour insuffisance d'actif le droit d'émettre des chèques ?

* V. s^s n° 592.55.

• Quelle est la voie de recours ouverte sur décision du président du tribunal constatant le droit de reprise des poursuites individuelles ?

* V. s[s] n° 592.74.

592.09 Évolution de la législation – Fixation d'une durée pour clôturer les procédures de liquidation judiciaire. Dans la législation antérieure à la loi du 26 juillet 2005[1], la clôture de la procédure n'est pas encadrée dans le temps. Et l'on constate, en pratique, des procédures qui ont tendance à s'éterniser. En 2003, la durée moyenne des procédures de liquidation judiciaire était ainsi de 4?3 mois[2], contre ?7 mois en 1997[3]. 20 % des liquidations judiciaires ne sont pas clôturées au bout de sept ans[4]. La France a d'ailleurs été condamnée sur le fondement de l'article 6 de la Convention européenne de sauvegarde des droits de l'homme imposant un délai raisonnable pour le déroulement des procédures[5]. Dans le prolongement de cette décision, et au visa de l'article 6 de la Convention européenne de sauvegarde des droits de l'homme, une cour d'appel a accepté de prononcer la clôture de la procédure, compte tenu de la durée écoulée depuis le placement du débiteur en liquidation judiciaire, lequel avait entraîné son dessaisissement[6]. Dans une autre décision, la CEDH a été saisie sur le fondement de l'article 37 § 1 de la convention en raison de la durée excessive de la procédure collective – 24 ans. Le Gouvernement français, dans une déclaration unilatérale portée à la connaissance de la Cour, sur le fondement des articles 6 § 1 et 13 de la Convention EDH, a proposé le versement d'une indemnité de 15 300 euros. Dans ces conditions, la Cour a estimé qu'il y avait lieu de radier du rôle l'affaire[7].

Le débiteur peut, sous l'empire de la législation antérieure à la loi de sauvegarde des entreprises, engager la responsabilité du liquidateur si la clôture de la procédure intervient très tardivement alors que rien ne s'opposait à cette clôture. Mais encore faut-il qu'il démontre un préjudice[8]. En outre, sous cette législation, la jurisprudence a reconnu au débiteur qualité pour demander la clôture de la procédure (v. s[s] n° 592.33), ce qui peut conduire à écarter la responsabilité du mandataire. La loi de sauvegarde des entreprises attribue aujourd'hui cette qualité au débiteur, ce qui doit conduire à rendre impossible l'engagement de la responsabilité du liquidateur envers le débiteur pour demande tardive de clôture.

L'une des idées forces de la loi du 26 juillet 2005 est d'accélérer la clôture de la procédure. Le but recherché par la législation, contrairement à ce que l'on aurait pu penser, n'a pas été d'accélérer le paiement des créanciers, mais de « permettre au débiteur d'exercer son droit à un nouveau départ, et par conséquent favoriser l'initiative entrepreneuriale en France »[9]. Est ainsi consacrée la « liberté de réentreprendre »[10]. L'objectif semble atteint puisque, les clôtures de procédures en 2010 sont, en moyenne, intervenues vingt mois après leur ouverture[11].

Il est vrai que, dans la procédure de liquidation judiciaire de droit commun, aucun délai de clôture n'est posé par les textes. Cela a d'ailleurs conduit à une question prioritaire de constitutionnalité, non transmise par la Cour de cassation, pour manque de sérieux[12]. Il est non moins exact que l'article L. 643-9, alinéa 1 du code de commerce, dans sa rédaction issue de la loi de sauvegarde des entreprises, oblige le tribunal, dans le jugement qui ouvre ou prononce la liquidation judiciaire, à fixer le délai au terme duquel la clôture de la procédure devrait être examinée. Il y a peut-être là une souplesse trop grande, qui risque de produire d'importantes disparités en fonction des juridictions. On constate, dans la législation antérieure à la loi du 26 juillet 2005, ce même phénomène avec le délai de vérification des créances imparti au mandataire de justice. Quoi qu'il en soit, une bonne pratique judiciaire consisterait sans doute à prévoir le rappel du dossier à une date fixe[13]. Indiquons toutefois que cet objectif législatif, traduit à l'article L. 643-9, alinéa 1 du code, a immédiatement été analysé en un vœu pieu, en précisant qu'il constituait un leurre[14]. Et la Cour de cassation a retraduit cette vision en jugeant, sans surprise, que l'absence de prorogation du délai fixé en application de l'article L. 643-9, alinéa 1 du code de commerce, au terme duquel la clôture de la liquidation judiciaire doit être examinée, ne met pas fin de plein droit à la procédure collective[15]. Le décret sur les honoraires des mandataires de justice du 27 décembre 1985[16], dans la rédaction que lui donne le décret du 23 décembre 2006[17], pourrait constituer un moteur à l'accélération des clôtures, dans la mesure où l'article 24, alinéa 3 du décret du 27 décembre 1985, dans la rédaction que lui donne le décret du 23 décembre 2006, conserve la double limitation des acomptes à un par semestre et à deux tiers de la rémunération due en application des barèmes. Le liquidateur est donc incité à clôturer les dossiers pour pouvoir percevoir le solde de sa rémunération.

La modification par le décret du 23 décembre 2006 de l'article 304 alinéa 1 du décret du 28 décembre 2005[18] (devenu C. com., art. R. 643-17, al. 1), semble aller en ce

1. L. n° 2005-845, 26 juill. 2005, *JO* 27 juill., p. 12187.
2. *Rapp. Xavier de Roux*, n° 2095, p. 397.
3. *Rapp. J.-J. Hyest*, n° 335, p. 31.
4. *Rapp. J.-J. Hyest*, n° 335, p. 429.
5. CEDH 17 janv. 2002, req. n° 41476-98, *D.* 2002. AJ 807.
6. Caen, 1re ch., sect. civ. et com., 4 nov. 2010, RG n° 09/01735, *Act. proc. coll.* 2011/3, comm. 58; *Rev. sociétés* 2011. 191, note Roussel Galle; *BJE* mai/juin 2011, § 69, p. 116, note Hugon.
7. CEDH 5 juin 2014, req. n° 63648/12.
8. Com. 30 janv. 2007, n° 06-10.054, NP; n° 113 F-D; *Gaz. proc. coll.* 2007/2, p. 30, note Gorrias.
9. *Rapp. Xavier de Roux*, n° 2095, p. 397.
10. Berthelot, « La durée de la liquidation judiciaire à l'épreuve du temps », *Rev. proc. coll.* 2016, dossier 15, n° 12.
11. *Annuaire statistique de la Justice*, 2011-2012, p. 91.
12. Com. 14 sept. 2010, n° 10-40.020 QPC, NP; n° 950 FS-D; *LPA* 20 déc. 2010, n° 252, p. 17, note Henry.
13. RAPPR. : Froehlich et Sénéchal, « De la réalisation de l'actif », *LPA* n° sp. 9 févr. 2006, n° 29, p. 21, sp. p. 44.
14. Lizé, « Les solutions vues par un mandataire judiciaire – plan de cession, liquidation judiciaire générale, liquidation judiciaire simplifiée issus de la loi du 26 juillet 2005 et du décret du 28 décembre 2005 », *Rev. proc. coll.* 2006/2, p. 200 s., sp. p. 202.
15. Com. 2 juin 2015, n°s 13-26.815, 14-11.101, NP; n° 543 F-D.
16. D. n° 85-1388, 27 déc. 1985, *JO* 29 déc., p. 15281.
17. D. n° 2006-1709, 23 déc. 2006, *JO* 29 déc., p. 19846.
18. D. n° 2005-1677, 28 déc. 2005, *JO* 29 déc., p. 20324.

sens, puisqu'il est prévu que le tribunal fait convoquer le débiteur, par les soins du greffier, au plus tard deux mois avant l'audience au cours de laquelle la clôture doit être envisagée, alors que le texte, dans sa rédaction d'origine, prévoyait une convocation deux mois avant l'expiration du délai, ce qui supposait donc une convocation spéciale, indépendante du jugement de liquidation judiciaire. Rien ne semble interdire, en conséquence, de fixer cette date dans le jugement ouvrant ou prononçant la liquidation judiciaire, dès lors a-t-il été relevé[1], que le jugement serait signifié, car la convocation du débiteur doit intervenir par acte extrajudiciaire. L'accélération de la clôture des procédures peut également, en pratique, passer par un rappel systématique des affaires, aux fins d'examiner les perspectives de clôture[2].

En outre, l'article L. 643-9, alinéa 1 du code envisage la possibilité d'une prorogation de ce délai, si la clôture ne peut être prononcée dans le délai imparti. Le tribunal devra statuer par une décision motivée. Il n'y a pas d'obstacle, en l'état de la législation, à la possibilité de plusieurs prorogations de délais de clôture[3]. Il aurait peut-être été préférable d'enfermer dans des conditions plus strictes les possibilités de prorogation. C'est en effet l'un des objectifs législatifs majeurs de la législation, qui mérite qu'on y fasse, peut-être, davantage attention, si l'on ne veut pas transformer un objectif législatif en pétition de principe. La crédibilité des procédures collectives nous semble passer par une accélération sensible des procédures.

Cette décision par laquelle le tribunal proroge le délai d'examen de la clôture de la procédure est, contrairement à la décision de clôture de la procédure de liquidation judiciaire, une mesure d'administration judiciaire, non susceptible de recours, fût-ce pour excès de pouvoir[4]. Cette analyse peut apparaître dommageable en ce qu'elle contribue, dans une large mesure, à ruiner l'effort législatif en vue de l'accélération des délais de clôture, aspect sur lequel le débiteur devrait conserver un droit de regard, dans le cadre de ses droits propres.

Il faut enfin coordonner la volonté d'aller vite en liquidation judiciaire avec la technique de la cession d'entreprise. Il faut donc s'assurer, avant de prononcer la clôture, que le cessionnaire a rempli toutes les obligations souscrites. Dans cette hypothèse, la clôture de la liquidation judiciaire se trouvera nécessairement retardée (C. com., art. L. 643-9, al. 4). Il n'y a plus, en effet, sous l'empire de la loi de sauvegarde des entreprises, de clôture du plan de cession, ce dernier n'étant plus une issue, mais un simple événement de la procédure collective intéressant le débiteur[5].

La dispos ici en cause pourrait vis non seulement les obligations ncières mises à la charg du repreneur, mais encore ses gations en matière d'plois[6]. Cela contribuera à ret considérablement la ture, mais il faut bien convenir c'est la seule façon permettre une surveillance cte de l'exécution du plan. En outre, la gêne pour le déur est de moindre pée car, en pratique, les plans de con n'intéressent guère les entreprises exploitées sous form dividuelle.

SECTION 592.10
CLÔTU DE LA PROCÉDURE DANS L LIQUIDATION JUDICIAIRE SIMPLIFIÉE

592.1 Clôture de la procédure dans la liquidation juiciaire simplifiée. La question a été étudiée avec l'examen général de la liquidation judiciaire simplifiée. Il y sera ici simplement renvoyé (v. ss nº 56?.71).

SECTION 592.20
CLÔTURE DE LA LIQUIDATION JUDICIAIRE PAR EXTINCTION DU PASSIF

592.21 Conditions de la clôture par extinction du passif exigible. L'article L. 643-9, alinéa 2 du code dans sa rédaction issue de la loi de sauvegarde des entreprises[7], et l'article L. 622-30, 1° du code de commerce, dans sa rédaction antérieure à la loi de sauvegarde des entreprises, indiquent qu'il y a place à clôture de la liquidation judiciaire « lorsqu'il n'existe plus de passif exigible ou que le liquidateur dispose de sommes suffisantes pour désintéresser les créanciers ».

Observons que l'article L. 643-9 du code de commerce, tel qu'issu de la loi de sauvegarde des entreprises, est applicable aux procédures en cours, dès la publication de la loi, soit le 27 juillet 2005.

La précision selon laquelle le passif doit être exigible n'a ici *a priori* du moins, guère de sens, car le jugement de liquidation judiciaire, comme le jugement arrêtant le plan de cession totale, entraîne déchéance du terme. Dès lors, toutes les dettes devraient être exigibles. Autant dès lors affirmer qu'il n'y a place à clôture que s'il n'y a plus de passif, peu important qu'il soit chirographaire ou privilégié, antérieur ou postérieur à l'ouverture de la pro-

1. Roussel Galle, « De quelques modifications du décret du 28 décembre 2005 pris en application de la loi de sauvegarde des entreprises par le décret du 23 décembre 2006 », *JCP E* 2007. 48, p. 3 s., sp. p. 5.
2. Soinne, « La réforme des procédures collectives – La confusion des objectifs et des procédures (2e partie) », *Rev. proc. coll.* 2004, p. 81, nº 76 – Lienhard, 6e éd., nº 126.25.
3. Le Cannu, 7e éd., nº 1206.
4. Com. 22 mars 2016, nº 14-21.919, *Bull. civ.* IV [à paraître]; nº 283, FS-P+B; *Gaz. Pal.* 28 juin 2016, nº 24, p. 66, note Voinot; *Act. proc. coll.* 2016/8, comm. 96, note Théron; *Rev. proc. coll.* 2016, comm. 90, note Berthelot.
5. Deharveng, « Le plan de cession dans la nouvelle architecture des procédures collectives – un événement et non plus une issue du cours de la procédure », *D.* 2006. Chron. 1047 s., sp. 1049.
6. Froehlich et Sénéchal, « De la réalisation de l'actif », *LPA* nº sp. 9 févr. 2006, nº 29, p. 21, sp. p. 44.
7. L. nº 2005-845, 26 juill. 2005, préc.

cédure[1]. Il a été estimé que le fait que les créances déclarées soient contestées n'exerce pas d'incidence, car tant qu'aucune décision n'est intervenue sur elles, elles subsistent[2]. Une cour d'appel a toutefois pu poser une solution contraire et estimer que la créance litigieuse ne peut être prise en compte pour déterminer le passif exigible[3]. Si la solution peut apparaître fondée, elle n'en est pas moins dangereuse, si la contestation est sérieuse.

Il importe peu que le passif soit payé par le débiteur ou par un tiers. Mais, en ce cas, le tiers devra payer en lieu et place du débiteur sans être investi des droits de créancier en lieu et place du créancier payé.

Toute cession de créance ou subrogation est-elle, par principe, exclue ? Une réponse positive a parfois été donnée[4]. La solution semble s'imposer si une date de remboursement de la créance ayant circulé n'est pas prévue. La solution a été posée par la Cour de cassation, alors même que le cessionnaire de la créance avait renoncé à l'exigibilité de sa créance[5]. L'absence de prise en compte de la renonciation à l'exigibilité de la créance, qui est certes distincte d'un abandon de créance, nous semble critiquable, car le cessionnaire doit pouvoir, comme le créancier d'origine, renoncer à l'exigibilité de sa créance. Mais peut-être la solution aurait-elle été différente si une date de paiement de la créance transférée avait été stipulée à la convention.

La pratique révèle, en effet, des situations dans lesquelles, pour éviter la vente d'un immeuble occupé par le débiteur et son conjoint ou son concubin, le passif exigible est reporté dans le cadre d'un accord. Rien n'interdit, en effet, au titulaire d'une créance exigible, de reporter l'exigibilité de sa créance[6]. Une cour d'appel avait, selon nous, justement estimé, que le liquidateur ne saurait, sans commettre d'excès de pouvoir, vendre un bien du débiteur en liquidation judiciaire, alors que le passif exigible peut être payé.[7] La Cour de cassation a jugé au contraire que le juge-commissaire n'excédait pas ses pouvoirs à autoriser la vente d'un immeuble, alors qu'il n'y avait plus de passif exigible, dès lors que la liquidation judiciaire n'était pas clôturée[8]. Cette solution nous semble critiquable, car la mission du liquidateur, à savoir liquider les actifs du débiteur, s'inscrit dans une finalité précise : payer les créanciers. Dès lors que ceux-ci peuvent être payés sans vendre un actif du débiteur, cette vente ne doit pas intervenir, le liquidateur sortant de sa mission de défense de l'intérêt collectif des créanciers, s'il vend un bien, alors que cette vente est inutile pour assurer le paiement des créances exigibles.

Ce report d'exigibilité ne s'analyse pas, selon la Cour de cassation, en une transaction. Il n'est donc pas besoin d'autorisation du juge-commissaire. Il s'agit d'un réaménagement de la dette. Ainsi, le passif exigible par l'effet d'une déchéance du terme intervenue avant jugement d'ouverture ou par l'effet de la liquidation judiciaire devient à terme. Il n'y a donc pas d'obstacle à la clôture par extinction du passif, la demande de clôture s'analysant en un droit propre du débiteur[9]. Pour autant, cette clôture n'interdit pas au créancier de demander le paiement au débiteur et à son codébiteur. Il ne peut se réfugier derrière l'autorité de la chose jugée attachée au jugement de clôture par extinction du passif pour prétendre que la créance est éteinte[10]. De la même façon, la clôture de la procédure, qui intervient parce que le liquidateur dispose des sommes suffisantes pour désintéresser les créanciers, n'a pas autorité de chose jugée quant à l'extinction des créances admises au passif[11].

Il faut également tenir compte de l'existence de créances postérieures. Si elles ne sont pas éligibles au traitement préférentiel, elles sont traitées comme des créances antérieures et les remarques précédemment formulées sont également valables. L'existence de créances postérieures éligibles au traitement préférentiel oblige à une distinction. Dès lors qu'elles ne sont pas exigibles, elles ne font pas obstacle à la clôture de la procédure[12]. L'existence de créances postérieures (frais d'avocat et d'avoué non justifiés) ne fait pas obstacle à la clôture[13].

Ces observations doivent conduire à ne plus évoquer la clôture pour extinction du passif, mais plus justement la clôture pour extinction du passif exigible.

1. Rennes, 25 mai 1994, *Rev. proc. coll.* 1995, 120, n° 6, obs. Dureuil.
2. J.-CL. COM., Vallansan, fasc. 2770, [Clôture pour insuffisance d'actif], 2008, n° 17.
3. Paris, 3e ch. A, 11 mars 2008, RG n° 07/11342.
4. Bordeaux, 26 nov. 1987, *Cah. jurispr. Aquitaine* 1988, 254 – *Adde, J.-CL. COM.*, Vallansan, fasc. 2770, [Clôture pour insuffisance d'actif], 2008, n° 21.
5. Com. 3 nov. 2009, n° 07-15.233, NP; n° 1008 FS-D; *LXB hebdo* 10 déc. 2009, n° 375, note Le Corre.
6. Versailles, 13e ch., 8 mars 2007, RG n° 06/01077.
7. Versailles, 13e ch., 8 mars 2007, RG n° 06/01077.
8. Com. 3 nov. 2009, n° 07-14.993, *Bull. civ.* IV, n° 139; n° 1007 FS-P+B; *D.* 2009. AJ 2746, note Lienhard; *Gaz. Pal.* 8-10 janv. 2010, nos 8, 9, p. 25, note Voinot; *LXB hebdo* 10 déc. 2009, n° 375, note Le Corre.
9. Obs. Sénéchal, *Gaz. proc. coll.* 2006/2, p. 36.
10. Com. 4 oct. 2005, n° 03-17.619, *Bull. civ.* IV, n° 192; n° 1279 F-P+B; *D.* 2005. AJ 2806, obs. Lienhard; *D.* 2006. Somm. 82, obs. Le Corre; *JCP E* 2006, Chron. 1006, p. 74, n° 9, obs. M. Cabrillac; *Gaz. proc. coll.* 2006/2, p. 36, obs. Sénéchal.
11. Reims, ch. civ., 1re sect., 9 août 2005, RG n° 04/02177 – *Adde, EN CE SENS* : VOINOT, n° 673.
12. J.-CL. COM., Vallansan, fasc. 2770, [Clôture pour insuffisance d'actif], 2008, n° 15 – LE CANNU, 7e éd., 2006, n° 1211.
13. Com. 8 juill. 2014, n° 12-24.847, NP; n° 665 F-D.

Il n'est, en outre, pas indispensable que le passif exigible ait été payé. Il suffit que le liquidateur dispose de sommes suffisantes à le payer. La clôture ne pourra intervenir que s'il y a certitude de pouvoir payer tout le passif exigible. C'est pourquoi, la clôture ne peut intervenir avant vérification des créances[1], à moins que le montant des créances déclarées ne soit inférieur aux sommes à disposition du débiteur pour payer son passif[2].

Une difficulté a pu se présenter en pareille situation, dans une espèce où un dirigeant avait été placé à titre personnel en liquidation judiciaire, à titre de sanction, dans la procédure ouverte contre la société débitrice dirigée (législation antérieure à la loi de sauvegarde). La clôture des procédures de la société débitrice et du dirigeant condamné était intervenue pour extinction du passif exigible, à la suite de la vente sur adjudication d'immeubles ayant appartenu au dirigeant, le liquidateur ayant les sommes suffisantes pour désintéresser tous les créanciers. Le paiement des créanciers n'avait pas encore eu lieu. Un mandataire *ad hoc* détenait les sommes, à la suite du liquidateur, pour effectuer les répartitions entre les créanciers. Le débiteur, devenu à nouveau maître de ses biens, avait intenté une action en annulation d'adjudication de ses immeubles, en prenant l'engagement personnel de rembourser le prix d'adjudication à l'adjudicataire. Il existait alors un lien évident entre l'action en annulation de l'adjudication et la clôture pour extinction du passif exigible de la procédure de la société, qui a conduit la juridiction saisie à considérer que la suspension des opérations de répartitions par le mandataire *ad hoc* était justifiée, compte tenu du caractère aléatoire des répartitions[3].

Les cautions ne pourront se réfugier derrière la clôture pour extinction du passif exigible pour prétendre être déchargées (v. s[s] n° 722.11).

Le jugement de clôture de la procédure collective pour extinction du passif exigible n'a pas autorité de chose jugée quant à l'extinction des créances. Cette solution a été posée sous l'empire de la loi du 25 janvier 1985[4], en matière de clôture du plan de continuation pour extinction du passif (v. s[s] n° 525.11). Elle est transposable en matière de clôture de la liquidation judiciaire pour extinction du passif exigible. Il appartiendra, nous semble-t-il, au créancier qui n'a pas été payé de rapporter la preuve de ce fait, le jugement de clôture de la liquidation judiciaire emportant présomption de paiement de ce créancier (v. s[s] n° 525.11). En revanche, le créancier pourra reprendre ses poursuites après clôture de la procédure pour extinction du passif exigible dans les conditions du droit commun. Les règles procédurales particulières à la reprise de poursuites individuelles après clôture pour insuffisance d'actif sont ici inapplicables[5].

Sous l'empire de la loi de sauvegarde des entreprises, il n'y a pas, à notre sens, d'obstacle à la clôture de la liquidation judiciaire pour extinction du passif exigible, en présence de créances non déclarées, qui, logiquement, n'ont pas été payées pendant la procédure collective, du fait de leur inopposabilité à la procédure collective (v. s[s] n° 665.76).

592.22 Côture de la procédure par extinction du passif exigible en redressement judiciaire. La clôture pour extinction du passif n'était envisagée par la législtion du 25 janvier 1985[6] qu'en situation de liquidation judiciaire. Fallait-il pour autant l'exclure en redressement judiciaire ? La Cour de cassation a cru devoir, sous l'empire de la législation antérieure à la loi de sauvegarde des entreprises[7], apporter à la question une réponse négative en jugeant que les articles L. 621-6 et L. 622-30 du code de commerce n'interdisent pas de prononcer la clôture de la procédure en redressement judiciaire lorsqu'au cours de la période d'observation, il est constaté que le débiteur met à la disposition de ses créanciers des sommes suffisantes pour payer les dettes exigibles[8]. Certes, l'absence d'interdiction textuelle peut justifier le principe d'autorisation.

La loi de sauvegarde des entreprises a consacré législativement la possibilité de clôture de la procédure de redressement judiciaire par extinction du passif, s'inspirant tout à la fois des solutions de la législation du 13 juillet 1967[9] et de celles posées pour la procédure de sauvegarde[10]. En ce sens, l'article L. 631-16, alinéa 1 du code de commerce prévoit que, à tout moment de la période d'observation, le tribunal peut mettre fin à celle-ci s'il apparaît que le débiteur dispose des sommes suffisantes pour désintéresser les créanciers et acquitter les dettes et frais afférents à la procédure (sur cette question, v. s[s] n° 411.15).

La solution posée sous l'empire de la loi du 25 janvier 1985 selon laquelle le jugement de clô-

1. Toulouse, 9 nov. 1987, *Rev. proc. coll.* 1989, 240, obs. Dureuil – *Adde*, SOINNE, n° 2497 – DERRIDA ET *ALII*, n° 324.
2. SUR UNE DIFFICULTÉ de cette nature : Com. 16 mai 2006, n° 04-20.162, NP; n° 611-D.
3. Com. 11 avr. 2012, n° 11-11.662, NP; n° 426 F-D.
4. L. n° 85-98, 25 janv. 1985, *JO* 26 janv., p. 1097.
5. Com. 17 déc. 2013, n° 12-29.822, NP; n° 1234 F-D.
6. L. n° 85-98, 25 janv. 1985, préc.
7. L. n° 2005-845, 26 juill. 2005, préc.
8. Com. 8 juill. 2003, n° 00-19.236, *Bull. civ.* IV, n° 128; *D.* 2003. AJ 2008, obs. Lienhard; *JCP E* 2004, *JCP E* 2004 Chron. 151, p. 173, n° 3, obs. M. Cabrillac; *RTD com.* 2003. 814, n° 6, obs. Saint-Alary-Houin; *Rev. proc. coll.* 2004, p. 74, note Canet; *D.* 2004. Somm. 57, obs. Le Corre – Paris, 3e ch. A, 5 sept. 2006, RG n° 2005/22709.
9. L. n° 67-563, 13 juill. 1967, *JO* 14 juill., p. 7059.
10. *Rapp. J.-J. Hyest*, n° 335, p. 341.

ture de la procédure collective poxtinction du passif – il s'agissait d'un plan de couation – n'a pas autorité de chose jugée quant à tinction des créances[1] est transposable en matièe clôture du redressement judiciaire pour extinn du passif (v. s^s n° 525.11). Il appartiendra, ible-t-il, au créancier qui n'a pas été payé de rapper la preuve de ce fait (v. s^s n° 525.11).

La loi de sauvegarde des entreprise également prévu un dispositif de clôture de la océdure de sauvegarde, en cas de disparition des dficultés qui ont conduit à son ouverture (Sur cet question, v. s^s n° 411.14).

592.23 Modalités procédurales de la lôture de la liquidation judiciaire par extinctiondu passif. Par contraste avec un certain mutisme de la législation antérieure à la loi du 26 juillet 2005[2], qui se contentait d'indiquer une possibilité de saisine d'office, et qui avait fait naître des difficultés, le texte issu de la loi de sauvegarde, c'est-à-dire l'article L. 643-9 du code de commerce applicable aux procédures en cours, dès la publication de la loi, soit le 27 juillet 2005, prévoit utilement, mais en deux temps, la liste des personnes pouvant solliciter la clôture.

Dès lors que les conditions de la clôture sont réunies, la saisine aux fins de clôture par extinction du passif intervient à l'initiative du tribunal d'office, du débiteur, du liquidateur ou du ministère public. Passé un délai de deux ans par rapport au jugement de liquidation judiciaire, la saisine de la juridiction aux fins de clôture appartient à tout créancier. La loi du 26 juillet 2005 (C. com., art. L. 643-9, al. 2) valide ainsi la liste suggérée par la jurisprudence et la doctrine. Le ministère public et le débiteur, qui peuvent saisir le tribunal aux fins de clôture à tout moment, restent recevables à agir après l'expiration du délai de deux ans. L'Assemblée nationale avait adopté un texte en ce sens, qui a fait l'objet d'un amendement au nom de la commission des lois du Sénat, pour tenir compte du fait qu'ils étaient, ainsi que le liquidateur, déjà recevables à agir à tout moment, ce qui rendait inutile la précision qu'ils avaient qualité à saisir le tribunal à l'expiration du délai de deux ans[3].

Sous l'empire de la loi du 25 janvier 1985[4], le débiteur avait déjà, selon la jurisprudence, qualité pour demander la clôture de la procédure pour extinction du passif exigible. Les héritiers d'un débiteur personne physique décédé s'étaient logiquement vu reconnaître ce même droit[5]. Il a encore été jugé que le mandataire *ad hoc* de la société dissoute par l'effet de sa liquidation judiciaire a qualité pour solliciter la clôture[6].

Indiquons que la clôture de la procédure ne peut intervenir qu'après avoir appelé les contrôleurs, ce qui constitue une nouveauté, qui doit être approuvée, sous l'observation, que, en pratique, c'est au moment de statuer sur la clôture, que la question des sanctions se pose. Or, la législation du 26 juillet 2005 accorde un droit de saisine aux contrôleurs pour l'exercice des actions en sanctions.

De façon plus générale, le contradictoire doit être respecté. Si la demande émane d'un créancier, le débiteur doit être convoqué. Une juridiction, qui constate que le débiteur n'est pas convoqué, ne doit donc pas rejeter la demande, mais renvoyer l'affaire pour régularisation de la procédure[7].

Le jugement prononçant la clôture pour extinction du passif fait l'objet des mêmes publicités que le jugement d'ouverture (C. com., art. R. 643-18, al. 2, D. 27 déc. 1985[8], art. 152 – v. s^s n°s 233.33 et 233.34). En conséquence, il est notamment publié au *Bodacc*.

592.24 Compétence aux fins de clôture par extinction du passif. La compétence pour connaître de la clôture de la procédure est exclusivement reconnue au tribunal de la faillite[9].

592.25 Impossibilité de réouverture de la procédure en cas de clôture par extinction du passif. La loi n'envisage pas de réouverture de la procédure en cas de clôture de la procédure par extinction du passif exigible. Pourtant, il se peut que la clôture pour extinction du passif soit intervenue par erreur, un créancier dont les droits ont été reconnus ayant été oublié. Pour le créancier, cela doit rester sans conséquence[10], aucune interdiction de reprise des poursuites ne faisant obstacle à la possibilité de faire valoir son droit de créance. Le créancier n'aura donc nul besoin de former tierce opposition réformation au jugement de clôture.

592.26 Relèvement des déchéances et incapacités. Le jugement de clôture de la liquidation judiciaire par extinction du passif exigible emporte dispense ou relèvement de toutes les déchéances, interdiction et incapacités d'exercer une fonction publique élective (C. com., art. R. 653-11, al. 2 – v. s^s n° 911.91).

1. Com. 16 nov. 2010, n° 09-69.495, *Bull. civ.* IV, n° 177; n° 1173 FS-P+B.
2. L. n° 2005-845, 26 juill. 2005, préc.
3. *Rapp. J.-J. Hyest*, n° 335, p. 430.
4. L. n° 85-98, 25 janv. 1985, préc.
5. Douai, 2e ch. 1re sect., 18 déc. 2008, RG n° 08/05092.
6. Paris, 3e ch. A, 11 mars 2008, RG n° 07/11342.
7. Com. 22 mars 2016, n° 14-20.690, NP.
8. D. n° 85-1388, 27 déc. 1985, préc.
9. Com. 12 juill. 2004, n° 03-10.506, NP.
10. Régnaut-Moutier, note s^s Com. 15 avr. 2008, n° 07-10.359; n° 521 F-D; *Act. proc. coll.* 2008/8, n° 128.

592.27 Effets de la clôture par extinction du passif exigible sur les sociétés.

Avant l'ordonnance du 12 mars 2014 [1], si la procédure est clôturée pour extinction du passif, la dissolution de la société résultant de la liquidation judiciaire ne peut être remise en cause (v. s[s] n° 592.41).

Depuis l'ordonnance du 12 mars 2014, et plus précisément son article 100, qui modifie la rédaction du 7° de l'article 1844-7 du code civil, la dissolution de la société intervient au jour de la clôture de la liquidation judiciaire pour insuffisance d'actif. Il en résulte, *a contrario*, que la clôture pour extinction du passif exigible n'entraîne plus dissolution de la société, car celle-ci est limitée à la clôture pour insuffisance d'actif. Dès lors, la société placée en liquidation judiciaire n'étant plus dissoute pourra reprendre normalement son activité, une fois la clôture pour extinction du passif exigible prononcée.

De lege ferenda, il serait opportun de prévoir une règle particulière pour la poursuite d'activité, afin que celle-ci ne soit pas enfermée dans les conditions classiques de durée d'une telle période en liquidation judiciaire.

SECTION 592.30
CLÔTURE DE LA LIQUIDATION JUDICIAIRE POUR INSUFFISANCE D'ACTIF

592.31 Précisions conceptuelles – Clôture pour ou avec insuffisance d'actif. La doctrine distingue classiquement la clôture pour insuffisance d'actif et la clôture avec insuffisance d'actif [2]. La première désigne la situation dans laquelle le liquidateur se trouve dans l'impossibilité de continuer les opérations faute de disponibilité. La procédure est alors achevée avant son terme normal. La seconde vise l'hypothèse où la procédure va jusqu'à son terme normal et où le constat s'impose de l'impossibilité, après vente de tous les actifs, de payer tous les créanciers.

Cette distinction reste cependant sans conséquence [3], en ce qui concerne les effets de la clôture. Par simplicité, nous utiliserons systématiquement le seul concept utilisé par le législateur, à l'article L. 643-13, alinéa 1 du code de commerce, dans sa rédaction issue de la loi de sauvegarde des entreprises [4], à l'article L. 622-34, alinéa 1 du code de commerce, dans sa rédaction antérieure à la loi de sauvegarde des entreprises, celui de « clôture pour insuffisance d'actif ».

1. Ord. n° 2014-326, 12 mars 2014, *JO* 14 mars, p. 5249.
2. AINSI : GUYON, n° 1308 – DERRIDA ET *ALII*, n° 318.
3. EN CE SENS : LE CANNU, 7e éd., n° 1213.
4. L. n° 2005-845, 26 juill. 2005, préc.

La clôture a procédure pour insuffisance d'actif est cho ave pour les créanciers. Par hypothèse, alors q s créanciers n'ont pas été complètement, voire tiellement payés, la procédure va se terminer, ce mettra, par principe, fin à la possibilité pour l créanciers antérieurs d'être payés (v. s[s] n° 592.). Il faut être sûr que ces créanciers ne puissent s rien espérer.

Précisons que le code général des impôts prévoit cependant une déductibilité de leur revenu imposable des pertes en capital pour les personnes ayant souscrit au capital d'une société dont la liquidation est clôturée pour insuffisance d'actif, dès lors que la société a été immatriculée à partir du 1er janvier 1994 et que la cessation des paiements intervient dans les huit ans de sa constitution (CGI, art. 163 *octodecies*).

592.32 Conditions de fond de la clôture pour insuffisance d'actif.

> Avant l'ordonnance du 12 mars 2014 [5]. Aux termes de l'article L. 643-9, alinéa 2, dans sa rédaction issue de la loi de sauvegarde des entreprises [6], aux termes de l'article L. 622-30 du code de commerce, dans sa rédaction antérieure à la loi de sauvegarde des entreprises, cette clôture interviendra à tout moment, « lorsque la poursuite des opérations de liquidation judiciaire est rendue impossible en raison de l'insuffisance de l'actif ».

Il doit y avoir impossibilité absolue de poursuivre les opérations de liquidation. Une difficulté passagère de réalisation délicate d'un bien est insuffisante. La solution vaut également en présence d'une liquidation spéciale d'une entreprise d'assurances. L'insuffisance d'actif, qui arrête le cours des opérations de la liquidation spéciale, ne se confond pas avec une simple difficulté à réaliser les actifs [7]. Il ne doit plus y avoir d'actif saisissable, la simple impossibilité de réaliser l'actif restant dans de bonnes conditions étant insuffisante [8].

L'impossibilité de continuer les opérations doit être vérifiée par la juridiction, et, en cas d'appel, par la cour d'appel, qui devra ici utiliser l'effet dévolutif de l'appel sans avoir à renvoyer cet examen devant le tribunal [9]. Les conditions de la clôture sont soumises au contrôle de la Cour de cassation. Logiquement, elle censure une cour d'appel qui admet la clôture pour insuffisance d'actif, alors que l'addition du passif antérieur et du passif couvert par les dispositions de l'article L. 621-32 du code de com-

5. Ord. n° 2014-326, 12 mars 2014, préc.
6. L. n° 2005-845, 26 juill. 2005, préc.
7. Com. 19 nov. 2003, *Act. proc. coll.* 2004/3, n° 34, note Bonneau.
8. Com. 5 mars 2001, *Act. proc. coll.* 2002/8, n° 108.
9. Com. 2 juin 2004, n° 01-13.410, NP.

merce, sous l'empire de la loi du 25 janvier 1[1], était inférieure au montant du passif. Il y avainc place à clôture pour extinction du passif exle, non pour insuffisance d'actif[2]. La solution évidemment reconductible sous l'empire de la de sauvegarde des entreprises.

La clôture ne peut intervenir hâtivement préjudice des créanciers, en laissant des biens n réalisés[3] ou des actifs non recouvrés[4]. Il a été ju à cet égard, que le fait pour le débiteur de n'être e nu-propriétaire n'interdit pas la réalisation de l'imeuble, la difficulté de réalisation ou la perspecte d'un faible prix de cession ne constituant pas l'inossibilité de poursuivre les opérations de liquidatn judiciaire[5]. La clôture ne peut davantage interenir en présence de créances à recouvrer[6], par exenple un chèque encaissé sur le compte Carpa le l'avocat du débiteur[7] ou de voies de recours en dshérence[8]. Le liquidateur y prêtera attention avant le solliciter la clôture. Il prendra garde également l'éventualité d'une demande de sanctions[9]. Laremarque est d'autant plus importante, depuis la l de sauvegarde des entreprises, du fait du pouvoir subidiaire d'action des contrôleurs aux fins de sanctionsMais, quelle que soit la nature des créances impayées, à clôture pourra intervenir, dès lors qu'aux termes d l'article R. 643-16 du code de commerce, sous l'enpire de la loi de sauvegarde, et aux termes de l'article 152-1 du décret du 27 décembre 1985[10], « le produit de la réalisation des actifs du débiteur et des actions ou (et selon réd. D. 28 déc. 2005[11]) procédures engagées dans l'intérêt de l'entreprise ou des créanciers ne permet plus de désintéresser, même partiellement, les créanciers ». La question peut se poser de savoir s'il y a place à attendre la preuve de l'absence d'actif réalisable tant que la décision de condamnation du dirigeant pour insuffisance d'actif n'a pas fait l'objet au moins d'une tentative d'exécution. Une juridiction du fond a refusé, en ce cas, la clôture de la procédure[12]. De même, le liquidateur peut s'opposer à la demande de clôture présentée par la société débitrice, dès lors que le dirigeant n'a pas acquitté la condamnation à combler l'insuffisance d'actif mise à sa charge[13].

Bien que le texte de l'article L. 622-30 du code de commerce, dans sa rédaction antérieure à la loi de sauvegarde des entreprises, indique que la clôture peut intervenir à tout moment, cette clôture ne pourra avoir lieu en redressement judiciaire puisque, si elle n'intervient pas en plan de cession, elle ne pourra avoir lieu que si les opérations de liquidation judiciaire sont rendues impossibles. Cette rédaction a été modifiée par la loi de sauvegarde des entreprises, l'article L. 643-9 alinéa 1 du code indiquant désormais que le tribunal fixe un délai pour la clôture.

Notons que la notion d'insuffisance d'actif utilisée pour la clôture de la liquidation judiciaire d'une entreprise d'assurance est différente. L'article L. 326-2 du code des assurances la considère caractérisée lorsque le produit de la réalisation des actifs du débiteur et des actions et procédures engagées dans l'intérêt de l'assureur ou des créanciers tenant leurs droits de l'exécution des contrats d'assurance, de capitalisation ou d'épargne ne permet plus de désintéresser, même partiellement, ces créanciers[14].

> **Depuis l'ordonnance du 12 mars 2014.** Nous avons vu le caractère très restrictif du texte de l'article L. 643-9 du code de commerce pour clôturer la procédure de liquidation judiciaire pour insuffisance d'actif. La Cour de cassation a, de manière logique, fidèlement suivi le manque de souplesse du texte. Les praticiens ont dénoncé cette rigueur. L'article 77 de l'ordonnance du 12 mars 2014 apporte réponse à ces critiques. Il modifie la rédaction de l'alinéa 2 de l'article L. 643-9 du code de commerce, en assouplissant sensiblement les conditions de la clôture pour insuffisance d'actif. Il ne s'agit plus de démontrer exclusivement que la poursuite des opérations de liquidation est rendue impossible « en raison de l'insuffisance d'actif ». La clôture peut également être obtenue sur la justification que « l'intérêt de cette poursuite est disproportionné par rapport aux difficultés de réalisation des actifs résiduels ».

La rédaction du texte pourrait accréditer l'idée qu'il y a là un nouveau cas de clôture de la liquidation

1. L. n° 85-98, 25 janv. 1985, préc.
2. Com. 12 mars 2013, n° 11-28.661, NP; n° 236 F-D.
3. Com. 5 mars 2002, n° 98-22.646, *Bull. civ.* IV, n° 47; *D.* 2002. AJ 1422; *Act. proc. coll.* 2002/8, n° 104; *Dr. et patr.* 2002, n° 108, p. 112, obs. Monsérié-Bon.
4. Delattre, « Clôture pour insuffisance d'actif à la demande du débiteur ou du liquidateur : attention aux abus ! », *BJE* mai 2013, comm. 79.
5. Com. 22 janv. 2008, n° 06-20.766, *Bull. civ.* IV, n° 11; n° 146 F-P+B; *D.* 2008. AJ 348, note Lienhard; *Gaz. proc. coll.* 2008/2, p. 23, n° 1, note Voinot; *Act. proc. coll.* 2008/4, n° 69, note Lucas; *JCP E* 2008. 1432, n° 7, obs. M. Cabrillac; *LPA* 2 juin 2008, n° 110, p. 25, note Sortais; *Bull. Joly* mai 2008, p. 421, § 91, note Rabreau; *RJ com.* 2008. 386, note Sortais; *Rev. proc. coll.* 2009/2, p. 42, n° 51, note Dumont-Lefrand.
6. Soinne, n° 2502.
7. Com. 9 nov. 2004, n° 03-14.034, NP.
8. Soinne, n° 2502.
9. Ifppc 1999, recomm. n° 6190-2, p. 186.
10. D. n° 85-1388, 27 déc. 1985, préc.
11. D. n° 2005-1677, 28 déc. 2005, préc.
12. T. com. Valenciennes, 4 juin 2012, RG n° 2012/002091 et T. com. Valenciennes, 2 juill. 2012, RG n° 2012/002774, *Act. proc. coll.* 2012/13, comm. 197.
13. Poitiers, 8 oct. 2013, RG n° 13/01255, *Leden* déc. 2013, comm. 187, note Delattre.
14. Com. 27 févr. 2007, n° 06-16.007, *Bull. civ.* IV, n° 63; n° 395 FS-P+B.

judiciaire[1]. L'affirmation serait très grave puisqu'elle conduirait à interdire au débiteur de bénéficier de l'interdiction du droit de reprise des poursuites individuelles de la part de ses créanciers soumis à la discipline collective. En effet, ce droit est, en application du I de l'article L. 643-11 du code de commerce, strictement limité à la clôture de la liquidation judiciaire pour insuffisance d'actif. Pareil résultat n'a pas été voulu par le législateur. Il faut donc plutôt lire le nouvel article L. 643-9, alinéa 2 comme un assouplissement aux conditions de la clôture pour insuffisance d'actif[2]. En somme, il s'agit d'une « clôture accélérée de la liquidation judiciaire pour insuffisance d'actif »[3].

Le législateur a ainsi fait sien le proverbe que « à l'impossible, nul n'est tenu ». Des difficultés particulières ne doivent pas empêcher la clôture de la liquidation judiciaire. Mais il ne faut pas se méprendre sur la portée de la règle : ce n'est pas un droit pour le liquidateur de réaliser à sa guise les biens du débiteur. La défense de l'intérêt collectif des créanciers dont il a la charge ne saurait s'accommoder d'une telle vision des choses. Il s'agit, plus justement, de tenir compte du fait que si les difficultés de réalisations sont telles que le produit de la réalisation sera quasiment absorbé par les frais exposés, il ne sert à rien pour la collectivité des créanciers que le liquidateur engage les frais[4]. L'exemple a été pris de la réalisation d'un droit de jouissance à temps partagé[5]. La remarque est encore plus vraie si le produit de la vente est inférieur au coût, le liquidateur ayant alors agi dans un intérêt contraire à celui de la collectivité des créanciers dont il a la charge. Il ne doit, en effet, rien faire qui soit susceptible de diminuer le gage commun. La situation pourra se présenter pour des terrains pollués, lorsque les frais de dépollution seront bien supérieurs à leur valeur vénale[6].

Une difficulté ne manquera pas de naître si le bien est l'actif d'une société[7]. Que deviendra ce bien après dissolution de cette société par l'effet de la clôture de la liquidation judiciaire pour insuffisance d'actif ? Théoriquement, il serait un actif indivis entre les associés, qui devraient pouvoir le vendre par nomination d'un mandataire *ad hoc* et s'en répartir le prix. Il serait opportun que le législateur légifère sur la question[8], afin de ne pas voir un jour la collectivité supporter, par exemple, le coût d'une dépollution d'un terrain non vendu, parce qu'il était pollué. Pollueur, payeur ?

L'ordonnance du 12 mars 2014 va encore plus loin dans l'assouplissement des conditions de la clôture pour insuffisance d'actif. L'article 77 de ce texte insère un alinéa 3 à l'article L. 643-9 pour permettre au tribunal de prononcer la clôture de la procédure en désignant un mandataire ayant pour mission de poursuivre les instances en cours et de répartir, le cas échéant, les sommes perçues à l'issue de celles-ci, lorsque cette clôture n'apparaît pas pouvoir être prononcée pour extinction du passif. Il s'agira donc d'une clôture pour insuffisance d'actif.

Il n'est pas indiqué par le texte que l'action doit poursuivre tel ou tel but. Le texte est donc simple, sous réserve que l'action soit en cours au jour où la clôture est envisagée. Il faut toutefois réserver la possibilité de reprise de la procédure si les conditions restrictives sont réunies. Certaines actions ont des longs délais de procédure et, en droit positif, bloquent la clôture. On pense aux actions en responsabilité pour insuffisance d'actif, aux procédures de contestation de créance ou encore aux instances prud'homales dont sont parsemées les procédures collectives. La mesure est excellente, puisqu'elle a pour effet d'accélérer la clôture de la procédure et de limiter la durée du dessaisissement si pénalisante pour les débiteurs personnes physiques. En somme, c'est un moyen de permettre aux effets réels de la liquidation judiciaire de se poursuivre, alors que ses effets procéduraux ont pris fin[9].

L'article R. 643-18, alinéa 2 du code de commerce (réd. D. 30 juin 2014[10], art. 105) précise que le cas échéant, le liquidateur sera désigné pour exercer cette mission, à moins que n'existe un conflit d'intérêts. Toutefois, par décision motivée, à la demande du débiteur ou du ministère public, le tribunal peut désigner une autre personne dans les conditions prévues à l'article L. 812-2. Le mandataire *ad hoc* sera donc soit un mandataire judiciaire inscrit sur la liste, soit une personne désignée hors liste, comme le prévoit le II de l'article L. 812-2.

L'article R. 643-18 (réd. D. 30 juin 2014, art. 105) précise que le mandataire *ad hoc* est soumis aux

1. Voinot, « Les modifications intéressant la liquidation judiciaire issues de l'ordonnance du 12 mars 2014 », *Gaz. Pal.* 6 avr. 2014, n° 96, p. 23 s., sp. p. 29.
2. EN CE SENS AUSSI : Lucas, « Présentation de l'ordonnance portant réforme de la prévention des difficultés des entreprises et des procédures collectives », *BJE* mars 2014, 111 s., sp. p. 118 – Pétel, « Entreprises en difficulté : encore une réforme ! », *JCP E* 2014. 1223, n° 25.
3. EXPRESSION EMPRUNTÉE à : Céline Keller, étudiante du master 2 Droit des difficultés d'entreprise de la Faculté de Nice (promotion 2013/2014).
4. RAPPR. : Delattre, « La clôture pour insuffisance d'actif est dorénavant possible nonobstant l'existence d'un actif », *BJE* mai 2014, 194 s., sp. 195.
5. Dellatre, art. préc.
6. Voinot, « Les modifications intéressant la liquidation judiciaire issues de l'ordonnance du 12 mars 2014 », *Gaz. Pal.* 6 avr. 2014, n° 96, p. 23 s., sp. p. 29.
7. Dellatre, art. préc.
8. RAPPR. : VIDAL et GIORGINI, n° 1310.
9. VIDAL et GIORGINI, n° 1311.
10. D. n° 2014-736, 30 juin 2014, *JO* 1er juill., p. 10834.

mêmes obligations que celles qui auraient été applicables au liquidateur s'il avait poursuivi les instances en cours et réparti les sommes issues de celles-ci. Il faut spécialement comprendre que les fonds doivent être placés à la Caisse des dépôts et consignations et que les répartitions devront être faites en suivant les règles de répartition applicables au liquidateur.

Les articles R. 663-40-1 et suivants du code de commerce, dans la rédaction que leur donne le décret du 30 juin 2014, régissent cette rémunération. Le décret du 26 février 2016[1] ne modifie pas ces textes.

L'article R. 663-40-2 (réd. D. 30 juin 2014, art. 129) précise que le juge-commissaire détermine selon quelles modalités les fonds versés à la Caisse des dépôts et consignations pourront être affectés pour l'exécution de cette mission. Il faut ici que le juge-commissaire autorise la clôture de la procédure sans répartition totale des sommes perçues par le liquidateur, afin de permettre au mandataire *ad hoc* de mener ensuite à bien sa mission.

Si un mandataire *ad hoc* est désigné, l'arrêté des émoluments du liquidateur n'est pas définitif. Des émoluments complémentaires peuvent, le cas échéant, être perçus par le liquidateur (C. com., art. R. 663-40-4, réd. D. 30 juin 2014, art. 129).

Lorsque cette mission sera confiée, des honoraires seront dus au mandataire *ad hoc*, qui pourront lui être versés, par exception au principe énoncé à l'article L. 663-2 du code de commerce (v. s^s n° 352.11). L'article R. 663-40-4 du code (D. 30 juin 2014, art. 129) précise que la rémunération du mandataire *ad hoc* est arrêtée par le président du tribunal, au vu d'un compte détaillé. Les dispositions relatives à la rémunération et aux frais et débours du liquidateur sont applicables au mandataire *ad hoc*. (C. com., art. R. 663-40-1). Les modalités de calcul des droits proportionnels sont déterminées sans tenir compte de la pluralité des missions. Le droit fixe prévu par l'article R. 663-25 fait, le cas échéant, l'objet d'une répartition selon les missions attribuées au mandataire.

Selon l'article R. 663-40-3 du code (réd. D. 30 juin 2014, art. 129), le juge-commissaire ou, s'il a cessé ses fonctions, le président du tribunal, sur les observations du liquidateur et de ce mandataire, détermine la part de la rémunération due au liquidateur qui revient au mandataire ainsi désigné, après avoir recueilli l'avis du ministère public.

Que l'on soit avant ou depuis l'ordonnance du 12 mars 2014, la Cour de cassation, juge que lorsqu'il existe un actif réalisable de nature à désintéresser en tout ou partie les créanciers, la violation du droit du débiteur à être jugé dans un délai raisonnable et de celle qui en résulte de son droit d'administrer ses biens et d'en disposer, n'est pas sanctionnée par la clôture de la procédure de liquidation des biens, mais lui ouvre l'action en réparation prévue à l'article L. 141-1 du code de l'organisation judiciaire qu'il peut exercer au titre de ses droits propres[2]. Cette solution d'abord posée pour une procédure soumise à la loi du 13 juillet 1967 conserve toute son actualité sous l'empire des législations suivantes et a également été posée sous l'empire de la loi du 25 janvier 1985[3].

1. D. n° 2016-230, 26 févr. 2016, *JO* 28 févr.

592.33 Modalités procédurales de la clôture pour insuffisance d'actif. L'article L. 622-30 du code de commerce, dans sa rédaction antérieure à la loi de sauvegarde des entreprises[4], ne précise pas les personnes ayant qualité pour solliciter la clôture, se contentant d'indiquer que le tribunal peut la prononcer d'office. En conséquence, il faut décider que la saisine appartient au liquidateur, qui en pratique présentera une requête au tribunal qu'il fera viser par le juge-commissaire[5].

Le débiteur dispose, en la matière d'un droit propre[6]. Sa demande doit toutefois être rejetée s'il a vendu, au mépris des règles du dessaisissement un bien, en le faisant échapper à la procédure collective. La prétention du liquidateur de faire déclarer l'acte inopposable à la procédure collective justifie le rejet de la demande du débiteur de voir clôturer sa procédure de liquidation judiciaire[7].

La saisine appartient encore, au regard de la qualité à agir, à tout créancier. Par principe, cependant, les créanciers seront dépourvus d'intérêt à agir. Il en ira différemment lorsque le créancier pourra faire jouer l'une des exceptions au jeu de l'absence de reprise des poursuites individuelles (v. s^s n°s 592.61 s.). Plus vite la procédure sera clôturée, plus vite le créancier pourra reprendre ses poursuites. Il lui faudra cependant, en pratique, patienter quelque temps, puisqu'on ne peut « tondre un œuf ».

La saisine du tribunal aux fins de clôture de la procédure de liquidation judiciaire pour insuffisance d'actif obéit, sous l'empire de la loi de sauvegarde des entreprises, aux mêmes règles que la clô-

2. Com. 16 déc. 2014, n° 13-19.402, *Bull. civ.* IV [à paraître]; n° 1141 FP-P+B+R+I; *D.* 2015. actu 6, note Lienhard; *Act. proc. coll.* 2015, comm. 1, note Pérochon; *LXB hebdo* 22 janv. 2015, n° 598, note Le Corre.
3. Com. 24 mars 2015, n° 14-11.376, NP; n° 305 F-D.
4. L. n° 2005-845, 26 juill. 2005, préc.
5. IFPPC 1999, recomm. n° 6190-1, p. 186.
6. Com. 5 mars 2002, n° 98-22.646, *Bull. civ.* IV, n° 47; *D.* 2002. AJ 1422; *RTD com.* 2002. 378, n° 13, obs. Vallens; *JCP E* et *A* 2002, Chron. 1380, p. 1523, n° 6, obs. M. Cabrillac; *RD banc. fin.* 2002/3, p. 135, n° 104, obs. Lucas.
7. Reims, ch. civ., 1re sect., 5 juin 2012, RG n°s 11/1513, 11/1514, *Act. proc. coll.* 2013/2, comm. 24.

ture pour extinction du passif (C. com., art. L. 643-9, al. 2 – v. s[s] n° 592.23).

La compétence, comme pour la clôture par extinction du passif (v. s[s] n° 592.24) appartient au tribunal de la faillite, et ce de manière exclusive.

Le jugement de clôture ne pourra intervenir, sous l'empire de la législation antérieure à la loi de sauvegarde des entreprises, aux termes de l'article L. 622-30 du code de commerce, qu'après rapport du juge-commissaire. L'article L. 622-30 du code de commerce, dans sa rédaction antérieure à la loi de sauvegarde des entreprises, et l'article L. 643-9 alinéa 2, dans sa rédaction issue de la loi de sauvegarde des entreprises, prévoient que le débiteur doit être entendu ou à tout le moins appelé.

Le décret du 28 décembre 2005 [1] distingue ensuite selon que la clôture intervient au terme fixé par le tribunal lors de l'ouverture ou du prononcé de la liquidation judiciaire ou sera sollicitée à une autre date.

Dans le premier cas, l'article 304 alinéa 1 du décret du 28 décembre 2005 précisait, dans sa rédaction d'origine, que le greffier devait faire convoquer le débiteur par acte d'huissier de justice, deux mois avant l'expiration du délai fixé par le tribunal pour la clôture. L'article 65 du décret du 23 décembre 2006 [2] modifie l'article 304 alinéa 1 du décret du 28 décembre 2005 (devenu C. com., art. R. 643-17, al. 1) en prévoyant désormais cette convocation « au plus tard deux mois » avant le délai fixé par le tribunal pour la clôture (sur les conséquences de cette modification, v. s[s] n° 592.09). Le greffier avise le liquidateur et les contrôleurs de la date de l'audience.

Dans le second cas, l'article R. 643-17, alinéa 2 du code de commerce (anc[t] D. 28 déc. 2005, art. 304, al. 2) prévoit que lorsqu'il est fait application des dispositions de l'article L. 643-9 du code de commerce, le liquidateur et les contrôleurs sont avisés de la date de l'audience par le greffier. Si le débiteur est demandeur à la clôture, il est convoqué par le greffier par lettre recommandée avec demande d'avis de réception. Si un créancier est demandeur à la clôture, il est convoqué en la même forme.

L'absence de convocation du débiteur est une cause de nullité du jugement [3].

Le tribunal statue sur la clôture sur rapport du liquidateur, précise la législation de sauvegarde des entreprises (C. com., art. R. 643-18, al. 1).

Le jugement de clôture doit être rendu en audience publique.

1. D. n° 2005-1677, 28 déc. 2005, préc.
2. D. n° 2006-1709, 23 déc. 2006, préc.
3. Douai, 13 mai 1993, *Rev. proc. coll.* 1995, 79, n° 13, obs. Dureuil.

Le jugement prononçant la clôture pour insuffisance d'actif fait l'objet des mêmes publicités que le jugement d'ouverture (*D. 27 déc. 1985*, art. 152, C. com., art. R. 63-18, al. 2 – v. s[s] n°s 233.33 et 233.34). En conséquence il est notamment publié au *Bodacc*. Si le débiteur est commerçant, ce jugement est mentionné d'office au registre du commerce et des sociétés (D. 30 mai 1984 [4], art. 36-3, 18°; réd. D. 28 déc. 2005, art. 353, 18°).

Si, dans le jugement de clôture, le tribunal autorise la reprise des poursuites individuelles de tout créancier à l'encontre du débiteur, il en est fait mention dans ces publicités, notamment au *Bodacc* (C. com., art. R. 64-18, al. 3). En outre, en ce cas, ce jugement est signifié au débiteur à la diligence du greffier dans les huit jours de son prononcé.

592.34 Voies de recours sur le jugement de clôture pour insuffisance d'actif. Faute de disposition contraire, le jugement de clôture est susceptible des voies de recours du droit commun [5].

Peuvent donc le frapper d'appel le liquidateur et le débiteur [6]. Malgré le caractère exécutoire de droit du jugement de clôture, le liquidateur, qui cesse ses fonctions, ne perd pas qualité à contester la décision, car, à moins que la loi ou le règlement n'en dispose autrement, une partie conserve, malgré l'exécution provisoire de la décision, le pouvoir de critiquer le jugement qui la prive du droit d'agir [7].

Les créanciers, quant à eux, peuvent former tierce opposition réformation [8]. La tierce opposition sera exercée dans les dix jours de la publication au *Bodacc* du jugement de clôture [9].

SECTION 592.40
EFFETS COMMUNS AUX DEUX FORMES DE CLÔTURE DE LA PROCÉDURE

592.41 Effets communs aux deux formes de clôture de la procédure. La clôture de la procédure, qu'elle intervienne pour extinction du passif ou pour insuffisance d'actif, produit sur la personne du débiteur des effets. Il convient de distinguer selon que le débiteur est une personne physique ou une personne morale.

Dans le premier cas, la clôture laisse subsister la personnalité juridique du débiteur. Cette solution

4. D. n° 84-406, 30 mai 1984, *JO* 31 mai, p. 1699.
5. EN CE SENS AUSSI : PÉROCHON, 10e éd., n° 1338.
6. ILLUSTR. : Com. 9 nov. 2004, n° 03-14.034, NP.
7. Com. 13 févr. 2007, n° 05-19.182, *Bull. civ.* IV, n° 40; n° 212 F-P+B; *D.* 2007. AJ 735; *RTD com.* 2007. 458, n° 13, obs. Vallens.
8. VALLENS, 2015, n° 4502 – COMP. : SOINNE, n° 2504.
9. VALLENS, 2015, n° 4502.

d'évidence doit être posée, non pas tant ur son principe, qui ne peut faire de difficulté dep; l'abolition de l'esclavage auquel on aurait pu iminer de réduire le liquidé n'ayant pas réussi à payenn passif, que pour sa portée. La clôture de la liqdation judiciaire n'entraîne privation d'aucune progative d'administration ou de disposition des bins, par hypothèse à échoir si un passif résiduel a é constaté lors de la clôture. Au contraire, le liqidé ne connaît plus de restriction au droit de contacter et de commencer une activité nouvelle. Il faut cependant réserver l'hypothèse d'une sanction de faillite personnelle ou d'interdiction de gérer. Le dessaisissement prend en effet fin au jour de la clôture, sans qu'il soit, à notre sens, besoin d'attendre la publication du jugement de clôture. Le parallélisme des formes semble s'imposer. Le dessaisissement a commencé le jour du jugement de liquidation et non le jour de sa publication. Corrélativement, il y a cessation, à cette date, des fonctions du liquidateur.

Le débiteur est par principe libéré de l'obligation de payer ses dettes antérieures (v. s^s n° 592.53), ce qui rend neutre, pour lui, le mode de clôture.

Si le débiteur est une société, on rappellera d'abord que, avant l'ordonnance du 12 mars 2014[1], le prononcé de la liquidation judiciaire entraînait sa dissolution (L. 25 janv. 1985[2], art. 218, emportant modification de C. civ., art. 1844-7, 7°). La personnalité morale subsistait pour les besoins de la liquidation au sens du droit des sociétés (v. s^s n°s 553.11 s.). L'ordonnance du 12 mars 2014 a modifié la solution, la liquidation judiciaire n'étant plus une cause de dissolution de la société (v. s^s n° 553.15).

Si la procédure est clôturée pour insuffisance d'actif, il faudrait *a priori*, décider que la personnalité morale disparaît au jour de la publication du jugement de clôture, laquelle doit valoir publication des opérations de clôture au sens du droit des sociétés[3]. *A priori*, le débiteur ayant disparu, la dette semble suivre le même sort. La solution est posée à propos de la créance d'impôt de report en arrière (*carry-back*)[4]. En sens inverse, il est possible d'observer que la personnalité morale d'une société survit malgré la clôture de la liquidation, au sens du droit des sociétés, tant qu'il existe des droits et obligations à caractère social à liquider. La solution se présentera lorsqu'un actif n'aura pas été réalisé, mais aussi lorsqu'une action dans l'intérêt collectif des créanciers, n'aura pas été intentée. Dans les deux cas, il y a place à réouverture de la procédure de liquidation judiciaire, ce qui présuppose que la société débitrice ait encore une existence juridique[5].

Avant l'ordonnance du 12 mars 2014, si la procédure est clôturée pour extinction du passif, la dissolution de la société résultant de la liquidation judiciaire ne peut être remise en cause[6], même si le contraire a été soutenu[7], faute de texte posant un caractère réversible à la *dissolution. La solution mériterait* incontestablement d'être repensée[8] et sans doute serait-il opportun de prévoir que la société prend fin non plus par le prononcé de la liquidation judiciaire, mais par l'effet du jugement prononçant la clôture de la procédure de la liquidation judiciaire pour insuffisance d'actif[9], voire de la publication de cette décision. Quoi qu'il en soit, il va donc falloir mettre fin à la personne morale. Cette opération supposera ici que les droits sociaux soient liquidés. En conséquence, toutes les actions intéressant activement ou passivement la personne morale devront être achevées.

Si des *boni* de liquidation sont constatés, il convient de procéder à leur répartition, en faisant désigner un mandataire *ad hoc*[10] ou un liquidateur au sens du droit des sociétés, faute pour l'ancien dirigeant social, dans la législation antérieure à la loi de sauvegarde des entreprises, d'avoir conservé sa qualité pour représenter la société (v. aussi s^s n°s 553.11 s.)[11]. La nomination du liquidateur ne relève pas de la compétence du tribunal qui a statué sur la clôture de la procédure[12]. Elle interviendra dans le respect des statuts. Dans leur silence, elle sera l'œuvre des associés. À défaut d'accord de ces derniers, elle interviendra sur décision du juge des référés.

Lorsque toutes ces opérations seront terminées, la mission du mandataire *ad hoc* ne prendra pas fin[13]. Il y aura place, pour le mandataire *ad hoc* ou le liquidateur social, à procéder à la publication des opérations de clôture des opérations de liquidation au

1. Ord. n° 2014-326, 12 mars 2014, préc.
2. L. n° 85-98, 25 janv. 1985, préc.
3. RAPPR. : PÉTEL, 8e éd., n° 343.
4. Jacquemont, « À propos du recouvrement de la créance de *carry-back* : La cessation d'entreprise fait-elle disparaître la créance ? », *JCP E* 2001, comm. 458, sp. p. 461.
5. LE CANNU, 7e éd., n° 1222.
6. Paris, 14e ch. B, 26 févr. 2006, *Dr. sociétés* 2007, p. 20, note Legros.
7. SOINNE, n° 2499.
8. AUSSI : LE CANNU, 7e éd., n° 1220 – Lucas, « Pour en finir avec la peine de mort infligée aux sociétés », *Bull. Joly* mai 2008, p. 371.
9. Cantin, « La représentation d'une société en liquidation judiciaire », *Rev. proc. coll.* 2008, p. 21 s., sp. p. 27, n° 33.
10. IFPPC 1999, recomm. n° 6191-5, p. 187.
11. Com. 26 oct. 1999, n° 97-12.640, *Bull. civ.* IV, n° 196; *Bull. Joly* janv., 2000, n° 8, p. 49, note Le Cannu; *Act. proc. coll.* 1999/18, n° 242; *D.* 1999. AJ 77, obs. Lienhard; *LPA* 14 mars 2000, n° 52, p. 11, note Courtier; *RJ com.* 2000. 130, note Convert; *JCP E* 2000, Chron. 128, n° 10, obs. M. Cabrillac et Pétel; *RTD com.* 2000. 124, obs. Champaud et Danet; *Defrénois* 2000. 37219, n° 3, obs. Gibirila.
12. Paris, pôle 5, 8e ch., 15 sept. 2015, RG n° 15/05459, *Dr. sociétés* 2016, § 67, note Legros.
13. Com. 8 avr. 2014, n° 13-12.583, *Bull. civ.* IV, n° 70.

sens du droit des sociétés. Ce n'est qu'après cette publication nécessairement postérieure à la clôture de la liquidation judiciaire pour extinction du passif que disparaîtra la personne morale.

Cette solution justifie que la société, après clôture de sa liquidation judiciaire pour extinction du passif, puisse exercer par l'intermédiaire de son liquidateur amiable, une action nouvelle tendant à augmenter l'actif à partager entre les associés [1].

La règle de la dissolution par l'effet du plan de cession totale ou de la liquidation judiciaire ne concerne pas les personnes morales autres que les sociétés, par exemple les associations (v. s^s n° 553.11). Il résulte de cette solution que, après clôture de la liquidation judiciaire pour extinction du passif, l'association redevient maîtresse de ses biens, ce qui rend inutile toute désignation d'un liquidateur amiable pour recouvrer des actifs de l'association [2].

La clôture de la procédure entraîne cessation des fonctions du liquidateur judiciaire. Dès lors, toute voie de recours exercée par lui après la clôture est irrecevable [3]. Il faut cependant réserver la possibilité pour le liquidateur – la solution a été posée sous l'empire de la loi du 13 juillet 1967 [4] pour un syndic – de frapper d'appel le jugement de clôture de la procédure par extinction du passif, alors qu'il s'était opposé à la clôture, car lorsque la loi ou le règlement n'en disposent autrement, une partie conserve, malgré l'exécution provisoire de la décision, le pouvoir de critiquer le jugement qui la prive du droit d'agir [5].

Toute action en comblement de passif, en redressement ou liquidation judiciaire à titre personnel contre les dirigeants de la personne morale débitrice – sous l'empire de la législation antérieure à la loi de sauvegarde des entreprises – ou en obligation aux dettes sociales – sous l'empire de la loi de sauvegarde des entreprises, dans sa rédaction antérieure à l'ordonnance du 18 décembre 2008 [6] – devient impossible. Identiquement, toute action en extension sur le fondement de la fictivité ou de la confusion des patrimoines [7] est exclue.

Symétriquement, toute action contre le liquidateur devient irrecevable [8]. Il n'est plus possible de délivrer d'actes au liquidateur, sa mission prenant fin à la clôture de la procédure. La solution a été posée à propos d'un commandement aux fins de saisie à l'encontre d'une caution hypothécaire dénoncée au liquidateur du débiteur principal [9]. La rétractation du jugement de clôture efface rétroactivement les effets de celle-ci. Il en résulte que le liquidateur retrouve à nouveau ses prérogatives et peut en conséquence se faire délivrer des actes de procédure, et notamment un commandement aux fins de saisie [10].

Il faut cependant réserver la voie de recours formée contre un liquidateur ayant cessé ses fonctions (v. s^s n° 552.11).

Depuis l'ordonnance du 12 mars 2014, la dissolution de la société intervient au jour de la clôture de la liquidation judiciaire pour insuffisance d'actif, ce qui a des conséquences en matière de clôture de la liquidation judiciaire par extinction du passif (v. s^s n° 592.27).

Ajoutons que si le débiteur n'est pas une société, mais une association, il est exclu de répartir les *boni* de liquidation aux membres de l'association. La loi du 1er juillet 1901 prévoit en son article 9 que la dévolution des *boni* est effectuée selon le vote de l'assemblée générale. Mais si aucun membre ne se présente lors du vote, la question reste entière. Le tribunal a pu décider, dans une espèce, que les *boni* seraient distribués à une autre association [11].

592.42 Reddition des comptes du liquidateur. Dans les trois mois de la clôture, le liquidateur devra remettre les comptes de liquidation au greffe du tribunal (C. com., art. L. 622-31, réd. antérieure à la loi de sauvegarde des entreprises [12]), où tout créancier pourra en prendre connaissance (D. 27 déc. 1985 [13], art. 153, al. 2), spécialement pour vérifier la façon dont le prix des actifs a été distribué.

La loi de sauvegarde des entreprises reprend la solution (C. com., art. L. 643-10), en enfermant le liquidateur dans un délai de deux mois pour déposer au greffe son compte rendu de fin de mission (D. 28 déc. 2005 [14], art. 306), dans les conditions

1. Com. 8 juin 2010, n° 09-15.550, *Bull. civ.* IV, n° 105; n° 649 FS-P+B; *D.* 2010. 1621, note Lienhard; *Bull. Joly* 2010, comm. 199, p. 903, note Lucas; *Dr. sociétés* 2010, comm. 168, note Legros; *JCP E* 2010. 1664, note Legros; *Rev. sociétés* 2010. 408, note Roussel Galle; *Act. proc. coll.* 2010/13, comm. 193, note Cagnoli.
2. Com. 19 oct. 2010, n° 09-14.971, NP; n° 1018 F-D; *D.* 2010. 2574, note Lienhard; *Dr. sociétés* 2011, comm. 3, note Hovasse; *Rev. sociétés* 2011. 191, note Roussel Galle; *Bull. Joly* févr. 2011, comm. 59, p. 118, note Lucas.
3. Com. 1er mars 2005, n° 02-21.106, NP.
4. L. n° 67-563, 13 juill. 1967, préc.
5. Com. 1er mars 2005, n° 03-17.953, NP.
6. Ord. n° 2008-1345, 18 déc. 2008, *JO* 19 déc., p. 19462.
7. Paris, 3e ch. A, 16 janv. 1996, *D.* 1996. IR 75.
8. IFPPC 1999, recomm. n° 6190-3, p. 186.
9. Civ. 2e, 17 oct. 2002, n° 01-13.553, *Bull. civ.* II, n° 232; *D.* 2002. AJ 3143; *Act. proc. coll.* 2002/19, n° 253; *Bull. Joly* 2003. 125, § 29, note Pétel; *Defrénois* 2003. 1619, n° 129, note Théry. *AJDI* 2002. 886, obs. Le Corre; *Rev. sociétés* 2003. 154, note Le Corre; *RJ com.* 2004. 388, note Sortais.
10. Com. 13 juin 2006, n° 05-10.888, NP; n° 757 F-D; *Gaz. proc. coll.* 2006/4, p. 2, note Voinot.
11. TGI Bordeaux, 22 avr. 2014, RG n° 12/09483, *Rev. proc. coll.* 2015, chron. 1, n° 14, note Raffray.
12. L. n° 2005-845, 26 juill. 2005, préc.
13. D. n° 85-1388, 27 déc. 1985, préc.
14. D. n° 2005-1677, 28 déc. 2005, préc.

des articles R. 626-39 et R. 626-40, l'article R 626-41 étant applicable. Ces textes intéressent le compte rendu de fin de mission de l'administrateur et du mandataire judiciaires (v. ss n° 361.32).

Les délais institués sont des buttoirs. Il n'interdit cependant au liquidateur de remettre ses comptes au débiteur et de les déposer au greffe avant la clôture de la procédure, notamment lorsque le compte est nul[1].

En cas d'extension sur le fondement de confusion des patrimoines, le liquidateur ne peut, du fait de l'unicité de la procédure, distinguer les opérations patrimoine par patrimoine[2].

L'article 88, alinéa 4 du décret du 27 décembre 1985, texte qui s'applique par renvoi de l'article 153, alinéa 3 du même décret, ouvre un délai de huit jours à compter du dépôt des comptes du liquidateur, au débiteur, pour contester les comptes. Si le débiteur est une société, sa dissolution par l'effet de la liquidation emporte, sous l'empire de la législation antérieure à la loi de sauvegarde des entreprises, impossibilité pour le dirigeant social de formuler une contestation (v. ss n° 553.32).

Le texte reste en revanche muet sur les contestations émanant des créanciers. Il faut dès lors décider que la question ne peut être réglée que dans le cadre des actions en responsabilité civile contre le mandataire[3].

La loi de sauvegarde réglemente de manière beaucoup plus précise la question du compte rendu de fin de mission du liquidateur, dans des conditions communes avec celles posées pour le mandataire judiciaire (v. ss n° 361.32).

592.43 Cotation Banque de France des débiteurs et dirigeants sociaux. Jusqu'au décret du 2 septembre 2013[4], les dirigeants sociaux et entrepreneurs individuels, qui avaient connu en tant que dirigeant ou en qualité d'entrepreneur individuel une liquidation judiciaire, étaient cotées 040, sur une grille allant de 00 – rien à signaler – à 060. Faisant suite à une promesse du Président de la République, le décret précité permet la mise en œuvre par la Banque de France de la suppression du code 040 attaché à ces personnes ayant connu une seule liquidation judiciaire depuis moins de trois ans. Ces personnes ne devront toutefois pas avoir été sanctionnées à la faillite personnelle ou à l'interdiction de gérer, les sanctions pénales ayant curieusement été oubliées[5].

Il s'agit là d'une suppression, avec entrée en vigueur immédiate du dispositif, du fichage Banque de France extrêmement précieuse pour les intéressés, qui leur offre un droit au rebond jusque-là fermé du fait de l'impossibilité d'accès au crédit[6]. Mais, dans ce contexte, fait encore désordre le mauvais fichage des dirigeants dont les sociétés sont en cours d'exécution de plan[7].

SECTION 592.50 EFFETS PARTICULIERS À LA CLÔTURE POUR INSUFFISANCE D'ACTIF

592.51 Fondement de la règle de l'absence de reprise des poursuites après clôture de la procédure pour insuffisance d'actifs. Aux termes de l'article L. 643-11, I, dans sa rédaction issue de la loi de sauvegarde des entreprises[8], de l'article L. 622-32, alinéa 1 du code de commerce, dans sa rédaction antérieure à la loi de sauvegarde des entreprises, « le jugement de clôture de liquidation judiciaire pour insuffisance d'actif ne fait pas recouvrer aux créanciers l'exercice individuel de leurs actions contre le débiteur ».

L'article L. 621-93 du code de commerce, dans sa rédaction antérieure à la loi de sauvegarde des entreprises, énonce pour sa part que « les créanciers recouvrent, après le jugement de clôture, leur droit de poursuite individuelle dans les limites fixées par l'article L. 622-32 ». Cet article concerne la clôture pour insuffisance d'actif, en cas de plan de cession.

La solution n'est pas reproduite par la législation issue de la loi de sauvegarde. Le plan de cession est, par principe, arrêté en liquidation judiciaire. En ce cas, il y a place à clôture de la liquidation judiciaire pour insuffisance d'actif. Lorsque le plan de cession totale est arrêté en redressement judiciaire, deux possibilités se présentent. Soit le débiteur obtient un plan de redressement, il n'y a pas alors place à une liquidation judiciaire. Soit le débiteur, après arrêté du plan de cession n'obtient pas un plan de redressement, et il doit être obligatoirement placé en liquidation judiciaire. Il y a alors place à application des règles de la liquidation judiciaire (C. com., art. L. 642-21). En conséquence, une fois que le repre-

1. Com. 13 nov. 2007, n° 06-16.413, *Bull. civ.* IV, n° 240; n° 1238 F-P+B; *D.* 2008. AJ 13, note Lienhard; *Gaz. proc. coll.* 2008/1, p. 40, note Gorrias.
2. Com. 18 janv. 2005, n° 03-17.291, NP.
3. EN CE SENS : SOINNE, n° 2505.
4. D. n° 2013-799, 2 sept. 2013, *JO* 4 sept., p. 4936; *D.* 2013. Actu. 2029.
5. Pérochon, « Comment oublier les plus combatifs : un raté de l'indicateur dirigeant », *BJE* sept. 2013, Éditorial p. 257.
6. Teboul, « La possibilité de rebond des dirigeants après une procédure collective », *Gaz. Pal.* 26 sept. 2013, n° 193, p. 7.
7. Pérochon, « Comment oublier les plus combatifs : un raté de l'indicateur dirigeant », préc. – Bourbouloux et Fort, « Le décret du 2 septembre 2013 : le droit à l'oubli tout relatif des dirigeants ayant connu une procédure collective », *JCP E* 2013. Actu 821.
8. L. n° 2005-845, 26 juill. 2005, préc.

neur aura exécuté les obligations mises à sa charge au titre du plan de cession, il y aura place à clôture de la procédure, en application de l'article L. 643-9, alinéa 4 du code. Si la clôture intervient pour insuffisance d'actif, l'article L. 643-11, I du code s'appliquera.

Ces textes posent ainsi la règle de l'interdiction de reprise des poursuites individuelles après clôture pour insuffisance d'actif.

La règle est généreuse pour le débiteur qui se trouve déchargé de l'obligation de payer ses dettes, autorisant ainsi une reconstitution de sa virginité patrimoniale. Le fondement de la règle est d'ordre humanitaire [1]. Il s'agit de redonner une chance, pour l'avenir, au débiteur, en lui permettant de ne pas traîner, sa vie durant, le fardeau de ses dettes, en le plaçant dans une situation analogue à celle du dirigeant social [2]. Le législateur de 1985 [3] s'est incontestablement inspiré ici du modèle américain, comme cela a été précisé lors des travaux préparatoires [4], ce dernier ayant pour sa part trouvé son inspiration dans le droit anglais [5]. Il n'y avait là qu'une anticipation sur la législation sur l'exclusion du 29 juillet 1998. On évoque aujourd'hui une « approche décomplexée de l'échec entrepreneurial » [6].

La règle tranche avec les solutions de l'article 91 de la loi du 13 juillet 1967 [7] qui autorisait la reprise des poursuites individuelles. Une réponse ministérielle annonçait l'alignement, dans la réforme à intervenir, des débiteurs de la loi du 13 juillet sur ceux des législations postérieures, afin de les faire profiter de la règle de l'absence de reprise des poursuites individuelles [8]. C'est chose faite.

L'article L. 643-11 du code de commerce, dans sa rédaction issue de la loi de sauvegarde des entreprises, est applicable aux procédures de redressement ou de liquidation judiciaires en cours au jour de l'entrée en vigueur de la loi du 26 juillet 2005 [1er janv. 2006]. Toutefois, les poursuites déjà engagées au jour de l'entrée en vigueur de cet article à l'égard de débiteurs ayant fait l'objet d'une interdiction de diriger ou de contrôler une entreprise commerciale ou une personne morale ne sont pas affectées et les sommes perçues par leurs créanciers restent acquises à ces derniers. L'article L. 643-11 est également applicable aux procédures de règlement judiciaire de liquidation des biens en cours. Toutefois, les sommes perçues par les créanciers leur restent acquises (L. 26 juill. 2005, art. 191).

Le législateur a cependant justement considéré que « le droit à la reconstitution de la virginité patrimoniale » se méritait. Aussi, après avoir posé le principe de l'interdiction de la reprise des poursuites individuelles, a-t-il énoncé un certain nombre d'exceptions.

> *De lege ferenda*. Il a été suggéré d'aller plus loin et d'exiger du débiteur qu'il soit de bonne foi, comme cela est le cas dans la procédure de rétablissement professionnel [9]. Une consultation des créanciers sur le bénéfice de la mesure pourrait être envisagée. Cette idée ne peut que susciter l'adhésion. Un peu de retour à la morale des affaires serait-il choquant ?

592.52 Domaine de la règle de l'absence de reprise des poursuites individuelles. Pour qu'il y ait absence de reprise des poursuites individuelles, il est nécessaire que le créancier concerné ait encouru un arrêt ou une suspension de ses poursuites individuelles. Dès lors, seuls les créanciers affectés par la règle de l'arrêt des poursuites individuelles sont concernés. Il en résulte trois conséquences.

Tout d'abord, les créanciers antérieurs, qui peuvent exercer leurs actions, notamment celles ne tendant pas au paiement d'une somme d'argent ou à la résolution d'un contrat pour défaut de paiement d'une somme d'argent [10], ne sont pas concernés par la règle. Ils peuvent continuer à agir après clôture de la procédure. Il en est ainsi de l'action paulienne [11], qui ne tend pas directement au paiement d'une somme d'argent. Observons, à cet égard, que la solution contraire avait été antérieurement posée, dès lors que le créancier n'avait pas déclaré sa créance au passif [12].

Sous l'empire de la législation antérieure à la loi de sauvegarde des entreprises [13], les créanciers antérieurs qui n'avaient pas déclaré leur créance ne pouvaient prétendre poursuivre le débiteur après clôture de sa liquidation judiciaire, puisque leur créance était éteinte. Ce principe interdisait d'exercer l'action paulienne (v. ss no 621.31).

1. Soinne, no 2518.
2. Soinne, no 2518.
3. L. no 85-98, 25 janv. 1985, préc.
4. Interv. Badinter, *JOAN CR* 10 avr. 1984, p. 1375.
5. Soinne, no 2518.
6. Macorig-Vénier, « La règle de l'arrêt des poursuites chahutée par les évolutions législatives », *Rev. proc. coll.* 2016, dossier 10, no 6.
7. L. no 67-563, 13 juill. 1967, préc.
8. Rép. min. no 20001, *JOAN* 6 oct. 2003, p. 7682; *D.* 2003. 2491.
9. Vallens, « La bonne foi fait son entrée dans le droit des entreprises en difficulté », *BJE* 2015, 11.
10. Civ. 1re, 14 nov. 2001, no 98-13.652, NP, *Act. proc. coll.* 2002/1, no 14.
11. Com. 2 nov. 2005, no 04-16.232, *Bull. civ.* IV, no 214; no 1358 FS-P+B; *D.* 2005. AJ 2873, obs. Lienhard; *D.* 2006. Somm. 83, obs. Le Corre; *JCP E* 2006, Chron. 1569, p. 673, no 11, obs. Pétel; *Act. proc. coll.* 2005/19, no 237, obs. Vallansan; *Gaz. proc. coll.* 2006/1, p. 27, obs. Roussel Galle; *Rev. proc. coll.* 2006/3, p. 276, no 3, obs. Blanc; *Gaz. Pal.* 26-27 juill. 2006, p. 22, note Daussy-Roman.
12. Com. 2 févr. 1999, *Act. proc. coll.* 1999/4, no 49.
13. L. no 2005-845, 26 juill. 2005, préc.

Sous l'empire de la loi de sauvegarde des entreprises, la créance non déclarée n'est plus éteinte. Ce n'est pas à dire qu'un créancier antérieur qui n'a pas déclaré sa créance pourra reprendre ses poursuites individuelles. En effet, il est atteint par la règle de l'arrêt des poursuites individuelles posée par l'article L. 622-21, I, du code de commerce, texte de la sauvegarde applicable en redressement et en liquidation judiciaires. Or l'article L. 643-11, I, du même code ne fait pas recouvrer aux créanciers l'exercice de leur droit de poursuite individuelle après clôture de la liquidation judiciaire pour insuffisance d'actif. Ainsi, tous les créanciers qui ont été privés, pendant la procédure collective, du droit de poursuivre en paiement le débiteur sont concernés par la règle qui leur interdit de recouvrer ce droit après clôture de la liquidation judiciaire pour insuffisance d'actif[1]. La solution vaudra identiquement pour le créancier postérieur non éligible au traitement préférentiel[2].

Ensuite, les créanciers postérieurs bénéficiant du traitement préférentiel à l'égard desquels est posé le principe de liberté des poursuites individuelles (v. *s*[s] n° 455.47), ne peuvent être concernés par la règle de l'interdiction de reprise des poursuites individuelles[3]. Cette solution vaut même si le créancier, par suite de sa négligence dans le suivi de l'établissement de la liste des créances postérieures privilégiées, a perdu le bénéfice de son privilège[4]. L'opinion contraire a toutefois été soutenue[5].

Le sort des créanciers dont la créance est née après jugement d'ouverture irrégulièrement, c'est-à-dire les créanciers hors procédure, semble avoir été modifié par la loi de sauvegarde des entreprises. En effet, avant cette loi, les créanciers qui avaient perdu le droit de poursuivre le débiteur pendant la procédure et qui ne pouvaient recouvrer ce droit après clôture de la procédure pour insuffisance d'actif étaient les créanciers antérieurs. Il était donc logique de décider que les créanciers postérieurs hors procédure n'étaient pas concernés par l'interdiction de reprise du droit de poursuite individuelle. La doctrine était en ce sens[6], une juridiction du fond ayant cependant statué en sens contraire[7]. Depuis la loi de sauvegarde des entreprises, l'article L. 622-21, I, du code de commerce ôte plus largement le droit de poursuite à « tous les créanciers dont la créance n'est pas mentionnée au I de l'article L. 622-17 », c'est-à-dire à tous les créanciers autres que les créanciers postérieurs éligibles au traitement préférentiel. Dès lors que l'interdiction de reprise des poursuites individuelles a exactement le champ d'application de la règle de l'arrêt des poursuites individuelles, il faut décider, sous l'empire de la loi de sauvegarde des entreprises, que les créanciers antérieurs, mais encore les créanciers postérieurs non éligibles au traitement préférentiel, sans distinguer selon que leur créance est ou non née régulièrement, sont frappés par principe par l'interdiction de reprise des poursuites individuelles[8], l'opinion contraire selon laquelle le créancier postérieur non éligible au traitement préférentiel recouvre, par principe, son droit de poursuite après clôture ayant toutefois été soutenue[9]. Il se produit ainsi une distorsion nouvelle en législation entre le domaine de la déclaration de créance, formalité à laquelle le créancier postérieur hors procédure n'est pas soumis et la règle de l'interdiction de reprise des poursuites individuelles.

Enfin, les personnes autorisées à revendiquer leur bien meuble ne peuvent être affectées par la règle. Elles ont le droit d'agir en revendication pendant la procédure collective. Elles ne peuvent donc, à la clôture de la procédure, et alors qu'elles n'auraient pas encore repris le bien objet de leur revendication acceptée, se voir imposer une interdiction de reprise des poursuites[10] qui n'ont jamais été arrêtées ou suspendues.

Ces créanciers et propriétaires peuvent donc librement, après clôture de la procédure, exercer leurs poursuites individuelles contre le débiteur, sans être soumis aux modalités intéressant les créanciers antérieurs, exceptionnellement autorisés à reprendre leurs poursuites individuelles.

Au contraire, si le créancier est affecté par la règle de l'arrêt des poursuites individuelles, il ne peut, après clôture, reprendre l'exercice de celle-ci, même à l'encontre d'un tiers dans le cadre d'une action en responsabilité civile, dès lors que cette action appartenait au monopole du défenseur de l'intérêt collectif des créanciers, représentant des créanciers, mandataire judiciaire ou liquidateur[11].

1. VALLANSAN et *alii*, 6e éd., p. 444.
2. J.-CL. COM., Vallansan, fasc. 2770, [Clôture de la procédure], 2014, n° 77.
3. Com. 30 oct. 2000, n° 97-17.800, NP, *Act. proc. coll.* 2000/19, n° 248, note Vallansan; *RJDA* 2001/2, n° 203 – Com. 20 mars 2001, n° 98-15.784, *Bull. civ.* IV, n° 65; *D.* 2001. AJ 1319, obs. Lienhard; *RJDA* 2001/2, n° 203 – Com. 1er avr. 2003, n° 00-11.570, NP, *Act. proc. coll.* 2003/12, n° 161 – Com. 24 mars 2004, n° 02-17.186, n° 02-18.940, NP, *LXB* n° N1626ABT, note Le Corre – Paris, 8e ch. A, 24 nov. 2005, RG n° 2004/7160.
4. PÉROCHON, 10e éd., n° 1367.
5. VALLENS, 2010, n° 4386.
6. SOINNE, n° 2521 – DERRIDA ET *ALII*, n° 569 – PÉROCHON ET BONHOMME, 6e éd., n° 415.
7. TGI Tours, 20 janv. 1987, *JCP E* 1988. II. 15209, n° 10, obs. M. Cabrillac et Vivant.
8. PÉROCHON, 10e éd., nos 783, 1366.
9. VALLANSAN, 4e éd., n° 133.
10. Com. 4 janv. 2005, n° 02-12.240, NP; n° 8 F-D; *RTD com.* 2006. 207, n° 6, obs. Martin-Serf; *Gaz. proc. coll.* 2005/1, p. 45, obs. Le Corre-Broly; *LXB* n° N4884ABI, note Le Corre.
11. Com. 16 mai 2006, n° 04-17.362, n° 04-18.997, NP; n° 642 FS-D.

La règle de l'absence de reprise des poursuites individuelles ne peut intéresser, en pratique, que les débiteurs personnes physiques. En cas de décès du débiteur, si la succession est acceptée, le créancier ayant perdu le droit de poursuivre le débiteur ne pourra poursuivre davantage les héritiers[1].

592.53 Effets généraux de la règle de l'absence de reprise des poursuites individuelles. Le principe de l'absence de reprise des poursuites individuelles interdit à un créancier antérieur d'obtenir un titre de condamnation contre le débiteur. Il lui interdit aussi d'entreprendre l'exécution sur le débiteur. C'est donc logiquement qu'un huissier peut – et même doit – refuser son ministère à un créancier antérieur[2].

La possibilité d'une action en responsabilité contre un professionnel libéral semble subsister, après la loi de sauvegarde des entreprises[3], puisqu'il s'agit fondamentalement de faire payer un tiers[4]. En revanche, si l'assureur a prévu une franchise, celle-ci ne pourra être demandée au professionnel libéral.

L'absence de reprise des poursuites individuelles équivaut, sur un plan économique, à une suppression de la dette. Telle n'est cependant pas la réalité juridique. L'article L. 643-11, alinéa 1 du code, dans sa rédaction issue de la loi de sauvegarde des entreprises, et l'article L. 622-32 du code de commerce, auquel renvoie l'article L. 621-95 alinéa 3, dans leur rédaction antérieure à la loi de sauvegarde des entreprises, n'évoquent pas une suppression de la dette. Ils posent une interdiction de reprise des poursuites. Ce n'est donc pas la créance qui disparaît, le contraire ayant cependant été jugé[5]. Seule l'action en justice est ôtée au créancier, ce qui justifie que le créancier puisse, s'appuyant sur l'existence de la créance, opposer l'exception d'inexécution[6]. La solution est toutefois critiquée par certains[7]. Il faut faire état d'un arrêt dissonant de la Cour de cassation, par rapport à cette distinction entre la suppression de l'action et la possibilité d'obtenir paiement. En effet, il a été jugé qu'une caisse de retraite ne pouvait faire jouer, après clôture de la liquidation judiciaire pour insuffisance d'actif, l'article L. 725-1, alinéa 1 du code rural, qui autorise les Caisses de socialité mutuelle agricole à prélever sur les pensions de retraite le montant des créances de cotisations impayées, c'est-à-dire faire jouer la compensation[8]. En rendant impossible la compensation après clôture de la procédure collective, le paiement est interdit, alors même qu'il n'y a, de la part du créancier aucune action en justice. C'est donc non seulement l'action en justice qui est ainsi fermée au créancier, mais plus encore toute possibilité d'obtenir paiement autre que volontairement de la part du débiteur[9].

La suppression de l'action en paiement avec maintien de la dette oblige à considérer que le débiteur reste tenu d'une obligation naturelle[10]. Cette dernière ne sera commuée en obligation civile que si le débiteur a clairement pris l'engagement de payer tel ou tel créancier, malgré la possibilité qui est la sienne de ne pas le faire.

Il ne semble pas, en revanche, que le créancier puisse contractuellement faire renoncer le débiteur à la règle de l'interdiction de reprise des poursuites individuelles, car ce serait tourner alors une règle d'ordre public. L'opinion contraire a cependant été soutenue sur l'observation, certes pertinente, que ce serait un comble d'empêcher un débiteur de payer ses créanciers[11]. Ce serait toutefois faire abstraction de la volonté législative de permettre au débiteur le rebond, préoccupation qui peut apparaître comme étant d'intérêt général, et partant d'ordre public, car elle participe de la lutte contre l'exclusion.

L'influence de la clôture de la procédure sur le conjoint (v. s[s] n° 741.45), le codébiteur (v. s[s] n° 731.41) et la caution (v. s[s] n°s 722.11 et 722.12) est séparément examinée.

592.54 Absence d'équivalence de la suppression de l'action en justice et du paiement de la créance. La différence n'est guère sensible, en pratique, pour le débiteur, entre suppression de l'action du créancier et extinction de la créance, si ce n'est dans quelques situations bien précises.

La suppression de l'action n'équivaut pas au paiement de la créance. C'est pourquoi, si des conséquences précises sont attachées au paiement de la créance, elles ne se produiront pas.

Ainsi, les caisses d'assurance-maladie peuvent-elles refuser le règlement des prestations si l'assuré n'est pas à jour de ses cotisations au regard du régime dont il relevait et auquel il avait continué à

1. SOINNE, n° 2522.
2. Com. 28 janv. 2004, n° 02-15.255, NP.
3. L. n° 2005-845, 26 juill. 2005, préc.
4. COMP. : Rétif, « L'extension des procédures collectives aux professions libérales », *Rev. proc. coll.* 2006/2, p. 152 s., sp. p. 155.
5. Toulouse, 2e ch., 18 avr. 1989, *JurisData* 044698.
6. Douai, 17 avr. 1992, cité dans LE CANNU ET *ALII*, n° 743, note 132 – *Adde*, LE CANNU, 7e éd., n° 1225.
7. PÉROCHON, 10e éd., n° 1370.
8. Com. 8 juill. 2008, n° 05-20.497, *Bull. civ.* IV, n° 144; *Act. proc. coll.* 2008/13, n° 216, note Vallansan; *JCP E* 2009. 1008, n° 11, obs. Pétel; *Defrénois* 2009. 38894, p. 363, n° 8, note Gibirila; *Rev. proc. coll.* 2009/5, p. 45, § 111, note Macorig-Vénier.
9. RAPPR. : Vallansan, note s[s] Com. 8 juill. 2008, n° 05-20.497; *Act. proc. coll.* 2008/13, n° 216.
10. SOINNE, n° 2520 – DERRIDA ET *ALII*, n° 572 – CHAPUT, n° 506 – PÉROCHON, 10e éd., n° 1369 – J.-CL. COM., Vallansan, fasc. 2770, [Clôture de la procédure], 2014, n° 82.
11. GUYON, n° 1339.

être assujetti. La Cour de cassation, ajuant ces textes, décide que l'impossibilité de endre les poursuites individuelles ne fait pas obcle au jeu de ces dispositions [1].

La même règle doit être appliquée enatière de cotisations de retraite [2]. Dès lors, si le iteur veut bénéficier à taux plein des prestations, seule ressource sera de payer son créancier, s pourtant qu'il s'agisse d'une exception véritalau jeu de l'interdiction de reprise des poursuitesdividuelles après clôture de la procédure pour suffisance d'actif. L'absence de régularisation nrivera pas l'assuré de tout droit aux prestations, ms cela aura pour effet d'exclure la période pendanaquelle les cotisations n'ont pas été payées du call du montant des prestations [3]. La solution a aisi été posée dans une espèce où la veuve du professonnel indépendant réclamait des prestations décs, alors que son mari avait été placé en liquidation judiciaire avant de décéder [4]. Sous l'empire de la législation antérieure à la loi de sauvegarde des entreprises [5], la solution supposera toutefois que la caisse de retraite ait déclaré sa créance au passif (v. s[s] n°s 631.22 et 665.71).

Puisque la créance n'est pas éteinte, même si le créancier ne recouvre pas son droit de poursuite individuelle, le débiteur ne peut demander la mainlevée d'une hypothèque judiciaire inscrite sur un bien immobilier [6].

Pendant la liquidation judiciaire, du fait du dessaisissement, un créancier ne peut exercer l'action oblique pour obtenir que le débiteur de son débiteur paie à ce dernier ce qu'il lui doit (v. s[s] n° 621.22). Après clôture de la procédure collective, l'**action oblique** peut, en revanche, à nouveau prospérer. Il faut cependant réserver l'hypothèse de l'extinction de la créance détenue par le créancier agissant sur son débiteur, notamment, sous l'empire de la législation antérieure à la loi du 26 juillet 2005, pour absence de déclaration de créance au passif du débiteur [7].

592.55 Interdiction d'émettre des chèques. La différence entre paralysie de l'action et extinction de la créance emporte également des conséquences, en matière d'interdiction d'émettre des chèques. Si l'interdiction repose sur une émission de chèques avant jugement d'ouverture, l'obligation de régularisation a un fait générateur antérieur au jugement d'ouverture. Le débiteur se trouve contraint de régulariser les incidents de paiement s'il veut faire lever l'interdiction bancaire [8].

La loi sur l'exclusion du 29 juillet 1998 [9] est venue modifier l'article 169 (devenu C. com., art. L. 622-32), en créant un article 169-1 (devenu C. com., art. L. 622-33) ainsi rédigé « la clôture de la liquidation judiciaire suspend les effets de la mesure d'interdiction d'émettre des chèques dont le débiteur a fait l'objet au titre de l'article L. 131-73 du code monétaire et financier mise en œuvre à l'occasion du rejet d'un chèque émis avant jugement d'ouverture de la procédure ». La solution a été reproduite par l'article L. 643-12, alinéa 1 du code de commerce, dans la rédaction que lui donne la loi du 26 juillet 2005 [10].

L'article R. 643-21 du code de commerce, sous l'empire de la législation de sauvegarde, et l'article 153-1 du décret du 27 décembre 1985 [11] prévoient que le liquidateur se fait remettre par la Banque de France un relevé des incidents de paiement de chèque enregistrés au nom de l'intéressé et le dépose au greffe. La solution est adaptée par le décret du 30 juin 2014 [12] (art. 107) pour l'EIRL. L'article R. 643-21 du code est donc modifié pour prévoir, si le débiteur est un EIRL, qu'il s'agit du relevé des incidents de paiement de chèque « afférents au patrimoine visé par la procédure ».

Le greffier doit conserver ce relevé pendant dix ans sous l'empire de la législation antérieure à la loi de sauvegarde des entreprises (D. 27 déc. 1985, art. 153-1), pendant cinq ans depuis la loi de sauvegarde des entreprises (C. com., art. R. 643-21) à

1. Soc. 8 juin 1995, n° 93-14.157, *Bull. civ.* V, n° 194; *Rev. proc. coll.* 1995, 121, n° 8, obs. Dureuil.
2. Angers, 3 oct. 1996, *Organic c/M. Lebrun*, NP – Aix-en-Provence, 14e ch. soc., 30 nov. 1998, *Cancava c/M. Agrenay*, NP.
3. Civ. 2e, 17 janv. 2007, n° 04-30.797, *Bull. civ.* II, n° 6; n° 45 FS-P+B; *D.* 2007. AJ 449, obs. Lienhard; *D.* 2008. pan. 576, obs. Le Corre; *Act. proc. coll.* 2007/8, n° 84, note Régnaut-Moutier; *JCP E* 2007, Chron. 2119, p. 223, n° 6, obs. Pétel; *RTD com.* 2007. 452, n° 7, obs. Martin-Serf – Com. 13 mars 2007, n° 05-20.396, *Bull. civ.* IV, n° 85; n° 445 F-P+B; *D.* 2008. pan. 576, obs. Le Corre; *Act. proc. coll.* 2007/8, n° 84, note Régnaut-Moutier; *JCP E* 2007, Chron. 2119, p. 23, n° 6, obs. Pétel; *LXB hebdo* n° 257, 26 avr. 2007, n° N8867BAN, note Le Corre-Broly – Civ. 2e, 7 avr. 2011, n° 10-18.443, NP – Civ. 2e, 13 févr. 2014, n° 13-12.170; NP, F-D; *Rev. proc. coll.* 2014, comm. 138, note Lebel.
4. Com. 13 mars 2007, n° 05-20.396, *Bull. civ.* IV, n° 85; n° 445 F-P+B; *D.* 2008. pan. 576, obs. Le Corre; *Act. proc. coll.* 2007/8, n° 84, note Régnaut-Moutier; *JCP E* 2007, Chron. 2119, p. 23, n° 6, obs. Pétel; *LXB hebdo* n° 257, 26 avr. 2007, n° N8867BAN, note Le Corre-Broly.
5. L. n° 2005-845, 26 juill. 2005, préc.
6. Com. 19 nov. 2013, n° 12-24.652, NP; n° 1108 F-D; *Gaz. Pal.* 12 janv. 2014, p. 26, note Voinot; *Leden* févr. 2014, comm. 27, note Sénéchal; *Act. proc. coll.* 2014/2, comm. 30, note Cagnoli; *BJE* mars 2014, 86, note Macorig-Vénier.
7. Com. 12 mai 2009, n° 08-12.178, NP; n° 457 F-D; *RTD com.* 2009/4, 623, n° 9, obs. Vallens.
8. Soc. 8 juin 1995, n° 93-14.157, *Bull. civ.* V, n° 194; *Rev. proc. coll.* 1996, 131, obs. Dureuil.
9. L. n° 98-657, 29 juill. 1998, *JO* 31 juill., p. 11679.
10. L. n° 2005-845, 26 juill. 2005, préc.
11. D. n° 85-1388, 27 déc. 1985, préc.
12. D. n° 2014-736, 30 juin 2014, préc.

compter du jugement d'ouverture de la procédure. L'article R. 643-22, alinéa 1 du code de commerce, sous l'empire de la législation de sauvegarde, et l'article 153-2 du décret du 27 décembre 1985 précisent que le débiteur devra justifier de la levée de l'interdiction d'émettre des chèques en produisant une copie du jugement de clôture de la liquidation judiciaire pour insuffisance d'actif auprès de l'établissement à l'origine de l'interdiction. Il joindra à cette copie un relevé des incidents de paiements. Le décret du 28 décembre 2005 [1] complète le dispositif, en prévoyant que l'établissement de crédit doit alors, informer la Banque de France de la levée de cette interdiction aux fins de régularisation (C. com., art. R. 643-22, al. 2).

Ces textes ne visent cependant qu'une suspension – et non une suppression – de l'interdiction d'émettre des chèques, du fait de la règle de l'interdiction de la reprise des poursuites individuelles après clôture. C'est pourquoi, l'alinéa 2 de l'article L. 643-12 du code, dans sa rédaction issue de la loi de sauvegarde des entreprises, et l'alinéa 2 de l'article L. 622-33, dans sa rédaction antérieure à la loi de sauvegarde des entreprises, peuvent prévoir une exception à la suspension de l'interdiction lorsque les créanciers retrouvent leur droit de poursuite individuelle. En cette hypothèse, il est prévu que « la mesure d'interdiction reprend effet à compter de la délivrance du titre exécutoire visé au dernier alinéa de l'article L. 643-11 – au dernier alinéa de l'article L. 622-32 ».

La solution est reprise par l'ordonnance du 18 décembre 2008 [2] (ord. 18 déc. 2008, art. 125). Il est toutefois procédé au visa du V de l'article L. 643-11 du code de commerce et non plus au dernier alinéa de l'article L. 643-11.

Ce texte issu de l'ordonnance du 18 décembre 2008 contient, à notre sens, deux malfaçons.

En effet, en énonçant que « la mesure d'interdiction reprend effet à compter de la délivrance du titre exécutoire mentionné au V » de l'article L. 643-11, le texte ne prend pas en compte l'hypothèse dans laquelle le créancier admis au passif est déjà titulaire d'un titre exécutoire. Il aurait donc fallu viser, d'une part, le titre exécutoire délivré par le président du tribunal et, d'autre part, la simple autorisation de reprise des poursuites donnée par le président du tribunal constatant que les conditions de reprise des poursuites individuelles étaient réunies, en cas de préexistence du titre exécutoire.

Le texte omet également de prendre en considération l'hypothèse dans laquelle la créance de l'intéressé n'a pa vérifiée. En ce cas, le droit de reprise des poursu individuelles résulte du jeu du droit commun, du jeu du titre exécutoire visé au V de l'article L. -11 du code.

La malfa nous semble toutefois sans importance. Il fa établir le texte en considérant que, dès lors que le nditions procédurales de reprise des poursuites dividuelles auront été respectées, il y aura place reprise de la mesure d'interdiction d'émettre d chèques.

L'article . 643-23 du code de commerce, sous l'empire de a législation de sauvegarde, et l'article 154-2 d décret du 27 décembre 1985 prévoient que l'ordonnance du président du tribunal revêtue de la formue exécutoire, qui autorise le créancier à reprendre son droit de poursuite, et qui, par voie de conséquence, met fin à la suspension de l'interdiction d'émettre des chèques, est notifiée par le greffier, aux frais du créancier poursuivant, à la Banque de France, accompagné du relevé des incidents de paiement de chèques. La mesure d'interdiction d'émettre des chèques est alors réactivée, puisqu'elle n'avait été que suspendue par l'effet de la clôture de la procédure pour insuffisance d'actif.

Le législateur aligne ainsi l'interdiction bancaire sur le droit de poursuite du créancier. Si ce dernier est privé du droit de poursuite, le débiteur n'a pas à régulariser ce qui ne peut lui être demandé. Si par exception le créancier retrouve son droit de poursuite, le débiteur doit, pour obtenir la levée de l'interdiction, régulariser les incidents de paiements, ce que peut lui demander le banquier [3]. Il devait aussi payer la pénalité libératoire. Précisions que cette denière a été supprimée par la loi du 1er juillet 2010 [4].

Indiquons encore que, en présence d'un débiteur EIRL, la suspension de l'interdiction d'émettre des chèques n'existe que sur les comptes afférents au patrimoine visé par la procédure collective (C. com., art. L. 643-12, réd. ord. 9 déc. 2010 [5], art. 2, 4°) [6].

Précisons enfin que l'article 79 de l'ordonnance du 12 mars 2014 [7] modifie la rédaction de l'article L. 643-12 du code de commerce, pour étendre à la procédure de rétablissement professionnel la suspension des effets de la mesure d'interdiction d'émettre des chèques.

1. D. n° 2005-1677, 28 déc. 2005, préc.
2. Ord. n° 2008-1345, 18 déc. 2008, préc.
3. COMP. : Froehlich et Sénéchal, Lucas et Lécuyer (dir.), *La réforme des procédures collectives…*, Lgdj, 2006, p. 395.
4. L. n° 2010-737, 1er juill. 2010, *JO* 2 juill., p. 12001.
5. Ord. n° 2010-1512, 9 déc. 2010, *JO* 10 déc., p. 21617.
6. Delpech, « Ordonnance sur l'EIRL : aspects de droit bancaire », *D.* 2011. 4 – *Adde*, Lasserre Capdeville, « Les modifications de l'interdiction bancaire par l'ordonnance sur l'EIRL », *LPA* 24 déc. 2010, n° 256, p. 4.
7. Ord. n° 2014-326, 12 mars 2014, préc.

SECTION 592.60

EXCEPTIONS AU PRINCIPE DE L'ABSENCE DE REPRISE DES POURSUITES INDIVIDUELL EN CAS DE CLÔTURE DE LA PROCÉDURE POUR INSUFFISANCE D'ACTIF

592.61 Énoncé des exceptions aprincipe d'absence de reprise des poursuites i ividuelles après clôture de la procédure pour suffisance d'actif. L'article L. 622-32, alinéa 1 du de commerce, dans la rédaction antérieu à la loi du 26 juillet 2005[1] (anc[t] L. 25 janv. 1 5[2], art. 169, al. 1) énonce que la reprise des po suites individuelles sera possible « si la créance sulte :

1) d'une condamnation pénale oit pour des faits étrangers à l'activité professionnelle du débiteur, soit pour fraude fiscale, au seul bénéfice, dans ce cas, du Trésor public;

2) de droits attachés à la personne du créancier ».

L'article L. 622-32, II du code de commerce énonce également que « la caution ou le coobligé qui a payé aux lieu et place du débiteur peut poursuivre celui-ci » (sur cette question, v. s[s] n°s 726.14 et 726.15).

L'article L. 622-32, III du code dispose enfin que « les créanciers recouvrent leur droit de poursuite individuelle en cas de fraude à l'égard des créanciers, de faillite personnelle, d'interdiction de diriger ou de contrôler une entreprise commerciale ou une personne morale, de banqueroute ou lorsque le débiteur ou la personne morale dont il a été le dirigeant a été déclaré en état de cessation des paiements et que la procédure a été clôturée pour insuffisance d'actifs ».

Ce texte est applicable au débiteur non commerçant non artisan de l'Alsace-Moselle à l'encontre duquel a été ouverte une procédure de faillite civile terminée par une liquidation judiciaire clôturée pour insuffisance d'actif[3].

L'article L. 643-11, I, dans la rédaction issue de la loi du 26 juillet 2005, énonce que la reprise des poursuites individuelles sera possible si la créance résulte :

1° d'une condamnation pénale du débiteur; l'article 78 de l'ordonnance du 12 mars 2014[4] modifie cette exception à l'interdiction du droit de reprise des poursuites individuelles en visant le cas d'une infraction pour laquelle la culpabilité du débiteur a été établie; Le 1° du I de l'article L. 643-11 devient le 2°;

2° de droits attachés à la personne du créancier. Ce 2° devient avec l'article 78 de l'ordonnance du 12 mars 2014 le 3°.

L'ordonnance du 12 mars 2014 ajoute en effet un cas de reprise des poursuites individuelles, qui devient le 1° du I de l'article L. 643-13 : les actions portant sur des biens acquis au titre d'une succession ouverte pendant la *liquidation judiciaire. Ce nouveau cas est* bien un cas de reprise des poursuites individuelles après clôture pour insuffisance d'actif (v. s[s] n° 552.21).

L'article L. 643-11, II énonce également que « la caution ou le coobligé qui a payé aux lieu et place du débiteur peut poursuivre celui-ci » (sur cette question, v. s[s] n°s 726.14 et 726.15). À la suite d'un auteur, on peut regretter la limitation à ces deux seules catégories de garants de la règle[5]. L'article 78 de l'ordonnance du 12 mars 2014 répare la malfaçon et étend la solution, en modifiant en ce sens, le II de l'article L. 643-11 à tous les garants. Ce sont les garants classiquement visés par le livre VI du code de commerce : codébiteurs, personnes ayant consenti une sûreté personnelle, personnes ayant cédé ou affecté un bien en garantie[6]. Une remarque de taille s'impose : faute de restriction, la règle vaut tant pour les garants personnes physiques que pour les garants personnes morales (v. s[s] n° 731.71).

L'article L. 643-11, III dispose encore que « les créanciers recouvrent leur droit de poursuite individuelle dans les cas suivants :

1° la faillite personnelle du débiteur a été prononcée;

2° le débiteur a été coupable de banqueroute;

3° le débiteur ou la personne morale dont il a été le dirigeant a été soumis à une procédure de liquidation judiciaire antérieurement clôturée pour insuffisance d'actif moins de cinq ans avant l'ouverture de celle à laquelle il est soumis. L'article 78 de l'ordonnance du 12 mars 2014 ajoute au 3° du III de l'article L. 643-11, le cas du débiteur qui a bénéficié de la procédure de rétablissement professionnel, c'est-à-dire des dispositions de l'article L. 645-11 prévoyant un effacement des dettes;

4° la procédure a été ouverte en tant que procédure territoriale au sens du paragraphe 2 de l'article 3 du règlement (CE) du 29 mai 2000[7] relatif aux procédures d'insolvabilité ».

L'article L. 643-11, IV prévoit enfin que, « en outre, en cas de fraude à l'égard d'un ou de plusieurs créanciers, le tribunal autorise la reprise des actions

1. L. n° 2005-845, 26 juill. 2005, préc.
2. L. n° 85-98, 25 janv. 1985, préc.
3. Civ. 2e, 13 juill. 2006, n° 05-11.574, *Bull. civ.* II, n° 201; n° 1205 F-P+B; *D.* 2006. AJ 2101, obs. Lienhard; *Gaz. proc. coll.* 2006/4, p. 21, note Voinot.
4. Ord. n° 2014-326, 12 mars 2014, préc.
5. PÉROCHON, 9e éd., n° 1272.
6. Pellier, « La poursuite de la construction d'un régime des sûretés pour autrui – À propos de la modification de l'article L. 643-11 du code de commerce par l'ordonnance du 12 mars 2014 », *D.* 2014. 1054.
7. Règl. (CE) n° 1346/2000, Conseil, 29 mai 2000 relatif aux procédures d'insolvabilité, *JOCE* L 160, 30 juin, p. 1.

individuelles de tout créancier à l'encontre du débiteur. Le tribunal statue lors de la clôture de la procédure après avoir entendu ou dûment appelé le débiteur, le liquidateur et les contrôleurs. Il peut statuer postérieurement à celle-ci, à la demande de tout intéressé, dans les mêmes conditions ».

L'article L. 622-32, IV, dans sa rédaction antérieure à la loi de sauvegarde des entreprises et l'article L. 643-11, V, dans sa rédaction issue de la loi de sauvegarde des entreprises, exposent enfin les modalités procédurales de reprise des poursuites individuelles.

Ces exceptions au principe d'interdiction du droit de reprise des poursuites individuelles ne doivent pas être confondues avec le droit pour un créancier titulaire d'un privilège spécial ou le Trésor public de reprendre ses poursuites, pendant la liquidation judiciaire, lorsque le liquidateur n'a pas entrepris la vente des biens grevés dans le délai de trois mois de la liquidation judiciaire[1].

Par principe, la reprise des poursuites supposera que la créance n'ait pas été éteinte, par suite d'un rejet ou, sous l'empire de la législation antérieure à la loi de sauvegarde des entreprises, d'une absence de déclaration dans les délais[2], cependant qu'un tempérament jurisprudentiel est apporté en cas de fraude (v. s^s n° 592.66). L'extinction de la créance pour défaut de déclaration a été supprimée sous l'empire de la loi de sauvegarde des entreprises. La reprise des poursuites sera donc possible, si le créancier se trouve dans les cas d'exception, alors même qu'il n'aura pas déclaré sa créance (v. s^s n° 665.76).

La reprise des poursuites présuppose que la clôture de la procédure soit intervenue. La solution a été posée sous l'empire de la législation antérieure à la loi du 26 juillet 2005[3] et conserve toute son actualité[4] et la chose est évidente : pour reprendre ses poursuites après clôture, encore faut-il qu'il ait clôture.

La reprise des poursuites n'est évidemment possible que contre le débiteur, non contre son dirigeant, celui-ci fût-il condamné pour banqueroute ou pour faillite personnelle[5].

1. Com. 16 nov. 2010, n° 09-71.160, *Bull. civ.* IV, n° 174; n° 1148 F-P+B; *D.* 2010. 2831, note Lienhard; *Rev. sociétés* 2011, note Crocq.
2. Com. 2 févr. 1999, n° 96-18.450, *Bull. civ.* IV, n° 35 – Com. 28 nov. 2000, *Gaz. Pal.* 4-6 févr. 2001, pan. 19 – Com. 19 mars 2002, *Act. proc. coll.* 2002/10, n° 128 – Com. 25 juin 2002, *RD banc. fin.* 2002/5, p. 264, n° 191, obs. Lucas – Paris, 8e ch. A, 17 févr. 2005, RG n° 2003/3777.
3. Paris, 8e ch. B, 5 janv. 2005, RG n° 03/07666.
4. Crim. 6 avr. 2016, n° 15-81.272, *Bull. crim.* [à paraître]; *Rev. proc. coll.* 2016, comm. 91, note Berthelot.
5. Rennes 16 sept. 2014, RG n° 12/08672, *JCP E* 2015, 1275, note Delattre.

592.62 Reprise des poursuites individuelles pour les créances résultant d'une infraction pénale.

> Solution de la loi du 25 janvier 1985[6] – *infraction pénale pour des faits étrangers à l'activité professionnelle du débiteur.* La lecture de l'article L. 622-32 du code de commerce (anc^t L. 25 janv. 1985, art. 169), dans sa rédaction antérieure à la loi de sauvegarde des entreprises[7], permet d'abord d'apercevoir qu'il y a des créances autorisant la reprise des poursuites individuelles. Cette exception permet à certaines personnes, et à elles seulement, victimes d'infractions pénales commises par le débiteur, de recouvrer les sommes auxquelles le débiteur a été condamné, dans le cadre de l'action civile.

Cependant, l'infraction commise par le débiteur ne doit pas être en rapport avec son activité professionnelle. Les faits incriminés doivent en effet être « étrangers » à l'activité professionnelle. La distinction sera parfois simple à établir, parfois beaucoup plus subtile. On observera que les exceptions étant de droit étroit, la notion de fait « étranger » à l'activité professionnelle du débiteur doit recevoir une interprétation stricte[8]. Il n'y aura pas de difficulté à écarter l'application du texte pour toutes les infractions relatives à la tenue des comptes du débiteur, au droit du travail et à la sécurité, et, de façon générale, à l'exploitation de l'entreprise[9]. Les infractions en matière bancaire seront également exclues si elles sont relatives aux comptes professionnels du débiteur. En revanche, si elles intéressent les comptes privés du débiteur et de sa famille, le texte aura vocation à s'appliquer.

Les difficultés existent en revanche pour des infractions sans rapport direct avec l'activité, mais commises dans un cadre professionnel. On peut penser aux blessures et homicides par imprudence dans le cadre d'infractions au code de la route. La doctrine considère que si l'accident a été commis pendant les heures de travail[10] ou, d'une autre manière, s'il s'agit d'un accident de trajet[11], la reprise des poursuites n'est pas possible. Il serait choquant que la jurisprudence consacre cette thèse, alors surtout que l'application de ces critères de droit du travail semble injustifiée puisque, par hypothèse, le débiteur ne peut être salarié. Ce genre d'infractions semble bien étranger à l'activité professionnelle, en ce que l'exercice des fonctions professionnelles peut être parfaitement indépendant de la commission de l'infraction.

6. L. n° 85-98, 25 janv. 1985, préc.
7. L. n° 2005-845, 26 juill. 2005, préc.
8. Derrida et alii, n° 571.
9. Soinne, n° 2527.
10. J.-Cl. Com., Vallansan, fasc. 2770, [Redressement et liquidation judiciaires – Clôture pour insuffisance d'actifs], 2004, n° 44.
11. Soinne, n° 2527.

Aussi, l'expression « faits étrangers à l'activité professionnelle » doit s'entendre, à notre avis, comme signifiant un fait qui aurait pu se produire indépendamment de toute activité professionnelle, l'activité professionnelle n'étant pas le cadre obligé de la commission de l'infraction. Pour d'autres, seule connexité à l'activité professionnelle sera suffisante à considérer qu'il ne s'agit pas de faits étrangers à l'activité professionnelle[1].

> **Solution de la loi du 26 juillet 2005 – Toute condamnation pénale.** La loi du 26 juillet 2005 élargit le champ d'application de l'exception à l'interdiction de reprise des poursuites individuelles. Elle supprime en effet le visa des « faits étrangers à l'activité professionnelle du débiteur » (C. com., art. L. 643-11, I, 1°). La solution a été justifiée par l'observation que les dispositions antérieures « avaient pour effet paradoxal de favoriser les délinquants des affaires, puisque les délits relatifs à l'activité professionnelle, paradoxalement, n'entraînaient pas de reprise des poursuites ». Ainsi, toute condamnation pénale du débiteur pourra désormais conduire le créancier à reprendre l'exercice de son droit de poursuite individuelle. Cette condamnation pénale pourra porter sur un autre de cas de reprise des poursuites individuelles après clôture, celui de la fraude fiscale[2].

Mais en visant la créance née d'une condamnation pénale et non celle née d'une infraction pénale, les poursuites ne seront possibles que s'il y a eu condamnation à une peine par le juge répressif. Or celui-ci, en accordant réparation à une partie civile, ne condamne pas toujours à une peine. Il peut accorder une dispense de peine. En ce cas, il semble, à la lettre du texte, que la reprise des poursuites soit impossible[3]. Cette subtilité n'a *a priori* pas été appréhendée par le législateur, lequel a simplement entendu permettre la reprise des poursuites en cas de commission d'une infraction pénale ayant occasionné un dommage dont la réparation incombe au débiteur et il n'apparaît pas téméraire d'admettre la reprise des poursuites dès lors que l'infraction est retenue et la condamnation à réparer prononcée, même s'il y a dispense de peine.

> **Solution de l'ordonnance du 12 mars 2014[4] : toute infraction pénale pour laquelle la culpabilité du débiteur a été établie.** L'article 78 de l'ordonnance du 12 mars 2014 modifie une nouvelle fois la solution, en tenant compte de l'observation précédente. Il vise le cas d'une infraction pour laquelle la culpabilité du débiteur a été établie et non plus la condamnation pénale du débiteur, ce qui contribue à élargir logiquement le cas de reprise des poursuites individuelles. Peu importe en effet que la peine ait été prononcée.

592.63 Créances résultant de droits attachés à la personne. L'article L. 643-11, I, 2° du code de commerce, dans sa rédaction issue de la loi de sauvegarde des entreprises[5], et l'article L. 622-32, I, 2° du code de commerce (anc[t] L. 25 janv. 1985[6], art. 169), dans sa rédaction antérieure à la loi de sauvegarde des entreprises, admettent la possibilité pour le créancier de reprendre ses poursuites individuelles si la créance résulte de droits attachés à la personne. L'expression mérite assurément une interprétation.

Dans sa réaction primitive, l'article 169 de la loi du 25 janvier 1985 ne précisait pas si les droits en question devaient être attachés à la personne du créancier ou du débiteur. Les organismes sociaux avaient dès lors tenté de plaider qu'il s'agissait de droits attachés à la personne du débiteur, pour essayer d'obtenir la reprise de leur droit de poursuite individuelle, pour le recouvrement des cotisations d'assurance-maladie ou vieillesse. Mais la Cour de cassation ne les avait pas suivis dans leur argumentation[7], considérant que l'expression « droits attachés à la personne » devait s'entendre non de la personne du débiteur, mais de celle du créancier. C'est cette solution qui a été reproduite à l'article 169, par la loi du 10 juin 1994[8], qui vise explicitement les « droits attachés à la personne du créancier ».

Le fait que la dette ne soit née que du chef du débiteur ne peut suffire à la considérer comme une créance attachée à la personne du créancier. La dette est seulement personnelle au débiteur, comme la créance est personnelle au créancier. Mais il ne s'agit pas là d'une créance attachée à la personne du créancier, autorisant la reprise des poursuites individuelles[9], sous peine de considérer que toutes les créances autorisent la reprise des poursuites individuelles puisque, par définition, une créance est toujours attachée à la personne de son titulaire. Ainsi, la créance garantie par le privilège de prêteur de deniers ne rentre-t-elle pas dans cette catégorie de créance résultant d'un droit attaché à la personne

1. Derrida et *alii*, n° 571.
2. Com. 28 juin 2011, n° 10-19.417, NP; n° 667 F-D.
3. Robaczewski, « La non réforme des sanctions pénales dans la loi de sauvegarde des entreprises », *Gaz. Pal.* 9-10 sept. 2005, n° sp., p. 48 s., sp. p. 51, n° 11.
4. Ord. n° 2014-326, 12 mars 2014, préc.
5. L. n° 2005-845, 26 juill. 2005, préc.
6. L. n° 85-98, 25 janv. 1985, préc.
7. Com. 31 mars 1992, n° 89-18.114, *Bull. civ.* IV, n° 139; *D.* 1992. Somm. 373, obs. Derrida; *Defrénois* 1992. 1384, obs. Le Cannu – Soc. 11 mars 1993, n° 90-11.304, *Bull. civ.* V, n° 84 – Com. 11 janv. 1994, n° 92-10.491, NP, *Rev. huissiers* 1994. 477 – Soc. 23 mai 1996, n° 93-11.621, *Bull. civ.* V, n° 204.
8. L. n° 94-475, 10 juin 1994, *JO* 11 juin, p. 8440.
9. Com. 29 mai 2001, n° 98-18.918, *Bull. civ.* IV, n° 103; *Act. proc. coll.* 2001/12, n° 157; *RJPF* 2001/11, p. 28, n° 45, obs. Casey.

du créancier[1]. La reprise des poursuites serait en revanche envisageable si la dette était alimentaire ou encore avait pour objet de réparer le préjudice causé à la personne même du débiteur[2].

L'interprétation de l'article L. 643-11, I, 2° du code, dans sa rédaction issue de la loi de sauvegarde des entreprises, et celle de l'article L. 622-32, I, 2° du code de commerce (anc^t L. 25 janv. 1985, art. 169), dans sa rédaction antérieure à la loi de sauvegarde des entreprises, doivent être menées à la lumière de l'article 1166 du code civil (C. civ., art. 1341-1[3]) qui évoque « les droits [...] exclusivement attachés à la personne »[4], même si la disposition ici analysée ne contient pas l'adverbe « exclusivement ». Cette expression permet d'exclure du jeu de l'action oblique les droits et actions dont l'exercice ne présente pas d'intérêt pour les créanciers, tels les droits et actions à caractère extra patrimonial (droits de la personnalité et état des personnes), les actions à caractère patrimonial, mais dont l'exercice implique des considérations morales prédominantes[5], par exemple une action en séparation de biens, une liquidation anticipée de créances de participation aux acquêts, ou encore une action en révocation d'une donation entre époux ou pour cause d'ingratitude, ou enfin une action en réduction de pension alimentaire.

La jurisprudence a considéré, en interprétant le texte, que les fautes inexcusables d'un employeur dans l'accident de travail d'un salarié rendaient réparables le préjudice professionnel du salarié, car il s'agissait d'un droit attaché à la personne[6].

592.64 Fraude fiscale. L'article L. 622-32, I, 1° du code de commerce, dans la rédaction antérieure à la loi du 26 juillet 2005[7] (anc^t L. 25 janv. 1985[8], art. 169), rend également possible la reprise des poursuites individuelles en cas de condamnation pour fraude fiscale. La reprise n'intéressera évidemment que le seul Trésor public[9]. Il devra, conformément au principe général gouvernant la reprise des poursuites après clôture pour insuffisance d'actif, être titulaire d'un titre *exécutoire dans les conditions de* l'article L. 622-32 du code de commerce (v. s^s n° 592.71).

Le texte ne s'applique qu'autant que le délit de fraude fiscale visé à l'article 1741 du code général des impôts est constitué.

La loi du 26 juillet 2005 a supprimé ce cas spécifique de reprise des poursuites individuelles. Il est englobé dans l'hypothèse plus générale de la fraude visée à l'article L. 643-11, IV du code de commerce. La nouvelle rédaction du texte a cependant un effet : tout créancier pourra utiliser l'argument de la fraude fiscale pour exercer les poursuites individuelles alors que, sous l'empire de la législation antérieure à la loi du 26 juillet 2005, la fraude fiscale ne peut être exhibée que par le créancier fiscal.

592.65 Débiteur condamné à la faillite personnelle, à l'interdiction de gérer ou pour banqueroute. L'article L. 622-32 du code de commerce (anc^t L. 25 janv. 1985[10], art. 169), dans sa rédaction antérieure à la loi de sauvegarde des entreprises[11], n'ouvre le droit à la « reconstitution de leur virginité patrimoniale » qu'aux seuls débiteurs qui le méritent. L'article L. 622-32, III du code exclut de ce bénéfice les débiteurs condamnés à la faillite personnelle, à l'interdiction de gérer ou de contrôler une entreprise commerciale ou une personne morale, ainsi que les débiteurs condamnés pour banqueroute.

La possibilité de reprise des poursuites individuelles joue d'abord à l'encontre d'un débiteur personne physique condamné à la faillite personnelle, et, sous l'empire de la législation antérieure à la loi de sauvegarde des entreprises, à l'interdiction de gérer. Il faut toutefois que le jugement de condamnation à la faillite personnelle ou à l'interdiction de gérer n'ait pas ensuite été réformé ou annulé[12].

Sous l'empire de la législation antérieure à la loi de sauvegarde des entreprises, il a été jugé que les créanciers recouvrent leur droit de poursuite individuelle en cas de faillite personnelle ou d'interdiction de gérer prononcée contre le dirigeant d'une société, à l'encontre de ce dirigeant, alors même qu'ils sont créanciers de la personne morale débitrice, dès lors que la procédure collective a également été ouverte à titre de sanction contre le dirigeant, les dettes sociales devenant de plein droit les dettes du dirigeant. Il importe peu que la faillite personnelle ou l'interdiction de gérer n'ait pas été prononcée pour des faits relatifs à la procédure collec-

1. Com. 16 nov. 2010, n° 09-71.160, *Bull. civ.* IV, n° 174; n° 1148 F-P+B; *D.* 2010. 2831, note Lienhard; *BJE* mai/juin 2011, § 53, p. 114; *Rev. sociétés* 2011, note Crocq.
2. Casey, obs. s^s Com. 29 mai 2001, n° 98-18.918, *Act. proc. coll.* 2001/12, n° 157; *RJPF* 2001/11, p. 28, n° 45.
3. DEPUIS le 1er oct. 2016 : Ord. n° 2016-131, 10 févr. 2016, *JO* 11 févr.
4. SOINNE, n° 2528 – DERRIDA ET *ALII*, n° 571 – RIPERT ET ROBLOT, n° 3275.
5. J.-CL. CIV., Legier, art. 1166, fasc. 38, [Contrats et obligations – Effets des conventions à l'égard des tiers – Action oblique].
6. Soc. 23 mai 1996, n° 93-11.621, *Bull. civ.* V, n° 204; *Rev. proc. coll.* 1997, 93, obs. Taquet.
7. L. n° 2005-845, 26 juill. 2005, préc.
8. L. n° 85-98, 25 janv. 1985, préc.
9. ILLUSTR. : Montpellier, 1re ch., 5 mars 1997, *Rev. proc. coll.* 1999, 120, n° 9, obs. Macorig-Venier.
10. L. n° 85-98, 25 janv. 1985, préc.
11. L. n° 2005-845, 26 juill. 2005, préc.
12. Paris, 8e ch. A, 23 juin 2005, RG n° 2003/12853.

tive du dirigeant[1]. La difficulté ne peut plus se présenter dans les mêmes termes sous l'empire de la loi de sauvegarde des entreprises, du fait de la suppression des « extensions sanctions ». Néanmoins, un principe de solution peut être posé : si le dirigeant a été placé en redressement judiciaire ou en liquidation judiciaire au titre d'une activité personnelle et s'il a été condamné pour faillite personnelle en qualité de dirigeant social d'une personne morale en liquidation judiciaire, les créanciers de sa procédure collective pourront reprendre l'exercice de leur droit de poursuite individuelle même si la faillite personnelle est sans rapport avec la procédure collective de ce dirigeant. Si le dirigeant de la personne morale débitrice, condamné à la faillite personnelle ou à l'interdiction de gérer n'a pas été placé sous procédure collective, il est hors de propos de permettre à un créancier de la personne morale d'obtenir contre lui un titre l'autorisant à reprendre des poursuites individuelles qu'il n'a jamais pu entreprendre[2].

On remarquera que le texte ne vise que l'interdiction de gérer une entreprise commerciale ou une personne morale. Dès lors, l'agriculteur ou l'artisan interdit de gérer, sur le fondement de l'article L. 625-8 du code de commerce (anct L. 25 janv. 1985, art. 192) qui vise également les entreprises agricoles ou artisanales, est à l'abri des poursuites individuelles. Le texte de l'article L. 622-32 du code étant d'exception, il mérite à ce titre une interprétation restrictive. La solution est cependant injustifiable sur le plan de l'opportunité.

La loi du 26 juillet 2005, dont la solution s'applique aux procédures en cours au 1er janvier 2006 (LSE, art., 191, 3°), sans remettre toutefois en cause les poursuites déjà engagées (v. ss n° 073.33) supprime la condamnation à l'interdiction de gérer en tant que cas de reprise des poursuites individuelles. En revanche, un créancier ne pourra, alors que la clôture de la liquidation judiciaire pour insuffisance d'actif est antérieure au 1er janvier 2006, reprendre ses poursuites après cette même date, sur le fondement d'une interdiction de gérer prononcée contre le débiteur[3].

Il a été indiqué que « cette sanction, plus légère que la faillite personnelle, doit en effet se limiter à écarter du monde des affaires certains débiteurs, mais sans pour autant emporter des conséquences pécuniaires »[4]. La pratique avait en effet permis de constater que le cumul de ces deux mesures avait rendu les juridictions réticentes à prononcer cette sanction[5]. La loi du 26 juillet 2005 limite donc le cas de reprise des poursuites individuelles pour sanctions professionnelles au prononcé de la faillite personnelle (C. com., art. L. 643-11, III, 1°).

592.66 Débiteur ayant fraudé – Règle particulière intéressant l'EIRL[6]. L'article L. 643-11, IV du code, dans sa rédaction issue de la loi de sauvegarde des entreprises[7], et l'article L. 622-32 alinéa 3 du code de commerce (anct L. 25 janv. 1985[8], art. 169, al. 3), dans sa rédaction antérieure à la loi de sauvegarde des entreprises, redonnent aux créanciers le droit de poursuite individuelle si le débiteur a commis une « fraude à l'égard des créanciers ».

La reprise des poursuites sur le fondement de la fraude supposera, comme pour les autres cas de reprise des poursuites, que la procédure soit clôturée pour insuffisance d'actif[9].

La jurisprudence exclut en outre, sous l'empire de la législation antérieure à la loi de sauvegarde des entreprises, le jeu de cette exception au principe d'impossibilité de reprise des poursuites, si la procédure du débiteur n'est pas clôturée pour insuffisance d'actif, mais pour extinction du passif, lorsque la créance n'a pas été déclarée dans les délais et reste en conséquence éteinte[10]. La loi de sauvegarde des entreprises supprime l'extinction des créances non déclarées. En conséquence, cette jurisprudence ne semble pas reconductible.

C'est ici le concept classique de fraude paulienne qui doit s'appliquer. En conséquence, la simple conscience de causer un préjudice au créancier suffit, sans qu'il y ait à caractériser l'intention de nuire.

Le législateur a énoncé au profit du Trésor public un cas de reprise de ces poursuites individuelles en cas de fraude fiscale. Il faut donc exclure du domaine de la disposition analysée, sous l'empire de la législation antérieure à la loi de sauvegarde des entreprises, le cas de la fraude fiscale, qui ne bénéficiera qu'au fisc. Au contraire, sous l'empire de la législation issue de la loi de sauvegarde des entreprises, la fraude fiscale est intégrée au dispositif général de la fraude aux droits des créanciers.

Toute fraude à l'égard des créanciers antérieurs doit autoriser la reprise des poursuites. Il ne semble pas possible, en revanche, d'admettre qu'une fraude à l'égard d'un créancier postérieur bénéficiant du

1. Com. 24 avr. 2007, n° 06-11.298, NP; n° 603 F-D; *Act. proc. coll.* 2007/11, n° 134, note Régnaut-Moutier.
2. Com. 9 avr. 2013, n° 12-14.264, NP; n° 362 F-D; *BJE* juill. 2013, p. 233, note Sortais.
3. Com. 3 déc. 2013, n° 12-23.050, *Bull. civ.* IV, n° 175; n° 1177 FS-P+B; *D.* 2013. actu 2910, note Lienhard; *Rev. sociétés* 2014, p. 202, note Roussel Galle.
4. *Rapp. Xavier de Roux*, n° 2095, p. 400.
5. *Rapp. J.-J. Hyest*, n° 335, p. 62.
6. Berthelot, « EIRL : attention à la reprise des poursuites après clôture pour insuffisance d'actif ! », *Rev. proc. coll.* 2011, dossier 32, p. 109.
7. L. n° 2005-845, 26 juill. 2005, préc.
8. L. n° 85-98, 25 janv. 1985, préc.
9. Paris, 8e ch. B, aud. sol., 5 janv. 2005, *Gaz. Pal.* 3-5 avr. 2005, Somm. 20, note Vray.
10. Paris, 25e ch. B, 4 juill. 2003, RG n° 2002/13411.

traitement préférentiel soit sanctionnée, dans la mesure où ce créancier n'est pas soumis au jeu de la disposition ici étudiée. Mais la fraude aux droits d'un créancier antérieur peut être commise après jugement d'ouverture[1]. Il en ira ainsi de l'hypothèse, dont a eu à connaître la Cour de cassation, de la dissimulation par un débiteur de l'existence de l'un de ses créanciers, par la remise au représentant des créanciers d'une liste incomplète de ceux-ci (C. com., art. L. 621-45)[2]. La fraude a encore été retenue à l'encontre d'un débiteur qui avait des activités en Allemagne, mais avait obtenu l'ouverture d'une procédure principale en France, en cachant l'existence de dettes fiscales en Allemagne, pour éviter toute discussion sur le centre de ses intérêts principaux en France[3], Il y avait en réalité ici une double fraude : fraude à l'égard du Fisc allemand et fraude à la loi applicable, l'intéressé n'ayant *a priori* pas le droit d'obtenir l'ouverture d'une procédure principale en France, déclenchant le jeu de la règle de l'absence de reprise des poursuites individuelles après clôture pour insuffisance d'actif de sa liquidation judiciaire. La fraude a encore été admise en l'absence de toute remise de liste[4]. La fraude peut tenir, de la part du débiteur, à organiser son insolvabilité à l'insu des organes de la procédure collective, par la cession des parts détenues dans une société civile immobilière à des membres de sa famille[5].

La fraude pourrait même être commise, sous l'empire de la législation issue de la loi de sauvegarde des entreprises, au préjudice d'un créancier postérieur non éligible au traitement préférentiel concerné par la règle de l'arrêt des poursuites individuelles et donc par la possibilité de reprise de ses poursuites après clôture de la procédure pour insuffisance d'actif.

Il importe peu que la fraude soit commise au préjudice de tous les créanciers ou d'un seul[6], certains auteurs étant toutefois d'un avis différent[7]. En effet, il ne s'agit pas de protéger le créancier concerné, mais de sanctionner le débiteur en le privant du bénéfice de la règle de l'interdiction de reprise de l'exercice de ses poursuites *individuelles à son encontre. L'article* L. 643-11, IV du code, résultant de la rédaction que lui donne la loi de sauvegarde des entreprises, consacre la jurisprudence rendue sous l'empire de la législation antérieure. Le texte précise en effet, d'une part, que la fraude peut être commise à l'égard d'un ou de plusieurs créanciers, et, d'autre part, que tout créancier, qu'il soit ou non la victime de la fraude, pourra reprendre ses poursuites individuelles.

La fraude, le plus souvent, tiendra à la dissimulation d'un actif[8].

La jurisprudence a également considéré qu'il y avait fraude pour un débiteur à créer une activité alors qu'il était déjà en état de cessation des paiements[9], ce qui autorise la reprise des poursuites individuelles à son encontre[10]. La solution ne peut cependant se justifier que dans la mesure où le débiteur a créé une entreprise commerciale pour pouvoir bénéficier des effets de la clôture pour insuffisance d'actifs résultant de sa mise en liquidation judiciaire ultérieure. À défaut, l'élément intentionnel de la fraude n'est pas constitué. On notera aussi, qu'en pareille hypothèse, le créancier pouvait contester le jugement d'ouverture par une tierce opposition réformation, en soutenant que c'est en fraude de ses droits que le débiteur a créé une activité commerciale, en s'improvisant par exemple brocanteur, pour pouvoir bénéficier du jeu de l'interdiction des reprises individuelles. Il pourrait utilement être relayé par le représentant des créanciers – mandataire judiciaire –, dont la mission est de s'insurger contre pareil détournement des règles juridiques, faite au préjudice de la collectivité des créanciers.

La jurisprudence estime également que si des actes sont annulés sur le fondement des nullités de la période suspecte, il y a place à application de l'exception de fraude[11]. La solution est justifiée par la considération que les nullités de la période suspecte reposent sur une fraude présumée, en cas de nullité de droit, ou une fraude prouvée, en cas de nullité facultative.

1. Com. 15 févr. 2005, n° 03-14.547, *Bull. civ.* IV, n° 26; *D.* 2005. AJ 711, note Lienhard; *D.* 2005. Somm. 2018, obs. Lucas; *Gaz. proc. coll.* 2005/1, p. 31, n° 2-2, obs. Voinot; *Act. proc. coll.* 2005/6, n° 71, note Blanc; *LXB* n° N3246AI3, note Labasque.
2. Com. 16 nov. 1993, n° 91-18.576, *Bull. civ.* IV, n° 407; *D.* 1994. 157, note Amalvy et Derrida – Com. 5 déc. 2006, n° 05-17 598, NP; n° 1346 F-D; *LXB hebdo* 17 janv. 2007, n° N7781A93, note Le Corre-Broly – *Adde*, Dijon, 15 sept. 1998, *Act. proc. coll.* 1999/10, n° 142.
3. Com. 27 mai 2014, n° 13-14.425, NP; n° 519 F-D; *Gaz. Pal.* 5 oct. 2014, n° 278, p. 24, note Henry; *Rev. sociétés* 2014. 535, note Roussel Galle.
4. Dijon, 17 oct. 1997, *Act. proc. coll.* 1999/10, n° 142.
5. Com. 4 mars 2014, n° 12-23.632, NP; n° 217 F-D.
6. Crim. 7 nov. 1994, n° 93-83.951, *Bull. crim.* n° 353; *Rev. proc. coll.* 1995, 341, n° 1, obs. Dureuil.
7. CHAPUT, n° 507.
8. Com. 26 oct. 1999, n° 97-12.092, *Bull. civ.* IV, n° 186; *JCP E* 2000, Chron. 128, n° 9, obs. Pétel; *JCP E* 2000, jur. 1660, note Le Corre; *LPA* 3 févr. 2000, n° 24, p. 6, note P. M.; *D. Affaires* 1999, jur. 94, obs. Lienhard; *Act. proc. coll.* 2000/1, obs. Vallansan; *RJ com.* 2000. 209, n° 1556 note Courtier; *RD banc. et bourse* 2000/1, n° 23, obs. Lucas; *RTD com.* 2001. 226, obs. Martin-Serf – Paris, 3e ch. A, 9 oct. 2001, *Dr. et proc.* 2002/2, n° 164, p. 52.
9. Chambéry, 25 juin 2002, *Procédures* janv. 2003, p. 22, n° 20.
10. Besançon, 14 oct. 1994, *BICC* 1995, n° 58; *Rev. proc. coll.* 1995, 342, n° 2, obs. Dureuil.
11. Besançon, 14 oct. 1994, *BICC* 1995, n° 58 – *Adde*, LE CANNU, 7e éd., n° 1232.

On peut encore estimer qu'il y a fraud ur le débiteur à contracter, alors que son état de ation des paiements lui permet d'être sûr qu'il ourra honorer ses engagements[1].

La fraude a encore pu être retenue à contre d'un débiteur qui s'était abstenu de ré r à son adversaire son état de liquidation judic e, et, de manière dolosive, avait conclu en caus appel la veille de la clôture pour indiquer l'irrég rité de la procédure poursuivie contre lui au mép de la règle de l'arrêt des poursuites individuelles[2].

De la même façon, la fraude a été rete à l'encontre d'un débiteur qui avait continué tre partie à une instance en condamnation ex ée par son créancier, sans lui signaler l'existence la procédure collective ouverte contre lui et en ay tu au représentant des créanciers l'existence de créancier[3].

La fraude a encore pu être retenue ns une espèce où le débiteur avait continué à com araître sans les organes de la procédure, et avait attendu l'expiration du délai de relevé de forclusion pour conclure sur l'extinction de la créance du fait de son état de redressement judiciaire. La Cour de cassation a admis une dissimulation intentionnelle constitutive d'une fraude, alors surtout que la dette litigieuse n'avait pas été signalée au représentant des créanciers, rendant impossible l'avertissement de ce créancier[4].

Il est cependant curieux que le législateur ait cru bon de prévoir ce cas de reprise des poursuites individuelles. En effet, la théorie de la fraude est un mécanisme correcteur de la règle de droit, destiné à éviter une application aveugle et mécanique de celle-ci. En tant que principe général du droit, la fraude permet de mettre à l'écart toutes les règles légales, fussent-elles d'ordre public. La seule constatation de la fraude, indépendamment de tout texte, aurait dû entraîner la mise à l'écart du principe de non reprise des poursuites individuelles édicté par la disposition étudiée[5].

Les solutions dégagées par la Chambre commerciale de la Cour de cassation montrent d'ailleurs le caractère inutile de la prévision de la fraude par le code de commerce, et même son caractère dangereux pour le créancier. En effet, les exceptions au jeu de la règle de l'interdiction de reprise des poursuites individuelles, après clôture de la procédure pour insuffisance d'actif, présupposent que le créancier antérieur, qui veut reprendre son droit de poursuite individuelle, ait déclaré sa créance et, en cas de vérification de celle-ci, qu'il ait été admis[6] (v. aussi s[s] n° 665.72). Or, dans plusieurs affaires soumises à la Cour de cassation sous l'empire de la législation antérieure à la loi de sauvegarde des entreprises[7], le créancier qui n'avait pas été averti par le représentant des créanciers d'avoir à déclarer sa créance, faute de figurer sur la liste remise à celui-ci par le débiteur, n'était plus titulaire d'une créance. Celle-ci était éteinte. La Cour de cassation a cependant admis à l'époque, sur le fondement de l'article 169 de la loi du 25 janvier 1985 ou de l'article L. 622-32, III du code de commerce, le droit pour celui qui n'était pourtant plus créancier, de reprendre ses poursuites individuelles contre le débiteur. Consciente de la difficulté, la Cour de cassation, dans sa décision du 26 octobre 1999[8], a dû tourner la difficulté en considérant que la fraude permettait au créancier d'obtenir à titre de dommages et intérêts, en application de l'article 1382 du code civil (devenu C. civ., art. 1240[9]), l'équivalent de la créance éteinte par la fraude du débiteur. La solution a parfois été suivie par les juridictions du fond[10].

La justification de la solution a ensuite été affinée. Le principe est clairement établi que l'extinction de la créance fait, par principe, obstacle à la reprise des poursuites individuelles après clôture pour insuffisance d'actif pour fraude, sur le fondement de l'article L. 622-32 du code de commerce, dans sa rédaction antérieure à la loi de sauvegarde des entreprises. La Cour de cassation affirme, en conséquence, que la référence à l'article L. 622-32 du code de commerce est parfaitement surabondante[11].

1. COMP. : DERRIDA ET *ALII*, n° 570.
2. Com. 11 juin 2003, n° 00-18.089, NP.
3. Com. 5 déc. 2006, n° 05-17 598, NP; n° 1346 F-D.
4. Com. 14 oct. 2008, n° 07-16.983, NP; n° 1016 F-D; *Gaz. proc. coll.* 2009/1, p. 38, note Le Corre-Broly; *RTD com.* 2009/2, p. 453, n° 4, obs. Martin-Serf.
5. Pérochon, « Fraude du débiteur et poursuite du créancier forclos », *Mél. Honorat*, éd. Frison-Roche, 2000, p. 161.
6. Paris, 8e ch. B, 11 oct. 2001, *D.* 2001. AJ 3435.
7. Com. 16 nov. 1993, n° 91-18.576, *Bull. civ.* IV, n° 407; *D.* 1994. 157, note Amalvy et Derrida.
8. Com. 26 oct. 1999, n° 97-12.092, *Bull. civ.* IV, n° 186; *JCP E* 2000, Chron. 128, n° 9, obs. Pétel; *JCP E* 2000, jur. 1660, note Le Corre; *LPA* 3 févr. 2000, n° 24, p. 6, note P. M.; *D. Affaires* 1999, jur. 94, obs. Lienhard; *Act. proc. coll.* 2000/1, obs. Vallansan; *RJ com.* 2000. 209, n° 1556, note Courtier; *RD banc. et bourse* 2000/1, n° 23, obs. Lucas; *RTD com.* 2001. 226, obs. Martin-Serf – Com. 5 déc. 2006, n° 05-17 598, NP; n° 1346 FD.
9. DEPUIS le 1er oct. 2016 : Ord. n° 2016-131, 10 févr. 2016, préc.
10. Douai, 8e ch., 19 sept. 2002, *RD banc. fin.* 2003/4, p. 216, n° 151, obs. Lucas – Paris, 15e ch. A, 27 janv. 2004, RG n° 2003/02558, *RD banc. fin.* 2004, p. 104, n° 80, obs. Lucas – Caen, 1re ch, sect. civ. et com., 24 févr. 2005, *JCP E* 2005. 1278, p. 1430.
11. Com. 17 nov. 2009, n° 08-11.198, *Bull. civ.* IV, n° 145; n° 1069 FS-P+B; *D.* 2009. AJ 2861, note Lienhard; *Gaz. Pal.* 8-10 janv. 2010, n°s 8, 9, p. 27, note Le Corre-Broly; *Act. proc. coll.* 2010/1, n° 4, note Cagnoli – Com. 17 févr. 2009, n° 07-21.157, *Bull. civ.* IV, n° 146; n° 1070 FS-P+B; *Gaz. Pal.* 8-10 janv. 2010, n°s 8, 9, p. 27, note Le Corre-Broly; *Act. proc. coll.* 2010/1, n° 4, note Cagnoli; *Bull. Joly* 2010, p. 259, comm. 59, note Reille; *LPA* 9 avr. 2010, n° 71, p. 7, note Rakotovahiny.

La reprise, en cas d'extinction de la créance, ne pourra donc intervenir que sur le fondement de l'article 1382 du code civil[1] (devenu C. civ., art. 1240[2]), la fraude étant sanctionnée sur le terrain de la responsabilité délictuelle, alors même que la créance aurait à l'origine une nature contractuelle ou légale, solution posée par exemple pour des cotisations de retraite[3]. Remarquons que, en ce cas, la fraude est postérieure au jugement d'ouverture et donne en conséquence naissance à une créance postérieure (C. com., art. L. 621-32)[4], à laquelle l'article L. 622-32 du code de commerce est absolument étranger. La solution aurait donc parfaitement pu être posée indépendamment de l'article L. 622-32 du code de commerce.

Il est en tout cas ainsi clairement distingué entre créance contractuelle et créance délictuelle de dommages et intérêts. La fraude du débiteur ne permet pas de tenir en échec l'extinction de la créance contractuelle. C'est ainsi que la deuxième Chambre civile de la Cour de cassation n'admet pas qu'une créance éteinte puisse justifier une reprise des poursuites individuelles, au motif de la fraude commise par le débiteur, et permette une saisie immobilière sans titre exécutoire[5].

La solution posée présuppose une véritable fraude, que ne suffit pas à constituer la remise incomplète par le débiteur d'une liste de ses créanciers[6], ni même l'absence totale de remise de la liste[7]. Il est ainsi distingué entre la fraude nécessaire sous l'empire de la loi du 25 janvier 1985 pour tourner l'obe lié à l'extinction de la créance et l'omission de de sauvegarde des entreprises, qui constitue unle relevé de forclusion (v. s[s] n° 665.53).

Ultériment, la Cour de cassation a modifié sa jurisprud, en considérant que si le créancier peut être indené sur le fondement de l'article 1382 du code civil venu C. civ., art. 1240[8]), de l'extinction de sa créa résultant de sa non déclaration par suite de la ude du débiteur, ce qui suppose que la fraude soit blie par le créancier[9], cela ne l'autorisait pas à obir à titre de dommages-intérêts le paiement de l'éqalent de la créance éteinte, mais seulement la répaion du préjudice exact subi du fait de l'extinction la créance[10]. En d'autres termes, il appartiendrae démontrer le montant auquel le créancier aur pu prétendre dans les répartitions ou dividendes seul ce montant sera indemnisable. Il n'y aura doc pas place à indemnisation d'un créancier chiroraphaire, si les autres créanciers chirographaires nont rien perçu dans la liquidation judiciaire[11].

La loi de sauvegarde des entreprises a supprimé l'extinction des créances pour défaut de déclaration dans les délais. Cet obstacle ne pourra donc être opposé au créancier. La simple inopposabilité de la créance à la procédure ne dure que le temps de la procédure. Ce créancier, victime de la fraude commise par le débiteur, pourra donc reprendre l'exercice de son droit de poursuite individuelle contre le débiteur une fois intervenue la clôture pour insuffisance d'actif de la procédure.

Le texte issu de la loi de sauvegarde des entreprises (C. com., art. L. 643-11, IV) précise une démarche particulière que le créancier doit suivre pour établir la fraude (v. s[s] n° 592.73).

1. Com. 2 mai 2001, n° 98-16.146, *Bull. civ.* IV, n° 81; *D.* 2001. AJ 1725, obs. Lienhard; *JCP E* et *A* 2001, Chron. 1470, n° 10, obs. Pétel; *Act. proc. coll.* 2001, n° 119, obs. Régnaut-Moutier – Com. 14 janv. 2004, n° 01-01.728, NP, *LXB* n° N0877AB4, note Le Corre – Com. 15 févr. 2005, n° 02-13.814, NP – Com. 12 avr. 2005, n° 03-20.901, NP, *Gaz. proc. coll.* 2005/2, p. 19, obs. Voinot; *Gaz. proc. coll.* 2005/2, p. 25, obs. Le Corre – Com. 17 nov. 2009, n° 08-11.198, *Bull. civ.* IV, n° 145; n° 1069 FS-P+B; *D.* 2009. AJ 2861, note Lienhard; *Gaz. Pal.* 8-10 janv. 2010, n°s 8, 9, p. 27, note Le Corre-Broly; *Act. proc. coll.* 2010/1, n° 4, note Cagnoli – Com. 17 févr. 2009, n° 07-21.157, *Bull. civ.* IV, n° 146; n° 1070 FS-P+B; *Gaz. Pal.* 8-10 janv. 2010, n°s 8, 9, p. 27, note Le Corre-Broly; *Bull. Joly* 2010, p. 259, comm. 59, note Reille; *Act. proc. coll.* 2010/1, n° 4, note Cagnol; *LPA* 9 avr. 2010, n° 71, p. 7, note Rakotovahiny – Com. 16 sept. 2014, n° 13-14.027, NP; n° 704 F-D.
2. DEPUIS le 1er oct. 2016 : Ord. n° 2016-131, 10 févr. 2016, préc.
3. Com. 13 nov. 2007, n° 06-14.372, *Bull. civ.* IV, n° 239; n° 1252 FS-P+B; *D.* 2007. AJ 3011, note Lienhard; *Gaz. proc. coll.* 2008/1, p. 48, note Roussel Galle; *JCP E* 2008. 1432, n° 13, obs. Pétel; *LXB hebdo* 20 déc. 2007, n° 286, n° N4170BDS, note Le Corre-Broly.
4. Lucas, obs. s[s] Com. 26 oct. 1999, n° 97-12.092, *RD Banc. et Bourse* 2000/1, n° 23.
5. Civ. 2e, 26 juin 2003, n° 01-16.166, *Bull. civ.* II, n° 215; *Act. proc. coll.* 2003/17, n° 223; *Dr. et proc.* 2003/6, p. 354, note Putman; *LPA* 18 févr. 2004, n° 35, p. 3, note Lucas.
6. Com. 14 nov. 2000, n° 97-11.985, *Bull. civ.* IV, n° 174; *D.* 2001. AJ 125, obs. Lienhard; *RJDA* 2001/2, n° 205 – Com. 2 mai 2001, n° 98-16.146, *Bull. civ.* IV, n° 81; *Act. proc. coll.* 2001/10, n° 119, note Régnaut-Moutier; *RJDA* 2001/10, n° 997.
7. Com. 12 juill. 2011, n° 10-21.726, NP; n° 739 F-D – Com. 27 nov. 2012, n° 11-23.831, NP; n° 1183 F-D.
8. DEPUIS le 1er oct. 2016 : Ord. n° 2016-131, 10 févr. 2016, préc.
9. Com. 17 nov. 2009, n° 07-17.233, NP; n° 1072 FS-D; *Gaz. Pal. entr. diff.* 8-10 janv. 2010, n°s 8, 9, p. 27, note Le Corre-Broly.
10. Com. 17 nov. 2009, n° 08-11.198, *Bull. civ.* IV, n° 145; n° 1069 FS-P+B; *D.* 2009. AJ 2861, note Lienhard; *Gaz. Pal.* 8-10 janv. 2010, n°s 8, 9, p. 27, note Le Corre-Broly; *Act. proc. coll.* 2010/1, n° 4, note Cagnoli; *Rev. proc. coll.* 2010/1, § 14, p. 32, note Legrand – Com. 17 févr. 2009, n° 07-21.157, *Bull. civ.* IV, n° 146; n° 1070 FS-P+B; *Gaz. Pal.* 8-10 janv. 2010, n°s 8, 9, p. 27, note Le Corre-Broly; *Act. proc. coll.* 2010/1, n° 4, note Cagnoli; *Bull. Joly* 2010, p. 259, comm. 59, note Reille; *LPA* 9 avr. 2010, n° 71, p. 7, note Rakotovahiny.
11. Com. 17 nov. 2009, n° 07-17.233, préc. – Com. 5 avr. 2011, n° 09-70.224, NP; n° 344 F-D.

Une règle particulière doit enfin être signalée qui concerne l'entrepreneur individuel à responsabilité limitée. En contrariété avec le principe selon lequel la procédure collective n'a d'effet qu'à l'égard des biens composant le patrimoine concerné par la procédure collective (C. com., art. L. 680-3, réd. ord. 9 déc. 2010[1]), mais en conformité avec le principe selon lequel le fraudeur ne mérite pas la protection patrimoniale instituée par la loi du 15 juin 2010[2], l'article L. 643-11 du code de commerce, dans la rédaction que lui donne l'ordonnance précitée, se trouve complété par un alinéa VI prévoyant qu'en cas de clôture de la liquidation judiciaire pour insuffisance d'actif d'un EIRL, le droit de poursuite des créanciers, en cas de fraude à l'égard d'un ou plusieurs créanciers, peut s'exercer sur un patrimoine autre que celui concerné par la procédure. Il s'agira, si la procédure concerne le patrimoine de l'entreprise à patrimoine affecté, du patrimoine non affecté. En revanche, il n'est pas prévu que ce texte s'applique, en cas d'ouverture de la procédure collective du chef du patrimoine non affecté, si une reprise des poursuites sur le patrimoine affecté n'est pas envisagée. Il n'est pas davantage prévu un droit de poursuite sur un autre patrimoine affecté si la procédure collective est ouverte du chef d'un patrimoine affecté. Ce texte apparaît comme le prolongement de la règle institué par l'article L. 526-12, avant dernier alinéa du code de commerce.

Pour donner une autonomie à ce cas de reprise des poursuites individuelles après clôture de la liquidation judiciaire pour insuffisance d'actif, par rapport au cas d'action en réunion des patrimoines, il a été suggéré de considérer ici la fraude comme visant des actes postérieurs au jugement d'ouverture, au contraire de l'action en réunion qui présuppose une fraude antérieure à l'ouverture de la procédure[3]. Cette distinction ne nous semble pas nécessaire. Faute de distinction du texte, il importe peu, pour la reprise des poursuites après clôture de la liquidation judiciaire pour insuffisance d'actif, que l'acte frauduleux soit antérieur ou postérieur au jugement d'ouverture. Certes, si l'action en réunion a abouti, le patrimoine non affecté sera englobé dans la procédure et l'exception au principe de cloisonnement des patrimoines sera déjà consommée. En revanche, si l'action en réunion n'a pas été entreprise, il apparaît important de permettre le jeu du texte de l'article L. 643-11, VI même si l'acte frauduleux a été accompli après le jugement d'ouverture.

Les modalités procédurales classiques pour statuer sur ce cas de reprise des poursuites individuelles s'appliqueront et les créanciers exerceront leurs droits dans les conditions classiques de reprise des poursuites individuelles après clôture de la liquidation judiciaire.

592.67 Débiteur « récidiviste ». L'article L. 643-11, III, 3° du code, dans sa rédaction issue de la loi de sauvegarde des entreprises[4], et l'article L. 622-32, alinéa 3 du code de commerce (anc[t] L. 25 janv. 1985[5], art. 169, al. 3), dans sa rédaction antérieure à la loi de sauvegarde des entreprises, autorisent le créancier à poursuivre le débiteur, s'il a déjà été déclaré en état de cessation des paiements et que la procédure a été clôturée pour insuffisance d'actif, ou si la personne morale dont il a été dirigeant a été déclarée en état de cessation des paiements et que la procédure a été clôturée pour insuffisance d'actif. Le droit à la reconstitution de sa « virginité patrimoniale »[6] n'est accordé qu'une fois. *Non bis in idem* !

Il a été relevé que le texte issu de la loi du 25 janvier 1985, devenu l'article L. 622-32, III, du code de commerce, était particulièrement mal rédigé. Il y manque en effet l'adverbe « antérieurement » derrière l'expression « la procédure a été clôturée ». Le texte n'aurait cependant aucun sens si l'adverbe, « antérieurement » ne devait pas y être sous-entendu. Dès lors, il faut considérer qu'il y a place à reprise des poursuites individuelles contre le débiteur dans deux cas :

– soit parce que le débiteur, exploitant individuel, a antérieurement fait l'objet en tant qu'exploitant individuel d'une procédure de liquidation judiciaire clôturée pour insuffisance d'actif ou d'un plan de cession identiquement clôturé;

– soit parce que le débiteur, exploitant individuel, a été dirigeant d'une personne morale dont la procédure a été antérieurement clôturée pour insuffisance d'actif[7].

Il est exclu d'appliquer le texte à un dirigeant de la personne morale débitrice, condamné à la faillite personnelle ou à l'interdiction de gérer, qui n'a pas été placé personnellement sous procédure collective, puisque ce serait permettre à un créancier de la personne morale d'obtenir contre le dirigeant un titre l'autorisant à reprendre des poursuites individuelles qu'il n'a jamais pu entreprendre[8].

La lettre de l'article L. 643-11, III, 3° du code, dans la rédaction que lui donne la loi de sauvegarde des entreprises, sans changer l'interprétation du texte ancien, améliore sa lettre en supprimant la dif-

1. Ord. n° 2010-1512, 9 déc. 2010, préc.
2. L. n° 2010-658, 15 juin 2010, *JO* 16 juin, p. 10984.
3. Pétel, « L'adaptation des procédures collectives à l'EIRL », *JCP E* 2011. 1071, sp. p. 23.
4. L. n° 2005-845, 26 juill. 2005, préc.
5. L. n° 85-98, 25 janv. 1985, préc.
6. AUSSI employant l'expression : PÉTEL, 6e éd., n° 330.
7. Douai, 2e ch., sect. 1, 15 mai 2003, RG n° 00/04891.
8. Com. 9 avr. 2013, n° 12-14.264, NP; n° 362 F-D; *BJE* juill. 2013, p. 233, note Sortais.

ficulté rédactionnelle liée à l'absence de l'adjectif « antérieure » derrière le mot « procédure » dans l'expression « la procédure a été clôturée pour insuffisance d'actif » figurant dans le texte ancien. Désormais, le texte, substantiellement amélioré sur le plan rédactionnel, prévoit que le créancier pourra retrouver son droit de poursuite individuelle lorsque « le débiteur ou la personne morale dont il a été le dirigeant a été soumis à une procédure de liquidation judiciaire antérieurement clôturée pour insuffisance d'actif moins de cinq ans avant l'ouverture de celle à laquelle il est soumis ».

Le créancier du groupement ne pourra entreprendre de poursuites à l'encontre du dirigeant, pour obtenir le paiement du passif antérieur du groupement. Pendant la procédure du dirigeant, la règle de l'arrêt des poursuites individuelles y fait obstacle. La clôture de la procédure du dirigeant pour insuffisance d'actif fait obstacle à la possibilité de reprise contre lui des poursuites[1]. L'article L. 643-11, III, 3° du code, dans sa rédaction issue de la loi de sauvegarde des entreprises, et l'article L. 622-32, III (anc[t] L. 25 janv. 1985, art. 169), dans sa rédaction antérieure à la loi de sauvegarde des entreprises, font exception à la règle de l'arrêt des poursuites individuelles dans le cas où « le débiteur ou la personne morale dont il a été le dirigeant a été déclaré en état de cessation des paiements et que la procédure a été clôturée pour insuffisance d'actif ». Il n'est pas précisé que la procédure antérieure de la personne morale devait être distincte de celle qui a conduit le dirigeant à être personnellement déclaré en redressement ou en liquidation judiciaire. Cependant, ce texte a pour objet de sanctionner le récidiviste, ce que n'est pas le dirigeant condamné à la liquidation judiciaire personnelle par conséquence de la procédure intéressant la personne morale qu'il dirigeait, s'il n'a pas, à titre personnel, fait l'objet antérieurement d'une procédure clôturée pour insuffisance d'actif. La Cour de cassation a déjà statué en ce sens[2]. Une autre malfaçon du texte de l'article L. 622-32, III du code de commerce, dans sa rédaction antérieure à la loi de sauvegarde des entreprises, résulte de la possibilité de faire bénéficier du jeu de la disposition le dirigeant d'une personne morale déclaré, à titre personnel, en liquidation judiciaire, par application des articles L. 624-4 ou L. 624-5 du code de commerce (anc[t] 25 janv. 1985, art. 181 ou 182). En pareil cas, la clôture de sa procédure pour insuffisance d'actif fera obstacle à *la possibilité* de reprendre contre lui les poursuites[3], alors pourtant que la liquidation judiciaire personnelle est une sanction. La clôture de la procédure de la personne morale n'autorisera pas la poursuite des créanciers de celle-ci contre le dirigeant condamné au redressement ou à la liquidation à titre personnel. Pendant sa procédure, la règle de l'arrêt des poursuites individuelles y fait obstacle. À la clôture de sa procédure, la reprise des poursuites n'est pas concevable contre lui s'il n'a été antérieurement déclaré en redressement ou en liquidation judiciaire à titre, selon le texte, de « débiteur », ce qui n'est pas le cas s'il est condamné en tant que dirigeant de la personne morale débitrice, à moins que, parallèlement, n'existe un autre cas de reprise des poursuites, tel celui de la faillite personnelle[4]. La loi de sauvegarde des entreprises supprime cette curiosité par la suppression des extensions sanctions.

En revanche, l'exception au principe d'interdiction de reprise des poursuites individuelles ne pouvait s'appliquer lorsque la seconde procédure avait été ouverte contre l'intéressé sur le fondement de la solidarité, en tant que membre ou associé d'un groupement placé sous procédure collective[5].

Le texte de l'article L. 643-11, III, 3°, du code, dans sa rédaction issue de la loi de sauvegarde des entreprises, celui de l'article L. 622-32, III, du code de commerce, dans sa rédaction antérieure à la loi de sauvegarde des entreprises, ne précisent pas si le droit de reprise des poursuites individuelles s'applique uniquement dans la seconde procédure ou s'il doit également trouver à s'appliquer dans la première. La question présuppose évidemment que l'exercice de l'activité dans la première procédure soit intervenu à titre personnel et non pas dans le cadre d'une personne morale. Cependant, le texte n'a vocation à régir que la procédure qui déclenche son application, c'est-à-dire la seconde procédure, un auteur justifiant la solution par le principe d'« étanchéité des procédures »[6]. La solution se justifie également par la considération que le créancier de la première procédure, confronté à la règle de l'arrêt des poursuites individuelles, a perdu son droit de poursuite individuelle, ce qui lui interdit, dans la seconde procédure, de déclarer sa créance[7]. Dès lors, faute d'avoir déclaré sa créance dans la seconde procédure, il ne pourra

1. Com. 9 juin 1998, n° 95-21.620, *Bull. civ.* IV, n° 182; *D. Affaires* 1998, 1129, obs. Lienhard; *Act. proc. coll.* 1998, n° 76, note Béhar-Touchais; *Procédures* 1998, n° 200, obs. Croze; *JCP E* 1998, Chron. p. 2068, obs. M. Cabrillac; *RJDA* 1998/11, n° 1274 – Com. 28 mars 2000, n° 97-19.153, *Bull. civ.* IV, n° 71; *RTD com.* 2000. 731, obs. Vallens; *D.* 2001. Somm. 618, obs. Honorat; *LPA* 23 nov. 2000, n° 232, p. 16, note Gibirila.
2. Com. 2 mars 1999, n° 96-13.135, NP, *Act. proc. coll.* 1999/8, n° 107.
3. Com. 9 juin 1998, n° 95-21.620, préc.
4. T. com. Senlis, ord. prés., 11 avr. 2001, *Act. proc. coll.* 2001/9, n° 111, obs. Vallansan.
5. Paris, 15e ch. B, 13 déc. 2007, RG n° 05/22426, *LPA* 29 mai 2008, n° 108, p. 17, note Sortais.
6. Soinne, n° 2535.
7. Aix-en-Provence, 8e ch. C, 15 janv. 2002, *JurisData* 174184.

bénéficier des exceptions au jeu de l'article L. 622, III du code, dans sa rédaction antérieure à la le sauvegarde des entreprises[1]. Cette justification peut en revanche être avancée, sous l'empire de loi de sauvegarde des entreprises, du fait de la suppression de l'extinction des créances non déclarées.

Le texte issu de la loi du 26 juillet 2005 apporte également une modification de fond. La rédaction antérieure ne contenait pas de limite temporelle au laps de temps devant s'écouler entre les deux clôtures de procédure. Ainsi, le débiteur ayant un jour plus ou moins lointain déjà connu une procédure clôturée pour insuffisance d'actif se voyait définitivement privé du bénéfice que constitue l'interdiction de reprise des poursuites individuelles de la part des créanciers. Désormais, l'article L. 643-11, III, 3° prévoit que ce bénéfice ne sera exclu que dans l'hypothèse où la précédente clôture pour insuffisance d'actif est intervenue moins de cinq ans avant l'ouverture de celle à laquelle il est soumis. Faute de précision supplémentaire du texte, les seules dates à prendre en compte dans l'appréciation du délai de cinq ans seront les jugements de clôture[2] et non leur publicité. Il y a là une amélioration sensible du sort du débiteur récidiviste, qui semble s'inscrire dans l'idée d'allégement général des sanctions[3] et qui consacre davantage encore le droit à l'erreur.

L'ordonnance du 9 décembre 2010[4], qui adapte le droit des entreprises en difficulté à l'EIRL, ajoute que, en présence d'un débiteur EIRL, la récidive s'apprécie « au titre de l'un quelconque de ses patrimoines » (C. com., art. L. 643-11, III, 3°).

L'article 78 de l'ordonnance du 12 mars 2014[5], au 3° du III de l'article L. 643-11 du code de commerce, ajoute le cas du débiteur qui a bénéficié de la procédure de rétablissement professionnel et par voie de conséquence, des dispositions de l'article L. 645-11 qui prévoient un effacement des dettes à la clôture de la procédure de rétablissement professionnel.

592.68 Débiteur « récidiviste » dans le cadre d'une procédure territoriale et d'une procédure interne. La loi du 26 juillet 2005[6] ajoute un nouveau cas de reprise des poursuites individuelles, qui, en réalité, doit être rapprochée du précédent. Il s'agit en effet d'une forme de récidive. Tenant compte du Règlement communautaire, l'article L. 643-11, III, 4° du code, dans la rédaction que lui donne la loi de sauvegarde des entreprises, envisage l'hypothèse dans laquelle le débiteur a fait antérieurement l'objet d'une procédure ouverte en tant que procédure territoriale, c'est-à-dire à l'encontre d'un établissement français d'une entreprise dont le siège se situe dans un autre état de l'union européenne. Il s'agit, a-t-on dit, par ce texte, d'empêcher des personnes morales étrangères de fermer en France un établissement très endetté, puis d'en ouvrir un autre exerçant exactement les mêmes activités. La procédure de liquidation judiciaire serait alors un moyen d'apurer son passif aux dépens des créanciers français[7]. En réalité, cette exception aura fort peu de portée pratique, car il faudrait supposer que l'établissement français d'une entreprise étrangère soit exploité sous forme individuelle.

Sous l'empire du Règlement du 29 mai 2000[8], puisque le texte vise une procédure secondaire, seule une liquidation judiciaire a pu être prononcée.

Bien que le texte ne précise pas, cette liquidation judiciaire aura dû être clôturée pour insuffisance d'actif, parce qu'il serait illogique d'interdire à un débiteur ayant payé tout son passif, dans le cadre d'une précédente procédure, de profiter du principe de l'interdiction de reprise des poursuites individuelles de la part des créanciers, dans la seconde procédure.

592.69 Règles particulières au paiement des créanciers postérieurs méritants en cas de clôture de la liquidation judiciaire pour insuffisance d'actif d'un débiteur personne physique. L'article 78 de l'ordonnance du 12 mars 2014[9] pose une règle particulière au débiteur personne physique. Pour cela, il insère un VII à l'article L. 643-11 du code de commerce. Il faut supposer une personne physique, qui n'est pas un entrepreneur individuel à responsabilité limitée dont la procédure collective a été ouverte en raison du patrimoine affecté, et dont la liquidation judiciaire a été clôturée pour insuffisance d'actif.

Pour comprendre la portée de la règle, il convient d'abord de rappeler que l'interdiction du droit de reprise des poursuites individuelles posées par l'article L. 643-11, I du code de commerce ne concerne que les créanciers frappés par l'interdiction des poursuites individuelles. Elle ne concerne donc pas les créanciers postérieurs méritants, ceux de l'article L. 641-13, I du code de commerce.

Le texte du VII de l'article L. 643-11 prévoit que le tribunal peut imposer à ces créanciers postérieurs méritants des délais de paiement uniformes, qui ne

1. Derrida et alii, n° 570.
2. En ce sens aussi : Pérochon, 10e éd., n° 1387 – Rappr. : Froehlich et Sénéchal, Lucas et Lécuyer (dir.), *La réforme des procédures collectives…*, Lgdj, 2006, p. 393.
3. Froehlich et Sénéchal, « De la réalisation de l'actif », *LPA* n° sp. 9 févr. 2006, n° 29, p. 21, sp. p. 45.
4. Ord. n° 2010-1512, 9 déc. 2010, préc.
5. Ord. n° 2014-326, 12 mars 2014, préc.
6. L. n° 2005-845, 26 juill. 2005, préc.
7. *Rapp. Xavier de Roux*, n° 2095, p. 400, 401 – *Adde, Rapp. J.-J. Hyest*, n° 335, p. 434.
8. Règl. (CE) n° 1346/2000, Conseil, 29 mai 2000, préc.
9. Ord. n° 2014-326, 12 mars 2014, préc.

pourront excéder deux ans, ni plus ni moins que les délais de grâce de l'article 1244-1 du code civil (devenu C. civ., art. 1343-5[1]). La solution a le mérite de permettre à la personne physique de rebondir plus facilement. La solution est sage, sauf à rendre particulièrement décourageante la reprise d'une activité de cette personne physique, qui serait plus mal traitée que le bénéficiaire du revenu de solidarité active, au point qu'il serait enclin à se demander s'il ne devrait pas se contenter de ce revenu, plutôt que de travailler.

Il est toutefois fait exception pour les créances des administrations financières – au premier rang desquelles vient le Trésor public – des organismes de sécurité sociale – et tout spécialement l'Urssaf –, des institutions gérant le régime d'assurance chômage prévu par les articles L. 5422-1 et suivants du code du travail et des institutions régies par le livre IX du code de la sécurité sociale.

Ainsi, les créanciers postérieurs méritants autres que ceux visés au VII de l'article L. 643-11 seront, après clôture pour insuffisance d'actif de la liquidation judiciaire d'une personne physique, tenus dans une situation intermédiaire entre des créanciers antérieurs privés du droit de reprendre leurs poursuites individuelles et des créanciers postérieurs méritants autorisés à poursuivre ce même débiteur : ils conserveront leur droit de poursuite, mais pourront se voir imposer des délais de paiement.

SECTION 592.70

MODALITÉS PROCÉDURALES DE LA REPRISE DES POURSUITES INDIVIDUELLES APRÈS CLÔTURE DE LA PROCÉDURE POUR INSUFFISANCE D'ACTIF

592.71 Modalités procédurales de la reprise des poursuites individuelles après clôture de la procédure pour insuffisance d'actif en cas d'admission du créancier au passif. Aux termes de l'article L. 622-32, alinéa 4 du code de commerce (anc[t] L. 25 janv. 1985[2], art. 169, al. 4), « les créanciers dont les créances ont été admises et qui recouvrent l'exercice individuel de leurs actions peuvent obtenir, par ordonnance du président du tribunal, un titre exécutoire ». L'article 154 alinéa 1 du décret du 27 décembre 1985[3] prévoit que « la caution et le coobligé mentionné au 2e alinéa de l'article 169 de la loi du 25 janvier 1985 [devenu C. com., art. L. 622-32] peut, dans les mêmes conditions, obtenir un titre exécutoire sur justification du paiement effectué ». Malgré le libellé du texte, qui nce « que les créanciers [...] peuvent obtenir [... titre exécutoire », la possibilité de reprise des poursuites est conditionnée à l'obtention de l'ordonnance présidentielle[4].

La loi de sauvegarde des entreprises[5] s'exprime en termes différents. L'article L. 643-11, V, du code de commerce indique que « les créanciers qui recouvrent l'exercice individuel de leurs actions en application du présent article peuvent, si leurs créances ont été admises, obtenir un titre exécutoire par ordonnance du président du tribunal ou, si leurs créances n'ont pas été vérifiées, le mettre en œuvre dans les conditions de droit commun ». Rappelons que ce texte est applicable aux procédures collectives en cours au jour de l'entrée en vigueur de la loi du 26 juillet 2005 (L. 26 juill. 2005, art. 191)[6]. Ainsi, contrairement au texte de la législation précédente qui ne régissait que les créanciers dont les créances antérieures avaient été admises au passif, désormais les créanciers antérieurs, mais aussi les créanciers postérieurs ne bénéficiant pas du traitement préférentiel ayant été admis au passif, ainsi que ces mêmes créanciers dont les créances n'ont pas été vérifiées, sont concernés par le texte. Remarquons que le texte ne distingue pas entre les créanciers dont la créance n'a pas été vérifiée, selon qu'ils ont ou non déclaré leur créance. Le texte a donc vocation à régir ces deux catégories de créanciers (v. s[s] n° 592.72).

La preuve de l'admission de la créance au passif pourra résulter de l'état des créances[7].

Dès lors que la créance aura été admise au passif, ce qui ne constitue pas un titre exécutoire pour le créancier (v. s[s] n° 682.31), le mécanisme ci-dessus décrit doit être respecté. Le créancier ne pourra reprendre ses poursuites sans autorisation du président du tribunal, même si la créance fondant ses poursuites est couverte par un titre exécutoire[8].

La solution s'applique au préjudice du Fisc. Même titulaire d'un jugement du tribunal correctionnel ayant condamné le débiteur personne physique pour fraude fiscale, le Fisc ne pourra reprendre

1. DEPUIS le 1er oct. 2016 : Ord. n° 2016-131, 10 févr. 2016, préc.
2. L. n° 85-98, 25 janv. 1985, prec.
3. D. n° 85-1388, 27 déc. 1985, préc.
4. Com. 24 mars 2004, n° 00-18.532, *Bull. civ.* IV, n° 59; *RD banc. fin.* 2004/4, p. 255, n° 173, obs. Lucas – Caen, 1re sect. civ., 28 oct. 1997, *BICC* 1er juin 1998, p. 17, n° 660.
5. L. n° 2005-845, 26 juill. 2005, préc.
6. Com. 28 juin 2011, n° 10-19.417, NP; n° 667 F-D.
7. Com. 10 mai 2005, n° 04-11.582, NP.
8. Com. 14 janv. 2004, n° 00-18.532, *Bull. civ.* IV, n° 59; *JCP E* 2004, Chron. 783 p. 857, n° 6, obs. M. Cabrillac; *RTD com.* 2004. 375, n° 5, obs. Vallens et 615, n° 17, obs. Vallens; *LXB* n° N0875ABZ, note Le Corre – Et sur renvoi après cassation : Amiens, ch. sol., 9 mai 2005, *JCP E* 2006. 1119, p. 134 – Com. 7 déc. 2004, n° 03-10.783, NP, *Rev. proc. coll.* 2006/1, p. 73, obs. Neau-Leduc et Hubert – Com. 18 janv. 2005, n° 03-17.217, NP, *Rev. proc. coll.* 2006/1, p. 73, obs. Neau-Leduc et Hubert.

ses poursuites sans l'autorisation du président du tribunal d'ouverture de la procédure collective[1].

La solution a également été posée pour la caution *solvens* qui a payé avant le jugement d'ouverture du débiteur principal et qui a été admise à son passif[2] ou qui a payé après le jugement d'ouverture[3].

Une règle particulière est d'ailleurs posée pour les cautions et coobligés, qui, en application du II de l'article L. 643-11 du code de commerce, peuvent reprendre leurs poursuites individuelles contre le débiteur, afin d'obtenir le remboursement des sommes payées à la place du débiteur sous procédure collective. L'article R. 643-20, alinéa 1 du code de commerce prévoit en effet que ces cautions et coobligés peuvent obtenir, comme le créancier dont la créance est admise au passif, et qui recouvre son droit de poursuite individuelle, un titre exécutoire sur justification du paiement effectué. Faut-il ici comprendre que la solution suppose que le garant exerçant son recours en remboursement soit admis au passif ? Une distinction s'impose en réalité en fonction du type de recours exercé (v. s[s] n°s 726.14 et 726.15). S'il est question du recours subrogatoire, l'admission du créancier est suffisante. La subrogation fera le reste... La preuve du paiement sera ici nécessaire, mais aussi suffisante. Au contraire, s'il est question de recours personnel, le garant devra être admis au passif. La réserve de la déclaration de créance n'existe toutefois que sous l'empire de la législation antérieure à la loi de sauvegarde des entreprises, car, depuis cette loi, la créance non déclarée n'est plus éteinte, ce qui justifie que le recours subrogatoire subsiste, alors même que le créancier n'a pas déclaré sa créance, et que le recours personnel est identiquement maintenu, même si la caution n'a pas déclaré au passif sa créance de recours personnel.

Il appartient donc au créancier poursuivant de faire reconnaître, par le président du tribunal, qu'il remplit les conditions légales pour reprendre ses poursuites individuelles[4].

L'article 154, alinéa 2 du décret du 27 décembre 1985 ajoute que « dans les cas prévus aux 1er et 2e alinéas de l'article 169 [devenu C. com., art. L. 622-32, I et II] de cette même loi, l'ordonnance est rendue, le débiteur entendu ou dûment appelé ». Il y aura en conséquence place à convocation du débiteur lorsque la reprise des poursuites a pour fondement une condamnation pénale pour des faits étrangers à l'activité professionnelle ou pour fraude fiscale, des droits attachés à la personne du débiteur ou que la poursuite intéresse la caution ou le coobligé ayant payé à la place du débiteur et recourant contre ce dernier. L'absence de convocation entacherait de nullité l'ordonnance autorisant la reprise des poursuites. Dans les autres cas (C. com., art. L. 622-32, III), ce qui inclut notamment, et de manière surprenante, l'hypothèse de la fraude qui nécessite indiscutablement des débats, il n'y a pas place à convocation du débiteur, ce qui est singulier au regard du principe de contradiction[5].

Sous l'empire de la législation de sauvegarde des entreprises, l'article R. 643-20, alinéa 4 du code de commerce (anc[t] D. 28 déc. 2005[6], art. 309, al. 4), disposition qui s'applique aux procédures en cours au 1er janvier 2006 (D. 28 déc. 2005, art. 361, 4°), prévoit que, dans les cas prévus aux I, II et III de l'article L. 643-11 du code de commerce, l'ordonnance du président du tribunal, qui statue sur l'autorisation de reprise des poursuites individuelles, est rendue le débiteur entendu ou appelé. Seul échappe à l'obligation de respecter la règle du contradictoire, le cas de reprise des poursuites individuelles sur le fondement de la fraude. La solution est justifiée par le mécanisme particulier de reprise des poursuites individuelles en ce cas. En effet, une procédure contradictoire pour autoriser la reprise des poursuites individuelles au profit de tous les créanciers a déjà été respectée (v. s[s] n° 592.73). La convocation du débiteur est donc ici inutile, car le président du tribunal n'a plus à apprécier s'il y a place à reprise des poursuites individuelles. Celle-ci est déjà autorisée.

L'article R. 643-20, alinéa 3 du code de commerce, sous l'empire de la loi de sauvegarde, et l'article 154 alinéa 3 du décret du 27 décembre 1985 prévoient que « l'ordonnance vise l'admission définitive de ce créancier et le jugement de clôture pour insuffisance d'actif ». En outre, l'ordonnance doit contenir « injonction de payer » et doit être revêtue, par le greffier, de la formule exécutoire. L'ordonnance constitue en conséquence un titre exécutoire, qui peut être transmis à l'huissier pour exécution.

Le nouvel alinéa 1 du V de l'article L. 643-11 du code de commerce reprend fidèlement ces solutions jurisprudentielles, en énonçant, plus clairement que ne le faisait l'ancien V de l'article L. 643-11, les règles applicables. Il faut donc, à notre sens, voir

1. Com. 30 mai 2007, n° 06-12.438, NP ; n° 779 F-D.
2. Com. 16 juin 2004, n° 03-10.544, *Bull. civ.* IV, n° 126 ; *D.* 2004. AJ 1902, obs. Lienhard ; *Act. proc. coll.* 2004/16, n° 205, note Cagnoli ; *RD banc. fin.* 2004/5, p. 327, n° 202, obs. Legeais – Montpellier, 2e ch., 8 déc. 2015, RG n° 14/04525, *Gaz. Pal.* 24 mai 2016, n° 19, p. 37.
3. Civ. 2e, 19 nov. 2009, n° 09-11.581, NP, *Act. proc. coll.* 2010/1, n° 8 ; *Procédures* 2010, comm. 16, note Rolland ; *Rev. proc. coll.* 2010/2, comm. 85, p. 74, note Berthelot.
4. Com. 7 déc. 2004, n° 03-10.783, NP, *Rev. proc. coll.* 2006/1, p. 73, obs. Neau-Leduc et Hubert – Com. 18 janv. 2005, n° 03-17.217, NP, *Rev. proc. coll.* 2006/1, p. 73, obs. Neau-Leduc et Hubert.
5. SOINNE, n° 2536 – DERRIDA ET *ALII*, n° 573.
6. D. n° 2005-1677, 28 déc. 2005, préc.

dans l'article 124 de l'ordonnance du 18 décembre 2008[1], une disposition interprétative.

Si le créancier admis au passif est déjà titulaire d'un titre exécutoire, le président du tribunal devra constater, par voie d'ordonnance, que le créancier remplit les conditions pour reprendre ses poursuites individuelles. Si le créancier admis au passif n'est pas titulaire d'un titre exécutoire, il devra saisir le président du tribunal, qui lui délivrera, par voie d'ordonnance, s'il remplit les conditions, le titre exécutoire l'autorisant à reprendre ses poursuites individuelles.

592.72 Modalités procédurales de la reprise des poursuites individuelles après clôture de la procédure pour insuffisance d'actif en l'absence d'admission du créancier au passif. Si la créance n'a pas été admise au passif, la technique ci-dessus décrite ne peut être utilisée.

Tout d'abord, si la créance a été vérifiée, mais rejetée, elle est éteinte. Il n'y a donc plus de créancier qui puisse reprendre ses poursuites individuelles[2].

Ensuite, si la créance a été régulièrement déclarée, mais n'a pas été vérifiée, faute de vérification du passif chirographaire, dans la liquidation judiciaire obéissant au régime classique, faute de vérification des créances ne venant pas en rang utile dans la liquidation judiciaire simplifiée, la seule ressource du créancier sera d'assigner le débiteur en paiement, dans le cadre d'une instance classique[3]. Il a cependant été jugé que, nonobstant l'absence d'admission de la créance, la technique de la présentation d'une requête au président de la juridiction pouvait être utilisée[4].

La compétence du tribunal de la faillite ne s'imposera pas. Il n'est ici question que d'appliquer le droit commun, la procédure collective étant, par hypothèse, terminée.

La solution que nous avions suggérée a été purement et simplement adoptée par le texte issu de la loi de sauvegarde des entreprises[5], qui prévoit (C. com., art. L. 643-11, V) que les créanciers, dont la créance n'a pas été vérifiée, recouvrent l'exercice individuel de leurs actions contre le débiteur dans les conditions de droit commun. La commission des lois du Sénat qui a introduit l'amendement conduisant à la solution n'avait envisagé que l'hypothèse des créances non vérifiées, non celle des créances non déclarées. Il s'agissait de tenir compte du nombre croissant de créances qui ne seraient plus vérifiées dans la procédure de liquidation judiciaire, dans un souci d'efficacité et d'*accélération de la procédure*[6]. Le silence du législateur et des travaux parlementaires est gênant. Le texte ne distingue pas, en effet, selon que la créance n'a pas été vérifiée, à la suite d'une absence de vérification, ou à la suite d'une absence de déclaration dans les délais. La créance non déclarée n'est plus éteinte. Le principe *Ubi lex*... nous semble conduire à décider que le créancier, qui n'a pas déclaré sa créance, peut reprendre l'exercice de son droit de poursuite individuelle[7], selon les voies du droit commun. Toutefois, aucun effet interruptif de prescription lié à la déclaration de créance au passif n'aura ici pu empêcher le jeu de la prescription.

L'alinéa 2 du V de l'article L. 643-1 du code de commerce, issu de la rédaction que lui a donnée l'ordonnance du 18 décembre 2008[8], conserve la solution posée pour le créancier dont la créance n'a pas été admise au passif : si leurs créances n'ont pas été vérifiées, les créanciers qui recouvrent leur droit de poursuite individuelle peuvent le « mettre en œuvre dans les conditions du droit commun ».

Dans toutes ces hypothèses d'absence de vérification de la créance, mais si, et seulement si, le créancier n'est pas déjà titulaire d'un titre exécutoire, il appartiendra au créancier d'assigner le débiteur en paiement, dans le cadre d'une instance classique. La procédure de l'injonction de payer est toutefois exclue, ainsi que le précise l'article R. 643-20 du code de commerce, dans la rédaction que lui donne l'article 103 du décret du 12 février 2009. Au contraire, si le créancier est muni d'un titre exécutoire, il est irrecevable à demander la condamnation de la caution devant un juge[9]; en ce cas, il doit, à notre sens, l'opinion contraire ayant également été soutenue[10], saisir le président du tribunal qui avait ouvert la procédure pour vérification qu'il entre bien dans les cas d'exception à la règle de l'interdiction de reprise des poursuites individuelles après clôture de la liquidation judiciaire pour insuffisance d'actif.

592.73 Modalités procédurales de la reprise des poursuites individuelles après clôture de la procédure pour insuffisance d'actif en cas de fraude sous l'empire de la loi du 26 juillet 2005[11]. La législation de sauvegarde réglemente d'une manière parti-

1. Ord. n° 2008-1345, 18 déc. 2008, préc.
2. Com. 25 juin 2002, n° 99-14.847, NP, *Act. proc. coll.* 2002/16, n° 214.
3. Caen, 29 nov. 2007, RG n° 06/1368, *Act. proc. coll.* 2008/4, n° 65.
4. Rennes, 2e ch., 12 févr. 1992, *JurisData* 042042.
5. L. n° 2005-845, 26 juill. 2005, préc.
6. *Rapp. J.-J. Hyest*, n° 335, p. 435.
7. EN CE SENS AUSSI : VALLANSAN et *alii*, 6e éd., p. 445 – Vallansan, « Loi de sauvegarde des entreprises », *Act. proc. coll.* 2005/14.
8. Ord. n° 2008-1345, 18 déc. 2008, préc.
9. Com. 29 avr. 2014, n° 13-10.766, NP, *BJE* juill. 2014, p. 247, note Le Mesle.
10. Le Mesle, note ss Com. 29 avr. 2014, n° 13-10.766, préc.
11. L. n° 2005-845, 26 juill. 2005, préc.

culière, la possibilité pour les créanciers de reprendre leur droit de poursuite en cas de fraude à l'égard d'un ou de plusieurs créanciers.

Il est d'abord prévu la possibilité pour le tribunal, lors de la clôture de la procédure, de décider que les créanciers pourront reprendre leurs poursuites individuelles. Pour cela, le tribunal devra caractériser la fraude du débiteur. Il sera aidé par les observations du liquidateur et des contrôleurs, qu'il devra entendre ou appeler. Le débiteur devra identiquement être entendu ou appelé.

Si dans le jugement de clôture, le tribunal autorise la reprise des poursuites individuelles de tout créancier à l'encontre du débiteur, il en est fait mention dans les publicités entourant le jugement de clôture (C. com., art. R. 643-8, al. 3). Ce sont celles du jugement d'ouverture (v. s[s] n°s 233.33 et *233.34*), notamment la publication au *Bodacc*. En outre, en ce cas, ce jugement est signifié au débiteur à la diligence du greffier dans les huit jours de son prononcé. Le débiteur pourra en interjeter appel. Il y a un intérêt tout particulier, car ce jugement conditionne ensuite la possibilité pour les créanciers de reprendre à son encontre leurs poursuites individuelles.

Il est ensuite prévu la possibilité pour « tout intéressé », énonce l'article L. 643-11, IV, de saisir le tribunal après clôture de la procédure, aux fins de reprise des poursuites individuelles en cas de fraude du débiteur à l'égard d'un ou de plusieurs créanciers, pour que le tribunal autorise les créanciers à reprendre, sur ce fondement, leurs poursuites individuelles. Le tribunal statuera, indique l'article L. 643-11, IV du code de commerce, dans les mêmes conditions que dans l'hypothèse où il statue sur la clôture de la procédure. Ici encore, il ne devrait donc pouvoir statuer qu'après avoir entendu ou dûment appelé le débiteur, le liquidateur et les contrôleurs. Cette précision est sans doute malencontreuse, car on voit mal comment le tribunal pourrait entendre un liquidateur qui n'est plus en fonction et des contrôleurs qui, identiquement, ont cessé leurs fonctions, par l'effet du jugement de clôture de la liquidation judiciaire[1], sauf à faire revivre leurs fonctions. Il semble plus cohérent de se dispenser de la présence du liquidateur et des contrôleurs, le créancier assignant ayant seulement en face de lui le débiteur, qui sera, en pratique, une personne physique. Le jugement que rendra le tribunal, autorisant la reprise des poursuites de la part de tous les créanciers, est publié comme un jugement d'ouverture. Il est signifié au débiteur, à la diligence du greffier, dans les huit jours de son prononcé (C. com., art. R. 643-8, al. 4), le débiteur ayant qualité et intérêt à en interjeter appel.

Les créanciers ne seront pas, pour autant, dispensés d'obtenir l'ordonnance du président du tribunal. Le président du tribunal, en ce cas, n'aura cependant pas à apprécier si le créancier est dans un cas de reprise des poursuites individuelles, la question ayant été tranchée par le tribunal (sur l'appréciation de la fraude v. s[s] n° 592.66). Il se contentera de rendre l'ordonnance portant injonction de payer.

592.74 Voies de recours sur l'ordonnance autorisant la reprise des poursuites individuelles après clôture pour insuffisance d'actif. Quelle est la voie de recours ouverte sur l'ordonnance autorisant la reprise des poursuites individuelles après clôture pour insuffisance d'actif ? Cette décision est-elle soumise aux voies de recours classiques à l'encontre des ordonnances sur requête ou doit-elle, au contraire, être soumise à la voie de l'appel, dans les conditions de forme et de délai de droit commun ? La Cour de cassation répond à la question en optant pour la seconde branche de l'alternative. Seule la voie de l'appel, dans les conditions de forme et de délai de droit commun, est ouverte au débiteur contre l'ordonnance rendue par le président du tribunal qui constate le droit de reprise des poursuites individuelles[2].

Le débiteur ne peut donc saisir le président du tribunal d'ouverture de la procédure collective d'une demande en référé rétractation de l'ordonnance qu'il a précédemment rendue[3]. La Cour de cassation écarte aussi la procédure d'opposition, qui aurait été concevable, puisque l'ordonnance ici en cause contient injonction de payer[4]. La voie de recours prévu à l'article 1412 du code de procédure civile aurait donc été envisageable. Mais, d'une part, l'ordonnance présidentielle, qui autorise le débiteur à reprendre ses poursuites individuelles et qui contient l'injonction de payer, ne se cantonne pas à porter injonction de payer puisque, préalablement, elle constate que le créancier peut reprendre ses poursuites individuelles. D'autre part, et plus fondamentalement, le mécanisme de la requête en injonction de payer est exclusif du respect du contradictoire dans la première phase. Or, comme il a été précédemment indiqué, par principe, avant de statuer sur la reprise de des poursuites individuelles, le président du tribunal doit entendre ou à tout le

1. AUSSI : Froehlich et Sénéchal, « De la réalisation de l'actif », *LPA* n° sp. 9 févr. 2006, n° 29, p. 21, sp. p. 46.

2. Com. 16 juin 2004, n° 01-12.480, *Bull. civ.* IV, n° 127; *D.* 2004. AJ 1902, obs. Lienhard – Com. 15 nov. 2005, n° 04-14.099, NP – Com. 13 févr. 2007, n° 05-11.222, NP; n° 203 F-D – Com. 4 mars 2014, n° 12-23.632, NP; n° 217 F-D – *Adde*, Rouen, 14 mars 2002, *RTD com.* 2002. 549, n° 11, obs. approb. Vallens.
3. Com. 15 nov. 2005, n° 04-14.099, NP.
4. Com. 16 juin 2004, n° 01-12.480, préc.

moins convoquer le débiteur. Dès cette phase, la procédure est contradictoire.

La Cour de cassation préfère choisir une troisième voie, celle de l'appel dans les conditions de droit commun sur l'ordonnance du président du tribunal. Ce n'est donc pas l'appel ouvert par l'article 496, alinéa 1 du code de procédure civile en matière d'ordonnance sur requête lorsque la requête est rejetée. Cet appel n'est en effet ouvert qu'au requérant et obéit à un délai de quinzaine dérogatoire au droit commun.

Il est bien difficile de mettre une étiquette sur l'ordonnance du président du tribunal qui constate le droit de reprise des poursuites individuelles au profit d'un créancier antérieur après clôture de la liquidation judiciaire pour insuffisance d'actif tout en portant injonction de payer. Négativement, on sait qu'il ne s'agit pas d'une ordonnance sur requête. Il ne s'agit pas davantage d'une simple ordonnance portant injonction de payer. L'appel de droit commun pourrait, peut-être, être justifié par le recours à la qualification d'ordonnance de référé. On sait en effet que les décisions de référé prononcées par les juridictions de première instance sont portées devant la cour d'appel. Or, la procédure d'appel des décisions de référés obéit aux règles de droit commun. On observera d'abord que le principe du contradictoire est ici respecté. En revanche, le mode d'introduction de l'instance serait ici particulier. Il s'agirait là d'une requête unilatérale. Or, si à côté du mode classique d'introduction d'instance, à savoir une assignation, est admise la possibilité d'une requête, encore faut-il que celle-ci soit conjointe. Il apparaît donc particulièrement délicat de déterminer la nature exacte de cette ordonnance autorisant la reprise des poursuites individuelles après clôture pour insuffisance d'actif et portant injonction de payer.

Il n'en était pas ainsi sous l'empire de la loi du 13 juillet 1967[1], l'ordonnance du président n'étant à l'époque pas susceptible de recours. Cependant, sur le fondement de l'article 6 § 1 de la Convention européenne de sauvegarde des droits de l'homme et des libertés fondamentales accordant à tout justiciable le droit à un procès équitable, le droit de former recours a néanmoins été reconnu au débiteur[2], solution qui serait assurément transposable en droit positif, si le principe de l'ouverture du recours de droit commun n'avait pas été reconnu au débiteur.

1. L. n° 67-563, 13 juill. 1967, préc.
2. Com. 24 juin 2003, n° 01-16.138 à 01-16.144, 7 esp., NP.

CHAPITRE

593. Reprise de la procédure

SECTION 0

ORIENTEUR

593.00 Plan du chapitre.

Sect. 593.10 Conditions de fond de la reprise de la procédure

Sect. 593.20 Conditions de forme de la reprise de la procédure

Sect. 593.30 Effets de la reprise de la procédure

593.01 Textes applicables. (V. les références complètes s[s] n° 011).

> Législation antérieure à la loi de sauvegarde des entreprises.

C. com., art. L. 622-34

D. n° 85-1388, 27 déc. 1985, art. 154-1

> Législation issue de la loi de sauvegarde des entreprises.

C. com., art. L. 643-13

C. com., art. R. 643-24 (anc[t] D. n° 2005-1677, art. 311)

L. 26 juill. 2005, art 191

> Législation issue de l'ordonnance du 18 décembre 2008.

C. com., art. L. 643-13

C. com., art. R. 643-24

> Législation issue de l'ordonnance du 12 mars 2014.

C. com., art. L. 643-13

593.02 Jurisprudence de référence.

> La réouverture de la procédure de liquidation judiciaire n'est pas l'ouverture d'une nouvelle procédure, mais la simple reprise de l'ancienne procédure prématurément clôturée, avec effet rétroactif.

• **Com. 16 mars 2010,** n° 08-13.147, *Bull. civ.* IV, n° 55; n° 331 FS-P+B

* V. s[s] n° 593.31

593.03 Bibliographie indicative. (V. les références complètes s[s] n° 031 – Aussi s[s] n° 590.03).

593.04 Questions essentielles.

• À quelles conditions une procédure clôturée peut-elle être rouverte ?

* V. s[s] n° 593.11.

• Qui peut demander la réouverture de la procédure de liquidation judiciaire ?

* V. s[s] n° 593.21.

SECTION 593.10

CONDITIONS DE FOND DE LA REPRISE DE LA PROCÉDURE

593.11 Conditions de fond de reprise de la procédure. L'article L. 643-13 du code, dans sa rédaction issue de la loi de sauvegarde des entreprises[1], et l'article L. 622-34 du code de commerce (anc[t] L. 25 janv. 1985[2], art. 170), dans sa rédaction antérieure à la loi de sauvegarde des entreprises, autorisent une reprise de la procédure de liquidation judiciaire, antérieurement clôturée pour insuffisance d'actif, « s'il apparaît que des actifs n'ont pas été réalisés ou que des actions dans l'intérêt des créanciers n'ont pas été engagées ». Sous l'empire de la loi du 25 janvier 1985 non réformée, une dissimulation d'actifs ou une fraude du débiteur était exigée. Depuis la loi de sauvegarde des entreprises, seule est prise en compte une situation objective, non une intention du débiteur[3]. On évoquera, dans la suite des développements, indistinctement la reprise ou la réouverture de la procédure.

La réouverture de la procédure est une faculté pour le tribunal saisi de la demande. Ainsi que le précise le texte du code de commerce, la procédure « peut être reprise ». Justifie en conséquence sa décision, la cour d'appel qui refuse la reprise de la procédure par une décision motivée[4]. Par exemple,

1. L. n° 2005-845, 26 juill. 2005, *JO* 27 juill., p. 12187.
2. L. n° 85-98, 25 janv. 1985, *JO* 26 janv., p. 1097.
3. PÉROCHON, 10e éd., n° 1341 – *Adde*, J.-CL. COM., Vallansan, fasc. 2770, [Clôture pour insuffisance d'actif], 2004, n° 66.
4. Com. 12 nov. 2008, n° 07-19.389, NP; n° 1164 F-D; *Act. proc. coll.* 2008/20, n° 319, note Régnaut-Moutier – Com. 11 déc. 2012, n° 11-25.399, NP; n° 1264 FS-D.

elle peut s'appuyer sur le constat que la reprise de la procédure n'emportera pas un apurement certain, même partiel de la ou des créances subsistantes du demandeur[1].

En outre, la réouverture de la procédure obéit à des conditions de fond restrictives.

Soit des actifs n'ont pas été réalisés à la suite d'un oubli du liquidateur ou d'une manœuvre du débiteur. Il en est ainsi par exemple d'une dissimulation d'actifs[2]. Il peut s'agir de la créance d'indemnité d'éviction versée au débiteur après une procédure d'expropriation[3].

Soit des actions dans l'intérêt des créanciers n'ont pas été engagées. On peut penser aux actions tendant à la reconstitution de l'actif, par exemple des actions en responsabilité contre des tiers[4]. Il peut aussi s'agir d'actions en recouvrement contre des tiers. Précisons à cet égard que la Cour de cassation a admis la possibilité pour le débiteur, personne physique, revenu *in bonis* après clôture de sa procédure, d'agir personnellement en recouvrement et pour son propre compte, son dessaisissement ayant pris fin[5].

Ont également été évoquées les actions en comblement de passif, en redressement ou en liquidation judiciaires à titre personnel, sous l'empire de la législation antérieure à la loi de sauvegarde[6]. Il était possible d'ajouter, sous l'empire de la loi de sauvegarde des entreprises, dans sa rédaction d'origine, les actions en obligation aux dettes sociales[7]. Cependant, ces actions ne nous semblent plus pouvoir être entreprises, du fait de la clôture de la procédure (v. s^s^ n° 921.33). En outre, et de toute façon, la prescription constituera le plus souvent un obstacle procédural.

Ont encore été visées les actions en extension sur le fondement de la fictivité ou de la confusion des patrimoines[8]. Ici encore, la clôture de la procédure constituera un obstacle temporel à l'introduction de l'action (v. s^s^ n° 213.34).

1. Com. 2 nov. 2005, n° 04-15.738, *Bull. civ.* IV, n° 211; *Defrénois* 2006/11, p. 927, Chron. 38407, n° 2, note Gibirila; *LPA* 17 nov. 2006, n° 230, p. 14, note Jambort; *Gaz. Pal.* 21-22 juin 2006, p. 44, note Robine.
2. ILLUSTR. : T. com. Paris, 27 sept. 1995, *RJ com.* 1996. 272, note Gallet.
3. Com. 17 sept. 2002, n° 99-16.660, NP.
4. JACQUEMONT, 7e éd., n° 1023 – PÉTEL, 8e éd., n° 345.
5. Com. 17 oct. 2000, n° 98-10.955, *Bull. civ.* IV, n° 71; *JCP E* 2001, Chron. 176, n° 2-C-8, obs. Pétel; *D.* 2001. Somm. 619, obs. Honorat; *Act. proc. coll.* 2000/18, n° 232, note Bonneau; *D.* 2000. jur. 411, note Lienhard; *RTD com.* 2001. 243, obs. Vallens.
6. SOINNE, n° 2516 – PÉROCHON ET BONHOMME, 7e éd., n° 497.
7. PÉROCHON ET BONHOMME, 7e éd., n° 497.
8. SOINNE, n° 2516 – PÉROCHON, 10e éd., n° 1344 – *Adde*, *Rapp. Xavier de Roux*, n° 2095, p. 402.

D'une manière extensive par rapport au texte, la Chambre criminelle de la Cour de cassation a admis la réouverture de la procédure pour permettre la reprise d'une action engagée avant la clôture[9]. Il est vrai qu'un argument *a fortiori* peut ici être utilisé au soutien de cette possibilité.

La réouverture de la procédure ne pourra pas intervenir pour les seuls besoins d'un créancier. La réouverture de la procédure ne doit pas tendre à alourdir le passif du débiteur[10]. Ainsi, un créancier ne peut agir en réouverture de la procédure aux fins d'obtenir du débiteur le remboursement de travaux lui incombant[11]. De même, il n'y a pas place à réouverture de la procédure, pour autoriser l'action d'un assureur contre le débiteur assuré responsable des désordres[12]. Il n'y a pas davantage place à réouverture de la procédure lorsqu'un liquidateur sollicite précipitamment la clôture de la procédure, oubliant une instance de contestation de créances en cours devant la cour d'appel[13]. Le créancier n'a alors d'autre issue que de solliciter la nomination d'un mandataire *ad hoc* pour terminer les opérations de vérification de la créance litigieuse.

Le fait que la réouverture de la procédure soit de nature à créer une mauvaise publicité pour le débiteur, qui a repris une activité, est sans importance[14]. De même, le faible profit de cette action – en l'espèce des commissions à percevoir par le débiteur, qui avait entamé une instance prud'homale pendant sa liquidation judiciaire, qu'il a laissé soigneusement radiée et qu'il a reprise après clôture de sa liquidation – pour les créanciers, ne constitue pas un obstacle[15].

Le retour à meilleure fortune ne constitue pas un cas de réouverture de la procédure[16] (v. s^s^ n° 593.31).

Indiquons qu'une question prioritaire de constitutionnalité présentée à propos de la reprise de la procédure et fondée sur l'atteinte à la liberté contractuelle, a été rejetée[17].

9. Crim. 27 janv. 2010, n° 09-87.361, *Bull. crim.* n° 15; *D.* 2010. AJ 706, note Lienhard; *Act. proc. coll.* 2010/6, n° 92; *Rev. proc. coll.* 2010/5, comm. 180, note Berthelot; *RTD com.* 2010. 618, obs. Bouloc.
10. RAPPR. : Froehlich et Sénéchal, Lucas et Lécuyer (dir.), *La réforme des procédures collectives…* Lgdj, 2006, p. 396.
11. Rennes, 21 mars 2001, *BRDA* 2001, n° 22, p. 6.
12. Rennes, 2e ch. com., 21 mars 2001, *BICC* 15 sept. 2001, n° 899.
13. T. com. Paris, 18e ch., 30 avr. 1997, *Loxxia c/Corist, Me Pierrel ès-qual.*, NP.
14. Colmar, 1re ch. civ., sect. A, 27 mars 2012, RG n° 11/06001, *Act. proc. coll.* 2012/12, comm. 181, note Cagnoli.
15. Colmar, 1re ch. civ., sect. A, 27 mars 2012, RG n° 11/06001, préc.
16. *Rapp. J.-J. Hyest*, n° 335, p. 436.
17. Com. 22 janv. 2013, n° 12-40.089, NP, *Rev. sociétés* 2013. 179, note Henry.

593.12 Obligation pour le créancier de consigner les frais des opérations de reprise de la procédure. L'article L. 622-34 du code de commerce, dans la rédaction antérieure à la loi du 26 juillet 2005[1], oblige le créancier à consigner à la caisse des dépôts et consignations les fonds nécessaires aux frais des opérations.

La législation du 26 juillet 2005 (C. com., art. L. 643-13, al. 2) prévoit que cette consignation sera désormais effectuée au greffe du tribunal de grande instance ou de commerce selon le cas. L'amendement présenté pour opérer cette substitution a été justifié par des raisons de souplesse et de simplicité[2].

Il s'agit là d'une condition préalable à la réouverture sollicitée[3], mais seulement lorsque la réouverture de la procédure est à l'initiative du créancier.

Ces frais, qui représentent le coût d'introduction des actions et de répartition des fonds récupérés, lui seront remboursés par priorité sur les sommes recouvrées à la suite de la reprise de la procédure. Il s'agit, en réalité, de frais bénéficiant du privilège des frais de justice, puisqu'ils peuvent, par hypothèse, être opposés à tous les créanciers auxquels ils sont utiles, c'est-à-dire aux créanciers pouvant prétendre à des répartitions.

SECTION 593.20
CONDITIONS DE FORME DE LA REPRISE DE LA PROCÉDURE

593.21 Modalités procédurales de la reprise de la procédure. Sous l'empire de la législation antérieure à la loi du 26 juillet 2005[4], la demande de réouverture n'appartient qu'au créancier, antérieur ou postérieur au jugement d'ouverture[5]. Le créancier antérieur devra avoir déclaré sa créance au passif et, sauf absence de vérification de celle-ci, elle devra être admise au passif. À défaut, la créance est éteinte et ne peut fonder le droit de demander la réouverture de la procédure[6], faute d'intérêt à agir. Le liquidateur judiciaire d'une personne créancière, qui représente cette dernière, a identiquement qualité pour agir[7].

Par hypothèse, le liquidateur a cessé ses fonctions. Il n'a donc pas qualité pour solliciter la réouverture[8]. En revanche, si le tribunal qui décide la reprise de la procédure le désigne comme liquidateur, la cause d'irrecevabilité disparaît et il a donc qualité pour engager ou poursuivre une action en recouvrement de créance[9].

L'absence de qualité à agir du liquidateur n'existe cependant que s'il agit en cette qualité. La Cour de cassation lui interdit d'agir en qualité de créancier d'honoraires[10]. En outre, il peut agir en qualité de liquidateur d'une personne ayant la qualité de créancier[11].

La loi du 26 juillet 2005 a considérablement élargi le droit de saisine. L'article L. 643-13, alinéa 2 du code de commerce, qui s'applique aux procédures en cours au 1er janvier 2006, ce qui présuppose d'évidence que la procédure ne soit pas clôturée à cette date[12], prévoit que le tribunal, qui peut se saisir d'office, peut aussi être saisi par le ministère public ou par tout créancier intéressé. Le créancier antérieur, ainsi que le créancier postérieur non éligible au traitement préférentiel, dont la créance est née régulièrement, devra avoir déclaré celle-ci au passif. À défaut, elle est inopposable à la procédure collective (v. s^s^ n° 665.75). Il ne peut prétendre fonder sur celle-ci le droit de faire reprendre une procédure collective qui l'ignore[13]. Le tribunal peut également être saisi par le liquidateur précédemment désigné. En revanche, le tribunal ne peut être saisi par le débiteur, et par conséquent, par le dirigeant social caution associé. Cette interdiction prive ce dernier, en l'occurrence associé de la société civile débitrice, de la possibilité d'engager la responsabilité du liquidateur, en présence d'un préjudice invoqué, partagé par la collectivité des créanciers, la reprise de la procédure étant en ce cas une condition de l'engagement de la responsabilité du liquidateur. Cette interdiction n'est pas contraire à la Constitution, ce qui justifie le rejet d'une question prioritaire de constitutionnalité, aucune jurisprudence constante, précise la cour de cassation, n'interdisant à l'associé d'une société civile poursuivi en paiement de la dette sociale en application de l'article 1857 du code civil d'agir individuellement en réparation de son préjudice contre le liquidateur après clôture

1. L. n° 2005-845, 26 juill. 2005, préc.
2. Amend. n° 188 de Philippe Houillon, in *Rapp. Xavier de Roux*, n° 2095, p. 402.
3. Paris, 3e ch. A, 6 avr. 1993, *D.* 1993. Somm. 321, obs. Honorat.
4. L. n° 2005-845, 26 juill. 2005, préc.
5. Soinne, n° 2514.
6. Com. 25 févr. 2004, n° 01-10.155, NP.
7. Com. 30 nov. 2010, n° 09-17.221, NP.
8. Com. 5 avr. 1994, n° 91-20.987, *Bull. civ.* IV, n° 140; *JCP E* 1994. I. 394, obs. M. Cabrillac; *Rev. proc. coll.* 1995, 247, obs. Dureuil – Com. 29 oct. 2002, n° 99-21.761, NP, *Act. proc. coll.* 2003/2, n° 22 – Paris, 3e ch. B, 31 oct. 2003, RG n° 2002/20328 – Bordeaux, 14 févr. 2007, *JurisData* 334799.
9. Com. 3 juill. 2007, n° 03-20.942, NP; n° 934 F-D.
10. Com. 10 mai 2000, n° 97-12.168, NP.
11. Com. 30 nov. 2010, n° 09-17.221, NP.
12. Service de documentation et d'études de la Cour de cassation, Q/R n° 14 et Q/R n° 16, *JCP E* 2006. 391, p. 1558 – Orléans, 22 févr. 2007, RG n° 06/01808, *RTD com.* 2007. 460, n° 15, obs. Vallens.
13. En ce sens aussi : Vallens, 2015, n° 4529.

de la liquidation judiciaire pour insuffisance d'actif[1]. Mais il faudra qu'il fasse état d'un préjudice distinct de celui subi par la collectivité des créanciers (v. aussi s^s n° 611.31).

Le débiteur doit être convoqué[2], ce que précise explicitement, sous l'empire de la législation de sauvegarde des entreprises, l'article R. 643-24 du code de commerce, en prévoyant que le tribunal statue sur la réouverture de la procédure après avoir entendu ou dûment appelé le débiteur.

Tant sous l'empire de la loi du 25 janvier 1985[3], que sous l'empire de la loi de sauvegarde des entreprises, la cause doit être communiquée au ministère public. Celui-ci fait connaître son avis par voie orale ou écrite. Sous l'empire de la loi du 25 janvier 1985, il a été jugé que la forme de l'avis n'avait pas à être précisée par la décision statuant sur la demande de reprise de la procédure[4]. La solution doit être reconduite sous l'empire de la loi de sauvegarde des entreprises. Le fait que la décision soit rendue au vu des observations du ministère public ne méconnaît pas les dispositions de l'article 6 § 1 de la Convention de sauvegarde des droits de l'homme et des libertés fondamentales – droit au procès équitable et égalité des armes – dès lors que les parties ont, en application des dispositions de l'article 445 du code de procédure civile, la faculté de répondre, même après clôture des débats, aux arguments développés par le ministère public[5].

Aucun délai n'est imposé par les textes. C'est donc l'extinction de la créance[6] ou sa prescription[7], qui feront alors obstacle à la recevabilité de l'action. On précisera que l'admission au passif entraîne interversion de prescription, laquelle, si elle est abrégée, devient trentenaire (v. s^s n° 682.31).

Seul le tribunal peut rendre une décision de reprise de la procédure. Cette compétence n'appartient pas au président du tribunal statuant sur requête[8].

Des règles particulières ont été posées par la loi du 26 juillet 2005, lorsque les actifs à recouvrer consistent en une somme d'argent. La procédure prévue au chapitre IV est alors de droit applicable (C. com., art. L. 643-13, al. 3), y compris pour les procédures ouvertes avant le 1er janvier 2006. En revanche la reprise de la procédure demeure une faculté pour le tribunal[9]. Il faut ainsi comprendre que la procédure sera rouverte et sera poursuivie selon les modalités de la liquidation judiciaire simplifiée, indépendamment de la taille de l'entreprise et du fait de savoir si cette entreprise, lors du prononcé de la liquidation judiciaire, aurait pu bénéficier de la liquidation judiciaire simplifiée[10].

Il a été suggéré d'entendre restrictivement la notion de « somme d'argent ». Cette dernière ne viserait que le cas « d'appréhension d'une quotité disponible sur simple demande ». Il n'y aurait donc pas ici recouvrement de créance, la liquidation judiciaire simplifiée étant, a-t-il été dit, inconciliable avec les brefs délais dans lesquels la liquidation judiciaire simplifiée est enfermée[11]. L'opinion ne nous semble pas devoir être suivie, car si l'utilisation des règles de la liquidation judiciaire simplifiée impose le respect des délais de clôture de la liquidation judiciaire simplifiée, rien n'interdit ensuite d'utiliser la passerelle entre les règles de la liquidation judiciaire simplifiée et celles de la liquidation judiciaire du régime général, lorsque les délais de clôture de cette procédure ouverte à nouveau seraient dépassés. Il faut donc décider que les règles de la liquidation judiciaire simplifiée pourront être utilisées, lorsqu'il n'est question que de recouvrer une somme d'argent[12].

593.22 Publication du jugement de réouverture de la procédure et voies de recours. Le jugement de réouverture de la procédure est susceptible d'appel de la part du débiteur, ce qui peut faire naître, sous l'empire de la législation antérieure à la loi de sauvegarde des entreprises[13], des difficultés en présence d'un dirigeant social (v. s^s n° 553.32).

Le jugement de réouverture est signifié au débiteur, comme un jugement d'ouverture, dans le silence des textes sur ce point avant la législation de sauvegarde des entreprises. Depuis la loi de sauvegarde, l'article R. 643-24 du code de commerce prévoit explicitement cette signification au débiteur. Le débiteur a qualité pour en interjeter appel. Du fait de la clôture précédente de la procédure, le dessaisissement qui le frappait a pris fin. Au demeurant, le droit d'interjeter appel d'une telle décision s'analyse en un droit propre Ce même texte prévoit que, le cas échéant, le jugement de réouverture est notifié au

1. Com. 23 juin 2015, n° 15-40.011 QPC, NP, *Rev. sociétés* 2015. 545, note Henry.
2. Besançon, 11 janv. 1989, *Rev. proc. coll.* 1989, 555, n° 21, obs. Dureuil.
3. L. n° 85-98, 25 janv. 1985, préc.
4. Com. 11 déc. 2012, n° 11-25.399, NP; n° 1264 FS-D.
5. Com. 11 déc. 2012, n° 11-25.399, NP; n° 1264 FS-D; préc.
6. Besançon, 29 mars 2000, *RTD com.* 2001. 244, note Vallens.
7. Com. 18 oct. 1988, n° 86-16.029, *Bull. civ.* IV, n° 281; *Rev. proc. coll.* 1989, 555 – DERRIDA ET *ALII*, n° 328.
8. Paris, 14e ch. B, 1re févr. 2008, RG n° 07/10533.
9. Bordeaux, 2e ch. civ., 16 nov. 2011, RG n° 11/03181, *Act. proc. coll.* 2013/7, comm. 95.
10. EN CE SENS AUSSI : VALLENS, 2015, n° 4531.
11. Froehlich et Sénéchal, « De la réalisation de l'actif », *LPA* n° sp. 9 févr. 2006, n° 29, p. 21, sp. p. 47.
12. EN CE SENS AUSSI : PÉROCHON, 10e éd., n° 1355 – J.-CL. COM., Vallansan, fasc. 2770, [Clôture de la procédure], 2014, n° 134.
13. L. n° 2005-845, 26 juill. 2005, préc.

créancier demandeur. Ce dernier pourra frapper d'appel le jugement refusant la réouverture.

Le jugement de réouverture de la procédure est, comme un jugement d'ouverture, communiqué aux mandataires de justice désignés par la juridiction, au procureur de la République et au trésorier-payeur général du département dans lequel le débiteur a son siège ainsi qu'à celui du département dans lequel il a son principal établissement (C. com., art. R. 643-24, D. 27 déc. 1985[1], art. 154-1).

Ce jugement fait l'objet des mesures de publicité prévues pour le jugement d'ouverture (C. com., art. R. 643-24, D. 27 déc. 1985, art. 154-1, réd. D. 21 oct. 1994[2]). Si le débiteur est commerçant, il est mentionné d'office au registre du commerce et des sociétés (D. 30 mai 1984[3], art. 36-3, 21°, réd. D. 28 déc. 2005[4], art. 353, 21°).

Faute de disposition contraire, le jugement de réouverture de la procédure est susceptible de tierce opposition de la part d'un créancier[5]. Rares seront cependant les hypothèses où le créancier justifiera d'un intérêt à agir et pourra faire état d'un moyen propre. Le point de départ du délai de recours est, pour les procédures ouvertes depuis le 1er octobre 1994, la publication du jugement au *Bodacc*, celui-ci y étant publié. Antérieurement, il avait été jugé, à l'époque où le jugement de réouverture ne faisait pas l'objet de publication, que le délai de recours avait comme point de départ la date de son intervention[6].

SECTION 593.30
EFFETS DE LA REPRISE DE LA PROCÉDURE

593.31 **Effets de la reprise de la procédure.** Les avis divergeaient sur le point de savoir si la « reprise » de la procédure présentait un caractère rétroactif, certains auteurs ayant répondu affirmativement[7], la majorité ayant apporté une réponse négative[8]. La Cour de cassation a clairement affirmé pour sa part que la décision de reprise de la procédure de liquidation judiciaire emporte rétractation du jugement de clôture et en efface rétroactivement les effets[9]. Il n'y a donc pas ouverture d'une nouvelle procédure, mais simple reprise de l'ancienne procédure prématurément clôturée, avec effet rétroactif[10]. L'article 80 de l'ordonnance du 12 mars 2014[11] fait sienne l'analyse de la Cour de cassation. L'article L. 643-13, alinéa 3 du code de commerce, qui en résulte, dispose ainsi que « la reprise de la procédure produit ses effets rétroactivement [...] ».

Dans une affaire un peu particulière, une banque avait accordé un prêt garanti par une hypothèque à un emprunteur. L'immeuble a été vendu sur saisie mais l'adjudicataire, sans avoir payé le prix, a été placé en liquidation judiciaire. Sa procédure a été clôturée pour insuffisance d'actif, sans que le prix de vente de l'immeuble ait été récupéré. La banque a perçu le montant des sommes qui lui étaient dues quatre ans plus tard. La procédure a été rouverte et, après réouverture, le liquidateur a averti le créancier hypothécaire d'avoir à déclarer sa créance du fait de l'ouverture de la liquidation judiciaire. Ce qu'il n'a fait que quatre ans plus tard. Le liquidateur l'a alors tenu pour forclos et lui a demandé restitution des sommes perçues. Le créancier a alors présenté une requête en inopposabilité de la forclusion, au motif que l'avertissement était irrégulier. La Cour de cassation considère possible cet avertissement dans la mesure où la réouverture de la procédure n'est pas une nouvelle procédure. Mais elle le tient pour irrégulier car au lieu de viser une réouverture de la procédure, il a visé une ouverture de procédure[12].

Cette décision permet aussi de comprendre que des paiements irréguliers effectués entre la clôture et la réouverture peuvent être rétroactivement remis en cause, notamment si le créancier *accipiens* n'avait pas déclaré sa créance au passif, dès lors qu'il n'a pas pu régulariser la situation dans le cadre de la réouverture de la procédure.

La décision qui ordonne la reprise de la liquidation judiciaire produit ses effets sur tous les actifs qui, à la date de la clôture, faisaient partie du patrimoine du débiteur et qui n'ont pas été réalisés, mais seulement sur ceux-ci. Depuis l'ordonnance du

1. D. n° 85-1388, 27 déc. 1985, *JO* 29 déc., p. 15281.
2. D. n° 94-910, 21 oct. 1994, *JO* 22 oct., p. 15019.
3. D. n° 84-406, 30 mai 1984, *JO* 31 mai, p. 1699.
4. D. n° 2005-1677, 28 déc. 2005, *JO* 29 déc., p. 20324.
5. T. com. Paris, 27 sept. 1995, *RJ com.* 1996. 272, note Gallet.
6. Com. 27 oct. 1998, n° 95-13.549, NP, *D. Affaires* 1999, 36 – *Adde*, Paris, 5 mai 1996, *D.* 1996. IR 101.
7. SOINNE, n° 718 – Le Corre, *Droit et pratique des procédures collectives*, 3e éd., « Dalloz action », 2006, n° 593.31.
8. DERRIDA ET *ALII*, n° 326 – PÉROCHON ET BONHOMME, 7e éd. n° 497-1 – LE CANNU, 7e éd., n° 1241 – J.-CL. COM., Vallansan, fasc. 2770, [Clôture pour insuffisance d'actif], 2004, n° 76.
9. Com. 13 juin 2006, n° 05-10.888, NP.
10. Com. 16 mars 2010, n° 08-13.147, *Bull. civ.* IV, n° 55; n° 331 FS-P+B; *D.* 2010. AJ 825, note Lienhard; *D.* 2010. 1112, note Bélaval; *D.* 2010. pan. com. 1828, note Le Corre; *Gaz. Pal. entr. diff.* 2-3 juill. 2010, nos 183, 184, p. 13, note Antonini-Cochin; *Act. proc. coll.* 2010/8, n° 122, note Vallansan; *Rev. proc. coll.* 2010/6, comm. 248, note Berthelot; *JCP E* 2010, Chron. 1742, n° 6, obs. M. Cabrillac; *Defrénois* 2010, Chron. 39138, p. 1484, note Gibirila; *Rev. proc. coll.* 2011, comm. 71, p. 69, note Dumont-Lefrand; *RTD com.* 2010. 794, n° 8, obs. Vallens – Com. 10 mai 2012, n° 11-13.284, NP; n° 504 F-D.
11. Ord. n° 2014-326, 12 mars 2014, *JO* 14 mars, p. 5249.
12. Com. 22 mars 2016, n° 14-18.873, *Bull. civ.* IV [à paraître]; n° 282 FS-P+B; *Act. proc. coll.* 2016/7, comm. 89, note Cagnoli.

12 mars 2014, l'alinéa 3 de l'article L. 643-12 du code précise que les effets rétroactifs de la reprise de la procédure concernent « tous les actifs du débiteur que le liquidateur aurait dû réaliser avant la clôture de la procédure de liquidation judiciaire ». Le texte justifie en conséquence une double exclusion.

La première série de biens sur lesquels la reprise de la procédure ne peut porter est en lien direct avec le domaine des biens susceptibles d'être réalisés par le liquidateur. L'article L. 641-9, IV du code de commerce, dans la rédaction que lui donne l'article 66 de l'ordonnance du 12 mars 2014, prévoit que les biens acquis au titre d'une succession après l'ouverture ou le prononcé de la liquidation judiciaire ne peuvent, sauf accord du débiteur, être réalisés par le liquidateur. En outre, le liquidateur ne peut provoquer le partage résultant de cette succession. Les biens en question échappent donc à la reprise de la procédure. Il en est de même de l'immeuble, pour la réalisation duquel le liquidateur a été dépourvu de qualité, soit qu'il ait été l'objet d'une déclaration notariée d'insaisissabilité, soit qu'il soit légalement insaisissable, en tant que résidence principale du débiteur personne physique, depuis la loi du 6 août 2015[1], dite loi Macron.

La seconde série de biens exclue de la reprise de la procédure de liquidation judiciaire est en relation avec la possibilité offerte par l'article L. 643-9, alinéa 2 du code, dans la rédaction que lui donne l'article 77 de l'ordonnance du 12 mars 2014, de clôturer la procédure de liquidation judiciaire, alors même que subsisteraient des actifs trop difficiles à réaliser par rapport à l'intérêt de leur réalisation La reprise de la procédure ne peut davantage les concerner. En effet, la reprise ne peut porter que sur des biens dont la réalisation s'imposait au liquidateur, ce qui n'est pas le cas des biens susvisés. Le liquidateur a eu le droit de clôturer sans réaliser ces biens. Le liquidateur n'avait donc pas, contrairement à ce qu'exige la lettre de l'article L. 643-12, à les réaliser avant la clôture. La reprise de la procédure ne peut, en conséquence, s'exercer sur de tels biens.

La réouverture de la procédure a pour objet de réaliser des biens existant au jour de la clôture ou d'introduire des actions correspondant à des droits figurants, au jour de la clôture, dans l'actif du débiteur, dans l'intérêt des créanciers. C'est l'oubli de tel ou tel bien ou de telle action qui justifie la réouverture. Dès lors, il faut décider que la réouverture ne peut permettre de faire tomber dans l'actif de la procédure les biens échus au débiteur entre clôture et reprise, des avis différents ayant cependant émis sur la question[2]. Ainsi a-t-il été jugé que l'héritage conséquent fait par un débiteur un mois après la clôture de sa procédure n'autorisait pas la réouverture[3].

Peu importe que la décision de reprise de la procédure mentionne que la réalisation d'un bien indivis entre le débiteur et ses frères et sœurs. Le liquidateur peut ensuite, sur le fondement de cette décision de reprise de la procédure, entamer une action en licitation-partage pour obtenir la part du débiteur dans un autre bien indivis entre lui et son épouse[4].

Si une liquidation judiciaire a été ouverte contre un époux commun en biens, qu'elle a été prématurément clôturée, qu'une liquidation judiciaire a ensuite été ouverte contre l'autre époux commun en biens, la réouverture de la première procédure avec effet rétroactif interdit au juge-commissaire de la seconde d'autoriser la vente de biens communs, inclus, par l'effet réel de la liquidation judiciaire, dans le périmètre de la liquidation judiciaire, première ouverte[5].

Le liquidateur, dont les fonctions ont pris fin par le jugement de clôture, est rétabli dans ses pouvoirs[6]. Il en résulte qu'il entre dans les attributions du juge-commissaire, identiquement rétabli dans ses pouvoirs, de statuer sur la demande tendant à la vente d'un immeuble présentée par le liquidateur[7]. La loi de sauvegarde des entreprises[8], qui attribue qualité à l'ancien liquidateur pour agir en réouverture de la procédure (C. com., art. L. 643-13, al. 2), accrédite cette solution.

À défaut de réouverture de la procédure, le liquidateur doit s'abstenir d'encaisser des sommes que lui adresserait le débiteur, sauf à les consigner immédiatement à la Caisse des dépôts et consignations[9], dans l'hypothèse où les créanciers auraient retrouvé leur droit de poursuite individuelle ou, s'agissant de créanciers postérieurs, l'auraient conservé.

1. L. n° 2015-990, 6 août 2015, *JO* 7 août, p. 13537, dite loi Macron.
2. EN CE SENS : PÉROCHON, 10e éd., n° 1353 – *CONTRA* : SOINNE, n° 2517 – VIDAL et GIORGINI, n° 1315.
3. Dijon, 6 juill. 1993, *Rev. proc. coll.* 1995, 79, n° 13, obs. Dureuil.
4. Com. 10 mai 2012, n° 11-13.284, NP; n° 504 F-D.
5. Com. 16 mars 2010, n° 08-13.147, *Bull. civ.* IV, n° 55; n° 331 FS-P+B; *D.* 2010. AJ 825, note Lienhard; *D.* 2010. 1112, note Bélaval; *D.* 2010. pan. com. 1828, note Le Corre; *Gaz. Pal. entr. diff.* 2-3 juill. 2010, nos 183, 184, p. 13, note Antonini-Cochin; *Act. proc. coll.* 2010/8, n° 122, note Vallansan; *Rev. proc. coll.* 2010/6, comm. 248, note Berthelot; *JCP E* 2010, Chron. 1742, n° 6, obs. M. Cabrillac; *Defrénois* 2010, Chron. 39138, p. 1484, note Gibirila; *Rev. proc. coll.* 2011, comm. 71, p. 69, note Dumont-Lefrand; *RTD com.* 2010. 794, n° 8, obs. Vallens.
6. SAINT-ALARY-HOUIN, 9e éd., n° 1379 – RIPERT ET ROBLOT, n° 3276.
7. Com. 2 juin 2015, n° 13-24.125, NP; n° 538 F-D.
8. L. n° 2005-845, 26 juill. 2005, préc.
9. IFPPC 1999, recomm. n° 8020, p. 266.

La rémunération du liquidateur appelle quelques observations. Il semble avoir droit à une rémunération ayant pour base la réalisation du bien dissimulé par le débiteur. En revanche, le liquidateur ne devrait pas pouvoir être rémunéré si les répartitions rendues possibles par la démarche du créancier résultent, sous l'empire du décret du 27 décembre 1985[1], d'un recouvrement d'actif sur un tiers, car il n'est pas l'auteur du recouvrement. La solution a été modifiée par le décret du 23 décembre 2006[2], le simple encaissement, même sans démarche du liquidateur, devant être rémunéré (v. s[s] n° 352.63).

Quelques précisions doivent encore être apportées en ce qui concerne les créanciers.

Tout d'abord, les créanciers devront être payés sur les répartitions selon leur rang. La règle a donc vocation première à bénéficier à l'AGS qui n'aurait pas intégralement été remboursée de ses avances.

Il avait été jugé, dans un premier temps, qu'une nouvelle procédure de vérification des créances ne pouvait être entreprise, même au profit d'un créancier dont la créance serait née après l'ouverture de la procédure collective[3]. Cette solution a ensuite été abandonnée. La Cour de cassation considère aujourd'hui possible l'avertissement donné par le liquidateur à un créancier hypothécaire non averti pendant la procédure collective, dans le cadre de la reprise de la procédure[4]. Par voie de conséquence, elle estime possible la vérification de cette créance dans le cadre de la procédure rouverte.

Enfin, la créance qui naît entre le jugement de clôture et le jugement décidant la reprise de la procédure, est analysée en une créance née après l'ouverture de la procédure collective[5], ce qui est justifiée au regard de la rétroactivité attachée à la reprise de la procédure. Il en est tiré la conséquence que le recouvrement de la créance née de ce contrat de prêt échappe à la règle de l'interdiction des poursuites[6].

1. D. n° 85-1388, 27 déc. 1985, préc.
2. D. n° 2006-1709, 23 déc. 2006, *JO* 29 déc., p. 19846.
3. Versailles, 17 mai 2005, RG n° 03/08821.
4. Com. 22 mars 2016, n° 14-18.873, *Bull. civ.* IV [à paraître]; n° 282 FS-P+B; *Act. proc. coll.* 2016/7, comm. 89, note Cagnoli.
5. Com. 24 mars 2015, n° 13-28.155, NP; n° 315 F-D; *BJE* juill. 2015, 217, note Le Mesle.
6. Com. 24 mars 2015, n° 13-28.155, préc.

CHAPITRE

594. Rétablissement professionnel

SECTION 0 ORIENTEUR

594.00 Plan du chapitre.

Sect.	594.10	Conditions d'ouverture de la procédure de rétablissement professionnel
Sect.	594.20	Ouverture de la procédure de rétablissement professionnel sans liquidation après enquête
Sect.	594.30	Effets de la procédure de rétablissement professionnel après enquête
Sect.	594.40	Détermination de l'actif dans la procédure de rétablissement professionnel
Sect.	594.50	Possibilité d'ouvrir une liquidation pendant la procédure de rétablissement professionnel
Sect.	594.60	Clôture de la procédure de rétablissement professionnel
Sect.	594.70	Effets de la clôture de la procédure de rétablissement professionnel
Sect.	594.80	Clôture imméritée d'une procédure de rétablissement professionnel

594.01 Textes applicables. (V. les références complètes s[s] n° 011).

> Législation issue de l'ordonnance du 12 mars 2014.

C. com., art. L. 645-1 à L. 645-11, L. 663-3-1

C. com., art. R. 645-1 à R. 645-25, R. 663-41, R. 663-50

594.03 Bibliographie indicative. (V. les références complètes s[s] n° 031).

Ouvrages postérieurs à la loi de sauvegarde des entreprises. Coquelet, 5e éd., n°s 509 à 530 – Gibirila, n°s 709 à 712, 735 à 750 – Jacquemont et Vabres, 9e éd., n°s 1090 à 1094 – Le Cannu, 7e éd., n°s 1144 à 1147, 1197 à 1242 – Lienhard, 6e éd., n°s 128.11 à 128.30 – Pérochon, 10e éd., n°s 1388 à 1457 – Roussel Galle, 2 éd., n°s 425 à 442 – Saint-Alary-Houin, 9e éd., 1380 à 1393 – Vallansan et *alii*, 6e éd., p. 433 à 451 – Vallens, 2015, n°s 4534 à 4542 – Vidal et Giorgini, n°s 1448 à 1477.

Articles. Canet P., « Le rétablissement professionnel », *Rev. proc. coll.* 2014, étude 23 – Degenhardt J.-E., « Les effets internationaux du jugement de clôture de la procédure de rétablissement professionnel », *BJE* 2015, 48 – Delattre Ch., « Le rétablissement professionnel : premiers retours jurisprudentiels », *BJE* 2015, 182 – Henry L.-C. et André M., « La nouvelle procédure de rétablissement », *Rev. proc. coll.* 2014, dossier 31 – Le Corre P.-M., « Le rétablissement professionnel », *Gaz. Pal.* 28 juin 2016, n° 24, technique p. 73; « La simplification du traitement des situations irrémédiablement compromises : la création de la procédure de rétablissement professionnel », *LXB hebdo* 11 sept. 2014, n° 393 – Legrand, « Rétablissement professionnel : quel sort réserver à la caution du débiteur bénéficiaire de la procédure », *LPA* 1er janv. 2015, n° 1, p. 7 – Lucas F.-X. et Sénéchal M., « La procédure d'enquête pour le rétablissement professionnel », *D.* 2013. Chron. 1852 – Reille F., « Une nouvelle procédure qui n'en est pas une : le rétablissement professionnel », *Rev. proc. coll.* 2014, étude 22 – Roussel Galle Ph., « Le rétablissement professionnel : de l'effacement des dettes au rebond », *Gaz. Pal.* 6 déc. 2014, n° 96, p. 32 – Sénéchal M., « Le rétablissement professionnel par effacement relatif des dettes », *BJE* mai 2014, 196 – Théron J., « Vers une consumérisation des procédures : la procédure de rétablissement professionnel », colloque Montpellier 29 mai 2015, *Act. dr. entr.* 2015, p. 39 – Vallens J.-L., « La bonne foi fait son entrée dans le droit des entreprises en difficulté », *BJE* 2015, 9 – Vallens J.-L. et Froehlich Ph., « La procédure de rétablissement professionnel », interv. Colloque Besançon 10 oct. 2014, *Gaz. Pal.* 31 déc. 2014, n° 365, 18.

594.04 Questions essentielles.

• Le débiteur qui sollicite le bénéfice de la procédure de rétablissement professionnel peut-il se contenter de demander l'ouverture de cette procédure ?

* V. s[s] n° 594.21.

• La procédure de rétablissement professionnel est-elle une procédure collective ?

* V. s[s] n° 594.31.

• Les créanciers doivent-ils déclarer leur créance dans la procédure de rétablissement professionnel ?

* V. s[s] n° 594.41.

• La clôture de la procédure de rétablissement professionnel entraîne-t-elle effacement de toutes les dettes ?

* V. s[s] n°s 594.71 et 594.72.

594.09 Présentation générale du rétablissement professionnel après enquête. À l'occasion de la loi de sauvegarde des entreprises[1], il a été dit que la liquidation judiciaire simplifiée, véritable procédure, est préférable à la radiation administrative pratiquée dans certains pays étrangers[2], en présence d'actifs très faibles. La remarque nous avait semblé exacte, sous la réserve que des répartitions aient lieu au profit des créanciers. Dans le cas contraire, il serait économiquement plus judicieux de clôturer immédiatement après avoir eu la certitude qu'aucune répartition n'était envisageable. Il suffirait alors de réserver une instance permettant aux salariés d'appeler l'AGS pour être indemnisé, car c'est là le seul écueil à éviter.

Rapidement, lorsque l'idée d'une nouvelle réforme de la loi de sauvegarde a pris corps, des réflexions doctrinales[3] et professionnelles[4] ont été menées pour essayer de trouver la solution au problème suivant : comment offrir au débiteur, spécialement à la personne physique, le confort des effets de la clôture pour insuffisance d'actif, c'est-à-dire plus précisément, la règle de l'interdiction du droit de reprise des poursuites individuelles, connue sous l'appellation moins scientifique mais plus évocatrice, de « purge des dettes », en se dispensant d'une véritable procédure collective ? En d'autres termes, comment clôturer et purger sans ouvrir de procédure collective ?

Des projets doctrinaux précis ont été présentés. Un vocable a été proposé par le Professeur Roussel Galle : celui de rétablissement professionnel, qui apparaissait refléter exactement la problématique. D'autres éminents praticiens et universitaires l'ont ensuite détaillé[5]. L'idée de départ est de ne plus ouvrir les dossiers qui correspondent à ce qu'on appelle dans la pratique les dossiers impécunieux. Ils sont très nombreux et des statistiques précises ont pu être présentées, à partir du fond de gestion de ces dossiers impécunieux, qui font l'objet d'une réglementation tarifaire particulière, un pourcentage des intérêts produits sur les fonds détenus par la Caisse des dépôts et consignations au titre des mandats de justice étant affecté à la rémunération desdits dossiers. On a avancé le chiffre de 27 000 liquidations judiciaires impécunieuses par an, soit plus de 40 % des dossiers de procédures collectives ouverts. Sur ces 27 000 dossiers, 20 000 sont des procédures sans salariés. Ce sont les dossiers qui intéressent tout spécialement les ministères, car ils représentent un véritable « boulet » pour les statistiques des procédures collectives ouvertes en France. Si l'on parvient à les rayer des listes, le nombre de procédures collectives chute immédiatement de 40 %.

Même si les Politiques s'en défendent[6], l'enjeu est très clairement politique[7]. Il s'agit de « débarrasser les tribunaux et les statistiques de procédures minuscules et sans rendement »[8], par une « procédure ultra-simplifiée de purge de l'échec économique »[9], et ainsi d'avoir un autre affichage, une autre image de la France à l'étranger. Les comparaisons ne sont pas flatteuses pour notre pays, même s'il faut immédiatement remarquer que l'on ne compare pas des choses comparables. Ainsi, dans des pays comme l'Allemagne, voilà déjà quelques années que l'on n'ouvre plus les procédures impécunieuses, en passant par la technique de la radiation administrative.

La solution présente un inconvénient majeur par rapport au droit français, qui se veut protecteur du débiteur : l'inexistence de la fameuse purge des dettes de l'article 169 de la loi du 25 janvier 1985[10], devenu successivement l'article L. 622-32, I, puis l'article L. 643-11, I du code de commerce.

L'ordonnance du 12 mars 2014[11] (art. 85) reprend, dans les grandes lignes, les propositions suggérées par la doctrine et la pratique. Un chapitre V est inséré dans le titre IV du livre VI du code de commerce intitulé « Du rétablissement professionnel ».

La création de cette procédure conduit à modifier l'intitulé du titre IV du livre VI du code de commerce. Il ne s'agit plus « de la liquidation judiciaire » mais, « de la liquidation judiciaire et du rétablissement professionnel » (ord. 12 mars 2014, art. 57).

L'article 85 de l'ordonnance du 12 mars 2014 complète le titre IV du code de commerce par un chapitre V intitulé « du rétablissement professionnel ». Ce chapitre comprend les articles L. 645-1 à L. 645-12.

La procédure de rétablissement professionnel n'est pas sans rappeler celle de rétablissement personnel des particuliers. La tentation est grande de considérer la première comme une émanation de la seconde. On a évoqué à cet égard une consumérisation de cette procédure. Mais l'auteur de cette formule précise immédiatement sa pensée : si les instruments sont semblables, la musique n'est pas la même[12].

SECTION 594.10

CONDITIONS D'OUVERTURE DE LA PROCÉDURE DE RÉTABLISSEMENT PROFESSIONNEL

594.11 Conditions d'éligibilité tenant au débiteur. L'article L. 645-1 du code de commerce prévoit que le rétablissement professionnel est ouvert à

1. L. n° 2005-845, 26 juill. 2005, *JO* 27 juill., p. 12187.
2. Saint-Alary-Houin, « Le projet de loi sur la sauvegarde des entreprises : continuité, rupture ou retour en arrière », *Dr. et patr.* 2005/1, p. 24 s., sp. p. 36.
3. Lucas et Sénéchal, « La procédure d'enquête pour le rétablissement professionnel », *D.* 2013. Chron. 1852.
4. Débats dans le cadre de réunions organisées par le Conseil national des administrateurs judiciaires et des mandataires judiciaires (CNAJMJ) et par l'Institut français des praticiens des procédures collectives (IFPPC).
5. Lucas et Sénéchal, « La procédure d'enquête pour le rétablissement professionnel », *D.* 2013. Chron. 1852.
6. AINSI : Discours de Ch. Taubira, Ministre de la Justice, IXe entretiens de la sauvegarde, Paris, 27 janv. 2014.
7. Partageant l'analyse, Pétel, « Entreprises en difficulté : encore une réforme ! », *JCP E* 2014. 1223, n° 20.
8. Pérochon, « L'ordonnance du 12 mars 2014 : une révolution inespérée en faveur des créanciers tenus de déclarer », *BJE* mai 2014, Éditorial, p. 133.
9. Huertas et Sénéchal, « Entretien », *BJE* mai 2014, 211.
10. L. n° 85-98, 25 janv. 1985, *JO* 26 janv., p. 1097.
11. Ord. n° 2014-326, 12 mars 2014, *JO* 14 mars, p. 5249.
12. Théron J., « Vers une consumérisation des procédures : la procédure de rétablissement professionnel », colloque Montpellier 29 mai 2015, *Act. dr. entr.* 2015, p. 39.

tout débiteur, personne physique, mentionné à l'article L. 640-2. Il s'agit de tout professionnel indépendant. Sont donc exclues les personnes morales. L'idée de procédures adaptées aux personnes physiques commence à faire son chemin...

L'associé en nom devrait être éligible[1], comme il l'est aux procédures collectives (v. s[s] n° 211.21).

En revanche, le dirigeant social ne sera pas éligible au rétablissement professionnel, en cette qualité[2]. Mais il ne sera pas exclu de la procédure de rétablissement professionnel, au prétexte qu'il est dirigeant social ou a été le dirigeant social d'une société, même si cette dernière a été placée en liquidation judiciaire clôturée pour insuffisance d'actif[3], dès lors qu'il est également professionnel indépendant.

L'alinéa 2 de l'article L. 645-1 exclut également le débiteur qui a affecté un patrimoine à l'activité en difficulté. Autrement, l'EIRL n'est pas éligible au rétablissement professionnel au titre de l'activité affectée. *A contrario*, il faut comprendre qu'il reste éligible si le patrimoine concerné par les difficultés n'est pas le patrimoine affecté. La règle semble s'expliquer par une mesure de défiance pour l'EIRL et semble anticiper d'éventuelles actions en réunion de patrimoines ou un décloisonnement patrimonial autorisé dans certains cas par la législation.

La question des débiteurs décédés est traitée par l'article L. 640-5, celle des débiteurs retirés par l'article L. 640-3. Il faut donc en déduire, avant la loi de modernisation de la justice du XXIe siècle, que le rétablissement professionnel est fermé au débiteur décédé et au débiteur retiré[4], encore que l'opinion contraire ait été fréquemment soutenue[5], certains considérant même que la procédure serait implicitement réservée aux débiteurs retirés[6]. Une décision, appliquant la lettre des textes, a refusé le rétablissement professionnel au débiteur retiré[7]. Le texte méritait assurément d'être réécrit pour permettre son application au débiteur retiré.

C'est ce que fait la loi de modernisation de la justice du XXIe siècle, en modifiant la rédaction de l'article L. 645-1 du code de commerce. Cette disposition sera inapplicable aux procédures en cours au jour de la publication de la loi de modernisation de la justice du XXIe siècle. Le texte précise que le débiteur ne doit pas avoir cessé son activité depuis plus d'un an. Ainsi, si le débiteur a cessé son activité, il reste éligible au rétablissement professionnel, à condition que son retrait ne soit pas antérieur de plus d'un an. Ce délai d'un an nous semble devoir s'apprécier comme en matière de redressement ou de liquidation judiciaire, en cas de saisine par un créancier. Il doit, en conséquence, être fait référence à la radiation du registre du commerce et des sociétés pour les commerçants, de la cessation d'activité pour les personnes immatriculées au répertoire des métiers, les agriculteurs et les professionnels indépendants (v. s[s] n° 211.61).

594.12 Absence de procédure collective en cours. Le débiteur ne doit pas faire l'objet d'une procédure collective en cours. Il faut comprendre qu'il ne doit pas être en période d'observation d'une sauvegarde ou d'un redressement judiciaire, ni être en liquidation judiciaire. En revanche, s'il est en cours d'exécution d'un plan de redressement, la résolution de ce plan avec ou pour cessation des paiements entraîne l'ouverture d'une liquidation judiciaire. Cette dernière peut-elle être remplacée par un rétablissement professionnel ? La logique devrait conduire à apporter une réponse positive, mais la lettre des textes ne semble pas le permettre. S'il y a résolution du plan, il y a ouverture d'une liquidation judiciaire, laquelle fait obstacle à l'ouverture d'un rétablissement professionnel. *De lege ferenda*, une modification des textes pourrait être envisagée pour permettre, en cas de résolution du plan de redressement, l'ouverture d'un rétablissement professionnel.

594.13 Inapplication au débiteur « récidiviste ». L'article L. 645-2 du code de commerce entend éviter l'effacement à répétition des dettes ou les mécanismes voisins. Ce texte entend éviter l'effacement à répétition des dettes ou les mécanismes voisins, tel celui de l'interdiction du droit de reprise des poursuites individuelles résultant de la clôture de la

1. T. com. Valenciennes, 1er déc. 2014, RG n° 2014/006144, *Act. proc. coll.* 2015/2, comm. 29, note Vallansan – *Adde* Legros, « Le traitement des sociétés en difficulté après l'ordonnance du 12 mars 2014 », *Dr. sociétés* 2014, p. 19, n° 28.
2. Legros, « Le traitement des sociétés en difficulté après l'ordonnance du 12 mars 2014 », *Dr. sociétés* 2014, p. 19, n° 27 – T. com. Valenciennes, 1er déc. 2014, RG n° 2014/006144, *Act. proc. coll.* 2015/2, n° 29, note Vallansan.
3. Versailles, 13e ch., 14 avr. 2016, RG n° 15/07606, décision aimablement communiquée par M[e] Th. Montéran.
4. Partageant l'analyse, Berger-Tarare, « De la concurrence entre la liquidation judiciaire et le rétablissement professionnel », *Rev. proc. coll.* 2014, études 12, n° 7 – Pérochon, « Entre liquidation, liquidation simplifiée et rétablissement professionnel », Table ronde, *BJE* 2014, 404 – Vallens et Froehlich, « La procédure de rétablissement professionnel », interv. Colloque Besançon 10 oct. 2014, *Gaz. Pal.* 31 déc. 2014, n° 365, 18 s., sp. 19.
5. Vallansan, « La situation de la personne physique en liquidation judiciaire s'améliore », *Act. proc. coll.* 2014/6, comm. 123 – Lucas, note s[s] T. com. Chambéry, 7 oct. 2014, *Leden* nov. 2014, p. 1.
6. Canet, « Le rétablissement professionnel », *Rev. proc. coll.* 2014, étude 23, n° 6.
7. T. com. Chambéry, 7 oct. 2014, *Leden* nov. 2014, p. 1, note crit. Lucas.

liquidation judiciaire pour insuffisance d'actif. Le texte interdit le recours à la procédure de rétablissement professionnel au débiteur, qui a connu dans les cinq ans précédents, une clôture de liquidation judiciaire pour insuffisance d'actif, au titre de l'un quelconque de ses patrimoines.

Puisque l'alinéa 2 de l'article L. 645-1 exclut le débiteur EIRL qui a affecté un patrimoine à l'activité en difficulté, il faut comprendre que le récidiviste peut avoir été un débiteur classique ou un ancien EIRL.

Le texte interdit également le rétablissement professionnel à un débiteur ayant bénéficié dans le délai de 5 ans, d'un rétablissement professionnel.

Mais le texte ne va pas plus loin et n'interdit donc pas à un débiteur personne physique, qui dans les 5 ans précédents a connu la clôture de la liquidation judiciaire pour insuffisance d'actif de la société qu'il dirigeait. Le contraire a pourtant été jugé d'une manière critiquable, au regard de la lettre des textes, par une juridiction du fond[1]. Cette décision a été censurée par la cour d'appel[2].

Ce délai de 5 ans est connu en matière de clôture de la liquidation judiciaire pour insuffisance d'actif. Passé ce délai, le débiteur récidiviste bénéficie à nouveau de la règle de l'interdiction du droit de reprise des poursuites individuelles de la part de ses créanciers. On peut donc comprendre l'interdiction du bénéfice de la mesure de rétablissement professionnel moins de 5 ans après une clôture de la liquidation judiciaire pour insuffisance d'actif ou moins de 5 ans après un précédent rétablissement professionnel, pour éviter de tenir en échec le principe d'interdiction du droit de reprise des poursuites individuelles.

594.14 Absence de salarié. Pour être éligible au rétablissement professionnel, le débiteur ne doit avoir employé aucun salarié au cours des six derniers mois (C. com., art. L. 645-1, al. 1). Il conviendrait de préciser que ce délai s'apprécie par rapport à la date à laquelle le tribunal statue.

La solution s'explique par le fait que l'intervention de l'AGS suppose une vérification de la créance salariale, inconciliable avec la procédure de rétablissement personnel. C'est aussi pourquoi le rétablissement professionnel est impossible s'il existe une instance prud'homale en cours (C. com., art. L. 645-1, al. 3). Il faut évidemment sous entendre, compte tenu de la *ratio legis*, que le débiteur doit y avoir la qualité d'employeur.

1. TGI Nanterre, ch. proc. coll., 23 oct. 2015, RG n° 15/00062, *Act. proc coll.* 2016/1, comm. 3, note crit. Cagnoli.
2. Versailles, 13e ch., 14 avr. 2016, RG n° 15/07606, décision aimablement communiquée par Me Th. Montéran.

C'est en revanche ajouter au texte, nous semble-t-il, qu'exiger l'absence de toute dette salariale[3], sauf à vouloir à tout prix faire intervenir l'AGS, dans le cadre d'une liquidation judiciaire...

594.15 ***Très faible valeur de l'actif.*** Pour être éligible au rétablissement professionnel, la valeur de l'actif du débiteur doit être inférieure à un seuil fixé par décret (C. com., art. L. 645-1, *al. 1*). Cette précision est évidemment de première importance, puisqu'il est question, avec ce mécanisme, de ne pas ouvrir les liquidations judiciaires impécunieuses, c'est-à-dire celles qui ne permettent même pas la prise en charge des frais de justice strictement utiles au déroulement de la procédure.

Le décret fixe à 5 000 euros le montant de la valeur de réalisation de l'actif (C. com., art. R. 645-1). Cette expression doit être distinguée de celle utilisée dans l'avant-projet de décret, qui évoquait la valeur de l'actif. Il faut donc, dans l'appréciation, qu'il s'agisse de l'actif réalisable, ce qui permet, à notre sens, de répondre à plusieurs difficultés particulières.

Que décider d'abord si le débiteur a comme seul actif un immeuble déclaré insaisissable ou légalement insaisissable ? Certes, il s'agit d'un actif du débiteur et c'est pourquoi les auteurs considèrent en général que le débiteur ne peut alors accéder au rétablissement professionnel[4]. Toutefois, le plus souvent, il ne pourra être saisi par le liquidateur, dès lors que coexistent des créanciers ayant le droit de saisir l'immeuble et d'autres ayant perdu ce droit (v. ss nos 562.13 et 562.14). Et c'est pourquoi il serait tentant de soutenir que la présence d'un tel immeuble n'interdira pas au débiteur de demander l'ouverture d'un rétablissement professionnel, puisque si le débiteur a bien cet actif, ce dernier n'est pas saisissable et n'est donc pas réalisable, de sorte que la procédure est bien impécunieuse. La *ratio legis* pourrait donc commander de l'autoriser à accéder au rétablissement professionnel. Mais, cette solution ne peut être suivie pour trois raisons. Tout d'abord, s'agissant spécialement de la déclaration notariée, celle-ci peut tomber sous le coup des nullités de la période suspecte, ce qui autoriserait alors la saisie du bien par le liquidateur. Ensuite, le débiteur peut renoncer à l'insaisissabilité, de sorte que,

3. EN CE SENS : Roussel Galle, « Le rétablissement professionnel : de l'effacement des dettes au rebond », *Gaz. Pal.* 6 déc. 2014, n° 96, p. 32 s., sp. p. 33.
4. Sénéchal, « Le rétablissement professionnel par effacement relatif des dettes », *BJE* mai 2014, 196 s., sp. 197 – Pérochon, « Entre liquidation, liquidation simplifiée et rétablissement professionnel », Table ronde, BJE 2014, 404 – 2015 – D. Vidal et G.-C. Giorgini, *Cours de droit des entreprises en difficulté,* Gualino 2015/2016, n° 1453 – Roussel Galle, « Le rétablissement professionnel : de l'effacement des dettes au rebond », *Gaz. Pal.* 6 janv. 2014, n° 96, p. 32 s., sp. p. 33.

au jour de l'ouverture de la procédure de rétablissement professionnel, on ne sait pas si l'immeuble est ou non réalisable, ce qui influence évidemment la possibilité d'ouverture de cette procédure. Si le mandataire judiciaire désigné pour assister le juge enquêteur parvient à convaincre le débiteur de renoncer à l'insaisissabilité, comme il aurait pu le faire dans le cadre d'une liquidation judiciaire, alors les conditions du rétablissement professionnel ne sont plus réunies. Il n'y aura pas clôture du rétablissement professionnel, mais ouverture de la procédure de liquidation judiciaire, dans le cadre de laquelle le liquidateur procédera à la réalisation de l'immeuble, du fait de la renonciation du débiteur à l'insaisissabilité. Enfin, et plus fondamentalement, comme cela a pu être remarqué[1], permettre au débiteur d'accéder au rétablissement professionnel alors qu'il est propriétaire de sa résidence principale l'autoriserait à éteindre la dette contractée pour cette acquisition, alors pourtant que l'immeuble reste saisissable par le prêteur ayant permis l'acquisition de l'immeuble. Cette solution est évidemment absolument inacceptable. C'est pourquoi, au final, il faut décider que la présence d'un immeuble insaisissable, parce que cette insaisissabilité n'est pas certaine, exclut le débiteur du bénéfice du rétablissement professionnel, dès lors que sa valeur aboutit à dépasser le seuil de 5 000 euros.

Que décider ensuite pour des biens vendus sous clause de réserve de propriété ? Ces biens peuvent être repris par le vendeur; ils ne sont pas la propriété du débiteur. Ce ne sont pas juridiquement des actifs réalisables du débiteur. Il nous semble donc qu'il faut les exclure de la valeur de l'actif saisissable[2], le contraire ayant été toutefois soutenu[3]. Il en est de même des biens en crédit-bail[4].

Comment apprécier la valeur de l'actif saisissable d'une personne, qui a un patrimoine logé dans une entreprise à patrimoine affecté, et qui au titre de son patrimoine non affecté peut obtenir un rétablissement professionnel ? Le raisonnement patrimoine par patrimoine s'impose. La *ratio legis* de la faible valeur du patrimoine du débiteur désireux d'obtenir un rétablissement professionnel est de ne pas ouvrir une procédure si les biens saisissables sont d'un montant très faible, couvrant à peine les frais de cette procédure. Dès lors, seuls des biens saisissables par cette procédure collective doivent être pris en compte pour déterminer le montant de l'actif au-delà duquel le rétablissement professionnel ne peut être ouvert. Dès lors qu'une procédure collective contre une personne détenant un patrimoine logé dans un patrimoine affecté, au titre de son patrimoine non affecté, n'autoriserait pas la saisie des biens logés dans le patrimoine affecté, il faut en faire abstraction dans le calcul du montant de l'actif saisissable d'un débiteur désireux d'obtenir l'ouverture d'un rétablissement professionnel. L'opinion contraire a toutefois été soutenue[5]. En revanche, si l'enquête fait apparaître qu'il y a matière à action en réunion de patrimoines, et ainsi à dépassement du plafond de 5 000 euros d'actif réalisable dans la procédure, il faudra ouvrir une liquidation judiciaire.

SECTION 594.20

OUVERTURE DE LA PROCÉDURE DE RÉTABLISSEMENT PROFESSIONNEL SANS LIQUIDATION APRÈS ENQUÊTE

594.21 Demande d'ouverture du rétablissement personnel – état de cessation des paiements ancien. La demande d'ouverture du rétablissement professionnel appartient au seul débiteur. En réalité, le débiteur saisit le tribunal aux fins d'ouverture d'une liquidation judiciaire, Dans cet acte de saisine, et si le débiteur est éligible au rétablissement professionnel, il peut, selon l'article L. 645-3, alinéa 1 du code de commerce, solliciter le bénéfice de la procédure de rétablissement professionnel. Ce mécanisme permet de contourner l'écueil de la saisine d'office, si, par la suite, une liquidation judiciaire doit être ouverte à la place d'une clôture du rétablissement professionnel. La solution est reproduite à l'article R. 640-1-1. L'article R. 645-2 du code en explique le mécanisme juridique : lorsque le tribunal ouvre le rétablissement professionnel, il sursoit à statuer sur la demande d'ouverture de la liquidation judiciaire.

Mais il n'y a pas d'obstacle à ce que le débiteur sollicite l'ouverture du rétablissement professionnel, alors même qu'il serait assigné par un créancier[6], voire par le ministère public.

1. REMARQUE ÉMANANT de Mr Nacim Bouthiba, gestionnaire contentieux au Crédit Agricole Provence-Alpes, formation « Contentieux bancaire des procédures collectives », Marseille 21 avril 2016.
2. AUSSI : Vallens et Froehlich, « La procédure de rétablissement professionnel », interv. Colloque Besançon 10 oct. 2014, *Gaz. Pal.* 31 déc. 2014, n° 365, 19.
3. Degenhardt, « La détermination de l'actif du débiteur sollicitant un rétablissement professionnel : faut-il prendre en compte des biens acquis sous réserve de propriété et le patrimoine affecté de l'EIRL ? », *BJE* 2014, 335, sp. 337.
4. Vallens et Froehlich, « La procédure de rétablissement professionnel », interv. Colloque Besançon 10 oct. 2014, *Gaz. Pal.* 31 déc. 2014, n° 365, 19.
5. Degenhardt, « La détermination de l'actif du débiteur sollicitant un rétablissement professionnel : faut-il prendre en compte des biens acquis sous réserve de propriété et le patrimoine affecté de l'EIRL ? », préc., sp. 338.
6. Stefania, « La procédure de rétablissement professionnel sans liquidation judiciaire en droit des entreprises en difficulté », *JCP E* 2014, 1345, n° 4 – Vallens et Froehlich, « La procédure de rétablissement professionnel », interv. Colloque Besançon 10 oct. 2014, *Gaz. Pal.* 31 déc. 2014, n° 365, 19.

Lorsque le débiteur demande bénéfice d'une procédure de rétablissement professionnel, il précise, en complément de l'inventaire, les modalités d'évaluation de ses biens. L'inventaire ainsi complété est établi à la date de la demande. L'inventaire précède donc ici l'ouverture de la procédure.

Le débiteur doit en outre attester qu'il satisfait aux conditions prévues par les articles L. 645-1 et L. 645-2 (C. com., art. R. 640-1-1 al. 2), c'est-à-dire les conditions exigées pour l'ouverture d'un rétablissement professionnel.

Les conditions prévues aux deux derniers alinéas de l'article R. 631-1 sont applicables (C. com., art. R. 640-1-1, al. 3). Il s'agit de conditions relatives aux pièces à joindre pour l'ouverture d'une procédure de redressement ou de liquidation judiciaire.

En exigeant du débiteur qu'il sollicite l'ouverture de la liquidation judiciaire pour bénéficier du rétablissement professionnel, le législateur impose donc au débiteur d'être en cessation des paiements[1] et dans l'impossibilité de se redresser. La loi de modernisation de la justice du XXIe siècle vient le préciser explicitement, en modifiant en ce sens l'article L. 645-1.

Mais le législateur n'impose pas, *a priori*, davantage.

Ainsi, au stade de l'ouverture du rétablissement professionnel, il n'est pas exigé que le débiteur soit en état de cessation des paiements depuis moins de 45 jours. Logiquement, au regard de la lettre des textes, une cour d'appel a pu statuer en ce sens et admettre au bénéfice du rétablissement professionnel un débiteur en état de cessation des paiements depuis plus de 45 jours[3].

La solution ne va cependant pas de soi. En effet, comme cela a été relevé[4], l'article L. 645-9 du code de commerce prévoit que le tribunal peut ouvrir la liquidation judiciaire s'il apparaît que le débiteur peut être frappée par les sanctions prévues au titre V du livre VI du code de commerce. Or, tel sera le cas si le débiteur n'a pas demandé l'ouverture de la liquidation judiciaire – et partant du rétablissement professionnel – dans les 45 jours de l'apparition de son état de cessation des paiements. On serait donc tenté de suivre la position jurisprudentielle[5] consistant à refuser l'ouverture du rétablissement professionnel au profit d'un débiteur dont le tribunal sait, au moment où il statue, qu'il est en état de cessation des paiements depuis plus de 45 jours, ce qui le conduira à abandonner en cours de procédure le rétablissement *professionnel* et à ouvrir une liquidation judiciaire. La logique commanderait alors de ne pas ouvrir ce qui ne pourra être maintenu, cette ouverture ne servant en effet à rien.

Mais il importe d'observer que depuis la loi du 6 août 2015[6], dite loi Macron, le débiteur doit s'être abstenu sciemment de demander l'ouverture de la procédure collective dans les 45 jours de son état de cessation de paiements pour encourir l'interdiction de gérer. On peut donc estimer que, depuis cette loi, la donne a changé. Seule l'enquête permettra d'établir que c'est sciemment que le débiteur n'a pas demandé la liquidation judiciaire et le rétablissement professionnel dans le délai de 45 jours de son état de cessation des paiements.

Et c'est pourquoi il est préférable d'en revenir à la lettre des textes et d'accepter l'ouverture de la procédure de rétablissement professionnel en présence d'un débiteur qui n'a pas déclaré son état de cessation des paiements dans le délai de 45 jours, car ce débiteur n'encourt pas nécessairement l'interdiction de gérer.

De lege ferenda, il serait sans doute plus simple de revoir les textes et de faire figurer, au stade des conditions d'ouverture, l'absence d'éléments faisant obstacle au maintien de la procédure car ouvrir pour rien n'est guère pertinent, chacun en conviendra...

On aperçoit que le rétablissement professionnel est plus présenté comme un succédané de la liquidation judiciaire, que comme une véritable procédure[7]. Si le législateur le conçoit comme un avantage pour le débiteur, il peut préférer la procédure classique, tant il est vrai que l'examen des avantages respectifs des deux formules est loin de faire pencher la balance au profit du rétablissement professionnel.

Selon l'article L. 645-3, alinéa 3 du code de commerce, l'ouverture du rétablissement professionnel suppose que soit recueilli l'avis du ministère public.

S'il apparaît que le débiteur ne remplit pas les conditions requises pour bénéficier du rétablissement professionnel, le tribunal rejette la demande

1. Pétel, « Entreprises en difficulté : encore une réforme ! », *JCP E* 2014. 1223, n° 21 – Reille, « Une nouvelle procédure qui n'en est pas une : le rétablissement professionnel », *Rev. proc. coll.* 2014, étude 22, n° 7.
2. Reille, « Une nouvelle procédure qui n'en est pas une : le rétablissement professionnel », *Rev. proc. coll.* 2014, étude 22, n° 7.
3. Aix-en-Provence, 8e ch. A, 22 oct. 2015, RG n° 14/24304, décision aimablement communiquée par Me P. Guetta, avocat au Barreau de Nice.
4. Voinot, « Les modifications intéressant la liquidation judiciaire issues de l'ordonnance du 12 mars 2014 », *Gaz. Pal.* 6 avr. 2014, n° 96, p. 23 s, sp. p. 25.
5. TGI Nanterre, ch. proc. coll., 23 oct. 2015, RG n° 15/00062, *Act. proc. coll.* 2016/1, comm. 3, note Cagnoli.
6. L. n° 2015-990, 6 août 2015, *JO* 7 août, p. 13537, dite loi Macron.
7. Henry, « L'ordonnance n° 2014-326 du 12 mars 2014 et l'ouverture des procédures », *Gaz. Pal.* 6 avr. 2014, n° 96, p. 15 s., sp. p. 18.

et statue sur la demande d'ouverture d'une procédure de liquidation judiciaire (C. com., art. R. 645-3).

594.22 Désistement d'instance. Une fois le rétablissement professionnel ouvert, le débiteur ne peut se désister. Le contraire a été jugé d'une manière erronée à notre sens[1]. Si le débiteur affirme devant le tribunal, après ouverture de sa procédure, qu'il ne remplit pas les conditions d'ouverture du rétablissement professionnel, notamment parce qu'il dispose d'un actif réalisable supérieur à 5 000 euros et qu'il n'est pas en état de cessation des paiements, cela ne lui permet pas de revenir sur la demande d'ouverture tant du rétablissement professionnel que de la liquidation judiciaire, par la technique du désistement d'instance. Pour se désister d'une instance, encore faut-il qu'elle soit encore en cours. Or tel n'est plus le cas, une fois que le tribunal a statué en ouvrant le rétablissement professionnel[2], et, par là-même, a reconnu que le débiteur remplissait les conditions d'ouverture de la liquidation judiciaire. Il faut alors appliquer les textes, qui obligent à mettre fin au rétablissement professionnel, si les conditions n'en sont pas remplies, à tout moment de cette procédure et à ouvrir la liquidation judiciaire que le débiteur avait simultanément sollicitée lors de sa demande d'ouverture du rétablissement professionnel. Peu importe alors que le débiteur ne soit pas effectivement en état de cessation des paiements. Il est irrecevable à invoquer cet argument, qui est couvert par l'autorité de chose jugée attachée au jugement d'ouverture du rétablissement professionnel, dès lors que celui-ci est passé en force de chose jugée[3].

594.23 Notification et communication du jugement ouvrant le rétablissement professionnel – Exécution provisoire. L'article R. 645-4, alinéa 1 du code de commerce prévoit que le jugement statuant sur la demande d'ouverture du rétablissement professionnel est notifié par le greffier au débiteur dans les huit jours de son prononcé. La lettre de notification, précise l'alinéa 2 de l'article R. 645-4, reprend les dispositions du premier alinéa de l'article L. 645-9 et des articles L. 645-11 et L. 645-12. C'est une façon de rappeler au débiteur que, à tout moment de la procédure de rétablissement professionnel, le tribunal peut, si certaines conditions sont réunies, ouvrir la liquidation judiciaire. C'est aussi l'occasion de préciser que la clôture du rétablissement professionnel entraînera l'effacement de certaines dettes, mais à condition qu'elles aient été portées à la connaissance du juge commis et que, si le débiteur ne mérite pas le bénéfice du rétablissement professionnel, une procédure de liquidation judiciaire pourra être ouverte et l'effacement des dettes ne sera pas conservé.

Le jugement ouvrant le rétablissement professionnel est communiqué, comme le jugement d'ouverture d'une procédure collective, aux personnes mentionnées à l'article R. 621-7 (C. com., art. R. 645-4, al. 2).

Le cas échéant, le jugement est communiqué à l'ordre professionnel ou à l'autorité compétente dont relève le débiteur (C. com., art. R. 645-4, al. 2).

L'article R. 661-1, alinéa 1er du code de commerce, modifié par l'article 115, 1° du décret du 30 juin 2014[4], prévoit que les jugements et ordonnances rendus en matière de rétablissement professionnel sont exécutoires de plein droit à titre provisoire. Si, toutefois, l'appel du ministère public est par principe suspensif, il n'en est pas ainsi en matière de rétablissement professionnel. L'appel du ministère public n'est doté d'un effet suspensif que sur les seules décisions visées à l'article L. 645-11, c'est-à-dire celles statuant sur la clôture et l'effacement des dettes du débiteur (C. com., art. R. 661-1, al. 4, réd. D. 30 juin 2014, art. 115).

En cas d'information ou d'annulation d'un jugement ouvrant le rétablissement professionnel, la cour d'appel peut, d'office, statuer sur la demande d'ouverture d'une liquidation judiciaire (C. com., art. R. 645-23).

594.24 Enquête. Selon l'article L. 645-4, alinéa 1 du code de commerce, l'ouverture du rétablissement professionnel conduit à la désignation d'un juge commis chargé de recueillir tous renseignements sur la situation patrimoniale du débiteur, et notamment le montant de son passif et la valeur de ses actifs. La solution n'est pas sans rappeler l'enquête pré faillite qui existe avant l'ouverture d'une procédure collective. L'article R. 645-6 du code prévoit que le président du tribunal est compétent pour remplacer le juge commis empêché ou ayant cessé ses fonctions. L'ordonnance qui pourvoit à son remplacement est une mesure d'administration judiciaire.

Ce juge nomme, pour l'assister, un mandataire judiciaire (C. com., art. L. 645-4, al. 2). Ce dernier sera désigné soit sur les listes, soit en dehors des listes, les articles R. 621-12 et R. 621-13 étant en ce dernier cas applicables. Il pourra s'agir d'un huissier de justice ou d'un commissaire-priseur judiciaire (C. com., art. L. 645-4, al. 2), les textes ayant été

1. TGI Paris, 29 janv. 2015, RG n° 14/11434, *Leden* 2015, comm. 064, note Lucas.
2. Lucas, note s[s] TGI Paris, 29 janv. 2015, RG n° 14/11434, préc.
3. Lucas, note s[s] TGI Paris, 29 janv. 2015, RG n° 14/11434, préc.
4. D. n° 2014-736, 30 juin 2014, *JO* 1er juill., p. 10834.

modifiés à cette fin par l'ordonnance du 2 juin 2016[1] (art. 3).

En application de l'article L. 663-3-1 du code de commerce, inséré par l'article 97 de l'ordonnance du 12 mars 2014[2], le mandataire judiciaire sera rémunéré par prélèvement sur les sommes affectées au fonds mentionné à l'article L. 663-3, c'est-à-dire le fonds des dossiers impécunieux alimenté par prélèvement, à hauteur d'une quote-part, sur les intérêts produits par les placements des mandataires de justice à la Caisse des dépôts et consignations. Les conditions d'application de l'article L. 663-3-1 seront fixées par décret en Conseil d'État.

La procédure est ouverte pour une période de 4 mois (C. com., art. L. 645-4, al. 3). Ce délai doit être mis à profit pour établir la consistance de l'actif du débiteur, vérifier l'absence de salarié, et s'assurer qu'aucun cas devant conduire à l'application des règles de la liquidation judiciaire n'existe.

Nous avons indiqué que le débiteur peut, en déclarant son état de cessation des paiements pour l'ouverture d'une liquidation judiciaire, solliciter le bénéfice de la procédure de rétablissement professionnel (v. s^{s} n° 594.21). La précision permet d'observer que le rétablissement professionnel n'est pas une procédure véritablement autonome, ce qui explique qu'elle soit traitée dans le Titre IV du livre VI du code de commerce en même temps que la liquidation judiciaire. Il s'agit en réalité d'un substitut à la clôture de la liquidation judiciaire pour insuffisance d'actif. Il faut aussi comprendre que la phase d'enquête est une sorte de période d'observation permettant une orientation définitive de la procédure : clôture du rétablissement professionnel ou ouverture d'une liquidation judiciaire. Toutefois, il n'y a pas de conversion du rétablissement professionnel en liquidation judiciaire, mais bien ouverture, le cas échéant, de cette procédure.

L'article L. 645-5 prévoit que le juge commis dispose des pouvoirs énumérés à l'article L. 623-2, c'est-à-dire le très large pouvoir d'investigation du juge-commissaire, auquel le secret professionnel n'est pas opposable. Le juge commis doit ensuite communiquer au mandataire judiciaire qui l'assiste tous les renseignements utiles à l'accomplissement de sa mission. En résumé, « c'est au premier que revient la charge de récupérer très rapidement les renseignements sur la situation patrimoniale – active et passive – du débiteur [...], mais c'est au second de les exploiter à travers un rapport de synthèse de la situation du débiteur qu'il présentera au juge commis »[3].

L'article R. 645-12 du code précise que, à tout moment de l'enquête, le mandataire judiciaire qui se heurte à une difficulté, peut demander par lettre simple au juge commis un délai de réponse aux demandes de renseignements faites en application de l'article L. 645-5. Ce système d'information compliqué, au regard des délais de la procédure, est apparu *ubuesque*[4]. L'article R. 645-13 du code précise que le rapport du mandataire judiciaire est transmis par celui-ci au juge commis et au ministère public.

SECTION 594.30 EFFETS DE LA PROCÉDURE DE RÉTABLISSEMENT PROFESSIONNEL APRÈS ENQUÊTE

594.31 Absence d'équivalence à une procédure collective. À l'instar de la procédure de conciliation, la procédure de rétablissement professionnel n'est pas une procédure collective de paiement[5]. Il n'y a pas ici assujettissement des créanciers à une discipline collective. Spécialement, ils ne sont pas frappés par la règle de l'interdiction des poursuites individuelles.

Pour cette raison, le législateur a dû envisager un dispositif permettant de limiter les initiatives individuelles. Si un créancier poursuit ou met en demeure le débiteur au cours de la procédure, le juge commis peut, à la demande du débiteur, reporter le paiement des sommes dues dans la limite de quatre mois, c'est-à-dire dans la limite de la durée de la procédure de rétablissement professionnel, autrement dit jusqu'à la clôture de cette procédure ou à la décision de faire application des règles classiques de la liquidation judiciaire. Le juge commis peut ordonner, pour cette même durée, la suspension des procédures d'exécution qui auraient pu être engagées par le créancier (C. com., art. L. 645-6). Indiquons que certains ont toutefois soutenu que les délais de grâce pourraient dépasser le délai maximal de la procédure[6]. La solution apparaît discutable car, à l'issue de la procédure, de deux choses l'une : ou bien la créance est effacée et le délai ne sert plus à rien. Ou bien la dette n'est pas effacée et l'on peut alors se

1. Ord. n° 2016-727, 2 juin 2016, *JO* 3 juin.
2. Ord. n° 2014-326, 12 mars 2014, préc.
3. Sénéchal, « Le rétablissement professionnel par effacement relatif des dettes », *BJE* mai 2014, 196 s., sp. 197.
4. PÉROCHON, 10e éd., n° 1417.
5. Reille, « Une nouvelle procédure qui n'en est pas une : le rétablissement professionnel », *Rev. proc. coll.* 2014, étude 22 – PÉROCHON, 10e éd., n° 1418.
6. Sénéchal, art. préc., sp. 198 – Lienhard, « Réforme issue de l'ordonnance du 12 mars 2014 », *in Code des procédures collectives commenté*, Dalloz, 2014, p. 73 – Legros, « Le traitement des sociétés en difficulté après l'ordonnance du 12 mars 2014 », *Dr. sociétés* 2014, p. 15 s., sp. p. 19, n° 26.

demander pourquoi paralyser les initiatives d'un créancier ayant conservé le droit de poursuite.

L'article R. 645-7 du code prévoit que la procédure à utiliser pour obtenir le report des sommes dues est celle prévue à l'article R. 611-35, c'est-à-dire la procédure prévue dans la conciliation pour obtenir les délais de grâce lorsqu'un créancier a poursuivi ou mis en demeure le débiteur pendant la recherche de l'accord de conciliation (v. s[s] n° 142.12). Le juge commis exerce ici les pouvoirs conférés au président de la juridiction qui a ouvert la conciliation.

L'alinéa 2 de l'article L. 645-6 du code de commerce ajoute que toute stipulation contraire est réputée non écrite. La solution est comparable à celle posée pendant la recherche de l'accord de conciliation.

594.32 **Absence de dessaisissement.** Parce que la procédure de rétablissement professionnel n'est pas une procédure collective, elle ne produit pas les effets classiques d'une liquidation judiciaire[1]. Le débiteur n'est pas dessaisi. Il conserve donc le pouvoir de disposition sur ses biens.

La règle n'est pas gênante, dès lors que les conditions du rétablissement professionnel sont effectivement réunies. En effet, le dessaisissement est une réduction de pouvoir du débiteur aux fins de protection du gage commun des créanciers. Or, par hypothèse, on est ici en présence d'un dossier impécunieux. Le gage commun est très maigre et n'est pas appelé à être réalisé. Il n'y a donc rien à protéger, *a priori*, ce qui explique l'inutilité du dessaisissement. Au demeurant, si le dessaisissement avait été appliqué, on aurait été en présence d'une procédure collective, ce qui est inconciliable avec l'affichage recherché par le législateur, à savoir la réduction du nombre de procédures collectives ouvertes en France.

Mais l'observation permet aussi de comprendre l'impérieuse nécessité d'appliquer rapidement les règles de la liquidation judiciaire, si les conditions patrimoniales de la procédure de rétablissement professionnel ne sont pas ou ne sont plus réunies, afin d'éviter que le débiteur ne tire profit de la procédure de rétablissement professionnel pour liquéfier son patrimoine, au préjudice de ses créanciers. Il y a alors urgence à mettre sous main de justice les éléments du gage commun. Les textes ne semblent pas suffisants pour traduire cette obligation de saisir sans délai aux fins d'ouverture de la liquidation judiciaire. Le droit de saisine pourrait, dans cette hypothèse précise, être reconnu au mandataire judiciaire.

1. Roussel Galle, « Le rétablissement professionnel : de l'effacement des dettes au rebond », *Gaz. Pal.* 6 avr. 2014, n° 96, p. 32 s., sp. p. 35.

Notons toutefois que l'article L. 645-7 du code de commerce prend le soin de prévoir que le juge commis peut autoriser *le mandataire judiciaire à faire* tous les actes nécessaires à la conservation des droits du débiteur. Ces actes, précise l'article R. 645-8, font l'objet d'un compte rendu remis au juge commis dont copie est transmise au ministère public par le mandataire judiciaire.

La solution n'est pas sans rappeler celle posée par l'article L. 622-4, alinéa 1 du code de commerce, selon lequel, « dès son entrée en fonction, l'administrateur est tenu de requérir du chef d'entreprise ou, selon le cas, de faire lui-même tous les actes nécessaires à la conservation des droits de l'entreprise contre les débiteurs de celle-ci et à la préservation des capacités de production ».

Le législateur part du postulat que le débiteur peut ne pas être particulièrement enclin, eu égard à sa situation, à préserver ses droits contre ses propres débiteurs. Il pourra d'abord s'agir de l'envoi de mises en demeure, permettant de faire courir les intérêts moratoires ou les lancements d'assignations ayant pour objet d'interrompre des forclusions ou des prescriptions. Il pourra être question tant de recouvrement de créances que d'actions tendant à empêcher, par l'effet prolongé de la possession, l'acquisition d'un droit de propriété par un tiers. Mais comment fera le mandataire judiciaire n'ayant aucun moyen financier et ne pouvant compter sur les avances du Trésor public ? Nul doute que ce texte restera un vœu pieu.

SECTION 594.40

DÉTERMINATION DE L'ACTIF DANS LA PROCÉDURE DE RÉTABLISSEMENT PROFESSIONNEL

594.41 **Information sur les créances et sur les droits patrimoniaux détenue sur le débiteur.** La demande d'ouverture d'un rétablissement professionnel est d'abord une demande d'ouverture d'une liquidation judiciaire. C'est pourquoi le débiteur doit remettre un état chiffré des créances, tel que mentionné au 5° de l'article R. 631-1. Cet état, précise l'article R. 645-9, peut être complété par le débiteur dans les 15 jours suivant le jugement d'ouverture du rétablissement professionnel. La précision est de première importance pour le débiteur, car l'effacement des dettes, qui pourra intervenir à la clôture, dépendra d'abord de l'information qu'aura pu avoir sur l'état du passif, le juge commis (v. s[s] n° 594.71).

L'article L. 645-8 du code de commerce prévoit que le mandataire judiciaire doit informer sans délai les créanciers connus d'avoir à lui communiquer dans un délai maximum de deux mois de la réception de l'avis le montant de leur créance avec indication des sommes à échoir de la date de leurs échéances. L'article R. 645-10 du code précise que le mandataire judiciaire informe non par lettre recommandée avec demande d'avis de réception – forme que redoutaient certains par le coût qu'elle aurait induit dans une procédure par hypothèse impécunieuse[1] –, mais par lettre simple, les créanciers connus de l'ouverture du rétablissement professionnel. Cette lettre d'avertissement reproduit les dispositions des articles L. 645-8, L. 645-11 et R. 645-19 et comprend en annexe copie de l'inventaire des biens du débiteur et de la liste des créances déclarées par ce dernier. Les créanciers sont ainsi informés de la possibilité d'effacement des créances qu'ils détiennent.

Il ne s'agit pas fondamentalement pour le mandataire judiciaire de déterminer très précisément le passif. Le mandataire judiciaire n'aura pas à procéder à une véritable vérification des créances devant conduire un juge à statuer sur le mérite des prétentions de chaque créancier. En effet, il n'y aura rien à répartir. Même si l'article L. 645-8 précise que les créanciers disposent d'un délai de deux mois pour informer le mandataire judiciaire de leurs créances, il faut admettre que l'information donnée par les créanciers sur leurs créances n'est pas une déclaration de créance, impartie à peine de forclusion, et destinée à rendre opposable les créances à une procédure collective, pour cette raison simple qu'il n'y a pas de procédure collective. Le non-respect par les créanciers du délai de deux mois n'est donc pas sanctionné[2].

C'est pourquoi, il est d'abord et avant tout question de déterminer précisément l'actif, ainsi que la bonne foi du débiteur[3], pour savoir si la procédure de rétablissement professionnel doit être poursuivie ou si l'on va devoir appliquer, compte tenu du véritable actif apparu après ces opérations, les règles de la liquidation judiciaire. Cela explique que soit annexé à la lette d'avertissement la copie de l'inventaire. En demandant aux créanciers d'apporter des précisions sur leurs créances, on peut en effet découvrir des actifs. Ainsi, si un créancier déclare une créance garantie par un nantissement sur fonds de commerce ou par un gage sur véhicule automobile, c'est parce que le débiteur est propriétaire d'un fonds de commerce ou d'un véhicule, sur l'absence d'information desquels il devrait, le cas échéant, s'expliquer.

Cette analyse peut être corroborée par le fait que l'article L. 645-8 du code de commerce impose également aux créanciers de porter à la connaissance du mandataire judiciaire « toute information relative aux droits patrimoniaux dont ils indiquent être titulaires à l'égard du débiteur ». Il faut entendre notamment par cette expression les contrats liant l'intéressé au débiteur, qui peuvent être révélateurs d'éléments d'actifs jusqu'alors inconnus. Il faut toutefois concéder qu'il y a là un vœu pieu du législateur, aucune sanction n'assortissant le manquement à cette pseudo obligation.

Il n'existe pas davantage de sanction posée à l'article L. 645-11 du code de commerce, à l'obligation imposée aux créanciers d'informer le mandataire de leurs créances et c'est pourquoi l'analyse de la démarche procédurale imposée aux créanciers ne peut correspondre à une déclaration de créance, alors surtout qu'elle n'est pas suivie de la classique vérification de la créance et de la non moins classique décision du juge-commissaire portant admission ou rejet de la créance déclarée.

SECTION 594.50
POSSIBILITÉ D'OUVRIR UNE LIQUIDATION PENDANT LA PROCÉDURE DE RÉTABLISSEMENT PROFESSIONNEL

594.51 Possibilité d'ouvrir une liquidation pendant la procédure de rétablissement professionnel – bonne foi du débiteur. L'ouverture de la procédure de liquidation judiciaire, en cours de procédure de rétablissement professionnel, pourra intervenir dans de multiples hypothèses, ainsi que le précise l'article L. 645-9 du code de commerce.

> Il en ira d'abord ainsi s'il apparaît que les conditions d'ouverture de cette procédure n'étaient pas réunies à la date à laquelle le tribunal a statué ou ne le sont plus (C. com., art. L. 645-9, al. 2). On remarque ici que le tribunal pourra prendre en compte l'évolution de la situation du débiteur depuis la demande d'ouverture du rétablissement professionnel. Il pourrait en être ainsi, si des actifs sont échus au débiteur, notamment par succession. Contrairement à l'hypothèse de la procédure de liquidation judiciaire qui fait, en application du IV de l'article L. 641-9 du code de commerce, échapper les biens échus sur succession après l'ouverture ou le prononcé de la liquidation judiciaire au dessaisissement, ces biens échus après l'ouverture du rétablissement professionnel contribuent à modifier la situation du débiteur qui devra être placée en liquidation judiciaire. Et comme les biens seront échus avant l'ouverture de la liquidation judiciaire, ils pourront être réalisés par le liquidateur. On mesure ici que la solution pénalise le débiteur qui n'avait rien au jour de son rétablissement profes-

1. Sénéchal, art. préc., sp. 198.
2. Sénéchal, art. préc., sp. 198.
3. Roussel Galle, « Le rétablissement professionnel : de l'effacement des dettes au rebond », *Gaz. Pal.* 6 déc. 2014, nº 96, p. 32 s., sp. p. 36.

sionnel, par rapport au débiteur qui avait plus au jour de sa liquidation judiciaire. Il n'est pas certain que la justice distributive s'y retrouve, ou, pour s'exprimer plus juridiquement, qu'il y ait égalité de traitement des citoyens devant la loi.

> Il en ira de même si la bonne foi du débiteur, qui a sollicité le bénéfice de cette procédure peut être mise en cause (C. com., art. L. 645-9, al. 1). En droit commun, la bonne foi se présume. Dans la procédure de rétablissement personnel du code de la consommation, la bonne foi est une condition d'ouverture de la procédure, une condition préalable[1]. C'est pourquoi, dans cette procédure, le tribunal peut soulever d'office l'absence de bonne foi. Au contraire, la bonne foi n'est pas une condition d'ouverture de la procédure de rétablissement professionnel[2], mais seulement une condition de son maintien[3]. Le contraire a cependant été soutenu[4]. La mauvaise foi nous apparaît donc une cause de déchéance du bénéfice de la procédure[5]. Certes, cela est le cas dans le rétablissement personnel des particuliers, mais, en ce domaine, la bonne foi est également une condition d'ouverture de la procédure. Dès lors, on peut hésiter à étendre par analogie le texte d'exception posé pour le rétablissement personnel et l'on serait donc plutôt d'avis d'interdire au tribunal de soulever d'office la mauvaise foi, encore que le contraire ait été soutenu[6].

La spécificité est ici grande par rapport aux procédures collectives dans lesquelles la bonne foi n'est ni une condition d'ouverture, ni une condition du maintien des procédures[7].

Encore faut-il s'entendre sur la notion de bonne foi ici employée par le législateur. Dès lors que l'on observe que les fausses déclarations du débiteur à l'ouverture de la procédure sont de nature à emporter sa remise en cause, la bonne foi ne peut se résumer à ces fausses déclarations. C'est pourquoi il est préférable d'adopter une conception dualiste de la bonne foi[8].

La bonne foi s'entend, comme dans la procédure de surendettement, comme le fait de ne pas contracter sciemmendes dettes que l'on sait ne pas pouvoir payer, ou ncore comme le fait d'organiser son insolvabilité[9]. lais encore, la bonne foi s'entend au sens procéduralElle tient au comportement du débiteur sollicitant : bénéfice de la procédure ayant adopté un statut quelque temps avant la demande d'ouverture du rétablissement professionnel, pour lui permettre d'effacer des dettes qu'il n'aurait su effacer autrement. On peut ainsi penser à celui qui était tenu à une condamnation à combler l'insuffisance d'actifqu'il entend effacer en adoptant le statut d'auto etrepreneur[10].

Il y aura nfin place à ouverture d'une liquidation judiciaire s'l ressort de l'enquête des éléments permettant lamise en œuvre de sanctions prévues au livre V, c'est-à-dire des mesures de faillite personnelle ou d'interdiction de gérer, ainsi que des actions en nullités de la période suspecte (C. com., art. L. 645-9, al. 1). Jusqu'à la loi du 6 août 2015[11], dite loi Macron, la non déclaration de l'état de cessation des paiements dans le délai de 45 jours constituait un cas d'interdiction de gérer, sans que le texte ne nécessite d'apprécier le comportement du débiteur ou du dirigeant de la personne morale débitrice (v. aussi s[s] n° 594.21). Or, la procédure de rétablissement professionnel peut être remise en cause si le débiteur encourt l'un des cas d'interdiction de gérer. On voit apparaître ici le fait que la quasi totalité des rétablissements professionnels pouvaient être remis en cause, ce qui, sur un plan de politique législative, n'était évidemment pas acceptable. Il faut donc approuver le législateur (L. 6 août 2015, art. 239) de cantonner désormais la mesure d'interdiction de gérer prévue à l'article L. 653-8, alinéa 3 du code de commerce, au cas où l'intéressé a « sciemment » omis de déclarer son état de cessation des paiements. En droit pénal, on parlerait d'un dol spécial. L'intéressé doit avoir voulu accomplir un acte qu'il sait interdit par la loi. Or il est des hypothèses où l'intéressé peut avoir des doutes sur son état de cessation des paiements, l'encaissement à un ou deux jours près d'une facture pouvant avoir des conséquences sur la caractérisation de son impossibilité de payer son passif exigible, avec son actif disponible susceptible de variation quotidienne. Par contrecoup, la modification de ce cas d'interdiction de gérer sécurise le rétablissement professionnel.

L'alinéa 1 de l'article L. 645-9 du code de commerce indique que « à tout moment de la procédure de rétablissement professionnel, le tribunal, sur rapport du juge commis, peut ouvrir une procédure de liquidation judiciaire ». Il a été dit que le rétablisse-

1. Vallens, « La bonne foi fait son entrée dans le droit des entreprises en difficulté », *BJE* 2015, 10.
2. Aix-en-Provence, 8e ch. A, 22 oct. 2015, RG n° 14/24304, décision aimablement communiquée par Me P. Guetta, avocat au Barreau de Nice.
3. Versailles, 13e ch., 14 avr. 2016, RG n° 15/07606, *LXB hebdo* 21 avr. 2016, n° 463, note Le Corre, décision aimablement communiquée par Me Th. Montéran.
4. Vidal et Giorgini, n° 1456.
5. Vallens, art. préc., 9.
6. Stefania, « La procédure de rétablissement professionnel sans liquidation judiciaire en droit des entreprises en difficulté », *JCP E* 2014. 1345, n° 3.
7. Vallens, art. préc., 9.
8. Vallens, art. préc., 10.
9. AINSI : TGI Nice, 15 déc. 2015, RG n° 14/00035.
10. RAPPR. Vallens, art. préc., 11.
11. L. n° 2015-990, 6 août 2015, préc.

ment professionnel était une procédure co[illegible]ment réversible[1].

L'alinéa 3 de l'article L. 645-9 du code de commerce précise que l'ouverture de la procédure de liquidation judiciaire pourra intervenir sur la demande du débiteur. Il n'en sera ainsi que lorsque les conditions d'ouverture de cette procédure n'étaient pas réunies à la date à laquelle le tribunal a statué ou ne le sont plus. L'article R. 645-15, alinéa 1 du code précise que la demande faite par le débiteur est déposée par celui-ci au greffe.

L'alinéa 3 de l'article L. 645-9 du code de commerce indique également que le tribunal peut être saisi, dans les autres cas, soit à la requête du ministère public, soit sur assignation d'un créancier. Cette saisine devrait être l'hypothèse la plus fréquente. En cas de requête du ministère public, il est fait application de l'article R. 631-4 (C. com., art. R. 645-15, al. 3), c'est-à-dire de la procédure applicable à l'assignation en redressement judiciaire à la demande du ministère public.

Il importe de noter que si la procédure intéresse un agriculteur, l'ouverture d'une liquidation judiciaire en cours de procédure de rétablissement professionnel n'imposera pas la désignation d'un conciliateur, par dérogation à l'alinéa 6 de l'article L. 640-5 du code de commerce. La solution résulte de l'article 60 de l'ordonnance du 12 mars 2014.

Nous avons déjà signalé qu'il ne s'agit pas d'une conversion, mais bien de l'ouverture d'une liquidation judiciaire (v. ss no 594.24). La remarque est importante, puisque cela devrait conduire à exiger des créanciers qu'ils déclarent au passif de la liquidation judiciaire leurs créances, comme ils le font dans le cadre de l'ouverture d'une procédure collective. Le législateur a toutefois prévu une dispense de déclaration pour certains de ces créanciers (v. ss no 594.83).

SECTION 594.60

CLÔTURE DE LA PROCÉDURE DE RÉTABLISSEMENT PROFESSIONNEL

594.61 Choix du juge commis à la fin de la procédure de rétablissement professionnel. L'article L. 645-10 du code de commerce s'intéresse à la fin de la procédure de rétablissement professionnel. L'article R. 645-13 du code précise que le rapport du mandataire judiciaire est transmis par celui-ci au juge commis et au ministère public.

Sur rapport du mandataire judiciaire et après avis du ministère public, le juge commis dépose son rapport au greffe au plus tard trois jours avant l'audience (C. com., art. R. 645-14). Toutefois, lorsqu'est demandée l'ouverture de la procédure de liquidation judiciaire en application de l'article L. 645-9, le rapport du juge commis peut être déposé et porté à la connaissance du débiteur le jour de l'audience (C. com., art. R. 645-14). Le juge commis, précise l'article R. 645-16, ne pourra siéger dans la formation collégiale, ni participer au délibéré, sous peine de nullité du jugement.

Le jugement par lequel le tribunal ouvre la liquidation judiciaire en application de l'article L. 645-9 met fin de plein droit à la procédure de rétablissement professionnel sans effacement des dettes (C. com., art. R. 645-22).

594.62 Voie de recours sur le jugement statuant sur le rapport du juge commis. L'article R. 645-21, alinéa 1 du code de commerce indique que le jugement rendu sur le rapport du juge commis est susceptible d'appel de la part du débiteur. Cet appel est effectué par une déclaration faite ou adressée par lettre recommandée avec demande d'avis de réception au greffe du tribunal.

Le ministère public peut également en interjeter appel. Son appel est suspensif, précise l'alinéa 2 de l'article R. 645-21.

L'appel est formé, instruit et jugé suivant la procédure sans représentation obligatoire, comme cela est le cas en matière de surendettement des particuliers.

En cas d'infirmation ou d'annulation d'un jugement clôturant le rétablissement professionnel, la cour d'appel peut, d'office, statuer sur la demande d'ouverture d'une liquidation judiciaire (C. com., art. R. 645-23).

594.63 Jugement de clôture du rétablissement professionnel. L'article R. 645-17, alinéa 2 du code de commerce précise que le jugement de clôture entraîne caducité de la demande d'ouverture de la liquidation judiciaire.

Ce jugement est notifié au débiteur et communiqué au ministère public par le greffier (C. com., art. R. 645-18).

L'article R. 645-19, alinéa 3 du code précise qu'un avis du jugement de clôture est adressé pour insertion au *Bodacc*. Cette insertion contient l'indication du nom du débiteur, de son adresse professionnelle, de son numéro unique d'immatriculation ainsi que, s'il y a lieu, du nom du greffe ou de la chambre des métiers et de l'artisanat de région où il est immatriculé, de l'activité exercée et de la date du jugement ainsi que du tribunal qui l'a rendu. Le greffier procède d'office à ces publicités dans les 15 jours de la date du jugement.

1. Reille, « Une nouvelle procédure qui n'en est pas une : le rétablissement professionnel », *Rev. proc. coll.* 2014, étude 22, no 25.

Un avis est également adressé pour insertion dans les registres et répertoires prévus aux trois premiers alinéas de l'article R. 621-8.

L'article 132 du décret du 30 juin 2014[1] modifie la rédaction de l'article R. 123-122 du code de commerce pour prévoir une mention d'office au registre du commerce et des sociétés de la décision prononçant la clôture de la procédure de rétablissement professionnel et l'effacement des dettes.

L'article R. 645-20 du code prévoit que les règles posées pour la suspension de l'interdiction d'émettre des chèques par les articles R. 643-21 et R. 643-22 sont applicables. Le mandataire judiciaire exerce les fonctions attribuées par l'article R. 643-21 au liquidateur (v. s[s] n° 592.55).

Précisons enfin que l'ordonnance du 26 septembre 2014[2] (art. 11) prévoit que le Trésor public fera l'avance de ce que l'on peut appeler, *brevitatis causa*, les frais de greffe, de signification et de publicité du jugement de clôture du rétablissement professionnel (C. com., art. L. 663-1, IV, réd. ord. 26 sept. 2014, art. 11), précision indispensable compte tenu du caractère impécunieux par nature de cette procédure. L'article 13, alinéa 2 de l'ordonnance du 26 septembre 2014 indique que la disposition ne s'appliquera qu'aux rétablissements professionnels ouverts à compter du 28 septembre 2014. Si l'on comprend « l'économie » de la disposition transitoire, elle n'en présente pas moins des inconvénients sérieux pour les quelques rétablissements professionnels qui auront été ouverts entre le 1er juillet et le 27 septembre 2014.

594.64 Compte rendu de fin de mission – Compte détaillé des émoluments – Rémunération du mandataire judiciaire. L'article R. 645-24 du code précise que lorsque le mandataire judiciaire a accompli sa mission, il dépose au greffe un compte rendu de fin de mission comprenant le détail de des débours. Il remet au président une copie de ce compte rendu ainsi qu'une copie du rapport visé à l'article R. 645-13.

Le président, sur les observations du juge commis, fixe le montant des sommes allouées au mandataire judiciaire conformément aux dispositions des trois derniers alinéas de l'article R. 663-41.

Le mandataire judiciaire, en application de l'article L. 663-3-1 du code de commerce, inséré par l'article 97 de l'ordonnance du 12 mars 2014[3], sera rémunéré par prélèvement sur les sommes affectées au fond mentionné à l'article L. 663-3, c'est-à-dire le fond de financement des dossiers impécunieux alimenté par prélèvement, à hauteur d'une quote-part, sur les intérêts produits par les placements effect par les mandatairesde justice à la Caisse des ôts et consignations. les conditions d'appli-cati de l'article L. 663-3-1 sont fixées par décret en nseil d'État.

on ce texte, la somme prélevée sur le fond de gen des dossiers impécunieux est de 1 200 euros si ctif déclaré est égal ou inférieur à 1 000 euros. El est de 1 500 euros, si l'actif déclaré est supérieur à 000 euros.

Pour tenir compte de la modicité des sommes en use, ainsi que de l'absence de difficulté de leur calul, l'alinéa 4 de l'article R. 645-24 précise que cette décision n'est pas susceptible de recours.

Précisons que si une procédure de liquidation judiciaire est ouverte en cours de rétablissement professionnel, c'est-à-dire par application de l'article L. 645-9, ou après clôture du rétablissement professionnel, dans les conditions de l'article L. 645-12, l'article R. 663-50 du code de commerce (réd. D. 30 juin 2014[4], art. 131) prévoit que l'indemnité versée par le fond de financement des dossiers impécunieux, dans le cadre de la liquidation judiciaire, est qui est fixée à 1 500 euros par l'article R. 663-41, sera amputée du montant perçu au titre de la rémunération de la procédure de rétablissement professionnel.

L'article R. 645-25 précise que, dès le dépôt au greffe du compte rendu de fin de mission du mandataire judiciaire, le greffier adresse au débiteur, ainsi qu'au ministère public, le compte détaillé de ses émoluments, de ses frais et de ses débours, selon les dispositions des articles R. 743-140 à R. 743-157.

L'article R. 743-145, 2°, a du Code de commerce, dans la rédaction que lui donnait l'avant-projet de décret, (réd. D. 30 juin 2014, art. 139) précisait qu'il n'était dû aucun émolument pour les mentions d'office prévues au titre des procédures de rétablissement professionnel. Plus raisonnablement, le texte final (réd. D. 30 juin 2014, art. 134) prévoit une tarification forfaitaire par débiteur, d'un faible montant (Annexe 7-5 du livre VII du code de commerce, tableau VIII).

Ce compte est déposé au greffe et annexé à celui des mandataires de justice. Il est complété si le greffier est appelé à régler postérieurement d'autres frais.

594.65 Possibilité de laisser une partie des frais à la charge du débiteur. L'article R. 645-26 du code de commerce, dans la rédaction que lui avait donnée l'avant-projet de décret de 2014, précisait que le tribunal pouvait mettre, tout ou partie des frais mentionnés à l'article L. 663-3-1 à la charge du

1. D. n° 2014-736, 30 juin 2014, préc.
2. Ord. n° 2014-1088, 26 sept. 2014, *JO* 27 sept., p. 15725.
3. Ord. n° 2014-326, 12 mars 2014, préc.
4. D. n° 2014-736, 30 juin 2014, préc.

débiteur, au moyen d'une contribution dont il aurait fixé le montant et les modalités de versement en tenant compte des ressources de l'intéressé.

Ces frais correspondaient à la rémunération du mandataire judiciaire ayant assisté le juge commis.

L'idée pouvait paraître morale. Était-elle bonne pour autant ? Rien n'est moins sûr. N'était-elle pas un repoussoir, alors que pareil texte n'existe pas pour les honoraires des mandataires de justice en cas de clôture de la liquidation judiciaire pour insuffisance d'actif, versés par le biais du fond de financement des dossiers impécunieux ? Certes, ces honoraires sont des créances postérieures éligibles au traitement préférentiel. On pourrait donc concevoir que le fond de financement des dossiers impécunieux, le *solvens*, soit subrogé dans les droits des mandataires de justice *accipiens*, et exerce, en conséquence un recours contre les débiteurs. Mais tel n'est pas le cas, en pratique.

N'aurait-ce pas été la goutte d'eau risquant de faire déborder le vase pour préférer assurément la liquidation judiciaire clôturée pour insuffisance d'actif au rétablissement professionnel ? N'oublions pas que c'est le débiteur qui, au départ, exerce le choix ! Il est donc heureux que la rédaction finale ait abandonné cette idée de laisser une partie des frais à la charge du débiteur.

SECTION 594.70

EFFETS DE LA CLÔTURE DE LA PROCÉDURE DE RÉTABLISSEMENT PROFESSIONNEL

594.71 Effacement de certaines dettes. L'article L. 645-11 du code de commerce vient préciser les effets attachés à la clôture de la procédure de rétablissement professionnel.

Selon ce texte, la clôture entraîne effacement des dettes. La solution doit être rapprochée de celle posée dans le rétablissement personnel intéressant les particuliers par l'article L. 332-5, alinéa 2 du code de la consommation (devenu C. consom., art. L. 741-3[1]), avec toutefois une différence majeure : dans le rétablissement personnel du code de la consommation, seules les dettes non professionnelles sont effacées. Ici, l'effacement des dettes a lieu sans distinction entre dettes professionnelles ou non, encore que le contraire ait été soutenu[2].

À leur demande, les créanciers dont les dettes sont effacées peuvent obtenir un extrait certifié conforme du jugement, ce qui leur permettra de passer en perte leurs créances effacées (C. com., art. R. 645-18).

Ce texte est restrictif de droits en ce qu'il efface des créances. Il y a lieu de l'interpréter strictement et donc *a contrario*. Seules sont effacées, les dettes visées au texte.

Il faudra d'abord qu'il s'agisse de dettes nées antérieurement à l'ouverture du rétablissement professionnel.

En outre, ne seront effacées que les seules dettes portées à la connaissance du juge commis par le débiteur et qui ont fait l'objet de l'information aux créanciers par le mandataire judiciaire, en vertu de l'article L. 645-8.

Ne seront donc pas effacées les dettes qui n'auront pas été portées à la connaissance du juge commis.

Ne seront pas davantage effacées les dettes portées à la connaissance du juge commis, mais pour lesquelles le mandataire judiciaire n'a pas informé les créanciers. Et une difficulté sérieuse de preuve peut ici se présenter, du fait que l'information donnée par le mandataire judiciaire aux créanciers l'est en courrier simple.

En revanche, il convient d'insister sur le fait qu'il importe peu que le créancier ait fait la démarche de porter sa créance à la connaissance du mandataire judiciaire dans le délai de deux mois de l'avertissement que cet organe lui envoie. Poser la solution contraire aurait conduit systématiquement à une stratégie de contournement. Il aurait en effet suffi au créancier de ne pas informer le mandataire de sa créance pour échapper à l'effacement de celle-ci.

Il faut comprendre la portée de ces précisions. L'effacement ne vient pas ici sanctionner la défaillance du créancier dans la déclaration de sa créance. En effet, il n'y pas place à véritable déclaration de créance. L'effacement est strictement contrôlé. On comprend l'idée du législateur : seuls des créanciers clairement identifiés doivent subir l'effacement de leur créance. Il faut que la créance soit clairement identifiée non seulement quant à son titulaire, mais aussi quant à son montant. Le créancier a donc pu réagir sur l'avis d'avoir à faire connaître sa créance envoyée par le mandataire judiciaire. Si l'avis n'a pas été envoyé, l'effacement n'est pas possible. Cette connaissance par le juge commis s'impose parce que les créances effacées doivent être mentionnées dans le jugement de clôture – et non dans l'ordonnance comme cela avait été précisé à la suite d'une erreur rédactionnelle, modifiée par l'ordonnance du 26 septembre 2014[3]–, selon les prévisions de l'article L. 645-11. Seules celles-là seront effacées, le juge-

1. DEPUIS le 1er juill. 2016 : ord. n° 2016-301, 14 mars 2016, *JO* 16 mars.
2. Stefania, « La procédure de rétablissement professionnel sans liquidation judiciaire en droit des entreprises en difficulté », préc., n° 10.
3. Ord. n° 2014-1088, 26 sept. 2014, préc.

ment de clôture tenant lieu de décision de justice prononçant l'effacement de ces créances.

L'article R. 645-17 du code précise, à cet égard, que le jugement de clôture comprend l'état chiffré des créances effacées avec l'indication, le cas échéant, du nom ou de la dénomination et du domicile ou siège des créanciers.

Il nous semble que la dette ne sera effacée qu'à hauteur du montant retenu dans le jugement de clôture. Pour le surplus, l'effacement ne joue pas. En outre, la logique voudrait que l'effacement ne joue que pour le plus faible des deux montants : celui indiqué par le débiteur lors de la demande d'ouverture et communiqué au juge commis et celui indiqué par le créancier, si ce dernier est plus important. Le créancier n'est pas là pour voler au secours d'un débiteur défaillant dans les informations loyales qu'il doit communiquer. Une opinion différente a toutefois pu être émise[1]. Il a même été soutenu que, en ce cas, il n'y avait pas place a effacement, du fait de la mauvaise foi du débiteur[2].

La question délicate est ici de savoir quelle nature juridique reconnaître à cet effacement des dettes, expression dont chacun pourra au moins s'accorder sur un point : son caractère peu juridique, qui oblige l'interprète à faire une traduction franco-française dans un texte de loi, ce qui peut être regretté.

Le rétablissement professionnel n'est pas une procédure collective de paiement. Spécialement, il n'entraîne pas arrêt des poursuites individuelles contre le débiteur de la part des créanciers. Logiquement, le législateur ne pouvait ici évoquer une interdiction du droit de reprise des poursuites individuelles, qui aurait constitué une exception personnelle au débiteur.

L'effacement entraîne-t-il alors extinction de la créance, à l'instar de la solution posée sous l'empire de la loi du 25 janvier 1985[3] lorsque le créancier ne déclare pas sa créance dans les délais ? Pour répondre à la question posée, il convient de se tourner vers la procédure de rétablissement personnel du droit du surendettement des particuliers, qui connaît aussi un effacement des dettes. La Cour de cassation y juge que l'effacement des dettes entraîne l'extinction de la créance, mais ne vaut pas pour autant paiement[4]. Les effets attachés au paiement ne se produiront pas. Ainsi, le transfert de propriété qui serait subordonné au complet paiement, par exemple en matière de clause de réserve de propriété, ne se produira pas, ainsi que l'a jugé, dans le domaine du rétablissement personnel, la Cour de cassation[5].

Pour autant, cet effacement doit-il être analysé comme une exception personnelle au débiteur[6], ou doit-on au contraire considérer, comme cela a été jugé en matière de déclaration de créance sous l'empire de la loi du 25 janvier 1985, que l'extinction de la créance entraîne extinction du cautionnement ? L'enjeu du débat tient à la possibilité de poursuivre ou non la caution après la clôture et par voie de conséquence, après l'effacement de la créance cautionnée[7].

Si, dans l'extinction de la créance, on voit un effet personnel au débiteur, il faut décider, faute de texte contraire, que le créancier conserve son recours contre les garants, ces derniers fussent-ils des garants accessoires. Si au contraire, on considère que l'extinction de la créance est une exception inhérente à la créance, cela emporte comme conséquence l'extinction du cautionnement[8].

Pour répondre à la question, il est tentant d'observer que l'article L. 645-11 du code de commerce exclut de l'effacement les créances mentionnées au II de l'article L. 643-11. Il s'agit là des créances de recours détenues par les garants contre le débiteur. Si ces créances de recours ne sont pas effacées, symétriquement, l'on pourrait penser que les créances détenues contre ces garants ne le sont pas davantage. Mais l'argument n'est pas irrésistible, car le législateur peut avoir raisonné uniquement sur le recours après paiement, de sorte que la question de la poursuite du garant ne se pose plus.

Pour sa part, l'article R. 645-11 du code oblige le mandataire à informer, par lettre recommandée avec demande d'avis de réception, soit dans des conditions différentes de celles intéressant les créanciers connus, les cautions, coobligés et personnes

1. VIDAL et GIORGINI, n° 1475.
2. Théron., « Vers une consumérisation des procédures : la procédure de rétablissement professionnel », colloque Montpellier 29 mai 2015, *Act. dr. entr.* 2015, p. 39 s., sp. p. 51.
3. L. n° 85-98, 25 janv. 1985, préc.
4. Civ. 2e, 27 févr. 2014, n° 13-10.891, *Bull. civ.* IV, n° 59, *LPA* 19 mai 2014, n° 99, p. 7, note Stefania.
5. Civ. 2e, 27 févr. 2014, n° 13-10.891, *Bull. civ.* IV, n° 59, *LPA* 19 mai 2014, n° 99, p. 7, note Stefania; *Rev. proc. coll.* 2014, comm. 112, note Gjidara-Decaix.
6. EN CE SENS : Sénéchal, « Le rétablissement professionnel par effacement relatif des dettes », *BJE* mai 2014, 196 s., sp. 199 – Pérochon « Entre liquidation, liquidation simplifiée et rétablissement professionnel », Table ronde, *BJE* 2014, 406 – PÉROCHON, 10e éd., n° 1441.
7. Legrand, « Rétablissement professionnel : quel sort réserver à la caution du débiteur bénéficiaire de la procédure », *LPA* 1er janv. 2015, n° 1, p. 7.
8. Pétel, « Entreprises en difficulté : encore une réforme ! », *JCP E* 2014. 1223, n° 23 – Vallens et Froehlich, « La procédure de rétablissement professionnel », interv. Colloque Besançon 10 oct. 2014, *Gaz. Pal.* 31 déc. 2014, n° 365, 18 s., sp. 22 – Martin-Serf, « La liquidation judiciaire simplifiée : encore plus simplifiée mais en concurrence avec le rétablissement professionnel », interv. Colloque Besançon 10 oct. 2014, *Gaz. Pal.* 31 déc. 2014, n° 365, 23s, sp. 25.

ayant consenti une sûreté personnelle ayant affecté un bien en garantie, dont l'existence a été portée à sa connaissance par le débiteur par un créancier, de l'ouverture du rétablissement professionnel. Pourquoi informer ce garant si le peut encore le poursuivre ? N'est-ce pas plutôt façon de l'informer qu'il n'a plus à payer du fait de l'extinction de la dette ? L'explication serait plausible pour la caution, mais elle ne serait pas valable pour le codébiteur, qui a un engagement autonome et qui reste donc tenu en dépit de l'extinction de la créance détenue à l'égard d'un autre codébiteur.

On peut déplorer que le législateur n'ait pas anticipé une telle difficulté d'interprétation, qui avait été rencontrée avec l'article 169 de la loi du 25 janvier 1985, et aurait donc pu facilement ici être évitée.

Si l'on sait que la Cour de cassation, dans le domaine du rétablissement personnel, juge que l'effacement vaut extinction de la créance, pour l'heure, elle n'a pas tranché la difficulté de savoir si, en matière de rétablissement personnel, la caution qui n'a pas encore payé au jour de la clôture peut être poursuivie. Signalons seulement que des juridictions du fond ont cru devoir juger que le caractère accessoire du cautionnement empêchait sa survie si la dette principale était effacée[1]. Par souci de parallélisme avec la procédure de surendettement des particuliers, on optera, mais sans grande conviction, et en attendant prudemment la position de la Cour de cassation, pour l'absence de libération de la caution, en considérant que l'effacement est une exception personnelle au débiteur.

Indiquons également, que dans ce même domaine du rétablissement personnel, il a été jugé, par le rejet d'une question prioritaire de constitutionnalité, que la procédure de rétablissement personnel sans liquidation, qui emporte l'effacement des dettes, n'est pas contraire à la Constitution[2]. La solution devrait être la même, pour le rétablissement professionnel, pour identité de motifs : la possibilité pour le législateur de limiter les conditions d'exercice du droit de propriété, auquel est assimilé le droit de créance, pour des motifs d'intérêt général de lutte contre la précarité et l'exclusion sociale.

594.72 Exclusion de l'effacement de certaines dettes. Sont exclues de l'effacement, plusieurs catégories de dettes.

Il en est d'abord implicitement ainsi des dettes nées après l'ouverture du rétablissement professionnel, seules les dettes antérieures étant susceptibles d'effacement. Le raisonnement *a contrario* s'impose ici.

Ensuite, l'article L. 645-11 du code prévoit que certaines dettes antérieures à la décision d'ouverture du rétablissement professionnel ne peuvent être effacées.

Il en est d'abord ainsi des dettes alimentaires et des dettes salariales. Pour tenir compte du fait que le législateur raisonne sur l'effacement des dettes et non des créances, le texte de l'article L. 645-11 a été retouché par la loi de modernisation de la justice du XXIe siècle, en visant les dettes correspondant aux créances des salariés et aux créances alimentaires. Cela n'emporte pas de conséquence sur l'interprétation.

Ensuite, ne peuvent être effacées les dettes mentionnées au 1° et 2° du I de l'article L. 643-11 du code.

Le 1° du I de l'article L. 643-11 du code de commerce a été introduit par l'ordonnance du 12 mars 2014[3]. Il est question des biens échus sur succession pendant la liquidation judiciaire. Il faut donc comprendre que les dettes relatives à des biens échus sur succession au débiteur pendant la liquidation judiciaire ne sont pas effacées[4].

Le 2° du I de l'article L. 643-11 du code de commerce vise pour sa part, dans la rédaction issue de l'ordonnance du 12 mars 2014, les créances résultant d'une infraction pénale dont l'auteur est le débiteur et celles attachées à la personne du créancier.

Enfin, ne peuvent être effacées, les dettes de remboursement envers les garants visés au II de l'article L. 643-11. La solution est identique à celle posée en matière de rétablissement personnel[5].

Cet effacement seulement relatif peut conduire le débiteur à préférer la solution plus radicale de l'impossibilité de reprise des poursuites individuelles de la part des créanciers soumis à la discipline collective, en cas de clôture de la liquidation judiciaire pour insuffisance d'actif[6].

594.73 Absence de réglementation des voies de recours sur l'ordonnance de clôture emportant effacement des dettes. Les textes restent muets sur les voies de recours sur l'ordonnance de clôture empor-

1. Paris 29 sept. 2011, RG n° 10/10181 – Bordeaux 4 nov. 2008, RG n° 06/047916 – ces deux arrêts sont cités par Sfefania, note ss Civ. 2e, 26 juin 2014, n° 13-14.576, NP, *LPA* 8 janv. 2015, n° 6, p. 11 s., sp. p. 14.
2. Civ. 2e, 19 déc. 2013, n° 13-40.065, NP, *Rev. proc. coll.* 2014, comm. 46, note Gjidara-Decaix.
3. Ord. n° 2014-326, 12 mars 2014, préc.
4. Vallens et Froehlich, « La procédure de rétablissement professionnel », interv. Colloque Besançon 10 oct. 2014, *Gaz. Pal.* 31 déc. 2014, n° 365, 18 s., sp. 20.
5. Civ. 2e, 26 juin 2014, n° 13-14.576, préc.
6. RAPPR. : Sénéchal, « Le rétablissement professionnel par effacement relatif des dettes », *BJE* mai 2014, 196 s., sp. 199.

il nous semble que cette décision est susceptible de recours de la part du créancier dont la créance aura été effacée. Il en sera tout spécialement ainsi en présence de l'effacement d'une créance postérieure à l'ouverture du rétablissement professionnel, d'une créance antérieure pour laquelle le créancier n'a pas reçu du mandataire judiciaire l'avis prévu à l'article L. 645-8 ou encore d'une créance exclue de l'effacement par l'article L. 645-11.

Il reste à déterminer la voie de recours. Les créanciers ne sont ni des parties, ni des personnes représentées à l'instance de clôture de la procédure. Il faut donc, à notre sens, décider qu'il y a place à une tierce opposition[1], qui rendra inopposable au tiers opposant le jugement de clôture effaçant sa créance, sans remettre en cause le jugement de clôture lui-même, ni l'effacement des autres dettes. Observons que l'article 116 du décret du 30 juin 2014[2], qui modifie la rédaction de l'article R. 661-2 du code de commerce, évoque la tierce-opposition en matière de rétablissement professionnel.

594.74 Suspension des effets de la mesure d'interdiction d'émettre des chèques. L'article 79 de l'ordonnance du 12 mars 2014[3] modifie la rédaction de l'article L. 643-12 du code de commerce, pour étendre à la procédure de rétablissement professionnel la suspension des effets de la mesure d'interdiction d'émettre des chèques jusqu'alors posée pour la clôture de la liquidation judiciaire (v. s[s] n° 592.55).

594.75 Obligation pour le débiteur de cesser son activité ? La clôture du rétablissement professionnel entraîne-t-elle cessation de l'activité du débiteur ? La question est insolite et frise l'impertinence. Le professionnel indépendant a demandé l'ouverture d'une liquidation judiciaire et simultanément le bénéfice du rétablissement professionnel. Nous avons pu observer que ce débiteur devait être en activité lors de sa demande (v. s[s] n° 594.11). Si le professionnel indépendant a obtenu l'effacement de ses dettes, c'est parce que son rétablissement professionnel est allé jusqu'à son terme. Il n'a donc jamais été statué sur sa demande d'ouverture de liquidation judiciaire, la clôture du rétablissement professionnel entraînant même caducité de cette demande (C. com., art. R. 645-17, al. 2).

Si le débiteur avait été placé en liquidation judiciaire, cette dernière aurait entraîné par principe arrêt de son activité. La législation ne pose pas expressément en règle que la liquidation judiciaire entraîne cessation de l'activité. Cependant, l'article L. 641-10 du code de commerce énonce que « le maintien de l'activité peut être autorisé par le tribunal ». Il en résulte que, à défaut d'autorisation, l'activité doit cesser. L'arrêt d'activité est donc la solution de principe de la liquidation judiciaire.

Elle solution n'est pas posée en matière de rétablissement professionnel. Aussi curieuse que puisse apparaître la solution, le débiteur, débarrassé de ses dettes grâce à l'effacement de ces dernières, pourra donc continuer tranquillement son activité. Le débiteur peut ainsi effacer ses dettes sans avoir à s'effacer professionnellement, ce qui constitue, peut-être, un avantage décisif, par rapport à la liquidation judiciaire, pour un professionnel indépendant désireux de continuer son activité.

SECTION 594.80

CLÔTURE IMMÉRITÉE D'UNE PROCÉDURE DE RÉTABLISSEMENT PROFESSIONNEL

594.81 Ouverture d'une liquidation judiciaire après clôture d'une procédure non méritée de rétablissement professionnel. L'article L. 645-12 du code de commerce réglemente une situation particulière : celle dans laquelle un débiteur a obtenu le bénéfice d'une procédure de rétablissement professionnel, qui a été clôturée, par une description incomplète de son actif ou de son passif. Le débiteur a donc trompé la religion du tribunal.

Il faut ensuite supposer que le tribunal est saisi – le texte ne précise pas davantage – aux fins d'ouverture d'une liquidation judiciaire. Ce silence est gênant. Doit-on autoriser une personne, dont la créance aura été effacée, et que l'on ne peut donc plus considérer comme un créancier, à effectuer cette saisine ? Cela parait bien délicat. On optera alors plutôt pour le ministère public, dont pourrait se rapprocher utilement l'ancien créancier, désireux de redevenir créancier.

Le tribunal pourra remonter la date de cessation des paiements au jour de l'ouverture de la procédure de rétablissement professionnel, avec toutefois la limite traditionnelle de dix-huit mois par rapport au jugement de liquidation judiciaire.

Dans cette situation, il serait logique que le tribunal prononce une mesure d'interdiction de gérer pour non déclaration de l'état de cessation des paiements dans les 45 jours. L'intention frauduleuse du débiteur semble caractérisée puisqu'il a trompé le tribunal sur la consistance de son patrimoine, en obtenant une procédure imméritée de rétablissement professionnel, se soustrayant volontairement à la seule procédure qui lui était applicable, la liquidation judiciaire.

Il y a ici, en outre, un cas de fraude qui devrait autoriser la reprise des poursuites individuelles de la

1. AUSSI : PÉROCHON, 10e éd., n° 1439.
2. D. n° 2014-736, 30 juin 2014, préc.
3. Ord. n° 2014-326, 12 mars 2014, préc.

part de tous les créanciers si la liquidation judiciaire est clôturée pour insuffisance d'actif.

594.82 Effacement de l'effacement des dettes. La clôture de la procédure de rétablissement professionnel a entraîné l'effacement de certaines dettes (v. s[s] n° 594.71). Cet effacement n'est pas mérité, s'il a été obtenu par fraude et c'est pourquoi l'article L. 645-12 du code de commerce prévoit que, si après le prononcé de la clôture du rétablissement professionnel, il apparaît que le débiteur a obtenu le bénéfice de cette procédure par une description incomplète de son actif ou de son passif, le tribunal, peut être saisi aux fins d'ouverture d'une liquidation judiciaire. Cette décision, poursuit le texte, « fait recouvrer leurs droits aux créanciers dont les créances avaient fait l'objet de l'effacement prévu par l'article L. 645-11 ». Il y a donc « effacement de l'effacement », c'est-à-dire réintégration des créanciers dans leurs droits de créance. L'effacement constitue une cause d'interruption de la prescription, le créancier étant privé du droit d'agir. La créance effacée, qui n'était pas prescrite au jour de son effacement, ne sera donc pas prescrite au jour où le créancier retrouvera sa créance[1].

Si l'on comprend que l'effacement des dettes n'est pas irréversible et si l'on perçoit l'effet du texte, on a en revanche quelque peine à le mettre en œuvre. En effet, le texte s'abstient de dire qui saisira le tribunal aux fins d'ouverture de la liquidation judiciaire, après clôture du rétablissement professionnel. La partie réglementaire du code de commerce reste également muette. Il faut donc appliquer le droit commun de la saisine aux fins d'ouverture d'une liquidation judiciaire.

On imagine mal le débiteur s'auto flageller.

En revanche, le ministère public peut ici être d'un grand secours. Informé par tel ou tel créancier que le débiteur a obtenu de façon imméritée le bénéfice du rétablissement professionnel, parce que son actif était bien supérieur à ce qu'il a pu indiquer lors de la saisine, le ministère public pourra solliciter l'ouverture de la liquidation judiciaire. Notons que l'on comprend mal pourquoi une description incomplète du passif, qui pénalise en vérité le débiteur n'ayant pas obtenu l'effacement des dettes non signalées, peut constituer une cause d'ouverture de la liquidation judiciaire après clôture du rétablissement professionnel.

La difficulté va, en revanche se présenter pour les créanciers désireux de demander l'ouverture de la liquidation. Leurs créances auront été effacées. Ils ne seront plus créanciers. Comment dans ces conditions accéder à leur demande ?

On pourrait suggérer de considérer que le débiteur a fraudé. La règle « *Fraus omnia corrumpit* » pourrait alors tenir en échec l'extinction de leurs créances, ce qui justifierait alors leur droit d'action. Mais, pour qu'il puisse en être ainsi, il faudrait une décision ayant constaté la fraude, laquelle ne peut intervenir que si préalablement on a reconnu aux créanciers le droit de saisir le tribunal aux fonds d'ouverture de la liquidation judiciaire. Le serpent se mord la queue.

Il faut donc, à notre avis, considérer que l'ouverture de la liquidation judiciaire après clôture du rétablissement professionnel, ne pourra être sollicitée que par le ministère public, gardien du respect de la loi.

594.83 Dispense de déclaration des créances initialement effacées. Par hypothèse, les créanciers dont les créances avaient été effacées avaient été parfaitement identifiés : leurs créances devaient avoir été portées à la connaissance du juge commis après que le mandataire judiciaire eut fait parvenir à leurs titulaires un avis d'avoir à lui communiquer le montant de leur créance. Ces créances effacées devaient avoir été portées dans l'ordonnance de clôture (C. com., art. L. 645-11).

L'article L. 645-12 du code dispense ces créanciers dont les créances avaient été effacées d'avoir à déclarer leur créance au passif de la liquidation judiciaire. Il faut comprendre que ces créances seront réputées déclarées pour le montant pour lequel elles avaient été effacées. Rien n'interdira toutefois au créancier concerné de déclarer sa créance, s'il n'est pas d'accord avec le montant pour lequel elle figurait dans l'ordonnance de clôture de la procédure de rétablissement professionnel, ou, à tout le moins, de procéder à son actualisation. S'il procède à une déclaration de créance, en dépit de la dispense, le créancier devra évidemment respecter les délais classiques de déclaration des créances.

La dispense de déclaration ne vaut que pour les créanciers, dont la créance avait été effacée dans l'ordonnance de clôture. Les autres, classiquement, devront déclarer leur créance, sous peine de forclusion.

1. PÉROCHON, 10e éd., n° 1455.

LIVRE

600. Les créanciers antérieurs

SECTION 0 ORIENTEUR

600.00 Plan du livre.

Titre	**610**	**Situation des créanciers antérieurs – Contrôleurs**
Chap.	611	Situation générale des créanciers antérieurs
Chap.	612	Situation des contrôleurs
Titre	**620**	**Arrêt des poursuites individuelles et des voies d'exécution**
Chap.	621	Arrêt et interruption des poursuites individuelles
Chap.	622	Arrêt des voies d'exécution
Chap.	623	Reprise des instances en cours pour faire fixer la créance
Titre	**630**	**Interdiction du paiement des créances antérieures et de certaines créances postérieures**
Chap.	631	Paiements interdits
Chap.	632	Paiements autorisés : la compensation
Chap.	633	Autres paiements autorisés
Titre	**640**	**Intangibilité de la créance antérieure (cours des intérêts et terme du débiteur)**
Chap.	641	Cours des intérêts
Chap.	642	Terme du débiteur
Titre	**650**	**Cours des inscriptions**
Chap.	651	Arrêt du cours des inscriptions de sûretés
Chap.	652	Continuation du cours des inscriptions de sûretés
Chap.	653	Actes et décisions judiciaires translatifs ou constitutifs de droits réels
Titre	**660**	**Déclaration des créances**
Chap.	661	Nature juridique et effets de la déclaration de créance
Chap.	662	Auteur de la déclaration de créance
Chap.	663	Domaine de la déclaration de créance
Chap.	664	Modalités formelles et preuve de la déclaration de créance
Chap.	665	Délais de la déclaration de créance – Relevé et inopposabilité de la forclusion – Sort de la créance non déclarée
Chap.	666	Contenu de la déclaration de créance
Titre	**670**	**Vérification des créances déclarées**
Chap.	671	Principe de vérification des créances déclarées
Chap.	672	Dispense de vérification des créances déclarées
Titre	**680**	**Décisions du juge-commissaire en matière de déclaration et de vérification des créances et voies de recours**
Chap.	681	État des créances
Chap.	682	Multiplicité des décisions du juge-commissaire sur les créances déclarées – Admission à titre provisionnel des créances fiscales et sociales
Chap.	683	Voies de recours sur les décisions du juge-commissaire en matière de vérification et d'admission des créances
Titre	**690**	**Règles spéciales aux créances salariales**
Chap.	691	Privilèges des salariés
Chap.	692	Employeurs et salariés concernés par la garantie des salaires (AGS)
Chap.	693	Créances garanties par l'AGS
Chap.	694	Intervention de l'AGS
Chap.	695	Continuation des instances prud'homales en cours
Chap.	696	Vérification des créances salariales

600.03 Bibliographie indicative. (V. les références complètes s^{s} n° 031).

> Actualisables. J.-CL. COM., Amlon, fasc. 2383, [Créanciers antérieurs titulaires de sûretés], 2007; Bouteiller, fasc. 3100, [Responsabilité du banquier] – REP. COM., Macorig-Vénier,

« Entreprises en difficulté (Les créanciers – 1° Situation des créanciers) », 2013.

> Ouvrages. Borga, *L'ordre public et les sûretés conventionnelles : Contribution à l'étude de la diversité des sûretés*, « Nouv. bibl. de thèses », vol. 82, Dalloz, 2009 – Laugier, *Les créanciers hors procédure ou la fuite des créanciers devant la discipline collective*, th., Lille 2002 – Macorig-Venier, *Les sûretés sans dépossession dans le redressement et la liquidation judiciaires des entreprises*, th., Toulouse, 1992 – Rizzi, *La protection des créanciers à travers l'évolution des procédures collectives*, « Bibl. dr. privé », t. 459, Lgdj, 2007 – Viala, *Le principe d'égalité entre les créanciers dans le redressement et la liquidation judiciaires des entreprises*, th., Toulouse 2001.

> Articles. Borga, « Regards sur les sûretés dans l'ordonnance du 18 décembre 2008 », *RD banc. fin.* mai-juin 2009, n° 20, p. 9 – Boulay, « Les créanciers antérieurs dans les procédures de sauvegarde, de redressement et de liquidation judiciaires », *Rev. proc. coll.* 2006, p. 135; *JCP E* 2006 2407, p. 1621 – Couturier G., « Les créanciers et la sauvegarde financière de l'entreprise en difficulté », *Bull. Joly* 2010 683, § 144 – Crocq, « L'ordonnance du 18 décembre 2008 et le droit des sûretés », *Rev. proc. coll.* 2009, 10, p. 75 – Dammann, Hart de Keating et Lécuyer, « Gage, nantissement, droit de rétention et fiducie », *LPA* 22 avr. 2010, n° 80, p. 4 – Dupichot, « L'efficience économique du droit des sûretés réelles », *LPA* 16 avr. 2010, n° 76, p. 7 – Le Corre, « Les créanciers dans la loi de sauvegarde des entreprises », *Rev. proc. coll.* 2006, p. 336; « Les incidences de la réforme du droit des sûretés sur les créanciers confrontés aux procédures collectives », *JCP E* 2007, Chron. 1185, p. 24; « Les obstacles résultant des procédures collectives », Leborgne et Putman (dir.), *Les obstacles à l'exécution forcée : permanence et évolution*, « Droit et procédures », *EJT* 2009, p. 53 – Le Corre P.-M., « Le sort des créanciers. Quel état des lieux ? », *Dr. et patr.* mars 2013, dossier p. 65 – Legeais, « L'appréhension du droit des sûretés par l'ordonnance du 18 décembre 2008 », *in Colloque Sûretés réelles et droit des entreprises en difficulté*, Nice, 20 mars 2010, *LPA* 11 févr. 2011, n° 30, p. 27 – Legrand, « Mise en œuvre des sûretés », *Dr. et patr.* déc. 2009, n° 187, p. 74 – Lèguevaques, « Le sort des créanciers après la loi de sauvegarde des entreprises : entre renforcement droits et allègements des devoirs ? », *LPA* 17 févr. 2006, n° 35, p. 63 – Lucas, « L'efficacité des sûretés réelles et les difficultés des entreprises », *Rev. proc. coll.* 2009, 17, p. 60 – Macorig-Venier, « L'évolution chaotique de la situation des créanciers titulaires de sûretés », LAMY AFFAIRES mars 2005, suppl. n° 80, p. 114; « Les apports de la réforme du 18 décembre 2008 en matière de sûretés », *Dr. et patr.* janv. 2010, n° 188, p. 26; « Le périmètre des garanties », colloque de l'*AJDE*, Toulouse 10 sept. 2010, *Rev. proc. coll.* 2011, dossier 6, p. 76 – Macorig-Venier et Saint-Alary-Houin, « La situation des créanciers dans la loi de sauvegarde des entreprises », *RD banc. fin.* 2006/1, p. 60; « Les créanciers dans l'ordonnance n° 2008-1345 du 18 décembre 2008 portant réforme du droit des entreprises en difficulté », *Rev. proc. coll.* 2009, 9, p. 65 – Nemédeu, « Le principe d'égalité des créanciers : vers une double mutation conceptuelle », *RTD com.* 2008. 241 – Pérochon, « Les interdictions de paiement et le traitement des sûretés réelles », *D.* 2009, Chron. 651; « Les sûretés immobilières classiques dans les procédures collectives », *in Colloque Sûretés réelles et droit des entreprises en difficulté*, Nice, 20 mars 2010, *LPA* 11 févr. 2011, n° 30, p. 49; « Le choix de garanties efficaces », *BJE* oct. 2012, dossier 164, p. 321 – Pétel, « La réforme des sûretés réelle à l'épreuve des procédures collectives », *in Évolutions des sûretés réelles : regards croisés Université-Notariat*, « Coll. et débats », LexisNexis, 2008, p. 109; « Les sûretés dans le nouveau droit des entreprises en difficulté », *Cah. dr. entr.* juill. 2009, dossier 20 – Robine D., « Le sort de l'agent des sûretés », interv. Colloque Caen 12 avr. 2013, *Rev. proc. coll.* 2013, dossier 18 – Roussel Galle Ph., « L'apparition de créanciers atypiques », *BJE* oct. 2012, dossier 165, p. 325; « Sûretés réelles et droit des entreprises en difficulté », Roussel Galle (dir.), *Entreprises en difficulté*, « Droit 360° », LexisNexis, 2012, p. 375 – Roussel Galle Ph. et Pérochon F., « Sûretés et droit des procédures collectives, le couple infernal », *Rev. proc. coll.* 2016, dossier 12 – Sénéchal M. et Couturier G., « Créanciers antérieurs : l'égalité a-t-elle vécu ? », *BJE* oct. 2012, dossier 166, p. 328 – Vallansan, « Quelques observations sur les créanciers antérieurs dans les procédures de sauvegarde, de redressement et liquidation judiciaires », *Rev. proc. coll.* 2008, p. 15.

TITRE

610. Situation des créanciers antérieurs – Contrôleurs

SECTION 0
ORIENTEUR

610.00 Plan du titre.

Chap. 611		**Situation générale des créanciers antérieurs**
Sect.	611.10	Présentation de la situation générale des créanciers antérieurs dans la législation
Sect.	611.20	Structure de la procédure
Sect.	611.30	Exercice des actions tendant à la défense de l'intérêt collectif ou individuel des créanciers antérieurs
Chap. 612		**Situation des contrôleurs**
Sect.	612.10	Nomination des contrôleurs
Sect.	612.20	Fonction de contrôleur
Sect.	612.30	Situation procédurale du contrôleur

CHAPITRE

611. Situation générale des créanciers antérieurs

SECTION 0

ORIENTEUR

611.00 Plan du chapitre.

Sect.	611.10	Présentation de la situation générale des créanciers antérieurs dans la législation
Sect.	611.20	Structure de la procédure
Sect.	611.30	Exercice des actions tendant à la défense de l'intérêt collectif ou individuel des créanciers antérieurs

611.01 Textes applicables. (V. les références complètes s[s] n° 011).

> Législation antérieure à la loi de sauvegarde des entreprises.

C. com., art. L. 621-39

D. n° 85-1388, 27 déc. 1985, art. 27

> Législation issue de la loi de sauvegarde des entreprises.

C. com., art. L. 622-20, L. 631-14, I, L. 641-4, al. 3

C. com., art. R. 621-19 (anc[t] D. 28 déc. 2005, art. 70), R. 631-16 (anc[t] D. 28 déc. 2005, art. 185), R. 641-11, al. 1 (anc[t] D. 28 déc. 2005, art. 224, al. 1)

> Législation issue de l'ordonnance du 18 décembre 2008.

C. com., art. L. 622-20, L. 631-14, al. 1, L. 641-4, al. 3

C. com., art. R. 621-19, R. 631-16, R. 641-11, al. 1

611.02 Jurisprudence de référence.

> Le représentant des créanciers n'a pas qualité pour défendre l'intérêt individuel d'un créancier.

• **Com. 16 mars 1993,** n° 90-20.188, *Bull. civ.* IV, n° 106

* V. s[s] n° 611.36

« Mais attendu que la cour d'appel a énoncé à bon droit que si, sous l'empire de la loi du 25 janvier 1985, les créanciers ne sont plus constitués en une masse dotée de la personnalité morale, il n'en demeure pas moins que seul le représentant des créanciers, dont les attributions sont ensuite dévolues au liquidateur, a qualité pour agir au nom et dans l'intérêt des créanciers et que, tenant de la loi le pouvoir de représenter l'ensemble de ceux-ci pour la défense de leur intérêt collectif, il n'a pas à indiquer au nom de quels créanciers il se présente dès lors qu'il ne peut légalement agir que dans l'intérêt de tous et non dans l'intérêt personnel d'un créancier ou d'un groupe de créanciers. »

> L'administrateur judiciaire na pas qualité pour agir en responsabilité contre des tiers.

• **Com. 5 janv. 1999,** n° 96-20.591, n° 96-20.621, *Bull. civ.* IV, n° 3

* V. s[s] n° 611.33

> L'action tendant à la défense de l'intérêt collectif des créanciers tend à la protection et à la reconstitution du gage commun des créanciers.

• **Com. 2 juin 2015,** n° 13-24.714, *Bull. civ.* IV [à paraître]; n° 546 FS-P+B+R+I

* V. s[s] n° 611.36

> Notion d'intérêt personnel du créancier.

• **Cass., ass. plén., 9 juill. 1993,** n° 89-19.211, *Bull. ass. plén.*, n° 13

* V. s[s] n° 611.36

« Vu l'article 13 de la loi du 13 juillet 1967; Attendu que, dès lors que le syndic, représentant la masse des créanciers, exerce l'action en réparation du préjudice résultant de la diminution de l'actif ou de l'aggravation du passif du débiteur causé par la faute d'un tiers, auquel il est reproché d'avoir, par ses agissements, retardé l'ouverture de la procédure collective, aucun créancier ayant produit n'est recevable à agir lui-même contre ce tiers en réparation du préjudice constitué par l'immobilisation de sa créance, inhérente à la procédure collective à laquelle il est soumis, et, notamment, par la perte des intérêts. »

> Le produit d'une action en responsabilité contre les tiers, distraction faite des frais et dépens de la liquidation judiciaire et des subsides accordés au chef d'entreprise ou aux dirigeants ou à leur famille, est réparti entre les créanciers en tenant compte de leur rang.

• **Com. 11 juin 2014,** n° 13-12.658, *Bull. civ.* IV, n° 102; n° 606 FP+B+R+I

* V. s[s] n° 611.37

611.03 Bibliographie indicative. (V. les références complètes s[s] n° 031).

> Ouvrages antérieurs à la loi de sauvegarde des entreprises. CHAPUT, n°s 540 à 544, 587 – GUYON, n°s 1222, 1310,

1337, 1358 – JACQUEMONT, nos 383 à 385 – KERJOVE, nos 395 à 401 – LE CANNU, nos 894 à 903 – LE CANNU *ALII*, nos 542 à 545 – LECORRE-BROLY, nos 330 à 332 – MAN ET VALLENS, nos 3375 à 3380, 4119 à 4132 – PÉROCHON BONHOMME, nos 148 à 149-3, 421 – PÉTEL, nos 185, 189, à 447 – RIPERT ET ROBLOT, nos 2967, 2968, 2975, 2990 à 30 – SAINT-ALARY-HOUIN, nos 687 à 696 – SOINNE, nos 995 à 10, 1021 à 1028, 1038-1 et 1038-2, 1072 à 1074, 2714 à 2 – VALLANSAN, p. 108 à 11 – Viala, *Le principe d'égalité entre les créanciers dans le redressement et la liquidation judiciaire des entreprises*, thèse, Toulouse, 2001.

> **Ouvrages postérieurs à la loi de sauvegarde des entreprises.** JACQUEMONT ET VABRES, 9e éd., nos 492 à 497 – LE CANNU, 7e éd, nos 351 à 356 – LIENHARD, 6e éd., nos 78.11, 78.12 – PÉROCHON, 10e éd., nos 526 à 531, 1656 à 1661 – PÉTEL, 8e éd., nos 179 à 183, 185, 448 à 452 – SAINT-ALARY-HOUIN, 9e éd., nos 830 à 835, 838 à 841, 847 à 849 – VALLANSAN *ET ALII*, 6e éd., p. 126 à 129 – VALLENS, 2015, nos 3684 à 3701.

> **Actualisables.** J.-CL. COM., Reille, fasc. 2236, [Organes – Mandataire judiciaire : fonctions].

> **Articles.** Auréro G., « L'intérêt personnel des salariés », *BJE* 2016, 220 – M. Cabrillac, « L'impertinente réapparition d'un condamné à mort ou la métempsychose de la masse des créanciers », *Mél. Gavalda*, Dalloz, 2001, p. 69 – Derrida, « Intérêt collectif et intérêts individuels des créanciers dans les procédures de redressement ou de liquidation judiciaire », *Études Mercadal*, Lefebvre, 2002, p. 147 – Frison-Roche, « Le caractère collectif des procédures collectives », *RJ com.* 1996. 293 – Jambort, « Responsabilité des dirigeants sociaux à l'égard des tiers pour des faits antérieurs à l'ouverture d'une procédure collective », *JCP E* 2006. 2834, p. 2204 – Le Corre P.-M., « L'intérêt collectif est-il l'intérêt de tous les créanciers », *BJE* 2016, 214 – Likillimba, « Le préjudice individuel et/ou collectif en droit des groupements », *RTD com.* 2009. 1 – Martin, « La réparation du préjudice individuel des créanciers dans les procédures collectives », *LPA* 8 sept. 2001, no 186, p. 4 s. – Martin-Serf, « L'intérêt collectif des créanciers ou l'impossible adieu à la masse », *Mél. Honorat*, Éd. Frison-Roche, 2000, p. 143 – Nzouabeth, « La responsabilité des tiers en cas d'ouverture d'une procédure collective d'apurement du passif dans l'espace OHADA », *Rev. proc. coll.* 2007, p. 192 – Pérochon F., « L'intérêt collectif n'est pas l'intérêt de tous les créanciers sans exception », *BJE* 2016, 218 – Rakotovahiny, « L'intérêt collectif des créanciers, obstacle au droit de créance individuel », *LPA* 27 déc. 1999, no 257, p. 6 ; « L'inopposabilité dans les procédures collectives », *LPA* 5 juill. 2011, no 132, p. 6 – Saint-Alary Houin C., « La hiérarchisation des intérêts dans les procédures collectives », Rapport de synthèse colloque 3e rencontre Jurisprudence-Doctrine : « échanges sur la hiérarchisation des intérêts dans les procédures collectives », *BJE* 2016, 223 – Sénéchal M., « Regard d'un mandataire de justice sur le projet de *class action* à la française », *LPA* 15 nov. 2013, no 229, p. 6 – Vallansan J., « L'intérêt collectif vu par la Chambre commerciale de la Cour de cassation », *BJE* 2016, 212.

611.04 Questions principales.

• Un créancier peut-il agir contre un tiers pour obtenir réparation d'un préjudice subi par la collectivité des créanciers ?
* V. ss nos 611.31 à 611.37.

• Qu'est qu'une action tendant à la défense de l'intérêt collectif des créanciers ?
* V. ss no 611.36.

SECTION 611.10

PRÉSENTATION DE LA SITUATION GÉNÉRALE DES CRÉANCIERS ANTÉRIEURS DANS LA LÉGISLATION

611.11 Présentation de la situation générale des créanciers antérieurs dans la législation. Législation tendue vers la recherche du redressement de l'entreprise et faisant passer au second plan l'intérêt des créanciers, il était logique que la loi du 25 janvier 1985[1] réduise sensiblement les droits individuels des créanciers. Alors que sous l'empire de la loi du 13 juillet 1967[2], les créanciers peuvent notamment demander le report de la date de cessation des paiements, solliciter la conversion du règlement judiciaire en liquidation des biens ou requérir la mise en règlement judiciaire ou en liquidation des biens des dirigeants à titre de sanction, ces prérogatives leur sont supprimées sous l'empire de la loi du 25 janvier 1985.

Les solutions ne sont pas modifiées par la loi de sauvegarde des entreprises, qui conserve les objectifs prioritaires de la législation précédente.

Les créanciers se trouvent ainsi évincés des décisions relatives aux solutions de l'entreprise, c'est-à-dire à son sort.

Sous l'empire de la législation antérieure à la loi de sauvegarde des entreprises, en phase d'élaboration d'un plan de redressement, ils ne sont consultés que s'il y a place à plan de continuation. En tout état de cause, ils n'auront aucun pouvoir de décision sur la solution que retiendra le tribunal. Il a même été démontré que les créanciers avaient une obligation de sauvetage des entreprises, qui justifie la discipline collective qui leur est imposée. A été invoqué, à cet égard, le concept d'« entreprise créancière invariante »[3].

La solution n'est pas complètement modifiée par la loi nouvelle. La création des comités de créanciers n'est pas totalement, à notre sens, de nature à changer les données du problème, dès lors qu'il peut être observé que le refus des comités de créanciers de voter les propositions de sauvetage autorisera l'utilisation des règles classiques d'élaboration du plan, telles qu'elles étaient posées dans la législation pré-

1. L. no 85-98, 25 janv. 1985, *JO* 26 janv., p. 1097.
2. L. no 67-563, 13 juill. 1967, *JO* 14 juill., p. 7059.
3. Rizzi, *La protection des créanciers à travers l'évolution des procédures collectives*, « Bibl. dr. privé », t. 459, Lgdj, 2007, p. 145 s., nos 127 s.

cédente (v. s^s^ n° 513.44). En revanche, l'ordonnance du 12 mars 2014[1], en ouvrant aux créanciers membres des comités la possibilité de présenter un plan de sauvegarde ou de redressement, contribue à un rééquilibrage très sensible des pouvoirs entre débiteur et créanciers, qui traduit une philosophie nouvelle du législateur, en quête d'équilibre.

Sous cette dernière réserve, on voit le chemin parcouru par le législateur par rapport à la législation de 1967, dans laquelle le droit de vie ou de mort de l'entreprise appartenait aux créanciers chirographaires qui pouvaient ou non voter le concordat. N'ayant aucune influence sur la décision du tribunal quant à l'arrêté d'un plan, les créanciers ne peuvent, sous l'empire de la législation antérieure à la loi de sauvegarde des entreprises, davantage bénéficier des voies de recours réformation en matière de plan de continuation ou de plan de cession. La loi du 26 juillet 2005[2] modifie toutefois cette solution, puisque, dans le souci de respecter davantage les créanciers, ces derniers peuvent désormais former une tierce opposition réformation à l'encontre de la décision statuant sur le plan de sauvegarde ou de redressement, ainsi que sur celle modifiant ledit plan. Encore faudra-t-il cependant, une fois leur qualité à agir reconnue, qu'ils aient un intérêt à agir en tant que tiers opposant.

Il n'est pas davantage à l'initiative des créanciers de demander le renouvellement de la période d'observation. Ils ne peuvent solliciter l'action en comblement de passif, la faillite personnelle ou l'interdiction de gérer, alors pourtant que ces deux dernières mesures, sous l'empire de la législation antérieure à la loi de sauvegarde des entreprises, la première seulement sous l'empire de la loi de sauvegarde des entreprises, ont une incidence d'ordre patrimonial en cas de clôture de la procédure pour insuffisance d'actif.

Le législateur n'évoque plus le paiement du passif. Il parle d'« apurement du passif ». Comme le relèvent certains auteurs[3], il s'agit là d'une technique qui permet de faire disparaître la créance avec ou sans paiement. La modicité du prix de cession, dont auront à se contenter les créanciers, dans le plan de cession, permet de s'en convaincre.

Les délais de déclaration de créance impartis aux créanciers, à peine d'extinction de leur créance sous l'empire de la législation antérieure à la loi de sauvegarde des entreprises, à peine d'inopposabilité de leur créance, sous l'empire de la législation de sauvegarde des entreprises, vont dans le même sens.

Le droit proportionnel reconnu jusqu'au décret du 10 juin 2004[4] au représentant des créanciers qui parvint à éteindre, par *le canal de la contestation des créances*, le passif du débiteur sans le payer est dans cette même veine. Faire disparaître le passif contribuera à faciliter le redressement recherché.

Alors que la loi de 1967 connaît l'assignation en règlement judiciaire comme moyen de pression, laquelle est interdite par la loi de 1985 et par celle du 26 juillet 2005, qui posent le principe de l'interdiction d'assigner en paiement et subsidiairement en redressement judiciaire ou l'inverse, la suppression des pouvoirs reconnus classiquement aux créanciers dans la procédure collective conduit aujourd'hui le débiteur à menacer les créanciers de déposer le bilan ou à se placer sous la sauvegarde. Ici encore, le chemin parcouru depuis la loi de 1967 est très important.

Le décret du 21 octobre 1994[5] a cependant restauré le droit à l'information des créanciers en ajoutant un alinéa 2 à l'article 27 du décret du 27 décembre 1985[6], qui permet aux créanciers, qui en font la demande au représentant des créanciers par lettre recommandée avec accusé de réception, d'être informés par celui-ci des principales décisions intervenant au cours de la procédure (renouvellement de période d'observation, intervention d'un plan ou liquidation judiciaire, cession d'unité de production, clôture de la procédure). La solution est reprise par l'article R. 621-19, alinéa 2 du code de commerce (anc^t^ D. 28 déc. 2005[7], art. 70, al. 1), texte de la sauvegarde applicable en redressement (C. com., art. R. 631-16 [anc^t^ D. 28 déc. 2005, art. 185]) et en liquidation judiciaire (C. com., art. R. 641-11, al. 1 [anc^t^ D. 28 déc. 2005, art. 224, al. 1]). Aucune sanction n'est cependant prévue contre le mandataire qui ne communiquerait pas les renseignements sollicités. La seule ressource du créancier serait d'engager la responsabilité du mandataire sur démonstration d'un préjudice qui en résulterait[8].

En outre, il est admis que tout créancier peut solliciter du représentant des créanciers la communication des livres et documents du débiteur. Cette communication, en pratique, devra être prise au cabinet du mandataire de justice afin d'éviter des frais importants de photocopies que supporterait la collectivité des créanciers[9].

La loi du 25 janvier 1985 et celle du 26 juillet 2005 ont eu une vision très restrictive des droits des

1. Ord. n° 2014-326, 12 mars 2014, *JO* 14 mars, p. 5249.
2. L. n° 2005-845, 26 juill. 2005, *JO* 27 juill., p. 12187.
3. DERRIDA *ET ALII*, n° 502.
4. D. n° 2004-518, 10 juin 2004, *JO* 11 juin, p. 10351.
5. D. n° 94-910, 21 oct. 1994, *JO* 22 oct., p. 15019.
6. D. n° 85-1388, 27 déc. 1985, *JO* 29 déc., p. 15281.
7. D. n° 2005-1677, 28 déc. 2005, *JO* 29 déc., p. 20324.
8. SOINNE, n° 1009.
9. SOINNE, n° 1071.

créanciers antérieurs. Outre que la législation impose à ces derniers un certain nombre de sacrifices, elle les écarte largement de la procédure en leur confisquant le droit à la parole, tant au stade des prises de décisions qu'à celui de la remise en cause de celles-ci par les voies de recours. La remarque mérite d'être sensiblement atténuée dans la législation du 26 juillet 2005, et davantage dans l'ordonnance du 18 décembre 2008[1] où l'on voit les créanciers devenir une force de propositions dans les plans avec comités et plus encore dans l'ordonnance du 12 mars 2014, qui a ouvert aux créanciers, membres des comités, la possibilité de présenter un plan de sauvegarde ou de redressement.

Il faut en effet reconnaître que la création de la procédure de sauvegarde, réservée aux entreprises en amont de la cessation des paiements, conduit à une prise en compte plus importante des droits des créanciers. Il a été démontré, d'une manière convaincante, que « plus on remonte en amont des difficultés, plus il faut tenir compte de l'intérêt des créanciers »[2]. L'observation est d'autant plus vraie qu'il n'est question que de restructurations financières. En atteste le développement des sauvegardes avec accord négocié en amont, en phase de conciliation, pratique législativement d'abord consacrée avec la sauvegarde financière accélérée, puis avec la sauvegarde accélérée.

Il a aussi été relevé que l'ordonnance du 18 décembre 2008 marque une rupture, en consacrant une certaine neutralité du droit des procédures collectives envers les sûretés réelles[3]. Elle fait clairement apparaître la conception fonctionnelle du droit des sûretés qu'adopte le droit des entreprises en difficulté, ce que n'a pas su faire la réforme du droit des sûretés[4].

SECTION 611.20
STRUCTURE DE LA PROCÉDURE

611.21 Incidence de la suppression de la masse des créanciers et résurrection de l'institution sous le vocable de « procédure collective ». Sous l'empire de la loi du 13 juillet 1967[5], les créanciers antérieurs étaient regroupés en une masse, laquelle avait la personnalité morale et s'était vue reconnaître un patrimoine distinct de celui du débiteur[6]. La masse constituait le pivot de la procédure. C'était là le reflet de la législation de 1967, véritable procédure collective dont le but premier était le désintéressement des créanciers. L'activité n'était pas poursuivie dans l'intérêt du redressement du débiteur, mais dans celui des créanciers. C'est à cette dernière vision que s'est attaqué le législateur de 1985[7]. Les travaux préparatoires de cette loi ont clairement établi l'acte de décès de la masse[8]. L'activité se poursuit aujourd'hui dans l'intérêt de l'entreprise[9].

La suppression de la masse des créanciers, dotée d'une personnalité morale, a conduit corrélativement à faire disparaître l'hypothèque légale de la masse qu'instituait l'article 17 de la loi du 13 juillet 1967. Elle conduit également à supprimer les inopposabilités de la période suspecte, qui sont remplacées par des nullités.

La suppression de la masse des créanciers a aussi logiquement conduit à poser la règle selon laquelle les sommes recouvrées dans le cadre des actions en nullité de la période suspecte rentrent dans le patrimoine du débiteur et non plus dans celui de la masse. Il en est de même des sommes recouvrées dans le cadre des actions en comblement de passif ou en responsabilité contre les tiers (C. com., art. L. 621-39, al. 3 [anc[t] L. 25 janv. 1985, art. 46, al. 3], réd. antérieure à la loi de sauvegarde des entreprises, C. com., art. L. 622-20, al. 3, réd. issue de la loi du 26 juill. 2005, texte de la procédure de sauvegarde également applicable en redressement et en liquidation judiciaires).

Comme il a été indiqué lors des travaux préparatoires, il n'existerait plus que le patrimoine de l'entreprise[10].

L'article 1328 du code civil (devenu C. civ., art. 1377[11]), exhibé pour exiger que l'acte ait date certaine à l'égard de la masse qui invoquait un droit propre et qui était ainsi un tiers par rapport au débiteur, a logiquement disparu[12].

Est-ce à dire qu'il n'existe plus d'organisation collective de la procédure ? Assurément non ![13] Le

1. Ord. n° 2008-1345, 18 déc. 2008, *JO* 19 déc., p. 19462.
2. Couturier, « Les créanciers et la sauvegarde financière de l'entreprise en difficulté », *Bull. Joly* août 2010, § 144.
3. Legeais, « L'appréhension du droit des sûretés par l'ordonnance du 18 décembre 2008 », *in Colloque Sûretés réelles et droit des entreprises en difficulté*, Nice, 20 mars 2010, *LPA* 11 févr. 2011, n° 30, p. 27 s., sp. p. 28.
4. Legeais, « L'appréhension du droit des sûretés par l'ordonnance du 18 décembre 2008 », *in Colloque Sûretés réelles et droit des entreprises en difficulté*, Nice, 20 mars 2010, *LPA* 11 févr. 2011, n° 30, p. 27 s., sp. p. 30.
5. L. n° 67-563, 13 juill. 1967, préc.
6. SOINNE, n° 995.
7. L. n° 85-98, 25 janv. 1985, préc.
8. V. interv. Badinter, séance 5 juin 1984, *JO Sénat CR* 5 juin 1984, 1274.
9. EXP. MOTIFS : L. 25 janv. 1985, p. 5.
10. Interv. Badinter, *JOAN CR* 7 juin 1984, 1404 – *Rapp. Gouzes*, *JO* doc. adm., n° 1872, p. 124.
11. DEPUIS le 1er oct. 2016 : Ord. n° 2016-131, 10 févr. 2016, *JO* 11 févr.
12. EN CE SENS : Com. 16 mars 1999, n° 96-22.368, NP, DPDE *bull.* 184, 12 avr. 1999, p. 6542, *V° Sûretés*, n° 138, rapp. Rémery.
13. GUYON, n° 1338.

représentant des créanciers – mandataire judiciaire depuis la loi de sauvegarde des entreprises –, dont la fonction est relayée en liquidation judiciaire par le liquidateur[1], représente collectivement les créanciers.

La masse des créanciers n'a en réalité disparu qu'en apparence, encore qu'un auteur soit farouchement opposé à cette analyse[2]. En effet, ainsi que cela a été fort bien analysé, la Cour de cassation a personnifié de manière moderne la masse des créanciers, en la maintenant sous divers faux nez, pour reprendre l'expression d'un auteur[3]. Que l'on songe, par exemple, aux inopposabilités à la procédure collective des règles du dessaisissement[4]. De même, c'est la notion d'intérêt collectif, qui doit inévitablement être rapprochée de celle de masse des créanciers, qui justifie l'interdiction de compenser une créance contractuelle avec une dette de dommages et intérêts au prétexte d'une affectation spéciale des sommes recouvrées à titre de dommages et intérêts (v. s[s] n° 611.37) ou l'interdiction de compenser une dette de restitution au titre des nullités de la période suspecte avec une créance admise au passif (v. s[s] n° 825.11).

Cette solution permet aussi de comprendre la portée de l'action en revendication, dont la nature juridique est de rendre opposable à la procédure le droit de propriété du revendiquant. Par conséquent, en cas de rejet ou d'absence d'exercice de l'action en revendication, il y a place à une inopposabilité du droit de propriété à la procédure collective[5].

Elle justifie aussi la sanction attachée depuis la loi de sauvegarde des entreprises à la créance non déclarée dans les délais : une inopposabilité à la procédure collective de cette créance (v. s[s] n° 665.75).

La Cour de cassation a encore jugé que la violation de la règle de l'arrêt du cours des inscriptions était sanctionnée non par une nullité, mais par une inopposabilité à la procédure collective (v. s[s] n° 651.31).

1. Chambéry, 16 avr. 1992, *BICC* 1992, n° 1892.
2. Le Cannu, 7e éd., n° 352.
3. M. Cabrillac, « L'impertinente réapparition d'un condamné à mort ou la métempsychose de la masse des créanciers », *Mél. Gavalda*, Dalloz, 2001, p. 69.
4. Com. 23 mai 1995, n° 93-16.930, *Bull. civ.* IV, n° 150; *LPA* 12 juill. 1995, n° 83, p. 29, note Derrida; *D.* 1995, jur. 413, note Derrida; *Dr. sociétés* 1995, n° 165, obs. Chaput; *Rev. proc. coll.* 1995, 345, obs. Dureuil – Com. 14 oct. 1997, n° 96-12.853, *Bull. civ.* IV, n° 260; *JCP* 7 janv. 1998, n° 1-2, p. 34, note Beignier; *RJ com.* 1998. 293, n° 90, obs. Saint-Alary-Houin – Com. 1er févr. 2000, n° 96-19.456, NP, *RJDA* 2000/5, n° 577 – Com. 26 avr. 2000, n° 97-10.335, *Bull. civ.* IV, n° 81; *JCP E* 2000, pan. 971; *Act. proc. coll.* 2000, n° 126 – Com. 20 févr. 2001 n° 97-18.062, NP, *RJDA* 2001/8-9, n° 883 – Com. 5 juill 2005, n° 03-13.434, NP – Com. 24 janv. 2006, n° 02-15.295, NP; n° 87 F-D; *Act. proc. coll.* 2006, n° 36, note Régnaut-Moutier; *Gaz. proc. coll.* 2006, p. 41, obs. Roussel Galle.
5. Par ex. : Com. 3 déc. 2003, n° 01-02.177, NP.

La représentation collective des créanciers par le représentant des créanciers – mandataire judiciaire – ou le liquidateur permet aussi de justifier que l'acquéreur d'un fonds de commerce, qui se libère du prix avant expiration du délai d'opposition alors que dans ce même délai la procédure collective du vendeur s'ouvre, reste tenu de payer le liquidateur, qui représente collectivement les créanciers auquel le paiement intervenu n'est pas opposable[6].

Ainsi la masse des créanciers, rebaptisée sous divers vocables dont celui de « procédure collective » n'a, comme il a été justement relevé, jamais été aussi présente que depuis... qu'elle a disparu[7] !

611.23 Groupement des créanciers doté de la personnalité morale malgré la disparition de la masse des créanciers ? L'article L. 621-39, alinéa 1 du code de commerce (anc[t] L. 25 janv. 1985 art. 46, al. 1) n'indique pas que le représentant des créanciers représente collectivement les créanciers. La notion d'intérêt collectif des créanciers, loin d'être absente de la loi du 25 janvier 1985[8], est en réalité omniprésente. Ainsi, en matière de transaction, l'article L. 622-20 du code de commerce (anc[t] L. 25 janv. 1985, art. 158) évoque-t-il les contestations qui intéressent collectivement les créanciers. L'article L. 627-3 du code (anc[t] L. 25 janv. 1985, art. 215), pour sa part, réglemente l'avance par le Trésor public des fonds nécessaires à l'exercice des actions engagées dans l'intérêt collectif des créanciers.

L'article L. 621-39, alinéa 1 du code de commerce, surtout, dispose que le représentant des créanciers agit au nom et dans l'intérêt des créanciers. S'il est inconcevable qu'il agisse au nom et dans l'intérêt d'un seul créancier, il peut en revanche agir au nom de tous les créanciers, dès lors qu'il s'agit de mettre en œuvre l'intérêt collectif de ces derniers. La Cour de cassation considère que le représentant des créanciers a « qualité pour agir au nom et dans l'intérêt des créanciers et que, tenant de la loi le pouvoir de représenter l'ensemble de ceux-ci pour la défense de leur intérêt collectif, il n'a pas à indiquer au nom de quels créanciers il se présente dès lors qu'il ne peut légalement agir que dans l'intérêt de tous et non dans l'intérêt personnel d'un créancier ou d'un groupe de créanciers »[9].

6. Com. 24 mai 2005, n° 01-15.337, *Bull. civ.* IV, n° 113; *Gaz. proc. coll.* 2005, p. 31, obs. Sénéchal.
7. Martin-Serf, « L'intérêt collectif des créanciers ou l'impossible adieu à la masse », *Mél. Honorat*, Éd. Frison-Roche, 2000, p. 143 s., sp. p. 158.
8. L. n° 85-98, 25 janv. 1985, préc.
9. Com. 16 mars 1993, n° 90-20.188, *Bull. civ.* IV, n° 106; *D.* 1993, jur. 583, note Derrida; *Rev. proc. coll.* 1993, 424, n° 8, obs. Dureuil; *Rev. proc. coll.* 1993, 547, n° 1, obs. Soinne; *JCP E* 1993. I. 277, obs. M. Cabrillac.

La loi de sauvegarde des entreprises, sans changer les solutions, d'une manière simplement interprétative, prévoit explicitement que le mandataire judiciaire agit dans l'intérêt collectif des créanciers (C. com., art. L. 622-20, al. 1). Il est donc clair que les créanciers sont réunis en un groupement, une collectivité des créanciers[1], comme a pu le préciser un auteur, à la suite d'un arrêt remarqué de la Cour de cassation[2].

La défense de l'intérêt collectif est centrale dans le droit des entreprises en difficulté. Elle permet d'assurer le principe d'égalité, présenté comme un principe structurant de la matière et qui n'est pas véritablement instrumentalisé au fil des évolutions législatives, tant sa permanence s'impose, quelle que soit la volonté politique affichée par la législation. La situation a été remarquablement résumée ainsi par un auteur : « le caractère collectif de la procédure serait le centre actif du principe de légalité des créanciers »[3].

Il faut toutefois bien reconnaître que, à mesure que la législation du droit des entreprises en difficulté progresse dans la protection de l'intérêt collectif des créanciers et, partant dans l'idée de traitement égalitaire des créanciers, ces derniers n'ont de cesse de trouver la technique qui leur permettra d'éviter l'assujettissement à la discipline collective. La fiducie-sûreté en est le parfait exemple moderne.

611.23 Possible attribution au liquidateur de la qualité de tiers. Le liquidateur a une double casquette, qui fait naître une difficulté. Il est en effet représentant des créanciers et représentant du débiteur. Dans ces conditions, peut-il être un tiers ?

La question est spécialement importante dans le domaine de la publicité foncière. Le liquidateur peut-il prétendre à l'inopposabilité des actes non publiés soumis à publication obligation à la conservation des hypothèques ?

Il est jugé que l'absence de publication d'un contrat de crédit-bail immobilier au jour du jugement d'ouverture ne produit aucun effet d'inopposabilité au profit du liquidateur, car les tiers au sens de l'article 11 du décret du 4 juillet 1972[4] renvoyant à l'article 30 du décret du 4 janvier 1955 relatif à la publicité foncière[5], sont les personnes ayant des droits concurrents et publiés sur l'immeuble qu'ils tiennent du même auteur ou qui ont inscrit des sûretés sur l'immeuble. Or, tel n'est pas le cas des créanciers représentés par leur liquidateur[6].

Identiquement, l'acte portant renonciation à l'accession foncière du débiteur non publié à la conservation des hypothèques n'autorise pas son liquidateur à se prévaloir d'une inopposabilité, parce que, au regard des règles de la publicité foncière, il n'est pas un tiers[7].

Il faut toutefois remarquer que la Cour de cassation, lorsqu'il n'est pas question de publicité foncière, domaine dans lequel l'acception de tiers prend un tour particulier, admet la qualité de tiers du liquidateur (v. s^s n° 455.43) et c'est pourquoi, représentant collectivement les créanciers, certains actes lui seront déclarés inopposables en cette qualité (v. s^s n°s 362.21 et 611.21).

SECTION 611.30

EXERCICE DES ACTIONS TENDANT À LA DÉFENSE DE L'INTÉRÊT COLLECTIF OU INDIVIDUEL DES CRÉANCIERS ANTÉRIEURS

611.31 Caractère attitré de l'action tendant à la mise en œuvre de l'intérêt collectif des créanciers. L'article L. 621-39 du code de commerce (anc^t L. 25 janv. 1985[8], art. 46), dans la rédaction antérieure à la loi de sauvegarde des entreprises[9], ne précise pas que l'intérêt qu'a en charge le représentant des créanciers est l'intérêt collectif de ceux-ci.

La solution résulte cependant clairement des travaux préparatoires de la loi du 25 janvier 1985[10]. Elle résulte explicitement de la loi de sauvegarde des entreprises, interprétative sur ce point (C. com., art. L. 622-20, al. 1). L'article L. 622-20, alinéa 1 du code de commerce, dispose en effet que « le mandataire judiciaire désigné par le tribunal a seul qualité pour agir au nom et dans l'intérêt collectif des créanciers ». Cette disposition de la procédure de sauve-

1. Derrida, note s^s Com. 3 juin 1997, n° 95-13.981, *D.* 1997, jur. 517, note Derrida; *LPA* 28 nov. 1997, n° 143, p. 29, note Derrida.
2. Com. 3 juin 1997, n° 95-13.981, *Bull. civ.* IV, n° 161; *D.* 1997, jur. p. 517, note Derrida; *LPA* 28 nov. 1997, n° 143, p. 29, note Derrida; *D. Affaires* 1997, 833; *JCP E* 1997. II, n° 988, note Béhar-Touchais – Com. 2 févr. 1999, n° 96-21.398, NP, *Rev. proc. coll.* 2000, 223, n° 41, obs. Soinne.
3. Rizzi, La *protection des créanciers à travers l'évolution des procédures collectives*, « Bibl. dr. privé », t. 459, Lgdj, 2007, p. 394, n° 404.
4. D. n° 72-665, 4 juill. 1972, *JO* 14 juill., p. 7456.
5. D. n° 55-22, 4 janv. 1955 relatif à la publicité foncière, *JO* 7 janv., p. 346; rect., *JO* 27 janv., p. 999.
6. Com. 15 mai 2001, n° 98-14.965, *Bull. civ.* IV, n° 89; *D.* 2001. AJ 1873, obs. Lienhard; *D.* 2001. Somm. 3429, obs. Honorat; *Act. proc. coll.* 2001, n° 153, obs. Régnaut-Moutier; *JCP E* 2001, Chron. 1472, n° 14, obs. M. Cabrillac et Pétel; *Defrénois* 2002. 37565, n° 43, note Piedelièvre.
7. Civ. 3e, 29 mars 2006, n° 04-18.088, *Bull. civ.* III, n° 90; n° 422 FS-P+B; *D.* 2006. AJ 1166, obs. Lienhard; *Act. proc. coll.* 2006, n° 145, note Le Bars; *RTD civ.* 2006. 351, n° 4, obs. Revet.
8. L. n° 85-98, 25 janv. 1985, préc.
9. L. n° 2005-845, 26 juill. 2005, préc.
10. Exp. motifs L. 25 janv. 1985, p. 5.

garde, qui concerne la mission du mandataire judiciaire, nouvelle appellation du représentant des créanciers, est rendue applicable en redressement judiciaire par l'article L. 631-14, I et en liquidation judiciaire par l'article L. 641-4 alinéa 3. Dans le même sens, l'article L. 641-4, alinéa 1 indique que le liquidateur « peut introduire ou poursuivre les actions qui relèvent de la compétence du mandataire judiciaire ».

L'intérêt collectif désigne « l'intérêt de la collectivité que constituent l'ensemble des créanciers »[1]. Il se distingue de l'addition des intérêts individuels, dans la mesure où l'action tendant à la défense de cet intérêt collectif peut être entreprise contre l'un des créanciers, responsable d'un préjudice occasionné à la collectivité. La défense de l'intérêt collectif des créanciers a pour objet la conservation, la reconstitution ou la mise en œuvre du gage commun, c'est-à-dire le gage que partagent, en théorie au moins, tous les créanciers (v. aussi s^s^ n° 611.36). Ce gage commun – et non le gage droit commun[2], notion vide de sens à notre avis, est accessible à tous les créanciers, peu important que, en outre, ils se trouvent dans une situation particulière. Ainsi, un créancier hypothécaire a accès au gage commun et, en outre, sur le prix de vente de l'immeuble, il se trouve dans une situation particulière. Symétriquement, pour le créancier chirographaire, l'immeuble hypothéqué est un élément du gage commun. Il y a accès, s'il advient que, après désintéressement du créancier hypothécaire, le prix de vente de l'immeuble soit en partie réparti entre des créanciers chirographaires. De même, le créancier qui bénéficie d'une fiducie-sûreté, bien que se trouvant dans une situation particulière d'exclusivité sur les biens fiduciés, a accès au gage commun, s'il n'est pas désintéressé par le jeu de la fiducie-sûreté. Il faut donc comprendre que le gage commun n'est pas uniquement accessible à des créanciers ne se trouvant pas dans une situation particulière[3]. En théorie, il est accessible à tous les créanciers. A ainsi accès au gage commun, sur le produit de sa condamnation, le créancier dont le mandataire judiciaire recherche la responsabilité. Il n'y a donc nullement antinomie entre action tendant à la défense de l'intérêt collectif des créanciers et action en responsabilité contre un créancier.

La défense de l'intérêt collectif des créanciers est une action attitrée au seul représentant des créanciers – mandataire judiciaire –, relayé par le liquidateur, dans la défense de l'intérêt collectif des créanciers, lequel, selon une formule traditionnelle, ne se confond pas avec la somme des intérêts individuels.

1. DERRIDA *ET ALII*, n° 510.
2. Comp. PÉROCHON, 10e éd., n° 526.
3. COMP. : PÉROCHON, 10e éd., n° 526.

La solution est identique, qu'il s'agisse de défendre à une action ou de présenter la demande.

De façon générale, le monopole reconnu au défenseur de l'intérêt collectif des créanciers pour défendre cet intérêt conduit à une privation corrélative de ce droit au préjudice des créanciers, dès lors qu'ils ne démontrent pas l'existence d'un préjudice personnel distinct de celui de la collectivité des créanciers[4]. Il a été ainsi observé que plus le nombre de victimes est important, moins le nombre de personnes pouvant agir est grand[5]. L'action en responsabilité introduite avant le jugement d'ouverture par un créancier reste en revanche recevable, la recevabilité de l'action s'appréciant à la date de l'introduction de l'action[6].

Les créanciers ici visés ne sont cependant que les créanciers antérieurs, les créanciers postérieurs éligibles au traitement préférentiel n'ayant besoin de personne pour assurer leur défense (v. s^s^ n° 455.42). En revanche, les créanciers postérieurs, dont la créance est née régulièrement, mais qui ne sont pas éligibles au traitement préférentiel, sont traités comme des créanciers antérieurs et sont donc collectivement représentés par le mandataire judiciaire ou le liquidateur, selon le cas.

Étant représentés, les créanciers sont privés de la possibilité de mettre en œuvre une action tendant à la défense de l'intérêt collectif[7].

Il en résulte, par exemple, l'irrecevabilité de l'action d'un syndicat de copropriétaires, à l'encontre d'un établissement de crédit auquel un créancier reproche un octroi abusif de crédit, pour obtenir paiement des charges de copropriété non payées par le débiteur[8]. Il en résulte encore l'impossibilité pour des créanciers d'agir contre le cessionnaire d'élé-

4. Com. 28 mars 2000, n° 97-16.315, NP, *Rev. proc. coll.* 2002, p. 118, n° 3, obs. Martin-Serf – Com. 23 janv. 2001, n° 97-21.193, NP, *Rev. proc. coll.* 2002, p. 118, n° 3, obs. Martin-Serf – Com. 4 déc. 2001, n° 98-19.169, NP – Com. 13 nov. 2002, n° 99-10.721, NP; n° 1866 F-D – Com. 16 juin 2004, n° 01-11.095, NP.
5. PÉROCHON, 10e éd., n° 529.
6. Com. 10 févr. 2009, n° 07-20.445, *Bull. civ.* IV, n° 21; n° 113 F-P+B; *D.* 2009. AJ 559, obs. Lienhard; *D.* 2009, Chron. C. cass. 1243, n° 5, obs. Bélaval et Salomon; *Gaz. proc. coll.* 2009, p. 48, n° 4, note Montéran; *Rev. sociétés* 2009. 328, note Barbièri; *LPA* 11 sept. 2009, n° 182, p. 5, note Quiévy – Com. 18 juin 2013, n° 12-17.195, NP; n° 624 F-D; *Bull. Joly* déc. 2013, 828, note Couard.
7. Com. 14 déc. 1999, n° 97-14.500, *Bull. civ.* IV, n° 230; *Act. proc. coll.* 2000, n° 9 – Com. 20 févr. 2001, n° 97-14.256, *Bull. civ.* IV, n° 40; *RJDA* 2001/6, n° 712; *Rev. proc. coll.* 2002, p. 118, n° 3, obs. Martin-Serf – Com. 10 juill. 2001, n° 98-17.317, NP, *Act. proc. coll.* 2001/17, n° 219 – Com. 4 déc. 2001, n° 98-19.169, NP, *Act. proc. coll.* 2002, n° 30.
8. Com. 4 oct. 2005, n° 04-16.329, *Bull. civ.* IV, n° 195; n° 1191 F-P+B (2e moyen); *Gaz. proc. coll.* 2006, p. 39, n° 4, obs. Routier.

ments d'actifs du débiteur qui n'exéc pas l'ordonnance de cession prévoyant le paiemed'un arriéré locatif[1]. Les héritiers d'une caution sc également sans qualité pour agir contre un asreur aux fins de règlement entre les mains du liquiteur de la société débitrice principale des sommeques par lui au titre des contrats d'assurance décès ous-crits au profit de la personne (le prêteur) ayant con-senti le prêt à la débitrice principale. Cette aion n'appartient qu'au liquidateur[2].

La règle trouve encore application après clôture de la procédure de liquidation judiciaire pour insuf-fisance d'actif. Le créancier ne peut exercer l'encontre d'un tiers, une action en responsabilit civile, dès lors que cette action appartenait, pendant la procédure, au monopole du défenseur de l'intérêt collectif des créanciers, représentant des créanciers, mandataire judiciaire ou liquidateur[3].

L'action en responsabilité civile professionnelle contre le liquidateur, engagée par un créancier, après clôture pour insuffisance d'actif de la société débitrice, est irrecevable, dès lors qu'elle ne tend qu'à réparer le préjudice résultant de la perte de chance d'être payé de sa créance, de sorte que cette action en réparation tend à la reconstitution du gage commun des créanciers et relevait du monopole du liquidateur[4]. Il ne s'agit pas d'un préjudice distinct de celui subi par la collectivité des créanciers.

La Cour de cassation juge également que l'action en responsabilité contre le liquidateur engagée par le mandataire *ad hoc* d'une société, dont la liquidation judiciaire a été clôturée pour insuffisance d'actif, est irrecevable, dès lors que les sommes susceptibles de lui être allouées constitueraient un actif, qui devrait être distribué aux créanciers[5]. Seul le liquidateur a qualité pour agir en réparation d'un préjudice qui n'est pas distinct de celui causé à l'ensemble des créanciers.

L'ancien dirigeant social, créancier, qui ne rapporte pas la preuve d'un intérêt, fût-il moral, qui lui soit strictement personnel, est irrecevable à agir contre le liquidateur, son action ne correspondant qu'à une demande de réparation de la fraction qui lui est personnelle d'un préjudice collectif[6].

La Cour de cassation, malgré ces jurisprudences, a jugé comme sans objet la question prioritaire de constitutionnalité posée à propos de l'irrecevabilité de l'action d'un créancier, agissant à titre individuel, en responsabilité contre l'ancien liquidateur, après clôture pour insuffisance d'actif de la procédure de liquidation judiciaire[7] (v. aussi s^s n° 593.21).

L'exercice d'une voie de recours pour assurer la défense de l'intérêt collectif des créanciers obéit aux mêmes règles. C'est ainsi qu'il a pu être jugé, dans le cadre d'une ordonnance ayant autorisé la cession d'un contrat de crédit-bail immobilier à vil prix, que l'intérêt à agir d'un créancier n'existe que s'il est créancier privilégié. S'il est créancier chirographaire, l'atteinte à ses droits se confond avec l'atteinte à l'intérêt collectif des créanciers, que seul peut défendre le liquidateur judiciaire[8]. Dans la même logique, est irrecevable l'appel formé à l'encontre de la décision rejetant la tierce opposition formée par des créanciers à l'encontre d'un jugement statuant sur l'action paulienne intentée par le liquidateur, faute pour ces créanciers de démontrer que le jugement aurait été rendu en fraude de leurs droits et faute d'invoquer des moyens propres[9].

L'irrecevabilité de l'action du créancier conduit à une irrecevabilité de son intervention volontaire[10].

L'impossibilité pour le créancier d'agir à titre individuel subsiste même si l'action est dirigée par un créancier contre le liquidateur judiciaire. La seule possibilité est alors pour le créancier de demander au juge-commissaire la nomination d'un autre liquidateur, soit en remplacement, soit en adjonction, lequel agira alors au nom de l'intérêt collectif des créanciers contre le liquidateur qui leur aurait causé un préjudice par sa faute[11].

Les créanciers seront même irrecevables à solliciter une mesure d'instruction conservatoire (expertise) afin d'établir la responsabilité d'un tiers[12], cependant qu'ils ont été déclarés recevables à solliciter une expertise pour déterminer les conditions de la cessation des paiements du débiteur[13].

Cette solution applicable aux créanciers l'est également si l'initiative de l'action contre un tiers responsable est prise par le débiteur. Ce dernier devra

1. Com. 13 juin 2006, n° 05-10.251, NP; n° 778 F-D.
2. Com. 10 janv. 2006, n° 04-15.278, NP; n° 8 F-D.
3. Com. 16 mai 2006, n° 04-17.362, 04-18.997, NP; n° 642 FS-D.
4. Com. 28 juin 2016, n° 14-20.118, *Bull. civ.* IV [à paraître], n° 607 F-P+B.
5. Com. 10 mai 2012, n° 10-28.217, *Bull. civ.* IV, n° 94; n° 521 FS-P+B; *D.* 2012. Actu 1325, note Lienhard; *Gaz. Pal. entr. diff.* 3 août 2012, n° 216, p. 29, note Rohart-Messager; *Act. proc. coll.* 2012, comm. 153, note Vallansan; *JCP E* 2012. 1479, note Lebel; *Bull. Joly* sept. 2012, comm. 339, note Staes.
6. Com. 10 mai 2012, n° 10-28.217, *Bull. civ.* IV, n° 94; n° 521 FS-P+B; préc.
7. Com. 21 févr. 2012, n° 11-23.097 QPC, NP, *Rev. proc. coll.* 2012, comm. 164, note Lebel.
8. Com. 16 oct. 2007, n° 06-12.806, NP; n° 1090 F-D.
9. Com. 2 mars 2010, n° 09-10.048, NP, *Act. proc. coll.* 2010/7, n° 110.
10. Com. 8 nov. 2011, n° 10-21.971, NP; n° 1114 F-D.
11. Com. 4 mars 2003, n° 99-11.836, *Bull. civ.* IV, n° 37; *D.* 2003. AJ 1166; *Act. proc. coll.* 2003/8, n° 106.
12. Com. 22 oct. 1996, n° 93-18.422, NP, *RJDA* 1997/1, n° 115.
13. Com. 10 juill. 2001, n° 98-17.317, NP, *Act. proc. coll.* 2001/17, n° 219.

démontrer un préjudice distinct de celui de la collectivité des créanciers pour être recevable à agir, la solution ayant été posée à propos d'une rupture abusive de crédit[1]. La solution est la même si l'action est initiée par un dirigeant social[2], fut-ce à titre de garantie, lui-même étant actionné en comblement du passif[3]. Une solution identique est encore posée pour les associés de la société débitrice qui chercheraient à obtenir réparation de la perte de leurs investissements[4].

(Sur l'application de cette solution aux cautions désirant engager la responsabilité du créancier, v. s^s^ n° 725.14).

611.32 Inaction du représentant des créanciers ou du mandataire judiciaire. Une difficulté subsiste de savoir si un créancier peut agir pour assurer la mise en œuvre de l'intérêt collectif des créanciers, dès lors que le représentant des créanciers – le mandataire judiciaire depuis la loi de sauvegarde des entreprises[5] – néglige de le faire. Sous l'empire de la loi du 13 juillet 1967[6], la jurisprudence avait admis cette action *ut singuli* en cas d'inaction du syndic[7]. Le créancier était en conséquence autorisé à agir pour obtenir réparation de la fraction individuelle de son préjudice collectif. Il serait choquant que l'inaction du représentant des créanciers conduise à l'impossibilité de rechercher des responsabilités dans l'intérêt des créanciers[8].

Pourtant, la Cour de cassation considère qu'un créancier n'est pas recevable à agir au nom des créanciers en réparation d'un préjudice résultant de l'aggravation du passif, lorsque le représentant des créanciers n'exerce pas les pouvoirs qu'il tient de l'article L. 621-39 du code de commerce (anc^t^ L. 25 janv. 1985[9], art. 46)[10]. Le caractère collectif du préjudice y fait obstacle[11]. La solution est transposable pour le mandataire judiciaire, dans la législation issue de la loi de sauvegarde des entreprises.

En pareil cas, la seule possibilité pour le créancier, victime de la carence fautive du représentant des créanciers ou du mandataire judiciaire, est d'engager la responsabilité civile de ce dernier[12]. Mais pour cela, il devra démontrer un préjudice personnel distinct de celui de la collectivité des créanciers. Il faut ajouter que, depuis la loi de sauvegarde des entreprises, les créanciers nommés contrôleurs pourront agir en cas de carence du mandataire judiciaire, à la place de ce dernier (v. s^s^ n° 612.24).

Après clôture de la procédure collective, le créancier ne peut agir en responsabilité contre le liquidateur que sur démonstration d'un préjudice personnel. À défaut, il devra faire nommer un mandataire *ad hoc* qui agira dans l'intérêt collectif des créanciers[13]. Cette possibilité exclut de considérer qu'il y aurait une atteinte disproportionnée au droit d'accès des créanciers au juge[14].

611.33 Administrateur judiciaire, commissaire à l'exécution du plan et défense de l'intérêt collectif des créanciers. L'administrateur judiciaire est également, par principe, sans qualité pour assurer la défense de l'intérêt collectif des créanciers. Sa situation de représentant, d'assistant ou de surveillant de la gestion du débiteur serait contradictoire avec cette mission. C'est ainsi qu'a été déniée à l'administrateur judiciaire qualité pour agir en responsabilité contre des tiers[15], action éminemment protectrice des intérêts globaux des créanciers.

Le pouvoir reconnu au commissaire à l'exécution du plan d'introduire des actions en responsabilité civile délictuelle contre les tiers (v. s^s^ n° 521.34) l'autorise symétriquement à renoncer à pareille action. Encore faudra-t-il qu'il soit intervenu à un acte emportant cette renonciation en cette qualité, non en celle d'administrateur judiciaire[16]. En effet, la renonciation de ce dernier à l'engagement d'une action qu'il n'a pas le droit d'engager est évidemment sans portée à l'égard du liquidateur nommé en suite de la résolution du plan (v. s^s^ n° 521.34).

1. Com. 27 mai 2003, n° 99-18.472, NP – Com. 13 mars 2007, n° 06-13.325, *Bull. civ.* IV, n° 86; n° 486 FS-P+B; *D.* 2007. AJ 1020, obs. Lienhard; *Act. proc. coll.* 2007/9, n° 107, note Legeais; *Banque et droit* juill.-août 2007, n° 114, p. 21, note Bonneau *Bull. Joly* juill. 2007, p. 839, § 234, note Lucas.
2. Com. 14 déc. 1999, n° 97-14.500, *Bull. civ.* IV, n° 230; *RD banc. et bourse* 2000/1, n° 8, obs. Crédot et Gérard.
3. Com. 1er avr. 2003, n° 99-16.992, NP.
4. Com. 14 déc. 1999, n° 97-14.500, *Bull. civ.* IV, n° 230; *D.* 2000. AJ 90, obs. Faddoul; *RTD com.* 2000. 372, obs. Champaud et Danet; *Rev. proc. coll.* 2002, p. 119, n° 4, obs. Martin-Serf.
5. L. n° 2005-845, 26 juill. 2005. préc.
6. L. n° 67-563, 13 juill. 1967, préc.
7. Com. 27 juin 1989, n° 87-17.272, *Bull. civ.* IV, n° 204; *Rev. huissiers* 1989. 1525.
8. Soinne, n° 1074.
9. L. n° 85-98, 25 janv. 1985, préc.
10. Com. 3 juin 1997, n° 95-13.981, *Bull. civ.* IV, n° 161; *LPA* 28 nov. 1997, n° 143, p. 29, note Derrida; *D.* 1997, jur. 517, note Derrida; *D. Affaires* 1997, 833; *JCP E* 1997. II, n° 988, note Béhar-Touchais – Com. 2 févr. 1999, n° 96-21.398, NP, *Rev. proc. coll.* 2000, 223, n° 41, obs. Soinne.
11. Com. 14 déc. 1999, n° 97-14.500, *Bull. civ.* IV, n° 230; *RTD com.* 2000. 157, obs. M. Cabrillac.
12. Pérochon et Bonhomme, 6e éd., n° 149 – Derrida *et alii*, n° 515 – Le Cannu *et alii*, n° 545.
13. Com. 10 juill. 2012, n° 11-23.097, NP; n° 830 FS-D; *BJE* oct. 2012, comm. 170, note Sortais.
14. Com. 10 juill. 2012, n° 11-23.097, NP; n° 830 FS-D.
15. Com. 5 janv. 1999, n°s 96-20.591, 96-20.621, *Bull. civ.* IV, n° 3; *LPA* 26 janv. 1999, n° 18, note P. M.; *D. Affaires* 1999, 219, obs. Lienhard; *RJ com.* 1999, n° 1542, p. 414, note Courtier.
16. Com. 4 janv. 2005, n° 02-21.082, NP.

611.34 Contrôleurs et défense de l'intérêt lectif des créanciers – Législation antérieure loi de sauvegarde des entreprises. Les pouvc reconnus au contrôleur n'empiètent pas sur ceux représentant des créanciers. L'expression malhe reuse du législateur à l'article L. 621-39 du code commerce (anc^{t} L. 25 janv. 1985[1], art. 46) « sai préjudice des droits reconnus au contrôleur » n doit pas conduire à reconnaître au contrôleur l possibilité d'exercer un droit appartenant au seu représentant des créanciers, dès lors que les contrôleurs ne représentent pas collectivement les créanciers ou un groupe de créanciers (v. s^{s} n° 612.22).

611.35 Contrôleurs et défense de l'intérêt collectif des créanciers – Législation issue de la loi de sauvegarde des entreprises. Par principe, le contrôleur n'agit pas pour assurer la défense de l'intérêt collectif des créanciers. Cependant, l'article L. 622-20, alinéa 2 du code de commerce reconnaît au contrôleur un pouvoir subsidiaire d'action en défense de l'intérêt collectif des créanciers, si le mandataire judiciaire n'agit pas (v. s^{s} n° 612.24).

611.36 Mise en œuvre de l'intérêt individuel d'un créancier ou d'un groupe de créanciers. Le représentant des créanciers – mandataire judiciaire depuis la loi de sauvegarde des entreprises – agit pour assurer la défense de l'intérêt collectif des créanciers. Comme l'indique la Cour de cassation, il ne peut agir pour assurer la défense de l'intérêt individuel d'un créancier[2]. Il ne pourrait, par exemple, défendre individuellement un créancier dans le cadre de la vérification du passif[3].

Pas davantage, le mandataire de justice ayant en charge la défense de l'intérêt collectif des créanciers, ne pourrait agir pour assurer la défense d'un groupe de créanciers[4].

C'est ainsi qu'il ne peut agir en paiement contre le loueur d'un fonds de commerce donné en location-gérance, sur le fondement de l'article L. 144-7 du code de commerce instituant une solidarité du loueur du fonds avec le locataire-gérant, car cette solidarité n'a été instituée que dans le seul intérêt des créanciers disposant d'une créance nécessaire à l'exploitation du fonds[5]. La solution contraire avait été posée, dans un premier temps, la Cour de cassation ayant fermé pareille action à un créancier désireux de faire jouer cette solidarité légale à son profit[6]. La solution subsiste en cas de location-gérance occulte[7].

Tirant les conséquences de l'ouverture de l'action tendant à faire jouer la solidarité du loueur du fonds avec le locataire-gérant, une juridiction a pu décider que la règle de l'arrêt des poursuites individuelles ne s'applique pas à l'égard de la personne responsable solidairement des dettes du débiteur[8].

De manière identique, il a pu être jugé que l'épouse commune en biens, qui dans le cadre du partage de la succession de son mari se fait attribuer le fonds de commerce exploité par lui et le passif qui y était attaché, ne peut être tenue que des dettes liées au fonds, non à celles d'une société dirigée par son mari, à laquelle la procédure de ce dernier avait été étendue. En effet, la confusion des patrimoines, prononcée sans rétroactivité par jugement postérieur à la dissolution de la communauté, n'a pu provoquer l'entrée dans celle-ci des dettes sociales, que par l'effet du partage, qui n'a mis à la charge de l'épouse que le passif attaché à l'exploitation du fonds. Il en résulte que le liquidateur agissant à son encontre ne représentait que les créanciers disposant d'une créance née de cette exploitation, et non la collectivité des créanciers, ce qui le rendait irrecevable à agir[9].

La défense de l'intérêt collectif des créanciers a pour objet la protection, l'accroissement ou la mise en œuvre du gage commun, c'est-à-dire le gage que partagent, en théorie au moins, tous les créanciers (v. aussi s^{s} n° 611.31). Cette proposition, que nous

1. L. n° 85-98, 25 janv. 1985, préc.
2. Com. 16 mars 1993, n° 90-20.188, *Bull. civ.* IV, n° 106; *D.* 1993, jur. 583, note Derrida; *Rev. proc. coll.* 1993, 424, n° 8, obs. Dureuil; *Rev. proc. coll.* 1993, 547, n° 1, obs. Soinne; *JCP E* 1993. I. 277, obs. M. Cabrillac – Com. 7 janv. 2003, n° 99-10.781, *Bull. civ.* IV, n° 1; *D.* 2003. AJ 274, obs. Lienhard.
3. Com. 7 janv. 2003, n° 99-10.781, *Bull. civ.* IV, n° 1; *D.* 2003. AJ 274, obs. Lienhard – Rennes, 8 nov. 1995, *Rev. proc. coll.* 1998, 160, n° 2, obs. Soinne.
4. Com. 29 avr. 1997, n° 95-15.099, *Bull. civ.* IV, n° 112; *Rev. proc. coll.* 1998, 158, n° 1, obs. Soinne; *Dr. sociétés* 1999, com. 103 – Com. 7 janv. 2003, n° 99-10.781, *Bull. civ.* IV, n° 1; *D.* 2003. AJ 274, obs. Lienhard; *JCP E* 2003, Chron. 760, p. 853, n° 13, obs. M. Cabrillac et Pétel – Com. 9 nov. 2004, n° 02-13.685, *Bull. civ.* IV, n° 193; *RTD civ.* 2005. 183-184, obs. Perrot.
5. Com. 9 nov. 2004, n° 02-13.685, *Bull. civ.* IV, n° 193; *RTD civ.* 2005. 183-184, obs. Perrot; *D.* 2004. AJ 3069, obs. Lienhard; *D.* 2005, pan. 296, obs. Le Corre; *RTD com.* 2005. 247, obs. Saintourens; *Act. proc. coll.* 2004/20, n° 245, note Régnaut-Moutier; *LPA* 13 avr. 2005, p. 4, obs. Lucas; *Dr. et patr.* 2005/4, p. 115, n° 3677, obs. Monsérié-Bon; *Defrénois* 2005/11, p. 993, Chron. 38177, n° 4, note Gibirila – Com. 13 déc. 2005, n° 04-18.567, NP; n° 1617 F-D; *Gaz. proc. coll.* 2006/2, p. 40, obs. Roussel Galle.
6. Com. 8 juill. 2003, n° 01-15.532, NP, *LPA* 18 févr. 2004, n° 35, p. 9, note crit. Lucas.
7. Aix-en-Provence, 8e ch. C, 8 sept. 2011, RG n° 10/03677, *Act. proc. coll.* 2011/20, comm. 312.
8. Nîmes, 2e ch. B, 18 oct. 2007, *Rev. proc. coll.* 2008/3, p. 51, n° 129, note Macorig-Venier.
9. Com. 17 sept. 2013, n° 12-20.984, NP; n° 816 F-D; *Gaz. Pal.* 12 janv. 2014, p. 41, note Antonini-Cochin; *Act. proc. coll.* 2013/16, comm. 237, note Leprovaux; *BJE* janv. 2014, p. 48, note Becqué-Ickowicz et S. Cabrillac.

avions formulée dans la précédente édition de notre ouvrage, a été sensiblement reprise à son compte par la Cour de cassation qui juge que « l'action en réparation des préjudices invoqués par les salariés licenciés, étrangère à la protection et à la reconstitution du gage commun des créanciers, ne relevait pas du monopole du commissaire à l'exécution du plan »[1]. Ainsi, pour la Cour de cassation, l'action tendant à la défense de l'intérêt collectif des créanciers tend à la protection et à la reconstitution du gage commun des créanciers. Observons que la Cour de cassation n'avait pas, dans cet arrêt, à aborder la question de la distribution du produit du gage commun dans des conditions différentes de celles pouvant exister sans introduction d'une action, de sorte qu'elle a pu limiter son énoncé de la définition de l'action tendant à la défense de l'intérêt collectif des créanciers. La Cour de cassation n'a donc pas fait sienne une partie de notre définition de l'action tendant à la défense de l'intérêt collectif des créanciers. Ce n'est à pas à dire, pour autant, qu'elle la condamne. Expliquons-nous. L'action qui a pour objet une distribution du gage commun différente, à la suite de l'action, de celle qui aurait existé sans l'action tend bien à la défense de l'intérêt collectif des créanciers. Pour illustrer le propos, prenons deux exemples. Un mandataire judiciaire assigne pour obtenir la nullité d'une hypothèque sur le fondement des nullités de la période suspecte. L'action ne tend pas la conservation du gage commun. Elle ne tend pas non plus à sa reconstitution, dans la mesure où le gage commun ne sera pas modifié après l'action en nullité. En revanche la distribution du gage commun va se trouver changée, puisque le produit de la vente de l'immeuble sera réparti à titre chirographaire au lieu de l'être, à concurrence de la créance détenue par le créancier inscrit, hypothécairement. La même solution vaudrait pour une action en inopposabilité de l'inscription de l'hypothèque sur le fondement de la règle de l'arrêt du cours des inscriptions de sûretés.

Le fait que l'action tendant à la défense de l'intérêt collectif des créanciers soit engagée contre un créancier ne modifie pas le raisonnement. Sur le produit de sa condamnation, il aura des droits. Il participera donc, faute de texte contraire, à la distribution du gage commun, qu'il a contribué à augmenter du fait de sa condamnation[2].

L'intérêt collectif ne peut être détaché du gage commun. Dès lors que l'action à exercer ne porte pas sur un élément du gage commun, elle ne peut être mise en œuvre par le défenseur de l'intérêt collectif des créanciers. L'observation justifie la solution adoptée par la Cour de cassation, en matière de déclaration notariée d'insaisissabilité, au préjudice du liquidateur, lorsqu'il existe des créanciers ayant conservé le droit de saisir l'immeuble et des créanciers privés de ce même droit (v. s[s] n°s 562.13 s.).

Le mandataire judiciaire étant sans qualité pour défendre l'intérêt individuel du créancier, ce dernier, par voie de conséquence, peut agir seul pour défendre son intérêt personnel. Il en est de même du représentant de la masse des obligataires en cas de préjudice spécial subi par eux[3].

La mise en cause du représentant des créanciers ne s'imposera pas[4].

La transaction intervenue entre le liquidateur, défendant l'intérêt collectif des créanciers, et un créancier n'interdira pas l'action en responsabilité engagée contre lui par un tiers s'estimant victime de la faute du créancier, et demandant la réparation d'un préjudice personnel[5].

Il faut aussi admettre que le créancier puisse intervenir parallèlement au représentant des créanciers, dès lors qu'il fait valoir un préjudice propre, distinct de celui pour lequel le représentant des créanciers exerce son action[6]. S'agissant de défendre un intérêt propre, distinct de celui des autres créanciers, seule l'intervention principale sera admissible.

Le créancier ayant le droit d'agir pour faire valoir son intérêt propre ou distinct de celui des autres créanciers, il faut admettre la recevabilité de la tierce opposition au jugement rendu hors de sa présence[7].

De même, seul un préjudice personnel pourra permettre à un créancier – ou à un associé – d'agir si une action en responsabilité a déjà été intentée par la société en liquidation à l'encontre du tiers à l'origine de ses difficultés[8].

1. Com. 2 juin 2015, n° 13-24.714, *Bull. civ.* IV [à paraître]; n° 546 FS-P+B+R+I; *D.* 2015. actu 1205, note Lienhard; *D.* 2015. pan. 1974, note Le Corre et 1977, note Lucas; *D.* 2015. études. 2207, note Tréard; *Gaz. Pal.* 21 juill. 2015, n° 200, p. 28, note Gailhbaud; *Gaz. Pal. entr. diff.* 20 oct. 2015, n° 291, p. 29, note Rohart-Messager; *APC* 2015/12, comm. 184, note Lucas; *JCP E* 2015, chron. 1422, n° 7, note Pétel; *JCP E* 2015. 1522, note Le Gac-Pech; *Gaz. Pal.* 2015. 3143, note Théron; *Rev. proc. coll.* 2016, comm. 73, note Jacotot; *LXB hebdo* 16 juill. 2015, n° 432, note Le Corre – *Adde*, P.-M. Le Corre, « La notion d'action tendant à la défense de l'intérêt collectif des créanciers », *BJE* sept. 2015, édito. 269.
2. COMP. : PÉROCHON, 10e éd., n° 1658.
3. Paris, 15 mai 2002, *RJDA* 2002/12, n° 1292, p. 1095.
4. Paris, 3e ch. C, 8 déc. 1995, *Rev. proc. coll.* 1998, 159, n° 1, obs. Soinne.
5. Paris, 1re ch. D, 20 nov. 2002, *D.* 2002, jur. 1560, note Sortais.
6. Com. 25 juin 1996, n°s 94-20.850, 94-20.851, 94-20.852, 94-20.853, NP, *JCP E* 1996. II. 864, rapp. Rémery.
7. Com. 14 nov. 2000, n° 97-19.798, NP, *RJDA* 2001/2, n° 183.
8. Com. 3 avr. 2012, n° 11-11.943, NP; n° 378 F-D; *Bull. Joly* sept. 2012, comm. 338, note Barbièri; *Dr. sociétés* 2013, comm. 70, note Legros.

La notion d'intérêt personnel ou de pr‹ce distinct a été précisée, sous l'empire d‹loi du 13 juillet 1967[1], par l'assemblée plénièr‹a Cour de cassation[2]. Il faut qu'il s'agisse d'u‹éjudice personnel, distinct de celui des autres cr‹iers[3], et non d'un préjudice inhérent à la procé‹e collective[4].

Il n'y a pas préjudice personnel, pour créancier, dans le fait de l'immobilisation de la ‹ance inhérente à la procédure collective[5] et plus ‹néralement dans la perte de sa créance[6], fut-ce créance du prix de revente de marchandises livr‹ sous clause de réserve de propriété[7]. Il a été fir‹nent observé que la solution aurait peut-être été ‹fférente si, au lieu de réclamer le paiement de sa ‹réance au dirigeant social, le vendeur avait récl‹é la valeur des marchandises vendues, car, en ce ‹as, son préjudice aurait été distinct de celui des au‹res créanciers, lui seul étant propriétaire des biens vendus[8]. La Cour de cassation a d'ailleurs admis l'existence d'un préjudice distinct au profit du vendeur de marchandises vendues sous clause de réserve de propriété, lorsque l'acheteur a remis à un tiers les biens vendus dans le cadre d'une opération dissimulée par « un échange et un contre-échange de chèques », participant ainsi à une fraude[9].

Il n'y a pas *davantage préjudice distinct de celui* de la collectivité des créanciers dans :

– la perte de son compte-courant par l'associé de la société débitrice[10];

– la perte par un associé de son apport à la société débitrice[11], même s'il a été financé par un prêt[12]. Cette solution vaut même si l'associé se plaint tout à la fois de la perte de ses apports et de la perte pour l'avenir des rémunérations qu'il aurait pu obtenir, ce qui est là un préjudice spécial, dès lors qu'il ne distingue pas entre ces deux préjudices[13];

– la perte de valeur de ses actions[14];

– la perte de ses créances sur la société débitrice[15];

– la dépréciation de la valeur d'un fonds de commerce résultant du placement de la société débitrice

1. L. n° 67-563, 13 juill. 1967, préc.
2. Cass., ass. plén., 9 juill. 1993, n° 89-19.211, *Bull. ass. plén.*, n° 13; *D.* 1993, jur. 469, note Jéol, Dumaset Derrida; *Quot. Jur.* 1993, n° 76, p. 4, note J.-P. D.; *LPA* 17 nov. 1993, n° 138, p. 17, note Derrida; *Rev. proc. coll.* 1993, 135, n° 5, obs. Chaput; *D.* 1993, jur. 469, obs. Derrida et concl. Jeol; *JCP G* 1993. II. 22122, obs. Pollaud-Dulian; *JCP E* 1993. I. 298, obs. M. Cabrillac; *JCP E* 1993. I. 302, obs. Gavalda et Stoufflet; *Dr. sociétés* 1994, n° 26, obs. Chaput.
3. AINSI : Com. 16 avr. 1991, *Bull. civ.* IV, n° 309 – Com. 11 oct. 1994, n° 90-16.309, *Bull. civ.* IV, n° 281; *Quot. Jur.* 8 nov. 1994, note P. M.; *Rev. huissiers* 1995. 335, note Courtier.
4. SUR CETTE NOTION : Cass., ass. plén., 9 juill. 1993, n° 89-19.211, *Bull. ass. plén.*, n° 13; *D.* 1993, jur. 469, concl. Jeol, rapp. Dumas et note Derrida; *Quot. Jur.* 1993, n° 76, p. 4, note J.-P. D.; *LPA* 17 nov. 1993, n° 138, p. 17, note Derrida; *JCP E* 1993. II. 509, note Pollaud-Dulian; *JCP E* 1993 I, 298, n° 15, obs. M. Cabrillac – Com. 11 oct. 1994, n° 90-12.129, *Bull. civ.* IV, n° 279; *LPA* 16 juin 1995, n° 72, p. 22, note Courtier – Com. 27 févr. 1996, n° 94-13.862, NP, *RJDA* 1996, n° 688 – Com. 29 avr. 1997, n° 95-15.099, *Bull. civ.* IV, n° 112; *Rev. proc. coll.* 1998, 158, n° 1, obs. Soinne.
5. Com. 21 juin 2005, n° 02-17.721, NP, *Gaz. proc. coll.* 2005/3, p. 45, n° 4, obs. Routier.
6. Paris, 15e ch. A, 20 juin 2000, *D.* 2000. AJ 382, obs. Pisoni.
7. Com. 7 mars 2006, n° 04-16.536, *Bull. civ.* IV, n° 61; n° 331 FS-P+B+R+I; *D.* 2006. AJ 857, obs. Lienhard; *Gaz. proc. coll.* 2006/3, p. 31, obs. Roussel Galle; *JCP E* 2006, Chron. 2331, p. 1536, n° 14, obs. M. Cabrillac; *LXB* n° N8015AK3, note Lehnof; *Act. proc. coll.* 2006/9, n° 102, note Vallansan; *Bull. Joly* 2006/7, § 186, p. 938, note Lucas; *JCP E* 2006, Chron. 2035, p. 1171, n° 2, obs. Caussain, Deboissy et Wicker; *Defrénois* 2006/11, p. 940, Chron. 38407, n° 6, note Gibirila; *RTD com.* 2006/2, p. 431, n° 5, obs. Le Cannu; *Rev. sociétés* 2006/3, p. 644, note Barbièri; *Dr. sociétés* 2006, p. 207, note Ginestet – *Adde*, Jambort, « Responsabilité des dirigeants sociaux à l'égard des tiers pour des faits antérieurs à l'ouverture d'une procédure collective (à propos de Com. 7 mars 2006) », *JCP E* 2006. 2834, p. 2204.
8. Vallansan, note ss Com. 7 mars 2006, n° 04-16.536, *Bull. civ.* IV, n° 61; n° 331 FS-P+B+R+I; *Act. proc. coll.* 2006/9, n° 102.
9. Com. 21 nov. 2006, n° 04-14.309, NP; n° 1277 F-D.
10. CE 16 juin 1999, req. n° 177075, Tripot, *Lebon; D.* 2000. 251, obs. P. Bon et D. de Béchillon; *RFDA* 2000. 359, note Y. Brard; *RJDA* 2000/2, n° 167, p. 140 – Com. 10 mars 2009, n° 07-21.410, NP; n° 204 F-D; *Gaz. proc. coll.* 2009/3, p. 24, note Rohart-Messager; *Act. proc. coll.* 2009/7, n° 111, note Régnaut-Moutier; *RTD com.* 2010. 190, n° 7, obs. Saint-Alary-Houin – Com. 23 avr. 2013, n° 12-18.113, NP; n° 432 F-D – Paris, 15e ch. B, 22 juill. 2004, RG n° 2002/18876 – Com. 30 juin 2015, n° 14-13.421, NP; n° 651 F-D; *Gaz. Pal.* 2015. 3178, note Zattara-Gros; *Rev. proc. coll.* 2016, comm. 94, note Martin-Serf.
11. Com. 23 nov. 2004, n° 03-15.449, NP.
12. Com. 13 mars 2007, n° 06-13.325, *Bull. civ.* IV, n° 86; n° 486 FS-P+B; *D.* 2007. AJ 1020, obs. Lienhard; *Act. proc. coll.* 2007/9, n° 107, note Legeais; *Banque et droit* juill.-août 2007, n° 114, p. 21, note Bonneau; *Rev. sociétés* 2007. 571, note Granier; *Rev. proc. coll.* 2007/4, p. 238, n° 2, obs. Martin-Serf – *Adde*, Paclot et Roussel Galle, « Quelques remarques sur la réparation du préjudice d'une société dissoute par l'effet d'une liquidation judiciaire », *JCP E* 2008. 2101.
13. Com. 29 sept. 2015, n° 13-27.587, *Bull. civ.* IV [à paraître]; *D.* 2015. actu. 2005, note Lienhard; *Act. proc. coll.* 2015/18, comm. 287, note Pagnucco; *BJE* 2016, 38, note Perruchot-Triboulet; *Gaz. Pal.* 2015. 3861, note Théron; *Bull. Joly sociétés* 2015, 661, note Parachkévova; *Rev. proc. coll.* 2016, comm. 15, note Reille; *Dr. sociétés* 2016, comm. 66, note Legros.
14. Com. 2 juill. 2013, n° 12-11.861, NP; n° 691 F-D.
15. Com. 10 mars 2009, n° 07-21.410, NP; n° 204 F-D; *Gaz. proc. coll.* 2009/3, p. 24, note Rohart-Messager; *Act. proc. coll.* 2009/7, n° 111, note Régnaut-Moutier; *RTD com.* 2010. 190, n° 7, obs. Saint-Alary-Houin – Paris, 25e ch. B, 12 oct. 2007, RG n° 05/08805.

en liquidation judiciaire [1], solution posée par la première chambre civile de la Cour de cassation, qui s'aligne ainsi sur la position de la Chambre commerciale [2];

– ou plus généralement dans la perte d'un investissement par un associé de la société débitrice [3].

L'associé qui invoque l'immixtion du banquier dans la gestion de la société débitrice ou la rupture abusive de crédit n'invoque aucun préjudice personnel [4].

N'invoque pas davantage un préjudice distinct de celui subi par la collectivité des créanciers :

– l'associé qui impute à faute au principal client de la société débitrice la perte de valeur de ses parts sociales [5], ou la perte de la valeur du capital libéré de la société [6];

– le dirigeant social qui impute à un banquier la perte de valeur de ses actions ou parts sociales [7];

– Le dirigeant social caution qui invoque la perte de valeur du fonds de commerce [8].

Le dirigeant social qui se contente de soutenir qu'il a dû subir sa liquidation « avec toutes les difficultés et tourments qui en résultent sur le plan financier et moral, sans compter la quasi-impossibilité de créer de nouvelles affaires lorsque son nom est lié à la faillite » ne fait pas état d'un préjudice se distinguant de celui subi par la personne morale du fait du prononcé de sa liquidation judiciaire [9].

Sous l'empire de la loi du 25 janvier 1985 [10], il a été admis qu'il y avait préjudice personnel pour un banquier à avoir accordé des concours à une entreprise sur la considération d'une promesse d'apporter les fonds nécessaires au redressement de l'entreprise, alors que la promesse ne devait pas être tenue [11].

De m, il y a préjudice personnel, pour un créancier oir rejeter des chèques par le banquier malgré u de positif du compte du débiteur et de payer un re créancier malgré des saisies sur le compte [12].

Identiq ent, il y a préjudice personnel pour un établissem de crédit à consentir une avance par le biais d'u cession de créance professionnelle, au vu de la ce fication des comptes par le commissaire aux co tes, alors que l'établissement de crédit s'est retro é cessionnaire d'une créance fictive, qu'il n'a pu r ouvrer sur le débiteur cédé (créance de TVA) [13].

Il a égaleme été admis que le bénéficiaire d'un chèque soit fon à solliciter des mesures d'instruction *in futurum* destinées à établir les conditions dans lesquelles une banque a été amenée à rejeter un chèque, car il peut en résulter pour lui un préjudice propre par rapport aux créanciers de la procédure collective du tireur du chèque [14].

Il a également été jugé qu'il y avait préjudice personnel, pour le dirigeant social, à perdre son emploi [15], ou ses rémunérations de dirigeant social, du fait de la procédure collective [16]. Il a encore été jugé qu'il y avait préjudice propre pour le dirigeant social, associé de la société débitrice, à perdre le prix de cession des parts détenues dans la société, du fait de l'annulation de la cession desdites parts, pour vice du consentement ayant pour fondement l'attitude d'un tiers, qui avait résilié fautivement le contrat de concession exclusive de licence d'une marque, le liant à la société débitrice, alors que ce contrat constituait le seul actif de la société débitrice, la résiliation ayant entraîné la chute de la société [17].

Le dirigeant devra démontrer le lien de causalité entre la faute commise et le préjudice. Pour cette raison, la condamnation a été rejetée dans une espèce où le dirigeant social d'une société placée en liquidation judiciaire reprochait à la société débitrice une violation des règles d'attribution des marchés publics, ayant privé la société qu'il dirigeait d'une chance sérieuse d'obtenir le marché [18].

1. Civ. 1re, 3 févr. 2016, nos 14-25.695, 14-25.733, *Bull. civ.* I [à paraître]; no 86F-P+B; *D.* 2016. actu. 374, obs. Lienhard; *Act. proc. coll.* 2016/5, comm. 67, note Vallansan; *Bull. Joly sociétés* 2016, 222, note Mouïal-Bassilana.
2. Lienhard, obs. sous Civ. 1re, 3 févr. 2016, nos 14-25.695, 14-25.733, préc.
3. Paris, 15e ch. B, 18 mars 2005, RG no 2004/2458.
4. Paris, 15e ch. B, 15 nov. 2007, RG no 06/10596.
5. Com. 28 juin 2005, no 04-13.586, NP; no 980 F-D; *Bull. Joly* 2006/1, § 3, p. 21.
6. Paris, 15e ch. B, 10 févr. 2006, RG no 2004/17989.
7. Com. 28 janv. 2014, no 12-27.901, *Bull. civ.* IV, no 22, no 104 F-P+B; *Act. proc. coll.* 2014/5, comm. 83, note Régnaut-Moutier; *Bull. Joly* 2014. 261, note Parachkévova.
8. Civ. 1re, 3 févr. 2016, nos 14-25.695, 14-25.733, *Bull. civ.* I [à paraître]; *Rev. proc. coll.* 2016, comm. 99, note Martin-Serf.
9. Com. 3 avr. 2012, no 11-11.943, NP; no 378 F-D; *Bull. Joly* sept. 2012, comm. 338, note Barbièri; *Dr. sociétés* 2013, comm. 70, note Legros.
10. L. no 85-98, 25 janv. 1985, préc.
11. Versailles, 13e ch., 9 mai 1996, *RJDA* 1996/11, no 1392.
12. Com. 4 juill. 2000, no 97-21.216, NP, *RJDA* 2001/1, no 49.
13. Com. 30 oct. 2012, no 11-20.591, NP; no 591 F-D; *BJE* janv. 2013, comm. 9, note Le Mesle.
14. Paris, 14e ch. A, 3 mai 2006, *JCP E* 2697. 2031, obs. Dumoulin.
15. Com. 28 janv. 2014, no 12-27.901, *Bull. civ.* IV, no 22; no 104 F-P+B; *Act. proc. coll.* 2014/5, comm. 83, note Régnaut-Moutier; *Bull. Joly* 2014. 261, note Parachkévova; *Rev. proc. coll.* 2015, comm. 44, note Reille – Paris, 7e ch. A, 27 nov. 2007, RG no 2006/11547 : rejetant la demande pour défaut de lien de causalité avec le préjudice.
16. CE 16 juin 1999, no 177075, *Lebon; RJDA* 2000/2, no 167, p. 140.
17. Com. 3 avr. 2012, no 11-11.943, préc.
18. Civ. 2e, 6 oct. 2011, no 10-25.248, NP.

La solution inverse a cependant égaınt été, de manière critiquable à notre sens, posé

Il a aussi été jugé, d'une manière égnent critiquable, que la perte de droits à la retraiar l'ancien dirigeant de la société débitrice n'était un préjudice distinct de celui subi par la cctivité des créanciers[2], alors qu'il est douteux qla collectivité des créanciers puisse subir pareil ;judice. Les conditions dans lesquelles un emprunbligataire a été émis, en l'occurrence sur des basesusses, peuvent encore constituer le préjudice disnct pour les créanciers obligataires[3].

Le préjudice personnel a encore é retenu dans l'hypothèse d'un banquier indiquar à un fournisseur de son client qu'il le réglerait[4].

Le préjudice personnel a été cortitué alors que les dirigeants sociaux étaient engag dans des pourparlers pour la cession de leurs acons, la rupture brutale des concours bancaires ant conduit les cessionnaires à proposer un prix nindre[5].

Il y a préjudice personnel justifnt la recevabilité de l'action contre l'assureur de dommages du débiteur, lorsque cet assureur n'a pasemis à la société bénéficiaire l'indemnité d'assurace affectée prioritairement aux travaux commancs à l'entreprise[6]. De même, un assureur engagera a responsabilité à l'égard du dirigeant, pour le préıdice moral résultant de son acharnement proédural en faisant appel à deux reprises d'une ordomance de non-lieu du juge d'instruction, à la suitede la plainte qu'il avait déposée. Il a là préjudice distinct subi par le dirigeant de la société débitrice[7].

Il y a encore préjudice personnel pour un créancier à ne pas être payé – et lui seul – par la faute du commissaire à l'exécution du plan des dividendes du plan, dans la liquidation judiciaire consécutive à la résolution du plan[8].

Le préjudice personnel peut résulter du fait que l'intéressé s'est porté caution du débiteur. Il en sera ainsi lorsque les cautions, également fondatrices de la société débitrice, avaient constitué celle-ci au vu d'études prévisionnelles qui se sont révélées chimériques. La responsabilité de l'auteur des études prévisionnelles a été retenue à l'égard des cautions[9]. Le préjudice personnel de la caution *solvens* a également été retenu lorsque sa garantie est mise en œuvre, ce qui l'a autorisée à agir en responsabilité contre le banquier créancier[10]. Le préjudice personnel de la caution poursuivie en exécution de ses engagements a encore été démontré, en présence d'une faute commise par le concédant envers le concessionnaire, dont certains emprunts accordés par une banque avaient été cautionnés par le dirigeant. La caution n'invoque pas alors l'atteinte à l'intérêt collectif des créanciers, mais bien un préjudice personnel distinct[11]. Le fait que la caution soit subrogée dans les droits du créancier garanti n'est pas de nature à supprimer ce caractère personnel du préjudice, cette subrogation dans les droits d'un créancier n'ayant pas pour effet d'entraîner une représentation collective par le liquidateur[12]. Il-y-a préjudice personnel pour une caution, dirigeant social, qui reproche à la banque une faute dans la souscription d'un contrat d'assurance d'un prêt, cette faute ayant fait perdre à la caution, dirigeant social, une source de revenus pendant son incapacité de travail[13].

Le préjudice personnel existe encore, lorsque l'escroquerie commise par un tiers a conduit à la liquidation judiciaire de la société, laquelle a entraîné la poursuite des membres de la famille, associés d'une société familiale, en qualité de cautions, et la perte de salaires[14].

L'existence d'un préjudice personnel a été reconnue au profit de salariés d'une filiale objet d'une cession, qui invoquent la perte de leur emploi ainsi que la diminution de leur droit à participation dans la société mère et la perte d'une chance de bénéficier des dispositions du plan social du groupe[15]. La décision a été saluée comme une première dans la jurisprudence publiée[16]. Il a été dit que « cette décision devrait faire date en ce qu'elle ouvre des perspectives

1. Paris, 15e ch. B, 2 juin 2005, RG nº 2004/07221, *Gaz. proc. coll.* 2005/3, p. 36, obs. Roussel Galle et p. 46, nº 5, obs. Routier.
2. Paris, 15e ch. B, 2 juin 2005, RG nº 2004/07221.
3. Paris, 15 mai 2002, *RJDA* 2002/12, nº 1292, p. 1095.
4. Com. 2 juin 2004, nº 01-17.945, NP, *RD banc. fin.* 2004/6, p. 414, nº 253, obs. Lucas.
5. Paris, 15e ch. B, 2 mars 2006, RG nº 2004/20222.
6. Com. 11 oct. 1994, nº 90-16.309, *Bull. civ.* IV, nº 181; *Quot. Jur.* 1994, nº 89, p. 5, note P. M.
7. Paris, 7e ch. A, 27 nov. 2007, RG nº 06/11547.
8. Com. 13 juin 2006, nº 05-12.093, NP; nº 760 F-D; *D.* 2007, pan. 43, obs. Le Corre.
9. Com. 23 nov. 2004, nº 03-15.449, NP.
10. Com. 28 sept. 2004, nº 03-11.110, NP, *Rev. proc. coll.* 2005/2, p. 138, nº 6, obs. Ch. Lèguevaques – Paris, 15e ch. B, 10 févr. 2006, RG nº 2004/17989.
11. Com. 9 déc. 2008, nº 07-19.708, NP; nº 1291 F-D; *Gaz. proc. coll.* 2009/2, p. 35, nº 1, note Routier; *JCP G* 2009. I. 136, nº 11, obs. M. Cabrillac; *RTD civ.* 2009. 553, nº 1, obs. Crocq; *RTD com.* 2009. 615, nº 3, obs. Martin-Serf.
12. Com. 9 déc. 2008, nº 07-19.708, préc.
13. Civ. 1re, 3 févr. 2016, nos 14-25.695, 14-25.733, préc.; *Rev. proc. coll.* 2016, comm. 99, note Martin-Serf.
14. Civ. 2e, 4 févr. 2010, nº 09-12.850, NP, *Rev. sociétés* 2011. 228, note Raffray.
15. Soc. 14 nov. 2007, nº 05-21.239, *Bull. civ.* V, nº 188; nº 2316 FS-P+B; *D.* 2007. AJ 3075; *Rev. proc. coll.* 2008, p. 74, nº 94, note Martin-Serf; *Bull. Joly* mars 2008, p. 223, § 51, note Saintourens; *RJ com.* 2008. 225, note Sortais.
16. Saintourens, note ss Soc. 14 nov. 2007, nº 05-21.239; nº 2316 FS-P+B; *Bull. Joly* mars 2008, p. 223 s., § 51, sp. p. 225.

sérieuses d'indemnisation individuelles, réclamées à des tiers responsables, par des salariés victimes de fautes particulières et distinctes à l'origine de la perte de leur emploi ou de leurs pertes financières »[1]. Dans le même ordre d'idées, le préjudice distinct de celui subi par la collectivité des créanciers a été retenu à l'égard de salariés, ayant perdu leur emploi, victimes des agissements d'un fonds d'investissement, qualifié de dirigeant de fait, qui n'avait pas respecté ses engagements[2]. De façon voisine, a été retenu au profit de salariés le préjudice distinct résultant de la faute d'une banque ayant mis en place un montage financier, le préjudice invoqué tenant à la perte de leur emploi, entraînant la perte de leur rémunération pour l'avenir et l'atteinte à leur droit de voir leurs chances de retrouver un emploi optimisées, faute d'avoir bénéficié de formations qualifiantes[3]. Il peut s'agir d'un préjudice moral, tel celui subi du fait du stress compte tenu de l'incertitude sur la poursuite éventuelle du contrat de travail[4].

Il a encore été jugé qu'un banquier avait qualité à agir pour faire établir la fictivité d'une société, dès lors qu'il est créancier d'un associé, une telle action n'étant pas exercée dans l'intérêt de la collectivité des créanciers de la société[5].

611.37 Affectation du produit de l'action en responsabilité. Les sommes recouvrées à la suite des actions en responsabilité contre les tiers, sur le fondement de l'article 1382 du code civil (devenu C. civ., art. 1240, réd. ord. 10 févr. 2016[6]), ou sur celui de l'article 1384, alinéa 5 (devenu C. civ., art. 1242, al. 1, réd. ord. 10 févr. 2016), entrent dans le patrimoine du débiteur et sont affectées en cas de continuation de l'entreprise, selon les modalités prévues pour l'apurement du passif et pour être réparties, dans les procédures liquidatives, entre tous les créanciers au marc-le-franc[7], et non suivant le classent légal existant en cas de procédure collective. Cette solution avait été critiquée par certains auteurs. La Cour de cassation, à la suite d'un revirement, l'a abandonnée, jugeant désormais, même si la question n'a été posée que sous l'empire de la loi du 25 janvier 1985[9], mais elle est reconductible sous l'empire de la loi de sauvegarde des entreprises, que le montant de l'actif, distraction faite des frais et dépens de la liquidation judiciaire et des subsides accordés au chef d'entreprise ou aux dirigeants ou à leur famille, est réparti entre les créanciers en tenant compte de leur rang[10]. Cette solution est logique, compte tenu de l'entrée des sommes recouvrées dans le patrimoine du débiteur, et faute de texte contraire, comme cela est le cas en matière d'action en responsabilité pour insuffisance d'actif.

Si une condamnation en responsabilité – pour rupture abusive de crédit – est prononcée contre un tiers au profit du débiteur, pendant l'exécution de son plan, ensuite résolu avec ouverture d'une liquidation judiciaire, le montant de la condamnation constitue le gage commun des créanciers et doit être remis au liquidateur[11].

Il en résulte, en tout cas, que la compensation ne peut avoir lieu entre la dette mise à la charge d'un tiers à la suite d'une action en responsabilité civile et la créance de ce tiers sur le débiteur[12].

1. Martin-Serf, note ss Soc. 14 nov. 2007, n° 05-21.239; n° 2316 FS-P+B; *Rev. proc. coll.* 2008, p. 75, n° 94.
2. T. com. Orléans, 1er juin 2012, RG n° 2012/11170, *Gaz. Pal. entr. diff.* 3 août 2012, n° 216, p. 19, note Henry; *JCP E* 2012. 1494, note Couret et Dondéro; *BJE* juill. 2012, Édito. p. 201, note Dammann et Boché-Robinet; *Bull. Joly* sept. 2012, comm. 357, note Pelletier.
3. Com. 2 juin 2015, n° 13-24.714, *Bull. civ.* IV [à paraître]; n° 546 FS-P+B+R+I; *D.* 2015. actu 1205, note Lienhard; *D.* 2015. pan. 1974, note Le Corre et 1977, note Lucas; *D.* 2015. études. 2207, note Tréard; *Gaz. Pal.* 21 juill. 2015, n° 200, p. 28, note Gailhbaud; *Gaz. Pal. entr. diff.* 20 oct. 2015, n° 291, p. 29, note Rohart-Messager; *APC* 2015/12, comm. 184, note Lucas; *JCP E* 2015, chron. 1422, n° 7, note Pételᅟ; *JCP E* 2015. 1522, note Le Gac-Pech; *Gaz. Pal.* 2015. 3143, note Théron; *Rev. proc. coll.* 2016, comm. 73, note Jacotot; *LXB hebdo* 16 juill. 2015, n° 432, note Le Corre – *Adde*, P.-M. Le Corre, « La notion d'action tendant à la défense de l'intérêt collectif des créanciers », *BJE* sept. 2015, éditorial 269.
4. T. com. Orléans, 1er juin 2012, RG n° 2012/11170, préc.
5. Com. 3 juin 2008, n° 07-11.697, NP; n° 639 F-D; *Gaz. proc. coll.* 2008/3, p. 30, note Reille; *Act. proc. coll.* 2008/11, n° 170, note Régnaut-Moutier; *LPA* 7 janv. 2009, n° 5 note Demeyère.
6. Ord. n° 2016-131, 10 févr. 2016, *JO* 11 févr.
7. Com. 28 mars 1995, n° 93-13.937, *Bull. civ.* IV, n° 105; *LPA* 19 juill. 1995, n° 86, p. 15, note Derrida; *D.* 1995, jur. 140, note crit. Derrida; *JCP E* 1995. I. 487, n° 12, obs. M. Cabrillac et Pétel; *RTD com.* 1996. 344, obs. crit. Martin-Serf; *RTD civ.* 1996. 165, obs. Mestre.
8. PÉROCHON, 9e éd., n° 1526.
9. L. n° 85-98, 25 janv. 1985, préc.
10. Com. 11 juin 2014, n° 13-12.658, *Bull. civ.* IV, n° 102; n° 606 FP+B+R+I; *D.* 2014. 2196, n° 1, note Lecaroz; *Gaz. Pal.* 5 oct. 2014, n° 278, p. 37, note Rohart-Messager; *JCP E* 2014, chron. 1447, n° 4, obs. Pétel; *Rev. sociétés* 2014. 532, note Roussel Galle; *Rev. proc. coll.* 2015, comm. 71, note Martin-Serf.
11. Com. 2 oct. 2012, n° 11-21.611, NP; n° 954 F-D; *BJE* janv. 2013, comm. 15, note Bréna.
12. Com. 28 mars 1995, n° 93-13.937, *Bull. civ.* IV, n° 105; *LPA* 19 juill. 1995, n° 86, p. 15, note Derrida; *D.* 1995, jur. 140, note crit. Derrida; *JCP E* 1995. I. 487, n° 12, obs. M. Cabrillac et Pétel; *RTD com.* 1996. 344, obs. crit. Martin-Serf; *RTD civ.* 1996. 165, obs. Mestre – Com. 6 mai 1997, n° 94-20.855, *Bull. civ.* IV, n° 119 – Com. 4 oct. 2005, n° 02-19.332, NP – Com. 7 avr. 2009, n° 08-10.427, NP; n° 336 F-D; *Gaz. proc. coll.* 2009/3, p. 26, n° 3, note Rohart-Messager; *JCP E* 2009, Chron. 1814, n° 14, note M. Cabrillac; *RTD com.* 2009. 809, n° 5, obs. Martin-Serf; *Rev. proc. coll.* 2009/6, 177, p. 52, note Martin-Serf.

Il en est encore tiré la conséquence que le préjudice éventuel – perte d'une chance – né de l'absence d'information de la société débitrice par le liquidateur sur le résultat d'une action en responsabilité initiée contre un partenaire contractuel et l'absence d'exercice d'un recours par le liquidateur permettent engager la responsabilité de celui-ci à l'égard de la société débitrice, le liquidateur, ne pouvant se réfugier derrière le fait que les dommages et intérêts n'auraient pu bénéficier à la société, mais seulement à ses créanciers [1].

1. Com. 24 mai 2005, n° 03-17.481, *Bull. civ.* IV, n° 109; *D.* 2005. AJ 1695, obs. Lienhard; *Gaz. proc. coll.* 2005/3, p. 35, obs. Roussel Galle; *JCP E* 2005, Chron. 1274, p. 1424, n° 9, obs. M. Cabrillac et Pétel.

CHAPITRE

612. Situation des contrôleurs

SECTION 0

ORIENTEUR

612.00 **Plan du chapitre.**

Sect. 612.10 Nomination des contrôleurs
Sect. 612.20 Fonction de contrôleur
Sect. 612.30 Situation procédurale du contrôleur

612.01 **Textes applicables.** (V. les références complètes s^s n° 011).

> Législation antérieure à la loi de sauvegarde des entreprises.

C. com., art. L. 621-13, L. 621-39

D. n° 85-1388, 27 déc. 1985, art. 31-1 à 31-3

> Législation issue de la loi de sauvegarde des entreprises.

C. com., art. L. 621-10, L. 621-11, L. 622-20, L. 631-9, L. 631-14, I, L. 641-1, II, al. 4

C. com., art. R. 621-17 (anc^t D. 28 déc. 2005, art. 70), R. 621-24 (anc^t D. 28 déc. 2005, art. 74), R. 621-25 (anc^t D. 28 déc. 2005, art. 75), R. 622-18 (anc^t D. 28 déc. 2005, art. 93), R. 631-16 (anc^t D. 28 déc. 2005, art. 185), R. 631-20 (anc^t D. 28 déc. 2005, art. 189), R. 641-11 (anc^t D. 28 déc. 2005, art. 224), R. 641-13 (anc^t D. 28 déc. 2005, art. 226), R. 651-4 (anc^t D. 28 déc. 2005, art. 317), R. 653-2 (anc^t D. 28 déc. 2005, art. 324), R. 654-1 (anc^t D. 28 déc. 2005, art. 327)

D. n° 2005-1677, 28 déc. 2005, art. 361, 3° (et 6°)

> Législation issue de l'ordonnance du 18 décembre 2008.

C. com., art. L. 621-10, L. 621-11, L. 622-20, L. 631-9, L. 631-14, al. 1, L. 641-1, II, al. 4

C. com., art. R. 621-17, R. 621-24, R. 621-25, R. 622-18, R. 631-16, R. 631-20, R. 641-11, R. 641-13, R. 651-4, R. 653-2, R. 654-1

> Législation issue de l'ordonnance du 12 mars 2014.

C. com., art. L. 621-10

C. com., art. R. 621-24, R. 628-6, R. 628-15

612.02 **Jurisprudence de référence.**

> Le seul fait de refuser la nomination en qualité de contrôleur ne caractérise pas un excès de pouvoir.

• **Com. 29 sept. 2015,** n° 14-15.619, *Bull. civ.* IV [à paraître]

* V. s^s n° 612.12

> Le candidat au poste de contrôleur est, sauf démonstration d'un excès de pouvoir, irrecevable à exercer une voie de recours sur le jugement statuant sur recours à l'encontre de l'ordonnance du juge-commissaire ayant refusé sa nomination.

• **Com. 16 mars 2010,** n° 09-13.578, *Bull. civ.* IV, n° 57; n° 321 F-P+B

* V. s^s n° 612.13

> Le contrôleur est dépourvu de qualité pour exercer des voies de recours (solution antérieure à la loi du 26 juillet 2005).

• **Com. 9 déc. 1997**, n° 95-16.206, *Bull. civ.* IV, n° 325

* V. s^s n° 612.31

« Mais attendu qu'il résulte de la combinaison des articles 46, 148 et 152 de la loi du 25 janvier 1985 [devenus C. com., art. L. 621-39, L. 622-1 et L. 622-9], dans leur rédaction applicable en la cause, que le liquidateur a seul qualité pour exercer les droits et actions du débiteur sur son patrimoine et pour agir au nom et dans l'intérêt des créanciers; que si en application de l'article 15 de la loi du 25 janvier 1985 [devenu C. com., art. L. 621-13], les contrôleurs désignés par le juge-commissaire assistent le représentant des créanciers dans ses fonctions, leur audition éventuelle ne leur confère pas la qualité de partie; que la cour d'appel en a exactement déduit, en application de l'article 31 du code de procédure civile, que la Caisse n'était pas recevable en son appel, que ce soit en sa qualité de créancier ou en celle de contrôleur. »

> Le contrôleur peut se substituer au mandataire judiciaire défaillant, après une mise en demeure infructueuse, pour agir en extension de la procédure collective, même si l'action en extension sur le fondement de la confusion des patrimoines n'a pas exclusivement pour objet la défense de l'intérêt collectif des créanciers.

• **Cass., avis, 3 juin 2013,** n° 13-70.003, *Bull. avis*, n° 9

* V. s^s n° 612.24

612.03 **Bibliographie indicative.** (V. les références complètes s^s n° 031).

> Actualisables. J.-CL. COM., Amlon, fasc. 2245, [Organes – Contrôleurs], 2013.

> Ouvrages antérieurs à la loi de sauvegarde des entre ses. CHAPUT, n° 304 – GUYON, n° 1166 – JACQUEMONT, n° 2 – KERCKHOVE, nos 395 à 401 – LE CANNU, nos 999 à 1001 – CANNU *ET ALII*, nos 393 à 395 – LE CORRE-BROLY, nos 333, 33 MARTIN ET VALLENS, nos 3385 à 3402 – PÉROCHON ET BONHOMM n° 145 – PÉTEL, nos 154, 155 – RIPERT ET ROBLOT, nos 296 2962 – SAINT-ALARY-HOUIN, nos 439, 440 – SOINNE, nos 970 976-4 – VALLANSAN, p. 55 à 59.

> Ouvrages postérieurs à la loi de sauvegarde des entrepri ses. COQUELET, 5e éd., n° 155 – GIBIRILA, nos 355 à 358 – JACQUEMONT ET VABRES, 9e éd., nos 309 à 311 – LE CANNU, 7e é, nos 450 à 459 – LIENHARD, 6e éd., nos 33.11 à 33.26, 78.13 PÉROCHON, 10e éd., nos 498 à 512 – PÉTEL, 8e éd., nos 151 152 – ROUSSEL GALLE, 2e éd., nos 478 à 496 – SAINT-ALARY-HOUIN, 9e éd., nos 529 à 533, 836 et 837 – VALLANSAN *ET ALII*, 6e éd., p. 74 à 78 – VALLENS, 2015, nos 3702 à 3723 – VIDAL et GIORGINI, 1re éd., nos 611 à 616 – VOINOT, 2e éd., nos 307, 308.

> Articles. Carpentier et Charvériat, « Les contrôleurs », *Gaz. Pal.* 1995. I, Doctr. 255, n° 2 – Dammann, « Réforme de la loi de sauvegarde : vers un renforcement du rôle des contrôleurs ? », *BJE* mars 2014, 74 – Derrida, « Du rôle des contrôleurs dans la procédure de redressement et de liquidation judiciaires » *Mél. Honorat*, Éd. Frison-Roche, 2000, p. 89 – Frison-Roche, « Le contrôleur », *LPA* n° sp., 14 juin 1995, p. 8 – Ganaye, « L'efficacité de l'institution des contrôleurs renforcée par la loi du 26 juillet 2005 », *Lamy Dr. comm. bull.* n° 88, déc. 2005, p. 13 – Jockey, « Le nouveau personnage du contrôleur », *in Le nouveau droit des défaillances d'entreprises*, Dalloz, « Thèmes et commentaires », 1995, p. 131 – Lucas F.-X., « La qualité à agir du contrôleur nommé à l'occasion d'une procédure collective », *Mél. D. R. Martin*, Lgdj – Lextenso, 2015 – Roussel Galle, « Les contrôleurs, gardiens de l'intérêt collectif », *Gaz. Pal.* 9-10 sept. 2005, n° sp., p. 3 – Sorensen, « Réforme des procédures collectives, les contrôleurs : le toilettage d'une institution oubliée », *LPA* 25 août 1995, p. 5 – Stefania T., « La révocation des contrôleurs », *JCP E* 2013. 1471 – Teboul, « Les contrôleurs, constat et perspectives », *Gaz. Pal.* 4-5 juin 1999, Doctr. 9.

612.04 Questions principales.

• Qui peut être désigné contrôleur ?

* V. ss nos 612.11 et 612.12.

• Le contrôleur peut-il exercer des voies de recours ?

* V. ss nos 612.31 et 612.32.

• Le contrôleur désigné d'office dans la procédure d'un professionnel libéral peut-il agir pour défendre l'intérêt collectif des créanciers ?

* V. ss n° 612.14.

• Un contrôleur peut-il agir seul en sanction ?

* V. ss n° 612.25.

SECTION 612.10
NOMINATION DES CONTRÔLEURS

612.11 Demande de nomination en qualité de contrôleur. L'institution des contrôleurs est ancienne. On en trouve trace dans la loi du 4 mars 1889. Dès cette législation, le syndic n'est plus choisi par les créanciers, mais par le tribunal. En contrepartie[1], l'institution des contrôleurs, variété de créanciers, fait son apparition.

Dès cette époque, les contrôleurs sont élus au sein des créanciers, avant d'être plus tard désignés par le juge-commissaire, solution qui est toujours d'actualité.

Cependant, les prérogatives limitées qui leur étaient accordées et l'interdiction d'exercer leur fonction par représentation, jusque et y compris sous l'empire de la loi du 25 janvier 1985[2], dans sa rédaction initiale, avait conduit à faire tomber en désuétude l'institution[3]. La loi du 10 juin 1994[4] a voulu redonner le droit à la parole aux créanciers, ce que traduit la revalorisation du rôle des contrôleurs.

Aux termes de l'article L. 621-13 du code de commerce, dans la rédaction antérieure à la loi de sauvegarde des entreprises[5] (anct L. 25 janv. 1985 art. 15), et de l'article L. 621-10, alinéa 1, depuis la loi de sauvegarde des entreprises, texte de la procédure de sauvegarde, applicable en redressement judiciaire par l'article L. 631-9, et en liquidation judiciaire par L. 641-1, II alinéa 4, « le juge-commissaire désigne un à cinq contrôleurs, parmi les créanciers qui lui en font la demande ». La démarche appartient en conséquence à un créancier qui doit, selon le décret (D. 27 déc. 1985[6], art. 31-1, al. 1; C. com., art. R. 621-24, al. 1 [anct D. 28 déc. 2005, art. 74, al. 1]) en faire la déclaration au greffe. Il s'agit d'une déclaration orale, l'absence de précision sur les modalités de la déclaration devant conduire à cette solution, par rapprochement avec la solution retenue par la jurisprudence, sous l'empire de la loi du 25 janvier 1985 non réformée, en matière d'opposition à l'encontre d'une ordonnance du juge-commissaire, qui devait identiquement se faire, et sans autre précision, par « déclaration au greffe »[7]. Tout autre mode de saisine, et notamment l'envoi d'une lettre recommandée au greffe, serait irrégulier[8].

Des règles particulières sont posées par le décret du 30 juin 2014[9] (art. 40), pour les créanciers publics et l'AGS qui demandent à être désignés con-

1. Vallens, « Bicentenaire du code de commerce : le droit de faillite de 1807 à aujourd'hui », *D.* 2007, Chron. 669 s., sp. 670, n° 3.
2. L. n° 85-98, 25 janv. 1985, *JO* 26 janv., p. 1097.
3. VALLENS, 2015, n° 3702.
4. L. n° 94-475, 10 juin 1994, *JO* 11 juin, p. 8440.
5. L. n° 2005-845, 26 juill. 2005, *JO* 27 juill., p. 12187.
6. D. n° 85-1388, 27 déc. 1985, *JO* 29 déc., p. 15281.
7. AINSI : Com. 27 mars 1990, n° 88-17.769, *Bull. civ.* IV, n° 91 – Com. 5 oct. 1993, n° 90-21.355, NP, *Rev. proc. coll.* 1994, 27, obs. Dureuil.
8. VALLENS, 2015, n° 3704.
9. D. n° 2014-736, 30 juin 2014, *JO* 1er juill., p. 10834.

trôleurs. L'article R. 621-24, alinéa 2 du code de commerce, résultant de ce décret, prévoit qu'ils en font la déclaration au greffe ou transmettent leur demande par lettre recommandée avec demande d'avis de réception. Les modalités de saisine sont donc plus souples que pour les autres créanciers. Ils indiquent le nom de la personne qui les représentent dans ces fonctions. Le délai prévu par l'alinéa 3, – délai de 20 jours – ne leur est pas applicable. Le créancier devra indiquer, lors de sa demande de nomination, le montant de sa ou de ses créances, ainsi que, le cas échéant, la nature des sûretés dont il est titulaire (v. s[s] n° 665.76 pour le créancier antérieur n'ayant pas, sous l'empire de la loi de sauvegarde des entreprises, déclaré sa créance). Il devra être titulaire d'une créance paraissant fondée en son principe[1]. Le fait que le juge-commissaire accepte la désignation de l'intéressé comme contrôleur n'exerce aucune influence sur l'admission ultérieure de sa créance[2], aucune autorité de chose jugée, faute d'identité de demandes, ne pouvant être opposée.

Faute de distinction du texte, il n'y a pas à distinguer selon que le créancier est antérieur ou postérieur au jugement d'ouverture[3]. Il est précisé que le créancier doit indiquer le montant de sa ou de ses créances. Il n'est pas précisé qu'il doit joindre une copie de sa déclaration de créance, ce qui incontestablement aurait conduit à exclure la possibilité de désigner un créancier postérieur non astreint à déclarer sa créance au passif[4].

Il pourra s'agir du Trésor public, le droit de communication dont il jouit n'étant pas suffisant à l'écarter d'un poste de contrôleur[5]. La discussion n'est d'ailleurs plus permise depuis l'ordonnance du 12 mars 2014[6] (v. s[s] n° 612.12).

Il pourra s'agir d'un créancier salarial[7], même titulaire d'un mandat de représentation[8], cependant que le paiement de sa créance par l'AGS mettrait un terme à sa qualité de créancier et, par voie de conséquence, à sa qualité de contrôleur[9]. L'AGS deviendrait alors créancier et aurait la possibilité e désignée contrôleur. En pratique, dans les ders d'une certaine importance, l'AGS demande ématiquement sa désignation en qualité de coneur[10]. L'ordonnance du 12 mars 2014 est allée ucoup plus loin en faveur de l'AGS (v. s[s] 612.12).

La qualité de créancier au moins présomptif doit être vérifiée par le juge-commissaire, qui pourra refuser la nomination d'une personne qui n'est pas titulaire d'une créance paraissant fondée en son principe[11].

Le créancier antérieur qui n'a pas déclaré sa créance ne semble pas pouvoir être nommé contrôleur, une opinion plus nuancée ayant toutefois été émise[12]. En tout cas, après expiration du délai de déclaration de créance, sa perte de qualité de créancier, sous l'empire de la législation antérieure à la loi de sauvegarde des entreprises, doit conduire à sa révocation[13]. Sous l'empire de la loi de sauvegarde des entreprises, la disparition de l'extinction des créances non déclarée ne semble pas de nature à modifier la solution. La créance non déclarée étant inopposable à la procédure collective (v. s[s] n° 665.75), il en résulte que l'intéressé ne peut se présenter comme créancier et, en conséquence, ne peut prétendre devenir et en tout cas demeurer, après expiration du délai de déclaration de créance, contrôleur. Une opinion contraire a toutefois été timidement présentée[14].

Le créancier n'est pas enfermé dans un délai pour présenter sa demande.

En amont, il est simplement précisé par l'article 31-1 alinéa 2 du décret du 27 décembre 1985 et par l'article R. 621-24 alinéa 2 du code de commerce (anc[t] D. 28 déc. 2005[15], art. 74, al. 2) qu'il ne peut être désigné avant l'expiration d'un délai de vingt jours, à compter du jugement d'ouverture. Il s'agit ici de ne pas court-circuiter les demandes émanant d'autres créanciers, et de permettre ainsi au juge-commissaire de faire un véritable choix entre les candidats, compte tenu du nombre de places[16]. Mais la demande présentée avant expiration de ce délai n'est donc pas irrecevable, ce que confirme l'article 31-2, alinéa 1 du décret du 27 décembre 1985, dont la solution n'a pas été reproduite par le décret du 28 décembre 2005, puisque le juge-commissaire

1. TGI Metz, 26 mars 1997, *Gaz. Pal.* 15 oct. 1998, Somm. 26.
2. VALLENS, 2015, n° 3705.
3. T. com. Paris, 11e ch., 17 janv. 2000, *JurisData* 111462 – EN CE SENS AUSSI : ROUSSEL GALLE, 2e éd., n° 481 – J.-CL. COM., Amlon, fasc. 2245, [Organes – Contrôleurs], 2006, n° 8.
4. RAPPR. : PÉROCHON, 10e éd., n° 501.
5. Douai, 2e ch., 23 janv. 1997, *Gaz. Pal.* 1997. II, jur. p. 579, concl. Foucart.
6. Ord. n° 2014-326, 12 mars 2014, *JO* 14 mars, p. 5249.
7. T. com. Paris, 5e ch., 7 juin 1996, *JCP E* 1996, pan. 1081 – T. com. Versailles, 27 mars 1997, *LPA* 4 juill. 1997, p. 27, note Gaudin – T. com. Créteil, 2e ch., 3 juin 2003, *Act. proc. coll.* 2003/15, n° 194.
8. TGI Metz, 26 mars 1996, *Gaz. Pal.* 1998. II, Somm. 571.
9. T. com. Paris, 7 juin 1996, *JCP E* 1996, pan. 1081; *Rev. proc. coll.* 1988, 72, n° 10, obs. Soinne.
10. Météyé, « L'AGS au secours des entreprises en difficulté », *JCP E, Cah. dr. entr.* 2007, n° 2, p. 27.
11. Paris, 3e ch. A, 6 avr. 2004, RG n° 2003/13703.
12. J.-CL. COM., Amlon, fasc. 2245, [Organes – Contrôleurs], 2006, n° 18.
13. RAPPR. : J.-CL. COM., Amlon, fasc. 2245, [Organes – Contrôleurs], 2006, n° 10.
14. Roussel Galle, Lucas et Lécuyer (dir.), *La réforme des procédures collectives…*, Lgdj, 2006, p. 87.
15. D. n° 2005-1677, 28 déc. 2005, *JO* 29 déc., p. 20324.
16. VALLENS, 2015, n° 3708.

doit statuer sur la demande de nomination soit dans les dix jours de l'expiration du délai de vingt jours faisant suite au jugement d'ouverture soit, dans les dix jours du dépôt de la demande si elle est présentée après expiration du délai de vingt jours. On remarque cependant qu'aucune sanction n'est prévue, sous l'empire de la législation antérieure à la loi de sauvegarde des entreprises, au dépassement du délai par le juge-commissaire, la seule ressource du créancier auquel le plus souvent il ne sera pas répondu dans le délai étant de relancer le juge-commissaire ou de saisir le tribunal, à moins que ce dernier ne se saisisse d'office, pour qu'il se substitue au juge-commissaire qui n'a pas rendu son ordonnance dans le délai de dizaine (D. 27 déc. 1985, art. 31-1, al. 2). Il y a là une application particulière de l'article 25, alinéa 2 du décret du 27 décembre 1985, obligeant le juge-commissaire à rendre ses ordonnances dans un délai raisonnable.

Une règle particulière est posée pour la désignation des contrôleurs, dans la procédure de **sauvegarde financière accélérée**. Le délai de 20 jours est ici réduit à 8 jours (C. com., art. R. 628-5, réd. D. 3 mars 2011[1]). La solution est conservée par l'article R. 628-15 du code de commerce (réd. D. 30 juin 2014[2], art. 76). En revanche, pour la sauvegarde accélérée classique, le délai est porté à 15 jours (C. com., art. R. 628-6, réd. D. 30 juin 2014, art. 76).

En aval, sa nomination pourra intervenir après expiration de la période d'observation[3]. Cependant, la procédure ne devra pas être terminée. La nomination ne pourra donc plus intervenir, sous l'empire de la législation antérieure à la loi de sauvegarde des entreprises, après arrêté d'un plan de continuation ou après clôture d'un plan de cession ou d'une liquidation judiciaire, car pareil jugement passé en force de chose jugée constituera le terme de la mission du contrôleur (D. 27 déc. 1985, art. 31-3, al. 1). Sous l'empire de la loi de sauvegarde des entreprises, la mission des contrôleurs se prolonge, en dépit de l'article R. 621-25 du code de commerce (anc^t D. 28 déc. 2005, art. 75), au-delà de l'arrêté des plans et il pourrait donc être soutenu, faute de texte contraire, que leur nomination pourrait intervenir jusqu'à la clôture des plans.

Le décret du 28 décembre 2005 prévoit en effet que les fonctions des contrôleurs prennent fin au jour où le compte rendu de fin de mission de l'administrateur, du mandataire judiciaire et le cas échéant du commissaire à l'exécution du plan a été approuvé (C. com., art. R. 621-25 [anc^t D. 28 déc. 2005, art. 75] en sauvegarde, applicable en redressement judiciaire du fait du renvoi de l'article R. 631-16 du code de commerce [anc^t D. 28 déc. 2005, art. 185]). En liquidation judiciaire, l'article R. 641-13 du code de commerce [anc^t D. 28 déc. 2005, art. 226] prévoit que les fonctions du juge-commissaire prennent fin au jour où il a été définitivement statué sur la reddition des comptes du *liquidateur*.

Le contrôleur peut démissionner sous l'empire de la législation antérieure à la loi de sauvegarde (D. 27 déc. 1985, art. 31-3, al. 1). La solution n'a pas été reproduite par le décret du 28 décembre 2005. La démission ne semble cependant pas faire difficulté, sauf pour l'ordre professionnel ou l'autorité compétente contrôleur d'office, dans la procédure intéressant le professionnel libéral (v. s^s n° 612.14).

Le contrôleur peut aussi être révoqué par le tribunal, et non par le juge-commissaire, qui l'avait pourtant nommé.

Sous l'empire de la législation antérieure à la loi de sauvegarde des entreprises, la saisine par requête du tribunal, à cette fin, pouvait être l'œuvre du juge-commissaire, du ministère public, de l'administrateur, du représentant des créanciers ou du liquidateur (D. 27 déc. 1985, art. 31-3, al. 2). Le tribunal ne pouvait se saisir d'office.

La révocation est intervenue dans une espèce dans laquelle le créancier avait caché lors du dépôt de sa demande qu'il avait intenté, avant ouverture de la liquidation, une action en résolution d'un fonds de commerce qu'il avait acquis du débiteur et que cette affaire faisait toujours l'objet d'une instance[4]. La révocation est encore intervenue dans une autre espèce, à la demande du ministère public, pour sanctionner un contrôleur, ne faisant pourtant que ce que la loi lui accorde, en sollicitant la conversion du redressement en liquidation judiciaire pour défaut de paiement de la contrepartie d'un contrat continué. Cette solution, qui ne peut être approuvée, a été fondée sur l'observation, erronée à notre sens, que le contrôleur doit défendre l'intérêt collectif des créanciers et non sa propre situation[5].

Il devrait également y avoir lieu à révocation lorsque la créance du contrôleur sera rejetée, seul un créancier pouvant être contrôleur. Il est parfois soutenu qu'il s'agit là d'une cause de cessation des fonctions[6]. Si l'analyse est exacte, il n'en demeure pas moins qu'il faudra officialiser la situation. Seule la technique de la révocation est envisageable.

1. D. n° 2011-236, 3 mars 2011, *JO* 4 mars, p. 4183.
2. D. n° 2014-736, 30 juin 2014, *JO* 1er juill., p. 10834.
3. Paris, 3e ch. C, 19 sept. 1997, *D. Affaires* 1997, 1222, n° 11-1; *Rev. proc. coll.* 1998, 73, n° 11, obs. Soinne.
4. T. com. Paris, 7 oct. 1994, *Rev. proc. coll.* 1995, 282, n° 9, obs. Dureuil.
5. T. com. Valenciennes, 17 juin 2010, RG n° 2010/819, *Act. proc. coll.* 2011/4, n° 70.
6. EN CE SENS AUSSI : J.-CL. COM., Amlon, fasc. 2245, [Organes – Contrôleurs], 2006, n° 36.

Les modalités de révocation d'un contrôleur ont été modifiées par la loi de sauvegarde des entreprises. Celle-ci limite fortement la saisine du tribunal aux fins de révocation : seul le ministère public peut saisir, à cette fin, le tribunal (C. com., art. L. 621-10, al. 4, pour la procédure de sauvegarde, disposition applicable en redressement judiciaire par l'art. L. 631-9, et en liquidation judiciaire par l'art. L. 641-1, II, al. 4). La faculté pour les mandataires judiciaires de demander la révocation des contrôleurs a été supprimée, pour tenir compte du fait qu'il serait curieux de leur laisser cette faculté dans la mesure où les contrôleurs peuvent agir en cas de carence du mandataire judiciaire[1]. Cette limitation dans la qualité pour la saisine aux fins de révocation participe de l'accroissement du pouvoir de contrôle des contrôleurs, notamment sur le juge-commissaire, ce qui justifie que ce dernier ne puisse solliciter leur révocation[2].

Le contrôleur sera convoqué selon les formes et selon la procédure applicable à la saisine par le ministère public (v. ss n° 231.61). Le tribunal, précise l'article R. 621-17, alinéa 2 du code de commerce (anct D. 28 déc. 2005, art. 72, al. 2), statue après avis du ministère public et sur rapport du juge-commissaire.

En cas de révocation, seul le contrôleur nommément désigné sera révoqué, non l'ensemble des contrôleurs.

Le contrôleur révoqué n'est pas recevable à interjeter appel à l'encontre du jugement qui le révoque, seul le ministère public ayant cette qualité[3].

Par exception, l'ordre professionnel, contrôleur d'office, ne pourra être remplacé[4].

612.12 Choix de la juridiction pour la désignation des contrôleurs. On précisera d'abord que le contrôleur ne peut être parent ou allié du débiteur, ou du dirigeant de la personne morale débitrice, jusqu'au quatrième degré inclusivement, avant la loi de sauvegarde des entreprises[5] (C. com., art. L. 621-13, al. 2 [anct L. 25 janv. 1985[6], art. 15, al. 2]), comme depuis celle-ci (C. com., art. L. 621-10, al. 2 applicable à la procédure de sauvegarde, disposition rendue applicable en redressement judiciaire par l'article L. 631-9, et en liquidation judiciaire par l'article L. 641-1, II, al. 4). Si le contrôleur est une personne morale, son représentant ne pourra davantage être parent ou allié.

La loi de sauvegarde des entreprises élargit le régime des incompatibilités pour la désignation des contrôleurs à l'hypothèse des actionnaires, même très minoritaires, personnes physiques ou morales, de *la* société concernée par la procédure, aussi bien qu'à celui des filiales de la société en difficulté (C. com., art. L 621-10, al. 2 [devenu al. 3, réd. ord. 12 mars 2014[7], art. 19], applicable à la procédure de sauvegarde, disposition applicable en redressement judiciaire par l'article L. 631-9, et en liquidation judiciaire par l'article L. 641-1, II, al. 4).

Les textes ne prévoient pas que le juge-commissaire doit recueillir l'avis des organes avant la nomination des contrôleurs, alors que le projet de décret du 21 octobre 1994[8] énonçait cette obligation. En pratique, cependant, le juge-commissaire recueillera l'avis de l'administrateur judiciaire, du représentant des créanciers ou du liquidateur[9]. En outre, l'article R. 621-24, alinéa 4 du code de commerce (anct D. 28 déc. 2005[10], art. 74, al. 4), devenu l'alinéa 5 (D. 30 juin 2014[11], art. 40) oblige le candidat au poste de contrôleur à attester sur l'honneur qu'il remplit les conditions prévues à l'alinéa 2 de l'article L. 621-10 du code de commerce, c'est-à-dire qu'il ne tombe pas sous le coup des incompatibilités prévues par ce texte.

Deux situations doivent ici être envisagées, étant précisé que le principe de solution est le pouvoir souverain du juge-commissaire, ce qui l'oblige à motiver sa décision en cas de refus de nomination[12], pouvoir souverain ne signifiant pas pouvoir discrétionnaire.

Dans la première situation, un seul créancier a présenté une demande de nomination de contrôleur. Le juge-commissaire, par principe, ne semble pas avoir un complet pouvoir d'appréciation[13]. Les textes se contentent en effet d'indiquer que « le juge-commissaire désigne un à cinq contrôleurs », sous réserve de la procédure ouverte contre un professionnel libéral (v. ss n° 612.14). Le texte ne dispose pas que le juge-commissaire « peut » désigner. Cependant, par motivation particulière, le juge-commissaire pourra décider de ne pas faire droit à la demande de nomination[14], par exemple, sous l'empire de la législation antérieure à la loi de sauvegarde des entreprises, s'il suspecte le créancier de se faire dési-

1. *Rapp. J.-J. Hyest*, n° 335, p. 179.
2. Roussel Galle, Lucas et Lécuyer (dir.), *La réforme des procédures collectives…*, Lgdj, 2006, p. 86.
3. Rouen, 11 sept. 1997, *RJDA* 1998, n° 445 – *Adde*, J.-CL. COM., Amlon, fasc. 2245, [Organes – Contrôleurs], 2006, n° 35.
4. *Rapp. Xavier de Roux*, n° 2095, p. 197.
5. L. n° 2005-845, 26 juill. 2005, préc.
6. L. n° 85-98, 25 janv. 1985, préc.
7. Ord. n° 2014-326, 12 mars 2014, préc.
8. D. n° 94-910, 21 oct. 1994, *JO* 22 oct., p. 15019.
9. V. obs. Dureuil, *Rev. proc. coll.* 1995, 110, n° 7.
10. D. n° 2005-1677, 28 déc. 2005, préc.
11. D. n° 2014-736, 30 juin 2014, préc.
12. VALLENS, 2015, n° 3709.
13. KERCKHOVE, n° 396 – SOINNE, n° 976-2.
14. RAPPR. : VALLANSAN *ET ALII*, 6e éd., p. 75.

gner contrôleur pou pouvoir ensuite préser une offre de reprise de so concurrent[1]. Si le ju com-missaire, au stade de l désignation, n'y prête ten-tion, le contrôleur pourait parfaitement se p en-ter ensuite candidat à l reprise de l'entreprise ce qui peut apparaître choquant. La solution ne p t plus exister sous l'empire de la loi de sauvegarde d entreprises, puisque le contrôleur ne peut plus pré senter d'offres de reprise. En revanche, l'opposition d'intérêts existant entre le créancier, candidat au poste de contrôleur, et le débiteur, loin d'être un obstacle à la désignation, est positive, puisqu'elle permettra au juge-commissaire d'êt mieux éclairé, des solutions contraires ayant cependant été posées[3]. Il en résulte que l'existenc d'un lien d'instance entre le créancier et le déb eur n'est pas un obstacle à la désignation[4], pas plu que le fait que le créancier se soit préalablement nquis, auprès du mandataire de justice, de l'éventualité d'une action en comblement de passif contre les dirigeants de la personne morale débitrice[5]. De même, il a pu être jugé que l'existence d'une plainte pénale déposée par le débiteur à l'encontre du créancier n'était pas un obstacle à la désignation de ce dernier au poste de contrôleur[6]. En sens inverse, il a toutefois été jugé que l'existence d'actions pénales entre le créancier et le débiteur et la volonté manifestée par le créancier candidat au poste de contrôleur d'assister à toutes les audiences en chambre du conseil et d'y inviter la presse sans autorisation de la juridiction constituent des motifs de refus de nomination au poste de contrôleur, dès lors que cette nomination pourrait faire obstacle au redressement de l'entreprise recherché par son dirigeant[7]. Une juridiction a estimé devoir rejeter la demande de désignation d'un contrôleur trop critique à l'égard du débiteur et du mandataire judiciaire[8], ce qui peut être discuté[9]. La nomination d'un contrôleur a également été refusée en raison de divergences sérieuses entre le créancier et le débiteur et un conflit d'intérêt aigu[10].

Dans une seconde situation, plusieurs créanciers ont présenté leur demande. Si le tribunal a, semble-t-il, l'obligation de nommer au moins un contrôleur, il nous semble ensuite avoir entière faculté d'en désigner un, deux, trois, quatre ou cinq, la doctrine étant cependant divergente sur la question[11]. La Cour de cassation a estimé que le juge-commissaire n'excède pas ses pouvoirs à laisser vacant l'un des 5 sièges, malgré une demande pour pourvoir ce dernier siège[12].

S'il en désigne plusieurs, il doit veiller à en désigner au moins un parmi les créanciers privilégiés et au moins un parmi les créanciers chirographaires[13]. Encore faut-il cependant que, parmi les créanciers ayant sollicité leur désignation, figurent les deux collèges de contrôleurs, ce qui doit assurer une certaine représentativité des diverses catégories de créanciers[14].

Lorsqu'un créancier a la double qualité de privilégié et de chirographaire, la logique commande qu'il soit pris en compte en sa première qualité[15].

Rien n'interdit, sous l'empire de la législation antérieure à la loi de sauvegarde des entreprises, la nomination d'un créancier ayant la qualité de salarié. C'est pourquoi a été repoussé un amendement lors de la discussion de la loi de sauvegarde des entreprises tendant à la désignation d'un contrôleur parmi les salariés[16], alors surtout que le représentant des salariés dispose des mêmes informations que les contrôleurs[17]. De manière moins convaincante, un amendement identique[18] a été rejeté au Sénat au prétexte que les salariés ne seraient pas des créanciers[19], ce que l'on voit également affirmer en doctrine[20]. La solution de la législation antérieure

1. AINSI : T. com. Versailles, 27 mars 1997, *LPA* 4 juill. 1997, p. 27, note Gaudin.
2. CHAPUT, n° 304 – SOINNE, n° 976-4.
3. EN CE SENS : T. com. Paris, 17e ch., 26 mars 1996, *Rev. proc. coll.* 1996, 330, n° 10, obs. SOINNE – *CONTRA :* T. com. Nanterre, 8e ch., 11 mai 1999, *Gaz. Pal.* 18-19 févr. 2000, p. 24.
4. T. com. Paris, 17e ch., 26 mars 1996 – Reims, 1re ch. civ., 12 févr. 1997, *JCP E* 1998. 636; *Rev. proc. coll.* 1998, 74, n° 12, obs. Soinne.
5. T. com. Bordeaux, 27 sept. 1995, *Rev. proc. coll.* 1996, 58, n° 9, obs. Dureuil.
6. T. com. Versailles, 27 mars 1997, *LPA* 4 juill. 1997, n° 81, p. 27, note Gaudin; *Rev. proc. coll.* 1998, 73, n° 10, obs. Soinne.
7. TGI Avesnes/Helpe, 29 mai 2008, *Act. proc. coll.* 2008/16, n° 246, note Vallansan.
8. TGI Paris, 12 févr. 2013, RG n° 10/04728, *Leden* juin 2013, comm. 089, note Lucas.
9. Lucas, note ss TGI Paris, 12 févr. 2013, RG n° 10/04728, *Leden* juin 2013, comm. 089.
10. T. com. Nantes, 15 juill. 2015, RG n° 2014/011657, *Leden* 2015, comm. 166, note Lucas.
11. *CONTRA :* Calendini, « La revalorisation du rôle des contrôleurs », *LPA* 14 sept. 1994, p. 67, n° 13 – COMP. : KERCKHOVE, n° 396 – RIPERT ET ROBLOT, n° 2961 – SOINNE, n° 976-2.
12. Com. 29 sept. 2015, n° 14-15.619, *Bull. civ.* IV [à paraître], *Leden* 2015, comm. 159, note Cagnoli; *JCP E* 2016, chron. 1000, n° 1, note Pétel; *Rev. proc. coll.* 2016, comm. 36, note Cagnoli.
13. T. com. Paris, 26 mars 1996, *Rev. proc. coll.* 1996, 330, n° 10, obs. Soinne.
14. EN CE SENS AUSSI : PÉROCHON, 10e éd., n° 502.
15. PÉROCHON, 10e éd., n° 502.
16. Amend. n° 436, interv. d'Alain Vidalies, *JOAN CR*, 2e séance du 3 mars 2005, p. 1652.
17. Interv. Perben, *JOAN CR*, 2e séance du 3 mars 2005, p. 1652.
18. Amend. n° 358 de Richard Yung, *JO Sénat CR*, 30 juin 2005, p. 4819.
19. Interv. Clément, *JO Sénat CR*, 30 juin 2005, p. 4819.
20. Morvan, « Le droit social dans la réforme du droit des entreprises en difficulté », *JCP E* 2005. 1511, p. 1751, n° 2.

rendant possible la désignation d'un salarié au poste de contrôleur, dès lors qu'il est, au jour de la demande, créancier, nous semble devoir être reconduite.

Ordonnance du 12 mars 2014. L'article 19 de l'ordonnance du 12 mars 2014 prévoit une modification de l'article L. 621-10 du code de commerce, par insertion, après l'alinéa 1, d'un autre alinéa, qui introduit deux nouveautés.

La première a pour objet d'obliger à désigner comme contrôleur le créancier public qui en ferait la demande, parmi les administrations financières, organismes et institutions mentionnés au premier alinéa de l'article L. 626-6. Si plusieurs créanciers publics présentent une demande, un seul sera désigné. L'idée est ici clairement de faire entendre la voix de l'État, et participe de la même idée que l'audition du commissaire au redressement productif.

La seconde pose une règle identique pour les institutions mentionnées à l'article L. 3253-14 du code du travail, c'est-à-dire l'AGS. La solution est parfaitement justifiée, compte tenu du rôle très important d'amortisseur social joué par cette institution. D'ailleurs, en pratique, l'AGS, dès avant cette disposition, avait pris l'habitude de demander sa désignation dans tous les dossiers aux enjeux importants pour elle.

612.13 Voies de recours sur la décision statuant sur la nomination de contrôleur. La décision du juge-commissaire intervenant sur la demande de désignation d'un contrôleur est susceptible de recours [1]. Il s'agit d'une ordonnance classique du juge-commissaire, susceptible en conséquence d'opposition, dans le délai de huitaine de sa notification, sous l'empire de la législation antérieure à la loi de sauvegarde des entreprises [2], de dizaine sous l'empire de la loi de sauvegarde des entreprises. Le recours sur l'ordonnance obéit donc au droit commun, c'est-à-dire, depuis le décret du 28 décembre 2005 [3], à l'article R. 621-21, alinéa 4 du code de commerce, qui prévoit un recours devant le tribunal. Notons toutefois une curieuse décision de cour d'appel jugeant irrecevable le recours formé devant le tribunal sur l'ordonnance du juge-commissaire [4]. La réfutation de cette solution jurisprudentielle est apportée par la Cour de cassation. Saisie sur question prioritaire de constitutionnalité, elle juge la question non sérieuse, puisque les dispositions de l'article L. 661-6, I, 1° du Code de commerce (réd. ord. 18 déc. 2008 [5], art. 151) n'ont ni pour objet ni pour effet de fermer le recours de droit commun ouvert contre les ordonnances du juge-commissaire devant le tribunal de la procédure collective par l'article R. 621-21 du code de commerce [6].

Le recours peut émaner d'abord d'un créancier dont la demande est rejetée. L'administrateur ou le débiteur ont également qualité à exercer un recours, le fait qu'ils n'aient pas qualité pour demander la révocation d'un contrôleur ne les privant pas de la qualité à exercer un recours sur la nomination [7]. A ainsi été jugé bien fondé le recours du débiteur faisant valoir que la désignation du candidat au poste de contrôleur permettrait l'accès à l'information d'une société concurrente, du fait de l'identité de dirigeants entre la société candidate et la société concurrente, ce qui nuirait à la sérénité indispensable à la présentation d'un éventuel plan de redressement [8].

Il en est de même du représentant des créanciers – mandataire judiciaire – ou du liquidateur.

A également été admise, la voie de recours émanant du représentant des salariés [9].

Il doit en être de même du ministère public.

L'ordonnance de nomination ou de refus de nomination d'un contrôleur n'est donc nullement, contrairement à l'opinion d'un auteur [10], souveraine.

Il a été jugé que le juge-commissaire pouvait, après avoir accepté le recours sur son ordonnance, et en conséquence anéanti la désignation d'un contrôleur, procéder lui-même à la désignation d'un autre contrôleur [11], ce qui présuppose toutefois qu'il ait en réserve une demande de nomination sur laquelle il n'a pas statué, puisqu'il n'a pas le pouvoir de désigner, sans demande du créancier concerné, un contrôleur [12].

Le jugement statuant sur opposition n'est, sous l'empire de la législation antérieure à la loi de sauvegarde des entreprises, quant à lui, pas susceptible d'appel, sauf de la part du ministère public (C. com., art. L. 623-4 [anc^t^ L. 25 janv. 1985 [13], art. 173, 2]). La solution est spécialement confirmée par l'article

1. AUSSI : VALLENS, 2015, n° 3712.
2. L. n° 2005-845, 26 juill. 2005, préc.
3. D. n° 2005-1677, 28 déc. 2005, préc.
4. Versailles, 13e ch., 22 sept. 2010, RG n° 10/06520, *Act. proc. coll.* 2011/17, comm. 270.
5. Ord. n° 2008-1345, 18 déc. 2008, *JO* 19 déc., p. 19462.
6. Com. 21 févr. 2012, n° 11-40.100 QPC, *Bull. civ.* IV, n° 48; n° 303 FS-P+B; *D.* 2012. Actu 550, note Lienhard; *Gaz. Pal.* 28 avr. 2012, n° 118, p. 26, note Rohart-Messager; *Rev. proc. coll.* 2012, comm. 61, note Cagnoli – Com. 20 mars 2012, n° 11-23.821 QPC, NP; n° 412 F-D.
7. T. com. Paris., 16e ch., 7 nov. 1995, *RJ com.* 1996. 291, obs. Gallet – T. com. Valenciennes, 1re ch., 18 sept. 2012, RG n° 2012-001997, *Act. proc. coll.* 2012/16, comm. 233.
8. T. com. Valenciennes, 1re ch., 18 sept. 2012, RG n° 2012-001997, préc.
9. TGI La Roche/Yon, 1re ch. civ., 2 juill. 1997, *JurisData* 049685.
10. LE CANNU, 7e éd., n° 458.
11. T. com. Paris, 14e ch., 24 avr. 1997, *JurisData* 056623.
12. J.-CL. COM., Amlon, fasc. 2245, [Organes – Contrôleurs], 2006, n° 24.
13. L. n° 85-98, 25 janv. 1985, préc.

L. 623-6, I, 1° du code de commerce selon lequels jugements statuant sur la nomination d'un cont leur ne sont susceptibles que d'un appel et de la pa seulement du ministère public[1]. Il en est de mêm du jugement par lequel le tribunal statue sur la demande, aux lieu et place du juge-commissaire, qui n'a pas statué dans le délai de dix jours (C. com., art. L. 623-6 [anc^t L. 25 janv. 1985, art. 174, 1]), ce qui viole ouvertement la règle du double degré de juridiction, alors qu'une telle substitution du tribunal au juge-commissaire, par application de l'article 25, alinéa 2 du décret du 27 décembre 1985[2], rend, par principe, recevable l'appel sur le jugement rendu. Le droit d'accès au juge résultant de l'article 6 § 1 de la Conv. EDH peut, à notre sens, être invoqué par le plaideur.

Il faut toutefois, conformément au droit commun, réserver l'hypothèse d'un recours nullité pour excès de pouvoir, par exemple lorsque le juge-commissaire participe à la formation de jugement ayant à connaître du recours sur son ordonnance[3].

La loi de sauvegarde des entreprises, qui a supprimé la disposition rendant irrecevables l'appel et le pourvoi à l'encontre des décisions statuant sur les recours formés contre les jugements statuant sur opposition aux ordonnances du juge-commissaire (v. s^s n° 333.31), a conservé l'irrecevabilité, sauf de la part du ministère public, de l'appel sur les jugements statuant sur le recours formé contre l'ordonnance du juge-commissaire relative à la nomination des contrôleurs (C. com., art. L. 661-6, I, 1°). Le candidat au poste de contrôleur, comme le débiteur, sont donc, sauf démonstration d'un excès de pouvoir, irrecevable à exercer une voie de recours sur le jugement statuant sur recours à l'encontre de l'ordonnance du juge-commissaire se prononçant sur la nomination du contrôleur[4]. En outre, la disposition ne réservant au ministère public que l'appel, il faut décider que le pourvoi est irrecevable. Le seul fait de refuser la nomination en qualité de contrôleur ne caractérise pas un excès de pouvoir[5].

Il convient toutefois de préciser que la désignation d'office du contrôleur pour les professionnels libéraux échappe au recours. Il s'agit, semble-t-il, d'une décision d'administration judiciaire, cependant que, au contraire, si le jugement d'ouverture ne désigne pas l'ordre comme contrôleur, il y a place à son annulation[6].

612.14 Désignation d'office du contrôleur pour les débiteurs, professionnels libéraux[7]. L'article L. 621-10, alinéa 3 du code de commerce, pour la procédure de sauvegarde, disposition rendue applicable en redressement judiciaire par l'article L. 631-9, et en liquidation judiciaire par L. 641-1, II, alinéa 4 (devenu al. 5, réd. ord. 18 déc. 2008[8]), tire, en matière de désignation des contrôleurs, la conséquence du fait que les professions libérales réglementées et bénéficiant d'une autorité disciplinaire sont intégrées dans le périmètre des procédures collectives. Un « rôle spécifique leur est reconnu de façon à assurer l'information réciproque de l'ordre, du tribunal et du mandataire judiciaire, et à concilier les actions susceptibles d'être engagées par les uns et les autres »[9].

L'ordre sera d'office contrôleur. Il n'a donc pas en faire la demande au juge-commissaire[10].

Une juridiction ne peut ouvrir une procédure concernant un professionnel libéral soumis à un ordre sans désigner d'office l'ordre en qualité de contrôleur. Le jugement est susceptible d'annulation par la cour d'appel, qui, en application de l'effet dévolutif de l'appel, peut ouvrir la procédure et renvoyer l'affaire devant le tribunal en enjoignant à celui-ci de désigner un contrôleur représentant l'ordre[11].

L'ordre sera comptabilisé parmi les cinq contrôleurs que le juge-commissaire peut, au maximum, désigner. Il n'a pas à être désigné par le juge-commissaire. Contrairement aux autres contrôleurs, il ne pourra être remplacé.

Sa désignation est indépendante de sa qualité de créancier du professionnel libéral[12]. Il ne s'agit pas ici de défendre l'intérêt de l'ordre, mais celui de la profession[13].

1. Paris, 3e ch. A, 30 sept. 2003, RG n° 2003/03776.
2. D. n° 85-1388, 27 déc. 1985, préc.
3. Reims, 1re ch. civ., 26 nov. 1997, *JurisData* 055740 – *Adde*, Basse-Terre, 2 déc. 1996, *BICC* 1997, n° 552.
4. Com. 16 mars 2010, n° 09-13.578, *Bull. civ.* IV, n° 57; n° 321 F-P+B; *D.* 2010, Chron. 1113, obs. Bélaval; *Gaz. Pal. entr. diff.* 2-3 juill. 2010, n°s 183, 184, p. 22, note Fricero; *RTD com.* 2010. 430, n° 10, note Vallens; *Procédures* 2010, comm. 190, obs. Rolland; *Leden* 2010/5, p. 4, obs. Staes; *Rev. sociétés* 2010. 195, note Roussel Galle; *Rev. proc. coll.* 2011, comm. 26, p. 34, note Cagnoli – Com. 8 janv. 2013, n° 11-23.821, NP; n° 4 F-D – Com. 13 mai 2014, n° 13-13.582, NP; n° 478 F-D.
5. Com. 29 sept. 2015, n° 14-15.619, préc.
6. Vallens, 2015, n° 3723.
7. Sur la question : Vergé et Mignone, « Aspects pratiques de l'application de la loi du 26 juillet 2005 aux professionnels libéraux », *D.* 2006. 2234.
8. Ord. n° 2008-1345, 18 déc. 2008, préc.
9. *Rapp. Xavier de Roux*, n° 2095, p. 195.
10. TGI Paris, 18 févr. 2016, RG n° 16/01741; décision aimablement communiquée par Maître Pellegrini, mandataire judiciaire.
11. Bordeaux, 2e ch., 27 juin 2007, *Act. proc. coll.* 2007/18, n° 203, note Rétif.
12. *Rapp. J.-J. Hyest*, n° 335, p. 179.
13. Martin et Neveu, « L'application à la profession d'avocat de la loi du 26 juillet 2005 sur la sauvegarde des entreprises », *JCP E* 2006. 1764, p. 867 s., sp. p. 871, n° 21.

L'article R. 621-24, alinéa 3 du code de commerce (anc[t] D. 28 déc. 2005[1], art. 74, al. 3) prévoit que l'ordre professionnel ou l'autorité dont dépend le professionnel libéral déclare au greffe la personne désignée pour le représenter dans sa fonction de contrôleur. Le décret du 30 juin 2014[2] (art. 40) assouplit les conditions de saisine. L'ordre ou l'autorité compétente (sur cette notion, v. s[s] n° 233.21) pourra déclarer au greffe ou transmettre par lettre recommandée avec demande d'avis de déception le nom de la personne qu'il a désignée pour le représenter dans sa fonction de contrôleur. Si le débiteur est un avocat, seul un avocat du barreau semble pouvoir, au regard des intérêts en jeu – celui de l'ordre professionnel –, exercer cette prérogative, encore que le contraire ait été soutenu[3]. Il est en tout cas prévu que, en l'absence de déclaration, le représentant légal de l'ordre professionnel ou de l'autorité compétente exercera cette fonction.

Ce contrôleur nommé d'office aura des prérogatives exclusivement extra patrimoniales, contrairement à un contrôleur classique, qui tendent à la défense des valeurs de la profession[4], et non à la défense des intérêts d'un créancier.

Les prérogatives nouvelles accordées aux contrôleurs par la loi du 26 juillet 2005 ne lui seront pas reconnues : il ne pourra agir en cas de carence du mandataire judiciaire, pour exercer les actions tendant à la défense de l'intérêt collectif des créanciers et l'engagement de sanctions patrimoniales, personnelles et pénales contre le débiteur et les dirigeants[5]. Il a été précisé, à l'occasion des travaux préparatoires, que la solution ne changera pas, même si l'ordre professionnel exhibe sa qualité de créancier pour soutenir qu'il est contrôleur de droit commun[6].

Du fait de prérogatives particulières reconnues également par le code de commerce à l'ordre professionnel ou à l'autorité compétente dont relève le débiteur, il a été justement relevé que le recours à la fonction de contrôleur est inadapté[7]. En outre, il fait partiellement double emploi.

Comme tout contrôleur, l'ordre est susceptible d'engager sa responsabilité. C'est pourquoi il a été suggéré que l'ordre souscrive une assurance spéciale pour réparer les conséquences de l'engagement de sa responsabilité[8].

1. D. n° 2005-1677, 28 déc. 2005, préc.
2. D. n° 2014-736, 30 juin 2014, préc.
3. Martin et Neveu, art. préc., sp. p. 871, n° 21.
4. PÉROCHON, 10e éd., n° 506 – J.-CL. COM., Reille, fasc. 2236, [Organes – Mandataire judiciaire : fonctions], n° 35.
5. *Rapp. Xavier de Roux*, n° 2095, p. 195.
6. *Rapp. Xavier de Roux*, n° 2095, p. 195.
7. PÉROCHON, 10e éd., n° 507 – Roussel Galle, Lucas et Lécuyer (dir.), *La réforme des procédures collectives...*, Lgdj, 2006, p. 85.
8. Martin et Neveu, art. préc., sp. p. 871, n° 21.

SECTION 612.20
FONCTION DE CONTRÔLEUR

612.21 Exercice de la fonction de contrôleur. La mission de contrôleur est gratuite, tant sous l'empire de la législation antérieure à la loi de sauvegarde des entreprises[9] (C. com., art. L. 621-13, al. 4 [anc[t] L. 25 janv. 1985[10], art. 15, al. 4]), que sous l'empire de cette loi (C. com., art. L. 621-10, al. 5 applicable à la procédure de sauvegarde, disposition applicable en redressement judiciaire par l'article L. 631-9, et en liquidation judiciaire par l'article L. 641-1, II, al. 4, devenu al. 5, réd. ord. 18 déc. 2008[11]).

Fort logiquement, il en résulte que le contrôleur n'engage sa responsabilité qu'en cas de faute lourde (avant la loi de sauvegarde : C. com., art. L. 621-13 et sous l'empire de cette loi : C. com., art. L. 621-10, al. 4, disposition de la procédure de sauvegarde, applicable en redressement judiciaire par l'art. L. 631-9, et en liquidation judiciaire par l'art. L. 641-1, II, al. 4)[12]. L'action sera de la compétence du tribunal de la faillite si le dommage est subi par la collectivité des créanciers[13] ou par le débiteur. Ce dernier pourrait, par exemple, être victime du manquement à l'obligation de confidentialité d'un contrôleur. Une responsabilité *in solidum* entre plusieurs contrôleurs semble exclue[14], à moins de démontrer qu'ils ont, par une faute commune, contribué à la réalisation d'un même dommage.

La mission peut être exercée personnellement par le créancier, personne physique. Si le créancier est une personne morale, le dirigeant ou un préposé de celle-ci pourra remplir la mission. Que le créancier contrôleur soit une personne physique ou une personne morale, il pourra faire exécuter cette mission par un préposé ou par un avocat. La mission ne peut être effectuée par un tiers, muni d'un pouvoir spécial, s'il n'est avocat. Il y a là un monopole qui s'expliquait, avant la réforme du 26 juillet 2005, par l'obligation au secret professionnel, auquel était astreint le contrôleur, dans l'exercice de sa mission (C. com., art. L. 621-13, al. 3), sans doute plus facile à faire respecter par un avocat, déontologiquement astreint également au secret professionnel. On signalera toutefois qu'en Alsace-Moselle, un

9. L. n° 2005-845, 26 juill. 2005, préc.
10. L. n° 85-98, 25 janv. 1985, préc.
11. Ord. n° 2008-1345, 18 déc. 2008, préc.
12. SUR LA QUESTION : Cagnoli, « La responsabilité des autres acteurs de la procédure collective », *Rev. proc. coll.* 2010/6, p. 111, étude 13, spéc. n°s 10 à 13.
13. J.-CL. COM., Amlon, fasc. 2245, [Organes – Contrôleurs], 2013, n° 63 – VALLENS, 2012, n° 3663.
14. J.-CL. COM., Amlon, fasc. 2245, [Organes – Contrôleurs], 2013, n° 61.

préposé ne semble pas pouvoir se rendre devant le juge-commissaire ou le tribunal. Le monopole de l'avocat semble être complet[1].

Ce mode de représentation n'a pas été changé par la législation de sauvegarde des entreprises, qui supprime pourtant le secret professionnel auquel était astreint le contrôleur, pour le remplacer par une obligation de confidentialité, susceptible d'être civilement sanctionnée. Le secret professionnel devra cependant être respecté par le contrôleur représentant l'autorité professionnelle disciplinaire[2].

La loi de sauvegarde des entreprises allonge la durée de la mission des contrôleurs. En effet, le plan de sauvegarde, mais aussi celui de redressement font désormais l'objet d'une clôture. Tant que celle-ci n'est pas intervenue, le contrôleur reste en fonction. La solution est explicitée par l'article R. 621-25 du code de commerce (anct D. 28 déc. 2005[3], art. 75), qui prévoit que les fonctions des contrôleurs prennent fin au jour où les comptes rendus de fin de mission de l'administrateur judiciaire, du mandataire judiciaire et le cas échéant du commissaire à l'exécution du plan, ont été approuvés. Ce texte de la procédure de sauvegarde est applicable en redressement judiciaire (C. com., art. R. 631-16 [anct D. 28 déc. 2005, art. 185]). C'est en ce sens que, dans le cadre d'une demande du chef d'entreprise tendant à obtenir une modification substantielle dans les objectifs et les moyens du plan de sauvegarde, l'article L. 626-26, alinéa 2 du code de commerce (devenu al. 3, réd. ord. 18 déc. 2008) prévoit que le tribunal ne pourra se prononcer que sur le rapport du commissaire à l'exécution du plan, après avoir appelé les contrôleurs. La mission des contrôleurs n'est donc pas terminée au jour de l'arrêté du plan de sauvegarde ou de celui du plan de redressement.

La solution est reprise, *mutatis mutandis*, en liquidation judiciaire. L'article R. 641-13 du code de commerce (anct D. 28 déc. 2005, art. 226) énonce en ce sens que ses fonctions prennent fin au jour où le compte rendu de fin de mission du liquidateur a été approuvé. Cette dernière disposition est applicable aux procédures en cours au 1er janvier 2006 (D. 28 déc. 2005, art. 361-3).

612.22 Contenu de la fonction de contrôleur – Solutions antérieures à la loi de sauvegarde des entreprises[4]. Le contrôleur est un créancier dont la fonction est ambiguë. Selon une excellente définition, est un organe de la procédure, la « personne identifiée, désintéressée en ce qu'elle n'est pas personnellement partie au litige, en charge d'une mission concourant à l'exercice de la justice et dotée à ce titre de prérogatives adéquates »[5]. Au regard de cette définition, le contrôleur n'apparaît pas être pleinement un organe[6]. La jurisprudence, sous l'empire de la loi du 25 janvier 1985[7], lui a parfois clairement dénié cette qualité d'organe[8]. Il n'est là que pour éclairer le juge-commissaire, et assister le représentant des créanciers dans ses fonctions, spécialement dans celle de vérification du passif (C. com., art. L. 621-13, al. 3 [anct L. 25 janv. 1985, art. 15, al. 3]). C'est un assistant[9].

Son rôle est double. Il a une mission générale de surveillance du déroulement de la procédure et, à cet égard, exerce une fonction se rapprochant de celle du juge-commissaire (v. ss n° 331.33). Il a aussi une mission d'assistance du représentant des créanciers dans ses fonctions et du juge-commissaire dans sa mission de surveillance de la procédure, comme l'énonce l'article L. 621-13, alinéa 3 du code de commerce, dans la législation antérieure à la loi du 26 juillet 2005. Ce rôle d'assistant du représentant des créanciers est spécialement remarquable dans le cadre de la vérification des créances (C. com., art. L. 621-13, al. 3 et L. 622-2, al. 3 [anct L. 25 janv. 1985, art. 15, al. 3 et 148-1, al. 3] et D. 27 déc. 1985, art. 72, al. 2). Il a été jugé sous l'empire de la législation antérieure à la loi de sauvegarde des entreprises, peut être d'une manière abusive, qu'il n'était pas recevable à imposer à un organe de la procédure un engagement de poursuites[10].

Les informations qu'il communique au représentant des créanciers doivent être retransmises par ce dernier au juge-commissaire ainsi qu'au procureur de la République, et depuis la loi du 26 juillet 2005, au ministère public.

En tant qu'informateur du juge-commissaire et d'assistant du représentant des créanciers, son avis est recueilli et il doit en conséquence être convoqué, à toutes les étapes importantes de la procédure.

Il semble, sous l'empire de la législation antérieure à la loi du 26 juillet 2005, malgré la défectuosité du texte, que tous les contrôleurs doivent être convoqués et non seulement l'un d'eux, comme pourraient le laisser croire les textes envisageant cette convocation[11], derrière lesquels s'est réfugiée

1. Vallens, 2012, n° 3645.
2. *Rapp. Xavier de Roux*, n° 2095, p. 197.
3. D. n° 2005-1677, 28 déc. 2005, préc.
4. L. n° 2005-845, 26 juill. 2005, préc.
5. Frison-Roche, « Le contrôleur », *LPA* n° spéc., 14 juin 1995, p. 8, n° 12.
6. En ce sens : Riom, 11 déc. 1996, *Rev. proc. coll.* 1998, 74, n° 12, obs. Soinne.
7. L. n° 85-98, 25 janv. 1985, préc.
8. Ainsi : Paris, 3e ch. A, 10 mai 2005, RG n° 2004/21007.
9. Roussel Galle, 2e éd. 2007, n° 492.
10. Paris, 3e ch. A, 6 juill. 2004, RG n° 2003/17322.
11. En ce sens : Kerckhove, n° 400 – Soinne, n° 976-4.

parfois la jurisprudence en considérant que la convocation d'un seul contrôleur était suffisante[1]. Décider le contraire rendrait inutile le respect du principe de collégialité des contrôleurs. La loi du 26 juillet 2005 a systématiquement remplacé le visa d'un contrôleur par celui des contrôleurs, afin de supprimer la difficulté d'interprétation.

Avant comme depuis la loi de sauvegarde des entreprises, les contrôleurs sont tenus informés des résultats de la poursuite d'activité, à la fin de chaque période d'activité et à tout moment de la procédure si le ministère public en fait la demande, par l'administrateur judiciaire ou à son défaut par le débiteur, en redressement judiciaire (D. 27 déc. 1985[2], art. 57, C. com., art. R. 622-9 [anc[t] D. 28 déc. 2005[3], art. 85], texte de la sauvegarde applicable en redressement judiciaire : C. com., art. R. 631-20 [anc[t] D. 28 déc. 2005, art. 189]). Cette tâche incombe exclusivement au débiteur, dans la procédure de sauvegarde (C. com., art. R. 622-9 [anc[t] D. 28 déc. 2005, art. 85]), alors qu'en redressement judiciaire, elle incombe à l'administrateur, s'il en a été nommé un, au débiteur dans le cas contraire (C. com., art. R. 631-21 [anc[t] D. 28 déc. 2005, art. 190]). De cette façon, les contrôleurs connaîtront les capacités prévisibles du débiteur à payer son passif postérieur bénéficiant du traitement préférentiel, qui seules autoriseront raisonnablement la poursuite de l'activité au-delà de la période initialement fixée par le tribunal.

Les contrôleurs doivent être convoqués si le tribunal envisage une cessation totale ou partielle de l'activité ou la conversion en liquidation judiciaire. Ils sont convoqués si le tribunal statue sur un plan de continuation, de sauvegarde ou de redressement, de cession ou sur une liquidation judiciaire. Ils n'ont pas, en revanche à être convoqués lors des audiences au cours desquelles le tribunal statue sur les sanctions. Il en résulte qu'il n'y a pas d'irrégularité si un contrôleur n'est pas convoqué, et cela même si le juge-commissaire avait souhaité son audition[4].

Depuis la loi de sauvegarde des entreprises, les contrôleurs sont en outre rendus destinataires de l'état des réponses données par les créanciers, dans le cadre de la consultation préparatoire aux plans de sauvegarde (C. com., art. L. 626-5, al. 1) et de redressement (C. com., art. L. 631-19, I, rendant applicable en redressement judiciaire l'article L. 626-5).

Ils peuvent bien évidemment donner leur appréciation sur le respect des dispositions légales, mais ils n'ont pas à s'ériger en ministère public[5], pour jouer en quelque sorte le rôle de censeur et faire prévaloir l'intérêt *général*.

Il est exclu, notre sens, de considérer qu'ils représentent collectivement les créanciers. Ce rôle est dévolu au seul représentant des créanciers, par l'article L. 621-39 du code de commerce (anc[t] L. 25 janv. 1985, art. 46)[6] La solution avait déjà été posée sous l'empire de la loi du 25 janvier 1985 non réformée[7]. Il importe d'ailleurs de remarquer que le représentant des créanciers exerce son rôle « sans préjudice des droits reconnus aux contrôleurs » (C. com., art. L. 621-39, al. 1). Ils ne représentent pas davantage un groupe de créanciers, encore que leur appartenance à telle ou telle catégorie de créanciers puisse être prise en considération comme critère de désignation. Dès lors, en donnant leur avis, ils n'ont pas à prendre en considération l'intérêt global des créanciers, mais seulement à se préoccuper de leurs propres intérêts, sous la réserve de la mise en œuvre subsidiaire des actions tendant à la défense de l'intérêt collectif des créanciers[8]. Indiquons toutefois que certains auteurs soutiennent que les contrôleurs défendent un intérêt collectif[9], ce qui, par principe, nous semble bien délicat, dès lors qu'ils ne représentent pas les autres créanciers.

Le fait que des « collèges » de créanciers chirographaires ou privilégiés aient été institués (v. s[s] n° 612.12) ne peut permettre de combattre l'opinion, même si cela a été fait en doctrine par certains[10], car cette instauration est seulement destinée à permettre à la juridiction de recueillir des avis de créanciers ayant des intérêts différents, les créanciers chirographaires ayant évidemment intérêt à voir un plan de continuation – de sauvegarde ou de redressement – aboutir, alors que les créanciers titulaires de sûretés spéciales solides ont davantage intérêt à une liquidation judiciaire rapide. C'est cette sensibilité différente qui a été recherchée par le législateur dans l'institution des collèges de contrôleurs.

Les contrôleurs ne défendent que leurs propres intérêts, en ayant accès à l'entier dossier, compte

1. Paris, 3e ch. B, 5 avr. 1996, *Rev. proc. coll.* 1996, 331, n° 11, obs. Soinne.
2. D. n° 85-1388, 27 déc. 1985, préc.
3. D. n° 2005-1677, 28 déc. 2005, préc.
4. Com. 6 juin 2000, n° 97-20.932, NP.
5. T. com. Paris, 17e ch., 26 mars 1996, *Rev. proc. coll.* 1996, 330, n° 10, obs. Soinne.
6. Riom, 11 déc. 1996, *Rev. proc. coll.* 1998, 74, n° 12, obs. Soinne.
7. Com. 16 janv. 1996, n°s 93-21.335, 94-14.363, *Bull. civ.* IV, n° 15; *Quot. Jur.* 1996, n° 11, p. 5, note J.-P. D.; *Rev. proc. coll.* 1996, 333, n° 11, obs. Soinne.
8. RAPPR. : VALLENS, 2015, n° 3720.
9. AINSI : LE CANNU, 7e éd., n° 454.
10. Jockey, « Le nouveau personnage du contrôleur », *in Le nouveau droit des défaillances d'entreprises*, « Thèmes et commentaires », Dalloz, 1995, p. 131 s., sp. p. 138 – Rizzi, La *protection des créanciers à travers l'évolution des procédures collectives*, « Bibl. dr. privé », t. 459, Lgdj, 2007, p. 403, n° 415.

tenu de leur possibilité de solliciter des ima-tions, de la part des organes de la procéd Ce droit à l'information, qu'ils peuvent oppose ême au commissaire à l'exécution du plan[1], ne ifie pas droit d'informer. Ils ne peuvent utili les informations recueillies que pour eux-même our l'information des organes de la procédure e la juridiction. En revanche, ils ne peuvent divulg les informations recueillies, sous peine de san ons pénales, puisqu'ils sont tenus au secret profes n-nel (C. com., art. L. 621-13, al. 3). Il ne semb as que l'appartenance d'un contrôleur à un *pool* ar exemple un *pool* bancaire, puisse changer la s u-tion, à moins que le contrôleur ne sollicite du juge-commissaire, dans sa désignation, la possibilité de divulguer les informations recueillies aux membres du *pool*. De même, le contrôleur ne pourrait divulguer les informations reçues au comité de créanciers auquel il appartient[2].

Les contrôleurs sont tenus informés par l'administrateur judiciaire des propositions d'apurement du passif, et ce au fur et à mesure de leur élaboration (C. com., art. L. 621-60, al. 1 [anc^{t} L. 25 janv. 1985, art. 24, al. 1]). Si un plan de cession est envisagé, ils sont rendus destinataires des offres de cession, au moins quinze jours avant l'audience statuant sur le plan (C. com., art. L. 621-85, al. 1 et 2 [anc^{t} L. 25 janv. 1985, art. 83, al. 1 et 2]). En liquidation judiciaire, ils sont rendus destinataires des offres de cession d'immeubles, d'unités de production et de biens mobiliers (C. com., art. L. 622-16, L. 622-17 et L. 622-18 [anc^{t} L. 25 janv. 1985, art. 154, al. 1, 155, al. 5 et 156, al. 1]).

612.23 Contenu de la fonction de contrôleur – solutions générales issues de la loi de sauvegarde des entreprises[3]. Commençons par indiquer que la mission des contrôleurs, telle qu'elle existait avant la loi de sauvegarde des entreprises, est maintenue, et étendue au contrôleur de l'ordre professionnel. Il faut toutefois noter un recul dans l'information des contrôleurs, qui résulte du décret du 12 février 2009[4]. En effet, auparavant, l'ordonnance du juge-commissaire qui autorise ou ordonne la vente de biens meubles du débiteur doit être notifiée, à la diligence du greffier, aux contrôleurs (D. 27 déc. 1985[5], art. 151-2, C. com., art. R. 642-39 [anc^{t} D. 28 déc. 2005[6], art. 285]). Le décret du 12 février 2009, en son article 101, abroge l'article R. 642-39. Une disposition spéciale à la vente des meubles, l'article R. 642-37-3 du code de commerce, qui résulte de l'article 100 du décret du 12 février 2009, prévoit que l'ordonnance du juge-commissaire est, à la diligence du greffier, notifiée au débiteur et communiquée aux contrôleurs. On notera qu'une simple communication aux contrôleurs remplace la notification à ces derniers. La lettre simple devrait suffire[7], avec toutefois les difficultés probatoires qui en résulteront.

Sous cette réserve, la mission de surveillance des contrôleurs a été substantiellement enrichie par la loi de sauvegarde des entreprises. Il a été indiqué qu'ils ne devenaient pas pour autant des organes de la procédure[8]. Cette vision peut être discutée[9], puisque des prérogatives nouvelles précises leur sont reconnues.

612.24 Mission d'organe subsidiaire de défense de l'intérêt collectif des créanciers. L'article L. 622-20, alinéa 2 du code, tel qu'il résulte du texte issu de la réforme, prévoit que « en cas de carence du mandataire judiciaire, tout créancier nommé contrôleur peut agir... dans des conditions fixées par décret ». Cette solution de la procédure de sauvegarde existe identiquement en redressement, par renvoi de textes (C. com., art. L. 631-14, I), et en liquidation judiciaire (C. com., art. L. 641-1, II, al. 4, devenu al. 5 réd. ord. 18 déc. 2008[10]).

L'expression « créancier nommé contrôleur » conduit à exclure le contrôleur de droit des professions libérales représentant l'autorité compétente ou l'ordre professionnel, car, d'une part, il n'est pas nommé et, d'autre part, l'ordre ou l'autorité dont il relève ne sera pas nécessairement créancier. Il a été indiqué, au surplus, que tel n'était pas son rôle[11] (v. aussi s^{s} n° 612.14).

La loi de sauvegarde des entreprises[12] fait donc du contrôleur un organe, encore que la question soit discutée en doctrine[13], investi de prérogatives nouvelles, qui sont extrêmement importantes. Mais c'est un organe subsidiaire. Il ne pourra agir que si le

1. Rép. min. QE n° 31233, *JOAN Q* 20 avr. 2004, p. 3067.
2. Martin-Serf, « L'évolution législative et les conflits », *Gaz. Pal.* 25-26 juin 2008, p. 16 – VALLENS, 2015, n° 3721.
3. L. n° 2005-845, 26 juill. 2005, préc.
4. D. n° 2009-160, 12 févr. 2009, *JO* 13 févr., p. 2596.
5. D. n° 85-1388, 27 déc. 1985, préc.
6. D. n° 2005-1677, 28 déc. 2005, préc.
7. AUSSI : Pérochon, « À propos de la réforme de la liquidation judiciaire par l'ordonnance du 18 décembre 2008 », *Gaz. Pal.* 8-10 mars 2009, n° sp. p. 3 s., sp. p. 60, n° 19.
8. *Rapp. Xavier de Roux*, n° 2095, p. 194 – *Adde*, VALLENS, 2015, n° 3728.
9. S'INTERROGEANT sur la qualification d'organes des contrôleurs : Macorig-Vénier et Saint-Alary-Houin, « La situation des créanciers dans la loi du 26 juillet 2005 de sauvegarde des entreprises », *RD banc. fin.* janv.-févr. 2006, p. 60 s., sp. p. 61, n° 12.
10. Ord. n° 2008-1345, 18 déc. 2008, préc.
11. *Rapp. Xavier de Roux*, n° 2095, p. 224.
12. L. n° 2005-845, 26 juill. 2005, préc.
13. DANS LE SENS VISÉ au texte : LE CANNU, 7e éd., n° 451 – Vinckel, « Le droit d'action des créanciers chirographaires dans la loi n° 2005-845 du 26 juillet 2005 », *Rev. proc. coll.* 2007/1, p. 6 s., sp. p. 10, n° 21 – *CONTRA :* VALLENS, 2015, n° 3728.

mandataire judiciaire reste inactif. Il a même été écrit qu'il devenait une partie à la procédure[1], ce qui est excessif, l'appel lui restant par principe fermé. Il semble possible de résumer ainsi la fonction du contrôleur nommé : c'est un assistant du mandataire judiciaire, qui surveille la procédure et qui, dans le cadre de la défense de l'intérêt collectif des créanciers, devient un organe subsidiaire[2]. Il importe de remarquer que, contrairement à sa fonction générale qui n'est pas celle de défendre l'intérêt collectif des créanciers, dans le cadre de l'engagement à titre subsidiaire des actions tendant à la défense de l'intérêt collectif des créanciers, il représente collectivement les créanciers, puisqu'il se substitue alors au mandataire judiciaire, pour en prendre la fonction principale.

La solution issue de la loi de sauvegarde des entreprises peut apparaître comme un « bon compromis entre la conception totalitaire du monopole du mandataire et la reconnaissance de l'action *ut singuli* exercée par un créancier »[3].

La loi a laissé le soin au décret de déterminer selon quelles modalités le pouvoir d'action subsidiaire, appelée lors des travaux parlementaires « actions en carence »[4], sera reconnu au contrôleur. L'article R. 622-18 du code de commerce (anc^{t} D. 28 déc. 2005[5], art. 93) prévoit que l'action du créancier nommé contrôleur n'est recevable qu'après une mise en demeure adressée au mandataire judiciaire par lettre recommandée avec demande d'avis de réception restée infructueuse pendant deux mois à compter de la réception de la mise en demeure. Il n'est nul besoin de recourir au juge-commissaire. Ce texte de la procédure de sauvegarde est applicable en redressement judiciaire (C. com., art. R. 631-20 [anc^{t} D. 28 déc. 2005, art. 189]). Il n'avait pas été prévu par le décret, son application en liquidation judiciaire. Il ne pouvait s'agir que d'une inadvertance car le code de commerce (L. 641-1, II, al. 4) prévoyait l'application en liquidation judiciaire du principe de subsidiarité de l'action des contrôleurs en cas de carence du liquidateur. C'est pourquoi il nous était apparu que cet oubli du décret devait rester sans conséquence sur la technique procédurale à adopter pour caractériser la carence du liquidateur dans l'engagement des actions tendant à la défense de l'intérêt collectif des créanciers. Cet oubli a été réparé par l'article 61 du décret du 23 décembre 2006[6], qui a modifié l'article 224 du décret du 28embre 2005 (devenu C. com., art. R. 641-11t réserve ainsi l'application, en liquidation juaire, de l'article R. 622-18 du code de comm: (anc^{t} D. 28 déc. 2005, art. 93).

difficulté qui naît du texte est de déterminer la nn de mise en demeure restée infructueuse. Il en seassurément ainsi si le mandataire de justice ne rénd pas à la mise en demeure et n'agit pas[7]. Ms, suffira-t-il, pour considérer que la mise en deeure a été suivie d'effet, que le mandataire judicire ait répondu qu'il allait engager l'action ? Exige-t-on au contraire que l'action – l'assignation – aitété lancée avant l'expiration du délai ? La seconde soution nous apparaît largement préférable pour éviter toute difficulté ultérieure[8], si malgré l'assurance donnée au contrôleur, le mandataire judiciaire n'agissait pas par la suite.

Si le mandataire répond qu'il n'agira pas, en justifiant sa position, la notion de carence du mandataire semble ne pas exister[9], le terme semblant impliquer une négligence. Pour autant, il ne nous apparaît pas qu'il faille déclarer irrecevable l'action du contrôleur[10], car ce serait apprécier, au stade de la recevabilité de l'action, son bien-fondé. Si l'action est jugée bien fondée, c'est donc que le mandataire judiciaire s'est trompé dans son appréciation. Il ne faudrait donc pas priver le contrôleur de son droit d'action au prétexte d'une mauvaise appréciation du mandataire judiciaire. Aussi, suggérons-nous de ne pas distinguer selon que le mandataire, après avoir été mis en demeure, n'agit pas sans raison particulière – véritable carence –, ou parce qu'il a le sentiment de ne pas devoir agir.

Une difficulté particulière peut se présenter si la mise en demeure faite par un ou plusieurs contrôleurs au mandataire judiciaire ou au liquidateur l'est juste avant l'expiration d'un délai de prescription. Il se peut en effet que l'action soit prescrite au moment où expirera le délai de deux mois. Faut-il alors autoriser le ou les contrôleurs(s) à lancer l'assignation avant l'expiration du délai de deux mois pour éviter la prescription ? Une réponse positive nous semble pouvoir être apportée par le recours aux règles de la procédure civile et plus spécialement à l'article 126 du code de procédure civile. En effet, la sanction de l'assignation lancée par le contrôleur avant l'expiration du délai de deux

1. Vallansan, « Loi de sauvegarde des entreprises », *Act. proc. coll.* 2005/14, n° 169.
2. RAPPR. : LE CANNU, 7e éd., n° 451.
3. LIENHARD, 6e éd., 33.25.
4. *Rapp. Xavier de Roux*, n° 2095, p. 224.
5. D. n° 2005-1677, 28 déc. 2005, préc.
6. D. n° 2006-1709, 23 déc. 2006, *JO* 29 déc., p. 19846.
7. Paris, pôle 5, 8e ch., 1er mars 2011, n° 10/19932, *Act. proc. coll.* 2011/11, comm. 164.
8. EN CE SENS AUSSI : PÉROCHON, 10e éd., n° 509 – J.-CL. COM., Reille, fasc. 2236, [Organes – Mandataire judiciaire : fonctions], n° 36.
9. AINSI : Rouen, 28 mai 2009, RG n° 07/04900 – Colmar, 8 nov. 2011, RG n° 10/05697.
10. PARTAGEANT L'ANALYSE : Dammann, « Réforme de la loi de sauvegarde : vers un renforcement du rôle des contrôleurs ? », *BJE* mars 2014, 74 s., sp. p. 75.

mois est une fin de non-recevoir pour défaut de qualité. Or, si la fin de non-recevoir – l'occurrence l'expiration du délai de deux mois a disparu au jour où le juge statue, la fin de non-recevoir n'existe plus. La suggestion a été suivie par la jurisprudence, à propos d'une voie de recours exercée par le contrôleur aux fins de défense de l'intérêt collectif des créanciers[1].

Le texte issu de la réforme innove ainsi considérablement. L'article L. 622-20 du code, auquel il est renvoyé par les textes sur le redressement et par ceux sur la liquidation judiciaire, précise que le contrôleur pourra agir aux fins de défendre l'intérêt qu'a en charge le mandataire judiciaire, si celui-ci n'agit pas. Le texte issu de la réforme a pris soin, ce que n'avait pas fait le législateur jusqu'ici, de préciser que l'intérêt défendu par le mandataire est l'intérêt collectif des créanciers. Ainsi, le contrôleur est investi, de manière subsidiaire, du droit d'agir aux fins de défendre l'intérêt collectif des créanciers.

Ainsi que cela a été justement observé, le ou les contrôleurs ne pourront agir même lorsque mis en demeure le mandataire judiciaire ou le liquidateur n'agit pas, dès lors qu'un autre organe, ayant la qualité pour agir, aura introduit l'action. Cela apparaît évident, mais il eut été prudent de l'écrire dans le décret[2]. En revanche, ne semble pas pouvoir être suivie l'opinion d'un auteur qui limite le droit d'action des contrôleurs aux seules hypothèses dans lesquelles le mandataire judiciaire est le seul à pouvoir agir[3]. S'il faut que l'action tende à la défense de l'intérêt collectif des créanciers et se rattache ainsi à la fonction de principe du mandataire judiciaire, cela est aussi suffisant. C'est d'ailleurs implicitement en ce sens que s'est positionnée la Cour de cassation en admettant l'action du contrôleur en extension de procédure, alors que le mandataire judiciaire partage son pouvoir avec l'administrateur judiciaire[4].

Logiquement, le produit de l'action initiée par le contrôleur entre dans le patrimoine du débiteur et sera réparti entre les créanciers suivant les modalités d'apurement du passif, ce que prévoit explicitement l'article L. 622-20, alinéa 3 du code. Le produit de l'action est donc collectif. Il est symétriquement logique de considérer que les frais engagés par le contrôleur lui seront remboursés à titre de frais privilégiés de procédure bénéficiant du privilège des *frais de justice, puisqu'ils auront été* utiles à la collectivité des créanciers. Il n'en sera toutefois ainsi que si l'action a permis aux autres créanciers de percevoir des fonds[5], ce qui ne sera jamais le cas d'une action en interdiction de gérer, par exemple. Il est peu probable que beaucoup de « Zorro » se présentent. Il ne semble pas possible compte tenu du caractère restrictif de l'article L. 663-1 du code de commerce de faire bénéficier les contrôleurs des avances par le Trésor public, l'opinion contraire ayant toutefois été soutenue[6].

Il a été observé que l'alinéa 4 de l'article L. 651-3, du code de commerce a été modifié par l'ordonnance du 18 décembre 2008, qui a remplacé le visa des frais de justice par celui de dépens et frais irrépétibles, au titre des sommes devant être remboursées par priorité aux contrôleurs, sur le montant de la condamnation des dirigeants à combler l'insuffisance d'actif. Cela devrait permettre au tribunal d'apprécier et dévaluer les efforts consentis par les contrôleurs au titre de l'article 700 du code de procédure civile[7].

La difficulté la plus grande sera sans doute de déterminer la notion d'action mettant en jeu l'intérêt collectif. On peut penser aux actions pauliennes[8], aux actions obliques[9], mais aussi à diverses actions attitrées de la procédure collective, telles les actions en nullités de la période suspecte[10] (v. aussi s[s] n° 822.12) et surtout les actions en responsabilité civile délictuelle contre les tiers[11], notamment les

1. Amiens, ch. éco., 5 mars 2009, n° 07/04059 – Reims, ch. civ., 1re sect., 9 nov. 2009, RG n° 08/01024 – *Adde*, J.-CL. COM., Reille, fasc. 2236, [Organes – Mandataire judiciaire : fonctions], n° 36.
2. LE CANNU, 7e éd., n° 457.
3. Vinckel, « Le droit d'action des créanciers chirographaires dans la loi n° 2005-845 du 26 juillet 2005 », *Rev. proc. coll.* 2007/1, p. 6 s., sp. p. 10, n° 23.
4. Cass., avis, 3 juin 2013, n° 13-70.003, *Bull. avis*, n° 9; *D.* 2013, pan. 2366, note Lucas; *Rev. proc. coll.* 2013, études 18, concl. Av. gén. Bonhomme; *Act. proc. coll.* 2013/12, comm. 167, note Cagnoli; *Rev. sociétés* 2013, 520, note Roussel Galle; *Bull. Joly* sept. 2013, p. 578, note Parachkévova; *Rev. proc. coll.* 2013, comm. 117, note Saintourens; *RDBF* sept. 2013, comm. 168, note Houin-Bressand; *Dr. sociétés* 2013, comm. 166, note Legros; *LXB hebdo* n° 347, 18 juill. 2013, note Le Corre.
5. RAPPR. : ROUSSEL GALLE, 2e éd., 2007, n° 496.
6. VALLENS, 2015, n° 3720.
7. Montéran, « La réforme des responsabilités et sanctions », *Gaz. Pal.* 8-10 mars 2009, n° sp. p. 57 s., sp. p. 58.
8. EN CE SENS AUSSI : Jazottes, « Les innovations des procédures de sauvegarde et de redressement judiciaire », *Rev. proc. coll.* 2005/4, p. 358 s., sp. p. 361 – Roussel Galle, « Les contrôleurs, gardiens de l'intérêt collectif », *Gaz. Pal.*, n° sp. 9-10 sept. 2005, p. 3 s., sp. p. 5, n° 14 – J.-CL. COM., Amlon, fasc. 2245, [Organes – Contrôleurs], 2006, n° 51.
9. J.-CL. COM., Amlon, fasc. 2245, [Organes – Contrôleurs], 2006, n° 51.
10. EN CE SENS AUSSI : Jazottes, art. préc., sp. p. 361 – Roussel Galle, art. préc., sp. p. 5, n° 14 – Cagnoli, « La qualité pour agir, questions procédurales », *Rev. proc. coll.* 2006/2, p. 209 s., sp. p. 210 – PÉROCHON, 10e éd., n°s 511, 1469 – VALLENS, 2015, n° 3718 – J.-CL. COM., Amlon, fasc. 2245, [Organes – Contrôleurs], 2006, n° 51.
11. AUSSI : ROUSSEL GALLE, 2e éd., 2007, n° 493 – J.-CL. COM., Amlon, fasc. 2245, [Organes – Contrôleurs], 2013, n° 51 – VALLENS, 2015, n° 3718.

établissements de crédit et les fournisseurs. Si l'on considère que l'action en extension sur le fondement de la confusion des patrimoines participe de la défense de l'intérêt collectif des créanciers, en ce qu'elle permet la reconstitution de leur gage, il faut identiquement admettre qu'elle puisse être mise en œuvre subsidiairement par un contrôleur[1]. Cette suggestion doctrinale a été suivie par une juridiction du fond, qui a cependant sur le fond rejeté la demande[2]. Elle a été partagée par la Cour de cassation, saisie pour avis, alors même que l'extension de la procédure n'avait pas comme objet unique la défense de l'intérêt collectif des créanciers[3]. Comme le résume l'avocat général à propos de l'avis, « il importe peu que cet intérêt [collectif] ne soit pas le seul enjeu possible de l'action », dès lors que l'action a notamment pour objet d'assurer cette défense de l'intérêt collectif[4]. Parmi ces actions, on peut encore citer celle qui tend à la libération des apports par l'associé[5]. On peut encore penser à l'action en recouvrement des dividendes du plan de sauvegarde ou de redressement, même si, au seul regard des textes, la solution peut faire difficulté, car cette action appartient désormais au commissaire à l'exécution du plan, non au mandataire judiciaire. Mais on peut répondre à l'objection que, après adoption du plan, le commissaire à l'exécution du plan devient l'organe de défense de l'intérêt collectif des créanciers, en remplacement du mandataire judiciaire. Il a été justement jugé que l'action tendant à faire exécuter l'engagement pris par un actionnaire pour garantir la bonne exécution d'un plan pouvait, en cas de résolution de ce plan et d'ouverture d'une liquidation judiciaire, être mis en œuvre par les contrôleurs[6].

Le fait çoutes ces actions soient attitrées ne peut perme de les fermer au contrôleur, investi du droit d', de façon subsidiaire par rapport au mandatairdiciaire, et qui doit donc pouvoir exercer toutes lctions du mandataire judiciaire, dès lors qu'il y de la défense de l'intérêt collectif des créanciers.

Reconnaî au contrôleur le droit d'agir aux lieu et place du mdataire judiciaire, n'est-ce pas aussi, de la sorte, vestir le contrôleur de l'obligation d'agir aux fs de défendre l'intérêt collectif des créanciers ? n pourrait concevoir l'initiative d'un créancier metnt en demeure le contrôleur d'agir à cette fin. Quse passera-t-il alors si le contrôleur néglige d'enger l'action ? Permettra-t-on l'engagement de la rsponsabilité civile du contrôleur, sur le terrain délituel si son inaction est source de préjudice ?

La réponse à la question nous semble commandée par le caractère subsidiaire de l'action du contrôleur. Ainsi, recherché en responsabilité pour défaut d'exercice d'une action tendant à la défense de l'intérêt collectif, le contrôleur doit pouvoir se retrancher derrière le pouvoir principal d'action du mandataire judiciaire[7]. En première ligne, c'est en effet ce dernier qui a en charge la défense de l'intérêt collectif des créanciers. Corrélativement, le mandataire judiciaire ne pourra se réfugier derrière l'inaction d'un contrôleur[8]. Une opinion différente, qui voit dans le contrôleur un coresponsable, a toutefois été émise[9].

Ainsi, si le contrôleur devient, aux regards des droits qui lui sont reconnus, un organe subsidiaire, il n'en supporte pas, comme il a été justement remarqué, les obligations[10].

612.25 Action en sanction et en responsabilité. L'article L. 651-3 du code, dans le même esprit que l'article L. 622-20, rend accessible à un contrôleur, en cas d'inaction du mandataire judiciaire, les actions en comblement de passif[11] ou, avant sa suppression par l'ordonnance du 18 décembre 2008[12], l'action introduite par la loi de sauvegarde des entreprises[13]

1. EN CE SENS AUSSI : ROUSSEL GALLE, 2e éd., 2007, no 493 – Roussel Galle, « Les contrôleurs, gardiens de l'intérêt collectif », *Gaz. Pal.,* no spéc. 9-10 sept. 2005, p. 3 s., sp. p. 5, no 14 – Cagnoli, art. préc., sp. p. 210 – PÉROCHON, 9e éd., no 497 – GIBIRILA, no 224.
2. Paris, pôle 5, 8e ch., 1er mars 2011, RG no 10/19932, *Act. proc. coll.* 2011/11, comm. 164.
3. Cass., avis, 3 juin 2013, no 13-70.003, *Bull. avis,* no 9; *D.* 2013, pan. 2366, note Lucas; *Rev. proc. coll.* 2013, études 18, concl. Av. gén. Bonhomme; *Act. proc. coll.* 2013/12, comm. 167, note Cagnoli; *Rev. sociétés* 2013, 520, note Roussel Galle; *Bull. Joly* sept. 2013, p. 578, note Parachkévova; *Rev. proc. coll.* 2013, comm. 117, note Saintourens; *Dr. sociétés* 2013, comm. 166, note Legros; *LXB hebdo* no 347, 18 juill. 2013, note Le Corre – Pérochon, « L'action en extension de procédure subsidiairement ouverte au contrôleur », *BJE* juill. 2013, éditorial, p. 197.
4. Bonhomme, concl. sur : Cass., avis, 3 juin 2013, no 13-70.003, *Bull. avis,* no 9.
5. SAINT-ALARY-HOUIN, 7e éd., no 766 – ROUSSEL GALLE, 2e éd., 2007, no 493.
6. T. com. Paris, 6e ch., 23 janv. 2014, RG no 2013006017, *Gaz. Pal.* 13 août 2014, p. 27.
7. EN CE SENS AUSSI : ROUSSEL GALLE, 2e éd., 2007, no 496 – GIBIRILA, no 344.
8. PÉROCHON, 10e éd., no 510 – ROUSSEL GALLE, 2e éd., 2007, no 494.
9. Cagnoli, « La responsabilité des autres acteurs de la procédure collective », *Rev. proc. coll.* 2010/6, p. 111, étude 13, spéc. no 13.
10. Roussel Galle, « Les contrôleurs, gardiens de l'intérêt collectif », *Gaz. Pal.,* no spéc. 9-10 sept. 2005, p. 3 s., sp. p. 7, no 22.
11. ILLUSTR. : Lyon, 3e ch. A, 22 juin 2012, RG no 11/02168, *JCP E* 2013. 1193, note Delattre; *Rev. proc. coll.* 2013, comm. 175, note crit. Martin-Serf.
12. Ord. no 2008-1345, 18 déc. 2008, préc.
13. L. no 2005-845, 26 juill. 2005, préc.

en substitut au redressement judiciaire personnel, qualifiée d'action en obligation aux dettes sociales. Il en est de même des actions en faillite personnelle ou en interdiction de gérer. Les règles relatives à la saisine du tribunal aux fins de prononcé de la faillite personnelle ou de l'interdiction de gérer, posées par la loi du 26 juillet 2005, seront applicables aux procédures en cours (L. 26 juill. 2005, art. 191, 6°).

La loi accorde également aux contrôleurs la faculté de se constituer partie civile en matière d'infractions pénales (C. com., art. L. 654-17). La loi nouvelle plus dure ne sera pas ici applicable aux procédures ouvertes avant son entrée en vigueur.

Dans toutes ces hypothèses, un contrôleur ne pourra cependant agir seul. La solution est suivie en jurisprudence [1]. L'action serait irrecevable et pourrait conduire à une condamnation pour procédure abusive [2]. Les textes indiquent ici systématiquement que l'action supposera une initiative en ce sens de la majorité des créanciers nommés contrôleurs agissant dans l'intérêt collectif des créanciers. Plus précisément, l'article R. 651-4 du code de commerce envisage chacune de ces possibilités subsidiaires d'action des contrôleurs. C'est ainsi que cette disposition, qui s'intéresse à l'action subsidiaire des contrôleurs pour agir en comblement de passif, précise que la mise en demeure doit être délivrée par au moins deux contrôleurs. Ce texte était, avant le décret du 12 février 2009 [3], applicable également à l'action en obligation aux dettes sociales, du fait du renvoi opéré [dans la rédaction de la loi de sauvegarde antérieure à l'ordonnance du 18 décembre 2008 qui a supprimé l'obligation aux dettes sociales] par l'article L. 652-5 à l'article L. 651-3 envisageant l'action subsidiaire des contrôleurs. La solution est identique, à savoir une majorité de contrôleurs, c'est-à-dire en toute hypothèse au moins deux contrôleurs, pour l'engagement de la faillite personnelle ou de l'interdiction de gérer (C. com., art. R. 653-2 [anc^t D. 28 déc. 2005 [4], art. 324], disposition applicable aux procédures en cours au 1er janv. 2006 : D. 28 déc. 2005, art. 361, 6°) ou la constitution de partie civile dans le cadre de la banqueroute ou des infractions assimilées (C. com., art. R. 654-1 [anc^t D. 28 déc. 2005, art. 327]).

Une difficulté particulière peut se présenter si la mise en demeure au mandataire judiciaire préalable à l'action en sanction est initiée par un seul contrôleur, alors que deux contrôleurs au moins, agissant à la majorité doivent effectuer la mise en demeure. Si, après l'assignation et avant que le juge ne statue, un autre contrôleur intervient volontairement à l'instance, ce qui permet alors de respecter la règle de la pluralité de contrôleurs agissant à la majorité, la fin de *non-recevoir* tirée du défaut de qualité à agir d'un seul contrôleur aura disparu au jour où le tribunal statue. L'article 126 du code de procédure civile semble alors permettre de sauver cette assignation irrégulière. L'opinion contraire a toutefois été émise [5].

Reconnaître au contrôleur la possibilité d'agir contre le dirigeant social en paiement des dettes sociales pourrait se révéler précieux pour le contrôleur, établissement de crédit, qui serait recherché en responsabilité, par exemple pour soutien abusif. En effet, s'il parvient à démontrer que le dirigeant a commis une faute de gestion ayant contribué à la création de tout ou partie du passif, il démontre par là même qu'il n'est pas le seul fautif. Tout au plus, il a contribué à la réalisation du dommage et pourrait être tenu *in solidum* avec le dirigeant social, ce qui, dans la mesure de la solvabilité de ce dernier, permettrait de minorer le montant, sinon de sa condamnation, du moins de son paiement effectif.

612.26 Interdiction d'acquisition des biens du débiteur par le contrôleur. Sous l'empire de la législation antérieure à la loi de sauvegarde des entreprises [6], le contrôleur peut présenter une offre de cession de l'entreprise. Certes, il a été jugé que juge-commissaire peut décider de ne pas faire droit à la demande de nomination, s'il suspecte le créancier de se faire désigner contrôleur pour pouvoir ensuite présenter une offre de reprise de son concurrent [7]. Mais si le juge-commissaire, au stade de la désignation, n'y prête attention, le contrôleur peut parfaitement ensuite se présenter candidat à la reprise de l'entreprise, ce qui peut apparaître choquant, au regard des informations importantes qu'il aura pu recevoir au cours de sa mission, alors que tel n'est pas le cas des autres candidats.

La loi de sauvegarde des entreprises écarte les contrôleurs des candidats potentiels à la reprise en plan de cession (C. com., art. L. 642-3). De la même façon, les contrôleurs ne pourront acquérir des biens du débiteur, dans le cadre de réalisations isolées en liquidation judiciaire (C. com., art. L. 642-20, renvoyant à L. 642-3).

1. Paris, pôle 5, 9e ch., 17 juin 2014, *Dr. procédures* 2015, comm. 13, note Legros.
2. Angers, ch. com., sect. A, 15 janv. 2013, RG n° 2013/009108, *JCP E* 2013. 1417, note Delattre; *Rev. proc. coll.* 2013, comm. 175, note crit. Martin-Serf.
3. D. n° 2009-160, 12 févr. 2009, préc.
4. D. n° 2005-1677, 28 déc. 2005, préc.
5. Vinckel, « Le droit d'action des créanciers chirographaires dans la loi n° 2005-845 du 26 juillet 2005 », *Rev. proc. coll.* 2007/1, p. 6 s., sp. p. 10, n° 22.
6. L. n° 2005-845, 26 juill. 2005, préc.
7. AINSI : T. com. Versailles, 27 mars 1997, *LPA* 4 juill. 1997, p. 27, note Gaudin.

Dans le prolongement de cette interdiction, l'article L. 626-12, III du code de commerce, qui excluait jusqu'alors les contrôleurs de son champ d'application, est modifié. Le texte de l'article L. 654-12, II du code punit des peines de l'article 314-2 du code pénal – peines de l'abus de confiance aggravé –, c'est-à-dire un emprisonnement de sept ans et une amende de 750 000 euros, le fait pour un contrôleur de se rendre acquéreur pour son compte, directement ou indirectement de biens du débiteur ou le fait de les utiliser à son profit.

SECTION 612.30 SITUATION PROCÉDURALE DU CONTRÔLEUR

612.31 Situation procédurale du contrôleur – Solutions antérieures à la législation de sauvegarde des entreprises. Le contrôleur n'est pas un organe (v. s^s n° 612.22). En effet, du moins par principe, il ne présente pas de demande en justice, mais se contente de faire des observations[1].

Deux prétentions juridiques peuvent cependant être soutenues par le contrôleur.

En effet, la loi lui reconnaît, tant avant que depuis la loi de sauvegarde des entreprises[2], la possibilité de solliciter la cessation de l'activité et la conversion du redressement judiciaire en liquidation judiciaire (avant LSE, C. com., art. L. 621-27, al. 1 [anc^t L. 25 janv. 1985[3], art. 36, al. 1]). Il en est spécialement ainsi en cas de résiliation pour défaut de paiement d'un contrat en cours qui a été continué (depuis LSE, C. com., art. L. 622-13, al. 3, devenu C. com., art. L. 622-13, III, 2°, réd. ord. 18 déc. 2008[4], [texte de la procédure de sauvegarde applicable en redressement judiciaire, C. com., art. L. 631-14, I, devenu C. com., art. L. 631-14, al. 1, réd. ord. 18 déc. 2008]). Ne peut être approuvée la décision d'une juridiction du fond stigmatisant l'attitude d'un contrôleur sollicitant, sur le fondement du texte légal, la conversion du redressement en liquidation judiciaire, au prétexte qu'il profiterait de son statut privilégié pour servir des intérêts personnels et privés au lieu d'agir dans l'intérêt collectif des créanciers[5].

En outre, il peut solliciter le remplacement de l'administrateur, du représentant des créanciers ou du mandataire judiciaire (avant LSE, C. com., art. L. 621-10, al. 2 [anc^t L. 25 janv. 1985, art. 12, al. 2]). Depuis l'ordonnance du 18 décembre 2008, un contrôleur peut demander le remplacement de l'administrateur judiciaire, de l'expert ou du mandataire judiciaire (C. com., art. L. 621-7, al. 2).

Il ne peut donc être affirmé qu'il n'émet jamais de prétentions, dès lors qu'il a la qualité pour formuler deux types de demande. Il faut donc plutôt décider que, au-delà de ces deux prérogatives particulières, son rôle d'organe cesse. Il n'a plus alors que le droit d'être convoqué et d'être entendu pour avis.

Sous ces réserves, n'émettant par principe pas de prétention juridique, le contrôleur n'a pas qualité pour interjeter une voie de recours. N'étant pas une partie, il ne peut d'abord interjeter appel[6], fût-ce en nullité[7], ou intervenir volontairement à une instance[8], l'opinion contraire ayant toutefois été soutenue[9]. Pour cette même raison, il n'a pas à être convoqué en cause d'appel[10]. Mais il ne peut davantage faire tierce opposition car, par principe, il n'émet pas de prétention juridique[11].

Parce que, par principe, le contrôleur n'émet pas de prétention, il ne peut agir en responsabilité contre un liquidateur, qui avait engagé une action en extension de la procédure et qui avait demandé la clôture de cette procédure avant qu'il ne soit définitivement statué sur l'action en extension[12].

Cependant, ayant le droit d'être entendu, s'il n'est pas convoqué, il trouve qualité pour exercer un recours à l'encontre de la décision rendue sans la convocation[13]. À l'encontre des jugements, il exercera, faute d'être une partie, une tierce opposition. Si la tierce opposition réformation est fermée à l'encontre de la décision attaquée, il formera une

1. Paris, 3e ch. A, 7 sept. 2004, RG n° 2003/21837.
2. L. n° 2005-845, 26 juill. 2005, préc.
3. L. n° 85-98, 25 janv. 1985, préc.
4. Ord. n° 2008-1345, 18 déc. 2008, préc.
5. T. com. Valenciennes, 22 mars 2010, RG n° 2010/171, *Act. proc. coll.* 2011/4, n° 70.
6. Com. 9 déc. 1997, n° 95-16.206, *Bull. civ.* IV, n° 325; *Gaz. Pal.* 27 juin 1998, n° 178, p. 18, note Massoni; *D. Affaires* 1998, 77, n° 11-2; *JCP E* 1998, Chron., 653, n° 1-b-3, obs. M. Cabrillac et Pétel; *Rev. proc. coll.* 1998, 75, n° 12, obs. Soinne – Com. 6 juin 2000, n° 97-20.932, NP, *Act. proc. coll.* 2000/15, n° 185 – Paris, 3e ch. B, 5 avr. 1996, *Rev. proc. coll.* 1996, 331, n° 11, obs. Soinne – Paris, 20 déc. 1996, *Rev. proc. coll.* 1998, 74, n° 12, obs. Soinne – Nancy, 7 janv. 1997, *Rev. proc. coll.* 1998, 74, n° 12, obs. Soinne – Paris, 3e ch. A, 23 mars 2004, RG n° 2002/05991.
7. Com. 24 juin 2003, n° 00-17.455, NP.
8. Paris, 3e ch. C, 22 févr. 2002, DPDE *bull.* 223, 2 avr. 2002, p. 5840, *V° Juge-commissaire*, n° 141 – Paris, 3e ch. A, 7 oct. 2003, RG n° 2002/10429 – Paris, 3e ch. A, 10 mai 2005, RG n° 2004/21007, *RTD com.* 2005. 609, n° 19, obs. Vallens – *Adde*, J.-CL. COM., Amlon, fasc. 2245, [Organes – Contrôleurs], 2013, n° 56.
9. JACQUEMONT ET VABRES, 9e éd., 2015, n° 310.
10. Riom, 11 déc. 1996, *Rev. proc. coll.* 1998, 74, n° 12, obs. Soinne; *Rev. proc. coll.* 1998, 235, n° 22, obs. Cadiou.
11. Paris, 3e ch. B, 5 avr. 1996, *Rev. proc. coll.* 1996, 331, n° 11, obs. Soinne.
12. Paris, 3e ch. A, 6 juill. 2004, RG n° 2003 :17322, cité *in* VALLENS, 2012, n° 3660.
13. T. com. Paris, 11 juill. 1996, *JurisData* 055715 – T. com. Cannes, 4 sept. 1997, *Rev. proc. coll.* 1998, 240, n° 36, obs. Cadiou.

tierce opposition nullité à condition de considérer que son absence de convocation s'analyse en excès de pouvoir, ce qui n'est pas certain.

On réservera cependant l'hypothèse où il émet véritables prétentions juridiques, spécialement lorsqu'il sollicite de la juridiction la cessation d'activité ou conversion du redressement en liquidation judiciaire. Il joue alors le rôle d'une véritable partie et nous semble avoir qualité pour faire appel à l'encontre de la décision qui rejette sa demande, encore que l'opinion contraire ait été soutenue[1].

612.32 Situation procédurale du contrôleur – Solutions issues de la loi de sauvegarde des entreprises. Les prérogatives nouvelles accordées par la loi de sauvegarde des entreprises au contrôleur ont pour effet de le transformer en organe. Sans doute peut-on trouver dans les textes un argument qui permette de ne pas assimiler le contrôleur à un organe. L'article R. 641-11, alinéa 1 du code de commerce (anc[t] D. 28 déc. 2005[2], art. 224, al. 1) indique ainsi que les dispositions des articles R. 621-10 à R. 621-24, à l'exception de l'article R. 621-20, alinéa 1 et de l'article R. 621-23 [1er al. de l'art. R. 621-23, réd. D. 12 févr. 2009[3]], sont applicables aux organes et aux contrôleurs. Cette formulation semble bien inconciliable avec une assimilation. Mais il n'en est ainsi, à notre avis, que pour autant que l'on raisonne sur la mission de principe des contrôleurs, non lorsque l'on s'intéresse à la situation des contrôleurs confrontés à défendre un intérêt collectif aux lieu et place du mandataire judiciaire. Le contrôleur semble bien être devenu un organe subsidiaire[4]. Mais il ne pourra agir que si le mandataire judiciaire reste inactif.

Lorsqu'il a le droit d'agir, en lieu et place du mandataire judiciaire, par suite de l'absence d'exercice de l'action par cet organe, il faut lui reconnaître les mêmes voies de recours que celles qui sont reconnues à cet organe[5].

1. LE CANNU, 7e éd., n° 455.

2. D. n° 2005-1677, 28 déc. 2005, préc.
3. D. n° 2009-160, 12 févr. 2009, préc.
4. AUSSI : LE CANNU, 7e éd., n° 451.
5. EN CE SENS AUSSI : PÉROCHON, 10e éd., n° 511 – VALLENS, 2015, n° 3719 – VALLANSAN *ET ALII*, 6e éd., p. 78.

TITRE

620. Arrêt des poursuites individuelles et des voies d'exécution

SECTION 0 ORIENTEUR

620.00 **Plan du titre.**

Chap. 621 **Arrêt et interruption des poursuites individuelles**

Sect. 621.10 Actions contre les tiers – actions autres que les demandes en justice

Sect. 621.20 Diverses autres demandes en paiement non arrêtées

Sect. 621.30 Actions non arrêtées – Action paulienne

Sect. 621.40 Actions non arrêtées – Actions ne tendant pas au paiement d'une somme d'argent

Sect. 621.50 Actions en paiement non arrêtées – Particularisme du droit pénal

Sect. 621.60 Actions en résolution non arrêtées – Constat de la résiliation de plein droit

Sect. 621.70 Actions en justice arrêtées

Sect. 621.80 Régime des actions arrêtées

Sect. 621.90 Régime des actions non soumises à l'arrêt des poursuites ndividuelles – Actions dites poursuivies

Chap. 622 **Arrêt des voies d'exécution**

Sect. 622.10 Application de la règle de l'arrêt des voies d'exécution aux saisies immobilières

Sect. 622.20 Application de la règle de l'arrêt des voies d'exécution aux saisies mobilières

Sect. 622.30 Application de la règle de l'arrêt des voies d'exécution aux saisies conservatoires

Sect. 622.40 Exclusion de la règle de l'arrêt des voies d'exécution pour les mesures n'ayant pas le caractère d'une voie d'exécution

Sect. 62250 Saisies et avis à tiers détenteur ayant joué au jour du jugement d'ouverture

Sect. 622.60 Règles applicables aux voies d'exécution arrêtées

Sect. 622.70 Régime des voies d'exécution non soumises à la règle de l'arrêt des voies d'exécution et poursuivies après jugement d'ouverture

Chap. 623 **Reprise des instances en cours pour faire fixer la créance**

Sect. 623.10 Fondement et caractère de la règle de la poursuite des actions aux fins de fixation de la créance

Sect. 623.20 Domaine de la règle de la poursuite des actions aux fins de fixation de la créance

Sect. 623.30 Modalités procédurales de la règle de la poursuite des actions aux fins de fixation de la créance

Sect. 623.40 Effets de la règle de la poursuite des actions aux fins de fixation de la créance

CHAPITRE

621. Arrêt et interruption des poursuites individuelles

SECTION 0 ORIENTEUR

621.00 **Plan du chapitre.**

Sect. 621.10 Actions contre les tiers – actions autres que les demandes en justice

Sect. 621.20 Diverses autres demandes en paiement non arrêtées

Sect. 621.30 Actions non arrêtées – Action paulienne

Sect. 621.40 Actions non arrêtées – Actions ne tendant pas au paiement d'une somme d'argent

Sect. 621.50 Actions en paiement non arrêtées – Particularisme du droit pénal

Sect. 621.60 Actions en résolution non arrêtées – Constat de la résiliation de plein droit

Sect. 621.70 Actions en justice arrêtées

Sect. 621.80 Régime des actions arrêtées

Sect. 621.90 Régime des actions non soumises à l'arrêt des poursuites individuelles – Actions dites poursuivies

621.01 **Textes applicables.** (V. les références complètes s^s n° 011).

C. com., art. L. 132-8 (anc^t art. 101)

C. assur., art. L. 124-3

L. n° 75-1334 du 31 déc. 1975, art. 14-1

> Législation antérieure à la loi de sauvegarde des entreprises.

C. com., art. L. 621-40, L. 621-42

> Législation issue de la loi de sauvegarde des entreprises.

C. com., art. L. 622-21, L. 622-23, L. 631-14, I, L. 641-3, al. 1, L. 641-4, al. 3

> Législation issue de l'ordonnance du 18 décembre 2008.

C. com., art. L. 622-21, L. 622-23, L. 622-23-1, L. 631-14, al. 1, L. 641-3, al. 1, L. 641-4, al. 3

621.02 **Jurisprudence de référence.**

> L'action directe n'est pas soumise à la règle de l'arrêt des poursuites individuelles. La victime du dommage n'a donc pas à déclarer sa créance au passif.

• **Civ. 3e, 12 mai 2004,** n° 01-12.293, *Bull. civ.* III, n° 92

* V. s^s n° 621.21

> Le représentant des créanciers a qualité pour déclencher l'action paulienne.

• **Com. 13 nov. 2001,** n° 98-18.292, *Bull. civ.* IV, n° 178

* V. s^s n° 621.31

> Les obligations de faire sont soumises à la règle de l'arrêt des poursuites individuelles (solution *ante* réforme du droit des obligations par ord. 10 févr. 2016).

• **Com. 9 juill. 1996,** n° 94-18.676, *Bull. civ.* IV, n° 210

* V. s^s n° 621.74

« Vu l'article 33 de la loi du 25 janvier 1985 [devenu C. com., art. L. 621-24];

Attendu que, pour accueillir la demande des époux M... et condamner la société aujourd'hui représentée par son administrateur judiciaire à démolir et à enlever à ses frais la construction édifiée par elle, l'arrêt retient, par motifs adoptés, que l'obligation de remise en état inhérente à la résolution du contrat s'analyse en une prestation en nature de démolition et retrait des ouvrages édifiés, cette restitution de terrain en son état initial ne tombant pas sous le coup de l'article 47 de la loi du 25 janvier 1985 [devenu C. com., art. L. 621-40];

Attendu qu'en statuant ainsi, alors que toute obligation de faire se résout en dommages-intérêts en cas d'inexécution par le débiteur et que, sous couvert de condamnation de la société à procéder à la démolition et à l'enlèvement d'une construction, la demande des époux M... ne tendait qu'au paiement d'une somme d'argent pour une cause antérieure à l'ouverture de la procédure collective, la cour d'appel a violé le texte susvisé. »

> L'action tendant à la désignation d'un expert n'est pas soumise à l'arrêt des poursuites individuelles.

• **Com. 2 déc. 2014,** n° 13-24.405, *Bull. civ.* IV [à paraître]; n° 1063 F-P+B

* V. s^s n° 621.73

> L'action en liquidation de l'astreinte prononcée par une décision antérieure au jugement d'ouverture est soumise à la règle de l'arrêt des poursuites individuelles.

• **Com. 21 janv. 2003,** n° 01-01.761, n° 01-01.816, *Bull. civ.* IV, n° 10

* V. s^s n° 621.75

621.03 Bibliographie indicative. (V. les références complètes s^s n° 031).

> **Actualisables.** RÉP. COM., Derruppé, « Entreprises en difficulté – Redressement judiciaire (Phase de traitement – Les créanciers) », n°s 617 à 629; Monsérié-Bon, « Entreprises en difficulté – Redressement judiciaire (Période d'observation) », n°s 434 à 445, 449 à 452, 457 et 458 – J.-CL. COM., Vallansan, fasc. 2355, [Situation des créanciers – Arrêt des poursuites individuelles], 2016 – LAMY SÛRETÉS, Delebecque, « Sûretés réelles et procédures collectives », étude 284.

> **Ouvrages antérieurs à la loi de sauvegarde des entreprises.** CHAPUT, n°s 519 à 521 – GUYON, n°s 1238 à 1241 – JACQUEMONT, n°s 366 à 375 – KERCKHOVE, n°s 528 à 531, 534, 536 – LE CANNU, n°s 912, 913, 915 à 917, 919 – LE CORRE-BROLY, n°s 335 à 337, 342 et 343 – MARTIN ET VALLENS, n°s 3087 à 3094, 3107 – PÉROCHON ET BONHOMME, n°s 185-1 à 185-5 – PÉTEL, n°s 192 à 197, 200 et 201 – RIPERT ET ROBLOT, n°s 2969, 2970, 2973, 2975 et 2975-1, 3265 – SAINT-ALARY-HOUIN, n°s 655, 749 à 754, 758 à 758-2 – SOINNE, n°s 1039 à 1044, 1053 à 1063, 1799 à 1803 – VALLANSAN, p. 111 à 115, 119 et 120.

> **Ouvrages postérieurs à la loi de sauvegarde des entreprises.** COQUELET, 5e éd., n°s 262 à 268, 271 – GIBIRILA, n°s 585 à 590 – JACQUEMONT ET VABRES, 9e éd., n°s 471 à 481, 500 à 502, 662 à 664 – LE CANNU, 7e éd., n°s 378 à 384, 386 à 392 – LIENHARD, 6e éd., n°s 78.14 à 78.21, 78.24, 78.25, 78.30, 78.31 – PÉROCHON, 10e éd., n°s 624 à 632 – PÉTEL, 8e éd. n°s 186 à 191, 195 et 196 – ROUSSEL GALLE, 2e éd., n°s 507, 508, 510 et 511 – SAINT-ALARY-HOUIN, 9e éd., n°s 675 à 680, 682 à 687, 847 – VALLANSAN *ET ALII*, 6e éd., p. 129 à 134, 140, 141 – VALLENS, 2015, n°s 3339 à 3351, 3834 à 3847 – VIDAL et GIORGINI, n°s 700 à 703 – VOINOT, 2e éd., n°s 399 à 406, 409, 411, 412 et 414.

> **Articles.** Alix, « Les poursuites individuelles non suspendues par l'ouverture d'une procédure de redressement judiciaire », *Gaz. Pal.* 1996. I, Doctr. 412 – Audureau-Rousselot, « Loi Gayssot et procédures collectives », Interv. colloque 28 nov. 2001, *Rev. proc. coll.* 2002, p. 13 – Boré, « Astreinte et procédures collectives », *Rev. proc. coll.* 2001, p. 220 – M. Cabrillac, « Les incidences du jugement d'ouverture sur les instances en cours et à venir », *Gaz. Pal.* 1987. I, Doctr. 178 – Caro, « Le nouveau code des marchés publics et le paiement direct du sous-traitant », *Gaz. Pal.* 23 et 24 févr. 2007, Doctr. 37 – Gatsi, « L'action directe du sous-traitant dans le cadre de la procédure collective de l'entrepreneur principal », *JCP E* 2000, comm. 308 – Huck C., « Les actions directes en paiement et la procédure collective », *in Mesures d'exécution et procédures collectives*, « collection Procédures », Bruylant, 2012, p. 209 – Macorig-Vénier F., « La règle de l'arrêt des poursuites chahutée par les évolutions législatives », *Rev. proc. coll.* 2016, dossier 10 – Pizzio-Delaporte, « L'action paulienne dans les procédures collectives », *RTD com.* 1995. 715 s. – Rakotovahiny, « L'action directe en paiement à la lumière des procédures collectives », *Dr. et patr.* mai 2013, 34 – Rémery J.-P., « L'incidence de l'ouverture d'une procédure collective sur l'instance de cassation (civile) : quelques réflexions », *D.* 2015. études 2453 – Roussel Galle, « Les retouches apportées aux règles de l'interdiction des poursuites individuelles et de l'arrêt des voies d'exécution » *Gaz. Pal.* 8 à 10 mars 2009, n° sp. p. 21 – Vauvillé, « Liquidation judiciaire et vente en viager », *Dr. et patr.* 2001, n° 92, p. 45 – Vergery, « Dommages de travaux publics : l'action en garantie contre l'assureur de l'entreprise défaillante », *LPA* 21 nov. 2006, p. 4 – Vial, « La réception par les procédures collectives du décret du 13 janvier 2011 portant réforme de l'arbitrage », *BJE* mai/juin 2011, § 61, p. 164 – Vinckel, « Le droit d'action des créanciers chirographaires dans la loi n° 2005-845 du 26 juillet 2005 », *Rev. proc. coll.* 2007, p. 6.

621.04 Questions principales.

• Un créancier antérieur peut-il se faire payer par l'assureur du débiteur après jugement d'ouverture ?

* V. s^s n° 621.21.

• Un créancier peut-il obtenir résiliation d'un contrat pour une inexécution non financière ?

* V. s^s n° 621.61.

• Qui peut se prévaloir de l'irrégularité affectant une décision rendue au mépris de la règle de l'arrêt des poursuites individuelles ?

* V. s^s n° 621.81.

621.09 Généralités – Fondement et durée d'application de la règle de l'arrêt des poursuites individuelles. Aux termes de l'article *L. 621*-40, I du code de commerce (anc^t L. 25 janv. 1985[1] art. 47, al. 1), « le jugement d'ouverture suspend ou interdit toute action en justice de la part de tous les créanciers dont la créance a son origine antérieurement audit jugement et tendant :

1° À la condamnation du débiteur au paiement d'une somme d'argent;

2° À la résolution d'un contrat pour défaut de paiement d'une somme d'argent ».

Le II de ce même article (anc^t L. 25 janv. 1985 art. 47, al. 2) complète la disposition en précisant que le jugement d'ouverture « arrête ou interdit également toute voie d'exécution de la part de ces créanciers tant sur les meubles que sur les immeubles ».

La loi de sauvegarde des entreprises reprend la solution en modifiant quelque peu la terminologie. L'article L. 622-21, I du code de commerce énonce que « Le jugement d'ouverture interrompt ou interdit toute action en justice de la part de tous les créanciers dont la créance n'est pas mentionnée au I de l'article L. 622-17 et tendant :

1° À la condamnation du débiteur au paiement d'une somme d'argent;

2° À la résolution d'un contrat pour défaut de paiement d'une somme d'argent. »

Le II de ce même article dispose, pour sa part, que le jugement d'ouverture « arrête ou interdit également toute voie d'exécution de la part de ces créanciers tant sur les meubles que sur les immeubles ». L'ordonnance du 18 décembre 2008[2] ajoute que ce même jugement arrête ou interdit « toute procédure de distribution n'ayant pas produit un effet attributif avant le jugement d'ouverture ».

Il s'agit là d'une règle classique dans les procédures de règlement du passif, dont le fondement doit être recherché

1. L. n° 85-98, 25 janv. 1985, *JO* 26 janv., p. 1097.
2. Ord. n° 2008-1345, 18 déc. 2008, *JO* 19 déc., p. 19462.

dans la volonté d'organiser collectivement la procédure ce qui n'est possible qu'en supprimant les initiatives individuelles qui se traduiraient par le prix de la course[2]. Elle participe de l'organisation d'une discipline collective. Comme le résume un auteur, dans « un contexte de pénurie…, la cristallisation protège le gage commun des poursuites individuelles provenant de créanciers impayés »[3]. Il n'est dès lors pas étonnant qu'il s'agisse d'une règle de base de toute procédure collective[4].

Un tiers ne peut se prévaloir de la règle de l'arrêt ou de l'interruption des poursuites individuelles[5].

La règle contribue aussi à la recherche d'un plan de continuation, de sauvegarde ou de redressement, quête que rendrait impossible le maintien, au profit des créanciers, de leur droit de poursuite individuelle[6]. Pour reprendre l'expression d'un auteur, la règle permet à « la période d'observation de jouer son rôle de poumon financier artificiel »[7]. Elle représente l'avantage majeur, pour le débiteur, de l'ouverture d'une procédure collective. Cet avantage est d'autant plus précieux que le débiteur n'est pas encore en état de cessation des paiements, ce qui est le cas dans la procédure de sauvegarde. L'expression-même de placement sous sauvegarde renvoie immédiatement à l'arrêt des poursuites individuelles qu'elle induit[8].

La règle permet enfin d'assurer un traitement égalitaire des créanciers[9], dans toutes les phases de la procédure collective. Elle déborde en conséquence le simple cadre de la période d'observation, pour s'appliquer après le plan de cession, jusqu'à la clôture de celui-ci[10], *ainsi qu'en* liquidation judiciaire[11], phase dans laquelle elle subit cependant des aménagements (v. s^s^ n°s 566.11 s.). En plan de sauvegarde ou de redressement, les créanciers sont astreints à l'obligation de respecter les délais du plan. La règle de l'arrêt des poursuites individuelles continue en conséquence à s'appliquer pendant l'exécution du plan[12], d'où il se déduit qu'il n'est pas possible, en cette phase, d'obtenir la résiliation d'un contrat pour défaut de paiement d'une créance antérieure au jugement d'ouverture, alors même que les parties se seraient accordées pour continuer à payer la prestation financière – arrérages de rente viagère par exemple – pendant l'exécution du plan[13]. Il n'est pas davantage possible *d'obtenir la condamnation* à la restitution de sommes versés au titre d'un contrat de vente résolu et au paiement de dommages et intérêts, pour une créance née avant le jugement d'ouverture de la procédure collective[14].

Pendant l'exécution du plan, un créancier ne peut obtenir la condamnation du débiteur à a payer une créance antérieure et, sur le fondement de cette condamnation, pratiquer une saisie-attribution. Le paiement qu'il reçoit doit être restitué à la procédure collective, après résolution du plan. La Cour de cassation estime que ce paiement viole la règle de l'égalité des créanciers[15]. Plus justement, il viole la discipline collective [l'effet collectif de la procédure collective énonce un auteur[16]] qui s'impose aux créanciers d'une procédure collective.

Mais si les dividendes du plan ne sont pas payés à échéance, les créanciers soumis au plan retrouvent qualité pour en obtenir le paiement, le droit d'exercer toutes poursuites individuelles et, corrélativement, d'exercer toutes voies d'exécution (v. s^s^ n°s 522.52 et 522.53). Une discussion pouvait exister sur le maintien de cette solution, sous l'empire de la loi de sauvegarde des entreprises, dans sa rédaction d'origine (v. s^s^ n° 522.53). Elle est désormais close, depuis l'ordonnance du 18 décembre 2008, qui a concentré entre les mains du commissaire à l'exécution du plan le droit de recouvrer les dividendes impayés du plan (v. s^s^ n° 522.54).

La suppression de l'extinction des créances non déclarées par la loi de sauvegarde des entreprises ne doit pas conduire à autoriser les créanciers n'ayant pas déclaré leurs créances à poursuivre le débiteur si tôt l'ordonnance de clôture rendue par le président du tribunal après approbation du compte rendu de fin de mission de l'administrateur et du mandataire judiciaire prévue par l'article 154 du décret du 28 décembre 2005[17], même si le contraire a été soutenu[18]. D'une part, il

1. SOINNE, n° 1039 – GUYON, n° 1239 – DERRIDA *ET ALII*, n° 521 – J.-CL. COM., Vallansan, fasc. 2355, [Situation des créanciers – Arrêt des poursuites individuelles], 2016, n° 3.
2. J.-CL. COM., Vallansan, fasc. 2355, [Situation des créanciers – Arrêt des poursuites individuelles], 2011, n° 3 – PÉTEL, 7e éd., n° 182.
3. Sénéchal, *L'effet réel de la procédure collective*, Litec, 2002, n° 439.
4. VALLENS, 2015, n° 3339.
5. Com. 12 juill. 2004, n° 01-16.804, NP.
6. GUYON, n° 1239 – SAINT-ALARY-HOUIN, 9e éd., n° 675 – RIPERT ET ROBLOT, n° 2969 – PÉTEL, 8e éd., n° 186.
7. J.-CL. COM., Vallansan, fasc. 2355, [Situation des créanciers – Arrêt des poursuites individuelles], 2016, n° 3.
8. RAPPR. : SAINT-ALARY-HOUIN, 9e éd., n° 675.
9. PÉROCHON, 10e éd., n° 624 – *Adde*, Lèguevaques, « L'égalité des créanciers dans les procédures collectives : flux et reflux », *Gaz. Pal.* 27-29 janv. 2002, Doctr. 18.
10. Com. 5 févr. 1997, *Rev. proc. coll.* 1998, 397, n° 62, obs. Soinne.
11. Com. 19 déc. 1995, n° 92-19.525, *Bull. civ.* IV, n° 305; *Quot. Jur.* 1996, n° 29, p. 6, note P. M.; *JCP N* 1996, n° 44/45, p. 1547, note Puygauthier; *Rev. proc. coll.* 1996, n° 2, p. 145, note Soinne; *D.* 1996, jur. 145, note Campana; *D.* 1996. Somm. 390, obs. Piedelièvre; *Defrénois* 1996. 937, obs. Sénéchal; *Rev. proc. coll.* 1997, 51, n° 6, obs. Macorig-Venier; *JCP G* 1996. I. 3942, n° 9, obs. Simler et Delebecque; *LPA* 28 févr. 1996, p. 18, note Soinne; *JCP E* 1996. 554, n° 13, obs. Pétel; *RTD com.* 1996. 533, obs. Martin-Serf.
12. Soc. 10 mai 2006, n° 04-42.076, *Bull. civ.* V, n° 167; n° 1137 F-P+B; *D.* 2006. AJ 1528, obs. Lienhard; *Gaz. proc. coll.* 2006/4, p. 24, note Roussel Galle – Com. 29 avr. 2014, n° 12-24.628, NP; n° 398 F-D; *Rev. proc. coll.* 2015, comm. 106, note Macorig-Venier.
13. Com. 12 janv. 2010, n° 07-20.476, NP; n° 1 F-D; *Gaz. Pal.* 16-17 avr. 2010, n°s 106, 107, p. 26, note Kendérian; *Rev. proc. coll.* 2010/4, comm. 158, note Roussel Galle.
14. Com. 29 avr. 2014, n° 12-24.628, NP; n° 398 F-D.
15. Com. 1er févr. 2011, n° 09-11.529, NP, *Act. proc. coll.* 2011/5, n° 87, note Vallansan.
16. Vallansan, note s^s^ Com. 1er févr. 2011, n° 09-11.529, NP, *Act. proc. coll.* 2011/5, n° 87.
17. D. n° 2005-1677, 28 déc. 2005, *JO* 29 déc., p. 20324.
18. Monsérié-Bon, « Les effets inattendus de l'absence d'extinction des créances non déclarées menacent-ils la procédure de sauvegarde ? », *D.* 2006, Point de vue 1282 – VOINOT, n° 278.

faut se garder de confondre cette décision avec celle qui constate l'achèvement de l'exécution des obligations du plan de sauvegarde et de redressement, qui seule, selon nous, autorisera la reprise des poursuites individuelles par des créanciers astreints à déclarer leur créance et s'en étant abstenu. D'autre part, la lettre de l'article L. 622-26 alinéa 1 du code de commerce exclut des dividendes et répartitions les créanciers qui n'ont pas déclaré leur créance, ce qui suffit à notre sens, pour interdire à ces créanciers tout droit d'action sur les biens du débiteur pendant l'exécution du plan. Depuis l'ordonnance du 18 décembre 2008, la solution est indiscutable, puisque la créance non déclarée est « inopposable au débiteur » pendant l'exécution de son plan de sauvegarde ou de redressement.

Ce gel des actions ou « gel des droits »[1] constitue un sacrifice important pour les créanciers et traduit, de la manière la plus notable, la distance qui sépare les créanciers antérieurs des créanciers postérieurs, lesquels ne sont pas, sous l'empire de la législation antérieure à la loi de sauvegarde des entreprises[2], concernés par la règle de l'arrêt des poursuites individuelles[3] (v. s^s^ n° 455.47), comme la lettre de l'article L. 621-40, I visant « les créanciers dont la créance a son origine antérieurement audit jugement (d'ouverture) » permet de s'en convaincre.

Si seuls les créanciers antérieurs sont, sous l'empire de la législation antérieure à la loi de sauvegarde des entreprises, concernés, ils le sont tous, sous deux réserves.

Il faut d'abord préciser la situation particulière des salariés. Ces derniers ne peuvent, après le jugement d'ouverture de la procédure collective, obtenir condamnation de leur employeur au paiement, fut-ce celui des indemnités de rupture du contrat de travail. Ces créances doivent être portées sur le relevé des créances salariales[4]. En revanche, l'instance prud'homale en cours au jour du jugement d'ouverture ne se trouve pas interrompue du fait de l'intervention de ce dernier et peut donc continuer son cours sans qu'il y ait besoin d'une déclaration de créance[5]. Toutefois l'instance en peut plus tendre au paiement de la créance salariale, mais a pour seul objet de fixer cette créance au passif (v. s^s^ n° 695.11).

Ensuite, il faut faire état du régime spécial posé pour les créances alimentaires. Il ne peut ici être affirmé que les créanciers d'aliments ne sont pas concernés par la règle de l'arrêt des poursuites individuelles. Il faut plus justement énoncer qu'ils continuent à pouvoir poursuivre le débiteur, mais seulement sur les biens dont ce dernier conserve la libre disposition, ce qui introduit, au principe de liberté des poursuites individuelles, un tempérament plus que sérieux (v. s^s^ n° 741.96).

La règle de l'arrêt des poursuites individuelles concerne les créanciers, qu'ils soient chirographaires ou titulaires d'une sûreté spéciale[6].

1. SAINT-ALARY-HOUIN, 9e éd., n° 675.
2. L. n° 2005-845, 26 juill. 2005, *JO* 27 juill., p. 12187.
3. Com. 20 juin 1989, n° 87-19.594, n° 88-10.195, *Bull. civ.* IV, n° 196; *Gaz. Pal.* 1989, n°s 337 à 339, p. 9; *JCP E* 1991, n° 141, note D. F. – Versailles, 13e ch., 6 oct. 1988, *JurisData* 044567 – *Adde*, SOINNE, n° 1054.
4. Soc. 12 mars 2008, n° 06-45.778, NP.
5. Soc. 30 sept. 1997, n° 94-43.769, *Bull. civ.* V, n° 295; *Rev. proc. coll.* 1999, 156, n° 2, obs. Monsérié.

Importe que la créance se rattache à l'activité professionnelle du débiteur personne physique[7], la règle de l'unité du patrimoine justifiant la solution. Pour la même raison, il est indifférent que la créance ait une origine dans une activité distincte de celle ayant donné lieu à l'ouverture de la procédure[8].

La loi de sauvegarde des entreprises a opéré quelques modifications.

Elle a d'abord opéré le remplacement du vocable « suspend » par celui d'« interrompt ». Alors que la suspension d'instance vise des événements étrangers à la situation des parties à l'instance, l'interruption de l'instance vise des événements affectant la situation de ces mêmes parties. La différence est en outre sensible en matière de prescription, la suspension, au contraire de l'interruption ne supprimant pas le temps déjà couru.

Cette loi a ensuite étendu le domaine de l'arrêt ou de l'interruption des poursuites individuelles aux créances postérieures qui ne bénéficient pas du traitement préférentiel. C'est ainsi qu'il faut comprendre le libellé du texte nouveau qui indique que la règle de l'arrêt ou de l'interruption des poursuites individuelles concerne toutes les créances non visées au I de l'article L. 622-17 du code de commerce. Il s'agit, d'une part, des créances postérieures nées irrégulièrement et, d'autre part, des créances postérieures nées régulièrement, mais qui ne sont pas éligibles au traitement préférentiel, parce qu'elles ne correspondent pas aux critères téléologiques d'attribution du traitement préférentiel.

Il ne semble pas, même si parfois de timides opinions contraires sont émises[9], que, sous l'empire de la loi de sauvegarde des entreprises, dans sa rédaction d'origine, les créanciers titulaires de créances nées pour les besoins de la vie courante, qui peuvent certes être payés à l'échéance, puissent poursuivre en paiement le débiteur, faute de texte en ce sens[10]. La solution, qui à n'en pas douter, résulte d'une inadvertance législative, est manifestement illogique[11], car un créancier qui a le droit d'être payé doit corrélativement avoir le droit d'agir en justice pour obtenir son paiement et doit, corrélativement être dispensé d'avoir à déclarer sa créance. La difficulté ne se pose plus, depuis l'ordonnance du 18 décembre 2008, qui a supprimé, au titre des exceptions à l'interdiction de payer les créances autres que celles nées après le jugement d'ouverture et éligibles au traitement préférentiel, la catégorie des créances postérieures nées pour les besoins de la vie courante du débiteur.

6. GUYON, n° 1241 – RIPERT ET ROBLOT, n° 2969 – CHAPUT, n° 519 – J.-CL. COM., Vallansan, fasc. 2355, [Situation des créanciers – Arrêt des poursuites individuelles], 2011, n° 20 – PÉTEL, 8e éd., n° 187 – KERCKHOVE, n° 529.
7. Com. 27 nov. 1991, n° 90-11.122, *Bull. civ.* IV, n° 360; *LPA* 1er juill. 1992, n° 79, p. 22, note Derrida; *D.* 1992, jur. 8, note Derrida; *JCP E* 1992, n° 136, p. 166, obs. Pétel; *RTD com.* 1992. 684, obs. Martin-Serf – Paris, 25e ch. B, 9 déc. 2005, RG n° 2003/11701.
8. Paris, 25e ch. B, 9 déc. 2005, RG n° 2003/11701.
9. AINSI : VALLENS, 2007, n° 3126.
10. AUSSI : Boulay, « Les créanciers antérieurs dans les procédures de sauvegarde, de redressement et de liquidation judiciaires », *Rev. proc. coll.* 2006/2, p. 135 s., sp. p. 138.
11. AUSSI : LE CANNU, 7e éd., n° 380.

Les règles relatives à l'arrêt et à l'interrupt des poursuites individuelles et des voies d'exécution pos pour la procédure de sauvegarde sont applicables à procédure de redressement judiciaire. En ce sens, les arts L. 622-21 à 622-23, qui concernent la procédure de sauvarde sont rendus applicables à la procédure de redressemt judiciaire par l'article L. 631-14, alinéa 1. Les articles L. 621 à L. 622-22 sont rendus applicables à la procédure dequidation judiciaire par les articles L. 641-3, alinéa 1 et L41-4, alinéa 3.

Depuis la loi de sauvegarde des entreprs, il faut encore réserver deux catégories de créanciers, qne sont pas concernés par la règle de l'arrêt des poursuitendividuelles.

D'une part, la règle de l'arrêt des pouites individuelles ne concerne que les seuls créanciers finaiers, ceux qui participent au comité des établissements dcrédit, ainsi que les obligataires, dans la procédure de saegarde financière accélérée. Elle ne concerne pas les aus créanciers, qu'il s'agisse des créanciers publics ou des fcnisseurs.

D'autre part, la règle de l'arrêt des prsuites individuelles ne concerne que les seuls créanciers duatrimoine concerné par la procédure collective, qui atteintn entrepreneur individuel à responsabilité limitée.

SECTION 621.10
ACTIONS CONTRE LES TIERS – ACTIONS AUTRES QUE LES DEMANDES EN JUSTICE

621.11 Actions non dirigées contre le débiteur. L'article L. 621-40 du code de commerce (anc^{t} L. 25 janv. 1985[1], art. 47), devenu l'article L. 622-21, I, depuis la loi de sauvegarde des entreprises[2], n'interdit pas purement et simplement au créancier de poursuivre le recouvrement de sa créance. En effet, les actions contre les tiers ne sont donc pas affectées, par principe, par la règle de l'arrêt des poursuites individuelles[3].

Il a été jugé que la règle de l'arrêt des poursuites individuelles ne faisait pas obstacle à l'action exercée par un créancier du locataire-gérant d'un fonds de commerce à l'encontre du loueur du fonds, pour faire jouer la solidarité instituée par l'article L. 144-7 du code de commerce, entre le loueur et le locataire-gérant du fonds de commerce[4]. Observons que, depuis la loi de sauvegarde des entreprises, c'est-à-dire pour les procédures ouvertes à compter du 1er janvier 2006, les codébiteurs bénéficient de la règle de la suspension des poursuites individuelles pendant la période d'observation, sans distinguer selon qu'ils sont conventionnellement ou légalement obligés à la dette. Il en a été déduit que le loueur du fonds, obligé solidaire à la dette, pourra, ainsi que l'a précisé un auteur, bénéficier de la suspension des poursuites individuelles pendant la période d'observation de la procédure atteignant le locataire-gérant[5]. La solution ne nous semble pas pouvoir être suivie, dans la mesure où le défenseur de l'intérêt collectif des créanciers ne peut agir contre le loueur du fonds, car il assure la défense de l'intérêt collectif des créanciers, non celle d'un groupe de créanciers. Or la solidarité ici instituée ne profite qu'à un groupe de créanciers. Elle n'a pas pour objet la reconstitution du gage commun, puisque seuls les créanciers dont les créances sont nées pendant les six mois premiers d'exploitation ont accès au produit de cette solidarité. Il s'en déduit que les créanciers bénéficiaires de cette solidarité ont conservé le droit d'action individuelle, faute d'être collectivement représentés.

Deux précisions doivent être apportées en matière de cession de créances professionnelles par bordereau Dailly.

Tout d'abord, en présence d'une cession de créance par le mécanisme du bordereau Dailly, et en l'absence de notification de la cession au débiteur cédé, le cédant de la créance est investi d'un mandat d'encaissement au nom et pour le compte du cessionnaire. Si l'encaissement de la créance intervient après jugement d'ouverture, la créance de remboursement détenue par le banquier cessionnaire sur le cédant de la créance est née après jugement d'ouverture, de sorte que le banquier cessionnaire peut en obtenir le paiement, malgré le redressement ou la liquidation judiciaire du cédant de la créance (v. s^{s} n° 442.16).

Ensuite, par principe, le cessionnaire d'une créance professionnelle, qui a été notifiée, doit justifier d'une demande amiable au débiteur cédé avant d'exercer son recours contre le cédant. Cette exigence est toutefois écartée en cas d'événement rendant impossible le paiement de la part du débiteur cédé[6], ce qui inclut évidemment l'hypothèse d'une procédure collective atteignant le débiteur cédé[7].

La règle de l'arrêt des poursuites individuelles n'interdit pas davantage l'action en paiement dirigée contre des associés. Il ne pourra cependant s'agir d'associés indéfiniment et solidairement responsables du passif social, puisqu'ils devront être déclarés de plein droit en redressement ou en liquidation judiciaire, sous l'empire de la législation antérieure à la loi de sauvegarde des entreprises (C. com., art. L. 624-1 [anc^{t} L. 25 janv. 1985, art. 178]) et qu'ils

1. L. n° 85-98, 25 janv. 1985, préc.
2. L. n° 2005-845, 26 juill. 2005, préc.
3. Versailles, 12e ch., 2e sect., 29 avr. 2004, RG n° 02/05086.
4. Nîmes, 2e ch. B, 18 oct. 2007, *Rev. proc. coll.* 2008/3, p. 51, n° 129, note Macorig-Venier.
5. Macorig-Venier, note s^{s} Nîmes, 2e ch. B, 18 oct. 2007, *Rev. proc. coll.* 2008/3, p. 51, n° 129.
6. Com. 18 sept. 2007, n° 06-13.736, *Bull. civ.* IV, n° 197; *JCP E* 2007, Chron. 2377, n° 40, p. 19, note Stoufflet.
7. Stoufflet, obs. s^{s} Com. 18 sept. 2007, *Bull. civ.* IV, n° 197; *JCP E* 2007, Chron. 2377, n° 40, p. 19.

pourront donc soulever le moyen tiré de l'arrêt des poursuites individuelles du fait de l'« extension de la procédure » ouverte contre la société[1]. Depuis la loi de sauvegarde des entreprises, ces associés ne sont plus placés sous procédure collective du fait de l'ouverture de la procédure collective contre la société. Dès lors que l'on considère qu'ils ne sont pas des codébiteurs (v. s[s] n° 731.12), ils peuvent être poursuivis, alors même qu'ils seraient des personnes physiques, nonobstant l'ouverture de la procédure collective de la société, y compris pendant la période d'observation.

Il pourra s'agir d'associés tenus indéfiniment, mais sans solidarité, du passif social, par exemple les associés d'une société civile (C. civ., art. 1857). Des règles particulières sont toutefois posées relativement aux conditions de leurs poursuites (v. s[s] n° 731.23).

L'action contre les dirigeants sera possible. Il en sera ainsi de la poursuite des dirigeants sociaux, dès lors du moins qu'ils ne seront pas en redressement ou en liquidation judiciaire à titre personnel[2]. L'action contre le dirigeant pourra prendre la forme d'une constitution de partie civile, par exemple en cas d'escroquerie ou de complicité[3]. Cependant, les actions en responsabilité sur le fondement des articles L. 223-22 (SARL) et L. 225-251 (SA) du code de commerce (anc[t] L. 24 juill. 1966[4], art. 52 et 244), comme toutes les actions contre les tiers, ne seront ouvertes aux créanciers que de façon restrictive. L'action exercée *ut singuli* par un créancier sera déclarée irrecevable, si elle tend à assurer la défense de l'intérêt collectif des créanciers, dont seul le représentant des créanciers a la charge[5] (v. s[s] n°s 611.31 s.). En outre, il faudra démontrer l'existence d'une faute détachable des fonctions directoriales (v. s[s] n° 922.13).

L'action contre les cautions n'est pas interrompue par l'effet de l'ouverture de la procédure collective du débiteur. L'arrêt des poursuites individuelles est ci inapplicable, ce qui justifie que le jugement de condamnation obtenu après l'ouverture de la procédure collective tout à la fois contre le débiteur et contre la caution ne peut être déclaré non avenu[6].

1. Paris, 24 févr. 1995, *Dr. sociétés* 1995, n° 120, obs. Chaput.
2. Paris, 8 mars 1991, *D.* 1991. IR 134 – Soinne, n° 1058.
3. Crim. 4 déc. 1997, n° 96-86.018, NP, *LPA* 27 juill. 1998, n° 89, p. 24, note Sordino.
4. L. n° 66-537, 24 juill. 1966, *JO* 26 juill., p. 6402.
5. Com. 16 mars 1993, n° 90-20.188, *Bull. civ.* IV, n° 106; *D.* 1993, jur. 583, note Derrida – Cass., ass. plén., 9 juill. 1993, n° 89-19.211, *Bull. ass. plén.*, n° 13; *D.* 1993, jur. 469, note Derrida; *JCP G* 1993. II. 21122, note Pollaud-Dulian et concl. Jeol.
6. Com. 16 juin 2015, n° 14-15.745, NP; n° 582 F-D.

Avant la loi du 10 juin 1994[7], la liberté de poursuites des garants après jugement d'ouverture de la procédure collective du débiteur était absolue. Ainsi était-il possible de poursuivre le codébiteur qui ne bénéficiait pas de la règle de l'arrêt des poursuites individuelles duquel on pouvait rapprocher l'obligé *in solidum* à la dette. La solution avait été posée sous l'empire de la loi du 13 juillet 1967[8]. Ces derniers, demeurés *in bonis*, pourront être actionnés indépendamment de toute déclaration au passif du codébiteur ou de l'obligé *in solidum* en redressement ou en liquidation judiciaire. De même, la caution, simple ou solitaire, ne bénéficiait pas davantage de l'arrêt des poursuites individuelles (v. s[s] n° 721.11), cependant que la déclaration de créance au passif du débiteur principal s'imposait ici.

La loi du 10 juin 1994 est venue modifier la solution, au bénéfice des cautions, personnes physiques. Leur poursuite pendant la période d'observation est devenue impossible. La loi de sauvegarde des entreprises du 26 juillet 2005 a étendu la solution au bénéfice des personnes physiques codébitrices (v. s[s] n° 731.22). L'ordonnance du 18 décembre 2008 a poursuivi le mouvement d'extension du bénéfice de la règle en l'accordant à toutes les personnes physiques qui ont consenti une sûreté personnelle, affecté ou cédé un bien en garantie. L'action entamée avant l'ouverture de la procédure collective du débiteur contre le garant personne physique est suspendue pendant toute la durée de la période d'observation. Elle reprendra à la fin de la période d'observation, dans des conditions variables selon qu'il s'agit d'un plan de sauvegarde, d'un plan de redressement ou d'une liquidation (v. s[s] n° 721.24 à 721.35).

Dès avant la loi du 10 juin 1994, il fallait réserver les règles particulières au codébiteur, conjoint *in bonis*, marié sous un régime communautaire (sur la situation du conjoint, v. s[s] n°s 741.41 s.).

621.12 Prérogatives n'ayant pas la qualité d'une action en justice. La règle de l'arrêt des poursuites individuelles ne concerne que les actions en justice. Elle ne concerne pas les exceptions qu'un créancier pourrait opposer, dans le cadre d'une action en justice initiée par le débiteur.

Pas davantage, la règle ne concerne les techniques jouant de manière identique à des exceptions, tel le droit de rétention. Cette garantie, que la jurisprudence[9] n'assimilait pas à une sûreté, contrairement

7. L. n° 94-475, 10 juin 1994, *JO* 11 juin, p. 8440.
8. L. n° 67-563, 13 juill. 1967, *JO* 14 juill., p. 7059 – Com. 4 oct. 1983, n° 82-11.639, *Bull. civ.* IV, n° 249; *D.* 1984, jur. 499, note Guyenot.
9. Com. 20 mai 1997, n° 95-11.915, *Bull. civ.* IV, n° 141; *D.* 1998, jur. 479, note Kenderian; *Dr. et patr.* 2000, n° 81, p. 42, note Piedelièvre; *LPA* 1er juin 1998, n° 65, p. 8, note Remy-Corlay; *JCP G* 1997. I. 405, obs. M. Cabrillac.

à ce qu'a ensuite décidé le législateur avec l'ordonnance du 23 mars 2006 [1], joue en effet par voie d'exception à une demande en restitution. Il ne s'agit pas d'une action et, en conséquence, le droit de rétention n'est pas affecté par la règle de l'arrêt des poursuites individuelles [2].

L'arrêt des poursuites individuelles ne fait pas obstacle à la mise en jeu des stipulations contractuelles, notamment celles fixant les délais de paiement [3].

SECTION 621.20

DIVERSES AUTRES DEMANDES EN PAIEMENT NON ARRÊTÉES

621.21 Action directe [4] – Délégations d'indemnités d'assurances. (v. aussi s^s n° 456.22). L'action directe autorise le créancier à obtenir son paiement directement d'un tiers. Divers textes prévoient une telle prérogative, particulièrement intéressante pour son bénéficiaire en cas de procédure collective atteignant le débiteur. Dans tous ces cas, le créancier sera dispensé de déclaration de créance au passif du débiteur.

Ainsi, en matière d'assurance de responsabilité, l'article L. 124-3 du code des assurances prévoit que « l'assureur ne peut payer à un autre que le tiers lésé tout ou partie de la somme due par lui, tant que ce tiers n'a pas été désintéressé ». L'action directe qui en résulte n'est nullement soumise à la règle de l'arrêt des poursuites individuelles [5]. La victime du dommage n'aura donc pas à déclarer sa créance au passif [6], du fait de son droit exclusif sur l'indemnité d'assurance due par l'assureur de l'auteur responsable du dommage. Le fait que la victime ait déclaré sa créance au passif de l'assuré pour un certain montant n'exerce, en conséquence, pas d'influence sur sa possibilité d'être totalement indemnisée par l'assureur [7]. Le liquidateur judiciaire, qui n'est pas titulaire de l'action directe appartenant aux victimes d'un dommage occasionné par le débiteur, n'est pas recevable à critiquer les dispositions d'une décision se prononçant sur le bénéfice de cette action directe [8].

Si la garantie n'est pas due par l'assureur, parce *que la faute est intentionnelle, l'appel en garantie* effectué par la personne *poursuivie à l'encontre du* coresponsable ou de son héritier présuppose une déclaration de créance au passif de ce dernier, s'il est sous procédure collective, alors même que dans le délai de déclaration de créance, l'assureur n'aurait pas encore fait connaître son refus de prise en charge. Il y a en effet place à déclaration d'une créance éventuelle, pour l'hypothèse de non prise en charge du dommage par l'assureur [9].

Une action directe permet au salarié de demander son indemnisation à la caisse d'assurance-maladie, à la suite d'une faute lourde de l'employeur [10].

Une autre action directe permet à un acheteur d'éviter les conséquences de la procédure collective du vendeur intermédiaire en s'adressant directement au constructeur [11].

L'article L. 132-8 du code de commerce (anc^t art. 101) accorde également au voiturier une action directe à l'encontre de l'expéditeur et du destinataire en paiement de ses prestations [12], qui n'est applicable qu'aux contrats conclus après l'entrée en vigueur de la loi Gayssot [13].

Cette action directe est exclue si l'expéditeur, garant du prix du transport, a interdit à son contractant toute substitution [14]. Pour échapper à l'action directe, l'expéditeur ou le destinataire doit apporter la preuve que le transporteur substitué a eu ou aurait dû avoir connaissance de la clause de refus de substitution [15].

1. Ord. n° 2006-346, 23 mars 2006, *JO* 24 mars, p. 4475.
2. Versailles, 13e ch., 27 févr. 1997, *Rev. proc. coll.* 1998, 165, n° 7, obs. Soinne.
3. Com. 11 févr. 2014, n° 13-10.146, NP; n° 183 F-D.
4. Huck, « Les actions directes en paiement et la procédure collective », *in Mesures d'exécution et procédures collectives*, « Procédures », Bruylant, 2012, p. 209 – Vergely, « Dommages de travaux publics : l'action en garantie contre l'assureur de l'entreprise défaillante », *LPA* 21 nov. 2006, n° 232, p. 4.
5. Paris, 7e ch. A, 23 sept. 2003, RG n° 2002/3335.
6. Civ. 3e, 29 janv. 2003, n° 99-16.496, NP, *RTD com.* 2005. 593, n° 3, obs. Saint-Alary-Houin – Civ. 3e, 12 mai 2004, n° 01-12.293, *Bull. civ.* III, n° 92; *D.* 2004. AJ 1904; *Act. proc. coll.* 2004/11, n° 134, note Vallansan – Civ. 2e, 15 mai 2008, n° 06-19.737, NP, *JCP E* 2008. 1976; *RJ com.* 2008. 390, note Sortais – Com. 16 nov. 2010, n° 09-10.492, NP; n° 1145 F-D.
7. Com. 16 nov. 2010, n° 09-10.492, NP; n° 1145 F-D.
8. Civ. 3e, 10 févr. 2009, n°s 07-21.170, 07-21.184, NP; n° 209 F-D.
9. Com. 16 mars 2010, n° 09-13.937, NP; n° 318 F-D; *Gaz. Pal. entr. diff.* 2-3 juill. 2010, n°s 183, 184, p. 23, note Henry.
10. Soc. 15 févr. 2001, n° 99-13.682, NP, *Act. proc. coll.* 2001/7, n° 85 – Soc. 19 déc. 2002, n° 01-12.214, NP, *Act. proc. coll.* 2003/4, n° 46.
11. Civ. 1re, 12 mai 2011, n° 10-14.044, NP, *RTD com.* 2011. 629, n° 7, obs. Bouloc.
12. AINSI : Rouen, 2e ch., 13 janv. 2000, *Act. proc. coll.* 2000/16, n° 202; *Rev. proc. coll.* 2003/1, p. 11, n° 7, obs. Lebel.
13. Com. 10 mai 2005, n° 03-17.618, *Bull. civ.* IV, n° 100; *D.* 2005. AJ 1412.
14. Com. 28 janv. 2004, n° 02-13.912, *Bull. civ.* IV, n° 19; *D.* 2004, jur. 944, note Tosi.
15. Com. 13 juin 2006, n° 05-16.921, *Bull. civ.* IV, n° 142; *D.* 2006, jur. 12967, note Tosi; *D.* 2007, jur. 117, note Kenfack; *JCP E* 4 oct. 2007, Chron. 2204, p. 28, n° 10, obs. Bon-Garcin.

Cette action directe n'est pas subordonnée à sa déclaration de créance au passif du donneur d'ordre[1]. Symétriquement, la déclaration de créance au passif du donneur d'ordre n'a pas d'effet interruptif de la prescription au titre de cette action directe enfermée dans un délai d'un an prévu par l'article L. 133-6 du code de commerce[2]. La solution est justifiée par l'observation qu'il n'existe pas de solidarité entre l'expéditeur et le donneur d'ordre, qui permettrait une interruption de la prescription sans avoir besoin d'agir en justice[3]. L'expéditeur, bien que garant du prix du transport, en application de l'article L. 132-8 du code de commerce, ne peut déclarer de créance au passif du commissionnaire qu'il n'a pas payé avant l'ouverture de la procédure collective de ce dernier[4]. Le paiement d'un transporteur sous-traitant par l'expéditeur ou le destinataire libère ces derniers de leur dette à l'égard de ce transporteur, en qualité de garants du paiement du fret, au sens de l'article L. 132-8 du code de commerce. En revanche, elle ne libère pas l'expéditeur ou le destinataire de leur dette à l'égard du donneur d'ordre, transporteur principal, non payé[5]. Il ne peut être invoqué de compensation entre une créance contractuelle à l'égard d'une société soumise à une procédure collective et une créance subrogatoire, connexe et réciproque, détenue par le créancier, ayant son origine avant le jugement d'ouverture, que si cette créance est née avant l'ouverture de la procédure collective, ce qui n'est pas le cas si les paiements directs des transporteurs sous-traitants par l'expéditeur ont été effectués après le jugement d'ouverture[6].

L'action directe du créancier d'aliments n'est pas davantage subordonnée à sa déclaration de créance au passif[7].

La caisse d'assurance-maladie peut obtenir le remboursement par l'employeur des sommes versées en indemnisation du préjudice subi par le salarié du fait de la faute inexcusable de l'employeur. Pour cela, elle doit toutefois déclarer sa créance au passif de l'employeur[8]. En revanche, elle est dispensée de déclarer sa créance au passif de l'employeur pour faire jouer l'assurance de l'employeur, s'agissant d'une action directe actionnée par subrogation dans les droits du salarié[9].

De même, en matière de sous-traitance, l'article 12 de la loi du 31 décembre 1975[10], relatif à la sous-traitance dans le bâtiment et les travaux publics[11], prévoit que « le sous-traitant a une action directe contre le maître de l'ouvrage si l'entrepreneur principal ne paie pas les sommes qui sont dues en vertu du contrat de sous-traitance ». Cette action suppose un contrat de sous-traitance, lequel ne peut se concevoir que dans le cadre d'un contrat d'entreprise, non dans celui d'un contrat de fourniture de marchandises[12]. Il n'est pas exigé du sous-traitant mettant en œuvre l'action directe qu'il délivre une mise en demeure à l'administrateur judiciaire ou au liquidateur[13]. L'action directe ne peut permettre au sous-traitant de percevoir le montant des dommages-intérêts dus par l'entrepreneur principal[14].

L'article 14-1 de la loi du 31 décembre 1975, qui résulte de la loi du 6 janvier 1986[15], complète le dispositif, en visant le cas du maître de l'ouvrage ayant connaissance sur le chantier d'un sous-traitant. En ce cas, le maître d'ouvrage a alors l'obligation de mettre en demeure l'entrepreneur principal de lui présenter le sous-traitant afin qu'il puisse l'agréer. La loi du 11 décembre 2001[16] a étendu le mécanisme aux marchés publics. En outre, lorsque le sous-traitant a été agréé par le maître de l'ouvrage, mais qu'il ne bénéficie pas de la délégation de paiement, le maître de l'ouvrage doit exiger de l'entrepreneur principal qu'il justifie d'un cautionnement d'un établissement qualifié, pour que le paiement intégral du sous-traitant soit garanti. La loi de sauvegarde des entreprises (art. 186) a étendu le dispositif de l'article 14-1 de la loi du 31 décembre 1975 à la sous-traitance industrielle, lorsque le maître de l'ouvrage connaît l'existence de ce contrat, par adjonction d'un alinéa 4 à cet article 14-1. Il a été précisé que le dispositif ne s'étendait pas aux sous-traitants secondaires[17].

1. Com. 17 déc. 2003, nº 02-12.891, *Bull. civ.* IV, nº 209; *Act. proc. coll.* 2004/3, nº 29, note Vallansan et Petit; *RTD com.* 2004. 367, nº 15, obs. Bouloc – Rouen, 2e ch. civ., 13 janv. 2000, *Act. proc. coll.* 2000/16, nº 202.
2. Paris, 5e ch. B, 29 sept. 2005, RG nº 2003/16150.
3. Com. 12 juill. 2011, nº 10-18.675, *Bull. civ.* IV, nº 124; nº 767 FS-P+B; *Gaz. Pal. entr. diff.* 21 janv. 2012, nº 20, p. 30, note Roussel Galle; *BJE* sept./oct. 2011, comm. 128, p. 261, note Bréna; *Act. proc. coll.* 2011/16, comm. 241, note Delebecque; *JCP E* 2012. 1090, note Paulin.
4. Com. 4 oct. 2005, nº 03-18.678, NP; nº 1160 F-D; *Gaz. proc. coll.* 2006/1, p. 27, obs. Roussel Galle.
5. Com. 1er févr. 2011, nº 09-72.309, *Bull. civ.* IV, nº 14; nº 75 F-P+B; *Act. proc. coll.* 2011/6, nº 103, note Petit; *JCP E* 2011, Chron. 1658, nº 8, obs. Petit; *RTD com.* 2012. 613, nº 2, obs. Martin-Serf.
6. Com. 1er févr. 2011, nº 09-72.309, *Bull. civ.* IV, nº 14; nº 75 F-P+B; préc.
7. Nancy, 3e ch., 30 avr. 1999, *BICC* 15 nov. 1999, nº 1302.
8. Com. 18 juin 2013, nº 12-19.709, *Bull. civ.* IV, nº 107; nº 622 F-P+B; *Act. proc. coll.* 2013/13, comm. 183, note Cagnoli *BJE* sept. 2013, p. 292, note Donnette; *Rev. proc. coll.* 2014, comm. 14, note Legrand et Legrand.
9. Com. 18 juin 2013, nº 12-19.709, *Bull. civ.* IV, nº 107; nº 622 F-P+B; préc.
10. L. nº 75-1334, 31 déc. 1975, *JO* 3 janv. 1976, p. 148.
11. L. nº 75-1334, 31 déc. 1975, *JO* 3 janv. 1976, 148.
12. Civ. 3e, 4 juin 2003, nº 01-17.762, *Bull. civ.* III, nº 121.
13. Com. 22 mai 2001, nº 98-17.128, *Bull. civ.* IV, nº 95.
14. Paris, 23e ch. A, 27 févr. 2002, *Rev. proc. coll.* 2003/1, nº 9, obs. Lebel.
15. L. nº 86-13, 6 janv. 1986, *JO* 7 janv., p. 330.
16. L. nº 2001-1168, 11 déc. 2001, *JO* 12 déc., p. 19703.
17. *Rapp. Xavier de Roux*, nº 2095, p. 496.

La jurisprudence considère, au regard du droit international privé, la loi du 31 décembre 1975, protectrice des intérêts du sous-traitant, comme une loi de police[1].

Du fait de ces actions, il faut considérer que les sommes dues par l'assureur, l'entrepreneur principal, le débiteur d'aliments ou l'expéditeur, selon le cas, ne sont jamais entrées dans le patrimoine du débiteur. C'est pourquoi, il faut décider que la procédure collective de l'assuré, de l'entrepreneur principal, du débiteur d'aliments ou de l'expéditeur, tous débiteurs des sommes, reste sans conséquence sur la situation. Peu importera, dès lors, la déclaration de créance au passif du débiteur, l'extinction de la créance contre le débiteur n'exerçant, sur l'action directe, aucune influence.

Inversement, la déclaration de créance au passif du débiteur et l'admission consécutive ne peuvent être analysées en une renonciation au droit d'agir par la voie de l'action directe.

La mise en cause de l'entrepreneur principal, du débiteur d'aliments ou de l'expéditeur, c'est-à-dire plus généralement du débiteur, dans l'instance mettant en jeu l'action directe, s'imposera[2]. En redressement judiciaire, il conviendra de mettre en cause le débiteur, le représentant des créanciers - mandataire judiciaire - et l'administrateur judiciaire. En liquidation judiciaire, la mise en cause du liquidateur s'imposera. Cette mise en cause du débiteur dans le délai de la prescription de l'action permettra, après expiration du délai, la mise en cause des organes de la procédure, et ce jusqu'à ce que le juge statue[3].

Cependant, à la suite d'un revirement de jurisprudence, la Cour de cassation considère que la mise en cause de l'assuré ne constitue plus une condition de mise en œuvre de l'action directe contre l'assureur[4].

De l'action directe, il faut rapprocher le jeu des délégations d'indemnités d'assurance. Ici encore, par la technique de la délégation, la créance d'indemnité due au propriétaire d'un bien détenu par le débiteur, par exemple au titre d'un contrat de crédit-bail, ou aux créanciers inscrits sur le bien assuré, est considérée comme n'étant jamais entrée dans le patrimoine du débiteur. Il faut en conséquence décider que l'action en justice contre l'assureur, fondée sur le jeu d'une délégation, n'est pas concernée par l'arrêt des poursuites individuelles, la solution ayant notamment été posée au visa de l'article L. 121-13, alinéa 1er du code des assurances pour une créance hypothécaire[5]. Elle est indépendante de la déclaration de créance, l'extinction de cette dernière au passif n'ayant sur le jeu de la délégation aucune conséquence (v. s^s n° 665.71). Il en est de même des attributions directes d'indemnités d'assurance prévues par certains textes, tels l'article L. 121-13 alinéa 2 du code des assurances, qui ne sont pas davantage concernées par l'arrêt des poursuites individuelles[6].

Il y a délégation imparfaite de créance, laissant subsister l'ancienne obligation, lorsque le créancier, bien qu'il ait eu connaissance de l'engagement de payer pris par la société créée par l'entrepreneur individuel, n'a pas expressément accepté de décharger le débiteur d'origine, qui doit ainsi supporter le poids de la dette en cas de procédure collective atteignant la société[7].

621.22 **Action oblique.** L'action oblique mérite également quelques explications. Il s'agit de l'action exercée contre un débiteur de son propre débiteur (C. civ., art. 1166). Elle n'a pas pour effet de permettre à un créancier d'obtenir paiement de ce qui lui est dû. En effet, les sommes recouvrées par l'action oblique rentrent dans le patrimoine du débiteur. Dès lors, on aperçoit que la règle de l'arrêt des poursuites individuelles ne peut la concerner, le contraire étant cependant affirmé par certains[8].

Les règles du dessaisissement peuvent toutefois conduire à une irrecevabilité de l'action oblique. Si le débiteur est dessaisi de l'administration de ses droits, l'action oblique est irrecevable[9], car seuls les organes autorisés de la procédure collective auraient pu agir contre le débiteur du débiteur, dès lors du moins que le débiteur aurait eu lui-même le droit

1. Com. 27 avr. 2011, n° 09-13.524, *Bull. civ.* IV, n° 60; *D.* 2011. 1654, note Le Bos; *Act. proc. coll.* 2011/11, comm. 166, note Legrand.
2. Cass. ch. mixte, 15 juin 1979, n° 77-14.549, *Bull. ch. mixte*, n° 1; *D.* 1979, jur. 243, note Lambert; *D.* 1979, jur. 561, note Derrida; *JCP G* 1979. II. 19697, note Besson et Bigot; *RTD civ.* 1979. 356, obs. Durry; *RGDA* 1979, p. 364, concl. Toubas; *Gaz. Pal.* 1979, Doctr. 486, note Margeat et Lamure – Com. 18 juin 1989, *JCP G* 1989. IV. 359.
3. Com. 25 juin 1996, n° 94-19.108, *Bull. civ.* IV, n° 195; *D.* 1996, jur. 481, rapp. Rémery.
4. Civ. 1re, 7 nov. 2000, *JCP E* 2001, act. 149, obs. Bigot – *Adde*, Paris, 7e ch. A, 8 juin 2004, RG n° 2002/18997.
5. Civ. 1re, 28 oct. 1997, *D. Affaires* 1997, 1426; *LPA* 20 août 1999, n° 166, p. 20, note Teilliais.
6. AINSI : Com. 12 mai 1998, n° 95-17.757, *Bull. civ.* IV, n° 153; *D.* 1999. Somm. 6, obs. Derrida; *JCP E* 1998, Chron. 1359, n° 8, obs. M. Cabrillac.
7. Com. 14 déc. 2010, n° 09-71.378, NP, *Act. proc. coll.* 2011/3, comm. 52, note Vallansan.
8. SOINNE, n° 1057 – J.-CL. COM., Vallansan, fasc. 2355, [Situation des créanciers – Arrêt des poursuites individuelles], 2016, n° 16.
9. Com. 3 avr. 2001, n° 98-14.191, *Bull. civ.* IV, n° 71; *Act. proc. coll.* 2001, n° 105; *Defrénois* 2001. 37399, p. 1054, note Savaux; *JCP E* 2001, Chron. 1473, n° 16, obs. Pételi; *RD banc. fin.* 2001/3, p. 164, n° 118, obs. Lucas; *RTD com.* 2001. 771, obs. Vallens; *RTD civ.* 2001. 882, obs. Mestre et Fages – Com. 28 oct. 2008, n° 07-15.029, NP; n° 1077 F-D.

d'exercer l'action. Il a été ainsi jugé que le liquidateur n'ayant pas plus de droits que le débiteur ne peut opposer l'absence de publication d'un pacte tontinier au concubin du débiteur[1]. Au contraire, à défaut de dessaisissement, l'action oblique doit être déclarée recevable, l'inaction du titulaire de l'action justifiant la solution. Après clôture de la procédure collective, l'action oblique peut donc à nouveau prospérer. Il faut cependant réserver l'hypothèse de l'extinction de la créance détenue par le créancier agissant sur son débiteur, notamment, sous l'empire de la législation antérieure à la loi du 26 juillet 2005[2], pour absence de déclaration de créance au passif du débiteur[3].

SECTION 621.30

Actions non arrêtées – Action paulienne[4]

621.31 Mise en œuvre et intérêt de l'action paulienne. L'action paulienne n'est pas concernée par la règle de l'arrêt des poursuites individuelles. La solution est affirmée avec netteté par la Cour de cassation, qui en tire cette conséquence que la règle de l'absence de reprise des poursuites individuelles après clôture de la liquidation judiciaire pour insuffisance d'actif ne fait pas obstacle à la recevabilité de cette action[5].

L'action paulienne échappe à l'attraction de compétence au profit du tribunal de la faillite, en ce qu'elle n'est pas née de la procédure collective et que les règles de cette dernière n'exercent pas sur elle une influence juridique[6].

L'action paulienne appartient à tout créancier[7], dès lors que, conformément au droit commun, il démontre avoir subi un préjudice. Cela suppose d'abord que, par principe, l'acte attaqué soit postérieur à la naissance de la créance, à moins qu'une fraude ait été organisée à l'avance en vue de porter préjudice à ses créanciers futurs[8]. La solution se rencontrera lorsque la fraude est antérieure au démarrage de l'activité qui justifiera la procédure collective de l'intéressé. La preuve de l'antériorité de la créance par rapport à l'acte attaqué peut être prouvée par tous moyens[9].

Le demandeur à l'action doit établir l'insolvabilité au moins apparente du débiteur au moment de l'acte attaqué par la fraude paulienne[10]. Tel n'est pas le cas d'un acte de donation antérieur de huit ans à l'ouverture de la procédure collective, à une époque où l'intéressé n'était débiteur que d'une seule personne et n'était pas en état de cessation des paiements[11].

Si l'acte frauduleux est accompli après l'arrêté d'un plan de sauvegarde, de continuation ou de redressement, l'action paulienne pourra prospérer en cas de résolution du plan. En ce cas, les créances antérieures détenues par les créanciers soumis au plan deviennent exigibles en leur état initial, ce qui rend dès lors possible l'action en inopposabilité du liquidateur[12].

Le préjudice subi par le créancier agissant pourra tenir à la réalisation de cession de parts et actions à un prix très inférieur à leur valeur, en présence, au surplus, d'offres concurrentes de rachat des parts à un prix supérieur[13].

Le jeu de l'action paulienne présuppose ensuite que la créance ne soit pas éteinte, par suite de son rejet ou, sous l'empire de la législation antérieure à la loi de sauvegarde des entreprises, d'absence de déclaration au passif[14]. L'inopposabilité à la procédure de la créance non déclarée, sous l'empire de la loi de sauvegarde des entreprises, empêche, à notre sens, l'action du créancier pendant la procédure collective, c'est-à-dire en période d'observation, pendant l'exécution des plans de sauvegarde et de redressement, et en phase de liquidation judiciaire. En outre, pour les procédures ouvertes à compter du 15 février 2009 – soumises à l'ordonnance du 18 décembre

1. Civ. 1re, 28 nov. 2000, no 98-18.071, NP, *Act. proc. coll.* 2001/2, no 29.
2. L. no 2005-845, 26 juill. 2005, préc.
3. Com. 12 mai 2009, no 08-12.178, NP; no 457 F-D; *RTD com.* 2009. 623, no 9, obs. Vallens.
4. Sautonie-Laguionie, *La fraude paulienne*, « Bibl. dr. privé », t. 500, Lgdj, 2008.
5. Com. 2 nov. 2005, no 04-16.232, *Bull. civ.* IV, no 214; *D.* 2005. AJ 2873, obs. Lienhard; *D.* 2006. Somm. 83, obs. Le Corre; *JCP E* 2006, Chron. 1569, p. 673, no 11, obs. Pétel; *Act. proc. coll.* 2005/19, no 237, obs. Vallansan; *Gaz. proc. coll.* 2006/1, p. 27, obs. Roussel Galle; *Gaz. Pal.* 26-27 juill. 2006, p. 22, note Daussy-Roman; *Rev. proc. coll.* 2006/3, p. 276, no 3, obs. Blanc; *LPA* 17 nov. 2006, no 230, p. 14, note Jambort.
6. Com. 16 juin 2015, no 14-13.970, *Bull. civ.* IV [à paraître]; no 588 F-P+B; *APC* 2015/13, comm. 200, note Staes; *BJE* 2015, 374, note Sautonie-Laguionie; *JCP E* 2015, chron. 1422, note Pétel.
7. Com. 26 janv. 1988, nos 86-13.053, 87-12.840, *Bull. civ.* IV, no 54; *Rev. proc. coll.* 1988, 411, note Guyon.
8. Civ. 1re, 13 juill. 2004, no 03-10.292, NP.
9. Com. 23 oct. 2007, no 06-21.388, NP; no 1.160 F-D.
10. Com. 10 juill. 2012, no 11-19.664, NP.
11. Com. 10 juill. 2012, no 11-19.664, NP.
12. Toulouse, 24 mai 2004, RG no 03/03131, *Rev. proc. coll.* 2005/1, p. 62, no 17, obs. Rubellin.
13. Com. 23 oct. 2007, no 06-21.388, NP; no 1160 F-D.
14. Com. 2 févr. 1999, no 96-18.450, *Bull. civ.* IV, no 35; *LPA* 1er avr. 1999, no 65, p. 5, note P. M.; *RTD com.* 1999. 745, obs. Martin-Serf; *D.* 1999. Somm. 351, obs. Honorat; *Rev. proc. coll.* 2003, p. 151, no 2, obs. Blanc; *Act. proc. coll.* 1999, comm. 49, note Vallansan – Com. 10 juin 2008, no 06-21.112, NP; no 665 F-D; *Gaz. proc. coll.* 2008/3, p. 42, no 3, note Rohart-Messager; *RTD com.* 2008. 861, no 11, obs. Martin-Serf; *Rev. proc. coll.* 2009/2, p. 49, no 59, note Dumont-Lefrand.

2008[1] –, l'inopposabilité de la créance non déclarée après complète exécution des plans fera obstacle à la recevabilité de l'action paulienne en ce cas.

Il est admis que le créancier exerçant l'action paulienne n'a pas à faire état d'un préjudice strictement personnel[2]. La solution a été justifiée par la disparition de la masse des créanciers[3]. Elle nous semble plus encore avoir pour explication les effets de la fraude paulienne, qui ne s'exercent que dans les rapports entre le créancier agissant et le débiteur, ne créant qu'une inopposabilité de l'acte frauduleux au profit du seul créancier demandeur[4], et non une inefficacité *erga omnes*. Ce créancier peut donc se contenter de prouver une diminution de l'actif, ce qui représente, comme il a été relevé[5], le cas type du préjudice collectif.

Même si le contraire a été soutenu[6], le créancier agira devant la juridiction normalement compétente et non devant le tribunal de la faillite, ce qui justifie qu'il puisse continuer devant cette même juridiction l'action engagée avant le jugement d'ouverture[7]. La solution est justifiée par l'observation que cette action n'est pas née de la faillite et que les règles de la faillite n'exercent sur elle aucune influence.

Toutefois, l'action du créancier *ut singuli* est concurrente de celle du représentant des créanciers – mandataire judiciaire, qui peut aussi engager cette action si le préjudice est subi par la collectivité des créanciers[8], nonobstant, le cas échéant, le fait qu'un créancier antérieur soit partie à l'acte attaqué[9]. La Cour de cassation admet aussi que le mandataire judiciaire puisse agir, alors même qu'un seul créancier, titulaire d'une créance antérieure à la fraude, aurait pu agir[10]. Il faut que le mandataire de justice justifie de créances certaines en leur principe au moment de l'acte argué de fraude, peu important que ces créances soient de nature civile ou commerciale et qu'elles aient été contractées avant le début de l'activité professionnelle du débiteur[11].

On doit préciser que les solutions dégagées en matière d'action paulienne s'éloignent de celles retenues dans d'autres domaines pour l'exercice d'actions tendant à l'intérêt collectif des créanciers.

La qualité à agir du mandataire judiciaire, concurrente de celles des créanciers *ut singuli*, a conduit la Cour de cassation à admettre l'intervention volontaire du mandataire judiciaire à l'action engagée par un créancier[12]. En ce cas, la difficulté se pose de savoir qui de la procédure collective ou du créancier individuellement, doit profiter de l'action paulienne. Cette question démontre que la solution de la Cour de cassation n'est pas très heureuse car, ainsi que cela a été expliqué, de deux choses l'une : ou bien le préjudice est collectif et seul le mandataire judiciaire peut agir, ou bien le préjudice n'est subi que par une catégorie de créanciers et, en ce cas, l'action doit être fermée au mandataire judiciaire[13]. La Cour de cassation a d'ailleurs jugé que le liquidateur, agissant dans l'intérêt collectif des créanciers, ne pouvait obtenir la condamnation du tiers complice de la fraude au paiement de la créance personnelle détenue sur le débiteur en liquidation judiciaire par le créancier ayant initié l'action paulienne[14].

La qualité à agir a également été reconnue au commissaire à l'exécution du plan[15], du fait qu'il a

1. Ord. n° 2008-1345, 18 déc. 2008, préc.
2. Com. 8 oct. 1996, n° 93-14.068, *Bull. civ.* IV, n° 227; *JCP E* 1997, n° 6/7, p. 27, note Guyon; *LPA* 13 mars 1998, n° 31, p. 21, note Courtier; *D.* 1997, jur. 87, note Derrida; *JCP E* 1992. I. 623, n° 10, obs. Pétel; *JCP E* 1992. II. 914, note Guyon; *Rev. proc. coll.* 1998, 209, n° 16, obs. Lemistre.
3. Derrida, note s[s] Com. 8 oct. 1996, n° 93-14.068, *Bull. civ.* IV, n° 227; *D.* 1997, jur. 87.
4. Com. 2 nov. 2005, n° 04-16.232, *Bull. civ.* IV, n° 214; n° 1358 FS-P+B; *D.* 2005. AJ 2873, obs. Lienhard; *D.* 2006. Somm. 83, obs. Le Corre; *JCP E* 2006, Chron. 1569, p. 673, n° 11, obs. Pétel; *Act. proc. coll.* 2005/19, n° 237, obs. Vallansan; *Gaz. proc. coll.* 2006/1, p. 27, obs. Roussel Galle; *Gaz. Pal.* 26-27 juill. 2006, p. 22, note Daussy-Roman; *Rev. proc. coll.* 2006/3, p. 276, n° 3, obs. Blanc; *LPA* 17 nov. 2006, n° 230, p. 14, note Jambort.
5. Guyon, note s[s] Com. 8 oct. 1996, préc.
6. Soinne, n° 1800.
7. Com. 6 juill. 1993, n° 91-13.834, NP.
8. Com. 8 oct. 1996, n° 93-14.068, *Bull. civ.* IV, n° 227; *D.* 1997, jur. 87, note Derrida et Somm. 78, obs. Honorat; *JCP G* 1997. I. 4002, n° 1, obs. Ch. Jamin et 4004, n° 10, obs. Pétel; *JCP E* 1992. I. 623, n° 10, obs. Pétel; *JCP E* 1992. II. 914, note Guyon; *Rev. proc. coll.* 1998, 209, n° 16, obs. Lemistre; *RTD civ.* 1997. 943, obs. Mestre – Com. 13 nov. 2001, n° 98-18.292, *Bull. civ.* IV, n° 178; *D.* 2001. AJ 3617, obs. Lienhard; *Act. proc. coll.* 2002/1, n° 1, obs. Blanc; *LPA* 7 août 2002, n° 157, p. 8, note Sénéchal; *JCP E* 2002, jur. 726, p. 765, note Blanc; *JCP E* 2002, Chron. 807, p. 853, n° 14, obs. Pétel; *RTD com.* 2002. 151, n° 1, obs. Saint-Alary-Houin – Civ. 1re, 13 juill. 2004, n° 03-10.292, NP.
9. Grenoble, ch. com., 12 oct. 2000, *JCP E* 2001, pan. 686.
10. Civ. 1re, 29 mai 2013, n° 12-16.541, NP; n° 560 F-D; *BJE* sept. 2013, p. 298, note Sautonie-Laguionie.
11. Com. 14 mai 2008, n° 07-10.037, NP; n° 567 F-D.
12. Com. 10 nov. 2009, n° 08-13.346, NP; n° 1024 F-D; *Act. proc. coll.* 2010/1, n° 3, note Régnaut-Moutier; *LPA* 8 mars 2010, n° 47, p. 15, note Sortais; *Rev. proc. coll.* 2010, comm. 143, note Lisanti; *RTD com.* 2010. 789, n° 5, obs. Martin-Serf.
13. Régnaut-Moutier, note s[s] Com. 10 nov. 2009, n° 08-13.346, NP, *Act. proc. coll.* 2010/1, n° 3.
14. Com. 20 nov. 2012, n°s 11-20.256, 11-22.295, NP, *Act. proc. coll.* 2013/1, comm. 7, note Petit.
15. Com. 13 nov. 2001, n° 98-18.292, *Bull. civ.* IV, n° 178; *D.* 2001. AJ 3617, obs. Lienhard; *Act. proc. coll.* 2002/1, n° 1, obs. Blanc; *LPA* 7 août 2002, n° 157, p. 8, note Sénéchal; *JCP E* et *A* 2002, jur. 726, p. 765, note Blanc; *JCP E* et *A* 2002, Chron. 807, p. 853, n° 14, obs. Pétel; *RTD com.* 2002. 151, n° 1, obs. Saint-Alary-Houin; *RJ com.* 2003. 234, n° 1618, note Sortais – Com. 9 juill. 2002, n° 99-16.323, NP, *Act. proc. coll.* 2002/17, n° 216; *Rev. proc. coll.* 2004, p. 69, n° 1, obs. Blanc.

été érigé par la Cour de cassation en organe de défense de l'intérêt collectif des créanciers, ce que la loi de sauvegarde a consacré législativement.

La reconnaissance par la loi de sauvegarde des entreprises, au profit des contrôleurs, d'un droit d'action subsidiaire pour assurer la défense de l'intérêt collectif des créanciers si le mandataire judiciaire n'agit pas doit conduire à rendre recevable l'action paulienne exercée par un contrôleur en cas d'inaction du mandataire judiciaire.

621.32 Intérêt de l'action paulienne par rapport aux nullités de la période suspecte – effets de l'action. L'action paulienne présente des avantages certains par rapport à l'action en nullité de la période suspecte.

Tout d'abord, cette dernière action est attitrée aux organes de la procédure.

Ensuite, l'action paulienne permet d'atteindre, pendant la période suspecte, des actes qui ne seraient pas nécessairement sanctionnés par les nullités[1], même si, en pratique, du fait de l'existence des nullités facultatives de la période suspecte, il est possible d'atteindre les actes à titre onéreux, dès lors qu'est démontrée la connaissance par le cocontractant du débiteur de la cessation des paiements de ce dernier. La démonstration que le défendeur à l'action paulienne connaissait l'état de cessation des paiements du débiteur n'est pas exigée[2].

De manière traditionnelle, l'action paulienne, ne peut atteindre des paiements pour dettes échues. Il en va différemment si les paiements sont effectués par des moyens inhabituels. Tel n'est pas le cas d'un paiement fait par compensation[3].

L'action paulienne peut permettre de remettre en cause des paiements pour dettes non échues. Tel n'est pas le cas de paiements effectués à l'occasion d'un règlement amiable, ce qui leur conférait le caractère de dettes échues exclusif d'un appauvrissement du débiteur[4]. La solution est évidemment transposable au paiement qui serait effectué dans le cadre d'une conciliation.

Surtout, l'action paulienne permet de sanctionner des actes intervenus en dehors de la période suspecte[5]. C'est là son principal intérêt.

La sanction classique de la fraude paulienne est l'inopposabilité de l'acte frauduleux au créancier dont les intérêts sont lésés.

En cas d'extension sur le fondement de la confusion des patrimoines, les actes déclarés inopposables peuvent être accomplis par toutes les personnes auxquelles la procédure collective a été étendue et non pas seulement par la personne qui était le débiteur du créancier agissant en fraude paulienne[6]. La solution est justifiée par l'unicité de masse active et passive.

L'acte est seulement inopposable. Il n'est pas nul. Les biens sortis du patrimoine du débiteur ne peuvent donc le réintégrer afin qu'ils deviennent le gage commun des créanciers[7]. L'action permet seulement à celui qui agit de saisir le bien comme s'il n'avait jamais quitté le patrimoine du débiteur[8].

Il en résulte que l'inopposabilité au liquidateur, demandeur à l'action paulienne, d'une donation de la nue-propriété, conséquence de l'action paulienne, ne peut ếre étendue à la vente ultérieure de la dite nue-propiété, consentie à des tiers acquéreurs de bonne fo[9].

C'est aussi pourquoi si l'action paulienne est exercée par un créancier, alors que le liquidateur est intervenant forcé en appel, il ne peut être jugé que les biens sortis du patrimoine du débiteur ne peuvent le réintégrer afin qu'ils deviennent le gage commun des créanciers[10]. Il apparaît en conséquence difficile de suivre une décision qui a frappé de nullité le contrat frauduleux, par lequel un entrepreneur avait vendu à son frère un immeuble moyennant un prix payé, pour partie par une prétendue compensation avant le jugement d'ouverture, et pour partie au comptant qui en réalité ne sera pas versée[11].

De même, la Cour de cassation a jugé que le liquidateur, agissant dans l'intérêt collectif des créanciers, ne pouvait obtenir la condamnation du tiers complice de la fraude au paiement de la créance personnelle détenue sur le débiteur en liquidation judi-

1. TGI Bordeaux, 3 sept. 2012, RG n° 09/11920, *Rev. proc. coll.* 2014, Chron. 1, n° 9, note Sautonie-Laguionie.
2. TGI Bordeaux, 3 sept. 2012, RG n° 09/11920, préc.
3. Com. 16 juin 2015, n° 14-13.969, NP; n° 587 F-D.
4. Com. 1er avr. 2008, n° 07-11.911, *Bull. civ.* IV, n° 72; n° 438 F-P+B; *D.* 2008. AJ 1142, obs. Lienhard; *Gaz. proc. coll.* 2008/3, p. 41, n° 2, note Rohart-Messager; *Rev. proc. coll.* 2008, p. 56, n° 63, note Gorrias; *RTD com.* 2008. 301, obs. Fages; *RTD com.* 2008. 849, n° 2, obs. Macorig-Venier; *JCP E* 2008, Chron. 2062, n° 16, obs. Pétel; *Defrénois* 2009. 38894, p. 353, n° 5, note Gibirila.
5. Douai, 17 déc. 1992 et Versailles, 28 janv. 1993, *Rev. proc. coll.* 1994, 257, obs. Lemistre – *Adde*, SAINT-ALARY-HOUIN, 9e éd., n° 847.
6. Com. 23 oct. 2007, n° 06-21.388, NP; n° 1160 F-D.
7. Com. 28 sept. 2004, nos 03-10.054, 03-12.070, NP – Com. 9 avr. 2013, n° 12-17.963, NP; n° 365 F-D; *Gaz. Pal.* 12 juill. 2013, n° 193, p. 26, note Rohart-Messager; *Act. proc. coll.* 2013/9, comm. 127, note Leprovaux.
8. Com. 9 avr. 2013, n° 12-17.963, NP; n° 365 F-D; préc.
9. Com. 9 avr. 2013, n° 12-17.963, NP; n° 365 F-D; préc.
10. Com. 28 sept. 2004, nos 03-10.054, 03-12.070, NP – Com. 9 avr. 2013, n° 12-17.963, NP; n° 365 F-D; préc.
11. Civ. 3e, 29 oct. 2003, n° 02-15.668, *Bull. civ.* IV, n° 186; *Act. proc. coll.* 2004/5, n° 60, note Cagnoli et Raoul-Cormeil.

ciaire par le créancier ayant initié l'action paulienne[1].

Sous l'empire de la loi du 13 juillet 1967[2], l'existence de la masse des créanciers avait pu justifier le caractère collectif de l'action paulienne. Son résultat profitait à tous les créanciers dans la masse[3].

Puis la Cour de cassation, sous l'empire de la loi du 25 janvier 1985[4], ainsi que cela a été précisé, a autorisé un créancier à agir *ut singuli* en inopposabilité de la fraude paulienne (v. s[s] n° 621.31), alors même que le préjudice est collectif. Symétriquement, le produit de l'action lui profite individuellement[5]. Il s'est ainsi opéré un retour au droit commun. Observons d'ailleurs que l'inopposabilité de l'acte frauduleux ne pourra qu'être strictement personnelle au créancier assignant, conformément au droit commun, lorsque la fraude paulienne aura été sanctionnée après clôture de la procédure[6].

Si l'action paulienne est introduite par le représentant des créanciers ou le mandataire judiciaire, le produit de l'action sera collectif[7].

Une difficulté se présentera si l'action est introduite par un créancier et si le mandataire judiciaire est intervenant principal (v. s[s] n° 621.31).

SECTION 621.40

ACTIONS NON ARRÊTÉES – ACTIONS NE TENDANT PAS AU PAIEMENT D'UNE SOMME D'ARGENT

621.41 Actions ne tendant pas au paiement d'une somme d'argent. Les actions ne tendant ni directement ni indirectement au paiement d'une somme d'argent ne sont pas concernées par la règle de l'arrêt des poursuites individuelles.

1. Com. 20 nov. 2012, n°s 11-20.256, 11-22.295, NP, *Act. proc. coll.* 2013/1, comm. 7, note Petit; *BJE* mars 2013, comm. 48, note Sautonie-Laguionie.
2. L. n° 67-563, 13 juill. 1967, préc.
3. Com. 20 juill. 1986, *JCP G* 1987. II. 20824, note Chaput – Com. 26 janv. 1988, n°s 86-13.053, 87-12.840, *Bull. civ.* IV, n° 54; *D.* 1988. Somm. 337, obs. Honorat.
4. L. n° 85-98, 25 janv. 1985, préc.
5. Com. 8 oct. 1996, n° 93-14.068, *Bull. civ.* IV, n° 227; *JCP E* 1997, n° 6/7, p. 27, note Guyon; *LPA* 13 mars 1998, n° 31, p. 21, note Courtier; *D.* 1997, jur. 87, note Derrida et Somm. 78, obs. Honorat; *JCP G* 1997. I. 4002, n° 1, obs. Ch. Jamin et 4004, n° 10, obs. Pétel; *JCP E* 1992. I. 623, n° 10, obs. Pétel; *JCP E* 1992. II. 914, note Guyon; *Rev. proc. coll.* 1998, 209, n° 16, obs. Lemistre.
6. Com. 2 nov. 2005, n° 04-16.232, *Bull. civ.* IV, n° 214; n° 1358 FS-P+B; *D.* 2005. AJ 2873, obs. Lienhard; *D.* 2006. Somm. 83, obs. Le Corre; *JCP E* 2006, Chron. 1569, p. 673, n° 11, obs. Pétel; *Act. proc. coll.* 2005/19, n° 237, obs. Vallansan; *Gaz. proc. coll.* 2006/1, p. 27, obs. Roussel Galle; *Gaz. Pal.* 26-27 juill. 2006, p. 22, note Daussy-Roman; *Rev. proc. coll.* 2006/3, p. 276, n° 3, obs. Blanc; *LPA* 17 nov. 2006, n° 230, p. 14, note Jambort.

Il en est d'abord ainsi des actions qui portent sur l'efficacité de la convention[8]. Sont ainsi soustraites à la règle de l'arrêt des poursuites individuelles, les actions tendant à déterminer la validité de la convention[9], les actions en nullité du contrat (sur la nature de la créance de restitution v. s[s] n° 442.21) – solution posée sous l'empire de la législation de sauvegarde des entreprises[10], sous celui de la loi du 25 janvier 1985[11] et sous celui de la législation du 13 juillet 1967[12]. Des actions en nullité de contrat, on rapprochera les actions en réduction du prix de vente d'un fonds de commerce pour inexactitude des mentions obligatoires[13], ou en rescision pour lésion[14], le contraire ayant cependant également été jugé sur ce dernier point[15], notamment dans le cadre d'un partage lésionnaire sur l'observation que l'action en rescision pour lésion tendrait, pour partie, au paiement d'une somme d'argent[16]. L'action en nullité d'un contrat de vente entraînera anéantissement du prêt consenti pour l'acquisition, mais laissera subsister l'obligation de rembourser le capital emprunté avec maintien de la garantie souscrite à hauteur du capital[17].

La jurisprudence a évolué à propos des actions préparatoires à de telles actions, par exemple la demande tendant à la désignation d'un expert. Dans une première phase, il a pu être jugé que les demandes d'expertise présentées en référé, parce qu'elles contiennent en germe une demande de paiement de sommes d'argent, sont soumises à la règle de l'arrêt

7. Com. 13 nov. 2001, n° 98-18.292, *Bull. civ.* IV, n° 178; *D.* 2001. AJ 3617, obs. Lienhard; *Act. proc. coll.* 2002/1, n° 1, obs. Blanc; *LPA* 7 août 2002, n° 157, p. 8, note Sénéchal; *JCP E* et *A* 2002, jur. 726, p. 765, note Blanc; *JCP E* et *A* 2002, Chron. 807, p. 853, n° 14, obs. Pétel; *RTD com.* 2002. 151, n° 1, obs. Saint-Alary-Houin; *RJ com.* 2003. 234, n° 1618, note Sortais – *Adde*, Jambort, note s[s] Com. 2 nov. 2005, n° 04-16.232, *Bull. civ.* IV, n° 214; n° 1358 FS-P+B; *LPA* 17 nov. 2006, n° 230, p. 14.
8. Paris, 25e ch., 31 janv. 1984, *JurisData* 20279.
9. Agen, 23 oct. 1996, *Rev. proc. coll.* 1998, 236, n° 3, obs. Macorig-Venier.
10. Civ. 3[e], 21 mai 2014, n° 13-11.785, NP; n° 686 FS-D.
11. Dijon, 25 nov. 1995, *BICC* 1995, n° 841; *Rev. huissiers* 1995. 263 – Paris, 2e ch. A, 14 oct. 2003, RG n° 2002/12938 – Paris, 25e ch. A, 14 oct. 2005, RG n° 2004/09368.
12. Com. 10 oct. 1978, n° 77-10.156, *Bull. civ.* IV, n° 218; *Gaz. Pal.* 1979. I, pan. 40.
13. Paris, 17 janv. 1994, *RJDA* 1994, n° 333; *Rev. proc. coll.* 1996, 70, n° 1, obs. Macorig-Vénier.
14. SOL. IMPL. : Com. 8 déc. 1976, n° 74-14.607, *Bull. civ.* IV, n° 312 – Angers, 12 avr. 1989, *Rev. proc. coll.* 1990, 227, n° 7, obs. Saint-Alary-Houin – Paris, 5e ch. B, 13 mai 1993, *Rev. proc. coll.* 1994, 34, n° 4, obs. Saint-Alary-Houin.
15. Rennes, 1re ch., 20 mai 1992, *JurisData* 044134.
16. Metz, 29 avr. 2008, RG n° 06/02547, *LPA* 15 janv. 2009, n° 11, p. 14, note Dannenberger.
17. Paris, 2e ch. A, 14 oct. 2003, RG n° 2002/12938.

des poursuites individuelles [1]. Puis la Cour de cassation a estimé que ces actions ne sont pas soumises à l'arrêt des poursuites individuelles. La solution a été posée à propos d'une demande de nomination d'expert préalable à l'annulation d'un traité de fusion [2] ou à la demande de désignation d'un expert chargé d'évaluer le dommage résultant d'un empiétement sur sa propriété et de désordres causés par les travaux réalisés [3]. Mais, en tant qu'actions non soumises à l'arrêt des poursuites individuelles, leur poursuite régulière après le jugement d'ouverture supposera la mise en cause des organes de la procédure [4] (v. s^s n° 621.92).

L'action en révocation d'une donation-partage, pour inexécution des charges, fussent-elles de nature financière, échappe à l'arrêt des poursuites individuelles [5].

Des actions mettant en jeu l'efficacité de la convention, on rapprochera les actions portant sur le renouvellement d'une convention. Ainsi est admise l'action en déclaration de validité de congé avec refus de renouvellement du bail [6], les motifs graves et légitimes fussent-ils fondés sur le non paiement de loyers antérieurs [7], ou l'action en fixation du bail renouvelé [8].

Il faut ensuite exclure du domaine des poursuites arrêtées, les actions tendant à l'exécution du contrat, dès lors que l'obligation, dont il est réclamé l'exécution, n'est pas le paiement d'une somme d'argent.

Dans une première phase de la jurisprudence, avait pu être admise l'action en délivrance après jugement d'ouverture de la chose vendue avant le jugement d'ouverture [9]. Cette action supposait cependant que l'acquéreur ne fût pas devenu propriétaire du bien livré avant le jugement d'ouverture car, en pareille occurrence, *il aurait été astreint à* l'obligation de revendication (v. s^s n^os *813.11 s.)* Il fallait ainsi admettre l'action en délivrance d'un lot gagné à une loterie [10], ainsi que les actions en restitution d'un bien autre que du numéraire [11], encore que ces actions eussent pu également être paralysées par l'obligation de revendication, par exemple dans le cadre du dépôt.

À l'époque récente, la Cour de cassation a jugé que l'action en délivrance de documents d'immatriculation formée contre le vendeur après l'ouverture de sa procédure, constitue une obligation de faire, dont l'inexécution est résolue en dommages et intérêts et qui doit, en conséquence, faire l'objet d'une déclaration de créance au passif [12].

L'exception d'inexécution n'est pas soumise à la règle de l'arrêt des poursuites [13]. Toutefois, si une personne prétend se prévaloir de sa créance de malfaçons pour opposer l'exception d'inexécution à la demande du liquidateur de versement d'une retenue de garantie, cette personne doit déclarer sa créance au passif [14].

Les actions en contrefaçon ou en nullité de marque ne sont pas soumises à la règle de l'arrêt des poursuites individuelles [15], si elles ne tendent qu'à l'établissement des actes litigieux, c'est-à-dire qu'à faire reconnaître le principe de responsabilité. En revanche, l'action tendant au paiement de dommages et intérêts pour des faits allégués de contrefaçon et de concurrence déloyale tombe sous le coup de l'arrêt des poursuites individuelles [16].

Les actions en revendication ou en restitution ne sont pas davantage soumises à la règle de l'arrêt des poursuites individuelles, du fait de dispositions spéciales du code de commerce autorisant la reprise de biens meubles par leur propriétaire. En revanche, la demande d'indemnisation présentée au motif de l'impossibilité pour le débiteur de restituer les choses déposées – clichés photographiques – tombe sous le coup de l'arrêt des poursuites individuelles [17].

Les actions en responsabilité méritent quelques explications. La jurisprudence invite clairement à distinguer entre le principe de reconnaissance de la responsabilité et la mise en œuvre de cette responsa-

1. Paris, 14e ch. A, 27 mai 1998, *Act. proc. coll.* 1998/9, n° 120 – *Adde*, J.-CL. COM., Vallansan, fasc. 2355, [Redressement et liquidation judiciaires – Situation des créanciers – Arrêt des poursuites individuelles], 2011, n° 31.
2. Com. 1er févr. 2000, n° 97-13.343, NP, *Rev. proc. coll.* 2001, p. 246, n° 1, obs. Macorig-Venier; *RJDA* 2000/5, n° 557.
3. Com. 2 déc. 2014, n° 13-24.405, *Bull. civ.* IV [à paraître]; n° 1063 F-P+B; *RTD com.* 2015. 151, n° 1, obs. Martin-Serf; *Rev. proc. coll.* 2015, comm. 102, note Macorig-Venier.
4. Com. 5 mai 2004, n° 01-13.473, NP.
5. Dijon, ch. civ. C, 6 juin 2013, RG n° 12/01113.
6. Civ. 3e, 3 juin 1992, n° 90-19.687, *Bull. civ.* III, n° 182; *Defrénois* 1993. 796, *RJDA* 1992, n° 865 – Civ. 3e, 14 mai 1997, n° 94-22.146, NP, *RJDA* 1997, n° 954; *D. Affaires* 1997, 866; *Rev. proc. coll.* 1998, 287, n° 4, obs. Macorig-Venier – Paris, pôle 5, 3e ch., 19 sept. 2012, n° 10/22363, *JCP E* 2013. 1187, note Kendérian.
7. Paris, pôle 5, 3e ch., 19 sept. 2012, RG n° 10/22363, *JCP E* 2013. 1187, note Kendérian.
8. Lyon, 6e ch., 29 mars 1995, *Rev. proc. coll.* 1998, 286, n° 4, obs. Macorig-Venier.
9. Rennes, 1re ch. B, 9 oct. 1997, *Rev. proc. coll.* 1999, 121, n° 13, obs. Macorig-Venier – *Adde*, SOINNE, n° 1042.
10. Com. 28 mars 1995, n° 92-17.805, *Bull. civ.* IV, n° 103.
11. Paris, 5e ch. B, 20 janv. 1988, *JurisData* 020037.
12. Com. 10 janv. 2012, n° 10-23.891, NP; n° 26 F-D – Com. 15 oct. 2013, n° 12-12.773, NP; n° 962 F-D.
13. SOL. IMPL. : Com. 5 oct. 2010, n° 09-16.752, NP; n° 932 F-D; *Gaz. Pal. entr. diff.* 7-8 janv. 2011, p. 34, note Henry.
14. Civ. 3e, 17 juin 2008, n° 07-15.334, NP; n° 699 F-D.
15. Versailles, 12e ch., 2e sect., 29 avr. 2004, RG n° 02/05086.
16. Paris, 4e ch. B, 13 mai 2005, RG n° 2003/12092.
17. Paris, 5e ch. A, 10 mars 2006, RG n° 2004/13535.

bilité. Le principe de reconnaissance de la responsabilité de l'auteur du dommage n'est pas affecté par la règle de l'arrêt des poursuites individuelles [1]. C'est ainsi qu'ont pu être déclarées recevables les actions en responsabilité pour trouble de voisinage [2]. La solution vaut pour l'action engagée devant la juridiction répressive par la victime contre le débiteur en liquidation judiciaire, dans le seul but de faire constater la responsabilité civile [3]. En revanche, la mise en œuvre du droit pour la victime à obtenir des dommages-intérêts est soumise à la règle de l'arrêt des poursuites individuelles [4]. La Cour de cassation admet également la possibilité de poursuivre une action tendant à obtenir du débiteur qu'il réponde *in solidum* du paiement de dommages et intérêts [5].

Seront aussi recevables les actions non susceptibles d'évaluation monétaire. Il en est ainsi des actions en dissolution d'une société, par exemple pour réunion de toutes les parts en une seule main, faite à la demande d'un tiers [6]. Il en est de même des actions tendant à la remise d'un dossier [7] ou à la délivrance de documents, par exemple les demandes présentées par les caisses de retraite tendant à l'établissement de cotisations [8]. Cette dernière solution s'impose d'autant plus que les documents sollicités sont une condition de l'établissement de la créance, à déclarer au passif.

On admettra également l'action tendant à reconnaître efficace une subrogation [9], cette action n'ayant aucune conséquence sur le patrimoine du débiteur, auquel il est indifférent de devoir à tel ou tel créancier une somme déterminée.

Pas davantage ne sera affectée par la règle de l'arrêt des poursuites individuelles, l'action en annulation d'une sentence arbitrale (solution posée sous l'empire de la loi du 13 juill. 1967 [10]), dès lors du moins qu'elle reste sans conséquence sur le patrimoine du débiteur, ce qui ne sera pas le cas de la sentence arbitrale portant condamnation du débiteur, dont l'annulation ne pourra en conséquence être entreprise [11]. La contestation de la décision interviendra dans le cadre de la vérification du passif, la créance ayant dû être déclarée.

N'est pas non plus soumise à la règle de l'arrêt des poursuites individuelles l'action du créancier d'un associé tendant à faire déclarer fictive la société [12].

Le redressement judiciaire d'un avocat ne fait pas obstacle à une poursuite disciplinaire fondée sur le caractère fautif de dettes accumulées avant l'ouverture de la procédure, peu important que ladite ouverture en empêche le paiement du fait de la règle de l'interdiction des paiements [13].

Enfin, est soustraite à l'arrêt des poursuites individuelles, l'action par laquelle le préfet délivre un arrêté de remise en état d'un site pollué, cependant que le recouvrement de la créance issue de cette obligation obéit aux règles des procédures collectives [14]. Le destinataire de l'arrêté doit être le représentant de la société. C'est pourquoi, lorsque l'administrateur judiciaire n'a qu'une mission d'assistance, l'arrêté ne peut être notifié qu'à l'administrateur [15].

SECTION 621.50
ACTIONS EN PAIEMENT NON ARRÊTÉES – PARTICULARISME DU DROIT PÉNAL

621.51 Actions tendant au paiement d'une somme d'argent – Particularisme des amendes et pénalités fiscales – particularisme du droit pénal. Bien que le caractère d'action en paiement ne puisse être ici discuté, les actions tendant au paiement des amendes et pénalités fiscales, au motif qu'elles ont la double nature de réparations civiles, mais aussi de peines, ne sont pas arrêtées [16]. Cette solution est extrêmement contestable [17], car cette double nature

1. Civ. 3e, 21 avr. 1982, no 80-15.849, *Bull. civ.* IV, no 101; *D.* 1982. IR 514, obs. Honorat.
2. Civ. 2e, 20 janv. 2000, no 96-13.763, NP, *Act. proc. coll.* 2000/6, no 63.
3. Crim. 21 mars 2001, no 98-87.544, *Bull. crim.* no 71; *DMF* 2002, no 622, p. 14-19, note Bonassies; *RSC* 2001. 577, obs. Mayaud; *RSC* 2001. 801, obs. Bouloc.
4. Com. 3 juin 1986, no 85-11.938, *Bull. civ.* IV, no 111; *D.* 1986. IR 417, obs. Honorat.
5. Com. 14 mai 2008, no 06-21.108, NP; no 582 F-D.
6. Paris, 3e ch. C, 27 sept. 1996, *Rev. proc. coll.* 1998, 399, no 64, obs. Soinne; *Rev. proc. coll.* 1996, 214, obs. Chaput.
7. Paris, 25e ch., 26 avr. 1983, *JurisData* 22049.
8. Com. 12 juill. 1994, no 92-19.745, *Bull. civ.* IV, no 261; *Rev. proc. coll.* 1996, 70, no 1, obs. Macorig-Vénier.
9. SOINNE, no 1044.
10. Com. 4 nov. 1980, no 79-10.838, *Bull. civ.* IV, no 361; *D.* 1981. IR 246, note Honorat; *Gaz. Pal.* 1981. I. 85.
11. Paris, 16 mars 1995, *D.* 1995. IR 103.
12. Com. 11 mars 2008, nos 06-19.968, 06-20.081, NP, *Gaz. proc. coll.* 2008/3, p. 29, note Reille; *Dr. sociétés* 2008/6, p. 14, no 116, note Coquelet; *Bull. Joly* juill. 2008, § 133, p. 615, note Reille; *Rev. proc. coll.* 2009/2, p. 53, note Dumont-Lefrand.
13. Civ. 1re, 10 déc. 2014, no 13-25.808, NP; no 1468, F-D.
14. CE 29 sept. 2003, req. no 240938, *Lebon*; *D.* 2003. 2574; *RDI* 2004. 427, obs. Trébulle; *Act. proc. coll.* 2003/20, no 257, note Trébulle – CAA Lyon, 26 avr. 2005, no 99LY00487, *JCP E* 2006. 1257, p. 317, no 25, obs. Trébulle.
15. CAA Douai, 17 mars 2005, req. no 03DA00214, *JCP E* 2006. 1257, p. 317, no 25, obs. Trébulle.
16. Com. 31 mars 1992, no 90-11.741, *Bull. civ.* IV, no 140 – Crim. 13 déc. 2000, no 99-83.580, *Bull. crim.* no 376; *Act. proc. coll.* 2001/6, no 71 – Crim. 20 mai 2015, no 13-81.307, NP, *Rev. proc. coll.* 2015, comm. 198, note Vabres.
17. EN CE SENS AUSSI : JACQUEMONT ET VABRES, 9e éd., 2015, no 477 – VALLANSAN *ET ALII*, 6e éd., p. 133.

est aussi celle attribuée aux clauses pénales, ces dernières ne dérogeant pourtant pas à la règle de l'interdiction des poursuites individuelles. Observons toutefois que les droits fraudés ne peuvent, quant à eux, donner droit qu'à une déclaration de créance[1], sous réserve de l'action contre le dirigeant social.

Il en est de même de l'action tendant au versement du cautionnement pénal prévu par les articles 137 et 138-11 du code de procédure pénale, par la personne placée en examen et qui a été mise sous contrôle judiciaire[2]. Même si la justification de la solution n'est guère discutable en opportunité, au plan juridique, elle est cependant difficile à justifier.

Il faut y ajouter la recevabilité de la constitution de partie civile. Cette action, sous l'empire de la législation antérieure à la loi de sauvegarde des entreprises, est recevable dès lors qu'elle ne tend qu'à la constatation de la responsabilité civile du prévenu et non à la condamnation au paiement d'une somme d'argent de celui-ci (v. aussi s[s] n° 931.22). Depuis cette législation, la recevabilité de l'action civile ne contient plus cette limitation (v. s[s] n° 931.22).

SECTION 621.60
ACTIONS EN RÉSOLUTION NON ARRÊTÉES – CONSTAT DE LA RÉSILIATION DE PLEIN DROIT

621.61 **Actions en résolution non arrêtées.** Les actions en résolution qui ne sont pas initiées pour cause de défaut de paiement d'une somme d'argent ne sont pas soumises à la règle de l'arrêt des poursuites individuelles. L'interprétation *a contrario* du texte de l'article L. 621-40, alinéa 1 *in fine* du code de commerce (anc[t] L. 25 janv. 1985[3], art. 47, al. 1), devenu l'article L. 622-21, I depuis la loi de sauvegarde des entreprises, s'impose, puisque la règle édictée est restrictive de droits. Le terme « résolution » ne doit toutefois pas faire obstacle à la recevabilité d'action en résiliation, intéressant spécifiquement les contrats à exécution successive. Non seulement il est possible d'entamer l'action, mais encore, *a fortiori*, il est possible de continuer une telle action entamée avant jugement d'ouverture[4].

Il faut d'abord décider qu'est recevable l'action tendant à faire déclarer abusive la résiliation d'un contrat[5].

L'action en résolution pour violations contractuelles diverses, autres que le paiement de la créance due, n'est pas *arrêtée. Il a ainsi été jugé que le jeu de* la clause résolutoire, fondée sur l'inexécution d'une obligation de faire, ne pouvait être tenu en échec par la règle de l'arrêt des poursuites individuelles[6].

Ainsi l'action en résiliation pour inexécution par le franchiseur de son obligation de transmission de son savoir-faire n'est-elle pas arrêtée[7].

Il en va de même en matière de bail, de toute inexécution autre que les défauts de paiement de loyers[8], par exemple l'action en résiliation pour non-respect :

- de l'obligation d'assurer le bien loué[9],
- de garnir les lieux loués[10],
- de respecter la destination des lieux loués[11],
- d'entretenir les lieux loués[12],
- de ne pas troubler les autres locataires[13],
- d'obtenir l'accord du bailleur pour sous-louer[14] ou pour effectuer des travaux[15].

Dans cette même matière du bail, il a pu être jugé que le jeu de la clause résolutoire n'est pas arrêté, si celle-ci est fondée sur l'inexécution par le liquidateur du preneur à bail d'avoir à communiquer, pour les trois années précédentes, le certificat délivré chaque année par le préfet relatif à l'ouverture du village de vacances abrité dans l'immeuble donné à bail, la justification du contrat d'assurances et le paiement des primes s'y rapportant[16].

Pas davantage n'est concernée par l'arrêt des poursuites individuelles, l'action en résolution d'un

1. JACQUEMONT ET VABRES, 9e éd., 2015, n° 477.
2. Com. 9 avr. 1991, n° 89-18.817, *Bull. civ.* IV, n° 127; *D.* 1992. Somm. 257, obs. Derrida; *Rev. proc. coll.* 1992, 162, obs. Saint-Alary-Houin – Com. 28 févr. 1995, n° 94-12.108, *Bull. civ.* IV, n° 59.
3. L. n° 85-98, 25 janv. 1985, préc.
4. Com. 26 oct. 1999, n° 96-21.745, *Bull. civ.* IV, n° 190; *Rev. proc. coll.* 2000, 128, n° 1, obs. Macorig-Venier; *Rev. proc. coll.* 2000, n° 2, p. 41, note Pimbert; *RJDA* 1999/12, n° 1350.
5. Com. 4 nov. 1980, n° 79-10.838, *Bull. civ.* IV, n° 361; *D.* 1981. IR 246, obs. Honorat.
6. Com. 28 oct. 2008, n° 06-20.862, NP; n° 1066 F-D; *Gaz. proc. coll.* 2009/1, p. 33, n° 2, note Kendérian.
7. Toulouse, 23 sept. 1987, *Rev. proc. coll.* 1989, 155, n° 12, obs. Saint-Alary-Houin.
8. Paris, 16e ch. A, 25 juin 1996, *Rev. proc. coll.* 1998, 287, n° 5, obs. Macorig-Vénier.
9. Com. 28 mai 1996, n° 93-16.125, *Bull. civ.* IV, n° 149; *Defrénois* 1997, n° 4, p. 252, note Sénéchal; *JCP E* 1997. I. 623, n° 2, obs. M. Cabrillac – Poitiers, 22 avr. 1993, *Rev. proc. coll.* 1996, 72, n° 4, obs. Macorig-Vénier.
10. Com. 11 avr. 1995, n° 93-12.093, NP, *Rev. proc. coll.* 1995, 295, obs. Mestre et Laude.
11. Com. 11 avr. 1995, préc.
12. Civ. 3e, 21 juill. 1999, n° 96-11.634, *Bull. civ.* III, n° 185; *D.* 2000, jur. 330, note Agostini; *JCP* 2000, n° 39, p. 1761, note Roussel; *D.* 1999. IR 229; *D. Affaires* 1999, 1443, obs. Avena-Robardet; *Act. proc. coll.* 1999/15, n° 199; *Rev. proc. coll.* 2000, 128, n° 1, obs. Macorig-Venier – Com. 16 oct. 2007, n° 06-16.713, NP; n° 1106 F-D.
13. Com. 26 oct. 1999, n° 96-21.745, *Bull. civ.* IV, n° 190; *Rev. proc. coll.* 2000, n° 2, p. 41, note Pimbert; *LPA* 3 févr. 2000, n° 24, p. 11, note P. M.
14. Paris, 14 janv. 1993, *JurisData* 010306.
15. Paris, 16e ch., 16 janv. 1998, *Rev. proc. coll.* 1999, 119, n° 5, obs. Macorig-Venier.
16. Com. 28 oct. 2008, n° 06-20.862, NP; n° 1066 F-D.

contrat d'édition trouvant sa source dans la volonté de l'auteur de protéger sa vie privée[1].

N'est pas davantage soumise à la règle de l'arrêt des poursuites individuelles, l'action qui tend au remplacement d'un bien vendu[2].

De même que l'action en résolution ou en résiliation peut avoir pour fondement la violation d'une obligation de faire, de même elle pourra être fondée sur la violation d'une obligation de ne pas faire.

Il importe de préciser que l'instance en résiliation du bail pour un motif non financier n'est pas indivisible de l'action en paiement de dommages et intérêts[3]. Il est donc possible de continuer la première, alors que la seconde est soumise à la règle de l'arrêt des poursuites individuelles. Cette dernière ne pourra être reprise, après avoir été interrompue par l'effet du jugement d'ouverture, que pour tendre à la fixation de la créance.

Pour leur part, les actions en résolution de contrat sur le fondement de la garantie des vices cachés sont soumises à la règle de l'arrêt des poursuites individuelles[4], ce qui oblige le cocontractant désireux de mettre en œuvre ou de réserver la possibilité de mise en œuvre la garantie, à déclarer sa créance au passif (v. s[s] n° 663.43). Le contraire a cependant été jugé par des juridictions du fond[5].

621.62 Constat de la résiliation de plein droit. La règle de l'arrêt des poursuites individuelles n'a pas pour effet d'affecter les actions résolutoires ayant joué avant jugement d'ouverture, spécialement sur le fondement d'une clause résolutoire de plein droit. L'acquisition du jeu de la résolution ne sera pas remise en cause par l'effet du jugement d'ouverture[6]. Dès lors, est recevable, l'action tendant à la constatation, après jugement d'ouverture, du jeu d'une clause résolutoire ayant joué avant jugement d'ouverture, même si elle est fondée sur le défaut de paiement d'une créance antérieure de somme d'argent[7].

La possibilité de faire constater après jugement d'ouverture l'acquisition de la clause résolutoire a été posée notamment en matière de crédit-bail immobilier[8]. En ce domaine, aucun texte n'autorise la suspension des effets d'une clause résolutoire, contrairement à la solution posée en matière de baux commerciaux.

Elle est également valable en matière de location de biens meubles[9], ainsi qu'en matière de bail à construction[10], ce qui écarte considérablement ce contrat du régime applicable sur ce point au bail commercial. Elle a également été appliquée au contrat de vente avec rente viagère[11].

Certaines décisions, émanant de juridictions du fond, posent parfois une solution différente et écartent le jeu de la clause résolutoire de plein droit ayant joué au jour du jugement d'ouverture, faute d'avoir été constatée par une décision définitive à cette date[12], commettant ainsi une confusion avec le régime spécial des baux commerciaux[13]. En ce dernier domaine, la clause résolutoire de plein droit ne sera considérée comme ayant joué avant jugement d'ouverture que si, à cette date, une décision passée en force de chose jugée est venue constater l'acquisition de la clause résolutoire (v. s[s] n° 433.13).

1. Paris, 1re ch. A, 12 oct. 1992, *JurisData* 023388.
2. Com. 28 mars 1995, n° 92-18.917, *Bull. civ.* IV, n° 104; *Rev. proc. coll.* 1996, 70, n° 1, obs. Macorig-Venier.
3. Com. 16 oct. 2007, n° 06-16.713, NP; n° 1106 F-D.
4. Com. 14 janv. 2004, n° 01-02.179, NP.
5. Agen, 12 avr. 1989, *Rev. proc. coll.* 1990, 227, n° 7, obs. Saint-Alary-Houin – Paris, 5e ch. B, 13 mai 1993, *Rev. proc. coll.* 1994, 34, n° 4, obs. Saint-Alary-Houin.
6. Com. 17 mai 1994, n° 91-21.609, *Bull. civ.* IV, n° 179; *Gaz. Pal.* 1995, n° 7, p. 10, note Massoni; *JCP E* 1994. I. 394, n° 4, obs. M. Cabrillac et Pétel; *JCP N* 1995. II. 651, note Garçon; *Rev. proc. coll.* 1996, 71, n° 3, obs. Macorig-Venier – Com. 9 mai 1995, *Quot. Jur.* 4 juill. 1995, p. 4, note P. M. – Versailles, 12e ch., 17 juin 2014, RG n° 12/08815, *JurisData* 014617.
7. Com. 12 mai 1992, n° 90-17.755, *Bull. civ.* IV, n° 183; *Rev. proc. coll.* 1993, 293, n° 4, obs. Mestre et Laude; *Rev. proc. coll.* 1993, 402, n° 2, obs. Saint-Alary-Houin; *RTD com.* 1993. 288, obs. Pedamon; *Quot. Jur.* 22 oct. 1992, n° 85, p. 3, note P. M. – Com. 5 avr. 1994, n° 91-20.935, NP, *D.* 1994. IR 174 – Civ. 3e, 11 juin 1997, n° 95-14.355, *Bull. civ.* III, n° 139; *Gaz. Pal.* 1998, n° 178, p. 7, note Massoni; *RJDA* 1997, n° 1262, p. 871; *Rev. proc. coll.* 1998, 285, n° 2, obs. Macorig-Vénier – Com. 27 nov. 1997, *Rev. proc. coll.* 1999, 117, n° 1, obs. Macorig-Venier – Com. 8 déc. 1998, n° 96-21.540, *Bull. civ.* IV, n° 295; *Act. proc. coll.* 1999/2, n° 19 – Paris, 15e ch. B, 24 févr. 2006, RG n° 2003/16021 – Aix-en-Provence, 12e ch., 27 nov. 2007. *Rev. proc. coll.* 2008/3, p. 50, n° 127, note Macorig-Venier.
8. Com. 18 nov. 2014, n° 13-23.997, *Bull. civ.* IV [à paraître]; n° 1013 F-P+B; *Rev. proc. coll.* 2015, comm. 103, note Macorig-Venier; *Defrénois* 2015. 242, note Vauvillé; *LXB hebdo* 18 déc. 2014, n° 595, note Le Corre-Broly – Com. 8 avr. 2015, n° 14-11.129, NP; n° 367 F-D; *APC* 2015/10, comm. 153, note Pedemons – Com. 3 mai 2016, n° 14-23.727, NP; n° 399 F-D; *BJE* 2016, 265, note Lemesle – Com. 3 mai 2016, n° 14-23.728, NP; n° 400 F-D – Paris, 14e ch. A, 10 sept. 2003, RG n° 2003/05583 – Paris, 14[e] ch. B, 5 sept. 2003, RG n° 03/07331.
9. Paris, 14e ch. B, 19 nov. 2004, RG n° 2004/9939.
10. Civ. 3e, 8 janv. 2004, n° 01-00.893, *Bull. civ.* IV, n° 13; *Act. proc. coll.* 2004/5, n° 56, note Vallansan; *Rev. proc. coll.* 2004, p. 233, n° 6, obs. Macorig-Venier; *Dr. et proc.* 2004/4, p. 209, note Putman.
11. Com. 13 févr. 2007, n° 05-19.329, NP; n° 207 F-D; *Rev. proc. coll.* 2008/3, p. 49, n° 126, note Macorig-Venier – Com. 12 janv. 2010, n° 07-20.476, NP; n° 1 F-D; *Gaz. Pal.* 16-17 avr. 2010, n°s 106, 107, p. 26, note Kendérian; *Rev. proc. coll.* 2010/4, comm. 158, note Roussel Galle.
12. Lyon, 3e ch. civ., 15 mars 2007, *Rev. proc. coll.* 2008/3, p. 50, n° 127, note Macorig-Venier.
13. Macorig-Venier, note s[s] divers arrêts, *Rev. proc. coll.* 2008/3, p. 50, n° 127.

SECTION 621.70
ACTIONS EN JUSTICE ARRÊTÉES

621.71 Règles générales relatives aux actions tendant directement au paiement de sommes d'argent – Situation de l'EIRL – Sauvegarde financière accélérée. L'article L. 621-40, I, 1° du code de commerce (anc^t L. 25 janv. 1985[1], art. 47, al. 1), devenu l'article L. 622-21, I depuis la loi de sauvegarde des entreprises[2], vise les actions en justice « tendant à la condamnation du débiteur au paiement d'une somme d'argent ». Un créancier antérieur ne peut donc agir en justice pour obtenir paiement de sa créance. Il doit substituer à cette action une déclaration de créance au passif. La déclaration de créance, qui prend le relais de l'introduction de l'action en justice, est le corollaire direct de l'arrêt des poursuites individuelles[3].

Au sens strict, l'arrêt des poursuites individuelles interdit seulement l'introduction d'une action nouvelle. Pour les actions déjà introduites, il s'agit de l'interruption des poursuites individuelles (v. s^s n°s 623.11 à 623.42).

La règle s'applique d'abord aux actions par lesquelles le créancier tente d'obtenir directement paiement d'une somme d'argent, même si la créance ne se rapporte pas à l'activité professionnelle du débiteur[4], sous certaines réserves relatives aux créances alimentaires qui échappent à la règle de l'arrêt des poursuites individuelles (v. s^s n°s 741.94 et 741.95). Sous l'empire de la loi de sauvegarde des entreprises, dans sa rédaction d'origine, la logique commandait que les poursuites individuelles tendant au paiement d'une créance postérieure de la vie courante puissent prospérer, dans la mesure où l'article L. 622-7 du code de commerce acceptait le paiement d'une telle créance. Tel n'était cependant pas l'état des textes, qui ne dérogeaient pas à la règle de l'interdiction des poursuites individuelles, pour les personnes dont les créances postérieures étaient en rapport avec les besoins de la vie courante du débiteur. La question ne se pose plus, depuis l'ordonnance du 18 décembre 2008, qui a supprimé au titre des exceptions à la règle de l'interdiction du paiement des créances postérieures non éligibles au traitement préférentiel, la catégorie des créances nées pour les besoins de la vie courante du débiteur.

De même, la règle trouve application pour l'action tendant à la condamnation d'un employeur pour faute inexcusable[5]. La règle s'applique encore à l'ordonnance sur requête autorisant le créancier à vendre par courtier un stock de marchandises en vue d'obtenir paiement de la créance[6].

Il pourra s'agir d'une action au fond, peu important la forme qu'elle emprunte, par exemple une injonction de payer[7]. À titre d'exemple, est arrêtée l'action par laquelle le vendeur d'un fonds de commerce tente d'obtenir paiement du prix du fonds[8], l'action tendant à l'exécution d'un cautionnement[9], celle tendant au paiement d'intérêts sur une créance (solution posée sous l'empire de la loi du 13 juillet 1967[10]), au paiement de loyers[11] ou d'indemnités d'occupation[12]. Il pourra encore s'agir du paiement de primes d'assurance (solution posée sous l'empire de la loi du 13 juillet 1967[13]), d'une action tendant au paiement de dommages et intérêts, par exemple pour malfaçons[14] ou pour concurrence déloyale[15].

En présence d'un entrepreneur individuel à responsabilité limitée (EIRL), les créanciers ne sont soumis à la discipline collective que de façon distributive, en raisonnant au regard du patrimoine concerné par la procédure collective. La solution résulte clairement de l'article L. 680-3 du code de commerce (réd. ord. 9 déc. 2010[16]), selon lequel « les dispositions du livre VI du code de commerce qui intéressent les droits ou obligations des créanciers du débiteur EIRL s'appliquent, sauf dispositions contraires, dans les limites du seul patrimoine affecté à l'activité en difficulté ou, si l'activité est exercée sans affectation de patrimoine, du seul patrimoine non affecté ». Seul le créancier détenant une créance pouvant être rattachée au patrimoine en rapport avec l'activité en difficulté est soumis à la discipline col-

1. L. n° 85-98, 25 janv. 1985, préc.
2. L. n° 2005-845, 26 juill. 2005, préc.
3. SOINNE, n° 1042.
4. Com. 13 mai 2003, n° 01-20.115, NP – Com. 25 nov. 2008, n° 07-17.900, NP; n° 1228 F-D.
5. Com. 4 févr. 2003, n° 00-21.428, NP; n° 205 F-D.
6. Com. 18 janv. 2005, n° 03-12.306, NP.
7. Com. 19 janv. 1993, n° 90-22.126, *Bull. civ.* IV, n° 17; *RJDA* 1993, n° 558.
8. Limoges, 21 mars 1994, *Rev. proc. coll.* 1996, 69, n° 1, obs. Marcorig-Venier.
9. Com. 6 juin 1995, n° 93-11.482 *Bull. civ.* IV, n° 166; *RJDA* 1995, n° 1441.
10. Com. 21 févr. 1984, n° 82-14.800, *Bull. civ.* IV, n° 69.
11. Bordeaux, 9 juill. 1987, *Gaz. Pal.* 1987. II. 535, note Brault – Paris, 16e ch. B, 9 mars 1989, *JurisData* 021292.
12. Com. 16 févr. 1983, *Bull. civ.* IV, n° 70 – Civ. 3e, 21 mars 2006, n° 05-12.165, NP; n° 398 F-D.
13. Civ. 3e, 24 juin 1981, n° 79-16.949, *Bull. civ.* III, n° 134.
14. Com. 12 févr. 1991, n° 89-15.165, *Bull. civ.* IV, n° 67 – Com. 28 mars 1995, n° 92-18.917, *Bull. civ.* IV, n° 104; *Rev. proc. coll.* 1996, 69, n° 1, obs. Macorig-Vénier – Com. 29 avr. 1996, *Bull. civ.* IV, n° 173.
15. Com. 14 mars 1989, n° 87-15.617, NP, *Rev. huissiers* 1989. 1234 – Com. 14 nov. 1989, *Rev. proc. coll.* 1990, 221, obs. Saint-Alary-Houin – Com. 19 déc. 1989, *Rev. proc. coll.* 1990, 222, n° 1, obs. Saint-Alary-Houin – Com. 3 mai 2006, n°s 04-20.377, 04-20.656, NP; n° 525 F-D; *Gaz. proc. coll.* 2006/3, p. 31, obs. Roussel Galle – Paris, 4e ch. A, 10 mai 1989, *JurisData* 022335.
16. Ord. n° 2010-1512, 9 déc. 2010, *JO* 10 déc., p. 21617.

lective. Le créancier détenant une créance sur le débiteur, qui se rattache au patrimoine non affecté, n'est pas concerné par la procédure collective ouverte contre ce même débiteur, si elle l'est au titre de son EIRL. Ce critère permet de déterminer les créanciers soumis à la règle de l'interdiction ou à l'interruption des poursuites individuelles et à l'obligation corrélative de déclarer leur créance au passif.

La sauvegarde financière accélérée créée par l'article 57 de la loi du 22 octobre 2010[1] est une procédure semi-collective. L'administrateur judiciaire va constituer le comité des établissements de crédit, et réunir une assemblée générale des obligataires, le cas échéant. Ces deux entités vont voter sur le projet de plan et ce dernier sera adopté à la majorité des deux tiers en montant de créance. Ne participent au vote que les seuls créanciers dont les droits sont affectés par le plan. Les créanciers, qui ne sont pas membres des établissements de crédit et qui ne sont pas des obligataires, ne sont pas soumis à la procédure collective, en application de l'article L. 628-1 du code de commerce (réd. L. 22 oct. 2010). En conséquence, ils ne sont pas concernés par la règle de l'arrêt des poursuites individuelles, seuls les créanciers, dont les droits seront affectés par le plan, membres du comité des établissements de crédit ou obligataires étant soumis à cette règle.

621.72 Règles relatives aux actions tendant à obtenir restitution de sommes d'argent (v. sur la revendication des sommes d'argent, s[s] n° 813.23). Sont soumises à la règle de l'arrêt des poursuites individuelles, les actions par lesquelles le créancier tente d'obtenir la restitution de sommes versées au débiteur, à titre d'acompte[2], au titre d'une répétition de l'indu[3] ou encore à titre de mandat, la solution ayant été posée pour un courtier d'assurances qui encaissait des primes pour le compte d'une société d'assurances car les primes entrent dans le patrimoine du courtier[4].

En revanche, ne sera pas paralysée l'action en restitution d'un chèque de garantie puisqu'il ne s'agit pas ici de répéter un paiement, mais de restituer un chèque qui n'a pas été porté au crédit du compte du débiteur. La même solution s'appliquera à l'action en restitution, suite à l'annulation d'une vente dont le prix a été séquestré[5], solution justifiée par la considération primordiale qu'il n'y avait pas eu transfert de la somme consignée dans le patrimoine du débiteur et qu'il n'était donc pas question de restitution financière.

621.73 Actions en référé – Homologation de transaction. Sont également soumises à l'arrêt des poursuites individuelles, les actions en référé, par exemple les référés provision[6]. Ces actions ne pourront être reprises, après le jugement d'ouverture, faute d'être, au sens du code de commerce, des actions en cours au jour du jugement d'ouverture (v. s[s] n° 623.24).

L'action tendant à obtenir, après jugement d'ouverture, l'homologation par le président du tribunal d'une transaction emportant obligation de payer une somme d'argent est interrompue par l'effet du jugement d'ouverture[7].

L'action tendant à la désignation d'un expert n'est pas soumise à l'arrêt des poursuites individuelles[8].

621.74 Obligations de faire. L'action pourra ne tendre qu'indirectement au paiement d'une somme d'argent. Le but premier poursuivi par le créancier est de faire s'exécuter le débiteur d'une obligation de faire. Cependant, les obligations de faire, à défaut d'exécution, se résolvent, avant l'ordonnance du 12 février 2016, en dommages et intérêts (C. civ., art. 1142)[9]. C'est la raison pour laquelle la jurisprudence intègre ces actions dans le champ d'application de la règle de l'arrêt des poursuites individuelles et les déclare, en conséquence, irrecevables, comme frappées par la règle de l'arrêt des poursuites individuelles.

La soumission des obligations de faire à la règle de l'arrêt des poursuites individuelles, que critiquent certains auteurs[10], s'impose d'autant plus que l'inexécution est avérée, ce qui sera toujours le cas si le débiteur est en liquidation judiciaire, en dehors de la poursuite provisoire d'activité[11]. Il en est ainsi si le créancier, sous couvert d'une demande de réalisa-

1. L. n° 2010-1249, 22 oct. 2010, *JO* 23 oct., p. 18984.
2. Soinne, n° 1041.
3. Soc. 7 mars 1996, n° 94-14.416, NP, *Rev. proc. coll.* 1997, 43, obs. Macorig-Vénier.
4. Com. 28 sept. 2004, n° 02-21.446, NP, *RD banc. fin.* 2005/2, p. 28, n° 58, note Lucas.
5. Com. 20 juin 1995, n° 92-16.647, *Bull. civ.* IV, n° 186; *JCP E* 1995. 513, n° 3, obs. Pétel; *RD banc. et bourse* 1996, 61, obs. Campana et Calendini; *Defrénois* 1996. 655, obs. Honorat.
6. Paris, 14 oct. 1987, *D.* 1988. Somm. 146, obs. Honorat – Versailles, 14e ch., 7 juin 1991, *RJDA* 1991. 727 – Paris, 14e ch. B, 24 avr. 1998, *D.* 1998. IR 141; *Rev. proc. coll.* 1999, 118, n° 3 obs. Macorig-Venier – Paris, 14e ch. B, 19 nov. 2004, RG n° 2004/4320.
7. Paris, 14e ch. A, 3 mai 2006, RG n° 05/17913.
8. Com. 2 déc. 2014, n° 13-24.405, *Bull. civ.* IV [à paraître], n° 1063 F-P+B; *RTD com.* 2015. 151, n° 1, obs. Martin-Serf; *Rev. proc. coll.* 2015, comm. 102, note Macorig-Venier.
9. Devenu C. civ., art. 1217, 1221 s. depuis le 1er octobre 2016.
10. Pérochon, 10e éd., n° 630.
11. Ainsi : Com. 5 oct. 2010, n° 09-16.752, NP; n° 932 F-D; *Gaz. Pal. entr. diff.* 7-8 janv. 2011, p. 34, note Henry.

tion de travaux, demande le paiement d'une somme d'argent[1].

La solution a été appliquée à l'action tendant à l'exécution d'un engagement pris par une société de se substituer à une caution[2], à l'action tendant à obtenir la mise en œuvre d'une garantie d'achèvement[3], à l'action tendant à la condamnation du débiteur à exécuter un mur de soutènement[4], à l'action portant sur une demande d'effectuer des travaux de remise en état[5], à l'action tendant à obtenir la suppression des vues droites situées sur la façade d'un immeuble[6] ou à remplacer un moteur pour défaut de conformité[7]. La Cour de cassation a encore estimé que l'action en délivrance de documents d'immatriculation formée contre le vendeur après l'ouverture de sa procédure, constitue une obligation de faire, dont l'inexécution est résolue en dommages et intérêts et qui doit, en conséquence, faire l'objet d'une déclaration de créance au passif[8] (v. aussi s[s] n° 621.41).

Parce que l'obligation de faire se résout en dommages et intérêts, la créance née de l'exécution incomplète ou défectueuse d'une prestation, telle celle née d'un défaut de conformité de la chose vendue avant le jugement d'ouverture, ne peut se compenser avec la créance de prix de la chose vendue que si elle a été déclarée au passif[9].

Encore faudra-t-il, cependant que l'obligation de faire ne s'inscrive pas dans une obligation continue. En ce cas, en effet, elle donnerait pour partie lieu à une créance antérieure et pour partie à une créance postérieure. Sous ce dernier aspect, elle ne serait pas paralysée par la règle de l'arrêt des poursuites individuelles. La solution a été posée pour l'obligation du bailleur, en liquidation judiciaire, d'effectuer des travaux, afin d'assurer, pendant tout le cours du bail, une jouissance paisible[10].

La règle joue devant toutes les juridictions, par exemple arbitrales[11] ou administratives. En ce dernier domaine, la solution avait été posée sous l'empire de la loi du 13 juillet 1967[12].

La réforme du droit des obligations, issue de l'ordonnance du 10 février 2016[13], supprime ce concept d'obligation de faire se résolvant en dommages et intérêts. L'article 1221 du code civil prévoit désormais que le créancier d'une obligation peut, après une mise en demeure, en poursuivre l'exécution en nature. Dès lors, par principe, la soumission à la règle de l'arrêt des poursuites individuelles des obligations de faire nous semble devoir être abandonnée.

Il est excepté, par le code civil, le cas où cette exécution est impossible, ainsi que le cas nouveau d'une disproportion manifeste entre son coût pour le débiteur et son intérêt pour le créancier. En ce cas, l'obligation sera résolue en dommages-intérêts. Dans les seules hypothèses où l'exécution en nature est impossible et dans celle où elle sera trop onéreuse pour le débiteur au regard de son intérêt pour le créancier, l'obligation de faire continuera donc à se résoudre en dommages-intérêts. Les solutions antérieures, posées par le droit des entreprises en difficulté, nous semblent donc, mais dans ces seuls cas, devoir être conservées.

621.75 **Astreinte.** L'astreinte ne tend pas directement au paiement d'une somme d'argent, mais constitue un moyen de pression visant à l'exécution. À ce titre, il a d'abord été considéré qu'elle n'était pas soumise à la règle de l'arrêt des poursuites individuelles[14], le contraire ayant cependant

1. Civ. 3e, 6 oct. 2010, n° 09-10.562, NP; n° 1200 FS-D; *Rev. proc. coll.* 2011, comm. 31, p. 39, note Staes; *Leden* 2010/12, p. 2, obs. Mouial-Bassilana.
2. Com. 6 juin 1995, n° 93-11.482, *Bull. civ.* IV, n° 166; *JCP E* 1995. I. 513, n° 16, obs. Pétel; *RTD com.* 1996. 336, obs. crit. Martin-Serf.
3. Com. 8 janv. 2002, n° 99-11.748, NP, *Rev. proc. coll.* 2002, p. 268, n° 1, obs. Staes.
4. Com. 17 juin 1997, n° 94-14.109, *Bull. civ.* IV, n° 192; *Quot. Jur.* 24 juill. 1997, p. 3, note P. M.; *D.* 1997. Somm. 311, obs. Honorat.
5. Com. 9 juill. 1996, n° 94-18.676, *Bull. civ.* IV, n° 210; *JCP E* 1997. I. 623, n° 2, obs. M. Cabrillac – Com. 17 oct. 2000, n° 98-11.939, NP, *Rev. proc. coll.* 2001, p. 246, n° 2, obs. Macorig-Venier; *RTD com.* 2002. 540, n° 5, obs. Martin-Serf.
6. Com. 17 sept. 2002, n° 99-20.065, NP, *Rev. proc. coll.* 2003, p. 312, n° 3, obs. Staes.
7. Com. 23 janv. 2001, n° 98-11.072, NP, *Rev. proc. coll.* 2001, p. 247, n° 3, obs. Macorig-Venier; *Rev. proc. coll.* 2002, p. 43, note Viala; *RTD com.* 2002. 540, n° 5, obs. Martin-Serf.
8. Com. 10 janv. 2012, n° 10-23.891, NP; n° 26 F-D – Com. 15 oct. 2013, n° 12-12.773, NP; n° 962 F-D.
9. Com. 4 mars 2014, n° 12-35.438, NP; n° 214 F-D.
10. Com. 29 avr. 2002, n° 99-16.602, *Bull. civ.* IV, n° 75; *Act. proc. coll.* 2002/11, n° 141, obs. Vallansan; *AJDI* 2002/9, p. 603, note Le Corre; *Gaz. Pal.* 31 janv.-1er févr. 2003, jur. p. 11, note Brault.
11. Paris, 1re ch. C, 16 févr. 1989, *Rev. proc. coll.* 1990, 225, obs. Saint-Alary-Houin – Paris, 26 janv. 1990, *D.* 1991, jur. 201, note Cas – Paris, 3 mars 1998, *D. Affaires* 1998, 846 – Paris, 8 sept. 1998, *D.* 1998. IR 235; *RTD com.* 1998. 836, obs. Dubarry et Loquin; *RTD com.* 1999. 156, obs. Monsérié.
12. L. n° 67-563, 13 juill. 1967, préc. – CE, sect., 3 févr. 1978, req. n° 01008, *Lebon* et CE, sect., 17 mars 1978, req. n°s 95331, 00014, 01525, *Lebon; D.* 1979, jur. 5, note Charles et Derrida.
13. Ord. n° 2016-131, 10 févr. 2016, *JO* 11 févr.
14. Com. 17 oct. 1989, n° 87-45.033, *Bull. civ.* V, n° 594 – Com. 12 juin 1991, *Rev. proc. coll.* 1992, 107, obs. Dureuil – Com. 12 juin 1994, n° 92-19.745, *Bull. civ.* IV, n° 261 – Com. 28 mars 1995, n° 92-17.805, *Bull. civ.* IV, n° 103; *RTD com.* 1996. 338, obs. Martin-Serf; *Rev. proc. coll.* 1996, 70, n° 2, obs. Macorig-Vénier.

également été jugé [1]. Même la liquidation de l'astreinte, qui ne pouvait être analysée une voie d'exécution, n'était pas soumise à la règle de l'arrêt des poursuites individuelles [2].

Un revirement de jurisprudence est intervenu. La Chambre commerciale de la Cour de cassation juge désormais que l'action qui tend à la liquidation d'une astreinte provisoire a pour but de contraindre à l'exécution d'une obligation de faire. Si cette dernière est antérieure au jugement d'ouverture parce qu'elle résulte d'une condamnation antérieure audit jugement, elle est soumise à l'interruption des poursuites individuelles [3].

Identiquement, l'action en liquidation d'une astreinte prononcée par une décision antérieure au jugement d'ouverture est soumise à la règle de l'arrêt des poursuites individuelles [4], car l'astreinte fait naître une créance antérieure, dans la mesure où elle a pour fait générateur un jugement de condamnation antérieur au jugement d'ouverture (v. s[s] n° 443.44). La deuxième chambre civile de la Cour de cassation applique également la solution en décidant que l'action en liquidation d'une astreinte se trouve interrompue par l'effet du jugement d'ouverture [5]. Le juge de l'exécution saisi d'une demande de liquidation de l'astreinte doit, au besoin d'office, relever la fin de non-recevoir tirée de la règle de l'arrêt des poursuites individuelles [6].

L'instance en liquidation de l'astreinte devant le juge des référés n'est pas une instance en cours au jour du jugement d'ouverture et ne peut donc faire l'objet d'une reprise après le jugement d'ouverture [7].

Prêtons encore attention au fait que la Cour de cassation a jugé que le prononcé d'une astreinte après l'arrêté d'un plan de continuation, fondé pourtant sur l'inexécution d'un jugement de condamnation intervenu avant le jugement d'ouverture était possible, car le débiteur était redevenu maître de ses droits [8].

621.76 Actions en résolution d'un contrat pour défaut de paiement d'une somme d'argent. L'article L. 621-40, I, 2° *in fine* du code de commerce (anc[t] L. 25 janv. 1985 [9], art. 47, al. 1), devenu l'article L. 622-21, I depuis la loi de sauvegarde des entreprises [10], interdit les actions en justice tendant « à la résolution d'un contrat pour défaut de paiement d'une somme d'argent ». L'expression « somme d'argent » est beaucoup plus large que celle de « prix de vente », ce qui autorise l'application de la règle à toutes sortes de contrats, et pas seulement aux contrats emportant mutation de propriété.

La créance fondant la résolution du contrat devra être antérieure au jugement d'ouverture. Si elle est, ne serait-ce que pour partie, postérieure au jugement d'ouverture, l'action en résolution ou le jeu de la résolution de plein droit ne peut être paralysé. La solution a été posée pour un commandement de payer préalable à l'acquisition de la clause résolutoire [11].

Depuis la loi de sauvegarde, une créance postérieure non éligible au traitement préférentiel ne peut davantage fonder une action en résolution de contrat.

Dès lors qu'il y a inexécution du paiement d'une somme d'argent, l'interdiction aura vocation à s'appliquer. Il en ira ainsi pour l'action en résolution pour défaut de paiement du prix intentée par un vendeur [12]. Si le bien vendu est indivis, la résolution peut être prononcée dans la mesure des droits indivis détenus par celui des vendeurs resté *in bonis* [13].

Cette interdiction de la résolution pour défaut de paiement du prix de vente peut concerner le liquidateur judiciaire ayant vendu le fonds de commerce de celui contre qui la liquidation judiciaire a été prononcée, sans être payé par l'acquéreur contre lequel une procédure collective a été ouverte [14]. Il s'agit encore de la résiliation du contrat d'approvisionnement pour défaut de paiement d'une créance antérieure [15].

Il pourra s'agir de l'action d'un crédirentier tendant à la résolution de la vente avec rente viagère,

1. Aix-en-Provence, 15e ch., Jex, 16 févr. 2001, *Act. proc. coll.* 2002/3, n° 33.
2. Com. 2 oct. 2001, n° 98-21.165, NP, *RJDA* 2002/2, n° 180.
3. Com. 1er déc. 2009, n° 07-20.571, NP; n° 1123 F-D – *Adde*, Aix-en-Provence, 15re ch. B, 15 sept. 2011, RG n° 2011/438.
4. Com. 21 janv. 2003, n°s 01-01.761, 01-01.816, *Bull. civ.* IV, n° 10; *D.* 2003. AJ 421, obs. Lienhard; *Act. proc. coll.* 2003/5, n° 55, note Voinot; *JCP E* 2003, Chron. 760, p. 855, n° 15, obs. M. Cabrillac; *RTD com.*, 2003, p. 371, n° 7, obs. Martin-Serf; *Rev. proc. coll.* 2003, p. 145, n° 3, obs. Saint-Alary-Houin; *Rev. proc. coll.* 2004, p. 229, n° 1, obs. Macorig-Venier – Com. 22 mars 2011, n° 09-71.983, NP; n° 307 F-D; *Gaz. Pal.* 9 juill. 2011, n° 189, p. 26, note Rohart-Messager.
5. Civ. 2[e], 11 mai 2006, n° 04-15.918, *Bull. civ.* II, n° 126; n° 706 F-P+B; *D.* 2006. AJ 1530, obs. Lienhard.
6. Com. 23 nov. 2004, n° 02-12.178, NP.
7. Toulouse, 1re ch., 1re sect., 11 avr. 2011, RG n° 10/019710, *Rev. proc. coll.* 2012, comm. 65, note Staes; *RTD com.* 2012. 847, n° 3, obs. Martin-Serf.
8. Com. 1er déc. 2009, n° 07-19.644, NP.
9. L. n° 85-98, 25 janv. 1985, préc.
10. L. n° 2005-845, 26 juill. 2005, préc.
11. Com. 15 nov. 2000, *Act. proc. coll.* 2001/11, n° 139 – Civ. 3e, 16 juin 2004, n° 02-19.692, NP, *AJDI* 2005. 132, note Le Corre.
12. Paris, 2e ch. A, 23 nov. 2005, RG n° 2004/19165.
13. Paris, 2e ch. A, 23 nov. 2005, RG n° 2004/19165.
14. T. com. Lille, 8 juill. 1998, *Me Soinne* ès qual. *Pizzalill c/Me Perin* ès qual. *Pandore*, NP.
15. Com. 3 févr. 1998, n° 95-20.242, NP.

pour défaut de paiement des arrérages[1]. Toutefois, si l'immeuble est acquis moyennant le versement d'une rente viagère par deux personnes en indivision, la licitation-partage et l'adjudication du bien par l'ex conjoint demeuré *in bonis* entraîne l'attribution de la qualité de propriétaire à cette personne, avec effet rétroactif. Il en résulte la recevabilité de l'action en résolution pour défaut de paiement du prix engagée contre elle par le vendeur crédit-rentier[2].

La même solution s'appliquera pour l'action du prêteur fondant sa demande de résolution sur le défaut de paiement des échéances postérieures au jugement d'ouverture[3], lesquelles sont en réalité des créances antérieures (v. s^s^ n° 442.16).

Il faut cependant réserver le jeu de dispositions spéciales à certains contrats, autorisant la résiliation de contrats, après jugement d'ouverture, pour défaut de paiement de créances antérieures, telles celles relatives au contrat d'assurance[4], du moins avant la loi de sauvegarde des entreprises.

L'action en résolution d'un concordat de la loi du 13 juillet 1967[5] à la suite de l'ouverture d'un redressement judiciaire serait irrecevable[6]. Le contraire a cependant été jugé[7]. La solution a cependant une portée purement théorique car l'ouverture d'un redressement judiciaire, à la suite d'un concordat, solution d'ailleurs transposable à la résolution d'un plan de continuation, de sauvegarde ou de redressement, rendrait caduc le concordat ou le plan puisqu'il serait inexécutable. La question voisine de l'action en résolution du règlement amiable de la loi du 1er mars 1984[8] appelle la même solution[9] et les mêmes observations[10].

621.77 Surenchère – Folle enchère et réitération des enchères. Par l'effet de la surenchère faite dans le cadre d'une procédure de saisie immobilière, les droits d'adjudicataire d'un immeuble, qui n'est pas so•rocédure collective, se trouvent résolus à la date la déclaration de surenchère. La surenchère: une variété d'action résolutoire. L'immeuble t retour dans le patrimoine du saisi. Si ce derniest déclaré en redressement ou en liquation judaire, ou fait l'objet d'une sauvegarde, entre la surchère et l'adjudication, la règle de l'arrêt des po•suites individuelles fait obstacle à la reprise de la pcédure[11].

La solutioıne peut être identique en cas de surenchère das le cadre de la vente d'un fonds de commerce. Il nest pas ici question d'arrêt des poursuites individuelles et des voies d'exécution. La Cour de cassation juge que la résolution de la vente au préjudice de l'acquéreur surenchéri ne se produit pas par l'effet de la surenchère, mais par le seul effet de l'adjudication consécutive à la surenchère[12]. Il semble donc que la surenchère, qui n'est pas paralysée par la règle de l'arrêt des poursuites individuelles et des voies d'exécution, peut être poursuivie après l'ouverture de la procédure collective, le prix de vente devant alors être remis au mandataire judiciaire ou au liquidateur, selon le cas, le séquestre devant pour sa part restituer à l'acquéreur surenchéri le prix qu'il a versé.

Variété particulière d'action résolutoire, la folle enchère, dénommée depuis l'ordonnance du 21 avril 2006[13], la réitération d'enchères, à l'encontre d'un adjudicataire placé sous procédure collective est arrêtée[14]. Mais il n'en est ainsi que si la réitération d'enchères est liée au défaut de paiement du prix par l'adjudicataire, non si elle a pour cause le défaut de publication du jugement d'adjudication par l'adjudicataire en liquidation judiciaire. En ce denier cas, en effet, il s'agit d'une obligation de faire, non d'une obligation de payer une somme d'argent. Il a été soutenu qu'elle n'était pas soumise à la règle de l'arrêt des poursuites individuelles[15]. L'opinion contraire peut être soutenue, dès lors qu'est retenue l'analyse de la folle enchère en une

1. Com. 28 févr. 1995, n° 94-12.108, *Bull. civ.* IV, n° 59; *Rev. proc. coll.* 1995, p. 347, n° 7, obs. Dureuil – Com. 5 janv. 1999, n° 96-21.186, NP, *Act. proc. coll.* 1999/4, n° 46 – Com. 2 mars 1999, n° 96-19.743, NP, *LPA* 3 févr. 2000, n° 24, p. 11, note P. M. – Com. 12 janv. 2010, n° 07-20.476, NP; n° 1 F-D; *Gaz. Pal.* 16-17 avr. 2010, n°s 106, 107, p. 26, note Kendérian; *Rev. proc. coll.* 2010/4, comm. 158, note Roussel Galle.
2. Com. 11 déc. 2012, n° 11-23.994, NP; n° 1251 F-D.
3. Rouen, 2e ch. civ., 6 juin 1996, *Rev. proc. coll.* 1998, 291, obs. Macorig-Vénier.
4. Com. 26 mai 1999, n° 96-21.054, *Bull. civ.* IV, n° 106; *LPA* 30 juin 1999, n° 129, p. 10, note P. M.; *JCP E* 1999, Chron. 1532, n° 10, obs. crit. Pétel; *Act. proc. coll.* 1999/11, n° 144.
5. L. n° 67-563, 13 juill. 1967, préc.
6. SOINNE, n° 1043.
7. Aix-en-Provence, 13 déc. 1989, *D.* 1991. Somm. 2, obs. crit. Derrida.
8. L. n° 84-148, 1er mars 1984, *JO* 2 mars, p. 751.
9. SOINNE, n° 1043.
10. DERRIDA *ET ALII*, note n° 2333.
11. Civ. 2e, 24 mars 1993, n° 90-18.599, *Bull. civ.* II, n° 128.
12. Civ. 2e, 17 déc. 1984, n° 83-14.432, *Bull. civ.* II, n° 199.
13. Ord. n° 2006-461, 21 avr. 2006, *JO* 22 avr., p. 6072.
14. Civ. 2e, 19 mai 1998, n° 96-10.198, *Bull. civ.* II, n° 154; *D. Affaires* 1998, 1325, obs. Avena-Robardet; *RTD com.* 1999. 504, obs. Martin-Serf – Com. 13 oct. 1998, n° 96-17.083, NP, *Act. proc. coll.* 1998/11, n° 146 – Com. 18 févr. 2003, n° 99-18.946, NP, *Act. proc. coll.* 2003/9, n° 116; *Rev. proc. coll.* 2003, p. 310, n° 1, obs. Staes; *Rev. proc. coll.* 2004, p. 233, n° 7, obs. Macorig-Venier – Civ. 2e, 7 janv. 2010, n° 08-13.612, NP, *Act. proc. coll.* 2010/3, n° 50 – Civ. 2e, 11 mars 2010, n° 09-13.360, *Bull. civ.* II, n° 50; F-P+B; *Act. proc. coll.* 2010/9, n° 136, note Salvat; *RDBF* 2010, comm. 105, note Piedelièvre.
15. Sénéchal, « La réalisation des droits du créancier hypothécaire dans les procédures de liquidation judiciaire », *D.* 2004, Chron. 2845, spéc. 2849, n° 14.

obligation de faire, soumise à l'arrêt poursuites individuelles (v. s^s n° 621.74).

621.78 Paralysie du jeu de la fidie en cas de convention assurant la jouissancu l'usage au débiteur du bien transmis dans le pimoine fiduciaire. Il convient d'abord de préciseue le jeu de la fiducie n'est pas paralysé par le seulit de l'ouverture de la procédure collective. Le picipe est celui de l'absence de soumission de la fidie à la règle de l'arrêt des poursuites individuelles. En est ainsi, en toutes phases de la procédure, si lebiens transmis dans le patrimoine fiduciaire n'on pas été laissés par convention au débiteur[1].

Au contraire, l'article L. 622-23, Idu code de commerce, qui résulte de l'ordonnance du 18 décembre 2008[2] (ord. 18 déc. 2008, art. 32), interditle transfert de biens ou de droits ou la cession de biens ou droits présents dans un patrimoine fiduciaire, au profit du fiduciaire ou d'un tiers, lorsque ces biens ou droits font l'objet d'une convention en exécution de laquelle le débiteur constituant en conserve l'usage ou la jouissance, du seul fait de l'ouverture de la procédure, de l'arrêté du plan ou encore d'un défaut de paiement d'une créance née avant l'ouverture de la procédure. L'interdiction est sanctionnée par la nullité de la cession ou du transfert.

La rédaction du texte est surprenante, puisque le transfert de biens déjà contenu dans le patrimoine fiduciaire ne peut évidemment être interdit par l'effet de l'ouverture de la sauvegarde ou du redressement judiciaire[3]. Il faut en réalité comprendre que cette interdiction est posée pour le bénéficiaire, non pour le fiduciaire. Il s'agit de neutraliser la fiducie-sûreté pendant la période d'observation et celle d'exécution des plans de sauvegarde et de redressement.

La règle posée en sauvegarde est applicable en redressement judiciaire (C. com., art. L. 631-14, al. 1 [ord. 18 déc. 2008, art. 80]). Le non-paiement d'une créance antérieure ne peut davantage être opposé au débiteur pour autoriser la cession ou le transfert des biens au bénéficiaire, en présence d'une convention assurant au débiteur la jouissance ou l'usage des biens ou droits. C'est ici le rappel d'une règle de droit commun de la continuation des contrats en cours.

Une exception à l'applicabilité de la mesure en redressement judiciaire est toutefois posée par l'article L. 631-14, alinéa 4 du code de commerce. Il faut supposer que, avant l'ouverture d'une procédure de sauvegarde, des biens ont été transférés dans un patrimoine *fiduciaire, avec conclusion d'une* convention assurant le maintien de l'usage ou de la jouissance de ces biens au débiteur. La procédure de sauvegarde s'est terminée par l'adoption d'un plan de sauvegarde. Ce plan a ensuite été résolu et un redressement judiciaire a été ouvert. En ce cas, l'article L. 622-23, I du code de commerce est inapplicable. Cala revient à dire que la neutralisation de la fiducie-sûreté ne joue que dans une seule procédure et que la seconde chance du débiteur de se redresser ne pourra se faire sur le compte du bénéficiaire de la fiducie. *A priori*, la règle a vocation à jouer quelle que soit la cause de la résolution du plan[4]. La fiducie, à cet égard, se trouve mieux traitée que les autres sûretés.

L'article L. 622-23, I du code de commerce a pour objet de laisser au débiteur l'usage ou la jouissance des biens et droits transmis dans un patrimoine fiduciaire, pour faciliter, voire permettre, la continuation de l'activité et la recherche d'un plan de sauvegarde ou d'un plan de redressement, à moins que ce dernier ne soit recherché après la résolution d'un plan de sauvegarde.

La règle est prolongée au jour de l'arrêté du plan de sauvegarde ou de redressement. En conséquence, en présence d'une convention assurant au débiteur la jouissance ou l'usage des biens ou droits transmis dans un patrimoine fiduciaire, l'exécution du plan et spécialement le paiement au bénéficiaire de la fiducie des dividendes du plan, fait obstacle à l'exécution de la fiducie. En revanche, le non-paiement d'un dividende du plan autorise le transfert des biens au profit du bénéficiaire. Il y a là une véritable dérogation au principe de concentration entre les mains du commissaire à l'exécution du plan du soin de tirer les conséquences du non-paiement des dividendes du plan. La disposition du nouvel article L. 622-23, I du code de commerce a ainsi vocation à organiser la cohabitation paisible entre la fiducie et la sauvegarde de l'entreprise, comme l'annonce en avait été faite avant l'ordonnance de réforme[5], à l'instar des solutions posées dans les droits allemands et américains[6].

1. AUSSI : Pérochon, « À propos de la réforme de la liquidation judiciaire par l'ordonnance du 18 décembre 2008 », *Gaz. Pal.* 8-10 mars 2009, n° sp. p. 14, n° 40 – Pétel, « Le nouveau droit des entreprises en difficulté : acte II – commentaire de l'ordonnance n° 2008-1345 du 18 décembre 2008 », *JCP E* 2009. 1049, n° 46.
2. Ord. n° 2008-1345, 18 déc. 2008, préc.
3. Crocq, « L'ordonnance du 18 décembre 2008 et le droit des sûretés », *Rev. proc. coll.* 2009/1,10, p. 75 s., sp. p. 82, n° 35 – Macorig-Vénier et Saint-Alary-Houin, « Les créanciers dans l'ordonnance n° 2008-1345 du 18 décembre 2008 portant réforme du droit des entreprises en difficulté », *Rev. proc. coll.* 2009/1, 9, p. 68, n° 19.
4. Pérochon, « Les interdictions de paiement et le traitement des sûretés réelles », *D.* 2009, Chron. 651 s., sp. 659, n° 25.
5. Dammann, « Fiducie et sauvegarde : deux réformes complémentaires », *Bull. Joly* 2008. 88 s., sp. p. 89.
6. Dammann, art. préc., 89.

La convention assurant au débiteur la jouissance ou l'usage des biens est soumise aux règles de la continuation des contrats en cours. Son inexécution entraînera, en application de l'article L. 622-13 du code de commerce, sa résiliation. L'obstacle au jeu de la fiducie-sûreté disparaît alors. En outre, cette convention n'obéit plus aux règles de la continuation des contrats en cours en liquidation judiciaire (C. com., art. L. 641-11-1, VI). Dans ces conditions, l'ouverture ou le prononcé de la liquidation judiciaire ne peut constituer un obstacle au jeu de la fiducie-sûreté, même en présence d'une telle convention.

Le jeu de la fiducie-sûreté n'est pas paralysé en cas d'arrêté d'un plan de cession, dans la mesure où la convention assurant au débiteur la jouissance ou l'usage des biens transmis dans le patrimoine fiduciaire ne peut être judiciairement cédé au repreneur. Une difficulté se présente toutefois, dans la mesure où la non-cession d'un contrat, dans le cadre de l'arrêté d'un plan de cession, n'entraîne pas sa résiliation (v. s[s] n° 582.68). Il appartient au cocontractant, c'est-à-dire le fiduciaire, de faire prononcer par la juridiction compétente la résiliation du contrat de mise à disposition, afin de permettre le transfert des biens au bénéficiaire, du moins en dehors de la liquidation judiciaire. En effet, comme cela a été relevé, l'ouverture ou le prononcé de la liquidation judiciaire suffira à permettre au créancier bénéficiaire de récupérer les biens transférés dans le patrimoine fiduciaire[1]. La règle de l'arrêt des poursuites individuelles et des voies d'exécution n'est ainsi pas contrariée[2].

621.79 **Attribution judiciaire.** Le code civil contient un mode particulier de réalisation d'un gage, l'attribution judiciaire, autrefois réglementé par l'article 2078 du code civil et, depuis l'ordonnance du 23 mars 2006[3] ayant réformé le droit des sûretés, par l'article 2347 du code civil.

L'attribution judiciaire du gage permet au créancier de demander en justice que le bien gagé lui soit attribué en paiement. Ce mode de réalisation est analysé en une dation en paiement judiciaire (v. s[s] n° 563.82) et c'est pourquoi il est, par principe, interdit après ouverture de la procédure collective. Par exception, il est autorisé par le législateur en situation de liquidation judiciaire du débiteur (v. s[s] n° 563.82).

L'ordonna du 23 mars 2006 réformant le droit des sûr innove considérablement en permettant au cncier hypothécaire de demander l'attribution jciaire de l'immeuble en paiement, comme le ferun créancier gagiste pour un bien gagé. La solutioésulte explicitement de l'article 2458 du code civil.

La premièrdécision rendue, à notre connaissance, sur la qestion refuse au créancier inscrit l'attribution judiciaire de l'immeuble, au motif que l'autoriser reviendrait à permettre au créancier de confisquer un atif essentiel de la liquidation judiciaire, alors queson privilège spécial est primé par le privilège des fras de justice et par le super privilège des salaires[4]. La solution mérite approbation, même si sa motivation ne convainc guère, en ce que le tribunal prend l'effet pour la cause. En effet, l'attribution judiciaire est par nature indépendante de l'ordre dans lequel s'exercent les privilèges. Cet effet ne peut donc justifier la solution. Il est plus juste, en revanche, comme le fait le tribunal, de refuser le jeu de l'attribution judiciaire sur l'observation qu'elle vaut paiement.

L'analyse de l'attribution judiciaire de l'immeuble hypothéqué est la même que celle posée pour l'attribution judiciaire du gage. Il s'agit d'une dation judiciaire en paiement[5]. Faute de texte particulier autorisant son utilisation après ouverture de la procédure, les règles de l'interdiction des paiements des créances antérieures et celle de l'arrêt des poursuites individuelles et des voies d'exécution doivent conduire à en interdire l'exercice au cours d'une procédure collective[6], même si cette procédure est une liquidation judiciaire. Certains auteurs ne partagent toutefois pas l'analyse[7].

1. Rapport au président de la République sur l'ordonnance n° 2008-1345 du 18 déc. 2008, *JO* 19 déc. 2008, IV-3.
2. Pérochon, « À propos de la réforme de la liquidation judiciaire par l'ordonnance du 18 décembre 2008 », *Gaz. Pal.* 8-10 mars 2009, n° sp., p. 14, n° 40.
3. Ord. n° 2006-346, 23 mars 2006, préc.
4. T. mixte com., Saint-Pierre, 1er mars 2016, RG n°s 2015/003678, 2015/003678; (jugement aimablement communiqué par Me Rajabaly, avocat au barreau de Saint-Denis de la Réunion), *D.* 2016. 1185, note Boustani; *Gaz. Pal.* 12 avr. 2016, n° 14, p. 55, note Le Corre; *LXB* 17 mars 2016, n° 458, note Le Corre-Broly.
5. L. Aynès et Crocq, *Les sûretés : La publicité foncière*, 9e éd., Defrénois, 2015, n° 686.
6. Le Corre, « Les incidences de la réforme du droit des sûretés sur les créanciers confrontés aux procédures collectives », *JCP E* 2007, Chron. 1185, p. 24 s., sp. p. 28, n° 37 – *Adde*, Jacquemont, 6e éd. 2009, n° 919 – Dammann et Le Beuze, « Réforme des sûretés et des procédures collectives : quelles sûretés choisir ? », *Cah. dr. entr.* 2007/2, p. 45 s., sp. p. 49 – Legeais, « L'appréhension du droit des sûretés par l'ordonnance du 18 décembre 2008 », *in Colloque Sûretés réelles et droit des entreprises en difficulté*, Nice, 20 mars 2010, *LPA* 11 févr. 2011, n° 30, p. 27 s., sp. p. 29.
7. Cabrillac M. et S., Mouly et Pétel, *Droit des sûretés*, 9e éd., LexisNexis, 2010, n° 1095 – Pérochon, « Les sûretés immobilières classiques », *in Colloque Sûretés réelles et droit des entreprises en difficulté*, Nice, 20 mars 2010, *LPA* 11 févr. 2011, n° 30, p. 49 s., sp. p. 53, n° 23.

SECTION 621.80

RÉGIME DES ACTIONS ARRÊTÉES

621.81 Régime applicable aux actions rêtées. La règle de l'arrêt des poursuites individu es présente un caractère d'ordre public, tant erne[1], qu'international[2]. Elle peut donc être relevée ffice[3]. Le juge doit cependant inviter les parties à expliquer sur ce point, lorsqu'il entend la soulever office.

Sous l'empire de la loi de 1985[4], le fait qu'une des parties invoque l'extinction de la créanc pour défaut de déclaration, fait obstacle à la repr e de l'instance, puisque le créancier ne pourra faire fixer au passif une créance éteinte. Il en résulte que la sentence arbitrale ayant, après le jugement d'ouverture, condamné le débiteur au paiement, ne peut recevoir l'*exequatur*.

Le moyen tiré de l'arrêt des poursuites individuelles peut être présenté en tout état de cause et peut donc tenir en échec le principe selon lequel les exceptions d'incompétence doivent être soulevées *in limine litis*[5]. Il ne peut toutefois être présenté pour la première fois devant la Cour de cassation[6]. Ce moyen constitue une fin de non-recevoir[7].

Les actes et décisions de justice obtenus après l'interruption résultant du jugement d'ouverture et sans mise en cause des organes de la procédure, sont réputés non avenus[8]. La solution vaut en cas d'absence de mise en cause du commissaire à l'exécution du plan, lorsque le jugement prononçant la condamnation du débiteur intervient après arrêté du plan. Elle a été posée pour une condamnation prononcée par le Conseil de la concurrence, après jugement d'ouverture de la procédure collective, sans mise en cause des organes de la procédure[9].

La règle ne concerne que les rapports entre le créancier et le débiteur. Ne peut en conséquence être suivie la cour d'appel qui déclare non avenu un jugement qui condamne, après le jugement d'ouverture, et alors que l'action avait été entamée avant, le débiteur et sa caution. En tant qu'il intéressait la caution, le jugement ne pouvait être tenu pour non avenu au motif de la violation de la règle de l'arrêt des poursuites individuelles[10].

Seul le défenseur de l'intérêt collectif des créanciers peut se prévaloir de la règle de l'arrêt des poursuites individuelles, soit, en liquidation judiciaire, le liquidateur[11]. Le débiteur ne peut donc soulever cette règle[12].

Le fait que le débiteur réagisse de mauvaise foi, en obtenant le renvoi de l'affaire pour solliciter dans l'intervalle son placement en redressement judiciaire, n'a pas pour effet de modifier la règle[13].

Il a toutefois été jugé que le débiteur qui laisse se poursuivre des procédures d'exécution que le créancier n'aurait jamais engagées s'il avait connu la procédure collective du débiteur, engage sa responsabilité envers le créancier saisissant. Il en a été tiré la conséquence de la possibilité de compenser le remboursement des sommes dues par le créancier, qui a perçu irrégulièrement ces sommes, avec le préjudice qu'il a subi[14]. La solution a pu se justifier, sous l'empire de la loi du 25 janvier 1985, applicable aux faits de l'espèce. Elle ne le pourrait plus, depuis la loi de sauvegarde, car la créance postérieure du créancier sur le débiteur n'apparaît pas éligible au traitement préférentiel.

Si le débiteur sous procédure collective a obtenu avant son jugement d'ouverture une ordonnance d'injonction de payer, le jugement la mettant à néant après jugement d'ouverture sera réputé non avenu si la procédure n'a pas été régularisée en cause d'opposition[15].

1. Com. 6 déc. 1994, n° 90-15.109, *Bull. civ.* IV, n° 361; *Quot. Jur.* 12 janv. 1995, p. 4 – Civ. 1re, 6 mai 2009, n° 08-10.281, *Bull. civ.* I, n° 86; FS-P+B+I; *Act. proc. coll.* 2009/12, n° 182, note Mastrullo; *Procédures* 2009, comm. 236, note Rolland; *JCP E* 2009, Chron. 1814, n° 2, note Pétel; *LPA* 21 juill. 2009, n° 144, p. 17, note Mouralis; *RTD com.* 2010. 208, n° 26, obs. Vallens.
2. Civ. 1re, 19 déc. 1995, n° 93-20.424, *Bull. civ.* I, n° 470; *D. Affaires* 1996, 241 – Civ. 1re, 6 mai 2009, n° 08-10.281, *Bull. civ.* I, n° 86; FS-P+B+I; *Act. proc. coll.* 2009/12, n° 182, note Mastrullo; *Rev. proc. coll.* 2010/1, § 9, p. 29, note Staes.
3. Paris, 1re ch., 30 juin 1981; cité dans SOINNE, note n° 3122.
4. L. n° 85-98, 25 janv. 1985, préc.
5. Com. 12 janv. 2010, n° 08-19.645, NP; n° 19 F-D; *D.* 2010. AJ 263, obs. Lienhard; *Gaz. Pal.* 16-17 avr. 2010, nos 106, 107, p. 30, note Rohart-Messager; *Rev. proc. coll.* 2011, comm. 29, p. 38, note Staes; *Leden* 2010/3, p. 6, obs. Staes.
6. Com. 22 oct. 1996, n° 93-12.291, *Bull. civ.* IV, n° 244.
7. Com. 27 mars 1988, *JCP G* 1988. IV. 350.
8. Civ. 3e, 19 mars 1997, n° 95-14.362, NP, *RJDA* 1997, n° 955 – Com. 30 juin 2004, n° 02-11.111, NP – Com. 15 déc. 2009, n° 08-19.539, NP; n° 1184 F-D; *Rev. proc. coll.* 2011, comm. 32, p. 40, note Staes – Com. 8 juin 2010, n° 09-13.419, NP; n° 644 F-D; *Rev. proc. coll.* 2011, comm. 32, p. 40, note Staes – Com. 11 oct. 2011, n° 10-20.604, NP, *Rev. proc. coll.* 2012, comm. 68, note Staes – Versailles, 13e ch., 4 mars 1999, *Rev. proc. coll.* 2001, p. 253, n° 5, obs. Staes; Paris, 8e ch. A, 12 juin 2003, RG n° 2002/07362 – *Adde*, IFPPC 1999, recomm. nos 3085-1, 5020-1, 6036-4, p. 68, 106, 165.
9. Paris, 1re ch. H, 15 janv. 2008, RG n° 2007/02775, *D.* 2008. AJ 347, obs. Chevrier; *RJDA* 2008/4, p. 429, n° 437.
10. Com. 16 juin 2015, n° 14-15.745, NP; n° 582 F-D.
11. Com. 13 mars 2012, n° 10-27.811, NP; n° 300 F-D.
12. Com. 13 mars 2012, n° 10-27.811, NP; n° 300 F-D.
13. Com. 8 juin 2010, n° 09-13.419, NP; n° 644 F-D; *Rev. proc. coll.* 2011, comm. 32, p. 40, note Staes.
14. Nancy, 2e ch. civ., 3 févr. 2011, RG n° 10/00076, *Rev. proc. coll.* 2012, comm. 37, note Staes.
15. Com. 16 janv. 2007, n° 05-18.356, NP; n° 33 F-D.

L'exécution provisoire attachée à un jugement de condamnation rendu avant jugement d'ouverture, mais frappé d'appel, est arrêtée de plein droit par la survenance du jugement d'ouverture[1].

L'interruption de l'instance ne profite toutefois qu'au débiteur, à son administrateur qui le représente et à son liquidateur. C'est pourquoi il appartient au liquidateur de se prévaloir de l'interruption de l'instance, pour que puisse jouer la règle selon laquelle la décision rendue sans régularisation de la procédure est réputée non avenue[2]. Le caractère non avenu de la décision rendue sans reprise régulière de l'instance ne peut donc être invoqué par le créancier[3].

La partie au profit de laquelle est instituée l'interruption de l'instance peut confirmer, tacitement ou expressément, la décision intervenue[4]. Cela autorise le liquidateur à confirmer un jugement rendu au mépris de la règle de l'arrêt des poursuites individuelles[5].

Il n'y a pas confirmation tacite si le liquidateur saisit la cour d'appel de renvoi, alors que, pendant l'instance de cassation, le débiteur a été déclaré en liquidation judiciaire, car il confirme alors tacitement l'arrêt de la Cour de cassation[6]. Il n'y a pas davantage confirmation tacite si l'administrateur judiciaire forme un pourvoi contre l'arrêt de la cour d'appel rendu au mépris de la règle de l'arrêt des poursuites individuelles[7].

Seul le débiteur ou celui qui le représente, à l'égard duquel l'instance a été interrompue par l'effet du jugement d'ouverture, peut se prévaloir de la péremption d'instance en cas d'inaction prolongée de son adversaire visant à la reprise d'instance[8].

Une fois rendue la décision constatant que le jugement de condamnation est réputé non avenu, le juge n'est pas dessaisi, car l'instance n'est pas éteinte : elle estlement interrompue[9]. Ainsi, après annulation drrêt de la cour d'appel rendu alors que les débatavaient pas eu lieu devant la cour au jour de l'orture de la procédure de sauvegarde, il y a placeenvoi devant une autre cour d'appel, devant laquela procédure devra être régularisée pour que l'instce puisse être reprise.

621 **Incidence sur le cours des délais des actis arrêtées.** L'interdiction des actions en justice pour corollaire la suspension des délais impartis à peine de déchéance ou de résolution (C. com., art. . 621-40, III [anc^t L. 25 janv. 1985[10], art. 47, al. 3], devenu l'article L. 622-21, III depuis la loi de sauvegarde[11] des entreprises). Les délais de prescription sont en conséquence suspendus, ce qui fait double emploi avec l'interruption de la prescription par l'effet de la déclaration de créance (v. s^s n° 661.21). Il s'agira non seulement des délais légaux, mais aussi des délais conventionnels d'action. On peut penser aux délais de mise en œuvre d'une obligation de règlement par une caution.

Puisque la suspension des délais est un corollaire de la règle de l'arrêt des poursuites individuelles, fort logiquement, la disposition analysée n'est pas réversible. Le délai de prescription, qui court contre un débiteur, n'est pas suspendu par sa mise en redressement, en liquidation judiciaire[12], ou sous sauvegarde. Ainsi, le délai d'appel d'une décision régulièrement signifiée avant le jugement d'ouverture, ouvert au débiteur, n'est pas interrompu par son placement en liquidation judiciaire[13].

L'article L. 3253-23, 4° du code du travail (anc^t C. trav., art. L. 143-8, 4°) fait bénéficier d'un privilège général mobilier – et non spécial comme le dit curieusement le texte – les cotisations pendant un an à compter de leur exigibilité. De l'impossibilité d'agir en justice à compter du jugement d'ouverture, il est tiré la conséquence que la date du jugement

1. Paris, ord. 1er prés., 30 juin 1988, *Bull. avoués* 1988, 112.
2. Com. 30 juin 2004, n° 02-18.814, NP.
3. Civ. 2e, 15 avr. 2010, n° 08-12.357, *Bull. civ.* II, n° 82; *Act. proc. coll.* 2010/10, n° 153, note Cagnoli.
4. Com. 30 juin 2004, n° 02-11.111, NP – Com. 26 janv. 2010, n° 09-11.288, *Bull. civ.* IV, n° 20; n° 103 F-P+B; *Gaz. Pal. entr. diff.* 2-3 juill. 2010, n°s 183, 184, p. 29, note Rohart-Messager; *Act. proc. coll.* 2010/5, n° 74, note Vallansan; *Rev. proc. coll.* 2011, comm. 34, p. 42, note Staes – Com. 8 juin 2010, n° 09-13.419, NP; n° 644 F-D; *Rev. proc. coll.* 2011, comm. 32, p. 40, note Staes.
5. Bourges, ch. civ., 15 nov. 2007, *Rev. proc. coll.* 2008/3, p. 57, n° 135, note Staes.
6. Com. 16 juin 2004, n° 01-16.404, NP.
7. Com. 26 janv. 2010, n° 09-11.288, *Bull. civ.* IV, n° 20; n° 103 F-P+B; *Gaz. Pal. entr. diff.* 2-3 juill. 2010, n°s 183, 184, p. 29, note Rohart-Messager; *Act. proc. coll.* 2010/5, n° 74, note Vallansan.
8. Civ. 2e, 28 juin 2006, n° 04-16.316, *Bull. civ.* II, n° 175; FS-P+B; *Act. proc. coll.* 2006/16, n° 192, note Cagnoli; *Rev. proc. coll.* 2007/3, p. 140, n° 5, obs. Staes.
9. Com. 15 déc. 2009, n° 08-19.539, NP; n° 1184 F-D; *Rev. proc. coll.* 2011, comm. 32, p. 40, note Staes – Com. 26 janv. 2010, n° 09-11.288, *Bull. civ.* IV, n° 20; n° 103 F-P+B; *Gaz. Pal. entr. diff.* 2-3 juill. 2010, n°s 183, 184, p. 29, note Rohart-Messager; *Act. proc. coll.* 2010/5, n° 74, note Vallansan – Com. 8 juin 2010, n° 09-13.419, NP; n° 644 F-D; *Rev. proc. coll.* 2011, comm. 32, p. 40, note Staes.
10. L. n° 85-98, 25 janv. 1985, préc.
11. L. n° 2005-845, 26 juill. 2005, préc.
12. Com. 20 sept. 2005, n°s 03-17.137, 03-18.473, *Bull. civ.* IV, n° 178; n° 1100 FP+B; *D.* 2005. AJ 2446, obs. Lienhard; *JCP E* 2006, Chron. 1066, p. 71, n° 1, obs. M. Cabrillac; *Gaz. proc. coll.* 2006/1, p. 28, obs. Roussel Galle; *Bull. Joly* 2006/2, § 38, p. 202, note Lucas; *LXB* n° N9939AIX, note Le Corre – Com. 22 janv. 2013, n° 11-28.212, NP; n° 62 F-D.
13. Com. 18 mai 2016, n° 14-25.997, *Bull. civ.* IV [à paraître]; n° 466 FS-P+B; *Act. proc. coll.* 2016/11, comm. 149, note Le Bars; DPDE juin 2016, p. 1, note Rémery.

d'ouverture marque le point de départ rétroactif de ce délai de douze mois[1].

L'article L. 622-21, III du code de commerce prévoyait qu'en conséquence de l'arrêt des poursuites individuelles et des voies d'exécution résultant du jugement d'ouverture, les délais impartis à peine de déchéance ou de résolution des droits étaient « suspendus ». Le terme était impropre, dès lors que l'événement ayant un effet sur le cours des délais intéressait une partie. Le législateur (ord. 18 déc. 2008[2], art. 30) le remplace donc logiquement par celui de « interrompus ». Cette interruption a pour effet d'effacer le délai déjà écoulé. Si le délai recommence à courir, ce sera pour sa durée entière[3].

621.83 Durée de l'interruption des poursuites individuelles. Il faut encore déterminer la durée de l'interruption. Elle durera ce que dure la procédure. En conséquence, il a été jugé que l'arrêté d'un plan de cession n'autorisait pas un cocontractant à obtenir la résiliation d'un contrat pour non-paiement d'une créance antérieure[4]. En outre, il faut tenir compte de la règle de l'interdiction de reprendre l'exercice individuel de son droit de poursuite après clôture de la procédure qui relaiera, par principe, l'interruption (v. s^s n°s 592.51 s.).

Un problème particulier se pose, depuis la loi du 26 juillet 2005[5], qui a supprimé l'extinction des créances non déclarées. Il tient à l'éventualité de la prescription ou de la forclusion encourue par le créancier, qui n'aura pas bénéficié de l'effet interruptif de la prescription lié à la déclaration de la créance au passif (v. s^s n° 665.76).

SECTION 621.90

RÉGIME DES ACTIONS NON SOUMISES À L'ARRÊT DES POURSUITES INDIVIDUELLES – ACTIONS DITES POURSUIVIES

621.91 Actions en cours non soumises à la règle de l'arrêt des poursuites individuelles. Aux termes de l'article L. 621-42 du code de commerce (anc^t L. 25 janv. 1985[6], art. 49), « les actions en justice et les voies d'exécution autres que celles visées à l'article L. 621-40 [anc^t L. 25 janv. 1985, art. 47] sont poursuivies au cours de la période d'observation à l'encontre du débiteur, après mise en cause de l'administrateur et du représentant des créanciers ou après une reprise d'instance à leur initiative ». Cette disposition a été reprise par la loi de sauvegarde des entreprises (C. com., art. L. 622-23). Le visa de l'article L. 621-40 a été remplacé par celui de l'article L. 622-21, celui du représentant des créanciers par celui du mandataire judiciaire.

Les missions dévolues à l'administrateur et au représentant des créanciers, notamment par l'article L. 621-42 (C. com., art. L. 622-23, depuis la loi de sauvegarde des entreprises[7]), sont exercées par le liquidateur. De la sorte, la règle est applicable tant en sauvegarde, qu'en redressement ou en liquidation judiciaire.

Le domaine de la règle ne fait pas difficulté, en ce qui concerne les actions. L'action sera soumise à l'article L. 621-42 (C. com., art. L. 622-23 depuis la loi de sauvegarde des entreprises) sous quatre conditions cumulatives, deux positives, deux négatives.

Il faut d'abord que l'action ait été entamée avant jugement d'ouverture. En effet, le jugement d'ouverture est envisagé implicitement par le texte comme une cause d'interruption de l'instance, puisqu'il y est indiqué que cette dernière est « reprise »[8]. Sont donc seuls concernés les créanciers antérieurs.

Il faut ensuite que l'action soit dirigée contre le débiteur. Cela suppose donc que le débiteur soit défendeur à l'action.

Il faut encore que l'action ne soit pas soumise à la règle de l'arrêt des poursuites individuelles. Il s'agira donc d'une action ne tendant pas au paiement d'une somme d'argent ou d'une action en résolution de contrat, pour cause autre que le défaut de paiement de sommes d'argent.

Il faut enfin que les débats n'aient pas eu lieu au jour du jugement d'ouverture. La solution a été posée dans le domaine voisin des instances poursuivies sur le fondement de l'article L. 621-41 (anc^t L. 25 janv. 1985, art. 48), devenu l'article L. 662-22 depuis la loi de sauvegarde des entreprises[9].

621.92 Modalités procédurales de poursuite des actions non arrêtées par l'effet de la règle de l'arrêt des poursuites individuelles. La règle de l'article L. 621-42 du code de commerce (anc^t L. 25 janv. 1985[10], art. 49 – C. com., art. L. 622-23, depuis la

1. Com. 13 déc. 2005, n° 04-17.502, *Bull. civ.* IV, n° 251 ; n° 1635 F-P+B ; *D.* 2006. AJ 227, obs. Lienhard ; *JCP E* 2006 Chron. 1569, p. 674, n° 14, obs. M. Cabrillac ; *JCP E* 2006, Chron. 1753, p. 860, n° 19, obs. Delebecque.
2. Ord. n° 2008-1345, 18 déc. 2008, préc.
3. Roussel Galle, « Les retouches apportées aux règles de l'interdiction des poursuites individuelles et de l'arrêt des voies d'exécution » *Gaz. Pal.* 8-10 mars 2009, n° sp. p. 21 s., sp. p. 24, n° 12.
4. Com. 14 mars 2000, n° 98-10.482, NP, *Act. proc. coll.* 2000/11, n° 130.
5. L. n° 2005-845, 26 juill. 2005, préc.
6. L. n° 85-98, 25 janv. 1985, préc.
7. L. n° 2005-845, 26 juill. 2005, préc.
8. DERRIDA *ET ALII*, note n° 2367.
9. Com. 6 févr. 2001, DPDE *bull.* 211, 1er avr. 2001, p. 6087, *V^is Redressement judiciaire (régime général)*, n° 29-a.
10. L. n° 85-98, 25 janv. 1985, préc.

loi de sauvegarde des entreprises[1]), comme celle de l'article L. 621-41 du code de commerce (anc[t] L. 25 janv. 1985, art. 48 – C. com., art. L. 622-22, depuis la loi de sauvegarde des entreprises) est d'ordre public[2].

Les modalités procédurales de poursuite des actions entamées avant jugement d'ouverture, et non remises en cause par la règle de l'arrêt des poursuites individuelles, ne posent guère difficulté. Ici, comme pour l'application de l'article L. 621-41 (devenu C. com., art. L. 622-22, depuis la loi de sauvegarde des entreprises – v. s[s] n° 623.31), il faut considérer que le jugement d'ouverture emporte interruption de l'instance. L'instance est reprise soit après assignation en intervention forcée du représentant des créanciers et, le cas échéant, de l'administrateur, en redressement judiciaire, du liquidateur en liquidation judiciaire, soit après l'intervention volontaire de leur part, puisque la reprise d'instance peut être à leur initiative.

Le texte de l'article L. 621-42 du code, devenu l'article L. 622-23 depuis la loi de sauvegarde des entreprises, ne distinguant pas selon la mission confiée à l'administrateur judiciaire, il faut considérer que sa présence dans l'instance constitue, dans tous les cas, une condition de régularité de la reprise d'instance.

L'article L. 622-23 du code de commerce maintient, sous l'empire de la loi de sauvegarde, l'obligation de mettre en cause le mandataire judiciaire pour les actions non soumises à l'arrêt des poursuites individuelles et qui seront continuées après le jugement d'ouverture[3]. Il prévoit également, depuis l'ordonnance du 18 décembre 2008, dans la procédure de sauvegarde, que la mise en cause de l'administrateur judiciaire ne s'imposera que s'il a une mission d'assistance. Sa mise en cause ne sera donc plus nécessaire s'il ne s'est vu confier qu'une mission de surveillance. En revanche, en redressement judiciaire, sa mise en cause s'impose dans tous les cas (C. com., art. L. 631-14, al. 5).

En cas de conversion d'un redressement judiciaire en liquidation judiciaire, alors que l'instance avait été entamée avant l'ouverture de la procédure collective, il y a à nouveau interruption de l'instance[4]. L'assignation initiale du mandataire judiciaire sera insuffisante. Elle devra être complétée par une assignation du liquidateur es qualités, peu important que le mandataire judiciaire et le liquidateur soit la même personne, le changement de qualité entraînant changement de partie.

La régularisation de la procédure pourra intervenir jusqu'à ce que le juge statue[5]. L'intervention d'une décision de justice, sans avoir procédé aux mises en cause nécessaires, emportera les conséquences de l'article 372 du code de procédure civile : la décision intervenue sera réputée non avenue[6].

1. L. n° 2005-845, 26 juill. 2005, préc.
2. Bordeaux, 9 juill. 1987, *Gaz. Pal.* 1987. II. 535, note Brault.
3. Com. 19 mai 2015, n° 13-28.835, NP; n° 480 F-D.
4. Com. 9 avr. 2013, n° 11-27.585, NP; n° 378 F-D.
5. Com. 25 juin 1996, n° 94-19.108, *Bull. civ.* IV, n° 195; *D.* 1996, jur. 481, rapp. Rémery.
6. Civ. 3e, 19 mars 1997, n° 95-14.362, NP, *RJDA* 1997, n° 955.

CHAPITRE

622. Arrêt des voies d'exécution

SECTION 0
ORIENTEUR

622.00 Plan du chapitre.

Sect. 622.10 Application de la règle de l'arrêt des voies d'exécution aux saisies immobilières

Sect. 622.20 Application de la règle de l'arrêt des voies d'exécution aux saisies mobilières

Sect. 622.30 Application de la règle de l'arrêt des voies d'exécution aux saisies conservatoires

Sect. 622.40 Exclusion de la règle de l'arrêt des voies d'exécution pour les mesures n'ayant pas le caractère d'une voie d'exécution

Sect. 622.50 Saisies et avis à tiers détenteur ayant joué au jour du jugement d'ouverture

Sect. 622.60 Règles applicables aux voies d'exécution arrêtées

Sect. 622.70 Régime des voies d'exécution non soumises à la règle de l'arrêt des voies d'exécution et poursuivies après jugement d'ouverture

622.01 Textes applicables. (V. les références complètes s[s] n° 011).

> Législation antérieure à la loi de sauvegarde des entreprises.

C. com., art. L. 621-40 et L. 621-42 (v. s[s] n° 621.01)

> Législation issue de la loi de sauvegarde des entreprises.

C. com., art. L. 622-21, L. 622-23, L. 641-3, al. 1, L. 641-4, al. 3

C. com., art. R. 622-19 (anc[t] D. 28 déc. 2005, art. 94), R. 631-20 (anc[t] D. 28 déc. 2005, art. 189), R. 641-23 (anc[t] D. 28 déc. 2005, art. 234), R. 641-24 (anc[t] D. 28 déc. 2005, art. 235)

> Législation issue de l'ordonnance du 18 décembre 2008.

C. com., art. L. 622-21, L. 622-23, L. 641-3, al. 1, L. 641-4, al. 3

C. com., art. R. 622-19, R. 631-20, R. 641-23, R. 641-24

622.02 Jurisprudence de référence.

> Il est impossible de convertir après jugement d'ouverture une saisie conservatoire, laquelle doit, en conséquence, faire l'objet d'une mainlevée.

• Com. 22 avr. 1997, n° 94-16.979, *Bull. civ.* IV, n° 100

* V. s[s] n° 622.31

« Vu les articles 47 de la loi du 25 janvier 1985 [devenu C. com., art. L. 621-40] et 240 à 242 du décret n° 92-755 du 31 juillet 1992, instituant de nouvelles règles relatives aux procédures civiles d'exécution pour l'application de la loi n° 91-650 du 9 juillet 1991, portant réforme des procédures civiles d'exécution;

Attendu qu'il résulte de la combinaison de ces textes que le jugement d'ouverture de la procédure collective arrête toute voie d'exécution, tant sur les meubles que sur les immeubles, de la part des créanciers dont la créance a son origine antérieurement audit jugement; qu'une saisie conservatoire signifiée au tiers saisi avant la date de cessation des paiements qui n'a pas été convertie en saisie-attribution avant la date du jugement d'ouverture n'emporte plus, dès lors, affectation spéciale et privilège au profit du créancier saisissant. »

> L'effet attributif immédiat de la saisie attribution se poursuit après jugement d'ouverture sur des créances successives.

• Cass., ch. mixte, 22 nov. 2002, n° 99-13.935; *Bull. ch. mixte*, n° 7

* V. s[s] n° 622.52

« Mais attendu qu'il résulte des articles 13 et 43 de la loi du 9 juillet 1991 et des articles 69 et suivants du décret du 31 juillet 1992, que la saisie-attribution d'une créance à exécution successive, pratiquée à l'encontre de son titulaire avant la survenance d'un jugement portant ouverture d'un redressement ou d'une liquidation judiciaires de celui-ci, poursuit ses effets sur les sommes échues en vertu de cette créance, après ledit jugement; que, dès lors, la cour d'appel, qui a retenu que la saisie avait définitivement produit son effet attributif avant le jugement prononçant la mise en liquidation judiciaire de la société, a décidé, à bon droit, qu'il n'y avait pas lieu d'en ordonner la mainlevée et a rejeté la demande de remboursement des loyers. »

> L'avis à tiers détenteur délivré avant jugement d'ouverture peut continuer à frapper, après jugement d'ouverture, des créances successives.

• **Com. 8 juill. 2003,** n° 00-13.309, *Bull. civ.* IV, n° 132

* V. s^s n° 622.53

> Il y a obligation de dénoncer la saisie ayant joué au jour du jugement d'ouverture dans les huit jours à l'organe compétent.

• **Com. 19 févr. 2002,** n° 98-22.727, *Bull. civ.* IV, n° 37

* V. s^s n° 622.72

« Vu les articles 31 et 32 de la loi du 25 janvier 1985 devenus les articles L. 621-22 et L. 621-23 du code de commerce;

Attendu que si l'effet attributif immédiat de la saisie-attribution ne peut être remis en cause par la survenance d'un jugement de redressement ou de liquidation judiciaire, l'irrégularité de la dénonciation d'une telle saisie au débiteur soumis à une procédure collective entraîne la caducité de la mesure d'exécution; [...]

Attendu que pour confirmer cette décision [ayant rejeté la demande tendant au prononcé de la caducité de la saisie], l'arrêt retient que si, dans le cas où le débiteur est en redressement judiciaire, la saisie doit être dénoncée également aux organes de la procédure collective, encore faut-il que cela soit possible dans le délai imparti de huit jours, puis retient que la dénonciation faite de bonne foi par le créancier saisissant au seul débiteur, dans l'ignorance légitime de l'identité des organes de la procédure collective, doit être considérée comme régulière;

Attendu qu'en se déterminant comme elle a fait, alors qu'il était allégué qu'un administrateur judiciaire avait été désigné dans la procédure de redressement judiciaire de la société, sans rechercher si l'administrateur avait été investi d'une mission de représentation ou d'assistance, et avait ainsi reçu mission de recevoir notification des actes de procédure comprenant la dénonciation d'une saisie, la cour d'appel a privé sa décision de base légale. »

622.03 Bibliographie indicative. (V. les références complètes s^s n° 031).

> Actualisables. Monsérié-Bon, « Entreprises en difficulté – Redressement judiciaire (Période d'observation) », n°s 446 à 448 – J.-CL. COM., Vallansan, fasc. 2355, [Situation des créanciers – Arrêt des poursuites individuelles], 2011; J. Cl. com., fasc. 2386, Amlon G., [Trésor public – Avis à tiers détenteur], 2015.

> Ouvrages antérieurs à la loi de sauvegarde des entreprises. CHAPUT, n° 522 – JACQUEMONT, n°s 379 à 382 – KERCKHOVE, n°s 532, 533 – LE CANNU, n° 913 – LE CORRE-BROLY, n°s 335, 340 à 343 – MARTIN ET VALLENS, n°s 3095 à 3099 – PÉROCHON ET BONHOMME, n° 185-1 – PÉTEL, n°s 198, 199 – RIPERT ET ROBLOT, n°s 2971, 2975 – SAINT-ALARY-HOUIN, n°s 755 à 757 – SOINNE, n°s 1045 à 1052 – VALLANSAN, p. 115 à 117, 119 et 120.

> Ouvrages postérieurs à la loi de sauvegarde des entreprises. COQUELET, 5e éd., n°s 269, 270 – GIBIRILA, n° 591 – JACQUEMONT ET VABRES, 9e éd., n°s 487 à 490 – LE CANNU, 7e éd., n° 393 – LIENHARD, 6e éd., n°s 78.26 à 78.30 – PÉROCHON, 10e éd., n°s 633 à 639 – PÉTEL, 8e éd. n°s 192 à 194 – ROUSSEL GALLE, 2e éd., 2007, *n°s 509, 510 – SAINT-ALARY-HOUIN*, 9e éd., n°s 681, 684 – VALLANSAN *ET ALII*, 6e éd., p. 134 à 137 – VALLENS, 2015, n^os *332 à 3358 – VIDAL et GIORGINI, n°s 704* à 708 – VOINOT, 2e éd., n°s 407, 408, 410.

> Articles. Aubert, « Interférences entre les procédures collectives et les procédures civiles d'exécution », *Rapp. C. cass.* 1999, Doc. Française, p. 83 – Brénac A et Leclerc K., « Voies d'exécution et droit des entreprises en difficulté », Roussel Galle (dir.), *Entreprises en difficulté*, « Droit 360° », LexisNexis, 2012, p. 469 – Brénac A. et Branco Fernandes Y., « Le sort du prix de cession du fonds de commerce en liquidation judiciaire », *Rev. proc. coll.* 2015, dossier 23 – Canet, « Les voies d'exécution issues de la loi du 9 juillet 1991 face au redressement et à la liquidation judiciaires », *Rev. proc. coll.* 1995, 265 – Cagnoli P., « Les aspects processuels de la règle de l'arrêt des voies d'exécution », *in Mesures d'exécution et procédures collectives*, « collection Procédures », Bruylant, 2012, p. 43 – Darmon D.-A. « L'arrêt des voies d'exécution et la discipline collective » *in Mesures d'exécution et procédures collectives*, « collection Procédures », Bruylant, 2012, p. 153 – Garçon, « La détention d'un prix de vente en présence de voies d'exécution mobilières diligentées à l'encontre du vendeur faisant l'objet d'une procédure collective », *JCP N* 1998. 998 – Grreau, « La saisie-attribution, la procédure collective et la date de naissance des créances contractuelles », *RTD com.* 2004. 413 – Ghelfi-Tastevin, « Le principe de "l'effet attributif immédiat" des saisies et le droit des entreprises en difficulté », *LPA* 18 oct. 1999, n° 207, p. 6 s. et *LPA* 20 oct. 1999, n° 209, p. 13 s. – Lefort, « Le sort d'une saisie conservatoire de créances pratiquée antérieurement au jugement d'ouverture d'une procédure collective », *Dr. et proc.* 2003/4, p. 204 et 2003/5, p. 272 – Pérochon F., « Le périmètre de la règle de l'arrêt des voies d'exécution », *in Mesures d'exécution et procédures collectives*, « collection Procédures », Bruylant, 2012, p. 9 – Roussel Galle, « Les retouches apportées aux règles de l'interdiction des poursuites individuelles et de l'arrêt des voies d'exécution », *Gaz. Pal.* 8 à 10 mars 2009, n° sp. p. 21 – Sénéchal, « Procédures civiles d'exécution et procédures collectives », *LPA* 22 déc. 1999 n° 254, p. 34 – Scholastique, « Titre exécutoire et procédures collectives », *Dr. et proc.* 2005/1, p. 7 – Soinne, « Poursuite après jugement d'ouverture des effets d'une saisie-attribution opérée antérieurement », *Rev. proc. coll.* 2000, p. 179 – Spinelli, « Dénonciation de la saisie-attribution et procédure collective », *Dr. et proc.* 2002/5, p. 273 – Staes, « Critère de la caducité des procédures de distribution en cours : effet attributif des voies d'exécution ou de la distribution », *Rev. proc. coll.* 2012, études 18, p. 20 – Théry, « L'incidence d'une procédure collective sur les procédures civiles d'exécution », *Dr. et proc.* 2002/3, p. 140.

622.04 Questions principales.

• Le créancier peut-il poursuivre une saisie immobilière commencée avant jugement d'ouverture ?

* V. s^s n° 622.11.

• Qu'advient-il d'une saisie conservatoire non convertie en saisie définitive au jour du jugement d'ouverture ?

* V. s^s n° 622.31.

• Le saisissant doit-il, lorsque la saisie a été signifiée avant jugement d'ouverture, respecter le délai de huitaine pour dénoncer la saisie à l'organe compétent ?

* V. ss no 622.72.

• Le séquestre résiste-t-il à l'ouverture de la procédure collective ?

* V. ss no 622.42.

622.09 Généralités sur la règle de l'arrêt des voies d'exécution – Situation de l'EIRL – Sauvegarde financière accélérée. Aux termes de l'article L. 621-40, II du code de commerce (anct L. 25 janv. 1985[1], art. 47, al. 2), le jugement d'ouverture « arrête ou interdit également toute voie d'exécution de la part de ces créanciers (antérieurs), tant sur les meubles que sur les immeubles ». L'article L. 622-21, II, dans la rédaction de la loi de sauvegarde des entreprises, reproduit la solution. L'ordonnance du 18 décembre 2008[2] ajoute que ce même jugement arrête ou interdit « toute procédure de distribution n'ayant pas produit un effet attributif avant le jugement d'ouverture ».

L'interdiction de procéder à l'exécution des biens du débiteur après jugement d'ouverture subsiste même après adoption du plan de continuation, des solutions divergentes ayant cependant été posées en jurisprudence[3]. La solution est transposable au plan de redressement ou de sauvegarde. Il n'y a pas à distinguer selon que les biens sont affectés ou non à l'exploitation de l'entreprise[4], selon qu'ils sont propres au débiteur ou qu'ils sont communs (v. ss nos 741.11 et 741.12).

Ne sont concernés que les créanciers antérieurs, y compris les créanciers salariaux[5]. En revanche, la règle n'intéresse pas les créanciers postérieurs, étant précisé que ces derniers, dans le cadre d'une première procédure, sont, après résolution du plan de cette procédure, créanciers antérieurs dans la procédure ouverte subséquemment. En conséquence, leurs voies d'exécution se trouvent identiquement arrêtées[6].

La loi de sauvegarde des entreprises[7] a toutefois étendu le domaine de l'interdiction des voies d'exécution aux créances postérieures qui ne bénéficient pas du traitement préférentiel. Il s'agit, d'une part, des créances postérieures nées irrégulièrement, et, d'autre part, des créances postérieures nées régulièrement, mais qui ne sont pas éligibles au traitement préférentiel (v. ss no 454.11).

Le législateur vise tant l'arrêt que l'interdiction des voies d'exécution. Il faut en conséquence décider que les voies d'exécution entamées ne peuvent plus être poursuivies. Elles sont arrêtées. Il faut aussi comprendre que les voies d'exécution nouvelles ne peuvent plus être entreprises puisqu'elles sont interdites[8].

L'exécution de tous les titres se trouve arrêtée, qu'il s'agisse d'actes notariés, de jugements ou d'arrêts passés en force de chose jugée[9].

Les voies d'exécution exercées, qui ne peuvent être poursuivies, doivent faire l'objet d'une mainlevée de la part des créanciers. *La solution a été spécialement posée pour les saisies conservatoires* ne pouvant plus être converties en saisies définitives après jugement d'ouverture[10]. À défaut d'être volontaire, la mainlevée sera ordonnée par la juridiction de droit commun[11], c'est-à-dire, le plus souvent, le juge de l'exécution. Les frais de mainlevée seront à la charge du créancier, à moins que la saisie n'ait permis de conserver le bien du débiteur, au profit commun des créanciers, auquel cas ils pourront être considérés comme des frais de conservation de la chose du débiteur et seront alors intégrés dans les frais privilégiés de la procédure collective[12]. La jurisprudence, sous l'empire de la loi du 13 juillet 1967[13], posait déjà la solution[14].

La règle de l'arrêt des voies d'exécution ne fait pas obstacle à la possibilité de saisir la part d'un coïndivisaire resté *in bonis*, et ce indépendamment de la déclaration de créance au passif de l'indivisaire en redressement ou en liquidation judiciaire[15].

En présence d'un entrepreneur individuel à responsabilité limitée (EIRL), les créanciers ne sont soumis à la discipline collective que de façon distributive, en raisonnant au regard du patrimoine concerné par la procédure collective. La solution résulte clairement de l'article L. 680-3 nouveau du code de commerce, selon lequel « les dispositions du livre VI du code de commerce qui intéressent les droits ou obligations des créanciers du débiteur EIRL s'appliquent, sauf dispositions contraires, dans les limites du seul patrimoine affecté à l'activité en difficulté ou, si l'activité est exercée sans affectation de patrimoine, du seul patrimoine non affecté ». Seul le créancier détenant une créance qui peut être rattachée au patrimoine en rapport avec l'activité en difficulté est soumis à la discipline collective. Si le créancier détient une créance sur le débiteur, qui se rattache au patrimoine non affecté, il n'est pas concerné par la procédure collective ouverte contre ce même débiteur, si elle l'est au titre de son EIRL. Ce critère permet de déterminer les créanciers soumis à la règle de l'arrêt des voies d'exécution[16].

1. L. no 85-98, 25 janv. 1985, *JO* 26 janv., p. 1097.
2. Ord. no 2008-1345, 18 déc. 2008, *JO* 19 déc., p. 19462.
3. EN CE SENS : Montpellier, 23 juin 1997, *Rev. proc. coll.* 1999, 107, no 19, obs. Canet – *CONTRA* : TGI Lyon, Jex, 23 janv. 1996, *Rev. proc. coll.* 1999, 107, no 19, obs. Canet.
4. Com. 27 nov. 1991, no 90-11.122, *Bull. civ.* IV, no 360; *LPA* 1er juill. 1992, no 79, p. 22, note Derrida; *D.* 1992. 81, note Derrida; *JCP E* 1992. I. 136, no 3, obs. Pétel.
5. Limoges, 20 mai 1997 et Toulouse, 5 mai 1998, *Rev. proc. coll.* 1999, 107, no 19, obs. Canet.
6. Com. 10 oct. 1995, no 93-14.601, NP, *Rev. proc. coll.* 1996, 221, no 5, obs. Canet.
7. L. no 2005-845, 26 juill. 2005, *JO* 27 juill., p. 12187.
8. TGI Fontainebleau, 8 avr. 1987, *D.* 1988. Somm. 145 – *Adde*, Kerckhove, no 529.
9. AINSI pour un jugement : Com. 23 juin 1998, no 94-16.352, NP, *Act. proc. coll.* 1998/11, no 147.
10. Com. 4 janv. 2000, no 96-20.390, NP, *Act. proc. coll.* 2000/5, no 48.
11. Les travaux préparatoires de la loi du 25 janvier 1985 sont très clairs sur ce point : amend. no 95 et interv. Badinter, *JO Sénat CR*. *6 juin* 1984, p. 1347 – *Adde*, SOINNE, no 1045.
12. SOINNE, no 1045.
13. L. no 67-563, 13 juill. 1967, *JO* 14 juill., p. 7059.
14. Com. 21 juill. 1987, *Rev. huissiers* 1989. 19.
15. Com. 6 juill. 1999, no 97-14.096, *Bull. civ.* IV, no 152; *Act. proc. coll.* 1999/14, no 183.
16. SUR LA QUESTION : Hugon, « le nouvel article 22-2 de la loi du 9 juillet 1991 portant réforme des procédures civiles d'exécution ou la mise en place d'un droit de gage à géométrie variable », *BJE* nov./déc. 2011, Doctr. 156, p. 354.

La sauvegarde financière accélérée créée par l'article 57 de la loi du 22 octobre 2010[1] est une procédure semi-collective. L'administrateur judiciaire va constituer le comité des établissements de crédit, et réunir une assemblée générale des obligataires, le cas échéant. Ces deux entités vont voter sur le projet de plan et ce dernier sera adopté à la majorité des deux tiers en montant de créance. Ne participent au vote que les seuls créanciers dont les droits sont affectés par le plan. Les créanciers, qui ne sont pas membres des établissements de crédit et qui ne sont pas des obligataires, ne sont pas soumis à la procédure collective, en application de l'article L. 628-1 du code de commerce (réd. L. 22 oct. 2010). En conséquence, ils ne sont pas concernés par la règle de l'arrêt des voies d'exécution, seuls les créanciers, dont les droits seront affectés par le plan, membres du comité des établissements de crédit ou obligataires, étant soumis à cette règle.

SECTION 622.10

APPLICATION DE LA RÈGLE DE L'ARRÊT DES VOIES D'EXÉCUTION AUX SAISIES IMMOBILIÈRES

622.11 Application de la règle de l'arrêt des voies d'exécution à la saisie immobilière. L'arrêt des voies d'exécution s'applique à la saisie immobilière, l'article L. 621-40, II du code de commerce (anc^t L. 25 janv. 1985[2], art. 47, al. 2), devenu l'article L. 622-21, II depuis la loi de sauvegarde des entreprises[3], visant les saisies sur les immeubles. Le liquidateur, du fait de ce texte, n'est pas soumis à l'article 727 de l'ancien code de procédure civile, imposant un délai de cinq jours avant l'audience éventuelle pour formuler des dires, afin d'obtenir la nullité de la saisie[4].

La saisie immobilière est arrêtée, par l'effet du jugement d'ouverture de la procédure collective, en l'absence d'adjudication définitive de l'immeuble avant le jugement d'ouverture[5]. Il est insuffisant, pour considérer la saisie comme ayant joué au jour du jugement définitive, que l'immeuble ait été adjugé, dès lors que l'adjudication n'était pas devenue définitive avant le jugement d'ouverture, du fait d'une procédure de surenchère[6].

Du fait de l'arrêt de la procédure de saisie immobilière lié à l'ouverture de la procédure collective du débiteur saisi, le juge de l'exécution et à sa suite la cour d'appel ne peuvent plus se prononcer sur les contestations concernant la validité de la saisie[7].

Le créancier qui n'a pas déposé le cahier des charges – cahier des conditions de la vente depuis l'ordonnance du 21 avril 2006[8] –, dans le délai légal, est déchu de la poursuite de saisie immobilière. Si s'ouvre ensuite une procédure collective contre le saisi, le créancier qui a déclaré sa créance au passif, conserve le droit de faire fixer devant le juge des criées – et depuis l'ordonnance du 21 avril 2006, devant le juge de l'exécution – sa créance au passif de son débiteur[9]. La solution a été modifiée par le décret du 12 février 2009[10], qui a supprimé la déclaration de créance dans le cadre de la saisie immobilière, seule devant être effectuée la déclaration de créance au passif de la procédure collective.

Pour le surplus, il convient de distinguer selon que la procédure collective obéit au régime antérieur ou postérieur à la législation du 10 juin 1994[11].

Sous l'empire de la loi du 25 janvier 1985 non réformée, la saisie immobilière commencée avant le jugement d'ouverture était interrompue par l'effet de ce jugement. Elle devait être reprise conformément aux articles 154 de la loi du 25 janvier 1985 (devenu C. com., art. L. 622-16) et 125 à 131 du décret du 27 décembre 1985[12]. En conséquence, l'adjudication prononcée sans reprise régulière de la procédure est nulle, ce que peut faire juger le débiteur, même s'il n'a pas formé de dire lors de l'audience éventuelle[13]. Il en est de même de l'adjudication prononcée par suite de la conversion de la saisie en vente volontaire[14]. La règle continue à s'appliquer, même après adjudication, dès lors que la publication du jugement d'adjudication n'est pas intervenue avant jugement d'ouverture[15].

On remarquera cependant que la prorogation d'un commandement de saisie immobilière publié avant jugement d'ouverture ne constitue qu'une mesure conservatoire échappant à l'interdiction des voies d'exécution[16], son objet étant de faire obstacle

1. L. n° 2010-1249, 22 oct. 2010, *JO* 23 oct., p. 18984.
2. L. n° 85-98, 25 janv. 1985, préc.
3. L. n° 2005-845, 26 juill. 2005, préc.
4. Com. 3 avr. 2002, n° 99-11.187, NP, *Act. proc. coll.* 2002/12, n° 156; *RD banc. fin.* 2002/5, p. 269, n° 200, obs. Delleci; *RJDA* 2002/10, n° 1054, p. 892.
5. Com. 4 mars 2014, n° 13-17.216, *Bull. civ.* IV, n° 43, n° 226 FS-P+B; *Gaz. Pal.* 29 juin 2014, n° 180, p. 28, note Rohart-Messager; *Act. proc. coll.* 2014/7, comm. 133, note Cagnoli; *BJE* mai 2014, 155, note Le Mesle.
6. Com. 4 mars 2014, n° 13-17.216, préc.
7. Com. 17 nov. 2015, n° 14-18.345, *Bull. civ.* IV [à paraître]; n° 983 F-P+B; *Act. proc. coll.* 2016/1, comm. 4, note Salvat; *Rev. sociétés* 2016. 197, note Roussel Galle; *BJE* 2016, 106, note Camensuli-Feuillard; *Rev. proc. coll.* 2016, comm. 30, note Cagnoli.
8. Ord. n° 2006-461, 21 avr. 2006, *JO* 22 avr., p. 6072.
9. Com. 28 sept. 2004, n° 02-11.033, NP.
10. D. n° 2009-160, 12 févr. 2009, *JO* 13 févr., p. 2596.
11. L. n° 94-475, 10 juin 1994, *JO* 11 juin, p. 8440.
12. D. n° 85-1388, 27 déc. 1985, *JO* 29 déc., p. 15281.
13. Com. 4 janv. 2000, n° 96-20.805, NP, *Act. proc. coll.* 2000/4, n° 38.
14. Com. 24 oct. 1995, n° 93-13.888, *Bull. civ.* IV, n° 247; *Defrénois* 1996. 261, obs. Sénéchal.
15. Civ. 2e, 24 mars 1993, n° 90-18.599, *Bull. civ.* II, n° 128.
16. Civ. 2e, 23 oct. 1991, n° 90-12.457, *Bull. civ.* II, n° 283; *D.* 1992. Somm. 184, obs. crit. Honorat; *Defrénois* 1992. 592, obs. Sénéchal.

à la péremption instituée par l'article 694, alinéa 3 de l'ancien code de procédure civile. Cependant, la saisie immobilière ne pouvait être poursuivie après jugement d'ouverture.

La loi du 10 juin 1994 a réformé la question, en autorisant le liquidateur à être subrogé dans les droits du créancier poursuivant et à continuer ainsi la procédure de saisie immobilière, sur ses derniers errements (v. ss n° 582.29). Ainsi, si l'adjudication est intervenue avant jugement d'ouverture, il suffira au liquidateur subrogé dans les droits du créancier poursuivant, de publier à la conservation des hypothèques le jugement d'adjudication. La règle de l'arrêt du cours des inscriptions ne le concernera pas (v. ss nos 651.11 s.).

On ajoutera que la procédure d'ordre n'est pas une mesure d'exécution, mais une mesure de répartition, de sorte qu'elle n'était pas concernée, jusqu'à la loi du 10 juin 1994, par la règle de l'arrêt des voies d'exécution [1]. La solution a été modifiée depuis cette loi (v. ss n° 622.42).

SECTION 622.20

APPLICATION DE LA RÈGLE DE L'ARRÊT DES VOIES D'EXÉCUTION AUX SAISIES MOBILIÈRES

622.21 Application de la règle de l'arrêt des voies d'exécution aux saisies mobilières. L'article L. 621-40, II du code de commerce (anct L. 25 janv. 1985 [2], art. 47, al. 2), devenu l'article L. 622-21, II depuis la loi de sauvegarde des entreprises [3], qui interdit ou arrête les voies d'exécution, s'applique à toutes les saisies mobilières, qu'il s'agisse des saisies à forme ancienne, telles les saisies exécutions [4], gagerie, arrêt [5], ou des saisies réglementées par la loi du 9 juillet 1991 [6], telles les saisies sur injonction du juge de l'exécution, les saisies-attributions [7], les saisies-appréhensions, les saisies-ventes [8], lesquelles jouent globalement comme les anciennes saisies-exécutions [9], ou encore les saisies de véhicules par déclaration en préfecture [10].

La saisie ne peut prospérer ni contre le débiteur, ni contre son conjoint commun en biens, du fait de l'assujettissement des biens communs à la procédure collective (v. ss n° 741.42). Toutefois, lorsqu'une saisie-vente est pratiquée par le Trésor public, à l'encontre *d'un époux commun en biens resté in bonis*, la règle de l'interruption des mesures d'exécution ne peut être invoquée devant le juge de l'exécution que pour autant que, en application des articles L. 281 et R. 281-1 du Livre des procédures fiscales, le saisi a préalablement à la saisine du juge de l'exécution aux fins de remise en cause de la saisie, adressé sa contestation au trésorier payeur général [11].

Depuis la loi de sauvegarde des entreprises, les procédures de distribution mobilière en cours au jour du jugement d'ouverture sont caduques (v. ss n° 622.42).

Le fisc étant également concerné par l'arrêt des voies d'exécution, l'avis à tiers détenteur ne peut être délivré, après jugement d'ouverture, pour des créances antérieures [12].

L'attribution judiciaire qui s'analyse en une voie d'exécution [13] connaît une réglementation spécifique, qui a déjà été examinée (v. ss nos 563.81 à 563.83).

SECTION 622.30

APPLICATION DE LA RÈGLE DE L'ARRÊT DES VOIES D'EXÉCUTION AUX SAISIES CONSERVATOIRES

622.31 Application de la règle de l'arrêt des voies d'exécution aux saisies conservatoires [14]. Les saisies conservatoires réglementées par la loi 9 juillet 1991 [15] sont soumises à la règle de l'arrêt ou de l'interdiction des voies d'exécution, même si elles ont été prises sur le fondement de l'article 706-13 du code de procédure pénale.

La saisie conservatoire faite avant le jugement d'ouverture, c'est-à-dire signifiée au tiers saisi avant le jugement d'ouverture, n'est pas affectée par l'ouverture de la procédure. La solution subsiste pour une saisie conservatoire faite après le jugement

1. Nancy, 17 janv. 1990, *Rev. proc. coll.* 1991, 210, obs. Saint-Alary-Houin.
2. L. n° 85-98, 25 janv. 1985, préc.
3. L. n° 2005-845, 26 juill. 2005, préc.
4. Com. 1er oct. 1991, n° 90-11.126, *Bull. civ.* IV, n° 271 – J.-CL. COM., Vallansan, fasc. 2355, [Redressement et liquidation judiciaires – Situation des créanciers – Arrêt des poursuites individuelles], 2011, n° 66.
5. Com. 2 mars 1993, n° 91-10.518, *Bull. civ.* IV, n° 85 – Com. 27 nov. 2001, n° 97-18.870, NP, *Act. proc. coll.* 2002/3, n° 34.
6. L. n° 91-650, 9 juill. 1991, *JO* 14 juill., p. 9228.
7. SOINNE, n° 1052.
8. Com. 21 sept. 2010, n° 09-15.117, NP; n° 879 F-D; *Gaz. Pal. entr. diff.* 7-8 janv. 2011, p. 45, note Antonini – Cochin.
9. SOINNE, n° 1051.
10. Canet, « Les voies d'exécution issues de la loi du 9 juillet 1991 face au redressement et à la liquidation judiciaires », *Rev. proc. coll.* 1995, p. 265, sp. p. 267.
11. Com. 30 mars 2010, n° 08-22.072, NP; n° 386 F-D.
12. DERRIDA *ET ALII*, n° 521 – SAINT-ALARY-HOUIN, 9e éd., n° 681.
13. Chambéry, 26 sept. 1994, *Gaz. Pal.* 1995. I, Somm. 195.
14. Hoonakker, « La saisie conservatoire en compte bancaire », *Dr. et proc.* nov. 2010, p. 10 s., sp. p. 14, nos 21 à 25.
15. L. n° 91-650, 9 juill. 1991, préc.

de liquidation judiciaire immédiate, dès lors que celui-ci est annulé par la suite et qu'un nouveau jugement d'ouverture intervient. La saisie a certes été pratiquée après le jugement annulé, mais avant le second jugement d'ouverture, qui seul doit être pris en compte[1].

Il faut ici supposer que la saisie conservatoire n'a pas été annulée sur le fondement des nullités de la période suspecte (v. s[s] n° 823.72).

Ce n'est qu'après obtention d'un titre que la saisie conservatoire peut faire l'objet d'une conversion en saisie définitive.

Si l'acte de conversion n'a pas été effectué au jour du jugement d'ouverture, c'est-à-dire signifié au tiers saisi, en cas d'intervention d'un tiers, dans les saisies de créances au débiteur, ou dans le cas contraire, par exemple en matière de saisie-conservatoire préalable à une saisie vente, peut-il encore être délivré après le jugement d'ouverture ? La jurisprudence apporte à cette question une réponse négative. La saisie conservatoire, qui n'a été convertie en saisie-attribution à la date du jugement d'ouverture du saisi, ne peut plus produire ses effets après ledit jugement[2]. Plus précisément, même, du fait de la rétroactivité du jugement d'ouverture à zéro heure de sa date, la conversion effectuée le jour du jugement d'ouverture est réputée intervenue après ledit jugement et est donc inefficace[3]. Ces solutions posées sous l'empire de la législation antérieure à la loi de sauvegarde conservent leur actualité[4].

En revanche, si l'acte de conversion a été signifié au tiers saisi avant le jugement d'ouverture, sa dénonciation au débiteur [ou à l'organe de la procédure collective qui le représente] peut valablement intervenir après le jugement d'ouverture. Le délai de huit jours imparti pour dénoncer au saisi la saisie-attribution n'existe pas en matière de conversion de la saisie conservatoire en saisie-attribution. Ainsi, dès lors que l'acte de conversion a été signifié au tiers saisi avant le jugement d'ouverture, sa dénonciation au débiteur le jour du jugement d'ouverture est possible. En outre, si la conversion doit être dénoncée à l'administrateur judiciaire, compte tenu de sa mission, elle peut être effectuée au-delà du délai de huitaine de la signification de l'acte de conversion au tiers saisi[5], contrairement à la solution posée en matière de saisie-attribution (v. s[s] n° 622.52).

Seule la demande de paiement contenue dans l'acte de conversion emporte attribution immédiate au profit du créancier de la créance saisie à titre conservatoire et non la saisie conservatoire elle-même[6]. Cette règle, qui a essentiellement vocation à jouer en matière de saisie conservatoire de créance, et qui emporte la conséquence d'obliger le créancier à donner mainlevée, oue à l'identique en matière de saisie conservatoire préalable à une saisie-vente[7], à une saisie appréhension ou à une saisie-revendication[8], alors même que la saisie porterait sur des biens vendus avec clause de réserve de propriété[9].

L'impossibilité de la conversion laisse-t-elle cependant subsister les effets attachés à la saisie conservatoire, à savoir d'une part l'affectation spéciale prévue à l'article 2075-1 du code civil (devenu C. civ., art. 2350[10]) et d'autre part le privilège du gagiste

1. Orléans, ch. éco. et fin., 14 juin 2007, RG n° 06/2928, *RJDA* 2007/11, p. 1110, n° 1131.
2. Com. 22 avr. 1997, n° 94-16.979, *Bull. civ.* IV, n° 100; *JCP E* 1997, n° 45/46, p. 246, note Grelliere; *JCP N* 1998, n° 26, p. 998, note Garcon; *JCP E* 1997. II. 1013, note Groslière; *JCP E* 1997. I. 681, n° 16, obs. M. Cabrillac; *RD banc. et bourse* mai-juin 1997, 134, obs. Campana et Calendini; *Rev. proc. coll.* 1997, 30, n° 2, obs. Canet – Com. 31 mars 1998, n° 95-15.749, NP, *D. Affaires* 1998, 720 – Civ. 2e, 19 mai 1999, n° 97-13.672, *Bull. civ.* II, n° 97, *D.* 1999, jur. 549, note Prévault; *Act. proc. coll.* 1999/11, n° 145; *JCP E* 1999, Chron. 1531, n° 8, obs. M. Cabrillac – Com. 4 janv. 2000, n° 96-20.390, NP, *Act. proc. coll.* 2000/5, n° 48 – Civ. 2e, 20 oct. 2005, n° 04-10.870, *Bull. civ.* II, n° 267; n° 1589 F-P+B; *D.* 2005. AJ 2805, obs. Lienhard; *D.* 2006. Somm. 83, obs. Le Corre; *Act. proc. coll.* 2005/20, n° 255, obs. Salvat; *Gaz. proc. coll.* 2006/1, p. 29, n° 2, obs. Roussel Galle; *Dr. et patr.* 2006/7-8, p. 92, note Lefort; *Gaz. Pal.* 2-4 juill. 2006, p. 15, note Brenner; *Rev. proc. coll.* 2006/3, p. 278, n° 7, obs. Blanc – Civ. 2e, 14 sept. 2006, n° 05-16.584, *Bull. civ.* II, n° 227; n° 1358 FS-P+B; *Act. proc. coll.* 2006/17, n° 212, note Vallansan; *Gaz. proc. coll.* 2007/1, p. 37, note Roussel Galle; *Gaz. Pal.* 10-11 oct. 2007, p. 11, note Brenner – Com. 3 nov. 2009, n° 08-20.418, NP, *Gaz. Pal.* 8-10 janv. 2010, n°s 8, 9, p. 27, note Roussel Galle; *Act. proc. coll.* 2009/20, n° 309, note Fin-Langer; *RDBF* 2010, comm. 69, note Piedelièvre; *Rev. proc. coll.* 2010/1, § 26, p. 40, note Blanc.
3. Montpellier, 2e ch. B, 20 avr. 2004, *RTD com.* 2005. 846, n° 5, obs. Martin-Serf.
4. Amiens, 1re ch. civ., 10 janv. 2014, RG n° 12/02101, *Act. proc. coll.* 2014/5, comm. 73 – *Adde*, SUR L'IMPOSSIBILITÉ de la conversion de la saisie conservatoire de stocks : Service de documentation et d'études de la Cour de cassation, *D.* 2006, Dern. Act., p. 780; *JCP E* 2006. 199, p. 751.
5. Com. 2 mars 2010, n° 08-19.898, *Bull. civ.* IV, n° 45; n° 247 F-P+B; *D.* 2010. AJ 706, obs. Lienhard; *Act. proc. coll.* 2010/8, n° 118, note Salvat; *Gaz. Pal.* 2010, jur. p. 1568, note Lefort; *JCP E* 2010. 1716, note Lauvergnat; *Dr. et proc.* 2010. 186, note Hoonakker; *RTD civ.* 2010. 679, obs. Perrot.
6. TGI Lyon, Jex, 26 sept. 1995, *Rev. proc. coll.* 1996, 343, n° 1, obs. Canet.
7. Com. 2 févr. 1999, n° 96-17.517, *Bull. civ.* IV, n° 36; *RJDA* 1999, n° 3, p. 214, note Rémery; *Act. proc. coll.* 1999/5, n° 66; *JCP E* 1999, pan. 553, note Cadiou; *D.* 1999. IR 63; *Rev. proc. coll.* 1999, 109, n° 21, obs. Canet.
8. Paris, 3e ch. B, 26 mas 2004, RG n° 2003/07248.
9. Com. 15 oct. 2002, n° 99-17.954, NP, *Act. proc. coll.* 2003/3, n°s 32, 33 – Paris, 8e ch. B, 25 nov. 2004, RG n° 2004/07200.
10. DEPUIS le 1er oct. 2016 : Ord. n° 2016-131, 10 févr. 2016, *JO* 11 févr.

reconnu au créancier saisissant par l'article 2073 du code civil (devenu C. civ., art. 2333, al. 1[1]) ? Alors que les juridictions du fond étaient hésitantes sur la question, certaines admettant la conservation de l'affectation spéciale et du privilège de gagiste[2], d'autres refusant au créancier saisissant la conservation du privilège du gagiste[3], la Cour de cassation a clairement répondu par la négative. La saisie conservatoire doit faire l'objet d'une mainlevée, faute de possibilité de conversion[4] après le jugement d'ouverture.

Du fait de la caducité de la saisie par l'effet du jugement d'ouverture, la compensation ne peut jouer entre une créance au titre d'un solde débiteur en compte et les sommes saisies à titre conservatoire avant l'ouverture de la procédure[5].

L'impossibilité de convertir la saisie conservatoire en saisie-vente ou en saisie-attribution empêche la condamnation du tiers saisi pour manquement à son obligation de renseignement[6].

Même s'il y a eu transformation en séquestre, mesure conservatoire et non définitive[7], ses effets sont anéantis. Il en est ainsi de l'affectation spéciale et du privilège de gagiste attachés à la saisie conservatoire[8]. La même solution sera applicable à la mesure de séquestre que le juge substitue à une saisie conservatoire. Faute de conversion avant jugement d'ouverture en une saisie-attribution, la mesure n'emporte plus affectation spéciale et privilège au profit du saisissant[9].

SECTION 622.40

EXCLUSION DE LA RÈGLE DE L'ARRÊT DES VOIES D'EXÉCUTION POUR LES MESURES N'AYANT PAS LE CARACTÈRE D'UNE VOIE D'EXÉCUTION

622.41 Exclusion de la règle de l'arrêt pour les mesures n'ayant pas le caractère d'une voie d'exécution. Les mesures préalables à l'exercice d'une saisie ne sont pas soumises à l'arrêt des voies d'exécution.

Il en est ainsi de l'*exequatur* d'un jugement étranger[10]. Il en est de même d'un commandement de payer qui est un simple acte préparatoire à une saisie et n'est pas, en conséquence, soumis à l'interdiction des saisies[11].

De même, la prorogation d'un commandement de saisie destinée à éviter la péremption instituée par la législation au bout de trois ans s'analyse en une simple mesure conservatoire et n'est donc pas interdite[12].

Ne constitue pas davantage une mesure d'exécution, susceptible en conséquence d'être arrêtée, la procédure gracieuse par laquelle un créancier sollicite l'autorisation de prendre une sûreté judiciaire conservatoire[13]. Cependant, en supposant qu'il obtienne gain de cause, le créancier ne pourra pas inscrire sa sûreté, du fait de l'arrêt du cours des inscriptions (v. s[s] n°s 651.11 s.). *A fortiori*, en sera-t-il ainsi d'une simple mise en demeure[14], encore que la portée de la solution soit limitée.

L'exécution du débiteur en bourse, qui s'apparente pourtant à une voie d'exécution, n'est tradi-

1. DEPUIS le 1er oct. 2016 : Ord. n° 2016-131, 10 févr. 2016, préc.
2. TGI Lyon, Jex, 20 févr. 1996, *D.* 1996. IR 188; *Rev. proc. coll.* 1997, 42, n° 7, obs. Canet – TGI Le Mans, Jex, 12 avr. 1994, *Gaz. Pal.* 1996. II, Somm. 436, obs. Vray – TGI Laval, Jex, 4 déc. 1996, *Gaz. Pal.* 16-17 mai 1997, Somm. 14.
3. Douai, 19 juill. 1994, *D.* 1995, jur. 479, note Prévault; *Rev. proc. coll.* 1996, 344, n° 1, obs. Canet.
4. Com. 22 avr. 1997, n° 94-16.979, *Bull. civ.* IV, n° 100; *JCP E* 1997, n° 45/46, p. 246, note Grelliere; *JCP N* 1998, n° 26, p. 998, note Garcon; *JCP E* 1997. II. 1013, note Groslière; *JCP E* 1997. I. 681, n° 16, obs. M. Cabrillac; *RD banc. et bourse* mai-juin 1997, 134, obs. Campana et Calendini; *Rev. proc. coll.* 1997, 30, n° 2, obs. Canet – Com. 6 mars 2001, n° 98-12.266, *Bull. civ.* IV, n° 48; *JCP E* 2001, n° 46, p. 1818, note Diloy; *Act. proc. coll.* 2001/7, obs. Vallansan; *D.* 2001. AJ 1102, obs. Lienhard – Com. 15 oct. 2002, n° 99-17.954, NP, *RD banc. fin.* 2003/1, p. 34, n° 40, obs. Delleci – Com. 3 nov. 2009, n° 08-20.418, NP; n° 1006 F-D.
5. Com. 5 juin 2012, n° 10-23.409, NP; n° 651 F-D.
6. Civ. 2[e], 20 oct. 2005, n° 04-10.870, *Bull. civ.* II, n° 267; *D.* 2005. AJ 2805, obs. Lienhard; *D.* 2006. Somm. 83, obs. Le Corre; *Act. proc. coll.* 2005/20, n° 255, obs. Salvat; *Gaz. proc. coll.* 2006/1, p. 29, n° 2, obs. Roussel Galle; *Dr. et patr.* 2006/7 et 8, p. 92, note Lefort; *Gaz. Pal.* 2-4 juill. 2006, p. 15, note Brenner – Civ. 2[e], 14 sept. 2006, n° 05-16.584, *Bull. civ.* II, n° 227; n° 1358 FS P+B; *Act. proc. coll.* 2006/17, n° 212, note Vallansan; *Gaz. proc. coll.* 2007/1, p. 37, note Roussel Galle; *Gaz. Pal.* 10-11 oct. 2007, p. 11, note Brenner.
7. Com. 6 mars 2001, n° 98-12.266, *Bull. civ.* IV, n° 48; *JCP E* 2001, n° 46, p. 1818, note Diloy; *Act. proc. coll.* 2001/7, obs. Vallansan; *D.* 2001. AJ 1102, obs. Lienhard; *RD banc. fin.* 2001/3, p. 170, n° 129, obs. Delleci.
8. Com. 29 avr. 2003, n° 01-15.121, NP – Com. 29 avr. 2003, n° 01-15.123, NP, *RD banc. fin.* 2003/5, p. 297, n° 200, obs. Delecci – Com. 29 avr. 2003, n° 01-15.124, NP – Com. 24 juin 2003, n° 02-11.772, NP – Aix-en-Provence, 15[e] ch. civ., 14 mars 2002, *RD banc. fin.* 2003/3, n° 118, p. 170, obs. Delecci.
9. Com. 17 juill. 2001, n° 98-19.494, NP, *RD banc. fin.* 2002/1, p. 27, n° 29, obs. Delecci.
10. Paris, 4 juill. 1991, *Rev. proc. coll.* 1994, 34, obs. Saint-Alary-Houin.
11. Com. 14 mars 1995, n° 93-10.927, *Bull. civ.* IV, n° 76; *Rev. proc. coll.* 1996, 74, n° 8, obs. Macorig-Venier.
12. Civ. 2e, 23 oct. 1991, n° 90-12.457, *Bull. civ.* II, n° 283; *D.* 1992. Somm. 184, obs. crit. Honorat; *Defrénois* 1992. 592, obs. Sénéchal.
13. Paris, 20 oct. 1987, *D.* 1987. IR 240.
14. Rép. min. n° 51711, *JOAN Q* 25 mai 1992, p. 2536.

tionnellement pas concernée par la règle de l'arrêt des voies d'exécution[1].

De même que les mesures préparatoires à une saisie ne sont pas affectées par la règle de l'arrêt des voies d'exécution, de même les mesures qui suivent la saisie ne sont pas concernées. Il en est ainsi des mesures d'expulsion[2].

622.42 Évolution des solutions pour la procédure d'ordre et les procédures de distribution du prix d'un bien vendu avant l'ouverture de la procédure collective – Consignations judiciaires (v. s^s n° 456.33). La mesure conservatoire de séquestre n'est pas une mesure d'exécution sujette à arrêt sur le fondement de l'article L. 621-40, II du code de commerce[3] (anc^t L. 25 janv. 1985[4], art. 47, al. 2), sous l'empire de la législation antérieure à la loi de sauvegarde des entreprises[5].

La solution a évolué sous l'empire de la loi de sauvegarde des entreprises (v. s^s n° 456.32).

Une difficulté d'interprétation se pose, depuis l'ordonnance du 18 décembre 2008[6], pour les procédures de saisie-vente, si le bien a été vendu à la date du jugement d'ouverture, mais que les fonds n'ont pas encore été distribués (v. s^s n° 456.32).

Sous l'empire de la loi du 25 janvier 1985 non réformée, la procédure d'ordre constituait une mesure de répartition et non une procédure d'exécution[7]. Elle n'était donc pas affectée par l'ouverture de la procédure collective.

Cependant, le décret du 21 octobre 1994[8] a modifié la situation en insérant un article 65-1 dans le décret du 27 décembre 1985[9] qui indique que les procédures d'ordre en cours au jour du jugement d'ouverture sont interrompues. La procédure d'ordre cesse d'être en cours lorsque les bordereaux de collocation ont été payés aux créanciers inscrits[10]. En cette occurrence, ces créanciers évitent le concours avec les créanciers titulaires de privilèges inhérents à la procédure collective, spécialement le super privilège des salaires. Si le tribunal arrête un plan de redressement, la procédure d'ordre est caduque et les fonds *sont remis au commissaire à l'exécution* du plan. En cas de liquidation, la procédure d'ordre est reprise à l'initiative de tout créancier intéressé, après déclaration de sa créance, dont il doit produire une copie au tribunal, et après mise en cause du liquidateur.

Pour sa part, depuis le décret d'application de la loi de sauvegarde des entreprises du 28 décembre 2005[11], l'article R. 622-19, alinéa 1 du code de commerce (anc^t D. 28 déc. 2005, art. 94, al. 1) élargit la solution et renforce l'effet de la procédure collective sur les procédures de distribution en cours en énonçant que « Conformément au II de l'article L. 622-21 du code de commerce, les procédures de distribution du prix de vente d'un immeuble et les procédures de distribution du prix de vente d'un meuble, ne faisant pas suite à une procédure d'exécution ayant produit un effet attributif avant le jugement d'ouverture, en cours au jour de ce jugement sont caduques. Les fonds sont remis au mandataire judiciaire, le cas échéant par le séquestre qui par cette remise est libéré à l'égard des parties ». La solution posée en sauvegarde est applicable en redressement judiciaire (C. com., art. R. 631-20) et en liquidation judiciaire (C. com., art. R. 641-24), les fonds étant en liquidation judiciaire remis au liquidateur. Ainsi, d'une part, le texte ne s'intéresse pas seulement aux procédures de distributions immobilières, mais vise également les procédures de distributions mobilières, et, d'autre part, il ne distingue plus selon l'issue de la procédure : dans tous les cas, les procédures de distribution sont caduques et non pas seulement interrompues[12]. Toutefois, si une indivision préexiste à la procédure collective, les règles de l'indivision, qui autorisent le créancier de tous les indivisaires à se faire payer avant tout partage justifient l'impossibilité pour le liquidateur d'appréhender les sommes provenant d'une procédure de distribution du prix de vente d'un immeuble, consécutive à une saisie immobilière, en cours au jugement d'ouverture[13].

En revanche, la caducité de la procédure de distribution empêche sa reprise en liquidation judiciaire.

1. Req. 23 juill. 1935, *Gaz. Pal.* 1935. II. 699 – *Adde*, Lacan, « La libération des actions d'un souscripteur en faillite, la clause d'exécution en bourse est-elle valable ? », *Rev. sociétés* 1948. 983 – et SUR LE MAINTIEN DE LA SOLUTION : J.-CL. COM., Vallansan, fasc. 2355, [Redressement et liquidation judiciaires – Situation des créanciers – Arrêt des poursuites individuelles], n° 52.
2. Com. 19 déc. 1989, n° 88-10.322, *Bull. civ.* IV, n° 320; *D.* 1990, jur. 450, note Derrida – Com. 3 déc. 2003, n° 02-13.371, NP, *Act. proc. coll.* 2004/2, n° 16.
3. Paris, 26 janv. 1996, *D.* 1996. IR 62.
4. L. n° 85-98, 25 janv. 1985, préc.
5. L. n° 2005-845, 26 juill. 2005, préc.
6. Ord. n° 2008-1345, 18 déc. 2008, préc.
7. Nancy, 17 janv. 1990, *Rev. proc. coll.* 1991, 210, obs. Saint-Alary-Houin.
8. D. n° 94-910, 21 oct. 1994, *JO* 22 oct., p. 15019.
9. D. n° 85-1388, 27 déc. 1985, préc.
10. Com. 23 janv. 1996, n° 92-21.642, *Bull. civ.* IV, n° 25; *D.* 1996, jur. 425, note Prévault; *D.* 1996. Somm. 282, obs. Honorat; *JCP E* 1996. I, Chron. 554, n° 14; obs. M. Cabrillac; *Defrénois* 1996. 36371, p. 940, note Sénéchal – *Adde*, SUR LA QUESTION : Sénéchal, *L'effet réel de la procédure collective*, Litec, 2002, n°s 493 s.
11. D. n° 2005-1677, 28 déc. 2005, *JO* 29 déc., p. 20324.
12. Froehlich et Sénéchal, Lucas et Lécuyer (dir.), *La réforme des procédures collectives...*, Lgdj, 2006, p. 292.
13. Civ. 2e, 16 mai 2013, n° 12-16.216, *Bull. civ.* II, n° 96; n° 750 F-P+B; *Gaz. Pal.* 12 juill. 2013, n° 193, p. 29, note Antonini-Cochin; *Leden* juill. 2013, comm. 119, note Rubellin.

Cette solution de la sauvegarde est applicable en redressement judiciaire (C. com., art. R. 631-20 [anc[t] D. 28 déc. 2005, art. 189]) et en liquidation judiciaire (C. com., art. R. 641-23 [anc[t] D. 28 déc. 2005, art. 234]). En ce dernier cas, les fonds sont remis au liquidateur pour répartition. En cas de conversion d'une sauvegarde ou d'un redressement judiciaire en liquidation, le mandataire judiciaire les remet au liquidateur (C. com., art. R. 641-24, al. 2 [anc[t] D. 28 déc. 2005, art. 235, al. 2]).

L'alinéa 3 de l'article R. 622-19 du code de commerce (anc[t] D. 28 déc. 2005, art. 94, al. 3) prévoit que lorsque l'acquéreur de l'immeuble objet de la procédure de distribution s'est acquitté d'un prix définitif par la purge ou par la dispense d'y procéder, il peut saisir le tribunal de grande instance aux fins de faire prononcer la radiation des inscriptions. Pour cela, précise l'alinéa 4 du même article, l'acquéreur doit joindre un justificatif du paiement du prix, un état des inscriptions sur formalité, la justification de l'accomplissement des formalités de purge ou de l'obtention de l'accord des créanciers inscrits le dispensant de cette procédure et la justification du paiement des frais préalables de vente.

L'alinéa 5 de l'article R. 622-19 du code de commerce, issu du décret du 27 juillet 2006 (art. 154, III), pris en application de l'ordonnance du 21 avril 2006 réformant la procédure de saisie immobilière, s'intéresse au sort des créanciers qui ont refusé de donner mainlevée. Il prévoit que le greffier convoque ces créanciers à domicile élu, par lettre recommandée avec demande d'avis de réception. La convocation comporte l'indication qu'ils disposent d'un délai de trente jours à compter de la réception de la lettre recommandée pour faire opposition au paiement du prix par déclaration au greffe ou par lettre recommandée avec demande d'avis de réception. Enfin, selon l'alinéa 6 de l'article R. 622-19 du code de commerce (anc[t] D. 28 déc. 2005, art. 94, al. 5), le juge statue sur les oppositions et ordonne la radiation des inscriptions.

Précisons que les dispositions résultant du décret du 27 juillet 2006[1] ne sont pas applicables aux procédures collectives ouvertes avant le 1er janvier 2006 (D. 27 juill. 2006, art. 168). Ces dispositions ne sont pas davantage applicables aux ventes d'immeubles et aux procédures subséquentes de distribution du prix au cours d'une procédure collective ouverte après le 1er janvier 2006, lorsque ces ventes ont été ordonnées avant le 1er janvier 2007, date d'entrée en vigueur du décret du 27 juillet 2006 (D. 27 juill. 2006, art. 168).

Il n'y a place à caducité de la procédure de distribution que pour autant que la procédure d'exécution n'aura pas produit son effet attributif avant le jugement d'ouverture. Tel est le cas lorsque, avant la procédure collective du débiteur, le juge aux ordres a établi un procès-verbal d'ordre amiable, fut-il partiel[2]. En ce cas, la répartition doit se poursuivre devant le juge aux ordres, et depuis l'ordonnance du 21 avril 2006[3], devant le juge de l'exécution. C'est la règle de la voie d'exécution ayant joué au jour du jugement d'ouverture (v. s[s] n° 622.51). Comme pour la saisie-vente, il ne semble pas que la modification du texte de l'article L. 622-21, II du code de commerce par l'ordonnance du 18 décembre 2008, qui ne vise plus l'effet attributif de la saisie, mais celui de la procédure de distribution des deniers soit de nature à modifier la solution (v. s[s] n° 456.32).

SECTION 622.50

SAISIES ET AVIS À TIERS DÉTENTEUR AYANT JOUÉ AU JOUR DU JUGEMENT D'OUVERTURE

622.51 Notion de saisie ayant joué au jour du jugement d'ouverture – Application aux diverses saisies. L'article L. 621-40, II du code de commerce (anc[t] L. 25 janv. 1985, art. 47, al. 2), devenu l'article L. 622-21, II depuis la loi de sauvegarde des entreprises, n'a pas pour objet de remettre en cause les situations acquises. De même que les actions résolutoires ayant joué au jour du jugement d'ouverture ne seront pas remises en cause, de même les voies d'exécution terminées à cette date ne seront pas affectées par la règle de l'arrêt des voies d'exécution. L'article L. 621-40, I, devenu l'article L. 622-21, I depuis la loi de sauvegarde des entreprises, qui pose la règle de l'arrêt des poursuites individuelles, sera sans application si la saisie a été pratiquée au plus tard la veille du jugement d'ouverture. La rétroactivité de celui-ci à zéro heure de sa date conduit en effet à considérer que la saisie pratiquée le jour du jugement d'ouverture est effectuée après jugement[4], même si le contraire a aussi été jugé[5].

En revanche, il sera impossible de poursuivre après jugement d'ouverture la saisie commencée

1. D. n° 2006-936, 27 juill. 2006, *JO* 29 juill., p. 11316.

2. Paris, pôle 4, 1re ch., 8 oct. 2009, RG n° 09/01373, *Act. proc. coll.* 2009/18, n° 281.
3. Ord. n° 2006-461, 21 avr. 2006, préc.
4. TGI Marmande, Jex, 24 sept. 1993, *Rev. huissiers* 1994. 653 – Montpellier, 2e ch. B, 20 avr. 2004, *RD banc. fin.* 2005/2, p. 28, n° 59, note Lucas – *Adde*, Canet, « Les voies d'exécution issues de la loi du 9 juillet 1991 face au redressement et à la liquidation judiciaires », *Rev. proc. coll.* 1995, 265, sp. p. 268.
5. Caen, 1re ch., sect. civ., 29 avr. 1997, *Rev. proc. coll.* 1997, 417, obs. Cadiou.

avant cette date. La solution a été posée à propos d'une saisie-vente[1].

La difficulté est ici de déterminer la date à laquelle la voie d'exécution aura joué au jour du jugement d'ouverture. En fonction des modalités de la saisie, le « point de non-retour » rendant irréversible le jeu de la saisie variera.

L'ancienne saisie-arrêt a joué avant jugement d'ouverture si le saisissant a obtenu, à cette date, un jugement de validité passé en force de chose jugée et signifié au tiers saisi[2]. Si tel n'est pas le cas, la saisie doit être arrêtée[3]. Si le jugement de validité de la saisie-arrêt intervient après jugement d'ouverture, il doit être rapporté par la voie d'un appel[4], à la demande de l'organe compétent. La compétence du juge des référés doit être reconnue, afin d'ordonner la mainlevée de la saisie, compte tenu de l'urgence pour l'entreprise à récupérer les sommes saisies-arrêtées[5].

La saisie-vente, qui succède à la saisie-exécution, aura joué au jour du jugement d'ouverture si la vente du bien est intervenue à cette date[6] (v. aussi s^s^ n° 456.32). L'article L. 221-3 du code des procédures civiles d'exécution (anc^t^ L. 9 juill 1991[7], art. 52) autorise le débiteur à solliciter du créancier l'autorisation de vendre à l'amiable le bien saisi. Si l'accord est donné par le créancier, il y a place à consignation du prix. C'est cette dernière qui opère alors transfert de propriété. Il faut en conséquence décider que, tant que la consignation n'est pas intervenue, la saisie n'a pas joué[8].

Ces règles relatives à la saisie-vente doivent cependant être combinées avec la modification apportée à l'article L. 622-21, II du code de commerce par l'ordonnance du 18 décembre 2008[9] [cela concerne donc les procédures collectives ouvertes à compter du 15 février 2009], qui arrête toute procédure de distribution n'ayant pas produit un effet attributif avant le jugement d'ouverture. Si plusieurs créanciers interviennent à une saisie-vente, il y a place à une procédure de distribution. Si celle-ci n'est pas terminée au jour du jugement d'ouverture, faut-il considérer que la saisie-vente, dont la procédure de distribution est le prolongement nécessaire en cas de pluralité de créanciers, a joué au jour du jugement d'ouverture ? Il a, en effet, été observé que la lettre des textes a été modifiée, ce qui pourrait conduire à un changement de solution. Depuis l'ordonnance du 18 décembre 2008, en effet, on ne vise plus l'effet attributif de la saisie, mais celui de la procédure de distribution des deniers[10]. Dès lors, même si la saisie a joué au jour du jugement d'ouverture, ce qui est le cas de la vente du bien dans la saisie-vente, la procédure de distribution serait caduque si, au jour du jugement d'ouverture, il n'y a pas eu attribution du prix. Nous ne partageons pas l'analyse[11] et préférons conserver le principe classique selon lequel on ne peut remettre en cause une saisie qui a joué au jour du jugement d'ouverture, ce qui est le cas d'une saisie-vente dont le bien a été vendu avant l'ouverture de la procédure collective. N'oublions pas, en effet, que la disposition en cause est insérée dans un texte qui concerne l'arrêt des mesures d'exécution.

La même observation vaut pour toutes les saisies emportant ouverture d'une procédure de distribution, en cas de pluralité de créanciers.

La saisie immobilière a joué au jour du jugement d'ouverture si le jugement d'adjudication est intervenu à cette date. Le tribunal de la faillite n'a pas compétence pour l'annuler ensuite, au motif par exemple d'une insuffisante publicité[12].

622.52 Application aux saisies-attributions de la notion de saisie ayant joué au jour du jugement d'ouverture. La saisie-attribution, qui a succédé, depuis la réforme des voies d'exécution du 9 juillet 1991[13], à la saisie-arrêt, produit un effet attributif immédiat au profit du saisissant à concurrence de la

1. TGI Paris, Jex, 22 mai 1995, *Rev. proc. coll.* 1996, 61, obs. Canet; ET SUR APPEL : Paris, 1re ch. A, 12 déc. 1995, *Rev. proc. coll.* 1996, 221, n° 6, obs. Canet.
2. Com. 25 janv. 1994, n° 91-19.482, *Bull. civ.* IV, n° 38 et Com. 5 avr. 1994, n° 92-11.596, NP, *Rev. proc. coll.* 1996, 73, n° 6, obs. Saint-Alary-Houin – Com. 6 juin 2000, n° 98-11.527, NP, *Act. proc. coll.* 2000/ 15, n° 189.
3. Com. 5 janv. 1999, n° 96-21.037, NP, *Act. proc. coll.* 1999/4, n° 45; *Rev. proc. coll.* 1999, 105, n° 15, obs. Canet – Com. 6 juin 2000, n° 98-11.527, NP – Com. 27 nov. 2001, n° 97-18.870, NP, *Act. proc. coll.* 2002/3, n° 34.
4. Paris, ord. 1er prés., 30 juin 1988, *Bull. avoués* 1988, 112.
5. Paris, 3e ch. A, 15 févr. 1989, *Rev. proc. coll.* 1990, 224, n° 3, obs. Saint-Alary-Houin.
6. Civ. 2e, 19 mai 1998, n°s 96-12.944, 96-13.268, *Bull. civ.* II, n° 161; *JCP E* 1998, Chron. 1356, n° 1-c-2, obs. M. Cabrillac; *Rev. proc. coll.* 1999, 109, n° 21, obs. Canet; *D.* 1998, jur. 405, concl. Tatu – Com. 27 mars 2012, n° 11-18.585, *Bull. civ.* IV, n° 69; n° 355 F-P+B; *D.* 2012. Actu 942, note Lienhard; *Act. proc. coll* 2012/9, comm. 141, note Cagnoli; *BJE* juill. 2012, comm. 131, note Camensuli-Feuillard; *JCP E* 2012, Chron. 1508, n° 2, obs. Pétel; *Gaz. Pal.* 8 nov. 2012, p. 19, note Hugon.
7. L. n° 91-650, 9 juill. 1991, préc.
8. SOINNE, n° 1051 – Canet, « Les voies d'exécution issues de la loi du 9 juillet 1991 face au redressement et à la liquidation judiciaires », *Rev. proc. coll.* 1995, p. 272.
9. Ord. n° 2008-1345, 18 déc. 2008, préc.
10. Staes, « Critère de la caducité des procédures de distribution en cours : effet attributif des voies d'exécution ou de la distribution », *Rev. proc. coll.* 2012, étude 18, p. 20 – Camensuli-Feuillard, note s^s^ Com. 27 mars 2012, n° 11-18.585, *BJE* juill. 2012, comm. 131 – Cagnoli, note s^s^ Com. 27 mars 2012, n° 11-18.585, *Act. proc. coll.* 2012/9, comm. 141; Petel, obs. s^s^ Com. 27 mars 2012, n° 11-18.585, *JCP E* 2012, Chron. 1508, n° 2.
11. AUSSI : Rémery, note s^s^ Com. 27 mars 2012, n° 11-18.585, DPDE *bull.* n° 336, avr. 2012, p. 1.
12. Com. 19 mai 2004, n° 01-15.528, NP.
13. L. n° 91-650, 9 juill. 1991, préc.

créance saisie disponible entre les mains du tiers, et ne peut en conséquence plus être remise en cause, si à la date du jugement d'ouverture, l'acte de saisie a été signifié au tiers saisi[1]. La créance, qui a fait l'objet d'une saisie-attribution effectuée avant le jugement d'ouverture et qui a produit ses effets, est définitivement sortie du patrimoine du débiteur saisi et est entrée, par l'effet de la saisie-attribution, dans celui du créancier. Elle n'a donc pas à être déclarée[2].

Il convient de préciser que la saisie pratiquée le jour du jugement d'ouverture est nulle, du fait de la rétroactivité de celui-ci à zéro heure de sa date[3].

La solution résulte de la coordination des alinéas 1 et 2 de l'article L. 211-2 du code des procédures civiles d'exécution (anc[t] L. 9 juill. 1991, art. 43). L'alinéa 1 dispose que « l'acte de saisie emporte [...] attribution immédiate au profit du saisissant ». L'alinéa 2 ajoute que « la survenance d'un jugement portant ouverture d'un redressement ou d'une liquidation judiciaire ne remet pas en cause cette attribution ». Observons que la sauvegarde n'est pas visée, mais cela reste sans conséquence, tellement l'alinéa 2 est redondant par rapport à l'alinéa 1.

Si la saisie-attribution a pour cause le non-paiement de loyers d'un bail professionnel, elle devra être fondée sur une ordonnance de référé constatant la résiliation du bail des locaux professionnels et fixant l'indemnité d'occupation. Si cette ordonnance est frappée d'appel au jour de l'intervention du jugement d'ouverture, la voie d'exécution n'a pas joué au jour du jugement d'ouverture, du fait de la règle de l'arrêt des poursuites individuelles, puisque, au jour du jugement d'ouverture, le bailleur ayant pratiqué la saisie-attribution ne disposait pas d'une décision passée en force de chose jugée ayant constaté la résiliation du bail[4].

Si le tiers saisi fait l'objet d'un redressement ou d'une liquidation judiciaire ou est placé sous sauvegarde, avant que le paiement n'ait été effectué au créancier saisissant, la règle de l'arrêt des poursuites individuelles et celle de l'interdiction des paiements de créances antérieures après jugement d'ouverture paralyseront la possibilité pour le créancier saisissant d'obtenir satisfaction[5].

Il importera peu que la dénonciation n'ait pas été effectuée au débiteur saisi, à cette date[6], cette mesure n'étant pas considérée comme une voie d'exécution[7] (sur le problème de la dénonciation au débiteur non effectué au débiteur avant jugement d'ouverture, v. s[s] n° 622.72).

S'il est vrai que la dénonciation faite avant le jugement d'ouverture au débiteur alors maître de ses biens est suffisante pour l'efficacité de la saisie et n'a pas à être renouvelée après le jugement d'ouverture à l'organe qui assiste ou représente le débiteur[8], une difficulté se présente néanmoins lorsque le délai de contestation ouvert au débiteur saisi n'est pas expiré au jour du jugement d'ouverture. Une nouvelle dénonciation à l'organe compétent, administrateur judiciaire [ayant mission de représentation] ou liquidateur, qui n'est pas enfermée dans le délai de huitaine de la signification au tiers saisi[9], s'impose, non à peine de caducité de la saisie, mais aux fins de purger le délai de contestation de la saisie et de rendre celle-ci, en conséquence, définitive. À défaut, en effet, le délai de contestation d'un mois à compter de la dénonciation de la saisie a été interrompu, au profit de l'organe représentant le débiteur, par l'effet de l'ouverture de la procédure collective emportant dessaisissement[10]. Encore faudra-

1. Com. 13 oct. 1998, n° 96-14.295, *Bull. civ.* IV, n° 237; *Gaz. Pal.* 1999, n° 245, p. 17, note Veron; *D. Affaires* 1998, 2018, obs. Lienhard; *Rev. proc. coll.* 1999, 106, n° 18, obs. Canet – Com. 19 juin 2007, n°s 06-12.916, 06-13.717, NP; n° 883 F-D; *Gaz. proc. coll.* 2007/4 p. 44, note Rohart-Messager.
2. Com. 3 mai 2011, n° 10-16.155, NP; n° 422 F-D; *Gaz. Pal.* 9 juill. 2011, n° 189, p. 27, note Roussel Galle; *BJE* sept./oct. 2011, comm. 118, p. 254, note Laroche – Com. 8 sept. 2015, n° 14-12.984, NP; n° 720 F-D.
3. TGI Paris, Jex, 31 déc. 1998, *Gaz. Pal.* 5-7 mars 2000, obs. Moussa.
4. Com. 30 janv. 2007, n° 05-19.045, NP; n° 125 F-D; *Gaz. proc. coll.* 2007/2, p. 39, note Roussel Galle; *Rev. proc. coll.* 2007/3, p. 133, n° 2, obs. Macorig-Vénier.
5. Com. 11 juin 2002, n° 99-17.163, *Bull. civ.* IV, n° 106; *D.* 2002. AJ 2256, obs. Lienhard; *Act. proc. coll.* 2002/13, n° 161, obs. Vallansan; *Act. proc. coll.* 2002/16, n° 204; *RJDA* 2002/11, n° 1169, p. 983; *Dr. et patr.* 2002, n° 108, p. 114, obs. Monsérié-Bon; *Dr. et proc.* 2002/6, p. 372, note Putman; *JCP E* 2003, Chron. 231, p. 272, n° 15, obs. M. Cabrillac; *Rev. proc. coll.* 2003, p. 312, n° 5, obs. Staes – Com. 8 juill. 2003, n° 00-18.893, NP, *Act. proc. coll.* 2003/18, n° 229, note Régnaut-Moutier; *RD banc. fin.* 2004/1, p. 26, n° 22, obs. Lucas; *LXB* n° N8633AAY, note Le Corre.
6. TGI Laval, Jex, 2 avr. 1996 et TGI Laval, Jex, 23 avr. 1996, *D.* 1997, jur. 43, note Prévault.
7. TGI Lyon, Jex, 23 avr. 1996, *D.* 1997, jur. 43, note Prévault.
8. Civ. 2e, 8 déc. 2011, n° 10-24.420, *Bull. civ.* IV, n° 225; n° 1946 FS-P+B; *D.* 2012, Chron. 1515, obs. Leborgne; *Gaz. Pal.* 28 avr. 2012, n° 118, p. 27, note Roussel Galle; *Act. proc. coll.* 2012/3, comm. 37, note Cagnoli; *BJE* mars 2012, comm. 59, p. 90, note Hugon; *Dr. et proc.* févr. 2012, p. 44, note Vinckel; *Rev. proc. coll.* 2012, comm. 39, note Staes; *LPA* 15 juin 2012, n° 120, p. 9, note Nabet; *LXB hebdo* 15 déc. 2011, n° 277, note Le Corre – CONTRA : Douai, 8e ch., 3e sect., 28 oct. 2010, *Rev. proc. coll.* 2011, comm. 136, p. 50, note Blanc.
9. Théry, « L'incidence d'une procédure collective sur les procédures civiles d'exécution », *Dr. et proc.* 2002/3, p. 140, sp. p. 144.
10. Com. 19 janv. 1999, n° 96-18.256, *Bull. civ.* IV, n° 17; *D.* 1999, jur. 245, note Derrida; *Defrénois* 2000, n° 1, p. 45, note Sénéchal – Com. 2 oct. 2012, n° 11-22.387, *Bull. civ.* IV, n° 178; n° 953 F-P+B; *D.* 2012. Actu 2385, note Lienhard; *D.* 2013. pan. 1580, obs. Leborgne; *Act. proc. coll.* 2012/17, comm. 255, note Cagnoli; *BJE* nov. ▶

t-il que l'organe de la procédure collective se prévalant de l'interruption du délai de contestation ait des moyens sérieux à invoquer, à défaut de quoi il est sans intérêt à se prévaloir de cette interruption du délai de contestation.

La Cour de cassation a clairement posé la portée de la solution en jugeant que le défaut de dénonciation de la saisie-attribution au liquidateur du débiteur saisi, désigné pendant le délai de contestation de la saisie-attribution, n'en affecte pas la régularité à l'égard du tiers saisi qui n'a pas qualité pour se prévaloir de cette absence de dénonciation[1]. La solution est évidemment transposable à l'hypothèse de nomination, pendant le cours du délai de contestation de la saisie-attribution, d'un administrateur judiciaire qui aurait reçu mission de représentation.

La question de la saisie signifiée avant jugement d'ouverture, mais non dénoncée à cette date, appelle des observations complémentaires (v. ss n° 622.72).

Une difficulté est apparue en jurisprudence. Fallait-il limiter l'efficacité de la saisie-attribution signifiée avant jugement d'ouverture aux seules créances échues à cette date ? La Chambre commerciale de la Cour de cassation considérait que l'efficacité d'un transfert de créance au jour du jugement d'ouverture devait être limitée aux seules créances nées et échues à cette date, peu important qu'il s'agisse de créances cédées selon les voies du droit commun[2] ou selon le mécanisme du bordereau Dailly[3] (v. aussi n° 633.42). La deuxième chambre civile de la Cour de cassation était d'un avis différent. Dès lors que la saisie-attribution a joué avant jugement d'ouverture, ses effets peuvent se prolonger après jugement d'ouverture, sur des créances issues d'un contrat à exécution successive[4]. Mais il faut qu'elles soient issues d'un contrat unique[5]. La chambre mixte de la Cour de cassation a arbitré dans le sens de la deuxième chambre, en considérant que l'effet attributif immédiat de la saisie attribution jouait même *sur des créances échues après* jugement d'ouverture[6]. La Chambre commerciale est désormais contrainte de suivre la solution[7]. Il avait été annoncé qu'il était probable que la solution rendue sur la question de la saisie attribution de créances successives amènerait la Chambre commerciale à changer sa position dans le domaine voisin de la cession de créances successives[8] (v. ss n° 633.42).

La règle autorisera ainsi un créancier à continuer la saisie de loyers dus à son débiteur après jugement d'ouverture. La solution est justifiée par l'article L. 112-1, alinéa 2, du code des procédures civiles d'exécution (anct L. 9 juill. 1991, art. 13, al. 2), qui autorise la saisie de créances « à exécution successive ». Elle semble cependant procéder d'une confusion entre créances à exécution successive et créances à naissance successive. Dans le premier cas, la solution se justifie. Dans le second cas, il faut considérer que la créance – selon les critères classiquement admis en droit des procédures collectives, mais que ne partage pas la doctrine civiliste majoritaire – n'est pas encore née au jour de la saisie-attribution et, dès lors, il apparaît difficile de la saisir[9]. Il en sera spécialement ainsi des créances de loyers.

622.53 Application de la notion de saisie ayant joué au jour du jugement d'ouverture à l'avis à tiers détenteur[10]. L'avis à tiers détenteur[11] est une voie d'exécution qui appartient au fisc pour le recou-

▶ 2012, comm. 214, note Hugon; *Gaz. Pal.* 3 mars 2013, n° 62, p. 19, note Brenner; *JCP E* 2012. 1001, note Lebel; *LPA* 8 mai 2013, n° 92, p. 11, note Tabourot-Hyest; *RTD civ.* 2013. 176, n° 8, obs. Perrot; *Gaz. Pal.* 12 avr. 2013, n° 102, p. 33, note Reifegerste; *LXB hebdo* n° 313, 18 oct. 2012, note Le Corre.

1. Com. 10 juin 2008, n° 06-13.054, NP; n° 667 F-D; *RTD civ.* 2008. 555, n° 9, obs. Perrot.
2. Com. 22 mai 2002, n° 99-11.052, NP.
3. Com. 26 avr. 2000, n° 97-16.953 *Bull. civ.* IV, n° 85; *Act. proc. coll.* 2000/12, n° 146, obs. Régnaut-Moutier.
4. Civ. 2e, 10 juill. 1996, n° 94-19.551, *Bull. civ.* II, n° 209; *D.* 1996. jur. 625, note Ancel; *JCP G* 1996. II. 22723, note Putman; *Rev. proc. coll.* 1997, 42, obs. Canet – Civ. 2e, 8 mars 2001, n° 97-21.844, *Bull. civ.* II, n° 48; *Act. proc. coll.* 2001/8, n° 98, obs. Régnaut-Moutier; *RD banc. fin.* 2001/5, n° 292, obs. Delleci – *Adde*, Soinne, « Poursuite après jugement des effets d'une saisie-attribution opérée antérieurement », *Rev. proc. coll.* 2000, 179.
5. Civ. 2e, 17 mai 2001, n° 99-13.711, *Bull. civ.* II, n° 99; *Act. proc. coll.* 2001/12, n° 151; *Act. proc. coll.* 2001/15, n° 191, obs. Soinne; *RD banc. fin.* 2001/5, n° 195, obs. Delleci.
6. Cass., ch. mixte, 22 nov. 2002, n° 99-13.935, *Bull. ch. mixte*, n° 7; *D.* 2003, jur. 445, note Larroumet; *JCP G* 2003. II. 10033, note Houtcieff; *Act. proc. coll.* 2002/20, n° 262, obs. Régnaut-Moutier; *D.* 2002. AJ 3270, obs. Lienhard; *RD banc. fin.* 2003/1, p. 22, n° 1, obs. Couret et p. 32, n° 37, obs. Delleci et p. 22; *Dr. et proc.* 2003. 90, note Putman; *Gaz. Pal.* 14-15 mars 2003, jur. p. 16, note Brenner; *Dr. et patr.* 2003, n° 113, p. 93, obs. Monsérié-Bon; *JCP E* 2003, Jur. 397, p. 469, note Legeais; *RTD civ.* 2003. 146, n° 9, obs. Perrot; *LPA* 15 juill. 2003, n° 140, p. 15, note Keita; *LPA* 13 juin 2003, n° 118, p. 15, note Courtier; *LPA* 27 févr. 2004, n° 42, p. 11, note Sénéchal; *RTD com.* 2003. 148, n° 10, obs. Legeais; *RTD civ.* 2003. 331, obs. Crocq – *JCP E* 2003, Chron. 760, p. 854, n° 14, obs. M. Cabrillac; *RTD com.* 2003. 367, n° 4, obs. Martin-Serf; *Rev. proc. coll.* 2003, p. 312, n° 5, obs. Staes; *Defrénois* 2003. 1621, n° 130, note Théry.
7. Com. 5 nov. 2003, n° 99-20.223, *Bull. civ.* IV, n° 165; *Act. proc. coll.* 2003/20, n° 256; *RD banc. fin.* 2004/1, p. 33, n° 37, obs. Delleci; *Dr. et proc.* 2004/2, p. 108, note Putman; *RTD com.* 2004. 371, n° 2, obs. Martin-Serf – Com. 3 déc. 2003, n° 01-03.803, NP, *D.* 2004. Somm. 1489, obs. Taormina.
8. Obs. Régnaut-Moutier, *Act. proc. coll.* 2002/20, n° 262.
9. RAPPR. : Canet, obs. ss Avis, 16 déc. 1994, *Rev. proc. coll.* 1996, 74, n° 7.
10. J. Cl. com., fasc. 2386, Amlon G., [Trésor public – Avis à tiers détenteur], 2015.
11. SUR LA QUESTION : Serlooten, « Le Trésor public, créancier de l'entreprise en difficulté », *JCP E* 2000, comm. 24.

vrement de certaines de ses créanc'article 262 du Livre des procédures fiscales le de applicable pour le recouvrement des impôts, plités, frais et accessoires. Le fait que le recouvreit des amendes pénales soit garanti par le prige du Trésor public n'a pas pour effet d'autorisetechnique de l'avis à tiers détenteur pour les reccer[1].

L'avis à tiers détenteur n'est rie autre qu'une saisie-attribution à l'usage exclusif dsc. La réforme des voies d'exécution du 9 juillet 19[2] s'est inspirée de la technique de l'avis à tiers détenur pour l'élaboration de la saisie-attribution. Par eft réflexe, la saisie-attribution de droit commun a ensuite conduit à modifier certaines règles de l'avi à tiers détenteur.

Dès notification de l'avis à tiers détenteur, celui-ci aura joué et produira un effet d'attribution immédiat au créancier de la créance saisie[3]. Il faudra cependant que l'avis soit notifié au redevable de l'impôt[4].

Avant la réforme des voies d'exécution, la Chambre commerciale de la Cour de cassation avait limité l'efficacité de l'avis à tiers détenteur aux seules créances existant au jour où il était notifié, peu important en revanche qu'elles fussent exigibles[5]. Ainsi, l'avis à tiers détenteur délivré avant jugement d'ouverture ne pouvait frapper des créances de loyers après le jugement d'ouverture[6]. Suite à l'arrêt de la chambre mixte du 22 novembre 2002 à propos des saisies-attributions de créances successives (*v.* s[s] nº 622.52), la solution décrite a été abandonnée[7], par souci d'alignement sur la solution dégagée par la chambre mixte.

La Cour de cassation refuse toutefois de reconnaître l'efficacité de l'avis à tiers détenteur sur des créances simplement éventuelles[8].

L'avis à tiers détenteur, par son effet attributif immédiat, pourra tenir en échec tous types de sûretés, y compris le super privilège des salaires[9].

Il convient encore de préciser que le tribunal de la faillite est compétent pour apprécier la portée de l'avis à tiers détenteur par rapport à la règle de l'arrêt des voies d'exécution[10]. Il en irait autrement si la demande avait pour objet la régularité en la forme de l'avis à tiers détenteur ou l'exigibilité de l'impôt[11].

À l'occasion de la discussion parlementaire du texte de loi de sauvegarde des entreprises, un amendement a été présenté tendant à inclure dans le champ de la suspension et de *l'arrêt des poursuites* les avis à tiers détenteur délivrés avant le jugement d'ouverture. Cet amendement avait vocation à régir la procédure de sauvegarde. Il a cependant été rejeté[12].

SECTION 622.60
RÈGLES APPLICABLES AUX VOIES D'EXÉCUTION ARRÊTÉES

622.61 Régime applicable aux voies d'exécution arrêtées. La règle de l'arrêt des voies d'exécution présente un caractère d'ordre public, tant interne[13], qu'international[14]. Elle peut donc être relevée d'office[15]. Le moyen tiré de l'arrêt des voies d'exécution, qui ne peut être présenté pour la première fois devant la Cour de cassation[16], constitue une fin de non-recevoir[17].

Les saisies, qui n'ont pas produit leur effet au jour de l'ouverture de la procédure collective, sont arrêtées, et non pas seulement suspendues. Il en résulte qu'elles ne peuvent être reprises et que le jugement d'ouverture de la procédure collective entraîne leur mainlevée[18].

1. Com. 23 nov. 2004, nº 02-18.530, NP.
2. L. nº 91-650, 9 juill. 1991, préc.
3. Com. 14 nov. 2000, nº 97-19.798, NP, *Act. proc. coll.* 2001/1, nº 6; *RJDA* 2001/2, nº 188.
4. Paris, 2e ch., 4 juin 1992, *JCP N* 1993. II. 340, obs. D. F.
5. Com. 29 oct. 1995, *Rev. proc. coll.* 1996, 63, nº 3, obs. Canet.
6. Com. 3 nov. 1988, nº 85-18.275, *Bull. civ.* IV, nº 282; *JCP E* 1989. 18054.
7. Com. 8 juill. 2003, nº 00-13.309, *Bull. civ.* IV, nº 132; *D.* 2003. AJ 2094, obs. Lienhard; *Act. proc. coll.* 2003/14, nº 185, obs. Régnaut-Moutier; *Dr. et proc.* 2004/1, p. 31, obs. Putman; *JCP E* 2003, Chron. 202, p. 229, nº 16, obs. M. Cabrillac; *RD banc. fin.* 2003/6, p. 369, nº 234, obs. Lucas; *RTD civ.* 2003. 708, nº 11, obs. Mestre et Fages; *RTD com.* 2004. 371, nº 2, obs. Martin-Serf; *AJDI* 2004. 401, note Le Corre; *LXB* nos N8967AAD, N8370AAA, note Le Corre – Paris, 8e ch. B, 9 oct. 2003, RG nº 2003/02161.
8. Com. 17 déc. 2002, nos 99-14.397, 99-14.450, *Bull. civ.* IV, nº 196; *Act. proc. coll.* 2003/4, nº 42, obs. Régnaut-Moutier.
9. Com. 13 nov. 2002, nº 00-11.200, *Bull. civ.* IV, nº 164; *Act. proc. coll.* 2002/20, nº 263; *D.* 2002. AJ 3206, obs. Lienhard.
10. CE 19 oct. 1992, nº 79718, PB; *Rev. proc. coll.* 1993, 205, nº 14, obs. Guillou.
11. Paris, 14e ch. A, 3 févr. 1988, *Gaz. Pal.* 1989. I, Somm. 114; *Rev. proc. coll.* 1990, 76, obs. Guillou; et SUR POURVOI : Com. 2 oct. 1990, nº 88-13.709, *Bull. civ.* IV, nº 224; *RJDA* 1990, nº 11, p. 800, note X.
12. Amend. nº 446, Interv. Arnaud Montebourg, *JOAN CR*, 2e séance du 3 mars 2005, p. 1656.
13. Com. 6 déc. 1994, nº 90-15.109 *Bull. civ.* IV, nº 361; *Quot. Jur.* 12 janv. 1995, p. 4.
14. Civ. 1re, 19 déc. 1995, nº 93-20.424, *Bull. civ.* I, nº 470; *D. Affaires* 1996, 241.
15. Paris, 1re ch., 30 juin 1981, cité dans SOINNE, note nº 3122.
16. Com. 22 oct. 1996, nº 93-12.291, *Bull. civ.* IV, nº 244.
17. Com. 27 mars 1988, *JCP G* 1988. IV. 350.
18. Com. 2 févr. 1999, nº 96-17.517, *Bull. civ.* IV, nº 36; *RJDA* 1999, nº 3, p. 214, note Rémery; *JCP E* 1999, pan. 553, note Cadiou; *Rev. proc. coll.* 1999, 109, nº 21, obs. Canet – Com. 21 sept. 2010, nº 09-15.117, NP; nº 879 F-D; *Gaz. Pal. entr. diff.* 7-8 janv. 2011, p. 45, note Antonini-Cochin – Civ. 2e, 28 janv. 2016, nº 15-13.222, *Bull. civ.* II [à paraître]; nº 135 F-P+B; *D.* 2016. 743, nº 7, note Adida-Canac, de Leiris et Vasseur; *Act. proc. coll.* 2016/4, comm. 48, note Cagnoli; *Rev. sociétés* 2016. 196, note Roussel Galle; *Bull. Joly sociétés* juin 2016, 361, note Ansault.

Le créancier qui poursuit une saisie au mépris de la règle de l'arrêt des voies d'exécution engage sa responsabilité. Encore faut-il cependant que la procédure collective en subisse un préjudice. Tel n'est pas le cas si la saisie-vente a été poursuivie alors que le créancier saisissant était propriétaire, au titre d'une clause de réserve de propriété incluse dans un accord de distribution d'une durée d'un an, mais renouvelable par tacite reconduction, qui était toujours en cours, en conséquence de quoi le créancier n'avait pas à revendiquer les biens objets d'un tel contrat, le délai de revendication n'ayant pas commencé à courir[1]. Une telle solution ne pourrait plus être posée pour les procédures ouvertes à compter du 15 février 2009, du fait de la fixation unitaire du point de départ de l'action en revendication à la publication au *Bodacc* du jugement d'ouverture.

Le créancier qui a perçu des sommes d'argent en vertu de saisies irrégulières au regard de la règle de l'arrêt des voies d'exécution doit restituer les sommes reçues. La prescription triennale qui intéresse l'action en restitution du paiement interdit en application des articles L. 621-24 du code de commerce, avant la loi de sauvegarde des entreprises, et L. 622-7 du code, depuis la loi de sauvegarde, n'a pas vocation à régir les demandes de restitution de sommes d'argent consécutives à la violation de la règle de l'arrêt des voies d'exécution. La solution a été posée dans le cadre de la restitution de sommes d'argent perçues indûment par le Trésor public, à la suite d'un avis à tiers détenteur effectué au mépris de la règle de l'arrêt des voies d'exécution[2].

SECTION 622.70 RÉGIME DES VOIES D'EXÉCUTION NON SOUMISES À LA RÈGLE DE L'ARRÊT DES VOIES D'EXÉCUTION ET POURSUIVIES APRÈS JUGEMENT D'OUVERTURE

622.71 Voies d'exécution en cours non soumises à la règle de l'arrêt des voies d'exécution. Le domaine de la règle pose difficulté en ce qui concerne les voies d'exécution. L'article L. 621-42 du code de commerce (anc[t] L. 25 janv. 1985[3], art. 49), devenu l'article L. 622-23 depuis la loi de sauvegarde des entreprises[4], évoque les « voies d'exécution autres que celles visées à l'article L. 621-40 (L. 622-21) ». Dès lors que l'on observe que la règle de l'arrêt des poursuites individuelles est absolument générale quant aux voies d'exécution concernées (v. s 622.11 s.), la formulation législative laisse per. Il faut pourtant essayer de donner un sens à xte.

On aura penser le trouver en assujettissant à l'article L. -42 du code de commerce les voies d'exécutio ercées par les créanciers postérieurs. Certains aus sont en ce sens[5]. Deux arguments textuels de ds militent pourtant en sens contraire. Tout bord, la place de l'article L. 621-42 dans un sous aragraphe intitulé « arrêt des poursuites individulles » y fait obstacle, alors que l'article L. 621-32, u régit le sort des créanciers postérieurs, figure dans un sous-paragraphe intitulé « la poursuite de l'activié ». Ensuite, et surtout, l'article L. 621-42 vise *explicitement* la « reprise d'instance », ce qui suppose que l'action ait été interrompue par l'effet du jugement d'ouverture. Or il est difficile d'imaginer qu'un même texte – l'article L. 621-42 – s'intéresse aux actions en justice qui concernent les créanciers antérieurs et aux voies d'exécution relatives aux créanciers postérieurs. Il faut donc considérer que l'article L. 621-42 (devenu C. com., art. L. 622-23 depuis la loi de sauvegarde des entreprises) ne s'applique pas aux créanciers postérieurs[6]. Aussi, pour donner un sens au texte[7], il convient de considérer qu'il existe des voies d'exécution en cours au jour du jugement d'ouverture, qui poursuivent leurs effets après jugement d'ouverture, cependant qu'elles n'ont pas pu être remises en cause par l'effet du jugement d'ouverture, puisqu'à défaut, elles auraient été soumises à l'article L. 621-40, II du code de commerce (anc[t] L. 25 janv. 1985, art. 47), devenu l'article L. 622-21, II depuis la loi de sauvegarde des entreprises. Deux situations sont ici visées. Il y a tout d'abord les saisies-attributions de créances à exécution successive, dont on sait qu'elles continuent à produire leurs effets après jugement d'ouverture[8]. Il y a ensuite les actes procéduraux subséquents aux saisies dont l'effet légal a été réalisé au jour du jugement d'ouverture, telles les dénonciations au débiteur saisi de saisies pratiquées entre les mains de tiers, par exemple les saisies-appréhensions ou les saisies-attributions.

Une autre piste pouvait être explorée, consistant à faire échapper les saisies à la règle de l'arrêt des voies d'exécution dès lors qu'elles pouvaient être considérées comme pratiquées par des créanciers d'aliments. Une tentative a été faite en ce sens par des créanciers de salaires, ayant fait valoir que le salaire a une nature alimentaire, pour en déduire

1. Com. 17 févr. 2009, n° 07-19.192, NP; n° 156 F-D.
2. Com. 2 oct. 2007, n° 06-15.986, NP; n° 1041 F-D; *Gaz. proc. coll.* 2008/1, p. 48, note Rohart-Messager; *Rev. proc. coll.* 2008, p. 71, n° 11, note Lebel.
3. L. n° 85-98, 25 janv. 1985, préc.
4. L. n° 2005-845, 26 juill. 2005, préc.
5. SAINT-ALARY-HOUIN, 7e éd., n° 626.
6. AUSSI : LE CANNU, 7e éd., n° 395.
7. POUR UNE AUTRE SUGGESTION : LE CANNU, 7e éd., n° 395.
8. Canet, « Les voies d'exécution issues de la loi du 9 juillet 1991 face au redressement et à la liquidation judiciaires », *Rev. proc. coll.* 1995, p. 269.

que ces créances échappaient à la règle de l'arrêt des voies d'exécution. La Cour de cassation n'a pas suivi l'argumentation, en considérant que les salariés ne détenaient pas de créances d'aliments au sens de l'article L. 622-7, I, alinéa 1 du code de commerce, texte qui fait échapper à la règle de l'interdiction des paiements la créance alimentaire[1]. Au demeurant, même si le salaire avait été analysé comme une créance d'aliments, cela aurait emporté la conséquence de son possible paiement spontané, non de son paiement par saisie, faute pour le texte de l'article L. 621-21 du code de commerce de reprendre l'exception posée par l'article L. 622-7, I.

622.72 Modalités procédurales de poursuite des voies d'exécution non arrêtées. La règle de l'article L. 621-42 du code de commerce (anc[t] L. 25 janv. 1985[2] art. 49), devenu l'article L. 622-23 depuis la loi de sauvegarde des entreprises, comme celle de l'article L. 621-41 du code de commerce (anc[t] L. 25 janv. 1985, art. 48), devenu l'article L. 622-22 depuis la loi de sauvegarde des entreprises, sont d'ordre public[4].

Les difficultés sont plus grandes en ce qui concerne les voies d'exécution qu'en ce qui concerne les poursuites individuelles. S'il s'agit d'abord des voies d'exécution en cours au jour du jugement d'ouverture, portant sur des créances à exécution successive, il faudra se conformer au texte de l'article L. 621-42 du code de commerce (devenu C. com., art. L. 622-23 depuis la loi de sauvegarde des entreprises) et prévoir leur dénonciation aux organes visés par ce texte. Entre le jour du jugement d'ouverture et la dénonciation à chacun des organes visés par le texte, les effets de la saisie seront interrompus. Dès la dénonciation effectuée, ils reprendront leur cours.

En ce qui concerne ensuite la dénonciation après jugement d'ouverture d'une saisie réalisée entre les mains d'un tiers avant jugement d'ouverture, mais non dénoncée au débiteur saisi, une difficulté se présente (sur la dénonciation faite juste avant le jugement d'ouverture au débiteur maître de ses biens et sur le cours du délai de contestation ouverte aux organes, v. s[s] n° 622.52). En effet, la saisie entre les mains de tiers oblige en général le créancier saisissant à dénoncer, dans les huit jours, la saisie effectuée au débiteur. Il en est ainsi par exemple en matière de saisie-appréhension ou de saisies-attributions. Que décider si la saisie intervient juste avant jugement d'ouverture ? La dénonciation de la saisie aux organes visés à l'article L. 621-42 du code de commerce (devenu C. com., art. L. 622-23 depuis la loi de sauvegarde des entreprises) doit-elle intervenir dans les délais impartis par le texte sur les voies d'exécution, sauf à encourir la caducité ?

En liquidation judiciaire, la dénonciation devra être faite au liquidateur[5].

Sous l'empire de la loi de sauvegarde, dans sa rédaction d'origine, la dénonciation à l'administrateur judiciaire s'imposait dans tous les cas, quelle que soit sa mission, dans le redressement judiciaire.

L'article L. 622-23 du code prévoit désormais, dans la procédure de sauvegarde, que la dénonciation à l'administrateur judiciaire ne s'impose que s'il a une mission d'assistance, non s'il ne s'est vu confier qu'une mission de surveillance. En redressement judiciaire, au contraire, la dénonciation à l'administrateur judiciaire s'impose indépendamment de sa mission (C. com., art. L. 631-14, al. 5). En cas de mission d'assistance, la dénonciation s'impose également au débiteur.

Une distinction semble devoir être opérée selon que le débiteur est ou non dessaisi de l'administration de ses droits.

L'absence de dénonciation à l'organe compétent, dans le délai de huit jours, de la saisie pratiquée emportera sa caducité[6]. La Cour de cassation, qui admet au profit de l'organe représentant le débiteur, l'interruption du délai de contestation si, pendant son cours, survient la liquidation[7], n'admet pas symétriquement que le délai de dénonciation se

1. Com. 3 mai 2016, n° 14-24.855, *Bull. civ.* IV [à paraître]; n° 376 F-P+B; *Act. proc. coll.* 2016/9, comm. 121, note Fin-Langer; *JCP E* 2016. 1387, note Ronet-Yague; *BJE* 2016, 262, note Lemesle – Com. 3 mai 2016, n°s 14-24.856 à 14-24.860, 5 arrêts, NP; n°s 377 à 381 F-D.
2. L. n° 85-98, 25 janv. 1985, préc.
3. L. n° 2005-845, 26 juill. 2005, préc.
4. Bordeaux, 9 juill. 1987, *Gaz. Pal.* 1987. II. 535, note Brault.
5. Civ. 2e, 5 avr. 2001, n° 98-14.107, *Bull. civ.* II, n° 73; *D.* 2001. AJ 1467, obs. Lienhard; *Act. proc. coll.* 2001, n° 104.
6. Com. 19 févr. 2002, n° 98-22.727, *Bull. civ.* IV, n° 37; *D.* 2002. AJ 1070, obs. Avena-Robardet; *Act. proc. coll.* 2002/6, n° 77; *RD banc. fin.* 2002/3, p. 135, n° 105, obs. Lucas; *RD banc. fin.* 2002/3, p. 138, n° 109, obs. Delleci; *RJ com.* 2002, n° 1604, obs. Courtier – Com. 20 oct. 2009, n° 08-16.629, NP, *Rev. proc. coll.* 2010/2, comm. 82, p. 72, note Berthelot – Rennes, 1[re] ch. B, 16 mai 2002, *RD banc. fin.* 2002/4, n° 146, obs. Lucas.
7. Com. 19 janv. 1999, n° 96-18.256, *Bull. civ.* IV, n° 17; *LPA* 9 mars 1999, n° 48, p. 8, note P. M.; *LPA* 1999, n° 94, p. 26, note Derrida; *D. Affaires* 1999, 478; *JCP E* 1999, Chron. 815, n° 13, obs. P. P.; *RJ com.* 2000, n° 1548, p. 29, note Courtier; *D.* 1999, jur. 245, note Derrida; *Defrénois* 2000, n° 1, p. 45, obs. Sénéchal – Com. 2 oct. 2012, n° 11-22.387, *Bull. civ.* IV, n° 178; n° 953 F-P+B; *D.* 2012. Actu 2385, note Lienhard; *D.* 2013. pan. 1580, obs. Leborgne; *Act. proc. coll.* 2012/17, comm. 255, note Cagnoli; *BJE* nov. 2012, comm. 214, note Hugon; *Gaz. Pal.* 3 mars 2013, n° 62, p. 19, note Brenner; *JCP E* 2012. 1001, note Lebel; *LPA* 8 mai 2013, n° 92, p. 11, note Tabourot-Hyest; *RTD civ.* 2013. 176, n° 8, obs. Perrot; *Gaz. Pal.* 12 avr. 2013, n° 102, p. 33, note Reifegerste; *LXB hebdo* n° 313, 18 oct. 2012, note Le Corre.

trouve interrompu par l'effet de ce jugement[1]. Peu importera que le jugement entraînant le dessaisissement en liquidation judiciaire, l'administration contrôlée en redressement judiciaire, ait été publié, encore que l'inverse ait été parfois jugé[2].

Mais le tiers saisi n'a pas qualité pour se prévaloir de l'absence de dénonciation de la saisie aux organes de la procédure collective[3].

Si le débiteur n'est pas dessaisi, la dénonciation à celui-ci doit intervenir dans le délai de huitaine, le jugement d'ouverture n'ayant ici aucun effet. L'absence de dénonciation dans le délai entraînera caducité de la saisie[4].

Dans les deux cas, que le débiteur en redressement judiciaire soit ou non dessaisi, la dénonciation au représentant des *créanciers – mandataire* judiciaire – s'impose. Cependant, le délai de huitaine posé par la législation des voies d'exécution n'intéresse, nous semble-t-il, que le débiteur ou son représentant. La dénonciation n'a donc pas à être faite, à peine de caducité, au représentant des créanciers – mandataire judiciaire – dans le délai de huitaine. Cependant, tant qu'elle ne sera pas intervenue, la saisie sera, à notre sens, inopposable à la procédure collective.

1. Com. 4 mars 2003, n° 00-13.020, *Bull. civ.* IV, n° 34; *D.* 2003. AJ 907, obs. Lienhard; *Act. proc. coll.* 2003/8, n° 104; *D.* 2003. Somm. 1623, obs. Lucas; *JCP E* 2003, Chron. 1396, p. 1576, n° 17, obs. Pétel; *JCP E* 2003, jur. 708, p. 814, note Delattre; *RD banc. fin.* 2003/3, n° 118, p. 170, obs. Delecci; *Procédures* juill. 2003, p. 10, n° 167, note Perrot; *Gaz. Pal.* 5-6 sept. 2003, Somm. 7, note Denner; *LXB* n° N6797AAY, note Le Corre – Com. 2 oct. 2012, n° 11-22.387, *Bull. civ.* IV, n° 178; n° 953 F-P+B; préc.
2. Paris, 8e ch. B, 20 janv. 2005, RG n° 2004/10767, *Act. proc. coll.* 2005/5, n° 55; *RTD civ.* 2005. 457, n° 7, obs. Perrot.
3. Com. 23 sept. 2014, n° 13-19 071, NP – Aix-en-Provence, 15e ch. A, 30 avr. 2010, RG n° 2010/212.
4. Com. 13 oct. 1998, n° 96-14.295, *Bull. civ.* IV, n° 237; *Gaz. Pal.* 1999, n° 245, p. 17, note Veron.

CHAPITRE

623. Reprise des instances en cours pour faire fixer la créance

SECTION 0 ORIENTEUR

623.00 Plan du chapitre.

Sect. 623.10 Fondement et caractère de la règle de la poursuite des actions aux fins de fixation de la créance

Sect. 623.20 Domaine de la règle de la poursuite des actions aux fins de fixation de la créance

Sect. 623.30 Modalités procédurales de la règle de la poursuite des actions aux fins de fixation de la créance

Sect. 623.40 Effets de la règle de la poursuite des actions aux fins de fixation de la créance

623.01 Textes applicables. (V. les références complètes s^s n° 011).

> **Législation antérieure à la loi de sauvegarde des entreprises.**

C. com., art. L. 621-41

D. n° 85-1388, 27 déc. 1985, art. 65

> **Législation issue de la loi de sauvegarde des entreprises.**

C. com., art. L. 622-22, L. 631-14, I, L. 641-3, al. 1, L. 641-4, al. 3

C. com., art. R. 622-20 (anc^t D. 28 déc. 2005, art. 95), R. 622-23 (anc^t D. 28 déc. 2005, art. 98), R. 631-20 (anc^t D. 28 déc. 2005, art. 189), R. 631-22 (anc^t D. 28 déc. 2005, art. 191, al. 2), R. 631-27 (anc^t D. 28 déc. 2005, art. 195), R. 641-23 (anc^t D. 28 déc. 2005, art. 234), R. 641-25 (anc^t D. 28 déc. 2005, art. 236)

> **Législation issue de l'ordonnance du 18 décembre 2008.**

C. com., art. L. 622-22, L. 631-14, al. 1, L. 641-3, al. 1, L. 641-4, al. 3

C. com., art. R. 622-20, R. 622-23, R. 631-20, R. 631-22, R. 631-27, R. 641-23, R. 641-25

> **Législation issue de l'ordonnance du 12 mars 2014.**

C. com., art. L. 622-22

C. com., art. R. 622-20

623.02 Jurisprudence de référence.

> N'est pas une action en cours qui peut être continuée après jugement d'ouverture aux fins de fixation de la créance, l'instance en référé provision.

• **Com. 12 juill. 1994,** n° 91-20.843, *Bull. civ.* IV, n° 263

* V. s^s n° 623.24

> La réalité et la validité de la déclaration de créance doivent, au besoin d'office, être vérifiées par la juridiction saisie, qui apprécie ainsi si l'instance est régulièrement reprise.

• **Com. 12 févr. 1991,** n° 89-15.165, *Bull. civ.* IV, n° 67

* V. s^s n° 623.31

> Sous l'empire de la loi de sauvegarde, le créancier qui n'a pas déclaré sa créance ne peut reprendre l'instance entamée avant le jugement d'ouverture.

• **Cass., avis, 8 juin 2009,** n° 0090002P

* V. s^s n° 623.31

« En l'absence de déclaration de créance, les conditions de la reprise d'instance ne sont pas réunies, même si la créance du créancier forclos n'est pas éteinte; en l'espèce, l'instance demeure interrompue jusqu'à la clôture de la liquidation judiciaire. »

623.03 Bibliographie indicative. (V. les références complètes s^s n° 031).

> **Actualisables.** RÉP. COM. Monsérié-Bon, « Entreprises en difficulté – Redressement judiciaire (Période d'observation) », n°s 453 à 456 – J.-CL. COM. Vallansan, fasc. 2355, [Situation des créanciers – Arrêt des poursuites individuelles], 2011.

> **Ouvrages antérieurs à la loi de sauvegarde des entreprises.** JACQUEMONT, n° 375 – LE CANNU, n° 914 – LE CORRE-BROLY, n° 338 – MARTIN ET VALLENS, n°s 3100 à 3106, 3108 – PÉROCHON ET BONHOMME, n° 185-2 – PÉTEL, n° 200 – RIPERT ET

ROBLOT, n° 2972 – SAINT-ALARY-HOUIN, n°s 759 à 762 – SOINNE, n°s 1064 à 1067 – VALLANSAN, p. 117 à 119.

> **Ouvrages postérieurs à la loi de sauvegarde des entreprises.** COQUELET, 5e éd., n° 268 – GIBIRILA, n° 589 – JACQUEMONT ET VABRES, 9e éd., n° 481 – LE CANNU, 7e éd., n°s 385, 388 – LIENHARD, 6e éd., n° 78.22 – PÉROCHON, 10e éd., n°s 632, 1589 – PÉTEL, 8e éd. n° 195 – ROUSSEL GALLE, 2e éd., n°s 512, 513 – SAINT-ALARY-HOUIN, 9e éd., n°s 688 à 692 – VALLANSAN *ET ALII*, 6e éd., p. 137 à 140 – VALLENS, 2015, n°s 3359 à 3370 – VOINOT, 2e éd., n° 413.

> **Articles.** Cabrillac M., « Les incidences du jugement d'ouverture sur les instances en cours et à venir », *Gaz. Pal.* 1987. I, Doctr. 178 – Laporte, « Des incidences de l'ouverture d'une procédure collective sur une procédure en cours », *Procédures* 2006/7, étude 19, p. 5 – Réméry J.-P., « L'incidence de l'ouverture d'une procédure collective sur l'instance de cassation (civile) : quelques réflexions », *D.* 2015. 2453 – Roussel Galle Ph., « Les retouches apportées aux règles de l'interdiction des poursuites individuelles et de l'arrêt des voies d'exécution » *Gaz. Pal.* 8 à 10 mars 2009, n° sp. p. 21 – Staes O, « Loi de sauvegarde, réflexions sur le régime nouveau des instances en cours », *Rev. proc. coll.* 2006, p. 269 – Vallens J.-L., « L'effet du redressement judiciaire sur les instances en cours », *RTD com.* 1991. 529.

623.04 **Question essentielle.**

• Qu'est qu'une instance en cours au jour du jugement d'ouverture ?

* V. s^s n° 623.22.

SECTION 623.10

FONDEMENT ET CARACTÈRE DE LA RÈGLE DE LA POURSUITE DES ACTIONS AUX FINS DE FIXATION DE LA CRÉANCE

623.11 **Fondement de la règle de la poursuite des actions aux fins de fixation de la créance.** Aux termes de l'article L. 621-41 du code de commerce (anc^t L. 25 janv. 1985[1], art. 48), « sous réserve des dispositions de l'article L. 621-126 [anc^t L. 25 janv. 1985, art. 124], les instances en cours sont suspendues jusqu'à ce que le créancier poursuivant ait procédé à la déclaration de sa créance. Elles sont alors reprises de plein droit, le représentant des créanciers et, le cas échéant, l'administrateur dûment appelés, mais tendent uniquement à la constatation des créances et à la fixation de leur montant ». L'article L. 622-22, dans la rédaction que lui donne la loi de sauvegarde des entreprises[2], reprend la solution, en modifiant les références aux autres textes et en corrigeant une erreur rédactionnelle. Il énonce ainsi que « sous réserve des dispositions de l'article L. 625-3, les instances en cours sont interrompues jusqu'à ce que le créancier poursuivant ait procédé à la déclaration de sa créance. Elles sont alors reprises de plein droit, le mandataire judiciaire et, le cas échéant, l'administrateur ou le commissaire à l'exécution du plan nommé en application de l'article L. 626-25 dûment appelés, mais tendent uniquement à la constatation des créances et à la fixation de leur montant ».

La règle a pour objet d'accélérer la fixation de la créance, et ce dans l'intérêt du créancier qui, par hypothèse, avait initié une action, dont il serait dommage qu'elle tombe en déshérence. L'action est entamée. Autant la terminer !

623.12 **Caractère d'ordre public de la règle.** Comme l'article L 621-40 du code de commerce (anc^t L. 25 janv. 1985[3], art. 47), devenu l'article L. *622-21* depuis la loi de sauvegarde des entreprises[4], la règle posée par l'article L. 621-41 du même code (anc^t L. 25 janv. 1985, art. 48), devenu l'article L. *622-22* depuis la loi de sauvegarde des entreprises, est d'ordre public, tant interne qu'international[5]. Le juge doit cependant, lorsqu'il entend la soulever d'office, inviter les parties à s'expliquer sur ce point.

Sous l'empire de la loi de sauvegarde des entreprises, le fait que l'une des parties invoque l'absence de déclaration de la créance au passif autorise le juge à en tirer la conséquence que l'instance entamée avant le jugement d'ouverture se trouve interrompue jusqu'à la clôture[6].

623.13 **Choix procédural du créancier.** Le créancier a le choix procédural de continuer son action ou de s'en désister en se soumettant alors à la procédure de droit commun de la vérification des créances, sans que ce choix procédural puisse lui être reproché par une caution[7], qui ne peut spécialement prétendre, dès lors que la créance a été déclarée au passif, que le désistement d'instance s'analyse en une remise de dette pouvant lui profiter[8].

Ce choix procédural est cependant dicté par des contraintes stratégiques. Le créancier sait que, s'il se

1. L. n° 85-98, 25 janv. 1985, *JO* 26 janv., p. 1097.
2. L. n° 2005-845, 26 juill. 2005, *JO* 27 juill., p. 12187.
3. L. n° 85-98, 25 janv. 1985, préc.
4. L. n° 2005-845, 26 juill. 2005, préc.
5. Civ. 1re, 6 mai 2009, n° 08-10.281, *Bull. civ.* I, n° 86; *Act. proc. coll.* 2009/12, n° 182, note Mastrullo; *Procédures* 2009, comm. 236, note Rolland; *JCP E* 2009, Chron. 1814, n° 2, note Pétel; *LPA* 21 juill. 2009, n° 144, p. 17, note Mouralis; *Rev. proc. coll.* 2010/1, § 9, p. 29, note Staes; *RTD com.* 2010. 208, n° 26, obs. Vallens.
6. Com. 15 févr. 2011, n° 09-71.487, NP; n° 135 F-D; *Rev. proc. coll.* 2012, comm. 64, note Staes; *RTD com.* 2012. 848, n° 4, obs. Martin-Serf.
7. Com. 4 mars 2003, n° 98-23.377, NP, *Rev. proc. coll.* 2003, p. 320, n° 12, obs. Legrand; *Rev. proc. coll.* 2004, p. 238, n° 5, obs. Staes.
8. Com. 7 juin 2005, n° 04-14.049, NP, *Gaz. proc. coll.* 2005/3, p. 36, obs. Roussel Galle.

désiste, la fixation de son droit de créance interviendra devant le juge-commissaire. Il doit réfléchir à l'éventualité d'une exception de procédure intéressant la contestation élevée devant le juge-commissaire et à l'existence d'une contestation sérieuse s'inscrivant dans une discussion sur la créance déclarée (v. ss n° 682.15). Dans le premier cas, le juge-commissaire se déclarera incompétent. Dans le second cas, il surseoira à statuer pour dépassement de son office juridictionnel. Dans les deux situations, une autre juridiction sera saisie. Si le créancier est déjà devant celle-ci, autant qu'il y reste !

Il doit s'agir d'un désistement d'instance, non d'un désistement d'action, lequel emporte renonciation au droit de créance. Toutefois, si le désistement d'instance et d'action, dans le cadre de l'opposition à un ordonnance d'injonction de payer intervient après déclaration de la créance au passif, il ne peut valoir renonciation du créancier à son droit de créance, l'autorité de la chose jugée résultant du jugement constatant le désistement d'action ne pouvant empêcher son auteur de se prévaloir de droits auxquels il n'avait pas renoncé à l'occasion de son désistement[1].

SECTION 623.20
DOMAINE DE LA RÈGLE DE LA POURSUITE DES ACTIONS AUX FINS DE FIXATION DE LA CRÉANCE

623.21 Application de la règle de la poursuite des actions aux fins de fixation de la créance en sauvegarde, en redressement et en liquidation judiciaires. La jurisprudence, sous l'empire de la loi du 25 janvier 1985[2] non réformée, estimait que la règle s'appliquait tant en redressement judiciaire qu'en liquidation judiciaire[3]. La solution résulte désormais explicitement de l'article L. 622-3 du code de commerce (anct L. 25 janv. 1985, art. 148-2, réformée par L. 10 juin 1994[4]), avant la loi de sauvegarde des entreprises[5] et, depuis la loi de sauvegarde des entreprises, de l'article L. 641-3, alinéa 1 qui rend applicable en liquidation judiciaire l'article L. 622-22, texte de la sauvegarde. La règle continue à s'appliquer après arrêté du plan de continuation, de sauvegarde ou de redressement.

1. Com. 22 juin 2010, n° 09-13.901, NP.
2. L. n° 85-98, 25 janv. 1985, préc.
3. Dijon, 15 mai 1987, *D.* 1989. Somm. 9, obs. Derrida – Paris, 3 nov. 1987, *D.* 1988. Somm. 146, obs. Honorat – *Adde*, Soinne, n° 1063.
4. L. n° 94-475, 10 juin 1994, *JO* 11 juin, p. 8440.
5. L. n° 2005-845, 26 juill. 2005, préc.

623.22 Notion d'instance en cours au jour du jugement d'ouverture. L'article L. 621-41 du code de commerce (devenu l'art. L. 622-22 depuis la loi de sauvegarde des entreprises[6]) s'intéresse aux actions en cours au jour du jugement d'ouverture. Il ne régit donc pas les actions qui sont entamées après jugement d'ouverture[7]. Pour ces dernières, la règle de l'arrêt *des poursuites individuelles* les rend irrecevables, puisqu'elles sont interdites. Le créancier doit impérativement se soumettre à la vérification des créances, le tribunal saisi irrégulièrement après l'ouverture de la procédure collective ne pouvant fixer la créance au passif[8].

Il en est ainsi lorsque la copie d'une assignation en paiement délivrée avant l'ouverture de la procédure collective n'est remise au greffe que le lendemain du jugement d'ouverture[9]. Il en est également ainsi d'une instance engagée par le liquidateur, qui assigne en paiement une personne se présentant également contre créancière. Cette personne assignée ne peut demander au tribunal de faire jouer la compensation, car le juge-commissaire n'est pas dessaisi, faute d'instance en cours engagée avant le jugement d'ouverture contre le débiteur, ce qui interdit au tribunal de fixer la créance de l'intéressé[10].

De même, le tribunal saisi sur opposition à une injonction de payer postérieure au jugement d'ouverture ne peut constater la créance, car ce n'est pas la requête en injonction de payer qui introduit l'instance, mais l'opposition à l'injonction de payer, laquelle devra donc être antérieure au jugement d'ouverture pour qu'il y ait instance en cours[11].

6. L. n° 2005-845, 26 juill. 2005, préc.
7. Com. 4 janv. 2000, n° 97-11.292, NP, *Act. proc. coll.* 2000/5, n° 47 – Com. 14 mars 2000, n° 96-21.222, NP, *Act. proc. coll.* 2000/9, n° 103 – Com. 17 juill. 2001, n° 98-19.258, *Bull. civ.* IV, n° 153; *Cah. dr. aff.* 2002, n° 7, Chron. 627, note Kenfack; *RTD civ.* 2002. 93, obs. Mestre et Fages; *RTD civ.* 2002. 289, obs. Mestre et Fages; *Act. proc. coll.* 2001/14, n° 178; *Procédures* 2002, n° 7, obs. Laporte; *Rev. proc. coll.* 2002, p. 268, n° 2, obs. Staes – Com. 8 janv. 2002, n° 98-17.373, *Bull. civ.* IV, n° 3; *D.* 2002. AJ 487; *Act. proc. coll.* 2002/4, n° 45 – Com. 28 sept. 2004, n° 01-17.521, NP – Com. 15 mars 2005, n° 03-18.812, NP – Com. 7 févr. 2012, n° 11-15.528, NP; n° 172 F-D; *RTD com.* 2012. 849, n° 5, obs. Martin-Serf – Com. 19 juin 2012, n° 11-18.282, NP; n° 715 F-D; *Rev. proc. coll.* 2013, comm. 47, note Staes – Dijon, ch. civ., sect. B, 7 mai 2004, RG n° 03/01926, *Rev. proc. coll.* 2004, p. 257, n° 3, obs. Lebel.
8. Com. 17 févr. 2015, n° 13-27.117, NP; n° 201 F-D; *Rev. proc. coll.* 2015, comm. 104, note Macorig-Venier.
9. Com. 12 janv. 2010, n° 08-19.645, NP; n° 19 F-D; *D.* 2010. AJ 263, obs. Lienhard; *Gaz. Pal.* 16-17 avr. 2010, nos 106, 107, p. 30, note Rohart-Messager; *Rev. proc. coll.* 2011, comm. 29, p. 38, note Staes; *Leden* 2010/3, p. 6, obs. Staes.
10. Com. 5 oct. 2010, n° 09-70.346, NP; n° 934 F-D.
11. Com. 19 juin 2012, n° 11-18.282, NP; n° 715 F-D; *Rev. proc. coll.* 2013, comm. 47, note Staes.

Aussi, dès lors que l'opposition est antérieure au jugement d'ouverture, la procédure d'opposition devant le tribunal peut se poursuivre, après déclaration de créance au passif, pour tendre à la fixation de la créance par le tribunal, sans pouvoir tendre à la condamnation au paiement.

L'action doit donc tendre à la condamnation du débiteur au paiement d'une somme d'argent. Il en est ainsi si le créancier, sous couvert d'une demande de réalisation de travaux, demande le paiement d'une somme d'argent[1]. En effet, la Cour de cassation soumet pareille obligation de faire au régime des actions en paiement (v. s[s] n° 621.74).

Tel n'est pas le cas d'une action en contestation par le débiteur des honoraires dus à son avocat[2], le bâtonnier ne déterminant pas le débiteur de ces honoraires. Ces contestations ne peuvent donc être réglées que selon la procédure spécifique instituée par les articles 175 et suivants du décret du 27 novembre 1991[3]. Au contraire, a été considérée comme une instance en cours, l'instance en restitution d'un trop versé d'honoraires à un avocat soumis à une procédure collective[4].

Tel n'est pas davantage le cas d'une instance engagée avant jugement d'ouverture aux fins de désignation d'un expert[5]. L'instance engagée après jugement d'ouverture, postérieurement au dépôt du rapport de l'expert, ne peut donc prospérer devant la juridiction, le juge-commissaire ayant une compétence exclusive aux fins de fixer la créance[6]. La même solution doit être posée pour une demande de mainlevée d'une saisie-attribution[7].

Tel n'est pas encore le cas d'une instance en saisie immobilière engagée devant un tribunal de grande instance[8].

Il importe de préciser que la règle de la continuation des instances en cours aux fins de fixation de la créa e ne concerne que les créances antérieures. Dès rs, si les sommes dont le paiement est réclamé on pour partie la *nature de créances postérieures au* ju ment d'ouverture, l'action en paiement peut valablment continuer pour ces sommes, alors qu'elle est irecevable, du fait de la règle de l'arrêt des poursuites individuelles, pour les créances antérieures[9].

La disposition ici analysée s'applique à toutes les actions en cours au jour du jugement d'ouverture et qui se sont trouvées interrompues par l'effet de la règle de l'interruption des poursuites individuelles[10]. Il importe peu, pour l'appréiation de la règle, que le créancier, titulaire d'un itre exécutoire, ait saisi inutilement une juridictio[11].

L'instance doit être en cous au jour du jugement d'ouverture, ce qi présuppse que le lien d'instance soit effectif, c'es-à-dire qe l'affaire ait été placée au rôle de la juriiction. L'introduction de l'action après le jugemer d'ouverture ne permet évidemment pas l'applicion du dispositif ici étudié[12].

Est en cours, action ayant fait l'objet d'une radiation, cette rnière ne faisant pas obstacle au rétablissement de affaire[13].

Un problème prticulier intéresse la péremption d'instance. Cette rnière, qui constitue un incident affectant l'instanc, ne peut être prononcée que par la juridiction devat laquelle elle se déroule. En conséquence, *elle* ne put être prononcée par une cour d'appel, saisie d'un recours contre une ordonnance du juge-commissaire statuant sur la créance déclarée, qui en tire la conséquence de l'admission de la créance, alors que l'instance, dont la péremption était en cause, était la décision d'appel d'un jugement de première instance ayant prononcé, avant le jugement d'ouverture, la condamnation du débiteur à payer une certaine somme[14].

Notons qu'il avait déjà été précédemment jugé que le juge-commissaire n'était pas compétent pour se prononcer sur la péremption de l'instance en cours au jour du jugement d'ouverture[15].

1. Civ. 3e, 6 oct. 2010, n° 09-10.562, NP; n° 1200 FS-D; *Rev. proc. coll.* 2011, comm. 31, p. 39, note Staes; *Leden* 2010/12, p. 2, obs. Mouial-Bassilana.
2. Com. 24 janv. 2006, n° 02-20.095, *Bull. civ.* IV, n° 13; *D.* 2006. AJ 499, obs. Lienhard; *D.* 2006, pan. 2253, obs. Lucas; *D.* 2007, pan. 831, obs. Blachard; *Gaz. proc. coll.* 2006/2, p. 38, obs. Roussel Galle; *Rev. proc. coll.* 2007/3, p. 133, n° 2, obs. Macorig-Vénier; *Act. proc. coll.* 2006/6, n° 57, note Le Corre – *Adde*, Com. 27 mars 2007, n° 04-21.401, NP, *Rev. proc. coll.* 2007/3, p. 133, n° 2, obs. Macorig-Vénier.
3. D. n° 91-1197, 27 nov. 1991, *JO* 28 nov., p. 15502 – Blanchard, obs. s[s] Com. 24 janv. 2006, n° 02-20.095, *Bull. civ.* IV, n° 13; *D.* 2007, pan. 831.
4. Nancy, prem. prés., 3 mai 2012, n° 12/00330, *Rev. proc. coll.* 2013, comm. 49, note Staes.
5. Paris, 3e ch. A, 8 janv. 2008, RG n° 2007/07560.
6. Paris, 3e ch. B, 17 janv. 2008, RG n° 2006/07259.
7. Com. 14 mai 2008, n° 07-10.502, NP; n° 576 F-D.
8. SOL. IMPL. : Com. 30 nov. 2010, n° 10-11.971, NP; n° 1230 FS-D.
9. Com. 9 nov. 2004, n° 03-13.843, NP, *AJDI* 2005. 378, note Le Corre.
10. DERRIDA *ET ALII*, n° 216.
11. AINSI : Com. 19 mai 2004, n° 00-12.497, NP.
12. Com. 16 janv. 2007, n° 04-19.288, NP; n° 27 F-D – Paris, 14 oct. 2008, RG n° 07/03268.
13. Soc. 16 mars 1999, n° 96-43.268, *Bull. civ.* V, n° 122; *Rev. proc. coll.* 2000, 131, n° 2, obs. Monsérié-Bon – Com. 19 nov. 2003, n° 00-20.443, NP, *Act. proc. coll.* 2004/1, n° 5; *Rev. proc. coll.* 2004, p. 238, n° 4, obs. Staes.
14. Com. 8 avr. 2015, n° 14-10.172, *Bull. civ.* IV [à paraître]; n° 366 F-P+B+I; *Gaz. Pal.* 21 juill. 2015, n° 200, p. 15, note Fricero; *APC* 2015/9, 144, note Cagnoli; *BJE* juill. 2015, 243, note Sortais; *JCP E* 2015, chron. 1422, n° 4, note Pétel; *Rev. proc. coll.* 2015, comm. 80, note Cagnoli; *Rev. proc. coll.* 2015, comm. 185, note Staes.
15. Rouen, ch. sol. 20 janv. 2009, *Rev. proc. coll.* 2010/1, § 11, p. 30, note approb. Staes.

Est en cours, l'instance d'opposition à un jugement par défaut rendu avant jugement d'ouverture[1].

Au contraire, n'est plus en cours l'instance, lorsque le créancier s'est désisté, et cela même si le jugement d'ouverture est antérieur au désistement. Il en résulte que le juge-commissaire est alors seul compétent pour statuer sur l'existence et le montant de la créance[2].

De même, n'est plus en cours l'instance, dès lors que les débats ont eu lieu avant le jugement d'ouverture[3].

L'instance n'est plus en cours si un arrêt a été rendu par la cour d'appel, avant jugement d'ouverture, peu important que la décision ait été frappée de pourvoi, puisque la décision frappée de pourvoi[4] est, par hypothèse, passée en force de chose jugée et exécutoire[5]. Il en est de même si les débats ont eu lieu devant la cour[6].

Si l'instance en cours au jour du jugement d'ouverture et reprise après ce jugement n'est pas terminée au jour de la résolution du plan, il y a place à une déclaration de créance au passif. L'instance initiale prend alors fin et est remplacée par l'instance en fixation de la créance au passif dans les conditions classiques, c'est-à-dire par la voie d'une vérification de la créance, suivie d'une éventuelle instance devant le juge-commissaire[7].

La loi de sauvegarde des entreprises dispense le créancier ayant déclaré au passif de la première procédure d'avoir à déclarer à nouveau sa créance au passif de la seconde procédure, alors même qu'il ne serait pas admis (v. s[s] n° 524.34 et s[s] n° 682.72).

623.23 Situation procédurale de défendeur du débiteur. L'instance doit être en cours contre le débiteur.

Tel n'est pas le cas d'une instance pénale en cours au jour du jugement d'ouverture contre le gérant de la société débitrice ou d'une instance en paiement dirigée contre les dirigeants sociaux. Le juge-commissaire, en pareil cas, ne se voit pas enlever le pouvoir de décider de l'admission de la créance[8].

Le débiteur doit avoir la situation procédurale de défendeur[9]. L'action doit donc, par principe, avoir été introduite contre le débiteur. N'est donc pas une instance en cours l'instance engagée contre un créancier[10]. Cependant, en présentant une demande reconventionnelle, le défendeur devient demandeur. C'est pourquoi il y a aussi instance en cours en présence d'une demande reconventionnelle formée contre le débiteur[11]. Le juge devra être saisi de cette demande incidente au jour du jugement d'ouverture[12], c'est-à-dire par le dépôt au greffe des écritures dans la procédure écrite, par conclusions ou même oralement si la procédure est orale. La demande reconventionnelle formée après jugement d'ouverture ne peut être accueillie, faute d'instance en cours au jour du jugement d'ouverture, dans laquelle le débiteur a la qualité de défendeur[13]. C'est pourquoi la cour d'appel doit préciser, pour permettre à la Cour de cassation d'exercer son contrôle, si la demande reconventionnelle a été présentée avant ou après le jugement d'ouverture[14].

En outre, seule la qualité de demandeur lors de l'introduction de l'instance doit être prise en compte, peu important qu'en cause d'appel le créancier soit intimé[15].

La règle s'applique identiquement lorsque l'instance est poursuivie non contre le débiteur, mais contre ses héritiers[16].

623.24 Nature de la juridiction saisie. Par principe, la nature de la juridiction saisie de l'instance en cours importe peu. Ainsi a-t-il été jugé que la

1. Soc. 16 mars 1999, n° 96-42.850, *Bull. civ.* V, n° 121; *Rev. proc. coll.* 2000, 131, n° 2, obs. Monsérié-Bon.
2. Com. 16 janv. 2007, n° 05-19.599, NP; n° 1 F-D.
3. Com. 6 févr. 2001, n° 98-15.152, NP, *Rev. proc. coll.* 2002, p. 269, n° 4, obs. Staes – Civ. 2e, 18 déc. 2003, n° 02-10.765, *Bull. civ.* II, n° 399; *Act. proc. coll.* 2004/2, n° 17, note Régnaut-Moutier – Com. 7 janv. 2004, n° 01-02.499, NP – Paris, 14e ch. A, 7 avr. 2004, RG n° 2003/20740.
4. SUR LE DÉTAIL de cette question : Reméry, « L'incidence de l'ouverture d'une procédure collective sur l'instance de cassation (civile) : quelques réflexions », *D.* 2015. études 2453.
5. Com. 14 juin 1994, n° 92-15.217, *Bull. civ.* IV, n° 212; *D.* 1995. Somm. 26, obs. Honorat; *RTD com.* 1995. 482, obs. Martin-Serf; *JCP E* 1995. I. 417, n° 11, obs. Pétel.
6. Com. 14 févr. 1995, n° 93-14.198, *Bull. civ.* IV, n° 44; *D.* 1995. Somm. 217, obs. Honorat.
7. Com. 27 mars 2007, n° 06-10.267, *Bull. civ.* IV, n° 102; n° 552 F-P+B; *D.* 2007. AJ 1145, obs. Lienhard; *Act. proc. coll.* 2007/8, n° 86, note Régnaut-Moutier; *Rev. proc. coll.* 2007/3, p. 138, n° 2, obs. Staes; *LXB hebdo n°* 257, 26 avr. 2007, n° N8867BAN, note Le Corre.
8. Com. 10 mai 2005, n° 04-11.338, NP – Paris, 3e ch. B, 20 sept. 2007, RG n° 2007/1793.
9. Com. 19 déc. 1989, n° 87-20.172, NP, *D.* 1990. IR 33 – Com. 27 mai 2008, n° 06-20.483, NP; n° 618 F-D; *Gaz. proc. coll.* 2008/3, p. 41, n° 1, note Rohart-Messager; *Act. proc. coll.* 2008/11, n° 176, note crit. Régnaut-Moutier – Com. 5 oct. 2010, n° 09-70.346, NP; n° 934 F-D.
10. Paris, 3e ch. B, 7 avr. 2006, RG n° 2005/09623 – Paris, 3e ch. B, 7 avr. 2006, RG n° 2005/09608.
11. Paris, 3e ch. A, 14 mars 2000 et Douai, 2e ch., 6 mai 1999, *Rev. proc. coll.* 2001, p. 252, n° 2, obs. Staes.
12. Angers, 3 juin 2002, *Rev. proc. coll.* 2003, p. 313, n° 6, obs. Staes.
13. Com. 28 sept. 2004, n° 03-12.967, NP – Com. 9 nov. 2004, n° 02-18.675, NP.
14. Com. 5 févr. 2013, n° 12-11.835, NP; n° 128 F-D; *Gaz. Pal.* 1er mai 2013, n° 121, p. 27, note Rohart-Messager; *Rev. proc. coll.* 2013, comm. 47, note Staes.
15. Paris, 14e ch. A, 17 mai 2006, RG n° 2005/16891.
16. Com. 4 janv. 2000, n° 96-12.981, *Bull. civ.* IV, n° 4; *JCP E* 2000, pan. 297; *Rev. proc. coll.* 2000, 131, n° 2, obs. Monsérié-Bon.

juridiction arbitrale était concernée par la règle[1]. L'instance arbitrale est en cours au jour du jugement d'ouverture si, à cette date, le tribunal arbitral est définitivement constitué et peut donc être saisi du lige, c'est-à-dire à partir de l'acceptation par tous les arbitres de leur mission[2] (v. aussi s^s^ n°s 422.33 et 567.31).

Cependant, seule une instance en cours devant une juridiction du fond enlève au juge-commissaire le pouvoir de décider de l'admission ou du rejet d'une créance déclarée[3].

Une instance en cassation n'est donc pas une instance en cours au sens du texte[4].

L'instance en cours, qui est interrompue par l'effet du jugement d'ouverture de la procédure, est celle qui tend à obtenir de la juridiction saisie du principal une décision définitive sur le montant et l'existence d'une créance[5]. L'article L. 621-41 du code de commerce (devenu l'art. L. 622-22 depuis la loi de sauvegarde des entreprises), qui pose la règle de la reprise de l'instance après déclaration de créance pour faire fixer la créance, est logiquement écarté en présence d'une instance en référé provision[6], par exemple pour obtenir paiement de loyers d'un bail commercial, même si le contraire a également pu être jugé[7], puisque la décision n'aura pas autorité de chose jugée au fond du droit[8]. Cette action ne pourra donc être poursuivie[9], et la cour d'appel ne pourra donc condamner le locataire au paiement, même s'il ne justifie pas d'un motif légitime pour ne pas payer ses loyers et encore que le mandataire judiciaire, présent à la procédure n'articule aucun moyen sur le sort des loyers échus dans le cadre du redressement judiciaire[10]. Le créancier sera renvoyé à faire fixer sa créance dans les conditions classiques, c'est-à-dire devant le juge-commissaire. Mais si une discussion s'instaure sur l'exécution prétendue fautive du contrat, le juge-commissaire et, à sa suite, la cour d'appel, ne peuvent admettre la créance au seul motif qu'il n'existe plus d'instance en cours devant une juridiction du fond, dès que la question en débat dépasse leur office jurisprudentiel. Ils doivent, en ce cas, inviter les parties à saisir le tribunal qui pourra connaître de la discussion, et surseoir à statuer[11].

De même, une instance en référé tendant à la liquidation d'une astreinte ne peut être reprise après le jugement d'ouverture[12].

Le représentant des créanciers ne pourra faire statuer le juge-commissaire sur un rejet partiel conforme à la décision de référé sans initier une procédure de contestation de la créance[13]. Le juge des

1. Civ. 1re, 6 mai 2009, n° 08-10.281, *Bull. civ.* I, n° 86; *Act. proc. coll.* 2009/12, n° 182, note Mastrullo; *Procédures* 2009, comm. 236, note Rolland; *JCP E* 2009, Chron. 1814, n° 2, note Pétel; *LPA* 21 juill. 2009, n° 144, p. 17, note Mouralis; *Rev. proc. coll.* 2010/1, § 9, p. 29, note Staes – Angers, 6 févr. 1989, *Rev. proc. coll.* 1990, 143, n° 2, obs. Dureuil – Paris, 1re ch. C, 3 mars 1998, *D. Affaires* 1998, 846; *D.* 1998. IR 102 – Paris, 8 sept. 1998, *D.* 1998. IR 235; *RTD com.* 1998. 836, obs. Dubarry et Loquin – Paris, 30 mars 1999, *RTD com.* 1999. 650, obs. Dubarry et Loquin; *Rev. proc. coll.* 2000, 130, n° 1, obs. Monsérié-Bon – Paris, 13 févr. 2002, *RJDA* 2002/6, n° 659.
2. Civ. 1re, 30 mars 2004, n° 01-11.951, *Bull. civ.* I, n° 98; *Act. proc. coll.* 2004/9, n° 112, note Vallansan; *Rev. proc. coll.* 2004, p. 236, n° 2, obs. Staes.
3. Com. 12 oct. 2004, n° 03-12.442, NP.
4. Orléans, ch. com., éco. et fin., 17 mai 2001, *RJDA* 2001/10, n° 999.
5. Com. 6 oct. 2009, n° 08-12.416, *Bull. civ.* I, n° 123; n° 877 F-P+B; *D.* 2009. AJ 2485, obs. Lienhard; *Procédures* 2009, comm. 409, note Rolland; *Rev. proc. coll.* 2010/1, § 6, p. 27, note Staes; *Rev. proc. coll.* 2010/1, § 17, p. 35, note Legrand; *RTD com.* 2010. 199, n° 14, obs. Martin-Serf.
6. Com. 6 oct. 2009, n° 08-12.416, *Bull. civ.* IV, n° 123; n° 877 F-P+B; *Bull. civ.* IV, n° 123, *D.* 2009. AJ 2485, obs. Lienhard; *Procédures* 2009, comm. 409, note Rolland; *Rev. proc. coll.* 2010/1, § 6, p. 27, note Staes; *Rev. proc. coll.* 2010/1, § 17, p. 35, note Legrand; *RTD com.* 2010. 199, n° 14, obs. Martin-Serf – Civ. 3e, 18 sept. 2012, n° 11-19.571, NP; n° 1026 F-D – Com. 2 oct. 2012, n° 11-21.529, NP; n° 956 F-D; *BJE* nov. 2012, comm. 196, note Camensuli-Feuillard, *Rev. proc. coll.* 2013, comm. 48, note Staes.
7. Papeete, ch. civ., 28 févr. 2002, *Act. proc. coll.* 2002/12, n° 152 – Paris, 14e ch. B, 12 sept. 2003, RG n° 2003/01137.
8. Com. 12 juill. 1994, n° 91-20.843, *Bull. civ.* IV, n° 263; *D.* 1995. Somm. 28, obs. Honorat; *RTD com.* 1995. 482, obs. Martin-Serf; *JCP E* 1995. II. 640, note Gallet – Com. 14 mars 1995, n° 93-12.489, *Bull. civ.* IV, n° 75 – Com. 23 mai 2000, n° 97-18.049, NP, *Rev. proc. coll.* 2001, p. 251, n° 1, obs. Staes – Com. 9 juill. 2002, n° 99-12.803, NP, *Rev. proc. coll.* 2003, p. 313, n° 7, obs. Staes – Com. 3 juill. 2007, n° 05-21.030, NP; n° 917 F-D; *JCP E* 2007. 2210, p. 38, note Rémery; *Rev. proc. coll.* 2008/3, p. 49, n° 126, note Macorig-Venier; *Rev. proc. coll.* 2008/3, p. 52, n° 130, note Staes – Com. 3 juill. 2007, n° 05-20.519, NP; n° 933 F-D; *Gaz. proc. coll.* 2007/4, p. 44, note Rohart-Messager; *JCP E* 4 oct. 2007, 2210, p. 38, note Rémery; *Rev. proc. coll.* 2008/3, p. 49, n° 126, note Macorig-Venier; *Rev. proc. coll.* 2008/3, p. 52, n° 130, note Staes – Paris, 14e ch. A, 18 juin 2003, RG n° 2003/03724 – Paris, 14e ch. B, 12 mars 2004, RG n° 2003/12975 – Paris, 14e ch. B, 14 mai 2004, RG n° 2003/21646 – Paris, 14e ch. B, 16 juill. 2004, RG n° 04/04320 – Paris, 14^e^ ch. B, 3 sept. 2004, RG n° 03/22370 – Paris, 14e ch. B, 15 sept. 2004, RG n° 04/06441 – Paris, 14e ch. A, 4 janv. 2006, RG n° 2005/09677 – Paris, 14e ch. A, 17 mai 2006, RG n° 2005/16891 – Aix-en-Provence, 1re ch. C, 14 nov. 2006, RG n° 05/21833, *Rev. proc. coll.* 2007/3, p. 137, n° 1, obs. Staes – Paris, 14e ch. B, 8 févr. 2008, *Rev. proc. coll.* 2008/3, p. 49, n° 126, note Macorig-Venier – Paris, 14e ch. A, 2 avr. 2008, *Rev. proc. coll.* 2008/3, p. 52, n° 130, note Staes.
9. Com. 2 oct. 2012, n° 11-21.529, NP; n° 956 F-D – Colmar, 1re ch. civ. sect. A, 31 mars 2008, *Rev. proc. coll.* 2008/3, p. 52, n° 130, note Staes.
10. Civ. 3e, 18 sept. 2012, n° 11-19.571, NP; n° 1026 F-D.
11. Com. 8 avr. 2015, n° 14-11.230, NP; n° 362 F-D.
12. Com. 19 nov. 2013, n° 12-26.400, NP; n° 1088 F-D.
13. Paris, 3e ch. B, 17 janv. 2008, RG n° 07/09594, *Act. proc. coll.* 2008/12, n° 190.

référés n'aura évidemment pas compétence ur fixer cette créance[1]. L'argument pourra être soulevé d'office par la juridiction saisie de la reprise d'instance[2]. Il en résulte que la saisie-attribution exécutée avant jugement d'ouverture en vertu d'une ordonnance de référé ne peut autoriser le créancier à conserver les sommes remises sur ce fondement avant le jugement d'ouverture, dès lors que la décision de référé est réformée devant la cour d'appel, en application de la règle de l'arrêt des poursuites individuelles. La créance n'est pas éteinte par le paiement intervenu avant le jugement d'ouverture de la procédure collective et le créancier doit donc se soumettre à la procédure de la déclaration des créances (v. s[s] n° 663.12)[3].

Toutefois, si le juge-commissaire rend une décision erronée constatant qu'une instance est en cours, alors que la juridiction saisie est celle des référés, cette décision devient définitive dès lors que l'appel est formé hors délai à son encontre. En ce cas, le juge-commissaire est effectivement dessaisi et la décision rendue par la cour d'appel, statuant sur appel de l'ordonnance du juge des référés, devra être retranscrite sur l'état des créances, le juge-commissaire ayant effectivement, même si cela est la suite d'une analyse erronée, été dessaisi[4].

623.25 Particularisme des instances prud'homales en cours. Il convient encore de réserver le jeu de l'article L. 621-126 du code de commerce (anc[t] L. 25 janv. 1985[5], art. 124), devenu l'article L. 625-3 depuis la loi de sauvegarde des entreprises[6], c'est-à-dire les instances prud'homales en cours. Il n'est pas ici question d'une reprise des instances, mais plutôt, au sens strict, d'une poursuite de l'instance (v. s[s] n° 695.11).

SECTION 623.30

MODALITÉS PROCÉDURALES DE LA RÈGLE DE LA POURSUITE DES ACTIONS AUX FINS DE FIXATION DE LA CRÉANCE

623.31 Interruption de l'instance – Obligation de déclarer la créance. Contrairement à la lettre du texte antérieur à la réforme issue de la loi de sauvegarde des entreprises[7], qui vise une suspension de l'instance, la jurisprudence analyse l'événement que constitue le jugement d'ouverture comme un cas d'interruption de l'instance, au sens des articles 369 et suivants du code de procédure civile[8].

La loi de sauvegarde des entreprises rectifie l'erreur rédactionnelle contenue dans la législation antérieure en prévoyant une interruption de l'instance, et non plus une suspension de celle-ci (C. com., art. L. 622-22). La solution s'appliquera non seulement aux créances nées avant le jugement d'ouverture, mais encore à celle nées après le jugement d'ouverture, mais ne pouvant bénéficier du traitement préférentiel réservé à certains créanciers postérieurs par les articles L. 622-17 et L. 641-13 du code de commerce.

L'interruption de l'instance emporte, par application de l'article 392, alinéa 1er du code de procédure civile, interruption du délai de péremption de l'instance. L'absence de diligence du créancier pendant plus de deux ans ne pourra donc être sanctionnée par la péremption d'instance, même si le contraire a été jugé[9], le délai de péremption ne recommençant à courir qu'à compter de la reprise d'instance. Toutefois, cette interruption de l'instance et du délai de péremption d'instance ne vaut qu'à l'encontre du débiteur, non d'une autre personne assignée en paiement dans la même instance que le débiteur[10]. Il en résulte qu'il appartient au créancier de faire toute démarche utile pour reprendre l'instance dans le délai de deux ans, sous peine de péremption[11]. Il s'agira en pratique d'une déclaration de créance au passif et d'une mise en cause du mandataire judiciaire. Il importe de préciser que la déclaration de créance au passif conserve son autonomie par rapport à l'instance périmée et qu'il ne peut être déduit

1. Paris, 14e ch. B, 5 oct. 2007, RG n° 07/04540.
2. Dijon, ch. civ., sect. B, 18 nov. 2003, RG n° 01/01061, *Rev. proc. coll.* 2004, p. 237, n° 3, obs. Staes.
3. Com. 15 mars 2005, n° 03-16.450, NP – Com. 24 mai 2005, n° 03-19.565, NP, *Gaz. proc. coll.* 2005/3, p. 35, obs. Roussel Galle – Paris, 14e ch. A, 17 mai 2006, RG n° 2005/16891.
4. Com. 6 juill. 2010, n° 09-16.403, NP; n° 753 F-D; *Gaz. Pal. entr. diff.* 15-16 oct. 2010, p. 30, note Rohart-Messager; *Rev. proc. coll.* 2011, comm. 30, p. 39, note Staes; *Leden* 2010/09, p. 4, obs. Staes.
5. L. n° 85-98, 25 janv. 1985, préc.
6. L. n° 2005-845, 26 juill. 2005, préc.
7. L. n° 2005-845, 26 juill. 2005, préc.
8. Civ. 2e, 6 mars 1991, n° 89-15.540, *Bull. civ.* II, n° 78; *D.* 1992. Somm. 88, obs. Derrida – Com. 29 oct. 1991, n° 90-11.297, *Bull. civ.* IV, n° 319; *D.* 1992. 293, note Rossi; *D.* 1992. Somm. 254, obs. Derrida – Com. 22 juin 1993, n° 87-19.183, *Bull. civ.* IV, n° 260; *D.* 1993. Somm. 365, obs. Honorat; *JCP E* 1993. 510, obs. Pétel – Com. 9 déc. 1997, n° 95-11.974, NP, *Rev. proc. coll.* 1999, 33, n° 2, obs. Monsérié – Com. 10 juill. 2007, n° 06-13.518, NP; n° 955 F-D – Com. 10 juill. 2007, n° 06-13.519, NP; n° 956 F-D.
9. Paris, 25 févr. 2000, *Rev. proc. coll.* 2001, p. 252, n° 3, obs. Staes.
10. Civ. 2e, 10 janv. 2008, n° 07-10.974, NP; n° 12 F-D; *JCP E* 29 févr. 2008, n° 9, 1276, p. 22, note Mélin; *JCP E* 2008. 1432, n° 9, obs. M. Cabrillac; *Procédures* mars 2008, p. 21, n° 83, note Rolland; *RTD com.* 2008. 420, n° 4, obs. Martin-Serf; *Rev. proc. coll.* 2008/3, p. 56, n° 134, note Staes.
11. Rolland, note s[s] Civ. 2e, 10 janv. 2008, n° 07-10.974, NP; n° 12 F-D; *Procédures* mars 2008, p. 21, n° 83.

de la péremption de l'instance une extinction de la créance[1].

L'arrêté d'un plan de cession totale n'a pas pour effet d'écarter le mécanisme de la reprise d'instance[2]. En conséquence, il y reprise du délai de péremption de l'instance à compter de l'arrêté du plan de cession totale, sous l'empire de la loi du 25 janvier 1985[3]. La solution est différente, depuis la loi de sauvegarde des entreprises, qui ne fait plus du plan de cession une solution de la procédure, mais n'en constitue qu'un événement.

Dans l'attente de la reprise d'instance, la juridiction peut impartir un délai au créancier pour qu'il justifie avoir procédé à la déclaration de sa créance[4]. La cour d'appel peut radier l'instance en cours si le créancier ne défère pas à l'injonction de produire les documents justificatifs de sa déclaration de créance[5]. Lorsque la Cour de cassation constate l'interruption de l'instance et impartit un délai aux parties en vue de la reprise d'instance, l'absence de diligence en vue de cette reprise d'instance et spécialement l'absence de justification de la déclaration de créance à l'issue du délai imparti entraîne la possibilité de constater la déchéance du pourvoi[6].

Il se peut aussi que le créancier, qui n'a pas déclaré sa créance dans les délais, tente de se faire relever de forclusion. Une fois la décision relevant le créancier de forclusion intervenue, le créancier qui aura préalablement au relevé de forclusion ou postérieurement à celui-ci, déclaré sa créance, pourra reprendre son instance[7].

L'instance sera reprise devant la juridiction initialement saisie[8], sur la justification dont s'assurera le mandataire[9], que le créancier a régulièrement déclaré sa créance (D. 27 déc. 1985[10], art. 65, al. 1[11], C. com., art. R. 622-20, al. 1 [anct D. 28 déc. 2005, art. 95, al. 1] en sauvegarde, texte applicable en redressement judiciaire : C. com., art. R. 631-20 [anct D. 28 déc. 2005, art. 189] et en liquidation judiciaire : C. com., art. R. 641-23 [anct D. 28 déc. 2005, art. 234]). En pratique, cette vérification sera effectuée par la production de la copie de la déclaration de créance[13]. La réalité et la validité de la déclaration de créance doivent, au besoin d'office, être vérifiées par la juridiction saisie, qui apprécie ainsi si l'instance est régulièrement reprise[14]. La solution vaut pour le juge de l'exécution et pour la cour d'appel appelée à statuer sur la décision de ce dernier, dans une instance en fixation d'une astreinte interrompue par l'effet de l'ouverture de la procédure collective[15]. La juridiction pourra ordonner une réouverture des débats pour procéder à cette vérification[16]. La juridiction peut aussi surseoir à statuer, lorsqu'une discussion existe sur la validité

1. Civ. 2e, 10 janv. 2008, no 07-10.974, NP; no 12 F-D; *JCP E* 29 févr. 2008, no 9, 1276, p. 22, note Mélin; *JCP E* 2008. 1432, no 9, obs. M. Cabrillac; *Procédures* mars 2008, p. 21, no 83, note Rolland; *RTD com.* 2008. 420, no 4, obs. Martin-Serf; *Rev. proc. coll.* 2008/3, p. 56, no 134, note Staes – Com. 3 déc. 2013, no 12-20.985, *Bull. civ.* IV, no 174; no 1168 F-P+B.
2. Paris, 25e ch. B, 18 janv. 2002, *Rev. proc. coll.* 2003, p. 314, no 8, obs. Staes.
3. Com. 28 juin 2011, no 10-17.364, NP; no 681 F-D.
4. Paris, 2 déc. 1986, *D.* 1987. Somm. 238, obs. Honorat.
5. Montpellier, 2e ch., 12 févr. 2013, RG no 11/08942, *Rev. proc. coll.* 2014, comm. 62, note Staes.
6. Com. 10 mars 2009, no 07-16.397, NP; no 225 F-D; *Gaz. proc. coll.* 2009/3, p. 27, no 4, note Rohart-Messager; *RTD com.* 2010. 199, no 15, obs. Martin-Serf.
7. AINSI : Paris, 14e ch. A, 4 janv. 2006, RG no 2005/09677.
8. Com. 3 nov. 2009, no 08-20.490, *Bull. civ.* IV, no 140; no 996 F-P+B; *D.* 2009. AJ 2747, obs. Lienhard; *Gaz. Pal.* 16-17 avr. 2010, nos 106, 107, p. 29, note Rohart-Messager; *Procédures* 2010, comm. 17, note Rolland; *Rev. proc. coll.* 2010/1, § 8, p. 28, note Staes – Paris, 2 mai 1990, *D.* 1990. Somm. 219, obs. Honorat.
9. IFPPC 1999, recomm. no 3085-2, p. 69.
10. D. no 85-1388, 27 déc. 1985, *JO* 29 déc., p. 15281.
11. Com. 3 déc. 1996, no 94-16.745, *Bull. civ.* IV, no 296 – Com. 1er oct. 1997, no 94-16.697, *Bull. civ.* IV, no 236; *Rev. proc. coll.* 1999, 33, no 3, obs. Monsérié – Com. 26 nov. 2002, no 00-11.408, NP, *Rev. proc. coll.* 2004, p. 240, no 6, obs. Staes – Com. 23 nov. 2004, no 02-15.642, NP, *Rev. proc. coll.* 2005/2, p. 130, no 11, obs. Gorrias.
12. D. no 2005-1677, 28 déc. 2005, *JO* 29 déc., p. 20324.
13. Com. 7 janv. 1992, no 89-15.819, *Bull. civ.* IV, no 4; *RJDA* 1992, no 506 – Com. 28 avr. 1998, no 96-13.607, *Bull. civ.* IV, no 141; *Gaz. Pal.* 1998, pan. 236.
14. Com. 12 févr. 1991, no 89-15.165, *Bull. civ.* IV, no 67; *JCP E* 1991. I. 100, no 7, obs. M. Cabrillac – Com. 22 juin 1993, no 87-19.183, *Bull. civ.* IV, no 260; *JCP E* 1993. I. 395, no 3, obs. Pétel; *D.* 1993. Somm. 365, obs. Honorat – Com. 5 oct. 1993, no 91-17.444, *Bull. civ.* IV, no 321; *Rev. huissiers* 1994. 193, note Vidal – Com. 14 mars 1995, no 93-12.489, *Bull. civ.* IV, no 75; *RJDA* 1995, no 1035 – Com. 28 mars 2000, no 97-20.671, NP, *Act. proc. coll.* 2000/9, no 102; *Rev. proc. coll.* 2001, p. 253, no 4, obs. Staes – Com. 8 janv. 2002, no 99-11.748, NP, *Rev. proc. coll.* 2002, p. 269, no 5, obs. Staes – Com. 10 déc. 2002, no 01-02.486, NP, *Rev. proc. coll.* 2003, p. 314, no 9, obs. Staes – Com. 29 avr. 2003, no 01-15.271, NP – Com. 14 janv. 2004, no 01-10.182, NP – Com. 25 févr. 2004, no 02-17.246, NP – Com. 7 déc. 2004, no 02-13.838, NP – Civ. 3e, 12 janv. 2005, no 03-17.459, NP – Com. 3 mai 2006, no 04-20.377, no 04-20.656, NP; no 525 F-D; *Gaz. proc. coll.* 2006/3, p. 31, obs. Roussel Galle; *Rev. proc. coll.* 2007/3, p. 139, no 4, obs. Staes – Com. 26 sept. 2006, no 05-15.962, NP; no 1044 F-D; *Gaz. proc. coll.* 2007/1, p. 37, note Roussel Galle; *Rev. proc. coll.* 2007/3, p. 139, no 3, obs. Staes – Com. 24 avr. 2007, no 05-17.452, NP; no 606 F-D; *Rev. proc. coll.* 2007/3, p. 141, no 6, obs. Staes – Com. 13 nov. 2007, no 06-15.222, NP; no 1232 F-D – Civ. 3e, 21 nov. 2007, nos 06-18.138, 06-18.794, 06-18.824, NP – RAPPR. : Com. 25 juin 2002, no 98-22.179, NP, *Act. proc. coll.* 2002/15, no 193; *Rev. proc. coll.* 2003, p. 314, no 9, obs. Staes – Com. 29 sept. 2015, no 14-15.448, NP.
15. Com. 31 mai 2011, no 09-68.204, NP; no 544 F-D; *Rev. proc. coll.* 2012, comm. 67, note Staes.
16. Douai, 2e ch., 6 mai 1999, *Rev. proc. coll.* 2001, p. 253, no 4, obs. Staes.

de la déclaration de créance, mais n'en a pas l'obligation, disposant en cela d'un pouvoir discrétionnaire[1].

L'article 47 du décret du 30 juin 2014[2], pour tenir compte de la présomption de déclaration de la créance par le débiteur pour le compte du créancier, *via* l'élaboration de la liste des créanciers (liste des articles L. 622-6 et R. 622-5 du code de commerce) ajoute à l'alinéa 1 de l'article R. 622-20 que la copie de la déclaration peut être remplacée par « tout autre élément justifiant de la mention de la créance sur la liste prévue par l'article L. 622-6 conformément aux dispositions du second alinéa de l'article R. 622-5 ».

La déclaration de créance, qui devra mentionner la juridiction saisie de l'instance en cours (D. 27 déc. 1985, art. 67, 3°; C. com., art. R. 622-23, 3° [anc^t D. 28 déc. 2005, art. 98, 3°], en sauvegarde, texte applicable en redressement judiciaire : C. com., art. R. 631-27 [anc^t D. 28 déc. 2005, art. 195] et en liquidation judiciaire : C. com., art. R. 641-25 [anc^t D. 28 déc. 2005, art. 236]), sans qu'une sanction soit attachée à l'absence de cette précision[3], qui n'est donc pas prescrite à peine de nullité de la déclaration de créance[4], devra être effectuée dans le délai, sauf le cas du relevé de forclusion[5].

Pour éviter des poursuites irrégulières d'instance, l'ordonnance du 12 mars 2014[6] modifie l'article L. 622-22 pour prévoir que le débiteur, partie à l'instance, informe le créancier poursuivant de l'ouverture de la procédure dans les dix jours de celle-ci (ord. 12 mars 2014, art. 26). La forme de l'information n'est pas prévue, alors que le projet de décret, pour sa part (art. 49), insérait un article R. 622-20-1 du code de commerce précisant que cette information devait être faite par écrit. En présence d'une procédure orale, ce qui est le cas devant le tribunal de commerce, l'information pouvait résulter d'observations notées au dossier ou consignées dans un procès-verbal. Mais ces précisions ont disparu du texte définitif.

L'ordonnance complète le dispositif en créant un nouveau cas d'interdiction de gérer à l'encore du débiteur omettant sciemment cette obligation (C. com., art. L. 653-8, al. 2, réd. ord. 12 mars 2014, art. 88).

Si le créancier ne déclare pas sa créance, il ne peut reprendre l'instance aux fins de faire fixer ses droits. La solution, d'ordre public[7], vaut devant toutes les juridictions, y compris devant le tribunal arbitral[8]. *Sa créance est en effet, sous l'empire de la législation antérieure à la loi de sauvegarde des entreprises,* éteinte, ce qui fait obstacle à la reprise d'instance; l'action ne pourra être que déclarée non fondée, puisque le demandeur n'est plus créancier[9]. Si la demande en relevé de forclusion est rejetée, le créancier ne peut obtenir fixation de sa créance au passif. En présence de deux décisions inconciliables entre elles, l'une rejetant le relevé de forclusion, l'autre fixant la créance au passif dans le cadre de la reprise d'instance, il y a place, en application de l'article 618 du code de procédure civile, à annulation des deux décisions de la cour d'appel, faute de recours ordinaire ouvert à l'encontre de ces deux arrêts[10].

La solution s'impose même s'il s'agit d'une instance par laquelle le créancier demande la garantie d'une compagnie d'assurance, dès lors que cette dernière est sous procédure collective. La poursuite de l'instance contre la compagnie d'assurance supposera la déclaration de créance à son passif[11].

Il faut cependant indiquer que le Conseil d'État, d'une manière très critiquable, estime que le juge administratif reste compétent pour statuer dans une instance en cours, nonobstant l'absence de déclaration de créance dans les délais[12]. On rapprochera de cette solution l'impossibilité pour un créancier n'ayant pas déclaré sa créance au passif dans les délais de poursuivre l'exécution en France d'un jugement étranger[13].

Depuis la loi de sauvegarde des entreprises[14], la créance non déclarée n'est plus éteinte. Elle est inopposable à la procédure (v. s^s n° 665.75). Cela interdit au plaideur de se présenter comme créancier pendant la procédure collective. Il ne peut donc

1. Com. 7 déc. 2004, n° 02-13.838, NP.
2. D. n° 2014-736, 30 juin 2014, *JO* 1er juill., p. 10834.
3. Com. 26 mars 2013, n° 12-13.673, *Bull. civ.* IV, n° 51; n° 297 F-P+B; *D.* 2013, actu 904, note Lienhard; *Gaz. Pal.* 12 juill. 2013, n° 193, p. 24, note Le Corre; *Act. proc. coll.* 2013/8, comm. 105, note Vallansan; *RTD com.* 2013. 343, n° 4, obs. Martin-Serf.
4. Com. 2 juin 2015, n°s 13-26.815, 14-11.101, NP; n° 543 F-D.
5. Paris, 24 mars 1987, *D.* 1987. IR 113 – Paris, 23 sept. 1987, *D.* 1989. Somm. 14, obs. Derrida – Paris, 28 janv. 1988, *D.* 1988. Somm. 385, obs. Honorat.
6. Ord. n° 2014-326, 12 mars 2014, *JO* 14 mars, p. 5249.
7. Civ. 1re, 28 sept. 2011, n° 10-18.320, *Bull. civ.* IV, n° 152; *JCP E* 2011. 1738, obs. Béguin; *BJE* janv. 2012, comm. 2, p. 27, note Vidal.
8. Civ. 1re, 28 sept. 2011, n° 10-18.320, préc.
9. Com. 1er avr. 2003, n° 00-14.932, NP.
10. Com. 13 juin 2006, n° 04-20.400, NP; n° 759 F-D; *Gaz. proc. coll.* 2006/4, p. 28, n° 3, note Le Corre.
11. Civ. 3e, 28 sept. 2005, n° 04-13.604, NP.
12. CE, avis, 20 janv. 1992, req. n° 130250, Jules Viaux et Fils (S^té), *Lebon*; *D.* 1992. Somm. 251, obs. Derrida; *JCP N* 1993. 2640, obs. M. Cabrillac et Pétel; *AJDA* 1992. 374, obs. D. Chabanol; *D.* 1992. 251, obs. F. Derrida; *D.* 1992. 412, obs. P. Terneyre; *RDI* 1992. 206, obs. F. Llorens et P. Terneyre; *RTD com.* 1992. 687, obs. A. Martin-Serf.
13. Dijon, 1re ch., 2e sect., 13 janv. 1998, *BICC* 1er oct. 1998, p. 38, n° 1027.
14. L. n° 2005-845, 26 juill. 2005, préc.

reprendre l'instance pendant le cours de la procédure[1], alors surtout que selon l'article R. 622-20, alinéa 1 du code de commerce, « l'instance interrompue en application de l'article L. 622-22 du code de commerce est reprise à l'initiative du créancier demandeur, dès que celui-ci a produit à la juridiction saisie de l'instance une copie de la déclaration de sa créance ». C'est en ce sens que s'est prononcée pour avis la Cour de cassation « En l'absence de déclaration de créance, les conditions de la reprise d'instance ne sont pas réunies, même si la créance du créancier forclos n'est pas éteinte; en l'espèce, l'instance demeure interrompue jusqu'à la clôture de la liquidation judiciaire »[2]. La solution a ensuite été reprise par la Cour de cassation, qui juge que, en l'absence de déclaration de créance, les conditions de la reprise d'instance ne sont pas réunies[3]. Mais il ne faut pas confondre interruption de l'instance, seule sanction possible, et irrecevabilité de la demande[4].

Ce créancier pourra-t-il reprendre l'instance une fois la procédure clôturée ? *A priori*, il ne semble pas y avoir d'obstacle. Il ne pourra en réalité être ainsi que si la procédure n'est pas clôturée pour insuffisance d'actif. En effet, en cas de clôture pour insuffisance d'actif, le créancier concerné par la règle de l'arrêt de l'interruption des poursuites individuelles ne retrouve pas, à la clôture, le droit de reprendre ses poursuites individuelles contre le débiteur, à moins de se trouver dans l'un des cas de reprise des poursuites individuelles. En outre, puisqu'il n'a pas déclaré sa créance, peut se poser au créancier le problème de la prescription de sa créance. Il faut alors coordonner les règles de l'interruption de l'instance, avec celle de la péremption d'instance et celle de la prescription. Dans un premier temps, le jugement d'ouverture a pour effet d'interrompre l'instance. Si le créancier ne déclare pas sa créance, l'instance ne peut pas être reprise pendant la procédure collective. L'interruption de l'instance dure pendant toute la durée de la procédure collective. À la clôture de celle-ci, l'interruption d'instance cesse et la prescription commence alors son cours pour une durée complète. À l'expiration d'un délai de deux ans, à compter de la clôture de la procédure, il y aura place à une péremption d'instance. Le créancier devra alors recommencer une nouvelle instance, à moins qu'il n'ait encouru la prescription.

1. Paris, 5 mars 2009, RG n° 08/13721.
2. Cass., avis, 8 juin 2009, n° 09-00.002, *Bull. avis*, n° 1; *D.* 2009. AJ 1603, obs. Lienhard; *Gaz. proc. coll.* 2009/4, 2e partie, p. 23, note Rohart-Messager; *JCP E* 2009, Chron. 1814, n° 3, note Pétel; *Rev. proc. coll.* 2010/1, § 10, p. 30, note Staes; *RTD com.* 2010. 199, n° 15, obs. Martin-Serf; *Dr. et proc.* 2009. 338, note Le Corre.
3. Com. 23 sept. 2014, nos 13-10.829, 13-20.382, NP; n° 795 F-D – Com. 5 mai 2015, n° 14-10.631, NP; n° 418 F-D; *Rev. proc. coll.* 2015, comm. 184, note Staes – Com. 5 avr. 2016, n° 14-18.737, NP; n° 320 F-D.
4. Com. 23 sept. 2014, nos 13-10.829, 13-20.382, préc.

623.32 Assignation en intervention forcée ou intervention volontaire de l'organe de défense de l'intérêt collectif des créanciers et le cas échéant de l'administrateur. La reprise de l'instance suppose que le créancier mette en cause, c'est-à-dire assigne en intervention forcée, le représentant des créanciers – mandataire judiciaire – pendant la période d'observation du redressement judiciaire[5] et celle de la procédure de sauvegarde, le liquidateur en liquidation judiciaire[6]. Après arrêté du plan, la mise en cause du commissaire à l'exécution du plan s'impose. En cas de conversion du redressement en liquidation judiciaire, l'instance se trouve à nouveau interrompue. Elle ne peut être reprise que si le liquidateur conclut ès qualités. Si l'instance se poursuit en faisant apparaître l'intéressé comme représentant des créanciers ou mandataire judiciaire, le jugement rendu sera réputé non avenu, faute de reprise régulière de l'instance[7].

L'instance ne sera pas reprise, en l'absence à l'instance du représentant des créanciers – mandataire judiciaire – par la seule intervention volontaire du cessionnaire de l'entreprise, qui est également cessionnaire de la créance[8].

Faute de restriction du texte, sous l'empire de la législation antérieure à la loi de sauvegarde des entreprises, la présence d'un administrateur judiciaire dans la période d'observation du redressement judiciaire rend sa mise en cause obligatoire, quelle que soit la mission qui lui a été confiée. Peu importe, selon nous, que le débiteur, en redressement judiciaire, soit ou non dessaisi, le contraire ayant été soutenu[9]. Si la mise en cause n'est pas faite, la décision qui interviendra devra être tenue pour non avenue[10].

Le décret du 28 décembre 2005[11] corrige la malfaçon contenue dans la législation précédente.

La mise en cause de l'administrateur judiciaire, sous l'empire de la législation de sauvegarde des entreprises[12], ne s'imposera que si celui-ci a une mis-

5. Com. 26 mai 1999, n° 96-12.619, NP, *Rev. proc. coll.* 2000, 131, n° 2, obs. Monsérié-Bon – Com. 26 nov. 2002, n° 99-21.525, NP; n° 1949 F-D.
6. Com. 22 janv. 2002, n° 99-12.586, NP, *Act. proc. coll.* 2002/8, n° 99; *Rev. proc. coll.* 2003, p. 315, n° 11, obs. Staes.
7. Com. 16 sept. 2008, n° 07-15.985, NP; n° 844 F-D.
8. Com. 19 déc. 2006, n° 05-14.498, NP; n° 1447 F-D.
9. SOINNE, n° 1067 – DERRIDA *ET ALII*, note 2338.
10. Soc. 29 févr. 2000, n° 97-10.956, NP, *JCP E* 2000, pan. 681 – Dijon, 9 avr. 2004, *Act. proc. coll.* 2004/11, n° 135.
11. D. n° 2005-1677, 28 déc. 2005, préc.
12. L. n° 2005-845, 26 juill. 2005, préc.

sion d'assister le débiteur dans la procédure de sauvegarde[1] (C. com., art. R. 622-20, al. 1 [anc[t] D. 28 déc. 2005, art. 95, al. 1]). En redressement judiciaire, l'administrateur est mis en cause, quelle que soit sa mission (C. com., art. R. 631-22, al. 2 [anc[t] D. 28 déc. 2005, art. 141, al. 2]). En conséquence, la mise en cause de l'administrateur ne sera exclue que lorsque celui-ci, dans la procédure de sauvegarde, aura reçu une mission de simple surveillance.

Après arrêté du plan, le représentant des créanciers demeure en fonction pour terminer la vérification des créances. Cette mission justifie qu'il doive être mis en cause même après arrêté du plan[2]. Cette solution vaut pour le mandataire judiciaire, après arrêté d'un plan de sauvegarde ou de redressement.

Sous l'empire de la législation antérieure à la loi de sauvegarde des entreprises, il a été jugé que le commissaire à l'exécution du plan, qui poursuit les actions engagées par le représentant des créanciers ou l'administrateur, n'a pas qualité pour intervenir à une instance introduite par le débiteur, qui n'a pas été poursuivie par l'administrateur judiciaire[3]. Il faut de même, à notre sens, considérer que le commissaire à l'exécution du plan n'a pas à être mis en cause dans une instance en cours au jour du jugement d'ouverture, la présence du représentant des créanciers, qui est nécessaire, devant aussi être considérée comme suffisante. L'opinion n'est cependant pas partagée par tous[4].

Après arrêté d'un plan de sauvegarde ou d'un plan de redressement, il est prévu, depuis la loi de sauvegarde des entreprises, la mise en cause du commissaire à l'exécution du plan, exigence nouvelle par rapport à la législation antérieure, qui a été justifiée par l'observation que le commissaire à l'exécution du plan a qualité pour agir dans l'intérêt collectif des créanciers[5].

En cas de résolution d'un plan de sauvegarde, de continuation ou de redressement et d'ouverture concomitante d'une liquidation judiciaire, l'instance se trouve interrompue et il y a lieu de mettre en cause le liquidateur[6].

Il a été jugé que s'il y a deux co-liquidateurs, la reprise d'instance intervient dès lors qu'au moins un des deux liquidateurs a été mis en cause[7].

L'assignation en intervention forcée ne s'imposera, cependant, que si le mandataire de justice, dont la présence à l'instance constitue une condition de régularité, n'intervient pas volontairement[8].

623.33 Droit propre du débiteur à poursuivre l'instance. Le débiteur en liquidation judiciaire, en conséquence dessaisi de l'administration et de la disposition de ses droits patrimoniaux, a un droit propre à poursuivre une instance en cours au jour du jugement d'ouverture, tendant à sa condamnation à payer une créance antérieure et poursuivie pour fixation de la créance du demandeur au passif[9]. Il a identiquement le droit d'exercer seul un recours contre la décision fixant, après reprise d'instance, la créance au passif[10], encore que le contraire ait été jugé[11]. La remise en cause de la décision du premier juge sera poursuivie contre le liquidateur ou en sa présence[12].

623.34 Sanction d'une poursuite irrégulière de l'instance. Si le jugement est rendu sans reprise régulière de l'instance, spécialement sans mise en cause des organes de la procédure collective, la créance n'est pas valablement fixée au passif. Il n'a pas été valablement statué sur la créance déclarée, laquelle doit donc être soumise à la vérification classique des créances[13]. La reprise de l'instance sans mise en cause du mandataire judiciaire n'a pas pour effet d'invalider la déclaration de créance[14]. Le rejet de la créance ne peut résulter de la seule inopposabilité à la procédure collective de la décision rendue sans reprise régulière de l'instance[15].

Si l'instance se poursuit sans mise en cause du représentant des créanciers – mandataire judiciaire –, du liquidateur ou du commissaire à l'exécution du plan, selon le cas, le débiteur, pendant l'instance, a qualité pour soulever l'irrégularité. En revanche, une fois l'instance terminée et la décision rendue sur la créance, le débiteur perd sa qualité à contester

1. AINSI : Com. 26 janv. 2010, n° 09-11.288, *Bull. civ.* IV, n° 20 ; n° 103 F-P+B ; *Gaz. Pal. entr. diff.* 2-3 juill. 2010, n°s 183, 184, p. 29, note Rohart-Messager ; *Act. proc. coll.* 2010/5, n° 74, note Vallansan ; *Rev. proc. coll.* 2011, comm. 34, p. 42, note Staes.
2. Com. 23 nov. 2004, n° 02-15.642, NP ; n° 1706 F-D ; *Rev. proc. coll.* 2005, p. 218, n° 4, obs. Staes – Grenoble, 18 mai 2005, RG n° 04/01524, *Rev. proc. coll.* 2006/3, p. 272, n° 4, obs. Staes.
3. Versailles, 12[e] ch., 2[e] sect., 20 janv. 2005, RG n° 2003/05366.
4. Grenoble, 18 mai 2005, RG n° 04/01524, *Rev. proc. coll.* 2006/3, p. 272, n° 4, obs. Staes.
5. *Rapp. Xavier de Roux*, n° 2095, p. 228.
6. Com. 8 juill. 2008, n° 07-16.397, NP ; n° 939 F-D.
7. Civ. 2e, 8 janv. 1997, n° 95-11.954, *Bull. civ.* I, n° 1 ; *JCP E* 1997. I. 651, n° 5, obs. Pétel.
8. Com. 8 janv. 2002, n° 99-11.748, NP, *Rev. proc. coll.* 2002, p. 269, n° 6, obs. Staes.
9. Com. 27 mars 2007, n°s 05-18.159, 06-14.166, NP ; n° 563 F-D – Com. 12 janv. 2008, n° 07-12.914, NP ; n° 1159 F-D.
10. Com. 10 janv. 2006, n° 04-16.494, NP ; n° 6 F-D – Com. 3 mai 2006, n° 04-20.385, NP ; n° 542 F-D – Com. 12 janv. 2008, n° 07-12.914, NP ; n° 1159 F-D.
11. Aix-en-Provence, 8e ch. B, 17 sep. 2004, RG n° 2004/471 ; ARRÊT CASSÉ PAR : Com. 3 mai 2006, n° 04-20.385, NP.
12. AINSI : Com. 12 janv. 2008, n° 07-12.914, NP ; n° 1159 F-D.
13. Com. 19 nov. 2013, n° 12-26.400, NP ; n° 1088 F-D.
14. Com. 19 nov. 2013, n° 12-26.400, NP, préc.
15. Com. 19 nov. 2013, n° 12-26.400, NP, préc.

la régularité de la procédure, seul le représentant des créanciers, le mandataire judiciaire, le liquidateur ou le commissaire à l'exécution du plan pouvant se prévaloir de l'inopposabilité de la créance à la procédure collective. La solution a été posée pour le liquidateur[1].

SECTION 623.40

EFFETS DE LA RÈGLE DE LA POURSUITE DES ACTIONS AUX FINS DE FIXATION DE LA CRÉANCE

623.41 Effets de la poursuite des actions aux fins de fixation de la créance – Limite de la fixation des droits au montant déclaré. L'instance reprise ne tendra qu'à la fixation de la créance. La décision aura pour seul objet de fixer définitivement la créance et non d'emporter condamnation du débiteur[2], fût-ce à titre de dommages-intérêts[3]. Peu importe, à cet égard, que la décision rendue après reprise d'instance n'intervienne qu'après arrêté du plan de continuation du débiteur[4]. La solution est transposable au plan de sauvegarde ou de redressement. Pourtant, et malgré l'opinion contraire d'un auteur[5], cette décision nous semble constituer un titre exécutoire.

Pas davantage, le liquidateur ne saurait être condamné au paiement[6].

Même si l'ouverture de la procédure collective a été cachée au créancier pendant l'instance, cette dernière ne pourra tendre à la condamnation du débiteur ou de son liquidateur. Si cette condamnation intervient, la cour d'appel pourra, sur le fondement de la règle de l'arrêt des poursuites individuelles, réformer la décision intervenue[7], alors surtout que la décision de justice est réputée non avenue.

Il avait été jugé dans un premier temps que si le créancier avait demandé la condamnation du débiteur au paiement, et non la fixation de ses droits au passif, l'article 12 du code de procédure civile qui autorise le juge à restituer leur exacte qualification aux faits et actes litigieux sans s'arrêter à la dénomination proposée par les parties ne pouvait être invoqué, car l'interdiction pour le juge de modifier l'objet du litige ne l'autorisait pas alors à requalifier la demande[8]. Cette position a ensuite été abandonnée par la Cour de cassation, qui, sans viser l'article 12 du code de procédure civile, décide maintenant que, dès lors que les conditions procédurales de reprise de l'instance en cours sont réunies, à savoir la déclaration de créance au passif et l'assignation en intervention forcée du mandataire de justice en charge de la vérification des créances, peu importe l'impropriété du dispositif de la demande émanant du créancier continuant à solliciter la condamnation au paiement du débiteur[9].

La juridiction saisie ne peut fixer la créance au-delà de ce que le créancier a déclaré au passif[10]. Elle ne peut notamment assortir la fixation de la créance d'intérêts au taux légal[11]. Si une instance est en cours au jour du jugement d'ouverture, le créancier déclarera donc le maximum de ce à quoi il peut prétendre, sans procéder à une réduction en fonction du montant retenu en première instance par le premier juge. En effet, en cas d'infirmation de la décision des premiers juges, le créancier ne pourra être admis pour plus que ce qu'il a déclaré[12].

La juridiction saisie ne peut fixer la créance à un montant inférieur à la déclaration de créance, dès lors qu'il n'y a pas discussion sur la créance elle-même[13].

Il a été jugé que la juridiction saisie initialement de l'instance en paiement, qui ne peut plus tendre qu'à la fixation de la créance, n'a pas à préciser le privilège dont la créance est assortie. La solution a été posée à propos du privilège du bailleur au pré-

1. Com. 27 févr. 2007, n° 05-19.585, *Bull. civ.* IV, n° 67; n° 391 FS-P+B; *D.* 2007. AJ 1082, obs. Lienhard; *Act. proc. coll.* 2007/7, n° 76, note Vallansan; *Rev. proc. coll.* 2007/3, p. 141, n° 7, obs. Staes.
2. Com. 11 mai 1993, n° 91-11.951, *Bull. civ.* IV, n° 182, *Banque* 1993, n° 541, p. 100, note Guillot – Com. 23 mai 2000, n° 97-18.049, NP, *Act. proc. coll.* 2000/13, n° 166 – Com. 30 mars 2005, n° 03-20.567, NP.
3. Com. 20 juin 2000, n° 97-19.490, NP, *Rev. proc. coll.* 2001, p. 253, n° 6, obs. Staes – Com. 5 nov. 2013, n° 12-24.797, NP; n° 1042 F-D.
4. Com. 15 oct. 2002, n° 99-17.892, NP, *Rev. proc. coll.* 2003, p. 314, n° 10, obs. Staes.
5. Scholastique, « Titre exécutoire et procédures collectives », *Dr. et proc.* 2005/1, p. 7 s., sp. n° 25.
6. Paris, 3e ch. B, 28 avr. 2006, RG n° 05/14271.
7. Paris, 14e ch. A, 14 déc. 2005, RG n° 05/09643.
8. Com. 9 nov. 2004, n° 03-13.483, NP, *AJDI* 2005/5, p. 378, note Le Corre.
9. Com. 4 avr. 2006, n° 05-10.416, *Bull. civ.* IV, n° 87; n° 469 FS-P+B+I+R; *D.* 2006. AJ 1107, obs. Lienhard; *JCP E* 2006, Chron. 2331, p. 1532, n° 4, obs. Pétel; *Act. proc. coll.* 2006/9, n° 99, note Vallansan; *RTD com.* 2006. 666, n° 5, obs. Martin-Serf et 670, n° 8, obs. Vallens; *RD banc. fin.* mai-juin 2006, p. 26, n° 109, note Lucas; *Defrénois* 2006/24, Chron. 38507, p. 1901, n° 2, note Gibirila; *Rev. proc. coll.* 2006/3, p. 272, n° 3, obs. Staes; *Gaz. proc. coll.* 2006/3, p. 38, n° 9, obs. Le Corre.
10. Com. 27 oct. 1998, n° 94-21.873, *Bull. civ.* IV, n° 261 – Com. 20 mars 2001, n° 98-16.256, *Bull. civ.* IV, n° 62; *D.* 2001. AJ 1468, obs. Lienhard; *Act. proc. coll.* 2001, n° 99, obs. Régnaut-Moutier; *Procédures* 2001, n° 127, note Laporte; *Rev. proc. coll.* 2001, p. 253, n° 6, obs. Staes – Com. 24 avr. 2007, n° 05-17.452, NP; n° 606 F-D; *Rev. proc. coll.* 2007/3, p. 141, n° 6, obs. Staes – Com. 13 mai 2014, n° 13-11.296, NP; n° 454 F-D.
11. Com. 24 mai 2016, n° 12-20.723, NP.
12. Com. 27 mai 2003, n° 00-17.931, NP.
13. Com. 30 sept. 2008, n° 07-14.474, NP; n° 921 F-D.

texte qu'il naît de la loi et qu'il est attaché de plein droit à la créance[1]. La solution ne nous semble pas pouvoir être suivie[2]. En effet, la décision de la juridiction saisie de l'instance en fixation de la créance va se substituer intégralement à l'ordonnance d'admission du juge-commissaire et être ensuite portée sur l'état des créances. Il importe qu'elle contienne toutes les précisions qu'une telle ordonnance comporterait, car à partir de cette décision reportée sur l'état des créances, il faudra payer le créancier en tenant compte de son rang privilégié, sans aucune appréciation à porter autres que celles figurant sur l'état des créances.

En outre, la règle de l'arrêt du cours des intérêts édictée par l'article L. 621-48 du code de commerce (anc[t] L. 25 janv. 1985[3], art. 55), devenu l'article L. 622-22 depuis la loi de sauvegarde des entreprises, s'imposera à la juridiction saisie, qui devra procéder à la fixation de la créance, en limitant celle-ci aux intérêts échus à la date du jugement d'ouverture[4], dès lors qu'ils auront été déclarés au passif.

623.42 **Sort de l'instance interrompue.** L'instance, qui ne peut être poursuivie faute de régularisation par la déclaration de créance et de mise en cause des organes de la procédure, ne peut tendre à la fixation des droits du créancier au passif, alors même qu'il n'y aurait pas de contestation de la part du débiteur[5]. Il a été jugé que l'instance était éteinte[6]. La solution est justifiée, sous l'empire de la loi du 25 janvier 1985[7], si l'irrégularité tient à l'absence de déclaration de créance au passif, du fait de l'extinction de la créance non déclarée. Au contraire, si l'irrégularité tient à l'absence de mise en cause des organes de la procédure collective, il faut plus exactement considérer que cette instance se trouve interrompue jusqu'à la clôture de la procédure (v. s[s] n° 621.81). Le créancier, titulaire d'une créance antérieure, ne pourra poursuivre la fixation de ses droits que dans le cadre classique de la vérification et de l'admission des créances.

Si la première procédure collective se termine par un plan de continuation, ensuite résolu, avec ouverture d'une nouvelle procédure, le créancier doit, sous l'empire de la loi du *25 janvier 1985*, *déclarer* sa créance au passif de la liquidation judiciaire et, dans le cadre de la vérification de la créance au passif de la seconde procédure, il sera possible de vérifier la régularité de la déclaration de créance effectuée au passif de la première procédure, contrairement à la solution retenue lorsque la créance aura été admise au passif de la première procédure (v. s[s] n° 682.32)[8].

La résolution du plan de continuation, de sauvegarde ou de redressement et l'ouverture d'une seconde procédure collective, sous l'empire de la loi de sauvegarde des entreprises[9], n'oblige pas le créancier à déclarer à nouveau sa créance au passif de la seconde procédure. L'instance en cours au jour de la résolution du plan pourra donc valablement se poursuivre sans cette déclaration, après mise en cause des organes de la seconde procédure collective.

Il se peut encore, sous l'empire de la loi de sauvegarde des entreprises, que l'instance en cours lors de la première procédure collective puisse être reprise après résolution du plan et ouverture d'une seconde procédure collective, alors même que la créance n'aurait pas été déclarée au passif de la première procédure collective, puisqu'elle n'est plus éteinte, dès lors que le créancier n'aurait pas encouru la forclusion. Le créancier pourrait alors reprendre son instance après déclaration au passif de la seconde procédure collective et mise en cause des organes de la seconde procédure collective.

1. Paris, 3e ch. B, 10 nov. 2005, RG n° 2004/9066.
2. EN CE SENS AUSSI : SAINT-ALARY-HOUIN, 9e éd., n° 691 – *Adde*, T. com. Paris, 6e ch., 23 juin 1986, *RTD com.* 1989. 543, obs. Martin-Serf; *Rev. proc. coll.* 1990/3, p. 229, obs. Saint-Alary-Houin.
3. L. n° 85-98, 25 janv. 1985, préc.
4. Com. 27 oct. 1998, n° 95-18.136, NP, *Act. proc. coll.* 1998/13, n° 173.
5. Com. 15 mars 2005, n° 03-18.812, NP.
6. Paris, 14e ch. A, 14 oct. 1987, *Gaz. Pal.* 1988. I. 91 – Douai, 2e ch., 16 déc. 1999, *Rev. proc. coll.* 2001, p. 251, n° 1, obs. Staes.
7. L. n° 85-98, 25 janv. 1985, préc.
8. Com. 13 févr. 2007, n° 05-17.676, *Bull. civ.* IV, n° 39; n° 300 F-P+B; *D.* 2007. AJ 661, obs. Lienhard; *Gaz. proc. coll.* 2007/2, p. 44, note Le Corre-Broly; *RTD com. 2007.* 444, n° 1, obs. Martin-Serf; *RD banc. fin* mars-avr. 2007, p. 26, n° 72, note Lucas.
9. L. n° 2005-845, 26 juill. 2005, préc.

TITRE

630. Interdiction du paiement des créances antérieures et de certaines créances postérieures

SECTION 0

ORIENTEUR

630.00 Plan du titre.

Chap.	**631**	**Paiements interdits**
Sect.	631.10	Présentation de la règle de l'interdiction du paiement des créances antérieures et de certaines créances postérieures
Sect.	631.20	Domaine de la règle de l'interdiction du paiement des créances
Chap.	**632**	**Paiements autorisés : la compensation**
Sect.	632.10	Interdiction de principe de la compensation
Sect.	632.20	Compensation ayant joué avant jugement d'ouverture
Sect.	632.30	Énoncé des règles relatives au jeu de la compensation après jugement d'ouverture
Sect.	632.40	Compensation pour dettes connexes
Chap.	**633**	**Autres paiements autorisés**
Sect.	633.10	Obligation de payer immédiatement justifiée par le mécanisme du chèque et des effets de commerce
Sect.	633.20	Blocage d'un droit de restitution ou de revendication par le paiement
Sect.	633.30	Retrait contre paiement de la chose retenue ou gagée
Sect.	633.40	Paiements émanant de tiers
Sect.	633.50	Paiements résultant du jeu de la fiducie-sûreté

CHAPITRE

631. Paiements interdits

SECTION 0 ORIENTEUR

631.00 Plan du chapitre.

Sect. 631.10 Présentation de la règle de l'interdiction du paiement des créances antérieures et de certaines créances postérieures

Sect. 631.20 Domaine de la règle de l'interdiction du paiement des créances

631.01 Textes applicables.

> Législation antérieure à la loi de sauvegarde des entreprises.

C. com., art. L. 621-24, L. 626-8

> Législation issue de la loi de sauvegarde des entreprises.

C. com., art. L. 622-7, L. 631-14, I, al. 1, L. 641-3, al. 1, L. 654-8

> Législation issue de l'ordonnance du 18 décembre 2008.

C. com., art. L. 622-7, L. 631-14, al. 1, L. 641-3, al. 1, L. 654-8

631.02 Jurisprudene de référence.

> La règle de l'interdiction des paiements rend impossible le retrait litigieux par le débiteur.

• **Com. 12 oct. 2004**, n° 03-11.615, *Bull. civ.* IV, n° 183

* V. ss n° 631.22

> Sous l'empire de la loi de sauvegarde des entreprises, pour justifier l'annulation d'un paiement effectué après le jugement d'ouverture, le juge du fond doit constater que le paiement, en l'occurrence effectué par virement, aurait permis de payer une créance antérieure ou une créance postérieure non éligible au traitement préférentiel.

• **Com. 3 nov. 2010**, n° 09-69.533, *Bull. civ.* IV, n° 167; n° 1088 F-P+B

* V. ss n° 631.23

631.03 Bibliographie indicative. (V. les références complètes ss n° 031).

> Actualisables. RÉP. COM., Monsérié-Bon, « Entreprises en difficulté – Redressement judiciaire (Période d'observation) », nos 118 à 130.

> Ouvrages antérieurs à la loi de sauvegarde des entreprises. CHAPUT, nos 333, 335, 339 – GUYON, n° 1209 – JACQUEMONT, nos 265 à 269 – KERCKHOVE, nos 444, 447 à 449 – LE CANNU, n° 637 – LE CANNU *ET ALII*, nos 642 à 646, 838 et 839, 1259, 1336 à 1342, 1538 à 1594 – LE CORRE-BROLY, n° 346 – MARTIN ET VALLENS, nos 2999 à 3003 – PÉROCHON ET BONHOMME, nos 175, 176-1, 176-3 – PÉTEL, nos 175, 176 – RIPERT ET ROBLOT, nos 3038 à 3041 – SAINT-ALARY-HOUIN, nos 739 à 742 – SOINNE, nos 1304, 1305 – VALLANSAN, p. 72 à 76.

> Ouvrages postérieurs à la loi de sauvegarde des entreprises. COQUELET, 5e éd., nos 182, 183 – GIBIRILA, nos 420, 421, 430 – JACQUEMONT ET VABRES, 9e éd., nos 376 à 382 – LE CANNU, 7e éd., nos 359 à 364, 377 – LIENHARD, 6e éd., nos 75.18, 75.20, 75.21, 75.23, 75.28 – PÉROCHON, 10e éd., nos 563 à 578, 620 et 621 – PÉTEL, 8e éd., nos 171, 172 – ROUSSEL GALLE, 2e éd., nos 503 à 506 – SAINT-ALARY-HOUIN, 9e éd., nos 693 à 696 – VALLANSAN *ET ALII*, 6e éd., p. 88 à 83, 95 – VALLENS, 2015, nos 3222 à 3224, 3228, 3229 – VIDAL et GIORGINI, nos 679 à 685 – VOINOT, 2e éd., nos 372 à 377.

> Articles. Durand, « Cessions de créances litigieuses, droit de retrait et procédures collectives », *LPA* 10 nov. 2008, n° 225, p. 6 – Hébert, « Le pacte commissoire après l'ordonnance du 23 mars 2006 », *D.* 2007, Chron. 2052 – Lebel, « L'exercice du retrait litigieux à l'épreuve des procédures collectives », *D.* 2008, Chron. 2455 – Lebel, « Le paiement à l'épreuve des procédures collectives », *Mél. Gross*, PU Nancy, 2009, p. 449 – Le Corre, « Faut-il encore payer ses dettes dans le droit des entreprises en difficulté ? », Interv. Colloque Toulon, 18 mai 2005, *LPA* 29 mars 2006, n° 63, p. 9 – Le Corre-Broly, « Les éléments constitutifs de l'infraction de paiements interdits dans le droit des procédures collectives », *Banque et droit*, 2004/96 (juill.-août), p. 19 – Pérochon, « Les interdictions de paiement et le traitement des sûretés réelles », *D.* 2009, Chron. 651.

631.05 Liens entre les questions.

• Sur les sanctions pénales.

* V. ss nos 422.44, 933.11.

• Sur les créances postérieures ne bénéficiant pas du traitement préférentiel.

* V. s^s n° 454.11.

SECTION 631.10
PRÉSENTATION DE LA RÈGLE DE L'INTERDICTION DU PAIEMENT DES CRÉANCES ANTÉRIEURES ET DE CERTAINES CRÉANCES POSTÉRIEURES

631.11 Énoncé de la règle de l'interdiction du paiement des créances antérieures sous l'empire de la législation antérieure à la loi du 26 juillet 2005 [1]. La règle de l'interdiction des paiements, après jugement d'ouverture, des créances antérieures, est posée avec force par l'article L. 621-24, alinéa 1 du code de commerce (anc^t L. 25 janv. 1985 [2], art. 33, al. 1) qui énonce que « le jugement ouvrant la procédure emporte, de plein droit, interdiction de payer toute créance née antérieurement au jugement d'ouverture ».

Bien évidemment, il n'est pas purement et simplement interdit à un créancier de se faire payer. Ce qui est prohibé est d'obtenir, pendant la procédure collective, et de celle-ci, un paiement individuel [3], alors que la collectivité des créanciers n'est pas payée. Les créanciers doivent, par principe, être payés dans le cadre de distributions collectives, qui, en plan d'apurement du passif, prennent le nom de dividendes.

L'interdiction du paiement est posée tant en période d'observation qu'en situation de liquidation judiciaire. En effet, l'article L. 621-24 du code vise le « jugement ouvrant la procédure », ce qui peut être un jugement de redressement ou de liquidation judiciaire. L'article L. 622-3 du code de commerce (anc^t L. 25 janv. 1985, art. 148-2), issu de la rédaction de la loi du 10 juin 1994 [4], prévoit explicitement l'application de l'article L. 621-24, alinéa 1 au jugement d'ouverture de liquidation judiciaire.

Il n'y a pas d'obstacle de principe au paiement effectué par un tiers. Si tel est le cas, la juridiction n'a évidemment pas à rechercher si la créance est née antérieurement au jugement d'ouverture et, sous l'empire de la législation de sauvegarde, si la créance postérieure payée par un tiers est bien éligible au traitement préférentiel. Pour cette raison, il a été jugé que la recherche du fait générateur de la créance est indifférente, pour le paiement de la contribution de cessation d'activité anticipée au titre de l'exploitation d'un site mettant les salariés au contact de l'amiante, car la reprise de l'exploitation par un tiers oblige ce dernier au paiement de la contribution au fonds de cessation anticipée d'activité, peu important la *procédure collective ayant atteint* l'exploitant précédent [5].

631.12 Extension par la loi de sauvegarde de l'interdiction du paiement à certaines créances postérieures – conclusion et réalisation d'un pacte commissoire – créances alimentaires. L'interdiction du paiement des créances antérieures est reprise par la loi du 26 juillet 2005 [6], dans la procédure de sauvegarde, par l'article L. 622-7, auquel renvoient, en redressement judiciaire, l'article L. 631-14, I (devenu C. com., art. L. 631-14, al. 1, réd. ord. 18 déc. 2008 [7]) et, en liquidation judiciaire, l'article L. 641-3, alinéa 1.

La règle de l'interdiction du paiement des créances antérieures est spécialement remarquable dans la procédure de sauvegarde, puisque le débiteur, qui n'est pas en état de cessation des paiements, a néanmoins l'interdiction de payer ses dettes antérieures. À cet égard, a été évoquée « une faveur extraordinaire » [8].

La réforme du droit des sûretés résultant de l'ordonnance du 23 mars 2006 [9] a eu un double impact sur le pacte commissoire, qui permet au gagiste de devenir propriétaire des biens gagés, à défaut de paiement de la créance garantie.

D'une part, elle a validé le pacte commissoire dans le gage de droit commun (C. civ., art. 2348, al. 1), alors qu'elle l'a prohibée dans le gage des stocks, gage spécial sans dépossession, régi par le Code de commerce (C. com., art. L. 627-2). Les praticiens avaient imaginé utiliser le gage de droit commun, alors que les conditions d'application du gage sur stocks étaient réunies (C. com., art. L. 527-1 s.). Ainsi, le pacte commissoire aurait été permis dans le domaine d'application du gage sur stocks dès lors que l'on avait formalisé un gage de droit commun. La Cour de cassation ne l'a pas admis, obligeant en ce cas au recours au gage sur stocks [10],

1. L. n° 2005-845, 26 juill. 2005, *JO* 27 juill., p. 12187.
2. L. n° 85-98, 25 janv. 1985, préc.
3. RAPPR. : PÉTEL, 8e éd., n° 171.
4. L. n° 94-475, 10 juin 1994, *JO* 11 juin, p. 8440.
5. Com. 30 sept. 2008, n° 07-17.714, NP; n° 920 F-D; *Gaz. proc. coll.* 2009/1, p. 36, n° 1, Roussel Galle.
6. L. n° 2005-845, 26 juill. 2005, préc.
7. Ord. n° 2008-1345, 18 déc. 2008, *JO* 19 déc., p. 19462.
8. PÉROCHON, 10e éd., n° 563.
9. Ord. n° 2006-346, 23 mars 2006, *JO* 24 mars, p. 4475.
10. Com. 19 févr. 2013, n° 11-21.763, *Bull. civ.* IV, n° 29; FS-P+B+I+R; *D.* 2014. pan. 2143, note Martin *JCP E* 2013. 1173, note Legeais; *Act. proc. coll.* 2013/6, comm. 71, note Le Corre-Broly; *BJE* mai 2013, comm. 67, note Borga; *RTD civ.* 2013. 418, n° 2, obs. Crocq; *LPA* 26 avr. 2013, n° 84, p. 16, note Calme; *JCP E* 2013, Chron. 1314, n° 16, obs. Delebecque – *Adde*, Lasbordes-de-Virville, « L'avenir incertain du gage de stocks du code de commerce après l'arrêt du 19 février 2013 : à propos de l'interdiction d'une soumission conventionnelle au gage du code civil », *Rev. proc. coll.* 2013, études 20.

ce qui, par voie de conséquence, entraîna prohibition en la matière du pacte commissoire. Mais la cour d'appel de Paris a résisté à l'analyse[1]. Au final, l'Assemblée plénière de la Cour de cassation a validé l'interprétation de la Chambre commerciale, en cassant l'arrêt de la cour d'appel de Paris : le gage sur stocks du code de commerce est exclusif du gage de droit commun[2]. On ne peut donc user le second dans le domaine d'application du premier, du moins jusqu'à l'ordonnance du 29 janvier 2016[3] relative au gage des stocks, applicable aux gages constitués à compter du 1er avril 2016. Cette ordonnance modifie l'article L. 527-1 du code de commerce, en prévoyant, à l'alinéa 4, la liberté pour les parties de recourir au gage des stocks du code de commerce ou au gage de meubles corporels du code civil[4].

D'autre part, elle a modifié la rédaction de l'article L. 622-7 du code de commerce, en prévoyant que le jugement d'ouverture « fait... obstacle à la conclusion et à la réalisation d'un pacte commissoire ». Cet ajout est inutile, compte tenu du principe général d'interdiction du paiement des créances antérieures, lorsqu'il est question de réaliser le pacte commissoire, qui aboutit à un paiement. En revanche, la précision est très importante pour interdire la conclusion du pacte commissoire après le jugement d'ouverture de la procédure collective, du fait de la validation de principe du pacte commissoire inclus dans un gage opérée par l'article 2348 du code civil[5]. Une interrogation a alors surgi : celle de savoir si la conclusion du pacte commissoire pouvait être autorisée par le juge-commissaire, en application de l'article L. 622-7, alinéa 2 du code de commerce (devenu C. com., art. L. 622-7, II, al. 1, réd. ord. 18 déc. 2008). Oui, si la constitution du gage elle-même est autorisée par le juge-commissaire. Non si le gage préexiste car le pacte commissoire n'est pas techniquement une sûreté, mais un mécanisme de réalisation de la sûreté[6].

Précisons que la question ne concernait que le gage des stocks sans dépossession, et non le gage avec dépossession portant sur des stocks[7], le plus souvent utilisé avec le concours d'une société d'entiercement.

Ajoutons que la réalisation du pacte commissoire ne semble pas devoir tomber sous le coup des nullités de la période suspecte[8].

L'interdiction du paiement des créances antérieures est complétée, depuis la loi de sauvegarde des entreprises, par l'interdiction de payer certaines créances postérieures (v. ss n° 631.23).

La loi de sauvegarde des entreprises a fait échapper à la règle de l'interdiction des paiements les créances d'aliments (v. ss n° 741.96), qu'elles soient antérieures ou postérieures au jugement d'ouverture de la procédure collective, l'interdiction de principe du paiement étant, pour ces dernières, justifiée par le fait qu'il s'agit de créances postérieures non méritantes.

Sauf exceptions expressément posées par le code de commerce, un débiteur ne peut obtenir l'autorisation du juge-commissaire de payer des créances antérieures. Ainsi, il ne peut se faire autoriser à payer des créances qui avaient fait l'objet d'un moratoire dans le cadre d'une procédure de conciliation[9].

631.13 Fondement de la règle de l'interdiction du paiement de certaines créances. L'application de la règle de l'interdiction des paiements en toutes procédures collectives, y compris en liquidation judiciaire, doit conduire à trouver son fondement principal dans la volonté d'assurer un traitement égalitaire entre les créanciers[10]. Ce principe est parfois rappelé en jurisprudence[11]. La règle participe surtout de l'organisation collective de la procédure, en soumettant les créanciers qu'elle frappe à une discipline collective[12]. L'interdiction facilitera, en outre, la vérification du passif[13], en assurant une intangibilité des créances antérieures.

De plus, la règle permet d'assurer efficacement la poursuite de l'activité pour permettre le sauvetage – sauvegarde ou redressement – de l'entreprise, en interdisant les actes qui pourraient le compromettre[14].

1. Paris, pôle 5, 9e ch., 27 févr. 2014, RG n° 13/03840, *D.* 2014. 924, obs. Gijsbers; *D.* 2014. pan. 1614, note Crocq; *JCP G* 2014, Doctr. 635, obs. Delebecque; *Gaz. Pal.* 4 juin 2014, p. 20, obs. Dumont-Lefrand et 20 juill. 2014, n° 201, p. 26, note Moreil; *Banque et Droit* mai 2014, 58, obs. Rontchevsky.
2. Cass., ass. plén., 7 déc. 2015, n° 14-18.435, *Bull. ass. plén.* [à paraître]; P+B+R+I; *D.* 2015. actu. 2556; *Act. proc. coll.* 2016/1, comm. 7, note Cagnoli; *BJE* janv. 2016, p. 25, avis 1er av. gén. Lemesle, CONTRAIRE À LA SOLUTION RETENUE, et p. 32, note Borga; *JCP E* 2015. 1633, note Brignon.
3. Ord. n° 2016-56, 29 janv. 2016, *JO* 30 janv.
4. Borga, « Réforme du gage des stocks : l'art législatif au plus mal ! », *BJE* 2016, 128.
5. AUSSI : VOINOT, 2e éd., 2013, n° 375.
6. PÉROCHON, 10e éd., n° 570.
7. Com. 1er mars 2016, n° 14-14.401, *Bull. civ.* IV [à paraître]; *BJE* 2016, 174, note Bonhomme.
8. Lemesle, avis sur : Cass., ass. plén., 7 déc. 2015, n° 14-18.435, *Bull. ass. plén.* [à paraître], P+B+R+I; *BJE* janv. 2016, 25 s., sp. p. 32.
9. T. com. Bordeaux, ord. 21 nov. 2012, RG n° 2012J0813, *Rev. proc. coll.* 2014, Chron. 1, n° 14, note Sautonie-Laguionie.
10. PÉTEL, 8e éd., n° 171 – PÉROCHON, 10e éd., n° 563 – SAINT-ALARY-HOUIN, 9e éd., n° 695 – VALLENS, 2015, n° 3222 – LIENHARD, 6e éd., n° 75.18 – JACQUEMONT ET VABRES, 9e éd., n° 376.
11. Com. 3 oct. 2006, n° 04-13.987, NP; n° 1081 F-D.
12. LIENHARD, 6e éd., n° 75.18.
13. Chaput, n° 333.
14. DERRIDA *ET ALII*, nos 31 s. – RIPERT ET ROBLOT, n° 3038 – SAINT-ALARY-HOUIN, 7e éd., n° 638.

631.14 Énoncé des sanctions atteignant les paiements interdits. Le législateur édicte une sanction civile pour les paiements interdits. Cette question intéresse plus globalement la sanction des actes interdits accomplis sans autorisation du juge-commissaire (v. s[s] n°s 422.41 s.). Indiquons seulement ici que la rétroactivité du jugement d'ouverture à zéro heure de sa date conduit à considérer comme nul le paiement effectué le jour même du jugement d'ouverture[1].

Le législateur pose également une sanction pénale des paiements interdits (v. s[s] n° 933.11).

631.15 Situation de l'EIRL. En présence d'un entrepreneur individuel à responsabilité limitée (EIRL), les créanciers ne sont soumis à la discipline collective que de façon distributive, en raisonnant au regard du patrimoine concerné par la procédure collective. La solution résulte clairement de l'article L. 680-3 nouveau du code de commerce, selon lequel « les dispositions du livre VI du code de commerce qui intéressent les droits ou obligations des créanciers du débiteur EIRL s'appliquent, sauf dispositions contraires, dans les limites du seul patrimoine affecté à l'activité en difficulté ou, si l'activité est exercée sans affectation de patrimoine, du seul patrimoine non affecté ». Seul le créancier détenant une créance qui peut être rattachée au patrimoine en rapport avec l'activité en difficulté est soumis à la discipline collective. Si le créancier détient une créance sur le débiteur, qui se rattache au patrimoine non affecté, il n'est pas concerné par la procédure collective ouverte contre ce même débiteur, si elle l'est au titre de son EIRL. Ce critère permet de déterminer les créanciers soumis à la règle de l'interdiction des paiements.

631.16 Situation des créanciers dans la sauvegarde financière accélérée. La sauvegarde financière accélérée créée par l'article 57 de la loi du 22 octobre 2010[2] est une procédure semi-collective. L'administrateur judiciaire va constituer le comité des établissements de crédit, et réunir une assemblée générale des obligataires, le cas échéant. Ces deux entités vont voter sur le projet de plan et ce dernier sera adopté à la majorité des deux tiers en montant de créance. Ne participent au vote que les seuls créanciers dont les droits sont affectés par le plan. Les créanciers, qui ne sont pas membres des établissements de crédit et qui ne sont pas des obligataires, ne sont pas soumis à la procédure collective, en application de l'article L. 628-1 du code de commerce (réd. L. 22 oct. 2010). En conséquence, ils ne sont pas concernés par la règle de l'interdiction des ements, seuls les créanciers, dont les droits s t affectés par le plan, membres du comité d tablissements de crédit ou obligataires étant sou à cette règle.

1. Limoges, 29 oct. 1991, *Dr. sociétés* 1992, n° 204, obs. Chaput.
2. L. n° 2010-1249, 22 oct. 2010, *JO* 23 oct., p. 18984.

SECTION 6 20

DOMAINE L LA RÈGLE DE L'INTERDICTION DU PAIEMEN DES CRÉANCES

631.21 Paiements autorisés – Paiements faits au débiteur. Malgré le silence du texte, la disposition n'a pas vocation à régir les paiements reçus par le débiteur. La solution est confirmée par l'article L. 626-8, 3° du code de commerce (anc[t] L. 25 janv. 1985[3], art. 203, *3*), dans la rédaction antérieure à la loi de sauvegarde des entreprises, qui vise « toute personne qui [...] en connaissance de la situation du débiteur [...] en a reçu un paiement irrégulier ». La solution est reprise par l'article L. 654-8, 3° dans la rédaction que lui donne la loi de sauvegarde des entreprises. Or le paiement d'un créancier effectué par le débiteur, après jugement d'ouverture, est un paiement nul (C. com., art. L. 621-24, al. 4 [anc[t] L. 25 janv. 1985, art. 33, al. 4], devenu l'article L. 622-7, alinéa 4 dans la rédaction donnée par la loi de sauvegarde des entreprises puis L. 622-7, III, réd. ord. 18 déc. 2008[4]).

Est-ce à dire que le paiement effectué entre les mains du débiteur est nécessairement efficace ? S'il ne peut être question de s'interroger sur la validité d'un paiement effectué au débiteur, c'est son caractère libératoire qui alimente la discussion[5]. L'étendue du dessaisissement conditionne le caractère libératoire du paiement effectué entre les mains du débiteur[6]. Si l'obligation acquittée entre les mains du débiteur échappe au dessaisissement, par exemple le versement des allocations familiales, le caractère libératoire du paiement ne peut être discuté. Sous cette réserve, le paiement ne sera libératoire, en liquidation judiciaire, que s'il est fait entre les mains du liquidateur[7]. Le *solvens* s'expose à une demande en inopposabilité du paiement qui le conduira à payer une seconde fois le liquidateur[8].

En redressement judiciaire ou en sauvegarde, dans tous les cas, le paiement sera libératoire s'il correspond à un acte de gestion courante. Il en ira ainsi si l'acte qui a causé le paiement litigieux est lui-même un acte de gestion courante. Le caractère

3. L. n° 85-98, 25 janv. 1985, préc.
4. Ord. n° 2008-1345, 18 déc. 2008, préc.
5. AUSSI : LE CANNU, 7e éd., n° 363.
6. DERRIDA *ET ALII*, n° 379 – SOINNE, n° 1302.
7. Paris, 10 avr. 1990, *Rev. proc. coll.* 191, p. 361, obs. Dureuil.
8. Com. 5 nov. 2013, n° 12-25.228, NP; n° 1043 F-D; *BJE* mars 2014, 103, note Sortais.

libératoire postulera cependant la bonne foi du *solvens*, c'est-à-dire son ignorance de l'état de sauvegarde ou de redressement judiciaire atteignant le débiteur (C. com., art. L. 621-24, al. 1, devenu avec la loi de sauvegarde l'article L. 627, al. 2, puis L. 622-7, II, al. réd. ord. 18 déc. 2008). En dehors des paiements correspondants à des actes de gestion courante, le paiement sera libératoire s'il est fait au débiteur, en l'absence d'administrateur judiciaire. Il n'y a alors en effet aucun dessaisissement atteignant le débiteur. En présence d'un administrateur judiciaire, il y aura paiement libératoire si l'administrateur judiciaire a mission de surveillance. En cas de mission de représentation, le débiteur est dessaisi. Le paiement effectué entre ses mains ne sera plus libératoire. En cas de mission d'assistance, le paiement fait au débiteur sera libératoire (v. s[s] n° 421.33).

Des règles particulières concernent le paiement des chèques. La procédure collective atteignant le porteur du chèque constitue en effet une cause d'opposition de la part du tireur au paiement du chèque (C. mon. fin., art. L. 131-35). Il est jugé que l'opposition reste efficace, même si elle est formée pour cause de redressement alors que le bénéficiaire est en liquidation judiciaire[1]. Le porteur, sous procédure collective, a perdu le pouvoir de recevoir seul un paiement. La même solution sera applicable pour le paiement par carte. Malgré le caractère irrévocable de l'ordre de paiement, il peut être fait opposition en cas de redressement ou de liquidation judiciaire du bénéficiaire de l'ordre (L. 11 juill. 1985, art. 22)[2].

Le droit d'opposition du tireur en cas de procédure collective du porteur a un fondement précis : éviter que le paiement ne soit pas libératoire. C'est pourquoi si le chèque est remis au liquidateur du bénéficiaire, l'opposition au paiement n'est plus possible[3].

Signalons enfin que, en ce qui concerne les effets de commerce, la procédure collective atteignant le porteur de la lettre de change ou du billet à ordre, est une cause d'opposition de la part du tireur (C. com., art. L. 511-31 et L. 512-3 [anc[t] art. 140 et 185]). La liquidation judiciaire du tireur d'une lettre de change non acceptée a, quant à elle, pour effet, du fait de la déchéance du terme à l'encontre de ce garant principal de l'effet, d'immobiliser la créance de provision au profit du porteur de l'effet[4].

1. Paris, 15e ch. B, 11 févr. 2005, RG n° 2004/3900.
2. L. n° 85-695, 11 juill. 1985, *JO* 12 juill., p. 7885; rect., *JO* 13 juill., p. 7921.
3. Com. 8 juill. 2008, n° 07-16.936, *Bull. civ.* IV, n° 131; *Act. proc. coll.* 2008/14, n° 230, note Régnaut-Moutier.
4. Bonhomme, *Instruments de crédit et de paiement*, 11e éd., Lgdj, 2015, n° 146.

631.22 Paiements interdits – Paiements d'une créance antérieure faits par le débiteur. Seuls sont interdits les paiements effectués par le débiteur. La solution vaut également pour les organes de la procédure collective, qui ne peuvent, en dehors des distributions collectives, et sauf exceptions, payer les créanciers antérieurs et, depuis la loi de sauvegarde des entreprises, les créanciers postérieurs non éligibles au traitement préférentiel.

Toutes les formes de paiement sont visées, qu'il s'agisse du paiement en espèces, du virement, de l'émission ou de l'endossement d'une lettre de change[5].

L'interdiction du paiement des créances antérieures s'applique également au **retrait litigieux**[6] par le débiteur, institution régie par l'article 1699 du code civil, qui tend à mettre un terme au litige, ce qui suppose une contestation sur le fond du droit[7] – portant sur les droits cédés : le débiteur cédé rembourse au retrayé cessionnaire, le prix que le cessionnaire est tenu de payer à son cédant[8]. Le retrait litigieux par le débiteur est impossible après l'ouverture de sa procédure collective, du fait de la règle de l'interdiction des paiements[9]. Le retrait sera en revanche efficace si le débiteur a notifié, dès avant le jugement d'ouverture, sa décision d'exercer le retrait litigieux[10]. Il n'en sera toutefois ainsi que si, à la date de la cession de créance, existait un procès entre les parties[11]. Le prix de cession peut ne pas être définitivement déterminé au jour de la décision d'exercice de la faculté de retrait, dès lors du moins qu'il est déterminable[12]. L'exercice du retrait litigieux ne peut intervenir après jugement d'ouverture, du fait de la règle de l'interdiction des paiements, l'adoption d'un plan de continuation, postérieurement au retrait litigieux, restant à cet égard indifférente[13]. La solution est transposable à

5. Soinne, n° 1305.
6. Strickler, J.-Cl. Civ., art. 1699 à 701, [Vente – Transport de créances et autres droits incorporels – Cession de créance : cession de droits litigieux].
7. Com. 19 juin 2012, n° 11-11.210, *Bull. civ.* IV, n° 125; *RTD civ.* 2012. 545, note Gautier.
8. Civ. 1re, 30 juin 1981, n° 79-12.531, *Bull. civ.* I, n° 238; *D.* 1983, jur. 102, note Abitbol.
9. Com. 12 oct. 2004, n° 03-11.615, *Bull. civ.* IV, n° 183; *RTD civ.* 2005. 417, obs. Gautier; *D.* 2004. AJ 2790; *Act. proc. coll.* 2004/18, n° 218, note Régnaut-Moutier; *JCP E* 2005, Chron. 31, p. 32, n° 16, obs. M. Cabrillac et Pétel; *LPA* 11 avr. 2005, n° 71, p. 15, note Lécuyer – Com. 14 févr. 2006, n° 04-13.907, NP; n° 192 F-D; *D.* 2006. AJ 916, obs. Lienhard; *Gaz. proc. coll.* 2006/2, p. 38, obs. Roussel Galle – Com. 21 nov. 2006, n° 05-11.648, NP; n° 1281 F-D – Com. 12 janv. 2010, n° 08-21.370, NP; n° 16 F-D.
10. Sol. impl., Com. 21 nov. 2006, n° 05-11.648, NP; n° 1281 F-D.
11. Paris, 15e ch. B, 23 mars 2006, RG n° 04/20605.
12. Com. 13 nov. 2007, n° 06-16.965, *Bull. civ.* IV, n° 237; n° 1228 F-P+B; *D.* 2007. AJ 3068, obs. Delpech.
13. Paris, 4 nov. 2008, RG n° 07/06188.

l'adoption d'un plan de sauvegarde ou de redressement. Le liquidateur, qui représente le débiteur en liquidation judiciaire, ne peut, dans l'intérêt collectif des créanciers, exercer le droit de retrait litigieux, la règle de l'interdiction des paiements de créances antérieures y faisant obstacle[1].

Si l'exercice du retrait litigieux contrarie l'interdiction du paiement des créances antérieures, en revanche, le débiteur peul demander des dommages et intérêts au cessionnaire de la créance qui lui interdit l'exercice du retrait litigieux, ce qui a conduit le débiteur à son placement en liquidation judiciaire, dès lors que la demande de retrait litigieux avait été engagée avant le jugement d'ouverture[2].

Le banquier du débiteur pourrait, même sans opposition, refuser le paiement du chèque émis après jugement d'ouverture, en paiement d'une créance antérieure[3]. Le banquier qui effectue, même de bonne foi, le paiement interdit, à la suite d'un retrait ou d'un prélèvement effectué par le débiteur sur son compte bancaire, ou par suite du paiement d'un chèque émis par le débiteur[4], devra en rapporter le montant à la procédure collective[5]. Le banquier ne pourrait prétendre opérer une compensation avec les crédits portés au compte[6].

L'organe compétent pourra demander au banquier de créditer le compte du débiteur et le banquier ne pourra alors agir en remboursement[7] car l'article L. 621-24, alinéa 4 du code de commerce (devenu avec la loi de sauvegarde des entreprises, l'art. L. 622-7, al. 4, puis, avec l'ordonnance du 18 déc. 2008, l'art. L. 622-7, III), bien qu'instituant une nullité absolue, n'a pas vocation à jouer au profit du tiers qui a payé à tort, mais a pour objet de permettre au débiteur d'obtenir réintégration dans son patrimoine des sommes versées. Le liquidateur qui demande la restitution des débits enregistrés doit toutefois prouver que les retraits ont servi à payer des créances antérieures[8]. Signalons cependant une jurisprudence dissidente, qui a admis que le banquier n'a pas à restituer des fonds dont il n'a pas été destinataire et qu'il n'avait versés qu'en qualité de mandataire de son client[9].

Le paient interdit doit correspondre à une somme d'ant, la doctrine étant cependant divisée[10]. Dès l, n'est pas interdite l'exécution par le tireur d'unetre de change de l'obligation de fournir la prestan en délivrant la chose vendue[11]. Il apparaît plusnéralement logique de décider que le domaine de lrègle de l'interdiction des paiements est identique celui de la règle de l'arrêt des poursuites individuelles : les actions en paiement arrêtées ou interrompus par l'effet du jugement d'ouverture sont les action en paiement de sommes d'argent. Seront donc effcaces, les livraisons de biens et plus généralement les exécutions d'obligations de faire ou de donner, sauf paiement de sommes d'argent. Cependant, l'évolution de la jurisprudence qui soumet les obligations de faire à l'arrêt des poursuites individuelles, et par voie de conséquence, à l'interdiction des paiements rend plus délicate l'appréhension du problème. Il a été proposé de considérer que, dès lors que l'inexécution de l'obligation est avérée, et que l'exécution en nature apparaît définitivement compromise, l'exécution par équivalent, c'est-à-dire par octroi de dommages et intérêts, conduit à violer la règle de l'interdiction des paiements[12]. On exclura cependant les dations en paiement, qui ont pour vocation de remplacer l'objet initial du paiement, dès lors que cet objet est une somme d'argent.

Toutes les créances, quelle que soit leur nature, sont concernées. Peu importe qu'elles soient ou non en rapport avec l'activité de l'entreprise[13] ou qu'il s'agisse de créances en rapport avec une activité nouvelle du débiteur, autre que celle ayant donné lieu à l'ouverture de la procédure[14]. La créance peut être chirographaire ou privilégiée[15], échue ou non[16].

1. Com. 9 mai 2007, n° 06-11.275, *Bull. civ.* IV, n° 121; n° 675 F-P+B; *D.* 2007. AJ 1509, obs. Lienhard; *RTD civ.* 2007. 583, n° 1, obs. crit. Gauthier.
2. SUR CETTE QUESTION : Com. 30 nov. 2010, n° 09-16.773, NP; n° 1219 F-D.
3. Derouin, note s^s Com. 4 déc. 1978, *D.* 1979. 324.
4. Com. 11 déc. 2001, n° 99-12.290, NP, *Act. proc. coll.* 2002/4, n° 51.
5. Com. 19 janv. 1999, n° 95-15.825, NP, *Act. proc. coll.* 1999/5, n° 65.
6. Paris, 3e ch. B, 6 oct. 2006, RG n° 0/13896.
7. Com. 3 oct. 2000, n° 97-17.279, NP, *RTD com.* 2001. 513, obs. Martin-Serf; *Rev. proc. coll.* 2002, p. 91, n° 5, obs. Lebel.
8. Paris, 3e ch. B, 6 oct. 2006, RG n° 0/13896.
9. Paris, 3e ch. B, 4 juin 2004, RG n° 11073.
10. EN CE SENS : DERRIDA *ET ALII*, n° 379 – SAINT-ALARY-HOUIN, 5e éd., n° 637 – CHAPUT, n° 333 – *CONTRA* : SOINNE, n° 1305 – J.-CL. COM., Delebecque, fasc. 2330, [Redressement et liquidation judiciaires – Poursuite de l'activité], n° 43.
11. Com. 5 oct. 1993, n° 91-10.172, NP; cité dans SOINNE, note 4022-1.
12. M. Cabrillac, obs. s^s Com. 9 juill. 1996, *JCP E* 1997. I. 623, n° 2.
13. Com. 8 juill. 2014, n° 13-17.765, NP; n° 666 F-D.
14. Com. 27 nov. 1991, n° 90-11.122, *Bull. civ.* IV, n° 360; *D.* 1992, jur. 81, note Derrida; *LPA* 1er juill. 1992, n° 79, p. 22, note Derrida; *JCP E* 1992. I. 136, n° 3, obs. Pétel; *D.* 1992, jur. 81, note Derrida; *RTD com.* 1992. 684, obs. Martin-Serf.
15. Com. 9 avr. 1991, n° 89-17.447, *Bull. civ.* IV, n° 124; *JCP E* 1991. I. 102, n° 19, obs. M. Cabrillac et Pétel; *JCP E* 1991. II. 232, note Le Corre – Com. 11 avr. 1995, n° 93-16.969, *Bull. civ.* IV, n° 124; *JCP G* 1996. I. 3896, n° 4, obs. Pétel – Com. 24 oct. 1995, n° 93-10.351, *Bull. civ.* IV, n° 255; *D.* 1996, jur. 155, note F. D.; *LPA* 28 oct. 1996, n° 130, p. 8, note Courtier; *LPA* 21 août 1996, n° 101, p. 15, note Courtier; *JCP E* 1996. II. 782, note Putman – Com. 9 juill. 1996, n° 94-16.191, NP, *D. Affaires* 1996, 1037.
16. Com. 8 juin 1993, n° 90-13.821, *Bull. civ.* IV, n° 233.

L'engagement pris par un vendeur, avant le jugement d'ouverture de sa procédure, de restituer l'acompte perçu de son client, suite au défaut de livraison du bien, ne peut être exécuté après le jugement d'ouverture, la règle de l'interdiction des paiements y faisant obstacle[1]. Le juge-commissaire ne peut autoriser un tel paiement, qui ne rentre pas dans les exceptions précises à la règle de l'interdiction des paiements prévues par l'article L. 622-7 du code de commerce[2].

L'interdiction de payer ne peut évidemment équivaloir au paiement. La solution est mise en évidence en matière d'assurance vieillesse. Pour percevoir à taux plein les pensions de retraite, l'ancien professionnel indépendant doit être à jour de ses cotisations. Si du fait de sa procédure collective, les paiements de cotisations antérieures n'ont pu avoir lieu, la pension de retraite ne sera versée que sous déduction des périodes pendant lesquelles les cotisations n'ont pas été payées. La solution a été posée dans une espèce où la veuve du professionnel indépendant réclamait des prestations décès, alors que son mari avait été placé en liquidation judiciaire avant de décéder[3] (v. aussi s^s n° 592.54 sur la coordination de cette règle avec les effets de la clôture de la liquidation judiciaire pour insuffisance d'actif). Mais, sous l'empire de la législation antérieure à la loi de sauvegarde des entreprises, l'absence de déclaration de la créance de cotisation de retraite entraîne son extinction. Il en résulte que le débiteur doit être considéré comme étant à jour de ses cotisations, une créance éteinte ne pouvant justifier une réduction de ses droits[4]. La solution ne peut être reconduite, sous l'empire de la loi de sauvegarde des entreprises, la créance non déclarée n'étant plus éteinte. Les droits à la retraite doivent donc être calculés déduction faite des points correspondant aux créances de cotisations restées impayées. Cette solution a été appliquée par la Cour de cassation pour les droits à une pension d'invalidité[5].

L'interdiction de payer les créances antérieures a pu justifier l'infraction de non-reversement des cotisations sociales précomptées sur les salaires[6]. Curieusement, cependant, la Chambre criminelle a cru devoir préciser qu'il fallait tenir compte des modalités d'exigibilité des cotisations, alors que, comme il a été justement relevé[7], seule doit compter la date de naissance, non celle d'exigibilité des créances en cause. En effet, seules les cotisations assises sur une période de travail antérieure au jugement d'ouverture sont soumises à l'interdiction de paiement, non celle nées postérieurement (v. aussi s^s n° 443.21).

Une mise en demeure adressée au débiteur après le jugement d'ouverture pour obtenir paiement d'une créance antérieure ne peut entraîner aucune sanction contractuelle[8], puisque le débiteur a l'interdiction de la payer. La solution est transposable à la créance postérieure non éligible au traitement préférentiel.

En outre, il découle de la règle de l'interdiction du paiement des créances antérieures que les créances en cause ne sont plus exigibles. Dès lors l'Urssaf ne peut refuser de délivrer une attestation aux termes de laquelle le débiteur a respecté ses obligations déclaratives et de paiement[9].

Mais seuls sont interdits les paiements effectués par le débiteur pour son compte. Ainsi, sont parfaitement valables, les paiements effectués par le débiteur agissant en qualité de mandataire[10].

631.23 Paiements interdits – Paiements d'une créance postérieure ne bénéficiant pas du traitement réservé aux créances postérieures faits par le débiteur. L'interdiction de paiement des créances antérieures est complétée, depuis la loi de sauvegarde des entreprises[11], par l'interdiction de payer certaines créances postérieures. En ce sens, l'article L. 622-7, alinéa 1 du code de commerce, dans la rédaction que lui donne la loi de sauvegarde des entreprises, après avoir évoqué l'interdiction de « payer toute créance née antérieurement au jugement d'ouverture », prévoit que le débiteur ne peut, après jugement d'ouverture, payer des créances non

1. Com. 7 juill. 2009, n° 08-16.154, NP; n° 725 F-D; *Gaz. proc. coll.* 2009/4, 2e partie, p. 25, note Roussel Galle.
2. Com. 7 juill. 2009, n° 08-16.154, préc.
3. Com. 13 mars 2007, n° 05-20.396, *Bull. civ.* IV, n° 85; n° 445 F-P+B; *D.* 2008, pan. 576, obs. Le Corre; *Act. proc. coll.* 2007/8, n° 84, note Régnaut-Moutier; *JCP E* 2007, Chron. 2119, p. 23, n° 6, obs. Pétel; *LXB hebdo* n° 257, 26 avr. 2007, n° N8867BAN, note Le Corre-Broly.
4. Com. 13 nov. 2007, n° 06-14.372, *Bull. civ.* IV, n° 239, n° 1252 FS-P+B; *D.* 2007. AJ 3011, obs. Lienhard; *D.* 2008, pan. 576, obs. Le Corre; *Gaz. proc. coll.* 2008/1, p. 48, note Roussel Galle; *JCP E* 2008. 1432, n° 13, obs. Pétel; *LXB hebdo* 20 déc. 2007, n° 286, n° N4170BDS, note Le Corre-Broly.
5. Com. 5 avr. 2016, n° 14-21.277, *Bull. civ.* IV [à paraître]; n° 348 FS-P+B; *D.* 2016. actu. 836, note Lienhard; *Gaz. Pal.* 28 juin 2016, n° 24, p. 68, note Le Corre; *Act. proc. coll.* 2016/8, comm. 100, note Vallansan; *BJE* 2016, 250, note Benilsi.
6. Crim. 24 janv. 2006, n° 05-82.519, *Bull. crim.* n° 23; n° 658 F-P+F; *Gaz. proc. coll.* 2006/2, p. 54, n° 1, obs. Robaczewski; *RJ com.* 2006/3, p. 235, note Sortais – Crim. 24 janv. 2006, n° 05-82.521, *Bull. crim.* n° 24; n° 660 F-P+F; *D.* 2006. AJ 861, obs. Lienhard; *Act. proc. coll.* 2006/7, n° 77, note Fraimout; *Gaz. proc. coll.* 2006/2, p. 54, n° 1, obs. Robaczewski; *RJ com.* 2006/3, p. 232, note Sortais; *RTD com.* 2006. 688, n° 11, obs. Bouloc.
7. Robaczewski, obs. *Gaz. proc. coll.* 2006/2, p. 54, n° 1.
8. Com. 8 juin 1993, n° 89-17.574, *Bull. civ.* IV, n° 232; *JCP G* 1993. I, Chron. 3721, p. 51, obs. Pétel.
9. Civ. 2e, 16 juin 2016, n° 15-20.231, *Bull. civ.* II [à paraître]; n° 1014 F-P+B.
10. Com. 5 oct. 1993, n° 91-19.463, NP, *RJDA* 1994. 331.
11. L. n° 2005-845, 26 juill. 2005, préc.

mentionnées au I de l'article L. 622-17 du code. La solution est également applicable en redressement judiciaire, du fait du renvoi opéré par l'article L. 631-14, alinéa 1 et en liquidation judiciaire, du fait du renvoi effectué par l'article L. 641-3 alinéa 1. Le paiement des créances antérieures est toujours, par principe, impossible. Mais la législation du 26 juillet 2005 prévoit que ce principe d'interdiction s'applique aussi à certaines créances postérieures au jugement d'ouverture.

La loi du 26 juillet 2005 a, en effet, entendu sélectionner, parmi les créances postérieures, celles qui devaient bénéficier d'un traitement de faveur. Il s'agit des créances nées pour les besoins du déroulement de la procédure, des créances nées pour les besoins de la période d'observation et des créances nées en contrepartie d'une prestation fournie au débiteur, pour son activité, pendant la période d'observation. Les autres créances nées régulièrement après jugement d'ouverture, sont traitées comme des créances antérieures et ne peuvent donc, à la suite d'un amendement présenté par la commission des lois du Sénat[1], être payées par le débiteur. La règle de l'interdiction du paiement des créances antérieures s'applique donc pour ces créances.

Il en est de même pour les créances nées irrégulièrement après jugement d'ouverture. Ces créances, qui ne sont pourtant pas disqualifiées en créances antérieures, subissent le même traitement, en ce qui concerne l'interdiction de leur paiement. Cependant, elles ne sont pas soumises à déclaration au passif, contrairement aux créances nées régulièrement pour des besoins autres que ceux permettant de bénéficier du traitement préférentiel réservé aux créances postérieures.

Par exception, certaines créances postérieures ne bénéficiant pas du traitement préférentiel pourront être payées. Il s'agit, selon l'article L. 622-7, alinéa 1 des « créances liées aux besoins de la vie courante du débiteur personne physique et des créances alimentaires ».

Pour justifier l'annulation d'un paiement effectué après le jugement d'ouverture, le juge du fond doit constater que le paiement, en l'occurrence effectué par virement, aurait permis de payer une créance antérieure ou une créance postérieure non éligible au traitement préférentiel[2].

Une des difficultés de la matière est de savoir s'il faut apprécier la notion de « besoins de la vie courante » *in concreto* ou *in abstracto*. La doctrine semble majoritairement favorable à une appréciation *in concreto*. Il *s'agit de savoir quelles étaient les* habitudes du débiteur, quel était son train de vie[3]. Mais, ainsi que cela a été souligné, l'appréciation doit rester dans les limites du raisonnable[4]. Un train de vie exorbitant ne doit pas permettre de déterminer ce qu'est une dette née des besoins de la vie courante. Toute dépense somptuaire doit être exclue de la notion de dettes de la vie courante. Il ne faut ainsi pas permettre au débiteur d'entretenir une résidence secondaire ou de faire de somptueux voyage « sur le dos de ses créanciers ». Le recours à l'article 220 du code civil pour l'interprétation de la notion de dettes de la vie courante a été suggéré[5].

Les dettes de la vie courante correspondent pour l'essentiel à la nourriture à l'habillement, et à l'hébergement du débiteur – loyers, eau, chauffage et électricité, téléphone. On peut, semble-il, y ajouter les dettes relatives au véhicule de tourisme assurant le transport de la famille du débiteur. Ces dettes ne doivent cependant pas présenter un caractère somptuaire, ce qui leur ferait perdre leur nature de dettes de la vie courante.

Observons que le caractère antérieur au jugement d'ouverture de la dette de remboursement du prêt contracté pour l'acquisition du logement interdit de la faire entrer dans les dettes postérieures de la vie courante.

La loi du 26 juillet 2005 considère que le paiement des créances alimentaires postérieures au jugement d'ouverture est possible, et cela sans restriction, ce qui pourrait, *a contrario*, accréditer l'idée que si ces créances sont antérieures, leur paiement est impossible. L'exception a, en réalité, été mal placée dans le texte légal. Il n'y a aucune bonne raison de permettre le paiement de ce type de créances, si elles sont postérieures et de l'interdire si elles sont antérieures. En effet, la volonté clairement affichée du législateur a été d'aligner résolument le traitement des créanciers postérieurs non éligibles au traitement préférentiel sur celui des créanciers antérieurs, opinion que partagent certains[6], mais non d'autres[7] (v. sur cette question, s[s] n° 741.96).

1. *Rapp. J.-J. Hyest*, n° 335, p. 190.
2. Com. 3 nov. 2010, n° 09-69.533, *Bull. civ.* IV, n° 167; n° 1088 F-P+B; *D.* 2010. 2644, obs. Lienhard; *Gaz. Pal. entr. diff.* 7-8 janv. 2011, p. 35, note Roussel Galle; *JCP E* 2011. 1002, note Lebel; *Rev. proc. coll.* 2011, comm. 76, p. 75, note Dumont-Lefrand; *LPA* 29 avr. 2011, n° 85, p. 5, note Zattara-Gros; *RTD com.* 2011. 638, n° 4, obs. Martin-Serf; *LPA* 26 juill. 2011, n° 147, p. 20, note Benilsi.
3. Voinot, 2007, n° 335 – Roussel Galle, 2e éd., 2007, n° 504 – Pérochon et Bonhomme, 7e éd., n° 249.
4. Pérochon et Bonhomme, 7e éd., n° 249.
5. Boulay, « Les créanciers antérieurs dans les procédures de sauvegarde, de redressement et de liquidation judiciaires », *Rev. proc. coll.* 2006/2, p. 135 s., sp. p. 138.
6. Pérochon, « Les créanciers postérieurs et la réforme du 26 juillet 2005 », *Gaz. proc. coll.* 2005, n° sp. 7-8 sept. 2005, p. 57 s. sp. p. 64, n° 44.
7. Becqué-Ickowicz, « De l'entreprise au cours de la période d'observation », *LPA* n° sp., 8 févr. 2006, n° 28, p. 39 s., sp. p. 44, 45.

> MODIFICATION DU PÉRIMÈTRE DE L'INTICTION DE PAYER LES CRÉANCES ISSUE DE L'ORDOANCE DU 18 DÉCEMBRE 2008[1]. Afin d'éviter lifficulté d'interprétation liée à la liberté de paent des créances postérieures alimentaires, le te ancien pouvant laisser entendre *a contrario* que nterdiction du paiement des créances alimentai subsistait si ces dernières étaient antérieures au gement d'ouverture, l'article L. 622-7, I, alinéa prévoit désormais que toutes les créances alimetaires, antérieures ou postérieures au jugement ouverture, peuvent être payées. Symétriquement, rticle L. 622-24 du code de commerce (ord. 18 déc2008, art. 33) fait sortir du périmètre de l'obligatn de déclaration des créances au passif, les créanc alimentaires, qu'elles soient antérieures ou posteurs (L. 622-24, al. 7).

En revanche, le texte supprime l'exception à l'interdiction du paiement des créances postérieures non éligibles au traitement préférentiel pour les dettes nées de la vie courante. Est-ce à dire qu'elles ne pourront plus être payées ? Une réponse nuancée s'impose.

Si la créance postérieure au jugement d'ouverture, qui n'est pas née pour les besoins de la vie courante du débiteur, n'est pas la contrepartie d'une prestation fournie au débiteur, le principe d'interdiction du paiement des créances postérieures non méritantes est maintenu. On prendra comme exemple la taxe d'habitation.

Au contraire, si la créance née régulièrement après jugement d'ouverture est la contrepartie d'une prestation fournie au débiteur, son paiement est possible[2]. En effet, le législateur a modifié la rédaction de l'article L. 622-17, I du code de commerce (ord. 18 déc. 2008, art. 29), en supprimant la précision selon laquelle, pour pouvoir bénéficier du traitement préférentiel, les créances devaient être nées d'une contrepartie fournie au débiteur pour son activité professionnelle. Ainsi, dès lors que la créance est née d'une contrepartie fournie au débiteur pendant la période d'observation ou pendant la poursuite provisoire de l'activité autorisée en liquidation judiciaire, cette créance pourra être payée.

La modification ici introduite a des prolongements nécessaires. Puisque la créance née d'une contrepartie fournie au débiteur pour des besoins extraprofessionnels peut désormais bénéficier du traitement préférentiel réservé aux créances postérieures, son titulaire n'aura plus, contrairement à la solution posée dans la rédaction d'origine de la loi de sauvegarde des entreprises, à la déclarer au passif. En outre, le non-paiement d'une telle créance pourra fonder une résiliation ou une résolution du contrat pour défaut de paiement, en application de l'article L. 622-21, I, 2° du code de commerce.

Ces deux modifications s'inscrivent dans la logique consistant à aligner le domaine de trois règles : celle de l'interdiction des paiements, celle de l'arrêt des poursuites individuelles et des voies d'exécution et, enfin, celle de l'obligation de déclaration au passif.

Nous avions pu noter, au lendemain de la loi de sauvegarde des entreprises, la bizarrerie juridique consistant à distendre le lien existant entre ces trois règles. En effet, sous l'empire de la loi de sauvegarde des entreprises, dans sa rédaction d'origine, le créancier titulaire d'une créance postérieure née pour les besoins de la vie courante du débiteur pouvait obtenir paiement de sa créance, alors pourtant, d'une part, qu'il n'avait pas d'action en justice pour obtenir le paiement n'intervenant pas spontanément et que, d'autre part, il appartenait au créancier de déclarer sa créance non éligible au traitement préférentiel dans le délai de deux mois courant de son exigibilité.

Cet illogisme est aujourd'hui supprimé : la personne dont la créance est née pour les besoins de la vie courante du débiteur ne peut par principe plus être payée. Son titulaire la déclarera au passif et n'aura évidement pas d'action en justice pour en obtenir le paiement. Ce principe est tenu en échec si la créance née pour les besoins de la vie courante du débiteur est la contrepartie d'une prestation fournie au débiteur. Cette créance, éligible au traitement préférentiel réservé aux créances postérieures, peut être payée. Son titulaire dispose du droit d'agir en justice pour en obtenir paiement et corrélativement n'a pas à déclarer cette créance au passif.

> NOUVELLE MODIFICATION DU PÉRIMÈTRE DE L'INTERDICTION DE PAYER LES CRÉANCES ISSUE DE L'ORDONNANCE DU 12 MARS 2014[3]. L'ordonnance du 12 mars 2014 modifie une nouvelle fois le périmètre des créances postérieures éligibles au traitement préférentiel et, par voie de conséquence, le domaine des créances postérieures, qui de manière résiduelle, sont soumises à la règle de l'interdiction des paiements. Les modifications ne concernent que la liquidation judiciaire. Le législateur ajoute les créances nées pour les besoins de la vie courante du débiteur personne physique, ainsi que les créances nées en contrepartie d'une prestation fournie au débiteur, en cas de poursuite de contrat décidée par le liquidateur. La limitation aux seules créances nées pendant la poursuite d'activité disparaît ainsi.

1. Ord. n° 2008-1345, 18 déc. 2008, préc.
2. Rapport au président de la République sur l'ordonnance n° 2008-1345 du 18 déc. 2008, *JO* 19 déc. 2008, Titre I, chap. II-5, s[s] art. 29.
3. Ord. n° 2014-326, 12 mars 2014, *JO* 14 mars, p. 5249.

631.24 Sanctions civiles des paiements interdits (v. aussi s[s] n° 422.42). Comme tous les actes interdits en application des articles L. 621-14 et L. 622-7 du code de commerce, avant comme depuis la loi de sauvegarde des entreprises[1], les paiements interdits sont nuls.

La nullité peut être sollicitée par tout intéressé, y compris le ministère public. L'action est enfermée dans un délai préfix[2] triennal. Le délai court à compter du paiement effectué.

La nullité ne peut toutefois plus être demandée par le débiteur après la clôture de la procédure collective[3]. Il semble que la répétition puisse justifier la réouverture de la procédure par le liquidateur, une action tendant à la défense de l'intérêt collectif des créanciers n'ayant pas été engagée.

La prescription n'a pas vocation *à régir les demandes* de restitution de sommes d'argent consécutives à la violation de la règle de l'arrêt des voies d'exécution. La question a été posée dans le cadre de la restitution de sommes d'argent perçues indûment par le Trésor public, à la suite d'un avis à tiers détenteur effectué au mépris de la règle de l'arrêt des voies d'exécution[4].

Tout intéressé est recevable à demander la restitution des sommes versées à la suite de l'annulation du paiement[5]. Les paiements effectués par le banquier du débiteur posent problème (v. s[s] n° 631.22).

1. L. n° 2005-845, 26 juill. 2005, préc.
2. Paris, 10 févr. 1994, *D.* 1994. IR 79.
3. Rouen, ch. de proximité, 17 janv. 2013, n° 12/02062, *Act. proc. coll.* 2013/6, comm. 73.
4. Com. 2 oct. 2007, n° 06-15.986, NP; n° 1041 F-D; *Gaz. proc. coll.* 2008/1, p. 48, note Rohart-Messager; *Rev. proc. coll.* 2008, p. 71, n° 11, note Lebel.
5. Com. 30 mai 2006, n° 04-19.056, NP; n° 705 F-D; *Gaz. proc. coll.* 2006/4, p. 14, note Bidan.

CHAPITRE

632. Paiements autorisés : la compensation

SECTION 0

ORIENTEUR

632.00 **Plan du chapitre.**

Sect.	632.10	Interdiction de principe de la compensation
Sect.	632.20	Compensation ayant joué avant jugement d'ouverture
Sect.	632.30	Énoncé des règles relatives au jeu de la compensation après jugement d'ouverture
Sect.	632.40	Compensation pour dettes connexes

632.01 **Textes applicables.**

> Législation antérieure à la loi de sauvegarde des entreprises.

C. com., art. L. 621-24, al. 1

> Législation issue de la loi de sauvegarde des entreprises.

C. com., art. L. 622-7, al. 1, L. 631-14, I, al. 1, L. 641-3, al. 1

> Législation issue de l'ordonnance du 18 décembre 2008.

C. com., art. L. 622-7, I, al. 1, L. 631-14, al. 1, L. 641-3, al. 1

632.02 **Jurisprudence de référence.**

> Notion de connexité autorisant le jeu de la compensation.

• **Com. 19 mars 1991,** n° 89-17.083, *Bull. civ.* IV, n° 105

* V. s^s n° 632.41

« Un lien de connexité, issu d'un contrat de production de porcs charcutiers liant un agriculteur et une coopérative, existant entre la créance du débiteur au titre de livraisons d'animaux effectuées après le jugement d'ouverture du redressement judiciaire et la créance de la coopérative au titre des livraisons d'aliments pour animaux antérieures à cette décision, la compensation doit s'opérer entre ces deux sommes qui sont l'une et l'autre exigibles. »

> La compensation entre le dépôt de garantie détenu par le bailleur et les sommes dues par le locataire doit d'abord porter sur les loyers postérieurs au jugement d'ouverture.

• **Com. 24 juin 2003,** n° 00-17.156, NP

* V. s[s] n° 632.44

> La compensation pour dettes connexes est impossible, en l'absence de déclaration de la créance.

• **Com. 3 mai 2011,** n° 10-16.758, *Bull. civ.* IV, n° 66; n° 442 FS-P+B+R+I

* V. s[s] n° 632.47

632.03 **Bibliographie indicative.** (V. les références complètes s[s] n° 031).

> Actualisables. Avant LSE, RÉP. COM., Monsérié-Bon, « Entreprises en difficulté – Redressement judiciaire (Période d'observation) », n°s 101 à 109 – J.-CL. COM., Seube, fasc. 2372, [Situation des créanciers – Compensation], 2003. Depuis LSE J.-CL. COM., Loir R., fasc. 2372, [Situation des créanciers – Compensation], 2014.

> Ouvrages antérieurs à la loi de sauvegarde des entreprises. CHAPUT, n° 336 – GUYON, n°s 1209, 1365 et 1366 – JACQUEMONT, n°s 270 à 274 – KERCKHOVE, n° 445 – LE CANNU, n° 637 – LE CORRE-BROLY, n°s 353, 354 – MARTIN ET VALLENS, n°s 3007 à 3015 – PÉROCHON ET BONHOMME, n°s 177 à 178-1 – PÉTEL, n°s 178 à 180 – RIPERT ET ROBLOT, n°s 3039, 3040 – SAINT-ALARY-HOUIN, n°s 745 à 748 – SOINNE, n°s 1309 à 1318 – VALLANSAN, p. 73 à 75.

> Ouvrages postérieurs à la loi de sauvegarde des entreprises. COQUELET, 5e éd., n°s 186, 187 – GIBIRILA, n°s 423 à 426 – JACQUEMONT ET VABRES, 9e éd., n°s 383 à 387 – LE CANNU, 7e éd., n°s 366 à 373 – LIENHARD, 6e éd., n° 75.19 – PÉROCHON, 10e éd., n°s 602 à 607 – PÉTEL, 8e éd., n°s 174 à 176 – Roussille, *La compensation multilatérale*, « Nouvelles bibliothèques de thèses », vol. 59, Dalloz, 2006 – SAINT-ALARY-HOUIN, 9e éd., n°s 700, 701 – VALLANSAN *ET ALII*, 6e éd., p. 90 à 92 – VALLENS, 2015, n°s 3224, 3233 à 3242 – VIDAL et GIORGINI, n°s 695 à 699 – VOINOT, 2e éd., n° 379.

> Articles. Borga N., « L'imputation des paiements dans le contexte d'une procédure collective », *BJE* mai 2012, Doctr. 47, p. 192 – Calendini, « La compensation des créances connexes dans le redressement judiciaire », *Banque et droit* 1992, 76 – Danos F., « La connexité en matière de compensation », *D.* 2015. 1655 – Kuntz et Nurit, « Le paiement de dettes connexes et le principe d'égalité des créanciers : l'éternelle incompatibilité », *BJE* mai/juin 2011, § 65, p. 160 – Medjaoui, « L'exception de compensation dans le cadre d'une procédure collective », *LPA* 22 janv. 1996, p. 7 – Pelletier et Aymami. « La compensation des créances de loyers et de restitution du dépôt de garantie en procédures collectives », JCP E 2012. 1289.

632.04 Questions principales.

• À quelle condition peut-on faire jouer la compensation ?

* V. ss nos 632.21 s.

• Le bailleur peut-il conserver le dépôt de garantie en faisant jouer la compensation ?

* V. ss n° 632.44.

• Un créancier désirant faire jouer la compensation doit-il déclarer sa créance pour le tout ou en déduisant la somme qu'il présente en compensation ?

* V. ss n° 632.47.

SECTION 632.10
INTERDICTION DE PRINCIPE DE LA COMPENSATION

632.11 Interdiction de principe de la compensation. La compensation est un mode extinctif des obligations réciproques, à concurrence de la plus faible. Elle opère un double paiement, encore que l'analyse ne soit pas unanimement admise, un auteur préférant y voir un quasi-paiement[1]. Elle ne peut jouer qu'entre deux personnes symétriquement créancières et débitrices l'une de l'autre.

L'extension de la procédure à une personne autorise cependant le jeu de la compensation entre cette personne et un créancier du débiteur dont la procédure a été étendue[2]. Mais, pour qu'il en soit ainsi, encore faut-il que la confusion des patrimoines soit judiciairement constatée, c'est à dire que l'extension soit prononcée par la juridiction[3].

Dans le cadre des procédures collectives de paiement, la compensation est une technique particulièrement attractive pour le créancier, constituant pour lui une véritable garantie. Elle lui évite, en effet, de décaisser des espèces sonnantes et trébuchantes en contrepartie d'un paiement en « monnaie de faillite », c'est-à-dire, pour un créancier chirographaire, « en monnaie de singe ». Sans doute, la compensat a-t-elle pour effet d'entraîner une rupture d'égé. Ce n'est cependant pas le fondement de l'irdiction. Parce qu'elle constitue un double paient, la compensation contrarie ouvertement, si el doit jouer après jugement d'ouverture, la règle l'interdiction du paiement des créances antéures. Tel est aujourd'hui le fondement de l'intection de la compensation[4], cependant que d'aures auteurs avancent également comme fondement le principe d'égalité des créanciers[5].

Ce fondement justifie son interdiction de principe, après jugement d'ouverture. Elle restera, en revanche, efficace, si elle a joué avant jugement d'ouverture, du moins par principe, cependant que le législateur admet le jeu exceptionnel de la compensation après jugement d'ouverture.

SECTION 632.20
COMPENSATION AYANT JOUÉ AVANT JUGEMENT D'OUVERTURE

632.21 Compensation ayant joué avant jugement d'ouverture – Compensation judiciaire et compensation légale. La compensation peut intervenir conventionnellement, judiciairement ou légalement.

> **La compensation d'origine conventionnelle** est analysée en un mode anormal de paiement. À ce titre, elle est donc susceptible d'annulation, dans le cadre des nullités de la période suspecte (v. ss n° 823.26). Sous cette réserve, si elle a joué avant jugement d'ouverture, elle ne peut être remise en cause et autorise le cocontractant de la personne sous procédure collective à ne s'acquitter que du solde dû après jeu de la compensation[6]. La déclaration de créance ne s'impose plus[7]. Il en résulte que le créancier peut se contenter de déclarer au passif le solde après jeu de la compensation[8], contrairement à la solution retenue lorsque la compensation ne

1. Andreu, « Réflexions sur la nature juridique de la compensation », *RTD com.* 2009. 655.
2. Com. 9 mai 1995, n° 93-11.724, *Bull. civ.* IV, n° 130; *JCP E* 1995. II. 702, rapp. Rémery; *D.* 1996, jur. 322, note Loiseau; *RD banc. et bourse* 1995, 221, obs. Campana et Calendini; *RTD com.* 1996. 342, obs. Martin-Serf; *RTD civ.* 1996. 164, obs. Mestre.
3. Com. 5 févr. 2013, nos 12-12.808, 12-145.71, *Bull. civ.* IV, n° 21, n° 112 F-P+B; *Gaz. Pal.* 1er mai 2013, n° 121, p. 5, note Reille; *BJE* mai 2013, comm. 81, note Saint-Alary-Houin; *Act. proc. coll.* 2013/4, comm. 47, note Cagnoli; *Rev. sociétés* 2013. 181, note Roussel Galle; *JCP E* 2013. 1259, note Lebel; *Dr. sociétés* 2013, comm. 108, note Legros; *Rev. proc. coll.* 2013, comm. 116, note Saintourens; *LXB hebdo* n° 328, 20 févr. 2013, note Le Corre.
4. Com. 2 mars 1993, n° 91-10.187, *Bull. civ.* IV, n° 86; *JCP E* 1994. II. 535, note Montredon; *D.* 1993, jur. 426, note Pédamon – *Adde*, J.-CL. COM., Calendini, fasc. 2372, [Redressement et liquidation judiciaires – Situation des créanciers – Compensation], n° 5.
5. RIPERT ET ROBLOT, n° 3039 – POUR une présentation des divers fondements : J.-CL. COM., Seube, fasc. 2372, [Situation des créanciers – Compensation], 2003, nos 49 à 55.
6. Com. 2 oct. 2012, n° 11-22.403, NP; n° 938 F-D.
7. Com. 28 avr. 2009, n° 08-11.563, NP; n° 393 F-D.
8. Com. 27 sept. 2011, n° 10-24.793, *Bull. civ.* IV, n° 138; n° 885 F-P+B; *Gaz. Pal. entr. diff.* 21 janv. 2012, n° 20, p. 19, note Roussel Galle; *Gaz. Pal.* 3 févr. 2012, p. 29, note Reifegerste; *RTD com.* 2012. 614, n° 3, obs. Martin-Serf; *LXB hebdo* 20 oct. 2011, n° 269, note Le Corre-Broly.

joue qu'après le jugement d'ouverture, en présence de créances connexes (v. s^s n° 632.47).

> La **compensation judiciaire**, *stricto sensu*, suppose que les conditions de la compensation légale ne sont pas réunies, au jour de son intervention. Le créancier du débiteur sous sauvegarde, en redressement ou en liquidation judiciaire, demande au tribunal de constater l'existence ou de fixer le quantum de sa créance, afin qu'il puisse la compenser avec sa dette. Peu importe, pour le jeu de la compensation judiciaire, que les créances réciproques soient connexes entre elles [1].

Dès lors qu'une décision définitive aura été rendue avant le jugement d'ouverture, la compensation judiciaire sera inattaquable [2], sauf pour l'organe compétent, dans le cadre de la procédure collective de paiement, à démontrer la collusion ayant existé entre les parties. Le jugement pourra alors être déclaré inopposable par la voie d'une tierce opposition, soumise au délai trentenaire du droit commun [3].

Il suffit même qu'une décision revêtue de l'exécution provisoire soit intervenue avant le jugement d'ouverture, peu important qu'elle ait été frappée d'appel, pour que la compensation judiciaire ait joué au jour de l'ouverture de la procédure collective [4]. L'intéressé n'a pas alors à déclarer une créance au passif [5].

La compensation judiciaire ne pourra, en revanche, jouer, après jugement d'ouverture que sous la double réserve suivante : d'une part, il doit exister entre les dettes respectives un lien de connexité (v. s^s n°s 632.42 s.) et, d'autre part, le créancier du débiteur doit avoir déclaré au passif de celui-ci sa créance d'origine antérieure [6]. La Cour de cassation juge que la compensation prononcée par le juge pour cause de connexité prend effet de manière rétroactive, de sorte que le paiement réalisé est censé intervenir non au jour du jugement qui la prononce, mais à la date de l'exigibilité de la première créance [7]. La solution vaut en cas de décision rendue sur requête en omission de statuer [8].

> La **compensation légale** était définie par l'article 1290 du code civil comme celle qui « s'opère de plein droit par la seule force de la loi, même à l'insu des débiteurs ». L'article 1347 du code civil, qui résulte de l'ordonnance du 10 février 2016 [9], donne aujourd'hui une définition générique de la compensation et l'alinéa 2 de cet article exige qu'elle soit invoquée, contrairement à la solution ancienne. Intervenant en dehors de toute manifestation de volonté, cette forme de compensation est exclusive de fraude [10], et de recherche de rupture d'égalité entre les créanciers. Elle est donc pleinement efficace.

Le double paiement réalisé par la compensation intervient, selon l'article 1347 du code civil, à la date où ses conditions sont réunies. Du fait de la règle de l'interdiction du paiement des créances antérieures, les conditions de la compensation, telles que définies par l'article 1347-1 du code civil – fongibilité, certitude, liquidité et exigibilité – devront être réunies, au plus tard, la veille du jugement d'ouverture, du fait de la rétroactivité de celui-ci à zéro heure de sa date (D. 27 déc. 1985 [11], art. 14). Si tel est le cas, la compensation ne pourra être remise en cause [12]. Ainsi, est admise la compensation légale ayant joué avant jugement d'ouverture entre une créance de restitution du dépôt de garantie et l'indemnité de résiliation d'un crédit-bail immobilier, dès lors que le débiteur n'a pas contesté cette indemnité, qui constitue une clause pénale [13].

La compensation légale ne peut jouer qu'autant que la créance présente les quatre caractères exigés par la loi. Si le débiteur ou le mandataire judiciaire conteste le caractère certain, liquide et exigible de la créance de pénalités de retard au motif que le retard constaté ne serait pas imputable au débiteur, il n'y a pas place au jeu de la compensation légale [14]. Identiquement, il n'y a pas place au jeu de la compensation légale si au jour de l'ouverture de la procédure collective, une expertise était en cours afin de déterminer si les grilles tarifaires avaient été correctement appliquées et si des erreurs de facturation pouvaient être retenues, de sorte que la créance invoquée au titre de la compensation résultant du dépasse-

1. Com. 1er mars 2016, n° 14-25.038, NP; n° 192 F-D.
2. AINSI : Com. 11 juin 2003, n° 00-15.788, NP.
3. J.-CL. COM., Seube, fasc. 2372, [Situation des créanciers – Compensation], 2003, n° 18 – Duboc, *La compensation et les droits des tiers*, Lgdj, 1989, n° 235 – SOINNE, n° 823.
4. Com. 5 oct. 2010, n° 09-70.218, NP – Com. 1er mars 2016, n° 14-25.038, NP; n° 192 F-D.
5. Com. 5 oct. 2010, n° 09-70.218, NP.
6. Com. 8 juill. 2003, n° 00-20.551, NP.
7. Com. 20 févr. 2007, n° 05-19.858, *Bull. civ.* IV, n° 50; *RTD civ.* 2007. 570, obs. Fages.
8. Com. 23 sept. 2014, n° 13-20.399, *Bull. civ.* IV, n° 133; F-P+B; *Act. proc. coll.* 2014, comm. 298, note Cagnoli.
9. Ord. n° 2016-131, 10 févr. 2016, *JO* 11 févr.
10. Pédamon et Carnet, « La compensation dans les procédures collectives de règlement du passif », *D.* 1976, Chron. 123 s., sp. 124.
11. D. n° 85-1388, 27 déc. 1985, *JO* 29 déc., p. 15281.
12. Com. 19 déc. 1989, n° 88-13.789, *Bull. civ.* IV, n° 327; *D.* 1991. Somm. 60, obs. Sortais – Com. 24 oct. 1995, n° 93-13.229, *Bull. civ.* IV, n° 252 – Com. 5 déc. 1995, n° 94-10.990, *Bull. civ.* IV, n° 284; *Quot. Jur.* 1996, n° 9, p. 6, note P. M.; *RTD com.* 1996. 530, obs. Martin-Serf.
13. Civ. 3e, 4 janv. 2006, n° 04-18.642, *Bull. civ.* III, n° 6; n° 19 FS-P+B; *D.* 2006. AJ 228, obs. Leinhard; *Gaz. proc. coll.* 2006/2, p. 39, obs. Roussel Galle – *Act. proc. coll.* 2006/2, n° 14.
14. Com. 24 mars 2015, n°s 13-23.791, 13-25.106, *Bull. civ.* IV [à paraître]; n° 318 F-P+B; *Gaz. Pal.* 21 juill. 2015, n° 200, p. 21, note Roussel Galle.

ment du tarif contractuel n'était ni certaine, ni liquide, ni exigible avant le jugement d'ouverture[1].

Avant de rejeter l'exception de compensation, au prétexte que créances et dettes réciproques ne seraient pas connexes entre elles, les juges du fond doivent vérifier si la compensation n'a pas joué avant jugement d'ouverture[2].

Sous l'empire des textes antérieurs à l'ordonnance du 10 février 2016[3] réformant le droit des obligations, peu importait la date à laquelle la compensation légale était invoquée puisqu'elle jouait de plein droit. Elle pouvait donc être invoquée après le jugement d'ouverture[4]. Le nouvel article 1347, alinéa 2 du code civil qui impose que la compensation soit invoquée pourrait entraîner une modification de la solution et une interdiction de la compensation légale dès lors qu'elle n'a pas été invoquée avant le jugement d'ouverture. Cependant pareille solution ne semble pas pouvoir être suivie, dès lors que la règle, nouvellement énoncée, ne fait que conforter l'état de la jurisprudence obligeant à invoquer le jeu de la compensation légale.

Avant d'admettre le jeu de l'exception de compensation légale, les juges du fond devront encore vérifier que les conditions de son jeu sont établies[5]. Tel n'est pas le cas si la créance présentée en compensation avec la dette n'est devenue exigible que par l'effet de la liquidation judiciaire, alors qu'elle ne l'était pas auparavant[6].

Tel ne sera pas le cas de la condition d'exigibilité des créances, en présence d'un prêt à durée indéterminée, dont les conditions de remboursement n'avaient pas été précisées, si le prêteur n'a entendu rendre exigible la dette qu'après le jugement d'ouverture[7]. Tel ne sera pas davantage le cas de la créance relative à une livraison exigible seulement après le jugement d'ouverture[8].

La condition d'exigibilité de la créance d'un client sur son banquier, en cas de virement, n'existe au moment où les fonds objet du virement ont été réglés au banquier pour le compte de son client. En effet, le droit de *créance détenue par un client* sur son banquier, chargé d'un mandat général d'encaissement, n'existe qu'à compter de la réception effective de ces fonds par ce banquier, qui les détient alors pour le compte de son client en qualité de dépositaire[9].

Tel ne sera pas davantage le cas de la condition de liquidité de la créance de dommages et intérêts, qui, en cas de désaccord entre les parties sur son montant, ne peut être fixée que par le juge[10].

Le fait que les créances réciproques soient connexes n'autorise pas le jeu de la compensation légale, si ses conditions n'en sont pas réunies au jour du jugement d'ouverture[11], mais seulement le jeu, après jugement d'ouverture, de la compensation pour dettes connexes (v. s[s] n°s 632.42 s.). Ainsi, la compensation légale ne pourra pas jouer si, au jour du jugement d'ouverture, l'une des dettes n'est pas exigible[12], par exemple celle issue du solde d'un compte-courant non clôturé à la date du jugement d'ouverture[13]. Observons à cet égard que la liquidation judiciaire emporte clôture du compte, ce qui a pour effet de rendre exigible le solde du compte. Il en est de même si l'une des dettes présentée en compensation n'est pas certaine[14] et *a fortiori* si l'une des dettes n'est ni certaine ni liquide[15]. Si la créance détenue contre la personne à laquelle la procédure est étendue, bien qu'étant née après le jugement d'ouverture de la procédure initiale, est née avant l'extension de la procédure sur le fondement de la confusion des patrimoines, le principe d'interdiction du jeu de la compensation après jugement d'ouverture ne peut être tenu en échec (v. s[s] n° 213.43).

Mais, dès lors que les conditions de la compensation légale sont réunies avant le jugement d'ouver-

1. Com. 19 mai 2015, n° 13-24.741, NP; n° 479 F-D.
2. Com. 8 janv. 2002, n° 98-22 976, *Bull. civ.* IV, n° 4; *RTD com.* 2002. 371, n° 7, obs. Martin-Serf; *Bull. Joly* 2002, § 102, p. 477, note Lucas – Com. 24 sept. 2003, n° 01-03.116, NP – Com. 28 avr. 2099, n° 08-11.563, NP; n° 393 F-D – Com. 18 sept. 2012, n° 11-21.735, NP; n° 886 F-D.
3. Ord. n° 2016-131, 10 févr. 2016, préc.
4. Com. 27 sept. 2011, n° 10-24.793, *Bull. civ.* IV, n° 138; n° 885 F-P+B; *Gaz. Pal. entr. diff.* 21 janv. 2012, n° 20, p. 19, note Roussel Galle; *RTD com.* 2012. 614, n° 3, obs. Martin-Serf; *LXB hebdo* 20 oct. 2011, n° 269, note Le Corre-Broly.
5. Com. 10 mai 2000, n° 97-13.907, NP – Com. 14 janv. 2003, n° 01-02.312, NP; n° 73 F-D.
6. Com. 6 oct. 2009, n° 06-20.360, NP; n° 863 F-D.
7. Com. 24 juin 2003, n° 00-17.478, NP.
8. Com. 8 oct. 2003, n° 02-13.727, NP – Com. 28 oct. 2008, n° 07-15.029, NP; n° 1077 F-D.
9. Com. 18 sept. 2007, n° 06-14.161, *Bull. civ.* IV, n° 194; n° 1001 FS-P+B+I+R; *D.* 2007. AJ 2464, note Avena-Robardet; *Gaz. proc. coll.* 2007/4, p. 17, note Routier; *RTD civ.* 2007. 774, n° 6, obs. Fages; *RTD com.* 2008. 196, n° 4, obs. Martin-Serf; *RD banc. fin.* nov./déc. 2007, p. 7, n° 21, note Martin; *JCP E* 2008, Chron. 1207, n° 17, p. 35, obs. M. Cabrillac.
10. Com. 24 juin 2003, n° 98-11.406, NP – Com. 27 mai 2008, n° 06-20.012, NP; n° 616 F-D.
11. Com. 28 oct. 2008, n° 07-15.029, NP; n° 1077 F-D.
12. Com. 15 oct. 1991, n° 89-20.605, *Bull. civ.* IV, n° 290; *JCP G* 1991. IV. 439 – Com. 27 oct. 1998, n° 96-12.188, *Bull. civ.* IV, n° 266; *JCP E* 1998, pan. 1955 – Com. 11 déc. 2001, n° 98-22.228, NP, *Act. proc. coll.* 2002/4, n° 46.
13. Reims, ch. civ., 1re sect., 28 janv. 2008, RG n° 07/00704, *Act. proc. coll.* 2008/16, n° 254, note Modi Koko Bebey.
14. Com. 21 janv. 1992, n° 90-13.548, *Bull. civ.* IV, n° 23; *RJDA* 1992/4, n° 392, p. 306.
15. Com. 20 juin 2000, n° 96-20.910, NP, *Rev. proc. coll.* 2002, p. 178, n° 10, obs. Lebel – Com. 6 févr. 2001, n° 97-21.943, NP, *Rev. proc. coll.* 2002, p. 178, n° 8, obs. Lebel.

ture, les juges n'ont pas à rechercher si les créances réciproques sont connexes entre elles.

La compensation légale opérant automatiquement, l'effet extinctif se produit à l'instant même de l'existence des deux dettes. Il en résulte que le créancier qui invoque la compensation légale n'a pas à déclarer sa créance au passif, celle-ci n'existant plus au jour du jugement d'ouverture de la procédure[2]. En revanche, la compensation suppose, au jour où elle doit jouer, l'existence de deux créances en sens inverse. L'extinction de l'une d'elles à la suite d'un rejet dans une précédente procédure collective, ou dans une procédure ouverte avant extension de procédure, fera obstacle au jeu de la compensation[3].

SECTION 632.30

ÉNONCÉ DES RÈGLES RELATIVES AU JEU DE LA COMPENSATION APRÈS JUGEMENT D'OUVERTURE

632.31 Énoncé des règles relatives au jeu de la compensation après jugement d'ouverture – Compensation invoquée par voie d'action ou par voie d'exception. Par principe, la compensation n'autorisera pas un créancier à être payé, après jugement d'ouverture, si elle n'a pas joué avant jugement d'ouverture. Naturellement, le créancier devra être antérieur, du moins sous l'empire de la législation antérieure à la loi de sauvegarde des entreprises[4].

Le créancier postérieur n'est pas concerné, sous l'empire de la législation antérieure à la loi de sauvegarde des entreprises, par la règle de l'interdiction des paiements après jugement d'ouverture. Il ne peut donc se voir interdire le jeu de la compensation[5]. Les données du problème changent radicalement sous l'empire de la loi de sauvegarde des entreprises. En effet, seules peuvent être payées, après jugement d'ouverture, les créances postérieures nées régulièrement qui sont éligibles au traitement préférentiel. Dans ces conditions, faut-il admettre le jeu de la compensation lorsque la créance présentée en compensation est une créance postérieure non éligible au traitement préférentiel ? La lecture du texte de l'article L. 622-7 alinéa 1 du code (devenu C. com., art. L. 622-7, I, al. 1, réd. ord. 18 déc. 2008[6]) doit conduire à une réponse négative[7]. En effet, la compensation n'est explicitement prévue par cette disposition que pour les créances antérieures. La disposition n'énonce-t-elle pas que « le jugement ouvrant la procédure emporte, de plein droit, interdiction de payer toute créance née antérieurement au jugement d'ouverture, à l'exception du paiement par compensation de créances connexes ». Cette solution nous semble cependant devoir être rejetée. Il n'y a pas de bonne raison d'opposer les créances antérieures aux créances postérieures non éligibles au traitement préférentiel. Le législateur aligne le régime de ces dernières sur celui des créances antérieures. Elles se voient appliquer les règles classiques intéressant les créances antérieures : interdiction du paiement et obligation corrélative de déclaration au passif. C'est donc une inadvertance législative qui a conduit à la rédaction du texte de la disposition étudiée. Ce texte doit s'interpréter comme signifiant que l'exception à la règle de l'interdiction du paiement des créances antérieures, mais aussi de certaines créances postérieures, est tenue en échec par la compensation pour dettes connexes. Un créancier postérieur titulaire d'une créance non éligible au traitement préférentiel pourra donc, comme un créancier antérieur, présenter sa créance en compensation pour ne pas payer à la personne en sauvegarde, en redressement ou en liquidation judiciaire ce qu'il lui doit, dès lors que les conditions du jeu de la compensation pour dettes connexes sont réunies.

Précisons encore que l'interdiction du paiement des créances antérieures ne fait pas obstacle à la compensation d'une telle créance avec une créance connexe du débiteur née après l'ouverture de la procédure collective[8].

Cette exception à l'interdiction du jeu de la compensation après jugement d'ouverture revêt, en pratique, une importance capitale. Elle est invoquée dans diverses situations, que n'admet pas uniformément la jurisprudence. Ainsi, la compensation ne pourra avoir pour fondement une dette de dommages et intérêts au titre d'une action engagée dans le cadre de l'article L. 621-39 du code de com-

1. Com. 15 déc. 2009, n° 08-70.164, NP; n° 1198 F-D – Com. 12 janv. 2010, n° 08-70.163, NP; n° 24 F-D – Com. 27 sept. 2011, n° 10-24.793, *Bull. civ.* IV, n° 138, n° 885 F-P+B; *Gaz. Pal. entr. diff.* 21 janv. 2012, n° 20, p. 19, note Roussel Galle; *LXB hebdo* 20 oct. 2011, n° 269, note Le Corre-Broly.
2. Com. 17 mai 1994, n° 91-20.083, *Bull. civ.* IV, n° 178; *D.* 1995, n° 8, p. 124, note Larroumet – Com. 3 juin 1997, n° 95-13.365, *Bull. civ.* IV, n° 165; *D.* 1998, jur. 61, note Francois; *JCP G* 1997. II. 22891, rapp. Rémery – Com. 20 janv. 1998, n° 95-18.516, NP – T. com. Paris, 8e ch., 8 juill. 2014, RG n° 2011/017286, *Gaz. Pal.* 2015. 2415.
3. Com. 19 nov. 2003, n° 02-14.904, NP.
4. L. n° 2005-845, 26 juill. 2005, *JO* 27 juill., p. 12187.
5. Soc. 31 mai 2001, n° 99-20.982, NP, *Act. proc. coll.* 2001/16, n° 207 – Com. 28 avr. 2099, n° 08-11.563, NP; n° 393 F-D.
6. Ord. n° 2008-1345, 18 déc. 2008, *JO* 19 déc., p. 19462.
7. EN CE SENS : COQUELET, 5e éd., 2015, n° 188.
8. Com. 21 févr. 2012, n° 11-18.027, *Bull. civ.* IV, n° 44; n° 224 F-P+B; *D.* 2012. Actu 678, note Lienhard; *Gaz. Pal.* 28 avr. 2012, n° 118, p. 28, note Roussel Galle; *Act. proc. coll.* 2012/6, comm. 86, note Cagnoli; *RTD com.* 2012. 613, n° 2, obs. Martin-Serf.

merce[1] (v. aussi s[s] n° 611.37), devenu l'article L. 622-20 dans la rédaction que lui donne la loi de sauvegarde des entreprises ou une dette de restitution liée au jeu de la période suspecte. La solution est justifiée par le fait que les sommes recouvrées à la suite de ces actions sont affectées, en cas de continuation de l'entreprise, selon les modalités du plan de continuation, de redressement ou de sauvegarde et selon les modalités prévues pour l'apurement du passif, en cas de plan de cession ou de liquidation judiciaire, au marc-le-franc. Les modalités d'affectation des sommes recouvrées justifieraient ainsi la solution. L'explication n'est cependant pas convaincante. En effet, faute de reconnaître au groupement des créanciers la personnalité morale, les sommes recouvrées rentrent bien dans l'actif du débiteur. La solution de la Cour de cassation ne peut dès lors s'expliquer que par l'idée d'un patrimoine d'affectation, bien difficile à justifier en droit positif[2]. Il faut, en tout cas, au regard des solutions jurisprudentielles, circonscrire le jeu de la compensation après jugement d'ouverture, aux dettes connexes.

La condition de connexité entre dettes réciproques n'est pas exigée si les conditions de la compensation légale, à savoir certitude, liquidité et exigibilité des créances, sont réunies au jour du jugement d'ouverture[3]. Symétriquement, il est logique que, dans l'hypothèse où un créancier, pour s'opposer à la demande en paiement qui lui est présentée, invoque la compensation pour dettes connexes, les juges du fond n'aient pas à vérifier que les conditions d'application de la compensation légale étaient réunies au jour du jugement d'ouverture[4].

La compensation n'est possible qu'entre deux obligations dans lesquelles les parties figurent en la même qualité. Sur ce fondement, a été refusée la compensation entre la créance contractuelle détenue sur le débiteur par le repreneur en plan de cession et sa dette de prix de cession, le commissaire à l'exécution du plan ne représentant pas le débiteur[5].

La compensation suppose que les créances soient réciproques, ce que doivent caractériser les juges du fond avant d'admettre le jeu de la compensation[6].

Dès lors queeu de la compensation est possible, la comperion pour dettes connexes sera invoquée le pluouvent par voie d'exception, permettant au paaire contractuel du débiteur de résister au paient, mais elle peut également être invoquée par v d'action[7].

Si les créanet dettes réciproques sont certaines et liquides, spalement parce que la créance invoquée en compsation a été fixée définitivement par une décision justice, et si ces créances réciproques sont connexle juge ne peut refuser de faire droit à la demande compensation, sans préciser en quoi les conditio de la compensation ne seraient pas réunies[8].

Indiquorque selon l'article 4-2-d du Règlement communaaire du 29 mai 2000[9], la loi de l'état d'ouverturde la procédure collective détermine les conditiond'opposabilité de la compensation.

SECTION 32.40

COMPENATION POUR DETTES CONNEXES

632.41 Évolution de la question. Au lendemain de la loi d 25 janvier 1985[10], un fort courant doctrinal s'éta clairement prononcé contre la possibilité d'invouer, après jugement d'ouverture, la compensation[1]. La contrariété du mécanisme, avec le redressemnt de l'entreprise, ajouté à la règle de l'interdiction des paiements, avait été avancée, pour exclure la taditionnelle exception jurisprudentielle de la connexité.

Il convient cependant de remarquer que le législateur de 1985, dans la rédaction initiale, avait admis lui-même le jeu de la compensation pour dettes connexes, dans une hypothèse particulière, celle de l'article 37 alinéa 4, devenu après la loi du 10 juin 1994[12], l'alinéa 5 (devenu C. com., art. L. 621-28, al. 5) : « Si l'administrateur n'use pas de la faculté de poursuivre le contrat, l'inexécution peut donner lieu à des dommages et intérêts dont le montant sera déclaré au passif au profit de l'autre partie. Celle-ci peut néanmoins différer la restitution des sommes versées en excédent par le débiteur en exécution du contrat, jusqu'à ce qu'il ait été statué sur les dommages et intérêts. » Sans doute, pris à la let-

1. Com. 28 mars 1995, n° 93-13.937, *Bull. civ.* IV, n° 105; *LPA* 19 juill. 1995, n° 86, p. 15, note Derrida; *D.* 1995, jur. 140, note crit. Derrida; *JCP E* 1995. I. 487, n° 12, obs. M. Cabrillac et Pétel; *RTD com.* 1996. 344, obs. crit. Martin-Serf; *RTD civ.* 1996. 165, obs. Mestre – Com. 6 mai 1997, n° 94-20.855, *Bull. civ.* IV, n° 119 – Com. 4 oct. 2005, n° 02-19. 332, NP.
2. RAPPR. : PÉROCHON, 10e éd., n° 607.
3. Com. 12 mars 2002, n° 98-21.340, NP, *Act. proc. coll.* 2002/9, n° 112 – Com. 12 janv. 2010. n° 08-70.163, NP; n° 24 F-D – Com. 18 sept. 2012, n° 11-21.735, NP; n° 886 F-D.
4. Com. 10 oct. 2000, n° 96-22.412, *Bull. civ.* IV, n° 153; *JCP* 2001, n° 21/22, p. 1064, note Boskovic.
5. Com. 23 nov. 2004, n° 03-12.779, NP.
6. Com. 4 avr. 2006, n° 05-11.587, NP.
7. Com. 7 mars 2006, n° 04-18.128, NP; n° 308 F-D; *Gaz. proc. coll.* 2006/3, p. 32, obs. Roussel Galle.
8. Com. 28 oct. 2008, n° 07-17.301, NP; n° 1087 F-D.
9. Règl. (CE) n° 1346/2000, Conseil, 29 mai 2000 relatif aux procédures d'insolvabilité, *JOCE L* 160, 30 juin, p. 1.
10. L. n° 85-98, 25 janv. 1985, *JO* 26 janv., p. 1097.
11. NOT. : DERRIDA *ET ALII*, n° 380 – réf. citées dans : SAINT-ALARY-HOUIN, 5e éd., nos 644, 604, 605.
12. L. n° 94-475, 10 juin 1994, *JO* 11 juin, p. 8440.

tre, ce texte ne pose-t-il pas le principecompensation. Cependant, une fois que le tribuaura statué sur le montant des dommages et irêts, c'est-à-dire lorsqu'il aura liquidé la créande l'autre partie, cette dernière pourra opposer lompensation [1], sans quoi le texte n'aurait aucuntérêt.

En dehors de ce cas, la Cour de cassion devait maintenir sa jurisprudence classique et lider le jeu de la compensation pour dettes connex[2], pour des raisons d'équité contractuelle [3]. C'est cte jurisprudence qu'a consacrée le législateur du 1juin 1994, en ajoutant à l'article 33, alinéa 1 de la l du 25 janvier 1985 (devenu C. com., art. L. 621-24, le membre de phrase suivant : « Cette interdiction(de payer les créances antérieures) ne fait pas obstacle au paiement par compensation de créances connexes ». La solution est reprise par l'article L. 622-7, alinéa 1 du code, dans la rédaction que lui donne la loi de sauvegarde des entreprises (devenu C. com., art. L. 622-7, I, al. 1, réd. ord. 18 déc. 2008), texte de la procédure de sauvegarde applicable également en redressement judiciaire (C. com., art. L. 631-14, I, al. 1, devenu C. com., art. L. 631-14, al. 1) et en liquidation judiciaire (C. com., art. L. 641-3, al. 1).

La connexité entre les créances s'entend d'une source commune, ces créances résultant d'un même fait ou acte générateur. Ce qui définit la connexité, c'est l'unité de source, laquelle va créer et engendrer un lien d'interdépendance [4].

La compensation pour dettes connexes va permettre à un créancier, qui, le plus souvent, sera chirographaire, d'être payé, parce qu'il ne paie pas ce qu'il doit à la personne placée sous procédure collective. Elle apparaît ainsi violer ouvertement le principe d'égalité des créanciers, en ce que, d'une part, elle assure un meilleur traitement à un créancier chirographaire que celui réservé aux autres, qui ne repose que sur le seul élément de fait que l'intéressé a la chance d'être tout à la fois créancier et débiteur, et, d'autre part, assure également un traitement meilleur à un créancier chirographaire que celui réservé à bien des créanciers qualifiés par la loi de « privilégiés ». Il n'est dès lors pas étonnant qu'une question prioritaire de constitutionnalité ait été posée, en soutenant que la compensation pour dettes connexes portait atteinte aux principes d'égalité et de sécurité juridique. La Cour de cassation ne l'a toutefois pas jugée sérieuse [5], ce qui peut être discuté [6].

Encore faut-il, pour que puisse jouer la compensation pour dettes connexes, que le créancier n'ait pas payé sa dette. S'il le fait, il ne peut ensuite demander le remboursement au liquidateur de la somme versée à son débiteur pour pouvoir prétendre opposer ensuite la compensation [7].

Signalons le nouvel article 1348-1 du code civil qui valide le principe de la compensation pour dettes connexes.

632.42 Compte unique en dehors du compte bancaire. Le législateur n'a pas défini la notion de connexité permettant, après jugement d'ouverture, le jeu de la compensation. La tâche est ainsi laissée à la jurisprudence, la Cour de cassation exerçant son contrôle sur son existence (solution posée sous l'empire de la loi du 13 juill. 1967 [8]), en laissant aux juges du fond le soin de définir cette notion de fait.

Le législateur de 1994 [9] n'ayant fait que reconduire les solutions jurisprudentielles, il est clair que les solutions antérieurement dégagées seront applicables.

La compensation est admise entre créances et dettes réciproques entrées en compte-courant [10]. Pour cela, les parties doivent convenir que, en cas de pluralité de contrats, il soit fait masse dans un compte-courant unique de toutes les créances et dettes nées des divers contrats entre elles. La connexité résulte en ce cas de l'affectation des créances réciproques au même compte. La solution est posée, par exemple, dans le cadre d'un compte existant

1. EN CE SENS : Versailles, 20 mai 1987, *D.* 1988. Somm. 8, obs. Derrida – *Adde*, RIPERT ET ROBLOT, n° 3040 – DERRIDA *ET ALII*, note 1527 – J.-CL. COM., Seube, fasc. 2372, [Situation des créanciers – Compensation], 2003, n° 71 – GUYON, n° 1366.
2. Com. 19 mars 1991, n° 89-17.083, *Bull. civ.* IV, n° 105; *Quot. Jur.* 1991, n° 75, p. 7, note B. P.; *RTD com.* 1991. 454, obs. Martin-Serf; *D.* 1991, jur. 542, note Duboc; *RJ com.* 1992, n° 1, p. 24, note Pedamon; *LPA* 11 avr. 1992, n° 133, p. 15, note Derrida; *JCP G* 1991. II. 21726, note Montredon; *JCP E* 1991. II. 174, note Legeais; *JCP E* 1991. I. 73, n° 23, obs. M. Cabrillac et Pétel; *RD banc. et bourse* 1991, 155, obs. Campana et Calendini; *Rev. proc. coll.* 1991, 211, obs. Saint-Alary-Houin; *D.* 1992. Somm. 257, obs. Derrida.
3. *Rapport C. cass.* 1991, p. 67 – *Adde*, LE CANNU, 7e éd., n° 367.
4. Danos, « La connexité en matière de compensation », *D.* 2015. 1655 s., sp. 1656.
5. Com. 14 sept. 2010, n° 10-40.022 QPC, NP, *Act. proc. coll.* 2010, comm. 226, note Cagnoli; *JCP E* 2011, Chron. 1030, n° 3, obs. approb. Pétel; *RTD com.* 2011. 798, n° 6, obs. Martin-Serf.
6. AINSI : Kuntz et Nurit, « Le paiement de dettes connexes et le principe d'égalité des créanciers : l'éternelle incompatibilité », *BJE* mai/juin 2011, § 65, p. 160 s., sp. p. 162, nos 32 s.
7. Com. 11 juin 2014, n° 13-16.252, NP.
8. L. n° 67-563, 13 juill. 1967, *JO* 14 juill., p. 7059 – Com. 22 juin 1983, n° 81-16.005, *Bull. civ.* IV, n° 186; *D.* 1983. Somm. 560, obs. Honorat.
9. L. n° 94-475, 10 juin 1994, préc.
10. Com. 10 janv. 2006, n° 04-11.370, NP; n° 4 F-D; *Gaz. proc. coll.* 2006/2, p. 39, obs. Roussel Galle – Paris, 3e ch. B, 20 juin 2003, RG n° 2002/13707 – Paris, 3e ch. A, 10 oct. 2006, RG n° 2005/21484.

entre une société d'affacturage et son client[1]. La subrogation, qui joue dans le contrat d'affacturage, a pour effet d'investir le subrogé de la créance primitive avec tous ses avantages et accessoires de sorte qu'il devient créancier personnel du débiteur. Dès lors que les créances subrogatives détenues, à la date de la clôture du compte-courant, par le factor sur son adhérent du chef des fournisseurs de celui-ci, sont certaines, même si elles ne figurent encore qu'au différé du compte, et dès lors qu'elles ont conventionnellement vocation, lors de cette clôture, à entrer dans le disponible du compte auquel elles sont affectées, il s'en déduit qu'elles sont connexes à celles inscrites sur le compte dont les parties ont fait le cadre de règlement de leurs créances réciproques, ce qui justifie la possibilité de compensation de la créance avec le solde du compte[2].

Cependant, le solde débiteur du compte-courant au jour du jugement d'ouverture et les sommes résultant de l'encaissement d'effets de commerce postérieurement audit jugement ne sont pas connexes, dès lors que celles-ci, qui ne pouvaient être inscrites par la banque au crédit du compte avant leur encaissement, n'étaient pas entrées en compte avant le jugement d'ouverture[3].

632.43 Compte bancaire[4]. Les solutions posées par la jurisprudence, qui admet par principe, le jeu de la compensation pour dettes connexes en matière de compte-courant, méritent des précisions pour le compte bancaire.

Sauf dans l'hypothèse d'une liquidation judiciaire, où le compte-courant est clôturé par l'effet de cette mesure[5], la convention de compte-courant, même accompagnée d'une ouverture de crédit, entre dans le champ d'application de la continuation des contrats en cours (v. s[s] n° 434.11).

Il importe d'abord de préciser que, après ouverture du redressement judiciaire et décision de continuer le compte-courant, il y a mise en place en pratique de comptes dits « RJ », c'est-à-dire un compte redressement judiciaire. La jurisprudence a considéré qu'il n'y a pas juridiquement ouverture d'un nouveau compte, et cela même si l'administrateur judiciaire a sollicité la clôture du compte et l'ouverture d'un « compte RJ »[6]. Cette application du droit commue la continuation des contrats en cours doit tobis se combiner nécessairement avec les règles fcamentales du droit des procédures collectives, inlisant notamment au banquier de se faire régler paréférence le solde débiteur, ce à quoi aboutirait la prsuite du fonctionnement du compte[7].

En efi, la continuation du compte-courant devrait eraîner, par le mécanisme de fusion des articles dcompte, le paiement de créances antérieures augement d'ouverture, grâce à des remises postérieur audit jugement[8]. Pour éviter de contrarier aussi overtement les règles du droit des procédures collectives, et spécialement la règle de l'interdiction du paiement des créances antérieures, après ouverture dela procédure collective, la solution de la jurisprudence consiste à tirer un solde provisoire. La position du compte, non au jour du jugement d'ouverture, mais la veille, sera à déclarer au passif si le solde est négatif[9]. Les remises sur le compte, subséquentes au jugement d'ouverture, ne pourront être affectées au paiement du solde débiteur antérieur au jugement d'ouverture. Il en est ainsi de créances, qui ne peuvent être inscrites en compte courant, dès lors qu'elles ne sont pas exigibles à la date du jugement d'ouverture[10]. Elles seront affectées aux besoins de la procédure collective.

L'interdiction de tout paiement de dettes antérieures au jugement d'ouverture contraint ainsi le banquier à procéder à un arrêté provisoire du compte-courant, et à la liquidation des opérations en cours au jour du jugement d'ouverture[11]. La jurisprudence a énoncé que le mécanisme de règlement simplifié propre au compte-courant ne s'oppose pas à sa continuation, ni à ce que l'on puisse tirer un solde provisoire et le déclarer[12]. Ce solde arrêté au jour du

1. Com. 1er mars 2005, n° 03-18.774, NP, *Gaz. proc. coll.* 2005/2, p. 38, obs. Bonhomme; *JCP E* 2005, n° 23, p. 953, note Scholastique; *RTD com.* 2005. 841, n° 2, obs. Martin-Serf – Com. 19 avr. 2005, n° 03-13.787, NP, *Gaz. proc. coll.* 2005/2, p. 38, obs. Bonhomme.
2. Com. 19 avr. 2005, n° 03-13.787, NP, *Gaz. proc. coll.* 2005/2, p. 38, obs. Bonhomme.
3. Com. 28 sept. 2004, n° 03-13.182, NP.
4. SUR LES RÈGLES PARTICULIÈRES à la compensation entre participants au règlement interbancaire : JACQUEMONT, 7e éd. 2011, n° 363.
5. Com. 20 janv. 1998, n° 95-17.836, NP, *RTD com.* 1998. 393, obs. M. Cabrillac.
6. Com. 11 juin 2003, n° 00-12.382, NP, *Act. proc. coll.* 2003/15, n° 199; *Rev. proc. coll.* 2003, p. 240, n° 7, obs. Roussel Galle – Crédot, « La continuation du compte courant par l'application de l'article L. 37 », *LPA*. 23 juin 1989, p. 19 s.
7. Versailles, 13e ch., 4 nov. 1987, RG n° 8877/86, *Hericotte c/Banque populaire de la région Nord de Paris*, *JurisData* 044605.
8. SUR LA QUESTION : Campana, « De la continuation du compte courant en cas de redressement judiciaire du remettant », *Banque* 1986. 952.
9. Com. 5 nov. 2003, n° 00-20.122, NP – *Adde*, Martin, « Incidence du maintien forcé à la convention de compte courant sur les sûretés affectées à la garantie du solde », *Banque et droit* 1988, 54.
10. Com. 28 janv. 2014, n° 12-35.027, NP; n° 113 F-D.
11. Versailles, 4 nov. 1987, *JCP G* 1988. II 15127.
12. Com. 8 déc. 1987, n° 87-11.501, *Bull. civ.* IV, n° 266; *D.* 1988, jur. 52, note Derrida; *D.* 1987, jur. 53, note Derrida; *JCP G* 1988. II 20927, note Jeantin; *JCP E* 1988. I. 15163, note Jeantin, et *JCP N* 1988, jur. p. 43, note Martin; *Banque* 1988. 96, obs. J-Rives-Lange; *RD banc. fin.* 1988, p. 60, obs. Crédot, Gérard, et p. 69, note Dekeuwer-Défossez; *Rev. proc. coll.* 1988, n° 1, p. 61, obs. Mestre et Delbecque; *RTD com.* 1988. 97, obs. M. Cabrillac et Teyssié.

jugement d'ouverture, qui a la nature d'une créance antérieure, et qui est déclaré au passif à ce titre, n'est, sous réserve de la liquidation des opérations en cours attachées au différé des créances nées antérieurement, pas susceptible d'être recalculé avec des créances nées postérieurement.

La poursuite de la convention de compte-courant nécessite concrètement l'ouverture d'un deuxième compte, intitulé « redressement judiciaire », qui commence à zéro, c'est-à-dire sans report à nouveau. Chaque compte suit son propre régime, du fait de leur indépendance. Il s'ensuit qu'aucune créance de l'un ne peut se compenser avec celles de l'autre[1].

Ainsi que cela a été fort bien écrit, « bien que la convention de compte poursuive ses effets, l'article L. 622-7 du code de commerce (L. 25 janv. 1985[2], art. 33) interdit qu'elle procure au banquier un paiement préférentiel de sa créance antérieure grâce aux remises nouvelles en sens inverse qui vont alimenter le compte en période d'observation. L'arrêté du compte débiteur conduit donc à une liquidation du différé, obéissant aux mêmes conditions et produisant les mêmes effets que celle qui suit une clôture, alors que le compte (la convention) "continué" enregistre les remises nouvelles »[3].

Les remises faites sur le compte après ouverture du redressement judiciaire n'emportent pas paiement de la dette arrêtée au jour du jour du jugement d'ouverture. Le fondement de la solution est trouvé dans la règle de l'interdiction du paiement des créances antérieures et l'impossible compensation, en la matière, pour dettes connexes. Parce que le banquier ne peut plus obtenir paiement après jugement d'ouverture d'une créance antérieure, il ne peut, par l'effet d'une remise postérieure au jugement d'ouverture, voir diminuer le solde débiteur du compte tel qu'il existait au jour du jugement d'ouverture. Ce solde a dû être déclaré au passif et ne peut être affecté par des remises subséquentes intervenues sur le compte. La solution est ainsi posée pour des sommes résultant de virements et de chèques postérieurement au jugement d'ouverture, et cela indépendamment de la connaissance par la banque de la survenance du jugement d'ouverture[4]. Le banquier ne peut davantage prétendre conserver les sommes reçues après le jugement d'ouverture en avance sur les sommes devant lui revenir dans la procédure collective[5].

L'analyse emporte des conséquences importantes en matière de cautionnement du solde débiteur du compte-courant (v. s^s n° 721.15).

Précisons encore que la compensation ne peut jouer entre une créance au titre d'un solde débiteur en compte et les sommes saisies à titre conservatoire avant l'ouverture de la procédure, du fait de la caducité de la saisie par l'effet du jugement d'ouverture[6].

La jurisprudence admet la compensation lorsque les parties, bien qu'étant unies par plusieurs comptes, ont décidé de manière claire et permanente[7], de les fusionner. Les opérations qualifiées par la pratique bancaire de « **fusion de comptes** » ou d'« unité de compte » sont reconnues efficaces en jurisprudence[8], et autorisent ainsi la compensation, de façon précieuse pour les banques puisque ces clauses sont devenues de style[9]. À défaut de cette convention de fusion de comptes, la compensation entre plusieurs comptes sera impossible, sauf connexité[10].

Compte courant et compte de dépôt sont compatibles, même si leur fonctionnement diffèrent. Il n'y a pas davantage d'obstacles à la compensation de comptes libellés en devises différentes, dès lors qu'elles sont convertibles[11].

En revanche, est refusée la compensation entre la convention de compte-courant et le contrat de prêt, peu important qu'ait été stipulée une fusion des comptes, car la règle de l'unité de comptes ne concerne que le fonctionnement des divers comptes et n'a pas pour effet de lier les opérations réalisées sur les comptes de dépôt ou certaines d'entre elles avec celles relatives au contrat de prêt[12].

De plus, il a été jugé qu'il n'y avait pas fongibilité entre un compte courant et un compte titres, ce qui

1. AUSSI : JACQUEMONT, 6e éd. 2009, n° 350 – LE CANNU, 7e éd., n° 371.
2. L. n° 85-98, 25 janv. 1985, préc.
3. BONHOMME, *Instruments de crédit et de paiement,* 11e éd., Lgdj, 2015, n° 499.
4. Orléans, ch. éco. et fin., 22 févr. 2007, RG n° 06/02454, *RJDA* 2007/6, p. 624, n° 641.
5. Paris, 3e ch. B, 31 mars 2006, RG n° 2005/11953.
6. Com. 5 juin 2012, n° 10-23.409, NP; n° 651 F-D.
7. J.-CL. COM., Seube, fasc. 2372, [Situation des créanciers – Compensation], 2003, n° 61.
8. Com. 3 juill. 1942, *Sem. jur.* 1942, II, 2157, note Houin – Com. 14 déc. 1981, n° 80-13.109, *Bull. civ.* IV, n° 440; *D.* 1982. IR 335, obs. Vasseur – Com. 16 oct. 2007, n° 06-14.574, NP – Riom, 7 oct. 1960, *D.* 1962. 479, note Honorat; *RTD com.* 1962. 756, obs. Houin – Paris, 5 mars 1969, *RTD com.* 1969. 1062, obs. Houin; *Banque* 1969. 1025, obs. Marin – Angers, aud. sol., 14 févr. 2006, *JCP E* 30 nov. 2006, Chron. 2697, p. 2031, n° 20, obs. Coudert.
9. SUR CES CONVENTIONS et le statut de l'EIRL : Bonhomme, « Patrimoine affecté et convention d'unité de compte, quelle compatibilité ? », *BJE* mars 2012, doctrine. 125, p. 103.
10. Com. 17 juill. 2001, n° 97-18.387, NP, *Rev. proc. coll.* 2002, p. 262, n° 13, obs. Lebel – T. com. Paris, 6e ch., 19 sept. 2005, RG n° 2004/20148, *Gaz. Pal.* 12-13 janv. 2007, p. 23.
11. Com. 28 sept. 2004, n° 01-16.986, *Bull. civ.* IV, n° 166; *D.* 2204. 2933, note Delpech; *RTD com.* 2005. 153, obs. Legeais.
12. Montpellier, 2e ch., 7 déc. 2010, RG n° 10/677, *Rev. proc. coll.* 2011, comm. 84, p. 47, note Legrand et Legrand.

exclut l'unité de comptes[1] et par voie de conséquence la compensation entre le solde débiteur du compte courant et la contre-valeur du compte-titres. La convention de compensation est alors « contre-nature », parce qu'il ne s'agit pas de créances de sommes d'argent fongibles[2].

Lorsqu'un acte d'ouverture de crédit, qui a pour objet la garantie d'achèvement d'un programme immobilier, prévoit que tous les mouvements financiers de l'opération seront centralisés sur le compte courant et que devront obligatoirement être versées sur ce compte toutes sommes contribuant au financement de l'opération, la compensation pour dettes connexes est possible entre la somme versée sur le compte au titre d'un remboursement de TVA afférent aux travaux financés par la banque et la créance détenue par la banque au titre de l'ouverture de crédit[3]. La Cour de cassation admet ainsi que les parties puissent organiser les conditions du jeu de la compensation pour dettes connexes[4].

Précisons encore que la compensation ne jouera qu'entre débiteur et créancier identiques et non point entre une banque et diverses sociétés d'un groupe qui avaient décidé de concentrer sur un compte unique le débit résultant de l'utilisation d'un découvert autorisé[5], en l'absence d'extension sur le fondement de la confusion des patrimoines ou de la fictivité.

632.44 Dettes issues d'un contrat synallagmatique autorisant le jeu de la compensation après jugement d'ouverture. L'exemple type de connexité est celui qui existe entre des obligations issues d'un rapport synallagmatique. Il s'agira, le plus souvent, d'une dette née de l'exécution du contrat et d'une dette, en sens inverse, née de la mauvaise exécution ou de l'inexécution du contrat.

Ainsi, est admise, la compensation entre une dette née de l'exécution du contrat, par exemple les loyers d'un bail et l'indemnité pour trouble ou privation de jouissance[6], les loyers d'un bail et la dette de condamnation à faire des travaux[7], entre une prime d'assurance due par l'assuré et une indemnité d'assurance due par l'assureur[8], entre la créance du loueur d'un fonds de commerce au titre de redevances arriérées et sa dette en sens inverse de restitution des sommes versées à titre de dépôt de garantie[9], entre des créances nées de la continuation d'un contrat de distribution sélective et des dettes en sens inverse de primes commerciales[10], ou encore entre des factures dues par le franchiseur au titre du contrat de franchise et une dette du franchisé pour manquement aux obligations contractuelles du contrat de franchise[11].

La compensation est admise entre la créance de prime du contrat d'assurance et la dette de garantie de la compagnie d'assurance[12].

La compensation est possible entre une créance de pénalités de retard et la dette en sens inverse de prix de travaux[13].

La compensation peut résulter d'une dette née de la rupture fautive d'un contrat et d'une dette en sens inverse trouvant sa source dans un manquement aux obligations contractuelles quant à la qualité des produits livrés[14] ou d'une dette née du préjudice résultant d'une diminution des commandes et d'une dette en sens inverse née de la contamination des produits livrés[15].

La compensation est admise entre une dette née de prestations de services et la créance en sens inverse de dommages et intérêts résultant d'une exécution défectueuse du contrat, en l'occurrence une surfacturation de redevances, la facturation étant sans adéquation avec la nature et l'importance des services fournis[16].

La compensation est également admise entre une dette née de l'exécution du contrat et une dette en sens inverse née de la disparition du contrat (v. aussi s^s n° 582.61). Il en est ainsi de la compensation entre une dette de loyer et la dette en sens inverse de restitution du dépôt de garantie[17]. Bien que consti-

1. Com. 16 déc. 2014, n° 13-17.046, *Bull. civ.* IV [à paraître]; n° 1134 F-P+B; *Act. proc. coll.* 2015/3, comm. 38, note Douville; *BJE* 2015, 97, note Bonhomme; *JCP E* 2015. 1060, note Legeais; DPDE janv. 2015, 4, note Dizel; *Gaz. Pal.* 2015, Jur. 1066, note Houin-Bressand; *LPA* 22 avr. 2015, n° 80, p. 12, note Lasserre Capdeville.
2. Bonhomme, note s^s Com. 16 déc. 2014, n° 13-17.046, *Bull. civ.* IV [à paraître]; *BJE* 2015, 98.
3. Com. 9 avr. 2013, n° 12-14.356, NP; n° 379 F-D; *BJE* sept. 2013, p. 293, note Borga.
4. Borga, note s^s Com. 9 avr. 2013, n° 12-14.356, NP; n° 379 F-D; préc.
5. Versailles, 13e ch., 12 mars 1998, *BSD c/Me Chavanne de Dalmassy,* ès qual. *liquidateur Soldy,* NP.
6. Civ. 1re, 11 juill. 1958, *D.* 1958 Somm. 561.
7. Civ. 3e, 13 févr. 2002, n° 00-19.943, *Bull. civ.* III, n° 37; *D.* 2002. AJ 887; *Act. proc. coll.* 2002/7, n° 85; *AJDI* 2002. 521, obs. Le Corre.
8. Com. 13 févr. 1979, *Bull. civ.* IV, n° 58.
9. Com. 29 févr. 2000, n° 97-16.969, NP – Paris, 16e ch. B, 24 nov. 2000, *Gaz. Pal.* 8-9 août 2001, Somm. 41, note Brault – *Adde*, Pelletier et Aymami, « La compensation des créances de loyers et de restitution du dépôt de garantie en procédures collectives », *JCP E* 2012. 1289.
10. Com. 18 juin 2013, n° 12-22.219, NP; n° 625 F-D.
11. Com. 8 juill. 2003, n° 02-11.691, NP, *Act. proc. coll.* 2003/18, n° 228.
12. Paris, 7e ch. A, 3 févr. 2004, RG n° 2002/14445.
13. Com. 1er déc. 2009, n° 08-20.178, NP; n° 1126 F-D.
14. Paris, 8e ch. B, 1er juill. 2004, RG n° 2003/21701.
15. Civ. 2e, 8 févr. 2007, n° 04-18.871, NP; n° 146 F-D.
16. Com. 27 janv. 2015, n° 13-18.656, *Bull. civ.* IV [à paraître]; n° 81 F-P+B; *RTD com.* 2015. 372, note Martin-Serf; *BJE* mai 2015, 149, note Delrieu.
17. Le Corre, « Dépôt de garantie et compensation dans les procédures collectives », *AJDI* 2003. 657.

tuant une sûreté réelle, le dépôt de garantie n'a pas à être mentionné dans la déclaration de créance (v. s[s] n° 666.42).

Cependant, l'exigibilité de la créance détenue par le preneur sur le bailleur au titre du dépôt de garantie dépendra des conditions prévues au bail[1]. En pratique, il s'agira de l'arrivée du terme du contrat ou de sa résiliation, qui seules permettront le jeu de la compensation[2]. La compensation ne peut donc être opérée avec des loyers antérieurs, dès lors que le bail a été continué après le jugement d'ouverture[3]. En outre, la compensation de la dette de restitution du dépôt de garantie avec des loyers impayés ne sera pas effectuée prioritairement sur les loyers les plus anciens, s'ils sont antérieurs au jugement d'ouverture. En effet, lorsque plusieurs dettes compensables sont dues par une même personne, il y a lieu d'appliquer l'article 1296 du code civil[4], lequel renvoie aux dispositions de l'article 1256 du même code (devenu C. civ., art. 1342-10)[5]. Or, selon cette dernière disposition, « le payement doit être imputé sur la dette que le débiteur avait pour l'heure le plus d'intérêt d'acquitter entre celles qui sont pareillement échues ». Il apparaît donc que la compensation doit d'abord porter sur les loyers postérieurs au jugement d'ouverture, l'intérêt du locataire étant d'éviter la résiliation du bail pour défaut de paiement des loyers, laquelle n'est envisageable que pour le non-paiement des loyers postérieurs[6]. La solution contraire a cependant été posée en jurisprudence[7]. Rien ne semble interdire, compte tenu du caractère supplétif des règles d'imputation des paiements prévues par le code civil, d'aménager celles-ci en prévoyant que l'imputation s'effectuera sur les dettes les plus anciennes, ce qui sera intéressant pour le créancier[8].

Une solution particulière est toutefois posée en cas de cession judiciaire du bail (v. s[s] n° 582.61).

La créance de restitution du dépôt de garantie versé avant jugement d'ouverture a la nature d'une créance antérieure. Elle ne naît pas de la fin du bail après jugement d'ouverture, mais du *contrat de bail* lui-même (v. s[s] n° 442.31). En cas de procédure collective atteignant le bailleur, cette créance de restitution ne pourra donc être compensée avec des dettes d'un locataire que si elle a été déclarée au passif[9], et cela même sous l'empire de la législation de sauvegarde des entreprises qui a supprimé l'extinction des créances non déclarées.

Le nouvel article 1347-2 du code civil, issu de l'ordonnance du 10 février 2016[10], pourrait avoir des conséquences sur la question du dépôt de garantie, dans la mesure où il énonce que les obligations de restitution d'un dépôt ne sont compensables que si le créancier y consent.

La compensation pourra également avoir lieu entre la créance d'indemnité d'occupation et la créance en sens inverse d'indemnité d'éviction. Mais il faudra que la créance d'indemnité d'occupation ne soit pas litigieuse[11].

De même, la compensation pourra avoir lieu entre des créances nées de la situation constituée par la résiliation d'un contrat de bail commercial, par exemple entre des créances d'indemnité d'éviction et des créances d'indemnité d'occupation[12].

La compensation est également admise entre une dette de restitution d'acompte par le vendeur et la dette en sens inverse de l'acheteur, pour manquement aux obligations contractuelles[13], ou encore entre une dette de prix de travaux et une dette en sens inverse de frais de remise en état pour malfaçon[14]. On remarquera d'ailleurs que l'article L. 621-28, alinéa 5 du code de commerce (anc[t] L. 25 janv. 1985[15], art. 37, al. 5), dans la rédaction antérieure à la loi de sauvegarde des entreprises[16],

1. Com. 7 juill. 2004, n° 01-01.452, NP.
2. Com. 6 juin 1989, n° 88-13.501, *Bull. civ.* IV, n° 177 – Com. 20 mars 2001, n° 98-14.124, *Bull. civ.* IV, n° 63; *JCP E* 2001, n° 37, p. 1423, note M. Cabrillac et Pétel; *D.* 2001. AJ 1391, obs. Lienhard; *Act. proc. coll.* 2001/8, n° 100; *RTD com.* 2001 765, obs. Martin-Serf; *JCP E* 2002, jur. 224, p. 226, note Keita – Orléans, ch. éco. et fin., 8 juin 2000, *Rev. proc. coll.* 2002, p. 261, n° 12, obs. Lebel – Versailles, 12e ch. C, 25 oct. 2001, *Dr. et proc.* 1002/2, n° 166, p. 52 – Paris, 16e ch. A, 16 mai 2001, *RTD com.* 2001. 765, obs. Martin-Serf.
3. Paris, 18 déc. 2008, RG n° 08/12405.
4. ABROGÉ DEPUIS le 1er oct. 2016 : Ord. n° 2016-131, 10 févr. 2016, préc.
5. DEPUIS le 1er oct. 2016 : Ord. n° 2016-131, 10 févr. 2016, préc.
6. Com. 20 mars 2001, n° 98-14.124, *Bull. civ.* IV, n° 63; *JCP E* 2001, n° 37, p. 1423, note M. Cabrillac et Pétel; *D.* 2001. AJ 1391, obs. Lienhard; *Act. proc. coll.* 2001/8, n° 100; *RTD com.* 2001. 765, obs. Martin-Serf – Com. 24 juin 2003, n° 00-17.156, NP, *JCP E* 2003, Chron. 1665, p. 1915, n° 12, obs. Kendérian; *LXB* n° N8631AAW, note Le Corre; *JCP E* 2004, jur. 426, p. 469, note Keita.
7. Paris, 16e ch. A, 16 mai 2001, *RTD com.* 2001. 765, obs. Martin-Serf.
8. EN CE SENS AUSSI : Kendérian, *Le sort du bail commercial dans les procédures collectives*, 4e éd., LexisNexis, 2015, n° 39.
9. Com. 5 juin 2007, n° 06-14.151, NP; n° 809 F-D; *Gaz. proc. coll.* 2007/4, p. 41, note Henry; *Rev. proc. coll.* 2008, p. 67, n° 4, note Lebel; *LXB hebdo* juin 2007, n° 265, n° N5621BBS, note Le Corre-Broly.
10. Ord. n° 2016-131, 10 févr. 2016, préc.
11. Paris, 8e ch. B, 4 sept. 2003, RG n° 2002/21610.
12. Civ. 1re, 9 mai 2001, n° 98-22.664, *Bull. civ.* I, n° 126; *Act. proc. coll.* 2001/11, n° 138, obs. Vallansan.
13. Com. 19 déc. 1989, n° 88-13.789, *Bull. civ.* IV, n° 327; *D.* 1991. 60, note Sortais.
14. Com. 24 oct. 1978, n° 77-11.012, *Bull. civ.* IV, n° 235.
15. L. n° 85-98, 25 janv. 1985, préc.
16. L. n° 2005-845, 26 juill. 2005, préc.

l'article L. 622-13, alinéa 5 issu de la loi de sauvegarde des entreprises (devenu C. com., art. L. 622-13, V, réd. ord. 18 déc. 2008[1]), constituent une illustration de la compensation entre dettes de dommages et intérêts pour inexécution (non-poursuite du contrat) et dettes de restitution d'acomptes en sens inverse.

La compensation aura souvent vocation à jouer entre une créance de fournitures et une créance en sens inverse d'avoir ou de ristournes. Le fait que le partenaire contractuel de la personne sous procédure collective tarde à invoquer la compensation, en retardant le moment d'émission des avoirs, ne peut conduire au rejet de sa prétention à compenser pour dettes connexes, car, comme le relève la Cour de cassation, si le partenaire contractuel de la personne sous procédure collective émet les avoirs avant l'ouverture de la procédure collective, il n'est plus question de compenser pour dettes connexes après le jugement d'ouverture, mais on en est en présence d'une compensation légale, ce qui aboutit donc au même résultat pour la personne sous procédure collective[2].

La compensation ne peut intervenir qu'entre des créances et dettes réciproques unissant deux mêmes personnes. Elle ne peut jouer entre des créances détenues par une société sur la société sous procédure collective et une créance détenue par cette dernière sur autre société, fut-elle du même groupe. Ainsi, il a pu être jugé que la compensation ne pouvait jouer entre une créance détenue par l'adhérent sur son affacturеur et des créances d'un fournisseur sur l'adhérent[3]. Cette règle est cependant tenue en échec et la compensation peut être invoquée si la personne à laquelle elle est opposée est solidairement tenue, dans un cadre contractuel, avec une autre, créancière débitrice de la personne soulevant la compensation[4].

Le fait que l'une des créances puisse être payée par un tiers ne constitue pas un obstacle à la compensation. Il en est ainsi lorsque l'une des créances est garantie par une assurance[5]. La compensation pourra jouer identiquement dans l'hypothèse d'une cession de créance. La solution a spécialement vocation à jouer en cas de cession de créance par bordereau Dailly. Elle peut tout aussi bien trouver application en présence d'une cession de créance de droit commun. Le débiteur cédé invoquera alors une créance sur le cédant[6], le plus souvent constituée par des dommages et intérêts, par exemple au titre de manquements dans l'exécution de travaux[7]. Le banquier cessionnaire ne pourra reprocher à faute au débiteur cédé le fait que celui-ci lui ait caché son intention de soulever la compensation[8].

Indiquons encore que le liquidateur ne peut s'opposer à la prétention d'une banque de conserver les sommes prélevées par elle au titre de retenues de garanties dans le cadre d'une cession de créances professionnelles par bordereau Dailly, dès lors que la convention-cadre de cession Dailly prévoyait que ces sommes seraient versées à titre de gage-espèces sur un compte distinct du courant de la société[9].

632.45 Opération économique globale, ensemble contractuel unique ou contrats économiquement liés. *A priori*, si les dettes réciproques ne sont pas issues d'un même contrat, la compensation devrait être rejetée, faute de connexité.

La solution a été ainsi posée et la compensation refusée entre une créance née d'un prêt et une dette née du solde créditeur d'un compte bancaire[10]. L'autorité de chose jugée attachée à l'admission de la créance fera toutefois obstacle à l'action du liquidateur tendant à obtenir le paiement contre le banquier, au titre du remboursement du compte créditeur détenu par le débiteur, dès lors que la créance née d'un prêt aura été admise pour un montant duquel aura été déduit le solde créditeur du compte[11]. De même, le liquidateur ne pourra agir pour obtenir le paiement du solde créditeur d'un troisième compte, dès lors que la créance née des deux autres comptes aura été admise pour un montant duquel aura été déduit le solde créditeur du troisième compte[12]. Identiquement, le liquidateur sera privé d'action, du fait de l'autorité de chose jugée attachée à l'admission de la créance, pour obtenir le paiement du solde du compte « retenue de garantie » ouvert dans le cadre du fonctionnement d'une convention de cession de créances professionnelles, dès lors que la créance née de divers comptes débiteurs aura été compensée avec le

1. Ord. n° 2008-1345, 18 déc. 2008, préc.
2. Com. 12 juill. 2016, n° 14-23.142, NP, n° 657 F-D.
3. Com. 27 sept. 2005, n°s 03-12.472, 03-12.838, NP; n° 1293 F-D; *Gaz. proc. coll.* 2006/1, p. 36, obs. Bonhomme – Versailles, 13 févr. 2003, RG n° 01/05236; *Gaz. Pal.* 18-19 juill. 2003, Somm. 16; *LPA* 17 mai 2004, n° 98, p. 12, note Sortais.
4. Civ. 1re, 13 janv. 2004, n° 01-14.860, n° 01-15.141, NP.
5. Civ. 3e, 20 nov. 2002, n° 00-14.423, *Bull. civ.* III, n° 230.
6. Com. 14 nov. 2000, n° 97-19.798, NP, *Act. proc. coll.* 2001/1, n° 7, note Vallansan.
7. Com. 7 mars 2006, n° 04-18.230, NP; n° 309 F-D; *Gaz. proc. coll.* 2006/3, p. 41, obs. Bonhomme.
8. Com. 7 mars 2006, n° 05-13.380, NP; n° 299 F-D; *Gaz. proc. coll.* 2006/3, p. 42, n° 1, obs. Routier.
9. Com. 19 mai 2015, n° 14-12.872, NP; n° 483 FS-D.
10. Com. 9 déc. 1997, n° 95-14.504, *Bull. civ.* IV, n° 324; *JCP E* 1998, Chron. 657, 5-b-14, obs. M. Cabrillac.
11. Com. 14 oct. 2008, n° 07-16.703, NP; n° 985 F-D; *Gaz. proc. coll.* 2009/1, p. 37, n° 2, Roussel Galle.
12. Com. 14 oct. 2008, n° 07-16.704, NP; n° 986 F-D; *Act. proc. coll.* 2008/18, n° 280, note Cagnoli; *LXB hebdo* 20 nov. 2008, n° 327, n° N 7494BHZ, note Le Corre.

compte « retenue de garantie »[1]. Il en est de ne lorsque la compensation aura été opérée entn solde débiteur d'un compte-courant et d'un coe « escompte commercial et créances Dailly » ave compte spécial « retenue sur remises »[2]. Il appa nait en effet au liquidateur, partie à la vérificati des créances, dans ces quatre hypothèses, de conte ter la compensation opérée[3].

De même, a été refusée la compensation entre u dépôt de garantie issu d'un contrat de cession de créances professionnelles et la créance issue d'un contrat de crédit[4].

Il en est encore de même entre une créance détenue par un associé sur la société et sa dette de libération d'apport[5], même si le contraire a été jugé[6].

La jurisprudence a élaboré un cadre précis au jeu de la compensation pour dettes connexes en dehors d'un même et unique contrat.

Lorsque les dettes réciproques ne sont pas issues d'un même contrat, selon une formule maintes fois reprise, la connexité existera si les contrats ayant fait naître les dettes réciproques, bien que distincts, s'inscrivent dans le « cadre du développement de la relation d'affaires »[7]. C'est l'idée d'opération économique globale qui justifie la connexité, illustrant la notion de groupe de contrats, également qualifiée d'ensemble contractuel unique[8] ou de contrats économiquement liés[9]. La solution vaut encore, si après arrivée du terme du contrat, il a été demandé au partenaire contractuel de poursuivre ses relations contractuelles[10].

Cette solution a été adoptée en matière de quotas laitiers. Il a été jugé en ce sens que le contrat liant le producteur à l'acheteur comportant des obligations réciproques de production et de collectes échelonnées dans le temps, pendant une période de référence et portant sur des quantités de référence, constitue un contrat unique à exécution successive; les prélèvements supplémentaires en cas de dépassement de la quantité de référence, payés par l'acheteur et imputés sur le prix du lait, dérivent de l'exécution de ce contrat[11]. Cela autorise le jeu de la compensation pour dettes connexes.

La solution a également été retenue en présence d'une créance correspondant à un solde de factures de coopération commerciale et la dette en sens inverse résultant d'un protocole d'accord conclu pour aménager l'exécution de ces accords de coopération commerciale[12].

Il en a été de même en présence d'un contrat de mandat d'achat, à l'origine de l'obligation de rembourser le prix des fournitures et d'un contrat de société, à l'origine de l'obligation de cession des actions détenues. La compensation peut donc jouer entre ces deux créances, du fait de l'ensemble contractuel unique d'où dérivent les créances réciproques[13].

Le simple courant d'affaires serait insuffisant[14], s'il ne s'inscrit pas dans un contrat-cadre[15]. *A for-*

1. Com. 14 oct. 2008, n° 07-16.705, NP; n° 987 F-D.
2. Com. 14 oct. 2008, n° 07-16.706, NP; n° 988 F-D.
3. Com. 14 oct. 2008, n° 07-16.703, NP; n° 985 F-D – Com. 14 oct. 2008, n° 07-16.704, NP; n° 986 F-D; *Act. proc. coll.* 2008/18, n° 280, note Cagnoli; *LXB hebdo* 20 nov. 2008, n° 327, n° N 7494BHZ, note Le Corre – Com. 14 oct. 2008, n° 07-16.705, NP; n° 987 F-D – Com. 14 oct. 2008, n° 07-16.706, NP; n° 988 F-D.
4. Bordeaux, 1re ch. civ. B, 3 juill. 2008, RG n° 06/3217, *Act. proc. coll.* 2008/16, n° 253.
5. Com. 20 mai 1997, n° 95-15.298, *Bull. civ.* IV, n° 144; *D. Affaires* 1997, 762 – Pujol, « La libération du capital social dans les procédures collectives », *Dr. et patr.* 2003, n° 116, p. 36.
6. Paris, 5e ch. B, 5 nov. 1998, *D. Affaires* 1999, 36.
7. Com. 19 mars 1991, n° 89-17.083, *Bull. civ.* IV, n° 105; *Quot. Jur.* 1991, n° 75, p. 7, note B. P.; *RTD com.* 1991. 454, obs. Martin-Serf; *LPA* 1992, n° 133, p. 15, note Derrida; *D.* 1991, jur. 542, note Duboc; *JCP G* 1991. II. 21726, note Montredon; *JCP E* 1991. II. 174, note Legeais; *JCP E* 1991. I. 73, n° 23, obs. M. Cabrillac et Pétel; *RD banc. et bourse* 1991, 155, obs. Campana et Calendini; *Rev. proc. coll.* 1991, 211, obs. Saint-Alary-Houin; *D.* 1992. Somm. 257, obs. Derrida; *RJ com.* 1992. 24, note Pédamon – Com. 5 avr. 1994, n° 92-13.989, *Bull. civ.* IV, n° 142; *Quot. Jur.* 1994, n° 100, p. 5, note P. M.; *RJ com.* 1995. 113; *D.* 1995. Somm. 215, obs. Honorat – Com. 12 avr. 1995, *JurisData* 003698 – Com. 9 mai 1995, n° 93-11.724, *Bull. civ.* IV, n° 130; *D.* 1996, jur. 322, note Loiseau; *JCP E* 1995. II. 702, rapp. Rémery; *RTD com.* 1996. 342, obs. Martin-Serf; *RTD civ.* 1996. 164, obs. Mestre; *RD banc. et bourse* 1995, 221, obs. Campana et Calendini – Com. 12 déc. 1995, n° 93-20.620, *Bull. civ.* IV, n° 293; *JCP* 1996, n° 37, p. 341, note Virassamy; *RD banc. et bourse* 1996, 64, obs. Campana et Calendini – Com. 4 juin 1996, n° 94-13.718, NP, *RTD civ.* 1997. 134, obs. Mestre – Com. 1er avr. 1997, n° 94-17.516, NP, *Dr. sociétés* 1997, comm. 102, obs. Chaput – Com. 6 mai 1997, n° 94-20.855, *Bull. civ.* IV, n° 119; *JCP G* 1997. IV. 1351 – Com. 13 oct. 1998, n° 96-17.760, NP – Com. 23 nov. 1999, n° 97-12.578, NP, *Act. proc. coll.* 2000/1, n° 8.
8. Com. 16 oct. 2001, n° 98-20.973, NP, *Rev. proc. coll.* 2002, p. 179, n° 13, obs. Lebel – Com. 8 oct. 2003, n° 02-13.727, NP – Paris, 3e ch. A, 10 oct. 2006, RG n° 2005/21484 – Com. 26 oct. 2010, n° 08-18.857, NP; n° 109 F-D.
9. Civ. 3e, 4 juin 2003, n° 01-17.762, *Bull. civ.* III, n° 121; *Act. proc. coll.* 2003/13, n° 172; *RD banc. fin.* 2003/5, p. 294, n° 194, obs. Lucas; *LPA* 18 févr. 2004, n° 35, p. 4, note Mouial-Bassilana.
10. Com. 26 janv. 2010, n° 08-18.857, NP; n° 109 F-D.
11. Com. 15 mars 2005, n° 02-19.129, *Bull. civ.* IV, n° 62; *D.* 2005. AJ 1025, obs. Lienhard; *Act. proc. coll.* 2005/9, n° 107, note Pétel; *RTD com.* 2005/4, p. 843, n° 3, obs. Martin-Serf; *Gaz. proc. coll.* 2005/2, p. 21, obs. Le Corre – Civ. 1re, 15 mars 2005, n° 03-20.016, *Bull. civ.* I, n° 137; *Gaz. proc. coll.* 2005/2, p. 38, obs. Bonhomme.
12. Com. 24 sept. 2013, n° 12-23.353, NP.
13. Com. 14 oct. 2014, n° 13-24.482, NP; n° 902 FS-D.
14. Com. 22 mars 2011, n° 09-69.833, NP, *Rev. proc. coll.* 2011, comm. 84, p. 47, note Legrand et Legrand.
15. Lyon, 13 oct. 1995, *D.* 1995. IR 257.

tiori, sera insuffisante la clause conventionnelle, en l'absence d'un ensemble contractuel[1]. En présence d'un mécanisme de garantie des paiements réciproques, qui ne va pas jusqu'à instaurer un nouveau cadre contractuel aux relations économiques qui existent entre les parties, le jeu de la compensation pour dettes connexes n'est pas permis. La mise en demeure de payer certaines factures, adressée par l'un des deux partenaires contractuels à l'autre, démontre l'absence de convention de compensation[2].

Il a été jugé que la coopération commerciale résultant d'un engagement organisant la publicité et les opérations promotionnelles du fabricant d'une part et les ventes de produits de ce fabricant, d'autre part, ne constituent pas un ensemble contractuel unique justifiant le jeu de la compensation pour dettes connexes[3].

Le législateur a repris à son compte ce concept jurisprudentiel, dans la loi du 31 décembre 1993[4] portant diverses dispositions relatives à la Banque de France, en modifiant l'article 2 de la loi du 28 mars 1885 sur le marché à terme (*adde*, dans le même sens L. 8 août 1994[5], art. 16, modifiant, L. 31 déc. 1993, art. 12, utilisant également le concept de « convention-cadre » pour autoriser la compensation des opérations de pension consécutives à leur résiliation, à la suite de l'ouverture d'une procédure collective)[6].

En dehors de ce cadre, la jurisprudence se montre très restrictive. La connexité n'existera pas entre une créance détenue par une société civile immobilière au titre d'un emprunt et sa dette en sens inverse de coûts de travaux effectués par la société locataire, débitrice du remboursement du prêt[7]. Il en est encore ainsi entre la créance d'une banque et sa dette en sens inverse de garantie à première demande. L'autonomie de la garantie apparaît exclusive de la connexité entre la créance du garant autonome à l'encontre du débiteur et toute créance de celui-ci à l'encontre du garant[8].

La compensation pour dettes connexes supposera que les créances réciproques, nées de l'ensemble contractuel unique, soient détenues par les mêmes parties[9].

1. Com. 7 juill. 1998, n° 96-15.296, *Bull. civ.* IV, n° 220, *JCP* 1998, n° 50, p. 2176, note Salvat – Lyon, 11 févr. 2000, *RTD com.* 2001. 147, obs. Chazal et Reinhardt – Versailles, 13e ch., 14 févr. 2002, *D.* 2002. AJ 1486.
2. Com. 12 janv. 2010, n° 08-70.163, NP; n° 24 F-D.
3. Angers, ch. com., 4 déc. 2007, *Rev. proc. coll.* 2008/3, p. 48, n° 125, note Lebel.
4. L. n° 93-1444, 31 déc. 1993, *JO* 5 janv. 1994, p. 231.
5. L. n° 94-679, 8 août 1994, *JO* 10 août, p. 11668.
6. L. n° 94-679, 8 août 1994, *JO* 10 août, 11668.
7. Com. 4 janv. 2000, n° 97-18.059, NP.

632 Restrictions au jeu de la compensation pou ettes connexes en l'absence d'identité de fonde t des dettes *réciproques* [10]. *La connexité est* ref é lorsque créance et dette réciproques n'ont pa même fondement.

a solution a été posée en présence d'une créance l le de cotisations de l'assedic et la dette de nature asi contractuelle en sens inverse de répétition de ndu suite à un trop perçu[11].

La solution est la même entre la créance d'un ıssocié résultant d'une avance en compte-courant et sa dette en sens inverse de fraction non libérée du capital social, qui dérive du contrat de société[12], sous réserve, en ce cas, du jeu de la compensation légale, si les conditions en sont réunies au jour du jugement d'ouverture[13]. Il n'y a pas davantage connexité entre la dette de libération d'apport d'un actionnaire qui dérive du contrat de société et sa créance qui découle d'un contrat de mandat[14].

La solution a également été posée en présence d'une créance contractuelle et d'une dette en sens

8. Com. 6 mars 2001, n° 98-15.239, *Bull. civ.* IV, n° 49; *D.* 2001. AJ 1173, obs. Lienhard; *Act. proc. coll.* 2001/7, n° 87; *RD banc. fin.* 2001/3, p. 162, n° 115, obs. Cerles; *RTD com.* 2001. 764, obs. Martin-Serf; *Defrénois* 2001. 1319, n° 37428, note Piedelièvre; *RTD civ.* 2001. 925, obs. Bandrac et Crocq – Com. 19 déc. 2006, n° 05-13.461, *Bull. civ.* IV, n° 249; n° 1449 FS-P+B+I+R; *D.* 2007. AJ 158, obs. Lienhard; *Gaz. proc. coll.* 2007/2, p. 32, note Henry; *Gaz. proc. coll.* 2007/2, p. 40, note Roussel Galle; *JCP E* 2007. 1450, p. 23, n° 12, obs. crit. M. Cabrillac; *RD banc. fin.* mars-avr. 2007, p. 18, n° 59, note Legeais; *Lamy dr. civ.* 2007, n° 2399, obs. crit. Ansault – *Banque et droit* janv. févr. 2007, p. 49, note F.-J.; *RTD com.* 2007. 450, n° 5, obs. Martin-Serf; *Rev. proc. coll.* 2007/3, p. 145, n° 5, obs. Saint-Alary-Houin.
9. Com. 12 nov. 2008, n° 07-17.998, NP; n° 1153 F-D.
10. SUR LA QUESTION : Danos, « La connexité en matière de compensation », *D.* 2015.1655.
11. Com. 29 avr. 2003, n° 00-16.127, NP.
12. Com. 20 mai 1997, n° 95-15.298, *Bull. civ.* IV, n° 144; *D. Affaires* 1997, 762; *Bull. Joly* 1997. 804, note Calendini – Com. 18 janv. 2000, n° 97-14.362, NP, *Banque et droit* juill.-août 2000, p. 51, obs. Riassetto; *Rev. proc. coll.* 2002, p. 179, n° 11, obs. Lebel – Agen, ch. com., 17 nov. 2008, *Dr. sociétés* 2009, p. 31, n° 124, note Legros – *Adde*, Lucas, « Les associés et la procédure collective », interv. colloque Crajefe, Nice-Sophia Antipolis, 2001, *LPA* 9 janv. 2002, n° 7, p. 7, spéc. nos 10, 11.
13. Com. 8 janv. 2002, n° 98-22.976, *Bull. civ.* IV, n° 4; *D.* 2002. AJ 485, obs. Lienhard; *Act. proc. coll.* 2002/5, n° 59, obs. Boulay.
14. Com. 17 juill. 2001, n° 98-19.603, *Bull. civ.* IV, n° 148; *D.* 2001. AJ 2515, obs. Lienhard; *Act. proc. coll.* 2001/14, n° 179; *Bull. Joly* 2001. 1089, n° 243, note Dom; *RD banc. fin.* 2002/1, p. 18, n° 14, obs. Cerles; *JCP E* 2002, Chron. 175, p. 175, n° 15, obs. M. Cabrillac; *RJDA* 2002/1, n° 66; *Dr. et patr.* 2002, n° 103, p. 100, obs. Monsérié-Bon; *LPA* 8 mars 2002, n° 49, p. 15, note Cerati-Gauthier; *RTD com.* 2002. 157, n° 7, obs. Martin-Serf; *Rev. sociétés* 2002. 336, note Didier; *Rev. proc. coll.* 2002, p. 179, n° 12, obs. Lebel.

inverse, d'origine judiciaire, trouvant sa source dans l'annulation d'une saisie-attribution pratiquée[1].

La compensation sera identiquement refusée entre une dette née de l'exécution du contrat et une dette en sens inverse de dommages et intérêts, d'origine délictuelle, par exemple la dette de loyer née d'un bail et la dette de dommages et intérêts pour négation abusive du droit au bail, de nature délictuelle[2]. La solution a également été retenue lorsque les dettes réciproques avaient, pour l'une, un fondement contractuel, et pour l'autre, un fondement délictuel, car procédant d'une escroquerie[3] ou d'un abus de confiance[4]. De même, la compensation est impossible entre la créance contractuelle de la banque née d'une ouverture de crédit et sa dette délictuelle de dommages et intérêts pour la faute par elle commise dans le cadre d'un virement international[5]. La compensation est encore refusée, faute de connexité, entre une créance contractuelle née d'un contrat d'approvisionnement exclusif et la dette quasi délictuelle de rupture abusive d'une relation commerciale établie[6].

Les juges du fond ne peuvent refuser le jeu de la compensation, en soulevant d'office le moyen tiré de l'absence d'identité de fondement des dettes réciproques, sans inviter les parties à s'expliquer sur ce point[7].

Dans le domaine des créances fiscales, il n'y aura connexité que s'il y a triple identité de nature d'impôt, d'activité et de fait générateur[8]. La compensation a ainsi été refusée entre la garantie donnée au Trésor public pour obtenir un sursis à paiement et la dette d'impôt[9].

Il a été justement remarqué que la solution consistant à écarter la compensation pour dettes connexes en l'absence d'identité de fondement des créances réciproques est parfois inique pour le cocontractant, victime d'une infraction pénale[10].

Malgré ces dernières restrictions, l'élargissement du jeu de la compensation est notable, cependant que des limitations subsistent pour le jeu de la compensation pour dettes connexes.

632.47 Restrictions au jeu de la compensation pour dettes connexes après jugement d'ouverture tenant au jeu de la déclaration et de la vérification des créances. La compensation pour dettes connexes intervient après jugement d'ouverture. La créance n'est pas éteinte au jour du jugement d'ouverture. C'est la raison pour laquelle il convient de la déclarer au passif. À défaut, la compensation ne peut prospérer.

Il avait pu se déduire d'un arrêt de la Cour de cassation, que, pour qu'il en soit ainsi, il était nécessaire que la compensation, qui joue comme une exception en ce qu'elle permet à un débiteur de ne pas payer ce qu'il doit, fût présentée comme une demande reconventionnelle face à une demande en paiement. Tel n'était pas le cas de la prétention d'une personne « liée » à une association par un contrat de travail déclaré fictif de ne pas restituer les salaires versés en prétendant que les sommes sont dues au titre d'un mandat. Il n'y avait pas alors demande reconventionnelle supposant une déclaration de créance au passif pour faire jouer la compensation, mais une simple défense au fond exclusive d'une demande reconventionnelle en compensation[11].

La distinction a ensuite été écartée : peu importe que la compensation soit présentée comme une demande reconventionnelle ou comme une défense au fond; dans tous les cas, son jeu après le jugement d'ouverture, supposera une déclaration de créance[12].

La fixation, après jugement d'ouverture, par un tribunal saisi après ce même jugement, d'une créance antérieure au jugement d'ouverture détenue sur le débiteur ne peut fonder le jeu de la compensation pour dettes connexes, en l'absence de déclaration de cette créance au passif. En effet, cette fixation de

1. Com. 19 mai 2004, nº 01-12.767, NP – Angers, ch. Com. sect. A, 18 nov. 2014, RG nº 13/03047, *JurisData* 028939.
2. Com. 22 avr. 1997, nº 95-17.600, *Bull. civ.* IV, nº 101; *Dr. sociétés* 1997, comm. 102, obs. Chaput; *JCP G* 1997. I. 4054, nº 18, obs. Pétel – Com. 19 mai 2004, nº 01-12.767, NP.
3. Com. 14 mai 1996, nº 94-15.919, *Bull. civ.* IV, nº 133; *D.* 1996, jur. 502, rapp. Le Dauphin; *D.* 1996. Somm. 340, obs. Honorat; *D.* 1996. Somm. 332, obs. Delebecque.
4. Com. 18 sept. 2007, nº 06-16.070, *Bull. civ.* IV, nº 203; nº 991 F-P+B; *D.* 2007. AJ 2476; *Gaz. proc. coll.* 2008/1, p. 49, note Roussel Galle; *JCP E* 2008, Chron. 1207, nº 16, p. 34, obs. Pétel; *Rev. proc. coll.* 2008, p. 68, nº 5, note Lebel.
5. Com. 7 juill. 2009, nº 08-18.617, NP; nº 723 F-D; *Gaz. proc. coll.* 2009/4, 2e partie, nos 305 à 307, p. 30, note Routier.
6. Com. 18 déc. 2012, nº 11-17.872, *Bull. civ.* IV, nº 232; nº 1288 F-P+B; *Gaz. Pal.* 1er mai 2013, nº 121, p. 28, note Roussel Galle.
7. Com. 6 déc. 2011, nº 10-26.609, NP; nº 1244 F-D.
8. Com. 19 janv. 1999, nº 95-22.136, *Bull. civ.* IV, nº 18; *D. affaires* 1999. 295, obs. Lienhard; *RLDA* 1999/15, nº 955, obs. Montégudet; *LPA* 18 mai 1999, p. 4, obs. Soinne.
9. Com. 27 oct. 1998, nº 96-12.188, *Bull. civ.* IV, nº 266.
10. PÉROCHON, 10e éd., nº 606.
11. Com. 2 nov. 2005, nº 04-15.928, NP.
12. Com. 3 mai 2011, nº 10-16.758, *Bull. civ.* IV, nº 66; nº 442 FS-P+B+R+I; *D.* 2011. AJ 1215, obs. Lienhard; *Act. proc. coll.* 2011/11, comm. 160, note Coquelet; *BJE* 2011, p. 258, comm. 126, note Bréna; *JCP E* 2011. 1656, note Lebel; *JCP E* 2011. 1411, note Roussel Galle; *JCP E* 2011, Chron. 1596, nº 11, obs. Pétel *RTD com.* 2011. 635, nº 2, obs. Martin-Serf; *Dr. et Patr.* sept. 2011, nº 206, 72, note Monsérié-Bon; *Rev. proc. coll.* 2012, comm. 13, p. 40, note Legrand et Legrand; *LPA* 3 janv. 2012, nº 2, p. 5, note Reille.

créance ne pouvait passer que par le canal d'une déclaration de créance et d'une décision du juge-commissaire. La cour d'appel, saisie de la difficulté peut donc soulever d'office le défaut de déclaration de la créance au passif pour refuser le jeu de la compensation[1].

En l'absence d'instance en paiement engagée avant le jugement d'ouverture, le créancier ne peut, pour faire jouer la compensation, faire fixer sa créance devant une autre juridiction que le juge-commissaire[2]. Il faut cependant réserver l'hypothèse dans laquelle le débiteur soulève une exception dont ne peut connaître le juge-commissaire, lorsque les parties sont liées par une clause d'arbitrage. C'est alors la juridiction arbitrale qui fixera la créance au passif.

Sous l'empire de la législation antérieure à la loi de sauvegarde des entreprises[3], l'absence de déclaration de créance entraîne l'extinction de celle-ci, qui est présentée en compensation avec la dette. La compensation s'avère en conséquence impossible[4]. La solution est applicable si la créance entrant en compensation a pour fait générateur une faute contractuelle antérieure au jugement d'ouverture[5]. Elle vaut aussi en matière de cession de créance par bordereau Dailly. Pour pouvoir faire l'objet d'une compensation avec la dette du débiteur cédé envers le cédant, le débiteur cédé devra avoir déclaré au passif du cédant la créance de dommages et intérêts résultant d'une inexécution des travaux par le cédant[6] ou de malfaçons émanant du cédant[7]. De même, la compensation ne peut jouer entre la dette de cautionnement et la créance de restitution relative à des certificats de dépôts si la caution ne déclare pas sa créance de restitution au passif[8].

L'irrégularité de la déclaration de créance au passif pour défaut de pouvoir du signataire fait obstacle au jeu de la compensation pour dettes connexes. Cette irrégularité affecte la validité de l'acte, ce qui autorise à discuter de cet obstacle à la compensation pour la première en cause d'appel[9].

La créance présentée en compensation avec la dette doit être non seulement déclarée au passif de la première procédure, mais encore au passif de la seconde procédure ouverte suite à la résolution du plan de continuation, sauf à empêcher le jeu de la compensation pour dettes connexes[10]. La dispense de déclaration au passif d'une seconde procédure ouverte suite à la résolution d'un plan de continuation, de sauvegarde ou de redressement, dans la législation de sauvegarde des entreprises, conduit à l'abandon de la solution.

L'effet d'extinction de la créance pour défaut de déclaration dans les délais, se produira nonobstant la dispense de vérification du passif (v. s[s] n° 672.31), ce qui rendra impossible la compensation[11].

L'impossibilité de compenser, en cas d'extinction de la créance non déclarée, justifie aussi l'obligation de déclarer l'intégralité de la créance détenue et non pas seulement le solde obtenu après compensation[12]. Il a été jugé que, dès lors que la créance aura été intégralement déclarée, l'admission pourra n'intervenir que pour le montant restant dû après jeu de la compensation[13]. À l'inverse, il a été estimé que la

1. Paris, 3e ch. A, 13 nov. 2007, RG n° 06/6930.
2. Com. 10 mars 2009, n° 07-21.528, NP; n° 219 F-D; *Act. proc. coll.* 2009/7, n° 105, note Régnaut-Moutier; Paris, 3e ch. A, 13 nov. 2007, RG n° 06/14274.
3. L. n° 2005-845, 26 juill. 2005, préc.
4. Com. 9 nov. 1988, *RD banc. et bourse* 1989, 138, obs. Dekeuwer-Défossez – Com. 23 janv. 1990, n° 88-16.172, *Bull. civ.* IV, n° 17; *Rev. loyers* 1990, n° 709, p. 350, note Gallet; *RTD com.* 1990. 479, obs. Chaput; *RJ com.* 1990. 365, note Calendini – Com. 15 oct. 1991, n° 89-20.605, *Bull. civ.* IV, n° 290; *RD banc. et bourse* 1992, 37, obs. Campana et Calendini – Com. 25 mai 1993, n° 91-13.844, *Bull. civ.* IV, n° 207; *Quot. Jur.* 1993, n° 57, p. 5, note P. M; *D.* 1993. IR 165 – Com. 22 févr. 1994, n° 92-14.438, *Bull. civ.* IV, n° 70; *LPA* 28 sept. 1994, n° 116, p. 23, note Honorat et Romani; *JCP E* 1994, n° 27, p. 139, note Rémery; *D.* 1995, jur. 27, note Honorat et Romani; *JCP G* 1994. II. 22267, rapp. Rémery – Com. 6 févr. 1996, n° 93-10.525, *Bull. civ.* IV, n° 39; *D.* 1997. Somm. 77, obs. Honorat; *JCP E* 1996, pan. 488 – Com. 12 nov. 1996, n° 94-17.032, *Bull. civ.* IV, n° 263; *RJDA* 1997. 267 – Com. 28 mai 1997, *D. Affaires* 1997, 900 – Com. 14 nov. 2000, n° 97-19.798, NP, *Act. proc. coll.* 2001/1, n° 7, note Vallansan – Com. 21 nov. 2000, n° 97-16.874, *Bull. civ.* IV, n° 180; *Defrénois* 2001, n° 10, p. 635, note Billiau; *Gaz. Pal.* 5-6 janv. 2001, pan. 21 – Com. 3 avr. 2001, n° 98-14.961, NP, *Act. proc. coll.* 2001/10, n° 120 – Com. 9 oct. 2001, n° 98-14.514, NP, *RJDA* 2002/2, n° 174, p. 145 – Com. 7 janv. 2003, n° 00-10.630, NP, *LXB* n° A6012A4G – Com. 4 oct. 2005, n° 04-15.911, NP – Com. 31 janv. 2006, n° 04-15.832, NP; n° 110 F-D; *Gaz. proc. coll.* 2006/2, p. 48, obs. Bonhomme – Com. 27 mai 2008, n° 06-20.012, NP; n° 616 F-D – Com. 16 déc. 2008, n° 07-14.718, NP; n° 1347 F-D – Com. 1er déc. 2009, n° 08-20.178, NP; n° 1126 F-D – Paris, 5e ch. A, 12 sept. 2007, RG n° 2005/15700.
5. Com. 30 juin 2004, n° 02-12.013, NP – Com. 30 mars 2010, n° 09-11.805, NP; n° 384 F-D – Com. 17 mai 2011, n° 10-14.126, NP; n° 477 F-D.
6. Com. 2 nov. 2005, n° 04-13.874, NP; n° 1349 F-D; *Gaz. proc. coll.* 2006/1, p. 36, obs. Bonhomme.
7. Com. 4 janv. 2005, n° 03-15.444, NP.
8. Com. 24 mars 2004, n° 00-13.447, NP.
9. Com. 27 mars 2007, n° 06-10.594, NP; n° 543 F-D.
10. Com. 13 févr. 2007, n° 05-19.598, NP; n° 276 F-D.
11. Com. 29 mars 1989, n° 87-17.390, *Bull. civ.* IV, n° 101; *LPA* 11 mars 1990, p. 12; *Rev. proc. coll.* 1990, 229, obs. Saint-Alary-Houin.
12. Com. 20 mars 2001, n° 98-16.256, *Bull. civ.* IV, n° 62; *D.* 2001. AJ 1468; *Act. proc. coll.* 2001/8, n° 99 – Com. 24 avr. 2007, n° 05-17.452, NP; n° 606 F-D; *Rev. proc. coll.* 2007/3, p. 141, n° 6, obs. Staes – Com. 19 mai 2015, n° 14-12.872, NP; n° 483 FS-D; *Gaz. Pal.* 21 juill. 2015, n° 200, p. 26, note Bonhomme – Paris, 3e ch. A, 10 oct. 2006, RG n° 2005/21484 – Paris, 15e ch. B, 11 oct. 2007, RG n° 06/01303.
13. Com. 5 mars 2002, n° 99-12.496, NP.

créance pouvait être admise pour son montant intégral, sans avoir à tenir compte à ce stade, du jeu de la compensation[1]. Cette seconde solution apparaît préférable. Elle se rapproche de celle qui consiste à décider que le juge-commissaire n'a pas à prendre en compte les paiements intervenus après jugement d'ouverture (v. s[s] n° 682.24). *A fortiori*, le courrier par lequel le créancier demande au liquidateur s'il accepte le principe de la compensation sera impuissant au jeu de la compensation après jugement d'ouverture, puisqu'il n'y a pas là une véritable déclaration de créance[2].

La suppression par la loi de sauvegarde des entreprises de l'extinction de la créance non déclarée dans les délais ne doit pas conduire à changer la solution. En effet, en l'absence de déclaration régulière de la créance au passif, la créance est inopposable à la procédure (v. s[s] n° 665.75). Faute pour l'intéressé de pouvoir se présenter comme créancier dans la procédure collective, il ne pourra donc exhiber une créance en face de la dette qu'il lui est demandé de payer. La compensation sera donc impossible, la solution ayant été majoritairement suivie en doctrine[3] et en jurisprudence[4], jusqu'à ce que la Cour de cassation la consacre[5]. Signalons toutefois que l'opinion contraire avait été soutenue sous l'empire de la loi de sauvegarde des entreprises, dans sa rédaction d'origine[6].

Parce que l'obligation de faire se résout en dommages et intérêts, la créance née de l'exécution incomplète ou défectueuse d'une prestation, telle celle née d'un défaut de conformité de la chose vendue avant le jugement d'ouverture, ne peut se compenser avec la créance de prix de la chose vendue que si elle a été déclarée au passif[7].

Avant d'admettre la compensation, les juges du fond doivent vérifier si la créance a été déclarée, tant sous le régime antérieur à la loi de sauvegarde des entreprises[8], que sous celui de la loi de sauvegarde des entreprises. La preuve devra être rapportée par le demandeur à la compensation de ce qu'il a déclaré sa créance[9].

Si au jour où l'exception de compensation est invoquée, il a été statué sur la créance déclarée, aucune difficulté ne se présentera en cas d'admission. Cette dernière n'a pas pour effet de rendre impossible la compensation[10]. Au contraire, en cas de rejet, la compensation ne pourra plus prospérer[11]. Enfin, en cas d'admission partielle, la compensation pourra jouer, mais dans la limite seulement de l'admission de la créance.

S'il n'a pas été statué sur l'admission de la créance au jour où la compensation est invoquée, une distinction s'impose.

Si la juridiction saisie est compétente pour déterminer la réalité et le montant de la créance, elle peut constater l'effet extinctif de la compensation[12].

Dans le cas contraire, deux techniques sont concevables. La juridiction saisie, qui a constaté le caractère vraisemblable de la créance présentée en compensation, peut décider de surseoir à statuer jusqu'à ce que le juge-commissaire ait statué sur l'admission de la créance. Mais, selon une autre voie procédurale, le tribunal peut préférer admettre le principe même de la compensation, en raison de la vraisemblance de la créance. La juridiction ne peut alors ordonner la compensation qu'à concurrence du montant de la créance à fixer par le juge-commissaire[13]. L'admission de la compensation, selon cette technique, est possible, nonobstant la contestation de la créance, en cours devant le juge-commissaire[14]. Cette voie a été très clairement posée par la Cour de cassation[15], ce qui, a-t-on fait observer,

1. Com. 17 déc. 2003, n° 01-02.095, NP.
2. Paris, 8e ch. B, 30 sept. 2004, RG n° 04/02731.
3. EN CE SENS AUSSI : PÉROCHON, 10e éd., n° 1563 – JACQUEMONT, 7e éd. 2011, n° 360.
4. Paris, 5 mars 2009, RG n° 08/13721 – Versailles, 12e ch., 2e sect, 30 sept. 2010, RG n° 07/02349.
5. Com. 3 mai 2011, n° 10-16.758, *Bull. civ.* IV, n° 66; n° 442 FS-P+B+R+I; *D.* 2011. AJ 1215, obs. Lienhard; *D.* 2011, pan. 2076, obs. Lucas; *Gaz. Pal.* 9 juill. 2011, n° 189, p. 30, note Le Corre-Broly; *JCP E* 2011, Chron. 1596, n° 11, obs. Pétel; *JCP E* 2011. 1656, note Lebel; *Act. proc. coll.* 2011/11, comm. 160, note Coquelet; *BJE* sept./oct. 2011, p. 258, comm. 126, note Bréna; *Gaz. Pal.* 28 oct. 2011, Jur 37, note Reifegerste; *Rev. proc. coll.* 2012, comm. 13, p. 40, note Legrand et Legrand – Com. 19 juin 2012, n° 10-21.641, *Bull. civ.* IV, n° 129; n° 697 F-P+B; *D.* 2012, actu 1669, note Lienhard; *LPA* 8 mai 2013, n° 92, p. 9, note Tabourot-Hyest – Com. 1er oct. 2013, n° 12-23.102, NP; n° 902 F-D – *Adde*, Toulouse, 1re ch., 18 juill. 2011, RG n° 10/01803, *Rev. proc. coll.* 2012, comm. 13, p. 40, note Legrand et Legrand; *Rev. sociétés* 2012, 534, note Henry.
6. Crocq, « La réforme des procédures collectives et le droit des sûretés », *D.* 2006, Chron. 1306 s., sp. 1307, n° 11.
7. Com. 4 mars 2014, n° 12-35.438, NP; n° 214 F-D.
8. Com. 14 janv. 2003, n° 01-02.312, NP; n° 73 F-D – Paris, 5 janv. 1999, *Act. proc. coll.* 1999/4, n° 52.
9. Com. 14 nov. 2000, n° 97-19.798, NP, *Act. proc. coll.* 2001/1, n° 7, note Vallansan.
10. Paris, 5e ch. C, 31 oct. 1997, *BICC* 1er mai 1998, p. 29, n° 532.
11. Com. 19 févr. 2008, n° 06-19.310, NP; n° 261 F-D.
12. SOINNE, n° 1318.
13. Com. 10 mai 2012, n° 11-17.523, NP; n° 490 F-D.
14. Com. 10 déc. 2002, n° 00-10.194, NP, *Act. proc. coll.* 2003/4, n° 41.
15. Com. 30 juin 2009, n° 08-15.631, *Bull. civ.* IV, n° 90; n° 644 F-P+B; *D.* 2009. AJ 1892, obs. Lienhard; *Gaz. proc. coll.* 2009/4, 2e partie, p. 24, note Roussel Galle; *JCP G* 2009. 228, obs. Loiseau; *RTD civ.* 2009. 721, n° 6, obs. Fages; *RTD com.* 2009. 807, n° 4, obs. Martin-Serf; *LPA* 8 janv. 2010, n° 6, p. 6, note Tricoire; *JCP E* 2010, Chron. 1011, n° 9, obs. M. Cabrillac.

permet d'alléger le parcours judiciaire du créancier, puisque la compensation interviendra automatiquement au jour où la décision d'admission de la créance sera acquise[1]. Toutefois, si des conséquences irréversibles sont attachées au jeu de la compensation, le juge saisi ne peut statuer sur la compensation. En ce cas, il doit surseoir à statuer. Il en est ainsi pour un juge de l'exécution, saisi d'une demande de mainlevée d'une saisie pratiquée, au motif de l'extinction par voie de compensation de la créance, cause de la saisie[2].

La compensation ne pourra donc être écartée au seul motif de l'absence d'admission de la créance déclarée[3]. Il n'y aura pas d'obstacle à admettre le principe de la compensation, si la juridiction estime que la créance présentée en compensation présente un caractère suffisamment vraisemblable[4]. La compensation ne pourra opérer pour un montant supérieur au montant de la créance déclarée au passif[5]. La juridiction pourra, en revanche, estimer, pour écarter le principe même de la compensation, que la créance ne paraît pas suffisamment certaine[6].

Si créancier et débiteur réciproques ont tous deux fait l'objet d'une procédure collective, le juge-commissaire ne saurait rejeter la compensation présentée dans la seconde procédure ouverte au motif que la créance présentée en compensation a été contestée dans la première procédure, dès lorsqu'il n'a pas été statué définitivement sur celle-ci. Il doit surseoir à statuer[7].

1. M. Cabrillac, obs. s^s Com. 30 juin 2009, n° 08-15.631; n° 644 F-P+B; *JCP E* 2010, Chron. 1011, n° 9.
2. Com. 21 févr. 2012, n° 11-18.027, *Bull. civ.* IV, n° 44; n° 224 F-P+B; *D.* 2012. Actu 678, note Lienhard; *Gaz. Pal.* 28 avr. 2012, n° 118, p. 28, note Roussel Galle; *Act. proc. coll.* 2012/6, comm. 86, note Cagnoli; *RTD com.* 2012. 613, n° 2, obs. Martin-Serf.
3. Com. 25 mars 1997, n° 94-18 957, NP, *RJDA* 1997. 960 – Com. 10 mars 2009, n° 07-21.528, NP; n° 219 F-D; *Act. proc. coll.* 2009/7, n° 105, note Régnault-Moutier – Com. 7 avr. 2009, n° 08-12.403, NP; n° 330 F-D; *Gaz. proc. coll.* 2009/3, p. 25, n° 2, note Rohart-Messager; *Rev. proc. coll.* 2009, étude 101, p. 59, note Martin-Serf; *RTD com.* 2009. 806, n° 2, obs. Martin-Serf – Com. 30 juin 2009, n° 08-15.631, *Bull. civ.* IV, n° 90; n° 644 F-P+B; *D.* 2009. AJ 1892, obs. Lienhard; *Gaz. proc. coll.* 2009/4, 2e partie, p. 24, note Roussel Galle; *JCP G* 2009. 228, obs. Loiseau; *RTD civ.* 2009. 721, n° 6, obs. Fages; *RTD com.* 2009. 807, n° 4, obs. Martin-Serf; *LPA* 8 janv. 2010, n° 6, p. 6, note Tricoire; *JCP E* 2010, Chron. 1011, n° 9, obs. M. Cabrillac.
4. Com. 30 juin 2009, n° 08-15.631, *Bull. civ.* IV, n° 90; n° 644 F-P+B; *D.* 2009. AJ 1892, obs. Lienhard; *Gaz. proc. coll.* 2009/4, 2e partie, p. 24, note Roussel Galle; *JCP G* 2009. 228, obs. Loiseau; *RTD civ.* 2009. 721, n° 6, obs. Fages; *RTD com.* 2009. 807, n° 4, obs. Martin-Serf; *LPA* 8 janv. 2010, n° 6, p. 6, note Tricoire; *JCP E* 2010, Chron. 1011, n° 9, obs. M. Cabrillac.
5. Com. 12 juill. 2011, n° 10-16.943, NP; n° 748 F-D.
6. Com. 8 déc. 1998, n° 96-17.075, NP – Com. 1er oct. 2002, n° 00-16.493, NP.

632.48 Restrictions au jeu de la compensation pour dettes connexes tenant à l'exigibilité et à la certitude de la créance. Le jugement d'ouverture de la procédure de sauvegarde ou de redressement judiciaire n'entraîne pas déchéance du terme (v. s^s n° 642.11). Il en résulte que si la poursuite en paiement intervient pendant la période d'observation, le créancier du débiteur sous sauvegarde ou en redressement judiciaire opposera une créance, qui peut ne pas encore être exigible. La solution peut être étendue, depuis la loi de sauvegarde des entreprises, à l'ouverture d'une liquidation judiciaire assortie d'une poursuite d'activité destinée à permettre la présentation d'une offre de cession. Jusqu'à ce que le tribunal statue sur le plan de cession ou, à défaut d'une telle décision, jusqu'à la fin de la poursuite provisoire d'activité, l'expiration du délai imparti pour présenter les offres de cession, il n'y a pas déchéance du terme. Le fait que le débiteur n'ait pas été condamné au paiement, du fait de la règle de l'arrêt des poursuites individuelles, mais que la créance ait seulement été fixée à son passif, ne l'autorisera pas à prétendre à l'absence d'exigibilité de sa dette[8].

Faut-il écarter le jeu de la compensation pour dettes connexes, lorsque la créance présentée en compensation n'est pas exigible du fait des délais du plan, acceptés par le créancier ou imposés par le tribunal ?

De façon générale, la jurisprudence pose en règle que l'admission de la compensation pour dettes connexes ne nécessite pas, au jour où statue la juridiction, la réunion des conditions de la compensation légale, à savoir les caractères de liquidité et d'exigibilité de la créance[9].

Le mécanisme compensatoire restera en conséquence efficace si, nonobstant l'absence d'exigibilité de la créance, le principe du jeu de la compensation n'est pas discuté. Cette règle a été spécialement posée en cas de plan de continuation, et vaut également en plan de sauvegarde ou de redressement. Les délais du plan s'imposent en effet aux créanciers et font donc obstacle à l'exigibilité de sa créance. Pourtant, la jurisprudence admet que le

7. Com. 1er mars 2005, n° 03-17.954, NP, *Gaz. proc. coll.* 2005/2, p. 39, obs. Bonhomme.
8. Paris, 8e ch. B, 1er juill. 2004, RG n° 2003/21701.
9. Com. 28 sept. 2004, n° 02-21.446, NP, *RD banc. fin.* 2005/2, p. 28, n° 58, note Lucas – Com. 28 avr. 2009, n° 08-14.756, NP; n° 401 F-D; *D.* 2009. AJ 1353, obs. Lienhard; *Gaz. proc. coll.* 2009/3, p. 28, n° 1, note Roussel Galle; *Dr. sociétés* 2009, p. 31, n° 124, note Legros; *RTD civ.* 2009. 721, n° 6, obs. Fages; *RTD com.* 2009. 809, n° 5, obs. Martin-Serf.

créancier oppose le pincipe de la coensation, pour refuser le paiemnt qui lui est dandé[1], et cela alors même que la créance n'a pancore été admise au passif[2]. Il n'y aura ainsi misl'écart de la compensation pour cettes connexesprès jugement d'ouverture que si, alors que la cnce n'est pas devenue exigible au jour où le tribunstatue, le principe de la compensation est considé comme non fondé. La compensation peut aussi ofiter au débiteur qui entend compenser sa det de prêt incluse dans un plan avec le solde crédeur d'un compte d'instruments financiers donné e garantie de cette dette[3].

En revanche, l'absence de certitude de la créance fait par principe obstacle au jeu de la compensation pour dettes connexes[4]. Elle n'interdit pas, au contraire, à un créancier de conserver jusqu'au dénouement de l'opération les fonds qu'il a reçus non à titre de paiement, mais à titre de garantie de sa créance éventuelle, par exemple la retenue de garantie de cession de créances par bordereau Dailly[5]. Il n'y a pas alors compensation, mais possibilité éventuelle de compenser le moment venu.

632.49 Restrictions au jeu de la compensation pour dettes connexes tenant à la disponibilité des créances. La compensation ne pourra jouer que si créance et dette réciproques sont disponibles entre les mains de leur titulaire. Il n'en est plus ainsi, et la compensation doit en conséquence être refusée, si l'une des créances présentées en compensation fait l'objet d'une saisie.

En revanche, l'attribution des sommes remises entre les mains d'un séquestre ne fait pas obstacle au jeu de la *compensation pour dettes connexes*[6].

L'absence de disponibilité de la créance peut aussi tenir à son affectation au profit de la collectivité des créanciers de la procédure collective. Lorsque le liquidateur ou le commissaire à l'exécution du plan exerce des actions en responsabilité, les sommes recouvrées entrent dans le patrimoine du débiteur pour être réparties entre les créanciers au marc-le-franc. Cette règle fait obstacle à ce que la compensation ait lieu entre la dette mise à la charge de la personne poursuivie par le mandataire de justice et la créance que détient cette dernière sur le débiteur[7], même si créances et dettes réciproques trouvent leur origine dans un même contrat. Il faut ici observer que la solution ne peut être justifiée que par l'idée de résurrection de la masse des créanciers[8], sous le vocable moderne de « procédure collective » (v. s[s] n° 611.21), car l'affectation spéciale ne saurait justifier une entorse au principe de l'unité du patrimoine du débiteur.

1. Com. 24 oct. 1995, n° 93-13.229, *Bull. civ.* IV, n° 252; *D.* 1996, jur. 86, note Derrida; *JCP G* 1996. I, Chron. 316, obs. M. Cabrillac; *Bull. Joly* 1996. 154, note Montserié; CASSANT : Amiens, 22 janv. 1993, *D.* 1993, jur. 254, note Derrida – Com. 25 mars 1997, n° 94-18.957, NP, *RJDA* 1997/7, n° 960 – Civ. 3e, 13 févr. 2002, n° 00-19.943, *Bull. civ.* III, n° 37; *JCP E* 2002, pan. 547, n° 524 – Paris, 25e ch. B, 2 déc. 2005, RG n° 2003/13535.
2. Com. 25 mars 1997, n° 94-18.957, NP, *RD banc. et bourse* 1997, p. 130, note Campana et Calendini; *RJDA* 1997/7, n° 960.
3. Com. 18 nov. 2014, n° 13-20.162, NP; n° 1011 F-D – Com. 18 nov. 2014, n°s 13-21.623, 13-26.294, NP; n° 1012 F-D.
4. Com. 14 févr. 2006, n° 04-11.887, NP; n° 190 F-D.
5. Com. 22 nov. 2005, n° 03-15.669, *Bull. civ.* IV, n° 230.
6. Com. 17 sept. 2002, n° 00-18.542, NP.
7. Com. 24 oct. 1995, n° 94-10.399, *Bull. civ.* IV, n° 250; *D.* 1996, n° 6, p. 86, note crit. Derrida; *LPA* 17 janv. 1996, n° 8, p. 14, note Derrida; *JCP E* 1995. I. 487, n° 12, obs. M. Cabrillac et Pétel; *RTD com.* 1996. 344, obs. crit. Martin-Serf; *RTD civ.* 1996. 165, obs. Mestre – Com. 6 mai 1997, n° 94-20.855, *Bull. civ.* IV, n° 119 – Com. 9 nov. 2004, n° 01-12.523, NP – Com. 4 oct. 2005, n° 02-19.332, NP – Com. 7 avr. 2009, n° 08-10.427, NP; n° 336 F-D; *Gaz. proc. coll.* 2009/3, p. 26, n° 3, note Rohart-Messager; *JCP E* 2009, Chron. 1814, n° 14, note M. Cabrillac; *RTD com.* 2009. 809, n° 5, obs. Martin-Serf; *Rev. proc. coll.* 2009/6, 177, p. 52, note Martin-Serf.
8. M. Cabrillac et Pétel, obs. s[s] Com. 24 oct. 1995, *JCP E* 1995. I. 487, n° 12.

CHAPITRE

633. Autres paiements autorisés

SECTION 0

ORIENTEUR

633.00 Plan du chapitre.

Sect.	633.10	Obligation de payer immédiatement justifiée par le mécanisme du chèque et des effets de commerce
Sect.	633.20	Blocage d'un droit de restitution ou de revendication par le paiement
Sect.	633.30	Retrait contre paiement de la chose retenue ou gagée
Sect.	633.40	Paiements émanant de tiers
Sect.	633.50	Paiements résultant du jeu de la fiducie-sûreté

633.01 Textes applicables.

> Législation antérieure à la loi de sauvegarde des entreprises.

C. com., art. L. 621-24, al. 3, L. 621-122, L. 622-21

> Législation issue de la loi de sauvegarde des entreprises.

C. com., art. L. 622-7, al. 3, L. 624-16, L. 631-14, I, al. 1, L. 641-3, al. 1, L. 642-25

> Législation issue de l'ordonnance du 18 décembre 2008.

C. com., art. L. 622-7, II, al. 2, L. 622-13, VI, L. 622-23, I, L. 624-16, al. 1er et al. 4, L. 626-30, al. 4, L. 631-14, al. 1er et al. 4, L. 641-3, al. 1er et al. 2, L. 641-11-1, VI

> Législation issue de l'ordonnance du 12 mars 2014.

C. com., art. L. 622-7, L. 626-32, L. 641-3

633.02 Jurisprudence de référence.

> L'interdiction de payer les dettes antérieures au jugement d'ouverture fait obstacle à la possibilité pour le liquidateur de lever l'option d'achat d'un crédit-bail (solution antérieure à l'ordonnance du 18 déc. 2008).

• Com. 19 juin 2007, nº 06-15.447, *Bull. civ.* IV, nº 166; nº 894 FS-P+B

* V. s[s] nº 633.23

• Com. 18 mars 2014, nº 12-27.297, *Bull. civ.* IV, nº 54; nº 296 FS-P+B

* V. s[s] nº 633.23

« Les disposition de l'article L. 641-3, alinéa 2 ne permettent pas de déroger à la clause contractuelle du contrat de crédit-bail fixant la durée de location à l'expiration de laquelle le preneur a la faculté d'exercer l'option d'achat. »

> Le droit de rétention constitué après jugement d'*ouverture* en garantie d'une créance antérieure est inefficace.

• Com. 13 nov. 2001, nº 98-20.207, *Bull. civ.* IV, nº 179

* V. s[s] nº 633.33

« Mais attendu qu'en application de l'article 33, alinéa 1er de la loi du 25 janvier 1985, devenu l'article L. 621-24 alinéa 1er du code de commerce, le paiement d'une créance antérieure au jugement d'ouverture est interdit et frappé de nullité; qu'il en résulte que le commissionnaire ne peut valablement exercer son droit de rétention sur des marchandises confiées après le jugement d'ouverture pour obtenir le paiement de créances antérieures. »

633.03 Bibliographie indicative.

(V. les références complètes s[s] nº 031).

> Actualisables. RÉP. COM., Monsérié-Bon, « Entreprises en difficulté – Redressement judiciaire (Période d'observation) », nºs 110 à 113 – J.-CL. COM., Amlon, fasc. 2383, [Créanciers antérieurs titulaires de sûretés spéciales], 2005.

> Ouvrages antérieurs à la loi de sauvegarde des entreprises. A. Aynès, *Le droit de rétention : unité ou pluralité*, Economica, 2005 – CHAPUT, nº 334 – GUYON, nº 1209 – JACQUEMONT, nº 275 – KERCKHOVE, nº 446 – LE CORRE-BROLY, nºs 355 à 358 – MARTIN ET VALLENS, nºs 2998, 3557 – PÉROCHON ET BONHOMME, nºs 177, 178-2 à 178-5 – PÉTEL, nº 177 – RIPERT ET ROBLOT, nºs 3040-1000 à 3041 – SAINT-ALARY-HOUIN, nº 744 – SOINNE, nºs 1305 à 1308 – VALLANSAN, p. 75 et 76.

> Ouvrages postérieurs à la loi de sauvegarde des entreprises. COQUELET, 5e éd., nºs 185, 188, 189, 221 – Farhi S., *Fiducie-sûreté et droit des entreprises en difficulté : Étude de l'efficacité du mécanisme*, « Bibl. dr. entr. diff. », t. 6, LGDJ – Lextenso, 2016 – GIBIRILA, nº 422 – JACQUEMONT ET VABRES, 9e éd., nºs 388 à 391, 491 – LE CANNU, 7e éd., nºs 365, 374 – LIENHARD, 6e éd., nºs 75.22, 75.24 à 75.27 – PÉROCHON, 10e éd., nºs 611 à 619 – PÉTEL, 8e éd. nº 173 – SAINT-ALARY-HOUIN, 9e éd., nºs 698, 702 – VALLANSAN *ET ALII*, 6e éd., p. 93 à

95 – Vallens, 2015, n° 3224 à 3227 –L et Giorgini, n°s 686 à 694, 1363, 1375 – Voinot, 2e é° 378, 588.

> Articles. Albiges, « La constitution deiducie », *Dr. et patr.* juin 2008, n° 171, p. 46 – Aynès, « tension du droit de rétention dans le projet de réforrdes procédures collectives », *JCP G* 2008, Act. 300 arat, « La levée d'option d'achat du crédit-bail par le peur soumis à une procédure collective après l'ordonnardu 18 décembre 2008 », *RD banc. fin.* mars/avr. 2010, der 13, p. 99 – Bardet-Blanvillain, « Le droit de rétention : domaine en deux dimensions », *LPA* 25 mars 2005, n9, p. 9 – Barrière, « Commentaire de la loi n° 2007-21u 19 févr. 2007 », *Bull. Joly* avr. 2007, § 119, p. 441; La fiducie : brèves observations sur sa refonte et sa reuche par la loi de modernisation de l'économie », *JCP E*008. 385; « La fiducie-sûreté », *JCP E* 2009. 1808 – Berlot, « Le traitement de la fiducie-sûreté dans la nouvelle onnance sur les procédures collectives », *Dr. et patr.* oct009, n° 185, p. 89 – Blanluet et Le Gall, « La fiducie, une uvre inachevée », *Dr. sociétés* 2007, p. 7 – Bouteiller, Loi n° 2007-211 du 19 février 2007 instituant la fiduci», *JCP E* 2007. 1404, p. 15 – Bonhomme R., « Mobilisatic de créances et procédures collectives », Le Corre-Broly ir.), *Contentieux bancaire des procédures collectives*, Bruant, 2014, p. 73 – Cerles, « La fiducie, nouvelle reine desûretés », *JCP E* 2006. 2054, p. 19 – Combe, « L'efficacitéle la fiducie-sûreté », *in Colloque Sûretés réelles et droit desentreprises en difficulté*, Nice, 20 mars 2010, *LPA* 11 févr. 2011, n° 30, p. 8 – Crocq, « Lacunes et limites de la loi au regad du droit des sûretés » *in* dossier « La fiducie », *D.* 2007, Chron. 1354 – Dammann, « L'utilisation de la fiducie comme technique », interv. Colloque Caen 12 avr. 2013, *Rev. proc. coll.* 2013, dossier 20 – Dammann et Podeur, « Fiducie-sûreté et droit des procédures collectives : évolution ou révolution ? », *D.* 2007, Chron. 1359; « Le nouveau paysage du droit des sûretés : première étape de la réforme de la fiducie et du gage sans dépossession », *D.* 2008, Chron. 2300 – de Vauplane, « La fiducie avant la fiducie : le cas du droit bancaire et financier », *JCP E* 6 sept. 2007, 2051, p. 8 – Dumont-Lefrand, « Le dénouement de l'opération de fiducie », *Dr. et patr.* juin 2008, n° 171, p. 63 – Dupichot, « Septembre 2008 - Janvier 2009 : une ordonnance peut en cacher une autre… – II – le nouveau régime de la fiducie-sûreté », *Dr. et patr.* avr. 2009, n° 180, p. 127 – Farhi S., « Les sûretés permettant d'échapper à la règle de l'arrêt des voies d'exécution », *in Mesures d'exécution et procédures collectives*, « collection Procédures », Bruylant, 2012, p. 191; « Le banquier garanti par une fiducie-sûreté et la procédure collective », Le Corre-Broly E. (dir.), *Contentieux bancaire des procédures collectives,* Bruylant, 2014, p. 109 – Grimaldi et Dammann, « La fiducie sur ordonnances », *D.* 2009, Chron. 670 – Houin-Bressand C., « Instruments de paiement et droit des entreprises en difficulté », Roussel Galle (dir.), *Entreprises en difficulté*, « Droit 360° », LexisNexis, 2012, p. 571; « Paiement par carte bancaire et procédures collectives », *Gaz. Pal.* 2012, étude p. 1815 – Kuhn, « Une fiducie française », *Dr. et patr.* avril 2007, n° 158, p. 32; « La mission du fiduciaire », *Dr. et patr.* juin 2008, n° 171, p. 52 – Kuntz J.-E. et Cavelier J., « Notification d'une cession Dailly ou d'un nantissement de créances et exécution du plan de sauvegarde ou de redressement », *BJE* 2015, 123 – Kuntz J.-E. et Nurit V., « La cession de créances Dailly à titre de garantie à l'épreuve du plan de sauvegarde », *BJE* janv. 2014, p. 58 – Larroumet, « La loi du 19 février 2007 sur la fiducie – Propos critiques », *D.* 2007, Chron. 1350 – Lasserre, « La paralysie de la fiducie-sûreté », *in Colloque Sûretés réelles et droit des entreprises en difficulté*, Nice, 20 mars 2010, *LPA* 11 févr. 2011, n° 30, p. 3 – *Le Corre*, « L'invincibilité du droit de rétention dans les procédures collectives de paiement », *D.* 2001, Chron. 2815; « La règle de l'interdiction des paiements au lendemain de l'ordonnance du 18 décembre 2008 », *Gaz. Pal.* 8 à 10 mars 2009, n° sp. p. 25; « Le créancier nanti sur comptes-titres bénéficiaire d'un paiement provisionnel confronté au super privilège des salaires », *Gaz. proc. coll.* 2009, 1re partie, n°s 303, 304, p. 27 – Le Corre P.-M. et Dammann R., « Controverse : le droit de rétention fictif au cœur de tous les débats », *BJE* juill./août 2011, comm. 103, p. 227 – Le Corre-Broly E., « Le droit de rétention sur documents d'immatriculation », *D. Affaires* 1998, 1802 s. et 1838 s.; « La situation du porteur d'un warrant agricole après l'ordonnance du 23 mars 2006 et la LME du 4 août 2008 », *JCP E* 2013. 1446 – Legeais, « La réforme des sûretés, la fiducie et les procédures collectives », *Rev. sociétés* 2007. 687 – Legrand et Staes, « La détermination du patrimoine du débiteur », *Rev. proc. coll.* 2008, p. 106 – Legrand F., « Mise en œuvre des sûretés », *Dr. et patr.* déc. 2009, n° 187, p. 74 – Leroy, « Le passif fiduciaire », *Dr. et patr.* juin 2008, n° 171, p. 58 – Lucas et Sénéchal, « Fiducie ou sauvegarde, il faut choisir », *D.* 2008, point de vue 29 – Le Maigat, « L'efficacité du droit de rétention du créancier gagiste dans les procédures collectives », *LPA* 6 déc. 1999, n° 242, p. 10 s. – Libchaber, « Les aspects civils de la fiducie dans la loi du 19 février 2007 », *Defrénois* 2007/15-16, 38631, p. 1094 et 2007/17 – Luciano, « Fiducie-sûreté et plan de cession », *Rev. proc. coll.* 2011, études 9, p. 21 – Macorig-Vénier, « Les biens fiduciaires (biens distraits des procédures) », *in Colloque de l'AJDE*, Toulouse 10 sept. 2010, *Rev. proc. coll.* 2011, dossier 10, p. 89; « Fiducie-sûreté et droit des entreprises en difficulté », Roussel Galle (dir.), *Entreprises en difficulté*, « Droit 360° », LexisNexis, 2012, p. 405; « L'exclusivité », *in Colloque Sûretés réelles et droit des entreprises en difficulté*, Nice, 20 mars 2010, *LPA* 11 févr. 2011, n° 30, p. 59 – Mallet-Bricout, « Quelle efficacité pour la nouvelle fiducie-sûreté ? », *Dr. et patr.* oct. 2009, n° 185, p. 79; « Le fiduciaire propriétaire ? », *JCP E* 2010. 1191 – Marini, « Enfin la fiducie à la française », *D.* 2007, Chron. 1347; « La fiducie à la française », *RJ com.* 2007. 392 – Mortier, « Fiscalité de la fiducie : la neutralité à tout prix », *Dr. et patr.* juin 2008, n° 171, p. 82 – Pérochon, « Les interdictions de paiement et le traitement des sûretés réelles », *D.* 2009, Chron. 651 – Pierre, « Quelle neutralité fiscale pour la fiducie », *Dr. et patr.* oct. 2009, n° 185, p. 95 – Piedelièvre, « La timide consécration de la fiducie par la loi du 19 février 2007 », *Gaz. Pal.* 25 et 26 mai 2007, Doctr. 2 – Puig, « La fiducie et les contrats nommés », *Dr. et patr.* juin 2008, n° 171, p. 68 – Saint-Alary-Houin, « Les privilèges de procédure », *LPA* 14 juin 2007, n° 119, p. 70 – Sortais, « Libres propos comparatifs sur la fiducie », *RJ com.* 2007. 118 – Witz, « La fiducie française face aux expériences étrangères et à la convention de La Haye relative au trust »,

D. 2007, Chron. 1369 – Zinty S., « Le sort de la contre-passation en compte courant lors de l'ouverture d'une procédure collective », *Rev. proc. coll.* 2014, études 24.

633.04 Questions principales.

• Est-il possible de lever l'option d'achat d'un crédit-bail en période d'observation sans payer les sommes dues au jour du jugement d'ouverture ?
* V. s[s] n° 633.22.

• Le droit de rétention peut-il être opposé au débiteur pour l'obliger à payer une créance antérieure ?
* V. s[s] n°s 633.31 s.

SECTION 633.10

OBLIGATION DE PAYER IMMÉDIATEMENT JUSTIFIÉE PAR LE MÉCANISME DU CHÈQUE ET DES EFFETS DE COMMERCE

633.11 Paiement des chèques, des effets de commerce et des cartes – Affacturage. L'interdiction de payer une créance antérieure ne peut tenir en échec un processus de paiement irrévocablement enclenché avant l'ouverture de la procédure, même s'il n'est effectif qu'après[1].

En matière de **chèque**, le transfert de la provision est réalisé par l'émission du chèque, c'est-à-dire, selon l'expression de la Cour de cassation[2], sa création et sa mise en circulation. Du fait du transfert au porteur de la provision, à cette date, le redressement judiciaire ou la procédure de sauvegarde du tireur, postérieurement à l'émission, ne peut pas faire obstacle au paiement du chèque[3]. Le processus irrévocable de paiement a en effet été enclenché avant le jugement d'ouverture[4]. Les organes de la procédure collective ne peuvent donc remettre en cause le paiement du chèque[5].

La Cour de cassation approuve la solution des juges du fond considérant que la date d'émission d'un chèque ne peut être présumée être celle de sa création (AUSSI : v. s[s] n° 552.41). Il appartient au bénéficiaire du chèque, qui peut le faire par tout moyen, d'établir que le tireur du chèque s'en est dessaisi au p du bénéficiaire avant le jugement d'ouvertur la procédure du tireur[6]. Le chèque est émis et sa ision transférée dès que le tireur s'en est dessaisi profit du bénéficiaire. Toute mention contraire es utée non écrite. Il en résulte que si, selon une p que assez répandue, un chèque est remis avec, accord avec le bénéficiaire, une présentation dilée au paiement, le transfert de la provision est anmoins intervenu au jour où le tireur s'est dessi du chèque[7]. La provision du chèque émis avant jugement d'ouverture n'est toutefois transférée e si, au jour du jugement d'ouverture, elle existe la solution étant justifiée par la règle de l'interdion des paiements.

Cependant, si chèque revient impayé, le créancier peut-il obter le certificat de non-paiement valant titre exécuire et poursuivre le recouvrement forcé ? Une répore positive, qui semble contrarier la règle de l'arrêt es voies d'exécution[9], nous semble devoir être apportée, car la règle de l'arrêt des voies d'exécution est intimement liée à celle de l'interdiction des piements. Dès lors, si la seconde est écartée, la premère doit identiquement l'être.

La procédure coective atteignant le porteur du chèque constitue e revanche une cause d'opposition de la part du ireur au paiement du chèque. Cette règle a un fondement précis : éviter que le paiement ne soit pas libératoire. C'est pourquoi si le chèque est remis au liquidateur du bénéficiaire, l'opposition au paiement n'est plus possible[10].

En matière de **lettre de change**, une distinction s'impose selon que la traite a été ou non acceptée.

Si la traite n'est pas acceptée, le tireur en reste le débiteur principal. La survenance de l'échéance rendra le porteur définitivement et irrévocablement propriétaire de la provision. L'existence de la provision avant jugement d'ouverture autorisera le paiement après jugement d'ouverture. La solution a été

1. PÉROCHON, 10e éd., n° 574.
2. Com. 18 déc. 1990, n° 89-12.532, *Bull. civ.* IV, n° 326; *D.* 1991. Somm. 216, obs. M. Cabrillac; *Banque* 1991. 870, obs. Rives-Lange – Com. 18 oct. 1994, n° 92-20.086, *Bull. civ.* IV, n° 291; *Quot. Jur.* 1994, n° 99; p. 5, note J.-P. D.; *RD banc. et bourse* 1994, 263, obs. Crédot et Gérard.
3. Com. 18 déc. 1990, n° 89-12.532, préc. – Com. 16 juin 1992, n° 90-19.533, *Bull. civ.* IV, n° 235; *JCP G* 1992. IV. 260 – Versailles, 12e ch., 2e sect., 4 mars 2004, RG n° 02/05090.
4. PÉROCHON, 10e éd., n° 574.
5. Com. 16 juin 1992, n° 90-19.533, *Bull. civ.* IV, n° 235 – Com. 17 oct. 1995, n° 93-18.005, NP, *RJDA* 1996/1, n° 92.
6. Com. 31 janv. 2006, n° 04-15.315, *Bull. civ.* IV, n° 18; n° 145 FS-P+B+R; *Gaz. proc. coll.* 2006/2, p. 47, obs. Bonhomme; *Dr. et patr.* 2006/9, p. 77; *RD banc. fin.* 2006, p. 13, obs. Crédot et Samin.
7. Com. 12 janv. 2010, n° 08-20.241, *Bull. civ.* IV, n° 1; n° 4 F-P+B; *D.* 2010. AJ 264, obs. Lienhard; *Gaz. Pal.* 16-17 avr. 2010, n°s 106, 107, p. 36, note Bonhomme; *Act. proc. coll.* 2010/5, n° 73, note Régnaut-Moutier.
8. Com. 12 janv. 2010, n° 08-20.241, *Bull. civ.* IV, n° 1; n° 4 F-P+B; *D.* 2010. AJ 264, obs. Lienhard; *Gaz. Pal.* 16-17 avr. 2010, n°s 106, 107, p. 36, note Bonhomme; *JCP E* 2010, Chron. 1296, n° 3, obs. M. Cabrillac; *Act. proc. coll.* 2010/5, n° 73, note Régnaut-Moutier.
9. EN CE SENS : Toulouse, 14 oct. 1997, *Rev. proc. coll.* 1999, 107, n° 19, obs. Canet.
10. Com. 8 juill. 2008, n° 07-16.936, *Bull. civ.* IV, n° 141; *Gaz. proc. coll.* 2009/1, p. 42, note Bonhomme; *Act. proc. coll.* 2008/14, n° 230, note Régnaut-Moutier; *JCP E* 2009. 1008, n° 3, obs. M. Cabrillac; *LPA* 18 juin 2009, n° 121, p. 20, note Sortais.

posée dans une espèce où la provision de la lettre de change avait été consignée avant jugement d'ouverture du tiré entre les mains d'une banque pour compte de qui il appartiendra. La provision de lettre de change avait donc été transmise au bénéficiaire avant jugement d'ouverture du tiré[1]. L'article L. 511-38 du code de commerce (anc[t] art. 14) autorise en outre le porteur à réclamer le paiement avant l'échéance à ses garants, en cas de faillite du tireur.

Si la traite a été acceptée, la provision est sortie définitivement du patrimoine du tireur. Peu importera l'ouverture subséquente d'une procédure collective atteignant ce dernier. Toutefois, l'article L. 511-12 du code de commerce autorise le tiré accepteur à faire valoir l'exception d'absence de provision pour refuser de payer le porteur de l'effet s'il prouve que lorsque l'escompteur a acquis l'effet, il a agi sciemment au détriment du débiteur. C'est l'exception de mauvaise foi cambiaire.

La Cour de cassation juge que, en l'absence de preuve rapportée de la connaissance par le banquier escompteur de l'absence de provision, le prononcé de la liquidation judiciaire du tireur, dans un délai proche de la prise à l'escompte de l'effet [en l'occurrence un mois après la prise à l'escompte], ne constitue pas à lui seul un élément de nature à caractériser la mauvaise foi du banquier escompteur[2].

Au contraire, une cour d'appel ne peut rejeter l'exception de mauvaise foi cambiaire, lorsqu'une banque rejette les « paiements fournisseurs », le lendemain de l'acceptation de l'effet à l'escompte[3], la commande fondant la provision ayant été annulée à la suite de la décision de l'administrateur de mettre fin au contrat.

En cas de faillite du tiré, l'article L. 511-38 du code de commerce autorise le porteur de l'effet à poursuivre, même avant l'échéance, le garant. Le tireur ne peut en revanche se retourner contre le tiré que s'il a remboursé au tiers porteur la lettre de change. Toutefois, sans violer les dispositions du droit cambiaire, le liquidateur du tiré peut invoquer le rapport d'obligation ayant préexisté à la création de la lettre de change[4].

La faillite du tireur n'interdit pas le paiement par le tiré. La contre-passation d'un effet non échu au jour de l'ouverture de la procédure collective du tireur ne vaut pas paiement et ne fait pas, en conséquence, perdre au banquier escompteur ses recours cambiaires contre les autres signataires de l'effet[5]. La même solution est posée pour un billet à ordre : la contre-passation de cet effet après l'ouverture de la procédure collective du tireur ne vaut pas paiement et ne fait pas perdre la propriété au banquier escompteur. Le banquier peut donc en demander le paiement à une caution[6]. La solution est justifiée par la considération de la cessation des remises nouvelles au compte[7].

Signalons identiquement que la contre-passation par la société d'affacturage sur le compte courant du débiteur de factures ne vaut pas paiement et par voie de conséquence, ne fait pas perdre la propriété des créances correspondantes à l'affactureur, qui a seul le droit d'en poursuivre le recouvrement, tout en les déclarant au passif de la procédure collective[8].

La faillite du tiré n'interdira évidemment pas le paiement par le tireur.

En matière de **carte de paiement**[9] existe, comme en matière de chèque, un ordre irrévocable de paiement effectué par le porteur de la carte. L'opposition est admise en cas de procédure collective atteignant le bénéficiaire. Le porteur de la carte doit notifier son opposition à l'émetteur de la carte, avant que ce dernier ne procède au règlement des sommes dues entre les mains du banquier du bénéficiaire[10]. L'opposition doit être faite au motif de la procédure collective du bénéficiaire, et non pour l'impossibilité de ce dernier de fournir la prestation. En effet, un tel motif d'opposition ne rentre pas dans les cas limitatifs d'opposition et le banquier, qui doit en vérifier la licéité, doit rejeter cette opposition non fondée[11]. Notons que depuis l'ordonnance du 15 juillet 2009[12] relative aux conditions régissant la fourniture de moyens de paiement,

1. Com. 4 janv. 2005, n° 01-16.827, NP, *Gaz. proc. coll.* 2005/1, p. 42, n° 2, obs. Bonhomme.
2. Com. 16 juin 2009, n° 08-17.845, NP; n° 560 F-D; *Gaz. Pal.* 8-10 janv. 2010, n°s 8, 9, p. 32, NP, note Bonhomme.
3. Com. 18 janv. 2011, n° 10-30.027, NP; n° 19 F-D; *Gaz. Pal. entr. diff.* 1-2 avr. 2011, p. 38, note Bonhomme.
4. Com. 19 juin 2007, n° 06-11.505, NP; n° 860 F-D; *Gaz. proc. coll.* 2007/4, p. 52, note Bonhomme.
5. Com. 22 oct. 2002, n° 99-14.747, NP, *Act. proc. coll.* 2003/2, n° 16.
6. Com. 11 juin 2014, n° 13-18.064, *Bull. civ.* IV, n° 99; F-P+B; *Gaz. Pal.* 5 oct. 2014, n° 278, p. 41, note Bonhomme; *BJE* 2014, 308.
7. Bonhomme, note s[s] Com. 11 juin 2014, n° 13-18.064; F-P+B; *Gaz. Pal.* 5 oct. 2014, n° 278, p. 41.
8. Com. 29 avr. 2014, n° 13-13.630, *Bull. civ.* IV, n° 72; n° 394 F-P+B; *Gaz. Pal.* 29 juin 2014, n° 180, p. 34, note Bonhomme; *LXB hebdo* 22 mai 2014, n° 382, note Le Corre-Broly.
9. Houin-Bressand, « Paiement par carte bancaire et procédures collectives », *Gaz. Pal.* 2012, étude p. 1815.
10. Com. 11 oct. 2011, n° 10-20.954, *Bull. civ.* IV, n° 152; *Gaz. Pal.* 28 avr. 2012, n° 118, p. 37, note Bonhomme; *Act. proc. coll.* 2011/19, comm. 287, note Régnaut-Moutier; *Gaz. Pal.* 9 nov. 2011, Jur. 9, note Lasserre Capdeville; *BJE* janv. 2012, comm. 4, p. 19, note Bonhomme; *LPA* 19 janv. 2012, n° 14, note Bebe Épale.
11. Com. 20 janv. 2009, n° 08-11.273, *Bull. civ.* IV, n° 6; FS-P+B+R; *Act. proc. coll.* 2009/5, n° 88, note Régnaut-Moutier.
12. Ord. n° 2009-866, 15 juill. 2009, *JO* 16 juill., p. 11868.

l'ouverture d'une procédure de sauvegarde du bénéficiaire n'est pas un cas d'opposition au paiement de la carte.

SECTION 633.20

BLOCAGE D'UN DROIT DE RESTITUTION OU DE REVENDICATION PAR LE PAIEMENT

633.21 Paiement immédiat des vendeurs avec clause de réserve de propriété. L'article L. 621-122 du code de commerce (anc[t] L. 25 janv. 1985[1], art. 121), sous l'empire de la législation antérieure à la loi de sauvegarde des entreprises[2] et l'article L. 624-16 du code, dans la rédaction que lui donne la loi de sauvegarde des entreprises, réglementent les conditions de reprise par un vendeur sous réserve de propriété des marchandises livrées au débiteur (v. s[s] n°s 816.11 s.). La reprise interviendra soit par la voie d'une action en revendication, soit par celle d'une demande en restitution, selon que le contrat aura ou non fait l'objet d'une publicité au greffe du tribunal.

L'exercice par le vendeur réservataire de son droit de reprise du bien pourra être préjudiciable à l'entreprise. C'est pourquoi le législateur autorise l'acheteur ou l'administrateur judiciaire à payer au vendeur les sommes qui lui restent dues.

La créance du vendeur est incontestablement antérieure au jugement d'ouverture, si la délivrance de la chose qui en est le fait générateur, est ellemême antérieure (v. s[s] n° 442.15). Le fait que le juge-commissaire ait ordonné la restitution du bien ou le paiement n'a pas pour effet de modifier le caractère antérieur de la créance[3].

Stricto sensu, il ne s'agit pas de la continuation d'un contrat en cours.

L'article L. 621-122, alinéa 4 du code de commerce, dans la rédaction antérieure à la loi du 26 juillet 2005, prévoit qu'il n'y a pas lieu à revendication si le prix est payé immédiatement. Le créancier, vendeur réservataire, peut accorder à l'acheteur des délais de paiement. Cet accord sera relayé par une ordonnance du juge-commissaire, rendue sur requête de l'administrateur judiciaire ou, à son défaut, du débiteur, et contenant octroi d'un délai de règlement.

La solution est reproduite par l'article L. 624-16, alinéa 4 du code, dans la rédaction que lui a donnée la loi du 26 juillet 2005. Il appartient au juge-commissaire d'autoriser par ordonnance, le débiteur, dans la procédure de sauvegarde, à payer immédiatement le prix d'un bien vendu sous clause de réserve de propriété. La solution est applicable dans la procédure de redressement judiciaire (C. com., art. L. 631-18, I). En présence d'un administrateur judiciaire, c'est ce dernier qui sera autorisé par le juge-commissaire à effectuer le paiement, tant dans la procédure de sauvegarde, que dans celle de redressement judiciaire. La solution est également applicable dans la procédure de liquidation judiciaire (C. com., art. L. 641-14, al. 1), le liquidateur devant alors obtenir du juge-commissaire l'autorisation.

L'article L. 621-122, alinéa 4 *in fine* du code de commerce prévoit que le paiement du prix, qui intervient après le jugement d'ouverture, est assimilé à celui d'une créance née régulièrement après le jugement d'ouverture. Ainsi, c'est par une fiction légale – traitement en créance « article 40 » (C. com., art. L. 621-32) d'une créance antérieure – que le législateur autorise le paiement, après jugement d'ouverture, d'une créance antérieure, lorsqu'il y a octroi de délais (v. s[s] n° 816.62). La solution est reproduite par l'article L. 624-16, alinéa 4 du code, dans la rédaction que lui donne la loi de sauvegarde des entreprises. Le texte énonce que « le paiement du prix est alors assimilé à celui des créances mentionnées au I de l'article L. 622-17 ». Il s'agit par cette fiction juridique d'assimiler la créance à une créance postérieure et de la faire, en outre, bénéficier du traitement préférentiel réservé à certaines créances postérieures.

633.22 Levée d'option d'achat du crédit-bail en période d'observation[4].

> AVANT L'ORDONNANCE DU 18 DÉCEMBRE 2008[5]. La question de la levée d'option d'achat d'un contrat de crédit-bail par le locataire, en présence d'une créance antérieure au jugement d'ouverture restée impayée, fait l'objet d'une réglementation ponctuelle de la part du législateur. Elle existe en plan de continuation (v. s[s] n°s 522.41 et 522.42) et en plan de cession (v. s[s] n°s 582.81 s.), et, depuis la loi de sauvegarde des entreprises, en plan de sauvegarde, de redressement et de cession.

En revanche, le législateur n'a pas réglementé la question de la levée d'option d'achat par le locataire débiteur d'un contrat de crédit-bail, en présence d'impayés avant jugement d'ouverture, lorsque le contrat de crédit-bail arrive à son terme en période d'observation.

À défaut de levée d'option d'achat, il y a place à une demande en restitution, puisque le contrat est

1. L. n° 85-98, 25 janv. 1985, *JO* 26 janv., p. 1097.
2. L. n° 2005-845, 26 juill. 2005, *JO* 27 juill., p. 12187.
3. Com. 10 mai 2012, n° 11-15.015, NP; n° 492 F-D.
4. Barat, « La levée d'option d'achat du crédit-bail par le preneur soumis à une procédure collective après l'ordonnance du 18 décembre 2008 », *RDBF* mars/avr. 2010, dossier 13, p. 99.
5. Ord. n° 2008-1345, 18 déc. 2008, *JO* 19 déc., p. 19462.

arrivé à terme. Cela privera l'entreprise d'un bien qui lui est vraisemblablement utile. Pour éviter la reprise du bien par le crédit-bailleur, le débiteur doit lever l'option d'achat. Celle-ci n'est contractuellement possible, selon des clauses de style des contrats de crédit-bail, que si le locataire a payé au crédit-bailleur l'intégralité de ce qui lui est dû. Une difficulté se présente : le crédit-bailleur est créancier, au titre de créances antérieures au jugement d'ouverture. En effet, le débiteur se voit interdire de payer, après jugement d'ouverture, des créances antérieures. Est-ce à dire que l'interdiction de payer les loyers antérieurs au jugement d'ouverture doit conduire à autoriser la levée d'option d'achat ? Le décider reviendrait à assimiler interdiction de payer et paiement.

Faute de disposition de la loi du 25 janvier 1985[1] en ce sens, il convient de refuser cette assimilation. C'est en ce sens que s'est fixée la Cour de cassation statuant sous l'empire de la loi du 25 janvier 1985, alors qu'à l'époque, même dans le cadre des plans de redressement, la question de la levée d'option n'avait pas été tranchée. L'interdiction de payer une créance antérieure ne doit pas être équivalente à son paiement[2]. La solution ne se trouve pas modifiée par la loi de sauvegarde des entreprises.

Le juge-commissaire excède ses pouvoirs à autoriser un liquidateur à payer les loyers antérieurs au jugement d'ouverture pour lever l'option d'achat. La règle de l'interdiction des paiements n'est écartée que dans des cas exceptionnels, dont la levée d'option d'achat du crédit-bail en période d'observation – mais aussi en liquidation judiciaire – ne fait pas partie[3].

En situation de liquidation judiciaire, le principe a clairement été posé que la règle de l'interdiction de payer les créances antérieures fait obstacle à la possibilité de lever l'option d'achat (v. s^{s} nº 633.23). Cette solution vaut identiquement en période d'observation, alors surtout que le paiement interdit est ici passible de sanctions pénales (v. s^{s} nº 933.11).

Pour sortir de ce qui apparaît comme une impasse juridique, le paiement pourrait parfaitement être envisagé dans le cadre d'une transaction[4], même si le contraire a été objecté[5], la transaction étant un acte visé par l'article L. 621-24 du code de commerce (anc^{t} L. 25 janv. 1985, art. 33, al. 2), et, depuis la loi de sauvegarde des entreprises, par l'article L. 622-7, alinéa 2, que peut autoriser le juge-commissaire. La transaction étant une convention, l'accord du crédit-bailleur est évidemment nécessaire. Cette transaction emporterait, du côté du crédit-bailleur, désistement de sa demande en restitution. *Elle emporterait, du côté du locataire, obligation* de payer plus que les sommes arriérées restant dues. À défaut de payer au crédit-bailleur plus que ce qui lui est dû, il n'y aurait pas de concession du côté du locataire et la transaction ne saurait alors exister.

De la sorte, le débiteur deviendrait propriétaire du bien crédit-baillé, ce qui fait échec à la reprise par le crédit-bailleur du bien qui était sa propriété.

Il ne saurait être argué d'un paiement préférentiel d'un créancier, au détriment des autres, puisqu'en autorisant la transformation d'un bien crédit-baillé en élément d'actif, le paiement de la créance antérieure profitera au groupement des créanciers, dès lors que le bien a une valeur supérieure au paiement. Au surplus, la rupture d'égalité qui a conduit une juridiction du fond[6], à écarter la solution, doit être exactement comprise. L'égalité entre les créanciers interdit un traitement différent de créanciers se trouvant dans la même situation. Le crédit-bailleur est ici un créancier dans une situation bien particulière. Il est propriétaire et a droit à la reprise de son bien. Pour l'éviter, il apparaît logique d'autoriser le paiement.

L'autorisation devra être sollicitée du juge-commissaire, s'agissant d'une transaction. La requête peut indifféremment être présentée par le crédit-bailleur ou par l'administrateur judiciaire et, à son défaut, par le débiteur. Elle peut également être présentée conjointement. En revanche, l'autorisation devra être donnée au débiteur ou à l'administrateur judiciaire, puisqu'il s'agit de leur permettre d'effectuer le paiement d'une créance antérieure, aux fins de lever l'option d'achat.

L'autorisation ne devra intervenir qu'autant que la levée d'option d'achat révélera un intérêt pour le débiteur ou le groupement des créanciers. L'intérêt pour le débiteur existera si le bien est utile à la continuation de l'activité. L'intérêt pour le groupement des créanciers résultera de ce que le prix de revente du bien est supérieur au paiement autorisé.

> Depuis l'ordonnance du 18 décembre 2008 et avant l'ordonnance du 12 mars 2014[7]. L'article L. 622-7, II, alinéa 2 du code de commerce (ord. 18 déc. 2008, art. 22) apporte une nouvelle exception à la règle de l'interdiction du paiement des créances : celle du paiement pour lever l'option

1. L. nº 85-98, 25 janv. 1985, préc.
2. Com. 26 nov. 2002, nº 00-10.611, NP, *D.* 2003, jur. 122, note Le Corre; *Act. proc. coll.* 2003/2, nº 14, obs. Boulay; *Dr. et proc.* 2003/3, p. 161, obs. Crocq; *JCP E* 2003, Chron. 760, p. 852, nº 11, obs. M. Cabrillac; *Rev. proc. coll.* 2003, p. 236, nº 3, obs. Roussel Galle.
3. Amiens, ch. éco., 24 juin 2004, *JCP E* 2005, pan. 505, p. 553.
4. EN CE SENS AUSSI : J.-CL. COM., Dumont-Lefrand, fasc. 2325, [Situation du débiteur], 2008, nº 68.
5. M. Cabrillac, obs. s^{s} Com. 26 nov. 2002, *JCP E* 2003, Chron. 760, p. 853, nº 11.
6. T. com. Nice, 4 nov. 1997, *D.* 1998. IR 15.
7. Ord. nº 2014-326, 12 mars 2014, *JO* 14 mars, p. 5249.

d'achat d'un contrat de crédit-bail arrivant à terme pendant la période d'observation.

Le texte (ord. 18 déc. 2008, art. 80), limite, dans la procédure de sauvegarde, le droit de solliciter le paiement au seul débiteur, le refusant à l'administrateur, pour tenir compte du maintien aux commandes du premier. Dans le redressement judiciaire, la demande d'autorisation de paiement n'émanera du débiteur seul qu'en l'absence d'administrateur. En sa présence, elle émanera concurremment du débiteur et de l'administrateur judiciaire, si ce dernier a une mission d'assistance. Elle n'émanera que de l'administrateur judiciaire si celui-ci a reçu une mission de représentation (C. com., art. L. 631-14, al. 3).

L'article 20 du décret du 12 février 2009[1], modifiant la rédaction de l'article R. 622-6, étend à cette nouvelle exception à la règle de l'interdiction des paiements, les modalités procédurales qui n'intéressaient auparavant que l'autorisation accordée par le juge-commissaire de faire un acte visé à l'alinéa 2 de l'article L. 622-7, c'est-à-dire, l'acte de disposition étranger à la gestion courante de l'entreprise, la constitution d'hypothèque ou de nantissement, le compromis ou la transaction. En conséquence, lorsque le juge-commissaire statue sur une demande d'autorisation de payer une créance antérieure pour lever l'option d'achat d'un crédit-bail présentée par le débiteur, le greffier convoque le débiteur, l'administrateur judiciaire s'il a été désigné un, le mandataire judiciaire et le crédit-bailleur.

Par cette opportune exception, le texte nouveau règle une sérieuse difficulté qui s'était présentée sous les régimes antérieurs. Il faut donc apprécier la solution nouvelle, qui permet au juge-commissaire d'autoriser à payer les sommes dues pour pouvoir lever l'option d'achat du crédit-bail, lorsque cette levée est justifiée par la poursuite de l'activité et que le paiement à intervenir est d'un montant inférieur à la valeur vénale du bien objet du contrat. La solution posée par la législation a directement pour objet de contrecarrer la solution de la Cour de cassation, refusant le droit de lever l'option d'achat d'un crédit-bail, lorsque des loyers antérieurs au jugement d'ouverture sont restés impayés, au motif de l'interdiction du paiement des créances antérieures, qui s'impose aux organes de la procédure, comme elle s'impose au débiteur.

> DEPUIS L'ORDONNANCE DU 12 MARS 2014. L'article 22 de l'ordonnance du 12 mars 2014 réécrit l'alinéa 2 du II de l'article L. 622-7 du code de commerce. S'il conserve le principe de solution posée par l'ordonnance du 18 décembre 2008, en revanche, il supprime la limitation selon laquelle le paiement à intervenir doit être d'un montant inférieur à la valeur vénale du bien objet du contrat. *Le paiement à intervenir peut donc être d'un montant* supérieur à la valeur vénale, mais ne doit pas dépasser ce qui reste dû. Le crédit-bailleur n'est pas pénalisé et il peut encaisser tout ce qui lui est dû. Même si la règle apparaît logique, il n'en demeure pas moins qu'elle nous semble aller à contre-courant législatif, au moins dans la période d'observation.

633.23 Levée d'option d'achat du crédit-bail en liquidation judiciaire.

> AVANT L'ORDONNANCE DU 8 DÉCEMBRE 2008[2]. Le législateur, pas plus qu'il ne l'a fait pour la période d'observation, n'a réglé la question de la levée d'option d'achat d'un contrat de crédit-bail en liquidation judiciaire. Depuis la loi du 10 juin 1994[3], sauf poursuite provisoire d'activité autorisée par le tribunal, une difficulté se présentait pour savoir si la liquidation judiciaire entraînait, par principe, résiliation de plein droit des contrats. (v. s[s] n°s 431.31 et 555.12). La question est explicitement réglée par l'article L. 622-13 du code de commerce (anc[t] L. 25 janv. 1985[4], art. 153-3) pour le contrat de bail des immeubles affectés à l'activité d'une entreprise. La jurisprudence des juges du fond a parfois considéré que, à défaut de poursuite provisoire d'activité, le contrat de crédit-bail se trouvait résilié et qu'il en résultait l'impossibilité pour ce contrat d'arriver à son terme, en période de liquidation judiciaire. Dès lors, la levée d'option d'achat apparaissait impossible, puisque, avant son exercice, le contrat se trouvait résilié[5]. La Cour de cassation, pour sa part, n'a pas admis la thèse de la résiliation de plein droit des contrats du fait de l'intervention de la liquidation judiciaire (v. s[s] n°s 431.31 et 555.12). La solution rebondit avec la loi de sauvegarde des entreprises, qui, à notre sens, pose en principe l'impossibilité de continuer, en liquidation judiciaire, un contrat en dehors de la poursuite d'activité autorisée (v. s[s] n° 431.32).

Quoi qu'il en soit, un autre obstacle peut s'élever contre la possibilité de lever l'option d'achat par le liquidateur. Il tient à l'existence de loyers restés impayés.

Il peut d'abord s'agir de loyers postérieurs au jugement d'ouverture. Si le liquidateur ne les acquitte pas, la levée d'option est impossible[6]. Peu importe à cet égard qu'aucune option n'ait été formulée sur la poursuite du contrat, lequel reste en cours malgré la

1. D. n° 2009-160, 12 févr. 2009, *JO* 13 févr., p. 2596.
2. Ord. n° 2008-1345, 18 déc. 2008, préc.
3. L. n° 94-475, 10 juin 1994, *JO* 11 juin, p. 8440.
4. L. n° 85-98, 25 janv. 1985, préc.
5. Nancy, 2e ch., 18 mars 1998, *D. Affaires* 1998, 1114, note Le Corre-Broly.
6. Com. 7 juill. 2004, n° 02-14.866, NP – Com. 17 févr. 2009, n° 07-20.660, NP; n° 152 F-D.

liquidation judiciaire[1]. Si le contrat a continué, le non-paiement de loyers postérieurs à l'option de continuation emporte une résiliation de plein droit du contrat, qui rend impossible la levée d'option d'achat.

Il peut surtout être question de loyers antérieurs au jugement d'ouverture. En ce cas, une difficulté analogue à celle existant en période d'observation existe (v. s^s n° 633.22). Le liquidateur ne peut tourner l'interdiction de payer les créances antérieures, qui n'est tenue en échec, par le biais d'une autorisation du juge-commissaire, que dans les seules situations envisagées par l'article L. 621-24, alinéa 3 du code de commerce, devenu l'article L. 622-7, alinéa 3 du même code, sous l'empire de la loi de sauvegarde des entreprises. Ces textes sont des exceptions au principe d'interdiction du paiement des créances antérieures et méritent à ce titre une interprétation stricte, qui interdira la levée d'option du contrat de crédit-bail par le liquidateur. La solution a été posée en ces termes par la Cour de cassation : « La faculté prévue à l'article L. 621-122, alinéa 4 du code de commerce, d'interprétation stricte en ce qu'il déroge à l'interdiction de payer les créances antérieures au jugement d'ouverture, ne permet pas de s'opposer à la restitution du bien, objet d'un contrat de crédit-bail, en payant les échéances antérieures au jugement d'ouverture restées impayées »[2].

Indiquons encore que l'interdiction de les payer n'équivaut pas à leur paiement. La levée d'option sera donc impossible, compte tenu des clauses contractuelles obligeant le locataire à avoir acquitté l'intégralité des loyers pour pouvoir, au terme du contrat, lever l'option d'achat, sauf accord du crédit-bailleur (v. s^s n° 633.22).

En cette hypothèse, il appartiendra au liquidateur de se faire autoriser par le juge-commissaire à payer, dans le cadre d'une transaction avec le crédit-bailleur, les sommes arriérées restant dues par le débiteur au jour du jugement d'ouverture (v. aussi s^s n° 633.22). Il y a place ici à application de l'article L. 622-20, alinéa 1 du code de commerce (anc^t L. 25 janv. 1985, art. 158, al. 1), sous l'empire de la législation antérieure à la loi de sauvegarde des entreprises, de l'article L. 642-24, alinéa 1, sous l'empire de la loi de sauvegarde des entreprises.

Cette autorisation ne sera accordée par le juge-commissaire que si la levée d'option d'achat s'avère intéressante pour le groupement des créanciers. Il faudra donc que les sommes arriérées soient inférieures à la valeur de revente envisagée par le liquidateur du bien crédit-baillé, devenu, par suite de la levée d'option d'achat, un actif du débiteur.

> Depuis l'ordonnance du 18 décembre 2008 et avant l'ordonnance du 12 mars 2014[3]. Comme elle l'a fait pour la levée d'option d'achat du crédit-bail en période d'observation, l'ordonnance du 18 décembre 2008 permet désormais le paiement de créances antérieures au jugement d'ouverture pour lever l'option d'achat du crédit-bail pendant la liquidation judiciaire. En ce sens, l'article L. 641-3, alinéa 2 du code de commerce prévoit que le juge-commissaire peut autoriser le liquidateur ou l'administrateur lorsqu'il en a été désigné à payer des créances antérieures au jugement « lorsque le paiement à intervenir est d'un montant inférieur à la valeur vénale du bien objet du contrat, pour lever l'option d'achat d'un contrat de crédit-bail ».

Les modalités procédurales n'ont pas été précisées. Par transposition avec celles posées en période d'observation, il faut, nous semble-t-il, décider que le greffier du tribunal doit convoquer devant le juge-commissaire le liquidateur – ou s'il en a été nommé un qui est encore en fonction au jour où le juge-commissaire doit statuer, l'administrateur – et le crédit-bailleur.

Cette exception à l'interdiction de payer les créances antérieures est très importante pour la liquidation judiciaire. En effet, elle va permettre de transformer un bien crédit-baillé en élément d'actif pour assurer un désintéressement plus important des créanciers. Son objectif explique la condition posée au texte : la valeur vénale du bien crédit-baillé doit être supérieure au montant des sommes restant dues au crédit-bailleur pour lever l'option d'achat.

Rien n'interdit au juge-commissaire – et il est même conseillé pour lui de procéder ainsi – de statuer, par la même décision, sur la demande de restitution du bien crédit-baillé présentée par le crédit-bailleur et sur l'autorisation de paiement des créances antérieures présentée par l'organe de compétent de la procédure collective. L'autorisation de payer emportera rejet de la demande en restitution. Il importe néanmoins pour le juge-commissaire de s'assurer d'abord qu'il est utile à la procédure collective de payer, ce qui ne sera pas le cas si les conditions de reprise du bien par le crédit-bailleur ne sont pas réunies, spécialement si la publicité de l'opération de

1. Com. 17 févr. 2009, n° 07-20.660, NP; n° 152 F-D; *LPA* 20/21 août 2009, n° 166/167, p. 8, note Sortais; *Rev. proc. coll.* 2009/6, 163, p. 40, note Roussel Galle.
2. Com. 19 juin 2007, n° 06-15.447, *Bull. civ.* IV, n° 166; n° 894 FS-P+B; *D.* 2007, jur. 2363, note Le Corre-Broly; *D.* 2007. AJ 1878, obs. Lienhard; *D.* 2008, pan. 576, obs. Le Corre; *Gaz. proc. coll.* 2007/4, p. 46, note Roussel Galle; *Act. proc. coll.* 2007/13, n° 151, note Vallansan; *RTD com.* 2007. 818, n° 10, obs. Legeais; *RTD com.* 2008. 198, n° 5, obs. Martin-Serf; *JCP E* 2008, Chron. 1207, n° 6, p. 30, obs. M. Cabrillac; *LXB hebdo* n° 269, 18 juill. 2007, n° N9341BBL, note Le Corre.
3. Ord. n° 2014-326, 12 mars 2014, préc.

crédit-bail n'a pas été correctement effectuée. L'inopposabilité du droit de propriété du crédit-bailleur autorise en effet le liquidateur à réaliser le bien crédit-baillé comme s'il s'agissait d'un élément d'actif.

Une juridiction du fond a cru devoir juger que l'article L. 641-3, alinéa 2 du code de commerce pouvait tenir en échec les clauses de style des contrats de crédit-bail obligeant au respect de toutes les obligations du contrat pour permettre, au terme du contrat, la levée d'option d'achat [1]. La solution ne peut être suivie. L'article L. 641-3, alinéa 2 du code de commerce n'a aucunement pour objet, et par voie de conséquence pour effet, d'emporter mise à l'écart des règles de la continuation des contrats en cours et donc de l'obligation de respecter les dispositions contractuelles. Comme cela a été expliqué, il s'agit exclusivement d'une disposition permettant au juge-commissaire d'autoriser le paiement de créances antérieures pour lever l'option d'achat, lorsque l'heure sera venue, aux conditions contractuelles prévues. Très logiquement, cette décision a été censurée, au motif que « les dispositions du premier de ces textes [C. com., art. L. 641-3, al. 2] ne permettent pas de déroger à la clause contractuelle du contrat de crédit-bail fixant la durée de location à l'expiration de laquelle le preneur a la faculté d'exercer l'option d'achat » [2].

> Depuis l'ordonnance du 12 mars 2014. L'article 64, 1° de l'ordonnance du 12 mars 2014 réécrit l'alinéa 2 de l'article L. 641-3 du code de commerce. S'il conserve le principe de solution, en revanche, il supprime la limitation selon laquelle le paiement à intervenir doit être d'un montant inférieur à la valeur vénale du bien objet du contrat. Le paiement à intervenir peut donc être d'un montant supérieur à la valeur vénale, mais ne doit pas dépasser ce qui reste dû. Le crédit-bailleur n'est pas pénalisé et il peut encaisser tout ce qui lui est dû.

SECTION 633.30
RETRAIT CONTRE PAIEMENT DE LA CHOSE RETENUE OU GAGÉE

633.31 Domaine du retrait contre paiement

(v. aussi en liquidation judiciaire, s^{s} n° 563.62). Le législa reconnaît explicitement l'efficacité du droit tention pendant la période d'observation en orsant, à l'article L. 621-24, alinéa 3 du code de coerce (anc^{t} L. 25 janv. 1985 [3], art. 33, al. 3), deverans la rédaction de la loi de sauvegarde des entreses, l'article L. 622-7, alinéa 3 (devenu C. co, art. L. 622-7, II, al. 2, réd. ord. 18 déc. 2008 le retrait contre paiement, et en liquidation judicre, par l'article L. 622-21 alinéa 1 du même codeanc^{t} L. 25 janv. 1985, art. 159, al. 1), devenu dana rédaction de la loi de sauvegarde des entrepris l'article L. 642-25, alinéa 1 (devenu C. com., art. 641-3, al. 2, réd. ord. 18 déc. 2008).

E droit commun, le droit de rétention s'éteint para paiement. La solution, autrefois d'origine prétorenne, a été consacrée par la loi avec le nouvel artcle 2286 du code civil, issu de l'ordonnance du 23 mars 2006 [5] ayant réformé le droit des sûretés [6]. Il n'est pas dérogé par la législation du droit des procédures collectives de paiement à l'efficacité du droit de rétention, puisque l'article L. 621-24 du code de commerce (anc^{t} L. 25 janv. 1985, art. 33, al. 3) énonce que « le juge-commissaire peut autoriser (le chef d'entreprise ou l'administrateur judiciaire) à payer des créances antérieures au jugement, pour retirer le gage ou une chose légitimement retenue, lorsque ce retrait est justifié par la poursuite de l'activité ». Cette rédaction a été reprise par l'article L. 622-7, alinéa 3 (devenu C. com., art. L. 622-7, II, al. 2, réd. ord. 18 déc. 2008), depuis la loi de sauvegarde des entreprises. Le paiement du créancier interviendra indépendamment de l'existence de créances super-privilégiées ou de créances postérieures bénéficiant du traitement préférentiel [7], puisqu'il n'est pas ici question de conflit entre créanciers de rangs différents.

On remarquera que le législateur place sur un même plan le gage et le droit de rétention indépendant du gage.

La technique du retrait contre paiement est-elle applicable au gage avec droit de rétention fictif ? La doctrine est divisée sur cette question [8]. Une réponse affirmative semble bien devoir être apportée. D'abord, on observera que le législateur n'a pas distingué

1. Orléans, ch. com. éco et fin., 11 oct. 2012, RG n° 12/00469, *D.* 2013, pan. 2375, note Le Corre; *Gaz. Pal.* 29 sept. 2013, n° 272, p. 11, note Le Corre.
2. Com. 18 mars 2014, n° 12-27.297, *Bull. civ.* IV, n° 54; n° 296 FS-P+B; *D.* 2014, actu 773, note Lienhard; *Gaz. Pal.* 29 juin 2014, n° 180, p. 29, note Roussel Galle; *Act. proc. coll.* 2014/8, comm. 157, note Petit; *Rev. sociétés* 2014. 406, note Roussel Galle; *JCP E* 2014, chron. 1447, n° 1, obs. Pétel; *Gaz. Pal.* 20 juill. 2014, n° 201, p. 23, note Moreil; *Leden* mai 2014, comm. 080, note Le Corre; *LXB hebdo* 10 avr. 2014, n° 566, note Le Corre.
3. L. n° 85-98, 25 janv. 1985, préc.
4. Ord. n° 2008-1345, 18 déc. 2008, préc.
5. Ord. n° 2006-346, 23 mars 2006, *JO* 24 mars, p. 4475.
6. Simler, « Dispositions générales du livre VI nouveau du code civil », *RD banc. fin.* mai-juin 2006, p. 55, n° 3.
7. M. Cabrillac, « L'article 40 de la loi du 25 janvier 1985 et ses difficultés d'application », *Banque* 1986. 115, n° 24.
8. Pour l'applicabilité : Guyon, n° 1209 – Pérochon, 10e éd., n° 614 – Vallansan *et alii*, 6e éd., p. 94 – contre l'applicabilité : Derrida *et alii*, n° 381 – Soinne, n° 1307 – J.-Cl. Com., Amlon, fasc. 2383, [Créanciers antérieurs titulaires de sûretés spéciales], 2005, n° 156 – Coquelet, 5e éd., 2015, n° 188.

entre gage avec droit de rétention réel et gage avec droit de rétention fictif. La maxime *Ubi lex...* doit donc conduire à ne pas distinguer. Ensuite, le fondement du retrait contre paiement permet également d'apporter une réponse positive. En effet, on remarquera spécialement que l'article L. 621-24, alinéa 3, dans la rédaction antérieure à la loi de sauvegarde des entreprises et l'article L. 622-7, alinéa 3, dans la rédaction de la loi de sauvegarde des entreprises (devenu C. com., art. L. 622-7, II, al. 2, réd. ord. 18 déc. 2008), visent le retrait justifié par la poursuite de l'activité. Il n'est pas fait mention, comme cela était le cas, lors des travaux préparatoires de la loi du 25 janvier 1985[1], du retrait d'un « bien nécessaire à l'activité ». Il en résulte que le texte est plus large et autorise incontestablement le retrait aux fins de vendre le bien gagé. L'utilité du retrait existera alors si le prix de revente du bien gagé est supérieur au montant à payer au créancier rétenteur. De même, le retrait doit pouvoir intervenir, même pour un bien étranger à l'exploitation professionnelle, le contraire ayant cependant été soutenu[2], dès lors que sa vente est destinée à procurer à l'entreprise de la trésorerie. Or, dans cette perspective, le bien peut-être fictivement retenu, comme il en est, par exemple, en matière de gage sur véhicule automobile (sur le warrant agricole, V. s[s] n°s 482.11 s.).

Dans cette même logique, la Cour de cassation a reconnu l'opposabilité à la procédure collective d'un droit de rétention sur documents administratifs permettant la circulation, tels des cartes grises de véhicules automobiles, des certificats de jauge ou encore des actes de francisation de bateaux[3], alors pourtant que le droit de rétention est ici dématérialisé. La garantie a vocation à se substituer aux sûretés classiquement constituées sur ce type de biens. La jurisprudence admet ainsi l'efficacité du droit de rétention sur des cartes grises indépendamment de l'inscription du gage sur véhicule automobile[4]. La restitution des documents ne pourra être ordonnée que contre paiement. Le droit de rétention ainsi exercé sur les documents peut être opposé à l'acquéreur du véhicule, fut-il de bonne foi[5]. Le juge-commissaire n'aura pas alors compétence pour apprécier la validité du droit de rétention exercé, sauf à commettre un excès de pouvoir[6]. Lorsque le droit de rétention porte, ce qui est possible, sur des documents administratifs, cela n'autorise pas le créancier à entrer en possession des biens eux-mêmes, sauf prévision contractuelle[7].

La loi LME du 4 août 2008[8] a conféré au créancier gagiste sans dépossession un droit de rétention fictif. Il importe de préciser que le droit de rétention reconnu par cette disposition ne concerne que les sûretés constituées après l'entrée en vigueur de la loi LME (v. s[s] n° 563.62). Le droit de rétention fictif reconnu par cette disposition est neutralisé par l'ordonnance du 18 décembre 2008 pendant la période d'observation et celle d'exécution des plans, tant en sauvegarde qu'en redressement judiciaire (v. s[s] n°s 482.11 s.). En revanche, cette neutralisation disparaît en cas de résolution du plan, accompagné ou non de l'ouverture d'une seconde procédure. Cette neutralisation n'existe pas davantage en cas de liquidation judiciaire et en cas de cession d'entreprise. Il appartiendra au liquidateur ou l'administrateur, s'il en a été nommé, de faire disparaître le droit de rétention, fût-il fictif, par le paiement.

633.32 Modalités du retrait contre paiement. L'autorisation d'effectuer le paiement de la créance antérieure pour retirer le gage ou la chose retenue doit être donnée par le juge-commissaire, soit au chef d'entreprise, soit à l'administrateur judiciaire. Le juge-commissaire sera saisi par voie de requête. Il commet un excès de pouvoir à autoriser la vente du bien gagé sans obliger le mandataire de justice à utiliser la technique du retrait contre paiement[9].

L'interdiction de l'attribution judiciaire en période d'observation (v. s[s] n° 563.82) doit conduire à décider que la requête ne peut être que l'œuvre du débiteur ou de l'administrateur judiciaire, selon le cas, et non point du créancier. Ce n'est pas le créancier qui est autorisé à retirer la chose, mais le débiteur ou l'administrateur judiciaire.

1. SUR CETTE DISCUSSION parlementaire : SOINNE, n° 1306.
2. SAINT-ALARY-HOUIN, 9e éd., n° 590 – DERRIDA *ET ALII*, n° 381.
3. Com. 31 mai 1994, n° 91-20.677, *Bull. civ.* IV, n° 196; *Quot. Jur.* 1994, n° 63, p. 4, note P. M.; *JCP* 1996, n° 15, p. 170, note Jubault; *JCP E* 1995. I. 417, n° 18, obs. M. Cabrillac – Angers, 3e ch., 26 avr. 1999, *RJ com.* 2000. 71, note Haennig.
4. Com. 22 mars 2005, n° 02-12.881, NP, *D.* 2005. Somm. 2089; *JCP G* 2005. I. 135, n° 17, obs. Delebecque; *JCP E* 2005, Chron. 915, p. 1007, n° 17, obs. Delebecque.
5. Com. 22 mars 2005, n° 02-12.881, NP, *D.* 2005. Somm. 2089; *JCP G* 2005. I. 135, n° 17, obs. Delebecque; *JCP E* 2005, Chron. 915, p. 1007, n° 17, obs. Delebecque.
6. Com. 6 juin 1995, n° 93-14.702, *Bull. civ.* IV, n° 169; *D.* 1996. Somm. 86, obs. Honorat; *JCP E* 1995. I. 513, n° 2, obs. M. Cabrillac; *Rev. proc. coll.* 1995, 291, obs. Dureuil.
7. AINSI : Com. 11 juill. 2000, n° 97-12.374, *Bull. civ.* IV, n° 142; *RJDA* 2000, n° 11, p. 751, concl. Piniot; *JCP E* 2000, Chron. 1708, n° 16, obs. Delebecque et Simler; *D.* 2001. Somm. 465, obs. Piedelièvre.
8. L. n° 2008-776, 4 août 2008, *JO* 5 août, p. 12471, dite loi LME.
9. Com. 11 mai 1999, n° 96-11.280, *Bull. civ.* IV, n° 98; *JCP* 2000, n° 12, p. 537, note Le Maigat; *LPA* 1er juin 1999, n° 108, p. 8, note P. M.; *JCP E* 1999, Chron. 1532, n° 1-C-9, obs. M. Cabrillac; *D. Affaires* 1999, 943, obs. Lienhard; *RTD com.* 2000. 174, obs. Martin-Serf; *RD banc. et bourse* 2000/1, n° 22, note Lucas.

Aucun texte ne réglemente spécialement les modalités procédurales de l'habilitation judiciaire, encore qu'il ait pu être soutenu que l'article 55 du décret du 27 décembre 1985[1] avait vocation à régir cette hypothèse[2]. L'application du texte ne fait courir aucun risque au créancier et la demande étant formulée par l'administrateur judiciaire, le débiteur ou le liquidateur selon le cas, il apparaît que le juge-commissaire pourra statuer sans convocation des intéressés.

L'autorisation pourra être donnée avant admission de la créance. La créance n'aura même pas à être vérifiée, l'unanimité n'existant pas toutefois sur ce point[3]. Cependant, il pourra être exigé du créancier, s'il ne présente pas les garanties suffisantes au remboursement de la somme reçue, dans l'éventualité du rejet subséquent de sa créance, qu'il consigne les fonds reçus.

633.33 Efficacité du droit de rétention, conséquence de l'existence de la technique du retrait contre paiement. Le droit de rétention, tel qu'il est réglementé par la législation du droit des procédures collectives de paiement, ne contient qu'une seule forme d'extinction : le paiement. Ce n'est là que la reproduction du droit commun, que la jurisprudence applique dans le domaine immobilier, et cela indépendamment de toute mesure de publicité[4].

Aucune disposition n'y porte, en notre domaine, atteinte. Le droit de rétention est en outre indivisible, ce qui justifie la possibilité de retenir le bien en son entier, alors même qu'un paiement partiel serait intervenu[5]. La remarque est d'importance. Elle justifie que, en dehors de toute réglementation particulière, la force du droit de rétention ne puisse être méconnue, et ce quelles que soient les phases de la procédure collective. Le liquidateur n'est donc pas en faute à ne pas permettre au propriétaire d'un immeuble d'obtenir le versement de loyers, du fait du droit de rétention immobilier auquel il se heurte[6].

Une seule réserve mérite d'être posée : le droit de rétention relatif à une créance antérieure devra exister au jour du jugement d'ouverture[7]. La solution est directement commandée par l'article L. 621-24 du code de commerce, dans la rédaction antérieure à la loi de sauvegarde des entreprises[8], par l'article L. 622-7, alinéa 3 (devenu C. com., art. L. 622-7, II, al. 2, réd. ord. 18 déc. 2008[9]), dans la rédaction de la loi de sauvegarde des entreprises, c'est-à-dire la règle de l'interdiction du paiement des créances antérieures. N'ayant pas le droit d'être payé, le créancier ne peut davantage, après jugement d'ouverture, organiser les conditions d'un paiement préférentiel.

L'existence d'un droit de rétention fera obstacle à la substitution de garantie envisagée, en période d'observation (v. s^s n° 484.12), par l'article L. 621-25, alinéa 3 du code de commerce (anc^t L. 25 janv. 1985[10], art. 34, al. 3), dans la rédaction antérieure à la loi de sauvegarde des entreprises, par l'article L. 622-8, alinéa 3, dans la rédaction de la loi de sauvegarde des entreprises, ou par l'article L. 621-80 du même code (anc^t L. 25 janv. 1985, art. 78) en plan de continuation (v. s^s n° 522.35), par l'article L. 626-22, depuis la loi de sauvegarde des entreprises, texte applicable en plan de sauvegarde et, du fait du renvoi opéré par l'article L. 631-19, I, alinéa 1 du code, en plan de redressement. Ainsi, retenir et substituer ne vaut.

Le droit de rétention fait également obstacle à la consignation du prix envisagé à l'article L. 621-25, alinéa 1 du code de commerce, dans la rédaction antérieure à la loi de sauvegarde des entreprises, à l'article L. 622-8, alinéa 1, dans la rédaction de la loi de sauvegarde des entreprises (v. s^s n°s 482.11 s.). Ainsi, retenir et consigner ne vaut.

L'existence d'un droit de rétention empêche encore le cessionnaire d'obtenir la délivrance du bien grevé indépendamment du paiement du créancier rétenteur. L'organe en charge de la surveillance de l'exécution du plan de cession [c'est-à-dire le commissaire à l'exécution du plan de cession, sous l'empire de la loi du 25 janvier 1985] engage sa responsabilité à demander la restitution des biens gagés, pour les céder au repreneur, sans payer le créancier gagiste[11]. En présence d'un droit de rétention fictif, attribut d'un gage, le créancier sera titulaire d'un droit de suite à l'encontre du repreneur en plan de cession, qui obligera ce dernier à payer le rétenteur ou à délaisser le bien. La solution est identique dans l'hypothèse d'une cession d'unité de pro-

1. D. n° 85-1388, 27 déc. 1985, *JO* 29 déc., p. 15281.
2. Soinne, n° 1308.
3. Soinne, n° 1308.
4. Civ. 3e, 16 déc. 1998, n° 97-12.702, *Bull. civ.* III, n° 253; *Dr. et patr.* 2000, n° 81, p. 42, note Piedelièvre; *RTD civ.* 1999. 439, obs. Crocq.
5. Com. 6 oct. 2009, n° 08-19.458, NP; n° 859 F-D.
6. Com. 6 oct. 2009, n° 08-19.458, NP; n° 859 F-D.
7. Com. 13 nov. 2001, n° 98-20.207, *Bull. civ.* IV, n° 179; *D.* 2001. AJ 3533, obs. Lienhard; *RD banc. fin.* 2002/1, p. 21, n° 17, obs. Lucas; *JCP E* 2002, jur. 370, p. 373, note Piedelièvre; *Act. proc. coll.* 2002/1, n° 3, obs. Vallansan; *Dr. et proc.* 2002/2, p. 97, obs. Courtier; *Dr. et patr.* 2002, n° 103, p. 101, obs. Monsérié-Bon; *JCP E* 2002, Chron. 591, p. 617, n° 7, obs. Delebecque; *JCP E* 2002, Chron. 807, p. 855, n° 16, obs. M. Cabrillac; *RTD com.* 2002. 373, n° 8, obs. Martin-Serf; *Rev. proc. coll.* 2002, p. 183, n° 3, obs. Macorig-Venier; *Rev. proc. coll.* 2002, p. 177, n° 7, obs. Lebel.
8. L. n° 2005-845, 26 juill. 2005, préc.
9. Ord. n° 2008-1345, 18 déc. 2008, préc.
10. L. n° 85-98, 25 janv. 1985, préc.
11. Com. 3 mai 2011, n° 10-16.146, NP; n° 421 F-D.

duction en liquidation judiciaire. Ainsi, retenir et céder ne vaut (v. s[s] n° 582.32).

Enfin, l'existence d'un droit de rétention empêche l'existence d'un quelconque concours entre le rétenteur et d'autres créanciers : retenir et concourir ne vaut.

SECTION 633.40
PAIEMENTS ÉMANANT DE TIERS

633.41 Validité de principe du paiement effectué par un tiers – Séquestre [1] – Syndic de copropriété. La règle de l'interdiction des paiements ne concerne que les paiements effectués par le débiteur.

En conséquence, sont valables, les paiements effectués par une caution ou un codébiteur, et de façon plus générale les paiements effectués par des personnes autres que le débiteur. La règle de l'égalité des créanciers ne se trouve pas affectée si le paiement émane des anciens dirigeants de la société débitrice [2].

Sera tout aussi efficace le paiement effectué sur le fondement de l'action directe [3], cette action n'étant pas soumise à la règle de l'arrêt des poursuites individuelles (v. s[s] n° 621.21).

Au principe de licéité du paiement effectué par un tiers, il faut toutefois faire réserve des paiements effectués par le conjoint codébiteur, marié sous un régime de communauté, avec de l'argent commun. À cet égard, il faut rappeler que les gains et salaires, une fois économisés, deviennent des biens communs. Le paiement effectué avec de l'argent commun par le conjoint *in bonis* est donc interdit [4] (v. aussi s[s] n°s 741.41 et 741.42).

Une difficulté particulière concerne les séquestres [5].

Le séquestre est exclusif de la règle du concours. La solution s'impose si la procédure collective atteint le vendeur d'un bien dont le prix a été séquestré avant ouverture de sa procédure. La justification résulte du mandat irrévocable reçu par le séquestre d'effectuer les paiements. Le prix de vente n'est donc pas dans le patrimoine du vendeur [6]. La créance *est détenue non plus sur le vendeur, mais* sur le séquestre [7]. La Cour de cassation considère que les fonds provenant de la vente d'un bien du débiteur, vendu avant le jugement d'ouverture, faisant l'objet d'un séquestre conventionnel ou judiciaire, même remis au liquidateur, ne sont pas transférés dans le patrimoine du débiteur, faute d'accord de toutes les parties intéressées, et spécialement des créanciers inscrits sur le bien vendu. En effet, le séquestre n'équivaut pas au paiement lorsque le dépositaire des fonds n'a pas reçu du débiteur pouvoir de payer, ce qui seul conduirait à faire sortir de son patrimoine, à cette date, les fonds séquestrés [8]. Pour cette raison le séquestre ne peut, sans engager sa responsabilité à l'égard du créancier inscrit sur le bien, remettre au liquidateur qui en ferait la demande le prix de vente du bien vendu avant le jugement d'ouverture [9]. Ces solutions supposent cependant que le séquestre répartiteur soit désigné avant l'ouverture de la procédure collective du vendeur [10].

De façon générale, une somme d'argent placée sous séquestre avant l'ouverture de la procédure du débiteur échappe à la procédure collective [11]. À cet égard, il importe de préciser que la somme consignée judiciairement entre dans le patrimoine du

1. Staes, « Les biens appropriés », colloque de l'*AJDE*, Toulouse 10 sept. 2010, *Rev. proc. coll.* 2011/1, dossier 9, p. 86 – Le Corre, « Les séquestres et les procédures collectives », colloque de l'*AJDE*, Toulouse 10 sept. 2010, *Rev. proc. coll.* 2011/1, dossier 7, p. 80.
2. Com. 3 oct. 2006, n° 04-13.987, NP; n° 1081 F-D.
3. Paris, 29 sept. 1992, *D.* 1993. IR 39.
4. Civ. 1re, 10 mai 2006, n° 04-15.184, *Bull. civ.* I, n° 220; n° 793 F-P+B; *D.* 2006. AJ 1452, obs. Lienhard; *D.* 2006, pan. 2254, obs. Lucas; *Act. proc. coll.* 2006/10, n° 116, note Régnaut-Moutier; *RJ Personnes et famille* 2006/10, p. 22, note crit. Vauvillé; *Defrénois* 2006/24, Chron. 38507, p. 1908, n° 4, note Gibirila.
5. Souweine, « Séquestre du prix de vente d'un fonds de commerce et procédures de redressement ou de liquidation judiciaires », *RTD com.* 2004. 64 – Théron, « Liquidation judiciaire et ventes de fonds de commerce », *Rev. proc. coll.* 2008/2, p. 132.
6. Com. 20 juin 1995, n° 92-16.647, *Bull. civ.* IV, n° 186 – Com. 26 juin 2001, *Act. proc. coll.* 2001/16, n° 205, obs. Régnaut-Moutier – Com. 7 janv. 2003, n° 00-11.820, NP, *Act. proc. coll.* 2003/4, n° 50; *JCP N* 2003, aff. 1594, p. 1696, note Vauvillé; *Rev. proc. coll.* 2004, p. 214, n° 10, obs. Lebel; *LPA* 12 avr. 2005, n° 72, p. 10 Sénéchal – Com. 11 juin 2003, n° 00-10.992, NP, *Rev. proc. coll.* 2004, p. 214, n° 11, obs. Lebel – Com. 3 mai 2006, n° 04-18.662, NP; n° 518 F-D; *Gaz. proc. coll.* 2006/3, p. 28, obs. Sénéchal; *JCP N* 2007, aff. 1263, p. 28, note Vauvillé – Com. 26 sept. 2006, n° 05-14.487, NP; n° 1053 F-D; *D.* 2007, pan. 47, obs. Le Corre; *Gaz. proc. coll.* 2007/1, p. 34, note Sénéchal.
7. Obs. Sénéchal, *Gaz. proc. coll.* 2006/3, p. 29.
8. Com. 26 juin 2001, *Act. proc. coll.* 2001/16, n° 205, obs. Régnaut-Moutier.
9. Com. 9 nov. 2004, n° 02-11.757, NP.
10. Com. 1er févr. 2005, n° 02-11.225, NP – Paris, 3e ch. A, 9 sept. 2003, RG n° 2002/21817.
11. Com. 24 avr. 2007, n° 06-16.215, *Bull. civ.* IV, n° 114; n° 634 F-P+B; *D.* 2007. AJ 1275, obs. Lienhard; *D.* 2008, pan. 573, obs. Lucas; *JCP E* 2007, Chron. 2119, p. 27, n° 15, obs. M. Cabrillac; *Act. proc. coll.* 2007/10, n° 111, note Lebel; *Rev. proc. coll.* 2007/3, p. 125, n° 3, obs. Lebel – Com. 16 oct. 2007, n° 05-21.306, NP; n° 1103 F-D; *D.* 2008, pan. 573, obs. Lucas; *Gaz. proc. coll.* 2008/1, p. 45, note Sénéchal.

créancier à la date à laquelle la décision ordonnant la consignation passe en force de chose jugée[1].

L'attribution de cette somme est en conséquence indépendante des règles des procédures collectives. Le séquestre a en effet l'obligation de rendre la somme séquestrée à la personne qui sera jugée devoir l'obtenir[2]. Cette personne est dispensée d'avoir à déclarer sa créance à la procédure collective, la somme séquestrée n'étant pas dans le patrimoine du débiteur[3].

Toutes ces solutions étaient posées sous l'empire de la loi du 25 janvier 1985[4], à défaut de disposition particulière contenue dans cette législation. Elles sont été modifiées par la loi de sauvegarde et son décret d'application (v. s[s] n° 456.32).

Doit être rapprochée du séquestre conventionnel, la situation du syndic de copropriété, qui fait ouvrir dans les livres d'une banque un sous-compte permettant de gérer chaque syndicat de copropriété. Si l'administrateur de biens exerçant la fonction de syndic de copropriété fait l'objet d'une procédure collective, le sous-compte ouvert pour faire fonctionner le syndicat de copropriété constitue, selon la Cour de cassation, une entité distincte, qui ne peut se confondre avec les autres comptes ouverts dans la même banque par l'administrateur de biens. Les fonds déposés sur le sous-compte appartiennent au syndicat et ne peuvent donc être appréhendés par la procédure collective de l'administrateur de biens. Rien ne s'oppose, en conséquence, à la remise des fonds[5]. Comme le résume un auteur, cela revient à faire de ce « sous-compte identifiable un bien pouvant faire l'objet d'une revendication atypique, étrangère à la procédure collective, directement auprès du banquier teneur de compte »[6]. En somme, il y a là une réification de l'avoir en compte[7].

633.42 Validité des paiements effectués dans le cadre de la transmission des créances[8]. La question concerne ici, pour l'essentiel, les cessions de créance et lettres de change.

La **cession de créance par le mécanisme du bordereau Dailly** fait sortir la créance du patrimoine du débiteur[9]. La créance du *débiteur sort de son patrimoine* au jour figurant sur le bordereau[10], même si la cession est effectuée à titre de garantie sans stipulation d'un prix[11]. Le banquier cessionnaire n'aura pas à redouter le conflit avec des créanciers de rang préférable. La Cour de cassation a, dans un premier temps, limité les effets de la règle aux seules créances nées avant le jugement d'ouverture, l'écartant pour les créances simplement en germe à cette date, qui pouvaient pourtant être valablement cédées[12]. Ainsi, sur le fondement de la limitation des effets de la cession aux seules créances nées avant le jugement d'ouverture, il a pu être jugé que le banquier, cessionnaire Dailly, ne pouvait opposer ses droits de créance résultant de contrats poursuivis après jugement d'ouverture, au repreneur de la société débitrice, en plan de cession, cessionnaire des marchés, à propos desquels étaient intervenues les cessions Dailly[13], cependant que les juges du fond ont parfois jugé le contraire en considérant, par exemple, que la créance de loyers naissait de la signature du 1er août 2003[14], dite de sécurité financière[15] a, par son article 96, III, modifié l'article L. 515-21 du code monétaire et financier en prévoyant que l'efficacité du transfert immédiat des créances est assu-

1. T. com. Paris, 5e ch., 11 mai 2007, *Rev. proc. coll.* 2008, p. 72, n° 12, note Lebel.
2. Com. 25 févr. 2004, n° 00-16.070, NP, *LPA* 12 avr. 2005, n° 72, p. 10 Sénéchal – Com. 21 nov. 2006, n° 03-20.362, NP; n° 1276 F-D – Com. 16 oct. 2007, n° 05-21.306, NP; n° 1103 F-D; *Gaz. proc. coll.* 2008/1, p. 45, note Sénéchal.
3. Com. 16 oct. 2007, n° 05-21.306, NP; n° 1103 F-D; *D.* 2008, pan. 573, obs. Lucas; *Gaz. proc. coll.* 2008/1, p. 45, note Sénéchal.
4. L. n° 85-98, 25 janv. 1985, préc.
5. Civ. 3e, 23 sept. 2009, n° 08-18.355, *Bull. civ.* III, n° 198; n° 1048 FS-P+B; *Gaz. Pal.* 8-10 janv. 2010, nos 8, 9, p. 26, note Roussel Galle; *JCP E* 2010, Chron. 1011, n° 11, obs. M. Cabrillac; *Act. proc. coll.* 2009/17, n° 264, note Régnaut-Moutier; *Leden* 2009/7, p. 1, note Lucas.
6. Lucas, *Leden* 2009/7, p. 1.
7. M. Cabrillac, obs. ss Civ. 3e, 23 sept. 2009, n° 08-18.355; n° 1048 FS-P+B; *JCP E* 2010, Chron. 1011, n° 11.
8. Petit, « Réflexions sur la sécurité dans les cessions de créance dans l'avant-projet de réforme du droit des obligations », *D.* 2006, Chron. 2819 – Kuntz et Nurit, « La cession de créances Dailly à titre de garantie à l'épreuve du plan de sauvegarde », *BJE* janv. 2014, p. 58.
9. Malecki, « Le bordereau Dailly à l'épreuve du droit des procédures collectives », *Mél. Guyon*, Dalloz, 2003, p. 767.
10. Com. 10 mai 2005, n° 04-10.062, NP, *Gaz. proc. coll.* 2005/2, p. 39, obs. Bonhomme.
11. Com. 22 nov. 2005, n° 03-15.669, *Bull. civ.* IV, n° 230; n° 1485 FS-P+B+I+R; *D.* 2005. AJ 3081, obs. Delpech; *D.* 2006, pan. 2861, obs. Crocq; *JCP E* 2006, Chron. 1569, p. 673, n° 12, obs. M. Cabrillac; *Act. proc. coll.* 2006/2, n° 13, note Bonhomme; *RTD com.* 2006/1, p. 169, n° 6, obs. Legeais; *Gaz. proc. coll.* 2006/1, p. 37, obs. Bonhomme; *Defrénois* 2006. 601, 38365, n° 26, note Savaux; *Dr. et patr.* 2006/9, n° 151, p. 80.
12. Com. 26 avr. 2000, n° 97-10.415, *Bull. civ.* IV, n° 84; *JCP E* 2000, n° 28, p. 1134, note Legais; *D.* 2000, *Cah. dr. aff.*, n° 34, p. 717, note désappr. Larroumet; *JCP E* 2001, n° 31-35, p. 1333; *D.* 2000. AJ 265, obs. Pisoni; *JCP E* 2000, Chron. 1560, n° 1-c-2, obs. Pétel; *LPA* 15 juin 2000, n° 119, p. 6, note E. C – *Adde*, Likillimba, « Le banquier cessionnaire d'une créance par bordereau "Dailly" est-il protégé en cas de procédure collective du cédant ? », *RJDA* 2001/7, p. 663, note G. Likillimba.
13. T. com. Paris, 2e ch., 18 sept. 2001, *Act. proc. coll.* 2002/12, n° 153, obs. Régnaut-Moutier.
14. L. n° 2003-706, 1er août 2003, *JO* 2 août, p. 13220.
15. L. n° 2003-706, 1er août 2013, *JO* 2 août, 13220; *Act. proc. coll.* 2003/14, n° 182, obs. Régnaut-Moutier – Bonneau, « Des nouveautés bancaires et financières issues de la loi n° 2003-706 du 1er août 2003 de sécurité financière », *JCP E* 17 sept. 2003, sp. nos 30, 32.

rée « nonobstant l'ouverture éventuelle de toute procédure de redressement ou de liquidation judiciaire à l'encontre du cédant postérieurement à la cession... quelle que soit la date de naissance, d'échéance ou d'exigibilité des créances ». Cette législation est de portée limitée puisqu'elle ne concerne que la mobilisation des créances par voie de bordereau Dailly auprès des sociétés de Crédit Foncier. La Cour de cassation a, à la suite de cette législation, opéré un revirement de jurisprudence, procédant par alignement avec la solution posée en matière de saisie-attribution (v. s[s] n° 622.52) et en matière d'avis à tiers détenteur (v. s[s] n° 622.53). Elle pose en règle nouvelle qu'il résulte des articles L. 313-23, L. 313-24 et L. 313-27 du code monétaire et financier que, même si son exigibilité n'est pas encore déterminée, la créance peut être cédée et que, sortie du patrimoine du cédant, son paiement n'est pas affecté par l'ouverture de la procédure collective de ce dernier postérieurement à cette date[1].

À l'occasion de la réforme du 26 juillet 2005, un amendement avait été présenté pour régler le problème de l'opposabilité des cessions de créances intervenues avant le jugement d'ouverture de la procédure collective. Par cet amendement, il s'agissait de renforcer l'efficacité des cessions de créances professionnelles par bordereau Dailly portant sur des créances à exécution successive. Il s'agissait d'insérer dans la loi la jurisprudence issue de la décision de la Cour de cassation du 7 décembre 2004 précitée. Le paiement du cessionnaire, au titre des échéances exigibles postérieurement à l'ouverture de la procédure, ne devait pas être affecté par celle-ci. L'amendement a été rejeté[2], sur l'observation que cet amendement avait pour « inconvénient de favoriser un créancier en le sortant de la masse, au détriment de l'ensemble des autres créanciers »[3].

Bien que la cession de créance Dailly soit faite à titre de garantie, dès lors que la cession intervient à titre de propriété, elle ne confère pas au concours déclaré au passif du cédant un privilège dont il serait assorti lui donnant un privilège. Il en va différemment en cas de nantissement de la créance, qui constitue une faculté alternative à la cession[4].

En cas de cession Dailly à titre de garantie, la déclaration de créance doit être faite pour le montant de la créance garantie, sans tenir compte des sommes reçues par le banquier au titre des créances cédées avant l'ouverture de la procédure collective. *Le banquier cessionnaire ne peut déclarer deux fois* la créance, au prétexte qu'il disposerait de deux recours, l'un contre le cédé, l'autre contre le cédant[5]. Dès lors que le cessionnaire de la créance déclare le solde débiteur d'un compte, peu importe qu'il ne précise pas qu'une partie de la créance déclarée était garantie par la cession de créance, puisqu'il ne déclare pas à la fois la créance objet de la garantie et la créance cédée en garantie[6].

En l'absence de notification de la cession au débiteur cédé, le cédant de la créance est investi d'un mandat d'encaissement au nom et pour le compte du cessionnaire. Si l'encaissement de la créance intervient après jugement d'ouverture, la créance de remboursement détenue par le banquier cessionnaire sur le cédant de la créance est née après jugement d'ouverture, de sorte que le banquier cessionnaire peut en obtenir le paiement, malgré la procédure de sauvegarde, le redressement ou la liquidation judiciaire du cédant de la créance (v. s[s] n° 442.16). Il s'agit là d'une action en paiement classique de créances nées après jugement d'ouverture[7]. L'action en répétition de l'indu n'est en revanche pas fondée en ce cas[8], car si le cédant perçoit du débiteur cédé ou du banquier mobilisateur le paiement de la créance cédée, il ne perçoit que ce qui est dû, au titre du mandat d'encaissement présumé, en l'absence de notification de la cession de créance. Une cour d'appel a jugé que, dans le cadre d'une cession Dailly non notifiée, le cessionnaire acquiert la propriété des créances cédées à la date apposée sur le bordereau, de sorte qu'après cession

1. Com. 7 déc. 2004, n° 02-20.732, *Bull. civ.* IV, n° 213; *D.* 2005. AJ 77, obs. Lienhard; *D.* 2005, jur. 230, note Larroumet; *D.* 2005. Somm. 2014, obs. Lucas; *D.* 2005. Somm. 2087, obs. Crocq; *RTD com.* 2005. 415, n° 3, obs. Martin-Serf; *RD banc. fin.* 2005/2, p. 23, n° 49, note Lucas; *Act. proc. coll.* 2005/2, n° 17, note Régnaut-Moutier; *JCP E* 2005, jur. 236, p. 231, note Raby; *JCP E* 2005, Chron. 639, p. 707, n° 4, obs. Pétel; *Dr. et proc.* 2005/2, p. 91, note Crocq; *RTD civ.* 2005. 132, n° 15, obs. Mestre et Fages; *RTD com.* 2005. 155, n° 7, obs. M. Cabrillac; *Defrénois* 2005/11, p. 997, Chron. 38177, n° 5, note Gibirila.
2. Amend. n° 67 rectifié, Interv. Xavier de Roux, *JOAN CR*, 2e séance du 3 mars 2005, p. 1661.
3. Interv. Perben, *JOAN CR*, 2e séance du 3 mars 2005, p. 1661.
4. Com. 20 févr. 2007, n° 05-20.562, *Bull. civ.* IV, n° 48; n° 353 FS-P+B; *D.* 2007. AJ 793, obs. Delpech; *Act. proc. coll.* 2007/7, n° 73, note Bonhomme; *JCP E* 2007. 1679, p. 21, n° 46, obs. Stoufflet; *Banque et droit* mai-juin 2007, p. 40, note Bonneau; *JCP E* 2007, Chron. 2119, p. 23, n° 7, obs. M. Cabrillac.
5. Com. 30 juin 2015, n° 14-13.784, *Bull. civ.* IV [à paraître]; *RTD civ.* 2015. 666, note Crocq; *Gaz. Pal.* 2015. 3695, note Moreil; *Leden* 2015, comm. 116, note Borga; *Dr. et patr.* oct. 2015, n° 251, chron. 104, note Dupichot; *Act. proc. coll.* 2015/13, comm. 216, note Legeais; *Dr. et patr.* oct. 2015, n° 251, chron. 104, note Dupichot; *JCP E* 2016, chron. 1000, n° 6, note Pétel; *Rev. proc. coll.* 2016, comm. 6, note F. Legrand et M.-N. Legrand.
6. Com. 1er mars 2016, n° 14-20.275, NP; n° 189 F-D; *BJE* 2016, 179, note Bonhomme.
7. Bonhomme, note s[s] Com. 6 févr. 2007, n° 04-12.016, NP; n° 115 F-D; *Gaz. proc. coll.* 2007/2, p. 50.
8. Com. 6 févr. 2007, n° 04-12.016, NP; n° 115 F-D; *Gaz. proc. coll.* 2007/2, p. 50, note Bonhomme.

régulière, les règles de la procédure collective des cédants ne peuvent venir limiter le droit de propriété du cessionnaire en application des règles de la cession Dailly. Elle en a tiré la conséquence que la banque cessionnaire est devenue propriétaire des fonds au fur et à mesure de leur encaissement par les sociétés cédantes agissant en qualité de mandataire du banquier cessionnaire, ces sommes n'étant pas entrées dans le patrimoine des sociétés cédantes[1]. Cette décision a été cassée au motif que la demande de restitution de fonds ne peut être formée par voie de revendication et que, créanciers d'une somme d'argent, le cessionnaire de la créance Dailly ou ses ayants droits ne peuvent, lorsque le cédant est soumis à une procédure collective, que déclarer la créance de restitution ou agir en paiement si elle est née régulièrement après l'ouverture de la procédure et remplit les critères de son paiement à l'échéance[2].

La notification de la cession de créance a pour effet d'emporter révocation du mandat d'encaissement donné au banquier. Même si la cession Dailly n'est pas acceptée, cette notification interdit au débiteur cédé de payer entre les mains du cédant. S'il le fait, il s'expose à payer une seconde fois, son paiement n'étant pas libératoire[3]. Cette notification, qui n'est ni une mesure d'exécution, ni la réalisation d'une sûreté, ne contrarie pas la règle de l'interdiction des paiements après jugement d'ouverture de créances antérieures. Elle peut donc valablement intervenir après le jugement d'ouverture[4], ce qui peut compromettre sérieusement l'exécution d'un plan[5].

La notification de la cession de créances effectuée à titre de garantie ne permet pas au cessionnaire des créances de demander au débiteur cédé plus que ce que doit encore le cédant. Il est en effet jugé, en application de l'article L. 313-24 du code monétaire et financier, que la cession de créance Dailly effectuée à titre de garantie prend fin sans formalité particulière pour les sommes excédant la créance qui reste due au cessionnaire par le cédant[6]. Ainsi, la cession de créance à titre de garantie cesse-t-elle de produire effet dans la mesure de l'extinction de la créance garantie.

Le débiteur cédé peut opposer au cessionnaire d'une créance par bordereau Dailly les exceptions qu'il aurait pu opposer au cédant. Toutefois, si les exceptions font naître au profit du débiteur cédé une créance de dommages et intérêts, il importe de déterminer sa nature. Si elle est antérieure au jugement d'ouverture, elle doit être déclarée. Sous l'empire de la loi du 25 janvier 1985, l'absence de déclaration de cette créance entraînait son extinction. Par voie de conséquence, le débiteur cédé était privé de la possibilité de s'en prévaloir. La solution avait été posée à propos d'une créance de dommages et intérêts pour malfaçons dans l'exécution des travaux, objets de la créance cédée[7]. La solution ne nous semble pas reconductible sous l'empire de la loi de sauvegarde des entreprises, du fait de la suppression de l'extinction des créances non déclarées. La créance de malfaçons non déclarée est inopposable à la procédure collective, mais rien n'interdit au débiteur cédé de s'en prévaloir à l'encontre du cessionnaire, tiers à la procédure collective. La solution contraire a toutefois été posée au motif erroné que la créance indemnitaire non déclarée était éteinte[8].

En présence de créances réciproques et connexes, le fait que le débiteur sous procédure collective ait, avant l'ouverture de sa procédure collective, cédé des créances détenues sur son partenaire contractuel, créancier-débiteur, n'interdit pas à ce dernier de faire jouer la compensation pour dettes connexes[9].

En présence d'une **cession de créance de droit commun**, il a pu être jugé que le jugement d'ouverture de la procédure collective du cédant fait obstacle aux droits du cessionnaire sur les créances nées de la poursuite d'un contrat à exécution successive postérieurement à ce jugement[10]. Mais cette solution, qui reste parfois affirmée[11], est aujourd'hui isolée. Le principe est celui de la pleine efficacité de la cession de créance, faite à titre de garantie.

1. Paris, 26 sept. 2013, RG n° 12/06961, *BJE* janv. 2014, p. 36, note crit. Borga.
2. Com. 19 mai 2015, n°s 13-25.312, 13-26.586, NP; n° 482 FS-D; *Gaz. Pal.* 21 juill. 2015, n° 200, p. 24, note Bonhomme.
3. Com. 17 déc. 2013, n° 12-26.706, *Bull. civ.* IV, n° 184, n° 1229 F-P+B; *Act. proc. coll.* 2014/3, comm. 42, note Thiberge; *Gaz. Pal.* 16 mars 2014, n° 75, p. 17, note Moreil; *LXB hebdo* 23 janv. 2014, n° 555, note Le Corre-Broly.
4. Versailles, 28 févr. 2013, RG n° 12/06573, *D.* 2013, pan. 1716, obs. Crocq; *Leden* mai 2013, comm. 083, note Lucas; *BJE* juill. 2013, p. 235, note Borga; *RTD com.* 2013. 571, n° 9, obs. Legeais.
5. Kuntz et Cavelier, « Notification d'une cession Dailly ou d'un nantissement de créances et exécution du plan de sauvegarde ou de redressement », *BJE* 2015, 123.
6. Com. 9 févr. 2010, n° 09-10.119, *Bull. civ.* IV, n° 34; n° 157 F-P+B; *D.* 2010. 578, obs. Delpech; *D.* 2011, pan. 412, obs. Crocq; *D.* 2011, pan. comm. 1652, obs. Martin; *Gaz. Pal. entr. diff.* 2-3 juill. 2010, n°s 183, 184, p. 35, note Bonhomme; *RTD civ.* 2010. 360, obs. Crocq; *RTD com.* 2010. 770, obs. Legeais.
7. Com. 17 déc. 2013, n° 12-26.706, *Bull. civ.* IV, n° 184; n° 1229 F-P+B.
8. Metz, 1re ch., 27 mars 2014, RG n° 12/00556, *JurisData* 027648.
9. Com. 5 nov. 2013, n° 12-15.012, NP; n° 1036 F-D; *Gaz. Pal.* 12 janv. 2014, p. 34, note Bonhomme; *BJE* janv. 2014, p. 34, note Bonhomme.
10. Paris, 25e ch. A, 10 oct. 2003, RG n° 2000/20816.
11. Paris, 1re ch. A, 17 févr. 2009, RG n° 08/04742, *Act. proc. coll.* 2009/7, n° 104.

Certes, en dehors de la cession de créances professionnelles, la cession de créance faite à titre de garantie ne peut avoir un effet translatif. La Cour de cassation l'a clairement affirmé en énonçant que « en dehors des cas prévus par la loi, l'acte par lequel un débiteur cède et transporte à son créancier, à titre de garantie, tous ses droits sur des créances, constitue un nantissement de créance »[1]. C'est donc la prohibition de la cession fiduciaire en droit commun. Ainsi, « pas de fiducie sans texte »[2].

Mais, dès lorsque la cession de créance faite à titre de garantie est signifiée au débiteur cédé, conformément aux dispositions de l'article 1690 du code civil, le cessionnaire de la créance est investi de la qualité de créancier nanti. Lui seul reçoit valablement paiement de la créance[3], à l'instar de la solution retenue en matière de cession de créances professionnelles. Implicitement, mais nécessairement, la solution semble reposer sur la reconnaissance au profit du créancier, cessionnaire de la créance et devenu créancier nanti, d'un droit de rétention, alors que la solution a été posée sous l'empire des textes antérieurs à la réforme du droit des sûretés résultant de l'ordonnance du 23 mars 2006, laquelle a consacré le droit de rétention du créancier nanti sur créances[4]. Même s'il ne s'agissait pas d'un droit de rétention, il y aurait en tout cas, pour le créancier nanti, une situation d'exclusivité. Cette analyse est celle consacrée par l'ordonnance du 23 mars 2006[5] pour le nantissement de créance notifié (C. civ., art. 2363).

La solution subsiste si la cession porte sur des créances à exécution successive, telles celles issues d'un bail, et cela même après la procédure collective atteignant le cédant. De la solution, il est tiré la conséquence que le liquidateur de la société cédante de la créance engage sa responsabilité envers le cessionnaire à ne pas reverser les loyers perçus après l'ouverture de la procédure collective par cette société, alors que la créance de loyers avait été cédée avant *le jugement d'ouverture*[6].

De même, il a pu être jugé que liquidateur engage sa responsabilité à ne pas reverser au créancier nanti le montant de loyers qui avaient été cédés au créancier nanti sur créance, alors que la cession avait été signifiée aux locataires, que le créancier jusqu'à l'ouverture de la procédure collective du débiteur cédant avait été payé directement par les locataires parfaitement informés du nantissement de la créance de loyers, le paiement étant intervenu avec l'accord du débiteur cédant. De ces éléments, résultait l'opposabilité de la cession de créance au liquidateur de la société cédante. Le créancier avait, quelques jours avant les répartitions effectuées par le liquidateur, rappelé qu'il était titulaire d'un nantissement de créance de loyers et réclamait sur ce fondement au liquidateur répartition des sommes que celui-ci avait reçues[7].

La contre-passation par la société d'**affacturage** sur le compte courant du débiteur de factures ne vaut pas paiement et par voie de conséquence, ne fait pas perdre la propriété des créances correspondantes à l'affactureur, qui a seul le droit d'en poursuivre le recouvrement, tout en les déclarant au passif de la procédure collective[8].

633.43 Droit exclusif résultant de la délégation de créance. Le paiement par délégation est pleinement efficace. La solution a été posée à propos du paiement effectué par l'épouse du débiteur déléguée par celui-ci dans les remboursements d'un prêt[9] ou du paiement effectué par le locataire dans le cadre d'une délégation de loyers consentie par le bailleur emprunteur à son prêteur[10] ou de la délégation imparfaite de loyers, pour paiement de travaux effectués pour le bailleur, par le délégataire des loyers[11]. A identiquement été jugé valable, le paie-

1. Com. 19 déc. 2006, n° 05-16.395, *Bull. civ.* IV, n° 250; FS-P+B+R+I; *D.* 2007, pan. 961, obs. L. Aynès; *Defrénois* 2007, n° 6, p. 448, obs. Savaux; *D.* 2007, jur. 344, note crit. Larroumet; *D.* 2007, pan. 757, obs. Martin; *RTD civ.* 2007. 160, n° 3, obs. crit. Crocq; *RTD com.* 2007. 217, n° 18, obs. Legeais; *Act. proc. coll.* 2007/2, n° 18, note Régnaut-Moutier; *JCP E* 2007. 1131, p. 13, rapp. Cohen-Branche et p. 19, note Legeais; *RD banc. fin.* janv.-févr. 2007, p. 20, n° 17, note Legeais; *RTD com.* 2007. 217, n° 18, obs. Legeais; *LPA* 6 août 2007, n° 156, p. 19, note Houtcieff – *Adde*, L. Aynès, « La cession de créance à titre de garantie : quel avenir ? », *Dr. et patr.* avr. 2007, n° 158, p. 28.
2. Dammann et Podeur, « Fiducie-sûreté et droit des procédures collectives : évolution ou révolution ? », *D.* 2007, Chron. 1359.
3. Com. 26 mai 2010, n° 09-13.388, *Bull. civ.* IV, n° 94; n° 560 F-P+B; *D.* 2010. AJ 1340, obs. Lienhard; *D.* 2011, pan. 411, obs. Crocq; *RTD civ.* 2010. 597, n° 4, obs. Crocq; *Rev. proc. coll.* 2010/5, comm. 176, p. 31, note Pérochon; *Dr. et proc.* 2010. 242, note Putman; *BJE* mars/avr. 2011, p. 28, note Houin-Bressand; *JCP E* 2011, Chron. 1251, n° 19, obs. Delebecque; *RTD com.* 2010. 785, n° 3, obs. Martin-Serf.
4. Pérochon, note ss Com. 26 mai 2010, n° 09-13.388; n° 560 F-P+B; *Rev. proc. coll.* 2010/5, comm. 176, p. 31; ss le même arrêt, *D.* 2011, pan. 411, obs. Crocq.
5. Ord. n° 2006-346, 23 mars 2006, préc.
6. Com. 26 mai 2010, n° 09-13.388, préc.
7. Com. 1er oct. 2013, n° 12-19.814, NP; n° 906 F-D; *Gaz. Pal.* 12 janv. 2014, p. 22, note Gorrias.
8. Com. 29 avr. 2014, n° 13-13.630, *Bull. civ.* IV, n° 72; n° 394 F-P+B; *LXB hebdo* 22 mai 2014, n° 382, note Le Corre-Broly.
9. Com. 21 nov. 1995, n° 94-10.103, NP, *RJDA* 1996, n° 554.
10. Com. 26 nov. 2002, n° 99-12.426, NP, *RD banc. fin.* 2003/2, p. 102, n° 77, obs. Lucas – Paris, 3e ch. A, 6 janv. 2004, RG n° 2003/05038.
11. Com. 30 mars 2005, n° 03-15.561, NP, *D.* 2005. Somm. 2015, obs. Lucas; *Act. proc. coll.* 2005/8, n° 98, note Régnaut-Moutier.

ment fait au prêteur au titre de l'aide personnalisée au logement[1].

La délégation a pour effet de faire apparaître un nouveau lien contractuel, l'ancien subsistant toutefois en parallèle, en cas de délégation imparfaite. En ce dernier cas, en effet, le débiteur d'origine n'est pas déchargé, ce qui peut faire naître un conflit sur la créance, objet de la délégation, entre le délégataire et un créancier qui pratiquerait une saisie-attribution ou un avis à tiers détenteur de cette créance[2]. Il est cependant jugé que même en cas de délégation imparfaite, si la créance du délégant sur le délégué ne s'éteint que par le fait de l'exécution de la délégation, ni le délégant ni ses créanciers ne peuvent avant la défaillance du délégué envers le délégataire exiger le paiement, de sorte que la procédure collective ouverte à l'encontre du délégant ne peut avoir pour effet de priver le délégataire de son droit exclusif, dès son acceptation, à un paiement immédiat par le délégué, sans concours avec les autres créanciers du délégant[3]. Le délégataire a ainsi un droit exclusif à un paiement par le délégué. Il évite ainsi le concours avec les créanciers du délégant.

La délégation de créance doit être distinguée de la simple indication de la personne devant effectuer le paiement en son nom, laquelle n'emporte pas novation et ne peut tourner la règle de l'interdiction du paiement des créances[4].

SECTION 633.50
PAIEMENTS RÉSULTANT DU JEU DE LA FIDUCIE-SÛRETÉ

633.51 Présentation générale du mécanisme de la fiducie. La fiducie a été instituée par la loi du 19 février 2007[5], codifiée dans le code civil. Certaines formes de cession fiduciaire existaient déjà en droit français, soit par création légale, la cession de créances professionnelles par bordereau Dailly, soit par création jurisprudentielle, le gage espèces. Mais la validité de principe de la fiducie n'avait jusqu'alors jamais été affirmée.

Les formes de cession fiduciaire ne sont pas affectées par le code civil, dès lors qu'il n'y a pas création d'un patrimoine fiduciaire[6].

1. Com. 24 nov. 1998, n° 96-12.129, *Bull. civ.* IV, n° 282; *JCP E* 1998, pan. 1946 – Com. 4 juill. 2000, *Rev. proc. coll.* 2002, p. 91, n° 6, obs. Lebel.
2. Com. 29 avr. 2002, n° 99-15.072, *Bull. civ.* IV, n° 72, *JCP* 2003. II. 10054, Barthez; *D.* 2002. AJ 1835, obs. F. B.; *D.* 2002, jur. 2673, note Houtcieff; *Act. proc. coll.* 2002/12, n° 157, obs. Monsérié-Bon.
3. Com. 24 avr. 2007, n° 06-10.944, NP; n° 620 F-D.
4. Paris, 5e ch. A, 7 sept. 2006, RG n° 2003/10066.
5. L. n° 2007-211, 19 févr. 2007, *JO* 21 févr., p. 3052.

La fiducie est définie par l'article 2011 du code civil comme « l'opération par laquelle un ou plusieurs constituants *transfèrent des biens, des droits* ou des sûretés, ou un ensemble de biens, de droits ou de sûretés, présents ou futurs, à un ou plusieurs fiduciaires qui, les tenant séparés de leur patrimoine, agissent dans un but déterminé au profit d'un ou plusieurs bénéficiaires ». La fiducie est donc un contrat translatif de propriété[7].

La fiducie devient un nouveau contrat nommé, de nature synallagmatique[8].

Bien que la loi du 19 février 2007 ait davantage songé à la fiducie-gestion qu'à la fiducie-sûreté[9], la doctrine a considéré, dès le départ, que cette dernière pouvait être *utilisée*[10]. La solution est aujourd'hui indiscutable depuis l'ordonnance du 30 janvier 2009[11], qui a, en outre, consacré la fiducie-sûreté rechargeable, dont la validité pouvait déjà se déduire de l'article L. 632-1, I, 10° du code de commerce, résultant de l'ordonnance du 18 décembre 2008[12], posant l'annulation des avenants au contrat de fiducie au titre des nullités de la période suspecte[13]. Toutefois, l'ordonnance du 30 janvier 2009 avait réservé la fiducie-sûreté aux seules personnes physiques, du fait d'un champ restreint d'habilitation. La loi du 12 mai 2009[14] a étendu la fiducie-sûreté aux personnes morales.

Faute d'indication législative, la question peut se poser de savoir si les fiducies sûretés déjà connues en droit français intègrent désormais le droit commun de la fiducie. Il y est répondu par la négative[15]. Le gage espèces, par exemple, conservera son autonomie.

Dans la version d'origine, le constituant devait être une société soumise à l'impôt sur les sociétés, obligatoirement ou sur option[16]. Une curiosité du

6. Crocq, « L'ordonnance du 18 décembre 2008 et le droit des sûretés », *Rev. proc. coll.* 2009/1, 10, p. 75 s., sp. p. 82, n° 37.
7. Kuhn, « Une fiducie française », *Dr. et patr.* avr. 2007, n° 158, p. 32 s., sp. p. 34.
8. Kuhn, art. préc., sp. p. 34.
9. Crocq, « Lacunes et limites de la loi au regard du droit des sûretés », *in* dossier « La fiducie », *D.* 2007, Chron. 1354 s., sp. 1356, nos 12 s.
10. Cerles, « La fiducie, nouvelle reine des sûretés », *JCP E* 6 sept. 2006, 2054, p. 19, sp. p. 20, n° 9.
11. Ord. n° 2009-112, 30 janv. 2009, *JO* 31 janv., p. 1854.
12. Ord. n° 2008-1345, 18 déc. 2008, préc.
13. Crocq, « L'ordonnance du 18 décembre 2008 et le droit des sûretés », *Rev. proc. coll.* 2009/1, 10, p. 75 s., sp. p. 79, n° 21.
14. L. n° 2009-526, 12 mai 2009, *JO* 13 mai, p. 7920 – Coquelet, « Fiducie-sûreté : fin du feuilleton ? », *Dr. sociétés* 2009, n° 7.
15. Crocq, « Lacunes et limites de la loi au regard du droit des sûretés », *in* dossier « La fiducie », *D.* 2007, Chron. 1354 s., sp. 1355, n° 7.
16. SUR LA LISTE : Bouteiller, « Loi n° 2007-211 du 19 février 2007 instituant la fiducie », *JCP E* 2007. 1404, p. 15.

dispositif, illustrant combien la préoation fiscale avait aveuglé les rédacteurs du tetenait à la fin de la fiducie, en cas de révocation dotion pour l'impôt sur les sociétés (C. civ., art. 202. 1). Voilà la technique qui était offerte au liqiteur ou à l'administrateur judiciaire représentla société débitrice, pour retrouver la libre disition des biens entrés dans le patrimoine fiduci. La loi de modernisation de l'économie du 4ût 2008[1] modifie l'article 2015 du code civil, epprimant la restriction tenant à la personne dunstituant. Désormais, toute personne physique oorale peut être constituant. Jusqu'à la loi du 12 i 2009, la fiducie-sûreté souffrait d'une infirmitéui tenait à la fin du contrat par la mort du constitnt. Il avait été suggéré de coupler la fiducie-sûr avec une assurance-décès[2]. Cette loi met fin à ce curiosité. L'article 138, X insère un alinéa 2 à l'arle 2372-1 du code civil prévoyant que le décès duonstituant ne met pas fin à la fiducie-sûreté ponnt sur un meuble. L'alinéa 2 de l'article 2488-1 d code civil pose la même solution pour la fiducie-ûreté portant sur un immeuble.

Le constituant peut affecter des biens en garantie de la dette d'un autre[3]. Les règles di droit des sociétés relatives à l'intérêt et à l'objet scial devront évidemment être respectées.

Le fiduciaire doit être une des ersonnes visées à l'article 2015 du code civil : établisements de crédit de l'article L. 511-1 du code montaire et financier, institutions et services énumérés à l'article L. 518-1 du même code, entreprises d'invetissement de l'article L. 531-4 du même code et entreprises d'assurances de l'article L. 310-1 du code des assurances. La loi de modernisation de l'économie du 4 août 2008 ajoute à la liste les avocats[4].

La qualité du bénéficiaire n'est pas précisée par les textes. Il est seulement indiqué que le bénéficiaire peut aussi être le fiduciaire (C. civ., art. 2016). Tel est le schéma classique de la fiducie-sûreté[5].

La fiducie-sûreté est un mécanisme de transfert de la propriété à titre de garantie, héritière de la *fiducia cum creditore* du droit romain, par création d'un patrimoine d'affectation. Il y a ici clairement une dérogation au principe de l'unicité du patrimoine. Les biens quittent le patrimoine du constituant, pour entrer dans un patrimoine fiduciaire, distinct de celui du fiduciaire. Le patrimoine fiduciaire est affecté à la garantie d'une ou de plusieurs créances.

Le fiduciaire est un propriétaire temporaire. Si le paiement du créancier a lieu, les biens retourneront dans le patrimoine du constituant. En revanche, en cas de non-paiement, le créancier non payé se verra transférer les biens figurant dans le patrimoine fiduciaire à titre de garantie. La fiducie instrumentalise la propriété, en l'affectant à un but[6], en l'occurrence celui d'une sûreté.

Le jeu de l'article L. 650-1 du code de commerce est envisageable, si les biens apportés en fiducie-sûreté excèdent notablement les concours financiers consentis[7] (v. s[s] n° 834.17), encore que la possibilité de rechargement de la fiducie-sûreté plaide assurément en faveur de l'exclusion de cette sûreté du domaine de l'article L. 650-1 du code de commerce.

Le contrat de fiducie est solennel. À peine de nullité, l'acte constitutif d'une sûreté portant sur des meubles doit faire l'objet d'un enregistrement au service des impôts du siège du fiduciaire dans le mois de sa constitution, et, en outre, être porté sur le registre national des fiducies dans le mois de sa constitution. Mais cette dernière mesure est seulement destinée à lutter contre le blanchiment d'argent, ainsi que le précise explicitement l'alinéa 2 de l'article 1er du décret du 2 mars 2010[8]. Pour sa part, l'opposabilité de la sûreté aux ayants cause du constituant obéira aux règles du droit commun des sûretés[9]. Une publicité de la fiducie doit être effectuée à peine de nullité, si un immeuble intègre le patrimoine fiduciaire (C. civ., art. 2019, al. 2). En ce cas, une seule et unique déclaration réalise les formalités nécessaires à la publicité foncière et à l'enregistrement de la fiducie. Elle doit intervenir dans les deux mois de la date de l'acte de fiducie.

La fiducie-sûreté présente des avantages certains pour le bénéficiaire en cas de procédure collective, sous réserve du jeu des nullités de la période suspecte, qui ont, depuis l'ordonnance du 18 décembre 2008, été aligné pour la fiducie-sûreté sur le régime des autres sûretés réelles, la nullité n'étant prononcée qu'en cas de constitution d'une fiducie en

1. L. n° 2008-776, 4 août 2008, préc.
2. Pérochon, « À propos de la réforme de la liquidation judiciaire par l'ordonnance du 18 décembre 2008 », *Gaz. Pal.* 8-10 mars 2009, n° sp. p. 3 s., sp. p. p. 13, n° 38.
3. Cerles, « La fiducie, nouvelle reine des sûretés », *JCP E* 2006. 2054, p. 19, sp. p. 20, n° 11.
4. Dammann et Albertini, « L'avocat face à la fiducie – Guide pratique de bonne conduite », *JCP G* 2011, étude 4.
5. Bouteiller, « Loi n° 2007-211 du 19 février 2007 instituant la fiducie », *JCP E* 2007. 1404, p. 15 s., sp. p. 16 – Cerles, « La fiducie, nouvelle reine des sûretés », *JCP E* 2006. 2054, p. 19 s., sp. p. 20, n° 10.
6. Kuhn, art. préc., sp. p. 38.
7. Dammann et Podeur, « Fiducie-sûreté et droit des procédures collectives : évolution ou révolution ? », *D.* 2007, Chron. 1359 s., sp. 1362.
8. Décret relatif au traitement automatisé de données à caractère personnel dénommé « Registre national des fiducies », *JO* 4 mars 2010, NOR BCFL0809092D.
9. D. n° 2010-219, 2 mars 2010, *JO* 4 mars, p. 4442 – Crocq, « Lacunes et limites de la loi au regard du droit des sûretés », *in* dossier « La fiducie », *D.* 2007, Chron. 1354 s., sp. 1357, n° 18.

garantie d'une créance antérieure (v. s[s] n° 823.92) ou d'un avenant intervenant dans les mêmes conditions (v. s[s] n° 823.93).

La réalisation de la fiducie-sûreté, qui permettra de tenir en échec la règle de l'interdiction du paiement de certaines créances, n'est pas affectée par l'ouverture de la procédure collective du fiduciaire (C. civ., art. 2024). Si la procédure collective atteint le fiduciaire[1], les créanciers personnels de celui-ci n'ont aucun droit de gage général sur ce patrimoine. L'article 2025, alinéa 1 du code civil prévoit que le patrimoine fiduciaire ne peut être saisi que par les titulaires de créances nées de la conservation de ce patrimoine. Le patrimoine fiduciaire est donc isolé. Les créanciers personnels du constituant n'ont pas davantage de droit de gage général sur le patrimoine fiduciaire. Le conflit est ainsi évité. Toutefois, les créanciers qui avaient un droit de suite sur un bien intégrant le patrimoine fiduciaire le conservent (C. civ., art. 2025, al. 1). Deux écueils classiques pour les créanciers sont évités : l'arrêt des poursuites individuelles et le concours avec les autres créanciers. La supériorité de la propriété sûreté dans laquelle s'inscrit la fiducie-sûreté, par rapport aux sûretés classiques, est à cet égard manifeste.

La question de savoir si le créancier bénéficiaire de la fiducie-sûreté est contraint de procéder à la **déclaration de la créance** au passif du constituant, qu'il soit le fiduciaire ou non, est discutée. Certains auteurs répondent par l'affirmative, en retenant le caractère accessoire de la sûreté par rapport à la créance[2]. D'autres se focalisent sur le droit exclusif que confère au bénéficiaire le patrimoine fiduciaire pour conclure à l'inutilité de la déclaration de créance pour faire valoir sa fiducie-sûreté[3]. Les biens ont en effet quitté le patrimoine du constituant. Le bénéficiaire dispose d'un droit exclusif sur le patrimoine fiduciaire. Nous serions assez tentés par une opinion intermédiaire. Il serait inutile de faire mention, dans la déclaration de créance, de l'existence de la sûreté puisque les biens grevés sont dans le patrimoine d'un tiers par rapport au débiteur. En ce qui concerne le principe même de la déclaration de créance, une distinction semble devoir être posée. La déclaration de créance ne s'impose pas lorsque le bien fiducié n'est pas entre les mains du constituant, c'est-à-dire pour la fiducie-sûreté avec dépossession, car la réalisation de cette fiducie-sûreté reste possible, malgré l'ouverture de la procédure collective[4]. En présence d'une fiducie-sûreté sans dépossession, le jeu de la convention de mise à disposition a pour effet d'interdire la réalisation de la fiducie-sûreté. La discipline collective s'impose au bénéficiaire. Dès lors, il nous semble qu'il doive déclarer sa créance[5], aussi longtemps que la convention de mise à disposition sera soumise aux règles de la continuation des contrats en cours. L'intérêt de la déclaration de créance existera, en tout cas de manière indiscutable, dans l'hypothèse où le patrimoine fiduciaire serait insuffisant à désintéresser le créancier bénéficiaire[6].

Dès avant l'ordonnance du 18 décembre 2008, il était acquis que si des biens meubles, entrés dans le patrimoine fiduciaire, étaient restés en possession du constituant, le fiduciaire, propriétaire temporaire, devait les revendiquer[7].

Le nouvel article L. 624-16 du code de commerce, qui résulte de l'ordonnance de réforme (ord. 18 déc. 2008, art. 43) a vocation à régir la situation particulière dans laquelle des biens meubles ont été transférés dans un patrimoine fiduciaire, tout en laissant par convention l'usage ou la jouissance des biens au débiteur constituant. Puisque les biens sont entre les mains du débiteur à titre précaire, dans la mesure où il n'est plus le propriétaire de ces meubles, il appartient au propriétaire de procéder à leur **revendication**, comme tout propriétaire de meubles. Il faudrait toutefois tenir compte de la dispense de revendication autorisant alors le propriétaire à demander simplement la restitution de son bien, en cas de publication non de la fiducie-sûreté[8] – la publicité n'ayant d'autre finalité que le contrôle de l'autorité judiciaire et des administrations concer-

1. Podeur, « La procédure collective du fiduciaire : quelles protections pour le constituant et le bénéficiaire », *D.* 2014. 1653.
2. Pérochon, « À propos de la réforme de la liquidation judiciaire par l'ordonnance du 18 décembre 2008 », *Gaz. Pal.* 8-10 mars 2009, n° sp. p. 3 s., sp. p. 14, n° 40 – Pétel, « Le nouveau droit des entreprises en difficulté : acte II – commentaire de l'ordonnance n° 2008-1345 du 18 décembre 2008 », *JCP E* 2009. 1049, n° 44 – Berthelot, « Le traitement de la fiducie-sûreté dans la nouvelle ordonnance sur les procédures collectives », *Dr. et patr.* oct. 2009, n° 185, p. 89 s., sp. p. 92.
3. Dammann et Podeur, « Fiducie-sûreté et droit des procédures collectives : évolution ou révolution ? », *D.* 2007, Chron. 1359 s., sp. 1361 – Borga, « Regards sur les sûretés dans l'ordonnance du 18 décembre 2008 », *RD banc. fin.* mai-juin 2009, n° 20, p. 9 s., sp. p. 10, n° 6.
4. S. Fahri, « *La fiducie-sûreté et le droit des entreprises en difficulté* », th., Nice, 2013, n° 321.
5. S. Fahri, « *La fiducie-sûreté et le droit des entreprises en difficulté* », th., Nice, 2013, n° 493.
6. Grimaldi et Dammann, « La fiducie sur ordonnances », *D.* 2009, Chron. 670 s., sp. 675, n° 17.
7. Dammann, « Fiducie, les nouvelles opportunités », *Cah. dr. entr.* mai-juin 2007, p. 9, sp. p. 16 – Legrand et Staes, « La détermination du patrimoine du débiteur », *Rev. proc. coll.* 2008/2, p. 106 s., sp. p. 108, n° 26.
8. de Lajarte, « À propos du décret relatif au [registre national des fiducies] », *BJE* mars/avr. 2011, p. 33 – EN SENS CONTRAIRE : Berthelot, « Le traitement de la fiducie-sûreté dans la nouvelle ordonnance sur les procédures collectives », *Dr. et patr.* oct. 2009, n° 185, p. 89 s., sp. p. 92 – Houin-Bressand, *RDBF* mars 2010, dossier 12, spéc. n° 6.

nées par la lutte contre le blanchime'argent[1] –, mais, selon nous, de la conventiosurant au débiteur la conservation de l'usage de la jouissance des biens transférés dans le panoine fiduciaire.

Pendant la période d'observation, propriétaire des biens sera indiscutablement le ficiaire.

En cas de liquidation judiciairees choses se compliquent. Il ne peut, à notre ser être posé en principe que la revendication incope au bénéficiaire, même si certains procèdent àne telle affirmation[2] ou au fiduciaire[3]. Il n'appaît pas davantage suffisant pour le bénéficiaire (e revendiquer pour en déduire qu'il fait jouer, ce faisant, la fiducie-sûreté, même si des opinions semblent se dessiner en ce sens[4]. Il conviendra, selon nou, d'examiner les stipulations du contrat de fiduce. Celui-ci prévoit-il que la liquidation judiciair entraîne transfert des biens du patrimoine fiduciaire dans le patrimoine du bénéficiaire ? Une telle clause nous semble possible. En pareil cas, le propriétaire devient dès la liquidation judiciaire le bénéficiaire. Il lui appartient de revendiquer. Il n'y aura pas d'obstacle à l'appréhension physique des biens car la convention assurant au débiteur la jouissance ou l'usage des biens n'est plus soumise aux règles de la continuation des contrats en cours après liquidation judiciaire. Cette convention est conclue entre le fiduciaire et le débiteur constituant. Le bénéficiaire y est un tiers. En conséquence, ce dernier ne peut solliciter qu'il soit mis fin à cette convention sur le fondement de la liquidation judiciaire, au regard de l'article 1165 du code civil[5] (devenu[6] C. civ., art. 1199 s.). Le bénéficiaire devra donc solliciter du fiduciaire qu'il y mette fin. À défaut d'une telle clause, le bénéficiaire va devoir faire jouer la fiducie-sûreté pour demander le transfert des biens dans son patrimoine. L'ouverture de la liquidation judiciaire n'y fera pas obstacle. En effet, la règle de l'arrêt des poursuites individuelles et des voies d'exécution et la règle de l'interdiction des paiements ne s'opposent pas au jeu de la fiducie-sûreté par l'ouverture ou le prononcé de la liquidation judiciaire[7]. Si la fiducie-sûreté a joué après liquidation judiciaire, la personne devant présenter la demande en revendication sera le bénéficiaire. Au contraire, si la fiducie-sûreté n'a pas joué, la demande en revendication devra émaner du propriétaire temporaire, *le fiduciaire. Rien n'interdit*, pour assurer une efficacité procédurale plus grande, au bénéficiaire de donner mandat spécial au fiduciaire pour exercer la revendication. Il l'exercera alors soit pour son compte soit pour le compte du bénéficiaire. Observons au demeurant que la difficulté ne se présente véritablement qu'au jour de la présentation de la requête en revendication, non au jour de la demande en acquiescement de revendication. La Cour de cassation considère en effet que la demande en acquiescement de revendication n'est pas une demande en justice nécessitant un pouvoir pour l'exercer (v. s[s] n° 813.51).

Lorsque les qualités de fiduciaire et de bénéficiaire seront réunies sur une même tête, l'intéressé qui présentera sa demande en revendication devra préciser en quelle qualité il agit, afin de pouvoir identifier s'il agit en qualité de propriétaire[8].

Cette revendication devra être exercée dans les trois de la publication au *Bodacc* du jugement d'ouverture, et cela même si la convention par laquelle les biens sont restés entre les mains du débiteur est en cours au jugement d'ouverture, voire a été continuée après ce même jugement. La restitution n'interviendra, selon la règle nouvelle posée par l'article L. 624-10-1 du code de commerce, qu'au jour de la résiliation ou de l'arrivée à terme de la convention assurant au débiteur la conservation de l'usage ou de la jouissance du bien.

633.52 Présentation générale du compromis législatif résultant de l'ordonnance du 18 décembre 2008[9] entre la recherche du sauvetage de l'entreprise et la protection des droits du créancier bénéficiaire de la fiducie-sûreté. Bien que la solution ne soit pas impérative, dans le mécanisme de la fiducie-sûreté, le plus souvent les biens transmis dans le patrimoine fiduciaire resteront entre les mains du débiteur constituant. La distinction est ici capitale pour le jeu des dispositions du droit des entreprises en difficulté. Le législateur a en effet tenté de concilier les intérêts de l'entreprise, dont le sauvetage est encore possible et les intérêts du créancier bénéficiaire, en distinguant nettement deux situations : celle dans laquelle le débiteur a

1. Le Corre-Broly, « Les modifications apportées par l'ordonnance du 18 décembre 2008 en matière de revendications et de restitutions », *Gaz. Pal.* 8-10 mars 2009, n° spéc., p. 48 s., sp. p. 52, n° 16.
2. AINSI : Pérochon, « À propos de la réforme de la liquidation judiciaire par l'ordonnance du 18 décembre 2008 », *Gaz. Pal.* 8-10 mars 2009, n° sp. p. 3 s., sp. p. 14, n° 40.
3. Borga, « Regards sur les sûretés dans l'ordonnance du 18 décembre 2008 », *RD banc. fin.* mai-juin 2009, n° 20, p. 9 s., sp. p. 10, n° 6.
4. AINSI : Crocq, « L'ordonnance du 18 décembre 2008 et le droit des sûretés », *Rev. proc. coll.* 2009/1, 10, p. 75 s., sp. p. 82, n° 38.
5. TOUTEFOIS : Grimaldi et Dammann, art. préc., sp. 676, n° 22.
6. DEPUIS le 1er oct. 2016 : Ord. n° 2016-131, 10 févr. 2016, *JO* 11 févr.
7. RAPPR. : Pérochon, « À propos de la réforme de la liquidation judiciaire par l'ordonnance du 18 décembre 2008 », *Gaz. Pal.* 8-10 mars 2009, n° sp. p. 3 s., sp. p. 14, n° 40.
8. Le Corre-Broly, art. préc., sp. p. 52, n° 17.
9. Ord. n° 2008-1345, 18 déc. 2008, préc.

encore les biens transférés dans le patrimoine fiduciaire entre les mains, par une convention lui assurant la jouissance ou l'usage de ces biens et la situation dans laquelle, au contraire, les biens transférés dans le patrimoine fiduciaire ne sont plus entre les mains du débiteur.

Si les biens transférés dans le patrimoine fiduciaire ne sont pas entre les mains du débiteur constituant, aucune restriction aux droits du bénéficiaire n'existe. Ce dernier peut, en conséquence, faire jouer la fiducie-sûreté et demander le transfert des biens dans son patrimoine. L'ouverture de la procédure collective ne produit aucun effet de paralysie[1], ce qui est logique, puisque les biens objet de la sûreté ne sont plus la propriété du débiteur, mais d'un tiers, le fiduciaire.

Au contraire, partant du postulat que les biens transmis dans le patrimoine fiduciaire, et qui sont restés entre les mains du débiteur, sont utiles à la poursuite de l'activité, le législateur a organisé une paralysie de la fiducie-sûreté pour ces biens. Une neutralisation de la fiducie-sûreté peut être constatée pendant la période d'observation de la sauvegarde et du redressement judiciaire et pendant l'exécution des plans de sauvegarde et de redressement. En dehors de ces phases, c'est-à-dire après résolution du plan de sauvegarde ou de redressement et pendant la liquidation judiciaire, il n'y a pas d'obstacle à la réalisation de la fiducie-sûreté.

Le législateur a entendu en outre prévenir toute fraude. En application de l'article L. 641-12-1 nouveau du code de commerce, dans sa rédaction issue de l'ordonnance de réforme (ord. 18 déc. 2008, art. 106), l'ouverture ou le prononcé de la liquidation judiciaire entraîne la résiliation de plein droit du contrat de fiducie dans une hypothèse très précise : celle dans laquelle le débiteur est tout à la fois le constituant et le seul bénéficiaire. Cela vise le mécanisme de la fiducie gestion[2]. Il ne faut pas que par le biais d'un contrat de fiducie, le débiteur puisse faire échapper tout ou partie de ses droits et biens à l'effet de saisie collective de la liquidation judiciaire. La résiliation du contrat de fiducie a pour effet d'entraîner le retour dans son patrimoine des biens et droits transférés dans le patrimoine fiduciaire. Ce texte, restrictif de droits, mérite assurément une interprétation stricte. Il ne peut en conséquence s'étendre à l'hypothèse d'un débiteur constituant qui ne serait pas le bénéficiaire unique. Ainsi, si le débiteur est bénéficiaire alternatif, la liquidation judiciaire n'entraînera pas résiliation du contrat de fiducie.

633.53 Impossibilité du jeu de la fiducie-sûreté nonobstant l'ouverture de la procédure collective en l'absence de convention assurant au débiteur l'usage ou la jouissance des biens transférés dans un patrimoine fiduciaire. La règle de l'interdiction du paiement des créances antérieures pas plus que celle de l'arrêt des poursuites individuelles et des voies d'exécution ne font obstacle à la réalisation d'une fiducie-sûreté après le jugement d'ouverture d'une procédure collective, dès lors que les biens transférés dans un patrimoine fiduciaire ne sont pas entre les mains du débiteur constituant. Le législateur n'a en effet restreint les droits du bénéficiaire de la fiducie qu'en cas de conservation de l'usage ou de la jouissance des biens par le débiteur. L'interprétation *a contrario* s'impose donc : si les biens sont dans un patrimoine fiduciaire sans maintien de l'usage ou de la jouissance de ces biens au profit du débiteur, il n'y a pas d'obstacle au transfert de ces biens au bénéficiaire. Il en ira spécialement ainsi lorsque la fiducie-sûreté aura pour objet des comptes d'instruments financiers ou des sommes d'argent[3].

La solution est logique : l'effet réel[4] de l'ouverture de la procédure collective ne peut affecter le sort de biens n'étant plus dans le patrimoine du débiteur, à l'identique de la solution posée pour les cessions de créance par bordereau Dailly.

633.54 Autorisation de payer des créances antérieures au jugement d'ouverture pour obtenir le retour de biens transmis dans un patrimoine fiduciaire. L'alinéa 3 de l'article L. 622-7 du code de commerce prévoyait une seule exception au principe d'interdiction du paiement des créances antérieures après jugement d'ouverture : le paiement du gage ou de la chose retenue, lorsque le retrait est justifié par la poursuite de l'activité. C'est la technique du retrait contre paiement.

L'article L. 622-7, II, alinéa 2 du code (ord. 18 déc. 2008[5], art. 22), tout en conservant la première, ajoute une deuxième exception à la règle de l'interdiction du paiement des créances antérieures : le paiement pour obtenir le retour de biens transmis dans un patrimoine fiduciaire.

La règle ici décrite n'a vocation à jouer que si les biens et droits sont effectivement entre les mains du fiduciaire, le débiteur n'en ayant plus l'usage ou la jouissance. Une règle différente est posée lorsque

1. VALLANSAN *ET ALII*, 6e éd., p. 110.
2. Pérochon, « À propos de la réforme de la liquidation judiciaire par l'ordonnance du 18 décembre 2008 », *Gaz. Pal.* 8-10 mars 2009, n° sp. p. 3 s., sp. p. 14, n° 41 – Le Cannu, « La poursuite de l'activité », *Dr. et patr.* déc. 2009, n° 187, p. 68 s., sp. p. 72.
3. Dammann, « Avantages et inconvénients de la fiducie en cas de procédure collective », *RLDC* mai 2009, n° 60, p. 64.
4. SUR CETTE QUESTION : Sénéchal, *L'effet réel de la procédure collective*, Litec, 2002.
5. Ord. n° 2008-1345, 18 déc. 2008, préc.

l'usage ou la jouissance des biens et droits transmis dans un patrimoine fiduciaire est laissé par convention au débiteur (v. s^s n° 633.55).

Le texte limite, dans la procédure de sauvegarde, le droit de solliciter le paiement au seul débiteur, ne le reconnaissant pas à l'administrateur judiciaire, pour tenir compte du maintien aux commandes du premier. Dans le redressement judiciaire, la demande d'autorisation de paiement n'émanera du débiteur seul qu'en l'absence d'administrateur. En sa présence, elle émanera concurremment du débiteur et de l'administrateur judiciaire, si ce dernier a une mission d'assistance. Elle n'émanera que de l'administrateur judiciaire si celui-ci a reçu une mission de représentation (C. com., art. L. 631-14, al. 3).

L'article 20 du décret d'application de l'ordonnance de réforme, modifiant la rédaction de l'article R. 622-6, étend à cette nouvelle exception à la règle de l'interdiction des paiements, les modalités procédurales qui n'intéressaient auparavant que l'autorisation accordée par le juge-commissaire de faire un acte visé à l'alinéa 2 de l'article L. 622-7, c'est-à-dire, l'acte de disposition étranger à la gestion courante de l'entreprise, la constitution d'hypothèque ou de nantissement, le compromis ou la transaction. En conséquence, lorsque le juge-commissaire statue sur une demande d'autorisation de payer une créance antérieure pour obtenir le retour de biens transmis dans un patrimoine fiduciaire, présentée par le débiteur, le greffier convoque le débiteur, l'administrateur judiciaire s'il a été désigné un, le mandataire judiciaire et les créanciers bénéficiaires de la fiducie-sûreté.

Cette exception à la règle de l'interdiction du paiement des créances antérieures a pour objet d'assurer une coordination des règles de la fiducie-sûreté avec celles du droit des entreprises en difficulté. L'autorisation de paiement pour retirer les biens transmis dans un patrimoine fiduciaire ne peut donc être accordée que si l'on est en présence d'une fiducie-sûreté[1], c'est-à-dire d'un transfert de biens dans un patrimoine fiduciaire afin de garantir le paiement d'une ou de plusieurs créances. En conséquence de cette coordination, il est prévu que le juge-commissaire puisse autoriser le paiement pour obtenir le retour de biens et droits transférés à titre de garantie dans un patrimoine fiduciaire, lorsque ce retrait est justifié par la poursuite de l'activité. De même que le législateur s'est refusé à affecter la force d'inertie du créancier rétenteur, du même il se refuse à méconnaître la force du droit de propriété, dans le mécanisme de la fiducie-sûreté.

Le transfert fiduciaire à titre de garantie cesse dès que la créance garantie par ce transfert fiduciaire est payée. En conséquence, les biens transférés font retour dans le patrimoine du débiteur. Le mécanisme suppose évidemment que le débiteur, et non un tiers, ait constitué une fiducie-sûreté. Le droit de retour du patrimoine fiduciaire est subordonné aux *nécessités de la poursuite d'activité*. Cette même exigence était et reste posée pour le retrait contre paiement du bien gagé. Le paiement du créancier bénéficiaire de la fiducie-sûreté interviendra indépendamment de l'existence de créances super privilégiées ou de créances postérieures bénéficiant du traitement préférentiel, à l'instar de la solution posée pour le retrait du gage contre paiement[2], puisqu'il n'est pas ici question de conflit entre créanciers de rangs différents, la fiducie-sûreté plaçant son bénéficiaire en situation d'exclusivité, non en situation de concours.

Une difficulté peut se présenter en présence d'une fiducie-sûreté rechargeable. Si le juge-commissaire autorise le paiement du bénéficiaire, la convention de recharge pourra-t-elle tenir en échec le retour des biens dans le patrimoine du débiteur ? Certains ne le pensent au regard du caractère d'ordre public de la règle instituée par l'article L. 622-7, II, alinéa 2, du code de commerce[3]. À l'inverse, on pourrait soutenir que le juge-commissaire pourrait refuser de donner son autorisation de payer la créance antérieure détenue par le bénéficiaire au prétexte de l'existence de la convention de rechargement incluse dans la fiducie-sûreté.

Il a justement pu être regretté que le juge-commissaire ne puisse, à l'identique de la solution posée pour les biens objets d'un droit de rétention, autoriser, en liquidation judiciaire, le liquidateur à payer la créance garantie par la fiducie-sûreté pour obtenir le retour des biens transmis dans le patrimoine fiduciaire dans celui du débiteur[4]. Les droits du bénéficiaire n'auraient pas été atteints. Au demeurant, la finalité de sûreté de la fiducie suffira à interdire une appropriation définitive de biens d'une valeur excédant la créance[5], à l'identique de la solution posée en matière de clause de réserve de propriété (v. s^s n° 816.13). Il y aura donc place à restitution à la

1. Rapport au président de la République sur l'ordonnance n° 2008-1345 du 18 déc. 2008, *JO* 19 déc. 2008, Titre I, chap. II-3, s^s art. 22.

2. M. Cabrillac, « L'article 40 de la loi du 25 janvier 1985 et ses difficultés d'application », *Banque* 1986. 115, n° 24.
3. Pérochon, « Les interdictions de paiement et le traitement des sûretés réelles », *D.* 2009. 651 s., sp. 658, n° 24.
4. Pérochon, art. préc., sp. 659, n° 27; « À propos de la réforme de la liquidation judiciaire par l'ordonnance du 18 décembre 2008 », *Gaz. Pal.* 8-10 mars 2009, n° sp. p. 3 s., sp. p. 14, note 101.
5. RAPPR. : Dammann et Podeur, « Fiducie-sûreté et droit des procédures collectives : évolution ou révolution ? », *D.* 2007, Chron. 1359 s., sp. 1360 – Kuhn, « Une fiducie française », *Dr. et patr.* avr. 2007, n° 158, p. 32 s., sp. p. 41.

procédure collective des sommes tirées de l'appropriation des biens, en excédant par rapport à la créance garantie par la fiducie-sûreté.

633.55 Inapplication des règles de la continuation des contrats en cours au contrat de fiducie-sûreté – Application des règles de la continuation en cours au contrat assurant au débiteur constituant la jouissance ou l'usage des biens transférés dans un patrimoine fiduciaire en dehors de la liquidation judiciaire. Avant l'ordonnance du 18 décembre 2008[1], la question pouvait se poser de savoir si la fiducie-sûreté devait s'analyser en un contrat en cours. Une réponse positive aurait été précieuse pour les mandataires de justice, et spécialement les liquidateurs qui auraient pu ainsi retrouver la libre disposition des biens entrés dans le patrimoine fiduciaire en cas de résiliation du contrat. L'interrogation était réelle. Certains semblaient apporter une réponse positive à la question[2]. Une réponse négative nous était apparue préférable[3]. Il importait d'abord de rappeler le principe posé par l'article 2024 du code civil, selon lequel l'ouverture d'une procédure collective n'affectait pas la fiducie. En outre, dès lors que l'on était en présence d'une fiducie-sûreté, l'effet essentiel tenait à la création du patrimoine fiduciaire et au transfert de propreté qu'elle permettait. Une fois le transfert de propreté intervenu, il était possible de considérer que l'effet essentiel du contrat était réalisé. Il fallait en revanche distinguer le sort de la fiducie-sûreté de celui des contrats aménageant les rapports juridiques entre le constituant et le fiduciaire, afin de laisser la jouissance des biens apportés en fiducie au constituant, par exemple au moyen de contrats de location. Il avait été suggéré de considérer que ces contrats accessoires obéissent, quant à eux, au droit commun de la continuation des contrats en cours[4]. D'ailleurs, le code civil (art. 2017) autorisait la désignation d'un tiers chargé de s'assurer de la préservation des intérêts du constituant pendant l'exécution du contrat. Ce tiers, qui est un mandataire, est incontestablement lié par un contrat soumis, à notre sens, aux règles de la continuation des contrats en cours.

La discussion qui avait pu être menée au lendemain de la loi faisant entrer la fiducie dans le droit français est aujourd'hui close. En effet, le VI de l'article L. 622-13 du code précise les contrats exclus du dispositif de *continuation des contrats en* cours. Il reprend d'abord l'exclusion des contrats de travail. Il innove, en revanche, en prévoyant l'exclusion des contrats de fiducie, sans distinguer selon qu'il s'agit d'une fiducie-sûreté ou d'une fiducie gestion. L'administrateur judiciaire ou le débiteur ne pourra, en conséquence, mettre fin, sur option, au contrat de fiducie, ce qui aurait permis de faire retour dans le patrimoine du débiteur des biens transmis dans le patrimoine fiduciaire. C'est d'ailleurs la raison qui explique l'entorse à la règle de l'interdiction de payer les créances antérieures, lorsqu'il est question d'obtenir le retour dans le patrimoine du débiteur des biens transférés à titre de garantie dans un patrimoine fiduciaire.

Enfin, le VI de l'article L 641-11-1 du code, comme le fait le VI de l'article L. 622-13 du code, précise, en liquidation judiciaire, les contrats exclus du dispositif de continuation des contrats en cours. Il y place le contrat de fiducie. Le liquidateur ne pourra donc mettre fin, sur option, au contrat de fiducie, ce qui aurait permis de faire retour dans le patrimoine du débiteur des biens transmis dans le patrimoine fiduciaire. Le législateur exclut également du domaine de la continuation des contrats en cours, en liquidation judiciaire, la convention de mise à disposition (v. s^s n° 431.33). Il faut comprendre que la paralysie de la mise en œuvre de la fiducie-sûreté prend fin.

633.56 Neutralisation de la fiducie-sûreté en cas de conservation de l'usage ou de la jouissance des biens par le débiteur. Reprenant la suggestion d'un praticien avisé[5], le législateur considère comme possible, dans le mécanisme de la fiducie, de prévoir que les biens transférés dans le patrimoine fiduciaire resteront à disposition du débiteur. En ce cas, une convention doit régler les modalités de conservation de l'usage ou de la jouissance de ces biens. Nous sommes alors en présence d'une fiducie-sûreté sans dépossession[6].

En ce sens, l'article L. 622-23, I du code de commerce, qui résulte de l'ordonnance du 18 décembre 2008[7] (ord. 18 déc. 2008, art. 32), interdit le transfert de biens ou de droits ou la cession de biens ou droits présents dans un patrimoine fiduciaire, au profit du fiduciaire ou d'un tiers, lorsque ces biens ou droits font l'objet d'une convention en exécution de laquelle le débiteur constituant en conserve l'usage ou la jouissance, du seul fait de l'ouverture

1. Ord. n° 2008-1345, 18 déc. 2008, préc.
2. Adelle, « L'adoption de la fiducie a-t-elle remédié à la prohibition des cessions de créances en garantie de droit commun ? », *RD banc. fin.* mars-avr. 2007, n° 5, p. 45 s., sp. p. 50, n° 19.
3. EN CE SENS AUSSI : Dammann et Podeur, art. préc., sp. 1361 – Dammann et Le Bleuze, « Réforme des sûretés et des procédures collectives : quelles sûreté choisir ? », *Cah. dr. entr.* mars-avr. 2007, n° 2, p. 45 s., sp. p. 47.
4. Dammann et Podeur, art. préc., sp. 1361.
5. Dammann et Podeur, art. préc., sp. 1361.
6. Pérochon, « À propos de la réforme de la liquidation judiciaire par l'ordonnance du 18 décembre 2008 », *Gaz. Pal.* 8-10 mars 2009, n° sp. 3 s., sp. 13, n° 39.
7. Ord. n° 2008-1345, 18 déc. 2008, préc.

de la procédure, de l'arrêté du plan ou encore un défaut de paiement d'une créance née avant l'ouverture de la procédure. L'interdiction est sanctionnée par la nullité de la cession ou du transfert.

Le législateur aurait dû ici faire attention à la formule utilisée, à laquelle il faut restituer son sens. En effet, constitue un non-sens, le fait de prévoir que le transfert de biens ou de droits ou la cession de biens ou droits présents dans un patrimoine fiduciaire, au profit du fiduciaire ou d'un tiers, est interdit, dès lors que par l'effet même de la constitution de la fiducie, le transfert de biens ou de droits est intervenu[1]. Le législateur a en réalité voulu interdire le transfert de biens du patrimoine fiduciaire vers celui d'un autre, spécialement le bénéficiaire.

L'article L. 622-23, I du code de commerce a pour objet de laisser au débiteur l'usage ou la jouissance des biens et droits transmis dans un patrimoine fiduciaire, pour faciliter, voire permettre, la continuation de l'activité et la recherche d'un plan de sauvegarde ou d'un plan de redressement, à moins que ce dernier ne soit recherché après la résolution d'un plan de sauvegarde.

La règle posée en sauvegarde est applicable en redressement judiciaire (C. com., art. L. 631-14, al. 1 [ord. 18 déc. 2008, art. 80]).

La convention ici analysée obéit en tout point aux règles de la continuation des contrats en cours. Le défaut de réponse de l'organe compétent sur la mise en demeure d'avoir à opter entraînera sa résiliation. Il en ira de même du non-paiement à bonne date des sommes dues au titre de la poursuite de cette convention. En cas de résiliation de cette convention, on passe d'une fiducie-sûreté sans dépossession à une fiducie-sûreté avec dépossession[2]. Rien n'interdit alors au bénéficiaire de demander le transfert à son profit des biens transmis dans le patrimoine fiduciaire, et cela même pendant la période d'observation. Le non-paiement d'une créance antérieure ne peut, en revanche, être opposé au débiteur pour autoriser la cession ou le transfert des biens au bénéficiaire, en présence d'une convention assurant au débiteur la jouissance ou l'usage des biens ou droits. C'est ici le rappel d'une règle de droit commun de la continuation des contrats en cours.

La paralysie du jeu de la fiducie-sûreté résultant de la convention de mise à disposition des biens transférés dans le patrimoine fiduciaire est prolongée au jour de l'arrêté du plan de sauvegarde ou de redressement. En conséquence, en présence d'une convention assurant au débiteur la jouissance ou l'usage des biens ou droits transmis dans un patrimoine fiduciaire, l'exécution du plan et spécialement le paiement au bénéficiaire de la fiducie des dividendes du plan, fait obstacle à l'exécution de la fiducie. En revanche, le non-paiement d'un dividende du plan autorise le transfert des biens au profit du bénéficiaire. Il y a là une véritable dérogation au principe de concentration entre les mains du commissaire à l'exécution du plan du soin de tirer les conséquences du non-paiement des dividendes du plan. La disposition du nouvel article L. 622-23, I du code de commerce a ainsi vocation à organiser la cohabitation paisible entre la fiducie et la sauvegarde de l'entreprise, comme l'annonce en avait été faite avant l'ordonnance de réforme[3], à l'instar des solutions posées dans les droits allemands et américains[4].

Rappelons que convention de mise à disposition n'est plus soumise au régime de la continuation des contrats en cours, en cas de liquidation judiciaire (v. s^{s} n° 431.33).

633.57 Sort de la convention assurant la jouissance ou l'usage de biens transférés dans un patrimoine fiduciaire en cas de résolution du plan de sauvegarde et d'ouverture d'un redressement judiciaire. L'article L. 631-14, alinéa 4 du code de commerce, dans sa rédaction issue de l'ordonnance de réforme (ord. 18 déc. 2008[5], art. 80), a vocation à régir une situation très particulière et déroge à la lettre posée par l'article L. 622-13, VI. Il faut supposer que, avant l'ouverture d'une procédure de sauvegarde, des biens ont été transférés dans un patrimoine fiduciaire, avec conclusion d'une convention assurant le maintien de l'usage ou de la jouissance de ces biens au débiteur. La procédure de sauvegarde s'est terminée par l'adoption d'un plan de sauvegarde. Ce plan a ensuite été résolu et un redressement judiciaire a été ouvert.

Selon l'alinéa 4 de l'article L. 631-14 du code de commerce, dans la rédaction que lui avait donnée l'article 80 de l'ordonnance du 18 décembre 2008, le redressement judiciaire devait être ouvert après résolution du plan de sauvegarde, en application du deuxième alinéa de l'article L. 626-27. Ce visa était impraticable. En effet, l'alinéa 2 du I de l'article L. 626-27 s'intéresse à la résolution facultative du plan de sauvegarde en cas d'inexécution du plan, en

1. Crocq, « L'ordonnance du 18 décembre 2008 et le droit des sûretés », *Rev. proc. coll.* 2009/1, 10, p. 75 s., sp. p. 82, n° 35 – Macorig-Vénier et Saint-Alary-Houin « Les créanciers dans l'ordonnance n° 2008-1345 du 18 décembre 2008 portant réforme du droit des entreprises en difficulté », *Rev. proc. coll.* 2009/1, 9, p. 65 s., sp. p. 68, n° 19.
2. Coquelet, 5e éd., n° 271.
3. Dammann, « Fiducie et sauvegarde : deux réformes complémentaires », *Bull. Joly* 2008. 88 s., sp. p. 89.
4. Dammann, « Fiducie et sauvegarde : deux réformes complémentaires », *Bull. Joly* 2008. 88, 89.
5. Ord. n° 2008-1345, 18 déc. 2008, préc.

l'absence de cessation des paiements. En ce cas, la résolution du plan n'entraîne pas ouverture d'une seconde procédure collective. Fort heureusement, l'article 138, IX de la loi du 12 mai 2009[1], qui a emporté ratification de l'ordonnance du 18 décembre 2008, est venu réparer la malfaçon[2]. Désormais, l'article L. 631-14, alinéa 4 du code ne vise plus le deuxième, mais le troisième alinéa de l'article L. 626-27. Il n'y a donc plus de difficulté à comprendre que la neutralisation de la fiducie-sûreté pendant la période d'observation et pendant l'exécution du plan de sauvegarde, qui résultait de la soumission aux règles de la continuation des contrats en cours de la convention assurant au débiteur la conservation de la jouissance ou de l'usage des biens transférés dans le patrimoine fiduciaire, n'est pas prolongée en période d'observation du redressement judiciaire ouvert à la suite de la résolution d'un plan de sauvegarde sur état de cessation. Ainsi, le législateur « neutralise la neutralisation »[3]. Cette convention cesse en effet d'être soumise aux règles de la continuation des contrats en cours. En conséquence, le transfert des biens au profit du bénéficiaire devient possible. C'est exactement ce qu'avait recherché le législateur[4]. Ainsi, « paralysie sur paralysie ne vaut »[5].

Si la résolution du plan de sauvegarde intervient en application de l'article L. 626-27, I, alinéa 2, c'est-à-dire pour inexécution sans cessation des paiements, il n'y a pas davantage, à notre sens d'obstacle à la mise en œuvre de la fiducie-sûreté. La procédure collective a, en effet, pris fin et la paralysie de la fiducie-sûreté n'existe plus. En revanche, si le bénéficiaire n'a pas fait jouer immédiatement la fiducie-sûreté et si, après résiliation du plan de sauvegarde sans cessation des paiements ouvre un redressement judiciaire, les règles de continuation des contrats en cours auront à nouveau vocation à régir la convention de mise à disposition du débiteur des biens transmis dans le patrimoine fiduciaire, ce qui est de nature à faire obstacle à la réalisation de la fiducie-sûreté.

633.58 Impossible cession judiciaire des contrats assurant au débiteur la jouissance ou l'usage de biens ou droits transférés dans un patrimoine fiduciaire. L'ordonnance du 18 décembre 2008[6] ne modifie pas le dispositif de cession judiciaire des contrats, instrument indispensable à la cession d'entreprise, faute pour l'entreprise d'être dotée de la personnalité morale.

Pour tenir compte de l'intrusion de la fiducie dans le droit des entreprises en difficulté, l'article 113 de l'ordonnance du 18 décembre 2005 ajoute cependant un alinéa 5 à l'article L. 642-7 du code de commerce, aux termes duquel « la convention en exécution de laquelle le débiteur constituant conserve l'usage ou la jouissance de biens ou droits transférés à titre de garantie dans un patrimoine fiduciaire ne peut être cédée au cessionnaire, sauf accord des bénéficiaires des contrats de fiducie ».

La prohibition de la cession judiciaire de cette convention est strictement limitée au cas de la fiducie-sûreté et ne concerne donc pas la fiducie-gestion.

La disposition interdit ainsi la cession judiciaire de la convention par laquelle le débiteur conserve l'usage ou la jouissance des biens transférés dans le patrimoine fiduciaire. Seule une cession conventionnelle est envisageable. L'accord du ou des bénéficiaires sera nécessaire.

L'exclusion de la cession judiciaire du contrat de mise à disposition conduit à rendre irrecevable l'appel, à l'encontre du jugement arrêtant le plan de cession, de la part du bénéficiaire du contrat de fiducie-sûreté[7]. De façon plus générale, le créancier bénéficiaire d'une fiducie-sûreté ne peut interjeter appel du jugement arrêtant le plan de cession[8].

Dans le mécanisme de la fiducie-sûreté, le plus souvent, deux bénéficiaires alternatifs sont désignés : le débiteur pour l'hypothèse de bonne exécution de l'obligation garantie par la fiducie, le créancier garanti dans le cas contraire. Dès lors que le créancier n'est pas certain de percevoir ce qui lui est du, on imagine assez mal qu'il autorise le transfert de la convention assurant la détention précaire des biens au débiteur. Il prendrait évidemment des risques quant à la conservation du gage qui est l'assiette de sa sûreté.

Cette disposition tient en échec l'impérativité du plan de cession et assure au créancier bénéficiaire de la fiducie-sûreté une très grande sécurité, à l'heure où les autres créanciers titulaires de sûretés spéciales seront assez largement sacrifiés, désormais garantis par une simple quote-part du prix de cession correspondant, en théorie, à la valeur relative du bien grevé par rapport à la valeur des actifs cédés, alors

1. L. n° 2009-526, 12 mai 2009, préc.
2. Borga, « Regards sur les sûretés dans l'ordonnance du 18 décembre 2008 », *RD banc. fin.* mai-juin 2009, n° 20, p. 9 s., sp. p. 11, n° 6.
3. Pérochon, 10e éd., n° 1125.
4. Texier et Russo, « Le nouveau droit des entreprises en difficulté après l'ordonnance du 18 décembre 2008 et son décret d'application du 12 février 2009 », *LPA* 2 mars 2009, n° 43, p. 3 s., sp. p. 8, n° 18.
5. Macorig-Vénier, « Les apports de la réforme du 18 décembre 2008 en matière de sûretés », *Dr. et patr.* janv. 2010, n° 188, p. 26 s., sp. p. 29.
6. Ord. n° 2008-1345, 18 déc. 2008, préc.
7. Paris, pôle 5, 9e ch., 4 nov. 2010, RG n° 10/07100, *Rev. proc. coll.* 2011, comm. 48, p. 54, note Fraimout.
8. Com. 21 févr. 2012, n° 11-10.553, NP; n° 246 F-D.

surtout que sur cette quote-part, s'exerceront les droits des créanciers de rang préférable, et notamment les titulaires de privilèges généraux. Les biens transmis dans le patrimoine fiduciaire n'étant pas dans le patrimoine du constituant ne font pas partie des actifs transférés, même si le constituant en a conservé l'usage[1]. Le bénéficiaire de la fiducie-sûreté se trouve ainsi dans une situation comparable à celle du créancier titulaire d'un droit de rétention, qui ne peut subir les vicissitudes du plan de cession.

633.59 Exclusion totale ou partielle du comité du créancier garanti par une fiducie-sûreté constituée par le débiteur. L'article L. 626-30-2, alinéa 4 du code de commerce, tel qu'il résulte de l'ordonnance du 18 décembre 2008[2] (ord. 18 déc. 2008, art. 65) s'intéresse au cas particulier d'un créancier, dont la créance est garantie par une fiducie-sûreté constituée par le débiteur. Sans exclure purement et simplement ce créancier des comités, cette disposition prévoit que « seuls sont pris en compte les montants de leurs créances non assorties d'une telle sûreté ». Il nous apparaît donc que, pour une même créance, il est possible d'intégrer dans un comité le créancier pour la partie de sa créance non garantie par la fiducie, et de l'exclure de ce comité pour la partie de cette même créance garantie par la fiducie-sûreté[3].

L'article 46, 1° de l'ordonnance du 12 mars 2014[4] aligne sur le créancier membre d'un comité, l'obligataire (C. com., art. L. 626-32, al. 3).

Si la fiducie-sûreté est consentie au bénéfice d'un fournisseur, la participation de ce dernier au comité des principaux fournisseurs supposera que la partie de sa créance ou de ses créances non couvertes par la fiducie-sûreté représente au moins 3 % du passif fournisseur.

L'article L. 626-33, alinéa 1 du code de commerce, tel qu'il résulte de l'ordonnance de réforme (ord. 18 déc. 2008, art. 69) précise positivement, la situation du créancier, pour la partie de sa créance couverte par la fiducie-sûreté. Il indique que ce créancier est consulté comme un créancier classique, selon les modalités de l'article L. 626-5 à L. 626-6 du code, par le mandataire judiciaire. Ce créancier ne peut donc se voir imposer, par un vote du comité auquel il appartient, une réduction de sa créance garantie par une fiducie-sûreté[5].

Précisons que la solution explicitement posée pour la sauvegarde de droit commun est applicable en redressement judiciaire, mais encore dans la sauvegarde financière accélérée[6] et dans la sauvegarde accélérée.

On observe que ce créancier est mieux traité qu'un crédit-bailleur. En effet, ce dernier peut se voir imposer des remises de dettes, par le biais d'un vote favorable des comités de créanciers. Il s'expose ainsi à laisser s'opérer le transfert de propriété, à la suite de la levée d'option d'achat, sans paiement total de sa créance, une fraction de celle-ci ayant fait l'objet d'une remise par le vote du comité des établissements de crédit. Au contraire, le bénéficiaire d'une fiducie-sûreté ne pourra se voir imposer une remise de dette par un vote favorable du comité auquel il appartient, seule une décision unilatérale de sa part pouvant le conduire à perdre une fraction de créance. Ce traitement différent ne nous semble pas cohérent, car la propriété à titre de garantie explique les deux mécanismes.

L'article L. 626-33, alinéa 1 du code apporte également une précision pour les créanciers bénéficiaires d'une fiducie-sûreté constituée par le débiteur, lorsqu'ils ne sont pas membres des comités. Ils sont consultés comme des créanciers classiques, selon les modalités de l'article L. 626-5 à L. 626-6 du code par le mandataire judiciaire.

1. Paris, pôle 5, 9e ch., 4 nov. 2010, RG n° 10/07100, *RDBF* juill./août 2011, comm. 134, 37, note Cerles.
2. Ord. n° 2008-1345, 18 déc. 2008, préc.
3. EN CE SENS AUSSI : Dammann, « Avantages et inconvénients de la fiducie en cas de procédure collective », *RLDC* mai 2009, n° 60, p. 65.
4. Ord. n° 2014-326, 12 mars 2014, préc.
5. Rapport au président de la République sur l'ordonnance n° 2008-1345 du 18 déc. 2008, *JO* 19 déc. 2008, Titre I, chap. II-4, ss art. 65, 66, 69.
6. PÉROCHON, 10e éd., n° 1073.

TITRE

640. Intangibilité de la créance antérieure (cours des intérêts et terme du débiteur)

SECTION 0

ORIENTEUR

640.00 **Plan du titre.**

Chap.	**641**	**Cours des intérêts**
Sect.	641.10	Énoncé et fondement de la règle de l'arrêt du cours des intérêts
Sect.	641.20	Domaine de la règle de l'arrêt du cours des intérêts
Sect.	641.30	Énoncé et fondement des exceptions à la règle de l'arrêt du cours des intérêts
Sect.	641.40	Domaine de la continuation du cours des intérêts
Sect.	641.50	Effets des exceptions à la règle de l'arrêt du cours des intérêts
Chap.	**642**	**Terme du débiteur**
Sect.	642.10	Énoncé de la règle du maintien du terme
Sect.	642.20	Portée de la règle du maintien du terme
Sect.	642.30	Limitation de la règle de la déchéance du terme au seul débiteur en fonction de sa situation
Sect.	642.40	Dettes concernées par la déchéance du terme

CHAPITRE

641. Cours des intérêts

SECTION 0

ORIENTEUR

641.00 Plan du chapitre.

Sect. 641.10 Énoncé et fondement de la règle de l'arrêt du cours des intérêts

Sect. 641.20 Domaine de la règle de l'arrêt du cours des intérêts

Sect. 641.30 Énoncé et fondement des exceptions à la règle de l'arrêt du cours des intérêts

Sect. 641.40 Domaine de la continuation du cours des intérêts

Sect. 641.50 Effets des exceptions à la règle de l'arrêt du cours des intérêts

641.01 Textes applicables.

> Législation antérieure à la loi de sauvegarde des entreprises.

C. com., art. L. 621-48, al. 1

> Législation issue de la loi de sauvegarde des entreprises.

C. com., art. L. 622-28, al. 1, L. 631-14, I, L. 641-3, al. 1

> Législation issue de l'ordonnance du 18 décembre 2008.

C. com., art. L. 622-28, al. 1, L. 631-14, al. 1er et 6, L. 641-3, al. 1er

> Législation issue de l'ordonnance du 12 mars 2014.

C. com., art. L. 622-28

641.02 Jurisprudence significative.

> Il y a maintien du cours des intérêts pour les ouvertures de crédit d'un an ou plus.

• **Com. 9 janv. 2001,** no 97-13.236, *Bull. civ.* IV, no 1

* V. ss no 641.41

« Attendu, d'autre part, que dès lors qu'elle est consentie pour une durée égale ou supérieure à un an, l'ouverture de crédit est assimilable à un prêt pour l'application de l'article 55 de la loi no 85-98 du 25 janvier 1985 devenu l'article L. 621-48 du code de commerce. »

> Un prêt conclu pour une durée initiale de six mois n'autorise pas le prêteur à bénéficier de la continuation du cours des intérêts, en dépit d'un avenant de report d'échéances pour une durée totale de plus d'un an.

• **Com. 29 avr. 2003,** no 99-15.544, *Bull. civ.* IV, no 65

* V. ss no 641.41

641.03 Bibliographie indicative. (V. les références complètes ss no 031).

> Actualisables. RÉP. COM. Monsérié-Bon, « Entreprises en difficulté – Redressement judiciaire (Période d'observation) », nos 425 à 433 – J.-CL. COM. Vallansan, fasc. 2362, [Situation des créanciers – Arrêt du cours des intérêts] – LAMY SÛRETÉS, Delebecque, « Sûretés réelles et procédures collectives », étude 284.

> Ouvrages antérieurs à la loi de sauvegarde des entreprises. CHAPUT, nos 524, 525 – GUYON, no 1242 – JACQUEMONT, nos 389 à 395 – KERCKHOVE, nos 539, 540 – LE CANNU, nos 905, 906 – LE CORRE-BROLY, nos 359, 360 – Macorig-Venier, *Les sûretés sans dépossession dans le redressement et la liquidation judiciaires des entreprises*, thèse, Toulouse, 1992 – MARTIN ET VALLENS, nos 3109 à 3112 – PÉROCHON ET BONHOMME, no 186 – PÉTEL, nos 208 à 212 – RIPERT ET ROBLOT, nos 2987 à 2989 – SAINT-ALARY-HOUIN, nos 773 à 783 – SOINNE, nos 1985 à 2003 – VALLANSAN, p. 137 à 140.

> Ouvrages postérieurs à la loi de sauvegarde des entreprises. COQUELET, 5e éd., no 275 et 276 – GIBIRILA, nos 595, 596 – JACQUEMONT ET VABRES, 9e éd., nos 503 à 510 – LE CANNU, 7e éd., nos 398 à 400 – LIENHARD, 6e éd., nos 78.34 à 78.36 – PÉROCHON, 10e éd., nos 648 à 652 – PÉTEL, 8e éd., nos 204 à 208 – ROUSSEL GALLE, 2e éd., nos 514, 700 – SAINT-ALARY-HOUIN, 9e éd., nos 729 à 740 – VALLANSAN *ET ALII*, 6e éd., p. 164 à 166 – VALLENS, 2015, nos 3371 à 3375 – VIDAL et GIORGINI, nos 713 à 716 –VOINOT, 2e éd., nos 418 à 420.

> Articles. Boizard, « Les intérêts bancaires débiteurs et la procédure de redressement judiciaire et la liquidation des biens », *JCP E* 1988. IV. 9429 – Gauthier, « La continuation du cours des intérêts dans le cadre de la liquidation judiciaire », *Gaz. Pal.* 28 févr.-1er mars 2001, Doctr. 52 – Kornmann, « Intérêts, garanties et procédure collective », *Gaz. Pal.* 1990. I, Doctr. 332 – Pételֹ, « L'allégement ou la suppression des intérêts », *RJ com.* 1994. 326 – Soinne, « La continuation du cours des intérêts et les jugements d'arrêté de plan de continuation », *LPA* 13 avr. 1994, p. 18.

641.04 Questions principales.

• L'arrêt du cours des intérêts est-il limité à la période d'observation ?

* V. s^s^ n° 641.22.

• Le contrat de crédit-bail autorise-t-il la continuation du cours des intérêts ?

* V. s^s^ n° 641.41.

• La continuation du cours des intérêts s'impose-t-elle en plan de continuation, de sauvegarde ou de redressement ?

* V. s^s^ n° 641.42.

641.05 Lien entre les questions

* V. s^s^ n° 512.71.

SECTION 641.10 ÉNONCÉ ET FONDEMENT DE LA RÈGLE DE L'ARRÊT DU COURS DES INTÉRÊTS

641.11 Énoncé de la règle de l'arrêt du cours des intérêts – situation de l'EIRL – Sauvegarde financière accélérée. Aux termes de l'article L. 621-48, alinéa 1 du code de commerce (anc^t^ L. 25 janv. 1985[1], art. 55, al. 1), « le jugement d'ouverture du redressement judiciaire arrête le cours des intérêts légaux et conventionnels, ainsi que de tous intérêts de retard ou majorations, à moins qu'il ne s'agisse des intérêts résultant de contrats de prêts conclus pour une durée égale ou supérieure à un an ou de contrats assortis d'un paiement différé d'un an ou plus ». La règle est reprise par l'article L. 622-28, alinéa 1, dans la rédaction que lui donne la loi de sauvegarde des entreprises[2]. Les règles relatives à l'arrêt du cours des intérêts posées pour la procédure de sauvegarde sont applicables à la procédure de redressement judiciaire (C. com., art. L. 631-14, I, devenu C. com., art. L. 631-14, al. 1, réd. ord. 18 déc. 2008[3]) et à la procédure de liquidation judiciaire (C. com., art. L. 641-3, al. 1).

La règle aura vocation à s'appliquer, que le créancier soit simplement confronté à devoir déclarer au passif, ou soit dans les liens d'une instance en cours au jour du jugement d'ouverture, qu'il poursuit après ledit jugement, après avoir déclaré sa créance au passif, pour faire fixer celle-ci. La juridiction saisie de l'instance devra arrêter le cours des intérêts de la créance au jour du jugement d'ouverture[4]. Elle ne pourra écarter les intérêts échus jusqu'au jour du jugement d'ouverture[5].

Comme toutes les restrictions aux droits des créanciers, l'arrêt du cours des intérêts ne concerne, sous l'empire de la législation antérieure à la loi de sauvegarde des entreprises que les seuls créanciers antérieurs, et non point les créanciers postérieurs[6]. La solution n'a pas été modifiée par la loi de sauvegarde des entreprises, alors même que cette législation soumet les créanciers postérieurs non éligibles au traitement préférentiel à la règle de l'interdiction des paiements et à l'obligation de déclaration de leurs créances au passif. Ainsi, l'assimilation de cette variété de créancier à des créanciers antérieurs n'est-elle pas complète.

La règle ne peut être invoquée pour la première fois devant la Cour de cassation. La solution avait été posée sous l'empire de la législation du 13 juillet 1967[7].

En présence d'un entrepreneur individuel à responsabilité limitée (EIRL), les créanciers ne sont soumis à la discipline collective que de façon distributive, en raisonnant au regard du patrimoine concerné par la procédure collective. La solution résulte clairement de l'article L. 680-3 nouveau du code de commerce, selon lequel « les dispositions du livre VI du code de commerce qui intéressent les droits ou obligations des créanciers du débiteur EIRL s'appliquent, sauf dispositions contraires, dans les limites du seul patrimoine affecté à l'activité en difficulté ou, si l'activité est exercée sans affectation de patrimoine, du seul patrimoine non affecté ». Seul le créancier détenant une créance qui peut être rattachée au patrimoine en rapport avec l'activité en difficulté est soumis à la discipline collective. Si le créancier détient une créance sur le débiteur, qui se rattache au patrimoine non affecté, il n'est pas concerné par la procédure collective ouverte contre ce même débiteur, si elle l'est au titre de son EIRL. Ce critère permet de déterminer les créanciers soumis à la règle de l'arrêt du cours des intérêts.

La sauvegarde financière accélérée créée par l'article 57 de la loi du 22 octobre 2010[8] est une procédure semi-collective. L'administrateur judiciaire va constituer le comité des établissements de crédit, et réunir une assemblée générale des obligataires, le cas échéant. Ces deux entités vont voter sur le projet de plan et ce dernier sera adopté à la majorité des deux tiers en montant de créance. Ne parti-

1. L. n° 85-98, 25 janv. 1985, *JO* 26 janv., p. 1097.
2. L. n° 2005-845, 26 juill. 2005, *JO* 27 juill., p. 12187.
3. Ord. n° 2008-1345, 18 déc. 2008, *JO* 19 déc., p. 19462.
4. Com. 27 oct. 1998, n° 96-14 959, NP, *Act. proc. coll.* 1998/13, n° 173.
5. Com. 28 mai 2013, n° 12-14.049, *Bull. civ.* IV, n° 90; *Rev. proc. coll.* 2014, comm. 27, note Reille.
6. Com. 11 juill. 1995, n° 93-10.385, *Bull. civ.* IV, n° 210; *Quot. Jur.* 5 oct. 1995, p. 4; *D.* 1996. Somm. 222 obs. Pérochon – Com. 20 juin 2000, *JCP E* 2001, Chron. 220, n° 14, obs. M. Cabrillac.
7. L. n° 67-563, 13 juill. 1967, *JO* 14 juill., p. 7059 – Com. 11 mars 1974, n° 73-10.137, *Bull. civ.* IV, n° 84; *RTD com.* 1975. 362 n° 26, obs. Houin et Le Gall.
8. L. n° 2010-1249, 22 oct. 2010, *JO* 23 oct., p. 18984.

cipent au vote que les seuls créancilont les droits sont affectés par le plan. Les créans, qui ne sont pas membres des établissements dedit et qui ne sont pas des obligataires, ne sont paumis à la procédure collective, en application derticle L. 628-1 du code de commerce (réd. L. 22 oc010). En conséquence, ils ne sont pas concernpar la règle de l'arrêt du cours des intérêts, seules créanciers, dont les droits seront affectés par plan, membres du comité des établissements de crit ou obligataires, étant soumis à cette règle.

641.12 Fondement de la règle d'arrêt du cours des intérêts. Le texte pose un pricipe d'arrêt du cours des intérêts. Le fondement de la règle est généralement trouvé dans la volonté d'assurer un traitement égalitaire entre les créanciers[1]. Même s'il est incontestable que la règle contribue à un traitement égalitaire entre les créanciers, ce fondement doit cependant être écarté, car la règle de l'égalité des créanciers, traditionnellement, ne conduit pas à traiter identiquement créanciers chirographaires et créanciers privilégiés[2].

Aussi est-il préférable de rechercher le fondement de la règle dans la volonté de simplification du fonctionnement de la procédure collective[3]. L'appréhension du passif, dans le cadre de la vérification des créances, et les répartitions subséquentes, vont s'en trouver singulièrement facilitées[4].

Si les auteurs s'accordent sur ce fondement, certains y ajoutent un autre, qui est de rendre plus aisé le redressement de l'entreprise, en contribuant à la minoration du passif[5]. Ce fondement ne peut cependant être retenu, dès lors que la règle de l'arrêt du cours des intérêts déborde le cadre du redressement de l'entreprise (v. s[s] n° 641.22).

SECTION 641.20
DOMAINE DE LA RÈGLE DE L'ARRÊT DU COURS DES INTÉRÊTS

641.21 Domaine objectif de la règle de l'arrêt du cours des intérêts – Remise des pénalités de retard (v. aussi s[s] n° 522.11). L'article L. 621-48, alinéa 1 du code de commerce (anc[t] L. 25 janv. 1985[6], art. 55, al. 1), sous l'empire de la législation antérieure à la loi de sauvegarde des entreprises[7] et l'article L. 622-28, alinéa 1, sous l'empire de la loi de sauvegarde des entreprises, ne distinguent pas selon le type de créances. Il faut donc décider que *toutes les créances antérieures*, quelle que soit leur nature, sont concernées par la règle de l'arrêt du cours des intérêts, y compris les créances salariales[8]. Il importera peu que la créance soit chirographaire ou privilégiée[9], ou qu'elle résulte d'une décision de justice définitive[10].

La règle de l'arrêt du cours des intérêts s'applique tant aux intérêts conventionnels qu'aux intérêts moratoires[11]. En revanche, l'absence de visa des intérêts judiciaires pouvait conduire à les exclure du domaine de la règle et à autoriser, en conséquence, la continuation de leur cours. La Cour de cassation a jugé le contraire, considérant la formule comme absolument générale[12].

La règle s'applique, en effet, également aux intérêts de retard et aux majorations[13]. Le visa des intérêts de retard conduit à décider que l'article L. 621-48 du code de commerce, sous l'empire de la législation antérieure à la loi de sauvegarde des entreprises, l'article L. 622-28, alinéa 1, sous l'empire de la loi de sauvegarde des entreprises, régissent les contrats arrivés à terme ou pour lesquels il y a eu déchéance du terme[14], autant que les contrats pour lesquels le débiteur continue à bénéficier de son terme.

1. SAINT-ALARY-HOUIN, 9e éd., n° 729 – RIPERT ET ROBLOT, n° 2987 – PÉTEL, 8e éd., n° 204 – PÉROCHON ET BONHOMME, 10e éd., n° 648 – VOINOT, 2011, n° 281418 – JACQUEMONT ET VABRES, 9e éd., n° 503 – *Adde*, Lèguevaques, « L'égalité des créanciers dans les procédures collectives : flux et reflux », *Gaz. Pal.* 27-29 janv. 2002, Doctr. 18.
2. GUYON, n° 1242.
3. SOINNE, n° 1986 – KERCKHOVE, n° 538 – VALLANSAN *ET ALII*, 6e éd., p. 164.
4. PÉTEL, 8e éd., n° 204 – SAINT-ALARY-HOUIN, 9e éd., n° 729 – LE CANNU, 7e éd., n° 398.
5. GUYON, n° 1242 – LE CANNU, 7e éd., n° 398 – KERCKHOVE, n° 538 – JACQUEMONT ET VABRES, 9e éd., n° 503 – VOINOT, 2011, n° 418.
6. L. n° 85-98, 25 janv. 1985, préc.
7. L. n° 2005-845, 26 juill. 2005, préc.
8. Soc. 10 déc. 1996, n° 95-40.485, *Bull. civ.* V, n° 434 – Soc. 13 janv. 1999, n° 96-43.431, NP, *Act. proc. coll.* 1999/4, n° 57 – Soc. 23 nov. 1999, n° 97-44.172, NP, *D. Affaires* 2000, Somm. 116, obs. Derrida – Soc. 9 juill. 2003, n° 01-44.196, NP.
9. SAINT-ALARY-HOUIN, 9e éd., n° 732 – CHAPUT, n° 524 – DERRIDA *ET ALII*, n° 533 – RIPERT ET ROBLOT, n° 2987 – SOINNE, n° 1988 – J.-CL. COM., Vallansan, fasc. 2362, [Situation des créanciers – Arrêt du cours des intérêts], n° 3 – PÉROCHON, 10e éd., n° 649 – KERCKHOVE, n° 538 – VALLENS, 2015, n° 3371 – JACQUEMONT ET VABRES, 9e éd., n° 504.
10. Soc. 8 avr. 1992, n° 89-43.284, *Bull. civ.* V, n° 252 – Com. 16 nov. 2010, n° 09-71.935, *Bull. civ.* IV, n° 175; n° 1142 F-P+B; *D.* 2010. AJ 2902, obs. Lienhard; *Gaz. Pal.* 25-26 févr. 2011, p. 46, note Reifegerste; *Gaz. Pal.* 30/31 mars 2011, p. 18, note Dumont; *JCP E* 2011, Chron. 1263, n° 3, obs. Pétel; *LPA* 29 avr. 2011, n° 85, p. 4, note Reille; *Rev. sociétés* 2011. 194, note Roussel Galle; *RTD com.* 2011. 637, n° 3, obs. Martin-Serf.
11. Com. 8 juin 1999, n° 96-21.866, NP, *Act. proc. coll.* 1999/16, n° 217 – Com. 1er avr. 2003, n° 00-11.645, NP.
12. Com. 16 nov. 2010, n° 09-71.935, *Bull. civ.* IV, n° 175, n° 1142 F-P+B; préc.
13. Com. 7 déc. 2004, n° 02-13.838, NP.
14. Com. 16 nov. 1993, n° 91-17.154, *Bull. civ.* IV, n° 410; *RJDA* 1994, n° 94.

Mais, la disposition analysée ne concernant que les intérêts, il faut décider que les clauses d'indexation[1], ainsi que les clauses pénales ne seront pas remises en cause par l'effet du jugement d'ouverture[2], dès lors du moins, pour ces dernières, qu'elles n'ont pas été spécialement prévues ou révisées pour l'hypothèse de la sauvegarde, du redressement ou de la liquidation judiciaire, puisqu'elles seraient alors contraires à la règle de l'égalité des créanciers (v. s[s] n° 671.23).

L'arrêt du cours des intérêts ne se produisant qu'à compter du jugement d'ouverture, les intérêts échus avant jugement d'ouverture ne pourront être écartés[3]. Ils doivent être comptabilisés au jour le jour[4].

On réservera cependant les majorations fiscales (v. s[s] n° 522.11), ainsi que les majorations dues aux organismes de sécurité sociale avant jugement d'ouverture, qui sont, sauf fraude, remisées. Encore faut-il qu'il s'agisse de sommes dues à des organismes de sécurité sociale. Tel n'est pas le cas d'une caisse de congés payés[5].

La remise des pénalités, majorations et intérêts de retard est prévue, pour les agriculteurs, par l'article L. 1143-2 du code rural.

L'article L. 243-5 du code de la sécurité sociale pose la même règle pour les sommes dues par les commerçants, les artisans et les personnes morales de droit privé. Logiquement, la jurisprudence appelée à statuer sur la question a dû en tirer la conséquence qui s'imposait. Puisque, l'article 243-5 du code de la sécurité sociale ne vise que les sommes dues par les commerçants, les artisans et les personnes morales de droit privé, le texte ne concerne donc pas les personnes physiques exerçant une profession indépendante, autres que les commerçants et artisans. La solution a été posée par la deuxième chambre civile de la Cour de cassation pour un médecin[6] ou encore un masseur kinésithérapeute[7]. La Chambre commerciale de la Cour de cassation, pour sa part, a identiquent statué à propos d'un infirmier libéral[8]. La co' appel de Paris a posé la même règle pour un at[9] ou un orthophoniste[10].

Il y avait là, *aori*, un oubli du législateur[11], car on ne comprenpas pourquoi tous les professionnels libéraux n'aient pas pu tirer de l'ouverture d'une procédurollective les mêmes avantages que tout profession indépendant.

Sans surprisene question prioritaire de constitutionnalité a éposée sur ce point. Logiquement, le Conseil constutionnel relève que « en étendant l'application desrocédures collectives à l'ensemble des membres deprofessions libérales par la loi du 26 juille 2005, l législateur a entendu leur permettre de bnéficier d'un régime de traitement des dettes en as de difficultés financières, par suite des dispositons précitées des premiers et sixième alinéas de l'article L. 243-5 ne sauraient, sans méconnaître le principe d'égalité devant la loi, être interprété comme excluant les membres des professions libérales exerçant à titre individuel du bénéfice de la remise de plein droit des pénalités, majorations de retard et frais de poursuites dus aux organismes de sécurité sociale »[12]. La deuxième chambre civile de la Cour de cassation, qui avait transmis la question au Conseil constitutionnel, en tire les conséquences[13]. Il est fait intrdiction aux juridictions de traiter différemment le débiteurs, au regard de la question de la remise de plein droit des intérêts, pénalités et majorations de retard dû sur des cotisations sociales impayées, au jour du jugement d'ouverture. Tous ces débiteurs doivent bénéficier de la même règle, à savoir la remise de plein droit de ces pénalités, majorations et intérêts de retard, en cas d'ouverture d'une procédure de sauvegarde, de redressement et de liquidation judiciaires, sauf le

1. SOINNE, n° 1988 – DERRIDA *ET ALII*, note 2405 – CHAPUT, n° 524 – SAINT-ALARY-HOUIN, 9e éd., n° 733 – LE CANNU, 7e éd., n° 398 – KERCKHOVE, n° 538.
2. Rennes, 28 juill. 1987, *Gaz. Pal.* 1987. II. 615, note Massart – Angers, 27 nov. 1989, *PJ com.* 1990. 344, 1re esp., note Calendini – SOINNE, n° 1996 – CHAPUT, n° 524 – SAINT-ALARY-HOUIN, 9e éd., n° 733 – LE CANNU, 7e éd., n° 398 – DERRIDA *ET ALII*, note 2405 – KERCKHOVE, n° 538.
3. Com. 3 févr. 1999, *Act. proc. coll.* 1999/6, n° 81.
4. SOINNE, n° 1988.
5. Soc. 11 juin 2003, n° 01-15.724, NP, *Rev. proc. coll.* 2003, p. 343, n° 15, obs. Taquet.
6. Civ. 2e, 12 févr. 2009, n° 08-13.459, NP; n° 257 FS-D; *D.* 2009. AJ 1085, obs. Lienhard; *Gaz. proc. coll.* 2009/2, p. 28, n° 1, note Roussel Galle; *Leden* 2009/4, p. 1, note crit. Lucas; SUR POURVOI DE : Bordeaux, 2e ch. 6 févr. 2008, *JCP E* 2008. 2026 – Civ. 2e, 17 déc. 2009, n° 08-22.081, NP – Civ. 2e, 4 févr. 2010, n° 09-11.602 – Paris, 7 avr. 2009, RG n° 08/18741.
7. Civ. 2e, 12 févr. 2009, n° 08-10.470, NP, *Gaz. proc. coll.* 2009/2, p. 28, n° 1, note Roussel Galle – Civ. 2e, 14 janv. 2010, n° 09-65.485, NP.
8. Com. 15 déc. 2009, n° 08-70.173, NP; n° 1186 F-D; *Gaz. Pal.* 16-17 avr. 2010, nos 106, 107, p. 32, note Roussel Galle.
9. Paris, 1er oct. 2009, RG n° 08/20989.
10. Paris, 30 avr. 2009, RG n° 08/19446.
11. Lucas, note s[s] Civ. 2e, 12 févr. 2009, n° 08-13.459, NP; n° 257 FS-D; *Leden* 2009/4, p. 1.
12. Cons. const. 11 févr. 2011, n° 2010-101 QPC, *JO* 12 févr., p. 2758; *Rec.* 116; *D.* 2011. AJ 513, obs. Lienhard; *Gaz. Pal. entr. diff.* 1-2 avr. 2011, p. 11, note Lebel; *Gaz. Pal.* 20-22 févr. 2011, p. 8, note Teboul; *BJE* mai/juin 2011, § 71, p. 128, note Rétif; *Bull. Joly* mars 2011, p. 165, obs. Lucas; *LPA* 16 juin 2011, n° 119, p. 21, note Sortais; *LPA* 20 sept. 2011, n° 187, p. 3, note Dekeuwer; *Rev. sociétés* 2011, note Roussel Galle; *LXB hebdo* n° 239, 17 févr. 2011, note Le Corre.
13. Civ. 2e, 17 févr. 2011, n° 10-40.060, NP; n° 587 F-D; *D.* 2011. AJ 673, obs. Lienhard – Civ. 2e, 16 juin 2011, n° 10-14.398, NP, *JCP E* 2011, Chron. 1596, n° 2, obs. Pétel; *Rev. proc. coll.* 2011, comm. 213, note Lebel.

cas de fraude. La solution vaut même si le débiteur s'est vu délivrer des contraintes définitives[1]. Notons que la loi du 17 mai 2011[2] réécrit l'article L. 243-5 du code de la sécurité sociale pour le mettre en harmonie avec la décision du conseil Constitutionnel[3].

Le créancier social ou fiscal ne pourra donc faire admettre au passif une créance qui comprendrait des sommes remisées de plein droit[4].

La remise des pénalités, majorations de retard et frais de poursuite dus au jour du jugement d'ouverture s'applique sans distinction suivant le caractère privilégié ou chirographaire de la créance de majoration[5].

Cette remise obligatoire des pénalités de retard ne génère pas une infraction à l'article 1er du protocole additionnel de la Conv. EDH lorsqu'un intérêt supérieur à celui de la conservation du bien existe et notamment lorsque la puissance publique, en raison même de la mission qui lui est impartie, est obligée d'intervenir dans le règlement des litiges entre particuliers[6].

Le fait que ces pénalités de retard soient couvertes par un titre exécutoire n'a pas pour effet d'en changer la nature originelle, justifiant, au regard de la règle posée par la législation, un régime différent[7].

La question de l'application de la règle de l'arrêt du cours des intérêts aux **cautions** (v. ss nos 723.34 et 723.35), **codébiteurs et garants autonomes** (v. ss nos 731.57 et 731.58) est examinée séparément.

641.22 ***Domaine temporel de la règle de l'arrêt*** **du cours des intérêts.** L'article L. 621-48, alinéa 1 du code de commerce (anct L. 25 janv. 1985[8], art. 55, al. 1) énonce que le jugement d'ouverture du redressement judiciaire arrête le cours des intérêts. Logiquement, l'application du texte a été étendue par la réforme du 26 juillet 2005[9] à la procédure de sauvegarde (C. com., art. L. 622-28).

Sous l'empire de la loi du 25 janvier 1985 non réformée, tout d'abord, lorsque le législateur visait le jugement d'ouverture du redressement judiciaire, il englobait nécessairement la phase liquidative. En effet, la liquidation n'était pas alors une procédure autonome, mais l'une des issues du redressement judiciaire. Ce texte n'a pas, à cet égard, été modifié par le législateur de 1994[10]. Cependant, ce dernier a pris le soin de prévoir le jeu de l'article 55 de la loi du 25 janvier 1985, en cas de jugement ouvrant la liquidation judiciaire (L. 25 janv. 1985, art. 148-2, al. 1 [devenu C. com., art. L. 622-3]). L'article L. 621-48, alinéa 1 du code doit donc s'appliquer indiscutablement au jugement d'ouverture de redressement judiciaire et à celui de liquidation judiciaire. La question ne se pose pas sous l'empire de la loi du 26 juillet 2005, car l'article L. 641-3 alinéa 1 indique que « Le jugement qui ouvre la liquidation judiciaire a les mêmes effets que ceux qui sont prévus en cas de sauvegarde par les premier et quatrième alinéas de l'article L. 622-7 et par les articles L. 622-21, L. 622-22, L. 622-28 et L. 622-30 ». La liquidation judiciaire emporte donc, par principe, arrêt du cours des intérêts.

La deuxième question est de savoir si la règle de l'arrêt du cours des intérêts, explicitement prévue pour le cas de redressement judiciaire, et aujourd'hui pour la procédure de sauvegarde, doit déborder le cadre de la période d'observation. Il importe ici de remarquer que l'article L. 621-48 du code de commerce (réd. ant. à la loi du 26 juill. 2005) et l'article L. 622-28 (réd. issue de la loi du 26 juill. 2005) évoquent un « arrêt du cours des intérêts » et non pas

1. Civ. 2e, 12 juill. 2012, no 11-19.861, *Bull. civ.* IV, no 134; no 1282 P+B; *Rev. proc. coll.* 2012, comm. 161, note Lebel.
2. L. no 2011-525, 17 mai 2011, *JO* 18 mai, p. 8537.
3. Sortais, « la suite heureuse d'une QPC », *LPA* 15 août 2011, no 161, p. 6.
4. Com. 3 nov. 2004, no 02-18.030, NP.
5. Com. 3 juill. 2012, no 11-22.746, NP, *Rev. proc. coll.* 2012, comm. 161, note Lebel – Com. 16 oct. 2012, no 11-22.750, *Bull. civ.* IV, no 187; no 1001 F-P+B; *D.* 2012. Actu 2515, note Lienhard; *Gaz. Pal.* 18 janv. 2013, no 18, p. 31, note Roussel Galle; *JCP E* 2012, Chron. 1757, no 4, obs. Pételt; *BJE* janv. 2013, comm. 11, note Macorig-Vénier; *Rev. proc. coll.* 2012, comm. 218, note Lebel – Com. 18 juin 2013, no 12-14.493, *Bull. civ.* IV, no 106; no 646 F-P+B; *D.* 2013, actu 1617, note Lienhard; *Gaz. Pal.* 29 sept. 2013, no 272, p. 29, note Roussel Galle; *JCP E* 2013. 1472, note Ronet-Yague; *JCP E* 2013, Chron. 1679, no 18, obs. Delebecque; *Rev. proc. coll.* 2013, comm. 123, note Legrand et Legrand; *BJE* nov. 2013, 368, note Macorig-Vénier; *RTD com.* 2013. 808, no 2, obs. Martin-Serf – Com. 9 juill. 2013, no 12-20.649, *Bull. civ.* IV, no 122; no 746 F-P+B+I; *D.* 2013, actu 1830, note Lienhard; *Gaz. Pal.* 29 sept. 2013, no 272, p. 34, note Gailhbaud; *Rev. sociétés* 2013, 525, note Henry; *JCP E* 2013, Chron. 1679, no 18, obs. Delebecque; *Dr. et proc.* 2013. 218, obs. Roussel Galle; *JCP E* 2014, Chron. 1020, no 11, obs. Pételt; *RTD com.* 2013. 808, no 2, obs. Martin-Serf; *Rev. proc. coll.* 2014, comm. 132, note Lebel; *LXB hebdo* 19 sept. 2013, no 351, note Le Corre – Com. 27 janv. 2015, no 13-25.649, *Bull. civ.* IV [à paraître]; no 90 FS-P+B; *BJE* mai 2015, 144, note Macorig-Venier; *Rev. proc. coll.* 2015, comm. 30, note Lebel – Com. 31 mai 2016, no 14-20.075, *Bull. civ.* IV [à paraître]; no 513 F-P+B; *Act. proc. coll.* 2016/12, comm. 165, note Vallansan; *LXB* 16 juin 2016, no 470, note Le Corre – TGI Bordeaux, ord. 11 mai 2013, RG no 10/11619, *Rev. proc. coll.* 2014, Chron. 1, no 5, note Raffray.
6. Civ. 2e, 14 févr. 2007, no 05-21.815, *Bull. civ.* IV, no 29; no 202 FS-P+B; *Gaz. Pal.* 15 au 18 août 2007, jur. p. 14, note Coursier; *Rev. proc. coll.* 2007/3, p. 164, no 8, obs. Lebel.
7. Civ. 2e, 14 févr. 2007, no 05-21.815, préc.
8. L. no 85-98, 25 janv. 1985, préc.
9. L. no 2005-845, 26 juill. 2005, préc.
10. L. no 94-475, 10 juin 1994, *JO* 11 juin, p. 8440.

une simple suspension[1], laquelle autoriserait une reprise du cours des intérêts, après expiration de la période d'observation. En visant un « arrêt du cours des intérêts », le législateur a entendu que le cours des intérêts soit arrêté pendant la procédure collective. C'est en ce sens que s'est prononcée la Cour de cassation. Les intérêts arrêtés en période d'observation ne peuvent reprendre leur cours en phase d'exécution d'un plan de continuation[2]. La solution est évidemment transposable à la procédure de sauvegarde. Elle a été aussi appliquée en liquidation judiciaire[3]. Ainsi, l'arrêt du cours des intérêts est-il définitif, solution applicable même pour le cours des intérêts légaux[4]. Si la procédure se termine par un plan de cession ou une liquidation judiciaire, il n'y aura pas subséquemment reprise du cours des intérêts. Le retour à meilleure fortune du débiteur n'aura pas pour effet de faire renaître une créance d'intérêts[5]. Ne peut en conséquence être approuvée, la solution d'une juridiction du fond ayant estimé que le cours des intérêts pouvaient reprendre après la clôture de la procédure de liquidation judiciaire, dès lors que le créancier était, par exception, autorisé à reprendre ses poursuites individuelles, et cela à compter de la mise en demeure[6].

Si la période d'observation se termine par un plan de continuation, de sauvegarde ou de redressement, le débiteur revient *in bonis*. Il a été jugé, pour cette raison, que si le plan de continuation est ensuite résolu, le débiteur devait des intérêts du jour du jugement arrêtant le plan de continuation jusqu'à la résolution dudit plan[7]. La solution est transposable au plan de sauvegarde. L'absence de rétroactivité attachée à la résolution du plan (v. s^{s} n° 524.32) devrait pourtant conduire à une solution contraire. Le plan de continuation n'a en effet pas pour effet de faire renaître des intérêts dont le cours a été arrêté, par l'effet du jugement d'ouverture[8], solution devant être étendue au plan de sauvegarde.

641.23 Application de la règle de l'arrêt du cours des intérêts à l'*interusurium*. Une difficulté particulière de la règle de l'arrêt du cours des intérêts concerne les créances dans lesquelles les intérêts ont été calculés d'avance et intégrés au capital, pour former une somme globale, qui sera déclarée au passif. Appartient-il au représentant des créanciers – mandataire judiciaire – de contester la créance en faisant valoir qu'une partie de celle-ci intègre des intérêts dont le cours se trouve arrêté ? Une illustration particulière et courante de cette hypothèse concerne l'escompte des effets de commerce. Les intérêts restant à courir jusqu'à la date d'échéance (*interusurium*) et dont le cours se trouve arrêté doivent-ils être rejetés de la déclaration de créance ?

S'il est possible de dissocier les intérêts du capital restant dû, à la lecture même de l'*instrumentum* qui prouve la créance, la créance représentative des intérêts non encore échus au jour du jugement d'ouverture et qui ont été calculés d'avance, pourra faire l'objet d'une contestation ou d'un rejet[9]. Dans le cas contraire, la créance d'intérêts ne pourra être contestée[10].

641.24 Application de la règle de l'arrêt du cours des intérêts à la caution recourant contre le débiteur. La caution qui a payé peut-elle bénéficier d'intérêts dus par le débiteur, alors qu'ils sont arrêtés dans les rapports du débiteur et du créancier ? La réponse à la question commande d'abord un rappel des recours ouverts à la caution. Pour obtenir remboursement du débiteur, la caution dispose de deux recours : le recours personnel de l'article 2028 du code civil (devenu C. civ., art. 2295) et le recours subrogatoire de l'article 2029 du même code (devenu C. civ., art. 2296). Il est d'abord évident que la caution ne pourra, sur le fondement du recours subrogatoire, obtenir paiement d'intérêts qui ne sont plus dus par le débiteur principal au créancier. Elle serait en effet subrogée dans les droits d'un créancier qui n'a plus de droit à percevoir des intérêts. La caution peut donc préférer le recours personnel. La nature antérieure de la créance de recours de la caution *solvens*, dès lors que son cautionnement est antérieur au jugement d'ouverture (v. s^{s} n° 442.18), l'obligera à avoir déclaré sa créance de remboursement. S'appliquera à la caution *solvens* la règle de l'arrêt du cours des intérêts.

1. SUR CETTE DIFFÉRENCE de terminologie : DERRIDA *ET ALII*, n° 534 – PÉTEL, 8e éd., n° 208.
2. Soc. 10 déc. 1996, n° 95-40.485, *Bull. civ.* V, n° 434; *Dr. sociétés* 1997, n° 7, obs. Chaput – Com. 10 déc. 2002, n° 99-20.478, NP, *Act. proc. coll.* 2003/4, n° 39.
3. Com. 7 févr. 1989, n° 87-14.003, *Bull. civ.* IV, n° 50; *D.* 1989. Somm. 214, obs. Honorat; *RJ com.* 1990. 39, n° 42, obs. Gallet; *RTD com.* 1989. 316, obs. Martin-Serf.
4. Com. 21 janv. 2003, n° 99-21.560, NP, *Act. proc. coll.* 2003/6, n° 69.
5. SAINT-ALARY-HOUIN, 9e éd., n° 735.
6. Caen, 29 nov. 2007, RG n° 06/1368, *Act. proc. coll.* 2008/4, n° 66.
7. Paris, 5 mars 1996, *D.* 1996. IR 101.
8. Soc. 10 déc. 1996, n° 95-40.485, préc – Com. 10 déc. 2002, n° 99-20.478, préc.
9. SOINNE, n° 1992 – J.-CL. COM., Vallansan, fasc. 2362, [Situation des créanciers – Arrêt du cours des intérêts, n° 27]; fasc. 2360, [Redressement ou liquidation judiciaires – Situation des créanciers – Exigibilité des dettes], n° 68 – Amiens, 18 janv. 1896, *DP* 1896, II, 265.
10. Bourges, 27 janv. 1857, S. 1858. II. 695 – *Adde*, SOINNE, n° 1992 – J.-CL. COM., Vallansan, fasc. 2362, [Situation des créanciers – Arrêt du cours des intérêts], n° 27; fasc. 2360, [Redressement ou liquidation judiciaires – Situation des créanciers – Exigibilité des dettes], n° 68.

SECTION 641.30
ÉNONCÉ ET FONDEMENT DES EXCEPTIONS À LA RÈGLE DE L'ARRÊT DU COURS DES INTTS

641.31 Énoncé des exceptions à la règle de rêt du cours des intérêts. Après avoir posé la rède l'arrêt du cours des intérêts, le législateur éno à l'article L. 621-48, alinéa 1 du code de comme (anc^t L. 25 janv. 1985[1], art. 55, al. 1), sous l'eme de la législation antérieure à la loi de sauvegardes entreprises, des exceptions pour les titulaires « contrats de prêt conclus pour une durée égale supérieure à un an ainsi que les titulaires de cor trats assortis d'un paiement différé d'un an o plus ». La solution est reprise par l'article L. 622-28, alinéa 1, sous l'empire de la loi de sauvegarde des entreprises, dans une autre formulation. Sont désormais visés les « intérêts résultant de contrats de prêt conclus pour une durée égale ou supérieure à un an ou de contrats assortis d'un paiement différé d'un an ou plus ».

641.32 Fondement des exceptions à la règle de l'arrêt du cours des intérêts. Le fondement de l'exception tient à la volonté de favoriser les crédits à moyen et long terme, par rapport au crédit court terme[2]. La règle est ainsi destinée à favoriser le fonds de roulement de l'entreprise[3]. Logiquement, au regard de ce fondement, une question prioritaire de constitutionnalité fondée sur le principe d'égalité des créanciers a été rejetée comme étant non sérieuse[4].

SECTION 641.40
DOMAINE DE LA CONTINUATION DU COURS DES INTÉRÊTS

641.41 Opérations concernées par la continuation du cours des intérêts. La continuation du cours des intérêts est exceptionnelle. L'article L. 621-48, alinéa 1 du code de commerce (anc^t L. 25 janv. 1985[5], art. 55, al. 1) visant les contrats de prêt et les contrats assortis d'un paiement différé doit être interprété restrictivement[6]. La même solution s'impose pour l'interprétation de l'article L. 622-28, alinéa 1 du code de commerce issu de la loi de sauvegarde des entreprises, qui vise identiquement les contrats de prêt et les contrats assortis d'un paiement différé.

Les opérations de crédit ne seront englobées dans la formule législative que s'il s'agit de prêts, *stricto sensu*, ou d'opérations « assorties d'un paiement différé d'un an ou plus ». Seront donc exclues, les opérations de crédit-bail[7], dès lors que le premier loyer n'est pas différé d'au moins un an, ainsi que les avenants aux contrats de crédit-bail qui auraient stipulé des intérêts[8].

Seront également exclues, les ouvertures de crédit à durée indéterminée[9], qui pourront prendre la forme d'un découvert en compte à durée indéterminée[10]. Il ne s'agit pas, en effet, d'un contrat de prêt, et pas davantage d'un contrat assorti d'un paiement différé d'un an ou plus puisque, du fait de l'indétermination de la durée de l'ouverture de crédit, le remboursement peut intervenir avant l'expiration du délai d'un an, peu important que, dans les faits, l'ouverture de crédit ait été maintenue plus d'un an[11]. Au contraire, si l'ouverture de crédit est à durée déterminée au moins égale à un an, il y a place à continuation du cours des intérêts[12].

Seule la durée stipulée dès la conclusion du contrat sera prise en compte. Ainsi a-t-il été jugé qu'un prêt conclu pour une durée initiale de six mois

1. L. n° 85-98, 25 janv. 1985, préc.
2. Ripert et Roblot, n° 2988 – Derrida *et alii*, n° 533 – Guyon, n° 1242 – Pérochon, 10e éd., n° 651 – Pétel, 8e éd., n° 205 – Vallens, 2015, n° 3373.
3. Vidal, 3e éd., 2010, n° 331.
4. Com. 20 mars 2012, n° 11-23.822 QPC, NP, *LPA* 15 juin 2012, n° 120, p. 10, note Roussel Galle; *RTD com.* 2012. 850, n° 7, obs. Martin-Serf.
5. L. n° 85-98, 25 janv. 1985, préc.
6. J.-Cl. Com., Vallansan, fasc. 2362, [Situation des créanciers – Arrêt du cours des intérêts, n° 18] – Soinne, n° 1993.
7. Com. 29 mai 2001, n° 97-11.151, *Bull. civ.* IV, n° 106; *Act. proc. coll.* 2001/12, n° 152.
8. Com. 28 sept. 2004, n° 02-11.763, NP.
9. Com. 6 mai 1997, n° 94-13.772, *Bull. civ.* IV, n° 116; *JCP E* 1997. II. 996, note Legeais; *Quot. Jur.* 10 juin 1997, p. 4, note J. P. D. – Paris, 3e ch. A, 9 sept. 2003, RG n° 2001/19487.
10. Com. 23 avr. 2013, n° 12-14.283, *Bull. civ.* IV, n° 71; n° 445 F-P+B; *Gaz. Pal.* 12 juill. 2013, n° 193, p. 21, note Roussel Galle; *BJE* juill. 2013, p. 241, note Cérati-Gauthier; *JCP E* 2013, Chron. 1434, n° 1, obs. Pétel; *RTD com.* 2013. 590, n° 6, obs. Martin-Serf; *RDBF* sept. 2013, comm. 167, note Houin-Bressand; *Gaz. Pal.* 17 nov. 2013, n° 321, p. 20, note Auclair; *Dr. sociétés* 2013, comm. 187, note Legros – Montpellier, 2e ch. civ., 5 avr. 2011, RG n° 10/04728.
11. Com. 6 mai 1997, n° 94-13.772, *Bull. civ.* IV, n° 116; *JCP E* 1997. II. 996, note Legeais; *Quot. Jur.* 10 juin 1997, p. 4, note J. P. D – Paris, 3e ch. A, 25 janv. 2000, *RJDA* 2000/4, n° 446.
12. Com. 19 mars 1996, n° 92-20.897, NP, *D.* 1996. IR 111; *RD banc. et bourse* 1996, 127, obs. Campana et Calendini; *Rev. proc. coll.* 1996, 490, n° 2, obs. Kerckhove; *RTD com.* 1996. 720, obs. Martin-Serf – Com. 9 janv. 2001, n° 97-13.236, *Bull. civ.* IV, n° 1; *D.* 2001. AJ 923, obs. Avena-Robardet; *RTD com.* 2001. 748, n° 13, obs. M. Cabrillac; *RTD com.* 2001. 975, obs. Martin-Serf; *RD banc. fin.* 2001/3, p. 165, n° 119, obs. Lucas – Com. 26 juin 2001, n° 98-13.629, NP, *Act. proc. coll.* 2001/16, n° 206 – Com. 4 févr. 2003, n° 00-10.067, NP, *Act. proc. coll.* 2003/7, n° 85 – Com. 28 sept. 2004, n° 02-13.885, NP – Paris, 3e ch. A, 9 sept. 2003, RG n° 2001/19487.

n'autorise pas le prêteur à bénéficier de la continuation du cours des intérêts, en dépit d'un avenant de report d'échéances pour une durée totale de plus d'un an [1]. Le prêt devra donc avoir prévu une durée de remboursement d'au moins un an. S'il s'agit d'un crédit fournisseur, le contrat devra avoir, dès l'origine, assorti le paiement d'un délai au moins égal à un an. Parce qu'il est exigé que le délai de remboursement ou de paiement d'au moins un an ait été stipulé, le terme légal ou judiciaire n'autoriserait pas la continuation du cours des intérêts [2]. Il en serait par exemple ainsi des délais accordés, dans le cadre d'un règlement amiable ou d'une procédure de conciliation, avec octroi d'intérêts. Ces derniers, en cas d'ouverture d'une procédure collective de paiement, n'autoriseraient pas la continuation du cours des intérêts [3].

En revanche, peu importe que la durée restant à courir du contrat soit inférieure à un an. Tout aussi bien d'ailleurs, le contrat pourra être arrivé à terme ou le débiteur pourrait avoir encouru, au jour du jugement d'ouverture, la déchéance du terme [4].

Il est dès lors logique que la continuation du cours des intérêts concerne autant les intérêts conventionnels que les intérêts de retard [5], dès lors du moins que des intérêts de retard ont été conventionnellement prévus [6].

Lorsqu'une déclaration de créance concerne plusieurs prêts, certains d'une durée supérieure ou égale à un an, d'autres d'une durée inférieure, l'admission de la créance ne peut intervenir indistinctement pour tous les prêts en réservant le cours des intérêts à échoir [7].

641.42 Continuation du cours des intérêts en toutes phases de la procédure. La continuation du cours des intérêts jouera pendant la période d'observation[illegible]ais aussi pendant la liquidation judiciaire [illegible]e jouera également après plan de cession, et plu[illegible]écisément jusqu'à l'état de collocation. C'est [illegible]tte date que le juge-commissaire, en théorie t[illegible]au moins, s'il est encore en fonction, et dans [illegible]cas contraire le tribunal, devrait liquider la créa[illegible] d'intérêts et rendre une ordonnance d'admission[illegible]s intérêts.

[illegible]égislation n'a pas davantage prévu l'arrêt du co[illegible] des intérêts dont le cours a été continué penda[illegible] la période d'observation, en phase d'exécution d[illegible] plan de continuation, de redressement ou de s[illegible]vegarde (v. aussi s[s] n° 522.19). La juridiction [illegible]it prévoir, dans le cadre du plan, le versement [illegible]intérêts dont le cours n'aura pas été arrêté – solu[illegible]ion posée en présence d'un plan de continuation [9] –, à moins que le créancier n'ait accepté, dans le cadre de la consultation, un paiement sans intérêt. Il y aura alors remise acceptée.

Si le plan decontinuation, de redressement ou de sauvegarde ne prévoit rien en ce qui concerne le versement d'intérêts dont le cours n'a pas été arrêté, les intérêts admis au passif sont dus de plein droit – solution posée en présence d'un plan de continuation [10] –, le contraire ayant cependant été soutenu [11]. Il y a là combinaison de deux règles : celle selon laquelle les dividendes du plan sont fonction de l'admission de la créance et celle selon laquelle le tribunal ne peut imposer la suppression des intérêts dont le cours n'est pas arrêté, cette suppression s'analysant en une remise de dette interdite. Mais il n'en ira ainsi que si la créance d'intérêts, dont le cours n'est pas arrêté par l'effet du jugement d'ouverture, a été explicitement admise au passif [12].

Si le plan de continuation, de redressement ou de sauvegarde prévoit explicitement que le paiement dans le cadre du plan interviendra sans intérêt, la décision s'imposera, si elle est devenue définitive, certains posant toutefois une solution contraire [13]. En revanche, dans le délai de dix jours de la publication au *Bodacc*, le créancier auquel est imposée une suppression des intérêts doit être déclaré recevable à exercer, sous l'empire de la législation antérieure à la loi de sauvegarde des entreprises [14], une tierce opposition nullité pour excès de pouvoir (v. s[s] n° 321.22) et, depuis la loi du 26 juillet 2005, une tierce opposition réformation, cette dernière étant désormais ouverte à l'encontre du jugement arrê-

1. Com. 29 avr. 2003, n° 99-15.544, *Bull. civ.* IV, n° 65; *D.* 2003. AJ 1436; *Act. proc. coll.* 2003/10, n° 126; *JCP E* 2003, Chron. 1396, p. 1569, n° 1, obs. M. Cabrillac; *RTD com.* 2003. 818, n° 13, obs. Martin-Serf; *RD banc. fin.* 2003/6, p. 370, n° 235, obs. Lucas.
2. Soinne, n° 1993.
3. Guyon, n° 1242.
4. Com. 16 avr. 1991, n° 89-19.868, *Bull. civ.* IV, n° 143; *Quot. Jur.* 1991, n° 77, p. 10, note B. P.; *D.* 1991, jur. 362, note Gavalda; *JCP E* 1991. I. 73, n° 22, obs. M. Cabrillac et Pétel; *RD banc. et bourse* 1992, 83, obs. Campana et Calendini; *RTD com.* 1991. 661, obs. Chaput; *RTD com.* 1991. 662, obs. Martin-Serf – Com. 27 nov. 1991, n° 90-10.869, *Bull. civ.* IV, n° 362; *D.* 1993, jur. 229, note Sortais – Com. 11 mai 1993, n° 91-11.379, *Bull. civ.* IV, n° 181; *Rev. sociétés* 1993. 652 – Com. 6 juill. 1993, n° 91-14.556, NP, *Rev. huissiers* 1993. 190, note Vidal.
5. Com. 27 nov. 1991, n° 90-10.869, *Bull. civ.* IV, n° 362; *D.* 1993, jur. 229, note Sortais.
6. Com. 2 févr. 1993, n° 91-13.558, *Bull. civ.* IV, n° 36; *D.* 1995. Somm. 7, obs. Derrida.
7. Com. 15 avr. 2008, n° 07-10.537, NP; n° 517 F-D; *RTD com.* 2008. 620, obs. Martin-Serf.
8. Com. 9 mai 1995, n° 93-12.202, *Bull. civ.* IV, n° 132; *RJDA* 1995, n° 7, p. 639; *Gaz. Pal.* 1996. I, pan. 74.
9. Soinne, n° 1586.
10. Amiens, 4e ch. com., 4 avr. 2000, *Lemoine c/Interbrew France*, RG n° 99/01375, NP.
11. Soinne, n° 1586.
12. Com. 13 nov. 2007, n° 06-17.707, NP; n° 1254 FS-D.
13. Chaput, n° 524.
14. L. n° 2005-845, 26 juill. 2005, préc.

tant le plan de sauvegarde ou de redressement. La suppression des intérêts s'analyse en effet une remise prohibée[1].

On ajoutera que la créance d'intérêts moratoires conventionnels doit être admise au passif dès lors que le retard de remboursement des prêts est la conséquence des délais imposés par le tribunal dans le jugement arrêtant le plan de continuation[2]. La jurisprudence décide que le créancier qui bénéficie de la continuation du cours des intérêts et auquel sont imposés par le plan de continuation des délais de remboursement plus longs que ceux contractuellement prévus a droit au paiement des intérêts prévus par le contrat à raison de l'allongement de ces délais. La solution vaut identiquement pour le plan de sauvegarde[3] ou de redressement. Il appartient, en conséquence, au créancier, de recalculer le montant des échéances annuelles en tenant compte du capital restant dû, du taux d'intérêt et des délais de remboursement prévus par le plan de continuation[4], de sauvegarde ou de redressement.

Une difficulté particulière se présente si les intérêts, dont le cours n'est pas arrêté, n'ont pas été admis au passif de la première procédure en cas de résolution du plan de continuation, de redressement ou de sauvegarde (v. s^s^ n° 524.34).

641.43 Domaine subjectif des exceptions à la règle de l'arrêt du cours des intérêts. La continuation du cours des intérêts profite au créancier, tant à l'encontre du débiteur ou du codébiteur, qu'à l'encontre de la caution[5]. Cependant la règle ne jouera à l'encontre du débiteur ou de la caution que s'il y a eu déclaration de la créance d'intérêts et admission de celle-ci au passif. En effet, les intérêts qui ne seraient pas admis au passif du débiteur, ne pourraient être demandés à la caution, par application de la règle de la représentation mutuelle des coobligés. La même solution s'impose à l'égard du codébiteur. Il faut cependant bien distinguer deux hypothèses : celle de l'absence d'admission de la créance d'intérêts en présence d'une déclaration de créance au passif et celle de l'absence de déclaration de créance. Dans cette seconde hypothèse, les intérêts éteints à l'égard du débiteur par suite de l'absence de déclaration au passif, selon la solution applicable sous l'empire de la législation antérieure à la loi de sauvegarde des entreprises, sont identiquement éteints à l'égard de la caution, par application de la règle de l'accessoire. Au contraire, la perte de la créance d'intérêts contre le débiteur n'entraînera pas perte de la créance d'intérêt contre le codébiteur, l'extinction de la créance dans la procédure collective restant sans effet à l'égard du codébiteur (v. s^s^ n° 731.52). Sous l'empire de la législation issue de la loi de sauvegarde des entreprises, l'absence de déclaration de créance au passif du débiteur n'entraîne plus extinction de la créance. Il en résulte, par voie accessoire, que la créance d'intérêts n'est pas davantage éteinte à l'égard de la caution. La solution ancienne continue à s'appliquer pour les codébiteurs.

SECTION 641.50
EFFETS DES EXCEPTIONS À LA RÈGLE DE L'ARRÊT DU COURS DES INTÉRÊTS

641.51 Effets des exceptions à la règle de l'arrêt du cours des intérêts – Neutralisation de l'anatocisme depuis l'ordonnance du 12 mars 2014[6]. Les intérêts dont le cours n'est pas arrêté sont des accessoires de la créance, laquelle par hypothèse a la nature d'une créance antérieure. Il ne peut donc être question de considérer les intérêts courus après jugement ouverture comme des créances postérieures[7], même si le contraire avait été soutenu[8], alors surtout qu'un contrat de prêt n'est pas éligible au rang des contrats en cours au jour du jugement d'ouverture pouvant être continués et susceptibles, en conséquence, de faire naître des créances postérieures (v. s^s^ n° 442.16).

De façon symétrique à la règle prévoyant l'arrêt du cours des intérêts, qui s'applique à tous intérêts, y compris aux intérêts de retard, la continuation du cours des intérêts vaut identiquement pour tous intérêts, y compris de retard[9].

1. Colmar, 10 janv. 1990, *D.* 1991. Somm. 111, obs. Derrida – CHAPUT, n° 524.
2. Com. 2 févr. 1993, n° 91-13.558, *Bull. civ.* IV, n° 36; *D.* 1995. Somm. 7, obs. Derrida.
3. Paris, pôle 5, 8e ch., 16 févr. 2010, RG n° 09/12427, *Rev. proc. coll.* 2010/6, comm. 237, note Fraimout.
4. Com. 3 déc. 2003, n° 02-14.966, NP, *LXB* n° N0085ABR, note Le Corre – *Adde*, Com. 14 oct. 1997, n° 95-14.824, *Bull. civ.* IV, n° 264; *JCP E* 1997, pan. 1267; *D. Affaires* 1997, 1358, n° 11-1.
5. Com. 4 avr. 2006, n° 04-20.430, *Bull. civ.* IV, n° 88; n° 451 F-P+B; *D.* 2006. AJ 1231, obs. Lienhard; *JCP E* 2006, Chron. 2331, p. 1535, n° 13, obs. M. Cabrillac; *Gaz. proc. coll.* 2006/3, p. 38, n° 9, obs. Le Corre.
6. Ord. n° 2014-326, 12 mars 2014, *JO* 14 mars, p. 5249.
7. Rennes, 22 juill. 1987, *Gaz. Pal.* 1987. II. 615, note Massart; *RD banc. et bourse* 1988, 30, n° 5, obs. Dekeuwer-Défossez; *RTD com.* 1989. 316, n° 3, obs. Martin-Serf; *JCP E* 1988. II. 15118, n° 15, obs. M. Cabrillac et Vivant – *Adde*, DERRIDA *ET ALII*, n° 533 – LE CANNU, 7e éd., n° 400 – GUYON, n° 1242 – SOINNE, n° 1998 – KERCKHOVE, n° 540.
8. CHAPUT, n° 524.
9. Com. 2 juill. 2013, n°s 12-22.284, 12-22.285, 12-22.286, 12-22.287, *Bull. civ.* IV, n° 114; n° 687 F-P+B; *D.* 2013, actu 1740, note Lienhard; *D.* 2014. pan. 2151, note Le Corre; *Gaz. Pal.* 29 sept. 2013, n° 272, p. 30, note Roussel Galle; *Act. proc. coll.* 2013/14, comm. 202, note Vallansan; *RDBF* sept. 2013, comm. 167, note Houin-Bressand; *JCP E* 2014, Chron. 1020, n° 3, obs. Pétel.

Avant l'ordonnance du 12 mars 2014 faute de disposition contraire de la législation, et quelque dommageable que puisse apparaître la règle pour le débiteur, il faut décider que plein effet doit être accordé à la clause du contrat de prêt prévoyant l'anatocisme, c'est-à-dire la capitalisation annuelle des intérêts envisagée par l'article 1154 du code civil[1] (devenu C. civ., art. 1343-2, réd. ord. 10 févr. 2016[2]), le contraire ayant cependant aussi été jugé[3]. Le respect de la capitalisation des intérêts s'impose même pour les intérêts moratoires[4]. Toutefois, il s'agit là d'une clause pénale réductible en cas d'excès manifeste.

L'article 31 de l'ordonnance du 12 mars 2014 modifie la solution. L'article L. 622-28, alinéa 1 du code de commerce est complété par une phrase précisant que « nonobstant les dispositions de l'article 1154 du code civil, les intérêts échus de ces créances – créances pour lesquelles ne jouent pas la règle de l'arrêt du cours des intérêts – ne peuvent, toutefois, produire des intérêts ». Il faut donc comprendre que les créanciers qui bénéficient de la continuation du cours des intérêts[5] ne peuvent faire jouer l'anatocisme, c'est-à-dire la capitalisation des intérêts produits par le report ou le rééchelonnement de leur créance. La mesure est de nature à réduire sensiblement la charge des remboursements à effectuer dans le cadre des plans de sauvegarde et de redressement. La mesure doit en effet jouer en toutes phases de la procédure collective, son effet n'étant pas limité à la période d'observation, encore que l'opinion contraire ait été soutenue[6]. La mesure – suppression du jeu de l'anatocisme – bénéficiera aux garants personnes physiques du débiteur, non aux garants personnes morales, mais seulement dans la procédure de sauvegarde, non dans les procédures de redressement et de liquidation judiciaires.

Enfin, faute de solution contraire dans la législation du droit des entreprises en difficulté, la règle du droit commun des obligations de l'imputation des paiements partiels prioritairement sur les intérêts[7], prévue par l'article 1254 du code civil (devenu C. civ., art. 1343-1, al. 1, réd. ord. 10 févr. 2016), doit être respectée.

1. Paris, 3e ch. B, 27 févr. 1998, *D. Affaires* 1998, 583 – *Adde*, Soinne, n° 2000 – Gauthier, « La continuation du cours des intérêts dans le cadre de la liquidation judiciaire », *Gaz. Pal.* 28 févr.-1er mars 2001, Doctr. 53.
2. Ord. n° 2016-131, 10 févr. 2016, *JO* 11 févr.
3. Versailles, 20 sept. 1990, *BICC* 1991, n° 333.
4. Com. 2 juill. 2013, nos 12-22.284, 12-22.285, 12-22.286, 12-22.287, *Bull. civ.* IV, n° 114; n° 687 F-P+B; préc.
5. Saint-Alary Houin, 9e éd., n° 740.
6. Pérochon, 10e éd., n° 652.
7. Sur cette question : Soinne, n° 2003.

CHAPITRE

642. Terme du débiteur

SECTION 0 ORIENTEUR

642.00 Plan du chapitre.

Sect.	642.10	Énoncé de la règle du maintien du terme
Sect.	642.20	Portée de la règle du maintien du terme
Sect.	642.30	Limitation de la règle de la déchéance du terme au seul débiteur en fonction de sa situation
Sect.	642.40	Dettes concernées par la déchéance du terme

642.01 Textes applicables.

> Législation antérieure à la loi de sauvegarde des entreprises.

C. com., art. L. 621-49, L. 621-94, L. 622-22

> Législation issue de la loi de sauvegarde des entreprises.

C. com., art. L. 622-29, L. 631-14, I, L. 643-1, al. 1

> Législation issue de l'ordonnance du 18 décembre 2008.

C. com., art. L. 622-29, L. 631-14, al. 1, L. 643-1, al. 1

> Législation issue de l'ordonnance du 12 mars 2014.

C. com., art. L. 622-20, L. 624-20

642.02 Jurisprudence significative.

> En cas de liquidation judiciaire, il y a place à libération des apports par l'associé.

• **Com. 17 juill. 2001,** n° 98-19.603, *Bull. civ.* IV, n° 148

* V. s[s] n° 642.42

« Mais attendu que l'arrêt constate que la société ayant été mise en liquidation judiciaire le 21 août 1995, la liquidatrice a appelé le 4 septembre 1995 les associés à payer le solde non libéré du capital, ce dont il résultait, dès lors qu'il n'était pas établi qu'une décision régulière du conseil d'administration de la société aurait, avant le 21 août 1995, exigé cette libération, que, ce solde n'étant devenu exigible qu'après la mise en liquidation judiciaire, la compensation légale n'avait pu avoir lieu avant cette date; que se fondant dès lors sur les dispositions de l'article 33 de la loi du 25 janvier 1985, devenu l'article L. 621-24 du code de commerce, la cour d'appel, qui a énoncé que la dette de la commune dérivait du contrat de société, tandis que sa créance était née d'un contrat de mandat, et qui en a déduit qu'il n'y avait pas connexité entre cette créance et cette dette, a, abstraction faite du motif surabondant critiqué par la première branche du moyen, rejeté à bon droit la demande de compensation. »

642.03 Bibliographie indicative. (V. les références complètes s[s] n° 031).

> Actualisables. RÉP. COM., Derruppé, « Entreprises en difficulté – Redressement judiciaire (Phase de traitement – Les créanciers) », n°s 682 à 708 – J.-CL. COM., Dom, fasc. 2375, [Situation des associés]; Vallansan, fasc. 2360, [Situation des créanciers – Exigibilité des dettes] – LAMY SÛRETÉS, Delebecque, « Sûretés réelles et procédures collectives », étude 284.

> Ouvrages antérieurs à la loi de sauvegarde des entreprises. CHAPUT, n° 526 – GUYON, n° 1243 – JACQUEMONT, n°s 718, 823 – KERCKHOVE, n°s 541, 542 – LE CANNU, n°s 907, 908 – LE CORRE-BROLY, n°s 344, 345 – Macorig-Venier, *Les sûretés sans dépossession dans le redressement et la liquidation judiciaires des entreprises*, thèse, Toulouse, 1992 – MARTIN ET VALLENS, n°s 3113, 3114 – PÉROCHON ET BONHOMME, n° 184-2 – PÉTEL, n° 190 – RIPERT ET ROBLOT, n°s 2968-1 et 3235 – SAINT-ALARY-HOUIN, n°s 784 à 788 – SOINNE, n°s 1976 à 1984 – VALLANSAN, p. 140 et 141.

> Ouvrages postérieurs à la loi de sauvegarde des entreprises. COQUELET, 5e éd., n° 491 – GIBIRILA, n°s 584, 646, 710 – JACQUEMONT ET VABRES, 9e éd., n° 1036 – LE CANNU, 7e éd., n°s 406, 407 – LIENHARD, 6e éd., n°s 78.41, 126.11 à 126.13 – PÉROCHON, 10e éd., n°s 646, 647, 1305 – PÉTEL, 8e éd. n° 184 – ROUSSEL GALLE, 2e éd., n°s 517, 764 – SAINT-ALARY-HOUIN, 9e éd., n°s 741 à 745 – VALLANSAN *ET ALII*, 6e éd., p. 168, 433 et 434 – VALLENS, 2015, n°s 3376, 4480 – VIDAL et GIORGINI, n°s 719, 720 – VOINOT, 2e éd., n°s 370, 371.

642.04 Question essentielle.

• La liquidation judiciaire entraîne-t-elle systématiquement la déchéance du terme ?

* V. s[s] n° 642.31

642.05 Liens entre les questions

* V. s[s] n°s 582.44, 582.47, 591.09, 721.15, 721.16, 722.14, 724.12.

SECTION 642.10
ÉNONCÉ DE LA RÈGLE DU MAINTIEN DU TERME

642.11 Énoncé de la règle du maintien du terme. L'article L. 621-49 du code de commerce énonce que « le jugement d'ouverture du redressement judiciaire ne rend pas exigibles les créances non échues à la date de son prononcé. Toute clause contraire est réputée non écrite ». L'article L. 622-29, issu de la réforme du 26 juillet 2005 reprend la solution, qui s'applique, en conséquence, à la procédure de sauvegarde. Elle est rendue applicable à l'ouverture du redressement judiciaire, par le renvoi qu'opère l'article L. 631-14, I (devenu C. com., art. L. 631-14, al. 1) à l'article L. 622-29.

Tranchant avec les législations antérieures, la législation pose ainsi le principe selon lequel le jugement d'ouverture du redressement judiciaire, et désormais le jugement d'ouverture de la procédure de sauvegarde, restent sans effet sur l'exigibilité des créances. Il faut y voir le souci du sauvetage de l'entreprise, le législateur considérant que le redressement de l'entreprise présuppose que le terme affectant les dettes reste inchangé[1].

La portée de la règle est cependant très limitée – certains auteurs évoquant des « effets discrets »[2] –, ce qui contraste avec le caractère énergique de la formule. En effet, la règle de l'interdiction des paiements empêche déjà le paiement des créances antérieures pendant la période d'observation[3]. Dès lors, il importe peu qu'elles deviennent ou non exigibles. Les délais du plan de continuation, de redressement ou de sauvegarde constituent également un obstacle à un paiement rapide du créancier. Ces derniers s'appliquent en effet tant aux dettes à terme qu'aux dettes exigibles[4]. Dans ces conditions, l'utilité de la règle du maintien du terme, dans la perspective du redressement de l'entreprise, ne présente d'intérêt que dans l'hypothèse limitée des délais de règlement des dividendes du plan de continuation, de redressement ou de sauvegarde plus courts que les délais conventionnels restant à courir du contrat. En ce cas, l'article L. 621-76, alinéa 1 du code de commerce (anc^t L. 25 janv. 1985[5], art. 74, al. 1) prévoit que les délais de règlement du plan de continuation seront écartés et que seuls s'appliqueront les délais conventionnels plus longs[6] (v. aussi s^s n° 522.17), des opinions d entes ayant cependant été exprimées[7]. La solut est reprise par l'article L. 626-18, alinéa 1, dans édaction de la loi de sauvegarde des entreprisesur le plan de sauvegarde, disposition égalementplicable au plan de redressement (C. com., art. I31-19, I, al. 1).

On remarqra également que l'article 27, aliréa 1 de la ldu 13 juillet 1978[8] prévoit que les prês participat ne deviennent pas exigibles en cas de règlement jiciaire. Ils demeurent suspendus pendant toute ldurée de l'exécution du concordat. La transpositio s'impose. Le prêt participatif ne sera donc pas remboursable pendant l'exécution du plan de continuation, de redressement ou de sauvegarde. Il y a là l'illustration du fait que les prêteurs, dans le cadre des prêts participatifs, doivent être remboursés après tous les autres créanciers[9].

SECTION 642.20
PORTÉ DE LA RÈGLE DU MAINTIEN DU TERME

642.1 Portée de la règle du maintien du terme. La rgle du maintien du terme en cas de redressemen judiciaire ou d'ouverture d'une procédure de sauvegarde n'a pas pour effet de remettre en cause les déchéances du terme acquises avant le jugement d'ouverture, par l'effet de la convention[10]. Cependant, la convention ne pourra prévoir une déchéance du terme pour survenance du redressement judiciaire. L'article L. 621-49 du code de commerce (anc^t L. 25 janv. 1985[11], art. 56) prévoit en effet que pareille clause est réputée non écrite[12]. La solution est applicable également à l'ouverture d'une procédure de sauvegarde (C. com., art. L. 622-29, réd. loi de sauvegarde des entreprises)[13]. Identiquement, sera réputée non écrite la clause prévoyant une déchéance du terme pour survenance de la cessation des paiements, ce qui est le cas de l'ouverture d'un redressement judiciaire[14]. Sera encore réputée

1. DERRIDA *ET ALII*, n° 529 – J.-CL. COM., Vallansan, fasc. 2360, [Redressement et liquidation judiciaires – Situation des créanciers – Exigibilité des dettes], n° 2 – GUYON, n° 1244 – RIPERT ET ROBLOT, n° 2968-1.
2. PÉROCHON, 10e éd., n° 646.
3. V. interv. Thyraud, Sénat, *JO Sénat CR 6 juin* 1984, p. 1353 – SOINNE, n° 1976.
4. SOINNE, n° 1589.
5. L. n° 85-98, 25 janv. 1985, *JO* 26 janv., p. 1097.
6. DERRIDA *ET ALII*, n° 530.
7. SOINNE, n° 1589.
8. L. n° 78-741, 13 juill. 1978, *JO* 14 juill., p. 2799.
9. SUR les prêts participatifs : Cramagnol, « Les prêts participatifs », *JCP CI* 1980, II, 13350.
10. TGI Béthune, ch. com., 16 déc. 1987, *Rev. proc. coll.* 1988, 83, 185, n° 4, obs. Delebecque.
11. L. n° 85-98, 25 janv. 1985, préc.
12. ILLUSTR. : Metz, 5 janv. 1993, *Rev. proc. coll.* 1995, 227, obs. Dureuil.
13. Caramalli, « Entreprises en difficulté : la question de la validité des clauses de remboursement anticipée », *LPA* 23 mars 2009, n° 58, p. 3.
14. Com. 21 févr. 2012, n° 11-30.077, *Bull. civ.* IV, n° 43; n° 220 F-P+B; *D.* 2012. Actu 607, note Lienhard et pan. 2196, note Lucas; *Act. proc. coll.* 2012/6, comm. 85, note Cagnoli; *Rev. sociétés* 2012. 399, note Henry; *LPA* 15 juin 2012, n° 120, p. 10, note Roussel Galle; *Gaz. Pal.* 2012, jur. 1555, note Reifegerste.

non écrite, la clause de déchéance du terme pour cause d'insolvabilité, cette solution ayant implicitement posée par la Cour de cassation [1].

Il a été jugé que le fait que la clause prévoyant une déchéance du terme en cas de redressement judiciaire du débiteur principal était réputée non écrite pouvait être invoqué par le créancier, qui l'avait pourtant insérée dans son contrat de crédit, parce qu'il ne pouvait renoncer à invoquer son invalidation, du fait caractère d'ordre public de la règle. La solution a permis à ce créancier de ne pas encourir la prescription de son action contre la caution, faute d'avoir pu la poursuivre avant l'exigibilité de la créance principale [2].

En revanche, il a été jugé que la déchéance du terme peut résulter du jeu de la convention prévoyant que le non-paiement d'une ou de plusieurs échéances la provoquerait. La survenance du jugement d'ouverture n'y change rien. La déchéance du terme peut donc jouer après jugement d'ouverture [3]. La solution peut cependant surprendre dès lors qu'est apportée l'observation que le débiteur ne peut éviter la déchéance du terme, faute d'avoir le droit de payer des créances antérieures, ce que sont les échéances courant après jugement d'ouverture d'un crédit accordé avant ledit jugement. C'est pourquoi, il faut préférer la solution d'une cour d'appel estimant que l'adoption d'un plan a pour effet de suspendre les clauses contractuelles relatives à l'exigibilité d'un prêt [4]. Implicitement, c'est affirmer également par là que l'ouverture de la procédure de sauvegarde – mais la solution vaudrait aussi pour le redressement judiciaire – a pour effet de suspendre ces mêmes clauses contractuelles [5].

L'absence de déchéance du terme n'a pas pour effet de dispenser le créancier de déclarer sa créance au passif (v. s^{s} n°s 666.31 s.).

Que décider en revanche des dispositions légales contraires à la règle édictée par l'article L. 621-49 du code de commerce, dans sa rédaction antérieure à la loi de sauvegarde des entreprises, de l'article L. 622-29, dans sa rédaction issue de la loi de sauvegarde des entreprises ? Faut-il leur reconnaître efficacité [6] ? Il importe ici de remarquer que, avant la loi du 25 janvier 1985, l'article 1188 du code civil disposait que la faillite était une cause de déchéance du terme. La loi du 25 janvier 1985, en son article 217, a réformé l'article 1188 du code civil qui dispose désormais que « le débiteur ne peut plus réclamer le bénéfice du terme lorsque par son fait, il a diminué les sûretés qu'il avait données à son créancier ». L'article 1188 du code civil (devenu C. civ., art. 1305-4 [7]), bien qu'il n'ait pas été véritablement coordonné avec l'article L. 621-49 du code de commerce, et, depuis la loi de sauvegarde des entreprises, *avec l'article L. 622-29, ne les contrarie pas*. Dès lors, l'article L. 621-49 du code de commerce, et, depuis la loi de sauvegarde des entreprises, l'article L. 622-29, textes spéciaux par rapport à l'article 1188 du code civil, doivent seuls trouver application, lorsque le débiteur est en redressement judiciaire ou sous procédure de sauvegarde.

La solution est importante. En effet, à la suite d'auteurs, il faut décider que les dispositions du code civil qui contrarieront le jeu de la disposition spéciale ici analysée, ont été implicitement abrogées puisqu'elles n'étaient que des illustrations particulières de la règle générale édictée par l'article 1188 du code civil [8]. Ainsi en est-il des articles 1613, 1857, alinéa 1 ou encore 1913 du code civil.

Il faudra cependant réserver le jeu de dispositions spéciales antérieures à la loi du 25 janvier 1985 qui n'ont pas été modifiées.

Ainsi en est-il tout d'abord de l'article L. 511-38 du code de commerce (anc^{t} art. 147) qui prévoit que le porteur d'une lettre de change peut exercer ses recours, même avant l'échéance, en cas de faillite du tiré accepteur ou non, ainsi qu'en cas de faillite du tireur et en cas de lettre de change non acceptable [9]. Il en est de même en cas de procédure collective atteignant le souscripteur d'un billet à ordre (C. com., art. L. 512-3 [anc^{t} art. 185]). En effet, la règle n'a pas pour effet de changer la situation de la dette qui reste à terme, à l'égard du débiteur. Elle ne modifie que l'ouverture des recours contre les tiers. Certains auteurs, cependant, considèrent que la poursuite des garants ne sera possible que s'il y a eu déchéance du terme à l'encontre du tiré accepteur en procédure collective ou à l'encontre du tireur en procédure collective, en cas d'effets non acceptables [10], une opinion contraire ayant cependant été émise [11].

Il en est de même de la règle de l'article L. 621-31, alinéa 3 du code de commerce (anc^{t} L. 25 janv. 1985, art. 39, al. 3), dans la rédaction antérieure à la loi de sauvegarde des entreprises, celle de l'article

1. Com. 23 avr. 2013, n° 11-26.047, NP; n° 435 F-D.
2. Com. 27 mars 2007, n° 06-12.012, NP; n° 540 F-D.
3. Com. 12 juin 2001, n° 97-12.596, NP, *RJDA* 2002/1, n° 69, p. 51.
4. Versailles, 13e ch., 28 févr. 2013, RG 12/02755, *D.* 2013. 2895, note crit. Dammann et Boché-Robinet.
5. Versailles, 13e ch., 28 févr. 2013, RG 12/02755, préc.
6. POUR L'AFFIRMATIVE : CHAPUT, n° 526.
7. DEPUIS le 1er oct. 2016 : Ord. n° 2016-131, 10 févr. 2016, préc.
8. SOINNE, n° 1979 – DERRIDA *ET ALII*, n° 529.
9. LE CANNU, 7e éd., n° 407.
10. J.-CL. COM., Vallansan, fasc. 2360, [Redressement et liquidation judiciaires – Situation des créanciers – Exigibilité des dettes], n° 51 – DERRIDA *ET ALII*, n° 531.
11. SOINNE, n° 2084.

L. 622-16, alinéa 3 du code, dans sa rédaction issue de la loi de sauvegarde des entreprises, car ces textes sont spécifiques aux procédures collectives. Il y a place à déchéance du terme en matière de bail d'immeuble affecté à l'activité de l'entreprise si les sûretés données lors du contrat ne sont pas maintenues ou si celles fournies depuis le jugement d'ouverture sont jugées insuffisantes. Ce texte ne pose guère de difficultés d'application[1], car il est rare que des sûretés soient consenties en matière de bail commercial et que celles consenties disparaissent. Il est cependant surprenant que le législateur ait pu confondre déchéance du terme et résiliation du contrat[2]. En effet, est visé le règlement anticipé de loyers à échoir, c'est-à-dire de créances qui naissent successivement dans le temps. Il ne s'agit pas juridiquement d'une déchéance du terme, laquelle ne peut s'appliquer qu'à des contrats dont les obligations naissent instantanément, même si l'exécution desdits contrats est échelonnée dans le temps.

La portée de la règle à l'égard des cautions sera ultérieurement examinée (v. s[s] n°s 721.15 et 721.16).

SECTION 642.30
LIMITATION DE LA RÈGLE DE LA DÉCHÉANCE DU TERME AU SEUL DÉBITEUR EN FONCTION DE SA SITUATION

642.31 Plan de cession totale ou liquidation judiciaire atteignant le débiteur. L'article L. 622-22, alinéa 1 du code de commerce (anc[t] L. 25 janv. 1985[3], art. 160, al. 1) énonce que « le jugement qui ouvre ou prononce la liquidation judiciaire rend exigibles les créances non échues ». Peu importe en conséquence qu'il s'agisse d'un jugement d'ouverture de la procédure collective ou d'une conversion en liquidation judiciaire.

L'article L. 621-94 du code de commerce (anc[t] L. 25 janv. 1985, art. 91) énonce une règle identique en disposant que « le jugement qui arrête le plan de cession totale de l'entreprise rend exigibles les dettes non échues ». Il n'y aura place à déchéance du terme qu'en cas de cession totale et non en plan de cession partielle. La solution est logique. S'il y a plan de cession partielle, cela signifie qu'il y a simultanément plan de continuation partiel[4] (sur la notion de plan de cession partielle, v. s[s] n° 572.32). La solution est textuellement justifiée par le fait que l'article L. 621-70, alinéa 2 du code de commerce (anc[t] L. janv. 1985, art. 6 al. 2), qui réglemente l an de cession parelle, ne prévoit pas l'applican de l'article L. 21-94. Les délais du plan son conciliables ave l'idée de déchéance du terme.

Qu'il t plan de cession totale ou liquidation judiciaire, eure n'est pas au redressement du débiteur. Il est nc logique de prévoir une déchéance du terme qui erviendra de plein droit, afin que tous les actifs débiteur puissent être réalisés et que les créanciers issent être payés, ce qui suppose que leurs créan soient exigibles[5].

La déchéce du terme est automatique. Le créancier n'onc pas à en demander le bénéfice[6].

Toute clau prévoyant l'absence de déchéance du terme en sition de plan de cession totale ou de liquidation juciaire devra être tenue pour inexistante. En effet lle contrarierait par trop le déroulement de la prédure qui doit maintenant tendre aux réalisatioret aux distributions. En revanche, rien n'interdi pour obtenir une clôture pour extinction du psif exigible, au créancier de renoncer à l'exigibilit de sa créance, le moment venu (v. s[s] n° 592.21).

La loi du 26 juillet 2005[7], pour tenir compte de la possibilité d'adoption d'un plan de cession en liquidation judiciaire, supprime la règle de la déchéance du terme, par suite du prononcé de la liquidation judiciaire, dans l'hypothèse d'une poursuite de l'activité motivée par le fait qu'une cession totale ou partielle de l'entreprise est envisageable. En ce cas, la déchéance du terme interviendra à la date du jugement prononçant la cession (C. com., art. L. 643-1, al. 1). La solution a été présentée comme une reprise de l'article L. 621-94, dans la rédaction antérieure à la loi du 26 juillet 2005[8]. La solution n'est pas rigoureusement exacte, car, selon l'auteur de la disposition, seul le plan de cession totale emportait déchéance du terme; au contraire, la nouvelle solution n'obligera pas à distinguer selon qu'il y a plan de cession totale ou plan de cession partielle. En effet, il y a simplement un différé dans l'apparition de la déchéance du terme conditionné au prononcé de la liquidation judiciaire. Il faut observer que le texte est en outre inadapté pour l'hypothèse où le plan de cession ne sera pas arrêté ainsi que dans celle où aucun projet de plan de cession ne sera présenté[9]. Aussi, avions nous suggéré[10] de lire d'une manière compréhensive le texte et

1. SOINNE, n° 1979.
2. RAPPR. : DERRIDA *ET ALII*, n° 530.
3. L. n° 85-98, 25 janv. 1985, préc.
4. SOINNE, n°s 1748, 1980 – J.-CL. COM., Vallansan, fasc. 2360, [Redressement et liquidation judiciaires – Situation des créanciers – Exigibilité des dettes], n° 10.
5. RIPERT ET ROBLOT, n° 3235.
6. SOINNE, n° 1980.
7. L. n° 2005-845, 26 juill. 2005, *JO* 27 juill., p. 12187.
8. *Rapp. Xavier de Roux*, n° 2095, p. 394.
9. PÉROCHON ET BONHOMME, 7e éd., n° 422.
10. *Droit et pratique des procédures collectives*, 4e éd., « Dalloz Action », 2008, n° 642.31.

substituer à la formulation employée par l'article L. 643-1 alinéa 1 du code de commerce « les créances non échues sont exigibles à la date du jugement prononçant la cession » celle de « les créances non échues sont exigibles à la date du jugement statuant sur le projet de cession ou, à défaut d'une telle décision, de l'expiration de la poursuite provisoire d'activité ». Il est exclu, en revanche, de considérer que l'arrêté du plan de cession totale en redressement judiciaire entraîne la déchéance du terme. Si à la suite de la cession totale, la liquidation judiciaire est prononcée, il y aura, à cette date, déchéance du terme. En revanche, si subséquemment à la cession totale, le débiteur obtient un plan de redressement, ce que la législation de sauvegarde des entreprises permet, il n'y aura pas place à la déchéance du terme pour le débiteur, qui pourra bénéficier, en outre, des délais du plan.

L'ordonnance de réforme du 18 décembre 2008 [1] a tenu compte des critiques ci-dessus formulées, et a modifié le texte de l'article L. 643-1, alinéa 1 du code de commerce, pour le mettre en phase avec l'objectif poursuivi. Il est désormais prévu (ord. 18 déc. 2008, art. 122), que « lorsque le tribunal autorise la poursuite de l'activité au motif que la cession totale ou partielle de l'entreprise est envisageable, les créances non échues sont exigibles à la date du jugement statuant sur la cession ou, à défaut, à la date à laquelle le maintien de l'activité prend fin ». Cette formulation, qui reprend largement nos suggestions, nous semble présenter un caractère interprétatif dans la mesure où elle ne fait que corriger une malfaçon originelle.

Pourquoi avoir prévu ce différé à la déchéance du terme ? Parce que si la solution n'avait pas été posée, le mécanisme du transfert de la charge de la sûreté aurait été inutilisable. Il suppose en effet que des échéances restent à échoir au jour de l'adoption du plan de cession pour qu'elles puissent être mises à la charge du repreneur (v. aussi v. s^s^ n° 571.42). La mesure n'est donc pas justifiée, contrairement à ce qui est parfois soutenu [2], par le fait que la déchéance du terme rendrait plus difficile la poursuite d'activité. La solution peut d'ailleurs se vérifier par le constat que le différé dans la déchéance du terme n'existe pas systématiquement en cas de poursuite d'activité en liquidation judiciaire, mais seulement lorsque la poursuite d'activité est autorisée pour permettre al présentation d'offres de cession.

Avant comme depuis la loi de sauvegarde des entreprises, l'infirmation du jugement prononçant la conversion en liquidation judiciaire du redressement judiciaire implique la remise des parties en leur état antérieur. Il en résulte que la déchéance du terme des créances non échues ne peut plus être opposée par le créancier après l'infirmation du jugement de conversion, qui l'avait seul provoquée [3].

642.32 Inapplication aux cautions et autres obligés à la dette. La déchéance du terme provoquée par les articles L. 621-94 et L. 622-22 alinéa 1 du code de commerce (anc^t^ L. 25 janv. 1985 [4], art. 91 et 160, al. 1), dans la rédaction antérieure à la loi de sauvegarde des entreprises et de l'article L. 643-1, alinéa 1, dans la rédaction issue de la loi de sauvegarde des entreprises, est strictement personnelle au débiteur. Elle est par principe sans conséquence sur les engagements souscrits par les cautions (v. s^s^ n° 721.15).

Le détenteur hypothécaire, qui est une personne tenue *propter rem* à la dette, est dans une situation comparable à la caution qui a renoncé au bénéfice d'un terme propre. Il résulte en effet de l'article 2167 du code civil (devenu C. civ., art. 2462) qu'il est obligé à toutes les dettes hypothécaires et qu'il « jouit des termes et délais accordés au débiteur originaire ». Si ce dernier est déchu de son terme, le détenteur hypothécaire le sera en conséquence également [5].

Les coobligés, quant à eux, bénéficient personnellement de la modalité affectant leur obligation. Dès lors, ils peuvent, sauf clause contraire de l'acte, continuer à se prévaloir du terme qui leur a été octroyé, sans que le créancier puisse se fonder sur l'exigibilité de la créance à l'encontre de l'un d'eux en liquidation judiciaire [6].

SECTION 642.40
DETTES CONCERNÉES PAR LA DÉCHÉANCE DU TERME

642.41 Principe de généralité. Toutes les créances à terme deviennent exigibles par le seul fait de la liquidation judiciaire, et, sous l'empire de la législation antérieure à la loi de sauvegarde des entreprises, du plan de cession totale.

Il n'y a pas à distinguer selon que la dette est ou non assortie de sûretés [7]. Mais seules peuvent deve-

1. Ord. n° 2008-1345, 18 déc. 2008, *JO* 19 déc., p. 19462.
2. VIDAL et GIORGINI, 1re éd., n° 1443.

3. Com. 26 janv. 2010, n° 09-10.244, NP; n° 93 F-D.
4. L. n° 85-98, 25 janv. 1985, préc.
5. EN CE SENS : J.-CL. COM., Vallansan, fasc. 2360, [Redressement et liquidation judiciaires – Situation des créanciers – Exigibilité des dettes], n° 50 – SOINNE, n° 1982.
6. Civ. 2e, 19 févr. 2015, n° 14-11.985, NP, *BJE* mai 2015, 147, note Borga – Bordeaux, 10 mars 1854, *S.* 1854. II. 515.
7. SOINNE, n° 1984 – J.-CL. COM., Vallansan, fasc. 2360, [Redressement et liquidation judiciaires – Situation des créanciers – Exigibilité des dettes], n° 42.

nir exigibles les dettes nées de contrats dont les obligations naissent instantanément et non les dettes nées de contrats dont les obligations naissent successivement. Ces dernières ne seront pas exigibles par l'effet du plan de cession ou de la liquidation judiciaire. Il y aura place, en effet, à résiliation des contrats, sauf cession judiciaire des contrats en plan de cession ou continuation provisoire des contrats pendant la phase de poursuite provisoire de l'activité autorisée en liquidation judiciaire. Il ne s'agira pas juridiquement d'exigibilité des dettes, mais de naissance d'indemnités de résiliation. Les locations financières en constituent l'exemple type.

Il n'y a pas davantage à distinguer selon que le terme est conventionnel, judiciaire ou légal, qu'il ait été convenu dans l'intérêt du débiteur, dans celui du créancier ou dans l'intérêt commun des parties, ou encore que le terme soit certain ou incertain[1].

Il ne faut cependant pas confondre dette à terme et dette conditionnelle. Il y a terme suspensif si l'événement qui suspend l'exécution de l'obligation est certain. Il y a condition suspensive lorsque l'événement suspendant la naissance de l'obligation est incertain. La déchéance du terme n'a pas pour effet de faire naître une dette sous condition. La créance sous condition suspensive n'ouvrira droit à répartition qu'après admission au passif, laquelle ne pourra intervenir qu'au jour où la condition sera réalisée (v. s[s] n° 663.41).

Seules les dettes du débiteur sont concernées par l'exigibilité immédiate et non les créances à terme qu'il détient[2]. La situation des cocontractants de l'insolvable ne doit pas se trouver aggravée au prétexte qu'il est créancier.

642.42 Libération par les associés de leurs apports[3].

> Avant l'ordonnance du 12 mars 2014[4]. Une difficulté particulière se présente en ce qui concerne la libération par les associés du capital social d'une société en liquidation judiciaire ou faisant l'objet d'un plan de cession totale.

Il ne pourra pas s'agir, du moins sous l'empire de la législation antérieure à la loi de sauvegarde des entreprises, d'une société dans laquelle les associés sont indéfiniment et solidairement responsables du passif. En ce cas, en effet, ils sont obligatoirement déclarés en redressement ou en liquidation judiciaire (C. com., art. L. 624-1 [anc[t] L. 25 janv. 1985[5], art. 178]) et la société doit déclarer au passif des associés sa créance de libération d'apport.

Que décider *en revanche pour les sociétés dans* lesquelles les associés voient leur responsabilité limitée aux apports ? La dette de libération d'apport ne devient exigible que sur la seule décision des organes sociaux compétents. La liquidation judiciaire et, sous l'empire de la législation antérieure à la loi de sauvegarde des entreprises, le plan de cession totale n'a certes pas pour effet de rendre exigible cette créance de la société sur ses associés[6] puisqu'il n'est question que de déchéance du terme du débiteur, non du créancier. Le problème ne se pose cependant pas en ces termes. En effet, tout associé doit contribuer aux pertes, selon l'article 1832, alinéa 3 du code civil. Or la liquidation judiciaire ou, sous l'empire de la législation antérieure à la loi de sauvegarde des entreprises, le plan de cession totale, emportant dissolution de la société, il en résulte, à cette date, l'obligation pour l'associé de contribuer aux pertes, ce qui l'oblige à libérer ses apports[7]. S'il ne le fait pas spontanément, le liquidateur[8] ou, sous l'empire de la loi du 25 janvier 1985, le commissaire à l'exécution du plan de cession[9] peut l'y contraindre. Les associés, en ce cas, ne pourront bénéficier des délais initialement prévus pour libérer leurs apports[10].

La question peut se poser de savoir si les associés peuvent opposer la compensation avec leur créance de compte-courant. La solution a pu être admise, dans la limite du moins du crédit du compte et seulement si les associés ont déclaré leur créance au titre du compte-courant créditeur[11].

Si les conditions de la compensation légale sont réunies avant jugement d'ouverture, l'associé peut prétendre avoir compensé sa créance de compte-courant avec sa dette de libération d'apport. Il en

1. Soinne, n° 1983 – J.-cl. com., Vallansan, fasc. 2360, [Redressement et liquidation judiciaires – Situation des créanciers – Exigibilité des dettes], n°s 25 s.
2. Soinne, n° 1981.
3. Pujol, « La libération du capital social dans les procédures collectives », *Dr. et patr.* 2003, n° 116, p. 36.
4. Ord. n° 2014-326, 12 mars 2014, *JO* 14 mars, p. 5249.
5. L. n° 85-98, 25 janv. 1985, préc.
6. Com. 9 mai 1995, n° 92-14.195, *Bull. civ.* IV, n° 137; *Rev. sociétés* 1995. 753, note Jeantin; *Defrénois* 1995. 961, obs. Le Cannu; *Bull. Joly* 1995. 775, note Calendini – rappr. : Com. 17 juill. 2001, n° 98-19.603, *Bull. civ.* IV, n° 148; *D.* 2001. AJ 2515, obs. Lienhard; *Act. proc. coll.* 2001/14, n° 179 – *contra* : Paris, 3e ch. A, 6 mars 2001, *D.* 2001. AJ 1512; *Bull. Joly* 2001. 787, n° 172, note Dom.
7. Barbièri, note s[s] Com. 15 juill. 1992, *Rev. sociétés* 1993. 103, spéc. n° 20 – Legros, note s[s] Agen, ch. com., 17 nov. 2008, *Dr. sociétés* 2009, p. 31, n° 124.
8. Com. 9 mai 1995, n° 92-14.195, *Bull. civ.* IV, n° 137; *Bull. Joly* 1995, n° 270, note Calendini – T. com. Paris, 2e ch., 19 sept. 2000, *RD banc. fin.* 2001/1, n° 23, obs. Lucas – Paris, 3e ch. A, 2 mars 2004, RG n° 2003/15675 – *contra* : Lyon, 11 févr. 2000, *RTD com.* 2001. 147, obs. Chazal et Reinhard.
9. Bordeaux, 2e ch., 20 févr. 2001, *RD banc. fin.* 2001/6, p. 357, n° 238, obs. Lucas.
10. Rép. min. Justice, n° 12626, *Bull. Joly* 1999. 921, n° 217, note Baranger.
11. Paris, 3e ch. C, 2 juill. 2003, RG n° 2002/05241.

sera ainsi si le dirigeant social a appelé érer les fonds avant l'ouverture de la procédure ective[1]. En revanche, si la dette de libération d'art n'est pas exigible, la compensation légale au jdu jugement d'ouverture n'aura pas joué. La surance de la liquidation judiciaire, on l'a vu, n'erîne pas exigibilité de la dette de libération d'app l'exigibilité ne résultant que de l'appel de fondsi, après jugement d'ouverture, émanera du liquidar[2].

Si la compensation légale n'a pas joué jour du jugement d'ouverture, la question se pose savoir si compensation pour dettes connexes ats jugement d'ouverture est possible. Elle suppose que les créances et dettes réciproques entrant en compensation aient un fondement identique (v. s^s n° 632.46) Or tel n'est pas le cas ici, puisque la créance de libération d'apport est d'origine légale, cependant que la créance de remboursement du compte-courant d'associé a une nature conventionnelle (v. s^s n° 632.46).

Le caractère fictif de la qualité de dirigeant social ne peut suffire à établir le caractère dolosif d'une cession d'actions et ne fait donc pas obstacle à l'action tendant à la libération du capital social[3].

Précisons enfin que les règles applicables à la libération du capital social valent identiquement pour la libération d'une augmentation de capital[4].

> Depuis l'ordonnance du 12 mars 2014. L'article 35 de l'ordonnance du 12 mars 2014 crée une section V dans le chapitre II du titre II du livre VI du code de commerce intitulée « dispositions particulières aux sociétés ». Un article L. 624-20 est ainsi créé qui a pour objet de rendre exigible, par l'effet du jugement d'ouverture, le montant non libéré du capital. Ce texte sera applicable en sauvegarde, en redressement et en liquidation judiciaires.

La disposition permet de mettre à l'écart la règle de droit commun des sociétés, selon laquelle la dette de libération d'apport ne devient exigible que sur la seule décision des organes sociaux compétents.

L'article L. 624-20 pose la règle de fond, qui est complétée, sur un plan procédural, par le nouvel alinéa 2 de l'article L. 622-20 du code de commerce, résultant de l'article 20 de l'ordonnance du 12 mars 2014, qui donne qualité au mandataire judiciaire pour mettre en demeure un associé ou un actionnaire de verser les sommes restant dues sur le montant des parts ou actions souscrites par lui.

Ainsi, le fonctionnement démocratique des sociétés est ici perturbé par cette règle nouvelle, car le mandataire judiciaire remplace ici la décision des organes sociaux.

Pour autant, la solution nous paraît justifiée. Le versement des sommes en question contribue à augmenter le gage commun, ce qui incontestablement relève de la mission du mandataire judiciaire. Le législateur ne s'y trompe pas, en insérant à l'article L. 622-20 du code de commerce, qui traite de la mission du mandataire judiciaire, la disposition. Et c'est pourquoi il faut décider que si le mandataire judiciaire reste inactif, un contrôleur, après l'avoir mis en demeure, pourra se substituer à lui[5].

Avant comme depuis l'ordonnance du 12 mars 2014, un créancier social peut pratiquer une saisie-attribution de la créance de libération d'apport que détient la société sur un associé, qui restera efficace dès lors qu'elle a été signifiée au tiers saisi avant le jugement d'ouverture[6].

1. Paris, pôle 5, 9e ch., RG n° 15/03558, *Dr. sociétés* 2016, comm. 37, note Legros.
2. Paris, pôle 5, 8e ch., 5 févr. 2013, RG n° 12/05846, *Dr. sociétés* 2013, comm. 90, note Legros; *Bull. Joly* juin 2013, comm. 195, note Lucas.
3. Paris, 14e ch. A, 2 févr. 2005, *RTD com.* 2005. 352, n° 7, obs. Champaud et Danet.
4. AINSI : Paris, 3e ch. B, 17 janv. 2008, n° 06/20658, *RTD com.* 2008. 348, obs. Champaud et Danet.
5. Monsérié-Bon, « La situation des associés après l'ordonnance du 12 mars 2014 », *BJE* mai 2014, 178.
6. Civ. 2e, 12 mai 2016, n° 15-13.833, *Bull. civ.* II [à paraître]; *Act. proc. coll.* 2016/12, comm. 158, note Moulin.

TITRE

650. Cours des inscriptions

SECTION 0

Orienteur

650.00 **Plan du titre.**

Chap.	651	Arrêt du cours des inscriptions de sûretés
Sect.	651.10	Énoncé et fondement de la règle de l'arrêt du cours des inscriptions de sûreté
Sect.	651.20	Domaine de la règle de l'arrêt du cours des inscriptions de sûreté
Sect.	651.30	Effets de la règle de l'arrêt du cours des inscriptions de sûreté
Chap.	652	Continuation du cours des inscriptions de sûretés
Sect.	652.10	Sûretés non concernées par la règle de l'arrêt du cours des inscriptions de sûretés
Chap.	653	Actes et décisions judiciaires translatifs ou constitutifs de droits réels
Sect.	653.10	Situation au regard des évolutions législatives

650.01 **Textes applicables.**

> Législation antérieure à la loi de sauvegarde des entreprises. C. com., art. L. 621-50

> Législation issue de la loi de sauvegarde des entreprises. C. com., art. L. 622-30, L. 631-14, I, L. 641-3, al. 1er

> Législation issue de l'ordonnance du 18 décembre 2008. C. com., art. L. 622-30, L. 631-14, al. 1er, L. 641-3, al. 1er

650.02 **Jurisprudence significative.**

> Il est possible d'inscrire après jugement d'ouverture une hypothèque définitive faisant suite à une hypothèque provisoire.

• **Com. 17 nov. 1992,** n° 90-22.058, *Bull. civ.* IV, n° 358

* V. ss n° 652.16

« Vu l'article 54 du code de procédure civile et les articles 57 et 107, 7° de la loi du 25 janvier 1985 [devenu C. com., art. L. 621-50 et L. 621-107, I, 7°];

Attendu qu'en vertu du premier de ces textes, l'inscription définitive prise dans le délai légal se substitue rétroactivement à l'inscription provisoire d'hypothèque judiciaire et, dès lors, est réputée prise à la date de celle-ci; qu'il s'ensuit que ne tombe pas sous le coup du deuxième l'inscription définitive, même postérieure à l'ouverture d'une procédure de redressement judiciaire, dès lors que l'inscription provisoire est antérieure au jugement d'ouverture et n'encourt pas la nullité prévue au troisième pour avoir été prise après la date de cessation des paiements du débiteur. »

650.03 **Bibliographie indicative.** (V. les références complètes ss n° 031).

> Actualisables. J.-CL. COM., Saint-Alary-Houin et Macorig-Venier, fasc. 2365, [Situation des créanciers – Interdiction des inscriptions] – LAMY SÛRETÉS, Delebecque, « Sûretés réelles et procédures collectives », étude 284.

> Ouvrages antérieurs à la loi de sauvegarde des entreprises. CHAPUT, nos 527, 528 – GUYON, n° 1243 – JACQUEMONT, nos 396 à 401 – KERCKHOVE, nos 543 à 545 – LE CANNU, nos 909 à 911 – LE CORRE-BROLY, nos 361 à 364 – Macorig-Venier, *Les sûretés sans dépossession dans le redressement et la liquidation judiciaires des entreprises*, thèse, Toulouse, 1992 – MARTIN ET VALLENS, nos 3115 à 3123 – PÉROCHON ET BONHOMME, n° 187 – PÉTEL, nos 202 à 207 – RIPERT ET ROBLOT, nos 2976 à 2986 – SAINT-ALARY-HOUIN, nos 763 à 772 – SOINNE, nos 1075 à 1095 – VALLANSAN, p. 141 à 144.

> Ouvrages postérieurs à la loi de sauvegarde des entreprises. COQUELET, 5e éd., nos 272, 273 – GIBIRILA, nos 592 à 594 – JACQUEMONT ET VABRES, 9e éd., nos 511 à 516 – LE CANNU, 7e éd., nos 401 à 405 – LIENHARD, 6e éd., nos 78.42, 78.43 – PÉROCHON, 10e éd., nos 653 à 657 – PÉTEL, 8e éd., nos 197 à 203 – ROUSSEL GALLE, 2e éd., nos 518, 519 et 700 – SAINT-ALARY-HOUIN, 9e éd., nos 719 à 728 – VALLANSAN *ET ALII*, 6e éd., p. 168 à 171 – VALLENS, 2015, nos 3378 à 3386 – VIDAL et GIORGINI, nos 717, 718 – VOINOT, 2e éd., nos 415 à 417.

> Articles. Derrida, « À propos de la modification de l'article 57 de la loi du 25 janvier 1985 par la loi du 10 juin

1994 », *D.* 1995. Chron. 257 – Grosjean, « Le sort des inscriptions hypothécaires sur les immeubles appartenant concurremment au débiteur en redressement judiciaire et à d'autres personnes », *Defrénois* 1999. 1345, 36891.

650.04 Questions principales.

• Est-il possible après jugement d'ouverture de renouveler une sûreté ?

* V. ss no 652.15.

• Est-il possible, après inscription d'une hypothèque judiciaire provisoire, de prendre, après jugement, l'hypothèque définitive ?

* V. ss no 652.16.

651. Arrêt du cours des inscriptions de sûretés

SECTION 0

ORIENTEUR

651.00 **Plan du chapitre.**

Sect. 651.10 Énoncé et fondement de la règle de l'arrêt du cours des inscriptions de sûreté

Sect. 651.20 Domaine de la règle de l'arrêt du cours des inscriptions de sûreté

Sect. 651.30 Effets de la règle de l'arrêt du cours des inscriptions de sûreté

SECTION 651.10

ÉNONCÉ ET FONDEMENT DE LA RÈGLE DE L'ARRÊT DU COURS DES INSCRIPTIONS DE SÛRETÉ

651.11 **Énoncé de la règle de l'arrêt du cours des inscriptions de sûreté.** L'article L. 621-50, alinéa 1er du code de commerce (anct L. 25 janv. 1985[1], art. 57, al. 1er) énonce que « les hypothèques, nantissements et privilèges ne peuvent plus être inscrits postérieurement au jugement d'ouverture du redressement judiciaire ». La solution est reprise par l'article L. 622-30, issu de la rédaction que lui donne la loi de sauvegarde des entreprises. L'ordonnance du 18 décembre 2008[2] a ajouté à la liste des sûretés visées le gage. Ce texte de la procédure de sauvegarde est applicable en redressement judiciaire (C. com., art. L. 631-14, I, devenu C. com., art. L. 631-14, al. 1er, réd. ord. 18 déc. 2008) et en liquidation judiciaire (C. com., art. L. 641-3, al. 1er).

651.12 **Portée de la règle de l'arrêt du cours des inscriptions de sûreté – Situation de l'EIRL – Situation des créanciers dans la sauvegarde financière accélérée.** La portée de l'arrêt du cours des inscriptions n'est pas limitée à la seule période d'observation[3] de la procédure de sauvegarde ou de redressement judiciaire. L'arrêt jouera également en phase de liquidation judiciaire.

Pendant l'exécution du plan de continuation, de redressement ou de sauvegarde, les créanciers soumis au plan ne pourront inscrire une sûreté en garantie de leurs créances. En revanche, les créanciers postérieurs au jugement d'ouverture (v. ss no 651.14) et ceux dont la créance est née après l'arrêté du plan peuvent inscrire des sûretés sur les biens du débiteur.

En présence d'un entrepreneur individuel à responsabilité limitée (EIRL), les créanciers ne sont soumis à la discipline collective que de façon distributive, en raisonnant au regard du patrimoine concerné par la procédure collective. La solution résulte clairement de l'article L. 680-3 nouveau du code de commerce, selon lequel « les dispositions du livre VI du code de commerce qui intéressent les droits ou obligations des créanciers du débiteur EIRL s'appliquent, sauf dispositions contraires, dans les limites du seul patrimoine affecté à l'activité en difficulté ou, si l'activité est exercée sans affectation de patrimoine, du seul patrimoine non affecté ». Ce critère permet de déterminer les biens faisant l'objet de la règle de l'arrêt du cours des inscriptions de sûretés : il s'agit des biens logés dans le patrimoine concerné par la procédure collective[4].

La sauvegarde financière accélérée créée par l'article 57 de la loi du 22 octobre 2010[5] est une

1. L. no 85-98, 25 janv. 1985, *JO* 26 janv., p. 1097.
2. Ord. no 2008-1345, 18 déc. 2008, *JO* 19 déc., p. 19462.
3. V. les travaux préparatoires très clairs de la loi du 25 janvier 1985 à ce sujet : amend. no 56 et interv. Badinter, *JOAN CR* 9 avr. 1984, p. 1287 – *Adde*, Soinne, no 1077 – Kerckhove, no 544.
4. aussi : J.-cl. com., Saint-Alary-Houin et Macorig-Venier, fasc. 2365, [Redressement et liquidation judiciaires – Situation des créanciers – Interdiction des inscriptions], 2014, no 6.
5. L. no 2010-1249, 22 oct. 2010, *JO* 23 oct., p. 18984.

procédure semi collective. L'admstrateur judiciaire va constituer le comité des)lissements de crédit, et réunir une assemblée géale des obligataires, le cas échéant. Ces deux ent vont voter sur le projet de plan et ce dernier seraopté à la majorité des deux tiers en montant de ;ance. Ne participent au vote que les seuls créancs dont les droits sont affectés par le plan. Les créaiers, qui ne sont pas membres des établissements : crédit et qui ne sont pas des obligataires, ne soı pas soumis à la procédure collective, en appliction de l'article L. 628-1 du code de commerce (ré. L. 22 oct. 2010). En conséquence, ils ne sont)as concernés par la règle de l'arrêt du cours du cours des inscriptions de sûretés, seuls les créanciers, dont les droits seront affectés par le plan, membres du comité des établissements de crédit ou obligataires étant soumis à cette règle.

651.13 Fondement de la règle de l'arrêt du cours des inscriptions de sûreté. Le fondement de la règle doit être recherché dans la volonté de « geler le patrimoine du débiteur », comme cela résulte des travaux préparatoires de la loi du 25 janvier 1985[1]. Ce gel se révélera précieux pour assurer le sauvetage de l'entreprise[2], dans la mesure où le crédit de celle-ci ne pourra plus être entamé après redressement judiciaire par des créanciers antérieurs.

Bien que la règle de l'article L. 621-50 du code de commerce, dans sa rédaction antérieure à la loi de sauvegarde des entreprises, celle de l'article L. 622-30, dans la rédaction issue de loi de sauvegarde des entreprises, n'ait pas un objectif sécuritaire pour les créanciers[3], elle contribue également à assurer très efficacement le respect de la règle de l'égalité des créanciers[4], en empêchant un créancier chirographaire de devenir, après jugement d'ouverture, créancier privilégié. Le notaire commet une faute si, par son fait, le créancier ne dispose dans la procédure collective de son débiteur que d'une créance chirographaire[5].

651.14 Créanciers concernés par la règle de l'arrêt du cours des inscriptions de sûreté. L'article L. 641-50 du code de commerce, avant la loi de sauvegarde des entreprises et l'article L. 622-30, depuis cette loi, indiquent que « Les hypothèques, nantissements et privilèges ne peuvent plus être inscrits postérieurement au jugement d'ouverture. » L'ordonnance du 18 décembre 2008[6] a ajouté à la liste des sûretés visées les gages.

L'expression « ne peuvent plus » n'est pas équivalente à celle de « ne peuvent pas ». Il y a là un argument de texte permettant de cantonner l'application de la règle aux seules sûretés constituées avant le jugement d'ouverture[7].

Sous l'empire de la législation antérieure à la loi de sauvegarde des entreprises, les créanciers postérieurs avaient en conséquence la possibilité d'inscrire des sûretés réelles en garantie de leurs créances[8], la solution ayant été posée en jurisprudence par une juridiction du fond[9], avant que la Cour de cassation ne partage l'analyse[10]. Cette possibilité subsiste, sous l'empire de la loi de sauvegarde des entreprises[11].

Toutefois, il faut bien comprendre que le débiteur, à moins d'être autorisé par le juge-commissaire, ne pourra octroyer après jugement d'ouverture, une sûreté réelle pour garantir une dette antérieure. Au-delà de la publication de la sûreté, c'est l'octroi-même de la sûreté, qui constitue un acte de disposition dépassant la gestion courante, qui est prohibé. Cette affirmation permet de comprendre pourquoi seuls les créanciers postérieurs au jugement d'ouverture éligibles au traitement préférentiel et non pas tous les créanciers postérieurs, pourront prendre une sûreté réelle sur un bien du débiteur.

SECTION 651.20
DOMAINE DE LA RÈGLE DE L'ARRÊT DU COURS DES INSCRIPTIONS DE SÛRETÉ

651.21 Sûretés immobilières visées par la règle de l'arrêt du cours des inscriptions. L'article L. 621-50, alinéa 1er du code de commerce (anc^t^ L. 25 janv. 1985[12], art. 57, al. 1er), dans sa rédaction antérieure à la loi de sauvegarde des entreprises et l'article

1. L. n° 85-98, 25 janv. 1985, préc. – *Rapp. Gouzes*, *JO* doc. adm. n° 1872, p. 85 – *Adde*, SOINNE, n° 1076.
2. SAINT-ALARY-HOUIN, 9e éd., n° 719 – RIPERT ET ROBLOT, n° 2976.
3. DERRIDA *ET ALII*, n° 343.
4. Lèguevaques, « L'égalité des créanciers dans les procédures collectives : flux et reflux », *Gaz. Pal.* 27-29 janv. 2002, Doctr. 18.
5. Civ. 1re, 29 juin 2004, n° 03-14.841, NP.
6. Ord. n° 2008-1345, 18 déc. 2008, préc.
7. AUSSI : PÉTEL, 8e éd., n° 198 – JACQUEMONT, 7e éd. 2011, n° 488 – J.-CL. COM., Saint-Alary-Houin et Macorig-Venier, fasc. 2365, [Redressement et liquidation judiciaires – Situation des créanciers – Interdiction des inscriptions], 2014, n° 140.
8. Les débats parlementaires de la loi du 25 janvier 1985 sont très clairs sur ce point : amend. n° 56 et interv. Badinter, *JOAN CR* 9 avr. 1984, p. 1296 – *Adde*, SOINNE, n° 1077 – PÉTEL, 3e éd., n° 203 – PÉROCHON ET BONHOMME, 6e éd., n° 187, note 151.
9. T. com. Dijon, 2e ch., 12 juin 1990, cité dans SOINNE, note n° 3213.
10. Com. 4 nov. 2014, n° 13-24.561, NP; n° 952 F-D; *Rev. proc. coll.* 2015, comm. 108, note Macorig-Venier.
11. PÉTEL, 8e éd., n° 198 – PÉROCHON, 10e éd., n° 653 – JACQUEMONT, 7e éd. 2011, n° 488.
12. L. n° 85-98, 25 janv. 1985, préc.

L. 622-30, alinéa 1er, dans sa rédaction issue de la loi de sauvegarde des entreprises, visent les hypothèques, nantissements et privilèges. Sont ainsi concernées toutes les sûretés réelles immobilières.

Il s'agira d'abord des hypothèques. Le texte ne distinguant pas, il importera peu qu'il s'agisse d'hypothèques conventionnelles ou légales. La règle s'applique aux hypothèques légales du Trésor[1], de la Douane[2] ou de la Sécurité sociale[3].

En ce qui concerne l'hypothèque légale des époux, il convient de rappeler que seule est dispensée de décision de justice l'hypothèque légale prise par le jeu de conventions matrimoniales passées entre époux mariés sous le régime de la participation aux acquêts (C. civ., art. 2136). Cette hypothèque n'est efficace que si elle a été publiée. Elle est donc concernée par la règle de l'arrêt du cours des inscriptions.

Dans les autres régimes matrimoniaux, l'hypothèque légale des époux ne peut intervenir que sur décision de justice (C. civ., art. 2137, devenu C. civ., art. 2403). Elle joue comme les hypothèques judiciaires, puisqu'il est ici également possible d'inscrire une hypothèque provisoire. Si elle est inscrite avant jugement d'ouverture, elle est efficace. Dès lors, l'hypothèque définitive, qui se substituera à l'hypothèque provisoire, pourra être inscrite après jugement[4].

Une autre variété d'hypothèque légale des époux concerne l'hypothèque prise sur ordre du tribunal, en cas de transfert judiciaire de pouvoirs d'un époux à l'autre, par application des articles 1426 et 1429 du code civil. Ici encore, cette hypothèque n'est efficace que si elle est publiée, ce que peut interdire le jugement d'ouverture de l'un des époux, par application de l'article L. 621-50, alinéa 1er du code de commerce[5], devenu l'article L. 622-30, alinéa 1er dans la rédaction que lui donne la loi de sauvegarde des entreprises.

Il pourra également s'agir d'une hypothèque judiciaire[6]. Pour cette dernière catégorie, l'inscription d'hypothèque judiciaire provisoire ne pourra intervenir après jugement d'ouverture. Rien n'interdira cependant de prendre une hypothèque judiciaire provisoire sur immeuble appartenant au dirigeant social, après jugement d'ouverture de la société[7].

C'est pourquoi, lorsque *le débiteur* a obtenu une ordonnance de rétractation de l'hypothèque judiciaire provisoire, le créancier ne peut, après jugement d'ouverture, obtenir réformation de cette décision et, par voie de conséquence, ne peut faire procéder au rétablissement de l'hypothèque provisoire radiée[8]. Des précisions devront en outre être apportées, en ce qui concerne l'inscription de l'hypothèque judiciaire définitive, qui fait suite à l'inscription d'hypothèque judiciaire provisoire (v. s[s] n° 652.16).

La prise d'une hypothèque de jugement sera quant à elle interdite.

La règle joue également pour l'antichrèse, même si la précision qu'apportait l'article 2072 du code civil, qui voyait dans l'antichrèse un nantissement immobilier, a été supprimée par l'ordonnance du 23 mars 2006[9]. En effet, la doctrine pose en règle que toutes les sûretés réelles soumises à publicité sont concernées par la règle de l'interdiction du cours des inscriptions[10].

Il y a ensuite les privilèges immobiliers spéciaux, qu'il s'agisse du privilège du copartageant (C. civ., art. 2103, 3° devenu C. civ., art. 2374, 3°), ou du privilège de la séparation des patrimoines (C. civ., art. 2111), devenu le privilège institué par la loi du 23 juin 2006[11] (art. 29-3), codifié à l'article 2374, 6° du code civil. Il y a encore le privilège des architectes et entrepreneurs (C. civ., art. 2110, devenu C. civ., art. 2382). Ce dernier privilège est soumis à une double formalité de publication. Selon l'article 2382, 2° du code civil, le privilège est valable à dater de l'inscription du procès-verbal qui constate l'état des lieux, mais à condition que le procès-verbal de réception ait été inscrit. La jurisprudence estime qu'il suffit que le premier procès-verbal ait été publié avant jugement d'ouverture, la publicité du second procès-verbal pouvant intervenir efficacement après le jugement d'ouverture[12].

La règle de l'arrêt s'applique aussi au privilège de prêteur de deniers[13].

1. RIPERT ET ROBLOT, n° 2978 – J.-CL. COM., Saint-Alary-Houin et Macorig-Venier, fasc. 2365, [Redressement et liquidation judiciaires – Situation des créanciers – Interdiction des inscriptions], 2014, n° 21.
2. T. com. Cherbourg, et TGI Caen, 8 oct. 1960, *RTD com.* 1960. 905, obs. Houin.
3. Com. 12 nov. 1979, n° 78-10.859, *Bull. civ.* IV, n° 284.
4. J.-CL. COM., Saint-Alary-Houin et Macorig-Venier, fasc. 2365, [Redressement et liquidation judiciaires – Situation des créanciers – Interdiction des inscriptions], 2014, n° 19 – SOINNE, n° 1080.
5. J.-CL. COM., Saint-Alary-Houin et Macorig-Venier, fasc. 2365, [Redressement et liquidation judiciaires – Situation des créanciers – Interdiction des inscriptions], 2014, n° 20.
6. RIPERT ET ROBLOT, n° 2978 – J.-CL. COM., Saint-Alary-Houin et Macorig-Venier, fasc. 2365, [Redressement et liquidation judiciaires – Situation des créanciers – Interdiction des inscriptions], 2014, n° 15 – *Adde*, Nancy, 4 avr. 1933, S. 1933. II. 143.
7. Com. 11 avr. 1995, n° 92-21.563, NP.
8. Com. 9 mai 1995, n° 93-10.989, NP, *RJDA* 1995, n° 1283.
9. Ord. n° 2006-346, 23 mars 2006, *JO* 24 mars, p. 4475.
10. PÉTEL, 8e éd., n° 199 – SAINT-ALARY-HOUIN, 9e éd., n° 720.
11. L. n° 2006-728, 23 juin 2006, *JO* 24 juin, p. 9513.
12. Limoges, 1er août 1847, *DP* 1847, II, p. 147.
13. Com. 24 mars 2009, n° 08-11.055, NP; n° 279 F-D; *Gaz. proc. coll.* 2009/3, p. 29, n° 3, note Roussel Galle; *Rev. proc. coll.* 2009/5, p. 47, comm. 114, note Macorig-Vénier; SUR POURVOI DE : Paris, 3e ch. A, 2 oct. 2007, RG n° 06/18938.

L'arrêt du cours des inscriptions concerne enfin le privilège du vendeur d'immeuble. On précisera, pour ce dernier, que la publicité du privilège avant jugement d'ouverture n'aura pas pour effet d'autoriser son bénéficiaire à exercer l'action résolutoire, qui se trouve paralysée par la règle de l'arrêt des poursuites individuelles (v. s^s n° 621.76).

Les privilèges généraux sur les immeubles, en revanche, ne peuvent être concernés par la règle de l'arrêt du cours des inscriptions, puisqu'ils ne sont pas soumis à publication (C. civ., art. 2107, devenu C. civ., art. 2378). Il en est ainsi du privilège des frais de justice, du privilège général des salaires et du privilège des droits d'auteurs-compositeurs (CPI, art. L. 131-8 [anc^t L. 11 mars 1957, art. 58 à 63-6]).

Malgré le silence du texte légal, on n'imagine mal comment une fiducie-sûreté comprenant un bien dont l'aliénation est soumise à publicité, par exemple un immeuble, pourrait être opposable à la procédure collective au titre du bien soumis à publicité, si cette dernière n'est pas effectuée au jour du jugement d'ouverture.

651.22 Sûretés mobilières visées par la règle de l'arrêt du cours des inscriptions. Le texte de l'article L. 621-50 du code de commerce (anc^t L. 25 janv. 1985[1], art. 57), dans sa rédaction antérieure à la loi de sauvegarde des entreprises, l'article L. 622-30, alinéa 1er, dans sa rédaction issue de la loi de sauvegarde des entreprises, visent les hypothèques, nantissements et privilèges.

Sont d'abord visées les hypothèques mobilières, qu'il s'agisse des hypothèques maritimes, fluviales ou sur aéronefs.

Sont ensuite cités les nantissements. Sont donc concernés, le gage sur véhicule automobile et, depuis la réforme du droit des sûretés, opérée par l'ordonnance du 23 mars 2006[2], les gages par inscription. Le nantissement sur matériel et outillage, devenu le gage sur matériel et outillage depuis l'ordonnance du 23 mars 2006, est également visé. À cet égard, le changement terminologique opéré par l'ordonnance du 23 mars 2006 en matière de gage doit rester sans conséquence, toutes les sûretés réelles soumises à publicité par inscription étant concernées par la règle de l'arrêt des poursuites individuelles[3].

Il faut encore faire état du nantissement sur fonds de commerce, qu'il s'agisse du nantissement conventionnel ou judiciaire. Comme pour les hypothèques judiciaires, le nantissement provisoire ne pourra plus être inscrit après le jugement d'ouverture. Cependant, des précisions devront être apportées pour l'inscription du nantissement judiciaire définitif (v. s^s n° 652.16). Il faut en revanche exclure le privilège du vendeur de fonds de commerce (v. s^s n° 652.12).

La règle s'applique encore aux divers warrants soumis à publicité, tel le warrant agricole (L. 30 avr. 1906, art. 3 et 4), pétrolier (L. 21 avr. 1932, art. 2) ou hôtelier (L. 8 août 1913, art. 4), ainsi que le nantissement des films cinématographiques (C. ind. cin., 27 janv. 1956, art. 30 à 44).

Le texte cite encore les privilèges. Les privilèges généraux mobiliers soumis à publicité sont donc concernés par la règle de l'arrêt du cours des inscriptions. La disposition ici analysée s'applique en conséquence aux privilèges de la Sécurité sociale[4], aux privilèges fiscaux, dès lors du moins qu'il s'agit de créances que le Trésor public était tenu d'inscrire à la date du jugement d'ouverture (C. com., art. L. 621-50, al. 2, et depuis la loi de sauvegarde des entreprises, C. com., art. L. 622-30, al. 2, *a contrario*).

Malgré le silence du texte légal, on n'imagine mal comment une fiducie-sûreté comprenant un bien dont l'aliénation est soumise à publicité, par exemple un fonds de commerce, pourrait être opposable à la procédure collective au titre du bien soumis à publicité, si cette dernière n'est pas effectuée au jour du jugement d'ouverture.

651.23 Biens visés par la règle de l'arrêt du cours des inscriptions de sûreté. La règle de l'arrêt du cours des inscriptions pose deux difficultés tenant au statut des biens.

La première concerne l'hypothèse de biens indivis entre deux personnes, mariées ou non, dont l'une fait l'objet d'une procédure collective. Est-il possible d'inscrire une sûreté du chef du coïndivisaire *in bonis* ? Il n'y a à cela aucun obstacle. En effet, la sûreté consentie sur un bien indivis par un seul des indivisaires est reportée en cas de vente du bien grevé, sur la fraction du prix qui est attribuée au constituant. La sûreté est donc valable à concurrence de la part détenue par le coïndivisaire sur le bien grevé. Fort logiquement, la Cour de cassation admet, en conséquence, et dans cette limite, la possibilité d'inscrire une sûreté du chef d'un indivisaire *in bonis*, nonobstant l'arrêt du cours des inscriptions, qui interdit l'inscription de la sûreté sur le coïndivisaire sous procédure collective[5].

1. L. n° 85-98, 25 janv. 1985, préc.
2. Ord. n° 2006-346, 23 mars 2006, préc.
3. PÉTEL, 8e éd., n° 199 – SAINT-ALARY-HOUIN, 9e éd., n° 720.
4. Com. 25 avr. 1989, n° 87-13.526, *Bull. civ.* IV, n° 88 – Soc. 3 mai 1989, n° 88-11.810, *Bull. civ.* V, n° 332 ; *D.* 1989. Somm. 371, obs. Honorat.
5. Com. 20 juin 1995, n° 93-10.331, *Bull. civ.* IV, n° 183 ; *Quot. Jur.* 1995, n° 75, p. 4, note P. M. ; *D.* 1997. Jur. 1, rapp. Rémery ; *D.* 1996. Somm. 205, obs. Piedelièvre ; *LPA* 17 avr. 1996, p. 11, note Honorat et Henry – *Adde*, Grosjean, « Le sort des inscriptions hypothécaires sur les immeubles appartenant concurremment au débiteur en redressement judiciaire et à d'autres personnes », *Defrénois* 1999. 1345, 36891, spéc. n°s 7 s.

La seconde difficulté concerne l'hypothèse de biens communs. Est-il possible d'inscrire une sûreté sur un bien commun du chef de l'époux qui est resté *in bonis* ? Cette question sera traitée ultérieurement (v. s[s] n° 741.47).

SECTION 651.30

EFFETS DE LA RÈGLE DE L'ARRÊT DU COURS DES INSCRIPTIONS DE SÛRETÉ

651.31 Effets de la règle de l'arrêt du cours des inscriptions de sûreté. L'article L. 621-50 du code de commerce (anc[t] L. 25 janv. 1985[1], art. 57), dans sa rédaction antérieure à la loi de sauvegarde des entreprises et l'article L. 622-30, dans sa rédaction issue de la loi de sauvegarde des entreprises, édictent un arrêt du cours des inscriptions de sûretés « postérieurement au jugement d'ouverture ». Compte tenu de la rétroactivité du jugement d'ouverture à 0 heure du jour de son prononcé, l'inscription, pour être valable, devra être prise au plus tard la veille du jour du jugement d'ouverture, sauf à tomber alors éventuellement sous le coup des nullités de la période suspecte (v. s[s] n°s 823.51 s.). L'inscription prise le jour du jugement d'ouverture ne sera pas efficace puisqu'elle sera considérée comme prise après le jugement d'ouverture[2]. La solution avait déjà été posée en jurisprudence sous l'empire de la législation du 13 juillet 1967[3].

Il reste à déterminer la sanction de l'inscription faite au mépris de l'interdiction. Il ne peut s'agir d'une caducité car le jugement d'ouverture par hypothèse, précède l'acte. Or, la caducité se définit comme la privation d'effet d'un acte juridique valable, en raison de la survenance d'un fait postérieur à sa création[4]. Il a été soutenu qu'il ne pouvait être question que d'une nullité[5], au demeurant absolue[6], sanction classique d'un acte interdit. Il fallait, de cette analyse, tirer la conséquence que les organes de la procédure ne pouvaient y renoncer[7] et que tout intéressé pouvait se prévaloir de la nullité[8]. Des juridictions du fond avaient cependant opté pour l'inopposabilité de l'inscription à la procédure[9]. Cette solution est celle retenue par la Cour de cassation, qui énonce que l'inscription d'hypothèque effectuée après le jugement d'ouverture est inopposable à la procédure collective[10]. La solution est suivie par les juridictions du fond[11]. Il faut donc admettre que la procédure collective joue ici le rôle de tiers, à l'instar de la masse des créanciers, sous l'empire de la loi du 13 juillet 1967.

La différence entre la nullité et l'inopposabilité à la procédure collective n'est guère perceptible en cas de liquidation judiciaire. En revanche, si après l'inscription intervenue en période d'observation, le débiteur obtient un plan de continuation, de sauvegarde ou de redressement, l'inscription reste efficace à l'égard du débiteur. En cas de résolution de ce même plan, l'inscription inopposable à la première procédure collective ne le sera pas à la seconde procédure ouverte suite à la résolution du plan[12].

La sanction étant posée, toute difficulté ne s'en trouve pas pour autant aplanie. Ainsi, le conservateur des hypothèques ou le greffier du tribunal, informé de l'ouverture de la procédure collective, devront-ils rejeter la formalité qui leur est présentée ? Sans doute, peut-il être constaté, s'agissant du premier, que le conservateur des hypothèques peut refuser le dépôt ou même rejeter la formalité dans certains cas. Mais ces cas semblent bien être limitativement énumérés. Or, l'arrêt du cours des inscriptions n'est pas visé par le décret du 4 janvier 1955. En outre, le jugement d'ouverture, n'est pas publié à la conservation des hypothèques. Le conservateur des hypothèques, et désormais l'administrateur des finances publiques, ne semble pas avoir l'obligation de se renseigner sur l'éventuelle procédure de redressement ou de liquidation judiciaire atteignant celui sur le bien duquel la formalité est requise[13]. La solution doit être étendue à l'ouverture d'une procé-

1. L. n° 85-98, 25 janv. 1985, préc.
2. Com. 2 oct. 2007, n° 06-20.140, NP; n° 1045 F-D.
3. L. n° 67-563, 13 juill. 1967, *JO* 14 juill., p. 7059 – Com. 3 mai 1976, n° 74-14.240, *Bull. civ.* IV, n° 141; *RTD com.* 1968. 112, obs. Hémard – Com. 12 nov. 1979, n° 78-10.859, *Bull. civ.* IV, n° 284.
4. Cabrillac (dir.), *Dictionnaire du vocabulaire juridique*, « Objectif droit », Litec, 2002, *V° Caducité*, p. 53.
5. Macorig-Venier, *Les sûretés sans dépossession dans le redressement et la liquidation judiciaires des entreprises*, th., Toulouse, 1992, n°s 153 à 156.
6. Fremont, « Les nouvelles procédures de règlement collectif au regard de la publicité foncière », *JCP N* 1997. 1, n° 77 – J.-CL. COM., Saint-Alary-Houin et Macorig-Venier, fasc. 2365, [Redressement et liquidation judiciaires – Situation des créanciers – Interdiction des inscriptions], 2014, n° 7.
7. Kornmann, « *Procédures* collectives, publicité foncière et sûretés immobilières – À propos de l'article 57 de la loi de 1985 », *LPA* 1990, n°s 92-93.
8. RIPERT ET ROBLOT, n° 2977.
9. Colmar, ch. civ., 1re et 2e sect., 16 mars 1998, *Rev. proc. coll.* 2001, p. 249, n° 5, obs. Macorig-Venier – T. com. Paris, 2 avr. 1998, *Rev. proc. coll.* 2000, 15, n° 12, obs. Macorig-Venier.
10. Com. 7 nov. 2006, n° 05-11.551, NP; n° 1194 F-D; *LXB hebdo* n° 241, 20 déc. 2006, n° N4237A9S, note Le Corre.
11. Paris, 3e ch. A, 2 oct. 2007, RG n° 06/18938.
12. AUSSI, J.-CL. COM., Saint-Alary-Houin et Macorig-Venier, fasc. 2365, [Redressement et liquidation judiciaires – Situation des créanciers – Interdiction des inscriptions], 2014, n° 7.
13. Macorig-Venier, *Les sûretés sans dépossession dans le redressement et la liquidation judiciaires des entreprises*, th., Toulouse, 1992, n°s 153 à 158.

dure de sauvegarde. Il faut donc décider que le jugement d'ouverture n'est pas au rang des cas autorisant le conservateur des hypothèques à refuser l'inscription sollicitée, les opinions étant cependant divergentes sur la question[1]. Le conservateur des hypothèques, comme le greffier, devront plutôt se contenter d'attirer l'attention du requérant sur la difficulté. Autoriser le conservateur des hypothèques ou le greffier du tribunal, selon le cas, à rejeter la formalité pour le motif tiré de l'ouverture de la procédure collective pourrait être source de fâcheuses conséquences, en cas de nullité du jugement d'ouverture, qui viendrait à être subséquemment prononcée[2]. En effet, le débiteur serait considéré comme n'ayant jamais été soumis à une procédure collective. Le créancier serait alors chirographaire. D'autres créanciers, dès l'annulation de la décision, auront pu s'inscrire sur le bien, primant ainsi le créancier auquel la possibilité d'inscription a été refusée, pour un motif qui rétroactivement n'existe plus.

La deuxième difficulté est de savoir si l'inopposabilité de l'inscription pourra être poursuivie alors que l'assignation tendant à obtenir cette sanction n'a pas été publiée à la conservation des hypothèques, dans les trois mois, dans le respect du décret du 4 janvier 1955. Une juridiction a répondu par la négative[3], ce qui peut être discuté, compte tenu du maintien de l'efficacité de l'inscription dans les rapports du créancier et du débiteur.

1. EN CE SENS : DERRIDA *ET ALII*, note 1371 – *CONTRA* : SOINNE, n° 1077 – J.-CL. COM., Saint-Alary-Houin et Macorig-Venier, fasc. 2365, [Redressement et liquidation judiciaires – Situation des créanciers – Interdiction des inscriptions], 2014, n° 9 – KERCKHOVE, n° 544 – Grosjean, « Le sort des inscriptions hypothécaires sur les immeubles appartenant concurremment au débiteur en redressement judiciaire et à d'autres personnes », *Defrénois* 1999. 1345, 36891, n° 10.
2. DERRIDA *ET ALII*, note 1371.
3. Paris, 3e ch. B, 28 mai 1999, *D. Affaires* 1999. 1118.

CHAPITRE

652. Continuation du cours des inscriptions de sûretés

SECTION 0
ORIENTEUR

652.00 **Plan du chapitre.**

Sect. 652.10 Sûretés non concernées par la règle de l'arrêt du cours des inscriptions de sûretés

SECTION 652.10
SÛRETÉS NON CONCERNÉES PAR LA RÈGLE DE L'ARRÊT DU COURS DES INSCRIPTIONS DE SÛRETÉS

652.11 **Privilège du Trésor public.** L'article L. 621-50, alinéa 2 du code de commerce (anc[t] L. 25 janv. 1985[1], art. 57, al. 2), dans sa rédaction antérieure à la loi de sauvegarde des entreprises[2], énonce que « le Trésor public conserve son privilège pour les créances qu'il n'était pas tenu d'inscrire à la date du jugement d'ouverture et pour les créances mises en recouvrement après cette date, si ces créances sont déclarées dans les conditions prévues à l'article L. 621-43 [anc[t] L. 25 janv. 1985, art. 50] ». La solution est reproduite par l'article L. 622-30, alinéa 2 du code, dans la rédaction que lui donne la loi de sauvegarde des entreprises, la disposition visant désormais les créances « déclarées dans les conditions prévues à l'article L. 622-24 ».

Indiquons d'abord que le Trésor public, dans certaines situations, est obligé, par l'effet de la loi, d'inscrire son privilège. Il en est ainsi dans quatre hypothèses, résultant pour les trois premières de l'article 3 de la loi du 28 décembre 1966[3] et pour la dernière de la loi du 1er mars 1984[4], en son article 46 :

1° lorsque le redevable a encouru une majoration pour défaut de paiement des impôts directs ;

2° lorsqu'un titre exécutoire a été émis pour les taxes sur le chiffre d'affaires et assimilés et les contributions indirectes ;

3° lorsqu'un titre exécutoire ou un titre autorisant la prise de mesures conservatoires a été émis pour les créances en matière douanière ;

4° lorsque les créances dues par un redevable dépassent un montant minimum, fixé à 12 200 euros (80 000 francs) au dernier jour du trimestre civil.

Un amendement présenté par le rapporteur pour avis au nom de la commission des finances tendait à supprimer l'obligation de la publicité des privilèges fiscaux tant que les créances qui en bénéficient font l'objet d'une négociation en procédure de conciliation[5]. Cet amendement a été rejeté[6].

La loi de sauvegarde des entreprises, à la suite d'un amendement de la commission des lois du Sénat, a toutefois supprimé le seuil quantitatif d'inscription du privilège. L'article 1929 *quater*-3, 4°, tel qu'il résulte de la rédaction que lui a donnée la loi de sauvegarde des entreprises, dispose que « la publicité est obligatoire lorsque les sommes dues, au titre d'un semestre civil, par un redevable à un même poste comptable ou service assimilé et susceptibles d'être inscrites demeurent impayées ». La suppression du seuil quantitatif a été justifiée par l'observation que, pour des petites entreprises, le montant de 12 200 euros était déjà considérable, alors qu'évidemment, pour de grandes entreprises, il est bien modeste[7].

Toutefois, la loi de finances rectificative pour 2005 du 30 décembre 2005[8], a rétabli, en son

1. L. n° 85-98, 25 janv. 1985, *JO* 26 janv., p. 1097.
2. L. n° 2005-845, 26 juill. 2005, *JO* 27 juill., p. 12187.
3. L. n° 66-1007, 28 déc. 1966, *JO* 29 déc., p. 11621.
4. L. n° 84-148, 1er mars 1984, *JO* 2 mars, p. 751.
5. Avis n° 2099 de Jérôme Chartier, *Doc. AN*, p. 21.
6. *JOAN CR*, 3e séance du 8 mars 2005, p. 1813.
7. *Rapp. J.-J. Hyest*, n° 335, p. 550.
8. L. n° 2005-1720, 30 déc. 2005, *JO* 31 déc., p. 20654.

article 102, le principe d'un seuil d'inscription. Ce texte est entré en application le 1er janvier 2007.

Les modalités d'application de ce texte ont été précisées par le décret n° 2007-568 du 17 avril 2007[1]. Il a notamment été précisé que l'octroi de délais de paiements – hypothèse de la conciliation ou du plan de sauvegarde ou de redressement – ne fait pas obstacle à la publication du privilège (CGI, art. 396-*bis*-2, *in fine*, réd. D. 17 avr. 2007, art. 1er, C. douanes, art. 379-*bis*, II) La publicité doit être requise au plus tard le 28 février ou le 29 février pour les sommes dues au 31 décembre de l'année précédente, le 31 août pour les sommes dues au 30 juin (CGI, art. 396-*bis*-2, *in fine*, C. douanes, art. 379-*bis*, II). Chaque nouvelle inscription rend caduque l'ancienne publication (CGI, art. 396-*bis*-6, *in fine*, réd. D. 17 avr. 2007, art. 1er, C. douanes, art. 379-*bis*-VI).

Il a toutefois fallu attendre le décret n° 2007-1356 du 13 septembre 2007[2] pour que les seuils soient à nouveau précisés. Dans l'intervalle, la publicité a été obligatoire quel que soit le montant des sommes dues, dès lors qu'un semestre civil était resté impayé[3]. À partir de 2009, ce délai a été augmenté de trois mois pour être porté à 9 mois par l'article 38 de la loi de finances rectificative du 30 décembre 2008[4]. Cette nouvelle disposition s'applique aux créances nées à compter du 1er juillet 2008.

Les seuils nouveaux à partir desquels la publication du privilège est obligatoire, lorsqu'à la fin de cette période, existent des impayés, sont ainsi fixés par l'article 416-*bis* de l'annexe II au code général des impôts :

1° 6 000 euros pour les débiteurs dont le chiffre d'affaires ou le montant des recettes n'excède pas 763 000 euros. Ces sommes correspondent au montant porté sur la déclaration de résultats afférente soit à l'exercice clos au cours de l'avant-dernière année civile précédente pour la publication au titre du premier semestre de l'année courante, soit à l'exercice clos au cours de la dernière année civile précédente pour la publication au titre du second semestre de l'année courante;

2° 10 000 euros pour les débiteurs dont le chiffre d'affaires ou le montant des recettes est supérieur à 763 000 euros;

3° 6 000 euros lorsque les redevables n'ont pas déposé les déclarations de résultats qu'ils étaient tenus de souscrire, ou lorsque les redevables ne sont pas tenus de ces déclarations de résultats ou encore lorsqu'ils ont débuté leur activité dans l'année courante ou au cours de l'année civile précédente.

Ainsi que l'envisagent les articles L. 621-50 du code, avant *la loi de sauvegarde, et L. 622-30, depuis* la loi de sauvegarde, « le Trésor public conserve son privilège pour les créances qu'il n'était pas tenu d'inscrire à la date du jugement d'ouverture ». L'inscription doit toutefois être prise au plus tard deux mois après l'expiration de chaque période. Si elle a été effectuée ultérieurement, il y a place à radiation de l'inscription[5].

Le code de commerce envisage une deuxième hypothèse dans laquelle le Trésor public pourra, après jugement d'ouverture, inscrire son privilège : celle dans laquelle il est titulaire de créances mises en recouvrement après le jugement d'ouverture, si ces créances sont déclarées dans les conditions prévues à l'article L. 621-43 [anct L. 25 janv. 1985, art. 50], devenu avec la loi de sauvegarde l'article L. 622-24. Le Trésor public devra en conséquence être titulaire de créances non couvertes par un titre exécutoire et devra avoir déclaré ces créances à titre provisionnel dans les délais classiques de déclaration des créances[6].

L'absence d'inscription du privilège, conformément au droit commun, conduira à considérer le Fisc comme un créancier chirographaire. La discussion sur le privilège ne pourra cependant intervenir pour la première fois en cause d'appel, alors que, devant le juge-commissaire, la discussion n'avait porté que sur le montant de la créance fiscale[7].

652.12 Privilège du vendeur de fonds de commerce. La deuxième exception est posée par l'article L. 621-50, alinéa 3 du code de commerce (anct L. 25 janv. 1985[8], art. 57, al. 3), dans sa rédaction antérieure à la loi de sauvegarde, l'article L. 622-30, alinéa 3, dans la rédaction que lui donne la loi de sauvegarde des entreprises, qui disposent que « le vendeur du fonds de commerce, par dérogation aux dispositions de l'alinéa 1er du présent article, peut inscrire son privilège ». Le privilège du vendeur de

1. D. n° 2007-568, 17 avr. 2007, *JO* 19 avr., p. 6995 – Lienhard, « Publicité du Trésor et de l'administration des douanes », *D.* 2007. Actu. lég. 1122.
2. D. n° 2007-1356, 13 sept. 2007, *JO* 15 sept., p. 15343.
3. Lagarde, *Traité économique et fiscal de la sauvegarde de l'entreprise*, Éd. Lagarde, 2007, § 106-1 – *Adde*, Lienhard., *D.* 2007. Actu. lég. 2301.
4. D. n° 2009-195, 18 févr. 2009, *JO* 20 févr., p. 2958.
5. Paris, 8e ch. B, 10 juin 2004, RG n° 2003/20087.
6. Com. 18 févr. 2003, n° 00-12.974, *Bull. civ.* IV, n° 24; *D.* 2003. AJ 1294; *Act. proc. coll.* 2003/9, n° 114; *JCP E* 2003. Chron. 1396, n° 5, obs. Pétel; *Rev. proc. coll.* 2003, p. 322, n° 16, obs. Legrand – Com. 24 juin 2003, n° 00-18.828, *Bull. civ.* IV, n° 107; *D.* 2003. AJ 2012; *Act. proc. coll.* 2003/17, n° 220, note Régnaut-Moutier; *JCP E* 2003. Chron. 202, n° 13, obs. M. Cabrillac; *JCP E* 2004. Chron. 1246, n° 17, obs. Delebecque – *Adde*, Roussel Galle, 2e éd., n° 519 – Vallens, 2015, n° 3386.
7. Com. 25 févr. 2004, n° 02-17.031, NP.
8. L. n° 85-98, 25 janv. 1985, préc.

fonds de commerce ne peut en effet être inscrit que dans la quinzaine de l'acte de vente (C. com., art. L. 141-6 [anc[t] L. 17 mars 1909, art. 2, al. 1er]). Il faut dès lors supposer que la vente est intervenue moins de quinze jours avant la procédure collective de l'acheteur, ce qui sera très rare en pratique[1]. Ce délai de 15 jours a été porté à 30 jours par la loi du 6 août 2015[2], dite loi Macron.

On rappellera que l'action résolutoire du vendeur est conditionnée à l'inscription du privilège mais que, après jugement d'ouverture, l'arrêt des poursuites individuelles en interdit son exercice (v. s[s] n° 621.76).

652.13 Possibilité de se faire autoriser par le juge-commissaire à consentir une sûreté. Une exception au principe de l'arrêt du cours des inscriptions de sûreté nous semble résulter de l'article L. 621-24, alinéa 2 du code de commerce (anc[t] L. 25 janv. 1985[3], art. 33, al. 2), dans sa rédaction antérieure à la loi de sauvegarde[4] et de l'article L. 622-7, alinéa 3, dans la rédaction que lui donne la loi de sauvegarde des entreprises (devenu C. com., art. L. 622-7, II, al. 1er, réd. ord. 18 déc. 2008[5]), qui permettent au débiteur ou à l'organe compétent selon le cas, l'administrateur ou, en son absence, au débiteur, de se faire autoriser par le juge-commissaire à consentir une sûreté. Cette permission ne peut rationnellement s'accompagner que de la possibilité de publier la sûreté, à défaut de quoi elle serait inefficace.

652.14 Substitution de garantie. Une autre exception résulte, à notre sens, de l'article L. 621-25, alinéa 3 du code de commerce (anc[t] L. 25 janv. 1985[6], art. 34, al. 3), dans sa rédaction antérieure à la loi de sauvegarde, l'article L. 622-8, alinéa 3, dans la rédaction que lui donne la loi de sauvegarde des entreprises qui, pour leur part, permettent de solliciter du juge-commissaire qu'il ordonne, en période d'observation, une substitution de sûreté (v. s[s] n°s 484.09 s.). Ici encore, la sûreté substituée, si elle est soumise à publication, ne sera efficace que si elle est publiée, ce qui oblige à considérer que le jeu de la règle de l'arrêt du cours des inscriptions doit être écarté[7].

1. Obs. Ripert et Roblot, n° 2985.
2. L. n° 2015-990, 6 août 2015, *JO* 7 août, p. 13537, dite loi Macron.
3. L. n° 85-98, 25 janv. 1985, préc.
4. L. n° 2005-845, 26 juill. 2005, préc.
5. Ord. n° 2008-1345, 18 déc. 2008, *JO* 19 déc., p. 19462.
6. L. n° 85-98, 25 janv. 1985, préc.
7. J.-Cl. com., Saint-Alary-Houin et Macorig-Venier, fasc. 2365, [Redressement et liquidation judiciaires – Situation des créanciers – Interdiction des inscriptions], 2014, n° 141 – Vallansan *et alii*, 6e éd., p. 169.

652.15 Inscriptions de sûreté en renouvellement. Il a été indiqué que le fondement de la règle de l'arrêt du cours des inscriptions était la volonté de figer, au jour du jugement d'ouverture, le patrimoine du débiteur. Dès lors, le créancier qui n'était pas titulaire de sûreté, à cette date, doit rester chirographaire. Inversement, le créancier qui était, au jour du jugement d'ouverture, titulaire d'une sûreté, doit rester privilégié. Les inscriptions non acquisitives de droits ne sont donc pas concernées[8].

Cela justifie d'abord la validité des inscriptions en renouvellement. La publicité des hypothèques, nantissements et autres privilèges spéciaux n'est efficace que pendant un certain délai. À expiration, l'inscription est périmée et le créancier perd ainsi le bénéfice de sa sûreté. Avant péremption[9], le créancier a la possibilité de procéder, sous certaines conditions, au renouvellement de l'inscription. Traditionnellement, il est admis que cette possibilité de renouvellement subsiste, après l'ouverture de la procédure collective[10], dès lors du moins que l'inscription initiale était valable[11].

Si le créancier ne renouvelle pas sa sûreté avant péremption, il ne pourra être admis au passif qu'à titre chirographaire. Un avocat, en charge d'une saisie immobilière, n'engage toutefois pas sa responsabilité à ne pas prendre l'inscription en renouvellement dès lors que la péremption est intervenue après la liquidation judiciaire et que le créancier, qui n'a perçu des sommes qu'au terme d'un délai de 17 ans, n'a pas demandé le paiement provisionnel de sa créance, de sorte qu'il n'est pas établi que l'inscription en renouvellement lui aurait permis d'être payé plus rapidement qu'un simple créancier chirographaire[12].

Non seulement, le créancier a la possibilité de prendre l'inscription en renouvellement, mais encore il doit procéder au renouvellement, nonobstant l'admission de sa créance au passif[13]. Cette

8. Grosjean, « Le sort des inscriptions hypothécaires sur les immeubles appartenant concurremment au débiteur en redressement judiciaire et à d'autres personnes », *Defrénois* 1999. 1345, 36891, n° 2.
9. Civ., 2 déc. 1863, *DP* 1864, I, p. 105.
10. J.-Cl. com., Saint-Alary-Houin et Macorig-Venier, fasc. 2365, [Redressement et liquidation judiciaires – Situation des créanciers – Interdiction des inscriptions], 2014, n°s 117 s. – Soinne, n° 1090 – Saint-Alary-Houin, 9e éd., n° 724 – Le Cannu, 7e éd., n° 402 – Ripert et Roblot, n° 2978 – Derrida *et alii*, n° 536 – Kerckhove, n° 543 – Pérochon, 10e éd., n° 656 – Pétel, 8e éd., n° 201 – Vallens, 2015, n° 3383 – Jacquemont, 7e éd., 2011, n° 489.
11. T. civ. Bourganeuf, 22 juin 1894, *DP* 1895, II, p. 190.
12. Com. 3 nov. 2015, n° 13-27.497, NP; n° 929 F-D.
13. Com. 9 juill. 1991, n° 89-21.343, NP, *D.* 1991. Somm. 331, obs. Honorat – *Adde*, sous l'empire de la loi du 13 juillet 1967 : Com. 23 févr. 1980, *Bull. civ.* IV, n° 97; *D.* 1981. IR 391, obs. Honorat.

obligation subsiste jusqu'au paiement ou à la consignation du prix de vente du bien grevé. La règle est explicitement posée en matière de sûretés immobilières par l'article 2154-1 du code civil (devenu C. civ., art. 2435, al. 3)[1].

L'obligation de renouveler l'inscription cesse donc si le prix de vente du bien grevé a été consigné avant l'expiration du délai de péremption[2]. Il y a bien, au sens de l'article 2154-1 du code civil (devenu C. civ., art. 2435, al. 3), consignation, en cas d'affectation par le tribunal d'une quote-part du prix de cession, pour l'exercice du droit de préférence du créancier inscrit sur un bien intégré dans un plan de cession[3], par application de l'article L. 621-96, alinéa 1er du code de commerce (anct L. 25 janv. 1985[4], art. 93, al. 1er), devenu depuis la loi de sauvegarde des entreprises, l'article L. 642-12, alinéa 1er du même code.

Même en présence d'une cession d'entreprise, il a été jugé que le renouvellement de la sûreté s'impose en cas de vente d'un bien grevé par le commissaire à l'exécution du plan de cession, lorsque le bien n'est pas compris dans le plan de cession, alors même que le prix aurait été versé à la Caisse des dépôts et consignations[5].

En dehors de la cession d'entreprise, la Cour de cassation décide que le versement à la Caisse des dépôts et consignations du prix de vente aux enchères publiques des actifs de la liquidation judiciaire n'équivaut pas à la consignation du prix du gage au sens de l'article 2154-1, alinéa 3 du code civil, (devenu C. civ., art. 2435, al. 3), dès lors qu'aucune quote-part de celui-ci n'est affectée au droit du créancier inscrit. Il en résulte que le créancier ne pourra participer à une répartition privilégiée que s'il a renouvelé l'inscription de sa sûreté[6].

Le fondement de la règle de l'arrêt du cours des inscriptions justifie également les inscriptions de sûretés prises par le jeu d'une subrogation consentie par le créancier au profit d'un tiers[7], la solution ayant été posée par la Cour de cassation sous l'empire de la loi du 13 juillet 1967[8].

652.16 Inscriptions définitives de sûretés provisoires. La possibilité de prendre, après jugement d'ouverture, l'inscription définitive, pour conforter une sûreté judiciaire provisoire, est source de quelques difficultés. Il a été observé que l'inscription judiciaire provisoire en garantie d'une créance antérieure ne pouvait intervenir après jugement d'ouverture (v. ss nos 651.21 et 651.22). Il n'est ici question que de prendre l'inscription d'hypothèque ou de nantissement judiciaire à titre définitif, après avoir pris, avant le jugement d'ouverture, l'inscription provisoire[9].

La jurisprudence, sous l'empire de la loi du 25 janvier 1985[10], a admis la possibilité d'inscrire, après jugement d'ouverture, le nantissement judiciaire définitif[11], ainsi que l'hypothèque judiciaire définitive[12]. On précisera que la simple obtention de l'ordonnance du juge de l'exécution, avant le jugement d'ouverture, ne suffira pas. Il faudra, à cette date, avoir publié le nantissement ou l'hypothèque provisoire. La solution a été posée sous l'empire des législations antérieures[13].

Le fondement de la règle de l'arrêt du cours des inscriptions ne peut ici justifier la solution. En effet, avant jugement de condamnation, le créancier n'est titulaire que d'une sûreté provisoire. Ses droits de créancier privilégié ne se trouvent donc véritablement constitués qu'après le jugement d'ouverture. La Cour de cassation tente de justifier la solution en exhibant la rétroactivité attachée à l'inscription définitive, le rang du créancier étant celui qu'il avait

1. Civ. 3e, 20 nov. 2002, no 99-11.485, *Bull. civ.* III, no 233; *RD banc. fin.* 2003, p. 24, no 22, obs. Legeais; *Procédures* 2003, no 144, note J. J.; *Defrénois* 2003. 301, 37882, no 16, note Piedelièvre.
2. Com. 14 avr. 1997, *D.* 1997. Somm. 213, obs. Honorat.
3. Com. 1er févr. 2000, no 96-18.383, *Bull. civ.* IV, no 25; *JCP* 2000, no 14, p. 652, note Rémery; *JCP E* 2000. Jur. 702, note Rémery; *JCP E* 2000. Chron. 1708, no 15, obs. Delebecque; *D.* 2000. Somm. 396, obs. Piedelièvre.
4. L. no 85-98, 25 janv. 1985, préc.
5. Civ. 3e, 28 janv. 2015, no 13-24.040, *Bull. civ.* III [à paraître]; no 107 FS-P+B; *Rev. proc. coll.* 2016, comm. 11, note Berthelot.
6. Com. 16 juin 2004, no 03-11.167, NP, *RJDA* 2004, no 1390.
7. Derrida *et alii*, note 2445 – Soinne, no 1092 – J.-Cl. com., Saint-Alary-Houin et Macorig-Venier, fasc. 2365, [Redressement et liquidation judiciaires – Situation des créanciers – Interdiction des inscriptions], no 112.
8. L. no 67-563, 13 juill. 1967, *JO* 14 juill., p. 7059 – Com. 7 déc. 1981, no 80-16.284, *Bull. civ.* IV, no 427; *Gaz. Pal.* 1er juin 1982, Pan. 150-152, note Piedelièvre.
9. Saint-Alary-Houin, 9e éd., no 724.
10. L. no 85-98, 25 janv. 1985, préc.
11. Toulouse, 2e ch., 10 févr. 1994 et Aix-en-Provence, 8e ch. A, 23 juin 1994, *Rev. proc. coll.* 1996, 76, no 123, obs. Macorig-Venier.
12. Com. 17 nov. 1992, no 90-22.058, *Bull. civ.* IV, no 358; *LPA* 20 janv. 1993, no 9, p. 16, note Derrida; *D.* 1993. Somm. 96, obs. Derrida; *RTD com.* 1993. 717, obs. Martin-Serf; *JCP* 1993. I. 3672, no 20, obs. M. Cabrillac; *JCP* 1993. I. 3680, no 17, obs. Simler et Delebecque – Com. 11 avr. 1995, no 92-21.563, NP, *RJDA* 1995, no 1162 – sol. impl. : Com. 12 mai 2009, no 08-11.421, *Bull. civ.* IV, no 68, no 448 F-P+B; *D.* 2009. AJ 1414, obs. Lienhard; *Gaz. proc. coll.* 2009/3, p. 30, no 4, note Roussel Galle; *Act. proc. coll.* 2009/11, no 180, note Régnaut-Moutier; *JCP E* 2009. Chron. 1814, no 8, note M. Cabrillac; *Gaz. Pal.* 2009, Jur. 3098, note Huchet; *JCP E* 2010. Chron. 1036, no 16, obs. Delebecque; *LPA* 17 juin 2010, no 120, p. 20, note Despaquis – impl. : Civ. 20 févr. 1850, *DP* 1850, I, 102 – Lyon, 3e ch., 24 avr. 1998, *Rev. proc. coll.* 2001, p. 249, no 6, obs. Macorig-Venier.
13. Com. 21 mai 1968, *Bull. civ.* IV, no 163; *Banque* 1969. 261, obs. Marin; *RTD com.* 1969. 208, obs. Houin.

au jour de l'inscription provisoire. Mais c'est peut-être là prendre l'effet pour la cause. Au prétexte que l'inscription rétroagit au jour de l'inscription provisoire, on va considérer comme possible l'inscription définitive.

Pour prendre l'inscription définitive, le créancier doit assigner au fond dans le mois de la mesure conservatoire, aux fins d'obtenir un titre exécutoire, qui seul lui permettra d'inscrire sa sûreté à titre définitif. L'assignation au fond peut être remplacée par une plainte avec constitution de partie civile. Cependant, en ce cas, la sûreté devra être dirigée, non contre X, mais contre le débiteur, sur les biens duquel portera la sûreté[1].

Le créancier devra en outre nécessairement déclarer sa créance.

Si l'instance au fond a été engagée avant jugement d'ouverture, il y aura lieu à application des règles relatives aux instances en cours (v. s[s] n°s 623.11 s.). Le titre sera alors constitué par la décision passée en force de chose jugée obtenue par le créancier, constatant et fixant la créance au passif[2]. Ne peut donc être suivie la décision d'une cour d'appel, qui se fondant sur la règle de l'arrêt du cours des inscriptions, considère que l'hypothèque judiciaire provisoire ne peut plus être rendue définitive, alors que la banque avait assigné au fond avant jugement d'ouverture et avait repris l'instance après ce dernier, pour obtenir la fixation de sa créance au passif[3]. Mais il faudra, à notre sens, que la créance soit fixée au passif à titre privilégié.

Si la décision fixant la créance au passif n'est pas passée en force de chose jugée, parce qu'elle a été frappée d'appel, l'inscription définitive ne peut être prise[4].

Si l'instance au fond n'a pas été engagée avant jugement d'ouverture, l'arrêt des poursuites individuelles nous semble interdire son introduction après jugement d'ouverture.

Non seulement le créancier a le droit de prendre l'inscription définitive, mais encore il en a l'obligation s'il veut participer aux répartitions à *titre privilégié*. L'admission au passif à titre *privilégié de sa créance sera insuffisante. Le créancier payé à titre* privilégié alors qu'il n'avait pas pris l'inscription définitive s'expose à devoir restituer ce qu'il a reçu, comme tout créancier chirographaire ayant perçu ce à quoi il n'avait pas droit[5] (v. s[s] n° 591.51).

652.17 Inscriptions de sûretés en garantie des intérêts de la créance. Une autre difficulté tient aux inscriptions prises pour sûreté des intérêts d'une créance. La règle intéresse spécifiquement les hypothèques. L'article 2151 du code civil (devenu C. civ., art. 2432, al. 1er) prévoit que l'inscription garantit le capital et trois années d'intérêts échus. Tous les trois ans, le créancier est donc contraint de prendre des inscriptions complémentaires pour conserver les intérêts échus depuis la précédente inscription. Le jugement d'ouverture et la règle de l'arrêt du cours des inscriptions y font-ils obstacle ? Il faut d'abord remarquer que seuls les intérêts dont le cours n'est pas arrêté (v. s[s] n°s 641.31 s.) peuvent faire l'objet d'une garantie. Une jurisprudence ancienne avait considéré que la procédure collective n'était pas un obstacle à l'inscription complémentaire[6]. La doctrine majoritaire est aujourd'hui dans le sens de la possibilité de prendre ces hypothèques complémentaires[7]. Le respect de la règle de l'arrêt du cours des intérêts semble commander la solution : le législateur autorise, pour certains créanciers, la continuation du cours des intérêts. Cette possibilité risque de rester lettre morte, en cas de liquidation judiciaire, si les intérêts dont le cours est autorisé ne pouvaient être garantis par des prises d'hypothèques complémentaires. Seule une intervention expresse du législateur semble autoriser la possibilité de poser une règle contraire.

Indiquons qu'il est dérogé à la règle selon laquelle l'inscription hypothécaire ne garantit que trois années d'intérêts en matière de prêt viager hypothécaire, les intérêts étant ici couverts en totalité par l'inscription d'origine (C. civ., art. 2432, al. 2).

1. Civ. 2e, 21 nov. 2002, n° 01-02.705, *Bull. civ.* II, n° 267; *Procédures* 2003, n° 3, n° 61, note Perrot; *Act. proc. coll.* 2003/2, n° 17, obs. Régnaut-Moutier; *JCP E* 2003. Jur. 233, note Le Corre.
2. DERRIDA *ET ALII*, n° 536 – Applincourt, « Du nantissement et du cautionnement lors de la procédure collective », *Rev. trim. Versailles*, n° 15, 1989, 169.
3. Com. 3 mai 2016, n° 14-21.556, *Bull. civ.* IV [à paraître]; n° 409 FS-P+B; *Act. proc. coll.* 2016/10, comm. 136, note Pedemons.
4. Civ. 3e, 16 janv. 2008, n° 07-10.084, *Bull. civ.* III, n° 10, n° 25 FS-P+B; *Gaz. proc. coll.* 2008/2, p. 25, note Roussel Galle.
5. Com. 12 mai 2009, n° 08-11.421, *Bull. civ.* IV, n° 68; n° 448 F-P+B; *D.* 2009. AJ 1414, obs. Lienhard; *Gaz. proc. coll.* 2009/3, p. 30, n° 4, note Roussel Galle; *Act. proc. coll.* 2009/11, n° 180, note Régnaut-Moutier; *JCP E* 2009. Chron. 1814, n° 8, note M. Cabrillac; *Gaz. Pal.* 2009, jur. p. 3098, note Huchet; *JCP E* 2010. Chron. 1036, n° 16, obs. Delebecque; *LPA* 17 juin 2010, n° 120, p. 20, note Despaquis.
6. Civ., 20 févr. 1850, *DP* 1850, I, p. 102.
7. J.-CL. COM., Saint-Alary-Houin et Macorig-Venier, fasc. 2365, [Redressement et liquidation judiciaires – Situation des créanciers – Interdiction des inscriptions], 2014, n° 119 – DERRIDA *ET ALII*, n° 536 et note 2446 – Honorat, obs. s[s] Com. 22 avr. 1986, *D.* 1986. IR 360 – Delebecque, « Sûretés réelles et procédures collectives », *Dr. et patr.* 2002, n° 106, p. 49 s., sp. p. 53.

CHAPITRE

653. Actes et décisions judiciaires translatifs ou constitutifs de droits réels

SECTION 0
ORIENTEUR

653.00 Plan du chapitre.

Sect. 653.10 Situation au regard des évolutions législatives

SECTION 653.10
SITUATION AU REGARD DES ÉVOLUTIONS LÉGISLATIVES

653.11 Situation de la question des actes et décisions judiciaires translatifs ou constitutifs de droits réels sous l'empire de la loi du 25 janvier 1985[1] non réformée. La rédaction initiale de l'article 57 de la loi du 25 janvier 1985, c'est-à-dire avant la loi du 10 juin 1994[2], prévoyait un arrêt des inscriptions des actes et décisions judiciaires translatifs ou constitutifs de droits réels. Il s'agit des actes visés à l'article 28-1 du décret du 4 janvier 1955 réglementant la publicité foncière[3]. De la sorte, le législateur interdit de publier à la conservation des hypothèques un droit acquis avant jugement d'ouverture.

La règle empêche la publication de l'assignation tendant à faire constater la résolution de plein droit d'une vente immobilière[4] ainsi que le jugement constatant l'acquisition de la clause, même si cette dernière est intervenue avant jugement d'ouverture[5], alors pourtant que, par principe, le constat de l'acquisition d'une clause résolutoire après jugement d'ouverture est possible, puisqu'il ne contrarie pas la règle de l'arrêt des poursuites individuelles.

Le problème le plus important est celui des mutations immobilières. Peu importe qu'il s'agisse de ventes volontaires ou de ventes par adjudication[6]. Dans ce dernier cas, le jugement d'adjudication ne peut plus, après jugement d'ouverture du saisi, être publié à la conservation des hypothèques. La vente n'est pas nulle pour autant. Selon la Cour de cassation, la vente est inopposable. Mais à qui ? Après avoir affirmé que la vente qui ne pouvait pas être publiée était inopposable au débiteur et à son administrateur, puis à son liquidateur[7], la Cour de cassation a posé en règle que l'aliénation était inopposable à la procédure collective[8]. Cette notion n'englobe pas le débiteur (v. s^s^ n° 611.22). Il en résulte que

1. L. n° 85-98, 25 janv. 1985, *JO* 26 janv., p. 1097.
2. L. n° 94-475, 10 juin 1994, *JO* 11 juin, p. 8440.
3. D. n° 55-22, 4 janv. 1955 réglementant la publicité foncière, *JO* 7 janv., p. 346; rect., *JO* 27 janv., 999 – Travaux parlementaires *Rapp. Gouzes*, *JO* doc. adm. n° 1872, p. 85 – *Adde*, RIPERT ET ROBLOT, n° 2982 – SOINNE, n° 1095 – Dagot, « Publicité foncière et redressement judiciaire », *JCP* 1986. I. 3262 – Frémont, « Les nouvelles procédures de règlement collectif au regard de la publicité foncière », *JCP N* 1987. Doctr. 81 – COMP. : J.-CL. COM., Saint-Alary-Houin et Macorig-Venier, fasc. 2365, [Redressement et liquidation judiciaires – Situation des créanciers – Interdiction des inscriptions], n° 89.
4. Com. 10 mai 2000, n° 97-21.548, NP, *Rev. proc. coll.* 2001, p. 249, n° 7, obs. Macorig-Venier; cassant, Besançon, 2e ch. com., 19 sept. 1997, *Rev. proc. coll.* 1999, 117, n° 2, obs. Macorig-Venier.
5. Com. 10 mai 2000, n° 97-21.548, NP, *Act. proc. coll.* 2000/12, n° 148.
6. Com. 7 juill. 1992, n°s 90-17.756, 90-19.622, 90-18.828, *Bull. civ.* IV, n° 264; *D.* 1992. Somm. 433, obs. Derrida – Douai, 2 juin 1993, *Rev. proc. coll.* 1994, 36, n° 7, obs. Saint-Alary-Houin.
7. Com. 7 juill. 1992, n°s 90-17.756, 90-19.622, 90-18.828, préc. (v. s^s^ prés^t^ n°).
8. Com. 22 janv. 2002, n° 97-17.430, *Bull. civ.* IV, n° 18; *D.* 2002. AJ 722, obs. Lienhard; *JCP E* 2002. Chron. 763, n° 2, obs. Pétel – Com. 11 févr. 2004, n° 01-01.112, NP – Com. 10 mai 2005, n° 03-16.801, NP, *Gaz. proc. coll.* 2005/3, p. 37, obs. Roussel Galle – Com. 13 déc. 2005, n° 03-14.090, NP; n° 1622 F-D; *Gaz. proc. coll.* 2006/2, p. 41, obs. Roussel Galle.

l'immeuble a cessé d'être la propriété du débiteur, l'inopposabilité n'affectant dès lors que la question de la répartition du prix de vente, lequel doit être réparti par le liquidateur[1]. Si l'adjudicataire est le créancier poursuivant, il ne peut alors prétendre compenser sa dette de prix de d'adjudication avec sa créance sur le débiteur saisi[2], du fait du principe d'affectation des sommes intégrant le patrimoine du débiteur (v. s^s n° 632.49).

Encore faut-il cependant que l'immeuble ait quitté le patrimoine du débiteur au jour de l'ouverture de la procédure collective du saisi. Or, si le prix de vente de l'immeuble vendu à la suite d'une adjudication sur surenchère n'est pas payé et qu'il y a ainsi folle enchère, les droits de l'adjudicataire surenchérisseur se sont trouvés résolus par la décision de revente sur folle enchère. Ainsi, entre la revente sur folle enchère et l'adjudication définitive, l'immeuble était la propriété du saisi[3].

Une difficulté sérieuse se présentera si l'acquéreur du bien s'est déjà acquitté du prix entre les mains du débiteur. L'inopposabilité de la vente entraînera la conséquence que l'acquéreur n'aura pas effectué un paiement libératoire. Il sera titulaire d'une créance de remboursement qui a pour origine la vente intervenue, de sorte qu'il faut lui reconnaître la qualité de créancier antérieur. Comme tel, il est soumis à l'obligation de déclarer sa créance au passif[4].

Si l'acquéreur n'est pas remboursé dans le cadre de la procédure collective, la seule possibilité pour lui sera de tenter d'engager la responsabilité du notaire, dans l'éventualité où celui-ci n'aurait pas procédé avec une diligence suffisante aux publications requises[5].

La responsabilité de l'avocat peut également être recherchée s'il poursuit jusqu'à la publication du jugement d'adjudication la procédure de saisie immobilière, en dépit de la procédure collective atteignant le saisi[6].

653.12 Situation de la question des actes et décisions judiciaires translatifs ou constitutifs de droits réels après la loi du 10 juin 1994[7]. La loi du 10 juin 1994 a supprimé, dans l'article 57 de la loi du 25 janvier 1985[8] (devenu C. com., art. L. 621-50), le visa des actes et décisions judiciaires translatifs ou constitutifs de droits réels, qui était incontestablement source d'*une grande insécurité juridique*. La règle était d'ailleurs montrée du doigt par le notariat[9], au regard du risque qu'elle faisait courir à l'acheteur. Il n'était donc plus interdit de publier, après jugement d'ouverture, une vente amiable d'immeuble intervenue avant jugement d'ouverture. Pas d'avantage, il n'était interdit de publier à la conservation des hypothèques le jugement d'adjudication sur saisie immobilière.

De même, il était possible de publier les baux d'une durée supérieure à 12 ans, lesquels sont analysés en des droits réels au regard de la publicité foncière (D. 4 janv. 1955[10], art. 28-1). Il en était de même des clauses d'inaliénabilité et, de façon plus générale, des restrictions au droit de disposer[11], par exemple les sûretés négatives, telles les promesses de ne pas hypothéquer, qui ne sont pas visées par la règle de l'arrêt du cours des inscriptions de sûretés.

La question de la publication après jugement d'ouverture d'un contrat de crédit-bail sera traitée avec l'étude des propriétaires (v. s^s n° 812.34).

653.13 Situation de la question des actes et décisions judiciaires translatifs ou constitutifs de droits réels depuis la loi du 26 juillet 2005[12]. La loi du 26 juillet 2005 réintroduit la règle de l'arrêt des inscriptions des actes et décisions translatifs ou constitutifs de droits réels ainsi que des décisions judiciaires. Le retour à la législation antérieure à celle du 10 juin 1994[13] a été justifié par le constat d'un certain nombre de fraudes qui ont été commises, consistant à antidater des contrats de vente pour permettre à leurs bénéficiaires d'en poursuivre l'exécution après le jugement d'ouverture[14]. Ainsi, les risques que courent les créanciers du débiteur sont apparus plus dignes d'intérêt que ceux auxquels sont exposés les partenaires contractuels du débiteur.

Le texte de l'article L. 622-30, alinéa 1er du code doit recevoir sensiblement la même interprétation (v. s^s n° 653.11), sous la seule réserve de la possibilité pour le liquidateur de publier à la conservation des hypothèques le jugement d'adjudication sur saisie immobilière intervenue avant le jugement d'ouver-

1. Com. 22 janv. 2002, n° 97-17.430, préc. (v. s^s prés^t n°) – Com. 11 févr. 2004, n° 01-01.112, préc. (v. s^s prés^t n°) – Com. 15 mars 2005, n° 03-19.085, NP – Com. 10 mai 2005, n° 03-16.801, préc. (v. s^s prés^t n°) – Com. 13 déc. 2005, n° 03-14.090, préc. (v. s^s prés^t n°).
2. Com. 15 mars 2005, n° 03-19.085, préc. (v. s^s prés^t n°).
3. Com. 14 janv. 2004, n° 01-11.716, NP.
4. Soinne, n° 1094.
5. Derrida *et alii*, note 1383 – Soinne, n° 1094.
6. Soinne, n° 1494.
7. L. n° 94-475, 10 juin 1994, préc.
8. L. n° 85-98, 25 janv. 1985, préc.
9. Congrès des notaires de Nice 1986, *JCP N* 1986. I. 9896, p. 515.
10. D. n° 55-22, 4 janv. 1955, préc.
11. Soinne, n° 1095.
12. L. n° 2005-845, 26 juill. 2005, *JO* 27 juill., p. 12187.
13. L. n° 94-475, 10 juin 1994, préc.
14. *Rapp. J.-J. Hyest*, n° 335, p. 227.

ture (v. s[s] n° 582.29), ce qui n'était possible sous l'empire de la loi du 25 janvier 1985[1] réformée[2].

L'article L. 622-30, alinéa 1er rés cependant les actes ayant acquis date certaine our du jugement d'ouverture. La solution légalle mérite de rendre sans portée, à cet égard, les utions de la jurisprudence, selon lesquelles il aartenait aux organes de la procédure collective, rendant qu'un acte avait été passé avant le jugem d'ouverture, de prouver la fausseté de la date pœérieure au jugement d'ouverture qui figurait sur lit acte[3].

Cette disposition réserve aussi le cas des décisions exécutoires avant le jugement d'ouverture, soit parce qu'elles sont passées en force de chose jugée soit parce qu'elles sont revêtues de l'exécution provisoire[4]. La transcription de ces actes, aux fins d'opposabilité, restera donc possible.

L'interprétation *a contrario* de ce texte d'exception conduit à *décider* que les actes déclaratifs peuvent être publiés après le jugement d'ouverture[5].

1. L. n° 85-98, 25 janv. 1985, préc.
2. Com. 7 juill. 1992, n°s 90-17.756, 90-19.622, 90-18.828, *Bull. civ.* IV, n° 264; *D.* 1992. Somm. 433, obs. Derrida – Douai, 2 juin 1993, *Rev. proc. coll.* 1994, 36, n° 7, obs. Saint-Alary-Houin.
3. Com. 16 mars 1999, n° 96-22.368, NP.
4. VALLANSAN *ET ALII*, 6e éd., p. 170.
5. SAINT-ALARY-HOUIN, 9e éd., n° 724 – LE CANNU, 7e éd., n° 402.

TITRE

660. Déclaration des créances

SECTION 0

ORIENTEUR

660.00 Plan du titre.

Chap. 661 Nature juridique et effets de la déclaration de créance

Sect. 661.10 Nature juridique de la déclaration de créance

Sect. 661.20 Effets de la déclaration de créance

Chap. 662 Auteur de la déclaration de créance

Sect. 662.10 Présentation générale de la question de l'auteur de la déclaration de créance

Sect. 662.20 Déclaration de créance par un tiers avant l'ordonnance du 12 mars 2014

Sect. 662.30 Déclaration de créance par le créancier lui-même avant l'ordonnance du 12 mars 2014

Sect. 662.40 Délégation de pouvoirs par les dirigeants de personne morale à des préposés avant l'ordonnance du 12 mars 2014

Sect. 662.50 Auteur de la déclaration de créance depuis l'ordonnance du 12 mars 2014

Chap. 663 Domaine de la déclaration de créance

Sect. 663.10 Toute créance de somme d'argent par principe antérieure non éteinte

Sect. 663.20 Créance de sûreté personnelle

Sect. 663.30 Indifférence de la nature de la créance

Sect. 663.40 Créance sous condition et créance éventuelle

Sect. 663.50 Indifférence de l'établissement de la créance par un titre

Sect. 663.60 Créance par principe détenue contre le débiteur

Sect. 663.70 Vraies et fausses extensions de procédure – Co-exploitation et créance d'indemnité à combler le passif

Sect. 663.80 Dispenses de déclaration des créances

Chap. 664 Modalités formelles et preuve de la déclaration de créance

Sect. 664.10 Forme et destinataire de la déclaration de créance

Sect. 664.20 Éléments justificatifs de la créance

Sect. 664.30 Certification sincère et visa par le commissaire aux comptes de la créance à déclarer

Sect. 664.40 Déclaration de créance en monnaie étrangère

Sect. 664.50 Preuve de la déclaration de créance dans les délais

Chap. 665 Délais de la déclaration de créance – Relevé et inopposabilité de la forclusion – Sort de la créance non déclarée

Sect. 665.10 Nature des délais de déclaration des créances

Sect. 665.20 Computation des délais de déclaration des créances

Sect. 665.30 Énoncé des divers délais de déclaration des créances

Sect. 665.40 Obligation d'avertissement du créancier connu

Sect. 665.50 Action en relevé de forclusion

Sect. 665.60 Voies de recours en matière de relevé de forclusion

Sect. 665.70 Effets de l'absence de déclaration de créance dans les délais en l'absence de relevé de forclusion

Sect. 665.80 Situation des créanciers titulaires de sûretés publiées ou de contrats publiés – Inopposabilité de la forclusion (loi du 10 juin 1994) et constat de la non-forclusion (loi de sauvegarde des entreprises)

Sect.	665.90	Voies de recours ouvertes sur les décisions statuant sur l'inopposabilité de la forclusion (loi du 10 juin 1994) ou sur le constat de la non forclusion (loi de sauvegarde des entreprises)
Chap.	**666**	**Contenu de la déclaration de créance**
Sect.	666.10	Règles générales relatives au contenu de la déclaration de créance
Sect.	666.20	Montant de la déclaration de créance
Sect.	666.30	Déclaration des créances non exigibles
Sect.	666.40	Déclaration des accessoires
Sect.	666.50	Autres précisions à apporter dans la déclaration de créance

660.03 **Bibliographie indicative.** (V. les références complètes s[s] n° 031).

> Actualisables. Avant LSE : RÉP. COM., Daigre, « Entreprises en difficulté – Redressement judiciaire (Personnes morales et dirigeants) », n°s 357 à 360 – Monsérié-Bon, « Entreprises en difficulté – Redressement judiciaire (Période d'observation) », n°s 368 à 424 – J.-CL. COM., Amlon, fasc. 2383, [Créanciers antérieurs titulaires de sûretés réelles], 2007 ; Vallansan, fasc. 2500, [Déclaration et admission des créances] – LAMY SÛRETÉS, Delebecque, « Sûretés réelles et procédures collectives », étude 284.

Depuis LSE : J.-CL. COM., Vallansan, fasc. 2352, [Déclaration et admission des créances], 2015 – J.-CL. COM., Amlon, fasc. 2383, [Créanciers antérieurs titulaires de sûretés réelles], 2012.

> Ouvrages antérieurs à la loi de sauvegarde des entreprises. CHAPUT, n°s 553, 554, 584 – GUYON, n°s 1223 à 1228, 1231 à 1237, 1312 et 1313 – JACQUEMONT, n°s 438 à 495 – KERCKHOVE, n°s 546 à 550, 553 à 565 – LE CANNU, n°s 808 à 819 – LE CANNU *ET ALII*, n°s 1221 à 1240, 1264 – LE CORRE-BROLY, n°s 383 à 390 – MARTIN ET VALLENS, n°s 3124 à 3256 – PÉROCHON ET BONHOMME, n°s 266 à 273 – PÉTEL, n°s 386 à 393 – RIPERT ET ROBLOT, n°s 3002 à 3015 – SAINT-ALARY-HOUIN, n°s 789 à 807 – SOINNE, n°s 2144, 2147 à 2177, 2223 à 2226, 2228 à 2235, 2237 – VALLANSAN, p. 120 à 137, 287.

> Ouvrages postérieurs à la loi de sauvegarde des entreprises. COQUELET, 5e éd., n°s 224 à 256 – GIBIRILA, n°s 525-1 à 566 – JACQUEMONT ET VABRES, 9e éd., n°s 519 à 592 – LE CANNU, 7e éd., n°s 461 à 508 – LIENHARD, 6e éd., n°s 101.11 à 101.56 – PÉROCHON, 10e éd., n°s 1509 à 1577 – PÉTEL, 8e éd., n°s 389 à 396 – ROUSSEL GALLE, 2e éd., n°s 524 à 546 – SAINT-ALARY-HOUIN, 9e éd., n°s 746 à 789 – VALLANSAN *ET ALII*, 6e éd., p. 142 à 163 – VALLENS, 2015, n°s 3387 à 3540, 3601 à 3603 – VIDAL et GIORGINI, n°s 1677 à 1741 – VOINOT, 2e éd. 2013, n°s 436 à 450-1.

> Articles. Benilsi, « La dédramatisation de la déclaration de créance », *LPA* 4 févr. 2015, n° 25, p. 7 – Berthelot G., « Déclaration et vérification des créances – Une souplesse apparente dans un souci de célérité », *Cah. dr. entr.* n° 4, juill./août 2016, p. 35 – Henry, « Les modifications apportées par l'ordonnance du 18 décembre 2008 à la fixation du passif non salarial dans les procédures collectives », *Gaz. Pal.* 8 à 10 mars 2009, n° sp. p. 32 – Le Corre, « Les créanciers antérieurs dans le projet de sauvegarde des entreprises », Interv. Colloque Crajefe, Nice 27 mars 2004, *LPA* 10 juin 2004, n° 116, p. 25 ; « Les nouvelles règles de fixation du passif du débiteur », *Gaz. Pal.* 9-10 sept. 2005, n° spéc., p. 17 ; « Les déclarations de créances », *LPA* 14 juin 2007, n° 119, p. 64 ; « Déclaration, vérification, admission des créances et procédure civile », *LPA* 28 nov. 2008, n° 239, p. 72 ; « L'ordonnance du 12 mars 2014 et les modifications affectant la déclaration et la vérification des créances », *Gaz. Pal.* 6 avr. 2014, n° 96, p. 47 ; « Le rééquilibrage du rôle des acteurs : l'exemple des modifications intéressant la déclaration, la vérification et l'admission des créances », *LXB hebdo* 11 sept. 2014, n° 393 ; « Déclaration et vérification des créances : quels changements ? », interv. Colloque Besançon 10 oct. 2014, *Gaz. Pal.* 31 déc. 2014, n° 365, 26 – Macorig-Vénier F., « Les créanciers antérieurs hors comités après l'ordonnance du 12 mars 2014 : un vent de simplification en faveur de la reconnaissance de leur droit de créance », *BJE* mai 2014, 185 – Legrand F, Legrand M.-N. et Monsérié-Bon M.-H., « Qu'est qui change pour les partenaires de l'entreprise en difficulté ? », *Rev. proc. coll.* 2014, dossier 18 – Rossi P. et Legrand F., « L'amélioration des droits des créanciers. La déclaration et la vérification du passif simplifiées », *Rev. proc. coll.* 2014, dossier 63 – Pétel, « Déclaration de créance et représentation en justice », *in Mél. Mouly*, t. II, Litec, 1998, p. 153 – Reille F., « Déclaration, vérification et admission des créances : l'actualité en question », *Rev. proc. coll.* 2013, dossier 28 – Teboul G., « La déclaration des créances : actualité et perspectives », *Gaz. Pal.* 23 févr. 2016, n° 8, p. 21.

CHAPITRE

661. Nature juridique et effets de la déclaration de créance

SECTION 0 ORIENTEUR

661.00 Plan du chapitre.

Sect.	661.10	Nature juridique de la déclaration de créance
Sect.	661.20	Effets de la déclaration de créance

661.01 Textes applicables.

> **Législation issue de l'ordonnance du 12 mars 2014.**

C. com., art. L. 622-24, L. 622-25

661.02 Jurisprudence de référence.

> **La déclaration de créance équivaut à une demande en justice (lég. ant. Ord. 12 mars 2014).**

• **Com. 14 déc. 1993**, n° 93-11.696, *Bull. civ.* IV, n° 471

* V. s^s n° 661.11

« Vu les articles 1328 du code civil, 853, alinéa 1er du code de procédure civile et 175 du décret du 27 décembre 1985;

Attendu que la déclaration des créances au passif du redressement judiciaire du débiteur équivaut à une demande en justice que le créancier peut, selon les deux derniers textes susvisés, former lui-même; que, dans le cas où le créancier est une personne morale, cette déclaration faite à titre personnel, si elle n'émane pas des organes habilités par la loi à la représenter, peut encore être effectuée par tout préposé titulaire d'une délégation de pouvoirs lui permettant d'accomplir un tel acte, sans que ce pouvoir soit soumis aux règles applicables au mandat de représentation en justice dont un tiers peut être investi; qu'il peut enfin être justifié de l'existence de la délégation de pouvoirs, jusqu'à ce que le juge statue sur l'admission de la créance, par la production des documents établissant la délégation, ayant ou non acquis date certaine. »

> **La décision qui annule l'ouverture d'une procédure de liquidation judiciaire ne prive pas la déclaration de créance de son effet interruptif de prescription, qui se prolonge jusqu'à cette décision.**

• **Com. 27 janv. 2015**, n° 13-20.463, *Bull. civ.* IV [à paraître]; n° 91 FS-P+B

* V. s^s n° 661.21

661.03 Bibliographie indicative. (V. les références complètes s^s n° 031 – v. assi s^s n° 660.03).

> **Articles.** Ghozy, « Nature juridique de la production des créances dans la procédure collective », *RTD com.* 1978. 1 s. – Le Corre, « Déclaration, vérification, admission des créances et procédure civile », *LPA* 28 nov. 2008, n° 239, p. 72; « Vers une nouvelle analyse de la déclaration de créance », *Gaz. Pal.* 21 juill. 2015, n° 200, p. 5 – Soinne, « La double nature de la déclaration de créance », *Banque* 1993. 94.

SECTION 661.10 NATURE JURIDIQUE DE LA DÉCLARATION DE CRÉANCE

661.11 Nature juridique de la déclaration de créance avant l'ordonnance du 12 mars 2014[1]. La déclaration de créance est l'acte procédural par lequel le créancier antérieur, et depuis la loi de sauvegarde[2], le créancier postérieur non éligible au traitement préférentiel, manifestent leur intention d'obtenir, dans le cadre de la procédure collective, paiement de ce qui leur est dû par le débiteur[3]. Depuis la loi de sauvegarde des entreprises, en effet, certains créanciers postérieurs, que le législateur

1. Ord. n° 2014-326, 12 mars 2014, *JO* 14 mars, p. 5249.
2. L. n° 2005-845, 26 juill. 2005, *JO* 27 juill., p. 12187.
3. Coquelet, 5e éd., n° 225.

traite comme des créanciers antérieurs, sont identiquement astreints à cette formalité (v. s[s] n° 454.11).

Substitut de l'action en paiement, laquelle est fermée, la déclaration de créance a été analysée par la Cour de cassation, pour exiger du déclarant qu'il ait pouvoir pour le faire, comme équivalente à une demande en justice[1]. La troisième Chambre civile de la Cour de cassation[2] semble cependant s'écarter de cette analyse lorsqu'elle reconnaît qualité au syndic de copropriété pour déclarer une créance du syndicat, alors qu'il ne peut classiquement agir en justice sans délibération de l'assemblée des copropriétaires que pour les actions conservatoires (L. 10 juill. 1965[3], art. 55, al. 2 – v. aussi s[s] n° 662.44). Pourtant, la Cour de cassation a clairement rejeté l'analyse de la déclaration de créance en un simple acte conservatoire[4]. Il est cependant possible de discuter très sérieusement du bien-fondé de l'analyse assimilant la déclaration de créance à une demande en justice[5].

Quoi qu'il en soit, en droit positif, la nature juridique de l'analyse justifie l'applicabilité d'une stipulation contractuelle d'un contrat de prêt prévoyant une indemnité de 5 % dans le cas où le créancier, pour parvenir au recouvrement de sa créance, devait procéder à l'introduction d'une procédure quelconque[6].

Bien que la déclaration de créance soit équivalente à une demande en justice, les règles de la péremption d'instance ne peuvent la concerner[7]. En effet, cette dernière vise à sanctionner un défaut de *diligence du demandeur, alors que le créancier n'a* rien d'autre à faire que de déclarer sa créance, les opérations de vérification des créances incombant au mandataire judiciaire ou au liquidateur et la direction de la procédure de contestation lui échappant[8]. L'instance en contestation de créance, qui n'est pas distincte de l'instance née de la déclaration de créance, ne peut, selon la Cour de cassation, davantage être atteinte par la péremption d'instance[9] (v. aussi s[s] n° 671.25).

Il résulte de cette solution que si, parallèlement à l'instance en admission de la créance, une instance est pendante devant une autre juridiction pour qu'il soit statué sur une garantie des vices cachés, le plaideur ne pourra encourir la péremption au titre de cette seconde instance, dès lors qu'il existe entre les deux instances un lien de dépendance directe et nécessaire (C. pr. civ., art. 386)[10].

Encore que la déclaration de créance soit considérée comme équivalente à une demande en justice, la Cour de cassation estime que l'article 855 du code de procédure civile, qui oblige le plaideur étranger à indiquer dans l'assignation les nom, prénom et adresse de la personne chez qui il élit domicile en France, n'est pas applicable à la déclaration de créance[11].

Rien n'interdit au créancier de se désister de sa déclaration de créance, même après vérification de

1. Com. 14 déc. 1993, n° 93-11.690, *Bull. civ.* IV, n° 471; *RJDA* 1994, n° 1, p. 12, concl. Piniot; *Bull. Joly* 1994. 196, note Jeantin; *JCP E* 1994. II. 573, note Campana et Calendini; *JCP* 1994. II. 22200, note Rémery; *Banque* 1994. 93, obs. Guillot; *Rev. sociétés* 1994. 100, note Chartier; *RTD com.* 1994. 367, obs. Martin-Serf – Com. 14 févr. 1995, n°s 93-12.064, 93-12.299,93-12.346, 93-12.398, *Bull. civ.* IV, n° 43, 4 esp.; *LPA* 1995, n° 91, p. 13, note Alix; *Bull. Joly* 1995. 442, note Daigre – Com. 3 juin 2009, n° 08-10.249, NP; n° 506 F-D; *D.* 2009. AJ 1691, obs. Lienhard – Com. 26 janv. 2010, n° 09-10.294, NP; n° 94 F-D – Cass., ass. plén., 4 févr. 2011, n° 09-14.619, *Bull. ass plén.*, n° 2; n° 588 P+B+R+I; *D.* 2011. AJ 514, obs. Lienhard; *D.* 2011. Pan. 2074, obs. Lucas; *Gaz. Pal. entr. diff.* 1-2 avr. 2011, p. 30, note Le Corre-Broly; *Act. proc. coll.* 2011/5, n° 80, note Roussel Galle; *Gaz. Pal.* 9-10 mars 2011, p. 13, note Antonini-Cochin; *JCP E* 2011. Chron. 1263, n° 7, obs. Pétel; *JCP E* 2011. 1264, note Roussel Galle; *Rev. proc. coll.* 2011, comm. 23, p. 32, note Cagnoli; *Rev. proc. coll.* 2011, comm. 79, p. 42, note Legrand et Legrand; *Rev. sociétés* 2011. 387, note Roussel Galle; *Procédures* 2001, n° 177, note Rolland; *Rev. sociétés* 2011, note Crocq; *Dr. et proc.* mai 2011, J. 16, p. 117, note Vinckel; *BJE* mai/juin 2011, § 66, p. 130, note Le Corre; *RTD com.* 2011. 412, obs. Martin-Serf; *Dr. et patr.* sept. 2011, n° 206, 76, note Saint-Alary-Houin; *LPA* 3 janv. 2012, n° 2, p. 4, note Zattara-Gros; *LXB hebdo* n° 239, 17 févr. 2011, note Le Corre-Broly – Com. 14 oct. 2014, n° 13-16.609, NP; n° 898 F-D.
2. Civ. 3e, 29 janv. 2003, n° 00-21.945, *Bull. civ.* III, n° 21; *Act. proc. coll.* 2003, comm. 112, obs. Vallansan.
3. L. n° 65-557, 10 juill. 1965, *JO* 11 juill., p. 5950.
4. Com. 3 juin 2009, n° 08-10.249, NP; n° 506 F-D; *D.* 2009. AJ 1691, obs. Lienhard.
5. Le Corre, « Déclaration, vérification, admission des créances et procédure civile », *LPA* 28 nov. 2008, n° 239, p. 72 s. – Vallens, obs. *RTD com.* 2009. 214, n° 9 – *Adde*, PARTAGEANT LA CRITIQUE : PÉROCHON, 9e éd., n° 1332.
6. Com. 30 juin 2004, n°s 01-13.618 à 01-13.625, 8 esp., NP.
7. Com. 27 nov. 2001, n° 98-18.971, NP, *Rev. proc. coll.* 2003, p. 112, n° 24 – Com. 19 mars 2002, n°s 00-11.218, 00-11.219, 2 esp., NP, *Act. proc. coll.* 2002/10, n° 122 – Com. 9 nov. 2004, n° 01-16.726, *Bull. civ.* IV, n° 192; *Rev. proc. coll.* 2005/2, p. 130, n° 10, obs. Gorrias – Com. 9 nov. 2004, n° 01-17.358, NP, *D.* 2004. AJ 3070; *D.* 2005. Pan. 297, obs. Le Corre – Com. 7 juill. 2009, n° 07-14.455, *Bull. civ.* IV, n° 98; n° 719 F-P+B; *LXB hebdo* 17 sept. 2009, n° 363, note Le Corre – Paris, 3e ch. B, 25 oct. 2007, RG n° 06/17819 – Paris, 3e ch. B, 25 oct. 2007, RG n° 06/17821 – Paris, 3e ch. B, 25 oct. 2007, RG n° 06/17825.
8. Com. 7 juill. 2009, n° 07-14.455, *Bull. civ.* IV, n° 98; n° 719 F-P+B; *Gaz. proc. coll.* 2009/4, 2e partie, p. 29, note Le Corre-Broly; *Procédures* 2009, n° 324, note Rolland – Com. 19 oct. 2010, n° 09-16.928, NP; n° 1020 F-D.
9. Com. 22 sept. 2009, n° 08-14.621, NP; n° 797 F-D; *Gaz. proc. coll.* 2009/4, 2e partie, p. 29, note Le Corre-Broly.
10. Civ. 2e, 23 nov. 2006, n° 04-13.806, NP; n° 199 FS-D.
11. Com. 5 nov. 2013, n° 12-20.234, *Bull. civ.* IV, n° 159; n° 1041 F-P+B; *Gaz. Pal.* 12 janv. 2014, p. 10, note Le Corre; *Bull. Joly* 2014. 109, note Mouial-Bassilana; *RTD com.* 2014. 183, n° 1, note Martin-Serf.

celle-ci. Le désistement prend la forme d'une renonciation, non celle d'une mainlevée[1].

Le créancier qui s'est désisté de sa déclaration de créance peut valablement revenir sur sa renonciation[2], encore qu'une discussion puisse exister lorsque la renonciation au désistement d'instance, auquel conduit l'attitude du créancier, est postérieure au délai de déclaration de créance.

En revanche, un créancier ne peut, sans se contredire, demander à la cour d'appel de prononcer l'admission d'une créance et soutenir que cette créance n'est pas soumise à déclaration[3].

661.12 Nature juridique de la déclaration de créance depuis l'ordonnance du 12 mars 2014[4]. Bien que l'ordonnance du 12 mars 2014 ne prenne pas explicitement position sur la question, il nous semble qu'elle a modifié la nature juridique de la déclaration de créance. L'alinéa 2 de l'article L. 622-24 du code de commerce conserve la solution selon laquelle la déclaration de créance est effectuée par le créancier ou par tout préposé ou mandataire de son choix. L'ordonnance complète le texte en indiquant que « le créancier peut ratifier la déclaration faite en son nom jusqu'à ce que le juge statue sur l'admission de la créance ». Il ne sera donc plus, comme par le passé, nécessaire de justifier, jusqu'à ce que le juge statue, du pouvoir de déclarer les créances, détenu dans le délai de la déclaration de créance, c'est-à-dire dans le délai de l'action. Jusqu'à ce que le juge statue, cela signifie jusqu'à ce que le juge du fond statue, y compris donc la cour d'appel. Il suffira, s'il y une discussion sur cette question, que le créancier ratifie la déclaration faite pour son compte, et cela en dehors même du délai de l'action. La question du pouvoir pour déclarer les créances a donc vécu comme source aussi artificielle que gigantesque d'un contentieux particulièrement irritant pour les créanciers institutionnels.

En outre, l'alinéa 3 nouveau de l'article L. 622-24 du code de commerce dispose que « lorsque le débiteur a porté une créance à la connaissance du mandataire judiciaire, il est présumé avoir agi pour le compte du créancier tant que celui-ci n'a pas adressé la déclaration prévue au premier alinéa ». Si le créancier ne procède pas personnellement à la déclaration de créance, la créance sera alors considérée comme valablement déclarée pour son compte par le débiteur.

Observons que celui qui déclare sciemment au nom d'un créancier une créance supposée est passible de la faillite personnelle (C. com., art. L. 653-5).

Il faut donc comprendre que la déclaration de créance peut désormais être faite par une personne qui n'a pas le pouvoir de l'accomplir. Elle sera alors suivie d'une ratification, manifestation unilatérale de volonté par laquelle une personne approuve un acte accompli par elle par une personne sans pouvoir, cette ratification pouvant intervenir en dehors du délai de déclaration de créance.

Il faut aussi admettre que la créance puisse été portée à la connaissance du mandataire judiciaire par le débiteur, qui est alors présumé agir pour le compte du créancier.

Ces deux démarches apparaissent exclusives d'un acte équivalent à une demande en justice.

Il faut donc, nous semble-t-il, abandonner l'idée que la déclaration de créance équivaut à une demande en justice[5], ce que certains contestent[6], et plutôt considérer que la déclaration de créance est devenue un acte conservatoire[7], qui peut donc être accompli sans le pouvoir d'agir en justice. C'est ce qui explique que le débiteur puisse, en portant la créance à la connaissance du mandataire judiciaire, conserver le droit du créancier. La remarque vaut tout autant pour celui qui déclare la créance sans pouvoir, ce qui conduira à la ratification.

Cette interprétation nous semble corroborée[8], même si l'opinion n'est pas partagée par tous[9], par le fait que le législateur, partant de ce postulat, a immédiatement dû préciser les effets attachés à la déclaration de créance, ce qui aurait été inutile si l'analyse classique de l'équivalence de la déclaration de créance à une demande en justice avait perduré. Le nouvel article L. 622-25-1 du code (ord. 12 mars 2014, art. 28) prend le soin de préciser que « la déclaration de créance interrompt la prescription jusqu'à la clôture de la procédure; elle dispense de toute mise en demeure et vaut acte de poursuites ». Cette analyse s'imposait déjà. Si le législateur a aujourd'hui besoin de le préciser, c'est précisément parce qu'il a abandonné le support de l'analyse : la déclaration de créance n'équivaut plus à une demande en justice. C'est un acte conservatoire auquel on va faire produire des effets classiquement attachés à une demande en justice, ce qui impose alors de

1. Paris, 26 févr. 2008, RG n° 07/01289.
2. Com. 21 janv. 2003, n° 00-11 771, NP, *Act. proc. coll.* 2003/6, n° 66.
3. Com. 16 juin 2015, n° 13-27.736, NP; n° 592 F-D.
4. Ord. n° 2014-326, 12 mars 2014, préc.
5. PARTAGEANT L'ANALYSE : Pétel, « Entreprises en difficulté : encore une réforme ! », *JCP E* 2014. 1223, n° 32 – JACQUEMONT ET VABRES, 9e éd., 2015, n° 521.
6. Teboul, « La déclaration des créances : actualité et perspectives », *Gaz. Pal.* 23 févr. 2016, n° 8, p. 21 s., sp. p. 22.
7. PARTAGEANT L'ANALYSE : Macorig-Vénier, « Les créanciers antérieurs hors comités après l'ordonnance du 12 mars 2014 : un vent de simplification en faveur de la reconnaissance de leur droit de créance », *BJE* mai 2014, p. 185, sp. p. 186 – PÉROCHON, 10e éd., n° 1529 – COQUELET, 5e éd., 2015, n° 240 – TIMIDEMENT : VIDAL et GIORGINI, n° 1698.
8. AUSSI, LIENHARD, 6e éd., n° 101.21.
9. SAINT-ALARY HOUIN, 9e éd., n° 748.

toute évidence la précision. Très timidement, le Rapport au président de la République, de l'extrémité de sa plume, et sans appuyer, laisse transparaître l'analyse : « l'article 28 précise les effets de la déclaration de créance sans qu'il soit besoin de les déterminer par la qualification d'action en justice »[1].

La solution est d'importance et conduira à reconstruire le régime de la déclaration de créance. De manière incontestable, il y a là un « progrès considérable pour la sécurité juridique »[2].

SECTION 661.20
EFFETS DE LA DÉCLARATION DE CRÉANCE

661.21 Effets de ladéclaration de créance.

> **Avant l'ordonnance du 12 mars 2014**[3], la déclaration de créance étant équivalente à une demande en justice, en produit tous les effets, sauf règle contraire posée par le code de commerce.

Tout d'abord, la déclaration de créance a un effet interruptif de prescription[4], qui s'étendra, non jusqu'à l'admission de la créance au passif, mais jusqu'au jugement de clôture de la procédure[5]. La solution a été posée tant sous l'empire de la législation du 13 juillet 1967[6], que sous celui de la législation du 25 janvier 1985[7]. Elle est également applicable sous l'empire de la loi du 26 juillet 2005[8]. Elle a ainsi été posée à propos de l'interruption de la prescription de l'action en recouvrement d'une créance fiscale[9].

À l'issue de la procédure, soit l'action sera éteinte en cas d'impossibilité de reprendre les poursuites individuelles, soit ces dernières pourront, par exception, à nouveau être *entreprises* (*v. s*[s] *n*[os] *592.61 s.*). En cette seconde occurrence, la prescription reprenant son cours, il faudra alors l'interrompre avant qu'elle n'ait joué. En cas de réformation ou d'annulation du jugement de clôture, la prescription ne reprendra son cours qu'au jour de la seconde clôture. Cette solution a été posée sous l'empire de la loi du 13 juillet 1967[10], mais est transposable. L'effet interruptif de prescription ne se produira cependant que si, sauf relevé de forclusion, la créance a été déclarée dans les délais[11].

L'effet interruptif de la prescription attaché à la déclaration de créance n'est pas tenu en échec par la dispense de vérification des créances[12]. Il joue non seulement pour les créances chirographaires, mais encore pour les créances hypothécaires, et cela même si le créancier hypothécaire avait pu retrouver son droit d'agir aux fins de saisie immobilière, du fait de l'inaction du liquidateur qui n'avait pas entrepris la vente de l'immeuble grevé dans le délai de trois mois de la liquidation judiciaire. Il importait donc peu que la procédure de saisie immobilière ait été annulée. La prescription n'avait pas, jusqu'à la clôture de la procédure, repris son cours[13].

Il reste à savoir si l'annulation de la procédure collective entraîne aussi l'annulation de l'effet interruptif de la déclaration de créance. Une question préjudicielle a été posée au Tribunal des conflits du fait d'une difficulté mettant en jeu la séparation des autorités administratives et judiciaires, le litige intéressant une créance fiscale[14].

La réponse à la question semblait avoir été apportée par la Cour de cassation, dans une autre affaire. Elle avait en effet jugé que l'assignation signifiée au débiteur par le créancier aux fins d'ouverture d'une procédure collective, qui contenait implicitement une demande de reconnaissance du droit de ce

1. Rapport au président de la République sur l'ordonnance n° 2014-326 du 12 mars 2014, p. 7.
2. Pérochon, « L'ordonnance du 12 mars 2014 : une révolution inespérée en faveur des créanciers tenus de déclarer », *BJE* mai 2014, Éditorial p. 133.
3. Ord. n° 2014-326, 12 mars 2014, préc.
4. Com. 28 juin 1994, n° 92-13.477, *Bull. civ.* IV, n° 240; *Rev. proc. coll.* 1995, 315, n° 10, obs. Dureuil – Com. 12 déc. 1995, n° 94-12.793, *Bull. civ.* IV, n° 299; *JCP E* 1996. II. 829, note Brandeau – Com. 15 mars 2005, n° 03-17.783, *Bull. civ.* IV, n° 63; *D.* 2005. AJ 1286, obs. Lienhard; *D.* 2005. Somm. 2016, obs. Lucas; *JCP E* 2005. Chron. 1860, n° 7, obs. Delebecque et Simler – Paris, 3e ch. B, 25 oct. 2007, RG n° 06/17819 – Paris, 3e ch. B, 25 oct. 2007, RG n° 06/17821 – Paris, 3e ch. B, 25 oct. 2007, RG n° 06/17825 – *Adde*, Coudert, « Le créancier face à la prescription du capital et des intérêts », *LPA* 26 sept. 2003, n° 193, p. 4.
5. Com. 3 févr. 2009, n° 08-13.168, NP; n° 83 F-D; *LPA* 26 janv. 2010, n° 18, p. 13, note Sortais – Com. 30 oct. 2012, n° 11-19.962, NP; n° 1067 F-D – Com. 10 févr. 2015, n° 13-21.953, *Bull. civ.* IV [à paraître]; n° 149 FS-D.
6. L. n° 67-563, 13 juill. 1967, *JO* 14 juill., p. 7059 – Com. 17 juill. 2001, n° 98-20.885, NP, *Act. proc. coll.* 2001/18, n° 233 – Com. 17 nov. 2009, n° 08-18.583, NP; n° 1050 F-D.
7. L. n° 85-98, 25 janv. 1985, *JO* 26 janv., p. 1097 – Com. 12 mai 1998, n° 96-12.194, *Bull. civ.* IV, n° 154; *Gaz. Pal.* 1998, Pan. 235 – Com. 12 oct. 1999, n° 97-12.769, NP, *Act. proc. coll.* 1999/19, n° 252 – Com. 5 déc. 2000, n° 98-11.593, NP, *Act. proc. coll.* 2001/2, n° 21 – Com. 4 oct. 2005, n° 04-15.047, NP – Com. 3 févr. 2009, n° 08-13.168, NP; n° 83 F-D.
8. L. n° 2005-845, 26 juill. 2005, préc.
9. CE 19 févr. 2014, req. n° 344228, *Lebon* T; *Rev. proc. coll.* 2014, comm. 104, note Vabres.
10. CAA Bordeaux, 26 juin 2001, *LPA* 11 déc. 2001, n° 246, p. 18, concl. Heinis.
11. Com. 29 avr. 2003, n° 00-12.733, NP.
12. Com. 15 mars 2005, n° 03-17.783, *Bull. civ.* IV, n° 63; *JCP E* 2005. Chron. 1425, n° 13, obs. M. Cabrillac; *Gaz. proc. coll.* 2005/2, p. 29, obs. Le Corre.
13. Com. 6 juill. 2010, n° 09-14.104, NP; n° 759 F-D; *BJE* mai/juin 2011, § 70, p. 135, note Nabet.
14. Com. 20 févr. 2007, n° 05-14.370, NP; n° 270 FS-D.

créancier, constituait une citation en justice interruptive de prescription. Si la demande du créancier était rejetée ou déclarée irrecevable, l'interruption de l'instance devait être regardée comme non avenue. Identiquement, si la déclaration de créance effectuée au passif d'une procédure collective était interruptive de prescription, cette interruption était rendue non avenue si la décision d'ouverture de la procédure collective était ensuite rejetée ou déclarée irrecevable[1]. La solution avait été critiquée[2]. Un revirement de jurisprudence est ensuite intervenu. La Cour de cassation juge désormais que la décision qui annule l'ouverture d'une procédure de liquidation judiciaire ne prive pas la déclaration de créance de son effet interruptif de prescription, qui se prolonge jusqu'à cette décision[3]. La solution posée pour la prescription vaut identiquement pour la forclusion biennale attachée aux opérations de crédit soumises au droit de la consommation[4]. Ainsi, il n'y a pas d'annulation rétroactive de l'effet interruptif de prescription lié à l'annulation du jugement d'ouverture.

L'effet interruptif de prescription attachée à la déclaration de créance au passif du cocontractant d'un affactureur n'a pas pour effet d'entraîner l'interruption de la prescription attachée à une action distincte par son objet, telle l'action en responsabilité engagée contre l'affactureur pour perte du gage, par une société de caution mutuelle au profit de laquelle le compte de garantie et de réserves spéciales du contrat d'affacturage avait été nanti[5].

De même, la déclaration de créance a pour effet d'empêcher le jeu de la forclusion. On pensera par exemple à la forclusion biennale instituée par le code de la consommation (C. consom., art. L. 311-37, devenu C. consom., art. L. 311-52[6]).

En revanche, la déclaration de créance, pour des raisons propres aux procédures collectives, n'a pas pour effet de faire courir *contre le débiteur des intérêts* moratoires. La règle de l'arrêt du cours des intérêts conventionnels ou de retard l'interdit.

L'effet interruptif de la prescription attaché à la déclaration de créance au passif du débiteur joue à l'égard de tous les débiteurs solidairement tenus à la dette. La solution vaut non seulement pour le principal de la dette, mais encore pour les intérêts dont le cours aura été réservé par une déclaration au passif[7]. La solution a été posée par exemple au profit de l'administration fiscale[8], et noamment au titre de la solidarité ménagère[9].

En outre, l'article 2250 du code civil prévoit que l'interpellation faite au débiteur interrompt la prescription contre la caution, sans qu'il soit ici distingué selon que la caution est simple ou solidaire (v. aussi s[s] n[os] *723.21 s.*). En conséquence, la déclaration de créance au passif du débiteur principal est interruptive de prescription à l'égard de la caution[10]. Cet effet interruptif joue nonobstant le régime spécifique de prescription au profit des personnes publiques[11]. La Cour de cassation juge également que l'effet interruptif de la prescription joue à l'égard de la personne qui a consenti une sûreté réelle en garantie de la dette du débiteur[12]. Cet effet interruptif à l'égard de la caution joue jusqu'à la clôture de la procédure[13]. Dès lors, si l'assignation de la caution intervient avant la clôture, la prescription ne peut être encourue[14]. Mais la déclaration de créance effectuée par le créancier n'a d'effet interruptif que pour lui, et non pour sa caution au titre

1. Com. 26 mai 2010, n° 09-10.852, *Bull. civ.* IV, n° 97; n° 567 F-P+B; *D.* 2010. AJ 1414, obs. Lienhard; *Gaz. Pal. entr. diff.* 2-3 juill. 2010, n°s 183, 184, p. 32, note Le Corre-Broly; *Act. proc. coll.* 2010/13, comm. 189, note Cagnoli; *JCP E* 2010. Chron. 1742, n° 2, obs. M. Cabrillac; *LPA* 14 oct. 2010, n° 205, p. 12, note Sortais; *BJE* mars/avr. 2011, p. 37, note Hugon; *LXB hebdo* 17 juin 2010, n° 399, note Le Corre.
2. Cagnoli, note s[s] Com. 26 mai 2010, n° 09-10.852, *Act. proc. coll.* 2010/13, comm. 189.
3. Com. 27 janv. 2015, n° 13-20.463, *Bull. civ.* IV [à paraître]; n° 91 FS-P+B; *D.* 2015. actu. 317, note Lienhard; *Act. proc. coll.* 2015/5, comm. 66, note Théron; *JCP E* 2015. 1135, note Brignon et chron. 1204, n° 9, obs. Pétel; *BJE* mai 2015, 154, note Rolland; *Rev. proc. coll.* 2015, comm. 40, note F. et M.-N. Legrand.
4. Com. 19 mai 2015, n° 14-11.741, NP; n° 476 F-D.
5. Com. 12 mai 2009, n° 07-20.641, NP; n° 454 F-D; *Rev. proc. coll.* 2009/6, 178, p. 53, note Martin-Serf.
6. DEPUIS le 1er mai 2011, TRANSFÉRÉ par L. n° 2010-737, 1er juill. 2010, *JO* 2 juill., p. 12001, art. 2 – ABROGÉ par Ord. n° 2016-301, 14 mars 2016, *JO* 16 mars.
7. Com. 3 nov. 2010, n° 09-69.205, NP; n° 1107 FS-D.
8. CE 10 oct. 2014, req. n° 364344, *Lebon* T; *BJE* 2015, 40, note Dedeurwaerder; *Rev. proc. coll.* 2015, comm. 16, note Vabres.
9. CE 27 oct. 2009, req. n° 300438, *Rev. proc. coll.* 2010/2, comm. 86, p. 75, note Neau-Leduc et Hubert.
10. Com. 24 sept. 2003, n° 00-19.689, NP, *Act. proc. coll.* 2003/19, n° 242 – Com. 4 oct. 2005, n° 04-15.047, NP – Com. 26 sept. 2006, n° 04-19.751, *Bull. civ.* IV, n° 190; n° 1024 F-P+B; *D.* 2006. AJ 2460, obs. Lienhard; *JCP E* 2007. Chron. 1004, n° 10, obs. M. Cabrillac; *Act. proc. coll.* 2006/17, n° 207, note Le Corre; *Gaz. proc. coll.* 2007/1, p. 43, note Le Corre – Com. 30 oct. 2012, n° 11-19.962, NP; n° 1067 F-D – Paris, pole 5, 9e ch., 14 nov. 2013, RG n° 13/08408, *JurisData* 026949.
11. Com. 27 févr. 2007, n° 04-16.700, *Bull. civ.* IV, n° 71; n° 392 FS-P+B; *D.* 2007. AJ 948 – Com. 5 juin 2007, n° 05-22.090, NP; n° 804 F-D.
12. Com. 17 nov. 2009, n° 08-16.605, *Bull. civ.* IV, n° 149; n° 1068 FS-P+B; *D.* 2009. AJ 2805, obs. Lienhard; *Gaz. Pal.* 8-10 janv. 2010, n°s 8, 9, p. 39, note Le Corre; *Act. proc. coll.* 2010/1, n° 9, note Cagnoli.
13. Bastia, ch. civ. B, 11 déc. 2013, RG n° 12/01007, *JurisData* 029935.
14. Com. 10 févr. 2015, n° 13-21.953, *Bull. civ.* IV [à paraître], n° 149 FS-D.

d'une créance indemnitaire qu'elle dérrait sur le créancier[1].

Il n'est pas exigé qu'une notificati dla déclaration de créance soit faite entre les mnse la caution pour que joue l'effet interruptife larescription à son égard[2].

La solution n'est en revanche pasransısable à la forclusion. La déclaration de créare danla procédure du débiteur n'aura pas pour efet d'erpêcher le jeu de la forclusion à l'encontrede codéiteurs solidaires ou de cautions solidaires[3].Seule l'aignation de ceux-ci fera obstacle à la forclusion.

De même, la clause qui fixe un terme audroit d'agir du créancier contre la caution institue un délai de forclusion, que n'interrompt pas la décaration de la créance au passif du débiteur[4].

L'idée de représentation mutuelle des coobligés explique aussi le fait que les intérêts moratoires courront contre les codébiteurs solidaires *in bonis*, à partir de la déclaration de créance effectuée dans la procédure d'un codébiteur. La déclaration de créance est assimilée à une demande en justice, laquelle vaut mise en demeure. Or, cette dernière fait courir les intérêts moratoires (C. civ., art. 1153).

La déclaration de créance étant obligatoire ne constitue pas un choix irréversible effectué par le créancier entre la voie civile et l'action civile au pénal, laquelle permet d'obtenir une condamnation à une somme d'argent devant la juridiction répressive. La règle « *electa una via* » est ici sans application[5].

Le cessionnaire par bordereau Dailly d'une créance, qui ne déclare la créance cédée que pour partie, semble bien renoncer à la partie non déclarée de cette créance, ce qui autorise le cédant [ou les organes de sa procédure collective] à agir en recouvrement du solde non déclaré contre le débiteur cédé. La solution a été posée sous l'empire de la loi du 25 janvier 1985[6], alors que l'absence de déclaration de créance entraînait son extinction. Il semble qu'elle puisse être transposée sous l'empire de la loi de sauvegarde, même si la créance non déclarée n'est plus éteinte, car l'absence de déclaration d'une partie de la créance semble bien continuer à emporter renonciation à celle-ci. La discussion est toutefois permise[7].

La déclaration de créance auprès du mandataire judiciaire est inopérante à porter à la connaissance des autres créanciers l'existence d'une sûreté, dès lors que le préjudice subi par les créanciers s'apprécie au jour du jugement d'ouverture de la procédure collective. Dès lors, en l'absence d'inscription de la sûreté au jour du jugement d'ouverture ou à défaut de modification de l'inscription de la sûreté [en l'occurrence un gage sur matériel et outillage] à la suite du déplacement du fonds de commerce, les créanciers qui n'avaient pu connaître l'existence de cette sûreté ont été induits en erreur sur la situation juridique du fonds[8]. Il en résulte que la créance ne peut être admise qu'à titre chirographaire.

> **L'ordonnance du 12 mars 2014** a modifié à notre sens la nature juridique de la déclaration de créance (v. s[s] n° 661.12). En revanche, l'effet interruptif de la déclaration de créance est explicitement conservé. En effet, le nouvel article L. 622-25-1 du code de commerce dispose que « la déclaration de créance interrompt la prescription jusqu'à la clôture de la procédure ». Les solutions anciennes seront donc conservées.

Cette même disposition ajoute que la déclaration « dispense de toute mise en demeure et vaut acte de poursuites ». Ici encore, il s'agit de conserver les solutions anciennes.

Les limites qu'avait pu apporter la jurisprudence à l'équivalence de la déclaration de créance à une demande en justice continueront, évidemment à s'appliquer, puisque cette équivalence n'existe plus.

1. Douai, 8e ch., 1re sect., 11 sept. 2014, RG n° 13/05143, *JurisData* 020715.
2. Com. 26 sept. 2006, n° 04-19.751, préc. (v. s[s] prés[t] n°) – Com. 26 sept. 2006, n° 04-19.752, NP; n° 1025 F-D.
3. Com. 19 nov. 1996, n° 94-17.909, *Bull. civ.* IV, n° 276; *LPA* 6 août 1997, n° 94, p. 25, note Courtier; *RTD com.* 1997. 327, obs. Martin-Serf.
4. Com. 26 janv. 2016, n° 14-23.285, *Bull. civ.* IV [à paraître]; *BJE* 2016, 115, note Borga.
5. Crim. 4 oct. 1974, n° 73-93.593, *Bull. crim.*, n° 276; *D.* 1975. Jur. 328, note Honorat – Guyon, n° 1237.
6. L. n° 85-98, 25 janv. 1985, préc. – Com. 3 nov. 2010, n° 09-69.870, *Bull. civ.* IV, n° 162; FS-P+B; *Act. proc. coll.* 2011/2, comm. 34, note Petit; *RDBF* mars/avr. 2011, comm. 42, note Crédot et Samin; *BJE* mai/juin 2011, § 47, p. 124, note Bonhomme.
7. Petit, note s[s] Com. 3 nov. 2010, n° 09-69.870, *Act. proc. coll.* 2011/2, comm. 34.
8. Com. 7 juill. 2009, n° 08-17.792, *Bull. civ.* IV, n° 101; n° 698 F-P+B; *Act. proc. coll.* 2009/16, n° 240, note Amlon; *JCP E* 2010. Chron. 1036, n° 20, obs. Delebecque.

CHAPITRE

662. Auteur de la déclaration de créance

SECTION 0 ORIENTEUR

662.00 Plan du chapitre.

Sect.	662.10	Présentation générale de la question de l'auteur de la déclaration de créance
Sect.	662.20	Déclaration de créance par un tiers avant l'ordonnance du 12 mars 2014
Sect.	662.30	Déclaration de créance par le créancier lui-même avant l'ordonnance du 12 mars 2014
Sect.	662.40	Délégation de pouvoirs par les dirigeants de personne morale à des préposés avant l'ordonnance du 12 mars 2014
Sect.	662.50	Auteur de la déclaration de créance depuis l'ordonnance du 12 mars 2014

662.01 Textes applicables. (V. les références complètes s[s] n° 011).

> Législation antérieure à la loi de sauvegarde des entreprises.

C. com., art. L. 621-43, al. 2

D. n° 85-1388, 27 déc. 1985, art 175

> Législation issue de la loi de sauvegarde des entreprises.

C. com., art. L. 622-24, al. 2, L. 631-14, I, L. 641-3, al. 4

C. com., art. R. 662-2 (anc[t] D. n° 2005-1677, 28 déc. 2005, art. 337)

> Législation issue de l'ordonnance du 18 décembre 2008.

C. com., art. L. 622-24, al. 2, L. 631-14, al. 1er, L. 641-3, al. 4

C. com., art. R. 662-2

> Législation issue de l'ordonnance du 12 mars 2014.

C. com., art. L. 622-24

C. com., art. R. 622-5, R. 622-21, R. 622-24, R. 622-25

662.02 Jurisprudence de référence.

> La personne, banque chef de file d'un pool bancaire, qui déclare la créance d'un tiers, doit être muni d'un pouvoir spécial.

• **Cass., ass. plén., 26 janv. 2001,** n° 99-15.153, *Bull. ass. plén.*, n° 1

* V. s[s] n° 662.21

« Vu l'article 50, alinéa 1er de la loi du 25 janvier 1985 dans sa rédaction antérieure à la loi du 10 juin 1994 applicable en l'espèce, ensemble l'article 175 du décret n° 85-1388 du 27 décembre 1985 et l'article 853, alinéa 3 du code de procédure civile;

Attendu que la déclaration des créances équivaut à une demande en justice; que la personne qui déclare la créance dun tiers doit, si elle n'est pas avocat, être munie d'un pouvoir spécial donné par écrit. »

> La personne, qui déclare la créance d'un tiers, doit être munie d'un pouvoir spécial, donné par écrit avant l'expiration du délai de déclaration de créance, dont il pourra justifier, en cas de contestation, jusqu'à ce que le juge statue.

• **Cass., ass. plén., 4 févr. 2011,** n° 09-14.619, *Bull. ass plén.*, n° 2; n° 588 P+B+R+I

* V. s[s] n° 662.21

« La déclaration des créances équivaut à une demande en justice; la personne qui déclare la créance d'un tiers doit, si elle n'est avocat, être munie d'un pouvoir spécial, donné par écrit, avant l'expiration du délai de déclaration des créances; en cas de contestation, il peut en être justifié jusqu'au jour où le juge statue. »

> Lorsque la déclaration de créance est effectuée par un préposé, la délégation, qui n'a pas à avoir date certaine, peut être prouvée même après expiration du délai de déclaration de créance, jusqu'à ce que le juge statue sur l'admission de la créance[1].

• **Com. 21 nov. 2006,** n°s 05-17.008, 05-19.298, 2 esp., *Bull. civ.* IV, n°s 226, 227; n°s 1288, 1285 FS-P+B+I+R

* V. s[s] n° 662.42

1. Com. 11 juin 2003, n° 00-11.913, *Bull. civ.* IV, n° 95; *Bull. Joly* 2003. 1024, § 217, note Barbièri – Com. 21 nov. 2006, n°s 05-17.008, 05-19.298, *Bull. civ.* IV, n°s 226, 227, 2 esp.; n°s 1288, 1285 FS-P+B+I+R; *D.* 2006. AJ 2983, obs. Lienhard; *Gaz. proc. coll.* 2007/2, p. 43, note Le Corre-Broly; *RD banc. fin.* 2007, n° 19, note Lucas; *Rev. proc. coll.* 2007/1, p. 46, n° 4, obs. Legrand; *Defrénois* 2007. 887, art. 38605, n° 6, note Gibirila; *RTD com.* 2007. 446, n° 2, obs. Martin-Serf; *LXB hebdo* n° 241, 20 déc. 2006, n° N4237A9S, note Le Corre-Broly; *Procédures* 2007, n° 1, note Croze; *Rev. proc. coll.* 2007/1, p. 46, n° 4, obs. Legrand; *RJ com.* 2007. 47, note Sortais.

662.03 Bibliographie indicative. (V. références complètes s[s] nº 031 – Aussi s[s] nº 660.03).

> **Ouvrages.** Ferrier, *La délégation de pouvoir, technique d'organisation de l'entreprise*, « Bibl. dr. entr. », Litec, 2005.

> **Articles.** Galokho C., « La responsabilité civile des professionnels du droit dans la déclaration de créance », *Rev. proc. coll.* 2012, étude 36 – Gibirila, « La délégation ou la subdélégation du pouvoir de déclarer les créances », *Journ. sociétés* oct. 2009, nº 69, p. 66 – Lecourt, « Le principe de la séparation des ordonnateurs et des comptables à l'épreuve des procédures collectives », *D.* 2005. Chron. 1943 – Lienhard, « Modalités de déclaration des créances », *D* 2001. Chron. 1011 – Pailler, « Actualité de la déclaration de créance par voie de représentant », *Rev. proc. coll.* 2012, étude 4 – Rémery, « La déclaration de créance – Délégation des pouvoirs et mandat », *JCP* 1999. I. 113 – Soinne, « La double nature de la déclaration de créance », *Banque* 1993, nº 94; « La guerre du pouvoir s'achève… (à propos des déclarations de créances », *LPA* 29 juin 2000, nº 129, p. 24 – Vann. B., « Cession de créance : les difficultés soulevées par l'ouverture d'une procédure collective », Le Corre-Broly (dir.), *Contentieux bancaire des procédures collectives*, Bruylant, 2014, p. 95.

662.04 Questions principales.

• Depuis l'ordonnance du 12 mars 2014, la personne qui déclare une créance doit-elle nécessairement en avoir le pouvoir ?
* V. s[s] nº 662.52.

• Depuis l'ordonnance du 12 mars 2014, le débiteur peut-il être considéré comme ayant déclaré la créance pour le compte du créancier ?
* V. s[s] nº 662.53.

SECTION 662.10
PRÉSENTATION GÉNÉRALE DE LA QUESTION DE L'AUTEUR DE LA DÉCLARATION DE CRÉANCE

662.11 Présentation générale de la question de l'auteur de la déclaration de créance. Le fait que la déclaration de créance soit considérée, sous l'empire de la législation antérieure à l'ordonnance du 12 mars 2014[1], comme équivalente à une demande en justice a engendré un contentieux pour savoir si le déclarant avait pouvoir pour déclarer la créance. L'ordonnance du 12 mars 2014 renouvelle totalement les données du problème.

Sous l'empire de la loi du 25 janvier 1985[2] non réformée, la Cour de cassation avait établi une distinction selon que la déclaration était effectuée par un tiers ou par le créancier lui-même. La loi du 10 juin 1994[3], dans un souci de clarification, énonce, à l'article L. 621-43, alinéa 2 du code de commerce (anc[t] L. 25 janv. 1985, art. 50), que « la déclaration des créances peut être faite par le créancier ou par tout préposé ou mandataire de son choix ». La législation a donc entendu reprendre l'analyse jurisprudentielle développée sous l'empire de la loi du 25 janvier 1985, avant la réforme de la loi du 10 juin 1994. La loi de sauvegarde des entreprises[4] n'a rien modifié au dispositif, reprenant fidèlement la lettre de ce texte à l'article L. 622-24, alinéa 2.

Si les documents versés par le créancier aux débats ne permettent pas de savoir si la déclaration de créance a été effectuée par un préposé ou par un tiers, les juges du fond ne peuvent apprécier la régularité de la déclaration de créance[5].

Le fait que le débiteur ne conteste pas devoir la somme déclarée n'autorise pas le juge-commissaire à admettre la créance au passif, dès lors qu'une contestation porte sur le pouvoir de déclarer la créance[6].

1. Ord. nº 2014-326, 12 mars 2014, *JO* 14 mars, p. 5249.
2. L. nº 85-98, 25 janv. 1985, *JO* 26 janv., p. 1097.
3. L. nº 94-475, 10 juin 1994, *JO* 11 juin, p. 8440.

SECTION 662.20
DÉCLARATION DE CRÉANCE PAR UN TIERS AVANT L'ORDONNANCE DU 12 MARS 2014

662.21 Exigence d'un pouvoir spécial du tiers procédant à la déclaration de créance. Si le créancier ne déclare pas personnellement sa créance, le déclarant, qui est un tiers, doit être muni d'un pouvoir spécial à cette fin[7].

4. L. nº 2005-845, 26 juill. 2005, *JO* 27 juill., p. 12187.
5. Com. 5 mai 2015, nº 13-22.603, NP; nº 417 F-D; *APC* 2015/10, comm. 164, note Vallansan.
6. Com. 30 nov. 2010, n°s 10-10.415, 10-10.416, 10-10.417, 10-10.420, 10-10.422, 10-10.423, 6 esp., NP; n°s 1206 à 1211 F-D.
7. Civ. 1re, 13 juin 1995, nº 93-18.875, NP, *RJDA* 1996, nº 126 – Com. 19 mars 1996, nº 93-16.875, NP, *RTD com.* 1996. 713, obs. Martin-Serf – Com. 17 déc. 1996, n°s 94-19.489, 94-19.550, *Bull. civ.* IV, nº 313; *JCP* 1997, nº 18, p. 216, rapport Rémery; *JCP E* 1997. II. 941, note Béhar-Touchais – Com. 5 janv. 1999, nº 95-16.360, NP, *Act. proc. coll.* 1999/4, nº 48 – Com. 30 mars 1999, nº 96-15.144, *Bull. civ.* IV, nº 75; *LPA* 25 mai 1999, nº 103, p. 7, note P. M. – Com. 20 juin 2000, nº 97-16.431, NP – Com. 29 oct. 2002, nº 00-22.135, NP, *Act. proc. coll.* 2003/1, nº 4 – Cass., ass. plén., 4 févr. 2011, nº 09-14.619, *Bull. ass plén.*, nº 2; nº 588 P+B+R+I; *D.* 2011. AJ 439, obs. Lienhard; *D.* 2011. Pan. 2074, note Lucas; *Gaz. Pal. entr. diff.* 1-2 avr. 2011, p. 30, note Le Corre-Broly; *Act. proc. coll.* 2011/5, nº 80, note Roussel Galle; *Gaz. Pal.* 9-10 mars 2011, p. 13, note Antonini-Cochin; *JCP E* 2011. Chron. 1263, nº 7, obs. Pétel; *JCP E* 2011. 1264, note Roussel Galle; *Rev. proc. coll.* 2011, comm. 23, p. 32, note Cagnoli; *Rev. proc. coll.* 2011, comm. 79, p. 42, note Legrand et Legrand; *Rev. sociétés* 2011. 387, note Roussel Galle; *Procédures* 2001, nº 177, note Rolland; *Dr. et proc.* mai 2011, J. 16, p. 117, note Vinckel; *Rev. sociétés* 2011, note Crocq; *LXB hebdo* nº 239, 17 févr. 2011, note Le Corre-Broly; *BJE* mai/juin 2011, § 66, p. 130, note Le Corre; *RTD com.* 2011. 412, obs. Martin-Serf; *Dr. et patr.* sept. 2011, nº 206, 76, note Saint-Alary-Houin; *LPA* 3 janv. 2012, nº 2, p. 4, note Zattara-Gros.

Ce pouvoir doit lui permettre de déclarer la créance au passif d'un débiteur bien déterminé. Ne remplit pas cette condition, le pouvoir de déclarer une créance au passif d'une personne décédée, alors que la procédure collective a été ouverte contre l'héritière ayant continué de fait l'exploitation du fonds de commerce de son mari décédé[1].

Le mandataire général de la succursale française d'une société étrangère n'est, par définition, pas un mandataire spécial habilité à déclarer sans pouvoir spécial une créance[2]. De même le cabinet de gestion, investi d'un mandat général d'agir en justice de la part d'une société civile immobilière, ne peut déclarer une créance faute d'être investi d'un mandat spécial[3].

Une association ne pouvant être un préposé doit justifier d'un pouvoir spécial pour déclarer les créances d'un tiers[4]. Le pouvoir spécial s'entend d'un pouvoir donné à un tiers dans la procédure d'un débiteur déterminé.

De même, une association, membre d'une autre association, ne peut déclarer la créance détenue par cette dernière sans justifier d'un pouvoir spécial[5].

Dès lors que le pouvoir joint à la déclaration de créance porte le nom d'un seul débiteur, il y a bien pouvoir spécial et non pouvoir général[6]. Au contraire, le pouvoir de présenter au nom du créancier toutes déclarations de créances est un pouvoir général n'autorisant pas un tiers à déclarer une créance au passif[7].

Le déclarant devra indiquer qu'il agit au nom du tiers, faute de quoi la déclaration de créance sera réputée faite pour son compte personnel[8].

Le mandat de recouvrer les créances ne vaut pas mandat de les déclarer[9].

Tout tiers muni d'un pouvoir spécial peut déclarer la créance. Le principe selon lequel seuls les avocats peuvent, de façon habituelle, assister ou représenter les tiers dans les missions de recouvrement de créances ne peut aboutir à faire considérer irrégulière la déclaration de créance effectuée par une société de recouvrement[10].

Deux observations doivent cependant être posées.

D'une part, devant le tribunal de grande instance, bien que la *procédure de redressement judiciaire* ou de liquidation judiciaire soit exclue du monopole de représentation de l'avocat (D. 27 déc. 1985[11], art. 175, al. 1er), solution étendue à la sauvegarde (D. 28 déc. 2005[12], art. 337, al. 1er), le tiers représentant le débiteur ne pourra être qu'un avocat (D. 27 déc. 1985, art. 175, al. 2, D. 28 déc. 2005, art. 337, al. 2). Il n'en résulte pas cependant que le tiers déclarant une créance doit obligatoirement être avocat, du fait des termes spéciaux, applicables à la matière, de l'article L. 621-43, alinéa 2 devenu avec la loi de sauvegarde des entreprises l'article L. 622-24, alinéa 2 du code de commerce, selon lesquels « la déclaration des créances peut être faite par le créancier ou par tout préposé ou mandataire de son choix ». Le mandataire est ainsi au choix du créancier et peut ne peut pas être avocat.

La même observation s'impose pour les procédures ouvertes en Alsace-Moselle. Dans les départements d'Alsace-Moselle par application de l'article 176 du décret du 27 décembre 1985 (devenu C. com., art. R. 670-1), renvoyant aux dispositions combinées de l'article 38 de l'annexe du code de procédure civile relative à l'application de ce code dans les départements du Bas-Rhin, du Haut-Rhin et de la Moselle, et de l'article 31, alinéa 2 de la loi du 1er juin 1924, portant introduction du droit commercial français dans ces départements, le tiers représentant une partie dans une procédure collective doit être avocat d'un barreau français. La solution a été posée à propos de la question voisine de la revendication[13]. En revanche, du fait des dispositions spéciales du code de commerce en ce qui concerne l'auteur de la déclaration de créance, le créancier choisira le mandataire de son choix pour déclarer sa créance, sans être contraint de recourir aux services d'un avocat, mais en lui confiant un pouvoir spécial, puisqu'il peut tout aussi bien, ainsi que l'admet la jurisprudence, y procéder personnellement[14].

Il n'entre pas, selon la Cour de cassation, dans la mission du séquestre-répartiteur judiciaire du prix de vente d'un fonds de commerce de déclarer au passif de l'acheteur la créance détenue par le ven-

1. Com. 16 déc. 2008, n° 07-20.688, NP; n° 1355 F-D; *Gaz. proc. coll.* 2009/2, p. 32, n° 2, note Le Corre-Broly; *Act. proc. coll.* 2009/5, n° 77, note Régnaut-Moutier.
2. Com. 10 mai 2005, n° 04-12.332, NP.
3. Com. 4 oct. 2005, n° 04-15.782, NP.
4. Com. 5 nov. 2003, n° 00-18.497, *Bull. civ.* IV, n° 163; *D.* 2003. AJ 3048; *RD banc. fin.* 2004, n° 11, note Legeais; *RTD com.* 2004. 597, n° 3, obs. Martin-Serf.
5. Com. 14 oct. 2014, n° 13-16.609, NP; n° 898 F-D.
6. Com. 15 mars 2005, n° 00-22.228, NP.
7. Paris, 15e ch. B, 28 oct. 2005, RG n° 2004/08251.
8. Com. 8 juill. 2003, n° 99-10.590, *Bull. civ.* IV, n° 117.
9. Com. 3 oct. 2000, n° 98-12.450, NP, *RJDA* 2001/2, n° 190.
10. Com. 3 déc. 2003, nos 01-03.612 à 01-03.617, 6 esp., NP.
11. D. n° 85-1388, 27 déc. 1985, *JO* 29 déc., p. 15281.
12. D. n° 2005-1677, 28 déc. 2005, *JO* 29 déc., p. 20324.
13. Com. 14 janv. 1997, n° 93-18.596, *Bull. civ.* IV, n° 14; *JCP* 1999. II. 10033, p. 380, note Zimmermann.
14. Com. 28 nov. 2000, n° 98-18.298, *Bull. civ.* IV, n° 185; *Act. proc. coll.* 2001/1, n° 4; *JCP E* 2001. Pan. 156 – Com. 19 déc. 2000, n° 98-11.093, *Bull. civ.* IV, n° 203; *D.* 2001. AJ 306, obs. Pisoni – Com. 11 juin 2002, nos 00-12.289, 00-11.773, 2 esp., *Bull. civ.* IV, nos 104, 105; *Act. proc. coll.* 2002/13, n° 159.

deur du fonds de commerce[1], même le contraire avait pu être jugé par une cour d'appel[2].

L'exigence du mandat spécial a également été posée, par la chambre commerciale de la Cour de cassation, dans un arrêt du 17 décembre 1996[3], en présence d'un pool bancaire, celui-ci n'ayant pas la personnalité morale. La banque, chef de *file*, doit être munie d'un pouvoir spécial de la part des autres banques du pool[4]. L'assemblée plénière de la Cour de cassation a identiquement statué[5]. Il en est tiré la conséquence que le chef de file d'un pool bancaire est irrecevable en ses critiques et demandes relatives aux créances déclarées par d'autres banques[6]. Il est toutefois possible de poser une solution différente lorsque le pool bancaire reste occulte. Seul le créancier apparent, qui joue le rôle de chef de file du pool occulte, devra alors déclarer sa créance[7].

L'exigence du mandat spécial a aussi été posée pour la déclaration de créance effectuée par une société mère au nom de sa filiale[8], et cela même dans l'hypothèse de détention à 100 % du capital social par la société mère[9]. Le pouvoir général que détiendrait le dirigeant de la société mère pour déclarer les créances de la filiale serait insuffisant, car par rapport à cette dernière, il est un tiers devant être titulaire d'un pouvoir spécial[10].

1. Com. 11 juin 2003, n° 00-16.657, NP.
2. Paris, 3e ch. A, 25 avr. 2000, *Act. proc. coll.* 2000/10, n° 118.
3. Com. 17 déc. 1996, nos 94-19.489, 94-19.550, *Bull. civ.* IV, n° 313; *RD banc. et bourse* 1997. 77, n° 2, obs. Campana et Calendini; *RTD com.* 1997. 512, obs. Martin-Serf; *JCP E* 1997. I. 651, n° 8, obs. Pétel; *JCP E* 1997. II. 941, note Béhar-Touchais.
4. Com. 17 déc. 1996, nos 94-19.489, 94-19.550, préc. (v. ss prést n°) – *Adde*, Com. 30 mars 1999, n° 96-15.144, *Bull. civ.* IV, n° 75; *D. Affaires* 1999. 763, obs. Lienhard; *Act. proc. coll.* 1999/8, n° 101, obs. Legros; *LPA* 25 mai 1999, n° 103, p. 7, note P. M.; *RTD com.* 1999. 732, n° 5, obs. M. Cabrillac; *Bull. Joly* 1999. 764, n° 168, note Daigre – Com. 16 oct. 2001, n° 98-19.316, *Bull. civ.* IV, n° 168; *RJDA* 2002/2, n° 175.
5. Cass., ass. plén., 26 janv. 2001, n° 99-15.153, *Bull. ass. plén.*, n° 1; *D.* 2001. 631; *JCP* 2001, n° 25, p. 1232, note Lochouarn; *RD banc. fin.* 2001, n° 66, note Lucas; *Act. proc. coll.* 2001/5, n° 61, obs. Boulay; *JCP E* 2001. Chron. 753, n° 8, obs. M. Cabrillac; *JCP E* 2001. Jur. 617, note Béhar-Touchais; *BICC* 1er mars 2001, p. 17, concl. Feuillard, note Bouret; *RTD com.* 2001. 507, obs. Martin-Serf; *RTD com.* 2001. 746, n° 11, obs. M. Cabrillac; *Bull. Joly* 2001. 843, n° 179; *RTD civ.* 2002. 805, n° 3, obs. Mestre et Fages.
6. Paris, pôle 5, 8e ch., 8 sept. 2009, RG n° 08/10028.
7. Ouaknine, *Les crédits syndiqués : de la pratique au droit*, th., Nice 2008, p. 326.
8. Com. 30 oct. 2000, n° 98-11.317, NP, *Act. proc. coll.* 2000/20, n° 257, note Régnaut-Moutier.
9. Toulouse, 2e ch., 2e sect., 6 mai 1999, *Act. proc. coll.* 1999/7, n° 226.
10. Com. 26 nov. 2002, n° 01-02.476, NP, *Rev. proc. coll.* 2003, p. 316, n° 1, obs. Legrand.

Le mandat spécial est également exigé lorsque la créance est déclarée par la filiale française pour le compte de la société mère belge[11].

662.22 Existence et preuve du mandat spécial du tiers déclarant la créance. Il n'y a d'abord aucune difficulté si le mandat spécial existe au jour de la déclaration de créance.

Si tel n'est pas le cas, il suffit qu'*il existe avant* l'expiration du délai de déclaration de créance. L'irrégularité de l'acte procédural de déclaration de créance pour absence de mandat spécial constitue en effet un vice de fond. Elle peut donc être couverte, mais uniquement avant l'expiration du délai de l'action, c'est-à-dire, en l'occurrence, le délai de la déclaration de créance.

Cette irrégularité peut être relevée en tout état de la procédure, sans que le plaideur n'ait à justifier d'un grief[12], et même d'office par le juge, la matière étant d'ordre public (C. pr. civ., art. 117 à 120).

L'assemblée plénière de la Cour de cassation a clairement affirmé que « la personne qui déclare la créance d'un tiers doit, si elle n'est avocat, être munie d'un pouvoir spécial, donné par écrit, avant l'expiration du délai de déclaration des créances »[13].

Le pouvoir spécial, ou mandat *ad litem* exigé d'un tiers qui déclare la créance, n'a pas à avoir date certaine[14].

La question se pose de savoir si ce pouvoir spécial doit être produit dans le délai de déclaration de la créance.

Dans une première phase de sa jurisprudence, la Cour de cassation a statué en ce sens : le pouvoir spécial devait être produit dans le délai de déclaration de la créance[15]. Le plus simple, en pratique, était de le joindre à la déclaration de créance, en se réservant la preuve, sur le courrier d'envoi, de cette

11. Com. 28 oct. 2008, nos 07-16.083, 07-17.938, NP; n° 1082 F-D.
12. Com. 27 mai 2008, n° 07-10.167, NP; n° 613 F-D; *Gaz. proc. coll.* 2008/3, p. 44, note Le Corre-Broly; *LXB hebdo* 19 juin 2008, n° 309, n° N3592BG7, note Le Corre.
13. Cass., ass. plén., 4 févr. 2011, n° 09-14.619, préc. (v. ss n° 662.21).
14. Com. 24 sept. 2003, n° 01-03.721, NP, *LXB hebdo* n° N9279AAW, note Le Corre.
15. Com. 10 mai 2005, n° 04-12.332, NP – Com. 7 mars 2006, n° 05-11.633, NP; n° 316 F-D – Com. 7 mars 2006, n° 05-11.635, NP; n° 317 F-D – Com. 7 mars 2006, n° 05-11.636, NP; n° 318 F-D – Com. 26 sept. 2006, n° 05-14.752, NP; n° 1039 F-D – Com. 17 févr. 2009, n° 08-13.728, *Bull. civ.* IV, n° 25; n° 166 FS-P+B; *D.* 2009. Chron. 1240, n° 1, note Bélaval; *Gaz. proc. coll.* 2009/2, p. 31, n° 1, note Le Corre-Broly; *JCP E* 2009. 1347, n° 7, obs. Pétel; *Act. proc. coll.* 2009/5, n° 77, note Régnaut-Moutier; *Gaz. Pal.* 20/21 mai 2009, p. 11, note Piedelièvre; *RTD com.* 2009. 450, n° 1, obs. Martin-Serf; *Rev. proc. coll.* 2010/1, § 12, p. 29, note Legrand – Com. 30 mars 2010, n° 09-11.869, NP; n° 397 F-D.

jonction. En tout état de cause, la justification du pouvoir ne pouvait être apportée qu'à l'intérieur du délai de déclaration de créance[1]. La solution valait pour l'huissier de justice, qui tient son mandat de l'avocat du créancier, et qui n'est pas dispensé de prouver l'existence de ce mandat spécial, dans le délai de la déclaration de créance[2]. Une attestation du créancier, postérieure à l'expiration du délai de déclaration de créance établissant que le signataire avait bien pouvoir pour déclarer la créance, ne pouvait être tenue pour suffisante[3].

Un correctif semblait toutefois se dessiner sur la question de la justification du pouvoir spécial émanant d'un tiers qui déclare la créance. En effet, une juridiction avait, justement à notre sens[4], estimé que le débiteur était mal fondé à reprocher au créancier une justification tardive de son pouvoir, alors qu'il avait d'abord contesté le montant des sommes déclarées, mais avait attendu la convocation devant le juge-commissaire, soit bien au-delà du délai de déclaration des créances, pour soulever la question des pouvoirs. La juridiction du fond avait estimé que permettre au débiteur de soulever l'irrégularité de la déclaration de créance à un moment où le créancier n'avait plus le droit d'apporter la preuve de la régularité de celle-ci était contraire à l'article 6 de la Conv. EDH imposant un procès équitable[5].

L'assemblée plénière de la Cour de cassation a, dans un second temps, opéré un véritable revirement de jurisprudence, sur *la question du moment de la justification du pouvoir spécial*. Elle abandonne l'exigence de production du mandat spécial à l'intérieur du délai de déclaration de créance. Si elle continue à exiger que la personne, qui déclare la créance d'un tiers, soit munie d'un pouvoir spécial, donné par écrit, avant l'expiration du délai de déclaration des créances, elle poursuit en indiquant que, « en cas de contestation, il peut en être justifié jusqu'au jour où le juge statue ». Ce faisant, l'assemblée plénière de la Cour de cassation aligne le régime de justification du mandat spécial sur celui du pouvoir général du préposé. Il faut, mais il suffit, qu'il en soit justifié, si ce pouvoir spécial est contesté, au plus tard au moment où le juge statue, non pas seulement le juge-commissaire, qui au demeurant ne sera pas toujours le juge saisi [par exemple en présence de la reprise d'une instance en cours au jour du jugement d'ouverture], mais plus généralement, jusqu'au moment où le juge du fond va statuer, ce qui englobe, dès lors, l'instance devant la cour d'appel.

Une cour d'appel ne peut confirmer une ordonnance de rejet de demande d'admission sans faire l'analyse, même sommaire, des pièces qui lui sont soumises, pour prétendre, d'une part, que le créancier ne justifie pas avoir valablement donné pouvoir au tiers déclarant d'effectuer les déclarations de créances et d'autre part, affirmer que ce pouvoir n'a pas été adressé dans le délai de déclaration. Spécialement, la cour d'appel ne peut, sans violer l'article 455 du code de procédure civile, refuser d'analyser l'annexe au courrier de déclaration de créance contenant le pouvoir spécial[6].

L'erreur commise par le rédacteur du mandat, consistant à viser un débiteur erroné, ne peut être réparée qu'à l'intérieur du délai de déclaration de créance[7].

La question de la justification du pouvoir pourra être soulevée pour la première fois en cause d'appel[8].

662.23 Délégation de pouvoir à un préposé du tiers. Le tiers ayant reçu mandat spécial peut valablement déléguer ce pouvoir à l'un de ses préposés[9], sans que soit exigée de ce dernier la preuve d'un

1. Com. 19 nov. 1996, n° 94-19.842, *Bull. civ.* IV, n° 277; *RD banc. et bourse* 1997. 35, n° 2, obs. Campana et Calendini; *RTD com.* 1997. 512, obs. Martin-Serf; *JCP E* 1997. I. 651, n° 7, obs. Pétel; *JCP E* 1997. II. 932, note Pétel – Com. 25 févr. 1997, n° 95-12.424, NP, *RD banc. et bourse* 1997. 77, n° 3, obs. Campana et Calendini – Com. 12 oct. 1999, nos 96-21.366 à 96-21.374, 9 esp., NP, *Act. proc. coll.* 1999/19, n° 251 – Com. 9 juill. 2002, n° 98-17.877, NP, *Act. proc. coll.* 2002/17, n° 220 – Civ. 1re, 6 mai 2003, n° 01-00.956, NP – Com. 5 nov. 2003, n° 00-18.497, *Bull. civ.* IV, n° 163; *Act. proc. coll.* 2003/20, n° 254; *Rev. proc. coll.* 2004, p. 275, n° 15, obs. Dumont – Com. 3 déc. 2003, nos 01-03.612 à 01-03.617, 6 esp., NP – Com. 11 févr. 2004, n° 01-12.298, NP – Com. 9 nov. 2004, n° 03-11.579, NP – Com. 7 déc. 2004, n° 1795 F-D – Com. 1er févr. 2005, nos 03-16.814, 03-16.816, NP – Com. 3 oct. 2006, nos 05-13.244, 05-14.373, NP; n° 1115 F-D; *RD banc. fin.* 2006, n° 207, note Lucas; *RTD com.* 2007. 165, obs. Le Cannu – Com. 3 oct. 2006, n° 04-19.457, NP; n° 1116 F-D; *Act. proc. coll.* 2006/19, n° 232, note Vallansan; *LXB hebdo* n° 237, 23 nov. 2006, n° N0346A9P, note Le Corre – Com. 3 oct. 2006, n° 04-11.024, NP; n° 1129 F-D – Paris, 3e ch. A, 18 janv. 2005, RG n° 04/03482 – Com. 27 mai 2008, n° 07-10.167, NP; n° 613 F-D; *Gaz. proc. coll.* 2008/3, p. 44, note Le Corre-Broly; *LXB hebdo* 19 juin 2008, n° 309, n° N3592BG7, note Le Corre.
2. Com. 13 mars 2007, n° 05-21.649, NP; n° 451 F-D.
3. Com. 30 mars 2010, n° 09-11.869, NP; n° 397 F-D.
4. EN CE SENS AUSSI : Lienhard, note ss Paris, 3e ch. B, 26 févr. 2009, RG n° 07/03215, *D.* 2009. AJ 1354.
5. Paris, 3e ch. B, 26 févr. 2009, RG n° 07/03215, *D.* 2009. AJ 1354, obs. Lienhard.
6. Com. 26 mai 2010, n° 09-11.793, NP; n° 554 F-D.
7. Paris, 3e ch. B, 17 sept. 2004, RG n° 2003/15084.
8. Com. 8 juill. 2003, n° 00-21.915, NP, *Act. proc. coll.* 2003/16, n° 206.
9. Com. 11 déc. 2007, n° 06-20.863, NP; n° 1355 F-D – Com. 11 déc. 2007, n° 06-20.864, NP; n° 1356 F-D – Com. 11 déc. 2007, n° 06-20.865, NP; n° 1357 F-D – Com. 11 déc. 2007, n° 06-20.866, NP; n° 1358 F-D.

mandat spécial directement reçu du créancier[1], ni la démonstration que sa délégation de pouvoir revête un caractère spécial[2], ni même qu'elle soit postérieure au pouvoir spécial donné au tiers[3]. Avant le revirement de jurisprudence résultant de l'arrêt d'assemblé plénière du 4 février 2011, il était jugé que la preuve du pouvoir de ce salarié n'avait pas à être apportée dans le délai de la déclaration de créance[4]. La question ne se pose plus, depuis qu'il suffit au tiers de prouver son pouvoir spécial au plus tard au jour où le juge statue (v. s^s n° 662.22). Par principe, le préposé du mandataire devra avoir signé la déclaration de créance[5], sauf à empêcher le rattachement avec le mandataire (v. toutefois s^s n° 662.42).

En revanche, un préposé ne peut déclarer la créance d'un tiers si ce dernier n'a pas donné de pouvoir spécial au commettant[6]. À cet égard, le mandat de gestion n'équivaut pas à ce pouvoir spécial[7]. L'attestation délivrée par le préposé de la personne morale créancière, délégataire de pouvoir, n'équivaut pas à un pouvoir spécial donné à la personne morale tiers, qui déclare pour le compte du créancier[8].

662.24 Dispenses légales de pouvoir spécial pour le tiers déclarant la créance. Il faut réserver les cas de dispenses légales, qui existent d'abord, sous forme d'un mandat tacite, pour l'époux séparé de biens, sur le fondement de l'article 1540 du code civil[9]. Encore faudra-t-il que l'époux déclare en son nom personnel, non *ès qualités* de dirigeant d'une société, sauf alors à justifier d'un pouvoir spécial[10].

Le conjoint collaborateur, qui n'est pas un préposé, ne semble pas dispensé de pouvoir spécial, son mandat général étant circonscrit aux seuls actes d'administration[11].

La dispense existe pour le créancier uni à un autre par un lien de solidarité active. L'article 1197 du code civil (devenu C. civ., art. 1311[12]) dispose en effet que chacun des créanciers peut demander le paiement de la totalité de la créance, ce qui l'autorise à déclarer, pour la totalité, la créance[13]. Cette solution justifie la validité de la déclaration de créance effectuée dans le cadre d'un financement d'entreprise par un mécanisme américain qualifié de *floating rate note*, c'est-à-dire de titres de financement négociables à taux variable[14]. Dans l'affaire *Belvédère*, ayant donné lieu à cette décision de la cour d'appel de Dijon, la Cour de cassation a considéré comme surabondant le lien de solidarité active existant entre les porteurs de *floating rate note*, en relevant que le *trustee*, qui avait déclaré l'intégralité des créances, pouvait le faire en tant que créancier, auquel il appartenait de redistribuer, dans un second temps, aux porteurs des titres, les sommes reçues et leur revenant[15].

Ne contrarie pas le principe d'ordre public international selon lequel tout paiement suppose une dette, la convention consistant pour l'émetteur d'un emprunt et ses garants, à prendre, envers les

1. Com. 14 janv. 1997, n° 94-18.033, *Bull. civ.* IV, n° 12; *JCP* 1997. II. 22837 – Com. 20 juin 2000, n° 96-18.942, NP, *Act. proc. coll.* 2000/15, n° 188; *RJDA* 2001/1, n° 47 – Com. 28 janv. 2004, n° 02-15.611, *Bull. civ.* IV, n° 18 – Com. 30 janv. 2007, n° 05-17.141, *Bull. civ.* IV, n° 16; n° 134 FS-P+B – Com. 13 avr. 2010, n° 08-16.768, NP; n° 440 F-D – Paris, 25e ch. B, 19 sept. 2003, RG n° 2001/18094 – Com. 25 oct. 2011, n° 10-17.841, NP; n° 1025 F-D; *Rev. sociétés* 2011. 731, note Roussel Galle.
2. Com. 30 janv. 2007, n° 05-17.141, *Bull. civ.* IV, n° 16; n° 134 FS-P+B; *D.* 2007. AJ 508, obs. Lienhard; *Gaz. proc. coll.* 2007/2, p. 44, note Le Corre-Broly; *Act. proc. coll.* 2007/4, n° 35, note Vallansan; *RTD com.* 2007. 444, n° 1, obs. Martin-Serf; *LPA* 12 mars 2007, n° 51, p. 12, note Mathieu; *RJ com.* 2007. 224, note Sortais – Com. 25 oct. 2011, n° 10-17.841, NP; n° 1025 F-D; *Rev. sociétés* 2011. 731, note Roussel Galle.
3. Com. 25 oct. 2011, n° 10-17.841, préc. (v. s^s n° 662.21).
4. Com. 12 oct. 1999, n°s 96-21.366 à 96-21.374, 6 esp., NP, *Act. proc. coll.* 1999/19, n° 251.
5. Com. 15 févr. 2005, n° 03-11.495, NP.
6. Com. 3 oct. 2006, n° 04-11.024, NP; n° 1129 F-D – Com. 28 oct. 2008, n°s 07-16.083, 07-17.938, NP; n° 1082 F-D – Com. 2 mars 2010, n° 08-20.422, NP; n° 254 F-D – Com. 27 janv. 2015, n° 13-22.584, NP; n° 83 F-D.
7. Com. 2 mars 2010, n° 08-20.422, NP; n° 254 F-D.
8. Com. 27 janv. 2015, n° 13-22.584, NP; n° 83 F-D.
9. Reims, 25 oct. 2000, *RD banc. fin.* 2001, n° 233, note Lucas.
10. Reims, 25 oct. 2000, préc. (v. s^s prés^t n°).
11. J.-CL. COM., Vallansan, fasc. 2352, [Déclaration et admission des créances], 2007, n° 85 – VOINOT, n° 339.
12. DEPUIS le 1er oct. 2016 : Ord. n° 2016-131, 10 févr. 2016, *JO* 11 févr.
13. Com. 20 mars 2001, n° 98-13.961, *Bull. civ.* IV, n° 61; *RTD civ.* 2002. 805, obs. Mestre et Fages; *D.* 2001. AJ 1245, obs. Lienhard; *Act. proc. coll.* 2001/8, n° 97, obs. Régnaut-Moutier; *JCP E* 2001. Jur. 1674, note Béhar-Touchais; *RD banc. fin.* 2001, n° 117, note Lucas; *D.* 2002. Somm. 1482, obs. Honorat – Com. 1er févr. 2011, n° 09-17.357, NP; n° 62 F-D.
14. Dijon, 1re ch. civ., 21 sept. 2010, RG n° 09/2080, *Act. proc. coll.* 2010, comm. 246.
15. Com. 13 sept. 2011, n°s 10-25.533, 10-25.731, 10-25.908, *Bull. civ.* IV, n° 131; *D.* 2011. Actu. 2272, obs. Lienhard; *D.* 2011. 2518, note d'Avout et Borga; *Gaz. Pal. entr. diff.* 21 janv. 2012, n° 20, p. 12, note Mélin; *JCP E* 2011. 484, obs. Notté; *Act. proc. coll.* 2011/17, comm. 259, note Jault-Seseke et Robine; *BJE* nov./déc. 2011, comm. 162, p. 297, note Dammann et Podeur; *BJE* nov./déc. 2011, comm. 158, p. 305, note Henry et Houin-Bressand; *JCP E* 2011. Chron. 1000, n° 9, obs. Pételᅟ; *Rev. proc. coll.* 2011, comm. 173, note Menjucq et Mastrullo; *RTD com.* 2011. 800, n° 9, obs. Vallens; *RTD com.* 2012. 190, n° 2, obs. Martin-Serf; *LPA* 27 juin 2012, n° 128, p. 14, note Tabourot-Hyest; *Dr. et patr.* 2012, n° 217, note Saint-Alary-Houin – Aix en Provence, 8e ch. A, 26 janv. 2012, RG n° 2012/47, *Rev. proc. coll.* 2012, comm. 72, note Legrand et Legrand.

agents des sûretés [1], à seule fin de faciliter la prise de garanties, un engagement contractuel non accessoire équivalent à celui dont ils sont tenus dans leurs rapports avec les porteurs de titres négociables – *floating rate note* –, dès lors que la convention prévoit que toute somme versée entre les mains de l'un des agents ou d'un autre créancier privilégié s'imputera sur le montant total de la dette et que les agents des sûretés ne conserveront eux-mêmes les sommes encaissées qu'à titre fiduciaire. Les sociétés débitrices, libérées à due concurrence par tout règlement ou autre mode d'extinction de la dette, n'étaient pas exposées à un risque de double paiement, toute création d'un passif artificiel étant exclue, dans la mesure où chacune des sociétés créancières n'est admise au passif que solidairement avec les autres [2]. Le fait que certaines sociétés débitrices n'aient pas constitué de sûreté, dans une opération globale de financement soumise à un droit étranger admettant l'existence d'une dette parallèle envers un agent des sûretés, ne contrarie pas, au regard de la cause, le droit français, la conception de la cause en droit français n'étant pas, dans tous ses aspects, d'ordre public international [3].

La dispense existe aussi au profit d'un indivisaire, du fait de l'article 815-2 du code civil, qui autorise ce dernier à prendre les mesures nécessaires à la conservation des biens indivis [4]. La solution a permis à un crédit bailleur de déclarer valablement la « créance de l'indivision » existant entre plusieurs sociétés de crédit-bail propriétaires d'un matériel financé en commun [5]. Elle autorise aussi la déclaration de créance d'un ex époux commun en biens, au nom de l'indivision post communautaire [6] ou d'un indivisaire au nom de l'indivision successorale [7]. Ne peut, en conséquence, être suivie la décision qui exige de l'indivisaire un pouvoir pour déclarer la créance des autres indivisaires [8]. Cette décision a justement été réformée [9]. En revanche, et même si on voit parfois juger le contraire [10], la déclaration de créance au nom d'une indivision est impossible, faute de personnalité juridique de cette dernière.

Il n'est pas inintéressant d'observer que l'analyse en matière d'indivision repose sur l'acte conservatoire : la déclaration aurait ainsi ici cette qualité, nature qui anticipe sur la solution retenue par l'ordonnance du 12 mars 2014 [11] (v. s[s] n° 661.12).

Il résulte de la possibilité pour un indivisaire de déclarer la créance « de l'indivision » que le désistement de l'instance d'appel des autres indivisaires n'interdit nullement au premier de poursuivre seul l'admission de la « créance de l'indivision » [12].

Les obligataires [13] bénéficient d'une représentation particulière au sein de la procédure collective. Ils sont en effet organisés en une masse, dite masse des obligataires. Pour cette raison, ils n'ont pas à déclarer individuellement leur créance. Une dispense de pouvoir existe pour les représentants de la masse des obligataires, que l'article L. 228-84 du code de commerce investit de la qualité pour déclarer les créances de tous les obligataires. Ils sont dispensés de fournir les titres des obligataires (C. com., art. L. 228-84). À défaut de déclaration des créances, le représentant des créanciers – mandataire judiciaire – doit solliciter une décision de justice pour désigner un mandataire chargé de procéder à la déclaration des créances (C. com., art. L. 228-85). Il n'y a pas ici à distinguer selon que la masse a désigné ou non un représentant. Dans les deux cas, il conviendra, du fait de l'absence de déclaration des créances par le représentant de la masse, de faire désigner un mandataire à cette fin [14]. Ce mandataire doit déclarer la créance de la masse des obligataires dans les quinze jours de la décision procédant à sa désignation. Ce délai subsiste indépendamment de

1. SUR LA QUESTION : Robine, « Le sort de l'agent des sûretés », interv. Colloque Caen, 12 avr. 2013, *Rev. proc. coll.* 2013, dossier 18.
2. Com. 13 sept. 2011, n°s 10-25.533, 10-25.731, 10-25.908, préc. (v. s[s] prés[t] n°).
3. Com. 13 sept. 2011, n°s 10-25.533, 10-25.731, 10-25.908, préc. (v. s[s] prés[t] n°).
4. Com. 11 juin 2003, n° 00-11.913 *Bull. civ.* IV, n° 95; *JCP E* 2004. I. 115, obs. Pétel – Civ. 1re, 14 mars 2012, n° 10-10.006, *Bull. civ.* IV, n° 58, *Act. proc. coll.* 2012/8, comm. 113, note Leprovaux – Paris, 3e ch. A, 28 juin 2005, RG n° 2004/19883.
5. Com. 11 juin 2003, n° 00-11.913, *Bull. civ.* IV, n° 95; FS-P; *JCP E* 2004. Chron. 202, n° 9, obs. Pétel; *Act. proc. coll.* 2003/13, n° 171, obs. Vallansan; *Bull. Joly* 2003. 1024, note Barbièri; *RTD com.* 2004. 595, n° 2, obs. Martin-Serf; *Rev. proc. coll.* 2005/1, p. 51, obs. Dumont; *RTD civ.* 2004. 124, note Crocq.
6. Nîmes, 2e ch. com., 1er févr. 2012, RG n° 10/05370, *Rev. proc. coll.* 2012, comm. 137, note Legrand et Legrand.
7. Civ. 1re, 14 mars 2012, n° 10-10.006, *Bull. civ.* I, n° 58; n° 325 F-P+B+I; *Act. proc. coll.* 2012/8, comm. 113, note Leprovaux; *Rev. proc. coll.* 2012, comm. 116, note Dumont-Lefrand; *RTD civ.* 2012. 377, obs. Perrot; *RTD com.* 2012. 845, note Martion-Serf.
8. T. com. Bordeaux, 2 juin 2012, RG n° 2010/J0039, *Rev. proc. coll.* 2012, p. 29, n° 13, note approb. Julienne.
9. Bordeaux, 10 sept. 2013, RG n° 12/04548, *Rev. proc. coll.* 2014, Chron. 1, n° 4, note Julienne.
10. TGI Bordeaux, ord. J.-C., 31 janv. 2014, RG n° 11/09328, *Rev. proc. coll.* 2015, chron. 1, n° 4, note Julienne.
11. Ord. n° 2014-326, 12 mars 2014, préc.
12. Civ. 1re, 14 mars 2012, n° 10-10.006, préc. (v. s[s] prés[t] n°).
13. Daudier de Cassini et Noury, « Obligataires et procédures collectives », Dammann (dir.), *La loi de sauvegarde à l'épreuve du droit des sociétés*, *Bull. Joly* 2009. 1123, § 228.
14. Com. 2 juin 2004, n° 01-16.825, *Bull. civ.* IV, n° 111; *LPA* 8 juill. 2004, n° 136, p. 19, note Camaralli et *LPA* 11 avr. 2005, n° 73, note Roussel Galle; *JCP E* 2004. Jur. 1819, note Bonneau; *RD banc. fin.* 2004, n° 209, note Lucas; *Bull. Joly* 2004. 1356, § 269, note Pétel; *RTD com.* 2005. 169, n° 3, obs. Martin-Serf.

la date de publication au *Bodacc* du jugement d'ouverture, qui fait, quant à elle, courir le délai de droit commun de déclaration des créances. La forclusion sera en conséquence encourue si ce délai est expiré, dès lors que le délai classique de deux mois est identiquement expiré[1]. Le représentant de la masse des obligataires pourra néanmoins être relevé de forclusion, dès lors que l'ordonnance le désignant n'était pas suffisamment explicite sur l'obligation qui était la sienne de déclarer la créance de la masse des obligataires dans les quinze jours[2]. Signalons l'existence de difficultés, en l'absence de masse des obligataires, ce qui peut être le cas pour des contrats d'émission soumis à une loi étrangère[3].

La dispense existe encore pour le liquidateur nommé à l'étranger qui peut, en cette qualité, et sans *exequatur*, déclarer les créances dans la procédure ouverte en France au lieu d'un établissement du débiteur[4].

La dispense existe également pour l'avocat[5]. Dès lors que l'avocat signe le courrier d'envoi de la déclaration de créance, il n'y a pas de difficulté d'identification du signataire, même si la déclaration de créance elle-même n'est pas revêtue de sa signature[6].

Mais encore faudra-t-il que l'avocat, signataire de la déclaration de créance, soit bien l'avocat du créancier. Dans les SCP ou les sociétés d'exercice libéral, il pourra s'agir d'un collaborateur[7]. Identiquement, il a été jugé qu'il pouvait s'agir du collaborateur d'un avocat exerçant à titre individuel[8]. En revanche, il a été précédemment jugé que si un avocat autre que celui du créancier signe la déclaration de créance, la démonstration de l'accord du créancier à la substitution d'avocat devra être rapportée. Elle pourra résulter des conclusions versées aux débats par le créancier[9].

L'envoi par l'avocat du créancier impayé de chèques et des certificats de non-paiement correspondants, sans aucun courrier d'accompagnement, suffit à constituer une déclaration de créance valable dans la mesure où il n'y a pas d'ambiguïté sur l'identité de l'expéditeur et son intention[10].

Il a encore été jugé que la question de savoir si le signataire de la déclaration de créance était une personne habilitée ne se pose pas lorsque la déclaration de créance émane d'un avocat pour avoir été transmise sous son nom au liquidateur[11].

D'une manière souple, la Cour de cassation admet toutefois que, dès lors que figure sur la déclaration de créance le cachet de l'avocat, il n'y a pas à rechercher si c'est bien l'avocat qui a signé le courrier contenant la déclaration de créance[12].

Il a été jugé que si la signature est précédée de la mention « pour ordre ou PO », le seul fait que la déclaration de créance ait été établie sur un bordereau établi au nom du créancier ayant pour avocat Me X, portant le cachet humide de cet avocat, ne permettra pas de rapporter la preuve de l'identité de l'auteur de la déclaration de créance[13]. Il a encore été justement estimé que la déclaration de créance est irrégulière si elle est signée par une personne identifiée comme étant la secrétaire de l'avocat avec la mention « PO Me X », dès lors qu'elle n'est pas elle-même titulaire d'un pouvoir spécial l'autorisant à déclarer la créance[14]. Toutefois, la signature

1. Pau, 2e ch., 1re sect., 5 avr. 2005, RG no 2005/1553, *Bull. Joly* 2006. 183, § 32, note Legrand; *RD banc. fin.* 2006, no 22, note Lucas.
2. Pau, 2e ch., 1re sect., 5 avr. 2005, RG no 2005/1553, préc. (v. ss prést no).
3. SUR CETTE QUESTION : Daudier de Cassini et Noury, « Obligataires et procédures collectives », Dammann (dir.), *La loi de sauvegarde à l'épreuve du droit des sociétés, Bull. Joly* 2009. 1123, § 228.
4. Com. 14 mai 1996, no 94-16.186, *Bull. civ.* IV, no 131; *Bull. Cridon de Paris* 1996, no 17, p. 129, note Khairallah; *Quot. Jur.* 1996, no 49, p. 9, note P.-M.; *LPA* 19 juill. 1996, no 87, p. 23, note Soinne; *D.* 1996. Jur. 460, note Derrida; *D.* 1996. Jur. 586, note Vasseur.
5. Com. 23 janv. 2001, no 97-21.311, *Bull. civ.* IV, no 21; *D.* 2001. AJ 858, obs. Lienhard; *JCP E* 2001, no 42, p. 1674, note Behar-Touchais; *Gaz. Pal.* 2001. 18-20 mars, Pan. 19 – Paris, 3e ch. B, 30 avr. 2004, RG nos 2003/07680, 2003/07683, 2003/07685, 2003/07686, 4 esp. – RAPPR. : Com. 30 juin 2004, no 02-19.135, NP.
6. Com. 24 mars 2004, no 02-18.045, NP – Com. 28 sept. 2004, no 02-19.185, NP.
7. Rennes, 2e ch., 27 avr. 2010, RG no 09/02966, *Rev. proc. coll.* 2011, comm. 80, p. 43, note Legrand et Legrand.
8. Com. 25 oct. 2011, no 10-24.658, *Bull. civ.* IV, no 172; no 1034 F-P+B; *D.* 2011. Actu. 2653, obs. Lienhard; *Gaz. Pal. entr. diff.* 21 janv. 2012, no 20, p. 33, note Le Corre; *JCP E* 2011. Chron. 1000, no 8, obs. Pétel; *Rev. proc. coll.* 2012, comm. 7, p. 36, note Legrand et Legrand; *Rev. sociétés* 2011. 731, note Roussel Galle; *RTD com.* 2012. 403, no 3, obs. Martin-Serf; *LPA* 26 juin 2012, no 127, p. 16, note Tabourot-Hyest; *LXB hebdo* 17 nov. 2011, no 273, note Le Corre-Broly.
9. Com. 15 févr. 2005, no 03-16.805, NP.
10. Pau, 13 oct. 2009, RG no 4178/09, *Rev. proc. coll.* 2010, comm. 99, note F. et M.-N. Legrand.
11. Com. 7 déc. 2004, no 03-16.852, NP.
12. Com. 10 mai 2005, no 04-13.547, NP – Com. 10 mai 2005, no 04-13.548, NP – Com. 10 mai 2005, no 04-13.549, NP.
13. Com. 13 févr. 2007, no 05-17.676, *Bull. civ.* IV, no 39; no 300 F-P+B; *D.* 2007. AJ 661, obs. Lienhard; *Gaz. proc. coll.* 2007/2, p. 44, note Le Corre-Broly; *RD banc. fin.* 2007, no 72, note Lucas; *RTD com.* 2007. 448, no 3, obs. Martin-Serf.
14. Com. 17 févr. 2009, no 08-13.728, *Bull. civ.* IV, no 25; no 166 FS-P+B; *D.* 2009. Chron. 1240, no 1, note Bélaval; *Gaz. proc. coll.* 2009/2, p. 31, no 1, note Le Corre-Broly; *JCP E* 2009. 1347, no 7, obs. Pétel; *Act. proc. coll.* 2009/5, no 77, note Régnaut-Moutier; *Gaz. Pal.* 20/21 mai 2009, p. 11, note Piedelièvre; *RTD com.* 2009. 450, no 1, obs. Martin-Serf; *Rev. proc. coll.* 2010, comm. 12, p. 29, note Legrand.

« pour ordre » restera sans conséquence si une précédente déclaration de créance a été effectuée et signée par l'avocat[1].

On précisera que l'avocat procédant à la déclaration de créance pour un client dans une procédure atteignant un autre de ses clients, bien que déontologiquement incorrecte, n'en est pas moins valable[2].

Il a été jugé que les caisses de mutualité sociale agricole, qui assurent de manière habituelle le recouvrement de cotisations pour le compte d'autres organismes sociaux, tiennent de la loi (C. rur., art. L. 723-7) la possibilité de conclure des conventions avec des organismes administrés paritairement par les organisations professionnelles et syndicales de l'agriculture en vue du recouvrement, pour le compte de ces organismes, des cotisations qui leur sont dues; que sous réserve de la conclusion des conventions précitées, elles sont dès lors légalement habilitées à déclarer les créances correspondantes sans être tenues de justifier d'un pouvoir spécial[3]. Il ne s'agit pas là d'une dispense légale de pouvoir, mais plutôt de l'assimilation de telles conventions de recouvrement à un pouvoir spécial. Un auteur y trouve une traduction de ce qu'il a qualifié de « mandataire *ad agendum* » investi d'un pouvoir plus large que le simple mandataire *ad litem*[4].

662.25 Absence de dispense légale de pouvoir spécial pour certains professionnels tiers déclarant la créance. La dispense de pouvoir qui existe pour l'avocat n'existe pas pour certains autres professionnels.

Faute de texte comparable à celui existant pour l'avocat (C. pr. civ., art. 853), le pouvoir spécial est exigé du notaire[5], de l'avoué[6] ou encore de l'huissier[7]. L'huissier, qui tient son mandat de l'avocat du créancier, n'est pas dispensé de prouver l'existence de ce mandat spécial. Dans une première phase de la jurisprudence, cette justification devait intervenir dans le délai de la déclaration de créance[8]. Depuis l'arrêt de l'assemblée plénière du 4 février 2011, il suffit que l'huissier justifie, en cas de contestation, jusqu'au moment où le juge statue, qu'il était muni d'un pouvoir spécial à l'intérieur du délai de déclaration des créances (v. s[s] n° 662.22). L'huissier doit en outre tenir son mandat spécial du créancier, le pouvoir donné par la fille de celui n'étant pas régulier[9].

L'huissier de justice, qui a reçu mandat de recouvrer les créances de son client, et qui ne peut déclarer la créance de celui-ci, commet une faute engageant sa responsabilité s'il n'informe pas, en temps utile, son client de la procédure collective atteignant le débiteur[10]. La cour d'appel avait toutefois jugé qu'il y avait place à un partage de responsabilité, si

1. Com. 31 mai 2011, n° 10-11.723, NP; n° 520 F-D; *D.* 2011. Actu. 1614, obs. Lienhard; *RTD com.* 2011. 794, n° 2, obs. Martin-Serf; *RTD com.* 2012. 403, n° 3, obs. Martin-Serf; *Rev. proc. coll.* 2012, comm. 7, p. 36, note Legrand et Legrand.
2. Com. 24 janv. 1989, n° 87-15.858, NP, *Rev. proc. coll.* 1990, 160, obs. Dureuil.
3. Com. 21 févr. 2006, n° 04-20.211, *Bull. civ.* IV, n° 45; n° 257 FS-P+B+R+I; *D.* 2006. AJ 718, obs. Lienhard; *JCP E* 2006. Chron. 1569, n° 6, obs. Pétel; *RTD com.* 2006. 659, n° 1, obs. Martin-Serf; *RJ com.* 2006/3, p. 232, note Sortais; *Gaz. proc. coll.* 2006/3, p. 33, n° 1, obs. Le Corre – Com. 19 juin 2007, n° 06-13.605, NP; n° 882 F-D – Com. 2 oct. 2007, n° 06-14.284, NP; n° 1031 F-D; *Gaz. proc. coll.* 2008/1, p. 52, note Le Corre-Broly – Com. 2 oct. 2007, n° 06-14.285, NP; n° 1032 F-D; *Gaz. proc. coll.* 2008/1, p. 52, note Le Corre-Broly – Cass., ass. plén., 26 mars 2010, n° 09-12.843, *Bull. ass. plén.*, n° 2; F+B+R+I; *D.* 2010. AJ 887, obs. Lienhard; *Act. proc. coll.* 2010/8, n° 116, note Vallansan; *JCP E* 2010. Chron. 1742, n° 10, obs. Pétel; *Bull. Joly* 2010, comm. 158, note Pétel; *RTD com.* 2010. 610, n° 4, obs. Martin-Serf; *Rev. proc. coll.* 2011, comm. 36, p. 43, note Legrand et Legrand – Com. 22 juin 2010, n° 09-15.519, NP; n° 681 F-D – Com. 22 juin 2010, n° 09-15.582, NP; n° 682 F-D.
4. Pétel, obs. s[s] Com. 21 févr. 2006, n° 04-20.211, *JCP E* 2006. Chron. 1569, n° 6 – *Adde*, Pétel, « Déclaration de créance et représentation en justice », *Mél. Mouly*, t. II, Litec, 1998, p. 153.
5. Com. 27 mai 2008, n° 07-10.167, NP; n° 613 F-D; *Gaz. proc. coll.* 2008/3, p. 44, note Le Corre-Broly; *LXB hebdo* 19 juin 2008, n° 309, n° N3592BG7, note Le Corre – Amiens, ch. com., 20 sept. 2001, *Rev. proc. coll.* 2002, p. 185, n° 3, obs. Legrand – TGI Dunkerque, ord. juge-commissaire, 16 nov. 2001, *Act. proc. coll.* 2002/5, n° 57.
6. Com. 28 juin 2005, n° 04-14.651, *Bull. civ.* IV, n° 143; n° 1127 FS-P+B+I+R; *D.* 2005. AJ 1940, obs. Lienhard; *D.* 2006. Somm. 84, obs. Le Corre; *D.* 2006. Jur. 545, note Julien et Fricero; *JCP* 2005. II. 10113, note Rémery; *RTD com.* 2005. 840, n° 1, obs. Martin-Serf; *JCP E* 2005. 1637, note Rémery; *Bull. Joly* 2006. 189, § 33, note Barbièri; *Rev. proc. coll.* 2006/1, p. 61, n° 4, obs. Legrand – Com. 29 nov. 2005, n° 04-16.362, *Bull. civ.* IV, n° 235; n° 1496 F-P+B; *D.* 2006. AJ 65, obs. Lienhard; *Gaz. proc. coll.* 2006/1, p. 32, Le Corre; *Bull. Joly* 2006. 189, § 34, note Barbièri – Aix-en-Provence, 8e ch. A, 16 oct. 2002, RG n° 99/02509, *RD banc. fin.* 2004, n° 24, note Lucas.
7. Com. 15 oct. 1991, n° 90-11.657, *Bull. civ.* IV, n° 297; *Rev. proc. coll.* 1992, 185, n° 4, obs. Dureuil; *JCP* 1992. I. 3594, obs. M. Cabrillac; *Banque* 1992. 1058, obs. Rives-Lange – Com. 11 oct. 1994, n° 92-10.909, *Bull. civ.* IV, n° 280 – Com. 13 nov. 2002, n° 99-19.421, *Bull. civ.* IV, n° 163; *Act. proc. coll.* 2002/20, n° 260; *D.* 2003. AJ 204; *RD banc. fin.* 2003, n° 28, note Lucas; *Dr. et patr.* 2003, n° 113, p. 95, obs. Monsérié-Bon; *Rev. proc. coll.* 2003, p. 317, n° 2, obs. Legrand; *Dr. et proc.* 2003. 90, note Le Corre; *LXB hebdo* n° N4866AAH, note Le Corre; *LPA* 3 avr. 2003, n° 67, p. 14, note Tafanelli; *Procédures* 2003, p. 19, note Laporte; *RTD com.* 2003. 563, n° 1, obs. Martin-Serf – Com. 7 déc. 2004, n° 03-16.364, NP – Com. 7 mars 2006, n°s 05-11.633, 05-11.635, 05-11.636, 3 esp., NP; n°s 316 à 318 F-D – Com. 13 mars 2007, n° 05-21.649, NP; n° 451 F-D.
8. Com. 13 mars 2007, n° 05-21.649, NP; n° 451 F-D.
9. Besançon, 2e ch. civ., 5 sept. 2012, RG n° 10/02268.
10. Civ. 1re, 8 avr. 2010, n° 09-12.824, *Bull. civ.* IV, n° 85; *Act. proc. coll.* 2010, comm. 150, note Cagnoli; *JCP E* 2010. 1537; SUR POURVOI DE : Paris, 1re ch. A, 16 déc. 2008, RG n° 07/10593, *Act. proc. coll.* 2009/10, n° 154.

le client de l'huissier est un banquier, créancier institutionnel devant surveiller les publications du *Bodacc*[1]. Sur ce dernier point, la Cour de cassation a censuré la cour d'appel. L'huissier de justice est seul responsable, du fait de son omission d'information[2].

662.26 Transmission de la créance. En cas de subrogation, le titulaire de la créance est le subrogé, qui a payé le subrogeant en lieu et place du débiteur. Pour qu'il y ait subrogation, il faut que le tiers paie la dette du subrogeant débiteur, et non que le débiteur, à l'aide des fonds fournis par le tiers, procède lui-même au règlement[3].

Le subrogeant, non muni d'un pouvoir spécial, peut déclarer la créance du subrogé[4], solution justifiée par la règle de l'effet relatif des conventions interdisant à un tiers la possibilité de se prévaloir du changement dans la personne du créancier. Cette solution ne vaut cependant que dans la subrogation conventionnelle.

En cas de subrogation légale, au contraire, seul le subrogé peut déclarer la créance. La solution est posée pour la caution *solvens*[5], mais encore - sauf convention contraire expresse ou tacite - pour l'assureur subrogé dans les droits de l'assuré[6] [solution applicable dans le mécanisme de l'affacturage[7]] l'assuré ne pouvant plus agir contre le responsable du dommage[8].

Si l'assuré déclare sa créance au passif de l'auteur du dommage, avant d'être indemnisé par l'assureur, la compagnie d'assurance peut se prévaloir, par subrogation, de cette déclaration de créance, pour obtenir la garantie de l'auteur du dommage, sans avoir personnellement à déclarer une créance au passif de ce dernier[9].

Si le prêteur déclare sa créance au passif de l'emprunteur, puis est indemnisé par un assureur-crédit, ce dernier peut être admis au passif dès lors qu'il a effectué le versement en exécution d'un risque effectivement couvert, ce dont il résulte qu'il est subrogé dans les doits de son assuré[10].

En cas de cession des créances de droit commun, une distinction s'impose selon que l'on raisonne dans les rapports entre le cédant et le cessionnaire ou dans les rapports entre les parties à la cession et la procédure collective.

Si l'on raisonne dans les rapports entre le cédant et le cessionnaire, le transfert de la créance s'opère indépendamment de la signification au débiteur cédé, ce dont il résulte que le cessionnaire n'a pas à déclarer sa créance au passif du cédant[11]. Le cessionnaire de la créance ne peut reprocher au cédant, pour refuser de payer le prix de la cession de la créance, de ne pas avoir déclaré la créance avant la cession, dès lors d'une part que le transfert de la créance n'était pas subordonné à la déclaration préalable de la créance par le cédant, et, d'autre part, que le cessionnaire avait la possibilité de déclarer la créance dans la mesure où il connaissait l'intervention de la procédure collective du débiteur cédé[12].

Si l'on raisonne dans les rapports entre le cédant et la procédure collective, jusqu'à la signification de la cession, le cédant demeure, à l'égard de la procédure collective, créancier et a donc seul qualité pour déclarer la créance[13]. L'allongement du délai de déclaration de créance dont bénéficient les créan-

1. Paris, 1re ch. A, 16 déc. 2008, RG n° 07/10593, préc. (v. ss prést n°).
2. Civ. 1re, 8 avr. 2010, n° 09-12.824, *Bull. civ.* IV, n° 85; *JCP E* 2010. 1537.
3. Com. 28 juin 2011, n° 10-20.420, *Bull. civ.* IV, n° 112; n° 668 F-P+B; *Act. proc. coll.* 2011/17, comm. 263, note Rétif.
4. Com. 23 janv. 2001, n° 97-21.311, *Bull. civ.* IV, n° 21; *JCP E* 2001. Chron. 753, n° 9, obs. M. Cabrillac; *JCP E* 2001. Jur. 1674, note Béhar-Touchais; *D.* 2001. AJ 858, obs. Lienhard; *Act. proc. coll.* 2001/4, n° 48, obs. Régnaut-Moutier; *RTD com.* 2001. 971, obs. Martin-Serf – Com. 16 oct. 2001, n° 98-21.093, NP, *Rev. proc. coll.* 2002, p. 94, n° 4, obs. Legrand.
5. Com. 13 avr. 1999, n° 96-18.183, *Bull. civ.* IV, n° 85; *D.* 2000. Somm. 99, obs. Honorat; *RTD com.* 1999. 973, obs. M. Cabrillac – Com. 1er déc. 2009, nos 08-12.806, 08-12.811, *Bull. civ.* IV, n° 154; n° 1139 FS P+B+R; *D.* 2009. AJ 2928, obs. Lienhard; *D.* 2010. Pan. 1830, note Le Corre; *Gaz. Pal.* 16-17 avr. 2010, nos 106, 107, p. 40, note Le Corre; *Rev. proc. coll.* 2010, comm. 98, note Legrand; *RTD com.* 2010. 420, n° 2, obs. Martin-Serf; *JCP E* 2010. Chron. 1677, n° 6, obs. Simler; *Act. proc. coll.* 2010/3, n° 37, note Le Corre – Com. 8 juin 2010, n° 09-66.820, NP, *Rev. proc. coll.* 2010/4, comm. 164, note Patureau et Perot-Reboul.
6. Com. 20 janv. 2009, n° 07-19.570, NP; n° 39 F-D.
7. Com. 1er déc. 2009, n° 08-20.656, *Bull. civ.* IV, n° 154; n° 1138 FS-P+B+R; *D.* 2009. AJ 2928, obs. Lienhard; *D.* 2010. Pan. 1830, obs. Le Corre; *Rev. proc. coll.* 2010, comm. 98, note Legrand; *RTD com.* 2010. 420, n° 2, obs. Martin-Serf; *Defrénois* 2010. Chron. 39138, note Gibirila; *Gaz. Pal.* 16-17 avr. 2010, nos 106, 107, p. 40, note Le Corre; *JCP E* 2010. Chron. 1677, n° 6, obs. Simler; *Act. proc. coll.* 2010/3, n° 37, note Le Corre.
8. Civ. 1re, 4 févr. 2003, n° 00-11.023, *Bull. civ.* I, n° 31; *RTD civ.* 2003. 298, obs. Mestre et Fages.
9. Com. 7 févr. 2012, n° 10-27.304, *Bull. civ.* IV, n° 26; n° 176 FS-P+B; *Rev. proc. coll.* 2012, comm. 136, note Legrand et Legrand.
10. Com. 2 déc. 2014, n° 13-22.804, NP; n° 1053 F-D – Com. 2 déc. 2014, n° 13-22.807, NP; n° 1054 F-D – Com. 2 déc. 2014, n° 13-22.808, NP; n° 1055 F-D – Com. 2 déc. 2014, n° 13-22.809, NP; n° 1056 F-D – Com. 2 déc. 2014, n° 13-22.810, NP; n° 1057 F-D.
11. Com. 9 juill. 2013, n° 12-12.102, *Bull. civ.* IV, n° 117; n° 748 F-P+B; *Gaz. Pal.* 29 sept. 2013, n° 272, p. 32, note Le Corre; et SUR RENVOI APRÈS CASSATION : Grenoble, 1re ch. civ., 23 sept. 2014, RG n° 13/03709, *JurisData* 022266.
12. Com. 3 oct. 2006, n° 04-13.470, NP; n° 1085 F-D.
13. Civ. 1re, 13 juill. 2004, n° 02-12.441, NP, *RD banc. fin.* 2004, n° 256, note Piedelièvre.

ciers étrangers ou hors du territoire métropolitain bénéficie au cessionnaire de la créance, peu important que le cédant, pour sa part, n'ait pu bénéficier de l'allongement[1]. Il faut cependant que la cession de créance soit opposable au débiteur cédé, et par voie de conséquence, à la procédure collective, ce qui suppose le respect des conditions de signification ou d'acceptation de la cession[2]. Il faut en outre que la cession de créance soit intervenue avant expiration du délai de déclaration de créance imparti au titulaire initial de la créance, peu important en revanche que la cession de créance soit intervenue après l'ouverture de la procédure ou même sa publication au *Bodacc*, car le délai de déclaration de créance n'est pas un accessoire de la créance, de sorte que la question du lieu où demeure le créancier doit se faire en considération de la personne du créancier cessionnaire déclarant[3].

Le cessionnaire de la créance peut valablement déclarer celle-ci, dès lors que, même si, par principe, la signification de la cession de créance ou son acceptation dans un acte authentique est nécessaire pour que le cessionnaire puisse opposer au tiers le droit acquis par celui-ci, le défaut d'accomplissement de ces formalités ne rend pas le cessionnaire irrecevable à réclamer au débiteur l'exécution de son obligation quand cette exécution n'est susceptible de faire grief à aucun droit advenu depuis la naissance de la créance soit au débiteur cédé soit à une autre personne étrangère à la cession[4]. En liquidation judiciaire, le cessionnaire de la créance peut valablement déclarer celle-ci, alors même que la signification de la cession par acte extrajudiciaire n'aurait pas été faite. En effet, la déclaration de créance vaut signification au débiteur cédé, car le liquidateur judiciaire, qui est le destinataire de la déclaration de créance, représente alors le débiteur[5]. Peu importe que la déclaration de créance soit adressée à un représentant des créanciers, dès lors que l'intéressé, en réalité liquidateur, est le seul organe habilité à recevoir la déclaration de créance[6].

Notons que l'*ordonnance du 10 février 2016*[7] a considérablement assoupli les conditions de l'opposabilité aux tiers de la cession de créance. Le nouvel article 1323 du code civil remplace les lourdes formalités par un principe d'opposabilité aux tiers de la cession de créance dès la date de l'acte. Une seule exception est posée pour les créances futures : l'opposabilité aux tiers, en ce cas, n'intervient qu'au jour de la naissance de la créance.

La déclaration de créance devra toutefois contenir les mentions nécessaires à l'information du débiteur cédé. Elle devra notamment mentionner l'existence de la cession de créance intervenue. Sera jugée suffisante la jonction à la déclaration de créance de l'attestation notariée de cession de créance[8]. Au demeurant, l'appréciation du caractère suffisant des éléments d'information du débiteur cédé est laissée au pouvoir souverain des juges du fond[9].

Il a également été jugé qu'en cas de demande en relevé de forclusion, l'absence de contestation de la requête à laquelle était jointe la cession de créance, par le liquidateur, consulté par le juge-commissaire pour avis, valait acceptation tacite de la cession de créance par le liquidateur, et emportait opposabilité de la cession de créance à la procédure collective[10].

Avant l'ordonnance du 10 février 2016[11], qui a réformé le droit des obligations et les principes d'opposabilité aux tiers de la cession de créance, la solution est différente si la créance est déclarée en sauvegarde ou en redressement judiciaire. La déclaration ne vaut pas alors signification de la cession de créance, car elle est effectuée entre les mains du représentant des créanciers qui ne représente pas le débiteur. En ce cas, la déclaration de créance sera néanmoins valablement effectuée si une signification au débiteur cédé intervient avant que le juge-commissaire ne statue[12].

Si la cession de la créance intervient après déclaration de créance au passif, le représentant des créanciers – mandataire judiciaire – ne peut soutenir que la cession ne lui est pas opposable faute de signification à sa personne[13]. La cession doit être signifiée au débiteur ou à son administrateur ayant reçu mission de représentation. En revanche, en

1. Versailles, 13ᵉ ch., 10 mai 2012, RG n° 11/03997, *Rev. proc. coll.* 2013, comm. 74, note F. et M.-N. Legrand; et SUR POURVOI : Com. 15 oct. 2013, n° 12-22.008, *Bull. civ.* IV, n° 154; n° 958 F-P+B; *Act. proc. coll.* 2013/19, comm. 276, note Robine; *Rev. sociétés* 2013. 725, note Henry; *BJE* janv. 2014, p. 30, note Le Corre-Broly; *JCP E* 2014. Chron. 1020, n° 6, obs. Pétel; *RTD com.* 2014. 185, n° 2, note Martin-Serf; *Rev. proc. coll.* 2014, note Dalmau, études 18 – Com. 15 oct. 2013, nᵒˢ 12-22.009, 12-22.010, 12-22.011, 12-26.731, 12-26.732, 12-26.733, 6 esp., NP; nᵒˢ 959 à 961, 989 à 991 F-D.
2. Com. 15 oct. 2013, n° 12-22.008 et 6 autres arrêts, préc. (v. sˢ présᵗ n°).
3. Com. 15 oct. 2013, n° 12-22.008 et 6 autres arrêts, préc. (v. sˢ présᵗ n°).
4. Com. 28 sept. 2004, n° 03-12.023, *Bull. civ.* IV, n° 173; *Act. proc. coll.* 2004/17, n° 207, note Vallansan; *JCP E* 2005. Chron. 31, n° 10, obs. Pétel.
5. Com. 28 sept. 2004, n° 03-12.023, préc. (v. sˢ présᵗ n°) – Com. 28 mars 2006, n° 04-16.209, NP; n° 424 F-D.
6. Com. 28 mars 2006, n° 04-16.209, préc. (v. sˢ présᵗ n°).
7. Ord. n° 2016-131, 10 févr. 2016, préc.
8. Com. 15 févr. 2005, n° 03-16.805, NP.
9. Com. 28 mars 2006, n° 04-16.209, préc. (v. sˢ présᵗ n°).
10. Paris, 3ᵉ ch. B, 10 déc. 2004, RG n° 2003/20913.
11. Ord. n° 2016-131, 10 févr. 2016, préc.
12. Com. 7 avr. 2004, n° 01-17.248, NP, *D.* 2004. AJ 1734; *Dr. et proc.* 2004/5, p. 262, note Crocq; CONFIRMANT : Paris, 3ᵉ ch. A, 10 sept. 2001, *D.* 2001. AJ 2974.
13. Paris, 4 nov. 2008, RG n° 07/15133.

liquidation judiciaire, la cession doit être notifiée au liquidateur, qui représente le débiteur.

En cas de conversion du redressement en liquidation judiciaire, le cessionnaire, qui a déclaré sa créance pendant le redressement judiciaire, devra signifier la cession de créance au liquidateur avant que le juge ne statue[1]. Toutefois, même en cas de redressement judiciaire la déclaration de créance sera efficace si, nonobstant l'absence de notification par acte extrajudiciaire de la cession de créance au débiteur cédé, celui-ci l'a acceptée, ce qui rend opposable au débiteur cédé, la cession intervenue[2]. La même solution est applicable en cas de conversion d'une sauvegarde en liquidation judiciaire.

Dans le mécanisme de la cession de créance par bordereau Dailly, la cession de créance, même effectuée à titre de garantie, transfère au cessionnaire la propriété de la créance cédée. Le changement de titulaire de la créance s'opère à compter de la date figurant sur le bordereau Il en résulte que le cédant, qui n'est plus titulaire de la créance cédée, n'a plus qualité pour déclarer la créance au passif du cédé[3].

La cession de créances à un fonds commun de créances est effectuée par la seule remise d'un bordereau qui entraîne de plein droit le transfert des sûretés, garanties et accessoires attachés à chaque créance. Toute formalité autre que la remise du bordereau est non seulement inutile, mais encore non opérationnelle, s'agirait-il d'une attestation notariée de cession d'un ensemble de créances[4]. Lorsqu'une créance cédée au fonds commun de créances (FCC) est assortie d'une garantie constituée par une cession de créance sous-jacente, la créance cédée est transférée de plein droit avec les sûretés et accessoires, dont la garantie issue de la cession de la créance sous-jacente. Il en résulte que le FCC est en droit de déclarer cette créance au passif[5].

En cas de cession de contrat, seul le cessionnaire est créancier. Il lui incombe en conséquence seul de déclarer[6].

662.27 Fusion, scission et apport partiel d'actifs. Il faut aussi réserver l'hypothèse de la fusion ou de la scission.

La fusion n'est opposable aux tiers qu'à compter de sa publication. Il en résulte que la créance de la société absorbée ne peut pas, en l'absence de publication de la fusion, être déclarée par la société absorbante.

Il a été spécialement jugé qu'en cas d'apport partiel d'actifs d'une société à une autre, la transmission universelle des biens, droits et obligations s'opère de plein droit, dès lors que les biens, droits ou obligations se rattachent à la branche d'activité apportée et cela même sur les biens, droits et obligations de la société absorbée qui ne figureraient pas, à la suite d'un oubli, d'une erreur ou de toute autre cause, dans le traité d'apport ou de fusion[7]. Il en résulte le maintien de l'efficacité de la déclaration de créance effectuée par la société objet de l'apport partiel d'actifs.

662.28 Créancier déclarant la créance par voie oblique. On ajoutera enfin la possibilité pour un créancier de déclarer, et ce sans pouvoir, dès lors qu'il remplit les conditions de l'action oblique[8].

SECTION 662.30
DÉCLARATION DE CRÉANCE PAR LE CRÉANCIER LUI-MÊME AVANT L'ORDONNANCE DU 12 MARS 2014

662.31 Auteur de la déclaration de créance : le créancier lui-même. Si le créancier déclare personnellement sa créance, aucune difficulté ne se présente s'il est une personne physique, à moins qu'il ne soit incapable.

Si le créancier est une personne morale, la déclaration doit être faite par son représentant légal.

En présence d'une société en liquidation amiable, la déclaration devra être effectuée par son liquidateur, le fait que sa nomination n'ait pas encore été publiée restant indifférent[9].

Une difficulté se présente si le créancier est en redressement ou en liquidation judiciaire.

En l'absence d'administrateur, la déclaration de créance incombe au débiteur lui-même[10].

En revanche, la déclaration de créance devra être faite par l'organe compétent en cas de dessaisissement atteignant le créancier. Il s'agit du liquidateur judiciaire d'un débiteur en liquidation judi-

1. Com. 2 juin 2004, n° 02-19.371, NP.
2. Com. 3 mars 2004, n° 01-03.893, NP.
3. Com. 1er mars 2005, n° 03-15.862, NP, *RTD com.* 2005. 392, n° 3, obs. M. Cabrillac; *Gaz. proc. coll.* 2005/2, p. 23, obs. Le Corre; *Gaz. proc. coll.* 2005/2, p. 36, obs. Bonhomme.
4. Com. 13 févr. 2007, n° 03-11.025, *Bull. civ.* IV, n° 33; n° 189 F-P+B; *JCP E* 2008. 1104, note Gangi; *RTD com.* 2007. 424, obs. Legeais; *Dr. sociétés* comm. 163, note Bonneau; *RTD com.* 2008. 415, n° 1, obs. Martin-Serf.
5. Com. 16 oct. 2007, n° 06-13.122, NP; n° 1111 F-D; *Gaz. proc. coll.* 2008/1, p. 57, note Bonhomme; *RTD com.* 2008. 415, n° 1, obs. Martin-Serf.
6. SUR CE PRINCIPE DE SOLUTION : Paris, 3e ch. A, 17 janv. 2006, RG n° 05/1644.
7. Com. 4 févr. 2004, n° 00-13.501, NP.
8. Com. 25 nov. 2008, n° 07-13.672, NP; n° 1229 F-D.
9. Com. 12 juill. 2004, n° 03-14.557, *Bull. civ.* IV, n° 156; *D.* 2004. AJ 2153; *JCP E* 2005. Chron. 31, n° 9, obs. Pétel; *RD banc. fin.* 2004, n° 242, note Lucas; *Bull. Joly* 2004. 1477, § 293; *RTD com.* 2005. 168, n° 2, obs. Martin-Serf; *Rev. sociétés* 2005. 216, note Chartier.
10. Com. 8 juill. 2003, n° 00-13.391, NP.

ciaire[1]. Il a été jugé que la déclaration de créance effectuée au nom du créancier en liquidation judiciaire par un associé du liquidateur était irrégulière[2]. La solution semblait pouvoir être discutée, dès lors que l'on rappelle que le mandat de justice est exercé par la société civile professionnelle, et qu'un mandataire judiciaire associé exerçant au sein d'une société ne peut exercer sa profession à titre individuel. De cette observation, il a en effet été déduit, quant à l'identité du destinataire de la déclaration de créance, que l'erreur commise sur le mandataire nominalement désigné pour conduire la mission au sein de la société reste sans conséquence, la déclaration de créance étant bien faite entre les mains de la société (v. ss n° 664.15). La symétrie ne permettrait-elle pas de considérer comme valable la déclaration de créance effectuée par l'associé du liquidateur ? Une réponse négative a été apportée par la Cour de cassation qui juge que, en application des articles L. 812-2, III et R. 814-83 du code de commerce, une société de mandataires judiciaires désignée en qualité de liquidateur est représentée, pour l'accomplissement de cette mission, par le ou les mandataires judiciaires associés nommés par le tribunal en application de ces textes. Ayant relevé que le tribunal en désignant la SCP de mandataires avait chargé Me T. de suivre la procédure et que la créance litigieuse avait été déclarée en son nom propre par Me F., la créance pouvait être régulièrement déclarée par celui des associés désignés pour suivre la procédure agissant implicitement ou explicitement pour le compte de la société mais non, comme en l'espèce, par l'autre associé, qui ne pouvait agir à titre personnel[3]. Il pourra également s'agir de l'administrateur judiciaire si ce dernier a mission d'administration. Il a été jugé que la déclaration faite par un créancier seul en redressement judiciaire seul était irrégulière, faute de contreseing par l'administrateur judiciaire, qui avait mission d'assistance[4]. La régularisation par l'organe compétent devra intervenir dans les délais de déclaration de créance. La solution a été posée à propos de la régularisation faite par le commissaire à l'exécution du plan, poursuivant la mission de l'administrateur judiciaire[5].

Le pouvoir reconnu au commissaire à l'exécution du plan d'engager des actions en recouvrement de créance, dès lors qu'il *s'agit de créances antérieures* au jugement d'ouverture, pour *que ce recouvrement* se rattache à la fonction de défenseur de l'intérêt collectif des créanciers (v. ss n° 581.21), a pu justifier, pour une cour d'appel la possibilité pour le commissaire à l'exécution du plan de déclarer une créance au passif de la procédure collective d'un débiteur de la société dont il assure le commissariat au plan[6]. La Cour de cassation ne l'a pas admis et juge, au contraire, que le commissaire à l'exécution du plan n'a pas qualité pour déclarer une créance au passif d'un débiteur pour le compte de la société dont il assure le commissariat au plan[7].

Dans les sociétés, celui qui a qualité pour représenter en justice la société a qualité pour déclarer la créance, même si sa désignation n'a pas encore été publiée, la solution ayant été posée à propos du président du conseil d'administration d'une société anonyme[8]. Si un tiers peut se prévaloir des statuts de la personne morale pour justifier du défaut de pouvoir d'une personne à figurer dans un litige comme représentant de celle-ci, en revanche, ce même tiers ne peut critiquer, sur le fondement de ces statuts, la régularité de la désignation de ce représentant pour contester le pouvoir d'agir de celui-ci[9].

Dans les sociétés à gérance, le gérant, qui peut ester en justice, et donc déclarer la créance de la société, peut déléguer ses pouvoirs à un salarié.

Dans les sociétés à directoire, le pouvoir d'ester en justice appartient au président du directoire, à l'exclusion du président du conseil de surveillance[10]. Les statuts peuvent habiliter le conseil de surveillance à conférer ce même pouvoir de représentation en justice à un ou plusieurs autres membres du directoire portant le titre de « directeur général ».

Jusqu'à la loi NRE du 15 mai 2001[11], dans les sociétés à conseil d'administration, le président du conseil d'administration, ainsi que les directeurs

1. Paris, 3e ch. A, 25 sept. 2007, RG nos 06/22824, 06/22831, 06/22838, 3 esp.
2. Aix-en-Provence, 8e ch. A, 29 sept. 2011, RG n° 2011/594, *Rev. proc. coll.* 2012, comm. 73, note Legrand et Legrand.
3. Com. 22 janv. 2013, n° 11-29.028, *Bull. civ.* IV, n° 16; n° 73 F-P+B; *Bull. Joly* 2013. 216, note Saintourens; *Act. proc. coll.* 2013/5, comm. 62, note crit. Le Bars; *BJE* mai 2013, comm. 70, note Favario; *Rev. proc. coll.* 2013, comm. 39, note Cagnoli; *JCP E* 2013. Chron. 1216, n° 3, obs. Pétel; *Rev. proc. coll.* 2013, comm. 68, note Legrand et Legrand; *LXB hebdo* n° 328, 20 févr. 2013, note Le Corre-Broly.
4. Paris, 3e ch. C, 31 mai 2002, *Sarl Ten Oz/Me Carrasset-Marillier.*
5. Paris, 4 oct. 1996, *Rev. proc. coll.* 1998, 345, n° 14, obs. Soinne.
6. Paris, 3e ch. B, 15 sept. 2005, RG n° 2002/16216.
7. Com. 18 sept. 2007, n° 06-10.713, NP; n° 977 F-D; *Gaz. proc. coll.* 2008/1, p. 54, note Le Corre-Broly – Com. 10 févr. 2015, n° 13-25.221, NP; n° 125 F-D.
8. Com. 12 juill. 2004, n° 02-17.255, *Bull. civ.* IV, n° 157; *D.* 2004. AJ 2153; *Act. proc. coll.* 2004/14, n° 170, obs. Régnaut-Moutier; *RD banc. fin.* 2004, n° 243, note Lucas; *RTD com.* 2005. 168, n° 2, obs. Martin-Serf.
9. Com. 26 janv. 2016, n° 14-18.615, NP; n° 89 F-D; *Act. proc. coll.* 2016/4, comm. 49, note Pagnucco.
10. Paris, 31 mai 1988, *Rev. proc. coll.* 1989, 228, n° 2, obs. Durueil.
11. L. n° 2001-420, 15 mai 2001, *JO* 16 mai, p. 7776, dite loi NRE.

généraux, lesquels avaient le pouvoir d'ester en justice au nom de la société[1] et pouvaient donc valablement déclarer une créance[2], et en conséquence déléguer ce pouvoir[3], étaient seuls compétents pour déclarer les créances.

Depuis la loi NRE, il faut distinguer selon que la société à conseil d'administration a un président du conseil d'administration cumulant la fonction de directeur général ou un président du conseil d'administration et un directeur général dissocié. Dans le premier cas, le président du conseil d'administration continue à être investi de la qualité à représenter la société en justice. Dans le second cas, ce pouvoir est dévolu au directeur général (C. com., art. L. 225-56, I, al. 1er), qui est donc le signataire des déclarations de créance, sauf délégation de pouvoir[4]. Du fait de sa qualité à représenter en justice la société anonyme, le directeur général peut, sauf restriction des statuts ou délibération expresse du conseil d'administration, déclarer les créances de la société[5]. Il en résulte qu'il peut valablement déléguer ce pouvoir, sans qu'une autorisation spéciale, en ce sens, lui soit donnée par les statuts ou le conseil d'administration[6].

En outre, les directeurs généraux délégués ont le même pouvoir que le directeur général (C. com., art. L. 225-26, II, al. 2). Les simples administrateurs n'ont pas qualité pour déclarer les créances, non seulement parce qu'ils ne représentent pas la société, mais encore parce qu'ils ne peuvent, faute d'être sous l'autorité et la dépendance de la société, être considérés comme des préposés[7]. En revanche, rien ne semble interdire au représentant légal de la société de confier aux administrateurs un mandat spécial pour déclarer une créance au passif d'un débiteur[8]. La délégation de pouvoir donnée par le conseil d'administration à un salarié est valable, dès lors qu'il a été investi du pouvoir de recouvrer les créances et qu'il a été autorisé à subdéléguer son pouvoir. Ce salarié peut lui-même subdéléguer son pouvoir dès lors que la subdélégation était envisagée dans le pouvoir qu'il a reçu[9].

La délégation donnée antérieurement à la loi du 15 mai 2001, dit loi NRE, par le président du conseil d'administration reste valable, après l'entrée en vigueur de cette loi. Les modifications apportées par la loi précitée aux règles de la représentation des sociétés anonymes restent en effet sans incidence, sauf révocation de la délégation[10]. En effet, même si l'autorité qui l'a consentie cesse ses fonctions, la société reste engagée même au-delà du changement de représentant légal, puisque le mandat du délégataire est reçu de la société, non de l'individu qui la représente[11].

Le directeur général d'une banque populaire ayant opté pour la forme sociale d'une société anonyme tient des articles L. 225-51-1 et L. 225-56, I du code monétaire et financier le pouvoir d'ester en justice au nom de la banque et partant de procéder à une déclaration de créance sauf clause contraire des statuts[12].

Dans les sociétés par actions simplifiées, l'article 227-6 du code de commerce disposait que « la société par actions simplifiée est représentée à l'égard des tiers par son seul président ». Lui seul pouvait donc déclarer les créances, non le directeur général, qui n'avait pas ici les mêmes pouvoirs que

1. Cass., ass. plén., 18 nov. 1994, n° 90-44.754, *Bull. ass. plén.*, n° 6; *Quot. Jur.* 1994, n° 101, p. 5, note P.-M.; *D.* 1995. Jur. 101, concl. Jéol, obs. Cohen; *JCP E* 1995, n° 7, p. 20, note Viandier; *RJDA* 1994/12, p. 973, concl. Jéol; *Rev. sociétés* 1995. 296, note P. Merle; *Bull. Joly* 1995. 61, note Le Cannu; *RTD com.* 1995. 127, obs. C. Champaud et D. Danet.
2. Com. 9 mai 1995, n° 93-16.976, *Bull. civ.* IV, n° 138; *Rev. proc. coll.* 1996, 116, n° 5, obs. Dureuil – Versailles, 13e ch., 29 nov. 2001, *Bull. Joly* 2002. 384, n° 81.
3. Com. 30 juin 2004, n° 00-22.420, NP.
4. Com. 10 févr. 2009, n° 07-21.216, NP; n° 126 F-D; *Gaz. proc. coll.* 2009/2, p. 32, n° 3, note Le Corre-Broly; *Dr. sociétés* 2009, n° 102, note Legros; *Bull. Joly* 2009. 590, § 120, note Ferrier; *Rev. sociétés* 2009. 417, note Barbièri; *Act. proc. coll.* 2009/5, n° 77, note Régnaut-Moutier; *RTD com.* 2010. 193, n° 10, obs. Martin-Serf – Paris, 3e ch. B, 31 mars 2006, RG n° 2005/11953 – Paris, 3e ch. B, 31 mars 2006, RG n° 2005/11954, *RD banc. fin.* 2007, n° 20, note Lucas.
5. Com. 15 oct. 2013, n° 12-24.881, NP; n° 966 F-D; *BJE* nov. 2013. 350, note Monsérié-Bon.
6. Com. 10 févr. 2009, n° 07-21.216, préc. (v. ss prést n°) – Com. 15 oct. 2013, n° 12-24.881, préc. (v. ss prést n°).
7. Com. 3 oct. 2006, nos 05-13.244, 05-14.373, NP; n° 1115 F-D; *RD banc. fin.* 2006, n° 207, note Lucas; *RTD com.* 2007. 165, obs. Le Cannu; CONFIRMANT : Paris, 3e ch. A, 18 janv. 2005, RG n° 2004/03482.
8. SUR LA QUESTION : Le Cannu, obs. ss Com. 3 oct. 2006, nos 05-13.244, 05-14.373, NP; n° 1115 F-D; *RTD com.* 2007. 165.
9. Com. 15 avr. 2008, n° 07-10.535, NP; n° 515 F-D; *LPA* 1er août 2008, n° 154, p. 18, note Barbièri; *RTD com.* 2008. 620, obs. Martin-Serf – Com. 15 avr. 2008, n° 07-10.536, NP; n° 516 F-D; *Bull. Joly* 2008. 704, § 152, note Saintourens; *RTD com.* 2008. 620, obs. Martin-Serf – Com. 15 avr. 2008, n° 07-10.537, NP; n° 517 F-D; *RTD com.* 2008. 620, obs. Martin-Serf.
10. Com. 3 juin 2009, n° 08-13.355, *Bull. civ.* IV, n° 74; n° 520 FS P+B; *D.* 2009. AJ 1603, obs. Lienhard; *Gaz. proc. coll.* 2009/3, p. 34, n° 1, note Le Corre-Broly; *Dr. sociétés* 2009. Repère 9, note Legros; *Rev. sociétés* 2009. 865, note Sortais; *Rev. sociétés* 2009. 868, note Barbièri; *JCP E* 2009. 1926, note Hovasse; *RTD com.* 2010. 195, n° 11, obs. Martin-Serf; *Bull. Joly* 2010. 172, § 38, note Nurit-Pontier.
11. Paris, 3e ch. B, 31 mars 2006, RG n° 2005/11953 – Paris, 3e ch. B, 31 mars 2006, RG n° 2005/11954, *RD banc. fin.* 2007, n° 20, note Lucas.
12. Com. 12 juill. 2011, n° 10-18.444, NP; n° 753 F-D; *D.* 2012. Actu. 2011, obs. Lienhard; *Rev. sociétés* 2011. 527, note Roussel Galle; *RTD com.* 2012. 192, n° 3, obs. Martin-Serf.

lui. La solution avait été posée dans le domaine voisin de la requête en revendication[1]. La loi du 1er août 2003[2] de sécurité financière est revenue, en partie, sur la solution. Désormais, l'article L. 227-6, alinéa 3 du code de commerce prévoit que les statuts peuvent prévoir les conditions dans lesquelles une ou plusieurs personnes portant le titre de directeur général ou de directeur général délégué peuvent exercer les pouvoirs du président de la SAS[3]. La directrice crédit d'une SAS, non investie de la qualité de directrice générale déléguée, n'est pas habilitée à représenter la société créancière et ne peut donner une délégation valable de déclarer les créances[4].

Il faut cependant réserver le cas des sociétés par actions simplifiées unipersonnelles (SASU). Seul le président pourra ester en justice, et donc déclarer les créances au passif.

Une difficulté se présente pour les associations. En effet, dans le silence des statuts, l'action en justice ne peut régulièrement être décidée que par l'assemblée générale[5]. La Cour de cassation considère que, dans le silence des statuts, le président de l'association ne peut donc la représenter en justice que s'il est muni d'un pouvoir spécial[6]. Il semble donc que la déclaration de créance ne sera valablement signée par le président d'une association que si les statuts attribuent qualité au président pour la représenter en justice ou à tout le moins déclarer les créances. À défaut, seul un mandat spécial l'autorisera à agir. Il en est tiré la conséquence que le président de l'association, sauf à être investi du pouvoir de la représenter en justice, ne peut déléguer à un autre membre de l'association le pouvoir de déclarer une créance[7]. Cette discussion est toutefois sans intérêt si la déclaration de créance est effectuée par un avocat[8].

662.32 Règles relatives à l'Alsace-Moselle. Comme nous l'avons indiqué (v. ss n° 662.21), en Alsace-Moselle, le déclarant, même s'il est un tiers, n'a pas à être avocat, compte tenu de la disposition spéciale du code de commerce, en matière de déclaration de créance autorisant le recours à tout mandataire.

Rien n'interdit non plus au créancier de déclarer lui-même sa créance, sans être astreint à la faire déclarer par avocat[9]. Cette règle, valable pour la déclaration de créance classique, l'est également lorsque la créance est déclarée à titre provisionnel par un créancier astreint à pratiquer de la sorte, par exemple le Trésor public[10].

Le dirigeant peut déléguer ses pouvoirs à un salarié. La délégation de signature n'est pas équivalente à une délégation de pouvoir[11].

SECTION 662.40 DÉLÉGATION DE POUVOIRS PAR LES DIRIGEANTS DE PERSONNE MORALE À DES PRÉPOSÉS AVANT L'ORDONNANCE DU 12 MARS 2014

662.41 Possibilité de principe de la délégation de pouvoirs généraux par les dirigeants de personne morale à des préposés. Les dirigeants de la personne morale créancière peuvent déléguer leurs pouvoirs à des préposés. Il ne s'agit ici nullement d'un mandat *ad litem*, mais d'un pouvoir de représentation interne[12], ce qui induit des différences importantes de régime.

Ces pouvoirs n'auront pas à être spéciaux, au contraire de la solution posée pour la déclaration de créance effectuée par un tiers (v. ss n° 662.21).

1. Com. 2 juill. 2002, n° 98-23.324, *Bull. civ.* IV, n° 112; *Act. proc. coll.* 2002/14, n° 187, obs. Régnaut-Moutier; *RJ com.* 2003. 215, n° 1616, obs. Courtier – *Adde*, Hallouin, « Le monopole de représentation du président de la société par actions simplifiée », *D.* 2002. Chron. 2922 – Raynouard, « La représentation de la SAS par le président : Plaidoyer pour une orthodoxie libérale », *RJ com.* 2003. 211.
2. L. n° 2003-706, 1er août 2003, *JO* 2 août, p. 13220.
3. Com. 21 juin 2011, n° 10-20.878, *Bull. civ.* IV, n° 107 : *D.* 2011. Actu. 1753, obs. Lienhard; *RTD com.* 2011. 586, n° 2, obs. Le Cannu et Dondéro; *LPA* 22 sept. 2011, n° 189, 10, note Gibirila; *Dr. sociétés* 2011, n° 174, note Gallois-Cochet.
4. Grenoble, 29 sept. 2011, RG n° 10/02672 et Grenoble 17 nov. 2011, RG n° 10/02925, *Rev. proc. coll.* 2012, comm. 70, note Legrand et Legrand.
5. SUR CE PRINCIPE DE SOLUTION : Soc. 16 janv. 2008, n° 07-60.126, *Bull. civ.* V, n° 1; n° 106 FS-P+B; *Bull. Joly* 2008. 405, § 87, note Le Cannu.
6. Civ. 1re, 19 nov. 2002, n° 00-18.946, *Bull. civ.* I, n° 272; *JCP E* 2003. Jur. 586, note Debily; *Dr. et patr.* 2003, p. 115, obs. Poracchia; *Rev. sociétés* 2003. 340, note Hoang.
7. Colmar, 2e ch. A, 16 janv. 2007, *RD banc. fin.* 2007, n° 150, note Mortier.
8. AINSI : Lyon, 3e ch., 7 oct. 2011, RG n° 10/02075, *Rev. proc. coll.* 2012, comm. 71, note Legrand et Legrand.
9. Com. 28 nov. 2000, n° 98-18.298, *Bull. civ.* IV, n° 185; *Act. proc. coll.* 2001/1, n° 4; *JCP E* 2001. Pan. 156 – Com. 19 déc. 2000, n° 98-11.093, *Bull. civ.* IV, n° 203; *D.* 2001. AJ 306, obs. Pisoni – Com. 11 juin 2002, nos 00-12.289, 00-11.773, *Bull. civ.* IV, nos 104, 105, 2 esp.; *Act. proc. coll.* 2002/13, n° 159; *RJDA* 2002/11, n° 1171, p. 986; *Dr. et patr.* 2002, n° 108, p. 111, obs. Monsérié-Bon.
10. Com. 27 févr. 2007, n° 05-10.226, *Bull. civ.* IV, n° 66; n° 373 F-P+B; *D.* 2007. AJ 947, obs. Lienhard – Com. 27 févr. 2007, n° 05-10.227, NP; n° 374 F-D.
11. Com. 6 mars 2001, n° 98-15.630, NP, *Act. proc. coll.* 2001/9, n° 107.
12. J.-CL. COM., Vallansan, fasc. 2352, [Déclaration et admission des créances], 2007, n° 84 – *Adde*, Vallansan, « Délégation de pouvoir du salarié et représentation de la société », *Bull. Joly* juill. 2005, n° sp. p. 94.

La délégation de pouvoir n'a pas à être enfermée dans un délai, la solution ayant été posée en dehors du droit des entreprises en difficulté[1].

La délégation de pouvoir reste valable même après le départ de la société du dirigeant délégant[2], sous la seule réserve que la délégation n'ait pas été révoquée[3]. Il en est de même des subdélégations consenties par ce préposé délégataire.

Le pouvoir peut être conféré par le dirigeant à des mandataires, non nommément désignés. Le fait que leur désignation intervienne par une personne n'ayant pas le pouvoir de subdéléguer ses pouvoirs reste alors indifférent sur la qualité des mandataires à déclarer les créances[4].

La Cour de cassation ne réduit pas le préposé à un salarié. Le plus généralement, le préposé sera un salarié. Mais la solution ne s'impose pas. Ainsi a-t-il pu être jugé que, en cas de création d'une structure gérant le contentieux, commune à deux sociétés financières, le pouvoir de déclarer les créances, avec faculté de subdéléguer, peut émaner du représentant légal de l'une des structures, qui n'est pas l'employeur du signataire de la déclaration de créance[5]. Il s'évince ainsi de cette solution jurisprudentielle, que le préposé non salarié pourra déclarer une créance sans mandat spécial. Pour cela, le recours à ses services ne devra pas être occasionnel, mais s'inscrire dans une « véritable politique interne – et donc institutionnalisée – de mutualisation entre sociétés »[6].

Notons toutefois que la Cour de cassation, d'une manière discutée[7], a admis que le conseil d'administration d'une société anonyme, qui n'est pas le représentant légal de celle-ci, a le pouvoir de nommer un préposé de la société pour déclarer les créances avec ou sans faculté de délégation[8]. Ce faisant, elle introduit une distinction entre le pouvoir de représenter en justice et le pouvoir de déléguer une personne dans l'exercice de cette représentation, la déclaration de créance étant en effet assimilée à une demande en justice. Identiquement, la Cour de cassation a jugé valable la délégation de pouvoir donnée par le directoire[9].

La Cour de cassation, en dehors des procédures collectives[10], a jugé que le président d'une SAS pouvait valablement déléguer à l'un de ses préposés le pouvoir de la représenter en justice, ce qui vaut évidemment pour la déclaration de créance. Puis, la Cour de cassation a jugé que les statuts de la SAS peuvent prévoir les conditions dans lesquelles une ou plusieurs autres personnes que le président, portant le titre de directeur général ou de directeur général délégué, pouvaient exercer les pouvoirs confiés au président. Dans ces conditions, le conseil d'administration de la société peut prévoir qu'un directeur général délégué puisse être chargé du recouvrement des créances et notamment de déclarer les créances[11].

Le préposé pourra lui-même consentir un pouvoir spécial à un tiers, s'il est autorisé en ce sens par un organe habilité à représenter la personne morale[12].

La déclaration de créance sera valablement effectuée si le titulaire de la délégation de pouvoir a signé le document adressé au mandataire de justice, même s'il n'a pas personnellement établi le bordereau de déclaration de créance[13]. Il en sera de même lorsque le titulaire de la déclaration de créance aura signé le bordereau de déclaration de créance, alors que le courrier d'envoi au mandataire aura été signé par une personne non habilitée[14].

Le préposé doit utiliser un papier à en-tête de la société qui l'emploie, non un papier à en-tête d'une

1. Com. 17 janv. 2012, n° 10-24.811, *Bull. civ.* IV, n° 9; *Rev. sociétés* 2012. 627, note Thomas.
2. Com. 4 févr. 1997, n° 94-20.681, *Bull. civ.* IV, n° 44; *RD banc. et bourse* 1997. 85, obs. Guillot – Com. 15 mars 2005, n° 03-13.032, *Bull. civ.* IV, n° 64; *Gaz. proc. coll.* 2005/2, p. 22, obs. Le Corre.
3. Com. 15 mars 2005, n° 03-13.032, *Bull. civ.* IV, n° 64; *JCP E* 2005. 1047, p. 1172, note Hovasse.
4. Com. 29 avr. 2002, n° 99-19.903, *Bull. civ.* IV, n° 74; *D.* 2002. AJ 1755, obs. Lienhard; *Act. proc. coll.* 2002/11, n° 137; *RTD com.* 2002. 537, n° 2, obs. Martin-Serf; *Bull. Joly* 2002. 885, n° 199, note Scholer; *RJDA* 2002/10, n° 1056, p. 893.
5. Com. 17 nov. 2009, n° 07-21.257, *Bull. civ.* IV, n° 147; n° 1067 FS P+B; *D.* 2009. AJ 2862, obs. Lienhard; *Act. proc. coll.* 2010/2, n° 16, note Coquelet; *Bull. Joly* 2010. 246, § 55, note Ferrier; *RTD com.* 2010. 419, n° 1, obs. Martin-Serf; *LXB hebdo* 10 déc. 2009, n° 375, note Le Corre-Broly.
6. Coquelet, note s[s] Com. 17 nov. 2009, n° 07-21.257, *Act. proc. coll.* 2010/2, n° 16.
7. APPROUVANT la solution : Le Cannu, note *Bull. Joly* 2005. 37 – CRITIQUANT la solution : Vallansan, *Act. proc. coll.* 2004/17, n° 207.
8. Com. 28 sept. 2004, n° 03-12.023, *Bull. civ.* IV, n° 173; *D.* 2004. AJ 2653; *Act. proc. coll.* 2004/17, n° 207, note Vallansan; *Bull. Joly* 2005. 37, note Le Cannu.
9. Com. 22 janv. 2008, n° 06-20.379, *Bull. civ.* IV, n° 9; n° 145 F-P+B; *D.* 2008. AJ 413, obs. Lienhard; *Rev. sociétés* 2008. 179, note Barbièri; *Bull. Joly* 2008. 419, § 90, note Nurit-Pontier; *Defrénois* 2008. 1237, art. 38783, n° 7, note Gibirila; *RTD com.* 2009. 204, n° 1, obs. Martin-Serf.
10. Civ. 2e, 9 juill. 2009, n° 08-15.085, NP, *Bull. Joly* 2009. 1091, § 220, note Ferrier; *RTD com.* 2009. 764, obs. Le Cannu et Dondéro.
11. Com. 21 juin 2011, n° 10-20.878, *Bull. civ.* IV, n° 107; n° 652 FS-P+B; *D.* 2011. AJ 1753, obs. Lienhard; *Gaz. Pal.* 7 oct. 2011, n° 280, p. 30, note Le Corre-Broly; *Act. proc. coll.* 2011/15, comm. 227, note Régnaut-Moutier; *RTD com.* 2012. 193, n° 4, obs. Martin-Serf.
12. Com. 28 janv. 2004, n° 02-15.611, *Bull. civ.* IV, n° 18.
13. Com. 19 nov. 2003, n° 01-02.100, NP.
14. Com. 11 févr. 2004, n° 02-18.084, NP.

enseigne ou d'un nom commercial, sauf à préciser qu'il agit bien pour le compte de la société qui l'emploie[1].

La simple mise à disposition par une société de son personnel au profit d'une autre n'a pas pour effet d'investir le salarié de la première de la qualité pour déclarer la créance de la seconde[2].

Les préposés bénéficiaires de la délégation de pouvoirs peuvent eux-mêmes subdéléguer leurs pouvoirs[3], mais ils devront, pour cela, y être autorisés par la délégation[4]. La subdélégation n'est ainsi régulière que si elle émane d'une personne ayant valablement reçu délégation de pouvoir. Mais peu importe l'irrégularité de la subdélégation, sur la base de laquelle la déclaration de créance a été faite, dès lors que le signataire dispose également d'une délégation de pouvoir directement du représentant légal de la société créancière[5].

La délégation ou la subdélégation doivent comporter pouvoir pour le délégué ou le subdélégataire de déclarer les créances[6]. L'expression inappropriée aujourd'hui de « production des créances » a été jugée équivalente[7]. Ont ainsi été jugées suffisantes, les délégations de pouvoir autorisant à agir en justice[8] ou à signer tout document relatif aux procédures commerciales[9], cette dernière formulation pouvant cependant poser problème si la procédure collective est ouverte devant le tribunal de grande instance. Si le délégataire de pouvoir a reçu pouvoir de représenter la société en justice, la subdélégation de ce pouvoir autorisera le subdélégataire à déclarer les créances au passif, à procéder à une déclaration complémentaire de créance ou à *répondre à une contestation de créance*[10]. *De même, la délégation* de pouvoir donné pour déclarer les créances dans les procédures de redressement et de liquidation judiciaires emporte celle de déclarer les créances au passif d'une sauvegarde[11].

Il faut immédiatement rapprocher de ces décisions cele qui a, en sens contraire, jugé que la délégation de pouvoirs pour l'établissement des courriers, notamment relatifs aux liquidations de biens et règlenent judiciaires, ne pouvait être assimilée au pouvoir de déclarer les créances[12].

N'a pas été jugé suffisante, la délégation conférant à l'intéressé les pouvoirs les plus étendus[13]. Identiquement, n'a pas été considérée comme une délégation de pouvoirs permettant de déclarer les créances, la délégation énonçant à titre indicatif un certain nombre d'actes de recouvrement, sans mentionner expressément la déclaration de créance[14]. Ainsi, a été jugée insuffisante, la délégation de signature ayant pour objet les recours en récupération de créances d'aide sociale[15]. De même, la délégation de pouvoir, qui autorise le directeur d'une association à agir en justice, en première instance, pour défendre les intérêts de l'association, n'a pas été considérée comme permettant à l'intéressé de déclarer au passif la créance de l'association[16]. N'est pas davantage suffisante la délégation de pouvoir d'accomplir les actes ordinaires de gestion courante de la société créancière et d'engager celle-ci pour toutes opérations courantes dans la limite d'une certaine somme[17].

L'appréciation sur la portée de la délégation de pouvoir, permettant de déterminer si l'intéressé pouvait déclarer les créances, semblait abandonner au pouvoir souverain des juges du fond[18]. La Cour de cassation a cependant, dans une décision, censuré une cour d'appel qui avait considéré comme suffisante la délégation de pouvoirs énonçant à titre indicatif un certain nombre d'actes de recouvrement, sans mentionner expressément la déclaration de créance, estimant évidente la faculté de déclarer

1. SUR UNE DIFFICULTÉ de cette nature : Com. 19 mai 2004, n° 01-16.698, NP.
2. Com. 22 janv. 2002, n° 99-11.409, NP – RAPPR. : Paris, 3e ch. A, 18 janv. 2005, RG n° 2004/03482.
3. Com. 14 févr. 1995, nos 93-12.064, 93-12.299, 93-12.346, 93-12.398, *Bull. civ.* IV, n° 43, 4 esp.; *LPA* 1995, n° 91, p. 13, note Alix; *Bull. Joly* 1995. 442, note Daigre.
4. Com. 11 févr. 1997, n° 94-20.706, NP, *RD banc. et bourse* 1997. 75, obs. Campana et Calendini; *RTD com.* 1997. 510, obs. Martin-Serf – Com. 12 oct. 2004, nos 01-12.382, 01-12.691, NP – Com. 10 mai 2005, n° 04-12.214, *Bull. civ.* IV, n° 97; *Act. proc. coll.* 2005/11, n° 130, note Vallansan – Com. 5 déc. 2006, n° 04-19.238, NP; n° 1348 F-D – Pau, 18 nov. 2002, *JCP E* 2003. Pan. 1730.
5. Com. 26 janv. 2016, n° 14-23.388, NP; n° 82 F-D – Com. 26 janv. 2016, n° 14-23.389, NP; n° 83 F-D – Com. 26 janv. 2016, n° 14-23.390, NP; n° 84 F-D; *LXB hebdo* 18 févr. 2016, n° 455, note Le Corre-Broly – Com. 26 janv. 2016, n° 14-23.391, NP; n° 85 F-D.
6. Com. 16 juin 2004, nos 02-20.454, 03-10.031, NP – Com. 26 mars 2013, n° 12-12.326, NP; n° 310 F-D.
7. Com. 3 avr. 2001, n° 98-17.003, NP, *RJDA* 2001/8-9, n° 878.
8. Com. 9 juin 1998, n° 96-13.675, *Bull. civ.* IV, n° 183; *LPA*. 14 avr. 1999, n° 74, p. 10, note Paulot – Com. 24 nov. 1998, n° 96-10.318, NP – Com. 1er avr. 2014, n° 13-15.785, NP; n° 337 F-D.
9. Com. 30 juin 2004, n° 02-19.601, NP – Com. 10 mai 2005, n° 04-12.030, NP.
10. Com. 1er avr. 2014, n° 13-15.785, préc. (v. ss prést n°).
11. Com. 14 janv. 2014, n° 12-29.749, NP; n° 36 F-D – Bordeaux, 2e ch. civ., 4 juin 2008, *Act. proc. coll.* 2008/15, n° 234.
12. Com. 21 mars 2006, n° 04-20.208, NP; n° 378 F-D.
13. Com. 9 juin 1998, n° 96-13.675, *Bull. civ.* IV, n° 183; *LPA* 14 avr. 1999, n° 74, p. 10, note Paulot.
14. Com. 3 juin 2009, n° 08-10.249, NP; n° 506 F-D; *D.* 2009. AJ 1691, obs. Lienhard.
15. Com. 18 juin 2013, n° 12-19.652, NP; n° 634 F-D.
16. Com. 30 mars 2010, n° 09-12.239, NP; n° 399 F-D.
17. Com. 31 mai 2011, n° 10-21.205, NP; n° 533 F-D.
18. Com. 10 mai 2005, n° 04-12.030, NP, *Rev. proc. coll.* 2006/1, p. 61, n° 3, obs. Legrand.

les créances à partir de l'énonciation de tels pouvoirs [1]. Ainsi, la Cour de cassation exerce-t-elle son contrôle sur l'analyse portée par la cour d'appel [2].

Les pouvoirs doivent exister au jour de la déclaration de créance [3]. La Cour de cassation a toutefois jugé que, dès lors que le préposé justifiait au jour de la déclaration de créance d'une délégation de pouvoirs résultant d'une chaîne ininterrompue de délégations de pouvoirs régulières à cette fin, la cour d'appel n'avait pas à constater qu'à la date de la déclaration de créance et d'actualisation de la créance, le préposé était toujours habilité à représenter le créancier [4].

In fine, le signataire de la déclaration de créance doit donc établir, par une chaîne ininterompue de délégations de pouvoir, qu'il tient du dirigeant le pouvoir de déclarer la créance [5]. Il n'est pas nécessaire que les différentes délégations de pouvoir soient contenues dans un *instrumentum* unique [6]. Le plus souvent d'ailleurs, les délégations de pouvoirs et subdélégations seront établies dans des documents distincts.

La preuve de la subdélégation devra donc être rapportée [7]. La cour d'appel ne peut déclarer irrégulière la déclaration de créance sans rechercher l'existence d'une subdélégation, alors qu'elle y est invitée par le créancier [8]. Le moyen tiré de l'absence de preuve de la subdélégation peut être relevé d'office, mais les juges du fond doivent inviter les parties à s'expliquer sur ce point [9].

De même que la délégation de pouvoir reste valable après le départ du délégataire, de même la subdélégation consentie par ce préposé délégataire reste valable, malgré la cessation de ses fonctions au sein de la société créancière [10]. En revanche, si le pouvoir donné au délégataire et comportant faculté de subdélégation a été annulé avec effet rétroactif, la déclaration de créance n'est pas valablement effectuée, du fait de la suppression de la délégation emportant suppression de la subdélégation [11].

L'article 4 § 2-h du règlement CE du 29 mai 2000 [12] indique que la loi d'ouverture de la procédure d'insolvabilité détermine les conditions d'ouverture, de déroulement et de clôture de la procédure d'insolvabilité, et notamment les règles concernant la production, la vérification et l'admission des créances. Dès lors, la déclaration de créance est valablement effectuée, si est versée aux débats une attestation, même établie postérieurement à l'expiration du délai de déclaration des créances, émanant de celui qui exerce actuellement les fonctions d'organe habilité par la loi nationale de la société créancière à la représenter, et certifiant que le préposé déclarant disposait d'une délégation de pouvoirs pour le faire [13]. Au contraire, la société créancière néerlandaise, qui a donné à son préposé pouvoir de la représenter à l'égard de toute personne et toutes opérations concernant les activités de la société et de signer, établir et remettre tout document et de faire tout ce qu'il considère comme nécessaire en relation avec les activités mentionnées ci-dessus, ne lui a pas donné une délégation de pouvoirs comportant celui d'agir en justice au nom de la société et de déclarer les créances de celles-ci. La déclaration de créance n'est donc pas régulière, même si la loi néerlandaise ne prévoit pas de pouvoir spécifique en matière de déclaration de créance, l'appréciation devant se faire uniquement au regard de la loi du pays d'ouverture de la procédure d'insolvabilité [14].

662.42 Difficultés d'identification du signataire ayant reçu délégation de pouvoir – Charge de la preuve. Le signataire de la déclaration de créance,

1. Com. 3 juin 2009, n° 08-10.249, NP, préc. (v. s^s prés^t n°).
2. AUSSI : Com. 30 mars 2010, n° 09-12.239, NP; n° 399 F-D.
3. Com. 25 mars 1997, n° 95-12.228, NP, *RD banc. et bourse* 1997. 126, n° 1, obs. Campana et Calendini – Com. 7 déc. 1999, n° 96-22.384, NP, *RJDA* 2000/3, n° 311.
4. Com. 2 mars 2010, n° 09-65.212, NP; n° 261 F-D.
5. Com. 25 juin 2002, n°s 00-20.162, 00-20.163, 00-20.164, 00-20.165, 00-20.166, 5 esp., NP, *Act. proc. coll.* 2002/15, n° 190.
6. Paris, 3e ch. C, 6 juin 2003, RG n° 2002/18333.
7. Com. 5 mars 1996, n° 94-12.852, NP, *D. Affaires* 1996. 523 – Com. 26 mai 1999, n°s 95-21.101, 95-22.046, *Bull. civ.* IV, n° 107; *LPA* 5 août 1999, n° 155, p. 6, note P. M. – Com. 10 juill. 2001, n° 98-18.708, NP, *Act. proc. coll.* 2001/17, n° 220.
8. Com. 7 juin 2005, n° 04-13.422, NP.
9. Com. 7 déc. 2004, n° 03-15.956, NP.
10. Com. 8 juill. 2008, n° 07-13.868, *Bull. civ.* IV, n° 146; n° 810 FS-P+B; *D.* 2008. AJ 2072, obs. Lienhard; *Act. proc. coll.* 2008/14, n° 222; *JCP E* 2009. 1008, n° 12, obs. Pételꞏ; *RTD com.* 2009. 206, n° 2, obs. Martin-Serf.
11. Com. 5 févr. 2008, n° 06-21.879, *Bull. civ.* IV, n° 27; n° 213 F-P+B; *D.* 2008. AJ 611, obs. Lienhard; *Gaz. proc. coll.* 2008/2, p. 26, n° 1, note Le Corre-Broly; *Act. proc. coll.* 2008/4, n° 59, note Vallansan; *JCP E* 2008. 1432, n° 10, obs. Pétel; *Bull. Joly* 2008. 426, § 92, note Ferrier; *RTD com.* 2008. 417, n° 2, obs. Martin-Serf; *Defrénois* 2009. 38894, p. 339, n° 1, note Gibirila.
12. Règl. (CE) n° 1346/2000, Conseil, 29 mai 2000 relatif aux procédures d'insolvabilité, *JOCE L* 160, 30 juin, p. 1.
13. Com. 15 déc. 2009, n° 08-14.949, *Bull. civ.* IV, n° 164; n° 1203 FS-P+B; *D.* 2010. AJ 86, obs. Lienhard; *Act. proc. coll.* 2010/2, n° 22, note Vallansan; *Rev. proc. coll.* 2010/6, p. 27, note Menjucq; *Gaz. Pal.* 2010. 1650, note Jobard-Bachellier; *Bull. Joly* 2010. 367, note Jault-Seseke et Robine; *Rev. sociétés* 2010. 187, note Dammann et Sauteraud; *RTD com.* 2010. 210, n° 30, obs. Vallens; *Dr. sociétés* 2010, n° 101, note Legros.
14. Com. 22 juin 2010, n° 09-65.481, *Bull. civ.* IV, n° 113; n° 696 F-P+B; *Act. proc. coll.* 2010/16, n° 225, note Robine; *Rev. proc. coll.* 2010/6, p. 27, note Menjucq; *Bull. Joly* 2010. 755, § 159, note Vallens; *JCP E* 2011. Chron. 1030, n° 9, note Pétel; *RTD com.* 2010. 783, n° 1, obs. Martin-Serf.

qui est un préposé, doit avoir reçu l'habilitation pour déclarer les créances. La preuve de cette habilitation doit être rapportée par le créancier.

Dans ces conditions, il est aisé de comprendre que l'absence de signature de la déclaration de créance fait naître un problème de rattachement de la déclaration de créance à son auteur. Diverses décisions ont en conséquence estimé qu'il y avait place à rejet de la déclaration de créance[1]. Une déclaration de créance non signée et ne comportant en outre aucune indication relative au nom de la personne physique semblait bien rendre impossible toute identification de son auteur[2].

Il apparaissait en effet impossible de savoir si la déclaration de créance avait été effectuée par les organes habilités par la loi à représenter la personne morale créancière ou par un préposé titulaire d'une délégation de pouvoirs.

Il en était d'abord ainsi lorsque la lettre de déclaration de créance ne comportait que le tampon de la société créancière[3]. Il en était de même en cas de production du double de la déclaration de créance non signé, même si celui-ci portait l'indication d'un signataire ayant reçu pouvoir de déclarer les créances[4] ou du nom de deux signataires, l'un d'eux ayant reçu pouvoir de déclarer les créances[5].

De même, il a été jugé que la preuve d'une déclaration de créance régulière ne pouvait être apportée en l'absence de signature par un organe habilité ou par un préposé titulaire d'une délégation de pouvoir[6]. Il avait été jugé en ce sens que le créancier ne pouvait rapporter la preuve qui lui incombe que le titulaire de la signature avait seul la maîtrise de son apposition, en cas de signature par procédé informatique[7]. Tout au plus, la solution pouvait être écartée si la déclaration de créance était faite de manière manuscrite et qu'il apparaissait possible d'identifier, par l'écriture, le déclarant[8]. De même, avait pu être jugée *irrégulière, la déclaration de* créance comportant la signature scannée d'un préposé habilité à déclarer les créances[9].

Le défaut de signature de la déclaration de créance empêchait le rattachement à son auteur et c'est pourquoi une régularisation par envoi d'une déclaration signée ne pouvait intervenir que dans le délai de la déclaration de créance[10], cependant qu'il avait été précédemment admis qu'il ne s'agissait que d'une irrégularité de forme, qui pouvait être réparée même au-delà du délai imparti pour déclarer les créances, mais avant que le juge ne statue[11].

De même, n'était pas rapportée la preuve que la déclaration de créance avait été établie par une personne habilitée lorsqu'elle comportait l'indication « je certifie sincère et véritable » suivi du nom du délégataire de pouvoir, alors qu'elle n'était pas signée[12].

Identiquement, il avait été jugé que la preuve que la déclaration de créance a été signée par une personne habilitée n'était pas rapportée lorsque figurait sur la déclaration de créance un cachet indiquant le nom d'une personne habilitée à déclarer suivie de la mention « par délégation »[13]. En effet, le problème de l'identification de l'auteur de la déclaration de créance ne semblait se poser que dans la mesure où la déclaration de créance avait été signée. Ne semblait, en conséquence, pas pouvoir être approuvée la décision qui considérait que l'absence de signature du double de la déclaration de créance n'avait pas pour effet d'entacher la déclaration d'irrégularité, dès lors qu'il n'était pas établi que l'original de la déclaration de créance n'avait pas été signé[14].

De façon générale, l'impossibilité d'identifier le signataire de la déclaration de créance, par suite de l'absence d'indication de l'identité du signataire, semblait bien rendre impossible la vérification du pouvoir du signataire[15]. Il en était ainsi en cas de

1. Com. 17 juill. 2001, n° 98-20.957, NP, *Act. proc. coll.* 2001/17, n° 232, obs. Legros; *RD banc. fin.* 2001, n° 230, note Lucas; *Rev. proc. coll.* 2002, p. 95, n° 7, obs. Legrand – Com. 1er oct. 2002, n° 99-21.126, NP – Com. 4 févr. 2003, n° 99-17.859, *Bull. civ.* IV, n° 14; *D.* 2003. AJ 556; *Act. proc. coll.* 2003/7, n° 82; *Bull. Joly* 2003. 563, § 113, note Scholer; *LXB hebdo* n° N6152AA4, note Le Corre.
2. Paris, 3e ch. B, 24 nov. 2005, RG n° 05/02108.
3. Com. 27 juin 2006, n° 05-13.114, NP; n° 823 F-D; *Gaz. proc. coll.* 2006/4, p. 25, n° 1, note Le Corre; *Rev. proc. coll.* 2007/1, p. 46, n° 3, obs. Legrand.
4. Com. 13 févr. 2007, n° 05-20.032, NP; n° 301 F-D; *Gaz. proc. coll.* 2007/2, p. 43, note Le Corre-Broly.
5. Com. 16 juin 2004, n° 02-20.152, NP.
6. Com. 24 mars 2004, n° 01-11.404, NP, *Procédures* 2004, n° 211, note Laporte.
7. Aix-en-Provence, 8e ch. A, 1er oct. 2003, RG n° 00/10616, *D.* 2003. AJ 2768, *RD banc. fin.* 2004, n° 130, note Lucas – Aix-en-Provence, 8e ch. A, 18 févr. 2004, RG n° 01/08424, *RD banc. fin.* 2004, n° 245, note Lucas – Paris, 3e ch. A, 10 oct. 2006, RG n° 2005/18789, *RD banc. fin.* 2007, n° 33, note Caprioli; *Rev. proc. coll.* 2007/1, p. 46, n° 4, obs. Legrand.
8. Lucas, obs. ss Com. 17 juill. 2001, n° 98-20.957, NP, *RD banc. fin.* 2001, n° 230.
9. Nîmes, 2e ch. B, 14 sept. 2006, RG n° 04/03800, *Act. proc. coll.* 2007/9, n° 101.
10. Com. 28 sept. 2004, n° 02-20.681, NP – RAPPR. : Com. 11 juill. 2006, n° 05-14.394, NP; n° 889 F-D.
11. Com. 17 juill. 2001, n° 98-20.957, NP, *RD banc. fin.* 2001, n° 231, obs. Lucas; *Rev. proc. coll.* 2002, p. 95, n° 7, obs. Legrand.
12. Com. 15 févr. 2005, n° 02-16.600, NP.
13. Com. 15 févr. 2005, n° 02-19.783, NP.
14. Paris, 25e ch. B, 19 sept. 2003, RG n° 2001/18094.
15. Com. 17 juill. 2001, n° 98-20.957, préc. (v. ss prést n°) – Com. 18 mars 2003, n° 00-16.973, NP, *Bull. Joly* 2003. 629, § 130 – Com. 10 mars 2004, n° 02-10.298, NP – Rouen, 28 févr. 2002, *RJDA* 2002/10, n° 1057, p. 895 – Dijon, ch. civ. B, 3 sept. 2002, *JCP E* 2003. Jur. 83, n° 67, note Jacquemont.

signature apposée par un procédé mécanographique[1].

La jurisprudence devait ensuite évoluer. Cette évolution est la conséquence de la réforme du droit de la preuve et spécialement de l'insertion dans le code civil de l'article 1316-4 (devenu C. civ., art. 1367[2]). L'alinéa 2 de ce texte prévoit explicitement la validité de la signature électronique, dont la fiabilité est présumée jusqu'à preuve contraire.

Et c'est ainsi que la chambre commerciale de la Cour de cassation a posé en règle que « la preuve de l'identité du déclarant peut être faite, *même* en l'absence de signature de la déclaration, par tous moyens, jusqu'au jour où le juge statue », peu important le dépassement du délai de déclaration des créances[3]. La preuve pourrait ainsi résulter de la mention dactylographiée du nom d'un gestionnaire contentieux, qui serait habilité à déclarer les créances[4]. Elle pourrait encore être rapportée par la mention d'une signature pré imprimée et scannée sur la déclaration de créance émanant d'une personne habilitée à déclarer les créances et attestant reconnaître et identifier la signature comme étant la sienne[5]. Cette attestation pourra, selon le principe en la matière (v. s^s^ n° 662.43), être versée aux débats jusqu'à ce que le juge statue[6]. Une différence notable sépare cette attestation et celle établissant que le signataire avait bien reçu une délégation de pouvoir pour déclarer la créance. Dans le second cas, en effet, l'attestation devra émaner soit du représentant légal de la personne morale, qui sera celui exerçant au moment de l'établissement de ladite attestation, les fonctions d'organe habilité par la loi à représenter la personne morale[7], soit d'une personne ayant reçu de ce représentant délégation de pouvoir pour déclarer les créances avec faculté de subdélégation. Au contraire, dans le premier cas, cette attestation pourra émaner du déclarant lui-même. Une cour d'appel a aussi admis que le fait que la signature de la déclaration de créance ait été faite à l'aide d'un moyen mécanographique ou électronique ne faisait pas obstacle à sa régularité. Elle a pris appui sur l'article 1316-4 du code civil (devenu C. civ., art. 1367[8]), duquel il résulte que la fiabilité de ce procédé est *présumée dès lors que la personne* du signataire est identifiable, en l'absence d'éléments démentant la fiabilité de l'identification de la signature et son lien la rattachant à l'acte[9]. Ces éléments pourraient tenir, par exemple, à l'absence du salarié au moment de l'envoi de la déclaration de créance.

Cette solution de la Cour de cassation admettant la preuve de l'identité du déclarant par tout moyen est extrêmement souple par rapport à l'importante jurisprudence antérieure sur la question. Si l'on peut comprendre que l'identité du déclarant est un fait, il apparaît tout de même délicat de prouver que la déclaration de créance émane d'une personne qui n'a pas signé celle-ci. Mais il importe d'observer que cette appréciation selon laquelle la preuve que la déclaration de créance peut être rattachée à une personne ayant qualité est abandonnée au pouvoir souverain des juges du fond[10], ce qui permettrait donc, dans le même cas de figure, une solution diamétralement opposée. Tout sera question d'espèces. Et c'est ainsi, qu'après ces solutions dégagées par la Cour de cassation, il y a encore des décisions relevant que, dans l'exercice de son pouvoir souverain, la cour d'appel peut retenir qu'il n'est pas établi que la déclaration de créance, dont seule une copie non signée est produite, émane de la personne dont le nom figure sur la déclaration de créance et qui a bien reçu pouvoir de la déclarer[11]. De même, la cour d'appel peut retenir que le caractère illisible de la signature figurant sur le pouvoir annexé à la déclaration de créance ne permet pas d'affirmer que cette signature est celle d'une personne ayant pouvoir de subdéléguer son pouvoir de déclarer la créance, en l'absence d'autres pièces au dossier[12]. Il ne peut en tout cas pas être tiré argument de la production aux débats de la copie de la déclaration de créance non revêtue de la signature du déclarant, puisqu'il ne s'agit pas de l'original[13].

1. Aix-en-Provence, 8e ch. A, 6 juin 2001, RG n° 97/22385, *RD banc. fin.* 2001, n° 232, obs. Lucas.
2. DEPUIS le 1er oct. 2016 : Ord. n° 2016-131, 10 févr. 2016, préc.
3. Com. 21 nov. 2006, n°s 05-17.008, 05-19.298, *Bull. civ.* IV, n°s 226, 227, 2 esp.; n°s 1288, 1285 FS-P+B+I+R; *D.* 2006. AJ 2983, obs. Lienhard; *Gaz. proc. coll.* 2007/2, p. 43, note Le Corre-Broly; *RD banc. fin.* 2007, n° 19, note Lucas; *Rev. proc. coll.* 2007/1, p. 46, n° 4, obs. Legrand; *Defrénois* 2007. 887, 38605, n° 6, note Gibirila; *RTD com.* 2007. 446, n° 2, obs. Martin-Serf; *LXB hebdo* n° 241, 20 déc. 2006, n° N4237A9S, note Le Corre-Broly; *Procédures* 2007, n° 1, note Croze; *Rev. proc. coll.* 2007/1, p. 46, n° 4, obs. Legrand; *RJ com.* 2007. 47, note Sortais – Com. 26 janv. 2010, n° 09-10.294, NP; n° 94 F-D – Com. 3 nov. 2015, n° 14-16.922, NP; n° 928 F-D.
4. Com. 21 nov. 2006, n° 05-17.008, préc. (v. s^s^ prés^t^ n°) – Com. 19 déc. 2006, n° 05-19.101, NP; n° 1440 F-D; *RD banc. fin.* 2007, n° 19, note Lucas.
5. Com. 21 nov. 2006, n° 05-19.298, préc. (v. s^s^ prés^t^ n°).
6. Com. 21 nov. 2006, n° 05-19.298, préc. (v. s^s^ prés^t^ n°).
7. Com. 26 janv. 2010, n° 09-10.294, NP; n° 94 F-D.
8. DEPUIS le 1er oct. 2016 : Ord. n° 2016-131, 10 févr. 2016, préc.
9. Metz, 1re ch., 3 janv. 2006, RG n° 04/04005, *RD banc. fin.* 2006, n° 206, note Lucas; *Rev. proc. coll.* 2007/1, p. 46, n° 4, obs. Legrand; *JCP E* 2006. 2559, p. 1840.
10. Com. 20 janv. 2009, n° 07-18.959, NP; n° 33 F-D.
11. Com. 13 févr. 2007, n° 05-20.032, NP; n° 301 F-D; *Gaz. proc. coll.* 2007/2, p. 43, note Le Corre-Broly.
12. Com. 28 avr. 2009, n° 07-14.317, NP; n° 383 F-D; *RTD com.* 2010. 196, n° 12, obs. Martin-Serf.
13. Paris, 3e ch. B, 25 oct. 2007, RG n° 06/17819.

Si la lettre d'accompagnement de la déclaration de créance n'est pas signée par une personne ayant qualité pour déclarer la créance, la déclaration sera néanmoins valablement effectuée dès lors que le bordereau de déclaration de créance est revêtu de la signature d'une personne ayant pouvoir pour déclarer la créance[1].

La preuve par tout moyen de l'identité du déclarant a encore été rapportée par le constat qu'une autre déclaration de créance avait été envoyée par le même créancier et que cette dernière était revêtue de la signature du déclarant, faisant ainsi présumer de l'identité du déclarant au titre d'une autre déclaration de créance non signée[2].

Le préposé n'a pas à indiquer, dans la déclaration de créance, en quelle qualité il agit[3], pas plus qu'il n'a à indiquer son identité[4].

Aucun problème ne se présente s'il n'y a pas contestation sur le fait que la déclaration de créance a été effectuée par le créancier sous la signature d'un préposé[5]. En cas de contestation, les juges du fond devront vérifier que la signature émane bien du préposé titulaire de la délégation de pouvoir[6].

Si l'identité du signataire est contestée, il appartient à la personne morale créancière de rapporter la preuve que le signataire était bien investi de la qualité pour procéder à la déclaration de créance[7], ses conclusions ne pouvant tenir lieu de preuve[8]. Renverse en conséquence la charge de la preuve la cour d'appel qui, pour rejeter la contestation, indique que les débiteurs produisent divers documents, mais pas la déclaration de créance, ce qui rend ainsi impossible l'appréciation de la pertinence du moyen invoqué[9]. De même, *renverse la charge de la preuve*, la cour d'appel qui admet la créance, en retenant comme peu crédible l'affirmation du débiteur selon laquelle telle personne investie du pouvoir de déclarer les créances ne serait pas le signataire de la déclaration de créance, alors que si l'identité du signataire de la déclaration de créance est contestée, il appartient au créancier d'établir que le signataire de la déclaration de créance est bien le préposé investi de la délégation de pouvoirs pour déclarer la créance[10].

La preuve peut résulter d'éléments annexes à la déclaration de créance, tels les initiales figurant sur la lettre et qui correspondent au nom de la personne à laquelle pouvoir de déclarer a été confié[11] ou encore, mais la solution est ici plus discutable, le K *bis* de la société créancière mentionnant le nom du gérant et la présence du cachet de la société sur la déclaration de créance[12]. Plus sûrement, la preuve pourra résulter de documents de comparaison, par exemple le modèle de signature recueilli lors de l'entrée en fonction de l'intéressé[13] ou celle figurant sur la carte d'identité du signataire[14]. La preuve pourra alors être rapportée jusqu'à l'admission de la créance[15].

En cas d'affirmation de la personne morale selon laquelle le signataire est bien celui investi du pouvoir, la preuve contraire doit être rapportée par celui qui conteste l'origine de la signature, le créancier n'ayant pas alors à prouver que la signature émane bien de celui qui apparemment figure sur la déclaration de créance comme étant le signataire[16].

La contestation par le débiteur de l'identité du signataire ne s'analyse pas en une dénégation ou un refus de reconnaissance de signature au sens de l'article 287 du code de procédure civile. Il en

1. Com. 14 mai 2002, n° 98-12.654, NP, *RJDA* 2002/8-9, n° 911.
2. Aix-en-Provence, 2e ch., 10 janv. 2008, RG n° 07/01566, *Act. proc. coll.* 2008/9, n° 143.
3. Com. 19 janv. 1999, nos 96-15.167, 96-15.168, 96-15.169, 3 esp., NP, *Act. proc. coll.* 1999/6, n° 78 – Com. 19 déc. 2000, n° 98-11.794, NP, *RJDA* 2001/4, n° 472.
4. Com. 19 déc. 2000, n° 98-11.794, NP, *RJDA* 2001/4, n° 472 – Bourges, 5 déc. 2000, RG n° 99/01785, *RD banc. fin.* 2001, n° 65, note Lucas – Com. 13 nov. 2002, n° 99-21.871, NP, *Act. proc. coll.* 2003/1, n° 5; *RD banc. fin.* 2003, n° 26, note Lucas – COMP. : Com. 14 févr. 1995, nos 93-12.064, 93-12.299, 93-12.346, 93-12.398, *Bull. civ.* IV, n° 43, 4 esp.; *LPA* 1995, n° 91, p. 13, note Alix; *Rev. proc. coll.* 1995, 311 n° 6, obs. Dureuil – Com. 17 juin 1997, n° 95-12.415, *Bull. civ.* IV, n° 191; *RD banc. et bourse* 1998. 172, obs. Campana et Calendini.
5. Com. 24 nov. 1998, n° 96-14.654, NP.
6. Com. 6 mars 2001, n° 98-15.630, NP, *Act. proc. coll.* 2001/9, n° 108.
7. Com. 29 avr. 2002, n° 99-16.247, *Bull. civ.* IV, n° 73; *D.* 2002. AJ 1755, obs. Lienhard; *Act. proc. coll.* 2002/11, n° 138; *RTD com.* 2002. 538, n° 3, obs. Martin-Serf; *Bull. Joly* 2002. 884, n° 198, note Le Cannu; *RJDA* 2002/10, n° 1056, p. 893; *RD banc. fin.* 2002, n° 188, note Lucas; *Rev. proc. coll.* 2003, p. 139, n° 4, obs. Legrand – Com. 22 mai 2007, n° 05-20.417, NP; n° 746 F-D – Com. 28 avr. 2009, n° 07-14.317, NP; n° 383 F-D; *RTD com.* 2010. 196, n° 12, obs. Martin-Serf.
8. Com. 29 avr. 2002, n° 99-16.247, préc. (v. ss prést n°) – Com. 28 avr. 2009, n° 07-14.317, préc. (v. ss prést n°) – COMP. : Paris, 3e ch. B, 18 mai 2001, *D.* 2001. AJ 2303; *RTD com.* 2001. 972, obs. Martin-Serf.
9. Com. 22 mai 2007, n° 05-20.417, NP; n° 746 F-D.
10. Com. 3 juin 2009, n° 08-15.527, NP; n° 508 F-D; *D.* 2009. AJ 1691, obs. Lienhard; *Gaz. proc. coll.* 2009/3, p. 35, n° 2, note Le Corre-Broly; *RTD com.* 2010. 196, n° 12, obs. Martin-Serf – Com. 3 juin 2009, n° 08-15.528, NP; n° 509 F-D – Com. 3 juin 2009, nos 08-15.529 à 08-15.832, 5 esp., NP; nos 510 à 513 F-D.
11. Com. 3 avr. 2002, n° 99-12.893, NP, *Act. proc. coll.* 2002/11, n° 139; *RD banc. fin.* 2002, n° 187, note Lucas – Com. 7 janv. 2003, n° 01-11.078, NP; n° 23 F-D.
12. Com. 13 nov. 2002, n° 99-21.871, NP, *Act. proc. coll.* 2003/1, n° 5; *RD banc. fin.* 2003, n° 26, note Lucas.
13. Com. 12 juill. 2004, n° 02-20.185, NP.
14. Paris, 3e ch., 16 sept. 2008, RG n° 2007/13410.
15. Com. 12 juill. 2004, n° 02-20.185, NP.
16. Com. 29 avr. 2003, n° 00-15.186, NP.

résulte que cette contestation n'est pas sose aux dispositions relatives à la vérification diture[1]. Dès lors, il ne peut être reproché au créer une absence de production de l'original de la aration de créance.

Une cour d'appel, sans se contredire, p relever qu'il existait entre la signature apposée sa déclaration de créance et celle figurant sur le con spécimen des signatures, établi à l'entrée d'unouveau membre du personnel dans l'entreprise ancière, une légère divergence et retenir, néanmoi, que ces signatures étaient semblables[2].

Si la déclaration de créance comporte l mention « PO », c'est-à-dire « par ordre », la persone morale devra rapporter la preuve que le véritable signataire de la déclaration de créance avait bien qualité pour la signer[3]. Le créancier ne peut soutenir, devant la cour d'appel que la créance a été signée par une personne X et, devant la Cour de cassation, par une personne Y. Le moyen est irrecevable, en application du principe de l'*estoppel*, dont semble faire usage, en la matière, la Cour de cassation[4].

662.43 Preuve de la délégation de pouvoir du préposé. La délégation, qui n'a pas à avoir date certaine[5], peut être prouvée même après expiration du délai de déclaration de créance[6], jusqu'à ce que le juge statue sur l'admission de la créance[7], ce qui autorise à rapporter la preuve jusqu'à ce qu'il soit définitivement statué[8], non seulement donc par le juge-commissaire, mais aussi par la cour d'appel[9]. Ne peut être suivie la solution d'une cour d'appel énonçant que la preuve que le signataire avait bien pouvoir pour signer la déclaration de créance devait être rapportée avant que le juge ne statue[10].

L'acte contenant la délégation de pouvoir peut prévoir que la liste des mandataires habilités à déclarer les créances pourrait faire l'objet de mises à jour. En ce cas, il ne peut être reproché au créancier de verser aux débats, outre l'acte par lequel le président du directoire délègue son pouvoir à deux préposés respectivement de catégorie A et B, un document ultérieur attribuant ce pouvoir à d'autres préposés respectivement de catégorie A et B[11].

La preuve de la délégation ou de la subdélégation de pouvoir peut résulter d'une attestation émanant d'une personne ayant qualité pour représenter la personne morale[12]. Cette attestation émanant du représentant légal de la personne morale suffit à établir que la délégation de pouvoir émanait d'un organe habilité à la donner[13]. L'attestation pourra être établie par le dirigeant en fonction au moment de sa rédaction, peu important qu'il n'ait pas été en fonction, lors de la signature de la déclaration de créance[14]. Il a justement été remarqué que la solution était surprenante, en ce qu'elle admettait que l'attestation pût émaner de la partie à qui incombait la charge de la preuve[15]. Un tempérament a d'ailleurs ensuite été apporté à la solution : l'attestation sera considérée comme insuffisante si elle est délivrée plus de vingt ans après la déclaration de créance, par une personne dont il n'est pas établi qu'elle était salariée de l'entreprise créancière à l'épo-

1. Com. 5 juin 2012, nos 11-17.835 à 11-17.839, 5 esp., NP; nos 639 à 643 F-D – Com. 5 juin 2012, no 11-17.843, NP; no 644 F-D – Com. 1er oct. 2013, no 12-22.122, *Bull. civ.* IV, no 145; no 912 F-P+B.
2. Com. 5 juin 2012, nos 11-17.835 à 11-17.839, 5 esp., préc. (v. ss prést no) – Com. 5 juin 2012, no 11-17.843, préc. (v. ss prést no).
3. Civ. 1re, 1er avr. 2003, no 00-12.413, *Bull. civ.* I, no 92; *Act. proc. coll.* 2003/9, no 110; *Bull. Joly* 2003. 773, § 163, note Scholer; *RD banc. fin.* 2003, no 116, note Lucas – RAPPR. : Com. 8 juill. 2008, no 07-11.635, NP; no 788 F-D; *JCP E* 2008. 2064; *LPA* 2 mars 2009, no 43, p. 16, note Sortais.
4. Sortais, note ss Com. 8 juill. 2008, no 07-11.635, *LPA* 2 mars 2009, no 43, p. 18.
5. Com. 14 févr. 1994, *Rev. proc. coll.* 1995, 306, no 6, obs. Dureuil – Com. 27 oct. 1998, no 95-10.272, NP, *Act. proc. coll.* 1998/3, no 170 – Com. 14 janv. 2004, no 00-15.992, NP.
6. Com. 29 avr. 2003, no 00-13.338, NP – Com. 3 nov. 2015, nos 14-11.020, 14-14.554, NP; no 926 F-D.
7. Com. 11 juin 2003, no 00-11.913, *Bull. civ.* IV, no 95; *Bull. Joly* 2003. 1024, § 217, note Barbièri – Com. 21 nov. 2006, nos 05-17.008, 05-19.298, *Bull. civ.* IV, nos 226, 227, 2 esp.; nos 1288, 1285 FS-P+B+I+R; *D.* 2006. AJ 2983, obs. Lienhard; *Gaz. proc. coll.* 2007/2, p. 43, note Le Corre-Broly; *RD banc. fin.* 2007, no 19, note Lucas; *Rev. proc. coll.* 2007/1, p. 46, no 4, obs. Legrand; *Defrénois* 2007. 887, art. 38605, no 6, note Gibirila; *RTD com.* 2007. 446, no 2, obs. Martin-Serf; *LXB hebdo* no 241, 20 déc. 2006, no N4237A9S, note Le Corre-Broly; *Procédures* 2007, no 1, note Croze; *Rev. proc. coll.* 2007/1, p. 46, no 4, obs. Legrand; *RJ com.* 2007. 47, note Sortais.
8. Com. 10 juill. 2001, no 98-18.708, NP, *Act. proc. coll.* 2001/17, no 220.
9. Aix-en-Provence, 8e ch. A, 2 mai 2002, *Interbrew France c/ Sarl Le Déclic*, NP – Versailles, 7 nov. 2002, *RJDA* 2003, no 282 – Paris, 3e ch. C, 27 juin 2003, RG no 2002/18357.
10. Nîmes, 2e ch. B, 24 janv. 2002, RG no 99/6894, *RD banc. fin.* 2002, no 136, note Lucas.
11. Com. 19 févr. 2008, no 06-21.824, NP; no 258 F-D.
12. Com. 8 janv. 2008, no 06-17.247, NP; no 5 F-D; *Gaz. proc. coll.* 2008/2, p. 27, no 2, note Le Corre-Broly – Com. 31 mai 2011, no 10-21.205, NP; no 533 F-D – Com. 8 nov. 2011, no 10-23.336, *Bull. civ.* IV, no 183; no 1124 FS-P+B; *Act. proc. coll.* 2012/1, comm. 1, note Blanc; *Rev. proc. coll.* 2012, comm. 10, p. 38, note Legrand et Legrand; *Gaz. Pal.* 3 févr. 2012, p. 31, note Reifegerste; *Rev. sociétés* 2012. 194, note Roussel Galle; *RTD com.* 2012. 194, no 5, obs. Martin-Serf; *LPA* 26 juin 2012, no 127, p. 15, note Tabourot-Hyest – Com. 3 nov. 2015, nos 14-11.020, 14-14.554, NP; no 926 F-D.
13. Com. 8 nov. 2011, no 10-23.336, préc. (v. ss prést no).
14. Com. 3 déc. 2003, no 02-15.543, NP – Com. 16 juin 2004, no 02-13.526, NP – Com. 15 mars 2005, no 03-20.675, NP.
15. Pétel, obs. ss Com. 28 janv. 1997, *JCP E* 1997. I. 651, no 10.

que de la déclaration, et qui ne fournit aucune précision permettant d'attester que le signataire détenait bien, à l'époque, le pouvoir de déclarer les créances[1].

Il n'est pas nécessaire que la personne établissant l'attestation soit le dirigeant de la société, dès lors qu'elle a qualité pour déclarer la créance, en vertu d'une délégation de pouvoir[2]. En revanche, l'attestation émanant d'une personne, dont il n'est pas établi qu'elle soit investie du pouvoir de déclarer les créances, est évidemment insuffisante[3]. Il en est de même de l'attestation établie par une personne, certes investie du pouvoir de déclarer les créances, mais n'ayant pas la faculté de subdéléguer son pouvoir au profit du signataire de la déclaration de créance[4]. En outre, l'attestation ne peut émaner d'un tiers à la chaîne de pouvoirs[5]. Des conclusions prises par la personne morale, tendant à la ratification de la déclaration de créance, n'équivaudraient pas à une attestation[6]. De même, la fonction occupée par le déclarant, au sein de la société, est insuffisante[7].

Dès lors que l'attestation est régulière[8], elle peut être établie postérieurement au délai de déclaration de créance[9]. Le juge du fond ne peut donc considérer comme irrégulière la déclaration de créance, sans rechercher, comme il y était invité, si l'attestation postérieure à l'expiration du délai de déclaration de créance ne suffisait pas à établir que le préposé déclarant bénéficiait, à la date de la déclaration de créance, d'une délégation de pouvoir à cette fin[10].

L'irrégularité de la délégation ne peut évidemment fonder une déclaration régulière de la créance. Une nou délibération prise après expiration des délais delaration de créance ne pourrait couvrir, rétroactient, l'irrégularité[11].

La pre de la délégation de pouvoir peut être valablem fournie par copie. Les dispositions de l'article 34 du code civil (devenu C. civ., art. 1379 sont ici inapplicables[13]. L'original de la délégation'aura à être fourni que si la conformité avec la coe fournie aux débats est contestée. En ce cas, la deande de présentation de l'original doit être faite u plus tard devant la cour d'appel[14].

Il ne put être exigé du créancier, qui rapporte la preuve dela délégation de pouvoir, de justifier de l'accomplssement des formalités de l'article 529 du code monétaire et financier, qui oblige les caisses de Crédit Agricole mutuel, avant d'effectuer des opérations, à déposer au greffe du tribunal d'instance du lieu de leur siège social, la liste complète des administrateurs ou directeurs[15].

662.44 Dispense de preuve de la délégation de pouvoir - situation particulière du comptable public. L'exigence d'une délégation de pouvoirs est écartée lorsque la loi donne à l'intéressé pouvoir de déclarer les créances et de déléguer ce pouvoir aux personnes placées sous son autorité. La solution a été posée pour le trésorier comptable d'une commune, qui peut donc déclarer valablement la créance détenue par la commune, en application de l'article L. 2343-1 du code général des impôts[16]. Il a

1. Com. 18 sept. 2012, n° 11-21 061, NP; n° 879 F-D.
2. Com. 4 oct. 2005, n° 04-15.047, NP.
3. Com. 15 févr. 2000, n° 97-10.564, NP, *Act. proc. coll.* 2000/7, n° 71.
4. Com. 10 mai 2005, n° 04-12.214, *Bull. civ.* IV, n° 97; *D.* 2005. AJ 1476, obs. Lienhard; *Gaz. proc. coll.* 2005/2, p. 22, obs. Le Corre.
5. Com. 21 sept. 2010, n°s 09-16.118 à 09-16.121; n° 874 F-D.
6. Com. 3 déc. 1996, n° 94-16.745, *Bull. civ.* IV, n° 296; *RD banc. et bourse* 1997. 34, n° 1, obs. Campana et Calendini.
7. Com. 22 oct. 1996, n° 94-18.456, *Bull. civ.* IV, n° 248; *RD banc. et bourse* 1996, n° 241, obs. Campana et Calendini; *Bull. Joly* 1997. 160, note Le Cannu; *RTD com.* 1997. 510, obs. Martin-Serf; *JCP E* 1997. I. 651, p. 188, n° 9, obs. Pétel – Com. 25 févr. 1997, n° 95-20.408, NP, *RTD com.* 1997. 510, obs. Martin-Serf – Com. 4 juill. 2000, n° 97-20.220, NP.
8. Com. 28 mai 1996, n° 94-13 304, *Bull. civ.* IV, n° 148; *Bull. Joly* 1996. 951, note Barbièri – Com. 17 déc. 1996, nos 94-19.489, 94-19.550, *Bull. civ.* IV, n° 313; *JCP E* 1997, n° 16, p. 87, note Behar-Touchais; *JCP* 1997, n° 18, p. 216, rapport Rémery; *RD banc. et bourse* 1997. 75, n° 1, obs. Campana et Calendini; *JCP E* 1997. II. 941; *JCP E* 1997. I. 651, 188, n° 10, obs. Pétel – Com. 28 janv. 1997, n° 94-19.405, *Bull. civ.* IV, n° 31; *JCP E* 1997. I. 651, n° 10, obs. Pétel – Com. 11 févr. 1997, n° 94-20.706, NP, *RD banc. et bourse* 1997. 75, obs. Campana et Calendini; *RTD com.* 1997. 510, obs. Martin-Serf.
9. Com. 8 déc. 1998, n° 96-15.849, NP, *Act. proc. coll.* 1999/2, n° 18 – Com. 13 mai 2003, n° 00-13.505, NP – Com. 11 juin 2003, n° 00-11.913, *Bull. civ.* IV, n° 95; *RTD civ.* 2004. 124, note Crocq – Com. 3 déc. 2003, n° 02-15.543, NP – Com. 16 juin 2004, n° 02-13.526, NP – Com. 15 mars 2005, n° 03-675, NP; n° 424 F-D; *Rev. proc. coll.* 2006/1, p. 60, n° 2, obs. Legrand – Com. 26 janv. 2010, n° 09-10.294, NP; n° 94 F-D – Com. 31 mai 2011, n° 10-21.205, NP; n° 533 F-D – Com. 28 janv. 2014, n° 12-27.316, NP; n° 119 F-D – Paris, 3e ch. C, 27 juin 2003, RG n° 2002/183.
10. Com. 7 févr. 2012, n° 11-14.585, NP; n° 171 F-D; *Rev. proc. coll.* 2012, comm. 69, note Legrand et Legrand.
11. Com. 28 mai 2002, n° 99-14.672, NP, *RJDA* 2002/10, n° 1058, p. 895.
12. DEPUIS le 1er oct. 2016 : Ord. n° 2016-131, 10 févr. 2016, préc.
13. Com. 4 oct. 2005, n° 04-16.791, *Bull. civ.* IV, n° 201.
14. Com. 3 avr. 2002, n° 98-15.193, *Bull. civ.* IV, n° 65.
15. Com. 24 avr. 2007, n° 05-20.188, NP; n° 607 F-D.
16. Com. 12 juin 2001, n° 98-17.961, *Bull. civ.* IV, n° 116; *Act. proc. coll.* 2001/13, n° 163, note Lucas; *D.* 2001. AJ 2199, obs. Lienhard; *JCP E* 2001. Jur. 1774, note Rémery; *RD banc. fin.* 2001, n° 290, note Lucas; *RJDA* 2001/12, n° 1229; *RTD com.* 2001. 972, obs. Martin-Serf – Com. 29 avr. 2003, n° 00-14.142, *Bull. civ.* IV, n° 66; *D.* 2003. AJ 1365; *Act. proc. coll.* 2003/11, n° 140, obs. Léfondré; *JCP E* 2003. Jur. 1117, note Rémery; *RTD com.* 2003. 819, n° 11, obs. Martin-Serf – Com. 23 oct. 2007, n° 06-19.069, *Bull. civ.* IV, n° 221; n° 1157 F-P+B; *Gaz. proc. coll.* 2008/1, p. 53, note Le Corre-Broly; *JCP E* 2008. Chron. 1207, n° 10, obs. Pétel.

également été jugé que le comptable chargé d pôle de recouvrement est compétent pour déclar les créances dont la responsabilité du recouvremen qui a été transférée par un autre comptable du res rt territorial de la direction des services fiscaux[1].

En revanche, le maire de la commune n'a pas pouvoir[2]. Symétriquement, le courrier de contestation de la créance devra être envoyé au comptable de la commune, qui est l'auteur de la déclaration de créance, et qui, symétriquement, a seul pouvoir de répondre au courrier de contestation, et non le maire[3].

Indiquons ici que selon l'article 252 du Livre des procédures fiscales, « le recouvrement des impôts est confié aux comptables publics compétents ». En outre, l'article 410 de l'annexe II du code général des impôts prévoit que chaque fonctionnaire des impôts peut déléguer sa signature aux agents placés sous sa responsabilité. Ainsi, le fonctionnaire des impôts, placé sous la responsabilité du supérieur investi du pouvoir de représentation en justice, pourra valablement déclarer la créance d'impôt, sans être astreint à démontrer que la délégation lui accordait bien ce pouvoir[4], car il y a ici, non pas délégation de pouvoir comme pour les personnes morales de droit privé, mais seulement, délégation de signature[5]. La même solution doit être posée pour le directeur général de l'Urssaf[6]. En revanche, la délégation de signature doit faire l'objet d'une publicité suffisante tenant compte de sa nature et de son objet. Telle n'est pas le cas si l'arrêté de nomination du comptable public n'a fait l'objet d'aucune publicité[7].

L'erreur dans la dénomination du comptable chargé du recouvrement des impôts est une irrégularité de forme, qui peut être régularisée jusqu'à ce que le juge statue. La solution a été posée dans une espèce où le signataire de la déclaration de créance se présentait comme le « comptable de la Direction générale des impôts de Paris 1er », alors que, à la suite d'un arrêté publié au journal officiel, la nouvelle dénomination était celle de « chef du service comptable du service des impôts des entreprises de Paris 1er »[8].

Une créance de restitution d'une aide illégale au regard du droit européen doit être déclarée par le comptable public, c'est-à-dire le receveur des finances, et non par l'ordonnateur, en l'espèce le ministre de la culture[9].

La troisième chambre civile de la Cour de cassation[10] reconnaît qualité au syndic de copropriété pour déclarer une créance du syndicat, alors qu'il ne peut classiquement agir en justice sans délibération de l'assemblée des copropriétaires que pour les actions conservatoires, les actions en recouvrement de créances et la mise en œuvre des voies d'exécution forcée (L. 10 juill. 1965[11], art. 55, al. 2). Remarquons qu'il n'y a pas là une véritable dérogation par rapport à l'analyse qui voit dans la déclaration de créance une action en justice, dans la mesure où la déclaration de créance constitue bien la démarche indispensable pour obtenir peut-être un jour le « recouvrement de la créance ». La Chambre commerciale, sans reprendre cette analyse divergente, pose en règle que le représentant du syndicat de copropriété est le syndic. Il en résulte qu'il n'a pas à être investi d'un pouvoir spécial émanant de l'assemblée générale des copropriétaires[12].

SECTION 662.50 AUTEUR DE LA DÉCLARATION DE CRÉANCE DEPUIS L'ORDONNANCE DU 12 MARS 2014

662.51 **Énoncé des solutions résultant de l'ordonnance du 12 mars 2014**[13]. L'ordonnance du 12 mars

1. Amiens, 30 juin 2011, RG n° 10/03118, *Rev. proc. coll.* 2012, comm. 8, p. 36, note Legrand et Legrand.
2. Nîmes, 2e ch. com., 20 janv. 2011, RG n° 09/05015, *Rev. proc. coll.* 2012, comm. 9, p. 37, note Legrand et Legrand.
3. Com. 23 oct. 2007, n° 06-19.069, préc. (v. ss prést n°).
4. Com. 25 juin 2002, nos 00-20.162, 00-20.163, 00-20.164, 00-20.165, 00-20.166, 5 esp., NP, *Act. proc. coll.* 2002/15, n° 189, obs. Vallansan; *Rev. proc. coll.* 2003/1, p. 38, n° 19, obs. Neau-Leduc – RAPPR. : Paris, 3e ch. B, 14 févr. 2003, RG n° 2002/08682 – *Adde*, Lecourt, « Le principe de séparation des ordonnateurs et des comptables à l'épreuve des procédures collectives », *D.* 2005. Chron. 1943.
5. Vallansan, obs. ss Com. 25 juin 2002, nos 00-20.162, 00-20.163, 00-20.164, 00-20.165, 00-20.166, 5 esp., NP, *Act. proc. coll.* 2002/15, n° 189.
6. Paris, 3e ch. A, 26 mars 2002, *Rev. proc. coll.* 2003, p. 139, n° 3, obs. Legrand.
7. Com. 2 juin 2015, n° 14-11.592, NP; n° 529 F-D; *BJE* 2015, 382, note Dedeurwaerder; *Rev. proc. coll.* 2016, comm. 4, note F. Legrand et M.-N. Legrand – Com. 2 juin 2015, n° 14-11.596, NP; n° 530 F-D; *BJE* 2015, 382, note Dedeurwaerder; *Rev. proc. coll.* 2016, comm. 4, note F. Legrand et M.-N. Legrand – Com. 2 juin 2015, n° 14-11.601, NP; n° 531 F-D; *BJE* 2015, 382, note Dedeurwaerder; *Rev. proc. coll.* 2016, comm. 4, note F. Legrand et M.-N. Legrand.
8. Com. 17 févr. 2009, n° 07-21.388, NP; n° 148 F-D.
9. Paris, 2 févr. 2016, pôle 5, 8e ch., RG n° 15/01766, *Leden* 2016, comm. 047, note Lucas; *Act. proc. coll.* 2016/6, comm. 75, note Fin-Langer.
10. Civ. 3e, 29 janv. 2003, n° 00-21.945, *Bull. civ.* III, n° 21; *Act. proc. coll.* 2003/9, n° 112, obs. Vallansan; *JCP E* 2003. Jur. 1030, note Djigo; *Procédures* 2003, n° 146, note Laporte; *RTD com.* 2003. 566, n° 3, obs. Martin-Serf; *Rev. proc. coll.* 2003, p. 347, n° 5, obs. Lebel.
11. L. n° 65-557, 10 juill. 1965, *JO* 11 juill., p. 5950.
12. Com. 19 mai 2004, n° 02-14.805, *Bull. civ.* IV, n° 99; *JCP E* 2004. Jur. 1196, note Djigo; *JCP E* 2004. Chron. 1292, n° 8, obs. M. Cabrillac; *Rev. proc. coll.* 2004, p. 258, n° 4, obs. Lebel.
13. Ord. n° 2014-326, 12 mars 2014, préc.

2014, applicable aux procédures ouvertes à compter du 1er juillet 2014, commence par conserver le principe selon lequel la déclaration de créance peut être effectuée par le créancier lui-même (C. com., art. L. 622-24, al. 2).

Elle conserve également la possibilité pour le créancier de faire déclarer sa créance par tout préposé ou mandataire de son choix (C. com., art. L. 622-24, al. 2).

Mais, après avoir conservé ces solutions traditionnelles, elle ajoute que le créancier peut ratifier la déclaration faite en son nom jusqu'à ce que le juge statue.

Enfin, insérant à l'article L. 622-24 un nouvel alinéa 3, elle prévoit que lorsque le débiteur a porté une créance à la connaissance du mandataire judiciaire, il est présumé avoir agi pour le compte du créancier tant que celui-ci n'a pas adressé la déclaration de créance prévue au premier alinéa.

L'ordonnance du 12 mars 2014 pose donc deux règles nouvelles : la possibilité d'une déclaration de créance sans pouvoir et la présomption de pouvoir donné au débiteur de déclarer les créances de son créancier.

662.52 Déclaration de créance effectuée sans pouvoir – ratification. La modification la plus remarquable résultant de l'ordonnance du 12 mars 2014 tient sans doute à la possibilité nouvelle de déclarer des créances sans pouvoir. Certes, le texte de l'article L. 622-24, alinéa 2 du code de commerce, résultant de l'article 27, 2° de l'ordonnance du 12 mars 2014, ne s'exprime pas ainsi. Il indique que le créancier peut ratifier une déclaration de créance faite en son nom jusqu'à ce que le juge statue.

La ratification désigne la manifestation unilatérale de volonté par laquelle une personne approuve un acte accompli par elle par une personne sans pouvoir. Il est donc clair que, en énonçant que le créancier peut ratifier une déclaration de créance, il faut comprendre que celle-ci a été effectuée sans pouvoir.

Cette ratification n'est pas obligatoire. Elle ne s'imposera que si une discussion s'élève sur le fait que la déclaration a été accomplie sans pouvoir. L'article L. 622-24, alinéa 2 prend le soin de préciser que le créancier « peut » ratifier.

En outre, elle n'a pas à intervenir dans le délai de l'action, c'est-à-dire le délai de déclaration de créance. Elle pourra intervenir jusqu'à ce que le juge statue.

Il est donc clair aujourd'hui que la déclaration de créance peut être accomplie sans pouvoir.

S'il n'y a pas de discussion sur la question, la créance déclarée sans pouvoir sera admise au passif, à moins qu'il n'y ait des raisons de fond s'opposant à cette admission.

Si une discussion s'élève sur le fait que la créance a été déclarée sans pouvoir, il suffira au créancier de ratifier, et cela jusque *devant la cour d'appel.*

Autant affirmer que la question du pouvoir pour déclarer les créances est morte[1], sauf à envisager une discussion qui s'élève jusque devant la Cour de cassation, le créancier mal conseillé ayant omis de ratifier la déclaration au plus tard devant la cour d'appel.

662.53 Déclaration de créance effectuée par le débiteur pour le compte du créancier sur la base d'une présomption. Une autre innovation majeure de l'ordonnance du 12 mars 2014[2] (art. 27, 3°) tient à l'alinéa 3 nouveau de l'article L. 622-24 du code de commerce. Le débiteur qui a porté une créance à la connaissance du mandataire judiciaire est présumé avoir agi pour le compte du créancier tant que celui-ci n'a pas adressé la déclaration de créance prévue au premier alinéa.

Il s'agit de conférer aux listes de créanciers établies par le débiteur, à l'ouverture des procédures collectives, une valeur de présomption de déclaration de créance. Parce que tel créancier figure sur la liste pour tel montant, le débiteur reconnaît cette personne comme son créancier, pour la somme indiquée par lui. Le mandataire judiciaire doit en tenir compte et considérer cette indication comme manifestant la volonté du débiteur de déclarer la créance pour le compte du créancier. Pareille solution devrait, à notre sens, rendre impossible par le débiteur la contestation de la créance qu'il serait ainsi présumé avoir déclarée. Mais rien n'interdira au mandataire judiciaire de contester ladite créance, au titre de son droit propre de contestation.

Ainsi, par cette mention sur la liste, le débiteur est présumé avoir agi pour le compte du créancier et avoir déclaré pour son compte la créance. Le mandataire judiciaire, et la règle vaut en liquidation judiciaire pour le liquidateur, devra faire figurer sur la liste des créances déclarées cette créance mentionnée par le débiteur. Ajoutons qu'une créance portée à la connaissance du mandataire judiciaire, même en dehors de la liste, peut valoir déclaration pour le compte du créancier[3], dès lors que, précise l'article L. 622-25, alinéa 2 du code de commerce, la créance a été portée utilement à la connaissance du mandataire judiciaire, c'est-à-dire, dans le délai de la déclaration de la créance.

La difficulté de la matière sera ici de déterminer si la créance portée à la connaissance du mandataire

1. RAPPR. : PÉROCHON, 10e éd., no 1530.
2. Ord. no 2014-326, 12 mars 2014, préc.
3. Rossi, *in* « L'amélioration des droits des créanciers. La déclaration et la vérification du passif simplifiées », Rossi P. et Legrand F., *Rev. proc. coll.* 2014, dossier 63, no 4.

judiciaire l'a été dans des conditions telle que cela peut être considéré comme valant déclaration de créance. Deux interprétations sont ici concevables, ce qui va avoir des conséquences sur une deuxième question, celle de savoir si le créancier pourra espérer être relevé de forclusion, malgré le fait que sa créance a été portée à la connaissance du mandataire judiciaire par le débiteur. Il nous semble en effet que ces deux questions sont intimement liées.

Tout d'abord, faut-il considérer que l'existence de précisions minimales figurant sur la liste des créances déclarées au titre de la créance sur laquelle on raisonne suffit pour que cette créance soit présumée déclarée par le débiteur pour le compte du créancier ? On peut ainsi estimer que si la créance peut être rattachée à un créancier déterminé et si son montant figure sur la liste, la présomption de déclaration de créance pour le compte du créancier a joué.

Si le mandataire judiciaire estime insuffisantes pour valoir déclaration de créance les précisions figurant sur la liste, il devra considérer que la créance n'a pas été déclarée par le débiteur pour le compte du créancier. Il en sera spécialement ainsi si la créance n'est pas véritablement chiffrée ou si une créance a été déclarée en bloc alors qu'elle correspond à plusieurs contrats. Il appartiendra alors au mandataire judiciaire d'avertir ce créancier connu d'avoir à procéder lui-même à la déclaration de sa créance. Le mandataire judiciaire, en application de l'article R. 622-21, alinéa 1 du code de commerce, doit en effet avertir les créanciers connus, ce qui est ici le cas du créancier en cause.

Il n'est pas exclu de considérer que cette obligation d'avertir le créancier connu, qui existe déjà dans la législation, mais à laquelle la jurisprudence pour l'heure n'a pas fait produire d'effet (v. ss n° 665.54), sortira renouvelée de l'ordonnance du 12 mars 2014, en ce qu'elle s'inscrit dans un nouveau contexte de protection des créanciers contre les risques de forclusion. Jusqu'à l'ordonnance du 12 mars 2014, le motif de relevé de forclusion tenant à la démonstration que la défaillance à déclarer dans les délais n'est pas due au fait du créancier a été très restrictivement apprécié par la jurisprudence. Mais, lorsque cette jurisprudence s'est formée, s'appliquait une législation extrêmement rigoureuse pour les créanciers : la loi du 25 janvier 1985[1], dans sa rédaction d'origine. N'oublions pas, à titre anecdotique, que la déclaration de créance était initialement enfermée dans un délai de 15 jours courant du jugement d'ouverture, événement pourtant inconnu, ce qui n'était pas de nature à émouvoir le législateur cherchant par tous les moyens, et notamment celui de l'extinction des créances non déclarée dans les délais, à sauver les entreprises. L'heure n'était donc pas à la souplesse dans le relevé de forclusion. La donne a beaucoup changé depuis la loi de sauvegarde des entreprises et plus encore avec l'ordonnance du 12 mars 2014. Si l'on exige que le débiteur fasse figurer sur une liste toutes les créances soumises à déclaration – ce n'est pas à notre avis, même si le contraire a été soutenu[2], une simple faculté pour le débiteur, mais bien une obligation – et si l'on en tire la conséquence que le créancier oublié de la liste – il n'est plus question d'omission volontaire, mais seulement d'omission –, soit obligatoirement relevé de forclusion, ce qui lui permettra d'être admis pour l'intégralité de sa créance[3], la *ratio legis* doit conduire à autoriser beaucoup plus souplement le relevé de forclusion sur démonstration que la défaillance à déclarer n'est pas due au fait du créancier. Cela pourrait donc inciter la Cour de cassation à abandonner sa critiquable jurisprudence selon laquelle le défaut d'avertissement du créancier connu n'est pas un motif de relevé de forclusion. Il serait en effet logique d'admettre que si le mandataire judiciaire n'avertit pas le créancier connu de l'obligation de déclarer sa créance, la défaillance à déclarer dans les délais n'est pas due au fait du créancier, mais résulte non seulement du défaut d'avertissement du créancier connu par le mandataire judiciaire (C. com., art. R. 622-21), mais encore de l'obligation pour le débiteur d'établir des listes de créances en respectant les dispositions de l'article R. 622-5, alinéa 2, ce qui emporte présomption de déclaration de créance par le débiteur pour le compte du créancier, c'est-à-dire, sous une autre formulation, dispense de déclaration personnelle par le créancier.

Si l'on admet que des précisions minimales sur la créance suffisent à permettre le jeu de la présomption, une difficulté va immédiatement apparaître : que se passe t-il si le créancier figure sur la liste pour un montant erroné, sans précision d'une sûreté dont il est titulaire ou encore sans indication des intérêts dont le cours n'est pas arrêté ? L'article R. 622-5 du code de commerce précise en effet que la déclaration faite par le débiteur doit comporter les éléments prévus aux deux premiers alinéas de l'article R. 622-25 et, le cas échéant, ceux prévus par le 2° de l'article R. 622-23. Il s'agit de l'indication du montant des sommes dues au jour du jugement d'ouverture, des sommes à échoir et de leur date d'échéance, la nature du privilège ou de la sûreté qui assortit la créance, la conversion en euros, au jour

1. L. n° 85-98, 25 janv. 1985, préc.

2. Leloup, « Table ronde "La déclaration des créances version 2014, la fin des ennuis pour les créanciers ?" », *BJE* 2014, 401.

3. Partageant l'analyse, Lienhard, 6e éd., n° 101.25.

du jugement d'ouverture, de la créance libellée en monnaie étrangère. Enfin, elle contient l'indication de la continuation du cours des intérêts, le cas échéant. Doit-on, dans ces conditions admettre que le créancier puisse être relevé de forclusion à concurrence de la différence entre ce qui est lui dû et ce qui a été déclaré pour son compte ou, en l'absence de précision de la sûreté, pour que la créance soit admise au passif à titre privilégié ? Répondre positivement, c'est méconnaître le mécanisme du relevé de forclusion, qui repose sur une absence de déclaration de créance dans les délais. Or, ici, par hypothèse, la créance a été déclarée. Elle l'a été par le débiteur, dans des conditions non satisfaisantes. Il ne peut donc être soutenu que la créance n'a pas été déclarée dans les délais, ce qui, a-t-on observé, suffit à écarter le relevé de forclusion[1].

Il faut bien reconnaître que cette conclusion n'est guère satisfaisante au regard de l'objectif poursuivi par le législateur, qui a clairement entendu faciliter le relevé de forclusion pour le créancier[2]. Or il devient singulier de constater que le créancier qui figure sur la liste dans des conditions imparfaites sera privé du droit d'être relevé de forclusion, alors que celui qui n'y figure pas, celui qui a été omis de la liste, sera obligatoirement relevé de forclusion (v. s^s^ n° 665.53). Cela aboutit à cette conséquence absurde de traiter plus mal le créancier figurant sur la liste, que celui qui en a été omis. À ce stade, il importe d'apporter une précision importante. Le décret[3] (C. com., art. R. 622-21) s'est contenté de rendre obligatoire, de la part du mandataire judiciaire, l'information aux termes de laquelle le créancier figure sur la liste, sans autre précision, alors que cette précision a été rendue obligatoire pour la sauvegarde accélérée. Aussi ne peut-il être reproché au créancier une négligence, ayant parfaitement pu croire qu'il figurait sur la liste dans les conditions qui auraient été celles de sa propre déclaration de créance. Ainsi, on le voit, si le mandataire judiciaire se contente de respecter ce que les textes lui imposent, il a certes informé le créancier que ce dernier figure sur la liste, mais sans lui préciser la façon dont il y figure. Le créancier ne peut, dans ces conditions, être considéré en faute de ne pas avoir déclar créance dans les délais, puisque sa créance a été larée pour son compte par le débiteur, et qu'il vait légitimement penser que le débiteur avait rrectement exécuté les obligations qui étaien s siennes, au regard de la lettre de l'article R. 622 du code de commerce. Pourtant, bien que la faut oit ici finalement commise par le débiteur, qui n'a mpli correctement les obligations qui sont les sie es, à savoir mentionner sur une liste les créance avec les indications visées à l'article R. 622-5 du cod de commerce, le créancier ne pourra être relevé d forclusion au motif que la créance a été déclarée.

C'est pourquoi, il nous semble qu'une autre interprétation doive être privilégiée. Elle s'appuie sur la lettre des textes et leur nécessaire articulation.

Tout d'abord, l'article L 622-24, alinéa 3 du code de commerce prévoit que « lorsque le débiteur a porté une créance à la connaissance du mandataire judiciaire, il est présumé avoir agi pour le compte du créancier tant que celui-ci n'a pas adressé la déclaration de créance prévue au premier alinéa. »

Précisons immédiatement que si le créancier déclare personnellement sa créance, alors seule cette déclaration de créance personnellement effectuée par lui devra être prise en compte, la présomption de déclaration de créance par le débiteur pour le compte du créancier tombant alors, s'agissant d'une présomption simple[4]. Il n'apparaît pas que la facilité offerte au créancier puisse se retourner contre lui et qu'il puisse être privé du droit de déclarer sa créance au motif que le débiteur serait réputé l'avoir fait pour lui.

Mais, pour que le créancier puisse utilement remplacer la déclaration de créance effectuée pour son compte par le débiteur, via les mentions figurant sur la liste, par une déclaration personnelle, encore faut-il que le créancier soit dans les délais de déclaration. C'est ce que précise l'article R. 622-24, alinéa 1, dans la rédaction que lui donne le décret du 30 juin 2014 (art. 50, 1°). Cette substitution sera obligatoire, en ce qu'elle permettra de renverser la présomption de déclaration, si elle intervient dans les délais de déclaration de créance. Peu importe que cette substitution soit favorable ou non au créancier. Elle jouera donc même si le créancier déclare personnellement pour un montant inférieur à celui indiqué par le débiteur sur la liste.

Ensuite, l'article R. 622-5, alinéa 2 du code de commerce prévoit que « pour l'application du troisième alinéa de l'article L. 622-24, la déclaration faite par le débiteur, dans le délai fixé par le premier

1. Lucas, « Présentation de l'ordonnance portant réforme de la prévention des difficultés des entreprises et des procédures collectives », *BJE* mars 2014, 111 s., sp. p. 115 – Macorig-Vénier, « Les créanciers antérieurs hors comités après l'ordonnance du 12 mars 2014 : un vent de simplification en faveur de la reconnaissance de leur droit de créance », *BJE* mai 2014, 185 s., sp. 187 – PLUS HÉSITANTS : Legrand, Legrand et Monsérié-Bon, « Qu'est qui change pour les partenaires de l'entreprise en difficulté ? », *Rev. proc. coll.* 2014, dossier 18, n° 6.
2. SAINT-ALARY HOUIN, 9e éd., n° 784.
3. D. n° 2014-736, 30 juin 2014, *JO* 1er juill., p. 10834.
4. Martin-Serf, « Effets à l'égard des créanciers – créanciers antérieurs au jugement d'ouverture (ordonnance n° 2044-326 du 12 mars 2014) », *RTD com.* 2014. 409.

alinéa de l'article R. 622-24, doit comporter les éléments prévus aux deux premiers alinéas de l'article L. 622-25 et, le cas échéant, ceux prévus par le 2° de l'article R. 622-23. » Il s'agit de l'indication du montant des sommes dues au jour du jugement d'ouverture, des sommes à échoir et de leur date d'échéance, la nature du privilège ou de la sûreté qui assortit la créance, la conversion en euros, au jour du jugement d'ouverture, de la créance libellée en monnaie étrangère. Enfin, elle contient l'indication de la continuation du cours des intérêts, le cas échéant.

Il faut donc, de l'articulation de ces deux textes, comprendre que le débiteur sera présumé avoir déclaré la créance du débiteur si la « déclaration comporte les éléments prévus aux deux premiers alinéas de l'article L. 622-25 et, le cas échéant, ceux prévus parle 2° de l'article R. 622-23 ». Il ne s'agit pas là d'une déclaration distincte de celle qui existe par le fait de la présence du créancier sur la liste, encore que le contraire ait été soutenu[1], mais de précisions particulières qui doivent figurer sur la liste pour que cette dernière puisse tenir lieu de déclaration de créance par le débiteur, pour le compte du créancier.

Au contraire, si la déclaration du débiteur ne comporte pas ces éléments, autrement dit si elle est fantaisiste ou incomplète[2], la créance est présumée ne pas avoir été déclarée, car elle ne figure pas sur la liste dans les conditions visées à l'article R. 622-5, alinéa 2 du code de commerce[3].

Dès lors que l'on admet que la présomption de déclaration de créance n'a pas joué, il faut symétriquement admettre que relevé de forclusion pour omission de la liste est possible.

Ainsi, de deux choses l'une : ou bien, il y a présomption de déclaration de créance et le relevé de forclusion est impossible. Ou bien il n'y a pas présomption de déclaration de créance parce que la créance mentionnée sur la liste n'y figure pas dans les conditions exigées par l'article R. 622-5, alinéa 2 et, dans ce cas, le relevé de forclusion pour omission de la liste s'impose.

La première appréciation sur la question de savoir si la créance portée à la connaissance du mandataire judiciaire appartient au mandataire judiciaire. En effet, il va devoir en tirer des conséquences.

S'il estime que la présomption a joué, il doit informer le créancier qu'il figure sur la liste remise par le débiteur. En ce sens, l'article R. 622-21, alinéa 3 du code de commerce dispose que « le cas échéant, l'avertissement précise que la créance a été portée par le débiteur sur la liste prévue par l'article L. 622-6 conformément aux dispositions du second alinéa de l'article L. 622-5 ». Si, après avoir reçu cet avertissement, le créancier ne déclare pas personnellement sa créance dans les délais ou ne conteste pas le jeu de la présomption en sollicitant un relevé de forclusion, la présomption a joué. La créance sera reportée sur la liste des créances déclarées établie par le mandataire judiciaire ou le liquidateur, en application de l'article L. 624-1 du code de commerce, ce qui emportera admission de la créance pour le montant indiqué, puisque la liste établie par le mandataire judiciaire ou le liquidateur sera, à défaut de contestation, revêtue de la signature du juge-commissaire et vaudra donc acte à caractère juridictionnel retranscrit à l'état des créances.

Observons que le débiteur ne pourra, à notre sens, contester une créance qu'il aura portée sur la liste, du fait de la présomption de déclaration qu'il ne semble pas autoriser à combattre. En revanche, rien n'interdit au mandataire judiciaire ou au liquidateur, après avoir averti le créancier, de contester sa créance, l'avertissement n'ayant d'autre objet que de déclencher la déclaration de créance personnelle du créancier. D'ailleurs, l'avertissement reste seul de nature à faire courir le délai de déclaration de sa créance par le titulaire d'une sûreté publiée ou d'un contrat publié.

Si le mandataire judiciaire estime, au contraire, que la présomption de déclaration de la créance par le débiteur pour le compte du créancier n'a pas joué, il doit également informer le créancier de son obligation d'avoir à déclarer sa créance, en sa qualité de créancier connu (C. com., art. R. 622-21, al. 1). Mais, cette fois, le mandataire judiciaire n'indiquera pas que le créancier figure sur la liste prévue par l'article L. 622-6, établie par le débiteur.

Ainsi, on le voit, dès lors que la créance a été portée à la connaissance du mandataire judiciaire par le débiteur, l'avertissement du créancier par le mandataire judiciaire est obligatoire, soit au titre de la présomption de déclaration de créance par le débiteur pour le compte du créancier (C. com., art. R. 622-21, al. 3), soit à titre de créancier connu (C. com., art. R. 622-21, al. 1).

Mais il n'échappera à personne que le mandataire judiciaire n'est pas une juridiction. Son appréciation sur le jeu de la présomption pourra donc être remise en cause. Comment et à quel stade ? Par le jeu d'une demande en relevé de forclusion. Le créancier sollicitera un relevé de forclusion pour omission de la liste, dès lors que la présomption n'a pu jouer, compte tenu du caractère incomplet ou erroné des informations communiquées par le débiteur au mandataire judiciaire sur la créance en ques-

1. PÉROCHON, 10e éd., n° 1537.
2. Rossi P., « L'amélioration des droits des créanciers. La déclaration et la vérification du passif simplifiées », *in* Rossi P. et Legrand F., *Rev. proc. coll.* 2014, dossier 63, n° 4.
3. AUSSI EN CE SENS : LIENHARD, 6e éd., n° 101.25.

tion. Le fait de savoir si la créance a été déclarée pour le compte du créancier relève en effet de l'appréciation du juge-commissaire. Puisqu'il est question de régularité de la déclaration de créance, et non d'une question portant sur le fond de la créance déclarée, le juge-commissaire a ici une plénitude de juridiction. La question sera, à notre avis, abandonnée au pouvoir souverain d'appréciation des juges du fond, *car il s'agit d'apprécier le jeu* d'une présomption, c'est-à-dire de porter un jugement sur une dispense de preuve. Autrement dit, on est ici sur le terrain probatoire.

CHAPITRE

663. Domaine de la déclaration de créance

SECTION 0 ORIENTEUR

663.00 **Plan du chapitre.**

Sect.	663.10	Toute créance de somme d'argent par principe antérieure non éteinte
Sect.	663.20	Créance de sûreté personnelle
Sect.	663.30	Indifférence de la nature de la créance
Sect.	663.40	Créance sous condition et créance éventuelle
Sect.	663.50	Indifférence de l'établissement de la créance par un titre
Sect.	663.60	Créance par principe détenue contre le débiteur
Sect.	663.70	Vraies et fausses extensions de procédure – Co-exploitation et créance d'indemnité à combler le passif
Sect.	663.80	Dispenses de déclaration des créances

663.01 **Textes applicables.** (V. les références complètes s^s n° 011).

> Législation antérieure à la loi de sauvegarde des entreprises.

C. com., art. L. 621-43

D. n° 85-1388, 27 déc. 1985, art. 165

> Législation issue de la loi de sauvegarde des entreprises.

C. com., art. L. 622-24, L. 626-27, III, L. 631-14, I, L. 641-3, al. 4

C. com., art. R. 622-15, al. 4 (anc^t D. n° 2005-1677, 28 déc., art. 90, al. 4), R. 631-20 (anc^t D. n° 2005-1677, 28 déc. 2005, art. 189), R. 641-39, al. 4 (anc^t D. n° 2005-1677, 28 déc. 2005, art. 250, al. 4), R. 651-6 (anc^t D. n° 2005-1677, 28 déc. 2005, art. 319)

> Législation issue de l'ordonnance du 18 décembre 2008.

C. com., art. L. 622-24, L. 626-27, III, L. 631-14, al. 1er, L. 641-3, al. 4

C. com., art. R. 622-15, al. 5, R. 631-20, R. 641-39, R. 651-6

> Législation issue de l'ordonnance du 12 mars 2014.

C. com., art. L. 622-17, L. 626-27

C. com., art. R. 622-15, R. 651-6

663.02 **Jurisprudence de référence.**

> Il faut déclarer la créance au passif de l'époux commun en biens même non-codébiteur pour participer aux répartitions sur les biens communs.

• Com. 2 mai 2001, n° 98-13.039, *Bull. civ.* IV, n° 80

* V. s^s n° 663.62

« Mais attendu que le créancier personnel de l'un des époux maître de ses biens qui bénéficie d'une hypothèque sur un immeuble commun pour garantir sa créance ne peut, s'il n'a déclaré sa créance au passif de la liquidation judiciaire ouverte à l'égard de l'autre époux et suivi la procédure de vérification des créances, prétendre aux répartitions faites dans cette procédure collective, mais demeurant créancier de l'époux maître de ses biens, peut faire valoir son hypothèque sur le produit de la vente de l'immeuble grevé, après paiement de tous les créanciers admis; que la cour d'appel a décidé à bon droit que, faute d'avoir déclaré sa créance à la procédure collective ouverte à l'égard de M. W..., le Trésor public ne pouvait faire valoir ses droits hypothécaires garantissant sa créance personnelle à l'égard de Mme W... qu'après le paiement des créanciers admis dans la procédure collective. »

> Le créancier doit déclarer au passif du redressement judiciaire d'une caution, dès lors que le cautionnement a été signé antérieurement au jugement d'ouverture.

• Com. 19 janv. 1993, n° 90-22.126, *Bull. civ.* IV, n° 17

* V. s^s n° 663.21

« Même avant exigibilité de la dette contre la SCI restée *in bonis*, le créancier doit déclarer sa créance éventuelle, sur le fondement de l'article 1857 du code civil, au passif de l'associé de SCI déclaré en redressement ou en liquidation judiciaire. »

• Com. 9 mai 1995, n° 93-12.202, *Bull. civ.* IV, n° 132

* V. s^s n° 663.42

> Le mandant d'une agence immobilière placée sous procédure collective n'a pas à déclarer sa créance de restitution, résultant de la loi n° 70-9 du 2 janvier 1970 régissant les agents immobiliers. Cette créance échappe, indique la Cour de cassation, par nature aux disposi-

tions de la procédure collective obligeant les créanciers antérieurs à déclarer leur créance au passif.

• **Com. 15 févr. 2011,** n° 10-10.056, *Bull. civ.* IV, n° 25; n° 137 F-P+B

* V. s[s] n° 663.13

> Tous les créanciers ayant régulièrement déclaré leur créance au passif de la première procédure, peu important que leur créance ait été ou non admise au passif de la première procédure, sont dispensés d'avoir à déclarer à nouveau leur créance au passif de la seconde procédure collective ouverte suite à la résolution du plan.

• **Cass., avis, 17 sept. 2012,** n° 12-00.010, *Bull. avis*, n° 8

* V. s[s] n° 663.81

663.03 **Bibliographie indicative.** (V. les références complètes s[s] n° 031 – Aussi s[s] n° 660.03).

663.04 **Questions principales.**

• Une personne ayant reçu complet paiement à la suite d'une décision de référé provision doit-elle déclarer une créance ?

* V. s[s] n° 663.12.

• Quels créanciers doivent déclarer leur créance dans la procédure intéressant un EIRL ?

* V. s[s] n° 663.17.

• Quels créanciers doivent déclarer leur créance dans la sauvegarde financière accélérée ?

* V. s[s] n° 663.18.

• Doit-on déclarer une créance éventuelle ?

* V. s[s] n° 663.42.

• Doit-on déclarer une créance lorsqu'on est en possession d'une décision de justice définitive établissant celle-ci ?

* V. s[s] n° 663.51.

• Faut-il déclarer la créance de condamnation à combler le passif à la procédure collective du dirigeant condamné ?

* V. s[s] n° 663.74.

SECTION 663.10

TOUTE CRÉANCE DE SOMME D'ARGENT PAR PRINCIPE ANTÉRIEURE NON ÉTEINTE

663.11 **Créance réellement ou fictivement antérieure non éteinte de quelque nature qu'elle soit.** La déclaration de créance a un domaine très général. L'article L. 621-43, alinéa 1er du code de commerce, dans sa rédaction antérieure à la loi de sauvegarde des entreprises[1] (anc[t] L. 25 janv. 1985[2], art. 50), énonce que « tous les créanciers dont la créance a son origine antérieurement au jugement d'ouverture, à l'exception des salariés, adressent leur déclaration de créance au représentant des créanciers ».

Bien que le texte pose une dispense au profit des salariés sans distinguer selon le type de créances détenues, la logique *commande de limiter la dérogation* au droit commun de la discipline collective aux seules créances se rattachant à l'exécution du contrat de travail. Dès lors, apparaît justifiée la solution qui consiste à soumettre le salarié à l'obligation de déclarer une créance née de la liquidation d'une astreinte pour tardiveté dans la remise de documents à la suite d'un licenciement économique[3].

La loi de sauvegarde a remplacé la notion de créance ayant son origine avant le jugement d'ouverture par celle de créance née avant le jugement d'ouverture (C. com., art. L. 622-24, al. 1er). On peut s'interroger pour savoir s'il n'y a là que souci de symétrie avec la notion de créance née après jugement d'ouverture ou s'il faut y attacher des conséquences[4]. Ce changement de terminologie n'a pas été l'objet de commentaires particuliers lors de l'élaboration de la loi de sauvegarde des entreprises. Il faut donc plutôt considérer qu'il restera *a priori* sans conséquence sur les solutions à retenir (v. aussi s[s] n° 441.09).

Jusqu'à la loi de sauvegarde des entreprises, seuls les créanciers antérieurs devaient déclarer leur créance au passif. Les créanciers dont la créance était née après le jugement d'ouverture n'étaient pas astreints à cette déclaration[5]. Il en résultait que les juges du fond devaient rechercher, lorsqu'ils y étaient invités par l'une des parties, si le document expédié par le créancier et intitulé « déclaration de créance » se rapportait bien à une créance antérieure et valait donc bien déclaration de créance[6]. La demande d'inscription sur l'état des créances était irrecevable si elle concernait une créance postérieure[7].

La règle se trouve modifiée par la réforme du 26 juillet 2005. En effet, certaines créances qui sont nées après le jugement d'ouverture, mais que le nouvel article L. 622-17, I n'intègre pas dans son périmètre pour leur assurer un traitement préférentiel, doivent être déclarées au passif (C. com., art. L. 622-24, al. 5), dans un délai particulier (v. s[s] n° 665.37). Il devra s'agir de créances nées régulièrement après le jugement d'ouverture. Les créances

1. L. n° 2005-845, 26 juill. 2005, *JO* 27 juill., p. 12187.
2. L. n° 85-98, 25 janv. 1985, *JO* 25 janv., p. 1097.
3. Orléans, ch. soc., 8 janv. 2013, RG n° 11/03865, *Act. proc. coll.* 2013/3, comm. 35, note crit. Fin-Langer.
4. Le Corre, « Les créanciers antérieurs dans le projet de sauvegarde des entreprises », *LPA* 10 juin 2004, n° 116, p. 25, sp. n°s 5, 6.
5. Com. 3 févr. 1998, n° 95-19.203, *Bull. civ.* IV, n° 52; *JCP E* 1998. I. 708, rapp. Rémery.
6. Com. 9 mai 2007, n° 06-14.363, NP; n° 693 F-D – Com. 9 mai 2007, n° 06-14.364, NP; n° 694 F-D.
7. Com. 28 avr. 2009, n° 08-14.777, NP; n° 394 F-D; *Gaz. proc. coll.* 2009/3, p. 20, note Henry; *Rev. proc. coll.* 2009/5, p. 48, § 115, note Saint-Alary-Houin.

nées irrégulièrement après le jugement d'ouverture continuent à être des créances hors procédure, non soumises à déclaration au passif. Ainsi, sous l'empire de la loi de sauvegarde des entreprises, les juges vérifieront si le document intitulé « déclaration de créance » se rapporte bien à une créance antérieure ou à une créance postérieure née régulièrement, mais non couverte par le traitement préférentiel.

Les créances, qui n'ont pas été déclarées au passif d'une première procédure, sont, sous l'empire de la législation antérieure à la loi de sauvegarde des entreprises, éteintes. Elles ne peuvent donc, sous l'empire de cette législation, être admises au passif d'une seconde procédure, ouverte suite à résolution d'un plan de redressement, l'extinction de la créance jouant définitivement[1].

La solution a été modifiée avec la loi de sauvegarde, puisque la créance non déclarée au passif n'est plus éteinte. Il en résulte que, même en l'absence de déclaration au passif d'une première procédure, le créancier peut déclarer sa créance au passif d'une seconde procédure ouverte suite à la résolution d'un plan de sauvegarde ou de redressement, sous réserve, cependant, de ne pas avoir encouru la prescription (v. s[s] n° 665.76). En revanche, le créancier ayant déclaré sa créance au passif d'une première procédure n'a pas à déclarer sa créance au passif de la seconde procédure ouverte suite à la résolution du plan de sauvegarde ou de redressement, ainsi que de continuation, l'article L. 626-27, III posant cette règle nouvelle étant applicable aux procédures en cours au 1er janvier 2006.

Pour donner lieu à déclaration, la créance ne doit pas être éteinte. C'est ainsi que l'indemnité d'immobilisation versée au vendeur d'un immeuble par un acheteur faisant ultérieurement l'objet d'une procédure collective, n'a pas à être déclarée au passif puisque la créance du vendeur, du fait de l'imputation de cette indemnité sur le prix de vente, s'est trouvée éteinte à due concurrence[2].

De même, en cas d'attribution judiciaire d'un bien gagé avant l'ouverture de la procédure collective du constituant, il se produit une extinction de la créance lorsque la valeur du bien est supérieure à la créance. Il y a dation forcée en paiement[3]. Il n'y a donc pas place à déclaration de créance de la part du gagiste, alors même que la décision d'attribution judiciaire exécutoire par provision, aurait été frappée d'appel[4].

La créance, qui a fait l'objet d'une saisie-attribution effectuée avant le jugement d'ouverture et qui a produit ses effets, est définitivement sortie du patrimoine du débiteur saisi et est entrée, par l'effet de la saisie-attribution, dans celui du créancier. Elle n'a donc pas à être déclarée[5]. Une difficulté se présente en présence d'une créance résultant d'un prêt nul. En ce cas, une créance doit être déclarée au passif. Il s'agit de la créance de remise en état antérieur au prêt, c'est-à-dire d'une créance de restitution. La créance déclarée initialement conserve sa raison d'être indépendamment du fondement juridique éventuellement invoqué pour la justifier[6].

Ne sera pas soumis à déclaration, le créancier qui aura reçu spontanément paiement avant l'ouverture de la procédure collective. Il en est ainsi d'un créancier ayant reçu paiement d'une caution (v. s[s] n°s 726.12, 726.13 et 726.15). La solution est identique si la créance a été payée par une compagnie d'assurance, dans le cadre du jeu de l'action directe. L'*accipiens* ayant cessé d'être créancier ne peut déclarer au passif de l'assuré[7].

De même, n'est pas astreint à déclarer sa créance, le créancier qui a reçu, avant jugement d'ouverture, paiement à la suite d'une décision statuant sur le fond et exécutoire par provision[8], décision qui acquiert force de chose jugée immédiate[9].

Le vendeur d'un immeuble ayant reçu avant jugement d'ouverture le versement d'une indemnité d'immobilisation imputable sur le prix de vente de l'immeuble n'a pas à la déclarer au passif, puisqu'elle est éteinte Il en résulte que, face à une demande en

1. Civ. 3e, 7 nov. 2001, n° 99-15.739, *Bull. civ.* III, n° 125; *D.* 2001. AJ 3619, obs. Lienhard; *Act. proc. coll.* 2001/20, n° 257, obs. Régnaut-Moutier – Com. 3 mai 2011, n° 10-15.913, NP; n° 428 F-D.
2. Com. 7 nov. 2006, n° 05-12.768, NP; n° 1191 F-D.
3. Simler et Delebecque, *Droit civil : Les sûretés – La publicité foncière*, 4e éd., « Précis », Dalloz, 2004, n° 614 – Lienhard, obs. s[s] Com. 24 janv. 2006, n° 02-11.989, *Bull. civ.* IV, n° 15; n° 86 F-P+B; *D.* 2006. AJ 499.
4. Com. 24 janv. 2006, n° 02-11.989, *Bull. civ.* IV, n° 15; n° 86 F-P+B; *D.* 2006. AJ 499, obs. Lienhard; *D.* 2006. Pan. 2860, obs. Crocq; *RTD com.* 2006. 463, 467, obs. Legeais et 655, n° 10, obs. Bouloc; *JCP* 2006. I. 131, n° 15, obs. Delebecque.
5. Com. 3 mai 2011, n° 10-16.155, NP; n° 422 F-D; *Gaz. Pal.* 9 juill. 2011, n° 189, p. 27, note Roussel Galle – Com. 8 sept. 2015, n° 14-12.984, NP; n° 720 F-D.
6. Com. 7 juill. 2004, n° 00-19.975, NP, *RD banc. fin.* 2005, n° 60, note Lucas.
7. Civ. 3[e], 31 mai 2000, n° 98-13.403, *Bull. civ.* III, n° 117; *Act. proc. coll.* 2000/12, n° 150.
8. Com. 14 juin 1994, n° 92-16.322, *Bull. civ.* IV, n° 215; *D.* 1995. Somm. 28, obs. Honorat; *RTD com.* 1995. 482, obs. Martin-Serf – Com. 28 mai 1996, n° 94-14.733, NP, *Rev. proc. coll.* 1996, 491, obs. Soinne – Com. 15 nov. 2005, n°s 04-16.443, 04-20.070, NP; n° 1441 F-D – Com. 15 févr. 2011, n° 09-71.487, NP; n° 135 F-D; *Act. proc. coll.* 2011/6, n° 101, note Cagnoli; *Rev. proc. coll.* 2012, comm. 64, note Staes – CONTRA : Aix-en-Provence, 12 juin 1991, *D.* 1992. Somm. 248, obs. crit. Derrida; *Dr. sociétés* 1992, n° 181, note Chaput.
9. Guinchard (dir.), *Droit et pratique de la procédure civile*, 8e éd., « Dalloz Action », 2014, n° 423.181, par Fricero.

résolution de la vente pour défaut de paiement du prix, le liquidateur de l'acheteur ne peut opposer l'extinction de la créance du vendeur et solliciter la restitution de la somme correspondant à l'indemnité d'immobilisation [1].

Au contraire, doit être déclarée au passif, le solde de la créance d'un prêt, dont il était prévu le paiement par la vente de parcelles, en cas de défaut de paiement de manière classique, dès lors que cette vente n'était pas parfaite au jour du jugement d'ouverture et que la demande présentée après jugement d'ouverture tendant à voir déclarer la vente parfaite était irrecevable du fait de l'acceptation par le créancier du paiement de sa créance par le liquidateur [2].

Lorsque la procédure collective s'ouvre en France, parce que le débiteur y exploite un établissement, tous les créanciers de ce débiteur, alors même que leurs créances ne seraient pas nées à l'occasion de l'exploitation de cet établissement, peuvent déclarer leurs créances [3]. Le principe d'universalité de la faillite justifie la solution [4].

663.12 Règles concernant les paiements reçus à la suite de décisions non exécutoires – Évolution jurisprudentielle. Il est jugé que si la décision à la suite de laquelle est intervenu le paiement est obtenue en référé, la déclaration de créance s'impose puisque, par hypothèse, aucune décision au fond n'est intervenue avant jugement d'ouverture et que le paiement n'intervient qu'à titre provisionnel [5].

La solution s'applique également au paiement provisionnel reçu du bâtonnier, consignataire du prix d'adjudication, dans le cadre d'une procédure d'ordre [6].

La solution a été réaffirmée à propos d'un paiement provisionnel reçu du bâtonnier de l'ordre, séquestre du prix d'adjudication d'un immeuble, qui avait été affecté par un tiers à la garantie de la dette du débiteur principal. Le paiement avait eu lieu avant l'ouverture de la procédure collective du débiteur principal. Le créancier n'avait pas diligenté la procédure d'attribution du prix. Faute d'avoir déclaré sa créance au passif du débiteur principal, il a été condamné à restituer le paiement reçu, lequel était indu, du fait de *l'extinction de la créance* [7]. Cette dernière *solution, posée sous l'empire de la loi* du 25 janvier 1985 [8], ne semble pas transposable, sous l'empire de la loi de sauvegarde des entreprises, l'extinction de la créance pour défaut de déclaration de créance ayant été supprimée. Il faudra toutefois, nous semble-t-il, tenir compte des règles de l'inopposabilité de la créance non déclarée aux garants personnes physiques, au rang desquels il faut placer le tiers qui affecte un bien à la garantie de la dette d'autrui (v. s[s] n° 665.78).

Cependant, dès lors que l'obligation de restitution est prescrite, et que les conditions de l'action en répétition de l'indu ne sont pas réunies, la restitution s'avère impossible [9]. Cette solution a été posée dans une espèce où le rejet de la créance est intervenu postérieurement à une décision de référé rendue avant le jugement d'ouverture, condamnant le débiteur à payer une somme d'argent. Il a été jugé que ce fait ne constituait pas une circonstance nouvelle de nature à conduire à la rétractation de l'ordonnance de référé [10].

Il importe également de préciser que, en cas de paiement intervenu à la suite d'une saisie-attribution exercée avant jugement d'ouverture en vertu d'une ordonnance de référé, cette dernière ne peut autoriser le créancier à conserver les sommes remises sur ce fondement avant le jugement d'ouverture, dès lors que la décision de référé est réformée devant la cour d'appel, en application de la règle de l'arrêt des poursuites individuelles. Dès lors que le créancier a reçu, avant jugement d'ouverture de la procédure collective, son paiement à titre provisionnel, sa créance n'est pas éteinte par ledit paiement; le créancier doit donc se soumettre à la procédure de la déclaration des créances (v. s[s] n° 623.24).

663.13 Règles concernant les paiements reçus à titre de consignation – Sommes figurant sur un compte spécial détenu à titre de mandataire et affectées. Si la somme est détenue à titre de consignation par le créancier, le paiement n'est pas intervenu. Le créancier doit déclarer au passif. La solution concerne le fisc, tenu de déclarer au passif malgré la consignation entre ses mains de sommes pour répondre du recouvrement d'une créance fiscale [11].

1. Com. 7 nov. 2006, n° 05-12.768, NP; n° 1191 F-D.
2. Com. 8 sept. 2015, n° 14-12.469, NP; n° 728 F-D.
3. Com. 14 mai 1996, n° 94-16.186, *Bull. civ.* IV, n° 131; *Bull. Cridon de Paris* 1996, n° 17, p. 129, note Khairallah; *Quot. Jur.* 1996, n° 49, p. 9, note P.-M.; *LPA* 19 juill. 1996, n° 87, p. 23, note Soinne; *D.* 1996. 460, note Derrida et 586, note Vasseur.
4. PÉROCHON, 10e éd., n° 1511.
5. Com. 12 juill. 1994, n° 90-15.071, NP, *JCP E* 1995. I. 417, n° 9, obs. Pétel – *CONTRA* : Lyon, 3e ch., 19 févr. 1999, *BICC* 15 oct. 1999, n° 1143.
6. Civ. 2e, 7 mars 2002, n° 00-21.959, *Bull. civ.* II, n° 35; *Act. proc. coll.* 2002/9, n° 110, obs. Salvat; *Dr. et proc.* 2002/3, p. 191; *JCP E* 2002. Pan. 690, n° 658.
7. Com. 19 févr. 2013, n° 11-24.816, NP; n° 190 F-D.
8. L. n° 85-98, 25 janv. 1985, préc.
9. Com. 8 janv. 2008, n° 06-13.746, *Bull. civ.* IV, n° 2; n° 6 F-P+B; *D.* 2008. AJ 290, *Act. proc. coll.* 2008/4, n° 60, note crit. Bléry; *JCP E* 2008. 1432, n° 12, obs. Pétel; *Procédures* 2008, n° 85, note Rolland.
10. Com. 8 janv. 2008, n° 06-13.746, préc. (v. s[s] prés[t] n°).
11. Com. 27 oct. 1998, n° 96-12.188, *Bull. civ.* IV, n° 266; *RJDA* 1999/2, p. 162, n°s 206, 207.

Cette solution s'applique aux sommes consignées par le débiteur au profit de la partie civile, pour garantir la réparation du dommage dont elle se plaint. Si le débiteur fait, après la consignation, l'objet d'une procédure collective, cette consignation ne dispense pas la partie civile de déclarer sa créance au passif[1].

La solution ne peut être transposée si la somme est détenue par un tiers dans le cadre d'un séquestre. Il résulte de l'article 1956 du code civil que le dépositaire, même sous procédure collective, a l'obligation de rendre la chose contentieuse à la personne qui sera jugée devoir l'obtenir, sans qu'il y ait place à concours entre les créanciers de ce dépositaire[2]. En conséquence, le bénéficiaire des sommes séquestrées n'a pas à déclarer sa créance au passif du séquestre[3] (sur la question des sommes séquestrées, v. aussi s[s] n° 456.32).

Le mandant d'un agent immobilier placé sous procédure collective n'a pas à déclarer sa créance de restitution, résultant de la loi du 2 janvier 1970[4] régissant les agents immobiliers. Cette créance échappe, indique la Cour de cassation, par nature aux dispositions de la procédure collective obligeant les créanciers antérieurs à déclarer leur créance au passif[5]. Si la créance est déclarée, elle ne doit pas faire l'objet d'une admission. La solution nous semble se justifier par l'observation que les sommes en question ne sont jamais entrées dans le patrimoine de l'agent immobilier, étant restées isolées sur un compte spécial, ainsi que l'exige la législation applicable aux agents immobiliers.

1. Crim. 22 mai 1995, n° 94-82.018, *Bull. crim.*, n° 182; *Rev. proc. coll.* 1996, 114, n° 3, obs. Dureuil.
2. Com. 13 nov. 2001, n° 97-16.652, *Bull. civ.* IV, n° 177; *JCP E* 2002. Jur. 641, note Barrière; *Rev. proc. coll.* 2003/1, p. 14, n° 13, obs. Lebel – Paris, 3e ch. C, 2 juill. 2003, RG n° 2001/13673.
3. Montpellier, 1re ch. D, 27 févr. 2008, RG n° 07/06506, *JCP E* 2008. 2182.
4. L. n° 70-9, 2 janv. 1970, *JO* 4 janv., p. 142.
5. Com. 15 févr. 2011, n° 10-10.056, *Bull. civ.* IV, n° 25; n° 137 F-P+B; *D.* 2011. AJ 590, obs. Lienhard; *D.* 2011. Jur. 988, note Martin; *Gaz. Pal. entr. diff.* 1-2 avr. 2011, p. 30, note Le Corre-Broly; *Act. proc. coll.* 2011/7, n° 109, note Bazin-Beust; *JCP E* 2011. Chron. 1263, n° 8, obs. crit. Pétel; *Rev. proc. coll.* 2011, comm. 82, p. 46, note Legrand et Legrand; *BJE* juill./août 2011, comm. 95, p. 196, note Le Corre-Broly; *RTD com.* 2011. 634, n° 1, obs. Martin-Serf; *RTD civ.* 2011. 176, n° 2, obs. Crocq; *Dr. et patr.* sept. 2011, n° 206, 75, note Saint-Alary-Houin; *LXB hebdo* 17 mars 2011, n° 243, note Le Corre – Com. 15 févr. 2011, n°s 10-10.060 à 10-10.080, 21 esp., NP; n°s 138 à 158 F-D – Com. 15 févr. 2011, n° 10-10.506, NP; n° 159 F-D; *Rev. proc. coll.* 2011, comm. 82, p. 46, note Legrand et Legrand – Com. 15 févr. 2011, n°s 10-10.507, 10-10.508, 2 esp., NP; n°s 160, 161-F-D – Paris, pôle 5, 9e ch., 30 juin 2011, RG n° 10/17018, *BJE* janv. 2012, comm. 8, p. 22, note Lucas.

De façon plus générale, il faut poser en règle que lorsque le débiteur détient l'argent en qualité de mandataire, que cette détention se fait sur un compte isolé, indépendant de celui du mandataire, et que les sommes déposées sur le compte sont spécialement affectées au paiement du mandant, la déclaration de créance ne s'impose pas et, symétriquement, les sommes en question peuvent faire l'objet d'une revendication, la solution tenant alors en échec le principe d'interdiction de la revendication des sommes d'argent[6].

663.14 Exclusion de la créance autre que de sommes d'argent. L'article L. 621-43, alinéa 1er du code de commerce, dans sa rédaction antérieure à la loi de sauvegarde des entreprises[7] (anc[t] L. 25 janv. 1985[8], art. 50), pas plus que l'article L. 622-24, alinéa 1er issu de cette loi, ne visent explicitement les créances de « sommes d'argent ». Cependant, le doute ne peut naître sur le cantonnement de la déclaration de créance aux seules créances de sommes d'argent[9]. La déclaration de créance est le corollaire direct de l'interdiction des actions en paiement (v. s[s] n° 621.11). Elle a logiquement le même domaine[10]. Or l'article L. 621-40, I (réd. ant. à la loi de sauvegarde des entreprises) et l'article L. 622-21, I (réd. loi de sauvegarde des entreprises) posent un principe d'interruption ou d'interdiction de toutes actions en justice « tendant à la condamnation du débiteur au paiement d'une somme d'argent », ainsi qu'à la résolution d'un contrat pour défaut de paiement d'une somme d'argent. Dès lors, les créances qui n'ont pas pour objet le paiement d'une somme d'argent sont exclues de l'obligation de déclaration.

Il en est ainsi, par exemple, de la créance représentative d'un droit de réserve héréditaire[11]. Le cohéritier pourra agir en réduction de libéralité excédentaire, sans être concerné par l'arrêt des poursuites individuelles et n'aura donc pas à déclarer sa créance.

La demande d'adhésion à un groupement d'intérêt économique n'est pas davantage une créance de somme d'argent[12].

6. Mastrullo et Menjucq, « Procédure collective du mandataire et revendication des sommes d'argent spécialement affectées au paiement du mandant », *Rev. proc. coll.* 2016, études 11.
7. L. n° 2005-845, 26 juill. 2005, préc.
8. L. n° 85-98, 25 janv. 1985, préc.
9. Saint-Alary-Houin, 9e éd., n° 751 – Guyon, n° 1224.
10. Derrida *et alii*, n° 205 – Pétel, 8e éd., n° 390.
11. Douai, 24 mai 1997, *LPA* 5 août 1998, n° 93, p. 18, note Soinne.
12. Com. 12 mai 1992, n° 90-13.945, *Bull. civ.* IV, n° 181; *Quot. Jur.* 1992, n° 91, p. 5, note P. M.; *JCP* 1992. I. 166, n° 4, obs. M. Cabrillac.

Il en est de même d'une déclaration de responsabilité[1].

La créance née de l'inexécution d'une obligation de faire ne constitue pas une véritable exception, dans la mesure où l'inexécution d'une telle obligation se résolvant en dommages et intérêts, on est bien en présence d'une créance de somme d'argent. Elle doit donc être déclarée au passif (v. s^s n° 621.74).

663.15 Créance d'une indivision – D'un indivisaire – Sur un indivisaire. Lorsque l'indivision est « créancière » d'un indivisaire en sauvegarde, en redressement ou en liquation judiciaire, elle doit déclarer sa créance au passif de cet indivisaire. À défaut la créance de l'indivision est, sous l'empire de la législation antérieure à la loi de sauvegarde des entreprises, éteinte[2] et le rapport à l'indivision est alors exclu. Il en est ainsi, par exemple d'une « créance de l'indivision » post-communautaire au titre de loyers encaissés par le mari. L'ex-épouse aurait dû déclarer cette créance de l'indivision[3].

On observera cependant que d'autres décisions, dans le respect de la nature juridique de l'indivision, considèrent que l'indivision ne peut être créancière, faute d'avoir la personnalité morale, seuls les indivisaires pouvant être créanciers les uns des autres. C'est ainsi que l'épouse, qui encaisse la totalité des loyers d'un immeuble indivis, en prenant à sa charge l'intégralité du remboursement du prêt, doit restituer la moitié des loyers encaissés après l'ouverture de la procédure. Elle est créancière de son conjoint, pour la moitié des sommes remboursées et doit déclarer cette créance au passif de son conjoint, si elle veut ensuite opposer cette créance dans le cadre de la répartition du prix de vente de l'immeuble indivis[4] (v. aussi s^s n° 741.82).

663.16 Déclaration de créance et associé de la société. Les qualités de créancier et d'associé ne sont pas incompatibles. Si l'associé met à disposition de la société de la trésorerie, par exemple sous forme d'apport en compte-courant, il est créancier et, à ce titre, peut déclarer une créance au passif de cette société.

En revanche, l'associé ne peut se prévaloir de sa qualité de créancier et ne peut donc déclarer une créance au passif de la société s'il exécute son obligation de faire les apports correspondant à des apports de fonds nécessaires à l'accomplissement de l'objet social, ces montants ayant une incidence sur les droits de chaque associé dans le capital social[5]. En cas d'insuffisance d'actif social, l'associé doit considérer qu'il s'agit d'une mise perdue[6].

663.17 Déclaration de créance et situation de l'EIRL[7]. En présence d'un entrepreneur individuel à responsabilité limitée (EIRL), les créanciers ne sont soumis à la discipline collective que de façon distributive, en raisonnant au regard du patrimoine concerné par la procédure collective. La solution résulte clairement de l'article L. 680-3 du code de commerce (réd. ord. 9 déc. 2010[8]), selon lequel « les dispositions du livre VI du code de commerce qui intéressent les droits ou obligations des créanciers du débiteur EIRL s'appliquent, sauf dispositions contraires, dans les limites du seul patrimoine affecté à l'activité en difficulté ou, si l'activité est exercée sans affectation de patrimoine, du seul patrimoine non affecté ». Seul le créancier détenant une créance pouvant être rattachée au patrimoine en rapport avec l'activité en difficulté est soumis à la discipline collective. Le créancier détenant une créance sur le débiteur, qui se rattache au patrimoine non affecté, n'est pas concerné par la procédure collective ouverte contre ce même débiteur, si elle l'est au titre de son EIRL. Ce critère permet de déterminer les créanciers soumis à la règle de l'interdiction ou à l'interruption des poursuites individuelles et à l'obligation corrélative de déclarer leur créance au passif.

Ce principe doit cependant recevoir une nuance, lorsque, par exception, un créancier, dont la créance n'est pas en rapport avec le patrimoine concerné par la procédure, a le droit d'obtenir son paiement sur ce dernier patrimoine. En ce cas, son accès au gage frappé par la procédure collective prendra la forme d'une déclaration de créance au passif.

En outre, lorsque la déclaration d'affectation patrimoniale sera inopposable à un créancier de l'EIRL, ce créancier aura le droit de déclarer à toutes les procédures ouvertes contre l'EIRL[9].

Dans l'hypothèse où le créancier disposerait de plusieurs gages pour obtenir son paiement, il semble que la théorie des coobligés pourra recevoir applica-

1. SOUS L'EMPIRE de la loi du 13 juillet 1967 : Cass., ch. mixte, 15 juin 1979, n° 77-10.150, *Bull. ch. mixte*, n° 2; *JCP* 1979. II. 13151, note Besson et Bigot; *RGAT* 1979. 364, note A. B.; *D.* 1979. Jur. 561, note Derrida – Com. 4 févr. 1986, n° 84-16.639, *Bull. civ.* IV, n° 2; *JCP E* 1986. I. 15774, obs. M. Cabrillac et Vivant.
2. Com. 11 juin 2003, n° 00-11.913, *Bull. civ.* IV, n° 95; *RTD civ.* 2004. 124, note Crocq; *Bull. Joly* 2003. 1024, note Barbièri – Com. 1er févr. 2005, n° 01-13.943, *Bull. civ.* IV, n° 18.
3. Com. 1er févr. 2005, n° 01-13.943, *Bull. civ.* IV, n° 18; *D.* 2005. AJ 490, obs. Lienhard; *Act. proc. coll.* 2005/4, n° 44, note Henry.
4. Com. 24 janv. 2006, n° 04-19.190, NP; n° 92 F-D.
5. Com. 20 févr. 2007, n° 05-16.698, NP; n° 240 F-D; *Bull. Joly* 2007. 886, § 243, note Garçon – Aix-en-Provence, 23 juin 1994, *Dr. sociétés* 1995, n° 53, obs. Chaput; *Rev. proc. coll.* 1995, 307, n° 2, obs. Dureuil.
6. Garçon, obs. s^s Com. 20 févr. 2007, n° 05-16.698, *Bull. Joly* 2007. 886, § 243.
7. Macorig-Venier, « EIRL : les créanciers de l'EIRL en difficulté », *Rev. proc. coll.* 2011, dossier 20 – Le Corre, « Le passif de l'EIRL », *BJE* mars/avr. 2011, p. 70,
8. Ord. n° 2010-1512, 9 déc. 2010, *JO* 10 déc., p. 21617.
9. PÉROCHON, 10e éd., n° 1511.

tion. Le raisonnement sera ainsi effectué comme si le créancier avait en face de lui plusieurs obligés solidaires à la même dette[1].

Enfin, une difficulté particulière se présentera lorsque le créancier aura une créance mixte, pour partie professionnelle se rattachant au patrimoine affecté, et pour partie non professionnelle, se rattachant dès lors au patrimoine non affecté. On peut prendre l'exemple d'un bail à usage mixte, professionnel et d'habitation. Comme il n'apparaît pas concevable de déclarer au passif l'intégralité de la créance de loyer, alors que pour partie le local sert à l'habitation du débiteur, une ventilation s'impose[2]. Cette même solution semble devoir s'appliquer si l'EIRL est à la tête de plusieurs patrimoines affectés et si la créance se rapporte à plusieurs patrimoines. Ainsi, en sera-t-il en présence d'un local servant à deux activités de l'EIRL, chacune étant exercée au titre d'entreprises individuelles à responsabilité limitée distinctes.

663.18 Déclaration de créance dans la sauvegarde financière accélérée. La sauvegarde financière accélérée créée par l'article 57 de la loi du 22 octobre 2010[3] est une procédure semi collective. L'administrateur judiciaire va constituer le comité des établissements de crédit, et réunir une assemblée générale des obligataires, le cas échéant. Ces deux entités vont voter sur le projet de plan et ce dernier sera adopté à la majorité des deux tiers en montant de créance. Ne participeront au vote que les seuls créanciers dont les droits sont affectés par le plan. Les créanciers, qui ne sont pas membres des établissements de crédit et qui ne sont pas des obligataires, ne sont pas soumis à la procédure collective, en application de l'article L. 628-1 du code de commerce (réd. L. 22 oct. 2010). En conséquence, ils n'ont pas à déclarer leur créance au passif.

Les créanciers membres du comité des établissements de crédit seront confrontés à devoir déclarer leur créance dans les conditions de droit commun, ainsi que le précise l'article L. 628-5, alinéa 1er, à moins qu'ils ne figurent sur la liste des créances établie à la date d'ouverture de la procédure de sauvegarde financière accélérée. Cette liste, précise l'article R. 628-6 du code de commerce (réd. D. 3 mars 2011[4]), doit être déposée au greffe par le débiteur, en deux exemplaires, dans les dix jours du jugement d'ouverture. Le greffier doit en remettre un exemplaire au mandataire judiciaire.

L'article R. 628-7 du code prévoit que, dans les huit jours suivant la remise de la liste par le greffier, le mandataire judiciaire communique aux créanciers concernés les informations relatives aux créances, telles qu'elles figurent sur la liste. Doivent être indiqués : le montant de la créance au jour du jugement d'ouverture, avec l'indication des sommes à échoir, la nature de la sûreté ou du privilège garantissant la créance, la conversion en euros en cas de créance en monnaie étrangère. Les créanciers qui sont d'accord avec les informations qui leur sont transmises par le mandataire judiciaire sont dispensés d'avoir à déclarer leur créance. Cela n'est pas sans danger[5]. S'ils ne sont pas d'accord, ils doivent procéder, à moins que cela n'ait déjà été fait, à une déclaration de créance, ainsi que le précise l'article L. 628-5, alinéa 2 (v. ss n° 663.86). Cette déclaration de créance intervient alors dans les conditions de l'article R. 622-23, c'est-à-dire le respect du droit commun, et dans les délais de l'article R. 622-24.

Pour leur part, les obligataires déclareront leur créance dans les conditions classiques imposées aux obligataires (v. ss n° 662.24), à moins, ici encore, que ces créanciers ne figurent sur la liste établie à l'ouverture de la procédure de sauvegarde financière accélérée (v. ss n° 663.86).

663.19 Déclaration de créance dans la sauvegarde accélérée. La question a été étudiée. Il y sera ici simplement renvoyé (v. ss n° 224.52).

SECTION 663.20

CRÉANCE DE SÛRETÉ PERSONNELLE

663.21 Créance de sûreté personnelle – Constitution de sûreté réelle pour autrui. La créance peut être relative à un cautionnement. Le créancier doit déclarer au passif d'une caution, dès lors que le cautionnement a été conclu antérieurement au jugement d'ouverture[6].

La solution applicable au cautionnement personnel l'était également pour le cautionnement réel[7], c'est-à-dire à la sûreté réelle constituée par un tiers. Mais la Cour de cassation a condamné ce concept,

1. Dammann et Podeur, « L'adaptation du droit des entreprises en difficulté et des procédures de traitement des situations de surendettement à l'EIRL par l'ordonnance du 9 décembre 2010 », *Gaz. Pal.* 22-23 déc. 2010, p. 8 s., sp. p. 10 – Borga et Berthelot, « L'EIRL en difficulté, entre respect et négation de l'affectation », *BJE* mai/juin 2011, § 64, p. 155 s., sp. p. 156, n° 7 – Le Corre, « L'heure de vérité de l'EIRL : le passage sous la toise du droit des entreprises en difficulté », *D.* 2011. Chron. 91.
2. SUR CETTE QUESTION : PÉROCHON, 10e éd., n° 1336.
3. L. n° 2010-1249, 22 oct. 2010, *JO* 23 oct., p. 18984.
4. D. n° 2011-236, 3 mars 2011, *JO* 4 mars, p. 4183.
5. Le Corre, « Créanciers non-initiés : attention à un piège involontaire de la SFA », *BJE* nov. 2013, Éditorial, p. 341.
6. Com. 19 janv. 1993, n° 90-22.126, *Bull. civ.* IV, n° 17; *Dr. sociétés* 1994, n° 92, note Chaput.
7. Com. 27 oct. 1998, n° 96-14.037, *Bull. civ.* IV, n° 260; *Defrénois* 1999. 280, p. 280, note Piedelièvre; *JCP E* 1998. Chron. 2066, n° 3-b-10, obs. M. Cabrillac; *D. Affaires* 1998. 1958, obs. Lienhard.

ne voyant dans le mécanisme qu'une sûreté réelle constituée en garantie de la dette d'autrui (v. s^s n° 721.23). Certes, il faut observer que le bien, objet de la garantie, se trouve dans le patrimoine de celui au passif duquel on se demande s'il faut déclarer la créance. La soumission de ce bien à l'effet réel de la procédure collective du constituant semblerait commander une réponse positive. En sens inverse, il faut bien concéder que le constituant n'a pas contracté d'obligation personnelle et n'a donc pas de dette personnelle, de sorte que le bénéficiaire de la sûreté n'est pas son créancier. Il est tenu à la dette *propter rem*, parce qu'il détient le bien, objet de la garantie dans son patrimoine. Que le bien vienne à être aliéné, il ne doit plus rien. Il se trouve dans une situation comparable à un détenteur, tenu à la dette parce qu'il a le bien entre les mains, non à titre personnel. Il n'est qu'obligé réel à la dette. Cette analyse nous incline à dispenser le bénéficiaire, qui n'est pas son créancier, de déclaration de créance à son passif[1].

La créance peut également être relative à une lettre d'intention, qu'elle soit une obligation de moyens, une obligation de résultat, ou encore un cautionnement. Il a été jugé que l'engagement pris par le souscripteur emportant une obligation de résultat, le bénéficiaire doit déclarer au passif du souscripteur sa créance de garantie[2]. La solution est identique si la lettre d'intention doit s'analyser en un cautionnement.

SECTION 663.30

INDIFFÉRENCE DE LA NATURE DE LA CRÉANCE

663.31 Indifférence de principe de la nature de la créance. La déclaration de créance présente un caractère obligatoire pour le créancier. Il importe peu que la créance se rattache à l'activité du débiteur[3], ou à l'activité qui a conduit à l'ouverture de la procédure collective[4], qu'elle soit civile ou commerciale[5]. La solution a été posée à propos d'une dette de cautionnement souscrite dans le cadre d'un prêt ayant permis le financement d'acquisitions immobilières[6]. Elle est également posée par principe pour les créances de *quelques natures qu'elles soient* autres qu'alimentaires détenues par une personne sur son ex-conjoint dans le cadre d'une procédure de divorce[7]. Il en est ainsi, par exemple, à propos d'une dette de dommages et intérêts pour préjudice moral subi par une épouse abandonnée par son mari au profit d'une autre femme[8]. De même, une personne doit déclarer au passif de son ex-époux la créance due au titre de l'état liquidatif de divorce[9].

En cas de détournement de fonds d'une société par une épouse, et si les fonds sont venus alimenter le compte joint des deux époux ou le compte professionnel de l'époux, la partie civile peut déclarer une créance au passif de cet époux[10].

Les créances relatives à des sommes déposées doivent être déclarées au passif. Des règles spéciales sont cependant posées pour les sommes déposées dans une banque lorsque la procédure collective atteint cette dernière (v. s^s n° 663.82).

Les sommes détenues par un séquestre amiable sous procédure collective doivent également être déclarées à son passif[11] (v. s^s n° 456.23).

La déclaration de créance s'impose tant au créancier chirographaire, qu'au créancier privilégié. Le créancier dont la créance est née avant jugement d'ouverture, mais dont l'exigibilité interviendra postérieurement audit jugement, doit déclarer celle-ci[12].

Une réserve doit cependant être apportée pour les créances alimentaires (v. s^s n° 663.83).

663.32 Sanctions fiscales et douanières présentant le caractère de pénalités. Le caractère général de l'obligation de déclaration au passif est tenu en échec dans le domaine des sanctions fiscales et douanières présentant le caractère de pénalités[13], non pas tant pour des raisons juridiques, que pour des motifs de pure opportunité.

1. AUSSI EN CE SENS : LIENHARD, *Code des procédures collectives annoté*, s^s art. L. 622-24.
2. Besançon, 29 sept. 1995, *Banque et droit* mars-avr. 1996, n° 33.
3. Com. 10 mai 2000, n° 97-18.635, NP, *Act. proc. coll.* 2000/13, n° 163 – Com. 13 mai 2003, n° 01-20.115, NP, *Act. proc. coll.* 2003/13, n° 170 – et SOUS L'EMPIRE de la loi du 13 juillet 1967 : Civ. 3e, 16 juin 2010, n° 09-16.115, *Bull. civ.* IV, n° 122; n° 787 FS-P+B; *Gaz. Pal. entr. diff.* 15-16 oct. 2010, p. 28, note Henry.
4. Com. 10 juin 2008, n° 06-21.112, NP; n° 665 F-D; *Gaz. proc. coll.* 2008/3, p. 42, n° 3, note Rohart-Messager; *RTD com.* 2008. 861, n° 11, obs. Martin-Serf.
5. Com. 10 juin 2008, n° 06-21.112, préc. (v. s^s prés^t n°).
6. Civ. 1re, 15 févr. 2005, n° 03-19.069, NP.
7. Civ. 1re, 23 mai 2006, n° 03-16.300, *Bull. civ.* I, n° 253; n° 856 FS-P+B; *D.* 2006. AJ 1684, obs. Lienhard; *Gaz. proc. coll.* 2006/4, p. 33, note Vauvillé; *RTD com.* 2006. 662, n° 3, obs. Martin-Serf; *LXB hebdo* n° N0183ALD, note Le Corre.
8. Civ. 1re, 7 juin 2006, n° 04-15.608, NP; n° 980 F-D; *RTD civ.* 2006. 747, n° 19, obs. Hauser; *Dr. fam.* 2006, n° 163, note Larribeau-Terneyre; *Gaz. proc. coll.* 2006/3, p. 34, n° 2, obs. Le Corre; *LXB hebdo* n° N0179AL9, note Le Corre.
9. Com. 16 févr. 1999, n° 95-22.324, *Bull. civ.* IV, n° 47; *D. Affaires* 1999. 523, obs. P. P; *Act. proc. coll.* 1999/5, n° 167.
10. Civ. 1re, 28 oct. 2010, n° 09-68.296, NP.
11. Com. 5 févr. 2002, n° 99-10.026, NP.
12. Com. 19 déc. 2000, n° 98-21.308, *Bull. civ.* IV, n° 201; *JCP E* 2001. Pan. 301; *Act. proc. coll.* 2001/2, n° 20.
13. Crim. 13 déc. 2000, n° 99-83.580, *Bull. crim.*, n° 376; *Act. proc. coll.* 2001/6, n° 71; *D.* 2001. AJ 925.

SECTION 663.40
CRÉANCE SOUS CONDITION ET CRÉANCE ÉVENTUELLE

663.41 Créance sous condition. Le créancier sous condition suspensive doit déclarer sa créance[1]. Elle donnera lieu à un rejet si la condition défaillit, à une admission pure et simple, *si* la condition se réalise avant qu'il ne soit statué sur l'admission de celle-ci. En présence d'une condition résolutoire, la déclaration s'impose identiquement. Le rejet s'imposera si la condition se réalise avant l'admission. Si la créance est payée, il y aura place à restitution, dès lors que la condition se réalise après paiement[2].

La clause de retour à meilleure fortune a été analysée comme faisant naître une créance à terme incertain, non une créance sous condition. Il n'y a donc pas de difficulté à l'admettre au passif de son souscripteur[3].

663.42 Créance éventuelle. Le créancier simplement éventuel doit également déclarer sa créance[4].

La règle a été posée pour réserver le jeu de la contribution au passif de la société, en présence d'associés indéfiniment tenus de la dette. C'est ainsi qu'est exigée la déclaration de créance éventuelle, sur le fondement de l'article 1857 du code civil, au passif de l'associé de SCI, avant exigibilité de la dette contre la SCI[5]. Il en est de même pour la déclaration de créance éventuelle au passif de l'associé d'une société civile professionnelle[6].

La solution vaut également pour la caution autorisée à déclarer sa créance de recours avant paiement (v. s^s^ n° 726.12). Il en est de même pour la créance de garantie de passif[7]. La solution n'est pourtant pas évidente. Autant, en effet, on peut comprendre la déclaration d'une créance conditionnelle car, par l'effet de l'arrivée de la condition, la créance sera considérée comme existant au jour du jugement d'ouverture, autant il apparaît difficile de justifier le principe de déclaration des créances simplement éventuelles. Dès lors que la créance n'est pas née au jour du jugement d'ouverture, elle ne devrait être déclarée que dans la mesure où, pouvant naître après jugement d'ouverture, elle sera rétroactivement considérée comme née avant ledit jugement.

Si une assurance-dommages ne peut jouer, parce que la faute est intentionnelle, l'appel en garantie effectué par la personne poursuivie à l'encontre du coresponsable ou de son héritier présuppose une déclaration de créance au passif de ce dernier, s'il est sous procédure collective, alors même que dans le délai de déclaration de créance, l'assureur n'aurait pas encore fait connaître son refus de prise en charge. Il y a en effet place à déclaration d'une créance éventuelle, pour l'hypothèse de non prise en charge du dommage par l'assureur[8].

On remarquera, en pratique, que le créancier est confronté à une difficulté pour déclarer une créance éventuelle au passif puisque, par hypothèse, il ne peut en connaître le montant. Il doit, dès lors, par précaution, solliciter le maximum de ce à quoi il peut prétendre (v. aussi s^s^ n° 666.22).

Cette solution qui consiste pour le créancier à déclarer le maximum de ce à quoi il peut prétendre est source de préjudice pour le groupement des créanciers. En effet, si le représentant des créanciers conteste la créance et sollicite son rejet total ou partiel, il y a place à honoraires de contestation, en contrepartie de l'accomplissement de la mission du représentant des créanciers, qui pénalisent les créanciers, à concurrence des honoraires attribués au mandataire de justice. La suppression des honoraires de contestation des créances par le décret du 10 juin 2004[9] a toutefois fait disparaître la difficulté.

663.43 Créance de garantie. Parmi les créances éventuelles, les créances de garantie font naître un contentieux important. Traditionnellement, la jurisprudence oblige un créancier titulaire d'une créance de garantie à déclarer celle-ci au passif, alors même que la garantie n'est pas activée. La solution est posée pour la garantie contre les vices cachés[10] ou encore pour la garantie d'achèvement[11].

1. LE CANNU, 7e éd., n° 471 – CHAPUT, n° 553 – SOINNE, n° 2165.
2. SOINNE, n° 2165.
3. Com. 12 oct. 2004, n° 02-13.230, *Bull. civ.* IV, n° 182; *D.* 2004. AJ 2791; *Act. proc. coll.* 2004/19, n° 228, note Blanc; *RJ com.* 2005/1, p. 65, note Sortais; *RTD civ.* 2005. 131, n° 14, obs. Mestre et Fages – *Adde*, Étienne-Martin et Soudani, « Abandon de compte courant d'associé et clause de retour à meilleure fortune », *Rev. proc. coll.* 2012, étude 33.
4. Paris, 3e ch. B, 20 juin 2003, RG n° 2002/13943.
5. Com. 9 mai 1995, n° 92-14.195, *Bull. civ.* IV, n° 137; *Gaz. Pal.* 1996. 1. Pan. 73 – Douai, 2e ch., 11 janv. 2001, RG n° 1999/01425.
6. Com. 30 juin 2004, n° 02-15.345, *Bull. civ.* IV, n° 141; *Rev. sociétés* 2004. 952, note Barbièri; *RTD com.* 2005. 171, n° 5, obs. Martin-Serf.
7. Com. 1er avr. 2003, n° 00-11.645, NP.
8. Com. 16 mars 2010, n° 09-13.937, NP; n° 318 F-D; *Gaz. Pal. entr. diff.* 2-3 juill. 2010, n°s 183, 184, p. 23, note Henry.
9. D. n° 2004-518, 10 juin 2004, *JO* 11 juin, p. 10351.
10. Com. 7 juill. 1992, n° 90-21.814, NP, *RJDA* 1992, n° 1172 – Com. 8 juin 1999, n° 96-18.840, *Bull. civ.* IV, n° 121; *D. Affaires* 2000. 95, note Honorat; *D. Affaires* 1999. 1116, obs. Lienhard; *LPA* 30 juin 1999, n° 129, p. 11, note P. M.; *JCP E* 2000. Chron. 131, n° 5-B-17, obs. M. Cabrillac – Com. 18 févr. 2003, n° 00-13.257, NP.
11. Com. 30 juin 2004, n° 02-15.574, NP.

Il a été jugé que, en présence de créances de garanties enfermées dans des délais de prescription, le juge-commissaire peut surseoir à statuer jusqu'au jour du jeu de la prescription [1]. La solution ne peut cependant être appliquée que si la prescription est proche. Dans le cas contraire, il y aurait là une source inacceptable de ralentissement de la procédure collective.

SECTION 663.50

INDIFFÉRENCE DE L'ÉTABLISSEMENT DE LA CRÉANCE PAR UN TITRE

663.51 Indifférence de l'établissement de la créance par un titre. Le code (C. com., art. L. 621-43, al. 3, réd. antérieure à la loi de sauvegarde des entreprises [2] [anct L. 25 janv. 1985 [3], art. 50], devenu C. com., art. L. 622-24, al. 3, réd. loi de sauvegarde des entreprises) indique qu'un créancier dont la créance n'est pas établie par un titre est astreint à la déclaration de créance. Est-ce à dire que le créancier dont la créance est établie par un titre n'a pas à déclarer sa créance ? Une réponse négative s'impose du fait d'une disposition de nature réglementaire, tans sous l'empire de la législation antérieure à la loi de sauvegarde des entreprises (D. 27 déc. 1985 [4], art. 65 et 85), que depuis la loi de sauvegarde des entreprises (C. com., art. R. 622-9 [anct D. 28 déc. 2005 [5], art. 95] et C. com., art. R. 624-11 [anct D. 28 déc. 2005, art. 112]). Ces textes s'intéressent spécialement au cas des créanciers titulaires d'un titre exécutoire avant jugement d'ouverture. Le créancier devra donc déclarer sa créance, qu'il soit ou non titulaire d'un titre exécutoire, peu important à cet égard qu'il soit, par exemple, titulaire d'un jugement définitif avant jugement d'ouverture [6].

Un établissement public à caractère industriel et commercial, qui a la faculté de recouvrer ses créances selon la procédure de l'état exécutoire ou suivant les usages du commerce, peut justifier de l'existence et du montant des créances, dans la procédure de déclaration des créances, y compris de nature administrative, autrement que par la production d'un état exécutoire valable [7].

La deuxième chambre civile de la Cour de cassation a cru devoir juger que si une décision ayant autorité de chose jugée avant le jugement d'ouverture emporte condamnation du débiteur à garantir un tiers des sommes dues par ce dernier à une autre personne, l'absence de déclaration de créance au passif du débiteur par ce tiers garanti reste sans conséquence, en raison de l'autorité de chose jugée attachée au jugement qui a consacré le droit du créancier à l'encontre du débiteur [8]. La portée de cet arrêt, dont l'interprétation pourrait poser problème, doit être exactement circonscrite. Cet arrêt ne constitue nullement un revirement de jurisprudence sur l'obligation du créancier titulaire d'un jugement de condamnation d'avoir à déclarer sa créance au passif. Ce revirement aurait conduit la deuxième chambre civile à solliciter l'avis de la Chambre commerciale, ce qui n'a pas été fait. Il ne s'agit que de l'affirmation d'un principe de procédure civile d'ordre général, selon lequel l'autorité de la chose jugée attachée à une décision de justice s'impose même en cas de méconnaissance d'un principe d'ordre public, en l'occurrence l'obligation de déclarer la créance au passif. Cela ne signifie pas, pour autant, que le créancier pourra être payé par le débiteur, l'extinction de la créance liée à son défaut de déclaration, sous l'empire de la législation antérieure à la loi de sauvegarde des entreprises y faisant, à notre sens, obstacle.

Le fait que la créance de prêt résulte d'un acte notarié n'interdit nullement au créancier de déclarer une créance supérieure pour tenir compte d'intérêts échus au jour du jugement d'ouverture, même si aucune décision de justice n'autorise le créancier à se prévaloir de ces intérêts. L'admission de la créance n'est en effet nullement subordonnée à la production d'une décision de justice [9].

Si la créance est établie par une décision de justice définitive, elle ne pourra pas être contestée par la suite, ni dans son principe, ni dans son quantum – sous réserve des paiements effectués –, ni dans son caractère privilégié, dès lors que l'inscription de la sûreté ne sera pas périmée. Le juge-commissaire perd son pouvoir de contrôle [10], sous réserve du contrôle portant sur la régularité formelle de la déclaration de créance. La solution a été posée à propos de dates de valeur dans le cadre d'opérations de virement, remises en cause par une précédente décision, qui ne pouvaient ensuite être tenues pour valables

1. AINSI : Paris, 3e ch. A, 15 mars 2005, RG n° 2002/8680.
2. L. n° 2005-845, 26 juill. 2005, préc.
3. L. n° 85-98, 25 janv. 1985, préc.
4. D. n° 85-1388, 27 déc. 1985, *JO* 29 déc., p. 15281.
5. D. n° 2005-1677, 28 déc. 2005, *JO* 29 déc., p. 20324.
6. Com. 6 févr. 1996, n° 93-10.525, *Bull. civ.* IV, n° 39; *D.* 1997. Somm. 77, obs. Honorat.
7. Com. 1er févr. 2011, n° 10-11.484, *Bull. civ.* IV, n° 12; n° 66 F-P+B; *D.* 2011. AJ 514, obs. Lienhard; *Rev. proc. coll.* 2011, comm. 83, note Legrand et Legrand; *RTD com.* 2011. 795, n° 3, obs. Martin-Serf.
8. Civ. 2e, 25 oct. 2007, n° 06-19.151, *Bull. civ.* II, n° 240; n° 1560 F-P+B; *D.* 2008. Chron. 653, n° 7, note Sommer et Nicoletis; *Act. proc. coll.* 2007/19, n° 216, note Vallansan.
9. Com. 11 juill. 2006, n° 05-13.471, NP; n° 914 F-D.
10. Lyon, 7 mai 1992, *BICC* 1993, n° 79 – Paris, 3e ch. A, 2 déc. 2003, RG nos 2002/22095, 2002/22097.

dans le cadre de la déclaration de créance, sans violer l'autorité de chose jugée attachée à la première décision[1].

Il en sera cependant autrement si la décision n'a pas autorité de chose jugée au fond du droit. Tel est le cas de la décision du président du tribunal de grande instance statuant en la forme des référés en application de l'article 815-6 du code civil (décision condamnant des débiteurs de l'indivision à verser à celle-ci une provision pour faire face aux besoins urgents) qui obéit aux règles de l'article 809 du code de procédure civile[2].

Si le créancier est en cours d'obtention d'un titre, parce qu'il a initié une instance contre le débiteur, il a le choix suivant : soit il procède à un désistement d'instance et poursuit la fixation de sa créance par la voie classique de la déclaration de créance; soit il continue son instance. Dans cette hypothèse, il devra mettre en cause le représentant des créanciers – mandataire judiciaire – ou le liquidateur pour poursuivre l'action, après avoir déclaré sa créance au passif. Le montant de la déclaration de créance constituera alors une limite à la décision à intervenir. Le créancier devra déclarer sa créance avec mention qu'une instance est en cours (D. 27 déc. 1985, art. 67, 3°; C. com., art. R. 622-23, 3° [anc[t] D. 28 déc. 2005, art. 98, 3°]). Il ne semble pas cependant que l'absence de cette mention entache la déclaration de créance d'irrégularité. L'instance pourra alors être reprise, mais ne tendra pas à la condamnation du débiteur au paiement d'une somme d'argent, action interdite par la règle de l'arrêt des poursuites individuelles. Elle n'aura pour objet que de permettre la fixation de la créance au passif (v. s[s] n°s 623.11 s.).

L'article 65, alinéa 2 du décret du 27 décembre 1985 prévoit qu'une fois la décision passée en force de chose jugée, l'intéressé demandera qu'elle soit portée sur l'état des créances par le greffier du tribunal de la faillite. L'article R. 622-20 du code de commerce (anc[t] D. 28 déc. 2005, art. 95) reprend la solution, la démarche devant cependant être effectuée par le mandataire de justice, non par le créancier. L'article 85, alinéa 1er du décret du 27 décembre 1985 et l'article R. 624-11, alinéa 1er (anc[t] D. 28 déc. 2005, art. 112, al. 1er) reproduisent la solution en énonçant que le créancier adressera au greffier du tribunal de la faillite une expédition.

La question des créances couvertes par un titre connaît un traitement particulier pour les créances fiscales et sociales (v. s[s] n°s 682.61 s.).

1. Com. 21 mars 2006, n° 05-10.842, NP; n° 386 F-D; *Gaz. proc. coll.* 2006/3, p. 43, n° 3, obs. Routier.
2. Com. 16 mai 2006, n° 05-11.928, NP; n° 629 F-D.

SECTION 663.60
CRÉANCE PAR PRINCIPE DÉTENUE CONTRE LE DÉBITEUR

663.61 Énoncé du principe selon lequel la créance doit être détenue contre le débiteur. Pour être déclarée au passif, la créance doit être détenue contre le débiteur. *A priori*, la règle est d'une absolue évidence. Comment faire valoir un droit à l'encontre d'une personne qui n'est pas son débiteur ? Il n'y a pas place à déclaration d'une créance non détenue contre le débiteur. Ainsi n'a pas à être déclarée au passif, la créance de cotisations sociales due par la gérante non salariée de la société débitrice[3]. Pas davantage ne doit être déclarée au passif d'une société la créance de remboursement d'un prêt accordé au dirigeant, fut-ce pour les besoins de la société[4]. Si la créance est déclarée dans la procédure d'une personne non débitrice, elle doit être rejetée. Il en est ainsi d'une créance détenue au titre d'un traité de gérance passé entre une personne physique et la Seita. Le fait que l'intéressé puisse exercer son activité sous forme sociale n'a pas pour effet d'entraîner novation par changement de débiteur, de sorte que la déclaration de créance effectuée au passif de la société doit être rejetée[5].

Pour être déclarée au passif, la créance détenue contre le débiteur doit conduire à un paiement de sa part. Si tel n'est pas le cas, il n'y a pas place à déclaration au passif.

C'est ainsi que l'action directe, qui autorise le créancier à s'adresser directement à l'assureur du débiteur par exemple, n'est pas arrêtée et en conséquence, ne donne pas lieu à déclaration au passif[6]. La solution se justifie par l'observation que l'indemnité d'assurance ne se trouve pas dans le patrimoine du débiteur. Par la technique de l'action directe, elle n'y est jamais entrée.

C'est inversement parce que la créance est définitivement sortie du patrimoine du débiteur que le créancier ayant pratiqué une saisie-attribution sur une créance détenue par le débiteur sur un tiers n'est pas davantage concerné par l'obligation de déclaration de créance, dès lors que la saisie-attribution a été faite entre les mains du tiers avant jugement d'ouverture[7]. De même, l'indemnisation

3. Soc. 19 juill. 2001, n° 00-11.255, *Bull. civ.* V, n° 280; *Act. proc. coll.* 2001/16, n° 204, note Vachet.
4. Com. 4 mars 2014, n° 12-26.983, NP, *Bull. Joly sociétés* 2014, 337, note Mouial-Bassilana.
5. Paris, 3e ch. A, 6 déc. 2005, RG n° 05/1068.
6. Com. 25 mars 1997, n° 95-10.062, *Bull. civ.* IV, n° 78; *Gaz. Pal.* 1998, n° 178, note Massoni; *D.* 1998. Jur. 142, note Bonnard – Civ. 1re, 28 oct. 1997, n° 95-20.318, *Bull. civ.* I, n° 294; *D. Affaires* 1997. 1426, n° 11-2.
7. Com. 13 oct. 1998, n° 96-14.295, *Bull. civ.* IV, n° 237, *Gaz. Pal.* 1999, n° 245, p. 17, note Veron; *D. Affaires* 1998. 2018, obs. Lienhard.

complémentaire qui a été effectuée par la caisse d'assurance-maladie ne présuppose pas une déclaration de créance, le paiement provenant d'un tiers et non du débiteur[1]. Il en est de même de la créance d'aide personnalisée au logement, versée directement par les organismes sociaux au prêteur ou au bailleur de l'immeuble occupé par le débiteur[2].

663.62 Déclaration de créance dans la procédure du conjoint commun en biens. La deuxième observation concerne l'hypothèse du conjoint commun en biens. La déclaration de créance sera opportune au passif de ce dernier, non débiteur, afin de préserver ses droits sur les biens communs. Il s'agit là d'une hypothèse où le créancier sera astreint à déclarer au passif d'une personne qui n'est pourtant pas son débiteur[3]. La justification est trouvée dans l'article 1413 du code civil et dans l'attraction que produit la procédure collective sur les biens communs (v. s[s] n° 741.44).

663.63 Débiteurs multiples. En cas de pluralité de débiteurs de même rang – codébiteurs –, le créancier déclarera sa créance au passif de chacun des ceux-ci (sur le détail de cette question, v. s[s] n°s 731.31 à 731.34).

En présence de débiteurs membres d'une indivision, par exemple l'indivision successorale, le créancier pourra valablement déclarer par un *instrumentum* unique sa créance au passif des trois indivisaires mis en redressement judiciaire, dès lors que les indivisaires sont clairement identifiés[4].

663.64 Droit de suite. Pour qu'il y ait place à déclaration au passif, l'intéressé doit, à l'égard du débiteur soumis à la procédure collective, être titulaire d'une obligation personnelle. Il doit y avoir entre ces deux personnes un lien personnel d'obligation à la dette. S'il n'y a qu'une obligation réelle, telle celle issue du droit de suite, il n'y a pas, du moins sous l'empire de la législation antérieure à la loi de sauvegarde des entreprises[5], place à déclaration de créance (v. s[s] n° 711.21). Des règles particulières ont été posées pour les procédures ouvertes à compter du 1er janvier 2006 (v. s[s] n° 711.31).

1. Soc. 11 juin 1998, n° 96-14.233, *Bull. civ.* V, n° 319; *Gaz. Pal.* 1998. Pan. 247.
2. Com. 24 nov. 1998, n° 96-12.129, *Bull. civ.* IV, n° 282; *RJDA* 1999/2, p. 158, n° 201; *D. Affaires* 1999. 175.
3. Com. 2 mai 2001, n° 98-13.039, *Bull. civ.* IV, n° 80; *Act. proc. coll.* 2001/11, n° 141, obs. Vallansan.
4. Com. 17 déc. 2003, n°s 01-10.334, 01-10.335, 01-10.336, 3 esp., NP, *RD banc. fin.* 2004, n° 132, note Lucas.
5. L. n° 2005-845, 26 juill. 2005, préc.

SECTIO663.70

VRAIEET FAUSSES EXTENSIONS DE PROCÉDURE – CO-EXLOITATION ET CRÉANCE D'INDEMNITÉ À COBLER LE PASSIF

663.1 Déclaration de créance en cas d'extension e procédure aux membres et associés indéfinimet et solidairement tenus du passif du groupemen. Les personnes qui sont tenues indéfiniment et solidairement du passif sont, sous l'empire de la législation antérieure à la loi de sauvegarde des entreprises[6], déclarées obligatoirement en redressement ou en liquidation judiciaire, par suite de la procédure collective atteignant la personne morale débitrice, dont ils sont associés ou membres (C. com., art. L. 624-1 [anc[t] L. 25 janv. 1985[7], art. 178] – v. s[s] n°s 214.11 à 214.14). Cette solution a été abandonnée par la loi de sauvegarde des entreprises (v. s[s] n° 214.21).

Il ne s'agit pas là d'une véritable extension, puisqu'il y a ouverture d'une procédure distincte contre l'associé ou le membre. Il en résulte logiquement que le support du passif du groupement par les associés ou membres de celui-ci supposera une déclaration de créance non seulement au passif du groupement, mais encore au passif de chacun des membres ou associés[8]. Le caractère distinct de la procédure à l'encontre de la personne morale et à l'encontre de l'associé ou du membre conduit à décider que, faute de publication du jugement d'ouverture à l'encontre de l'associé ou du membre, le délai de déclaration de créance n'a pas commencé à courir contre le créancier du groupement[9].

Si la procédure collective a d'abord atteint le membre ou associé et seulement ensuite le groupement, la demande de paiement du passif du groupement supposera qu'une déclaration de créance éventuelle de support du passif du groupement ait

6. L. n° 2005-845, 26 juill. 2005, préc.
7. L. n° 85-98, 25 janv. 1985, préc.
8. Com. 25 nov. 1997, n° 95-16.202, *Bull. civ.* IV, n° 309; *LPA* 24 juill. 1998, n° 88, p. 33, note Teillais – Com. 20 févr. 2001, n° 97-14.256, *Bull. civ.* IV, n° 40; *JCP* 2001, n° 18, p. 885, note Rémery; *JCP E et A* 2001. Pan. 392; *Act. proc. coll.* 2001/6, n° 76, obs. Régnaut-Moutier; *D.* 2001. AJ 1101, obs. Avena-Robardet; *RJDA* 2001/6, n° 706; *RD banc. fin.* 2001, n° 108, note Legeais; *RD banc. fin.* 2001, n° 120, note Lucas; *Bull. Joly* 2001. 607, n° 152, note Le Nabasque; *RD banc. fin.* 2001, n° 180, note Le Nabasque – Com. 30 juin 2004, n° 02-15.345, *Bull. civ.* IV, n° 141; *RTD com.* 2005. 171, obs. Martin-Serf – Aix-en-Provence, 8e ch. C, 2 sept. 2003, RG n° 01/15540, *RD banc. fin.* 2004, n° 172, note Lucas; *RD banc. fin.* 2004, n° 251, note Lucas – Paris, 15e ch. B, 3 mars 2006, RG n° 2004/18529.
9. Com. 11 déc. 2001, n° 98-20.801, NP, *Act. proc. coll.* 2002/4, n° 47.

été faite, en son temps, au passif du membre de l'associé[1].

Dans la procédure de l'associé, le créancier semble devoir conserver le privilège général attaché à sa créance[2].

La caution du groupement dont les membres ou associés sont solidairement responsables du passif peut soulever l'exception de subrogation pour prétendre être déchargée en l'absence de déclaration de créance au passif des membres ou associés car elle perd la possibilité d'être subrogée à l'encontre des membres ou associés[3].

Par voie accessoire, pour poursuivre la personne ayant cautionné l'associé ou le membre au titre du passif du groupement, le créancier du groupement devra avoir déclaré sa créance au passif de l'associé ou du membre cautionné[4]. La disparition de l'extinction de la créance non déclarée, depuis la loi du 26 juillet 2005, pour les procédures ouvertes à compter du 1er janvier 2006, est de nature à conduire à une solution différente (v. s^s n° 66578).

663.72 Déclaration de créance en cas d'extension de procédure sur le fondement de la confusion des patrimoines ou de la fictivité. Si l'extension à d'autres personnes de la procédure ouverte contre le débiteur intervient sur le fondement de la confusion ou de la fictivité, le passif de ces dernières est le même que celui du débiteur à l'encontre duquel la procédure a été initialement ouverte. La déclaration de créance au passif du débiteur vaudra identiquement pour les personnes auxquelles la procédure a été étendue[5] (v. aussi s^s n° 213.42). Au contraire, si la créance est détenue à l'encontre de personnes morales auxquelles la procédure est étendue, il conviendra de déclarer au passif de ces dernières, qui deviendra le passif du débiteur, personne sous sauvegarde, en redressement ou en liquidation judiciaire. La déclaration de créance au passif d'une caution pourra être abandonnée par le créancier si la procédure ouverte contre la caution, fût-ce sur le fondement de l'article L. 624-5 du code de commerce (réd. lég. antérieure à la loi de sauvegarde des entreprises[6]), est ensuite étendue à la société débitrice principale sur le fondement de la confusion des patrimoines[7].

Si la jonction de plusieurs procédures est ordonnée, sans extension sur le fondement de la fictivité ou de la confusion des patrimoines, la déclaration au passif de chacun des débiteurs s'impose[8].

663.73 Déclaration de créance en cas d'extension de procédure au dirigeant fautif. Si l'extension intervient sur le fondement des articles L. 624-4 et L. 624-5 du code de commerce (anc^t L. 25 janv. 1985[9], art. 181 et 182) – redressement ou liquidation judiciaire à titre personnel contre le dirigeant de la personne morale condamnée à combler le passif et n'exécutant pas cette condamnation (C. com., art. L. 624-4) ou pour l'un des faits visés à l'article L. 624-5 –, le passif de la personne morale est automatiquement mis à la charge des dirigeants, sans qu'il y ait lieu de déclarer au passif de ces derniers[10], les créanciers conservant à leur égard le privilège détenu à l'encontre de la personne morale (v. s^s n° 214.31).

Ces solutions de la législation antérieure à la loi de sauvegarde des entreprises n'auront plus cours pour les procédures ouvertes après l'entrée en vigueur de cette loi, du fait de la suppression de cette cause d'ouverture d'une procédure collective (v. s^s n° 923.22).

663.74 Absence de nécessité de la déclaration de créance au passif du dirigeant de la condamnation à combler le passif (v. aussi s^s n° 922.38). Que décider si le dirigeant condamné à combler le passif est déjà soumis à une procédure de redressement ou de liquidation judiciaire pour une activité indépendante et non sur le fondement des articles L. 624-4 et L. 624-5 du code de commerce, voire, sous l'empire de la loi de sauvegarde des entreprises[11] à une procédure de sauvegarde (v. s^s n° 922.38) ? La déclaration de créance de support de tout ou partie de l'insuffisance d'actif du groupement s'impose-t-elle ? L'article 165 du décret du 27 décembre 1985[12] indique que la décision de condamnation est « portée sur l'état des créances de la procédure » de la personne morale débitrice dont il doit combler le passif. De manière semblable, l'article R. 651-6

1. Com. 30 juin 2004, n° 02-15.345, *Bull. civ.* IV, n° 141; *RTD com.* 2005. 171, obs. Martin-Serf; *Act. proc. coll.* 2004/15, n° 189, note Boulay; *Rev. proc. coll.* 2004, p. 259, n° 6, obs. Lebel.
2. Paris, 3e ch. B, 18 sept. 1998, *Rev. proc. coll.* 2000, p. 126, n° 13, obs. Deleneuville.
3. Paris, 15e ch. B, 3 mars 2006, RG n° 2004/18529.
4. Com. 20 févr. 2001, n° 97-14.256, *Bull. civ.* IV, n° 40; *JCP* 2001, n° 18, p. 885, note Rémery; *D.* 2001. AJ 1101, obs. Avena-Robardet; *JCP E et A* 2001. Pan. 392; *Act. proc. coll.* 2001/6, n° 76, obs. Régnaut-Moutier; *RJDA* 2001/6, n° 706; *RD banc. fin.* 2001, n° 108, note Legeais; *RD banc. fin.* 2001, n° 120, note Lucas; *Bull. Joly* 2001. 607, § 52, note Le Nabasque; *RD banc. fin.* 2001, n° 180, note Le Nabasque; *RJ com.* 2002, n° 1538, note Gibirila; *Rev. sociétés* 2001. 843, note Stoufflet; *RTD com.* 2002. 722, n° 1, obs. Martin-Serf.
5. Com. 1er oct. 1997, n° 95-11.210, NP, *D. Affaires* 1997. 1222 – Com. 27 oct. 1998, n° 95-13.469, NP.
6. L. n° 2005-845, 26 juill. 2005, préc.
7. Com. 23 nov. 2004, n° 03-12.516, NP – Com. 23 nov. 2004, n° 03-12.518, NP.
8. Com. 14 janv. 2004, n° 01-11.253, NP.
9. L. n° 85-98, 25 janv. 1985, préc.
10. Com. 17 févr. 1998, n° 95-21.569, *Bull. civ.* IV, n° 77.
11. L. n° 2005-845, 26 juill. 2005, préc.
12. D. n° 85-1388, 27 déc. 1985, préc.

du code de commerce (anc[t] D. 28 déc. 2005[1], art. 319) indique que « la décision de condamnation est portée par le greffier sur l'état des créances de la procédure à laquelle le dirigeant est soumis ou transmise au greffier compétent pour y procéder ». L'article 114 du décret du 30 juin 2014[2] étend la solution à l'EIRL.

L'alternative ouverte par ce dernier texte est destinée à tenir compte des deux hypothèses susceptibles de se présenter. Le tribunal qui a ouvert la procédure du dirigeant est celui qui le condamne à combler l'insuffisance d'actif ou à l'obligation aux dettes sociales. En ce cas, la décision est portée sur l'état des créances par le greffier. Le tribunal qui a ouvert la procédure du dirigeant n'est pas celui qui l'a condamné à combler le passif. En cas, la décision est transmise au greffier compétent, cette transmission devant, à notre sens, être assurée par le greffier de la juridiction qui a condamné l'intéressé.

Ces deux textes (D. 27 déc. 1985, art. 165, C. com., art. R. 651-6 [anc[t] D. 28 déc. 2005, art. 319]) induisent une automaticité comparable à celle existant lorsqu'une décision de justice intervient après jugement d'ouverture, fixant les droits du créancier, sans vérification de sa créance, par exemple en cas de poursuite d'une instance en cours tendant à la fixation de la créance. Logiquement, encore que la solution soit parfois critiquée[3], les organes de la procédure collective de la personne morale débitrice seront dispensés d'avoir à déclarer la créance de condamnation, qui résulte du titre de condamnation[4], le contraire ayant été antérieurement jugé[5]. Le juge-commissaire n'est pas compétent pour statuer sur cette créance fixée préalablement par le tribunal. En effet, le montant de la condamnation mis à charge du dirigeant déjà sous procédure collective est simplement reporté sur l'état des créances de la procédure ouverte contre ce dirigeant à la demande du liquidateur. La créance détenue par le liquidateur de la société dont le dirigeant est condamné à supporter l'insuffisance d'actif ou les dettes sociales ne peut être retenue que pour le montant auquel le dirigeant a été condamné[6]. La solution est transposable à l'EIRL.

En revanche, ces textes d'exception ne s'intéressent pas à une autre hypothèse, celle dans laquelle le dirigeant condamné à combler l'insuffisance d'actif ou les dettes sociales fait ultérieurement l'objet d'une procédure collective. Faute de texte comparable, il semble que la créance de condamnation doive être déclarée à son passif. La solution est transposable à l'EIRL.

663.75 Déclaration de créance en cas de co-exploitation. Si l'extension intervient sur le fondement de la co-exploitation, il y aura lieu de déclarer au passif de la personne à l'encontre de laquelle la procédure aura été ouverte[7]. Il n'y a pas ici extension de procédure (v. s[s] n° 741.21).

SECTION 663.80
DISPENSES DE DÉCLARATION DES CRÉANCES

663.81 Dispense de déclaration du créancier ayant déclaré au passif d'une procédure se terminant par un plan de sauvegarde ou de redressement ensuite résolu (v. aussi s[s] n°s 073.32 et 524.34). La loi de sauvegarde des entreprises[8] dispense, en application de l'article L. 626-27, III du code, les créanciers soumis au plan de sauvegarde de déclarer leurs créances et sûretés. Cette disposition est applicable aux procédures en cours au 1er janvier 2006. Les créances inscrites à ce plan sont en effet admises de plein droit, déduction faite des sommes déjà perçues. La règle est rendue applicable en cas d'arrêté d'un plan de redressement qui sera ensuite résolu (C. com., art. L. 631-21, al. 1er).

La différence est notable par rapport à la législation antérieure, qui oblige le créancier admis au passif d'une première procédure, à déclarer à nouveau sa créance au passif de la seconde procédure ouverte, suite à la résolution du plan, sous peine d'extinction de sa créance (v. s[s] n° 524.34).

La question pouvait se poser de savoir si le texte avait vocation à ne concerner que les seuls créanciers admis au passif ou si la dispense pouvait, plus largement, concerner tous les créanciers ayant déclaré leur créance. La Cour de cassation, saisie pour avis, a considéré que la dispense de déclaration concerne tous les créanciers ayant déclaré leur créance au passif de la première procédure, peu important que

1. D. n° 2005-1677, 28 déc. 2005, préc.
2. D. n° 2014-736, 30 juin 2014, *JO* 1er juill., p. 10834.
3. AINSI : J.-CL. COM., Vallansan, fasc. 2352, [Déclaration et admission des créances], 2007, n° 63.
4. Com. 22 janv. 2002, n° 98-15.028, *Bull. civ.* IV, n° 19; *D.* 2002. AJ 724; *JCP E et A* 2002. Chron. 807, p. 855, n° 17, obs. Pétel; *Act. proc. coll.* 2002/11, n° 145, obs. Vallansan; *Rev. proc. coll.* 2003, p. 165, n° 7, obs. Martin-Serf; *Dr. sociétés* 2002, n° 194, note Legros – Com. 14 mai 2002, n° 99-12.166, *Bull. civ.* IV, n° 85; *D.* 2002. AJ 1904; *Act. proc. coll.* 2002/11, n° 145, obs. crit. Vallansan; *RJDA* 2002/10, p. 901, n° 1068; *Rev. proc. coll.* 2003, p. 142, n° 12, obs. Legrand; *Rev. proc. coll.* 2003, p. 165, n° 7, obs. Martin-Serf – Paris, 3e ch. A, 28 sept. 2004, RG n° 2003/21238 – Paris, 3e ch. B, 3 nov. 2005, RG n° 01-17656 – Paris, 3e ch. A, 8 nov. 2005, RG n° 2004/24629.
5. Paris, 3e ch. B, 29 janv. 1999, *D. Affaires* 1999. 424, obs. Pétel – Paris, 3e ch. B, 12 janv. 2001, *Act. proc. coll.* 2001/9, n° 112.
6. Com. 13 févr. 2007, n° 05-20.999, NP; n° 298 F-D.
7. Com. 7 déc. 1999, n° 97-13.229, NP.
8. L. n° 2005-845, 26 juill. 2005, préc.

leur créance ait été ou non admise au passif de la première procédure[1]. L'ordonnance du 12 mars 2014[2] a confirmé cette analyse (v. s[s] n° 524.34).

663.82 Dispense partielle de déclaration de créance par les déposants et les épargnants des établissements de crédit – Dispense de déclaration en matière d'assurance. La jurisprudence estimait que les soldes en espèce détenus chez une banque en redressement ou liquidation judiciaire devaient, comme toute autre créance antérieure de sommes d'argent, être déclarés[3].

Il en était de même des sommes séquestrées chez une banque déclarée en redressement ou en liquidation judiciaire[4].

Des règles spéciales ont ensuite été posées pour tenir compte des risques spécifiques que pouvaient faire naître auprès des déposants et des épargnants la procédure collective atteignant un établissement de crédit.

La loi du 25 juin 1999[5] relative à l'épargne et à la sécurité financière prévoit que les déposants des établissements de crédit sous procédure collective bénéficient du fonds de garantie des dépôts. Le décret du 26 décembre 2000[6], pris en application de cette loi, a prévu que le déposant d'un établissement de crédit, créancier à ce titre, est dispensé de déclaration de créance au passif de cet établissement de crédit.

Le Fonds de garantie ne couvre pas toutes les créances détenues sur les établissements de crédit par les clients de ces derniers. Pour les créances non garanties, le Fonds de garantie doit avertir les clients de l'établissement de crédit que certaines de leurs créances ne sont pas garanties. Un délai de déclaration de créance de deux mois est accordé à ces clients, qui court alors à compter de la publication au *Bodacc* de l'avis de dépôt au greffe de la liste des créances garanties et vérifiées par le mandataire judiciaire, en application de l'article 12-3, IV du décret du 26 décembre 2000 (v. aussi s[s] n° 671.14).

Depuis l'ordonnance du 19 avril 2001[7], une dispense de déclaration de créance est également posée en matière d'assurance, mais elle n'existe que pour les liquidations judiciaires ouvertes à compter de l'ordonnance[8].

663.83 Dispense de déclaration des créances *alimentaires* – *Créances nées pour les besoins de* la vie courante du débiteur (procédures ouvertes entre le 1er janvier 2006 et le 15 février 2009). La question délicate de la déclaration des créances alimentaires est abordée dans le cadre de l'étude du conjoint, sous l'angle strict des créances alimentaires (v. s[s] n°s 741.95 et 741.96), mais aussi sous celui des prestations compensatoires (v. s[s] n°s 741.93 et 741.96).

La loi de sauvegarde des entreprises du 26 juillet 2005[9] prévoit explicitement que les créances alimentaires postérieures, qui ne bénéficient pas du traitement préférentiel et qui devraient donc être déclarées au passif, ne sont pas soumises à déclaration au passif (C. com., art. L. 622-24, al. 5). En revanche, cette exclusion de déclaration n'a pas été étendue, sans doute à la suite d'un oubli législatif, aux créances de la vie courante, qui, comme les créances alimentaires postérieures, peuvent être payées, alors pourtant qu'elles ne bénéficient pas du traitement préférentiel.

L'ordonnance du 18 décembre 2008[10] a modifié la rédaction des textes. L'alinéa 7 de l'article L. 622-24 du code de commerce (réd. ord. 18 déc. 2008, art. 33) prévoit désormais que les créances alimentaires ne sont pas soumises à déclaration de créance. Le texte ne distingue plus selon que la créance alimentaire est antérieure ou postérieure au jugement d'ouverture. Dans les deux cas, il y a dispense de déclaration de créance.

La dispense de déclaration ne vaut que pour les créances alimentaires, nature qui ne peut être reconnue à une somme perçue en exécution d'une clause pénale contractuelle prévue dans un contrat de rente viagère, peu important que la rente viagère ait pu présenter pour le crédit-rentier un complément de revenu à sa modeste retraite[11].

Pour tenir compte du droit du créancier titulaire d'une créance née pour les besoins de la vie courante d'être payé, sous l'empire de la loi de sauvegarde des entreprises du 26 juillet 2005, dans sa

1. Cass., avis, 17 sept. 2012, n° 12-00.010, *Bull. avis*, n° 8; *D.* 2012. Actu. 2239, note Lienhard; *D.* 2012. 2355, concl. Le Mesle et note Le Corre; *D.* 2013. Pan. 2370, note Le Corre; *Gaz. Pal.* 18 janv. 2013, n° 18, p. 12, note Le Corre; *BJE* janv. 2013, comm. 2, note Le Corre-Broly; *Rev. sociétés* 2012. 731, note Henry; *JCP E* 2012. Chron. 1757, n° 14, obs. Pétel; *RTD com.* 2012. 846, n° 2, obs. Martin-Serf; *Rev. proc. coll.* 2013, comm. 50, note Staes; *LPA* 7 mai 2013, n° 91, p. 13, note Tabourot-Hyest; *LXB hebdo* n° 313, 18 oct. 2012, note Le Corre.
2. Ord. n° 2014-326, 12 mars 2014, *JO* 14 mars, p. 5249.
3. T. com. Paris, 5e ch., 10 oct. 1997, *Gaz. Pal.* 12-13 août 1998, Somm. 9.
4. Com. 4 mars 1997, n° 94-13.170, *Bull. civ.* IV, n° 64; *RTD com.* 1998. 415, obs. Martin-Serf.
5. L. n° 99-532, 25 juin 1999, *JO* 29 juin, p. 9487.
6. D. n° 2000-1307, 26 déc. 2000, *JO* 30 déc., p. 20933.
7. Ord. n° 2001-350, 19 avr. 2001 relative au code de la mutualité et transposant les directives 62/49 CEE et 92/96 CCE du Conseil des 18 juin et 10 nov. 1992, *JO* 22 avr., p. 6288.
8. Com. 22 janv. 2008, n° 07-14.252, NP; n° 155 F-D; *Rev. proc. coll.* 2009/1, p. 30, n° 16, note Bonneau.
9. L. n° 2005-845, 26 juill. 2005, préc.
10. Ord. n° 2008-1345, 18 déc. 2008, *JO* 19 déc., p. 19462.
11. Com. 30 juin 2015, n° 14-18.366, NP.

rédaction d'origine, il serait logique de dispenser le créancier de l'obligation de déclarer sa créance au passif. L'obligation de déclarer les créances est en effet un corollaire de la règle de l'interdiction des paiements.

L'ordonnance du 18 décembre 2008 supprime, parmi les créances postérieures non éligibles au traitement préférentiel, l'exception relative aux créances nées des besoins de la vie courante.

663.84 Dispense de déclaration du créancier rejeté de la liste des créances postérieures privilégiées. Il appartient, selon l'article R. 622-15, alinéa 2 du code de commerce (anc^t D. 28 déc. 2005[1], art. 90, al. 2), texte de la sauvegarde applicable en redressement judiciaire (C. com., art. R. 631-20 [anc^t D. 28 déc. 2005, art. 189]) et adapté pour la liquidation judiciaire (C. com., art. R. 641-39, al. 1er, [anc^t D. 28 déc. 2005, art. 250, al. 1er]) au commissaire à l'exécution du plan ou au liquidateur, selon le cas, de déposer la liste des créances postérieures privilégiées au greffe du tribunal (sur les délais, v. s^s n° 456.16) où tout intéressé peut en prendre connaissance. Le greffier fait publier au *Bulletin officiel des annonces civiles et commerciales* une insertion indiquant ce dépôt. Le créancier intéressé peut alors, en application de l'article R. 622-15, alinéa 3 du code de commerce (anc^t D. 28 déc. 2005, art. 90, al. 3), texte de la sauvegarde applicable en redressement judiciaire (C. com., art. R. 631-20 [anc^t D. 28 déc. 2005, art. 189]) et adapté pour la liquidation judiciaire (C. com., art. R. 641-39, al. 2 [anc^t D. 28 déc. 2005, art. 250, al. 2]), saisir le juge-commissaire d'une requête aux fins de contestation de la liste des créances postérieures, dans un délai précisé par cette même disposition : un mois à compter de la publication au *Bodacc*. Deux situations peuvent alors se présenter.

Dans un premier cas, une personne intéressée saisit le juge-commissaire d'une contestation de la liste. Si le juge-commissaire suit l'opinion du mandataire de justice et confirme l'absence du créancier de cette liste, l'article R. 622-15, alinéa 4 du code de commerce (anc^t D. 28 déc. 2005, art. 90, al. 4) texte de la sauvegarde applicable en redressement judiciaire et adapté en liquidation judiciaire vient logiquement protéger ce créancier – seul à apprécier au départ sa qualité de créancier postérieur privilégié ou non. Ce texte pose en effet en règle que ce créancier finalement rejeté de la liste par le juge-commissaire est considéré comme ayant régulièrement déclaré sa créance.

Toutefois, l'article R. 622-15, alinéa 5, tel que modifié par le décret du 30 juin 2014[2] (art. 46, 2°) indique que le mandataire judiciaire peut opposer au créancier les *délais prévus à l'article L. 622-24* lorsque celui-ci *a reçu pour la même créance, un* avertissement d'avoir à déclarer sa créance. Ainsi, par exception, cette créance rejetée par le juge-commissaire de la liste des créances postérieures privilégiées ne sera pas sauvée de la forclusion. Il appartenait au créancier, averti par le mandataire judiciaire d'avoir à déclarer sa créance, de la déclarer. Tant pis pour lui s'il n'a pas cru bon de le faire, en pensant être titulaire d'une créance postérieure privilégiée !

D'une manière interprétative, le décret du 23 décembre 2006[3] ajoute à la disposition que « dans ce cas, le créancier adresse au mandataire judiciaire les informations prévues à l'article L. 622-25 [du code de commerce] et à l'article [98 du présent décret, devenu l'article R. 622-23 [du code de commerce] » (C. com., art. 622-15, al. 4, réd. D. 23 déc. 2006, art. 48). Il faut en effet tenir compte du fait que le créancier est dispensé de déclarer sa créance, mais cette dernière sera néanmoins soumise à vérification. L'examen de son bien-fondé suppose donc que le créancier fasse parvenir au mandataire judiciaire ou au liquidateur, selon le cas, les éléments justificatifs de sa créance.

En revanche, dans une seconde situation, le créancier qui avait, à tort, cru être titulaire d'une créance postérieure privilégiée, qui a porté à la connaissance des mandataires de justice cette créance prétendument assortie du privilège des créances postérieures, mais qui n'a pas ensuite surveillé le devenir de sa créance à la suite du dépôt au greffe de la liste des créances postérieures par le mandataire de justice et n'a donc pas contesté cette liste en saisissant le juge-commissaire, ne peut prétendre bénéficier du dispositif de dispense de déclaration des créances. Il n'est pas un créancier rejeté de la liste par le juge-commissaire. Ce créancier, qui aurait dû, en tant que créancier postérieur non éligible au traitement préférentiel, déclarer sa créance dans les délais réservés aux créanciers postérieurs encourra la sanction qu'encourt le créancier antérieur, auquel il est assimilé par l'article L. 622-24, alinéa 5 du code, à savoir l'inopposabilité de sa créance à la procédure collective ou au débiteur (v. s^s n° 665.75).

Il eut peut-être été opportun de prévoir l'obligation pour le mandataire de justice, de contester la qualification retenue, en ouvrant au créancier contesté un délai de réponse, ce qui aurait ensuite seulement déclenché un contentieux devant le juge-commissaire. En effet en pratique, il sera extrêmement délicat pour le créancier de suivre le sort de sa créance, car il est bien contraignant d'obliger les

1. D. n° 2005-1677, 28 déc. 2005, préc.
2. D. n° 2014-736, 30 juin 2014, préc.
3. D. n° 2006-1709, 23 déc. 2006, *JO* 29 déc., p. 19846.

créanciers, surtout s'ils ne sont pas institutionnels, à lire le *Bodacc* tous les jours.

Le créancier postérieur méritant, qui ne porte pas sa créance privilégiée à la connaissance des organes ne peut davantage être assimilé à un créancier rejeté de la liste des créances postérieures privilégiées. La question de savoir s'il peut bénéficier de la dispense d'avoir à déclarer sa créance ne se pose pas à notre sens, bien que le contraire ait été jugé[1]. Ce créancier devient un créancier chirographaire postérieur, qui sera au même rang que les créanciers chirographaires antérieurs, mais n'a pas à déclarer sa créance au passif.

663.85 Dispense de déclaration du créancier postérieur titulaire d'une créance née irrégulièrement. Le créancier titulaire d'une créance née irrégulièrement après le jugement d'ouverture et qui, en conséquence, ne bénéficie pas du traitement préférentiel réservé aux créanciers dont la créance est née régulièrement, n'a pas à déclarer celle-ci au passif de son débiteur. Sa créance est en effet hors procédure (v. s^{s} n° 454.12).

La solution ne fait aucune difficulté sous l'empire de la législation antérieure à la loi de sauvegarde des entreprises[2], puisque, sous ce régime, seules les créances antérieures doivent être déclarées.

La solution ne doit pas être différente sous le régime de la loi de sauvegarde des entreprises. En effet, sont soumises à déclaration, outre les créances antérieures (C. com., art. L. 622-24, al. 1er), les seules créances postérieures nées régulièrement qui ne sont pas mentionnées au I de l'article L. 622-17 (C. com., art. L. 622-24, al. 5), c'est-à-dire les créances postérieures nées régulièrement non éligibles au traitement préférentiel, parce qu'elles ne rentrent pas dans les critères téléologiques d'attribution du traitement préférentiel[3]. L'interprétation *a contrario* s'impose ici pour les créances postérieures nées irrégulièrement. Les fictions juridiques sont de droit strict et ne peuvent donc exister sans un texte, qui fait ici défaut. Il ne peut donc être question de traiter des créances postérieures comme des créances antérieures, ce qui supposerait d'utiliser le mécanisme de la fiction juridique.

663.85-1 Dispense de déclaration de créance du salarié. Les salariés sont dispensés de déclarer leurs créances au passif, y compris leurs créances de nature indemnitaire[4]. Une procédure particulière d'établissement de relevés de créances salariales est prévue par la législation (v. s^{s} n°s 696.00 s.).

La créance salariale déclarée à tort ne peut faire l'objet d'une décision de rejet du juge-commissaire, qui n'a pas le pouvoir de statuer sur une telle créance non soumise à déclaration[5]. Le juge-commissaire excède, en conséquence, ses pouvoirs à admettre au passif une créance salariale et la cour d'appel, qui confirme la décision, commet elle-même un excès de pouvoir[6].

La créance détenue par un ancien salarié, qui présente un caractère indemnitaire et non salarial, en ce qu'elle résulte d'une faute inexcusable de l'employeur, doit être déclarée au passif[7].

663.86 Dispense de déclaration de créance des créanciers figurant sur la liste établie à la date d'ouverture de la sauvegarde financière accélérée (v. aussi s^{s} n° 663.18). La sauvegarde financière accélérée créée par l'article 57 de la loi du 22 octobre 2010[8] est une procédure semi collective. Ne sont soumis à la procédure, et partant, à la discipline collective de cette procédure, que les créanciers membres du comité des établissements de crédit et, le cas échéant, les obligataires.

Les créanciers membres du comité des établissements de crédit sont dispensés de déclarer leur créance au passif, s'ils figurent sur la liste établie par le débiteur et certifiée par le commissaire aux comptes ou, à défaut, l'expert-comptable. L'article L. 628-5, alinéa 2 du code de commerce prévoit qu'il s'agit de la liste des créances à la date d'ouverture de la sauvegarde financière accélérée.

Le législateur tient en effet compte du fait que l'ouverture de cette procédure s'inscrit dans le prolongement d'une procédure de conciliation, au cours de laquelle un accord de conciliation a été tenté. Un certain nombre de créanciers sont donc connus, pour avoir été consultés, peu important, compte tenu de la formule législative utilisée, que ces créanciers aient ou non accepté l'accord de conciliation[9]. Il apparaît logique d'assouplir la procédure de reconnaissance de leur droit de créance.

Aussi, pour ces créanciers figurant sur la liste établie par le débiteur ou son expert-comptable, l'article L. 628-5, alinéa 2 du code prévoit que si ces créanciers n'adressent pas leur créance dans les conditions de droit commun, leurs créances sont réputées déclarées. Ils ne sont donc pas sanctionnés par l'inopposabilité à la procédure de leur créance

1. Grenoble, ch. com., 31 mai 2012, RG n° 11/02571, *D.* 2012. Pan. 2206, note Le Corre; *Gaz. Pal. entr. diff.* 13 oct. 2012, n° 286, p. 24, note Henry.
2. L. n° 2005-845, 26 juill. 2005, préc.
3. EN CE SENS AUSSI : PÉROCHON, 10e éd., n° 1521.
4. Soc. 10 déc. 2014, n°s 13-19.104, 13-19.496, NP.
5. Paris, 3e ch. A, 19 sept. 2006, RG n° 05-19730.
6. Com. 6 déc. 2011, n°s 10-22.855, 10-22.857, 10-22.860, 10-22.862, 4 esp., NP; n°s 1247 à 1250 F-D; *BJE* mars 2012, comm. 44, p. 105, note Donnette.
7. Paris, 3e ch. B, 22 nov. 2007, RG n° 2007/5358.
8. L. n° 2010-1249, 22 oct. 2010, préc.
9. LIENHARD, 4e éd., n° 94.17 – PÉROCHON, 9e éd., n° 1038.

pour défaut de déclaration. Tout au plus devront-ils procéder à une réactualisation de leur créance. Encore faut-il préciser que cette réactualisation doit être faite en tenant compte de la créance existant au jour du jugement d'ouverture, puisque la déclaration de créance a pour objet de déterminer l'existence de la créance à cette date. Il faut donc supposer que la créance portée sur la liste par le débiteur ou l'expert-comptable ne l'est pas pour son montant exact au jour du jugement d'ouverture. Le créancier concerné aura eu connaissance de la créance mentionnée sur la liste par un courrier reçu du mandataire judiciaire l'informant des caractéristiques des créances figurant sur la liste. Le texte d'origine visait une « information par tout moyen ». L'article 28 de la loi du 22 mars 2012 [1] a supprimé cette précision. Le décret reste muet. Il apparaît opportun que le mandataire judiciaire informe les créanciers concernés des caractéristiques de leurs créances figurant sur la liste par la voie d'une lettre recommandée avec demande d'avis de réception.

L'article L. 628-5, alinéa 2 prévoit en outre un dépôt au greffe de la liste (v. s^s^ n° 672.14).

Pour leur part, les obligataires déclareront leur créance dans les conditions classiques imposées aux obligataires (v. s^s^ n° 662.24) à moins qu'ils ne figurent sur la liste des créances établies à la date d'ouverture de la procédure de sauvegarde financière accélérée. En ce cas, ils sont traités comme les créanciers membres du comité des établissements de crédit.

L'ordonnance du 12 mars 2014 [2], tout en créant la sauvegarde accélérée, a conservé la sauvegarde financière accélérée. Les règles de déclaration des créances applicables à la sauvegarde accélérée (v. s^s^ n° 224.52) s'appliqueront identiquement à la sauvegarde financière accélérée. Les créanciers qui figurent sur la liste et qui sont d'accord avec les mentions y figurant sont dispensés d'avoir à déclarer personnellement leur créance. Le fait de figurer la liste, sous certaines conditions, emporte présomption de déclaration de leur créance par le débiteur (v. s^s^ n° 224.52).

Les créanciers non mentionnés sur la liste de l'article L. 622-6 et qui ne seraient pas davantage mentionnées sur celle de l'article L. 628-7 ne sont pas, faute de disposition contraire, dispensés de déclaration de créance. Mais, puisqu'ils ne figurent pas sur la liste de l'article L. 622-6, ils bénéficient du droit d'être relevés de la forclusion pour omission de cette liste.

663.87 Dispense de déclaration de créance du créancier postérieur figurant sur la liste des créances postérieures privilégiées. D'une manière opportune, et reprenant une suggestion que nous avions formulée, l'article 24 de l'ordonnance du 12 mars 2014 [3] dispense de déclaration de créance le créancier bénéficiant du privilège des créanciers postérieurs reconnu par l'article L. 622-17 du code de commerce.

À la vérité, le texte de l'article L. 626-27, III, dernière phrase, du code de commerce est plus large puisqu'il prévoit que « bénéficient également d'une dispense de déclaration les créances portées à la connaissance de l'une des personnes mentionnées au IV de l'article L. 622-17 dans les conditions prévues par ce texte ». Ce texte permettrait de comprendre que l'article L. 626-27, III concerne d'une part, les créanciers postérieurs figurant sur la liste des créanciers postérieurs privilégiés, mais aussi, d'autre part, les créanciers ayant porté leur créance postérieure à la connaissance des organes de la procédure et non rejetées de cette liste, mais qui ne figurent pas pour autant sur la liste, celle-ci n'ayant pas été élaborée ou déposée au greffe par le mandataire de justice.

Pareille interprétation qui pourrait se recommander d'une certaine logique est irréaliste en pratique. En effet, comment le greffier pourra t-il reporter sur l'état des créances de la seconde procédure collective ouverte suite à la résolution du plan des créanciers dont il ignore l'existence ? Fort heureusement, l'article R. 626-49, alinéa 2 du code de commerce, issu du décret du 30 juin 2014 [4], restreint la dispense de déclaration, en prévoyant que « les créances portées sur la liste mentionnée à l'article R. 622-15 ou à l'article R. 641-39 et qui n'ont pas été rejetées sont portées par le greffier sur l'état des créances de la nouvelle procédure ». Ainsi, le décret permet-il de comprendre que seule les créances postérieures privilégiées d'une première procédure, qui ont été portées à la connaissance des organes de cette procédure, et qui figurent sur la liste établie par ces organes sont dispensées de déclaration de créance au passif de la seconde procédure collective ouverte suite à la résolution du plan.

1. L. n° 2012-387, 22 mars 2012, *JO* 23 mars, p. 5226.
2. Ord. n° 2014-326, 12 mars 2014, préc.
3. Ord. n° 2014-326, 12 mars 2014, préc.
4. D. n° 2014-736, 30 juin 2014, préc.

CHAPITRE

664. Modalités formelles et preuve de la déclaration de créance

SECTION 0
ORIENTEUR

664.00 Plan du chapitre.

Sect. 664.10 Forme et destinataire de la déclaration de créance

Sect. 664.20 Éléments justificatifs de la créance

Sect. 664.30 Certification sincère et visa par le commissaire aux comptes de la créance à déclarer

Sect. 664.40 Déclaration de créance en monnaie étrangère

Sect. 664.50 Preuve de la déclaration de créance dans les délais

664.01 Textes applicables. (V. les références complètes s[s] n° 011).

> Législation antérieure à la loi de sauvegarde des entreprises.

C. com., art. L. 621-44

D. n° 85-1388, 27 déc. 1985, art. 67

> Législation issue de la loi de sauvegarde des entreprises.

C. com., art. L. 622-25, L. 631-14, I, L. 643-1, L. 641-3, al. 4

C. com., art. R. 622-23 (anc[t] D. n° 2005-1677, 28 déc. 2005, art. 98), R. 631-27 (anc[t] D. n° 2005-1677, 28 déc. 2005, art. 195), R. 641-25 (anc[t] D. n° 2005-1677, 28 déc. 2005, art. 236)

> Législation issue de l'ordonnance du 18 décembre 2008.

C. com., art. L. 622-25, L. 631-14-al. 1er, L. 643-1, L. 641-3, al. 4

C. com., art. R. 622-23, R. 631-27, R. 641-25

664.02 Jurisprudence de référence.

> Si dans le délai de la déclaration de créance, l'administrateur judiciaire retransmet le courrier de déclaration au représentant des créanciers, celui-ci ne peut valablement soutenir qu'il n'a pas reçu la déclaration de créance.

• Com. 6 janv. 1998, n° 95-11.894, *Bull. civ.* IV, n° 3

* V. s[s] n° 664.12

> Le juge-commissaire, et à sa suite la cour d'appel, ne pourront rejeter une créance, en estimant qu'elle n'est pas suffisamment justifiée, sans inviter le créancier déclarant à produire les documents justificatifs.

• Com. 5 juin 2012, n° 11-17.603, *Bull. civ.* IV, n° 114; n° 635F-P+B

* V. s[s] n° 664.21

664.03 Bibliographie indicative. (V. les références complètes s[s] n° 031 – Aussi s[s] n° 660.03).

SECTION 664.10
FORME ET DESTINATAIRE DE LA DÉCLARATION DE CRÉANCE

664.11 Liberté de la forme de la déclaration de créance. La déclaration de créance n'est guère réglementée en la forme. Les articles L. 621-44 du code de commerce (réd. antérieure à la loi de sauvegarde des entreprises[1] [anc[t] L. 25 janv. 1985[2], art. 51]), devenu C. com., art. L. 622-25 (réd. issue de la loi de sauvegarde des entreprises), 67 du décret du 27 décembre 1985[3] et R. 622-23 (anc[t] D. 28 déc. 2005, art. 98) se contentent d'exiger un écrit. Il n'est pas exigé que cet écrit soit unique. Sera donc valable la déclaration de créance figurant dans des documents multiples[4].

1. L. n° 2005-845, 26 juill. 2005, *JO* 27 juill., p. 12187.
2. L. n° 85-98, 25 janv. 1985, *JO* 26 janv., p. 1097.
3. D. n° 85-1388, 27 déc. 1985, *JO* 29 déc., p. 15281.
4. Versailles, 13e ch., 14 janv. 1999, *RJDA* 1999/6, n° 697.

De même, rien n'interdit, dans un même document, de présenter une demande en acquiescement de revendication ou de restitution et de déclarer sa créance[1].

En pratique, la déclaration de créance prendra le plus généralement la forme d'une lettre recommandée avec demande d'avis de réception. Mais, ce procédé n'est nullement impératif[2]. La déclaration de créance faite par télécopie est identiquement valable[3]. Il a même été admis que la déclaration de créance adressée en original à l'administrateur et en copie au représentant des créanciers par la voie d'un télécopieur était valablement effectuée[4]. Cependant, si le représentant des créanciers conteste avoir reçu la déclaration de créance, le rapport d'émission du télécopieur ne constituera qu'un commencement de preuve par écrit, qu'il conviendra de compléter par d'autres éléments[5]. Le procédé du fax est d'ailleurs bien inutile, dès lors qu'on rappelle que le respect du délai de déclaration de créance s'apprécie par rapport à l'envoi, non par rapport à la réception de la déclaration de créance (v. s[s] n° 665.21).

La déclaration de créance peut aussi valablement être effectuée par coursier[6].

Il est possible d'utiliser la technique de la lettre recommandée électronique (LRE), qui fournit tout à la fois la preuve du dépôt, ce qui est classique pour les lettres recommandées, mais aussi celle de son contenu[7].

À compter du 1er janvier 2014, la déclaration de créance aurait dû pouvoir être effectuée par voie électronique sur le portail mis en place par le Conseil National des Administrateurs judiciaires et mandataires judiciaires (L. 28 mars 2011[8], art. 20, 21 et 37). Mais la rédaction du décret d'application a été différée pour que la conformité puisse être assurée avec la réforme de 2014[9] qui était en cours.

664.12 Langue employée pour la rédaction. Logiquement, et en l'absence de disposition spéciale, la déclaration de créance, analysée comme équivalente à une demande en justice, doit être rédigée en français. Le créancier peut cependant couvrir l'irrégularité de forme jusqu'au moment où le juge statue[10]. Il en sera ainsi s'il produit devant la cour d'appel une traduction de la déclaration de créance et de la réponse au courrier de contestation[11].

Cependant, l'entrée en vigueur du Règlement communautaire du *29* mai 2000[12] autorise depuis le 31 mai 2002 tout créancier ressortissant de la Communauté européenne à déclarer sa créance dans la langue de son pays, en mentionnant « Production de créance », sur la lettre de déclaration de créance (règl., art. 42, § 2). Le représentant des créanciers pourra exiger de lui une traduction (v. s[s] n° 092.61).

664.13 Demande explicite et non équivoque de prise en compte des droits du créancier contenant identification du créancier. Il appartient aux juges du fond d'apprécier souverainement si le courrier adressé aux mandataires de justice constitue bien une déclaration de créance[13]. Cette appréciation est faite par référence à l'équivalence de la déclaration de créance à une demande en justice. Elle doit donc, comme une assignation, contenir explicitement une demande tendant à la prise en compte des droits du créancier dans la procédure collective, et contenir une déclaration claire et non équivoque du créancier[14]. Le fait que la déclaration soit d'abord effectuée à titre conservatoire, pour l'hypothèse où le débiteur ne serait pas la personne sous procédure collective, n'empêche pas de considérer comme valable la déclaration de créance effectuée[15].

Il en est ainsi d'une lettre adressée au liquidateur se référant au débiteur en liquidation et au chantier litigieux accompagnée d'un décompte général des travaux faisant ressortir une créance détaillée et chiffrée, à laquelle étaient jointes les pièces justificatives[16]. De même, le courrier adressé par l'avocat du créancier au liquidateur faisant état des condamnations définitives prononcées au profit de son client à

1. Poitiers, 2e ch. civ., 26 mars 2002, *RD banc. fin.* 2003, n° 27, note Lucas.
2. Paris, 25e ch. B, 19 sept. 2003, RG n° 2001/18094.
3. Com. 17 déc. 2003, n° 01-10.692, *Bull. civ.* IV, n° 210; *D.* 2004. AJ 138, obs. Lienhard; *JCP E* 2004. Chron. 783, n° 7, obs. Pétel; *RTD com.* 2004. 372, n° 3, obs. Martin-Serf.
4. Rouen, 2e ch., 15 mai 2003, RG 01/04379, *RD banc. fin.* 2004, n° 23, note Lucas.
5. Com. 6 oct. 2009, n° 08-21.395, NP; n° 876 F-D; *Gaz. Pal.* 8-10 janv. 2010, n°s 8, 9, p. 29, note Le Corre-Broly – Paris, 15e ch. A, 2 avr. 2002, *D.* 2002. AJ 1840; *RD banc. fin.* 2002, n° 95, note Lucas; *RTD com.* 2002. 547, n° 9, obs. Vallens; *Gaz. Pal.* 17-19 nov. 2002, Somm. 28.
6. Versailles, 2 mai 1996, *D. Affaires* 1996. 1038.
7. *Dr. et patr.* 2004, n° 128, p. 22.
8. L. n° 2011-331, 28 mars 2011, *JO* 29 mars, p. 5447.
9. Ord. n° 2014-326, 12 mars 2014, *JO* 14 mars, p. 5249.
10. Lyon, 3e ch., 7 sept. 2001, *BICC* 15 déc. 2001, n° 1214; *RTD com.* 2002. 167, n° 17, obs. Vallens; *RJDA* 2002/6, n° 662.
11. Paris, 3e ch. B, 20 déc. 2007, RG n° 2006/12148.
12. Règl. (CE) n° 1346/2000, Conseil, 29 mai 2000 relatif aux procédures d'insolvabilité, *JOCE L* 160, 30 juin, p. 1.
13. Com. 15 mars 2005, n° 03-18.161, NP – Com. 10 juin 2008, n° 07-15.757, NP; n° 687 F-D; *RTD com.* 2008. 862, n° 12, obs. Martin-Serf.
14. Com. 5 oct. 1993, n° 91-16.578, NP, *Dr. sociétés* 1993, n° 222, note Chaput – Com. 9 mars 1996, *RJDA* 1996/6, n° 821, p. 594 – Com. 8 oct. 1996, n° 94-13.499, NP, *RJDA* 1997, n° 120 – Com. 17 févr. 1998, n° 95-18.271, NP, *D. Affaires* 1998. 765.
15. Com. 10 mars 2009, n° 08-10.110, NP; n° 220 F-D.
16. Com. 28 sept. 2004, n° 02-16.367, NP.

l'encontre du débiteur vaut déclaration de créance[1]. L'envoi par l'avocat du créancier impayé de chèques et des certificats de non-paiement correspondants, sans aucun courrier d'accompagnement, suffit à constituer une déclaration de créance valable dans la mesure où il n'y a pas d'ambiguïté sur l'identité de l'expéditeur et son intention[2].

Le représentant des créanciers – mandataire judiciaire –, qui aura, sur le plan procédural, le rôle de défendeur dans la procédure de vérification des créances, doit connaître l'objet de la demande qui lui est présentée. C'est pourquoi l'envoi d'un simple relevé comptable au représentant des créanciers ne peut valoir déclaration de créance[3], à moins qu'il ne soit accompagné d'une demande tendant à la prise en compte des droits du créancier dans la procédure collective[4]. Il en est de même de l'envoi d'un décompte définitif et de ses annexes sans requérir l'inscription d'une créance au passif[5]. Ne vaut pas davantage déclaration de créance, la simple remise au mandataire de justice de documents établissant la qualité de créancier[6]. La solution est identique en cas d'envoi d'une lettre par laquelle le créancier invoque la compensation et demande au liquidateur de mettre en œuvre une expertise, la créance de dommages et intérêts n'ayant été ni chiffrée ni évaluée à titre provisionnel dans la lettre[7]. Le dépôt d'un rapport d'expertise, alors même qu'il contient le montant de la créance indemnitaire, ne peut valoir déclaration de créance[8].

Ne constitue pas non plus une déclaration de créance, l'envoi au représentant des créanciers du double du courrier envoyé au débiteur contenant mise en demeure de payer sous peine de résiliation, avec le décompte de résiliation et demandant la revendication du bien crédit baillé[9].

Ne peut valoir déclaration de créance, le courrier contenant l'historique des relations entre le créancier et le débiteur et les doléances sur les prestations effectuées et le montant des sommes versées[10].

Ne vaut pas déclaration de créance, l'assignation en redressement judiciaire[11], puisque, d'une part, elle intervient avant ouverture de la procédure et que, d'autre part, elle est exclusive d'une demande de reconnaissance d'une créance.

N'équivaut pas davantage à une déclaration de créance, le courrier par lequel le créancier se prévaut de la résiliation d'un marché avec le débiteur et du préjudice qu'il en subit[12].

Pas plus, il ne saurait être considéré qu'il y a eu déclaration de créance dans le fait de délivrer une assignation en intervention forcée au liquidateur[13], ou de prendre des conclusions contenant demande reconventionnelle contre le liquidateur[14].

De même, a été jugée insuffisante la lettre adressée par le directeur du contentieux d'une banque et accompagnant la déclaration de créance non signée[15]. La jurisprudence qui admet la possibilité de rattacher la déclaration de créance à son auteur, même si elle n'est pas signée, peut conduire à poser une solution différente (v. s^s n° 662.42).

Si une lettre recommandée contenant décompte peut valoir déclaration des créances, le créancier ne peut prétendre avoir déclaré sa créance alors que dans des conclusions il a soutenu qu'il n'avait pas été informé de la nécessité de déclarer sa créance[16].

Le courrier envoyé au représentant des créanciers après résolution du plan de continuation et rappelant la déclaration de créance faite au passif de la première procédure ne vaut pas davantage déclaration de créance[17]. On ajoutera que le courrier d'avocat visant une déclaration de créance effectuée précédemment par son client ne peut être considéré comme une déclaration de créance[18].

1. Com. 10 juin 2008, n° 07-15.757, NP; n° 687 F-D; *RTD com.* 2008. 862, n° 12, obs. Martin-Serf.
2. Com. 15 févr. 2011, n° 10-12.149, *Bull. civ.* IV, n° 26; n° 127 F-P+B; *D.* 2011. AJ 673, obs. Lienhard; *D.* 2011. Pan. 2073, note Lucas; *Gaz. Pal. entr. diff.* 1-2 avr. 2011, p. 32, note Le Corre-Broly; *BJE* mai/juin 2011, § 51, p. 133, note Brignon; *Rev. proc. coll.* 2011, comm. 81, p. 45, note Legrand et Legrand; SUR POURVOI DE : Pau, 2e ch. 1re sect., 13 oct. 2009, RG n° 4178/09, *Rev. proc. coll.* 2010, comm. 99, note F. et M.-N. Legrand; *RTD com.* 2011. 793, n° 1, obs. Martin-Serf.
3. Com. 18 janv. 2000, n° 97-12.741, NP, *RD banc. fin.* 2000, n° 121 – Com. 6 févr. 2001, n° 98-11.112, *Bull. civ.* IV, n° 31; *Act. proc. coll.* 2001/5, n° 59, obs. Vallansan; *D.* 2001. AJ 1027, obs. Lienhard; CONFIRMANT : Versailles, 13e ch., 30 oct. 1997.
4. Com. 11 juin 2002, n° 99-16.070, NP.
5. Com. 10 mars 2004, n° 01-01.473, NP.
6. Com. 6 févr. 2001, n° 98-11.112, *Bull. civ.* IV, n° 31; *RD banc. fin.* 2001, n° 67, note Lucas.
7. Paris, 27 mars 1996, *RJDA* 1996, n° 1259.
8. Paris, 15 mars 1990, RG n° 89/3488, *JurisData* 021207.
9. Aix-en-Provence, 8e ch. C, 11 sept. 2001, *Act. proc. coll.* 2002/3, n° 39.
10. Grenoble, 2e ch. civ., 14 juin 2011, RG n° 09/02875, *Rev. proc. coll.* 2012, comm. 11, p. 38, note Legrand et Legrand.
11. Paris, 17 mars 1995, RG n° 93/019971, *JurisData* 021006.
12. Limoges, ch. civ., 2e sect., 3 juin 1999, *BICC* 1er févr. 2000, n° 122.
13. Com. 22 mars 1994, n° 92-10.663, *Bull. civ.* IV, n° 119; *Rev. proc. coll.* 1995, 54, nos 3; *Rev. proc. coll.* 1995, 308, n° 4, obs. Dureuil.
14. Com. 8 déc. 1998, n° 95-17.379, NP, *Act. proc. coll.* 1999/2, n° 16; *RJDA* 1999/2, p. 156, n° 198.
15. Com. 3 févr. 1998, n° 95-16.448, NP – *CONTRA :* Reims, 23 mars 1993, *Rev. proc. coll.* 1995, 55, obs. Dureuil.
16. Com. 8 févr. 2013, n° 09-66.551, NP; n° 116 F-D.
17. Versailles, 13e ch., 30 sept. 1999, *RJDA* 2000/3, n° 312.
18. Lyon, 3e ch. 7 nov. 1997, *LPA* 30 oct. 1998, n° 113, p. 19, obs. Soinne.

L'objet de la déclaration de créance est d'obtenir l'admission de sa créance au passif. Ne peut en conséquence équivaloir à une déclaration de créance, le courrier par lequel le créancier répond au représentant des créanciers, dans le cadre de l'élaboration du plan de continuation[1], alors surtout que les procédures de vérification des créances et d'élaboration du plan sont autonomes (v. s^s^ n° 522.24). La solution est évidemment transposable au plan de redressement ou de sauvegarde. Pour la même raison, une demande d'information au représentant des créanciers sur le sort du contrat ne peut valoir déclaration de créance[2]. Il en est de même d'une demande de revendication du matériel[3], dès lors qu'elle n'est pas accompagnée d'une demande d'admission de la créance au passif rien n'interdisant, en effet, de joindre les deux demandes, si le destinataire est identique (v. s^s^ n° 664.11).

Le représentant des créanciers n'a aucune obligation d'attirer l'attention du déclarant sur l'irrégularité formelle de la déclaration de créance[4].

Le mandataire de justice doit pouvoir identifier le créancier dont la créance est déclarée. L'erreur commise dans la désignation du créancier pourra conduire au rejet dès lors qu'il ne s'agit pas d'une simple erreur matérielle. Il en est ainsi lorsqu'un avocat se présente comme le conseil d'un créancier, qu'il réitère dans le courrier le visa d'une créance au nom de ce même créancier, alors qu'il s'agit de la créance d'un autre créancier[5].

De façon plus générale, il ne doit donc pas y avoir d'équivoque sur le fait de savoir si le déclarant a déclaré sa propre créance ou a déclaré une créance en tant que mandataire. Cette appréciation est souverainement appréciée par les juges du fond[6].

De même, une déclaration de créance effectuée au nom d'un groupe de sociétés, lequel n'a pas la personnalité morale, n'a pas été jugée recevable, alors même que le signataire était le directeur général des deux sociétés créancières, et qu'il avait pouvoir de déclarer les créances[7].

664.14 Déclaration de créance par plusieurs créanciers ou au passif de plusieurs débiteurs. L'équivalence de la déclaration de créance à une demande en justice avant l'ordonnance du 12 mars 2014 oblige le déclarant qui procéderait à la déclaration de créances de plusieurs créanciers, dans un seul document – ce qui n'apparaît pas interdit –, à identifier de manière précise, d'une part les créanciers pour le compte desquels il agit, et, d'autre part, le montant de la créance de chacun. C'est ce qui avait été jugé dans un premier temps[9]. Il a ensuite été précisé que le fait pour un créancier non solidaire, qui déclare sur la base d'un mandat spécial la créance d'un tiers et sa propre créance, de ne pas distinguer les créances respectives des deux créanciers n'entraîne pas la nullité de la déclaration de créance et le déclarant conserve la faculté d'individualiser les créances jusqu'à ce que le juge statue[10].

La déclaration pour une somme globale faite pour les sociétés d'un groupe ne permet pas d'identifier les véritables créanciers et ne peut donc être admise[11]. En l'absence de confusion des patrimoines, une déclaration de créance doit être faite par le créancier au passif de chacune des sociétés dont il est créancier. Il ne peut déclarer une seule créance pour toutes les créances qu'il détient à l'encontre de chaque société d'un même groupe[12].

Symétriquement, la déclaration de créance peut être faite simultanément au passif de plusieurs débiteurs, dès lors que le mandataire de justice, destinataire de la déclaration de créance, est le même pour chacun des débiteurs et que les montants dus par chacun sont identifiés[13]. La solution a ainsi été posée à propos d'indivisaires[14].

1. Com. 18 janv. 2000, n° 97-12.741, NP, *RD banc. fin.* 2000, n° 121, note Lucas.
2. Com. 19 mars 1996, 94-13.630, *Bull. civ.* IV, n° 90; *JCP E* 1996. Pan. 616.
3. Aix-en-Provence, 11 sept. 2001, *Act. proc. coll.* 2002, comm. 39.
4. Com. 6 févr. 2001, n° 98-11.112, *Bull. civ.* IV, n° 31; *JCP E* 1997, n° 2, p. 15, note Brault; *Gaz. Pal.* 1996, n° 319, n° spéc., p. 13, note Brault; *Act. proc. coll.* 2001/5, n° 59, obs. Vallansan; *D.* 2001. AJ 1027, obs. Lienhard; *RTD com.* 2002. 536, n° 1, obs. Martin-Serf.
5. Com. 20 oct. 2009, n° 08-17.830, NP; n° 912 F-D; *Rev. proc. coll.* 2010/1, § 13, p. 32, note Legrand.
6. Com. 13 sept. 2011, n°s 10-25.533, 10-25.731, 10-25.908, *Bull. civ.* IV, n° 131; n° 840 FS-P+B; *D.* 2011. Actu. 2272, obs. Lienhard; *D.* 2011. 2518, note d'Avout et Borga; *Gaz. Pal. entr. diff.* 21 janv. 2012, n° 20, p. 12, note Mélin; *JCP E* 2011. 484, obs. Notté; *Act. proc. coll.* 2011/17, comm. 259, note Jault-Seseke et Robine; *BJE* nov./déc. 2011, comm. 162, p. 297, note Dammann et Podeur; *BJE* nov./déc. 2011, comm. 158, p. 305, note Henry et Houin-Bressand; *JCP E* 2011. Chron. 1000, n° 9, obs. Pétel; *Rev. proc. coll.* 2011, comm. 173, note Menjucq et Mastrullo; *RTD com.* 2011. 800, n° 9, obs. Vallens; *RTD com.* 2012. 190, n° 2, obs. Martin-Serf; *LPA* 27 juin 2012, n° 128, p. 14, note Tabourot-Hyest; *Dr. et patr.* sept. 2012, n° 217, note Saint-Alary-Houin.
7. Com. 12 mars 2013, n° 11-29.041, NP; n° 245 F-D.
8. Ord. n° 2014-326, 12 mars 2014, préc.
9. Com. 4 juill. 2000, n° 98-12.378, NP.
10. Com. 30 janv. 2007, n° 05-17.141, *Bull. civ.* IV, n° 16; n° 134 FS-P+B; *D.* 2007. AJ 508, obs. Lienhard; *Gaz. proc. coll.* 2007/2, p. 44, note Le Corre-Broly; *Act. proc. coll.* 2007/4, n° 35, note Vallansan; *RTD com.* 2007. 444, n° 1, obs. Martin-Serf; *LPA* 12 mars 2007, n° 51, p. 12, note Mathieu; *RJ com.* 2007. 224, note Sortais.
11. Versailles, 13e ch., 13 oct. 2011, RG n° 10/08836, *Rev. proc. coll.* 2012, comm. 11, p. 38, note Legrand et Legrand.
12. Amiens, 25 mars 2004, RG n° 01/04117, *Rev. proc. coll.* 2006/1, p. 49, n° 5, obs. Lebel.
13. Com. 28 sept. 2004, n° 02-19.185, NP.
14. Com. 17 déc. 2003, n°s 01-10.334, 01-10.335, 01-10.336, 3 esp., NP, *RD banc. fin.* 2004, n° 132, note Lucas.

664.15 Destinataire de la déclaration de créan
La déclaration de créance est adressée en liquidati judiciaire au liquidateur. En redressement judiciair sous l'empire de la législation antérieure à la loi d sauvegarde des entreprises[1], elle est adressée au représentant des créanciers. Sous l'empire de la loi de sauvegarde, elle est adressée au mandataire judiciaire, tant en sauvegarde qu'en redressement judiciaire.

Peu importe que le courrier ait pour destinatair une personne prise en qualité d'administrateur, dès lors que l'intéressé est le représentant des créanciers[2] ou le mandataire judiciaire.

Lorsque le tribunal désigne plusieurs représentants des créanciers - mandataires judiciaires - ou plusieurs liquidateurs, la répartition des tâches leur incombant personnellement reste indifférente pour le créancier, qui peut donc valablement envoyer sa déclaration de créance à n'importe lequel d'entre eux. Le représentant des créanciers - mandataire judiciaire ou liquidateur - ayant seul qualité pour recevoir les déclarations de créance, la précision de la mission confiée à chacun des mandataires reste sans incidence sur la fonction dont est légalement investi cet organe[3].

En revanche, une lettre contenant une déclaration de créance envoyée à l'administrateur judiciaire ne vaut pas déclaration de créance[4]. Il en va de même si la déclaration de créance est envoyée au liquidateur amiable avant l'ouverture de la procédure[5], même si ce dernier devient ensuite représentant des créanciers ou mandataire judiciaire. Il s'agit d'une irrégularité de fond, entraînant nullité de la déclaration de créance, acte procédural, sans qu'il y ait à justifier d'un grief, par application de l'article 112 du code de procédure civile[6].

Cependant, si dans le délai de la déclaration de créance, l'administrateur judiciaire retransmet le courrier de déclaration au représentant des créanciers - mandataire judiciaire -, celui-ci ne peut valablement soutenir qu'il n'a pas reçu la déclaration de créance[7], encore que le texte du code précise que les créanciers « adressent » leur déclaration de créance au représentant des créanciers - mandataire judiciaire. L'administrateur judiciaire n'a toutefois pas l'obligation de renvoyer au représentant des créanciers la déclaration de créance qu'il aurait reçue[8] et n'est donc pas, à notre sens, en faute de s'abstenir de le faire, l'opinion contraire ayant cependant été soutenue[9]. Il a toutefois été souligné que l'administrateur, comme tout professionnel, avait une obligation générale de renseignements[10].

L'envoi de la déclaration de créance au cabinet secondaire du mandataire de justice est valable, même si l'avis d'avoir à déclarer la créance ne fait apparaître que l'adresse du cabinet principal du représentant des créanciers[11].

Il est estimé que si le créancier envoie la déclaration de créance à un des membres d'une société de mandataires de justice, en se trompant sur le mandataire nominalement désigné pour conduire la mission au sein de la société, le cachet de la société de mandataire figurant sur l'accusé de réception de l'envoi de la déclaration de créance établit que la déclaration litigieuse est bien parvenue dans le délai légal à son destinataire[12]. La solution se justifie par l'observation que le mandat de justice est exercé par la société civile professionnelle, et qu'un mandataire judiciaire associé exerçant au sein d'une société ne peut exercer sa profession à titre individuel, de sorte que l'erreur commise sur le mandataire nominalement désigné pour conduire la mission au sein de la société reste sans conséquence, la déclaration de créance étant bien faite entre les mains de la société[13].

1. L. n° 2005-845, 26 juill. 2005, préc.
2. Com. 7 déc. 1999, n° 97-12.488, *Bull. civ.* IV, n° 223; *Act. proc. coll.* 2000/1, n° 3; *D.* 2000. Jur. 48, obs. Lienhard; *JCP E* 2000. Chron. 751, n° 3-b-9, obs. Pétel; *RTD com.* 2000. 718, obs. Martin-Serf.
3. Com. 21 mars 2006, n° 05-11.439, NP; n° 380 F-D; *RTD com.* 2006. 910, n° 1, obs. Martin-Serf; *Gaz. proc. coll.* 2006/3, p. 35, obs. Le Corre – Com. 21 mars 2006, n°s 05-11.440 à 05-11.443, 05-11.513 à 05-11.514, 6 esp., NP, *RD banc. fin.* 2006, n° 108, note Lucas – Com. 30 mai 2006, n° 05-14.248, *Bull. civ.* IV, n° 131; n° 704 F-P+B; *D.* 2006. AJ 1683, obs. Lienhard; *RTD com.* 2006. 910, n° 1, obs. Martin-Serf; *JCP E* 2006. Chron. 2331, n° 10, obs. Pétel – Com. 16 janv. 2007, n° 05-15.912, NP; n° 3 F-D – Com. 27 mars 2007, n° 05-20.574, NP; n° 527 F-D – Com. 24 avr. 2007, n° 05-20.280, NP; n° 610 F-D.
4. Com. 22 juin 1993, n° 87-19.183, *Bull. civ.* IV, n° 260; *D.* 1993. Somm. 365, obs. Honorat; *Rev. proc. coll.* 1993, 150, obs. Dureuil; *JCP* 1993. I. 3721 obs. Pétel – Com. 14 févr. 1995, n° 92-17.395, *Bull. civ.* IV, n° 42.
5. Com. 27 oct. 1998, n° 96-11.479, NP.
6. PÉTEL, 7e éd., n° 383.
7. Com. 8 oct. 1996, n° 94-13.499, NP, *Rev. sociétés* 1996. n° 210, obs. Chaput; *RD banc. et bourse* 1996. 241, obs. Campana et Calendini – Com. 6 janv. 1998, n° 95-11.894, *Bull. civ.* IV, n° 3; *JCP E* 1998. Pan. 297; *JCP E* 1998. Chron. 656, n° 3-b-10, obs. Pétel; *RTD com.* 2000. 718, obs. Martin-Serf – Paris, 3e ch. B, 7 janv. 2005, RG n° 03/20915.
8. Versailles, 13e ch., 27 janv. 2000, *D.* 2000. AJ 172; *RTD com.* 2000. 718, obs. Martin-Serf – Rennes, 2e ch. com., 20 juin 2001, *Rev. proc. coll.* 2002, p. 93, n° 2, obs. Legrand.
9. SAINT-ALARY-HOUIN, 9e éd., n° 771.
10. J.-CL. COM., Vallansan, fasc. 2352, [Déclaration et admission des créances], 2007, n° 98.
11. Aix-en-Provence, 8e ch. A, 29 oct. 2003, *RD banc. fin.* 2004, n° 131, note Lucas.
12. Paris, 3e ch. A, 4 sept. 2007, RG n° 2006/22393.
13. Com. 30 juin 2009, n° 08-13.680, NP; n° 655 F-D; *Gaz. proc. coll.* 2009/4, 2e partie, p. 26, note Le Corre-Broly.

En revanche, si le créancier adresse une déclaration de créance à un mandataire judiciaire pris es qualités de mandataire de telle société, la déclaration de créance ne sera pas efficace si elle avait dû être adressée au mandataire judiciaire pris es qualité d'une autre société, peu important que les deux sociétés fassent partie d'un même groupe[1].

Si le créancier se trompe sur l'adresse du mandataire de justice en adressant par erreur le courrier en lettre recommandée avec demande d'avis de réception à l'adresse de la société débitrice, il commet une faute, qui ne sera cependant pas nécessairement la cause exclusive du dommage qu'il subit. La Poste ne sera condamnée à réparer le préjudice éventuellement subi par le créancier par sa faute, qui consiste à avoir délivré un courrier recommandé à une personne autre que le destinataire, que si le créancier n'avait plus été dans le délai pour déclarer sa créance, lorsque la lettre lui aura été retournée avec la mention « n'habite plus à l'adresse indiquée (NPAI) »[2].

SECTION 664.20 ÉLÉMENTS JUSTIFICATIFS DE LA CRÉANCE

664.21 Éléments justificatifs de la créance. La déclaration de créance doit contenir, aux termes de l'article 67, 1° du décret du 27 décembre 1985[3] et de l'article R. 622-23, 1° du code de commerce (anct D. 28 déc. 2005[4], art. 98, 1°), les éléments de nature à prouver l'existence et le montant de la créance si elle ne résulte pas d'un titre. Il a ainsi été jugé que ne rapporte pas la preuve de l'existence de sa créance, le commerçant qui se contente de produire des factures et des mises en demeure, sans produire des bons de commande ou de livraison, ni ses documents comptables[5].

Le juge-commissaire ou à sa suite la cour d'appel n'ont toutefois pas à vérifier que les documents qu'on leur produit établissent la créance, dès lors que le juge de l'impôt compétent a été saisi après le jugement d'ouverture pour discuter de cette créance[6].

article 67, 2° du décret du 27 décembre 1985 et ticle R. 622-23, dernier alinéa du code de commerce (anct D. 28 déc. 2005, art. 98, al. dernier) rsuivent en indiquant qu'« à cette déclaration nt joints sous bordereaux les documents stificatifs; ceux-ci peuvent être produits en opie ». Il en résulte que la déclaration de créance n pourra être rejetée d'office, pour absence de fourniture de l'original[7]. Si le juge émet des doutes sur la pie présentée, il devra enjoindre au créancier 'avoir à produire l'original[8]. Le créancier n'est nfermé dans aucun délai pour produire les documents justificatifs. Il peut donc les produire après expiration des délais de déclaration de la créance[9], jusqu'à ce que le juge statue[10], c'est-à-dire jusqu'à ce que la cour d'appel statue.

L'article 67, dernier alinéa du décret du 27 décembre 1985 et l'article R. 622-23, dernier alinéa du code de commerce (anct D. 28 déc. 2005, art. 98, al. dernier) prévoient que « le représentant des créanciers- mandataire judiciaire - peut demander la production des documents qui n'auraient pas été joints ». Un créancier ne peut reprocher au mandataire de justice en charge de la vérification des créances de ne pas avoir fait usage de cette faculté. Il ne peut davantage lui reprocher de ne pas avoir attiré son attention sur l'obligation qui est la sienne de déclarer à titre définitif la créance d'abord déclarée à titre provisionnel[11].

La déclaration de créance n'est pas nulle au prétexte que les pièces la justifiant ne l'accompagnent pas[12]. Il appartient donc au représentant des créanciers - mandataire judiciaire - ou au liquidateur, selon le cas, d'anticiper en sollicitant la production de ces justificatifs. La demande de fourniture de documents par le mandataire de justice ne constitue pas une contestation de créance au sens du code de commerce (v. ss no 671.22). Cela signifie que si le créancier ne répond pas à cette demande, il ne sera pas privé de la possibilité de contester la décision du juge-commissaire qui confirmerait la proposition de rejet du mandataire de justice. En revanche, si sommé d'avoir à produire les documents justificatifs, le créancier s'abstient, le représentant des

1. Com. 4 nov. 2014, no 13-24.014, NP; no 961 F-D; *BJE* 2015, 29, note Benilsi; *Rev. proc. coll.* 2015, comm. 39, note F. et M.-N. Legrand.
2. Civ. 1re, 12 avr. 2005, no 02-21.223, *Bull. civ.* IV, no 184; *D.* 2005. AJ 1352, obs. Lienhard; *Gaz. proc. coll.* 2005/2, p. 23, obs. Le Corre.
3. D. no 85-1388, 27 déc. 1985, préc.
4. D. no 2005-1677, 28 déc. 2005, *JO* 29 déc., p. 20324.
5. Paris, 5e ch. A, *RJDA* 2001/5, no 473.
6. Com. 26 mars 2013, no 12-13.673, *Bull. civ.* IV, no 51; no 297 F-P+B; *D.* 2013. Actu. 904, obs. Lienhard; *Gaz. Pal.* 12 juill. 2013, no 193, p. 24, note Le Corre; *Act. proc. coll.* 2013/8, comm. 105, note Vallansan; *RTD com.* 2013. 343, no 4, obs. Martin-Serf.
7. Com. 9 juill. 1996, no 93-12.297, *Bull. civ.* IV, no 206; *RTD com.* 1997. 121, obs. M. Cabrillac – Com. 17 déc. 1996, nos 94-19.489, 94-19.550, *Bull. civ.* IV, no 313; *JCP* 1997, no 18, p. 216, rapp. Rémery; *JCP E* 1997, no 16, p. 87, note Béhar-Touchais.
8. Com. 9 juill. 1996, no 93-12.297, *Bull. civ.* IV, no 206; *RTD com.* 1997. 121, obs. M. Cabrillac.
9. Com. 8 juill. 2003, no 99-10.590, *Bull. civ.* IV, no 117.
10. Paris, 3e ch. A, 18 oct. 2005, RG no 2005/4007.
11. Com. 7 janv. 2003, no 99-11.966, NP.
12. Com. 17 déc. 1996, nos 94-19.489, 94-19.550, *Bull. civ.* IV, no 313; *JCP* 1997, no 18, p. 216, rapport Rémery; *JCP E* 1997, no 16, p. 87, note Béhar-Touchais.

créanciers – mandataire judiciaire – pourra alors contester la créance et proposer son rejet sur le fondement de l'absence de documents justificatifs[1].

Lorsque, malgré la demande du mandataire de justice les documents justificatifs de la créance ne sont pas fournis, quelle doit être l'attitude du juge-commissaire ? Doit-il solliciter cette communication ? La jurisprudence a évolué sur la question.

Dans une première phase, la Cour de cassation a jugé que le juge-commissaire, et à sa suite la cour d'appel, ne pouvaient rejeter une créance, en estimant qu'elle n'est pas suffisamment justifiée, sans inviter le créancier déclarant à produire les documents justificatifs[2]. Il semblait donc rentrer dans l'office du juge-commissaire, puis dans celle de la cour d'appel, d'inviter le créancier à produire les justificatifs, avant de rejeter la créance.

Mais un revirement de jurisprudence est ensuite intervenu. Lorsque la créance est contestée pour absence ou insuffisance des justifications, le juge-commissaire, et à sa suite, la cour d'appel, peuvent la rejeter sans inviter au préalable le créancier à produire les documents justificatifs de sa créance faisant défaut. Dès lors que la cour d'appel n'a pas spontanément relevé l'insuffisance des documents produits, la question étant dans le débat avant que la cour ne statue puisque le mandataire de justice fondait précisément sa contestation sur ce point, la cour pouvait statuer et n'était donc pas contrainte de demander au créancier les justificatifs[3].

La discussion sur les montants dus conduit à rendre insuffisante, pour l'établissement d'une créance déclarée au passif, une ordonnance de référé, puisqu'elle n'a pas autorité de chose jugée au fond[4].

Au contraire, si la créance est établie par un titre exécutoire, ce document est suffisant et n'a pas besoin d'être accompagné de pièces justificatives. La solution a été posée en présence d'un avis de mise en recouvrement de l'impôt rendu exécutoire, notifié au débiteur, qui n'a pas exercé de recours à son encontre[5]. Mais elle vaut identiquement pour une créance établie par une décision de justice exécutoire. Le débiteur ne peut, en effet, contester ni le principe, ni l'existence sauf prescription, de la créance. Il ne peut davantage contester le *quantum*, sauf paiements intervenus entre la décision et le jugement d'ouverture de la procédure collective.

Un établissement public à caractère industriel et commercial, qui a la faculté de recouvrer ses créances selon la procédure de l'état exécutoire ou suivant les usages du commerce, peut justifier de l'existence et du montant des créances, dans la procédure de déclaration des créances, y compris de nature administrative, autrement que par la production d'un état exécutoire valable[6]. En conséquence, l'état exécutoire, qui peut n'être que l'une des pièces justificatives de la créance, peut être établi après le jugement d'ouverture et peut ne pas avoir été notifié au débiteur[7].

SECTION 664.30
CERTIFICATION SINCÈRE ET VISA PAR LE COMMISSAIRE AUX COMPTES DE LA CRÉANCE À DÉCLARER

664.31 Certification sincère de la créance à déclarer et visa par le commissaire aux comptes. L'article L. 621-44, alinéa 3 du code de commerce (réd. antérieure à la loi de sauvegarde des entreprises[8] [anc[t] L. 25 janv. 1985[9], art. 51]), devenu L. 622-25 du code, depuis la loi de sauvegarde des entreprises, exige du créancier, lorsque la créance ne résulte pas d'un titre exécutoire, qu'il la certifie sincère. Aucune sanction n'est cependant attachée au défaut de certification de sincérité[10].

À l'occasion des travaux préparatoires de la loi de sauvegarde des entreprises, une proposition d'amendement formulée à l'article 25 du projet de loi, qui traite de la liste remise par le débiteur et qui est devenu l'article L. 622-6, avait été présentée par la Commission des lois du Sénat, sur l'observation que la formalité de la certification pouvait être source de

1. Douai, 2e ch., 22 avr. 2010, RG n° 09/01310, *Rev. proc. coll.* 2011, comm. 38, p. 45, note Legrand et Legrand.
2. Com. 5 juin 2012, n° 11-17.603, *Bull. civ.* IV, n° 114; n° 635F-P+B; *D.* 2012. Actu. 1541, obs. Lienhard; *Gaz. Pal. entr. diff.* 13 oct. 2012, n° 286, p. 29, note Le Corre; *JCP E* 2012. Chron. 1508, n° 5, obs. Pétel; *Rev. proc. coll.* 2012, comm. 141, note Legrand et Legrand; *RTD com.* 2013. 345, n° 6, obs. Martin-Serf – Com. 17 déc. 2013, n°s 12-26.603, 12-26.605, NP; n°s 1241, 1242 F-D – Com. 2 juin 2015, n° 14-10.391, *Bull. civ.* IV [à paraître].
3. Com. 2 juin 2015, n° 14-10.391, *Bull. civ.* IV [à paraître]; *JCP E* 2015, chron. 1422, n° 5, note Pétel; *Leden* 2015, comm. 120, note Staes.
4. Com. 18 sept. 2012, n° 11-18.315, NP; n° 866 F-D; *BJE* janv. 2013, comm. 15, note Théron; *RTD com.* 2013. 153, n° 10, obs. Vallens.
5. Com. 4 oct. 2005, n° 04-13.346, NP.
6. Com. 1er févr. 2011, n° 10-11.484, *Bull. civ.* IV, n° 12; n° 66 F-P+B; *D.* 2011. AJ 514, obs. Lienhard; *Rev. proc. coll.* 2011, comm. 83, note Legrand et Legrand; *RTD com.* 2011. 793, n° 1, obs. Martin-Serf.
7. Com. 1er févr. 2011, n° 10-11.484, préc. (v. s[s] prés[t] n°).
8. L. n° 2005-845, 26 juill. 2005, préc.
9. L. n° 85-98, 25 janv. 1985, préc.
10. Com. 1er déc. 1992, n° 90-21.526, *Bull. civ.* IV, n° 382; *Quot. Jur.* 1993, n° 3, p. 5, note P. M. – Com. 8 mars 1994, n° 92-10.381, *Bull. civ.* IV, n° 97; *Rev. proc. coll.* 1995, 227, n° 6, obs. Dureuil – Com. 17 déc. 1996, n°s 94-19.489, 94-19.550, *Bull. civ.* IV, n° 313; *JCP* 1997, n° 18, p. 216, rapp. Rémery; *JCP E* 1997. II. 941, note Béhar-Touchais – Paris, 25e ch. B, 19 sept. 2003, RG n° 2001/18094.

lenteur et de coût inutile[1], dans la mesure où elle semble devoir obliger le créancier à recourir aux services d'un commissaire aux comptes ou d'un expert-comptable. Cette proposition d'amendement, qui aurait dû être reprise à l'occasion de la présentation dans le rapport au nom de la commission des lois du Sénat après l'article 39 du projet, qui allait devenir l'article L. 622-24, et avant l'article 40 qui allait devenir l'article L. 622-26, a été omise, ce qui a conduit au fait qu'elle n'a pas été discutée.

Le juge-commissaire peut aussi solliciter du créancier qu'il fasse apposer sur la déclaration de créance le visa du commissaire aux comptes ou à défaut de l'expert-comptable. Cette solution de la législation antérieure à la loi de sauvegarde des entreprises (C. com., art. L. 621-44, al. 3) a été reproduite par la loi de sauvegarde des entreprises (C. com., art. L. 622-25, al. 3). Cependant, la jurisprudence n'attache au défaut de visa du commissaire aux comptes aucune incidence[2].

L'absence de sanction liée à ces formalités se justifie par l'observation qu'il s'agit là d'irrégularités de forme, concernant des formalités non substantielles et ne causant pas grief[3].

SECTION 664.40
DÉCLARATION DE CRÉANCE EN MONNAIE ÉTRANGÈRE

664.41 Déclaration de créance en monnaie étrangère. Si la créance est libellée en monnaie étrangère, c'est-à-dire aujourd'hui dans une monnaie autre que l'euro, elle doit être déclarée en euros, selon le cours du change au jour du jugement d'ouverture, tant en sauvegarde, qu'en redressement ou en liquidation judiciaire (C. com., art. L. 622-22, réd. antérieure à la loi de sauvegarde[4] [anct L. 25 janv. 1985[5], art. 160, al. 2], devenu C. com., art. L. 643-1, al. 2, depuis la loi de sauvegarde des entreprises). La solution ne vaut cependant que si la créance est échue au jour du jugement d'ouverture. Au contraire, si la créance n'est pas échue au jour du jugement d'ouverture du redressement judiciaire – ou de sauvegarde –, elle doit être convertie au cours du change à la date du jugement de liquidation judiciaire, qui emporte déchéance du terme[6]. Bien que, sous l'empire de la loi de sauvegarde des entreprises, la liquidation judiciaire n'emporte plus systématiquement déchéance du terme dès son prononcé (C. com., art. L. 643-1, al. 1er), la solution de la conversion au jour du jugement de liquidation judiciaire subsiste, puisqu'elle résulte de la lettre de l'alinéa 2 de l'article L. 643-1 du code de commerce.

La modification du cours du change ultérieurement n'emportera pas de conséquence. La solution a été posée sous l'empire des législations antérieures[7], mais est reconductible[8].

Il a été jugé que la déclaration de créance exprimée en droit de tirage spécial, unité de compte du fonds monétaire international, dont le cours est fixé quotidiennement, n'est pas entachée d'irrégularité[9]. La solution doit être transposée pour les monnaies étrangères dont le cours est fixé quotidiennement.

SECTION 664.50
PREUVE DE LA DÉCLARATION DE CRÉANCE DANS LES DÉLAIS

664.51 Preuve de la déclaration de créance dans les délais. La preuve de la réception de la déclaration de créance par le représentant des créanciers – mandataire judiciaire – incombe au créancier. Une cour d'appel ne peut donc fonder sa décision d'admission sur le fait que le mandataire de justice n'a jamais contesté avoir reçu la déclaration de créance dans les délais[10].

Il appartient au créancier de se réserver la preuve de la déclaration de créance dans les délais[11]. Le caractère tardif de la déclaration ne s'apprécie que par référence à la publication au *Bodacc* du jugement d'ouverture. Pour la troisième chambre civile de la Cour de cassation, faute de justification de la publication au *Bodacc* du jugement d'ouverture, ce caractère tardif ne peut être établi[12]. La Chambre commerciale à l'inverse juge qu'il appartient au créancier, qui a la charge de prouver la déclaration de créance dans les délais, de produire une copie de l'insertion au *Bodacc* du jugement d'ouverture[13].

1. *Rapp. J.-J. Hyest*, n° 335, p. 188.
2. Com. 1er déc. 1992, n° 90-21.526, préc. (v. ss prést n°) – Com. 8 mars 1994, n° 92-10.381, préc. (v. ss prést n°) – Com. 17 déc. 1996, nos 94-19.489, 94-19.550, préc. (v. ss prést n°).
3. PÉTEL, 7e éd., n° 383.
4. L. n° 2005-845, 26 juill. 2005, préc.
5. L. n° 85-98, 25 janv. 1985, préc.
6. Com. 5 juin 2007, n° 05-21.767, *Bull. civ.* IV, n° 153; n° 807 F-P+B; *D.* 2007. AJ 1787, obs. Lienhard; *Gaz. proc. coll.* 2007/4, p. 45, note Rohart-Messager; *JCP E* 2007. Chron. 2119, n° 14, obs. M. Cabrillac.
7. Com. 17 nov. 1930, *D.* 1932. I. n° 48.
8. RIPERT ET ROBLOT, n° 3005 – DERRIDA *ET ALII*, n° 207.
9. Com. 8 juill. 2003, n° 99-10.590, *Bull. civ.* IV, n° 117; *D.* 2003. AJ 2238; *Act. proc. coll.* 2003/14, n° 184.
10. Com. 7 mars 2006, n° 05-13.385, NP; n° 315 F-D.
11. Civ. 3e, 20 juin 2007, n° 06-13.565, NP – Com. 20 oct. 2009, n° 08-17.830, NP – Com. 22 nov. 2011, n° 10-25.920, NP; n° 1163.
12. Civ. 3e, 20 juin 2007, n° 06-13.565, NP.
13. Com. 20 oct. 2009, n° 08-17.830, NP – Com. 22 nov. 2011, n° 10-25.920, NP.

La solution, applicable pour la déclaration de créance initiale, l'est également pour la déclaration complémentaire de créance (v. ss n° 666.23). Cette question est, en pratique, la source d'un contentieux important lorsque le créancier poursuit une caution.

Si le créancier remet sa déclaration de créance entre les mains du représentant des créanciers – mandataire judiciaire –, la preuve résultera d'un récépissé.

En cas d'envoi de la déclaration de créance par voie postale, seule compte la date de l'envoi de la déclaration pour apprécier le respect du délai (v. ss n° 665.21). Dès lors, il appartiendra au créancier, ayant déclaré sa créance par voie postale, désirant prouver qu'il a déclaré sa créance dans les délais, ce dont il la charge[1], d'être en mesure de présenter l'avis de dépôt[2], qui seul fera foi de la date de l'expédition. L'avis de réception peut également être utilisé par le créancier pour établir la preuve, qu'il a déclaré dans les délais. Il faudra cependant que la réception du courrier contenant la déclaration de créance soit intervenue dans le délai de la déclaration de créance. Cette pièce ne sera d'aucune utilité si la réception intervient après expiration du délai de déclaration de créance. Toutefois, la preuve du respect du délai sera rapportée si la réception en recommandé est intervenue au plus tard le lendemain de l'expiration du délai de déclaration des créances. En effet, une lettre ne peut être reçue le jour de son expédition, de sorte que son expédition est au minimum de la veille[3].

Le créancier ne pourrait rapporter la preuve de sa déclaration par la seule justification qu'il a été consulté dans le cadre de l'élaboration du plan de continuation[4], solution transposable au plan de redressement ou de sauvegarde.

A également été jugée insuffisante, l'attestation du mandataire de justice selon laquelle la déclaration avait été effectuée dans les délais, dès lors qu'aucune indication de date ne figurait sur l'attestation[5]. Au contraire, le fait de verser aux débats un courrier du représentant des créanciers ou du liquidateur aux termes duquel il déclare avoir reçu la déclaration de créance dans les formes et délais requis a été jugé suffisant[6]. *A fortiori*, il en sera ainsi si le liquidateur précise que la date de la déclaration lui apparaissait sûre pour avoir été enregistrée dès son arrivée dans l'étude[7]. Identiquement a été admise la preuve de la déclaration de créance dans les délais à la suite de l'aveu du mandataire de justice, aux termes *duquel la saisie informatique* de la déclaration de créance par les services de ce dernier a été effectuée à telle date, laquelle se trouvait à l'intérieur du délai de déclaration de créance[8]. D'une manière plus souple, a identiquement été admise la preuve de la déclaration de créance dans les délais par l'exhibition d'une part du double du courrier de déclaration de créance et d'autre part d'un certificat constatant le caractère irrécouvrable des sommes déclarées délivré par le mandataire de justice[9]. Le caractère suffisant des éléments de preuve est évidemment laissé à l'appréciation des juges du fond[10].

Le caractère tardif de la déclaration ne s'apprécie que par référence à la publication au *Bodacc* du jugement d'ouverture (v. ss n° 665.22).

Le principe, en la matière, est qu'il appartient au créancier, qui poursuit une caution, de rapporter la preuve qu'il a déclaré sa créance dans les délais. Pour cela, il doit produire aux débats une copie de l'avis d'insertion au *Bodacc* du jugement d'ouverture, valant publication de celui-ci[11].

Ensuite, la Cour de cassation juge que si la cour d'appel invite le créancier à produire l'avis d'insertion au *Bodacc* du jugement d'ouverture pour établir si le délai de déclaration de créance a été respecté, alors que le créancier a déclaré sa créance plus de deux mois après l'ouverture de la procédure, ce créancier n'établit pas avoir déclaré sa créance – complémentaire en l'occurrence – dans les délais, s'il ne défère pas à cette injonction[12]. En effet, le créancier ne peut prouver avoir déclaré sa créance dans les délais, dès lors que la déclaration est postérieure de plus de deux mois au jugement d'ouverture, si la date de la publication au *Bodacc*, qui fait courir le délai de deux mois pour déclarer les créances, est inconnue.

Mais, en sens inverse, il est jugé que si la caution invoque la tardiveté de la déclaration de créance, il

1. Com. 9 juill. 2002, n° 98-17.877, NP, *Act. proc. coll.* 2002/17, n° 219; *Rev. proc. coll.* 2003, p. 318, n° 6, obs. Legrand.
2. Com. 1er févr. 2005, n° 03-13.047, NP, *Gaz. proc. coll.* 2005/1, n° 3-1, obs. Le Corre – Versailles, 30 oct. 1991, *JCP E* 1992. I. 168, n° 12, obs. M. Cabrillac – Paris, 15e ch. B, 23 nov. 2001, *Gaz. Pal.* 4-6 août 2002, Somm. 28.
3. Com. 21 juin 2005, n° 04-11.898, NP.
4. Com. 18 janv. 2000, n° 97-12.741, NP, *RD banc. fin.* 2000, n° 121, note Lucas; *Rev. proc. coll.* 2001, 75, n° 14, obs. Soinne.
5. Com. 26 oct. 1999, n° 97-11.826, NP.
6. Com. 12 juill. 2004, n° 03-11.844, NP – Com. 27 mars 2007, n° 05-21.944, NP; n° 528 F-D.
7. Com. 14 janv. 2004, n° 01-13.500, NP.
8. Com. 4 oct. 2005, n° 04-15.195, NP; n° 1178 F-D; *Gaz. proc. coll.* 2006/1, p. 33, obs. Le Corre.
9. Com. 2 nov. 2005, n° 04-16.853, NP; n° 1335 F-D; *Gaz. proc. coll.* 2006/1, p. 33, obs. Le Corre.
10. PAR EX. : Com. 2 nov. 2005, n° 04-16.853, NP.
11. Com. 22 nov. 2011, n° 10-25.920, NP; n° 1163 F-D.
12. Com. 15 mars 2005, n° 03-18.607, *Bull. civ.* IV, n° 61; *Gaz. proc. coll.* 2005/2, p. 23, obs. Le Corre.

lui appartient de verser aux débats la preuve de la publication au *Bodacc*[1].

La cour d'appel ne peut – sous l'empire de la législation antérieure à la loi de sauvegarde des entreprises[2] – rejeter la demande du créancier contre une caution, sans inviter les parties à s'expliquer sur le moyen relevé d'office de l'absence de preuve de la déclaration dans les délais[3].

Du fait de la suppression de l'extinction de la créance non déclarée par la loi de sauvegarde des entreprises, la solution ne vaut plus de manière unitaire.

Tout d'abord, elle ne vaut pas, de manière générale, sous l'empire de la loi de sauvegarde des entreprises dans sa rédaction d'origine.

Elle ne subsiste que sous l'empire de l'ordonnance du 18 décembre 2008[4] [procédures ouvertes à compter du 15 février 2009], *et seulement pendant l'exécution des plans et après complète exécution des plans, mais ne peut être opposée qu'à des garants personnes physiques, du fait de l'inopposabilité à ces personnes de la créance non déclarée.

Des difficultés de preuve se présenteront si le créancier déclare, par deux *instrumenta* distincts, deux créances au passif d'un même débiteur ou au passif de deux débiteurs distincts, dès lors que l'envoi des deux déclarations est unique. Il ne pourra pas établir la preuve, qui lui incombe pourtant, qu'il a bien déclaré deux créances, si le mandataire de justice soutient n'en avoir reçu qu'une[5].

1. Com. 27 mai 2003, n° 00-13.791, NP – Com. 24 sept. 2003, n° 01-03.721, NP – Paris, 3e ch. A, 9 sept. 2003, RG n° 2003/02640.
2. L. n° 2005-845, 26 juill. 2005, préc.
3. Com. 4 avr. 2006 n° 05-10.268, NP.
4. Ord. n° 2008-1345, 18 déc. 2008, *JO* 19 déc., p. 19462.
5. Com. 27 mai 2003, n° 00-16.413, NP – Com. 12 nov. 2008, nos 07-12.380, 07-12.421, NP; n° 1143 F-D.

CHAPITRE

665. Délais de la déclaration de créance – Relevé et inopposablité de la forclusion – Sort de la créance non déclarée

SECTION 0

ORIENTEUR

665.00 Plan du chapitre.

Sect. 665.10 Nature des délais de déclaraton des créances

Sect. 665.20 Computation des délais de déclaration des créances

Sect. 665.30 Énoncé des divers délais de déclaration des créances

Sect. 665.40 Obligation d'avertissement du créancier connu

Sect. 665.50 Action en relevé de forclusion

Sect. 665.60 Voies de recours en matière de relevé de forclusion

Sect. 665.70 Effets de l'absence de déclaration de créance dans les délais en l'absence de relevé de forclusion

Sect. 665.80 Situation des créanciers titulaires de sûretés publiées ou de contrats publiés – Inopposabilité de la forclusion (loi du 10 juin 1994) et constat de la non-forclusion (loi de sauvegarde des entreprises)

Sect. 665.90 Voies de recours ouvertes sur les décisions statuant sur l'inopposabilité de la forclusion (loi du 10 juin 1994) ou sur le constat de la non forclusion (loi de sauvegarde des entreprises)

665.01 Textes applicables. (V. les références complètes s^s n° 011).

> Législation antérieure à la loi de sauvegarde des entreprises.

C. com., art. L. 621-43, L. 621-46 et L. 621-46

D. n° 85-1388, 27 déc. 1985, art. 66, 69, 70 et 119 al. 2

> Législation issue de la loi de sauvegarde des entreprises.

C. com., art. L. 622-6, al. 2, L. 622-24, L. 622-26, L. 631-14, I, L. 641-3, al. 4, L. 641-4, al. 3

C. com., art. R. 622-5 (anc^t D. 28 déc. 2005, art. 81), R. 622-21 (anc^t D. 28 déc. 2005, art. 96), R. 622-22 (anc^t D. 28 déc. 2005, art. 97), R. 622-24 (anc^t D. 28 déc. 2005, art. 99), R. 622-25 (anc^t D. 28 déc. 2005, art. 100), R. 624-7 (anc^t D. 28 déc. 2005, art. 108), R. 631-18 (anc^t D. 28 déc. 2005, art. 187), R. 631-27 (anc^t D. 28 déc. 2005, art. 195), R. 641-14 (anc^t D. 28 déc. 2005, art. 227), R. 641-25 (anc^t D. 28 déc. 2005, art. 236)

> Législation issue de l'ordonnance du 18 décembre 2008.

C. com., art. L. 622-6, al. 2, L. 622-24, L. 622-26, L. 631-14, al. 1er, L. 641-3, al. 4, L. 641-4, al. 3

C. com., art. R. 622-5, R. 622-21, R. 622-22, R. 622-24, R. 622-25, R. 624-7, R. 631-18, R. 631-27, R. 641-14, R. 641-25

> Législation issue de l'ordonnance du 12 mars 2014.

C. com., art. L. 622-24, L. 622-26

C. com., art. R. 622-21, R. 622-24, R. 622-25, R. 628-9

665.02 Jurisprudence de référence.

> Les mentions exigées pour l'insertion au *Bodacc* du jugement d'ouverture de la procédure collective sont requises à peine de nullité, même en l'absence de grief.

• **Com. 12 avr. 2005,** n° 03-20.691, *Bull. civ.* IV, n° 84

* V. s^s n° 665.22

« La cour d'appel, qui n'avait pas à prendre en considération l'existence ou non d'un grief causé à la banque par l'irrégularité de la publication…, mais de dire que l'insertion litigieuse n'avait pu, en raison du vice dont elle était atteinte et dont l'existence devait s'apprécier objectivement, faire courir le délai de déclaration des créances. »

> Le créancier qui sollicite un relevé de forclusion doit impérativement déclarer sa créance avant l'expiration du délai de relevé de forclusion (solution antérieure à l'ordonnance du 12 mars 2014).

• **Com. 9 mai 2007,** n° 05-21.357, *Bull. civ.* IV, n° 125; n° 703 FS-P+B+R+I

* V. ss n° 665.57

« Si aucun texte n'oblige le créancier défaillant à déclarer sa créance avant de saisir le juge-commissaire de sa demande de relevé de forclusion, il est néanmoins tenu de la déclarer dans le délai préfix d'un an à compter de la décision d'ouverture de la procédure, même si le juge-commissaire n'a pas statué sur sa demande de relevé de forclusion à l'intérieur de ce délai. »

> Sous l'empire de la loi de sauvegarde des entreprises, la créance non déclarée est inopposable à la procédure collective.

• **Com. 3 nov. 2010,** n° 09-70.312, *Bull. civ.* IV, n° 165; n° 1106 FS-P+B

* V. ss n° 665.75

> Le délai de déclaration de créance ne court pas si le créancier titulaire de sûreté publiée ou d'un contrat publié n'est pas averti par pli recommandé d'avoir à déclarer sa créance.

• **Com. 14 mars 2000,** n° 97-14.912, *Bull. civ.* IV, n° 57

* V. ss n° 665.86

« Mais attendu, en premier lieu, que l'arrêt retient qu'il résulte des dispositions de l'article 53, alinéa 3 [2] de la loi du 25 janvier 1985 [devenu C. com., art. L. 621-46, al. 2], dans sa rédaction issue de la loi du 10 juin 1994, que la forclusion n'est pas opposable aux créanciers titulaires d'une sûreté ayant fait l'objet d'une publication, dès lors qu'ils n'ont pas été avisés personnellement, et de l'article 66 du décret du 27 décembre 1985, dans sa rédaction issue du décret du 21 octobre 1994, pris en application de la loi du 10 juin 1994, que cet avis, qui ne constitue pas un acte de procédure au sens de l'article 114 du code de procédure civile, doit être donné par lettre recommandée avec demande d'avis de réception; que la cour d'appel a exactement déduit du rapprochement de ces deux textes que ne saurait être considéré comme satisfaisant à leurs prescriptions l'envoi par le représentant des créanciers de la lettre simple adressée aux créanciers connus en application de l'article 66, alinéa 1er du décret du 27 décembre 1985 dans sa rédaction applicable en la cause. »

> Toute irrégularité affectant le contenu de l'avertissement à délivrer à un créancier titulaire d'un contrat publié ou d'une sûreté publiée ne doit pas conduire à le tenir pour inexistant. Il n'en sera ainsi, et le délai de déclaration de créance ne courra pas, que si l'avertissement en cause est insuffisant à informer le créancier de ses droits et obligations.

• **Com. 17 févr. 2015,** n° 13-24.403, *Bull. civ.* IV [à paraître]; n° 213 FS-P+B

* V. ss n° 665.84

> Ne peut encourir de forclusion, le créancier titulaire d'une sûreté publiée qui a déclaré sa créance dans le délai de deux mois à compter de la publication du jugement d'ouverture au *Bodacc*, peu important qu'il ait été averti personnellement avant cette publication par le liquidateur d'avoir à déclarer sa créance.

• **Com. 30 oct. 2012,** n° 11-22.836, *Bull. civ.* IV, n° 196; n° 1087 FS-P+B

* V. ss n° 665.86

665.03 **Bibliographie indicative.** (V. les références complètes ss n° 031 – V. aussi ss n° 660.03).

> Articles. Ayissi-Manga, « L'obligation pour le tribunal d'allonger le délai de déclaration des créances en cas de liquidation judiciaire », *JCP* 2003. II. 10048 – Bigot, « Les créanciers retardataires et l'article 119 du décret du 27 décembre 1985, une deuxième chance », *Gaz. Pal.* 1987. II, Doctr. 653 – Brena, « L'influence de l'inopposabilité des créances non déclarées sur le bénéfice de subrogation », *BJE* mars 2012, comm. 43, p. 131 – Brignon B., « Sort des créances non déclarées et cautionnement solidaire », *Rev. proc. coll.* 2011, études 25 – Calendini, « La modification de l'article 53 de la loi du 25 janvier 1985 – Le régime de l'absence de déclaration consécutive à un défaut d'information du créancier titulaire d'une sûreté spéciale », *LPA* 31 janv. 1996, n° 14, p. 15 s. – Delattre, « Incidence de la fraude du débiteur sur la demande en relevé de forclusion », *RJDA* 2002/8-9, p. 720 – Derrida et Sortais, « La situation des créanciers forclos dans les nouvelles procédures collectives », *LPA* 22 mars 2006, n° 58, p. 7 - Galokho C., « La responsabilité civile des professionnels du droit dans la déclaration de créance », *Rev. proc. coll.* 2012, études 36, p. 25 – Hontebeyrie A., « L'adage *Contra non valentem*… a-t-il survécu à la loi du 17 juin 2008 portant réforme de la prescription en matière civile », *D.* 2014. 244 – Le Corre, « L'inopposabilité de la forclusion issue de la loi du 10 juin 1994 réformant la loi du 25 janvier 1985 », *LPA* 29 juill. 1998, n° 90, p. 8 s.; « L'inopposabilité de forclusion à l'épreuve de la jurisprudence », *JCP E* 2000. Jur. 1571; « Les conséquences de l'absence d'allongement du délai de déclaration des créances en cas de conversion du redressement en liquidation judiciaire », *D.* 2004. 1002; « La créance non déclarée au passif et le jeu de la prescription », *Mél. Tricot*, LexisNexis – Dalloz, 2011, p. 469 – La créance non déclarée et la clôture de la liquidation judiciaire pour extinction du passif exigible, *JCP E* 2011. 1318; « Le débiteur et la créance non déclarée à sa procédure collective : questions-réponses », *Gaz. Pal.* 29 sept. 2013, n° 272, p. 39; « Questions-réponses sur le relevé de forclusion au lendemain de l'ordonnance du 12 mars 2014 », *LXB affaires* n° 381, 15 mai 2014; « Le relevé de forclusion après l'ordonnance du 12 mars 2014 et le décret du 30 juin 2014 », *Gaz. Pal.* 18 janv. 2015, n° 18, Technique p. 39 – Monsérié-Bon, « Les effets inattendus de l'absence d'extinction des créances non déclarées menacent-ils la procédure de sauvegarde »,

D. 2006. 1282 ; « L'effacement des dettes dans le droit des entreprises en difficulté », *Dr. et patr.* sept. 2009, n° 184, p. 64 – Pelletier et Madariaga, « Le sort des créances non déclarées, suite et fin ? », *Rev. proc. coll.* 2014, études 19 – Picod N., « Le sort de la caution en cas de défaut de déclaration de la créance au passif de l'entreprise en difficulté : retour sur l'avènement d'une jurisprudence annoncée », *RLDA* janv. 2012, n° 67, p. 71 – Rakotovahiny M.-A., « L'inopposabilité dans les procédures collectives », *LPA* 5 juill. 2011, n° 132 p. 6 – Rivière, « Conditions de l'inopposabilité de la forclusion au créancier privilégié prévue par la loi du 10 juin 1994 », *JCP* 2001. II. 10460 – Thuillier B., « Information individuelle des créanciers et règlement européen sur les procédures d'insolvabilité : les « créanciers étrangers » sont-ils des créanciers comme les autres ? », *BJE* mars 2014. 126.

665.04 Questions principales.

• Quel est le point de départ du délai de déclaration des créances ?

– droit commun

* V. s[s] n° 665.22.

– indemnité de résiliation d'un contrat en cours au jour du jugement d'ouverture

* V. s[s] n° 665.34.

– AGS

* V. s[s] n° 665.36.

– créancier postérieur non privilégié

* V. s[s] n° 665.37.

– partie civile

* V. s[s] n° 665.38.

– créancier titulaire d'un contrat publié ou d'une sûreté publiée non averti

* V. s[s] n° 665.86.

665.06 Principales actions.

• Déclaration des créances dans le délai de principe de deux mois à compter de la publication au *Bodacc*

* V. s[s] n° 665.31.

• Déclaration de la créance d'indemnité de résiliation d'un contrat en cours dans le délai du mois de la résiliation de plein droit ou de la notification de la décision prononçant la résiliation

* V. s[s] n° 665.34.

• Déclaration des créances par les créanciers titulaires de sûretés publiés ou de contrats publiés dans les deux mois de l'avertissement d'avoir à déclarer les créances

* V. s[s] n° 665.86.

• Demande de relevé de forclusion en cas de dépassement du délai de déclaration des créances dans le délai de principe de six mois (loi de sauvegarde) à compter de la publication au *Bodacc* du jugement d'ouverture

* V. s[s] n° 665.55.

• Demande de relevé de forclusion en l'absence de connaissance de l'existence de la créance à l'expiration du délai classique de l'action en relevé de forclusion

* V. s[s] n° 665.55.

• Requête en inopposabilité (législation antérieure à la loi de sauvegarde) ou en constat de non-forclusion (loi de sauvegarde des entreprises)

* V. s[s] n° 665.87.

665.07 Voies de recours sur les décisions mettant en jeu les actions.

• Sous l'empire de la législation antérieure à la loi de sauvegarde des entreprises, appel de la décision statuant sur le relevé ou l'inopposabilité de la forclusion dans les dix jours de la notification de l'ordonnance du juge-commissaire

*V. s[s] n°s 665.61 et 665.91.

• Sous l'empire de la législation de sauvegarde des entreprises, recours porté devant le tribunal de la décision statuant sur le relevé de la forclusion ou le constat de la non-forclusion dans les dix jours de la notification de l'ordonnance du juge-commissaire

*V. s[s] n°s 665.61 et 665.91.

• Sous l'empire de la législation de sauvegarde des entreprises, appel possible sur le jugement du tribunal dans le délai de dix jours de la notification du jugement

* V. s[s] n°s 665.61 et 665.91.

665.08 Sanction de l'absence ou de l'échec de l'action.

• Sous l'empire de la législation antérieure à la loi de sauvegarde des entreprises, extinction de la créance en cas de dépassement des délais de déclaration des créances et en l'absence de relevé de forclusion

* V. s[s] n° 665.71.

• Sous l'empire de la législation de sauvegarde des entreprises, inopposabilité de la créance à la procédure collective ou au débiteur en cas de dépassement des délais de déclaration des créances et en l'absence de relevé de forclusion

* V. s[s] n° 665.75.

SECTION 665.10 NATURE DES DÉLAIS DE DÉCLARATION DES CRÉANCES

665.11 Délais préfix de déclaration des créances. Le décret du 27 décembre 1985 [1] et le décret du 28 décembre 2005 [2] obligent le créancier à déclarer sa créance dans certains délais. Depuis l'ordonnance du 18 décembre 2008 [3], le principe de déclaration des créances, dans des délais fixés en Conseil d'État est désormais posé dans la partie législative du code de commerce (C. com., art. L. 622-24, al. 1er).

Ces délais sont préfix [4]. Ils ne sont, en conséquence, pas susceptibles d'interruption et de suspension. Cependant, rien ne devrait s'opposer à

1. D. n° 85-1388, 27 déc. 1985, *JO* 29 déc., p. 15281.
2. D. n° 2005-1677, 28 déc. 2005, *JO* 29 déc., p. 20324.
3. Ord. n° 2008-1345, 18 déc. 2008, *JO* 19 déc., p. 19462.
4. Paris, 6 déc. 1991, *Rev. proc. coll.* 1992, 83, obs. Dureuil – Paris, 25 juin 1993, *D.* 1993. IR 223.

l'application, en la matière, de la règle *contra non valentem...*, laquelle a vocation à s'appliquer même en matière de délais de forclusion[1]. La solution a été spécialement appliquée à l'action en désaveu de paternité, laquelle est identiquement enfermée dans un délai de forclusion[2]. La Cour de cassation, dans le domaine ici étudié, semble pourtant d'un avis contraire[3], alors qu'elle admet l'application de ce principe général du droit dans le domaine des actions en revendication, le délai institué étant identiquement de forclusion (v. s[s] n° 813.43). La réforme de la prescription issue de la loi du 17 juin 2008[4] a entendu faire concorder le point de départ du délai de prescription et la connaissance effective ou supposée de la part du titulaire du droit. Cela revient à consacrer législativement la règle *Contra non valementem...*, qui aura peut-être plus d'écho, maintenant qu'elle n'a plus qu'une valeur législative, par rapport à l'époque où elle constituait un principe général du droit... On peut ainsi penser qu'il sera peut-être difficile de faire courir le délai de déclaration de créance à compter de la publication du jugement d'ouverture à l'encontre d'une personne qui se retrouve créancière par l'effet rétroactif de l'annulation au titre des nullités de la période suspecte (v. aussi s[s] n° 825.11). La Cour de cassation a préféré emprunter une autre piste, en rejetant une question prioritaire de constitutionnalité, fondée sur l'atteinte substantielle au droit à un recours juridictionnel effectif, en considérant qu'un créancier placé dans l'impossibilité de connaître l'existence de sa créance au-delà d'un an de la publication au *Bodacc* du jugement d'ouverture – délai maximal de l'action en relevé de forclusion – pouvait introduire sa demande de relevé de forclusion nonobstant le dépassement de ce délai[5]. L'ordonnance du 12 mars 2014[6] a, pour sa part, institué un délai glissant, courant à compter de la date à laquelle le créancier ne peut plus ignorer l'existence de sa créance (v. s[s] n° 665.55).

SECTION 665.20
COMPUTATION DES DÉLAIS DE DÉCLARATION DES CRÉANCES

665.21 Application des règles de droit commun pour la computation des délais de déclaration de créance. La computation des délais obéit aux règles du code de procédure civile.

Il faut d'abord décider que ces délais étant exprimés en mois, le point de départ du délai est le jour de la publication au *Bodacc*, le jour de la résiliation ou de la notification de la décision prononçant la résiliation (C. pr. civ., art. 641, al. 2)[7]. Le délai expirera le jour du dernier mois qui porte le même quantième que le jour de l'événement (publication au *Bodacc*, résiliation du contrat ou décision de justice faisant courir le délai). À défaut d'un *quantième* identique, le délai expirera le dernier jour du mois.

En outre, l'article 642 du code de procédure civile s'applique aux délais de déclaration de créance, de sorte que si le délai expire un samedi, un dimanche, un jour férié ou chômé, le créancier pourra encore déclarer sa créance le premier jour ouvrable suivant[8].

Enfin, la computation des délais obéit aux règles des articles 668 et 669 du code de procédure civile. En conséquence, pour apprécier si la déclaration a été faite dans le délai, il suffit que l'envoi de la déclaration ait été effectué avant l'expiration du délai, peu important qu'elle n'ait été reçue que postérieurement[9]. La preuve du respect du délai incombera au créancier, qui devra être en mesure, en cas d'envoi postal, d'exhiber l'avis de dépôt de l'envoi, à moins que l'accusé de réception ne soit lui-même à l'intérieur du délai de déclaration de créance ou ne soit au plus tard postérieur que d'une journée (v. s[s] n° 664.51).

665.22 Point de départ du délai de déclaration de créance – Publication régulière du jugement d'ouverture au *Bodacc*. En dehors du délai de décla-

1. SUR LA QUESTION : J.-CL. CIV., Taisne, art. 2251 à 2259, *Prescription et possession – Suspension de la prescription*, n° 121 – Bandrac, *La nature juridique de la prescription extinctive en matière civile*, th., Paris II, Economica, 1986, n° 1999.
2. Req. 27 nov. 1946, *S.* 1947. I. 28.
3. Com. 26 oct. 1999, n° 97-13.238, *Bull. civ.* IV, n° 187; *RD banc. fin.* 2000, n° 20, note Lucas.
4. L. n° 2008-561, 17 juin 2008, *JO* 18 juin, p. 9856.
5. Com. 5 sept. 2013, n° 13-40.034 QPC, *Bull. civ.* IV, n° 127; n° 918 FS-P+B; *D.* 2013. Actu. 2100, obs. Lienhard et pan. 2147, note Le Corre; *D.* 2013. Chron. 2558, obs. Lecaroz; *Act. proc. coll.* 2013/16, comm. 228, note Le Corre; *Rev. sociétés* 2013. 726, note Henry; *BJE* nov. 2013. 366, note Le Mesle; *JCP E* 2014. Chron. 1020, n° 7, obs. Pétel; *RTD com.* 2013. 807, n° 1, obs. Martin-Serf; *Rev. proc. coll.* 2014, comm. 18, note Legrand et Legrand; *Gaz. Pal.* 12 janv. 2014, p. 27, note Le Corre; *LXB hebdo* 17 oct. 2013, n° 355, note Le Corre-Broly – *Adde*, Hontebeyrie., « L'adage *Contra non valentem*... a-t-il survécu à la loi du 17 juin 2008 portant réforme de la prescription en matière civile », *D.* 2014. 244.
6. Ord. n° 2014-326, 12 mars 2014, *JO* 14 mars, p. 5249.
7. DERRIDA *ET ALII*, n° 206.
8. Com. 17 févr. 1998, n° 95-18.686, *Bull. civ.* IV, n° 76; *JCP E* 1998. Pan. 587, *D. Affaires* 1998. 429.
9. Com. 1er oct. 1991, *JCP E* 1992. 136, n° 12, obs. M. Cabrillac et Pétel – Com. 28 janv. 1997, n° 94-21.125, *Bull. civ.* IV, n° 30; *D.* 1997. Somm. 214, obs. Honorat; *JCP E* 1997. I. 651, p. 189, n° 13, obs. Pétel; *RD banc. et bourse* 1997. 78, n° 4, obs. Campana et Calendini – Com. 28 avr. 1998, n° 96-16.440, *Bull. civ.* IV, n° 136; *D. Affaires* 1998. 1004.

ration de créance de l'indemnité de résiliation, le délai de déclaration de créance ne courra que si le jugement d'ouverture a été publié au *Bodacc*, *et* cela même si le jugement de conversion du redressement en liquidation judiciaire a fait l'objet de cette publication [1]. La solution sera, à notre sens, identique en cas de conversion d'une procédure de sauvegarde en redressement ou en liquidation judiciaire.

Le caractère tardif de la déclaration ne s'apprécie que par référence à la publication au *Bodacc* du jugement d'ouverture. Pour la troisième chambre civile de la Cour de cassation, faute de justification de la publication au *Bodacc* du jugement d'ouverture, ce caractère tardif ne peut être établi [2]. La Chambre commerciale à l'inverse juge qu'il appartient au créancier, qui a la charge de prouver la déclaration de créance dans les délais, de produire une copie de l'insertion au *Bodacc* du jugement d'ouverture [3].

Il faut toutefois réserver le cas des procédures ouvertes en Nouvelle-Calédonie. Le délai de déclaration de créance ne court contre les créanciers qu'à partir de la seconde des publicités du jugement d'ouverture effectuées au *JONC* et dans un journal d'annonces légales, la désignation des journaux habilités à recevoir des annonces légales ressortissant à la compétence d'État [4].

En cas de conversion du redressement en liquidation judiciaire, il faudra en outre que le jugement de liquidation soit publié puisque, selon l'article 119, alinéa 2 du décret du 27 décembre 1985 [5], ce jugement entraîne obligation pour le tribunal d'allonger le délai de déclaration de créance (v. s^s n° 665.33) à partir de la date de publication au *Bodacc*, et non par rapport à l'ancienneté du jugement d'ouverture [6]. Cette solution de la législation antérieure n'a pas été reprise par la législation de sauvegarde des entreprises.

Il faut encore indiquer que la conversion du redressement en liquidation judiciaire n'a pas pour effet d'ouvrir un nouveau délai pour déclarer la créance [7]; symétriquement, la déclaration de créance effectuée en redressement judiciaire est suffisante. Le créancier n'a pas à déclarer à nouveau sa créance en liquidation judiciaire [8]. Le mandataire pourrait seulement lui demander d'actualiser sa créance pour tenir compte de la déchéance du terme si, dans le cadre du redressement judiciaire, le créancier avait déclaré des créances à échoir. Il ne s'agit pas là d'une contestation de la créance susceptible d'aboutir à la privation du droit d'appel pour le créancier qui ne répondrait pas à cette invitation lancée par le mandataire de justice.

Identiquement, la conversion de la procédure de sauvegarde en redressement ou en liquidation judiciaire n'a pas pour effet d'ouvrir un nouveau délai pour accomplir ces formalités obligatoires. Ainsi, le créancier qui n'a pas déclaré sa créance dans les deux mois de la publication du jugement d'ouverture de la sauvegarde ne saurait déclarer ensuite au redressement judiciaire. Si la conversion intervient à l'intérieur du délai de déclaration des créances, le temps du délai déjà couru depuis la publication du jugement d'ouverture doit être comptabilisé, seul subsistant le délai restant à courir jusqu'à l'expiration du délai de deux mois dont le point de départ est invariablement fixé au jugement d'ouverture.

L'irrégularité de la publication du jugement d'ouverture au *Bodacc* sera équipollente à une absence de publication. L'irrégularité sera, semble-t-il, sanctionnée indépendamment de tout grief. La Cour de cassation a ainsi énoncé que « la cour d'appel, qui n'avait pas à prendre en considération l'existence ou non d'un grief causé à la banque par l'irrégularité de la publication [...], mais de dire que l'insertion litigieuse n'avait pu, en raison du vice dont elle était atteinte et dont l'existence devait s'apprécier objectivement, faire courir le délai de déclaration des créances » [9]. Cette affirmation mérite cependant d'être précisée. Il a en effet été jugé ensuite que l'irrégularité reste sans conséquence, si le créancier, quelle que soit sa qualité, peut, au vu de la publicité, identifier le débiteur par des éléments essentiels [10]. Il importe donc, dans la publicité du jugement d'ouverture, de faire le tri entre les éléments essentiels et ceux qui ne le sont pas. Ainsi, la Cour de cassation approuve-t-elle une cour d'appel d'avoir jugé que l'erreur sur l'activité exercée par le débiteur est indifférente [11].

1. Com. 9 janv. 2001, n° 98-11.002, *Bull. civ.* IV, n° 5; *Act. proc. coll.* 2001/6, n° 72; *JCP E* 2001. Chron. 753, n° 10, obs. Pétel; *D.* 2001. AJ 548, obs. Lienhard; *RD banc. fin.* 2001, n° 68, note Lucas; *RJ com.* 2001. 318, n° 1586, obs. Courtier; *RTD com.* 2002. 365, n° 2, obs. Martin-Serf.
2. Civ. 3e, 20 juin 2007, n° 06-13.565, NP.
3. Com. 20 oct. 2009, n° 08-17.830, NP.
4. Com. 18 janv. 2005, n° 02-13.123, *Bull. civ.* IV, n° 10; *Gaz. proc. coll.* 2005/1, p. 35, n° 3-1, obs. Le Corre.
5. D. n° 85-1388, 27 déc. 1985, préc.
6. Com. 27 oct. 1998, NP.
7. Com. 15 févr. 2011, n° 09-14.318, NP; n° 162 F-D – Besançon, 2e ch. civ., 5 sept. 2012, RG n° 10/02268.
8. Com. 16 janv. 2007, n° 05-16.927, *Bull. civ.* IV, n° 4; n° 44 FS-P+B; *D.* 2007. AJ 311, obs. Lienhard; *Gaz. proc. coll.* 2007/2, p. 45, note Le Corre-Broly.
9. Com. 12 avr. 2005, n° 03-20.691, *Bull. civ.* IV, n° 84; *D.* 2005. AJ 1227, obs. Lienhard; *Gaz. proc. coll.* 2005/2, p. 26, obs. Le Corre.
10. Com. 31 janv. 2012, n° 11-11.940, *Bull. civ.* IV, n° 20; n° 63 F-P+B; *D.* 2012. Actu. 432, obs. Lienhard; *Gaz. Pal.* 28 avr. 2012, n° 118, p. 29, note Le Corre; *RTD com.* 2012. 400, n° 1, obs. Martin-Serf; *LXB hebdo* 16 févr. 2012, n° 284, note Le Corre-Broly.
11. Com. 31 janv. 2012, n° 11-11.940, préc. (v. s^s prés^t n°).

Ont ainsi été sanctionnées l'insuffisance et les erreurs affectant l'identification-même du débiteur[1], qu'il s'agisse du nom du débiteur, de l'omission ou de l'erreur portant sur le numéro d'immatriculation au registre du commerce et des sociétés[2]. *A priori*, cette dernière irrégularité, qui semble mineure, ne devrait pas être sanctionnée. Pourtant, il ne peut être tout à la fois reproché au créancier de ne pas avoir pris connaissance par la lecture du *Bodacc* de la survenance du jugement d'ouverture de son débiteur et, tout à la fois, laisser sans sanction pareille irrégularité, dès lors qu'on sait, en pratique, que des systèmes d'information automatique de survenance des procédures collectives existent à partir du seul numéro de registre du commerce de l'intéressé. Il en sera de même des mentions qui ne permettent pas l'identification du représentant des créanciers – mandataire judiciaire – ou du liquidateur, selon le cas.

Il a encore été jugé que le délai de déclaration de créance n'aura pas commencé son cours en cas d'erreur portant sur la date du jugement d'ouverture[3]. Il ne s'agit pas là d'un élément d'identification du débiteur. Mais, comme cela a été très justement remarqué[4], la date du jugement d'ouverture permet de faire le départ entre les créances antérieures et les créances postérieures au jugement d'ouverture, ce qui conditionne l'obligation de déclaration de la créance. C'est donc un élément essentiel.

Une autre irrégularité empêchant le cours du délai peut encore tenir à l'absence d'indication, dans la publication au *Bodacc*, du devoir imparti au créancier de déclarer sa créance[5]. Ici encore, il s'agit d'une mention essentielle.

Aucune disposition n'impose cependant de faire apparaître, dans la publication au *Bodacc*, l'existence d'établissements secondaires[6], même si un avis doit être publié dans un journal d'annonces légales du lieu où le débiteur a des établissements secondaires (D. 27 déc. 1985[7], art. 21, al. 5; D. 28 déc. 2005[8], art. 63, al. 5).

L'irrégularité de la publication entraîne cette conséquence que le délai de déclaration de créance n'a jamais commencé à courir. Le créancier n'a donc pas à se faire relever d'une forclusion inexistante[9]. *A fortiori*, s'il n'y a pas trace de la publication du jugement d'ouverture, il ne saurait y avoir place à relevé de la forclusion, l'opinion contraire ayant cependant été soutenue[10].

S'il présente néanmoins une requête en relevé de forclusion, alors pourtant que le délai de déclaration de créance n'a pas commencé à courir contre lui, le créancier s'expose à succomber dans sa démarche[11]. En cause d'appel, il ne pourra faire valoir une irrégularité de la publication au *Bodacc*, puisqu'il s'agirait d'une demande nouvelle[12]. Il peut en revanche, sans encourir l'irrecevabilité tirée de l'autorité de la chose jugée, présenter au juge-commissaire une demande tendant à faire constater l'absence de forclusion, le déla de déclaration de créance n'ayant pas commencé à courir du fait de la publication irrégulière.

En outre, et indépendamment du cas de l'irrégularité de la publication au *Bodacc* du jugement d'ouverture, si le créancier présente une demande en relevé de forclusion alors qu'il n'a pas encore encouru la forclusion, sa demande est sans objet[13]. Mais il lui appartient néanmoins de déclarer sa créance dans les délais, la présentation de la demande en relevé de forclusion n'ayant pas pour objet d'interrompre le délai de déclaration de créance.

SECTION 665.30 ÉNONCÉ DES DIVERS DÉLAIS DE DÉCLARATION DES CRÉANCES

665.31 Délai de droit commun de déclaration de créance (sur le délai de déclaration de créance ouvert au représentant de la masse des obligataires, v. s[s] n° 662.24) – Légalité de l'existence de délais fixés par catégorie de créanciers. Il existe d'abord un délai de principe pour déclarer la créance.

1. Com. 14 févr. 1995, n° 93-10.151, *Bull. civ.* IV, n° 47; *D.* 1996. Somm. 85, obs. Honorat; *Rev. proc. coll.* 1995, 309, n° 5, obs. Dureuil – Com. 5 févr. 2002, n° 99-12.863, NP, *Act. proc. coll.* 2002/7, n° 84; *Rev. proc. coll.* 2003/1, p. 25, n° 7, obs. Legrand – Com. 9 nov. 2004, n° 02-13.015, NP.
2. Com. 5 févr. 2002, n° 99-10.427, NP, *Rev. proc. coll.* 2003/1, p. 25, n° 7, obs. Legrand.
3. Com. 5 févr. 2002, n° 99-12.863, NP, *Act. proc. coll.* 2002/7, n° 84; *RD banc. fin.* 2002, n° 103, note Lucas; *Rev. proc. coll.* 2003/1, p. 25, n° 7, obs. Legrand – Com. 12 avr. 2005, n° 03-20.691, *Bull. civ.* IV, n° 84; *D.* 2005. AJ 1227, obs. Lienhard; *RTD com.* 2005. 601, n° 12, obs. Martin-Serf.
4. Le Corre-Broly, note s[s] Com. 31 janv. 2012, n° 11-11.940, *LXB hebdo* 16 févr. 2012, n° 284.
5. Com. 6 juill. 1993, n° 91-12.636, *Rev. proc. coll.* 1994, p. 51, n° 6, obs. Dureuil.
6. Paris, 3e ch. C, 29 juin 2001, *Rev. proc. coll.* 2002, p. 97, n° 14, obs. Legrand.
7. D. n° 85-1388, 27 déc. 1985, préc.
8. D. n° 2005-1677, 28 déc. 2005, préc.
9. Com. 20 juin 1995, n° 93-16.549, *Bull. civ.* IV, n° 185 – Com. 4 mars 2003, n° 00-11.553, *Bull. civ.* IV, n° 36; *D.* 2003. AJ 831, obs. Lienhard; *Act. proc. coll.* 2003/8, n° 97; *RD banc. fin.* 2003, n° 231, note Lucas; *LXB hebdo* n° N6572AAN, note Le Corre.
10. Saint-Alary-Houin, 9e éd., n° 787.
11. Paris, 3e ch. B, 5 sept. 2003, RG n° 2002/14064.
12. Angers, 3e ch., 8 avr. 1997, *Rev. proc. coll.* 1998, 237, n° 27, obs. Cadiou.
13. Com. 28 oct. 2008, n° 07-10.373, NP; n° 1079 F-D.

Il est posé par l'article 66, alinéa 1er du:ret du 27 décembre 1985[1], dans la législation a:ieure à la loi de sauvegarde des entreprises[2]. Il :it d'un délai de deux mois à compter de la publ:ion du jugement d'ouverture au *Bodacc*. L'article :22-24, alinéa 1er du code de commerce (anct [28 déc. 2005[3], art. 99, al. 1er) conserve ce délai, a: que le projet de décret avait envisagé de le port:à trois mois, ce qui aurait assuré une uniformit:ar rapport au délai de l'action en revendication.

Il n'y a pas à distinguer, pour l'opposilité de cette publication, et en conséquence pour point de départ du délai dedéclaration des créan:, selon que le créancier est o: non en province, al: que le jugement d'ouverture a été ouvert dans]région parisienne[4].

Ce délai est allongé d: deux mois pour l: créanciers domiciliés hors Fra:ce métropolitaine[5], même si ces créanciers ont élu domicile en France[6] ou si la personne physique procédant à la déclaration est domiciliée en France métropolitaine[7]. La solution est posée sous l'empire de la loi du 25 janvier 1985[8] (D. 27 déc. 1985, art. 66, al. 1er) et sous l'empire de la loi de sauvegarde des entreprises (C. com., art. R. 622-24, al. 2).

Cet allongement de délai joue au bénéfice d'un créancier qui a son siège à l'étranger, alors même qu'il aurait un établissement en France, dès lors qu'il ne s'agit que d'une boutique de vente de billets et de réservation sans lien avec le litige, peu important l'ancienneté de l'installation en France et l'élection de domicile à l'occasion d'autres procédures[9].

L'allongement du délai bénéficie au cessionnaire de la créance, peu important que le cédant, pour sa part, n'ait pu bénéficier de l'allongement[10]. Il faut cependant que la cession de créance soit opposable au débiteur cédé, et par voie de conséquence, à la procédure collective, ce qui suppose le respect des conditions de signification ou d'acceptation de la cession[11]. Il faut en outre que la cession de créance soit intervenue avant expiration du délai de déclaration de créance imparti au titulaire initial de la créance, peu important en revanche que la cession de créance soit intervenue après l'ouverture de la procédure ou même sa publication au *Bodacc*, car le délai de déclaration de créance n'est pas un accessoire de la créance, de sorte que la question du lieu où demeure le créancier doit se faire en considération de la personne du créancier cessionnaire déclarant[12].

Ne respecte pas ce délai le créancier étranger qui, après avoir adressé une déclaration de créance dans ce délai, reçoit du mandataire de justice une demande de justification du pouvoir pour déclarer la créance et qui, au lieu de justifier du pouvoir du déclarant, retourne une nouvelle déclaration de créance en dehors du délai de 4 mois à compter de la publication au *Bodacc* du jugement d'ouverture[13].

En revanche, à défaut de texte spécial, le délai de deux mois, sous l'empire de la législation antérieure à la loi de sauvegarde des entreprises, reste applicable aux créanciers domiciliés en France métropolitaine, lorsque la procédure est ouverte hors France métropolitaine, car le délai de deux mois n'est pas un délai de comparution[14]. La Cour de cassation a ainsi énoncé que l'allongement du délai a pour seule finalité de compenser au profit du créancier domicilié hors de France Métropolitaine la contrainte résultant de l'éloignement et ne peut être étendu aux créanciers domiciliés dans un département ou territoire d'outre-mer ayant à déclarer leurs créances dans une procédure ouverte dans le même département ou territoire[15].

1. D. n° 85-1388, 27 déc. 1985, préc.
2. L. n° 2005-845, 26 juill. 2005, *JO* 27 juill., p. 12187.
3. D. n° 2005-1677, 28 déc. 2005, préc.
4. Com. 21 févr. 2006, n° 04-20.258, NP; n° 229 F-D.
5. AINSI : Com. 23 nov. 2004, n° 02-12.522, NP – Paris, 3e ch. A, 29 juin 2004, RG n° 2003/19389.
6. Com. 19 févr. 2002, n° 99-15.579, *Bull. civ.* IV, n° 36; *D.* 2002. AJ 1141; *Act. proc. coll.* 2002/6, n° 75; *RTD com.* 2002. 546, n° 8, obs. Vallens.
7. Com. 25 nov. 2008, n° 07-13.672, NP; n° 1229 F-D.
8. L. n° 85-98, 25 janv. 1985, *JO* 26 janv., p. 1097.
9. Com. 5 nov. 2013, n° 12-20.234, *Bull. civ.* IV, n° 159; n° 1041 F-P+B; *Gaz. Pal.* 12 janv. 2014, p. 10, note Le Corre; *Bull. Joly* 2014. 109, note Mouial-Bassilana; *RTD com.* 2014. 183, note Martin-Serf – AUSSI Montpellier, 17 nov. 2015, RG n° 14/05001, *JurisData* 026753; *JCP E* 2015. 934.
10. Versailles, 13e ch., 10 mai 2012, RG n° 11/03997, *Rev. proc. coll.* 2013, comm. 74, note F. et M.-N. Legrand; SUR POURVOI : Com. 15 oct. 2013, n° 12-22.008, *Bull. civ.* IV, n° 154; n° 958 F-P+B; *Act. proc. coll.* 2013/19, comm. 276, note Robine; *Rev. sociétés* 2013. 725, note Henry; *BJE* janv. 2014, p. 30, note Le Corre-Broly; *JCP E* 2014. Chron. 1020, n° 6, obs. Pétel; *RTD com.* 2014. 185, n° 2, note Martin-Serf; *Rev. proc. coll.* 2014, note Dalmau, études 18 – Com. 15 oct. 2013, nos 12-22.009, 12-22.010, 12-22.011, 12-26.731, 12-26.732, 12-26.733, 6 esp., NP; nos 959 à 961, 989 à 991 F-D.
11. Com. 15 oct. 2013, n° 12-22.008 et 6 autres arrêts, préc. (v. ss prést n°).
12. Com. 15 oct. 2013, n° 12-22.008 et 6 autres arrêts, préc. (v. ss prést n°).
13. Com. 23 nov. 2004, n° 02-12.522, NP.
14. Com. 23 nov. 1999, n° 96-21.034, *Bull. civ.* IV, n° 207; *Act. proc. coll.* 1999/20, n° 271; *Act. proc. coll.* 2000/1, n° 5; *D.* 2000. AJ 31, obs. Lienhard; *JCP E* 2000. Chron. 752, n° 3-b-10, obs. Pétel; *RTD com.* 2000. 185, obs. Vallens.
15. Com. 13 juill. 2010, n° 09-13.103, *Bull. civ.* IV, n° 125; n° 827 FS-P+B; *D.* 2010. 1865, note Lienhard; *Gaz. Pal. entr. diff.* 15-16 oct. 2010, p. 33, note Le Corre-Broly; *LPA* 20 déc. 2010, n° 252, p. 6, note Zattara-Gros; *JCP E* 2010. 1744, note Roussel Galle; *Rev. proc. coll.* 2011, comm. 37, p. 44, note Legrand et Legrand; *Leden* 2010/8, p. 2, obs. Parachkevova; *LXB hebdo* 16 sept. 2010, n° 408, note Le Corre-Broly.

La législation de sauvegarde des entreprises modifie la solution. L'article R. 622-24, alinéa 3 du code de commerce (anc^{t} D. 28 déc. 2005, art. 99, al. 3) prévoit que « lorsque la procédure est ouverte par une juridiction qui a son siège dans un département ou une collectivité d'outre-mer, le délai est augmenté de deux mois pour les créanciers qui ne demeurent pas dans ce département ou cette collectivité ». Il y a ainsi un parallélisme des formes entre le cas du créancier hors métropole confronté à un débiteur métropolitain et l'hypothèse du créancier métropolitain confronté à un débiteur hors métropole. En outre, le texte permet l'allongement du délai de déclaration de créance en présence d'un débiteur et d'un créancier situés tous deux hors métropole, mais dans des départements ou territoires différents[1]. L'allongement du délai a pour seule finalité de compenser au profit du créancier domicilié hors de France métropolitaine la contrainte résultant de l'éloignement et ne peut être étendu aux créanciers domiciliés dans un département ou territoire d'outre-mer ayant à déclarer leurs créances dans une procédure ouverte dans le même département ou territoire[2].

Il n'est pas interdit au créancier de déclarer sa créance avant la publication du jugement d'ouverture au *Bodacc*[3].

Le représentant des créanciers – mandataire judiciaire – n'engage pas sa responsabilité à ne pas avertir le créancier de la tardiveté de sa déclaration de créance[4].

On précisera enfin que l'omission volontaire du débiteur, qui constitue un cas de relevé de forclusion (v. s^{s} nº 665.53), n'a, en revanche, pas d'incidence sur le point de départ du délai de déclaration de créance, qui est la publication au *Bodacc* du jugement d'ouverture, et cela même pour le créancier étranger[5].

Le fait que les textes fixent, par catégorie de créanciers, les délais de déclaration de créance n'entraîne pas violation du principe de l'égalité devant la loi. Ce principe n'est pas absolu. Il interdit seulement de traiter différemment des personnes placées dans la même situation. Tel n'est pas le cas des créanciers entre lesquels il est distingué pour déterminer un point de départ différent de déclaration de créance. Ainsi, traiter mieux des créanciers privilégiés que de simples chirographaires ne peut choquer à moins que les mots n'aient plus de sens. Logiquement, la Cour de cassation rejette la QPC reposant sur ce fondement[6].

665.33 Délais de déclaration de créance en cas de réformation, d'annulation du jugement d'ouverture ou de décision d'incompétence et d'ouverture de la procédure par la cour d'appel. Si les délais ont été initialement respectés, la déclaration de créance reste efficace, nonobstant l'annulation ou la réformation du jugement d'ouverture, dans le cadre de la procédure ouverte par la cour d'appel faisant application de l'effet dévolutif de l'appel, suite à la réformation ou à l'annulation du jugement d'ouverture. Il n'y aura donc pas à déclarer à nouveau la créance (v. s^{s} nº 233.55).

Si le créancier n'a pas déclaré, dans le cadre de la procédure initialement ouverte, il est recevable à déclarer dans le cadre de la procédure ouverte subséquemment, qui fait courir un nouveau délai de déclaration de créance, mais aussi de relevé de forclusion[7].

La solution est la même en cas de décision d'incompétence. Il a ainsi été jugé que l'annulation du jugement d'un tribunal ayant ouvert la procédure à la suite d'une décision d'incompétence du tribunal saisi par le débiteur aux fins d'ouverture de la procédure, par la cour d'appel saisie par la voie du contredit, ne s'étend pas à la déclaration de créance effectuée par un créancier, dès lors que le tribunal, saisi en premier lieu et qui s'était déclaré incompétent, a finalement ouvert la procédure collective après que le dossier lui a été retourné par la cour d'appel[8]. En conséquence, la déclaration de créance faite initialement entre les mains du représentant des créanciers conserve son efficacité, malgré la nomination ultérieure d'un nouveau représentant des créanciers désigné par le tribunal ayant finalement ouvert la procédure à la suite du contredit. Il

1. Pérochon, 10e éd., nº 1550.
2. Com. 13 juill. 2010, nº 09-13.103, préc. (v. s^{s} prés^{t} nº).
3. Com. 9 déc. 1997, nº 95-16.959, NP – Toulouse, 10 mai 1989, *Rev. proc. coll.* 1990, 400, obs. Dureuil – *Adde*, IFPPC 1999, recomm. n°s 3030-1, 6023-1, p. 63, 150.
4. Com. 18 févr. 2003, nº 00-11.402, NP.
5. Com. 16 nov. 2010, nº 09-16.572, *Bull. civ.* IV, nº 179; nº 1159 F-P+B; *D.* 2010. 2832, note Lienhard; *Gaz. Pal. entr. diff.* 7-8 janv. 2011, p. 22, note Mélin et p. 39, note Le Corre-Broly; *Rev. sociétés* 2011. 196, note Roussel Galle; *LPA* 29 avr. 2011, nº 85, p. 13, note Nabet; *Rev. proc. coll.* 2011, comm. 175, note Mastrullo.
6. Com. 5 sept. 2013, nº 13-40.034 QPC, *Bull. civ.* IV, nº 127; nº 918FS-P+B; *D.* 2013. Actu. 2100, obs. Lienhard et pan. 2147, note Le Corre; *D.* 2013. Chron. 2558, obs. Lecaroz; *Act. proc. coll.* 2013/16, comm. 228, note Le Corre; *Rev. sociétés* 2013. 726, note Henry; *BJE* nov. 2013, 366, note Le Mesle; *JCP E* 2014. Chron. 1020, nº 7, obs. Pétel; *RTD com.* 2013. 807, nº 1, obs. Martin-Serf; *Rev. proc. coll.* 2014, comm. 18, note Legrand et Legrand; *Gaz. Pal.* 12 janv. 2014, p. 27, note Le Corre; *LXB hebdo* 17 oct. 2013, nº 355, note Le Corre-Broly.
7. Com. 1er juill. 1997, *JCP E* 1997. Pan. 982.
8. Com. 10 mai 2005, nº 04-10.523, *Bull. civ.* IV, nº 98; nº 703 FS-P+B; *D.* 2005. AJ 1414, obs. Lienhard; *JCP E* 2005. Chron. 1274, p. 1422, nº 3, obs. Pétel; *RTD com.* 2006. 199, nº 1, obs. Martin-Serf; *Gaz. proc. coll.* 2005/2, p. 24, obs. Le Corre – Com. 10 mai 2005, n°s 04-10.527 à 04-10.529, 3 esp., NP.

importe peu que le créancier déclare à nouveau sa créance entre les mains du second représentant des créanciers, désigné en dehors des délais légaux de publication au *Bodacc* du jugement d'ouverture.

Que décider si le créancier déclare sa créance avant réformation et annulation, puis réitère sa déclaration après ouverture de la procédure collective après réformation ou annulation ? Une chose en effet est de décider que la déclaration de créance initialement effectuée conserve son efficacité. Une autre chose est de considérer que seule la première déclaration de créance doit être prise en compte. La solution est importante si la première déclaration de créance est irrégulière, lors que la seconde ne comporte pas d'irrégularité. La Cour de cassation a censuré une cour d'appel d'avoir refusé de répondre à l'argument tenant à l'absence de validité de la première déclaration de créance qui devait seule être retenue[1]. La Cour de cassation considère, semble-t-il, qu'en pareille situation, seule doit être prise en considération la première déclaration de créance. La solution nous apparaît critiquable. Conserver l'efficacité de la première déclaration de créance peut se comprendre, cette dernière étant rétrospectivement faite à titre conservatoire. En revanche, ne pas prendre en considération la seconde déclaration de créance, alors que du fait de la réformation ou de l'annulation du jugement d'ouverture, une autre procédure collective a ensuite été ouverte, c'est faire abstraction de cette donnée essentielle qu'un délai autonome de déclaration de créance a commencé son cours, dont le créancier est arbitrairement privé. C'est finalement cette seconde solution qui a été adoptée par la Cour de cassation, seule la seconde déclaration de créance, si elle est régulière, devant alors être prise en compte[2].

665.33 Allongement du délai de déclaration de créance en cas de conversion du redressement en liquidation judiciaire sous l'empire de la législation antérieure à la loi du 26 juillet 2005[3]. L'article 119, alinéa 2 du décret du 27 décembre 1985[4] prévoit qu'en cas de liquidation judiciaire, le tribunal ordonne l'allongement du délai de déclaration de créance. Le texte de l'article 119 du décret du 27 décembre 1985 a été modifié par le décret du 21 octobre 1994[5]. Avant ce dernier décret, l'allongement du délai était facultatif[6]. Le décret du 21 octobre 1994 l'a rendu obligatoire[7]. Le caractère obligatoire de l'allongement du délai doit également conduire à décider qu'il faut le prévoir dans le jugement prononçant la liquidation judiciaire, et non pas dans un jugement ultérieur[8].

La place du texte dans le décret oblige à considérer que cet allongement n'a lieu d'être qu'en cas de conversion d'un redressement en liquidation judiciaire, non en cas de liquidation judiciaire immédiate.

Que faut-il décider, en l'absence de précision, dans le jugement de liquidation judiciaire, de l'allongement du délai ? Il est d'abord certain que l'absence de précision du délai de déclaration de créance ne peut être suppléée par la précision d'un délai de vérification des créances, ce délai n'intéressant que le représentant des créanciers, non les créanciers[9]. Une cour d'appel avait cru devoir décider qu'aucune forclusion n'était encourue[10]. La Cour de cassation l'a censurée, en considérant que l'absence de précision de l'allongement restait sans influence sur le cours du délai de déclaration, qui avait commencé à la date de publication au *Bodacc* du jugement d'ouverture[11]. Les juridictions du fond suivent la solution[12].

Le créancier aurait d'abord assurément intérêt à faire tierce opposition à l'encontre de conversion. On peut aussi penser que le ministère public, dans l'intérêt de la loi, aurait intérêt à interjeter appel de ce jugement, car il y a là omission rendant inapplicable une partie du dispositif légal.

Le jugement est entaché d'une omission de statuer que pourrait avoir intérêt à faire constater un créancier qui aurait déclaré sa créance, *a priori* hors délai[13]. La technique de l'omission de statuer semble donc également envisageable. Elle devra être présentée dans l'année du passage en force de chose jugée de la décision convertissant le redressement en liquidation judiciaire, en tenant cependant compte du fait que l'allongement doit être compatible avec

1. Com. 25 nov. 2008, n° 07-16.964, NP; n° 1231 F-D; *Gaz. proc. coll.* 2009/1, p. 50, note Le Corre.
2. Com. 24 juin 2014, n° 13-21.074, *Bull. civ.* IV, n° 110; *Gaz. Pal.* 5 oct. 2014, n° 278, p. 39, note Le Corre.
3. L. n° 2005-845, 26 juill. 2005, préc.
4. D. n° 85-1388, 27 déc. 1985, préc.
5. D. n° 94-910, 21 oct. 1994, *JO* 22 oct., p. 15019.
6. Com. 10 janv. 1995, n° 92-12.047, *Bull. civ.* IV, n° 10; *JCP E* 1995. I. 457, n° 11, obs. Pétel – *Adde*, Guyon, n° 1233.
7. Soinne, n° 2176 – Kerckhove, n° 557.
8. Derrida *et alii*, n° 206 – Soinne, n° 2172.
9. Paris, 3e ch. B, 7 janv. 2005, RG n° 03/21458.
10. Paris, 3e ch. C, 11 juin 1999, *Act. proc. coll.* 1999/16, n° 216; *RTD com.* 2001. 229, obs. crit. Martin-Serf.
11. Com. 29 oct. 2002, n° 99-18.499, *Bull. civ.* IV, n° 155; *D.* 2002. AJ 3078, obs. Lienhard; *Act. proc. coll.* 2002/19, n° 246, obs. Vallansan; *Dr. et patr.* 2003, n° 113, p. 93, obs. Monsérié-Bon; *JCP E* 2003. Chron. 194, p. 219, n° 3, obs. Pétel; *RTD com.* 2003. 162, n° 1, obs. Martin-Serf; *Rev. proc. coll.* 2003, p. 318, n° 5, obs. Legrand; *LXB hebdo* n° N4671AAA, note Le Corre – Com. 8 juill. 2008, n° 07-12.457, NP; n° 782 F-D.
12. Paris, 3e ch. A, 23 mai 2006, RG n° 2004/06171.
13. Le Corre, « Les conséquences de l'absence d'allongement du délai de déclaration des créances en cas de conversion du redressement en liquidation judiciaire », *D.* 2004. 1002.

le délai de relevé de forclusion. Si l'omission est ensuite réparée, il convient de vérifier si le créancier a ou non déclaré sa créance dans le nouveau délai fixé par le tribunal.

L'allongement du délai de déclaration de créance est enfermé dans des limites compatibles avec le relevé de forclusion (v. s[s] n° 665.55), ce qui rend impossible tout allongement du délai de déclaration des créances si le jugement de liquidation judiciaire est postérieur au jugement de redressement judiciaire de plus d'un an[1].

L'allongement du délai de déclaration de créance est également enfermé dans des limites compatibles avec le délai imposé au représentant des créanciers pour terminer les opérations de vérification du passif (v. s[s] n° 671.11).

Le tribunal doit prendre garde à ne pas prévoir un allongement trop court du délai de déclaration des créances, pour permettre aux créanciers de profiter de ce délai allongé[2].

Malgré l'expression « allongement » qui semblait conduire à décider que seul un délai de déclaration de créance en cours puisse être concerné, il était apparu, au regard de l'esprit du texte, possible d'ouvrir à nouveau un délai expiré[3]. C'est en ce sens que s'est fixée la Cour de cassation[4], suivie en cela par les juridictions du fond[5]. Pour parvenir à la solution, la Cour de cassation a jugé que le cours de ce délai commence rétroactivement au jour de la publication au *Bodacc* du jugement d'ouverture[6]. Mais une limite est cependant posée : l'allongement est enfermé dans des limites compatibles avec le délai de l'action en relevé de forclusion. En conséquence, il importe que, à la date de la déclaration de créance, le créancier soit encore dans le délai du relevé de forclusion[7]. Ce n'est en effet qu'à cette date, que la créance sera éteinte, sous l'empire de la législation antérieure à la loi de sauvegarde des entreprises.

Si la créance a été initialement déclarée en redressement judiciaire hors délai, une nouvelle déclaration de créance, suite à l'allongement du délai de déclaration de créance décidé dans le jugement de conversion du redressement en liquidation judiciaire, ne s'imposera pas[8]. *A fortiori*, si la créance a été déclarée en redressement judiciaire dans les délais, peu importe *l'allongement* ultérieur du délai de déclaration des créances. Le créancier n'a en effet pas à déclarer à nouveau sa créance dans les deux mois de la publication au *Bodacc* du jugement de liquidation judiciaire[9].

Le décret du 28 décembre 2005[10] n'a pas repris cette disposition. En conséquence, il n'existe plus d'allongement du délai de déclaration de créance en cas de conversion du redressement en liquidation judiciaire, pour les procédures ouvertes à compter du 1er janvier 2006.

665.34 Délai de déclaration de l'indemnité de résiliation d'un contrat en cours au jour du jugement d'ouverture. Il existe un délai particulier de déclaration de créance : celui de la déclaration de l'indemnité de résiliation prévue par l'article 66, alinéa 2 du décret du 27 décembre 1985[11], sous l'empire de la législation antérieure à la loi de sauvegarde des entreprises[12] par l'article 96, alinéa 2 du décret du 28 décembre 2005[13], devenu l'article R. 622-21, alinéa 2, sous l'empire de la loi de sauvegarde des entreprises. Le mécanisme, qui est ici en cause, ne concerne que la déclaration de l'indemnité de résiliation. Il en résulte que la créance litigieuse devra évidemment être une indemnité de résiliation à l'exclusion d'une créance d'une autre nature[14]. Il faut ici supposer que le contrat est en cours au jour du jugement d'ouverture. Que la résiliation intervienne de plein droit ou soit judiciairement prononcée, le cocontractant disposera d'un délai d'un mois pour déclarer l'indemnité de résiliation. Il ne nous apparaît pas, même si le contraire a été jugé[15], que le créancier puisse se réfugier derrière le défaut d'avertissement du créancier titulaire d'un contrat publié pour prétendre que le délai de déclaration de l'indemnité de résiliation n'a pas couru, car le créancier ne peut, contrairement à ce qui vaut pour la déclaration de créance initiale, ignorer l'existence de la procédure collective, dans la mesure où il déclenche lui-même, par la mise en demeure d'avoir à opter sur la continuation du contrat, le départ du délai de déclaration de l'indemnité de résiliation et qu'il ne mérite donc ici pas la protection particulière instituée pour la déclaration de créance initiale.

1. AINSI : Paris, 3e ch. A, 6 déc. 2005, RG n° 05/4039.
2. SUR UNE DIFFICULTÉ de cette nature : Paris, 3e ch. A, 30 mars 2004, RG n° 2003/19472.
3. GUYON, n° 1233.
4. Com. 19 févr. 2002, n° 99-10.801, *Bull. civ.* IV, n° 35; *D.* 2002. AJ 1068, obs. Lienhard; *Act. proc. coll.* 2002/6, n° 76, obs. Régnaut-Moutier; *RJ com.* 2002. 279, n° 1600, note Courtier; *JCP E* et *A* 2002. Chron. 1380, n° 11, obs. M. Cabrillac; *RTD com.* 2002. 366, n° 3, obs. Martin-Serf.
5. Paris, 1re ch. G, aud. sol., 4 juin 2003, RG n° 2002/06283 – Paris, 3e ch. A, 30 mars 2004, *D.* 2004. AJ 1165.
6. Com. 5 juill. 2005, n° 04-12.675, NP; n° 1008 F-D.
7. Paris, 3e ch. B, 16 janv. 2004, RG n° 2003/10675 – Paris, 3e ch. A, 22 juin 2004, RG n° 2003/20560.
8. IFPPC 1999, recomm. n° 6027-2, p. 154.
9. Com. 5 juill. 2005, n° 04-12.675, NP.
10. D. n° 2005-1677, 28 déc. 2005, préc.
11. D. n° 85-1388, 27 déc. 1985, préc.
12. L. n° 2005-845, 26 juill. 2005, préc.
13. D. n° 2005-1677, 28 déc. 2005, préc.
14. Com. 30 juin 2004, n° 03-12.705, NP.
15. Grenoble, ch. com., 13 mars 2014, RG n° 13/01001, *Juris-Data* 005001.

N'équivaut pas à une déclaration de créance de l'indemnité de résiliation, la mise en demeure adressée à l'administrateur judiciaire de se prononcer sur la continuation du contrat en l'informant de son intention de solliciter la restitution du matériel si le contrat n'est pas poursuivi, alors surtout que le courrier ne contient aucun chiffrage[1].

Le délai de déclaration de l'indemnité de résiliation, faute de texte comparable à ceux régissant le délai de déclaration initiale, ne peut être allongé au profit des créanciers domiciliés hors de France métropolitaine. Il ne s'agit ni d'un délai de comparution, ni d'un délai de recours. La possibilité d'allongement du délai a cependant été retenue par une juridiction du fond[2].

Le délai de déclaration de l'indemnité de résiliation est un délai supplémentaire, par rapport au délai de droit commun de la déclaration de créance[3], comme l'énonce l'article 66, alinéa 2 du décret du 27 décembre 1985. Certes, le caractère supplémentaire du délai n'est plus précisé par l'article R. 622-21, alinéa 2 du code de commerce (anc t D. 28 déc. 2005, art. 96, al. 2). Mais la solution n'en est pas modifiée pour autant. En effet, à quoi bon prévoir un délai particulier si le créancier peut déclarer sa créance d'indemnité de résiliation dans les conditions du droit commun ? En conséquence, le délai de déclaration de l'indemnité de résiliation ne saurait être inférieur au délai initial de déclaration de créance. Dès lors, en toute occurrence, le déclarant disposera au moins d'un délai de deux mois par rapport à la publication du jugement d'ouverture au *Bodacc* si la résiliation intervient moins d'un mois après la publication au *Bodacc* du jugement d'ouverture. C'est ce qu'a jugé la Cour de cassation, statuant sous l'empire de la loi de sauvegarde des entreprises[4]. Dans le cas contraire, le délai de déclaration de créance se trouvera prolongé jusqu'à expiration du délai du mois courant à compter de la résiliation de plein droit du contrat ou de la notification de la décision la prononçant.

On précisera encore que le cocontractant, plutôt que de devoir déclarer en deux temps ses créances, pourra préférer déclarer, en même temps que ses créances échues au jour du jugement d'ouverture, une indemnité éventuelle de résiliation[5]. La solution a clairement été réaffirmée par la Cour de cassation[6].

Cette déclaration de créance de l'indemnité de résiliation sera rejetée si le contrat est ensuite continué, sans faire l'objet d'une *résiliation*. Elle sera admise, si la résiliation devient effective. La difficulté pratique consistera cependant à ne pas intégrer, dans la déclaration, des créances postérieures bénéficiant d'un traitement préférentiel, qui devraient être soustraites du montant de l'indemnité de résiliation déclarée. Encore faudra-t-il cependant, pour qu'une indemnité de résiliation soit admise au passif, que la résiliation, qui seule fait naître la créance, soit intervenue. Tel n'est pas le cas après une option spontanée de non-continuation, dès lors que le cocontractant n'a pas fait prononcer par le juge de droit commun, la résiliation du contrat[7].

Diverses hypothèses doivent être distinguées, qui permettront de préciser le point de départ de ce délai de déclaration de créance.

Dans une première hypothèse, nous sommes en présence d'une résiliation de plein droit. Le délai de déclaration de créance courra, par principe, à compter de la date de la résiliation de plein droit[8] et non de sa constatation par le juge-commissaire, cette dernière étant facultative. Dans le régime simplifié sans administrateur judiciaire, sous l'empire de la législation antérieure à la loi de sauvegarde des entreprises, le délai de déclaration de la créance d'indemnité de résiliation court de la date de refus par le juge-commissaire d'autoriser la continuation du contrat et non, comme cela a été jugé d'une manière critiquable par une cour d'appel, en matière d'action en revendication, de la date du jugement statuant sur opposition à l'encontre de l'ordonnance du juge-commissaire ayant refusé l'autorisa-

1. Grenoble, ch. com., 13 mars 2014, RG n° 13/01001, *JurisData* 005001.
2. Lyon, 3e ch. civ., 27 nov. 2003, RG n° 02/04604, *Rev. proc. coll.* 2005/1, p. 42, n° 3, obs. Roussel Galle.
3. Com. 24 oct. 1995, n° 93-21.211, NP, *RD banc. et bourse* 1996. 130, obs. Campana et Calendini.
4. Com. 26 mars 2013, n° 11-21.060, 12-18.991, *Bull. civ.* IV, n° 50; n° 324 F-P+B; *D.* 2013. Actu. 903, obs. Lienhard; *D.* 2013. Pan. 2371, note Le Corre; *Gaz. Pal.* 12 juill. 2013, n° 193, p. 22, note Le Corre; *Rev. sociétés* 2013. 379, note Henry; *BJE* juill. 2013, p. 223, note Rohart-Messager; *JCP E* 2013. Chron. 1434, n° 2, obs. Pétel; *Dr. et patr.* sept. 2013, p. 52, n° 004, note Monsérié-Bon; *RTD com.* 2013. 341, n° 3, obs. Martin-Serf.
5. SUR CETTE POSSIBILITÉ : Com. 24 oct. 1995, n° 93-21.211, NP, *RD banc. et bourse* 1996. 130, obs. Campana et Calendini.
6. Com. 5 nov. 2013, n° 12-20.263, *Bull. civ.* IV, n° 164; n° 1052 FS-P+B; *D.* 2013. Actu. 2639, obs. Lienhard; *Gaz. Pal.* 12 janv. 2014, p. 30, note Le Corre; *Act. proc. coll.* 2013/19, comm. 281, note Cagnoli; *BJE* janv. 2014, p. 28, note Benilsi; *RTD com.* 2014. 186, n° 3, note Martin-Serf.
7. Com. 10 mars 2009, n° 07-13.835, NP; n° 224 F-D; *Gaz. proc. coll.* 2009/3, p. 37, n° 4, note Le Corre-Broly; *LXB hebdo* 23 avr. 2009, n° 347, note Le Corre-Broly.
8. Com. 18 mars 2003, n° 00-12.693, *Bull. civ.* IV, n° 47; *D.* 2003. AJ 972, obs. Lienhard; *Act. proc. coll.* 2003/8, n° 96, obs. Régnaut-Moutier; *JCP E* 2003. Chron. 1665, n° 11, obs. Monéger; *JCP E* 2003. Chron. 1396, n° 12, obs. Cabrillac; *RTD com.* 2004. 152, n° 1, obs. Martin-Serf; *RD banc. fin.* 2003, n° 191, note Lucas; *Rev. proc. coll.* 2003, p. 234, n° 1, obs. Roussel Galle; *LXB hebdo* n° N7189AAI, note Le Corre-Broly.

tion de continuer le contrat[1]. L'exécution provisoire attachée à l'ordonnance justifie la solution[2].

Il en est ainsi en cas d'option de non continuation du contrat faisant suite à une mise en demeure d'avoir à opter sur la continuation du contrat, soit lorsque l'organe compétent pour se prononcer sur la poursuite du contrat garde le silence pendant plus d'un mois, soit parce que l'organe compétent se prononce expressément pour la non-poursuite du contrat. Dans l'hypothèse du silence, la résiliation de plein droit interviendra au jour de l'expiration du délai du mois faisant suite à la réception du courrier contenant la mise en demeure.

Il en est de même lorsque, après une option pour la continuation du contrat, lorsque le paiement de la contrepartie du contrat continué n'intervient pas au comptant ou, en présence d'un contrat exécution à exécution successive, n'intervient pas selon l'échéancier contractuel. En ce cas, à moins que le cocontractant n'accepte d'accorder des délais de paiement, le contrat est résilié au premier fait d'inexécution, qui marque le point de départ du délai de déclaration de l'indemnité de résiliation.

La résiliation de plein droit intervient également lorsque l'administrateur judiciaire ou à son défaut le débiteur ou le liquidateur décident, après avoir dans un premier temps opté pour la continuation du contrat, de mettre fin à celui-ci, parce qu'ils ne sont plus en mesure de payer le terme suivant. En ce cas, la résiliation prend effet à la date à laquelle le cocontractant est informé de la décision de l'organe compétent de mettre fin au contrat.

La résiliation de plein droit intervient enfin, depuis l'ordonnance du 18 décembre 2008, si l'administrateur judiciaire, à son défaut, le liquidateur font connaître au cocontractant leur décision de mettre fin au contrat, lorsque, en liquidation judiciaire, la prestation du débiteur porte sur le paiement d'une somme d'argent. En ce cas, précise l'article L. 641-11-1, III, 3° du code de commerce, la résiliation de plein droit intervient au jour où le cocontractant est informé de la décision de l'administrateur judiciaire (C. com., art. L. 641-10, al. 5) ou, à son défaut, du liquidateur de mettre fin au contrat. Le délai de déclaration de l'indemnité de résiliation courra, en ce cas, à compter de la réception par le cocontractant de l'information selon laquelle il est mis fin au contrat.

Notons que si l'option de non-continuation est le fait d'un mandataire de justice, la Cour de cassation fait peser sur lui un devoir d'informer le cocontractant de son obligation de déclarer au passif l'indemnité dans le délai de l'article 66 du décret du 27 décembre 1985[3], désormais de l'article R. 622-21, alinéa 2 du code de commerce (anc[t] D. 28 déc. 2005, art. 96, al. 2). Les juridictions du fond ne suivent pas nécessairement cette position[4].

La Cour de cassation a posé en règle, sous l'empire de la législation antérieure à la loi de sauvegarde des entreprises, que, en l'absence de mise en demeure par le cocontractant, la renonciation de l'administrateur ou du liquidateur à continuer le contrat n'entraîne pas la résiliation de plein droit à leur initiative, mais confère au seul contractant le droit de la faire prononcer en justice (v. s[s] n° 431.41). Il y a place à une résiliation judiciaire, devant le juge de droit commun. Le point de départ de la déclaration de l'indemnité sera en ce cas, décalé à cette date[5]. Le délai de déclaration de la créance d'indemnité de résiliation, énonçait l'article 66, alinéa 2 du décret du 27 décembre 1985, part du jour de la notification de la date de la décision prononçant la résiliation. L'expression était quelque peu étrange. Pourquoi avoir évoqué la notificaton de la date de la décision plutôt que la date de notification de la décision ? Il y avait là une erreur rédactionnelle, que la Cour de cassation avait rectifiée en faisant courir le délai de la date de notification de la décision qui constatait la résiliation[6]. L'article R. 622-21, alinéa 2 du code de commerce (anc[t] D. 28 déc. 2005, art. 96, al. 2), qui régit, depuis la législation de sauvegarde des entreprises, le délai de déclaration de l'indemnité de résiliation d'un contrat en cours au jour du jugement d'ouverture, a été rectifié en ce sens en prévoyant que le délai court en ce cas de la notification de la décision prononçant la résiliation. Il en sera ainsi en cas de décision spontanée de ne pas continuer le contrat, cette option n'entraînant pas résiliation du contrat, mais déclenchant seulement le droit pour le cocontractant de faire prononcer la résiliation.

Au contraire, si le cocontractant saisit le juge-commissaire aux fins de constat de la résiliation, le délai de déclaration courra non de la notification de l'ordonnance, mais du jour de la résiliation. En effet, l'hypothèse visée par l'article 66, alinéa 2 et désormais par l'article R. 622-21, alinéa 2 du code de commerce (anc[t] D. 28 déc. 2005, art. 96, al. 2) est celle d'une résiliation n'intervenant pas de plein droit, puisque le texte évoque « la décision pronon-

1. Montpellier, 2e ch., 10 janv. 2008, RG n° 06/06976, *Act. proc. coll.* 2008/12, n° 191, note crit. Cagnoli.
2. Cagnoli, note s[s] Montpellier, 2e ch., 10 janv. 2008, RG n° 06/06976, *Act. proc. coll.* 2008/12, n° 191.
3. Com. 6 juin 2000, n° 97-21.288, NP, *Act. proc. coll.* 2000/15, n° 187.
4. Paris, 3e ch. A, 3 févr. 2004, RG n° 2003/09857, *Gaz. Pal.* 30-31 juill. 2004, Jur. 16, note Le Corre-Broly.
5. Com. 16 juin 2004, n° 02-14.942, *Bull. civ.* IV, n° 129; *D.* 2004. AJ 1974; *Rev. proc. coll.* 2004, p. 228, n° 9, obs. Roussel Galle; *RTD com.* 2004. 807, note Martin-Serf – Com. 7 déc. 2004, n° 03-15.164, NP.
6. Com. 16 juin 2004, n° 02-14.942, préc. (v. s[s] prés[t] n°).

çant la résiliation ». Cette hypothèse doit être distinguée de celle dans laquelle le juge-commissaire ne se contente pas de constater, mais prononce la résiliation.

Le créancier ne peut déclarer une indemnité de résiliation, en se fondant sur l'option spontanée de non-continuation du contrat émanant du mandataire de justice, administrateur judiciaire ou liquidateur. Les conditions de mise en œuvre de la clause stipulant l'indemnité de résiliation ne sont en effet pas réunies, tant qu'il n'y a pas résiliation[1]. Il en résulte qu'il ne peut lui être reproché de ne pas avoir déclaré cette indemnité de résiliation pour prétendre à sa forclusion[2].

L'ordonnance du 18 décembre 2008[3] accorde à l'administrateur, et à son défaut au débiteur ou au liquidateur, la possibilité de mettre fin au contrat, sans avoir été mise en demeure. Ce sont donc des cas d'option spontanée pour la non-continuation du contrat. Dans deux cas, il y a place à saisine du juge-commissaire qui doit prononcer la résiliation. Il s'agit donc d'une résiliation judiciaire. Le délai de déclaration de l'indemnité de résiliation ne courra, dans ces deux hypothèses, qu'à compter de la notification de la décision prononçant la résiliation. Il en est d'abord ainsi, en période d'observation, si l'administrateur judiciaire, ou à son défaut le débiteur, demande au juge-commissaire de prononcer la résiliation, lorsque celle-ci est nécessaire à la sauvegarde du débiteur et qu'elle ne porte pas une atteinte excessive aux intérêts du cocontractant (C. com., art. L. 622-13, IV et C. com., art. L. 627-2 – v. s[s] n° 431.53). Il en est de même, en liquidation judiciaire, si le liquidateur saisit le juge-commissaire aux fins qu'il prononce la résiliation d'un contrat, lorsque la prestation du débiteur ne porte pas sur le paiement d'une somme d'argent, si la résiliation est nécessaire aux opérations de liquidation et ne porte pas une atteinte excessive aux intérêts du cocontractant (C. com., art. L. 641-11-1, IV).

Que décider en dehors de ces deux cas ? Tout d'abord, en période d'observation, si l'administrateur ou à son défaut le débiteur fait connaître, sans avoir été mise en demeure, sa décision de ne pas continuer le contrat, la solution posée sous l'empire de la loi du 25 janvier 1985 subsiste : le contrat n'est pas résilié, le cocontractant pouvant seulement saisir le juge compétent pour qu'il prononce la résiliation. Ensuite, en liquidation judiciaire, le liquidateur peut, sans avoir été mis en demeure, décider de ne pas continuer le contrat. Si la prestation du débiteur porte sur le paiement d'une somme d'argent, cette décision vaut résiliation de plein droit, ce qui met fin à la jurisprudence rendue, sous l'empire de la loi de 1985, en cas de liquidation judiciaire.

665.35 Non-respect du délai de déclaration de l'indemnité de résiliation. Si l'indemnité de résiliation est déclarée en dehors du délai spécial, *elle* subira, sous l'empire de la législation antérieure à la loi de sauvegarde des entreprises[4], une extinction, cependant que le juge-commissaire devra distinguer, avant de considérer que la créance est éteinte, entre l'indemnité de résiliation *stricto sensu* et les prestations fournies après jugement d'ouverture, qui, quant à elles, bénéficieront du régime des créances postérieures[5].

Se refusant à introduire des distinctions dans un texte n'en comportant pas, la jurisprudence admet le relevé de forclusion dans l'hypothèse de la déclaration de la créance d'indemnité d'un contrat en cours au jour du jugement d'ouverture, puis résilié[6]. La solution se recommande maintenant de la lettre de l'article L. 622-26, alinéa 1er du code de commerce, dans la rédaction que lui a donnée l'article 138, IX de la loi du 12 mai 2009[7]. Ce texte qui envisage la sanction de l'absence de déclaration de créance dans les délais et la possibilité d'un relevé de forclusion vise désormais l'absence de déclaration de la créance « dans les délais prévus à l'article L. 622-24 », ce qui a vocation à concerner tous les délais de déclaration de créance visés à cet article, dont celui imparti pour déclarer l'indemnité de résiliation.

Si l'indemnité de résiliation concerne un contrat primitivement continué, le cocontractant est par principe au courant de la résiliation, puisqu'elle résulte soit de la volonté de l'organe compétent de mettre fin au contrat soit du non-paiement de la contrepartie aux échéances convenues, qui emporte résiliation de plein droit du contrat. Dans ces conditions, le créancier ne pourrait pas sérieusement soutenir ne pas être au courant de la situation le conduisant à devoir déclarer sa créance et, par voie de conséquence, il ne pourrait apporter la démonstration que le non-respect de la déclaration dans les délais n'est pas dû à son fait. Pour qu'il y ait place à relevé de forclusion, il faudra donc être dans des situations exceptionnelles. La solution a ainsi été posée en présence de la résiliation du contrat ayant pour origine sa non-cession du contrat au repreneur, dont le cocontractant n'avait

1. Com. 10 mars 2009, n° 07-13.835, NP; n° 224 F-D; *Gaz. proc. coll.* 2009/3, p. 37, n° 4, note Le Corre-Broly; *LXB hebdo* 23 avr. 2009, n° 347, note Le Corre-Broly.
2. Com. 1er oct. 2013, n° 12-23.921, NP; n° 893 F-D.
3. Ord. n° 2008-1345, 18 déc. 2008, préc.
4. L. n° 2005-845, 26 juill. 2005, préc.
5. Com. 7 janv. 2003, n° 00-14.799, NP; n° 46 F-D.
6. Com. 6 juin 2000, n° 97-21.288, NP, *RJDA* 2000/11, n° 1016.
7. L. n° 2009-526, 12 mai 2009, *JO* 13 mai, p. 7920.

pas été informé[1]. Mais la solution est criticable dès lors que l'on sait que la non cession du contrat en plan de cession n'entraîne pas sa résiliation (v. s[s] n° 582.68).

665.36 Délai de déclaration ouvert à l'AGS. Les salariés sont dispensés, depuis la loi du 25 janvier 1985[2], de l'obligation de déclarer leurs créances. Cette dispense joue même pour la créance d'indemnisation complémentaire allouée à la victime d'une faute inexcusable de l'employeur[3], solution contestable dès lors que cette créance indemnitaire n'est pas véritablement une créance salariale.

L'obligation de déclaration incombe en revanche à l'AGS qui avance les fonds. Elle doit déclarer même les créances pour lesquelles elle refuse ses avances. La solution est logique dès lors que le créancier peut l'assigner pour faire jouer la garantie (v. s[s] n° 694.24).

L'AGS est dispensée de déclaration pour deux types de créances dont elle assure les avances : les créances super-privilégiées et les créances couvertes par le quatrième rang de l'article L. 621-32 du code de commerce (réd. législation antérieure à la loi de sauvegarde des entreprises[4] [anc[t] L. 25 janv. 1985, art. 40]), devenu le quatrième rang de l'article L. 622-17, III, en sauvegarde et en redressement judiciaire (supprimée par l'ordonnance du 18 décembre 2008[5]) et l'article L. 641-13, III en liquidation judiciaire. Pour les autres créances, l'AGS doit déclarer. Il s'agit des créances dues au jour du jugement d'ouverture autres que celles super-privilégiées. Il s'agit également des créances postérieures qui sont fictivement traitées comme des créances antérieures, notamment les créances d'indemnités de rupture des contrats.

Pour tenir compte de la particularité des créances détenues par l'AGS, qui correspondent pour partie à des créances nées après jugement d'ouverture, l'article 66, alinéa 4 du décret du 27 décembre 1985[6], dont la solution est reprise par l'article R. 622-21, alinéa 4 (anc[t] D. 28 déc. 2005[7], art. 96, al. 4), a prévu un délai particulier de déclaration des créances figurant sur les relevés de créances salariales. Il s'agit d'un délai de quinzaine, qui commence à courir à compter de l'expiration des délais de règlement prévus par l'article L. 3253-19, 3° du code du travail (anc[t] C. trav., art. L. L. 143-11-7, al. 3) (s a question, v. s[s] n° 694.31). Faute de précision u texte, il semble qu'il faille décider que chacun délais de *règlement fait courir à l'encontre de* GS le délai particulier de déclaration de créanc orrespondant.

Bie que l'AGS soit tenue de déclarer des créances, c dernières restent de nature salariale. Il en résul que la vérification des créances déclarées par l'AG n'obéit pas au droit commun et spécialement qu' e ne relève pas de la compétence du juge-commisaire[8].

665.37 Délai de déclaration de créance ouvert à certains créanciers postérieurs. La loi de sauvegarde des entreprises[9] disqualifie en créances soumises à déclaration au passif certaines créances nées après le jugement d'ouverture.

Ces créances doivent être nées régulièrement après jugement d'ouverture, c'est-à-dire dans le respect de la répartition des pouvoirs entre le débiteur et les organes de la procédure, spécialement l'administrateur judiciaire et le liquidateur. Il ne s'agit donc pas des créances nées irrégulièrement qui sont hors procédure (v. s[s] n° 454.11).

Il s'agit des créances postérieures non méritantes, créances qui ne bénéficient pas du traitement de faveur réservé par l'article L. 622-17 du code de commerce, texte de la procédure de sauvegarde applicable en redressement judiciaire (C. com., art. L. 631-14, I) et, en liquidation judiciaire, par l'article L. 641-13.

Les créanciers titulaires de ces créances sont obligés de les déclarer au passif. Mais ils ne sont pas astreints à l'obligation de déclarer leurs créances dans le délai de droit commun. Ils ne le pourraient pas puisque, la plupart du temps, ces créances ne seraient pas nées. C'est pourquoi le législateur (C. com., art. L. 622-24, al. 5, texte de la procédure de sauvegarde applicable en redressement judiciaire : C. com., art. L. 631-14, I, et en liquidation judiciaire : C. com., art. L. 641-3, al. 2) leur accorde un délai classique de deux mois pour déclarer leurs créances, dont le point de départ est particulier : l'arrivée de la date d'exigibilité de la créance. La particularité de ce délai aurait pu, en pratique, entraîner l'impossibilité pour ces créanciers de bénéficier du jeu du relevé de forclusion, l'introduction de l'action en relevé de forclusion étant enfermée dans un délai qui aurait en effet parfois été expiré à la date à laquelle aurait dû intervenir la déclaration de créance. Le problème ne peut plus se poser depuis l'ordonnance du 12 mars 2014[10] qui a décalé, au

1. Amiens, ch. éco., 28 nov. 2002, *BPN c/BMN*, RG n° 01/04115, NP.
2. L. n° 85-98, 25 janv. 1985, préc.
3. Soc. 6 juill. 2000, n° 98-20.054, NP, *Act. proc. coll.* 2000/15, n° 191.
4. L. n° 2005-845, 26 juill. 2005, préc.
5. Ord. n° 2008-1345, 18 déc. 2008, préc.
6. D. n° 85-1388, 27 déc. 1985, préc.
7. D. n° 2005-1677, 28 déc. 2005, préc.
8. Paris, 3e ch. B, 8 nov. 2007, RG n° 2006/20852 – Paris, 3e ch. B, 8 nov. 2007, RG n° 2006/20855.
9. L. n° 2005-845, 26 juill. 2005, préc.
10. Ord. n° 2014-326, 12 mars 2014, préc.

profit des créanciers placés dans l'impossibilité de connaître l'existence de leur créance à l'expiration du délai classique de l'action en relevé de forclusion, le point de départ du délai de relevé de forclusion de 6 mois.

Une difficulté peut se présenter pour les créanciers dont les créances contractuelles naissent successivement. Pour éviter à ce type de créancier, par exemple le bailleur, d'avoir à déclarer de multiples créances, à chaque échéance, et ralentir ainsi considérablement la clôture de la procédure, un amendement a été présenté par la commission des lois du Sénat et adopté aux termes duquel « toutefois, les créanciers dont les créances résultent d'une obligation à exécution successive déclarent l'intégralité des sommes qui leur sont dues dans les délais prévus à l'article L. 622-24 »[1]. Il faut donc comprendre que le créancier titulaire d'un contrat faisant naître successivement des créances postérieures ne bénéficiant pas du traitement préférentiel doit déclarer non seulement les sommes qui lui sont dues au jour du jugement d'ouverture, mais encore celles qui naîtront après ledit jugement. L'article R. 622-22, alinéa 1er du code de commerce (anc^t^ D. 28 déc. 2005[2], art. 97, al. 1er) prévoit, en ce sens, que ces créanciers déclarent leurs créances pour la totalité des sommes échues et à échoir, sur la base d'une évaluation, dans un délai de deux mois à compter de la publication du jugement d'ouverture au *Bodacc*. Cette obligation ne s'impose qu'aux créanciers postérieurs non éligibles au traitement préférentiel, et non, comme a pu le juger à tort une juridiction[3], aux créanciers postérieurs éligibles au traitement préférentiel, qui ne sont pas astreints à déclarer les créances naissant après jugement d'ouverture.

Cette dernière obligation est cependant inapplicable aux créanciers dont les contrats ont été conclus après jugement d'ouverture. Pour tenir compte de ce cas, l'article R. 622-22, alinéa 2 du code de commerce (anc^t^ D. 28 déc. 2005, art. 97, al. 2) prévoit que ce créancier déclarera sa créance pour la totalité des sommes échues et à échoir, sur la base d'une évaluation, dans un délai de deux mois à compter de la première échéance impayée, qu'elle ait été ou non régularisée. Il devrait s'agir, en bonne logique, de la première échéance puisque, par hypothèse, le débiteur n'est pas autorisé à payer ces créances postérieures non éligibles au traitement préférentiel.

La dualité de ce point de départ du délai de déclaration de créance a été critiquée par un auteur, qui considère qu'il aurait été opportun de retenir pour point de départ la date d'exigibilité de la créance[4].

Ces problématiques intéressant les créances contractuelles non couvertes par le traitement préférentiel auront beaucoup moins l'occasion de se présenter, sous l'empire de l'ordonnance du 18 décembre 2008[5], puisque les créances nées en contrepartie d'une prestation fournie au débiteur, même si elles sont sans rapport avec l'activité professionnelle, seront éligibles au traitement préférentiel si elles sont nées en période d'observation ou pendant la poursuite provisoire de l'activité autorisée en liquidation judiciaire. *A fortiori*, en sera-t-il ainsi, avec l'ordonnance du 12 mars 2014, qui fait bénéficier du traitement préférentiel réservé aux créances postérieures, toutes les créances nées en liquidation judiciaire pour les besoins de la vie courante du débiteur physique et celles nées de l'exécution d'un contrat décidée par le liquidateur pendant toute la durée de la liquidation judiciaire[6].

Une difficulté se présente pour le créancier postérieur qui s'estime à tort créancier privilégié en application des articles L. 622-17 ou L. 641-13 du code de commerce, et qui, en conséquence, a porté sa créance à la connaissance du ou des mandataires de justice concernés, au lieu de la déclarer au passif dans les prévisions de l'article L. 622-24, alinéa 5 du code de commerce (v. s^s^ n° 663.84).

Parce que l'établissement des relevés de ces créances risque de ralentir la procédure de vérification des créances, le mandataire pourrait établir un relevé complémentaire pour ces créances postérieures non éligibles au traitement préférentiel, sans que puisse lui être reproché le retard pris, sur le terrain de sa rémunération, au titre de la vérification des créances[7].

665.38 Délai ouvert à la partie civile pour déclarer sa créance.

Sous l'empire de la loi du 26 juillet 2005[8] non réformée. La loi de sauvegarde des entreprises a introduit un dernier délai de déclaration de créance au profit de la victime d'une infraction, qui s'est constituée partie civile. La lettre de l'article L. 622-24, alinéa 6 du code de commerce prévoit que « le délai de déclaration, par une partie civile des créances nées d'une infraction pénale court à compter de la date de la décision définitive qui en fixe le montant »[9].

1. *Rapp. Hyest*, n° 335, p. 216.
2. D. n° 2005-1677, 28 déc. 2005, préc.
3. Versailles, 13e ch., 21 févr. 2008, RG n° 07/03489, *D.* 2008. AJ 1054.
4. Pétel, « Les créanciers postérieurs », *Rev. proc. coll.* 2006/2, p. 142 s., sp. p. 146, n° 24.
5. Ord. n° 2008-1345, 18 déc. 2008, préc.
6. AUSSI : LIENHARD, 6e éd., 2015, n° 101.20.
7. *Rapp. Xavier de Roux*, n° 2095, p. 231.
8. L. n° 2005-845, 26 juill. 2005, préc.
9. ILLUSTR. : Crim. 9 sept. 2009, n° 08-87.047, NP, *Gaz. Pal.* 8-10 janv. 2010, n°s 8, 9, p. 47, note Robaczewski ; *Dr. sociétés* 2009, n° 233, note Salomon.

Il pourra s'agir de créances nées après jugement d'ouverture ne pouvant bénéficier du traitement préférentiel réservé aux créances postérieures[1]. Cela pourrait permettre, sur le plan théorique, de considérer que le législateur a ici admis implicitement que le fait générateur de la créance née d'une infraction pénale puisse être situé à la date du jugement qui prononce la condamnation[2].

Le législateur aurait dû distinguer selon que la condamnation est intervenue, par décision définitive, avant ou après le jugement d'ouverture, pour limiter l'application du texte au second cas seulement. En effet, dans le premier cas, l'article L. 622-24, alinéa 6 est purement et simplement inapplicable, puisque cela reviendrait à faire courir le délai de déclaration de créance avant l'ouverture de la procédure collective. Ainsi, le délai de déclaration de créance doit-il courir à compter de la publication au *Bodacc* du jugement d'ouverture, si la créance d'indemnisation de la partie civile résulte d'une décision définitive antérieure au jugement d'ouverture.

Sous l'empire de l'ordonnance du 18 décembre 2008[3]. Le législateur a entendu la critique. L'ordonnance de réforme (ord. 18 déc. 2008, art. 33), qui modifie l'alinéa 6 de l'article L. 622-24 du code de commerce, entend tenir compte d'une pluralité de situations : celle dans laquelle la décision définitive de condamnation est intervenue avant jugement d'ouverture et celle dans laquelle cette même décision intervient après le jugement d'ouverture.

Dans le premier cas, celui dans lequel la décision définitive fixant le montant des dommages et intérêts alloués à la partie civile est intervenue avant jugement d'ouverture, le délai de déclaration aura un point de départ classique : la publication au *Bodacc* du jugement d'ouverture.

Dans le second cas, celui dans lequel la décision définitive fixant le montant des dommages et intérêts alloués à la partie civile est intervenue après le jugement d'ouverture, le délai de déclaration aura un point de départ variable. Si la décision est intervenue avant la publication au *Bodacc* du jugement d'ouverture, cette dernière constituera le point de départ du délai de déclaration de la créance. En revanche, si la décision de condamnation intervient après la publication au *Bodacc* du jugement d'ouverture, le délai de déclaration aura comme point de départ cette décision définitive de condamnation aux dommages et intérêts. Il en résulte qu'il ne saurait être reproché *à la victime de l'infraction de ne* pas avoir déclaré *une créance à titre provisionnel,* dans le délai de droit commun[4], alors surtout, ajoutera-t-on, que la déclaration à titre provisionnel n'est pas possible de sa part.

Il a été observé que cette façon d'appréhender les délais de déclaration de la créance détenue par la partie civile pourrait accréditer la thèse selon laquelle la créance de la partie civile a pour fait générateur la condamnation, non le fait délictueux[5]. L'opinion contraire nous semblait pouvoir être soutenue. La démarche législative nous semblait en effet consacrer l'idée selon laquelle la créance de la partie civile a pour fait générateur non la condamnation, mais le fait délictueux. En effet, la précision sur les délais aurait été inutile si la créance détenue par la partie civile avait eu pour fait générateur la décision de condamnation. Il aurait en effet été suffisant d'appliquer l'alinéa 5 de l'article L. 622-24 du code de commerce, qui prévoit que les délais de déclaration des créances courent à compter de la date d'exigibilité de la créance pour les créances nées régulièrement après le jugement d'ouverture.

La Chambre criminelle a suivi la première opinion pour considérer que la créance de la partie civile naissait de la décision de condamnation, non de la commission du fait délictueux[6].

Certes protectrice des intérêts de la partie civile, la solution consistant à décaler le point de départ du délai de déclaration de la créance détenue par une partie civile a pour effet d'allonger considérablement les délais de déclaration des créances et, par le fait-même, les délais de répartitions des actifs du débiteur, dans les procédures liquidatives et de retarder la clôture des procédures.

SECTION 665.40

OBLIGATION D'AVERTISSEMENT DU CRÉANCIER CONNU

665.41 Obligation d'avertissement du créancier connu (sur le Règlement communautaire du 29 mai 2000[7], v. s[s] n° 092.61). L'obligation d'avertissement

1. *Rapp. Xavier de Roux*, n° 2095, p. 231.
2. Becqué-Ickowicz, « De l'entreprise au cours de la période d'observation », *LPA* n° sp., 8 févr. 2006, n° 28, p. 39 s, sp. p. 60 – J.-CL. COM., Dumont-Lefrand, fasc. 2152, [Procédure de sauvegarde], 2006, n° 40 – COMP. : J.-CL. COM., Vallansan, fasc. 2352, [Déclaration et admission des créances], 2007, n° 145.
3. Ord. n° 2008-1345, 18 déc. 2008, préc.
4. Crim. 4 déc. 2012, n° 12-80.559, *Bull. crim.*, n° 267; n° 7373 F-P+B; *Gaz. Pal.* 1er mai 2013, n° 121, p. 45, note Robaczewski.
5. Henry, « Les modifications apportées par l'ordonnance du 18 décembre 2008 à la fixation du passif non salarial dans les procédures collectives », *Gaz. Pal.* 8-10 mars 2009, n° sp. p. 32 s., sp. p. 33, n° 6.
6. Crim. 1er juill. 2009, n° 08-87.407, *D.* 2010. Chron. 1668, obs. Mascala; *Dr. sociétés* 2009, n° 233, note Salomon.
7. Règl. (CE) n° 1346/2000, Conseil, 29 mai 2000 relatif aux procédures d'insolvabilité, *JOCE L* 160, 30 juin, p. 1.

des créanciers connus reposant sur le représentant des créanciers résulte de l'article 66, alinéa 1er du décret du 27 décembre 1985[1], en ce qui concerne les créanciers de droit commun. Selon ce texte, le représentant des créanciers, dans le délai de quinze jours, à compter du jugement d'ouverture avertit les créanciers connus d'avoir à lui déclarer leur créance.

La législation de sauvegarde des entreprises reprend la solution, l'obligation incombant, selon l'article R. 622-21, alinéa 1er (anct D. 28 déc. 2005[2], art. 96, al. 1er), au mandataire judiciaire. La même obligation existe pour le liquidateur, alors même que la procédure se révèle impécunieuse, y compris pour les créanciers chirographaires[3]. L'obligation d'avertissement n'incombe en revanche qu'au représentant des créanciers – mandataire judiciaire – ou au liquidateur, non au débiteur[4], à l'administrateur judiciaire ou au commissaire à l'exécution du plan[5].

En cas de conversion d'un redressement en liquidation judiciaire, l'avertissement d'avoir à déclarer la créance, envoyé au créancier connu, doit mentionner, mais seulement sous l'empire de la législation antérieure à la loi de sauvegarde des entreprises, l'allongement du délai de déclaration des créances[6].

L'obligation d'avertissement des créanciers connus doit être coordonnée avec l'obligation du débiteur de remettre au représentant des créanciers ou au liquidateur la liste de ses créanciers (C. com., art. L. 621-45, réd. antérieure à la loi de sauvegarde des entreprises[7] [anct L. 25 janv. 1985[8], art. 52]). Depuis la loi de sauvegarde des entreprises, la liste doit être remise au mandataire judiciaire, ainsi qu'à l'administrateur judiciaire (C. com., art. L. 622-6, al. 2). En liquidation judiciaire, la liste est remise au liquidateur, qui la dépose au greffe (C. com., art. R. 641-14 [anct D. 28 déc. 2005, art. 227]). Toutefois, aucun texte ne prévoit l'application de l'article L. 622-6 en liquidation judiciaire. Il manque donc au texte réglementaire le support légal. L'alinéa 1er de ce même article L. 622-6 fait obligation au débiteur de compléter l'inventaire par la liste des biens susceptibles d'être revendiqués par un tiers. La solution est adaptée pour l'EIRL en ce qui concerne les biens susceptibles de reprise. L'article 47 de l'ordonnance du 12 mars 2014[9] répare la malfaçon en modifiant le I de l'article L. 641-1 du code de commerce, prévoyant que « les dispositions de l'article L. 622-6 relatives aux obligations incombant au débiteur sont applicables à la procédure de liquidation judiciaire ».

Depuis l'ordonnance du 12 mars 2014, il faut encore coordonner l'avertissement du créancier connu avec l'effet de présomption de déclaration par le débiteur pour le compte des créanciers des créances portées par ce dernier à la connaissance du mandataire judiciaire. Pour cela, l'article R. 622-21, alinéa 3 du code de commerce précise que « le cas échéant, l'avertissement précise que la créance a été portée par le débiteur sur la liste prévue par l'article L. 622-6 conformément aux dispositions du second alinéa de l'article R. 622-5 ». En d'autres termes, le créancier doit être informé que la créance a été déclarée pour son compte par le débiteur. Cela doit lui faire prendre conscience qu'il doit se préoccuper de déclarer personnellement sa créance dans les délais s'il ne veut pas être admis au passif dans les conditions de la déclaration faire pour son compte par le débiteur.

Il s'agit là d'une mention supplémentaire que doit contenir l'avertissement des créanciers connus. Il est à noter que les textes n'obligent pas, contrairement au dispositif prévu pour les sauvegardes accélérées, le mandataire judiciaire à préciser la façon dont le créancier a été porté sur la liste. La solution peut être regrettée. Quoi qu'il en soit, les praticiens seraient avisés de transmettre au créancier concerné les informations sur sa créance telles qu'elles figurent sur la liste de l'article L. 622-6[10]. Cela pourrait avoir un effet sur l'appréciation à porter en matière de relevé de forclusion (v. ss n° 662.53).

Dans la procédure de sauvegarde accélérée issue de l'ordonnance du 12 mars 2014, y compris dans la sauvegarde financière accélérée, la communication émanant du mandataire judiciaire par lettre recommandée avec demande d'avis de réception à chaque créancier concerné des informations relatives aux créances dont il est titulaire telles qu'elles résultent de la liste établie par le débiteur vaut avertissement (C. com., art. R. 628-8, al. 1 et 2). Le cas échéant, l'information par la voie du portail électronique des administrateurs et mandataires judiciaires remplace la lettre recommandée.

Le mandataire de justice demandera au débiteur toutes informations utiles sur les numéros d'affiliation et de contrats afin d'identifier les créanciers[11]. Il sollicitera du débiteur une attestation aux termes

1. D. n° 85-1388, 27 déc. 1985, préc.
2. D. n° 2005-1677, 28 déc. 2005, préc.
3. IFPPC 1999, recomm. n° 6022-1, p. 148.
4. Com. 14 mai 2002, n° 99-11.431, NP, *Act. proc. coll.* 2002/14, n° 179; *RJDA* 2002/10, n° 1061, p. 897; *Rev. proc. coll.* 2003, p. 138, n° 1, obs. Legrand.
5. Com. 14 mai 2002, n° 99-11.431, préc. (v. ss prést n°).
6. IFPPC 1999, recomm. n° 6022-4, p. 148.
7. L. n° 2005-845, 26 juill. 2005, préc.
8. L. n° 85-98, 25 janv. 1985, préc.
9. Ord. n° 2014-326, 12 mars 2014, préc.
10. AUSSI, Leloup-Thomas, « Table ronde "La déclaration des créances version 2014, la fin des ennuis pour les créanciers ?" », *BJE* 2014, 397 – Rossi, « Table ronde "La déclaration des créances version 2014, la fin des ennuis pour les créanciers ?" », *BJE* 2014, 398.
11. IFPPC 1999, recomm. nos 3020-2, 6021-2, p. 61, 147.

de laquelle il n'a pas d'autre actif mobilier ou immobilier que ceux déclarés [1], ce qui est de première importance pour l'identification des créanciers.

L'avertissement des créanciers connus est fait par lettre simple [2]. L'obligation pèse sur le mandataire de justice. Lui incombe la preuve de l'avertissement. Il ne pourra se contenter de rapporter la preuve de l'envoi par le fait qu'un autre créancier averti aurait répondu, même si le contraire a été soutenu [3], car la lettre a parfaitement pu être égarée.

Si le créancier est en liquidation judiciaire, l'avertissement doit être fait à son liquidateur [4]. Mais s'il est adressé par erreur au créancier lui-même, cela ne permettra pas à son liquidateur d'obtenir un relevé de forclusion pour défaut d'avertissement, le défaut d'avertissement n'étant pas un motif de relevé de forclusion (v. s[s] n° 665.52).

L'avertissement est réglementé en son contenu, sous l'empire de la législation du 25 janvier 1985, par l'article 66, alinéa 3 du décret du 27 décembre 1985 et, depuis la loi de sauvegarde, par l'article R. 622-21, alinéa 3 du code de commerce (anc[t] D. 28 déc. 2005, art. 96, al. 3), qui obligent à la reproduction des « dispositions légales et réglementaires relatives aux délais et formalités à observer pour la déclaration de créance, pour la demande en relevé de forclusion et pour les actions en revendication et en restitution ». L'avertissement doit également reproduire « les dispositions des articles 15 de la loi du 25 janvier 1985 [devenu C. com., art. L. 621-13] et 31-1 du présent décret » (désignation des contrôleurs), et, sous l'empire de la loi de sauvegarde des entreprises, les dispositions des articles L. 621-10 du code de commerce et R. 621-17 à R. 621-21 et R. 621-24, (anc[t] D. 28 déc. 2005, art. 70 à 74). L'avertissement irrégulier doit être tenu pour inexistant, même si l'irrégularité n'est source d'aucun préjudice pour le créancier. Mais il faut immédiatement préciser que l'absence d'avertissement ne dispense pas le créancier de l'obligation de solliciter un relevé de forclusion, lequel, curieusement à notre sens, ne pourra être fondé sur l'absence d'avertissement (v. s[s] n° 665.52). Une difficulté pourrait se présenter tenant à l'indication, dans l'avertissement, d'un délai erroné de déclaration de créance. Une cour d'appel a cru devoir juger que cela restait sans conséquence pour le créancier astreint à présenter une demande en relevé de forclusion, faute pour le mandataire judiciaire de pouvoir s'affranchir de règles d'*ordre public telles celles* relatives au délai de déclaration des créances [5].

En présence d'un créancier étranger, le fait que l'avertissement ait été effectué en français pourra constituer un motif de relevé de forclusion, l'exigence d'un procès équitable commandant que les avis ou notifications faisant état d'un délai soient effectués dans la langue du pays du destinataire [6]. En l'absence d'avertissement du créancier connu demeurant dans un autre État membre de l'Union européenne, la seule voie exploitable pour le créancier est la demande en relevé de forclusion, faute de sanction spécifique attachée au défaut d'avertissement [7]. Le point de départ du délai de l'action en relevé de forclusion n'est pas différent de celui de droit commun [8].

Dès que le créancier est un créancier « connu », le représentant des créanciers – mandataire judiciaire – a l'obligation de l'avertir. Ne peut donc être suivie l'affirmation d'une cour d'appel qui considère que seul le créancier bénéficiant d'une sûreté ayant fait l'objet d'une publication doit être averti [9]. La solution s'impose d'autant plus depuis la loi du 10 juin 1994 [10] que le titulaire d'une sûreté publiée doit faire l'objet d'un avertissement personnel en la forme recommandée, de sorte que les solutions applicables au créancier connu ne peuvent le concerner. Le créancier « connu » est donc le créancier que des diligences normales doivent permettre au mandataire judiciaire de connaître. Tel n'est pas le cas, selon une cour d'appel, de l'ex époux, créancier au titre d'une créance de récompenses [11].

Cependant, à défaut d'avertissement, et même si le créancier ne figure pas sur la liste remise au mandataire de justice par le débiteur, le créancier, qui ne peut disposer du mécanisme de l'inopposabilité de la forclusion [12], doit solliciter un relevé de forclusion [13], sans pouvoir s'émanciper du délai de l'action en relevé de forclusion [14]. Le seul fait de ne pas figurer sur la liste remise au mandataire de jus-

1. IFPPC 1999, recomm. n°s 3020-3, 6021-3, p. 61, 147.
2. AINSI : Paris, 3e ch. B, 7 avr. 2006, RG n° 2005/12965 – RAPPR. : J.-CL. COM., Vallansan, fasc. 2352, [Déclaration et admission des créances], 2007, n° 137.
3. SOINNE, n° 2153.
4. Com. 8 juin 2010, n° 09-15.769, *Bull. civ.* IV, n° 110; n° 632, FS-P+B; *D.* 2010. Actu. 1549, note Lienhard; *Rev. sociétés* 2010. 410, note Roussel Galle.
5. Paris, 3e ch. A, 23 mai 2006, RG n° 2004/06171.
6. Com. 21 févr. 2006, n° 04-19.149, NP; n° 249 F-D; CONFIRMANT : Amiens, ch. éco., 30 sept. 2004, RG n° 03/03850.
7. Bordeaux, 1re ch. civ., 3 janv. 2011, *D.* 2011. 1669, note Lecourt; *Rev. proc. coll.* 2012, comm. 12, p. 39, note Legrand et Legrand.
8. Bordeaux, 1re ch. civ., 3 janv. 2011, préc. (v. s[s] prés[t] n°).
9. Paris, 3e ch., 7 sept. 2004, RG n° 2003/19612.
10. L. n° 94-475, 10 juin 1994, *JO* 11 juin, p. 8440.
11. Lyon, 2e ch., 10 oct. 2011, RG n° 10/05367, *Rev. proc. coll.* 2012, comm. 137, note Legrand et Legrand.
12. Paris, 3e ch. B, 7 avr. 2006, RG n° 2005/12965.
13. Com. 30 juin 2004, n° 03-11.046, *Bull. civ.* IV, n° 139; *D.* 2004. AJ 2044 – Com. 10 mai 2005, n° 03-21.096, NP.
14. Com. 19 nov. 2003, n° 00-21.294, NP.

tice n'établit pas la preuve que la défaillance à déclarer n'est pas due au fait du créancier et n'entraîne pas, en conséquence, du moins sous l'empire de la législation antérieure à la loi de sauvegarde des entreprises, relevé de forclusion (v. s^s n° 665.52).

665.42 Responsabilité du mandataire pour défaut d'avertissement du créancier connu. À défaut de relevé de forclusion du créancier connu, le mandataire de justice responsable du défaut d'avertissement est susceptible d'engager sa responsabilité. La jurisprudence s'est montrée, dans un premier temps, particulièrement restrictive, en la matière, sur la notion de « créancier connu » pour considérer que seuls les créanciers figurant sur la liste remise par le débiteur au représentant des créanciers étaient des créanciers connus[1]. Selon cette jurisprudence, le mandataire de justice n'avait aucune démarche positive à accomplir pour prendre connaissance des créanciers titulaires de sûreté spéciale qu'il avait pourtant, d'après l'article L. 621-43 du code de commerce, l'obligation d'avertir. Puis, par une décision remarquable, dans la même affaire que celle ayant donné lieu à l'arrêt du 9 mai 1995[2], faisant suite à un arrêt de la cour d'appel de Chambéry[3], la Chambre commerciale de la Cour de cassation[4] devait se montrer plus extensive. Le créancier « connu » devient le créancier dont le mandataire de justice ne peut raisonnablement ignorer l'existence, dès lors qu'il effectue quelques démarches que des circonstances particulières le conduisent à accomplir. Ces circonstances particulières devront être caractérisées par les juges du fond. À défaut, la responsabilité du mandataire de ne pas avertir un créancier, qui ne figure pas sur la liste remise par le débiteur, ne pourra être engagée[5].

Les circonstances particulières tiendront, en présence d'une sûreté immobilière, à l'existence d'autres déclarations de créance de créanciers inscrits[6]. Elles tiendront aussi à la mention, dans la déclaration d'état de cessation des paiements du débiteur, de l'existence de charges arriérées de copropriété[7]. De même, le mandataire ne peut raisonnablement ignorer l'immeuble professionnel ainsi que l'immeuble d'habitation du débiteur[8]. Il est donc tenu de lever les états d'inscription auprès de la conservation des hypothèques du lieu de situation de l'immeuble auquel correspond la déclaration de créances effectuée par un autre créancier inscrit, de celle dont dépendent *les immeubles d'exploitation* ou d'habitation du débiteur. Il a ainsi été jugé que le liquidateur était en faute de n'avoir levé des états d'inscription que sur l'immeuble professionnel, non sur l'immeuble d'habitation du débiteur[9]. Si le représentant des créanciers ou le liquidateur dispose de plusieurs adresses pour le débiteur, il lui appartient de lever des états d'inscription sur chacune d'elles[10].

Ces circonstances particulières pourront encore tenir à l'existence de déclarations de l'administration fiscales pour des taxes foncières.

Un groupement foncier agricole, par nature, est propriétaire d'immeubles. Le mandataire de justice commet nécessairement une faute à ne pas interroger la conservation des hypothèques[11].

Il doit interroger le greffe du tribunal de commerce pour connaître l'existence de créanciers inscrits sur le fonds de commerce, si le débiteur est un commerçant, puisqu'il a nécessairement un fonds de commerce[12].

Seule cette vision est conforme à la lettre de l'article L. 621-43, alinéa 1er du code de commerce, devenu depuis la loi de sauvegarde des entreprises[13], l'article L. 622-24, alinéa 1er. Cette évolution de la notion de créancier connu permet aussi de poser en règle, sous l'empire de la législation antérieure à la loi de sauvegarde des entreprises, qu'est un créancier « connu », dans une seconde procédure, celui admis dans le cadre d'une première procédure terminée par un plan de continuation, ensuite résolu[14], encore que la solution ne soit pas toujours suivie[15]. Il en est de même du créancier, dont le bénéfice du traitement préférentiel réservé aux créanciers postérieurs, a été reconnu dans la première procédure[16].

1. Com. 9 mai 1995, n° 93-12.012, NP, *Rev. proc. coll.* 1996, 410, n° 25, obs. Soinne.
2. Com. 9 mai 1995, n° 93-12.012, préc. (v. s^s prés^t n^o).
3. Chambéry, aud. sol., 3 oct. 1997; STATUANT SUR RENVOI APRÈS CASSATION : Com. 9 mai 1995, n° 93-12.012, NP.
4. Com. 23 mai 2000, n° 97-21.493, *Bull. civ.* IV, n° 109; *Act. proc. coll.* 2000/11, n° 131; *JCP E* 2000. Jur. 1140, note Le Corre; *Rev. proc. coll.* 2003, p. 131, n° 18, obs. Soinne – *Adde*, Com. 2 mai 2001, *Act. proc. coll.* 2001/11, n° 135 – RAPPR. : Com. 18 janv. 2000, n° 97-11.911, NP, *Act. proc. coll.* 2000/13, n° 171; *Rev. proc. coll.* 2000, 85, n° 21, obs. Soinne; *RD banc. fin.* 2000, n° 120, note Lucas.
5. Com. 20 juin 2000, n° 96-20.806, *Bull. civ.* IV, n° 128; *D.* 2000. AJ 337, obs. Lienhard – Com. 28 sept. 2004, n° 01-14.085, NP.
6. Com. 19 févr. 2002, *Rev. proc. coll.* 2003, p. 132, n° 18, obs. Soinne.
7. Com. 17 déc. 2003, n° 01-00.725, NP.
8. Com. 29 avr. 2002, *Act. proc. coll.* 2002/16, n° 215; *Rev. proc. coll.* 2003, p. 132, n° 18, obs. Soinne – Com. 29 oct. 2002, n° 99-17.507, NP, *Act. proc. coll.* 2003/1, n° 3.
9. Paris, 3e ch. B, 14 nov. 2003, RG n° 2002/16538.
10. Com. 17 déc. 2003, n° 01-10.889, NP.
11. Nîmes, 1re ch. B, 4 nov. 2003, RG n° 01/01257, *Rev. proc. coll.* 2004, p. 262, n° 13, obs. Lebel.
12. AINSI : IFPPC 1999, recomm. n°s 3025-2, 6022-2, p. 62, 148.
13. L. n° 2005-845, 26 juill. 2005, préc.
14. IFPPC 1999, recomm. n°s 3025-5, 6022-6, p. 62, 149.
15. Paris, 3e ch. A, 7 sept. 2004, RG n° 19612.
16. IFPPC 1999, recomm. n°s 3025-5, 6022-6, p. 62, 149.

Le mandataire de justice ne saurait en revanche engager sa responsabilité à ne pas avertir un créancier connu, dès lors que ce créancier connaissait l'intervention de la procédure collective, ce qui résultait du fait qu'il avait déclaré une autre créance[1]. La solution est justifiée par l'absence de lien de causalité entre la faute du mandataire et le préjudice subi par le créancier.

L'évolution ultérieure de la législation obligeant à avertir en la forme recommandée les créanciers titulaires de sûretés spéciales, depuis la loi du 10 juin 1994, conduit à diminuer très singulièrement la portée des jurisprudences ci-dessus décrites.

SECTION 665.50

ACTION EN RELEVÉ DE FORCLUSION

665.51 Règles générales relatives aux motifs du relevé de forclusion. Le créancier qui n'a pas déclaré sa créance dans le délai de déclaration initiale de droit commun de deux mois, qui court à compter de la publication du jugement d'ouverture au *Bodacc* ou, sous l'empire de la législation antérieure à la loi de sauvegarde des entreprises[2], dans le délai allongé en liquidation judiciaire, pourra se faire relever de forclusion. La solution est posée par l'article L. 621-46, alinéa 1er du code de commerce (anct L. 25 janv. 1985[3], art. 53), devenu depuis la loi de sauvegarde des entreprises, l'article L. 622-26, alinéa 1er.

L'article L. 622-26, alinéa 1er du code de commerce, dans la rédaction que lui a donnée l'article 138, IX de la loi du 12 mai 2009[4], permet de considérer que la sanction de l'absence de déclaration de créance dans les délais et la possibilité d'un relevé de forclusion ont vocation à s'appliquer à tous les délais de déclaration de créance visés à cet article. Ce texte vise en effet désormais l'absence de déclaration de la créance « dans les délais prévus à l'article L. 622-24 », et non plus comme auparavant, « dans les délais fixés par décret en Conseil d'État », ce pluriel étant trompeur puisqu'il ne s'agissait que du délai de deux mois à compter de la publication au *Bodacc* du jugement d'ouverture envisagé à l'article R. 622-24, alinéa 1er du code. En conséquence, le relevé de forclusion pourra également être obtenu pour la déclaration d'une créance postérieure née régulièrement, mais non éligible au traitement préférentiel. En revanche, le relevé de forclusion n'apparaît pas possible pour la déclaration de l'indemnité de résiliation d'un contrat en cours au jour du jugement d'ouverture.

Le représentant des créanciers – *mandataire judiciaire* – ou le liquidateur, selon le cas, qui prend connaissance de l'existence d'un créancier après l'expiration du délai de déclaration de créance prendra soin de l'aviser d'avoir à tenter de se faire relever de forclusion[5], mais, selon la jurisprudence, n'en a pas l'obligation[6]. De même, il avisera immédiatement le créancier forclos qui a déclaré sa créance malgré la forclusion qui l'atteint[7].

Les créanciers peuvent être relevés de forclusion « s'ils établissent que leur défaillance n'est pas due à leur fait ». Pour rejeter la demande de relevé de forclusion, les juges du fond doivent donc rechercher si la défaillance à déclarer dans les délais n'est pas due au fait du créancier. Les juridictions du fond seront censurées si elles ne procèdent pas à cette recherche, notamment si elles rejettent la demande en retenant l'impossibilité pour le créancier de déclarer la créance du fait que celle-ci ne lui a été révélée qu'après l'expiration du délai et non du fait d'une défaillance dont il y aurait lieu de rechercher si elle est ou non imputable au créancier[8]. Les juridictions du fond seront également censurées si elles retiennent que la défaillance à déclarer est due « pour partie » au débiteur, par exemple à son comportement volontairement ambigu[9]. C'est donc affirmer que la défaillance à déclarer dans les délais doit être totalement extérieure au fait du créancier.

Cette preuve est laissée à l'**appréciation souveraine des juges du fond**[10], ce qui conduit à une

1. Com. 15 nov. 2005, no 04-17.528, NP; no 1448 F-D.
2. L. no 2005-845, 26 juill. 2005, préc.
3. L. no 85-98, 25 janv. 1985, préc.
4. L. no 2009-526, 12 mai 2009, préc.

5. IFPPC 1999, recomm. nos 1020-2, 6022-1, p. 13, 148.
6. Com. 18 févr. 2003, no 00-11.402, NP, *Act. proc. coll.* 2003/9, no 111; *Rev. proc. coll.* 2003, p. 320, no 11, obs. Legrand.
7. IFPPC 1999, recomm. nos 3030-3, 6023-3 p. 64, 150.
8. Com. 1er févr. 2005, no 03-17.845, NP.
9. Com. 13 févr. 2007, no 05-19.095, NP; no 192 F-D.
10. Com. 27 mars 1990, no 88-19.152, *Bull. civ.* IV, no 92; *Rev. proc. coll.* 1991; *RD banc. et bourse* 1990. 173, obs. Campana et Calendini, 357, obs. Dureuil – Com. 27 mai 2003, no 00-13.465, NP – Com. 7 avr. 2004, no 00-15.254, NP – Com. 16 juin 2004, no 02-21.665, NP – Com. 21 juin 2005, no 04-13.711, NP – Com. 4 oct. 2005, no 04-16.317, NP – Com. 4 oct. 2005, no 04-15.535, *Bull. civ.* IV, no 200; no 1263 F-P+B; *D.* 2005. AJ 2742, obs. Lienhard; *RTD com.* 2006. 201, no 2, obs. Martin-Serf; *Gaz. proc. coll.* 2006/1, p. 35, Le Corre – Com. 21 févr. 2006, no 04-19.149, NP; no 249 F-D – Com. 30 mai 2006, no 05-11.742, NP; no 713 F-D; *RTD com.* 2006. 672, no 10, obs. Vallens – Com. 24 avr. 2007, no 06-15.353, NP; no 625 F-D – Com. 2 oct. 2007, no 06-15.510, NP; no 1033 F-D; *Gaz. proc. coll.* 2008/1, p. 55, note Le Corre-Broly – Com. 10 juin 2008, no 07-14.017, NP; no 686 F-D; *RTD com.* 2008. 863, no 13, obs. Martin-Serf – Com. 16 déc. 2008, no 07-20.059 – Com. 30 juin 2009, no 08-17.534, NP; no 651 F-D – Com. 31 mai 2016, no 14-25.465, NP; no 495 F-D.

grande disparité d'appréciation selon les juridictions.

Il est en tout cas certain qu'il n'y aura pas place à relevé de forclusion s'il est démontré contre le créancier sa **connaissance de la procédure collective** atteignant son débiteur, spécialement parce que le représentant des créanciers l'a averti d'avoir à déclarer sa créance[1]. Il en est de même lorsque son avocat, du fait de sa participation à une procédure d'expertise, a été informé de l'ouverture de la procédure[2]. La solution a aussi été posée à l'encontre d'un liquidateur qui avait assigné en paiement un débiteur et qui n'avait pas déclaré la créance au passif de ce débiteur dans les délais, alors que les organes du redressement judiciaire de ce débiteur étaient intervenus volontairement à l'instance en paiement dans le délai de la déclaration de créance[3].

Le fait pour le créancier d'avoir des rapports constants avec le débiteur sera un élément d'appréciation pour lui refuser le relevé de forclusion[4]. L'existence de procédures judiciaires en cours contre le débiteur prouve la défaillance de ce dernier et doit conduire le créancier à la vigilance, ce qui lui interdit de démontrer que la défaillance à déclarer n'est pas due à son fait[5].

Le créancier qui a déclaré dans les délais, mais irrégulièrement, par exemple par l'intermédiaire d'un tiers non muni d'un pouvoir spécial[6] ne peut être relevé de forclusion. La même solution doit être appliquée, lorsque le créancier a déclaré au passif, dans les délais, une autre créance[7]. Il ne pourra, par le biais de la requête en relevé de forclusion, effectuer une déclaration de créance complémentaire[8]. S'il commet une erreur dans sa déclaration de créance, il ne pourra la réparer par le biais d'un relevé de forclusion. Il en est ainsi s'il déclare sa créance incomplètement[9], s'il ne déclare qu'une créance sur les deux qu'il détient[10], s'il oublie de mentionner l'existence d'une sûreté[11] ou se trompe dans les montants[12]. Il en est de même du créancier, sous l'empire de la législation antérieure à la loi de sauvegarde des entreprises, qui a déclaré au passif de la personne morale, mais non à celui de ses associés indéfiniment et solidairement tenu du passif social[13]. En revanche, la déclaration au passif du débiteur n'interdira pas le relevé de forclusion du créancier s'il est titulaire de créances sur des établissements secondaires, dès lors que la publication du jugement d'ouverture n'avait pas fait état de l'existence des *établissements secondaires*[14].

De la même façon, le créancier qui connaît l'ouverture de la procédure et procède à une imputation erronée sur des créances antérieures de règlements reçus après jugement d'ouverture au titre d'une créance postérieure ne peut, après s'être aperçu de son erreur, prétendre être relevé de forclusion[15]. La connaissance de l'ouverture de la procédure empêchera le relevé de forclusion, même si le créancier est domicilié à l'étranger[16], alors surtout qu'il dispose d'un délai supplémentaire pour déclarer sa créance.

Ne sera pas relevé de forclusion, le créancier en redressement judiciaire auquel, faute d'administrateur, il incombait de déclarer sa créance. Sa liquidation judiciaire subséquente ne sera pas, pour son liquidateur, un motif de relevé de forclusion[17]. De même, le seul fait pour le créancier d'être en état de redressement judiciaire n'a pas été jugé suffisant, alors pourtant que la société avait fait l'objet d'un plan de cession[18] et que ses organes ne la représentaient donc plus.

En revanche, le seul fait que le créancier ait connu la défaillance du débiteur est à lui seul insuffisant pour refuser le relevé de forclusion, défaillance n'étant pas synonyme d'ouverture de la procédure collective[19].

Le créancier ne peut se réfugier derrière l'absence de liquidité de sa créance au jour de l'expiration des délais de déclaration, pour solliciter un relevé de forclusion[20], puisqu'il lui appartient de déclarer sa créance par estimation.

Le relevé de forclusion ne sera pas accordé au porteur d'un chèque rejeté qui, plutôt que de déclarer sa créance, préfère représenter le chèque[21].

1. Paris, 3e ch. B, 20 juin 2003, RG n° 2002/11518.
2. Douai, 2e ch., 1re sect., 7 avr. 2005, *JCP E* 2005. 1275, note Delattre.
3. Paris, 3e ch. A, 26 sept. 2006, RG n° 05/23490.
4. Paris, 3e ch. A, 4 juill. 2006, RG n° 05/20985.
5. Paris, 3e ch. A, 18 oct. 2005, RG n° 2005/1206.
6. Rennes, 2e ch. com., 3 juill. 2002, *Rev. proc. coll.* 2003/1, p. 24, n° 6, obs. Legrand.
7. Paris, 3e ch. C, 6 juin 2003, RG n° 2002/19721.
8. Paris, 3e ch. B, 17 déc. 2004, RG n° 03/16914.
9. Limoges, 9 févr. 1988, cité dans SOINNE, note 2224.
10. Paris, 3e ch. A, 3 janv. 2006, RG n° 2005/547.
11. Versailles, 13e ch., 20 mai 1999, *RJDA* 1999/11, n° 1228; *RTD com.* 2003. 567, n° 4, obs. Martin-Serf.
12. Com. 10 juill. 2001, DPDE *bull.* 216, 2 oct. 2001, *V° Juge-commissaire*, n° 125.
13. Paris, 3e ch. C, 11 janv. 2002, *RD banc. fin.* 2002, n° 101, note Lucas.
14. Paris, 3e ch. C, 9 oct. 1998, *D.* 1998. IR 246; *RTD com.* 2003. 567, n° 4, obs. Martin-Serf.
15. Com. 19 nov. 2003, n° 00-21.483, NP.
16. Rouen, 2e ch., 13 juill. 1999, *JCP E* 2000. Pan. 1789.
17. Com. 8 juill. 2003, n° 00-13.391, NP.
18. Toulouse, 2e ch., 10-11 oct. 2001, *RTD com.* 2003. 567, n° 4, obs. Martin-Serf – Paris, 3e ch. B, 4 juill. 2003, RG n° 2003/01887.
19. Com. 5 févr. 2002, n° 99-10.606, NP.
20. Paris, 3e ch. C, 25 avr. 2003, RG n° 2002/12605.
21. Paris, 3e ch. A, 15 févr. 2005, RG nos 2004/7339, 2004/7341 – Paris, 3e ch. A, 15 févr. 2005, RG n° 2004/7340, *RTD com.* 2005. 420, n° 7, obs. Vallens.

665.52 Appréciation différente du relevé de forclusion pour impossibilité de déclaration dans les délais non imputables au fait du créancier selon le type de créanciers. La jurisprudence, en règle générale, opère une distinction nette selon le type de créanciers concernés.

Lorsque le créancier est doté d'un service contentieux organisé, ce seul argument est parfois retenu pour refuser le relevé de forclusion[1]. D'une autre manière, il est indiqué qu'il s'agit d'un créancier institutionnel de grande envergure[2]. La jurisprudence considère alors que ce type de créanciers dispose de sources d'informations, qu'il lui suffit de consulter, puisque les jugements d'ouverture sont publiés au *Bodacc*[3]. Ce type de créanciers est érigé en lecteur obligatoire du *Bodacc*. Il lui est reproché, lorsqu'il est doté d'un service contentieux organisé, de ne pas suivre attentivement les affaires de ses débiteurs par les publications au *Bodacc*[4]. Le créancier institutionnel est ainsi « présumé sachant ». L'argument est parfois conforté par des éléments qui auraient dû alerter le créancier, par exemple le fait qu'il soit le tiers saisi de saisies-attributions[5]. Observons toutefois que l'appréciation souveraine des juges du fonds sur le fait que la preuve est rapportée que la défaillance à déclarer dans les délais n'est pas due au fait du créancier peut permettre de relever un créancier institutionnel « de grande envergure » de la forclusion[6].

Dans le prolongement de cette jurisprudence, il est logique de décider qu'il ne peut se réfugier derrière son éloignement géographique par rapport au débiteur[7], derrière la difficulté à identifier le débiteur[8] ou encore derrière la multiplicité de ses débiteurs sauf à démontrer son inorganisation, ce qui ne constitue pas un motif de relevé de forclusion[9]. La solution a été posée à l'encontre de la Française des Jeux[10], de France Télécom[11] ou du Trésor public[12]. De la même façon, le créancier – solution posée pour le Trésor public – ne peut se réfugier derrière la multiplicité de ses services[13]. Sauf à mettre en évidence l'inadaptation de ses services, il ne peut davantage se réfugier derrière le fait que le jugement d'ouverture du contribuable est intervenu dans un département autre que celui dans lequel a pris naissance la créance à déclarer[14]. Cependant, le relevé de forclusion peut être accordé au Trésor public lorsque la créance résulte d'un redressement fiscal qui est la conséquence de manœuvres frauduleuses[15].

La jurisprudence refuse de relever de forclusion un créancier faisant état de difficultés liées à une restructuration[16] ou de remaniements internes[17].

Le seul fait que la procédure ait été, sous l'empire de la législation antérieure à la loi de sauvegarde des entreprises[18], ouverte au titre de la solidarité à l'encontre du débiteur, avocat, du fait de sa qualité d'associé en nom, ne suffit pas à rapporter cette preuve, dès lors qu'il appartenait à la banque, dotée d'un service juridique, et connaissant en conséquence le risque d'« extension », de surveiller les affaires de cet avocat susceptible de voir prononcer à son encontre l'ouverture d'une procédure collective[19].

Ce type de créancier n'obtiendra, dans ces conditions, que très difficilement un relevé de forclusion. L'interruption de son abonnement au *Bodacc*, par suite de difficultés d'imputation des paiements pour ledit abonnement, a été considérée comme un motif de relevé de forclusion[20]. Le fait que la taxe sur l'urbanisme ait été établie au nom commercial du débiteur et non à sa dénomination sociale, qui seule apparaissait à la publication au *Bodacc*, a également été retenu comme motif de relevé de forclusion[21].

1. Nîmes, 2e ch. B, 8 mars 2001, RG n° 00/307, *RD banc. fin.* 2001, n° 234, note Lucas.
2. Nîmes, 2e ch. com. B, 24 mars 2005, RG n° 03/03103, *Rev. proc. coll.* 2006/1, p. 63, n° 12, obs. Legrand.
3. AINSI : Paris, 3e ch. A, 11 mai 2004, RG n° 2003/10701 – Paris, 3e ch. B, 25 févr. 2005, RG n° 2004/9173.
4. Douai, 2e ch. civ., 14 déc. 1989, *Rev. proc. coll.* 1990, 405, n° 13, obs. Dureuil – Rennes, 2e ch., 24 oct. 1990, *Rev. proc. coll.* 1991, 487, n° 87, obs. Dureuil – Metz, 4e ch., 21 juin 2007, *Rev. proc. coll.* 2008, p. 81, n° 23, note Legrand – *Adde*, APPROUVANT la cour d'appel d'avoir ainsi statué : Com. 30 juin 2004, n° 03-11.046, *Bull. civ.* IV, n° 139.
5. Paris, 3e ch. A, 18 oct. 2007, RG n° 06/19644.
6. AINSI : Com. 30 juin 2009, n° 08-17.534, NP; n° 651 F-D.
7. Montpellier, 2e ch. B, 24 avr. 2007, RG n° 06/01521, *Rev. proc. coll.* 2008, p. 81, n° 22, note Legrand.
8. Toulouse, 2e ch., 1re sect., 3 mai 2007, RG n° 06/00855, *Rev. proc. coll.* 2008, p. 80, n° 21, note Legrand.
9. Paris, 3e ch. B, 11 oct. 2002, 5 esp., *RTD com.* 2003. 567, n° 4, obs. Martin-Serf.
10. Douai, 2e ch., 2e sect., 28 juin 2007, RG n° 06/04042, *RTD com.* 2008. 194, n° 2, obs. Martin-Serf; *JCP E* 2008. 1047.
11. Paris, 3e ch. C, 30 sept. 1999, *D.* 1999. AJ 53.
12. Paris, 3e ch. B, 23 oct. 1998, *Act. proc. coll.* 1999/6, n° 70 – Paris, 3e ch. A, 4 mai 2004, RG n° 2003/18894 – RAPPR. : Paris, 3e ch. A, 22 janv. 2002, *Rev. proc. coll.* 2003/1, p. 25, n° 8, obs. Legrand.
13. Nîmes, 2e ch. B, 10 févr. 2005, *Rev. proc. coll.* 2006/1, p. 65, n° 16, obs. Legrand.
14. Paris, 3e ch. A, 18 oct. 2005, RG n° 2005/2148 – RAPPR. : Paris, 3e ch. B, 8 nov. 2007, RG n° 2007/2567.
15. Com. 30 mai 2006, n° 05-11.742, NP; n° 713 F-D; *RTD com.* 2006. 672, n° 10, obs. Vallens.
16. Paris, 3e ch., 6 juin 2001, *Rev. proc. coll.* 2002, p. 96, n° 11, obs. Legrand.
17. Paris, 3e ch. A, 15 juin 2004, RG n° 2003/17839.
18. L. n° 2005-845, 26 juill. 2005, préc.
19. Paris, 3e ch. B, 20 déc. 2007, RG n° 2007/2210 – Paris, 3e ch. B, 20 déc. 2007, RG n° 2007/2215.
20. Nîmes, 2e ch. B, 13 nov. 2003, RG n° 02/01284, *RD banc. fin.* 2004, n° 133, note Lucas.
21. Paris, 3e ch. A, 30 nov. 2004, RG n° 2004/6088.

Ce créancier devra démontrer des circonstances particulières. Il en ira ainsi lorsque la banque a consenti un prêt immobilier à un particulier, qui est devenu ensuite commerçant, ce qui permet d'expliquer une vigilance moins grande[1]. Il en ira de même du fait que le débiteur a continué à comparaître dans une instance, comme s'il était *in bonis*[2]. Il pourra encore s'agir du fait d'adresser au débiteur une demande en paiement et de recevoir de celui-ci un refus, alors que quelques jours plus tôt, le jugement d'ouverture avait été publié au *Bodacc*. La déloyauté du débiteur a pu justifier le relevé de forclusion[3]. Puisque, à l'impossible nul n'est tenu, on relèvera le bailleur de la forclusion pour n'avoir pas déclaré une créance de travaux de remis en état des lieux loués dans les délais, dès lors qu'il n'a pris connaissance des dégradations qu'après l'expiration du délai de déclaration des créances[4].

La jurisprudence s'est parfois montrée relativement souple, à l'égard du créancier, en admettant que la défaillance à déclarer n'était pas due à son fait, s'il avait donné mandat à un tiers de déclarer sa créance, lorsque le tiers n'exécute pas, en temps utile, son mandat[5]. La solution inverse a cependant été également posée, la jurisprudence refusant le relevé de forclusion au motif de la défaillance du mandataire dans l'exécution de son mandat de déclaration de la créance[6], le cas échéant un huissier[7], ou au motif que le créancier avait confié la gestion de ses intérêts à des avocats successifs, sans se préoccuper de contrôler l'action de ses mandataires[8].

En tout cas, le créancier retardataire ne pourra se réfugier derrière le fait que le représentant des créanciers aurait dû procéder à l'**avertissement d'avoir à déclarer sa créance**[9], sauf à pouvoir compléter cet argument par d'autres[10]. La solution est appliquée à l'encontre d'un créancier en liquidation judiciaire, auquel le relevé de forclusion est refusé, alors que l'avertissement avait été adressé au créancier lui-même, cependant qu'il aurait dû l'être à son liquidateur[11]. Est dès lors sans importance le fait que l'avis d'avoir à déclarer la créance ait été envoyé à une adresse ancienne ou erronée[12]. Il est à cet égard symptomatique de remarquer le changement de cap de la jurisprudence sur la question[13]. Sous l'empire de la loi du 13 juillet 1967[14], en effet, le défaut d'avertissement emportait renversement de la charge de la preuve et il incombait à l'adversaire du créancier de démontrer que ce créancier connaissait l'intervention de la procédure collective pour refuser le relevé de forclusion[15]. Le revirement de jurisprudence nous semble devoir s'expliquer par la volonté affichée par la **loi du 25 janvier 1985**[16] de sauver les entreprises, le paiement des créanciers étant subsidiaire, dans cette logique.

Cette position sévère est appliquée également à des créanciers professionnels, tels des bailleurs commerciaux, alors même qu'ils ne seraient pas dotés d'un service contentieux organisé. La demande d'expulsion du locataire en raison d'impayés est de nature à attirer l'attention du bailleur et l'empêche d'être relevé de forclusion[17].

La jurisprudence se montre, en général, plus souple pour admettre le relevé de forclusion d'un **créancier non « institutionnel »**, en conséquence non doté d'un service contentieux organisé. Il est ainsi admis qu'un simple particulier démontre suffisamment que la défaillance à déclarer dans les délais puisse résulter du fait qu'il n'a pas été averti d'avoir à

1. Grenoble, ch. com., 21 janv. 2016, RG n° 14/02672, *Juris-Data* 000964; *Act. proc. coll.* 2016/4, comm. 50.
2. Com. 2 mai 2001, *RJDA* 2001/7, n° 778 – Com. 5 déc. 2006, n° 05-17.598, NP; n° 1346 F-D – Com. 5 déc. 2006, n° 05-17.598, NP; n° 1346 F-D.
3. Paris, 3e ch. B, 31 mars 2006, RG n° 2005/12764.
4. Bordeaux, 2e ch. civ., 15 mai 2014, RG n° 13/00502, *Juris-Data* 010490, *Rev. proc. coll.* 2015, chron. 1, n° 8, note Kendérian.
5. Com. 16 oct. 2001, n° 98-19.335, NP, *Act. proc. coll.* 2001/20, n° 259; *Rev. proc. coll.* 2002, p. 97, n° 17, obs. Legrand.
6. Paris, 3e ch. A, 29 juin 2004, RG n° 2003/19389 – Grenoble, ch. com., 1er mars 2012, RG n° 11/00492, *Rev. proc. coll.* 2012, comm. 140, note Legrand et Legrand.
7. Paris, 3e ch. A, 15 nov. 2005, RG n° 05/2669.
8. T. com. Paris, 22 nov. 1993, *RJDA* 1994, n° 583.
9. Com. 11 oct. 1988, n° 87-12.791, *Bull. civ.* IV, n° 267; *RTD com.* 1989. 133, obs. Martin-Serf; *JCP E* 1989. 15478, obs. M. Cabrillac; *D.* 1989. Somm. 13, obs. Derrida – Com. 29 janv. 1991, n° 89-16.421, *Bull. civ.* IV, n° 44; *D.* 1991. Somm. 239, obs. Honorat – Com. 11 oct. 1994, n° 92-14.771, *Bull. civ.* IV, n° 288; *Defrénois* 1995. 977, obs. Sénéchal – Com. 23 janv. 2001, n° 98-15.487, NP, *Act. proc. coll.* 2001/7, n° 86 – Com. 2 mai 2001, *RJDA* 2001/10, n° 997 – Com. 19 mars 2002, n° 99-14.170, NP, *Act. proc. coll.* 2002/9, n° 109 – Com. 4 févr. 2003, n° 00-18.110, NP; n° 240 F-D – Com. 30 juin 2004, n° 03-11.046, *Bull. civ.* IV, n° 139; *RD banc. fin.* 2004, n° 208, note Lucas – Com. 10 mai 2005, n° 04-12.504, NP – Com. 19 déc. 2006, n° 05-19.257, *Bull. civ.* IV, n° 257; n° 1455 FS-P+B; *D.* 2007. AJ 228, obs. Lienhard; *Gaz. proc. coll.* 2007/2, p. 47, note Le Corre-Broly – Paris, 3e ch. A, 2 déc. 2003, RG n° 2003/07443 – Paris, 3e ch. A, 11 mai 2004, RG n° 2003/10701 – Paris, 3e ch. B, 7 avr. 2006, RG n° 2005/12965 – Paris, 3e ch. B, 16 juin 2006, RG n° 2005/16545.
10. Com. 2 mai 2001, *RJDA* 2001/7, n° 778.
11. Com. 8 juin 2010, n° 09-15.769, *Bull. civ.* IV, n° 110; n° 632 FS-P+B; *D.* 2010. Actu. 1549, obs. Lienhard; *Rev. sociétés* 2010. 410, note Roussel Galle.
12. Paris, 3e ch. B, 27 sept. 2007, RG n° 2006/16343.
13. SUR CE CONSTAT : J.-CL. COM., Vallansan, fasc. 2352, [Déclaration et admission des créances], 2007, n° 154.
14. L. n° 67-563, 13 juill. 1967, *JO* 14 juill., p. 7059.
15. Com. 11 déc. 1979, n° 78-11.820, *Bull. civ.* IV, n° 322 – Com. 5 févr. 1980, n° 78-13.448, *Bull. civ.* IV, n° 58; *D.* 1980. Jur. 223, note Derrida.
16. L. n° 85-98, 25 janv. 1985, préc.
17. Paris, 3e ch. B, 27 juin 2003, RG n° 2002/19415.

déclarer sa créance[1]. De même, le fait pour un créancier de ne pas disposer de services suffisamment importants pour lire le Bodacc pourra être retenu[2].

Il ne peut être reproché à un créancier non institutionnel, qui n'est pas doté d'un service contentieux organisé, de ne pas lire les journaux d'annonces légales[3], alors surtout qu'il vit à l'étranger, ne connaît ni la langue française, ni le droit français[4].

Le relevé de forclusion a été accordé à un syndicat de copropriété, alors que le débiteur n'avait pas signalé l'existence de ses droits immobiliers dans la copropriété, et avait continué à payer ses charges[5]. De même, un autre syndicat de copropriétaires a été relevé de forclusion, après qu'il a été observé que la nouvelle adresse du syndic de copropriété n'avait pas été communiquée au mandataire de justice par le débiteur. Il a été retenu que ce syndicat était une « petite structure qui n'a pas les moyens de consulter régulièrement le *Bodacc* »[6].

La jurisprudence devrait ainsi se montrer bienveillante à l'égard d'une personne n'ayant pas de rapport d'affaires avec le débiteur[7], alors surtout qu'aucun signe avant-coureur de la cessation des paiements n'était décelé[8]. *A fortiori*, le relevé de forclusion doit être accordé au créancier qui n'a même jamais eu le moindre rapport avec le débiteur, étant devenu créancier à la suite d'une cession de créance professionnelle[9]. La même solution doit être suivie pour le titulaire d'une créance de dommages et intérêts à la suite d'une décision correctionnelle sans rapport avec l'activité de la débitrice. Aucune obligation de vigilance ne s'imposait à ce créancier quant au sort de l'activité de la débitrice, laquelle avait caché l'ouverture de sa procédure collective[10].

Mais la solution n'est pas toujours suivie et le relevé de forclusion est refusé même en présence d'un créancier profane[11], ce qui démontre, à notre sens, une rigueur excessive.

Des circonstances particulières autorisent parfois le relevé de forclusion. Ainsi, un créancier retardataire a pu être relevé de forclusion au motif que le retard était dû au commissaire aux comptes qui a tardé à apposer son visa sur la déclaration de créance[12]. De même, a été admis le relevé de forclusion d'un créancier dans la procédure de son conjoint alors qu'il faisait état de violences conjugales[13]. Le relevé de forclusion a encore été accordé à un créancier dont les facultés mentales étaient altérées[14]. L'état dépressif du créancier conduit à des solutions divergentes. Dans une première espèce, la demande de relevé de forclusion a été rejetée[15]. Dans une seconde, elle a été admise, la juridiction ayant retenu que la détresse psychologique du créancier l'avait empêché de donner des instructions à son conseil[16].

La jurisprudence s'est montrée bienveillante à l'égard d'un **créancier étranger**, relevé de forclusion, au motif que l'avertissement prévu par l'article 40 du règlement CE du 29 mai 2000[17] (v. s[s] n° 092.61), qui lui avait été envoyé en tant que créancier connu, n'avait pas été traduit dans sa langue[18] ou au motif qu'il n'avait pas reçu ledit avertissement[19], ou de façon plus générale qu'il n'était pas strictement confome aux exigences du texte[20], ce qui dénote par rapport à la solution classiquement retenue pour le créancier français, une faveur plus grande pour le créancier étranger que pour le créancier français, le défaut d'avertissement du créancier connu n'étant pas, pour l'heure, ce qui peut être critiqué, un motif de relevé de forclusion.

Il faudra, en tout cas, rechercher si le créancier a, dans les faits, pu avoir une connaissance personnelle de la procédure collective[21].

1. Paris, 3e ch. B, 27 juin 2003, RG n° 2003/01372.
2. Com. 2 oct. 2007, n° 06-15.510, NP; n° 1033 F-D; *Gaz. proc. coll.* 2008/1, p. 55, note Le Corre-Broly.
3. Paris, 3e ch. B, 27 juin 2003, RG n° 2003/01292 – Paris, 3e ch. A, 17 janv. 2006, RG n° 2005/4890 – Bordeaux, 2e ch., 26 févr. 2007, RG n° 05/05037, *JCP E* 2007. 2551 – Paris, 3e ch. B, 22 nov. 2007, RG n° 2007/5358, *RTD com.* 2008. 194, n° 2, obs. Martin-Serf.
4. Paris, 3e ch. A, 18 sept. 2007, RG n° 06/11662.
5. Paris, 3e ch. A, 18 sept. 2007, RG n° 06/20660.
6. Paris, 3e ch. B, 20 sept. 2007, RG n° 06/15056.
7. Com. 27 mars 1990, n° 88-19.152, *Bull. civ.* IV, n° 92.
8. Paris, 3e ch. A, 17 janv. 2006, RG n° 2005/4890.
9. Besançon, ch. com., 6 avr. 2004, *Act. proc. coll.* 2004/11, n° 136.
10. Com. 24 avr. 2007, n° 06-15.353, NP; n° 625 F-D.
11. Paris, 3e ch. B, 16 juin 2006, RG n° 2005/17488.
12. Com. 29 mai 1990, n° 88-16.434, *Bull. civ.* IV, n° 155; *RTD com.* 1990. 490, obs. Martin-Serf.
13. Colmar, 1re ch. A, 20 janv. 2004, RG n° 1A03/02367, *RD banc. fin.* 2004, n° 170, note Lucas; *Rev. proc. coll.* 2005/1, p. 51, n° 3, obs. Dumont; *Rev. proc. coll.* 2005/1, p. 57, obs. Rubellin.
14. Toulouse, 2e ch., 21 nov. 2001, RG n° 2000/05823, *RD banc. fin.* 2002, n° 100, note Lucas.
15. Metz, 1re ch., 28 janv. 2003, RG n° 02/00406, *RD banc. fin.* 2003, n° 149, note Lucas.
16. Rouen, ch. civ. et com., 23 févr. 2012, RG n° 11/01204, *Rev. proc. coll.* 2012, comm. 140, note Legrand et Legrand.
17. Règl. (CE) n° 1346/2000, Conseil, 29 mai 2000, préc.
18. Com. 21 févr. 2006, n° 04-19.149, NP; n° 249 F-D; CONFIRMANT : Amiens, ch. éco., 30 sept. 2004, RG n° 03/03850.
19. Com. 17 déc. 2013, n° 12-26.411, *Bull. civ.* IV, n° 188; n° 1222 F-P+B; *Act. proc. coll.* 2014/3, comm. 36, note Voinot; *LXB hebdo* 23 janv. 2014, n° 555, note Le Corre – *Adde*, Thuillier, « Information individuelle des créanciers et règlement européenne sur les procédures d'insolvabilité : les "créanciers étrangers" sont-ils des créanciers comme les autres ? », *BJE* mars 2014. 126.
20. Com. 18 nov. 2014, n° 12-28.040, NP; n° 995 F-D; *BJE* 2015, 119, note Thullier; *Rev. proc. coll.* 2015, comm. 144, note Menjucq; *LPA* 22 juin 2015, n° 123, p. 6, note Favarel.
21. LE CANNU, 7e éd., n° 499-1.

Certaines juridictions démontrent cependant, même à l'égard de tels créanciers, une rigueur plus grande en refusant le relevé de forclusion au motif de l'absence d'avertissement et reprochant au créancier non institutionnel de ne pas avoir lu le *Bodacc*[1]. Cette position nous semble excessive, car il n'est pas réaliste d'obliger des très petites entreprises, des PME, voire des entrepreneurs individuels à lire le *Bodacc*. Ils n'ont sans doute pas les moyens de payer un salarié à cette fin…

La jurisprudence devrait faire preuve d'une certaine mansuétude à l'égard de la personne dont la créance, simplement éventuelle au jour du jugement d'ouverture, accède véritablement à la vie juridique après expiration du délai de déclaration de créance, mais à l'intérieur du délai de relevé de forclusion. La loi de sauvegarde des entreprises comporte en ce sens un tempérament en prévoyant un délai particulier de l'action en relevé de forclusion (v. s^s^ n° 665.55). On peut ainsi penser aux créances nées à la suite du jeu des nullités de la période suspecte (v. s^s^ n° 825.11) ou aux créances de garantie[2]. Pour ces dernières, le relevé de forclusion supposera que le créancier n'ait pas été informé de la volonté de mettre en jeu la garantie dès avant le jugement d'ouverture[3]. Le créancier ne pourra en ce cas faire valoir qu'il n'a pas été averti d'avoir à déclarer sa créance, puisque, par hypothèse, sa créance était inconnue à la date du jugement d'ouverture[4].

De façon générale, il y a place à un relevé de forclusion si la créance n'apparaît qu'après l'expiration du délai de déclaration de créance[5]. Il en est ainsi, par exemple, de certaines créances fiscales qui, bien qu'antérieures au jugement d'ouverture, ne se révèlent qu'après expiration du délai de déclaration, la jurisprudence ne se montrant cependant pas toujours favorable au créancier[6].

La difficulté sera en revanche apparemment incontournable si la créance éventuelle accède à la vie juridique après expiration du délai d'un an. La solution a été posée à propos du créancier condamné à restituer le paiement reçu, du fait du jeu des nullités de la période suspecte, et devenant rétroactivement créancier après expiration du délai de forclusion[7]. La seule possibilité semble alors de faire jouer les maximes *actioni non natae*… ou *contra valentem*… Mais la jurisprudence y a semblé hostile sous l'empire de la législation antérieure à la loi de sauvegarde des entreprises[8] et la légalisation de ce dernier adage pour tenir compte de la connaissance par le créancier de sa créance après expiration du délai classique de relevé de forclusion avait fait craindre à certains une inapplication au-delà du cas visé au texte[9].

La jurisprudence a toutefois pris en compte ces observations, relayée par l'ordonnance de réforme du 12 mars 2014 (v. s^s^ n° 665.55).

La faiblesse du retard dans la déclaration de créance par rapport au délai de deux mois imparti n'est en tout cas pas un motif de relevé de forclusion[10].

665.53 Fraude et omission volontaire ou non du débiteur (v. aussi s^s^ n° 592.66). Le débiteur n'a pas l'obligation d'informer ses créanciers de l'ouverture de sa procédure collective[11].

> **Antérieurement à la loi de sauvegarde des entreprises**[12]. On aurait pu penser que le fait pour le débiteur de cacher au créancier son état de redressement ou de liquidation judiciaire et ne pas indiquer au représentant des créanciers l'existence de ce créancier, en ne le mentionnant pas sur la liste qu'il doit lui remettre à l'ouverture de la procédure, constituerait un motif de relevé de forclusion, spécialement lorsque créancier et débiteur sont dans les liens d'une instance judiciaire, au cours de laquelle le débiteur n'indique pas au créancier l'existence de la procédure l'atteignant. Le fait que le point de savoir si la défaillance à déclarer dans les délais est ou non due au fait du créancier soit laissé à l'appréciation souveraine des juges du fond, aboutit évidemment à une disparité de solutions, sur cette question. Ainsi, le relevé de forclusion est parfois admis pour ce motif[13], parfois d'ailleurs au bénéfice d'un mandataire liquidateur qui avait omis de déclarer dans les délais[14]. De nombreuses décisions

1. Paris, 3e ch. A, 28 oct. 2003, RG n° 2003/06184 – Paris, 3e ch. A, 4 nov. 2003, RG n° 2003/08348 – Paris, 3e ch. A, 15 juin 2004, RG n° 2003/17839 – Paris, 3e ch. A, 7 déc. 2004, RG n° 2004/4918 – Paris, 3e ch. A, 25 janv. 2005, RG n° 2004/08847.
2. AINSI : Com. 27 mai 2003, n° 00-13.465, NP.
3. Paris, 3e ch. B, 25 févr. 2005, RG n° 2004/9729.
4. Paris, 3e ch. A, 9 déc. 2003, RG n° 2003/03909.
5. AINSI : Paris, 3e ch. A, 10 oct. 2006, RG n° 05/20642.
6. Paris, 3e ch. B, 20 juin 2003, RG n° 2002/12258.
7. Com. 30 oct. 2000, n° 97-21.077, *Bull. civ.* IV, n° 171; *D.* 2000. AJ 427, obs. Lienhard; *Act. proc. coll.* 2000/19, n° 239, note Vallansan; *RTD com.* 2001. 236, obs. Martin-Serf; *RD banc. fin.* 2001, n° 20, obs. Lucas; *JCP E* 2001. Chron. 219, n° 9, obs. Pétel; *D.* 2001. Somm. 618, obs. Honorat.
8. AINSI : Com. 26 oct. 1999, n° 97-13.238, *Bull. civ.* IV, n° 187; *RD banc. fin.* 2000, n° 20, obs. Lucas.
9. PÉROCHON, 9e éd., n° 1368.
10. Paris, 3e ch. B, 16 juin 2006, RG n° 2005/17488.
11. Com. 10 juin 2008, n° 07-14.017, NP; n° 686 F-D; *RTD com.* 2008. 863, n° 13, obs. Martin-Serf – Paris, 3e ch. B, 16 juin 2006, RG n° 2005/16565.
12. L. n° 2005-845, 26 juill. 2005, préc.
13. Com. 30 mars 2010, n° 09-11.657, NP; n° 396 F-D; *RTD com.* 2010. 608, n° 2, obs. Martin-Serf – Aix-en-Provence, 8e ch. A, 29 nov. 2000, RG n° 96/11735, *RD banc. et fin.* 2001, n° 64, note Lucas – Nancy, ch. com., 16 oct. 2002, RG n° 01/01894, *RD banc. fin.* 2004, n° 26, note Lucas.
14. Com. 2 nov. 2005, n° 04-16.816, NP; n° 1354 FS-D.

considèrent à l'inverse que la créance est éteinte, nonobstant cette attitude du débiteur[1] et qu'il n'y a pas là démonstration, par le créancier, que sa défaillance à déclarer dans les délais n'est pas due à son fait[2]. Mais il faut constater une évolution de jurisprudence, qui entend réserver l'hypothèse d'une véritable fraude de la part du débiteur ou en tout cas le caractère volontaire de l'omission sur la liste des créanciers[3], anticipant ainsi sur un cas de relevé de forclusion créé par la loi de sauvegarde des entreprises.

L'absence d'information du débiteur sur son changement de dénomination sociale sera identiquement insuffisante[4].

> Loi de sauvegarde des entreprises du 26 juillet 2005. L'apport de la **loi de sauvegarde des entreprises** est particulièrement appréciable pour les créanciers. Il est en effet prévu que le juge-commissaire relèvera de la forclusion les créanciers s'ils établissent que leur défaillance est due à une « omission volontaire du débiteur » (C. com., art. L. 622-26, al. 1er). Un texte identique existe dans le code de la consommation, l'article R. 332-18, alinéa 2. Il restera à interpréter ce texte, qui ne manquera pas de faire naître du contentieux. La commission des lois du Sénat a proposé, à la suite d'un amendement adopté, de rattacher ce cas de relevé de forclusion à la remise de la liste de ses créanciers par le débiteur au mataire judiciaire ou au liquidateur[5]. Cette liste, doit contenir notamment l'indication de ses crciers, est réglementée par l'article L. 622-6, alinéa du code de commerce et par l'article R. 622 du code de commerce (anct D. 28 déc. 2005[6] rt. 81). Il est prévu sa remise dans les huit jours cjugement d'ouverture à l'administrateur judicia et au mandataire judiciaire et son dépôt au gref par le mandataire judiciaire (R. 622-5 du code d commerce, al. 2 [anct D. 28 déc. 2005, art. 81, l. 2]). Ce texte est applicable en redressement jdiciaire (C. com., art. R. 631-18 [anct D. 28 dc. 2005, art. 187]). En liquidation judiciaire, laliste est remise au liquidateur, qui la dépose au greffe (C. com., art. R. 641-14 [anct D. 28 déc. 2005, art. 227]). Toutefois, aucun texte ne prévoit l'application de l'article L. 622-6 en liquidation judiciaire. Il manque donc au texte réglementaire le support légal. L'ordonnance du 12 mars 2014[7] répare la malfaçon en ajoutant un IV à l'article L. 641-9 du code de commerce, prévoyant que « les dispositions de l'article L. 622-6 relatives aux obligations incombant au débiteur sont applicables à la procédure de liquidation judiciaire ».

La difficulté résultera de l'exigence de démontrer, de la part du débiteur, non pas une fraude, mais tout de même la volonté de ne pas indiquer l'existence de tel ou tel créancier. Or la recherche de la volonté d'une partie est toujours divinatoire, et cette difficulté probatoire risque de vider le texte d'une grande partie de sa portée.

L'omission volontaire est toutefois un fait juridique, ce qui emporte deux conséquences.

La première se place sur le terrain de l'appréciation du caractère volontaire de l'omission. Cette appréciation est laissée au pouvoir souverain des juges du fond[8].

La seconde conséquence se situe sur le terrain de la preuve. Puisque l'omission volontaire est un fait juridique, tout moyen permet de l'établir. Les présomptions de l'homme pourront suffire.

Ainsi, la présomption doit être posée que le débiteur ne peut avoir oublié son principal créancier, son unique banquier, le syndicat de copropriété s'il est copropriétaire, les organismes sociaux auxquels il est affilié[9], son principal fournisseur ou son bailleur de locaux professionnels. Dans ces hypo-

1. Com. 23 juin 1998, no 95-16.117, *Bull. civ.* IV, no 208; *Gaz. Pal.* 1998, Pan. 248; *D. Affaires* 1998. 1363, obs. J. F.; *RTD com.* 2000. 172, obs. Martin-Serf – Com. 13 avr. 1999, no 96-18.133, NP, *Act. proc. coll.* 1999/10, no 130 – Com. 26 oct. 1999, no 97-13.238, *Bull. civ.* IV, no 187; *RTD com.* 2000. 188, obs. Martin-Serf – Com. 7 déc. 1999, no 97-15.709, *Bull. civ.* IV, no 222; *RTD com.* 2001. 226, obs. Martin-Serf; *Act. proc. coll.* 2000/1, no 4; *JCP E* 2000. Chron. 752, no 3-b-11, obs. Pétel – Com. 27 nov. 2001, no 98-20.041, NP, *Act. proc. coll.* 2002/5, no 58, obs. Vallansan – Com. 4 févr. 2003, no 00-18.110, NP; no 240 F-D; *Rev. proc. coll.* 2003, p. 319, no 10, obs. Legrand – Aix-en-Provence, 1re ch. civ. B, 23 mai 2001, *Act. proc. coll.* 2002/3, no 36.
2. Com. 19 déc. 2006, no 05-19.257, *Bull. civ.* IV, no 257; no 1455 FS-P+B; *D.* 2007. AJ 228, obs. Lienhard; *Gaz. proc. coll.* 2007/2, p. 47, note Le Corre-Broly – Paris, 3e ch. C, 25 avr. 2003, RG no 2002/12605, *RD banc. fin.* 2003, no 195, note Lucas – Paris, 3e ch. C, 20 juin 2003, RG no 2002/17916, *RD banc. fin.* 2003, no 195, note Lucas – Paris, 3e ch. A, 6 juill. 2004, RG no 2003/18580 – Paris, 3e ch. A, 6 juill. 2004, RG no 2003/18663 – Paris, 3e ch. A, 14 juin 2005, RG no 2004/19670, *RTD com.* 2006. 201, no 2, obs. Martin-Serf.
3. AINSI : Paris, 3e ch. A, 18 oct. 2005, RG no 2005/1206 – Paris, 3e ch. A, 18 oct. 2005, RG no 2005/2148 – Paris, 3e ch. A, 15 nov. 2005, RG no 05/2669 – Paris, 3e ch. B, 19 janv. 2006, RG no 2005/6288 – Paris, 3e ch. B, 9 févr. 2006, RG no 2005/14983 – Paris, 3e ch. B, 9 févr. 2006, RG no 2005/14984.
4. Com. 2 mars 1999, no 96-20.242, NP, *Act. proc. coll.* 1999/7, no 93.
5. *Rapp. Hyest*, no 335, p. 218.
6. D. no 2005-1677, 28 déc. 2005, préc.
7. Ord. no 2014-326, 12 mars 2014, préc.
8. Com. 16 mars 2010, no 09-13.511, NP; no 317 F-D; *Gaz. Pal. entr. diff.* 2-3 juill. 2010, nos 183, 184, p. 34, note Le Corre-Broly; *RTD com.* 2010. 606, no 1, obs. Martin-Serf – Com. 19 mai 2015, no 13-27.481, NP; no 458 F-D.
9. ILLUSTR : Com. 16 mars 2010, no 09-13.511, préc. (v. ss prést no).

thèses, il peut être présumé que l'omission est volontaire. Il en sera de même en présence d'une créance importante et ancienne[1].

La présomption existe également si le créancier obtient un jugement de condamnation qu'il signifie au débiteur juste avant l'ouverture de la procédure[2]. L'omission volontaire peut encore résulter de la condamnation de la débitrice à payer une certaine somme d'argent, créance dont elle ne pouvait ignorer l'existence puisqu'elle avait fait valoirs observations devant les juges du fond, puis constitué avocat devant la Cour de cassation[3].

Il y a encore omission volontaire pour une société, cessionnaire de parts sociales, qui a omis d'indiquer sur la liste de ses créanciers, qu'elle ne pouvait ignorer, les acquéreurs des parts au titre de la créance de garantie de passif[4].

Il nous semble qu'il en est de même si le débiteur et le créancier sont dans les liens d'une instance avant le jugement d'ouverture, dès lors que cette instance a connu un mouvement judiciaire, soit parce que des conclusions ont été échangées peu de temps avant l'ouverture de la procédure, soit parce que l'affaire a été plaidée dans les jours précédant cette même ouverture.

L'omission volontaire est démontrée si le débiteur indique l'existence du créancier sur la liste remise au greffe pour solliciter l'ouverture de la procédure, puis ne mentionne pas l'existence du créancier sur la liste remise au mandataire judiciaire[5]. L'information dans la demande d'ouverture de la procédure de l'existence de tel créancier ne remplace pas l'indication du créancier sur la liste[6].

L'omission volontaire n'est pas démontrée, en présence d'une possibilité d'erreur du débiteur sur l'identité du déclarant. La solution a été posée dans une espèce dans laquelle la créance était détenue par une commune, et où la commune figurait bien sur la liste, mais non le comptable de la commune, qui n'a, en conséquence, pas été informé, alors que si celui qui liquide la créance est l'ordonnateur, c'est-à-dire le maire, en revanche, celui qui tient de la loi le pouvoir de déclarer la créance est le comptable de la commune[7].

L'omission volontaire n'est pas davantage prouvée lorsque la personne sous procédure collective se considère non pas débitrice mais créancière de celui sollicitant le relevé de forclusion[8].

La démonstration du caractère volontaire de l'omission peut être rapportée par aveu judiciaire. Il est ainsi lorsque le débiteur, dans un jeu de conclusions, fussent-elles non reprises ultérieurement, affirme qu'il ne se reconnaît débiteur d'aucune somme à l'égard de quiconque et ne reconnaît à quiconque la qualité de créancier, ce qui justifie, à ses yeux, l'absence de pertinence de l'établissement d'une liste de ses créanciers[9]. Il a été observé que cette jurisprudence oblige le débiteur à placer sur la liste non seulement les créanciers qu'il reconnaît, mais également toutes les personnes qui se présentent à lui comme étant ses créanciers[10].

Cette solution de la Cour de cassation semble condamner la distinction entre l'omission volontaire sur la liste et l'absence volontaire d'établissement de la liste par le débiteur, à laquelle une cour d'appel s'était livrée pour refuser le relevé de forclusion[11]. En effet, fondamentalement, il s'agit de sanctionner le débiteur, en favorisant le créancier, lorsque le premier ne met pas le mandataire judiciaire ou le liquidateur en mesure d'informer les créanciers connus. Il ne faut donc pas raisonner *a contrario*, mais plutôt *a fortiori*, et poser en règle que l'absence volontaire d'établissement de la liste par le débiteur constitue un cas de relevé de forclusion.

Statuant sous l'empire de la loi du 25 janvier 1985[12], alors que ce cas de relevé de forclusion n'existait pas, la Cour de cassation a pu admettre la naissance d'une créance délictuelle de dommages et intérêts, sur le fondement de l'article 1382 du code civil (devenu C. civ., art. 1240[13]), venant remplacer la créance contractuelle éteinte, dans une espèce où le débiteur avait continué à comparaître sans les organes de la procédure, et avait attendu l'expira-

1. Com. 16 mars 2010, n° 09-13.511, préc. (v. s^s prés^t n°).
2. Com. 12 juill. 2011, n° 10-20.703, NP; n° 759 F-D; *RTD com.* 2012. 404, n° 4, obs. Martin-Serf; *LXB hebdo* 15 sept. 2011, n° 264, note Le Corre-Broly.
3. Com. 9 avr. 2013, n° 12-11.713, NP; n° 381 F-D; *Rev. proc. coll.* 2013, comm. 111, note Cagnoli; *RTD com.* 2013. 587, n° 4, obs. Martin-Serf.
4. Lyon, 3e ch. A, 20 mars 2014, RG n° 13/04339, *JurisData* 005714.
5. Com. 10 janv. 2012, n° 10-28.501, *Bull. civ.* IV, n° 4; n° 17 F-P+B; *D.* 2012. Actu. 216, obs. Lienhard; *Rev. sociétés* 2012. 195, note Roussel Galle; *Gaz. Pal.* 28 avr. 2012, n° 118, p. 30, note Le Corre; *JCP E* 2012. 1123, note Cérati-Gauthier; *JCP E* 2012. Chron. 1227, n° 8, obs. Pétel; *LPA* 15 juin 2012, n° 120, p. 13, note Henry.
6. Com. 10 janv. 2012, n° 10-28.501, préc. (v. s^s prés^t n°).
7. Versailles, 13e ch., 7 avr. 2011, RG n° 10/02167.
8. Com. 19 mai 2015, n° 13-27.481, NP; n° 458 F-D.
9. Com. 12 janv. 2010, n° 09-12.133, *Bull. civ.* IV, n° 6; n° 15 F-P+B; *D.* 2010. AJ 264, note Lienhard; *Gaz. Pal.* 16-17 avr. 2010, n°s 106, 107, p. 35, note Le Corre-Broly; *Act. proc. coll.* 2010/5, n° 69, note Staes; *RTD com.* 2010. 606, n° 1, obs. Martin-Serf; *Defrénois* 2010. 1480, Chron. 39138, note Gibirila; *LXB hebdo* 18 févr. 2010, n° 38, note Le Corre-Broly.
10. Le Corre-Broly, note s^s Com. 12 janv. 2010, n° 09-12.133, *Gaz. Pal.* 16-17 avr. 2010, n°s 106, 107, p. 35.
11. Nîmes, 4 juin 2009, RG n° 08/00174, *Rev. proc. coll.* 2010, comm. 102, note Legrand; *RTD com.* 2010. 606, n° 1, obs. Martin-Serf.
12. L. n° 85-98, 25 janv. 1985, préc.
13. DEPUIS le 1er oct. 2016 : Ord. n° 2016-131, 10 févr. 2016, préc.

tion du délai de relevé de forclusion, pour conclure sur l'extinction de la créance, du fait de son état de redressement judiciaire. La Cour de cassation a admis une dissimulation intentionnelle constitutive d'une fraude, alors surtout que la dette litigieuse n'avait pas été signalée au représentant des créanciers, rendant impossible l'avertissement de ce créancier[1] (v. aussi s^{s} n° 665.72). Cette action fondée sur l'article 1382 du code civil (devenu C. civ., art. 1240[2]) n'est pas soumise à l'arrêt des poursuites individuelles et, par voie de conséquence, à l'interdiction du droit de reprise des poursuites individuelles après clôture de la liquidation judiciaire pour insuffisance d'actif[3].

Cette dissimulation, qui devra être intentionnelle[4], pourra, sous l'empire de la loi de sauvegarde des entreprises, être utilisée comme un motif de relevé de forclusion, à condition toutefois d'introduire l'action en relevé de forclusion dans les délais.

En tout cas, la rédaction du texte fait apparaître que le relevé de forclusion interviendra soit sur démonstration que la défaillance n'est pas due au fait du créancier, soit sur démonstration d'une omission volontaire du débiteur. L'omission volontaire du débiteur apparaît donc comme un cas autonome de relevé de forclusion[5], analyse retenue par la Cour de cassation[6].

Il nous semble que, si la démonstration de l'omission volontaire du débiteur est rapportée, le juge-commissaire perd son pouvoir d'appréciation. La doctrine n'est toutefois pas unanime sur cette question[7]. Il y a, en tout cas, place à relevé de forclusion indépendamment de la question de savoir si la défaillance est ou non due au fait du créancier[8]. Si le caractère volontaire de l'omission est démontré, le créancier qui sollicite un relevé de forclusion n'a pas à établir l'existence d'un lien de causalité entre son omission de la liste et la tardiveté de sa déclaration de créance[9]. L'affirmation pourrait paraître tautologique, car si l'omission est volontaire, par hypothèse la défaillance n'est pas due au fait du créancier. La précision est cependant intéressante, lorsqu'on rappelle que la démonstration n'était pas rapportée que la défaillance à déclarer dans les délais n'était pas due au fait du créancier, lorsque celui-ci avait invoqué l'absence d'avertissement par le représentant des créanciers.

> Solution de l'ordonnance du 12 mars 2014. Dans le souci de renforcer la protection des créanciers et de faire jouer un rôle encore plus important à la liste des créanciers établie par le débiteur à l'ouverture de sa procédure collective, l'**ordonnance du 12 mars 2014** (art. 9) assouplit encore le relevé de forclusion. Elle supprime l'exigence de la démonstration du caractère volontaire de l'omission. Désormais, en vertu de l'article L. 622-26, alinéa 1er du code de commerce, il faut, mais il suffit de démontrer l'omission, c'est-à-dire l'absence du créancier sur la liste établie par le débiteur pour que ce créancier puisse obtenir son relevé de forclusion. En effet, le juge-commissaire ne semble ici avoir aucun pouvoir d'appréciation. Si l'omission est constatée, le relevé de forclusion s'impose[10]. Il a été dit que l'omission devenait un cas de relevé de forclusion automatique[11]. Disons plutôt qu'il s'agit d'un cas de relevé de forclusion obligatoire. On passe du dol du débiteur à sa simple négligence[12]. Il n'est plus question de sanctionner le débiteur, qui a triché, mais d'avoir de la compassion pour le créancier. Les temps ont bien changé depuis la loi du 25 janvier 1985…

1. Com. 14 oct. 2008, n° 07-16.983, NP; n° 1016 F-D; *Gaz. proc. coll.* 2009/1, p. 38, note Le Corre-Broly; *RTD com.* 2009. 453, n° 4, obs. Martin-Serf.
2. DEPUIS le 1er oct. 2016 : Ord. n° 2016-131, 10 févr. 2016, préc.
3. Com. 6 déc. 2011, n° 10-25.530, NP; n° 1239 F-D; *Rev. proc. coll.* 2012, comm. 57, note Patureau et Perot-Reboul.
4. Com. 6 déc. 2011, n° 10-25.530, préc. (v. s^{s} prés^{t} n°).
5. *Rapp. Hyest*, n° 335, p. 53 et p. 218 – *Adde*, LIENHARD, n° 1109 – J.-CL. COM., Vallansan, fasc. 2352, [Déclaration et admission des créances], 2007, n°s 136, 158 – v. sol. impl., Paris, 3e ch. B, 8 nov. 2007, RG n° 2007/2567, *RTD com.* 2008. 194, n° 2, obs. Martin-Serf.
6. Com. 16 mars 2010, n° 09-13.511, NP; n° 317 F-D; *Gaz. Pal. entr. diff.* 2-3 juill. 2010, n°s 183, 184, p. 34, note Le Corre-Broly; *RTD com.* 2010. 606, n° 1, obs. Martin-Serf – Com. 12 juill. 2011, n° 10-20.402, NP; n° 758 F-D.
7. DANS LE SENS décrit au texte : PÉROCHON, 9e éd., n° 1369 – Becqué-Ickowicz, « De l'entreprise au cours de la période d'observation », *LPA* n° sp., 8 févr. 2006, n° 28, p. 39 s., sp. p. 6 – LIENHARD, 4e éd., n° 101.50 – EN SENS CONTRAIRE : Macorig-Venier et Saint-Alary-Houin, « La situation des créanciers dans la loi de sauvegarde des entreprises », *RD banc. fin.* 2006, n° 28.
8. Com. 16 mars 2010, n° 09-13.511, NP; n° 317 F-D; *Gaz. Pal. entr. diff.* 2-3 juill. 2010, n°s 183, 184, p. 34, note Le Corre-Broly; *RTD com.* 2010. 606, n° 1, obs. Martin-Serf – Com. 12 juill. 2011, n° 10-20.402, NP; n° 758 F-D; *D.* 2012. Actu. 2011, obs. Lienhard.
9. Com. 10 janv. 2012, n° 10-28.501, *Bull. civ* IV, n° 4; n° 17 F-P+B; *Act. proc. coll.* 2012/2, comm. 24, note Fin-Langer; *Rev. proc. coll.* 2012, comm. 75, note Legrand et Legrand – Com. 9 avr. 2013, n° 12-11.713, NP; n° 381 F-D; *Rev. proc. coll.* 2013, comm. 111, note Cagnoli; *RTD com.* 2013. 587, n° 4, obs. Martin-Serf.
10. AUSSI, EN CE SENS : PÉROCHON, 10e éd., n° 1555 – POUR UNE PREMIÈRE APPLICATION : T. mixte com. Saint-Pierre, 17 mai 2016, RG n° 2016/000014; aimablement communiqué par Me M. Yacoubi, avocat au barreau de Saint-Pierre.
11. Lucas, « Présentation de l'ordonnance portant réforme de la prévention des difficultés des entreprises et des procédures collectives », *BJE* mars 2014, 111, sp. p. 115 – Legrand, Legrand et Monsérié-Bon, « Qu'est qui change pour les partenaires de l'entreprise en difficulté ? », *Rev. proc. coll.* 2014, dossier 18, n° 9.
12. Lienhard, « Réforme issue de l'ordonnance du 12 mars 2014 », *Code des procédures collectives commenté*, Dalloz, 2014, p. 25.

Il y a bien omission de la liste, lorsque le mandataire judiciaire prétend avoir informé le créancier connu, qui ne figure pas sur la liste, dès lors qu'il ne rapporte pas la preuve de l'envoi et surtout de la réception de l'avertissement au créancier connu, du fait de l'envoi prétendument effectué en courrier simple[1].

De nouvelles difficultés se présentent, lorsque la créance aura été mentionnée sur la liste remise par le débiteur au mandataire judiciaire, mais que les indications relatives à la créance ne sont pas celles auxquelles prétend le créancier (v. s[s] n° 662.53).

Les créanciers relevés de forclusion, en ce cas, ne seront pas mieux traités que ceux qui apportent la preuve que la défaillance à déclarer dans les délais n'était pas due à leur fait. Ils ne pourront, en effet, participer qu'aux distributions et dividendes postérieurs à leur demande.

665.54 Modalités du relevé de forclusion – Requête en relevé de forclusion – Frais de l'instance. L'article 70 du décret du 27 décembre 1985[2], tel qu'il résulte de la rédaction que lui a donnée le décret du 21 octobre 1994[3], prévoit que la demande en relevé de forclusion est présentée, selon le cas, soit au juge-commissaire s'il est en fonction, soit au tribunal, dans le cas contraire. Si le juge-commissaire est encore en fonction, il a compétence, à l'exclusion du tribunal[4].

La solution n'est pas reprise par le décret du 28 décembre 2005[5], qui n'envisage plus l'hypothèse dans laquelle le juge-commissaire aurait cessé ses fonctions avant qu'il ne soit statué sur la demande en relevé de la forclusion.

S'agissant d'une demande en justice, la question du pouvoir se pose dans des termes identiques à ceux de la déclaration de créance[6] (v. s[s] n°s 662.11 s.). Il a été ainsi jugé que la charge de la preuve de la qualité du préposé pour présenter une requête en relevé de forclusion, en cas de contestation sur ce point, incombe à la personne morale créancière[7]. Renverse en conséquence la charge de la preuve la cour d'appel qui, pour rejeter la contestation, indique que les débiteurs produisent divers documents, mais pas la requête en relevé de forclusion, ce qui rend ainsi impossible l'appréciation de la pertinence du moyen invoqué[8].

Si la procédure collective est ouverte en Alsace-Moselle (v. aussi s[s] n° 082.21), la représentation par avocat est obligatoire s'il est question pour le créancier de présenter une requête en relevé de forclusion[9]. La solution serait la même pour une requête en inopposabilité de la forclusion ou en constat de la non forclusion.

La demande doit être formée, par voie de requête, adressée[10] ou remise au greffe. Il en résulte qu'elle peut valablement être adressée le dernier jour du délai prévu par les textes[11].

Sous l'empire de la loi du 25 janvier 1985[12], il avait été jugé que si le juge-commissaire n'était plus en fonction, elle devait être présentée par voie d'assignation du représentant des créanciers ou du liquidateur, selon le cas[13].

Il a été admis que la demande de relevé de forclusion puisse être présentée par fax[14].

L'instance en relevé de forclusion est de nature contentieuse[15] puisqu'il appartient au juge de départager des parties sur un litige, et non, malgré l'introduction de l'instance par requête, de nature gracieuse, contrairement à ce qui a pu être jugé parfois[16]. Le respect du principe de contradiction s'impose en conséquence. Le créancier demandeur doit être convoqué à l'audience devant le juge-commissaire, même si le contraire a antérieurement été jugé[17]. Le débiteur doit également l'être à peine de nullité de l'ordonnance[18], fût-il en liquidation judiciaire du fait de son droit propre à contester la décision[19]. Il en est de même des organes de la procédure[20]. La cour d'appel annulera l'ordonnance du juge-commissaire,

1. T. com. mixte Saint-Pierre, ord. J.-C., 15 déc. 2015, RG n° 2015/002145; *LXB hebdo* 21 janv. 2016, n° 451, note Le Corre; décision aimablement communiquée par Me M. Yacoubi, avocat au barreau de Saint-Pierre.
2. D. n° 85-1388, 27 déc. 1985, préc.
3. D. n° 94-910, 21 oct. 1994, préc.
4. Rennes, 2e ch., 25 janv. 1989, *RJ com.* 1990, n° 368, obs. Gallet.
5. D. n° 2005-1677, 28 déc. 2005, préc.
6. Com. 5 déc. 1995, *Gaz. Pal.* 1996. 2. Pan. 217.
7. Com. 22 mai 2007, n° 05-20.417, NP; n° 746 F-D.
8. Com. 22 mai 2007, n° 05-20.417, préc. (v. s[s] prés[t] n°).
9. Com. 19 juin 2007, n° 06-12.150, *Bull. civ.* IV, n° 165; n° 890 FS-P+B – Metz, 20 janv. 2004, *JCP E* 2004. Pan. 1169.
10. Com. 28 janv. 2014, n° 12-27.728, *Bull. civ.* IV, n° 25; n° 138 FS-P+B; *D.* 2014. Actu. 369, obs. Lienhard; *D.* 2014. 1016, n° 8, note Guillou; *JCP E* 2014. Chron. 1173, n° 2, note Pétel.
11. Com. 28 janv. 2014, n° 12-27.728, préc. (v. s[s] prés[t] n°).
12. L. n° 85-98, 25 janv. 1985, préc.
13. Soinne, n° 2235.
14. TGI La Roche/Yon, ord. Juge-commissaire, 27 févr. 2003, *Gaz. Pal.* 21-23 sept. 2003, Somm. 9.
15. Com. 13 déc. 2005, n° 04-18.391, *Bull. civ.* IV, n° 250; n° 1631 FS-P+B; *D.* 2006. AJ 228, obs. Lienhard; *Gaz. proc. coll.* 2006/2, p. 43, n° 1, obs. Le Corre.
16. Paris, 19 févr. 1999, *D.* 1999. IR 117.
17. Paris, 3e ch. B, 28 avr. 2006, RG n° 2005/2682.
18. Com. 13 déc. 2005, n° 04-18.391, préc.
19. Douai, 2e ch. 15 févr. 2001, RG n° 1999/01775, *RD banc. fin.* 2002, n° 98, note Lucas – Aix-en-Provence, 8e ch. A, 16 mai 2001, *Rev. proc. coll.* 2003, p. 140, n° 6, obs. Legrand – Paris, 3e ch. A, 9 sept. 2003, RG n° 2003/02639 – Paris, 3e ch. B, 18 juin 2004, RG n° 2003/10662.
20. Com. 13 déc. 2005, n° 04-18.391, préc. (v. s[s] prés[t] n°) – Douai, 2e ch. 15 févr. 2001, RG n° 1999/01775, préc. (v. s[s] prés[t] n°) – Paris, 3e ch. A, 9 sept. 2003, RG n° 2003/02639 préc. (v. s[s] prés[t] n°).

mais pourra statuer à nouveau, par application de l'effet dévolutif de l'appel, l'irrégularité n'affectant pas l'acte introductif de l'instance[1].

L'action en relevé de forclusion entraînant saisine du juge-commissaire ne peut être présentée que par une personne ayant un intérêt à agir. Tel n'est pas le cas de l'assureur, subrogé dans les droits du créancier, qui a valablement déclaré sa créance[2].

Eu égard à la nature contentieuse de la procédure de relevé de forclusion, le débiteur, comme le représentant des créanciers – mandataire judiciaire – ou le liquidateur, doivent être intimés en cause d'appel[3].

On précisera enfin que les frais de l'instance en relevé de forclusion sont, sous l'empire de la législation antérieure à l'ordonnance du 12 mars 2014[4], systématiquement supportés par le créancier défaillant[5] (D. 27 déc. 1985, art. 70, al. 2, C. com., art. R. 622-25, al. 2 [anc^t D. 28 déc. 2005, art. 100, al. 2]), sans qu'il y ait à distinguer selon qu'il a obtenu ou non gain de cause[6], selon les degrés de juridiction[7], ou selon l'attitude du débiteur éventuellement empreinte de mauvaise foi, voire de fraude[8].

L'alinéa 2 de l'article R. 622-25, du code de commerce, issu de la rédaction que lui donne l'article 51 du décret du 30 juin 2014[9], supprime le support systématique des frais par le créancier. Désormais, le juge pourra faire supporter au débiteur les frais de l'action en relevé de forclusion, lorsque le débiteur n'aura pas mentionné la créance sur la liste prévue à l'article L. 622-6 ou n'aura pas porté utilement la créance à la connaissance du mandataire judiciaire. Autrement dit, chaque fois que la présomption de déclaration de la créance par le débiteur pour le compte du créancier n'aura pu fonctionner, les frais de l'instance pourront, sur décision du juge-commissaire, mais encore du tribunal, puis de la cour d'appel, être supportés par le débiteur, qui a contraint le créancier à cette action dont il aurait pu se dispenser si l'obligation légale reposant sur le débiteur avait été accomplie.

665.55 Délai de présentation de la requête en relevé de forclusion. Il est nécessaire, mais aussi suffisant, que le créancier présente sa demande en relevé de forclusion dans le délai légal, sans que puisse lui être reproché d'avoir attendu pour présenter sa demande par rapport à la date à laquelle il a eu connaissance de la procédure collective. La solution a été posée sous l'empire de la loi du 25 janvier 1985[10], mais est reconductible.

En cas d'application du règlement CE du 29 mai 2000[11], le délai de déclaration des créances et son point de départ sont fixés par la loi d'ouverture de la procédure. Il en est de même du délai et du point de départ du délai de l'action en relevé de forclusion[12]. Un créancier étranger ne peut en conséquence reprocher l'absence de publication du jugement d'ouverture dans son pays, dès lors que le débiteur n'y a pas d'établissement[13].

La demande de relevé de forclusion doit être, sous l'empire de la législation antérieure à la loi de sauvegarde des entreprises, introduite dans le délai d'un an à compter du jugement d'ouverture. Ce délai n'a pas été jugé contraire à l'article 6 § 1 de la Convention européenne de sauvegarde des droits de l'homme[14].

La réforme issue de la loi de sauvegarde des entreprises modifie le délai et le point de départ de l'action en relevé de forclusion. Pour tenir compte du caractère critiquable, au regard de l'article 6 § 1 de la Convention européenne de sauvegarde des droits de l'homme, même s'il n'a pas été jugé contraire à celle-ci, du point de départ de l'action en relevé de forclusion, le délai courant contre une personne à partir d'un événement inconnu, le texte issu de la loi de sauvegarde des entreprises (C. com., art. L. 622-26, al. 2) décale le point de départ du délai de relevé de forclusion à la publication au *Bodacc* du jugement d'ouverture. En outre, le délai est raccourci et passe, par principe, d'un an à six mois, à la suite d'un amendement, l'idée sous-tendant l'amendement étant d'éviter que les relevés de forclusion tardifs ne remettent en cause le plan de

1. Com. 13 déc. 2005, n° 04-18.391, préc. (v. s^s prés^t n°) – Paris, 3e ch. A, 9 sept. 2003, RG n° 2003/02639.
2. Douai, 13 nov. 2008, RG n° 2005/05911, *D.* 2008. AJ 2933.
3. Toulouse, 10-11 oct. 2001, DPDE *bull.* 218, 3 déc. 2001, p. 5971, *V^{is} Déclaration et vérification des créances*, n° 126.
4. Ord. n° 2014-326, 12 mars 2014, préc.
5. Com. 27 mai 2003, n° 00-13.465, NP – Com. 30 juin 2015, n° 14-13.766, NP; n° 663 FS-D.
6. Com. 9 avr. 2013, n° 12-11.713, NP, *Rev. proc. coll.* 2013, comm. 111, note Cagnoli.
7. Com. 14 mai 2002, n° 98-15.392, NP, *Act. proc. coll.* 2002/14, n° 177; *Rev. proc. coll.* 2003, p. 141, n° 9, obs. Legrand – Com. 12 juin 2002, *Rev. proc. coll.* 2002, p. 97, n° 15, obs. Legrand.
8. Com. 30 mars 2010, n° 09-11.657, NP; n° 396 F-D; *RTD com.* 2010. 608, n° 2, obs. Martin-Serf – Com. 27 mai 2014, n° 13-18.802, NP; n° 520 F-D.
9. D. n° 2014-736, 30 juin 2014, *JO* 1er juill., p. 10834.
10. L. n° 85-98, 25 janv. 1985, préc. – Com. 2 mars 2010, n° 09-10.844, NP; n° 259 F-D.
11. Règl. (CE) n° 1346/2000, Conseil, 29 mai 2000, préc.
12. Com. 16 nov. 2010, n° 09-16.572, *Bull. civ.* IV, n° 179; n° 1159 F-P+B; *D.* 2010. 2832, note Lienhard; *Gaz. Pal entr. diff.* 7-8 janv. 2011, p. 22, note Mélin et p. 39, note Le Corre-Broly; *Rev. sociétés* 2011. 196, note Roussel Galle; *LPA* 29 avr. 2011, n° 85, p. 13, note Nabet; *Rev. proc. coll.* 2011, comm. 175, note Mastrullo.
13. Com. 16 nov. 2010, n° 09-16.572, préc. (v. s^s prés^t n°).
14. Com. 3 oct. 2000, n° 98-12.275, NP, *RTD com.* 2001. 759, obs. Vallens.

sauvegarde, qui aurait été arrêté dans un délai bien inférieur à un an[1].

À ce raccourcissement du délai de l'action en relevé de forclusion à six mois, le texte issu de la réforme prévoit deux exceptions.

La première est assez théorique. Elle est destinée à tenir compte de l'hypothèse dans laquelle, malgré l'avertissement, le créancier qui bénéficie du mécanisme décalant au jour de l'avertissement le point de départ du délai de déclaration des créances pourra solliciter un relevé de la forclusion. Le délai de son action – en pratique, la présentation d'une requête au juge-commissaire – courra du jour de l'avertissement qui lui est donné (C. com., art. L. 622-26, al. 2). La préservation des intérêts de ce type de créanciers semble ici excessive et, en pratique, on imagine assez mal une juridiction relever ces créanciers de la forclusion, car ils devront alors démontrer que la défaillance à déclarer n'est pas due à leur fait. Or, dès lors qu'ils auront été avertis d'avoir à déclarer leur créance, on comprendrait difficilement qu'ils puissent apporter pareille démonstration, sauf à raisonner, pour des créanciers personnes physiques, sur une hospitalisation ou, en tout cas, une maladie.

La réforme issue de l'ordonnance du 18 décembre 2008[2] ajoute une seconde exception. Le délai de six mois est écarté, pour être porté à un an, pour les créanciers placés dans l'impossibilité de connaître l'existence de leur créance avant l'expiration du délai de six mois précité[3]. Lors de la présentation de cet amendement, il a été dit que ce cas concernerait principalement les créanciers publics[4]. L'exemple a été pris d'un contrôle fiscal en cours lors de l'ouverture de la procédure[5]. Il a été dit également que cela permettrait de régler le cas des indemnités contractuelles[6]. Ces deux exemples ne nous semblent guère pertinents. Les créanciers fiscaux peuvent en effet déclarer en deux temps les créances non liquides. Ce délai allongé de relevé de forclusion semble en réalité inapplicable aux créanciers sociaux et fiscaux, qui ont déclaré une créance à titre provisionnel. En effet, ce n'est pas la créance dont ils ignorent l'existence, mais seulement son montant. La Cour de cassation semble avoir fait une application de cette solution, en considérant que le créancier social ne pouvait bénéficier du délai d'un an, dès lors qu'il connaissait l'existence de sa créance[7].

Quant aux indemnités contractuelles, elles doivent être déclarées dans un délai particulier, lorsque la résiliation du contrat est intervenue après jugement d'ouverture, ce que présuppose le raisonnement sous-tendant l'amendement.

On peut plus plutôt prendre l'exemple d'une nullité de la période suspecte obligeant une personne à restituer ce qu'elle a perçu *et se retrouvant*, de ce fait, créancière, alors qu'elle est au-delà du délai classique de relevé de forclusion réduit à six mois. Il pourra encore s'agir du créancier confronté à faire jouer la garantie des vices cachés, lorsque le vice sera apparu après l'expiration du délai classique de l'action en relevé de la forclusion.

La jurisprudence a fait application de ce délai particulier de relevé de forclusion, en présence d'un créancier qui avait obtenu un jugement de condamnation contre son débiteur, alors que ce débiteur avait ensuite fait l'objet d'une transmission universelle de son patrimoine à une société placée sous sauvegarde, et alors que le créancier n'avait appris que tardivement l'existence de cette transmission universelle de patrimoine au profit d'une personne sous procédure collective[8].

La jurisprudence refuse d'appliquer ce délai particulier, lorsque le créancier connaissait l'existence de sa créance, mais non son montant[9]. Il lui appartenait, en effet, de déclarer sa créance par estimation (v. s[s] n° 666.22).

S'agissant d'un délai exprimé en année, avant la loi de sauvegarde des entreprises, il expire le jour de l'année suivante portant le même *quantième*, à 24 heures (C. pr. civ., art. 641, al. 2)[10]. Sous l'empire de la loi de sauvegarde des entreprises, il expire le jour du sixième mois suivant portant le même *quantième*, à 24 heures (C. pr. civ., art. 641, al. 2).

Si le délai expire un samedi, un dimanche ou jour férié, le délai est prorogé jusqu'au premier jour ouvrable suivant (C. pr. civ., art. 642)[11]. Il suffira que le créancier ait expédié sa requête dans le délai, la preuve lui en incombant[12], peu important qu'elle n'ait été reçue qu'ultérieurement[13]. La solution a été identiquement posée en présence d'une demande

1. Amend. n° 77, Interv. Xavier de Roux, *JOAN CR*, 2e séance du 3 mars 2005, p. 1663.
2. Ord. n° 2008-1345, 18 déc. 2008, préc.
3. Amend. du Gouvernement, n° 380, déb. Sénat, *JO* 30 juin 2005, p. 4830.
4. Interv. Clément, *JO Sénat CR*, *JO* 30 juin 2005, p. 4830.
5. Interv. Hyest, *JO Sénat CR*, *JO* 30 juin 2005, p. 4830.
6. Interv. Clément, *JO Sénat CR*, *JO* 30 juin 2005, p. 4830.
7. Com. 1er oct. 2013, n° 12-20.229, NP; n° 908 F-D.
8. Paris, 3e ch. A, 29 janv. 2008, RG n° 07/09169, *D.* 2008. AJ 537, obs. Lienhard; *Act. proc. coll.* 2008/5, n° 76, note Régnaut-Moutier; *RTD com.* 2008. 418, n° 3, obs. Martin-Serf.
9. Com. 16 nov. 2010, n° 09-16.572, préc. (v. s[s] prést n°) – Com. 5 févr. 2013, n° 12-12.412, NP.
10. Paris, 3e ch. C, 3 avr. 1998, *D. Affaires* 1998. 847; *D.* 1998. IR 129.
11. Com. 17 févr. 1998, n° 95-18.686, *Bull. civ.* IV, n° 76; *JCP E* 1998. Pan. 587; *D. Affaires* 1998. 429.
12. Paris, 3e ch. B, 4 juill. 2003, RG n° 2002/16686.
13. Paris, 3e ch. C, 3 avr. 1998, *D. Affaires* 1998. 847; *D.* 1998. IR 129.

de relevé de forclusion envoyée par fax le dernier jour du délai[1].

Le délai de relevé de forclusion n'est pas un délai de comparution ou de recours. Faute de texte spécial, il faut décider que les créanciers domiciliés hors France métropolitaine ou à l'étranger ne bénéficieront pas de l'augmentation du délai de distance prévu par les articles 642 et 643 du code de procédure civile pour le délai de relevé de forclusion, même si la procédure est ouverte en Métropole, le contraire ayant cependant été jugé[2]. Symétriquement, il n'y aura pas davantage augmentation du délai si la procédure est ouverte hors de la Métropole, alors que le créancier est domicilié en Métropole.

En cas d'annulation du jugement d'ouverture, un nouveau délai de relevé de forclusion court à compter de la seconde décision d'ouverture[3]. En revanche, le jugement qui convertit la procédure de redressement judiciaire simplifié en procédure relevant du régime général n'est pas un nouveau jugement d'ouverture et ne fait donc pas courir un nouveau délai de relevé de forclusion[4].

L'expiration du délai de relevé de forclusion enlève au juge-commissaire le pouvoir de se prononcer sur la demande[5]. Le juge-commissaire relevant le créancier de forclusion au-delà du délai légal commet un excès de pouvoir[6], peu important à cet égard que le créancier figure ou non sur la liste que doit remettre au représentant des créanciers le débiteur[7]. Les juges doivent relever d'office la fin de non-recevoir tirée de l'expiration du délai de forclusion[8], celle-ci étant d'ordre public.

Il s'agit d'un délai préfix, non susceptible en conséquence d'interruption ou de suspension[9]. La maxime *contra non valentem*..., qui empêche de faire courir un délai, fût-il préfix, contre une personne dans l'impossibilité d'agir, a, dans un premier temps, été ici écartée par la Cour de cassation[10], d'une manière critiquable à notre sens.

La fraude du débiteur n'a pas pour effet d'interrompre ou de suspendre ce délai[11], même si le contraire a pu être jugé[12]. *En revanche, la fraude du* débiteur aurait dû autoriser le créancier à être relevé de forclusion, au-delà du délai légal, par la simple application de la règle selon laquelle la fraude fait échec à toutes les règles, fussent-elles d'ordre public, et aurait donc dû tenir en échec le délai préfix d'un an de l'action en relevé de la forclusion. La Cour de cassation ne l'a pas admis[13].

La Cour de cassation a, dans un second temps, rejeté une question prioritaire de constitutionnalité, fondée sur l'atteinte substantielle au droit à un recours juridictionnel effectif, en considérant qu'un créancier placé dans l'impossibilité de connaître l'existence de sa créance au-delà d'un an de la publication au *Bodacc* du jugement d'ouverture – délai maximal de l'action en relevé de forclusion – pouvait introduire sa demande de relevé de forclusion nonobstant le dépassement de ce délai[14]. Il s'agit d'une application de la règle *contra non valentem*..., principe qui sous-tend l'article 2234 du code civil, depuis la loi du 17 juin 2008 ayant réformé la prescription, qui interdit de faire courir un délai contre une personne placée dans l'impossibilité d'agir.

L'article 29 de l'ordonnance du 12 mars 2014[15] consacre la solution prétorienne dégagée par la Cour de cassation en posant à l'alinéa 3 de l'article L. 622-26 du code de commerce la règle selon laquelle le délai de relevé de forclusion court à compter de la date à laquelle il est établi que le

1. TGI La Roche/Yon, ord. juge-commissaire, 27 févr. 2003, *Gaz. Pal.* 21-23 sept. 2003, p. 9.
2. Rennes, 2e ch., 15 déc. 1999, *RD banc. fin.* 2000, no 67, obs. Lucas – Paris, 3e ch., 17 déc. 1999, *D.* 2000. AJ 117.
3. Com. 1er juill. 1997, no 94-21.894, *Bull. civ.* IV, no 211; *JCP E* 1997. Pan. 982; *RTD com.* 1998. 937, obs. Martin-Serf.
4. Paris, 3e ch. A, 30 nov. 2004, RG no 2004/2788.
5. Paris, 3e ch. A, 14 juin 2005, RG no 2004/19425.
6. Com. 16 nov. 1993, no 91-15.143, *Bull. civ.* IV, no 409; *Rev. proc. coll.* 1995, 58, no 8, obs. Dureuil – Com. 6 juin 2000, no 98-10.785, NP – Nîmes, 2e ch. B, 10 janv. 2002, RG no 99/4276, *RD banc. fin.* 2003, no 31, note Lucas.
7. Com. 6 juin 2000, no 98-10.785, NP.
8. Com. 16 nov. 1993, no 91-15.143, *Bull. civ.* IV, no 409; *Gaz. Pal.* 1995. 1. 7, note Latil – Com. 28 mai 1996, no 94-14.349, NP, *D.* 1996. IR 161 – Com. 12 mai 1998, no 96-18.855, NP – Com. 26 oct. 1999, no 97-13.238, *Bull. civ.* IV, no 187; *Act. proc. coll.* 1999/18, no 238; *Act. proc. coll.* 1999/20, no 272.
9. Com. 1er juill. 1997, no 95-13.602, *Bull. civ.* IV, no 210; *JCP E* 1998. Chron. 32, no 3, obs. M. Cabrillac – Com. 27 oct. 1998, *D. Affaires* 1999. 37 – Com. 11 juin 2002, no 99-15.815, NP, *RD banc. fin.* 2002, no 138, note Lucas – CONTRA : Rouen, 30 janv. 1992, *Dr. sociétés* 1992, no 134, note Chaput – Rouen, 3 mars 1994, *Rev. proc. coll.* 1995, 312, obs. Dureuil.
10. Com. 11 juin 2002, no 99-15.815, NP, *RD banc. fin.* 2002, no 138, note Lucas.
11. Paris, 3e ch. A, 2 déc. 2003, RG no 2003/08025.
12. T. com. Nanterre, 30 janv. 1998 et Paris, 3e ch. B, 30 janv. 1998, *D. Affaires* 1998. 428.
13. Com. 26 oct. 1999, *D. Affaires* 1999. AJ 95 – Com. 7 déc. 1999, no 97-15.709, *Bull. civ.* IV, no 222; *RD banc. fin.* 2000, no 23, note Lucas.
14. Com. 5 sept. 2013, no 13-40.034 QPC, *Bull. civ.* IV, no 127; no 918 FS-P+B; *D.* 2013. Actu. 2100, obs. Lienhard et pan. 2147, note Le Corre; *D.* 2013. Chron. 2558, obs. Lecaroz; *Act. proc. coll.* 2013/16, comm. 228, note Le Corre; *Rev. sociétés* 2013. 726, note Henry; *BJE* nov. 2013. 366, note Le Mesle; *JCP E* 2014. Chron. 1020, no 7, obs. Pétel; *RTD com.* 2013. 807, no 1, obs. Martin-Serf; *Rev. proc. coll.* 2014, comm. 18, note Legrand et Legrand; *Gaz. Pal.* 12 janv. 2014, p. 27, note Le Corre; *LXB hebdo* 17 oct. 2013, no 355, note Le Corre-Broly – *Adde*, Hontebeyrie., « L'adage *Contra non valentem*... a-t-il survécu à la loi du 17 juin 2008 portant réforme de la prescription en matière civile », *D.* 2014. 244.
15. Ord. no 2014-326, 12 mars 2014, préc.

créancier, qui justifie avoir été placé dans l'impossibilité de connaître l'obligation du débiteur avant l'expiration du délai de six mois précité – délai classique de l'action en relevé de forclusion –, ne pouvait ignorer l'existence de sa créance.

Appréciation de la réforme issue de l'ordonnance du 12 mars 2014 – Améliorations envisageables. La solution issue de l'ordonnance du 12 mars est évidemment préférable à la brutale simplicité de la règle précédente. Pour autant, elle n'est pas pleinement satisfaisante, en obligeant un créancier placé dans l'impossibilité d'agir à se faire relever d'une forclusion qu'il ne devrait pas, en bonne logique, encourir. Aussi, nous serait-il apparu préférable de traiter cette question par le biais d'un décalage du point de départ du délai de déclaration de créance. En ce sens, on aurait pu ajouter à l'alinéa 1er de l'article L. 622-24 une phrase, qui serait devenue la deuxième de l'alinéa, précisant que « pour les créanciers placés dans l'impossibilité de connaître l'existence de leur créance à expiration de ce délai, le délai de déclaration court à compter de la connaissance de leur créance ». Ce texte de la sauvegarde aurait été également applicable en redressement et en liquidation judiciaires.

La réforme présente aussi l'inconvénient de fragiliser les plans [1], mais il ne faut pas s'en émouvoir à l'excès, car si les sommes sont dues, n'est-il pas normal de les payer un jour ?

665.56 Délais particuliers de présentation de la requête en relevé de forclusion.

> POUR L'AGS. De même que l'AGS a des délais particuliers pour déclarer ses créances qui tiennent compte du type particulier de créances dont elle est titulaire, de même elle dispose d'un délai particulier pour présenter une demande en relevé de forclusion. Ici encore, il s'agit de tenir compte de la situation particulière de ce créancier.

Si l'AGS ne déclare pas ses créances dans le délai de quinzaine qui suit l'expiration des délais de règlement de ses avances, elle peut solliciter un relevé de forclusion dans un délai, qui sous l'empire de la législation antérieure à la loi de sauvegarde des entreprises [2], est annal, selon l'article L. 621-46, alinéa 3 du code de commerce (anc[t] L. 25 janv. 1985 [3], art. 53, al. 3), et qui, depuis cette loi, est de six mois (C. com., art. 622-26, al. 2).

Le point de départ de ce délai est fixé au jour de l'expiration du délai pendant lequel les créances salariales sont garanties. La formulation du texte semble autoriser à poser la règle selon laquelle il y aura autant de délais de relevé de forclusion que de types de créances garanties, puisque les délais de garantie varient selon le type de créances.

> POUR LE CRÉANCIER TITULAIRE D'UN CONTRAT PUBLIÉ OU D'UNE SÛRETÉ PUBLIÉE averti d'avoir à déclarer sa créance (v. s[s] n° 665.88).

> POUR LE CRÉANCIER POUVANT DÉCLARER SA CRÉANCE À TITRE PROVISIONNEL (v. s[s] n° 682.66).

665.57 Effets du relevé de forclusion – Délai de déclaration de créance suite au relevé de forclusion.

Aux termes de l'article 70, alinéa 1er du décret du 27 décembre 1985 [4], « lorsque le juge-commissaire n'est plus en fonction, le tribunal statue [...] sur le relevé de forclusion et fixe le montant de la créance admise ». Le texte maladroitement rédigé pourrait laisser penser que la requête présentée oblige le juge-commissaire à statuer, tout à la fois, sur le relevé et sur l'admission de la créance. En réalité, le juge-commissaire doit d'abord statuer sur le relevé de forclusion [5]. La procédure de vérification des créances présuppose en effet que la créance ait été déclarée dans les délais ou, ce qui sera équivalent, que le créancier soit relevé de forclusion. Alors seulement pourra commencer le travail de vérification de la créance. C'est pourquoi il ne peut être raisonnablement être exigé du créancier qu'il déclare sa créance avant de saisir le juge-commissaire d'une demande de relevé de forclusion [6]. Pour la même raison, le juge-commissaire peut parfaitement statuer sur la demande de relevé de forclusion, alors même que l'existence de la créance litigieuse est contestée par le débiteur [7], ce débat sur la créance devant intervenir dans un second temps.

Toutefois, la Cour de cassation a jugé que le créancier retardataire, qui a déclaré sa créance initialement, n'est nullement obligé de la déclarer à nouveau après avoir obtenu un relevé de forclusion [8].

1. Rubellin, « Les créances "impossibles à connaître" ; un obstacle à la réussite des plans ? », *BJE* nov. 2014, 354.
2. L. n° 2005-845, 26 juill. 2005, préc.
3. L. n° 85-98, 25 janv. 1985, préc.
4. D. n° 85-1388, 27 déc. 1985, préc.
5. Com. 26 oct. 1999, n° 1724-D.
6. Com. 4 oct. 2005, n° 04-15.535, *Bull. civ.* IV, n° 200; n° 1263 F-P+B; *D.* 2005. AJ 2742, obs. Lienhard; *JCP E* 2006. Chron. 1066, n° 13, obs. M. Cabrillac; *RTD com.* 2006. 201, n° 2, obs. Martin-Serf; *RD banc. fin.* 2006, n° 26, note Lucas; *Gaz. proc. coll.* 2006/1, p. 35, Le Corre.
7. Com. 12 janv. 2010, n° 09-12.133, *Bull. civ.* IV, n° 6; n° 15 F-P+B; *D.* 2010. AJ 264, note Lienhard; *Gaz. Pal.* 16-17 avr. 2010, n°s 106, 107, p. 35, note Le Corre-Broly; *Act. proc. coll.* 2010/5, n° 69, note Staes; *RTD com.* 2010. 606, n° 1, obs. Martin-Serf; *Defrénois* 2010. 1480, Chron. 39138, note Gibirila; *LXB hebdo* 18 févr. 2010, n° 38, note Le Corre-Broly.
8. Com. 24 sept. 2003, n° 01-00.504, NP, *Act. proc. coll.* 2003/19, n° 243; *LXB hebdo* n° N9278AAU, note Le Corre – Com. 10 juill. 2012, n° 11-20.367, NP; n° 814 F-D; *BJE* oct. 2012, comm. 155, note Le Mesle – Grenoble, ch. com., 22 févr. 2006, n° 05/111, *Rev. proc. coll.* 2007/1, p. 48, n° 10, obs. Legrand.

Avant l'ordonnance du 12 mars 2014[1], les textes n'enferment le créancier relevé de forclusion dans aucun délai pour procéder à sa déclaration de créance. La solution n'est certes pas très heureuse pour la célérité de la procédure. Mais, faute de délai prévu par les textes, il semblait délicat d'en inventer. C'est pourtant ce qu'a cru devoir faire la Cour de cassation. D'une manière critiquable, à notre sens, elle a cru devoir juger, sous l'empire de la législation antérieure à la loi de sauvegarde des entreprises[2], par une première décision remarquée, que « si aucun texte n'oblige le créancier défaillant à déclarer sa créance avant de saisir le juge-commissaire de sa demande de relevé de forclusion, il est néanmoins tenu de la déclarer dans le délai préfix d'un an à compter de la décision d'ouverture de la procédure, même si le juge-commissaire n'a pas statué sur sa demande de relevé de forclusion à l'intérieur de ce délai »[3]. La solution a ensuite été reproduite[4].

Compte tenu de la publicité que la Cour de cassation a entendu donner à la solution, était-il concevable qu'elle fût limitée à l'application de la législation antérieure ? Une réponse négative semblait s'imposer aux yeux de certains[5].

Il nous était toutefois apparu que cette transposition sous l'empire de la loi de sauvegarde des entreprises poserait les plus grands problèmes. En effet, à l'expiration du délai de relevé de forclusion, la créance n'est plus aujourd'hui éteinte, mais seulement inopposable à la procédure collective (v. s[s] n° 665.75). Or seule la sanction de l'extinction de la créance à l'expiration du délai du relevé de forclusion nous semblait être de nature à la fonder juridiquement. Cette sanction ayant disparu, le couperet du délai de relevé de forclusion n'existait plus.

Pourtant, la Cour de cassation, statuant sous l'empire de la loi de sauvegarde des entreprises, a reconduit la solution, en énonçant que « si aucun texte n'oblige le créancier défaillant à déclarer sa créance avant de saisir le juge-commissaire de sa demande de relevé de forclusion, il est néanmoins tenu de la déclarer dans le délai préfix de cette action, même s'il n'a pas été statué sur la demande de relevé de forclusion à l'intérieur de ce délai »[6]. La cause était donc entendue. Dont acte, même si nous n'étions toujours pas convaincus du bien-fondé de la solution... Dans le prolongement de cette solution, une cour d'appel avait cru pouvoir décider que puisque la déclaration de créance n'avait pas été effectuée au plus tard lors de l'expiration du délai de relevé de forclusion, sa demande de relevé de forclusion était dépourvue d'objet, alors pourtant qu'elle avait, quant à elle, été présentée dans le délai de six mois[7].

C'est semble-t-il à cette solution *a priori contra legem* que l'article 27, 1° de l'ordonnance du 12 mars 2014 s'attaque, en énonçant, à l'alinéa 1er de l'article L. 622-24 que lorsque le créancier a été relevé de forclusion, les délais [de déclaration de la créance] ne courent qu'à compter de la notification de cette décision ». Mais, précise le texte, « ils sont alors réduits de moitié ». Ainsi, le créancier qui doit, classiquement, déclarer sa créance dans le délai de deux mois à compter de la publication au *Bodacc*, aura un mois seulement à compter de la notification de la décision le relevant de forclusion. Le créancier qui dispose de quatre mois – créancier étranger – disposera, quant à lui, d'un délai de deux mois. Aucun relevé de forclusion ne pourra, à notre sens, être à nouveau accordé.

La place du texte est discutable. Il aurait été préférable de le positionner à la fin du premier alinéa de l'article L 622-26 du code, puisqu'il s'agit fondamentalement du régime du relevé de forclusion, et non pas des délais initiaux de déclaration des créances.

La solution est en tout cas excellente pour de multiples raisons. D'abord, elle fait clairement comprendre que la déclaration de créance suppose d'abord que le créancier soit relevé de forclusion. Ensuite, elle enferme le créancier relevé de forclusion dans un délai de déclaration de créance, ce qui est de nature à ne pas retarder les opérations de vérification des créances.

1. Ord. n° 2014-326, 12 mars 2014, préc.
2. L. n° 2005-845, 26 juill. 2005, préc.
3. Com. 9 mai 2007, n° 05-21.357, *Bull. civ.* IV, n° 125; n° 703 FS-P+B+R+I; *D.* 2007. AJ 1424, note Lienhard; *D.* 2008. Pan. 577, obs. Le Corre; *JCP E* 2007. Chron. 2119, n° 8, obs. Pétel; *RD banc. fin.* 2007, n° 113, note Lucas; *RTD com.* 2008. 192, n° 1, obs. Martin-Serf; *RJ com.* 2007. 367, note Roussel Galle; *Defrénois* 2007. 1568, 38675, n° 8, note Gibirila; *LXB hebdo* n° 261, 23 mai 2007, n° N1642BBG, note Le Corre.
4. Com. 3 nov. 2009, n° 07-13.485, NP; n° 989 F-D; *Gaz. Pal.* 16-17 avr. 2010, n°s 106, 107, p. 34, note Le Corre-Broly; *LXB hebdo* 19 nov. 2009, n° 372, note Le Corre-Broly – Com. 30 juin 2015, n° 14-13.766, NP; n° 663 FS-D; *D.* 2015. actu. 1487, note crit. Lienhard.
5. EN CE SENS : Lienhard, note s[s] Com. 9 mai 2007, n° 05-21.357, *D.* 2007. AJ 1424.
6. Com. 23 avr. 2013, n° 11-25.963, *Bull. civ.* IV, n° 73; n° 453 FS-P+B; *D.* 2013. Actu. 1129, obs. Lienhard; *D.* 2013. Pan. 2372, note Le Corre; *Gaz. Pal.* 12 juill. 2013, n° 193, p. 22, note Le Corre; *Act. proc. coll.* 2013/10, comm. 133, note Cagnoli; *Rev. proc. coll.* 2013, comm. 110, note Cagnoli; *JCP E* 2013. Chron. 1434, n° 4, obs. Pétel; *RTD com.* 2013. 583, n° 1, obs. Martin-Serf; *Rev. proc. coll.* 2013, comm. 129, note Legrand et Legrand – Com. 30 juin 2015, n° 14-13.766, NP, *Rev. proc. coll.* 2016, comm. 7, note F. Legrand et M.-N. Legrand – Com. 8 sept. 2015, n° 14-16.771, NP; n° 730 F-D; *Rev. proc. coll.* 2016, comm. 7, note F. Legrand et M.-N. Legrand.
7. Montpellier, 2e ch., 12 nov. 2013, RG n° 12/06384, *Gaz. Pal.* 14 mai 2014, n° 134, p. 17.

Le juge-commissaire saisi dans le cadre d'une demande de relevé de forclusion ne peut statuer sur la validité de l'état des créances[1].

La cour d'appel, sous l'empire de la législation antérieure à la loi de sauvegarde des entreprises, le tribunal statuant sur opposition sous l'empire de la loi de sauvegarde des entreprises, ne peuvent, pas plus que le juge-commissaire, statuer tout à la fois sur le relevé de forclusion et sur l'admission de la créance. La cour d'appel ne peut donc, alors que la créance est contestée, admettre la créance en même temps qu'elle relève le créancier de la forclusion, sans motiver sa décision à cet égard[2].

Si la demande d'admission est présentée, dans le cadre de l'instance en relevé de forclusion, pour la première fois devant la cour d'appel, le débiteur et le mandataire de justice peuvent soulever l'irrecevabilité de la demande comme étant nouvelle en cause d'appel. Mais si l'exception de prétention nouvelle n'est pas soulevée par une partie, le juge ne peut la soulever d'office car elle n'est pas d'ordre public[3].

En revanche, si le juge-commissaire n'est plus en fonction, le tribunal statuera tout à la fois sur le relevé de forclusion et sur l'admission de la créance.

Le décret du 28 décembre 2005[4], qui n'envisage plus l'hypothèse dans laquelle le juge-commissaire ne serait plus en fonction et qui ne prévoit donc plus la compétence alternative du tribunal, réserve l'hypothèse dans laquelle le juge-commissaire relèverait le créancier de la forclusion après dépôt de la liste des créances par le mandataire judiciaire. En ce cas, l'article 100, alinéa 1er du décret du 28 décembre 2005 prévoit que le juge-commissaire qui relève le créancier de la forclusion statue sur la créance dans les conditions de l'article L. 624-2. Il faut comprendre que la vérification de la créance sera effectuée concomitamment à l'instruction du dossier de relevé de forclusion, car il faut aller vite. La décision qui relève de la forclusion et qui statue sur la créance sera mentionnée par le greffier à l'état des créances (C. com., art. R. 622-25 [anct D. 28 déc. 2005, art. 100, al. 1er]).

Le créancier qui est relevé de forclusion participera aux répartitions comme les créanciers ayant déclaré dans les délais. Cependant, si des répartitions sont déjà intervenues, par hypothèse, le créancier en aura été exclu. Les textes prévoient qu'il devra faire son deuil des précédentes répartitions (C. com., art. L. 621-46, al. 1 *in fine*, avant la loi de sauvegarde [anct L. 25 janv. 1985[5], art. 53, al. 1er], C. com., art. L. 622-26, al. 1er, depuis la loi de sauvegarde). Il y a là une forme de sanction du créancier retardataire.

SECTION 665.60

VOIES DE RECOURS EN MATIÈRE DE RELEVÉ DE FORCLUSION

665.61 Voies de recours ouvertes aux parties sur les décisions statuant sur le relevé de forclusion. La décision qui relève un créancier de la forclusion doit lui être notifiée. Elle doit aussi être notifiée au débiteur. Si la décision intéresse deux époux débiteurs sous procédure commune, la notification ne peut résulter d'un seul acte. Une double notification s'impose[6].

> Sous l'empire de la loi du 25 janvier 1985[7] non réformée, les textes ne précisent pas explicitement la voie de recours ouverte à l'encontre des ordonnances statuant sur le relevé de forclusion. Il s'en déduit que la voie de recours est celle classiquement admise sur les ordonnances du juge-commissaire, à savoir le recours porté devant le tribunal. L'appel est donc irrecevable.

Le juge-commissaire doit, par principe, statuer en deux temps. Il doit d'abord rendre la décision sur le relevé de forclusion. Si le créancier est relevé de forclusion, il lui appartient alors de déclarer sa créance, à moins qu'il ne l'ait déjà fait en même temps qu'il a sollicité son relevé de forclusion. Sa créance sera alors vérifiée par le représentant des créanciers et soumise, le cas échéant, à contestation. Cependant, il arrive que le juge-commissaire statue, par une seule ordonnance, tout à la fois sur le relevé de forclusion et sur l'admission de la créance. La solution n'est pas interdite par le texte. Si aucune contestation n'est formulée, la décision du juge-commissaire sera une admission sans contestation (v. ss no 682.21). Si une contestation est formulée, le créancier sera convoqué pour être entendu sur le relevé de forclusion. Il aura dû alors être rendu destinataire d'un courrier de contestation, dans les conditions classiques (v. ss nos 671.21 s.) et devra répondre dans le délai du mois. Le respect du contradictoire, qui s'impose en ce qui concerne la contestation de créance, est identiquement obligatoire, en ce qui concerne le relevé de forclusion. Il en résulte que le créancier devra nécessairement être convoqué devant le juge-commissaire et qu'il pourra ainsi, valablement, s'expliquer sur la contestation, sans que le juge-commissaire ne soit lié par la proposition formulée par le représentant des créanciers

1. Paris, 3e ch. A, 7 janv. 2006, RG no 05/10448.
2. Com. 16 déc. 2008, no 07-20.059, NP.
3. Com. 27 juin 2006, no 05-13.872, NP; no 824 F-D.
4. D. no 2005-1677, 28 déc. 2005, préc.
5. L. no 85-98, 25 janv. 1985, préc.
6. Aix-en-Provence, 8e ch. C, 29 juin 2004, RG no 2004/502, *RD banc. fin.* 2005, no 56, note Lucas.
7. L. no 85-98, 25 janv. 1985, préc.

(v. s[s] n° *671.31*). La décision de relevé de forclusion qui statue également sur l'admission ou le rejet de la créance est mixte. Sous l'empire de la loi du 25 janvier 1985, il a été décidé par la jurisprudence que cette ordonnance était susceptible d'appel pour le tout devant la cour d'appel[1], alors pourtant que la voie de recours ouverte à l'époque sur le relevé de forclusion était l'opposition devant le tribunal, ce qui rendait irrecevable l'appel réformation sur la décision du tribunal[2].

> **Sous l'empire de la loi du 25 janvier 1985 réformée par la loi du 10 juin 1994**[3]. La difficulté ci-dessus décrite a disparu **pour les procédures ouvertes entre le 1er octobre 1994, date d'entrée en vigueur de la loi du 10 juin 1994, et le 1er janvier 2006**, date d'entrée en vigueur de la loi de sauvegarde des entreprises du 26 juillet 2005. Le régime des voies de recours sur les décisions du juge-commissaire intéressant la vérification des créances a été uniformisé : que l'ordonnance ne statue que sur le relevé de forclusion ou statue tout à la fois sur le relevé de forclusion et sur l'admission de la créance, seule la voie de recours de l'appel est ouverte aux parties (C. com., art. L. 621-46, al. 3, sous l'empire de la législation antérieure à la loi de sauvegarde des entreprises). Le recours devant le tribunal est fermé. Plusieurs conséquences procédurales peuvent en être tirées. Le tribunal qui relève le créancier de la forclusion commet un excès de pouvoir ouvrant la voie de l'appel nullité[4]. La cour d'appel doit confirmer le jugement qui déclare irrecevable le recours contre l'ordonnance du juge-commissaire porté devant le tribunal[5]. L'ouverture de l'appel nullité à l'encontre du jugement entraîne l'irrecevabilité du pourvoi en cassation directement formé contre la décision du tribunal[6].

Cependant, si le débiteur dessaisi (en liquidation judiciaire ou, en redressement judiciaire, lorsqu'il y a un administrateur ayant reçu mission d'administrer l'entreprise) exerçait seul un appel contre la décision de relevé de forclusion, la question pouvait se poser de savoir si la jurisprudence antérieure à la loi du 10 juin 1994 devait être reconduite. Il aurait alofallu décider que l'ordonance, qui en contrarié avec l'article 70 du det du 27 décembre 19[7], aurait statué uniquernt sur le relevé de forclion sans statuer sur l'anission de la créance, n'it pas été susceptible dppel de la part du débiter dessaisi[8], cependant je l'ordonnance admettat le relevé de forclusione statuant sur la créance et, quart à elle, été suscpible d'appel de la part du débiteur[9]. La jurisprudec s'est cependant départie de cett solution en conidérant comme un droit proprea possibilité poule débiteur dessaisi de former sl le recours à l'econtre d'une ordonnance relevt un créancier dela forclusion[10]. La solution est lmême pour le pourvoi en cassation[11].

Irrêt de la cour d'appel statuant sur l'ordonnae rendue par le juge-commissaire est lui-même sueptible d'un pourvoi en cassation, faute d'exclusin expresse[12]. Cependant, le pourvoi en cassation rest pas immédiatement recevable sur l'ordonance du juge-commissaire. La solution a été posée ous l'empire de la loi du 25 janvier 1985 non réformée[13]. On observera cependant que les motifs du relevé de forclusion sont à l'appréciation souveraine des juges du fond[14].

On précisera enfin que, sous l'empire de la législation antérieure à la loi de sauvegarde des entreprises, si le juge-commissaire n'est plus en fonction pour statuer sur le relevé de forclusion, le tribunal devra statuer tout à la fois sur le relevé de forclusion et sur l'admission de la créance (D. 27 déc. 1985, art. 70, al. 1er). Cette décision sera susceptible d'appel, faute de mise à l'écart par le texte.

> **La loi de sauvegarde des entreprises** a supprimé la précision relative aux voies de recours sur les décisions de relevé de forclusion. Aucun texte spécifique n'existe, pour les procédures ouvertes à compter du 1er janvier 2006. L'article R. 624-7 du code de commerce (anc[t] D. 28 déc. 2005[15], art. 108) indique, pour sa part, que « le recours contre les décisions du

1. Com. 17 janv. 1989, n° 87-16 903, *Bull. civ.* IV, n° 21; *D.* 1989. 146, note Derrida; *JCP* 1989. II. 21275, obs. Cadiet; *JCP E* 1989. II. 15478, obs. M. Cabrillac – Com. 30 mars 1993, *Bull. civ.* IV, n° 105 – Com. 27 oct. 1998, *Act. proc. coll.* 1998/13, n° 183.
2. Com. 10 mai 2005, n° 04-11.949, NP.
3. L. n° 94-475, 10 juin 1994, préc.
4. Com. 28 nov. 2000, n° 97-20.718, *Bull. civ.* IV, n° 186; *D.* 2001. AJ 127, obs. Lienhard; *JCP E* 2001. Pan. 157 – Com. 26 févr. 2013, n° 11-19.249, NP; n° 220 F-D; *Gaz. Pal.* 1er mai 2013, n° 121, p. 31, note Le Corre; *LXB hebdo* 21 mars 2013, n° 331, note Le Corre-Broly.
5. Com. 30 mai 2006, n° 04-20.773, NP; n° 712 F-D.
6. Com. 26 févr. 2013, n° 11-19.249, NP; n° 220 F-D; préc.
7. D. n° 85-1388, 27 déc. 1985, préc.
8. Com. 14 mars 1995, n° 92-20.888, *Bull. civ.* IV, n° 78; *D.* 1995. 373, note Derrida; *RTD com.* 1996. 122, obs. Martin-Serf.
9. Com. 26 mai 1998, n° 95-21.688, NP, *RJDA* 1998/10, n° 1142.
10. Com. 15 févr. 2000, *Act. proc. coll.* 2000/7, n° 84 – Com. 3 avr. 2002, n° 98-18.701, NP, DPDE *bull.* 226, 10 juin 2002, p. 5798, V[is] *Liquidation judiciaire*, n° 19 – Com. 25 juin 2002, n°s 99-12.057, 99-12.056, 99-12.059, 3 esp., NP, *Act. proc. coll.* 2002/15, n° 198 – Com. 7 janv. 2003, n° 99-11.568, NP; n° 7 F-D – Com. 21 janv. 2003, n° 136 F-D; NP – Com. 28 janv. 2004, n° 01-01.996, NP.
11. Com. 8 juill. 2003, n° 00-16.093, NP.
12. Saint-Alary-Houin, 5e éd., n° 720.
13. Com. 11 avr. 1995, n° 92-19.901, NP, *Rev. proc. coll.* 1995, 318, n° 14, obs. Dureuil.
14. Com. 27 mars 1990, n° 88-19.152, *Bull. civ.* IV, n° 92.
15. D. n° 2005-1677, 28 déc. 2005, préc.

juge-commissaire statuant sur l'admission des créances est formé devant la cour d'appel. Ce texte d'exception ne peut être étendu au-delà de ce qu'il prévoit. L'ordonnance qui statue sur le relevé de la forclusion ne statue pas sur l'admission des créances. Il faut donc inférer du silence du législateur sur la question du recours ouvert contre l'ordonnance du juge-commissaire statuant en matière de relevé de forclusion que la voie de recours est le recours devant le tribunal, voie de recours ouverte, par principe, sur les décisions du juge-commissaire[1]. Le décret n'avait pas à apporter la précision, qui n'est que le rappel du droit commun. L'opinion contraire est parfois soutenue et l'appel reste alors, pour ces auteurs, la voie de recours en matière de relevé de forclusion[2]. La modification de la solution résultant de la loi de sauvegarde des entreprises est inapplicable à des procédures ouvertes avant le 1er janvier 2006[3].

Le délai du recours est de dix jours, ce qui est le délai de droit commun des recours à l'encontre des ordonnances du juge-commissaire. Le délai du recours à l'encontre de l'ordonnance relevant le créancier de la forclusion ne commence à courir à l'encontre du débiteur que si l'ordonnance lui est notifiée, avec mention de la forme et du délai de recours[4].

Il advient parfois que le juge-commissaire statue, de manière critiquable, par une seule ordonnance, tout à la fois sur le relevé de forclusion et sur l'admission de la créance. Sous l'empire de la loi du 25 janvier 1985, il a été décidé par la jurisprudence que pareille ordonnance était susceptible d'appel pour le tout devant la cour d'appel[5], alors pourtant que la voie de recours ouverte à l'époque sur le relevé de forclusion était le recours devant le tribunal. La solution est reconductible.

La décision du tribunal qui statue sur le recours est elle-même susceptible d'appel[6], dans le même délai, dans la mesure où la loi de sauvegarde des entreprises a supprimé l'irrecevabilité de principe de l'appel sur les décisions statuant sur le recours à l'encontre des ordonnances du juge-commissaire. Si l'appel est ouvert, le pourvoi en cassation formé directement sur la décision du tribunal est irrecevable. La solution posée sous l'empire de la loi du 25 janvier 1985 non réformée[7] conserve son actualité aujourd'hui[8].

Statuant à propos de l'obligation de l'État français de récupérer les aides d'État illégales, la Cour de cassation a jugé que, sans porter atteinte au droit communautaire, l'État peut se trouver dans l'impossibilité absolue d'exécuter la décision de récupération des aides illégales. Il en est ainsi s'il n'a pas déclaré sa créance de restitution dans les délais, a sollicité un relevé de forclusion, qui a été rejeté, et a exercé un recours contre cette décision en dehors des délais prévus par les textes français, textes qui régissent seuls la déclaration, la vérification et l'admission des créances au passif. Or, l'admission au passif du débiteur constitue le seul moyen pour l'État de prétendre récupérer une aide illégale, lorsque l'entreprise, qui en a été bénéficiaire, a été placée sous procédure collective[9].

La solution selon laquelle l'appel sur la décision du tribunal statuant sur le recours à l'encontre de l'ordonnance du juge-commissaire en matière de relevé de forclusion est-elle systématique ? Faut-il, au contraire, distinguer en fonction du montant de la créance à déclarer au passif ? « La demande en relevé de forclusion [...] n'est pas une demande d'admission de la créance »[10]. Parce qu'elle est indéterminée, peu importe que la valeur de la créance en principal n'excède pas le taux de compétence en dernier ressort du tribunal qui a ouvert la procédure. Dans tous les cas, le recours sur la décision du tribunal statuant sur le relevé de forclusion sera l'appel, d'où il se déduit l'irrecevabilité du pourvoi en cassation directement formé contre la décision du tribunal statuant sur le recours formé contre l'ordonnance statuant en matière de relevé de forclusion[11].

1. EN CE SENS AUSSI : LIENHARD, 6e éd., no 101.55; VALLANSAN *ET ALII*, 6e éd., p. 162; VALLENS, 2015, no 3536; PÉROCHON, 10e éd., no 1557 – Becqué-Ickowicz, « De l'entreprise au cours de la période d'observation », *LPA* no sp., 8 févr. 2006, no 28, p. 39 s., sp. p. 62 – JACQUEMONT ET VABRES, 9e éd., 2015, no 588 – Rémery, « L'appel dans la loi de sauvegarde », *JCP E* 2008. I. 103, p. 13 s., sp. p. 14, no 14.
2. SAINT-ALARY-HOUIN, 9e éd., no 788 – LE CANNU, 7e éd., no 503 – GIBIRILA, no 329.
3. Com. 26 févr. 2013, no 11-19.249, NP; no 220 F-D; *Gaz. Pal.* 1er mai 2013, no 121, p. 31, note Le Corre; *LXB hebdo* 21 mars 2013, no 331, note Le Corre-Broly.
4. Paris, 3e ch. B, 5 déc. 2003, RG nos 2002/17988, 2002/17990.
5. Com. 17 janv. 1989, no 87-16.903, *Bull. civ.* IV, no 21; *D.* 1989. 146, note Derrida; *JCP* 1989. II. 21275, obs. L. Cadiet; *JCP E* 1989. II. 15478, obs. M. Cabrillac – Com. 16 mars 1993, no 91-12.763, *Bull. civ.* IV, no 105 – Com. 27 oct. 1998, *Act. proc. coll.* 1998/13, no 183.
6. J.-cl. com., Vallansan, fasc. 2352, [Déclaration et admission des créances], 2007, no 174 – Cagnoli, « La qualité pour agir, questions procédurales », *Rev. proc. coll.* 2006/2, p. 209.
7. Com. 11 avr. 1995, no 92-19.901, NP, *Rev. proc. coll.* 1995, 318, no 14, obs. B. Dureuil.
8. Com. 12 janv. 2016, no 14-18.936, *Bull. civ.* IV [à paraître]; no 50, FS-P+B+R+I; *Act. proc. coll.* 2016/3, comm. 29, note Rolland; *JCP E* 2016. 1101, note Brignon; *BJE* 2016, 183, note Staes; *JCP E* 2016, chron. 1198, no 1, note Pétel; *LXB hebdo* 21 janv. 2016, no 451, note Le Corre.
9. Com. 23 avr. 2013, no 12-19.184, *Bull. civ.* IV, no 74; no 428 F-P+B.
10. Com. 12 janv. 2016, no 14-18.936, préc.
11. Com. 12 janv. 2016, no 14-18.936, préc. – *Adde,* VALLENS, 2015, no 3536.

665.62 Voies de recours ouvertes aux tiers sur les décisions statuant sur le relevé de la forclusion. La tierce opposition sera ouverte aux personnes autres que les parties à l'encontre des décisions statuant en matière de relevé de forclusion. Le délai de recours sera de dix jours à compter du prononcé de l'ordonnance[1], celle-ci n'ayant évidemment pas à être notifiée aux tiers, ceux-ci fussent-ils cautions[2]. Le respect du délai de droit commun des procédures collectives est justifié par l'observation que l'ordonnance relevant un créancier de la forclusion est rendue en matière de sauvegarde, de redressement et de liquidation judiciaires, ce qui exclut le délai de droit commun de trente ans pour former la tierce opposition[3].

SECTION 665.70
EFFETS DE L'ABSENCE DE DÉCLARATION DE CRÉANCE DANS LES DÉLAIS EN L'ABSENCE DE RELEVÉ DE FORCLUSION

665.71 Extinction de la créance résultant de son absence de déclaration dans les délais à défaut de relevé de forclusion sous l'empire de la législation antérieure à la loi de sauvegarde des entreprises[4]. Sous l'empire de la législation antérieure à la loi de sauvegarde des entreprises, si le créancier n'est pas relevé de forclusion, sa créance est éteinte (v. sur la mise à l'écart de cette règle sous l'empire de la loi de sauvegarde des entreprises, s^s^ n° 665.75). C'est ce que prévoit explicitement l'article L. 621-46, alinéa 4 du code de commerce (anc^t^ L. 25 janv. 1985[5], art. 53, al. 4).

Même si le contraire a pu être jugé[6], cette disposition est d'ordre public. Il en résulte qu'il y a place à annulation d'une sentence arbitrale ayant méconnu ce principe[7].

La règle n'a pas été considérée contraire à l'article 6 § 1 de la Convention européenne de sauvegarde des droits de l'homme et des libertés fondamentales[8]. Une question prioritaire de constitutionnalité fondée sur la vi ion de l'article 17 de la Déclaration des droits de omme et du citoyen a été considérée comme non euse. L'extinction de la créance non déclarée sanc ne la défaillance du créancier ne se soumettant p à la discipline collective instaurée en vue de la c naissance rapide du passif du débiteur, laquelle ond à un motif d'intérêt général, sans porter un atteinte disproportionnée à l'objectif ainsi poursui, dès lors en outre que le créancier peut être relevé e la forclusion[9].

Le problème peut en revanche se poser de savoir si cette disposition ne contrarie pas ouvertement l'article 5 du règlement CE du 29 mai 2000[10], selon lequel l'ouverture d'une procédure d'insolvabilité ne peut affecter les droits réels se trouvant, au moment de l'ouverture de la procédure, sur le territoire d'un autre État membre. Une réponse affirmative semble bien devoir être apportée à la question, ce qui prive, dans ce cas de figure, de toute portée le principe d'extinction de la créance non déclarée, règle de droit interne contrariant une disposition supranationale. La solution supposera toutefois que la procédure collective soit ouverte après le 31 mai 2002, date d'entrée en vigueur du Règlement communautaire du 29 mai 2000[11] et surtout qu'un bien soit situé sur le territoire d'un autre État membre de la communauté, à l'exception du Danemark, dont l'appréhension par un créancier se révélerait impossible du fait de l'extinction en France de la créance non déclarée.

L'extinction de la créance n'est acquise qu'au jour de l'expiration du délai de relevé de forclusion, à défaut d'instance en relevé de forclusion engagée dans le délai[12].

La créance ne sera cependant éteinte que si elle n'a pas été déclarée régulièrement dans les délais, non si elle a été déclarée sans respecter les termes d'un protocole transactionnel. Il y a ici place, en ce cas, à une contestation de la créance, non à une extinction pour défaut de déclaration[13].

L'obtention d'un titre avant jugement d'ouverture ne dispense pas le créancier de déclarer la créance. L'obtention d'un titre, après jugement d'ouverture, ne peut intervenir que dans le respect de l'article L. 621-41 du code de commerce (anc^t^

1. Com. 11 juill. 2006, n° 05-11.508, *Bull. civ.* IV, n° 175; n° 909 F-P+B; *D.* 2006. AJ 2100, obs. Lienhard; *D.* 2007. Pan. 46, obs. Le Corre; *RJ com.* 2007. 65, note Sortais.
2. Com. 26 mai 1999, n° 97-14.276, *Bull. civ.* IV, n° 111; *Act. proc. coll.* 1999/13, n° 177 – Com. 19 mai 2004, n° 00-18.191, NP, *RD banc. fin.* 2004, n° 247, note Lucas.
3. Com. 11 juill. 2006, n° 05-11.508, *Bull. civ.* IV, n° 175, n° 909 F-P+B; *D.* 2006. AJ 2100, obs. Lienhard; *D.* 2007. Pan. 46, obs. Le Corre.
4. L. n° 2005-845, 26 juill. 2005, préc.
5. L. n° 85-98, 25 janv. 1985, préc.
6. Versailles, 4 juill. 1991, *RTD com.* 1991. 666.
7. Civ. 1re, 28 sept. 2011, n° 10-18.320, *Bull. civ.* IV, n° 152; *Rev. sociétés* 2011. 732, note Roussel Galle; *RTD com.* 2012. 189, n° 1, obs. Martin-Serf.
8. Com. 3 oct. 2000, n° 98-12.275, NP, *RD banc. fin.* 2001, n° 18, note Lucas.
9. Com. 22 mai 2013, n° 13-40.008, NP; n° 584 F-D; *Rev. sociétés* 2013. 528, note Roussel Galle; *RTD com.* 2013. 584, n° 2, obs. Martin-Serf; *Rev. proc. coll.* 2014, comm. 18, note Legrand et Legrand.
10. Règl. (CE) n° 1346/2000, Conseil, 29 mai 2000, préc.
11. Com. 8 juill. 2008, n° 07-15.010, NP; n° 785 F-D; *Gaz. proc. coll.* 2008/4, p. 35, note Henry et p. 37, note Mélin.
12. Com. 19 févr. 2002, n° 99-10.801, *Bull. civ.* IV, n° 35; *D.* 2002. AJ 1068, obs. Lienhard.
13. Com. 1er mars 2005, n° 03-18.139, NP.

L. 25 janv. 198 art. 48) sauf pour les nismes fiscaux et socia habilités à se déliv à eux-mêmes des titres rès jugement d'ouvere (v. s[s] n°s 682.61 s.). Elle ppose donc une déation de créance préalable[1].

L'arrêté ultérieur d'u plan de continion et le fait que le débiteur redeienne maître des droits n'a pas davantage d'eff sur l'extinon de la créance[2]. De même, si la crance est étei pour ne pas avoir été déclarée dans le délais, le ré de forclusion qu'obtiendrait ensuite le créanc dans le cadre d'une seconde procédure ouverte ès résolution du plan, serait dépourvu d'effet, car xtinction de la créance intervenue dans la premiè procédure a un effet définitif[3]. Identiquement, régularité affectant la déclaration de créance effeée au passif de la première procédure collective pêche son admission au passif de la seconde verte après résolution du plan de continuation[4].

L'extinction de la créance ne lae même pas subsister une obligation naturelle, sueptible d'une conversion en obligation civile[5]. Eeffet, comme l'indique la Cour de cassation, l'acti n'est pas seulement fermée au créancier : sa créce est éteinte[6]. L'article L. 621-46, alinéa 4 du coe de commerce (anc[t] L. 25 janv. 1985, art. 53, al4) n'opère donc pas comme une prescription, qui aisserait subsister une obligation naturelle. L'extinction de la créance fait obstacle à la recevabilité d'une demande en paiement et au prononcé d'un titre, lequel ne peut au surplus être délivré du fait de la règle de l'arrêt des poursuites individuelles[7].

Une jurisprudence dissidente a cependant cru devoir considérer qu'était valable l'engagement d'un repreneur par cession des actions en plan de continuation, de payer la dette éteinte, cet engagement ayant nové l'obligation civile initiale en une obligation naturelle[8]. La solution ne peut être suivie, car il ne saurait y avoir novation sans créance valable à éteindre par le mécanisme novatoire, à moins que l'engagement du repreneur n'ait été pris à une date où la créance existait encore, c'est-à-dire dans le délai de déclaration de créance.

Le prêt souscrit pour payer une dette éteinte par voie accessoire – aval d'une dette principale elle-même éteinte –, faute de déclaration de créance au passif, est dépourvu de cause[9].

L'extinction de la créance ne peut être écartée par une transaction passée entre le créancier et le représentant des créanciers ou le liquidateur[10].

L'extinction de la créance pour absence de déclaration au passif d'une personne coupable d'escroquerie fait obstacle à l'obtention d'une indemnisation au titre d'une constitution de partie civile[11]. En revanche, elle n'interdit pas la constitution-même de partie civile (v. s[s] n° 931.22).

L'extinction de la créance pour absence de déclaration dans les délais fait obstacle à l'action en restitution engagée par la France, contre le bénéficiaire d'une aide d'État jugée non-conforme à la réglementation européenne et obligeant, en conséquence, l'État français à agir en répétition[12].

L'extinction de la créance pour absence de déclaration au passif fait obstacle au jeu de l'action paulienne (v. s[s] n° 621.31).

L'extinction de la créance pour absence de déclaration entraîne le fait que la taxe sur la valeur ajoutée cesse d'être exigible chez le redevable, ce qui fait obstacle au droit à déduction de cette taxe[13]. Il a été soutenu que la solution devrait être modifiée avec la loi de sauvegarde, qui prévoit une simple inopposabilité à la procédure collective de la créance non déclarée[14].

Le droit au maintien dans les lieux existe tant que la créance d'indemnité d'éviction n'est pas payée. Mais, si le bailleur fait l'objet d'un redressement ou d'une liquidation judiciaire, le locataire doit impérativement déclarer sa créance. S'il ne la déclare pas,

1. CEP. : Caen, 1re ch. civ. et com., 24 sept. 1998, *Act. proc. coll.* 1998/9, n° 118.
2. Paris, 2e ch. B, 10 juin 2004, RG n° 2004/01165.
3. Com. 21 juin 2005, n° 04-13.892, *Bull. civ.* IV, n° 132; *D.* 2005. AJ 1939, obs. Lienhard; *D.* 2006. Somm. 84, obs. Le Corre; *RTD com.* 2006. 202, n° 2, obs. Martin-Serf; *Act. proc. coll.* 2005/17, n° 221, note Cagnoli; *RJ com.* 2005/5, p. 450, note Sortais; *Gaz. proc. coll.* 2005/3, p. 38, n° 1, obs. Le Corre.
4. Com. 14 oct. 2014, n° 13-23.249, NP; n° 877 F-D.
5. Com. 31 mai 1994, n° 92-10.227, *Bull. civ.* IV, n° 197; *Rev. proc. coll.* 1995, 56, n° 6, obs. Dureuil, *D.* 1995. Somm. 25, obs. Honorat – Com. 1er oct. 2002, n° 99-17.876, NP, *RD banc. fin.* 2003, n° 74, note Lucas – Com. 13 mars 2007, n° 05-21.805, NP; n° 472 F-D.
6. Com. 13 mars 2007, n° 05-21.805, NP; n° 472 F-D.
7. Com. 30 mars 2005, n° 03-12.971, NP.
8. Paris, 15e ch. B, 29 juin 2000, DPDE *bull.* 203, 8 oct. 2000, p. 6221, *V[is] Déclaration et vérification des créances*, n° 9.
9. Com. 30 juin 2004, n° 02-14.281, NP.
10. Com. 23 nov. 1999, n° 97-16.870, *Bull. civ.* IV, n° 208; *D.* 2000. AJ 13, obs. Lienhard; *JCP E* 2000. Chron. 752, obs. Pétel; *RTD com.* 2000. 719, obs. Martin-Serf; *LPA* 11 juill. 2000, p. 27, note Courtier – RAPPR. : Com. 28 sept. 2004, n° 03-11.820, NP.
11. Crim. 10 mai 2007, n° 06-84.419, NP; n° 2845 F-P+F; *D.* 2007. AJ 1788, obs. Lienhard.
12. Com. 11 déc. 2012, n° 11-28.053, *Bull. civ.* IV, n° 226; n° 1235 F-P+B; *Gaz. Pal.* 1er mai 2013, n° 121, p. 30, note Roussel Galle; *BJE* janv. 2013, comm. 29, note Vallens; *Act. proc. coll.* 2013/3, comm. 32, note Petit; *Rev. sociétés* 2013. 182, note Roussel Galle; *Rev. proc. coll.* 2013, comm. 75, note Vabres; *RTD com.* 2013. 344, n° 5, obs. Martin-Serf – Com. 26 févr. 2013, n° 11-22.029, NP; n° 221 F-D.
13. CE 10 juin 2013, req. n° 293478, *Rev. proc. coll.* 2013, comm. 167, note Vabres.
14. Vabres, note préc.

elle est, sous l'empire de la législation antérieure à la loi de sauvegarde des entreprises, éteinte; il ne peut plus alors prétendre être titulaire d'un droit au maintien dans les lieux[1]. Cette solution a permis à la Cour de cassation de retenir la responsabilité de l'avocat d'un locataire qui n'avait pas déclaré la créance d'indemnité d'éviction au passif du bailleur[2].

Le caractère définitif d'une décision tendant à la demande de nullité d'une adjudication d'un immeuble, ayant appartenu au débiteur en liquidation judiciaire, ne fait pas obstacle à la demande en répétition de l'indu formée par le liquidateur, pour motif tiré de l'extinction de la créance pour défaut de déclaration du créancier inscrit sur l'immeuble, qui avait perçu des sommes dans le cadre de la répartition du prix d'adjudication de l'immeuble. L'autorité de chose jugée de cette décision ne pouvait être opposée au liquidateur, car les demandes n'avaient pas le même objet[3].

L'extinction de la créance prendra effet également à l'égard de la caution (v. s^s n° 723.12).

Elle restera au contraire sans conséquence à l'égard d'un codébiteur (v. s^s n° 731.52), d'un garant autonome (v. s^s n° 723.15), ainsi que pour la mise en œuvre des garanties professionnelles (v. s^s n° 723.15).

De façon plus générale, l'extinction de la créance laisse subsister les obligations personnelles distinctes, dès lors qu'elles sont indépendantes de l'obligation éteinte. En ce sens, il a été jugé que l'obligation d'une société, acquéreur d'un immeuble, envers des époux résultant d'une **délégation de créance** contenue dans l'acte de vente de l'immeuble était personnelle à cette société, de sorte que l'extinction de la créance des époux pour absence de déclaration de créance au passif du vendeur avait laissé subsister l'obligation distincte de la société acquéreur de l'immeuble[4]. De même, la créance de recours d'un garant autonome contre le débiteur garanti subsiste nonobstant l'absence de déclaration au passif. Toutefois, si le garant fonde son recours sur la subrogation, l'abce de déclaration de l créance par le bénéficiafait obstacle au maiien du recours subrogatodu garant[5]. *Il a égal*nent été jugé que la précisidans le dispositif dun plan de cession *de la cessi*des contrats de vgers, mention qui a pour objet permettre la pursuite du paiement des arréra de la rente, olige le repreneur à ce paiement, ors même qula créance de rente viagère serait inte faute davoir été déclarée au passif du débiteu origine[6].

Il a aussié jugé *que* le cessionnaire peut demander le paient au débiteur cédé sans avoir à déclarer sa propréance au passif du cédant, car la cession de crée transfère la créance du cédant au cessionnaire

En présend'une cession de créance par le mécanisme du bcereau Dailly, le cessionnaire peut demander le ement de la créance au cédant, qui reste débiteurincipal, sans déclarer sa créance au passif du débitr cédé[8].

Après clôturde la procédure collective, l'action oblique, dont exercice est paralysé pendant la liquidation *jud*iaire, du fait du dessaisissement (v. s^s n° *621.22*) peut à nouveau prospérer. Il faut cependant réservr l'hypothèse de l'extinction de la créance détenue par le créancier agissant sur son débiteur, notamment, sous l'empire de la législation antérieure à la loi du 26 juillet 2005, pour absence de déclaration de créance au passif du débiteur[9].

L'ancien conjoint, poursuivi non comme caution, mais comme indivisaire d'un bien dépendant de l'indivision post communautaire, au titre d'un cautionnement donné par son ex époux, ne peut se prévaloir, sous l'empire de la loi du 25 janvier 1985, de l'absence de déclaration au passif de la créance principale[10], bien que ce droit ait appartenu à son ex conjoint, caution.

L'extinction de la créance ne vaut pas régularisation des incidents de paiement, en cas d'émission de chèque sans provision[11], du moins pour les procé-

1. Civ. 3e, 28 juin 2000, n° 98-20.228, *Bull. civ.* IV, n° 132; *Act. proc. coll.* 2000/14, n° 178; *D.* 2000. AJ 387, note Rouquet; *RD banc. et bourse* 2000/4, n° 159, note Lucas; *JCP E* 2001. Chron. 219, n° 3-b-10, obs. M. Cabrillac; *RTD com.* 2001. 516, obs. Martin-Serf; *LPA* 19 oct. 2001, n° 209, p. 8, note Tixier; *RJDA* 2000/9-10, n°s 841, 887.
2. Com. 4 janv. 2005, n° 03-10.284, *Bull. civ.* IV, n° 3; *Act. proc. coll.* 2005/3, n° 27, note Vallansan; *Gaz. Pal.* jur. 15-16 avr. 2005, p. 30, note Brault.
3. Com. 1er févr. 2005, n° 03-18.480, NP, *Gaz. proc. coll.* 2005/1, p. 32, obs. Le Corre.
4. Com. 7 déc. 2004, n° 03-15.595, NP, *D.* 2005. AJ 79, obs. Lienhard; *D.* 2005. Somm. 2014, obs. Lucas; *Act. proc. coll.* 2005/3, n° 31, note Saint-Alary-Houin; *JCP E* 2005. Chron. 639, n° 12, obs. Pétel; *Dr. et patr.* 2005/4, p. 116, n° 3678, obs. Monsérié-Bon; *Defrénois* 2005. 38142, n° 18, note Savaux; *Gaz. proc. coll.* 2005/1, p. 33, obs. Le Corre; *LXB hebdo* n° N4131ABM, note Le Corre.
5. Com. 24 juin 2008, n° 07-15.774, NP; n° 736 F-D; *JCP E* 2008. 2493, n° 12, note Simler.
6. Com. 2 déc. 2014, n° 13-23.660, NP; n° 1052 F-D.
7. Com. 7 avr. 2004, n° 01-12.982, NP.
8. Com. 20 oct. 2009, n° 08-18.233, *Bull. civ.* IV, n° 128; n° 913 F-P+B; *D.* 2009. AJ 2611, note Lienhard; *Gaz. Pal.* 8-10 janv. 2010, n°s 8, 9, p. 31, note Bonhomme; *Act. proc. coll.* 2009/20, n° 303, note Petit; *Rev. proc. coll.* 2010/2, 63, p. 56, note Pérochon; *RTD com.* 2010. 422, n° 3, obs. Martin-Serf.
9. Com. 12 mai 2009, n° 08-12.178, NP; n° 457 F-D; *RTD com.* 2009. 623, n° 9, obs. Vallens.
10. Com. 10 mai 2012, n° 10-20.974, *Bull. civ.* IV, n° 93; n° 520 FS-P+B; *D.* 2012. Actu. 1325, obs. Lienhard; *Act. proc. coll.* 2012/11, comm. 157, note Leprovaux; *BJE* juill. 2012, comm. 130, note S. Cabrillac; *Rev. proc. coll.* 2013, comm. 100, note Dumont-Lefrand.
11. Com. 28 mai 2002, n° 99-18.105, NP.

dures ouvertes avant l'entrée en vigueur de la loi du 29 juillet 1998[1] (art. 112, III), dite loi sur l'exclusion, qui a inséré un alinéa 5 à l'article L. 621-46 du code de commerce énonçant que « cette extinction (de la créance) vaut régularisation de l'incident de paiement au sens de l'article 65-3 du décret du 30 octobre 1935 (devenu C. mon. fin., art. L. 131-73) unifiant le droit en matière de chèques et relatif aux cartes de crédit ».

Sous l'empire de la législation antérieure à la loi de sauvegarde des entreprises, il a été justement jugé que l'absence de déclaration de la créance de cotisations de retraite entraîne son extinction. Il en résulte que le débiteur doit être considéré comme étant à jour de ses cotisations, une créance éteinte ne pouvant justifier une réduction de ses droits[2]. La solution ne peut être reconduite, sous l'empire de la loi de sauvegarde des entreprises, la créance non déclarée n'étant plus éteinte. Les droits à la retraite doivent donc être calculés déduction faite des points correspondant aux créances de cotisations restées impayées.

Une difficulté peut toutefois se présenter si le débiteur obtient un plan de sauvegarde ou de redressement, qu'il exécute complètement. L'inopposabilité de la créance, qui subsiste après complète exécution du plan, devra-t-elle interdire au créancier, organisme social, de se présenter comme tel après clôture du plan ? Une réponse positive, qui nous semble devoir être apportée, doit permettre de considérer que l'organisme social ne pourra plus se prévaloir d'une créance de cotisations non payée, tout devant alors se passer comme si les cotisations avaient été payées.

La Cour de cassation a posé une solution voisine, en ce qui concerne le droit au versement d'une pension temporaire d'incapacité, en présence d'un organisme social qui n'avait pas déclaré sa créance au passif. Sous l'empire de la loi de sauvegarde, cette créance n'est pas éteinte, mais seulement inopposable à la procédure collective. La Cour de cassation a jugé que les dispositions du règlement d'assurance invalidité-décès des travailleurs non salariés des professions artisanales, qui subordonnent le versement d'une pension d'incapacité au paiement, par son bénéficiaire, de la totalité des cotisations dont il est redevable, sont sans effet en raison de sa procédure collective – en cause la règle de l'interdiction du paiement des créances antérieures. Le service de la pension, sans pouvoir être suspendu, doit être poursuivie sur la base des cotisations réglées[3].

665.72 Responsabilité du débiteur en cas d'extinction de la créance résultant de son absence de déclaration dans les délais à défaut de relevé de forclusion (v. aussi s[s] n° 592.66). La jurisprudence a, *dans un premier temps*, jugé que l'extinction de la créance était écartée en cas de fraude commise par le débiteur, qui avait tu l'existence de tel créancier au représentant des créanciers[4]. Puis, voulant fonder davantage la solution, la Cour de cassation a autorisé le créancier à agir contre le débiteur, sur le fondement de l'article 1382 du code civil (devenu C. civ., art. 1240[5]), ce qui lui a permis d'engager la responsabilité civile délictuelle du débiteur, mais à la condition exclusive de démontrer sa fraude[6]. La solution a ainsi été posée après clôture de la procédure collective.

Sous l'empire de la loi du 25 janvier 1985[7], législation sous l'empire de laquelle la créance non déclarée était éteinte, la jurisprudence, dans une première phase, a décidé que la créance délictuelle de dommages et intérêts sur le fondement de l'article 1382 du code civil (devenu C. civ., art. 1240) remplaçait purement et simplement la créance contractuelle éteinte. Cette action fondée sur l'article 1382 du code civil (devenu C. civ., art. 1240) n'est pas soumise à l'arrêt des poursuites individuelles et, par voie de conséquence, à l'interdiction du droit de reprise des poursuites individuelles après clôture de la liquidation judiciaire pour insuffisance d'actif[8].

Ultérieurement, la Cour de cassation a modifié sa jurisprudence, en considérant que si le créancier peut être indemnisé sur le fondement de l'article 1382 du code civil (devenu C. civ., art. 1240, réd. ord.

1. L. n° 98-657, 29 juill. 1998, *JO* 31 juill., p. 11679.
2. Com. 13 nov. 2007 n° 06-14.372, *Bull. civ.* IV, n° 239; n° 1252 FS-P+B; *D.* 2007. AJ 3011, obs. Lienhard; *D.* 2008. Pan. 576, obs. Le Corre; *Gaz. proc. coll.* 2008/1, p. 48, note Roussel Galle; *JCP E* 2008. 1432, n° 13, obs. Pétel; *LXB hebdo* 20 déc. 2007, n° 286, n° N4170BDS, note Le Corre-Broly.
3. Com. 5 avr. 2016, n° 14-21.277, *Bull. civ.* IV [à paraître]; n° 348 FS-P+B; *D.* 2016. actu. 836, note Lienhard; *Gaz. Pal.* 28 juin 2016, n° 24, p. 68, note Le Corre; *Act. proc. coll.* 2016/8, comm. 100, note Vallansan; *BJE* 2016, 250, note Benilsi.
4. Com. 16 nov. 1993, n° 91-18.576, *Bull. civ.* IV, n° 407; *LPA* 1994, n° 23, p. 22, note Derrida et Amalvy; *JCP E* 1994. I, obs. M. Cabrillac et Pétel; *RD banc. et bourse* 1994. 133, note Campana et Calendini.
5. DEPUIS le 1er oct. 2016 : Ord. n° 2016-131, 10 févr. 2016, *JO* 11 févr.
6. Com. 26 oct. 1999, n° 97-12.092, *Bull. civ.* IV, n° 186; *JCP E* 2000. Chron. 128, n° 2-C-9, obs. Pétel; *JCP E* 2000. Jur. 1660, note Le Corre; *LPA* 3 févr. 2000, n° 24, p. 6, note P. M.; *D. Affaires* 1999. 94, obs. Lienhard; *Act. proc. coll.* 2000/1, obs. Vallansan; *RJ com.* 2000. 209, n° 1556 note Courtier; *RD banc. et bourse* 2000/1, n° 23, obs. Lucas; *RTD com.* 2001. 226, obs. Martin-Serf – Com. 5 déc. 2006, n° 05-17.598, NP; n° 1346 F-D; *LXB hebdo* 17 janv. 2007, n° N7781A93, note Le Corre-Broly.
7. L. n° 85-98, 25 janv. 1985, préc.
8. Com. 6 déc. 2011, n° 10-25.530, NP; n° 1239 F-D.

10 févr. 2016), de l'extinction de sa créance résultant de sa non déclaration par suite de la fraude du débiteur, ce qui suppose que la fraude soit établie par le créancier[1], cela ne l'autorisait pas à obtenir à titre de dommages-intérêts le paiement de l'équivalent de la créance éteinte, mais seulement la réparation du préjudice exact subi du fait de l'extinction de la créance[2]. En d'autres termes, il appartiendra de démontrer le montant auquel le créancier aurait pu prétendre dans les répartitions ou dividendes. Seul ce montant sera indemnisable. Il n'y aura donc place à indemnisation d'un créancier chirographaire, si les autres créanciers chirographaires n'ont rien perçu dans la liquidation judiciaire[3].

La fraude justifiant la naissance d'une créance délictuelle de dommages et intérêts sur le fondement de l'article 1382 du code civil (devenu C. civ., art. 1240), pourra tenir à la dissimulation d'un actif, et par exemple d'un immeuble[4]. Elle pourra aussi tenir à un ensemble de comportements, tels le fait de taire l'existence d'un créancier au représentant des créanciers pour ne pas le faire apparaître sur la liste des créanciers à remettre à ce mandataire[5] et de continuer à être partie à des instances en paiement engagées par le créancier en gardant le silence sur l'ouverture d'une procédure collective[6], alors que ces instances auraient dû être interrompues jusqu'à la déclaration de créance et n'auraient pu ensuite tendre qu'à la fixation de la créance au passif, non à la condamnation du débiteur. Il en est de même du fait de garder le silence sur l'ouverture de sa procédure collective, pendant tout le délai de déclaration de créance, alors que la créance résultait d'une décision de justice à l'encontre de laquelle le débiteur avait formé un pourvoi sans l'assistance des organes de la procédure[7] ou alorsque la créance résultait d'une décision de condamnation pénale[8].

La fraude a encore pu être retenue, après arrêté d'un plan de continuation, dans une espèce où le débiteur avait continué à comparaître sans les organes de la procédure, et avait attendu l'expiration du délai de relevé de forclusion pour conclure sur l'extinction de la créance du fait de son état de redressement judiciaire. La Cour de cassation a admis une dissimulation intentionnelle constitutive d'une fraude, alors surtout que la dette litigieuse n'avait pas été signalée au représentant des créanciers, rendant impossible l'avertissement de ce créancier[9].

Cette solution consistant à écarter l'extinction de la créance sur le fondement d'une fraude est cependant restée exceptionnelle et par principe, la Cour de cassation, y compris la Chambre commerciale, juge plutôt que la créance contractuelle étant éteinte, le créancier ne peut reprendre l'exercice de son droit de poursuite individuelle contre le débiteur[10]. Cette position est partagée par la deuxième chambre civile de la Cour de cassation, qui n'admet pas qu'une reprise des poursuites individuelles puisse intervenir alors que la créance est éteinte et surtout refuse qu'un créancier puisse exercer une procédure de saisie immobilière sans titre exécutoire[11]. La demande sera, en tout cas, rejetée si la fraude n'est pas démontrée[12]. La simple absence d'information du créancier par le débiteur sur l'ouverture de la procédure de ce dernier sera insuffisante[13].

La fraude a été écartée, et la demande de condamnation sur un fondement délictuel en conséquence rejetée, lorsque le débiteur a continué à payer un prêt personnel pendant 5 ans, ayant pu de bonne foi penser que la procédure collective n'avait été ouverte que du chef de son activité professionnelle[14]. Cette solution est extrêmement compréhensive pour le

1. Com. 17 nov. 2009, n° 07-17.233, NP; n° 1072 FS-D; *Gaz. Pal.* 8-10 janv. 2010, n°s 8, 9, p. 27, note Le Corre-Broly.
2. Com. 17 nov. 2009, n° 08-11.198, *Bull. civ.* IV, n° 145; n° 1069 FS-P+B; *Gaz. Pal.* 8-10 janv. 2010, n°s 8, 9, p. 27, note Le Corre-Broly; *Act. proc. coll.* 2010/1, n° 4, note Cagnoli – Com. 17 nov. 2009, n° 07-21.157, *Bull. civ.* IV, n° 146; n° 1070 FS-P+B; *Gaz. Pal.* 8-10 janv. 2010, n°s 8, 9, p. 27, note Le Corre-Broly; *Bull. Joly* 2010. 259, § 59, note Reille; *Act. proc. coll.* 2010/1, n° 4, note Cagnoli; *LPA* 9 avr. 2010, n° 71, p. 7, note Rakotovahiny.
3. Com. 17 nov. 2009, n° 07-17.233, NP; n° 1072 FS-D; *Gaz. Pal.* 8-10 janv. 2010, n°s 8, 9, p. 27, note Le Corre-Broly – Com. 5 avr. 2011, n° 09-70.224, NP; n° 344 F-D.
4. Com. 26 oct. 1999, n° 97-12.092, *Bull. civ.* IV, n° 186; *JCP E* 2000. Chron. 128, n° 2-C-9, obs. Pétel; *JCP E* 2000. Jur. 1660, note Le Corre; *LPA* 3 févr. 2000, n° 24, p. 6, note P. M.; *D. Affaires* 1999. Jur. 94, obs. Lienhard; *Act. proc. coll.* 2000/1, obs. Vallansan; *RJ com.* 2000. 209, n° 1556 note Courtier; *RD banc. et bourse* 2000/1, n° 23, obs. Lucas; *RTD com.* 2001. 226, obs. Martin-Serf.
5. Com. 17 nov. 2009, n° 08-11.198, préc. (v. s^s prés^t n°) – Com. 17 nov. 2009, n° 07-21.157, préc. (v. s^s prés^t n°) – Angers, ch. com., 10 mai 2005, RG n° 04/01231, *RD banc. fin.* 2006, n° 23, note Lucas.
6. Com. 5 déc. 2006, n° 05-17.598, NP; n° 1346 F-D; *LXB hebdo* 17 janv. 2007, n° N7781A93, note Le Corre-Broly.
7. Com. 16 nov. 2010, n° 09-17.493, NP; n° 1146 F-D.
8. Com. 16 sept. 2014, n° 13-14.027, NP; n° 704 F-D.
9. Com. 14 oct. 2008, n° 07-16.983, NP; n° 1016 F-D; *Gaz. proc. coll.* 2009/1, p. 38, note Le Corre-Broly; *RTD com.* 2009. 453, n° 4, obs. Martin-Serf.
10. Com. 25 juin 2002, n° 99-14.847, NP, *RD banc. fin.* 2002, n° 191, note Lucas; *Rev. proc. coll.* 2004, p. 231, n° 4, obs. Macorig-Venier.
11. Civ. 2e, 26 juin 2003, n° 01-16.166, *Bull. civ.* II, n° 215; *Act. proc. coll.* 2003/17, n° 223; *Dr. et proc.* 2003/6, p. 354, note Putman.
12. Com. 2 mai 2001, n° 98-16.146, *Bull. civ.* IV, n° 81; *D.* 2001. AJ 1725, obs. Lienhard; *JCP E* 2001. Chron. 1470, n° 10, obs. Pétel; *RTD com.* 2003. 564, n° 2, obs. Martin-Serf.
13. Com. 14 mai 2002, n° 99-10.219, NP, *Rev. proc. coll.* 2003, p. 145, n° 2, obs. Saint-Alary-Houin.
14. Com. 16 juin 2009, n° 08-70.003, NP; n° 587 F-D; *Gaz. proc. coll.* 2009/4, 2e partie, p. 28, note Le Corre-Broly.

débiteur, car, en pratique, rares sont les mandataires de justice n'informant pas les débiteurs du principe d'unicité du patrimoine et de ses conséquences. Une attestation du mandataire de justice de l'accomplissement de cette information devrait suffire à constituer de mauvaise foi le débiteur.

De même, il est jugé que le seul fait pour le débiteur de taire l'existence de sa procédure collective intervenue pendant l'instance engagée contre lui en qualité de caution par un banquier ne pouvait justifier la condamnation délictuelle du débiteur, les juges du fond devant rechercher si le fait pour le créancier de ne pas avoir déclaré sa créance dans les délais ne résultait pas exclusivement de son manque de diligence, alors que la mise en demeure effectuée à la caution l'avait été trois ans plus tôt[1].

665.73 Possibilité de demande de réparation à un tiers sur le fondement délictuel[2]. L'extinction de la créance n'interdit pas de demander réparation à un tiers de sa faute délictuelle, sur le fondement de l'article 1382 du code civil (devenu C. civ., art. 1240[3]). La solution a par exemple été posée pour un prêteur, créancier nanti sur fonds de commerce, non informé de la cession du fonds par le séquestre[4].

Il a également été jugé que l'extinction de la créance n'empêchait pas la condamnation du tiers saisi qui, dans le cadre d'une saisie-attribution, n'avait pas rempli son obligation de renseignement sur l'existence d'une dette qu'il avait à l'égard du débiteur saisi[5]. La condamnation du tiers saisi ne repose pas sur la créance cause de la saisie, mais sur la créance de dommages-intérêts détenue sur lui par le créancier saisissant.

L'huissier de justice chargé de recouvrer les créances de son client commet une faute engageant sa responsabilité à ne pas l'avertir de la survenance de la procédure collective[6]. La cour d'appel avait toutefois jugé qu'il y avait place à un partage de responsabilité, si le client de l'huissier est un banquier, créancier institutionnel devant surveiller les publications au *Bodacc*[7]. Sur ce dernier point, la Cour de cassation a censuré la cour d'appel. L'huissier de justice est seul responsable, du fait de son omission d'information[8].

Identiquement, l'avocat missionné par une banque pour déclarer la créance de cette dernière engage sa responsabilité, s'il ne procède pas à cette déclaration, la banque ne commettant, pour sa part, pas de faute à ne pas relancer l'avocat[9]. Il en est de même de l'avocat missionné par un bailleur pour déclarer au passif l'indemnité de résiliation du bail consécutive à la décision de l'administrateur de mettre fin au bail, après l'avoir continué dans un premier temps. Faute de démontrer que les locaux avaient pu être reloués avant la fin du bail, l'intéressé peut être condamné à des dommages et intérêts équivalant au montant qui aurait été perçu par le bailleur[10].

En revanche, n'engage pas sa responsabilité l'avocat d'un créancier, société civile immobilière, qui n'informe pas son client de la survenance de la procédure collective atteignant, par extension de procédure plus d'un an après l'ouverture de la procédure, les associés de la société civile immobilière, et au passif desquels il fallait déclarer sur le fondement de leur obligation indéfinie aux dettes sociales, dès lors que ces derniers n'avaient pas la qualité de commerçants, n'étaient pas inscrits au registre du commerce et qu'il ne pouvait être reproché à un avocat de ne pas suivre les publicités susceptibles d'atteindre toute personne physique non commerçante dont ses clients pouvaient être créanciers[11].

665.74 Responsabilité du représentant des créanciers, du mandataire judiciaire ou du liquidateur à défaut d'avertissement du créancier connu. Faute pour le créancier d'avoir obtenu un relevé de forclusion, il ne lui reste plus qu'une seule possibilité : tenter d'engager la responsabilité du représentant des créanciers. La Cour de cassation se montre restrictive en la matière et considère que seuls les créanciers « connus » doivent être avertis par le représentant des créanciers[12]. Cependant, la notion de « créancier connu » est devenue plus extensive (v. ss n° 665.41). Si le créancier est connu, le représentant des créanciers a l'obligation de l'avertir. Faute de l'avoir fait, il engage sa responsabilité[13].

1. Com. 10 juin 2008, n° 07-10.358, NP; n° 670 F-D; *Rev. proc. coll.* 2009, étude 91, obs. Patureau et Pérot-Reboul.
2. Galokho, « La responsabilité civile des professionnels du droit dans la déclaration de créance », *Rev. proc. coll.* 2012, étude 36.
3. DEPUIS le 1er oct. 2016 : Ord. n° 2016-131, 10 févr. 2016, préc.
4. Com. 28 avr. 2004, n° 01-12.079, *Bull. civ.* IV, n° 78.
5. Com. 23 nov. 2004, n° 02-11.992, *Bull. civ.* IV, n° 202; *D.* 2004. AJ 3222.
6. Civ. 1re, 8 avr. 2010, n° 09-12.824, *Bull. civ.* I, n° 85; *Act. proc. coll.* 2010, comm. 150, note Cagnoli; *JCP E* 2010. 1537; SUR POURVOI DE : Paris, 1re ch. A, 16 déc. 2008, RG n° 07/10593, *Act. proc. coll.* 2009/10, n° 154.
7. Paris, 1re ch. A, 16 déc. 2008, RG n° 07/10593, *Act. proc. coll.* 2009/10, n° 154.
8. Civ. 1re, 8 avr. 2010, n° 09-12.824, préc.
9. Paris, pôle 2, 1re ch., 15 févr. 2011, RG n° 09/286767, *Gaz. Pal. entr. diff.* 1-2 avr. 2011, p. 39, note Routier.
10. Com. 21 févr. 2012, n° 10-28.112, NP; n° 245 F-D.
11. Civ. 1re, 22 sept. 2011, n° 10-23.503, *Bull. civ.* IV, n° 147; *Act. proc. coll.* 2011/18, comm. 271, note Voinot.
12. Com. 9 mai 1995, n° 93-12.012, NP, *Rev. proc. coll.* 1996, 410, n° 25, obs. Soinne.
13. Com. 3 juin 1997, n° 94-21.982, *Bull. civ.* IV, n° 164; *Quot. Jur.* 1er juill. 1997, p. 4 – Com. 23 mai 2000, n° 97-21.493, *Bull. civ.* IV, n° 109; *Act. proc. coll.* 2000/11, n° 131; *RD banc. fin.* 2000, n° 120, note Lucas; *JCP E* 2000. Jur. 1140, note Le Corre – Com. 2 mai 2001, n° 98-15.111, NP, *Act. proc. coll.* 2001/11, n° 135.

Le préjudice réparable doit être évalué au montant des sommes qui auraient été distribuées au créancier, s'il avait été admis. Si le créancier n'avait rien pu percevoir en étant admis au passif, le mandataire de justice ne saurait engager sa responsabilité, faute de préjudice[1].

Cependant, il reste à démontrer le lien de causalité. On peut ici partir de l'idée que si le créancier avait été averti, il aurait déclaré sa créance. Cependant, le créancier pouvait aussi trouver l'information par le *Bodacc* dès lors que le *Bodacc* lui est facilement accessible. Compte tenu de son organisation, il peut être estimé qu'il a également commis une faute qui a contribué à la réalisation du préjudice. Il y a alors pluralité des causes du dommage – la faute du mandataire de justice n'ayant pas averti le créancier et la faute du créancier ne s'étant pas informé de la situation de son cocontractant – qui autorisera un partage de responsabilité[2].

665.75 Énoncé du principe de l'absence d'extinction de la créance résultant de son absence de déclaration dans les délais à défaut de relevé de forclusion sous l'empire de la loi de sauvegarde des entreprises[3]. La loi de sauvegarde des entreprises écarte l'extinction de la créance non déclarée dans les délais en supprimant l'alinéa 4 de l'ancien article L. 621-46 du code de commerce, lequel édicte précisément le principe d'extinction de la créance non déclarée dans les délais sauf relevé de forclusion.

Il s'est agi, par cette suppression, de mettre fin à une particularité du droit français et de tirer les conséquences de l'article 5 du règlement communautaire du 29 mai 2000[4], selon lequel « l'ouverture de la procédure d'insolvabilité n'affecte pas le droit réel d'un créancier ou d'un tiers sur des biens corporels ou incorporels, meubles ou immeubles... et qui se trouvent au moment de l'ouverture de la procédure sur le territoire d'un autre État membre ». Il n'y avait donc pas contrariété directe du droit français à la législation européenne mais, indirectement, dans certaines situations, le droit français était susceptible d'entrer en contradiction avec cette législation. Il en était ainsi lorsque la créance se trouvait éteinte en France, pour défaut de déclaration dans les délais, alors que le droit réel portant sur le bien se trouvantétranger n'était pas affecté par la loi de l'autre Émembre[5].

Il impe toutefois *de préciser que l'article 5 du* règlemecommunautaire n'a aucune vocation à s'appliqu s'il n'existe aucun élément d'extranéité[6].

En coéquence, les créances non déclarées dans les *délai*t pour lesquelles les créanciers n'ont pas ob*tenu* u relevé de forclusion, ne seront plus éteintes, dans les procédures collectives ouvertes à compter du 1 janvier 2006[7].

Omnent analyser cette mise à l'écart de l'extinction de la créance non déclarée ? Nous avions rapidement suggéré l'idée d'une inopposabilité de la créance à la procédure collective, c'est-à-dire aux créanciers et à leur représentant[8]. La procédure collective désigne la personnification moderne du groupement des créanciers ayant remplacé la masse des créanciers (v. s[s] n° 611.21).

L'opinion semble avoir été bien partagée en doctrine et l'expression a été largement relayée[9], encore que la notion d'inopposabilité à la procédure collective a semblé excessive aux yeux de certains[10], préférant évoquer des « créances endormies »[11], notion aux contours juridiques incertains, et que certains auteurs y aient été complètement hostiles[12]. La jurisprudence des juges du fond s'est également emparée du concept[13] et la Cour de cassation a fait

1. Com. 13 oct. 2015, n° 14-17.884, NP; n° 874 F-D.
2. Com. 3 juin 1997, n° 94-21.982, préc. (v. s[s] prés[t] n°) – Com. 23 mai 2000, n° 97-21.493, préc. (v. s[s] prés[t] n°) – Com. 29 avr. 2002, n° 99-16.834, NP – Douai, 3e ch., 29 août 2002, RG n° 00/02980, *Darrousez c/Crédit Agricole du Nord* – Paris, 3e ch. B, 14 nov. 2003, RG n° 2002/16538.
3. L. n° 2005-845, 26 juill. 2005, préc.
4. Règl. (CE) n° 1346/2000, Conseil, 29 mai 2000, préc.
5. *Rap. Xavier de Roux*, n° 2095, p. 235.
6. Veailles, 12e ch., 2e sect, 30 sept. 2010, RG n° 07/02349.
7. SUR CE PRINCIPE DE SOLUTION : Com. 3 nov. 2010, n° 09-70312, *Bull. civ.* IV, n° 165; n° 1106 FS-P+B; *JCP E* 2011. Chron. 1030, n° 10, obs. M. Cabrillac; *LXB hebdo* 21 nov. 2010, n° 417, note Le Corre – Com. 13 mai 2014, n° 13-20650, NP; n° 465 F-D.
8. LeCorre, « Les créanciers antérieurs dans le projet de sauvegarde des entreprises », Interv. Colloque Crajefe, Nice 27mars 2004, *LPA* 10 juin 2004, n° 116, p. 25 s., sp. p.30.
9. PÉTEL, 4e éd., n° 382 – LIENHARD, *op. cit.*, n° 1108 – PÉROCHON ET BONHOMME, 7e éd., n° 536 – VALLENS, 2006, n° 3269 – Boulay, « Les créanciers antérieurs dans les procédures de sauvegarde, de redressement et de liquidation judiciaires », *Rev. proc. coll.* 2006/2, p. 135 s., sp. p. 140 – J.-CL. COM., Dumont-Lefrand, fasc. 2152, [Procédure de sauvegarde], 2006, n° 42 – Derrida et Sortais, « La situation des créanciers forclos dans les nouvelles procédures collectives », *LPA* 22 mars 2006, n° 58, p. 7 – JACQUEMONT, 5e éd., n° 468 – SAINT-ALARY-HOUIN, 5e éd., n° 716 – Macorig-Venier et Saint-Alary-Houin, « La situation des créanciers dans la loi de sauvegarde des entreprises », *RD banc. fin.* 2006, n° 29 – Régnaut-Moutier, note s[s] Com. 27 mars 2007, n° 06-10.267, *Act. proc. coll.* 2007/8, n° 86 – Vinckel, « Le droit d'action des créanciers chirographaires dans la loi n° 2005-845 du 26 juillet 2005 », *Rev. proc. coll.* 2007/1, p. 6 s., sp. p. 8, n° 14.
10. ROUSSEL GALLE, n° 314.
11. LE CANNU, 7e éd., n° 506.
12. Crocq, « La réforme des procédures collectives et le droit des sûretés », *D.* 2006. Chron. 1306, n° 11 – PÉTEL, 5e éd., n° 382.
13. AINSI : Paris, 25 févr. 2009, RG n° 06/12522.

sienne l'analyse en ces termes : « il résulte de l'article L. 622-26 du code de commerce dans sa rédaction antérieure à l'ordonnance du 18 décembre 2008 [1] que, si les créanciers qui n'ont pas déclaré leur créance ne sont pas, sauf à être relevés de la forclusion encourue, admis dans les répartitions et les dividendes, cette créance n'est pas éteinte; que la cour d'appel en a déduit à bon droit que la créance de la FCI, qui n'avait pas été déclarée au passif de Mme R. M., était inopposable à sa liquidation judiciaire » [2].

L'inopposabilité de la créance non déclarée peut être rapprochée de la solution posée en l'absence de revendication du propriétaire d'un bien meuble. En cette matière, la Cour de cassation affirme que, à défaut de revendication acceptée, le droit de propriété devient inopposable à la procédure (v. ss n° 813.73).

L'ordonnance du 18 décembre 2008 (art. 34) prend le soin de préciser, insérant pour cela un alinéa 2 dans l'article L. 622-26 du code de commerce que « les créances non déclarées... sont inopposables au débiteur pendant l'exécution du plan... ». Le texte garde en revanche le silence sur le sort de la créance non régulièrement déclarée dans les délais pendant la période d'observation et pendant la liquidation judiciaire, c'est-à-dire, au final, pendant la procédure collective.

Certains auteurs considèrent que ce silence condamnerait la thèse de l'inopposabilité de la créance à la procédure collective pendant ces phases [3].

Telle n'est pas notre opinion. Le législateur a implicitement, mais nécessairement, à notre sens, fait sien le concept d'inopposabilité de la créance non déclarée à la procédure collective. Le silence gardé peut s'expliquer de deux façons. La première explication serait fondée sur une certaine retenue législative, qui commandait au rédacteur de l'ordonnance du 18 décembre 2008, de ne pas affirmer explicitement l'analyse de l'inopposabilité de la créance non déclarée à la procédure collective. Ce concept d'inopposabilité « à la procédure collective » aurait alors fait peur au législateur, qui n'aurait pas voulu officiellement revenir sur l'enterrement de la masse des créanciers. Mais chaque « faillitiste » sait bien que la masse des créanciers est ressuscitée peu de temps après son enterrement, et que, par une « métempsychose » excellemment exposée [4], a pris aujourd'hui un nouveau nom de baptême, celui de « procédure collective ». Personne ne sera donc dupe du silence législatif gardé sur la situation de la créance pendant la procédure collective. Cette explication revient peut-être à prêter au législateur une sophistication qu'il n'a pas eue. L'autre explication, plus prosaïque, part de l'idée que le législateur a fait sienne l'analyse, et qu'il n'était même pas besoin d'y revenir, du fait du consensus qu'elle avait suscité. Aussi, le législateur s'est-il contenté de préciser les points qui faisaient difficulté en pratique et en doctrine, c'est-à-dire, pour l'essentiel, la détermination exacte de la situation, une fois intervenue l'adoption du plan. Aussi faut-il décider que le principe est celui de l'inopposabilité de la créance non déclarée à la procédure collective pendant la période d'observation et pendant la liquidation judiciaire [5], et d'une impossibilité d'obtenir du débiteur le paiement pendant l'exécution du plan et après sa complète exécution.

L'inopposabilité de la créance non déclarée à l'expiration des délais de déclaration et de relevé de forclusion n'est pas une peine, mais répond à la préoccupation de permettre une connaissance rapide du passif. Il n'y a donc pas violation du principe de légalité des peines, au prétexte d'une différence de traitement entre certaines catégories de créanciers [6].

665.76 Conséquences de l'absence d'extinction des créances non déclarées dans les délais dans les rapports du créancier et du débiteur.

> Pendant la procédure collective (sur la situation du vendeur sous clause de réserve de propriété non déclarant, v. ss n° 813.72). Il est exclu que le

1. Ord. n° 2008-1345, 18 déc. 2008, préc.
2. Com. 3 nov. 2010, n° 09-70.312, *Bull. civ.* IV, n° 165; n° 1106 FS-P+B; *D.* 2010. 2645, note Lienhard; *D.* 2011. Pan. 2075, obs. Lucas; *Gaz. Pal. entr. diff.* 7-8 janv. 2011, nos 7, 8, note Le Corre-Broly; *JCP E* 2011. Chron. 1030, n° 10, obs. M. Cabrillac; *Rev. sociétés* 2011. 194, note crit. Roussel Galle; *Gaz. Pal.* 25-26 févr. 2011, p. 45, note Reifegerste; *BJE* juill./août 2011, comm. 89, p. 186, note Saint-Alary-Houin; *RTD com.* 2011. 413, n° 2, obs. Martin-Serf; *LXB hebdo* 21 nov. 2010, n° 417, note Le Corre – *Adde*, Com. 13 mai 2014, n° 13-20.650, NP; n° 465 F-D.
3. Lucas, « les innovations introduites par l'ordonnance n° 2008-1345 du 18 décembre 2008 : morceaux choisis », *LPA* 22 avr. 2010, n° 80, p. 47 s., sp. p. 49.
4. M. Cabrillac, « L'impertinente réapparition d'un condamné à mort ou la métempsychose de la masse des créanciers », *Mél. Gavalda*, Dalloz, 2001, p. 69 – *Adde*, Martin-Serf, « L'intérêt collectif des créanciers ou l'impossible adieu à la masse », *Mél. Honorat*, Éd. Frison-Roche, 2000, p. 143.
5. Metz, 1re ch., 11 févr. 2014, RG n° 10/00535, *JurisData* 027649.
6. Com. 5 sept. 2013, n° 13-40.034 QPC, *Bull. civ.* IV, n° 127; n° 918 FS-P+B; *D.* 2013. Actu. 2100, obs. Lienhard et pan. 2147, note Le Corre; *D.* 2013. Chron. 2558, obs. Lecaroz; *Act. proc. coll.* 2013/16, comm. 228, note Le Corre; *Rev. sociétés* 2013. 726, note Henry; *BJE* nov. 2013. 366, note Le Mesle; *JCP E* 2014. Chron. 1020, n° 7, obs. Pétel; *RTD com.* 2013. 807, n° 1, obs. Martin-Serf; *Rev. proc. coll.* 2014, comm. 18, note Legrand et Legrand; *Gaz. Pal.* 12 janv. 2014, p. 27, note Le Corre; *LXB hebdo* 17 oct. 2013, n° 355, note Le Corre-Broly – *Adde*, Hontebeyrie, « L'adage *Contra non valentem*... a-t-il survécu à la loi du 17 juin 2008 portant réforme de la prescription en matière civile », *D.* 2014. 244.

créancier, qui n'a pas déclaré dans les délais, puisse bénéficier des droits attachés à l'admission de la créance. La règle est traduite en ces termes par l'article L. 622-26, alinéa 1er du code de commerce : « À défaut de déclaration dans des délais fixés par décret en Conseil d'État, les créanciers ne sont pas admis dans les répartitions et les dividendes ». Le créancier non admis au passif ne peut prétendre à des répartitions. Il ne peut être payé pendant la procédure collective, par la procédure collective. Plus généralement, il faut lui dénier tout droit attaché à sa créance. Celle-ci est réputée ne pas exister à l'égard de la procédure collective.

L'absence de déclaration de la créance nous semble ainsi faire obstacle à la désignation du créancier en qualité de contrôleur, l'opinion contraire ayant été émise[1]. Pour être désigné contrôleur, il est demandé au créancier d'indiquer le montant de sa créance. Or dès lors que l'intéressé ne peut plus se prévaloir de sa créance pendant la procédure, il nous semble délicat qu'il puisse encore s'appuyer sur celle-ci pour présenter sa demande. Si l'intéressé est néanmoins nommé contrôleur, il doit, pour la raison de son absence de qualité de créancier pendant la procédure, pouvoir être récusé[2].

Faudra-t-il admettre la possibilité pour un créancier, qui n'a pas déclaré sa créance dans les délais, de reprendre l'instance en paiement contre le débiteur en cours au jour du jugement d'ouverture et qui s'est trouvée interrompue par l'effet de ce jugement ? La réponse est explicitement posée par l'article L. 622-22, alinéa 1er du code de commerce, qui prévoit que « les instances en cours sont interrompues jusqu'à ce que le créancier poursuivant ait procédé à la déclaration de sa créance ». L'article R. 622-20, alinéa 1er du code de commerce (anct D. 28 déc. 2005, art. 95, al. 1er) pour sa part, indique que « l'instance interrompue en application de l'article L. 622-22 du code de commerce est reprise à l'initiative du créancier demandeur, dès que celui-ci a produit à la juridiction saisie de l'instance une copie de la déclaration de sa créance ». Il n'est donc pas question pour le créancier de faire fixer sa créance pendant la procédure collective, s'il n'a pas déclaré sa créance. Plusieurs juridictions du fond, se fondant sur l'inopposabilité de la créance non déclarée, ont pu statuer en ce sens[3]. C'est en ce sens que s'est prononcée pour avis la Cour de cassation : « En l'absence de déclaration de créance, les conditions de la reprise d'instance ne sont pas réunies, même si la créance du créancier forclos n'est pas éteinte; en l'espèce, l'instance demeure interrompue jusqu'à la clôture de la liquidation judiciaire »[4]. La question se posera de la possibilité de reprendre l'instance après clôture de la procédure collective, au regard de la problématique de la prescription[5].

L'inopposabilité de la créance non déclarée à la procédure collective doit également conduire à rendre impossible l'exercice de la compensation pour dettes connexes (v. ss no 632.47).

Elle empêche également l'appel en garantie formé par un débiteur de la personne placée sous procédure collective, qui, après avoir payé ce dernier, a dû effectuer un second paiement, à l'égard d'une société d'affacturage, titulaire de la créance, le premier paiement n'étant pas libératoire[6].

Que décider, également, pendant la procédure collective, de l'absence d'admission de la créance pour défaut de déclaration dans les délais, lorsque le paiement du créancier suppose l'existence de telle ou telle règle, ce paiement ne pouvant intervenir pendant la procédure collective, faute d'admission de la créance ? D'une autre façon, l'interdiction d'être payé pendant la procédure collective peut-elle être assimilée à un paiement ? Plusieurs situations permettent de mesurer l'intérêt d'une telle question.

On peut d'abord imaginer un créancier exerçant un droit de rétention. Faudra-t-il autoriser l'extinction du droit de rétention sans paiement ? On sait qu'en droit commun, la seule voie de dégrèvement du droit de rétention est le paiement. Des opinions été émises considérant que le droit de rétention reste efficace, au motif qu'il ne suppose aucune action[7].

L'idée, pour séduisante qu'elle soit, est parfaitement impraticable en certaines situations. Imaginera-t-on, par exemple, de payer le gagiste rétenteur qui n'a pas déclaré sa créance, en cas de vente d'un bien gagé assorti d'un droit de rétention fictif par le liquidateur, qui conduit au jeu du report du droit de

1. Boulay, « Les créanciers antérieurs dans les procédures de sauvegarde, de redressement et de liquidation judiciaires », *Rev. proc. coll.* 2006/2, p. 135 s., sp. p. 140 – Le Cannu, 7e éd., no 507.
2. En ce sens aussi : Derrida et Sortais, « La situation des créanciers forclos dans les nouvelles procédures collectives », *LPA* 22 mars 2006, no 58, p. 7 s., sp. p. 9.
3. Ainsi : Paris, 25 févr. 2009, RG no 06/12522 – Versailles, 12e ch., 2e sect, 30 sept. 2010, RG no 07/02349.
4. Cass., avis, 8 juin 2009, no 09-00.002, *Bull. avis*, no 1; *D.* 2009. AJ 1603, obs. Lienhard; *Gaz. proc. coll.* 2009/4, 2e partie, p. 23, note Rohart-Messager; *JCP E* 2009. Chron. 1814, no 3, note Pétel; *Rev. proc. coll.* 2010/1, § 10, p. 30, note Staes; *RTD com.* 2010. 199, no 15, obs. Martin-Serf; *Dr. et proc.* 2009. 338, note Le Corre.
5. Le Corre, « La créance non déclarée au passif et le jeu de la prescription », *Mél. Tricot*, LexisNexis – Dalloz, 2011, p. 469.
6. Com. 8 nov. 2011, no 10-18.679, NP; no 1105 F-D.
7. A. Aynès, *Le droit de rétention : unité ou pluralité*, Economica 2005, no 378 – Aynès et Crocq, *Les sûretés : La publicité foncière*, 2e éd., Defrénois, 2006, no 449 – *Adde*, Crocq, « La réforme des procédures collectives et le droit des sûretés », *D.* 2006. Chron. 1306 s., sp. 1307, no 11 – Le Cannu, 7e éd., no 507.

rétention fictif ? Ce serait contraire à la lettre même de l'article L. 622-26, alinéa 1er du code de commerce, qui interdit les répartitions au profit d'un gagiste rétenteur.

Ensuite, l'idée connaît immédiatement ses limites si le créancier gagiste rétenteur veut prendre des initiatives, telle celle consistant à demander l'attribution judiciaire. Cette prérogative doit lui être refusée si son droit de créance est inopposable à la procédure[1].

Aussi, préférons nous considérer, dans toutes les situations, que le droit de créance du rétenteur, comme de tout autre créancier qui n'a pas déclaré sa créance, ne peut être opposé à la procédure collective. Il y a lieu d'affirmer le caractère illégitime du maintien du droit de rétention. Pour être rétenteur, il faut être créancier, qualité dont ne peut plus se prévaloir à l'égard de la procédure collective la personne qui n'a pas déclaré sa créance au passif[2].

On peut également imaginer un crédit-bailleur confronté à un débiteur, dont le contrat de crédit-bail est arrivé à terme, qui souhaite lever l'option d'achat, alors que certains termes de loyers antérieurs au jugement d'ouverture non déclarés au passif sont restés impayés. Faudra-t-il permettre la levée d'option d'achat sans paiement ? Par analogie avec une solution posée par la Cour de cassation en matière de crédit-bail, sous l'empire de la loi du 25 janvier 1985 non réformée, il semble qu'il faille poser en règle que l'interdiction de paiement ne vaut pas paiement[3]. La seule façon de lever l'option d'achat est de payer le créancier.

Le versement d'une retraite complète suppose que le débiteur soit à jour de ses cotisations de retraite. Il a pu être jugé, sous l'empire de la législation antérieure à la loi de sauvegarde des entreprises, que l'absence de déclaration de la créance de cotisations de retraite entraîne son extinction. En conséquence, le débiteur doit être considéré comme étant à jour de ses cotisations, une créance éteinte ne pouvant justifier une réduction de ses droits[4]. La solution ne peut être reconduite, sous l'empire de la loi de sauvegarde des entreprises, la créance non déclarée n'étant plus éteinte. Les droits à la retraite doivent donc être calculés déduction faite des points correspondant aux créances de cotisations restées impayées.

Le droit au maintien dans les lieux du preneur à bail existe tant que la créance d'indemnité d'éviction n'est pas payée. Sous l'empire de la loi du 25 janvier 1985[5], il avait été jugé que si le bailleur faisait l'objet d'un redressement ou d'une liquidation judiciaire, le locataire devait *impérativement* déclarer sa créance. S'il ne la déclarait pas, elle était éteinte et il ne pouvait plus alors prétendre être titulaire d'un droit au maintien dans les lieux[6]. Cette solution nous semble devoir être abandonnée, du fait de la disparition de l'extinction de la créance non déclarée[7].

L'article L. 622-26, alinéa 1er du code de commerce précise que le créancier qui n'a pas déclaré régulièrement sa créance dans les délais ne peut prétendre au versement des dividendes du plan. La solution vaut pour le plan de sauvegarde, mais aussi pour le plan de redressement[8]. Admettre son paiement en dehors du plan, et cela librement, reviendrait à mieux le traiter qu'un créancier admis au passif. La logique s'insurge contre pareille solution[9].

Il nous avait semblé, dès avant l'ordonnance du 18 décembre 2008[10], que ce créancier ne pourrait être payé qu'une fois toutes les sujétions de la procédure collective disparues, c'est-à-dire une fois constaté l'achèvement de l'exécution du plan de sauvegarde de redressement ou prononcée la clôture de la liquidation judiciaire. Les craintes exprimées par certains auteurs[11] imaginant des stratégies pour les créanciers, qui auraient, selon eux, plus d'intérêt à ne pas déclarer leur créance qu'à la déclarer, nous semblaient, à cet égard, infondées. Il n'est pas anodin, à cet égard, de remarquer que l'article L. 626-28 du code, issu de la loi de sauvegarde des entreprises, prévoyait que le créancier (tout intéressé dit le

1. Derrida et Sortais, « La situation des créanciers forclos dans les nouvelles procédures collectives », *LPA* 22 mars 2006, n° 58, p. 7 s., sp. p. 8.
2. EN CE SENS AUSSI : PÉROCHON, 10e éd., n° 1563 – Derrida et Sortais, « La situation des créanciers forclos dans les nouvelles procédures collectives », *LPA* 22 mars 2006, n° 58, p. 7 s., sp. p. 8 – Macorig-Venier et Saint-Alary-Houin, « La situation des créanciers dans la loi de sauvegarde des entreprises », *RD banc. fin.* 2006, n° 29.
3. Com. 26 nov. 2002, n° 00-10.611, NP, *D.* 2003. Jur. 122, note Le Corre; *Act. proc. coll.* 2003/2, n° 14, obs. Boulay; *Dr. et proc.* 2003/3, p. 161, obs. Crocq; *JCP E* 2003. Chron. 760, n° 11, obs. Pétel.
4. Com. 13 nov. 2007, n° 06-14.372, *Bull. civ.* IV, n° 239; n° 1252 FS-P+B; *D.* 2007. AJ 3011, obs. Lienhard; *Gaz. proc. coll.* 2008/1, p. 48, note Roussel Galle; *JCP E* 2008. 1432, n° 13, obs. Pétel; *LXB hebdo* 20 déc. 2007, n° 286, n° N4170BDS, note Le Corre-Broly.
5. L. n° 85-98, 25 janv. 1985, préc.
6. Civ. 3e, 28 juin 2000, n° 98-20.228, *Bull. civ.* IV, n° 132; *Act. proc. coll.* 2000/14, n° 178; *D.* 2000. AJ 387, note Rouquet; *RD banc. et bourse* 2000/4, n° 159, note Lucas; *JCP E* 2001. Chron. 219, n° 3-b-10, obs. M. Cabrillac; *RTD com.* 2001. 516, obs. Martin-Serf; *LPA* 19 oct. 2001, n° 209, p. 8, note Tixier; *RJDA* 2000/9-10, nos 841, 887.
7. Kendérian, *Le sort du bail commercial dans les procédures collectives*, 3e éd., LexisNexis, 2010, n° 179.
8. *Rapp. Hyest*, n° 335, p. 218.
9. RAPPR. : LE CANNU, 7e éd., n° 506.
10. Ord. n° 2008-1345, 18 déc. 2008, préc.
11. Monsérié-Bon, « Les effets inattendus de l'absence d'extinction des créances non déclarées menacent-ils la procédure de sauvegarde », *D.* 2006. 1282 s., sp. 1283.

texte) pourrait faire constater que l'exécution du plan est achevée, ce qui l'autoriserait alors, à reprendre ses poursuites.

Une difficulté pouvait cependant se présenter pour le créancier, membre de droit d'un comité, qui n'avait pas déclaré sa créance[1], alors que le comité avait voté favorablement les remises proposées. Ces remises pouvaient-elles lui être imposées ? La loi ne répondait pas. On savait seulement que ce créancier ne pouvait, de toute façon, percevoir les sommes qui lui étaient dues qu'après complète exécution du plan. Mais fallait-il tenir compte de la remise de dette acceptée par le comité dont le créancier était membre de droit ? Une réponse affirmative avait été apportée à la question[2]. La solution se recommandait d'un argument d'analogie bien délicat avec la loi du 13 juillet 1967[3], qui prévoyait explicitement, ce que ne faisait pas la loi de sauvegarde des entreprises, que le créancier forclos se voyait imposer les délais du concordat voté par les créanciers. Une réponse négative nous semblait donc plutôt devoir être apportée[4]. De toute façon, la question restait largement théorique, car la prescription qui n'avait pas été interrompue par une déclaration de créance constituait le plus souvent un obstacle à l'action du créancier, à moins qu'il ne fût titulaire, avant le jugement d'ouverture, d'un titre exécutoire l'autorisant à recouvrer sa créance pendant dix ans.

L'ordonnance du 18 décembre 2008 dissipe, en tout état de cause, les doutes. L'inopposabilité à la procédure collective, qui existe pendant la période d'observation, se prolonge au-delà de la durée de celle-ci, en phase d'exécution des plans. Il n'est toutefois plus alors question d'inopposabilité à la procédure collective, puisque le débiteur est revenu maître de ses biens, mais d'une inopposabilité au débiteur, encore que l'expression soit curieuse, dès lors que l'inopposabilité désigne une inefficacité de l'acte juridique à l'égard de personnes tierces au rapport juridique considéré. Il aurait été plus juridique d'évoquer une interdiction du droit d'agir à l'égard du débiteur, à l'identique de la règle de principe interdisant aux créanciers de reprendre leurs poursuites individuelles après clôture d'une liquidation judiciaire pour insuffisance d'actif.

La règle, a-t-on dit, ne contrarie pas l'article 5 du Règlement du 29 mai 2000. Le droit réel détenu par le créancier sur un bien situé à l'étranger, dans un État membre de la communauté européenne, n'est pas affecté par l'inopposabilité de la créance en France et le créancier peut réaliser sa sûreté à l'étranger malgré l'inopposabilité de sa créance en France[5].

L'ordonnance de réforme officialise ainsi l'impossibilité pour le créancier non déclarant, annoncée par une partie de la doctrine, d'obtenir son paiement pendant l'exécution du plan. La solution, au regard de l'interprétation que nous avions développée, nous apparaît de nature interprétative et a donc vocation à s'appliquer aux procédures ouvertes avant le 15 février 2009.

> Après clôture de la procédure collective. Le droit de poursuite individuelle du créancier qui n'a pas déclaré sa créance est d'abord maintenu, en cas de résolution d'un plan de sauvegarde ou de redressement.

Si la résolution du plan de sauvegarde ou de redressement intervient sans cessation des paiements, l'ouverture d'une nouvelle procédure collective est exclue. Il n'y aura alors aucun obstacle pour le créancier non déclarant à reprendre ses poursuites à l'encontre du débiteur, sauf jeu de la prescription.

Si, au contraire, une nouvelle procédure collective s'ouvre, ce qui sera nécessairement le cas lorsque la résolution interviendra avec cessation des paiements ou pour cause de nouvel état de cessation des paiements, le créancier non déclarant à la première procédure collective pourra valablement déclarer sa créance dans la seconde procédure[6]. Le fait que le créancier ayant régulièrement déclaré sa créance au passif de la première procédure soit dispensé de déclaration au passif de la seconde procédure n'a nullement pour objet d'interdire à un créancier qui n'a pas déclaré sa créance au passif de la première procédure, de la déclarer dans la seconde, afin de rendre opposable à cette procédure, son droit de créance inopposable à la première procédure. La dispense de déclaration n'est pas une sanction du créancier, mais, au contraire, une faveur législative, qui ne peut se retourner contre lui[7].

1. AUSSI, SUR CETTE DIFFICULTÉ : Derrida et Sortais, « La situation des créanciers forclos dans les nouvelles procédures collectives », *LPA* 22 mars 2006, n° 58, p. 7 s., sp. p. 9.
2. PÉROCHON ET BONHOMME, 7e éd., n° 537.
3. L. n° 67-563, 13 juill. 1967, préc.
4. EN CE SENS AUSSI : Vallansan, « Quelques observations sur les créanciers antérieurs dans les procédures de sauvegarde, de redressement et liquidation judiciaires », *Rev. proc. coll.* 2008, p. 15 s., sp. p. 19, n° 21.
5. Henry, « Les modifications apportées par l'ordonnance du 18 décembre 2008 à la fixation du passif non salarial dans les procédures collectives », *Gaz. Pal.* 8-10 mars 2009, n° sp. p. 32 s., sp. p. 37, n° 18 et p. 39, n° 28.
6. PARTAGEANT L'ANALYSE : Cagnoli, *Act. proc. coll.* 2005/17, n° 221 – J.-CL. COM., Dumont-Lefrand, fasc. 2152, [Procédure de sauvegarde], 2006, n° 42 – PÉROCHON, 10e éd., n° 1567 – J.-CL. COM., Vallansan, fasc. 2352, [Déclaration et admission des créances], 2007, n° 205.
7. Roussel Galle, « La déclaration de créances et les sûretés réelles », Colloque Sûretés réelles et droit des entreprises en difficulté, Nice, 20 mars 2010, *LPA* 11 févr. 2011, n° 30, p. 37 s., sp. p. 40, n° 21.

Cette possibilité de déclarer à la seconde procédure une créance non déclarée à la première n'existe que sous réserve du jeu de la prescription ou de la forclusion de la créance. L'éventualité de la prescription[1] ou de la forclusion encourue par le créancier, qui n'aura pas bénéficié de l'effet interruptif de la prescription lié à la déclaration de la créance au passif, semblerait certes, *a priori*, devoir être écartée. En effet, l'article L. 622-21, III du code de commerce, selon lequel « les délais impartis à peine de déchéance ou de résolution des droits sont en conséquence suspendus » semble venir au secours du créancier privé du droit d'agir en justice pour obtenir le paiement, comme c'est le cas du créancier qui n'a pas déclaré sa créance. La raison de douter de cette solution tient à l'existence d'une possibilité d'action pour le créancier : il pouvait procéder à la déclaration de sa créance. Aussi, puisque ce créancier a le droit de déclarer sa créance au passif, action équivalente selon la Cour de cassation, avant l'ordonnance du 12 mars 2014[2], à une demande en justice, il nous semble possible de décider que le créancier qui n'a pas déclaré sa créance ne peut se prévaloir de l'article L. 622-21, III du code de commerce. En conséquence, la prescription ou la forclusion peut atteindre le créancier et fait obstacle à son droit de reprendre ses poursuites pour obtenir paiement de sa créance.

L'inopposabilité de la créance non déclarée au passif de la première procédure n'empêchera pas le créancier d'opposer son droit à la seconde procédure, à l'identique de la solution posée en matière de revendication. La déclaration de créance effectuée à titre chirographaire, dans la première procédure, ne fera pas davantage obstacle à une déclaration à titre privilégié dans la seconde procédure[3], dès lors que la sûreté reste efficace.

Certains auteurs, qui n'acceptent pas l'idée d'inopposabilité de la créance non déclarée à la procédure collective, sont hostiles à l'analyse et n'admettent pas, en conséquence, la possibilité de déclarer au passif de la seconde procédure la créance non déclarée au passif de la première[4].

Le droit de poursuite individuelle du créancier qui n'a pas déclaré sa créance est ensuite maintenu, sous l'empire de la loi du 26 juillet 2005, dans sa rédaction d'origine, après constat de l'achèvement de l'exécution du plan de sauvegarde (C. com., art. L. 626-27) ou du plan de redressement (C. com. art. L. 631-19, al. 1er, rendant applicable en redressement judiciaire l'article L. 626-27)[5]. La solution a été posée par la Cour de cassation[6], qui en tire la conséquence que le recours sur la décision refusant de relever le créancier de la forclusion est sans intérêt, dès lors que ce créancier ne pourrait plus participer aux répartitions et que le constat de la complète exécution du plan l'autorise à reprendre ses poursuites.

Il faut ici se garder de confondre la décision constatant la fin de mission des organes avec celle qui constate la complète exécution du plan, seule cette dernière autorisant, à notre sens, la reprise des poursuites individuelles des créanciers n'ayant pas déclaré leur créance au passif (v. aussi s[s] n° 621.09). Ici encore, il faut réserver le jeu de la prescription ou de la forclusion encourue par le créancier, qui n'aura pas bénéficié de l'effet interruptif de la prescription lié à la déclaration de la créance au passif.

L'ordonnance du 18 décembre 2008 va au-delà. Nous avions en effet estimé, sous l'empire de la loi du 26 juillet 2005, que, une fois l'exécution du plan terminée, le créancier pourrait, sous réserve de ne pas avoir encouru la prescription, reprendre ses poursuites. Cette possibilité est clairement supprimée par le nouveau texte, qui prolonge l'inopposabilité de la créance après complète exécution du plan de sauvegarde, en application de l'article L. 622-26, alinéa 2 du code de commerce, et après complète exécution du plan de redressement, l'article L. 631-14, alinéa 1er du code de commerce rendant applicable en redressement judiciaire l'article L. 622-26 du même code.

Peu importera à cet égard que les engagements du débiteur aient été « énoncés » dans le plan, ce qui vise l'hypothèse d'un plan après vote favorable des comités de créanciers, ou aient été « décidés » par le tribunal, ce qui règle le cas des créanciers qui ne sont pas membres des comités, mais permet aussi de régir l'hypothèse d'un plan adopté en l'absence de vote favorable des comités de créanciers. Autant dire que le créancier soumis à déclaration au passif et n'ayant pas procédé à la déclaration de sa créance, ne pourra plus jamais être payé par le débiteur ayant correctement exécuté son plan de sauvegarde ou de redressement. Cette mesure a été présentée comme devant permettre de « favoriser la pérennité de la réorganisation du débiteur »[7].

Le droit de poursuite individuelle du créancier qui n'a pas déclaré sa créance reste intact si le débiteur obtient une clôture de la procédure par extinction

1. SUR LA QUESTION : Le Corre, « La créance non déclarée et la clôture de la liquidation judiciaire pour extinction du passif exigible », *JCP E* 2011. 1318.
2. Ord. n° 2014-326, 12 mars 2014, préc.
3. Roussel Galle, préc., sp. p. 39, n° 16.
4. LE CANNU, 7e éd., n° 506.
5. EN CE SENS AUSSI : PÉROCHON ET BONHOMME, 7e éd., n° 537.
6. Com. 12 mars 2013, n° 11-26.981, NP; n° 5 F-D; *Gaz. Pal.* 12 juill. 2013, n° 193, p. 23, note Le Corre.
7. Rapport au président de la République sur l'ordonnance n° 2008-1345 du 18 décembre 2008, *JO* 19 déc. 2008, Titre I, chap. II-3, s[s] art. 34.

du passif[1]. À notre sens, l'existence de cette créance, qui ne peut être payée pendant la procédure collective du fait de son inopposabilité, n'apparaît pas de nature à faire obstacle à ce type de clôture[2]. La prescription ou la forclusion encourue par le créancier, qui n'aura pas bénéficié de l'effet interruptif de la prescription lié à la déclaration de la créance au passif, ne peut, ici encore, à notre sens, être écartée.

Après clôture de la procédure de liquidation judiciaire pour insuffisance d'actif, la créance n'est pas éteinte. Le créancier sera donc autorisé à poursuivre, selon les voies du droit commun, le recouvrement de sa créance, contre le débiteur personne physique[3], si, du moins, il se trouve dans les cas exceptionnels de reprise des poursuites individuelles en cas de clôture pour insuffisance d'actif[4]. Certains auteurs estiment toutefois que le droit de poursuivre le débiteur, après clôture de la liquidation judiciaire pour insuffisance d'actif, n'est pas conditionné à l'existence de cas de reprise des poursuites individuelles, au motif que le créancier n'est jamais entré dans la procédure, de sorte qu'il ne serait pas concerné par une règle lui interdisant de reprendre ses poursuites[5]. C'est à notre avis oublier que, même s'il n'a pas déclaré sa créance, le créancier est frappé par la règle de l'arrêt des poursuites individuelles et qu'il peut donc être concerné par une règle lui interdisant de retrouver un droit confisqué par l'effet de l'ouverture de la procédure. D'autres auteurs, au contraire, estiment que même dans les hypothèses exceptionnelles de reprise des poursuites individuelles après clôture pour insuffisance d'actif, le créancier ne retrouve pas son droit de poursuite[6].

Tenant compte de la suppression de l'extinction de la créance pour non déclaration dans les délais, le texte issu de la réforme du 26 juillet 2005 supprime l'alinéa 5 de l'article L. 621-46 du code de commerce, devenu inutile, qui prévoit que l'extinction de la créance vaut régularisation de l'incident de paiement en matière de chèques et de cartes de crédit (v. aussi s[s] n° *665.71*).

665.77 Conséquences de l'absence d'extinction des créances non déclarée dans les délais dans les rapports du créancier et du repreneur. Dans les rapports intéressant le créancier et le repreneur, on peut aussi, semble-t-il, tirer des conséquences de la mise à l'écart de l'extinction de la créance, lorsque, par exception, le repreneur se trouve contraint de payer tout ou partie d'une dette du débiteur d'origine.

La première situation est celle de la levée d'option du contrat de crédit-bail. Le repreneur, depuis la loi du 10 juin 1994[7], est obligé de payer toutes les sommes restant dues par le débiteur, dans la limite de la valeur du bien au jour de la levée d'option, pour lever cette dernière. La dette du débiteur n'étant plus éteinte faute de déclaration, il nous semble possible de poser en règle que le repreneur devra payer l'arriéré restant dû par le débiteur pour que puisse s'opérer à son profit le transfert de propriété, nonobstant l'absence de déclaration de créance au passif du crédit-bailleur. L'interdiction de paiement pendant la procédure, qui résulte de l'inopposabilité de la créance, ne vaut pas dispense de paiement, à l'identique de la solution posée par la Cour de cassation lorsque la levée d'option intervient pendant la période d'observation[8].

La seconde hypothèse concerne le transfert de la charge de la sûreté et l'obligation corrélative du repreneur de payer les échéances d'un crédit affecté, restant à échoir, après l'entrée en jouissance du repreneur. L'absence d'extinction de la créance pour défaut de déclaration semble de nature à permettre la modification de la solution du droit antérieur. Rappelons cette dernière. Elle consiste à interdire aux créanciers de solliciter du repreneur le paiement des échéances restant à échoir, au motif qui ne peut plus y avoir d'échéances restant à échoir si la créance est éteinte, faute de déclaration[9]. Puisque, avec la loi de sauvegarde des entreprises, la créance n'est plus éteinte faute de déclaration, il ne semble pas y avoir d'obstacle, pour le créancier, à opposer son droit de créance au repreneur : l'inopposabilité du droit de créance ne concerne en effet que la procédure, c'est-à-dire les créanciers et leur représentant, non les

1. EN CE SENS AUSSI : PÉROCHON, 10e éd., n° 1569 – Derrida et Sortais, « La situation des créanciers forclos dans les nouvelles procédures collectives », *LPA* 22 mars 2006, n° 58, p. 7 – *Adde*, SUR LA QUESTION : Pérochon et Roussel Galle, « Controverse amicale sur la non reprise des poursuites après clôture de la liquidation judiciaire pour extinction du passif », *Mél. Tricot*, LexisNexis – Dalloz, 2011, p. 559.
2. EN CE SENS AUSSI : Derrida et Sortais, art. préc.
3. *Rapp. Hyest*, n° 335, p. 220, 221.
4. *Rapp. Xavier de Roux*, n° 2095, p. 236, 237 – *Adde*, Boulay, « Les créanciers antérieurs dans les procédures de sauvegarde, de redressement et de liquidation judiciaires », *Rev. proc. coll.* 2006/2, p. 135 s., sp. p. 140 – J.-CL. COM., Dumont-Lefrand, fasc. 2152, [Procédure de sauvegarde], 2006, n° 42 – PÉROCHON, 10e éd., n° 1569 – Macorig-Venier et Saint-Alary-Houin, « La situation des créanciers dans la loi de sauvegarde des entreprises », *RD banc. fin.* 2006, n° 29.
5. SAINT-ALARY-HOUIN, 7e éd., n° 715.
6. Derrida et Sortais, art. préc., sp. p. 8.
7. L. n° 94-475, 10 juin 1994, préc.
8. Com. 26 nov. 2002, n° 00-10.611, NP, *D.* 2003. Jur. 122, note Le Corre; *Act. proc. coll.* 2003/2, n° 14, obs. Boulay; *Dr. et proc.* 2003/3, p. 161, obs. Crocq – *JCP E* 2003. Chron. 760, n° 11, obs. Pétel; *D.* 2003. Jur. 22, note Le Corre.
9. Com. 20 juin 1995, n° 93-13.802, *Bull. civ.* IV, n° 188; *RTD com.* 1996. 339, obs. Martin-Serf; *JCP* 1996. I. 3896, n° 6, obs. Pétel; *Dr. sociétés* 1995, n° 163, p. 10, note Chaput.

tiers, dont le repreneur[1]. L'opinion contraire a cependant été émise[2].

665.78 Conséquences de l'absence d'extinction des créances non déclarées dans les délais sur les rapports du créancier et des garants.

> Sous l'empire de la loi du 26 juillet 2005 dans sa rédaction d'origine.

Il faut observer le mutisme du législateur relativement à l'effet de l'absence de déclaration de créance régulière dans les délais, à l'égard des garants du débiteur.

Aucune difficulté ne se présente si les garants ne sont pas accessoires, par exemple des codébiteurs ou des garants autonomes. Sous réserve des restrictions au droit de poursuite à l'encontre des codébiteurs et des garants autonomes pendant la période d'observation, leur poursuite s'avère possible, indépendamment d'une déclaration de créance au passif du débiteur sous procédure collective.

En pratique, l'absence d'extinction de la créance non déclarée aura un impact considérable dans les rapports du créancier et de la caution. L'absence d'extinction de la créance autorisera le créancier à poursuivre la caution. La solution, d'abord annoncée dans les travaux préparatoires de la loi de sauvegarde[4], a été affirmée par la Cour de cassation. La sanction de l'inopposabilité à la procédure collective de la créance non déclarée, qui « prive son titulaire des répartitions et dividendes, ne constitue pas une exception inhérente à la dette, susceptible d'être opposée par la caution pour se soustraire à son engagement »[5]. Mais, même en l'absence de déclaration de la créance, la caution personne physique ne pourra être poursuivie pendant la période d'observation (v. s^s n°s 721.24 s.)[6]. La poursuite de ce type de caution ne sera donc possible qu'à l'issue de la période d'observation.

La caution serait cependant en droit de bénéficier des dispositions de l'article 2314 du code civil (anc^t C. civ., art. 2037), qui prévoit une possibilité de décharge lorsque la subrogation de la caution aux droits préférentiels du créancier ne peut plus s'opérer par le fait de ce dernier[7]. Pour qu'il en soit ainsi, il faudrait, en principe, que le créancier se trouve dans une situation différente de celle d'un simple créancier chirographaire, qu'il dispose, sinon d'une sûreté lui accordant un droit de préférence, du moins d'une garantie lui permettant d'obtenir plus sûrement son paiement que s'il était simple créancier chirographaire.

La Cour de cassation va toutefois ici plus loin, que dans le cadre classique de l'article 2314 du code civil (v. s^s n° 724.18), en jugeant que la décharge de la caution « ne se produit que si cette dernière avait pu tirer un avantage effectif du droit d'être admise dans les répartitions et dividendes, susceptible de lui être transmis par subrogation »[8], ce qui peut être le

1. EN CE SENS AUSSI : Roussel Galle, « La déclaration de créances et les sûretés réelles », Colloque Sûretés réelles et droit des entreprises en difficulté, Nice, 20 mars 2010, *LPA* 11 févr. 2011, n° 30, p. 37 s., sp. p. 39, n° 16; « Sûretés réelles et droit des entreprises en difficulté », Roussel Galle (dir.), *Entreprises en difficulté*, « Droit 360° », LexisNexis, 2012, p. 375, sp. p. 392, n° 940 – A. Aynès, *Le droit de rétention : unité ou pluralité*, Economica 2005, n° 378.
2. A. Aynès, « Le droit de rétention : unité ou pluralité », Economica 2005, n° 378 – PÉROCHON, 10e éd., n° 1577 – Henry, « Les modifications apportées par l'ordonnance du 18 décembre 2008 à la fixation du passif non salarial dans les procédures collectives », *Gaz. Pal.* 8-10 mars 2009, n^o sp. p. 32 s., sp. p. 38, n° 21.
3. L. n° 2005-845, 26 juill. 2005, préc.
4. *Rapp. J.-J. Hyest*, n° 335, p. 221.
5. Com. 12 juill. 2011, n° 09-71.113, *Bull. civ.* IV, n° 118; n° 768 FS-P+B+R+I; *D.* 2011. Actu. 1894, obs. Lienhard; *Gaz. Pal.* 7 oct. 2011, n° 280, p. 15, note Le Corre; *Act. proc. coll.* 2011/14, comm. 219, note Cagnoli; *JCP E* 2011. 1628, note Disseaux; *RTD civ.* 2011. 782, n° 1, obs. Crocq; *RDBF* sept./oct. 2011, 37, obs. Cerles; *RLDC* oct. 2011, 32, obs. Ansault; *Banque et droit* sept./oct. 2011, n° 139, 42, obs. Jacob; *RDBF* sept./oct. 2011, comm. 162, note Cerles; *Gaz. Pal.* 26 oct. 2011, Jur. 8, note Juillet; *Gaz. Pal.* 28 oct. 2011, Jur. 38, note Reifegerste; *JCP E* 2011. Chron. 1000, n° 7, obs. Pétel; *RTD com.* 2011. 625, n° 13, obs. Legeais; *JCP E* 2012. Chron. 1052, n° 7, obs. Simler; *RTD com.* 2012. 407, n° 6, obs. Martin-Serf; *LPA* 27 janv. 2012, n° 20, p. 7, note Bernheim-Van de Casteele; *LXB hebdo* 15 sept. 2011, n° 264, note Le Corre – Com. 16 sept. 2014, n° 13-19.040, NP; n° 698 F-D – *Adde*, Picod, « Le sort de la caution en cas de défaut de déclaration de la créance au passif de l'entreprise en difficulté : retour sur l'avènement d'une jurisprudence annoncée », *RLDA* janv. 2012, n° 67, p. 71 – Brignon, « Sort des créances non déclarées et cautionnement solidaire », *Rev. proc. coll.* 2011, étude 25 – *Adde*, Toulouse, 2e ch., 2e sect., 6 mars 2012, RG n° 10/00724, *Gaz. Pal.* 27 avr. 2012, n° 118, p. 10, note Le Corre-Broly.
6. AUSSI : SAINT-ALARY-HOUIN, 5e éd., n°s 688, 714 – JACQUEMONT, 5e éd., n° 470, IV.
7. Brena, « L'influence de l'inopposabilité des créances non déclarées sur le bénéfice de subrogation », *BJE* mars 2012, comm. 43, p. 131.
8. Com. 12 juill. 2011, n° 09-71.113, préc. (v. s^s prés^t n^o) – Com. 19 févr. 2013, n° 11-28.423, *Bull. civ.* IV, n° 26; n° 171 F-P+B; *D.* 2013. Actu. 565, obs. Lienhard; *D.* 2013. Pan. 1712, obs. Crocq; *Gaz. Pal.* 20 mars 2013, n° 79, p. 20, note Dumont-Lefrand; *Gaz. Pal.* 1er mai 2013, n° 121, p. 36, note Le Corre-Broly; *BJE* mai 2013, comm. 71, note Le Mesle; *JCP E* 2013. Chron. 1216, n° 7, obs. Pétel; *JCP E* 2013. Chron. 1314, n° 9, obs. Simler; *Act. proc. coll.* 2013/6, comm. 76, note Alleaume; *RTD civ.* 2013. 416, n° 1, obs. Crocq; *RTD com.* 2013. 346, n° 7, obs. Martin-Serf; *RTD com.* 2013. 573, n° 11, obs. Legeais; *RLDC* avr. 2013. 34, obs. Marraud des Grottes; *Dr. et proc. entr. diff.* avr. 2013, p. 6, obs. Roussel Galle; *LPA* 7 août 2013, n° 157, p. 12, note Iacovelli et Petitjean – Com. 16 sept. 2014, n° 13-19.040, NP; n° 698 F-D – *Adde*, Picod, « Le sort de la caution en cas de défaut de déclaration de la créance au passif de l'entreprise en difficulté : retour sur l'avènement d'une jurisprudence annoncée », *RLDA* janv. 2012, n° 67, p. 71.

cas, même en présence d'un simple créancier chirographaire, dès lors que, en déclarant sa créance, il aurait permis à la caution, par subrogation, de participer aux répartitions ou dividendes[1]. Ainsi, le simple fait de pouvoir participer aux répartitions et dividendes, en déclarant une créance au passif, peut-il constituer un droit préférentiel perdu, qui apparaît suffisant, pour entraîner décharge, à concurrence du droit à répartitions ou dividendes perdu par subrogation[2].

Que décider en présence d'un plan de redressement ? Certes, pendant l'exécution, le créancier est privé du droit de participer aux dividendes. En revanche, après la fin du plan, le créancier retrouve ses droits contre le débiteur. Il en résulte que, par subrogation, il en sera de même pour la caution. Dès lors, il a pu être jugé que la condamnation de la caution s'avère possible, puisque par subrogation, elle retrouvera, à l'issue du plan, le droit de demander le remboursement à la société débitrice, ce qui sera aisé dès lors que la caution est le dirigeant de la société débitrice[3].

On peut encore se demander si la caution ne pourrait prétendre être déchargée dans l'hypothèse où le débiteur obtiendrait un plan de sauvegarde. En cette occurrence, en effet, la caution, personne physique, peut bénéficier des dispositions du plan et notamment profiter des délais et remises accordées au débiteur principal. Cependant, faute d'avoir déclaré sa créance au passif, le créancier ne pourra participer aux dividendes. Il serait alors curieux qu'il puisse obtenir immédiatement paiement de la totalité de sa créance par la caution, alors que s'il avait déclaré sa créance au passif et si celle-ci avait été admise, il n'aurait pu être payé par la caution que selon les dispositions du plan. Une juridiction du fond a cependant cru devoir le décider, en jugeant que la caution d'une créance non déclarée ne peut se prévaloir du report d'exigibilité résultant de ce plan[4], ce qui apparaît bien critiquable. Il apparaît inconcevable de mieux traiter le créancier fautif, qui n'a pas déclaré sa créance au passif, que le créancier diligent qui a été admis au passif. La caution doit pouvoir lui reprocher, sur le terrain de l'article 2314 du code civil, l'impossibilité d'être subrogée dans le droit à p ent de dividende du plan, ce qui est analysé, la Cour de cassat on, comme un droit préféren . Mais alors une difficulté se présente : quel est montant de son préjudice ? Quel aurait été le m ant de la remise accordée par le créancier s'il ava é consulté dans le cadre de l'élaboration du plan sauvegarde ? Quels auraient été les délais accord e cas échéant ? On peut suggérer l'idée que le éancier, aurait pu, en n'acceptant aucune remis ercevoir 100 % de sa créance sur dix ans et cons er que la caution a donc perdu, par subrogatic 100 %.

Ce question ne se présentera pas sous le même jou le créancier est membre de droit d'un comité de éanciers. On pourrait alors songer à appliquer la olution résultant du vote de ce comité – par exmple 30 % de remise de dettes –, pour savoir ce qe, par sa faute consistant à ne pas avoir déclaré sa céance, le créancier fait perdre à la caution, en l'occurrence 70 % de la créance. De même, si les créanciers membres du comité, à la suite du vote, peuvent prétendre être payés sur huit ans, la caution doit pouvoir se prévaloir de ces délais et ne payer ce pour quoi elle n'est pas déchargée, en l'occurrence 30 %, sur huit ans par fraction linéaire.

L'inopposabilité de la créance non déclarée et, par voie de conséquence, son absence d'extinction, n'empêche pas le maintien des accessoires de cette créance indépendamment de l'exercice de droits dans le cadre de la procédure collective. Ainsi, le titulaire d'une créance non déclarée est-il recevable à demander paiement à l'assureur du débiteur en liquidation judiciaire[6]. Au demeurant, la solution peut également être fondée sur l'action directe (v. ss no 621.21).

> Sous l'empire de l'ordonnance du 18 décembre 2008[7].

Le projet d'ordonnance, y compris dans sa version avant passage en Conseil d'État, ne prévoyait pas de disposition relative au sort de la créance non déclarée dans les rapports du créancier et des garants. Le Conseil d'État a introduit dans l'ordonnance de réforme (ord. 18 déc. 2008, art. 34), en insérant ainsi un alinéa 2 dans l'article L. 622-26 du code de commerce, la précision selon laquelle « les créances non déclarées sont inopposables aux personnes physiques coobligées ou ayant consenti une sûreté personnelle ou ayant affecté ou cédé un bien en garantie ».

Cette précision met clairement en échec l'interprétation qui avait été développée par la communauté des spécialistes du droit des entreprises en dif-

1. Civ. 1re, 3 juill. 2013, no 12-21.126, *Bull. civ.* IV, no 144; no 725 F-P+B; *Gaz. Pal.* 29 sept. 2013, no 272, p. 35, note Le Corre-Broly; *Act. proc. coll.* 2013/15, comm. 212, note Dumont-Lefrand; *JCP E* 2014. Chron. 1020, no 9, obs. Pétel; *Dr. et patr.* févr. 2014, no 233, p. 62, note A. Aynès et Dupichot; *RTD com.* 2013. 809, no 3, obs. Martin-Serf.
2. EN CE SENS AUSSI : Toulouse, 2e ch., 2e sect., 6 mars 2012, RG no 10/00724, *Gaz. Pal.* 28 avr. 2012, no 118, p. 10, note Le Corre-Broly.
3. Toulouse, 2e ch., 2e sect., 6 mars 2012, RG no 10/00724.
4. Rennes, 20 nov. 2012, RG no 11/01322, *Leden* févr. 2012, comm. 31, note Lucas.
5. Com. 12 juill. 2011, no 09-71.113, préc. (v. ss prést no).
6. AINSI : Paris, 25 févr. 2009, RG no 06/12522.
7. Ord. no 2008-1345, 18 déc. 2008, préc.

ficulté et du droit des sûretés, au lendemain de la loi de sauvegarde. Les auteurs qui avaient suivi notre analyse de l'inopposabilité de la créance à la procédure collective avaient strictement limité cette inopposabilité aux rapports entre le créancier et le débiteur ou la procédure collective, en ne l'étendant pas aux garants, suivant en cela les travaux préparatoires de la loi de sauvegarde des entreprises[1]. Les rares auteurs qui n'avaient pas accepté l'analyse de l'inopposabilité de la créance à la procédure collective, sans d'ailleurs proposer une analyse de rechange, étaient également d'accord pour considérer que les garants ne pouvaient bénéficier du jeu de l'article L. 622-26, alinéa 1er du code civil.

L'inopposabilité de la créance non déclarée s'étend à toutes les personnes physiques codébiteurs ou ayant consenti une sûreté personnelle. Cette dernière formule vise les cautions, les garants autonomes, mais aussi les personnes ayant donné une promesse de porte-fort sûreté.

Le législateur fait bénéficier de l'inopposabilité de la créance non déclarée les personnes ayant affecté ou cédé un bien en garantie. Il s'agit donc, d'une part, de ce que l'on appelait par le passé les cautions réelles – affectation d'un bien à la garantie de la dette d'un autre – et, d'autre part, des constituants de fiducie-sûreté pour autrui – cession d'un bien en garantie.

L'inopposabilité de la créance non déclarée ne concerne toutefois que les seuls garants personnes physiques. En conséquence, les solutions développées au lendemain de la loi de sauvegarde continueront à valoir pour les garants personnes morales, qui pourront donc être poursuivis.

L'inopposabilité de la créance non déclarée à l'égard des garants personnes physiques n'a pas besoin d'être posée pendant la période d'observation, du fait de l'interdiction de poursuivre ces personnes, en cette phase, tant en sauvegarde, qu'en redressement judiciaire. Le créancier ne saurait, au motif qu'il ne participera pas à la procédure collective, poursuivre la caution personnelle personne physique avant l'issue de la période d'observation.

Cette inopposabilité n'existe pas à l'égard des garants en cas de liquidation judiciaire du débiteur. Ils pourront donc, en cette phase, être poursuivis.

L'inopposabilité de la créance aux garants personnes physiques est en revanche expressément édictée pendant la période d'exécution du plan de sauvegarde (C. com., art. L. 622-26, al. 2, ord. 18 déc. 2008, art. 34).

Cette règle de l'inopposabilité à la caution de la créance non déclarée est sans aucun doute une disposition extrêmement incitative pour la sauvegarde, et conduit le débiteur à formuler le vœu d'erreur ou d'omission de la part des créanciers. La discrimination positive à l'égard de la sauvegarde apparaît ici d'une manière extrêmement patente. Elle conduit à traiter beaucoup plus durement des cautions dans la procédure de redressement judiciaire que des garants autonomes dans la procédure de sauvegarde. La finalisation du régime des garanties atteint ici son paroxysme, la règle de droit commun étant complètement déformée pour pénaliser le débiteur qui n'utilise pas la sauvegarde et avantager, au contraire, celui qui y a recours.

Toutefois, cette inopposabilité de la créance non déclarée aux garants personnes physiques d'un débiteur ayant obtenu un plan de sauvegarde ne se prolonge pas après la complète exécution d'un tel plan (C. com., art. L. 622-26, al. 2, ord. 18 déc. 2008, art. 34), contrairement à la solution posée dans les rapports intéressant le créancier avec son débiteur (ord. 18 déc. 2008, art. 80). Il sera donc possible de poursuivre un garant personne physique, même si le débiteur a exécuté correctement son plan de sauvegarde ou de redressement[2], sous réserve qu'après cette complète exécution, moment sans doute éloigné de l'ouverture de la procédure collective, le créancier n'ait pas encouru la prescription. Le garant qui bénéficie de l'exception de subrogation de l'article 2314 du code civil, ce qui incontestablement est le cas de la caution, pourra l'opposer au créancier, comme cela était déjà le cas sous l'empire de la loi de sauvegarde non réformée (v. *supra* ss prést no). La question est ici, à notre sens, autrement plus compliquée que lorsqu'il s'agit de raisonner sur les rapports entre le créancier et le débiteur, du fait d'interdictions du droit d'agir contre les garants personnes physiques, à certaines phases de la procédure collective.

L'inopposabilité de la créance non déclarée n'existe pas pendant celle d'exécution du plan de redressement. L'article L. 631-14, alinéa 6 du code de commerce, qui résulte de la rédaction donnée par l'ordonnance de réforme (ord. 18 déc. 2008, art. 80), prévoit en effet que « les personnes coobligées ou ayant consenti une sûreté personnelle ou ayant affecté ou cédé un bien en garantie ne bénéficient pas de l'inopposabilité prévue au deuxième alinéa de l'article L. 622-26 ». Il faut donc comprendre que le créancier pourra poursuivre la caution, fût-elle une personne physique, alors même qu'il n'a pas déclaré sa créance au passif du débiteur principal. La caution pourra lui opposer le bénéfice de subrogation de l'article 2314 du code civil, dans la mesure où le créancier lui fait perdre le droit de percevoir, par subrogation, les dividendes du plan de redresse-

1. AINSI : *Rapp. Hyest*, no 335, p. 221.

2. EN CE SENS AUSSI : PÉROCHON, 10e éd., no 1571.

ment. Il n'appartient pas à la caution de prouver qu'elle aurait pu tirer un avantage effectif d'être admise par subrogation dans les dividendes ou répartitions. Au contraire, il incombe au créancier de prouver que la perte du droit préférentiel dont se plaint la caution n'a causé aucun préjudice à la caution[1].

Le créancier nous semble pouvoir exploiter deux pistes pour limiter la décharge de la caution.

Tout d'abord, la décharge totale de la caution pour perte du droit de percevoir par subrogation les dividendes du plan suppose que le plan soit totalement exécuté. Si le plan est résolu, on le voit, la perte pour la caution n'est pas égale au montant total des dividendes qu'elle aurait pu toucher jusqu'à la complète exécution du plan, mais seulement à la fraction des dividendes qu'elle aurait pu percevoir par subrogation tant que l'exécution du plan aurait duré. Cette remarque nous semble autoriser le créancier à demander, face à une exception de subrogation soulevée par la caution, un sursis à statuer jusqu'à la fin du plan. C'est à cette date seulement que le créancier saura ce qu'il a fait perdre par subrogation à la caution.

La seconde piste tient à l'éventualité de participation du créancier à un comité. Si le créancier avait déclaré sa créance, il aurait pu participer à un comité de créancier. Or il se trouve que ce comité auquel le créancier aurait appartenu s'il avait déclaré sa créance a consenti une remise de dette au débiteur, par exemple à hauteur de 30 %. Si le créancier avait déclaré sa créance, il aurait pu percevoir 70 % de celle-ci, du fait de la remise de dette consentie par le comité. Pourtant, la caution aurait dû payer 100 %, puisqu'elle ne bénéficie pas des remises de dettes, en plan de redressement. Dans ce cas, le créancier semble en droit de demander la différence à la caution, soit 30 %, que la caution, par subrogation n'aurait pas pu percevoir.

665.79 Conséquences de l'absence d'extinction des créances non déclarée dans les délais dans les rapports du créancier et des autres tiers.

> **Tiers détenteur.** La loi de sauvegarde[2] a supprimé l'extinction de la créance non déclarée. La créance est seulement inopposable à la procédure (v. s^s n° 665.75). Il devrait en résulter la possibilité de faire jouer le droit de suite à l'encontre du tiers détenteur, même sans déclaration au passif du débiteur, contrairement à la solution dégagée en pareille situation sous l'empire de la législation antérieure à la loi de sauvegarde des entreprises. Toutefois, la loi de sauvegarde des entreprises a posé des règles particulières en matière de droit de suite (v. s^s n° 711.22).

> **Cessionnaire de créance par bordereau *Dailly*.** Le débiteur cédé peut opposer au cessionnaire d'une créance par bordereau Dailly les exceptions qu'il aurait pu opposer au cédant. Toutefois, si les exceptions font naître au profit du débiteur cédé une créance de dommages et intérêts, il importe de déterminer sa nature. Si elle est antérieure au jugement d'ouverture, elle doit être déclarée. Sous l'empire de la loi du 25 janvier 1985[3], l'absence de déclaration de cette créance entraînait son extinction. Par voie de conséquence, le débiteur cédé était privé de la possibilité de s'en prévaloir. La solution avait été posée à propos d'une créance de dommages et intérêts pour malfaçons dans l'exécution des travaux, objets de la créance cédée[4]. La solution ne nous semble pas reconductible sous l'empire de la loi de sauvegarde des entreprises, du fait de la suppression de l'extinction des créances non déclarées. La créance de malfaçons non déclarée est inopposable à la procédure collective, mais rien n'interdit au débiteur cédé de s'en prévaloir à l'encontre du cessionnaire, tiers à la procédure collective.

> **Tiers saisi responsable d'une fausse déclaration.** Le tiers saisi qui fait une déclaration inexacte engage sa responsabilité envers le créancier. Cette créance de dommages et intérêts subsiste malgré l'absence de déclaration au passif de la créance en recouvrement de laquelle le créancier a fait pratiquer une saisie-attribution, car la créance n'est pas éteinte, mais seulement inopposable à la procédure collective[5].

SECTION 665.80 SITUATION DES CRÉANCIERS TITULAIRES DE SÛRETÉS PUBLIÉES OU DE CONTRATS PUBLIÉS – INOPPOSABILITÉ DE LA FORCLUSION (LOI DU 10 JUIN 1994) ET CONSTAT DE LA NON-FORCLUSION (LOI DE SAUVEGARDE DES ENTREPRISES)

665.81 Présentation générale des règles relatives à l'information des créanciers titulaires de sûretés publiées, crédits-bailleurs et titulaires de contrats publiés – Application dans le temps du

1. Com. 8 avr. 2015, n° 13-22.969, *Bull. civ.* IV [à paraître]; n° 348 F-P+B; DPDE mai 2015, 3, note Reille; *LXB hebdo* 14 mai 2015, n° 423, note Le Corre-Broly; *RTD com.* 2015. 586, n° 2, note Martin-Serf.
2. L. n° 2005-845, 26 juill. 2005, préc.
3. L. n° 85-98, 25 janv. 1985, préc.
4. Com. 17 déc. 2013, n° 12-26.706, *Bull. civ.* IV, n° 184; n° 1229 F-P+B; *Act. proc. coll.* 2014/3, comm. 42, note Thiberge; *LXB hebdo* 23 janv. 2014, n° 555, note Le Corre-Broly.
5. Com. 8 sept. 2015, n° 14-15.831, *Bull. civ.* IV [à paraître]; n° 729 F-P+B; *Gaz. Pal.* 19 janv. 2016, n° 3, p. 70, note Rohart-Messager; *Gaz. Pal.* 2015. 3738, note Ansault; *RTD com.* 2016. 197, n° 2, note Martin-Serf.

mécanisme. La loi du 10 juin 1994[1] a idérablement amélioré la situation des créanctitulaires de sûretés publiées et des crédits-bairs. Sous l'empire de la loi du 25 janvier 1985[2] réformée, l'article 50 prévoyait déjà l'obligation r le représentant des créanciers d'avertir les titus de sûretés publiées. Cependant, si cette oblion n'était pas respectée, elle n'était source d'aue sanction puisque, d'une part, la Cour de cassat avait jugé que le défaut d'avertissement par le repentant des créanciers n'autorisait pas à lui seul leevé de forclusion et que, d'autre part, le défau'avertissement n'entraînait pas *ipso facto* la resnsabilité du mandataire de justice, dès lors que créancier n'était pas un créancier « connu » (v. n° 665.41). L'article 50 de la loi du 25 janvier 185, tel qu'il résulte de la rédaction que lui a dmée la loi du 10 juin 1994 (devenu C. com., at. L. 621-43), reprend l'obligation, pour le représtant des créanciers, d'avertir les titulaires de sûrés publiées. Elle y ajoute les crédits-bailleurs. Mais, n outre, est tirée la conséquence du défaut d'avertiement d'avoir à déclarer sa créance (v. s^s^ n° 665.8).

La disposition n'est applicable u'aux procédures ouvertes à partir du 1er octobre 994[3]. Par exception au principe d'application c la loi nouvelle à une procédure ouverte après l'erée en vigueur de la loi, les règles applicables à laprocédure initiale régissent la situation des créancis de la personne à laquelle la procédure a été étenue. Ainsi a-t-il été jugé que les créanciers titulairesle sûretés publiées ou titulaires d'un crédit-bail pubié de la personne à laquelle la procédure a été étendue après le 1er octobre 1994 ne peuvent bénéficier du mécanisme de l'inopposabilité de la forclusion, dès lors que la procédure initiale a été ouverte avant cette date[4]. La solution a été étendue à la procédure ouverte sur fausse extension, à titre personnel contre le dirigeant, à titre de sanction[5]. Cette identité de solutions nous semble contestable, car si l'extension d'une procédure n'est pas une ouverture, au contraire, le redressement ou la liquidation judiciaire prononcé sur le fondement de l'article L. 624-5 du code de commerce, constitue une ouverture de procédure, qui aurait dû conduire à appliquer la loi nouvelle.

En outre, la loi du 10 juin 1994 n'était pas applicable en Nouvelle-Calédonie, à défaut de toute mention d'applicabilité. L'article 100 de la loi du 5 juillet 1996[6] a rendu applicable aux territoires d'outre-mer certaines dispositions de la loi du 10 juin 1994, notamment ses articles 35 et 37 qui modifiaient les articles 50 et 53 de la loi du 25 janvier 1985. Ce n'est donc qu'à compter de l'entrée en vigueur de la loi du 5 juillet 1996 que le mécanisme de l'inopposabilité de la forclusion a été rendu applicable en *Nouvelle-Calédonie*[7].

La loi de sauvegarde des entreprises, sans reprendre exactement le concept d'inopposabilité de la forclusion, a fait sienne l'analyse de la Cour de cassation rendue sous l'empire de la loi du 10 juin 1994, et procède au décalage du point de départ du délai de déclaration des créances, pour les créanciers bénéficiaires de l'avertissement qui ne l'ont pas reçu.

665.82 Créanciers bénéficiaires de l'avertissement. Le domaine de la règle posée par l'article L. 621-43, alinéa 1er du code de commerce (anc^t^ L. 25 janv. 1985[8], art. 50) et, depuis la loi de sauvegarde des entreprises[9], par l'article L. 622-24, alinéa 1er du code, fait apparaître qu'elle ne concerne que les créanciers. C'est ainsi que la caution, fut-elle subrogée dans les droits du créancier, n'a pas à être rendue destinataire de l'avertissement. La solution est certaine si la subrogation est postérieure au jugement d'ouverture[10].

Comme il a été finement relevé[11], une difficulté se présente en revanche si la subrogation est antérieure au jugement d'ouverture car, en ce cas, le titulaire de la créance qui déclenche le mécanisme de l'avertissement est la caution, que le mandataire judiciaire ne pourra cependant connaître faute de publication à son profit. Pour donner une portée à l'avertissement obligatoire, il faut donc, nous semble-t-il, décider qu'il suffit que le créancier au profit duquel la publication est intervenue soit averti, à charge pour lui d'en informer la caution subrogée dans ses droits. Mais une opinion contraire a été émise, qui oblige en ce cas à avertir la caution subrogée[12].

1. L. n° 94-475, 10 juin 1994, préc.
2. L. n° 85-98, 25 janv. 1985, préc.
3. Com. 11 mai 2002, *Act. proc. coll.* 2002/16, n° 202 – Com. 4 oct. 2005, n° 04-17.817, NP – Paris, 2e ch., 23 nov. 2005, RG n° 2004/19165.
4. Com. 4 janv. 2005, n° 02-13.148, NP, *Gaz. Pal.* 2005/1, p. 36, obs. Le Corre.
5. Paris, 3e ch. B, 16 janv. 2004, RG n° 2003/03980.
6. L. n° 96-609, 5 juill. 1996, *JO* 9 juill., p. 10308.
7. Com. 19 juin 2007, n° 05-17.753, *Bull. civ.* IV, n° 167; n° 892 FS-P+B+I; *D.* 2007. AJ 1877, note Lienhard; *Gaz. proc. coll.* 2007/4, p. 51, note Le Corre-Broly; *JCP E* 2007. 2243, note Eschylle.
8. L. n° 85-98, 25 janv. 1985, préc.
9. L. n° 2005-845, 26 juill. 2005, préc.
10. Com. 5 déc. 2006, n° 05-17.580, *Bull. civ.* IV, n° 239; n° 1377 FS-P+B; *D.* 2007. AJ 23, obs. Lienhard; *Gaz. proc. coll.* 2007/2, p. 46, note Le Corre-Broly; *Act. proc. coll.* 2007/1, n° 4, note Vallansan; *JCP E* 2007. 1321, note Vallansan; *JCP E* 2007. 1450, n° 9, obs. M. Cabrillac; *RTD com.* 2007. 593, n° 1, obs. Martin-Serf.
11. Lienhard, obs. s^s^ Com. 5 déc. 2006, n° 05-17.580, *D.* 2007. AJ 23.
12. Vallansan, obs. s^s^ Com. 5 déc. 2006, n° 05-17.580, *Act. proc. coll.* 2007/1, n° 4.

Le mécanisme protecteur intéresse d'abord les créanciers titulaires d'une sûreté ayant fait l'objet d'une publication. La solution, qui a été posée par la loi du 10 juin 1994[1], est reproduite par l'article L. 622-24, alinéa 1er, tel qu'il résulte de la loi de sauvegarde des entreprises.

Tout d'abord, la législation exige, pour que le mécanisme protecteur s'applique, que la sûreté soit publiée[2].

Tel n'est pas le cas du privilège du syndicat des copropriétaires, le créancier titulaire de ce privilège ne pouvant ainsi bénéficier du texte[3], à moins qu'il n'ait inscrit une hypothèque. C'est alors en qualité de créancier hypothécaire, non en qualité de créancier titulaire du privilège du syndicat des copropriétaires qu'il sera averti[4]. De même, la Carpimko, organisme social qui bénéficie d'un privilège général non publié, ne bénéficie pas de l'avertissement obligatoire[5].

Tel n'est pas davantage le cas du nantissement de parts sociales, la signification de ce nantissement à la société ne pouvant être assimilée à une mesure de publicité au sens du mécanisme ici analysé[6]. Tel n'est pas davantage le cas du gage ordinaire aujourd'hui régi par l'article 2333 du code civil[7], à moins évidemment que ce gage, comme cela est possible depuis la réforme des sûretés, ne soit publié en tant que gage par inscription.

Il conviensuite d'indiquer que l'inopposabilité de la fcsion ne peut être invoquée par les créanciers taires d'une sûreté ayant fait l'objet d'une publion sur un bien n'appartenant pas au débiteur souocédure collective[8], par exemple au titre de ce q'on appelait autrefois le cautionnement hypothire, c'est-à-dire l'hypothèque constituée en gatie de la dette d'un tiers. En revanche, le créanr qui est titulaire d'une hypothèque consentie pan tiers bénéficie de l'avertissement obligatoire, s procédure collective atteint ce tiers, constituant d'hypothèque[9]. Par analogie, on peut estimer que, présence d'un EIRL, le créancier titulaire d'unûreté réelle portant sur un bien figurant dans un tre patrimoine de l'EIRL ne peut prétendre à l'artissement d'avoir à déclarer sa créance[10].

Un seul avetissement à créancier titulaire de sûreté publiéeeut être envoyé, en présence d'un prêt contracté r deux époux, dès lors que la procédure de l'un esttendue à l'autre[11].

Il convient enuite de préciser qu'en cas de fusion absorption, le cancier perd sa sûreté sur la société absorbée, du faite la disparition de cette dernière. Il n'a donc pas à re averti par le mandataire de justice de la procéure collective ouverte contre la société absorbant[12].

Pour bénéficierde l'avertissement, il faut que la sûreté ait été inscre avant jugement d'ouverture[13]. Spécialement, il a cé jugé que l'inscription d'un privilège ou d'une sûrté après le jugement d'ouverture étant irrégulière ne rend pas obligatoire l'avertissement[14]. En revanche, dès lors que la publicité est intervenue avant le jugement d'ouverture, il importe peu que la publicité ait été régulièrement effec-

1. L. n° 94-475, 10 juin 1994, préc.
2. Com. 11 févr. 2004, n° 01-12.820, NP.
3. Com. 4 mars 2003, n° 00.11.952, *Bull. civ.* IV, n° 35; *D.* 2003. AJ 909; *AJDI* 2003. 513, obs. Giverdon; *Act. proc. coll.* 2003/8, n° 98, obs. Régnaut-Moutier; *RD banc. fin.* 2003, n° 106, note Legeais; *JCP E* 2003. Chron. 1396, n° 7, obs. M. Cabrillac; *RTD com.* 2003. 566, n° 3, obs. Martin-Serf; *Rev. proc. coll.* 2003, p. 317, n° 4, obs. Legrand; *LXB hebdo* n° N7180AA8, note Le Corre – *Adde*, Dupuis, « Privilège du syndicat des copropriétaires et liquidations judiciaires des sociétés », *Gaz. Pal.* 2-3 févr. 2000, p. 3.
4. Paris, 3e ch. A, 31 mars 2006, RG n° 05/11140.
5. Com. 31 janv. 2012, n° 11-11.940, *Bull. civ.* IV, n° 20; n° 63 F-P+B; *D.* 2012. Actu. 432, obs. Lienhard; *Gaz. Pal.* 28 avr. 2012, n° 118, p. 29, note Le Corre; *RTD com.* 2012. 400, n° 1, obs. Martin-Serf; *Rev. proc. coll.* 2012, comm. 198, note Lebel; *LXB hebdo* 16 févr. 2012, n° 284, note Le Corre-Broly.
6. Com. 16 mai 2006, n° 05-12.400, *Bull. civ.* IV, n° 121; n° 634 F-P+B; *D.* 2006. AJ 1528, obs. Lienhard; *D.* 2006. Pan. 2864, obs. Crocq; *RTD com.* 2006. 912, n° 2, obs. Martin-Serf; *JCP E* 2006. Chron. 2331, n° 9, obs. M. Cabrillac; *Act. proc. coll.* 2006/11, n° 127, note Vallansan; *JCP E* 2006. 2236, note Vallansan; *RD banc. fin.* 2006, n° 138, note Legeais; *RD banc. fin.* 2006, n° 163, note Lucas; *Defrénois* 2006. 1911, Chron. 38507, n° 5, note Gibirila; *Rev. proc. coll.* 2007/1, p. 49, n° 11, obs. Legrand; *Gaz. proc. coll.* 2006/3, p. 37, n° 7, obs. Le Corre.
7. Orléans, ch. com., 1er févr. 2001. *RJDA* 2001, n° 786.
8. Com. 16 oct. 2001, n° 98-19.538, NP, *Rev. proc. coll.* 2002, p. 93, n° 1, obs. Legrand – Com. 21 juin 2005, n° 04-10.383, *Bull. civ.* IV, n° 133; n° 915 F-P+B; *D.* 2005. AJ 1851, obs. Lienhard; *RTD com.* 2006. 203, n° 3, obs. Martin-Serf; *RTD com.* 2006. 914, n° 3, obs. Martin-Serf; *JCP E* 2005. Chron. 1860, n° 2, obs. Delebecque et Simler; *JCP E* 2005. p. 2207, n° 15, obs. Delebecque et Simler; *Gaz. proc. coll.* 2005/3, p. 39, n° 2, obs. Le Corre; *LXB hebdo* n° N6689AIL, note Le Corre – Colmar, 1re ch. civ. A, 29 mai 2001, *D.* 2001. AJ 2743, obs. Lienhard; *JCP E* 2002. Chron. 175, n° 11, obs. M. Cabrillac et Pétel; *Act. proc. coll.* 2002/3, n° 37 – Paris, 3e ch. B, 24 oct. 2003, RG n° 2002/20274.
9. Colmar, 1re ch. A, 7 févr. 2006, *Banque et droit* sept.-oct. 2007, n° 115, p. 52, note Guillot.
10. Macorig-Venier, « EIRL : les créanciers de l'EIRL en difficulté », *Rev. proc. coll.* 2011, dossier 20, n° 12.
11. Montpellier, 2e ch., 15 mars 2016, RG n° 15/07201, *Gaz. Pal.* 24 mai 2016, n° 19, p. 38.
12. Paris, 3e ch. B, 28 mars 2003, RG n° 2002/14215, *RD banc. fin.* 2003, n° 147, note Lucas.
13. Paris, 3e ch. B, 20 juin 2003, RG n° 2002/11518.
14. Com. 10 mai 2005, n° 04-12.504, NP – Paris, 3e ch. A, 9 sept. 2003, RG n° 2003/02644.

tuée[1], dès lors qu'aucune décision de justice n'est intervenue pour affirmer l'irrégularité de la publicité, au jour où se pose, pour le mandataire judiciaire, la question de l'avertissement du créancier titulaire de la sûreté. Le mandataire judiciaire n'a en effet pas à se faire juge de la régularité de la publicité au stade de l'avertissement, cette question devant au contraire être étudiée au stade de la vérification de la créance[2]. La solution a ainsi été posée alors que la sûreté était caduque[3].

En cas de péremption de la sûreté au jour de l'ouverture de la procédure, l'avertissement cesse d'être obligatoire[4]. Il en est de même si la sûreté a été radiée au jour de l'ouverture de la procédure[5]. Identiquement, le rétablissement après jugement d'ouverture d'une hypothèque radiée par erreur ne rend pas obligatoire l'avertissement de ce créancier, qui n'était pas hypothécaire au jour du jugement d'ouverture[6].

En revanche, la qualité de créancier titulaire d'une sûreté publiée s'appréciant à la date du jugement d'ouverture, la disparition de la sûreté après le jugement d'ouverture reste sans conséquence sur l'obligation d'avertissement du créancier[7].

Il n'y a pas de difficulté à décider que les créanciers titulaires d'un privilège de prêteur de deniers, d'un privilège de vendeur par subrogation ainsi que les créanciers hypothécaires, doivent être avertis d'avoir à déclarer leur créance.

Les titulaires de privilèges généraux, assimilés à des titulaires de sûretés, devront également être avertis, dès lors que leur privilège est publié, ce qui est le cas du privilège du Trésor public[8]. La preuve de la publication devra être rapportée par eux[9]. Le texte de l'article L. 621-43, alinéa 1 *in fine*, auquel renvoie l'article L. 621-46, alinéa 2 du code (anc[t] L. 25 janv. 1985, art. 53), dans la rédaction antérieure à la loi de sauvegarde des entreprises, celui de l'article L. 622-24, alinéa 1er depuis la loi de sauvegarde, ne contiennent pas de restrictions relatives aux sûretés.

En ce qui concerne *les sûretés mobilières, il faut* d'abord exclure de l'obligation d'avertissement, celles qui ne font l'objet d'aucune publication, tels les gages classiques[10], la dépossession, certes constitutive en droit civil d'une forme de publicité, n'étant pas une publication.

Lorsque la sûreté fait l'objet d'une publication au greffe du tribunal, il n'y a pas de difficulté à poser l'obligation d'avertissement. Il en sera ainsi du créancier nanti sur fonds de commerce ou du gagiste sur matériel et outillage. Certaines sûretés spéciales obligeront également le représentant des créanciers à l'avertissement. Il en est ainsi spécialement en matière de warrants agricoles, lesquels doivent être transcrits sur un registre spécial tenu par le tribunal d'instance du lieu de situation des biens warrantés.

La jurisprudence pose l'obligation d'avertir le créancier gagiste sur véhicule automobile, en partant de l'idée que la déclaration du gage en préfecture équivaut à une publicité, puisque l'information est parfaitement accessible à tout intéressé[11].

Depuis la réforme du droit des sûretés, opérée par l'ordonnance du 23 mars 2006[12], les créanciers titulaires de gages par inscription devront également être avertis d'avoir à déclarer leurs créances.

De même, les vendeurs sous clause de réserve de propriété ou les prêteurs subrogés dans leurs droits, qui auront pris la précaution de publier au greffe du tribunal leur sûreté, devront être avertis d'avoir à

1. Com. 15 avr. 2008, n° 07-10.174, *Bull. civ.* IV, n° 90; n° 509 F-P+B; *D.* 2008. AJ 1344, note Lienhard; *Gaz. proc. coll.* 2008/3, p. 45, note Le Corre-Broly; *Act. proc. coll.* 2008/8, n° 125, note Régnaut-Moutier; *JCP E* 2008. Chron. 2062, n° 9, obs. M. Cabrillac; *RTD com.* 2008. 621, n° 2, obs. Martin-Serf; *RDBF* sept./oct. 2008, p. 41, n° 144, note Piedelièvre; *LXB hebdo* 22 mai 2008, n° 305, n° N9582BEM, note Le Corre-Broly – Com. 18 sept. 2012, n° 11-21.058, NP; n° 878 F-D.
2. Régnaut-Moutier, note s[s] Com. 15 avr. 2008, n° 07-10.174, *Act. proc. coll.* 2008/8, n° 125.
3. Com. 15 avr. 2008, n° 07-10.174, préc. (v. s[s] prés[t] n°).
4. Nîmes, 2e ch. B, 10 janv. 2002, RG n° 99/4769, *RD banc. fin.* 2003, n° 30, note Lucas.
5. Com. 13 déc. 2005, n° 01-13.044, NP; n° 1621 F-D; *Gaz. proc. coll.* 2006/2, p. 43, obs. Le Corre.
6. Com. 12 juill. 2004, n° 00-17.120, *Bull. civ.* IV, n° 155; *D.* 2004. AJ 2156; *RD banc. fin.* 2004, n° 246, note Lucas; *Defrénois* 2005. 525, 38133, note Piedelièvre.
7. Com. 6 déc. 2011, n° 10-24.968, *Bull. civ.* IV, n° 201; n° 1229 F-P+B; *D.* 2012. Actu. 7, obs. Lienhard; *BJE* mai 2012, comm. 75, p. 160, note Macorig-Vénier; *Gaz. Pal.* 28 mars 2012, p. 23, note Dumont-Lefrand; *LPA* 15 juin 2012, n° 120, p. 12, note Zattara-Gros; *LXB hebdo* 19 janv. 2012, n° 280, note Le Corre-Broly.
8. Com. 4 juill. 2000, n° 97-22.414, *Bull. civ.* IV, n° 137; *D.* 2000. AJ 353, obs. Pisoni; *Act. proc. coll.* 2000/14, n° 179; *RD banc. fin.* 2000, n° 200, note Lucas; *RTD com.* 2001. 228, obs. Martin-Serf; *D.* 2001. Somm. 617, obs. Honorat; *JCP E* 2001. Chron. 219, n° 11, obs. Pétel; *RTD civ.* 2001. 399, obs. Crocq; *Rev. proc. coll.* 2002, p. 211, n° 13, obs. Neau-Leduc – Com. 9 janv. 2001, n° 98-15.102, *Bull. civ.* IV, n° 6; *D.* 2001. AJ 479; *JCP E* 2001. Chron. 752, n° 7, obs. M. Cabrillac; *RTD civ.* 2001. 399, obs. Crocq – Com. 9 juill. 2002, n° 99-13.453, NP, *Rev. proc. coll.* 2003, p. 323, n° 18, obs. Legrand – Paris, 3e ch. A, 4 janv. 2005, RG n° 04/07228.
9. Paris, 3e ch. B, 28 sept. 2001, *Rev. proc. coll.* 2002, p. 188, n° 10, obs. Legrand.
10. Orléans, ch. com., éco. et fin., 1er févr. 2001, *RJDA* 2001/7, n° 786.
11. Amiens, 4e ch. com., 11 mars 1999, *Diac c/Me Soinne* ès qual. *Poulain*, NP – Douai, 2e ch., 19 sept. 2000, *RTD com.* 2001. 228, obs. Martin-Serf – Amiens, ch. com., 21 sept. 2000, *Gaz. Pal.* 27-28 mars 2002, p. 38, note Vray – Orléans, ch. sol., 14 juin 2002, *RJDA* 2002/11, n° 1170, p. 984.
12. Ord. n° 2006-346, 23 mars 2006, *JO* 24 mars, p. 4475.

déclarer leur créance, l'opinion contraire ayant cependant été soutenue avant la loi de sauvegarde des entreprises et la réforme du droit des sûretés[1]. La Cour de cassation avait considéré la clause de réserve de propriété comme une sûreté (v. s[s] n° 816.13), dès avant l'ordonnance du 23 mars 2006, depuis laquelle la discussion n'existe plus.

Outre les titulaires de sûretés publiées, le texte de la loi obligeait, sous l'empire de la législation antérieure à la loi de sauvegarde des entreprises, à avertir les crédits-bailleurs. Cependant, le décret du 27 décembre 1985[2], dans la rédaction que lui avait donnée le décret du 21 octobre 1994[3], n'évoquait plus le crédit-bail, mais le bail. Il semblait ainsi que les titulaires d'un contrat de crédit-bail, les titulaires d'un bail ou les titulaires d'une location avec option d'achat publiés devaient être avertis.

La loi de sauvegarde des entreprises supprime la difficulté résultant de la différence entre le code de commerce et son décret d'application, en étendant logiquement l'obligation d'avertissement à tous les créanciers titulaires d'un contrat publié (C. com., art. L. 622-24, al. 1er). Il s'agira donc, non seulement, des crédits-bailleurs, des loueurs financiers, mais encore des titulaires de contrat de vente avec clause de réserve de propriété ou des créanciers prêteurs subrogés dans leurs droits, des créanciers ayant donné en location-gérance leur fonds de commerce, des titulaires de contrats portant sur les marques et brevets ou portant sur des contrats de location d'aéronefs ou de navires. La disposition est en tout cas intéressante, car elle assure un parallélisme entre l'obligation d'avertissement des créanciers et le domaine d'application des actions en restitution[4], lesquelles sont réservées aux propriétaires de contrats publiés.

Mais le domaine d'application est plus large que celui des contrats portant sur les meubles. Ainsi, est un contrat publié, celui de l'acquéreur d'un immeuble par contrat de vente en l'état futur d'achèvement, la publication étant ici effectuée à la conservation des hypothèques[5]. Peu importe, selon la Cour de cassation, la finalité de la publicité, d'une part, et, d'autre part, la créance qui permettra à son titulaire de bénéficier de l'avertissement. Il pourra donc ne pas s'agir de la créance née de l'exécution du contrat, mais d'une créance de dommages-intérêts[6].

L'avertissement n'est plus obligatoire en cas de péremption de la publicité d'un contrat de crédit-bail[7].

Ni la transmission du contrat d'affermage à la préfecture, ni la publication de la délibération municipale dans un journal, ni la transcription de cette délibération au recueil des actes administratifs de la ville, ne peuvent constituer la publication visée par le code de commerce pour considérer que l'on est en présence d'un contrat publié obligeant le mandataire judiciaire à un avertissement du créancier[8].

Si le contrat est cédé à un repreneur, dans le cadre du plan de cession, l'obligation d'avertissement subsiste en cas de procédure collective ouverte contre le repreneur. Cette solution est logique, si le contrat est publié sur le repreneur. Elle est difficile à justifier dans le cas contraire, même si la solution a pu être posée en jurisprudence[9].

L'obligation d'avertissement et l'inopposabilité de la forclusion qui en résulte, en cas de défaut d'avertissement, ne s'appliquent qu'à la créance initiale, non à la créance d'indemnité de résiliation[10] en présence d'un contrat en cours au jour du jugement d'ouverture.

Si le créancier est titulaire de plusieurs sûretés, l'obligation d'avertissement n'a pas à être respectée pour chacune des sûretés[11].

En outre, si le créancier est titulaire d'une créance lui ouvrant droit à l'avertissement et d'une créance chirographaire, l'inopposabilité de la forclusion ne jouera que pour la première[12]. Le créancier restera

1. Pérochon et Bonhomme, 6e éd., n° 151, note 150.
2. D. n° 85-1388, 27 déc. 1985, préc.
3. D. n° 94-910, 21 oct. 1994, préc.
4. *Rapp. Xavier de Roux*, n° 2095, p. 230.
5. Pau, 2e ch., 1re sect., 28 févr. 2012, RG n° 12/00696, *Rev. proc. coll.* 2013, comm. 73, note F. et M.-N. Legrand; et sur pourvoi : Com. 16 sept. 2014, n° 13-20.392, *Bull. civ.* IV, n° 124; n° 722 F-P+B; *Gaz. Pal.* 18 janv. 2015, n° 18, p. 25, note Le Corre; *Gaz. Pal.* 2014, Jur. 3883, note Zalewski-Sicard; *Rev. sociétés* 2014. 756, note Roussel Galle; *Act. proc. coll.* 2014, comm. 294, note Favario; *JCP E* 2014. 1637, n° 6, note crit. Pétel; *BJE* 2014, 370, note Sortais; *Rev. proc. coll.* 2015, comm. 37, note F. et M.-N. Legrand – Com. 16 sept. 2014, n° 13-20.395, NP; n° 723 F-D.
6. Com. 16 sept. 2014, n° 13-20.392, *Bull. civ.* IV, n° 124; n° 722 F-P+B; préc. – Com. 16 sept. 2014, n° 13-20.395, préc.
7. Orléans, ch. com., éco. et fin., 20 déc. 2001, *RJDA* 2002/3, n° 279, p. 235 – Nîmes, 2e ch. B, 10 janv. 2002, RG n° 99/4769, *RD banc. fin.* 2003, n° 30, note Lucas.
8. Versailles, 13e ch., 7 avr. 2011, RG n° 10/02167.
9. Paris, 3e ch. B, 30 oct. 1998, *D. Affaires* 1998. 1954, obs. Lienhard.
10. Com. 6 juin 2000, n° 97-21.288, NP, *RJDA* 2000/11, n° 1016.
11. Rennes, 2e ch. com., 9 juin 1999, *BICC* 15 mars 2000, n° 356.
12. Paris, 3e ch. A, 18 nov. 1997 et Paris, 6 juin 1998, *RTD com.* 1998. 935, 936, obs. Martin-Serf – Paris, 3e ch. B, 5 déc. 2003, RG n° 2002/17989 – Paris, 3e ch. A, 27 janv. 2004, RG n° 2003/02648 – Paris, 3e ch. A, 14 sept. 2004, RG n° 2004/1177 – Aix-en-Provence, 8e ch. C, 15 nov. 2012, RG n° 11/18908, *Rev. proc. coll.* 2013, comm. 71, note F. et M.-N. Legrand – Versailles, 13e ch., 16 oct. 2014, RG n° 14/00192, *JurisData* 026036 – Versailles, 13e ch., 16 oct. 2014, RG n° 14/00195, *JurisData* 024972.

astreint, pour la seconde, à présenter une requê relevé de forclusion.

Précisons enfin que, sous l'empire de la lo 25 janvier 1985, l'avertissement délivré aux cré ciers du chef d'une société dont les associés s indéfiniment et solidairement responsables ne v pas avertissement du chef de l'associé personnel ment déclaré en redressement ou en liquidati judiciaire, et qui était le seul débiteur du créancier avertir[1]. La solution suppose toutefois que la sûre soit inscrite sur un bien de l'associé et non sur u bien de la société.

Indiquons enfin que dans la sauvegarde accélérée résultant de l'ordonnance du 12 mars 2014[2], la communication aux créanciers de l'*extrait de la liste* des créances, par le mandataire judiciaire, vaut avertissement au sens des articles L. 622-24 et R. 622-21, en application de l'alinéa 2 de l'article R. 628-9, alinéa 2.

665.83 Forme de l'avertissement. L'article L. 621-43 du code de commerce, dans sa rédaction antérieure à la loi de sauvegarde des entreprises[3] (anc[t] L. 25 janv. 1985[4], art. 50), et l'article L. 622-24, alinéa 1er, depuis la loi du 26 juillet 2005, obligent le représentant des créanciers – mandataire judiciaire – à avertir les titulaires de sûreté publiée ou crédits-bailleurs. L'article 66, alinéa 3 du décret du 27 décembre 1985[5], tel qu'il résulte de la rédaction du décret du 21 octobre 1994[6], prévoit que « les créanciers titulaires d'une sûreté ayant fait l'objet d'une publication ou d'un contrat de bail publié sont avertis par lettre recommandée avec demande d'avis de réception ». L'article 96, alinéa 3 du décret du 28 décembre 2005[7], devenu l'article R. 622-21, alinéa 3 du code de commerce, reprend la solution en l'étendant à tous les créanciers titulaires de contrats publiés. La forme de l'avertissement ne résulte plus du texte de loi, depuis la loi de sauvegarde des entreprises, ce qui est justifié au regard de la nature réglementaire de la précision. Le législateur ayant enfermé l'obligation d'avertissement dans la forme recommandée avec accusé de réception, il peut, avec assurance, être affirmé que la preuve de l'avertissement repose sur le représentant des créanciers[8] – mandataire judiciaire.

La forme recommandée constitue-t-elle une nullité de forme, sa sanction présupposant la démonstration d'un grief (v. C. pr. civ., art. 112) ? Si tel est le cas, dès lors que l'existence de l'avertissement n'est pas discutée, il n'y a pas de grief, et il importe peu que la forme recommandée ait été respectée[9]. Telle n'est pas la solution retenue par la Cour de cassation, qui juge que la sanction intervient indépendamment de tout grief[10], au motif que l'avertissement n'est pas un acte de procédure[11]. L'inobservation de la forme recommandée rend inopposable au créancier la forclusion édictée par le code de commerce[12], et jouera même si le créancier ne conteste pas avoir reçu l'avertissement[13] ou ne nie pas avoir eu connaissance du jugement d'ouverture[14].

665.84 Contenu de l'avertissement. Qu'il s'agisse de l'avertissement des créanciers connus ou de celui des créanciers titulaires de sûreté publiée ou titulaires d'un contrat de bail publié ou plus généralement d'un contrat publié sous l'empire de la loi de sauvegarde des entreprises, l'avertissement est strictement réglementé en son contenu. Il est indiqué que « l'avertissement du représentant des créanciers – mandataire judiciaire – reproduit les dispositions légales et réglementaires relatives aux délais et formalités à observer pour la déclaration des créances, pour la demande en relevé de forclusion et pour les

1. Grenoble, ch. com., 26 juin 2008, RG n° 06/00335, *Act. proc. coll.* 2008/17, n° 265.
2. Ord. n° 2014-326, 12 mars 2014, préc.
3. L. n° 2005-845, 26 juill. 2005, préc.
4. L. n° 85-98, 25 janv. 1985, préc.
5. D. n° 85-1388, 27 déc. 1985, préc.
6. D. n° 94-910, 21 oct. 1994, préc.
7. D. n° 2005-1677, 28 déc. 2005, préc.
8. Amiens, 4e ch. plén., 11 mars 1999, *Diac c/Me Soinne* ès qual. *Poulain*, NP – *Adde*, Soinne, n° 2224-1.
9. Rennes, 2e ch., 18 févr. 1998, *JCP E* 1998. Jur. 993, note Lucas – Amiens, 4e ch. com., 19 févr. 1998, *Gaz. Pal.* 15-16 sept. 2000, Somm. 30, note Canet.
10. Com. 14 mars 2000, n° 97-14.912, *Bull. civ.* IV, n° 57; *D.* 2000. AJ 169, obs. Lienhard; *Act. proc. coll.* 2000/8, n° 88; *JCP E* 2000. Chron. 1563, n° 3-b-6, obs. Pétel; *RTD com.* 2000. 716, obs. Martin-Serf; *RD banc. fin.* 2000, n° 69, note Lucas – Com. 17 févr. 2015, n° 13-24.403, *Bull. civ.* IV [à paraître]; n° 213 FS-P+B; *Act. proc. coll.* 2015/5, comm. 68, note Cagnoli; *Rev. sociétés* 2015. 409, note Roussel Galle; *RTD com.* 2015. 367, n° 1, obs. Martin-Serf; *Rev. proc. coll.* 2015, comm. 38, note F. et M.-N. Legrand et comm. 82, note Cagnoli; *LXB hebdo* 19 mars 2015, n° 416, note Le Corre.
11. Com. 17 févr. 2015, n° 13-24.403, *Bull. civ.* IV [à paraître]; n° 213 FS-P+B; préc.
12. Com. 14 mars 2000, n° 97-14.912, *Bull. civ.* IV, n° 57; *D.* 2000. AJ 169, obs. Lienhard; *Act. proc. coll.* 2000/8, n° 88; *JCP E* 2000. Chron. 1563, n° 3-b-6, obs. Pétel; *RTD com.* 2000. 716, obs. Martin-Serf; *RD banc. fin.* 2000, n° 69, note Lucas – Com. 2 mai 2001, n° 98-13.131, NP, *Act. proc. coll.* 2001/11, n° 136 – Com. 17 juill. 2001, n° 98-18.310, NP, *Act. proc. coll.* 2001/18, n° 234; *Rev. proc. coll.* 2002, p. 97, n° 13, obs. Legrand – Com. 16 oct. 2001, n° 98-20.551, NP, *Rev. proc. coll.* 2002, p. 97, n° 13, obs. Legrand – Com. 24 juin 2003, n° 00-16.658, NP.
13. Com. 14 mars 2000, n° 97-14.912, préc. (v. s[s] prés[t] n°) – Com. 2 mai 2001, n° 98-13.131, préc. (v. s[s] prés[t] n°) – Com. 17 juill. 2001, n° 98-18.310, préc. (v. s[s] prés[t] n°) – Com. 24 juin 2003, n° 00-16.658, préc. (v. s[s] prés[t] n°) – *Adde*, Paris, 3e ch. A, 14 sept. 2004, RG n° 2004/1177.
14. Com. 16 oct. 2001, n° 98-20.551, NP, *Rev. proc. coll.* 2002, p. 97, n° 13, obs. Legrand.

actions en revendication et en restitution. Cet avertissement reproduit également les dispositions des articles 15 de la loi du 25 janvier 1985[1] [devenu C. com., art. L. 621-13] et 31-1 du présent décret » et, sous l'empire de la loi de sauvegarde des entreprises[2], les dispositions des articles L. 621-10 du code de commerce, R. 621-19 et R. 621-24. Il s'agit là des règles relatives à la nomination des contrôleurs.

Le décret du 30 juin 2014[3] (art. 48) modifie l'alinéa 3 de l'article R. 622-21 du code de commerce pour indiquer que l'avertissement doit préciser que la créance a été portée par le débiteur sur la liste prévue à l'article L. 622-6 conformément aux dispositions du second alinéa de l'article R. 622-5. En d'autres termes, le créancier doit être informé que la créance a été déclarée pour son compte par le débiteur. Mais il ne connaît pas la façon dont la créance a été portée à la connaissance du mandataire judiciaire. Dès lors, il doit comprendre qu'il doit se préoccuper de déclarer personnellement sa créance dans les délais, c'est-à-dire dans les deux mois de la réception de l'avertissement, s'il ne veut pas être admis au passif dans les conditions de la déclaration faire pour son compte par le débiteur.

Doit-on systématiquement sanctionner le manquement du représentant des créanciers – mandataire judiciaire – au respect du contenu de l'avertissement ? Il a pu être estimé que l'irrégularité sera sans sanction si elle ne cause aucun grief au créancier qui connaît la procédure collective ouverte contre le débiteur[4]. Au contraire, il a été jugé par la Cour de cassation, dans une première phase, que, l'avertissement incomplet devait être tenu pour inexistant et était impuissant à faire courir le délai de déclaration de créance[5]. Puis la Cour de cassation a entendu enfermer la sanction dans des limites raisonnables. Toute irrégularité affectant le contenu de l'avertissement ne doit pas conduire à le tenir pour inexistant. Il n'en sera ainsi, et le délai de déclaration de créance ne courra pas, que si l'avertissement en cause est insuffisant à informer le créancier de ses droits et obligations[6].

En présence d'un créancier étranger, domicilié dans un État membre de la Communauté européenne adhérent du Règlement *communautaire du 29 mai 2000*[7], l'avertissement personnel d'avoir à déclarer la créance doit être adressé au moyen d'un formulaire, portant dans toutes les langues officielles des institutions de l'Union européenne le titre « invitation à produire une créance. Délais à respecter ». L'avertissement, qui contient un délai erroné pour effectuer la déclaration de créance et qui ne reproduit pas les dispositions de l'article L. 621-43 du code de commerce, dans sa rédaction antérieure à la loi du 26 juillet 2005 [celles de l'article L. 622-24 du code, dans sa rédaction issue de la loi de sauvegarde des entreprises], est impuissant à faire courir le délai de forclusion. La solution a été posée à propos d'un créancier titulaire d'une sûreté publiée[8]. Une cour d'appel considère, à propos d'un créancier chirographaire étranger, qu'il n'y a pas place à un différé du point de départ du délai de forclusion, en l'absence totale d'avertissement du créancier étranger, seule était ouverte au profit de ce créancier une action en relevé de forclusion[9]. La solution nous semble critiquable, car, s'il est exact que telle est la situation de la législation interne française, faute d'un texte contraire, il ne semble pas que l'on puisse laisser sans conséquence le non-respect d'une disposition du Règlement communautaire.

Dans une affaire un peu particulière, une banque avait accordé un prêt garanti par une hypothèque à un emprunteur. L'immeuble a été vendu sur saisie mais l'adjudicataire, sans avoir payé le prix, a été placé en liquidation judiciaire. Sa procédure a été clôturée pour insuffisance d'actif, sans que le prix de vente de l'immeuble ait été récupéré. La banque a perçu le montant des sommes qui lui étaient dues 4 ans plus tard. La procédure a été rouverte et, après réouverture, le liquidateur a averti le créancier hypothécaire d'avoir à déclarer sa créance du fait de l'ouverture de la liquidation judiciaire. Ce qu'il n'a fait que quatre plus tard. Le liquidateur l'a alors tenu pour forclos. Le créancier a alors présenté une requête en inopposabilité de la forclusion, au motif que l'avertissement était irrégulier. La Cour de cassation considère possible cet avertissement dans la mesure où la réouverture de la procédure n'est pas une nouvelle procédure. Mais elle le tient pour irré-

1. L. n° 85-98, 25 janv. 1985, préc.
2. L. n° 2005-845, 26 juill. 2005, préc.
3. D. n° 2014-736, 30 juin 2014, préc.
4. Paris, 3e ch. B, 6 févr. 1998, *Gaz. Pal.* 3-4 avr. 1998, p. 15.
5. Com. 15 mai 2001, n° 98-13.306, *Bull. civ.* IV, n° 88; *Act. proc. coll.* 2001/11, n° 137, note Vallansan; *D.* 2001. AJ 1872, obs. Lienhard; *JCP E* 2001. Chron. 1470, n° 9, obs. M. Cabrillac.
6. Com. 17 févr. 2015, n° 13-24.403, *Bull. civ.* IV [à paraître]; n° 213 FS-P+B; *Act. proc. coll.* 2015/5, comm. 68, note Cagnoli; *Rev. sociétés* 2015. 409, note Roussel Galle; *RTD com.* 2015. 367, n° 1, obs. Martin-Serf; *Rev. proc. coll.* 2015, comm. 38, note F. et M.-N. Legrand et comm. 82, note Cagnoli; *LXB hebdo* 19 mars 2015, n° 416, note Le Corre.
7. Règl. (CE) n° 1346/2000, Conseil, 29 mai 2000, préc.
8. Com. 7 juill. 2009, nos 07-17.028, 07-20.220, *Bull. civ.* IV, n° 99; n° 711 F-P+B; *D.* 2009. AJ 1965, note Lienhard; *Gaz. proc. coll.* 2009/4, 1re partie, nos 303, 304, p. 32, note Henry; *RTD com.* 2009 804, n° 1, obs. Martin-Serf; *Rev. proc. coll.* 2009/6, 149, p. 29, note Menjucq; *JCP E* 2010. Chron. 1011, n° 8, obs. Pétel; *RTD com.* 2010 209, n° 28, obs. Vallens.
9. Orléans, 8 oct. 2009, *Rev. proc. coll.* 2010/6, p. 29, note Menjucq.

gulier car au lieu de viser une réouverture la procédure, il a visé une ouverture de procédr[1].

665.85 Destinataire de l'avertissement – Élection de domicile. La personne du destataire de l'avertissement mérite des précisions.

L'avertissement n'est pas considéré comme un acte de procédure. Il semble qu'il s'agis d'un acte préparatoire à une demande en justice, rienté vers la conservation d'un droit.

Il en est tiré la conséquence que l'avertissement délivré à l'agence d'une banque ayant octroyé le crédit n'est pas valable[2]. Même si la solution n'est pas affirmée par la Cour de cassation, l'avertissement aurait dû intervenir au siège social. La nature d'acte procédural aurait au contraire conduit à son efficacité, dans le respect de l'article 690 du code de procédure civile, qui autorise les notifications à une personne morale au lieu de son « établissement », ce que constitue une agence. Il faudra réserver l'hypothèse d'un domicile élu à l'agence, le domicile élu pouvant valablement être le destinataire de l'avertissement[3].

Il a également été jugé que l'avertissement au trésorier général du département ne vaut pas avertissement régulier, faute pour le mandataire d'avoir avisé le trésorier principal de la commune[4].

Les solutions ci-dessus exprimées méritent cependant d'être nuancées car la Cour de cassation a posé en principe que les juridictions du fond disposent d'un pouvoir souverain d'appréciation pour savoir si le créancier a été averti personnellement[5]. Il a ainsi pu être jugé que l'avertissement était régulier lorsque le représentant des créanciers avait averti le créancier à l'adresse que ce dernier avait mentionné sur la déclaration de créance[6].

Mais une chose est de savoir si le créancier a été averti personnellement. Une autre est de savoir si l'avertissement a bien été délivré au véritable créancier. Avertir X alors qu'il faut avertir Y n'est évidemment pas équivalent et même si le créancier fait partie d'un groupe de sociétés, il n'est pas équivalent d'avertir l'une d'elles, fût-ce la mère, ou la filiale véritablement créancière. La Cour de cassation a ainsi pu rejeter le pourvoi contre l'arrêt d'une cour d'appel ayant considéré que l'avertissement était irrégulier, et n'avait donc pas pu faire courir le délai de déclaration, si au lieu d'avertir le Crédit Mutuel de Liré Saint-Laurent, le mandataire avertit le Crédit Mutuel sans autre précision, le créancier n'étant pas alors identifié[7].

Si le créancier à avertir fait l'objet d'une liquidation judiciaire, l'avertissement doit être délivré au liquidateur. L'avertissement au seul débiteur serait insuffisant[8]. En cas de redressement judiciaire, l'avertissement sera délivré à l'administrateur si celui-ci a mission d'administration, au créancier lui-même dans les autres situations.

L'article L. 621-46, alinéa 2 du code de commerce, dans sa rédaction antérieure à la loi de sauvegarde des entreprises (anc[t] L. 25 janv. 1985[9], art. 53), prévoit que la sanction de la forclusion n'est pas applicable aux créanciers qui « n'ont pas été avisés personnellement ». La précision apportée par ce texte est intéressante par rapport au libellé de l'article L. 621-43, alinéa 1er du même code qui pouvait être source d'incertitude. En effet, selon cette disposition, « les créanciers titulaires d'une sûreté ayant fait l'objet d'une publication ou d'un contrat de bail publié sont avertis personnellement et, s'il y a lieu, à domicile élu ». La question pouvait dès lors se poser de savoir si l'avertissement à domicile élu devait être tenu pour suffisant. Il nous avait semblé que l'avertissement à domicile élu ne pouvait suffire à valoir avertissement, compte tenu de la conjonction « et » utilisée par le texte de l'article L. 621-46, semblant emporter dérogation à l'article 689 du code de procédure civile, selon lequel « la notification est aussi valablement faite au domicile élu lorsque la loi l'admet ou l'impose ». La jurisprudence des juges du fond était divisée[10]. La Cour de

1. Com. 22 mars 2016, n° 14-18.873, *Bull. civ.* IV [à paraître]; n° 282 FS-P+B; *Act. proc. coll.* 2016/7, comm. 89, note Cagnoli.
2. Com. 19 févr. 2002, *Act. proc. coll.* 2002/8, n° 96, obs. Régnier-Moutier; *RD banc. fin.* 2002, n° 96, note Lucas.
3. Com. 5 mars 2002, n° 98-17.491, *Bull. civ.* IV, n° 46; *D.* 2002. AJ 1202, obs. Lienhard; *Act. proc. coll.* 2002/8, n° 95, obs. Boulay; *JCP E* et *A* 2002. Chron. 1380, n° 8, obs. M. Cabrillac et Pétel; *RD banc. fin.* 2002, n° 97, note Lucas.
4. Com. 9 juill. 2002, n° 99-13.453, NP, *Act. proc. coll.* 2002/18, n° 235.
5. Com. 1er févr. 2005, n° 03-18.325, *Bull. civ.* IV, n° 17; *D.* 2005. AJ 640, note Lienhard; *D.* 2005. Somm. 2015, obs. Lucas; *Act. proc. coll.* 2005/4, n° 40, note Régnaut-Moutier; *Gaz. proc. coll.* 2005/1, p. 37, n° 31, obs. Le Corre – Com. 4 juin 2013, n° 12-15.097, *Bull. civ.* IV, n° 94; n° 565 F-P+B; *D.* 2013. Actu. 1469, obs. Lienhard; *Gaz. Pal.* 29 sept. 2013, n° 272, p. 31, note Le Corre; *Act. proc. coll.* 2013/11, comm. 148, note Vallansan; *RDBF* sept. 2013, comm. 165, note Houin-Bressand; *Rev. proc. coll.* 2014, comm. 15, note Legrand et Legrand – Com. 4 juin 2013, n° 12-15.098, NP; n° 566 F-D.
6. Com. 1er févr. 2005, n° 03-18.325, préc. (v. s[s] prés[t] n°).
7. Com. 4 juin 2013, n° 12-15.097, préc. (v. s[s] prés[t] n°) – Com. 4 juin 2013, n° 12-15.098, préc. (v. s[s] prés[t] n°).
8. Aix-en-Provence, 8e ch. A, 16 mai 2001, RG n° 98/02428, *RD banc. fin.* 2001, n° 235, note Lucas; *Rev. proc. coll.* 2003, p. 139, n° 2, obs. Legrand.
9. L. n° 85-98, 25 janv. 1985, préc.
10. DANS LE SENS exprimé : Grenoble, ch. com., 5 févr. 1998, Monpellier, 2e ch. B, 21 avr. 1998 et Caen, 1re ch., 11 févr. 1999, *Rev. proc. coll.* 1999, 218, n° 4, obs. Larrieu – *CONTRA :* Douai, 2e ch., 2 avr. 1998, *Sovac Entreprises c/Me Soinne* ès qual. *Cauvet*, NP – Versailles, 13e ch., 15 nov. 2001, *Dr. et proc.* 2002/2, n° A. 030, p. 128.

cassation a tranché, en estimant valide l'avertissement d'avoir à déclarer, simplement notifié à domicile élu[1]. Dès lors, il peut être considéré, d'une part, que l'avertissement à domicile élu est suffisant pour valoir avertissement et, d'autre part, que le défaut d'avertissement du créancier à domicile élu, dès lors que le créancier est avisé personnellement, restera sans conséquence[2]. La solution a été posée dans une espèce où l'avertissement n'indiquait pas que le créancier devait déclarer sa créance non dans la procédure de la personne morale, mais dans celle du dirigeant à l'encontre duquel elle avait été ouverte à titre de sanction[3]. Cette solution est toutefois écartée par la Cour de cassation, en présence d'un créancier placé sous tutelle. En ce cas, estime la Cour de cassation, l'avertissement à domicile élu est insuffisant. Il doit être adressé à son tuteur[4]. La Cour de cassation n'a pas indiqué qu'il devait, en outre, être adressé au tuteur. Il faut donc en déduire que l'avertissement au tuteur est tout à la fois nécessaire et suffisant.

Le texte issu de la loi de sauvegarde des entreprises supprime la difficulté liée à l'interprétation de la conjonction de coordination « et » devant les termes « s'il y a lieu, à domicile élu ». L'article L. 622-24, alinéa 1er indique désormais que les créanciers sont avertis personnellement ou, s'il y a lieu, à domicile élu. Le doute n'est donc plus permis. Le créancier sera valablement informé, soit parce qu'il aura reçu personnellement l'avertissement, soit parce que son domicile élu l'aura reçu. Il ne s'agit là que d'une disposition interprétative par rapport à la solution retenue par la Cour de cassation. C'est pourquoi la solution dégagée, sous l'empire de la loi du 25 janvier 1985, pour le créancier placé sous tutelle doit être reconduite.

La jurisprudence estime enfin que l'avertissement doit effectivement être reçu pour faire courir le délai de déclaration des créances (v. ss no 665.87). Il en résulte que si le créancier a changé d'adresse, le courrier d'avertissement doit lui être adressé à son adress[…]tuelle, l'envoi à l'ancienne adresse étant impuis[…]t à faire courir le délai de déclaration de créance[…] cette adresse fût-elle celle figurant sur la publica[…]n du contrat de crédit-bail au greffe du tribunal[…] moins que le créancier ait néanmoins reçu l'av[…]issement.

665.86 **[…]élai de l'avertissement – Calcul du délai de déclara[…]on de créance ouvert subséquemment.** L'article 6, alinéa 1er du décret du 27 décembre 1985[6], pos[…], à la charge du représentant des créanciers, l'oblig[…]tion d'avertir dans un délai de quinzaine les cr[…]anciers connus. Les solutions sont reprises par l'article 96, alinéa 1er du décret du 28 décembre 200[…][7] (devenu C. com., art. R. 622-21, al. 1er), qui édic[…] la même obligation à la charge du mandataire jud[…]iaire. Le contenu de l'avertissement au créancie[…] connu, mais aussi son délai, sont applicables au[…] créanciers titulaires de sûreté et bailleurs à con[…]t[…]ts publiés[8] et, depuis la loi de sauvegarde des [e]ntreprises, aux créanciers titulaires de contrats [p]ubliés.

La Cour de cassation enferme le créancier dans le délai de déclaration de créance de deux mois, mais il ne commencera à courir, en ce cas, qu'à compter de l'avertissement[9].

Si le mandataire judiciaire réitère l'avertissement, seul le premier avertissement, dès lors qu'il est régulier, fait courir le délai de déclaration des créances, le second avis n'ayant pas pour effet de faire courir un nouveau délai[10].

La loi de sauvegarde des entreprises[11] reprend la solution de la Cour de cassation et décale le point de départ du délai de déclaration de la créance à compter de l'avertissement.

La technique de l'inopposabilité de la forclusion est un mécanisme exclusivement protecteur de certains créanciers. Elle leur permet d'éviter de se trouver hors délai, alors qu'ils savaient pouvoir compter

1. Com. 5 mars 2002, no 98-17.491, *Bull. civ.* IV, no 46; *D.* 2002. AJ 1202, obs. Lienhard; *Act. proc. coll.* 2002/8, no 95, obs. Boulay; *JCP E* et *A* 2002. Chron. 1380, no 8, obs. M. Cabrillac et Pétel.
2. Com. 16 sept. 2008, no 06-21.803, NP; no 847 F-D; *Gaz. proc. coll.* 2008/4, p. 52, note Le Corre-Broly; *RJ com.* 2009/1, p. 66, note Sortais.
3. Com. 4 juill. 2000, DPDE *bull.* 202, 4 sept. 2000, p. 6238, *Vis Déclaration et vérification des créances*, no 5 – Com. 25 févr. 2004, no 02-13.282, NP, *D.* 2004. AJ 952.
4. Com. 6 déc. 2011, no 10-19.959, *Bull. civ.* IV, no 200; no 1251 FS-P+B; *D.* 2012. Actu 7, obs. Lienhard; *BJE* mai 2012, comm. 89, p. 162, note Houin-Bressand; *Rev. proc. coll.* 2012, comm. 117, note Dumont-Lefrand; *Rev. proc. coll.* 2012, comm. 74, note Legrand et Legrand; *RTD com.* 2012. 402, no 2, obs. Martin-Serf; *LPA* 15 juin 2012, no 120, p. 11, note Zattara-Gros.
5. Com. 27 févr. 2007, no 06-12.033, *Bull. civ.* IV, no 56; no 394 FS-P+B; *D.* 2007. AJ 946, note Lienhard; *RD banc. fin.* 2007, no 69, note Lucas.
6. D. no 85-1388, 27 déc. 1985, préc.
7. D. no 2005-1677, 28 déc. 2005, préc.
8. Com. 14 mars 2000, no 97-20.715, *Bull. civ.* IV, no 56; *D.* 2000. AJ 168, obs. Lienhard; *Act. proc. coll.* 2000/8, no 88; *RTD com.* 2000. 716, obs. Martin-Serf; *RD banc. fin.* 2000, no 69, note Lucas.
9. Com. 14 mars 2000, no 97-20.715, *Bull. civ.* IV, no 56; *D.* 2000. AJ 168, obs. Lienhard; *Act. proc. coll.* 2000/8, no 88; *LPA* 6 mars 2001, no 46, p. 15, note Courtier – Com. 1er avr. 2003, no 01-16.054, NP, *Act. proc. coll.* 2003/10, no 123; *RD banc. fin.* 2003/4, p. 214, no 148, obs. Lucas – Com. 12 oct. 2004, no 02-20.367, NP – *Adde*, Paris, 3e ch. C, 6 juin 2003, RG no 2002/18333.
10. Com. 16 sept. 2008, no 06-21.803, NP; no 847 F-D; *Gaz. proc. coll.* 2008/4, p. 52, note Le Corre-Broly; *RJ com.* 2009/1, p. 66, note Sortais.
11. L. no 2005-845, 26 juill. 2005, préc.

sur un avertissement. Pour cette raison, ne peut être suivie l'opinion qui consiste à considérer que le délai de déclaration de créance commencera à courir à compter de l'avertissement, même si ce dernier est antérieur à la publication au *Bodacc* du jugement d'ouverture, ce qui aurait alors pour effet de raccourcir les délais de déclaration de créance[1]. Au contraire, il faut décider que ce mécanisme protecteur aboutit seulement à permettre un allongement du délai de déclaration de créance pour les créanciers qui bénéficient de cette protection[2].

Faisons état de la solution d'une cour d'appel, qui a jugé à juste titre selon nous, que si le créancier titulaire d'une sûreté est averti en tant que tel, il n'encourt pas la forclusion s'il déclare ensuite sa créance à titre chirographaire dans les deux mois de l'avertissement personnel et non dans les deux mois de la publication au *Bodacc* du jugement d'ouverture[3]. La solution est justifiée. De deux choses, l'une en effet. Ou bien le créancier est titulaire d'une sûreté publiée et dans ce cas il mérite la protection légale consistant à décaler le point de départ du délai de déclaration de créance. Peu importe que ce créancier, à la suite d'une erreur, ne déclare ensuite sa créance qu'à titre chirographaire. Ou bien il n'est pas titulaire d'une sûreté publiée et, en ce cas, il a été averti à tort.

Ayant à statuer sur la question de savoir si le délai de déclaration de créance ouvert au créancier bénéficiant de l'avertissement pouvait être plus court que le délai classique de déclaration de créance, la Cour de cassation, a justement considéré, malgré une lettre du texte qui aurait pu conduire à une solution différente, que « ne peut encourir de forclusion, le créancier titulaire d'une sûreté publiée qui a déclaré sa créance dans le délai de deux mois à compter de la publication du jugement d'ouverture au *Bodacc*, peu important qu'il ait été averti personnellement avant cette publication par le liquidateur d'avoir à déclarer sa créance »[4].

Passé ce délai de déclaration de créance, il appartiendra au créancier de se faire relever de forclusion[5], solution toute théorique puisque, ayant été averti d'avoir à déclarer sa créance, il ne pourra, sauf circonstances très particulières, par exemple une hospitalisation pendant le cours du délai de déclaration de sa créance – démontrer que sa défaillance n'est pas due à son fait.

1. Rennes, 2e ch., 31 mai 2011, RG n° 10/02540, *LXB hebdo* 14 juill. 2011, n° 259, note Le Corre-Broly – VALLANSAN, 2e éd., p. 133 – Boulay, *Act. proc. coll.* 2002/8, n° 95.
2. Paris, 30 oct. 2008, RG n° 07/21321 – EN CE SENS AUSSI : Service de documentation et d'études de la Cour de cassation, *D.* 2006. Actu. lég. 1036 – *Adde*, PÉROCHON, 10e éd., n° 1548.
3. Aix-en Provence, 8e ch. A, 14 nov. 2013, RG n° 12/16626, *JurisData* 031312.

665.87 Sanction du défaut d'avertissement : l'inopposabilité de la forclusion ou le constat de la non forclusion.

> SOUS L'EMPIRE DE LA LÉGISLATION ANTÉRIEURE À LA LOI DE SAUVEGARDE DES ENTREPRISES[6] : L'INOPPOSABILITÉ DE LA FORCLUSION. Si le représentant des créanciers n'avertit pas les créanciers titulaires de sûretés publiés ou les titulaires d'un contrat de crédit-bail, de bail ou de location avec option d'achat publié, ces créanciers n'encourent aucune forclusion[7]. C'est ce que prévoit l'article L. 621-46, alinéa 2 du code de commerce. Le texte évoque l'absence de forclusion pour les créanciers qui « n'ont pas été avisés personnellement ».

Il convient ici de distinguer selon que le créancier se rapprochera du représentant des créanciers – mandataire judiciaire – sans jamais avoir été averti ou que le créancier sera finalement averti par le mandataire, qui aura procédé à l'avertissement.

Tant que le créancier n'est pas averti par le mandataire de justice d'avoir à déclarer sa créance, il n'a aucun délai pour déclarer sa créance[8]. Il lui suffit de faire parvenir sa déclaration de créance au représentant des créanciers en attirant spécialement son attention sur le fait que le délai de déclaration de créance ne s'imposait pas à lui, puisqu'il n'avait pas été personnellement averti d'avoir à déclarer sa

4. Com. 30 oct. 2012, n° 11-22.836, *Bull. civ.* IV, n° 196; n° 1087 FS-P+B; *D.* 2012. Actu. 2593, obs. Lienhard; *D.* 2013. Chron. 1172, obs. Pietton, Guillou, Arbellot et Lecaroz; *D.* 2013. Pan. 2371, note Le Corre; *Gaz. Pal.* 18 janv. 2013, n° 18, p. 9, note Le Corre; *Rev. sociétés* 2012. 732, note Roussel Galle; *Act. proc. coll.* 2012/20, comm. 294, note Théron; *JCP E* 2012. Chron. 1757, n° 13, obs. Pétel; *BJE* janv. 2013, comm. 12, note Macorig-Vénier; *Rev. proc. coll.* 2013, comm. 70, note F. et M.-N. Legrand; *RTD com.* 2013. 40, n° 2, obs. Martin-Serf; *LXB hebdo* n° 317, 22 nov. 2012, note Le Corre – *Adde*, Com. 18 juin 2013, n° 12-20.615, *Bull. civ.* IV, n° 103; F-P+B; *Rev. sociétés* 2013. 527, note Roussel Galle; *RDBF* sept. 2013, comm. 165, note Houin-Bressand.
5. Com. 26 nov. 2002, n° 99-16.504, *Bull. civ.* IV, n° 177; *Act. proc. coll.* 2003/1, n° 2, obs. Vallansan; *D.* 2003. AJ 66, obs. Lienhard; *RD banc. fin.* 2003, n° 29, note Lucas; *JCP E* 2003. Chron. 760, n° 10, obs. Pétel; *RTD com.* 2003. 366, n° 3, obs. Martin-Serf; *Defrénois* 2004. 726, n° 45, obs. Théry.
6. L. n° 2005-845, 26 juill. 2005, préc.
7. AINSI : Com. 4 oct. 2005, n° 04-17.817, NP – Com. 6 déc. 2011, n° 10-24.968, *Bull. civ.* IV, n° 201; n° 1229 F-P+B; *D.* 2012. Actu. 7, obs. Lienhard; *BJE* mai 2012, comm. 75, p. 160, note Macorig-Vénier; *LXB hebdo* 19 janv. 2012, n° 280, note Le Corre-Broly.
8. Com. 30 janv. 2007, n° 05-13.751, *Bull. civ.* IV, n° 15; n° 135 FS-P+B; *D.* 2007. AJ 508, note Lienhard; *D.* 2008. Pan. 578, obs. Le Corre; *Gaz. proc. coll.* 2007/2, p. 54, note Le Corre; *JCP E* 2007. 1450, n° 10, obs. crit. M. Cabrillac; *Act. proc. coll.* 2007/5, n° 47, note Salvat; *RTD com.* 2007. 449, n° 4, obs. Martin-Serf; *RJ com.* 2007. 228, note Sortais; *LXB hebdo* n° 249, n° N0608BAR, note Le Corre-Broly.

créance. Encore faudra-t-il cependant qu'il déclare sa créance avant clôture de la procédure, sauf à s'exposer à perdre son recours contre la caution, comme l'a jugé une juridiction[1]. En effet, s'il ne déclare pas sa créance, il ne pourra poursuivre la caution, ainsi que l'a également jugé la Cour de cassation[2]. C'est la raison pour laquelle le créancier, bénéficiaire du mécanisme de l'inopposabilité de la forclusion, conserve un intérêt à présenter une requête en inopposabilité de la forclusion, alors même qu'il a été désintéressé par la caution, dès lors que le paiement effectué par la caution est postérieur au jugement d'ouverture[3]. Il évite ainsi une action en répétition de l'indu. Tel est l'état de la jurisprudence, que nous ne pouvons approuver, car cela revient *in fine*, et sans la moindre justification légale, à faire courir un délai contre une personne à laquelle la loi dit qu'elle n'encourt pas de forclusion. Puisque le créancier n'était enfermé dans aucun délai, faute d'avoir été averti, pour déclarer sa créance, par voie accessoire il ne pouvait lui être reproché de ne pas avoir déclaré cette créance. Le dommage pour la caution n'aurait pas été grand et elle n'aurait pu crier au scandale – entendons par là au procès inéquitable – puisqu'elle aurait conservé la possibilité de soulever toutes exceptions inhérentes à la dette.

Peu importe que le créancier ait eu connaissance de l'ouverture de la procédure[4]. Il est même indifférent qu'il ait laissé périmé une instance en relevé de forclusion, initiée à tort, puisque le délai de déclaration de créance n'avait pas commencé à courir contre lui[5]. Cependant, le créancier ne devra pas avoir, dans le délai de déclaration des créances, déclaré sa créance. À défaut, le mécanisme protecteur ne jouera plus et sa déclaration rectificative sera atteinte par la forclusion. C'est ici ajouter au texte, d'une manière critiquable, compte tenu de la nature attachée par la Cour de cassation à l'avertissement. D'autres auteurs ont critiqué la solution[6].

Quoi qu'il en soit, le créancier qui déclare dans les délais irrégulièrement, par exemple un tiers déclarant sans pouvoir spécial, ne pourra ensuite bénéficier du mécanisme protecteur[7]. De même, le créancier ne pourra plus, après expiration des délais classiques de déclaration de créance, déclarer à titre privilégié une créance déclarée *dans un premier temps* à titre chirographaire[8] ou déclarer à titre hypothécaire une créance déclarée initialement à titre de nanti[9]. Il ne pourra davantage déclarer la créance à échoir qu'il avait initialement oublié de déclarer, en se contentant de mentionner sa créance échue[10]. Par une précédente décision, la Cour de cassation avait pourtant statué en sens contraire, en admettant la déclaration de créance complémentaire, le créancier ayant oublié une partie de sa créance[11].

En revanche, le créancier continue à bénéficier du mécanisme protecteur pour sa créance privilégiée, s'il a déjà déclaré une autre créance[12] et non la créance litigieuse. Ces solutions posées sous l'empire de la législation du 25 janvier 1985[13], nous semblent pouvoir être reconduites, sous l'empire de la loi de sauvegarde[14], du fait de l'affirmation par la loi des solutions de la jurisprudence, l'opinion contraire ayant toutefois été soutenue[15].

Lorsque le créancier sera averti d'avoir à déclarer sa créance par le mandataire de justice, il lui appartiendra de la déclarer dans les deux mois de la réception de l'avertissement[16] (v. aussi, s^s n° 665.86).

Si le représentant des créanciers n'est pas d'accord avec le créancier sur le principe de l'inopposabilité de la forclusion, le créancier peut saisir le juge-commissaire pour faire constater le jeu de la forclusion. Le créancier, le plus souvent, aura l'initiative de la saisine du juge-commissaire. Il le saisira d'une requête en inopposabilité de forclusion, laquelle est d'ailleurs prévue par l'article 70 du décret du 27 décembre 1985[17], tel qu'il résulte de la rédaction que lui a

1. Paris, 15e ch. A, 2 avr. 2002, RG n° 2000/14556, *RD banc. fin.* 2002, n° 95, note Lucas.
2. Com. 30 janv. 2007, n° 05-13.751, préc. (v. s^s prés^t n°).
3. Com. 27 mars 2007, n° 05-20.757, NP, *Act. proc. coll.* 2007/9, n° 103, noter Cagnoli.
4. Com. 16 oct. 2001, n° 98-20.551, NP, *Rev. proc. coll.* 2002, p. 97, n° 13, obs. Legrand – Com. 2 juin 2015, n° 14-11.856, NP; n° 541 F-D – Paris, 3e ch. B, 20 juin 2003, RG n° 2002/11516 – Colmar, 1re ch. A, 7 févr. 2006, *Banque et droit* sept.-oct. 2007, n° 115, p. 52, note Guillot.
5. Com. 2 juin 2015, n° 14-11.856, NP; n° 541 F-D.
6. Pétel, obs. s^s Com. 13 mai 2003, n° 00-12.354, *JCP E* 2003. Chron. 1396, n° 8 – J.-CL. COM., Amlon, fasc. 2383, [Créanciers antérieurs titulaires de sûretés], 2007, n° 116.
7. Com. 15 nov. 2005, n° 04-15.363, NP; n° 1413 F-D.
8. Com. 13 mai 2003, n° 00-12.354, *Bull. civ.* IV, n° 76; *D.* 2003. AJ 1563, obs. Lienhard; *Act. proc. coll.* 2003/12, n° 158, obs. Modi Koko Bebey; *JCP E* 2003. Chron. 1396, n° 8, obs. Pétel; *RTD com.* 2003. 818, n° 10, obs. Martin-Serf; *RD banc. fin.* 2003, n° 233, note Lucas; *LXB hebdo* n° N8100AAA, obs. Le Corre – Riom, ch. com., 16 mai 2012, RG n° 11/01352, *Rev. proc. coll.* 2013, comm. 72, note Legrand et Legrand.
9. Com. 3 déc. 2003, n° 01-01.747, NP.
10. Com. 25 févr. 2004, n° 02-14.615, NP.
11. Com. 11 juin 2002, *Act. proc. coll.* 2002/14, n° 178.
12. Com. 3 juin 2009, n° 08-15.376, NP; n° 496 F-D; *Gaz. proc. coll.* 2009/3, p. 36, n° 3, note Le Corre-Broly – Com. 11 avr. 2012, n° 10-28.524, NP; n° 430 F-D – Paris, 3e ch. B, 20 juin 2003, RG n° 2002/11516 – Colmar, 1re ch. A, 7 févr. 2006, *Banque et droit* sept.-oct. 2007, n° 115, p. 52, note Guillot.
13. L. n° 85-98, 25 janv. 1985, préc.
14. EN CE SENS AUSSI : J.-CL. COM., Vallansan, fasc. 2352, [Déclaration et admission des créances], 2007, n° 140.
15. JACQUEMONT, 5e éd., n° 455.
16. Com. 14 mars 2000, n° 97-20.715, *Bull. civ.* IV, n° 56; *D.* 2000. AJ 168, obs. Lienhard.
17. D. n° 85-1388, 27 déc. 1985, préc.

donnée le décret du 21 octobre 1994[1]. En Alsace-Moselle, à l'instar de la solution posée en matière de relevé de forclusion (v. s[s] n° 665.54), le créancier devra obligatoirement se faire représenter par avocat.

Aucun délai d'introduction de l'action n'est ici imposé au créancier avant la loi de sauvegarde des entreprises. Il n'aura donc pas à respecter le délai annal de forclusion de l'action en relevé de forclusion[2]. Il n'aura pas davantage à démontrer que la défaillance à déclarer dans les délais n'est pas due à son fait[3].

Si le juge-commissaire est encore en fonction, il statuera sur le principe de l'inopposabilité de forclusion et, s'il accepte l'inopposabilité de forclusion, renverra le créancier à déclarer sa créance. La créance sera ensuite vérifiée. Le créancier ne peut donc prétendre, dans le cadre d'une action en inopposabilité de forclusion, être admis au passif[4].

Si le juge-commissaire n'est plus en fonction, l'article 70, alinéa 1er du décret du 27 décembre 1985, dans la législation antérieure à la loi de sauvegarde des entreprises, prévoit alors qu'il appartient au tribunal de statuer sur l'inopposabilité de forclusion et sur la créance. Le débat sera alors nécessairement contradictoire.

Quelles conséquences attacher, sous l'empire de la législation antérieure à la loi de sauvegarde des entreprises, à une demande en relevé de forclusion présentée par le créancier alors qu'il bénéficie de l'inopposabilité de la forclusion ? La réponse est fournie par l'article 12, alinéa 2 du code de procédure civile, duquel il résulte que le juge, en l'occurrence le juge-commissaire ou le tribunal, pourront requalifier la prétention juridique du demandeur et substituer, en conséquence, une demande en inopposabilité de forclusion à une demande en relevé de forclusion. Mais il ne s'agit là que d'une faculté pour le juge, non d'une obligation. Certaines juridictions n'attachent aucune conséquence à l'erreur commise par le créancier et posent la règle de l'inopposabilité de la forclusion, nonobstant la demande de relevé de forclusion présentée[5]. D'autres juridictions utilisent la faculté ouverte par l'article 12, alinéa 2 du code de procédure civile pour requalifier la demande[6]. D'autres enfin refusent de requalifier la demande[7]. En ce dernier cas, le créancier aura présenté une demande en relevé de forclusion et sera astreint à démontrer que la défaillance à déclarer dans les délais n'était pas due à son fait[8], et cela en saisissant le juge-commissaire, s'il est encore en fonction, le tribunal dans le cas contraire, dans le délai d'un an du jugement d'ouverture.

La Cour de cassation a cependant refusé de considérer comme éteinte une créance, alors que le créancier avait sollicité du juge-commissaire un relevé de forclusion et que la cour d'appel avait confirmé l'ordonnance[9]. Cependant, dans cette espèce, les juges du fond n'avaient pas précisé qu'ils usaient de leur pouvoir discrétionnaire de requalifier la demande. La Cour de cassation semble avoir ainsi sanctionné l'automaticité du refus de relevé de forclusion, là où le juge devait s'interroger sur la faculté que lui ouvre le code de procédure civile.

La demande en inopposabilité de forclusion présentée pour la première fois en cause d'appel n'est pas une demande nouvelle par rapport à la demande en relevé de forclusion qui avait été présentée devant le premier juge[10]. Les deux demandes tendent en effet aux mêmes fins : avoir la possibilité de déclarer sa créance au passif.

Rien dans les textes ne permet d'affirmer que les droits du créancier bénéficiaire du mécanisme protecteur seront limités aux répartitions et dividendes subséquents à son admission au passif, au contraire de la solution posée en matière de relevé de forclusion. Ne peut donc, à notre sens, être suivie l'opinion d'un auteur estimant que le créancier sera traité comme s'il avait été relevé de la forclusion[11]. La solution est reconductible sous l'empire de la loi de sauvegarde des entreprises.

Si le créancier doit, sous l'empire de la législation antérieure à la loi de sauvegarde des entreprises, saisir le juge-commissaire d'une demande en inopposabilité de forclusion, les frais de l'instance, contrairement à la solution dégagée pour la demande en relevé de forclusion, seront supportés par la procédure, non par le créancier[12].

> SOUS L'EMPIRE DE LA LÉGISLATION DE SAUVEGARDE DES ENTREPRISES : LE CONSTAT DE NON FORCLUSION. La loi de sauvegarde des entreprises a supprimé

1. D. n° 94-910, 21 oct. 1994, préc.
2. Paris, 3e ch. C, 21 nov. 1997, *RTD com.* 1998. 935, obs. Martin-Serf – Paris, 3e ch. B, 20 juin 2003, RG n° 2002/11516.
3. Com. 16 oct. 2001, n° 98-19.335, NP, *Act. proc. coll.* 2001/20, n° 258 – Com. 8 juill. 2003, n° 00-22.440, NP – Paris, 3e ch. B, 20 juin 2003, RG n° 2002/11516 – Paris, 3e ch. A, 27 janv. 2004, RG n° 2003/02648.
4. Paris, 3e ch. B, 20 juin 2003, RG n° 2002/11516.
5. Paris, 3e ch. A, 27 janv. 2004, RG n° 2003/02648.
6. Paris, 30 oct. 1998, *D. Affaires* 1998. 1954, obs. Lienhard – Amiens, 4e ch. com., 11 mars 1999, *Diac c/Me Soinne* ès qual. *Poulain*, NP.
7. Versailles, 13e ch., 25 mars 1999, *RJDA* 1999/7, n° 805.
8. Com. 19 mars 2002, NP – Paris, 3e ch. A, 21 oct. 2003, RG n° 2002/18111.
9. Com. 15 mai 2001, n° 98-17.282, NP, *Act. proc. coll.* 2001/11, n° 137, note Vallansan.
10. Douai, 2e ch., 9 sept. 1999, *Act. proc. coll.* 2000/18, n° 237.
11. J.-P. Sénéchal, *Defrénois* 2000. 852, 37205.
12. Com. 4 juill. 2000, n° 97-22.414, *Bull. civ.* IV, n° 137; *RJDA* 2000/11, n° 1015.

l'inopposabilité de la forclusion, qui était devenue inutile, du fait des solutions de la Cour de cassation, consistant à décaler le point de départ du délai de déclaration des créances au jour de l'avertissement. La loi de sauvegarde ne fait que reprendre à son compte les solutions de la Cour de cassation. Le créancier ne pourra donc plus présenter une requête en inopposabilité de la forclusion.

La loi de sauvegarde des entreprises ne précise plus la démarche à respecter par le créancier. Elle part du postulat tout théorique que, puisque le délai de déclaration de la créance n'a pas commencé à courir, aucune difficulté ne devrait se présenter. Encore faut-il que tout le monde soit d'accord avec ce postulat. Si une divergence existe sur la question entre le créancier et le mandataire judiciaire ou le liquidateur, il faudra faire trancher la difficulté par le juge-commissaire. Il s'agit ici de faire constater que le créancier ne peut avoir encouru la forclusion car le délai de déclaration des créances n'a pas commencé son cours, en l'absence d'avertissement régulier, ou a commencé son cours à partir d'une date sur laquelle le créancier et le mandataire judiciaire ou le liquidateur ne sont pas d'accord. Le créancier présentera au juge-commissaire, par voie de requête, et sans être enfermé dans un délai, une requête en constat de non forclusion. Il est exclu qu'il présente une demande en relevé d'une forclusion qu'il n'a pas encourue, même si l'opinion contraire a pu être émise[1]. En Alsace-Moselle, à l'instar de la solution posée en matière de relevé de forclusion (v. ss n° 665.54), le créancier devra obligatoirement se faire représenter par avocat.

Le créancier n'aura pas à démontrer que le défaut de déclaration de sa créance dans les délais classiques n'est pas dû à son fait.

Si, sous l'empire de la législation issue de la loi de sauvegarde, le créancier titulaire d'une sûreté ou d'un contrat publié, non averti d'avoir à déclarer sa créance, présente une requête en inopposabilité de forclusion au lieu d'une requête en constat de non forclusion, cela doit rester, à notre sens, sans conséquence car l'une et l'autre demande tendent aux mêmes fins : constater que le créancier est encore dans les délais pour déclarer sa créance ou l'était lorsqu'il l'a déclarée.

La loi de sauvegarde des entreprises, qui est restée muette sur la question du constat de la non forclusion, n'a évidemment pas précisé à qui incomberont les frais de l'instance. Il ne nous semble pas que la solution applicable en matière de relevé de forclusion (D. 28 déc. 2005, art. 100, al. 2) soit ici transposable. En conséquence, les frais de l'instance doivent, à notre sens, être passés en frais privilégiés de procédure, si le créancier obtient gain de cause. Ils sont nés, à notre sens, pour les besoins du déroulement de la procédure. Mais, *puisque* l'instance n'a profité qu'à un créancier et non à la collectivité des créanciers, ces frais ne pourront sous l'empire de la loi de sauvegarde, dans sa rédaction d'origine, être couverts par le rang 2 du *privilège reconnu aux* créanciers postérieurs (C. com., art. L. 622-17, III, C. com., art. L. 641-13, III). Ils ne bénéficieront donc pas du privilège des frais de justice. Ils se verront attribuer le rang 5 de l'article L. 622-17, III et L. 641-13, III du code de commerce. Sous l'empire de l'ordonnance du 18 décembre 2008, c'est-à-dire pour les procédures ouvertes à compter du 18 décembre 2008, ces frais bénéficieront du privilège attribué aux frais de justice nés pour les besoins du déroulement de la procédure et seront donc classés immédiatement après le super privilège des salaires.

> Sous les deux législations, le représentant des créanciers ou le mandataire judiciaire commet une faute à vendre le bien grevé de la sûreté, sans se préoccuper des droits du créancier inscrit, alors que le délai de déclaration n'a pas couru contre lui s'il n'a pas été averti personnellement d'avoir à déclarer sa créance. Toutefois, le liquidateur n'engage pas sa responsabilité si les fautes sont commises par son prédécesseur qu'il a remplacé[2].

665.88 Relevé de forclusion ouvert aux créanciers qui ont été avertis. L'article L. 622-26, alinéa 2 du code de commerce, dans la rédaction que lui donne la loi de sauvegarde des entreprises, prévoit, par ce qui nous apparaît comme un luxe de précaution, que le délai de l'action en relevé de forclusion court pour les créanciers titulaires de sûretés publiés ou de contrats publiés à compter de la notification de l'avertissement d'avoir à déclarer leur créance. Mais il faut bien comprendre que ces créanciers ont, par hypothèse, été avertis. En conséquence, ils ne bénéficient pas du mécanisme de l'inopposabilité de la forclusion. Ils doivent donc démontrer que la défaillance à déclarer dans les délais n'est pas due à leur fait, comme des créanciers classiques. Or cette tâche risque d'être singulièrement délicate, du fait précisément de leur avertissement. Il faudra véritablement ici un cas de force majeure, qui a empêché physiquement le créancier d'agir, par exemple une hospitalisation. Ils peuvent, plus efficacement semble-t-il, s'appuyer sur l'omission volontaire, et depuis l'ordonnance du 12 mars 2014[3], sur l'omission de la liste.

1. AINSI : LE CANNU, 7e éd., n° 492.

2. Com. 2 juin 2015, n° 14-11.856, NP; n° 541 F-D; *Rev. proc. coll.* 2016, comm. 3, note Legrand F. et Legrand M. N.

3. Ord. n° 2014-326, 12 mars 2014, préc.

SECTION 665.90
VOIES DE RECOUR OUVERTES SUR LES DÉIONS STATUANT SUR L'INOPPOSABILITÉ DE LA FORCLUSION (LOI DU 10 JUIN 199 OU SUR LE CONSTAT DE LA NON FORCLUN (LOI DE SAUVEGARDE DES ENTREPRISES)

665.91 Voies de recours ouvertes auarties sur les décisions statuant sur l'inopposabé de la forclusion ou sur le constat de la non forsion.

> SOUS L'EMPIRE DE LA LÉGISLATION ANTÉRIEURE À LA LOI DE SAUVEGARDE DES ENTREPRISES [1] : APPEL SUR L'ORDONNANCE STATUANT SUR L'INOPPOSABILITÉ DE LA FORCLUSION. L'article 25 du décret du 27 décembre 1985 [2] indique que la voie de recours sur l'ordonnance du juge-commissaire est l'opposition. Cependant, trois exceptions à ce principe sont posées. Il en est ainsi en cas d'ordonnance statuant en matière d'admission au passif, en cas d'ordonnance statuant en matière de relevé de forclusion en cas d'ordonnance statuant en matière de substitution de sûreté.

Les deux premiers de ces cas – admission au passif et relevé de forclusion – sont très proches de celui qui nous occupe : l'inopposabilité de forclusion. Faut-il, dès lors, décider que la voie de recours sur l'ordonnance statuant en matière d'inopposabilité de forclusion est l'appel contrairement à la solution du droit commun ?

La solution était loin d'être évidente. L'appel apparaît en effet comme une voie de recours d'exception en matière de recours contre une ordonnance du juge-commissaire. Les exceptions étant de droit strict, il est interdit de les étendre à des cas non expressément prévus. Or les ordonnances d'inopposabilité de forclusion n'ont pas été envisagées par le législateur comme devant ouvrir la voie de recours de l'appel. Le droit commun semblerait ainsi devoir s'imposer [3]. En sens contraire, il a été noté que l'inopposabilité de forclusion n'est qu'un corollaire du relevé de forclusion et doit suivre le même régime de voies de recours [4] La Cour de cassation, dans le souci évident d'uniformiser le régime des voies de recours en la matière, considère que l'ordonnance rendue en matière d'inopposabilité de la forclusion est susceptible d'un appel [5]. La solution s'impose même si le juge-commissaire, saisi d'une demande d'admission de la créance, se prononce sur l'extinction de celle-ci au motif qu'il refuse le relevé de forclusion, qui ne lui était pas demandée [6]. L'opposition devant le tribunal est donc irrecevable, le tribunal excédant ses pouvoirs à se reconnaître compétent dans une matière pour laquelle seule la cour d'appel est compétente [7].

L'appel devra être formé dans le même délai que celui de l'appel d'une ordonnance statuant en matière de relevé de forclusion [8], c'est-à-dire dix jours à compter de la notification de l'ordonnance, solution parfois méconnue par la jurisprudence, qui confond le délai d'opposition et le délai d'appel et estime ainsi que l'appel doit être formé dans le délai de huit jours [9].

Le débiteur, même dessaisi, reste, semble-t-il, recevable à agir, par analogie avec la solution posée en matière de relevé de forclusion (v. s^s n° 665.61).

> SOUS L'EMPIRE DE LA LÉGISLATION DE SAUVEGARDE DES ENTREPRISES : OPPOSITION SUR L'ORDONNANCE STATUANT SUR LE CONSTAT DE LA NON-FORCLUSION. On retrouve ici la difficulté évoquée à propos de la voie de recours statuant sur le relevé de forclusion (v. s^s n° 665.61). Aucun texte spécifique n'existe pour les recours à l'encontre d'une ordonnance du juge-commissaire statuant sur le constat de la non forclusion, ce qui s'explique aisément puisque le législateur n'a pas envisagé cette action.

L'article 108 du décret du 28 décembre 2005 [10] (devenu C. com., art. R. 624-7) indique, pour sa part, que « le recours contre les décisions du juge-commissaire statuant sur l'admission des créances est formé devant la cour d'appel ». L'ordonnance qui statue sur le constat de la non forclusion ne statue pas sur l'admission des créances. Ce texte d'exception ne peut être étendu au-delà de ce qu'il prévoit. Il faut donc inférer du silence du législateur sur la question du recours ouvert contre l'ordonnance du juge-commissaire statuant en matière de constat de la non forclusion que le recours est celui ouvert, par principe, sur les décisions du juge-commissaire, c'est-à-dire le recours devant le tribunal. Le décret n'avait pas à apporter la précision, qui n'est que le rappel du droit commun.

Le délai du recours sera de dix jours, ce qui est le délai de droit commun des recours à l'encontre des

1. L. n° 2005-845, 26 juill. 2005, préc.
2. D. n° 85-1388, 27 déc. 1985, préc.
3. EN CE SENS : Calendini, « La modification de l'article 53 de la loi du 25 janvier 1985 – Le régime de l'absence de déclaration consécutive à un défaut d'information du créancier titulaire d'une sûreté spéciale », *LPA* 31 janv. 1996, n° 14, p. 18.
4. Versailles, 13e ch., 15 nov. 2001, *Dr. et proc.* 2002/2, n° A. 030, p. 128.
5. Com. 14 janv. 2004, n° 00-19.555, *Bull. civ.* IV, n° 11; *JCP E* 2004. Chron. 783, n° 8, obs. Pétel; *Act. proc. coll.* 2004/5, n° 59, note Vallansan; *LXB hebdo* n° N08373ABX, note Le Corre – Com. 28 sept. 2004, n° 01-15.872, NP, *LXB hebdo* n° N3160ABN, note Le Corre.
6. Com. 28 sept. 2004, n° 01-15.872, NP, *LXB hebdo* n° N3160ABN, note Le Corre.
7. Com. 24 janv. 2006, n° 04-15.630, NP; n° 81 F-D.
8. SAINT-ALARY-HOUIN, 4e éd., n° 807.
9. Rouen, 2e ch. civ., 5 mars 1998, *Abbey National c/Pires*, NP.
10. D. n° 2005-1677, 28 déc. 2005, préc.

ordonnances du juge-commissaire. Le délai du recours à l'encontre de l'ordonnance constatant que le créancier n'encourt pas la forclusion ne commencera à courir à l'encontre du débiteur que si l'ordonnance lui est notifiée, avec mention de la forme et du délai de recours.

La décision du tribunal qui statuera sur le recours sera elle-même susceptible d'appel, dans le même délai.

665.92 Voies de recours ouvertes aux tiers sur les décisions statuant sur l'inopposabilité de la forclusiou sur le constat de l non-forclusion. La tierceposition sera égalemen ouverte à l'encontre des sions statuant, sous empire de la législation arieure à la loi de sauvegarde des entreprises[1], en matière d'inopposabilité de forclusion et, sous l'eire de législation d sauvegarde des entreprises, sle constat de la n n-forclusion.

Le déde recours cour à compter du dépôt au greffe dordonnance, ce-ci n'ayant évidemment pas à êtnotifiée aux tirs, ceux-ci fussent-ils cautions[2].

1. L. n° 2005-845, 26 juill. 2005, préc.
2. Com. 26 mai 1999, n° 97-14.276, *Bull. civ.* IV, n° 111 ; *Act. proc. coll.* 1999/13, n° 177.

CHAPITRE

666. Contenu de la déclaration de créance

SECTION 0
ORIENTEUR

666.00 **Plan du chapitre.**

Sect.	666.10	Règles générales relatives au conte[nu] de la déclaration de créance
Sect.	666.20	Montant de la déclaration de créan[ce]
Sect.	666.30	Déclaration des créances non exigib[les]
Sect.	666.40	Déclaration des accessoires
Sect.	666.50	Autres précisions à apporter dans la déclaration de créance

666.01 **Textes applicables.** (V. les références complètes ss n° 011).

> Législation antérieure à la loi de sauvegarde d'entreprises.

C. com., art. L. 621-44

D. n° 85-1388, 27 déc. 1985, art. 67

> Législation issue de la loi de sauvegarde des entreprises.

C. com., art. L. 622-24, al. 5, L. 622-25, L. 631-14, I, L. 641-3, al. 4

C. com., art. R. 622-23 (anct D. 28 déc. 2005 art. 98), R. 631-27 (anct D. 28 déc. 2005, art. 195), R. 641-25 (anct D. 28 déc. 2005, art. 236)

> Législation issue de l'ordonnance du 18 décembre 2008.

C. com., art. L. 622-24, al. 5, L. 622-25, L. 631-14, I, L. 641-3, al. 4

C. com., art. R. 622-23, R. 631-27, R. 641-25

666.02 **Jurisprudence de référence.**

> Le juge qui statue sur l'admission d'une créance au passif doit se prononcer dans les limites du montant indiqué dans la déclaration de cette créance, y compris lorsque, non définitivement fixé, il l'a été sur la base d'une évaluation; ce montant ne peut être augmenté après expiration du délai légal de déclaration.

• Com. 3 nov. 2010, n° 09-72.029, *Bull. civ.* IV, n° 166; n° 1087 F-P+B

* V. ss n° 666.22

> Aucun texte n'oblige le créancier à distinguer, dans la déclaration de créance, le montant des intérêts à échoir du montant du capital à échoir.

• Com. 5 mai 2015, n° 14-13.213, *Bull. civ.* IV [à paraître]; n° 407 F-P+B

* V. ss n° 666.41

> Le créancier détenant une sûreté réelle constituée par un tiers n'a pas à déclarer sa sûreté au passif du débiteur.

• Civ. 3e, 24 juin 1998, n° 97-17.108, *Bull. civ.* III, n° 137

* V. ss n° 666.42

> Le défaut d'indication d'une sûreté conférant un droit de préférence, dans la déclaration de créance, fait perdre au créancier le bénéfice de celle-ci.

• Com. 8 juin 1999, n° 97-12.233, *Bull. civ.* IV, n° 125

* V. ss n° 666.42

> L'absence de précision dans la déclaration de créance du bailleur d'un dépôt de garantie ne lui fait pas perdre le bénéfice de ce dernier et la possibilité de demander la compensation entre la dette de restitution du dépôt de garantie et sa créance de loyers.

• Com. 18 janv. 2005, n° 02-12.324, *Bull. civ.* IV, n° 11

* V. ss n° 666.42

666.03 **Bibliographie indicative.** (V. les références complètes ss n° 031 – Aussi ss n° 660.03).

> Articles. Courtier, « Nécessité de déclarer les intérêts dont le cours n'est pas arrêté ainsi que leurs modalités de calcul », *Dr. sociétés* 1999. Chron. 9 – Gaillard, « La déclaration provisionnelle prévue pour le Trésor public peut-elle être étendue aux autres créanciers », *JCP* 2004. II. 10020 – Brénac, « Du sort des contrats de prêts dans les plans de continuation, de sauvegarde et de redressement », *Gaz. proc. coll.* 2007, p. 13 – Le Corre, « La déclaration de créance à échoir du prêteur bénéficiant de la continuation du cours des intérêts », *BJE* 2015, p. 335 – Le Corre-Broly, « Le contenu de la déclaration de créance du crédit-bailleur ou "qui trop déclare, rien n'obtient" » *Banque et droit* 1998, n° 57, p. 3 s.; « La déclaration de créance du bailleur financier et du crédit-bailleur – l'abus de déclaration peut être dangereux pour la santé financière », *Gaz. proc. coll.* 2005, p. 14; « Le contenu de la déclaration de créance de l'établissement de crédit », Le Corre-Broly (dir.), *Contentieux bancaire des procédures collectives*, Bruylant, 2014, p. 123 – Legrand, « Sort des créances déclarées sur la base d'une évaluation », *Rev. proc. coll.* 2007, p. 181 – Pronier, « Déclaration des créances : indication des sûretés et privilèges », *RJDA* 1998/8-9, p. 688 – Rémery, « Location financière et ouverture d'une procédure collective dans la jurisprudence de la Cour de cassation », *D.* 2013. Chron. 1634 – Roussel Galle, « La déclaration de créances et les sûretés réelles », Colloque Sûretés réelles et droit des entreprises en difficulté, Nice, 20 mars 2010, *LPA* 11 févr. 2011, nº 30, p. 37.

666.04 Questions principales.

- Peut-on déclarer une créance à titre provisionnel ?

* V. s^s nº 666.22.

- Est-il possible de déclarer une créance complémentaire ?

* V. s^s nº 666.23.

- Le bailleur financier ou le crédit-bailleur doivent-ils déclarer les loyers à échoir ?

* V. s^s nº 666.33.

- Comment déclarer les intérêts dont le cours n'est pas arrêté par l'effet du jugement d'ouverture ?

* V. s^s nº 666.41.

- Le défaut d'indication d'un cautionnement à l'occasion de la déclaration de créance au passif du débiteur a-t-il pour effet de faire perdre le bénéfice du cautionnement ?

* V. s^s nº 666.42.

SECTION 666.10
RÈGLES GÉNÉRALES RELATIVES AU CONTENU DE LA DÉCLARATION DE CRÉANCE

666.11 Règles générales relatives au contenu de la déclaration de créance. Sous l'empire de la législation antérieure à l'ordonnance du 12 mars 2014[1], la déclaration de créance équivaut à une demande en justice. Même si l'analyse devait être modifiée (v. s^s nº 661.12), il n'en reste pas moins qu'une juridiction va devoir statuer sur la déclaration de créance le moment venu. Le créancier, demandeur à cette action, a donc la charge de la preuve de ce qu'il réclame. Prétendant être créancier, il doit justifier le principe et le montant de sa créance.

Les articles L. 621-44 du code de commerce et 67 du décret du 27 décembre 1985[2] réglementent, sous l'empire de la législation antérieure à la loi de sauvegarde des entreprises[3], le contenu de la déclaration de créance. Ces règles sont reprises, sous l'empire de la loi de sauvegarde des entreprises, respectivement par les articles L. 622-25 et R. 622-23 (anc^t D. 28 déc. 2005, art. 98).

1. Ord. nº 2014-326, 12 mars 2014, *JO* 14 mars, p. 5249.
2. D. nº 85-1388, 27 déc. 1985, *JO* 29 déc., p. 15281.
3. L. nº 2005-845, 26 juill. 2005, *JO* 27 juill., p. 12187.

La daration de créance doit cntenir d'abord les élénts de nature à prouver l'existence et le monta de la créance si elle n résulte pas d'un titre[4]. aut donc comprendre de si la déclaration de créæ résulte d'un titre, il affira de le produire, accomné d'un décompte si elle ne résulte pas d'un t, il y aura lieu de oindre les documents justifis de la créance.

Si læance fait l'obje d'une instance en cours au jou jugement d'ouverture, la déclaration de créancoit contenir l'indication de la juridiction saisie e mention de l'existence d'une instance en cours. pendant, son absence d'indication n'est pas urrégularité de fond, affectant la validité de la décltion de créance[5]. C'est ainsi qu'a pu être déclarrégulière la déclaration de créance portant la mern « à titre provisoire », aux lieu et place de la menn « instance en cours »[6]. En outre, cette exigerne concerne que l'hypothèse d'une instance cours au jour du jugement d'ouverture, non l'tance administrative engagée après l'ouverture di procédure collective pour discuter d'une créandscale[7].

SECTIO 666.20
MONNT DE LA DÉCLARATION DE CRÉANCE

666.2 Obligation d'indiquer le montant de la déclarion de créance. La déclaration de créance doit êt chiffrée. L'article L. 621-44, alinéa 1er du code dommerce, dans sa rédaction antérieure à la loi de savegarde des entreprises[8] (anc^t L. 25 janv. 1985[9], rt. 51, al. 1er), indique que le créancier doit déclare le principal de la créance, augmenté des intérêtéchus au jour du jugement d'ouverture. La solutiorest reprise par l'article L. 622-25, alinéa 1er, tel qu'il ésulte de la loi de sauvegarde des entreprises.

Le repésentant des créanciers – mandataire judiciaire – n peut contester la créance au motif qu'elle ne serait pas chiffrée, en indiquant dans le courrier de contestation proposer le rejet de la créance déclarée pour tel montant[10].

4. POUR UNE APPLICATION de cette exigence : Com. 19 mars 1996, nº 94-13.630, *Bull. civ.* IV, nº 90.
5. Com. 26 mars 2013, nº 12-13.673, *Bull. civ.* IV, nº 51; nº 297 F-P+B; *D.* 2013. Actu. 904, obs. Lienhard; *Gaz. Pal.* 12 juill. 2013, nº 193, p. 24, note Le Corre; *Act. proc. coll.* 2013/8, comm. 105, note Vallansan; *RTD com.* 2013. 343, nº 4, obs. Martin-Serf.
6. Reims, 3 juill. 2001, *JCP E* et *A* 2002. Pan. 1015.
7. Com. 26 mars 2013, nº 12-13.673, préc. (v. s^s prés^t nº).
8. L. nº 2005-845, 26 juill. 2005, préc.
9. L. nº 85-98, 25 janv. 1985, *JO* 26 janv., p. 1097.
10. Paris, 3e ch. B, 20 déc. 2007, RG nº 2006/12150.

666.22 Interdiction de principe des déclarations de créance à titre provisionnel – Créances non liquides. Des difficultés particulières se posent pour le créancier dont la créance n'est pas liquide. L'article L. 621-43, alinéa 3 du code de commerce (anc^t L. 25 janv. 1985[1], art. 50, al. 3), **sous l'empire de la loi du 25 janvier 1985**, n'admet la déclaration provisionnelle et, par voie de conséquence, l'admission provisionnelle que pour les seuls organismes sociaux ou fiscaux (v. s^s n°s 682.61 s.). Les autres créanciers ne peuvent déclarer à titre provisionnel[2] ou indicatif[3]. La Cour de cassation a cependant apporté un tempérament à l'interdiction de principe de la déclaration de créance à titre provisionnel en énonçant que pour déclarer irrégulière la déclaration de créance faite à titre provisionnel, il appartient aux juges du fond de rechercher si cette déclaration de créance faite à titre provisionnel ne révèle pas la volonté pour le créancier de réclamer à titre définitif la somme indiquée[4]. Le fond l'emporte ainsi sur la forme[5]. Ainsi, la déclaration à titre provisionnel ne sera pas sanctionnée lorsque le créancier précise un montant, en indiquant des sommes échues et d'autres à échoir. Ce faisant, il utilise une expression – déclaration à titre provisionnel – qui ne correspond pas à la réalité puisqu'il a bien indiqué un montant. Il aurait dû indiquer que sa déclaration de créance était, comme l'énonce la Cour de cassation, prévisionnelle et non provisionnelle[6]. Observons cependant que la Cour de cassation est ici extrêmement compréhensive à l'égard du créancier car le juge-commissaire ne peut admettre la créance que dans les conditions de la déclaration de créance, c'est-à-dire en l'occurrence à titre provisionnel ou provisoire ou encore à parfaire, selon les expressions utilisées par la pratique. Or, il est interdit au juge-commissaire d'admettre une créance de cette façon, sauf le cas des créanciers fiscaux et sociaux qui peuvent être admis à titre provisionnel.

Le créancier dont la créance n'est pas liquide, par exemple une créance de dommages et intérêts, doit en conséquence *déclarer, par estimation*, le maximum de ce à quoi il peut prétendre[7]. L'évaluation doit être effectuée dans le délai légal de la déclaration de créance[8]. Par suite, le moyen tiré de ce que le créancier ne peut déclarer sa créance de dommages et intérêts à titre provisionnel est inopérant[9].

Le fait qu'il déclare sa créance à titre conditionnel a été considéré comme sans conséquence, dès lors qu'il avait indiqué le montant et que ce dernier était conditionné au contenu d'un rapport d'expertise à intervenir[10].

Cette solution consistant, lorsque la créance n'est pas liquide, à déclarer la créance par estimation, d'abord d'origine jurisprudentielle, a été consacrée législativement à l'occasion de la **loi de sauvegarde des entreprises**[11]. L'article L. 622-24, alinéa 3 du code de commerce (devenu C. com., art. L. 622-24, al. 4, réd. ord. 12 mars 2014[12]) prévoit en effet que les créances « dont le montant n'est pas encore définitivement fixé sont déclarées sur la base d'une évaluation ». Contrairement à ce qui a été affirmé lors des travaux parlementaires[13], le créancier ne pourra pas déclarer par évaluation une créance inférieure à celle dont il est titulaire, sauf à ne pouvoir prétendre ensuite être créancier pour plus que le montant de sa déclaration initiale. Cette solution est globalement partagée en doctrine[14], certains auteurs ayant toutefois, dans un premier temps au moins, émis un avis contraire, en considérant possible la déclaration ultérieure pour un montant supérieur[15]. La jurisprudence a suivi l'opinion doctrinale dominante et considère, en conséquence, que le juge qui statue sur l'admission d'une créance au passif doit se prononcer dans les limites du montant

1. L. n° 85-98, 25 janv. 1985, préc.
2. Com. 15 févr. 2000, n° 97-14.406, NP, *Act. proc. coll.* 2000/7, n° 72 – Com. 7 avr. 2004, n° 01-17.601, NP – Paris, pôle 5, 8e ch., 8 sept. 2009, RG n° 08/10028 – Paris, pôle 5, 8e ch., 8 sept. 2009, RG n° 08/10025.
3. Com. 12 févr. 1991, n° 89-19.698, *Bull. civ.* IV, n° 66; *D.* 1992. Somm. 249, obs. Derrida; *JCP E* 1991. I. 73, n° 14, obs. Pétel.
4. Com. 28 juin 2005, n° 04-14.578, *Bull. civ.* IV, n° 142; n° 1131 FS-P+B+I; *D.* 2005. AJ 1939, obs. Lienhard; *D.* 2006. Somm. 85, obs. Le Corre; *RD banc. fin.* 2005, n° 177, note Lucas; *Gaz. proc. coll.* 2005/3, p. 41, n° 4, obs. Le Corre – Com. 7 mars 2006, n° 04-19.078, NP; n° 298 F-D – Com. 26 sept. 2006, n° 05-16.942, NP; n° 1046 F-D – Com. 6 juill. 2010, n° 09-68.474, NP; n° 746 F-D – Com. 30 nov. 2010, n° 09-69.257, *Bull. civ.* IV, n° 187; n° 1222 F-P+B; *D.* 2011. 1178, n° 2, note Arbellot; *Gaz. Pal. entr. diff.* 1-2 avr. 2011, p. 33, note Le Corre-Broly; *Act. proc. coll.* 2011/3, comm. 47, note Pagnucco; *Rev. sociétés* 2011. 195, note Roussel Galle; *Leden* 2011/2, p. 2, obs. Gorrias; *RTD com.* 2011. 416, n° 4, obs. Martin-Serf.
5. Obs. Lienhard, s^s Com. 28 juin 2005, n° 04-14.578, *D.* 2005. AJ 1939.
6. Com. 26 sept. 2006, n° 05-16.942, NP; n° 1046 F-D; *Rev. proc. coll.* 2007/1, p. 47, n° 5, obs. Legrand.
7. Pérochon et Bonhomme, 6e éd., n° 268.
8. Com. 21 janv. 2003, n° 00-12.372, NP, *Act. proc. coll.* 2003/6, n° 65; *Procédures* 2003, n° 148, note Laporte; *LXB hebdo* n° N6190AAI, note Le Corre – Com. 14 janv. 2004, n° 02-17.172, NP.
9. Paris, 3e ch. B, 31 mars 2006, RG n° 2005-10705, *RD banc. fin.* 2007, n° 20, note Lucas.
10. Paris, 3e ch. A, 27 sept. 2005, RG n° 2004/21869.
11. L. n° 2005-845, 26 juill. 2005, préc.
12. Ord. n° 2014-326, 12 mars 2014, préc.
13. *Rapp. Xavier de Roux*, n° 2095, p. 230.
14. Lienhard, 6e éd., n° 101.35 – Vallansan *et alii*, 6e éd., p. 155 – Roussel Galle, 1re éd., n° 305.
15. Jacquemont, 6e éd., n° 527 – Le Cannu, 7e éd., n° 495 – et semble-t-il : Becqué-Ickowicz, « De l'entreprise au cours de la période d'observation », *LPA* n° sp., 8 févr. 2006, n° 28, p. 39 s., sp. p. 59.

indiqué dans la déclaration de cette créance, y compris lorsque, non définitivement fixé, il l'a été sur la base d'une évaluation; ce montant ne peut être augmenté après expiration du délai légal de déclaration[1].

Le créancier devra ensuite, dans le délai imparti au mandataire de justice pour vérifier les créances, liquider sa créance, mais contrairement à ce qui a été indiqué lors des travaux parlementaires[2], cette obligation ne saurait, sans texte, être impartie à peine de forclusion. Lorsque le créancier procédera à une liquidation de sa créance, sa déclaration initiale ne cessera pas de produire effet, la rectification ne pouvant être considérée comme une déclaration de créance[3]. Si le créancier n'est pas en mesure de liquider sa créance dans ce délai, le mandataire de justice suggérera un sursis à statuer au juge-commissaire.

Le créancier ne peut, en conséquence, demander son admission « sous réserve de tous autres dus »[4]. Pas davantage, il ne peut déclarer sa créance pour « un euro à parfaire », sauf à s'exposer à une admission au passif pour ce montant[5]. Le juge-commissaire n'aura pas le pouvoir d'admettre le créancier pour plus que ce qu'il a déclaré[6]. En revanche, le créancier rectifiera à la baisse, dans un second temps, sa déclaration de créance, sans être enfermé, pour cela, dans un délai particulier[7].

En présence d'une cession de créance par le mécanisme du bordereau Dailly, l'établissement de crédit devra déclarer au passif du cédant toutes les sommes qui lui sont dues, sans avoir à déduire les créances qui lui ont été cédées à titre de garantie, dès lors qu'à la date de sa déclaration, elles ne lui ont pas été payées par le débiteur cédé. Procéder autrement interdirait au banquier tout recours à l'encontre du cédant, pourtant garant solidaire du paiement, en cas de non-paiement du débiteur cédé. Symétriquement, le juge-commissaire admettra le banquier sans déduction du montant des créances cédées[8].

La déclaration pour *mémoire des intérêts et de la* clause pénale sans chiffrage ni évaluation provisionnelle ne vaut pas déclaration de créance[9]. À l'inverse, il a aussi été jugé que la déclaration de créance portant la mention « pour mémoire » n'est pas en elle-même irrégulière, dès lors que le créancier exprime de manière non équivoque sa volonté de réclamer ce qui lui est dû[10] (v. aussi pour la déclaration de créance des intérêts, s^s n° 666.41).

666.23 Déclaration complémentaire de créance – déclaration rectificative de créance. Le montant initialement déclaré n'est pas intangible. La déclaration de créance étant considérée comme équivalente à une demande en justice, il faut admettre la possibilité de demandes additionnelles, c'est-à-dire de déclarations de créances complémentaires. Cependant, comme toute demande additionnelle, la déclaration de créance complémentaire doit être effectuée dans les délais, en l'occurrence les délais de déclaration de créance[11], et cela même lorsque la créance déclarée n'est pas liquide (v. s^s n° 666.22).

La solution s'impose si le créancier remplace sa déclaration de créance initiale par une autre, alors que la cause contenue dans la seconde déclaration est différente. Il y a là une demande nouvelle, qui ne peut être présentée que dans le délai de déclaration de créance. Formée au-delà du délai de relevé de forclusion, elle est nécessairement irrecevable[12]. Ainsi a-t-il été jugé que le créancier ne peut faire admettre une créance, qui a initialement été déclarée sur le fondement d'un engagement d'associé, sur un autre fondement tel celui d'un engagement de caution[13]. Il en ira évidemment différemment si le fondement juridique est modifié à l'intérieur du délai de déclaration de créance. On considérera alors que la créance a été déclarée à nouveau dans le délai légal. De même, le créancier qui procède, dans le délai de déclaration de créance, à une première déclaration, ne peut faire admettre une créance, s'il précise, par

1. Com. 3 nov. 2010, n° 09-72.029, *Bull. civ.* IV, n° 166; n° 1087 F-P+B; *Gaz. Pal. entr. diff.* 7-8 janv. 2011, p. 40, note Le Corre-Broly; *LPA* 29 avr. 2011, n° 85, p. 6, note Zattara-Gros; *RTD com.* 2011. 414, n° 3, obs. Martin-Serf – Bordeaux, 2e ch. civ., 4 juill. 2014, RG n° 13/03130, *JurisData* 020476.
2. *Rapp. Hyest*, n° 335, p. 215.
3. Paris, pôle 5, 8^e ch., 8 sept. 2009, RG n° 08/10028.
4. Paris, 5e ch. B, 22 mai 2003, RG n° 2002/07985.
5. Com. 5 mai 2015, n°s 14-12.381, 14-15.766, NP; n° 426 FS-D.
6. Paris, 3e ch., 30 nov. 2001, *Rev. proc. coll.* 2002, p. 184, n° 1, obs. Legrand.
7. Com. 27 mai 2003, n° 00-17.716, *Bull. civ.* IV, n° 87; *Act. proc. coll.* 2003/12, n° 157, obs. Régnaut-Moutier; *RTD com.* 2003. 817, n° 9, obs. Martin-Serf; *RD banc. fin.* 2003, n° 232, note Lucas – Paris, 3e ch. A, 7 févr. 2006, RG n° 05/9621.
8. Com. 4 déc. 2001, n° 98-17.052, *Bull. civ.* IV, n° 192; *Rev. proc. coll.* 2002, p. 94, n° 5, obs. Legrand.
9. Paris, 16e ch. A, 30 juin 2004, RG n° 2001/1694.
10. Com. 19 mai 2004, n° 01-11.572, NP.
11. Com. 26 mai 1998, n° 96-12.207, *Bull. civ.* IV, n° 165; *Gaz. Pal.* 26-27 juin 1998, p. 21 – Com. 4 juill. 2000, n° 97-21.324, NP – Com. 2 mai 2001, n° 98-11.912, NP – Com. 7 avr. 2004, n° 01-17.601, NP – Com. 28 sept. 2004, n° 03-11.820, NP – Rennes, 28 févr. 2001, *Rev. proc. coll.* 2002, p. 94, n° 3, obs. Legrand – Paris, 3e ch. B, 17 déc. 2004, RG n° 2003/16914.
12. Com. 13 févr. 2007, n° 06-11.993, NP – Nîmes, 2e ch. com. B, 20 juin 2013, RG n° 12/00997, *Rev. proc. coll.* 2014, comm. 16, note Legrand et Legrand.
13. Com. 13 janv. 2015, n° 13-25.251, NP; n° 23 F-D; *RTD com.* 2015. 368, n° 2, obs. Martin-Serf; *Act. proc. coll.* 2015/4, comm. 52, note Thiberge.

une seconde déclaration de créance effectuée hors délai, et qui est substantiellement différente de la première, qu'il remplace la première. Seule la seconde déclaration de créance doit en effet être prise en compte, cependant qu'elle est effectuée hors délai [1]. En revanche, si le créancier déclare initialement plusieurs postes de créances, la déclaration complémentaire effectuée ne portant que sur certains de ces postes ne remet pas en cause la déclaration initiale concernant les autres postes [2].

Il appartient au créancier de prouver la date d'envoi de son courrier contenant déclaration complémentaire de créance [3]. En outre, si la demande de justification lui en est faite par la cour d'appel, il lui appartient d'établir la date de la publication au *Bodacc* du jugement d'ouverture, pour vérifier si cette déclaration complémentaire de créance a été faite dans les délais [4].

La déclaration rectificative devra, en outre, émaner d'une personne ayant qualité pour déclarer la créance [5], sauf ratification de créance, depuis l'ordonnance du 12 mars 2014 [6] (v. s^s n° 662.52).

La déclaration rectificative est possible si elle comporte une erreur purement matérielle, tel le mauvais emplacement d'une virgule. La solution est admise, alors même que le délai de déclaration de créance est expiré [7]. Identiquement a été admise la déclaration de créance rectificative, en présence de l'omission d'un chiffre, alors que le délai de déclaration de créance était expiré [8]. A encore été considérée comme valide la déclaration de créance rectificative en présence d'une erreur du créancier ayant converti sa créance en francs au lieu de la convertir en euros [9]. Cette mansuétude de la jurisprudence à l'égard du créancier ne peut aller jusqu'à admettre la déclaration rectificative d'une créance, par suite d'une omission. La solution a été posée dans une espèce où le créancier avait oublié dans sa déclaration de créance de mentionner le capital restant dû et n'avait indiqué que les échéances arriérées [10].

Il a encore été jugé que la déclaration rectificative est possible si, alors que la déclaration initiale a été effectuée dans les délais, il ne s'agit que de détailler, salarié par salarié, le montant des cotisations sociales dues, ce qui n'avait pas été fait initialement [11].

666.24 Responsabilité du créancier en cas de déclaration de créance abusive. Il a été admis qu'un créancier puisse engager sa responsabilité envers d'autres créanciers, compte tenu des honoraires alloués au mandataire de justice pour *la contestation* des créances (v. s^s n° 352.45), si la déclaration est effectuée pour un montant sans commune mesure avec ce qui pouvait lui être du [12], et, *a fortiori*, si le créancier ne détient aucune créance propre [13]. Cependant, la demande ne pourra être présentée pour la première fois en cause d'appel sous peine d'irrecevabilité [14].

La solution n'a plus lieu d'être pour les procédures ouvertes à compter de l'entrée en vigueur du décret du 10 juin 2004 [15], qui a supprimé les honoraires proportionnels de 5 % alloués au mandataire de justice pour la contestation des créances (v. s^s n° 352.36).

SECTION 666.30
DÉCLARATION DES CRÉANCES NON EXIGIBLES

666.31 Principe de déclaration des créances non exigibles (v. aussi s^s n° 666.41). Les créances non exigibles au jour du jugement d'ouverture doivent faire l'objet d'une déclaration de créance. On rappellera encore que le jugement d'ouverture de la sauvegarde ou du redressement judiciaire n'emporte pas déchéance du terme, laquelle ne résultera, sous l'empire de la législation antérieure à la loi de sauvegarde des entreprises [16], que de la liquidation judiciaire ou d'un plan de cession (v. s^s n° 642.31) et, sous l'empire de la législation issue de la loi de sauvegarde des entreprises, de la liquidation judiciaire, sauf lorsqu'un plan de cession est envisagé, auquel cas la déchéance du terme sera décalée au jour de la décision statuant sur le plan et, à défaut de décision statuant sur le plan de cession, à la date d'expiration de la poursuite provisoire d'activité autorisée en liquidation judiciaire (v. s^s n° 642.31).

1. Com. 17 nov. 2015, n° 14-18.759, NP; n° 984 F-D; *RTD com.* 2016. 195, n° 1, note Martin-Serf; *LXB hebdo* 17 déc. 2015, n° 448, note Le Corre-Broly.
2. Com. 18 mars 2008, n° 06-21.805, NP; n° 389 F-D; *Rev. proc. coll.* 2008/3, p. 60, n° 140, note Legrand.
3. Com. 15 mars 2005, n° 03-18.607, *Bull. civ.* IV, n° 65; *Gaz. proc. coll.* 2005/2, p. 25, obs. Le Corre.
4. Com. 15 mars 2005, n° 03-18.607, préc. (v. s^s prés^t n°).
5. Paris, 3e ch. A, 10 févr. 2004, RG n° 2003/11450.
6. Ord. n° 2014-326, 12 mars 2014, préc.
7. Com. 26 mai 1998, n° 96-12.207, *Bull. civ.* IV, n° 165; *Act. proc. coll.* 1998/4, n° 54.
8. Com. 15 nov. 2005, n° 04-18.555, NP; n° 1434 F-D.
9. Com. 7 nov. 2006, n° 05-17.334, NP; n° 1195 F-D; *RTD com.* 2007. 238, n° 8, obs. Vallens; *Gaz. proc. coll.* 2007 40, note Le Corre.
10. Com. 10 juill. 2001, n°s 98-18.653 à 98-18.658, 6 esp., NP, *Rev. proc. coll.* 2002, p. 96, n° 12, obs. Legrand; *RTD com.* 2001. 982, obs. Vallens.
11. Toulouse, 8 sept. 2009, RG n°s 08/01690, 08/01692, *Rev. proc. coll.* 2010, comm. 101, note Legrand et Legrand.
12. Com. 8 janv. 2002, n° 98-23.181, NP, *RD banc. fin.* 2002, n° 59, note Lucas; *Rev. proc. coll.* 2002, p. 186, n° 6, obs. Legrand; *Rev. proc. coll.* 2003, p. 109, n° 16, obs. Gorrias.
13. Douai, 2e ch., 17 juin 2010, RG n° 09/00916, *Rev. proc. coll.* 2011, comm. 38, p. 45, note Legrand et Legrand.
14. Com. 8 janv. 2002, n° 98-23.181, NP.
15. D. n° 2004-518, 10 juin 2004, *JO* 11 juin, p. 10351.
16. L. n° 2005-845, 26 juill. 2005, préc.

La clause de retour à meilleure fortune a été analysée comme faisant naître une créance à terme incertain, non une créance sous condition. Il n'y a donc pas de difficulté à l'admettre au passif de son souscripteur[1].

La portée de l'exigence de la déclaration au passif des créances non exigibles doit être exactement comprise. Il faut ici distinguer selon que le contrat, cause de la créance, est un contrat dont les obligations sont nées instantanément ou successivement.

666.32 Déclaration des créances en présence d'un contrat à exécution instantanée. Dire que les obligations du contrat sont à naissance instantanée, cela signifie que, dès lors que la créance est née, elle l'est pour la totalité. Si la naissance de la créance est antérieure au jugement d'ouverture, il convient de déclarer l'intégralité de cette créance, peu important que l'exécution des obligations soit successive. Il n'est pas question de naissance de ces créances, mais seulement de leur exigibilité.

Deux exemples peuvent être ici pris. Dans le contrat de vente, la jurisprudence considère que le fait générateur de la créance de prix est la livraison de la chose. Dès lors qu'elle est antérieure au jugement d'ouverture, la créance de prix doit être, pour la totalité, déclarée au passif, même si l'exécution de l'obligation de payer le prix est successive, et qu'il était prévu que, en tout ou en partie, elle soit effectuée à une date postérieure à celle du jugement d'ouverture.

En matière de prêt consenti par une personne qui n'est pas un établissement de crédit, la créance de remboursement naît au jour de la remise des fonds. Si le prêt est consenti par un établissement de crédit, la créance de remboursement naît de la signature du contrat de prêt. Il convient donc de déclarer au passif l'intégralité de la créance de prêt, si, selon les cas, la remise intégrale des fonds ou la signature intervient avant jugement d'ouverture, peu important l'exécution différée de ce contrat. L'article L. 621-44 du code de commerce, dans sa rédaction antérieure à la loi de sauvegarde des entreprises[2] (anc^t L. 25 janv. 1985[3], art. 51), devenu l'article L. 622-25 depuis cette loi, donne alors la méthode. Le créancier doit déclarer au passif les sommes échues et les sommes à échoir, en distinguant les premières des secondes. Pour les secondes, il devra préciser les sommes restant à échoir, ainsi que la date des échéances. L'erreur commise dans la déclaration de créance, qui consiste à déclarer comme échues des créances qui sont à échoir, n'est pas sanctionnée par l'extinction de la créance[4]. Symétriquement, la déclaration de créance de sommes à échoir, qui étaient échues au jour du jugement d'ouverture, restera sans conséquence, dès lors que le créancier a *manifesté sa volonté non* équivoque de réclamer les créances à échoir[5].

1. Com. 12 oct. 2004, nº 02-13.230, *Bull. civ.* IV, nº 182; *Act. proc. coll.* 2004/19, nº 228, note Blanc.
2. L. nº 2005-845, 26 juill. 2005, préc.
3. L. nº 85-695, 11 juill. 1985, *JO* 12 juill., p. 7885.

666.33 Déclaration des créances en présence de contrat à exécution successive – Loyers « à échoir » de bail, de location financière et de crédit-bail. Pour les contrats dont les obligations sont à naissance successive, le contenu de la déclaration de créance est différent.

Il faut ici supposer que les obligations du contrat naissent au fur et à mesure du déroulement du contrat. Les obligations caractéristiques du contrat se renouvellent dans le temps. L'exemple type est ici le bail. Le fait générateur de la créance réside dans la jouissance procurée. Dès lors que celle-ci est antérieure au jugement d'ouverture, elle donnera corrélativement naissance à une créance antérieure. Dès lors qu'elle est postérieure au jour du jugement d'ouverture, elle générera une créance postérieure.

L'article L. 621-43 du code de commerce (anc^t L. 25 janv. 1985[6], art. 50), devenu depuis la loi de sauvegarde des entreprises[7] l'article L. 622-24, indique que le créancier doit déclarer les créances antérieures. Il ne convient donc pas de déclarer les créances postérieures. L'article L. 621-44, devenu depuis la loi de sauvegarde des entreprises l'article L. 622-25, parfois interprété à tort parce qu'il est sorti de son contexte, ne fait que préciser la façon de procéder pour déclarer une créance antérieure. Il n'oblige nullement à déclarer les créances postérieures. En prenant l'exemple d'un bail financier, il n'y aura donc pas lieu de déclarer les loyers qui correspondent à une jouissance procurée après le jugement d'ouverture[8]. Seuls devront être déclarés les loyers correspondant à la jouissance procurée avant le jugement d'ouverture[9], ainsi que les accessoires s'y

4. Com. 28 sept. 2004, nº 03-12.023, *Bull. civ.* IV, nº 173; *Act. proc. coll.* 2004/17, nº 207, note Vallansan.
5. Com. 9 janv. 2001, nº 97-22.048, NP, *RJDA* 2001/5, nº 608.
6. L. nº 85-98, 25 janv. 1985, préc.
7. L. nº 2005-845, 26 juill. 2005, préc.
8. Com. 16 juin 2004, nº 02-14.942, *Bull. civ.* IV, nº 129; FS-P+B – Douai, 2e ch., 12 déc. 1996, *SNC Pakatrans c/Mercedes Benz Financement*, NP – Paris, 3e ch. A, 3 févr. 2004, RG nº 2003/09857, *Gaz. Pal.* 30-31 juill. 2004, Jur. 16, note Le Corre-Broly; *LXB hebdo* nº N2355ABT, note Le Corre-Broly – Versailles, 13e ch., 21 févr. 2008, RG nº 07/03489, *D.* 2008. AJ 1054 – *Adde*, EN CE SENS : Le Corre-Broly, « La déclaration de créance du bailleur financier et du crédit-bailleur – l'abus de déclaration peut être dangereux pour la santé financière », *Gaz. proc. coll.* 2005/1, p. 14, sp. p. 17.
9. Com. 12 janv. 2010, nº 08-21.456, *Bull. civ.* IV, nº 4; nº 37 FS-P+B; *D.* 2010. AJ 203, note Lienhard; *D.* 2010. Pan. 1825, obs. Le Corre; *Rev. proc. coll.* 2010/4, comm. 160, note Pérochon; *Rev. proc. coll.* 2012, comm. 43, note Saint-Alary-Houin; *LXB hebdo* 18 févr. 2010, nº 38, note Le Corre.

rapportant. En outre, la déclaration des loyers couvrant la période postérieure au jugement d'ouverture ne peut équivaloir à la déclaration de l'indemnité de résiliation, même si le contrat est ensuite résilié[1]. Il appartient, en pareille hypothèse, au bailleur financier de déclarer son indemnité de résiliation, dans le délai que lui impartit l'article 66 du décret (v. aussi s^s^ n° 665.34).

Aller au-delà, c'est-à-dire déclarer les créances postérieures au jugement d'ouverture, pourrait avoir des conséquences inattendues pour le créancier[3]. Alors qu'il est titulaire d'une créance lui permettant de bénéficier des dispositions applicables aux créances postérieures, il transforme, par le fait-même et par décision de justice, si la créance est admise au passif, une créance postérieure en une créance antérieure, avec les restrictions y attachées. Cette conséquence semblait admise par la Cour de cassation, qui considérait que « dès lors que la créance de la société O. n'avait pas été définitivement admise pour l'intégralité des sommes déclarées, le juge-commissaire ne pouvait, sans excéder ses pouvoirs, décidé que cette société avait perdu le bénéfice de percevoir les loyers au titre de l'article L. 621-32 du code de commerce »[4]. Cette décision laissait clairement entendre que si la créance avait été définitivement admise, la société aurait perdu le bénéfice de sa créance postérieure. La solution a ensuite été clairement posée, avec pour appui juridique l'autorité de chose jugée attachée à la nature de la créance admise au passif (v. s^s^ n° 682.31). En revanche, le seul fait de la déclaration de créance au passif d'une créance postérieure éligible au traitement préférentiel est insuffisant à produire cet effet, dès lors que la créance indûment déclarée est ensuite contestée et rejetée[5]. De même, la décision rejetant une demande de relevé de forclusion de la déclaration de créance, pour des loyers tant antérieurs que postérieurs au jugement d'ouverture, n'a pas autorité de chose jugée quant à la nature de ces créances[6].

L'erreur commise par le créancier, qui déclare des créances postérieures au jugement d'ouverture bénéficiant du traitement préférentiel restera toutefois sans conséquence si la créance n'est pas admise au passif. Il n'appartient pas au juge-commissaire de statuer sur cette créance, puisqu'il n'entre pas dans son pouvoir juridictionnel de statuer sur de telles créances. Il en résulte qu'il ne peut être décidé, que l'irrégularité [problème de pouvoir] affectant la déclaration au passif d'une créance postérieure au jugement d'ouverture bénéficiant du traitement préférentiel doit rester sans conséquence et ne peut, sous l'empire de la loi du 25 janvier 1985, entraîner l'extinction de la créance[7].

Ces conséquences pour le créancier pourront avoir des retentissements sur la caution solidaire. Il a ainsi été jugé que la caution solidaire du débiteur est tenue de payer les loyers à échoir après plan de cession, pourtant théoriquement dus par le repreneur, au motif qu'ils avaient été admis au passif[8]. Le juge-commissaire ne saurait admettre des loyers à échoir, alors que le contrat ne sera pas continué et sera, en conséquence, résilié.

Les développements qui précèdent doivent cependant être coordonnés avec l'obligation issue de la loi de sauvegarde des entreprises de déclarer les créances postérieures non éligibles au traitement préférentiel (v. s^s^ n°s 454.11 et 665.37).

SECTION 666.40
DÉCLARATION DES ACCESSOIRES

666.41 Déclaration des intérêts. Le créancier doit déclarer les intérêts échus et impayés avant jugement d'ouverture, qu'il s'agisse d'intérêts de retard[9] ou d'intérêts conventionnels. Le créancier n'a pas ici l'obligation d'indiquer le mode de calcul de ces intérêts échus[10]. Le fait que la créance de prêt résulte d'un acte notarié n'interdit nullement au créancier de déclarer une créance supérieure pour tenir compte d'intérêts échus au jour du jugement d'ouverture, même si aucune décision de justice n'autorise le créancier à se prévaloir de ces intérêts. L'admission de la créance n'est en effet nullement subordonnée à la production d'une décision de justice[11].

Par principe, après jugement d'ouverture, il y aura arrêt du cours des intérêts. Par exception, cependant, certains créanciers bénéficient de la continuation du cours des intérêts (v. s^s^ n° 641.41). Pour ces créanciers, la déclaration de créance devra mentionner les intérêts à échoir dont le cours n'est pas arrêté. Ces intérêts sont en effet des créances

1. Com. 26 nov. 2002, n° 00-13.710, NP, *AJDI* 2003. 430, obs. Le Corre – Paris, 3e ch. A, 3 févr. 2004, RG n° 2003/09857, *Gaz. Pal.* 30-31 juill. 2004, Jur. 16, note Le Corre-Broly.
2. Com. 16 juin 2004, n° 02-14.942, *Bull. civ.* IV, n° 129.
3. Le Corre-Broly, « La déclaration de créance du bailleur financier et du crédit-bailleur – l'abus de déclaration peut être dangereux pour la santé financière », *Gaz. proc. coll.* 2005/1, p. 14.
4. Com. 12 mai 2009, n° 08-13.861, NP; n° 451 F-D; *Gaz. proc. coll.* 2009/3, p. 41, note Le Corre-Broly; *LXB hebdo* 18 juin 2009, n° 355, note Le Corre-Broly.
5. Com. 17 sept. 2013, n° 12-21.659, *Bull. civ.* IV, n° 135, n° 837 F-P+B.
6. Com. 7 févr. 2012, n° 10-15.125, NP; n° 159 F-D; *LXB hebdo* 15 mars 2012, n° 288, note Le Corre-Broly.
7. Com. 12 janv. 2010, n° 08-21.456, préc. (v. s^s^ prés^t^ n°).
8. Com. 24 oct. 1996, *RJDA* 1997/3, n° 290.
9. Paris, 16e ch. A, 30 juin 2004, RG n° 2001/1694.
10. Paris, 15e ch. B, 1er juin 2006, RG n° 03/14921.
11. Com. 11 juill. 2006, n° 05-13.471, NP; n° 914 F-D.

nées avant jugement d'ouverture dès lors que le prêt consenti par un établissement de crédit l'a été avant le jugement d'ouverture[1]. Lorsque le prêt est consenti par une personne n'ayant pas la qualité d'établissement de crédit, la créance de remboursement naît au moment de la remise des fonds. Il en est de même de la créance d'intérêts. Il faudra ici supposer qu'au jour de la déclaration de créance, il y ait redressement judiciaire ou sauvegarde. Dans le cas contraire, s'il y a liquidation initiale, la déchéance du terme fera disparaître ce problème, à moins qu'un plan de cession ne soit envisagé, auquel cas la déchéance du terme n'interviendra qu'au jour de la décision statuant sur le plan ou, à défaut, à la date à laquelle prendra fin la poursuite provisoire de l'activité autorisée en liquidation judiciaire.

Le créancier devra mentionner les intérêts en respectant l'article 67, 2° du décret du 27 décembre 1985[2], dans la législation antérieure à la loi de sauvegarde des entreprises[3], l'article R. 622-23, 2° du code de commerce (anc^t D. 28 déc. 2005[4], art. 98, 2°), dans la législation de sauvegarde des entreprises, qui énoncent que mention devra être faite des « modalités de calcul des intérêts dont le cours n'est pas arrêté, cette indication valant déclaration pour le montant ultérieurement arrêté ».

Le seul fait d'indiquer, dans la déclaration de créance, le taux des intérêts est insuffisant par rapport aux exigences légales de détermination du mode de calcul des intérêts[5].

De même, le seul fait d'annexer à la déclaration de créance l'acte de prêt est tout aussi insuffisant en l'absence de précision sur le mode de calcul des intérêts[6].

Respecte au contraire les exigences légales, le créancier titulaire d'un prêt dont la durée de remboursement est supérieure ou égale à un an, qui précise, dans sa déclaration de créance, les dates de réalisation et d'échéance du prêt, le taux des intérêts normaux et le cas échéant des intérêts de retard et enfin les totaux des sommes échues et à échoir[7]. De même, effectue correctement sa déclaration de créance des intérêts, le créancier qui déclare sa créance en faisant mention des dates d'échéances et de réalisation des prêts, du capital échu, du capital à échoir, des intérêts échus calculés au taux conventionnel ainsi qu'au taux majoré pour retard, le montant du taux d'intérêt conventionnel « intérêts normaux » et le « taux d'intérêt de retard »[8]. Identiquement, respecte les exigences des textes, la déclaration de créance qui indique le montant des sommes échues au jour du jugement d'ouverture, le montant du capital restant à échoir à cette même date, et le taux conventionnel des intérêts normaux et de retard[9]. Il en est de même de la déclaration de créance qui indique le montant du prêt, ses dates de réalisation, le détail des sommes dues au jour du jugement d'ouverture, en capital, intérêts normaux et intérêts de retard, le montant du capital au jour du jugement d'ouverture et les taux conventionnels des intérêts normaux et de retard et qui précise, en outre, que s'ajoutent au montant global du prêt les intérêts à courir au « taux ci-dessus »[10].

Respecte également les exigences de l'article R. 622-23, 2° du code de commerce, le prêteur qui précise le taux d'intérêt annuel Eurobor 3 mois, déterminé conformément à la convention de prêt et majoré de 4,17 %, et ses modalités de calcul au jour le jour à compter de la date d'exigibilité de la somme due sur la base d'une année de 360 jours en vertu du contrat de prêt[11].

L'article 67, 2° du 27 décembre 1985 et l'article 98, 2° du décret du 28 décembre 2005 prohibent la déclaration des intérêts « un franc sauf à parfaire »[12] ou « pour mémoire sans mention de la base de calcul ni du taux applicable »[13]. La déclaration des intérêts « pour mémoire », sans indication de leur taux ni de leur mode de calcul et sans renvoi aux documents joints à la déclaration de créance, est irrégulière[14]. Dans une autre espèce, la Cour de cassation a jugé que si le créancier déclare les intérêts « pour mémoire », sans préciser les modalités de calcul des intérêts à échoir, la déclaration des intérêts, dont le cours n'est pas arrêté, ne sera pas considérée comme valablement effectuée[15].

1. Paris, 15e ch. B, 4 oct. 2007, RG n° 05/05227.
2. D. n° 85-1388, 27 déc. 1985, préc.
3. L. n° 2005-845, 26 juill. 2005, préc.
4. D. n° 2005-1677, 28 déc. 2005, *JO* 29 déc., p. 20324.
5. Com. 12 juill. 2004, n° 01-11.685, NP – Com. 7 mars 2006, n° 04-19.201, NP; n° 303 F-D; *Gaz. proc. coll.* 2006/3, p. 35, n° 4, obs. Le Corre.
6. Com. 12 juill. 2004, n° 02-20.132, NP.
7. Com. 13 nov. 2002, n° 01-11.388, *SCEA et Mme Dumousseau c/Crcam du Sud ouest*, NP; n° 1842 F-D.
8. Com. 13 nov. 2002, n° 00-14.148, *Despagnet c/Crcam du Sud ouest et Mme Dumousseau*, NP; n° 18421 F-D.
9. Com. 28 janv. 2004, n° 02-15.080, NP.
10. Com. 5 mai 2004, n° 01-17.615, NP.
11. Com. 22 sept. 2015, n° 14-17.778, NP; n° 791 F-D.
12. Com. 27 oct. 1998, n° 96-17.717, NP, *Act. proc. coll.* 1998/13, n° 171 – Com. 24 nov. 1998, n° 96-13.552, *Bull. civ.* IV, n° 278; *Act. proc. coll.* 1999/1, n° 2; *D. Affaires* 1999. 34 – Paris, 3^e ch. A, 6 nov. 2007, RG n° 06/20357, *RTD com.* 2008. 195, n° 3, obs. Martin-Serf.
13. Com. 9 juill. 2002, n° 98-23.044, NP, *Act. proc. coll.* 2002/17, n° 223 – Com. 21 janv. 2003, n° 99-16.810, NP, *Act. proc. coll.* 2003/6, n° 68 – Paris, 3e ch. A, 6 nov. 2007, RG n° 06/20357.
14. Com. 15 mars 2005, n° 03-18.607, *Bull. civ.* IV, n° 61; n° 462 F-P+B; *D.* 2005. AJ 953, obs. Lienhard; *Gaz. proc. coll.* 2005/2, p. 26, obs. Le Corre.
15. Com. 5 avr. 2016, n° 14-20.169, *Bull. civ.* IV [à paraître]; n° 324 F-P+B; *Act. proc. coll.* 2016/8, comm. 101, note Vallansan; *Rev. sociétés* 2016. 395, note Roussel Galle; *BJE* 2016, 266, note Perruchot-Triboulet.

De même, la déclaration des inté « pour mémoire » ne peut valoir déclaration lorsqu'il s'agit d'intérêts à courir en fonction modalités de calcul fixées contractuellement et que total des sommes déclarées n'incluait pas le ntant des sommes restant à échoir concernant le p en cause[1].

En revanche, la déclaration des irrêts « pour mémoire » n'a pas, en elle-même, étugée irrégulière, dès lors que, relève la Cour de cassation, la déclaration est complétée par l'indication du taux d'intérêt applicable et les modalités de calcul des intérêts[2]. La Cour de cassation semble même admettre que le créancier puisse se satisfaire de mentionner les intérêts en faisant référence aux documents contractuels joints pour la détermination de leur mode de calcul[3]. Ces solutions compréhensives pour le créancier ne peuvent emporter pleine approbation. Certes, les modalités de calcul permettent de déterminer l'incidence de la continuation du cours des intérêts. Mais, en indiquant qu'il sollicite son admission pour mémoire, le créancier invite, par symétrie, en présentant ce qui est analysé comme une demande en justice, le juge-commissaire à admettre la créance d'intérêts « pour mémoire », ce que la Cour de cassation refuse pourtant (v. ss n° 682.22). Ainsi, les solutions n'apparaissent-elles pas rigoureusement symétriques.

Dès lors que la détermination, au jour de la liquidation des intérêts, du montant de ceux-ci, est possible, à partir des seuls éléments contenus dans la déclaration de créance, la loi est respectée.

Si le montant des intérêts peut être calculé au jour de la déclaration de créance, la déclaration, précisant seulement le montant de ceux-ci sans en préciser les modes de calcul, sera tenue pour régulière[4].

En outre, aucun texte n'oblige le créancier à distinguer, dans la déclaration de créance, le montant des intérêts à échoir du montant du capital à échoir[5]. Indiquons une précédente décision qui avait jugé irrégulière, la déclaration qui mentionnait seulement le montant des échéances, sans distinguer entre le capital et les intérêts[6]. Cette solution, que l'on peut comprendre au stade de la déclaration des créances, peut poser des difficultés, lorsqu'il s'agira pour le juge-commissaire d'admettre la créance[7].

Le créancier devra indiquer également, dans sa déclaration de créance, les intérêts de retard dont il peut bénéficier, lorsque leur cours ne sera pas arrêté[8].

Les intérêts non déclarés sont, du moins sous l'empire de la législation antérieure à la loi de sauvegarde des entreprises, *perdus. La déclaration de* créance, assimilée à une demande en justice avant l'ordonnance du 12 mars 2014[9], fixe en effet les limites de la demande du créancier[10]. Une déclaration postérieure à la déclaration de créance initiale est possible, dans le cas d'une déclaration rectificative. Cependant, cette dernière devra intervenir dans le délai de la déclaration de créance[11]. Sont identiquement perdus les intérêts dont le mode de calcul n'aura pas été précisé dans la déclaration de créance[12].

Ces solutions de la législation antérieure doivent être modifiées sous l'empire de la loi de sauvegarde des entreprises. La créance d'intérêts sera simplement tenue pour inopposable à la procédure collective (sur ce principe de solution, v. ss n° 665.75).

666.42 Déclaration des sûretés[13]. Le créancier doit, dans le respect de l'article L. 621-44, alinéa 1er du code de commerce (anct L. 25 janv. 1985[14], art. 51, al. 1er), devenu depuis la loi de sauvegarde des entreprises[15] l'article L. 622-25, alinéa 1er, préciser la « nature du privilège ou de la sûreté dont la créance est éventuellement assortie ». La portée de la disposition apparaît générale, faute de distinction introduite dans le texte. Toutes les sûretés assortissant la créance devraient ainsi être précisées. La rectification pourra intervenir, mais uniquement à l'intérieur du délai de déclaration de créance[16]. Il en résulte que le créancier ne saurait profiter d'un

1. Com. 13 juin 2006, n° 05-12.259, NP; n° 761 F-D.
2. Com. 25 févr. 2004, n° 02-18.314, NP.
3. Com. 7 mars 2006, n° 04-19.201, NP; n° 303 F-D; *Gaz. proc. coll.* 2006/3, p. 35, n° 4, obs. Le Corre.
4. Com. 2 mars 1993, n° 90-21.353, *Bull. civ.* IV, n° 89 – Com. 5 mai 2015, n° 14-13.213, P, n° 407 F-P+B.
5. Com. 5 mai 2015, n° 14-13.213, *Bull. civ.* IV [à paraître]; n° 407 F-P+B; *Gaz. Pal.* 21 juill. 2015, n° 200, p. 22, note Le Corre; *JCP E* 2015. 1339, note Brignon; *Rev. sociétés* 2015. 547, note Henry; *RTD com.* 2015. 582, n° 1, note Martin-Serf; *Rev. proc. coll.* 2016, comm. 5, note F. Legrand et M.-N. Legrand.
6. Besançon, 25 sept. 2009, RG n° 08/03357, *Rev. proc. coll.* 2010, comm. 100, note Legrand et Legrand.
7. SUR LA QUESTION : Le Corre, « La déclaration de créance à échoir du prêteur bénéficiant de la continuation du cours des intérêts », *BJE* 2015, p. 335.
8. Com. 27 nov. 1991, n° 90-10.869, *Bull. civ.* IV, n° 362; *RJDA* 1992/2, n° 192.
9. Ord. n° 2014-326, 12 mars 2014, préc.
10. Com. 11 janv. 2005, n° 03-16.808, NP, *Gaz. proc. coll.* 2005/1, p. 34, n° 3-1, obs. Le Corre – Com. 11 janv. 2005, n° 03-16.809, NP, *Gaz. proc. coll.* 2005/1, p. 34, n° 3-1, obs. Le Corre.
11. Com. 24 nov. 1998, n° 96-13.552, *Bull. civ.* IV, n° 278; *JCP* 1999. IV. 1079; *RJDA* 1999/2 et 156, n° 199.
12. Com. 10 déc. 2002, n° 01-13.640, NP, *Act. proc. coll.* 2003/4, n° 40; *Rev. proc. coll.* 2003, p. 318, n° 7, obs. Legrand – Com. 12 juill. 2004, n° 02-20.132, NP.
13. Roussel Galle, « La déclaration de créances et les sûretés réelles », Colloque Sûretés réelles et droit des entreprises en difficulté, Nice, 20 mars 2010, *LPA* 11 févr. 2011, n° 30, p. 37.
14. L. n° 85-98, 25 janv. 1985, préc.
15. L. n° 2005-845, 26 juill. 2005, préc.
16. Com. 27 oct. 1998, n° 96-14.959, NP, *Act. proc. coll.* 1998/13, n° 172 – Com. 23 janv. 2001, *Act. proc. coll.* 2001/4, n° 54, obs. Régnaut-Moutier – Dijon, ch. civ. B, 3 oct. 2006, *Rev. proc. coll.* 2007/3, p. 162, n° 3, obs. Lebel.

appel incident pour faire réformer l'ordonnance d'admission intervenue à titre chirographaire, faute de mention, dans la déclaration de créance, de la sûreté assortissant la créance[1].

Avant l'ordonnance du 18 décembre 2008[2], il était extrêmement clair que l'obligation de déclarer la sûreté au passif du débiteur n'existait qu'autant que ce dernier en était le constituant. Le créancier détenant une sûreté réelle sur un bien appartenant à un tiers, sûreté autrefois dénommée cautionnement réel, n'avait pas à déclarer sa sûreté au passif du débiteur[3]. En revanche, en cas de procédure collective contre le tiers constituant de la sûreté, il devait déclarer à titre privilégié dans la procédure de ce dernier s'il voulait pouvoir participer aux répartitions privilégiées dans cette procédure, en cas de défaillance du débiteur principal[4].

L'ordonnance du 18 décembre 2008 a compliqué les solutions. En effet, pendant la période d'observation et en phase d'exécution des plans de sauvegarde et de redressement, la créance non déclarée est inopposable à la personne physique qui a affecté ou cédé un bien en garantie. La créance ne redevient opposable au tiers constituant de la sûreté qu'après complète exécution des plans, résolution de ces mêmes plans ou liquidation judiciaire. Notons toutefois que la créance reste opposable au tiers constituant de la sûreté si ce dernier est une personne morale, indépendamment de la déclaration de créance au passif du débiteur principal.

Il a été considéré qu'un créancier pouvait se contenter, au stade de la déclaration de créance, d'indiquer « créance assistée d'un privilège » pour être admis à titre privilégié[5]. La solution a été posée dans l'hypothèse d'un créancier ayant déclaré sa créance à titre privilégié en ajoutant « étant donné le droit de rétention exercé sur quatorze conteneurs de zinc », ce dont il résultait qu'il se prévalait de façon non équivoque du privilège du transporteur[6]. La solution a également été appliquée au bailleur, titulaire du privilège du gagiste au titre de sommes consignées en application des articles 2073 et 2075-1 du code civil (devenus respectivement C. civ., art. 2333, al. 1er et 2350), alors que le créancier s'était contenté de déclarer sa créance à titre privilégié, sans faire mention du gage et sans mentionner davantage onsignation des loyers[7]. De manière plus radica a Cour de cassation a jugé que l'affectation spé e de l'article 2075-1 du code civil (devenu C. , art. 2350) bénéficiait à la personne ayant obten son profit la consignation judiciaire de sommes, alo même que le créancier n'avait pas précisé dans sa claration de créance l'existence du privilège du gagi e ou celle de l'affectation spéciale[8].

Au contrair, au stade de l'admission, il a été jugé que l'admissio d'une créance à titre privilégié sans autre précisio ne permettait pas au créancier d'opposer son hypothèque[9].

Ainsi, la prudence commandera, pour le créancier, d'indiquer avec précision la nature de la sûreté assortissant la créance déclarée.

L'origine légale de la sûreté n'a en tout cas pas pour effet de mettre à l'écart l'obligation d'en faire mention dans la déclaration de créance. La solution a été posée à propos du privilège du bailleur d'immeuble[10]. Elle doit, nous semble-t-il, pouvoir être transposée à l'obligation de mentionner, dans la déclaration de créance, l'existence du privilège de la conciliation[11] ou, en cas de résolution d'un plan de sauvegarde ou de redressement, celle du privilège attaché aux créances postérieures éligibles au traitement préférentiel. Indiquons que depuis l'ordonnance du 12 mars 2014[12], le créancier postérieur privilégié qui figure sur la liste des créances postérieures privilégiées est dispensé d'avoir à déclarer sa créance au passif d'une seconde procédure ouverte suite à la résolution d'un plan.

Si le créancier porte la mention d'une déclaration à titre chirographaire, alors qu'il a fait mention de l'existence de sûretés et qu'il a joint les documents justificatifs de la sûreté, son erreur purement matérielle restera sans conséquence, dès lors qu'il a manifesté sa volonté de déclarer une créance privilégiée[13]. *A fortiori*, si la déclaration de créance mentionne l'existence de la sûreté, qu'elle est accompagnée des pièces justificatives de la sûreté, l'absence

1. Com. 11 juin 2002, n° 99-18.616, NP, *Act. proc. coll.* 2002/16, n° 205.
2. Ord. n° 2008-1345, 18 déc. 2008, *JO* 19 déc., p. 19462.
3. Civ. 3e, 24 juin 1998, n° 97-17 108, *Bull. civ.* III, n° 137; *JCP E* 1998. 2063, n° 9, obs. M. Cabrillac; *JCP E* 1998. Chron. 617, n° 2-a-9, obs. Simler et Delebecque; *RTD com.* 1999. 972, obs. Martin-Serf.
4. Paris, 3e ch. C, 6 juill. 2001, *D.* 2001. AJ 2832.
5. Com. 25 juin 2002, n° 99-15.020, NP.
6. Com. 3 juill. 2007, n° 05-21.136, NP; n° 928 F-D; *RTD com.* 2008. 202, n° 8, obs. Vallens.
7. Com. 15 mars 2005, n° 03-19.050, NP.
8. Com. 21 mars 2006, n° 04-17.643, *Bull. civ.* IV, n° 75; n° 413 FS-P+B+R; *D.* 2006. AJ 982, obs. Lienhard; *JCP E* 2006. Chron. 2331, n° 8, obs. crit. M. Cabrillac; *Act. proc. coll.* 2006/8, n° 89, note crit. Régnaut-Moutier; *Gaz. proc. coll.* 2006/3, p. 36, n° 5, obs. Le Corre; *Dr. et proc.* 2006/5 p. 265, note Le Corre.
9. Com. 8 janv. 2002, n° 98-21.745, NP, *Act. proc. coll.* 2002/8, n° 98.
10. Com. 7 déc. 2004, n° 03-12.921, NP.
11. EN CE SENS AUSSI : Becqué-Ickowicz, « De l'entreprise au cours de la période d'observation », Lucas et Lécuyer (dir.), *La réforme des procédures collectives…*, Lgdj, 2006, p. 140.
12. Ord. n° 2014-326, 12 mars 2014, préc.
13. Com. 19 nov. 2003, n° 01-02.920, NP, *RTD com.* 2004. 161, n° 9, obs. Vallens – RAPPR. : Paris, 3e ch. A, 14 oct. 2003, RG n° 2002/14341.

d'indication dans la déclaration que le créancier demande son admission à titre privilégié reste sans conséquence[1]. En revanche, il a été jugé que, en l'absence de toute indication de la sûreté, et alors que la créance a été déclarée à titre chirographaire, le seul fait d'annexer les documents relatifs à la sûreté apparaît insuffisant[2].

La jurisprudence sanctionne efficacement le défaut d'indication de la sûreté, dans la déclaration de créance, en faisant perdre au créancier le bénéfice de celle-ci[3], dès lors que la déclaration à titre privilégié ne sera pas intervenue dans le délai de déclaration des créances[4], ce qui lui interdira de se prévaloir de son rang à l'égard d'autres créanciers de rang subséquent[5]. L'avocat qui déclare la créance privilégiée de son client en omettant d'indiquer l'existence de la sûreté et lui fait ainsi perdre celle-ci engage sa responsabilité professionnelle[6], dans la limite évidemment du préjudice subi par le créancier, ce qui oblige à déterminer les sommes qui auraient été distribuées au créancier s'il avait été admis à titre privilégié. Toutefois, la sanction tenant à l'impossibilité de faire jouer la sûreté est inapplicable à l'envoi par l'avocat de la déclaration de créance de son client, lorsque l'avocat ne précise pas, dans la lettre d'envoi, l'existence de la sûreté, dès lors que cette mention figurait dans la déclaration de créance émanant de son client, qu'il n'avait en réalité que retransmise au mandataire de justice[7].

L'absence de déclaration de créance au passif d'une première procédure a pour effet d'emporter, sous l'empire de la législation antérieure à la loi de sauvegarde des entreprises, extinction de la sûreté, qui ne pourra renaître par le biais d'une nouvelle déclaration de créance au passif d'une seconde procédure ouverte suite à la résolution du plan de continuation[8]. La solution est modifiée avec la loi de sauvegarde des entreprises. La sûreté non déclarée est seulement inopposable à la première procédure[9], mais n'est pas éteinte et peut en conséquence être opposée *dans le cadre de la seconde procédure* ouverte suite à la résolution du plan grâce à une déclaration de créance à titre privilégiée (v. s^s n° 665.76). La solution nous semble également valoir lorsque la créance aura été admise au passif de la première procédure à titre chirographaire. Certes, le créancier admis au passif de la première procédure est dispensé d'avoir à déclarer sa créance au passif de la seconde procédure ouverte suite à la résolution du plan (C. com., art. L. 626-27, III). Pour autant, il ne lui est pas interdit de le faire, précisément pour faire juger, en attirant l'attention du mandataire de justice en charge de la vérification du passif, que sa créance est privilégiée. Il n'y a pas en effet autorité de chose jugée de la créance admise au passif de la première procédure, dans le cadre de la seconde procédure (v. s^s n° 682.32), alors même qu'il y a dispense de déclaration de créance.

La portée de la sanction de l'absence de mention de la sûreté dans la déclaration de créance doit encore être exactement mesurée. Il s'agit fondamentalement, avant comme depuis la loi de sauvegarde, de traiter le créancier comme un chirographaire[10]. Il n'est pas atteint en sa qualité de créancier. Seule la nature de sa créance change : de créancier privilégié, il est relégué au rang de créancier chirographaire.

La précision de la sûreté assortissant la créance doit permettre à l'organe compétent – commissaire à l'exécution du plan ou liquidateur – de distribuer, le prix des actifs du débiteur, en tenant compte des rangs de chacun des créanciers. Dès lors qu'elle ne confère aucun droit de préférence, l'indication de la sûreté n'a aucun intérêt et, corrélativement, son absence ne doit pas être sanctionnée, encore que l'opinion contraire ait été émise[11]. Tel sera le cas chaque fois que le créancier titulaire de la sûreté sera, nonobstant celle-ci, chirographaire. Le défaut de précision de sa sûreté restera sans conséquence.

Il en sera d'abord ainsi chaque fois que la sûreté réelle assortissant la créance ne porte pas sur un bien figurant dans le patrimoine du débiteur. C'est ainsi d'abord qu'il n'y a pas lieu de mentionner

1. Com. 22 sept. 2009, n° 08-14.621, NP; n° 797 F-D; *Gaz. Pal.* 8-10 janv. 2010, n°s 8, 9, p. 29, note Le Corre-Broly.
2. Grenoble, 7 janv. 2010, RG n° 08/01878, *Rev. proc. coll.* 2011, comm. 81, p. 45, note Legrand et Legrand.
3. Com. 2 mai 1990, *Rev. proc. coll.* 1991, 352, obs. Dureuil – Com. 4 févr. 1992, n° 90-13.962, *Bull. civ.* IV, n° 56; *D.* 1992. Somm. 250, obs. Derrida – Com. 17 juin 1997, n° 95-15.945, NP, *Rev. proc. coll.* 1998, p. 49, n° 13, obs. Cadiou – Com. 27 oct. 1998, n° 96-14.959, NP, *Act. proc. coll.* 1998/13, n° 172 – Com. 8 juin 1999, n° 97-12.233, *Bull. civ.* IV, n° 125; *RJDA* 1999/8 et 9, n° 964; *JCP E* 2000. Chron. 130, n° 3-B-13, obs. M. Cabrillac; *JCP E* 2000. Chron. 459, obs. Delebecque; *RTD com.* 1999. 968, obs. Martin-Serf – Com. 6 juill. 1999, n° 96-21.684, *Bull. civ.* IV, n° 151; *D.* 2000. Somm. 327, obs. Honorat – Com. 20 juin 2000, n° 97-16.732, NP – Com. 10 juill. 2001, n° 98-18.091, NP, *Rev. proc. coll.* 2002, p. 94, n° 6, obs. Legrand – Orléans, ch. éco. et fin., 10 janv. 2002, *Rev. proc. coll.* 2002, p. 184, n° 2, obs. Legrand.
4. Com. 1er févr. 2000, n° 97-17.772, NP, *RJDA* 2000/5, n° 562 – Com. 20 juin 2000, NP.
5. Com. 6 juill. 1999, n° 96-2.1684, *Bull. civ.* IV, n° 151; *LPA* 6 janv. 2000, n° 4, p. 5, note P. M.; *D.* 1999. IR 206.
6. Civ. 1re, 29 nov. 2005, n° 02.13-550, *Bull. civ.* I, n° 451; *JCP E* 2006. 1111, p. 127.
7. Com. 1er févr. 2005, n° 03-13.479, NP, *Gaz. proc. coll.* 2005/1, p. 35, n° 3-1, obs. Le Corre.
8. Com. 9 nov. 2004, n° 03-11.440, NP.
9. EN CE SENS AUSSI : J.-CL. COM., Amlon, fasc. 2383, [Créanciers antérieurs titulaires de sûretés réelles], 2007, n° 117.
10. Caen, 2e ch. civ. et com., 15 mai 2014, RG n° 13/00026, *JurisData* 015598.
11. M. Cabrillac, obs. s^s Com. 20 févr. 2007, n° 05-20.562, *JCP E* 2007. Chron. 2119, n° 7.

l'existence d'une sûreté réelle constituée par un tiers[1]. Par analogie, on peut estimer que, en présence d'un EIRL, le créancier titulaire d'une sûreté réelle portant sur un bien figurant dans un autre patrimoine de l'EIRL n'aura pas à faire mention de sa sûreté dans la déclaration de sa créance[2].

La solution vaut aussi pour le vendeur réservataire de propriété. La clause de réserve de propriété a rapidement été analysée comme une véritable sûreté par la Cour de cassation[3], même si la solution avait été contestée par certains en doctrine[4]. En dépit de l'analyse, il a été jugé que le défaut de précision de celle-ci dans la déclaration de créance restera sans conséquence[5]. Le contraire a cependant été soutenu[6]. Le code civil a consacré législativement l'analyse à l'occasion de la réforme du droit des sûretés par l'ordonnance du 23 mars 2006[7]. Dans son livre IV qui traite des sûretés, le chapitre 4 est intitulé de la propriété retenue à titre de garantie. La place de la clause de réserve de propriété dans le code civil oblige à analyser la clause de réserve de propriété comme une sûreté. En outre, l'article 2367, alinéa 2 du code civil énonce que la propriété ainsi réservée est l'accessoire de la créance dont elle garantit le paiement, ce qui est la définition-même d'une sûreté. Pour autant, l'absence d'indication de la clause de réserve de propriété dans la déclaration de créance nous semble toujours sans conséquence[8]. La réserve de propriété ne sera pas perdue ni même considérée comme inopposable à la procédure, car la prérogative attachée à la propriété ne se situe pas sur le terrain du droit de créance, mais sur celui du droit réel. La doctrine est cependant divisée[9]. La Cour de cassation juge logiquement que la déclaration de la créance avec mention de la clause de réserve de propriété ne peut permettre l'admission à titre privilégiée de la créance. Elle n'autorisera pas le vendeur réservataire à opposer à la procédure collective son droit de propriété faute d'avoir présenté à une demande en revendication[10]. Cette solution se justifie par l'observation que la clause de réserve de propriété, qui *est certes une sûreté réelle, ne confère* à son bénéficiaire aucun droit de préférence dans les répartitions[11].

Observons que l'article 41 du règlement CE du 29 mai 2000[12] oblige le créancier à indiquer dans sa production de créance l'existence d'une clause de réserve de propriété. Mais la sanction de l'absence d'indication de la clause n'est pas précisée[13].

Il en sera de même du défaut de précision d'un cautionnement[14]. L'article L. 621-44 du code de commerce, devenu depuis la loi de sauvegarde des entreprises l'article L. 622-25 envisage en effet la « sûreté » sans distinction entre sûreté réelle et personnelle. Il pourrait dès lors être tentant de soulever le moyen tiré du défaut d'indication de l'existence d'un cautionnement pour prétendre que celui-ci est perdu. Mais, ici encore, la qualité de créancier ne sera pas altérée par la perte du cautionnement. Si le créancier est hypothécaire, il le demeurera, nonobstant le défaut d'indication de son cautionnement. S'il est créancier chirographaire, il le restera. Ici encore, c'est la sanction de la disposition – dégénérescence de la créance assortie de sûreté en créance chirographaire – qui justifie la solution.

La jurisprudence considère encore que l'absence de précision dans la déclaration de créance du bailleur d'un dépôt de garantie ne lui fait perdre ni le bénéfice de ce dernier ni la possibilité de demander la compensation entre la dette de restitution du dépôt de garantie et sa créance de loyers[15].

1. SUR CE PRINCIPE DE SOLUTION : Civ. 3e, 24 juin 1998, n° 97-17.108, *Bull. civ.* IV, n° 137; *JCP* 1999. I. Chron. 103, n° 9, obs. M. Cabrillac.
2. Macorig-Venier, « EIRL : les créanciers de l'EIRL en difficulté », *Rev. proc. coll.* 2011, dossier 20, n° 13.
3. Com. 9 mai 1995, n° 92-20.811, NP, *Rev. proc. coll.* 1995, 487, n° 28, obs. Soinne – Com. 23 janv. 2001, n° 98-10.974, *Bull. civ.* IV, n° 20; *Act. proc. coll.* 2001/4, obs. Régnaut-Moutier; *JCP E* 2001. Chron. 755, n° 13, obs. M. Cabrillac; *D.* 2000. AJ 702, obs. Lienhard.
4. Crocq, *Propriété et garantie*, « Bibl. dr. privé », Lgdj, 1995, n° 293 – Witz, *La fiducie en droit privé français*, Economica, 1981, n° 154, p. 142.
5. Com. 2 mai 1990, *Rev. proc. coll.* 1991, 352, n° 3, obs. Dureuil.
6. SOINNE, n° 2162.
7. Ord. n° 2006-346, 23 mars 2006, *JO* 24 mars, p. 4475.
8. EN CE SENS AUSSI : ROUSSEL GALLE, 2e éd., n° 573.
9. *CONTRA :* J.-CL. COM., Amlon, fasc. 2383, [Créanciers antérieurs titulaires de sûretés réelles], 2007, n° 121.
10. Com. 15 oct. 2013, n° 12-25.993, NP; n° 986 F-D; *Act. proc. coll.* 2013/18, comm. 268, note Vallansan.
11. Com. 15 oct. 2013, n° 13-10.463, *Bull. civ.* IV, n° 153; n° 957 F-P+B; *D.* 2013. Actu. 2462, obs. Lienhard; *D.* 2014. 187, note Saenko; *Act. proc. coll.* 2013/18, comm. 268, note Vallansan; *Rev. sociétés* 2013. 729, note Henry; *JCP E* 2013. Chron. 1679, n° 17, obs. Delebecque; *Gaz. Pal.* 12 janv. 2014, p. 28, note Le Corre; *Gaz. Pal.* 2013, Jur. 3910, note Dumont-Lefranc; *JCP E* 2014. Chron. 1020, n° 12, obs. Pétel; *LXB hebdo* 21 nov. 2013, n° 359, note Le Corre-Broly.
12. Règl. (CE) n° 1346/2000, Conseil, 29 mai 2000 relatif aux procédures d'insolvabilité, *JOCE L* 160, 30 juin, p. 1.
13. SUR LA PORTÉE DE L'ARGUMENT : Roussel Galle, « La déclaration de créances et les sûretés réelles », Colloque Sûretés réelles et droit des entreprises en difficulté, Nice, 20 mars 2010, *LPA* 11 févr. 2011, n° 30, p. 37 s., sp. p. 38, n° 9.
14. Civ. 1re, 1er févr. 2000, n° 97-14.304, NP, *Rev. proc. coll.* 2000, 134, n° 4, obs. Kerckhove.
15. Com. 18 janv. 2005, n° 02-12.324, *Bull. civ.* IV, n° 11; *D.* 2005. AJ 431, note Lienhard; *D.* 2005. Jur. 782, note Le Corre; *D.* 2005. Somm. 2016, obs. Lucas; *D.* 2005. Somm. 2082, obs. crit. Crocq; *RTD com.* 2005. 413, n° 2, obs. Martin-Serf; *JCP E* 2005. Chron. 639, n° 15, obs. M. Cabrillac; *JCP E* 2005. Chron. 1733, n° 5, obs. Kendérian; *RJ com.* 2006/1, p. 49, note Sortais; *Gaz. Pal.* 21-22 juin 2006, p. 42, note Robine; *Gaz. proc. coll.* 2005/1, p. 34, n° 3-1, obs. Le Corre; *LXB hebdo* n° N4880ABD, note Le Corre.

La question de savoir si le créancier bénéficiaire de la fiducie-sûreté est contraint de déclarer sa créance au passif du constituant, qu'il soit le fiduciaire ou non, est discutée. Certains auteurs répondent par l'affirmative, en retenant le caractère accessoire de la sûreté par rapport à la créance[1]. D'autres se focalisent sur le droit exclusif que confère au bénéficiaire le patrimoine fiduciaire pour conclure à l'inutilité de la déclaration de créance pour faire valoir sa fiducie-sûreté[2]. Les biens ont en effet quitté le patrimoine du constituant. Le bénéficiaire dispose d'un droit exclusif sur le patrimoine fiduciaire. Nous serions assez tentés par une opinion intermédiaire. Il serait inutile de faire mention, dans la déclaration de l'existence de la sûreté puisque les biens grevés sont dans le patrimoine d'un tiers par rapport au débiteur. En revanche, le principe-même de la déclaration comme condition d'opposabilité à la procédure collective de la créance qui fonde la fiducie-sûreté fait davantage difficulté (v. s[s] n° 633.51). L'intérêt de la déclaration de créance existera, en tout cas de manière indiscutable, dans l'hypothèse où le patrimoine fiduciaire serait insuffisant à désintéresser le créancier bénéficiaire[3].

Enfin, le texte de la disposition envisageant la précision de la « sûreté », il faut également considérer que l'absence d'indication d'une garantie, qui ne serait pas une sûreté, restera sans incidence. Il en sera ainsi par exemple d'une délégation imparfaite de créance ou du bénéfice alternatif d'une assurance-vie, le créancier n'étant pas gagiste[4].

Il en sera de même du droit de rétention, dès lors que ce dernier existe indépendamment d'une sûreté conférant un droit de préférence. La Cour de cassation a précisé que le droit de rétention n'était pas une sûreté. Il n'est donc pas nécessaire d'en faire mention dans la déclaration de créance[5]. La solution nous semblait devoir être maintenue, en dépit du changement intervenu dans l'analyse, puisque le Code civil analyse désormais le droit de rétention en une sûreté. C'est la solution retenue par la Cour de cassation[6], qui ne peut plus s'expliquer, à notre sens, par l'idée que le droit de rétention ne serait pas une sûreté[7], mais plutôt par l'idée que la sûreté ne doit être mentionnée que pour autant qu'elle affecte l'ordre des répartitions, ce qui n'est pas le cas du droit de rétention. Cependant, le rétenteur doit être créancier, ce qui suppose qu'il déclare sa créance au passif. On peut ainsi penser au garagiste effectuant des réparations sur un véhicule automobile. La rétention cessera d'être légitime si le garagiste omet de déclarer sa créance au passif, puisqu'il cessera alors de pouvoir se présenter comme créancier à la procédure collective. La solution ne nous semble pas être modifiée, sous l'empire de la législation de sauvegarde des entreprises, en dépit de la disparition de l'extinction de la créance non déclarée (v. s[s] n° 665.76).

Inversement, si le droit de rétention est l'attribut d'une sûreté spéciale comportant droit de préférence, spécialement le gage, la déclaration de créance devra mentionner l'existence de la sûreté, sans qu'il soit nécessaire de faire mention du droit de rétention. À défaut, la sanction de l'article L. 621-44, alinéa 1er du code de commerce, devenu depuis la loi de sauvegarde des entreprises l'article L. 622-25, alinéa 1er, trouverait application. La créance dégénérerait en créance chirographaire et, le gage étant perdu, sous l'empire de la loi du 25 janvier 1985, l'attribut que représente le droit de rétention devra nécessairement suivre le même sort. La solution a été posée en matière de gage sur stock[8] et dans le domaine du privilège du commissionnaire de transport[9]. Sous l'empire de la loi de sauvegarde des entreprises, le gage sera inopposable à la procédure collective, et le droit de rétention suivra le même sort.

666.43 Déclaration de l'indemnité d'exigibilité anticipée. Les contrats de prêt bancaire contiennent

1. Pérochon, « À propos de la réforme de la liquidation judiciaire par l'ordonnance du 18 décembre 2008 », *Gaz. Pal.* 8-10 mars 2009, n° sp. p. 3 s., sp. p. p. 14, n° 40 – Pétel, « Le nouveau droit des entreprises en difficulté : acte II – commentaire de l'ordonnance n° 2008-1345 du 18 décembre 2008 », *JCP E* 2009. 1049, n° 44.
2. Dammann et Podeur, « Fiducie-sûreté et droit des procédures collectives : évolution ou révolution ? », *D.* 2007. 1359, sp. 1361 – Borga, « Regards sur les sûretés dans l'ordonnance du 18 décembre 2008 », *RD banc. fin.* 2009, n° 20, n° 6.
3. Grimaldi et Dammann, « La fiducie sur ordonnances », *D.* 2009. 670, n° 17.
4. Com. 12 juin 2001, n° 98-19.873, *Bull. civ.* IV, n° 115; *D.* 2001. AJ 2034, obs. Lienhard; *JCP E* 2002. Chron. 175, n° 9, obs. M. Cabrillac; *RJDA* 2001/12, n° 1230.
5. Com. 20 mai 1997, n° 95-11.915, *Bull. civ.* IV, n° 141; *D. Affaires* 1997. 763; *LPA* 1er juin 1998, n° 65, p. 8, note Corlay; *JCP* 1997. I. 4054, obs. M. Cabrillac – *CONTRA* : Besançon, 2e ch. com., 6 juin 1997, *RJ com.* 2000. 69, n° 1150, note Haennig.
6. Com. 16 juin 2015, n° 13-27.736, NP; n° 592 F-D; *JCP E* 2016, chron. 1311, n° 18, note Delebecque.
7. CEP. : Delebecque, note s[s] Com. 16 juin 2015, n° 13-27.736, préc., *JCP E* 2016, chron. 1311, n° 18.
8. Com. 18 janv. 2005, n° 03-14.600, NP, *Gaz. proc. coll.* 2005/1, p. 34, n° 3-1, obs. Le Corre.
9. Com. 8 juin 1999, n° 97-12.233, *Bull. civ.* IV, n° 125; *D.* 2000. Somm. 390, obs. Piedelièvre; *JCP* 1999. II. 10121, rapp. Rémery; *JCP E* 2000. Chron. 130, n° 4, obs. M. Cabrillac; *JCP E* 2000. Chron. 459, n° 18, obs. Delebecque – Com. 23 janv. 2001, *Act. proc. coll.* 2001/4, n° 54, obs. Régnaut-Moutier – Besançon, 2e ch. com., 8 mars 2000, *Rev. proc. coll.* 2001, p. 248, n° 4, obs. Macorig-Venier – *CONTRA* : T. com. Paris, 6e ch., 13 sept. 1999, *Act. proc. coll.* 2000/17, obs. Régnaut-Moutier – *Adde*, Zubo, « Privilège et droit de rétention du voiturier : halte à la confusion », *D.* 2001. Chron. 2290.

généralement une clause d'indemnité d'exigibilité anticipée, qui a vocation à jouer en cas de déchéance du terme. Il en sera notamment ainsi en cas de liquidation judiciaire, laquelle entraîne l'exigibilité anticipée des créances. Il n'y a pas de difficulté à décider que cette clause doit être déclarée au passif si le jugement d'ouverture est une liquidation judiciaire. Que décider en revanche si le jugement d'ouverture est une sauvegarde ou un redressement judiciaire ? La nature de la créance d'indemnité d'exigibilité anticipée permet d'apporter une réponse à la question. Cette créance a la nature d'une créance antérieure. Elle est née du prêt et doit en conséquence être déclarée au passif[1].

Il en résulte, sous l'empire de la législation antérieure à la loi de sauvegarde des entreprises[2], que si elle n'a pas été déclarée dans le redressement judiciaire, elle ne pourra l'être ensuite dans la liquidation judiciaire ouverte suite à la résolution du plan de continuation. La suppression par la loi de sauvegarde des entreprises de l'extinction des créances non déclarée conduit à modifier la solution.

Lorsque le créancier, qui n'en a pas la fait la demande dans sa déclaration de créance, obtient l'admission au passif d'une pénalité d'indemnité d'exigibilité anticipée, il y a, de la part du juge, prononcé sur des choses non demandées [décision *extra petita*], qui n'ouvre pas le recours en cassation, mais la rectification de la décision dans le respect des dispositions des articles 463 et 464 du code de procédure civile[3].

SECTION 666.50
AUTRES PRÉCISIONS À APPORTER DANS LA *DÉCLARATION DE CRÉANCE*

666.51 Modalités assortissant la créance. Le créancier doit également déclarer au passif les modalités dont la sûreté est assortie. Il en sera ainsi d'une condition suspensive ou résolutoire ou encore d'un terme suspensif ou extinctif.

666.52 Clause d'indexation de la créance. La question se pose de savoir si le créancier peut, dans la déclaration de créance, mentionner une clause d'indexation assortissant la créance. Les textes ne semblent pas l'interdire. Peut-on tirer argument, au jour du jugement d'ouverture, de la volonté de déterminer le montant du passif pour exclure la possibilité de faire jouer une clause d'indexation ? De simples raisons de commodité ne nous semblent pas devoir autoriser pareil sacrifice, les opinions étant cependant divergentes sur la question[4].

666.53 Clause d'anatocisme. Le créancier qui veut se prévaloir de l'anatocisme, c'est-à-dire de la capitalisation des intérêts, doit déclarer la clause d'anatocisme au passif. Cette dernière doit être admise au passif, dès lors que le créancier n'y a pas renoncé[5].

Indiquons que l'ordonnance du 12 mars 2014[6], modifiant l'alinéa 1er de l'article L. 622-28 du code de commerce, prive d'efficacité les clauses d'anatocisme après ouverture d'une procédure collective.

1. Com. 27 juin 2006, n° 05-12.306, NP; n° 822 F-D; *D.* 2007. Pan. 44, obs. Le Corre; *Gaz. proc. coll.* 2006/4, p. 29, n° 4, note Le Corre; *Rev. proc. coll.* 2007/1, p. 45, n° 1, obs. Legrand.
2. L. n° 2005-845, 26 juill. 2005, préc.
3. Com. 15 févr. 2011, n° 08-70.303, NP; n° 171 F-D.
4. EN FAVEUR de l'efficacité de ces clauses : SOINNE, n° 2166 – *CONTRA* : RIPERT ET ROBLOT, 17e éd., 2004, n° 3005.
5. Paris, pôle 5, 8e ch., 6 mai 2014, RG n° 13/17937, *Juris-Data* 010845.
6. Ord. n° 2014-326, 12 mars 2014, préc.

TITRE

670. Vérification des créances déclarées

SECTION 0

ORIENTEUR

670.00 Plan du titre.

Chap.	671	**Principe de vérification des créances déclarées**
Sect.	671.10	Vérification des créances
Sect.	671.20	Contestation des créances
Sect.	671.30	Défaut de réponse à contestation
Sect.	671.40	Règles propres à la contestation des créances fiscales avant la loi du 10 juin 1994
Sect.	671.50	Liste des créances déclarées
Chap.	672	**Dispense de vérification des créances déclarées**
Sect.	672.10	Domaine de la dispense de vérification des créances
Sect.	672.20	Modalités de la dispense de vérification des créances
Sect.	672.30	Effets de la dispense de vérification des créances

670.03 Bibliographie indicative. (V. les références complètes s^{s} n° 031).

> Actualisables. RÉP. COM., Derruppé, « Entreprises en difficulté – Redressement judiciaire (Phase de traitement – Les créanciers) », n°s 632 à 640 – J.-CL. COM., Vallansan, fasc. 2352, [Déclaration et admission des créances], 2015.

> Ouvrages antérieurs à la loi de sauvegarde des entreprises. CHAPUT, n° 555 – JACQUEMONT, n°s 496 à 500 – KERCKHOVE, n°s 566 à 569 – LE CANNU, n°s 820, 821 – LE CANNU *ET ALII*, n°s 1241 à 1245 – LE CORRE-BROLY, n°s 391, 392, 394, 395 – MARTIN ET VALLENS, n°s 3264 à 3273 – PÉROCHON ET BONHOMME, n°s 275 à 278 – PÉTEL, n°s 394, 395 – RIPERT ET ROBLOT, n°s 3015-2 à 3016, 3234-1 – SAINT-ALARY-HOUIN, n°s 809 à 811 – SOINNE, n°s 2146, 2178 à 2183 – VALLANSAN, p. 218 à 220.

> Ouvrages postérieurs à la loi de sauvegarde des entreprises. COQUELET, 5e éd., n° 258 – GIBIRILA, n°s 567 à 570 – JACQUEMONT ET VABRES, 9e éd., n°s 593 à 598 – LE CANNU, 7e éd., n°s 509 à 512 – LIENHARD, 6e éd., n°s 101.57 à 101.63, 122.61 – PÉROCHON, 10e éd., n°s 1579 à 1582 – PÉTEL, 8e éd., n°s 397, 398 – ROUSSEL GALLE, 2e éd., n°s 547, 548 – SAINT-ALARY-HOUIN, 9e éd., n°s 790 à 795, 797, 1204 – VALLANSAN *ET ALII*, 6e éd., p. 179, 180 – VALLENS, 2015, n°s 3548 à 3558 – VIDAL et GIORGINI, n°s 1374, 1742 à 1751 – VOINOT, 2e éd., n°s 451 à 453.

> Articles. Henry, « Les modifications apportées par l'ordonnance du 18 décembre 2008 à la fixation du passif non salarial dans les procédures collectives », *Gaz. Pal.* 8 à 10 mars 2009, n° sp. p. 32 – Le Corre, « Déclaration, vérification et admission des créances et procédure civile », *LPA* 28 nov. 2008, n° 239, p. 72; « L'ordonnance du 12 mars 2014 et les modifications affectant la déclaration et la vérification des créances », *Gaz. Pal.* 6 avr. 2014, n° 96, p. 47; « Le rééquilibrage du rôle des acteurs : l'exemple des modifications intéressant la déclaration, la vérification et l'admission des créances », *LXB hebdo* 11 sept. 2014, n° 393; « Déclaration et vérification des créances : quels changements ? », interv. Colloque Besançon 10 oct. 2014, *Gaz. Pal.* 31 déc. 2014, n° 365, 26.

CHAPITRE

671. Principe de vérification des créances déclarées

SECTION 0

ORIENTEUR

671.00 **Plan du chapitre.**

Sect.	671.10	Vérification des créances
Sect.	671.20	Contestation des créances
Sect.	671.30	Défaut de réponse à contestation
Sect.	671.40	Règles propres à la contestation des créances fiscales avant la loi du 10 juin 1994
Sect.	671.50	Liste des créances déclarées

671.01 **Textes applicables.** (V. les références complètes s^s n° 011).

> Législation antérieure à la loi de sauvegarde des entreprises.

C. com., art. L. 621-47, L. 621-103, L. 622-4, al. 1

D. n° 85-1388, 27 déc. 1985, art. 72 et 73

> Législation issue de la loi de sauvegarde des entreprises.

C. com., art. L. 622-27, L. 624-1, L. 624-3, L. 631-18, II, al. 1, L. 641-3, al. 2, L. 641-4, al. 1

C. com., art. R. 624-1 (anc^t D. 28 déc. 2005, art. 103), R. 624-2 (anc^t D. 28 déc. 2005, art. 104), R. 624-4 (anc^t D. 28 déc. 2005, art. 106), R. 624-8 (anc^t D. 28 déc. 2005, art. 109), R. 624-9 (anc^t D. 28 déc. 2005, art. 110), R. 631-29 (anc^t D. 28 déc. 2005, art. 197), R. 641-27 (anc^t D. 28 déc. 2005, art. 238), R. 641-28 (anc^t D. 28 déc. 2005, art. 239), R. 641-29 (anc^t D. 28 déc. 2005, art. 240)

> Législation issue de l'ordonnance du 18 décembre 2008.

C. com., art. L. 622-27, L. 624-1, L. 624-3, L. 631-18, I, al. 3, L. 641-3, al. 4, L. 641-4, al. 1

C. com., art. R. 624-1, R. 624-2, R. 624-4, R. 624-8, R. 624-9, R. 631-29, R. 641-27, R. 641-28, R. 641-29

> Législation issue de l'ordonnance du 12 mars 2014.

C. com., art. L. 622-27, L. 624-1, L. 641-3

C. com., art. R. 624-1, R. 624-2

671.02 **Jurisprudence de référence.**

> Est irrégulière la lettre de contestation ne précisant pas l'objet de la contestation.

• Com. 14 mai 1996, n° 94-15.314, *Bull. civ.* IV, n° 130 – *Adde*, EN CE SENS : **Com. 27 juin 2006,** n° 05-13.696, *Bull. civ.* IV, n° 150 ; n° 831 F-P+B

* V. s^s n° 671.22

« Mais attendu qu'il résulte de la combinaison des articles 54 de la loi du 25 janvier 1985 [devenu C. com., art. L. 621-47] et 72 alinéa 2 du décret du 27 décembre 1985 que la lettre visée par ces textes doit informer le créancier intéressé, non seulement qu'à défaut de réponse dans le délai de 30 jours de sa réception toute contestation ultérieure de la proposition du représentant des créanciers est interdite, mais encore doit préciser l'objet de la contestation de la créance afin que le créancier puisse faire connaître ses explications sur les points contestés ; qu'ayant relevé, hors toute dénaturation, que la lettre reçue le 12 octobre 1991 se bornait, conformément aux dispositions du dernier alinéa de l'article 67 du décret précité, à demander à la banque de joindre à sa déclaration des documents justificatifs sans lui faire connaître si la créance était discutée et, dans l'affirmative, sur quoi portait la discussion, la cour d'appel en a exactement déduit que l'absence de réponse n'empêchait pas la banque d'interjeter appel de l'ordonnance de rejet du juge-commissaire. »

> La discussion sur la validité de la déclaration de créance ne constitue pas une contestation au sens du code de commerce.

• Com. 7 juill. 1998, n° 95-18.984, *Bull. civ.* IV, n° 219

* V. s^s n° 671.22

« Vu les articles 54 et 102 alinéa 2 de la loi du 25 janvier 1985 [devenus C. com., art. L. 621-47 et L. 621-105, al. 2] ;

Attendu que la sanction prévue par ces textes en cas de défaut de réponse dans le délai de 30 jours n'est applicable que s'il y a discussion sur tout ou partie d'une créance autre que celles mentionnées aux articles 106 et 123 de la loi précitée ; qu'elle ne peut être étendue lorsque la discussion porte sur la régularité de la déclaration de créance. »

> Dès lors que le débiteur, par l'intermédiaire du mandataire judiciaire, a contesté la créance, rien ne lui

interdit d'invoquer, devant la cour d'appel, un autre motif de contestation.

• **Com. 19 mai 2015,** n° 14-14.395, *Bull. civ.* IV [à paraître]; n° 455 F-P+B

* V. s^s^ n° 671.21

> **La privation du recours pour le créancier contesté, qui n'a pas répondu à la lettre de contestation, suppose que le juge-commissaire ait purement et simplement confirmé la proposition émise par le mandataire judiciaire.**

• **Com. 16 juin 2015,** n° 14-11.190, *Bull. civ.* IV [à paraître]; n° 599 F-P+B

* V. s^s^ n° 671.32

671.03 **Bibliographie indicative.** (V. les références complètes s^s^ n° 031 – Aussi s^s^ n° 670.03).

> **Articles.** Boustani D., « De quelques aspects procéduraux de la contestation de créance au regard de l'ordonnance du 12 mars 2014 », *BJE* 2015, 52 – Le Corre, « Procédure de vérification et d'admission des créances et dissolution des sociétés placées en liquidation judiciaire », *Gaz. Pal.* 7-8 avr. 2004, p. 2 – Rouger, « La procédure de vérification des créances (les rôles respectifs du représentant des créanciers et du juge-commissaire et la rectification d'erreurs ou d'omissions) », *Rev. proc. coll.* 2001, p. 182 – Soinne, « L'absence de réponse à la contestation du représentant des créanciers », *Mél. Honorat*, Éd. Frison-Roche, 2000, p. 209.

671.04 **Questions principales.**

• Le mandataire judiciaire peut-il émettre de contestations successives ?

* V. s^s^ n° 671.21.

• Qu'est ce qu'une contestation de créance au sens du code de commerce ?

* V. s^s^ n° 671.22.

• Le créancier qui répond incomplètement à la contestation est-il réputé avoir répondu ?

* V. s^s^ n° 671.24.

• Quelle est la sanction du défaut de réponse par le créancier à la contestation du mandataire judiciaire ?

* V. s^s^ n°s 671.31 et 671.32.

• Le juge-commissaire est-il obligé de suivre la proposition de rejet du mandataire judiciaire en l'absence de réponse du créancier ?

* V. s^s^ n° 671.31.

671.09 **Généralités relatives à la vérification de la créance.** Les créances déclarées font l'objet d'une vérification en redressement judiciaire par le représentant des créanciers – mandataire judiciaire depuis la loi de sauvegarde des entreprises[1] – et, en liquidation judiciaire, par le liquidateur. Elles sont également vérifiées en sauvegarde par le mandataire judiciaire.

Cette mission s'apparente à une mesure d'instruction préparatoire à la décision du juge-commissaire[2].

1. L. n° 2005-845, 26 juill. 2005, *JO* 27 juill., p. 12187.
2. PÉTEL, 8e éd., n° 397.

Sous l'empire de la législation antérieure à la loi de sauvegarde, le mandataire est dispensé de vérifier le passif chirographaire, en liquidation judiciaire ou en cas d'arrêté d'un plan de cession totale lorsqu'il apparaît que le produit de la réalisation des actifs sera absorbé par les créanciers privilégiés. Cette dispense de vérification existe également, dans la même situation, depuis la loi de sauvegarde des entreprises, dans le régime général de la liquidation judiciaire. En outre, dans le régime de la liquidation judiciaire simplifiée, le principe même de vérification des créances est écarté. Seules les créances susceptibles de venir en rang utile dans les répartitions sont vérifiées.

Saisie pour avis, la Cour de cassation a estimé que tous les créanciers ayant déclaré leur créance au passif d'une première procédure, peu important que leur créance ait été ou non admise au passif de cette procédure, sont, après résolution du plan de sauvegarde ou de redressement, et ouverture d'une seconde procédure, dispensés d'avoir à déclarer leur créance au passif de cette seconde procédure. Toutefois, si leur créance n'est pas encore admise au passif au jour de la résolution du plan, la créance sera vérifiée dans le cadre de la seconde procédure collective. La contestation, non encore tranchée dans le cadre de la première procédure, deviendra caduque, le juge saisi de la contestation étant alors dessaisi, rien n'interdisant cependant au mandataire de justice de la reprendre dans le cadre de la seconde procédure (v. s^s^ n° 672.13).

SECTION 671.10
VÉRIFICATION DES CRÉANCES

671.11 **Délai de vérification des créances.** La vérification est un préalable obligatoire à la saisine du juge-commissaire. Ce dernier ne pourrait donc, sans excéder ses pouvoirs, statuer sur une créance qui n'aurait pas été préalablement vérifiée.

La vérification des créances n'est enfermée dans aucun délai fixé invariablement par la loi. Spécialement, elle n'a pas à être antérieure à la solution qu'arrêtera le tribunal à l'issue de la période d'observation. On mesure ici que l'importance du passif n'est plus une condition du redressement de l'entreprise, dès lors du moins que le redressement peut prendre la forme d'une cession d'entreprise. En revanche, le tribunal doit impartir au mandataire de justice en charge de la vérification des créances un délai d'accomplissement de cette tâche.

En pratique, après expiration des délais de déclaration de créance, le représentant des créanciers – mandataire judiciaire – entreprend la vérification des créances. Il ne connaît pas nécessairement l'expiration du délai de déclaration de créance, lorsqu'il s'agit de l'indemnité de résiliation d'un contrat primitivement continué. Sous l'empire de la loi de sauvegarde des entreprises, une difficulté existe également pour la déclaration de créance des créanciers postérieurs non éligibles au traitement préférentiel. Cela pose dès lors le problème de la détermination du délai de vérification des créances. Il a été suggéré d'instaurer un délai glissant pour ce type de créanciers[1]. Il nous semble préférable d'entendre ici par expiration du délai de déclaration de créance, l'expiration du délai classique de deux mois par rapport à la publication du jugement d'ouverture au *Bodacc*, ce qu'a d'ailleurs fait la Cour de cassation dans une décision[2].

Observons que, tant sous l'empire de la loi du 25 janvier 1985[3], que sous celui de sauvegarde des entreprises, l'avis d'insertion au *Bodacc* du jugement d'ouverture n'a pas à comporter l'indication du délai imparti au mandataire judiciaire pour établir la liste des créances déclarées, avec les propositions d'admission, de rejet et de renvoi devant la juridiction compétente. Ce délai est opposable aux créanciers autorisés à déclarer leur créance à titre provisionnel et confrontés à devoir déclarer leurs créances à titre définitif dans ce délai par le seul fait de la publicité du jugement d'ouverture, qui le mentionne[4]. Pour le surplus, une distinction s'impose selon la législation applicable.

> Sous l'empire de la législation antérieure à la loi de sauvegarde des entreprises[5], l'article L. 621-103, alinéa 1er du code de commerce (anc^t^ L. 25 janv. 1985, art. 100, al. 1), prévoit que, « dans le délai fixé par le tribunal, le représentant des créanciers établit [...] la liste des créances déclarées ». L'article 72, alinéa 2 du décret du 27 décembre 1985[6] prévoit pour sa part que le délai de vérification des créances « ne peut être inférieur à six mois à compter du terme du délai imparti aux créanciers pour déclarer leur créance. Un nouveau délai peut être accordé par décision spécialement motivée » (v. aussi sur l'utilité de ce délai, s^s^ n° 682.67).

Le représentant des créanciers ou le liquidateur selon le cas sollicitera du tribunal, par requête dûment motivée[7], un nouveau délai de vérification des créances s'il envisage de présenter une demande en nullité de la période suspecte, compte tenu de l'interférence possible avec la procédure d'admission des créances[8] (v. s^s^ n° 822.31). La demande tendant à l'obtention d'un nouveau délai de vérification des créances relève en effet de la matière gracieuse et ne peut donc, malgré le silence du texte sur ce point, être présentée par voie d'assignation, de requête conjointe ou de présentation des parties, tous mécanismes applicables en matière contentieuse[9].

Aucune disposition légale ou réglementaire n'impose la publication du délai d'établissement de la liste des créances déclarées[10]. Sa fixation par le jugement d'ouverture qui fait lui-même l'objet d'une publication au *Bodacc* est suffisante pour le rendre opposable aux créanciers[11].

La Cour de cassation a précisé que le délai de vérification des créances de l'article L. 621-103 du code de commerce court à compter de la publication au *Bodacc* du jugement d'ouverture[12], ce qui, du moins sous l'empire de la législation antérieure à la loi de sauvegarde des entreprises, est logique puisque le délai de vérification des créances ne peut être inférieur à six mois à compter de l'expiration du délai imparti aux créanciers pour déclarer leur créance.

Le délai de vérification des créances comporte-il un maximum ? Il n'est pas précisé par l'article L. 621-103 du code de commerce, devenu l'article L. 624-1, depuis la loi de sauvegarde des entreprises. Cependant, l'article 68 du décret du 27 décembre 1985 prévoit pour les créanciers qui peuvent déclarer leurs créances à titre provisionnel, que s'ils ne figurent pas à titre définitif sur l'état des créances dans le délai légal, ils peuvent être relevés de forclusion dans les conditions de l'article L. 621-46 du code de commerce (anc^t^ L. 25 janv. 1985, art. 53), devenu l'article L. 622-26 depuis la loi de sauvegarde des entreprises, c'est-à-dire dans le délai d'un an, sous l'empire de la législation antérieure à la loi de sauvegarde, dans le délai de principe de six mois, depuis cette loi. Dès lors, le délai de vérification des créances semble bien être d'au maximum un an à compter du jugement d'ouverture, sous l'empire de la législation antérieure à la loi de sauvegarde, de six mois à compter de la publication au *Bodacc* du jugement d'ouverture, depuis cette loi. Il n'est cependant pas rare, en pratique, de constater des délais de vérification des créances bien supérieurs. Cela ne va pas dans le sens voulu par le législateur du 10 juin 1994[13], lequel avait souhaité accélérer la vérification des créances.

S'agissant d'un délai courant contre le représentant des créanciers – mandataire judiciaire – et non

1. Le Cannu, 7e éd., n° 513.
2. Com. 13 déc. 2005, n° 03-16.571, NP; n° 1623 F-D; *Gaz. proc. coll.* 2006/2, p. 45, obs. Le Corre.
3. L. n° 85-98, 25 janv. 1985, *JO* 26 janv., p. 1097.
4. Com. 9 févr. 2010, n° 08-22.054, NP; n° 174 F-D; *Gaz. Pal. entr. diff.* 2-3 juill. 2010, n°s 183, 184, p. 32, note Le Corre-Broly.
5. L. n° 2005-845, 26 juill. 2005, préc.
6. D. n° 85-1388, 27 déc. 1985, *JO* 29 déc., p. 15281.
7. Ifppc 1999, recomm. n°s 3060-2, 6026-2, p. 67, 154.
8. Ifppc 1999, recomm. n°s 1011-2, 1011-3, 6001-1, 6001-3, p. 11, 123, 124.
9. Com. 9 mai 2007, n° 06-10.928, *Bull. civ.* IV, n° 124; n° 702 FS-P+B+I; *D.* 2007. AJ 1426, obs. Lienhard.
10. Com. 8 juill. 2003, n° 00-14.457, NP, *Act. proc. coll.* 2003/16, n° 208.
11. Paris, 3e ch. A, 2 juin 2006, RG n° 2004/21757.
12. Com. 13 déc. 2005, n° 03-16.571, NP; n° 1623 F-D; *Gaz. proc. coll.* 2006/2, p. 45, obs. Le Corre; *Rev. proc. coll.* 2007/3, p. 152, n° 1, obs. Neau-Leduc et Hubert.
13. L. n° 94-475, 10 juin 1994, *JO* 11 juin, p. 8440.

contre les créanciers, il n'apparaît pas possible de considérer que ce délai se trouve augmenté, en présence de créanciers domiciliés hors France métropolitaine, le contraire ayant cependant été soutenu[1].

La question de savoir si la demande de prorogation du délai de vérification des créances appartenait au seul représentant des créanciers – ou liquidateur – selon le cas, ou s'il fallait également admettre la saisine du tribunal à cette fin par un créancier était débattue en jurisprudence. Il avait été jugé qu'un créancier était sans qualité pour demander l'allongement du délai de vérification des créances[2]. Une solution contraire avait également été posée[3]. C'est cette seconde solution qui a prévalu, la Cour de cassation ayant estimé qu'un créancier – en l'occurrence le Fisc – était recevable à solliciter l'allongement du délai de vérification des créances, faute pour le texte de l'article 72 du décret du 27 décembre 1985 d'énumérer les personnes pouvant solliciter du tribunal la prorogation du délai de vérification des créances[4]. La solution a été ensuite reproduite[5]. Elle a été approuvée en doctrine au motif qu'un monopole ne devait pas être ici conféré au mandataire de justice, en charge de la défense de l'intérêt collectif des créanciers, puisqu'il n'est ici question que de la défense de certains créanciers, non de la collectivité de ceux-ci[6]. En sens inverse, on peut objecter que ce texte semble destiné à permettre au mandataire de justice, rencontrant une difficulté particulière pour remplir sa mission dans les délais impartis par le tribunal, d'obtenir un délai complémentaire. Il n'a *a priori* nullement pour objectif de permettre aux organismes sociaux ou fiscaux de déclarer à titre définitif leurs créances dans des délais qu'ils s'aménageraient, alors surtout qu'ils disposent d'un relevé de forclusion particulier (v. s^s n° 682.66).

Quoi qu'il en soit, la demande de prorogation du délai de vérification des créances doit être présentée avant l'expiration du délai initialement imparti au mandataire de justice pour vérifier les créances. À défaut, la créance étant éteinte au jour de la demande, la demande de prorogation du délai d'établissement de la liste des créances déclarées est irrecevable[7], car le créancier n'a plus alors d'intérêt à agir. L'arrêt formé contre l'ordonnance du juge-commissaire, qui rejette la demande de prorogation du délai expiré au jour de la demande, est irrecevable[8].

D'une manière critiquable à notre sens, il a néanmoins été admis que le créancier confronté à devoir déclarer sa créance à titre définitif après l'avoir déclaré à titre provisionnel pouvait bénéficier d'un délai supplémentaire pour déclarer sa créance si le mandataire de justice a lui-même sollicité un nouveau délai pour vérifier les créances[9].

Le débiteur en liquidation judiciaire a un droit propre à s'opposer à la demande du créancier tendant à la prorogation du délai de vérification des créances[10].

L'allongement du délai de vérification des créances ne sera, en tout état de cause, accordé au créancier fiscal ou social que s'il a déclaré sa créance à titre provisionnel dans les délais. Ce délai ne lui est en effet utile que pour déclarer ses créances à titre définitif[11] (v. s^s n°s 682.61 et 682.66).

> Sous l'empire de la loi de sauvegarde des entreprises, l'article L. 624-1 du code de commerce prévoit que le mandataire judiciaire établit la liste des créances déclarées « dans le délai fixé par le tribunal ». Le décret ne précise pas davantage. Il n'est donc plus envisagé d'allongement du délai de vérification des créances[12]. Le tribunal qui serait saisi de pareille demande semble devoir la rejeter, sauf à commettre un excès de pouvoir[13].

> L'ordonnance du 12 mars 2014[14] conduit à une modification du dispositif. L'article 65 de cette

1. SOINNE, n° 2180.
2. T. com. Senlis, 14 nov. 2002, *Receveur principal des impôts de Créteil Est c/Me Angel* ès qual. *Leader team*, RG n° 2002.00464, NP – TGI Béthune, ch. com., 21 févr. 2003, *D.* 2003. AJ 768.
3. Paris, 3e ch., 27 sept. 2002 et Bordeaux, 2e ch., 29 oct. 2002, *Gaz. Pal.* Somm. 28-30 sept. 2003, note crit. Canet – Nîmes, 27 mai 2004, RG n° 030089, *LPA* 30 août 2007, n° 174, p. 6, note Brignon.
4. Com. 18 janv. 2005, n°s 03-10.076, 03-17.398, *Bull. civ.* IV, n° 12; n° 110 F-S P+B+I; *D.* 2005. AJ 356, obs. Lienhard; *JCP E* 2005, Chron. 639, p. 711, n° 11, obs. M. Cabrillac; *RTD com.* 2006. 476, n° 2, obs. Martin-Serf; *Rev. proc. coll.* 2006/1, p. 74, n° 5, obs. Neau-Leduc et Hubert; *Rev. proc. coll.* 2007/3, p. 152, n° 1, obs. Neau-Leduc et Hubert; *Gaz. proc. coll.* 2005/1, p. 35, n° 3-1, obs. Le Corre; *LXB* n° N4890ABQ, note Le Corre; CONFIRMANT : Bordeaux, 2^e ch., 29 oct. 2002, *Gaz. Pal.* Somm. 28-30 sept. 2003, note crit. Canet.
5. Com. 15 mars 2005, n° 03-15.567, *Bull. civ.* IV, n° 58; *D.* 2005. AJ 954, obs. Lienhard; *RTD com.* 2006. 476, n° 2, obs. Martin-Serf; *Rev. proc. coll.* 2007/3, p. 152, n° 1, obs. Neau-Leduc et Hubert; *Gaz. proc. coll.* 2005/2, p. 27, obs. Le Corre – Com. 3 mai 2006, n° 05-11.035, NP; n° 519 F-D; *Rev. proc. coll.* 2007/1, p. 50, n° 14, obs. Legrand – Paris, 3e ch. A, 25 avr. 2006, RG n° 2005/12360, *Rev. proc. coll.* 2007/1, p. 50, n° 14, obs. Legrand.
6. Obs. M. Cabrillac s^s *JCP E* 2005, Chron. 639, p. 711, n° 11.
7. Com. 15 mars 2005, n° 03-15.567, préc. – Paris, 3e ch. A, 25 avr. 2006, RG n° 2005/12841.
8. Paris, 3e ch. A, 22 nov. 2005, RG n° 04/23020.
9. Paris, 3e ch. A, 25 avr. 2006, RG n° 2005/12841.
10. Com. 18 janv. 2005, n°s 03-10.076, 03-17.398, préc. ; CONFIRMANT : Bordeaux, 2e ch., 29 oct. 2002, préc.
11. Paris, 3e ch. B, 14 janv. 2005, RG n° 2003/21960.
12. Brandeau, « La déclaration et l'admission des créances du Trésor public et la loi du 26 juillet 2005 », *LPA* 5 mai 2006, n° 90, p. 7 s., sp. p. 10, n° 19.
13. EN CE SENS AUSSI : LIENHARD, 3e éd. 2009, n° 1113.
14. Ord. n° 2014-326, 12 mars 2014, *JO* 14 mars, p. 5249.

ordonnance insère un alinéa 3 à l'article L. 641-4 du code, qui prévoit que « lorsqu'il apparaît nécessaire de reprendre la vérification des créances, le juge-commissaire fixe pour y procéder un délai supplémentaire qui ne peut excéder six mois ». Le texte ajoute que la fixation de ce délai a les mêmes conséquences que celles prévues à l'article L. 624-1. Il faut donc comprendre que ce délai allongé, qui ne pourra exister qu'en liquidation judiciaire, profitera aux créanciers autorisés à se délivrer à eux-mêmes des titres exécutoires pour déclarer leur créance à titre définitif.

671.12 Sanction de l'absence de respect par le mandataire du délai de vérification des créances imparti. Afin que le délai imparti au représentant des créanciers - mandataire judiciaire - ne reste lettre morte, le législateur a posé, à l'article L. 621-103, alinéa 2 du code de commerce (anc^t^ L. 25 janv. 1985[1], art. 100, al. 2), devenu l'article L. 624-1, alinéa 2 depuis la loi de sauvegarde, une curieuse incitation pour le mandataire de justice en prévoyant que « le représentant des créanciers - mandataire judiciaire - ne peut être rémunéré au titre des créances déclarées ne figurant pas sur la liste établie dans le délai mentionné ci-dessus »[2]. Ainsi, faute de remplir sa mission de vérification des créances dans le délai imparti par le tribunal, le mandataire de justice ne percevra pas les honoraires alloués pour la vérification et la contestation des créances.

Le jugement d'ouverture qui oublierait de prévoir, en conformité avec l'article L. 621-103, alinéa 1er du code (C. com., art. L. 624-1, depuis la loi de sauvegarde des entreprises), le délai de vérification des créances est entaché d'une omission de statuer, que tout créancier antérieur est habile à faire réparer, s'il y a intérêt[3].

> Exception à la sanction de l'absence de respect par le mandataire du délai de vérification des créances imparti. Sous l'empire de la législation issue de la loi de sauvegarde des entreprises[4], pour tenir compte de l'allongement des délais de vérification des créances, inhérents à l'obligation de déclarer, en application de l'article L. 622-24, alinéa 5 du code, certaines créances nées après jugement d'ouverture, qui ne bénéficient pas de l'article L. 622-17, ainsi que les créances résultant d'une condamnation pénale prononcée contre le débiteur après jugement d'ouverture (C. com., art. L. 622-24, al. 6), l'article L. 624-1, alinéa 2 du code de commerce, dans la procédure de sauvegarde, prévoit une *exception* au principe selon lequel le mandataire judiciaire ne peut être rémunéré au titre des créances déclarées ne figurant pas sur la liste établie dans le délai fixé par le tribunal pour vérifier les créances. Ainsi, pour ces deux types de créances déclarées après le délai imparti au mandataire de justice pour vérifier les créances, ce dernier pourra néanmoins être rémunéré. L'article L. 624-1 du code est rendu applicable en redressement judiciaire par l'article L. 631-18, I et en liquidation judiciaire par l'article L. 641-14, alinéa 1.

671.13 Déroulement de la vérification des créances. La vérification des créances est l'œuvre du représentant des créanciers - mandataire judiciaire - ou, en liquidation, du liquidateur judiciaire.

Un commissaire à l'exécution du plan, qui a déclaré la créance de prix de cession au passif du repreneur déclaré en procédure collective, ne peut vérifier la créance dans la procédure de ce repreneur en qualité de représentant des créanciers - mandataire judiciaire - ou de liquidateur. Le droit a un procès équitable l'interdit. Il appartient en conséquence au mandataire en charge de la vérification de cette créance de faire nommer un mandataire *ad hoc* pour procéder à la vérification de cette créance[5], sans pour autant que la déclaration de créance ne soit entachée d'irrégularité[6]. Commet une faute disciplinaire justifiant la radiation, le mandataire de justice qui invoque les qualités différentes de créancier déclarant et de représentant des créanciers, occupant ainsi dans la procédure de vérification des créances, la position de demandeur et de défendeur, violant ainsi un principe essentiel de procédure civile qu'un professionnel du droit ne peut ignorer et qui commandait de faire désigner un mandataire *ad hoc* pour procéder à la vérification des créances qu'il avait déclarées en qualité de commissaire à l'exécution du plan, profitant de ce cumul de qualités pour tenter d'augmenter frauduleusement sa rémunération en qualité de représentant des créanciers[7], alors au surplus que le commissaire à l'exécution du plan n'a pas qualité pour déclarer les créances détenues par un débiteur dont il assure le commissariat au plan.

La même solution est applicable lorsqu'un représentant des créanciers ou un mandataire judiciaire, désigné dans le cadre de deux procédures, est amené à contester une créance au passif de l'une d'elles. Du fait du conflit d'intérêts, un mandataire *ad hoc* doit être désigné pour conduire la contestation, qui

1. L. n° 85-98, 25 janv. 1985, préc.
2. QUALIFIANT d'« originale » la sanction : RIPERT ET ROBLOT, n° 3016.
3. T. com. Saint-Tropez, 9 mai 2000, *Loxxia Crédit c/Me Massiani ès qual. SARL Lou Revelen*, NP.
4. L. n° 2005-845, 26 juill. 2005, préc.
5. Com. 7 févr. 2006, n° 04-14.912, *Bull. civ.* IV, n° 32, n° 186 FS-P+B; *D.* 2006. AJ 577, obs. Lienhard; *Gaz. proc. coll.* 2006/2, p. 44, obs. Le Corre.
6. Com. 7 févr. 2006, n° 04-14.912, *Bull. civ.* IV, n° 32, préc.
7. Com. 10 févr. 2015, n° 13-25.221, NP; n° 125 F-D.

ne doit pas être confondu avec un mandataire *ad hoc* désigné pour représenter les droits propres d'une société[1].

En redressement judiciaire, si le débiteur est dessaisi, ce qui est le cas lorsque l'administrateur a reçu mission de représentation, ce dernier participe également à la vérification des créances, tant sous l'empire de la législation antérieure à la loi de sauvegarde des entreprises (D. 27 déc. 1985[2], art. 72, al. 1)[3], que depuis la loi du 26 juillet 2005 (C. com., art. R. 631-29, al. 2 [anc^t D. 28 déc. 2005[4], art. 197, al. 2]). Son absence de convocation est une cause d'irrégularité de l'ordonnance d'admission[5], dont il est cependant seul à pouvoir se prévaloir.

Le débiteur doit être convoqué par le représentant des créanciers – mandataire judiciaire – pour pouvoir formuler ses observations sur les créances déclarées (D. 27 déc. 1985, art. 72, al. 1, C. com., art. R. 624-1, al. 1 [anc^t D. 28 déc. 2005, art. 103, al. 1 en sauvegarde], C. com., art. R. 631-29, al. 2 [anc^t D. 28 déc. 2005, art. 197, al. 2] en redressement judiciaire, C. com., art. R. 641-28 [anc^t D. 28 déc. 2005, art. 239], en liquidation judiciaire), à peine de nullité de l'ordonnance à intervenir[6]. Une cour d'appel doit toutefois inviter les parties à s'expliquer sur le moyen relevé d'office de la nullité de l'ordonnance[7]. L'irrégularité de la vérification des créances pour défaut de convocation du débiteur ne peut cependant être invoquée que par lui. En présence d'une société, il s'agit de son représentant légal, ce que n'est pas le dirigeant de fait, qui ne peut donc soulever l'irrégularité de la procédure de vérification des créances[8]. L'irrégularité ne peut être invoquée par un tiers ayant formé une réclamation à l'état des créances[9]. La différence de terminologie entre la loi du 25 janvier 1985 et celle du 26 juillet 2005 ne semble pas emporter de conséquence, encore que certains soient hésitants[10].

1. Com. 24 mars 2009, n° 08-11.532, NP; n° 271 F-D.
2. D. n° 85-1388, 27 déc. 1985, préc.
3. IFPPC 1999, recomm. n° 3040-1, p. 64.
4. D. n° 2005-1677, 28 déc. 2005, *JO* 29 déc., p. 20324.
5. Com. 28 janv. 2004, n° 01-02.665, NP – Com. 28 janv. 2004, n° 01-02.666, NP, *LXB* n° N0872ABW, note Le Corre.
6. Paris, 3e ch. C, 13 juin 2003, RG n° 2002/00738.
7. Com. 23 sept. 2014, n° 13-19.664, NP; n° 829 F-D.
8. Com. 6 oct. 2009, n° 08-15.378, NP; n° 858 F-D; *Dr. sociétés* 2010/1, comm. 14, p. 36, note Legros; *Rev. sociétés* 2010. 185, note Roussel Galle; *Bull. Joly* 2010. 251, comm. 57, note Le Corre.
9. Com. 19 nov. 2003, n°s 02-14.771, 02-14.850, NP, *Bull. Joly* 2004/2, p. 214, § 32, note Pétel; *LPA* 17 févr. 2004, n° 34, p. 12, note crit. Lucas; *RTD com.* 2004. 593, n° 1, obs. Martin-Serf – Com. 19 nov. 2003, n°s 02-14.772, 02-14.851.
10. Boulay, « Les créanciers antérieurs dans les procédures de sauvegarde, de redressement et de liquidation judiciaires », *Rev. proc. coll.* 2006/2, p. 135 s., sp. p. 140.

Le mandataire de justice, afin de permettre au débiteur de procéder à une vérification en connaissance de cause, lui rappellera, dans le courrier recommandé qu'il lui adressera, l'admission provisionnelle des créances fiscales et sociales[11], ces dernières devant faire l'objet d'une déclaration à titre définitif, ce qui constitue un motif supplémentaire de contestation.

Le fait de ne pas convoquer le débiteur à la procédure de vérification des créances est une faute de nature à engager la responsabilité du mandataire judiciaire, dès lors que le débiteur est ainsi privé de la possibilité d'invoquer la tardiveté de la déclaration de créance d'un créancier, en l'occurrence l'AGS[12].

Les mêmes dispositions prévoient que les contrôleurs doivent également être convoqués s'il en a été nommé. On remarquera, pour les contrôleurs, l'intérêt de la convocation à la vérification des créances. Ils pourront préserver efficacement leurs intérêts personnels, en faisant toutes observations sur les créances déclarées par d'autres créanciers et ainsi provoquer des contestations qui pourront être source de rejet. La solution sera spécialement intéressante lorsque le contrôleur sera un créancier inscrit en deuxième ou troisième rang sur un bien, puisqu'il pourra provoquer la contestation de créanciers de rang préférable.

Si la créance n'est pas contestée, elle est directement soumise à la décision du juge-commissaire.

Si le débiteur est une personne morale dissoute par l'effet du jugement arrêtant le plan de cession totale ou ouvrant ou prononçant la liquidation judiciaire, la vérification supposera, sous l'empire de la législation antérieure à la loi de sauvegarde des entreprises, la désignation d'un mandataire *ad hoc*[13]. La présence du dirigeant de la société dissoute par l'effet du plan de cession ou de la liquidation judiciaire n'y suppléera pas[14], puisqu'il est dépourvu de qualité à représenter la société débitrice. À défaut de désignation d'un mandataire *ad hoc*, la procédure de vérification est irrégulière[15]. Il en résulte, selon une jurisprudence, la nullité des ordonnances d'admission des créances, faute de contradiction[16]. Il a été décidé en pareille hypothèse que le mandataire de justice en charge de la vérification des créances devait procéder à nouveau à la vérification des créances, en présence du mandataire *ad hoc* nommé, pour

11. IFPPC 1999, recomm. n°s 3040-1, 6024-1, p. 64, 150.
12. Com. 27 janv. 2015, n° 13-27.081, NP; n° 80 F-D.
13. Aix-en-Provence, 8e ch. A, 30 janv. 2002, *Gaz. Pal.* jur. 16-18 juin 2002, p. 46, note Lucas.
14. Aix-en-Provence, 8e ch. A, 30 janv. 2002, préc.
15. AINSI : Paris, 8e ch. A, 6 mai 2004, RG n° 2003/2833.
16. Aix-en-Provence, 8e ch. A, 20 mars 2002, *RD banc. fin.* 2002/4, n° 137, obs. Lucas : arrêt cassé mais pour un motif procédural lié à l'absence de qualité de partie en première instance de l'appelant.

assurer la défense des droits propres du débiteur[1]. La cour d'appel ayant annulé l'ordonnance d'admission de la créance pour défaut de convocation du mandataire *ad hoc*, la convocation ayant été envoyée à l'adresse du siège social de la société débitrice, peut faire jouer l'effet dévolutif de l'appel, puisque l'irrégularité n'affecte pas l'acte introductif d'instance, qui est la contestation émise par le mandataire de justice, mais seulement les conditions de tenue de l'audience. Dans la procédure d'appel initiée par le mandataire *ad hoc* de la société débitrice, la cour d'appel peut donc statuer sur la créance déclarée[2].

La Cour de cassation a toutefois, d'une manière critiquable à notre sens, considéré que « une société en liquidation judiciaire qui, par la personne de son ancien dirigeant, a participé à la procédure de vérification des créances sans invoquer le défaut de pouvoir de celui-ci, n'est pas recevable à contester l'état des créances établi à l'issue de ladite procédure en se prévalant de l'éventuelle irrégularité de cette dernière »[3]. L'irrégularité de la vérification des créances pour défaut de pouvoir de l'ancien dirigeant à représenter la société dissoute ne peut en outre, selon la Cour de cassation, être invoquée que par le débiteur, non par une caution, tiers à la procédure de vérification des créances[4].

Toutefois, malgré l'irrégularité de la procédure de vérification des créances, faute de nomination du mandataire *ad hoc*, il a été jugé que l'admission de la créance pouvait être notifiée à l'ancien dirigeant qui, selon la Cour de cassation, restait une personne habilitée à recevoir les décisions de justice. La solution avait pour effet de faire courir le délai d'appel à l'encontre de l'ordonnance du juge-commissaire statuant sur la créance. La Cour européenne des droits de l'homme a considéré que l'article 6 § 1 de la Conv. EDH, qui consacre le droit à un tribunal, dont le droit d'accès au juge, constitue un aspect, est violé lorsque la possibilité concrète du recours est douteuse, compte tenu de l'obligation de désigner dans le délai du recours le mandataire *ad hoc*[5]. Il n'est pas certain que cette jurisprudence, appliquée au recours à l'encontre du jugement ouvrant ou prononçant la liquidation judiciaire, soit transposable car l'ancien dirigeant social dispose du délai de la vérif cion des créance pour se préoccuper de faire d ner un mandatair *ad hoc*. Il n'en demeure pas m s que la jurisprudence de la Cour de cassation sistant à considérer que la notification des décis s est valablement effectuée si elle l'est à l'anc dirigeant pourtant privé du droit d'exercer un ours est extrêmement critiquable au regard des gles de la procédure civile. Elle présuppose d'a rd que l'ancien dirigeant social ait valablement pu articiper aux opérations de vérification des cr nces, ce qui est plus que douteux. Il n'a là rien à fa, puisqu'il est privé du droit d'agir, donc d'émett quelques prétentions que ce soit. Dès lors, le rallélisme des formes est de mise. Il ne peut davange recevoir notification d'une décision à laquelle il n'est pas une partie. Il est donc hautement préférable de considérer que, faute de désignation d'un mandataire *ad hoc*, personne ne peut, au nom du débiteur, recevoir notification des décisions d'admission. Le délai de recours, en conséquence, ne peut commencer son cours.

Depuis la loi de sauvegarde des entreprises, la liquidation judiciaire reste, du moins par principe, sans effet sur la possibilité pour le dirigeant social de la société en liquidation judiciaire de la représenter pour la défense de ses droits propres (v. s[s] n° 553.22), ce qui supprime la difficulté. Ainsi, par principe, la notification de la décision d'admission au dirigeant social, qui n'aura pas cessé ses fonctions du fait de la liquidation judiciaire de la société dirigée, fera courir contre la société le délai de recours.

Ajoutons que l'ordonnance du 12 mars 2014[6] a supprimé la dissolution des sociétés par l'effet de leur placement en liquidation judiciaire, la dissolution étant décalée au jour de la clôture de la liquidation judiciaire pour insuffisance d'actif.

En cas de décès du débiteur, la procédure de vérification des créances devra, si la succession est déclarée vacante, être effectuée en appelant la succession prise en la personne du Services des Domaines. Si la créance est rejetée, le créancier ne pourra contester la décision du juge-commissaire qu'en assignant la succession du débiteur défunt en la personne du Services des Domaines[7].

671.14 Règles spéciales à la vérification des créances des déposants. La loi du 25 juin 1999[8],

1. Aix-en-Provence, 8e ch. A, 30 janv. 2002, *Gaz. Pal.* jur. 16-18 juin 2002, p. 46, note Lucas.
2. Paris, 3e ch. B, 20 déc. 2007, RG n° 2006/12148.
3. Com. 3 juin 2009, n° 08-12.279, *Bull. civ.* IV, n° 73; n° 518 FS-P+B; *D.* 2009. AJ 1603, obs. Lienhard; *Gaz. proc. coll.* 2009/4, 1re partie, n°s 303, 304, p. 35, note Le Corre; *Act. proc. coll.* 2009/14, n° 214, note Pagnucco; *RTD com.* 2010. 197, n° 13, obs. Martin-Serf; *Rev. sociétés* 2009/3, p. 662, note Le Corre.
4. Com. 13 févr. 2007, n° 05-20.413, *Bull. civ.* IV, n° 37; n° 303 F-P+B; *D.* 2007. AJ 803, obs. Lienhard; *RD banc. fin.* mars-avr. 2007, p. 27, n° 73, note Lucas; confirmant Paris, 3e ch. A, 30 août 2005, RG n° 2004/13938.
5. CEDH 3e sect., 8 mars 2007, req. n° 23241/04 *Arma c/ France*, *D.* 2007. AJ 870, obs. Lienhard; *D.* 2008. 570, obs. Lucas et Le Corre; *JCP E* 2007, Chron. 2119, p. 22, n° 2, obs. Pétel; *Bull. Joly* mai 2007, p. 531, note Lucas et juill. 2007, § 232, p. 820, note Lucas; *Act. proc. coll.* 2007/16, n° 191, note de Lamy et Kenfack; *Rev. sociétés* 2007. 607, note Le Corre; *RTD com.* 2007. 454, n° 9, note Vallens.
6. Ord. n° 2014-326, 12 mars 2014, préc.
7. Paris, 3e ch. B, 8 nov. 2007, RG n° 2006/21907.
8. L. n° 99-532, 25 juin 1999, *JO* 29 juin, p. 9487.

complétée par le décret du 26 décem)00 [1], pose des règles particulières de vérificatic créances détenues par les clients d'un établisst de crédit placé sous procédure collective.

Ces créances sont, pour partie, crtes par la garantie du fonds de garantie des dınts. En ce cas, elles sont dispensées de déclɔn. Néanmoins, le représentant des créanciersnandataire judiciaire ou le liquidateur doit procà une vérification de ces créances à partir documents fournis par les déposants, le fonds deantie, l'établissement de crédit débiteur et ses ainistrateurs ou liquidateurs désignés par la corission bancaire.

Dans les neuf mois du jugement uverture, un relevé de ses créances doit être éta et remis au fonds de garantie des déposants. Leige-commissaire ne procède pas ici à une admson des créances, mais à un simple visa companbe à celui existant pour le relevé des créances salrales. Ce relevé de créance est ensuite déposé au grefe. Le greffier fait publier un avis d'insertion au *Bodcc* informant de ce dépôt.

Cette publication fait courir un délde deux mois pour deux types d'actions.

D'une part, ce délai de deux mois doit êtrmis à profit pour déclarer la partie de la créance qi, au regard de sa nature, ne peut faire l'objet d'unorise en charge par le fonds de garantie. Le créacier n'ayant pas déclaré sa créance dans le délai de eux mois peut solliciter un relevé de forclusion.

D'autre part, ce délai de deux mois doit égement être utilisé par un créancier entendant contster le montant porté sur le relevé des créances, d'une manière également comparable à la solution posée pour le relevé des créances salariales. Le juge-commissaire n'est pas compétent. Seul le tribunal peut être saisi (D. 26 déc. 2000, art. 12-3, III et IV).

SECTION 671.20
CONTESTATION DES CRÉANCES

671.21 Énoncé de la contestation – Destinataire du courrier – Prescription de la contestation. Aux termes de l'article L. 621-47 du code de commerce (anc^t L. 25 janv. 1985 [2], art. 54), « s'il y a discussion sur tout ou partie d'une créance autre que celles mentionnées à l'article L. 621-125 [anc^t L. 25 janv. 1985, art. 123], le représentant des créanciers en avise le créancier intéressé en l'invitant à faire connaître ses explications ». L'article L. 621-47 est devenu, depuis la loi de sauvegarde des entreprises, l'article L. 622-27; la référence à l'article L. 621-125 a été remplacée par une référence à l'article L. 625-1 et le visa du représentant des créanciers a été remplacé par celui du mandataire judiciaire. L'article L. 622-27 est applicable en redressement judiciaire (C. com., art. L. 631-14, I, devenu C. com., art. L. 631-14, al. 1, réd. ord. 18 déc. 2008 [3]) et en liquidation judiciaire (C. com., art. L. 641-3, al. 2, devenu C. com., art. L. 641-3, al. 4, réd. ord. 18 déc. 2008).

Aucune forme n'est impartie à l'auteur intellectuel de la contestation, pour formuler celle-ci auprès du représentant des créanciers – mandataire judiciaire – ou du liquidateur [4]. Mais la contestation doit impérativement passer par le canal du mandataire judiciaire. Elle ne peut être présentée par le représentant légal de la société, en cette qualité, alors qu'il est poursuivi dans une instance en qualité de caution [5].

La contestation doit être formée dans le délai de prescription attachée à la créance contestée. Le point de départ du délai de prescription est la déclaration de créance. À défaut, la contestation est irrecevable comme prescrite. Il n'en est toutefois pas ainsi lorsque le juge-commissaire déclare temporairement irrecevable la contestation, du fait d'un appel sur la décision prononçant la résolution du plan de continuation ou de redressement. En ce cas, la contestation pourra être tranchée jusqu'à la clôture de la procédure [6].

La contestation pourra intellectuellement émaner du débiteur [7]. Deux difficultés nouvelles se présentent depuis l'ordonnance du 12 mars 2014 [8].

La première tient au fait que le débiteur, qui a porté une créance à la connaissance du mandataire judiciaire ou du liquidateur, est présumé avoir déclaré la créance pour le compte du créancier (C. com., art. L. 622-24, al. 3, réd. ord. 12 mars 2014). Peut-il soutenir, dans ces conditions, une contestation de cette créance qu'il est présumé avoir déclaré ? Une réponse négative nous semble devoir être apportée, à moins que, lors de l'établissement de la liste, le débiteur n'ait émis des réserves. Aucun obstacle, en revanche, ne se présentera pour contester ultérieurement la créance personnellement déclarée par le créancier, pour d'autres montants ou

1. D. n° 2000-1307, 26 déc. 2000, *JO* 30 déc., p. 20933.
2. L. n° 85-98, 25 janv. 1985, préc.
3. Ord. n° 2008-1345, 18 déc. 2008, *JO* 19 déc., p. 19462.
4. Com. 28 janv. 2004, n°s 01-02.665, 01-02.666, 2 arrêts, NP.
5. Com. 30 juin 2015, n° 14-14.757, NP; n° 649 F-D.
6. Com. 8 nov. 2011, n° 10-23.337, *Bull. civ.* IV, n° 182; n° 1125 FS-P+B; *Gaz. Pal.* 28 avr. 2012, n° 118, p. 31, note Le Corre; *LPA* 27 juin 2012, n° 128, p. 16, note Tabourot-Hyest; *BJE* mars 2012, comm. 57, p. 86, note Le Corre.
7. V. sol. impl., Com. 17 mai 2011, n° 10-17.210, NP; n° 485 F-D.
8. Ord. n° 2014-326, 12 mars 2014, préc.

d'autres causes que ceux indiqués par le débiteur lors de la remise de la liste des créanciers au mandataire de justice.

Jusqu'à l'ordonnance du 12 mars 2014, le débiteur pouvait proposer des contestations de créances, à répétition. Il pouvait distiller son plaisir, au préjudice de la célérité du traitement du passif et donc de la procédure collective. C'est heureusement fini ! En effet, de manière nouvelle, et c'est la seconde difficulté, l'ordonnance du 12 mars 2014 (art. 33) enferme le débiteur dans des délais pour formuler des observations sur les créances déclarées, dans le cadre de la vérification des créances. En ce sens, l'article L. 624-1 résultant de l'ordonnance de réforme prévoit que ces observations devront être faites dans un délai fixé par décret en Conseil d'État. Le débiteur qui ne formule pas d'observations dans ce délai ne peut émettre aucune contestation sur la proposition ultérieure du mandataire judiciaire.

L'article R. 624-1, alinéa 3 du code de commerce, issu de la rédaction que lui donne l'article 52 du décret du 30 juin 2014[1], fixe à trente jours ce délai, qui est identique à celui imparti au créancier pour répondre à la contestation.

Ce délai court à compter de la date à laquelle le débiteur a été mis en mesure, par le mandataire judiciaire, de formuler ses observations.

Si le débiteur ne participe pas à la vérification des créances, le délai court à compter de la lettre recommandée avec demande d'avis de réception qui lui est adressée par le mandataire judiciaire; cette lettre, qui vaut mise en demeure, comporte les propositions d'admission, de rejet ou de renvoi mentionnées au premier alinéa de cet article.

Une mise en demeure au débiteur d'avoir à présenter ses observations nous aurait semblé préférable, dans tous les cas et il eut été plus simple de faire uniformément courir le délai pour formuler des contestations à compter de la réception du courrier de mise en demeure.

Afin de vérifier la date à laquelle le débiteur a formulé ses observations, ce qui conditionne la recevabilité de la contestation qui émane intellectuellement de lui, l'article R. 624-2, alinéa 1 du code de commerce, dans la rédaction que lui donne l'article 53 du décret du 30 juin 2014, précise que la liste des créances contenant les indications prévues à l'article L. 622-25 et R. 622-23, ainsi que les propositions du mandataire judiciaire et les observations du débiteur « avec indication de leur date », est déposée au greffe.

Le dispositif nouveau est complété par un alinéa 3 inséré à l'article R. 624-1 du code, qui indique qu'il appartient au mandataire judiciaire de justifier de la date à laquelle il a sollicité les observations du débiteur. Ainsi, le créancier pourra savoir si la contestation émanant du débiteur a été faite dans les délais et, par conséquent, si elle reste recevable. Si tel n'est pas le cas, le créancier soulèvera une irrecevabilité qui dispensera d'examiner la contestation au fond du droit.

La précision relative à l'auteur intellectuel de la contestation s'avère au demeurant essentielle, depuis l'ordonnance du 12 mars 2014, car l'irrecevabilité attachée à une contestation tardive n'est posée qu'à l'encontre du débiteur, ce qui présuppose que le créancier puisse, dans le courrier de contestation, clairement identifier qui l'a formulée.

La solution nouvelle mérite entière approbation. C'est une mesure simple, bonne et sage ! Il apparaissait insupportable que le débiteur puisse provoquer des contestations de créances en cascades, sans limitation de délai, alors que, le mandataire judiciaire, sous peine de sanctions financières – privation du droit aux honoraires de vérification du passif – est enfermé dans un délai d'établissement de la liste des créances déclarées avec ses propositions de rejet ou d'admission.

La mesure va grandement contribuer à accélérer les opérations de vérification du passif, retardées à l'excès par quelques habiles plaideurs, qui avaient compris que le dilatoire pouvait avoir du bon, spécialement lorsqu'il était question d'envisager l'exécution des plans : tant que la créance était contestée, les dividendes du plan n'étaient pas payés. Bonne façon de se faire un peu de trésorerie pendant l'exécution du plan, sur le dos des créanciers qui ne pouvaient que subir !

La contestation pourra aussi être l'œuvre intellectuelle de l'administrateur judiciaire ayant mission d'administration.

Il a été soutenu que le représentant des créanciers n'avait pas l'obligation de suivre la contestation[2]. Il nous semble au contraire que le représentant des créanciers – mandataire judiciaire – doit relayer cette contestation, en précisant, le cas échéant, l'auteur intellectuel de la contestation. L'engagement de la responsabilité civile du mandataire de justice pour défaut de contestation de créances, alors que le débiteur avait présenté au mandataire de justice des arguments de contestation, a en effet été accepté[3]. Une autre solution a été suivie en jurisprudence, qui démontre, en filigrane, pour l'organe en charge de la vérification des créances, l'obligation de suivre la contestation émise par le débiteur. Il a en effet été jugé que le débiteur peut demander au juge-commissaire qu'il se prononce sur la con-

1. D. n° 2014-736, 30 juin 2014, *JO* 1er juill., p. 10834.

2. Soinne, n° 2180.
3. Paris, 3e ch. A, 30 mars 2004, RG n° 2003/12107.

testation émise par lui, dès lors qu'aucunision, émanant du juge-commissaire, statuant ı contestation, ne lui a été notifiée par lettre rıman-dée avec demande d'avis de réception faicourir le délai d'appel contre lui[1].

La contestation peut aussi être l'œuvrrepré-sentant des créanciers – mandataire judic –, qui est libre de contester ou non les créanceı dépit de l'absence de contestation du débiteur[2].te précision est de première importance, compınu de la possibilité du jeu de la présomption éclaration de la créance par le débiteur, pour le ıpte du créancier, depuis l'ordonnance du 12 rı 2014, qui pourrait priver le débiteur du droit dentester la créance, laissant toutefois entière la sibilité pour le mandataire judiciaire de procéà cette contestation.

Mais, quel que soit l'auteur intellectuella contestation, la lettre de contestation sera oıatoirement adressée, en la forme recommaıe avec demande d'avis de réception, par le représıant des créanciers[3] – mandataire judiciaire – ou liquidateur, selon le cas. Le non-respect de la fœe de la contestation entraînera irrégularité de ce-ci, qui pourra alors être tenue pour inexistante n'interdira pas au juge-commissaire de rendre unlécision d'admission sans contestation[4].

L'article 72, alinéa 3 du décret du 27 ıcembre 1985[5] prévoit que « si une créance autreue celle mentionnée à l'article 123 de la loi du ı janvier 1985 est contestée, le représentant des créıciers en avise le créancier ou son mandataire ır lettre recommandée avec demande d'avis de réption ». La solution est reprise par l'article R. 624-, alinéa 2 du code de commerce (anc^t D. 28 dé. 2005[6], art. 103, al. 2), sous réserve de la substıtution au vocable de représentant des créanciers œ celui de mandataire judiciaire et du visa de la créance discutée au lieu de celui de la créance contestée.

Ces textes ne distinguent pas selon que la créance a été déclarée par l'un ou l'autre pour déterminer le destinataire du courrier de contestation. Dans ces conditions, si la créance a été déclarée par avocat, la lettre de contestation peut valablement lui être envoyée et fera courir le délai de contestation[7], peu important que l'avocat, qui a déclaré la créance, ne défende plus ensuite les intérêts du créancier, dès lors qu'aucune information n'a été portée à la connaissance du mandataire de justice, auteur de la contesıation[8]. La lettre de contestation peut également ıtre envoyée au créancier directement, fut-il étranger, alors que la déclaration de créance avait été faite par avocat[9]. La Cour de cassation juge d'ailleurs clairement, sous l'empire de la législation antérieure à la loi de sauvegarde des entreprises, que l'envoi du courrier de contestation soit au mandataire soit au créancier est suffisant, l'absence d'envoi du courrier de contestation à l'avocat n'entraînant aucune violation du principe de contradiction[10]. La solution n'était pas évidente. Elle semble bien violer l'article 652 du code de procédure civile, à moins de considérer que le courrier de contestation n'est pas un acte qui est « notifié » au créancier[11].

En revanche, la lettre de contestation ne pourra, pour faire courir le délai de réponse à la contestation, être valablement envoyée à l'avocat qui n'a pas déclaré la créance, mais s'est seulement enquis du sort de la créance déclarée par son client[12].

Si le créancier est en liquidation judiciaire, la lettre de contestation devra être adressée au liquidateur. En redressement judiciaire, elle sera adressée à l'administrateur judiciaire si ce dernier a une mission de représentation. Parce que le commissaire à l'exécution du plan n'a pas qualité pour déclarer une créance au passif d'un débiteur de la société dont il assure le commissariat au plan[13], il n'a pas à être avisé de la contestation de la créance et n'a pas davantage à être convoqué à l'audition des créanciers contestés[14].

La lettre de contestation est valablement adressée à l'auteur de la déclaration de créance. Ainsi, lorsqu'un syndic de copropriété est remplacé, le mandataire judiciaire informé par lui de ce fait, et qui lui a envoyé le courrier de contestation, n'a pas à renouveler sa contestation auprès du nouveau syndic. Est donc suffisant l'envoi par le mandataire judiciaire,

1. Com. 12 nov. 2008, n° 07-11.166, NP; n° 1148 F-D; *Gaz. proc. coll.* 2009/1, p. 39, note Le Corre-Broly.
2. IFPPC 1999, recomm. n°s 3040-2, 6024-2, p. 64, 151.
3. IFPPC 1999, recomm. n°s 3050-2, 6025-2, p. 66, 153.
4. Aix-en-Provence, 8e ch. A, 10 mai 2012, RG n° 10/21082.
5. D. n° 85-1388, 27 déc. 1985, préc.
6. D. n° 2005-1677, 28 déc. 2005, préc.
7. Com. 12 nov. 1997, n° 95-14.225, *Bull. civ.* IV, n° 286; *JCP E* 1998, pan. 13; *D. Affaires* 1997, 1425, n° 11-1; *D.* 1997. IR 258 – Angers, ch. com., 15 févr. 2005, RG n° 04/00905, *Rev. proc. coll.* 2006/1, p. 63, n° 9, obs. Legrand.
8. Paris, 3e ch. B, 26 nov. 2004, RG n° 2003/17702.
9. Paris, 3e ch. B, 3 déc. 2004, RG n° 2003/20651.
10. Com. 19 déc. 2006, n° 05-19.115, *Bull. civ.* IV, n° 256; n° 1441 F-P+B; *D.* 2007. AJ 229, obs. Lienhard; *Gaz. proc. coll.* 2007/2, p. 47, note Le Corre-Broly; *Act. proc. coll.* 2007/4, n° 36, note Fricero; *RD banc. fin.* janv. févr. 2007, p. 24, n° 23, obs. Lucas; *LXB hebdo* 17 janv. 2007, n° N7781A93, note Le Corre.
11. Lucas, obs. s^s Com. 19 déc. 2006, n° 05-19.115, *Bull. civ.* IV, n° 256; n° 1441 F-P+B; *RD banc. fin.* janv. févr. 2007, p. 24, n° 23.
12. Paris, 3e ch. A, 4 sept. 2007, *Rev. proc. coll.* 2008, p. 81, n° 24, note Legrand.
13. Com. 18 sept. 2007, n° 06-10.713, NP; n° 977 F-D; *Gaz. proc. coll.* 2008/1, p. 54, note Le Corre-Broly.
14. Com. 18 sept. 2007, n° 06-10.713, préc.

au nouveau syndic, de la copie du courrier de contestation adressé à l'ancien[1].

Toutefois, il est hors de propos d'envoyer la lettre de contestation au débiteur au motif que, par présomption, il aurait déclaré la créance du créancier, car l'impartialité de la procédure ne serait pas respectée.

La lettre de contestation n'a pas à être rédigée dans la langue du créancier déclarant[2], celui-ci pouvant, depuis l'entrée en vigueur du Règlement communautaire, déclarer sa créance dans la langue de son pays (v. ss n° 664.12).

Le fait pour le représentant des créanciers – mandataire judiciaire – de notifier au créancier contesté les conditions d'apurement du passif envisagées dans le cadre du plan de continuation ne vaut pas renonciation à la contestation[3], la procédure d'élaboration du plan étant distincte de la procédure de vérification et d'admission des créances.

La contestation de créance ne peut porter que sur une véritable déclaration de créance. Tel n'est pas le cas d'une réactualisation de la créance effectuée dans le cadre d'une liquidation judiciaire prononcée sur conversion d'un second redressement judiciaire ouvert sur caractérisation d'un nouvel état de cessation des paiements survenu en cours d'exécution du plan[4]. Seule la déclaration de créance effectuée à ce second redressement judiciaire pouvait être contestée, non la réactualisation de la créance à la liquidation judiciaire qui ne valait pas déclaration de créance. La solution posée sous l'empire de la législation antérieure à la loi de sauvegarde des entreprises n'est plus d'actualité du fait de la dispense de déclaration de la créance au passif d'une seconde procédure, lorsque la créance a été régulièrement déclarée à la première (C. com., art. L. 626-27, III, applicable même aux procédures ouvertes avant le 1er janvier 2006, L. 26 juill. 2005, art. 190).

Dès lors que le créancier ne peut se méprendre sur l'identification des créances contestées, ce qui est le cas si le montant total contesté correspond au total des créances déclarées, il ne peut être reproché au mandataire de justice de ne pas avoir contesté les créances une par une[5].

On précisera que rien n'interdit au représentant des créanciers – mandataire judiciaire – de formuler des contestations successives de la déclaration de créance. Si le créancier répond à la première contestation, le débat peut être porté devant le juge-commissaire, en présence du créancier, sur autre motif de contestation[7]. De même, dès lors que le débiteur, par l'intermédiaire du mandataire judiciaire, a contesté la créance, rien ne lui interdit d'invoquer devant la cour d'appel, un autre motif de contestation[8]. Il faut toutefois réserver le problème des contestations émanant du débiteur, depuis l'ordonnance du 12 mars 2014 (v. ss n° 671.21). Au regard de la procédure civile, il ne s'agit pas là d'une demande nouvelle, mais simplement d'un moyen nouveau, ce qui justifie sa présentation, pour la première fois, en cause d'appel.

Des difficultés particulières méritent d'être signalées, si le débiteur entend présenter, devant la cour d'appel, un nouveau motif de contestation de la créance (v. ss n° 683.14).

Indiquons que, dans la **sauvegarde financière accélérée**, le schéma de contestation de créance peut être inversé (v. ss n° 672.14).

671.22 Notion de contestation. Pour valoir contestation au sens de la loi, la lettre doit préciser l'objet de la contestation, indiquer le montant de la créance dont l'inscription est proposée et rappeler les dispositions de l'article L. 621-47 du code, devenu l'article L. 622-27, depuis la loi de sauvegarde des entreprises[9]. Elle peut cependant se contenter de viser le courrier du débiteur, contestant la créance par des motifs précis, dès lors que ce courrier est annexé à la lettre recommandée envoyée par le mandataire de justice[10]. Mais encore faudra-t-il, en ce cas, que le courrier de contestation contienne une proposition de rejet ou d'admission susceptible d'être confirmée par le juge-commissaire[11].

L'absence de l'une de ces indications entraîne l'irrégularité de la lettre de contestation.

Il en est ainsi d'une lettre de contestation omettant de rappeler le délai de réponse imparti aux

1. Com. 8 juin 2010, n° 09-68.121, *Bull. civ.* IV, n° 106; *D.* 2010. AJ 1477, obs. Lienhard.
2. Douai, 2e ch., 25 avr. 2002, *D.* 2002. AJ 2604.
3. Com. 3 oct. 2006, n° 04-19.457, NP; n° 1116 F-D; *Act. proc. coll.* 2006/19, n° 232, note Vallansan; *LXB hebdo* n° 237, 23 nov. 2006, n° N0346A9P, note Le Corre.
4. Com. 5 juin 2007, n° 06-14.847, *Bull. civ.* IV, n° 155; n° 820 F-P+B; *D.* 2007. AJ 1787, obs. Lienhard; *Gaz. proc. coll.* 2007/4, p. 49, note Le Corre-Broly; *RTD com.* 2008. 855, n° 5, obs. Saint-Alary-Houin; *LXB hebdo* juin 2007, n° 265, n° N5621BBS, note Le Corre.
5. Paris, 3e ch. A, 18 déc. 2007, RG n° 074/1539 – Paris, 3e ch. A, 18 déc. 2007, RG n° 074/1553.
6. Com. 22 oct. 1996, n° 94-19.912, *Bull. civ.* IV, n° 247 – Com. 16 juin 2004, n° 03-10.031.
7. Douai, 2e ch., 4 oct. 2007, RG n° 05-06.157, *D.* 2007. AJ 2540.
8. Com. 19 mai 2015, n° 14-14.395, *Bull. civ.* IV [à paraître]; n° 455 F-P+B; *Gaz. Pal.* 21 juill. 2015, n° 200, p. 10, note Le Corre; DPDE juin 2015, 2, note Rémery; *APC* 2015/10, comm. 164, note Vallansan; *LXB hebdo* 18 juin 2015, n° 428, note Le Corre-Broly.
9. L. n° 2005-845, 26 juill. 2005, préc.
10. Com. 10 mars 2004, n° 00-21.358, NP.
11. Com. 4 mars 2008, n° 07-11.189, NP; n° 327 F-D; *Rev. proc. coll.* 2008/3, p. 60, n° 140, note Legrand; *LXB hebdo* 20 mars 2008, n° 297, n° N4524BEB, note Le Corre-Broly.

créanciers ou la sanction du défaut de réponse[1] (sur la sanction du défaut de réponse, v. ss n° 671.31).

De même, la lettre qui ne précise pas l'objet de la contestation est entachée d'irrégularité[2].

Pour valoir contestation, la lettre doit encore contenir la proposition du mandataire de justice de rejet total ou partiel de la créance[3].

Il devra s'agir d'une véritable discussion sur la créance, ainsi que le prévoient les textes. Cela présuppose que le juge-commissaire soit en mesure de confirmer la proposition de rejet émanant du mandataire de justice (v. ss n° 671.32). La jurisprudence a eu l'occasion, à de multiples reprises, de préciser négativement la notion.

Tout d'abord, la lettre par laquelle le mandataire de justice demande des justificatifs ne peut être considérée comme une lettre de contestation, alors surtout qu'elle ne formule pas de proposition d'admission ou de rejet[4], ou qu'elle ne précise pas l'objet de la contestation[5]. Il ne peut être soutenu, même si certaines juridictions du fond sont encore en ce sens[6], que la production des documents sollicités revêtirait un caractère tardif et que le juge-commissaire n'aurait donc pas à les analyser, du fait qu'ils n'ont pas été communiqués dans le délai de tente jours de l'invitation lancée par le mandataire de justice[7]. *A fortiori*, lorsque le créancier répond à la contestation en joignant le décompte justificatif de la créance, la créance ne peut être rejetée au motif que lors de la déclaration de créance, les éléments justificatifs de la créance n'étaient pas fournis[8]. Il est d'ailleurs préconisé au mandataire de solliciter les documents justificatifs de la créance avant de procéder à sa *contestation*[9].

Ensuite, la lettre mentionnant l'obligation pour le créancier de prononcer la déchéance du terme et l'invitant à réactualiser sa créance n'est pas davantage une contestation, au sens du code de commerce[10]. De même, ne constitue pas une contestation au sens du code de commerce, la lettre qui se bornait à solliciter une déclaration de créance rectificative tenant compte des encaissements réalisés après le jugement d'ouverture, alors que la contestation de la créance à admettre ne peut porter que le montant existant au jour de l'ouverture de la procédure collective[11].

La discussion sur la régularité de la déclaration de créance, par exemple pour motif tiré du pouvoir du déclarant, ne constitue pas davantage une contestation, au sens du code[12]. Cette solution est critiquée par certains auteurs estimant bien subtile la nuance entre contestation de la créance et contestation de la régularité de la déclaration de créance[13]. Cette distinction prend toutefois tout son sens, sous l'empire de la loi de sauvegarde des entreprises, car si la créance est rejetée, elle est éteinte alors que si elle n'est pas déclarée correctement ou dans les délais, elle n'est plus éteinte, mais seulement inopposable à la procédure collective. Cette solution a été confirmée par l'ordonnance du 12 mars 2014[14] (art. 30). L'article L. 622-27, alinéa 2 a été modifié en ce sens pour prévoir que le défaut de réponse

1. Com. 5 déc. 1995, n° 93-18.803, *Bull. civ.* IV, n° 282; *Dr. sociétés* 1996, n° 35, obs. Chaput, *JCP E* 1996. I. 554, n° 16, obs. Pétel.
2. Com. 14 mai 1996, n° 94-15.314, *Bull. civ.* IV, n° 130; *JCP G* 1996. II. 22657, rapp. Rémery; *JCP E* 1996. I. 554, n° 8, obs. Pétel – Com. 20 juin 2000, n° 97-17.857, NP, *Act. proc. coll.* 2000/14, n° 180, obs. Vallansan; *RD banc. fin.* 2000/4, n° 158, obs. Lucas – Com. 27 juin 2006, n° 05-13.696, *Bull. civ.* IV, n° 150; n° 831 F-P+B; *D.* 2006. AJ 1893, obs. Lienhard; *Gaz. proc. coll.* 2006/4, p. 30, n° 5, note Le Corre; *RTD com.* 2006. 915, n° 4, obs. Martin-Serf; *RD banc. fin.* janv. févr. 20007, p. 25, n° 24, obs. Lucas; *Rev. proc. coll.* 2007/1, p. 48, n° 9, obs. Legrand – Com. 16 mars 2010, n° 08-17.316, NP; n° 300 F-D; *Gaz. Pal. entr. diff.* 2-3 juill. 2010, nos 183, 184, p. 34, note Le Corre-Broly; *Rev. proc. coll.* 2010, comm. 103, note Legrand.
3. Com. 20 juin 2000, n° 97-17.857, NP, *Act. proc. coll.* 2000/14, n° 180, obs. Vallansan; *RD banc. fin.* 2000/4, n° 158, obs. Lucas – Com. 4 mars 2008, n° 07-11.189, NP; n° 327 F-D; *Rev. proc. coll.* 2008/3, p. 60, n° 140, note Legrand; *LXB hebdo* 20 mars 2008, n° 297, n° N4524BEB, note Le Corre-Broly – Com. 27 nov. 2012, n° 11-23.773, NP; n° 1187 F-D; *BJE* mars 2013, comm. 33, note Le Corre-Broly – Com. 16 sept. 2014, n° 13-16.704, NP; n° 713 F-D – Aix-en-Provence, 8e ch. A, 3 déc. 2003, *RD banc. fin.* 2000/4, p. 253, n° 171, obs. Lucas – Nancy, 24 févr. 2004, *RD banc. fin.* 2000/4, p. 253, n° 171, obs. Lucas.
4. Com. 14 mai 1996, n° 94-15.314, préc. – Com. 17 oct. 2000, n° 97-21.048, NP, *Act. proc. coll.* 2000, 19, n° 140 – Paris, 20 sept. 1996, *JCP E* 1996, pan. 1110.
5. Com. 16 mars 2010, n° 08-17.316, préc.
6. Rennes, 15 sept. 2009, RG n° 08/05230, *Rev. proc. coll.* 2010, comm. 103, note Legrand.
7. Com. 16 mars 2010, n° 08-17.316, préc.
8. Com. 15 févr. 2005, n° 03-17.533, NP, *Act. proc. coll.* 2005/5, n° 53, note Vallansan; *Gaz. proc. coll.* 2005/1, p. 37, n° 3-2, obs. Le Corre.
9. IFPPC 1999, recomm. nos 3050-1, 6025-1, p. 66, 152.
10. Dijon, 1re ch., 2e sect., 24 nov. 1998, *BICC* 1er mai 1999, n° 554.
11. Com. 13 mai 2014, n° 13-14.357, P; n° 457 F-P+B; *D.* 2014, actu 1148, note Lienhard et pan. 2148, note Le Corre; *Gaz. Pal.* 5 oct. 2014, n° 278, p. 38, note Le Corre; *Act. proc. coll.* 2014/10, comm. 185, note Cagnoli; *JCP E* 2014, chron. 1447, n° 5, obs. Pétel; *LXB hebdo* 12 juin 2014, n° 385, note Le Corre-Broly.
12. Com. 7 juill. 1998, n° 95-18.984, *Bull. civ.* IV, n° 219; *D. Affaires* 1998, 1322, obs. Lienhard; *JCP E* 1998, pan. 1231; *D.* 1998. IR 209; *RJDA* 1998/11, p. 945, n° 1260 – Com. 5 janv. 1999, n° 95-16.360, NP, *Act. proc. coll.* 1999/4, n° 51 – Com. 16 oct. 2001, n° 98-19.316, *Bull. civ.* IV, n° 168; *Rev. proc. coll.* 2002, p. 95, n° 7, obs. Legrand – Reims, 3 juill. 2001, *JCP E* et *A* 2002, pan. 1015, p. 1120.
13. J.-CL. COM., Vallansan, fasc. 2312, [Déclaration et admission des créances], 2007, n° 222.
14. Ord. n° 2014-326, 12 mars 2014, préc.

dans le délai de trente jours interdit toute contestation ultérieure de la proposition du mandataire judiciaire « à moins que la discussion ne porte sur la régularité de la déclaration de créance ». Cette modification du texte, qui n'emporte aucun changement, doit être considérée comme interprétative.

La lettre du mandataire informant le créancier d'une contestation au motif « procédures en cours » n'est pas non plus une contestation au sens de la loi, privative du droit d'appel en cas de défaut de réponse à ce courrier dans le délai de trente jours[1]. La solution est justifiée par l'observation que le juge-commissaire ne peut statuer en présence d'une instance en cours, de sorte qu'il ne peut confirmer la proposition de rejet émanant du mandataire de justice.

N'est pas une contestation au sens de la loi le fait pour le représentant des créanciers de faire part au Trésor public d'une réclamation contre l'avis de mise en recouvrement d'une créance fiscale[2].

Ne peut être considérée comme une contestation, la lettre émanant du mandataire judiciaire qui n'est pas suffisamment explicite, pour mettre en mesure le créancier de répondre[3].

Ne constitue pas davantage une contestation, au sens de la loi, le refus du débiteur de signer la liste des créances déclarées établie par le mandataire judiciaire avec ses propositions d'admission ou rejet, alors surtout que ce refus n'était pas motivé[4]. Il en est tiré deux conséquences. D'une part, le débiteur ne peut faire reproche au juge-commissaire de ne pas l'avoir convoqué avant de statuer sur les créances déclarées[5]. D'autre part, le débiteur est irrecevable à interjeter appel des ordonnances d'admission, faute d'avoir émis, lors de la vérification des créances, des contestations[6].

Enfin, ne sont pas des contestations au sens de la loi, les observations du débiteur portées sur la liste des créances établies par le mandataire judiciaire, faute d'être motivées et de comporter une proposition de rejet de la créance[7].

1. Com. 15 mars 2005, n° 00-19.918, *Bull. civ.* IV, n° 57; *D.* 2005. AJ 889, obs. Lienhard; *Gaz. proc. coll.* 2005/2, p. 28, obs. Le Corre.
2. Com. 10 mai 2005, n° 03-19.988, NP; n° 696 F-D; *Rev. proc. coll.* 2006/1, p. 65, n° 15, obs. Legrand; *Gaz. proc. coll.* 2005/2, p. 28, obs. Le Corre.
3. Com. 23 sept. 2014, n° 12-29.404, *Bull. civ.* IV, n° 132; n° 834 F-P+B; *JCP E* 2014. 1637, n° 7, note Pétel.
4. Com. 8 janv. 2013, n° 11-22.796, *Bull. civ.* IV, n° 1; n° 17 F-P+B; *D.* 2013, pan. 2373 note Le Corre; *Gaz. Pal.* 1er mai 2013, n° 121, p. 32, note Le Corre; *JCP E* 2013, Chron. 1216, n° 6, obs. Pétel; *RTD com.* 2013. 152, n° 9, obs. Vallens; *Rev. proc. coll.* 2013, comm. 126, note Legrand et Legrand; *LXB hebdo* n° 324, 24 janv. 2013, note Le Corre.
5. Com. 8 janv. 2013, n° 11-22.796, préc.
6. Com. 8 janv. 2013, n° 11-22.796, préc.

671.23 Contestation de la clause pénale. *Le jeu du droit commun des clauses pénales trouve application*, nonobstant l'ouverture de la procédure collective. La clause peut donc être réduite par le juge-commissaire, si elle est manifestement excessive (v. aussi s^s n° 431.52). La réforme du droit des obligations, issue de l'ordonnance du 10 février 2016[8], n'a rien changé à la question (v. C. civ., art. 1231-5, al. 2).

Le juge-commissaire, qui n'entend pas modifier le montant d'une clause pénale, n'a pas à motiver sa décision[9]. Il y a là un pouvoir discrétionnaire[10].

En outre, la clause pénale sera réputée non écrite, non par principe, mais seulement si elle est spécialement stipulée pour cause de sauvegarde, de redressement ou de liquidation judiciaire, ou si elle majore les obligations du débiteur du fait de la procédure collective l'atteignant[11]. Il en sera ainsi d'une indemnité contractuelle de recouvrement de 5 % destinée à indemniser forfaitairement et proportionnellement la banque de ses frais de recouvrement ou de production en cas d'ouverture d'une procédure de redressement judiciaire[12].

Elle sera au contraire efficace si elle est prévue, de façon beaucoup plus large, en cas d'obligation pour le créancier de recouvrer sa créance par voie judiciaire ou extrajudiciaire, de déclarer celle-ci dans une procédure collective[13], ou de produire à un ordre judiciaire[14].

7. Com. 4 mars 2014, n° 12-35.029, NP; n° 212 F-D; *BJE* mai 2014, 158, note Le Mesle.
8. Ord. n° 2016-131, 10 févr. 2016, *JO* 11 févr.
9. Com. 11 janv. 2005, n°s 03-16.808, 03-16.809, 2 arrêts, NP; n°s 59, 60 F-D – Civ. 3e, 8 avr. 2009, n° 08-16.249, NP; FS-D; *Act. proc. coll.* 2009/11, n° 172 – Com. 17 nov. 2009, n° 07-21.257, *Bull. civ.* IV, n° 147; n° 1067 FS-P+B; *D.* 2009. AJ 2862, obs. Lienhard; *Act. proc. coll.* 2010/2, n° 16, note Coquelet; *RTD com.* 2010. 419, n° 1, obs. Martin-Serf; *Bull. Joly* 2010. 246, comm. 55, note Ferrier; *LXB hebdo* 10 déc. 2009, n° 375, note Le Corre-Broly.
10. Com. 5 nov. 2013, n° 12-20.263, *Bull. civ.* IV, n° 165; n° 1052 FS-P+B; *D.* 2013, actu 2639, note Lienhard; *Gaz. Pal.* 12 janv. 2014, p. 30, note Le Corre; *Act. proc. coll.* 2013/19, comm. 281, note Cagnoli; *BJE* janv. 2014, p. 28, note Benilsi; *RTD com.* 2014. 186, n° 3, note Martin-Serf.
11. Com. 10 déc. 1991, n° 90-11.145, *Bull. civ.* IV, n° 378; *JCP E* 1992. I. 138, n° 24, obs. Pétel – Com. 11 mai 1993, n° 91-11.379, *Bull. civ.* IV, n° 181; *D.* 1993. Somm. 368, obs. Honorat; *Rev. sociétés* 1993. 652, obs. Chaput – Com. 11 mai 2010, n° 09-13.106, NP; n° 520 F-D; *Rev. proc. coll.* 2012, comm. 44, note Saint-Alary-Houin – Caen, 1re ch., sect. civ. et com., 7 sept. 2006, *Rev. proc. coll.* 2008, p. 75, n° 15, note Roussel Galle.
12. Lyon, 3e ch., 7 janv. 2016, RG n° 15/01256, *Act. proc. coll.* 2016/3, comm. 33; *JurisData* 000146.
13. Com. 16 oct. 2007, n° 06-16.459, NP; n° 1124 FS-D.
14. Com. 8 sept. 2015, n°s 14-14.175 à 14-14.188, 12 arrêts, NP; n°s 702 FD à 715 F-D; *Gaz. Pal.* 19 janv. 2016, n° 3, p. 72, note Le Corre-Broly; *LXB hebdo* 15 oct. 2015, n° 440, note Le Corre-Broly.

Elle restera également efficace si le contrat stipule qu'en cas de procédure collective de paiement, les modalités de résiliation fixées par le code de commerce s'appliqueront[1].

Il est estimé que la clause de style des contrats de prêts bancaires, prévoyant une majoration de 3 % des intérêts, en cas de retard dans l'exécution s'analyse en une clause pénale. Elle peut être réduite par le juge-commissaire si elle est jugée manifestement excessive[2]. Cet excès manifeste est laissé à l'appréciation souveraine des juges du fond et donc du juge-commissaire.

Si elle n'est pas considérée comme manifestement excessive, elle ne sera pas réduite par le juge-commissaire[3]. La clause pénale prévoyant le calcul des intérêts de retard à un taux majoré s'applique même en cas de procédure de sauvegarde, sous réserve du pouvoir de modération du juge-commissaire, à moins que cette clause n'aggrave les obligations du débiteur en cas d'ouverture d'une procédure de sauvegarde à l'égard du débiteur[4].

Au contraire, si le juge-commissaire la considère comme manifestement excessive, elle sera réduite[5]. L'excès peut résulter de la comparaison du taux d'intérêt classique par rapport au taux d'intérêt majoré. Si le taux classique est de 4 %, une majoration de trois points aboutit à une augmentation de 75 % du taux d'intérêts, ce qui peut être jugé comme manifestement excessif[6]. Il en est *a fortiori* ainsi si le taux d'intérêt classique est de 3 %. L'augmentation de trois points aboutit alors à une majoration de 100 %.

671.24 Réponse à contestation. L'article L. 621-47, alinéa 1 du code de commerce (anc[t] L. 25 janv. 1985[7], art. 54, al. 1), devenu l'article L. 622-27 depuis la loi de sauvegarde des entreprises[8], impartit au créancier contesté un délai de réponse de 30 jours. L'article 72 alinéa 3 du décret du 27 décembre 1985, dans la législation antérieure à la loi de sauvegarde des entreprises, ajoute que ce délai court à partir de la réception par le créancier de la lettre[9]. La solution est reprise par l'article R. 624-1 alinéa 2 du code de commerce (anc[t] D. 28 déc. 2005[10], art. 103, al. 2), texte de la procédure de sauvegarde applicable en redressement judiciaire (C. com., art. R. 631-29, al. 1 [anc[t] D. 28 déc. 2005, art. 197, al. 1]) et en liquidation judiciaire (C. com., art. R. 641-28 [anc[t] D. 28 déc. 2005, art. 239]), qui ne vise plus la créance contestée, mais la créance « discutée », ce qui ne doit pas changer l'interprétation. La précision apportée par ces textes peut apparaître inutile, puisqu'elle n'est que le rappel du droit commun des délais de notification par voie postale (C. pr. civ., art. 668 et 669).

La créance d'une commune doit être déclarée par la comptable de la commune, non par le maire (v. s[s] n° 662.44). Symétriquement, le courrier de contestation sera adressé au comptable. Seul ce denier, et non le maire, pourra répondre à la contestation. La réponse du maire au courrier de contestation ne vaudra pas réponse à la contestation, ce qui fermera à la commune la possibilité de contester ensuite la décision du juge-commissaire, qui confirmerait la proposition de rejet ou d'admission partielle de la créance[11].

Le délai de réponse court contre l'expéditeur, c'est-à-dire le créancier contesté. Le premier jour du délai est le lendemain de la réception du courrier de contestation[12]. La preuve de la date de réception du courrier de contestation incombe au mandataire de justice[13].

Si le créancier ne retire pas la lettre recommandée qui lui est adressée, il est considéré comme n'ayant pas reçu le courrier de contestation, ce qui empêche le cours du délai de trente jours et rend recevable ensuite son appel sur l'ordonnance du juge-commissaire qui confirme la proposition de rejet du mandataire de justice[14]. Cette solution est également applicable au mandataire du créancier, tel un avocat, qui n'a pas retiré le courrier recommandé et à l'encontre duquel, en conséquence, ne peut courir le délai de trente jours[15]. La solution vaut *a fortiori*

1. Com. 13 juin 2006, n° 05-14.138, NP; n° 764 F-D.
2. Com. 5 avr. 2016, n° 14-20.169, *Bull. civ.* IV [à paraître]; n° 324 F-P+B; *Rev. sociétés* 2016. 395, note Roussel Galle; *BJE* 2016, 266, note Perruchot-Triboulet – Com. 5 avr. 2016, n° 14-20.170, NP; n° 325 F-D.
3. Com. 11 mai 2010, n° 09-13.106, NP; n° 520 F-D; *Rev. proc. coll.* 2012, comm. 44, note Saint-Alary-Houin.
4. Com. 2 juill. 2013, n°s 12-22.284 à 12-22.287, *Bull. civ.* IV, n° 114; n° 687 F-P+B; *D.* 2013, actu 1740, note Lienhard; *D.* 2014. pan. 2151, note Le Corre; *Gaz. Pal.* 29 sept. 2013, n° 272, p. 30, note Roussel Galle; *Act. proc. coll.* 2013/14, comm. 202, note Vallansan; *RDBF* sept. 2013, comm. 167, note Houin-Bressand.
5. Com. 5 avr. 2016, n° 14-20.169, préc. – Com. 5 avr. 2016, n° 14-20.170, préc.
6. Com. 5 avr. 2016, n° 14-20.169, préc. – Com. 5 avr. 2016, n° 14-20.170, préc.
7. L. n° 85-98, 25 janv. 1985, préc.
8. L. n° 2005-845, 26 juill. 2005, préc.
9. Com. 5 déc. 1995, n° 93-18.803, *Bull. civ.* IV, n° 282 – Com. 21 janv. 2003, n° 99-20.557, NP, *Act. proc. coll.* 2003/10, n° 124 – Com. 5 nov. 2003, n° 01-00.881, *Bull. civ.* IV, n° 161.
10. D. n° 2005-1677, 28 déc. 2005, préc.
11. Com. 23 oct. 2007, n° 06-19.069, *Bull. civ.* IV, n° 221; n° 1157 F-P+B; *Gaz. proc. coll.* 2008/1, p. 53, note Le Corre-Broly; *JCP E* 2008, Chron. 1207, n° 10, p. 31, obs. Pétel; *Rev. proc. coll.* 2008, p. 82, n° 26, note Legrand.
12. Com. 14 janv. 2004, n° 01-02.589, NP.
13. Paris, 3e ch. A, 6 nov. 2007, RG n° 06/22800.
14. Com. 5 nov. 2003, n° 01-00.881, *Bull. civ.* IV, n° 161; *Act. proc. coll.* 2003/20, n° 255; *Procédures* 2004/2, p. 8, n° 22.
15. Com. 30 mai 2006, n° 05-12.423, NP; n° 723 F-D.

lorsque le courrier de contestation revient avec la mention NPAI[1]. Ce n'est là encore que le jeu du droit commun de l'article 670 du code de procédure civile, aux termes duquel « la notification est réputée faite à personne lorsque l'avis de réception est signé par son destinataire ».

Le délai de 30 jours n'est pas prolongé pour les créanciers domiciliés hors France métropolitaine[2]. La solution est logique, puisque le délai de réponse, qui n'est pas un délai de comparution, ne court qu'à compter de la réception de la lettre de contestation.

Le créancier ne pourra solliciter un relevé de forclusion pour non-respect du délai de 30 jours[3].

Il suffit au créancier contesté d'avoir envoyé son courrier de réponse à l'intérieur du délai, peu important en revanche que le représentant des créanciers – mandataire judiciaire – (ou le liquidateur) l'ait reçu dans ce même délai, le contraire ayant cependant été jugé[4]. L'envoi du courrier de réponse à une adresse erronée vaut absence de réponse[5]. Conformément au droit commun, si le délai expire un samedi, un dimanche, un jour férié ou chômé, il sera prorogé jusqu'au premier jour ouvrable suivant[6].

Observons que les textes ne font pas obligation au créancier de répondre en la forme recommandée au mandataire de justice. Il a pu, en conséquence, être jugé que la convocation du créancier devant le juge-commissaire suffisait à démontrer qu'il avait répondu en courrier simple[7]. La solution souple a pu être posée sous l'empire de la législation antérieure à la loi de sauvegarde des entreprises, qui ne fait obligation de convoquer à l'audience des créanciers contestés que les seuls créanciers qui avaient répondu.

Une réponse purement dilatoire de la part du créancier pouvait sembler équivaloir à une absence de réponse[8]. La Cour de cassation juge au contraire que le créancier qui, dans le cadre de la réponse à la contestation, réfute sans motivation le motif de rejet et se propose d'exposer ses arguments à l'audience de contestation de créance, a répondu à la contestation[9]. Il en ira de même d'une réponse du créancier se contentant d'indiquer qu'il maintient sa déclaration initiale[10]. *A fortiori*, une réponse incomplète[11] ou non satisfaisante pour le mandataire de justice ne pourra être assimilée à une absence de réponse. Les juges du fond sont en tout cas souverains pour apprécier la qualité de la réponse apportée[12].

La réponse à contestation, qui s'inscrit dans le cadre de l'instance d'admission de la créance, n'intervient cependant pas dans un cadre contentieux, puisque le créancier pourra ne pas être finalement au rang des créanciers convoqués devant le juge-commissaire si le mandataire de justice abandonne la contestation. Pour cette raison, il nous semble que la solution consistant à ne pas exiger un pouvoir de la personne qui répond à la contestation[13] doit être approuvée. C'est la solution qui a finalement été retenue par la Cour de cassation, qui a jugé que « la personne morale créancière peut répondre à la lettre du liquidateur, l'avisant de l'existence d'une discussion sur tout ou partie de la créance déclarée par tout préposé de son choix sans que ce préposé soit tenu de justifier qu'il est titulaire d'une délégation de pouvoir à cette fin émanant des organes habilités par la loi à représenter la personne morale »[14]. Aussi, apparaît contestable, la solution d'une cour d'appel qui considère que la réponse à contestation ne peut être formulée par un mandataire autre que celui qui a déclaré la créance[15]. La Cour de cassation juge encore que si la déclaration de créance a été faite par un tiers muni d'un pouvoir spécial, ce tiers peut valablement répondre au courrier de contestation[16].

La Cour de cassation a, sur le fondement de l'article 6 § 1 de la Conv. EDH, censuré l'arrêt d'une

1. Paris, 3e ch. A, 6 nov. 2007, RG n° 06/22800.
2. Paris, 16 mars 1993, *RJDA* 1993, n° 563 – *Adde*, SOINNE, n° 2183.
3. Com. 14 mai 1996, n° 94-15.314, *Bull. civ.* IV, n° 130; *JCP G* 1996. II. 22657, rapp. Rémery.
4. Rouen, 2 mai 1994, *Rev. proc. coll.* 1995, 318, n° 12, obs. Dureuil.
5. Paris, 3e ch. A, 31 mai 2005, RG n° 2003/20609.
6. Paris, 6 juill. 2001, *D.* 2001. AJ 2382; *Rev. proc. coll.* 2003, p. 112, n° 23, obs. Gorrias – Paris, 3e ch. A, 31 mai 2005, RG n° 2003/20609.
7. Grenoble, ch. com., 30 mai 2007, *Rev. proc. coll.* 2008, p. 82, n° 25, note Legrand.
8. Rennes, 16 déc. 1987, *RJ com.* 1989. 139, n° 10, obs. Gallet – Grenoble, 9 juin 1988, *RJ com.* 1989. 229, obs. Gallet – Paris, 8 nov. 1989, *Bull. IFPPC* déc. 1989, 15.
9. Com. 11 déc. 2001, n° 98-21.880, NP, *Rev. proc. coll.* 2002, p. 185, n° 5, obs. Legrand.
10. Com. 15 mars 2005, n° 03-19.733, NP, *Gaz. proc. coll.* 2005/2, p. 28, obs. Le Corre – Com. 21 mars 2006, n° 04-20.800, NP; n° 385 F-D; *Gaz. proc. coll.* 2006/3, p. 38, n° 8, obs. Le Corre.
11. Com. 15 oct. 2002, n° 99-11.874, NP, *RD banc. fin.* 2003/1, p. 29, n° 32, obs. Lucas – Com. 19 mai 2004, n° 02-15.672, NP – COMP. : VOINOT, n° 345.
12. Com. 15 oct. 2002 n°s 99-11.873, 99-11.874, 2 arrêts, NP.
13. Paris, 3e ch. A, 18 janv. 2005, RG n° 04/03482.
14. Com. 16 sept. 2008, n° 07-17.273, *Bull. civ.* IV, n° 154; n° 853 F-P+B; *D.* 2008. AJ 2345, obs. Lienhard; *Gaz. proc. coll.* 2008/4, p. 53, note Le Corre-Broly; *JCP E* 2009. 1008, n° 13, obs. Pétel; *RTD com.* 2008. 873, n° 21, obs. Vallens; *RTD com.* 2009. 207, n° 3, obs. Martin-Serf – Com. 16 sept. 2008, n° 07-17.272, NP; n° 852 F-D; *RTD com.* 2009. 207, n° 3, obs. Martin-Serf – Com. 16 sept. 2008, n° 07-17.274, NP; n° 584 F-D; *RTD com.* 2009. 207, n° 3, obs. Martin-Serf.
15. Rennes, 2e ch., 30 mars 2010, RG n° 09/04231, *Rev. proc. coll.* 2011, comm. 80, p. 43, note Legrand et Legrand.
16. Com. 5 nov. 2013, n° 12-25.795, NP; n° 1030 F-D.

cour d'appel, estimant que le créancier n'avait pas régulièrement répondu au courrier de contestation, parce que la réponse émanait d'un tiers, qui n'avait pas fait prouver l'existence d'un pouvoir spécial, en se bornant, au titre de sa motivation, à reproduire, sur tous les points en litige, les conclusions d'appel communes du mandataire judiciaire et du débiteur. Ce faisant, la cour d'appel a méconnu le droit au procès équitable, en statuant par une apparence de motivation, pouvant faire peser un doute sur l'impartialité de la juridiction[1].

671.25 Audition des créanciers contestés et du débiteur. Si le représentant des créanciers – mandataire judiciaire – (ou le liquidateur selon le cas) maintient le principe de la contestation, le greffier doit, selon l'article 73, alinéa 3 du décret du 27 décembre 1985[2], et depuis la loi de sauvegarde des entreprises[3], l'article R. 624-4 du code de commerce (anc^t D. 28 déc. 2005[4], art. 106), disposition de la procédure de sauvegarde applicable en redressement judiciaire (C. com., art. R. 631-29, al. 1 [anc^t D. 28 déc. 2005, art. 197, al. 1]) et en liquidation judiciaire (C. com., art. R. 641-28 [anc^t D. 28 déc. 2005, art. 239]), convoquer par lettre avec demande d'avis de réception le créancier. La non convocation est une cause de nullité de l'ordonnance. Une cour d'appel ne peut qualifier l'ordonnance du juge-commissaire de décision contradictoire, au motif que le débiteur n'aurait pas été défaillant devant le juge-commissaire parce qu'il avait contesté le montant de la créance, alors qu'il n'avait pas été convoqué à l'audience au cours de laquelle le juge-commissaire devait statuer sur la contestation de la créance[5].

Alors que la convocation du créancier ne s'imposait, sous l'empire de la législation antérieure que si le créancier avait répondu à la lettre de contestation, sa convocation apparaît impérative sous l'empire de la loi de sauvegarde non réformée[6], faute pour l'article R. 624-4 alinéa 1 du code de commerce (anc^t D. 28 déc. 2005, art. 106, al. 1) de distinguer selon que le créancier a ou n'a pas répondu à la contestation. La solution s'applique aux procédures ouvertes entre le 1er janvier 2006 et le 14 février 2009.

Le décret du 12 février 2009[7], applicable aux procédures ouvertes à compter du 15 février 2009, modifie une nouvelle fois la solution. L'article 30 du décret d'application de l'ordonnance du 18 décembre 2008[8] retouche en effet la rédaction de l'article R. 624-4 du code de commerce, afin d'en revenir à la situation antérieure à la législation de sauvegarde des entreprises : le créancier qui ne répond pas au courrier de contestation de sa créance dans le délai de l'article L. 622-27 du code ne sera plus convoqué par le greffier (C. com., art. R. 624-4, al. 2, *in fine*).

Une juridiction du fond a considéré que dès lors que le créancier a répondu à la contestation, le juge-commissaire se doit de statuer sur la créance, peu important que le créancier soit présent ou représenté devant le juge-commissaire[9].

Une autre juridiction du fond a entendu tirer une conséquence de l'oralité des débats devant le juge-commissaire. Il peut être fait droit aux prétentions du mandataire judiciaire ou du débiteur de voir écartées des débats les écritures du créancier, et d'obtenir une décision de constat de la caducité de l'instance, qui empêchera ensuite le créancier d'obtenir une décision favorable. Si le juge-commissaire peut revenir sur sa décision de caducité, c'est à condition que le créancier démontre un motif légitime d'absence à l'audience. Faute de ce faire, le juge-commissaire n'a pas à revenir sur sa décision de caducité de l'instance, et à sa suite la cour d'appel peut confirmer la décision du juge-commissaire[10]. En supposant que la nature juridique de la déclaration de créance ait évolué (v. s^s n° 661.12), la solution posée par la cour d'appel n'est pas de nature à être remise en cause, car on n'est plus ici sur le terrain de la déclaration de créance, mais sur celui de son admission dans le cadre d'un débat judiciaire[11].

Le débiteur sera auditionné par le juge-commissaire, pour respecter le principe du contradictoire, à une audience de créanciers contestés, au cours de laquelle il pourra faire valoir ses arguments de défense. La date d'audience ne saurait être fixée avant expiration du délai de réponse[12].

Le débiteur doit identiquement être convoqué par lettre recommandée avec demande d'avis de réception, sous peine de nullité de l'ordonnance du juge-commissaire[13]. La Cour de cassation juge cependant que l'inobservation des dispositions relatives à la convocation du débiteur n'entraîne pas de plein

1. Com. 15 févr. 2011, n° 10-30.816, NP; n° 134 F-D.
2. D. n° 85-1388, 27 déc. 1985, préc.
3. L. n° 2005-845, 26 juill. 2005, préc.
4. D. n° 2005-1677, 28 déc. 2005, préc.
5. Com. 3 nov. 2010, n° 09-66.294, NP; n° 1082 F-D.
6. JACQUEMONT, 5e éd, n° 484 – VOINOT, 2007, n° 345.
7. D. n° 2009-160, 12 févr. 2009, *JO* 13 févr., p. 2596.
8. Ord. n° 2008-1345, 18 déc. 2008, préc.
9. Paris, 3e ch. B, 25 oct. 2007, RG n° 06/17819 – Paris, 3e ch. B, 25 oct. 2007, RG n° 06/17821 – Paris, 3e ch. B, 25 oct. 2007, RG n° 06/17825.
10. Toulouse, 3e ch., 14 oct. 2015, RG n° 15/02327, *Gaz. Pal.* 19 janv. 2016, n° 3, p. 71, note Le Corre; *Leden* 2016, comm. 021, note Staes; *Gaz. Pal.* 17 mai 2016, n° 18, p. 66, note Théron; décision aimablement communiquée par Me Alix Brenac, mandataire judiciaire.
11. COMPR., Théron, note s^s Toulouse, 3e ch., 14 oct. 2015, RG n° 15/02327, *Gaz. Pal.* 17 mai 2016, n° 18, p. 66.
12. AINSI SUR CETTE DIFFICULTÉ : Paris, 29 mars 1994, *Rev. proc. coll.* 1995, 230, obs. Dureuil.
13. Paris, 3e ch. C, 13 juin 2003, RG n° 2002/00740.

droit nullité de la procédure de vérification des créances. Le débiteur doit démontrer un grief[1], ce qu'il ne fait pas lorsque, d'une part, il a pu exposer, de manière circonstanciée, les différents points justifiant sa contestation et, d'autre part, a démontré sa négligence à retirer le courrier recommandé qui lui était adressé contenant sa convocation.

Le dessaisissement qui frappe le débiteur, du fait de sa liquidation judiciaire, ne change pas la solution, l'audition du débiteur étant en effet un droit propre[2].

Identiquement, l'administrateur investi de la mission d'administration doit, en redressement judiciaire, être convoqué.

La nullité de l'ordonnance pour défaut de convocation du débiteur ou du créancier n'interdira cependant pas à la cour, saisie en vertu de l'effet dévolutif de l'appel, de statuer au fond[3]. En effet, la convocation devant le juge-commissaire n'est pas l'acte introductif d'instance. Joue ce rôle la déclaration de créance, laquelle équivaut, du moins sous l'empire de la législation antérieure à l'ordonnance du 12 mars 2014[4], à une demande en justice. Il en résulte que la cour d'appel peut statuer malgré la nullité de l'ordonnance, car il n'y a pas irrégularité de l'acte introductif d'instance qui aurait fait obstacle à l'effet dévolutif de l'appel[5].

Après annulation d'une ordonnance d'admission d'une créance, le mandataire judiciaire ou le liquidateur doit, par principe, formuler une nouvelle proposition d'admission ou de rejet. Mais, dès lors que les parties sont convoquées par le greffe, la procédure est régulière puisque la proposition d'admission ou de rejet sera faite oralement devant le juge-commissaire[6].

Le représentant des créanciers – mandataire judiciaire – ou le liquidateur, selon le cas, remettra au juge-commissaire un dossier complet[7], pour lui permettre de prendre une décision éclairée. Cependant, pour respecter le principe du contradictoire, le créancier devra avoir communication des éléments transmis par le mandataire de justice au juge-commissaire.

Le débiteur, pour sa part, qui conteste les sommes figurant dans la déclaration de créance, au motif qu'il les aurait, en tout ou en partie, payées, est demandeur à l'exception de paiement. Conformément à l'article 1315 du code civil (devenu C. civ., art. 1353[8]), il lui appartient de rapporter la preuve du paiement qu'il aurait effectué[9]. Il pourra développer devant le juge-commissaire des arguments qu'il n'auraient pas invoqués lors des observations formulées à l'occasion de la vérification de la créance[10]. La solution se justifie eu égard à l'oralité de procédure[11]. Le créancier pourra parfaitement solliciter un report de l'audience ou demander au juge-commissaire l'autorisation de verser une note en délibéré. Si l'invitation est lancée par le juge-commissaire, elle ne contrarie pas les règles du code de procédure civile, autorisant les notes en délibéré, si elles sont demandées par le président de la juridiction.

L'instance en contestation de créance, qui n'est pas distincte de l'instance née de la déclaration de créance, ne peut, selon la jurisprudence, être atteinte par la péremption[12] (v. s[s] n° 661.11). La solution peut être discutée, car si l'auteur de la contestation ne fait aucune démarche pour faire avancer l'instance, il apparaît possible de le sanctionner par une péremption de sa contestation.

671.26 Intervention volontaire à l'audience de contestation de créance des personnes intéressées non parties à l'instance. Rien ne semble interdire, dans le cadre des auditions des créanciers contestés, l'intervention volontaire d'un tiers au débat[13]. On peut songer au tiers qui prétendrait être titulaire de la créance déclarée, par suite de subrogation, de délégation ou encore de cession de créance. On peut surtout penser à la caution, qui ne peut en revanche prétendre à être convoquée dans le cadre de la vérification des créances[14].

Il pourrait certes être objecté que la personne qui n'est pas une partie dispose d'une voie de recours particulière : la réclamation (v. s[s] n° 683.22). Mais cette dernière n'est qu'une variété de tierce opposition. Or, les interventions ont précisément pour objet d'éviter un contentieux à rebondissement, en fermant ensuite les portes de la tierce opposition. Il faudra donc décider que l'intervention d'un tiers devant le juge-commissaire le privera ensuite de la réclamation, puisqu'une intervention volontaire à titre principal confère au tiers la qualité de partie lui fermant dès lors la voie ultérieure de la tierce opposition et donc, ici, de la réclamation.

1. Com. 12 mars 2012, n° 10-27.906, NP; n° 293 F-D.
2. Paris, 25e ch. B, 1er oct. 2004, RG n° 03/02853, *RD banc. fin.* 2004/6, p. 412, n° 248, obs. Lucas.
3. Paris, 3e A, 16 sept. 2003, RG n° 200/11525.
4. Ord. n° 2014-326, 12 mars 2014, préc.
5. Paris, 3e ch. A, 25 nov. 2003, RG n° 2003/01989.
6. Com. 1er déc. 2009, n° 06-17.266, NP; n° 1115 F-D.
7. IFPPC 1999, recomm. n°s 4040, 6028, p. 98, 155.
8. DEPUIS le 1er oct. 2016 : Ord. n° 2016-131, 10 févr. 2016, préc.
9. Com. 4 oct. 2005, n° 04-12.583, NP.
10. Com. 19 janv. 1993, n° 91-11.462, *Bull. civ.* IV, n° 16.
11. Com. 31 janv. 1995, n° 92-21.743, *Bull. civ.* IV, n° 30.
12. Com. 22 sept. 2009, n° 08-14.621, NP; n° 797 F-D; *Gaz. proc. coll.* 2009/4, 2e partie, p. 29, note Le Corre-Broly – Paris, 10 sept. 2009, RG n° 08/19864.
13. DERRIDA *ET ALII*, n° 215.
14. Paris, 15e ch. A, 4 mai 2004, RG n° 2003/08501.

SECTION 671.30

DÉFAUT DE RÉPONSE À CONTESTATION

671.31 Défaut de réponse à contestation. Si le créancier régulièrement contesté (sur cette notion de régularité, v. s^s n° 671.22) ne répond dans le délai de 30 jours à la contestation, il est sanctionné. Cette sanction joue même si le créancier est une personne morale de droit public, les règles d'imprescriptibilité et d'inaliénabilité du domaine public étant impuissantes à l'infléchir[1].

Cependant, le délai de trente jours ne court pas contre le créancier auquel il est annoncé, dans la lettre de contestation, qu'il sera convoqué devant le juge-commissaire[2].

Les sanctions du défaut de réponse à contestation ne pourront atteindre que la créance contestée, non une autre[3]. En outre, la sanction ne peut atteindre un créancier, qui est partie à une instance en cours, pour laquelle le juge-commissaire est dessaisi[4].

La sanction intervient sur le terrain procédural. Il résulte en effet de l'article 73, alinéa 3 du décret du 27 décembre 1985[5] que le greffier du tribunal n'a pas l'obligation de le convoquer à l'audition des créanciers contestés[6]. S'il n'est pas convoqué, il ne pourra donc pas, dans le cadre d'un débat contradictoire, assurer sa défense. Le créancier s'exclut ainsi du débat sur la créance. Il y a violation du principe du contradictoire, justifiée par les textes. La solution qui résulte d'une interprétation *a contrario* de l'article 73 alinéa 3 du décret du 27 décembre 1985 avait déjà été posée par la jurisprudence, avant la rédaction de cet article issu du décret du 21 octobre 1994[7].

Le changement de rédaction induit par le décret du 28 décembre 2005[8], qui ne réserve plus la convocation du créancier contesté à l'hypothèse d'une réponse de sa part, nous semble conduire à une modification des solutions : le créancier n'aura pas nécessairement à répondre à la contestation dans le délai de trente jours, pour être convoqué à l'audience des créanciers contestés. Le texte du décret prive toutefois le créancier du droit d'interjeter appel en l'absence de réponse au courrier de contestation si le juge-commissaire confirme la proposition de rejet du mandataire judiciaire (v. s^s n° 671.32). Cette solution vaut pour les procédures ouvertes entre le 1er janvier 2006 et le 14 février 2009.

Le décret du 12 février 2009[9], applicable aux procédures ouvertes à compter du 15 février 2009, modifie une nouvelle fois la solution. L'article 30 du décret d'application de l'ordonnance du 18 décembre 2008[10] retouche en effet la rédaction de l'article R. 624-4 du code de commerce, afin d'en revenir à la situation antérieure à la législation de sauvegarde des entreprises : le créancier qui ne répond pas au courrier de contestation de sa créance dans le délai de l'article L. 622-27 du code ne sera plus convoqué par le greffier.

Rien n'interdit cependant au greffier, avant la législation de sauvegarde des entreprises, comme depuis la législation issue de l'ordonnance du 18 décembre 2008, de convoquer le créancier. Si le créancier convoqué ne se présente pas, devant le juge-commissaire, la cour d'appel peut écarter les conclusions écrites non autorisées par le juge, puisque la procédure est orale, sans violer le principe de contradiction[11].

Le juge-commissaire, que le créancier soit ou non convoqué, aura la liberté de suivre ou non la proposition du mandataire de justice[12].

671.32 Fermeture du recours au créancier n'ayant pas répondu à la contestation en cas de confirmation par le juge-commissaire de la proposition de rejet. Il résulte de l'article L. 621-47 du code de commerce (anc^t L. 25 janv. 1985[13], art. 54), devenu l'article L. 622-27 depuis la loi de sauvegarde des entreprises[14], que « le défaut de réponse dans le délai de 30 jours interdit toute contestation ultérieure de la proposition du représentant des créanciers – mandataire judiciaire – ». L'article L. 621-105, alinéa 2 du code de commerce (anc^t L. 25 janv. 1985, art. 102, al. 2), devenu l'article L. 624-3, alinéa 2, depuis la loi de sauvegarde des entreprises, ajoute, de façon apparemment redondante, que « le créancier dont la créance est discutée

1. Paris, 3e ch. A, 16 oct. 2007, RG n° 05/21715.
2. Com. 18 mars 2003, n° 01-15.793, NP, *Act. proc. coll.* 2003/11, n° 141.
3. Com. 17 juill. 2001, n° 98-19.929, NP, *Act. proc. coll.* 2001/18, n° 235.
4. Rouen, 24 avr. 2008, RG n° 07/01066, *Rev. proc. coll.* 2010/1, § 7, p. 28, note Staes.
5. D. n° 85-1388, 27 déc. 1985, préc.
6. Com. 28 mars 2000, n° 97-21.593, NP, *Act. proc. coll.* 2000/11, n° 132.
7. D. n° 94-910, 21 oct. 1994, *JO* 22 oct., p. 15019 – Com. 30 mars 1993, n° 91-16.393, *Bull. civ.* IV, n° 128 – Com. 12 nov. 1997, n° 95-14.225, *Bull. civ.* IV, n° 286; *JCP E* 1998, pan. 13.
8. D. n° 2005-1677, 28 déc. 2005, préc.
9. D. n° 2009-160, 12 févr. 2009, préc.
10. Ord. n° 2008-1345, 18 déc. 2008, préc.
11. Com. 16 déc. 2014, n° 13-24.048, NP; n° 1133 F-D; *BJE* mai 2015, 157, note Rolland.
12. Com. 8 mars 1994, n° 92-10.381, *Bull. civ.* IV, n° 99; *Rev. proc. coll.* 1995, 57, n° 7, obs. Dureuil – Com. 16 oct. 2001, DPDE *bull.* 218, 3 déc. 2001, p. 5967, *V^is Déclaration et vérification des créances*, n° 61 – Com. 1er avr. 2003, n° 99-18.545, NP, *Act. proc. coll.* 2003/10, n° 125; *LXB* n° N8101AAB, note Le Corre – Com. 9 nov. 2004, n° 03-12.333, NP.
13. L. n° 85-98, 25 janv. 1985, préc.
14. L. n° 2005-845, 26 juill. 2005, préc.

en tout ou en partie et qui n'a pas répondu au représentant des créanciers – mandataire judiciaire – dans le délai mentionné à l'article L 621-47 (devenu C. com., art. L. 622-27 depuis la loi de sauvegarde des entreprises) ne peut pas exercer de recours contre la décision du juge-commissaire lorsque celle-ci confirme la proposition du représentant des créanciers – mandataire judiciaire – ».

La sanction joue même si le juge-commissaire rend une seule décision concernant deux créances distinctes, qu'il rejette conformément à la proposition du mandataire de justice[1].

La sanction tenant à la privation du droit d'appel supposera que la lettre à laquelle le créancier n'a pas répondu soit une véritable contestation au sens du code de commerce (v. s[s] n° 671.22).

La précision de l'article L. 621-105, alinéa 2 du code de commerce (devenu l'article L. 624-3 alinéa 2 depuis la loi de sauvegarde des entreprises) est en réalité très importante. Le créancier qui n'a pas répondu ne pourra contester la décision du juge-commissaire, par la voie de l'appel (ou du pourvoi en cassation pour les créances inférieures au taux du ressort). La cour d'appel ne pourra confirmer l'ordonnance de rejet, mais devra déclarer l'appel irrecevable[2], même si la solution n'est pas toujours suivie en jurisprudence[3].

La cour d'appel devra relever d'office le moyen tiré de l'absence à réponse de contestation, pour déclarer irrecevable l'appel, s'agissant d'une fin de non recevoir d'ordre public[4]. Mais elle devra inviter les parties à s'expliquer sur ce point, sauf à encourir la nullité de son arrêt, pour absence du respect du contradictoire[5].

La privation du recours pour le créancier contesté, qui n'a pas répondu à la lettre de contestation, supposera cependant que le juge-commissaire ait purement et simplement confirmé la proposition émise par le représentant des créanciers[6] – mandataire judiciaire[7]. Tel sera le cas d'une décision de rejet total, en présence d'une proposition d'admission pour 0 franc[8]. La solution vaut même si dans le courrier de contestation, la créance n'était contestée qu'au titre de l'indemnité de rupture[9]. Il a été jugé que le fait pour le représentant des créanciers de s'en rapporter à la décision du juge-commissaire ne permettait pas de considérer que le juge-commissaire avait confirmé la proposition de rejet[10], ouvrant ainsi l'appel au créancier. Cette solution apparaît contestable dans la mesure où le juge-commissaire a bien été saisi par le représentant des créanciers, dont il a, en conséquence, confirmé la proposition.

Au contraire, si le juge-commissaire rend une décision aggravant la proposition de rejet partiel du représentant des créanciers – mandataire judiciaire – ou au contraire adoucissant la proposition de rejet de ce dernier, la voie de recours est à nouveau ouverte au créancier[11]. L'interprétation *a contrario*, du texte s'impose. Elle concerne en effet un texte d'exception, qui écarte le double degré de juridiction, et permet, par sa mise à l'écart, dès lors que la situation sur laquelle il est raisonné n'est pas celle visée au texte, d'en revenir au principe, celui du double degré de juridiction.

Une difficulté se présente lorsque, nonobstant l'absence de réponse à la lettre de contestation, le juge-commissaire a convoqué le créancier. Dans cette hypothèse, le créancier pourra valablement s'expliquer sur la contestation devant le juge-commissaire. Si le créancier convoqué ne se rend pas à la contestation, écrivant au juge-commissaire qu'il n'avait pas reçu le courrier de contestation envoyé à une mauvaise adresse, la cour d'appel qui, justement, ne déclare pas l'appel irrecevable ne peut, pour confirmer l'ordonnance de rejet, se contenter de s'appuyer sur la non-comparution du créancier devant le juge-commissaire et sur le fait qu'il connaissait l'objet de la contestation. L'appel remet la chose jugée en question devant la juridiction d'appel, qui doit en conséquence examiner les prétentions des parties[12].

Faut-il admettre la possibilité pour le créancier, qui n'a pas répondu au courrier de contestation, mais qui a néanmoins été convoqué devant le juge-commissaire, d'exercer un recours sur la décision du juge-commissaire qui confirme la proposition de rejet du mandataire de justice ? Les juridictions du fond étaient divisées sur cette question. L'une avait considéré que la convocation du créancier par le

1. Paris, 3e ch. A, 16 oct. 2007, RG n° 05/21715.
2. Com. 1er déc. 2009, n° 08-14.794, NP; n° 1118 F-D – AINSI : Paris, 3e ch. A, 8 févr. 2005, RG n° 2004/10966 – Paris, 3e ch. A, 18 déc. 2007, RG n° 074/1539 – Paris, 3e ch. A, 18 déc. 2007, RG n° 074/1553.
3. Paris, 3e ch. B, 18 juin 2004, RG n° 2003/9684.
4. Com. 17 déc. 2013, n°s 12-26.333, 12-13.460, NP.
5. Com. 22 nov. 1994, n° 93-13.453, NP, *Rev. proc. coll.* 1995, 312, n° 7, obs. Dureuil.
6. Com. 30 mars 1993, n° 91-16.393, *Bull. civ.* IV, n° 128 – Com. 28 mars 2000, *Act. proc. coll.* 2000/11, n° 132 – Com. 1er avr. 2003, n° 99-18.545, NP, *Act. proc. coll.* 2003/10, n° 137.
7. Com. 16 juin 2015, n° 14-11.190, *Bull. civ.* IV [à paraître]; n° 599 F-P+B; *D.* 2015. actu 1366, note Lienhard; *BJE* sept. 2015, 300, note Le Mesle; *JCP E* 2015, chron. 1422, n° 6, note Pétel; *Rev. proc. coll.* 2016, comm. 8, note F. Legrand et M.-N. Legrand; *LXB hebdo* 16 juill. 2015, n° 432, note Le Corre-Broly.
8. Com. 10 mars 2004, n° 00-21.358, NP.
9. Com. 1er déc. 2009, n° 08-14.794, NP; n° 1118 F-D.
10. Paris, 3e ch. B, 4 juill. 2003, RG n° 2002/14024.
11. Com. 16 juin 2015, n° 14-11.190, *Bull. civ.* IV [à paraître]; n° 599 F-P+B – Paris, 3e ch. B, 9 avr. 2004, RG n° 07979.
12. Com. 12 avr. 2005, n° 03-20.801, NP.

juge-commissaire, alors qu'il n'avait pas répondu à la lettre de contestation, n'avait pas pour effet de lui ouvrir la voie de l'appel en cas de confirmation de la proposition de rejet du représentant des créanciers[1]. Une autre décision avait au contraire estimé que lorsque le juge-commissaire qualifiait sa décision d'ordonnance rendue sur contestation, la voie de l'appel se trouvait à nouveau ouverte[2]. La Cour de cassation a jugé, de manière nuancée, que la privation du droit d'appel ne s'applique pas au créancier convoqué devant le juge-commissaire dans le délai de trente jours et ayant comparu devant lui, peu important l'absence de réponse à la lettre de contestation du représentant des créanciers[3]. La solution doit être rapprochée de celle selon laquelle le délai de trente jours ne court pas contre le créancier auquel il est annoncé, dans la lettre de contestation, qu'il sera convoqué devant le juge-commissaire[4]. Il faut donc, semble-t-il, considérer que la convocation devant le juge-commissaire vaut dispense de réponse, mais, pour cela, la convocation devra intervenir avant que la sanction attachée au défaut de réponse ne soit consommée, c'est-à-dire avant l'expiration dudit délai de réponse de trente jours.

Le fait que le créancier ait formé un contredit sur la compétence du juge-commissaire, rejeté par la cour d'appel, n'aura pas davantage pour effet d'ouvrir la voie de l'appel fermé[5].

Il fait encore indiquer que le recours est à nouveau recevable si le créancier conteste le défaut de réponse à la contestation de sa créance[6] ou s'il conteste la sanction attachée au défaut de réponse par les textes[7]. Il en résulte que le créancier est irrecevable à former directement un pourvoi en cassation, alors que lui était ouvert l'appel[8]. Il en résulte aussi que la question prioritaire de constitutionnalité portant sur la sanction consistant en la suppression du double degré de juridiction est irrecevable si elle présentée devant la Cour de cassation, puisque le recours est lui-même irrecevable[9].

1. Douai, 5 mai 1994, *Rev. proc. coll.* 1995, 311, n° 7, obs. Dureuil.
2. Paris, 3e ch. B, 4 juin 2004, RG n° 2002/14373.
3. Com. 7 déc. 2004, n° 03-16.321, *Bull. civ.* IV, n° 216; *D.* 2005. AJ 80, obs. Lienhard; *Act. proc. coll.* 2005/2, n° 23, note Voinot; *RD banc. fin.* 2005/1, p. 25, n° 19, note Lucas; *RTD com.* 2005. 175, n° 10, obs. Vallens; *Rev. proc. coll.* 2005/2, p. 129, n° 9, obs. Gorrias; *LXB* n° N4130ABL, note Le Corre.
4. Com. 18 mars 2003, n° 01-15.793, NP, *Act. proc. coll.* 2003/11, n° 141.
5. Com. 8 juill. 2003, n° 00-17.748, NP.
6. Com. 21 janv. 2003, n° 99-20.557, NP, *Act. proc. coll.* 2003/10, n° 136.
7. Com. 27 mars 2015, nos 14-24.347 à 14-24.349, NP; nos 397 à 399 F-D.
8. Com. 27 mars 2015, nos 14-24.347 à 14-24.349, préc.
9. Com. 27 mars 2015, nos 14-24.347 à 14-24.349, préc.

Précisons enfin que si le mandataire de justice prétend avoir contesté la créance, la juridiction ne pourra le débouter de sa demande de voir rejeter la créance qu'après avoir vérifié que le créancier a répondu à la contestation[10].

SECTION 671.40
RÈGLES PROPRES À LA CONTESTATION DES CRÉANCES FISCALES AVANT LA LOI DU 10 JUIN 1994

671.41 Règles propres à la contestation des créances fiscales avant la loi du 10 juin 1994[11]. Sous l'empire de la loi du 25 janvier 1985[12], dans sa rédaction initiale, l'article 106 prévoyait que les créances fiscales ne pouvaient être contestées que selon les modalités prévues au code général des impôts. La créance fiscale ne pouvait donc être contestée devant le juge-commissaire[13].

Si la contestation portait sur l'existence même de la créance, elle devait intervenir suivant les règles du code général des impôts et échappait à la compétence du juge-commissaire. Au contraire, la contestation de la créance suivait le sort commun aux autres créanciers, si elle portait sur la régularité de la déclaration de créance[14].

La loi du 10 juin 1994 a abrogé l'article 106 de la loi du 25 janvier 1985, alignant ainsi complètement la contestation des créances fiscales sur les règles de droit commun. Les règles relatives à l'incompétence du juge-commissaire auront ici vocation à s'appliquer (v. ss n° 682.15).

SECTION 671.50
LISTE DES CRÉANCES DÉCLARÉES

671.51 Liste des créances déclarées. Les opérations de vérification des créances se terminent par l'établissement d'une liste dressée par le représentant des créanciers - mandataire judiciaire - ou le liquidateur, qui opérera une distinction entre les créances échues et celles à échoir. Elle distinguera aussi les créances présentées selon qu'elles le sont pour admission définitive ou provisionnelle[15], ce qui suppose, en ce dernier cas, que les déclarations

10. Civ. 3e, 21 nov. 2007, n° 06-18.138, NP.
11. L. n° 94-475, 10 juin 1994, préc.
12. L. n° 85-98, 25 janv. 1985, préc.
13. Com. 20 juin 2000, *Act. proc. coll.* 2000/19, n° 241, note Serlooten – Com. 17 oct. 2000, n° 97-17.940, *Bull. civ.* IV, n° 156; *Gaz. Pal.* 15-16 nov. 2000, flash p. 28.
14. Com. 24 sept. 2003, n° 01-00.472, *Bull. civ.* IV, n° 141; *D.* 2003. AJ 2502; *Act. proc. coll.* 2003/18, n° 238.
15. IFPPC 1999, recomm. nos 3060-1, 6026-1, p. 67, 154.

de créance émanent de créanciers autorisés à déclarer leur créance à titre provisionnel (v. s[s] n° 682.61). Des règles particulières sont prévues dans la **sauvegarde financière accélérée** (s[s] n° 672.14).

Cette liste sera revêtue des observations éventuelles du débiteur et signée par ses soins, ce qui permettra de prouver sa participation effective aux opérations de vérification des créances[1]. Le refus du débiteur de signer la liste des créances déclarées établie par le mandataire judiciaire avec ses propositions d'admission ou rejet, alors surtout que ce refus n'était pas motivé, ne vaut pas contestation de la créance[2]. Il en est tiré des conséquences (v. s[s] n° 671.22).

Le représentant des créanciers – mandataire judiciaire –, en revanche, n'a pas à signer la liste des créances, pas plus qu'il n'a l'obligation de présenter au juge-commissaire une demande individualisée par créancier[3].

De sa propre initiative, le mandataire de justice en charge de la vérification des créances ne peut faire figurer sur la liste des créances une proposition relative à une créance non déclarée[4] ou déclarée hors délai[5].

Le caractère tardif de la déclaration de créance n'est d'ailleurs pas un motif de contestation, même si l'opinion contraire a été émise[6]. Il s'ensuit que le représentant des créanciers ou le liquidateur – avant l'entrée en vigueur du décret du 10 juin 2004[7], qui a supprimé le droit proportionnel sur les créances contestées – ne peut percevoir d'honoraires de contestation sur une telle créance. En pratique, le représentant des créanciers adressera néanmoins une correspondance au créancier lui indiquant qu'il est hors délai (v. s[s] n° 665.51). L'absence de réponse à ce courrier ne saurait entraîner aucune conséquence pour le créancier.

L'article 73, alinéa 1 du décret du 27 décembre 1985[8] (réd. D. 21 oct. 1994[9]) prévoit que « la liste des créances contenant les *indications prévues à l'article* L. 621-44 du code de commerce la nature et, le cas échéant, la date d'inscription des sûretés, la désignation succincte des biens affectés à celle-ci ainsi que les propositions du représentant des créanciers et les observations du débiteur, est remise au juge-commissaire et communiquée à l'administrateur et au commissaire à l'exécution du plan le cas échéant ». L'article 73 alinéa 1 continue en indiquant que, « après le terme du délai fixé par le tribunal en application de l'article L. 621-103 du code précité [devenu C. com., art. L. 624-1, depuis la loi de sauvegarde des entreprises], cette liste est, le cas échéant, complétée par les soins du greffier agissant à la demande du représentant des créanciers ou des créanciers intéressés, par l'inscription des créances définitivement fixées à l'issue d'une instance judiciaire ou administrative ». La solution a été reprise par le décret du 28 décembre 2005[10] (C. com., art. R. 624-2, al. 3), qui vise désormais le mandataire judiciaire. Il y a là, semble-t-il, un mélange opéré par le décret entre la liste des créances établie par le mandataire de justice, à destination du juge-commissaire, et l'état des créances résultant des décisions de ce dernier, auxquelles il convient d'ajouter les créances définitivement fixées à la suite d'une instance s'étant déroulée devant une autre juridiction (v. aussi s[s] n° 681.11).

L'article R. 624-2, alinéa 1 du code de commerce (anc[t] D. 28 déc. 2005, art. 104, al. 1), texte de la procédure de sauvegarde applicable en redressement judiciaire (C. com., art. R. 631-29, al. 1 [anc[t] D. 28 déc. 2005, art. 197, al. 1]) et en liquidation judiciaire (C. com., art. R. 641-28 [anc[t] D. 28 déc. 2005, art. 239]) prévoit que la liste des créances contient les indications prévues à l'article L. 622-25 du code de commerce. Il s'agit du montant de la créance due au jour du jugement d'ouverture avec indication des sommes à échoir et de la date de leurs échéances, de la nature du privilège ou de la sûreté dont la créance est éventuellement assortie et, lorsqu'il s'agit de créances en monnaie étrangère, de la conversion en euros selon le cours du change à la date du jugement d'ouverture. La liste des créances mentionnera également les indications prévues à l'article R. 622-23 du code de commerce (anc[t] D. 28 déc. 2005, art. 98), et spécialement l'indication de la juridiction saisie si la créance fait l'objet d'un litige. La liste des créances fera encore mention des propositions du mandataire judiciaire ou du liquidateur et des observations du débiteur.

1. IFPPC 1999, recomm. n°s 3060-1, 6026-1, p. 67, 154.
2. Com. 8 janv. 2013, n° 11-22.796, *Bull. civ.* IV, n° 1; n° 17 F-P+B; *D.* 2013, pan. 2373, note Le Corre; *Gaz. Pal.* 1er mai 2013, n° 121, p. 32, note Le Corre; *JCP E* 2013, Chron. 1216, n° 6, obs. Pétel; *RTD com.* 2013. 152, n° 9, obs. Vallens; *Rev. proc. coll.* 2013, comm. 126, note Legrand et Legrand; *LXB hebdo* n° 324, 24 janv. 2013, note Le Corre.
3. Paris, 3e ch. C, 11 janv. 2002, RG n° 2001/18929, *Rev. proc. coll.* 2003, p. 142, n° 11, obs. Legrand.
4. Com. 7 janv. 2003, n° 99-10.781, *Bull. civ.* IV, n° 1; *D.* 2003. AJ 274, obs. Lienhard; *Act. proc. coll.* 2003/3, n° 35, obs. Vallansan; *JCP E* 2003. 760, n° 13, obs. M. Cabrillac et Pétel; *RTD com.* 2003. 565, obs. Martin-Serf.
5. Com. 30 juin 2004, n° 02-20.729, NP, *Act. proc. coll.* 2004/14, n° 180 – *Adde*, IFPPC 1999, recomm. n°s 3070, 6027-1, p. 67, 154.
6. SOINNE, n° 2182.
7. D. n° 2014-736, 30 juin 2014, préc.
8. D. n° 85-1388, 27 déc. 1985, préc.
9. D. n° 94-9710, 21 oct. 1994, préc.
10. D. n° 2005-1677, 28 déc. 2005, préc.

La liste des créances est ensuite déposée au greffe pour être transmise au juge-commissaire (C. com., art. L. 621-103 [anc[t] L. 25 janv. 1985, art. 100], devenu C. com., art. L. 624-1, depuis la loi de sauvegarde des entreprises et D. 28 déc. 2005, art. 104, al. 1), afin qu'il puisse statuer sur chacune des créances. L'article R. 624-2, alinéa 1 du code de commerce (anc[t] D. 28 déc. 2005, art. 104, al. 1) prévoit enfin que la liste des créances est communiquée à l'administrateur s'il en a été désigné un et, le cas échéant, au commissaire à l'exécution du plan.

CHAPITRE

672. Dispense de vérification des créances déclarées

SECTION 0

ORIENTEUR

672.00 **Plan du chapitre.**

Sect. 672.10 Domaine de la dispense de vérification des créances

Sect. 672.20 Modalités de la dispense de vérification des créances

Sect. 672.30 Effets de la dispense de vérification des créances

672.01 **Textes applicables.** (V. les références complètes ss n° 011).

> Législation antérieure à la loi de sauvegarde des entreprises.

C. com., art. L. 621-102

D. n° 85-1388, 27 déc. 1985, art. 71

> Législation issue de la loi de sauvegarde des entreprises.

C. com., art. L. 626-27, III, L. 641-4, al. 2, L. 644-3

C. com., art. R. 641-27 (anct D. 28 déc. 2005, art. 238)

> Législation issue de l'ordonnance du 18 décembre 2008.

C. com., art. L. 626-27, III, L. 641-4, al. 2, L. 644-3

C. com., art. R. 641-27 (anct D. 28 déc. 2005, art. 238)

> Législation issue de l'ordonnance du 12 mars 2014.

C. com., art. L. 641-4

672.02 **Jurisprudence de référence.**

> Présente un caractère obligatoire, la déclaration de créance malgré la dispense de vérification.

• **Com. 23 nov. 1999,** n° 97-16.870, *Bull. civ.* IV, n° 208

* V. ss n° 672.31

« La décision, prise en application de l'article 71 du décret du 27 décembre 1985, de ne pas engager ou poursuivre la vérification des créances est sans influence sur l'extinction des créances qui n'ont pas été déclarées et n'ont pas donné lieu à relevé de forclusion. »

> La dispense de vérification des créances chirographaires ne fait pas obstacle à l'action en responsabilité pour insuffisance d'actif dès lors que celle-ci est établie.

• **Com. 5 nov. 2013,** n° 12-22.510, *Bull. civ.* IV, n° 160; n° 1051 FS-P+B

* V. ss n° 672.11

672.03 **Bibliographie indicative.** (V. les références complètes ss n° 031 – Aussi ss n° 670.03).

> Articles. Le Corre, « La dispense de vérification du passif chirographaire », *D.* 2000, Chron. 275.

672.04 **Questions principales.**

• Comment le créancier peut-il établir ses droits en l'absence de vérification de la créance ?

* V. ss n° 672.31.

• La dispense de vérification du passif a-t-elle pour effet d'entraîner extinction ou inopposabilité à la procédure collective de la créance, dès lors qu'elle a été régulièrement déclarée ?

* V. ss n° 672.31.

SECTION 672.10

DOMAINE DE LA DISPENSE DE VÉRIFICATION DES CRÉANCES

672.11 **Dispense de vérification des créances chirographaires.** L'article L. 621-102 du code de commerce (anct L. 25 janv. 1985[1], art. 99) prévoit qu'« en cas de cession ou de liquidation judiciaire, il n'est pas procédé à la vérification des créances chirographaires s'il apparaît que le produit de la réalisation de l'actif sera antérieurement absorbé par les frais de justice et les créances privilégiées, à moins que, s'agissant d'une personne morale, il n'y ait lieu de mettre à la charge des dirigeants sociaux de droit ou de fait, rémunérés au non, tout ou partie du pas-

1. L. n° 85-98, 25 janv. 1985, *JO* 26 janv., p. 1097.

sif conformément à l'article L. 624-3 [anc[t] L. 25 janv. 1985, art. 180] ci-après ».

La solution est reprise par l'article L. 641-4, alinéa 2 du code, issu de la rédaction que lui a donnée la loi de sauvegarde des entreprises[1], sous l'observation que n'est plus visée l'hypothèse de la cession totale, du fait de la modification des règles intéressant, d'une part, le moment possible de l'arrêté du plan de cession et, d'autre part, les suites attachées à l'arrêté du plan de cession en phase de redressement judiciaire.

Cette dispense de vérification se comprend aisément. Il est inutile d'exposer le mandataire de justice compétent à un travail long et coûteux pour la collectivité des créanciers si, en fin de compte, les créanciers chirographaires ne peuvent espérer recouvrer aucune somme au titre des répartitions[2].

La dispense de vérification des créances a un domaine précis. Elle est d'abord exclue s'il y a plan de continuation, de redressement ou plan de sauvegarde. La solution s'impose, puisque le débiteur devra rembourser, selon les modalités du plan, son passif. Il faut donc que celui-ci soit précisément déterminé.

Il ne peut y avoir de dispense de vérification, sous l'empire de la législation antérieure à la loi de sauvegarde des entreprises, qu'en cas de plan de cession totale ou de liquidation judiciaire et, depuis la loi de sauvegarde des entreprises, qu'en cas de liquidation judiciaire. La dispense ne pourra donc intervenir en période d'observation[3].

Lorsqu'il y a dispense de vérification du passif, celle-ci n'est pas totale. Elle ne portera que sur les seules créances chirographaires. Les créances privilégiées devront être vérifiées[4], sous réserve, depuis la loi de sauvegarde des entreprises, des particularités de la liquidation judiciaire simplifiée (v. s[s] n° 672.12). La Cour de cassation admet toutefois que, malgré la dispense de vérification des créances chirographaires, certaines créances chirographaires puissent être vérifiées. Il en est ainsi des créances assorties d'un droit de rétention, car, affirme la Cour de cassation, « si le droit de rétention n'est pas un privilège, il en a les effets, en ce qu'il est opposable à la procédure collective et confère à son titulaire le droit de refuser la restitution de la chose jusqu'à complet paiement de sa créance ou d'être payé sur son prix en cas de vente par le liquidateur »[5].

1. L. n° 2005-845, 26 juill. 2005, *JO* 27 juill., p. 12187.
2. AINSI : Com. 5 mars 2002, DPDE *bull.* 223, 2 avr. 2002, p. 5835, *V[is] Déclaration et vérification des créances*, n° 53.
3. DERRIDA *ET ALII*, n° 212.
4. DERRIDA *ET ALII*, n° 212.
5. Com. 21 mars 2006, n° 04-19.794, NP; n° 377 F-D; *Rev. proc. coll.* 2006/4, p. 356, obs. Lebel; *LXB* n° N7541AKI, note Le Corre-Broly.

Après avoir posé ce principe de dispense de vérification des créances chirographaires lorsque seuls les créanciers privilégiés peuvent espérer percevoir quelque chose dans la procédure de liquidation judiciaire, le texte de la loi du 25 janvier 1985 prévoit une exception si l'action en comblement de l'insuffisance d'actif est exercée contre un dirigeant social.

La loi de sauvegarde des entreprises reprend la solution de l'obligation de vérifier le passif chirographaire, si est envisagée une action en responsabilité pour insuffisance d'actif, nouvelle dénomination de l'action en comblement de passif et ajoute une hypothèse dans laquelle la dispense de vérification du passif chirographaire ne pourra intervenir : celle dans laquelle est envisagée l'action en paiement des dettes sociales, prévue par l'article L. 652-1.

L'article L. 641-4, alinéa 2 nouveau du code, issu de la rédaction que lui donne l'ordonnance de réforme (ord. 18 déc. 2008[6], art. 98), supprime cette seconde exception au principe selon lequel le passif chirographaire ne doit pas être vérifié si le produit des actifs n'a pas vocation à profiter aux créanciers chirographaires. La solution s'explique, dans la mesure où l'ordonnance de réforme a supprimé l'obligation aux dettes sociales, créée par la loi de sauvegarde. L'exception à la dispense de vérification des créances chirographaires n'existe donc plus que si une action en responsabilité pour insuffisance d'actif est envisagée.

Enfin, l'ordonnance du 9 décembre 2010[7] ajoute au texte de l'article L. 641-4, alinéa 2 l'hypothèse où l'action en responsabilité pour insuffisance d'actif est envisagée contre un entrepreneur individuel à responsabilité limitée.

La portée de ces textes – C. com., art. L. 621-102 et L. 641-4, al. 2 – fait difficulté. Faut-il comprendre que la vérification des créances chirographaires est une condition préalable de l'action en comblement de passif ? Faut-il au contraire entendre que la vérification des créances chirographaires est possible, mais non obligatoire, lorsqu'est envisagée une action en responsabilité pour insuffisance d'actif ?

Le texte laisse entendre un principe, celui de la non vérification des créances chirographaires si aucune distribution n'est à attendre pour ces créanciers chirographaires. Et il corrige ce principe en apportant une exception : sauf si on envisage une action en responsabilité pour insuffisance d'actif. On pouvait donc comprendre, et c'est ce que nous avions fait, que « la vérification des créances était une condition de l'action en comblement de passif.

La Cour de cassation estime, au contraire, que « la dispense de vérification des créances chirogra-

6. Ord. n° 2008-1345, 18 déc. 2008, *JO* 19 déc., p. 19462.
7. Ord. n° 2010-1512, 9 déc. 2010, *JO* 10 déc., p. 21617.

phaires ne fait pas obstacle à l'action en responsabilité pour insuffisance d'actif dès lors que celle-ci est établie »[1].

La nouveauté de la solution n'a d'égale que son importance pour les praticiens. Très souvent, le liquidateur ne dispose pas de fonds suffisant pour entreprendre la vérification du passif chirographaire, laquelle peut être coûteuse, dès lors que s'élèvent des contestations. Il pourra tout de même engager une action en responsabilité pour insuffisance d'actif.

Mais la chose ne sera pas tout à fait neutre. D'une part, il n'y aura place à condamnation que si la vérification du passif privilégié suffit, à elle seule, à rapporter la preuve d'une insuffisance d'actif. D'autre part, la condamnation ne pourra pas porter sur le passif chirographaire, mais n'aura pour base de calcul que la différence entre le produit des réalisations d'actifs et le montant du passif vérifié et admis, à savoir, en l'occurrence, le passif privilégié. Indiquons pour terminer qu'il faudra bien un jour vérifier le passif chirographaire, puisque la distribution du produit de l'action en responsabilité doit intervenir au marc le franc.

672.12 Vérification limitée des créances en liquidation judiciaire simplifiée. La loi de sauvegarde des entreprises[2] va beaucoup plus loin que les règles qui viennent d'être décrites. Plutôt qu'une dispense de vérification des créances, l'article L. 644-3 du code institue une obligation limitée de vérification des créances. Le principe est ici celui de la non vérification des créances. Il ne sera, en effet, procédé à la vérification que des seules créances susceptibles de venir en rang utile dans les répartitions. Cependant, les créances salariales doivent obligatoirement être vérifiées.

L'idée est bonne, car il est bien inutile et bien dispendieux de vérifier un passif pour le plaisir. Tout au plus cela facilite la tâche des créanciers bénéficiaires d'un cautionnement, qui pourront opposer aux cautions leur admission de créance et ainsi priver ces dernières de la possibilité de soulever les exceptions inhérentes à la dette.

Les créances vérifiées le seront dans les conditions du droit commun, le juge-commissaire rendant ensuite une décision susceptible des recours classiques en matière d'admission et de rejet des créances.

1. Com. 5 nov. 2013, n° 12-22.510, *Bull. civ.* IV, n° 160; n° 1051 FS-P+B; *D.* 2013, actu 2640, note Lienhard; *Rev. sociétés* 2013. 730, note Roussel Galle; *Dr. sociétés* 2014, comm. 12, note Legros; *BJE* mars 2014, 99, note Favario; *LXB hebdo* 21 nov. 2013, n° 359, note Le Corre – Com. 29 sept. 2015, n° 14-18.135, NP.
2. L. n° 2005-845, 26 juill. 2005, préc.

De manière tout aussi classique, la dispense de vérification de la créance n'a nullement pour effet d'entraîner extinction de la créance[3], laquelle n'est ni admise ni rejetée. Le créancier en reste titulaire, à charge de l'établir selon le droit commun, lorsqu'il entend s'en prévaloir à l'égard d'un tiers, par exemple une caution[4], ou à l'égard du débiteur, après clôture de la procédure pour insuffisance d'actif, si, se trouvant dans un cas de reprise des poursuites, il veut poursuivre le débiteur. Peut-être serait-il opportun de poser clairement en règle que la dispense de vérification de la créance n'exerce aucune incidence sur le droit de créance, lequel pourra être établi selon les règles du droit commun, dès lors du moins que la créance aura été régulièrement déclarée au passif du débiteur, car la dispense de vérification de la créance n'entraîne pas dispense de déclaration au passif[5].

La loi de sauvegarde reste muette sur la question de la mise à l'écart de la vérification des créances, dans la procédure de liquidation judiciaire simplifiée, si sont envisagées une action en comblement de passif ou une action en obligation aux dettes sociales, contre le dirigeant de la personne moral débitrice (v. aussi s[s] n° 565.51), cette dernière sanction ayant été supprimée par l'ordonnance du 18 décembre 2008[6]. Le bon sens commande d'écarter les règles de la liquidation judiciaire simplifiée, en ce cas. D'ailleurs, les délais de clôture de cette procédure sont *a priori* inconciliables avec l'engagement de telles actions.

672.13 Dispense de vérification des créances régulièrement déclarées au passif d'une première procédure dans le cadre de la seconde procédure après résolution du plan. La loi de sauvegarde des entreprises[7] a prévu un nouveau cas de dispense de vérification des créances déclarées, lorsque des créances ont été admises au passif d'une première procédure ayant débouché sur l'adoption d'un plan de sauvegarde, de redressement ou de continuation. L'article 626-27, III du code prévoit en effet que, « après résolution du plan et ouverture ou prononcé de la nouvelle procédure, les créanciers soumis à ce plan sont dispensés de déclarer leurs créances et sûretés. Les créances inscrites à ce plan sont admises de plein droit, déduction faite des sommes déjà perçues » (v. aussi s[s] n° 524.34).

3. Paris, 3e ch. C, 15 nov. 2002, *RD banc. fin.* 2003/2, p. 102, n° 76, obs. Lucas.
4. Douai, 15 juill. 1994, *Rev. proc. coll.* 1996, 130, obs. Dureuil.
5. Com. 23 nov. 1999, n° 97-16.870, *Bull. civ.* IV, n° 208; *Act. proc. coll.* 1999/20, n° 269; *JCP E* 2000, pan. 63; *RTD com.* 2000. 188, obs. Martin-Serf.
6. Ord. n° 2008-1345, 18 déc. 2008, préc.
7. L. n° 2005-845, 26 juill. 2005, préc.

L'ordonnance du 18 décembre 2008[1] reprend la solution, mais modifie la rédaction défectueuse du texte ancien, qui visait tant l'ouverture que le prononcé de la nouvelle procédure ouverte subséquemment à la résolution du plan. N'est plus désormais visée que l'ouverture, seule concevable, s'agissant d'une nouvelle procédure et non d'une conversion.

Saisie pour avis, la Cour de cassation a estimé que tous les créanciers ayant déclaré leur créance au passif d'une première procédure, peu important que leur créance ait été ou non admise au passif de cette procédure[2], sont, après résolution du plan de sauvegarde ou de redressement, et ouverture d'une seconde procédure, dispensés d'avoir à déclarer leur créance au passif de cette seconde procédure. Toutefois, si leur créance n'est pas encore admise au passif au jour de la résolution du plan, la créance sera vérifiée dans le cadre de la seconde procédure collective[3]. La contestation, non encore tranchée dans le cadre de la première procédure, deviendra caduque, rien n'interdisant cependant au mandataire de justice de la reprendre dans le cadre de la seconde procédure. Les juges du fond suivent l'avis, précisant que le juge saisi de la contestation est alors dessaisi[4].

672.14 Vérification limitée des créances dans les sauvegardes accélérées. L'article L. 628-5, alinéa 2 du code de commerce (réd. L. 22 oct. 2010[5], art. 57) prévoit que si les créanciers, qui figurent sur la liste établie par le débiteur ou son expert-comptable, n'adressent pas leur créance dans les conditions de droit commun, leurs créances sont réputées déclarées (v. s[s] n° 663.86). Cette même disposition prévoit que cette liste est déposée au greffe du tribunal.

Il existe ainsi, le cas échéant, deux listes de créances, dans la procédure de sauvegarde financière accélérée, justifiant des règles distinctes de vérification des créances.

Pour les créanciers qui ne figurent pas sur la liste visée à l'article L. 628-5, alinéa 2 du code, mais encore pour ceux figurant sur la liste, mais qui ont déclaré leur créance dans les conditions de droit commun, la procédure de vérification des créances se déroule dans les conditions classiques. Ces créances pourront donc être contestées sur le fond du droit, mais encore pourra être appréciée la régularité de la déclaration.

Pour les créanciers qui figurent sur la liste visée à l'article L. 628-5, alinéa 2 du code, *et qui n'ont pas* déclaré leur créance, le texte établit une équivalence entre le fait de figurer sur la liste et le fait d'avoir déclaré sa créance. Il faut évidemment ici sous-entendre l'adverbe régulièrement, dans l'expression « ces créances sont réputées déclarées ». Ces créances ne sont pas admises au passif pour autant, puisque le texte ne l'énonce pas. Mais il n'est évidemment pas possible de discuter de la validité de la déclaration de créance. La discussion ne portera donc que sur l'existence, le montant et la nature de la créance. Elle supposera que le créancier, informé des caractéristiques de sa créance par le mandataire judiciaire, ne soit pas d'accord avec les mentions portées sur la liste. Ainsi, la contestation de créance obéit ici à un schéma inversé : elle suppose un désaccord du créancier, non du mandataire judiciaire.

La liste de l'article L. 628-5, alinéa 2 du code de commerce remplace la liste de l'article R. 624-1, alinéa 2 du même code (sur cette dernière, v. s[s] n° 671.51). S'il existe des créanciers qui ne figurent pas sur la liste visée à l'article L. 628-5, alinéa 2 du code, ou encore des créanciers figurant sur la liste, mais qui ont déclaré leur créance dans les conditions de droit commun, les deux listes vont coexister : celle de l'article R. 624-1, alinéa 2 et celle de l'article L. 628-5, alinéa 2 du code.

L'ordonnance du 12 mars 2014[6] reprend, pour la sauvegarde accélérée – la sauvegarde financière accélérée n'étant qu'une variante de la première et obéit sur la question aux mêmes règles – l'obligation pour le débiteur de faire figurer sur une liste les créanciers qui sont des parties à la conciliation et qui doivent déclarer leur créance. Ces créanciers sont en réalité réputés avoir déclaré leur créance s'ils figurent sur cette liste (v. s[s] n° 224.52). En ce cas, leurs créances ne seront pas vérifiées. Elles ne le seront que s'ils procèdent personnellement à une déclaration de créance dans les délais, parce qu'ils contestent les mentions de la liste. Il en sera de même pour les créanciers qui ne figurent pas sur la liste et qui ne figurent pas davantage sur la liste de l'article L. 622-6. Ils bénéficieront du relevé de forclusion pour le motif tiré de l'omission de la liste. Leurs créances seront alors soumises à vérification.

1. Ord. n° 2008-1345, 18 déc. 2008, préc.
2. Cass., avis, 17 sept. 2012, n° 12-00.010, *Bull. avis*, n° 8 ; *D.* 2012. Actu 2239, note Lienhard ; *D.* 2012. 2355, concl. Le Mesle et note Le Corre ; *D.* 2013, pan. 2370, note Le Corre ; *Gaz. Pal.* 18 janv. 2013, n° 18, p. 12, note Le Corre ; *BJE* janv. 2013, comm. 2, note Le Corre-Broly ; *Rev. sociétés* 2012. 731, note Henry ; *JCP E* 2012, Chron. 1757, n° 14, obs. Pétel ; *RTD com.* 2012. 846, n° 2, obs. Martin-Serf ; *Rev. proc. coll.* 2013, comm. 50, note Staes ; *LPA* 7 mai 2013, n° 91, p. 13, note Tabourot-Hyest ; *LXB hebdo* n° 313, 18 oct. 2012, note Le Corre.
3. Cass., avis, 17 sept. 2012, n° 12-00.010, *Bull. avis*, n° 8, préc.
4. Paris, pôle 5, 9e ch., 11 sept. 2014, RG n° 13/18357, *Juris-Data* 021415.
5. L. n° 2010-1249, 22 oct. 2010, *JO* 23 oct., p. 18984.
6. Ord. n° 2014-326, 12 mars 2014, *JO* 14 mars, p. 5249.

SECTION 672.20 MODALITÉS DE LA DISPENSE DE VÉRIFICATION DES CRÉANCES

672.21 Modalités de dispense de vérification des créances – Nature juridique. Avant comme depuis la loi de sauvegarde[1], le principe est qu'il n'y a pas place à vérification du passif chirographaire s'il apparaît que le produit de la distribution des actifs doit être absorbé par les créanciers privilégiés. Le juge-commissaire n'a donc pas à autoriser la dispense de vérification des créances chirographaires, puisqu'elle est légale. Dès lors, sous l'empire de la législation antérieure à la loi de sauvegarde des entreprises, en plan de cession, ce que le juge-commissaire apprécie n'est pas l'opportunité de dispenser de vérifier le passif chirographaire, mais, au contraire, d'engager cette vérification, après que le commissaire à l'exécution du plan lui aura remis, dans le mois de son entrée en fonction, un état mentionnant le prix de cession et l'évaluation du passif privilégié et chirographaire. Les observations du représentant des créanciers seront recueillies (D. 27 déc. 1985[2], art. 71, al. 2). En liquidation judiciaire, avant comme depuis la loi de sauvegarde des entreprises, le juge-commissaire apprécie l'opportunité de procéder à la vérification du passif chirographaire, au vu de la remise par le liquidateur d'un état estimatif des actifs et du passif privilégié et chirographaire, dans le mois de son entrée en fonction, sous l'empire de la législation antérieure à la loi de sauvegarde des entreprises (D. 27 déc. 1985, art. 71, al. 1), dans les deux mois de son entrée en fonction sous l'empire de la législation de sauvegarde des entreprises (C. com., art. R. 641-27, al. 1 et 2 [anc[t] D. 28 déc. 2005[3], art. 238, al. 1 et al. 2]).

Cette observation n'est pas neutre et il a pu en être tiré des conséquences par la Cour de cassation sur le terrain de la rémunération du mandataire de justice, au titre de la vérification des créances. Si le mandataire de justice n'est pas autorisé à vérifier le passif chirographaire, alors que le produit de la réalisation des actifs est absorbé par les créanciers privilégiés, ses honoraires au titre de la vérification des créances chirographaires ne sont pas dus[4].

En pratique, la tendance est toutefois pour les mandataires de justice de se faire dispenser, par le juge-commissaire, à vérifier le passif chirographaire. Dès lors, la question de la portée juridique de l'ordonnance du juge-commissaire a pu se poser, la question étant de savoir si le juge-commissaire peut ultérieurement revenir sur sa décision de dispense de vérification du passif chirographaire. Il a été admis que si un élément nouveau doit remettre en cause la dispense légale de vérification des créances, une requête peut être présentée au juge-commissaire par le mandataire concerné[5]. De façon générale, le juge-commissaire peut, à tout moment, revenir sur la décision de dispense de vérification des créances. Cette dernière n'a pas autorité de chose jugée. Il ne s'agit que d'une mesure d'administration judiciaire[6].

672.22 Reprise de la vérification après dispense de vérification des créances. Si la dispense de vérification du passif chirographaire, dans la liquidation judiciaire du régime général, n'est qu'une mesure d'administration judiciaire sur laquelle le juge-commissaire peut revenir à tout moment, si de même la décision d'appliquer les règles du régime général de la liquidation judiciaire après avoir commencé par une liquidation judiciaire simplifiée, a la même nature de mesure d'administration judiciaire, rien dans les textes, jusqu'à l'ordonnance du 12 mars 2014[7], ne permettait d'apporter remède à l'écoulement du délai de vérification des créances.

Très judicieusement, et pour faire écho aux observations éclairées d'un praticien[8], l'article 65 de l'ordonnance du 12 mars 2014 insère un alinéa 3 à l'article L. 641-4 du code, qui prévoit que « lorsqu'il apparaît nécessaire de reprendre la vérification des créances, le juge-commissaire fixe pour y procéder un délai supplémentaire qui ne peut excéder six mois ».

Le texte ajoute que la fixation de ce délai a les mêmes conséquences que celles prévues à l'article L. 624-1. Il faut notamment comprendre que ce délai allongé profitera aux créanciers autorisés à se délivrer à eux-mêmes des titres exécutoires pour déclarer leur créance à titre définitif. En outre, le mandataire judiciaire pourra être rémunéré au titre de la vérification des créances s'il respecte ce délai allongé.

SECTION 672.30 EFFETS DE LA DISPENSE DE VÉRIFICATION DES CRÉANCES

672.31 Effets généraux de la dispense de vérification des créances. La dispense de vérification des

1. L. n° 2005-845, 26 juill. 2005, préc.
2. D. n° 85-1388, 27 déc. 1985, *JO* 29 déc., p. 15281.
3. D. n° 2005-1677, 28 déc. 2005, *JO* 29 déc., p. 20324.
4. Com. 10 mars 2015, n° 13-26.460, NP; n° 251 F-D.
5. IFPPC 1999, recomm. n° 4030-2, p. 97.
6. Com. 17 sept. 2013, n° 12-30.158, *Bull. civ.* IV, n° 133; n° 844 FS-P+B; *D.* 2013, Chron. 2555, n° 4, obs. Guillou; *Act. proc. coll.* 2013/16, comm. 242, note Cagnoli; *Rev. sociétés* 2013. 730, note Roussel Galle; *JCP E* 2014, Chron. 1020, n° 1, obs. Pétel; *Rev. proc. coll.* 2014, comm. 4, note Cagnoli; *RTD com.* 2014. 199, note Vallens; *Gaz. Pal.* 12 janv. 2014, p. 28, note Le Corre.
7. Ord. n° 2014-326, 12 mars 2014, préc.
8. Interv. Me Patrick Canet, atelier « Actualités de la déclaration des créances », *Entretiens de la sauvegarde*, Paris, 27 janv. 2014.

créances n'a pas pour effet de supprimer le caractère obligatoire de la déclaration de créance pour le créancier[1]. Symétriquement, la dispense de vérification du passif n'a pas davantage pour effet d'entraîner, sous l'empire de la législation antérieure à la loi de sauvegarde des entreprises[2], *extinction de la* créance, dès lors qu'elle a été régulièrement déclarée[3].

En l'absence de décision du juge de la première procédure collective sur la créance déclarée dans cette procédure, le juge de la seconde procédure ouverte à l'encontre du même débiteur après résolution du plan doit statuer sur la régularité de la déclaration effectuée dans la première, lorsque celle-ci est contestée, et, sous l'empire de la loi du 25 janvier 1985[4], le cas échéant, constater l'extinction de la créance[5].

En revanche, la contestation de la créance, menée dans le cadre de la première procédure, non tranchée au jour de la résolution du plan et d'ouverture d'une seconde procédure, ne peut prospérer dans le cadre de la seconde procédure (v. s[s] n° 361.34). Il y a place à contester à nouveau la créance.

Sous l'empire de la loi de sauvegarde des entreprises, la créance non déclarée n'est plus éteinte. Si elle l'a été, et que, par la suite, elle n'a pas été vérifiée, elle n'est pas davantage éteinte. La créance régulièrement déclarée et non vérifiée n'est ni admise, ni éteinte. La caution ne peut donc se réfugier derrière l'absence d'admission au passif de la créance non vérifiée pour prétendre à son extinction et, par voie accessoire, à l'extinction de son cautionnement[6]. Cette solution vaut, même en présence d'une créance privilégiée, alors pourtant que cette dernière aurait du être vérifiée[7], dans une liquidation judiciaire non simplifiée.

La dispense de vérification des créances n'a pas davantage pour effet d'empêcher le jeu de l'interruption de la prescription attachée à la déclaration de créance, jusqu'à la clôture de la procédure[8].

On remarquera cependant que, si le créancier se trouve dans un cas d'exception à la règle de l'absence de reprise des poursuites individuelles après clôture de la procédure (v. s[s] n°s 592.61 s.), l'article L. 623-32, alinéa 3 du code de commerce (anc[t] L. 25 janv. 1985, art. 169, al. 3), dans sa rédaction antérieure à la loi de sauvegarde des entreprises, qui autorise les créanciers dont la créance a été admise au passif à reprendre leur droit de poursuite individuel par simple ordonnance du président du tribunal, est sans application. Ces créanciers devront, pour obtenir un titre exécutoire fondant le principe de reprise de leur poursuite individuelle, passer par le canal d'une action portée devant la juridiction de droit commun. Cette solution que nous avions suggérée, a été posée par la loi de sauvegarde des entreprises (C. com., art. L. 643-11, V – v. s[s] n° 592.72).

C'est cette même solution qui est retenue s'il est question de déterminer la créance à l'égard de la caution, en l'absence de vérification du passif du débiteur principal[9].

Il arrive que le créancier soit titulaire d'un titre exécutoire à l'encontre d'un tiers, qui a affecté un bien à la garantie de la dette du débiteur sous procédure collective, par exemple un immeuble affecté en hypothèque. Il faut supposer que l'obligation principale a été recueillie par acte sous seing privé, alors que la sûreté réelle a été constituée par acte authentique. Il apparaîtrait curieux, en pareille hypothèse, d'exiger du créancier qu'il aille devant les juridictions de droit commun pour obtenir un titre contre le débiteur principal afin de pouvoir ensuite poursuivre la réalisation forcée de la sûreté constituée, alors que le créancier est déjà titulaire d'un titre exécutoire. C'est pourquoi, il faut décider que la dispense de vérification du passif ne constitue pas une interdiction de vérification de la créance – ce qui justifie la possibilité de vérifier une créance assortie d'un droit de rétention (v. s[s] n° 672.11). Avant clôture de la procédure, le juge-commissaire peut parfaitement rendre une ordonnance autorisant la vérification de la créance et, après avoir recueilli les observations du débiteur et du représentant des créanciers – mandataire judiciaire – à propos de la créance, statuer sur celle-ci. En ce cas, il serait juste de prévoir que les frais de vérification de la créance seront supportés par le créancier auquel profite cette vérification, qui n'a pas d'utilité pour la collectivité des créanciers.

De façon plus générale, le juge-commissaire peut, à tout moment, revenir sur la décision de dispense de vérification des créances. Cette dernière n'a pas

1. Com. 23 nov. 1999, n° 97-16.870, *Bull. civ.* IV, n° 208; *Act. proc. coll.* 1999/20, n° 269; *JCP E* 2000, pan. 63; *RTD com.* 2000. 188, obs. Martin-Serf.
2. L. n° 2005-845, 26 juill. 2005, préc.
3. Paris, 3e ch. C, 15 nov. 2002, *RD banc. fin.* 2003/2, p. 102, n° 76, obs. Lucas; Paris, 3e ch. C, 27 juin 2003, RG n° 2002/18357.
4. L. n° 85-98, 25 janv. 1985, préc.
5. Com. 25 oct. 2011, n° 10-24.191, NP; n° 1036 F-D.
6. Com. 8 mars 2011, n° 00-10.387, NP; n° 213 F-D.
7. Com. 12 juill. 2011, n° 10-16.227, NP; n° 766 FS-D; *Gaz. Pal. entr. diff.* 21 janv. 2012, n° 20, p. 33, note Le Corre.
8. Com. 15 mars 2005, n° 03-17.783, *Bull. civ.* IV, n° 63; *JCP E* 2005, Chron. 1274, p. 1425, n° 13, obs. M. Cabrillac; *JCP E* 2005, Chron. 1860, p. 2205, n° 7, obs. Delebecque et Simler; *Gaz. proc. coll.* 2005/2, p. 29, obs. Le Corre.
9. Douai, 15 juill. 1994, *Rev. proc. coll.* 1996, 130, obs. Dutreuil.

autorité de chose jugée. Il ne s'agit que d'une mesure d'administration judiciaire (s[s] n° 672.21).

Il a été jugé que la dispense de vérification du passif chirographaire permettait au receveur des impôts de considérer que la faible valeur de l'actif à réaliser ne permettait pas d'espérer le paiement de la créance fiscale. Le receveur devait donc, à partir de cette décision, agir contre le dirigeant social sur le fondement de l'article 267 du Livre des procédures fiscales dans les « délais satisfaisants » tels que visés dans l'instruction 12-C-20-88 du 6 septembre 1988[1].

672.32 Effets de la dispense de vérification des créances pour les créanciers admis au passif d'une première procédure. La loi de sauvegarde des entreprises[2] a dispensé *les créanciers admis au passif d'une première procédure d'avoir à déclarer leurs créances, dans le cadre de la seconde procédure* ouverte suite à la résolution du plan de sauvegarde ou de redressement. Logiquement, ces créances ne peuvent être vérifiées. Mais, contrairement à la règle classique posée en matière de dispense de vérification des créances (v. s[s] n° 672.31), la créance non vérifiée, mais qui a été admise au passif de la première procédure, est ici admise au passif de la seconde procédure. En effet, l'article L. 626-27, III du code prévoit que ces « créances inscrites à ce plan sont admises de plein droit, déduction faite des sommes déjà perçues » (v. aussi s[s] n° 524.34).

1. Com. 26 mai 2004, n° 01-02.838, NP.

2. L. n° 2005-845, 26 juill. 2005, préc.

TITRE

680. Décisions du juge-commissaire en matière de déclaration et de vérification des créances et voies de recours

SECTION 0

ORIENTEUR

680.00 Plan du titre.

Chap. 681 État des créances

Sect. 681.10 État des créances et créances figurant sur l'état

Sect. 681.20 Créance déclarée non rejetée ne figurant pas sur l'état des créances

Chap. 682 Multiplicité des décisions du juge-commissaire sur les créances déclarées – Admission à titre provisionnel des créances fiscales et sociales

Sect. 682.10 Possibilités ouvertes au juge-commissaire

Sect. 682.20 Décisions d'admission de la créance à titre définitif

Sect. 682.30 Effets de l'admission à titre définitif de la créance

Sect. 682.40 Décisions de rejet total ou partiel de la créance

Sect. 682.50 Effets de la décision de rejet total ou partiel de la créance

Sect. 682.60 Décisions statuant sur l'admission à titre provisionnel (créances fiscales et sociales)

Sect. 682.70 Décisions ne statuant pas sur l'admission

Chap. 683 Voies de recours sur les décisions du juge-commissaire en matière de vérification et d'admission des créances

Sect. 683.10 Voies de recours ouvertes aux parties sur les décisions du juge-commissaire en matière de vérification et d'admission des créances

Sect. 683.20 Voies de recours ouvertes aux personnes intéressées autres que les parties sur les décisions du juge-commissaire en matière de vérification et d'admission des créances

Sect. 683.30 Voies de recours ouvertes aux tiers sur les décisions du juge-commissaire ne statuant pas sur la vérification et l'admission des créances

680.03 Bibliographie indicative. (V. les références complètes s[s] n° 031).

> Actualisables. RÉP. COM., Derruppé, « Entreprises en difficulté – Redressement judiciaire (Phase de traitement – Les créanciers) », n°s 641 à 681 – J.-CL. COM., Amlon, fasc. 2385, [Trésor public – Droits et obligations – Recouvrement des créances fiscales], 2008; Taquet, fasc. 2745, [Urssaf]; J.-CL COM., Vallansan, fasc. 2352, [Déclaration et admission des créances], 2015.

> Ouvrages antérieurs à la loi de sauvegarde des entreprises. Chaput, nos 556 à 559 – Jacquemont, nos 501 à 515 – Kerckhove, nos 570 à 575 – Le Cannu, nos 8[illegible]2 à [illegible]25 – Le Cannu *et alii*, nos 1246 à 1252, 1972 à 1977 – Le Corre-Broly, nos 396 à 403 – Martin et Vallens, nos 3257 à 3263, 3274 à 3309 – Pérochon et Bonhomme, nos 279, 280 – Pétel, nos 396 à 398 – Ripert et Roblot, nos 3017 à 3025, 3234, 3236 – Saint-Alary-Houin, nos 812 à 818-1 – Soinne, nos 2184 à 2222, 2236 – Vallansan, p. 220 à 227.

> Ouvrages postérieurs à la loi de sauvegarde des entreprises. Coquelet, 5e éd., nos 259, 260 – Gibirila, nos 576 à 583 – Jacquemont et Vabres, *9e éd., nos 599 à 618* – *Le Cannu,* 7e éd., nos 514 à 51[illegible] – Lienhard, 6e éd., nos 101.64 à 101.79 – Pérochon, 10e éd., nos 1583 à 1592 – Pétel, 8e éd., nos 399 à 401 – Roussel Galle, 2e éd., no 549 – Saint-Alary-Houin, 9e éd., nos 758, 796 à 802 – Vallansan *et alii*, 6e éd., p. 180 à 188 – Vallens, 2015, nos 3559 à 3574, 3577 à 3600 – Vidal et Giorgini, nos 1752 à 1771 – Voinot, 2e éd., nos 454 à 458.

CHAPITRE

681. État des créances

SECTION 0

ORIENTEUR

681.00 Plan du chapitre.

Sect. 681.10 État des créances et créances figurant sur l'état

Sect. 681.20 Créance déclarée non rejetée ne figurant pas sur l'état des créances

681.01 Textes applicables. (V. les références complètes ss n° 011).

> Législation antérieure à la loi de sauvegarde des entreprises.

L. n° 85-98, 25 janv. 1985, art. 103 et 104

D. n° 85-1388, 27 déc. 1985, art. 75 et 82

> Législation issue de la loi de sauvegarde des entreprises.

C. com., art. L. 624-1

C. com., art. R. 624-2 (anct D. 28 déc. 2005, art. 104), R. 624-8 (anct D. 28 déc. 2005, art. 109), R. 624-9 (anct D. 28 déc. 2005, art. 110), R. 631-29 (anct D. 28 déc. 2005, art. 197), R. 641-28 (anct D. 28 déc. 2005, art. 239)

> Législation issue de l'ordonnance du 18 décembre 2008.

C. com., art. L. 624-1, L. 624-3-1

C. com., art. R. 624-2, R. 624-8, R. 624-9, R. 631-29, R. 641-28

681.02 Jurisprudence de référence.

> L'état des créances ne constitue pas un titre exécutoire. Il en résulte que l'état des créances ne peut permettre d'obtenir la saisie des rémunérations du dirigeant salarié de la société débitrice.

• **Com. 2 mai 2001,** n° 97-19.536, *Bull. civ.* IV, n° 82

* V. ss n° 681.12

> Il est possible, sous l'empire de la loi du 10 juin 1994, d'ordonner la notification d'un état complémentaire de créance.

• **Com. 5 févr. 2002,** n° 98-15.310, *Bull. civ.* IV, n° 26

* V. ss n° 681.22

681.03 Bibliographie indicative. (V. les références complètes ss n° 031 – Aussi ss n° 680.03).

> Articles. Desprat, « Les notions de déclaration et d'état des créances », *Rev. proc. coll.* 2001, p. 199 – Lagarde B., « Fiscalité des entreprises en difficulté », *Rev. proc. coll.* 2002, p. 145 s. – Le Corre, « L'effet interversif de prescription attaché aux créances salariales figurant sur le relevé de créances salariales porté à l'état des créances », *JCP E* 2014. 1424; « La valeur juridictionnelle des relevés de créances portés à l'état des créances », *Gaz. Pal. entr. diff.* 1er mai 2015, n° 121, p. 9.

SECTION 681.10

ÉTAT DES CRÉANCES ET CRÉANCES FIGURANT SUR L'ÉTAT

681.11 Notion d'état des créances. Les décisions rendues par le juge-commissaire sont consignées sur un état, déposé au greffe du tribunal (L. 25 janv. 1985[1], art. 103, al. 1, disposition non abrogée par la codification, devenu loi de sauvegarde[2], C. com., art. L. 624-1) dénommé « état des créances ». La solution résulte plus clairement depuis l'ordonnance du 18 décembre 2008[3], qui a inséré dans le code de commerce, un article L. 624-3-1 selon lequel « les décisions d'admission ou de rejet des créances ou d'incompétence prononcées par le juge-commissaire sont portées sur un état qui est déposé au greffe du tribunal ».

Il ne s'agit pas, contrairement à l'expression utilisée par la pratique, du document émanant du représentant des créanciers – liste des créances –, qui ne contient pas de décision du juge-commissaire[4], même si l'on voit parfois la Cour de cassation confondre la liste des créances déclarées conte-

1. L. n° 85-98, 25 janv. 1985, *JO* 26 janv., p. 1097.
2. L. n° 2005-845, 26 juill. 2005, *JO* 27 juill., p. 12187.
3. Ord. n° 2008-1345, 18 déc. 2008, *JO* 19 déc., p. 19462.
4. Com. 7 déc. 1999, n° 97-16.491, *Bull. civ.* IV, n° 220; *Act. proc. coll.* 2000/1, n° 2.

nant les propositions d'admission ou de rejet du mandataire judiciaire avec l'état des créances, ce qui conduit la Cour à énoncer que l'état (en l'occurrence complémentaire) de créances arrêté après une vérification sans contestation des créances et revêtue de la signature du juge-commissaire, constitue une décision juridictionnelle[1], là où il faudrait plutôt énoncer que la liste établie par le mandataire judiciaire et revêtue de la signature du juge-commissaire a une valeur juridictionnelle (v. aussi s[s] n° 681.12).

L'article 73, alinéa 1 du décret du 27 décembre 1985[2] indique que, « après le terme du délai fixé par le tribunal en application de l'article L. 621-103 précité, cette liste est, le cas échéant, complétée par les soins du greffier agissant à la demande du représentant des créanciers ou des créanciers intéressés, par l'inscription des créances définitivement fixées à l'issue d'une instance judiciaire ou administrative ». Il pourra s'agir d'une instance devant le conseil des prud'hommes relative à des créances salariales[3]. Malgré le libellé maladroit du texte du décret, il ne s'agit pas, en réalité, de la liste établie par le mandataire de justice afin que le juge-commissaire puisse statuer. Il est plutôt question de compléter l'état des créances.

La solution est reprise, sous réserve d'adaptation, par l'article R. 624-2, alinéa 3 du code de commerce (anc[t] D. 28 déc. 2005[4], art. 104, al. 3), texte de la procédure de sauvegarde, applicable en redressement judiciaire (C. com., art. R. 631-29, al. 1 [anc[t] D. 28 déc. 2005, art. 197, al. 1]) et en liquidation judiciaire (C. com., art. R. 641-28 [anc[t] D. 28 déc. 2005, art. 239]). N'est plus visé le terme fixé par le tribunal pour vérifier les créances, mais le dépôt au greffe de la liste des créances.

L'état des créances peut valablement comporter des décisions de sursis à statuer prononcées par le juge-commissaire, sans perdre sa nature d'état des créances[5].

La loi de sauvegarde des entreprises oblige en outre à compléter la liste des créances mentionnées sur l'état des créances par l'indication des créances admises sans vérification. Il s'agit là des créances admises au passif d'une première procédure terminée par un plan de sauvegarde ou de redressement résolu. En effet, les créanciers admis au passif de la première procédure sont admis à la seconde procédure sans déclaration et, en conséquence, sans vérification (C. com., art. L. 626-27, III). L'article 159-1 du décret du 28 décembre 2005 (devenu C. com., art. R. 626-49), inséré par l'article 55 du décret du 23 décembre 2006[6] précise les modalités de cette dispense de déclaration des créances et d'admission de plein droit au passif. Il appartient au commissaire à l'exécution du plan de transmettre au greffier la liste des créances admises à ce plan en déduisant, pour chacune d'elles, les sommes déjà perçues. Le greffier doit ensuite porter cette liste sur l'état des créances de la nouvelle procédure.

En outre, les créances admises après ordonnance de relevé de forclusion ou d'inopposabilité de forclusion, selon le cas, sont portées sur l'état des créances par le greffier (D. 27 déc. 1985, art. 70, al. 1 *in fine*)[7]. La solution est explicitée par l'article R. 624-2 alinéa 3 du code de commerce (anc[t] D. 28 déc. 2005, art. 104, al. 3), texte de la procédure de sauvegarde, applicable en redressement judiciaire (C. com., art. R. 631-29, al. 1 [anc[t] D. 28 déc. 2005, art. 197, al 1]) et en liquidation judiciaire (C. com., art. R. 641-28 [anc[t] D. 28 déc. 2005, art. 239]), qui indique que l'état des créances est complété par l'inscription des créances admises à la suite d'un relevé de forclusion intervenu après le dépôt de l'état des créances.

L'état des créances est constitué par la liste des créances sur laquelle sont mentionnées les décisions d'admission, de rejet ou d'incompétence prises par le juge-commissaire[8]. Le document postérieur établi par le juge-commissaire et mentionnant la créance admise après une procédure d'appel ne constitue pas un nouvel état des créances, et est, en conséquence, impuissant à faire courir un nouveau délai de réclamation (v. s[s] n° 683.23).

Cette solution pouvait être discutée compte tenu de la rédaction d'origine de l'article 110 du décret du 28 décembre 2005, qui prévoyait en son avant dernier alinéa que l'état complété par certaines décisions visées au 1° à 3° de l'article 110 « fait l'objet d'une nouvelle publication au *Bodacc* » et en son alinéa dernier que « tout intéressé peut présenter une réclamation dans le délai d'un mois à compter de cette nouvelle publication » (v. s[s] n° 681.22). L'article 49 du décret du 23 décembre 2006 a toutefois modifié l'article 110 du décret du 28 décembre 2005 (devenu C. com., art. R. 624-9), en supprimant les deux derniers alinéas. Il n'est donc plus prévu une nouvelle publication au *Bodacc* de l'état des créances complété par : 1° Lorsque la matière est de la compétence d'une autre juridiction, les décisions rendues par la juridiction compétente; 2° Les décisions mentionnées au premier alinéa de l'article 112 (décision d'une autre juridiction passée en force de chose jugée qui fixe les droits d'un créancier); 3° Les décisions rendues par la cour

1. Com. 16 déc. 2014, n° 13-25.594, NP; n° 1117 F-D.
2. D. n° 85-1388, 27 déc. 1985, *JO* 29 déc., p. 15281.
3. Soc. 12 févr. 2003, *Act. proc. coll.* 2003/8, n° 99.
4. D. n° 2005-1677, 28 déc. 2005, *JO* 29 déc., p. 20324.
5. Com. 5 juill. 2005, n° 04-15.194, NP.
6. D. n° 2006-1709, 23 déc. 2006, *JO* 29 déc., p. 19846.
7. IFPPC 1999, recomm. n° 4080, p. 99.
8. Com. 28 janv. 2004, n° 01-01.135, NP.

d'appel statuant sur les recours formés contre les décisions du juge-commissaire.

681.12 Incertitude sur le caractère juridictionnel de l'état des créances[1]. Sous l'empire de la loi du 25 janvier 1985[2], l'article 82 du décret du 27 décembre 1985[3] précise que « l'ensemble des listes des créances et des relevés des créances résultant du contrat de travail constitue l'état des créances au sens de l'article 103 de la loi du 25 janvier 1985 ».

L'article R. 624-8 du code de commerce (réd. D. 28 déc. 2005[4], art. 109) reprend la solution en précisant, à l'alinéa 1, que la liste des décisions prononcées par le juge-commissaire est reportée sur la liste des créances déclarées établie par le mandataire avec ses propositions. Cette liste ainsi complétée prévoit l'alinéa 2, et les relevés de créances résultant du contrat de travail, constituent l'état des créances.

L'état des créances apparaît donc comme un recueil de listes de créances et des relevés de créances salariales. Autrement dit, l'état des créances n'est pas conçu par le législateur comme un recueil de décisions de justice et, *a fortiori*, ne constitue pas un document à valeur juridictionnelle.

La façon dont ce recueil est conçu justifie pleinement l'observation.

Si les créances ne font l'objet d'aucune contestation, la liste des créances non contestées est signée par le juge-commissaire. Cette signature, au pied de la liste, transforme la liste en un document à valeur juridictionnelle[5] : le juge-commissaire a, selon la Cour de cassation, en signant la liste, admis les créances qui y figurent. La solution est suivie par les juridictions du fond[6]. Indiquons que le décret du 12 février 2009[7] a fait sienne la solution ainsi posée par la Cour de cassation. L'article R. 624-3, alinéa 1 du code de commerce énonce, en effet, que « les décisions d'admission sans contestation sont matérialisées par l'apposition de la signature du juge-commissaire sur la liste des créances établie par le mandataire judiciaire » (C. com., art. R. 624-3, al. 1).

Si les créances sont contestées, le juge-commissaire devra rendre pour chaque créance, une décision contenue dans un document qui prend la forme d'une ordonnance. Ces ordonnances d'amission figurent également sur l'état des créances.

L'état des créances comporte encore les décisions par lesquelles le juge-commissaire se reconnaît incompétent.

L'état des créances est, selon l'article 104 de la loi du 25 janvier 1985, complété par les décisions rendues par la juridiction suite à la décision d'incompétence du juge-commissaire (L. 25 janv. 1985, art. 103, al. 1; L. 624-3-1, réd. ord. 18 déc. 2008[8]).

Ainsi, lorsque l'on raisonne sur les créances non salariales, toutes les mentions de l'état des créances correspondant à des décisions du juge-commissaire :

– admission sans contestation par simple signature de la liste établie par le représentant des créanciers;

– admission ou rejet après contestation prenant la forme d'ordonnances du juge-commissaire, le cas échant rendue après relevé de forclusion;

– décision d'incompétence du juge-commissaire et décision de la juridiction saisie après décision d'incompétence du juge-commissaire.

Il faut ajouter à ces listes de créances pour lesquelles le juge-commissaire va nécessairement rendre une décision, les relevés de créances salariales.

Dès lors que l'on admet que l'état des créances est un recueil d'une part de listes de créances non salariales, pour lesquelles une décision du juge-commissaire à valeur juridictionnelle intervient, et d'autre part, de relevés de créances salariales, pour lesquelles aucune décision du juge-commissaire ne peut intervenir, alors il convient de décider que le relevé des créances salariales ne peut avoir aucune valeur juridictionnelle.

L'état des créances n'ajoute absolument rien, sur le plan juridictionnel, aux décisions du juge-commissaire qui le composent, en ce qui concerne les créances non salariales. Pas davantage, il n'a pour effet de transformer des relevés de créances salariales sans valeur juridictionnelle en des décisions de justice, faute précisément d'avoir permis à un juge d'exercer son office juridictionnel sur les créances composant le relevé.

Pourtant, la Chambre sociale de la Cour de cassation[9] a cru devoir juger que « qu'en statuant ainsi, alors que le relevé des créances salariales, qui n'avait fait l'objet d'aucune contestation en ce qui concerne ces salariés, est porté sur l'état des créances déposé au greffe au tribunal de commerce et que cette admission au passif de la liquidation judiciaire revêt un caractère irrévocable, ce dont il résultait qu'elle entraînait la substitution de la prescription

1. Le Corre, « L'effet interversif de prescription attaché aux créances salariales porté à l'état des créances », *JCP E* 2014, études 1424.
2. L. n° 85-98, 25 janv. 1985, préc.
3. D. n° 85-1388, 27 déc. 1985, préc.
4. D. n° 2005-1677, 28 déc. 2005, préc.
5. Com. 15 mars 2005, n° 03-19.786, NP.
6. Paris, 3e ch. B, 17 janv. 2008, RG n° 07/09594.
7. D. n° 2009-160, 12 févr. 2009, *JO* 13 févr., p. 2596.
8. Ord. n° 2008-1345, 18 déc. 2008, préc.
9. Soc. 21 nov. 2012, n° 11-18.923, *Bull. civ.* V, n° 300; n° 2358 F-P+B; *D.* 2012. Actu 2798, note Lienhard; *Gaz. Pal.* 18 janv. 2013, n° 18, p. 35, note Gailhbaud; *Act. proc. coll.* 2012/20, comm. 300, note Fin-Langer; *BJE* mars 2013, comm. 37, note Donnette; *Leden* janv. 2013, comm. 009, obs. Dedessus-Le-Moustier.

trentenaire à la prescription quinquennale, la cour d'appel a violé les textes susvisés » [C. civ. art. 2262 et C. trav. L. 143-14, devenu L. 3245-1]. La solution a été réaffirmée par un autre arrêt de la Chambre sociale[1].

Ainsi, pour la Chambre sociale de la Cour de cassation, le fait que le relevé des créances salariales soit porté sur l'état des créances emporterait admission des créances salariales au passif. Autrement dit, la Chambre sociale de la Cour de cassation fait produire au fait de figurer sur l'état des créances un effet d'admission de la créance au passif. En d'autres termes encore, l'état des créances aurait une nature juridictionnelle, qui rejaillirait sur les créances qui y sont reportées.

Pour parvenir à une telle solution, la Chambre sociale de la Cour de cassation nous semble se méprendre très gravement sur la nature de l'état des créances, voire sur sa définition-même.

Il y a nécessairement un abus de langage à énoncer que le relevé des créances salariales, porté sur l'état des créances, emporte admission au passif des créances salariales composant le relevé. Comment pourrait-il bien y avoir admission au passif, ce qui ne peut être que l'œuvre d'un juge, dès lors que la créance, certes vérifiée par le représentant des créanciers – mandataire judiciaire – assisté du débiteur et du représentant des salariés, ne l'a pas été par le juge-commissaire, lequel s'est contenté de contrôler que le travail de vérification émanant du représentant des créanciers, du débiteur et du représentant des salariés a bien eu lieu ?

Pour décider que le relevé des créances salariales reporté sur l'état des créances a valeur juridictionnelle, il faut ériger en juridiction le représentant des créanciers, assisté du débiteur et du représentant des salariés. D'évidence, cela n'est pas possible.

Un premier auteur indique que l'état des créances, au sens strict, ne devrait pas constituer une décision de justice et ne devrait donc pas être revêtu de l'autorité de la chose jugée[2], seules les décisions qui le composent ayant cette autorité. Un autre auteur poursuit en énonçant clairement que l'état des créances « ne constitue pas plus un acte juridictionnel par lui-même, de sorte qu'un créancier ne peut, par la voie de l'appel, remettre en cause les décisions qui y sont portées »[3]. En ce sens, l'auteur s'appuie sur un arrêt de la cour d'appel de Paris[4].

L'examen de la jurisprudence de la Cour de cassation permet d'abonder très exactement dans le sens décrit. Il est ici possible de faire état d'un arrêt très net de hambre commerciale de la Cour de cassation[5]. époux avait déclaré des créances au passif de sor ouse en liquidation judiciaire. Le liquidateur a posé le rejet de deux créances. L'époux *in bonis* levé appel de l'ordonnance du juge-commissa ratifiant les propositions du liquidateur. Pour larer l'appel irrecevable, l'arrêt retient que l'app ise non pas une ordonnance du juge-commissa, mais le dépôt de l'état des créances de la liquid ion judiciaire. La Cour de cassation va censurer arrêt de la cour d'appel. Elle ne va pas dire que appel à l'encontre de l'état des créances est rec able. Elle va censurer parce que la cour d'appel a onfondu l'état des créances et la signature apposé par le juge-commissaire au pied de la liste remise p le liquidateur et contenant les propositions admission des créances. Ainsi, la cour d'appel avait-elle pas compris que lorsque le juge-commissaire appose sa signature au bas de la liste des créances établie par le liquidateur et contenant ses propositions d'admission, de rejet ou d'incompétence, cela vaut décision d'admission des créances non contestées. Et cette décision du juge-commissaire est susceptible d'appel. La signature de la liste par le juge-commissaire, qui vaut admission de la créance, n'est pas l'état des créances. C'était là la confusion commise par la cour d'appel. Or, s'il est impossible d'interjeter appel à l'encontre de l'état des créances, comme l'avait justement considéré la cour d'appel, en revanche, il est possible d'interjeter appel à l'encontre d'une décision d'admission de la créance émanant du juge-commissaire et matérialisée par l'apposition de sa signature au bas de la liste établie par le liquidateur.

Cet arrêt de la Chambre commerciale de la Cour de cassation établit donc clairement qu'il n'est pas possible d'interjeter appel à l'encontre de l'état des créances. Pourquoi ? Tout simplement parce que l'état des créances n'est pas une décision de justice et n'a donc pas de valeur juridictionnelle. Mais il faut bien admettre que la Cour de cassation n'a pas toujours la même rigueur, et a ainsi été amenée à approuver une cour d'appel ayant confondu la liste des créance établie par le mandataire judiciaire et signée par le juge-commissaire avec l'état des créances, ce qui la conduit à juger que le débiteur, qui n'a pas été en mesure de participer à la vérification des créances, peut interjeter appel de cet « état des créances »[6].

Ainsi, s'il est exact que nombre de mentions intéressant les créances non salariales figurant à l'état des créances sont de nature juridictionnelle, ce n'est parce qu'elles figurent à cet état, mais parce qu'elles

1. Soc. 5 févr. 2014, n°s 12-29.189, 12-29.537, NP; n° 238 F-D.
2. Soinne, n° 2206.
3. Vallens, 2015, n° 3570.
4. Paris, 3e ch. B, 25 avr. 2003, RG n° 2002/19781.
5. Com. 15 mars 2005, n° 03-19.786, NP.
6. Com. 27 mai 2014, n° 13-15.512, NP; n° 530 F-D – Com. 27 mai 2014, n° 13-15.514; n° 531 F-D.

émanent d'une juridiction, à savoir le juge-commissaire ou la juridiction saisie après incompétence du juge-commissaire. L'état des créances n'ajoute rien au caractère juridictionnel des décisions qui le composent. Ou les mentions de l'état correspondent à une décision de justice et la mention de l'état a une valeur juridictionnelle. Ou la mention de l'état ne correspond pas à une décision de justice et cette mention ne peut avoir de valeur juridictionnelle.

Le fait pour le créancier non salarial de figurer sur l'état des créances lui permet d'apporter la démonstration qu'il a été admis au passif, ce qu'il peut utiliser pour être autorisé à reprendre ses poursuites contre le débiteur après clôture de la procédure pour insuffisance d'actif[1] ou pour interdire à une caution de soulever des exceptions inhérentes à la dette (v. s^s^ n° 723.22), par exemple, sous l'empire de la législation antérieure à la loi de sauvegarde des entreprises, celle relative à l'irrégularité de la déclaration de créance[2].

L'état des créances, qui n'a pas de valeur juridictionnelle, ne peut, *a fortiori*, constituer un titre exécutoire. Il en résulte par exemple, que l'état des créances ne peut permettre d'obtenir la saisie des rémunérations du dirigeant salarié de la société débitrice[3].

Il faut également en déduire que l'état des créances ne pourra fonder le droit de poursuite du commissaire à l'exécution du plan pour recouvrer les dividendes du plan, la précision étant spécialement importante depuis l'ordonnance du 18 décembre 2008, qui attribue clairement au commissaire à l'exécution du plan un monopole pour recouvrer les dividendes du plan, en l'absence de résolution de celui-ci (v. s^s^ n° 522.54).

L'état des créances est susceptible d'une réclamation (v. s^s^ n°s 683.21 à 683.25), variété de tierce opposition[4], susceptible d'avoir des incidences sur les droits et obligations de l'intéressé. En réalité, le recours ne porte pas sur le document contenant recueil de décisions et relevé des créances salariales, mais sur les décisions qu'il contient.

Sous l'empire de la législation antérieure, le greffier expédiait, sauf dispense du juge-commissaire, un extrait de l'état des créances aux créanciers. Cette solution opportune devrait, *de lege ferenda*, être rétablie, au moins pour le contrôleur, dont on ne comprend pas, alors qu'il a participé à la vérification du passif, qu'il ne soit pas informé des suites de celle-ci. Pour l'heure, l'état des créances est déposé au greffe où tout intéressé peut en prendre connaissance (D. 27 déc. 1985, art. 75; D. 28 déc. 2005, art. 109, al. 2).

Il a été remarqué que la publicité de l'état des créances semblait inconciliable avec le secret professionnel des professionnels libéraux qui y sont astreints, car cet état dévoilerait le nom des clients qui seraient créanciers[5]. Le risque est cependant minime, car le professionnel libéral, à l'égard de ses clients, est davantage créancier que débiteur.

1. Com. 10 mai 2005, n° 04-11.582, NP.
2. Com. 30 sept. 2008, n° 07-14.328, NP; n° 929 F-D.
3. Com. 2 mai 2001, n° 97-19.536, *Bull. civ.* IV, n° 82; *Act. proc. coll.* 2001/11, n° 143, note Salvat; *RTD com.* 2001. 773, obs. Vallens.
4. PÉTEL, 8e éd., n° 401 – VALLANSAN *ET ALII*, 6e éd., p. 187 – JACQUEMONT ET VABRES, 9e éd., n° 607.

SECTION 681.20
CRÉANCE DÉCLARÉE NON REJETÉE NE FIGURANT PAS SUR L'ÉTAT DES CRÉANCES

681.21 Rapport entre créancier et débiteur en cas de cas de créance déclarée non rejetée ne figurant pas sur l'état des créances. Si le juge-commissaire omet de statuer sur une créance déclarée dans le délai, il n'épuise pas sa saisine[6]. Le créancier déclarant peut donc le saisir pour qu'il statue sur la créance, démarche qui doit être distinguée d'une réclamation à l'état des créances[7], fermée au créancier déclarant.

Une distinction doit ici soigneusement être opérée entre deux situations : celle dans laquelle le juge-commissaire ne statue que partiellement sur la créance déclarée, et celle dans laquelle il ne statue pas du tout sur la créance déclarée, laquelle est en conséquence omise de l'état des créances.

Sous l'empire de la législation antérieure à la loi de sauvegarde des entreprises[8], dans la première situation, la voie de l'omission de statuer, dans le délai d'un an de la première décision, pourra être empruntée[9], si la déclaration de créance est unique et comporte plusieurs chefs de demande. Le représentant des créanciers, qui n'avait porté sur la liste des créances déclarées, la créance que pour une partie, s'est vu reconnaître qualité pour saisir le juge-commissaire d'une requête en rectification d'erreur matérielle de l'ordonnance rendue[10].

5. Rétif, « L'extension des procédures collectives aux professions libérales », *Rev. proc. coll.* 2006/2, p. 152 s., sp. p. 154.
6. Com. 19 mai 2004, n°s 03-10.145, 03-10.499, NP.
7. Com. 17 sept. 2013, n° 12-20.498, *Bull. civ.* IV, n° 136; n° 836 F-P+B; *Act. proc. coll.* 2013/16, comm. 235, note Cagnoli; *BJE* janv. 2014, p. 28, note Benilsi; *JCP E* 2014, Chron. 1020, n° 8, obs. Pétel.
8. L. n° 2005-845, 26 juill. 2005, préc.
9. Com. 5 janv. 1999, n° 96-15.451, NP.
10. Com. 13 févr. 2007, n° 05-20.413, *Bull. civ.* IV, n° 37; n° 303 F-P+B; *D.* 2007. AJ 803, obs. Lienhard; *RD banc. fin.* mars-avr. 2007, p. 27, n° 73, note Lucas – confirmant Paris, 3e ch. A, 30 août 2005, RG n° 2004/13938.

Si une créance est omise de l'état des créances, le juge-commissaire, qui doit se prononcer sur toutes les créances déclarées, statuera par une décision autonome d'admission complémentaire de créance, au besoin par établissement d'un état complémentaire de créance. Il ne pourra statuer par rectification d'une omission matérielle ou d'une omission de statuer[1]. En conséquence, la décision d'admission complémentaire de créance qu'il rendra est susceptible de la voie de recours classique sur les décisions d'admission, à savoir l'appel et non directement d'un pourvoi en cassation[2].

Si plusieurs déclarations de créance ont été effectuées, elles doivent être regardées comme autant de demandes de décisions à intervenir du juge-commissaire et appelleront, en conséquence les décisions correspondantes de celui-ci. Si le juge-commissaire ne statue pas sur l'une d'elles, il n'a pas, à son égard, épuisé sa saisine. Il statuera, ici encore, par décision autonome[3].

Le décret du 28 décembre 2005[4], pour tenir compte de cette situation dans laquelle le juge-commissaire n'a pas statué sur une créance déclarée, prévoit en son article R. 624-2, alinéa 2 du code de commerce (anc^{t} D. 28 déc. 2005, art. 104, al. 2), disposition de la procédure de sauvegarde, applicable en redressement judiciaire (C. com., art. R. 631-29, al. 1 [anc^{t} D. 28 déc. 2005, art. 197, al. 1]) et en liquidation judiciaire (C. com., art. R. 641-28 [anc^{t} D. 28 déc. 2005, art. 239]), que les créanciers dont la créance n'a pas été portée définitivement sur la liste des créances dans le délai imparti par le tribunal pour la vérification des créances, peuvent demander à se faire relever de forclusion, selon les modalités classiques applicables au relevé de forclusion. Ce relevé de forclusion est particulier, car il faut, semble-t-il, sauf à priver le texte de toute utilité par rapport à celui prévoyant le relevé de forclusion classique, décider qu'il concerne des créanciers qui ont déclaré leur créance dans les délais, mais qui ne figurent pas sur l'état des créances, à la suite, *a priori*, d'un oubli. Ces créanciers devront respecter les modalités prévues par l'article L. 622-26 du code de commerce, à savoir une requête présentée au juge-commissaire dans les délais. En revanche, les conditions de fond ne nous semblent pas devoir être respectées car, ayant, par hypothèse, déclaré dans les délais leur créance, ils n'ont évidemment pas à démontrer que la défaillance à déclarer dans les délais n'est pas due à leur fait.

C nouvelle solution, qui oblige le créancier à se ntrer diligent, peut se comprendre en opportun pour ne pas retarder à l'excès la vérification et l'adsion des créances; elle est en revanche peu respueuse des droits des créanciers, qui ont pourtar ccompli la seule démarche que la loi leur ime : déclarer leur créance dans les délais. Elle nosemble ajouter au texte légal et son illégalité sere pouvoir être plaidée au regard de la hiérarchdes normes constitutionnelles, un décret ne poant pas énoncer une solution contraire à celle poe par la loi.

écisons enfin, sous les deux législations, que loqu'une créance a été déclarée au passif, mais quaucune décision n'est intervenue sur cette crance, la clôture pour extinction du passif du reressement ou de la liquidation judiciaire ne fait pa obstacle à la possibilité pour le créancier de porsuivre le recouvrement de sa créance devant sa juidiction naturelle[5].

681.22 État complémentaire de créances. La première question qui se pose ici est de savoir si l'état des créances est unique ou peut être multiple. La réponse aura en effet des conséquences.

L'article 82 du décret du 27 décembre 1985[6] évoque la liste des créances sur laquelle sont portées les décisions du juge-commissaire. Ainsi, seules les décisions contenues dans cet état des créances sont revêtues de l'autorité de la chose jugée, ce qu'oblige d'ailleurs à considérer la Cour de cassation, dans un arrêt de sa Chambre commerciale du 1er février 2000[7] lorsqu'elle décide que « l'absence de mention de la créance dans l'état publié au *Bodacc* [...] faisait obstacle à ce que la décision du juge-commissaire ait l'autorité de la chose jugée à l'égard de la banque ». La solution s'impose. Comment faire produire autorité de chose jugée à une décision qui n'existe pas, en l'occurrence la décision statuant sur la créance régulièrement déclarée ? Une fois cette évidence posée, la Cour de cassation, dans l'arrêt précité, admet que la décision rendue par le juge-commissaire, après dépôt du premier état de créance, figure sur un état complémentaire. Sous l'empire de la loi du 25 janvier 1985[8], aucun texte ne précisait que l'état des créances devait être unique. Au contraire, l'article 82 du décret du 27 décembre 1985 évoquait « l'ensemble des listes de créances », qui constituait l'état des créances. C'est donc logiquement que la Cour de cassation a pu décider, dans l'espèce ci-dessus

1. Com. 28 oct. 2008, n° 07-11.141, NP; n° 1063 F-D; *Gaz. proc. coll.* 2009/1, p. 41, note Le Corre-Broly; *RTD com.* 2009. 452, n° 3, obs. Martin-Serf.
2. Com. 28 oct. 2008, n° 07-11.141, préc. (v. s^{s} prés^{t} n°).
3. Com. 25 oct. 1994, n° 92-15.654, *Bull. civ.* IV, n° 313.
4. D. n° 2005-1677, 28 déc. 2005, préc.
5. Com. 15 avr. 2008, n° 07-10.359, NP; n° 521 F-D; *Act. proc. coll.* 2008/8, n° 128, note Régnaut-Moutier.
6. D. n° 85-1388, 27 déc. 1985, préc.
7. Com. 1er févr. 2000, n° 97-13.231, NP, *JCP E* 2000, jur. 1764, note Le Corre; *Rev. proc. coll.* 2000, 207, n° 19, obs. Soinne.
8. L. n° 85-98, 25 janv. 1985, préc.

visée, qu'un état complémentaire des créances pouvait être déposé. Une solution identique était retenue sous l'empire de la loi du 13 juillet 1967

Le décret du 21 octobre 1994[2] a changé les données du problème. L'article 82 du décret du 27 décembre 1985, dans la rédaction que lui a donné le décret du 21 octobre 1994, définit l'état des créances comme « la liste des créances visées à l'article L. 621-103 [...] et le relevé des créances résultant du contrat de travail ». L'état des créances apparait donc unique. Il semblait, dans ces conditions, difficile d'établir, comme dans l'arrêt du 1er février 2000, un état des créances complémentaires.

Si les états des créances peuvent être multiples, il n'y a pas de difficulté à faire courir le délai de réclamation ouvert aux personnes intéressées qui ne sont pas des parties, à partir de l'avis d'insertion au *Bodacc* du dépôt au greffe d'un état des créances complémentaires. C'est ce qu'a décidé la Cour de cassation dans l'arrêt du 1er février 2000, rendu sous l'empire de la loi du 25 janvier 1985 *non réformée*. À compter de l'avis d'insertion au *Bodacc* du dépôt de l'état des créances complémentaires, court le délai de réclamation ouvert aux intéressés non parties.

Au contraire, sous l'empire de la loi du 10 juin 1994[3], s'il faut admettre l'unicité de l'état des créances et l'impossibilité, en conséquence, d'établir un état complémentaire de créance, une difficulté se présente. Le juge-commissaire peut-il rendre une décision sur une créance non vérifiée dans un premier temps, mais pourtant déclarée dans les délais ? L'interdire serait choquant pour le créancier. L'autoriser pose problème. En effet, cette décision ne pourrait être mentionnée sur un état complémentaire de créance. Dès lors, elle ne serait pas susceptible de réclamation, ce qui serait choquant, cette fois, pour les personnes qui ne sont pas des parties, par exemple les cautions solidaires. L'impasse est évidente.

La Cour de cassation, sans doute empreinte de pragmatisme, n'a pas cru devoir attacher d'importance à la modification des textes et a décidé, en pareille situation, la possibilité d'ordonner la notification d'un état complémentaire de créance[4].

La législation de sauvegarde des entreprises a changé à nouveau les données du problème. En effet, l'article R. 624-9 du code de commerce (anct D. 28 déc. 2005[5], art. 110), disposition de la sauvegarde applicable en redressement judiciaire (C. com., art. R. 631-29, al. 1 [anct D. 28 déc. 2005, art. 197, al. 1]) et en liquidation judiciaire (C. com., art. R. 641-28 [anct D. 28 déc. 2005, art. 239]), prévoit que l'état des créances est complété par un certain nombre de décisions. Il s'agit des décisions rendues par la juridiction compétente lorsque le juge-commissaire s'était déclaré incompétent. Il s'agit encore des décisions rendues par une juridiction saisie avant jugement d'ouverture d'une instance et qui a fixé la créance de l'intéressé, dans le cadre de la reprise de l'instance en cours après déclaration de créance; il s'agit enfin des décisions rendues par la cour d'appel statuant sur les recours formés à l'encontre des ordonnances du juge-commissaire. L'article 110 du décret du 28 décembre 2005, dans sa rédaction d'origine, prévoyait que cet état des créances complété faisait l'objet d'une nouvelle publication au *Bodacc* qui avait pour effet de faire courir un nouveau délai de réclamation. Cette nouvelle publication de l'état des créances était inutilement coûteuse. En effet, elle a pour seul effet de faire courir le délai de réclamation à l'état des créances. Or, la réclamation n'est ouverte, en application de l'article R. 624-8 du code de commerce (anct D. 28 déc. 2005, art. 109) que sur les décisions prononcées par le juge-commissaire. Les décisions rendues à la suite d'une incompétence ou du constat d'une instance en cours ne sont pas soumises à la réclamation à l'état des créances, mais sont susceptibles de tierce opposition (v. ss nos 683.32 et 683.33). Or, le point de départ du délai de tierce opposition n'est pas la publication au *Bodacc* de l'état des créances, mais, en ce qui concerne spécialement les décisions rendues à la suite d'une incompétence, la transcription de la décision sur l'état des créances. Logiquement, donc, l'article 49 du décret du 23 décembre 2006[6], modifiant l'article 110 du décret du 28 décembre 2005 (devenu C. com., art. R. 624-9), a supprimé ses deux derniers alinéas, prévoyant pour le premier une nouvelle publication de l'état des créances au *Bodacc* et, pour le second, un point de départ du délai de réclamation à compter de cette nouvelle publication au *Bodacc*. La conclusion qui s'impose est que l'état des créances est à nouveau unique (v. aussi ss no 683.23).

1. L. no 67-563, 13 juill. 1967, *JO* 14 juill., p. 7059 – Com. 16 juin 2004, no 02-18.681, NP.
2. D. no 94-910, 21 oct. 1994, *JO* 22 oct., p. 15019.
3. L. no 94-475, 10 juin 1994, *JO* 11 juin, p. 8440.
4. Com. 13 févr. 2007, no 05-20.413, *Bull. civ.* IV, no 37; no 303 F-P+B; *D.* 2007. AJ 803, obs. Lienhard; *RD banc et fin.* mars-avr. 2007, p. 27, no 73, note Lucas; CONFIRMANT : Paris, 3e ch. A, 30 août 2005, RG no 2004/13938 – Com. 5 févr. 2002, no 98-15.310, *Bull. civ.* IV, no 26; *Act. proc. coll.* 2002/8, no 97; *RJDA* 2002/6, no 663; *RD banc. fin.* 2002/5, p. 263, no 189, obs. Lucas; *Rev. proc. coll.* 2003/1, p. 24, no 5, obs. Legrand.
5. D. no 2005-1677, 28 déc. 2005, préc.
6. D. no 2006-1709, 23 déc. 2006, préc.

CHAPITRE

682. Multiplicité des décisions du juge-commissaire sur les créances déclarées – Admission à titre provisionnel des créances fiscales et sociales

SECTION 0

ORIENTEUR

682.00 Plan du chapitre.

Sect.	682.10	Possibilités ouvertes au juge-commissaire
Sect.	682.20	Décisions d'admission de la créance à titre définitif
Sect.	682.30	Effets de l'admission à titre définitif de la créance
Sect.	682.40	Décisions de rejet total ou partiel de la créance
Sect.	682.50	Effets de la décision de rejet total ou partiel de la créance
Sect.	682.60	Décisions statuant sur l'admission à titre provisionnel (créances fiscales et sociales)
Sect.	682.70	Décisions ne statuant pas sur l'admission

682.01 Textes applicables. (V. les références complètes s[s] n° 011).

> Législation antérieure à la loi de sauvegarde des entreprises.

C. com., art. L. 621-43, al. 3, L. 621-104, L. 621-106

D. n° 85-1388, 27 déc. 1985, art. 65, 68, 68-1, 73 à 75, 85

> Législation issue de la loi de sauvegarde des entreprises.

C. com., art. L. 622-24, al. 3

C. com., art. R. 624-2 à R. 624-5 (anc[t] D. 28 déc. 2005, art. 104 à 107), R. 624-11 (anc[t] D. 28 déc. 2005, art. 112), R. 631-29 (anc[t] D. 28 déc. 2005, art. 197), R. 641-28 (anc[t] D. 28 déc. 2005, art. 239)

D. 28 déc. 2005, art. 354-3

> Législation issue de l'ordonnance du 18 décembre 2008.

C. com., art. L. 622-24, al. 3

C. com., art. R. 624-2 à R. 624-5, R. 624-11, R. 631-29, R. 641-28

> Législation issue de l'ordonnance du 12 mars 2014.

C. com., art. L. 622-24, L. 624-2, L. 641-3, L. 641-4

C. com., art. R. 624-4 à R. 624-6, R. 626-39, R. 643-19

682.02 Jurisprudence de référence.

> La procédure de vérification et d'admission des créances ne tend qu'à la détermination de l'existence, du montant et de la nature de la créance.

• **Com. 19 mai 2004,** n° 01-15.741, NP

* V. s[s] n° 682.31

> Le délai de forclusion prévu à l'article R. 624-5 du code de commerce [délai de saisine de la juridiction en cas d'incompétence du juge-commissaire] s'applique lorsque le juge-commissaire constate que la contestation ne relève pas de son pouvoir juridictionnel et sur-

seoit à statuer après avoir invité les parties à saisir le juge compétent.

• **Com. 13 mai 2014, n° 13-13.284,** *Bull. civ.* IV, n° 86 ; n° 491 P+B+R+I

* V. ss n° 682.15

> L'admission d'une créance au passif a autorité de chose jugée quant à sa nature de créance antérieure (solution posée sous l'empire de la loi du 25 janvier 1985).

• **Com. 3 mai 2011,** n° 10-18.031, *Bull. civ.* IV, n° 63 ; n° 425 F-P+B

* V. ss n° 682.31

> L'admission de la créance au passif, comme toute décision de justice, a un effet interversif de prescription, qui se produit tant à l'égard du débiteur principal, qu'à l'égard de sa caution solidaire.

• **Com. 19 nov. 1996,** n° 94-17.909, *Bull. civ.* IV, n° 276

* V. ss n° 682.31

> L'admission de la créance au passif d'une procédure n'a pas autorité de chose jugée dans une seconde procédure ouverte à la suite de la résolution d'un plan de continuation. Il ne peut en effet y avoir autorité de chose jugée en l'absence d'identité de parties.

• **Cass, ass. plén., 10 avr. 2009,** n° 08-10.154, *Bull. ass. plén.*, n° 4 ; P+B+R+I

* V. ss n° 682.32

682.03 **Bibliographie indicative.** (V. les références complètes ss n° 031 – Aussi ss n° 680.03).

> **Articles.** Amlon, « La vérification des créances fiscales », *Rev. proc. coll.* 2000, 163 – Baujet, « La situation du Fisc dans le cadre de la procédure de déclaration et de vérification des créances », *Gaz. Pal.* 2-3 mars 2001, Doctr. 16 s., sp. p. 20 – Brandeau, « À propos des principes d'admission des créances au passif des créances fiscales au passif de la procédure de redressement et de liquidation judiciaires », *LPA* 12 nov. 2002, n° 226, p. 8 ; « La déclaration et l'admission des créances du Trésor public et la loi du 26 juillet 2005 », *LPA* 5 mai 2006, n° 90, p. 7 ; « Qualité pour agir devant le juge de l'impôt et procédures collectives », *LPA* 19 juill. 2007, n° 144, p. 4 – Cagnoli, « Réflexions critiques sur les restrictions jurisprudentielles au pouvoir juridictionnel du juge-commissaire, en matière de vérification des créances », *Rev. proc. coll.* 2009, p. 11, § 23 – Deleneuville, « Les principes directeurs de l'admission définitive des créances fiscales », *D.* 2001, Chron. 1156 ; « Les limites de la compétence du juge-commissaire en matière d'admission des créances », *Rev. proc. coll.* 1995, 391 s. – Lagarde, « Fiscalité des entreprises en difficulté », *Rev. proc. coll.* 2002, p. 145 s. – Le Corre, « Déclaration, vérification et admission des créances et procédure civile », *LPA* 28 nov. 2008, n° 239, p. 72 ; « Le rééquilibrage du rôle des acteurs : l'exemple des modifications intéressant la déclaration, la vérification et l'admission des créances », *LXB hebdo* 11 sept. 2014, n° 393 – Théron, « Réflexions sur la nature et l'autorité des décisions rendues en matière d'admission de créances au sein d'une procédure collective », *RTD com.* 2010. 635 – Vallansan, « exception d'incompétence ou fin de non-recevoir pour absence de pouvoir ? », *Rev. proc. coll.* 2012, études 9, p. 21.

682.04 **Questions principales.**

• Quelle décision doit rendre le juge-commissaire en présence d'une créance éventuelle ou conditionnelle ?

* V. ss n° 682.12.

• Le juge-commissaire statuant en matière d'admission des créances peut-il statuer sur une *demande de dommages et intérêts formée par le débiteur contre le créancier* ?

* V. ss n° 682.15.

• Que faire après une décision du juge-commissaire sursoyant à statuer pour dépassement de son office juridictionnel ?

* V. ss n° 682.15.

• Le juge-commissaire doit-il admettre la créance pour le montant existant au jour du jugement d'ouverture ou au jour où il statue ?

* V. ss n° 682.24.

• Le créancier qui a déclaré une créance et a été admis au passif, peut-il prétendre ensuite être titulaire d'une créance postérieure éligible au traitement préférentiel ?

* V. ss n° 682.31.

• Comment les créanciers fiscaux et sociaux doivent-ils déclarer leurs créances ?

* V. ss nos 682.61 à 682.67.

• Le créancier fiscal ou social peut-il demander son admission à titre définitif pour un montant supérieur à celui de la déclaration de sa créance à titre provisionnel ?

* V. ss n° 682.61.

SECTION 682.10

POSSIBILITÉS OUVERTES AU JUGE-COMMISSAIRE

682.11 **Éventail exhaustif des possibilités ouvertes au juge-commissaire.** L'article L. 621-104 du code de commerce, dans sa rédaction antérieure à la loi de sauvegarde[1] (anct L. 25 janv. 1985[2], art. 101), devenu depuis la loi de sauvegarde des entreprises l'article L. 624-2, prévoit que le juge-commissaire décide de l'admission ou du rejet des créances ou constate qu'une instance est en cours, ou que la contestation ne relève pas de sa compétence. Il s'agit là de l'éventail *a priori* exhaustif des possibilités ouvertes au juge-commissaire statuant en matière de vérification et d'admission des créances.

En dehors des créanciers fiscaux et sociaux autorisés à se délivrer à eux-mêmes un titre exécutoire, et qui doivent, pour les créances non couvertes par un titre exécutoire lors de la déclaration de créance, procéder à une déclaration de créance en deux temps – d'abord à titre provisionnel puis à titre définitif –, et dont les créances sont ensuite admises en

1. L. n° 2005-845, 26 juill. 2005, *JO* 27 juill., p. 12187.
2. L. n° 85-98, 25 janv. 1985, *JO* 26 janv., p. 1097.

deux temps – d'abord à titre provisionnel puis à titre définitif –, le juge-commissaire ne peut admettre un créancier à titre provisionnel. Pareille mention portée sur l'état des créances est dépourvue de portée juridique et aucune obligation n'existe pour le créancier concerné de déclarer sa créance à titre définitif, sous peine de forclusion[1]. Dans la même logique, la Cour de cassation juge qu'il n'y a pas d'irrégularité dans la fixation du principe de créance par le juge-commissaire, qui sursoit à statuer sur son montant, dans l'attente de l'évaluation du préjudice par une cour d'assises, et fixe ainsi, par une seconde ordonnance, le montant de la créance admise au passif[2].

682.12 Possibilité d'ordonner un sursis à statuer. *A priori*, l'énoncé des possibilités ouvertes au juge-commissaire est limitatif. Cependant, si le juge-commissaire ne peut statuer soit par voie d'admission, de rejet, d'incompétence ou de constat qu'une instance est en cours, il lui est possible de surseoir à statuer, faute de texte contraire[3], et en application du droit commun de l'article 378 du code de procédure civile[4], puisqu'il lui est interdit, sauf pour les créances fiscales et sociales, de prononcer une admission provisionnelle[5] (v. s^s^ n° 682.61) et qu'il ne peut davantage prononcer d'admission conditionnelle[6]. Identiquement, l'admission d'une créance – généralement d'intérêts – pour mémoire ne vaut pas admission. Le créancier sera en conséquence colloqué pour le montant de sa créance sans les intérêts « admis pour mémoire »[7]. Si le créancier est admis « pour un franc », il ne pourra se prétendre créancier pour plus, même si la décision est justifiée par l'impossibilité de liquider la créance au jour où le juge-commissaire statue[8].

Le sursis à statuer sera la solution à adopter lorsque le juge-commissaire sera saisi de la déclaration d'une créance conditionnelle et si la condition est toujours pendante au jour où il est amené à statuer. Le créancier devra saisir le juge-commissaire s'il est toujours en fonction, le tribunal dans le cas contraire, lorsque la condition se sera réalisée ou au contraire aura défailli. Pendant ce temps, les fonds affectés au paiement de la créance conditionnelle devront être consignés à la Caisse des dépôts et consignations. Après clôture de la procédure, le créancier devra, semble-t-il, solliciter la nomination d'un mandataire *ad hoc*, pour qu'il soit procédé aux répartitions. De même, tout créancier intéressé pourrait, dès lors qu'il démontre que la consignation est devenue sans objet, solliciter la désignation d'un mandataire *ad hoc* afin que les fonds consignés soient répartis au profit des créanciers y ayant droit.

Le sursis à statuer s'imposera encore en présence d'une créance détenue par des indivisaires et à inscrire au passif de l'un d'eux, jusqu'aux opérations définitives de partage de l'indivision[9].

Le sursis à statuer s'imposera identiquement tant qu'il n'aura pas été statué irrévocablement sur le relevé de forclusion[10]. Le juge-commissaire ne saurait statuer sur la créance, alors que l'instance en relevé de forclusion est encore pendante devant la cour d'appel. Mais, symétriquement, la cour d'appel ne peut statuer sur l'extinction de la créance alors qu'une instance en relevé de forclusion est pendante devant le juge-commissaire. La cour d'appel doit surseoir à statuer[11]. Une difficulté sérieuse se présente si le juge-commissaire statue sur l'admission de la créance avant qu'il ne soit définitivement statué sur le relevé de forclusion. S'il admet la créance, alors que, par la suite, la demande de relevé de forclusion est rejetée, l'autorité de chose jugée attachée à l'admission de la créance, qui ne porte que sur l'existence, le montant et la nature de la créance, ne peut être opposée pour rendre irrecevable le recours tendant à la réformation de la décision ayant accepté le relevé de forclusion[12].

Le sursis à statuer sera aussi la solution à adopter lorsqu'une action en nullité de la période suspecte est envisagée ou est en cours, chaque fois que cette action sera inconciliable avec l'admission à intervenir, par exemple si est en cause le caractère privilégié

1. Com. 3 oct. 2006, n° 05-11.340, *Bull. civ.* IV, n° 195; n° 1117 F-P+B; *D.* 2006. AJ 2601, obs. Lienhard; *Act. proc. coll.* 2006/18, n° 220, note Régnaut-Moutier; *Gaz. proc. coll.* 2007/1, p. 41, note Le Corre; *RJ com.* 2007. 62, note Sortais; *LXB hebdo* n° 237, 23 nov. 2006, n° N0346A9P, note Le Corre.
2. Com. 14 mai 2008, n° 07-10.057, NP; n° 573 F-D.
3. Paris, 3e ch. A, 15 févr. 2005, RG n° 2004/3107, *Gaz. proc. coll.* 2005/2, p. 29, obs. Le Corre – *Adde*, Saint-Alary-Houin, 7e éd., n° 727.
4. Paris, 3e ch. B, 7 avr. 2006, RG n° 2005/09623 – Paris, 3e ch. B, 7 avr. 2006, RG n° 2005/09608.
5. Com. 16 mars 1999, n° 96-19.665, NP, *Act. proc. coll.* 1999/9, n° 119 – Com. 14 nov. 2000, 97-20.366, NP, *Act. proc. coll.* 2001/4, n° 47 – Com. 20 févr. 2001, *Gaz. Pal.* pan. 4-5 juill. 2001, p. 22 – Orléans, ch. com., éco. et fin., 17 mai 2001, *RJDA* 2001/10, n° 999.
6. Com. 2 févr. 1993, n° 91-13.558, *Bull. civ.* IV, n° 36 – Com. 9 mai 1995, n° 93-12.202, *Bull. civ.* IV, n° 132; *D.* 1995. IR 153 – Com. 19 déc. 2000, n° 98-21.308, *Bull. civ.* IV, n° 201; *D.* 2001. AJ 631 – Com. 11 juin 2003, n° 00-12.547, NP.
7. Com. 11 févr. 2004, n° 01-12.342, NP.
8. Sol. impl., Civ. 3e, 18 févr. 2004, n° 02-18.422, NP.
9. Paris, 3e ch. A, 28 juin 2005, RG n° 2004/19883.
10. Com. 14 janv. 1997, n° 95-12.159, *Bull. civ.* IV, n° 11; *D.* 1997. Somm. 215, obs. Honorat; *JCP E* 1997. I. 651, n° 14, obs. M. Cabrillac et Pétel.
11. Com. 10 mai 2005, n° 03-18.616, NP; *Gaz. proc. coll.* 2005/2, p. 29, obs. Le Corre.
12. Com. 31 mai 2011, n° 10-15.721, NP; n° 545 F-D; *D.* 2011, actu 1614, note Lienhard; *Gaz. Pal.* 9 juill. 2011, n° 189, p. 28, note Le Corre-Broly; *Act. proc. coll.* 2011/12, comm. 182, note Vallansan.

d'une créance déclarée. Il en est de même si, envisageant l'introduction d'une action en nullité de la période suspecte, un organe de la procédure collective a entamé une action en report de la date de cessation des paiements[1].

La même solution devrait être adoptée lorsque la discussion portera sur la validité d'une sûreté, au prétexte que le banquier a engagé sa responsabilité sur le fondement de l'article L. 650-1 du code de commerce. Il n'entre pas dans le pouvoir juridictionnel du juge-commissaire de connaître de cette question, même si l'opinion contraire semble avoir été soutenue[2].

De façon générale, le sursis à statuer s'imposera lorsque le juge-commissaire sera saisi d'une défense au fond, qui, tout en étant de la compétence de la juridiction qui a ouvert la procédure collective, ne rentre pas dans son office juridictionnel (v. s^s n° 682.15), dès lors que l'existence, la nature ou le montant de la créance, éléments couverts par l'autorité de chose jugée attachée à l'admission de la créance, seront en cause.

Si le juge-commissaire rejette la créance déclarée, sans considérer que la défense au fond ne rentre pas dans son office, la cour d'appel n'a pas à vérifier qu'une autre juridiction a été saisie, car seule une décision par laquelle le juge-commissaire se déclare incompétent ou constate son absence de pouvoir juridictionnel pour trancher une contestation relative à une créance déclarée et sursoit à statuer, en conséquence, sur son admission, peut inviter les parties à saisir la juridiction compétente. La cour d'appel peut donc infirmer la décision et surseoir à statuer sur la défense au fond. En ce cas, elle ne devra pas renvoyer ensuite l'affaire devant le juge-commissaire, mais devra elle-même statuer[3].

Le sursis à statuer s'imposait encore si des poursuites pénales étaient en cours et qu'il y avait lieu, pour le juge-commissaire, de faire application de la règle « le criminel tient le civil en l'état »[4]. La solution supposait toutefois que l'instance pénale en cours pût avoir une influence sur le cours de l'instance d'admission au passif[5]. La loi de réforme de la procédure pénale du 5 mars 2007[6] a aménagé le principe selon lequel le criminel tient le civil en l'état par la modification apportée à l'article 4 du code de procédure pénale. Désormais, ce principe devient une faculté lorsque l'action est seulement à fin civile.

Inversement, du fait de l'existence de l'admission provisionnelle pour les organismes sociaux et fiscaux, il n'y a pas place pour eux au sursis à statuer[7].

De même, l'existence d'une instance en cours devant une autre juridiction ne peut conduire le juge-commissaire à un sursis à statuer. Il perd sa compétence juridictionnelle lorsqu'une instance est en cours et doit seulement procéder à ce constat (v. s^s n° 682.72). Il n'en sera ainsi que si l'instance est engagée contre le débiteur, non si elle l'a été par celui-ci[8]. Si aucune instance n'est en cours au jour du jugement d'ouverture, le sursis à statuer au motif qu'une instance entamée après le jugement d'ouverture serait en cours devant une autre juridiction ne peut davantage être décidé[9], puisque le juge-commissaire a compétence exclusive pour statuer sur l'existence et le montant de la créance. Il faut toutefois réserver l'hypothèse d'une instance mettant en jeu une question que ne peut trancher le juge-commissaire, du fait de la compétence exclusive d'une autre juridiction, telle celle attribuée aux juridictions administratives pour déterminer l'existence de l'impôt, son fait générateur ou encore sa prescription ou encore pour statuer sur la validité d'un contrat.

Le juge-commissaire, qui fonde sa décision de sursis à statuer sur l'intérêt d'une bonne administration de la justice, n'a pas à rechercher au préalable si les contestations dont il est saisi relèvent ou non de ses attributions. Ce faisant, il ne peut méconnaître une règle de droit ni commettre un excès de pouvoir[10].

L'appel formé contre la décision de sursis à statuer sans autorisation préalable du premier président de la cour d'appel, est irrecevable, la décision ne mettant pas fin à l'instance. Il en résulte que le désistement d'un appel immédiat irrecevable n'emporte pas acquiescement et n'interdit pas au plaideur de contester la décision refusant l'autorisation d'appel immédiat que rendra ensuite le premier président de la cour d'appel[11].

682.13 Compétence exclusive du juge-commissaire en matière de vérification et d'admission des

1. AINSI : Com. 3 nov. 2009, n° 08-14.386, NP; n° 993 F-D.
2. LE CANNU, 7e éd., n° 643.
3. Com. 10 mai 2012, n°s 11-15.491 à 11-15.494, 11-15.495, *Bull. civ.* IV, n° 96; n° 489 F-P+B; *Gaz. Pal. entr. diff.* 3 août 2012, n° 216, p. 30, note Le Corre; *Act. proc. coll.* 2012/10, comm. 143, note Vallansan; *JCP E* 2012, Chron. 1508, n° 4, obs. Pétel.
4. Crim. 14 févr. 2006, n° 04-11.887, NP, *Gaz. proc. coll.* 2006/2, p. 55, obs. Robaczewski.
5. Com. 24 janv. 2006, n°s 04-19.30 s., 4 arrêts, NP, *RD banc. fin.* mars-avr. 2006, p. 25, n° 75, obs. Lucas.
6. L. n° 2007-291, 5 mars 2007, *JO* 6 mars, p. 4206.
7. Com. 16 oct. 2001, n° 98-18.731, *Bull. civ.* IV, n° 169; *D.* 2001. AJ 3351; *Act. proc. coll.* 2001/20, n° 269; *Act. proc. coll.* 2002/2, n° 18, obs. Régnaut-Moutier; *JCP E* 2002, Chron. 175, p. 173, n° 12, obs. M. Cabrillac.
8. Com. 27 mai 2008, n° 06-20.483, NP; n° 618 F-D; *Gaz. proc. coll.* 2008/3, p. 41, n° 1, note Rohart-Messager.
9. Com. 16 janv. 2007, n° 04-19.288, NP; n° 27 F-D.
10. Com. 3 nov. 2009, n° 08-14.386, NP; n° 993 F-D.
11. Com. 3 nov. 2009, n° 08-14.386, NP; n° 993 F-D.

créances. Le juge-commissaire a une compétence exclusive, en matière de vérification, d'admission et de rejet des créances déclarées (v. s[s] n° 331.61). Une difficulté se présentait, avant l'ordonnance du 12 mars 2014[1], si le débiteur soulevait l'article 47 du code de procédure civile (v. s[s] n° 232.12).

Cette compétence exclusive du juge-commissaire interdit à un créancier de poursuivre l'admission de sa créance devant le tribunal[2], en mettant en cause le représentant des créanciers, alors surtout que la cour d'appel est saisie d'un recours sur l'ordonnance d'admission du juge-commissaire[3]. Une cour d'appel, appelée à statuer sur la résolution d'un plan de redressement et l'ouverture concomitante d'une liquidation judiciaire, ne peut davantage admettre une créance au passif[4]. L'impossibilité pour le tribunal de statuer sur l'admission ou le rejet de la créance déclarée vaut même si le créancier cherche à faire jouer la compensation. Faute d'instance en cours au jour du jugement d'ouverture, la seule juridiction compétente pour fixer la créance autorisant le jeu de la compensation est le juge-commissaire[5].

Il en ira différemment en présence d'une instance en cours au jour du jugement d'ouverture[6] (v. aussi s[s] n° 623.24). L'existence d'une instance en cours interdit au juge-commissaire de statuer sur l'admission de la créance[7]. L'ordonnance qu'il rendrait serait susceptible d'annulation[8].

Il faut toutefois tenir compte de la coordination des règles de compétence exclusive du juge-commissaire en matière d'admission des créances avec celles de l'arbitrage[9]. La jurisprudence organise ainsi la situation, en distinguant selon que l'instance arbitrale a ou non commencé avant le jugement d'ouverture. Si l'instance arbitrale est en cours, ce qui suppose que, à cette date, le tribunal arbitral soit définitivement constitué et puisse donc être saisi du lige, c'est-à-dire à partir de l'acceptation par tous les arbitres de leur mission[10], le juge-commissaire perd sa compétence. Il devra simplement rendre une décision de constat d'une instance *en cours. Si l'instance arbitrale n'est pas en cours au jour du jugement d'ouverture, le juge-commissaire reste compétent* si aucune contestation n'est élevée devant lui. Au contraire, le juge-commissaire, saisi d'une contestation et devant lequel est soulevée l'existence de la clause compromissoire, doit se déclarer incompétent au profit du tribunal arbitral, après avoir toutefois vérifié que la clause d'arbitrage n'était pas nulle et était bien applicable au litige (v. s[s] n° 422.33). Le tribunal arbitral, saisi d'une demande reconventionnelle se rattachant directement à la procédure collective – action née de la faillite ou sur laquelle les règles de la faillite exercent leur incidence – devra toutefois se déclarer incompétent.

Observons toutefois que le juge-commissaire sera seul compétent pour apprécier la régularité formelle de la déclaration de créance, cependant que la contestation sur la créance issue du contrat contenant la clause d'arbitrage échappe à la connaissance du juge-commissaire pour appartenir à la juridiction arbitrale[11].

682.14 Inapplication de la substitution du tribunal au juge-commissaire en cas de dépassement par celui-ci du délai raisonnable. Même s'il n'a pas statué dans un délai raisonnable, le créancier ne peut saisir le tribunal, sur le fondement de l'article 25 alinéa 2 du décret du 27 décembre 1985[12], de l'article R. 621-21 alinéa 2 du code de commerce (anc[t] D. 28 déc. 2005[13], art. 67, al. 2), afin que ce dernier rende une décision en matière d'admission des créances, en ses lieu et place, car il y a là compétence exclusive[14].

682.15 Étendue de la compétence et du pouvoir juridictionnel du juge-commissaire statuant en matière de vérification et d'admission des créances[15]. La procédure de vérification et d'admission des créances ne tend qu'à la détermination de l'existence, du montant et de la nature de la créance[16].

1. Ord. n° 2014-326, 12 mars 2014, *JO* 14 mars, p. 5249.
2. Paris, 3e ch. A, 9 sept. 2003, RG n° 2002/17738 – Paris, 3e ch. B, 15 sept. 2005, RG n° 2004/19246.
3. Paris, 3e ch. C, 2 juill. 2003, RG n° 2001/15050.
4. Com. 16 sept. 2014, n° 13-16.803, *Bull. civ.* IV, n° 122; n° 714 F-P+B; *Gaz. Pal.* 18 janv. 2015, n° 18, p. 26, note Le Corre; *Rev. proc. coll.* 2014, comm. 161, note Fraimout; *BJE* 2014, 366, note Le Corre.
5. Paris, 3[e] ch. A, 13 nov. 2007, RG n° 06/14274.
6. Com. 27 oct. 1998, n° 94-19.288, *Bull. civ.* IV, n° 262; *RTD com.* 2000. 191, obs. Martin-Serf.
7. Com. 13 nov. 2001, n° 98-17.266, NP, *Act. proc. coll.* 2002/1, n° 4.
8. Paris, 3e ch. A, 4 nov. 2003, RG n° 2001/16258, *RD banc. fin.* 2004/3, p. 190, n° 134, obs. Lucas.
9. SUR LA QUESTION : Vidal, « Procédure collective et procédure d'arbitrage : quelle rencontre ? », *Gaz. proc. coll.* 2009/4, 1re partie, n°s 303, 304, p. 3.
10. Civ. 1re, 30 mars 2004, n° 01-11.951, *Bull. civ.* I, n° 98; *Act. proc. coll.* 2004/9, n° 112, note Vallansan; *Rev. proc. coll.* 2004, p. 236, n° 2, obs. Staes.
11. Besançon, ch. com., 4 juin 2002, *JCP E* 2003. 518, note P.-M.; *Rev. Arb.* 2003, p. 134, note Fouchard; *RD banc. fin.* 2004/1, p. 27, n° 25, obs. Lucas.
12. D. n° 85-1388, 27 déc. 1985, *JO* 29 déc., p. 15281.
13. D. n° 2005-1677, 28 déc. 2005, *JO* 29 déc., p. 20324.
14. Com. 19 mars 2002, n°s 00-11.218, 00-11.218, 2 arrêts, NP, *Act. proc. coll.* 2002/10, n° 122; *Rev. proc. coll.* 2003/1, p. 23, n° 3, obs. Legrand.
15. SUR LA QUESTION : Cagnoli, « Réflexions critiques sur les restrictions jurisprudentielles au pouvoir juridictionnel du juge-commissaire, en matière de vérification des créances », *Rev. proc. coll.* 2009/5, p. 11, § 23.
16. Com. 5 nov. 2003, n° 00-17.773, NP – Com. 19 mai 2004, n° 01-15.741, NP.

Le juge-commissaire a compétence et est dans son pouvoir juridictionnel lorsqu'il statue sur la régularité de la déclaration de créance, aussi importantes que soient les difficultés soulevées devant lui. La solution a permis de justifier que le juge-commissaire, et à sa suite la cour d'appel, statuant comme juge de la vérification des créances, étaient dans leur office pour connaître de la régularité de la constitution de la banque, de son existence, de sa capacité juridique et de sa capacité d'ester en justice[1].

En revanche, il semble résulter de l'analyse de la jurisprudence de la Cour de cassation, laquelle n'a pas officialisé ce point de vue, que lorsque le juge-commissaire doit connaître du fond de la créance, il lui appartiendrait de statuer, comme le ferait le juge des référés, en juge de l'évidence. Mais encore faut-il que la cour d'appel précise en quoi le juge-commissaire, puis elle-même, dépassent leur pouvoir juridictionnel, pour permettre à la Cour de cassation d'exercer son contrôle[2]. Dès lors qu'une contestation sérieuse n'est pas soulevée, le juge-commissaire est dans son office juridictionnel et peut donc statuer. A été ainsi admise la possibilité pour le juge-commissaire de connaître d'une contestation portant sur l'application du taux d'intérêt de retard majoré prévu par le contrat de prêt[3]. Il faut bien comprendre que toute discussion portant sur le fond de la créance déclarée n'échappera pas à l'office juridictionnel du juge-commissaire.

Il importe ici de distinguer les situations dans lesquelles le pouvoir juridictionnel du juge-commissaire n'existe pas, des cas dans lesquels il est incompétent[4].

Commençons par la question du **pouvoir juridictionnel du juge-commissaire**. Pour cela, il faut distinguer selon que la procédure collective est soumise ou non à l'ordonnance du 12 mars 2014.

> Procédures ouvertes avant le 1er juillet 2014, soumises à la législation antérieure à l'ordonnance du 12 mars 2014[5]. Bien que le juge-commissaire statue sur la nature de la créance déclarée, et par conséquent sur la nature antérieure ou postérieure de celle-ci par rapport au jugement d'ouverture, est irrecevable la demande présentée devant lui ou, à sa suite, devant la cour d'appel, dans le cadre d'une instance en relevé de forclusion, tendant à faire juger que la créance déclarée était une créance postérieure couverte par les dispositions de l'article L. 621-32 du code de commerce, dans sa rédaction antérieure à la loi de sauvegarde[6]. De façon générale, le juge-commissaire est dépourvu de pouvoir juridictionnel pour statuer sur les créances postérieures éligibles au traitement préférentiel[7], sous la réserve importante, depuis la loi de sauvegarde des entreprises, de son pouvoir pour arbitrer la liste des créances postérieures privilégiées (v. ss no 456.17).

Encore que le contraire ait pu être jugé, à propos de la compensation légale[8], la détermination du montant de la créance autorise le juge-commissaire à statuer sur une demande de compensation. Mais encore faut-il que les créances présentées en compensation ne soient pas litigieuses[9]. Si tel est le cas, le juge-commissaire doit surseoir à statuer et renvoyer les parties devant le juge compétent pour déterminer le montant des dommages et intérêts[10].

Le juge-commissaire ne peut satisfaire la demande d'un créancier qui sollicite que la précision soit apportée que son admission privilégiée intervient sans concurrence, alors que cette question relève de la procédure d'ordre[11]. Il ne peut statuer sur le rang de la collocation du créancier[12]. Cependant, si le juge-commissaire statue sur le rang du créancier, il appartiendra à ce dernier de frapper l'ordonnance d'appel, sauf à lui laisser acquérir l'autorité de la chose jugée (v. ss no 682.31).

De même, le juge-commissaire ne peut rejeter une déclaration de créance faite à titre hypothécaire au prétexte qu'une déclaration concernant la même créance aurait été faite à titre privilégié et que le privilège du Trésor public assurerait au créancier fiscal un rang supérieur à celui d'un créancier hypothécaire. En effet, cette supériorité n'est pas générale. Le juge-commissaire aurait donc dû admettre la créance à titre privilégié et hypothécaire[13].

Une cour d'appel avait jugé que la contestation relative à l'opposabilité ou à la validité d'une antichrèse échappait au pouvoir juridictionnel du juge-commissaire[14]. La Cour de cassation n'est pas en ce sens. Dès lors que la question de la validité de telle

1. Com. 26 mars 2013, no 11-24.148, NP; no 326 F-D; *D.* 2013, pan. 2373, note Le Corre.
2. Com. 23 sept. 2014, nos 13-21.405, 13-21.406, 13-22.047, 13-22.750, 13-22.751, NP; no 766 F-D.
3. Com. 22 sept. 2015, no 14-17.778, NP; no 791 F-D.
4. Sur la question : Vallansan, « exception d'incompétence ou fin de non-recevoir pour absence de pouvoir ? », *Rev. proc. coll.* 2012, études 9, p. 21.
5. Ord. no 2014-326, 12 mars 2014, préc.
6. L. no 2005-845, 26 juill. 2005, préc. – Com. 10 mai 2005, no 03-21.096, NP, *Gaz. proc. coll.* 2005/2, p. 29, obs. Le Corre – Paris, 3e ch. B, 7 janv. 2005, RG no 03/21458, *RD banc. fin.* 2005/2, p. 26, no 55, note Lucas.
7. Paris, 3e ch. A, 7 févr. 2006, RG no 05/9439 – Paris, 26 févr. 2008, RG no 07/01289.
8. Grenoble, ch. com., 7 mars 2007, *JCP E* 19 juill. 2007, 1903, p. 22.
9. Paris, 3e ch. B, 5 nov. 2004, RG no 2003/17777.
10. Ainsi : Com. 21 févr. 2006, no 04-20.203, NP; no 250 F-D.
11. Paris, 3e ch. C, 22 juin 2001, *D.* 2001. AJ 2890, obs. Lienhard.
12. Com. 17 juill. 2001, *Act. proc. coll.* 2001/17, no 230 – Rappr. : Paris, 3e ch. C, 22 juin 2001, *D.* 2001. AJ 2890, obs. Lienhard.
13. Com. 6 févr. 2007, no 05-16.034, NP; no 164 F-D.
14. Paris, pôle 5, 8e ch., 15 sept. 2009, RG no 07/06658.

ou telle sûreté ne relève pas de la compétence exclusive d'une autre juridiction [cas, par exemple du warrant agricole, de la compétence exclusive du tribunal d'instance], et dès lors que la question est de la compétence du tribunal qui a ouvert la procédure collective, il entre dans le pouvoir juridictionnel du juge-commissaire de statuer sur la validité de la sûreté, puisqu'il statue sur la nature de la créance[1].

Le juge-commissaire, et sa suite la cour d'appel, sont dépourvus de pouvoir juridictionnel pour statuer, alors qu'ils sont saisis d'une demande d'admission de la créance, sur la rupture d'un contrat ayant donné naissance à la créance[2] ou sur sa validité[3], cette dernière solution étant critiquée par certains auteurs[4]. C'est ainsi que le juge-commissaire ne peut apprécier l'inopposabilité d'un contrat de cautionnement à la société débitrice, à la procédure de laquelle l'engagement de cautionnement est déclaré, pour défaut d'autorisation du conseil d'administration[5]. La solution est exactement la même pour l'aval d'un effet de commerce, variété de cautionnement solidaire[6] ou plus largement pour la garantie souscrite par la société placée sous procédure collective[7].

De la même manière, le juge-commissaire, statuant dans le cadre de la vérification et de l'admission des créances, *ne peut statuer sur l'exécution* prétendument défectueuse d'un contrat[8], par exemple une convention de compte[9]. Une cour d'appel, statuant dans ce même cadre, ne peut fixer une créance au passif en se fondant sur un rapport d'expertise, ayant pour objet d'examiner les travaux réalisés et de décrire les désordres et malfaçons, alors que le liquidateur, nommé en cours d'expertise, n'avait pas été appelé aux opérations d'expertise. Ce rapport, servant de fondement aux demandes du créancier, est inopposable au liquidateur. Cette inopposabilité soulevée par le liquidateur emportait de sa part contestation des constatations de l'expert. La cour d'appel devait donc surseoir à statuer sur l'admission de la créance, après avoir invité les parties à saisir le juge compétent pour statuer sur l'exécution défectueuse du contrat[10]. Identiquement, le juge-commissaire dépasse son pouvoir juridictionnel à se prononcer sur la contestation d'une somme due à un entrepreneur, qui, au regard de l'analyse du contrat, n'avait pas réalisé les travaux correspondant à la créance déclarée[11].

De même, le juge-commissaire n'est plus dans ses attributions s'il se prononce sur la responsabilité contractuelle du prêteur, au titre de l'exécution du contrat de prêt. De même, ne relève pas du pouvoir juridictionnel du juge-commissaire, la discussion sur la mauvaise exécution d'un contrat « monétique », par lequel le client adhère au système de paiement à distance par cartes bancaires[12]. Il ne peut davantage se prononcer sur l'exécution défectueuse d'un contrat d'affacturage[13]. Il en résulte que plein effet doit être reconnu à la clause attributive de compétence insérée dans le contrat dont la mauvaise exécution est discutée[14].

1. Com. 22 mars 2011, n° 09-17.356, NP; n° 297 F-D; *Act. proc. coll.* 2011/9, comm. 133, note Vallansan; *BJE* sept./oct. 2011, comm. 130, p. 266, note Théron.
2. Com. 18 févr. 2003, n° 00-12.666, *Bull. civ.* IV, n° 23; *D.* 2003. AJ 1095; *Act. proc. coll.* 2003/7, n° 84, obs. Vallansan; *RD banc. fin.* 2003/2, p. 101, n° 75, obs. Lucas.
3. Com. 5 nov. 2003, n° 00-17.773, NP – Com. 19 mai 2004, n° 01-15.741 NP, *Act. proc. coll.* 2004/12, n° 148, obs. Régnaut-Moutier – Com. 15 mars 2005, n° 01-01.419, NP, *Gaz. proc. coll.* 2005/2, p. 29, obs. Le Corre – Com. 1er avr. 2008, n° 04-20.346, NP; n° 436 F-D; *Gaz. proc. coll.* 2008/3, p. 47, note Le Corre-Broly; *Rev. proc. coll.* 2008, p. 53, n° 58, note Gorrias; *Rev. proc. coll.* 2008/3, p. 59, n° 139, note Legrand – Com. 1er avr. 2008, n° 04-20.347, NP; n° 437 F-D – Com. 9 avr. 2013, n° 12-15.414, *Bull. civ.* IV, n° 59; n° 373 F-P+B; *D.* 2013, pan. 2373, note Le Corre; *Act. proc. coll*, 2013/9, comm. 114, note Théron; *Rev. proc. coll.* 2013, comm. 108, note Cagnoli; *JCP E* 2013, Chron. 1434, n° 3, obs. Pétel; *BJE* juill. 2013, p. 221, note Le Corre – Com. 9 avr. 2013, n° 12-15.415, NP; n° 374 F-D – Com. 9 avr. 2013, n° 12-15.413, NP; n° 384 F-D – Com. 17 déc. 2013, n° 12-26.246, NP; n° 1240 F-D – Paris, 3e ch. B, 16 janv. 2004, RG n° 2003/01209.
4. Ainsi : Vallansan *et alii*, 6e éd., p. 183 – Vallansan, « Quelques observations sur les créanciers antérieurs dans les procédures de sauvegarde, de redressement et liquidation judiciaires », *Rev. proc. coll.* 2008, p. 15 s., sp. p. 19, n° 27 – Lucas, obs. ss Com. 7 févr. 2006, n° 04-19.087, *Bull. civ.* IV, n° 29; n° 168 F-P+B; *RD banc. fin.* mars-avr. 2006, p. 24, n° 74.
5. Com. 7 févr. 2006, n° 04-19.087, *Bull. civ.* IV, n° 29; n° 168 F-P+B; *D.* 2006. AJ 578, obs. Lienhard; *Act. proc. coll.* 2006/5, n° 45, note Vallansan; *RD banc. fin.* mars-avr. 2006, p. 24, n° 74, obs. Lucas; *Gaz. proc. coll.* 2006/2, p. 45, obs. Le Corre – Com. 7 févr. 2006, n° 04-19.088, NP; n° 169 F-D – Com. 3 mai 2006, n° 03-17.591, NP; n° 521 F-D; *RD banc. fin.* 2006, n° 167, obs. Lucas.
6. Com. 7 févr. 2006, n° 04-19.086, NP; n° 167 F-D; NP.
7. Com. 7 févr. 2006, n° 04-19.089, NP; n° 170 F-D; NP.
8. Com. 21 juin 2005, n° 04-10.868, NP, *Gaz. proc. coll.* 2005/3, p. 21, n° 4, obs. Gorrias – Com. 5 juill. 2005, n° 04-13.129, NP – Com. 27 mai 2008, n° 06-20.357, NP; n° 617 F-D; *Gaz. proc. coll.* 2008/3, p. 47, note Le Corre-Broly – Com. 24 mars 2009, n° 07-21.567, NP; n° 288 F-D; *Procédures* 2009, comm. 196, note Rolland; *Rev. proc. coll.* 2010/1, § 2, p. 23, note Gorrias et Manié – Com. 1er déc. 2009, n° 07-21.695, NP; n° 1113 F-D – Com. 16 nov. 2010, n° 09-71.592, NP; n° 1165 F-D – Com. 18 sept. 2012, nos 11-18.315, 11-18.353, 2 arrêts, NP; nos 866 F-D; 867 F-D; *BJE* janv. 2013, comm. 15, note Théron; *RTD com.* 2013. 153, n° 10, obs. Vallens – Com. 8 avr. 2015, n° 14-11.230, NP; n° 362 F-D.
9. Com. 28 juin 2011, n° 10-18.432, NP; n° 664 F-D.
10. Com. 18 sept. 2012, n° 11-18.353, NP; n° 867 F-D; préc.
11. Com. 18 mai 2016, n° 14-22.132, NP; n° 448 F-D.
12. Com. 8 mars 2011, n° 10-10.335, NP; n° 233 F-D; *Act. proc. coll.* 2011/9, comm. 133, note Vallansan.
13. Com. 1er déc. 2009, n° 08-14.772, NP; n° 1120 F-D.
14. Com. 21 juin 2005, n° 04-10.868, NP, *Gaz. proc. coll.* 2005/3, p. 21, n° 4, obs. Gorrias.

Le juge-commissaire et à sa suite la cour d'appel ne sont pas dans leur pouvoir juridictionnel s'ils statuent sur la discussion portant sur le coût de prestations supplémentaires qui est élevée par une personne agissant non en vertu d'un contrat auquel elle n'est pas partie, mais en vertu de la gestion d'affaires [1].

Le juge-commissaire dépasse son office juridictionnel si une appréciation doit être portée sur des prestations facturées pour savoir si elles peuvent être qualifiées de services de coopération commerciale au sens de l'article L. 441-7 du code de commerce et si elles avaient été réalisées en contrepartie d'avantages proportionnés [2].

Il y a encore dépassement de l'office juridictionnel pour un juge-commissaire à connaître de la validité d'une cession de créance par le mécanisme du bordereau Dailly [3].

En revanche, dès lors que l'inexécution ou la mauvaise exécution du contrat ne constituent pas l'objet du litige et que l'obligation fondant la créance n'est pas discutée, le juge-commissaire et à sa suite la cour d'appel peuvent examiner les stipulations du contrat et déterminer si les procédures à suivre par les parties en cas d'exécution défectueuse du contrat ont été respectées, dès lors que l'admissibilité de la créance de remboursement dépend du respect de ces démarches [4]. En procédant de la sorte, le juge-commissaire et à sa suite la cour d'appel, ne se sont pas érigés en juge du contrat.

Identiquement, le juge-commissaire et à sa suite la cour d'appel sont sans pouvoir juridictionnel pour vérifier la régularité des délais et remises de dettes consentis dans le cadre d'un plan de continuation [5].

Le juge-commissaire ne peut connaître de la discussion sur l'opposabilité d'une cession de la créance déclarée [6].

Le juge-commissaire ne peut liquider une astreinte, alors même que l'admission de la créance d'astreinte suppose sa liquidation [7].

Le juge-commissaire ne peut davantage, dans le cadre de la vérification des créances, connaître de difficultés liées à la fraude à la carte bancaire conditionnant le montant de la créance à admettre au passif [8].

Le juge-commissaire ne peut connaître, dans le cadre de la vérification des créances, de la déchéance du droit aux intérêts pour méconnaissance de l'article L. 312-10 du code de la consommation [9].

Ne rentre pas dans le pouvoir juridictionnel du juge-commissaire, la discussion sur *le* caractère *non* avenu d'un jugement (constituant le titre exécutoire exigé du créancier fiscal ou social déclarant sa créance à titre définitif) pour défaut de signification régulière dans les six mois de son prononcé [10].

Dans ces hypothèses où le pouvoir juridictionnel du juge-commissaire fait défaut, ce dernier, et la cour d'appel à sa suite, ne peuvent relever leur incompétence [11] et ne peuvent écarter l'argument, qui constitue une défense au fond, présenté par le débiteur comme étant hors des débats en statuant sur la créance [12]. Le juge-commissaire doit, après avoir invité les parties à saisir le juge compétent, surseoir à statuer sur l'admission de la créance jusqu'à ce que le juge « compétent » ait statué sur la défense au fond [13]. Il en va *a fortiori* ainsi lorsqu'une juridiction du fond a été saisie par le débiteur après l'ouverture de la procédure collective pour qu'il soit statué sur la nullité du contrat fondant la créance [14]. Le moyen tiré du défaut de pouvoir juridictionnel du juge-commissaire constitue une fin de non-recevoir, et non une exception d'incompétence, que la cour d'appel est tenue de soulever d'office, après invitation aux parties de s'expliquer sur ce point [15].

1. Com. 22 mai 2013, n° 12-16.941, NP; n° 508 F-D.
2. Com. 4 nov. 2014, n° 13-22.365, NP; n° 956 F-D.
3. Lyon, 3e ch. A, 23 oct. 2014, RG n° 13/08684, *JurisData* 025978.
4. Com. 16 sept. 2008, n° 07-15.982, NP; n° 862 F-D; *Gaz. proc. coll.* 2009/1, p. 40, note Le Corre-Broly; *RTD com.* 2009. 454, n° 5, obs. Martin-Serf.
5. Com. 24 mars 2004, nos 02-18.045, 02-18.046, 02-18.047, 02-18.132, 02-19.184, NP – Aix-en-Provence, 8e ch. C, 29 juin 2004, *RD banc. et fin.* 2005/2, p. 30, n° 61, note Lucas.
6. Com. 19 oct. 2010, nos 09-12.879, 09-14.699, NP; n° 1023 F-D.
7. Paris, 3e ch. A, 6 nov. 2007, RG n° 06/22800.
8. Com. 20 oct. 2009, n° 08-20.192, NP; n° 932 F-D.
9. Com. 28 janv. 2014, n° 12-35.048, *Bull. civ.* IV, n° 24; n° 130 F-P+B; *D.* 2014, actu 368, note Lienhard; *JCP E* 2014, Chron. 1173, n° 6, note Pételᵢ; *LXB hebdo* 20 févr. 2014, n° 559, note Le Corre-Broly.
10. Com. 8 nov. 2011, n° 10-24.577, NP; n° 1103 F-D.
11. Com. 19 oct. 2010, nos 09-12.879, 09-14.699, NP; n° 1023 F-D.
12. Com. 20 oct. 2009, n° 08-20.192, NP; n° 932 F-D.
13. SUR CE PRINCIPE DE SOLUTION : Com. 1er avr. 2008, n° 04-20.346, NP; n° 436 F-D; *Gaz. proc. coll.* 2008/3, p. 47, note Le Corre-Broly – Com. 1er avr. 2008, n° 04-20.347, NP; n° 437 F-D – Com. 27 mai 2008, n° 06-20.357, NP; n° 617 F-D; *Gaz. proc. coll.* 2008/3, p. 47, note Le Corre-Broly – Com. 24 mars 2009, n° 07-21.567, NP; n° 288 F-D; *Procédures* 2009, comm. 196, note Rolland; *Rev. proc. coll.* 2010/1, § 2, p. 23, note Gorrias et Manié – Com. 16 nov. 2010, n° 09-71.592, NP; n° 1165 F-D – Com. 9 avr. 2013, n° 12-15.414, *Bull. civ.* IV, n° 59; n° 373 F-P+B; *D.* 2013, pan. 2373, note Le Corre; *Act. proc. coll.* 2013/9, comm. 114, note Théron; *Rev. proc. coll.* 2013, comm. 108, note Cagnoli; *JCP E* 2013, Chron. 1434, n° 3, obs. Pételᵢ; *BJE* juill. 2013, p. 221, note Le Corre – Com. 9 avr. 2013, n° 12-15.415, NP; n° 374 F-D – Com. 9 avr. 2013, n° 12-15.413, NP; n° 384 F-D – Com. 8 avr. 2015, n° 14-11.230, NP; n° 362 F-D.
14. Paris, pôle 5, 9e ch., 25 juin 2015, RG n° 14/14566.
15. Com. 1er déc. 2009, n° 07-21.695, NP; n° 1113 F-D; *Gaz. proc. coll.* 2009/1, p. 40, note Le Corre-Broly.

Si le juge-commissaire rejette la créance déclarée, sans considérer que la défense au fond ne rentre pas dans son office, la cour d'appel n'a pas à vérifier qu'une autre juridiction a été saisie, car seule une décision par laquelle le juge-commissaire se déclare incompétent ou constate son absence de pouvoir juridictionnel pour trancher une contestation relative à une créance déclarée et sursoit à statuer, en conséquence, sur son admission peut inviter les parties à saisir la juridiction compétente (v. s[s] n° 682.12).

Tout au plus, pourrait-on considérer, qu'il convient néanmoins que le juge-commissaire constate que la discussion soulevée devant lui est sérieuse, le seul fait d'invoquer la nullité du contrat, si l'argument est fantaisiste, n'apparaissant pas suffisant, sauf pour le juge-commissaire à prêter alors la main à des contestations parfaitement dilatoires émanant de plaideurs de parfaite mauvaise foi.

Aucun délai de saisine du juge qui doit connaître de la discussion sur la créance déclarée n'est imposé par les textes, contrairement à la solution posée lorsqu'il est question d'une véritable incompétence du juge-commissaire. La jurisprudence a logiquement décidé, dans une première phase, qu'aucune forclusion ne peut ici atteindre le créancier[1]. Puis, opérant un revirement de jurisprudence, la Cour de cassation a décidé que « le délai de forclusion prévu à l'article R. 624-5 du code de commerce s'applique aussi lorsque le juge-commissaire constate que la contestation ne relève pas de son pouvoir juridictionnel et surseoit à statuer après avoir invité les parties à saisir le juge compétent »[2]. Pour parvenir à la solution, la Cour de cassation a du étendre un texte, l'article R. 624-5 du code de commerce, explicitement posé pour le seul cas de l'incompétence, au cas du sursis à statuer pour dépassement de l'office juridictionnel du juge-commissaire. Il nous semblait pourtant que ce texte particulier n'avait vocation à régir que cette hypothèse particulière. Il y a donc eu application par analogie d'un texte qui nous apparaissait pourtant comme d'exception. C'est un cadeau offert au débiteur qui use d'arguments parfois fantaisistes pour provoquer une discussion sur la créance déclarée, ayant pour objet de différer le moment à partir duquel il commencera à rembourser les dividendes de son plan, ou compliquant la tâche du créancier désireux de poursuivre la caution, dans une liquidation judiciaire, arguments qu'il aura aujourd'hui d'autant plus d'intérêt à soulever que la forclusion guettera le créancier. La solution n'apparaît donc pas, à notre sens, de bonne politique judiciaire et mériterait d'être législativement repensée.

Il faut en tout cas comprendre que, désormais, il appartiendra à l'une des parties, lorsqu'est soulevée devant le juge-commissaire une discussion qui dépasse son office juridictionnel, dans le mois de la notification de la décision de sursis à statuer, de saisir la juridiction qui aura à connaître de la discussion dépassant l'office juridictionnel du juge-commissaire. Passé ce délai et comme cela est le cas en présence d'une décision d'incompétence du juge-commissaire, l'intéressé sera atteint par la forclusion. Mais contre qui va courir la forclusion ? Autrement dit, qui va supporter les risques de l'initiative procédurale (sur cette détermination, v. *infra* s[s] même n°) ?

Si la créance a été admise au passif par une décision du juge-commissaire et que la question du dépassement de l'office juridictionnel du juge-commissaire, puis de la cour d'appel, est soulevée devant cette dernière, il appartient au débiteur de saisir le tribunal dans le délai du mois, le délai de forclusion courant alors contre lui. À défaut, la créance restera admise au passif[3].

Le juge-commissaire, et à sa suite la cour d'appel saisie sur recours, sont dépourvus de pouvoir juridictionnel pour statuer sur une demande de dommages et intérêts formée par le débiteur contre le créancier[4].

C'est ainsi qu'il ne peut statuer sur la responsabilité encourue par le créancier dans l'exécution du contrat fondant la déclaration de créance, par exemple un banquier auquel il est reproché de ne pas avoir affecté une partie des fonds prêtés au remboursement d'un premier prêt[5], ou de ne pas être intervenu alors qu'il avait laissé croire qu'il interviendrait à première demande en cas de défaillance

1. Com. 9 avr. 2013, n° 12-15.414, *Bull. civ.* IV, n° 59; n° 373 F-P+B; préc – Com. 9 avr. 2013, n° 12-15.415, NP; n° 374 F-D – Com. 9 avr. 2013, n° 12-15.413, NP; n° 384 F-D.
2. Com. 13 mai 2014, n° 13-13.284, *Bull. civ.* IV, n° 86; n° 491 P+B+R+I; *D.* 2014. actu 1093, note Lienhard et pan. 2149, note Le Corre; *Gaz. Pal.* 29 juin 2014, n° 180, p. 14, note Boustani; *Act. proc. coll.* 2014/9, comm. 170, note Vallansan; *Rev. sociétés* 2014. 405, note Henry; *JCP E* 2014, chron. 1447, n° 6, obs. Pétel; *Rev. proc. coll.* 2014, comm. 92, note Cagnoli; *BJE* 2014, 310, note Le Corre; *LXB hebdo* 22 mai 2014, n° 382, note Le Corre – Com. 13 oct. 2015, n°s 14-18.581, 14-18.582, 14-18.583, NP; n° 875 F-D.
3. Com. 23 sept. 2014, n°s 13-22.539, 13-22.540, 13-22.541, *Bull. civ.* IV, n° 137; n° 814 F-P+B; *D.* 2014. actu 1936, note Lienhard; *Gaz. Pal.* 18 janv. 2015, n° 18, p. 27, note Le Corre; *JCP E* 2014. 1637, n° 8, note Pétel; *Act. proc. coll.* 2014, comm. 301, note Cagnoli.
4. Com. 6 févr. 2001 (2 arrêts), n° 98-19.267, *Bull. civ.* IV, n° 32; n° 98-19.268, NP, *Act. proc. coll.* 2001/6, n° 74, note Régnaut-Moutier – Com. 15 mars 2005, n° 02-12.863, NP – Com. 12 avr. 2005, n° 03-17.207, NP, *Gaz. proc. coll.* 2005/2, p. 29, obs. Le Corre – Paris, 3e ch. A, 7 oct. 2003, RG n° 2003/02343.
5. Com. 9 juill. 2013, NP; n° 12-20.506, n° 745 F-D.

de la société[1], que la demande soit présentée par voie de défense au fond[2] ou par voie de demande reconventionnelle[3]. Au contraire, le juge-commissaire peut valablement statuer sur la créance de dommages et intérêts réclamés par le créancier, par exemple en cas d'engagement de la responsabilité du débiteur pour concurrence déloyale[4].

Dans toutes ces hypothèses de dépassement de son office juridictionnel, le juge-commissaire doit déclarer la demande irrecevable et inviter les parties à saisir le juge compétent.

De façon générale, le juge-commissaire ne peut statuer lorsqu'il est saisi d'une demande reconventionnelle émanant du débiteur[5]. Ainsi, sauf à invoquer la compensation, le débiteur ne peut demander au juge-commissaire de se prononcer sur une créance qu'il détiendrait à l'encontre du créancier, dès lors que cette créance est discutée[6]. Il lui appartiendra, sauf dessaisissement emportant changement du titulaire de l'action, d'agir selon les voies du droit commun[7].

Non seulement le juge-commissaire peut, mais encore il doit statuer sur la créance déclarée, puisque la demande reconventionnelle n'exerce sur elle aucune influence. Le débiteur peut poursuivre sa demande reconventionnelle indépendamment du sort de la créance déclarée, l'admission de la créance n'ayant pas, sur cette demande, autorité de chose jugée. Il n'y a donc pas, ici, place à un sursis à statuer. Il est ainsi jugé que le sursis à statuer ne peut être ordonné au prétexte d'une instance en responsabilité en cours initiée par le débiteur contre le créancier, par exemple une action en responsabilité contre un banquier[8]. Cela justifie que le sursis à statuer ne peut être ordonné au prétexte d'une instance en responsabilité en cours initiée par le débiteur contre le créancier, par exemple une action en responsabilité contre un banquier[9]. Lorsque le débiteur soulève la responsabilité du prêteur devant le juge-commissaire, il ne s'agit donc pas d'une contestation de la créance, ce qui justifie que le juge-commissaire puisse admettre la créance issue d'un prêt, sans avoir à entrer dans le détail des caractéristiques du prêt, les échéances et part du capital et des intérêts représentant les sommes réclamées[10], exactement comme s'il n'y avait eu aucune discussion sur la créance déclarée.

Lorsqu'un dépassement de l'office juridictionnel du juge-commissaire est invoqué, la décision de sursis à statuer, rendue en dernier ressort, peut être attaquée par la voie du pourvoi en cassation, pour violation de la règle de droit gouvernant le sursis à statuer[11]. Mais, par dérogation, elle peut aussi être attaquée devant la cour d'appel en cas d'excès de pouvoir[12].

> POUR LES PROCÉDURES OUVERTES À COMPTER DU 1ER JUILLET 2014, SOUMISES À LA LÉGISLATION ISSUE DE L'ORDONNANCE DU 12 MARS 2014. L'article L. 624-2 du code de commerce, issu de la rédaction de l'ordonnance du 12 mars 2014 (art. 34) a été complété. Il prévoit depuis que « en l'absence de contestation sérieuse, le juge-commissaire a également compétence, dans les limites de la compétence matérielle de la juridiction qui l'a désigné, pour statuer sur tout moyen opposé à la demande d'admission ».

Globalement, le texte reprend les solutions ci-dessus exposées : une contestation sérieuse et l'office juridictionnel du juge-commissaire est épuisé. Il y a confirmation des analyses développées antérieurement à l'ordonnance du 12 mars 2014 : le juge-commissaire est le juge de l'évidence quand il statue en matière de vérification du passif[13]. Comme par le passé, il devra, à notre sens, surseoir à statuer pour dépassement de son office juridictionnel[14], et non, comme cela a été soutenu, se déclarer incom-

1. Com. 27 janv. 2015, n° 13-20.463, *Bull. civ.* IV [à paraître]; n° 91 FS-P+B; *D.* 2015. actu 317, note Lienhard; *Act. proc. coll.* 2015/5, comm. 66, note Théron; *JCP E* 2015. 1135, note Brignon et chron. 1204, n° 8, obs. Pétel; *BJE* mai 2015, 154, note Rolland; *Rev. proc. coll.* 2015, comm. 40, note F. et M.-N. Legrand.
2. Com. 21 sept. 2004, n° 02-16.825, NP, *D.* 2005, pan. 297, obs. Le Corre – Com. 27 janv. 2015, n° 13-20.463, préc. – Toulouse, 2e ch., 2e sect., 15 mars 2001, *Rev. proc. coll.* 2003, p. 321, n° 13, obs. Legrand.
3. Com. 28 janv. 2004, n° 01-10.228, NP – Com. 12 avr. 2005, n° 03-17.207, NP; n° 613 F-D; *Rev. proc. coll.* 2006/1, p. 62, n° 7, obs. Legrand; *Gaz. proc. coll.* 2005/2, p. 29, note Le Corre.
4. Caen, 1re ch. civ. et com., 20 mai 2009, RG n° 08/02443, *Act. proc. coll.* 2009/11, n° 175.
5. Com. 6 févr. 2001, n° 98-19.267, *Bull. civ.* IV, n° 32; *Act. proc. coll.* 2001, n° 116; *RJDA* 2001/5, n° 618; *Rev. proc. coll.* 2002, p. 186, n° 6, obs. Legrand – Paris, 3e ch. A, 14 oct. 2003, RG n° 2003/10245.
6. Paris, 3e ch. A, 6 nov. 2007, RG n° 06/15239.
7. Paris, 3e ch. A, 14 oct. 2003, RG n° 2003/10245.
8. Com. 24 mars 2009, n° 07-18.927, NP; n° 286 F-D; *Procédures* 2009, comm. 196, note Rolland – Paris, 3e ch. A, 13 janv. 2004, RG n° 2001/20865 – Paris, 3e ch. A, 13 janv. 2004, RG n° 2001/20866.
9. Com. 24 mars 2009, n° 07-18.927, préc. – Paris, 3e ch. A, 13 janv. 2004, RG n° 2001/20865 – Paris, 3e ch. A, 13 janv. 2004, RG n° 2001/20866.
10. Com. 9 avr. 2013, nos 12-14.967, 12-14.968, 12-15.537, NP; n° 360 F-D.
11. Com. 4 nov. 2014, n° 13-22.365; NP; n° 956 F-D.
12. Com. 17 déc. 2013, n° 12-26.246, NP; n° 1240 F-D – Com. 4 nov. 2014, n° 13-22.365, NP.
13. Lucas, « Présentation de l'ordonnance portant réforme de la prévention des difficultés des entreprises et des procédures collectives », *BJE* mars 2014, 111 s., sp. p. 115.
14. AUSSI EN CE SENS, Rossi et Legrand, « L'amélioration des droits des créanciers. La déclaration et la vérification du passif simplifiées », *Rev. proc. coll.* 2014, dossier 63, nos 25, 26 – PÉROCHON, 10e éd., n° 1589.

pétent[1]. Il faut toutefois noter une petite modification par rapport aux solutions antérieures : le juge-commissaire pourra désormais connaître des demandes reconventionnelles[2], dès lors qu'elles auraient pour objet de faire obstacle à l'admission de la créance telle qu'elle a été déclarée. Mais, il n'en sera ainsi que si ces demandes reconventionnelles, qui sont dans les limites de la compétence du tribunal qui a désigné le juge-commissaire, ne soulèvent pas de contestation sérieuse. Ce sera très rare. Autant, dès lors conclure que l'ordonnance du 12 mars 2014 n'a quasiment rien changé aux solutions prétoriennes antérieures, ce qui peut être déploré[3].

Le décret du 30 juin 2014[4] reprend à son compte l'alignement du régime du dépassement de l'office juridictionnel sur celui de l'incompétence, opéré par la Cour de cassation dans son arrêt de revirement du 13 mai 2014[5].

Tout d'abord, se trouve modifiée la rédaction de l'alinéa 1 de l'article R. 624-4 (D. 30 juin 2014, art. 54). Comme en matière d'incompétence, lorsque le juge-commissaire estime que la discussion portée devant lui dépasse son office juridictionnel, le greffier convoque par lettre recommandée avec demande d'avis de réception le débiteur, le créancier, le mandataire judiciaire et l'administrateur, lorsqu'il en a été désigné. De manière nouvelle, la convocation du créancier doit reproduire les dispositions du deuxième alinéa de l'article L. 624-1 (obligation pour le débiteur de présenter ses observations, c'est-à-dire ses contestations, sur les créances déclarées, dans le délai du mois) et du troisième alinéa de l'article R. 624-3 (obligation d'aviser le mandataire judiciaire et l'administrateur contre récépissé des décisions rendues).

La décision par laquelle le juge-commissaire estime que la discussion dépasse son office juridictionnel est ifiée au débiteur et a créancier ou à son ma taire par le greffier, dans les huit jours.

sque le juge-commissaire estime que la discussion dépasse son office juridictionnel, il renvoie par ordonnance spécialement motivée, les parties à mieux se pourvoir (C. com., art. R. 624-5, al. 1, réd. D. 30 juin 2014, art. 55). En réalité, il s'agira ici pour les parties de saisir le tribunal de la faillite. En effet, puisqu'il n'est pas question d'incompétence, la discussion sera nécessairement portée devant lui.

Le décret a pris le soin d'indiquer qu'il appartiendra au juge-commissaire d'inviter, selon le cas, le créancier, le débiteur ou le mandataire judiciaire à saisir la juridiction compétente dans le délai d'un mois à compter de la notification (pour le créancier et le débiteur) ou de la réception (pour le mandataire judiciaire) de l'avis délivré à cette fin, à peine de forclusion à moins de contredit dans les cas où cette voie de recours est ouverte. Ainsi, l'ordonnance du juge-commissaire précisera contre qui court le délai de forclusion.

Il faut donc comprendre qu'il appartiendra à l'une des parties, lorsqu'est soulevée devant le juge-commissaire une discussion qui dépasse son office juridictionnel, ou lorsqu'il se déclare incompétent, dans le mois de la notification de la décision de sursis à statuer, de saisir la juridiction qui aura à connaître de la discussion dépassant l'office juridictionnel du juge-commissaire ou la juridiction compétente, selon le cas. Passé ce délai, l'intéressé sera atteint par la forclusion. Mais contre qui va courir la forclusion ? Autrement dit, qui va supporter les risques de l'initiative procédurale ?

Si l'on raisonne sur un contrat, le principe est celui de sa validité, sa mauvaise exécution ou sa nullité étant l'exception. Il appartient donc à celui qui, pour voir rejetée la déclaration de créance de sommes dues au titre du contrat, prétend à une mauvaise exécution ou à la nullité du contrat de saisir la juridiction de la discussion, de la même façon qu'il aurait, sur le terrain de la preuve, la charge. Ce sera donc le débiteur ou le mandataire de justice. Si la juridiction adéquate n'est pas saisie dans le délai, la créance sera admise dans les conditions de sa déclaration, car la discussion sur la créance déclarée ne pourra plus prospérer. La forclusion atteindra alors la discussion sur la créance déclarée.

Si la discussion porte sur l'allocation de dommages et intérêts réclamés par le créancier qui prétend que le débiteur a mal exécuté le contrat, de même que ce créancier doit rapporter la preuve de la mauvaise exécution du contrat, il lui incombera de saisir la juridiction adéquate pour qu'elle statue sur la discussion. À défaut de cette saisine dans le délai du mois, cette créance de dommages et intérêts ne pourra être admise au passif. La forclusion atteindra alors la déclaration de créance.

1. Lucas, « Présentation de l'ordonnance portant réforme de la prévention des difficultés des entreprises et des procédures collectives », *BJE* mars 2014, 111 s., sp. p. 115 – Macorig-Vénier, « Les créanciers antérieurs hors comités après l'ordonnance du 12 mars 2014 : un vent de simplification en faveur de la reconnaissance de leur droit de créance », *BJE* mai 2014, 185 s., sp. 188.
2. Rapport au président de la République sur l'ordonnance n° 2014-326 du 12 mars 2014, p. 8.
3. AUSSI : Roussel Galle, « La réforme du droit des entreprises en difficulté par l'ordonnance du 12 mars 2014 », *Rev. sociétés* 2014. 364, n° 53.
4. D. n° 2014-736, 30 juin 2014, *JO* 1er juill., p. 10834.
5. Com. 13 mai 2014, n° 13-13.284, P; n° 491 P+B+R+I; *D.* 2014, actu 1093, note Lienhard et pan. 2149, note Le Corre; *Gaz. Pal.* 29 juin 2014, n° 180, p. 14, note Boustani; *Act. proc. coll.* 2014/9, comm. 170, note Vallansan; *Rev. sociétés* 2014. 405, note Henry; *Leden* mars 2014, comm. 044, note Le Corre; *LXB hebdo* 22 mai 2014, n° 382, note Le Corre.

Si la discussion porte sur la mauvaise exécution du contrat pour fonder une créance de dommages et intérêts, c'est au créancier qui prétend à l'allocation de dommages et intérêts de saisir la juridiction. S'il ne le fait pas, il perd le bénéfice des dommages et intérêts réclamés. Mais, on le voit, en pareille hypothèse on pourra revenir devant le juge-commissaire une fois le délai de forclusion expiré, car cela aura pour effet d'emporter révocation du sursis à statuer. La forclusion peut aussi frapper le mandataire judiciaire ou le débiteur, s'ils invoquent par exemple la nullité du contrat fondant la créance, car le principe est la validité du contrat, celui qui invoque la nullité devant la prouver et devant donc avoir l'initiative procédurale. Si la saisine n'est pas effectuée dans le délai, ici encore cela emportera révocation du sursis à statuer et cela autorisera le juge-commissaire à admettre la créance déclarée sans tenir compte de l'argument de nullité invoqué.

Précisons immédiatement que l'alinéa 1 de l'article R. 624-5 du code de commerce est commun à l'incompétence et au dépassement de l'office juridictionnel. Il nous semble que le contredit ne sera ouvert qu'en cas d'incompétence, non en cas de décision de dépassement de l'office juridictionnel. En ce cas, seul l'appel sera ouvert, pour excès de pouvoir, car le fait pour un juge-commissaire de refuser de se reconnaître un pouvoir qu'il n'a pas est un cas d'excès de pouvoir négatif.

Dans d'autres hypothèses, il n'est pas question du pouvoir juridictionnel du juge-commissaire, mais de la **compétence d'une autre juridiction**. Le juge-commissaire doit alors se déclarer incompétent. Il en est ainsi chaque fois que la compétence pour connaître de la discussion n'appartient pas à la juridiction à laquelle appartient le juge-commissaire. Indiquons qu'un auteur ne partage pas l'analyse et la combat même vigoureusement, sans emporter pour autant notre conviction[1]. La solution résulte clairement, à notre sens, de l'ordonnance du 12 mars 2014, qui ne modifie pas les solutions ici applicables. L'article L. 624-2 du code de commerce, qui en résulte, indique que « le juge-commissaire a également compétence, dans les limites de la compétence matérielle de la juridiction qui l'a désigné... ». Mais il est également ainsi chaque fois que la compétence est exclusivement attribuée au tribunal de la faillite, celle du juge-commissaire n'existant plus alors, par exemple la question des nullités de la période suspecte. La question de l'exception d'incompétence sera étudiée dans le détail avec l'examen des décisions du juge-commissaire ne statuant pas sur la créance déclarée (v. s[s] n° 682.71).

1. J.-CL. Com, Vallansan, fasc. 2352, [Déclaration et admission des créances], 2015, n° 225.

En matière de créances fiscales, les pouvoirs du juge-commissaire doivent d'abord être circonscrits[2]. Une décision du Tribunal des conflits, rendue à l'époque récente, énonce que, en vertu de l'article 281 du livre des procédures fiscales « la juridiction administrative est compétente pour connaître des contestations relatives au recouvrement des impositions mentionnées au premier alinéa de l'article L. 199 du même livre lorsqu'elles portent sur l'existence de l'obligation de payer, le montant de la dette, l'exigibilité de la somme réclamée ou tout autre motif ne remettant pas en cause l'assiette et le calcul de l'impôt; que toutefois, le tribunal de la procédure collective est, quelle que soit la nature des créances en cause, seul compétent pour connaître des contestations relatives à la mise en œuvre des règles propres à la procédure collective »[3]. De cette règle, il tire la conséquence que la question relative à la prescription ne concerne pas la mise en œuvre des règles propres à la procédure collective. Le tribunal de la faillite n'est donc pas compétent[4].

La solution avait déjà été posée à propos de la prescription de la créance d'impôt[5]. De même, il a été jugé que le juge-commissaire ne peut apprécier la connexité entre des créances fiscales[6], connaître des contestations relatives au recouvrement des impôts et portant sur l'existence de l'obligation de payer.

Le juge-commissaire est incompétent pour statuer sur le montant de la dette, la contestation du calcul de l'assiette ne pouvant que prendre la forme d'une réclamation conformément aux dispositions du Livre des procédures fiscales[7]. Il ne peut davantage statuer sur l'exigibilité de la somme réclamée[8], sur le bien-fondé de l'impôt[9] ou sur celui de la pro-

2. T. confl. 13 janv. 1936, *Journ. faillites* 1937, 98 – *Adde*, Lagarde, « Le juge commercial et le Trésor public », *LPA* 19 mars 2001, n° 55, p. 4 – Governatori, « Le droit administratif à l'épreuve des procédures collectives », *Gaz. proc. coll.* 2009/4, 1re partie, nos 303, 304, p. 9 s., sp. p. 20.
3. T. confl. 13 avr. 2015, n° C3988, *Lebon; D.* 2015. actu 917, note de Montecler; *Gaz. Pal.* 21 juill. 2015, n° 200, p. 22, note Le Corre; *BJE* sept. 2015, 311, note Dedeurwaerder; *Rev. proc. coll.* 2015, comm. 195, note Vabres.
4. T. confl. 13 avr. 2015, n° C3988, préc.
5. Paris, 3e ch. A, 25 sept. 2007, RG n° 06/6809.
6. T. confl. 22 janv. 2001, n° 03231, *Lebon*, n° 1; *LPA* 24 juill. 2001, n° 146, p. 22, note Lagarde; *RTD com.* 2001. 511, obs. Martin-Serf; *Rev. proc. coll.* 2003, p. 105, n° 4, obs. Gorrias.
7. Com. 3 févr. 2015, n° 13-25.256, NP.
8. T. confl. 26 mai 2003, req. n° 03354, *Lebon*, n° 16; *D.* 2003. AJ 2010; *LPA* 7 nov. 2003, n° 223, p. 10, note Brandeau; *Act. proc. coll.* 2003/18, n° 233; *RTD com.* 2004. 153, n° 2, obs. Martin-Serf; *LXB* n° N837AA7, note Le Corre – Com. 27 mai 2003, n° 99-15.836, NP – Com. 9 nov. 2004, n° 02-18.531, NP – CE 24 nov. 2010, req. n° 328189, *Amauger, Lebon*; *AJDA* 2010. 2289; *LPA* 3 mai 2011, n° 87, p. 9, note Brandeau.
9. Paris, 3e ch. C, 6 juin 2003, RG n° 2002/14302.

cédure de taxation[1]. Il ne peut vérifier l'existence des conditions d'admission d'une créance fiscale[2] et plus généralement la régularité de la procédure d'établissement de l'impôt[3].

Il avait identiquement été jugé que les litiges afférents à une créance fiscale ne reposant pas sur ces questions sont en revanche de la compétence du juge-commissaire[4]. Il en est ainsi de l'appréciation de la régularité de la déclaration de créance. De façon plus générale, le juge-commissaire peut statuer s'il n'existe pas de discussion véritable sur la créance déclarée, le débiteur se contentant d'invoquer de multiples instances devant la juridiction administrative introduites avant le jugement d'ouverture sans en rapporter la justification[5].

Il appartient *a priori* au juge-commissaire, dans le cadre de la vérification des créances, de rechercher quel est le fait générateur de la créance[6], cependant qu'une divergence existe ici entre la Cour de cassation et le Conseil d'État, ce dernier estimant que la détermination du fait générateur d'une créance fiscale échappe à la compétence du tribunal de la faillite[7].

La compétence du juge-commissaire est écartée, au profit du tribunal des affaires de sécurité sociale, pour la détermination du fait générateur de la créance de cotisations sociales[8] ou pour le calcul des cotisations[9].

De même, la créance trouvant son origine dans l'exécution d'un marché public relève de la juridiction administrative[10].

Lorsque la créance est détenue, dans le cadre d'une succession, par des coïndivisaires sur l'un des indivisaires, seul le tribunal de grande instance est compétent pour connaître des contestations qui s'élèvent à l'occasion d'une succession. Le juge-commissaire est en conséquence incompétent pour fixer au passif cette créance[11].

Le juge-commissaire ne peut satuer sur la validité de warrants agricoles, la compétence exclusive du tribunal d'instance *s'imposant*[12].

L'ordonnance d'admission ne peut davantage statuer sur une nullité de la période suspecte, qui est de la compétence exclusive du tribunal qui a ouvert la procédure collective (v. s^s n° 822.21).

SECTION 682.20

DÉCISIONS D'ADMISSION DE LA CRÉANCE À TITRE DÉFINITIF

682.21 Règles générales relatives à l'admission à titre définitif de la créance. Il convient d'abord de préciser que si l'admission intervient sans contestation, le juge-commissaire n'a nul besoin d'instaurer devant lui un débat contradictoire[13]. Le juge-commissaire peut donc, sans commettre un excès de pouvoir, prononcer l'admission d'une créance sans entendre ou appeler le débiteur[14]. En outre, si le représentant des créanciers – mandataire judiciaire –, le débiteur, et le cas échéant l'administrateur judiciare acquiescent aux prétentions du créancier, ils seront privés du doit de former un recours sur la décision du juge-commissaire (v. s^s n° 683.12).

L'ordonnance d'admission sans contestation passe en force de chose jugée dès son prononcé, conformément à l'article 500 du code de procédure civile[15], puisqu'elle n'est pas susceptible de recours suspensif.

En pratique, le juge-commissaire ne formule pas les décisions d'admission sans contestation. Il se contente de signer la liste des créances que lui soumet le mandataire de justice. Il y a néanmoins décision d'admission des créances, bien que cette décision ne comporte ni motivation ni dispositif[16], ce qui peut être discuté au regard des principes essentiels de procédure civile auxquels il n'est pas explici-

1. Paris, 3e ch. C, 6 juin 2003, RG n° 2002/13481, *RTD com.* 2004. 153, n° 2, obs. Martin-Serf.
2. Com. 28 avr. 2004, n° 01-01.649 *Bull. civ.* IV, n° 77; *D.* 2004. AJ 1735; *JCP E* 2004, Chron. 1292, p. 1387, n° 10, obs. Pétel.
3. Com. 9 nov. 2004, n°s 02-13.184 à 02-13.186, 3 arrêts, NP.
4. T. confl. 26 mai 2003, n° 3354, *Lebon*, n° 16, préc. (v. s^s prés^t n°).
5. Com. 2 juin 2015, n°s 13-26.815, 14-11.101, NP; n° 543 F-D.
6. Com. 28 avr. 2004, n° 01-01.649, préc.
7. CE 9 mars 1988, *Rev. proc. coll.* 1988, p. 449, obs. Guillou.
8. Soc. 14 juin 1990, n° 87-18.761, *Bull. civ.* V, n° 288 – Com. 2 mai 1990, n° 88-16.527, *Bull. civ.* IV, n° 130; *D.* 1991, jur. 241, note Pagès – Com. 9 juill. 1991, n° 89-19.503, *Bull. civ.* IV, n° 255; *D.* 1992. Somm. 282, obs. Honorat; *JCP E* 1991. I. 100, n° 1, obs. Pétel.
9. Com. 28 sept. 2004, n° 03-11.862, NP.
10. Versailles, 13e ch., 13 mai 2008, *JCP E* 2008. 1911.
11. Paris, 3e ch., 28 juin 2005, RG n° 2004/19883, *RD banc. fin.* 2005/5, p. 24, n° 175, obs. Lucas.
12. Paris, 2 avr. 2009, RG n° 08/10601.
13. Com. 3 oct. 2000, n° 97-21.584, *Bull. civ.* IV, n° 147 – Com. 3 oct. 2000, n°s 97-21.585 à 97-21.589, 5 arrêts, NP, *Act. proc. coll.* 2000/17, n° 224.
14. Paris, 3e ch. B, 17 mai 2002, *Rev. proc. coll.* 2003, p. 142, n° 13, obs. Legrand.
15. Com. 24 mars 2004, n° 01-12.056, NP, *LXB* n° N1627ABU, note Le Corre.
16. Com. 23 nov. 2004, n° 03-14.810, *Bull. civ.* IV, n° 201; *D.* 2004. AJ 3222, *D.* 2005, pan. 298, obs. Le Corre; *Act. proc. coll.* 2005/1, n° 5, note crit. Vallansan; *RD banc. fin.* 2005/1, p. 22, n° 16, obs. crit. Lucas; *JCP E* 2005, Chron. 639, p. 710, n° 9, obs. M. Cabrillac; *RTD com.* 2005. 173, n° 8, obs. Vallens – RAPPR. : Com. 11 févr. 2004, n° 01-11.127, NP, *RTD com.* 2004. 616, n° 18, obs. Vallens.

tement dérogé[1]. Le décret du 12 février 2009[2] prend d'ailleurs le soin de préciser, d'une manière interprétative au regard des solutions précédemment posées en jurisprudence, que « les décisions d'admission sans contestation sont matérialisées par l'apposition de la signature du juge-commissaire sur la liste des créances établie par le mandataire judiciaire ».

La créance fait l'objet d'une admission au passif, lorsqu'elle figure sur la liste établie par le mandataire judiciaire comme proposée à l'admission, dès lors que cette liste est annexée à l'ordonnance signée par le juge-commissaire, sans que les réserves émises par le débiteur, et non par le mandataire judiciaire, portées dans la colonne « observations » puissent constituer une contestation[3].

Il est admis que le juge-commissaire peut admettre la créance en se contentant d'indiquer qu'elle peut intervenir « au vu des pièces justificatives produites » par le créancier, l'appréciation des juges du fond étant ici souveraine[4]. La preuve de la créance incombe évidemment au créancier, demandeur à l'instance d'admission. Le créancier commerçant peut la rapporter par l'inscription en crédit sur le grand livre des tiers[5].

Le certificat d'admission de la créance, que délivre le greffe au créancier dont la créance n'a pas été contestée, établit la régularité de la déclaration de créance et peut, en conséquence, être opposé à la caution[6], laquelle se trouve alors privée de la possibilité de soulever des exceptions inhérentes à la dette, par exemple, sous l'empire de la législation antérieure à la loi de sauvegarde des entreprises, celle relative à l'irrégularité de la déclaration[7]. Il fait foi jusqu'à inscription de faux[8].

Le juge-commissaire ayant admis une créance ne peut revenir sur sa décision par la voie de la rétractation, sous réserve du jeu de la réclamation à l'état des créances, sauf à commettre un excès de pouvoir[9].

1. Vallansan, obs. ss Com. 23 nov. 2004, nº 03-14.810, *Bull. civ.* IV, nº 201; *Act. proc. coll.* 2005/1, nº 5 – Lucas, *RD banc. fin.* 2005/1, p. 22, nº 16.
2. D. nº 2009-160, 12 févr. 2009, *JO* 13 févr., p. 2596.
3. Com. 4 mars 2014, nº 12-35.029, NP; nº 212 F-D; *BJE* mai 2014, 158, note Le Mesle.
4. Com. 4 janv. 2005, nº 02-15.402, NP.
5. Com. 13 nov. 2012, nº 11-17.525, NP.
6. Com. 5 mai 2004, nº 02-21.421, NP – Com. 30 sept. 2008, nº 07-14.328, NP; nº 929 F-D.
7. Com. 30 sept. 2008, nº 07-14.328, NP; nº 929 F-D.
8. Com. 19 mars 2002, nºs 00-11.218, 00-11.219, 2 arrêts, NP, *Act. proc. coll.* 2002/10, nº 122; *Rev. proc. coll.* 2003/1, p. 23, nº 2, obs. Legrand – Com. 21 mars 2006, nº 04-19.334, NP; nº 407 F-D – Com. 30 sept. 2008, nº 07-14.328, NP; nº 929 F-D.
9. Paris, 3e ch. B, 26 janv. 2001, *Act. proc. coll.* 2001, nº 174 – Angers, ch. com., 29 juin 2004, *RD banc. fin.* 2004/6, p. 412, nº 249, obs. Lucas.

Le juge-commissaire ne peut admettre un créancier pour un montant supérieur à celui déclaré[10].

Il ne peut admettre un créancier sur un fondement autre que celui sur lequel s'est appuyé le créancier pour fonder sa déclaration de créance[11]. Ainsi a-t-il été jugé que le créancier ne pouvait faire admettre une créance, qui avait initialement été déclarée sur le fondement d'un engagement d'associé, sur un autre fondement tel celui d'un engagement de caution[12]. De même, le juge-commissaire ne peut admettre au passif une créance de loyers, alors que le bail n'est plus en cours et que seule était due une indemnité d'occupation, laquelle n'avait pas été déclarée au passif[13].

Il en irait évidemment différemment si le fondement juridique est modifié à l'intérieur du délai de déclaration de créance. On considérera alors que la créance a été déclarée à nouveau dans le délai légal (v. ss nº 666.23).

L'admission de la créance s'apprécie par référence à la situation existant à la date du jugement d'ouverture. La règle s'applique pour le montant de l'admission (v. ss nº 682.24), mais aussi pour son caractère privilégié, la péremption de la sûreté postérieurement au jugement d'ouverture n'affectant pas la nature privilégiée de la créance[14]. Cela n'autorisera pas pour autant le créancier à participer aux répartitions en qualité de créancier privilégié (v. ss nº 682.33).

Il faut ensuite rappeler que les décisions passées en force de chose jugée, après reprise d'instance, sont portées sur l'état des créances par le greffier du tribunal d'ouverture de la faillite. Le juge-commissaire n'a donc pas ici à statuer (v. ss nº 682.72). Il en est de même des décisions rendues par une juridiction autre que le tribunal de la faillite, à la suite d'une décision d'incompétence (v. ss nº 682.71).

Cette solution n'est pas explicitement posée pour les créances résultant d'un titre exécutoire définitif avant jugement d'ouverture. Il faut donc décider que le juge-commissaire doit statuer sur les déclarations de créance de ce type, mais qu'il est dépourvu de pouvoir d'appréciation pour modifier le *quantum* et le caractère privilégié ou non de la créance.

682.22 Admission à titre définitif de la créance – Particularisme des créances non échues – Intérêts à échoir. Le juge-commissaire décide de l'admission

10. Com. 14 janv. 2004, nº 01-02.589, NP.
11. Com. 13 févr. 2007, nº 06-11.993, NP – Com. 13 janv. 2015, nº 13-25.251, NP; nº 23 F-D; *RTD com.* 2015. 368, nº 2, obs. Martin-Serf; *Act. proc. coll.* 2015/4, comm. 52, note Thiberge – Nîmes, 2e ch. com. B, 20 juin 2013, RG nº 12/00997, *Rev. proc. coll.* 2014, comm. 16, note Legrand et Legrand.
12. Com. 13 janv. 2015, nº 13-25.251, préc.
13. Com. 12 juill. 2016, nº 14-28.003, NP, nº 673 F-D.
14. Com. 10 mai 2005, nº 04-10.366, NP.

des créances non échues, aux termes de l'article 73, alinéa 2 du décret du 27 décembre 1985[1]. La solution n'a pas été reproduite par le décret du 28 décembre 2005[2], sans que cela porte, à notre sens, à conséquence.

L'absence d'exigibilité de la créance, qui pourra résulter d'un octroi de délais de paiement, ne fait pas obstacle à l'admission de la créance[3], même si le terme est incertain, solution posée à propos d'une dette devant faire l'objet d'un remboursement lorsque les fonds propres du débiteur auraient atteint une certaine somme[4]. Le paiement de ce type de créance interviendra soit après déchéance du terme, en cas de liquidation judiciaire ou en cas de plan de cession sous l'empire de la loi du 25 janvier 1985[5], soit dans le cadre du plan de continuation, de sauvegarde ou de redressement. Dans cette hypothèse, les délais de remboursement de la créance ne pourront être inférieurs au délai restant contractuellement à courir (v. s[s] n° 522.17).

Selon le principe général en la matière, le juge-commissaire ne peut admettre une créance d'intérêts « pour mémoire ». Il a été jugé que cette décision ne vaut pas admission de la créance d'intérêts[6]. Il pourrait tout aussi bien être estimé que la précision « pour mémoire » est sans portée, en présence d'un créancier qui n'est pas autorisé à déclarer sa créance à titre provisionnel (v. s[s] n° 682.11). Le créancier ne pourra se prévaloir de la créance d'intérêts déclarés « pour mémoire » qui ne figure pas sur l'état des créances[7]. De même, l'admission des intérêts « à parfaire » ne vaut pas admission des intérêts[8]. Il en est de même de la mention « outre intérêts », qui ne vaut pas davantage admission des intérêts, peu important les indications figurant sur la déclaration de créance. Il ne pourra en être demandé le paiement pendant le plan, et le créancier ne pourra s'en prévaloir après la résolution du plan, au prétexte que le débiteur aurait, dans le cadre du plan pris l'engagement de les payer, seuls des créances admises au passif pouvant être payées[9].

Ne peut en conséquence être approuvée la cour d'appel qui admet les intérêts majorés pour mémoire[10], alors qu'il s'agit d'une créance éventuelle. En pareil cas, le juge-commissaire doit surseoir à statuer, jusqu'à ce qu'il puisse vérifier si la majoration a pris corps.

En ce qui concerne *les intérêts dont le cours n'est pas arrêté*, le juge-commissaire n'a pas l'obligation d'en fixer le montant[11]. Il devra indiquer leurs modalités de calcul sans en fixer le montant, sa décision valant admission, dans la limite de ces modalités, de la créance d'intérêts telle qu'arrêtée ultérieurement[12]. Le juge-commissaire satisfait aux exigences des articles L. 622-25 et R. 622-23, en admettant au passif les intérêts à échoir au taux du contrat, ainsi que leur majoration de trois points en cas de retard de paiement à l'échéance, outre les indemnités d'assurance à échoir[13].

L'admission des intérêts par la simple mention « outre intérêts conventionnels » est insuffisante. Il y a violation des textes en l'absence d'indication des modalités de calcul des intérêts ayant continué à courir[14]. *A minima*, il faut l'indication « outre intérêts continuant à courir au taux contractuel » ou « au taux de X % l'an ».

Lorsqu'une déclaration de créance concerne plusieurs prêts, certains d'une durée supérieure ou égale à un an, d'autres d'une durée inférieure, l'admission de la créance ne peut pas intervenir indistinctement en réservant le cours des intérêts à échoir[15].

L'absence d'indication de l'admission des intérêts, dans la décision du juge-commissaire, interdit au créancier d'en demander le paiement au débiteur et, du moins sous l'empire de la législation antérieure à la loi de sauvegarde des entreprises[16], aux cautions. C'est en ce sens que statue la deuxième Chambre civile de la Cour de cassation[17]. Pour sa part, la Chambre commerciale semble fluctuante sur la question. Elle avait d'abord jugé que la circonstance que la créance d'intérêts à échoir, régulièrement déclarée, ne fût pas mentionnée dans l'ordonnance du juge-commissaire, restait sans conséquence sur son admission[18]. La solution a ensuite apparemment été abandonnée, par un arrêt que nous avions considéré comme un revirement. Pour savoir si les intérêts avaient été admis au passif, il convenait, selon la Cour de cassation, de se

1. D. n° 85-1388, 27 déc. 1985, préc.
2. D. n° 2005-1677, 28 déc. 2005, préc.
3. Com. 11 juin 2003, n° 00-12.547, NP, *Act. proc. coll.* 2003/15, n° 197.
4. Com. 12 oct. 2004, n° 02-13.230, *Bull. civ.* IV, n° 182.
5. L. n° 85-98, 25 janv. 1985, préc.
6. Paris, 3e ch. B, 31 mars 2006, RG n° 2004/04615.
7. Paris, 3e ch. B, 31 mars 2006, RG n° 2004/4615.
8. Com. 6 oct. 2009, n° 08-19.319, NP; n° 856 F-D; *Gaz. Pal.* 8-10 janv. 2010, n°s 8, 9, p. 30, note Le Corre-Broly.
9. Com. 13 janv. 2015, n° 13-21.504, NP; n° 36 F-D; *Rev. proc. coll.* 2015, comm. 41, note F. et M.-N. Legrand.
10. Caen, 10 déc. 2009, RG n° 08/00901, *Rev. proc. coll.* 2010, comm. 100, note Legrand.
11. Com. 4 oct. 2007, RG n° 05/05227.
12. Com. 13 nov. 2007, n° 06-16.696, *Bull. civ.* IV, n° 241; n° 1253 FS-P+B; *D.* 2007. AJ 3012, obs. Lienhard; *RTD com.* 2008. 195, n° 3, obs. Martin-Serf.
13. Com. 12 juill. 2016, n° 14-28.900, NP, n° 679 FS-D.
14. Com. 2 juill. 2013, n° 12-21.394, NP; n° 690 F-D.
15. Com. 15 avr. 2008, n° 07-10.537, NP; n° 517 F-D; *RTD com.* 2008. 620, obs. Martin-Serf.
16. L. n° 2005-845, 26 juill. 2005, préc.
17. Civ. 2e, 10 juill. 2003, n° 01-15.278, NP.
18. Com. 24 mai 2005, n° 04-11.743, NP.

référer exclusivement à la décision du juge-commissaire. En conséquence, la mention de l'admission des intérêts « pour mémoire » ne valait pas admission des intérêts [1]. Le créancier ne pouvait demander le paiement des dividendes du plan avec le jeu de la continuation du cours des intérêts si ceux-ci n'avaient pas été explicitement admis au passif [2]. De même, le créancier ne pouvait demander à la caution le paiement des intérêts au taux majoré si mention de ce taux ne figure pas dans l'ordonnance d'admission de la créance [3]. Une dernière décision pourrait être de nature à remettre en cause ces certitudes. La Cour de cassation estime qu'une cour d'appel peut déduire que les créances ont été admises avec continuation du cours des intérêts, alors pourtant que les lettres certification d'admission ne faisaient pas mention du cours des intérêts, pas plus que l'état des créances, du fait que les déclarations de créance avaient réservé le cours des intérêts au taux contractuel et que la liste des créances déclarées avec ses propositions établie par le mandataire judiciaire en faisait également état [4]. Cette décision peut toutefois ne pas remettre en question les solutions précédemment évoquées, dès lors que l'on considère que la décision d'admission résulte de la signature par le juge-commissaire de la liste des créances non contestées sur laquelle mention avait été apposée de la continuation du cours des intérêts (sur cette question, v. s[s] n° 681.12).

La liquidation des intérêts sera effectuée au jour des répartitions. En pratique, il faut bien avouer que le juge-commissaire ne statuera pas ultérieurement pour liquider les intérêts. L'admission ne pourra toutefois réserver à titre privilégié des intérêts pour une durée supérieure à celle que la loi prévoit compte tenu du type de sûreté [5].

682.23 Admission de la clause pénale. Le juge-commissaire peut admettre une clause pénale, dans les conditions du droit commun. En conséquence, il pourra la réduire, même d'office, s'il y a excès manifeste par rapport au préjudice (C. civ., art. 1152 et 1231) [6]. La clause pénale reste efficace, malgré le jugement d'ouverture du débiteur, dès lors qu'elle ne majore pas les obligations de celui-ci pour cause de survenance de sa procédure collective [7].

L'indemnité de résiliation d'un contrat de location financière est fixée sur la base d'une durée irréductible de location prenant en compte l'équilibre financier global du contrat. Dès lors qu'elle n'est pas manifestement excessive, elle ne peut être réduite [8].

682.24 *Admission de la créance par référence à son montant au jour du jugement d'ouverture – Absence d'incidence des paiements effectués après jugement d'ouverture.* Le juge-commissaire, qui se prononce sur l'admission ou le rejet d'une créance déclarée, doit vérifier le montant de cette créance [9]. Il doit en effet l'admettre pour le montant existant au jour du jugement d'ouverture [10]. La solution vaut, sous l'empire de la législation antérieure à la loi de sauvegarde des entreprises [11], pour le créancier confronté à devoir déclarer une créance au passif d'une seconde procédure ouverte suite à la résolution du plan de continuation, alors même que la créance avait été admise au passif de la première procédure [12].

Ce principe de solution conduit à décider que le créancier a un intérêt à agir pour contester le montant de l'admission intervenue, même s'il admet avoir été payé pour partie après le jugement d'ouverture [13]. Il entraîne aussi cette conséquence que la contestation de la créance à admettre ne peut porter que le montant existant au jour de l'ouverture de la procédure collective [14].

Cette solution vaut à l'occasion des déclarations de créances effectuées par un établissement de crédit dans la procédure ouverte contre le cédant de créances par le mécanisme du bordereau Dailly. Quelques précisions ont été ici apportées par la Cour de cassation.

1. Com. 13 nov. 2007, n° 06-16.696, *Bull. civ.* IV, n° 241; n° 1253 FS-P+B; *D.* 2007. AJ 3012, obs. Lienhard; *RTD com.* 2008. 195, n° 3, obs. Martin-Serf; *JCP E* 2008. 1432, n° 11, obs. M. Cabrillac.
2. Com. 13 nov. 2007, n° 06-17.707, NP; n° 1254 FS-D; *Gaz. proc. coll.* 2008/1, p. 50, note Roussel Galle.
3. Com. 30 nov. 2010, n° 10-12.947, NP; n° 1217 F-D.
4. Com. 24 juin 2014, n° 13-15.593, NP; n° 669 FS-D.
5. Com. 21 nov. 2006, n° 05-11.648, NP; n° 1281 F-D.
6. ILLUSTR. : Caen, 10 déc. 2009, RG n° 08/00901, *Rev. proc. coll.* 2010, comm. 100, note Legrand.
7. Com. 5 janv. 1999, n° 96-21.553, NP, *Act. proc. coll.* 1999/4, n° 47, obs. Fraimont.
8. Paris, 3e ch. C, 13 juin 2003, RG n° 2002/18399.
9. Com. 15 juin 2011, n° 10-15.453, NP; n° 617 F-D.
10. Com. 13 nov. 2007, n° 06-19.190, NP; n° 1235 F-D – Com. 13 nov. 2007, n° 06-19.191, NP; n° 1236 F-D – Com. 13 nov. 2007, n° 06-19.192, NP; n° 1237 F-D – Com. 8 juin 2010, n° 09-14.624, *Bull. civ.* IV, n° 108; n° 636 FS-P+B; *Gaz. Pal. entr. diff.* 15-16 oct. 2010, p. 32, note Le Corre-Broly; *JCP E* 2010, Chron. 1742, n° 9, obs. M. Cabrillac; *Rev. proc. coll.* 2011, comm. 39, p. 46, note Legrand et Legrand; *RTD com.* 2011/2, p. 417, n° 5, obs. Martin-Serf – Paris, 3e ch. B, 17 sept. 2004, RG n° 2003/12041 – Paris, 3e ch. B, 24 sept. 2004, RG n° 2003/16956.
11. L. n° 2005-845, 26 juill. 2005, préc.
12. Com. 27 févr. 2007, n° 06-10.538, NP; n° 375 F-D.
13. Com. 16 oct. 2012, n° 11-22.657, NP; n° 1009 F-D.
14. Com. 13 mai 2014, n° 13-14.357, P, n° 457 F-P+B; *D.* 2014, actu 1148, note Lienhard et pan. 2148, note Le Corre; *Gaz. Pal.* 5 oct. 2014, n° 278, p. 38, note Le Corre; *Act. proc. coll.* 2014/10, comm. 185, note Cagnoli; *JCP E* 2014, chron. 1447, n° 5, obs. Pétel; *LXB hebdo* 12 juin 2014, n° 385, note Le Corre-Broly.

Tout d'abord, le banquier cessionnaire Dailly est titulaire de deux créances. Il y a celle qu'il tient de la mise à disposition de fonds au profit de son client. Il y a ensuite sa créance de recours contre le cédant au titre des cessions de créance. Son droit au paiement contre le débiteur cédé ne décharge pas le cédant, qui reste garant du paiement. Bien que ces deux créances soient incontestables, le banquier n'est pas admis à déclarer deux fois. Sa créance éventuelle de recours contre le cédant n'a pas à être déclarée, seule devant l'être sa créance au titre de la mise à disposition des fonds, laquelle est garantie par la cession de créance Dailly[1]. Dès lors que le cessionnaire de la créance déclare le solde débiteur d'un compte, peu importe qu'il ne précise pas qu'une partie de la créance déclarée était garantie par la cession de créance, puisqu'il ne déclare pas à la fois la créance objet de la garantie et la créance cédée en garantie[2].

Le banquier pourra donc être admis dans la procédure du cédant à hauteur des sommes dues par lui au jour du jugement d'ouverture, sans tenir compte des créances cédées devant être payées, après l'ouverture de la procédure, par le débiteur cédé[3]. Cette solution est justifiée par l'interdiction des admissions « pour mémoire »[4]. Mais la Cour de cassation va plus loin. Elle juge que la créance du cessionnaire doit être admise en totalité à la procédure collective du cédant, nonobstant les paiements effectués avant l'ouverture de la procédure collective par le débiteur cédé[5]. La solution est justifiée par le fait que la cession Dailly avait été faite à titre de garantie et que, dans ces conditions, les paiements reçus par le banquier cessionnaire Dailly, ne constituent pas des paiements de la créance garantie, le cessionnaire ne devenant propriétaire des sommes qu'à titre de garantie[6] et s'expose donc à restituer l'excédent par rapport à ce qui lui était dû, une fois qu'il aura été complètement désintéressé. Cette solution semble bien contredire une précédente décision dans laquelle il avait été jugé que si le représentant des créanciers entendait faire rejeter tout ou partie de l'encours Dailly, il *devait démontrer que le* banquier avait été payé par le débiteur cédé, et cela avant le jugement d'ouverture, la charge lui en incombant, par application de l'article 1315 du code civil[7] (devenu C. civ., art. 1353[8]).

La solution vaut identiquement en cas d'escompte de lettres de change. Le fait que l'échéance soit antérieure à la date de la déclaration de créance n'exerce aucune incidence, car le paiement qu'aurait reçu la banque ne doit pas être pris en compte, le montant de la créance à admettre étant celui existant au jour du jugement d'ouverture[9], non au jour de la déclaration de créance ou de la décision du juge-commissaire.

Le juge-commissaire n'a pas davantage à prendre en compte la remise de dette consentie par le créancier au débiteur, en phase d'élaboration d'un plan de continuation[10], de redressement ou de sauvegarde. La solution est logique, dès lors que la remise n'est pas faite dans l'absolu, mais seulement dans le cadre du plan de continuation, de redressement ou de sauvegarde. Les droits du créancier seront en effet restaurés en cas de résolution de ces plans (v. s^{s} n° 524.32), ce qui serait impossible s'ils devaient être définitivement réduits par le juge-commissaire. L'article L. 621-79 du code de commerce (anc^{t} L. 25 janv. 1985[11], art. 77), dans sa rédaction antérieure à la loi de sauvegarde, l'article L. 626-21 depuis la loi de sauvegarde des entreprises, conduisent également à poser cette solution puisqu'ils prévoient que l'inscription d'une créance au plan ne préjuge pas de l'admission définitive de cette créance au passif. Ces dispositions posent clairement le principe d'indépendance entre la décision d'admission au passif et la fixation des droits des créanciers dans le cadre du plan. C'est ainsi qu'une créance admise au passif devra être réglée dans le cadre du plan de continuation, même si elle n'a pas été prise en compte dans celui-ci[12]. La solution est applicable au plan de sauvegarde ou de redresse-

1. Com. 30 juin 2015, n° 14-13.784, *Bull. civ.* IV [à paraître]; *RTD civ.* 2015. 666, note Crocq; *Gaz. Pal.* 2015. 3695, note Moreil; *Leden* 2015, comm. 116, note Borga; *Dr. et patr.* oct. 2015, n° 251, chron. 104, note Dupichot; *Act. proc. coll.* 2015/13, comm. 216, note Legeais; *JCP E* 2016, chron. 1000, n° 6, note Pétel; *Rev. proc. coll.* 2016, comm. 6, note F. Legrand et M.-N. Legrand.
2. Com. 1er mars 2016, n° 14-20.275, NP; n° 189 F-D.
3. Com. 4 déc. 2001, n° 98-17.052, *Bull. civ.* IV, n° 192; *D.* 2002. AJ 210, obs. Lienhard – Com. 2 oct. 2012, n° 11-20.181, NP; n° 945 F-D; *BJE* nov. 2012, comm. 189, note Sortais – Amiens, ch. éco., 27 mars 2014, RG n° 13/03110, *JurisData* 006710.
4. Com. 20 févr. 2001, n° 98-12.640, *Bull. civ.* IV, n° 41; *Act. proc. coll.* 2001/6, n° 73; *D.* 2001. AJ 926; *RJDA* 2001/6, n° 713.
5. Com. 30 juin 2015, n° 14-13.784, préc.
6. Crocq, note s^{s} Com. 30 juin 2015, préc.
7. Com. 4 déc. 2001, n° 98-17.052, *Bull. civ.* IV, n° 192; *D.* 2002. AJ 210, obs. Lienhard; *Act. proc. coll.* 2002/2, n° 17.
8. DEPUIS le 1er oct. 2016 : Ord. n° 2016-131, 10 févr. 2016, *JO* 11 févr.
9. Com. 8 juin 2010, n° 09-14.624, *Bull. civ.* IV, n° 108; n° 636 FS-P+B; *Gaz. Pal. entr. diff.* 15-16 oct. 2010, p. 32, note Le Corre-Broly; *Rev. proc. coll.* 2011, comm. 39, p. 46, note Legrand et Legrand; *RTD com.* 2011/2, p. 417, n° 5, obs. Martin-Serf.
10. Com. 14 juin 1994, n° 92-16.420, *Bull. civ.* IV, n° 216; *D.* 1995. Somm. 6, obs. Derrida; *Rev. proc. coll.* 1995, 226, n° 4, obs. Dureuil.
11. L. n° 85-98, 25 janv. 1985, préc.
12. Com. 6 janv. 1998, n° 95-20.588, *Bull. civ.* IV, n° 8; *D. Affaires* 1998, 205, n° 11-1; *D.* 1998. IR 39.

ment. Cependant l'absence d'admission au passif interdira aux créanciers de participer aux répartitions du plan (v. s[s] n° 522.24).

Le juge-commissaire n'a pas davantage à tenir compte d'un accord du créancier, non intervenu à la date du jugement d'ouverture, en dehors du plan, aboutissant à une réduction de sa créance[1].

Parce que le juge-commissaire doit admettre la créance, telle qu'elle existe au jour du jugement d'ouverture, celle-ci ne peut être affectée par des abandons de créance intervenus après jugement d'ouverture[2].

Identiquement, le juge-commissaire n'a pas à prendre en compte l'ordonnance de caducité d'une procédure d'ordre postérieure à l'ouverture de la procédure collective, date à laquelle il faut se placer pour apprécier l'existence et le *quantum* de la créance[3].

Le juge-commissaire n'a pas à prendre en compte, au stade de l'admission de la créance, le jeu de la compensation consistant à réduire, à due concurrence, le montant de la créance admise au passif (v. s[s] n° 632.47).

Le juge-commissaire, *a fortiori*, ne prendra pas en compte les paiements à intervenir après sa décision[4]. La solution a notamment vocation à s'appliquer en cas de transfert de la charge de la sûreté en plan de cession. Le juge-commissaire ne peut, encore que la solution ait pourtant été posée[5], minorer l'admission au passif du montant des échéances transférées.

Le juge-commissaire n'a pas davantage à prendre en compte les paiements intervenus depuis le jugement d'ouverture, qui émaneraient de personnes autres que le débiteur, tel un codébiteur[6] ou une caution[7] ou des organismes sociaux[8]. Décider le contraire empêcherait d'ailleurs le jeu de la subrogation. Le paiement effectué par un assureur après le jugement d'ouverture ne doit pas davantage être pris en compte pour apprécier le montant à admettre au passif[9].

Lorsque, malgré le principe ci-dessus énoncé, le juge-commissaire réduit la créance à concurrence des paiements reçus de tiers après jugement d'ouverture, et si le paiement reçu est remis en cause, la réduction consécutive de la créance ne peut être maintenue. La solution a été posée en présence d'un paiement reçu après le jugement d'ouverture dans le cadre d'une saisie immobilière diligentée sur un tiers ayant affecté un immeuble en hypothèque pour garantie de la dette du débiteur sous procédure collective, alors que le jugement ayant rejeté la demande de sursis à l'adjudication a, par la suite été cassé, ce qui a obligé le créancier à restituer le montant des sommes encaissées à la suite de la vente sur saisie immobilière[10].

Mais, si le juge-commissaire n'a pas à prendre en considération les paiements intervenus, après jugement d'ouverture, symétriquement, sa décision n'a autorité de chose jugée quant au montant admis qu'au jour du jugement d'ouverture[11]. Il en résulte qu'il est inutile que le créancier renonce à se prévaloir de l'effet exécutoire de l'admission intervenue. D'évidence, les paiements faits après jugement d'ouverture pourront venir en déduction des sommes restant dues par le débiteur. Ainsi, sera-t-il possible de prendre en compte le prix de revente d'un matériel crédit-baillé. L'indemnité de résiliation est égale au montant des loyers restant à échoir au jour de la résiliation, ou à une partie de celui-ci, selon le contrat, et se trouve minorée du prix de revente du matériel. Il est logique, en conséquence, de décider que la créance du crédit-bailleur devra être réduite du montant perçu au titre de la revente du bien crédit-baillé[12]. Cette solution doit être rapprochée d'une autre selon laquelle l'absence de revendication, qui empêchera le bailleur de reprendre son bien dans la procédure collective, ne lui fait pas perdre son indemnité de résiliation[13], laquelle pourtant ne pourra pas être minorée du prix de revente du bien.

Observons toutefois que la minoration du montant de l'admission au passif est explicitement prévue en cas de levée d'option d'achat d'un crédit-bail judiciairement cédé (v. s[s] n° 582.84).

1. Com. 22 mars 2011, n° 09-72.751, NP; n° 298 F-D; *BJE* juill./août 2011, comm. 84, p. 180, note Sortais.
2. Com. 12 nov. 2008, n° 07-17.998, NP; n° 1153 F-D.
3. Versailles, 13e ch., 22 sept. 2011, RG n° 10/07476, *Act. proc. coll.* 2011/16, comm. 249.
4. Com. 28 nov. 2000, *Act. proc. coll.* 2001/1, n° 5.
5. Caen, 1re ch. civ. et com., 5 févr. 2009, n° 07-4050, *Act. proc. coll.* 2009/10, n° 156.
6. Com. 18 mars 2008, n° 07-10.027, NP; n° 387 F-D; *Gaz. proc. coll.* 2008/3, p. 48, note Le Corre-Broly – Paris, 3e ch. B, 17 sept. 2004, RG n° 2003/12041.
7. Com. 2 févr. 1999, n° 95-15.291, *Bull. civ.* IV, n° 34, *D. Affaires* 1999, 636, obs. J. F.; *JCP G* 1999. I. 139, n° 5, obs. M. Cabrillac; *RTD com.* 1999. 974, obs. Martin-Serf; *Rev. proc. coll.* 2000, 56, n° 5, obs. Kerckhove; *LPA* 1er avr. 1999, n° 65, p. 7 – Com. 24 juin 2003, n° 01-11.944, NP – Com. 24 juin 2003, n° 02-11.062, NP – Paris, 26 mai 2009, RG n° 08/21678.
8. Com. 29 sept. 2015, n° 14-10.026, NP.
9. Com. 13 nov. 2007, n°s 06-19.190 à 06-19.192, 3 arrêts, NP; n°s 1235 F-D à 1237 F-D.
10. Com. 15 mars 2005, n° 03-19.841, NP, *Gaz. proc. coll.* 2005/2, p. 30, obs. Le Corre.
11. Com. 1er mars 2005, n° 03-19.539, NP.
12. AINSI : Com. 1er oct. 1997, n° 95-11.262, NP, *D. Affaires* 1997, 1223, n° 11-3 – *CONTRA* : Dijon, 15 févr. 1994, *Rev. huissiers* 1994. 829, obs. Dahan; *Rev. proc. coll.* 1995, 307, n° 1, obs. Dureuil.
13. Com. 3 févr. 1998, n° 95-20.170, *Bull. civ.* IV, 55; *D. Affaires* 1998, 382, n° 11-2.

682.25 Notification des décisions d'admission de la créance sans contestation. L'article 73, alinéa 5 du décret du 27 décembre 1985[1] prévoit que « les décisions d'admission sans contestation sont notifiées par lettre simple aux créanciers ou à leur mandataire. La notification précise, d'une part, le montant pour lequel la créance est admise et, d'autre part, les sûretés et privilèges dont elle est assortie ».

L'article R. 624-3, alinéa 1 du code de commerce (devenu C. com., art. R. 624-4, al. 3, réd. D. 12 févr. 2009[2]), texte de la procédure de sauvegarde applicable en redressement judiciaire (C. com., art. R. 631-29, al. 1 [anc[t] D. 28 déc. 2005[3], art. 197, al. 1]) et en liquidation judiciaire (C. com., art. R. 641-28 [anc[t] D. 28 déc. 2005, art. 239]), reproduit ces solutions. L'alinéa 2 de l'article R. 624-3 du code reprend l'obligation de notification en lettre simple, des admissions sans contestation. Le décret du 12 février 2009 modifie la lettre de ce texte sans modifier au fond la solution. Il prévoit que « le greffier avise par lettre simple les créanciers ou leur mandataire de cette admission ».

Ces textes font apparaître que la notification de la décision d'admission sans contestation ne s'impose pas au débiteur[4].

Il importe ici de remarquer que la notification pourra valablement être faite au mandataire, contrairement à la solution retenue avant le décret du 21 octobre 1994[5]. Peu importe que cette décision résulte d'une absence de contestation initiale ou d'un abandon, après la lettre de contestation et réponse à celle-ci, de ladite contestation.

L'alinéa 3 de l'article R. 624-3 du code de commerce (devenu C. com., art. R. 624-4, al. 4), prévoit le contenu de la notification : le montant pour lequel la créance est admise ainsi que les sûretés et privilèges assortissant la créance. Innovant, le texte ajoute que la notification doit reproduire les dispositions des articles L. 622-27, texte qui intéresse le contenu de la contestation des créances, et L. 624-3 du code de commerce, texte qui limite l'appel du créancier à l'hypothèse où il a répondu à la contestation de la créance. Avant comme depuis la loi de sauvegarde des entreprises, le représentant des créanciers – mandataire judiciaire – et l'administrateur ou le liquidateur sont avisés des décisions d'admission sans contestation.

La lettre du greffier adressée au créancier et mentionnant son admission fait foi jusqu'à inscription de faux (v. s[s] n° *682.21*).

(Sur la question de la notification des décisions d'admission de la créance après contestation, v. s[s] n° 682.42).

SECTION 682.30

EFFETS DE L'ADMISSION À TITRE DÉFINITIF DE LA CRÉANCE

682.31 Effets d'irrévocabilité attachés à l'admission à titre définitif de la créance – Équivalence à un titre exécutoire (?). En cas d'admission de la créance après contestation, il y a place à notification de l'ordonnance du juge-commissaire, dans les mêmes conditions qu'en cas de rejet total ou partiel de la créance (v. s[s] n° *682.42*). L'expédition de l'ordonnance mentionnant qu'elle a été notifiée fait foi jusqu'à inscription de faux[6].

L'admission de la créance, véritable décision de justice, ne constitue cependant pas un titre exécutoire[7], pour cette raison d'évidence qu'elle ne condamne pas le débiteur à payer. La question présente un intérêt lorsque le créancier voudra reprendre ses poursuites après clôture de la procédure (v. s[s] n° 592.71).

L'admission de la créance présente un caractère irrévocable, lorsqu'elle est passée en force de chose jugée. Il en est ainsi après expiration du délai de recours contre l'ordonnance, peu important l'absence de justification du dépôt au greffe de l'état des créances ratifié par le juge-commissaire[8]. La règle ne concerne cependant que les rapports entre le créancier et le débiteur, non les rapports avec les tiers, par exemple les cautions, le passage en force de chose jugée étant alors décalé à l'expiration du délai de réclamation à l'état des créances (v. s[s] n° 723.25).

Dès lors que l'appréciation du caractère abusif et partant fautif d'une déclaration de créance ressortissent à la procédure de vérification des créances, l'autorité de la chose jugée attachée à une ordonnance d'admission au passif rend irrecevable une instance arbitrale ayant pour objet la discussion sur le caractère abusif de la déclaration de créance[9]. Ainsi que cela a été bien résumé, l'autorité de la

1. D. n° 85-1388, 27 déc. 1985, préc.
2. D. n° 2009-160, 12 févr. 2009, préc.
3. D. n° 2005-1677, 28 déc. 2005, préc.
4. Com. 24 avr. 2007, n° 06-11.997, NP; n° 632 F-D.
5. Com. 15 déc. 1992, n° 89-20.750, *Bull. civ.* IV, n° 416; *D.* 1993. Somm. 192, obs. Honorat.
6. Com. 19 mai 2004, n° 01-16.646, NP.
7. Scholastique, « Titre exécutoire et procédures collectives », *Dr. et proc.* 2005/1, p. 7 s., sp. n° 23.
8. Com. 11 juill. 2006, n° 05-11.544, NP; n° 957 F-D.
9. Civ. 1re, 11 sept. 2013, n° 11-17.201, *Bull. civ.* I, n° 161; n° 849 FS-P+B+I; *D.* 2013. 2891, note Borga; *JCP E* 2013. 1692, note Mouralis; *Rev. proc. coll.* 2014, comm. 17, note Legrand et Legrand; *RTD com.* 2014. 192, n° 6, note Vallens.

chose jugée attachée à l'ordonnance du juge-commissaire admettant une créance déclarée à la procédure collective est d'ordre public. Dès lors, toute sentence arbitrale tendant à remettre en cause l'admission d'une créance viole les règles d'ordre public régissant les recours en matière de procédures collectives[1].

L'autorité de la chose jugée attachée à l'admission de la créance au passif, qui n'a lieu qu'à l'égard de ce qui a été tranché dans le dispositif[2], a une triple portée. La créance admise ne pourra plus, dans la procédure collective (sur le problème de la résolution du plan, v. ss n° 682.32), être remise en cause, en son principe, en son montant, et quant à sa nature de créance antérieure – solution posée tant sous l'empire de la loi du 13 juillet 1967[3], que sous celui du 25 janvier 1985[4], et reconductible sous l'empire de la loi de sauvegarde des entreprises[5] (v. aussi. ss n° 441.1) – ou de créance privilégiée ou chirographaire[6]. Ainsi, la qualification de prêt participatif ne peut plus être retenue en présence d'une admission à titre privilégié de la créance, exclusive de cette qualification[7].

La décision d'admission au passif consacre définitivement la créance, ce qui interdit de faire produire effet à une décision cassant une décision ayant alloué une provision. La créance de restitution de la somme perçue en exécution d'une décision allouant la provision, créance qui résulte de l'anéantissement de la décision allouant la provision, est éteinte par l'effet de l'admission au passif, de sorte que les saisies-attributions pratiquées sur le fondement de la décision anéantissant celle ayant accordé la provision, pour obtenir restitution des sommes allouées à titre de provision, ne peuvent être maintenues[8].

L'existence d'une instance en cours au jour du jugement d'ouverture interdit au juge-commissaire de statuer sur la créance déclarée. Cependant, si l'ordonnance qu'il rend est devenue définitive, l'effet d'irrévocabilité qui s'y attache empêche sa remise en cause ultérieure[9].

Cette décision de justice n'a autorité de chose jugée que par rapport à ces trois éléments, puisque la procédure de vérification et d'admission des créances ne tend qu'à la détermination de l'existence, du montant et de la nature de la créance[10]. Elle ne fera pas obstacle à une demande ultérieure de condamnation d'un banquier au titre d'un concours pour lequel il a été admis au passif[11].

Si le juge-commissaire admet une créance déclarée hors délai, alors que, par la suite, la demande de relevé de forclusion est rejetée, l'autorité de chose jugée attachée à l'admission de la créance, qui ne porte que sur l'existence, le montant et la nature de la créance, ne peut être opposée pour rendre irrecevable le recours tendant à la réformation de la décision ayant accepté le relevé de forclusion[12].

Cependant, si le juge-commissaire vient à excéder ses pouvoirs en statuant sur un élément autre que l'existence, la nature ou le montant de la créance, par exemple sur le rang de l'admission à titre privilégié du créancier, et si aucune voie de recours n'est exercée, l'autorité de la chose jugée s'étendra au point explicitement tranché par le juge-commissaire, par exemple l'admission à titre hypothécaire en second rang[13].

L'autorité de chose jugée attachée à l'admission de la créance pourra faire obstacle au jeu des nullités de la période suspecte (v. ss n° 822.31). Elle interdira également la remise en cause de la validité du contrat fondant la créance[14] ou celle de la sûreté fondant son caractère privilégié[15], ou encore celle de la cession de créance[16].

Elle empêchera le liquidateur d'agir en paiement contre le banquier, au titre du remboursement d'un compte créditeur détenu par le débiteur, dès lors que la créance née d'un prêt aura été admise pour un

1. Mouralis, note ss Civ. 1re, 11 sept. 2013, n° 11-17.201, *JCP E* 2013. 1692.
2. Com. 18 sept. 2012, n° 11-20.025, NP; n° 875 F-D.
3. L. n° 67-563, 13 juill. 1967, *JO* 14 juill., p. 7059 – Com. 13 juin 1989, *Rev. proc. coll.* 1989, 565, obs. Dureuil – *Adde*, Soinne, n° 2197.
4. L. n° 85-98, 25 janv. 1985, préc. – Com. 3 mai 2011, n° 10-18.031, *Bull. civ.* IV, n° 63; n° 425 F-P+B; *D.* 2011. AJ 1279, obs. Lienhard; *D.* 2011, pan. 2077, note Le Corre; *Gaz. Pal.* 9 juill. 2011, n° 189, p. 12, note Le Corre-Broly; *JCP E* 2011. 1596, nos 7, 8, obs. Pétel; *Act. proc. coll.* 2011/10, comm. 148, note Fin-Langer; *BJE* sept./oct. 2011, comm. 127, p. 250, note Benilsi; *RTD com.* 2011. 798, n° 7, obs. Martin-Serf; *Rev. proc. coll.* 2012, comm. 46, note Saint-Alary-Houin; *LPA* 3 janv. 2012, n° 2, p. 6, note Zattara-Gros; *LXB hebdo* 19 mai 2011, n° 251, note Le Corre.
5. L. n° 2005-845, 26 juill. 2005, préc.
6. Com. 8 janv. 2002, n° 98-21.745, NP, *Act. proc. coll.* 2002/8, n° 98.
7. Com. 8 juill. 2003, n° 02-11.659, NP.
8. Com. 31 mai 2016, n° 14-28.057, NP; n° 519 FS-D.
9. Com. 18 janv. 2005, n° 02-15.832, NP, *Gaz. proc. coll.* 2005/1, p. 38, n° 3-3, obs. Le Corre.
10. Com. 5 nov. 2003, n° 00-17.773, NP – Com. 19 mai 2004, n° 01-15.741, NP.
11. Paris, 8 mars 2012, *Dr. et proc.* oct. 2012, p. 230, note Laforcade.
12. Com. 31 mai 2011, n° 10-15.721, NP; n° 545 F-D; *D.* 2011, actu 1614, note Lienhard.
13. Com. 16 juin 2004, n° 03-10.962, NP, *LXB* n° N2343ABE, note Le Corre.
14. Com. 14 oct. 1997, n° 95-15.544, *Bull. civ.* IV, n° 256; *D.* 1998. Somm. 96, obs. Honorat; *JCP E* 1997, pan. 1262 – Com. 16 sept. 2014, n° 13-13.177, NP; n° 754 F-D.
15. Com. 6 sept. 2011, n° 10-19.623, NP.
16. Paris, 15e ch. B, 21 oct. 2004, RG n° 04/00292.

montant duquel aura été déduit le solde créditeur du compte[1]. De même, le liquidateur ne pourra agir pour obtenir le paiement du solde créditeur d'un troisième compte, dès lors que la créance née des deux autres comptes aura été admise pour un montant duquel aura été déduit le solde créditeur du troisième compte[2]. Identiquement, le liquidateur sera privé d'action, du fait de l'autorité de chose jugée attachée à l'admission de la créance, pour obtenir le paiement du solde du compte « retenue de garantie » ouvert dans le cadre du fonctionnement d'une convention de cession de créances professionnelles, dès lors que la créance née de divers comptes débiteurs aura été compensée avec le compte « retenue de garantie »[3]. Il en est de même lorsque la compensation aura été opérée entre un solde débiteur d'un compte-courant et d'un compte « escompte commercial et créances Dailly » avec le compte spécial « retenue sur remises »[4]. Il appartenait en effet au liquidateur, partie à la vérification des créances, dans ces quatre hypothèses, de contester la compensation opérée[5]. Le liquidateur ne pourra pas davantage demander au banquier le remboursement d'un effet de commerce, dès lors que l'admission au passif incorporant l'escompte de l'effet de commerce litigieux a autorité de chose jugée. Toute demande portant sur la validité de cet escompte est, après admission de la créance incorporant le montant de cet effet, irrecevable, puisque cela aurait pour effet de contrarier la décision définitive du juge-commissaire[6].

L'autorité de chose jugée attachée à l'admission de la créance fera également obstacle à la remise en cause de la propriété du débiteur sur un fonds de commerce, si la créance a été admise à titre nanti sur ledit fonds[7].

Identiquement, cette autorité de chose jugée interdira la discussion sur la titularité d'une créance de prix de vente de biens vendus sous clause de réserve de propriété, le titulaire étant un cessionnaire de la créance[8].

Si un créancier est *admis au passif, ce vendeur,* titulaire d'un solde de créance du prix, peut soutenir que le prix n'a pas été intégralement payé. La solution a été posée dans une espèce où deux machines identiques avaient été livrées, l'une d'elles n'ayant pas été complètement payée[9].

Dans les relations avec la caution ou le codébiteur solidaire, l'irrévocabilité de la décision d'admission est tout aussi importante. En effet par application de la théorie de l'accessoire, l'existence et le montant de la créance ne pourront plus être contestés par la caution solidaire, sauf jeu de la réclamation (v. s[s] n° 723.25)[10]. Par application de la théorie de la représentation mutuelle des coobligés, la même difficulté se présentera pour le codébiteur solidaire. En revanche, l'admission au passif du cessionnaire n'interdit pas au débiteur cédé d'opposer l'exception d'inexécution de son obligation envers le cédant (v. s[s] n° 731.61).

Dès lors que la créance a été admise au passif et que l'associé d'une société civile immobilière, tenu indéfiniment, mais sans solidarité au passif social, n'a pas formé réclamation à l'état des créances, il ne peut prétendre à la precription de la créance pour être déchargé de son obigation à la dette[11].

La décision d'admission s'impose aussi au tiers constituant d'une sûreté réelle autrefois dénommé caution réelle[12].

Elle s'impose identiquement au dirigeant social à l'encontre duquel a été ouverte, sous l'empire de la législation antérieure à la loi de sauvegarde des entreprises, une procédure à titre de sanction et qui voit admises de plein droit à son passif les créances admises au passif de la personne morale, sauf à former une réclamation à l'état des créances de la procédure ouverte contre la personne morale. En ce cas, les créances admises au passif de la personne morale ne seront admises à son propre passif que dans les termes de la décision rendue sur réclamation[13].

1. Com. 14 oct. 2008, n° 07-16.703, NP; n° 985 F-D; *Gaz. proc. coll.* 2009/1, p. 37, n° 2, Roussel Galle – Com. 14 oct. 2008, n° 07-16.704, NP; n° 986 F-D; *Act. proc. coll.* 2008/18, n° 280, note Cagnoli; *LXB hebdo* 20 nov. 2008, n° 327, n° N 7494BHZ, note Le Corre.
2. Com. 14 oct. 2008, n° 07-16.704, NP; n° 986 F-D; *Act. proc. coll.* 2008/18, n° 280, note Cagnoli; *LXB hebdo* 20 nov. 2008, n° 327, n° N 7494BHZ, note Le Corre.
3. Com. 14 oct. 2008, n° 07-16.705, NP; n° 987 F-D.
4. Com. 14 oct. 2008, n° 07-16.706, NP; n° 988 F-D.
5. Com. 14 oct. 2008, n° 07-16.703, NP; n° 985 F-D – Com. 14 oct. 2008, n° 07-16.704, NP; n° 986 F-D; *Act. proc. coll.* 2008/18, n° 280, note Cagnoli; *LXB hebdo* 20 nov. 2008, n° 327, n° N7494BHZ, note Le Corre – Com. 14 oct. 2008, n° 07-16.705, NP; n° 987 F-D – Com. 14 oct. 2008, n° 07-16.706, NP; n° 988 F-D.
6. Com. 18 sept. 2012, n° 11-20.025, NP; n° 875 F-D.
7. Com. 13 nov. 2002, n° 99-15.819, NP; n° 1820 F-D; *Banque populaire du Centre c/M[e] Urbain et SA C2I.*
8. Com. 28 juin 2011, n° 10-21.379, NP; n° 670 F-D.
9. Com. 12 juill. 2011, n° 10-30.799, NP; n° 735 F-D; *Gaz. Pal. entr. diff.* 21 janv. 2012, n° 20, p. 35, note Le Corre-Broly.
10. Com. 11 juin 1996, n° 93-16.058 *Bull. civ.* IV, n° 167 – Com. 22 oct. 1996, n° 94-14.570, NP, *D.* 1997. IR 2.
11. Com. 13 oct. 2015, n° 11-20.746, *Bull. civ.* IV [à paraître]; *Bull. Joly sociétés* 2015, 664, note Borga; *Rev. sociétés* 2016. 298, note Barbièri.
12. Com. 7 mars 2006, n° 04-13.762, *Bull. civ.* IV, n° 59; n° 332 FS-P+B+R+I; *D.* 2006. AJ 782, obs. Lienhard; *RTD com.* 2006. 660, n° 2, obs. Martin-Serf.
13. Com. 4 avr. 2006, n° 05-12.248, *Bull. civ.* IV, n° 90; n° 463 F-P+B; *D.* 2006. AJ 1167, obs. Lienhard; *RTD com.* 2006. 660, n° 2, obs. Martin-Serf – Com. 4 avr. 2006, n° 05-12.250, NP.

En présence d'un EIRL, il a été soutenu que l'admission d'une créance au passif de cet EIRL aurait autorité de chose jugée sur le rattachement de la créance au patrimoine concerné par la procédure collective, ce qui interdirait ensuite au créancier la possibilité de poursuivre le débiteur au titre d'un autre patrimoine[1]. La solution peut être discutée, dans la mesure où il n'est pas ici question de la nature de la créance, mais seulement de son rattachement au patrimoine concerné par la procédure collective. Certes, on pourrait rétorquer que l'admission au passif aurait alors autorité de chose jugée sur le caractère professionnel de la créance, ce qui participe de sa nature. Mais il peut être objecté que la nature professionnelle de la créance est insuffisante au rattachement au patrimoine concerné par la procédure collective, d'une part parce que le débiteur, au titre de son patrimoine non affecté, peut aussi faire l'objet d'une procédure collective et, d'autre part, parce que plusieurs procédures collectives peuvent être ouvertes en cas de multiplicité de patrimoines affectés.

Indiquons encore que, parce que le jugement d'ouverture a interrompu le cours des délais (C. com., art. L. 621-40, III [anct L. 25 janv. 1985, art. 47, al. dern.], dans sa rédaction antérieure à la loi de sauvegarde, C. com., art. L. 622-21, III, depuis cette loi) et notamment des délais de prescription, la péremption d'une sûreté non soumise à renouvellement, tel le privilège de l'Urssaf, n'est pas encouru, si la procédure se termine par un plan de continuation. Le privilège maintenu pour la durée de l'exécution du plan existe encore au jour de la résolution du plan entraînant l'ouverture d'une nouvelle procédure. Le créancier pourra, en conséquence, être admis au passif de la seconde procédure à titre privilégié[2].

Enfin, il est admis que l'admission au passif ne présente pas de caractère novatoire[3].

> Effet interversif de prescription attaché à l'admission au passif. L'admission de la créance au passif, comme toute décision de justice, avait un **effet d'interversion de la prescription.** La prescription attachée à la créance déclarée, par exemple une prescription quinquennale pour une créance de loyers ou une prescription décennale pour une créance commerciale de droit commun, devenait trentenaire[4]. La solution valait pour une créance salariale figurant sur le relevé des créances salariales visé par le juge-commissaire, lequel avait ensuite été porté sur l'état des créances (v. aussi ss n° 696.21).

Il avait été jugé que l'interversion de la prescription résultant de l'admission au passif de la créance n'avait aucune incidence sur le délai de prescription de l'action en responsabilité en soutien abusif engagée *contre un tiers*[5].

La prescription trentenaire substituée à la prescription abrégée reprenait son cours à compter de la clôture pour insuffisance d'actif. La solution avait été posée tant sous l'empire de la loi du 13 juillet 1967[6], que sous l'empire de la loi du 25 janvier 1985[7]. Il faut toutefois signaler la décision d'une cour d'appel, qui considère que la prescription recommençait son cours contre la caution, non à compter de la clôture de la procédure collective, mais à compter de la décision mettant fin à l'instance sur la créance déclarée[8].

La réforme de la prescription résultant de la loi du 17 juin 2008[9] a entraîné, a-t-on dit, la suppression de l'interversion de prescription trentenaire [encore qu'il ait été démontré la fausseté du concept d'interversion de prescription, puisqu'il est plutôt question d'attacher au titre exécutoire un délai de prescription spécifique[10]]. Il a été estimé que l'admission au passif n'emporterait plus interversion de prescription[11].

Mais cette même loi du 17 juin 2008 a attaché aux titres exécutoires judiciaires une prescription décennale. Il en résulte que, en présence d'un jugement de condamnation passé en force de chose jugée et valant donc titre exécutoire, la prescription

1. Lucas, « L'EIRL en difficulté », *LPA* 28 avr. 2011, n° 84, p. 39 s., sp. p. 43.
2. Com. 27 oct. 1998, n° 94-21.873, *Bull. civ.* IV, n° 261; *JCP E* 1998, pan. 1954; *D.* 1998. IR 259 – Com. 20 mai 1999, n° 97-21.640, *Bull. civ.* IV, n° 228; *RTD com.* 1999. 960, obs. Saint-Alary-Houin – Com. 20 déc. 2000, *Act. proc. coll.* 2001/4, n° 53.
3. Guyon, n° 1315 – Soinne, n° 2197.
4. Com. 16 avr. 1996, n° 93-17.695, NP, *D. Affaires* 1996, 686 – Com. 12 mai 1998, n° 96-12.194, *Bull. civ.* IV, n° 154; *D. Affaires* 1998, 1006 – Com. 15 oct. 2002, n° 99-14.394, NP – Com. 7 juin 2005, n° 04-13.849, NP – *Adde*, sous l'empire de la loi du 13 juillet 1967 : Com. 27 sept. 2005, n° 04-11.550, NP – Com. 5 déc. 2006, n° 05-11.761, *Bull. civ.* IV, n° 238; n° 1378 FS-P+B; *Rev. proc. coll.* 2008, p. 83, n° 27, obs. Pérot-Reboul et Patureau – Com. 5 déc. 2006, n° 05-11.762, NP; n° 1379 FS-D – Com. 3 nov. 2009, n° 07-14.329, NP; n° 990 F-D; *Gaz. Pal.* 8-10 janv. 2010, nos 8, 9, p. 39, note Le Corre; *LXB hebdo* 19 nov. 2009, n° 372, note Le Corre – Com. 10 janv. 2012, n° 10-27.797, NP; n° 23 F-D; *Rev. proc. coll.* 2012, comm. 55, note Patureau et Perot-Reboul.
5. Com. 9 déc. 2008, n° 07-16.736, NP; n° 1295 F-D; *Gaz. proc. coll.* 2009/2, p. 36, n° 3, note Routier.
6. Com. 18 mars 2014, n° 13-11.925, NP; n° 287 F-D.
7. Com. 12 mai 1998, n° 96-12.194, *Bull. civ.* IV, n° 154; *Gaz. Pal.* 1998, pan. 235.
8. Paris, pôle 5, 6e ch., 21 janv. 2011, RG n° 08/07894, *Act. proc. coll.* 2011, n° 167, note approb. Cagnoli.
9. L. n° 2008-561, 17 juin 2008, *JO* 18 juin, p. 9856 – Moussa, « Prescription des titres exécutoires et prescription de l'action », *Dr. et proc.* déc. 2011, 284.
10. Agostini, « Interversion des prescriptions et réforme de la prescription », *D.* 2010, Chron. 2465.
11. Lienhard, 6e éd., n° 101.79.

d'origine attachée à la créance, en fonction de sa nature, est abandonnée au profit d'une prescription décennale. On continue donc, du fait de l'existence de cette prescription particulière attachée au titre exécutoire, à évoquer un effet interversif de prescription. À la vérité, la discussion nous apparaît académique et nous n'insisterons donc pas davantage.

En revanche, à ce stade, une question d'importance se présente : faut-il considérer l'admission au passif comme un titre exécutoire judiciaire autorisant le jeu de la prescription décennale pour l'exécution du titre ? Certains auteurs sont en ce sens[1].

La difficulté tient au fait que la décision d'admission au passif ne condamne pas au paiement; elle a pour seul effet de rendre opposable à la procédure collective la créance. Mais surtout, elle ne comporte pas la formule exécutoire. Aussi pourrait-on considérer que la décision d'admission n'autoriserait pas le jeu de la prescription décennale de l'article L. 111-4 du code des procédures civiles d'exécution pour l'exécution des titres. En suivant cette opinion, la prescription de l'action en paiement, interrompue par l'effet de la déclaration de créance au passif et jusqu'à la clôture de la procédure collective, commencerait à courir à compter de cette clôture pour la durée de la prescription attachée à la créance en cause[2] et, à défaut de délai particulier de prescription concernant la créance, pour un délai de cinq ans, en application de l'article 2224 du code civil.

La Cour de cassation avait l'occasion de statuer sur la question[3]. Elle ne l'a pas saisie par économie de moyen. Et la Cour de cassation a approuvé la cour d'appel d'avoir admis que la décision d'admission continuait à avoir un effet interversif de prescription, cette dernière attachée aux titres exécutoires judiciaires étant désormais de 10 ans. Mais il importe de préciser que les parties n'avaient soulevé sur ce point aucune discussion, de sorte que l'on ne peut rien déduire de cet arrêt, quant à la question posée.

Au regard de la jurisprudence de la Cour de cassation, restons donc pour l'heure sur l'idée que la décision d'admission emporte interversion de prescription pour 10 ans.

Cette interversion de prescription peut être opposée tant au débiteur principal, qu'aux codébiteurs solidaires, aux garants subsidiaires tenus solidairement de la dette, par exemple des associés de société en nom collectif[4], aux cautions solidaires[5], et aux héritiers de celles-ci[6]. La Cour de cassation a également jugé que l'effet interversif de la prescription, attaché à l'admission au passif de la créance, pouvait être opposé à la personne qui avait consenti une sûreté réelle en garantie de la dette du débiteur[7].

Mais que signifie l'opposabilité de l'interversion de prescription à la caution ? Jusqu'alors, la Cour de cassation statuant à propos des effets de l'admission au passif n'avait guère fait la distinction entre prescription de l'exécution et prescription de l'obtention du titre. Et on pouvait donc comprendre que l'effet interversif de prescription autorisait l'action en paiement contre l'obligé à la dette dans le délai allongé de prescription résultant de l'effet interversif, soit 30 ans avant la réforme de la prescription, 10 ans depuis cette même réforme. Un arrêt très net est ensuite intervenu sur cette question[8]. Il oblige à bien coordonner la règle de l'opposabilité à la caution de l'effet interversif de prescription attaché à la décision d'admission au passif et le délai de prescription attaché à l'action en paiement contre la caution[9].

L'interversion de la prescription attachée à la décision d'admission au passif peut être opposée aux garants. Cela signifie, en raisonnant spécialement sur le cas de la caution, que celle-ci ne pourra prétendre à la prescription de la créance principale, admise au passif, par moins de 10 ans, depuis la réforme de la prescription. Ce délai de prescription ne commence à courir qu'à compter de la clôture de

1. AINSI, JACQUEMONT ET VABRES, 9e éd., n° 611.
2. Macorig-Vénier, REP. COM., « Entreprises en difficulté (Les créanciers – 1° Situation des créanciers) », 2013, n° 176.
3. Com. 12 janv. 2016, n° 14-21.295, NP; n° 39 F-D; *Gaz. Pal.* 12 avr. 2016, n° 14, p. 67, note Le Corre; *Act. proc. coll.* 2016/2, comm. 19, note Vallsansan; *BJE* 2016, 103, note Reille.
4. Com. 29 sept. 2009, n° 08-19.777, *Bull. civ.* IV, n° 115; n° 826 F-P+B; *D.* 2009. AJ 2422, obs. Lienhard; *Bull. Joly* 2010. 64, § 15, note Rubellin.
5. Com. 20 juin 1995, *Rev. proc. coll.* 1996, n° 6, obs. Dureuil – Com. 16 avr. 1996, n° 93-17.695, NP, préc – Com. 19 nov. 1996, n° 94-17.909, *Bull. civ.* IV, n° 276; *D.* 1997. Somm. 165, obs. L. Aynès; *Quot. Jur.* 5 déc. 1996, p. 6, note P. M.; *RTD com.* 1997. 327, obs. Martin-Serf – Com. 13 avr. 1999, *Rev. proc. coll.* 2000, 57, n° 6, obs. Kerckhove – Com. 15 oct. 2002, n° 99-14.394, NP – Com. 1er mars 2005, n° 01-14.993, NP, *Gaz. proc. coll.* 2005/2, p. 41, obs. Le Corre – Com. 1er mars 2005, n° 01-14.993, NP – Com. 5 déc. 2006, n° 05-11.761, *Bull. civ.* IV, n° 238; n° 1378 FS-P+B; *D.* 2007. AJ 229, obs. Lienhard; *Gaz. proc. coll.* 2007/2, p. 49, note Le Corre-Broly – Com. 5 déc. 2006, n° 05-11.762, NP; n° 1379 FS-D; *Gaz. proc. coll.* 2007/2, p. 49, note Le Corre-Broly – Com. 3 févr. 2009, n° 07-19.423, NP; n° 95 F-D; *JCP E* 2009. 1644, n° 12, obs. Simler – Com. 13 oct. 2015, n° 14-16.264, NP; n° 873 F-D; *Gaz. Pal.* 2015. 3815, note Dumont-Lefrand.
6. Com. 9 déc. 1997, *JCP E* 1998, pan. 198.
7. Com. 17 nov. 2009, n° 08-16.605, *Bull. civ.* IV, n° 149; n° 1068 FS-P+B; *D.* 2009. AJ 2805, obs. Lienhard; *Gaz. Pal.* 8-10 janv. 2010, nos 8, 9, p. 39, note Le Corre; *Act. proc. coll.* 2010/1, n° 9, note Cagnoli.
8. Com. 12 janv. 2016, n° 14-21.295, NP; n° 39 F-D; *Act. proc. coll.* 2016/2, comm. 19, note Vallsansan.
9. Nous remercions Frédérique Schmidt, conseillère référendaire à la Cour de cassation, de nous avoir transmis son très éclairant rapport.

la procédure collective, car de l'ouverture à la clôture de la procédure, le délai de prescription a été interrompu.

Mais cela ne veut pas dire que le créancier aura 10 ans, à compter de la clôture de la procédure collective, pour poursuivre la caution. Là prend toute son importance la distinction entre la prescription de l'exécution du titre contre le débiteur et la prescription destinée à la prise du titre contre la caution. Le créancier disposera du délai de prescription classiquement applicable à son action en paiement contre la caution, c'est-à-dire 5 ans.

Notons d'ailleurs qu'il avait été jugé que cet effet d'interversion de prescription n'avait nullement pour effet de mettre en échec le jeu d'une forclusion. Dès lors, peu importait que la créance ait été admise au passif du débiteur, si la caution n'avait pas été poursuivie dans le délai de la forclusion, par exemple le délai biennal de la forclusion « Scrivener »[1]. De même, le contrat de cautionnement peut fixer un terme au droit d'agir du créancier. Il s'agit alors d'un délai de forclusion, qui ne pourrait être tenu en échec par l'ouverture de la procédure collective du débiteur[2]. Ce qui ne reste pas sans conséquence si le débiteur obtient une sauvegarde ou un redressement judiciaire, dès lors qu'il lui est interdit d'agir contre la caution personne physique pendant la période d'observation, sauf s'il pratique une mesure conservatoire[3]. Il semble toutefois que si le délai de forclusion expire avant que le créancier n'ait pu agir, par l'effet de la loi, la solution posée par l'article 2234 du code civil, qui consiste à ne pas fait courir le délai doive trouver application, même si elle n'est explicitement posée que pour les délais de prescription. La violation du droit d'accès au juge serait, dans le cas contraire, consacrée.

Encore convient-il de combiner l'abandon de l'effet interversif de prescription avec l'application dans le temps de la loi du 17 juin 2008. C'est ce qu'a fait la Cour de cassation dans l'arrêt précité. À compter de cette date, la prescription, dont le délai restant à courir est supérieur à 5 ans, est réduite, en droit commun, à cinq ans. Ainsi, la prescription sera-t-elle interrompue par l'effet de la déclaration de créance au passif et jusqu'à la clôture de la procédure collective. Si la procédure est clôturée en 2002, le délai pour agir de la banque pour agir contre la caution – dix ans si le cautionnement était dit commercial – qui était applicable antérieurement à la loi du 17 juin 2008 se trouve réduit à 5 ans à la date du 17 juin 2008. Si l'assignation de la caution est antérieure au 17 juin 2013, la banque n'a pas encouru la prescription[4].

1. Com. 19 nov. 1996, n° 94-17.909, *Bull. civ.* IV, n° 276; *D.* 1997. Somm. 165, obs. L. Aynès; *Quot. Jur.* 5 déc. 1996, p. 6, note P. M.; *RTD com.* 1997. 327, obs. Martin-Serf.
2. Com. 26 janv. 2016, n° 14-23.285, *Bull. civ.* IV [à paraître]; *Act. proc. coll.* 2016/4, comm. 53, note Cagnoli.
3. Cagnoli, note ss Com. 26 janv. 2016, n° 14-23.285, préc., *Act. proc. coll.* 2016/4, comm. 53.

682.32 Limites au principe d'irrévocabilité de l'admission de la créance[5]. Au principe d'irrévocabilité de l'admission, la jurisprudence admet cependant quelques exceptions et tempéraments.

Il en est d'abord ainsi lorsque l'admission a été obtenue par fraude[6]. La rétractation de l'admission pourra alors intervenir, mais seulement par la voie du recours en révision[7]. Faute de ce recours ou en cas d'échec de ce recours, l'irrégularité dont peut être entachée la décision du juge-commissaire ne fait pas obstacle à ce qu'elle acquière l'autorité de la chose jugée. La solution a été posée en présence de l'admission au passif d'une créance fondée sur un faux en écriture privée[8].

De même est admise la rectification d'une erreur purement matérielle de retranscription sur l'état des créances de la décision d'admission de la créance[9]. En revanche, il n'y a pas erreur matérielle susceptible de rectification, lorsque le juge-commissaire admet à titre chirographaire une créance déclarée à titre hypothécaire, dès lors que le juge-commissaire n'a examiné aucun élément lui permettant de prendre connaissance du fait que la créance était hypothécaire[10].

Si la créance admise au passif résulte d'une décision de justice passée en force de chose jugée, la cassation de celle-ci emporte annulation de l'ordonnance du juge-commissaire ayant admis la créance au passif, parce qu'elle se rattache par un lien de dépendance nécessaire à l'arrêt d'appel cassé[11]. Symétriquement, la décision de rejet d'une créance par une décision de la cour d'appel, qui a pour base

4. Com. 12 janv. 2016, n° 14-21.295, NP; n° 39 F-D; préc.
5. SUR LA QUESTION : Théron, « Réflexions sur la nature et l'autorité des décisions rendues en matière d'admission de créances au sein d'une procédure collective », *RTD com.* 2010. 635.
6. GUYON, n° 1315 – CHAPUT, n° 556 – RIPERT ET ROBLOT, n° 3024.
7. SOINNE, n° 2204.
8. Com. 16 nov. 2010, n° 09-71.935, *Bull. civ.* IV, n° 175; n° 1142 F-P+B; *D.* 2010. AJ 2902, obs. Lienhard; *Gaz. Pal.* 25-26 févr. 2011, p. 46, note Reifegerste; *Gaz. Pal.* 30/31 mars 2011, p. 18, note Dumont; *JCP E* 2011, Chron. 1263, n° 3, obs. Pétel; *Rev. sociétés* 2011. 194, note Roussel Galle; *BJE* mars/avr. 2011, p. 37, note Brena; *LPA* 29 avr. 2011, n° 85, p. 4, note Reille; *Rev. sociétés* 2011, note Crocq; *RTD com.* 2011. 637, n° 3, obs. Martin-Serf.
9. Civ. 2e, 23 sept. 1998, n° 95-11.317, *Bull. civ.* II, n° 244.
10. Civ. 2e, 4 juin 2015, n° 14-16.641, NP.
11. Com. 13 mai 2003, n° 00-16.012, *Bull. civ.* IV, n° 74; *Act. proc. coll.* 2003/11, n° 152; *JCP E* 2003, Chron. 1396, p. 1572, n° 9, obs. Pétel.

une décision cassée, se trouve annulée et n'interdit donc pas au créancier de poursuivre l'admission de sa *créance*[1].

Si le jugement d'ouverture de la procédure collective fait l'objet d'une décision qui est cassée, cela entraîne l'annulation, par voie de conséquence, de toute décision qui est la suite, l'application ou l'exécution du jugement cassé ou qui s'y rattache par un lien de dépendance nécessaire. Il en va ainsi de la décision d'admission de la créance au passif. Toutefois, la décision de la juridiction de renvoi après cassation qui confirme l'ouverture de la procédure collective se substitue à la décision cassée et il en résulte que la décision d'admission de la créance au passif se trouve à nouveau justifiée[2].

> Problématique de l'autorité de la chose jugée attachée à la décision d'admission au passif d'une précédente procédure collective.

>> Sous l'empire de la législation antérieure à la loi de sauvegarde des entreprises[3], l'admission de la créance au passif d'une procédure n'a pas autorité de chose jugée dans une seconde procédure ouverte à la suite de la résolution d'un plan de continuation[4]. La solution posée par la Chambre commerciale de la Cour de cassation a été explicitée par l'assemblée Plénière de la Cour de cassation[5] : il ne peut y avoir autorité de chose jugée en l'absence d'identité de parties. Cette explicitation est aujourd'hui reprise par la Chambre commerciale[6].

S'il est interdit de discuter de la régularité de la déclaration de créance au passif de la première procédure[7], en revanche son montant, son existence ou son caractère privilégié pourront être débattus dans le cadre de la seconde procédure, l'admission au passif de la première n'y faisant pas obstacle[8]. *Pourrait* ainsi être discutée, dans le cadre de la seconde procédure, la validité de la stipulation d'un taux effectif global contenu dans un prêt[9]. Il en a été tiré la conséquence que si le cours des intérêts n'avait pas été réservé dans l'admission au passif de la première procédure, cela ne faisait pas obstacle à l'admission des intérêts dans le cadre de la seconde procédure[10]. Il résulte aussi de cette solution l'obligation pour le créancier, dans le cadre de la seconde procédure, d'établir l'existence et le montant de sa créance à la date d'ouverture du jugement d'ouverture de la seconde procédure[11]. Il n'y a en outre évidemment aucun obstacle à contester la validité de la déclaration de créance au passif de la seconde procédure[12].

La solution ne vaut cependant que si la créance a été admise au passif de la première procédure. Si la créance fait l'objet d'une instance en cours au jour du jugement d'ouverture et si aucune décision n'a fixé la créance avant la résolution du plan de continuation, la résolution du plan met fin à cette instance. L'ouverture de la procédure de liquidation judiciaire oblige alors le créancier à déclarer sa créance au passif de cette seconde procédure et, dans le cadre de la vérification de la créance au passif de la seconde procédure, il sera possible de contester la régularité de la déclaration de créance effectuée au passif de la première procédure, contrairement à la

1. Com. 3 déc. 2003, nº 00-22.790, NP.
2. Com. 21 févr. 2012, nº 10-12.206, NP; nº 225 F-D; *Rev. proc. coll.* 2012, comm. 139, note Legrand et Legrand – Com. 21 févr. 2012, nº 10-12.207, NP; nº 226 F-D – Com. 21 févr. 2012, nº 10-12.208, NP; nº 227 F-D – Com. 21 févr. 2012, nº 10-12.209, NP; nº 228 F-D – Com. 21 févr. 2012, nº 10-12.210, NP; nº 229 F-D – Com. 21 févr. 2012, nº 10-12.211, NP; nº 230 F-D – Com. 21 févr. 2012, nº 10-12.212, NP; nº 231 F-D – Com. 21 févr. 2012, nº 10-12.213, NP; nº 232 F-D – Com. 21 févr. 2012, nº 10-12.214, NP; nº 233 F-D; *Rev. proc. coll.* 2012, comm. 83, note Fraimout et janv. 2013, comm. 22, note Fraimout – Com. 21 févr. 2012, nº 10-12.215, NP; nº 234 F-D.
3. L. nº 2005-845, 26 juill. 2005, préc.
4. Com. 24 janv. 2006, nº 04-19.304, NP; nº 83 F-D – Com. 24 janv. 2006, nº 04-19.305, NP; nº 84 F-D – Paris, 3e ch. A, 10 févr. 2004, RG nº 2003/02423.
5. Ass. Plén., 10 avr. 2009, nº 08-10.154, *Bull. ass. plén.*, nº 4; P+B+R+I; *D.* 2009. AJ 1138, obs. Lienhard; *Act. proc. coll.* 2009/9, nº 141, note Cagnoli; *Procédures* 2009, comm. 197, note Rolland; *JCP E* 2009, Chron. 1814, nº 9, note Pétel; *Dr. et patr.* sept. 2009, nº 184, p. 114, note Monsérié-Bon; *JCP E* 2009. 2030, note Lebel; *Rev. proc. coll.* 2010/2, comm. 73, p. 66, note Fraimout; *RTD com.* 2010. 423, nº 4, obs. Martin-Serf; *LXB hebdo* nº 351, 21 mai 2009, note Le Corre-Broly.
6. Com. 27 sept. 2011, nº 09-16.388, NP; nº 880 F-D; *LPA* 30 janv. 2012, nº 21, p. 11, note Sortais; *LPA* 27 juin 2012, nº 128, p. 20, note Tabourot-Hyest – Com. 27 sept. 2011, nº 09-16.389, NP; nº 881 F-D – Com. 27 sept. 2011, nº 09-16.390, NP; nº 882 F-D.
7. Paris, 3e ch. A, 9 mai 2006, RG nº 05/16324.
8. Com. 3 déc. 2003, nº 02-14.474, *Bull. civ.* IV, nº 190; *D.* 2004. AJ 62; *Act. proc. coll.* 2004/2, nº 15, note Régnaut-Moutier; *RD banc. fin.* 2004, p. 103, nº 78, obs. Lucas; *JCP E* 2004, Chron. 783, p. 858, nº 9, obs. Pétel; *RTD com.* 2004. 373, nº 4, obs. Martin-Serf; *Gaz. Pal.* jur. 6-7 févr. 2004, p. 20, note Le Corre; *LXB* N0082ABN, note Le Corre – Com. 3 déc. 2003, nº 02-14.477 – Com. 28 janv. 2004, nº 02-15.157, NP – Com. 28 sept. 2004, nº 02-21.351, NP – Com. 24 janv. 2006, nº 04-19.304, NP; nº 83 F-D – Com. 24 janv. 2006, nº 04-19.305, NP; nº 84 F-D – Com. 30 janv. 2007, nº 06-10.838, NP; nº 126 F-D – Com. 12 janv. 2010, nºs 07-20.003, 07-21.409, NP; nº 12 F-D – Com. 12 janv. 2010, nºs 07-20.004, 07-21.408, NP; nº 13 F-D – Com. 27 sept. 2011, nºs 09-16.388 à 09-16.890, 3 arrêts, NP; nº 880 à 882 F-D.
9. Com. 12 janv. 2010, nºs 07-20.003, 07-21.409, NP; nº 12 F-D – Com. 12 janv. 2010, nºs 07-20.004, 07-21.408, NP; nº 13 F-D.
10. Com. 22 sept. 2009, nº 08-17.378, NP; nº 793 F-D; *Gaz. Pal.* 8-10 janv. 2010, nºs 8, 9, p. 23, note Lebel.
11. Com. 27 févr. 2007, nº 06-10.538, NP; nº 375 F-D.
12. Com. 22 janv. 2008, nº 06-19.241, NP, *Rev. proc. coll.* 2009/1, p. 26, nº 10, note Fraimout.

solution retenue lorsque la créance aura été admise au passif de la première procédure[1].

>> La loi de sauvegarde des entreprises a changé les données du problème. En effet, l'article L. 626-27, III du code décide désormais que les créances admises au passif d'une première procédure sont admises de plein droit, sans déclaration de créance, au passif de la seconde procédure, sous déduction des sommes reçues. Cette solution de la sauvegarde est applicable en redressement judiciaire (v. aussi s[s] n° 524.34). Ce n'est pas à dire cependant que l'admission au passif de la première procédure a autorité de chose jugée au passif de la seconde, la solution s'expliquant en réalité par le jeu de la dispense de déclaration au passif de la seconde procédure de la créance régulièrement déclarée au passif de la première.

Précisons que, en l'absence de décision du juge de la première procédure collective sur la créance déclarée dans cette procédure, le juge de la seconde procédure ouverte à l'encontre du même débiteur après résolution du plan doit statuer sur la régularité de la déclaration effectuée dans la première, lorsque celle-ci est contestée, et, sous l'empire de la loi du 25 janvier 1985[2], le cas échéant, constater l'extinction de la créance[3].

> Problématique de l'autorité de la chose jugée attachée à l'extinction d'une créance dans une procédure de rétablissement personnel en cas de procédure collective subséquente.

La question qui se pose ici est de savoir si l'extinction d'une créance, par suite de son absence de production dans une procédure de rétablissement professionnel, empêchera son admission au passif dans le cadre d'une procédure collective subséquente. À cette question, la Cour de cassation répond par la négative. En l'absence d'identité de parties, l'extinction de la créance dans la procédure de rétablissement personnel n'a pas autorité de chose jugée dans la procédure de liquidation judiciaire[4]. La solution a été posée en présence de la reprise de la liquidation judiciaire prématurément clôturée pour insuffisance d'actif, alors que la procédure de rétablissement personnel s'était, d'une manière curieuse, intercalée entre l'ouverture de la liquidation et sa réouverture.

1. Com. 13 févr. 2007, n° 05-17.676, *Bull. civ.* IV, n° 39; n° 300 F-P+B; *D.* 2007. AJ 661, obs. Lienhard; *Gaz. proc. coll.* 2007/2, p. 44, note Le Corre-Broly; *RTD com.* 2007. 444, n° 1, obs. Martin-Serf; *RD banc. fin.* mars-avr. 2007, p. 26, n° 72, note Lucas.
2. L. n° 85-98, 25 janv. 1985, préc.
3. Com. 25 oct. 2011, n° 10-24.191, NP; n° 1036 F-D.
4. Com. 22 mars 2016, n° 14-18.873, *Bull. civ.* IV [à paraître]; n° 282 FS-P+B; *Act. proc. coll.* 2016/7, comm. 89, note Cagnoli.

682.33 Admission des créances et renouvellement des inscriptions de sûretés. L'admission de la créance ne dispense pas le créancier de l'obligation de renouveler, avant péremption, les inscriptions de sûreté attachées à la créance admise (v. aussi s[s] n° 652.15). Les répartitions n'interviendront au profit du créancier privilégié que dans la mesure où, d'une part, il aura été admis à titre privilégié et où, d'autre part, au jour des répartitions, il aura conservé sa sûreté par une publication régulière[5]. La solution peut être critiquée, dès lors qu'elle aboutit à remettre en cause le principe d'irrévocabilité de l'admission. Sa seule justification pourrait être trouvée dans l'idée d'un changement dans la situation du créancier intervenu après l'admission. Dès lors, il conviendrait de distinguer selon que la créance a été admise à titre privilégié avant péremption ou après péremption de la sûreté. Dans le premier cas, aucun événement nouveau n'étant intervenu après l'admission de la créance, le caractère irrévocable de l'admission au passif devrait entraîner impossibilité de remettre en cause la sûreté attachée à la créance. Dans le second cas, au contraire, la perte de la sûreté résulte d'un événement postérieur à l'admission au passif, ce qui justifie que le caractère privilégié de la créance ne soit pas assorti de l'autorité de la chose jugée.

SECTION 682.40
DÉCISIONS DE REJET TOTAL OU PARTIEL DE LA CRÉANCE

682.41 Décisions de rejet total ou partiel de la créance. Le juge-commissaire peut rendre une décision de rejet total ou partiel. Il n'a pas à suivre la proposition formulée par le représentant des créanciers[6]. Il peut donc rejeter, en tout ou en partie, une créance que ce dernier n'aurait pas contestée[7]. Il devra indiquer la raison du rejet, c'est-à-dire, comme toute juridiction, motiver sa décision[8]. C'est là le rappel de la règle posée par l'article 455 du code de procédure civile qui s'impose au juge-commissaire. Pour la même raison, il ne peut rejeter une créance sans analyser les pièces produites[9]. De

5. Com. 9 juill. 1991, n° 89-21.343, NP, *D.* 1991. Somm. 331, obs. Honorat – *Adde*, SOUS L'EMPIRE de la loi du 13 juillet 1967 : Com. 23 févr. 1980, *Bull. civ.* IV, n° 97; *D.* 1981. IR 391, obs. Honorat.
6. Com. 1er avr. 2003, n° 99-18.545, NP, *Act. proc. coll.* 2003/10, n° 125.
7. Com. 19 mai 1998, n° 96-13.958, *Bull. civ.* IV, n° 159; *D. Affaires* 1998, 1052.
8. Com. 25 févr. 1997, n°s 95-16.695, 95-16.697, 95-16.696, 3 arrêts, NP, *D. Affaires* 1997, 418 – Com. 1er oct. 2002, n° 99-20.383, NP.
9. Civ. 2e, 23 juin 2011, n° 10-19.613, NP, *Act. proc. coll.* 2011/15, comm. 229.

même, l'ordonnance devra comporter le nom du magistrat qui en est l'auteur, et ce à peine de nullité[1], du moins avant que la Cour de cassation ne cantonne les recours nullité au seul cas d'excès de pouvoir (v. s^s n° 321.21).

Le respect du contradictoire s'imposera[2]. La règle résulte de l'article 101 alinéa 2 de la loi du 25 janvier 1985[3], disposition non codifiée avant la loi de sauvegarde, qui énonce que le juge-commissaire « ne peut rejeter en tout ou en partie une créance […] qu'après avoir entendu ou dûment appelé le créancier, le débiteur, l'administrateur lorsqu'il a pour mission d'assurer l'administration et le représentant des créanciers ». La solution a été reprise, sous l'empire de la loi de sauvegarde des entreprises, par l'article R. 624-4, alinéa 2 du code de commerce (réd. D. 12 févr. 2009[4], art. 30).

Une cour d'appel ne peut qualifier l'ordonnance du juge-commissaire de décision contradictoire, au motif que le débiteur n'aurait pas été défaillant devant le juge-commissaire parce qu'il avait contesté le montant de la créance, alors qu'il n'avait pas été convoqué à l'audience au cours de laquelle le juge-commissaire devait statuer sur la contestation de la créance[5].

Le non-respect de la convocation des parties entraîne nullité de l'ordonnance, que la cour d'appel pourra prononcer. L'effet dévolutif de l'appel la conduira alors à statuer à nouveau sur la créance déclarée et contestée[6], les parties ayant, dans le cadre de la procédure écrite, pu contradictoirement échanger pièces et conclusions.

Une cour d'appel ne peut limiter l'admission de la créance à un certain montant et, en conséquence, la rejeter pour une partie, en retenant qu'aucune preuve n'est apportée que l'intégralité de la créance serait encore due au prétexte de remises commerciales consenties, alors qu'il appartient au débiteur qui invoque une extinction partielle de sa dette, en application de l'article 1315, alinéa 2 du code civil (devenu C. civ., art. 1353[7]), de rapporter la preuve des remises commerciales consenties[8]. De façon générale, lorsque le débiteur prétend être totalement ou partiellement libéré, la preuve du paiement effectué lui incombe, en application de l'article 1315 du code civil (devenu C. civ., art. 1353[10]).

Une cour d'appel ne peut limiter l'admission au principal de la créance, en rejetant la demande au titre des intérêts, après avoir relevé que la déclaration de créance ne figurait pas au dossier, de sorte qu'il n'était pas possible de vérifier si la créance d'intérêts avait été déclarée, sans avoir invité les parties à s'expliquer, alors que la déclaration de créance figurait sur le bordereau de pièces annexé aux conclusions. La juridiction, en pareille hypothèse, doit solliciter du créancier qu'il produise le double de la déclaration de créance[11].

Avant l'application de la loi de sauvegarde des entreprises, l'extinction de la créance ne peut résulter des seuls motifs d'un arrêt de la cour d'appel, selon lesquels la créance d'intérêts n'a pas été déclarée, dès lors que le dispositif ne reprend pas l'extinction partielle de la créance, en l'occurrence celle relative aux intérêts dont le cours n'est pas arrêté après jugement d'ouverture[12].

Malgré la rédaction du texte, le fait pour un juge-commissaire de n'admettre une créance qu'à titre chirographaire, alors qu'elle a été déclarée à titre privilégié, bien que ne constituant pas un rejet de la créance, oblige à la convocation du créancier[13]. Le juge-commissaire et, à sa suite, une cour d'appel, ne peuvent relever d'office le moyen tiré du caractère chirographaire d'une créance déclarée à titre privilégié, sans recueillir les observations des parties[14].

S'il n'entre pas, par principe, dans les attributions du juge-commissaire de contester la validité d'une sûreté, il retrouve cette possibilité dès lors que la matière est de la compétence du tribunal qui a ouvert la procédure[15]. Il peut ainsi, contester la validité d'un nantissement sur fonds de commerce, mais non, par exemple, celle d'un warrant agricole. Il y aurait matière à responsabilité civile du mandataire de justice à proposer l'admission à titre chirographaire d'une créance ayant été déclarée à titre privilégié, et ce sans contestation (solution posée sous l'empire de la loi du 13 juillet 1967[16]), dès lors

1. T. com. Paris, 21 sept. 1990, DPDE *bull.* 85, p. 8243, n° 37.
2. Com. 19 janv. 1999, n° 95-19.738, NP.
3. L. n° 85-98, 25 janv. 1985, préc.
4. D. n° 2009-160, 12 févr. 2009, préc.
5. Com. 3 nov. 2010, n° 09-66.294, NP; n° 1082 F-D.
6. Rouen, 22 oct. 1987, *Rev. proc. coll.* 1988, 87, n° 3, obs. Dureuil – Nancy, 20 févr. 1989, *Banque et droit* 1989, 184 – Rennes, 2e ch., 11 juill. 1990, *Rev. proc. coll.* 1992, 80, n° 5, obs. Dureuil – *Adde*, DERRIDA *ET ALII*, n° 215 – SOINNE, n° 2186.
7. DEPUIS le 1er oct. 2016 : Ord. n° 2016-131, 10 févr. 2016, préc.
8. Com. 17 sept. 2013, n° 12-15.834, NP; n° 842 F-D.
9. Com. 23 sept. 2014, n° 12-29.404, *Bull. civ.* IV, n° 132; n° 834 F-P+B; *JCP E* 2014. 1637, n° 7, note Pétel.
10. DEPUIS le 1er oct. 2016 : Ord. n° 2016-131, 10 févr. 2016, préc.
11. Civ. 2e, 11 janv. 2006, n°s 03-17.381, 03-18.412, *Bull. civ.* II, n° 10; n° 63 FS-P+B+R.
12. Com. 9 déc. 2008, n° 07-22.021, NP; n° 1290 F-D.
13. Chambéry, 25 févr. 1992, *BICC* 1992, n° 1497.
14. Com. 15 déc. 2009, n°s 08-19.509, 08-20.220, NP; n° 1199 F-D.
15. Com. 19 mai 1998, n° 96-13.958, *Bull. civ.* IV, n° 159; *D. Affaires* 1998, 1052 – Com. 6 oct. 1998, DPDE *bull.* 177, 10 nov. 1998, p. 6645, *V° Juge-commissaire*, n° 115.
16. L. n° 67-563, 13 juill. 1967, préc. – Com. 5 déc. 1995, n° 92-21.828, *Bull. civ.* IV, n° 287.

du moins que le créancier en aurait subi un préjudice[1].

Sous l'empire de la législation antérieure à la loi de sauvegarde des entreprises, l'article 73, alinéa 3 du décret du 27 décembre 1985[2] précise en outre que « lorsque le juge-commissaire statue [...] sur une créance contestée le greffier convoque par lettre recommandée avec demande d'avis de réception le débiteur et, s'il a répondu dans le délai mentionné à l'article 54 de la loi du 25 janvier 1985 [devenu C. com., art. L. 621-47], le créancier. Il avise le représentant des créanciers et l'administrateur s'il y a lieu ». L'audition du créancier contesté est donc obligatoire, mais uniquement si le créancier a répondu dans le délai au courrier de contestation.

Alors que la convocation du créancier ne s'imposait, sous l'empire de la législation antérieure que si le créancier avait répondu à la lettre de contestation, sa convocation apparaît, sous l'empire de la loi de sauvegarde des entreprises non réformée, impérative[3], faute pour l'article R. 624-4, alinéa 1 du code de commerce (anc^t D. 28 déc. 2005, art. 106, al. 1) de distinguer selon que le créancier a ou n'a pas répondu à la contestation. La solution a, de nouveau, été modifiée par le décret du 12 février 2009, qui reprend la solution issue de la loi du 25 janvier 1985 : la convocation du débiteur qui n'a pas répondu ne s'impose pas.

Le juge-commissaire doit tenir compte de l'aveu judiciaire émanant du débiteur, pour statuer sur le montant de l'admission de la créance[4].

682.42 Notification de la décision d'admission, de rejet total ou partiel de la créance, après contestation. Il convient d'abord de préciser que le juge-commissaire doit impérativement statuer sur une contestation émise par le débiteur. Le fait que la créance soit portée sur l'état des créances ne supprime pas la faculté pour le débiteur de demander au juge-commissaire qu'il se prononce sur la contestation émise, dès lors qu'aucune décision, émanant de ce dernier, statuant sur la contestation, n'a été notifiée au débiteur par lettre recommandée avec demande d'avis de réception faisant courir le délai d'appel contre lui[5].

La décision du juge-commissaire qui statue après contestation de la créance est, aux termes de l'article 73 alinéa 4 du décret du 27 décembre 1985[6], notifiée aux parties ou à leur mandataire par le greffier dans les huit jours par lettre recommandée avec demande d'avis de réception. La solution n'est cependant applicable que depuis la loi du 10 juin 1994[7]. Pour les procédures ouvertes avant le 1er octobre 1994, date d'entrée en vigueur de la loi du 10 juin 1994, seule la notification à partie faisait courir le délai[8].

L'article R. 624-3, alinéa 1 du code de commerce (devenu C. com., art. R. 624-4, al. 3, réd. D. 12 févr. 2009[9]), texte de la procédure de sauvegarde applicable en redressement judiciaire (C. com., art. R. 631-29, al. 1 [anc^t D. 28 déc. 2005[10], art. 197, al. 1]) et en liquidation judiciaire (C. com., art. R. 641-28 [anc^t D. 28 déc. 2005, art. 239]), reproduit ces solutions.

L'ordonnance d'admission d'une créance au passif est une véritable décision de justice, qui doit être revêtue de la signature du greffier. Il avait été jugé par une juridiction du fond que l'absence de signature du greffier sur l'ordonnance du juge-commissaire ne pouvait entraîner sa nullité. Il suffisait que le greffier authentifie le dépôt au greffe de l'ordonnance du juge-commissaire[11]. La Cour de cassation estime pour sa part, que, même si la cour d'appel annule l'ordonnance pour absence de signature du greffier, elle peut statuer sur le fond, dans la mesure où le vice de nullité n'affecte pas la saisine de la juridiction. Il en résulte que l'absence d'annulation de l'ordonnance d'admission par la cour d'appel reste sans conséquence[12].

La notification en la forme recommandée s'impose, malgré le silence de l'article R. 624-3 du code de commerce (devenu C. com., art. R. 624-4, al. 3, réd. D. 12 févr. 2009), car il s'agit de la règle de principe posée par l'article R. 662-1, 2° du code de commerce (anc^t D. 28 déc. 2005, art. 336, 2°).

La notification obéit ici aux règles générales de notification des ordonnances du juge-commissaire (v. s^s n° 332.15). La notification sera irrégulière si elle ne mentionne pas la voie de recours, son délai et ses modalités[13] et ne sera donc pas susceptible de faire courir le délai d'appel.

Peu importe que cette décision résulte d'une absence de contestation initiale ou d'un abandon, après la lettre de contestation. L'alinéa 3 de l'article R. 624-3 du code de commerce (anc^t D. 28 déc.

1. TGI Paris, 15 sept. 1993, *Rev. proc. coll.* 1996, 413, obs. Soinne.
2. D. n° 85-1388, 27 déc. 1985, préc.
3. Jacquemont, 5e éd., n° 484 – Voinot, 2007, n° 345.
4. Com. 14 oct. 2008, n° 07-17.791, NP; n° 1006 F-D.
5. Com. 12 nov. 2008, n° 07-11.166, NP; n° 1148 F-D; *Gaz. proc. coll.* 2009/1, p. 39, note Le Corre-Broly – rappr. : Caen, 7 mai 2013, RG n° 12/00430, *Act. proc. coll.* 2013/10, comm. 143.
6. D. n° 85-1388, 27 déc. 1985, préc.
7. L. n° 94-475, 10 juin 1994, *JO* 11 juin, p. 8440.
8. Com. 4 janv. 2005, n° 03-13.170, NP, *Gaz. proc. coll.* 2005/1, p. 38, n° 3-3, obs. Le Corre.
9. D. n° 2009-160, 12 févr. 2009, préc.
10. D. n° 2005-1677, 28 déc. 2005, préc.
11. Paris, 3e ch. B, 2 juin 2006, RG n° 2005/17874.
12. Com. 1er déc. 2009, n° 06-17.266, NP; n° 1115 F-D.
13. Com. 10 mars 2015, n° 13-24.276, NP; n° 262 F-D; *Dr. sociétés* 2016, comm. 16, note Legros.

2005, art. 105, al. 3), et depuis le décret du 12 février 2009, l'article R. 624-4, alinéa 4, prévoient le contenu de la notification : le montant pour lequel la créance est admise ainsi que les sûretés et privilèges assortissant la créance. Le texte ajoute que la notification doit reproduire les dispositions des articles L. 622-27, texte qui intéresse le contenu de la contestation des créances, et L. 624-3 du code de commerce, texte qui limite l'appel du créancier à l'hypothèse où il a répondu à la contestation de la créance. L'obligation ainsi faite dans le cadre de la notification de la décision d'admission ou de rejet après contestation est à mettre en correspondance avec la fermeture du recours pour le créancier qui, en dépit de la contestation de sa créance, n'a pas répondu à la lette de contestation, si le juge-commissaire a confirmé la proposition du mandataire de justice.

La notification s'impose au créancier, qu'il ait ou non répondu à la lettre de contestation. La notification s'impose aussi au débiteur.

Avant comme depuis la loi de sauvegarde des entreprises[1], le représentant des créanciers – mandataire judiciaire – et l'administrateur ou le liquidateur sont avisés par lettre simple des décisions d'admission ou de rejet après contestation.

Pour être régulière, la notification devra mentionner la forme et le délai du recours. À défaut, le délai d'appel ne pourra commencer à courir.

Ce texte appelle quelques remarques.

Tout d'abord, le non-respect du délai de huitaine n'est assorti d'aucune sanction[2], puisque le point de départ du recours sera toujours une notification.

Ensuite, la rédaction semblerait laisser croire que le représentant des créanciers et l'administrateur judiciaire ayant mission de représentation ne sont pas des parties. Pareille interprétation doit être rejetée. On voit mal comment le représentant des créanciers, spécialement, pourrait ne pas être une partie[3], alors qu'il est l'adversaire du créancier, au débat devant le juge-commissaire, et que, au surplus, il dispose du droit d'appel, réservé par le code de procédure civile aux seules parties. La solution vaut d'ailleurs tout autant pour l'administrateur judiciaire ayant mission de représentation, qui dispose également du droit d'appel.

Le problème essentiel est alors de savoir quelle formalité fera courir, à l'encontre du représentant des créanciers ou de l'administrateur, la voie de recours. Même s'ils sont des parties, la Cour de cassation a considéré que, puisque les organes sont simpment avisés, seule la rétion de l'avis fait cou le délai d'appel. La notifition ultérieure par le ffe reste sans effet sur l'eiration du délai[4].

 législation de sauvegard des entreprises suppne la difficulté. L'article 624-3, alinéa 4 du cde de commerce (anc^t D. déc. 2005, art. 105, 4) et, depuis le décret du février 2009, l'article . 624-4, alinéa 5, prévoien effet que le mandaaire judiciaire et l'adminirateur judiciaire, s'il en a été désigné un, sont avsés contre récépissé des décisions rendues. Ce txte de la sauvegarde est applicable en redressement (C. com., art. R. 631-29, al. 1) et en liquidaton judiciaire (C. com., art. R. 641-28). Cette solution nouvelle n'est pas sans conséquence sur le point de départ du recours ouvert aux mandataires de justice (s^s n° 683.14).

Enfin, le texte ne précise pas s'il est possible de notifier par un même envoi plusieurs décisions. L'affirmative ne semble pas faire difficulté. Cependant, un problème de preuve de la notification de la totalité des ordonnances peut se poser. La jurisprudence exige alors que l'enveloppe contienne, outre chacune des notifications, un document récapitulatif permettant l'identification de chacune de ces décisions[5].

SECTION 682.50

EFFETS DE LA DÉCISION DE REJET TOTAL OU PARTIEL DE LA CRÉANCE

682.51 Effets de la décision de rejet total ou partiel de la créance. Le rejet total de la créance entraînera inexistence de celle-ci et, par voie d'accessoire, extinction du cautionnement[6]. Il produit le même effet, sous l'empire de la législation antérieure à la loi de sauvegarde des entreprises[7], que la forclusion instituée par l'article L. 621-46, alinéa 4 du code de commerce (anc^t L. 25 janv. 1985[8], art. 53, al. 4). L'inexistence de la créance rejetée subsiste, sous l'empire de la législation issue de la loi de sauvegarde des entreprises, alors que l'extinction de la créance non déclarée a disparu sous l'empire de cette législation (v. s^s n° 665.75).

Le représentant des créanciers – mandataire judiciaire – ou le liquidateur ne peut transiger sur une créance éteinte, en renonçant à l'extinction. Il en

1. L. n° 2005-845, 26 juill. 2005, préc.
2. Com. 17 mars 1992, n° 90-17.394, *Bull. civ.* IV, n° 117; *D.* 1992. Somm. 254, obs. Derrida.
3. Com. 16 oct. 1990, n° 88-17.103, *Bull. civ.* IV, n° 238; *D.* 1991. Somm. 333, obs. Honorat.
4. Com. 17 oct. 2000, n° 97-21.212, *Bull. civ.* IV, n° 157; *Act. proc. coll.* 2000/18, n° 236; *D.* 2000. AJ 412, obs. Lienhard.
5. Civ. 2e, 21 juin 1995, n° 93-12.451, *Bull. civ.* II, n° 193 – Paris, 3e ch. A, 2 sept. 2006, RG n° 2005/23067.
6. Com. 19 oct. 1993, n° 91-11.952, *Bull. civ.* IV, n° 351; *RJDA* 1994. 175.
7. L. n° 2005-845, 26 juill. 2005, préc.
8. L. n° 85-98, 25 janv. 1985, préc.

est de même pour le débiteur après arrêté d'un plan de continuation[1], de redressement ou de sauvegarde. L'extinction d'une créance en application des règles de la procédure est d'ordre public et ne peut, en conséquence, être objet de transaction[2]. La solution est la même pour la créance qui n'existe plus du fait de son rejet.

Le rejet partiel entraînera, quant à lui, l'inexistence de la créance à hauteur du rejet.

Cependant, la décision de rejet d'une créance par une décision de la cour d'appel, qui a pour base une décision cassée s'inscrivant dans le cadre d'une instance en paiement en cours au jour du jugement d'ouverture et poursuivie après ledit jugement, se trouve par voie de conséquence annulée et n'interdit pas au créancier de poursuivre l'admission de sa créance[3].

Le rejet d'une créance, postérieurement à une décision de référé rendue avant le jugement d'ouverture, condamnant le débiteur à payer une somme d'argent et ayant été exécutée, ne constitue pas une circonstance nouvelle de nature à conduire à la rétractation de l'ordonnance de référé[4]. Dès lors que l'obligation de restitution est prescrite, et que les conditions de l'action en répétition de l'indu ne sont pas réunies, la restitution s'avère impossible[5].

Le rejet de la créance dans une première procédure interdit l'admission de la créance au passif dans la seconde procédure, du fait de l'extinction de la créance liée à son rejet. Il en résulte que l'irrégularité affectant la déclaration de créance effectuée au passif de la première procédure collective empêche son admission au passif de la seconde ouverte après résolution du plan de continuation[6].

SECTION 682.60

DÉCISIONS STATUANT SUR L'ADMISSION À TITRE PROVISIONNEL (CRÉANCES FISCALES ET SOCIALES)

682.61 Principe d'admission à titre provisionnel des créances fiscales et sociales – Domaine de la règle. Aux termes de l'article L. 621-43, alinéa 3 du code de commerce (anc[t] L. 25 janv. 1985[7], art. 50, al. 3), dans sa rédaction antérieure à la loi de sauvegarde des entreprises[8], la déclaration de créances doit être faite alors même qu'elles ne sont pas établies par un titre. Les créances du Trésor public et des organismes de prévoyance et de sécurité sociale qui n'ont pas fait l'objet d'un titre exécutoire au moment de la déclaration sont admises à titre provisionnel *pour leur montant déclaré.*

La solution est reproduite par l'article L. 622-24, alinéa 3, depuis la loi de sauvegarde des entreprises. Cette disposition de la procédure de sauvegarde est applicable en redressement judiciaire (C. com., art. L. 631-14, I) et en liquidation judiciaire (C. com., art. L. 641-3, al. 1). L'ordonnance du 12 mars 2014[9] a modifié la numérotation : ce texte devient l'alinéa 4 de l'article L. 622-24.

Le juge-commissaire et à sa suite la cour d'appel sont compétents pour apprécier la régularité de la déclaration de créance fiscale, et en conséquence pour apprécier si les éléments annexés justifient l'existence d'un titre régulier[10]. C'est ainsi que le juge-commissaire a pu rejeter la déclaration de créance effectuée par un comptable public incompétent territorialement[11]. De même, le juge-commissaire peut rejeter la demande d'admission d'une créance de majorations de retard, faute de mise en demeure préalable à l'avis de mise en recouvrement[12]. Le juge-commissaire est encore compétent pour connaître de la contestation relative à la déclaration provisionnelle d'une créance fiscale, qui ne constitue pas un acte de poursuite[13].

En revanche, le juge-commissaire et la cour d'appel, à sa suite, ne sont pas compétents pour statuer sur la régularité de la procédure d'établissement des créances fiscales ou sociales[14]. Ils ne sont pas davantage compétents pour connaître de l'existence et de l'exigibilité de l'impôt[15] ou encore pour apprécier sa prescription[16]. De même, le juge-commissaire est incompétent pour statuer sur le contentieux d'une créance de sécurité sociale trouvant sa source dans un acte administratif, objet d'un recours, émanant du représentant de l'État déterminant les dotations globales aux établissements de santé[17].

1. Com. 1er oct. 2002, n° 99-17.876, NP.
2. Com. 23 nov. 1999, n° 97-16.870, *Bull. civ.* IV, n° 208; *JCP E* 2000, Chron. 752, n° 11, obs. Pétel – Com. 1er oct. 2002, DPDE *bull.* 230, 12 nov. 2002, p. 5712, *V[is] Déclaration et vérification des créances*, n° 79.
3. Com. 3 déc. 2003, n° 00-22.790, NP.
4. Com. 8 janv. 2008, n° 06-13.746, *Bull. civ.* IV, n° 2; n° 6 F-P+B; *D.* 2008. AJ 290, *Act. proc. coll.* 2008/4, n° 60, note crit. Bléry; *JCP E* 2008. 1432, n° 12, obs. Pétel; *Procédures* mars 2008, p. 22, n° 85, note Rolland.
5. Com. 8 janv. 2008, n° 06-13.746, préc.
6. Com. 14 oct. 2014, n° 13-23.249, NP; n° 877 F-D.
7. L. n° 85-98, 25 janv. 1985, préc.
8. L. n° 2005-845, 26 juill. 2005, préc.
9. Ord. n° 2014-326, 12 mars 2014, préc.
10. Paris, 3e ch. A, 18 oct. 2005, RG n° 2005/04007.
11. Com. 26 nov. 2003, n° 01-00.317, NP.
12. Com. 28 avr. 2004, n° 01-01.649, *Bull. civ.* IV, n° 77.
13. CAA Nancy, 1re ch., 17 janv. 2008, *Act. proc. coll.* 2008/18, n° 283.
14. Com. 9 nov. 2004, n° 02-13.184, NP – Com. 9 nov. 2004, n° 02-13.185, NP – Com. 9 nov. 2004, n° 02-13.186, NP.
15. Com. 9 nov. 2004, n° 02-18.531, NP.
16. Paris, 3e ch. A, 3 janv. 2006, RG n° 2005/06264.
17. Com. 19 déc. 2006, n° 05-13.866, NP; n° 1439 F-D.

Le juge-commissaire et à sa suite la cour d'appel ne peuvent d'avantage vérifier que les documents produits établissent la créance, dès lors que le juge de l'impôt compétent a été saisi après le jugement d'ouverture d'une discussion sur la créance déclarée[1].

Il appartient *a priori* au juge-commissaire de rechercher quel est le fait générateur de la créance[2], cependant qu'une divergence existe ici entre la Cour de cassation et le Conseil d'État, ce dernier estimant que la détermination du fait générateur d'une créance fiscale échappe à la compétence du tribunal de la faillite[3].

Le mécanisme dérogatoire ne s'applique qu'aux créanciers visés par le texte et qui peuvent se délivrer à eux-mêmes des titres exécutoires[4], puisqu'il est ici fait exception à la règle de l'arrêt des poursuites individuelles (v. s^s n° 682.63). Tel est le cas des Assedic, organismes visés à l'article L. 5427-1 du code du travail (anc^t C. trav., art. L. 351-21)[5] ou des Urssaf[6]. Tel n'est pas en revanche le cas de la Caisse nationale des entrepreneurs de travaux publics, qui n'est pas un organisme de prévoyance et de sécurité sociale, puisqu'elle ne couvre pas les risques décès, accident ou chômage, qui sont précisément visés par ces textes, et n'a pour objet que la collecte des parts de salaires correspondant aux congés payés payables aux salariés des entreprises du secteur[7]. Tel n'est pas davantage le cas des Caisses de congés payés du bâtiment[8], de l'union Générale de Retraite des Cadres[9] ou de l'association de retraite des cadres du Groupe Mornay Europe (ACGME)[10].

L'organisme social non habilité à se délivrer à lui-même des titres exécutoires, qui déclare sa créance à titre provisionnel, ne peut se voir reprocher de ne pas avoir fait admettre sa créance à titre définitif après s'être délivré le titre exécutoire. Sa créance ne pourra donc être rejetée pour ce motif[11]. Sa déclaration présentée comme provisionnelle est en réalité une déclaration de créance à titre définitif. Ainsi, le créancier qui précise qu'à défaut de régularisation dans les délais légaux sa créance devra être considérée comme définitive, manifeste, en dépit d'une mention erronée, sa volonté de déclarer sa créance à titre définitif, peu important qu'il réduise ultérieurement ses prétentions[12].

Il a été jugé, d'une manière *a priori* abusive, compte tenu du silence des textes sur ce point, que la carence de l'administration dans l'établissement de ses titres exécutoires ne l'autorise pas à déclarer à titre provisionnel des créances qui auraient déjà du, compte tenu de leur ancienneté, être couvertes par des titres[13].

En tout état de cause, les déclarations du Trésor public et de la Sécurité sociale sont toujours faites sous réserve des impôts et autres créances non établis à la date de la déclaration; sous réserve des procédures judiciaires ou administratives en cours, leur établissement définitif doit, à peine de forclusion, être effectué dans les délais impartis au mandataire de justice pour vérifier les créances.

Ce texte tient compte de l'impossibilité pour les organismes sociaux et fiscaux d'établir définitivement, dans les délais classiques de déclaration des créances, l'intégralité de leur créance. Il est inapplicable pour les autres créanciers, dont les créances ne peuvent être admises à titre provisionnel.

Il est d'abord certain que le créancier social ou fiscal devra déclarer à titre provisionnel sa créance dans les délais classiques de déclaration de créance. Ne vaut évidemment pas déclaration de créance à titre provisionnel, le courrier envoyé par un organisme social aux termes duquel aucune cotisation

1. Com. 26 mars 2013, n° 12-13.673, *Bull. civ.* IV, n° 51; n° 297 F-P+B; *D.* 2013, actu 904, note Lienhard; *Gaz. Pal.* 12 juill. 2013, n° 193, p. 24, note Le Corre; *Act. proc. coll.* 2013/8, comm. 105, note Vallansan; *RTD com.* 2013. 343, n° 4, obs. Martin-Serf.
2. Com. 28 avr. 2004, n° 01-01.649, *Bull. civ.* IV, n° 77; *D.* 2004. AJ 1735; *JCP E* 2004, Chron. 1292, p. 1387, n° 10, obs. Pétel.
3. CE 9 mars 1988, *Rev. proc. coll.* 1988, 449, obs. Guillou.
4. Com. 5 juill. 2005, n° 03-18.947, *Bull. civ.* IV, n° 155; n° 1043 FS-P+B+R+I; *Act. proc. coll.* 2005/16, n° 204, note Régnaut-Moutier; *RJ com.* 2006/1, p. 46, note Sortais; *RTD com.* 2006. 475, n° 1, obs. Martin-Serf; *Gaz. proc. coll.* 2005/3, p. 41, n° 5, obs. Le Corre – Com. 5 juill. 2005, n° 03-18.948, NP – Com. 4 oct. 2005, n° 04-15.383, NP, *JCP E* 2006, Chron. 1066, p. 75, n° 12, obs. M. Cabrillac – Com. 21 mars 2006, n° 04-20.278, NP; n° 401 F-D – Com. 4 avr. 2006, n° 04-19.788, NP; n° 458 F-D; *Gaz. proc. coll.* 2006/3, p. 36, n° 6, obs. Le Corre; *Rev. proc. coll.* 2007/1, p. 47, n° 6, obs. Legrand.
5. Com. 27 mai 2003, n° 00-15.738, *Bull. civ.* IV, n° 86.
6. Com. 27 mars 2007, n° 05-21.177, *Bull. civ.* IV, n° 100; n° 547 F-P+B; *D.* 2007. AJ 1144, obs. Lienhard; *LXB hebdo* n° 257, 26 avr. 2007, n° N8867BAN, note Le Corre – Com. 27 mars 2007, n° 06-12.796, NP.
7. Paris, 3e ch. B, 12 sept. 2003, RG n° 2002/13480 – Paris, 3e ch. B, 12 sept. 2003, RG n° 2002/13479.
8. Com. 12 avr. 2005, n° 02-13.053, *Bull. civ.* IV, n° 85, n° 622 FS-P+B; *D.* 2005. AJ 1228, obs. Lienhard; *Act. proc. coll.* 2005/9, n° 112, note Régnaut-Moutier; *RTD com.* 2006. 475, n° 1, obs. Martin-Serf; *Rev. proc. coll.* 2006/1, p. 61, n° 6, obs. Legrand; *Gaz. proc. coll.* 2005/2, p. 27, obs. Le Corre.
9. Paris, 3e ch. A, 20 juin 2006, RG n° 2005/18544.
10. Com. 13 févr. 2007, n° 05-19.421, NP; n° 186 F-D.
11. Com. 13 févr. 2007, n° 05-19.421, NP; n° 186 F-D – Douai, 2e ch., 8 févr. 2007, RG n° 2005/04373, *D.* 2007. AJ 803.
12. Com. 14 mai 2008, n° 07-12.891, NP; n° 570 F-D – Com. 14 mai 2008, n° 07-12.892, NP; n° 571 F-D – Com. 14 mai 2008, n° 07-12.893, NP; n° 572 F-D – Paris, 3e ch. A, 20 juin 2006, RG n° 2005/18544.
13. Bourges, ch. civ., 21 févr. 2001, *Act. proc. coll.* 2002/3, n° 38.

n'était due à ce jour par l'affilié[1]. Il importe de remarquer que les textes n'exigent pas une déclaration à titre provisionnel, mais évoquent seulement une admission à titre provisionnel des créances non couvertes par un titre exécutoire, tant sous l'empire de la loi du 25 janvier 1985, que sous celui de la loi du 26 juillet 2005. Il est dès lors logique de décider qu'il ne peut être exigé du créancier, lors de sa déclaration de créance, qu'il sollicite son admission à titre provisionnel. Le seul fait qu'il ne justifie pas d'un titre exécutoire couvrant la créance conduit à cette admission provisionnelle[2].

À défaut de déclaration à titre provisionnel dans les délais classiques, la créance sera, sauf relevé de forclusion[3], sous l'empire de la législation antérieure à la loi de sauvegarde des entreprises, éteinte et, sous l'empire de la législation de sauvegarde des entreprises, inopposable à la procédure collective.

Mais, contrairement aux créanciers qui ne sont pas autorisés à déclarer leurs créances à titre provisionnel, sa tâche ne s'arrêtera pas là. Il lui faudra ensuite obtenir son admission à titre définitif.

S'il n'a pas déclaré à titre provisionnel une créance suffisante pour couvrir ce qui lui sera finalement due, il doit procéder par voie de déclaration de créance complémentaire, et cela dans le délai classique de déclaration de créance, non dans le délai de l'article L. 621-103[4],devenu depuis la loi de sauvegarde, l'article L. 624-1 du code. À défaut, il est forclos, sauf à solliciter un relevé de forclusion, dans les conditions du droit commun, non en application de l'article 68 du décret du 27 décembre 1985[5], car ce texte est réservé au créancier qui a déclaré à titre provisionnel sa créance, mais qui n'a pas, dans les délais de vérification des créances impartis au mandataire de justice, déclaré sa créance à titre définitif[6] (v. s[s] n° 682.66). Cela revient à dire que le créancier ne peut être admis à titre définitif pour plus que le montant déclaré à titre provisionnel, sauf relevé de forclusion au titre de sa déclaration à titre provisionnel[7]. Il est exclu pour le juge-commissaire d'admettre la créance à titre définitif pour le tout, alors que, dans un premier temps, il a été saisi à titre provisionnel au titre d'une créance et qu'il a été saisi, dans un deuxième temps, d'une demande de relevé de forclusion pour le surplus. Pour la fraction de la créance non déclarée initialement à titre provisionnel, la procédure du relevé de forclusion s'impose[8]. Ce relevé de forclusion supposera que le créancier démontre qu'il ne pouvait prévoir l'augmentation de sa créance définitive par rapport à sa créance provisionnelle[9].

Pour bien comprendre la portée de l'exigence légale, il importe d'envisager les types de créances dont le créancier social ou fiscal peut être titulaire.

682.62 Créances couvertes par un titre exécutoire. Les créanciers fiscaux et sociaux pourront d'abord avoir des créances couvertes par un titre définitif au jour de la déclaration de créance. Il a été jugé que le titre, en matière d'impôts directs et de taxes assimilées, est constitué non par l'avis d'imposition, mais par le rôle[10]. Pour les organismes sociaux, le titre est la contrainte. Cette dernière constitue, dès sa délivrance, le titre exécutoire, indépendamment de sa signification au débiteur (v. s[s] n° 682.66). Dès lors, le juge-commissaire, puis la cour d'appel statuant comme juge de la vérification des créances, n'ont pas à vérifier la régularité de la signification de la contrainte[11]. Si un jugement vient, à la suite d'une opposition, valider la contrainte, il y a titre exécutoire, dès son prononcé, du fait de son caractère exécutoire[12].

Les créances couvertes par un titre devront être déclarées, de manière intangible, dans le délai classique de déclaration. L'obligation de déclarer ses créances à titre définitif n'est cependant posée que pour l'hypothèse où, au jour de la déclaration de créance initiale, le Fisc ou l'organisme social était en possession du titre exécutoire[13]. Peu importe, en conséquence, que le titre exécutoire soit obtenu avant expiration du délai de déclaration de créance,

1. Paris, 3e ch. B, 20 oct. 2005, RG n° 2005/01194.
2. Com. 13 nov. 2007, n° 06-1.083, n° 06-17.241, NP; n° 1241 F-D – Paris, 3e ch. B, 19 mai 2006, RG n° 2005/18514.
3. Pau, 8 mars 2005, RG n° 03/03855, *Rev. proc. coll.* 2006/1, p. 64, n° 14, obs. Legrand.
4. Com. 29 avr. 2003, n° 00-13.678, *Bull. civ.* IV, n° 64; *D.* 2003. AJ 1565; *Act. proc. coll.* 2003/10, n° 127, obs. Régnaut-Moutier; *LXB* n° N8082AAL, note Le Corre; *JCP E* 2003, Chron. 1396, p. 1571, n° 6, obs. M. Cabrillac – Com. 19 mai 2004, n° 02-19.376, NP – Paris, 3e ch. B, 18 juin 2004, RG n° 2003/11182 – Paris, 3e ch. B, 27 sept. 2007, RG n° 2006/12952.
5. D. n° 85-1388, 27 déc. 1985, préc.
6. Paris, 3e ch. B, 7 janv. 2005, RG n° 03/21269 – Paris, 3e ch. B, 14 janv. 2005, RG n° 2003/21960 – Versailles, 13e ch., 3 mars 2005, *D.* 2005. AJ 1128 obs. Lienhard; *RTD com.* 2006. 476, n° 2, obs. Martin-Serf.
7. Com. 13 déc. 2005, n° 03-16.571, NP; n° 1623 F-D; *Gaz. proc. coll.* 2006/2, p. 45, obs. Le Corre; *Rev. proc. coll.* 2007/3, p. 152, n° 1, obs. Neau-Leduc et Hubert – Versailles, 13e ch., 9 oct. 2003, RG n° 2002/8300 – Grenoble, ch. com., 19 janv. 2005, RG n° 03/02199, *Rev. proc. coll.* 2006/1, p. 64, n° 13, obs. Legrand.
8. Com. 7 juill. 2009, n° 08-14.592, NP; n° 731 F-D.
9. AINSI : Versailles, 13[e] ch., 3 mars 2005, *D.* 2005. AJ 1128 obs. Lienhard; *RTD com.* 2006. 476, n° 2, obs. Martin-Serf.
10. Com. 20 juin 2006, n° 04-13.574, NP; n° 813 F-D; SUR POURVOI DE : Paris, 3e ch. A, 27 janv. 2004, RG n° 2003/08770.
11. Com. 9 avr. 2013, n°s 12-14.967, 12-14.968, 12-15.537, NP; n° 360 F-D.
12. Com. 27 mars 2012, n° 11-12.031, NP; n° 361 F-D.
13. Paris, 3e ch. A, 27 janv. 2004, RG n° 2003/08770.

dès lors qu'au jour de la déclaration de créance, le créancier n'était pas encore titulaire du titre exécutoire[1].

L'admission des créances couvertes par un titre, au jour de la déclaration de créance, ne pourra intervenir qu'à titre définitif, et cela même si le titre exécutoire est contesté. Le juge-commissaire ne pourra donc admettre la créance correspondante simplement à titre provisionnel[2]. *A fortiori*, en sera-t-il ainsi, si la créance est établie par un titre exécutoire non contesté[3].

682.63 Créances non couvertes par un titre exécutoire. La deuxième catégorie de créances est celle des créances non couvertes par un titre au jour de la déclaration de créance. Par principe, le titre exécutoire ne peut plus être obtenu après jugement d'ouverture. La règle de l'arrêt des poursuites individuelles y fait obstacle. Cependant, par dérogation à ce principe, le Trésor public peut continuer à se délivrer à lui-même des titres exécutoires[4]. La solution résulte de l'article 74, alinéa 1 du décret du 27 décembre 1985[5] qui vise l'admission définitive des créances faisant l'objet d'un titre exécutoire. Ce texte, par exception, est toujours applicable aux procédures ouvertes après le 1er janvier 2006 (D. 28 déc. 2005[6], art. 354, 3°). Or, si le titre exécutoire existait au jour du jugement d'ouverture, l'admission serait intervenue à titre définitif.

L'article 74, alinéa 1 du décret du 27 décembre 1985, qui posait la solution ne visait que le Trésor public. Cette solution ne semblait donc pas pouvoir être étendue aux organismes sociaux, lesquels n'auraient donc pu, après jugement d'ouverture, se délivrer à eux-mêmes des contraintes. La solution contraire a été posée pour la Cour de cassation, dont la solution vaut également sous l'empire de la loi de sauvegarde des entreprises, qui oblige les organismes sociaux, non munis d'un titre exécutoire au jour du jugement d'ouverture, à établir et à délivrer les contraintes, dans le délai de vérification des créances[7]. À défaut, la déclaration à titre définitif ne peut être effectuée, seule étant possible une déclaration et par voie de conséquence une admission à titre provisionnel[8]. La solution a été justifiée : la délivrance d'une contrainte ne se heurte pas à la règle de l'arrêt des poursuites individuelles[9], puisqu'elle met le débiteur en mesure de saisir le tribunal des affaires de sécurité sociale aux fins de constater la créance et d'en fixer le montant[10]. La possibilité pour un organisme social de se délivrer la *contrainte après le* jugement d'ouverture afin de permettre l'établissement définitif de la créance antérieure ne peut toutefois conduire à la condamnation du débiteur au paiement par un tribunal des affaires de sécurité sociale[11].

Précisions que n'entre pas dans le pouvoir juridictionnel du juge-commissaire (v. ss n° 682.15), la discussion sur le caractère non avenu d'un jugement constituant le titre exécutoire exigé du créancier fiscal ou social déclarant sa créance à titre définitif, pour défaut de signification régulière dans les six mois de son prononcé.

682.64 Créances faisant l'objet d'une instance en cours ou d'une procédure administrative d'établissement de l'impôt.

Créances faisant l'objet d'une instance en cours. La troisième catégorie de créances est représentée par celles faisant l'objet d'une instance en cours. L'instance peut être commencée non seulement avant, mais encore après le jugement d'ouverture.

Si l'instance est commencée avant le jugement d'ouverture, le créancier public doit indiquer l'existence de l'instance en cours et la juridiction saisie. Cette mention, dont l'omission n'entraîne pas l'irrégularité de la déclaration de créance, n'est au surplus obligatoire qu'en présence d'une instance administrative en cours au jour du jugement d'ouverture, non en présence d'une instance administrative engagée après l'ouverture de la procédure collective[12].

1. Com. 12 juill. 2004, n° 01-17.810, NP.
2. Com. 29 mai 2001, n° 98-18.783, NP, *RJDA* 200110, n° 998 – Com. 10 mars 2004, n° 01-01.265, NP – Paris, 3e ch. A, 18 déc. 2007, RG n° 07/01186.
3. Com. 1er déc. 2009, n° 08-15.781, NP; n° 1114 F-D.
4. AINSI : Agen, 21 nov. 1989, *Rev. proc. coll.* 1991, 356, obs. Dureuil.
5. D. n° 85-1388, 27 déc. 1985, préc.
6. D. n° 2005-1677, 28 déc. 2005, préc.
7. Com. 17 sept. 2002, n° 99-16.840, *Bull. civ.* IV, n° 126; *D.* 2002. AJ 2805, obs. Lienhard; *Act. proc. coll.* 2002/17, n° 218, obs. Le Corre; *Dr. et patr.* 2003, n° 113, p. 96, obs. Monsérié-Bon; *JCP E* 2003, Chron. 231, p. 268, n° 9, obs. Pételt; *LXB* n° N4094AAU, note Le Corre – Com. 3 déc. 2003, n° 01-10.012, NP – Com. 5 juill. 2005, n° 03-14.347, NP – Com. 26 sept. 2006, n° 05-15.986, NP; n° 1050 F-D; *JCP E* 2007, Chron. 1004, p. 24, n° 11, obs. M. Cabrillac; *LXB hebdo* n° 232, n° N4053ALP, note Le Corre.
8. Com. 1er févr. 2011, n° 09-12.775, NP; n° 50 F-D – Pau, 2e ch., sect. 1, 8 janv. 2008, RG n° 05/02278.
9. Com. 15 déc. 2009, n° 08-70.173, NP; n° 1186 F-D; *Gaz. Pal.* 16-17 avr. 2010, nos 106, 107, p. 32, note Roussel Galle.
10. Amiens, ch. éco., 30 sept. 2004, RG n° 03/04021.
11. Com. 17 févr. 2015, n° 13-26.931, *Bull. civ.* IV [à paraître]; n° 185 F-P+B; *Gaz. Pal.* 1er mai 2015, n° 121, p. 35, note Le Corre; *Rev. proc. coll.* 2015, comm. 112, note Saint-Alary Houin et 2015, comm. 105, note Macorig-Venier.
12. Com. 26 mars 2013, n° 12-13.673, *Bull. civ.* IV, n° 51; n° 297 F-P+B; *D.* 2013, actu 904, note Lienhard; *Gaz. Pal.* 12 juill. 2013, n° 193, p. 24, note Le Corre; *Act. proc. coll.* 2013/8, comm. 105, note Vallansan; *RTD com.* 2013. 343, n° 4, obs. Martin-Serf.

L'instance est engagée après l'ouverture de la procédure collective, lorsque le débiteur forme une réclamation contentieuse[1] ou lorsque le liquidateur de la société débitrice émet une réclamation[2].

Il y a instance en cours lorsque le débiteur reçoit des propositions de rectification de l'impôt, dès lors qu'il saisit le tribunal administratif pour en être déchargé en tout ou en partie[3]. Il en est de même lorsqu'il saisit le tribunal des affaires de sécurité sociale dans le cadre d'une opposition à une mise en demeure d'un organisme social[4]. Il faut toutefois, si l'instance est engagée après le jugement d'ouverture, qu'elle le soit avant expiration du délai imparti au mandataire de justice pour déposer la liste des créances vérifiées[5]. La qualité à agir du débiteur ou des organes de la procédure au regard des règles d'assistance ou de représentation du débiteur, devra être respectée[6].

La décision de constat d'une instance en cours a pour effet de dessaisir le juge-commissaire[7]. La créance ne sera pas soumise à la vérification (v. ss nos 623.11 s.). Pareille décision fait obstacle tant à l'admission définitive de la créance[8] qu'à son rejet. Le juge-commissaire ne pourra que constater qu'une instance est en cours[9] et non se déclarer incompétent[10]. Cette dernière solution s'impose même si le créancier a déclaré sa créance à titre définitif dans le délai de déclaration des créances à titre définitif, après s'être délivré le titre exécutoire que le débiteur a entendu contester. Si le débiteur introduit avant le jugement d'ouverture une demande de décharge ou de réduction de l'impôt, que le tribunal rejette avant le jugement d'ouverture, et si le débiteur exerce un recours devant la cour administrative d'appel à l'encontre de cette décision, le rejet par la cour administrative d'appel entraîne, ce qui entraîne fin de *l'instance en cours, admission de la créance,* laquelle avait été déclarée sur le fondement d'un titre exécutoire[11].

Dans un premier temps, l'état des créances pourra comporter la mention des instances en cours et être, dans un second temps, rectifié, avec la mention d'admission ou de rejet des créances, en fonction de l'issue des contestations formulées. Ainsi, le rejet des contestations émises par le débiteur entraîne admission des créances, sans décision du juge-commissaire, lequel a-t-on précisé, est dessaisi par la décision de constat d'une instance en cours. Il en résulte que l'état des créances rectifié peut valablement comporter les décisions d'admission des créances publiques après rejet des contestations[12].

Il reste à déterminer, et c'est là l'objet d'un contentieux relativement important, ce qu'est une instance en cours.

En présence d'une créance fiscale, il n'y aura instance en cours que s'il y a eu réclamation contentieuse de la part du contribuable[13]. Il faut qu'il s'agisse d'une procédure contentieuse ayant pour effet de retarder ou d'interdire l'émission d'un titre exécutoire ou de suspendre son exécution[14].

Il y aura instance en cours en cas de demande de dégrèvement[15]. Il a été jugé qu'il y avait instance en cours en cas de saisine pour arbitrage de la commission départementale des impôts[16], ce qui a pu être critiqué[17].

La question de savoir si la saisine de la commission départementale des impôts directs et des taxes sur le chiffre d'affaires constitue une instance en

1. Com. 11 févr. 2014, no 13-10.554, *Bull. civ.* IV, no 37; no 194 F-P+B; *LXB hebdo* 20 mars 2014, no 374, note Le Corre.
2. Paris, 3e ch. A, 26 sept. 2006, RG no 2005/25335 – Paris, 3e ch. A, 26 sept. 2006, RG no 2005/25337.
3. Aix-en-Provence, 30 oct. 2014, RG no 14/09945, *Act. proc. coll.* 2015, comm. 6.
4. Com. 14 mai 2008, no 06-20.590, NP; no 555 F-D – Com. 14 mai 2008, no 06-20.591, NP; no 556 F-D.
5. Com. 14 mai 2008, no 06-20.590, NP; no 555 F-D – Com. 14 mai 2008, no 06-20.591, NP; no 556 F-D.
6. SUR CETTE QUESTION : Brandeau, « Qualité pour agir devant le juge de l'impôt et procédures collectives », *LPA* 19 juill. 2007, no 144, p. 4.
7. Com. 12 avr. 2005, no 03-16.754, NP, *Gaz. proc. coll.* 2005/2, p. 28, obs. Le Corre – Com. 12 avr. 2005, no 03-16.755, NP, *Gaz. proc. coll.* 2005/2, p. 28, obs. Le Corre.
8. Com. 12 juill. 2004, no 03-11.418, NP – Com. 18 janv. 2005, no 02-20.931, *Bull. civ.* IV, no 9, *D.* 2005. AJ 357, obs. Lienhard; *Act. proc. coll.* 2005/5, no 57, note Boulay; *JCP E* 2005, Chron. 639, p. 710, no 10, obs. M. Cabrillac; *Rev. proc. coll.* 2006/1, p. 74, no 6, obs. Neau-Leduc et Hubert; *Gaz. proc. coll.* 2005/1, p. 36, no 3-1, obs. Le Corre – Com. 12 avr. 2005, no 03-20.633, NP – TOUTEFOIS : Com. 14 mai 2008, no 06-20.590, NP; no 555 F-D – Com. 14 mai 2008, no 06-20.591, NP; no 556 F-D.
9. Paris, 3e ch. B, 30 janv. 2004, RG no 2003/01575 – Paris, 3e ch. A, 2 nov. 2004, RG no 2004/6524.
10. Com. 10 mai 2005, no 03-19.988, NP; no 696 F-D; *Rev. proc. coll.* 2006/1, p. 65, no 15, obs. Legrand; *Gaz. proc. coll.* 2005/2, p. 27, obs. Le Corre – Com. 5 déc. 2006, no 05-18.450, NP; no 1361 F-D.
11. Com. 24 mars 2015, no 14-10.954, *Bull. civ.* IV [à paraître]; no 308 F-P+B.
12. Com. 11 déc. 2012, no 11-27.969, NP; no 1253 F-D.
13. Com. 15 oct. 2002, no 99-17.031, NP, *Rev. proc. coll.* 2003, p. 322, no 15, obs. Legrand – Com. 8 juill. 2003, no 00-16.093, NP, *Act. proc. coll.* 2003/16, no 209 – Com. 18 janv. 2005, no 02-20.931, *Bull. civ.* IV, no 9.
14. Paris, 10 déc. 1999, *D.* 2000, jur. p. 1 – *Adde*, Brignon, note ss Nîmes, 27 mai 2004, RG no 030089, *LPA* 30 août 2007, no 174, p. 6, sp. p. 13, no 11.
15. Com. 10 déc. 2003, no 00-21.849, *Bull. civ.* IV, no 205; *D.* 2004. AJ 142; *Act. proc. coll.* 2004/2, no 18; *LXB* no N0081ABM, note Le Corre – Com. 12 juill. 2004, no 03-11.418, NP – Com. 18 janv. 2005, no 02-20.931, *Bull. civ.* IV, no 9.
16. Rennes, 2e ch., 25 avr. 2001, *Rev. proc. coll.* 2002, p. 187, no 8, obs. Legrand.
17. Brignon, note ss Nîmes, 27 mai 2004, RG no 030089, *LPA* 30 août 2007, no 174, p. 6, sp. p. 13, no 11.

cours fait difficulté. Il y a été répondu par la négative[1]. Toutefois, si, après avoir saisi la commission départementale des impôts directs et taxes sur le chiffre d'affaires, le contribuable s'est désisté, il n'y a plus d'instance en cours, dispensant l'administration fiscale de déclarer à titre définitif sa créance dans le délai de l'article L. 621-103 du code de commerce[2] et, depuis la loi de sauvegarde des entreprises, dans le délai de l'article L. 624-1.

Il n'y aura pas instance en cours, en cas de procédure de contrôle fiscal[3] ou d'avis de redressement fiscal[4], même s'il est suivi de la saisine de la commission départementale des impôts directs et de la taxe sur le chiffre d'affaires[5], de l'avis de vérification de comptabilité[6], de la procédure d'établissement[7] ou de mise en recouvrement de l'impôt[8].

En présence d'une créance de cotisations sociales, pour qu'il y ait instance en cours, un contentieux devra exister à la suite de la délivrance d'une contrainte, soit sur opposition devant le tribunal des affaires de sécurité sociale, soit devant la cour d'appel suite à la décision du tribunal des affaires de sécurité sociale.

L'instance est en cours si elle pendante devant la cour d'appel, alors même que la réclamation contentieuse aurait été rejetée par un jugement exécutoire[9].

Créances faisant l'objet d'une procédure administrative d'établissement de l'impôt sous l'empire de l'ordonnance du 12 mars 2014[10]. L'article 27, 4° de l'ordonnance du 12 mars 2014 tient compte des difficultés que rencontre le Fisc pour déclarer dans les délais impartis au mandataire judiciaire (délai de l'article L. 624-1 du code de commerce) ses créances d'impôt à titre définitif, *lorsqu'elles* font l'objet d'une procédure administrative d'établissement de l'impôt. Il faut en effet tenir compte des délais de la procédure de contrôle et de rectification de l'impôt[11], qui peut être suivie d'une contestation du contribuable. À cette fin, il est procédé à une modification de l'alinéa 3 de l'article L. 622-24 du code de commerce, devenu l'alinéa 4 avec l'ordonnance du 12 mars 2014, ayant pour objet de préciser que l'obligation de déclaration à titre définitif dans le délai de l'article L. 624-1 ne s'impose pas si une procédure administrative d'établissement de l'impôt a été mise en œuvre. En ce cas, l'obligation de déclaration à titre définitif doit être effectuée avant le dépôt au greffe du compte rendu de fin de mission par le mandataire judiciaire. Le décret n° 2014-736 du 30 juin 2014 complète le dispositif en prévoyant que « lorsque le mandataire judiciaire a été informé de la mise en œuvre d'une procédure administrative d'établissement de l'impôt, il en informe les comptables publics compétents par lettre recommandée avec demande d'avis de réception quinze jours au moins avant la date de ce dépôt » (C. com., art. R. 626-39, al. 2, réd. D. 30 juin 2014[12], art. 62). La solution est reproduite en liquidation judiciaire (C. com., art. R. 643-19, al. 2, réd. D. 30 juin 2014, art. 106). Ainsi, le mandataire judiciaire qui prévoit de déposer son compte rendu de fin de mission, doit anticiper de 15 jours ce dépôt, afin d'avertir les comptables publics qu'il leur reste 15 *jours* pour procéder à la déclaration à titre définitif de leur créance. La solution n'est guère praticable et devra sans doute être repensée. En effet, le compte rendu de fin de mission suppose que les distributions soient effectuées. Mais comment y procéder si l'ordre des répartitions peut être affecté par la créance fiscale ? Le serpent semble bien se mordre la queue…

Il ne s'agit pas ici d'une procédure administrative ou judiciaire en cours, qui suppose une réclamation du contribuable. Pareille hypothèse avait déjà été prise en compte par le législateur, qui précise à l'article L. 622-24, alinéa 3 du code de commerce (devenu alinéa 4), que le délai de déclaration à titre définitif de la créance n'est pas applicable en présence d'une instance en cours. L'objet de la modification résultant de l'article 27, 4° de l'ordonnance du 12 mars 2014 est d'adopter une solution comparable pour la procédure administrative d'établisse-

1. Nîmes, 27 mai 2004, RG n° 030089, *LPA* 30 août 2007, n° 174, p. 6, note Brignon.
2. Com. 19 mai 2004, n° 01-03.679, NP.
3. Com. 11 juin 2002, n° 98-18.237, NP, *Act. proc. coll.* 2002/16, n° 203.
4. Com. 9 janv. 2001, n° 98-11.609, *Bull. civ.* IV, n° 4; *D.* 2001. AJ 478, obs. Lienhard; *Act. proc. coll.* 2001/4, n° 51, obs. Amlon; *JCP E* 2001, Chron. 754, n° 12, obs. Pétel; *RTD com.* 2001. 510, obs. Martin-Serf – Com. 15 oct. 2002, n° 99-17.031, NP, *Rev. proc. coll.* 2003, p. 322, n° 15, obs. Legrand – Com. 8 juill. 2003, n° 00-14.457, NP.
5. Com. 10 mars 2004, n° 01-15.408, NP.
6. Com. 15 oct. 2002, n° 99-17.031, NP, *Rev. proc. coll.* 2003, p. 322, n° 15, obs. Legrand.
7. Com. 18 févr. 2003, n° 00-10.887, NP, *Rev. proc. coll.* 2003, p. 322, n° 15, obs. Legrand; *Act. proc. coll.* 2003/9, n° 115.
8. Com. 18 janv. 2000, n° 97-18.877, NP; n° 97-18.874, *Bull. civ.* IV, n° 14, 2 arrêts; *Act. proc. coll.* 2000/4, n° 37; *JCP E* 2000, jur. 1330, note Casey; *JCP E* Chron. 752, n° 12, obs. Pétel; *Rev. proc. coll.* 2000, 91, note Deleneuville; *RTD com.* 2000. 721, obs. Martin-Serf – Com. 18 févr. 2003, n° 00-10.887, NP, *Act. proc. coll.* 2003/9, n° 115.
9. Com. 12 avr. 2005, n° 03-20.633, NP, *Gaz. proc. coll.* 2005/2, p. 28, obs. Le Corre.
10. Ord. n° 2014-326, 12 mars 2014, préc.
11. Dedeurwaerder, « L'ordonnance du 12 mars 2014 et le Trésor public : innovations ou régressions », *BJE* mai 2014, 189 s, sp. 190.
12. D. n° 2014-736, 30 juin 2014, préc.

ment de l'impôt à celle déjà posée en cas d'instance en cours.

Et il faut qu'il ait effectivement une procédure de contrôle ou de rectification de l'impôt. Si ce n'est pas le cas, le dispositif est inapplicable et le créancier fiscal sera forclos faute d'avoir, dans le délai imparti par le tribunal, dans le jugement d'ouverture de la procédure collective, au mandataire judiciaire ou au liquidateur pour établir la liste des créances vérifiées avec ses propositions d'admission ou de rejet. La solution a été posée dans une espèce où il n'était pas question d'une procédure de contrôle ou de rectification de l'impôt, mais qu'il s'agissait seulement de la détermination du calcul et de l'assiette de l'impôt[1].

L'alinéa 4 de l'article L. 622-24 *in fine*, qui résulte de la rédaction que lui donne l'ordonnance du 12 mars 2014 ajoute que si le contribuable saisit l'une des commissions mentionnées à l'article L. 59 du livre des procédures fiscales, le délai de déclaration à titre définitif, c'est-à-dire le délai imparti au mandataire judiciaire pour établir la liste des créances déclarées avec ses propositions à destination du juge-commissaire, est suspendu jusqu'à l'avis de cette commission ou celle d'un désistement. Le texte vise une suspension. En conséquence, le temps déjà couru avant la saisine de la commission sera décompté du temps restant à courir, devant permettre au Trésor public de déclarer à titre définitif sa créance, objet de la procédure administrative de l'impôt. Il est assez remarquable d'associer la technique de la suspension à un délai, dont le calcul n'est pas prédéterminé[2].

L'article 64 de l'ordonnance du 12 mars 2014, en complétant le dernier alinéa de l'article L. 641-3 du code de commerce, étend la solution posée en sauvegarde et en redressement judiciaire par l'alinéa 4 de l'article L. 622-24 [issu de l'ordonnance du 12 mars 2014] au cas de la liquidation judiciaire, la déclaration de créance étant alors faite entre les mains du liquidateur et le compte rendu de mission visé au texte étant alors celui du liquidateur.

Il y a là une souplesse offerte aux créanciers d'impôts, qui ne profitera pas aux créanciers sociaux, qui pourraient pourtant être confrontés aux mêmes difficultés. Il faut sans doute y voir la contrepartie de la suppression par le décret du 28 décembre 2005[3] de l'allongement du délai imparti au représentant des créanciers ou au liquidateur pour déposer la liste des créances déclarées et qui permettait, sous l'empire de la loi du 25 janvier 1985[4], essentiellement au Trésor public de s'octroyer des délais supplémentaires de déclaration à titre définitif de ses créances non couvertes par un titre exécutoire, notamment parce qu'elles n'étaient pas liquidées.

682.65 Créances non établies. La dernière catégorie de créances des organismes sociaux et fiscaux est constituée des créances non établies au jour du jugement d'ouverture. On peut ici prendre l'exemple des cotisations sociales de retraite. La cotisation de retraite a pour fait générateur l'activité au premier jour du trimestre. La cotisation, en début d'activité, est appelée forfaitairement. En cours d'activité, elle est appelée au premier semestre sur la base des revenus déclarés à l'année *n* – 2. Cet appel de cotisation est d'abord réajusté en fonction des revenus déclarés à l'année *n* – 1, au second semestre. Elle est enfin définitivement réajustée sur la base des revenus de l'année *n*, c'est-à-dire l'année considérée. On voit ainsi que, au jour où expire le délai de déclaration de créance classique, il est vraisemblable que l'organisme social ou fiscal soit dans l'impossibilité de déclarer sa créance réajustée, laquelle devra être définitivement admise au passif, en remplacement de l'admission provisionnelle intervenue.

L'article L. 621-43, alinéa 3 du code de commerce (anc[t] L. 25 janv. 1985[5], art. 50, al. 3), devenu depuis la loi de sauvegarde des entreprises[6] l'article L. 622-24, alinéa 3 [devenu al. ord. 12 mars 2014[7]], oblige pourtant à établir définitivement ces créances, en vue de leur admission définitive, dans les délais de l'article L. 621-103 du code (devenu C. com., art. L. 624-1, depuis la loi de sauvegarde des entreprises), c'est-à-dire le délai imparti au représentant des créanciers – mandataire judiciaire – par le tribunal pour vérifier le passif.

Une difficulté pourra se présenter si la déclaration de créance admise à titre provisionnel n'est pas suffisante pour couvrir l'intégralité des sommes dues. En effet, la déclaration complémentaire ne sera possible que dans le délai de la déclaration de créance initiale. Le créancier ne pourra, à titre définitif, déclarer plus que le montant pour lequel il a été admis à titre provisionnel. Cela revient à dire que le montant de l'admission à titre provisionnel constitue la limite supérieure de l'admission à titre définitif (v. s[s] n° 682.61).

La possibilité pour le juge-commissaire d'admettre à titre provisionnel les créances fiscales et socia-

1. Toulouse, 3e ch., 13 avr. 2016, RG n° 15/05695; arrêt aimablement communiqué par M[r] Ph. Delmotte, conseiller à la cour d'appel de Toulouse, *Act. proc. coll.* 2016/10, comm. 134, note Petit.
2. Dedeurwaerder, art. préc., sp. 191.
3. D. n° 2005-1677, 28 déc. 2005, préc.
4. L. n° 85-98, 25 janv. 1985, préc.
5. L. n° 85-98, 25 janv. 1985, préc.
6. L. n° 2005-845, 26 juill. 2005, préc.
7. Ord. n° 2014-326, 12 mars 2014, préc.

les n'ayant pas fait l'objet, au jour où il statue, d'un titre exécutoire, rend impossible le sursis à statuer[1].

La réclamation introduite après déclaration à titre provisionnel empêchera le juge-commissaire d'admettre la créance à titre provisionnel. Il devra alors surseoir à statuer jusqu'à ce que la réclamation du débiteur soit tranchée[2]. En revanche, l'admission à titre définitif d'une créance d'abord déclarée à titre provisionnel pourra intervenir, sans que le juge-commissaire n'ait à attendre l'expiration du délai de réclamation contentieuse[3].

682.66 Obligation de déclarer sa créance à titre définitif dans le délai imparti au mandataire de justice pour vérifier les créances – Relevé de forclusion des créanciers admis à titre provisionnel. Le créancier qui a déclaré sa créance à titre provisionnel dans les délais classiques, doit ensuite, dans les délais impartis au mandataire de justice pour vérifier les créances, déclarer sa créance à titre définitif.

Observons que, tant sous l'empire de la loi du 25 janvier 1985[4], que sous celui de sauvegarde des entreprises, l'avis d'insertion au *Bodacc* du jugement d'ouverture n'a pas à comporter l'indication du délai imparti au mandataire judiciaire pour établir la liste des créances déclarées, avec les propositions d'admission, de rejet et de renvoi devant la juridiction compétente. Ce délai est opposable aux créanciers confrontés à devoir déclarer leurs créances à titre définitif dans ce délai par le seul fait de la publicité du jugement d'ouverture, qui le mentionne[5].

Certes, les textes ne visent pas explicitement une seconde déclaration de créance et l'on peut voir parfois affirmer que le créancier n'a pas, *stricto sensu* à déclarer sa créance à titre définitif, mais qu'il doit solliciter son admission à titre définitif[6]. D'ailleurs, la Cour de cassation n'a jamais énoncé qu'il y avait place à une seconde déclaration de créance. Mais, dans la mesure où le créancier fiscal ou social doit demander son admission à titre définitif, cela ne peut être que par une démarche : une déclaration de créance à titre définitif.

La Cour de cassation a d'ailleurs jugé que le créancier, qui avait déclaré à titre définitif dans les délais pouvait procéder à une nouvelle déclaration à titre définitif, dès lors d'une part qu'il avait déclaré sa créance à titre provisionnel pour un montant au moins égal et que, d'autre part, la seconde déclaration de créance à titre définitif avait été effectuée dans le délai d'établissement de l'état des créances[7], ce dernier étant visé à tort par la Cour de cassation au lieu de la liste des créances déclarées.

Le créancier public ne peut, comme cela est parfois admis par les juges du fond, contracter en une seule étape sa déclaration, en déclarant à titre provisionnel et en indiquant qu'à défaut de nouvelle déclaration de sa part, sa déclaration vaudra à titre définitif[8]. Il ne peut être admis pour une créance prétendument déclarée à titre définitif, alors qu'aucun titre exécutoire n'a été communiqué au mandataire de justice et *a fortiori* délivré au débiteur[9]. Le mandataire judiciaire – représentant des créanciers – ou le liquidateur ne peuvent reconnaître que la déclaration de créance est intervenue à titre définitif, alors que la créance n'est pas couverte par un titre exécutoire, au prétexte que la créance a été déclarée au vu des propres déclarations spontanées du débiteur, qu'elle est établie et qu'elle n'a pas été contestée autrement que pour le motif tiré de l'absence de titre exécutoire[10]. De même, une cour d'appel ne peut admettre une créance de l'Urssaf à titre définitif, alors que la contrainte n'a pas été délivrée dans le délai prévu par le tribunal pour la vérification du passif, au prétexte que le débiteur a

1. Com. 16 oct. 2001, nº 98-18.731, *Bull. civ.* IV, nº 169; *D.* 2001. AJ 3351; *Act. proc. coll.* 2001/20, nº 269; *JCP E* 2002, Chron. 175, p. 173, nº 12, obs. M. Cabrillac; *RJDA* 2002/2, nº 177, p. 146; *Act. proc. coll.* 2002/2, nº 18, obs. Régnaut-Moutier.
2. Com. 11 déc. 2001, nº 99-10.795, *Bull. civ.* IV, nº 197,2 arrêts; nº 99-10.796, NP, *D.* 2002. AJ 326, obs. Lienhard; *JCP E* 2002, Chron. 763, p. 807, nº 10, obs. M. Cabrillac; *RJDA* 2002/4, nº 411, p. 350; *LPA* 1er mars 2002, nº 44, p. 16, note Brandeau; *Rev. proc. coll.* 2002, p. 187, nº 9, obs. Legrand.
3. Com. 8 janv. 2002, nº 99-20.167, *Bull. civ.* IV, nº 2; *D.* 2002. AJ 486, obs. Lienhard; *JCP E* 2002, Chron. 763, p. 807, nº 10, obs. M. Cabrillac; *Act. proc. coll.* 2002/5, nº 60, obs. Neau-Leduc; *Rev. proc. coll.* 2002, p. 187, nº 9, obs. Legrand.
4. L. nº 85-98, 25 janv. 1985, préc.
5. Com. 9 févr. 2010, nº 08-22.054, NP; nº 174 F-D; *Gaz. Pal. entr. diff.* 2-3 juill. 2010, nos 183, 184, p. 32, note Le Corre-Broly; *RTD com.* 2011. 797, nº 5, obs. Martin-Serf.
6. Paris, pôle 5, 8e ch., 29 janv. 2013, RG nº 12/00321.
7. Com. 5 oct. 2010, nº 09-16.558, *Bull. civ.* IV, nº 151, nº 938 F-P+B; *Gaz. Pal. entr. diff.* 7-8 janv. 2011, p. 38, note Le Corre-Broly; *LPA* 20 déc. 2010, nº 252, p. 8, note Zattara-Gros; *Rev. proc. coll.* 2011, comm. 35, p. 43, note Legrand et Legrand; *RTD com.* 2011. 796, nº 4, obs. Martin-Serf; *Leden* 2010/10, p. 2, obs. Gorrias; *LXB hebdo* 21 oct. 2010, nº 413, note Le Corre.
8. ILLUSTR : Nîmes, 2e ch. B, 21 avr. 2005, RG nº 03/00660, *Rev. proc. coll.* 2006/1, p. 62, nº 8, obs. Legrand.
9. Com. 27 mars 2007, nº 06-11.034, *Bull. civ.* IV, nº 101; nº 550 F-P+B; *D.* 2007. AJ 1144, obs. Lienhard – *JCP E* 2007, Chron. 2119, p. 24, nº 9, obs. M. Cabrillac.
10. Com. 27 mars 2007, nº 05-21.177, *Bull. civ.* IV, nº 100; nº 547 F-P+B; *D.* 2007. AJ 1144, obs. Lienhard; *Act. proc. coll.* 2007/8, nº 87; *JCP E* 2007, Chron. 2119, p. 24, nº 9, obs. M. Cabrillac; *LXB hebdo* nº 257, 26 avr. 2007, nº N8867BAN, note Le Corre – Com. 27 mars 2007, nº 05-20.946, NP; nº 546 F-D – Com. 27 mars 2007, nº 05-21.178, NP; nº 548 F-D – Com. 27 mars 2007, nº 05-21.179, NP; nº 549 F-D – Com. 27 mars 2007, nº 06-12.796, NP; nº 551 F-D.

accepté ce montant comme correspondant aux cotisations dues par la société pour telle période[1]. Par hypothèse, la créance n'était pas couverte par un titre définitif. Dans le cas contraire, en effet, la déclaration aurait été faite à titre définitif, dès l'origine. Le créancier aurait dû se délivrer à lui-même le titre exécutoire (v. s[s] n° 682.63).

Il a été jugé à propos de la contrainte des organismes sociaux, que le titre exécutoire exigé par la législation pour solliciter l'admission à titre définitif de sa créance existe par le seul effet de la délivrance de la contrainte, indépendamment de sa signification au débiteur[2].

Dès lors que dans le délai de l'article L. 621-103 du code de commerce (devenu l'art. L. 624-1 depuis la loi de sauvegarde des entreprises[3]), le créancier a établi définitivement sa créance par un titre, il n'a pas à saisir, dans ce même délai, le juge-commissaire de l'admission définitive de sa créance. Il lui suffit d'adresser sa déclaration définitive au représentant des créanciers - mandataire judiciaire - ou au liquidateur, selon le cas[4]. Mais, s'il saisit le juge-commissaire, la déclaration à titre définitif est valablement effectuée[5], sans qu'il ait besoin de déclarer sa créance à titre définitif entre les mains du mandataire de justice[6]. L'article R. 624-6 du code de commerce, depuis la loi de sauvegarde, est d'ailleurs en ce sens lorsqu'il indique que, à la requête du Trésor public, le juge-commissaire [...] prononce l'admission définitive des créances admises à titre provisionnel en application du troisième alinéa de l'article L. 622-24 (devenu al. 4, réd. ord. 12 mars 2014[7]). L'alinéa 2 de l'article R. 624-6 du code de commerce précise que les décisions rendues en méconnaissance des dispositions du troisième alinéa de l'article L. 622-24 (devenu al. 4, réd. ord. 12 mars 2014) sont susceptibles d'appel. Il s'agit des décisions d'admission rendues au mépris des règles régissant la déclaration et l'admission en deux temps : à titre provisionnel, puis à titre définitif.

Il est indifférent que dans ce même délai le créancier produise le titre exécutoire, seul son établissement étant exigé dans le délai de vérification des créances[8], non sa production. Le titre exécutoire n'est qu'une pièce justificative de la créance, dont il appartient, le cas échéant, au mandataire de justice de solliciter la communication.

Le créancier a la possibilité, du moins avant la loi de sauvegarde des entreprises, de jouer sur le délai de déclaration de créance à titre définitif en sollicitant l'allongement du délai de vérification des créances, ce que la jurisprudence admet, dès lors du moins que le créancier a présenté sa demande d'allongement du délai de vérification des créances avant expiration du délai de déclaration à titre définitif de sa créance, c'est-à-dire avant expiration du délai de vérification des créances initialement imparti au mandataire de justice (v. s[s] n° 671.11). Même s'il n'est pas demandeur à la prorogation de délai, le créancier bénéficie du délai allongé de vérification des créances[9].

Sous l'empire de la législation antérieure à la loi de sauvegarde des entreprises, dans les prévisions de l'article 68 du décret du 27 décembre 1985[10], « les créanciers dont la créance n'a pas été portée définitivement sur l'état dans le délai prévu par l'article L. 621-103 peuvent demander à être relevés de la forclusion édictée par le troisième alinéa de l'article 50 de la même loi [devenu C. com., art. L. 621-43] selon les modalités de son article 53 [devenu C. com., art. L. 621-46] ».

La règle concerne les créanciers ayant déclaré à titre provisionnel leur créance qui doit ensuite être admise à titre définitif (v. s[s] n° 682.61).

Le créancier devra présenter une requête au juge-commissaire, si ce dernier est encore en fonction, au tribunal, dans le cas contraire (D. 27 déc. 1985, art. 70, al. 1). Le renvoi à l'article L. 621-46 du code de commerce (anc[t] L. 25 janv. 1985, art. 53) a deux conséquences.

La première tient au fait que la requête en relevé de forclusion sera présentée selon les modalités du droit commun. En conséquence, elle devra être présentée dans le délai d'un an du jugement d'ouver-

1. Com. 13 oct. 2015, n° 14-19.026, NP; n° 877 F-D.
2. Com. 10 juin 2008, n° 07-14.017, NP; n° 686 F-D – Com. 15 déc. 2009, n° 08-70.173, NP; n° 1186 F-D; *Gaz. Pal.* 16-17 avr. 2010, n°s 106, 107, p. 32, note Roussel Galle.
3. L. n° 2005-845, 26 juill. 2005, préc.
4. Com. 3 avr. 2002, n° 99-11.838, NP, *D.* 2002. AJ 1421, obs. Lienhard; *Act. proc. coll.* 2002/9, n° 111, obs. Vallansan; *JCP E* et *A* 2002, Chron. 1380, p. 1524, n° 10, obs. M. Cabrillac; *RTD com.* 2002. 539, n° 4, obs. Martin-Serf – Com. 14 mai 2002, n° 98-19.966, NP, *RJDA* 2002/10, n° 1059, p. 896; *Rev. proc. coll.* 2003, p. 143, n° 14, obs. Legrand – Com. 19 mai 2004, n° 02-18.911, NP – Com. 23 nov. 2004, n° 02-15.115, NP – Com. 3 oct. 2006, n° 05-11.370, NP; n° 1118 F-D.
5. Paris, 3e ch. B, 19 mai 2006, RG n° 2005/18514; et SUR POURVOI : Com. 13 nov. 2007, n°s 06-17.083, 06-17.241, NP; n° 1241 F-D.
6. Com. 13 nov. 2007, n°s 06-17.083, 06-17.241, NP; n° 1241 F-D.
7. Ord. n° 2014-326, 12 mars 2014, préc.
8. Com. 3 mai 2006, n° 05-13.336, *Bull. civ.* IV, n° 110; n° 727 FS-P+B; *D.* 2006. AJ 1452, obs. Lienhard; *RTD com.* 2006. 665, n° 4, obs. Martin-Serf; *Gaz. proc. coll.* 2006/3, p. 36, n° 6, obs. Le Corre; *Rev. proc. coll.* 2007/1, p. 49, n° 12, obs. Legrand; *Rev. proc. coll.* 2007/3, p. 152, n° 1, obs. Neau-Leduc et Hubert – Grenoble, ch. com., 19 janv. 2005, RG n° 03/02199, *Rev. proc. coll.* 2006/1, p. 64, n° 13, obs. Legrand.
9. Paris, 3e ch. A, 27 nov. 2007, RG n° 06/22881.
10. D. n° 85-1388, 27 déc. 1985, préc.

ture, le non-respect de ce délai pouvant être soulevé d'office, car il s'agit d'une fin de non-recevoir d'ordre public[1]. En pratique, cette requête en relevé de forclusion sera présentée entre l'expiration du délai imparti au mandataire de justice pour vérifier les créances, lequel ne peut être inférieur à 6 mois à compter de l'expiration du délai imparti aux créanciers pour déclarer leurs créances (D. 27 déc. 1985, art. 72, al. 2) et le délai de relevé de forclusion, c'est-à-dire un an à compter du jugement d'ouverture.

La seconde conséquence tient à l'obligation pour le créancier de démontrer que sa défaillance à déclarer à titre définitif dans le délai de l'article L. 621-103 du code de commerce (devenu l'article L. 624-1 depuis la loi de sauvegarde des entreprises) n'est pas due à son fait[2]. S'il a déclaré une créance, il ne pourra démontrer que la défaillance à déclarer dans les délais une autre créance n'est pas due à son fait. Il ne pourra spécialement se réfugier derrière l'absence de liquidité de la créance, puisqu'il a le droit de déclarer à titre provisionnel[3]. La solution a été posée à propos d'une déclaration de créance de TVA. Le créancier ne pourra utilement soutenir, alors qu'il a déclaré sa créance à titre provisionnel, que le mandataire de justice ne l'a pas averti d'avoir à déclarer sa créance à titre définitif[4]. Il pourra en revanche faire valoir l'impossibilité qui a été la sienne d'établir définitivement sa créance dans ce délai de vérification des créances pour être relevé de forclusion[5], en faisant état du comportement du débiteur qui n'a pas fourni les éléments de calcul[6].

La loi de sauvegarde des entreprises reprend exactement la solution. Il résulte en effet de l'article R. 624-2 du code de commerce (anc[t] D. 28 déc. 2005, art. 104, al. 2) que « les créanciers dont la créance n'a pas été portée définitivement sur la liste des créances, dans le délai prévu par l'article L. 624-1 du même code, peuvent demander à être relevés de la forclusion prévue par le troisième alinéa de l'article L. 622-24 selon les modalités prévues par l'article L. 622-26 du même code ».

Avec l'ordonnance du 12 mars 2014, le troisième alinéa de l'article L. 622-24 est devenu le quatrième. C'est cet alinéa que vise l'article R. 624-2, alinéa 2 du code de commerce, dans sa rédaction que lui donne le décret du 30 juin 2014[7] (art. 53, 2°).

Les solutions jurisprudentielles de la législation antérieure sont reconductibles. Il faut seulement indiquer que le délai particulier de relevé de forclusion, ouvert par la loi de sauvegarde des entreprises aux créanciers placés dans l'impossibilité de connaître l'existence de leur créance à l'expiration du délai classique de relevé de forclusion (v. s[s] n° 665.55), délai qui est porté à un an au lieu des six mois à compter de la publication au *Bodacc* du jugement d'ouverture pour les créanciers dans une situation classique, semble inapplicable aux créanciers sociaux et fiscaux, qui ont déclaré une créance à titre provisionnel. En effet, ce n'est pas la créance dont ils ignorent l'existence, mais seulement son montant. La Cour de cassation semble avoir fait une application de cette solution, en considérant que le créancier social ne pouvait bénéficier du délai d'un an, dès lorsqu'il connaissait l'existence de sa créance[8]. Le délai glissant instauré par l'ordonnance du 12 mars 2014 au profit du créancier ignorant l'existence de sa créance à l'expiration du délai classique de relevé de forclusion, n'est pas davantage ici applicable.

Pendant l'instance en relevé de forclusion, le créancier établira le calcul définitif de sa créance pour la faire admettre définitivement au passif, en lieu et place de l'admission provisionnelle intervenue jusqu'alors.

L'ordonnance du 12 mars 2014 conduit à une modification du dispositif. L'article 65 de cette ordonnance insère un alinéa 3 à l'article L. 641-4 du code, qui prévoit que « lorsqu'il apparaît nécessaire de reprendre la vérification des créances, le juge-commissaire fixe pour y procéder un délai supplémentaire qui ne peut excéder six mois ». Le texte ajoute que la fixation de ce délai a les mêmes conséquences que celles prévues à l'article L. 624-1. Il faut donc comprendre que ce délai allongé, qui ne pourra exister qu'en liquidation judiciaire, profitera aux créanciers autorisés à se délivrer à eux-mêmes des titres exécutoires pour déclarer leur créance à titre définitif.

682.67 Sort des créances fiscales et sociales admises à titre provisionnel et non admises à titre définitif dans les délais légaux.

> Sous l'empire de la législation antérieure à la loi de sauvegarde des entreprises[9], il a déjà été indiqué que si la déclaration de créance n'est pas faite initialement pour tendre à l'admission provisionnelle, la créance est éteinte (v. s[s] n° 682.61).

1. Com. 5 mai 2004, n° 01-16.602, NP.
2. Com. 3 oct. 2000, n° 97-21.415, NP, *LPA* 24 nov. 2000, n° 235, p. 11, note Brandeau; *Act. proc. coll.* 2000/18, n° 229 – Paris, 3e ch. B, 7 janv. 2005, RG n° 03/21269.
3. Paris, 3e ch. A, aud. sol., 31 janv. 2006, RG n° 2005/02085, *Rev. proc. coll.* 2007/1, p. 49, n° 13, obs. Legrand.
4. Com. 7 janv. 2003, n° 99-11.966, NP, *Act. proc. coll.* 2003/3, n° 34; *Rev. proc. coll.* 2003, p. 321, n° 14, obs. Legrand.
5. Com. 10 mars 2004, n° 01-17.313, NP.
6. Nîmes, 27 mai 2004, RG n° 030089, *LPA* 30 août 2007, n° 174, p. 6, note Brignon.
7. D. n° 2014-736, 30 juin 2014, préc.
8. Com. 1er oct. 2013, n° 12-20.229, NP; n° 908 F-D.
9. L. n° 2005-845, 26 juill. 2005, préc.

Lorsque la déclaration de créance est intervenue dans le délai initial, mais que la créance n'a pas, dans le délai de l'article L. 621-103 du code de commerce, sauf relevé de forclusion (D. 27 déc. 1985[1], art. 68) fait l'objet d'une déclaration définitive, la créance est identiquement éteinte[2]. Il importera peu que le créancier fasse état de difficultés pour procéder au calcul définitif de sa créance[3], puisqu'il dispose de la possibilité de se faire relever de forclusion. Les juges du fond semblaient s'orienter vers la possibilité d'une déclaration de créance à titre définitif, alors même que le créancier n'avait pas de titre exécutoire, dès lors que la créance n'avait pas été contestée en amont[4]. Cette solution a clairement été condamnée par la Cour de cassation, qui estime qu'il importe peu que le représentant des créanciers reconnaisse que la déclaration de créance est intervenue à titre définitif, alors que la créance n'est pas couverte par un titre exécutoire, au prétexte que la créance a été déclarée au vu des propres déclarations spontanées du débiteur, qu'elle est établie et qu'elle n'a pas été contestée autrement que pour le motif tiré de l'absence de titre exécutoire[5].

De même, le créancier ne pourra reprocher au représentant des créanciers de ne pas avoir attiré son attention sur l'obligation qui était la sienne de demander l'admission à titre définitif de sa créance et de ne pas l'avoir averti du délai qui lui était imparti[6]. Le juge-commissaire peut, sur saisine du mandataire de justice ou du débiteur, constater l'extinction de la créance. Sa décision sera, en tant qu'elle constitue une décision ayant statué sur une difficulté relative à l'admission d'une créance, susceptible d'appel[7] (v. s[s] n° 683.14).

Le délai de l'article L. 621-103 du code de commerce (devenu l'art. L. 624-1 depuis la loi de sauvegarde des entreprises), qui est le délai imparti par le tribunal au mandataire de justice pour effectuer le travail de vérification des créances (v. aussi s[s] n° 671.11), court non de l'expiration du délai classiquement ouvert aux créanciers pour déclarer leurs créances, *mais de la publication au Bodacc* du jugement d'ouverture[8].

À défaut d'indication de ce délai par le tribunal, ce qui n'est pas rare en pratique, le créancier n'encourt aucune forclusion pour déclarer, à titre définitif, sa créance[9], sous réserve, sous l'empire de la loi du 25 janvier 1985[10], de la clôture de la procédure collective. La solution vaut en cas d'extension de la procédure sur le fondement de la fictivité ou de la confusion des patrimoines, le jugement d'extension devant, comme un jugement d'ouverture, impartir un délai de vérification des créances au mandataire judiciaire ou au liquidateur[11], ce qui fait clairement apparaître que les procédures de vérification des créances sont autonomes, nonobstant l'unicité de masse passive unique.

> **SOUS L'EMPIRE DE LA LÉGISLATION ISSUE DE LA LOI DE SAUVEGARDE DES ENTREPRISES,** les créances fiscales et sociales admises à titre provisionnel et non admises à titre définitif dans les délais légaux [délai de l'article L. 624-1 du code de commerce], ne sont plus éteintes, mais seulement inopposables à la procédure collective[12], pendant la période d'observation de la sauvegarde et du redressement judiciaire, ainsi que pendant la liquidation judiciaire. Elles restent inopposables au débiteur pendant l'exécution de son plan de sauvegarde ou de redressement. En outre, l'article L. 622-26, alinéa 2, tel qu'il résulte de la rédaction que lui a donnée l'ordonnance du 18 décembre 2008[13], et qui s'applique aux procédures ouvertes à compter du 15 février 2009, prévoit que la créance non déclarée reste inopposable au débiteur après complète exécution de son plan de sauvegarde. La solution est étendue à la complète exécution du plan de redressement.

On voit ainsi qu'il y a, pour ces créanciers, tant avant que depuis la loi de sauvegarde des entreprises, une forclusion à double détente.

1. D. n° 85-1388, 27 déc. 1985, préc.
2. Com. 18 janv. 2000, n° 97-18.874, *Bull. civ.* IV, n° 4; *Act. proc. coll.* 2000/4, n° 37; *JCP E* 2000, Chron. 752, n° 3-b-12, obs. Pétel; *Rev. proc. coll.* 2000, 91, note Deleneuville; *JCP E* 2000. 1330, note Casey; *RTD com.* 2000. 721, obs. Martin-Serf – Com. 17 oct. 2000, n° 97-21.717, NP, *Act. proc. coll.* 2001, n° 25, note Amlon – Com. 9 janv. 2001, n° 98-11.609, *Bull. civ.* IV, n° 4, *D.* 2001. AJ 478, obs. Lienhard; *Act. proc. coll.* 2001/4, n° 51, obs. Amlon; *JCP E* 2001, Chron. 754, n° 12, obs. Pétel; *RTD com.* 2001. 510, obs. Martin-Serf – Com. 27 mai 2003, n° 00-15.738, *Bull. civ.* IV, n° 86; *D.* 2003. AJ 1694 – Com. 10 mars 2004, n° 02-14.737, NP – Toulouse, 2e ch., sect. 1, 6 janv. 2005, *Act. proc. coll.* 2005/5, n° 54.
3. Douai, 2e ch., 1re sect., 15 nov. 2001, RG n° 99/07539, *Rev. proc. coll.* 2002, p. 186, n° 7, obs. Legrand.
4. AINSI : Paris, 3e ch. B, 8 oct. 2006, RG n° 2005/23557.
5. Com. 27 mars 2007, n° 05-21.177, *Bull. civ.* IV, n° 100; n° 547 F-P+B; *D.* 2007. AJ 1144, obs. Lienhard; *Act. proc. coll.* 2007/8, n° 87; *JCP E* 2007, Chron. 2119, p. 24, n° 9, obs. M. Cabrillac; *LXB hebdo* n° 257, 26 avr. 2007, n° N8867BAN, note Le Corre – Com. 27 mars 2007, n° 05-20.946, NP; n° 546 F-D – Com. 27 mars 2007, n° 05-21.178, NP; n° 548 F-D – Com. 27 mars 2007, n° 05-21.179, NP; n° 549 F-D – Com. 27 mars 2007, n° 06-12.796, NP; n° 551 F-D.
6. Com. 7 janv. 2003, n° 99-11.966, NP; n° 40 FS-D; NP.
7. Com. 11 juill. 2006, n° 05-12.555, NP; n° 962 F-D.
8. Com. 6 juin 2000, n° 97-15.202, NP.
9. Com. 4 mars 2003, n° 00-19.023, NP, *Rev. proc. coll.* 2003, p. 322, n° 17, obs. Legrand – Com. 12 mai 2009, n° 08-10.002, NP; n° 436 F-D; *Rev. proc. coll.* 2010/2, comm. 89, p. 78, note Neau-Leduc et Hubert.
10. L. n° 85-98, 25 janv. 1985, préc.
11. Com. 12 mai 2009, n° 08-10.002, NP; n° 436 F-D; *Gaz. proc. coll.* 2009/3, p. 39, note Le Corre-Broly; *Rev. proc. coll.* 2010/1, § 15, p. 33, note Legrand.
12. Paris, pôle 5, 8e ch., 29 janv. 2013, RG n° 12/00321.
13. Ord. n° 2008-1345, 18 déc. 2008, *JO* 19 déc., p. 19462.

SECTION 682.70
DÉCISIONS NE STATUANT PAS SUR L'ADMISSION

682.71 **Décisions d'incompétence.** Il appartient au mandataire judiciaire (représentant des créanciers) ou au liquidateur selon le cas, de soulever l'exception d'incompétence en proposant au juge-commissaire le renvoi devant la juridiction compétente (C. com., art. L. 621-103, devenu l'article L. 624-1 depuis la loi de sauvegarde des entreprises [1]). Ce dernier, qui peut relever d'office son incompétence, ne peut se déclarer incompétent qu'après avoir entendu, ou dûment appelé le créancier, le débiteur, l'administrateur lorsqu'il a pour mission d'assurer l'administration et le représentant des créanciers (L. 25 janv. 1985 [2], art. 101, al. 2, disposition qui n'a pas été codifiée, du fait de son caractère réglementaire, par l'ordonnance du 18 septembre 2000 [3]). La solution est reproduite par l'article R. 624-4 alinéa 1 du code de commerce (anc^t D. 28 déc. 2005 [4], art. 106, al. 1), texte de la procédure de sauvegarde applicable en redressement judiciaire (C. com., art. R. 631-29, al. 1 [anc^t D. 28 déc. 2005, art. 197, al. 1]) et en liquidation judiciaire (C. com., art. R. 641-28 [anc^t D. 28 déc. 2005, art. 239]).

L'exception d'incompétence présuppose une discussion sur la créance qui ne peut être tranchée par le juge-commissaire [5]. En revanche, s'il n'y a pas discussion, il ne saurait y avoir incompétence. L'absence de discussion exclut ainsi, à notre sens, le débat sur la compétence. Il faut semble-t-il toutefois réserver l'hypothèse d'une créance dont le montant ne peut être fixé que par une juridiction ayant une compétence exclusive.

Si le représentant des créanciers – mandataire judiciaire – fait part au créancier de ce qu'il entend solliciter du juge-commissaire une décision d'incompétence, le créancier n'est pas astreint, pour pouvoir ensuite être convoqué, à une réponse dans le délai de 30 jours de la réponse à contestation de créance. Mais si le représentant des créanciers – mandataire judiciaire – conteste tout à la fois la compétence et la créance, le schéma de la réponse à contestation (v. s^s n° 671.24) doit être respecté, dès lors du moins que le juge-commissaire statue sur l'incompétence de la juridiction à laquelle il appartient.

En revanche, il ne semble pas possible pour le représentant des créanciers – mandataire judiciaire – ou le liquidateur de contester tout d'abord la créance, puis, par une seconde contestation, de soulever l'exception d'incompétence. *Le principe, qui* n'est pas ici remis en cause reste celui de la présentation, *in limine litis*, du déclinatoire de compétence. En effet, conformément à l'article 74 du code de procédure civile, l'exception d'incompétence doit être soulevée avant toute défense au fond ou fin de non-recevoir, même si la compétence en cause est d'ordre public. La règle s'applique ici, ce qui interdit à une commune de soulever l'exception d'incompétence du juge-commissaire, pour la première fois, devant la Cour de cassation [6]. Pour cette raison, il est exclu pour un liquidateur de soulever pareille exception d'incompétence du juge-commissaire, qui a statué sur une demande de condamnation du créancier à des dommages et intérêts, pour la première fois en cause d'appel [7].

Le créancier qui déclare sa créance ne peut contester la compétence du juge-commissaire, puisque, en déclarant sa créance, il saisit le juge-commissaire qui aura à statuer sur l'admission ou le rejet de celle-ci [8]. L'incompétence ne peut donc porter sur la demande initiale, c'est-à-dire sur la déclaration de créance, mais seulement, si elle émane du créancier, sur une demande reconventionnelle.

Il ne faut pas confondre la décision d'incompétence et la décision par laquelle le juge-commissaire ou à sa suite la cour d'appel déclare irrecevable la demande présentée devant eux, faute de pouvoir juridictionnel. La distinction était spécialement importante avant que la Cour de cassation ne décide d'imposer au créancier de saisir, à peine de forclusion, la juridiction « compétente » dans l'hypothèse où il n'était pourtant question que du dépassement de l'office juridictionnel du juge-commissaire (v. s^s n° 682.15). Si le juge-commissaire est dépourvu de pouvoir juridictionnel pour statuer sur la question présentée devant lui, il en sera de même de la cour d'appel saisie sur recours à l'encontre de la décision du juge-commissaire (v. s^s n° 682.15).

La cour d'appel peut soulever d'office son incompétence, lorsqu'il s'agit d'une incompétence d'ordre public. La solution a été posée à propos d'une question intéressant une créance d'impôt, dont la connaissance appartenait exclusivement aux juridictions administratives. Il en résulte que la cour d'appel peut soulever son incompétence, alors même que le créancier n'avait soulevé l'incompétence du juge-commissaire qu'après avoir discuté la position du débiteur soutenant que la créance d'impôt était atteinte par la prescription [9].

1. L. n° 2005-845, 26 juill. 2005, préc.
2. L. n° 85-98, 25 janv. 1985, préc.
3. Ord. n° 2000-912, 18 sept. 2000, *JO* 21 sept., p. 14783.
4. D. n° 2005-1677, 28 déc. 2005, préc.
5. DERRIDA *ET ALII*, n° 215.
6. Com. 30 juin 2004, n° 01-13.187, NP.
7. Com. 24 mars 2004, n° 01-11.918, NP.
8. Com. 13 mars 2007, n° 05-20.792, NP; n° 477 F-D.
9. Paris, 3e ch., 3 janv. 2006, RG n° 2005/06264.

Selon l'article R. 624-4, alinéa 1 du code de commerce, la convocation du créancier doit, depuis le décret du 30 juin 2014[1] (art. 54) reproduire les dispositions du deuxième alinéa de l'article L. 624-1 (obligation pour le débiteur de présenter ses observations sur les créances déclarées, c'est-à-dire ses contestations dans un délai d'un mois) et du troisième alinéa de l'article R. 624-3 (obligation d'aviser le mandataire judiciaire et l'administrateur contre récépissé des décisions rendues).

Les décisions d'incompétence sont notifiées aux parties ou à leur mandataire, par le greffier dans les huit jours, par lettre recommandée avec demande d'avis de réception. Dans tous les cas, le représentant des créanciers et l'administrateur sont avisés des décisions rendues (D. 27 déc. 1985, art. 73, al. 4). L'article R. 624-3, alinéa 4 du code de commerce, pour les procédures ouvertes entre le 1er janvier 2006 et le 14 février 2009 et, depuis le décret du 12 février 2009[2], l'article R. 624-4, alinéa 4, pour les procédures ouvertes à compter du 15 février 2009, reprennent la solution en précisant que l'avis est fait contre récépissé.

L'article 102, alinéa 3 de la loi du 25 janvier 1985 (disposition qui n'a pas été codifiée, du fait de son caractère réglementaire, par l'ordonnance du 18 septembre 2000) dispose que « lorsque la matière est de la compétence d'une autre juridiction, la notification de la décision d'incompétence prononcée par le juge-commissaire fait courir un délai de deux mois, au cours duquel le demandeur [c'est-à-dire le créancier[3]] doit saisir la juridiction compétente, à peine de forclusion ». Les règles de procédure de droit commun doivent alors être respectées. Le contredit semblait ouvert avant l'ordonnance du 12 mars 2014[4] (v. ss no 683.16). Le décret du 30 juin 2014 (art. 55) confirme à l'article R. 624-5, alinéa 1, la solution.

L'article R. 624-5, alinéa 1 du code de commerce (anct D. 28 déc. 2005, art. 107, al. 1), texte de la procédure de sauvegarde applicable en redressement judiciaire (C. com., art. R. 631-29, al. 1 [anct D. 28 déc. 2005, art. 197, al. 1]) et en liquidation judiciaire (C. com., art. R. 641-28 [anct D. 28 déc. 2005, art. 239]) reprend la solution, mais d'une part, raccourcit le délai de saisine de la juridiction compétente en le portant à un mois et, d'autre part, réserve explicitement la possibilité de former un contredit. Il s'agit là de permettre de contester la décision du juge-commissaire qui se déclare incompétent. Faute de disposition particulière, les règles classiques de cette voie de recours limitée à la compétence devront être respectées, notamment le délai de quinzaine à compter de la décision.

Si la saisine de la juridiction dans le délai de deux mois ou, sous l'empire de la loi de sauvegarde des entreprises dans le délai d'un mois, ne constitue pas une condition de recevabilité du recours contre la décision d'incompétence[5], en revanche l'absence de saisine dans le délai qui court à compter de la notification de la décision d'incompétence entraîne, sous l'empire de la législation antérieure à la loi de sauvegarde des entreprises, extinction de la créance si le créancier succombe dans son recours sur la déclaration d'incompétence. Aucun relevé de forclusion n'est ici envisageable. Si l'incompétence ne porte que sur le caractère privilégié de la créance, par exemple en cas de discussion sur la validité d'un warrant agricole, question qui est de la compétence exclusive du tribunal d'instance, l'absence de saisine de la juridiction compétente dans le délai entraîne admission de la créance à titre chirographaire[6]. Sous l'empire de la législation de sauvegarde des entreprises, il y aura place à une inopposabilité de la créance à la procédure (v. ss no 665.75). Précisons que depuis l'ordonnance du 12 mars 2014 et le décret du 30 juin 2014, le juge-commissaire précisera dans la décision d'incompétence contre qui court la forclusion pour saisir la juridiction compétente, ce qui conditionnera la sanction attachée au défaut de saisine de la juridiction compétente dans le mois.

La cour d'appel, saisie sur recours à l'encontre de la décision du juge-commissaire qui s'est déclaré incompétent, et qui confirme cette décision, n'a pas à surseoir à statuer, dès lorsqu'il n'est pas démontré, devant elle, que le juge compétent a été saisi dans le délai[7].

On remarquera que l'article 102 alinéa 3 de la loi du 25 janvier 1985 et l'article R. 624-5, alinéa 1 du code de commerce (anct D. 28 déc. 2005, art. 107, al. 1), n'obligent pas le juge-commissaire à préciser devant quelle juridiction est renvoyée l'affaire[8], par dérogation aux règles du code de procédure civile (C. pr. civ., art. 96, al. 2), qui imposent au tribunal de préciser la juridiction de renvoi. La doctrine estime en conséquence qu'il appartient au créancier et non au juge-commissaire de procéder à la désignation de la juridiction compétente[9]. Cependant, l'obligation de motiver la décision d'incompétence

1. D. no 2014-736, 30 juin 2014, préc.
2. D. no 2009-160, 12 févr. 2009, préc.
3. DERRIDA *ET ALII*, no 217.
4. Ord. no 2014-326, 12 mars 2014, préc.
5. Com. 10 oct. 1995, no 93-21.794, *Bull. civ.* IV, no 225; *D.* 1996. Somm. 87, obs. Honorat; *JCP E* 1996. I. 554, no 17, obs. Pétel.
6. Paris, 2 avr. 2009, RG no 08/10601.
7. Com. 28 avr. 2009, no 08-12.274, NP; no 392 F-D.
8. SOINNE, no 2191.
9. SOINNE, no 2191 – J.-CL. COM., Vallansan, fasc. 2352, [Déclaration et admission des créances], 2007, no 246.

obligera, en pratique, la juridiction à apporter des précisions sur la juridiction à saisir. En tout cas, puisqu'il n'y a pas de juridiction à laquelle est renvoyée l'affaire, la juridiction qui sera saisie devra pouvoir se déclarer incompétente.

Une fois la décision rendue par la juridiction compétente, il appartiendra au créancier d'adresser au greffier du tribunal de la faillite une expédition de cette décision (D. 27 déc. 1985, art. 85, al. 1). Le greffier portera alors directement la décision sur l'état des créances (L. 25 janv. 1985, art. 104, disposition qui n'a pas été codifiée, du fait de son caractère réglementaire, par l'ordonnance du 18 septembre 2000). Le greffier avisera le représentant des créanciers ainsi que l'administrateur et le commissaire à l'exécution du plan, s'il y a lieu, de la modification ainsi apportée, à l'état des créances (D. 27 déc. 1985, art. 85, al. 2). L'admission ne sera donc pas ici l'œuvre du juge-commissaire. L'article R. 624-11 du code de commerce (anc[t] D. 28 déc. 2005, art. 112), texte de la procédure de sauvegarde applicable en redressement judiciaire (C. com., art. R. 631-29, al. 1 [anc[t] D. 28 déc. 2005, art. 197, al. 1]) et en liquidation judiciaire (C. com., art. R. 641-28 [anc[t] D. 28 déc. 2005, art. 239]), reproduit la solution.

682.72 Décisions de constat d'une instance en cours (v. s[s] n°s 623.11 s.). L'article L. 621-104 alinéa 1 du code de commerce (devenu l'article L. 624-2 depuis la loi de sauvegarde des entreprises[1]) énonce que le juge-commissaire, au vu des propositions du représentant des créanciers – mandataire judiciaire –, peut constater qu'une instance est en cours. L'attention du mandataire de justice aura été attirée par le créancier qui aura mentionné, dans sa déclaration de créance, l'existence d'une instance en cours (D. 27 déc. 1985[2], art. 67-3, C. com., art. R. 622-23, 3° [anc[t] D. 28 déc. 2005[3], art. 98, 3°]).

L'instance doit être en cours au jour du jugement d'ouverture (v. s[s] n°s 623.22), contre le débiteur (v. s[s] n°s 623.23), devant une juridiction du fond (v. s[s] n° 623.24), et doit tendre à la condamnation du débiteur au paiement ou à la résolution d'un contrat pour défaut de paiement d'une créance antérieure (v. s[s] n° 623.22).

Tel n'est pas le cas d'une instance d'admission d'une créance, en cours au jour de l'ouverture de la seconde procédure, après résolution du plan. Les procédures de déclaration, de vérification et d'admission des créances au passif d'une procédure sont complètement autonomes d'une procédure collective à l'autre, sous l'empire de la législation antérieure à la loi de sauvegarde des entreprises. Le créancier, qui n'est pas encore, par hypothèse, définitivement admis au passif de la première procédure ne pourra plus l'être, après la résolution du plan. Il doit déclarer sa créance au passif de la première procédure et seule cette déclaration de créance pourra donner lieu, dans le cadre de la seconde procédure, à une décision d'admission. Il ne s'agira donc pas d'une instance en cours au jour de l'ouverture de la seconde procédure[4]. Depuis la loi de sauvegarde des entreprises, le créancier qui a déclaré régulièrement sa créance au passif de la première procédure est dispensé d'avoir à la déclarer au passif de la seconde, alors même qu'il ne serait pas encore admis. La procédure de contestation dans la première procédure est caduque mais rien n'interdit de recommencer la contestation de créance dans la seconde procédure (v. s[s] n°524.34).

S'il y a instance en cours au jour du jugement d'ouverture, la juridiction saisie pourra fixer la créance, mais aussi statuer sur le caractère privilégié ou non de celle-ci[5]. Au contraire, en présence d'une instance en cours, le juge-commissaire n'a plus ce pouvoir[6]. Le constat du juge-commissaire selon lequel une instance est en cours le dessaisit[7], ce qui, logiquement, conduit à rendre impossible la péremption de l'instance devant lui[8].

L'existence d'une instance en cours au jour du jugement d'ouverture interdit au juge-commissaire de statuer sur la créance déclarée[9]. Si le créancier fait état d'une créance, dont une partie seulement fait l'objet d'une instance en cours, le juge-commissaire peut statuer sur la partie de la créance déclarée qui ne fait pas l'objet de l'instance en cours[10].

Cependant, si l'ordonnance qu'il rend est devenue définitive, l'effet d'irrévocabilité qui y est atta-

1. L. n° 2005-845, 26 juill. 2005, préc.
2. D. n° 85-1388, 27 déc. 1985, préc.
3. D. n° 2005-1677, 28 déc. 2005, préc.

4. Com. 27 mars 2007, n° 06-10.267, *Bull. civ.* IV, n° 102; n° 552 F-P+B; *D.* 2007. AJ 1145, obs. Lienhard; *Act. proc. coll.* 2007/8, n° 86, note Régnaut-Moutier; *Rev. proc. coll.* 2007/3, p. 138, n° 2, obs. Staes; *LXB hebdo* n° 257, 26 avr. 2007, n° N8867BAN, note Le Corre.
5. T. com. Paris, 7 nov. 1986, *Gaz. Pal.* 1987. I. 68, note de Granvilliers – Lyon, 7 mai 1992, *BICC* 1993, n° 79; *Rev. proc. coll* 1994, 29, obs. Dureuil.
6. Com. 13 nov. 2001, n° 98-17.266, NP, *Act. proc. coll.* 2002/1, n° 4 – RAPPR. : Com. 3 nov. 2009, n° 08-20.490, *Bull. civ.* IV, n° 140; n° 996 F-P+B; *D.* 2009. AJ 2747, obs. Lienhard; *Gaz. Pal.* 16-17 avr. 2010, n°s 106, 107, p. 29, note Rohart-Messager; *Procédures* 2010, comm. 17, note Rolland; *Rev. proc. coll.* 2010/1, § 8, p. 28, note Staes.
7. Com. 8 juill. 2008, n° 07-16.563, *Bull. civ.* IV, n° 145; n° 787 F-P+B; *D.* 2008. AJ 2072; *JCP E* 2009. 1008, n° 14, obs. Pétel.
8. Com. 27 nov. 2001, n° 98-18.971, NP, *RTD com.* 2002. 170, n° 18, obs. Vallens.
9. Paris, 3e ch. A, 25 sept. 2007, RG n° 06/21401.
10. Com. 16 juin 2009, n° 08-16.489, NP; n° 580 F-D.

ché empêche sa remise en cause ultérieure (v. s[s] n° 682.31).

L'existence d'une instance en cours peut conduire, comme on le voit souvent en pratique, à une décision par laquelle le juge-commissaire se déclare incompétent. Si, dans cette décision juridiquement erronée d'incompétence, le juge-commissaire évoque néanmoins l'existence d'une instance en cours, la cour d'appel pourra requalifier la décision. Il s'agira d'une décision constatant qu'une instance est en cours[1]. La cour d'appel ne pourra déduire la compétence d'un tribunal devant lequel aucune instance au fond concernant les créances déclarées n'est en cours, de l'irrecevabilité des demandes devant le juge-commissaire qui s'était dessaisi par une décision d'incompétence au motif d'une instance en cours, contre laquelle aucun recours n'avait été formé[2].

L'ordonnance par laquelle le juge-commissaire constate, fût-ce à tort, qu'une instance est en cours, le dessaisit et rend irrecevable toute demande nouvelle formée devant lui pour la même créance[3].

L'article 65 alinéa 2 du décret du 27 décembre 1985 énonce que « les décisions passées en force de chose jugée rendues après reprise de l'instance sont à la demande de l'intéressé portées sur l'état des créances par le greffier du tribunal devant lequel s'est déroulée la procédure de redressement ou de liquidation judiciaire ». Identiquement, l'article R. 624-11 alinéa 1 du code de commerce (anc[t] D. 28 déc. 2005, art. 112, al. 1), texte de la procédure de sauvegarde applicable en redressement judiciaire (C. com., art. R. 631-29, al. 1 [anc[t] D. 28 déc. 2005, art. 197, al. 1]) et en liquidation judiciaire (C. com., art. R. 641-28 [anc[t] D. 28 déc. 2005, art. 239]), prévoit que, une fois la décision rendue par la juridiction compétente, il appartiendra au créancier d'adresser au greffier du tribunal de la faillite une expédition de cette décision. Aucun délai n'est imparti au créancier pour procéder à cette démarche[4]. Le greffier portera alors directement la décision sur l'état des créances. Le juge-commissaire n'a pas à se prononcer sur l'admission de la créance[5], *puisque la créance est portée d'office* sur l'état des créances. C'est ainsi qu'il n'a pas à répondre à un argument tiré de la péremption de l'instance ayant conduit à la fixation de la créance[6]. *A fortiori*, le juge-commissaire ne saurait admettre, en ce cas, la créance pour un montant autre que celui fixé par la décision de justice[7]. Le greffier du tribunal n'aura aucun pouvoir d'appréciation et le juge-commissaire ne saurait interdire au greffier de porter la décision du tribunal fixant la créance, voire celle de la cour d'appel, sur l'état des créances au motif que le montant déclaré est inférieur à celui fixé par la juridiction. L'autorité de la chose jugée de la décision de la juridiction fixant les droits du créancier y fera obstacle, quel qu'en soit le bien fondé[8].

Une fois que le greffier aura mentionné la décision rendue sur l'état des créances, il lui appartiendra d'aviser le représentant des créanciers, ainsi que l'administrateur et le commissaire à l'exécution du plan, s'il y a lieu, de toute modification apportée à l'état des créances (D. 27 déc. 1985, art. 85, al. 2). Cette solution est reprise par l'article R. 624-11 alinéa 2 du code de commerce (anc[t] D. 28 déc. 2005, art. 112, al. 2), texte de la procédure de sauvegarde applicable en redressement judiciaire (C. com., art. R. 631-29, al. 1 [anc[t] D. 28 déc. 2005, art. 197, al. 1]) et en liquidation judiciaire (C. com., art. R. 641-28 [anc[t] D. 28 déc. 2005, art. 239]).

1. Com. 10 mai 2005, n° 03-17.855, NP.
2. Com. 30 nov. 2010, n° 10-11.971, NP; n° 1230 FS-D.
3. Com. 18 nov. 2014, n° 13-24.007, *Bull. civ.* IV [à paraître]; n° 1014 F-P+B; *Rev. proc. coll.* 2015, comm. 183, note Staes – Com. 31 mai 2016, n° 14-24.115, NP; n° 517 FS-D.
4. Com. 21 févr. 2006, n° 04-20.135, *Bull. civ.* IV, n° 44; n° 245 F-P+B; *D.* 2006. AJ 719, obs. Lienhard; *JCP E* 2006, Chron. 1569, p. 671, n° 7, obs. Pétel; *Act. proc. coll.* 2006/6, n° 58, note Régnaut-Moutier; *RTD com.* 2006. 666, n° 5, obs. Martin-Serf; *RD banc. fin.* mars-avr. 2006, p. 22, n° 70, obs. Lucas; *Rev. proc. coll.* 2006/3, p. 273, n° 6, obs. Staes; *Gaz. proc. coll.* 2006/2, p. 46, n° 3, obs. Le Corre.
5. Lyon, 7 mai 1992, *BICC* 1993, n° 79 – Paris, 3e ch. A, 4 nov. 2003, RG n° 2001/16258.
6. AINSI : Com. 19 déc. 2006, n° 04-18.924, NP; n° 1438 F-D; *RTD com.* 2007. 456, n° 10, obs. Vallens.
7. Paris, 3e ch. B, 10 déc. 2004, RG n° 2004/3486.
8. Com. 16 mai 2006, n° 04-20.103, NP; n° 626 F-D.

CHAPITRE

683. Voies de recours sur les décisions du juge-commissaire en matière de vérification et d'admission des créances

SECTION 0

ORIENTEUR

683.00 **Plan du chapitre.**

Sect. 683.10 Voies de recours ouvertes aux parties sur les décisions du juge-commissaire en matière de vérification et d'admission des créances

Sect. 683.20 Voies de recours ouvertes aux personnes intéressées autres que les parties sur les décisions du juge-commissaire en matière de vérification et d'admission des créances

Sect. 683.30 Voies de recours ouvertes aux tiers sur les décisions du juge-commissaire ne statuant pas sur la vérification et l'admission des créances

683.01 **Textes applicables.** (V. les références complètes s^s n° 011).

> Législation antérieure à la loi de sauvegarde des entreprises.

C. com., art. L. 621-105 et L. 621-106

L. n° 85-98, 25 janv. 1985, art. 103 et 104

D. n° 85-1388, 27 déc. 1985, art. 83 et 84

> Législation issue de la loi de sauvegarde des entreprises.

C. com., art. L. 622-27, L. 624-3, L. 624-4, L. 631-18

C. com., art. R. 624-5 (anc^t D. 28 déc. 2005, art. 107), R. 624-7 à R. 624-10 (anc^t D. 28 déc. 2005, art. 108 à 111), R. 631-29, al. 1 (anc^t D. 28 déc. 2005, art. 197, al. 1), R. 641-28 (anc^t D. 28 déc. 2005, art. 239)

> Législation issue de l'ordonnance du 18 décembre 2008.

C. com., art. L. 622-27, L. 624-3, L. 624-3-1, L. 624-4, L 631-18

C. com., art. R. 624-5, R. 624-7 à R. 624-10, R. 631-29, al. 1, R. 641-28

683.02 **Jurisprudence de référence.**

> Le cessionnaire de tout ou partie de l'actif n'est pas une partie. Il ne peut donc faire appel d'une décision d'admission au passif, mais réclamation à l'état des créances.

• **Com. 22 juin 1999,** n° 96-20.787, *Bull. civ.* IV, n° 137

* V. s^s n° 683.11

> Le constituant d'une sûreté réelle est une personne intéressée pouvant former réclamation à l'état des créances.

• **Com. 7 mars 2006,** n° 04-13.762, *Bull. civ.* IV, n° 59; n° 332 FS-P+B+R+I

* V. s^s n° 683.22

> Les créanciers autres que le déclarant, ne peuvent être considérés, dans une instance en réclamation, comme représentés par le représentant des créanciers, dès lors qu'ils invoquent un intérêt personnel et distinct de celui de la collectivité des créanciers.

• **Com. 13 mai 2003,** n° 01-14.173, *Bull. civ.* IV, n° 75

* V. s^s n° 683.22

> Le débiteur qui n'a émis aucune contestation pendant la phase de vérification des créances, est irreceva-

ble à en formuler pour la première fois devant la cour d'appel.

• **Com. 4 févr. 1992,** 2 arrêts, n° 90-12.674, n° 90-17.993, *Bull. civ.* IV, n° 55

* V. s^s n° 683.14

> Faute d'avoir été avisé contre récépissé de la décision rendue, le mandataire de justice n'avait pu voir courir contre lui le délai de recours à l'encontre de l'ordonnance. (sol. Loi de sauvegarde des entreprises).

• **Com. 10 juill. 2012,** n° 11-18.867, *Bull. civ.* IV, n° 151; n° 821 F-P+B

* V. s^s n° 683.14

683.03 **Bibliographie indicative.** (V. les références complètes s^s n° 031 – Aussi s^s n° 680.03).

> **Articles.** Le Corre P.-M., « Le recours du dirigeant social après l'admission des créances au passif », *Gaz. Pal.* 29 juin 2014, n° 180, p. 6.

683.04 **Questions principales.**

• Quelle formalité fait courir à l'encontre du mandataire judiciaire le délai d'appel d'une décision d'admission d'une créance ?

* V. s^s n° 683.14.

• Comment le créancier dont la créance n'a pas été contestée peut-il faire admettre sa créance dans les conditions de sa déclaration ?

* V. s^s n° 683.13.

• Quelle voie de recours est ouverte aux personnes qui ne sont pas des parties, par exemple une caution, sur la décision d'admission d'une créance ?

* V. s^s n° 683.22.

SECTION 683.10

VOIES DE RECOURS OUVERTES AUX PARTIES SUR LES DÉCISIONS DU JUGE-COMMISSAIRE EN MATIÈRE DE VÉRIFICATION ET D'ADMISSION DES CRÉANCES

683.11 **Détermination des parties.** La détermination des parties susceptibles d'exercer des voies de recours à l'encontre des décisions rendues après vérification des créances résulte de la combinaison de l'article L. 621-105 alinéa 1 du code de commerce (anc^t L. 25 janv. 1985[1], art. 102), dans sa rédaction antérieure à la loi de sauvegarde des entreprises[2], devenu l'article L. 624-3, alinéa 1, dans la rédaction que lui donne la loi de sauvegarde des entreprises et de l'article 103 de la loi du 25 janvier 1985 (disposition qui n'a pas été codifiée, du fait de son caractère réglementaire, par l'ordonnance du 18 septembre 2000[3]), devenu l'article 109 du décret du 28 décembre 2005[4]. L'article 103, alinéa 1 de la loi du 25 janvier 1985 ouvre la voie de recours de la réclamation à toute personne intéressée « à l'exclusion de celles mentionnées à l'article 102 ». Il en est de même de l'article R. 624-8, alinéa 4 du code, qui résulte du décret du 28 décembre 2005. *Il faut donc en déduire que les personnes visées à l'article L. 621-105 alinéa 1 du* code de commerce (anc^t L. 25 janv. 1985, art. 102), dans sa rédaction antérieure à la loi de sauvegarde des entreprises, devenu l'article L. 624-3, alinéa 1, dans la rédaction que lui donne la loi de sauvegarde des entreprises, sont les parties.

L'article L. 621-105, alinéa 1 du code de commerce, dans sa rédaction antérieure à la loi de sauvegarde des entreprises, énonce pour sa part, que « lorsque la matière est de la compétence du tribunal qui a ouvert le redressement judiciaire, le recours contre les décisions du juge-commissaire est porté devant la cour d'appel. Il est ouvert aux créanciers, au débiteur, à l'administrateur lorsqu'il a pour mission d'assurer l'administration ou au représentant des créanciers ». L'article L. 624-3 alinéa 1, dans la rédaction que lui donne la loi de sauvegarde des entreprises, reprend la solution, sans viser cependant l'administrateur, puisque, dans la procédure de sauvegarde, ce dernier ne peut avoir la mission d'administration. En revanche, l'article L. 631-18, II du code de commerce, dans la rédaction que lui donne la loi de sauvegarde des entreprises (devenu C. com., art. L. 631-18, al. 3, réd. ord. 18 déc. 2008), vise au rang des personnes susceptibles d'exercer le recours, l'administrateur ayant reçu mission d'administration, dans la procédure de redressement judiciaire.

La liste de l'article L. 621-105, alinéa 1 du code de commerce, devenu l'article L. 624-3, alinéa 1 dans la rédaction que lui donne la loi de sauvegarde des entreprises, doit, sous la réserve de l'article L. 631-8, II (devenu C. com., art. L. 631-18, al. 3, réd. ord. 18 déc. 2008[5]), dans la seule procédure de redressement judiciaire, être considérée comme limitative. Si le recours n'est pas systématiquement fermé à l'administrateur judiciaire – l'opinion contraire ayant été soutenue dans un premier temps[6], il ne lui sera ouvert que dans la seule procédure de redressement judiciaire et seulement si une mission d'administration de l'entreprise lui a été confiée. Il doit en effet, pour être une partie, représenter le débiteur dessaisi. En outre, lorsque l'appel lui est fermé, c'est-à-dire lorsqu'il a reçu une mission de surveillance ou d'assistance, la réclamation ne lui est pas pour autant ouverte. Il n'a pas été considéré

1. L. n° 85-98, 25 janv. 1985, *JO* 26 janv., p. 1097.
2. L. n° 2005-845, 26 juill. 2005, *JO* 27 juill., p. 12187.
3. Ord. n° 2000-912, 18 sept. 2000, *JO* 21 sept., p. 14783.
4. D. n° 2005-1677, 28 déc. 2005, *JO* 29 déc., p. 20324.
5. Ord. n° 2008-1345, 18 déc. 2008, *JO* 19 déc., p. 19462.
6. JACQUEMONT, 6e éd. 2009, n° 557.

comme une personne intéressée au sens de l'article 103 de la loi du 25 janvier 1985, en ces hypothèses[1]. La solution est transposable sous l'empire de l'article R. 624-8, alinéa 4 du code de commerce (anc^t D. 28 déc. 2005, art. 109, al. 4). Cette solution est curieuse, sur un plan procédural, dès lors qu'on observe que l'administrateur, investi d'un pouvoir de surveillance ou d'assistance, n'est ainsi ni un tiers, ni une partie. Elle est néanmoins logique au regard de la répartition des tâches entre les organes de la procédure.

La lettre du texte de l'article L. 621-105, alinéa 1 du code de commerce, dans sa rédaction antérieure à la loi de sauvegarde des entreprises, celle de l'article L. 624-3, alinéa 1 combinée avec l'article L. 631-18, II, dans la rédaction donnée par la loi de sauvegarde des entreprises (devenu C. com., art. L. 631-18, al. 3, réd. ord. 18 déc. 2008), semblent conduire à décider que la qualité pour exercer une voie de recours sur l'ordonnance d'admission est alternativement ouverte à l'administrateur qui a mission d'administration ou au représentant des créanciers – mandataire judiciaire. La formule législative est particulièrement malencontreuse. La genèse de cet accident législatif de la loi du 25 janvier 1985, qui n'a pas été réparé à l'occasion de la loi de sauvegarde des entreprises, a été décrite[2]. Il est en tout cas exclu que, organe principal de la vérification des créances, le représentant des créanciers – mandataire judiciaire – ne puisse pas formuler de voie de recours sur l'ordonnance d'admission[3]. Pour la même raison, étant une partie nécessaire dans le cadre des décisions d'admission, l'auteur de la voie de recours devra nécessairement, pour être recevable, l'intimer en cause d'appel[4]. N'étant pas un tiers, la technique de l'intervention forcée réservée à la mise en cause des tiers ne peut être utilisée[5].

L'absence du visa du liquidateur est sans conséquence, puisque la mission de vérification du passif dévolue au représentant des créanciers, est de plein droit dévolue au liquidateur. D'ailleurs, la loi de sauvegarde des entreprises prévoit, en son article L. 641-14 alinéa 1, que « les dispositions des chapitres IV et V du titre II du présent livre relatives à la détermination du patrimoine du débiteur s'appliquent à la procédure de liquidation judiciaire ».

Le commissaire à l'exécution du plan n'est pas une partie. Il n'a pas à relayer le représentant des créanciers – mandataire judiciaire –, puisque ce dernier reste en fonction tant que les opérations de vérification du passif ne sont pas terminées, ce qui sera le cas si une décision rendue après vérification de la créance fait l'objet d'une voie de recours. Le commissaire à l'exécution du plan est donc irrecevable à exercer un recours sur la décision du juge-commissaire[6].

Le débiteur est toujours une partie et a donc qualité pour exercer une voie de recours, nonobstant le dessaisissement qui le frappe en liquidation judiciaire ou en redressement judiciaire (v. aussi s^s n° 683.14) lorsque, flanqué d'un administrateur judiciaire, ce dernier aura reçu mission de représentation[7]. Le débiteur « bénéficie d'un droit individuel soustrait aux restrictions découlant du dessaisissement pour participer à la vérification du passif »[8]. C'est un droit propre. Il en résulte que la cour d'appel ne pourra se borner à retenir que la créance n'a pas été contestée par le liquidateur, sans examiner les conclusions du débiteur tendant à la contestation de la créance[9], dès lors du moins que le débiteur aura émis une contestation lors des opérations de vérification des créances.

La seule difficulté relative au débiteur intéresse, du moins sous l'empire de la législation antérieure à la loi de sauvegarde des entreprises, le cas des sociétés, après plan de cession ou après liquidation judiciaire. Du fait de la dissolution, les organes de représentation n'existent plus. En l'absence de mandataire *ad hoc* ou de liquidateur, au sens du droit des sociétés, la société débitrice ne pourra plus faire valoir ses droits propres, ce qui lui interdira d'exercer des voies de recours sur les décisions d'admission de créance. Ses dirigeants seront dépourvus de qualité à agir (sur cette question, v. s^s n°s 553.31 et 555.32). En revanche, le mandataire *ad hoc* pourra exercer le droit propre du débiteur de former un recours à l'encontre d'une décision d'admission d'une créance[10].

Les administrateurs d'une société anonyme sont sans qualité à interjeter appel des décisions d'admission[11]. Il en va *a fortiori* ainsi des simples associés. Lorsque les sociétés débitrices se désistent de leur pourvoi contre un arrêt statuant en matière d'admission des créances, les intervenants volontaires accessoires, simples associés, sont sans qualité à

1. Com. 28 févr. 1995, n° 92-17.991, NP, *Rev. proc. coll.* 1995, 291, obs. Dureuil.
2. Derrida *et alii*, note n° 834.
3. Derrida *et alii*, n° 219 – Soinne, n° 2220.
4. Com. 30 oct. 2000, *RJDA* 2001/2, n° 195 – Com. 6 juill. 2010, n° 09-16.403, NP; n° 753 F-D; *Gaz. Pal. entr. diff.* 15-16 oct. 2010, p. 30, note Rohart-Messager.
5. Civ. 2^e, 13 juill. 2005, n° 01-11.798, *Bull. civ.* II, n° 203; *Gaz. proc. coll.* 2005/3, p. 40, n° 3, obs. Le Corre.
6. Lyon, 26 avr. 2002, *RD banc. fin.* 2002/4, n° 141, obs. Lucas.
7. Com. 11 mai 1993, n° 91-12.232, *Bull. civ.* IV, n° 180.
8. Derrida *et alii*, n° 219.
9. Com. 27 oct. 1992, n° 90-19.104, *Bull. civ.* IV, n° 325.
10. Com. 16 oct. 2007, n° 06-11.984, NP; n° 1089 F-D; *Gaz. proc. coll.* 2008/1, p. 54, note Le Corre-Broly.
11. Paris, 3e ch. A, 21 juin 2005, RG n° 2004/09946.

exercer un pourvoi, faute d'avoir identiquement qualité à exercer un appel[1].

Le créancier dont la créance est en tout ou en partie rejetée est aussi une partie. Il est donc recevable à interjeter appel. En cas de déclaration de créance effectuée pour un pool bancaire, le recours ne pourra être exercé que par une personne habilitée à représenter chaque membre du pool[2], ce dernier n'ayant pas la personnalité morale.

On remarquera que le contrôleur ne figure pas parmi les personnes ayant le droit de former appel. La solution s'explique aisément, dès lors qu'il a été énoncé que le contrôleur n'émettait pas de prétentions, mais de simples observations et qu'il ne pouvait donc être considéré comme une partie (v. s[s] n° 612.31), de manière générale sous l'empire de la législation antérieure à la loi de sauvegarde, et par principe encore, sous l'empire de la loi de sauvegarde des entreprises. Logiquement, il est également irrecevable en son intervention volontaire accessoire, pour soutenir la contestation émise par le représentant des créanciers[3]. Il ne pourra pas davantage former une réclamation à l'état des créances.

Le cessionnaire de tout ou partie de l'actif qui n'est pas une partie ne pourra faire appel[4]. Il pourra en revanche faire réclamation, comme tout tiers intéressé. L'intérêt sera grand pour lui lorsque sera mis à sa charge le remboursement d'échéances de crédit dans le cadre du transfert de la charge de la sûreté (v. s[s] n°s 582.41 s.).

La caution n'est pas une partie et ne peut donc former appel à l'encontre de la décision d'admission[5], fût-elle le dirigeant social, dès lors qu'elle agit à titre personnel, non ès qualités de dirigeant[6]. Mais en cette dernière qualité, une autre difficulté se présente : le dirigeant social qui représente le débiteur ne peut plus contester une décision d'admission, faute d'avoir contesté la créance[7] (v. s[s] n° 683.22). Pas davantage, la caution ne peut faire appel provoqué ou intervenir à titre principal à l'instance d'appel initiée par le représentant des créanciers, le mandataire judiciaire ou le liquidateur[8]. En revanche, la caution, qui est une personne intéressée, peut former une réclamation à l'état des créances (v. s[s] n° 683.22).

683.12 Fermeture de principe des voies de recours ouvertes aux parties sur les décisions statuant sur l'admission sans *contestation*. *Si la décision* d'admission est intervenue sans contestation, *a priori*, aucun décalage n'aurait dû être constaté entre le contenu de la déclaration de créance et le contenu de l'admission. S'il en est ainsi, d'évidence, aucune voie de recours ne peut être ouverte aux parties.

Le représentant des créanciers - mandataire judiciaire - n'ayant émis aucune contestation, ne peut en soulever en cause d'appel. Pas davantage, il ne pourra, par exemple, pour se réserver le jeu d'une action en nullité de la période suspecte, après avoir fait admettre la créance à titre privilégié, saisir le juge-commissaire par la voie d'une rectification d'erreur matérielle, pour faire préciser que la créance est admise à titre privilégié « sous la réserve de la validité de la sûreté »[9] ou pour faire réparer l'erreur qu'il a commise en présentant la demande d'admission au juge-commissaire[10].

De même, si le débiteur n'a émis aucune contestation pendant la phase de vérification, il est irrecevable à en formuler pour la première fois devant la cour d'appel[11], même si le recours est un appel nullité fondé sur le fait que la créance, admise au passif de la seconde procédure consécutive à la résolution d'un plan de continuation, était, sous l'empire de la législation antérieure à la loi de sauvegarde des entreprises[12], éteinte pour absence de déclaration dans les délais au passif de la première procédure[13]. L'absence de contestation vaut en effet acquiescement aux prétentions du créancier, fermant ensuite toute voie de recours. La deuxième Chambre civile de la Cour de cassation, au visa du principe de contradiction, juge toutefois que si le mandataire judi-

1. Com. 7 juin 2016, n°s 14-25.136, 14-25.138, 14-25.139, NP; n°s 450, 451, 452 F-D.
2. SUR UNE DIFFICULTÉ de cette nature : Cass., ch. mixte, 22 févr. 2002, n° 00-19.742, *Bull. ch. mixte*, n° 1.
3. Paris, 3e ch. C, 22 févr. 2002, DPDE *bull.* 223, 2 avr. 2002, p. 5840, *V° Juge-commissaire*, n° 141.
4. Com. 30 mars 1993, n° 91-17.732, *Bull. civ.* IV, n° 127; *D.* 1993. Somm. 321, obs. Honorat; *JCP E* 1993. I. 277, n° 14, obs. Pétel – Com. 22 juin 1999, n° 96-20.787, *Bull. civ.* IV, n° 137; *LPA* 22 juill. 1999, n° 145, p. 5, note P. M.; *D.* 1999. Somm. 351, obs. Honorat; *RTD com.* 1999. 986, obs. Vallens; *JCP E* 2000, Chron. 131, n° 15, obs. Pétel.
5. Com. 7 déc. 2004, n° 03-13.962, NP – Montpellier, 2e ch., 2 juin 2015, RG n° 13/02739, *Gaz. Pal.* 2015. 3939.
6. Lyon, 3e ch., 15 févr. 2007, *JCP E* 2 août 2007, 1985, p. 24.
7. Montpellier, 2e ch., 2 juin 2015, RG n° 13/02739, *Gaz. Pal.* 2015. 3939.
8. Lyon, 3e ch., ord. conseiller mise en état, 29 mai 2002, *JCP E* 2003, jur. 359, p. 423, note Rolland.
9. Com. 17 déc. 1996, n° 94-22.168, NP, *D.* 1997, jur. 177, rapp. Rémery.
10. Paris, 3e ch. B, 26 janv. 2001, *Rev. proc. coll.* 2002, p. 96, n° 10, obs. Legrand.
11. Com. 4 févr. 1992, n°s 90-12.674, 90-17.993, *Bull. civ.* IV, n° 55, 2 arrêts; *D.* 1992, jur. 264, note Derrida – Com. 14 janv. 1997, n° 93-19.381, *Bull. civ.* IV, n° 13; *JCP E* 1997. I. 651, p. 189, n° 12, obs. Pétel; *Quot. Jur.* 6 févr. 1997, p. 7, note P. M. – Com. 3 oct. 2000, n° 97-21.584, *Bull. civ.* IV, n° 147 – Com. 3 oct. 2000, n°s 97-21.585, 97-21.586, 97-21.587, 97-21.588, 97-21.589, 5 arrêts, NP, *Act. proc. coll.* 2000/17, n° 224; *JCP E* 2000, pan. 1790; *RJDA* 2001/1, n° 51.
12. L. n° 2005-845, 26 juill. 2005, préc.
13. Com. 14 janv. 2004, n° 01-00.986, NP.

ciaire n'informe pas le débiteur de la déclaration de créance effectuée par un créancier (ce qui est le cas lorsque la lettre du représentant des créanciers [mandataire judiciaire] n'est pas envoyée à l'adresse effective du débiteur), le premier reste recevable à contester, pour la première fois, en cause d'appel, la créance[1].

La solution est identique si le débiteur conteste en vrac les créances, ne permettant pas au représentant des créanciers – mandataire judiciaire – de formuler une véritable contestation de chacune d'elles[2].

Le créancier, par principe, ne peut davantage remettre en cause la décision, puisque, faute d'avoir été contesté, il n'a, par principe, pas succombé. Or, on sait que la succombance est la mesure de la recevabilité d'une voie de recours. Le créancier ne pourra donc faire admettre, dans le cadre de ce recours, une créance d'intérêt qu'il aurait omis de déclarer. Pas davantage, il ne pourrait faire admettre une créance complémentaire ou encore une sûreté, dont il aurait oublié de faire mention dans sa déclaration de créance[3]. De façon générale, sa voie de recours ne pourra tendre à la réparation d'une erreur qu'il aura commise. Ainsi n'a pas été admise la possibilité d'une rectification d'erreur matérielle en présence d'un créancier ayant oublié dans sa déclaration de créance de mentionner le capital restant dû et n'ayant indiqué que les échéances arriérées[4]. De même l'oubli par le créancier de la mention de l'existence d'une instance en cours ne lui permettra pas, par le biais d'une rectification d'erreur matérielle, d'obtenir une modification de la décision du juge-commissaire[5].

Par exception, cependant, le créancier pourrait former un appel à l'encontre de la décision d'admission si elle n'est pas conforme à la déclaration de créance, et si elle est la suite d'une erreur intellectuelle du juge-commissaire et non d'une simple erreur matérielle. La solution a été posée en présence d'une admission à titre chirographaire d'une créance déclarée à titre privilégiée[6]. La même solution a été retenue, lorsque le juge-commissaire a admis une créance en principal de 166 000 euros, outre les intérêts, que le créancier a ensuite ramené sa prétention au titre du principal à 117 000 euros, et que le juge admet la créance pour ce montant, en oubliant de réserver les intérêts dont le cours n'avait pas été arrêté[7].

En pareil cas, le courrier du greffe indiquant qu'il valait notification de la décision d'admission de la créance, conformément à l'article 73 du décret du 27 décembre 1985[8], avait fait courir le délai, encore qu'une difficulté de preuve de la date de réception se présentât alors, le courrier du greffe n'ayant pas été expédié en la forme recommandée avec demande d'avis de réception. La solution serait transposable avec l'article R. 624-3, alinéa 2 du code de commerce (anc[t] D. 28 déc. 2005[9], art. 105, al. 2), qui prévoit que « les décisions d'admission sans contestation sont notifiées par lettre simple aux créanciers ou à leur mandataire ». Il en serait de même, depuis le décret du 12 février 2009[10], l'article R. 624-3, alinéa 2 du code de commerce disposant que « le greffier avise par lettre simple les créanciers ou leur mandataire de cette admission ».

Par exception également, le créancier peut former appel de la décision du juge-commissaire, qui, sur saisine du mandataire de justice, constate l'extinction de la créance fiscale ou sociale déclarée à titre provisionnel, mais non déclarée à titre définitif dans le délai de la vérification des créances, dans la mesure où l'ordonnance rejette la créance déclarée[11] (v. s[s] n° 682.67).

683.13 Rectification d'erreur ou omission matérielle – Omission de statuer – Décision *extra petita*. La question ne concerne ici que le cas de la créance déclarée sur laquelle le juge-commissaire a statué. Elle n'intéresse pas l'hypothèse dans laquelle le juge-commissaire n'a pas statué, de sorte que la créance déclarée ne figure pas sur l'état des créances (v. s[s] n° 681.21).

Si la décision d'admission, pourtant intervenue sans contestation, fait apparaître une distorsion entre ce qui a été déclaré et ce qui est admis, ce ne peut être que le fait d'une erreur ou d'une omission purement matérielle ou encore d'une omission de statuer. Des techniques procédurales, qui font échec au dessaisissement du juge, sont recevables, à l'exclusion de l'appel[12].

Il y aura une erreur purement matérielle en cas de reproduction erronée, dans la décision d'admission, du montant de la créance. Il conviendra de présenter une requête en rectification d'erreur matérielle

1. Civ. 2e, 17 nov. 2011, n° 10-24.373, NP.
2. Com. 24 sept. 2003, n° 00-21.576, NP, *LXB* n° N9275AAR, note Le Corre.
3. Com. 17 juin 1997, n° 95-15.945, NP, *Rev. proc. coll.* 1998, 49, n° 13, obs. Cadiou.
4. Com. 10 juill. 2001, n°s 98-18.653 à 98-18.658, 6 arrêts, NP, *Rev. proc. coll.* 2002, p. 96, n° 12, obs. Legrand; *RTD com.* 2001. 982, obs. Vallens – Com. 13 nov. 2001, n° 98-22.371, NP, *Rev. proc. coll.* 2002, p. 96, n° 10, obs. Legrand.
5. Com. 11 juin 2003, n° 00-18.597, NP.
6. Com. 30 mars 2005, n° 03-16.456, NP, *Gaz. proc. coll.* 2005/2, p. 31, obs. Le Corre.
7. Com. 27 mai 2014, n° 13-15.955, NP; n° 527 F-D.
8. D. n° 85-1388, 27 déc. 1985, *JO* 29 déc., p. 15281.
9. D. n° 2005-1677, 28 déc. 2005, préc.
10. D. n° 2009-160, 12 févr. 2009, *JO* 13 févr., p. 2596.
11. Com. 24 mai 2005, n° 03-16.890, NP.
12. Paris, 1er déc. 1988, *Gaz. Pal.* 1989. II. 847, note Marchi.

(C. pr. civ., art. 462, al. 1) au juge-com saire, laquelle n'est enfermée dans aucun délai. S juge-commissaire n'est plus en fonction, la req sera présentée au tribunal. Le débiteur dispose d' droit propre à contester seul l'ordonnance rect ative d'admission d'une créance[1].

Il y aura omission purement matérielle ns le fait d'omettre la mention d'une sûreté asso sant la créance, qui sera réparée par la voie d'une uête en omission matérielle, dans les mêmes con ions que la rectification d'erreur matérielle (C. pr civ., art. 462, al. 1).

Il y aura omission de statuer par le juge-commissaire lorsqu'il oublie de statuer sur un chef de demande. En pratique, le cas le plus fréquent est celui relatif aux intérêts qui assortissent la créance et dont le cours n'a pas été arrêté. Il n'y a pas place, ici, à une décision complémentaire du juge-commissaire, laquelle n'est possible qu'en l'absence de toute décision, mais à une requête en omission de statuer[2]. Il n'y a pas davantage place à une rectification d'erreur matérielle, mais seulement à une requête en omission de statuer[3]. Cette requête doit être présentée au juge-commissaire, s'il est encore en fonction, au tribunal, dans le cas contraire, dans le délai d'un an qui suit le passage en force jugée de la décision (C. pr. civ., art. 463, al. 2)[4]. L'ordonnance d'admission sans contestation passe en force de chose jugée dès son prononcé, en application de l'article 500 du code de procédure civile. Il en résulte que, conformément à l'article 463 alinéa 2 du code de procédure civile, la requête en omission de statuer devra être présentée dans l'année du prononcé de l'ordonnance d'admission sans contestation[5].

La jurisprudence admet que le juge-commissaire puisse rendre une ordonnance complémentaire lorsque la créance est régulièrement déclarée et que, sans contestation, la créance n'est portée sur la liste des créances déclarée soumise au juge-commissaire qu'incomplètement, de sorte qu'elle ne figure ensuite que pour partie sur l'état des créances, par exemple la partie chirographaire, et non pour l'autre, la partie privilégiée. La justification résulte de l'observation que le juge n'a pas statué complètement sur la demande qui lui est présentée et n'a donc pas épuisé sa saisine[6]. Cela autorisera à déposer un état complémentaire de créances.

1. Com. 24 sept. 2003, n° 00-16.738, NP.
2. Com. 21 févr. 2012, n° 10-27.594, *Bull. civ.* IV, n° 41; n° 221 F-P+B; *D.* 2012. Actu 679, note Lienhard; *LXB hebdo* 15 mars 2012, n° 288, note Le Corre.
3. Paris, 3e ch. B, 31 mars 2006, RG n° 2004/12251.
4. Com. 21 févr. 2012, n° 10-27.594, préc.
5. Com. 24 mars 2004, n° 01-12.056, NP.
6. Com. 13 févr. 2007, n° 05-20.413, *Bull. civ.* IV, n° 37; n° 303 F-P+B; *RD banc. fin.* mars-avr. 2007, p. 27, n° 73, note crit. Lucas.

La jurisprudence autorise également la rectification d'erreur matérielle si le juge admet la créance pour le montant déclaré, en oubliant cependant de préciser l'admission des intérêts, alors que la déclaration de créance comportait des intérêts[7]. À défaut de demande en omission de statuer, l'admission de la créance, par hypothèse non contestée, sans mention des intérêts, n'autorisera pas le créancier à demander paiement des intérêts, par exemple dans le cadre d'un plan de continuation, alors surtout que le plan avait prévu le paiement des créances sans intérêts[8]. Indiquons toutefois qu'une divergence de jurisprudence existe entre la Chambre commerciale et la deuxième Chambre civile de la Cour de cassation sur les conséquences de l'absence de mention dans l'ordonnance du juge-commissaire des intérêts à échoir régulièrement déclarés (v. ss n° 682.22).

Le juge-commissaire ne peut, en revanche, sous couvert de rectification d'erreur matérielle, revenir sur une appréciation erronée de l'existence d'un vice affectant la déclaration de créance, pour dire entachée d'erreur matérielle son ordonnance de rejet et admettre, dans un second temps, la créance. En procédant de la sorte, il viole l'article 462 du code de procédure civile, en modifiant, par cette rectification, les droits et obligations reconnus aux parties par sa décision initiale[9]. La solution est la même si le juge apporte des précisions restrictives sur l'admission d'intérêts, par rapport à ce qui avait été initialement jugé[10].

Les décisions statuant sur les erreurs ou omissions matérielles, ainsi que sur les omissions de statuer seront notifiées comme les ordonnances (v. ss nos 682.25 et 682.42). À défaut de notification de la décision rectifiée, le délai de recours ne court pas[11].

Les rectifications auxquelles elles conduisent devront faire l'objet, de la part du greffe et du tribunal de la faillite, d'une mention à l'état des créances, dont il devra, semble-t-il, aviser le représentant des créanciers – mandataire judiciaire –, le commissaire à l'exécution du plan et l'administrateur.

L'ordonnance qui statue sur la rectification ou l'omission matérielle, ainsi que celle qui statue sur l'omission de statuer, est susceptible, comme l'ordonnance du juge-commissaire qui statue sur la créance déclarée, d'appel, et non d'opposition devant le tribunal. Du fait de l'ouverture de l'appel à l'encontre de la décision qui se prononce sur l'omission de statuer, le pourvoi en cassation formé directement à

7. Com. 7 janv. 2003, n° 28 F-D; NP.
8. Com. 23 nov. 2004, n° 03-14.810 *Bull. civ.* IV, n° 201.
9. Civ. 2e, 31 mars 2011, n° 10-13.666, NP.
10. Com. 28 janv. 2014, nos 13-11.933 à 13-11.938, 6 arrêts, NP; nos 122 F-D à 127 F-D.
11. Com. 2 oct. 2007, n° 06-14.153, NP; n° 1030 F-D.

l'encontre de cette décision serait irrecevable. Il n'en va cependant ainsi que lorsque la décision rectifiée n'est pas passée en force de chose jugée. Si au contraire, la décision rectifiée est passée en force de chose jugée, la décision rectificative ne peut être attaquée que par la voie du pourvoi en cassation en vertu de l'article 462, alinéa 5 du code de procédure civile [1].

Le tribunal qui statue sur l'ordonnance excède ses pouvoirs, d'où il résulte que l'annulation du jugement du tribunal peut être formée par la voie de l'appel et que, en conséquence, le pourvoi en cassation directement formé sur le jugement du tribunal qui statue sur opposition à l'ordonnance du juge-commissaire est irrecevable [2].

Lorsque le créancier obtient l'admission au passif d'une chose non demandée dans sa déclaration de créance, il y a une décision *extra petita*, qui n'ouvre pas le recours en cassation, mais la rectification de la décision dans le respect des dispositions des articles 463 et 464 du code de procédure civile. La solution a été posée à propos d'une pénalité d'indemnité d'exigibilité anticipée [3].

683.14 Voies de recours ouvertes aux parties sur les décisions statuant sur l'admission après contestation. Les décisions statuant sur l'admission après contestation sont celles visées à l'article L. 621-105 du code de commerce, dans sa rédaction antérieure à la loi de sauvegarde des entreprises [4], à l'article L. 624-3 du code, dans la rédaction que lui donne la loi de sauvegarde des entreprises. Elles sont susceptibles d'appel. Pour qu'il en soit ainsi, il faut que l'ordonnance du juge-commissaire statue sur l'admission de la créance. Tel n'est pas le cas d'une ordonnance se bornant à constater que la créance avait été réglée pour sa partie privilégiée et s'élevait à une certaine somme pour la partie chirographaire. Il en résulte que l'ordonnance rendue en matière gracieuse n'est pas susceptible d'un appel, mais d'un recours devant le tribunal de la faillite [5].

Le droit commun de l'appel s'applique quant à l'obligation de constituer avoué [6] – et désormais avocat devant la cour d'appel – et de motiver l'acte d'appel [7]. La solution est aujourd'hui fondée sur l'article R. 662-1 du code de commerce, qui oblige au respect du droit commun de la procédure civile, en l'ence de texte contraire du droit des entreprises eifficulté. Le débiteur doit intimer le mandataireiciaire ou le liquidateur pour que son appel con la décision d'admission de la créance soit receole [8], du fait de l'indivisibilité entre le débiteue créancier et le mandataire judiciaire en mate de vérification du passif.

Lobligation de motivation s'impose également à la car d'appel. La cour d'appel ne peut se borner, au tre de la motivation, à reproduire sur tous les poirs en litige les conclusions de l'une des parties. Il n'y aurait qu'une apparence de motivation pouvant faire peser un doute légitime sur l'impartialité de la juridiction, qui violerait, ce faisant l'article 6 § 1 de la Conv. EDH [9].

On remarquera que la voie de recours de l'appel est dérogatoire au droit commun des voies de recours sur les ordonnances du juge-commissaire, lesquelles sont par principe susceptibles d'un recours devant le tribunal, dans le délai de huit jours de la notification, sous l'empire de la législation antérieure à la loi de sauvegarde des entreprises (D. 27 déc. 1985 [10], art. 25, al. 3), dans celui de dix jours sous l'empire de la loi de sauvegarde des entreprises (C. com., art. R. 621-21, al. 4 [anc^{t} D. 28 déc. 2005 [11], art. 67, al. 4] – v. s^{s} n° 332.12).

Le pourvoi en cassation est irrecevable sur la décision statuant sur l'admission d'une créance, dès lors que l'appel est ouvert [12], peu important qu'il ne tende qu'à la nullité de l'ordonnance du juge-commissaire [13].

Sauf excès de pouvoir, la décision de la cour d'appel qui se borne à rejeter l'exception d'irrégularité de la déclaration des créances avant d'inviter, avant dire-droit, les parties à faire valoir leurs observations sur la compétence du juge-commissaire pour se prononcer sur la créance déclarée n'est pas susceptible d'un pourvoi immédiat [14].

Par exception, la voie de recours sur ces décisions ne sera pas l'appel, mais le pourvoi en cassation, lorsque le juge-commissaire aura statué en dernier ressort (C. com., art. L. 621-106 [anc^{t} L. 25 janv.

1. Com. 2 oct. 2007, n° 06-14.153, NP; n° 1030 F-D.
2. Com. 15 mars 2005, n° 03-18.649, NP, *Gaz. proc. coll.* 2005/2, p. 30, obs. Le Corre.
3. Com. 15 févr. 2011, n° 08-70.303, NP; n° 171 F-D.
4. L. n° 2005-845, 26 juill. 2005, préc.
5. Com. 1er oct. 2013, n° 12-20.701, NP; n° 911 F-D.
6. Chambéry, 11 janv. 1988, *Gaz. Pal.* 1988. I. 201; *Rev. proc. coll.* 1988, 357, obs. Dureuil – Paris, 3e ch. A, 12 juin 2007, RG n° 06-15428, *D.* 2007. AJ 683.
7. Chambéry, 11 janv. 1988, préc.
8. Com. 29 sept. 2015, n° 14-13.257, *Bull. civ.* IV [à paraître]; *Gaz. Pal.* 19 janv. 2016, n° 3, p. 58, note Fricero; *Gaz. Pal.* 2015. 3878, note Théron; *Dr. sociétés* 2015, comm. 219, note Legros; *Rev. proc. coll.* 2016, comm. 33, note Cagnoli – Com. 29 sept. 2015, n° 14-13.258, NP.
9. Civ. 3e, 18 nov. 2009, n° 08-18.029, *Bull. civ.* III, n° 253; *Act. proc. coll.* 2010/1, n° 1, note Fricero; *Procédures* 2010, comm. 15, note Rolland.
10. D. n° 85-1388, 27 déc. 1985, préc.
11. D. n° 2005-1677, 28 déc. 2005, préc.
12. Com. 15 oct. 2013, n° 12-21.487, NP; n° 983 F-D.
13. Com. 2 avr. 1996, n° 94-13.044, *Bull. civ.* IV, n° 105; *JCP G* 1996. IV. 1279.
14. Com. 7 juill. 2009, n° 08-14.147, *Bull. civ.* IV, n° 94; n° 729 F-P+B; *Gaz. proc. coll.* 2009/4, 2e partie, p. 29, note Le Corre-Broly.

1985, art. 105], devenu C. com., art. L. 624-4, depuis la loi de sauvegarde). Il en sera ainsi si la valeur de la créance en principal n'excède pas le taux de compétence en dernier ressort du tribunal qui a ouvert la procédure, lequel est déterminé par l'article R. 411-4[1] du code de l'organisation judiciaire[2]. Ce taux est fixé à 4 000 euros depuis le décret du 13 mai 2005. En deçà de ce seuil, l'appel est donc irrecevable[4].

Des difficultés d'application dans le temps de l'article R. 411-4 du code de l'organisation judiciaire se présentent toutefois. Il a été jugé ainsi que le décret du 3 décembre 2002[5] instituant cette règle n'est applicable qu'aux procédures ouvertes à compter du 1er janvier 2003[6], de sorte que pour les procédures ouvertes entre le 18 septembre 2000, date d'abrogation de l'article 639 du code de commerce par l'ordonnance de codification du 18 septembre 2000[7], et le décret du 3 décembre 2002 emportant nouvelle rédaction de l'article R. 411-4 du code de l'organisation judiciaire, l'appel était ouvert sans plafond[8].

L'appel du créancier ne peut pas porter sur la liste des créances déclarées, contenant les propositions d'admission ou de rejet du mandataire judiciaire ou du liquidateur, mais seulement sur la décision du juge-commissaire, par laquelle ce dernier rejette en tout ou en partie une créance contestée par le mandataire judiciaire ou le liquidateur. L'appel est donc irrecevable s'il porte sur la liste des créances vérifiées et sur laquelle le juge-commissaire a apposé son visa, dès lors qu'il ne s'est pas prononcé sur la contestation émise par le mandataire judiciaire ou le liquidateur[9]. De même, l'appel est irrecevable, en présence de la notification par le greffe d'un avis de rejet de la créance pour défaut de réponse à contestation, alors que le juge-commissaire n'a pas statué[10].

Le créancier pourra faire appel s'il a répondu dans les trente jours à la lettre de contestation du représentant des créanciers – mandataire judiciaire (C. com., art. L. 621-47 [L. 25 janv. 1985[11], art. 54], devenu sous l'empire de la loi de sauvegarde des entreprises, l'article L. 622-27 – et C. com., art. L. 621-105, al. 2 [anc^t L. 25 janv. 1985, art. 102, al. 2][12], devenu l'article L. 624-3, al. 2), peu important qu'il se soit présenté à l'audience des créanciers contestés devant le juge-commissaire[13]. L'article R. 624-7 du code de commerce (anc^t D. 28 déc. 2005, art. 108), texte de la sauvegarde applicable en redressement judiciaire (C. com., art. R. 631-29, al. 1 [anc^t D. 28 déc. 2005, art. 197, al. 1]) et en liquidation judiciaire (C. com., art. R. 641-28 [anc^t D. 28 déc. 2005, art. 239]), indique, de façon très générale, que le recours formé contre les décisions du juge-commissaire statuant sur l'admission des créances est porté devant la cour d'appel.

Le créancier qui n'a pas répondu pourra néanmoins faire appel, dès lors que le juge-commissaire n'aura pas confirmé la proposition de contestation du représentant des créanciers (v. s^s n° 671.32). En outre, seul l'appel réformation est fermé. Il en résulte que l'appel nullité reste ouvert. Il avait été ainsi jugé que le créancier pouvait faire appel d'une décision du juge-commissaire rendue sans motivation[14]. La solution semble différente depuis le cantonnement de l'appel nullité au seul excès de pouvoir (v. s^s n° 321.21), sauf à considérer que l'absence de motivation constitue un excès de pouvoir.

Si la contestation porte sur le caractère privilégié de la créance, il appartient au créancier de développer en cause d'appel des arguments de réponse sur cette contestation. Une réponse ne portant que sur le montant de la créance déclarée ne l'autoriserait pas à contester devant la Cour de cassation l'arrêt confirmatif rendu par la cour d'appel, par lequel elle admet la créance à titre chirographaire[15].

Le créancier, dont la créance de remboursement de sommes qui auraient été détournées par un huissier de justice, est rejetée par le juge-commissaire, ne peut, à peine d'irrecevabilité, en appel, réclamer l'admission au passif de cet huissier d'une créance de dommages-intérêts et demander à la Chambre départementale des huissiers de justice le paiement de sa créance[16].

Si le créancier succombe en cause d'appel en sa demande de réformation ou d'annulation de l'ordonnance du juge-commissaire, la cour ne pourra, sans violer l'article 696 du code de procédure civile, pas-

1. ABROGÉ par D. n° 2007-431, 25 mars 2007, *JO* 27 mars, p. 5648.
2. Com. 19 janv. 1993, n° 91-11.462, *Bull. civ.* IV, n° 16 – Com. 21 janv. 2003, n° 99-20.557, NP, *Act. proc. coll.* 2003/10, n° 136.
3. D. n° 2005-460, 13 mai 2005.
4. Rennes, 15 juill. 1987, *Gaz. Pal.* 16-17 sept. 1987, p. 10.
5. D. n° 2002-1436, 3 déc. 2002, *JO* 12 déc., p. 20482.
6. Amiens, ch. éco., 30 sept. 2004, RG n° 03/04021 – Paris, 1er oct. 2004, RG n° 03/06895.
7. Ord. n° 2000-912, 18 sept. 2000, préc.
8. Paris, 9 oct. 2001, *D.* 2001. AJ 2188, obs. Lienhard – Paris, 3e ch. B, 1er oct. 2004, *D.* 2004. AJ 2717 – *Adde*, SUR CETTE SOLUTION en dehors du droit des entreprises en difficulté : Com. 1er févr. 2005, n° 03-14.985, *Bull. civ.* IV, n° 19.
9. Com. 8 juin 2010, n° 09-14.995, NP.
10. Caen, 2e ch. civ. et com., 7 mai 2013, RG n° 12/00430, *Rev. proc. coll.* 2013, comm. 127, note Legrand et Legrand.
11. L. n° 85-98, 25 janv. 1985, préc.
12. Com. 30 mars 1993, n° 91-16.393, *Bull. civ.* IV, n° 128.
13. Toulouse, 2e ch., 19 mai 1989, cité par SOINNE, note 7775.
14. Com. 30 mars 1993, n° 90-21.980, *Bull. civ.* IV, n° 132.
15. Com. 7 déc. 2004, n° 03-15.831, NP.
16. Civ. 2e, 6 déc. 2012, n° 11-27.075, NP; n° 1894 F-D.

ser les dépens en frais privilégiés de procédure sans motiver sa décision [1].

Faute de précision particulière, tant sous l'empire de la loi du 25 janvier 1985, que sous celui de la loi de sauvegarde des entreprises, le délai de l'appel est celui classiquement applicable aux décisions qui statuent en matière de procédure collective de paiement (C. com., art. R. 661-1, réd. D. 23 déc. 2006 [2], art. 72). Il s'agira donc d'un délai de dix jours qui court à compter de la notification de la décision [3]. Il faut entendre par là la date de la réception de la lettre adressée par le greffier. Faute de preuve de cette dernière, il ne peut être présumé, pour faire juger que l'appel est tardif, que la date de la notification au créancier de la décision du juge-commissaire est aussi celle de la notification faite au débiteur [4]. Renverse la charge de la preuve, la juridiction qui exige de l'appelant qu'il verse aux débats la notification qui lui a été adressée, alors qu'il appartient à celui qui se prévaut de la tardiveté de l'appel d'en justifier [5].

Conformément au droit de la procédure civile, une notification irrégulière ne peut faire courir le délai d'appel [6]. Le non-respect du délai doit être relevé d'office par les juges, puisqu'il y a fin de non recevoir d'ordre public attachée au non-respect d'un délai d'introduction d'un recours [7]. Indiquons toutefois une décision de la Cour de cassation, où, curieusement, est visé un délai d'un mois [8]. Dès lors qu'en cause d'appel, la date de l'avis ayant informé le créancier ou le débiteur de la décision statuant sur la créance déclarée n'est pas précisée, la tardiveté du délai d'appel ne peut être invoquée [9].

Si le créancier est domicilié à l'étranger, il bénéficie, faute de disposition contraire, de l'allongement de deux mois du délai d'appel, en raison de la distance, prévu par l'article 643 du code de procédure civile, s'agissant d'un délai de recours [10]. L'allongement du délai sera d'un mois pour le créancier donlié dans les pays et départements d'outre-mer présence d'une procédure collective ouverte en tropole. Au contraire, si la *procédure collective* est ouverte en Outre-mer, le créancier métropolit n'aura pas d'augmentation du délai de recours.

e débiteur, même dessaisi, conserve un droit ppre à exercer une voie de recours sur la décision dmission [11] (v. aussi, s^s n° 572.37). Par principe, sul l'appel lui est ouvert. Il en va différemment si le nontant de la créance est inférieur au taux du ressort, le pourvoi en cassation étant alors seul recevable. La recevabilité de son appel n'est pas conditionnée à la fourniture, avant l'exercice de celui-ci, de pièces justifiant le bien fondé de sa contestation [12], par exemple les éléments permettant de prouver le paiement des sommes dues au créancier [13]. Toute autre voie de recours est irrecevable, spécialement l'opposition devant le tribunal. Corrélativement, l'appel du jugement statuant sur opposition est tout aussi irrecevable [14].

Le débiteur n'ayant pas présenté ses contestations devant le juge-commissaire ne peut plus développer de demande de rejet pour la première fois en cause d'appel, sauf à violer le double degré de juridiction [15]. Dès lors qu'il est jugé que le refus du débiteur de signer la liste des créances déclarées établie par le mandataire judiciaire avec ses propositions d'admission ou rejet, alors surtout que ce refus n'était pas motivé, ne constitue pas une contestation, au sens de la loi (v. s^s n° 671.22), le débiteur est irrecevable à interjeter appel des ordonnances d'admission, faute d'avoir émis, lors de la vérification des créances, de contestation [16].

Le débiteur reste, en revanche, recevable à invoquer devant la cour d'appel un motif de contestation qu'il n'a pas invoqué devant le juge-commissaire,

1. Civ. 2e, 6 mai 2004, n° 02-16.466, *Bull. civ.* II, n° 211; *Act. proc. coll.* 2004/14, n° 182.
2. D. n° 2006-1709, 23 déc. 2006, *JO* 29 déc., p. 19846.
3. Com. 29 avr. 2014, n° 12-29.364, NP; n° 391 F-D.
4. Com. 17 déc. 2013, n° 12-26.095, NP; n° 1243 F-D.
5. Com. 17 déc. 2013, n° 12-26.095, NP; n° 1243 F-D.
6. Civ. 2e, 11 avr. 2013, n° 12-14.567, NP, *Rev. proc. coll.* 2013, comm. 112, note Cagnoli.
7. Com. 17 mai 2011, n° 10-16.526, *Bull. civ.* IV, n° 79; n° 484 F-P+B; *D.* 2011, actu 1550, note Lienhard; *Gaz. Pal.* 7 oct. 2011, n° 280, p. 29, note Le Corre-Broly; *BJE* sept./oct. 2011, comm. 129, p. 263, note de Lajarte.
8. Com. 12 nov. 2008, n° 07-11.166, NP; n° 1148 F-D.
9. RAPPR. : Paris, 3^e ch. B, 17 janv. 2008, RG n° 07/09594.
10. Civ. 2^e, 18 sept. 2008, n° 07-20.321, NP; n° 1250 FS-D – Civ. 2^e, 18 sept. 2008, n°s 07-13.745, 07-20.322, NP; n° 1251 FS-D – Civ. 2e, 18 sept. 2008, n°s 07-13.746, 07-20.323, NP; n° 1252 FS-D – Civ. 2e, 18 sept. 2008, n°s 07-13.747, 07-20.324, NP; n° 1253 FS-D.
11. Com. 28 juin 1994, n° 92-14.962, NP, *Rev. proc. coll.* 1995, 313, n° 9, obs. Dureuil – Com. 15 févr. 2000, n° 97-20.749, NP, *Act. proc. coll.* 2000/7, n° 84 – Com. 1er oct. 2002, n° 99-16.399, NP.
12. Com. 16 nov. 2010, n° 09-16.514, NP; n° 1162 F-D.
13. Com. 16 nov. 2010, n° 09-16.514, NP; n° 1162 F-D.
14. Com. 15 févr. 2000, n° 97-21.197, NP, *JCP E* 2000, pan. 680, note Cagnoli – Com. 24 mars 2004, n° 01-12.798, NP – Com. 24 juin 2008, n° 07-15.681, NP; n° 731 F-D; *Gaz. proc. coll.* 2008/4, p. 54, note Le Corre-Broly; *LXB hebdo* juill. 2008, n° 313, n° N6495BGN, note Le Corre-Broly.
15. Com. 4 févr. 1992, n°s 90-12.674, 90-17.993, *Bull. civ.* IV, n° 55, 2 arrêts; *D.* 1992. 264, note Derrida – Com. 14 janv. 1997, n° 93-19.381, *Bull. civ.* IV, n° 13; *Quot. Jur.* 6 févr. 1997, p. 7, note P. M.
16. Com. 8 janv. 2013, n° 11-22.796, *Bull. civ.* IV, n° 1; n° 17 F-P+B; *D.* 2013, pan. 2373n note Le Corre; *Gaz. Pal.* 1er mai 2013, n° 121, p. 32, note Le Corre; *JCP E* 2013, Chron. 1216, n° 6, obs. Pétel; *RTD com.* 2013. 152, n° 9, obs. Vallens; *Rev. proc. coll.* 2013, comm. 126, note Legrand et Legrand; *LXB hebdo* n° 324, 24 janv. 2013, note Le Corre.

dès lors qu'il a contesté, en première instance, la créance[1]. C'est ainsi qu'il a pu être jugé que dès lors que le débiteur avait contesté devant le juge-commissaire la régularité de la déclaration de créance, il était recevable à présenter devant la cour d'appel une contestation relative au fond de la créance. Cette contestation tendait aux mêmes fins et n'était donc pas nouvelle[2], puisque l'irrégularité de la déclaration de créance, comme le rejet de la créance, conduise à son extinction. Cette solution, posée sous l'empire de la législation antérieure à la loi de sauvegarde des entreprises, ne peut purement et simplement être reconduite sous l'empire de la loi du 26 juillet 2005. En effet, la discussion portant sur la régularité de la déclaration de créance porte sur l'opposabilité de la créance à la procédure collective, alors que la discussion relative au fond du droit touche à l'existence même de la créance.

Une difficulté particulière se présente cependant, sous l'empire de la législation antérieure à la loi de sauvegarde des entreprises, si le débiteur est une société dissoute par l'effet du plan de cession totale ou de la liquidation judiciaire, compte tenu de la perte de qualité du dirigeant social à représenter la société débitrice et, en conséquence, à exercer en son nom des voies de recours. La voie de recours exercée par lui sera irrecevable (v. s^{s} n° 553.32).

À l'égard du débiteur, seule la notification de la décision fera courir le délai d'appel. Peu importe en conséquence la date de présentation du courrier contenant la notification. Seule importe la date de réception par la partie désireuse d'exercer le recours[3].

La solution suppose évidemment que le juge-commissaire ait statué sur la contestation émise par le débiteur. Le fait que la créance soit portée sur l'état des créances ne supprime pas la faculté pour le débiteur de demander au juge-commissaire qu'il se prononce sur la contestation émise, dès lors qu'aucune décision, émanant de ce dernier, statuant sur la contestation, n'a été notifiée au débiteur par lettre recommandée avec demande d'avis de réception faisant courir le délai d'appel contre lui[4].

L'appel est également ouvert au représentant des créanciers, au mandataire judiciaire et au liquidateur.

Il est fermé au commissaire à l'exécution, ainsi que, par principe, à l'administrateur judiciaire, à moins qu'il ne soit une partie à la vérification des créances, ce qui suppose qu'il ait reçu, dans le redressement judiciaire, une mission d'administration[5].

En première instance, devant le juge-commissaire, le mandataire judiciaire et le débiteur peuvent contester la créance, en étant assisté par un avocat différent. Même si le débiteur en sauvegarde n'est pas représenté légalement par le mandataire judiciaire – la solution vaut également en redressement judiciaire –, il n'est pas interdit que le mandataire judiciaire et le débiteur aient, en cause d'appel, le même avocat, en l'occurrence celui du mandataire judiciaire, alors même que les intérêts des deux parties seraient divergents. Il n'appartient en effet pas au juge d'intervenir dans leur choix[6]. Il ne peut donc en être tiré la conséquence que la société débitrice n'était plus représentée en cause d'appel.

Sous l'empire de la loi du 25 janvier 1985, l'imprécision des textes conduisait généralement le greffe à notifier les ordonnances aux mandataires de justice. Il avait été décidé que le délai d'appel courait à l'encontre du représentant des créanciers dès l'avis de la décision qu'il recevait du greffe. Il n'y avait évidemment aucune difficulté à considérer que la lettre recommandée valait avis[7]. En cas de double notification, la première, dès lors qu'elle était régulière, faisait seul courir le délai de recours[8]. Pour cela, il fallait cependant que la date de l'avis fût déterminée[9], ce qui semblait difficile si l'avis était envoyé par le greffe en courrier simple.

La loi de sauvegarde des entreprises a prévu, par principe, que les ordonnances du juge-commissaire sont simplement communiquées aux mandataires de justice (C. com., art. R. 621-21, al. 3). Cette règle de droit commun est écartée, dans la matière des ordonnances du juge-commissaire rendues après contestation de la créance déclarée. En effet, l'article R. 624-3, alinéa 4 du code de commerce (anc^{t} D. 28 déc. 2005, art. 105, al. 4) et, depuis le décret du 12 février 2009, l'article R. 624-4, alinéa 5, prévoient que le mandataire judiciaire et l'administrateur judiciaire, s'il en a été désigné un, sont avisés des décisions rendues contre récépissé. Ce texte de la sauvegarde est applicable en redressement (C. com., art. R. 631-29, al. 1) et en liquida-

1. Com. 4 févr. 2003, *Act. proc. coll.* 2003/7, n° 81.
2. Com. 24 juin 2008, n° 07-15.681, NP; n° 731 F-D; *Gaz. proc. coll.* 2008/4, p. 54, note Le Corre-Broly; *LXB hebdo* juill. 2008, n° 313, n° N6495BGN, note Le Corre-Broly.
3. Com. 18 mars 2008, n° 07-10.028, NP; n° 388 F-D; *Rev. proc. coll.* 2008, p. 54, n° 60, note Gorrias.
4. Com. 12 nov. 2008, n° 07-11.166, NP; n° 1148 F-D; *Gaz. proc. coll.* 2009/1, p. 39, note Le Corre-Broly.
5. Vallens, 2015, n° 3583.
6. Com. 22 mars 2016, n° 14-20.077, *Bull. civ.* IV [à paraître]; n° 256 F-P+B; *Dr. sociétés* 2016, comm. 112, p. 39, note Legros.
7. Com. 17 oct. 2000, n° 97-21.212, *Bull. civ.* IV, n° 157; *D.* 2001. Somm. 3428, obs. Honorat; *JCP E* 2001, Chron. 220, n° 11, obs. Pétel; *RJDA* 2001/2, n° 197.
8. Com. 3 nov. 2010, n° 09-68.965, NP; n° 1096 F-D – Com. 3 nov. 2010, n° 09-68.966, NP; n° 1097 F-D – Com. 3 nov. 2010, n° 09-68.968, NP; n° 1098 F-D.
9. Com. 16 avr. 1996, n° 93-17.529, *Bull. civ.* IV, n° 121; *RJDA* 2001/2, n° 197.

tion judiciaire (C. com., art. R. 641-28). La Cour de cassation en a tiré la conséquence que, faute d'avoir été avisé contre récépissé de la décision rendue, le mandataire de justice n'avait pu voir courir contre lui le délai de recours à l'encontre de l'ordonnance[1].

683.15 Voies de recours ouvertes aux parties sur les décisions rendues après reprise d'instance. Les voies de recours sur les décisions rendues après reprise d'instance ne sont pas réglementées par le code de commerce. La solution s'explique aisément. On est ici en présence d'une décision de droit commun dont la seule particularité est de ne pas emporter de condamnation contre une partie. La décision a été rendue par la juridiction normalement compétente, abstraction faite des règles des procédures collectives de paiement. Il faut dès lors décider que la voie de recours sera celle du droit commun.

La jurisprudence a ainsi admis que le droit effectif au juge implique « que l'associé d'une société civile immobilière, qui répond indéfiniment des dettes sociales à proportion de sa part dans le capital social, soit recevable à former une tierce opposition à l'encontre du jugement ayant fixé une créance dans une instance en paiement engagée contre cette personne morale avant l'ouverture de sa liquidation judiciaire »[2].

Cependant, que décider quant au délai de la voie de recours ? Faut-il appliquer le délai du droit commun ou les délais du droit des procédures collectives, par exemple dix jours pour l'appel ? Il nous apparaît que les délais de droit commun doivent trouver application. En effet, les délais de voie de recours du droit de la faillite ne doivent trouver application que lorsqu'il y a compétence de la juridiction de la faillite. La compétence gouverne le délai.

Le débiteur dessaisi par l'effet de sa liquidation judiciaire conserve un droit propre à exercer un recours sur la décision fixant la créance après reprise d'instance, pourvu qu'il le fasse contre le liquidateur ou en sa présence (v. s^s n°s 552.37 et 623.33).

Précisons que la fermeture de la voie de recours au préjudice du créancier qui ne répond pas à la contestation ne peut intervenir dans le cadre de la décision rendue après reprise d'instance, puisque la créance n'est pas soumise à la vérification du juge-commissaire[3].

683.16 Voies de recours ouvertes aux parties sur les décisions statuant sur la compétence. Le juge-commissaire peut rendre, en la matière, deux types de décisions. Il peut d'abord décider de faire droit à l'exception d'incompétence soulevée soit par le représentant des créanciers – mandataire judiciaire –, soit par le créancier. Dans cette hypothèse, il ne statuera pas sur le fond. La décision qu'il rendra est-elle susceptible de recours ?

En droit commun, la décision qui statue sur l'exception d'incompétence sans statuer sur le fond est susceptible de contredit (C. pr. civ., art. 80) porté devant la cour d'appel, dans un délai de quinzaine à compter du moment où la décision est rendue. Aucune disposition de la loi du 25 janvier 1985[4] n'écarte cette règle, cependant que la doctrine[5], non unanimement toutefois[6], relayée par la jurisprudence[7], s'est fixée dans le sens de la fermeture du contredit, la seule voie de recours ouverte étant l'appel. La solution est maintenue, même lorsque le juge-commissaire s'est déclaré incompétent après avoir fait jouer une clause compromissoire[8].

La solution ne peut cependant se justifier que si la compétence de la juridiction est celle du tribunal qui a ouvert la procédure collective. L'article 102, alinéa 1 de la loi du 25 janvier 1985, disposition qui n'a pas été codifiée par l'ordonnance de codification du 18 septembre 2000[9], du fait de son caractère réglementaire, est un texte d'exception puisqu'il ouvre la voie de recours de l'appel sur une ordonnance du juge-commissaire, le droit commun étant le recours devant le tribunal qualifié par la pratique d'opposition. Ce texte d'exception aurait donc dû recevoir une interprétation *a contrario*, car sa mise à l'écart aurait permis de revenir au droit commun, en l'occurrence l'ouverture du contredit.

1. Com. 10 juill. 2012, n° 11-18.867, *Bull. civ.* IV, n° 151; n° 821 F-P+B; *Gaz. Pal. entr. diff.* 13 oct. 2012, n° 286, p. 17, note Le Corre; *Act. proc. coll.* 2012/15, comm. 229, note Cagnoli; *JCP E* 2012, Chron. 1757, n° 15, obs. Pétel – Com. 10 juill. 2012, n° 11-18.868, NP; n° 822 F-D.
2. Com. 26 mai 2010, n° 09-14.241, NP; n° 583 FS-D; *D.* 2010. AJ 1415, obs. Lienhard; *Act. proc. coll.* 2010/12, n° 180, note Fin-Langer; *Rev. proc. coll.* 2010/5, § 194, p. 50, note Lebel; *Dr. sociétés* 2010/8, § 158, p. 13, note Hovasse; *RTD com.* 2010. 567, n° 1, obs. Monsérié-Bon; *JCP E* 2010. 2026, note Reifegerste; *JCP E* 2010. 1861, note Perrot; *Bull. Joly* 2010, § 182, p. 839, note Staes; *Rev. sociétés* 2010. 406, obs. Roussel Galle.
3. Rouen, 24 avr. 2008, RG n° 07/01066, *Rev. proc. coll.* 2010/1, § 7, p. 28, note Staes.
4. L. n° 85-98, 25 janv. 1985, préc.
5. Derrida *et alii*, n° 220 – Ripert et Roblot, n° 3021 – Soinne, n° 2213.
6. Dans un sens différent de celui exprimé : Saint-Alary-Houin, n° 816.
7. Com. 10 oct. 1995, n° 93-21.794, *Bull. civ.* IV, n° 225; *D.* 1996. Somm. 87, obs. Honorat; *JCP E* 1996. I. 554, n° 17, obs. Pétel – Com. 22 janv. 2008, n° 06-18.703, *Bull. civ.* IV, n° 10; n° 127 F-P+B; *Rev. proc. coll.* 2008, p. 55, n° 61, note Gorrias – *contra* : Lyon, 6 déc. 1991, *D.* 1992. Somm. 253, obs. Derrida.
8. Com. 22 janv. 2008, n° 06-18.703, *Bull. civ.* IV, n° 10; n° 127 F-P+B; *Rev. proc. coll.* 2008, p. 55, n° 61, note Gorrias.
9. Ord. n° 2000-912, 18 sept. 2000, préc.

La législation de sauvegarde des entreprises ouvre explicitement le contredit (v. s[s] n° 682.71). La solution est conservée par l'article R. 624-5, alinéa 1 du code de commerce, dans la rédaction que lui donne le décret du 30 juin 2014[1] (art. 55).

Le juge-commissaire peut aussi refuser de faire droit à l'exception d'incompétence. Il peut alors ne statuer que sur la compétence et l'on se retrouve dans la situation précédemment décrite. Inversement, il peut statuer tout à la fois sur la compétence et sur le fond. Cette décision mixte ne sera susceptible que d'un appel, dans les conditions classiques des décisions statuant sur l'admission (v. s[s] n° 6814).

On précisera enfin que les décisions rendues par la juridiction compétente seront, quant à elles, susceptibles des voies de recours classiquement ouvertes contre les décisions rendues par les juridictions en question[2].

683.17 Voies de recours ouvertes aux parties sur les décisions de constat d'une instance en cours. La décision constatant qu'une instance est en cours ne présente pas un caractère juridictionnel. Dépourvue d'autorité de chose jugée[3], elle ne constitue qu'un acte d'administration judiciaire[4]. Conformément au droit commun, en conséquence, il faut décider que cette décision n'est pas susceptible de voie de recours[5].

Il n'en sera cependant ainsi que si le juge-commissaire se contente de constater qu'une instance est en cours ou se contente d'ordonner que la décision rendue sera portée sur l'état des créances. Au contraire, si simultanément, il répond à un argument tiré de la péremption de l'instance ayant conduit à la fixation de la créance, la décision qu'il rend n'est plus un simple acte d'administration judiciaire et devient en conséquence susceptible d'un recours[6]. De façon plus générale, chaque fois que le juge-commissaire aura à apprécier si une instance est en cours alors qu'une discussion porte sur cette question, la décision qu'il rendra le sera à charge d'appel[7]. Le juge-commissaire n'a pas à surseoir à statuer. Il rendra une décision de constat d'une instance en cours. Lorsque la créance sera fixée, elle sera mentionnée sur l'état des créances, sans vérification.

Lorsque le juge-commissaire rend une décision de constat d'une instance en cours, alors que l'instance a été engagée après le jugement d'ouverture, il n'y a pas d'obstacle à ce que la cour d'appel, qui statue sur le recours formé contre le jugement rendu par la juridiction ayant fixé la créance en lieu et place du juge-commissaire, puisse fixer la créance au passif[8].

683.18 Voies de recours ouvertes aux parties sur les décisions de sursis à statuer. Faute de réglementation particulière, la décision par laquelle le juge-commissaire décide de surseoir à statuer est susceptible d'un appel dans les conditions de l'article 380-1 du code de procédure civile[9]. Il devra y avoir violation de la règle de droit gouvernant le sursis à statuer[10].

SECTION 683.20
VOIES DE RECOURS OUVERTES AUX PERSONNES INTÉRESSÉES AUTRES QUE LES PARTIES SUR LES DÉCISIONS DU JUGE-COMMISSAIRE EN MATIÈRE DE VÉRIFICATION ET D'ADMISSION DES CRÉANCES

683.21 Décisions susceptibles de réclamation. Aux termes de l'article 103, alinéa 1 de la loi du 25 janvier 1985[11], disposition qui n'a pas été codifiée par l'ordonnance de codification du 18 septembre 2000[12], du fait de son caractère réglementaire, « les décisions d'admission ou de rejet des créances ou d'incompétence prononcées par le juge-commissaire sont portées sur un état qui est déposé au greffe du tribunal. Toute personne intéressée, à l'exclusion de celles mentionnées à l'article 102, peut en prendre connaissance, et former réclamation ». La solution, qui n'est pas modifiée, est autrement exprimée par l'article R. 624-8, alinéa 4 du code de commerce (anc[t] D. 28 déc. 2005[13], art. 109, al. 4).

Malgré la formule des textes, le recours ne porte pas sur l'état des créances lui-même, mais seulement sur les décisions qu'il contient (v. s[s] n° 682.12).

Il semblerait résulter de ces textes que les décisions d'admission, de rejet ou d'incompétence sont susceptibles d'être contestées par voie de réclamation. On remarquera cependant, en pratique, que le réclamant aura des difficultés à justifier d'un intérêt

1. D. n° 2014-736, 30 juin 2014, *JO* 1er juill., p. 10834.
2. DERRIDA *ET ALII*, n° 218.
3. Com. 23 nov. 2004, n° 02-15.642, NP.
4. TOUTEFOIS : Pételo, obs. s[s] Com. 8 juill. 2008, n° 07-16.563; n° 787 F-P+B; *JCP E* 2009. 1008, n° 14.
5. LE CANNU, 7e éd., n° 516 – DERRIDA *ET ALII*, n° 218 – SAINT-ALARY-HOUIN, 9e éd., n° 800 – SOINNE, n° 2192.
6. Com. 19 déc. 2006, n° 04-18.924, NP; n° 1438 F-D; *RTD com.* 2007. 456, n° 10, obs. Vallens.
7. AINSI : Caen, 1re ch. civ. et com., 14 févr. 2008, RG n° 06/02925, *Act. proc. coll.* 2008/6, n° 102.
8. Paris, 14 oct. 2008, RG n° 07/03268.
9. Paris, 3e ch. B, 29 mai 1991, *RJDA* 1991/7, n° 646 – VALLENS, 2015, n° 3580 – J.-CL COM., Vallansan, fasc. 2352, [Déclaration et admission des créances], 2015, n° 220.
10. Com. 23 sept. 2014, n° 12-29.404, *Bull. civ.* IV, n° 132; n° 834 F-P+B; *JCP E* 2014. 1637, n° 7, note Pételo.
11. L. n° 85-98, 25 janv. 1985, préc.
12. Ord. n° 2000-912, 18 sept. 2000, préc.
13. D. n° 2005-1677, 28 déc. 2005, préc.

à agir, dans l'hypothèse d'une décision d'incompétence. Il faut en réalité fermer la réclamation sur les décisions d'incompétence, car ces dernière sont explicitement susceptibles d'une tierce opposition (v. s[s] n° 683.32).

Si le juge-commissaire relève de forclusion ou constate, sous l'empire de la législation antérieure à la loi de sauvegarde des entreprises[1], l'inopposabilité de forclusion, selon le cas, et statue simultanément sur l'admission de la créance, son ordonnance sera susceptible de réclamation. À notre sens, la réclamation n'aura pas à être cantonné au chef d'admission de la créance, mais pourra concerner le chef de la forclusion. En effet, le régime des décisions mixtes doit ici s'appliquer.

Seules les décisions émanant du juge-commissaire et à sa suite de la cour d'appel sont susceptibles de réclamation. Au contraire, les décisions fixant la créance après reprise d'une instance engagée avant jugement d'ouverture[2] ou les décisions d'admission prononcées par d'autres juridictions, à la suite d'une décision d'incompétence, qui sont susceptibles d'être attaquées par la voie de la tierce opposition (v. s[s] n° 683.32), ne peuvent faire l'objet d'une réclamation.

La réclamation ne peut tendre qu'à la remise en cause de la décision du juge-commissaire et ne saurait être utilisée, de manière détournée, pour permettre à un créancier d'actionner un tiers en responsabilité, par exemple un banquier en rupture ou en soutien abusif de crédit[3].

683.22 Notion de personnes intéressées autres que les parties. Les personnes intéressées sont les personnes autres que les parties. Mais ce ne sont pas nécessairement des tiers. À cet égard, la formule législative utilisée « toute personne intéressée » de la législation antérieure à la loi de sauvegarde des entreprises[4], l'expression « tout intéressé » de la législation issue de la loi de sauvegarde des entreprises, est heureuse, car en visant les tiers, le législateur aurait exclu du domaine de la réclamation des cautions solidaires ou des codébiteurs solidaires qui, représentés à l'instance d'admission par le débiteur, en application de la théorie de la représentation mutuelle des coobligés, ne peuvent être considérées comme des tiers, alors pourtant qu'elles ne sont pas des parties.

Les « personnes intéressées » seront en conséquence tout d'abord les tiers et spécialement les créanciers autres que le déclarant[5]. Mais, d'une part l'analyse de la réclamation en une variété de tierce opposition (v. s[s] n° 683.25), d'autre part, le fait que le code de commerce vise des personnes intéressées, obligent à considérer que ces créanciers devront invoquer un intérêt personnel et distinct de celui de la collectivité des créanciers[6], fussent-ils investis de la qualité de créancier par subrogation[7] ou par cession de créance[8]. À défaut, leur représentation collective par le mandataire judiciaire – représentant des créanciers – rendrait leur réclamation irrecevable. Ainsi, le créancier chirographaire, qui ne peut exciper que d'un intérêt à voir réduire le passif et à augmenter ses chances d'être réglé de sa créance, n'a un intérêt qui n'est rien d'autre que l'intérêt collectif des créanciers, sans aucun caractère propre ou indépendant des autres créanciers et n'est en conséquence pas recevable à former une réclamation à l'état des créances[9]. L'intérêt distinct de celui de la collectivité continuera à être exigé, même si, du fait de l'arrêté du plan de continuation, de sauvegarde ou de redressement, l'organe ayant en charge la défense de l'intérêt collectif des créanciers n'est plus en fonction[10].

Au contraire, un créancier hypothécaire de second rang aura, par exemple, intérêt à faire réclamation à l'encontre de la décision d'admission d'un créancier hypothécaire de premier rang. Il pourrait encore en être ainsi, depuis l'ordonnance du 23 mars 2006[11] qui a réformé les sûretés, pour un créancier gagiste, qui serait entré en possession après l'inscription d'un gage sans dépossession prise par un autre créancier. Le premier aurait intérêt à contester la créance du second pour pouvoir opposer son droit de rétention.

De même, il a pu être jugé qu'un banquier actionné en responsabilité avait un intérêt distinct de celui des autres créanciers à former réclamation à l'état des créances[12].

1. L. n° 2005-845, 26 juill. 2005, préc.
2. DERRIDA *ET ALII*, n° 216, note 815.
3. Com. 28 sept. 1989, *Rev. proc. coll.* 1991, 356, obs. Dureuil.
4. L. n° 2005-845, 26 juill. 2005, préc.
5. Com. 16 juin 2004, n° 02-18.470, NP – Com. 16 juin 2004, n° 02-18.472, NP – Aix-en-Provence, 8e ch. A, 3 nov. 2004, RG n° 2004/755 – Paris, 3e ch. B, 17 janv. 2008, RG n° 07-09594, *Act. proc. coll.* 2008/12, n° 200.
6. Com. 13 mai 2003, n° 01-14.173, *Bull. civ.* IV, n° 75; *D.* 2003. AJ 1761, obs. Lienhard; *Act. proc. coll.* 2003/12, n° 160, obs. Régnaut-Moutier; *JCP E* 2003, Chron. 1396, p. 1572, n° 10, obs. Pétel; *RTD com.* 2003. 820, n° 12, obs. Martin-Serf; *LXB* n° N8102AAC, obs. Le Corre – Paris, 3e ch. B, 16 févr. 2006, RG n° 2004/16444.
7. Rennes, 2e ch. com., 12 avr. 2000, *BICC* 15 janv. 2001, n° 72.
8. Com. 30 janv. 2007, n° 06-10.707, NP; n° 119 F-D; *RTD com.* 2007. 457, n° 12, obs. Vallens; *LXB hebdo* n° 249, N0608BAR, note Le Corre.
9. Com. 30 janv. 2007, n° 06-10.707, NP; n° 119 F-D; préc.
10. Com. 30 janv. 2007, n° 06-10.707, NP; n° 119 F-D; préc.
11. Ord. n° 2006-346, 23 mars 2006, *JO* 24 mars, p. 4475.
12. Paris, 3e ch. B, 16 févr. 2006, RG n° 04/16444, *RTD com.* 2006. 660, n° 2, obs. Martin-Serf.

Un créancier nanti a intérêt et qualité à former réclamation à l'état des créances lorsque sa créance est portée sur l'état avec la précision qu'elle est primée par d'autres créances, alors que le prix de vente du fonds de commerce avait été séquestré avant le jugement d'ouverture, de sorte que le prix de vente ne pouvait être appréhendé et donc réparti par le liquidateur. Ce créancier se trouvait dans l'obligation de former réclamation pour éviter que l'autorité de chose jugée attachée aux décisions du juge-commissaire ne l'oblige à respecter le classement effectué par le juge-commissaire, alors même que ce dernier avait excédé ses pouvoirs à classer les créanciers dans sa décision d'admission, le privant ainsi de son droit exclusif sur le prix, du fait du séquestre[1].

Remarquons cependant que si tout créancier autre que le déclarant peut former réclamation, la voie de recours doit être exercée en qualité de créancier. En revanche, pris en sa qualité de contrôleur, le créancier est irrecevable à former réclamation, même sous l'empire de la loi de sauvegarde des entreprises.

Les personnes intéressées sont également les coobligés et les cautions. La caution solidaire aura spécialement intérêt à former réclamation pour éviter les effets de l'autorité de la chose jugée attachée à l'admission de la créance qui, du fait de la règle de la représentation mutuelle des coobligés, lui interdira de discuter de l'existence et du montant de la créance admise[2] (v. s[s] n° 723.22). Les garants, même autonomes, sont également des personnes intéressées[3], même s'ils sont privés du droit de soulever des exceptions inhérentes au contrat de base. Leur intérêt à agir subsiste car ils peuvent soulever le caractère abusif de l'appel de la garantie si aucune somme n'est due au titre du contrat de base. Soulignons toutefois que l'extinction de la créance pour défaut de déclaration de créance, sous l'empire de la loi de sauvegarde des entreprises, ne leur permettra pas d'être déchargé, du fait de l'autonomie de leur engagement.

Le constituant d'une sûreté réelle, autrefois appelé caution réelle, est encore une personne intéressée pouvant former réclamation à l'état des créances[4].

Le tiers détenteur d'un bien, poursuivi par le créancier titulaire d'une sûreté inscrite sur le bien, en vertu de son droit de suite, est une personne intéressée au sens des articles L. 624-3-1 et R. 624-8 du code de commerce, et peut donc former réclamation à l'état des créances, pour contester la décision rendue par le juge-commissaire dans les rapports entre le créancier et le débiteur quant à l'existence et le montant de la créance assortie de la sûreté[5]. Ainsi, le tiers détenteur d'un immeuble hypothéqué est-il en droit, à l'occasion des poursuites aux fins de saisie exercées contre lui, de contester l'existence de la créance du poursuivant et son caractère privilégié[6].

Le cessionnaire des actifs de l'entreprise sera également une personne intéressée, pouvant former réclamation[7].

En revanche, la réclamation formée par l'administrateur judiciaire ayant reçu mission d'assistance ou de surveillance est, d'une manière contestable à notre sens, irrecevable[8]. Rappelons que l'administrateur judiciaire ayant reçu une mission d'administration est une partie, recevable à former appel à l'encontre des décisions d'admission des créances et qui, en conséquence, ne peut former une réclamation.

Le commissaire à l'exécution du plan n'est pas davantage recevable à former réclamation[9]. Il ne semble pas en effet que sa mission de surveillance de la bonne exécution du plan l'autorise à venir prolonger, sur ce terrain, la mission du représentant des créanciers – mandataire judiciaire.

Le débiteur n'est évidemment pas recevable à former réclamation, puisqu'il est une partie. Il en est de même du créancier qui entend remettre en cause la décision rendue sur la créance qu'il a déclarée[10].

La solution est à nuancer en ce qui concerne les dirigeants sociaux. Tout d'abord, si le dirigeant social agit *ès qualités*, sa réclamation est irrecevable puisqu'il ne fait alors que représenter le débiteur[11]. Ensuite, s'il agit à titre personnel, sa réclamation est irrecevable, s'il a participé *ès qualités* à la vérification des créances[12]. La Cour de cassation a, d'une manière

1. Com. 26 sept. 2006, n° 05-14.487, NP; n° 1053 F-D; *D.* 2007, pan. 47, obs. Le Corre; *Gaz. proc. coll.* 2007/1, p. 34, note Sénéchal.
2. Com. 11 juin 1996, n° 93-16.058, *Bull. civ.* IV, n° 167.
3. Com. 29 avr. 2003, n° 99-15.544, *Bull. civ.* IV, n° 65.
4. Com. 7 mars 2006, n° 04-13.762, *Bull. civ.* IV, n° 59; n° 332 FS-P+B+R+I; *D.* 2006. AJ 782, obs. Lienhard; *RTD com.* 2006. 660, n° 2, obs. Martin-Serf.
5. Com. 5 avr. 2016, n°s 14-20.467 à 14-20.472, *Bull. civ.* IV [à paraître]; n° 318 F-P+B; *Gaz. Pal.* 28 juin 2016, n° 24, p. 67, note Le Corre – Com. 31 mai 2016, n° 14-21.666, NP; n° 494 F-D.
6. Com. 5 avr. 2016, n°s 14-20.467 à 14-20.472, préc.
7. Com. 30 mars 1993, n° 91-17.732, *Bull. civ.* IV, n° 127; *D.* 1993. Somm. 321, obs. Honorat; *JCP E* 1993. I. 277, n° 14, obs. Pétel.
8. Com. 28 févr. 1995, n° 92-17.991, NP, *Rev. proc. coll.* 1995, 291, obs. Dureuil.
9. Com. 13 oct. 1998, n° 95-17.670, *Bull. civ.* IV, n° 236; *JCP E* 1998, Chron. 2067, n° 13, obs. M. Cabrillac; *RTD com.* 1999. 970, obs. Martin-Serf – COMP. : Com. 5 déc. 1995, n° 93-20.981, *Bull. civ.* IV, n° 281; *Rev. huissiers* 1997. 446, note Courtier.
10. Paris, 3e ch. A, 9 sept. 2003, RG n° 2002/20168.
11. Com. 28 nov. 2000, *Act. proc. coll.* 2001/1, n° 3; *JCP E* 2001, pan. 156.
12. Com. 18 févr. 2003, n° 99-20.631, NP, *Act. proc. coll.* 2003/10, n° 138; *RTD com.* 2003. 383, n° 15, obs. Vallens – Paris, 30 oct. 2008, RG n° 08/02182.

critiquable à notre sens, considéré que « une société en liquidation judiciaire qui, par la personne de son ancien dirigeant, a participé à la procédure de vérification des créances sans invoquer le défaut de pouvoir de celui-ci, n'est pas recevable à contester l'état des créances établi à l'issue de ladite procédure en se prévalant de l'éventuelle irrégularité de cette dernière »[1]. Au contraire, le dirigeant est recevable s'il n'a pas participé à la vérification des créances, dès lors du moins qu'il a un intérêt à agir. Il en ira ainsi en présence d'un dirigeant, de droit ou de fait, recherché en comblement de passif[2] ou, sous l'empire de la législation antérieure à la loi de sauvegarde des entreprises, en redressement ou en liquidation judiciaire personnel à titre de sanction[3]. Une difficulté particulière se présentera pour le dirigeant de fait, dès lors que cette qualité lui aura été attribuée après expiration des délais de réclamation à l'état des créances (v. s[s] n° 683.23).

683.23 Modalités procédurales de la réclamation. L'article 75 du décret du 27 décembre 1985[4] autorise toute personne à prendre connaissance au greffe de la liste des créances, sur laquelle sont portées les décisions du juge-commissaire et qui précise, en cas d'admission, le montant de la créance ainsi que les sûretés et privilèges dont celle-ci est assortie. La solution est reprise par l'article R. 624-8, alinéa 2 du code de commerce (anc[t] D. 28 déc. 2005[5], art. 108, al. 2), texte de la sauvegarde applicable en redressement judiciaire (C. com., art. R. 631-29, al. 1 [anc[t] D. 28 déc. 2005, art. 197, al. 1]) et en liquidation judiciaire (C. com., art. R. 641-28 [anc[t] D. 28 déc. 2005, art. 239]).

L'information selon laquelle l'état des créances est déposé au greffe résulte d'une insertion au *Bodacc* faite par le greffier du tribunal (D. 27 déc. 1985, art. 82, C. com., art. R. 624-8, al. 3 [anc[t] D. 28 déc. 2005, art. 109, al. 3], texte de la sauvegarde applicable en redressement judiciaire C. com., art. R. 631-29, al. 1 [anc[t] D. 28 déc. 2005, art. 197, al. 1] et en liquidation judiciaire C. com., art. R. 641-28 [anc[t] D. 28 déc. 2005, art. 239]).

L'article 83 du décret du 27 décembre 1985 énonce que « le délai pour former réclamation est de 15 jours à compter de cette publication » au *Bodacc*, l'insertion devant préciser ce délai.

L'article R. 624-8, alinéa 4 du code de commerce (anc[t] D. 28 déc. 2005, art. 109, al. 4), texte de la sauvegarde applicable en redressement judiciaire (C. com., art. R. 631-29, al. 1 [anc[t] D. 28 déc. 2005, art. 197, al. 1]) et en liquidation judiciaire (C. com., art. R. 641-28 [anc[t] D. 28 déc. 2005, art. 239]), qui conserve le point de départ du délai, l'allonge pour le porter à un mois. Le fait que des décisions de sursis à statuer soient portées sur l'état des créances n'a pas pour effet de changer la nature du document établi, et n'empêche donc pas le cours du délai pour former réclamation[6].

Une difficulté particulière se présente, sous l'empire de la loi du 25 janvier 1985[7], pour celui auquel est reconnu la qualité de dirigeant de fait, si, à cette date, le délai pour former réclamation est expiré. La Cour de cassation juge que la personne, déclarée en redressement judiciaire à titre de sanction, sur le fondement de l'article L. 624-5 du code de commerce, et qui doit supporter le passif de la personne morale, ne peut se voir opposer l'expiration du délai de réclamation, sauf à la priver, en violation de l'article 6 § 1 de la Conv. EDH, d'un recours effectif au juge pour discuter du passif de la personne morale[8]. La Cour de cassation ne précise pas davantage, mais il serait concevable de décider que, pour cette personne, le délai pour former réclamation contre l'état des créances ait pour point de départ la notification de la décision la condamnant et lui attribuant la qualité de dirigeant de fait, qualité nécessaire pour que cette personne soit considérée comme « intéressée » par la décision d'admission des créances.

La solution peut, à notre sens, se présenter identiquement pour la personne recherchée en qualité de dirigeant de fait en comblement de l'insuffisance d'actif, tant avant que depuis la loi de sauvegarde des entreprises.

Sous l'empire de la législation antérieure à la loi de sauvegarde des entreprises, le document établi postérieurement au dépôt au greffe de l'état des créances et l'avis d'insertion au *Bodacc* établi par le juge-commissaire, qui mentionne la créance admise

1. Com. 3 juin 2009, n° 08-12.279, *Bull. civ.* IV, n° 73; n° 518 FS-P+B; *D.* 2009. AJ 1603, obs. Lienhard; *Gaz. proc. coll.* 2009/4, 1re partie, n°s 303, 304, p. 35, note Le Corre; *Act. proc. coll.* 2009/14, n° 214, note Pagnucco; *RTD com.* 2010. 197, n° 13, obs. Martin-Serf; *Rev. sociétés* 2009. 662, note Le Corre.
2. Com. 28 sept. 2004, n° 03-10.760, NP, *D.* 2005, pan. 299, obs. Le Corre – Aix-en-Provence, 8e ch. A, 30 janv. 2002, *Gaz. Pal.* 16-18 juin 2002, jur. p. 46, note Lucas.
3. Com. 4 avr. 2006, n° 05-12.248, *Bull. civ.* IV, n° 90; n° 463 F-P+B; *D.* 2006. AJ 1167, obs. Lienhard; *RTD com.* 2006. 660, n° 2, obs. Martin-Serf – Com. 4 avr. 2006, n° 05-12.250, NP – Com. 22 nov. 2011, n° 10-25.096, *Bull. civ.* IV, n° 192; n° 1176 FS-P+B; *Gaz. Pal.* 28 avr. 2012, n° 118, p. 32, note Le Corre; *Act. proc. coll.* 2011/20, comm. 317, note Cagnoli; *Rev. proc. coll.* 2012, comm. 5, p. 34, note Cagnoli; *Dr. sociétés* 2012, comm. 129, note Legros; *Bull. Joly* mars 2012, comm. 77, p. 236, note Le Corre.
4. D. n° 85-1388, 27 déc. 1985, préc.
5. D. n° 2005-1677, 28 déc. 2005, préc.
6. Com. 5 juill. 2005, n° 04-15.194, NP.
7. L. n° 85-98, 25 janv. 1985, préc.
8. Com. 22 nov. 2011, n° 10-25.096, *Bull. civ.* IV, n° 192; n° 1176 FS-P+B; préc.

après une procédure d'appel ne constit pas un nouvel état des créances, et est, en con uence, impuissant à faire courir un nouveau délai récla-mation[1].

La législation de sauvegarde des entrepris avait modifié la solution en prévoyant explicitem que l'état des créances complété fait l'objet d'un ouvelle publication au *Bodacc*, ce qui a pour ef de faire courir un nouveau délai de réclamation à tat des créances (D. 28 déc. 2005, art. 110 dernier.) texte de la sauvegarde applicable en redressem t (D. 28 déc. 2005, art. 197, al. 1) et en liquidat judiciaires (D. 28 déc. 2005, art. 239). Mais solution a été revue par l'article 49 du décret d 23 décembre 2006[2]. Ce texte a supprimé les deu derniers alinéas de l'article 110 du décret du 28 décembre 2005 (devenu C. com., art. R. 624-9). La conclusion qui semble s'imposer est que l'état des créances est à nouveau unique. Il n'y aura donc plus qu'un seul délai de réclamation à l'état des créances. La solution est de nature à simplifier la tâche des mandataires de justice et du greffier.

Le juge ne peut déclarer irrecevable la réclamation pour tardiveté sans vérifier la date de cette insertion[3].

La jurisprudence, sous l'empire de la loi du 13 juillet 1967[4], avait décidé que la réclamation ne pouvait être déclarée au greffe avant la publication au *Bodacc*. Cette solution était inopportune car, dès lors que la personne intéressée avait connaissance du dépôt de l'état des créances au greffe, elle devait pouvoir former sa voie de recours. Aussi avions nous approuvé les juges du fond de statuer en ce sens[5], sauf à contraindre l'intéressé à surveiller en permanence les publications au *Bodacc*. La Cour de cassation, saisie de la difficulté, sous l'empire de la loi du 25 janvier 1985, a identiquement statué et considère, en conséquence, recevable la réclamation introduite avant la publication au *Bodacc* du dépôt au greffe de l'état des créances[6].

La réclamation doit être formée, selon l'article 84 du décret du 27 décembre 1985, par déclaration au greffe du tribunal de la faillite[7]. Elle peut être effectuée oralement contre récépissé. Elle peut aussi intervenir par lettre recommandée avec demande d'avis de réception (D. 27 déc. 1985, art. 84, al. 1). La solution est reproduite par l'article R. 624-10, alinéa 1 du code de commerce (anc[t] D. 28 déc. 2005, art. 111, al. 1), texte de la sauvegarde applicable en redressement judiciaire (C. com., art. R. 631-29, al. 1 [anc[t] D. 28 déc. 2005, art. 197, al. 1]) et en liquidation judiciaire (C. com., art. R. 641-28 [anc[t] D. 28 déc. 2005, art. 239]), qui, maladroitement, visait, dans sa rédaction d'origine, les réclamations visées au dernier alinéa des articles 109 et 110, alors que l'article 110 ne concerne pas la réclamation à l'état des créances. La malfaçon a été réparée par le décret du 23 décembre 2006 (D. 23 déc. 2006, art; 50, 1°), qui, à l'article 111 alinéa 1 du décret du 28 décembre 2005 (devenu C. com., art. R. 624-10, al. 1), a supprimé le visa de l'article 110.

Le courrier doit être adressé au greffe, non au juge-commissaire. Cependant, si l'original du courrier reçoit le cachet du greffe, il n'y a pas d'irrégularité[8].

Il appartient au greffier de convoquer par lettre recommandée avec demande d'avis de réception les parties intéressées ou leur mandataire (si la déclaration de réclamation a été faite par celui-ci), le représentant des créanciers – mandataire judiciaire – et l'administrateur, s'il y a lieu (D. 27 déc. 1985, art. 84, al 1, C. com., art. R. 624-10, al. 2 [anc[t] D. 28 déc. 2005, art. 111, al. 2], texte de la sauvegarde applicable en redressement judiciaire, C. com., art. R. 631-29, al. 1 [anc[t] D. 28 déc. 2005, art. 197, al. 1] et en liquidation judiciaire, C. com., art. R. 631-28 [anc[t] D. 28 déc. 2005, art. 239]).

L'article 103 alinéa 2 de la loi du 25 janvier 1985, disposition qui n'a pas été codifiée par l'ordonnance de codification du 18 septembre 2000[9], du fait de son caractère réglementaire, prévoit qu'il est statué sur la réclamation après avoir entendu ou dûment appelé le représentant des créanciers et les parties intéressées. Il n'est pas fait mention ici de l'administrateur. Il faut donc décider que l'administrateur ne sera convoqué que s'il a mission d'administrer l'entreprise. En effet, dans le cas contraire, il n'a pas le pouvoir de participer à la vérification des créances et n'est pas une personne intéressée au sens de la disposition analysée.

L'instance en réclamation se déroule devant le juge-commissaire (L. 25 janv. 1985, art. 103, al. 2 et D. 27 déc. 1985, art. 84, al. 1, C. com., art. R. 624-8, al. 4 [anc[t] D. 28 déc. 2005, art. 109, al. 4, texte de la sauvegarde applicable en redressement judiciaire], C. com., art. R. 631-29, al. 1 [anc[t] D. 28 déc. 2005,

1. Com. 28 janv. 2004, n° 01-01.135, NP.
2. D. n° 2006-1709, 23 déc. 2006, préc.
3. Com. 5 févr. 2002, n° 99-10.051, NP, *Rev. proc. coll.* 2003/1, p. 23, n° 4, obs. Legrand – Paris, 3e ch. C, 16 mai 2003, RG n° 2002/16489.
4. L. n° 67-563, 13 juill. 1967, *JO* 14 juill., p. 7059 – Com. 29 janv. 1980, *D.* 1981. IR 4, obs. crit. Derrida.
5. Rennes, 2e ch. com., 12 avr. 2000, *BICC* 15 janv. 2001, n° 72 – Paris, 30 oct. 2008, RG n° 08/02182.
6. Com. 21 févr. 2012, n° 10-27.594, *Bull. civ.* IV, n° 41; n° 221 F-P+B; *D.* 2012. Actu 679, note Lienhard; *LXB hebdo* 15 mars 2012, n° 288, note Le Corre.
7. Com. 28 nov. 2000, *JCP E* 2001, pan. 156; *Act. proc. coll.* 2001/1, n° 3.
8. Com. 16 oct. 2001, n° 98-19.316, *Bull. civ.* IV, n° 168; *RJDA* 2002/2, n° 178, p. 146.
9. Ord. n° 2000-912, 18 sept. 2000, préc.

art. 197, al. 1] et en liquidation judiciaire, C. com., art. R. 641-28 [anct D. 28 déc. 2005, art. 239]).

Le greffier doit notifier la décision rendue par le juge-commissaire par lettre recommandée avec demande d'avis de réception, et ce dans les 8 jours, sous l'empire de la législation antérieure à la loi de sauvegarde des entreprises. Ce texte, non assorti de sanction, n'a pas été reproduit par la législation de sauvegarde des entreprises.

683.24 Recours sur la décision statuant sur la réclamation. L'article 103, alinéa 3 de la loi du 25 janvier 1985[1], disposition qui n'a pas été codifiée par l'ordonnance de codification du 18 septembre 2000[2], du fait de son caractère réglementaire, prévoit que la décision du juge-commissaire est susceptible d'un recours qui est, comme les recours sur les décisions d'admission et de rejet des créances, porté devant la cour d'appel[3].

La solution n'a pas été spécialement posée pour le recours sur la réclamation par la législation de sauvegarde des entreprises[4] et faisait donc naître une difficulté. Cependant, l'article R. 624-7 du code de commerce (anct D. 28 déc. 2005[5], art. 107), texte de la sauvegarde applicable en redressement judiciaire (C. com., art. R. 631-29, al. 1 [anct D. 28 déc. 2005, art. 197, al. 1]) et en liquidation judiciaire (C. com., art. R. 641-28 [anct D. 28 déc. 2005, art. 239]), est à portée générale puisqu'il vise les recours formés contre les décisions du juge-commissaire statuant sur l'admission des créances. Cela permettait d'englober le recours sur l'ordonnance du juge-commissaire statuant sur la réclamation à l'état des créances, qui devait, en conséquence, être porté devant la cour d'appel[6].

Le décret du 23 décembre 2006[7] (art. 50, 2°), d'une manière que nous considérons interprétative, répare l'oubli et prévoit explicitement que la voie de recours sur la décision vidant la réclamation sera l'appel (D. 28 déc. 2005, art. 111, al. 3, devenu C. com., art. R. 624-10, al. 3).

Cet appel, faute de précision, sera enfermé dans un délai de dizaine, qui courra à compter de la notification de la décision. Il obéira, pour le reste, au droit commun de l'appel.

Indiquons que la décision statuant sur réclamation, à laquelle est partie le débiteur, est susceptible d'appel par lui[8].

La voie de recours ouverte aux personnes intéressées autres que les parties à l'encontre de l'ordonnance du juge-commissaire qui admet la créance au passif est la réclamation devant le juge-commissaire, non la tierce opposition devant le tribunal. Il en résulte que l'appel sur le jugement qui statue sur tierce opposition n'est pas irrecevable, puisque le tribunal, en statuant sur le recours formé par le tiers intéressé, est dépourvu de pouvoir juridictionnel, ce qui ouvre, à son encontre, le recours nullité pour excès de pouvoir[9].

683.25 Effets de la réclamation. Les textes de la loi du 25 janvier 1985[10] et du décret du 27 décembre de 1985[11] restent muets sur l'effet de la réclamation (sur les effets de la réclamation pour les cautions, v. ss n° 723.25). On remarquera que l'article 84, alinéa 1 du décret du 27 décembre 1985, indique que les réclamations des tiers sont portées sur l'état des créances. En revanche, aucune mention de la décision que rendra le juge-commissaire sur réclamation n'est portée sur l'état des créances. L'article 85 du décret du 27 décembre 1985 ne concerne pas le réclamant, car il vise « le créancier dont les droits ont été reconnus », alors que la réclamation, si elle peut être l'œuvre d'un créancier, peut aussi être l'œuvre d'une personne n'ayant pas cette qualité.

Ces solutions ont été modifiées par l'article R. 624-10, alinéa 1 du code de commerce (anct D. 28 déc. 2005[12], art. 111, al. 1), texte de la sauvegarde applicable en redressement judiciaire (C. com., art. R. 631-29, al. 1 [anct D. 28 déc. 2005, art. 197, al. 1]) et en liquidation judiciaire (C. com., art. R. 641-28 [anct D. 28 déc. 2005, art. 239]). Il est désormais prévu que les réclamations sont mentionnées sur l'état des créances.

La réclamation s'analyse en une variété de tierce-opposition[13]. C'est pourquoi, logiquement, une véritable tierce opposition formée à l'encontre de l'arrêt d'une cour d'appel statuant sur l'admission d'une créance au passif est irrecevable, du fait de l'existence de cette voie de recours particulière[14]. En

1. L. n° 85-98, 25 janv. 1985, préc.
2. Ord. n° 2000-912, 18 sept. 2000, préc.
3. Soinne, n° 2221.
4. L. n° 2005-845, 26 juill. 2005, préc.
5. D. n° 2005-1677, 28 déc. 2005, préc.
6. En ce sens aussi : Lienhard, 1re éd. 2006, n° 1117 – Jacquemont, 4e éd., n° 483 – Pérochon et Bonhomme, 7e éd., n° 544.
7. D. n° 2006-1709, 23 déc. 2006, préc.
8. Com. 22 juin 1999, n° 96-20.787, *Bull. civ.* IV, n° 137; *JCP E* 1999, pan. 1467.
9. Com. 4 janv. 2005, n° 03-10.194, NP, *Rev. proc. coll.* 2005/2, p. 132, n° 17, obs. Gorrias; *Gaz. proc. coll.* 2005/1, p. 39, n° 3-3, obs. Le Corre – Com. 4 janv. 2005, n° 03-10.195, NP, *Gaz. proc. coll.* 2005/1, p. 39, n° 3-3, obs. Le Corre.
10. L. n° 85-98, 25 janv. 1985, préc.
11. D. n° 85-1388, 27 déc. 1985, préc.
12. D. n° 2005-1677, 28 déc. 2005, préc.
13. Com. 10 mars 2004, n° 01-00.860, NP – *Adde*, Pétel, 7e éd., n° 391 – Vallansan *et alii*, 5e éd., p. 168 – Jacquemont et Vabres, 9e éd., n° 607.
14. Com. 6 déc. 2011, n° 10-25.571, *Bull. civ.* IV, n° 203; n° 1246 F-P+B; *D.* 2012. Actu 7, note Lienhard; *Gaz. Pal.* 28 avr. 2012, n° 118, p. 39, note Le Corre-Broly; *BJE* mars 2012, comm. 60, p. 88, note Brena.

outre, puisque le Code de commerce ouvre aux tiers intéressés le droit d'exercer une réclamation à l'encontre de l'état des créances, une caution ne peut prétendre que son droit d'accès au juge n'existe pas, pour remettre en cause la décision statuant sur la créance garantie[1].

L'analyse de la réclamation à l'état des créances en une variété de tierce opposition permet d'expliquer, au fond, les effets de la réclamation. La décision rendue sur réclamation a vocation à emporter modification de l'état des créances. Il y a rétractation de la décision d'admission intéressant la créance remise en cause par la technique de la tierce opposition. C'est ainsi que les créances admises au passif de la personne morale ne seront admises au passif d'un dirigeant à l'encontre duquel a été ouverte, sous l'empire de législation antérieure à la loi de sauvegarde des entreprises, une procédure collective, que dans les termes de la décision rendue sur réclamation[2].

La réclamation à l'état des créances permet au réclamant de discuter de questions, qui à défaut, auraient été couvertes par l'autorité de la chose jugée. Elle empêche donc d'opposer à la personne intéressée, qui la forme, l'autorité de chose jugée attachée à l'admission de la créance au passif[3].

Le réclamant pourra ainsi discuter de l'existence de la créance, du montant des sommes dues ou de la nature privilégiée ou chirographaire de la créance[4], de sa nature antérieure ou postérieure au jugement d'ouverture ou encore de son caractère échu ou à échoir. Il pourra, par ce biais, faire écarter de l'admission de la créance, les intérêts dont le cours n'avaient pas été réservés dans l'admission au passif et qui avaient été ensuite admis par la voie d'une rectification d'erreur matérielle, alors que seule la voie de la requête en omission de statuer était recevable[5] ou qui avaient été admis par une décision complémentaire du juge-commissaire, au lieu d'une requête en omission de statuer[6].

La discussion pourra aussi porter sur la régularité de la déclaration de créance[7] (v. aussi s[s] n° 723.25).

La Cour de cassation juge, en revanche, que l'irrégularité de la vérification des créances pour défaut de convocation du débiteur ne peut être invoquée que par lui, non par un tiers ayant formé une réclamation à l'état des créances (v. s[s] n° 671.23). En outre, la Cour de cassation décide que, devant elle, il ne peut être reproché à une cour d'appel de ne pas avoir vérifié la régularité de subdélégations de pouvoirs[8].

Mais la réclamation ne peut porter que sur les décisions d'admission ou de rejet des créances[9]. Le réclamant ne peut, par le biais d'une réclamation, demander des dommages et intérêts, par exemple à un banquier auquel il reprocherait un soutien abusif[10].

La réclamation a des effets particulièrement importants pour les cautions (v. s[s] n° 723.25) ou les codébiteurs solidaires (v. s[s] n° 731.63).

SECTION 683.30
VOIES DE RECOURS OUVERTES AUX TIERS SUR LES DÉCISIONS DU JUGE-COMMISSAIRE NE STATUANT PAS SUR LA VÉRIFICATION ET L'ADMISSION DES CRÉANCES

683.31 Fermeture de la tierce opposition en cas d'ouverture de la réclamation. Lorsque la réclamation est ouverte aux personnes intéressées qui sont des tiers, il faut décider que la tierce opposition est fermée[11], même si la réclamation n'est qu'une variété de tierce opposition.

683.32 Tierce opposition sur les décisions rendues par d'autres juridictions suite à une décision d'incompétence du juge-commissaire. La tierce opposition sera ouverte dans le cas visé à l'article 104 de la loi du 25 janvier 1985[12], disposition qui n'a pas été codifiée par l'ordonnance de codification du 18 septembre 2000[13], du fait de son caractère réglementaire, qui énonce que « la décision rendue par la juridiction saisie dans les conditions prévues au troisième alinéa de l'article 102 est portée sur l'état mentionné à l'article précédent. Les tiers intéressés ne peuvent former tierce opposition contre cette décision que dans le délai d'un mois à compter de sa transcription sur l'état au greffe du tribunal ». Le visa de l'article 102, alinéa 3 de la loi du 25 janvier

1. Com. 6 déc. 2011, n° 10-25.571, préc.
2. Com. 4 avr. 2006, n° 05-12.248, *Bull. civ.* IV, n° 90; n° 463 F-P+B; *D.* 2006. AJ 1167, obs. Lienhard; *RTD com.* 2006. 660, n° 2, obs. Martin-Serf – Com. 4 avr. 2006, n° 05-12.250, NP.
3. Com. 12 juill. 2011, n° 10-20.165, NP; n° 756 F-D; *Act. proc. coll.* 2011/15, comm. 231, note Vallansan.
4. Com. 16 juin 2004, n° 02-18.470, NP – Com. 16 juin 2004, n° 02-18.472, NP.
5. Paris, 3e ch. B, 31 mars 2006, RG n° 2004/12251.
6. Com. 21 févr. 2012, n° 10-27.594, *Bull. civ.* IV, n° 41; n° 221 F-P+B; *D.* 2012. Actu 679, note Lienhard; *LXB hebdo* 15 mars 2012, n° 288, note Le Corre.
7. Com. 12 juill. 2011, n° 10-20.165, NP; n° 756 F-D.
8. Com. 16 juin 2004, n° 02-18.471, NP – Com. 16 juin 2004, n° 02-18.473, NP.
9. SAINT-ALARY-HOUIN, 9e éd., n° 802.
10. Com. 28 sept. 1989, *Rev. proc. coll.* 1991/3, p. 356, obs. Dureuil.
11. DERRIDA *ET ALII*, n° 219.
12. L. n° 85-98, 25 janv. 1985, préc.
13. Ord. n° 2000-912, 18 sept. 2000, préc.

1985 (disposition non codifiée par l'ordonnance du 18 septembre 2000) oblige à considérer que la décision susceptible de tierce opposition est celle rendue par la juridiction saisie par le créancier, après décision d'incompétence du juge-commissaire[1]. La solution posée par l'article 104 de la loi du 25 janvier 1985 est exactement reproduite par l'article R. 624-5, alinéa 2 du code de commerce (anc[t] D. 28 déc. 2005[2], art. 107, al. 2), texte de la sauvegarde applicable en redressement judiciaire (C. com., art. R. 631-29, al. 1 [anc[t] D. 28 déc. 2005, art. 197, al. 1]) et en liquidation judiciaire (C. com., art. R. 641-28 [anc[t] D. 28 déc. 2005, art. 239]).

Le délai pour former tierce opposition est ici d'un mois à compter de la transcription de la décision sur l'état au greffe du tribunal. Ici encore, il semble, compte tenu de la lettre du texte, que le recours effectué avant transcription soit irrecevable. On remarquera que le délai de tierce opposition, s'il n'est pas celui du droit commun, car les impératifs de droit de la faillite y font obstacle, n'en est pas moins allongé par rapport au délai de tierce opposition du droit de la faillite, qui sur les jugements, est de dizaine.

Le jugement rendu sur tierce opposition, qui ne sera pas rendu en dernier ressort, sera susceptible d'appel[3]. Cet appel nous semble intégralement, y compris en ce qui concerne le délai, soumis au droit commun.

683.33 Tierce opposition sur les décisions rendues par d'autres juridictions suite à une instance en cours poursuivie après jugement d'ouverture. La tierce opposition est également recevable à l'encontre des décisions rendues par d'autres juridictions, suite à une instance en cours poursuivie après jugement d'ouverture (v. s[s] n°s 623.21 s.). Le droit commun est ici pleinement applicable, faute de dispositions contraires. Il a été ainsi admis qu'un associé de société civile, répondant indéfiniment du passif social, était recevable à former une tierce-opposition à l'encontre d'une telle décision. La solution est justifiée par le droit effectif au juge[4].

La restriction de délais existant pour la tierce opposition formée à l'encontre d'une décision rendue par une autre juridiction suite à décision d'incompétencedu juge-commissaire est inapplicable, faute de texte écartant le droit commun.

683.34 Tierce opposition sur les décisions rendues en matière de relevé et d'inopposabilité de la forclusion. Mêmesi le contraire a été soutenu à propos des décisions de relevé de forclusion[5], ces mêmes décisions[6] ou, sous l'empire de la législation antérieure à la loi de sauvegarde des entreprises[7], celles statuant sur l'inopposabilité de la forclusion, ne peuvent être attaquées par la voie de la réclamation. Il a ainsi été jugé qu'une caution, ne peut, par le mécanisme de la réclamation, mettre en cause la décision de relevé de forclusion, fût-elle entachée d'un vice grave[8].

La fermeture de la voie de recours d'exception que constitue la réclamation oblige à en revenir au droit commun. En conséquence, la tierce opposition sera ouverte à l'intéressé qui n'est pas une partie à la décision. Elle sera exercée dans les formes du recours sur les ordonnances du juge-commissaire. Le délai de dix jours courra du dépôt au greffe de l'ordonnance. Cependant, si le juge-commissaire relève de forclusion ou constate l'inopposabilité de forclusion, selon le cas, et statue simultanément sur l'admission de la créance, son ordonnance sera susceptible de réclamation (v. s[s] n° 683.21).

1. RIPERT ET ROBLOT, n° 3021.
2. D. n° 2005-1677, 28 déc. 2005, préc.
3. DERRIDA *ET ALII*, n° 220 – SAINT-ALARY-HOUIN, 9e éd., n° 800.
4. Com. 26 juin 2010, n° 09-14.241, NP; n° 583 FS-D; *D.* 2010. AJ 1782, obs. Lienhard.
5. SOINNE, n° 2236.
6. Com. 20 mai 1997, n° 95-12.853, *Bull. civ.* IV, n° 146; *D.* 1997. IR 147.
7. L. n° 2005-845, 26 juill. 2005, préc.
8. Com. 19 févr. 2002, *RD banc. fin.* 2002/3, p. 133, n° 99, obs. Lucas.

TITRE

690. Règles spéciales aux créances salariales

SECTION 0
ORIENTEUR

690.00 Plan du titre.

Chap.	**691**	**Privilèges des salariés**
Sect.	691.10	Bénéficiaires des privilèges
Sect.	691.20	Super privilège des salariés
Sect.	691.30	Privilège général des salaires
Chap.	**692**	**Employeurs et salariés concernés par la garantie des salaires (AGS)**
Sect.	692.10	Historique – Généralités sur l'AGS
Sect.	692.20	Employeurs concernés par la garantie
Sect.	692.30	Salariés concernés par la garantie
Sect.	692.40	Institution de garantie compétente en cas de procédure transnationale d'insolvabilité
Chap.	**693**	**Créances garanties par l'AGS**
Sect.	693.10	Énoncé des créances couvertes
Sect.	693.20	Indemnités de licenciement intervenu avant jugement d'ouverture
Sect.	693.30	Diverses autres créances garanties n'ayant pas la nature d'accessoire du salaire
Sect.	693.40	Refus de la garantie pour les créances antérieures ne se rattachant pas au contrat de travail
Sect.	693.50	Règles applicables aux indemnités de rupture du contrat de travail après jugement d'ouverture
Sect.	693.60	Indemnité de rupture des salariés protégés
Sect.	693.70	Indemnité de rupture des salariés bénéficiant d'une convention de conversion ou de reclassement
Chap.	**694**	**Intervention de l'AGS**
Sect.	694.10	Caractère subsidiaire de l'intervention de l'AGS
Sect.	694.20	Contestation par l'AGS de son intervention
Sect.	694.30	Règlement des avances par l'AGS
Sect.	694.40	Plafond des avances de l'AGS
Sect.	694.50	Remboursement des avances faites par l'AGS
Chap.	**695**	**Continuation des instances prud'homales en cours**
Sect.	695.10	Absence d'interruption des instances prud'homales en cours au jour du jugement d'ouverture
Sect.	695.20	Modalités procédurales de continuation des instances en cours
Sect.	695.30	Transaction avec l'AGS
Chap.	**696**	**Vérification des créances salariales**
Sect.	696.10	Modalités d'établissement des relevés de créances salariales
Sect.	696.20	Suites de l'établissement des relevés de créances salariales

690.03 Bibliographie indicative. (V. les références complètes s^s^ n° 031).

> **Actualisables.** RÉP. COM., Teyssié, « Entreprises en difficulté – Redressement judiciaire (Salariés) », n°s 100 à 170.

> **Ouvrages antérieurs à la loi de sauvegarde des entreprises.** CHAPUT, n°s 511, 570 à 572, 601 à 611 – GUYON, n°s 1258 à 1261, 1314, 1349-1 à 1353 – JACQUEMONT, n°s 936 à 948 – KERCKHOVE, n°s 535, 551 et 552, 577 à 652 – LE CANNU, n°s 918, 931 à 959 – LE CANNU *ET ALII,* n°s 1416 à 1437 – LE CORRE-BROLY, n°s 339, 347 à 352, 393 – MARTIN ET VALLENS, n°s 3625 à 3667 – PÉROCHON ET BONHOMME, n°s 274, 281, 398 à 401 – PÉTEL, 406 à 412 – RIPERT ET ROBLOT, n°s 3092 à 3106, 3242 à 3249-1 – SAINT-ALARY-HOUIN, n°s 605 à 634 – SOINNE, n°s 1068, 2227, 2238 à 2298 – VALLANSAN, p. 106 à 108, 256 à 274.

> **Ouvrages postérieurs à la loi de sauvegarde des entreprises.** Boyer, *Protection des salariés et sauvetage de l'entreprise : quête d'un équilibre,* PUAM 2006 – GIBIRILA, n°s 620 à 631 – JACQUEMONT ET VABRES, 9e éd., n°s 1205 à 1220 – LE CANNU, 7e éd., n°s 520 à 549 – LIENHARD, 6e éd., n°s 77.11 à 77.33, 115.32, 115.33 – PÉROCHON, 10e éd.,

nos 1311 à 1319, 1593 à 1595 – PÉTEL, 8e éd., nos 409 à 415 – ROUSSEL GALLE, 2e éd., nos 468, – SAINT-ALARY-HOUIN, 9e éd., nos 671 à 673, 803 à 814, 1114 à 1134 – VALLANSAN ET ALII, 6e éd., p. 213 à 238 – VALLENS, 2015, nos 3990, 4023 à 4075 – VIDAL et GIORGINI, nos 723 à 732, 1891 à 1924 – VOINOT, 2e éd., nos 459 à 471.

> Articles. Boyer, « Un droit social contre-productif dans les entreprises en difficulté », *Gaz. Pal.* 16 et 17 avr. 2010, nos 106, 107, p. 8 – Charbin, « La situation des salariés de l'entreprise en difficulté », *RJS* 1999. 743 – Delattre Ch., « le ministère public, garant du respect du droit social », *Rev. proc. coll.* 2012, dossier 9, p. 68 – Fin-Langer, « Les risques subis par les salariés », *Rev. proc. coll.* 2010, § 10, p. 93 – Jacotot D., « Droit social et droit des entreprises en difficulté. Les créances salariales », Roussel Galle (dir.), *Entreprises en difficulté*, « Droit 360° », LexisNexis, 2012, p. 501 – Morvan, « Le droit social dans la réforme du droit des entreprises en difficulté », *JCP E* 2005, no 42, 1511 – Saint-Alary-Houin, « Le droit social dans les procédures collectives : entre inadaptation, idéalisme et dévoiement », résumé des interventions à la journée d'étude de l'*AJDE*, Toulouse, 14 octobre 2011, *BJE* nov./déc. 2011, comm. 163, p. 302 – Saintourens et Duprat, « Les droits des salariés dans l'ordonnance du 18 décembre 2008 portant réforme du droit des entreprises en difficulté », *Gaz. Pal.* 8 à 10 mars 2009, no sp. p. 40 – Sénéchal M., Chriqui H., Météyé Th. et Clerc A., « Les procédures collectives et les droits des salariés », *Rev. proc. coll.* 2011, table ronde 3, p. 65 – Soinne, « À propos de la notion de fonds disponibles », *Rev. proc. coll.* 2001, p. 159 – Sportouch J.-M., « Les créances salariales : quelles évolutions face aux difficultés actuelles », *BJE* oct. 2012, dossier 171, p. 332 – Taquet F., « Aperçu rapide des modifications en matière sociale résultant de l'ordonnance no 2008-1345 du 18 décembre 2008 portant réforme du droit des entreprises en difficulté », *Rev. proc. coll.* 2009, p. 96 – Vatinet, « Le volet social de la loi de sauvegarde des entreprises précisé par son décret d'application », *JCP S* 2006. 1205 – Veyssière B., « Les plans et la situation financière des salariés », *Rev. proc. coll.* 2015, dossier 45, p. 87.

690.09 Justification de la mise à l'écart de la règle de l'interdiction du paiement immédiat *pour les salariés.* Les salariés, pour tenir compte du caractère alimentaire de leurs créances, ne se voient pas appliquer, avec toute sa rigueur, la règle de l'interdiction du paiement des créances antérieures. Pour ne pas laisser les salariés démunis face au redressement ou à la liquidation judiciaire de leur employeur, et, dans une mesure cependant moindre en cas d'ouverture d'une procédure de sauvegarde, puisque cette dernière suppose l'absence d'état de cessation des paiements, le législateur leur accorde un traitement préférentiel assez largement dérogatoire au sort commun réservé aux autres créanciers antérieurs.

La brutale simplicité de la règle de l'interdiction du paiement des créances antérieures au jugement d'ouverture aurait exposé les salariés à une situation particulièrement délicate. Les créances salariales ont en effet une nature alimentaire marquée. Cette nature oblige à infléchir les principes rigides du droit des procédures collectives. En outre, variété très particulière de cocontractants, les salariés auraient dû fournir la prestation promise, c'est-à-dire le travail, nonobstant le non-paiement de leurs créances salariales antérieures. Face à l'impossibilité de soulever l'exception d'inexécution, leur motivation aurait pu se trouver entamée, au jour où l'entreprise a spécialement besoin d'eux pour envisager le redressement. Ces raisons justifient leur traitement particulier.

Cependant, il ne faut pas tomber d'un excès à l'autre. Si les salariés doivent percevoir des sommes suffisantes pour vivre, ils ne doivent pas absorber tous les actifs du débiteur en empêchant les autres partenaires de celui-ci de percevoir ce qui leur est dû. Ces derniers sont eux aussi employeurs et la solution risquerait d'exposer leurs salariés à des difficultés[1]. En outre, payer immédiatement aux salariés tout ce qui leur est dû peut compromettre gravement le redressement de leur entreprise et conduire à des licenciements se retournant contre eux. L'équilibre entre ces données doit être trouvé, ce qu'a essayé de faire le législateur, de manière trop timide à notre sens.

1. GUYON, no 1350.

CHAPITRE

691. Privilèges des salariés

SECTION 0

ORIENTEUR

691.00 **Plan du chapitre.**

Sect. 691.10 Bénéficiaires des privilèges

Sect. 691.20 Super privilège des salariés

Sect. 691.30 Privilège général des salaires

691.01 **Textes applicables.** (V. les références complètes s[s] n° 011).

C. trav., art. L. 3253-2, L. 3253-3, L. 3253-4 et L. 7313-8 (anc[t] C. trav., art. L. 143-10, L. 143-11, L. 742-6, L. 751-15)

C. civ., art. 2331, 4° et 2375 (anc[t] C. civ., art. 2101, 4° et 2104-2)

> **Législation antérieure à la loi de sauvegarde des entreprises.**

C. com., art. L. 621-130 à L. 621-132

> **Législation issue de la loi de sauvegarde des entreprises.**

C. com., art. L. 625-7, L. 625-8, L. 625-9, L. 631-18, I, L. 641-14, al. 1

> **Législation issue de l'ordonnance du 18 décembre 2008.**

C. com., art. L. 625-7, L. 625-8, L. 625-9, L. 631-18, al. 1, L. 641-14, al. 1

691.02 **Jurisprudence de référence.**

> En cas de succession de procédures, par suite de la résolution du plan, l'AGS subrogée dans le super privilège le demeure dans la seconde procédure et se trouve, en conséquence, dispensée de déclarer sa créance au passif de la seconde procédure.

• **Com. 3 févr. 2009,** n° 07-19.631, *Bull. civ.* IV, n° 13; n° 109 FS-P+B

* V. s[s] n° 691.22

> Domaine temporel du privilège général des salaires.

• **Civ. 3e, 23 mai 1995,** n° 91-14.921, *Bull. civ.* III, n° 131

* V. s[s] n° 691.31

« Le privilège général des salariés qui garantit les rémunérations pour les 6 derniers mois de salaires, ne peut avoir effet que si les rémunérations ont été acquises dans une période qui se situe nécessairement avant le jugement déclaratif. »

691.03 **Bibliographie indicative.** (V. les références complètes s[s] n° 031 – Aussi s[s] n° 690.03).

> **Actualisables.** J.-CL. COM., Jacquemont, fasc. 2450, [Privilège des salariés et garantie de paiement], 2007.

> **Articles.** Calomili, « L'efficacité du super privilège des salaires », *in Colloque Sûretés réelles et droit des entreprises en difficulté*, Nice, 20 mars 2010, *LPA* 11 févr. 2011, n° 30, p. 20 – Le Corre, « Le créancier nanti sur comptes-titres bénéficiaire d'un paiement provisionnel confronté au super privilège des salaires », *Gaz. proc. coll.* 2009, 1re partie, n°s 303, 304, p. 27; « Cotisations sociales de retraite dues par un professionnel libéral et super privilège des salaires », *LPA* 13 mars 2012, n° 52, p. 3; « La règle du paiement à l'échéance des créanciers postérieurs méritants et l'obligation de payer le super privilège des salaires sur les premières rentrées de fonds », *Rev. proc. coll.* 2012, dossier 10, p. 72.

691.04 **Questions principales.**

• En cas de succession de procédures, par suite de la résolution d'un plan de sauvegarde ou de redressement, le super privilège reconnu dans la première procédure subsiste t-il dans la seconde ?

* V. s[s] n° 691.22.

• Y a-t-il un plafond des sommes garanties par le super privilège ?

* V. s[s] n° 691.23.

SECTION 691.10

BÉNÉFICIAIRES DES PRIVILÈGES

691.11 **Bénéficiaires des privilèges des salariés – façonniers.** Pour permettre aux salariés d'être plus assurés de percevoir leur dû, le code civil leur a attribué un droit de préférence d'une portée générale sur les biens du débiteur. Il s'agit du privilège général des salaires. Rapidement, ce privilège a montré ces limites. C'est pourquoi le décret-loi du 8 août 1935 a renforcé ce privilège, sans exclure le privilège général. La pratique lui a rapidement donné l'appellation de « super privilège des salaires ». Il a été codifié aux articles L. 143-10 et L. 143-11 du code du travail (devenus C. trav., art. L. 3253-2 à L. 3253-4).

Ces prérogatives conférant un droit de préférence aux salariés leur sont exclusivement réservées, du moins jusqu'à la loi de sauvegarde des entreprises[1]. En effet, l'article L. 3253-5 du code du travail (anc^{t} C. trav., art. L. 786-1) prévoit désormais l'attribution du super privilège des salaires aux façonniers, c'est-à-dire aux personnes qui effectuent des opérations de transformation ou d'assemblage sur des matières premières appartenant à un donneur d'ordre, dans des conditions identiques à celles des salariés – 60 jours de travail ou d'apprentissage précédant le jugement d'ouverture – mais d'un rang immédiatement inférieur à celui des salariés. Il s'agit là de couvrir les sommes dues aux façonniers par leurs donneurs d'ordre lorsque ces derniers font l'objet d'une procédure de sauvegarde, de redressement ou de liquidation judiciaire (C. trav., art. L. 3253-5 [anc^{t} C. trav., art. L. 786-1]). Ce super privilège, a-t-il été dit, remplace le droit de rétention sur les objets « ouvrés »[2].

L'innovation est étonnante, car il est pour le moins curieux de reconnaître à des professionnels indépendants, des droits quasiment identiques à ceux des salariés[3]. C'est assurer en tout cas un rapprochement certain entre un façonnier et un salarié, le premier étant désormais juridiquement un hybride d'indépendant et de salarié, ce qu'il était déjà économiquement, il est vrai, dans une certaine mesure.

La loi assimile cependant aux salariés, non seulement les apprentis, mais aussi les bénéficiaires d'un stage d'initiation à la vie professionnelle (C. trav., art. L. 3253-2 [anc^{t} C. trav. art. L. 143-10, al. 1]), pour les indemnités que doit à ces derniers l'employeur. En outre, bénéficient de ces règles, les auteurs et compositeurs (CPI, art. L. 131-8), ainsi que les artistes du spectacle (C. trav., art. L. 7121-2 à L. 7121-4, L. 7121-6 et L. 7121-7 [anc^{t} C. trav. art. L. 762-1]). En revanche, ces prérogatives sont inapplicables aux sociétés de travail temporaire ayant loué de la main-d'œuvre à des débiteurs[4]. Il en est de même pour une association servant d'intermédiaire pour le placement de salariés[5]. De même, les salariés mis à disposition de la société débitrice par leur employeur ne peuvent prétendre au privilège des salaires, dans la procédure du débiteur[6].

Les dirigeants de sociétés, par cette seule qualité, ne sont pas exclus du bénéfice de ces règles. Il faut cependant qu'ils soient titulaires d'un contrat de travail régulier, ce qui suppose spécialement le respect des règles de cumul entre mandat social et contrat de travail (sur cette question, v. s^{s} n° 692.31). Le gérant majoritaire d'une SARL ne semble pas pouvoir démontrer son lien de subordination à l'égard de cette dernière et ne peut ainsi bénéficier du privilège[7].

En revanche, l'associé de la société, fut-il indéfiniment et solidairement responsable du passif, peut bénéficier du privilège s'il est lié à la société par un contrat de travail[8].

Le super privilège des salaires est enfermé dans des limites temporelles plus strictes que le privilège général des salaires, ce dernier ayant ainsi vocation à prendre le relais du premier si toutes les créances ne peuvent être couvertes.

SECTION 691.20

SUPER PRIVILÈGE DES SALARIÉS

691.21 Nature des créances garanties. Le super privilège constitue un renforcement important du privilège général (v. s^{s} n° 691.31). Institué spécialement pour l'hypothèse d'une procédure collective de l'employeur, il ne garantit que des créances antérieures au jugement d'ouverture. La loi de sauvegarde des entreprises[9] prévoit son application dans la procédure de sauvegarde (C. com., art. L. 625-7).

Par son efficacité redoutable (v. s^{s} n°s 456.51 s.), le super privilège des salaires aurait pu conduire à absorber tous les actifs du débiteur, s'il n'avait été enfermé dans certaines limites. Ces dernières sont cependant moins trouvées dans la nature des créances garanties, que dans la couverture temporelle.

En effet, sont garanties les « rémunérations de toute nature » dues aux salariés. Ainsi, outre les salaires, commissions et appointements *stricto sensu*, seront couverts tous les accessoires présentant la nature de salaires. Il pourra s'agir, par exemple, de la prime de treizième mois[10] ou encore de la

1. L. n° 2005-845, 26 juill. 2005, *JO* 27 juill., p. 12187.
2. VALLANSAN *ET ALII*, 6e éd., p. 221.
3. RAPPR. : Morvan, « Le droit social dans la réforme du droit des entreprises en difficulté », *JCP E* 2005. 1511, p. 1751 s., sp. p. 1758, n° 38.
4. Com. 12 juill. 1993, n° 89-21.255, *Bull. civ.* IV, n° 297 ; *D.* 1999. Somm. 369, obs. Honorat.
5. Rep. min. n° 61359, *JOAN Q* 15 mars 1993, p. 666.
6. Rouen, 2e ch., 5 avr. 2001, *RJDA* 2002/3, n° 282, p. 238.
7. Com. 28 janv. 1974, n° 72-12.302, *Bull. civ.* IV, n° 31 – Soc. 7 févr. 1979, *Bull. civ.* V, n° 122 ; *D.* 1979. IR 367, obs. Honorat – J.-CL. COM., Jaquemont, fasc. 2450, [Privilège des salariés et garantie de paiement], 2007, n° 7.
8. J.-CL. COM., Jaquemont, fasc. 2450, [Privilège des salariés et garantie de paiement], 2007, n° 8.
9. L. n° 2005-845, 26 juill. 2005, préc.
10. Paris, 28 mai 1993, *JCP E* 1993, pan. 1006.

prime d'intéressement aux bénéfices de l'entre, l'opinion contraire ayant toutefois été soutenu

L'article L. 143-10, alinéa 3 du code du tr (devenu C. trav., art. L. 3253-3) intègre da champ d'application du super privilège les inde tés de congés payés, les indemnités de fin de co à durée déterminée, les indemnités compensat de précarité pour ces mêmes contrats, les inde tés dues pour non-respect du délai de préavis créance d'indemnité compensatrice de congés p est également couverte par le super privilège e super privilège couvrait également la contribu de l'employeur à l'allocation de conversion, ava suppression par l'article 13, I de l'ordonnanc 24 juin 2004[3].

La loi nº 2005-841 du 26 juillet 2005[4], en article 24, I, a ajouté « les contributions dues par l'employeur dans le cadre des conventions de rassement personnalisé mentionnées à l'article L 321-4-2 ». Les dispositions de l'article 24 de loi nº 2005-841 du 26 juillet 2005 sont applicables aux accords mentionnés au cinquième alinéa du I de l'article L. 321-4-2 du code du travail (devenu C. trav., art. L. 1233-65 à L. 1233-69) conclus à compter du 1er avril 2005 (L. nº 2005-841 du 26 juill. 2005, art. 36, VI).

Au contraire, sont exclues de la couverture, les indemnités de résiliation abusive de contrat[5] et les indemnités de licenciement[6]. Il en est de même de l'indemnité de clientèle due aux représentants de commerce[7].

À l'occasion de la réforme du 26 juillet 2005, un amendement avait été présenté tendant à permettre d'octroyer la garantie du super privilège aux créances correspondant aux droits acquis des salariés au titre du compte épargne-temps. Cet amendement a cependant été rejeté[8].

Le fait que la créance salariale fasse l'objet d'une procédure de paiement direct introduite par un créancier d'aliments ne change pas la nature privilégiée de la créance[9].

Une difficulté particulière se présente pour les cotisations des organismes de retraite. Faut-il leur reconnaître le bénéfice du super privilège des salaires ? Une partie de la doctrine avait répondu négativement[10]. Certains estimaient que les organismes de retraite ne pouvaient bénéficier que du privilège général de la sécurité sociale attribué par l'article 2332-2 du code civil[11]. La solution contraire a toutefois également été posée[12].

La Cour de cassation, pour sa part, à propos de la Carpimko, juge que cet organisme, pour le paiement de ses cotisations, ne peut prétendre que ses créances seraient assimilées à des créances privilégiées de salaires[13]. Si certaines cotisations prennent rang, en application de l'article L. 243-4, alinéa 1 du code de la sécurité sociale, qui reconnaît un privilège mobilier, concurremment avec le privilège des salaires établi par les articles L. 625-7 et L. 625-8 du code de commerce, il ne s'agit pas pour autant d'assimiler ce privilège au super privilège des salaires, lequel porte tant sur les meubles que sur les immeubles. Le créancier social ne peut donc prétendre être payé sur les fonds disponibles du redevable ou les premières rentrées de fond[14].

691.22 Couverture temporelle du super privilège. La couverture temporelle du super privilège est posée par le code du travail. Il est d'abord prévu que, par principe, le super privilège couvre les 60 derniers jours de travail ou d'apprentissage (C. trav., art. L. 3253-2 et L. 3253-3 [anct C. trav., art. L. 143-10]). Pour les représentants de commerce, l'article L. 7313-8 du code du travail (anct C. trav., art. L. 751-15) porte la couverture à 90 jours. La solu-

1. Guyon, nº 1351.
2. Soc. 10 mars 2010, nº 09-41.170, NP.
3. Ord. nº 2004-602, 24 juin 2004, *JO* 26 juin.
4. L. nº 2005-841, 26 juill. 2005, *JO* 27 juill., p. 12152.
5. Soinne, nº 2256.
6. Ripert et Roblot, nº 3247.
7. Soc. 19 mars 1986, *Rev. proc. coll.* 1989, p. 575, nº 5, obs. Soinne – Rouen, 10 janv. 1990, *JCP N* 1992, prat. 2263, obs. Pétel.
8. Amend. nº 496, Interv. Michel Vaxes, *JOAN CR*, 2e séance du 3 mars 2005, p. 1659.
9. Soc. 29 avr. 2003, *Act. proc. coll.* 2003/12, nº 163.
10. Le Corre, « Cotisations sociales de retraite dues par un professionnel libéral et super privilège des salaires », *LPA* 13 mars 2012, nº 52, p. 3 – Lucas, « Soumission des organisme de prévoyance et de sécurité sociale à la discipline de la procédure collective », *BJE* janv. 2012, p. 6.
11. TGI Montpellier, 2e ch. A, 16 févr. 2012, nº 12/00127 – TGI Bourg-en-Bresse, ch. civ., 1er mars 2012, RG nº 101/01374, *D.* 2012. Actu 808, note de Boysson.
12. Rennes, 2e ch. com., 29 juin 2010, nº RG nº 09/04288.
13. Com. 9 juill. 2013, nº 12-20.649, *Bull. civ.* IV, nº 122; nº 746 F-P+B+I; *D.* 2013, actu 1830, note Lienhard; *Gaz. Pal.* 29 sept. 2013, nº 272, p. 34, note Gailhbaud; *Rev. sociétés* 2013. 525, note Henry; *JCP E* 2013, Chron. 1679, nº 18, obs. Delebecque; *Dr. et proc.* 2013. 218, obs. Roussel Galle; *JCP E* 2014, Chron. 1020, nº 11, obs. Pétel; *RTD com.* 2013. 808, nº 2, obs. Martin-Serf; *Rev. proc. coll.* 2014, comm. 132, note Lebel; *LXB hebdo* 19 sept. 2013, nº 351, note Le Corre.
14. Com. 18 juin 2013, nº 12-14.493, *Bull. civ.* IV, nº 106; nº 646 F-P+B; *D.* 2013, actu 1617, note Lienhard; *Gaz. Pal.* 29 sept. 2013, nº 272, p. 29, note Roussel Galle; *JCP E* 2013. 1472, note Ronet-Yague; *JCP E* 2013, Chron. 1679, nº 18, obs. Delebecque; *Rev. proc. coll.* 2013, comm. 123, note Legrand et Legrand; *BJE* nov. 2013, 368, note Macorig-Vénier; *RTD com.* 2013. 808, nº 2, obs. Martin-Serf – Com. 9 juill. 2013, nº 12-20.649, *Bull. civ.* IV, nº 122; nº 746 F-P+B+I; préc. – *Adde*, Bordeaux, ch. civ., 8 avr. 2013, RG nº 12/01776, *Rev. proc. coll.* 2014, Chron. 1, nº 6, note Raffray – Pau, 2e ch., 1re sect., 29 avr. 2013, RG nº 12/02494, *Rev. proc. coll.* 2013, comm. 123, note Legrand et Legrand.

tion est identique pour les marins du commerce (C. trav., art. L. 742-6 ancien, toujours applicable). En outre, il est précisé, pour ces derniers, afin de tenir compte du fait que les salaires peuvent être versés pour des périodes relativement longues, que si la période de versement du salaire est supérieure à trois mois, cette dernière période est couverte.

Le super privilège s'applique même si la période de travail ne précède pas immédiatement le jugement d'ouverture de redressement ou de liquidation judiciaire et, depuis la loi de sauvegarde des entreprises[1], d'une sauvegarde (C. com., art. L. 625-7, 1°). Ce ne seront donc pas nécessairement les 60 ou 90 derniers jours ayant précédé le jugement d'ouverture qui seront couverts, mais les 60 ou 90 derniers jours de travail effectif non payés (solution posée sous l'empire de la loi du 13 juillet 1967[2]), ce qui permet à l'intéressé ayant quitté l'entreprise avant jugement d'ouverture d'en bénéficier (solution identiquement posée sous l'empire de la loi du 13 juillet 1967[3]).

Si l'intéressé a perçu des acomptes, les sommes couvertes par le super privilège sont calculées déduction faite des acomptes reçus (C. trav., art. L. 3253-2 [anc[t] C. trav., art. L. 143-10, al. 1]). Cette solution, posée sous l'empire de la législation antérieure[4], est reconductible.

En cas de succession de procédures, par suite de la résolution du plan, l'AGS subrogée dans le super privilège le demeure dans la seconde procédure et se trouve, en conséquence, dispensée de déclarer sa créance au passif de la seconde procédure[5].

691.23 Plafond des sommes garanties par le super privilège. Les salaires versés aux salariés peuvent être conséquents, par exemple s'il s'agit de ceux alloués aux cadres supérieurs. Or il n'y a pas de commune mesure entre l'impérieuse nécessité de la perception intégrale de son salaire par le bénéficiaire du Smic et la situation du cadre supérieur. Le législateur en tient compte en plafonnant les sommes couvertes par le super privilège. Les articles L. 3253-2 et D. 3253-1 du code du travail (anc[t] C. trav. art. L. 143-10, al. 2, et D. 143-1-2 et 3) limitent le montant mensuel garanti. L'article D. 3253-1 du code du travail (anc[t] C. trav., art. 143-1) fixe ce plafond à deux fois le plafond ɛnu, par mois, pour le calcul des cotisations de urité sociale.

Une limite est également posée pour l'indemnité congés payés, laquelle sera toujours l'indemnité ale, non l'indemnité conventionnelle. Elle sera antie jusqu'à concurrence de deux fois le plafond la sécurité sociale (C. trav., art. L. 3253-4 [anc[t] trav. art. L. 143-11])[6].

1.24 Versement des sommes super privilégiées. L'article L. 621-131 alinéa 1 du code de commerce (anc[t] L. 25 janv. 1985[7], art. 129, al. 1), dont rédaction a été reprise par l'article L. 625-8 aléa 1 du code résultant de la loi de sauvegarde entreprises, prévoit que l'administrateur doit r les créances super privilégiées dans les dix jo du jugement d'ouverture, après s'être fait au iser par le juge-commissaire.

s l'empire de la loi de sauvegarde[8], dans sa réda ion d'origine, le super privilège devait être payé ans la procédure de sauvegarde, par l'administra ur judiciaire, dès lors qu'il en avait désigné un. L' ticle L. 625-8, alinéa 1 du code prévoit désorm s (réformé par ord. 18 déc. 2008[9], art. 49) que ce iement sera l'œuvre du débiteur, ou, si l'admini rateur judiciaire a une mission d'assistance, de e dernier, alors que, dans la rédaction d'origine d la loi de sauvegarde des entreprises, l'administrateur, lorsqu'il en avait été désigné un, effectuait ce aiement quelle que soit sa mission. En redressement udiciaire, le paiement sera l'œuvre de l'administrateur judiciaire s'il en a été désigné un. En liquidation judiciaire, le paiement sera l'œuvre du liquidateur.

L'habilitation donnée par le juge-commissaire, qui sera sollicitée par l'organe ou le débiteur devant effectuer le paiement, est obligatoire, de sorte qu'il paraît douteux qu'il ne dispose pas d'un pouvoir d'appréciation, l'opinion inverse ayant toutefois été soutenue[10]. Il appréciera si l'intéressé remplit les conditions pour être payé, c'est-à-dire essentiellement s'il est salarié et non point dirigeant dont le contrat de travail serait nul, faute de respecter les dispositions restrictives de cumul entre mandat social et contrat de travail. À défaut d'administrateur, le paiement incombera au débiteur.

Cependant, pour pouvoir être versées, les sommes dues aux salariés doivent être déterminées. C'est l'objet des relevés de créances salariales (v. s[s]

1. L. n° 2005-845, 26 juill. 2005, préc.
2. L. n° 67-563, 13 juill. 1967, *JO* 14 juill., p. 7059 – Soc. 7 mai 1987, n° 84-14.068, *Bull. civ.* V, n° 285.
3. Soc. 15 mars 1983, n° 82-11.348, *Bull. civ.* V, n° 159; *D.* 1983. Somm. 342, obs. Honorat.
4. Soc. 29 avr. 1975, *D.* 1975, jur. 678, note Derrida.
5. Com. 3 févr. 2009, n° 07-19.631, *Bull. civ.* IV, n° 13; n° 109 FS-P+B; *Gaz. proc. coll.* 2009/2, p. 39, n° 4, note Duprat; *JCP E* 2009. 1347, n° 3, obs. Pétel; *Dr. et patr.* sept. 2009, n° 184, p. 111, note Saint-Alary-Houin; *RTD com.* 2010. 189, n° 5, obs. Saint-Alary-Houin; *Act. proc. coll.* 2009/4, n° 67.
6. Soinne, n° 2258 – J.-Cl. Com., Jaquemont, fasc. 2450, [Privilège des salariés et garantie de paiement], 2007, n° 26.
7. L. n° 85-98, 25 janv. 1985, *JO* 26 janv., p. 1097.
8. L. n° 2005-845, 26 juill. 2005, préc.
9. Ord. n° 2008-1345, 18 déc. 2008, *JO* 19 déc., p. 19462.
10. Soinne, n° 2261.

n°s 696.1 s.). La difficulté de procéder dans un délai aussi bref à l'établissement des relevés empêchera, en pratique, le jeu de l'article L. 621-13, alinéa 1 du code de commerce, devenu avec la loi de sauvegarde des entreprises, l'article L. 625-8, alinéa 1. Anticipant sur cette difficulté, l'alinéa 2 de ces dispositions ouvre à l'administrateur ou selon le cas au débiteur – la possibilité de se faire autoriser par le juge-commissaire à verser immédiatement un acompte sur les créances super privilégiées, sur la base du dernier mois de salaire. En liquidation judiciaire, cette demande émane du liquidateur. La pratique évoque à cet égard le « super super privilège », cependant qu'il ne s'agit en réalité que du versement d'un acompte provisionnel à valoir sur les créances super privilégiées[1].

Le paiement de l'acompte provisionnel dans le délai de dix jours du jugement d'ouverture des créances super privilégiées suppose l'existence, dans l'entreprise, de disponibilités. Si tel n'est pas le cas, l'administrateur, le débiteur ou le liquidateur, selon le cas, sollicitera l'intervention de l'AGS. L'article L. 625-9 du code de commerce indique que sont garanties par l'AGS les créances super privilégiées lorsqu'une procédure de redressement ou de liquidation judiciaire est ouverte. L'ouverture d'une procédure de sauvegarde n'est pas visée. Il en résulte que les créances super privilégiées n'ont pas à être avancées par l'AGS, dans la procédure de sauvegarde, conformément à la règle de principe selon laquelle l'AGS n'a pas, dans la procédure de sauvegarde, à avancer les sommes dues à la date du jugement d'ouverture, car le chef d'entreprise, par hypothèse, n'est pas en état de cessation des paiements.

En cas d'extension de procédure sur le fondement de la confusion des patrimoines, l'existence d'une masse passive et active unique conduit à décider que le privilège sera opposable même sur les biens appartenant à une personne autre que l'employeur[2].

Il faut encore préciser que le créancier qui paie les créances super privilégiées, par exemple le banquier, est subrogé dans le super privilège[3], faute de disposition écartant le jeu de la subrogation. Il s'agit là d'une subrogation légale.

Mais l'avance faite au chef d'entreprise par le banquier n'emportera pas subrogation, dès lors que le banquier n'effectue pas directement le paiement entre les mains des salariés.

Il n'y a pas davantage subrogation dans le super privilège des salaires, lorsqu'une société, à l'occasion de la cession de son fonds de commerce, prend l'engagement de rembourser au cessionnaire, les sommes que ce dernier aurait versées aux salariés au titre des créances impayées au jour de son entrée en jouissance[4]. En effet, au jour de l'ouverture de la procédure collective, les salariés ne détenaient aucune créance salariale sur le débiteur, ce qui faisait obstacle à l'existence du super privilège des salaires en application de l'article 3253-2 du code du travail.

Le taux moyen de récupération des avances de l'AGS s'est situé, sur la période 1986-2009, à 54,4 % pour les créances super privilégiées[5]. On mesure ainsi que cette super garantie n'atteint qu'à moitié son objectif, le paiement effectif des salariés étant, en réalité, assuré par les avances de l'AGS.

SECTION 691.30
PRIVILÈGE GÉNÉRAL DES SALAIRES

691.31 Domaine du privilège général des salaires. Les articles 2101, 4° (devenu C. civ., art. 2331-4) et 2104, 2° du code civil (devenu C. civ., art. 2375) accordent aux salariés, auxquels il faut assimiler les apprentis, et aux gens de maison un privilège général, sur les meubles et les immeubles du débiteur. Ce privilège ne s'applique pas aux ouvriers des fournisseurs de matériaux, lesquels bénéficient du privilège dit de « pluviôse an II ». La jurisprudence a eu à décider que ce privilège était inapplicable à une prestation fournie par une entreprise de location de camions avec chauffeur[6] ou encore à celui qui fournit des prestations immatérielles[7].

Seules des personnes physiques peuvent bénéficier du privilège, du fait de la nécessité du lien de subordination[8]. Il a été jugé qu'une mutuelle ne bénéficie pas du privilège par subrogation, au titre

1. GUYON, n° 1351 – RIPERT ET ROBLOT, n° 3248.
2. Com. 6 févr. 1996, n° 93-10.333, *Bull. civ.* IV, n° 35.
3. Com. 7 févr. 1989, *Rev. proc. coll.* 1989, 580, n° 11 – Com. 6 juill. 1993, n° 91-14.269, *Bull. civ.* IV, n° 285; *D.* 1993, jur. p. 530, note Ramackers; *JCP E* 1993. I, Chron. 298, n° 16, obs. M. Cabrillac.
4. Com. 3 nov. 2010, n° 09-14.744, *Bull. civ.* IV, n° 168; n° 1080 F-P+B; *D.* 2010. AJ 2701, obs. Lienhard; *Gaz. Pal. entr. diff.* 7-8 janv. 2011, p. 41, note Gailhbaud; *Act. proc. coll.* 2010/20, comm. 279, note Fin-Langer; *BJE* mars/avr. 2011, p. 23, note Macorig-Vénier; *JCP E* 2011, Chron. 1263, n° 11, obs. Pétel; *LPA* 29 avr. 2011, n° 85, p. 8, note Jacotot.
5. Rapp. activité Délégation Unédic AGS 2009, p. 17, aimablement communiqué par Thierry Méteyé.
6. Com. 19 déc. 2000, n° 98-12.288, *Bull. civ.* IV, n° 206; *JCP E* 2001, Chron. 756, n° 17, obs. M. Cabrillac; *JCP E* 2001 Chron. 1860, n° 20, obs. Delebecque et Simler; *Defrénois* 2001. 868, obs. Périnet-Marquet.
7. Com. 19 déc. 2000, n° 98-12.050, *Bull. civ.* IV, n° 207; *JCP E* 2001, Chron. 756, n° 17, obs. M. Cabrillac; *JCP E* 2001 Chron. 1860, n° 20, obs. Delebecque et Simler; *Defrénois* 2001. 868, obs. Périnet-Marquet.
8. T. com. Seine 27 juin 1952, *RTD com.* 1952. 640 – *Adde*, J.-CL. COM., Jaquemont, fasc. 2450, [Privilège des salariés et garantie de paiement], 2007, n° 7.

de la part salariale de cotisations impayées[1], peu important que cet organisme de prévoyance ait accepté de faire bénéficier, en dépit des cotisations impayées, les salariés de la garantie.

Les créances garanties sont les mêmes que celles garanties par le super privilège (v. s[s] n° 691.21), sous les réserves qui suivent.

Le privilège des salariés s'applique à l'indemnité de salaire différé, à laquelle peut prétendre dans la succession de ses parents un enfant ayant travaillé dans l'exploitation familiale sans recevoir de salaire.

Il s'applique aussi, contrairement à la solution posée pour le super privilège, à l'indemnité de licenciement. Cependant, cette dernière doit être due en application d'une convention collective, d'un usage ou de la loi, et non en application des clauses d'un contrat individuel.

Alors que le super privilège couvre les soixante ou quatre-vingt-dix derniers jours de travail, le privilège garantit les six derniers mois de travail, en incluant cependant les soixante ou quatre-vingt-dix jours couverts par le super privilège. Ici encore, les six derniers mois de travail, nécessairement antérieurs au jugement d'ouverture[2], qui depuis la loi de sauvegarde des entreprises, pourra être un jugement d'ouverture d'une procédure de sauvegarde, n'ont pas à précéder immédiatement le jugement d'ouverture[3]. Il en est ainsi en cas de rupture du contrat de travail avant l'ouverture de la procédure collective.

Par dérogation, la limite de six mois est écartée pour les gens de services, ainsi que pour l'indemnité de salaire différé. Sont alors couvertes, l'année échue et l'année courante.

L'indemnité de congés payés et de préavis est garantie sans limitation de délai.

L'indemnité de licenciement, pour sa part, est privilégiée pour sa fraction inférieure ou égale au plafond de l'article L. 3253-2 du code du travail (anc[t] C. trav., L. 143-10 alinéa 2), soit deux fois le plafond retenu pour le calcul des cotisations de sécurité sociale. La fraction supérieure à ce plafond n'est privilégiée que dans la limite du quart[4].

691.32 Efficacité du privilège général des salaires. Si l'on raisonne uniquement en termes de droit de préférence, ce que devrait amener à faire l'expression de « privilège des salaires », l'impression est que cette sûreté est d'une efficacité relative. En effet, ce privilège général mobilier et immobilier occulte souffre du droit de préférence accordé à un certain nombre d'autres créanciers.

Sur le strict terrain du privilège général, il est d'abord primé par le privilège de la conciliation (C. com., art. L. 611-11). En dehors du classement institué en liquidation judiciaire, il est encore primé par les créanciers postérieurs bénéficiant du traitement préférentiel. Au contraire, en présence d'une distribution liquidative, il prime en tant que sûreté immobilière, depuis la loi du 10 juin 1994[5], les créances postérieures, sous la seule réserve, depuis l'ordonnance du 18 décembre 2008[6], des créances postérieures de frais de justice nées pour les besoins du déroulement de la procédure.

En tant que privilège mobilier (C. civ., art. 2101, 4°, devenu C. civ., art. 2331-4), il est primé par les sûretés spéciales mobilières, ainsi que par les privilèges fiscaux et vient en concours avec le privilège de la sécurité sociale. Il est en outre primé par le privilège des frais de justice antérieurs au jugement d'ouverture, le privilège des frais funéraire et le privilège des frais de dernière maladie.

En tant que privilège immobilier (C. civ., art. 2104, 2°, devenu C. civ., art. 2375), il prime les privilèges spéciaux, par exemple les hypothèques.

Il faut en outre tenir compte du principe de subsidiarité sur les immeubles, qui conduit à payer ce privilège d'abord par imputation sur les masses mobilières.

Cependant, les sommes garanties par le privilège général des salaires doivent être versées aux salariés si le représentant des créanciers – mandataire judiciaire – ou le liquidateur, selon le cas, a des disponibilités suffisantes. À défaut de règlement dans les trois mois du jugement d'ouverture, ces organes doivent demander l'intervention de l'AGS (C. trav., art. L. 3253-19 [anc[t] C. trav., art. L. 143-11-7, al. 2]), dans la procédure de redressement et de liquidation judiciaires. En revanche, l'AGS n'a pas à intervenir pour payer les créances privilégiées antérieures dans la procédure de sauvegarde.

Ce ne sont donc pas les salariés qui auront à subir les concours ci-dessus indiqués, mais l'AGS (V. s[s] n° 694.52).

Si les salariés sont payés sur les fonds disponibles, les règles relatives au classement sont sans application, dans les mêmes conditions que lorsque la règle du paiement à l'échéance est mise en œuvre pour les créanciers postérieurs bénéficiant du traitement préférentiel; en outre, le principe de subsidiarité sur les immeubles résultant pour les privilèges généraux de l'article 2376 du code civil est alors écarté[7], puis-

1. Soc. 27 nov. 2007, n° 06-17.866, NP.
2. Civ. 3e, 23 mai 1995, n° 91-14.921, *Bull. civ.* III, n° 131; *RTD civ.* 1996. 206, obs. Crocq.
3. Soc. 15 mars 1983, n° 82-11.348, *Bull. civ.* V, n° 159; *D.* 1983. IR 102, obs. Honorat.
4. J.-CL. COM., Jaquemont, fasc. 2450, [Privilège des salariés et garantie de paiement], 2007, n° 25.
5. L. n° 94-475, 10 juin 1994, *JO* 11 juin, p. 8440.
6. Ord. n° 2008-1345, 18 déc. 2008, préc.
7. PÉROCHON, 10e éd., n° 1313.

que les salariés seront payés indifféremment sur le produit des ventes mobilières ou immobilières. La solution, préjudiciable aux créanciers inscrits sur les immeubles du débiteur qui préfèrent évidemment que les privilèges généraux soient d'abord payés sur le prix de vente des actifs mobiliers, a cependant une justification, dans la mesure où les titulaires du privilège général des salaires priment les créanciers inscrits sur les immeubles. Il faut cependant apercevoir que les solutions décrites sont largement théoriques, car il faudrait supposer que l'employeur débiteur ait entre les mains, dans les trois mois du jugement d'ouverture, des fonds provenant de ventes immobilières, ce qui ne sera le cas que si les ventes sont intervenues avant jugement d'ouverture et que les fonds n'ont pas été distribués avant cette date.

CHAPITRE

692. Employeurs et salariés concernés par la garantie des salaires (AGS)

SECTION 0

ORIENTEUR

692.00 **Plan du chapitre.**

Sect.	692.10	Historique – Généralités sur l'AGS
Sect.	692.20	Employeurs concernés par la garantie
Sect.	692.30	Salariés concernés par la garantie
Sect.	692.40	Institution de garantie compétente en cas de procédure transnationale d'insolvabilité

692.01 **Textes applicables.** (V. les références complètes s^{s} n° 011).

C. trav., L. 3253-6, L. 3253-7, L. 3253-14, L. 3253-18 et R. 3253-4 (anc^{t} C. trav. art. L. 143-11-1, al. 1, L. 143-11-4 à L. 143-11-6, L. 143-13-1)

> Législation antérieure à la loi de sauvegarde des entreprises.

C. com., art. L. 621-38

> Législation issue de la loi de sauvegarde des entreprises.

C. com., art. L. 622-19, L. 631-18, I, L. 641-14, al. 1

> Législation issue de l'ordonnance du 18 décembre 2008.

C. com., art. L. 622-19, L. 631-18, al. 1, L. 641-8, al. 2, L. 641-14, al. 1

692.02 **Jurisprudence de référence.**

> Le fait que le salarié de la société belge qui l'employait pour travailler en France ait déclaré sa créance salariale auprès du curateur à la liquidation des biens en Belgique et ait saisi le fonds de faillissement belge – équivalent de l'AGS – n'emportait pas renonciation à solliciter à titre complémentaire la garantie de l'AGS, puisque la garantie assurée par l'institution du pays d'établissement de l'employeur peut être complétée par celle du pays dans lequel le salarié accomplit son travail, dans la limite du plafond de garantie applicable.

• Soc. 11 avr. 2012, n° 09-68.553, *Bull. civ.* V, n° 123; n° 1036 FS-P+B

* V. s^{s} n° 692.41

692.03 **Bibliographie indicative.** (V. les références complètes s^{s} n° 031 – Aussi s^{s} n° 690.03).

> Actualisables. J.-CL. COM., Jacquemont, fasc. 2450, [Privilège des salariés et garantie de paiement], 2007.

> Articles. Arlie D., « Les plafonds de garantie des créances salariales sous l'éclairage de quelques arrêts récents », *JCP E* 2015, études 1384 – Arséguel et Méteyé, « Les aspects sociaux de la procédure de sauvegarde », *Rev. proc. coll.* 2008, p. 117 – Bezian, « La garantie des créances salariales dans le cadre d'une procédure de redressement judiciaire », *Dr. sociétés* 1991, 715 – Boyer, « Les conséquences sociales de l'arrêt de l'exécution provisoire de plein droit du jugement de liquidation judiciaire », *Rev. proc. coll.* 2011, alertes 11, p. 3 – Chagny, « Quelques aspects de la garantie des créances résultant du licenciement pour motif économique par l'entreprise en difficulté », *Gaz. Pal.* 20-21 sept. 2002, Doctr. 56 – Charbin, « Plafond 13 ou plafond 4 », *JCP E* 1999. 1856; « La situation des salariés de l'entreprise en difficulté », *RJS* 1999. 743 – de Fremont H., « Droit du travail et procédure collective : une réforme impossible ? », *BJE* mars 2014, 123 – Gailhbaud, « L'AGS dans la procédure de sauvegarde » *LPA* 28 nov. 2008, n° 239, p. 3; « L'AGS face à l'exécution », *in Mesures d'exécution et procédures collectives*, « collection Procédures », Bruylant, 2012, p. 129 – Jacotot, « Résiliation judiciaire du contrat de travail et garantie de l'AGS », *Rev. proc. coll.* 2010, comm. 14 – Henry L.-C., « La réforme oubliée, la protection des salariés face à l'insolvabilité de l'employeur », *D.* 2014. 2410; « La garantie des salaires dans les procédures transfrontalières », *BJE* 2014, 418 – Le Corre P.-M., « Pour une clarification du traitement des créances de remboursement des avances de l'AGS », *D.* 2013, point de vue 379 – Lucas F.-X., « Quarante années de prise en charge des créances salariales dans les cédures collectives », *BJE* 2014, 409 – Lyon-Caen, « Le ble plafond de l'AGS, mythe ou réalité », *Dr. soc.* 2 1999, p. 152; « Garantie de l'AGS en l'absence de lettre licenciement, au cas de liquidation judiciaire », *Dr. soc.* 2002, n° 5, p. 527 – Météyé, « Le règlement des sals et la subrogation de l'AGS dans les droits des salariés », lloque Toulouse 31 janv. et 1e févr. 1991, *LPA* 20 mai 199 p. 42; « Garantie AGS : jusqu'où peut-on aller trop loin ? » r. soc. 2002. 972 – L'intervention de l'AGS dans les procédes de sauvegarde, *Gaz. proc. col.* 2006, p. 3; « Loi de sauvarde des entreprises : le point de vue de l'AGS », *LPA* 1 févr. 2006, n° 35, p. 48; « La place de l'AGS dans les procures collectives », *Rev. proc. coll.* 2008, p. 11, n° 1; « L'évotion du champ d'intervention de l'AGS : de la sécurité juridie à l'insécurité juridique et économique », colloque de l'ADE, Toulouse 10 sept. 2010, *Rev. proc. coll.* 2011, dossie 4, p. 67 – Météyé Th., « Le droit social des entreprises en difficulté », *Rev. proc. coll.* 2014, dossier 39 – Peris, « Intervention de l'AGS, l'expansion accrue du régime de garantie sous l'influence de la jurisprudence (1998-2001) », *JCP E* 2002, *Cah. dr. soc.* (supplément), n° 10, 7 mars 2002 – Pétel, « L'AGS et la réforme des procédures collectives », *RJ com.* 2006/3, p. 174; « Les critères de prise en charge de la garantie AGS : quarante ans d'évolution », *BJE* 2014, 411 – Saint-Alary-Houin, « L'efficacité des garanties garantissant les créances salariales », *Dr. sociétés* 1987, 842 – Savignac J.-C. et Météyé Th., « L'AGS, 40 ans de solidarité et d'engagement au cœur des enjeux des procédures collectives », *BJE* 2014, 407 – Taquet, « Le nouveau champ d'application de l'AGS – Article 177 de la loi n° 2005-845 du 26 juillet 2005 de sauvegarde des entreprises », *Rev. proc. coll.* 2005, p. 295; « L'intervention de l'AGS : état des lieux et réflexions… », *in Entreprises en difficulté et droit du travail*, Ceprisca, PUF, 2007, p. 77; « Le montant des sommes garanties par l'AGS ou la saga de la jurisprudence », *Rev. proc. coll.* 2016, dossier 19 – Urban, « La protection juridique incertaine des salariés dans une procédure collective transfrontalière », *JCP G* 2006. I. 122 – Vatinet, « Garantie de l'AGS et sort du contrat de travail en cas de procédure collective », *D.* 2003, Chron. 287.

692.04 Question principale.

• Des salariés travaillant à l'étranger peuvent-ils bénéficier de l'AGS ?

* V. s^s n° 692.41.

SECTION 692.10
HISTORIQUE – GÉNÉRALITÉS SUR L'AGS

692.11 Historique – Généralités sur l'AGS. La loi du 27 décembre 1973 [1] a organisé un système d'assurance contre le risque de non-paiement des créances salariales en cas de procédure collective atteignant l'employeur. Le régime d'assurance est géré par une association pour la gestion du régime d'assurance des créances des salariés, appelée par abréviation AGS. Cet organisme, qui joue le rôle de sécurité sociale des salaires, pour reprendre une expression célèbre [2], encore qualifiée d'« organisme social de solidarité des entreprises » [3], et qui préfigure « une certaine socialisation des risques entraînés par la défaillance financière d'un cocontractant » [4], prend en charge certaines créances que l'employeur ne peut payer sur les fonds disponibles dans l'entreprise, après ouverture d'un redressement ou d'une liquidation judiciaire et, dans une mesure moindre, après ouverture d'une sauvegarde.

L'article 214 de la loi de modernisation sociale (L. 17 janv. 2002 [5]) a créé une indemnité compensatrice de rupture du contrat de travail « en cas de sinistre relevant d'un cas de force majeure » [6]. La loi du 26 juillet 2005 [7] (art. 177) a supprimé cette disposition, car il s'agissait là d'une indemnisation à fonds perdus en contradiction avec le dispositif général de l'AGS, qui avance des fonds, pour les récupérer ensuite par subrogation [8]. En conséquence, les sommes dues en application des articles L. 1234-13 et L. 1243-8 du code du travail (anc^t C. trav., art. L. 122-9-1 et L. 122-3-4-1) ne sont plus couvertes par la garantie.

La gestion de l'AGS a été confiée, par convention du 26 février 1974, à l'unedic, organisme fédérateur des Assedic (le groupement des Assedic de la région parisienne est appelé « GARP »). Ces dernières ont assuré le recouvrement des cotisations d'assurance-chômage qui alimentent le fonds AGS et le règlement des avances. Dans un souci d'efficacité et de clarté [9], l'AGS recouvre directement les cotisations et procède au règlement des avances, par l'intermédiaire de 7 délégations, 5 en province, 1 à Paris et 1 pour Saint-Pierre-et-Miquelon, la Guadeloupe et la Martinique.

Alors qu'au départ l'AGS avait limité sa garantie aux seules créances dues aux salariés en exécution du contrat de travail à la date du jugement d'ouverture, désormais l'AGS garantit aussi certaines créances nées après jugement d'ouverture. Au-delà de l'extension légale du domaine d'intervention, il est

1. L. n° 73-1194, 27 déc. 1973 tendant à assurer, en cas de règlement judiciaire ou de liquidation de biens le paiement des créances résultant du contrat de travail, *JO* 30 déc., p. 14145; *D.* 1974, lég. 36.
2. Derrida, « Commentaire de la loi du 27 décembre 1973 », *D.* 1974, Chron. 119.
3. Arséguel et Météyé, « Les aspects sociaux de la procédure de sauvegarde », *Rev. proc. coll.* 2008/2, p. 117 s., sp. p. 120, n° 17.
4. GUYON, n° 1352.
5. L. n° 2002-73, 17 janv. 2002, *JO* 18 janv., p. 1008.
6. Reynès, « L'AGS et la loi de modernisation sociale : de la solidarité à l'assurance ? », *D.* 2002. Chron. 502.
7. L. n° 2005-845, 26 juill. 2005, *JO* 27 juill., p. 12187.
8. *Rapp. Xavier de Roux*, n° 2095, p. 487, 488.
9. SAINT-ALARY-HOUIN, 9e éd., n° 1118.

aisé d'apercevoir une dilatation conséquente du domaine de la garantie sous l'impulsion de la jurisprudence. La tentation est forte de faire prendre en charge tout le coût social de la procédure collective par l'AGS. Mais tout excès en ce sens sera nécessairement fortement préjudiciable aux créanciers, qui sont généralement primés par l'AGS, au titre des créances qu'elle aura avancées.

Aujourd'hui, le siège de la matière se trouve aux articles L. 3253-1 à L. 3253-16 et L. 8252-3 du code du travail (anc^t^ C. trav., art. L. 143-9 à L. 143-13-1), par renvoi des dispositions de l'article L. 621-132 du code de commerce, devenu avec la loi de sauvegarde des entreprises, l'article L. 625-9 du code de commerce.

L'assurance est financée par les cotisations des employeurs assises sur les rémunérations servant de base au calcul de cotisations d'assurance-chômage. Le taux de cotisation, qui avait été réduit à 0,10 % au 1er juillet 2008, a été fixé à 0,40 % au 1er octobre 2009, pour tenir compte de la dégradation financière de l'AGS, liée à l'importance, sans doute excessive, de ses avances[1]. Depuis le 1er avril 2011, le taux de cotisation est descendu à 0,3 %, taux maintenu en 2013.

Le montant des sommes avancées est considérable : il avoisine en 2013 2,2 milliards d'euros[2].

Cependant, l'article L. 143-11-5 du code du travail (devenu C. trav., art. L. 3253-7) prévoit, opportunément, que la garantie est due au salarié même si l'employeur n'a pas, comme il en a l'obligation, adhéré à l'assurance[3] et, s'il y a adhéré, même s'il n'est pas à jour de ses cotisations[4].

L'AGS est un personnage clé dans les procédures collectives, sur lequel a-t-on pu écrire, repose l'ensemble de l'architecture des procédures collectives[5].

SECTION 692.20
EMPLOYEURS CONCERNÉS PAR LA GARANTIE

692.21 Employeurs concernés par la garantie. Tout employeur commerçant, artisan, agriculteur et personne morale de droit privé occupant un ou plusieurs salariés doit les assurer contre les risques de non-paiement des sommes dues en exécution du contrat de travail, si intervient un jugement de redressement ou de liquidation judiciaire (C. trav., art. L. 141-1, al. 1 [devenu C. trav., art. L. 3253-6]).

La loi du 26 juillet 2005[6] (art. 177), modifiant l'article L. 143-11-1 alinéa 1 du code du travail (devenu C. trav., art. L. 3253-6), étend l'obligation d'assurance à tous les professionnels indépendants, y compris aux employeurs professionnels libéraux, pour tenir compte de leur assujettissement aux procédures collectives.

Et logiquement, au regard de l'objectif poursuivi qui est d'éviter le non-paiement des créances salariales dans la procédure collective ouverte contre l'employeur, les personnes non susceptibles de ces procédures avaient dans un premier temps été exclues du domaine de la garantie. Il en était d'abord ainsi des personnes morales de droit public, mais aussi semi-public, ce qui avait donné l'occasion à la jurisprudence d'exclure ainsi Air France[7], la SNCF[8] ou encore la Seita[9], ainsi que les sociétés en charge du service public de la radio ou de la télévision[10], dès lors que le seul actionnaire était l'État.

Puis la Chambre sociale de la Cour de cassation a évolué sur la question et juge désormais que, dès lors que la personne morale a la forme d'une société commerciale, elle devient une personne morale de droit privé assujettie à l'adhésion à l'AGS. Il est dès lors indifférent que le capital social soit majoritairement détenu par l'État ou des personnes morales de droit public[11]. La solution a été posée notamment pour France Télécom[12], France 2 et RFO[13]. Il est tout aussi indifférent qu'elles remplissent des missions de service public, telle une chaîne télévisuelle[14] ou les Urssaf[15].

Les entreprises transférées du secteur public au secteur privé, même si elles bénéficient d'un statut particulier, sont identiquement soumises à l'adhésion à l'AGS[16].

La demande d'admission au dispositif de désendettement des rapatriés (v. s^s^ n° 211.81) n'a pas pour effet de priver les salariés du rapatrié du droit à la garantie de leurs créances salariales par l'AGS[17].

1. SUR L'ÉVOLUTION des taux de cotisations : Rapp. activité Délégation Unédic AGS 2009, p. 19, aimablement communiqué par Thierry Méteyé.
2. *Stat'AGS*, avr. 2014.
3. Soc. 8 janv. 2002, n° 99-44.220, *Bull. civ.* V, n° 1.
4. Soc. 31 mars 1998, n° 95-44.333, *Bull. civ.* V, n° 183.
5. A. Mazeaud, « Faillite » et droit du travail, *in Le code de commerce 1807-2007 : Livre du bicentenaire*, Dalloz, 2006, p. 561, sp. p. 567.
6. L. n° 2005-845, 26 juill. 2005, préc.
7. Soc. 16 déc. 1987, n°s 83-14.201, 83-14.202, *Bull. civ.* V, n° 731, 2 arrêts.
8. Soc. 16 déc. 1987 n°s 83-14.201, 83-14.202, préc.
9. Soc. 6 nov. 1991, n° 88-17.869, *Bull. civ.* V, n° 476.
10. Soc. 16 déc. 1987, n°s 86-10.063 à 86-10.066 *Bull. civ.* V, n° 730.
11. Soc. 29 févr. 2000, n° 98-13.264, *Bull. civ.* V, n° 78; D. 2001. Somm. 117, obs. Derrida.
12. Soc. 7 sept. 2004, n° 02-21.384, *Bull. civ.* V, n° 224.
13. Soc. 2 juill. 2014, n° 13-15.605, *Bull. civ.* V, n° 161; n° 1337 FS-P+B; *Rev. proc. coll.* 2014, comm. 127, note Taquet.
14. Soc. 29 févr. 2000, n° 98-13.264, préc.
15. Soc. 21 avr. 1988, n° 85-14.659 *Bull. civ.* V, n° 245.
16. Lyon, 6e ch., 5 mars 2003, RG n° 02/00978.
17. Soc. 7 juin 2006, n° 04-42.547, *Bull. civ.* V, n° 208; *Act. proc. coll.* 2006/12, n° 139.

ventions réglementées par le droit des sociétés (C. com., art. L. 225-38 s.) [1].

Le conjoint du chef d'une entreprise individuelle peut également prétendre à la garantie. Mais encore faut-il qu'il ne participe pas activement à la gestion [2].

Il faut encore réserver le cas de la novation de la créance salariale en une créance civile ou commerciale (v. s[s] n° 693.41).

L'obligation de garantie s'étend aux travailleurs salariés détachés à l'étranger ainsi qu'aux travailleurs salariés expatriés. Il n'en est ainsi que si le salarié, travaillant à l'étranger, n'y a pas également été embauché [3].

SECTION 692.40
INSTITUTION DE GARANTIE COMPÉTENTE EN CAS DE PROCÉDURE TRANSNATIONALE D'INSOLVABILITÉ

692.41 Institution de garantie compétente en cas de procédure transnationale d'insolvabilité [4]. La jurisprudence, dans un premier temps, la législation ensuite, s'est préoccupée de la garantie des salariés dans les procédures transnationales d'insolvabilité.

Il avait d'abord été jugé que le salarié résidant et travaillant dans un pays membre de la communauté relevait de l'institution de l'État sur le territoire duquel l'ouverture de la procédure collective avait été décidée ou la fermeture de l'entreprise ou de l'établissement constatée [5]. Cependant, la couverture de l'AGS était accordée au salarié qui travaillait dans l'établissement situé en France d'une société dont le siège social était situé dans un autre État membre de la communauté [6].

La Cour de Justice des communautés européennes a ensuite posé une autre règle. Lorsque l'employeur est situé dans un État membre autre que celui dans lequel le salarié exerce son activité, en cas de procédure d'insolvabilité ouverte à l'étranger, est compétente l'institution de l'État sur le territoire duquel s'exerçait le travail [7]. Cette solution est désormais suivie par la Cour de cassation [8]. Il suffit, pour qu'une entreprise établie dans un État membre soit considérée comme ayant des activités sur le territoire d'un autre État membre, dispose d'une présence économique stable, caractérisée par l'existence de moyens humains lui permettant d'y accomplir des activités. Il n'est pas nécessaire, en revanche, que l'entreprise dispose d'une succursale ou d'un établissement [9].

La directive des Communautés européennes du 23 septembre 2002 [10], transposée en France par la loi du 30 janvier 2008 [11], a consacré la solution [12]. Cette directive a fait l'objet d'une codification à droit constant par la directive du 22 octobre 2008 [13]. Il résulte de ce dispositif que l'AGS assure le règlement des créances impayées des salariés qui exercent ou exerçaient habituellement leur activité en France, pour le compte d'un employeur en état d'insolvabilité, qu'il soit personne morale ayant son siège social sur le territoire d'un autre État membre, ou qu'il soit personne physique ayant son adresse ou son activité sur le territoire d'un autre État mem-

1. Soc. 28 janv. 2004, n° 01-46.794, *Bull. civ.* V, n° 230; *Act. proc. coll.* 2004/4, n° 47, note Régnaut-Moutier.
2. Soc. 25 oct. 2000, n° 98-44.429, NP, *Rev. proc. coll.* 2001, 104, n° 6, obs. Taquet.
3. Paris, 26 nov. 1986, *D.* 1988. Somm. 41, obs. Honorat.
4. Météyé, « L'harmonisation : voie et degré de convergence entre les droits nationaux, européens et internationaux – La réglementation européenne sur l'insolvabilité et l'AGS », *in* Le traitement des difficultés des entreprises *dans le marché unique européen, Coll.*, Bruxelles, 10 nov. 2005, *LPA* 19 oct. 2006, n° 209, p. 27 – Henry, « La réforme oubliée, la protection des salariés face à l'insolvabilité de l'employeur », *D.* 2013. 2410.
5. CJCE 17 sept. 1997, aff. C-117/96, *Mosbaek/Lønmodtagernes Garantifond*, *Rev. proc. coll.* 2001, 104, n° 11, obs. Taquet; *JCP E* Chron. 202, p. 226, n° 11, obs. Pétel – Soc. 20 janv. 1998, préc. – Soc. 20 janv. 1998, n° 93-43.577, *Bull. civ.* V, n° 25; *JCP E* 1998. II. 10086, note Kerckhove; *LPA* 8 juin 1998, p. 17, note Vallens.
6. Soc. 2 oct. 2001, n°s 99-44.808, 99-44.809, *Bull. civ.* V, n° 294; *Act. proc. coll.* 2001/18, n° 241, obs. Régnaut-Moutier – Soc. 2 juill. 2002, n° 99-46.140, *Bull. civ.* V, n° 228; *Act. proc. coll.* 2002/15, n° 196, obs. Vachet; *JCP E* 2003, Chron. 446, p. 512, n° 6, obs. Morvan; *JCP E* 2003, Chron. 231, p. 270, n° 11, obs. Pétel.
7. CJCE 16 déc. 1999, aff. C-198/98, *Éverson et Barrass/Bell.*
8. Soc. 3 juin 2003, n° 01-41.697, *Bull. civ.* V, n° 183; *Act. proc. coll.* 2003/16, n° 216, obs. Dom; *Rev. proc. coll.* 2003, p. 343, n° 13, obs. Taquet – Soc. 26 avr. 2006, n° 03-47.334, *Bull. civ.* V, n° 144; n° 1016 F-P+B – Soc. 16 janv. 2008, n° 06-43.030, NP, *Act. proc. coll.* 2008/6, n° 97, note Mélin.
9. CJCE 4e ch., 16 oct. 2008, aff. n° C-310/07, *Bull. Joly* févr. 2009, § 34, p. 163, note Dammann et Robinet; *RTD com.* 2010. 207, n° 25, obs. Vallens.
10. Dir. 2002/74/CE, Parlement et Conseil, 23 sept. 2002 modifiant la directive 80/987 du Conseil concernant le rapprochement des législations des États membres relatives à la protection des travailleurs salariés en cas d'insolvabilité de l'employeur, *JOCE L* 270, 8 oct., p. 10; *Act. proc. coll.* 2002/20, n° 265, obs. Fin-Langer; *Rev. proc. coll. civ. et com.* 2002, p. 295 – Dion-Loye, « Impact en droit français de la directive du 23 septembre 2002 relative à la protection des travailleurs salariés en cas d'insolvabilité de l'employeur », *LPA* 12 déc. 2003, n° 248, p. 42.
11. L. n° 2008-89, 30 janv. 2008, *JO* 31 janv., p. 1808.
12. Mélin, « La protection des salaries en cas d'insolvabilité de l'employeur : loi du 30 janvier 2008 transposant la directive 2002/74/CE du 23 septembre 2002 », *JCP E* 2008. 94.
13. Dir. 2008/94/CE, Parlement et Conseil, 22 oct. 2008 relative à la protection des travailleurs salariés en cas d'insolvabilité de l'employeur, *JOUE L* 283, 28 oct., p. 36; *Act. proc. coll.* 2009/6, n° 92, note Neau-Leduc.

bre[1]. Il n'est pas exigé pour que la garantie joue que la cessation d'activité ait été ordonnée[2]. Les créances concernées sont celles qui sont couvertes par l'AGS dans les procédures internes. L'AGS verse les avances sur présentation des relevés de créances impayées par le syndic étranger.

Lorsqu'une procédure collective a été ouverte sur le territoire d'un autre État membre, avant la prise d'acte de la rupture du contrat de travail [demande de résiliation à l'initiative du salarié en cas de manquement grave de l'employeur, par exemple le non-paiement des salaires], et que celle-ci est à l'origine du non-paiement des créances salariales, la carence de l'employeur dans le non-paiement des salariés ne peut être fautive qu'avant l'ouverture de la procédure collective. Si cette période est de courte durée, il peut être estimé que ce manquement ne peut suffire à justifier la décision des salariés de prendre acte de la rupture de leur contrat de travail, alors que la garantie de l'AGS a été mise en œuvre[3]. La solution qui vaut en droit interne s'applique identiquement dans le Règlement CE du 29 mai 2000[4].

En dehors du droit communautaire, dans un premier temps, il avait été jugé, pour que la garantie soit due, que la procédure collective ne devait pas avoir été ouverte à l'étranger. En ce cas, en effet, les institutions compétentes pour garantir le paiement des salaires étaient celles du lieu d'ouverture de la procédure[5]. Il a ensuite été jugé que l'AGS doit sa garantie, si la décision étrangère d'ouverture de la procédure a fait l'objet d'une *exequatur* en France, dès lors que les salariés de sociétés étrangères exercent ou exerçaient leur travail habituellement en France[6].

Peu importe, *a priori*, pour l'application de ce principe de solution, que l'employeur soit assuré et cotise auprès d'un autre organisme de garantie, en l'occurrence celui dans le ressort duquel il est établi. Une question préjudicielle avait été posée par la Chambre sociale de la Cour de cassation à la CJCE sur la question de savoir si le critère du lieu de travail était ou non exclusif pour la détermination de l'institution de garantie compétente. Une réponse affirmative aurait alors privé le salarié de la possibilité de bénéficier de l'institution de garantie auprès de laquelle cotise l'employeur, alors même que celle-ci aurait été plus favorable au salarié[7]. Il y a été répondu que l'article 3 de la directive du 20 octobre 1980[8], dans sa rédaction antérieure à celle découlant de la directive du 23 septembre 2002[9], doit être interprété en ce sens que l'institution compétente au titre de la garantie des créances salariales est celle de l'état dans lequel l'employeur soumis à une procédure d'insolvabilité prononcée avant le 8 octobre 2005, remplit l'obligation de contribution au financement de l'institution et y a son siège, dès lors qu'il n'est pas établi dans l'état dans lequel le salarié a exercé habituellement son travail. La CJUE a, en outre, précisé que la directive du 20 octobre 1980 ne s'oppose pas à ce qu'une législation nationale prévoie qu'un travailleur puisse se prévaloir de la garantie salariale de l'institution nationale, à titre complémentaire ou substitutif, par rapport à celle offerte par l'institution désignée par l'application de cette directive, pour autant que cette garantie donne lieu à un niveau supérieur de protection du travailleur[10]. La Cour de cassation a ensuite pu juger que la garantie de l'AGS ne pouvait être refusée, même si le salarié exerçait habituellement son activité en Belgique, dès lors que son employeur n'y était pas établi et cotisait auprès de l'AGS[11]. La même solution a pu être adoptée en présence d'un

1. Com. 27 nov. 2013, n° 12-20.426, *Bull. civ.* IV, n° 293; *Leden* févr. 2014, comm. 029, note Dedessus-Le-Moustier.
2. CJUE, 5e ch., 18 avr. 2013, aff. n° C-247/12, *Rev. proc. coll.* 2014, comm. 7, note Mastrullo.
3. Soc. 14 oct. 2009, nos 08-40.723 à 08-40.736, 08-13.099 à 08-43.103, *Bull. civ.* V, n° 218; n° 2009 FP-P+B; *D.* 2009. AJ 2549, obs. Lienhard; *Act. proc. coll.* 2009/20, n° 308, note Fin-Langer; *Gaz. Pal.* 8-10 janv. 2010, nos 8, 9, p. 37, note Gaihbaud; *Rev. proc. coll.* 2010/6, p. 31, n° 221, note Mastrullo; *RTD com.* 2010. 209, n° 29, obs. Valens.
4. Règl. (CE) n° 1346/2000, Conseil, 29 mai 2000 relatif aux procédures d'insolvabilité, *JOCE L* 160, 30 juin, p. 1.
5. Soc. 2 oct. 2001, nos 99-44.808, 99-44.80, *Bull. civ.* V, n° 294; *Act. proc. coll.* 2001/18, n° 241, obs. Régnaut-Moutier – RAPPR. : Soc. 20 janv. 1998, n° 93-43.577, *Bull. civ.* V, n° 25; *JCP E* 1998. II. 10086, note Kerckhove; *LPA* 8 juin 1998, p. 17, note Vallens : statuant sur l'hypothèse d'une procédure ouverte à l'étranger avec adhésion de l'employeur au système de garantie des salaires du pays *d'ouverture de la procédure collective*.
6. Soc. 3 juin 2003, n° 00-45.948, *Bull. civ.* V, n° 183; *D.* 2004. Somm. 58, obs. Henry; *JCP E* 2004, jur. 155, p. 180, note Mélin; *Rev. proc. coll.* 2003, p. 342, n° 10, obs. Taquet.
7. Soc. 18 nov. 2009, n° 08-41.512, *Bull. civ.* V, n° 255; n° 2283 FS-D; *Gaz. Pal.* 16-17 avr. 2010, nos 106, 107, p. 39, note Gailhbaud.
8. Dir. 80/987/CEE, Conseil, 20 oct. 1980 concernant le rapprochement des législations des États membres relatives à la protection des travailleurs salariés en cas d'insolvabilité de l'employeur, *JOCE L* 283, 28 oct., p. 23.
9. Dir. 2002/74/CE, Parlement et Conseil, 23 sept. 2002, préc.
10. CJUE, 3e ch., 10 mars 2011, aff. n° C-477/09, *Gaz. Pal. entr. diff.* 12 avr. 2011, p. 41, note Gailhbaud; *BJE* juill./août 2011, comm. 82, p. 213, note Mélin; *Rev. proc. coll.* 2011, comm. 171, note Menjucq; *LPA* 3 janv. 2012, n° 2, p. 12, note Henry – *Adde*, Colmar, ch. soc., sect. A, 9 juin 2011, *Rev. proc. coll.* 2011, comm. 172, note Menjucq.
11. Soc. 21 sept. 2011, n° 08-41.512, *Bull. civ.* V, n° 194; n° 1821 FS-P+B; *D.* 2011, actu 2400, note Lienhard; *Gaz. Pal. entr. diff.* 21 janv. 2012, n° 20, p. 41, note Gailhbaud; *BJE* janv. 2012, comm. 5, p. 29, note Donnette; *Act. proc. coll.* 2011/16, comm. 252, note Fin-Langer; *JCP E* 2011, Chron. 1000, n° 12, obs. Pétel; *Rev. proc. coll.* 2011, comm. 171, note Menjucq; *Rev. proc. coll.* 2011, comm. 198, note Taquet.

salarié exerçant son activité en Allemagne[1]. Il a encore pu être estimé que le fait que le salarié de la société belge qui l'employait pour travailler en France ait déclaré sa créance salariale auprès du curateur à la liquidation des biens en Belgique et ait saisi le fonds de faillissement belge – équivalent de l'AGS – n'emportait pas renonciation à solliciter à titre complémentaire la garantie de l'AGS, puisque la garantie assurée par l'institution du pays d'établissement de l'employeur peut être complétée par celle du pays dans lequel le salarié accomplit son travail, dans la limite du plafond de garantie applicable[2].

La solution a été apportée au regard de la solution applicable aux faits de l'espèce, qui a été modifiée par la directive du 23 septembre 2002. Le droit national français ne prévoit plus la possibilité pour le salarié de choisir le régime le plus favorable. La seconde partie de la solution résultant de la décision de la CJUE ne devrait donc plus être d'actualité[3].

La directive s'oppose à ce qu'une législation nationale refuse de considérer comme un travailleur salarié pouvant prétendre à une indemnité d'insolvabilité, le ressortissant d'un pays tiers à l'Union européenne, qui ne réside pas légalement dans l'État membre, dès lors qu'il est qualifié, en vertu des dispositions du droit civil de cet État membre, de travailleur salarié ayant droit à une rémunération pouvant faire l'objet d'un recours devant les juridictions nationales[4].

La directive ne s'oppose pas à une disposition nationale qui exclut un salarié de la garantie de paiement des créances impayées au motif qu'il détenait une part essentielle de l'entreprise et a exercé une influence considérable sur ses activités dans les six mois précédant l'ouverture de la liquidation judiciaire[5].

Ne relève pas du champ d'application de la directive du 22 octobre 2008, et ne peut, dès lors, être examinée au regard des droits fondamentaux de l'Union européenne et notamment de son article 20[6], une réglementation nationale selon laquelle l'employeur peut demander à l'État membre concerné le versement des salaires échus durant la procédure de contestation d'un licenciement postérieurement au 60e jour ouvrable ayant suivi le dépôt du recours et selon laquelle, lorsque l'employeur n'a pas versé ces salaires et se trouve en état d'insolvabilité provisoire, le salarié concerné peut, par l'effet d'une subrogation, réclamer directement à cet État le paiement desdits salaires. La solution a été justifiée par la considération selon laquelle le droit ou l'obligation en cause ne trouve pas sa source dans des règles dérogatoires, spécifiques aux procédures d'insolvabilité, mais dans les règles communes du droit civil et commercial. On observe que le critère de rattachement au Règlement insolvabilité n'est pas le même que celui qui conditionne la compétence de la juridiction qui a ouvert la procédure collective, en droit français : action née de la faillite ou sur laquelle les règles de la faillite exercent leur influence.

La garantie s'applique aussi aux salariés étrangers, alors même qu'ils n'auraient pas de titre de séjour[7]. L'article L. 8252-3 du code du travail (anct C. trav., art. L. 143-13-1) vise en effet l'article L. 8252-1 du même code, (anct C. trav., art. L. 341-6-1) lequel s'intéresse aux travailleurs dont la situation est irrégulière au regard du droit du travail.

La garantie s'applique aux marins demeurant dans un État membre et engagés dans cet État par une société qui, tout en ayant son siège statutaire en dehors de l'Union européenne, a son siège effectif dans cet État membre. Ils doivent donc bénéficier de la protection instaurée par cette directive en ce qui concerne les créances salariales impayées qu'ils détiennent à l'égard de cette société lorsqu'elle est déclarée en faillite dans l'État membre où elle a son siège effectif. Peu importe la loi applicable aux contrats de travail de ces marins, que le navire batte pavillon de cet État tiers, les eaux maritimes sur lesquelles le navire navigue et les salariés travaillent, et enfin que l'État membre ne puisse exiger de contribuer au financement de l'organisme chargé de prendre en charge ces créances salariales[8].

1. Soc. 4 déc. 2012, no 11-22.166, *Bull. civ.* V, no 317; no 2592 FS-P+B; *Gaz. Pal.* 1er mai 2013, no 121, p. 9, note crit. Gailhbaud; *BJE* mai 2013, comm. 35, note Donnette; *Act. proc. coll.* 2013/2, comm. 15, note crit. Gailhbaud; *Rev. proc. coll.* 2013, comm. 31, note Menjucq; *JCP E* 2013, Chron. 1216, no 10, obs. Pétel; *Rev. proc. coll.* 2013, comm. 61, note Taquet – Paris, pole 6, 6e ch., 3 févr. 2016, RG no 13/03905, *Rev. proc. coll.* 2016, comm. 54, note Taquet.
2. Soc. 11 avr. 2012, no 09-68.553, *Bull. civ.* V, no 123; no 1036 FS-P+B; *Gaz. Pal. entr. diff.* 3 août 2012, no 216, p. 34, note Duprat; *Act. proc. coll.* 2012/10, comm. 140, note Jacotot; *BJE* juill. 2012, comm. 124, note Tagliarino-Vignal; *JCP E* 2012, Chron. 1508, no 7, obs. Pétel; *Rev. proc. coll.* 2012, comm. 188, note Menjucq.
3. Gailhbaud, note ss CJUE, 3e ch., 10 mars 2011, *Defossez*, aff. C-477/09, *Rec.* I-01421; *Gaz. Pal. entr. diff.* 1-2 avr. 2011, p. 42.
4. CJUE, 5e ch., 5 nov. 2014, *Tümer*, aff. C-311/13, *Rec.* [À paraître]; *Rev. proc. coll.* 2015, comm. 88, note Mastrullo.
5. CJUE 10 févr. 2011, *Andersson*, aff. C-30/10, *Rec.* I-00513; *Bull. Joly* mai 2011, § 185, p. 431, note Mélin.
6. CJUE, 5e ch., 10 juill. 2014, *Julian Hernández*, aff. C-198/13, *Rec.* [à paraître]; *Rev. proc. coll.* 2015, comm. 89, note Mastrullo.
7. Le Cannu, 7e éd., no 542 – Soinne, no 2269.
8. CJUE, 4e ch., 25 févr. 2016, *Stroumpoulis e.a.*, aff. C-292/14, *Rec.* [à paraître].

CHAPITRE

693. Créances garanties par l'AGS

SECTION 0

ORIENTEUR

693.00 **Plan du chapitre.**

Sect. 693.10 Énoncé des créances couvertes

Sect. 693.20 Indemnités de licenciement intervenu avant jugement d'ouverture

Sect. 693.30 Diverses autres créances garanties n'ayant pas la nature d'accessoire du salaire

Sect. 693.40 Refus de la garantie pour les créances antérieures ne se rattachant pas au contrat de travail

Sect. 693.50 Règles applicables aux indemnités de rupture du contrat de travail après jugement d'ouverture

Sect. 693.60 Indemnité de rupture des salariés protégés

Sect. 693.70 Indemnité de rupture des salariés bénéficiant d'une convention de conversion ou de reclassement

693.01 **Textes applicables.** (V. les références complètes s^s nº 011).

C. trav., art. L. 3253-6 à L. 3253-13 (anc^t C. trav., art. L. 143-11-1 à L. 143-11-3)

> Législation antérieure à la loi de sauvegarde des entreprises.

C. com., art. L. 621-132

> Législation issue de la loi de sauvegarde des entreprises.

C. com., art. L. 625-9, L. 631-18, I, L 641-14, al. 1

> Législation issue de l'ordonnance du 18 décembre 2008.

C. com., art. L. 625-9, L. 631-18, al. 1, L. 641-14, al. 1

> Législation issue de l'ordonnance du 12 mars 2014.

C. trav., art. L. 1222-6, L. 1233-58, L. 1233-60-1, L. 2323-45, L. 2411-1, L. 6222-18

693.02 **Jurisprudence de référence.**

> L'AGS doit sa garantie pour l'indemnité de rupture en cas de licenciement envisagé dans le mois du jugement arrêtant le plan de redressement.

• **Soc. 2 oct. 2001**, nº 99-45.346, nº 99-45.421, *Bull. civ.* V, nº 295

* V. s^s nº 693.53

« Viole les articles L. 143-11-2, L. 122-32-2 et L. 122-32-5 du code du travail la cour d'appel qui, pour décider que l'AGS ne garantit pas l'indemnité allouée au salarié pour licenciement sans cause réelle et sérieuse et en violation des dispositions de l'article L. 122-32-5 du code du travail, retient qu'un délai de plus d'un mois s'est écoulé entre la date du jugement arrêtant le plan de cession de l'entreprise et la rupture effective du contrat de travail de l'intéressé, alors qu'elle relève que l'administrateur avait indiqué par écrit au salarié qu'une procédure de licenciement allait être engagée à son égard, d'où il résulte qu'il avait ainsi manifesté son intention de rompre le contrat de travail de l'intéressé dans le mois suivant le jugement arrêtant le plan de redressement, conformément à l'article L. 143-11-1 alinéa 2, 2°. »

> L'AGS ne doit pas sa garantie pour l'indemnité de rupture en cas de licenciement mis en œuvre plus de quinze jours après le prononcé de la liquidation non assortie d'une poursuite d'activité.

• **Soc. 21 nov. 1989**, nº 88-43.446, *Bull. civ.* V, nº 672

* V. s^s nº 693.54

> En sauvegarde, l'AGS ne garantit pas les créances antérieures au jugement d'ouverture. En conséquence, elle n'a pas à garantir l'indemnité d'un licenciement intervenu avant le jugement d'ouverture de la sauvegarde.

• **Soc. 10 mars 2009**, nº 07-45.326, *Bull. civ.* V, nº 65; nº 463 FS-P+B

* V. s^s nº 693.21

> L'AGS doit sa garantie pour les créances nées avant le redressement judiciaire, même si ce dernier a été précédé d'une sauvegarde.

• **Soc. 21 janv. 2014**, nº 12-18.421, *Bull. civ.* IV, nº 25; nº 127 FS-P+B

* V. s^s nº 693.11

693.03 **Bibliographie indicative.** (V. ss nos 690.03 – Aussi ss n° 692.03).

693.04 **Question principale.**

• Les indemnités de rupture du contrat de travail sont-elles couvertes par l'AGS ?

* V. ss nos 693.51 à 693.71.

693.05 **Lien entre les questions.**

• Sur les créances postérieures couvertes par l'AGS.

* V. ss nos 456.65 s.

693.09 **Possibilité d'intervention de l'AGS pour toutes procédures collectives.** Le domaine d'intervention de l'AGS (Association pour la Gestion du régime d'assurance des Salariés), pour les créances, est précisé par l'article L. 3253-8 du code du travail (anct C. trav., art. L. 143-11-1, al. 2). Parmi celles-ci figurent des créances postérieures (v. ss nos 456.65 s.) et des créances antérieures.

Lorsque créances antérieures et créances postérieures, en fonction de leur nature, ne sont pas identiquement couvertes par l'AGS, il y a place à établissement d'un *prorata* entre ces deux catégories de créances et la garantie jouera alors pour la partie de la créance couverte [1]. La solution est spécialement importante depuis la loi de sauvegarde des entreprises, dans la mesure où l'AGS ne couvre, en procédure de sauvegarde, que les seules créances postérieures.

Le fait que la créance salariale fasse l'objet d'une procédure de paiement direct introduite par un créancier d'aliments n'a pas pour effet d'affecter sa couverture par l'AGS [2].

SECTION 693.10 ÉNONCÉ DES CRÉANCES COUVERTES

693.11 **Énoncé des créances postérieures couvertes.**

– Sommes dues au salarié au cours de la période d'observation, mais à condition que soit prononcée ensuite la liquidation judiciaire. L'article L. 3253-8, 5° du code du travail (anct C. trav. art. L. 143-11-1 al. 2, 3°) fait d'abord bénéficier de la garantie de l'AGS les sommes dues au salarié au cours de la période d'observation, mais à condition que soit prononcée ensuite la liquidation judiciaire. La garantie n'est pas due s'il n'y a pas liquidation judiciaire [3]. La garantie est ici limitée à un mois et demi de salaires [4]. Ne peut donc être suivie une cour d'appel qui accepte la garantie de l'AGS sans limitation pour les sommes dues au titre de la période d'observation au prétexte que la liquidation judiciaire à la fin de la période d'observation constituerait l'ouverture d'une procédure, alors qu'il ne s'agit que d'une conversion [5]. Cette limitation à un mois et demi de salaires joue identiquement pour les indemnités journalières dues par l'employeur au cours de la période d'observation [6]. Le fait que, sous l'empire de la loi de sauvegarde des entreprises [7], le plan de cession soit arrêté pendant le redressement judiciaire ne modifie pas la règle [8].

Il n'est pas nécessaire que la créance soit exigible à la date du jugement d'ouverture de redressement ou de liquidation judiciaire. Il suffit qu'elle soit née à cette date. La solution a été posée en présence d'une convention de rupture amiable du contrat de travail conclue trois ans avant le jugement d'ouverture et alors qu'à cette date, le contrat de travail était encore en cours [9]. Il y a ensuite, depuis la loi du 27 décembre 1996 [10], qui a créé un troisième alinéa à l'article L. 143-11-1 du code du travail (devenu C. trav. art. L. 3253-8, al. 2), les cotisations et contributions sociales d'origine légale, ou conventionnelle imposées par la loi [11]. Il y avait enfin la contribution due par l'employeur pour le financement des allocations de conversion lorsque la convention de conversion avait été conclue avant jugement d'ouverture. L'ordonnance du 24 juin 2004 [12], en son article 13, I, a supprimé les conventions de conversion [13].

La disposition n'a pas été modifiée par la loi de sauvegarde des entreprises et une discussion s'est instaurée pour savoir si elle avait vocation à jouer pour les sommes dues, dans la limite d'un mois et demi de salaires, pendant la période d'observation de la sauvegarde précédant une liquidation judiciaire. L'absence de distinction du texte nous incite à répondre par l'affirmative.

1. Soc. 6 juill. 1999, n° 97-42.231, *Bull. civ.* V, n° 322.
2. Soc. 29 avr. 2003, *Act. proc. coll.* 2003/12, n° 163.
3. Soc. 6 juill. 1999, n° 97-42.231, *Bull. civ.* V, n° 322; *D.* 2001. Somm. 120, obs. Derrida – Soc. 7 juin 2000, n° 98-42.863, NP, *Rev. proc. coll.* 2001, 43, n° 21, obs. Taquet – Soc. 12 mars 2003, n° 01-41.277, NP, *Act. proc. coll.* 2003/11, n° 145 – Soc. 31 oct. 2007, n° 06-40.471, NP; n° 2076 F-D; *Gaz. proc. coll.* 2008/1, p. 63, note Saintourens – Soc. 1er févr. 2012, n° 10-17.591, *Bull. civ.* V, n° 49; n° 376 FS-P+B, *Gaz. Pal.* 28 avr. 2012, n° 118, p. 38, note Duprat : sur un autre moyen.
4. Soc. 10 oct. 2000, n° 98-40.935, NP, *Act. proc. coll.* 2000/20, n° 259 – Soc. 12 mars 2003, n° 01-41.277, NP, *Act. proc. coll.* 2003/12, n° 164 – Soc. 4 juin 2003, n° 01-40.585, NP, *Rev. proc. coll.* 2003, p. 342, n° 12, obs. Taquet.
5. Soc. 21 mai 2014, n° 13-11.707, NP, *Rev. proc. coll.* 2014, comm. 102, note Fin-Langer.
6. Com. 21 févr. 2007, n° 05-40.364, NP, *Act. proc. coll.* 2007/8, n° 94.
7. L. n° 2005-845, 26 juill. 2005, *JO* 27 juill., p. 12187.
8. Deharveng, « Le plan de cession dans la nouvelle architecture des procédures collectives – un événement et non plus une issue du cours de la procédure », *D.* 2006, Chron. 1047 s., sp. 1050.

Soc. 23 nov. 2004, n° 02-41.836, *Bull. civ.* V, n° 293; *Act. proc. coll.* 2005/1, n° 8, note Vallansan; *JCP E* 2005, Chron. 639, p. 711, n° 13, obs. Pétel.

1 L. n° 96-1160, 27 déc. 1996 de financement de la sécurité ociale pour 1997, *JO* 29 déc., p. 19369.

11 NSI : Soc. 12 févr. 2003, n° 01-40.676, NP, *Act. proc. coll.* 003/7, n° 89.

12. d. n° 2004-602, 24 juin 2004, *JO* 26 juin.

13. Langer, *Act. proc. coll.* 2004/17, n° 211.

Cette réponse conditionne la réponse à apporter à une autre question : y a-t-il lieu à couverture par l'AGS des sommes dues pendant la période d'observation en cas de conversion de la sauvegarde en redressement judiciaire, suivie du prononcé d'une liquidation judiciaire ?

En effet, le régime n'est alors pas le même pour les créances antérieures selon qu'il y a sauvegarde ou redressement judiciaire. Faut-il, dans ces conditions, faire abstraction du jugement de sauvegarde et simplement constater que des créances antérieures au jugement d'ouverture, par hypothèse le jugement de sauvegarde, n'étaient pas payées pour les faire prendre en charge par l'AGS dans la procédure de redressement judiciaire ?

La question a appelé parfois une réponse positive[1]. Une réponse négative nous semblait s'imposer, au regard des textes. D'une part, le jugement de conversion en redressement judiciaire n'est pas un jugement d'ouverture. Or l'article L. 3253-2 du code du travail (anc[t] C. trav., art. L. 143-10, al. 1) vise, au titre des créances couvertes par l'AGS, les rémunérations dues quand est « ouverte une procédure de redressement ou de liquidation judiciaire ». D'autre part, l'ouverture de la sauvegarde rend impossible la prise en charge de créances antérieures[2]. Il n'est pas contestable que la solution est extrêmement pénalisante pour les salariés et pour l'entreprise, qui ne pourra compter sur cette source de financement pour assurer sa trésorerie pendant la suite de la période d'observation.

Cette solution a cependant été critiquée en doctrine. Il a été suggéré, si la sauvegarde était convertie en redressement judiciaire, alors que la cessation des paiements préexistait à l'ouverture de la procédure de sauvegarde, que l'intervention de l'AGS s'impose en ce cas[3]. Une intervention législative éclaircissante n'est pas intervenue, mais la Chambre sociale de la Cour de cassation a tranché, dans un sens favorable aux salariés et défavorable aux intérêts de l'AGS. Elle a jugé que « dès lors que la créance du salarié est née avant le jugement d'ouverture de redressement judiciaire et que la garantie prévue par le 1er de l'article L. 3258 du code du travail ne dépend que de la seule ouverture d'une procédure de redressement ou de liquidation judiciaire, sans qu'il y ait lieu d'établir de distinction entre les diverses causes d'ouverture de cette procédure »[4]. Soit ! Mais où se trouve le jugement « d'ouverture du redressement judiciaire » envisagé par la Chambre sociale de la Cour de cassation elle-même, qui, ne s'encombrant pas avec les « détails ou les subtilités législatives du livre VI du code de commerce » confond ouverture d'une procédure de redressement judiciaire et prononcé du redressement judiciaire, ce qui suppose une conversion de procédure.

Cette problématique se retrouve, depuis l'ordonnance du 18 décembre 2008[5], en cas de conversion de la sauvegarde en redressement judiciaire sans cessation des paiements[6]. Le jugement d'ouverture étant une sauvegarde, la garantie de l'AGS ne devrait pas davantage être due pour les créances antérieures au jugement d'ouverture de la sauvegarde. Mais on doute que telle serait la solution de la Chambre sociale.

La solution n'apparaît en revanche pas discutable et en conséquence la garantie de l'AGS apparaît due, lorsqu'il est mis fin à la procédure de sauvegarde sans plan et qu'il y a ensuite ouverture d'un redressement judiciaire. Il n'y a pas alors, en effet, conversion en redressement judiciaire, mais bien ouverture du redressement judiciaire, puisqu'il y a eu véritable clôture de la procédure de sauvegarde. La solution ne jouera toutefois qu'en l'absence de fraude, cette dernière résultant de la volonté du débiteur ou de son administrateur d'éluder la règle d'absence de couverture par l'AGS des créances antérieures en cas d'ouverture d'une procédure de sauvegarde[7].

Il n'y pas non plus de discussion en cas d'ouverture d'une liquidation judiciaire consécutive à la résolution d'un plan de sauvegarde. Les créances antérieures à l'ouverture de la liquidation sont garanties par l'AGS[8].

1. J.-CL. COM., Jaquemont, fasc. 2450, [Privilège des salariés et garantie de paiement], 2007, n° 44 – *Adde*, MAIS MOINS AFFIRMATIF : Mastrullo, « La conversion de la sauvegarde en redressement judiciaire », *Rev. proc. coll.* 2008, p. 41 s. sp. p. 48, n° 46.
2. Pétel, « L'AGS et la réforme des procédures collectives », *RJ com.* 2006/3, p. 174 s., sp. p. 177, n° 15 – Méteyé, « L'intervention de l'AGS dans les procédures de sauvegarde », *Gaz proc. coll.* 2006/3, p. 3 s., sp. p. 4 – Arséguel et Méteyé, « Les aspects sociaux de la procédure de sauvegarde », *Rev. proc. coll.* 2008/2, p. 117 s., sp. p. 121, n° 24.
3. PÉROCHON, 9e éd., n° 1234, note 581 – *Adde*, LE CANNU, 7e éd., n° 543.
4. Soc. 21 janv. 2014, n° 12-18.421, *Bull. civ.* IV, n° 25; n° 127 FS-P+B; *D.* 2014, actu. 270, note Lienhard; *D.* 2014. pan. 2152, note Lucas; *Gaz. Pal.* 29 juin 2014, n° 180, p. 36, note Gailhbaud; *Act. proc. coll.* 2014/3, comm. 45, note Fin-Langer; *JCP E* 2014, Chron. 1173, n° 8, note Pétel; *BJE* mai 2014, 165, note Driguez; *Rev. proc. coll.* 2014, comm. 55, note Jacotot.
5. Ord. n° 2008-1345, 18 déc. 2008, *JO* 19 déc., p. 19462.
6. Roussel Galle, « L'ouverture des procédures », *D.* 2009, Chron. 644 s., sp. 651, n° 32.
7. Arséguel et Méteyé, « Les aspects sociaux de la procédure de sauvegarde », *Rev. proc. coll.* 2008/2, p. 117 s., sp. p. 121, n° 26.
8. Soc. 22 sept. 2015, n° 14-17.837, *Bull. civ.* V [à paraître]; *Gaz. Pal.* 19 janv. 2016, n° 3, p. 75, note Gailhbaud; *Act. proc. coll.* 2015/17, comm. 273, note Fin-Langer; *BJE* 2016, 51, note Driguez; *Rev. proc. coll.* 2016, comm. 74, note Fin-Langer.

– **Sommes dues pour les quinze jours suivant la liquidation.** L'article L. 3253-8, 5-b du code du travail (anc^{t} C. trav. art. L. 143-11-1 al. 2, 3°) fait ensuite bénéficier de la garantie de l'AGS les sommes dues au salarié pour les quinze jours suivant la liquidation (C. trav., art. L. 3253-8, 5°, b)[1]. Au-delà de ce délai de 15 jours, l'AGS ne couvre pas les créances[2]. La loi du 14 juin 2013[3] a porté la protection à 21 jours suivant le jugement de liquidation judiciaire, lorsqu'un plan de sauvegarde de l'emploi a été élaboré (C. trav., art. L. 3253-8, 5°, b), Peu importe la date à laquelle interviendra ensuite le licenciement et le point de savoir si l'AGS couvre ou non le licenciement[4].

Cette couverture est portée par l'article L. 3253-8, 5°, c du code du travail à un mois pour le représentant des salariés qui ne peut être, en pratique, licencié dans le délai de quinze jours de la liquidation. L'extension ne concerne que le représentant des salariés et non tous les salariés protégés pour lesquels la garantie est enfermée dans le délai de quinze jours[5].

– **Sommes dues pendant la période de poursuite provisoire d'activité autorisée en liquidation judiciaire.** Enfin, sont couvertes, les sommes dues pendant la période de poursuite provisoire d'activité autorisée en liquidation judiciaire, les sommes dues pendant les 15 jours suivant la fin de cette période de poursuite d'activité. La loi du 14 juin 2013 a porté la protection à 21 jours suivant la fin de cette même période (C. trav., art. L. 3253-8, 5°, d).

Le plafond de garantie est d'un mois et demi de travail. Ce plafond est global. Il comprend les trois catégories de créances ci-dessus visées. Du fait du caractère global du plafond, si un mois et demi de salaires doit être avancé au titre de la période d'observation, les avances ne pourront plus avoir lieu au titre de la poursuite d'activité autorisée en liquidation judiciaire[6].

L'AGS ne devra sa garantie, en présence de sommes naissant périodiquement, telles les créances représentant la contrepartie financière d'une clause de non-concurrence incluse dans le contrat de travail, que pour les sommes échues au cours des périodes couvertes[7].

Outre les créances ci-dessus visées, l'AGS garantit encore les sommes dues au salarié dont le licenciement est annulé, entre son licenciement et sa réintégration[8].

Les articles L. 3253-10 à L. 3253-13 (anc^{t} C. trav., art. L. 143-11-3) du code du travail, comme il le fait, pour les créances antérieures (v. s^{s} n° 693.34), couvre les créances d'intéressement des salariés aux résultats de l'entreprise. Il garantit également les arrérages de préretraite.

Ces deux types de créances sont garantis :

– lorsqu'elles sont exigibles à la date du jugement d'ouverture de la procédure;

– lorsque, si un plan organisant la continuation de l'entreprise intervient à l'issue de la procédure, elles deviennent exigibles du fait de la rupture du contrat de travail, dans les délais prévus au 3° de l'article L. 3253-8 (anc^{t} C. trav., art. L. 143-11-1, 2°);

– lors d'un jugement de liquidation judiciaire ou d'un jugement arrêtant le plan de cession totale de l'entreprise.

Comme il le fait également pour les créances antérieures, l'article L. 3253-8, 4° du code du travail (anc^{t} C. trav., art. L. 143-11-1 al. 2, 3°), depuis la loi du 27 décembre 1996, fait couvrir par l'AGS les cotisations et contributions sociales salariales d'origine légale, ou d'origine conventionnelle imposée par la loi.

L'AGS ne couvre cependant pas les cotisations patronales, mais seulement les cotisations salariales[9].

La même disposition prévoit que l'AGS garantit la contribution de l'employeur aux allocations de conversion[10], lorsque la convention de conversion a été conclue après jugement d'ouverture. La garantie s'applique également aux salaires dus aux salariés qui ont adhéré à la convention de conversion pendant le délai de réponse qui leur était imparti. Ces deux couvertures par l'AGS postulent que la convention de conversion a été proposée aux salariés pendant la période d'observation, dans le mois du jugement arrêtant le plan de redressement, dans les quinze jours de la liquidation judiciaire ou pendant la période de poursuite provisoire de l'activité auto-

1. Soc. 28 sept. 2011, n° 10-21.350, NP, *Gaz. Pal. entr. diff. 21 janv. 2012, n° 20, p. 43, note Duprat.*
2. Soc. 23 sept. 2014, n° 13-19.074, NP.
3. L. n° 2013-504, 14 juin 2013, *JO* 16 juin, p. 9958.
4. Soc. 8 oct. 2003, n° 01-43.951, *Bull. civ.* V, n° 255; *Act. proc. coll.* 2003/20, n° 260, note Taquet.
5. Soc. 2 juin 1992, n° 89-44.415, *Bull. civ.* V, n° 358; *D.* 1993. Somm. 75, obs. Honorat – Soc. 28 sept. 2011, n° 10-21.350, NP, *Gaz. Pal. entr. diff.* 21 janv. 2012, n° 20, p. 43, note Duprat.
6. Soc. 28 sept. 2011, n° 10-12.143, NP; n° 1836 F-D.
7. Soc. 9 févr. 1[…]9, n° 96-45.27[…] NP, *Act. proc. coll.* 1999/6, n° 83 – Soc[…] 7 oct. 1999, n[…]96-43.941, *Bull. civ.* V, n° 416; *Gaz.* [...] 4-5 févr. 2000, [...]9, note Boubli; *Dr. soc.* 2000. 1233, n[…] Radé – Soc. 20 [...] 2006, n° 04-48.523, *Bull. civ.* V, n° [...]3; *JCP E* 2007. 10[...]4, n° 15, obs. Pétel.
8. Soc. 16 nov. 19[...], n° 97-42.069, *Bull. civ.* V, n° 440; *Rev. proc. coll.* 2000[...]2, n° 6, obs. Taquet.
9. Soc. 30 mars 19[...], n° 96-44.332, N[...] *[...] soc.* 1999. 646, note Radé – So[...] 28 mars 2000, [...]8-42.494, NP, *D.* 2001. Somm. 19, obs. Derrida.
10. CEP. : Soc. 18 juill.[...]000, n° 98-42.864, [...]P, *Act. proc. coll.* 2000/16, n° 212.

risée en liquidation judiciaire. En revanche, la garantie n'est pas due, dans ce cadre, au titre de l'indemnité de préavis due à l'Assedic[1].

693.12 Énoncé des créances antérieures couvertes. Deux types de créances antérieures sont visés.

Il y a d'abord les sommes dues au salarié à la date du jugement d'ouverture de toute procédure de redressement et de liquidation judiciaires, mais non de sauvegarde[2] (C. trav., art. L. 3253-8, 1°).

Il n'y a pas lieu de distinguer selon qu'un plan de redressement sera ou non arrêté[3]. Les créances nées entre le plan de continuation et l'ouverture d'une seconde procédure collective consécutive à la résolution du plan sont garanties par l'AGS, puisqu'elles sont, dans la seconde procédure, des créances antérieures[4].

En cas de conversion d'une procédure de sauvegarde en redressement judiciaire, les créances antérieures au jugement de sauvegarde peuvent être couvertes par l'AGS (v. s[s] n° 693.11).

Il n'est pas nécessaire que la créance soit exigible à la date du jugement d'ouverture de redressement ou de liquidation judiciaire. Il suffit qu'elle soit née à cette date. La solution a été posée en présence d'une convention de rupture amiable du contrat de travail conclue trois ans avant le jugement d'ouverture et alors qu'à cette date, le contrat de travail était encore en cours[5].

Il y a ensuite les contributions dues par l'employeur dans le cadre du contrat de sécurisation professionnelle (C. trav. art. L. 3253-8, 1°). Avant la loi du 28 juillet 2001[6], étaient visées, les cotisations et contributions sociales d'origine légale, ou conventionnelle imposées par la loi[7]. Était enfin visée la contribution due par l'employeur pour le financement des allocations de conversion lorsque la convention de conversion avait été conclue aant jugement d'ouverture. L'ordonnance du 24 jin 2004[8], en son article 13, I, a supprimé les conventions de conversion[9].

693.13 Créances antérieures se rattachant au contrat de travail. Par une formule très large, le législateur fait bénéficier de la garantie de l'AGS toutes les créances dues au jour du jugement d'ouverture. L'AGS ne couvre que les créances arrêtées au jour du jugement d'ouverture, la règle de l'arrêt du cours des intérêts s'appliquant en effet même aux créances salariales[10] (v. s[s] n° 641.21).

Interprétant la formule « toutes les créances dues au jour du jugement d'ouverture », la chambre sociale de la Cour de cassation estime que sont visées toutes les créances se rattachant au contrat de travail, cette expression ayant été préférée à celle de créances nées en exécution du contrat de travail[11]. La rémunération due à un comédien en supplément de son salaire – rémunération avant amortissement de 4 % de tout financement servant à monter le film – est couverte[12]. De même, il a été jugé que l'assurance couvre les avances sur redevances dues en exécution du contrat d'artiste[13].

Cette interprétation souple peut être critiquée, car elle aboutit à une extension très sensible de la couverture due par l'AGS, alors qu'il nous semble que la vocation sociale de cette institution devrait conduire à circonscrire son intervention à la seule couverture des besoins alimentaires des salariés[14], cette couverture devant participer du caractère lui-même alimentaire du salaire. Une intervention législative musclée, à défaut d'une interprétation différente de la Chambre sociale, nous semble s'imposer pour rétablir le nécessaire équilibre entre tous les intérêts antagonistes en présence, pourtant rompu, dans le droit des entreprises en difficulté, la balance penchant exclusivement du côté des salariés, ce qui singularise le droit français par rapport aux autres modèles européens, constituant ainsi un repoussoir à investisseurs, et ne participe évidemment pas à l'attractivité prétendument recherchée du droit français des entreprises en difficulté.

En droit positif, pour que la créance se rattache au contrat de travail, et en conséquence soit cou-

1. Soc. 18 juill. 2000, n° 98-42.864, NP, *Rev. p c. coll.* 2001, 42, n° 18, obs. Taquet.
2. SUR CE PRINCIPE de solution : Soc. 10 ma 2009, n° 07-45.326, *Bull. civ.* V, n° 6 ; n° 463 FS+B ; *D.* 2009. AJ 807, obs. Lienhard ; *Act. proc. coll.* 009/9, n° 136, note Jacotot ; *JCP E* 209. 1549, no Beyneix – Soc. 19 mai 2016, n°s 15-10 72 à 15-10.07 NP.
3. Soc. 17 janv. 2001, n° 8-46.375, NP, *. Pal.* 2001, pan. 25-27 févr., p. 22 – c. 13 juin 2001 n° 99-42.977, NP, *Act. proc. coll.* 2001 5, n° 194.
4. Soc. 14 déc. 1999 ° 97-43.346, *Bu civ.* V, n° 485 ; *Rev. proc. coll.* 2000, n° 8, obs. Taque
5. Soc. 23 nov. 20 n° 02-41.836, *B. civ.* V, n° 293 ; *Act. proc. coll.* 20 1, n° 8, note Vansan ; *JCP E* 2005, Chron. 639, p 1, n° 13, obs. Pét
6. L. n° 2011-8 28 juill. 2011, *JO* juill., p. 12914.
7. AINSI : Soc. 1 févr. 2003, n° 01-4076, NP, *Act. proc. coll.* 2003/7, n°
8. Ord. n° 20 602, 24 juin 2004, c.
9. Fin-Langer, *Act. proc. coll.* 2004/17, n° 211.
10. Soc. 10 déc. 1996, n° 95-40.485 *Bull. civ.* V, n° 434 – Soc. 23 nov. 1999, n° 97-44.172, NP, *D. Affaires* 2000, Somm. 116, obs. Derrida.
11. SAINT-ALARY-HOUIN, 9e éd., n° 1123.
12. Soc. 17 mai 2005, n° 02-47.541, *Bull. civ.* V, n° 166 ; *Act. proc. coll.* 2005/12, n° 145, note Fin-Langer.
13. Soc. 3 déc. 2008, n° 07-42.469, NP ; n° 2049 F-D ; *Gaz. proc. coll.* 2009/2, p. 40, n° 5, note Duprat ; *Bull. Joly* mars 2009, p. 221, note crit. Lucas.
14. RAPPR. : Boyer, « Un droit social contre-productif dans les entreprises en difficulté », *Gaz. Pal.* 16-17 avr. 2010, n°s 106, 107, p. 8 s., sp. p. 11.

verte par l'AGS, il faut que celui-ci existe. Tel n'est pas le cas s'il s'agit d'un stage d'initiation à la vie professionnelle des jeunes[1] ou d'un contrat initiative emploi. Cependant, si le contrat ne précise pas qu'il s'agit d'un contrat initiative emploi, ce denier sera requalifié en contrat à durée indéterminée couvert par la garantie[2].

En outre, il faudra que le contrat de travail ne soit pas nul, ce qui suppose que l'intéressé ait un lien de subordination et ne soit pas, en réalité, un dirigeant de fait[3]. Le contrat de travail ne devra pas être fictif, la charge de la preuve incombant à l'AGS qui veut refuser sa garantie.

Il n'est pas nécessaire que le travail ait effectivement commencé[4], dès lors que le contrat est signé. En revanche, l'indemnité due au salarié en cas de rupture d'une promesse d'embauche n'est pas garantie, cette indemnité ayant une origine précontractuelle et ne peut donc se rattacher au contrat de travail[5].

Les sommes allouées en raison de la requalification du contrat de travail à temps partiel en un contrat de travail à temps complet s'analysent en un complément de salaire relevant de la couverture de l'AGS[6].

La garantie n'est due que si les créances se rattachent à un contrat de travail non suspendu. Ainsi, la garantie n'est pas due au titre des jours de grève, puisque la grève suspend le contrat de travail[7].

Si la créance est représentative du salaire lui-même, il n'y a pas de difficulté à considérer que la garantie est due. Peu importe à cet égard que les créances aient fait l'objet d'une transaction[8]. Si la créance de salaire a fait l'objet d'une saisie des rémunérations, avant jugement d'ouverture entre les mains de l'employeur, tiers saisi, et alors que les sommes saisies n'ont pas été déposées au greffe du tribunal d'instance, la garantie doit jouer[9].

L'absence de réclamation par un associé, antérieurement à l'ouverture de la procédure collective, de paiement de salaires motivée par le souci de permettre à l'entreprise de surmonter ses difficultés de trésorerie n'entraîne pas novation de la créance salariale en une créance commerciale[10].

SECTION 693.20
INDEMNITÉS DE LICENCIEMENT INTERVENU AVANT JUGEMENT D'OUVERTURE

693.21 Indemnités du licenciement intervenu avant jugement d'ouverture. Les sommes dues au titre de la rupture du contrat de travail ou d'apprentissage intervenue avant jugement d'ouverture sont couvertes par l'AGS, au titre des sommes dues aux salariés à la date du jugement d'ouverture du redressement ou de la liquidation judiciaire (C. trav., art. L. 3253-8, 1°), à condition que les sommes soient exigibles à la date du jugement d'ouverture. La solution applicable pour le redressement et la liquidation judiciaires avant la loi de sauvegarde des entreprises[11] le demeure après l'entrée en vigueur de cette même loi.

L'AGS ne prend en charge les indemnités de rupture d'un contrat de travail prévues par un accord d'entreprise qu'autant qu'il n'a pas été conclu en fraude de ses droits[12].

La garantie est due à un salarié protégé, par exemple une femme en congé maternité, pour toutes les sommes qu'elle aurait dû percevoir au titre de la période de protection, en cas de licenciement illicite intervenu avant le jugement d'ouverture[13]. Identiquement l'AGS doit garantir les conséquences d'un licenciement intervenu avant jugement d'ouverture pour manquement de l'employeur à l'obligation de déclaration du salarié aux organismes sociaux[14]. De même, l'AGS doit couvrir les conséquences d'un licenciement sans cause réelle et sérieuse, intervenu avant jugement d'ouverture, et dont la lettre de licenciement contient une imputation vexatoire[15].

En sauvegarde, l'AGS ne garantit pas les créances antérieuresau jugement d'ouverture. En conséquence, elle n'a pas à garantir l'indemnité d'un

1. Soc. 25 oct. 1990, n° 88-14.699, *Bull. civ.* V, n° 498; *D.* 1991. Somm. 238, obs. Honorat.
2. Soc. 23 oct. 2001, n° 99-41.763, NP, *Act. proc. coll.* 2001/20, n° 262.
3. Soc. 9 mai 2001, n° 98-45.966, NP, *Rev. proc. coll.* 2002, p. 108, n° 12, obs. Taquet.
4. Soc. 22 mars 1995, *Rev. proc. coll.* 1995, 496, obs. Taquet.
5. Versailles, 28 sept. 1993, *D.* 1994. Somm. 180, obs. Honorat – *Versailles, 2 déc. 1994, D. 1996. Somm. 87, obs.* Honorat.
6. *Act. proc. coll.* 2002/16, n° 210.
7. Soc. 26 janv. 2000, nos 98-44.177, 98-44.182, *Bull. civ.* V, n° 37; *Rev. proc. coll.* 2001, 43, n° 20, obs. Taquet.
8. Soc. 3 avr. 2001, n° 99-42.183, *Bull. civ.* V, n° 116; *Act. proc. coll.* 2001/10, n° 126.
9. Soc. 14 mai 1997, n° 95-12.785, *Bull. civ.* V, n° 173; *JCP G* 1997. IV. 1410.
10. Soc. 24 mai 2010, n° 08-44.441, NP, *Gaz. Pal. entr. diff.* 2-3 juill. 2010, nos 183, 184, p. 38, note Duprat.
11. L. n° 2005-845, 26 juill. 2005, préc.
12. Soc. 29 sept.2009, nos 08-41.723, 08-41724, 08-41.725, NP, *Act. proc.coll.* 2009/17, n° 263.
13. Soc. 29 janv. 2003, n° 00-46.048, *Bull. civ.* V, n° 25; *JCP E* 2003, pan. 438, p. 499; *Act. proc. coll.* 2003/7, n° 87; *Rev. proc. coll.* 2003, p. 154, n° 2, obs. Taquet.
14. Soc. 21 janv. 2004, n° 01-42.801, NP.
15. Soc. 29 janv. 2003, n° 00-42.630, *Bull. civ.* V, n° 26; *JCP E* 2003, pan. 439, p. 500; *Act. proc. coll.* 2003/7, n° 88; *Rev. proc. coll.* 2003, p. 155, n° 3, obs Taquet.

licenciement intervenu avant le jugement d'ouverture de la sauvegarde[1].

693.22 Indemnités de licenciement du salarié effectué par le locataire-gérant. En cas de licenciement d'un salarié opéré par le locataire-gérant avant sa liquidation judiciaire, alors que le fonds a fait retour au propriétaire, le salarié irrégulièrement licencié du fait du transfert de l'entité économique a le choix de demander au repreneur - le propriétaire du fonds en l'occurrence - la poursuite de son contrat rompu ou de demander à son employeur - le locataire-gérant - une indemnisation. En cette seconde occurrence, l'AGS doit couvrir les conséquences de la rupture[2].

693.23 Prime de création d'entreprise prévue par le plan social. D'une manière semble-t-il extensive, il est aussi admis que l'AGS doit sa garantie pour la prime de création d'entreprise prévue par le plan social, appelé plan de sauvegarde de l'emploi[3]. La justification semble devoir être trouvée dans l'idée que cette créance se rattache au contrat de travail en ce qu'elle est destinée à réparer les dommages consécutifs à sa rupture[4].

693.24 Exclusion de la garantie en cas d'accord d'entreprise, d'établissement ou de groupe, d'une décision unilatérale de l'employeur ou en cas d'accord négocié. Il faut réserver le jeu de l'article L. 3253-13 (anc^t C. trav., art. L. 143-11-3, al. 4), tel qu'il résulte de la rédaction que lui a donnée la loi du 4 mai 2004[5], relative à la formation professionnelle tout au long de la vie et au dialogue social, et plus précisément son article 57. Cette disposition prévoit que « l'assurance prévue à l'article L. 143-11-1 (devenu C. trav. art. L. 3253-6) ne couvre pas les sommes qui concourent à l'indemnisation du préjudice causé par la rupture du contrat de travail dans le cadre d'un licenciement pour motif économique, en application d'un accord d'entreprise ou d'établissement ou de groupe ou d'une décision unilatérale de l'employeur, lorsque l'accord a été conclu et déposé ou la décision notifiée moinsde dix-huit mois avant la date du jugement d'ouverture de la procédure de redressement ou de liquidation judiciaire ». La disposition a pour objet d'éviter les fraudes et doit être rapprochée des nullités de la période suspecte.

En interprétation de ce texte, il a été jugé que l'AGS doit garantir la créance du salarié résultant d'un accord d'entreprise conclu postérieurement au jugement arrêtant le plan de cession[6].

SECTION 693.30

DIVERSES AUTRES CRÉANCES GARANTIES N'AYANT PAS LA NATURE D'ACCESSOIRE DU SALAIRE

693.31 Accessoires du salaire et créances voisines. Si la créance litigieuse est un accessoire du salaire, il n'y a pas davantage de difficulté au jeu de la garantie, par exemple le treizième mois. Cependant, une difficulté particulière se présente alors, car la créance de treizième mois ne naît qu'au 31 décembre de l'année pour laquelle elle est due[7]. Elle ne sera donc pas née au jour du jugement d'ouverture intervenu la même année[8].

693.32 Frais de déplacement. Le rattachement au contrat de travail ne suppose pas que la créance soit un accessoire du salaire. C'est ainsi que seront couverts les remboursements de frais de déplacement.

693.33 Capital décès. Le capital décès se rattache également au contrat de travail. Il en résulte que la garantie joue pour les ayants droit des salariés[9].

693.34 Participation des salariés aux résultats de l'entreprise - Compte-épargne temps. L'article L. 3253-10 du code du travail (anc^t C. trav., art. L. 143-11-3) fait bénéficier de la garantie les créances relatives à la participation des salariés aux résultats de l'entreprise. Il est toutefois jugé que le remboursement des versements volontaires effectués par les salariés sur un plan d'épargne entreprise n'est pas garanti[10].

Ces sommes seront garanties si elles revêtent la nature de créances sur l'entreprise[11]. En application des articles L. 3322-1 et suivants du code du travail

1. Soc. 10 mars 2009, n° 07-45.326, *Bull. civ.* V, n° 65; n° 463 FS-P+B; *D.* 2009. AJ 807, obs. Lienard; *Act. proc. coll.* 2009/9 n° 136, note Jacotot; *JCP E* 2009. 1549, note Beyneix; *JCP E* 2009, Chron. 1814, n° 13, note Pétel.
2. Soc. 28 janv. 2004, n° 01-47.356, *Bull. civ.* V, n° 28; *Act. proc. coll.* 2004/6, n° 73, note Fin-Langer.
3. Soc. 30 avr. 2003, n° 00-46.820, *Bull. civ.* V, n° 150; *Act. proc. coll.* 2003/13, n° 178, obs. Fin-Langer.
4. Fin-Langer, obs. s^s Soc. 30 avr. 2003, n° 00-46.820, *Bull. civ.* V, n° 150; *Act. proc. coll.* 2003/13, n° 178.
5. L. n° 2004-391, 4 mai 2004, *JO* 5 mai, p. 7983.
6. Soc. 30 sept. 2009, n° 08-42.076, *Bull. civ.* V, n° 213; n° 1948 FS-P+B; *Gaz. Pal.* 8-10 janv. 2010, n°s 8, 9, p. 38, note Gaihbaud; *Rev. proc. coll.* 2010/1, § 37, p. 48, note Taquet.
7. Soc. 29 sept. 1992, *Gaz. Pal.* 1992. II, pan. 264.
8. Soc. 14 mai 1997, n° 95-43.776 *Bull. civ.* V, n° 172.
9. Soc. 25 juin 1996, n° 93-41.917, NP, *Gaz. Pal.* 1996. II, pan. 218 – Soc. 8 juill. 1997, *Bull. civ.* V, n° 248.
10. Soc. 28 nov. 2007, n° 05-45.354, *Bull. civ.* V, n° 198; FS-P+B.
11. Soc. 17 mai 1995, n° 93-46.441, NP, *Rev. proc. coll.* 1996, 272, obs. Taquet – Soc. 30 sept. 2004, n° 02-16.439, *Bull. civ.* V, n° 242.

(anc[t] C. trav., art. L. 442-1 s.), les droits constitués au profit des salariés au titre de la participation aux résultats de l'entreprise en exécution du contrat de travail et du statut collectif qu'il implique revêtent la forme d'un droit de créance sur l'entreprise quel que soit leur emploi pendant le temps de leur indisponibilité[1]. Au contraire, ne sont pas garanties, des sommes employées, en vertu d'un accord de participation, à l'acquisition d'un fonds commun de placement dont les salariés sont devenus copropriétaires, puisque ces sommes ne représentent pas un droit de créance sur l'entreprise[2].

L'AGS couvre également l'indemnité due au salarié, qui correspond à la conversion monétaire des droits que le salarié a pu épargner sur son compte-épargne temps. La solution vaut même si le contrat de travail n'est pas rompu, à la suite d'un plan de cession, dès lors qu'aucune clause conventionnelle n'est prévue dans le plan de cession relativement à ce compte[3].

693.35 Arrérages de préretraite. Sont également couverts, les arrérages de préretraite dus à un salarié ou à un ancien salarié, en application d'un accord professionnel ou interprofessionnel, d'une convention collective ou d'un accord d'entreprise. Encore faut-il qu'il s'agisse, dans ce dernier cas, d'un véritable accord collectif d'entreprise, ce qui n'est pas le cas d'arrérages versés simplement en application d'une note et d'un procès-verbal du comité d'entreprise[4]. En outre, l'accord doit prévoir un départ à la retraite au plus tôt à 55 ans. Enfin, ces créances doivent être exigibles à la date du jugement d'ouverture.

693.36 Diverses indemnités couvertes. L'indemnité de congés payés correspondant à un travail fourni avant jugement d'ouverture est garantie, quelle que soit la date de son exigibilité[5].

En revanche, l'indemnité compensatrice de congés payés n'est garantie que si les salariés ont été mis, du fait de l'employeur, dans l'impossibilité de prendre leurs congés payés conventionnels[6].

La créance d'indemnité conventionnelle de départ à la retraite se rattache identiquement au contrat de travail et, en conséquence, est garantie par l'AGS. Il faudra cependant qu'à la date du jugement d'ouverture, les salariés aient atteint l'âge de la retraite[7].

L'indemnité de clientèle accordée à un VRP dans le cadre d'une transaction suite à une réduction du temps de travail est couverte par l'AGS[8].

Les créances représentatives de la contrepartie financière d'une clause de non-concurrence échues à la date du jugement d'ouverture sont également couvertes[9] (pour la contrepartie d'une clause de non-concurrence en cas de rupture du contrat de travail après jugement d'ouverture, v. s[s] n° 693.51).

La majoration de l'indemnité conventionnelle de licenciement pour motif économique prévue par un accord collectif de fin de conflit conclu avec les syndicats[10] et celle résultant d'un plan de sauvegarde de l'emploi[11] sont aussi garanties.

693.37 Diverses créances de dommages et intérêts couvertes. Sont encore couvertes les créances de dommages et intérêts dus aux salariés en raison de l'inexécution par l'employeur d'une obligation résultant du contrat de travail[12].

C'est ainsi d'abord que seront couverts les dommages et intérêts dus au salarié pour retard de paiement des salaires[13]. Seront également couverts les dommages et intérêts dus au salarié qui devait bénéficier d'une convention de conversion et qui en a été privé par suite d'une transmission tardive des documents par le représentant des créanciers à l'AGS[14]. Seront identiquement couverts, les dommages et intérêts dus aux salariés en raison du non-respect par l'employeur de l'obligation d'information des salariés en matière de repos compensateur[15].

Sont couvertes les indemnités dues en réparation du préjudice moral subi par le salarié lié au refus de l'employeur de lui payer un salaire correspondant à la classification de son emploi[16].

1. Soc. 30 sept. 2004, n° 02-16.439, *Bull. civ.* V, n° 242.
2. Soc. 28 nov. 2007, n° 05-45.354, *Bull. civ.* V, n° 198.
3. Soc. 7 avr. 2010, n° 09-40.015, *Bull. civ.* V, n° 85; *Gaz. Pal. entr. diff.* 2-3 juill. 2010, n°s 183, 184, p. 36, note Duprat; *Act. proc. coll.* 2010/10, n° 141, note Neau-Leduc.
4. Soc. 10 avr. 1991, n°s 88-45.688, 88-4593, *Bull. civ.* V, n° 175; *D.* 1993. Somm. 75, obs. Honorat – Soc. 2 nov. 1993, n° 90-42.661, NP, *Gaz. Pal.* 1993. II, pan. 284.
5. Soc. 21 nov. 1989, *Bull. civ.* V, n° 674; *JCP E* 1990. 15832, obs. Pétel; *Rev. proc. coll.* 1990, 295, obs. Kerckhove – Soc. 13 mai 2009, n° 07-40.094, NP; n° 948 F-D.
6. Soc. 10 déc. 2003, n° 02-41.210, NP, *Rev. proc. coll.* 2004, p. 253, n° 27, obs. Taquet.
7. Soc. 12 avr. 1995, n° 92-18.005, *Bull. civ.* V, n° 132; *D.* 1995. Somm. 307, obs. Honorat; *Rev. proc. coll.* 1995, 499, obs. Taquet.
8. Soc. 4 oct. 2000, n° 98-41.462, NP, *Rev. proc. coll.* 2001, 42, n° 19, obs. Taquet.
9. AINSI : Soc. 14 déc. 1999, n° 97-43.346, *Bull. civ.* V, n° 485; *D.* 2001. Somm. 121, obs. Derrida.
10. Soc. 12 juin 2001, n°s 98-40.936, 98-43.737, NP, *Gaz. Pal.* 30 sept.-2 oct. 2001, pan. 19.
11. Soc. 25 mai 2004, n° 02-42.503, NP, *Rev. proc. coll.* 2004, p. 394, n° 11, obs. Taquet.
12. Soc. 17 oct. 2000, n° 98-45.139, NP, *Act. proc. coll.* 2001/1, n° 11.
13. Soc. 27 juin 2001, n° 99-42.984, NP, *Act. proc. coll.* 2001/[illegible] n° 208.
14. Soc. 2 mars 1999, n° 96-43.604, *Bull. civ.* V, n° 89; *D.* 2001. Somm. 119, obs. Derrida.
15. Soc. 16 mars 1999, n°s 96-45.812, 96-45.813, *Bull. civ.* V, n° [illegible]4; *Rev. proc. coll.* 1999, 161, n° 1, obs. Taquet; *D.* [illegible]1. Somm. 119, obs. Derrida.
16. Soc. [illegible] mai 2009, n° 07-40.094, NP; n° 948 F-D.

La Cour de cassation admet encore la couverture des dommages et intérêts dus aux salariés par le chef d'entreprise pour avoir laissé les salariés dans l'incertitude sur le sort de leur contrat de travail pendant plusieurs mois et pour avoir tardé à payer les indemnités de rupture, ce qui constitue une violation des obligations contractuelles[1].

La couverture est encore assurée pour les dommages et intérêts dus aux salariés en cas de méconnaissance de la réglementation relative à la délivrance des bulletins de salaire, des certificats de travail et des attestations Assedic[2]. Spécialement, la délivrance tardive du certificat de travail et d'une attestation destinée à pôle emploi doit être indemnisée[3].

On peut encore citer la couverture AGS pour les dommages-intérêts dus au salarié pour défaut d'affiliation de celui-ci par l'employeur à un régime de prévoyance[4] et à une caisse de retraite complémentaire des cadres[5], pour défaut de paiement des cotisations à une caisse de retraite complémentaire[6] ou pour défaut de cotisation de l'employeur à l'assurance-chômage[7].

L'AGS garantit encore les dommages et intérêts dus au salarié pour harcèlement moral de l'employeur[8]. Il en est de même des actes de harcèlement sexuel[9], la solution ayant été justifiée dans une espèce par le fait que le chef d'entreprise avait pris en considération le refus de la salariée de subir ces actes pour fixer sa rémunération[10].

L'AGS doit couvrir l'indemnité réparant le préjudice d'anxiété des salariés exposés à l'amiante[11]. Mais il n'en est ainsi que si la créance indemnitaire de réparation du préjudice d'anxiété est antérieure au jugement d'ouverture. Or celle-ci naît, selon la Cour de cassation, des troubles psychologiques qu'engendre la connaissance du risque d'exposition à l'amiante, soit au jour de l'arrêté ministériel d'inscription de cette activité sur la liste des établissements permettant la mise en œuvre de l'allocation de cessation d'activité anticipée des travailleurs de l'amiante (Acaata)[12]. En conséquence, l'AGS ne doit pas sa garantie si les salariés ont eu connaissance du risque d'exposition à l'amiante postérieurement à l'ouverture de la procédure collective[13]. En outre, pour être indemnisés au titre du préjudice d'anxiété résultant de l'exposition à l'amiante, les salariés doivent avoir travaillé dans les conditions prévues par l'arrêté ministériel du 7 juillet 2000 fixant notamment la liste des métiers ouvrant droit au bénéfice des dispositions de l'article 41 de la loi du 23 décembre 1998. Tel n'est pas le cas des employés administratifs et d'une femme de ménage[14].

Les salariés dont le préjudice d'anxiété n'est pas garanti par l'AGS ne peuvent obtenir réparation en se plaçant sur le terrain du manquement à l'obligation de résultat[15].

L'AGS garantit également les dommages et intérêts dus au salarié en raison de circonstances vexatoires du licenciement explicitées dans la lettre de licenciement, ce dont il résulte que la lettre contenant une imputation vexatoire était à l'origine de la rupture abusive et donc en relation avec l'exécution du travail[16].

L'AGS garantit aussi l'indemnité forfaitaire égale à six mois de salaire prévue en cas de rupture d'un contrat de travail dissimulé[17]. Cette indemnité peut être cumulée avec d'autres indemnités de

1. Soc. 10 juill. 2001, n° 99-43.912, *Bull. civ.* V, n° 251; *Rev. proc. coll.* 2001, p. 259, n° 10, obs. Taquet.
2. Soc. 4 déc. 2002, *JCP E* 2003, n° 00-44.303, *Bull. civ.* V, n° 368; Pan. 181, p. 206 – Soc. 12 févr. 2014, n° 12-29.168, NP.
3. Soc. 1er avr. 2015, n° 14-12.246, NP, *Rev. proc. coll.* 2015, comm. 150, note Taquet.
4. Soc. 17 nov. 2011, n° 10-20.051, NP.
5. Soc. 8 janv. 2002, n° 99-44.220, *Bull. civ.* V, n° 1; *Rev. proc. coll.* 2002, p. 108, n° 11, obs. Taquet.
6. Soc. 25 janv. 2005, n° 03-40.195, *Bull. civ.* V, n° 17; *Act. proc. coll.* 2005/6, n° 68, note Rétif.
7. Versailles, 15e ch., 25 nov. 2003, RG n° 01/03027.
8. Soc. 8 févr. 2005, n° 02-46.527, NP.
9. Soc. 15 déc. 2004, n° 02-46.973, NP.
10. Metz, 25 sept. 2002, *JCP E* 2003, pan. 303, p. 348.
11. Soc. 24 sept. 2013, n° 12-20.912, *Bull. civ.* V, n° 202[illegible]*Gaz. Pal.* 12 janv. 2014, p. 38, note Duprat; *Act. pro*[illegible]*coll.* 2013/17, comm. 258, note Fin-Langer – Soc. [illegible]sept. 2013, nos 12-12.883, 12-13.307, *Bull. civ.* V, n° [illegible], *Act. proc. coll.* préc. – Soc. 25 sept. 2013, n° 11-20[illegible]3, *Bull. civ.* V, n° 212, *Act. proc. coll.* préc. – Soc. 25 s[illegible] 2013, n° 11-20.949, NP, *Act. proc. coll.* préc. – Sc[illegible]25 sept. 2013, nos 12-17.667 à 12-17.681, 12-17[illegible]5 à 12-17.706, NP, *Act. proc. coll.* préc.
12. Soc. 2 juill. 2014, nos 12-29.788 à 12-29.801, *Bull. civ.* V, n° 160; F-P+B; *Act. proc. coll.* 2014/13, comm. 237, note Fin-Langer; *Rev. proc. coll.* 2014, comm. 128, note Fin-Langer et *Rev. proc. coll.* 2015, comm. 111, note Saint-Alary Houin.
13. Soc. 23 oct. 2014, nos 13-22.348, 13-22.349, 13-22.350, 13-22.351, 13-22.354, NP, *Gaz. Pal.* 18 janv. 2015, n° 18, p. 31, note Duprat – Soc. 25 mars 2015, n° 13-21.716, *Bull. civ.* V [à paraître]; *BJE* juill. 2015, 256, note Donnette-Boissière; *Rev. proc. coll.* 2015, comm. 66, note Fin-Langer; *Leden* 2015, comm. 074, note Dedessus-Le-Moustier – Lyon, ch. soc. C., 17 oct. 2014, RG n° 14/00413, *JurisData* 025566.
14. Soc. 25 mars 2015, n° 13-21.716, préc.
15. Soc. 27 janv. 2016, nos 15-10.640 à 15-10.726, *Bull. civ.* V [à paraître]; *Leden* 2016, comm. 045, note Dedessus-Le-Moustier.
16. Soc. 21 févr. 2006, n° 03-46.355, NP, *Rev. proc. coll.* 2006/3, p. 286, n° 18, obs. Taquet.
17. Soc. 12 févr. 2003, n° 01-40.722, NP, *Rev. proc. coll.* 2003, p. 250, n° 17, obs. Taquet – Soc. 21 sept. 2005, NP; n° 1954 F-D; *Bouquet/AGS*, *Rev. proc. coll.* 2006/1, p. 71, n° 12, obs. Taquet – Soc. 12 janv. 2006, nos 04-41.769, 04-40.991, *Bull. civ.* V, n° 13, 2 arrêts; FP-P+B+I; *Act. proc. coll.* 2006/6, n° 63, note Fin-Langer – Montpellier, 11 juin 2003, RG n° 03/00187.

rupture[1], à l'exclusion de l'indemnité légale ou conventionnelle de licenciement.

Les dommages-intérêts alloués en réparation du préjudice que subit le salarié en cas de prêt illicite de main-d'œuvre sont encore couverts par l'AGS, car il y a manquement de l'employeur à son obligation d'exécuter de bonne foi le contrat de travail[2].

L'AGS couvre encore l'indemnité de travail dissimulé[3].

Est également garantie la créance de dommages et intérêts pour licenciement avant jugement d'ouverture sans cause réelle et sérieuse[4].

Il a encore été jugé que la créance résultant de l'inexécution de l'engagement d'étendre à une nouvelle période le bénéfice d'un contrat de solidarité est rattachée au contrat de travail[5].

Ne sont pas garantis les dommages-intérêts accordés au salarié en raison du préjudice subi pour non-délivrance des informations utiles à la vérification du reçu pour solde de tout compte[6].

693.38 Cotisations sociales obligatoires afférentes à la rémunération du salarié. Bien que la demande de régularisation de paiement de cotisations dues aux organismes sociaux auxquels le salarié doit être affilié ne constitue pas une créance de ce dernier, mais une dette de l'entreprise envers un tiers, le paiement des cotisations sociales obligatoires afférentes à la rémunération du salarié est pour l'employeur une obligation résultant de son contrat de travail et doit en conséquence être garanti par l'AGS[7].

SECTION 693.40
REFUS DE LA GARANTIE POUR LES CRÉANCES ANTÉRIEURES NE SE RATTACHANT PAS AU CONTRAT DE TRAVAIL

693.41 Refus de la garantie pour les créances antérieures ne se rattachant pas au contrat de travail. Pour qu'il y ait rattachement au contrat de travail, la créance doit, par principe, avoir son origine dans le contrat de travail. Tel n'est pas le cas, et la garantie n'a pas alors à jouer, si la créance est née d'une convention passée par l'employeur avec un tiers, telle l'aide individuelle de réinsertion des travailleurs immigrés dans leur pays d'origine, cette somme étant due en vertu d'une convention passée entre l'employeur et l'office national de l'immigration[8].

Si la créance ne se rattache pas directement au contrat de travail, la garantie n'est pas due. Il en est ainsi lorsque la créance résulte de l'avantage conféré au titre du plan social, représentatif d'un revenu de remplacement pour le salarié licencié en fin de droit[9]. De même ne sera pas couverte par l'AGS, l'indemnité due à un salarié démissionnaire, du fait de l'illégalité de la clause de non-concurrence incluse dans le contrat de travail, dont l'employeur avait exigé l'application[10]. Identiquement, l'AGS ne devra pas sa garantie pour la somme allouée à un salarié, au titre du solde d'une prime d'embauche, par un engagement de payer d'un dirigeant en réparation du préjudice né de la perte d'emploi qu'il occupait précédemment au service d'un autre employeur[11].

La garantie ne sera pas davantage due si la créance résulte d'une condamnation dans le cadre d'une action en responsabilité[12], de la liquidation d'une astreinte prononcée contre l'employeur pour non remise des bulletins de salaire[13] ou pour retard dans le paiement d'une indemnité transactionnelle[14], pour résistance abusive à l'exécution d'une décision de justice[15], d'une condamnation à des dommages-intérêts pour résistance abusive de l'employeur dans le versement des salaires[16] (v. cep. s[s] n° 693.37, sur les dommages-intérêts dus pour paiement tardif des salaires), dont on rapprochera la créance d'agios détenue contre l'employeur pour paiement tardif des salaires du fait de chèques sans provision[17]. La

1. Soc. 12 janv. 2006, n°s 04-41.769, 04-40.991, *Bull. civ.* V, n° 13, 2 arrêts; FP-P+B+I; *Act. proc. coll.* 2006/6, n° 63, note Fin-Langer – Soc. 17 juill. 2007, n° 06-44.557, NP, *Rev. proc. coll.* 2007/4, p. 233, n° 9, obs. Taquet – Soc. 24 févr. 2009, n° 07-43.479, NP, *Rev. proc. coll.* 2009/2, p. 28, n° 30, note Taquet.
2. Soc. 9 nov. 2004, n° 02-45.048, *Bull. civ.* V, n° 280.
3. *Soc. 31 oct. 2013, n° 12-19.769, NP.*
4. Soc. 8 juin 1999, n° 97-40.659, *Bull. civ.* V, n° 266; *D.* 2001. Somm. 120, obs. Derrida.
5. Soc. 9 oct. 1990, n° 88-42.395, *Bull. civ.* V, n° 427.
6. Paris, 19 mars 2015, RG n° 12/10616, *Rev. proc. coll.* 2015, comm. 62, note Fin-Langer.
7. Soc. 24 oct. 2006, n° 04-46.622, *Bull. civ.* V, n° 317; n° 2386 FS-P+B; *D.* 2006. AJ 2790, obs. Lienhard – Soc. 17 juin 2009, n° 08-41.866, NP; n° 1308 F-D; *Gaz. proc. coll.* 2009/4, 2e partie, n°s 305 à 307, p. 31, note Duprat.
8. Soc. 24 févr. 1993, n° 89-42.863, *Bull. civ.* V, n° 65; *D.* 1993. Somm. 322, obs. Honorat.
9. Soc. 25 mai 1993, n° 89-44.419, NP, *D.* 1994. Somm. 80, obs. Honorat.
10. Soc. 16 déc. 1992, n° 91-41.550, *Bull. civ.* V, n° 595.
11. Soc. 15 janv. 2003, n° 00-44.461, NP, *Act. proc. coll.* 2003/5, n° 58.
12. Soc. 10 juill. 1991, n° 88-41.704, *Bull. civ.* V, n° 351; *D.* 1992. Somm. 386, obs. Honorat – Soc. 12 janv. 1993, n° 92-40.163, NP, *Gaz. Pal.* 1993. I, pan. 48 – Soc. 21 févr. 1995, n° 93-44.143, NP, *D.* 1995. Somm. 305, obs. Honorat – Paris, 7 avr. 1998, D. 1998. IR 135.
13. Soc. 7 nov. 1990, n°s 88-44.098, 89-43.895, *Bull. civ.* V, n° 522.
14. Soc. 26 juin 2013, n° 12-13.084, NP, *Leden* oct. 2013, comm. 156, note Dedessus-Le-Moustier.
15. Soc. 8 oct. 2003, n° 01-43.263, NP, *Act. proc. coll.* 2003/18, n° 231.
16. Soc. 26 janv. 2000, n°s 98-44.177, 98-44.182, *Bull. civ.* V, n° 37; *D.* 2001. Somm. 120, obs. Derrida.
17. Paris, 13 mai 1993, *BICC* 1993, n° 1273.

créance d'article 700 du code de procédure civile[1] ou la créance de dépens[2] n'ont pas davantage à être garanties, étant nées de l'instance judiciaire, non du contrat de travail. Il en est de même pour les frais d'huissier occasionnés par la résistance opposée par le débiteur à l'exécution d'une décision de justice envers le salarié[3].

Pour que la créance soit couverte, encore faut-il qu'une novation ne l'ait pas éteinte, pour la faire revivre sous une nature autre que celle de créance salariale. La créance nouvelle ne serait pas alors couverte par la garantie. Cette solution suppose cependant que la novation soit établie, puisqu'elle ne peut être présumée[4]. La novation a ainsi été retenue lorsque le salarié laisse sa créance salariale sur un compte social dénommé « compte-courant », alors que les intérêts du salarié étaient intimement imbriqués avec celui de la société employeur débitrice[5]. La même solution a été appliquée à l'hypothèse d'un salarié ayant tardé à réclamer le paiement de sa créance salariale, cette attitude ayant été interprétée comme constitutive de novation de la créance salariale en avance de trésorerie[6]. Il est encore possible de relever, à l'encontre de l'épouse du dirigeant et de son fils, qui avaient dans la perspective d'aider l'entreprise, renoncé à réclamer le paiement de leurs primes et salaires, une volonté de modifier la nature de leurs créances, et par voie de conséquence, de nover la créance salariale en créance civile ou commerciale, ce qui est exclusif de la garantie due par l'AGS[7].

La novation de la créance salariale en soutien financier sera généralement justifiée par l'implication du salarié dans la bonne marche de l'entreprise.

SECTION 693.50

RÈGLES APPLICABLES AUX INDEMNITÉS DE RUPTURE DU CONTRAT DE TRAVAIL APRÈS JUGEMENT D'OUVERTURE

693.51 Règles générales applicables aux indemnités de rupture du contrat de travail après jugement d'ouverture.

L'article L. 3253-8, 2° du code du travail prévoit que l'AGS doit sa garantie pour les créances résultant de la rupture des contrats de travail intervenant après le jugement d'ouverture, si la rupture intervient dans des périodes précisément déterminées. Notons que l'AGS devra sa garantie même dans la procédure de sauvegarde, puisqu'il s'agit ici de créances postérieures au jugement d'ouverture.

Il convient de remarquer que l'expression « indemnité de rupture » est plus large que celle d'« indemnité de licenciement ». C'est ainsi qu'il sera, par exemple, possible d'englober les indemnités de fin de contrat à durée déterminée ou les indemnités particulières dues à des salariés protégés licenciés sans autorisation. Seront encore couvertes les indemnités de clientèle, de précarité d'emploi ou celles allouées aux victimes de maladies professionnelles[8]. La couverture joue aussi pour la contrepartie financière d'une clause de non-concurrence suite au licenciement intervenu après le jugement d'ouverture[9] et alors même que les échéances n'étaient pas exigibles[10], ce qui, comme il a été remarqué[11], introduit un assouplissement de la jurisprudence en la matière, la Chambre sociale exigeant jusqu'à cet arrêt que l'échéance de la contrepartie financière de la clause de non concurrence tombe dans une période couverte par l'AGS[12].

La garantie est due aux apprentis, dès lors qu'il est mis fin à leur contrat dans les mêmes périodes que celles à respecter pour la rupture des contrats de travail après l'ouverture de la procédure collective. L'apprenti a droit à une indemnité égale aux rémunérations qu'il aurait perçues jusqu'à la fin de son contrat[13]. L'article 114 de l'ordonnance du 12 mars 2014[14] insère un alinéa 3 à l'article L. 6222-18 du code du travail, pour faire siennes ces solutions. Il prévoit, d'une manière interprétative, que, en cas de liquidation judiciaire sans maintien de l'activité ou lorsqu'il est mis fin au maintien de l'activité et qu'il doit être mis fin au contrat d'apprentissage, le liquidateur notifie la rupture du contrat à l'apprenti. Cette rupture ouvre droit pour l'apprenti à des dom-

1. Soc. 2 mars 1999, n° 97-40.044, *Bull. civ.* V, n° 187; *D.* 1999. IR 98 – Soc. 31 oct. 2000, *Act. proc. coll.* 2000/20, n° 60.
2. Soc. 9 mars 2004, n° 02-40.616, NP.
3. Soc. 12 janv. 1999, n° 96-42.585, *Bull. civ.* V, n° 9; *JCP E* 1999. 304, n° 7.
4. Soc. 11 juin 2003, n° 01-42.907, NP, *Rev. proc. coll.* 2003, p. 344, n° 16, obs. Taquet.
5. Soc. 22 juin 1993, n° 90-46.005, *Bull. civ.* V, n° 174; *D.* 1994. Somm. 80, obs. Honorat; *Bull. Joly* 1993. 1237, *obs. Couret – Soc. 5 nov. 2003, n°* 01-45.176, NP.
6. Paris, 2 mai 1994, *D.* 1994. IR 217.
7. Soc. 29 juin 2011, n°s 10-20.130, 10-20.131, NP, *Gaz. Pal.* 7 oct. 2011, n° 280, p. 33, note Gailhbaud.
8. SAINT-ALARY-HOUIN, 9e éd., n° 1124.
9. Soc. 7 févr. 2006, n° 03-47.542, NP, *Rev. proc. coll.* 2006/3, p. 285, n° 17, obs. Taquet.
10. Soc. 20 juin 2006, n° 04-48.523, *Bull. civ.* V, n° 418; n° 1643 FS-P+B; *D.* 2006. AJ 1889, obs. Lienhard; *JCP E* 2007, Chron. 1004, p. 25, n° 15, obs. Pétel.
11. Lienhard, obs. ss Soc. 20 juin 2006, n° 04-48.523, *Bull. civ.* V, n° 418; n° 1643 FS-P+B; *D.* 2006. AJ 1889.
12. Soc. 14 déc. 1999, n° 97-43.346, *Bull. civ.* V, n° 485; *D.* 2001. Somm. 121, obs. Derrida.
13. Soc. 22 mars 2007, n° 04-46.745, NP, Rev. proc. coll. 2007/3, p. 148, n° 2, obs. Taquet – Soc. 7 juill. 2009, n° 08-40.870, NP, *Act. proc. coll.* 2009/17, n° 261, note Fin-Langer – Soc. 23 nov. 2011, n° 10-26.918, NP.
14. Ord. n° 2014-326, 12 mars 2014, *JO* 14 mars, p. 5249.

mages et intérêts d'un montant au moins égal aux rémunérations qu'il aurait perçues jusqu'au terme du contrat.

La garantie est due en cas de rupture du contrat, en cas de travail dissimulé. Mail il faut que le salarié concerné soit licencié. La solution a été posée en cas de liquidation judiciaire [1].

L'indemnité de départ à la retraite n'est pas garantie par l'AGS [2], encore que le contraire ait été soutenu [3].

693.52 Règles applicables aux indemnités de rupture du contrat de travail pendant la période d'observation. La garantie de l'AGS sera due si la rupture du contrat de travail intervient pendant la période d'observation, y compris en procédure de sauvegarde (C. trav., art. L. 3253-8, 2°, a).

693.53 Règles applicables aux indemnités de rupture du contrat de travail dans le mois suivant le plan de redressement. L'AGS doit sa garantie si la rupture du contrat de travail intervient dans le mois du jugement qui arrête le plan de sauvegarde, de redressement ou de cession (C. trav., art. L. 3258-2-b, v. aussi s^{s} n° 693.57 pour le plan de cession en liquidation judiciaire, sous l'empire de la loi de sauvegarde des entreprises [4]). Il importe cependant de déterminer précisément le point de départ de ce délai. Peu importe que le licenciement soit effectif dans le délai du mois, dès lors que l'administrateur judiciaire, dans ce délai, a manifesté son intention de rompre le contrat de travail [5]. Cette manifestation de volonté peut résulter de la convocation du salarié à l'entretien préalable [6]. En outre, le délai ne courra que du jour du jugement ayant autorisé les licenciements, lorsqu'un premier jugement sera rendu prévoyant les licenciements, sans les autoriser [7].

Seuls les licenciements réels seront pris en charge par l'AGS, non les licenciements suivis d'une reprise au même poste par le repreneur. Si ce dernier procède ensuite au licenciement non prévu par le plan de cession, il doit en assumer la charge, ce qui exclut l'intervention de l'AGS [8].

La jurisprudence assimile au jugement arrêtant le plan, le jugement le modifiant, au prétexte que le premier fait corps avec le second. Ainsi, sont couverts les licenciements intervenus dans le mois du jugement modifiant le plan [9].

Si le licenciement intervient au-delà du délai du mois courant à compter du jugement arrêtant le plan, l'AGS ne doit plus sa garantie [10]. Il a ainsi été jugé que l'AGS ne doit pas sa garantie pour les créances indemnitaires nées de la violation d'un engagement pris dans un plan de cession de maintenir l'emploi pendant une durée déterminée [11].

693.54 Règles applicables aux indemnités de rupture du contrat de travail dans les 15 ou 21 jours du jugement de liquidation judiciaire. Seront également couvertes les conséquences du licenciement, si la rupture du contrat de travail intervient dans les 15 jours du jugement de liquidation (C. trav., art. L. 3253-8, 2°, c). Peu importe qu'il y ait liquidation immédiate ou liquidation sur conversion d'une sauvegarde ou d'un redressement judiciaire. Ce délai a été porté à 21 jours par la loi du 14 juin 2013 [12], si un plan de sauvegarde de l'emploi est élaboré. La rupture devra cependant être à l'initiative du liquidateur. La garantie de l'AGS n'est pas due si elle résulte d'une démarche en ce sens du salarié [13].

La constatation de l'inaptitude médicale avant ou lors du licenciement économique suppose d'appliquer le régime juridique de l'inaptitude sauf en cas de liquidation judiciaire, ce qui conduit à ne pas exiger le second examen médical avant de procéder au licenciement afin de pouvoir respecter le délai de licenciement compatible avec la prise en charge des indemnités par l'AGS [14].

En cas de résiliation d'un contrat de travail, la date d'effet de la résiliation judiciaire ne peut être fixée qu'au jour de la décision qui la prononce dès lors que le contrat n'a pas été rompu avant cette date. Puisqu'il n'avait pas été constaté que la résiliation avait été prononcée avant la liquidation judiciaire, il appartenait donc au liquidateur de procéder au licenciement dans les 15 jours aux fins de prise en charge des indemnités par l'AGS [15], la fermeture

1. Soc. 18 févr. 2004, n° 02-40.561, NP, *Rev. proc. coll.* 2004, p. 253, n° 29, obs. Taquet.
2. Soc. 20 avr. 2005, n° 02-47.063, *Bull. civ.* V, n° 147; *Act. proc. coll.* 2005/12, n° 145, note Fin-Langer.
3. Ripert et Roblot, n° 3102.
4. L. n° 2005-845, 26 juill. 2005, préc.
5. Soc. 2 oct. 2001, n° 99-45.346, n° 99-45.421, *Bull. civ.* V, n° 295; *Act. proc. coll.* 2001/18, n° 236.
6. Soc. 8 févr. 2012, n° 10-12.906, *Bull. civ.* IV, n° 62; n° 301 P+B.
7. Soc. 13 févr. 2001, n° 98-45.901, NP, *Act. proc. coll.* 2001/7, n° 92; *Rev. proc. coll.* 2001, p. 258, n° 9, obs. Taquet.
8. Soc. 6 juill. 1999, n° 97-42.231, *Bull. civ.* V, n° 322; *D.* 2001. Somm. 119, obs. Derrida.
9. Soc. 3 avr. 1991, n° 90-41.566, *Bull. civ.* V, n° 165; *D.* 1994. Somm. 44, obs. Derrida; *JCP E* 1991. I. 102, n° 16, obs. Pétel.
10. Soc. 9 nov. 2005, n° 03-47.963, *Bull. civ.* V, n° 314; n° 2427 F-P+B; *Rev. proc. coll.* 2006/1, p. 70, n° 11, obs. Taquet.
11. Soc. 12 mai 2009, n° 07-44.960, NP; n° 918 F-D; *Gaz. proc. coll.* 2009/4, 2e partie, n°s 305 à 307, p. 33, n° 3, note Duprat.
12. L. n° 2013-504, 14 juin 2013, préc.
13. Soc. 2 mars 2016, n° 14-23.602, NP.
14. Soc. 9 déc. 2014, n° 13-12.535, *Bull. civ.* V [à paraître]; n° 2271 P+B; Dpde janv. 2015, 7, obs. Morand.
15. Soc. 21 mai 2014, n° 13-18.586, NP – Soc. 10 déc. 2014, n° 13-23.359, NP.

de l'entreprise avant l'ouverture de la liquidation judiciaire n'entraînant pas rupture du contrat de travail[1].

Pour pouvoir procéder aux licenciements dans les délais, le liquidateur doit obtenir le nombre et les noms des salariés à licencier. Le liquidateur ne peut se réfugier derrière le fait qu'il a envoyé en la forme recommandée un courrier au débiteur, qui est resté sans réponse et une information sur la situation au procureur de la République pour prétendre avoir rempli ses obligations[2]. De même, l'envoi au débiteur d'une lettre recommandée pour lui fixer un rendez-vous ne peut être regardé comme une démarche suffisante, pour obtenir le nombre et les noms des salariés, alors surtout que l'ouverture de la procédure collective est intervenue à la demande de l'Urssaf et que le rapport d'enquête préfaillite indiquait qu'il semblait que le débiteur employait ou avait employé des salariés dans le cadre de son activité[3].

Il n'est pas rare, en pratique, que le contrat de travail ne soit pas rompu à l'expiration de ce délai. L'AGS ne devra pas sa garantie[4]. Cette solution vaut non seulement pour l'indemnité de rupture du contrat de travail, mais également pour l'indemnité compensatrice de préavis qui naît de la rupture du contrat de travail[5]. Il faut toutefois excepter l'hypothèse d'une condamnation *in solidum* au passif de la liquidation judiciaire de deux sociétés, l'employeur actuel, locataire-gérant, et l'employeur initial, loueur du fonds de commerce. Dans ce cas, l'AGS doit sa garantie même si le licenciement intervient plus de 15 jours après l'ouverture de la procédure collective de l'employeur initial[6].

Les difficultés pour le liquidateur à connaître l'existence des salariés restent indifférentes[7]. Or les mandataires de justice ont des difficultés à avoir les renseignements sur les salariés faisant partie de l'effectif de l'entreprises débitrice, spécialement lorsque le chef d'entreprise ne se rend pas aux convocations ou ne répondent pas. Il a été dit que les organismes sociaux répondent aux mandataires que les informations ne peuvent être communiquées qu'au juge-commissaire[8], ce qui est une perte de temps préjudiciable. En outre, même si le chef d'entreprise coopère, il oublie parfois des salariés qui ne sont plus présents dans l'entreprises, par exemple parce qu'ils sont en congé parental ou en indisponibilité[9]. La force majeure peut toutefois justifier le dépassement du délai de licenciement, selon une solution implicite de la Cour de cassation[10].

Cela sera source d'engagement de la responsabilité civile professionnelle du liquidateur[11]. Ce dernier sera mal fondé à soutenir que la liquidation judiciaire, sans poursuite provisoire d'activité, entraîne résiliation de plein droit des contrats de travail[12], alors que des dispositions spéciales réglementent les licenciements à opérer. Seules les sommes résultant de la perte de couverture par l'AGS doivent faire l'objet d'une indemnisation au titre de la responsabilité civile professionnelle du liquidateur[13].

Si le salarié prend l'initiative de la rupture du contrat de travail, sur le fondement de l'article 1184

1. Soc. 10 déc. 2014, n° 13-18.584, NP.
2. Com. 6 juill. 1993, n° 91-14.707, *Bull. civ.* IV, n° 281.
3. Com. 27 sept. 2011, n° 10-24.909, NP; n° 896 F-D – Com. 27 sept. 2011, n° 10-24.910, NP; n° 897 F-D.
4. Soc. 21 nov. 1989, n° 88-43.446, *Bull. civ.* V, n° 672; *D.* 1990. Somm. 217, obs. Honorat – Soc. 24 janv. 1990, n° 89-40.868, *Bull. civ.* V, n° 25; *D.* 1990. Somm. 217, obs. Honorat – Soc. 5 avr. 1995, *Rev. proc. coll.* 1996, 120, obs. Taquet – Soc. 8 janv. 1997, n° 9441.821, NP, *D.* 1997. IR 40 – Soc. 24 mai 2000, n° 98-42343, NP, *LXB* n° A6306A4C – Soc. 3 mai 2001, n° 99-41387, NP, *Act. proc. coll.* 2001/13, n° 167 – Soc. 3 avr. 2002, n° 99-43.163, *Bull. civ.* V, n° 115; n° 99-43.492, *Bull. civ.* V, n° 116, n° 99-44.288 *Bull. civ.* V, n° 117, 3 arrêts; *Act. proc. coll.* 2002/9, n° 114, obs. Vallansan; *Rev. proc. coll.* 2002, p. 202, n° 2, obs. Taquet – Soc. 8 févr. 2005, n° 02-45.490, NP, *Rev. proc. coll.* 2005/2, p. 147, n° 12, obs. Taquet – Soc. 20 avr. 2005, n° 03-43.399, NP, *Rev. proc. coll.* 2005/4, p. 380, n° 10, obs. Taquet – Soc. 1er mars 2006, n° 03-46.356, NP, *Rev. proc. coll.* 2006/3, p. 286, n° 20, obs. Taquet – Soc. 14 oct. 2009, n° 07-45.257, *Bull. civ.* V, n° 222; *Gaz. Pal.* 8-10 janv. 2010, nos 8, e9, p. 36, note Gaihbaud – Soc. 9 juill. 2015, n° 14-15.345, NP, *Rev. proc. coll.* 2015, comm. 157, note Taquet et 2016, comm. 28, note Taquet – Toulouse, 4e ch. soc. 2e sect., *24 août 2012, RG n° 10/03758*, *Rev. proc. coll.* 2012, comm. 208, note Taquet.
5. Soc. 9 déc. 2015, n° 14-23.917, NP, *BJE* 2016, 126, note Donnette-Boissière.
6. Soc. 18 mars 2014, n° 13-11.259, NP, *Gaz. Pal.* 29 juin 2014, n° 180, p. 37, note Duprat.
7. Soc. 30 sept. 2013, n° 12-12.122, NP, *Gaz. Pal.* 12 janv. 2014, p. 38, note Duprat.
8. Legrand F., *in* Kerouaz N., Jeannerot Ph., Météyé Th., Legrand F. et Menjucq M., « Les licenciements économiques dans les procédures collectives », *Rev. proc. coll.* 2016, Table ronde 1, p. 79 s., sp. p. 80.
9. Legrand F., *in* Kerouaz N., Jeannerot Ph., Météyé Th., Legrand F. et Menjucq M., « Les licenciements économiques dans les procédures collectives », *Rev. proc. coll.* 2016, Table ronde 1, p. 79 s., sp. p. 80.
10. Soc. 30 sept. 2013, n° 12-12.122, NP, préc.
11. Com. 6 juill. 1993, n° 91-14.707, *Bull. civ.* IV, n° 281 – Soc. 3 mars 1994, *Rev. proc. coll.* 1995, p. 238, obs. Taquet – Soc. 24 mars 2010, n° 09-40.147, NP, *Gaz. Pal. entr. diff.* 2-3 juill. 2010, nos 183, 184, p. 36, note crit. Gailhbaud – Com. 27 sept. 2011, n° 10-24.909, NP; n° 896 F-D – Com. 27 sept. 2011, n° 10-24 910, NP; n° 897 F-D.
12. Soc. 18 nov. 1992, n° 91-43.960, *Bull. civ.* V, n° 558 – Soc. 5 mai 2004, n° 02-41.214, NP, *Rev. proc. coll.* 2004, p. 394, n° 12, obs. Taquet – Soc. 26 nov. 2015, nos 14-19.263, 14-14.822, NP, Rev. proc. coll. 2016, comm. 029, note Taquet.
13. Com. 27 sept. 2011, n° 10-24.909, NP; n° 896 F-D – Com. 27 sept. 2011, n° 10-24.910, NP; n° 897 F-D.

du code civil (devenu C. civ., art. 1217, 1224 s.[1]), la rupture interviendra à la date de la décision qui la prononce. Si elle est postérieure au délai de quinzaine du jugement ouvrant ou prononçant la liquidation, l'AGS ne doit pas prendre en charge les conséquences de la rupture[2].

« Seuls des actes positifs, hors toute idée de rupture *de facto*, peuvent fonder la garantie de l'AGS »[3]. Constitue un de ces « actes positifs », l'attestation Assedic, faisant état d'un licenciement, délivrée au salarié par le liquidateur[4]. De même, la déclaration mensongère faite par l'employeur au liquidateur, aux termes de laquelle il n'avait plus de salarié, sera exclusive de responsabilité[5].

Au contraire, il a été jugé que fait que l'activité ait cessé au jour de l'ouverture de la procédure n'affectait pas l'obligation de procéder aux licenciements dans le délai de quinzaine[6]. Il en est de même de la résiliation du contrat de location-gérance, le fait que le liquidateur avise, dans le délai de 15 jours, le salarié de la rupture de ce contrat restant sans conséquence, faute de l'avoir expressément licencié[7]. Le fait que le salarié ait saisi le conseil des prud'hommes pour obtenir des dommages et intérêts pour rupture abusive des relations contractuelles reste tout aussi indifférent[8]. La rupture n'interviendra pas dans le délai de 15 jours, si la lettre de licenciement n'est pas notifiée à l'intéressé dans ce délai, même si elle mentionne que le licenciement prend effet au jour de la liquidation judiciaire[9]. Le licenciement dans le délai de quinzaine s'impose encore en présence d'un salarié embauché en contrat de travail à durée déterminée, lorsque le contrat est poursuivi après le terme. Cet événement oblige à requalifier le contrat en contrat à durée indéterminée et le liquidateur est tenu de licencier le salarié, alors même que l'activité aurait cessé au jour de la liquidation judiciaire[10]. Les règles posées pour le délai de 15 jours doivent être *mutatis mutandis* être transposées au délai de 21 jours en cas d'élaboration d'un plan de sauvegarde de l'emploi.

La disposition s'applique au salarié qui bénéficie d'un congé parental d'éducation[11] ou au salarié qui a cessé son travail avant jugement d'ouverture pour raison de santé[12] ou dont le contrat de travail a été interrompu dans le délai de quinze jours de la liquidation judiciaire, à la suite d'un accident subi par le salarié[13]. Elle concerne aussi la rupture anticipée d'un contrat à durée déterminée, même si ce contrat n'a pas été exécuté. Elle s'applique aussi à la rupture anticipée du contrat d'apprentissage. L'obligation posée par l'article L. 6222-18 du code du travail (anc[t] C. trav., art. L. 117-17, al. 1), prévoyant que le contrat d'apprentissage qui a duré plus de deux mois ne peut être résilié que d'un commun accord des parties ou à défaut pour l'une des causes visées à ce texte parmi lesquelles ne figure pas le licenciement économique, est sans application en cas de liquidation judiciaire[14]. En revanche, l'indemnisation est due par l'AGS à l'apprenti qui a sollicité du conseil des prud'hommes la résiliation de son contrat d'apprentissage pour faute grave de son patron[15].

693.55 Règles applicables aux indemnités de rupture du contrat de travail pendant la poursuite provisoire de l'activité en liquidation judiciaire. Les conséquences du licenciement seront aussi couvertes par l'AGS s'il intervient pendant la poursuite provisoire de l'activité, en liquidation judiciaire (C. trav., art. L. 3253-8, 2°, d)[16]. La continuation de l'activité devra cependant être régulière. À défaut, seul le licenciement opéré dans le délai de quinzaine courant à compter du jugement de liquidation judiciaire sera pris en charge par l'AGS[17]. En outre, le licenciement devra impérativement intervenir pendant la poursuite d'activité[18], sans qu'il soit possible de prétendre ajouter le délai utile de 15 jours classiquement ouvert en liquidation pour procéder au licenciement[19].

1. DEPUIS le 1er oct. 2016 : Ord. n° 2016-131, 10 févr. 2016, *JO* 11 févr.
2. Soc. 14 oct. 2009, n° 07-45.257, *Bull. civ.* V, n° 222; n° 2008 FP-P+B; *Gaz. Pal.* 8-10 janv. 2010, nos 8, 9, p. 36, note Gaihbaud; *Act. proc. coll.* 2009/19, n° 291, note Fin-Langer; *Rev. proc. coll.* 2010/3, comm. 14, p. 32, note Jacotot.
3. Chagny, « Quelques aspects de la garantie des créances résultant du licenciement pour motif économique par l'entreprise en difficulté », *Gaz. Pal.* 20-21 sept. 2002, *Doctr. 56 s., sp. p. 61, n° 21.*
4. Soc. 14 janv. 2004, n° 01-47.229, NP.
5. Paris, 3e ch. A, 9 déc. 2003, RG n° 2002/15744.
6. Soc. 14 janv. 2004, n° 01-46.239, NP.
7. Soc. 20 janv. 2016, nos 14-10.134, 14-10.136, NP, *Rev. proc. coll.* 2016, comm. 61, note Taquet.
8. Soc. 14 janv. 2004, n° 01-46.892, NP.
9. Soc. 14 mai 2003, n° 01-40.586, NP, *Rev. proc. coll.* 2003, p. 340, n° 5, obs. Taquet.
10. Soc. 4 oct. 2011, n° 10-13.567, NP.
11. Soc. 23 mars 2004, n° 02-40.598, NP.
12. Soc. 23 mars 2004, n° 02-40.448, NP, *Rev. proc. coll.* 2004, p. 253, n° 28, obs. Taquet.
13. Soc. 23 févr. 2005, n° 02-47.411, NP, *Rev. proc. coll.* 2005/2, p. 146, n° 9, obs. Taquet.
14. Soc. 23 mai 2000, n° 97-40.631, *Bull. civ.* V, n° 192; *D.* 2001. Somm. 118, obs. Derrida.
15. Soc. 1er oct. 2003, n° 01-40.125, *Bull. civ.* V, n° 249; *Act. proc. coll.* 2003/19, n° 244, note Vallansan.
16. Soc. 17 juin 2009, n° 08-40.659, NP; n° 1324 F-D; *Gaz. proc. coll.* 2009/4, 2e partie, nos 305 à 307, p. 37, n° 7, note Gailhbaud.
17. Soc. 20 mai 1992, n° 91-41.822, n° 91-41.849, *Bull. civ.* V, n° 320.
18. Soc. 27 nov. 2001, n° 99-45.693 NP, *Act. proc. coll.* 2002/2, n° 22 – Soc. 20 juin 2006, n° 04-48.523, *Bull. civ.* V, n° 418; n° 1643 FS-P+B.
19. Soc. 8 janv. 1997, n° 94-41.821, NP, *Rev. proc. coll.* 1997, 355, obs. Taquet.

Une difficulté particulière se présente, sous l'empire de la loi de sauvegarde des entreprises, dans sa rédaction d'origine, lorsque la poursuite d'activité en liquidation judiciaire a été motivée par le fait qu'un plan de cession était envisageable. Le liquidateur va en effet s'abstenir en ce cas de licencier les salariés. Mais si le plan de cession n'est pas arrêté, il est impératif que les licenciements aient lieu au plus tard avant la fin de la poursuite provisoire d'activité. À défaut, l'AGS ne devra pas sa garantie [1]. La technique consiste ici pour le liquidateur a obtenir du tribunal une décision statuant sur le plan de cession avant la fin de la période provisoire d'activité pour pouvoir opérer en temps utile les licenciements. La procédure de licenciement est toutefois inadaptée [2], du fait de l'obligation d'obtenir l'autorisation du juge-commissaire, à l'instar de la solution applicable pendant la période d'observation. Or, pendant ce temps, les délais continuent inexorablement à courir... Le cas échéant, le liquidateur sollicitera, si cela est encore possible, une prorogation de poursuite d'activité pour pouvoir opérer les licenciements pendant une période de couverture par l'AGS. Les praticiens, pour éviter d'engager leur responsabilité, n'hésiteront sans soute pas à licencier préventivement, en anticipant sur le rejet du plan de cession [3].

Pour tenir compte de ces difficultés, l'ordonnance de réforme (ord. 18 déc. 2008 [4], art. 167) modifie le d du 2° de l'article L. 3253-8 du code du travail, en prévoyant que la garantie de l'AGS, pour les créances résultant de la rupture des contrats de travail intervenant après une poursuite provisoire de l'activité en liquidation judiciaire, sera due, dès lors que les licenciements sont effectués soit avant l'expiration de cette période, soit dans les quinze jours qui suivent la fin du maintien de l'activité.

La loi du 14 juin 2013 [5] modifie la rédaction de l'article L. 3253-8, 2°, d du code du travail pour tenir compte de l'hypothèse où un plan de sauvegarde de l'emploi a été élaboré. Le délai de 15 jours devient alors un délai de 21 jours suivant la fin du maintien de l'activité.

693.56 Règles applicables aux indemnités de rupture du contrat de travail en cas de cession d'unité de production – Loi du 25 janvier 1985 [6]. L'AGS couvre les indemnités de licenciements même en cas de cession d'unité de production [7]. Mais l'AGS n'a à couvrir que les licenciements effectifs. Aussi, s'il y a cession de l'unité de production, les salariés repris, du fait du jeu automatique de l'article L. 1224-2 du code du travail (anc^t C. trav., art. L. 122-12), ne peuvent être considérés comme ayant été licenciés. L'AGS n'a donc pas à couvrir leur licenciement réputé inexistant [8].

693.57 Règles applicables aux indemnités de rupture du contrat de travail en cas de plan de cession en liquidation judiciaire sous l'empire de la loi de sauvegarde des entreprises. Depuis la loi de sauvegarde des entreprises [9], le plan de cession peut être arrêté en liquidation judiciaire. Pour tenir compte de cette possibilité, la loi de sauvegarde des entreprises, à la suite d'un amendement présenté à l'assemblée nationale [10], a prévu que le licenciement prévu par le plan de cession en liquidation judiciaire devait, pour que la garantie de l'AGS puisse jouer, être mis en œuvre dans le délai du mois de la décision arrêtant le plan, ce qui aligne le délai de couverture sur celui classiquement appliqué dans les plans (v. s^s n° 693.53) et l'éloigne ainsi des solutions retenues en liquidation judiciaire.

693.58 Règles applicables aux créances résultant de la rupture du contrat de travail en cas de contrat de sécurisation professionnelle. L'article L. 3253-8-3 du code du travail, dans la rédaction que lui donne la loi du 14 juin 2013 [11], prévoit que l'AGS doit avancer les sommes correspondant aux créances résultant de la rupture du contrat de travail en cas de contrat de sécurisation professionnelle. Ce contrat doit toutefois avoir été proposé aux intéressés par l'administrateur, l'employeur ou le liquidateur, selon le cas, au cours de l'une des périodes indiquées au 2° de l'article L. 3258 du code du travail, c'est à dire pendant la période d'observation, dans le mois de d'adoption du plan de sauvegarde, de redressement ou de cession, dans les 15 jours qui suivent le jugement de liquidation (ou 21 jours en cas de plan de sauvegarde de l'emploi), pendant le maintien provisoire de l'activité en liquidation et dans les 15 jours suivant l'expiration de cette période (ou 21 jours en cas de plan de sauvegarde de l'emploi).

1. Interv. Douhaire, Séminaire sur les premiers mois d'application de la loi n° 2005-845 de sauvegarde des entreprises, Cour de cassation 23 juin 2006, www.courdecassation.fr – *Adde*, LIENHARD, 2e éd., 2007, n° 954.
2. PÉROCHON ET BONHOMME, 7e éd., n° 445.
3. Douhaire, « Séminaire sur les six premiers mois d'application de la loi du 26 juillet 2005 », www.courdecassation.fr – *Adde,* Teboul, « Le code du travail : un divorce avec le *droit des entreprises en difficulté ?* », *LPA* 1-2 janv. 2008, n°s 1, 2, p. 7 s., sp. p. 9.
4. Ord. n° 2008-1345, 18 déc. 2008, préc.
5. L. n° 2013-504, 14 juin 2013, préc.
6. L. n° 85-98, 25 janv. 1985, *JO* 26 janv., p. 1097.
7. Soc. 27 nov. 2001, n° 99-43.380 *Bull. civ.* V, n° 358; *Rev. proc. coll.* 2002, p. 109, n° 13, obs. Taquet.
8. Agen, 5 juin 1990, *Gaz. Pal.* 1991. II. 341, note Lagraula.
9. L. n° 2005-845, 26 juill. 2005, préc.
10. Amend. de Françoise Branget, n° 560, modifié par sous-amend. n° 650, Interv. Bernard Pousset et Xavier de Roux, *JOAN CR*, 3e séance du 8 mars 2005, p. 1813.
11. L. n° 2013-504, 14 juin 2013, préc.

693.59 Règles applicables aux mesures d'accompagnement résultant d'un plan de sauvegarde de l'emploi. L'article L. 3258, 4° du code du travail, dans la rédaction que lui donne la loi du 14 juin 2013 [1], prévoit que l'AGS doit garantir les mesures d'accompagnement résultant d'un plan de sauvegarde de l'emploi déterminé par un accord collectif majoritaire ou par un document élaboré par l'employeur, dès lors qu'il a été validé ou homologué dans les conditions prévues à l'article L. 1253-58 avant ou après l'ouverture de la procédure de redressement ou de liquidation judiciaire.

SECTION 693.60
INDEMNITÉ DE RUPTURE DES SALARIÉS PROTÉGÉS

693.61 Indemnité de rupture des salariés protégés. L'article L. 3253-9 du code du travail (anc[t] C. trav., art. L. 143-11-2) pose une règle particulière pour les salariés protégés, qui tient compte de formalités supplémentaires pour procéder à leur licenciement. Avant l'ordonnance du 18 décembre 2008 [2], le code de commerce et le code du travail n'avaient pas été coordonnés. Il était revenu à la jurisprudence d'assurer cette coordination.

Ainsi, a-t-il été jugé que l'AGS devra sa garantie si l'organe compétent pour procéder au licenciement, c'est-à-dire selon le cas, l'administrateur judiciaire ou en son absence le débiteur, et en liquidation judiciaire le liquidateur, a manifesté son intention de licencier le salarié protégé pendant l'une des périodes ci-après visées [3]. L'intention, qui devra être suffisamment claire [4], devra donc être révélée pendant la période d'observation, dans le mois qui suit l'arrêté du plan de sauvegarde, de redressement, de continuation ou de cession, sans qu'il y ait, en ce denier cas, à distinguer, depuis la loi de sauvegarde des entreprises [5], selon que le plan de cession est arrêté en redressement ou en liquidation judiciaire. En dehors du plan de cession, l'intention de licencier le salarié protégé, dans la procédure de liquidation judiciaire, devra être manifestée dans les 15 jours qui suivent la liquidation [6] ou pendant la poursuite provisoire d'activité autorisée en liquidation judiciaire.

D'une manière souple, il a encore été jugé que l'AGS devait sa garantie, lorsque le licenciement du salarié protégé a été mis en œuvre non par l'administrateur judiciaire, mais par le directeur des ressources humaines qui avait agi pour l'exécution du jugement du tribunal ayant arrêté un plan de cession partiel sous la direction et le contrôle des administrateurs judiciaires, lesquels n'alléguaient pas d'excès de pouvoir sur ce point. Il y avait donc eu une délégation implicite de pouvoir par les administrateurs judiciaires et une ratification implicite par eux des actes passés en exécution du jugement, les rendant ainsi opposables à l'AGS [7]. Beaucoup d'implicite tout de même, pour réparer une grossière malfaçon, nous semble-t-il !

L'ordonnance du 18 décembre 2008 vient mettre les textes du code de commerce en adéquation avec ceux du code du travail. Toutefois, la coordination est incomplète. L'article 83 de l'ordonnance modifie l'article L. 631-19, texte du redressement judiciaire, en insérant au II de cet article un alinéa 3 disposant que « lorsque le licenciement concerne un salarié bénéficiant d'une protection particulière en matière de licenciement, ce délai d'un mois après le jugement est celui dans lequel l'intention de rompre doit être manifestée ». L'article 112 de l'ordonnance modifie, pour sa part, l'article L. 642-5, texte régissant le plan de cession, en insérant un alinéa 5 qui dispose que « lorsque le licenciement concerne un salarié bénéficiant d'une protection particulière en matière de licenciement, ce délai d'un mois après le jugement est celui dans lequel l'intention de rompre le contrat de travail doit être manifestée ». L'ordonnance ne régit pas, en revanche, le licenciement du salarié protégé en période d'observation et dans la liquidation judiciaire, en dehors du plan de cession [8]. Mais, le caractère clairement interprétatif de l'ordonnance du 18 décembre 2008 sur la modification des textes ci-dessus indiquée doit aboutir à reconduire purement et simplement la jurisprudence rendue antérieurement dans ces deux phases de la procédure.

Ainsi, dès lors que l'intention de licencier a été manifestée dans les délais, l'indemnité de licenciement sera prise en charge par l'AGS, nonobstant l'absence de notification au salarié protégé de la lettre individuelle de licenciement [9].

1. *L. n° 2013-504, 14 juin 2013, préc.*
2. Ord. n° 2008-1345, 18 déc. 2008, préc.
3. Soc. 3 oct. 2001, n° 99-44.354, NP, *Rev. proc. coll.* 2002, p. 109, n° 14, obs. Taquet – Soc. 4 juill. 2006, n° 04-45.930, NP; n° 1738 F-D; *Rev. proc. coll.* 2006/3, p. 287, n° 21, obs. Taquet.
4. SAINT-ALARY-HOUIN, 9e éd., n° 1126.
5. L. n° 2005-845, 26 juill. 2005, préc.
6. Soc. 4 juill. 2006, n° 04-45.930, NP; n° 1738 F-D; *Rev. proc. coll.* 2006/3, p. 287, n° 21, obs. Taquet.
7. Soc. 8 févr. 2012, n°s 10-12.906, 10-13.405, 10-13.521, *Bull. civ.* V, n° 62; n° 301 F-P+B; D. 2012. Actu 550, note Lienhard; *Gaz. Pal.* 28 avr. 2012, n° 118, p. 38, note Duprat; *Act. proc. coll.* 2012/5, comm. 74, note Fin-Langer; *BJE* mai 2012, comm. 74, p. 179, note Driguez.
8. Saintourens et Duprat, « Les droits des salariés dans l'ordonnance du 18 décembre 2008 portant réforme du droit des entreprises en difficulté », *Gaz. Pal.* 8-10 mars 2009, n° sp. p. 40 s., sp. p. 43.
9. Soc. 6 juin 2007, n° 05-40.892, NP; n° 1355-P; *D.* 2007. AJ 1789, obs. Lienhard.

Au contraire, à défaut d'intention manifestée à l'intérieur de l'une de ces périodes, la garantie n'est plus due[1], ce qui est source d'engagement de la responsabilité de l'organe ayant en charge la mise en œuvre du licenciement de l'intéressé.

Il avait d'abord été jugé que l'intention de licencier le salarié protégé était dépourvue d'effet, dès lors que l'autorisation administrative de licencier avait été refusée[2]. Il a ensuite été estimé que l'AGS devait sa garantie, dès lors que le salarié avait été convoqué à un entretien préalable au licenciement, dans le mois suivant le jugement arrêtant le plan de cession, peu important que, à la suite du refus de l'inspecteur du travail, la demande d'autorisation de licenciement, dont il n'est pas allégué qu'elle portait sur des motifs différents, ait été réitérée[3].

SECTION 693.70

INDEMNITÉ DE RUPTURE DES SALARIÉS BÉNÉFICIANT D'UNE CONVENTION DE CONVERSION OU DE RECLASSEMENT

693.71 **Indemnité de rupture des salariés bénéficiant d'une convention de conversion.** L'article L. 3253-8, alinéa 2, 3° du code du travail (anc[t] C. trav., art. L. 143-11-1, al. 2, 2°) soumettait aussi à garantie les créances résultant de la rupture des contrats de travail des salariés auxquels avait été proposée une convention de conversion. Cette convention devait avoir été proposée par l'administrateur ou en son absence par le débiteur, et en liquidation judiciaire, par le liquidateur, pendant certaines périodes. La proposition devait avoir été faite pendant la période d'observation, dans le mois suivant le jugement arrêtant le plan, dans les 15 jours de la liquidation ou pendant la période de poursuite provisoire de l'activité autorisée en liquidation judiciaire.

La créance résultant de la capitalisation du congé de conversion était couverte par l'AGS[4].

L'ordonnance du 24 juin 2004[5] supprime, en son article 13, les conventions de conversion (*v.* s[s] n°s 432.28 s.)[6].

1. Soc. 18 déc. 1991, n° 89-42.188, *Bull. civ.* V, n° 591
2. Soc. 31 janv. 2007, n° 04-47.944, NP, *Rev. proc. coll.* 2007/2, p. 80, n° 8, obs. Taquet.
3. Soc. 8 févr. 2012, n°s 10-12.906, 10-13.405, 10-13.521, *Bull. civ.* V, n° 62; n° 301 F-P+B; préc.
4. Soc. 10 juill. 2001, n° 98-40.617, NP, *Act. proc. coll.* 2001/20, n° 263.
5. Ord. n° 2004-602, 24 juin 2004, préc.
6. Fin-Langer, *Act. proc. coll.* 2004/17, n° 211.

693.72 **Indemnité de rupture des salariés bénéficiant d'une convention de reclassement personnalisée.** Les créances résultant de la rupture du contrat de travail des salariés auxquels a été proposée la convention de reclassement personnalisée mentionnée à l'article L. 1233-65 du code du travail (anc[t] C. trav., art. L. 321-4-2), sous réserve que l'administrateur, l'employeur ou le liquidateur, selon le cas, ait proposé cette convention aux intéressés au cours de l'une des périodes indiquées au 2°, y compris les contributions dues par l'employeur dans le cadre de cette convention et les salaires dus pendant le délai de réponse du salarié, sont couvertes par l'AGS. La solution résulte de l'article L. 3253-8, 3° (anc[t] C. trav., art. L. 143-11-1, al. 2, 2 *bis*), dans la rédaction que lui a donnée l'article 24, II de la loi n° 2005-841 du 26 juillet 2005. Ces dispositions sont applicables aux accords mentionnés au 5° de l'article L. 1233-68 du code du travail (anc[t] C. trav., art. L. 321-4-2, I, al. 5) conclus à compter du 1er avril 2005 (L. n° 2005-841 du 26 juill. 2005, art. 36, VI).

Il résulte de l'article L. 3253-12 du code du travail (anc[t] C. trav., art. L. 143-11-3, al. 7), dans sa rédaction issue de la loi du 4 mai 2004[7], que les créances salariales résultant d'une décision prise unilatéralement par l'employeur ou d'un accord d'entreprise conclu moins de dix huit mois avant le jugement d'ouverture de la procédure de redressement ou de liquidation judiciaire sont exclues de la garantie de l'AGS[8]. Mais seules ces créances sont exclues de la garantie de l'AGS. En conséquence, la créance d'indemnité de reclassement due en vertu d'un plan de sauvegarde de l'emploi établi postérieurement au jugement de redressement judiciaire, dans le cadre d'un plan de cession arrêté par le tribunal, est couverte par l'AGS[9].

693.73 **Indemnité de réparation de l'inexécution des obligations résultant du plan de sauvegarde de l'emploi.** La garantie de l'AGS s'étend aux sommes prévues par le plan de sauvegarde de l'emploi pour favoriser le reclassement des salariés, y compris à l'extérieur de l'entreprise ou du groupe auquel elle appartient, ainsi qu'aux dommages et intérêts réparant l'inexécution d'un engagement tendant à ce reclassement[10].

7. L. n° 2004-391, 4 mai 2004, préc.
8. Bourges, ch. soc., 21 oct. 2011, RG n° 11/00168.
9. Soc. 30 sept. 2009, n° 08-42.076, *Bull. civ.* V, n° 213; n° 1948 FS-P+B; *D.* 2009. AJ 2423, obs. Lienhard – *Adde*, SUR LA QUESTION : Soinne, « Les indemnités extralégales de licenciement et la responsabilité des mandataires de justice », *Rev. proc. coll.* 2010/1, veille 2, p. 5.
10. Soc. 8 févr. 2012, n° 10-12.906, 10-13.405, 10-13.521, *Bull. civ.* V, n° 62; n° 301 F-P+B; *D.* 2012. Actu 550, note Lienhard; *Act. proc. coll.* 2012/5, comm. 74, note Fin-Langer; *BJE* mai 2012, comm. 74, p. 179, note Driguez.

CHAPITRE

694. Intervention de l'AGS

SECTION 0

ORIENTEUR

694.00 Plan du chapitre.

Sect. 694.10 Caractère subsidiaire de l'intervention de l'AGS

Sect. 694.20 Contestation par l'AGS de son intervention

Sect. 694.30 Règlement des avances par l'AGS

Sect. 694.40 Plafond des avances de l'AGS

Sect. 694.50 Remboursement des avances faites par l'AGS

694.01 Textes applicables. (V. les références complètes s^{s} n° 011).

C. trav., art. L. 3253-15 à 17, L. 3253-19 à 21 (anc^{t} C. trav., art. L. 143-11-7 à L. 143-11-9)

C. trav., art. D. 3253-5 (anc^{t} C. trav., art. D. 143-2)

> Législation antérieure à la loi de sauvegarde des entreprises.

C. com., art. L. 621-43, al. 4, L. 621-127

D. n° 85-1388, 27 déc. 1985, art. 79 à 81

> Législation issue de la loi de sauvegarde des entreprises.

C. com., art. L. 622-24, L. 625-4, L. 631-18, I, L. 631-18, II, al. 2 et 3, L. 641-4, al. 3, L. 641-14

C. com., art. R. 622-17 (anc^{t} D. 25 déc. 2005, art. 92), R. 625-4 (anc^{t} D. 25 déc. 2005, art. 122), R. 625-6 (anc^{t} D. 25 déc. 2005, art. 121), R. 625-7 (anc^{t} D. 25 déc. 2005, art. 124), R. 631-22 (anc^{t} D. 25 déc. 2005, art. 191, al. 1), R. 631-32 (anc^{t} D. 25 déc. 2005, art. 200), R. 641-33 (anc^{t} D. 25 déc. 2005, art. 244), R. 641-35 (anc^{t} D. 25 déc. 2005, art. 246)

> Législation issue de l'ordonnance du 18 décembre 2008.

C. com., art. L. 622-24, L. 625-4, L. 631-18, L. 641-4, al. 3, L. 641-8, al. 2, L. 641-14

C. com., art. R. 622-17, R. 625-4. R. 625-6, R. 625-7, R. 631-22, R. 631-32, R. 641-33

694.02 Jurisprudence de référence.

> L'AGS ne peut demander la requalification du contrat de travail présenté comme étant à durée déterminée en contrat à durée indéterminée, sauf fraude.

• **Soc. 4 déc. 2002,** n° 00-43.750, *Bull. civ.* V, n° 367

* V. s^{s} n° 694.22

> Les créances des organismes sociaux, qui par hypothèse ne sont pas des créances détenues par les salariés, ne sont pas prises en compte dans les plafonds.

• **Soc. 2 juill. 2014,** n° 13-11.948, *Bull. civ.* V, n° 163

* V. s^{s} n° 694.41

> Aux termes de l'article L. 3253-16, 2° du code du travail, les sommes autres que les créances qu'il énumère, dont les institutions de garantie contre le risque de non-paiement des salaires en cas de procédure collective ont fait l'avance, leur sont remboursées dans les conditions prévues pour le règlement des créances nées antérieurement au jugement d'ouverture de la procédure collective et bénéficient alors des privilèges qui y sont attachés. Il en résulte que les créances correspondantes de ces institutions sont légalement réputées être des créances antérieures, sans distinction de date de naissance, et, lorsqu'elles bénéficient du privilège général des salaires, priment, en application de l'article 2376 du code civil, les créances hypothécaires.

• **Com. 11 juin 2014,** n°s 13-17.997, 13-18.112, *Bull. civ.* IV, n° 103; n° 605 P+B+R+I

* V. s^{s} n° 694.52

694.03 Bibliographie indicative. (V. les références complètes s^{s} n° 031 – Aussi s^{s} n°s 690.03 et 692.03).

694.04 Questions principales.

• L'AGS peut-elle contester sa garantie ?

* V. s^{s} n°s 694.21 à 694.23.

• Comment l'AGS est-elle remboursée de ses avances ?

* V s^{s} n°s 694.51 et 694.52.

SECON 694.10

CAACTÈRE SUBSIDIAIRE DE L'INTERVENTION DE AGS

6941 Caractère subsidiaire de l'intervention de l'GS sous l'empire de la législation antérieure à la de sauvegarde des entreprises. L'intervention l'AGS apparaît subsidiaire. Ce n'est que dans l'hypothèse où les fonds disponibles dans l'entreprise sont insuffisants pour payer les créances salariales que l'AGS apparaît tenue de faire les avances. Cette règle justifie que, dès lors que le représentant des créanciers ou le liquidateur, selon le cas, a des fonds suffisants pour payer un salarié titulaire d'une décision définitive de condamnation de son employeur, il doive le payer sans pouvoir se réfugier derrière le fait qu'une décision postérieure ait pu limiter les droits du salarié envers l'AGS[1].

Cette règle devrait également autoriser l'AGS à refuser ses avances sur démonstration que les fonds de l'entreprise suffisent. Telle n'est cependant pas la solution de la Cour de cassation qui considère que la garantie ne peut être exclue même si les fonds dans l'entreprise sont suffisants pour payer les créances salariales[2].

En outre, le fait que les membres ou associés d'un groupement en redressement ou en liquidation judiciaire soient solidairement tenus du passif – ce qui est le cas d'un groupement d'employeurs – n'est pas de nature à écarter l'intervention de l'AGS[3].

Il a été également jugé que l'AGS devait sa garantie même si un tiers s'était engagé à reprendre à son compte les contrats de travail et à garantir le paiement aux salariés[4].

694.12 Caractère subsidiaire de l'intervention de l'AGS dans la procédure de sauvegarde sous l'empire de la législation issue de la loi de sauvegarde des entreprises[5]. Le caractère subsidiaire de l'intervention de l'AGS n'était qu'affirmé par la législation, mais aucune conséquence n'y était véritablement attachée. La loi de sauvegarde des entreprises modifie la solution. À la suite d'un amendement présenté par la Commission des lois du Sénat, le mandataire judiciaire doit désormais justifier à l'AGS, lors de sa demande dans une procédure de sauvegarde, que l'insuffisance de fonds disponibles est caractérisée (C. trav., art. L. 3253-19, al. 3 [anc^t C. trav., art. L. 143-11-7, al. 3]). L'AGS peut contester cette insuffisance, dans un délai fixé par décret. L'avance des fonds doit alors faire l'objet d'une autorisation du juge-commissaire. Celle-*ci* ne doit évidemment pas, malgré l'ambiguïté du texte sur ce point, être automatique. Il s'agit, fondamentalement, de diminuer le montant des avances de l'AGS et de les limiter aux seuls cas dans lesquels cette intervention est nécessaire. La couverture par l'AGS des créances nées après le jugement d'ouverture dans la procédure de sauvegarde justifie la solution, car, par hypothèse, l'entreprise en sauvegarde n'est pas en état de cessation des paiements et ne devrait donc pas pouvoir obtenir l'avance des salaires de la période d'observation par l'AGS[6]. Cette demande d'avances à l'AGS n'est pas anodine. L'absence de fonds disponibles ne sous-entend-elle pas un état de cessation des paiements, justifiant la conversion de la sauvegarde en redressement judiciaire ? Le juge-commissaire, lorsqu'il statuera, aura à se poser cette question[7]. L'AGS a toutefois fait savoir qu'elle accueillerait avec bienveillance les demandes d'avances[8].

Il a en revanche été affirmé que les solutions du droit antérieur, dans les procédures de redressement et de liquidation judiciaires (v. s^s n° 694.11) ne devraient pas être modifiées[9].

Précisons que pour 2014, le montant des sommes avancées par l'AGS s'élève à 2201,2 millions d'euros, soit 0,7 % de plus qu'en 2013[10]. C'est un chiffre record, malgré une diminution du nombre de dossiers dans lesquels les avances ont été effectuées, ce qui signifie que le montant moyen des avances est en augmentation sensible. En 2015, les avances s'élèvent à 2 063 millions d'euros, chiffre en baisse de 6,3 % par rapport à 2014, le nombre de dossiers ayant diminué de 4,2 % soit 26 589[11].

SECTION 694.20
CONTESTATION PAR L'AGS DE SON INTERVENTION

694.21 Droit propre de l'AGS à contester son intervention. L'AGS a la possibilité de contester le principe et le montant de sa garantie, sans commettre, ce faisant, de faute[12]. Elle dispose là d'un droit propre[13]. Il est donc exclu de considérer que l'AGS se trouve représentée à l'instance par l'employeur ou le salarié ou comme ayant la qualité de créancier

1. Soc. 20 mars 2001, n° 99-19.577, NP, *Act. proc. coll.* 2001/11, n° 142.
2. Soc. 10 déc. 1996, n° 95-40.485, *Bull. civ.* V, n° 434 Soc. 19 avr. 2000, n° 97-44.276, NP, *Act. proc. coll.* 200/11, n° 135.
3. Soc. 9 mars 2004, n°s 02-41.852, n° 02-41.85 02-41.853, 02-41.851, *Bull. civ.* V, n° 74 – Soc. 9 ma2004, n° 02-41.854, NP.
4. Soc. 1er déc. 1993, n° 91-40.761, n° 91-40.7, *Bull. civ.* V, n° 297.
5. L. n° 2005-845, 26 juill. 2005, *JO* 27 juill., p. 121.
6. *Rapp. J.-J. Hyest*, n° 335, p. 559.
7. RAPPR. : JACQUEMONT ET VABRES, 9e éd., n° 1217.
8. Météyé, « L'AGS au secours des entreprises en difficulté », *Cah. dr. entr.* mars-avr. 2007, n° 2, p. 24 s., sp. p. 27.
9. *Rapp. J.-J. Hyest*, n° 335, p. 559.
10. Stat'AGS, janv. 2015, n° 7.
11. *Rapp. activité Délégation Unédic AGS 2015*, p. 8; aimablement communiqué par Thierry Météyé.
12. Soc. 19 févr. 2002, n° 98-45.526, NP, *Gaz. Pal.* 19-20 juill. 2002, pan. 24.
13. Soc. 6 févr. 2001, n° 99-40.022, NP, *Act. proc. coll.* 2001/10, n° 125 – Soc. 13 juin 2001, n° 99-4.2614, NP, *Act. proc. coll.* 2001/15, n° 195.

ou d'ayant droit de l'employeur[1]. Une décision de condamnation de l'employeur intervenue avant jugement d'ouverture, assortie de l'exécution provisoire, est opposable de plein droit à l'AGS[2]. Mais, l'AGS peut la frapper de tierce opposition, dès lors qu'elle a une incidence sur le principe ou l'étendue de la garantie[3].

La contestation n'est plus possible si une décision fixant les droits du salarié a été rendue opposable à l'AGS par la mise en cause de celle-ci dans le cadre de l'instance ayant conduit à la décision, dès lors que l'AGS n'a pas soutenu que la créance pouvait être payée sur les disponibilités de l'entreprise[4].

694.22 Motifs de contestation par l'AGS de son intervention. Le droit propre de l'AGS à contester sa garantie s'appuiera sur des motifs divers. Il pourrait d'abord s'agir de la qualité de l'employeur. Cependant, l'opposabilité à tous du jugement d'ouverture l'empêche, lorsqu'il est passé en force de chose jugée, de contester la qualité du chef d'entreprise pour lequel elle doit sa garantie. Il ne sera par exemple pas possible de contester la qualité de commerçant ayant justifié l'ouverture de la procédure[5]. Il en ira de même si la qualité du débiteur n'a pas été précisée lors de l'ouverture de la procédure. La solution a été posée à propos d'un exploitant d'auto-école, placé à tort en redressement ou en liquidation judiciaire[6].

La contestation, plus souvent, portera sur la qualité du bénéficiaire. L'AGS pourrait ainsi soutenir que l'intéressé n'est pas salarié, mais seulement mandataire social. De façon générale, en présence d'un contrat de travail apparent, la charge de la preuve de la fictivité du contrat de travail incombe à l'AGS[7]. La solution vaut même pour un contrat irrégulièrement conclu au regard des textes de la fonction publique[8]. Si une décision dénie à l'intéressé la qualité de salarié et permet ainsi à l'AGS de ne pas prendre en charge les indemnités de licenciement, le prétendu salarié ne pourra faire fixer au passif des créances salariales, du fait de l'autorité de chose jugée attachée à cette décision qui produira tous ses effets dans la procédure collective[9].

Il pourrait d'ailleurs s'agir d'un dirigeant de fait[10]. L'AGS pourra aussi utiliser l'argument tenant à l'absence d'autorisation préalable, dans les sociétés anonymes, du cumul entre mandat social et contrat de travail[11]. Le fait que l'intéressé soit le représentant des salariés n'interdit pas à l'AGS de contester sa garantie au motif que l'intéressé n'est pas un salarié[12].

L'AGS s'était vu reconnaître la possibilité de demander la requalification du contrat de travail présenté comme étant à durée déterminée en contrat à durée indéterminée[13]. Cette possibilité n'existait cependant qu'autant que le contrat à durée déterminée ne comportait pas la définition précise de son motif[14]. La chambre sociale a cependant modifié ensuite sa jurisprudence et dénie ce droit à l'AGS sauf fraude[15], en application du principe selon lequel les dispositions réglementant le contrat

1. Soc. 2 juill. 1992, n° 90-40.581, *Bull. civ.* V, n° 441.
2. Soc. 5 juin 2012, n° 11-17.673, NP, *Gaz. Pal. entr. diff.* 3 août 2012, n° 216, p. 33, note Gailhbaud.
3. Soc. 28 sept. 2011, n° 10-19.764, NP, *Gaz. Pal. entr. diff.* 21 janv. 2012, n° 20, p. 42, note Duprat – Paris, 3 juill. 1992, *BICC* 1992, n° 1885.
4. Civ. 2e, 21 sept. 2000, n° 98-14.151, *Bull. civ.* II, n° 130.
5. Soc. 6 juin 2000, n° 98-42.083, *Bull. civ.* V, n° 215.
6. Soc. 6 juin 2000, *Rev. proc. coll.* 2001, 42, n° 17, obs. Taquet.
7. Soc. 21 mars 2001, n° 99-42.006, NP, 18 juill. 2001, n° 99-44.121 NP; et Soc. 7 nov. 2001, *Rev. proc. coll.* 2002, p. 291, n° 7, obs. Taquet – Soc. 8 juill. 2009, n° 07-44.591, *Bull. civ.* V, n° 174; *Rev. proc. coll.* 2009/5, p. 54, § 125, note Taquet – Soc. 11 janv. 2012, n° 10-10.439, NP – Soc. 7 mars 2012, n° 10-22.819, NP – Soc. 7 mars 2012, n° 10-21.757 NP – Civ. 2e, 14 mars 2013, n° 12-12.649, NP, *Rev. proc. coll.* 2013, comm. 138, note Taquet – Soc. 23 oct. 2013, n° 12-19.921, NP – Soc. 11 févr. 2015, n° 13-28.224, NP – Soc. 13 mai 2015, n° 13-28.918, NP, *Rev. proc. coll.* 2015, comm. 147, note Taquet.
8. Soc. 23 oct. 2013, n° 12-19.921, NP.
9. Soc. 27 janv. 2010, n° 08-45.131, *Bull. civ.* V, n° 20; *Act. proc. coll.* 2010/4, n° 62.
10. Soc. 9 mai 2001, n° 98-45.966, NP, *Rev. proc. coll.* 2002, p. 108, n° 12, obs. Taquet.
11. Soc. 28 janv. 2004, n° 01-46.794 *Bull. civ.* V, n° 30.
12. Soc. 30 nov. 2004, n° 02-43.515, *Bull. civ.* V, n° 308; *Act. proc. coll.* 2005/3, n° 32, note Vallansan.
13. Soc. 17 oct. 2000, n° 97-45.439, *Bull. civ.* V, n° 326 – Soc. 17 oct. 2000, n° 98-44.897, NP – Soc. 13 déc. 2000, n° 99-40.876, NP, *Act. proc. coll.* 2001/5, n° 63 – Soc. 6 févr. 2001, n° 99-40.022, NP, *Act. proc. coll.* 2001/10, n° 125 – Soc. 23 oct. 2001, n° 00-40.190, *Bull. civ.* V, n° 328.
14. Soc. 23 oct. 2001, nos 99-44.574, 99-44.578, *Bull. civ.* V, n° 329 – Soc. 26 févr. 2002, NP.
15. Soc. 4 déc. 2002, n° 00-43.750, *Bull. civ.* V, n° 367; *Act. proc. coll.* 2003/2, n° 18, note Taquet; *Rev. proc. coll.* 2003, p. 154, n° 1, obs. Taquet; *Procédures* mars 2003, p. 22, n° 70, note J.-M. S. – Soc. 26 mars 2003, n° 01-40.124, NP, *Rev. proc. coll.* 2003, p. 249, n° 15, obs. Taquet – Soc. 2 avr. 2003, n° 00-46.200, NP, *Act. proc. coll.* 2003/11, n° 146 – Soc. 4 juin 2003, n° 01-40.584, NP, *Rev. proc. coll.* 2003, p. 342, n° 11, obs. Taquet – Soc. 3 mars 2004, n° 02-40.996, NP, *Rev. proc. coll.* 2004, p. 254, n° 30, obs. Taquet – Soc. 7 avr. 2004, n° 02-40.231, *Bull. civ.* V, n° 106; *Act. proc. coll.* 2004/9, n° 115; *Rev. proc. coll.* 2004, p. 254, n° 31, obs. Taquet – Soc. 16 juin 2004, n° 02-42.816, NP – Soc. 29 sept. 2004, n° 02-40.622, NP, *Rev. proc. coll.* 2005/1, p. 48, n° 9, obs. Taquet – Soc. 9 févr. 2005, nos 03-40.431, 03-41.302, 2 arrêts, NP, *Rev. proc. coll.* 2005/2, p. 146, n° 10, obs. Taquet – Soc. 1 mai 2005, nos 03-44.022, 03-45.778, 2 arrêts, NP, *Rev. proc. coll.* 2005/4, p. 381, n° 11, obs. Taquet – Soc. 2 nov. 2005, n° 03-46.914, NP, *Rev. proc. coll.* 2006/1, p. 70, n° 10, obs. Taquet – Soc. 18 oct. 2007, n° 06-43.48, *Bull. civ.* V, n° 162; n° 2117 FS-P+B; *Gaz. proc. coll.* 2008/1, p. 62, note Saintourens.

de travail à durée déterminée ne sont établies que pour assurer la protection du salarié, non des tiers. Seul le salarié peut donc demander la requalification en contrat à durée indéterminée de son contrat à durée déterminée. En l'absence d'une telle demande, le salarié est fondé à obtenir des dommages et intérêts d'un montant au moins égal aux rémunérations qu'il aurait perçues jusqu'au terme prévu. L'AGS devra sa garantie pour ces sommes [1]. Cette solution est particulièrement inopportune au regard du caractère collectif de la procédure et mériterait d'être législativement modifiée.

Sauf fraude, l'AGS ne peut contester un accord transactionnel conclu au cours d'une procédure de médiation, homologué par le juge prud'homal et portant sur le paiement de dommages et intérêts pour licenciement sans cause réelle et sérieuse [2].

La garantie pourrait n'être que partiellement refusée, en considérant que tel type de créance n'est pas couvert ou que les sommes réclamées dépassent le plafond.

Pour refuser sa garantie, l'AGS peut se fonder sur la fraude à ses droits. Dès lors que les signataires de l'accord d'entreprise connaissaient l'impossibilité pour l'employeur de faire face aux obligations qu'il mettait à sa charge, causant nécessairement à l'AGS, en l'absence d'aléa conditionnant sa garantie, un préjudice, la fraude au détriment de l'AGS est caractérisée [3]. De même, l'augmentation substantielle de salaire et la prime de rendement accordées à la salariée excédant notablement les capacités financières de la société et n'ayant pour but que de lui consentir des avantages au détriment de l'AGS sont constitutives d'une fraude [4].

694.23 Modalités de contestation par l'AGS de son intervention. Si l'AGS refuse sa garantie, elle doit le faire savoir au représentant des créanciers ou au liquidateur selon le cas (C. com., art. L. 621-127, al. 1 [anc^{t} L. 25 janv. 1985 [5], art. 125, al. 1], réd. antérieure à la loi de sauvegarde des entreprises [6], C. com., art. L. 625-4, al. 1, réd. loi de sauvegarde des entreprises, visant le mandataire judiciaire, texte de la procédure de sauvegarde applicable en redressement judiciaire : C. com., art. L. 631-14, I et en liquidation judiciaire : C. com. art. L. 641-4, al. 3). Elle n'était pas enfermée, pour cela, dans un délai de forclusion [7]. Le contraire avait cependant été soutenu [8]. La solution a été modifiée par le décret du 28 décembre 2005 [9], dans la mesure où l'article R. 625-6 alinéa 1 du code de commerce (anc^{t} D. 28 déc. 2005, art. 121, al. 1) prévoit désormais que les AGS font connaître au mandataire judiciaire leur refus de régler une créance figurant sur un relevé, dans les mêmes délais que ceux qui sont prévus aux articles L. 3253-19 à L. 3253-21 du code du travail (anc^{t} C. trav., art. L. 143-11-7), c'est-à-dire dans les délais impartis pour effectuer les avances [10].

L'article 79 alinéa 1 du décret du 27 décembre 1985 [11] et l'article R. 625-6 alinéa 1 du code de commerce (anc^{t} D. 28 déc. 2005, art. 121, al. 1) obligent à faire connaître le motif et la hauteur du refus. Le représentant des créanciers – mandataire judiciaire – l'AGS ou le liquidateur, informé par l'AGS, doit lui-même avertir le salarié concerné, en utilisant par précaution la forme recommandée [12], et le représentant des salariés (D. 27 déc. 1985, art. 79, al. 2, C. com., art. R. 625-6, al. 2 [anc^{t} D. 28 déc. 2005, art. 121, al. 2]).

Précisons que la règle de l'unicité de l'instance, selon laquelle toutes les demandes liées au contrat de travail entre les mêmes parties font l'objet d'une seule instance, et dont la méconnaissance entraîne irrecevabilité de la demande est inapplicable lorsque le litige est fondé sur un refus de garantie de l'AGS [13].

694.24 Contestation par le salarié du refus de prise en charge par l'AGS. Le salarié qui entend contester la décision de l'AGS, peut alors agir contre elle, même si les créances fondant sa demande sont antérieures au jugement d'ouverture. L'AGS est un tiers et le salarié n'est donc pas affecté par la règle de l'arrêt des poursuites individuelles.

Le salarié devra, sans être enfermé dans un quelconque délai [14], saisir le bureau de jugement du conseil des prud'hommes, à l'exclusion de toute autre juridiction [15]. Il devra assigner l'AGS, en mettant en

1. Soc. 18 oct. 2007, n° 06-43.848, *Bull. civ.* V, n° 162; n° 2[illegible]7 FS-P+B; *Gaz. proc. coll.* 2008/1, p. 62, note Saintourens.
2. Soc. 25 janv. 2006, n° 03-45.444, *Bull. civ.* V, n° 22; *Act. proc. coll.* 2006/8, n° 90.
3. Basse-Terre, ch. soc., 13 mai 2013, RG n° 10/0250[illegible], *Rev. proc. coll.* 2015, comm. 122, note Blanc.
4. Nancy, 14 mars 2014, RG n° 13/01014, *Rev. proc. coll.* 2015, comm. 123, note Blanc.
5. L. n° 85-98, 25 janv. 1985, *JO* 26 janv., p. 1[illegible]97.
6. L. n° 2005-845, 26 juill. 2005, préc.
7. Soc. 20 mai 1992, n° 90-44.061, *Bull. civ.* V, n° 323; *D.* 1993. Somm. 367, obs. crit. Honorat – Soc. 9 juin 1994, n° 93-41.083, NP, *Rev. proc. coll.* 1995, 243, obs. Taquet – Soc. 1er févr. 2001, n° 97-45.009, *Bull. civ.* V, n° 35; *Act. proc. coll.* 2001/5, n° 62.
8. Le Cannu, 6e éd., n° 948.
9. D. n° 2005-1677, 28 déc. 2005, *JO* 29 déc., p. 20324.
10. Le Cannu, 7e éd. n° 536 – J.-Cl. Com., Jaquemont, fasc. 2605, [Privilège des salariés et garantie de paiement], 2007, n° 42.
11. D. n° 85-1388, 27 déc. 1985, *JO* 29 déc., p. 15281.
12. Ifppc 1999, recomm. n°s 1130-4, 6016-4, p. 37, 142.
13. Soc. 26 mai 2015, n° 14-10.579, NP, *Gaz. Pal. entr. diff.* 20 oct. 2015, n° 291, p. 33, note Duprat.
14. Ripert et Roblot, n° 3095.
15. Soc. 21 mars 1989, n°s 87-19.377, 88-10.219, *Bull. civ.* V, n° 233; *D.* 1991. Somm. 108, obs. Derrida; *JCP E* 1989. II. 15599, obs. Pétel – Soc. 4 juin 2003, n° 01-42.338, *Bull. civ.* V, n° 188; *Act. proc. coll.* 2003/13, n° 177.

cause le représentant des créanciers - mandataire judiciaire - ainsi que l'employeur ou l'administrateur, mais seulement si ce dernier a mission de représentation. En liquidation, le salarié mettra en cause le liquidateur.

Après arrêté d'un plan de cession, sous l'empire de la législation antérieure à la loi de sauvegarde des entreprises, le salarié devra mettre en cause outre l'AGS, le représentant des créanciers et le liquidateur amiable ou le mandataire *ad hoc* chargé de représenter la société dissoute. En revanche, l'absence de mise en cause de l'administrateur ou après cessation de ses fonctions du commissaire à l'exécution du plan n'affectera pas la régularité de la procédure en ce qu'elle est principalement dirigée contre l'AGS[1].

L'article L. 621-127 alinéa 3 du code de commerce, dans sa rédaction antérieure à la loi de sauvegarde des entreprises et l'article L. 625-4 alinéa 3, dans sa rédaction issue de la loi de sauvegarde des entreprises, prévoient que le salarié peut se faire assister ou représenter par le représentant des salariés.

Le jugement du conseil des prud'hommes qui, par l'instance introduite par le salarié, est saisi du refus de l'AGS, quelle qu'en soit la cause, de régler une créance figurant sur un relevé de créances salariales, ne se prononce pas sur la compétence, mais statue sur le seul bien ou mal fondé de la décision de l'AGS. Il ne peut, en conséquence, être attaqué que par la voie de l'appel, non par la voie du contredit[2].

694.25 Décision obligeant l'AGS à garantir. La décision ne pourra condamner l'AGS à verser ses avances entre les mains des salariés, seul le représentant des créanciers - mandataire judiciaire - ou le liquidateur devant percevoir les avances[3]. Cependant, rien n'interdit de condamner l'AGS aux dépens de l'instance et à l'article 700 du code de procédure civile[4].

L'AGS peut faire appel de la décision, à moins que le montant de la demande du salarié, qui seul doit être prise en compte pour la recevabilité de l'appel, ne soit inférieur au taux du ressort du conseil des prud'hommes[5].

Le salarié, pour sa part, est recevable en son appel incident, sur un jugement réparant une omission de statuer[6].

SECTION 694.30
RÈGLEMENT DES AVANCES PAR L'AGS

694.31 Délais de règlement - Versement des avances par l'AGS. L'AGS est enfermée dans des délais pour procéder au règlement de ses avances. Ils sont eux-mêmes subordonnés aux délais d'établissement des relevés de créances salariales (sur cette question, v. s[s] n° 696.12). C'est au vu des relevés que l'AGS doit régler les avances. La présentation de ceux-ci est suffisante, sans que le salarié ait à prouver, ce qui serait d'ailleurs impossible s'agissant d'un fait négatif, que l'entreprise ne dispose pas de fonds suffisants[7].

L'article L. 3253-20 du code du travail (anc[t] C. trav., art. L. 143-11-7, al. 4) prévoit que si les créances salariales ne peuvent être payées en tout ou en partie sur les fonds disponibles de l'entreprise avant l'expiration des délais qu'il fixe pour l'établissement des relevés des créances salariales, l'avance des fonds est demandée à l'AGS. Cette dernière doit alors régler dans les 5 ou les 8 jours de la réception des relevés de créances salariales.

Rappelons que l'AGS, dans la procédure de sauvegarde, ne garantit que les créances postérieures au jugement d'ouverture.

L'AGS doit régler les créances super privilégiées dans les 5 jours de la réception des relevés de créances salariales. Ces relevés doivent eux-mêmes être établis dans les 10 jours du jugement d'ouverture. Ainsi le règlement devra-t-il être effectué dans les 15 jours du jugement d'ouverture.

Le règlement des créances salariales postérieures est examiné séparément (v. s[s] n°s 456.65 s.).

L'AGS doit enfin régler toutes les autres créances couvertes, notamment les créances salariales autres que les créances super privilégiées qui sont dues à la date du jugement d'ouverture, dans les 8 jours de la réception des relevés de créances salariales. Ces relevés doivent eux-mêmes être établis dans les 3 mois du jugement d'ouverture du jugement d'ouverture. Ainsi le règlement devra-t-il être effectué dans les 3 mois et 8 jours du jugement d'ouverture.

1. Soc. 21 déc. 2006, n° 04-45.720, *Bull. civ.* V, n° 410; n° 3032 F-P+B; *D.* 2007. AJ 313, obs. Lienhard; *Act. proc. coll.* 2007/3, n° 30, note Neau-Leduc.
2. Soc. 26 mars 2014, n° 12-27.138, *Bull. civ.* V, n° 84; n° 629 FS-P+B; *Act. proc. coll.* 2014/8, comm. 163, note Fin-Langer; *Gaz. Pal.* 25 mai 2014, n° 145, p. 43, note Orif.
3. Soc. 20 nov. 2002, n° 00-45.373, NP, *Act. proc. coll.* 2003/1, n° 9.
4. Soc. 22 oct. 2003, n° 01-45.731, NP.
5. Soc. 23 mai 2006, n° 03-45.447, *Bull. civ.* V, n° 183; *Act. proc. coll.* 2006/12, n° 151.
6. Soc. 4 mars 2008, n° 06-45.221, *Bull. civ.* V, n° 44; *Act. proc. coll.* 20085/6, n° 104, note Cagnoli.
7. Soc. 21 oct. 1998, n° 96-19.865, *Bull. civ.* V, n° 441; *D. Affaires* 1998, 1982, obs. Dechristé.

Les règlements doivent être faits, non entre les mains des salariés[1], mais entre celles du représentant des créanciers – mandataire judiciaire – ou du liquidateur. En cas de plan de cession, sous l'empire de la législation antérieure à la loi de sauvegarde des entreprises, ils seront faits entre les mains du commissaire à l'exécution du plan et, si celui-ci a cessé ses fonctions, entre les mains du greffier du tribunal d'ouverture de la procédure (C. trav., art. L. 3253-15 [anc^t C. trav., art. L. 143-11-7, al. dern.]) et, sous l'empire de la législation de sauvegarde des entreprises, entre les mains, selon le cas, du mandataire judiciaire ou du liquidateur. Ces personnes sont tenues à un reversement immédiat, effectué sous leur responsabilité[2]. Si le délai de reversement est estimé trop long par le salarié, ce dernier pourra saisir le juge-commissaire, s'il est encore en fonction, qui donnera injonction au mandataire de justice, le juge des référés étant incompétent[3].

Une exception au principe de versement entre les mains des organes de la procédure est posée par l'article L. 3253-21 du code du travail, qui résulte de la loi du 26 juillet 2005 (anc^t C. trav., art. L. 143-11-7, al. 5). Selon ce texte, par dérogation aux dispositions des trois alinéas précédents, l'avance des contributions de l'employeur au financement de la convention de reclassement personnalisé mentionnée à l'article L. 1233-65 (anc^t C. trav., art. L. 321-4-2) est versée directement aux organismes gestionnaires mentionnés à l'article L. 5427-1 (anc^t C. trav., art. L. 351-21). Les dispositions de l'article 24 de la loi n° 2005-841 du 26 juillet 2005 sont applicables aux accords mentionnés à l'article L. 1233-68 du code du travail (anc^t C. trav., art. L. 321-4-2, I, al. 5) conclus à compter du 1er avril 2005 (L. n° 2005-841 du 26 juill. 2005, art. 36, VI).

L'article L. 3253-20 du code du travail (C. trav., art. L. 143-11-7, al. 4 – devenu l'al. 7 avec la loi de sauvegarde des entreprises), prévoit que l'AGS devra verser les avances même si les relevés de créances salariales sont contestés par des tiers (sur ces contestations, v. s^s n° 696.27).

En outre, second bénéfice accordé ici aux salariés, les créances définitivement établies par décisions de justice devront être avancées, même si les périodes de garantie sont expirées[4]. Il s'agit là des créances dues si la liquidation judiciaire est prononcée, qui résultent de décisions de justice passées en force de chose jugée avant le jugement d'ouverture, peu important qu'elles soient frappées de pourvoi[5], le contraire ayant cependant été jugé[6].

Les avances de l'AGS bénéficieront à tous les salariés couverts par la garantie (v. s^s n° 692.31). En revanche, l'article L. 143-11-7, alinéa 6 du code du travail exclut le bénéfice des avances pour les créanciers subrogés dans les droits des salariés, tels les banquiers qui auraient avancé les salaires.

Indiquons que le montant des sommes récupérées s'élève en 2014 à 764,6 millions d'euros, soit un peu moins de 35 % des sommes avancées.

694.32 Déclaration à l'administration fiscale des sommes versées par l'AGS. Toute somme versée par l'AGS doit être déclarée à l'administration fiscale, selon, l'article L. 622-19, texte de la procédure de sauvegarde applicable en redressement judiciaire (C. com., art. L. 631-14, I, devenu C. com., art. L. 631-14, al. 1, rédact. ord. 18 déc. 2008[7]). À la suite d'un oubli, ce texte n'avait pas été rendu applicable en liquidation judiciaire.

Cette déclaration, précise l'article R. 622-17 du code de commerce (anc^t D. 28 déc. 2005[8], art. 92), dans la législation de sauvegarde des entreprises, incombe au débiteur, en sauvegarde. La solution est adaptée en redressement judiciaire, l'obligation d'information incombant à l'administrateur judiciaire, s'il en a été désigné un avec mission d'administration, au débiteur dans le cas contraire (C. com., art. R. 631-22, al. 1 [anc^t D. 28 déc. 2005, art. 191, al. 1]). En liquidation judiciaire, elle incombe, selon l'article R. 641-35 du code de commerce (anc^t D. 28 déc. 2005, art. 246), au liquidateur. Ainsi, le décret s'était-il employé à combler les lacunes de la loi, le liquidateur ayant l'obligation de déclarer à l'administration fiscale les sommes versées par l'AGS. Mais cette obligation de nature réglementaire manquait de support légal.

La malfaçon est réparée par le nouvel alinéa 2 de l'article L. 641-8 du code de commerce, issu de la rédaction que lui donne l'ordonnance du 18 décembre 2008 (ord. 18 déc. 2008, art. 101), qui prévoit que toute somme versée par l'AGS doit être déclarée à l'administration fiscale par le liquidateur. En conséquence du basculement du texte en partie législative, l'article 77 du décret d'application de l'ordonnance de réforme procède à l'abrogation de l'article R. 641-35.

1. Soc. 18 oct. 1989, n° 88-44.174, NP, *JCP E* 1990. 15768, n° 6, obs. Pétel – Soc. 21 mars 1990, n° 87-41.404, *Bull. civ.* V, n° 133 – Soc. 30 mai 1990, n° 87-43.422, *Bull. civ.* V, n° 253 – Soc. 18 mars 2008, n° 07-13.472, NP, *Gaz. proc. coll.* 2008/3, p. 55, note Duprat; *Act. proc. coll.* 2008/7, n° 113.
2. IFPPC 1999, recomm. n°s 1130-5, 6016-5, p. 37, 142.
3. *Versailles, 10 janv. 1992, Gaz. Pal.* 1992. I, Somm. 237.
4. Soc. 1er juin 1994, n°s 91-43.477, 91-43.479, *Bull. civ.* V, n° 183; *D.* 1995, jur. 76, note Souweine; *LPA* 12 oct. 1994, p. 18, note Derrida.
5. Soc. 1er juin 1994, n°s 91-43.477, 91-43.479, préc.
6. Grenoble, 19 janv. 1989, *D.* 1991. Somm. 109, obs. Derrida.
7. Ord. n° 2008-1345, 18 déc. 2008, *JO* 19 déc., p. 19462.
8. D. n° 2005-1677, 28 déc. 2005, préc.

694.33 Restitution à l'AGS des sommes versées en excédent. Lorsque l'AGS a fait l'avance de sommes qui, finalement ne seront pas versées aux salariés, et lorsque la validité du titre de paiement sera expirée, il appartiendra aux organes ayant perçu les avances de les restituer à l'AGS (D. 27 déc. 1985[1], art. 80, C. com., art. R. 625-4 [anc^t D. 28 déc. 2005[2], art. 122]).

SECTION 694.40
PLAFOND DES AVANCES DE L'AGS

694.41 Plafond des avances de l'AGS. Des plafonds sont établis pour les avances de l'AGS. Les créances des organismes sociaux, qui par hypothèse ne sont pas des créances détenues par les salariés, ne sont pas prises en compte dans les plafonds[3]. L'article L. 3253-17 du code du travail (anc^{t} C. trav., art. L. 143-11-8) limite l'intervention de la garantie à un ou des montants fixés par décret, la date de détermination du plafond étant celle à laquelle la créance du salarié est due[4]. La Cour de cassation a estimé non sérieuse la question prioritaire de constitutionnalité (QPC) portant sur l'instauration de ces plafonds au regard des articles 1, 6, 15 de la Déclaration des droits de l'Homme et du citoyen et de l'article 5 du préambule de la Constitution de 1946. Le demandeur soutenait que l'instauration de ces plafonds serait contraire à la Constitution en instaurant une inégalité de traitement entre les salariés en fonction de leur rémunération, de leur ancienneté dans l'entreprise et du stade de la procédure collective, et porterait atteinte au droit à l'emploi, à l'accès au juge et au principe de responsabilité. La Chambre sociale de la Cour de cassation, pour rejeter cette QPC, a estimé que l'instauration d'un plafond de garantie « ne créée pas une atteinte disproportionnée aux droits des salariés » et répond à un motif d'intérêt général consistant en la recherche d'un nécessaire équilibre entre les droits de salariés et les charges supportées par les entreprises assurant le financement exclusif de l'AGS[5].

En application de ces plafonds, l'article D. 3253-5 du code du travail (anc^{t} C. trav., art. D. 143-2) disposait que « le montant maximum de la garantie prévue à l'article L. 3253-17 du code du travail (anc^{t} C. trav., art. L. 143-11-8) est fixé à 13 fois le plafond mensuel retenu pour le calcul des contributions au régime d'assurance-chômage, lorsque les créances résultent des dispositions législatives ou réglementaires, ou des stipulations d'une convention collective et sont nées d'un contrat de travail, dont la date de conclusion est antérieure de plus de six mois à la décision prononçant le redressement judiciaire. Il s'apprécie à la date à laquelle est née la créance du salarié[6], et non à la date du jugement d'ouverture, et au plus tard, à la date du jugement arrêtant le plan ou prononçant la liquidation judiciaire. Dans les autres cas, le montant de cette garantie est limité à 4 fois le plafond mentionné au premier alinéa ci-dessus ».

Après avoir été restrictive dans l'interprétation de cette disposition, la Cour de cassation a opéré un revirement, que les juridictions du fond reprochent parfois à l'AGS, en la sanctionnant, de ne pas avoir intégré[7]. La Cour de cassation a même admis, à la suite de cette évolution jurisprudentielle, que des salariés indemnisés sur la base du « plafond 4 » puissent solliciter un complément d'indemnisation[8].

La Cour de cassation a estimé que le « plafond 13 » s'applique dès lors que la créance trouve son fondement dans une loi, un règlement ou une convention collective, peu important que son montant soit fixé par l'accord des parties[9]. Le « plafond 13 » s'applique à la créance d'indemnité pour licenciement sans cause réelle et sérieuse[10], notamment à l'indemnisation d'un salarié protégé licencié sans autorisation administrative[11], à la créance de dommages-intérêts pour rupture anticipée[12], aux indemnités de congés payés, de préavis et de licenciement[13]. La solution

1. D. n° 85-1388, 27 déc. 1985, préc.
2. D. n° 2005-1677, 28 déc. 2005, préc.
3. Soc. 2 juill. 2014, n° 13-11.948, *Bull. civ.* V, n° 163; *Act. proc. coll.* 2014/14, comm. 260, note Fin-Langer; *Rev. sociétés* 2014. 533, note Henry; *Rev. proc. coll.* 2014, comm. 129, note Fin-Langer; *Leden* 2014, comm. 143, note Dedessus-Le-Moustier; *JCP E* 2014. 1637, n° 10, note Pétel – Arlie, « Les plafonds de garantie des créances salariales sous l'éclairage de quelques arrêts récents », *JCP E* 2015, études 1384.
4. Soc. 18 juill. 2000, n° 98-42.866, NP, *Rev. proc. coll.* 2001, 104, n° 10, obs. Taquet.
5. Soc. 19 nov. 2014, n° 14-16.669 QPC, *Bull. civ.* V, n° 270; *Act. proc. coll.* 2015/3, comm. 34, note Méteyé.
6. Soc. 3 mai 2011, n° 10-14.297, NP, *Gaz. Pal.* 9 juill. 2011, n° 189, p. 33, note Gailhbaud; *Act. proc. coll.* 2011/10, comm. 155.
7. AINSI : Grenoble, ch. Soc. 30 oct. 2000, *D.* 2001. Somm. 122, obs. Derrida.
8. Soc. 26 nov. 2003, n° 01-45.189, NP, *Act. proc. coll.* 2004/1, n° 8, obs. Vallansan.
9. oc. 15 déc. 1998, n° 98-40.937, *Bull. civ.* V, n° 550; 1999, jur. 205, note Souweine – Soc. 20 févr. 2002, z. *Pal.* 19-20 juill. 2002, pan. 24; *Rev. proc. coll.* 2002, 202, n° 1, obs. Taquet.
10. S 12 janv. 1999, n° 95-42.101 *Bull. civ.* V, n° 10 – Soc. 8 r. 2000, n° 99-42.021, NP, *Rev. proc. coll.* 2001, 102, n obs. Taquet – Soc. 30 avr. 2003, n° 01-40.460, *Bull. civ* n° 151; *JCP E* 2003, pan. 1077, n° 981; *Rev. proc. co* 003, p. 250, n° 16, obs. Taquet.
11. Co 3 avr. 2001, n° 99-40.758, *Bull. civ.* V, n° 120.
12. Soc oct. 2000, n° 98-44.663, NP, *Act. proc. coll.* 2001/2, n° 2
13. Soc. t. 1999, n° 97-42.819, *Bull. civ.* V, n° 362, n° 3385-P.

s'applique encore à la créance constituée de rappels de salaires[1] ou à la créance indemnitaire résultant du non-respect par l'employeur du droit des salariés au repos compensateur[2].

Si les créances relèvent pour partie du « plafond 4 » et pour partie du « plafond 13 », l'intégralité de la créance relèvera du « plafond 13 »[3]. Ainsi, le « plafond 4 » n'avait plus guère l'occasion de s'appliquer qu'aux créances nées d'un contrat de travail d'une antériorité inférieure à six mois par rapport au jugement d'ouverture.

Le décret du 24 juillet 2003[4], est venu modifier l'article D. 3253-5 du code du travail (anc[t] C. trav., art. D. 143-2) afin de « juguler la dégradation financière de l'AGS[5] accentuée par la généralisation du plafond 13 au détriment du plafond 4 »[6]. Désormais, les salariés ayant moins de six mois d'ancienneté au jour de l'ouverture de la procédure ne pourront bénéficier que du plafond 4, qui s'élève en 2010 à 46 160 euros. Le plafond 13 est supprimé. Il est remplacé par les plafonds 5 ou 6. Le plafond 5 s'appliquera aux salariés embauchés depuis plus de six mois et moins de deux ans par rapport au jugement d'ouverture. En 2010, le plafond 5 est de 57 700 euros. Le plafond 6, enfin, concernera les salariés ayant plus de deux ans d'ancienneté à la date d'ouverture de la procédure. En 2010, le plafond 6 s'élève à la somme de 69 240 euros.

Si en raison des dates différentes auxquelles sont nées les créances, les unes relèvent du plafond 13 et les autres du plafond 6, ces plafonds sont respectivement applicables dans la limite globale du plafond 13[7]. Ainsi, la détermination du plafond de la garantie s'apprécie-t-elle à la date à laquelle est née la créance du salarié et au plus tard à la date du jugement arrêtant le plan ou convertissant en liquidation judiciaire. Cette solution est clairement contraire à la lettre des textes qui vise la date à laquelle la créance est due, non celle laquelle la créance est née[8].

La créance indemnitaire résultant de la résiliation judiciaire du contrat de travail est garantie par le plafond en vigueur au jour du jugement prononçant la résiliation.

Le décret du 24 juillet 2003 ne s'applique qu'aux procédures collectives ouvertes à compter du 29 juillet 2003, date d'entrée en vigueur du décret. Toutefois, il résulte des dispositions de l'alinéa 3 de l'article D. 3253-5 du code du travail (anc[t] C. trav., art. D. 143-2, al. 2) que le montant maximum de la garantie de l'AGS s'apprécie à la date à laquelle est due la créance du salarié et au plus tard à la date du jugement arrêtant le plan ou prononçant la liquidation judiciaire. Si la créance est celle issue du licenciement et si ce dernier est antérieur au jugement arrêtant le plan ou prononçant la liquidation, c'est à la date du licenciement qu'il faut se placer pour apprécier le plafond applicable[9].

SECTION 694.50

REMBOURSEMENT DES AVANCES FAITES PAR L'AGS

694.51 Remboursement des avances faites par l'AGS sous l'empire de la législation antérieure à la loi de sauvegarde des entreprises[10]. Le paiement fait par l'AGS n'intervient pas au titre d'une assurance, mais à celui d'une simple avance. L'AGS ne peut donc pas être condamnée au paiement, mais seulement à une avance[11]. Une fin de non-recevoir d'ordre public, qui doit être relevée d'office, s'oppose à la demande en paiement formée contre l'AGS[12].

Sous l'empire de la loi du 13 juillet 1967[13], l'AGS était subrogée systématiquement dans les droits des salariés qu'elle payait.

Depuis la loi du 25 janvier 1985[14], l'AGS n'est subrogée que pour trois catégories d'avances.

1. Soc. 5 oct. 1999, n° 96-40.746, *Bull. civ* V, n° 367, n° 3389-P.
2. Soc. 18 janv. 2000, n° 97-44.461, NP, *Act. proc. coll.* 2000/6, n° 65.
3. Soc. 30 nov. 1999, n° 96-40.686, *Bull. civ.* V, n° 463; *Rev. proc. coll.* 2000, 62, n° 7, obs. Taquet; *Dr. soc.* 2000. 222, note Radé – Soc. 12 juin 2001 n°s 98-43.737, 98-40.936, 2 arrêts, NP, *Rev. proc. coll.* 2001, p. 258, n° 7, obs. Taquet – Soc. 3 oct. 2001, n° 99-44.289, NP, *Gaz. Pal.* 19-20 déc. 2001, pan. 30.
4. D. n° 2003-684, 24 juill. 2003, *JO* 27 juill., p. 12757.
5. SUR LA QUESTION : Soinne, « L'AGS est-elle en faillite ? », *Rev. proc. coll.* 2003, p. 291.
6. Régnaut-Moutier, *Act. proc. coll.* 2003/14, n° 182.
7. Soc. 31 mars 2015, n°s 13-21.184, 13-22.901, *Bu… civ.* V [à paraître]; *Gaz. Pal. entr. diff.* 21 juill. 2015, … 200, p. 27, note Duprat; *LPA* 4 déc. 2015, n° 242, p. …, note Méteyé; *BJE* juill. 2015, 255, note Donnette-Bois…e; *Rev. proc. coll.* 2015, comm. 63, note Fin-Langer; *A*… 2015/8, comm. 125, note Fin-Langer; *Leden* 2015, c…n. 090, note Dedessus-Le-Moustier – *Adde*, Roussel G… et Jacotot, « Quand un plafond prend l'eau : à pro… des plafonds de garantie de l'AGS », *Rev. proc. coll.* 2… études 3 et *JCP E* 2015. 1011.
8. Méteyé, note s[s] Soc. 31 mars 2015, n°s 13-21.184, 13-22.901, *LPA* 4 déc. 2015, n° 242, p. 10 s., sp. p. 13.
9. Soc. 19 avr. 2005, n°s 04-41.362, 04-44.368, *Bull. civ.* V, n° 142, 2 arrêts.
10. L. n° 2005-845, 26 juill. 2005, préc.
11. Soc. 11 juin 1992, n° 89-43.138, *Bull. civ.* V, n° 384.
12. Soc. 12 févr. 1991, n° 88-41.373, *Bull. civ.* V, n° 59; *D.* 1991. IR 68 – COMP. : Grenoble, ch. soc. 30 oct. 2000, *D.* 2001. Somm. 122, obs. Derrida.
13. L. n° 67-563, 13 juill. 1967, *JO* 14 juill., p. 7059.
14. L. n° 85-98, 25 janv. 1985, préc.

La première catégorie de créances pour lesquelles joue la subrogation personnelle est représentée par les créances super privilégiées [1]. Divers avantages résultent de la solution. Ainsi, l'AGS peut prétendre être remboursée sur les premières rentrées de fonds [2] (C. com., art. L. 621-131, al. 3 [anc^t L. 25 janv. 1985, art. 129, al. 3]), ce qu'en opportunité elle ne fait pas, sauf à rendre impossible tout redressement. Du fait de la subrogation, l'AGS ne peut se voir imposer les délais du plan de continuation [3], lesquels sont sans application pour le paiement des créances salariales (C. com., art. L. 621-78 [anc^t L. 25 janv. 1985, art. 76]). L'AGS peut toutefois accorder des délais de remboursement. L'ordonnance du 12 mars 2014 [4] prévoit d'ailleurs explicitement la solution, en modifiant pour cela la rédaction de l'article L. 626-20, I, 1° du code de commerce. Il résulte clairement du texte que le tribunal ne peut lui imposer des délais en cas de refus des propositions de plan. En ce cas, s'ils ne sont pas respectés par le débiteur, l'AGS ne saurait se voir imposer par le juge des référés les délais de grâce de l'article 1244-1 du code civil [5]. La subrogation personnelle de l'AGS dans le super-privilège l'autorise aussi, en cas de vente d'un bien grevé en période d'observation ou en phase d'exécution du plan de continuation, à se faire payer par priorité absolue sur le prix de vente du bien (C. com., art. L. 621-80 [anc^t L. 25 janv. 1985, art. 78]).

En cas de résolution d'un plan de continuation, il y a ouverture d'une seconde procédure. Les créances super privilégiées dans la première procédure conservent-elles cette nature dans la seconde ? Une cour d'appel avait apporté à cette question une réponse positive [6]. La Cour de cassation a statué dans le même sens, en jugeant que, en cas de succession de procédures, par suite de la résolution du plan, l'AGS subrogée dans le super privilège le demeure dans la seconde procédure et se trouve, en conséquence, dispensée de déclarer sa créance au passif de la seconde procédure [7]. Il est en effet indiscutable que le privilège subsiste tant que la créance n'est pas payée, sauf disposition spéciale édictant une règle particulière de conservation ou d'extinction de ce privilège.

La deuxième catégorie de créances pour lesquelles l'AGS est subrogée est celle des créances couvertes par le privilège général des salaires. Toutefois, et contrairement à la solution posée pour la subrogation dans le super privilège des salaires, l'AGS subit ici, pour son remboursement, les délais et remises du plan de continuation, de redressement ou de sauvegarde, alors que, comme il a été observé, les salariés eux-mêmes ne subiraient pas ces restrictions [8] (v. C. com., art. L. 621-78, I, 2°, red. ant. LSE; C. com., art. L. 626-20, I, 2°, réd. L. 26 juill. 2005, et C. com., art. L. 626-20, I, 2°, réd. ord. 12 mars 2014).

La troisième catégorie de créance pour lesquelles joue, pour l'AGS, la subrogation personnelle dans les droits des salariés est constituée des créances salariales couvertes par le traitement préférentiel réservé aux créances postérieures et avancées par l'AGS (v. s^s n°s 456.65) lorsque le tribunal aura prononcé la liquidation judiciaire (C. trav., art. L. 3253-8, 4° [anc^t C. trav., art. L. 143-11-1, 3°]).

Pour les autres créances salariales avancées, l'AGS n'est pas subrogée dans les droits des salariés qu'elle a payés et a, en conséquence, un droit propre, plutôt constitutif d'ailleurs d'une obligation propre, à déclarer les créances qu'une fiction légale aligne sur le sort des créances antérieures, dont elle est titulaire à l'encontre de l'employeur débiteur. Il en est ainsi des indemnités de rupture des contrats de travail, pour lesquelles l'AGS bénéfice seulement du privilège général des salaires. Des délais particuliers de déclaration des créances lui seront réservés (v. s^s n° 665.36). Le défaut de subrogation conduit à refuser à l'AGS les prérogatives attachées aux créances salariales, notamment l'impossibilité d'imposer aux salariés des délais de paiement en cas de plan de continuation ou de redressement.

Le taux moyen de récupération des avances de l'AGS s'est situé, sur la période 1986-2011 à 36,3 %. Ilest évidemment variable, en fonction du rang des créances salariales : 54,4 % pour les créances super privilégiées et 4 % pour les créances chirographaire [9]. En 2015, le taux de récupération a été de 358 % [10]. Ce taux est d'environ 55 % pour les créances super privilégiées et chute à environ 12 %

1. Com. 6 juill. 1993, n° 91-14.269, *Bull. civ.* IV, n° 285; *D.* 1993, jur. 530, note Ramackers; *JCP E* 1993. I. 298, n° 16, obs. M. Cabrillac.
2. CEP. : T. com. Lyon, 28 sept. 2000, *Act. proc. coll.* 2001/3, *n° 35, note Nanterme; Act. proc. coll. 2001/8, note Soinne – Adde,* Soinne, « *À propos de la notion de fonds disponibles au sens de* l'article L. 631 nouveau du code de commerce », *Rev. proc. coll.* 2001, 59, obs. Soinne.
3. Orléans, 22 févr. 2001, *Act. proc. coll.* 2001/8, n° 102 – *Adde*, Le Cannu, n° 958 – Soinne, n° 2295.
4. Ord. n° 2014-326, 12 mars 2014, *JO* 14 mars, p. 5249.
5. Reims, ch. civ., 1re sect., 11 oct. 2010, RG n° 09/03150, *Act. proc. coll.* 2011/7, n° 111, note Fin-Langer.
6. Poitiers, 22 avr. 1996, *D.* 1996. Somm. 284, obs. Honorat.
7. Com. 3 févr. 2009, n° 07-19.831, *Bull. civ.* IV, n° 13; n° 109 FS-P+B; *Gaz. proc. coll.* 2009/2, p. 39, n° 4, note Duprat; *JCP E* 2009. 1347, n° 3, obs. Pétel; *RTD com.* 2010. 189, n° 5, obs. Saint-Alary-Houin.
8. Pérochon, 10e éd., n° 1318.
9. *Rapp. activité Délégation Unédic AGS 2009*, p. 17; aimablement communiqué par Thiery Méteyé.
10. *Rapp. activité Délégation Unédic AGS 2015*, p. 29; aimablement communiqué par Thiery Méteyé.

pour les créances simplement privilégiées, pour tomber à environ 4 % pour les créances chirographaires.

La récupération des avances est éminemment fonction de l'assiette sur lequel s'exerce le privilège de l'AGS. Il a été annoncé un avenir relativement sombre, en termes de recouvrement de l'AGS, du fait de la raréfaction des actifs disponibles, liée au développement de garanties nouvelles faisant échapper leurs bénéficiaires à la loi du concours[1].

694.52 **Remboursement des avances faites par l'AGS sous l'empire de la législation issue de la loi de sauvegarde des entreprises**[2]. La loi de sauvegarde des entreprises, à la suite d'un amendement présenté par la Commission des lois du Sénat, a étendu le domaine de la subrogation de l'AGS dans les droits des salariés.

Pour toutes les sommes avancées, mais seulement dans la procédure de sauvegarde, l'AGS sera subrogée dans les droits des salariés (C. trav., art. L. 3253-4 [anc[t] C. trav., art. L. 143-11-a]). Par cet amendement, il s'est agi d'améliorer le taux de récupération de l'AGS, qui n'atteignait, en 2003, que 34,9 % des sommes avancées. Pour certaines créances salariales antérieures au jugement d'ouverture et non couvertes par le privilège des salaires, ce taux de non récupération dépasse les 96 %[3]. Il a été dit que la subrogation interdira notamment d'imposer des délais de paiement pour rembourser les créances salariales, dans le cadre des plans de sauvegarde, ce qui obligera l'administrateur et le débiteur à négocier des délais avec l'AGS, sauf à rendre impossible l'exécution du plan de sauvegarde[4]. Mais rien n'interdira à l'AGS d'accepter ces délais de paiement, ce que précise d'ailleurs explicitement l'article L. 626-20, I, 1° du code de commerce, depuis l'ordonnance du 12 mars 2014[5], pour les créances super privilégiées, la solution valant *a fortiori* pour les autres créances. Ces délais sont en pratique de 6 à 36 mois, selon les capacités financières de l'entreprise et le montant des créances salariales avancées[6].

Cette subrogation jouera quelle que soit l'issue de la procédure de sauvegarde[7].

En revanche, l'article L. 3253-16 du code du travail (anc[t] C. trav., art. L. 143-11-9-b) n'apporte pas de changement, par rapport à la législation antérieure, quant au domaine de la subrogation de l'AGS, dans les procédures de redressement et de liquidation judiciaires (v. s[s] n° 694.51).

Lorsque l'AGS ne sera pas subrogée dans les droits des salariés, elle ne sera pas traitée comme un créancier postérieur méritant, contrairement à la solution antérieure à la loi du 21 janvier 2008[8]. L'article L. 3253-16, 2° du Code du travail, issu de la rédaction que lui a donnée la loi du 21 janvier 2008[9], prévoit en effet que les avances pour lesquelles l'AGS n'est pas subrogée sont remboursées dans les conditions prévues par les dispositions du livre VI du code de commerce pour le règlement des créances nées antérieurement au jugement d'ouverture de la procédure. Elles bénéficient alors des privilèges attachés à celle-ci. Dès lors, si les créances bénéficient du privilège des salariés, lequel prime les créances hypothécaires, il nous semble possible, compte tenu de la fiction légale, de soutenir que l'AGS prime, en liquidation judiciaire, le créancier hypothécaire, puisqu'elle prime aussi le créancier postérieur méritant. C'est la solution qui a été retenue par la Cour de cassation, qui juge que, aux termes de l'article L. 3253-16, 2° du code du travail, les sommes autres que les créances qu'il énumère, dont les institutions de garantie contre le risque de non-paiement des salaires en cas de procédure collective ont fait l'avance, leur sont remboursées dans les conditions prévues pour le règlement des créances nées antérieurement au jugement d'ouverture de la procédure collective et bénéficient alors des privilèges qui y sont attachés. Il en résulte que les créances correspondantes de ces institutions sont légalement réputées être des créances antérieures, sans distinction de date de naissance, et, lorsqu'elles bénéficient du privilège général des salaires, priment, en application de l'article 2376 du code civil, les créances hypothécaires[10].

Avant comme depuis la loi de sauvegarde, l'AGS est recevable à exercer une action en remboursement de sommes indues contre un non-salarié, par voie oblique, en se substituant ainsi au liquidateur[11].

1. Sénéchal, *in* Sénéchal, Chriqui, Météyé et A. Clerc, «Les procédures collectives et les droits des salariés », *Rev. proc. coll.* 2011, table ronde 3, p. 65 s., sp. p. 72.
2. L. n° 2005-845, 26 juill. 2005, préc.
3. *Rapp. J.-J. Hyest*, n° 335, p. 560.
4. Météyé, « L'AGS au secours des entreprises en difficulté », *Cah. dr. entr.* mars-avr. 2007 n° 2, p. 24 s., sp. p. 27 – *Adde*, ROUSSEL GALLE, 2e éd. 2007, n° 556.
5. Ord. n° 2014-326 12 mars 2014, préc.
6. Arséguel et Météyé, «Les aspects sociaux de la procédure de sauvegarde», *Rev. proc. coll.* 2008/2, p. 117 s., sp. p. 121, n° 21.
7. Pételֽ, « L'AGS et la réforme des procédures collectives », *RJ com.* 2006/3, p. 174 s., sp. p. 183, n° 23.
8. Arséguel et Méteyé, art. préc., sp. p. 121, n° 23.
9. L. n° 2008-67, 21 janv. 2008, *JO* 22 janv., p. 1122.
10. Com. 11 juin 2014, n°s 13-17.997, 13-18.112, *Bull. civ.* IV, n° 103 ; P+B+R+I ; n° 605 ; *D.* 2014. actu 1270, note Lienhard ; *Gaz. Pal.* 5 oct. 2014, n° 278, p. 33, note Boustani ; *Act. proc. coll.* 2014/13, comm. 238, note Cagnoli et Fin-Langer ; *Rev. proc. coll.* 2014, comm. 130, note Fin-Langer ; *JCP E* 2014, chron. 1447, n° 9, obs. Pételֽ; RTD civ. 2014. 696, n° 3, note Crocq ; Rev. proc. coll. 2015, comm. 26, note Berthelot ; *BJE* 2014, 303, note Le Corre ; *LXB hebdo* 17 juill. 2014, n° 579, note Le Corre.
11. Civ. 2e, 12 juill. 2012, n° 11-19.080, NP ; n° 1321 F-D.

CHAPITRE

695. Continuation des instances prud'homales en cours

SECTION 0
ORIENTEUR

695.00 **Plan du chapitre.**

Sect.	695.10	Absence d'interruption des instances prud'homales en cours au jour du jugement d'ouverture
Sect.	695.20	Modalités procédurales de continuation des instances en cours
Sect.	695.30	Transaction avec l'AGS

695.01 **Textes applicables.** (V. les références complètes s^{s} n° 011).

> Législation antérieure à la loi de sauvegarde des entreprises.

C. com., art. L. 621-126, L. 621-128, L. 621-129

D. n° 85-1388, 27 déc. 1985, art. 81

> Législation issue de la loi de sauvegarde des entreprises.

C. com., art. L. 625-3, L. 625-5, L. 625-6, L. 631-18, L. 641-4, al. 3, L. 641-14

C. com., art. R. 625-5, (anc^{t} D. 28 déc. 2005, art. 123), R. 631-32 à R. 641-34, (anc^{t} D. 28 déc. 2005, art. 200, 201 et 245)

> Législation issue de l'ordonnance du 18 décembre 2008.

C. com., art. L. 625-3, L. 625-5, L. 625-6, L. 631-18, L. 641-4, al. 3, L. 641-14

C. com., art. R. 625-5, R. 631-32 à R. 641-34

695.02 **Jurisprudence de référence.**

> L'instance prud'homale en cours au jour du jugement d'ouverture ne fait l'objet ni d'une interruption ni d'une suspension.

• **Soc. 17 sept. 2003,** n° 01-43.029, *Bull. civ.* V, n° 235

* V. s^{s} n° 695.11

> La poursuite de l'instance prud'homale en cours au jour du jugement d'ouverture ne pourra pas conduire à la condamnation de l'employeur au paiement.

• **Soc. 6 juin. 1989,** n° 87-45.172, *Bull. civ.* V, n° 424

* V. s^{s} n° 695.11

> À défaut d'information du conseil des prud'hommes et du salarié, de la part du représentant des créanciers ou du liquidateur, sur l'intervention du jugement d'ouverture, l'instance prud'homale se poursuit valablement et la décision rendue sera opposable au représentant des créanciers ou au liquidateur et à l'AGS.

• **Soc. 17 sept. 2003,** n° 01-41.255, *Bull. civ.* V, n° 234

* V. s^{s} n° 695.24

695.03 **Bibliographie indicative.** (V. les références complètes s^{s} n° 031 – Aussi s^{s} n° 690.03).

> Actualisables. J.-CL. COM., Vignal, fasc. 2430, [Situation des salariés], 2015.

> Articles. Fin-Langer L., « Le particularisme des instances prud'homales dans les procédures collectives », *Rev. proc. coll.* 2012, dossier 5, p. 56 – Taquet F., « Les nouvelles règles relatives à l'opposabilité des décisions de justice à l'AGS », *Rev. proc. coll.* 2001, p. 244.

695.04 **Question principale.**

• Un salarié peut-il continuer après jugement d'ouverture une instance prud'homale introduite antérieurement ?

* V. s^{s} n° 695.11.

SECTION 695.10
ABSENCE D'INTERRUPTION DES INSTANCES PRUD'HOMALES EN COURS AU JOUR DU JUGEMENT D'OUVERTURE

695.11 **Absence d'interruption des instances prud'homales en cours au jour du jugement d'ouverture.** Un régime particulier est édicté pour les instances en cours au jour du jugement d'ouverture. Il est prévu une reprise de l'instance après déclaration de la créance et mise en cause des organes (V. s^{s} n°s 623.31 et 623.32). L'article L. 621-126 du Code de commerce, dans la rédaction antérieure à la loi du 26 juillet 2005[1] (anc^{t} L. 25 janv. 1985[2],

1. L. 2005-845, 26 juill. 2005, *JO* 27 juill., p. 12187.
2. L. 85-98, 25 janv. 1985, *JO* 26 janv., p. 1097.

art. 124) et l'article L. 625-3, issu de la rédaction que lui donne la loi de sauvegarde des entreprises, prévoient, pour leur part, un système différent par sa nature, constitutif d'une exception à la règle de l'arrêt des poursuites individuelles, même s'il est comparable dans ses effets, dans la mesure où le titre obtenu par le salarié ne lui permettra pas l'exécution sur l'employeur[1].

Il est prévu une poursuite de l'instance, non une reprise de celle-ci. Il n'y a, en effet, ni interruption ni suspension de l'instance[2]. Celle-ci se poursuit de plein droit. La solution est logique dès lors qu'il peut être observé que, dans le système posé par l'article L. 621-41 du code de commerce, devenu l'article L. 622-22 avec la loi de sauvegarde des entreprises, l'instance interrompue ne peut être reprise qu'après déclaration par le créancier de sa créance, technique ici impossible, puisque les créanciers salariaux sont dispensés de déclaration de créance[3] (C. com., art. L. 621-125 [anc[t] L. 25 janv. 1985, art. 123], devenu C. com., art. L. 625-1, réd. loi de sauvegarde des entreprises).

L'article L. 621-126 du code de commerce, dans la rédaction antérieure à la loi du 26 juillet 2005 (anc[t] L. 25 janv. 1985, art. 124) et l'article L. 625-3, issu de la rédaction que lui donne la loi de sauvegarde des entreprises, ne précisent pas la portée de la poursuite de l'instance. Comme en matière de reprise des instances en cours par application de l'article L. 621-41, devenu l'article L. 622-22 avec la loi de sauvegarde des entreprises (v. s[s] n° 623.41), la poursuite de l'instance ne pourra pas conduire à la condamnation de l'employeur au paiement[4], ou à celle de l'employeur, de son liquidateur et de l'AGS[5]. La solution est également posée en cas demande de remboursement formée par l'AGS contre l'employeur, alors qu'elle avait indemnisé le salarié, dont le licenciement pour faute grave avant le jugement d'ouverture avait été ensuite contesté. L'AGS ne pouvait que faire fixer sa créance au passif[6].

L'action a seulement pour objet de fixer définitivement la créance au passif. Pour cette raison, il ne semble pas qu'une instance en référé-provision puisse être poursuivie, puisqu'elle sera toujours dépourvue d'efficacité au principal, même si des solutions jurisprudentielles divergentes peuvent être rencontrées[7].

Même si les litiges soumis au conseil de prud'hommes concernant les créances salariales et opposant les salariés au mandataire judiciaire et à l'AGS sont portées directement devant la juridiction de jugement, la formation de référé peut prescrire, même en présence d'une contestation sérieuse, les mesures conservatoires pour faire cesser un trouble manifestement illicite. La mesure conservatoire peut consister à ordonner au mandataire judiciaire de reprendre le paiement des salariés privés de salaires depuis 3 mois[8].

Il est seulement exigé que l'instance soit en cours au jour du jugement d'ouverture. Aucune référence à une autorité de chose jugée n'est posée par les textes. Il semble en résulter que même les instances en cours devant la Cour de cassation peuvent être soumises au dispositif établi[9].

La créance d'un salarié fixée au passif d'une société, qui n'était pas encore dissoute au jour des débats devant la formation de référé, est opposable de plein droit à la société absorbante, en raison de la fusion-absorption qui l'avait rendue ayant cause à titre universel de la société absorbée[10].

SECTION 695.20

MODALITÉS PROCÉDURALES DE CONTINUATION DES INSTANCES EN COURS

695.21 Mise en cause du représentant des créanciers, du mandataire judiciaire ou du commissaire à l'exécution du plan. La poursuite de l'instance prud'homale en cours suppose que le représentant des créanciers – mandataire judiciaire – soit mis en

1. LE CANNU, 7e éd., n° 533.
2. Soc. 17 sept. 2003, n° 01-43.009, *Bull. civ.* V, n° 235; *Act. proc. coll.* 2003/16, n° 210, note Blanc; *JCP E* 2004, Chron. 473, p. 517, n° 6, obs. Morvan - Soc. 17 sept. 2003, n° 01-41.255, *Bull. civ.* V, n° 234; *D.* 2003. AJ 2376; *JCP E* 2004, Chron. 473, p. 517, n° 6, obs. Morvan – Paris, 3[e] ch. A, 2 mars 2004, RG n° 2002/18513 – Soc. 7 juill. 2004, n[os] 02-47.653, 02-47.654, NP – Soc. 1[er] juill. 2015, n° 14-12.980, NP, *Leden* 2015, comm. 123, note Dedessus-Le-Moustier.
3. Soc. 11 oct. 2000, n° 98-45.144, NP, *Act proc. coll.* 200[illegible] 19, n° 243.
4. Soc. 6 juin. 1989, n° 87-45.172, *Bull. civ.* V, n° 424 – S[illegible]c. 15 juin 1995, *Rev. proc. coll.* 1996, 121, obs. Taquet – [illegible]c. 27 oct. 1998, n° 95-44.146, *Bull. civ.* V, n° 454; *D.* 2[illegible]1. Somm. 114, obs. Derrida – Soc. 6 févr. 2002, n[illegible]98-45.354, NP, *Act. proc. coll.* 2002/7, n° 86 – Soc. 1[illegible]évr. 2003, n° 99-42.985, *Bull. civ.* V, n° 50; *Act. proc. col*[illegible]003/8, n° 99 – Soc. 26 mars 2003, n° 01-41.503, NP, *A*[illegible]*proc. coll.* 2003/11, n° 147 – Soc. 16 févr 2005, n° 02-4[illegible]4, NP – Soc. 16 déc. 2008, n° 07-44.310, NP, *Gaz. p*[illegible] *coll.* 2009/2, p. 39, n° 6, note Duprat – Soc. 4 juill. 20[illegible]n° 11-12.573, NP – Soc. 3 déc. 2014, n° 13-24.379, N[illegible]
5. Soc. 5 janv. 2005, n° 02-43.726, NP.
6. Soc. 18 nov. 2009, n° 08-41.512, *Bull. civ.* V, n° 255, *Act. proc. coll.* 2010/3, n° 40.
7. EN CE SENS : Aix-en-Provence, 4 janv. 1989, *D.* 1989. Somm. 373, obs. crit. Honorat – *CONTRA* : Paris, 22 oct. 1993, *BICC* 1994, n° 82.
8. Soc. 3 mars 2015, n° 13-22.411, *Bull. civ.* V [à paraître]; *Rev. proc. coll.* 2015, comm. 59, note Fin-Langer; *APC* 2015/8, comm. 126, note Fin-Langer.
9. EN CE SENS : DERRIDA *ET ALII*, n° 225, note 874 – *Adde*, Grenoble, 19 janv. 1989, *D.* 1991. Somm. 109, obs. Derrida.
10. Soc. 13 mai 2014, n° 12-29.012, *Bull. civ.* V, n° 114; FS-P+B; *Act. proc. coll.* 2014/11, comm. 11, note Fin-Langer.

cause[1]. Il s'agit d'une condition de régularité de la poursuite de l'instance.

Si la décision n'est pas intervenue au jour de l'arrêté du plan, il y aura lieu de mettre en cause le commissaire à l'exécution du plan, qui continuera l'action, aux lieu et place du représentant des créanciers - mandataire judiciaire –, mais aussi de l'administrateur judiciaire, conformément aux dispositions de l'article L. 621-68 alinéa 2 du code de commerce (anc[t] L. 25 janv. 1985[2], art. 67)[3], devenu l'article L. 626-25, alinéa 2 depuis la loi de sauvegarde des entreprises[4], disposition de la procédure de sauvegarde applicable également en redressement judiciaire (C. com., art. L. 631-19, I).

Si la décision intervient sans que la mise en cause n'ait été effectuée, elle devra être tenue pour non avenue, ce qui obligera le salarié à saisir le conseil des prud'hommes s'il ne figure pas sur le relevé des créances salariales[5] (v. s[s] n° 696.25).

695.22 Mise en cause des organes de représentation ou d'assistance du débiteur. S'il résulte de l'ouverture de la procédure une restriction des pouvoirs du débiteur conduisant à sa représentation ou à son assistance, l'organe le représentant ou l'assistant devra également être mis en cause. Il s'agira en redressement judiciaire de l'administrateur ayant reçu mission de représentation et en liquidation judiciaire, du liquidateur, du fait du dessaisissement atteignant le débiteur. Si un administrateur judiciaire est en fonction, en liquidation judiciaire, il devra également, sous l'empire de la loi de sauvegarde des entreprises[6], dans sa rédaction d'origine, être mis en cause (C. com., art. L. 641-14, al. 3). La solution a été modifiée par l'ordonnance du 18 décembre 2008[7]. Le nouvel article L. 641-14, alinéa 3 du code de commerce (ord. 18 déc. 2008, art. 108) supprime cette obligation.

Ces mises en cause obligatoires constituent une condition de régularité de l'instance, qui ne peut plus être dirigée contre le débiteur. La solution est toutefois différente si une procédure de sauvegarde est ouverte, lorsque l'administrateur judiciaire n'a qu'une simple mission de surveillance : il n'a pas, alors, à être mis en cause. La solution résulte clairement de l'article L. 625-3, alinéa 1, dans la rédaction que lui a donnée l'ordonnance du 18 décembre 2008 (ord. 18 déc. 2008, art. 47).

695.23 Assignation en intervention forcée de l'AGS. Le représentant des créanciers - mandataire judiciaire - et en cas de carence de sa part le créancier salarial et non le syndicat[8], devra assigner en intervention forcée l'AGS afin que la décision à intervenir lui soit opposable, ce qui la privera ensuite de la possibilité de former une tierce opposition.

Sous l'empire de législation antérieure à la loi de sauvegarde des entreprises, l'article 81, alinéa 2 du décret du 27 décembre 1985[9] prévoit depuis le décret du 21 octobre 1994[10], que le représentant des créanciers doit communiquer à l'AGS toutes informations sur l'objet et les circonstances du litige, ainsi que tout justificatif. Est-ce là autre chose que le respect du contradictoire ?

La décision qui sera obtenue par le salarié devra être communiquée en expédition, par ses soins, au greffier du tribunal (D. 27 déc. 1985, art. 85), qui la portera sur l'état des créances (C. com., art. L. 621-129 [anc[t] L. 25 janv. 1985, art. 127]), ce qui aura des conséquences sur l'exercice des voies de recours à son encontre de la part des tiers (v. s[s] n°s 696.27 et 696.28).

La loi du 26 juillet 2005[11] a conservé le système antérieur, l'article L. 621-129 du code de commerce étant devenu l'article L. 625-6. Cependant, cette loi n'a pas étendu le dispositif à la procédure de sauvegarde. La commission des lois du Sénat a en effet estimé qu'« il ne serait pas justifié de faire supporter à l'AGS les condamnations auxquelles le débiteur pourrait s'exposer à raison des litiges relatifs au contrat de travail en cours au jour du jugement d'ouverture. Ainsi serait évité tout effet d'aubaine à l'égard de débiteurs dont le seul but serait de mutualiser les coûts résultant de ces litiges alors même que leur trésorerie peut les prendre en charge »[12]. L'assignation en intervention forcée de l'AGS ne s'impose donc pas pour la poursuite des instances prud'homales en cours en cas d'ouverture d'une procédure de sauvegarde[13]. Si l'AGS est assignée, elle doit être mise hors de cause, dès lors qu'elle n'a pas, en sauvegarde, à avancer les créances antérieures[14]. Pour

1. Soc. 14 mai 2003, n° 01-40.110, *Bull. civ.* V, n° 166 – Soc. 1er juill. 2015, n° 14-12.980, NP, *Leden* 2015, comm. 123, note Dedessus-Le-Moustier.
2. L. n° 85-98, 25 janv. 1985, préc.
3. Soc. 30 sept. 1997, n° 94-44.943, *Bull. civ.* V, n° 297 – Soc. 29 mai 2002, n° 00-42.770, NP, *Act. proc. coll.* 2002/16, n° 211 – Soc. 20 juin 2002, n° 00-45.094, NP, *Act. proc. coll.* 2002/15, n° 192.
4. L. n° 2005-845, 26 juill. 2005, préc.
5. Soc. 16 déc. 1998, n° 96-43.794, *Bull. civ.* V, n° 568; *D.* 2001. Somm. 115, obs. Derrida – Soc. 29 févr. 2000, n° 97-45.669, *Bull. civ.* V, n° 80; *D.* 2001. Somm. 115, obs. Derrida; *Dr. soc.* 2000. 562, note Radé.
6. L. n° 2005-845, 26 juill. 2005, préc.
7. Ord. n° 2008-1345, 18 déc. 2008, *JO* 19 déc., p. 19462.
8. Soc. 31 oct. 2000, n° 98-45.752, NP, *Act. proc. coll.* 2000/20, n° 261.
9. D. n° 85-1388, 27 déc. 1985, *JO* 29 déc., p. 15281.
10. D. n° 94-910, 21 oct. 1994, *JO* 22 oct., p. 15019.
11. L. n° 2005-845, 26 juill. 2005, préc.
12. *Rapp. J.-J. Hyest*, n° 335, p. 250.
13. Soc. 8 nov. 2011, n° 10-14.357, NP – Soc. 15 janv. 2015, n° 13-18.587, NP.
14. Soc. 9 avr. 2015, n° 13-27.185, NP.

les procédures de redressement et de liquidation judiciaires, les solutions posées par l'article 81 alinéa 2 du décret du 27 décembre 1985 sont reprises par l'article R. 631-33 du code de commerce (anc[t] D. 28 déc. 2005[1], art. 201), pour la procédure de redressement judiciaire, par l'article R. 641-34 du code de commerce (anc[t] D. 28 déc. 2005, art. 245), pour la procédure de liquidation judiciaire.

695.24 Information du salarié partie à l'instance et de la juridiction saisie. Le représentant des créanciers – mandataire judiciaire –, et en liquidation judiciaire le liquidateur, devra informer la juridiction saisie de l'instance et les salariés qui y sont parties de l'intervention du jugement d'ouverture, dans les dix jours du jugement[2]. Pour cela, l'article 81, alinéa 1 du décret du 27 décembre 1985[3] prévoit l'obligation à la charge de l'administrateur et du débiteur d'une communication au représentant des créanciers des informations utiles sur les instances prud'homales en cours au jour du jugement d'ouverture. Sous l'empire de la loi de sauvegarde des entreprises, la solution est reprise en redressement judiciaire par l'article R. 631-32 du code de commerce (anc[t] D. 28 déc. 2005[4], art. 200). L'article R. 625-5 du code de commerce (anc[t] D. 28 déc. 2005, art. 123) prévoit également, dans la procédure de sauvegarde, cette obligation d'information à la charge du débiteur. En liquidation judiciaire, cette même obligation incombe au liquidateur (C. com., art. R. 641-34 [anc[t] D. 28 déc. 2005, art. 245]).

La Cour de cassation a précisé que si la juridiction prud'homale, saisie d'un litige en cours au moment de l'ouverture de la procédure collective, est informée de cette ouverture, la convocation des organes de la procédure et de l'AGS doit être effectuée par le greffe[5], y compris en cause d'appel[6].

À défaut d'information du conseil des prud'hommes et du salarié, de la part du représentant des créanciers – mandataire judiciaire – ou du liquidateur, sur l'intervention du jugement d'ouverture, l'instance prud'homale se poursuit valablement et la décision rendue sera opposable à ces organes et à l'AGS[7].

SECTION 695.30 TRANSACTION AVEC L'AGS

695.31 Transaction avec l'AGS. Si le représentant des créanciers – mandataire judiciaire – ou le liquidateur, selon le cas, envisage avec le salarié une transaction, il prendra soin de faire systématiquement intervenir l'AGS, sauf à faire renoncer le salarié à la garantie due par cet organisme[8]. La transaction emportera ainsi, même à l'égard de l'AGS, autorité de chose jugée, exclusive de toute instance ultérieure dans laquelle l'AGS pourrait refuser sa garantie. La transaction devra respecter les règles en la matière (v. s[s] n°s 422.31 s. et 567.11 s.).

La transaction ne s'impose cependant que dans la mesure où elle doit faire les avances. L'intervention de l'AGS, dans la procédure de sauvegarde, ne s'imposera donc que si la transaction a pour objet des créances postérieures au jugement d'ouverture.

1. *D. n° 2005-1677, 8 déc. 2005, JO* 29 déc., p. 20324.
2. IFPPC 1999, recomm. n°s 1140-1, 6017-1, p. 40, 144.
3. D. n° 85-1388, 27 déc. 1985, préc.
4. D. n° 2005-1677 28 déc. 2005, préc.
5. Soc. 1er juill. 2015, n° 14-12.980, NP, *Leden* 2015, comm. 123, note Dedessus-Le-Moustier.
6. Soc. 9 mars 2011, n° 09-67.312, *Bull. civ.* V, n° 71; FS-P+B+R+I; *Act. proc. coll.* 2011/7, n° 110, note Fin-Langer; *Leden* 2011/5, comm. 073, obs. Dedessus-Le-Moustier; *BJE* sept./oct. 2011, comm. 133, p. 281, note Neau-Leduc.
7. Soc. 21 mars 2002, n° 00-40.270, NP, *Act. proc. coll.* 2002/10, n° 124 – Soc. 17 sept. 2003, n° 01-43.029 *Bull. civ.* V, n° 235 – Soc. 17 sept. 2003, n° 01-41.255, *Bull. civ.* V, n° 234; *Act. proc. coll.* 2003/16, n° 210, note Blanc – Soc. 17 sept. 2003, n° 01-41.255; *JCP E* 2004, Chron. 473, p. 517, n° 6, obs. Morvan – Soc. 7 juill. 2004, n°s 02-47.653, 02-47.654, *Bull. civ.* V, n° 201 – Soc. 24 nov. 2004, n° 02-45.126, Bull. civ. V, n° 300; RTD com. 2005. 174, n° 9, obs. Vallens – Soc. 23 févr. 2005, n° 02-41.205, NP – Soc. 12 avr. 2005, n° 03-40.573; *Bull. civ.* V, n° 132 – Paris, 3e ch. A, 2 mars 2004, RG n° 2002/18513.
8. IFPPC 1999, recomm. n°s 1140-5, 6017-5, p. 41, 145.

CHAPITRE

696. Vérification des créances salariales

SECTION 0 ORIENTEUR

696.00 Plan du chapitre.

Sect. 696.10 Modalités d'établissement des relevés de créances salariales

Sect. 696.20 Suites de l'établissement des relevés de créances salariales

696.01 Textes applicables. (V. les références complètes ss nº 011).

> Législation antérieure à la loi de sauvegarde des entreprises.

C. com., art. L. 621-36, L. 621-125, L. 621-128, L. 621-129

D. nº 85-1388, 27 déc. 1985, art. 76 à 78, 82

> Législation issue de la loi de sauvegarde des entreprises.

C. com., art. L. 625-1, L. 625-2, L. 625-5, L. 625-6, L. 631-18, L. 641-14

C. com., art. R. 625-1 à R. 625-3, (anct D. 28 déc. 2005, art. 118 à 120), R. 625-7, (anct D. 28 déc. 2005, art. 124), R. 631-32, (anct D. 28 déc. 2005, art. 200), R. 641-33, (anct D. 28 déc. 2005, art. 244)

> Législation issue de l'ordonnance du 18 décembre 2008.

C. com., art. L. 625-1, L. 625-2, L. 625-5, L. 625-6, L. 631-18, L. 641-14

C. com., art. R. 625-1, R. 625-2, R. 625-3, R. 625-7, R. 631-32, R. 641-33

696.02 Jurisprudence de référence.

> Point de départ du délai de contestation des relevés des créances salariales.

• **Soc. 8 janv. 2002,** nº 99-41.520, *Bull. civ.* V, nº 2

* V. ss nº 696.26

« Il résulte de la combinaison des articles des articles 53 et 123 de la loi du 25 janvier 1985, devenus les articles L. 621-46 et L. 621-25 du code du commerce, de l'article 78 alinéa 2 du décret du 27 décembre 1985 et des articles L. 143-11-1 (3°), L. 143-11-7-2 du code du travail, que le relevé des créances salariales, établi par le représentant des salariés dans les trois mois suivant le jugement d'ouverture de la procédure collective et visé par le juge-commissaire, fait l'objet d'une mesure de publicité dans les conditions prévues par décret; le salarié dont la créance ne figure pas, en tout ou partie sur le relevé peut saisir, à peine de forclusion, le conseil de prud'hommes dans un délai de deux mois à compter de l'accomplissement de la mesure de publicité mentionnée à l'alinéa précédent; selon l'article 78 alinéa 2 du décret du 27 décembre 1985, le salarié dont la créance a été omise, peut être relevé de la forclusion par le conseil des prud'hommes, dans le délai d'un an à compter de l'ouverture de la procédure collective prévue à l'article 53 alinéa 2 de la loi du 25 janvier 1985.

Il s'ensuit qu'une cour d'appel ne peut déclarer irrecevable la demande en relevé de forclusion d'un salarié, alors qu'elle constate que le représentant des créanciers a déposé le relevé des créances résultant du contrat de travail, non pas dans les trois mois suivant le prononcé du jugement d'ouverture de la procédure collective, *mais* postérieurement à l'expiration du délai prévu à l'article 53 de la loi du 25 janvier 1985, de sorte que celui-ci n'a pu courir à l'encontre du salarié. »

> Le salarié peut être relevé de forclusion en l'absence de saisine du conseil des prud'hommes dans les deux mois pour contester le relevé de créances salariales.

• **Soc. 29 oct. 2002,** nº 00-44.822, *Bull. civ.* V, nº 322

* V. ss nº 696.26

« Mais attendu que, selon l'article 78 alinéa 2 du décret du 27 décembre 985, le salarié dont la créance a été omise peut être relevde la forclusion par le conseil des prud'hommes, dans le di d'un an à compter de l'ouverture de la procédure collect prévu au 2e alinéa de l'article 53 de la loi du 25 janvier 19 que le conseil de prud'hommes, qui a été saisi dans celai, a relevé les salariées de la forclusion encourue. »

> La créancendemnité compensatrice de congés payés, qui résulte a rupture du contrat de travail intervenue pendai période d'observation, doit simplement être fixée poouvoir être portée sur le relevé des créances salarialen résulte que le conseil des prud'hommes ne peut conner le liquidateur à la payer.

• **Soc. 23 s 2009,** nº 08-41.929, *Bull. civ.* V, nº 196; nº 1803 FS

* V. ss nº 6

696.03 Bibliographie indicative. (V. les références complètes s[s] n° 031 – Aussi s[s] n° 690.03).

> Actualisables. J.-CL. COM., Jacquemont, fasc. 2440, [Vérification des créances salariales], 2007.

> Articles. Blanchard, « Le sort des créances salariales dans le cadre des procédures collectives », *Rev. proc. coll.* 2001, p. 242 – Le Corre, « L'effet interversif de prescription attaché aux créances salariales figurant sur le relevé de créances salariales porté à l'état des créances », *JCP E* 2014. 1424 – Rossi, « La vérification des créances résultant d'un contrat de travail : les faux-amis », *LPA* 5 juill. 2002, n° 134, p. 18.

696.04 Question principale.

• Comment un salarié peut-il contester le relevé de créances salariales ?

* V. s[s] n°s 696.23 à 696.25.

SECTION 696.10

MODALITÉS D'ÉTABLISSEMENT DES RELEVÉS DE CRÉANCES SALARIALES

696.11 Auteur de l'établissement des relevés de créances salariales. La vérification des créances salariales s'impose dans tous les cas, même s'il y a dispense de vérification du passif chirographaire (D. 27 déc. 1985[1], art. 76, C. com., art. R. 625-1, al. 1 [anc[t] D. 28 déc. 2005[2], art. 118, al. 1]), et même dans la procédure de liquidation judiciaire simplifiée instaurée par la loi de sauvegarde des entreprises[3] (C. com., art. L. 644-3). La solution ne constitue pas une véritable exception à la possibilité de ne pas vérifier le passif, dans la mesure où, en pratique, il sera extrêmement rare que ne figure pas une créance salariale privilégiée. En outre, l'AGS ne fera les avances, notamment pour les créances antérieures dues à la date du jugement d'ouverture, que sur présentation des relevés de créances salariales, ce qui présuppose que le passif salarial ait été vérifié.

La vérification ne portera que sur les créances ne faisant pas l'objet d'une instance en cours au jour du jugement d'ouverture[4].

La vérification des créances salariales est l'œuvre du représentant des créanciers – mandataire judiciaire –, ou, en liquidation judiciaire, au liquidateur. Elle est faite à partir des documents émis par les salariés, le débiteur, l'administrateur, le représentant des salariés. La convocation du débiteur s'impose[5].

Après vérification des créances, le représentant des créanciers – mandataire judiciaire – procède à l'établissement des relevés de créances salariales, qu'il soumet pour vérification au représentant des salariés (C. com., art. L. 621-125, réd. antérieure à la loi de sauvegarde des entreprises, C. com., art. L. 625-1, réd. loi de sauvegarde des entreprises).

Le représentant des créanciers – mandataire judiciaire – doit lui fournir tous documents utiles (C. com., art. L. 621-36 [anc[t] L. 25 janv. 1985[6], art. 44], réd. antérieure à la loi de sauvegarde des entreprises, C. com., art. L. 625-2, réd. loi de sauvegarde des entreprises). L'article 76 alinéa 2 du décret du 27 décembre 1985 et l'article R. 625-1, alinéa 2 du code de commerce (anc[t] D. 28 déc. 2005, art. 118, al. 2), ajoutent que le débiteur tient à la disposition du représentant des salariés notamment le livre de paye et le registre du personnel. En cas de difficulté, le représentant des salariés pourra se tourner vers l'administrateur ou saisir le juge-commissaire (C. com., art. L. 621-36, réd. antérieure à la loi de sauvegarde des entreprises, C. com., art. L. 625-2, réd. loi de sauvegarde des entreprises). En liquidation judiciaire, les obligations du débiteur incombent au liquidateur (C. com., art. R. 641-33 [anc[t] D. 28 déc. 2005, art. 244]).

Il est ensuite prévu que le représentant des salariés signe les relevés de créances salariales, au besoin en apportant toutes observations ou réserves (D. 27 déc. 1985, art. 76, al. 2, C. com., art. R. 625-1, al. 2 [anc[t] D. 28 déc. 2005, art. 118, al. 2]). En l'absence de signature de ce dernier, ce dont le représentant des créanciers ou le liquidateur informera le juge-commissaire[7], celui-ci doit, sous l'empire de la législation antérieure à la loi de sauvegarde des entreprises, vérifier s'il a été à même de remplir sa fonction (D. 27 déc. 1985, art. 76, al. 2). L'article R. 625-1, alinéa 2 du code de commerce (anc[t] D. 28 déc. 2005, art. 118, al. 2) va beaucoup plus loin en obligeant le juge-commissaire à entendre le représentant des salariés, ce qui peut constituer un risque de blocage de la procédure de vérification des créances salariales et, par là même une source de ralentissement de la procédure.

Le représentant des salariés n'est en définitive, dans cette procédure, qu'un assistant[8].

696.12 Délais d'établissement des relevés de créances salariales. De l'établissement des créances salariales, dépendront le paiement par le représentant des créanciers – mandataire judiciaire –, des créances privilégiées, s'il y a des fonds disponibles et, dans le cas contraire, les avances de l'AGS. On comprend dès lors l'importance de la question des

1. D. n° 85-1388, 27 déc. 1985, *JO* 29 déc. 15281.
2. D. n° 2005-1677, 28 déc. 2005, *JO* 29 p. 20324.
3. L. n° 2005-845, 26 juill. 2005, *JO* 27 juil. 12187.
4. Soc. 10 déc. 1996, n° 95-40.485, *Bull.* n° 434.
5. IFPPC 1999, recomm. n°s 1130-1, 6016-36, 141.
6. L. n° 85-98, 25 janv. 1985, *JO* 26 janv., p. 1097.
7. IFPPC 1999, recomm. n°s 1130-1, 6016-1, p. 36, 141.
8. DERRIDA *ET ALII*, n° 119, note 489.

délais d'établissement des relevés de créances salariales.

L'article L. 621-125, alinéa 1 du code de commerce (anc[t] L. 25 janv. 1985[1], art. 123, al. 1), dans sa rédaction antérieure à la loi de sauvegarde des entreprises[2], l'article L. 625-1, dans sa rédaction issue de la loi de sauvegarde des entreprises, indiquent que cet établissement doit se faire dans les délais de l'article L. 143-11-7 du code du travail. Selon cette dernière disposition, quatre catégories de créances sont visées, faisant chacune l'objet de quatre délais d'établissement. On aperçoit, au passage, que la vérification des créances salariales, contrairement aux règles générales de la vérification des créances, concerne tant les créances antérieures que les créances postérieures au jugement d'ouverture.

Le premier délai d'établissement des créances salariales est de dix jours à compter du jugement d'ouverture. Il concerne les créances super privilégiées.

Le deuxième délai est de trois mois à compter du jugement d'ouverture. Il intéresse les autres créances dues à la date du jugement d'ouverture.

Le troisième délai est de dix jours suivant l'expiration des périodes de garanties de l'AGS, pour les créances de salaires et de congés payés dus aux salariés au titre de la période d'observation, au titre du mois suivant le jugement arrêtant le plan, y compris en cas d'arrêté d'un plan de cession en liquidation judiciaire comme cela est possible depuis la loi de sauvegarde des entreprises, au titre des quinze jours suivant la liquidation judiciaire et au titre de la période de poursuite provisoire de l'activité autorisée en liquidation judiciaire. Pour ces créances, le relevé doit également indiquer le montant des cotisations et contributions sociales salariales d'origine légale, ou d'origine conventionnelle si elles sont imposées par la loi. La créance d'indemnité compensatrice de congés payés, qui résulte de la rupture du contrat de travail intervenue pendant la période d'observation, doit simplement être fixée pour pouvoir être portée sur le relevé des créances salariales. Il en résulte que le conseil des prud'hommes ne peut condamner le liquidateur à la payer[3].

Le quatrième délai est de trois mois suivant l'expiration de la garantie due par l'AGS, pour les autres créances nées après le jugement d'ouverture.

696.13 Contenu des relevés de créances salariales. L'article 77 du décret du 27 décembre 1985[4] et l'article R. 625-2 (anc[t] D. 28 déc. 2005[5], art. 119) réglementent le contenu des relevés de créances salariales.

Ces derniers doivent d'abord contenir certaines mentions relatives aux salariés. C'est ainsi que devront être précisés l'identité du salarié, la nature de son contrat de travail, la date de son entrée dans l'entreprise, l'emploi occupé et sa qualification. Pour pouvoir porter une appréciation sur la validité du contrat de travail au regard des règles du cumul entre mandat social et contrat de travail, le relevé doit préciser si l'intéressé est mandataire social. Le texte aurait pu exiger l'indication de la date du mandat social, élément important d'appréciation au regard de la validité du cumul. Lorsqu'un associé et un dirigeant se présente comme salarié, cette qualité ne leur sera pas reconnue et ils ne figureront donc pas sur le relevé des créances salariales, en l'absence de production d'un contrat de travail, ni de déclaration unique d'embauche, et qu'ils sont taisant sur le contenu de leurs fonctions techniques invoquées[6].

Le cas échéant, sera également précisée la date de rupture du contrat de travail de l'intéressé.

Les relevés doivent ensuite comporter des indications relatives aux créances. Pour cela, doivent être mentionnées les sommes encore dues et celles déjà versées. Le montant de ces sommes, qui sera établi non par référence au dernier mois de salaire, mais en s'appuyant sur une période de plusieurs mois avant le jugement d'ouverture et en n'intégrant les primes, avantages particuliers et accessoires que sur justification appropriée[7], doit toujours être calculé déduction faite des prélèvements légaux et conventionnels. La jurisprudence a ajouté[8], relayée ensuite par l'article 77 du décret du 27 décembre 1985 tel qu'il résulte de sa rédaction du décret du 21 octobre 1994[9], et dont la solution a été reproduite par l'article R. 625-2 du code de commerce (anc[t] D. 28 déc. 2005, art. 119), que cette déduction s'impose même pour les créances définitivement établies par décision de justice.

Si aucune créance salariale n'est constatée, le représentant des créanciers – mandataire judiciaire – ou le liquidateur, selon le cas, dressera un état néant des créances salariales, qu'il fera publier, dans les conditions réglementaires (v. s[s] n° 696.23)[10].

1. L. n° 85-98, 25 janv. 1985, préc.
2. L. n° 2005-845, 26 juill. 2005, préc.
3. Soc. 23 sept. 2009, n° 08-41.929, *Bull. civ.* V, n° 196; n° 1803 FS-P+B; *Gaz. Pal.* 8-10 janv. 2010, n°s 8, 9, p. 9, note Gaihbaud; *Act. proc. coll.* 2009/17, n° 256, note Taquet.

4. . n° 85-1388, 27 déc. 1985, préc.
5. n° 2005-1677, 28 déc. 2005, préc.
6. . 14 janv. 2015, n° 13-22.834, NP – Soc. 14 janv. 2015, n 3-22.838, NP.
7. IFF 1999, recomm. n°s 1130-2, 6016-2, p. 36, 141.
8. Soc mars 1997, n° 93-46.558 *Bull. civ.* V, n° 90.
9. D. n 4-910, 21 oct. 1994, *JO* 2 oct., p. 15019.
10. IFPPC 99, recomm. n°s 1130-6 6016-6, p. 37, 142.

SECTION 696.20
SUITES DE L'ÉTABLISSEMENT DES RELEVÉS DE CRÉANCES SALARIALES

696.21 Visa du juge-commissaire sur le relevé des créances salariales. L'article 76, alinéa 3 du décret du 27 décembre 1985 [1] prévoit que le juge-commissaire, à la diligence du représentant des créanciers, doit viser les relevés de créances salariales. La solution est reprise par l'article R. 625-1, alinéa 3 du code de commerce (anc[t] D. 28 déc. 2005 [2], art. 118, al. 3). Il faut comparer la formulation ici utilisée avec celle employée par le législateur à l'article L. 621-104, alinéa 1 du code de commerce (anc[t] L. 25 janv. 1985 [3], art. 101, al. 1), dans sa rédaction antérieure à la loi de sauvegarde des entreprises, à l'article L. 624-2, dans la rédaction que lui donne la loi de sauvegarde des entreprises [4] : « Le juge-commissaire décide de l'admission ou du rejet des créances. »

Les deux formules sont très éloignées. Alors que dans le domaine de droit commun de la vérification et de l'admission des créances, le juge-commissaire rend une véritable décision de justice, ici il ne fait qu'apposer sa signature sur des documents, sans avoir de pouvoir d'appréciation. Son visa ne peut dès lors avoir de valeur juridictionnelle [5], le contraire ayant cependant été jugé par une cour d'appel [6]. Il n'a valeur que de simple contrôle.

Cette solution s'impose, si l'on ne veut pas constater le mépris de la règle du contradictoire, dans une matière qui ne peut être de nature gracieuse. Le contentieux ne commencera donc qu'après cette pure formalité, et d'ailleurs devant une autre juridiction que celle du juge-commissaire.

Il a spécialement été jugé que le juge-commissaire n'est pas compétent pour statuer sur la prétention d'un salarié figurant sur le relevé à titre chirographaire, alors qu'il prétendait être privilégié [7] (sur les contestations des relevés émanant des créanciers, v. s[s] n° 696.27).

Le juge-commissaire excède, en conséquence, ses pouvoirs à admettre au passif une créance salariale et la cour d'appel, qui confirme la décision, commet elle-même un excès de pouvoir [8].

Bien que le visa du juge-commissaire sur le relevé des créances salariales n'ait pas de valeur juridictionnelle, dès lors que la créance qui y figure ne fait l'objet d'aucune contestation, il a été jugé que le fait que le relevé des créances salariales soit ensuite porté sur l'état des créances, document à valeur juridictionnel, emporte la conséquence de l'admission au passif des créances des salariés. Cette admission au passif a un effet irrévocable, ce dont il résulte que, sous l'empire de la législation antérieure à la loi du 17 juin 2008 [9] réformant la prescription, les créances salariales en cause se prescrivent non plus par cinq ans, mais par trente ans [10]. Cette solution nous semble gravement méconnaître la nature juridique et le rôle de l'état des créances (v. s[s] n° 681.12).

Il a également été jugé que l'admission de la créance d'un salarié au passif d'une société absorbée, laquelle n'était pas dissoute et liquidée au jour de l'ouverture des débats devant la juridiction prud'homale, était opposable à la société absorbante en raison de la fusion-absorption qui l'avait rendue ayant cause à titre universel de la société absorbée [11].

Après visa par le juge-commissaire, le représentant des créanciers – mandataire judiciaire – transmet les relevés à l'AGS s'il a sollicité son intervention.

696.22 Information individuelle des salariés sur les décisions relatives à leurs créances. Jusqu'à présent, les salariés ont été tenus à l'écart de la procédure de fixation de leurs créances. Il va falloir les informer des résultats de cette procédure.

Pour cela, l'article 78 alinéa 1 du décret du 27 décembre 1985 [12] et l'article R. 625-3 alinéa 1 du code de commerce (anc[t] D. 28 déc. 2005 [13], art. 120) prévoient d'abord que le représentant des créanciers – mandataire judiciaire – doit informer

1. D. n° 85-1388, 27 déc. 1985, préc.
2. D. n° 2005-1677, 28 déc. 2005, préc.
3. L. n° 85-98, 25 janv. 1985, préc.
4. L. n° 2005-845, 26 juill. 2005, préc.
5. PÉROCHON, 10e éd., n° 1594, note 297 – VALLANSAN ET ALII, 6e éd., p. 214 – LE CANNU, 7e éd., n° 525 – SAINT-ALARY-HOUIN, 9e éd., n° 8?6 – KERCKHOVE, n° 590 – RIPERT ET ROBLOT, n° 3092 – VALLENS, 2015, n° 4038 – J.-CL. COM., Jaguemont, fasc. 2440, [Vérification des créances salariales], 2007, n° 14 – COMP. : DERRIDA ET ALII, n° 225.
6. Agen, ch. soc. 17 mars 2015, RG n° 14/0057? ; BJE juill. 2015, 240, note Le Cor.
7. Paris, 2 juin 1993, *D.* 1993. IR 245.
8. Com. 6 déc. 2011, n° 10-22.855, NP; n° 1247 F-D; *BJE* mars 2012, comm. 44, p. 105, note Donnette – Com. 6 déc. 2011, n° 10-22.857, NP; n° 1248 F-D; *BJE* mars 2012, comm. 44, p. 105, note Donnette – Com. 6 déc. 2011, n° 10-22.860, NP; n° 1249 F-D; *BJE* mars 2012, comm. 44, p. 105, note Donnette – Com. 6 déc. 2011, n° 10-22.862, NP; n° 1250 F-D; *BJE* mars 2012, comm. 44, p. 105, note Donnette.
9. L. n° 2008-561, 17 juin 2008, *JO* 18 juin, p. 9856.
10. Soc. 21 nov. 2012, n° 11-18.923, *Bull. civ.* IV, n° 300; n° 2358 F-P+B; *D.* 2012. Actu 2798, note Lienhard; *Gaz. Pal.* 18 janv. 2013, n° 18, p. 35, note Gailhbaud; *Act. proc. coll.* 2012/20, comm. 300, note Fin-Langer; *BJE* mars 2013, comm. 37, note Donnette; *Leden* janv. 2013, comm. 009, obs. Dedessus-Le-Moustier – Soc. 5 févr. 2014, n°s 12-29.189, 12-29.537, NP; n° 238 F-D.
11. Soc. 13 mai 2014, n° 12-29.012, *Bull. civ.* V, n° 114; FS-P+B; *Rev. proc. coll.* 2014, comm. 101, note Fin-Langer.
12. D. n° 85-1388, 27 déc. 1985, préc.
13. D. n° 2005-1677, 28 déc. 2005, préc.

les salariés, par tout moyen, de l'admission de leurs créances. Cela serait fait au moment du paiement, ce que prévoient les articles 78 alinéa 1 *in fine* du décret du 27 décembre 1985 et R. 625-3 alinéa 1 *in fine* du code de commerce (anc^t D. 28 déc. 2005, art. 120, al. 1, *in fine*).

Les créanciers dont la créance est rejetée en tout ou en partie doivent également être informés par tout moyen de la nature et du montant des créances rejetées. Ils sont également informés de ce qu'ils disposent d'un délai de deux mois commençant à courir à compter d'une mesure de publicité de dépôt au greffe des relevés de créances salariales pour saisir le conseil des prud'hommes, aux fins de contester la solution retenue à leur encontre [1].

696.23 Publicité et dépôt au greffe des relevés de créances salariales. La mesure la plus importante d'information tient à une publicité visée à l'article L. 621-125, alinéa 2 du code de commerce (anc^t L. 25 janv. 1985 [2], art. 123, al. 2), dans sa rédaction antérieure à la loi de sauvegarde des entreprises [3], à l'article L. 625-1, alinéa 1 dans la rédaction que lui donne la loi de sauvegarde des entreprises, et réglementée par l'article 78, alinéa 3 du décret du 27 décembre 1985, par l'article R. 625-3, alinéa 3 du code de commerce (anc^t D. 28 déc. 2005, art. 120, al. 3). Il s'agit d'une publicité dans un journal d'annonces légales du département dans le ressort duquel l'entreprise a son siège, ou, précise le décret du 28 décembre 2005, son adresse, ainsi que dans un journal d'annonces légales du département de chacun des établissements secondaires. Cette publicité prend la forme d'un avis selon lequel les relevés des créances salariales ont été déposés au greffe. Si les fonds disponibles ne permettent pas d'effectuer la publicité, le mandataire concerné demandera l'avance au Trésor public, dans les conditions de l'article L. 627-3 du code de commerce (anc^t L. 25 janv. 1985, art. 215) [4], dans la rédaction antérieure à la loi de sauvegarde des entreprises, dans les conditions de l'article L. 663-1 dans la rédaction que lui donne la loi de sauvegarde des entreprises.

Cette publication doit intervenir au plus tard trois mois après l'expiration de la dernière période de garantie de l'AGS.

Cette publication fait courir, pour les salariés, le délai de saisine du conseil des prud'hommes si l'une de ces créances ne figure pas, en tout ou en partie, sur les relevés (sur les contestations des relevés par le salarié, v. s^s n° 696.25). À défaut de publicité, le délai de forclusion ne peut commencer à courir. La solution a été posée sous l'empire de l'ancienne modalité de publicité consistant en un affichage à la porte des locaux de l'entreprise et, en cas d'impossibilité en mairie [5].

Rien n'interdira cependant de saisir le conseil des prud'hommes avant la publicité. La solution, posée sous l'empire de l'article 78 du décret du 27 décembre 1985, dans sa rédaction d'origine, c'est-à-dire avant le décret du 21 octobre 1994 [6], apparaît reconductible [7], y compris sous l'empire de la loi de sauvegarde des entreprises.

696.24 Portée de la contestation des relevés de créances salariales par les salariés. Aux termes de l'alinéa 2 de l'article L. 621-125, sous l'empire de la loi du 25 janvier 1985 [8], et de l'alinéa 2 de l'article L. 625-1 du code, sous l'empire de la loi de sauvegarde des entreprises [9], « le salarié dont la créance ne figure pas, en tout ou en partie sur un relevé peut saisir à peine de forclusion le conseil des prud'hommes dans un délai de deux mois à compter de l'accomplissement des mesures de publicité mentionnées à l'alinéa précèdent. Il peut demander au représentant des salariés de l'assister ou de le représenter devant la juridiction prud'homale ».

Pour sa part, l'article 78, alinéa 2 du décret du 27 décembre 1985 [10], dans la rédaction que lui a donnée le décret du 21 octobre 1994 [11], dispose que « le salarié dont la créance a été omise peut être relevé de la forclusion par le conseil des prud'hommes dans le délai prévu au 2e alinéa de l'article L. 621-46 du code » L'article R. 625-3, alinéa 2 du code de commerce (anc^t D. 28 déc. 2005 [12], art. 120, al. 2), pour sa part, prévoit que « le salarié dont la créance a été omise peut être relevé de la forclusion par le conseil des prud'hommes dans le délai prévu au 2e alinéa de l'article L. 622-26 du code ». Le décredu 12 février 2009 [13] a remplacé le visa du 2e alifa de l'article L. 622-26 du code, par celui du troisie alinéa.

Ces dispositions, qui enferment les salariés dans des dés de forclusion, sont inapplicables au sala-

1. IFPPC 1999, recomm. n°s 1130-3, 6016-3, p. 37, 142
2. L. n° 85-98, 25 janv. 1985, préc.
3. L. n° 2005-845, 26 juill. 2005, préc.
4. IFPPC 1999, recomm. n°s 1130-7, 6016-7, p. 38, 14.

5. Soc mars 1994, n° 92-41.080, NP, *D.* 1994, jur. 455, noterrida; *JCP E* 1995. I. 417, n° 16, obs. Pételt – Soc. 16. 1995, n°s 94-40.743, 94-41.138, *Bull. civ.* V, n° – Soc. 3 mai 2001, n° 98-45.326, NP, *Act. proc. coll.* 01/13, n° 166.
6. D. 4-910, 21 oct. 1994, préc. – Soc. 10 oct. 1990, n° 40.212, *Bull. civ.* V, n° 440; *D.* 1990. 532; *JCP E* 19 46, n° 19, obs. Pétel.
7. KEROVE, n° 607.
8. L. n-98, 25 janv. 1985, préc.
9. L. n05-845, 26 juill. 2005, préc.
10. D. 5-1388, 27 déc. 1985, préc.
11. D. 4-910, 21 oct. 1994, préc.
12. D. 005-1677, 28 déc. 2005, préc.
13. D. 009-160, 12 févr. 2009, *JO* 13 févr., p. 2596.

rié poursuivant, devant le conseil des prud'hommes, l'indemnisation d'un licenciement irrégulier[1]. Ces textes s'appliquent en revanche au salarié qui a obtenu la condamnation de son employeur, au titre d'une action engagée avant le jugement d'ouverture, après l'ouverture de la procédure, sans mise en cause du représentant des créanciers. En effet, la décision obtenue est réputée non avenue, ce qui oblige le salarié à contester le relevé des créances sur lequel il ne figurerait pas[2].

La contestation peut ne porter que sur le caractère chirographaire ou privilégié de la créance salariale[3]. Elle peut ne porter que sur une fraction seulement de la créance, des solutions divergentes ayant cependant été posées[4], compte tenu de la lettre des textes permettant en effet de soutenir que seul le cas du salarié intégralement omis de la liste ouvrirait la contestation[5]. Il serait choquant qu'un salarié ne puisse, par exemple, discuter du caractère privilégié de sa créance.

Le conseil des prud'hommes ne doit pas condamner au paiement[6], mais seulement fixer la créance, laquelle pourra ensuite être portée sur l'état des créances.

696.25 Modalités de la contestation des relevés de créances salariales par les salariés. La contestation de la créance prend la forme d'une saisine non du juge-commissaire[7], mais du conseil des prud'hommes. La phase de conciliation classique devant ce dernier est ici supprimée par l'article L. 621-128 du code de commerce (anc[t] L. 25 janv. 1985[8], art. 126), dans sa rédaction antérieure à la loi de sauvegarde des entreprises[9] et par l'article L. 625-5, dans la rédaction que lui donne la loi de sauvegarde des entreprises.

La saisine directe du bureau du jugement s'impose donc[10], dès lors que le salarié entend obtenir la mise en œuvre de la garantie de l'AGS, précise la Cour de cassation[11], même si le salarié a appelé en garantie une partie étrangère à la procédure collective[12]. La Cour de cassation applique cette solution à l'action du salarié tendant à la demande en paiement formée contre la société cessionnaire en plan de cession des actifs de la société débitrice, dès lors que cette demande est faite dans la même instance et pour la même créance indemnitaire que celle pour laquelle l'inscription sur le relevé des créances salariales est sollicitée dans la procédure collective[13].

Cette obligation de saisine directe du conseil des prud'hommes a pour effet d'interdire le référé-provision[14].

Le salarié peut demander au représentant des salariés de l'assister ou de le représenter (C. com., art. L. 621-125, al. 2 [anc[t] L. 25 janv. 1985, art. 123, al. 2], dans sa rédaction antérieure à la loi de sauvegarde des entreprises, C. com., art. L. 625-1, al. 2 dans la rédaction que lui donne la loi de sauvegarde des entreprises).

L'action est toujours dirigée contre le représentant des créanciers – mandataire judiciaire – ou le liquidateur, selon le cas. Devant le conseil des prud'hommes, cet organe est défendeur principal[15].

L'AGS, contre laquelle l'action ne peut jamais être dirigée, doit également être appelée, soit par le

1. Soc. 28 juin 2000, nº 98-41.928, NP, *Act. proc. coll.* 2000/16, nº 210 – Soc. 4 juill. 2000, nº 98-40.765, *Bull. civ.* V, nº 266; *Act. proc. coll.* 2000/14, nº 183; *D.* 2001. Somm. 114, obs. Derrida - Soc. 20 févr. 2002, nº 99-46.267, NP, *Act. proc. coll.* 2002/10, nº 125 – Soc. 5 janv. 2003, nº 00-46.150, NP, *Rev. proc. coll.* 2003, p. 15, nº 4, obs. Taquet – Soc. 31 mars 2004, nº 02-41.753, NP, *Act. proc. coll.* 2004/12, nº 149 – Soc. 4 juin 2003, nº 01-41.515, NP, *Rev. proc. coll.* 2004, p. 395, nº 1 obs. Taquet – Soc. 25 janv. 2005, nº 02-42.727, NP Soc. 11 oct. 2006, nº 04-47.950, *Bull. civ.* V, nº 304; nº 68 F-P+B; *Act. proc. coll.* 2006/20, nº 244, note Fin-Lanr.
2. Soc. 16 déc. 1998, nº 96-43.794, *Bull. civ.* V, 568; *D.* 2001. Somm. 115, obs. Derrida – Soc. 29 fév.000, nº 97-45.669, *Bull. civ.* V, nº 80; *D.* 2001. Som115, obs. Derrida; *Dr. soc.* 2000. 562, note Radé.
3. AUSSI : LIENHARD, 6e éd., nº 77.19.
4. EN CE SENS : Nancy, 16 janv. 1991, *JCP E* 100, n obs. Pétel – *CONTRA* : Douai, 31 janv. 2001, *Rev. pr coll.* 2002, p. 97, nº 156 obs. Legrand – *Adde*, LENNU, nº 947.
5. AINSI : J.-CL. COM., Jaquemont, fasc. 2440, [Vérificn des créances salariales], 2007, nº 32.
6. Soc. 6 juin 1989, nº 87-45.172, *Bull. civ.* V, nº 42 Soc. 15 juin 1995, *Rev. proc. coll.* 1996, 121, obs. Taqu Soc. *12 juin 1997, nº 94-41.851, NP, Rev. proc. coll.* 19473, obs. Taquet – Soc. 12 févr. 2003, nº 99-42.985 *Biv.* V, nº 50; *Act. proc. coll.* 2003/8, nº 99.
7. Soc. 16 janv. 1991, nº 87-44.860, NP, *D.* 1991. IR
8. L. nº 85-98, 25 janv. 1985, préc.
9. L. nº 2005-845, 26 juill. 2005, préc.
10. Soc. 21 mars 1989, nos 87-19.377, 88-10.219, *Bull. civ.* V, nº 233; *JCP E* 1989. 15599, nº 18, obs. Pétel – Soc. 4 déc. 1991, nº 89-42.970, *Bull. civ.* V, nº 550; *JCP E* 1992. I. 138, nº 20, obs. Pétel; *Rev. proc. coll.* 1992, 212, nº 19, obs. Kerckhove – Soc. 4 juin 2003, nº 01-41.791, *Bull. civ.* V, nº 189; *Act. proc. coll.* 2003/13, nº 176.
11. Soc. 23 oct. 2012, nº 11-15.530, *Bull. civ.* V, nº 272; nº 2212 FS-P+B; *Gaz. Pal.* 18 janv. 2013, nº 18, p. 36, note Gailhbaud; *Act. proc. coll.* 2012/20, comm. 299, note Fin-Langer; *LPA* 15 avr. 2013, nº 75, p. 14, note Jacotot.
12. Soc. 21 juin 2005, nº 02-42.499, *Bull. civ.* V, nº 209.
13. Soc. 5 déc. 2006, nº 05-45.697, *Bull. civ.* V, nº 367; nº 2870 FS-P+B; *D.* 2007. AJ 229, obs. Lienhard; *Act. proc. coll.* 2007/3, nº 30, note Neau-Leduc.
14. Soc. 17 juin 1992, nº 89-43.338, *Bull. civ.* V, nº 406; *JCP G* 1993. I. 3672, nº 18, obs. Pétel; *Rev. proc. coll.* 1993, 327, nº 11, obs. Kerckhove – Soc. 3 mars 1993, nº 90-45.752, NP, *RJS* 1993, nº 401 – Soc. 6 mars 2002, nº 00-40.523, NP, *Act. proc. coll.* 2002/9, nº 113 – Soc. 4 juin 2003, nº 01-41.791, *Bull. civ.* V, nº 189; *Act. proc. coll.* 2003/13, nº 176; *Rev. proc. coll.* 2003, p. 343, nº 14, obs. Taquet.
15. Soc. 16 janv. 1991, nº 87-42.899, *Bull. civ.* V, nº 14 – Soc. 16 déc. 1992, nº 89-43.900, *Bull. civ.* V, nº 596.

représentant des créanciers – mandataire judiciaire –, soit par le salarié, mais non par un syndicat[1], afin que la décision lui soit déclarée commune. Elle sera ensuite privée de la possibilité de former tierce opposition ou réclamation, puisqu'elle aura été présente en première instance[2]. Dans la procédure de sauvegarde, l'AGS n'a cependant pas à être mise en cause, l'alinéa 3 de l'article L. 621-125 du code, dans sa rédaction antérieure à la loi de sauvegarde des entreprises ayant été modifié sur ce point par l'article L. 625-1 alinéa 3 issu de la loi de sauvegarde des entreprises.

En redressement judiciaire, si un administrateur judiciaire a été désigné, seul ce dernier sera mis en cause, s'il a mission d'administration (C. com., art. L. 621-125, al. 3). Cette solution, qui pouvait faire difficulté sous l'empire du texte issu de la loi de sauvegarde des entreprises, résulte aujourd'hui clairement de l'article L. 631-18, alinéa 4 du code de commerce, dans la rédaction que lui a donnée l'ordonnance du 18 décembre 2008[3] (art. 82). Le débiteur sera également mis en cause, si l'administrateur a une mission d'assistance.

Sous l'empire de la loi de sauvegarde des entreprises, dans sa rédaction d'origine, l'administrateur judiciaire n'est mis en cause, dans la procédure de contestation du relevé des créances salariales, dans la procédure de sauvegarde, que s'il a une mission d'assistance, non s'il n'a qu'une mission de surveillance. La solution est conservée par l'ordonnance du 18 décembre 2008. En revanche, lorsque l'administrateur judiciaire a une mission d'assistance, la solution est modifiée par l'article 45 de l'ordonnance du 18 décembre 2008 : l'article L. 625-1, alinéa 3, du code de commerce prévoit en effet que le débiteur sera, en ce cas, également mis en cause.

Par application de l'article L. 622-14 du code de commerce (anc[t] L. 25 janv. 1985, art. 153-4) qui rend applicable à la liquidation judiciaire l'article L. 621-125, seul le liquidateur sera appelé, en liquidation judiciaire. La solution est reprise par la loi de sauvegarde des entreprises (C. com., art. L. 641-14, al. 2).

Le délai de saisine par le salarié du conseil des prud'hommes est fixé à deux mois par l'article L. 621-125, alinéa 2 du code de commerce, dans sa rédaction antérieure à la loi de sauvegarde des entreprises, par l'article L. 625-1, alinéa 2 dans la rédaction que lui donne la loi de sauvegarde des entreprises.

Selon ce texte, ce délai court d'une publication dans un journal d'annonces légales d'un avis de dépôt au greffe des relevés de créances salariales, cette publicité ayant été, dans un premier temps, jugé suffisante pour faire courir le délai[4]. La jurisprudence s'est cependant départie de cette solution, préférant combiner l'article L. 621-125, alinéa 2 du code de commerce avec l'article 78 alinéa 1 du décret du 27 décembre 1985, qui impose au représentant des créanciers d'avertir le salarié par tout moyen de la date du dépôt au greffe de l'état des créances salariales en lui rappelant qu'il dispose de deux mois pour saisir le conseil des prud'hommes. Il en résulte que le délai ne courra pas contre le salarié qui n'a pas été rendu destinataire de cette information alors même que l'avis de dépôt au greffe de l'état des créances salariales aurait été publié dans un journal d'annonces légales[5]. En outre, l'information du salarié par le mandataire de justice doit être complète. Le mandataire de justice en charge de l'établissement du relevé des créances salariales doit informer le salarié du montant des créances admise ou rejetées, lui rappeler la durée du délai de forclusion prévu au code de commerce, la date de publication prévue par le décret, le journal dans lequel elle sera effectuée ainsi que la juridiction compétente et les modalités de sa saisine. En l'absence de ces mentions, ou lorsque celles-ci sont erronées, le délai de forclusion ne court pas[6]. La solution ne devrait pas être modifiée sous l'empire de la législation de sauvegarde des entreprises, la combinaison étant alors à opérer entre l'article L. 625-1 alinéa 2 et l'article R. 625-3, alinéa 1 du code de commerce (anc[t] D. 28 déc. 2005, art. 120, al. 1).

1. Soc. 31 oct. 2000, n° 98-45.752, NP, *Act. proc. coll.* 2000/20, n° 261.
2. Riom, 5 sept. 1986, *Rev. proc. coll.* 1989, 585.
3. Ord. n° 2008-1345, 18 déc. 2008, *JO* 19 déc., p. 19462.
4. EN CE SENS : Soc. 30 avr. 2002, n° 00-43.534, *Bull. civ.* V, n° 136; *JCP E* et *A* 2002, pan. 942; *Act. proc. coll.* 2002/11, n° 142.
5. Soc. 25 juin 2002, n° 00-44.704, *Bull. civ.* V, n° 210; *JCP E* et *A* 2002, Chron. 1380, p. 1526, n° 13, obs. Pételi; *Act. proc. coll.* 2002/14, n° 181, obs. Régnaut-Moutier; *LPA* 15 avr. 2003, n° 75, p. 10, note Tchotourian; *Rev. proc. coll.* 2002, p. 289, n° 1, obs. Taquet; *Rev. proc. coll.* 2003, p. 141, n° 8, obs. Legrand; *RTD com.* 2003. 568, n° 5, obs. Martin-Serf – Soc. 15 janv. 2003, n° 00-45.073, NP, *Rev. proc. coll.* 2003, p. 156, n° 5, obs. Taquet – Soc. 23 févr. 2005, n° 02-45.778, NP, *Rev. proc. coll.* 2005/2, p. 148, n° 13, obs. Taquet – Soc. 22 mars 2005, n° 03-0.869, NP, *Rev. proc. coll.* 2005/4, p. 381, n° 12, obs. quet – Soc. 28 juin 2006, n° 04-44.798, NP; n° 1666 F-D Soc. 24 mai 2006, n° 05-42.028, NP, *Rev. proc. coll.* 2006/3, p. 288, n° 23, obs. Taquet – Soc. 16 déc. 2008, n° 7-42.884, NP, *Gaz. proc. coll.* 2009/2, p. 38, n° 3, note Saourens – Limoges, ch. Soc. 26 mai 2003, RG n° 01/96
6. Soc févr. 2006, n° 03-47.937, *Bull. civ.* V, n° 62; n° 377 F-P; 2006. AJ 579, obs. Lienhard; *Rev. proc. coll.* 2006/3, p. 2 n° 22, obs. Taquet – Soc. 26 févr. 2013, n° 11-28.5 NP, *Act. proc. coll.* 2013/6, comm. 79, note Fin-Lang

De même que la seule insertion au *Bodacc* de l'avis de dépôt au greffe du relevé des créances salariales est insuffisante à faire courir le délai de saisine du conseil des prud'hommes, de même la seule information délivrée au salarié par le mandataire de justice est insuffisante, en l'absence de publication au *Bodacc* de l'avis de dépôt au greffe du relevé des créances salariales[1]. Cela revient à dire que les deux modalités d'information doivent être cumulativement respectées pour que le salarié puisse se voir opposer la forclusion[2].

En revanche, le mandataire de justice en charge de la vérification des créances salariales n'a pas l'obligation d'avertir le salarié de l'intervention du jugement d'ouverture[3].

Le fait que le représentant des créanciers – mandataire judiciaire – ou le liquidateur n'ait pas respecté le délai d'établissement des créances salariales reste sans conséquence pour le salarié. Celui-ci reste recevable à demander au bureau de jugement du conseil des prud'hommes le paiement des créances qui auraient dû figurer sur les relevés de créances salariales[4].

En contrariété avec le principe de droit commun de la procédure civile interdisant la présentation de demandes incidentes en dehors du délai de l'action, le salarié pourra présenter des demandes additionnelles après expiration du délai de deux mois imparti pour saisir le conseil des prud'hommes[5]. La solution est justifiée par l'article R. 1452-6 du code du travail (anc[t] C. trav., art. R. 516-1) posant la règle de l'unicité de l'instance dite aussi règle de concentration des demandes, qui impose que toutes les demandes résultant d'un contrat de travail entre les mêmes parties fassent l'objet d'un procès unique[6].

La décision que rendra le conseil des prud'hommes sur la contestation du relevé des créances salariales est susceptible d'appel[7].

696.26 Relevé de forclusion du salarié retardataire dans sa contestation. Le salarié, qui n'a pas saisi le conseil des prud'hommes dans le délai de deux mois ci-dessus visé, ne peut, sous les réserves ci-dessus exprimées (v. s[s] n° 696.25), *a priori*, plus poursuivre la fixation de sa créance devant le conseil des prud'hommes[8], ce qui entraîne, sous l'empire de la législation antérieure à la loi de sauvegarde des entreprises[9], extinction de sa créance. Il en a été tiré la conséquence que la créance ne figurant pas sur le relevé dans une première procédure ne pouvait, après résolution du plan et ouverture d'une seconde procédure, figurer sur le relevé de la seconde procédure. Cet argument pouvait être soulevé par l'AGS, au titre d'un droit propre[10]. Sous l'empire de la loi de sauvegarde des entreprises, la créance ne figurant plus sur le relevé des créances salariales n'est plus éteinte, mais seulement inopposable à la procédure collective pendant la période d'observation et en liquidation judiciaire. Elle est, pour reprendre le terme improprement employé par le législateur, inopposable au débiteur pendant l'exécution du plan de sauvegarde ou de redressement et, depuis l'ordonnance du 18 décembre 2008[11], le demeure après complète exécution de ces plans. Il faut plutôt comprendre que le salarié se trouve privé du droit d'agir pendant l'exécution des plans et reste irrecevable à agir après complète exécution des plans.

Il reste en effet au salarié, sous l'empire de la législation antérieure à la loi de sauvegarde des entreprises, la possibilité de se faire relever de forclusion par le conseil de prud'hommes, dans le délai d'un an qui court à compter du jugement d'ouverture[12]. Ce délai de forclusion n'a pas été jugé contraire au droit communautaire[13]. Le délai ne court pas lorsque le représentant des créanciers ou le liquidateur n'a pas informé le salarié de son existence et de son point de départ, sans qu'il y ait à distinguer selon que la créance a été rejetée ou omise[14].

En revanche, sous l'empire de la législation de sauvegarde des entreprises, comme il avait été relevé[15], d'une manière extrêmement curieuse qui ne pouvait relever que d'une inadvertance législa-

1. Soc. 12 oct. 2004, n°s 02-45.483, 02-45.484, 02-45.485, 3 arrêts, NP, *Rev. proc. coll.* 2005/1, p. 49, n° 11, obs. Taquet.
2. Taquet, obs. s[s] Soc. 12 oct. 2004, n°s 02-45.483, 02-45.484, 02-45.485, 3 arrêts, NP, *Rev. proc. coll.* 2005/1, p. 49, n° 11.
3. Soc. 28 juin 2006, n° 05-40.921, NP; n° 1671 F-D.
4. Soc. 26 févr. 2003, n° 00-46.174, *Bull. civ.* V, n° 9; *JCP E* 2003, Pan. 614; *Act. proc. coll.* 2003/8, n° 100.
5. Soc. 9 nov. 2005, n° 03-47.963, *Bull. civ.* V, n° 314; *Act. proc. coll.* 2006/2, n° 17, note Régnaut-Moutier.
6. Régnaut-Moutier, *Act. proc. coll.* 2006/2, n° 17.
7. Soc. 18 févr. 2004, n° 02-45.730, NP, *Rev. proc. coll.* 2004, p. 254, n° 32, obs. Taquet.
8. Soc. 22 juin 1993, n° 91-41.387, *Bull. civ.* V, n° 173; *Dr. sociétés* 1994, n° 71, obs. Chaput; *Rev. proc. coll.* 1994, 63, n° 12, obs. Kerckhove – Soc. 26 nov. 1996, n° 94-45.203, NP, *Rev. proc. coll.* 1997, 472, obs. Taquet; *RJ com.* 1998. 108, note Haennig.
9. L. n° 2005-845, 26 juill. 2005, préc.
10. Metz, 13 juin 1989, *AGS/Benali*, cité *in* Vallens, 2012, n° 3977.
11. Ord. n° 2008-1345, 18 déc. 2008, préc.
12. Com. 27 juin 2001, n° 99-42.678, NP, *Rev. proc. coll.* 2002, p. 97, n° 16, obs. Legrand – Soc. 29 oct. 2002, n° 00-44.822, *Bull. civ.* V, n° 322; *Act. proc. coll.* 2002/19, n° 247, obs. Vallansan.
13. CJCE 18 sept. 2003, aff. n° C-125/01, *Peter Pflücke/Bundesanstalt für Arbeit*, *D.* 2003. IR 2410.
14. Soc. 16 déc. 2008, n° 07-42.884, NP, *Gaz. proc. coll.* 2009/2, p. 38, n° 3, note Saintourens.
15. Vallansan, 4e éd., n° 237 – *Adde*, Vidal, n° 299 – Voinot, 2007, n° 349.

tive, le salarié disposait, en application de l'article 120 alinéa 2 du décret du 28 décembre 2005 [1] (devenu C. com., art. R. 625-3, al. 2), du « délai prévu au deuxième alinéa de l'article L. 625-1 » du code de commerce, pour se faire relever de forclusion. Or le délai de l'article L. 625-1 du code est le délai de deux mois pour saisir le conseil des prud'hommes. Cela revenait à dire que le salarié ne disposerait d'aucun délai pour se faire relever de forclusion. Il fallait évidemment rétablir la volonté du législateur et décider que le délai visé par le texte était celui de l'action en relevé de forclusion, c'est-à-dire le délai prévu au deuxième alinéa de l'article L. 622-26. C'est le parti que nous avions pris, en l'absence de volonté législative affirmée lors des travaux préparatoires de la loi de sauvegarde de changer le dispositif, le droit du travail étant à l'époque apparu trop sacré pour être modifié par le droit des procédures collectives. En conséquence, les délais de droit commun de l'action en relevé de forclusion nous semblaient applicables [2] (v. s^s n° 665.55). Le texte a ensuite été modifié et il a été procédé au visa de l'alinéa 2 de l'article L. 622-26 du code. La solution est conservée en son principe par l'article 32 du décret du 12 février 2009 [3], qui se contente de remplacer le visa du deuxième par celui du troisième alinéa de l'article L. 622-26, pour tenir compte de la modification de cet article par l'ordonnance du 18 décembre 2008.

D'une manière extraordinairement compréhensive, et opérant ainsi un véritable revirement de jurisprudence, la Cour de cassation a admis que le salarié qui poursuit devant le conseil des prud'hommes la fixation de sa créance, après expiration du délai de deux mois, a présenté implicitement une demande de relevé de forclusion [4].

Le fait que le représentant des créanciers – mandataire judiciaire – ou le liquidateur n'ait pas respecté le délai d'établissement des créances salariales et ait procédé à l'établissement de ce relevé après expiration du délai de relevé de forclusion, reste sans conséquence pour le salarié. En effet, seule la publicité consécutive au dépôt du relevé des créances salariales au greffe du tribunal fait courir le délai de recours qui lui est ouvert, ce que précisent l'alinéa 4 de l'article 78 du décret du 27 décembre 1985 [5] et l'alinéa 4 de l'article R. 625-3 du code de commerce (anc^t D. 28 déc. 2005, art. 120).

L'article 78, alinéa 2 du décret du 27 décembre 1985 et l'article R. 625-3, alinéa 2 du code de commerce (anc^t D. 28 déc. 2005, art. 120, al. 2) visent les dispositions relatives au relevé de forclusion. Sur le fond, le texte n'exige pas que le créancier démontre que la défaillance à déclarer dans les délais n'est pas due à son fait. Cependant, il serait curieux de ne pas poser cette exigence [6], même si le contraire a été soutenu [7], qui est classiquement attachée à la notion même de relevé de forclusion. La faveur du conseil des prud'hommes semble spécialement devoir être accordée au salarié qui a été licencié avant jugement d'ouverture.

Précisons que la Chambre sociale accepte, peu important l'ouverture d'une procédure collective, l'application de l'article 2234 du code civil, qui interdit de faire courir un délai de prescription contre une personne n'ayant pas connaissance de l'existence de son droit et fait ainsi courir le délai de prescription des salaires – désormais trois ans – à compter de cette connaissance [8].

696.27 Réclamation sur l'admission d'une créance salariale. Cette question est régie par l'article L. 621-129 du code de commerce (anc^t L. 25 janv. 1985 [9], art. 127), dans sa rédaction antérieure à la loi de sauvegarde des entreprises [10] et par l'article L. 625-6, dans la rédaction que lui donne la loi de sauvegarde des entreprises. De façon préalable, il convient d'indiquer que l'admission d'une créance salariale est opposable à l'AGS. Corrélativement, cette dernière a la possibilité de contester le principe de sa garantie ainsi que le montant de son intervention (v. s^s n°s 694.21 à 694.25).

La réclamation n'est ouverte qu'aux personnes non visées aux articles L. 621-125 à L. 621-127 du code de commerce (anc^t L. 25 janv. 1985, art. 123 à 125), dans la rédaction antérieure à la loi de sauvegarde des entreprises, aux articles L. 625-1 à L. 625-4, dans la rédaction de la loi de sauvegarde des entreprises. Les personnes visées à ces articles sont le débiteur, le salarié, le représentant des créanciers – mandataire judiciaire –, l'administrateur s'il a mission d'administration, le liquidateur en situation de

1. D. n° 2005-1677, 28 déc. 2005, préc.
2. AUSSI : LE CANNU, 7e éd., n° 535 – J.-CL. COM., Jaquemont, fasc. 2440, [Vérification des créances salariales], 2007, n° 32.
3. D. n° 2009-160, 12 févr. 2009, préc.
4. Soc. 26 mars 2003, n° 01-41.747, *Bull. civ.* V, n° 118; *Act. proc. coll.* 2003/12, n° 165, obs. Cagnoli; *JCP E* 2003, Chron. 1396, p. 1574, n° 14, obs. Pétel; *Rev. proc. coll.* 2003, p. 251, n° 19, obs. Taquet.
5. Soc. 8 janv. 2002, n° 99-41.520, *Bull. civ.* V, n° 2; *JCP E* 2002, pan. 311, p. 308; *Act. proc. coll.* 2002/5, n° 63; *Rev. proc. coll.* 2002, p. 110, n° 15, obs. Taquet; *Rev. proc. coll.* 2003, 140, n° 7, obs. Legrand; *RTD com.* 2003. 568, n° 5, obs. Martin-Serf.
6. LE CANNU, 7e éd., n° 535 – J.-CL. COM., Jaquemont, fasc. 2440, [Vérification des créances salariales], 2007, n° 32.
7. KERCKHOVE, n° 107.
8. Soc. 25 sept. 2013, n° 11-27.693, *Bull. civ.* V, n° 206; *Act. proc. coll.* 2017, comm. 256, note Fin-Langer.
9. L. n° 85-98, 25 janv. 1985, préc.
10. L. n° 2005-845, 26 juill. 2005, préc.

liquidation judiciaire et l'AGS, qui disposent de l'appel (v. s[s] n° 683.11).

La voie de recours ouverte aux personnes intéressées autres que les parties est la réclamation, qui sera formée dans les formes et délais classiques de cette voie de recours[1], en distinguant, pour les délais, selon que la procédure est soumise à la législation antérieure à la loi de sauvegarde ou qu'elle est soumise à la loi de sauvegarde des entreprises (v. s[s] n° 683.23). Les personnes intéressées seront essentiellement ici les autres créanciers, qui du fait de la présence de la créance salariale parmi les créances admises au passif, ont à craindre du résultat des répartitions.

Si l'AGS n'a pas été appelée à l'instance, la décision lui est inopposable.

Cette voie de recours ne s'applique qu'aux décisions portées sur l'état des créances à la suite de la saisine du conseil des prud'hommes par le salarié dont la créance aurait été omise, en tout ou en partie, du relevé des créances salariales. Le recours du salarié s'inscrit dans le cadre de l'article L. 621-125 du code de commerce, dans sa rédaction antérieure à la loi de sauvegarde des entreprises, de l'article L. 625-1, dans la rédaction que lui donne la loi de sauvegarde des entreprises.

Cette voie de recours ne peut s'appliquer aux mentions portées sur l'état des créances par suite du simple visa du juge-commissaire, lequel n'a pas de valeur juridictionnelle (v. s[s] n° 696.21).

696.28 Ouverture de la tierce opposition sur les décisions du conseil des prud'hommes fixant la créance dans le cadre de la poursuite d'une instance en cours. Si la créance salariale a été fixée par le conseil des prud'hommes, dans le cadre de la poursuite d'une instance en cours au jour du jugement d'ouverture, la voie de recours ouverte aux personnes intéressées autres que celles visées aux articles L. 621-125 à L. 621-127 du code de commerce (anc[t] L. 25 janv. 1985[2], art. 123 à 125), dans la rédaction antérieure à la loi de sauvegarde des entreprises[3], aux articles L. 625-1 à L. 625-4, dans la rédaction de la loi de sauvegarde des entreprises, sera la tierce opposition à la décision intervenue, qui devra être formée dans le délai d'un mois à compter de la transcription de la décision sur l'état des créances salariales déposé au greffe par le tribunal (D. 28 déc. 2005[4], art. 124, devenu C. com., art. R. 625-7).

1. RAPPR. : LE CANNU, 7e éd., n° 537.

2. L. n° 85-98, 25 janv. 1985, préc.
3. L. n° 2005-845, 26 juill. 2005, préc.
4. D. n° 2005-1677, 28 déc. 2005, préc.

LIVRE

700. Les obligés à la dette autres que le débiteur : obligé réel, caution, codébiteur, garant et conjoint

SECTION 0
ORIENTEUR

700.00 **Plan du livre.**

Titre 710 **Obligé réel – Droit de suite**
Chap. 711 Obligé réel à la dette – Droit de suite
Titre 720 **Cautions**
Chap. 721 Moment de la poursuite de la caution par le créancier
Chap. 722 Durée des poursuites contre la caution
Chap. 723 Hauteur de la poursuite de la caution
Chap. 724 Le fait du créancier, source de décharge de la caution par application de l'article 2314 du code civil
Chap. 725 Le fait du créancier ou d'un tiers, source d'engagement de la responsabilité civile du créancier
Chap. 726 Les recours de la caution
Titre 730 **Codébiteur et garant – Associés de sociétés tenus des dettes sociales**
Chap. 731 Codébiteur et garant – Associés de sociétés tenus des dettes sociales
Titre 740 ***Conjoint***
Chap. 741 Conjoint

TITRE

710. Obligé réel – Droit de suite

SECTION 0

ORIENTEUR

710.00 **Plan du titre.**

Chap.	711	**Obligé réel à la dette – Droit de suite**
Sect.	711.10	Notion d'obligation réelle à la dette
Sect.	711.20	Conditions d'exercice du droit de suite dans la procédure collective sous l'empire de la législation du 25 janvier 1985
Sect.	711.30	Conditions d'exercice du droit de suite dans la procédure collective sous l'empire de la législation du 26 juillet 2005

CHAPITRE

711. Obligé réel à la dette – Droit de suite

SECTION 0

ORIENTEUR

711.00 **Plan du chapitre.**

Sect. 711.10 Notion d'obligation réelle à la dette
Sect. 711.20 Conditions d'exercice du droit de suite dans la procédure collective sous l'empire de la législation du 25 janvier 1985
Sect. 711.30 Conditions d'exercice du droit de suite dans la procédure collective sous l'empire de la législation du 26 juillet 2005

711.01 **Textes applicables.**

C. civ., art. 2376 (anc[t] C. civ. art. 2105)

> Législation issue de la loi de sauvegarde des entreprises.

C. com., art. R. 626-36 (anc[t] D. 28 déc. 2005, art. 147), R. 631-35 (anc[t] D. 28 déc. 2005, art. 203), R. 643-5 (anc[t] D. 28 déc. 2005, art. 292)

> Législation issue de l'ordonnance du 18 décembre 2008.

C. com., art. R. 626-36, R. 631-35, R. 643-5

711.02 **Jurisprudence de référence.**

> Le titulaire d'un droit de suite n'a pas à déclarer sa créance au passif du détenteur.

• **Com. 11 juin 2002,** n° 00-20.981, *Bull. civ.* IV, n° 103

* V. s[s] n° 711.21

Le créancier hypothécaire exerçant son droit de suite et de préférence sur un immeuble qui a été adjugé, après saisie immobilière, à une personne soumise ultérieurement à une procédure collective, puis revendu à un tiers sur autorisation du juge-commissaire, doit être colloqué sans avoir à déclarer sa créance au passif de la procédure collective de l'adjudicataire.

711.03 ***Bibliographie indicative.*** (V. les références complètes s[s] n° 031).

> Ouvrages. Cabrillac M., Mouly Ch., Cabrillac S. et Pétel Ph., *Droit des sûretés*, 9e éd., « Manuel », LexisNexis, 2010, n°s 977 s., 1008 – Malaurie Ph. et Aynès L., *Les sûretés : La publicité foncière*, 9e éd., Defrénois, 2015, par Aynès L. et Crocq P., n°s 689 s. – Mestre J., Putman E. et Billiau M., *Traité de droit civil*; Ghestin J. (dir.), *Droit commun des sûretés réelles*, 1re éd., Lgdj, 1996, n° 489 – Simler Ph. et Delebecque Ph., *Droit civil : Les sûretés – La publicité foncière*, 6e éd., « Précis », Dalloz, 2012, n°s 522 s.

> Articles. Pétel Ph., « L'exercice d'un doit de suite à l'encontre d'un tiers détenteur placé sous procédure collective », Colloque Sûretés réelles et droit des entreprises en difficulté, Nice, 20 mars 2010, *LPA* 11 févr. 2011, n° 30, p. 54.

711.04 **Questions essentielles.**

• Un créancier titulaire d'une hypothèque ou d'un nantissement inscrit du chef de l'emprunteur est-il obligé de déclarer sa créance au passif de l'acquéreur de l'immeuble ou du fonds de commerce qui lui a été vendu par l'emprunteur ?

* V. s[s] n° 711.21.

• Qui l'emporte du créancier inscrit, du chef de l'emprunteur ou des créanciers de l'acquéreur sur le prix de vente de l'immeuble ou du fonds de commerce grevé ?

* V. s[s] n° 711.24.

SECTION 711.10

NOTION D'OBLIGATION RÉELLE À LA DETTE

711.11 **Notion d'obligation réelle à la dette – Obligation *propter rem*.** L'obligation réelle, encore dénommée obligation *propter rem*, peut être définie comme une obligation passant à chaque acquéreur particulier d'un bien, lequel détermine l'identité du sujet passif, de sorte que tout se passe comme si c'était la chose, et non la personne qui devait[1]. L'obligation réelle se transmet de plein droit à l'ayant cause, en même temps que le droit réel qu'elle accompagne[2].

La Cour de cassation n'évoque pas l'obligation réelle, mais parle « de charge réelle pesant sur le fonds lui-même et suivant le bien en quelques mains qu'il passe ».

1. Ginossar, *Droit réel, propriété et créance*, Lgdj, 1960, n° 67, p. 182.
2. Civ. 3e, 26 nov. 1970, n° 69-12.769, *Bull. civ.* III, n° 646 – Civ. 3e, 30 janv. 1979, n° 77-14.590, *Bull. civ.* III, n° 26.

L'obligation réelle existera notamment en cas de transmission d'un bien grevé de sûreté réelle emportant droit de suite. On peut, à titre d'exemple, évoquer l'hypothèque ou le nantissement. Dans le premier cas, du fait du droit de suite, le détenteur de l'immeuble hypothéqué devient détenteur hypothécaire, dans le second cas, le détenteur du bien nanti, détenteur nanti. Ces personnes ne deviennent ni créancières ni débitrices à la place du débiteur[1]. Le créancier inscrit sur le bien ne peut poursuivre en paiement le détenteur. Il sera simplement possible d'engager contre ce dernier soit une saisie immobilière, soit, en présence d'un fonds de commerce, une vente forcée du fonds. Corrélativement, le détenteur aura la faculté de délaisser l'immeuble ou le fonds de commerce. C'est en tant que titulaire de droit réel sur une chose que l'on est tenu d'obligations réelles. Corrélativement, il est logique que l'on en soit déchargé une fois que l'on a abandonné le droit réel qu'elles accompagnaient. En d'autres termes, l'abandon du principal entraîne l'extinction de l'accessoire[2].

SECTION 711.20

CONDITIONS D'EXERCICE DU DROIT DE SUITE DANS LA PROCÉDURE COLLECTIVE SOUS L'EMPIRE DE LA LÉGISLATION DU 25 JANVIER 1985

711.21 Impossible déclaration de créance au passif de l'obligé réel à la dette sous l'empire de la législation du 25 janvier 1985[3]. L'article L. 621-43 du code de commerce (anc^{t} L. 25 janv. 1985, art. 50), dans la rédaction antérieure à la loi de sauvegarde des entreprises, oblige tout créancier dont la créance est née antérieurement au jugement d'ouverture à déclarer celle-ci au passif de son débiteur. La déclaration de créance a un domaine strictement identique à celui de l'interdiction et de l'interruption des actions en paiement et en résolution de contrat pour défaut de paiement de sommes d'argent. C'est la raison pour laquelle les créanciers qui doivent déclarer leur créance au passif ne peuvent plus, après jugement d'ouverture, entreprendre ou poursuivre des actions en paiement, ni entreprendre ou poursuivre les actions en résiliation ou résolution de contrat pour défaut de paiement de créances antérieures. Cependant, l'obligation de déclarer la créance ne concerne que les actions existant à l'encontre du débiteur. Il faut donc un lien de créancier à débiteur pour qu'il y ait place à déclaration de créance.

En présence d'un détenteur hypothécaire ou nanti, force est de constater que ce dernier n'est pas débiteur personnel du créancier hypothécaire ou du créancier nanti. L'action que détient le créancier hypothécaire ou nanti n'est pas une action en paiement contre le détenteur hypothécaire ou nanti. Le créancier inscrit ne dispose que du droit de mettre en œuvre la voie d'exécution forcée, mais ne peut pas demander le paiement, par une action en justice, au détenteur hypothécaire ou nanti, comme il aurait pu le faire au débiteur. Pour la même raison, une fois la vente forcée du fonds intervenue ou la saisie immobilière effectuée à l'encontre du détenteur, le créancier nanti ou hypothécaire a épuisé ses droits et ne peut demander au détenteur paiement du reliquat restant dû par le débiteur après vente du bien grevé.

La vente du bien affecté par un tiers en garantie – ce que l'on qualifiait avant la réforme du droit des sûretés de « caution réelle » – autorise, au profit du créancier, l'exercice du droit de suite. Si le détenteur du bien, l'acquéreur, fait l'objet d'une procédure collective, la déclaration à son passif à titre hypothécaire ne s'impose pas.

L'obligation réelle que détient le créancier hypothécaire ou nanti à l'encontre du détenteur qui n'est pas son débiteur personnel n'est pas une action en paiement. Pour cette raison, il est exclu de différer le paiement du créancier inscrit sur le bien à son admission au passif dans la procédure collective ouverte contre le détenteur. Cette admission ne pourra pas intervenir, faute de lien de créancier à débiteur. Cette solution a été clairement affirmée par la Cour de cassation, tant à propos du créancier hypothécaire[4], qu'à propos du créancier nanti[5], lesquels ne

1. Ghestin, « La transmission des obligations en droit positif français », *Travaux des 9es journées d'études juridiques, Jean Dabin*, Bruylant – Lgdj, 1980, p. 3 s.
2. J.-CL. COM., Paisant, app. art. 637 à 639, fasc. 11, [Obligations réelles], n° 41.
3. L. n° 85-98, 25 janv. 1985, *JO* 26 janv., p. 1097 – Pétel, « L'exercice d'un droit de suite à l'encontre d'un tiers détenteur placé sous procédure collective », Colloque Sûretés réelles et droit des entreprises en difficulté, Nice, 20 mars 2010, *LPA* 11 févr. 2011, n° 30, p. 54 s., sp. p. 55.
4. Com. 6 juin 2000, n° 97-16.696, NP, *Act. proc. coll.* 2000, n° 208, obs. Régnaut-Moutier – Com. 11 juin 2002, n° 00-20.981, *Bull. civ.* IV, n° 103; *JCP E* 2002. Jur. 1337, note Rémery – Com. 11 juin 2002, n° 00-20.982, NP, *LPA* 29 janv. 2003, n° 21, p. 15, note crit. Sénéchal; *JCP E* 2003. Chron. 194, n° 6, obs. M. Cabrillac; *Act. proc. coll.* 2002, n° 160; *Act. proc. coll.* 2002, n° 185; *RTD civ.* 2003. 328, n° 6, obs. Crocq; *RTD com.* 2003. 364, n° 1, obs. Martin-Serf; *Defrénois* 2003. 417, 37961, n° 24, note Théry – Com. 10 mars 2004, n° 02-16.474, *Bull. civ.* IV, n° 47; *D.* 2004. AJ 1021; *D.* 2004. Somm. 2710, obs. L. Aynès; *D.* 2004. Somm. 2146, obs. Le Corre – Com. 24 janv. 2006, n° 02-15.295, NP; n° 87 F-D; *Act. proc. coll.* 2006, n° 36, note Régnaut-Moutier, Gaz. Proc. coll. 2006/2, p. 41, obs. Roussel Galle.
5. Com. 17 déc. 2002, n° 99-20.928, *Bull. civ.* IV, n° 195; *JCP E* 2003, n° 1292, note Keita; *RTD com.* 2003. 365, n° 2, obs. Martin-Serf.

sont titulaires que d'un droit de suite à l'encontre du tiers détenteur et non d'un droit de créance.

Cette position obligera le mandataire de justice en charge de la vérification du passif à contester la créance qu'aurait, à tort, déclaré le titulaire de la sûreté.

Symétriquement, le tiers détenteur poursuivi par un créancier inscrit ne pourra contester, dans le cadre d'une saisie immobilière, la créance détenue contre le débiteur sous procédure collective, dès lors qu'il n'est pas poursuivi en qualité de débiteur de la dette servant de cause aux poursuites[1]. Signalons toutefois que le constituant d'une sûreté réelle, autrefois appelé caution réelle, est encore une personne intéressée pouvant former réclamation à l'état des créances[2] (v. s[s] n° 683.22).

711.22 Déclaration obligatoire au passif du débiteur, condition de la poursuite du tiers détenteur. Les solutions sont radicalement différentes selon que la personne sous procédure collective est le débiteur personnel ou le tiers détenteur, obligé réel. La Cour de cassation, dans la seconde hypothèse, indique, on l'a vu (v. s[s] n° 711.21) que le créancier inscrit peut méconnaître la procédure collective du détenteur hypothécaire ou du détenteur du fonds de commerce nanti et poursuivre la saisie contre celui-ci sans avoir besoin de déclarer sa créance au passif d'une personne qui n'est pas son débiteur personnel, mais un simple obligé réel à la dette. Au contraire, si la personne en procédure collective est le débiteur d'origine, la déclaration de la créance à son passif s'imposera pour le créancier désireux de poursuivre le tiers détenteur[3]. Le caractère diamétralement opposé des solutions s'explique : l'obligation réelle ne peut exister que parce qu'il y a d'abord une obligation personnelle, celle du constituant de la sûreté inscrite sur le bien qui se retrouve ensuite dans le patrimoine du tiers détenteur. L'obligation réelle n'est rien d'autre que le droit de suite, attribut du droit de créance, qui disparaît avec ce dernier. En revanche, s'il n'y a pas de discussion sur le droit unissant le débiteur au créancier – le droit personnel de créance –, la poursuite du tiers détenteur ne s'exprime pas dans le cadre de l'obligation personnelle à la dette, mais dans celui de l'obligation réelle à la dette.

La loi de sauvegarde a supprimé l'extinction de la créance non déclarée. La créance est seulement inopposable à la procédure collective (v. s[s] n° 665.75). Il doit en résulter la possibilité de faire jouer le droit de suite à l'encontre du tiers détenteur, même sans déclaration au passif du débiteur.

711.23 Mise à l'écart de la règle de l'arrêt des poursuites individuelles pour le créancier inscrit dans la procédure du tiers détenteur – Cours des intérêts. La première difficulté qui se présente est de savoir si le créancier inscrit peut poursuivre le détenteur soumis à la procédure collective. Intuitivement, les règles du droit des procédures collectives sembleraient y faire obstacle.

On pense d'abord à la règle de l'arrêt des poursuites individuelles édictée par l'article L. 621-40 du code de commerce (anc[t] L. 25 janv. 1985[4], art. 47). Pourtant le détenteur du bien grevé n'est pas débiteur personnel du créancier inscrit. Il n'est donc pas question de l'arrêt d'une poursuite individuelle contre le débiteur. La règle de l'arrêt des poursuites individuelles ne doit dès lors pas pouvoir justifier la privation pour le créancier inscrit du droit de poursuivre le détenteur du bien grevé. L'opinion n'est toutefois pas partagée par tous[5].

On peut également songer à la règle de l'interdiction des paiements de créances nées avant jugement d'ouverture posée par l'article L. 621-24 alinéa 1 du code de commerce (anc[t] L. 25 janv. 1985, art. 33, al. 1). Cependant, il ne s'agit pas pour le détenteur de payer une « créance née avant jugement d'ouverture ». Il est question pour lui de s'acquitter de la charge qui grève le bien, c'est-à-dire d'une obligation réelle. Pour cette raison, le paiement qu'il effectuera ne semble pas encourir la nullité édictée par le texte. Au surplus, décider le contraire, reviendrait à interdire au détenteur la possibilité de payer au créancier inscrit ce qui lui reste dû, alors pourtant que la somme litigieuse peut être d'un montant largement inférieur à la valeur du bien. Cela priverait ainsi le détenteur de la possibilité de conserver un élément d'actif intéressant pour lui. Ici encore, l'opinion n'est pas partagée par tous[6].

Le tiers détenteur, qui n'est pas obligé personnellement à la dette, peut opposer au créancier hypothécaire la règle de l'arrêt du cours des intérêts bénéficiant au débiteur sous procédure collective. Tel ne sera pas le cas si la créance est née d'un prêt d'une durée supérieure ou égale à un an[7].

1. *Civ. 2e, 24 mars 2005, n° 03-13.184, NP.*
2. Com. 7 mars 2006, n° 04-13.762, *Bull. civ.* IV, n° 59; *D.* 2006. AJ 782, obs. Lienhard; *RTD com.* 2006. 660, n° 2, obs. Martin-Serf.
3. Com. 17 déc. 2003, n° 01-10.692, *Bull. civ.* IV, n° 210; *D.* 2004. AJ 138, obs. Lienhard; *JCP E* 2004. Chron. 783, n° 1, obs. Pétel; *Act. proc. coll.* 2004, n° 38; *LXB* n° N0229AB4, note Prigent; *Dr. et proc.* 2004. 146, note Le Corre – Com. 28 avr. 2004, n° 01-12.079, *Bull. civ.* IV, n° 78; *RTD com.* 2005. 170, n° 4, obs. Martin-Serf.
4. L. n° 85-98, 25 janv. 1985, préc.
5. AINSI : Pétel, « L'exercice d'un droit de suite à l'encontre d'un tiers détenteur placé sous procédure collective », préc., sp. p. 56, n° 9.
6. AINSI : Pétel, art. préc., sp. p. 56, n° 10.
7. Com. 22 janv. 2008, n° 07-10.221, NP; n° 125 F-D; *Banque et droit* mai-juin 2008. 51, note Rontchevsky.

711.24 Règlement du conflit entre le créancier inscrit et les créanciers du tiers détenteur. Si le bien grevé de la sûreté est vendu dans le cadre de la procédure collective du tiers détenteur, la question se pose de la détermination des droits du créancier inscrit par rapport aux créanciers du tiers détenteur.

Il ne peut être question d'écarter le créancier inscrit des répartitions, puisque ce serait supprimer sa qualité de titulaire de la sûreté, sans raison juridique. Le titulaire de la sûreté doit participer à la collocation sur le bien vendu qui était grevé de la sûreté. Mais peut-il alors éviter le concours avec les créanciers du tiers détenteur en redressement ou en liquidation judiciaire ?

La jurisprudence a eu peu l'occasion de statuer sur cette question. Une ancienne décision de la Cour de cassation[1], raisonnant sur l'application de l'article 2105 du code civil (devenu C. civ., art. 2376[2]), a considéré que cette disposition s'applique au conflit entre créanciers d'un même propriétaire de l'immeuble et non au conflit existant entre des créanciers à privilège général du propriétaire actuel et des créanciers à privilège spécial du propriétaire précédent. Cette solution a été réaffirmée par une cour d'appel[3]. Dans le domaine du nantissement sur fonds de commerce, la Cour de cassation a également considéré, tant sous l'empire de la législation actuelle[4] que sous celui de la loi du 13 juillet 1967[5], que les créanciers nantis du chef du précédent propriétaire l'emportaient par rapport au fisc, titulaire d'un privilège sur le fonds du chef du propriétaire actuel.

C'est ainsi une règle simple qui résulte de cette jurisprudence : un conflit ne peut exister qu'entre créanciers d'un même débiteur. La doctrine approuve cette solution[6]. Elle est d'application générale, si l'on excepte le privilège du conservateur de la chose[7]. Le super privilège des salaires ou encore le droit de priorité des créanciers « de l'article 40 » (C. com., art. L. 621-32) ou le privilège des créanciers postérieurs dans la loi de sauvegarde des entreprises (C. com., art. L. 622-17) ne pourront la tenir en échec, les règles des procédures collectives étant, faute de texte contraire, impuissantes à l'infléchir. Cette solution est la seule qui soit protectrice des intérêts du titulaire de la sûreté.

Ainsi, lorsque le prix de vente de l'immeuble ou du fonds de commerce sera distribué, le créancier hypothécaire ou nanti qui oppose à la procédure collective son droit de suite, l'emportera sur tous les créanciers de la procédure collective[8].

711.25 Extinction de la créance détenue sur le débiteur par suite de son rejet et poursuite du constituant de la sûreté pour autrui. Avant comme depuis la loi de sauvegarde des entreprises, si la créance garantie par une sûreté réelle constituée par un tiers est éteinte par suite de son rejet dans la procédure de vérification des créances, cela empêche la poursuite du tiers constituant de la sûreté réelle. Ce garant [hypothécaire en l'occurrence] à titre accessoire n'est plus tenu, du fait de la disparition de la dette garantie[9].

SECTION 711.30
CONDITIONS D'EXERCICE DU DROIT DE SUITE DANS LA PROCÉDURE COLLECTIVE SOUS L'EMPIRE DE LA LÉGISLATION DU 26 JUILLET 2005

711.31 Obligation pour le titulaire du droit de suite de produire à la procédure d'ordre. Prenant délibérément le contre-pied de la solution jurisprudentielle posée sous l'empire de la loi du 25 janvier 1985[10], le décret du 28 décembre 2005[11] a décidé d'obliger le titulaire d'un droit de suite, mais uniquement dans le domaine immobilier[12], à effectuer des démarches pour prétendre faire valoir ses droits sur le bien grevé de la sûreté, qui constitue un élément d'actif du tiers détenteur sous procédure collective.

Le décret du 28 décembre 2005 traite le cas d'un créancier inscrit sur un immeuble du chef d'un précédent propriétaire. Observons que la règle aurait pu être étendue au cas d'un créancier inscrit sur un fonds de commerce du débiteur vendu en phase d'exécution du plan de redressement – ou de sauvegarde. Cela n'a pas été fait. La règle ici analysée n'intéresse donc que les réalisations d'actifs immobiliers. Le droit de suite sur un bien meuble devrait

1. Civ. 1re, 20 mars 1956, *D.* 1956. 374.
2. CRÉÉ par Ord. n° 2006-346, 23 mars 2006 relative aux sûretés, *JO* 24 mars, p. 4475, art. 14.
3. Versailles, 26 mars 1998, RG n° 1997-5739, *D.* 1998. Somm. 371, obs. Piedelièvre.
4. Com. 6 juin 2000, n° 97-16.696, NP, *Act. proc. coll.* 2000, n° 208, obs. Régnaut-Moutier.
5. L. n° 67-563, 13 juill. 1967, *JO* 14 juill., p. 7059 – Com. 15 avr. 1975, n° 74-10.457, *Bull. civ.* IV, n° 105; *D.* 1975. 571, note Derrida; *JCP* 1975. II 18177, note Stemmer.
6. Simler et Delebecque, *Droit civil: Les sûretés – La publicité foncière*, 6e éd., « Précis », Dalloz, 2012, n° 512 – Cabrillac M. et S., Mouly, Pétel *Droit des sûretés*, 9e éd., « Manuel », LexisNexis, 2010, n° 1008.
7. Mestre, Putman et Billiau, *Traité de droit civil*, n° 489.
8. SUR ce principe de solution : Com. 22 janv. 2013, n° 11-21.530, NP; n° 63 F-D.
9. Com. 18 nov. 2014, n° 13-19.311, NP; n° 1002 F-D.
10. L. n° 85-98, 25 janv. 1985, préc. – SUR LA QUESTION : Froehlich et Sénéchal, Lucas et Lécuyer (dir.), *La réforme des procédures collectives…*, Lgdj, 2006, p. 365 s.
11. D. n° 2005-1677, 28 déc. 2005, *JO* 29 déc., p. 20324.
12. Pétel, « L'exercice d'un droit de suite à l'encontre d'un tiers détenteur placé sous procédure collective », préc., sp. p. 57, n° 17.

donc, sous l'empire de la loi de sauvegarde des entreprises, avoir le même traitement qu'auparavant (v. s[s] n°s 711.21 à 711.24).

Le créancier titulaire du droit de suite doit être averti par le liquidateur du tiers détenteur, par lettre recommandée avec demande d'avis de réception, qu'il a l'obligation de produire sa créance à la procédure d'ordre dans le mois de l'avertissement (C. com., art. R. 643-5, al. 1 [anc[t] D. 28 déc. 2005, art. 292, al. 1]). *Stricto sensu*, il ne s'agit pas d'une déclaration de créance[1]. Ce créancier est ainsi plus mal traité qu'un créancier de la procédure collective, alors pourtant qu'il est en dehors de celle-ci (v. s[s] n° 711.21), puisqu'il ne dispose que d'un mois au lieu des deux mois offerts au créancier titulaire d'une sûreté publiée.

La production à l'ordre du créancier doit mentionner la sûreté inscrite sur le bien. Un décompte des sommes dues en principal, intérêts et accessoires et les documents justificatifs sont joints à la production (C. com., art. R. 643-5, al. 2 [anc[t] D. 28 déc. 2005, art. 292, al. 2]).

À défaut de production dans le délai du mois de son avertissement par le commissaire à l'exécution du plan, le créancier titulaire de ce droit de suite est déchu de son droit de participer à la distribution à titre privilégié. Ainsi, l'immeuble sera débarrassé de l'inscription le grevant sans paiement. L'intéressé, qui n'était pas à ce titre créancier personnel du débiteur en plan, n'aura plus de droit à exercer sur le débiteur, du fait de la disparition de sa sûreté, ce qui conduit à le traiter plus sévèrement qu'un créancier personnel du débiteur, dont la créance n'est plus éteinte du fait du défaut de déclaration. Du fait de la disparition de son droit de suite, il est identiquement privé de droit sur l'acquéreur qui aurait dû être considéré, à son égard, comme un détenteur, obligé *propter rem* à la dette.

Ces règles de la liquidation judiciaire existent *mutatis mutandis* en cas de vente d'un immeuble en période d'observation avec consignation du prix jusqu'à l'arrêté du plan de sauvegarde ou de redressement ou en phase d'exécution de ces plans. Il appartient alors au commissaire à l'exécution du plan d'avertir le créancier titulaire du droit de suite (C. com., art. R. 626-36, al. 3 à 5 [anc[t] D. 28 déc. 2005, art. 147, al. 3 à 5] – v. s[s] n° 522.33).

Comme cela est le cas pour le titulaire d'un droit de suite, l'article R. 643-5, alinéa 1 du code de commerce, dans la rédaction que lui donne l'article 103 du décret du 30 juin 2014[2], oblige le créancier inscrit du chef d'un EIRL sur un bien affecté au patrimoine en cause, en garantie d'une créance affectant un autre patrimoine, à produire sa créance à la procédure d'ordre. Il s'agit de transposer à l'EIRL la règle posée pour l'hypothèse d'un droit de suite exercé sur un bien compris dans une procédure collective. Ainsi, le créancier de l'EIRL, au titre d'une créance détenue sur un patrimoine affecté, garantie par un bien compris dans un autre patrimoine, qui est soumis à une procédure collective, sera traité comme un obligé réel, non comme un obligé personnel.

711.32 Conflit entre le créancier inscrit et les créanciers du tiers détenteur. Le créancier titulaire du droit de suite n'est pas un créancier personnel du tiers détenteur, raison pour laquelle il n'a pas à déclarer sa créance au passif de ce dernier. Il produit à un ordre, cette production n'affectant pas les règles classiquement admises en la matière selon lesquelles la priorité est accordée au créancier inscrit du chef du précédent propriétaire de l'immeuble par rapport aux créanciers personnels du tiers détenteur (v. s[s] n° 711.24)[3].

1. AUSSI : REP. COM., Macorig-Vénier, « Entreprises en difficulté (Les créanciers – 1° Situation des créanciers) », n° 32.

2. n° 2014-736, 30 juin 2014, *JO* 1er juill., p. 10834.
3. CE SENS AUSSI : Pétel, « L'exercice d'un droit de suite à contre d'un tiers détenteur placé sous procédure ctive », préc., sp. p. 57, n° 19.

TITRE

720. Cautions

SECTION 0

ORIENTEUR

720.00 **Plan du titre.**

Chap.	721	**Moment de la poursuite de la caution par le créancier**
Sect.	721.10	Moment de la poursuite de la caution par le créancier – Principes
Sect.	721.20	Interdiction des poursuites de certaines cautions pendant la période d'observation
Sect.	721.30	Prises de mesures conservatoires
Chap.	722	**Durée des poursuites contre la caution**
Sect.	722.10	Durée des poursuites contre la caution
Chap.	723	**Hauteur de la poursuite de la caution**
Sect.	723.10	Principe du respect de la règle de l'accessoire
Sect.	723.20	Renforcement de la règle de l'accessoire par la théorie de la représentation mutuelle des coobligés
Sect.	723.30	Hauteur de la poursuite de la caution – Mise à l'écart de la règle de l'accessoire en fonction des procédures
Chap.	724	**Le fait du créancier, source de décharg de la caution par application de l'article 2314 du code civil**
Sect.	724.10	Le fait du créancier, source de décharge de la caution par application de l'article 2314 du code civil
Chap.	725	**Le fait du créancier ou d'un tiers, source d'engagement de la responsabilité civile du créan**
Sect.	725.10	Le fait du créancier ou d'un tiers, sou d'engagement de la responsabilité c du créancier
Chap.	726	**Les recours de la caution**
Sect.	726.10	Les recours de la caution

720.01 **Textes applicables.** (V. les références clètes s[s] nº 011).

C. civ., art. 2290 (anc[t] C. civ., art. 2013), 2313 (anc[t] C. civ., art. 2036) et 2314 (anc[t] C. civ., art. 2037)

> Législation antérieure à la loi de sauvegarde des entreprises.

C. com., art. L. 621-48, L. 621-53, L. 621-65, al. 2

D. nº 85-1388, 27 déc. 1985, art. 70-1

> Législation issue de la loi de sauvegarde des entreprises.

C. com., art. L. 622-28, L. 622-33, L. 626-11, L. 631-14, L. 631-20, L. 641-3, al. 1

C. com., art. R. 622-26, al. 1 et 2 (anc[t] D. 28 déc. 2005, art. 101, al. 1 et 2), R. 631-27 (anc[t] D. 28 déc. 2005, art. 195), R. 641-26, al. 1 et 2 (anc[t] D. 28 déc. 2005, art. 237, al. 1 et 2)

> Législation issue de l'ordonnance du 18 décembre 2008.

C. com., art. L. 622-28, L. 622-33, L. 626-11, L. 631-14, al. 6, L. 631-20, L. 641-3, al. 1

C. com., art. R. 622-26, al. 1 et 2, R. 631-27, R. 641-26, al. 1 et 2

720.02 **Jurisprudence de référence.**

> L'assignation de la caution est possible en période d'observation pour valider des mesures conservatoires contre les cautions.

• **Com. 24 mai 2005,** n°s 00-19.721, 03-21.043, *Bull. civ.* IV, n°s 116, 117, 2 esp.

* V. s[s] nº 721.26

« En application du deuxième de ces textes (art. 215 décret du 31 juillet 1992), si ce n'est dans le cas où elle a été pratiquée avec un titre exécutoire, le créancier qui a été autorisé à pratiquer une mesure conservatoire contre une caution personnelle personne physique doit, dans le mois qui suit l'exécution de la mesure, à peine de caducité, introduire une procédure ou accomplir les formalités nécessaires à l'obtention d'un titre exécutoire, même si le débiteur principal a fait l'objet d'un redressement judiciaire; que dans ce cas l'instance engagée est suspendue jusqu'au jugement arrêtant le plan de redressement ou prononçant la liquidation judiciaire du débiteur principal. »

> **L'exécution forcée du titre obtenu par le créancier contre la caution ne peut être mis en œuvre tant que le plan de sauvegarde est respecté.**

• **Com. 2 juin 2015,** n° 14-10.673, *Bull. civ.* IV [à paraître]; n° 548 FS-P+B

* V. s^s n° 721.33

> **La clôture de la procédure pour insuffisance d'actif n'interdit pas la poursuite contre la caution.**

• **Com. 8 juin 1993,** n° 91-13.295, *Bull. civ.* IV, n° 230

* V. s^s n° 722.11

« Mais attendu que si, en application de l'article 169 de la loi du 25 janvier 1985 [devenu C. com., art. L. 622-32], les créanciers ne recouvrent pas l'exercice individuel de leur action contre le débiteur dont la liquidation judiciaire a fait l'objet d'une clôture pour insuffisance d'actif, ils conservent, la dette n'étant pas éteinte, le droit de poursuite à l'encontre de la caution du débiteur; qu'il en est ainsi quoique le droit, subsistant, de la caution à subrogation, ne puisse s'exercer, sauf dans les cas prévus aux articles 169 alinéa 2 et 170 de la loi du 25 janvier 1985 [devenus C. com., art. L. 622-32, al. 2, et L. 622-34]. »

> **En cas de cession judiciaire des contrats, la caution reste tenue des obligations nées du chef du débiteur avant la cession.**

• **Com. 21 nov. 1995,** n° 93-20.387, *Bull. civ.* IV, n° 267

* V. s^s n° 722.13

« Mais attendu, lorsqu'un contrat de crédit-bail, dont l'exécution est garantie par une caution, est cédé par application de l'article 86 de la loi du 25 janvier 1985 [devenu C. com., art. L. 621-88], que si la caution reste garante des loyers échus antérieurement à la cession, nés du chef du débiteur cédé, elle ne garantit pas les loyers postérieurs dus par le cessionnaire, dont elle n'a pas garanti les obligations, à moins que, par un nouvel engagement, elle ait donné sa garantie au cessionnaire pour le paiement de ces loyers. »

> **En cas de jeu de la règle du transfert de la charge de la sûreté, la caution du débiteur reste tenue de l'intégralité des dettes nées du prêt.**

• **Com. 13 avr. 1999,** n° 97-11.383, *Bull. civ.* IV, n° 87

* V. s^s n° 722.14

« Vu les articles 37, 50, 64 et 93 de la loi n° 85-98 du 25 janvier 1985 [devenus C. com., art. L. 621-28, L. 621-43, L. 621-65 et L. 621-96] – Attendu [...] que, bien que le cessionnaire soit tenu, en application du dernier des textes susvisés, de payer les échéances de remboursement du prêt postérieures à la cession du matériel nanti, la caution solidaire des engagements de l'emprunteur demeure tenue, dans les mêmes conditions que celui-ci, de rembourser, sous déduction des sommes versées par le cessionnaire, l'intégralité de l'emprunt dont les échéances constituent des créances nées avant l'ouverture de la procédure collective. »

> **L'extinction de la créance principale pour défaut de déclaration au passif entraîne par voie accessoire extinction du cautionnement (solution loi du 25 janvier 1985).**

• **Com. 17 juill. 1990,** n°s 89-13.439, 89-13.138, *Bull. civ.* IV, n°s 214, 215, 2 esp.

* V. s^s n° 723.12

« Mais attendu que l'extinction de la créance en application de l'article 53 alinéa 3 de la loi du 25 janvier 1985 [devenu C. com., art. L. 621-46, al. 4] est une exception inhérente à la dette, et que, conformément à l'article 2036 alinéa 1er du code civil, la caution peut l'opposer au créancier. »

> **La caution peut exercer son recours subrogatoire contre le débiteur principal, même après clôture de la liquidation judiciaire pour insuffisance d'actif.**

• **Com. 12 mai 2009,** n° 08-13.430, *Bull. civ.* IV, n° 67

* V. s^s n° 726.14

« La caution qui a payé aux lieu et place du débiteur peut poursuivre celui-ci soit en exerçant un recours subrogatoire sous réserve que le créancier ait déclaré sa créance soit en exerçant un recours personnel dès lors qu'elle a elle-même déclaré sa créance. »

720.03 **Bibliographie indicative.** (V. les références complètes s^s n° 031).

> **Actualisables.** RÉP. COM., Derruppé J., « Entreprises en difficulté – Redressement judiciaire (Phase de traitement – Les créanciers) », n°s 601 à 616 – J.-CL. COM., Amlon G., fasc. 2382, [Créanciers antérieurs titulaires de sûretés personnelles – Cautionnement, garanties autonomes, lettres d'intention], 2007; Féviliyé-Dawey, fasc. 3240, [Garanties financières professionnelles] – LAMY SÛRETÉS, Delebecque Ph., [Sûretés personnelles et procédures collectives], étude 170.

> **Ouvrages antérieurs à la loi de sauvegarde des entreprises.** Cabrillac S., *Les garanties professionnelles*, « Bibl. dr. entr. », Montpellier, 2000 – CHAPUT, n° 586 – Durbesson M., *Les sûretés personnelles dans la nouvelle procédure collective*, thèse, Aix-en-Provence, 1990 – Grimaud D., *Le caractère accessoire du cautionnement*, PUAM, 2001 – GUYON, n°s 1356, 1357 – JACQUEMONT, n°s 376 à 378, 392, 480, 481, 483 – KERCKHOVE, n°s 537, 705 à 718, 902, 903 – LE CANNU, n° 913-1 – LE CANNU *ET ALII*, n°s 1343 à 1357 – LE CORRE-BROLY, n°s 365 à 371 – MARTIN ET VALLENS, n°s 3136, 3309, 3571 à 3597 – PÉROCHON ET BONHOMME, n° 185-5 – RIPERT ET ROBLOT, n°s 3015-1, 3025-1 – SOINNE, n°s 2010 à 2079, 2081 à 2083, 2085 à 2116 – VALLANSAN, p. 139, 140, 144 à 146, 165, 166.

> **Ouvrages postérieurs à la loi de sauvegarde des entreprises.** JACQUEMONT ET VABRES, 9e éd., n°s 482 à 486, 506, 507, 578 à 581, 823 à 825 – LE CANNU, 7e éd., n°s 383, 386, 399, 407, 481, 482, 508, 995, 1146, 1226 – LIENHARD, 6e éd., n°s 78.37 à 78.40, 83.22 à 83.24, 116.22 – PÉROCHON, 10e éd., 540 à 644, 650, 1005, 1121, 1142 à 1144, 1369, 1377, 1570 à 1577 – PÉTEL, 8e éd., n°s 188, 282 – ROUSSEL GALLE, 2e éd., n°s 280 à 284, 514, 515, 542, 619 à 621, 780 – SAINT-ALARY-HOUIN, 9e éd., n°s 708 à 712, 736, 745, 780, 94, 1103, 1288 – VALLANSAN *ET ALII*, 6e éd., p. 159, 160, 15, 166, 251 à 253, 317, 433, 446 et 447 – VALLENS, 2015, n[illegible] 3594, 3598, 3932 à 3972, 4508, 4514 – VIDAL ET GIORGI 1re éd., n°s 710 à 712 – VOINOT, 2011, n°s 402 à 404, 41[illegible] 440, 715, 830, 833.

> **A[illegible]cles.**

› *Ét[illegible] d'ensemble*. Berger C., « Le sort de la caution en cas de [illegible]sion de contrat dans le cadre d'une procédure colle[illegible]e », *D.* 2003. Chron. 1682 – Brocard E., « Les procédure[illegible]nsolvabilité et les contrats de sûretés personnelles », *LPA* [illegible]ov. 2006, n° 235, p. 7 – Campana M.-J., « Le cautionnement et l'entreprise en difficulté », *Gaz. Pal.* 1986. 2. Doctr. 717 – Crocq P., « L'ordonnance du 18 décembre 2008 et le droit des sûretés », *Rev. proc. coll.* 2009, dossier 10 – Degenhardt J.-E., « Sauvegarde accélérée en cessation des paiements : des faveurs injustifiées pour les garants personnes physiques ? », *BJE* 2015, 60 – Devèze J., « Le cautionnement des entreprises en difficulté – Brèves observations sur la loi du 10 juin 1994 », *LPA* 12 oct. 1994, nº 122, p. 10 – Gallet C.-H., « La situation de la caution dans les procédures collectives », *LPA* 18 avr. 1990, p. 11 – Houin-Bressand C., « Cautions, garants et coobligés », *Rev. proc. coll.* 2008. Dossier 9; « La caution en difficulté », *Mél. Tricot*, LexisNexis – Dalloz, 2011, p. 453 – Houtcieff D., « Contribution à une théorie du bénéfice de subrogation de la caution », *RTD civ.* 2006. 191 – Lacassagne E., « Les cautions à l'épreuve de la loi de sauvegarde : cautionnera bien qui préviendra le premier », *LPA* 17 févr. 2006, nº 35, p. 50 – Le Corre P.-M., « Le cautionnement réel à l'épreuve des procédures collectives », *JCP E* 2002, nº 886, p. 941; « Cautions, coobligés et garants dans les procédures collectives d'aujourd'hui et de demain », *Rev. proc. coll.* 2004, p. 181; « Coordination des règles du cautionnement avec le droit des entreprises en difficulté », *Rev. proc. coll.* 2013, dossier 26 – Legeais D., « La date de naissance de la créance de recours de la caution *solvens* », Interv. Colloque Cedag Paris V, 25 mars 2004, *LPA* 9 nov. 2004, nº 224, p. 57 à 60 – Lèguevaques Ch., « La loi de sauvegarde des entreprises et les cautions : au bonheur des cautions ? », *Rev. proc. coll.* 2005/4, p. 296 – Lentz P. et Verdenne P., « Le cautionnement et le nouveau droit du redressement judiciaire », *LPA* 24 oct. 1986, p. 20 – Liénard A., « Le cautionnement dans le cadre de la procédure de redressement et de liquidation judiciaires », *Rev. proc. coll.* 1988, p. 121 – Macorig-Vénier F., « Le périmètre des garanties », colloque de l'AJDE, Toulouse 10 sept. 2010, *Rev. proc. coll.* 2011. Dossier 6 – Martial-Braz N., « Les recours de la caution au cœur des la tempête », *D.* 2013. 935 – Neveu P. et Guéry D., « Caution, coobligé, garant et procédure de sauvegarde – Imbroglio et Aggiornamento », *Rev. proc. coll.* 2012. Étude 21 – Pérochon F., « Procédures collectives et cautionnement », *Dr. et patr.* juill./août 2008. 77 – Pétel Ph., « Le dirigeant garant », *Rev. proc. coll.* 2010. Dossier 7 –Porreca R., « Le recours au cautionnement en matière de procédures collectives », *Rev. proc. coll.* 2010. Dossier 15 – Prigent S., « Cautions, coobligés, garants autonomes et constituants d'une sûreté pour un débiteur ayant obtenu un accord de conciliation homologué, une sauvegarde ou un redressement judiciaire », *LPA* 9 janv. 2006, nº 6, p. 5 – Provensal A., « Procédure collective et sûretés personnelles – L'exécution contre les cautions, les coobligés et garants autonomes des débiteurs en procédure collective », *Gaz. Pal.* 11-12 juill. 2007, Doctr. 2 – Rajot B., « La difficile qualification de droits préférentiels », *RJ com.* 2003. 1 et 54 – Reille F., « Sûtés personnelles et droit des entreprises en difficulté », Rssel Galle (dir.), *Entreprises en difficulté*, « Droit 3° », LexisNexis, 2012, p. 331 – Rontchevsky N., « Les sûre per- *sonnelles à l'épreuve de la loi de* sauvegarde des entreses », *Banque et droit* 2006, nº 105, p. 17 – Salvat O., « Laation des garants », *Rev. proc. coll.* 2006/2, p. 147 – Soinr., « Le cautionnement et la loi du 25 janvier 1985 », *ALD*85. 99 – Storck M., « Cautionnement et procédures collectives », *LPA* 20 sept. 2000, nº 188, p. 33.

› *Caution solidaire.* Boullez C., « La caution solidaire et le redressement judiciaire du débiteur principal, incidence des remises prévues au plan de continuation de l'entreprise », *Gaz. Pal.* 9-11 janv. 1994 – Brignon B., « Sort des créances non déclarées et cautionnement solidaire », *Rev. proc. coll.* 2011. étude 25.

› *Imputation des paiements.* Borga N., « L'imputation des paiements dans le contexte d'une procédure collective », *BJE* mai 2012, Doctr. 47, p. 192.

› *Banquier.* Bouteiller P., « La faute du banquier et les moyens de défense de la caution poursuivie », *JCP E* 2008. Étude 1495.

› *Créance non déclarée.* Brena, « L'influence de l'inopposabilité des créances non déclarées sur le bénéfice de subrogation », *BJE* mars 2012, nº 43, p. 131 – Brignon B., « Sort des créances non déclarées et cautionnement solidaire », *Rev. proc. coll.* 2011. Étude 25 – Cordelier E., « À propos de l'article 2037 du code civil », *RTD com.* 2004. 667 Pellier J.-D., « Sous-cautionnement, défaut de déclaration de créance par la caution de premier rang et recours subrogatoire », *LPA* 14 nov. 2007, nº 228, p. 12 – Picod N., « Le sort de la caution en cas de défaut de déclaration de la créance au passif de l'entreprise en difficulté : retour sur l'avènement d'une jurisprudence annoncée », *RLDA* janv. 2012, nº 67, p. 71.

› *Intérêts.* Coudert J.-L., « La libération des intérêts dus par la caution et l'article 55 de la loi du 25 janvier 1985 », *Banque et droit* nov. 1993.

› *Liquidation.* Deneuville, « Les incidences de la clôture de la liquidation judiciaire par insuffisance d'actifs sur le cautionnement », *JCP* 1996. I. 3961 – Leblond N., « Précisions sur les recours de la caution après une liquidation judiciaire clôturée pour insuffisance d'actif, et peut-être un peu plus… », *Rev. proc. coll.* 2009. Étude 26, § 26.

› *Plan.* Le Corre P.-M., « La poursuite de la caution personne physique d'un débiteur ayant obtenu un plan de redressement », *Gaz. Pal.* 13 oct. 2012, nº 286, p. 7; « Cautionnement et transfert de la charge de la sûreté en plan de cession : questions-réponses », *Gaz. Pal.* 12 juill. 2013, nº 193, Technique, p. 33; « Les plans et les cautions », interv. colloque Caen 10 avril 2015, *Rev. proc. coll.* 2015, dossier 40, mai-juin 2013, p. 73.

› *Mesures conservatoires.* Le Corre P.-M., « Les mesures conservatoires et les garants du débiteur sous procédure collective », *in Mesures d'exécution et procédures collectives*, « Procédures », Bruylant, 2012, p. 113.

› *Remise de dettes.* Boullez C., « La caution solidaire et le redressement judiciaire du débiteur principal, incidence des remises prévues au plan de continuation de l'entreprise », *Gaz. Pal.* 9-11 janv. 1994 – Monsérié-Bon M.-H., « L'effacement des dettes dans le droit des entreprises en difficulté », *Dr. et patr.* sept. 2009, nº 184, p. 64 – Msié P., « Les remises de dettes consenties aux débiteurs en difficultés », *Rev. proc. coll.* 1998, p. 138 – Texier M., « Les effets sur le cautionnement de la remise de dette consentie au débiteur dans le cadre de procédures organisées », *RTD com.* 2008. 25.

720.04 **Questions essentielles.**

• Peut-on poursuivre une caution pendant la période d'observation ?

* V. s[s] n°s 721.21 s. et 721.31 s.

• La caution est-elle tenue en cas de cession judiciaire du contrat cautionné ?

* V. s[s] n° 722.13

• La caution reste-elle tenue en cas de transfert au repreneur de la charge de la sûreté au titre d'un prêt cautionné ?

* V. s[s] n°s 722.14 et 724.12.

• Quelle est l'incidence de l'admission au passif du débiteur sur la caution ?

* V. s[s] n°s 723.21, 723.22, 723.25

• La caution peut-elle être déchargée au motif que le créancier n'a pas sollicité l'attribution judiciaire de son gage ?

* V. s[s] n° 724.13.

720.09 **Généralités sur les cautions dans les procédures collectives de paiement.** Il n'est guère de procédures collectives de paiement sans caution. Dès lors que parmi les créanciers figure un établissement de crédit, il est statistiquement rare qu'il n'y ait pas une ou plusieurs cautions à poursuivre. Le plus souvent, les cautionnements recueillis sont solidaires. Nous considérons donc, contrairement à la vision des rédacteurs du code civil, qu'il s'agit du prototype sur lequel il sera raisonné, sauf à faire les observations qui s'imposent pour les cautions simples, le plus généralement données par des professionnels du cautionnement.

La procédure collective est, pour le créancier, un véritable parcours du combattant. Obtenir du débiteur ce qu'il lui doit est chose complexe. Intuitivement, on pourrait penser que la démarche du créancier sera encore plus hasardeuse s'il réclame de l'argent à une personne qui, à titre principal, ne doit rien. La caution n'est en effet qu'un débiteur accessoire.

Dans le contentieux classique, on assiste à un déploiement considérable de force pour faire payer ce débiteur accessoire, qui s'ingénie à soulever des arguments lui permettant soit de ne rien payer, soit de payer moins que ce qui lui est réclamé. Cette tendance générale existe évidemment aussi dans le droit des procédures collectives. Cependant, s'il n'est pas question de nier les difficultés du créancier dans la poursuite d'une caution, elles ne présentent pas nécessairement un degré d'acuité plus important si le débiteur a fait l'objet d'une procédure collective.

La loi de sauvegarde des entreprises a toutefois conduit à une complication du régime, dans la mesure où elle a utilisé le traitement réservé aux cautions pour inciter le chef d'entreprise, souvent caution, à se placer sous le régime de la sauvegarde, en lui assurant un traitement nettement plus enviable que s'il est déclaré en redressement judiciaire.

CHAPITRE

721. Moment de la poursuite de la caution par le créancier

SECTION 0

ORIENTEUR

721.00 **Plan du chapitre.**

Sect. 721.10 Moment de la poursuite de la caution par le créancier – Principes

Sect. 721.20 Interdiction des poursuites de certaines cautions pendant la période d'observation

Sect. 721.30 Prises de mesures conservatoires

721.01 **Textes applicables.**

* V. s[s] n° 720.01

721.03 **Bibliographie indicative.**

* V. s[s] n° 720.03

SECTION 721.10

MOMENT DE LA POURSUITE DE LA CAUTION PAR LE CRÉANCIER – PRINCIPES

721.11 **Absence d'arrêt des poursuites individuelles contre la caution.** L'une des règles essentielles du droit des procédures collectives de paiement, qui n'est pas propre à la législation de 1985[1], tient à l'interdiction pour les créanciers de poursuivre indi viduellement le débiteur. Cette règle dite de l'ar t des poursuites individuelles est le prolongem t naturel de l'interdiction de payer les créances a é- rieures. Le créancier n'ayant plus le droit d'être yé perd logiquement le droit d'obtenir des décisi de condamnation à payer une somme d'argent fort logiquement, le droit de porter à exécution le e de paiement qu'il aurait obtenu.

Les règles ci-dessus décrites, qui sont d onséquences de l'organisati n collective de la cédure collective de redresser ent, sont évidem t sans application à l'enco re de la caution ès lors qu'elle n'est pas elle-même placée sous procédure collective (v. s[s] n° 721.13).

Si la caution décède laissant comme héritier acceptant le débiteur, il s'opère une confusion des qualités, empêchant le créancier de réclamer à l'héritier les sommes dues par la caution. La règle de l'arrêt des poursuites individuelles y fait obstacle[3].

La caution a parfaitement le droit de payer, après jugement d'ouverture, une créance antérieure (v. s[s] n° 633.41). Il est parfaitement loisible à un créancier antérieur d'obtenir, après jugement d'ouverture, un titre de condamnation contre la caution[4]. *A fortiori*, le créancier peut-il procéder à des mesures conservatoires, par exemple prendre inscription d'une hypothèque judiciaire provisoire[5].

L'action en paiement entreprise contre la caution, avant jugement d'ouverture de la procédure du débiteur principal, pourra prospérer après ce même jugement. De la même façon, l'action en paiement pourra être entamée contre elle après jugement. L'interruption de l'instance engagée contre le débiteur, du fait de son jugement d'ouverture, n'emportera pas interruption de l'instance engagée contre la caution[6].

1. L. n° 85-98, 25 janv. 985, *JO* 26 janv., p. 1

2. Civ. 1re, 14 juin 2000, n° 98-10.577, *Bull. civ.* I, n° 182; *Defrénois* 2001. 368, obs. Théry – Paris, 8e ch. A, 20 mars 2003, RG n° 02/16600 – Paris, 15e ch. B, 15 nov. 2007, RG n° 06/01968.
3. Dijon, 1re ch., 1re sect., 20 janv. 2000, RG n° 95/00207, *Rev. proc. coll.* 2002, p. 91, n° 4, obs. Lebel.
4. Com. 27 mars 1990, n° 88-14.925, *Bull. civ.* IV, n° 97; *D.* 1990. 494, obs. Honorat; *Rev. proc. coll.* 1990, 393, obs. Delebecque – Com. 16 févr. 1993, n° 90-19.979, *Bull. civ.* IV, n° 58; *D.* 1993. Somm. 310, obs. L. Aynès – Com. 11 mai 1993, n° 90-19.932, *Bull. civ.* IV, n° 178 – Civ. 1re, 31 mars 1998, n° 96-16.637, *Bull. civ.* I, n° 135; *Rev. proc. coll.* 1999, 123, n° 2, obs. Macorig-Venier; *D. Affaires* 1998. 805; *D.* 1998. IR 119; *JCP E* 1998. Pan. 875.
5. Grenoble, ch. com., 26 mars 1997, *Rev. proc. coll.* 1998, 291, n° 10, obs. Macorig-Venier.
6. Com. 22 juin 1999, n° 97-11.772, *Bull. civ.* IV, n° 134; *Act. proc. coll.* 1999, n° 173; *RJDA* 1999/10, n° 1102, p. 884; *RTD com.* 1999. 984, obs. Vallens.

On ajoutera que la caution n'a pas qualité à exciper de l'impossibilité de poursuivre individuellement le débiteur principal, sur le fondement de la règle de l'arrêt des poursuites individuelles[1], pas plus que la caution ne peut reprocher au créancier de se désister de son action contre le débiteur en sauvegarde ou en redressement judiciaire, tout en continuant à la poursuivre[2], dès lors que le créancier remplace son action par une déclaration de créance au passif du débiteur principal.

721.12 Absence de décision statuant sur la créance principale déclarée au passif. Simple ou solidaire, la caution ne peut se réfugier derrière l'absence d'admission au passif pour refuser de payer les créanciers.

Selon une solution établie de longue date en jurisprudence, le créancier peut poursuivre et obtenir la condamnation de la caution devant le juge du cautionnement avant toute déclaration ou, si la déclaration a été faite avant toute admission[3]. La solution a été exactement réaffirmée[4].

Faute d'admission de la créance au passif, le créancier établira la réalité et le montant de sa créance devant le juge du cautionnement, selon les règles du doit commun[5] (v. s[s] n° 723.19).

La solution, qui semblait limpide, a cependant été obscurcie par un arrêt, qui nous apparaît inconciliable avec la position prise. Il a en effet été jugé, sous l'empire de la législation antérieure à la loi de sauvegarde des entreprises, que, pour pouvoir poursuivre la caution, le créancier devait avoir déclaré sa créance au passif, avant clôture de la procédure, alors même que le créancier bénéficie du mécanisme de l'inopposabilité de la forclusion, le fait qu'il n'ait pas été averti d'avoir à déclarer sa créance et que le délai de déclaration de créance n'ait pas couru contre lui n'étant pas de nature à modifier cette exigence de déclaration de la créance en préalable à la poursuite de la caution[6]. La solution est surprenante, dès lors qu'il peut être observé que le créancier ne pouvait ici encourir d'extinction de sa créance pour défaut de déclaration, le délai de déclaration n'ayant jamais commencé à courir contre lui. Cet arrêt, auquel il a été donné la plus large diffusion par la Cour de cassation, apparaît toutefois isolé dans la construction générale et le principe doit demeurer celui de la possibilité de poursuivre la caution avant toute déclaration au passif.

La solution adoptée par la Cour de cassation dans l'arrêt précité du 30 janvier 2007, est-elle reconductible sous l'empire de la loi de sauvegarde des entreprises ? Certains l'ont pensé en énonçant que la solution posée semble correspondre à une anticipation sur l'application de la loi de sauvegarde des entreprises, qui a supprimé l'extinction des créances non déclarées. La déclaration de la créance en préalable à la poursuite de la caution s'imposerait ainsi encore, en pareil cas de figure, sous l'empire de la loi de sauvegarde des entreprises. Les opinions divergent toutefois sur la question[7].

Cette solution, posée sous l'empire de la législation antérieure à la loi de sauvegarde, ne nous semble pas reconductible du fait de la suppression de l'extinction des créances non déclarées[8]. Or seule pouvait, à notre sens, fournir un début de justification à la solution, le fait que, sous l'empire de la législation antérieure à la loi de sauvegarde des entreprises, les créances non déclarées étaient éteintes.

Même si le créancier peut poursuivre la caution avant admission de la créance, la contestation de la créance par le débiteur pourra justifier un sursis à statuer[9], dans l'intérêt de l'administration d'une bonne justice, afin d'éviter que la juridiction saisie ne rende une décision inconciliable avec la décision ultérieure du juge-commissaire, relativement à l'admission de la créance. Mais, même en ce cas, le juge du cautionnement pourra préférer statuer directement sur les exceptions inhérentes à la dette, que la caution, même solidaire, pourra soulever tant que la créance ne sera pas admise au passif du débiteur principal[10]. *A fortiori*, cette solution s'imposera

1. Com. 11 mai 1993, n° 91-12.232, *Bull. civ.* IV, n° 180.
2. Com. 22 juin 1999, n° 97-11.772, *Bull. civ.* IV, n° 134; *LPA* 22 juill. 1999, n° 145, p. 6, note P. M.
3. Com. 18 janv. 2000, n° 96-16.833, *Bull. civ.* IV, n° 12; *D. 2000. AJ 97, obs. Lienhard; Rev. proc. coll. 2000, 133,* n° 3, obs. Kerckhove – Com. 11 déc. 2001, n° 97-21.132, NP, *Act. proc. coll.* 2002, n° 61.
4. Com. 16 sept. 2008, n° 07-16.499, NP; n° 866 F-D; *Gaz. proc. coll.* 2008/4, p. 57, note Le Corre; *RTD com.* 2009. 209, n° 5, obs. Martin-Serf.
5. Com. 18 janv. 2000, n° 96-16.833, *Bull. civ.* IV, n° 12; *D.* 2000. AJ 97, obs. Lienhard; *Rev. proc. coll.* 2000, 133, n° 3, obs. Kerckhove – Com. 11 déc. 2001, n° 97-21.132, NP, *Act. proc. coll.* 2002, n° 61.
6. Com. 30 janv. 2007, n° 05-13.751, *Bull. civ.* IV, n° 15; *D.* 2007. AJ 508, obs. Lienhard; *D.* 2008. Pan. 578, obs. Le Corre; *Gaz. proc. coll.* 2007/2, p. 54, note Le Corre; *Act. proc. coll.* 2007, n° 47, note Salvat; *JCP E* 2007. Chron. 1450, n° 10, obs. crit. M. Cabrillac; *RTD civ.* 2007. 597, n° 2, obs. Crocq; *RTD com.* 2007. 449, n° 4, obs. Martin-Serf; *RJ com.* 2007. 228, note Sortais; *LXB hebdo* n° 249, n° N0608BAR, note Le Corre-Broly.
7. EN CE SENS : Lienhard, note s[s] Com. 30 janv. 2007, n° 05-13.751, *D.* 2007. AJ 508; M. Cabillac, *JCP E* 2007. 1450, p. 22, n° 10; Crocq, *RTD civ.* 2007. 597, n° 2 – EN SENS CONTRAIRE : Salvat, *Act. proc. coll.* 2007, n° 47.
8. EN CE SENS AUSSI : Sortais, obs. s[s] Com. 30 janv. 2007, n° 05-13.751, *RJ com.* 2007. 228, sp. 231; Martin-Serf, *RTD com.* 2007. 449, n° 4.
9. Com. 19 janv. 1993, n° 91-11.416, *Bull. civ.* IV, n° 15; *D.* 1993. Somm. 309, obs. L. Aynès.
10. Com. 18 janv. 2000, n° 96-20.798 *Bull. civ.* IV, n° 11; *Act. proc. coll.* 2000, n° 28; *D.* 2000 AJ 97, obs. Lienhard; *D.* 2001. Somm. 695, obs. L. Aynès; *JCP E* 2000. Chron. 754, n°s 5-a-15, obs. M. Cabrillac; *Rev. proc. coll.* 2000, 133, n° 3, obs. Kerckhove.

si aucune contestation n'a été élevée sur la créance déclarée, dans le cadre de la procédure collective[1].

La décision du juge du cautionnement ayant « annulé » les prêts cautionnés ne s'impose pas au juge-commissaire qui n'est nullement tenu de surseoir à statuer dans l'attente de la décision de la cour d'appel saisie d'un recours à l'encontre de la décision du juge du cautionnement[2]. La décision sur l'accessoire – le cautionnement – ne peut influer sur le principal – la dette principale.

721.13 Caution sous sauvegarde, en redressement ou en liquidation judiciaire. La mise à l'écart de la règle de l'arrêt ou de la suspension des poursuites individuelles, en ce qui concerne la poursuite de la caution, est évidemment sans application si la caution est elle-même sous procédure de sauvegarde, en redressement ou en liquidation judiciaire. En cette hypothèse, toutes les contraintes inhérentes à l'existence de la procédure collective s'imposeront au créancier. Spécialement, ce dernier sera tenu de déclarer sa créance au passif de la caution, que celle-ci soit personnelle[3] ou réelle[4], l'expression de « cautionnement réel » étant toutefois bannie depuis l'arrêt de la chambre mixte de la Cour de cassation du 2 décembre 2005[5].

La déclaration de créance au passif de la caution s'imposera même si le débiteur principal est *in bonis*, et même s'il n'est pas en retard de paiement. Le créancier déclarera au passif de la caution une créance éventuelle de cautionnement, qui seule lui permettra d'obtenir paiement, de la part de la caution, si par la suite, le débiteur principal est défaillant (v. s[s] n° 442.17).

L'assignation d'une caution en procédure collective est impossible, dès lors que le cautionnement, fait générateur de la créance, est antérieur au jugement d'ouverture. Le jugement obtenu contre elle est non avenu en application de la règle de l'arrêt des poursuites individuelles. Il s'en déduit que la décision de justice obtenue ne peut constituer le titre exécutoire sur le fondement duquel le créancier aurait pu pratiquer une saisie contre la caution[6].

721.14 Incidence du bénéfice de discussion sur le moment de la poursuite de la caution simple. Cautions solidaires et cautions simples sont-elles sur le même plan au regard du moment de la poursuite ?

La caution solidaire a renoncé au bénéfice de division. Elle ne peut donc demander au créancier d'obtenir d'abord son paiement du débiteur principal.

La caution simple dispose en revanche, du bénéfice de discussion. Si la règle de l'arrêt des poursuites individuelles ne lui profite pas[7], peut-elle opposer le bénéfice de discussion pour voir différer le moment où elle sera poursuivie par le créancier du débiteur sous procédure collective ?

Il est d'abord évident que si le créancier démontre l'insolvabilité du débiteur et son impossibilité d'obtenir des fonds dans la procédure collective, la poursuite de la caution simple est possible[8]. Mais peut-on aller plus loin et considérer que l'ouverture de la procédure collective du débiteur principal tient en échec le bénéfice de discussion de la caution simple ? Une réponse affirmative doit être apportée. En effet, l'article 2298 du code civil (anc[t] C. civ., art. 2021[9]) ne peut être invoqué que si le débiteur principal peut être préalablement discuté sur ses biens. Or, du fait la règle de l'arrêt des poursuites individuelles, le créancier ne peut plus poursuivre le débiteur principal. Il en résulte que la caution simple ne peut, en présence d'un débiteur sous procédure collective, soulever le bénéfice de discussion[10].

721.15 Impossibilité de poursuivre la caution pour le tout en présence d'un débiteur continuant à bénéficier de son terme – Cautionnement d'un compte courant. La problématique est ici de savoir s'il est possible de poursuivre la caution pour le tout, alors que le débiteur continue à bénéficier de son terme. Le redressement judiciaire ou l'ouverture d'une procédure de sauvegarde n'entraînent pas déchéance du terme du débiteur principal (v. s[s] n° 642.11). Dès lors, la seule ouverture de la procédure de sauvegarde ou de redressement judiciaire reste sans effet sur la situation contractuelle du débiteur. Toute clause contraire est réputée non écrite par le code de commerce. Il a été jugé que le

1. Com. 11 févr. 2004, n° 02-16.475, NP, *JCP E* 2004. Chron. 783, n° 10, obs. Pétel.
2. Com. 11 févr. 2004, n° 01-01.602, *Bull. civ.* IV, n° 29.
3. Civ. 1re, 22 janv. 2002, n° 98-21.614, *Bull. civ.* I, n° 22; *RJDA* 2002/5, n° 521.
4. Com. 27 oct. 1998, n° 96-14.037, *Bull. civ.* IV, n° 260; *D. Affaires* 1998. 1958, obs. Avéna-Robardet; *D.* 1999. Somm. 187, obs. Honorat; *RTD com.* 1999. 52, obs. Crocq; *Defrénois* 1999. 280, 36944, note Piedelièvre; *JCP E* 1998. Chron. 2066, n° 3-b-10, obs. M. Cabrillac; *LPA* 15 mars 1999, n° 52, p. 13, note Derrida – Civ. 1re, 22 janv. 2002, n° 98-21.614, *Bull. civ.* I, n° 22; *JCP E* 2002. Pan. 392; *Act. proc. coll.* 2002, n° 83 – Paris, 3e ch. C, 6 juill. 2001, RG n° 00/19132, *D.* 2001. AJ 2832.
5. *Cass., ch. mixte, 2 déc. 2005, n° 03-18.210, Bull. ch. mixte, n° 7; D.* 2006. 729, avis. Sainte-Rose, note L. Aynès; *JCP* 2006. II. 10183, note Simler; *LPA* 2006, n° 16, p. 7, note Houtcieff.
6. Nîmes, 7 déc. 2004, RG n° 03/04030, *LPA* 4 avr. 2005, n° 66, p. 14, note Derrida.
7. Com. 27 mars 1990, n° 88-11.371, NP, *JCP* 1990. IV. 204.
8. Com. 4 oct. 2005, n° 03-20.829, NP.
9. TRANSFÉRÉ par Ord. n° 2006-346, 23 mars 2006, JO 24 mars, p. 4475.
10. J.-CL. COM., Amlon, fasc. 2382, [Créanciers antérieurs titulaires de sûretés personnelles – Cautionnement, garanties autonomes, lettres d'intention], 2007, n° 13.

caractère non écrit de la clause prévoyant une déchéance du terme en cas de redressement judiciaire du débiteur principal pouvait être invoqué par le créancier, qui l'avait pourtant insérée dans son contrat de prêt, parce qu'il ne pouvait renoncer à invoquer son invalidation, du fait caractère d'ordre public de la règle. La solution a permis à ce créancier de ne pas encourir la prescription de son action contre la caution, faute d'avoir pu la poursuivre avant l'exigibilité de la créance principale [1].

Dire que l'ouverture de la procédure de sauvegarde ou de redressement judiciaire reste sans effet sur la situation contractuelle du débiteur signifie d'abord que la déchéance du terme, ayant joué avant jugement d'ouverture au profit du créancier, lui reste acquise, dès lors du moins qu'il s'en prévaut, puisqu'il s'agit, pour lui, d'une faculté. La déclaration de créance reflétera indiscutablement la volonté pour le créancier de se prévaloir ou non de la déchéance du terme. Il suffira qu'il déclare sa créance en « échu » pour considérer qu'il a indiscutablement voulu se prévaloir de la déchéance du terme à son profit.

Cela veut dire ensuite que l'absence de déchéance du terme avant jugement d'ouverture empêche son acquisition après jugement d'ouverture, par le seul fait de la procédure de sauvegarde ou de redressement judiciaire. En revanche, la déchéance du terme peut résulter du jeu de la convention prévoyant que le non-paiement d'une ou de plusieurs échéances la provoquerait. La survenance du jugement d'ouverture n'y change rien. La déchéance du terme peut donc jouer après jugement d'ouverture [2], ce qui autorisera alors la poursuite de la caution [3].

Inversement, le prononcé de la liquidation judiciaire, immédiate ou sur conversion ainsi que l'arrêté d'un plan de cession totale auront pour effet d'entraîner, à l'encontre du débiteur, déchéance du terme par application respectivement des articles L. 622-22 et L. 621-94 du code de commerce (anc[t] L. 25 janv. 1985, art. 160 et 91), sous l'empire de la législation antérieure à la loi de sauvegarde des entreprises. La loi du 26 juillet 2005 modifie quelque peu les solutions. En effet, si par principe, la liquidation judiciaire entraîne déchéance du terme, il en va différemment si un plan de cession est envisagé en phase liquidative. En ce cas, la déchéance du terme ne sera acquise qu'au jour du jugement statuant sur la cession ou mettant fin à la poursuite d'activité. Cette solution, qui résultait d'une interprétation des textes, est clairement posée depuis l'ordonnance du 18 décembre 2008 [4] (C. com., art. L. 643-1, al. 1).

Avant comme depuis la loi de sauvegarde des entreprises [5], l'infirmation du jugement prononçant la conversion en liquidation judiciaire du redressement judiciaire implique la remise des parties en leur état antérieur. Il en résulte que la déchéance du terme des créances non échues ne peut plus être opposée par le créancier à la caution, après l'infirmation du jugement de conversion, qui l'avait seul provoquée [6].

L'article 2290 du code civil interdit de traiter plus durement la caution que le débiteur principal. Cette règle, qui manifeste l'idée d'accessoire, reçoit en matière de terme une application particulière. L'absence de déchéance du terme à l'encontre du débiteur entraîne absence de déchéance du terme contre la caution [7]. Une illustration particulière de cette règle est trouvée en matière de continuation du compte-courant. Le solde débiteur existant au jour du redressement judiciaire ou de la procédure de sauvegarde oblige le créancier à une déclaration au passif. Cependant, ce solde n'est pas exigible contre le débiteur avant la clôture du compte. Il ne faut pas confondre en effet établissement d'un solde provisoire au jour du jugement d'ouverture de la procédure de sauvegarde ou de redressement judiciaire, permettant une déclaration de créance et exigibilité de ce même solde. Il ne peut donc en être demandé le paiement à la caution [8], alors même qu'en pratique un compte avec un nouvel intitulé existe, lequel n'est cependant que la continuation du compte initialement ouvert au nom du débi-

1. Com. 27 mars 2007, n° 06-12.012, NP; n° 540 F-D.
2. Com. 12 juin 2001, n° 98-11.947, NP, *RJDA* 2002/1, n° 69, p. 51.
3. Com. 12 juin 2001, n° 98-11.947, NP, préc.

4. Ord. n° 2008-1345, 18 déc. 2008, *JO* 19 déc., p. 19462.
5. L. n° 2005-845, 26 juill. 2005, *JO* 27 juill., p. 12187.
6. Com. 26 janv. 2010, n° 09-10.244, NP; n° 93 F-D.
7. Com. 14 nov. 1989, n° 88-12.411, *Bull. civ.* IV, n° 285; *RTD com.* 1990.494, n° 2, obs. Martin-Serf; *JCP E* 1990. II. 15832, n° 21, obs. M. Cabrillac; *Rev. proc. coll.* 1990, 394, obs. Delebecque; *RD banc. et bourse* 1990. 88, obs. Contamine-Raynaud et Calendini; *LPA* 9 mars 1990, 14, note Boutellier – Com. 2 mars 1993, n° 90-19.551, *Bull. civ.* IV, n° 79; *D.* 1993. Somm. 309, obs. L. Aynès; *JCP* 1993. I. 3680, n° 5, obs. Simler – Com. 3 janv. 1995, n° 90-19.832, *Bull. civ.* IV, n° 1; *RD banc. et bourse* 1995. 117, obs. Campana et Calendini; *RTD com.* 1995. 849, obs. Martin-Serf – Com. 16 avr. 1996, n° 94-14.250, *Bull. civ.* IV, n° 119 – Com. 26 janv. 2010, n° 09-10.244, NP; n° 93 F-D – Douai, 2e ch., 2e sect., 18 nov. 2008, RG n° 07/04718.
8. Com. 3 janv. 1995, n° 90-19.832, *Bull. civ.* IV, n° 1; *JCP E* 1995. I. 457, n° 16, obs. M. Cabrillac et Pétel; *JCP* 1995. I. 3851, n° 8, obs. Simler et Delebecque; Rev. proc. coll. 1995, 324, n° 3, obs. Kerckhove – Com. 2 mars 1999, n° 96-16.938, NP, *Act. proc. coll.* 1999, n° 103, obs. Regnaut-Moutier; *Rev. proc. coll.* 2000, 55, n° 3, obs. Kerckhove – Com. 11 juin 2003, n° 00-12.382, *Banque Populaire du Sud-Ouest/M. Lm*, NP – Com. 15 avr. 2008, n° 07-12.590, NP; n° 522 F-D – Com. 16 déc. 2008, n° 07-21.764, NP; n° 1360 FD; *Gaz. proc. coll.* 2009/2, 34, note Bonhomme; *LXB hbdo* 22 janv. 2009, n° 334, n° 9120EBE, note Le Corre-Brly.

teur[1] (v. aussi s[s] n° 434.11). En pratique, on évoque le « compte redressement judiciaire » ou encore le « compte RJ ».

Cependant, même si la caution reste tenue de couvrir le solde débiteur du compte à la clôture de celui-ci, qui interviendra généralement au jour de la conversion en liquidation judiciaire, cela signifie-t-il que la caution puisse se prévaloir des remises faites sur le compte RJ pour prétendre être dégagée du montant du solde débiteur du compte existant au jour du jugement d'ouverture ? (v. aussi s[s] n° 632.43). Même si, ainsi que l'analyse la Cour de cassation, le compte RJ n'est que la poursuite du même compte-courant, il n'en demeure pas moins que, de manière intangible, le solde débiteur du compte existant au jour du jugement d'ouverture, et déclaré au passif, est figé à la date du jugement d'ouverture. Il ne peut être affecté par des remises postérieures, du fait de la règle de l'interdiction du paiement des créances antérieures. Cela revient à dire que, dans ce compte-courant unique, il faut isoler deux arrêtés de compte : celui existant à la date de la clôture, mais aussi celui existant à la date du jugement d'ouverture. En effet, ainsi que cela a parfaitement été analysé, « l'arrêté du compte débiteur conduit... à une liquidation du différé, obéissant aux mêmes conditions et produisant les mêmes effets que celle qui suit une clôture, alors que le compte (la convention) "continué" enregistre les remises nouvelles »[2]. La caution est-elle, pour autant, tenue, dans la limite de son engagement, des deux soldes : celui résultant de la clôture et celui arrêté au jour du jugement d'ouverture ? Cette solution n'est pas admise par la Cour de cassation, qui considère que la caution n'est tenue que du solde dégagé à la date de la clôture du compte, laquelle ne résulte pas du jugement d'ouverture du redressement judiciaire ou de la sauvegarde[3]. Il a été suggéré d'inclure dans l'acte de cautionnement une clause aux termes de laquelle la caution s'engage, d'une part, à garantir le paiement du solde débiteur dû au jour de la clôture définitive, mais également le solde provisoire déclaré au passif dans l'hypothèse où le débiteur ferait l'objet d'une procédure collective et que le solde du compte « RJ » ou « sauvegarde » s'avérerait créditeur. La caution pourrait alors se voir réclamer par le banquier le paiement de toutes les sommes restant dues par le débiteur principal au titre du fonctionnement du compte, et pas uniquement le solde débiteur à la clôture définitive du compte[4].

La banque peut choisir de laisser hors du compte courant une créance, afin de conserver les sûretés réelles ou personnelles qui y sont attachées, pour en garantir le paiement. Cette créance sera alors déclarée à part[5]. Cette volonté de la banque peut se déduire de la création d'un compte dédié[6].

La clause de l'acte constatant l'obligation principale prévoyant une déchéance du terme du débiteur en cas de redressement judiciaire, qui est réputée non écrite à l'égard du débiteur, l'est également, par voie d'accessoire, à l'égard de la caution[7]. La solution est évidemment transposable à l'hypothèse de la procédure de sauvegarde.

L'équation est ainsi extrêmement claire : l'absence de déchéance du terme contre le débiteur emporte absence de déchéance du terme contre la caution[8].

721.16 Clause prévoyant une déchéance du terme contre la caution en cas de redressement judiciaire ou de sauvegarde du débiteur principal. La question s'est posée en jurisprudence de savoir si l'équation ci-dessus rapportée voulant que l'absence de déchéance du terme contre le débiteur emporte absence de déchéance du terme contre la caution, était supplétive ou devait être considérée comme incontournable. La pratique a en effet inséré des clauses dans l'acte de cautionnement prévoyant que le redressement judiciaire du débiteur principal entraînerait déchéance du terme contre la caution. La clause de déchéance du terme du débiteur, pour survenance de son redressement judiciaire, est réputée non écrite (v. s[s] n° 642.21). Dans le silence des textes de la faillite sur ce point, fallait-il identiquement décider que devait être réputée non écrite la clause de déchéance du terme contre la caution, en cas de survenance du redressement judiciaire du débiteur principal ? La réponse ne peut être trouvée dans le droit des procédures collectives, mais dans celui du cautionnement. La règle de l'accessoire est de la nature même du cautionnement. Décider que la déchéance du terme était encourue contre la caution, alors que le débiteur continuait à bénéficier de

1. Com. 11 juin 2003, n° 00-12.382, NP, *Act. proc. coll.* 2003, n° 199 ; *Rev. proc coll.* 2003, p. 240, n° 7, obs. Roussel Galle.
2. BONHOMME, *Instruments de crédit et de paiement*, 11e éd., *Lgdj, 2015, n° 499.*
3. Com. 16 déc. 2008, n° 07-21.764, NP ; n° 1360 F-D ; *Gaz. proc. coll.* 2009/2, p. 34, note Bonhomme ; *LXB hebdo* 22 janv. 2009, n° 334, n° A9120EBE, note Le Corre-Broly.
4. Le Corre-Broly, note s[s] Com. 16 déc. 2008, n° 07-21.764, *LXB hebdo* n° 334, 22 janv. 2009, n° A9120EBE.
5. Com. 23 avr. 2013, n° 11-26.047, NP, *BJE* sept. 2013, p. 287, note Bonhomme.
6. Com. 22 mai 2013, n° 12-18.855, NP, *BJE* sept. 2013, p. 287, note Bonhomme.
7. Com. 14 nov. 1989, n° 88-12.411, *Bull. civ.* IV, n° 285 ; *RTD com.* 1990. 494, n° 2, obs. Martin-Serf ; *JCP E* 1990. II. 15832, n° 21, obs. M. Cabrillac ; Rev. proc. coll. 1990, 394, obs. Delebecque ; *RD banc. et bourse* 1990. 88, obs. Contamine-Raynaud et Calendini ; *LPA* 9 mars 1990, 14, note Boutellier.
8. Com. 15 déc. 2009, n° 08-19.949, NP ; n° 1190 F-D.

son terme, contrariait par trop le caractère accessoire du cautionnement.

La doctrine était cependant divisée sur la question[1].

Fort logiquement, la jurisprudence a considéré que devaient être réputées non écrites, les clauses par lesquelles la caution encourt la déchéance du terme, par suite de survenance du redressement judiciaire du débiteur principal, lequel n'a pas encouru la déchéance du terme[2]. La solution est assurément transposable en cas d'ouverture d'une procédure de sauvegarde[3]. Sauf à transformer le cautionnement en une garantie autonome, la règle de l'accessoire ne pourrait être écartée que par une règle du droit des procédures collectives.

Rien n'interdit cependant de prévoir une clause de déchéance du terme contre la caution, au premier impayé du débiteur. Le redressement judiciaire ou la procédure de sauvegarde de ce dernier ne semble pas alors faire obstacle au jeu de la clause. Toutefois, la logique commanderait de décider que le premier impayé ne devrait pas résulter de l'ouverture de la procédure collective et de la règle de l'interdiction du paiement des créances antérieures.

721.17 Possibilité de poursuivre la caution avant le débiteur principal en cas de plan de continuation ou de redressement. La règle selon laquelle il est impossible de poursuivre la caution si le débiteur ne peut l'être est écartée par l'article L. 621-65, alinéa 2 du code de commerce (anc[t] **L. 25 janv. 1985**[4], art. 64, al. 2), qui énonce que les cautions solidaires et coobligés ne peuvent se prévaloir des dispositions du plan. En présence d'un plan de continuation, cela signifie que les délais de paiement accordés au débiteur par la juridiction lui sont strictement personnels. La caution solidaire ne peut, en conséquence, s'en prévaloir pour différer, à due concurrence, le moment où le créancier pourra lui demander paiement[5]. Le texte ne vise que les cautions solidaires. Il faut en conséquence décider, *a contrario*, que la caution simple pourra bénéficier des dispositions du plan[6], solution qui a été justifiée, à l'occasion des travaux préparatoires de la loi du 25 janvier 1985, par l'existence, au profit de ce type de caution, du bénéfice de discussion[7], mais qui doit plutôt l'être par référence à l'article 2290 du code civil (anc[t] C. civ., art. 2013) et à l'idée d'accessoire.

Cette différence de traitement n'a pas été jugée contraire à la Constitution, dans la mesure où le code civil lui-même prévoit que l'engagement de la caution solidaire est renforcé par rapport à celui de la caution simple. Or le principe d'égalité devant la loi n'impose pas d'uniformiser les régimes juridiques de la caution simple et de la caution solidaire[8].

Il n'y aura pas à distinguer selon que les délais du plan auront été acceptés par le créancier ou qu'ils lui auront été imposés par le tribunal. Participant de la nature judiciaire du plan, ils ne seront jamais considérés comme ayant été conventionnellement acceptés[9], ce qui aurait autorisé la caution solidaire à s'en prévaloir.

La caution solidaire doit payer selon l'échéancier initial. Si la dette résulte d'un contrat dont les obligations naissent instantanément, tel un prêt, la caution pourra être actionnée pour le tout si le débiteur avait encouru la déchéance du terme. Elle ne pourra se réfugier derrière les délais du plan accordés au débiteur. Si la dette n'est pas totalement exigible, il sera possible de poursuivre la caution selon l'échéancier initial. C'est ce qu'affirme la Cour de cassation lorsqu'elle énonce que « si la déchéance du terme non encourue par le débiteur principal ne peut être invoquée contre la caution, cette dernière qui ne peut se prévaloir des dispositions du plan, est tenue de la partie exigible de la dette cautionnée conformément au terme convenu de son engage-

1. POUR L'INVALIDATION d'une telle clause sur le fondement de l'accessoire : Soinne, « Le cautionnement et la loi du 25 janvier 1985 sur le redressement et la liquidation judiciaires », *ALD* 1985. 99, sp. 100 – RIPERT ET ROBLOT, n° 2968-1 – Simler, *Cautionnement et garantie autonome*, 2e éd., Litec, 1991, n° 446 – POUR LA VALIDITÉ : Campana, « Le cautionnement de l'entreprise en difficulté », *Gaz. Pal.* 1986. 2. Doctr. 217 – DERRIDA *ET ALII*, n° 541.
2. Com. 14 juin 1994, n° 92-13.101, NP, *Rev. proc. coll.* 1995, 322, n° 1, obs. Kerckhove – Civ. 1re, 24 janv. 1995, n° 92-21.436, *Bull. civ.* I, n° 51; *JCP* 1995. I. 3851, n° 6, obs. Simler et Delebecque; *JCP E* 1995. I. 457, n° 18, obs. M. Cabrillac et Pétel; *JCP E* 1996. II. 807, note Piedelièvre; *Defrénois* 1995. 417, 36040, n° 34, obs. L. Aynès; *RD banc. et bourse* 1995. 117, obs. Campana et Calendini; *Rev. proc. coll.* 1995, 321, n° 1, obs. Kerckhove – Com. 20 juin 1995, n° 93-13.523, *Bull. civ.* IV, n° 184; *RD banc. et bourse* 1995, obs. Campana et Calendini; *JCP E 1996*. II. 807, note Piedelièvre; *Rev. proc. coll.* 1995, 453, n° 1, obs. Kerckhove; *JCP E* 1995. I. 457, n° 18, obs. M. Cabrillac et Pétel; *JCP* 1995. I. 3851, n° 6, obs. Simler et Delebecque; *Defrénois* 1995. 417, 36040, n° 34, obs. L. Aynès – Com. 19 déc. 2000, n° 98-10.091, NP, *Act. proc. coll.* 2001, n° 49.
3. EN CE SENS AUSSI : PÉROCHON, 10e éd., n° 647.
4. L. n° 85-98, 25 janv. 1985, préc.
5. Com. 7 avr. 2004, n° 01-15.542, NP – Com. 7 juin 2005, n° 03-18.421, NP.
6. Com. 27 oct. 1998, n° 95-19.744, NP – Com. 23 nov. 2004, n° 03-17.235, *Bull. civ.* IV, n° 203.
7. Badinter, *JOAN CR* 9 avr. 1984, p. 1300.
8. Cons. const. 6 févr. 2015, n° 2014-447 QPC, *JO* 8 févr., p. 2325; *D.* 2015. 898, note Juillet; *JCP E* 2015. 1274, note Brignon; *RTD com.* 2015. 369, n° 3, obs. Martin-Serf; *BJE* mai 2015, 145, note Lisanti; *Bull. Joly sociétés* 2015, 206, note Mouial-Bassilana.
9. Com. 7 juin 2005, n° 03-18.421, NP, *Gaz. proc. coll.* 2005/3, p. 49, n° 1, obs. Le Corre.

ment »[1]. Il appartient aux juges du fond, avant d'entrer en voie de condamnation des cautions pour la totalité des sommes dues, de vérifier que la créance est bien intégralement exigible, le seul fait que la caution ne bénéfice pas des dispositions du plan de redressement étant insuffisant, ce qu'oublient parfois les juridictions du fond[2].

Il n'est pas rare, en pratique, de voir des « poursuites de contrat de prêt » pendant l'exécution du plan, alors pourtant que le contrat de prêt n'est pas au rang des contrats susceptibles de continuation. En ce cas, si le débiteur respecte l'échéancier contractuel, le créancier peut-il poursuivre la caution solidaire en paiement ? Une réponse affirmative n'est pas douteuse, mais la poursuite ne peut intervenir qu'à hauteur des échéances impayées avant l'adoption du plan, c'est-à-dire les impayés avant le jugement d'ouverture et ceux de la période d'observation. Il n'est pas ici question pour la caution de se prévaloir des délais du plan, mais de l'interdiction de poursuivre la caution si la dette du débiteur principal n'est pas exigible[3].

Les mêmes règles doivent, *mutatis mutandis*, être appliquées en présence d'un contrat dont les obligations naissent successivement. Ainsi, en raisonnant sur un contrat de location financière, si celui-ci est résilié au jour du jugement d'ouverture, la caution devra l'indemnité de résiliation immédiatement, cependant que le débiteur pourra ne s'en acquitter que selon les délais du plan.

Ces règles doivent cependant être coordonnées avec le terme propre existant au profit de la caution (v. s[s] n° 721.18). Si la caution bénéficie d'un terme propre, ce qui est le cas à défaut de disposition contraire de l'acte de cautionnement, elle pourra ne s'acquitter de la dette que selon l'échéancier, alors même que le débiteur aurait encouru la déchéance du terme. La même difficulté se présente lorsque le cautionnement a été donné en garantie d'un contrat dont les obligations naissent successivement. Si la caution bénéficie d'un terme propre, la résiliation du contrat ne lui sera pas, *ipso facto*, opposable. Elle pourra, en conséquence, se substituer au débiteur, dans l'exécution du contrat. Si la substitution intervient correctement, la caution évitera le jeu, à son encontre, de la résiliation du contrat. En revanche, si elle ne régularise pas l'intégralité de l'arriéré dû par le débiteur, la résiliation du contrat lui sera opposable. Elle sera alors tenue de payer, outre l'arriéré, l'indemnité de résiliation du contrat.

La loi de sauvegarde des entreprises maintient cette solution en cas d'arrêté d'un plan de redressement. En ce sens, l'article L. 631-20 du code dispose que « par dérogation aux dispositions de l'article L. 626-11, [...] les personnes ayant consenti un cautionnement [...] ne peuvent se prévaloir des dispositions du plan ». Il n'est pas distingué selon que ces cautions sont simples ou solidaires. Les cautions simples ne bénéficieront donc plus des délais du plan.

L'article L. 631-20 du code s'exprime négativement : il supprime le bénéfice des dispositions du plan de redressement pour des personnes qui ont, au contraire, vocation à bénéficier des dispositions du plan de sauvegarde. Il s'agit de personnes physiques cautions, codébiteurs et garants autonomes. Les dispositions du plan de sauvegarde ne bénéficient pas à ces mêmes personnes, si elles sont des personnes morales. Il n'y a donc aucune difficulté à considérer que ces garants personnes morales ne peuvent bénéficier des dispositions du plan de redressement. Faute pour les garants du débiteur de bénéficier des dispositions du plan de redressement, une juridiction ne peut subordonner la poursuite de la caution à la démonstration du non paiement des dividendes du plan de redressement[4].

L'ordonnance du 18 décembre 2008[5] maintient la solution, sous une formulation différente. Ne sont plus visées les codébiteurs, les cautions et les garants autonomes, mais, de façon plus générale, les personnes physiques codébitrices, les personnes physiques ayant consenti une sûreté personnelle, ce qui englobe, pour les dépasser largement, les cautions, ainsi que les personnes physiques ayant affecté ou cédé un bien garantie, ce qui permet d'englober la catégorie des personnes autrefois dénommées cautions réelles. Ainsi, aucun garant, personne physique ou morale, ne pourra bénéficier du plan de redressement.

La règle est très différente si le débiteur bénéficie d'un plan de sauvegarde, du moins pour les cautions personnes physiques (v. s[s] n° 721.19).

721.18 Débiteur ne bénéficiant plus de son terme et terme propre de la caution. Intuitivement, la règle de l'accessoire conduit à décider que si le débiteur a encouru la déchéance du terme, il en va de même pour la caution. La nature de sûreté réelle[6]

1. Com. 3 juill. 2007, n° 05-21.699, NP; n° 918 F-D; *Gaz. proc. coll.* 2007/4, p. 55, note Le Corre – Com. 15 déc. 2009, n° 08-19.949, NP; n° 1190 F-D.
2. AINSI : *Lyon, 1re ch. civ., sect. B, 9 sept. 2014, RG n° 13/06680, JurisData* 020506.
3. SUR UNE QUESTION de cette nature : Com. 24 mars 2009, n° 07-21.766, NP; n° 265 F-D.
4. Aix-en-Provence, 8e ch. C, 20 juin 2013, RG n° 12/01575, *Rev. proc. coll.* 2014, comm. 20, note Fraimout.
5. Ord. n° 2008-1345, 18 déc. 2008, préc.
6. Civ. 1re, 29 févr. 2000, n° 98-10.902, *Bull. civ.* I, n° 69; *JCP E* 2000. Chron. 1653, n° 1-a-1, obs. Simler et Delebecque.

justifie *a fortiori* la solution pour ce qui était autrefois appelé le cautionnement réel[1].

Cette déchéance du terme contre le débiteur pourra d'abord résulter du jeu des dispositions conventionnelles, c'est-à-dire le plus souvent l'existence d'un ou de plusieurs impayés non régularisés, suivis d'une mise en demeure restée infructueuse, visant la déchéance du terme.

La déchéance du terme contre le débiteur pourra également être la conséquence du prononcé de la liquidation judiciaire ou, avant la loi de sauvegarde des entreprises, de l'arrêté d'un plan de cession totale. Notons cependant que, depuis la loi de sauvegarde des entreprises, la déchéance du terme est différée, en liquidation judiciaire, si une poursuite d'activité est décidée en vue de l'adoption d'un plan de cession. En ce cas, la déchéance du terme ne sera acquise qu'au jour où il sera statué sur les propositions de cession de l'entreprise ou, à défaut, au jour de la fin de la poursuite provisoire d'activité.

Cependant, la règle de l'accessoire qui voudrait que la déchéance du terme encourue par le débiteur principal entraîne déchéance du terme contre la caution est, par principe, ici sans application, même si le contraire a été jugé[2]. En effet, avant d'être accessoire, le cautionnement est un contrat, obéissant à ses règles propres et conférant à la caution des droits propres. Il en est ainsi en matière de terme. La caution bénéficie d'un terme propre, qui l'autorise à régler, en lieu et place du débiteur, dans les conditions contractuelles initiales, en vue, lorsqu'elle s'est engagée[3]. L'existence de ce terme propre est donc, par principe, exclusive de la possibilité d'opposer à la caution la déchéance du terme encourue par le débiteur, pour lui faire encourir également la déchéance du terme. Cette règle est fréquemment rappelée par la jurisprudence[4], spécialement lorsque le débiteur est placé en liquidation judiciaire, ce qui, par principe, entraîne sa déchéance du terme[5]. Elle autorise la caution à ne payer que selon les stipulations contractuelles d'origine, sans que les aléas du terme du débiteur principal puissent lui être opposés.

Il n'en va cependant ainsi que sous deux réserves. D'une part, la possibilité pour la caution de se substituer au débiteur principal, dans les conditions contractuelles d'origine, suppose une exécution correcte de cette substitution. La caution peut en effet personnellement encourir la déchéance du terme, si elle laisse infructueuse une mise en demeure d'avoir à exécuter en lieu et place du débiteur principal, dès lors que cette dernière vise la déchéance du terme contre la caution.

D'autre part, le terme propre de la caution est une règle purement supplétive. Elle bénéficie à la caution dans le silence du contrat de cautionnement sur ce point. Elle peut valablement être écartée par une stipulation expresse en ce sens[6], sans qu'il soit nécessaire qu'elle figure dans la mention manuscrite apposée par la caution[7]. Il s'agit, dans les cautionnements bancaires, d'une clause devenue de style, dénommée « clause de renonciation au bénéfice d'un terme propre ». En pareille hypothèse, la caution ayant renoncé à se prévaloir de son terme propre suivra le terme du débiteur principal. Si ce dernier encourt la déchéance du terme, conventionnellement ou par l'effet de la liquidation judiciaire[8] ou, sous l'empire de la loi du 25 janvier 1985[9], d'un plan de cession totale, la caution, par voie accessoire, l'encourra également. Mais encore faut-il, pour que cette déchéance du terme puisse jouer, que le créancier allègue l'existence de cette clause de renonciation au bénéfice d'un terme propre[10]. Cette clause peut aussi être contenue dans le cadre d'une hypothèque constituée par un tiers, autrefois appelée cautionnement hypothécaire[11].

721.19 Impossibilité de principe poursuivre la caution avant le débiteur en plan de sauvegarde. La loi du 25 janvier 1985[12] a écarté la règle de l'acces-

1. Civ. 1re, 4 mai 1999, nº 97-15.378, *Bull. civ.* I, nº 144; *D. Affaires* 1999. 899, obs. Lienhard; *JCP E* 1999. Chron. 1583, nº 5, obs. Delebecque; *RTD civ.* 1999. 880, obs. Crocq; *Banque et droit* juill.-août 1999. 37, obs. Jacob; *JCP* 1999. I. 156, nº 5, obs. Simler; *Rev. proc. coll.* 2000, 55, nº 2, obs. Kerckhove; *LPA* 10 avr. 2000, nº 71, p. 5, note Tacchini-Laforest.
2. Dijon, 18 oct. 1994, *Rev. proc. coll.* 1995, 453, nº 1, obs. Kerkhove.
3. Cabrillac M. et S., Mouly, Pétel, *Droit des sûretés*, 9e éd., LexisNexis, 2010, nº 245.
4. AINSI : Com. 8 mars 1994, nº 92-11.854, *Bull. civ.* IV, nº 96; *RD banc. et bourse* 1994. 186, obs. Campana et Calendini; *D.* 1994. 557, note Bazin; *JCP* 1994. I. 3781, obs. Billiau – Com. 17 déc. 1996, nº 94-10.741, NP, *RD banc. et bourse* 1997, nº 60, obs. Contamine-Raynaud – Civ. 1re, 13 oct. 1999, nº 97-17.434, NP, *Rev. proc. coll.* 2000, 55, nº 2, obs. Kerckhove – Com. 26 oct. 1999, nº 96-14.123, *Bull. civ.* IV, nº 183 et Com. 7 déc. 1999, nº 97-13.365, NP, *Act. proc. coll.* 1999, nº 242; *Rev. proc. coll.* 2000, 132, nº 2, obs. Kerckhove – Com. 13 mai 2003, nº 00-15.540, NP, *Act. proc. coll.* 2003, nº 175 – Com. 3 juill. 2003, nº 99-21.646, NP – Com. 15 mars 2005, º 03-11.689, NP.
5. om. 4 nov. 2014, nº 12-35.357, NP; nº 936 F-D; *BJE* 015, 34, note Brena; *Gaz. Pal.* 2014, Jur. 3844, note mont-Lefrand; *LXB hebdo* 20 nov. 2014, nº 402, note Corre.
6. Ci 1re, 30 oct. 1984, nº 82-14.062, *Bull. civ.* I, nº 290 – Com. 11 juill. 1988, nº 86-11.689, *Bull. civ.* IV, nº 236; *az. Pal.* 1989. I. 375, note Bey.
7. om. 13 mai 2003, nº 00-15.642, NP.
8. m. 13 mai 2003, nº 00-15.642, NP.
9. nº 85-98, 25 janv. 1985, préc.
10. m. 4 nov. 2014, nº 12-35.357, préc.
11. 1re, 19 déc. 2006, nº 04-14.487, *Bull. civ.* I, nº 256.
12. º 85-98, 25 janv. 1985, préc.

soire, en matière de cautionnement, en privant la caution solidaire de la possibilité de bénéficier des délais du plan de continuation, ces faveurs auraient-elles été « librement » consenties par le créancier, dans le cadre de la consultation préparatoire à l'arrêté du plan de continuation.

La règle est maintenue par la loi du 26 juillet 2005[1] pour le plan de redressement (v. s[s] n° 721.17).

En revanche, si le débiteur a obtenu un plan de sauvegarde, la règle est très différente. L'absence d'alignement du redressement judiciaire sur la sauvegarde a pour but de créer une incitation financière du dirigeant garant à saisir le tribunal aux fins de se placer sous le régime de la sauvegarde[2]. Observons que cette faveur bénéficie aux garants dans la sauvegarde accélérée, alors même qu'il y aurait cessation des paiements, ce qui peut être discuté[3].

> Sous l'empire de la loi du 26 juillet 2005, dans sa rédaction d'origine, et la solution a été conservée pour les législations subséquentes, les cautions personnes physiques pourront se prévaloir des délais inclus dans le plan de sauvegarde. Une seule restriction est posée par l'article L. 626-11 alinéa 2 pour les cautions personnes morales, qui ne bénéficieront pas des délais du plan de sauvegarde. Le texte mérite assurément une interprétation stricte. Bien qu'il modifie la règle posée antérieurement en cas d'arrêté d'un plan de continuation, la mise à l'écart du texte conduit à en revenir au principe : la règle de l'accessoire. Le texte doit donc être interprété *a contrario*.

Les personnes pouvant bénéficier des dispositions du plan de sauvegarde, en l'occurrence des délais, doivent être cautions personnes physiques. Il n'est pas distingué selon que l'on est en présence de cautions solidaires ou de cautions simples. En conséquence, les cautions simples, en conformité avec la solution adoptée en plan de continuation, sous l'empire de la législation antérieure à la loi du 26 juillet 2005, pourront bénéficier des délais consentis au débiteur.

Le texte adopté à l'Assemblée nationale ne permettait pas aux cautions réelles de bénéficier des délais du plan de continuation. À la suite d'un amendement présenté par la Commission des lois du Sénat, le bénéfice des dispositions du plan a été étendu aux cautions réelles, dès lors qu'elles sont des personnes physiques[4]. C'est ainsi qu'il faut comprendre la rédaction de l'article L. 626-11 alinéa 2 selon lequel « à l'exception des personnes morales, [...] les personnes ayant consenti une caution [...] peuvent s'en (des dispositions du plan) prévaloir ». La règle *Ubi lex* pouvait justifier, au demeurant, la solution. La condamnation par la chambre mixte de la Cour de cassation, dans son arrêt du 2 décembre 2005[5] de la notion même de cautionnement réel nous semble conduire à écarter toute possibilité pour ce tiers qui a consenti une sûreté réelle de différer la poursuite contre lui pendant la période d'observation, en tout cas au regard de l'exécution sur le bien donné en garantie.

La solution appliquée aux cautions en plan de sauvegarde est conforme au droit commun du cautionnement. Elle n'est que la traduction de la règle de l'accessoire.

La possibilité pour les cautions personnes physiques de bénéficier des dispositions du plan de sauvegarde semble interdire leur poursuite, tant que le débiteur exécute ses engagements, même pour les dividendes échus[6]. Leur poursuite ne devient possible qu'en cas de non respect par le débiteur de ses engagements, et seulement à hauteur des dividendes échus et impayés. Ce sera la solution de principe. Mais il importe de réserver une hypothèse très importante : la règle elle sera tenue en échec s'il est question de convertir après jugement d'adoption du plan, une mesure conservatoire (v. s[s] n° 721.33).

Il a été dit que la possibilité pour les cautions personnes physiques de bénéficier des délais du plan de sauvegarde ne s'accompagne pas, contrairement à la solution retenue pendant la période d'observation, d'une possibilité de prise de mesure conservatoire de la part des créanciers[7]. La solution n'a pas été modifiée par l'ordonnance du 18 décembre 2008[8]. Mais cela est à la vérité un faux problème, dans la mesure où, après l'adoption du plan de sauvegarde, la condamnation au paiement peut être prononcée, même si le titre ne peut être exécuté pour le tout, précisément pour permettre la conversion d'une sûreté conservatoire en sûreté définitive (v. s[s] n° 721.35). Le créancier peut donc, sur le fondement de son titre qui ne peut être exécuté, pratiquer une mesure conservatoire.

> Sous l'empire de la loi du 26 juillet 2005, dans la rédaction que lui a donnée l'ordonnance du

1. L. n° 2005-845, 26 juill. 2005, préc.
2. *Rapp. Xavier de Roux*, n° 2095, p. 292.
3. *Degenhardt.*, *« Sauvegarde accélérée en cessation des paiements : des faveurs injustifiées pour les garants personnes physiques ? »*, *BJE* 2015, 60.
4. *Rapp. J.-J. Hyest*, n° 335, p. 271.
5. Cass., ch. mixte, 2 déc. 2005, n° 03-18.210, *Bull. ch. mixte*, n° 7; *D.* 2006. 729, avis. Sainte-Rose, note L. Aynès; *JCP* 2005. II. 10183, note Simler; *LPA* 2006, n° 16, p. 7, note Houtcieff.
6. Rennes, 2e ch. com., 2 mars 2010, RG n° 09/01711, *Rev. proc. coll.* 2011, n° 44, note Fraimout; *LXB hebdo* 15 avr. 2010, n° 391, note Le Corre.
7. *Rapp. Xavier de Roux*, n° 2095, p. 291 – Rennes, 2e ch. com., 2 mars 2010, RG n° 09/01711, préc.
8. Ord. n° 2008-1345, 18 déc. 2008, préc.

18 décembre 2008, par symétrie avec l'extension du domaine de la règle de l'interdiction des poursuites contre les garants personnes physiques pendant la période d'observation, ces mêmes garants personnes physiques pourront bénéficier des dispositions du plan de sauvegarde. Pour le surplus, les solutions précédemment décrites seront conservées.

Il en sera ainsi, avec le nouvel article L. 626-11, alinéa 2 du code de commerce, tel qu'il résulte de l'ordonnance de réforme (ord. 18 déc. 2008, art. 166) pour les personnes physiques coobligées et celles ayant consenti une sûreté personnelle. Le législateur n'évoque plus les cautions, ni les garants autonomes. Il fait usage d'une expression infiniment plus extensive, qui a vocation à englober ces deux dernières catégories de garants, mais en les dépassant largement (v. s^s n° 721.23). Dès lors, seuls les garants personnels, personnes morales, ne pourront bénéficier de la règle.

En revanche, il faudra que la sûreté personnelle ait été consentie, ce qui, *a priori*, permettra d'exclure du bénéfice de la règle les associés indéfiniment et solidairement responsables des dettes sociales, qui ne peuvent au surplus être considérés comme des codébiteurs, mais plutôt comme des débiteurs subsidiaires adjoints (v. s^s n° 731.12) ou encore les associés de sociétés civiles.

L'ordonnance du 18 décembre 2008 entend également assurer le bénéfice des dispositions du plan de sauvegarde « aux personnes physiques ayant cédé un bien en garantie ». En visant la personne physique ayant « affecté un bien en garantie », le législateur règle le problème de celui autrefois dénommé « caution réelle », en l'alignant sur le régime de la caution personnelle.

L'ordonnance du 18 décembre 2008 tient compte également de l'intrusion dans notre droit positif de la fiducie-sûreté, en faisant profiter des dispositions du plan ceux qui ont « cédé un bien en garantie ». Est ainsi pris en compte le cas du constituant, personne physique, d'une fiducie-sûreté, qui ne serait pas le débiteur.

En revanche, les garants personnes morales ne pourront bénéficier des dispositions du plan de sauvegarde.

Cette extension du domaine des garants pouvant bénéficier des dispositions du plan de sauvegarde est strictement limitée à la sauvegarde et n'a donc, pas plus qu'auparavant, vocation à bénéficier aux garants d'un débiteur ayant obtenu un plan de redressement. Il s'agit de discriminer positivement en faveur de la sauvegarde, pour assurer une attractivité de cette procédure sans cessation des paiements, par rapport au redressement judiciaire. C'est la prime à l'anticipation.

SECTION 721.20

INTERDICTION DES POURSUITES DE CERTAINES CAUTIONS PENDANT LA PÉRIODE D'OBSERVATION

721.21 Application dans le temps de la règle de l'interdiction des poursuites de certaines cautions. La suspension des actions contre les cautions, pendant la période d'observation, est une innovation de la loi du 10 juin 1994 [1]. Elle résulte de l'article 38-2 qui prévoit que « les dispositions ajoutées par la loi n° 94-475 du 10 juin 1994 sont applicables aux cautionnements souscrits à compter de la date de publication de ladite loi ». Il est donc clair que seuls les cautionnements souscrits à partir du 11 juin 1994, puisque la loi du 10 juin 1994 a été publiée au *journal officiel* le 11 juin, sont concernés [2], le contraire ayant été cependant jugé par une juridiction du fond appliquant l'article 55 alinéa 2 de la loi à un cautionnement souscrit avant le 11 juin 1994, dès lors que la procédure contre le débiteur a été ouverte après le 1er octobre 1994 [3].

Est-ce à dire que la règle s'applique à ces cautionnements même avant l'entrée en application de la loi du 10 juin 1994, c'est-à-dire pour les procédures ouvertes entre le 11 juin 1994 et le 1er octobre 1994, date d'entrée en application de la loi ? Une réponse négative s'impose. L'article 38-2 de la loi du 10 juin 1994 ne constitue pas une dérogation à l'entrée en vigueur de la loi du 10 juin 1994, laquelle ne s'applique qu'aux procédures ouvertes à compter du 1er octobre 1994. L'article 38-2 précise seulement que les dispositions particulières de la loi du 25 janvier 1985 [4], en ce qui concerne le cautionnement, ne sont applicables qu'aux cautionnements souscrits après le 10 juin 1994. Ce n'est que parce que, dans un premier temps, la loi du 10 juin 1994 s'applique, ce qui suppose une procédure ouverte après son entrée en application, que la question de l'étendue de l'article 55 de la loi du 25 janvier 1985 peut se poser. C'est en ce sens que s'est fixée la jurisprudence [5], une solution contraire pouvant toutefois être signalée, le texte ayant été

1. L. n° 94-475, 10 juin 1994, *JO* 11 juin, p. 8440.
2. Com. 10 mars 2004, n° 01-13.508, *Bull. civ.* IV, n° 50; *D.* 2004. AJ 1020, obs. Lienhard; *Rev. proc. coll.* 2004, p. 231, n° 3, obs. Macorig-Venier; *LXB* n° N1623ABQ, note Le Corre – Com. 7 avr. 2004, n° 01-15.542, NP – Com. 24 mai 2005, n° 00-19.721, *Bull. civ.* IV, n° 116.
3. T. com. Menton, 4 avr. 1996, *D.* 1996. 387, note Derrida; *Rev. Banque* sept. 1996. 91, obs. Guillot.
4. L. n° 85-98, 25 janv. 1985, préc.
5. Paris, 17 mars 1995, *Rev. proc. coll.* 1995, 454, obs. Kerckhove – Grenoble, ch. com., 26 mars 1997, *Rev. proc. coll.* 1998, 291, n° 10, obs. Kerckhove.

appliqué à des procédures ouvertes entre le 11 juin 1994 et le 1er octobre 1994[1].

721.22 Nature juridique du mécanisme institué. L'article L. 621-48, alinéa 2 du code de commerce (anct L. 25 janv. 1985[2], art. 55, al. 2), dans sa rédaction antérieure à la loi de sauvegarde des entreprises, énonce que « Le jugement d'ouverture du redressement judiciaire suspend jusqu'au jugement arrêtant le plan de redressement ou prononçant la liquidation toute action contre les cautions personnelles personnes physiques. Le tribunal peut ensuite leur accorder des délais ou un différé de paiement dans la limite de deux ans ».

Ce texte vise les « cautions personnelles personnes physiques ». Il n'y a pas, faute de distinction du texte, à distinguer selon que les cautions sont simples ou solidaires.

La règle constitue une exception au principe de libre poursuite de la caution. En tant que telle, elle doit recevoir une interprétation restrictive, ne faisant cependant pas obstacle à son application à l'avaliste[3], variété de caution solidaire, le contraire ayant toutefois été jugé[4]. La suspension des poursuites ne concerne pas les cautions données par des personnes morales, peu en important la forme.

La jurisprudence l'a analysée, non en une exception de procédure, mais en une fin de non-recevoir. Une hésitation est permise sur le caractère d'ordre public de cette fin de non-recevoir, admis par certaines juridictions et les conduisant à décider que la règle peut être soulevée d'office[5]. La Cour de cassation, pour sa part, a considéré que la règle de la suspension des poursuites individuelles contre les cautions est édictée aux seules fins de protection des cautions, ne peut donc être soulevée pour la première fois devant la Cour de cassation, et ne peut être soulevée d'office, solution devant être étendue aux personnes physiques, codébiteurs et garants autonomes[6]. L'analyse est discutable[7]. En effet, avec cette suspension, il s'est agi de faire en sorte que les dirigeants sociaux, qui sont le plus souvent les cautions, n'hésitent pas à déclarer l'état de cessation des paiements de leur société, en ayant en tête l'idée que, dès le lendemain du dépôt de bilan, ils seront exécutés en tant que caution. Le temps de répit que leur accorde le législateur doit les inciter à ne pas être effrayés par le dépôt de bilan qui doit intervenir, le plus tôt possible, afin que les chances de redressement puissent persister. Ainsi, on le voit, la règle participe de l'économie générale des procédures collectives en incitant les dirigeants à anticiper, à ne pas attendre une situation inextricable, qui ne pourrait conduire qu'à la liquidation judiciaire, avec son cortège quasi inéluctable de licenciements. Est donc en jeu l'intérêt général, non la simple protection de la caution. C'est pourquoi, la qualification de fin de non-recevoir d'ordre public nous apparaît beaucoup plus justifiée.

721.23 Domaine d'application quant aux cautions. La suspension des poursuites ne concernait pas ce que l'on appelait autrefois[8] le cautionnement réel[9], c'est-à-dire la sûreté réelle[10] constituée par un tiers en garantie de la dette principale. La solution ne se justifiait pas nécessairement. Elle résultait en tout cas clairement d'une interprétation *a contrario* du texte.

La question restait entière, en revanche, lorsque la sûreté réelle se doublait d'un cautionnement personnel. Fallait-il, en pareille hypothèse, que l'une des garanties absorbât l'autre ? Il n'y avait, à cela, pas de raisons suffisantes, à notre sens. Il convenait plutôt de dissocier les deux sûretés recueillies. En tant que sûreté réelle, la poursuite était possible. La réalisation du bien affecté à la garantie de la dette d'un tiers pouvait donc être poursuivie par le créancier, pendant la période d'observation. En revanche, le créancier ne pouvait aller au-delà. Dès lors, si sa satisfaction n'était pas complète par la saisie du bien affecté à la garantie de sa créance, il devait

1. Paris, 7 mai 1996 et T. com. Nice, 5 juin 1996, *RTD com.* 1997. 514, obs. Martin-Serf – Aix-en-Provence, ch. com., 27 juin 2000, *Rev. proc. coll.* 2001, 11, n° 4, obs. Macorig-Venier.
2. L. n° 85-98, 25 janv. 1985, préc.
3. Paris, 4e ch., 11 juin 1999, *D. Affaires* 1999. 1218; *RJDA* 1999/10, n° 1100, p. 883; *JCP E* 2000. Chron. 411, n° 5, obs. Simler et Delebecque; *RTD com.* 2000. 723, obs. Martin-Serf.
4. T. com. Paris, ord. réf, 19 oct. 1998, *Gaz. Pal.* 15-16 oct. 1999, Somm. 5.
5. Paris, 3e ch. A, 13 nov. 2007, RG n° 06/06930, *Rev. proc. coll.* 2008, n° 128, note Macorig-Venier – Amiens, 1re ch., 2e sect., 29 nov. 2007, RG n° 06/03226, *Rev. proc. coll.* 2008, n° 128, note Macorig-Venier; *JCP E* 2008. Chron. 1432, n° 4, obs. Pétel.
6. Cass., ch. mixte, 16 nov. 2007, n° 03-14.409, *Bull. ch. mixte*, n° 11; *D.* 2007. AJ 3009, obs. Lienhard; *Act. proc. coll.* 2008, n° 20, note Fricero; *RD banc. fin.* 2008. 39, n° 11, obs. Legeais; *JCP E* 2008. Chron. 1432, n° 4, obs. M. Cabrillac; *Procédures* 2008, n° 17, note Rolland; *Rev. proc. coll.* 2008, n° 128, note Macorig-Venier; *Dr. et patr.* 2008, n° 172, note Macorig-Venier et Monsérié-Bon; *Rev. proc. coll.* 2009. Étude 89, note Patureau et Pérot-Reboul; *LXB hebdo* 31 janv. 2008, n° 290, n° N8490BDS, note Le Corre.
7. AUSSI : M. Cabrillac, obs. ss Cass., ch. mixte, 16 nov. 2007, n° 03-14.409, *JCP E* 2008. Chron. 1432, n° 4.
8. ANTÉRIEUREMENT À : Cass., ch. mixte, 2 déc. 2005, n° 03-18.210, *Bull. ch. mixte*, n° 7; *D.* 2006. 729, avis. Sainte-Rose, note L. Aynès; *JCP* 2005. II. 10183, note Simler; *LPA* 2006, n° 16, p. 7, note Houtcieff.
9. Colmar, 26 juin 1998, *Banque et droit* mai-juin 1999. 42, obs. Rontchevsky.
10. Civ. 1re, 1er févr. 2000, n° 98-11.390, *Bull. civ.* I, n° 33; *RD banc. fin.* 2000, n° 59, obs. Legeais.

patienter jusqu'à la fin de la période d'observation, pour réaliser le cautionnement, en tant qu'il était personnel, c'est-à-dire pour obtenir la différence entre ce qui lui était dû et ce qu'il avait touché grâce à la réalisation de la sûreté réelle.

La réforme du 26 juillet 2005 [1] a étendu la règle aux personnes physiques codébiteurs et garants autonomes (v. s[s] n° 731.22). En outre, à la suite d'un amendement présenté par la commission de lois du Sénat[2], elle a voulu étendre aux cautions réelles[3], personnes physiques, la règle de l'interdiction des poursuites pendant la période d'observation (C. com., art. L. 622-28, al. 2). Quelle incidence accorder, dans ce contexte, à la disparition du concept même de cautionnement réel, qui résulte de la jurisprudence de la chambre mixte de la Cour de cassation du 2 décembre 2005[4] ? Certains auteurs expriment une grande hésitation[5]. D'autres ont pris un franc parti, celui d'indiquer que la sûreté réelle constituée par un tiers ne pourra être mise en œuvre pendant la période d'observation[6], d'autres enfin qu'elle pourra être mise en œuvre pendant la période d'observation[7]. Cette solution nous semble devoir être suivie. Certes, on peut objecter que la volonté affichée par la loi de sauvegarde des entreprises d'appliquer la règle au cautionnement réel, lequel ne peut viser que la sûreté réelle constituée par un tiers, devrait seule être prise en compte, puisque c'est bien cette loi et elle seule qui est ici au cœur de l'interrogation, de sorte que la modification de terminologie dans le cadre d'une jurisprudence n'aurait aucune incidence sur l'opération litigieuse[8]. Mais, au-delà de la condamnation du vocable de cautionnement réel, l'idée même d'aligner sur le régime du cautionnement la sûreté réelle consentie par un tiers est en jeu. Dès lors que l'opération ne peut s'analyser en un cautionnement, les règles spécifiquement posées pour les cautions doivent rester sans application[9]. Il en est ainsi de la règle de l'interdiction de poursuivre les cautions personnes physiques pendant la période d'observation. En conséquence, la sûreté réelle constituée par une personne physique ou par une personne morale pourra être mise en œuvre pendant la période d'observation, dès lors que la dette est exigible. En outre, si la sûreté réelle se double d'un cautionnement personnel, ce qui est parfaitement concevable[10], il y aura lieu de dissocier les deux garanties pour leur appliquer distributivement les règles correspondant à leur régime. Cela signifie concrètement que si la réalisation de la sûreté réelle est insuffisante à éteindre la dette, pour le surplus son constituant, également caution personnelle, ne pourra être poursuivie pendant la période d'observation.

C'est clairement à cette analyse que s'attaque **l'ordonnance du 18 décembre 2008** [11] **réformant la loi de sauvegarde des entreprises.** L'idée a été ici de respecter la volonté affichée par le législateur de sauvegarde. En ce sens, il faut comprendre l'article L. 622-28, alinéa 2 du code de commerce, qui résulte de l'article 166 de l'ordonnance du 18 décembre 2008, qui prévoit que « le jugement d'ouverture suspend jusqu'au jugement arrêtant le plan ou prononçant la liquidation toute action contre les personnes physiques coobligées ou ayant consenti une sûreté personnelle ou ayant affecté ou cédé un bien en garantie ».

En visant la personne physique ayant « affecté un bien en garantie », le législateur règle le problème de celui autrefois dénommé « caution réelle », en l'alignant sur le régime de la caution personnelle, n'hésitant pas à dénaturer cette sûreté réelle constituée pour autrui[12]

Mais le législateur va beaucoup plus loin, dans l'extension de la règle de la suspension des poursuites contre les garants pendant la période d'observation. Après avo visé les coobligés, il vise les personnes ayant co enti une sûreté personnelle. Il n'évoque mê plus les cautions, ni les garants autonomes, utilisant un vocable plus large, qui a vocation à er ober ces deux dernières catégories de garants, m en les dépassant largement (v. s[s] n° 144.13). est ainsi que la règle de la suspension des poursu s pendant la période d'observation aura vocati à intéresser, par exemple, les person-

1. L. n° 2005-845, 26 juill. 2005, préc.
2. *Rapp. J.-J. Hyest*, n° 335, p. 224.
3. TERMINOLOGIE : l'expression était au moment de la promulgation de la loi de sauvegarde des entreprises encore d'actualité.
4. Cass., ch. mixte, 2 déc. 2005, n° 03-18.210, *Bull. ch. mixte*, n° 7, préc.
5. AUSSI : Salvat, « La situation des garants », *Rev. proc. coll.* 2006/2, p. 147 s., sp. p. 149 – LIENHARD, 2e éd., 2007, n° 970 – Houin-Bressand, « Cautions, garants et coobligés », *Rev. proc. coll.* 2008. Dossier 9, n° 7.
6. AINSI : J.-CL. COM., Amlon, fasc. 2382, [Créanciers antérieurs titulaires de sûretés personnelles – Cautionnement, garanties autonomes, lettres d'intention], 2007, n° 73 – ROUSSEL GALLE, 2e éd. 2007, n° 282.
7. Boulay, « Les créanciers antérieurs dans les procédures de sauvegarde, de redressement et de liquidation judiciaires », *Rev. proc. coll.* 2006/2, p. 135 s., sp. p. 138.
8. EN CE SENS : ROUSSEL GALLE, 2e éd. 2007, n° 282.
9. Le Corre es incidences de la réforme du droit des sûretés sur les ciers confrontés aux procédures collectives », *JCP E* 2 Chron. 1185, n° 29.
10. AINSI : . 21 mars 2006, n° 05-12.864, *Bull. civ.* IV, n° 72; 006. AJ 913, obs. Avéna-Robardet; *RTD com.* 2007. n° 1, obs. Martin-Serf.
11. Ord. 08-1345, 18 déc. 2008, préc.
12. Lege L'appréhension du droit des sûretés par l'ordonnanc 18 décembre 2008 », Colloque Sûretés réelles et droi entreprises en difficulté, Nice, 20 mars 2010, *LPA* 11 011, n° 30, p. 27 s., sp. p. 28.

nes physiques ayant donné une promesse de porte-fort d'exécution. Dès lors, seuls les garants personnels personnes morales ne pourront bénéficier de la règle.

Il faudra que la sûreté personnelle ait été consentie, ce qui, *a priori*, permettra d'exclure du bénéfice de la règle les garants subsidiaires, tels les associés de sociétés civiles ou les associés de société en nom, alors qu'une formule différente, telle par exemple celle de « personnes physiques garants personnels » aurait permis de les inclure dans les nouveaux bénéficiaires de la règle. La poursuite des associés indéfiniment et solidairement responsables des dettes sociales, qui ne peuvent être considérés comme des codébiteurs, mais plutôt comme des débiteurs subsidiaires adjoints (v. s^s^ n° 731.12), sera donc possible dès le jugement d'ouverture, après déclaration de créance valant mise en demeure. Elle le sera également contre les garants indéfiniment, mais non solidairement tenus des dettes sociales, par exemple les associés de sociétés civiles, sur démonstration de l'insuffisance patrimoniale. Rappelons que, selon la jurisprudence de la chambre mixte de la Cour de cassation[1], cette insuffisance patrimoniale sera présumée – présomption simple *a priori*[2] – en cas de liquidation judiciaire. Il suffira alors au créancier social d'avoir déclaré sa créance pour poursuivre les associés.

Le législateur entend également faire bénéficier de la règle ceux qui ont « cédé un bien en garantie ». Est ainsi pris en compte le cas du constituant, personne physique, d'une fiducie-sûreté, qui n'est pas le débiteur.

721.24 Conséquence de la suspension des actions sur le moment de la poursuite des cautions personnes physiques. L'article L621-48, alinéa 2 du code de commerce (anc^t^ L. 25 janv. 1985[3], art. 55, al. 2) prévoit que le « jugement d'ouverture du redressement judiciaire suspend jusqu'au jugement arrêtant le plan de redressement ou prononçant la liquidation toute action contre la caution ». La solution est reprise par l'article L. 622-28, alinéa 2 qui dispose que « le jugement d'ouverture suspend jusqu'au jugement arrêtant le plan ou prononçant la liquidation toute action contre les personnes physiques coobligées ou ayant consenti un cautionnement ou une garantie autonome. Le tribunal peut ensuite leur accorder des délais ou un différé de paiement dans la limite de deux ans ». Ce texte, qui régit la procédure de sauvegarde, est applicable en redressement judiciaire (C. com., art. L. 631-14, I, devenu C. com., art. L. 631-14, al. 1, réd. ord. 18 déc. 2008[4]). Il y a ainsi une suspension des actions pendant la période observation de la procédure de sauvegarde et de redressement judiciaire.

721.25 Articulation de la règle avec la question de la déclaration de créance au passif du débiteur principal.

> Sous l'empire de la législation antérieure à la loi de sauvegarde des entreprises[5], la poursuite de la caution suppose que la créance ait été déclarée au passif du débiteur principal.

> La loi de sauvegarde des entreprises, dans sa rédaction d'origine, semble écarter la solution. Est-ce à dire que le créancier qui ne déclare pas sa créance au passif pourra poursuivre la caution personne physique pendant la période d'observation ? Une réponse négative s'impose[6]. Outre qu'elle manquerait de cohérence en assurant un traitement meilleur à celui qui s'émancipe de la discipline collective, il faut apercevoir que le législateur, qui pose la suspension des actions contre les cautions personnes physiques, ne distingue pas selon que le créancier a ou non déclaré sa créance au passif. La règle « *Ubi lex...* » condamne, en conséquence, toute distinction de l'interprète. Le créancier, qu'il ait ou non déclaré sa créance, devra patienter jusqu'à la fin de la période d'observation pour entreprendre ou poursuivre ses actions contre les cautions personnes physiques.

> L'ordonnance du 18 décembre 2008[7] confirme l'impression qui s'était dégagée sous l'empire de la loi du 26 juillet 2005, dans sa rédaction d'origine. L'article L. 622-26, alinéa du code de commerce

1. Cass., ch. mixte, 18 mai 2007, n° 10.413, *Bull. ch. mixte*, n° 4; *D.* 2007. AJ 1414, obs. enhard; *D.* 2008. Pan. 579, obs. Le Corre; *RJDA* 2007-9, p. 766, rapp. Besançon; *Gaz. proc. coll.* 2007/3, p., note Le Corre; *Act. proc. coll.* 2007, n° 128, note Ré ut-Moutier; *JCP* 2007. II. 10128, note Legros; *JCP E* 2. Chron. 2119, n° 10, obs. Pételn; *JCP E* 2007. Chron. 77, n° 10, obs. Caussain, Deboissy et Wicker; *LPA* 14 2007, n° 162, p. 18, note Vinckel; *Dr. sociétés* 2007, 30, note Lucas; *Dr. sociétés* 2007, n° 157, note Legr *ev. proc. coll.* 2007/3, p. 171, n° 19, obs. Lebel; *Rev. Stés* 2007. 620, note Barbièri; *RTD com.* 2007. 550, n° bs. Monsérié-Bon; *RTD com.* 2007. 597, n° 3, obs. M Serf; *Banque et droit* juill.-août 2007. 57, note Stor *com.* 2007. 345, note Monsérié-Bon; *Defrénois* 20 571, 38675, n° 9, note Gibirila; *Bull. Joly* 2007. 11 § 316, note Pérochon; *LXB hebdo* juin 2007, n° 26 N5621BBS, note Le Corre.
2. Pérochon, note s^s^ Cass., ch. mixte, 18 m 07, n° 05-10.413, *Bull. Joly* 2007. 1174, § 316 – Le C roit et pratique des procédures collectives*, 4e éd., « z action », 2008, n° 713.23.
3. L. n° 85-98, 25 janv. 1985, préc.
4. Ord. n° 2008-1345, 18 déc. 2008, préc.
5. L. n° 2005-845, 26 juill. 2005, préc.
6. Vallens, 2007, n° 3682 – Saint-Alary-Houin, 5e éd., n° 714 – Jacquemont, 5e éd., 2006, n° 470.
7. Ord. n° 2008-1345, 18 déc. 2008, préc.

énonce en effet que « pendant l'exécution du plan, elles [les créances non déclarées] sont également inopposables aux personnes physiques coobligées ou ayant consenti une sûreté personnelle ou ayant affecté ou cédé un bien en garantie ». Il s'agit clairement d'une prolongation de l'impossibilité d'agir posée par l'article L. 622-28, alinéa 2 du code, qui serait impraticable, mais aussi incompréhensible, si le principe de la suspension des poursuites pendant la période d'observation n'avait pas été d'abord posée pour le créancier non déclarant.

721.26 Actions suspendues. Une mise en demeure n'est pas une action. Cependant, cette dernière est inutile car, de deux choses l'une : ou bien les intérêts continuent à courir contre le débiteur et ils continuent à courir contre la caution (v. ss n° 723.18), ou bien les intérêts sont arrêtés contre le débiteur, mais ils continuent néanmoins à courir contre la caution (v. ss n° 723.34). Rien n'interdit à la caution de payer le créancier, même si elle a le droit de ne pas le payer. Contrairement au paiement fait par le débiteur d'une créance antérieure au jugement d'ouverture, le paiement émanant de la caution n'est nullement interdit (v. ss n° 631.11).

La disposition ici analysée suspend « toutes actions ». L'action entamée avant jugement d'ouverture de la procédure de sauvegarde ou de redressement judiciaire sera suspendue pendant toute la durée de la période d'observation et pourra être poursuivie après arrêté du plan ou prononcé de la liquidation judiciaire[1].

Le texte ne précise pas s'il s'agit des actions en paiement ou aussi des actions tendant à l'exécution des titres, c'est-à-dire les voies d'exécution. Faute de distinction du texte, l'interprète n'a pas davantage à distinguer. La solution est d'ailleurs confortée par l'article 70-1 du décret du 27 décembre 1985[2], dans la rédaction que lui a donnée le décret du 21 octobre 1994[3], qui vise les « instances ou les voies d'exécution suspendues » et par l'article R. 622-26, alinéa 2 du code de commerce (anct D. 28 déc. 2005[4], art. 101, al. 2) qui vise les « instances et les procédures civiles d'exécution suspendues ». En conséquence, il faut décider que toute action en justice tendant au paiement de la caution est suspendue. Il en va de même des voies d'exécution contre la caution pour le créancier muni d'un titre.

Il a été spécialement jugé que la procédure de saisie immobilière engagée contre la caution d'un débiteur en redressement judiciaire pouvait être suspendue pendant la période d'observation et que la demande de suspension n'entrait pas dans le cadre ancien de l'article 703 de l'ancien code de procédure civile qui envisageait les causes graves justifiant la remise de l'adjudication sur saisie immobilière, ce dont il résultait, d'une part, que la demande de remise de l'adjudication n'avait pas à être présentée au plus tard dans les cinq jours précédant l'audience d'adjudication et que, d'autre part, la décision du tribunal refusant la remise de l'adjudication était susceptible d'appel, ce qui rendait irrecevable le pourvoi directement formé sur le jugement[5].

La rédaction de l'article L. 621-48, alinéa 2 du code de commerce, devenu dans la rédaction de la loi de sauvegarde des entreprises, l'article L. 622-28 alinéa 2, vise une suspension de l'action. Sous réserve de la problématique de la prise de mesures conservatoires (v. ss n° 721.35), il faut décider que l'action en justice ou la voie d'exécution ne pourra davantage être entamée après jugement d'ouverture[6]. L'action est irrecevable. Le jugement rendu au mépris de l'interdiction des poursuites pendant la période d'observation peut être annulé[7], encore qu'il apparaisse plus justement qu'il doive être tenu pour non avenu. Cependant, le jeu de l'article 126 du code de procédure civile, selon lequel « l'irrecevabilité sera écartée si sa cause a disparu au moment où le juge statue » permet de laisser sans conséquence une introduction de l'instance en période d'observation, dès lors que le tribunal a statué une fois la période d'observation terminée. Le créancier n'aura dès lors pas à lancer une nouvelle assignation au jour de l'arrêté du plan[8] ou du prononcé de la liquidation judiciaire[9].

1. Com. 24 mai 2005, n° 00-19.721, *Bull. civ.* IV, n° 117; *D.* 2005. Somm. 2084, obs. Crocq; *Dr. et proc.* 2005. 282, note Crocq; *Act. proc. coll.* 2005, n° 132, note Vallansan; *JCP E* 2005. Chron. 1860, n° 3, obs. Delebecque et Simler; *Defrénois RD banc. fin.* 2005, n° 141, obs. Piedelièvre; *Defrénois* 2005. 1937, Chron. 38287, n° 12, note Gibirila; *Gaz. proc. coll.* 2005/3, p. 49, obs. Le Corre.
2. D. n° 85-1388, 27 déc. 1985, *JO* 29 déc., p. 15281.
3. D. n° 94-910, 21 oct. 1994, *JO* 22 oct., p. 15019.
4. D. n° 2005-1677, 28 déc. 2005, *JO* 29 déc., p. 20324.
5. Com. 24 mai 2005, n° 03-16.338, *Bull. civ.* IV, n° 111; *RD banc. fin.* 2005, n° 145, obs. Piedelièvre; *Gaz. proc. coll.* 2005/, p. 51, obs. Le Corre; *LXB* n° N6689AIL, note Le Corre
6. Paris, 5e ch. B, 8 oct. 2004, RG n° 03/00399 – *Adde,* SOINN n° 2077.
7. Paris, e ch. B, 8 oct. 2004, RG n° 03/00399.
8. Com. 4 mai 2005, n° 03-21.043, *Bull. civ.* IV, n° 117; *D.* 20 AJ 1632, obs. Lienhard; *D.* 2005. Somm. 2084, obs. cq; *Act. proc. coll.* 2005, n° 132, note Vallansan; *JCP E* 05. Chron. 1274, n° 5, obs. Pétel; *JCP E* 2005. Chro 860, n° 3, obs. Delebecque et Simler; *Dr. et proc.* 2005 2, note Crocq; *Gaz. proc. coll.* 2005/3, p. 49, obs. Le C – Com. 7 juin 2005, n° 03-18.421, NP, *D.* 2006. Som 5, obs. Le Corre; *Gaz. proc. coll.* 2005/3, p. 49, obs. rre; *LXB* n° N6689AIL, note Le Corre.
9. Com. mars 2004, n° 01-13.508, *Bull. civ.* IV, n° 50; *D.* 20 AJ 1020, obs. Lienhard; *Rev. proc. coll.* 2004, p. 23 3, obs. Macorig-Venier; *LXB* n° N1623ABQ, note rre.

721.27 Reprise des poursuites à la fin de la période d'observation. L'article 70-1 du décret du 27 décembre 1985[1] prévoit que les instances ou voies d'exécution suspendues « sont poursuivies à l'initiative des créanciers [...] sur justification du jugement arrêtant le plan ou prononçant la liquidation judiciaire ». L'article R. 622-26 alinéa 1 du code de commerce (anc^t D. 28 déc. 2005, art. 101, al. 1), disposition de la procédure de sauvegarde également applicable en redressement judiciaire (C. com., art. R. 631-27 [anc^t D. 28 déc. 2005, art. 195]), prévoit pour sa part que ces instances et procédures civiles d'exécution suspendues sont poursuivies à l'initiative des créanciers bénéficiant des garanties prévues à l'article L. 622-28 du code, sur justification du jugement arrêtant le plan. L'article R. 641-26 alinéa 1 du code de commerce (anc^t D. 28 déc. 2005, art. 237, al. 2) adapte la solution à l'hypothèse d'une liquidation judiciaire : les instances seront alors poursuivies sur justification du jugement prononçant la liquidation judiciaire.

La durée de cette suspension est précisée par l'article L. 621-48 alinéa 2 du code de commerce, dans la rédaction antérieure à la loi de sauvegarde des entreprises : « jusqu'au jugement arrêtant le plan de redressement ou prononçant la liquidation judiciaire ». L'article L. 622-28, alinéa 2, pour tenir compte de la procédure de sauvegarde vise plus largement « le jugement arrêtant le plan ou prononçant la liquidation judiciaire ». D'une autre manière, il peut donc être affirmé que cette suspension dure pendant toute la période d'observation. Une juridiction ne peut donc interdire la poursuite de la caution une fois la liquidation judiciaire prononcée[2] ou le plan de redressement adopté[3].

Le créancier ne pourra reprendre ou entamer l'instance contre la caution que sur justification du jugement arrêtant le plan de redressement, le plan de sauvegarde ou prononçant la liquidation judiciaire (D. 27 déc. 1985, art. 70-1, C. com., art. R. 622-26, al. 1 [anc^t D. 28 déc. 2005, art. 101, al. 1] en sauvegarde, C. com., art. R. 631-27 [anc^t D. 28 déc. 2005, art. 195] en redressement judiciaire, C. com., art. R. 641-26, al. 1 [anc^t D28 déc. 2005, art. 237, al. 1 en liquidation judiciaire]). S'agissant des assignations en paiement des cautions, le créancier devra en conséquence produire au tribunal saisi de la demande en paiement cde de la décision mettant fin à la période d'observation. À défaut, sa demande est irrecevable[4]. Mail n'est rien exigé de plus. Il ne peut donc être demandé au créancier de notifier à la caution le jugement mettant fin à la période d'observation pour pouvoir reprendre ses poursuites[5].

1. D. n° 85-1388, 27 déc. 1985, préc.
2. Caen, 1re ch., sect. civ., 13 nov. 2008, RG n°00531, *Rev. proc. coll.* 2009. Étude 88, obs. Paturea Pérot-Reboul.
3. Amiens, ch. éco., 21 nov. 2013, RG n° 11/00, *Rev. proc. coll.* 2014, comm. 20, note Fraimout.

SECTION 721.30

PRISES DE MESURES CONSERVATOIRES

721.31 Coordination des règles de reprise des poursuites avec les dispositions du plan de sauvegarde en l'absence de mesures conservatoires. La difficulté est ici de coordonner la règle de la suspension des poursuites pendant la période d'observation de la sauvegarde avec la possibilité pour la caution personne physique de bénéficier des dispositions du plan de sauvegarde.

Puisque la caution bénéficie des dispositions du plan – et la solution vaut en réalité pour tous les garants personnes physiques –, l'exigibilité de la créance à l'égard de la caution épouse celle à l'égard du débiteur principal. Puisque la dette du débiteur principal n'est pas exigible pour le tout, mais ne le devient qu'au fur et à mesure de l'exigibilité des dividendes, il faut décider que la poursuite de la caution ne sera identiquement possible qu'au fur et à mesure de l'exigibilité des dividendes du plan. En conséquence, malgré le fait que le créancier a retrouvé, au jour de l'adoption du plan de sauvegarde, la possibilité de poursuivre en paiement la caution, l'absence d'exigibilité de la créance contre elle interdit au créancier de la poursuivre pour le tout. Elle ne peut l'être qu'au fur et à mesure des dividendes impayés. En pratique, le créancier assignera la caution pour le tout, mais n'obtiendra condamnation que pour la faction exigible de la créance, et le tribunal surseoira à statuer pour le surplus. Cette vision des choses est celle de la Cour de cassation[6]. Selon elle, la cour d'appel violait les articles L. 622-28, L. 626-11 et R. 622-26 du code de commerce, en rejetant, après adoption du plan de sauvegarde, la demande de condamnation de la caution,

4. T. com. Orléans, 8 juill. 2010, RG n° 07/8784.
5. Com. 27 févr. 2007, n° 05-20.522, *Bull. civ.* IV, n° 68; *D.* 2007. AJ 947, obs. Lienhard; *JCP E* 2007. Chron. 2119, n° 11, obs. M. Cabrillac; *Rev. proc. coll.* 2007/3, p. 135, n° 4, obs. Macorig-Vénier; *Gaz. proc. coll.* 2007/2, p. 56, note Le Corre; *RD banc. fin.* mai-juin 2007, p. 17, n° 105, note Legeais.
6. Com. 10 janv. 2012, n° 11-11.482, *Bull. civ.* IV, n° 5; *D.* 2012. Actu 215, obs. Lienhard; *Gaz. Pal.* 28 avr. 2012, n° 118, p. 40, note Le Corre-Broly; *Act. proc. coll.* 2012, n° 46, note Cagnoli; *JCP E* 2012. Chron. 1227, n° 4, obs. Pétel; *JCP E* 2012. Chron. 1422, n° 9, obs. Simler; *BJE* mai 2012, n° 91, p. 144, note Borga; *Gaz. Pal.* 28 mars 2012, p. 20, note Dumont-Lefrand; *Rev. proc. coll.* 2012, n° 54, note Patureau et Perot-Reboul; *BJE* mai 2012, n° 77, note Fraimout; *RTD com.* 2012. 178, n° 12, obs. Legeais.

au prétexte que la créance n'était pas exigible contre elle, du fait des délais du plan, lequel était respecté. La coordination de ces trois textes conduisait en effet à décider que les instances et mesures d'exécution suspendues pendant la période d'observation (C. com., art. L. 622-28), étaient reprises après l'adoption du plan, mais selon les dispositions de ce plan (C. com., art. R. 622-26), dont bénéficiait le garant personne physique (C. com., art. L. 626-11). La poursuite du garant est donc possible; elle n'est pas irrecevable. Mais elle doit être enfermée dans les contraintes du plan.

721.32 Problématique du cautionnement disproportionné et reprise des poursuites avec les dispositions du plan de sauvegarde en l'absence de mesures conservatoires. Une difficulté particulière de coordination du plan de sauvegarde et de la poursuite de la caution, personne physique, se présente en cas de cautionnement disproportionné. L'article L. 332-1 [1] du code de la consommation (anc^{t} art. L. 341-4 [2]) consacre une exigence de proportionnalité entre l'engagement de la caution envers un créancier professionnel et ses biens et revenus. La disproportion, appréciée au jour de l'engagement de la caution, est sanctionnée par l'interdiction pour le créancier de s'en prévaloir. Un tempérament est toutefois prévu en cas de retour à meilleure fortune de la caution, ce qui autorise alors le créancier à agir contre la caution. La question se pose alors de savoir à quelle date s'apprécie ce retour à meilleure fortune. Pour la Cour de cassation, le juge doit se placer, par principe, au jour où la caution est assignée. En cas de plan de sauvegarde, le créancier auquel incombe la charge de prouver ce retour à meilleure fortune, doit rapporter la preuve de celui-ci au jour où le plan cesse d'être exécuté par le débiteur, parce que ce n'est qu'à cette date que l'obligation de la caution devient exigible, dans la mesure où elle bénéfice des dispositions du plan [3]. La solution ne vaudrait donc pas en cas d'adoption d'un plan de redressement.

721.33 Coordination des règles de reprise des poursuites avec les dispositions du plan de sauvegarde en présence de mesures conservatoires. La solution posée ci-dessus n'est pas applicable lorsque le créancier a pratiqué, pendant la période d'observation, des mesures conservatoires, ce qu'il est en droit de faire (v. s^{s} n° 721.35).

La solution finalement retenue par la Cour de cassation a été élaborée en trois étapes.

> **Dans un premier temps**, il a été estimé que le juge ne devait pas rejeter purement et simplement la demande de condamnation de la caution, présentée après l'adoption du plan. Il devait surseoir à statuer, jusqu'à ce que le dividende du plan devînt exigible contre le débiteur, et, par voie de conséquence, contre la caution. À exigibilité du dividende du plan, la condamnation du garant devenait possible, mais seulement à hauteur de la somme devenue exigible contre le débiteur, c'est-à-dire le dividende du plan, et, par voie de conséquence, à hauteur de cette même somme devenue identiquement exigible contre le garant. La condamnation ne pouvait donc être que partielle. Pour le surplus, c'est-à-dire pour les dividendes du plan non exigibles, le tribunal ne pouvait entrer en voie de condamnation contre le garant. Le tribunal devait ordonner un sursis à statuer partiel. À l'exigibilité d'un nouveau dividende, la condamnation du garant devenait possible, à due concurrence. Cette opinion avait toutefois été contestée [4]. Ne pouvait alors être suivie la solution d'une cour d'appel qui prononçait la condamnation de la caution, en suspendant seulement l'exécution du titre, tout en maintenant la validité des mesures conservatoires [5]. Ainsi, l'exception dilatoire du garant personne physique, qui l'autorisait à payer au fur et à mesure de l'exigibilité des dividendes du plan, devait, elle, conduire le tribunal à n'entrer en voie de condamnation que partiellement et, pour le surplus non exigible, d'ordonner un sursis à statuer partiel.

Les juges du fond ne semblaient pas pouvoir ordonner le sursis à statuer pour l'administration d'une bonne justice, jusqu'au terme ou à la résolution du plan de sauvegarde, puisque cela aurait empêché toute condamnation contre la caution alors pourtant que certains dividendes non payés par le débiteur seraient devenus exigibles contre la caution. S'ils le faisaient, il semblait qu'il y avait là un excès de pouvoir. Mais, si ce dernier n'était pas invoqué, le pourvoi contre l'arrêt de la cour d'appel était irrecevable, en application de l'article 380-1 du code de procédure civile [6].

Le système ci-dessus décrit était horriblement compliqué et quasiment inapplicable, en pratique. La Cour de cassation l'a ensuite abandonné.

1. EN VIGUEUR depuis le 1er juill. 2016.
2. ABROGÉ par Ord. n° 2016-301, 14 mars 2016, *JO* 16 mars, art. 34.
3. Com. 1er mars 2016, n° 14-16.402, *Bull. civ.* IV [à paraître]; n° 221 FS-P+B; *D.* 2016, actu 598, note Lienhard; *Gaz. Pal.* 28 juin 2016, n° 24, p. 69, note Le Corre-Broly; *Act. proc. coll.* 2016/7, comm. 90, note Douville; *JCP E* 2016. 1242, note Dumery; *Bull. Joly sociétés* mai 2016, 284, note Mouïal-Bassilana; *Gaz. Pal.* 21 juin 2016, n° 23, p. 30 note Dumont-Lefrand; *Rev. sociétés* 2016. 399, note Henry; *BJE* 2016, 253, note Perruchot-Triboulet.
4. N[illegible] et Guéry, « Caution, coobligé, garant et procédure de [illegible]uvegarde – Imbroglio et Aggiornamento », *Rev. proc. co*[illegible]012. Étude 21, n° 22.
5. Mo[illegible]ellier, 2e ch. civ., 5 avr. 2011, RG n° 10/04728.
6. Co[illegible] 3 juin 2013, n° 12-20.394, NP; n° 636 F-D.

> **Dans une deuxième étape,** une autre voie a été en effet choisie par la Cour de cassation : celle de la suspension du titre exécutoire pendant la durée du plan. Le créancier pourra donc, nonobstant l'adoption d'un plan de sauvegarde, obtenir la condamnation de la caution pour le tout, mais le titre exécutoire obtenu ne pourra être exécuté pendant la durée du plan[1]. Il pourra à nouveau être exécuté après résolution du plan.

On remarquera que la formule employée n'autorisait pas le créancier à exécuter son titre en cas d'inexécution du plan : tant que durait le plan, l'exécution du titre était suspendue. Le créancier devait donc d'abord agir en résolution du plan, soit sur le fondement de l'inexécution, en s'exposant en ce cas à un rejet de sa demande car la résolution est facultative, soit sur le fondement de l'état de cessation des paiements, la résolution étant alors obligatoire, mais la preuve étant ici plus difficile à rapporter.

Il faut toutefois observer que cette solution incontestablement simple méritait une nuance. En effet, si le garant personne physique bénéficiait des dispositions et notamment des délais du plan, cela n'interdisait pas de lui demander paiement au fur et à mesure que les dividendes du plan devenaient exigibles contre le débiteur. Aussi, si ce dernier n'exécutait pas correctement le plan, en n'en payant pas les dividendes, le créancier devait-il être en droit d'exécuter le titre obtenu dans la limite des sommes devenues exigibles contre le débiteur et non payées, et qui étaient également devenues exigibles contre la caution. L'affirmation posée parla Cour de cassation nous semblait donc devoir être tempérée dans sa portée, sauf, a-t-on relevé, à aller bien au-delà de la lettre des textes[2].

Observons qu'après avoir posé sa solution dans l'arrêt du 27 mai 2014, la Chambre commerciale de la Cour de cassation a admis la possibilité d'une condamnation assortie de conditions en mentionnant expressément dans le dispositif que pendant la durée du plan de sauvegarde, les poursuites contre le garant personne physique – un donneur d'aval en l'occurrence – seront subordonnées aux dispositions du plan dont il pourra se prévaloir en sa qualité de garant personne physique[3].

> **Dans une troisième étape,** qui correspond au droit positif, la Cour de cassation juge que l'exécution forcée du titre obtenu par le créancier contre la caution ne peut être mise en œuvre tant que le plan est respecté[4] et non plus « pendant la durée du plan ».

On comprend ainsi que, pour permettre la validation des mesures conservatoires, la Cour de cassation admet la condamnation pour le tout, alors même que la créance non exigible contre le débiteur ne pouvait davantage l'être contre la caution. Seule est différée l'exécution du titre.

721.34 Coordination des règles de reprise des poursuites avec les dispositions du plan de redressement en présence de mesures conservatoires et sûretés judiciaires provisoires. Que décider pour la caution personne physique d'un débiteur en redressement judiciaire ? Certes, la caution ne bénéfice pas des dispositions du plan. Mais un problème d'exigibilité de la créance peut néanmoins se poser. En effet, la créance principale peut ne pas être exigible, ce qui conduit à décider que la créance n'est pas davantage exigible contre la caution. S'il est question de valider une sûreté judiciaire conservatoire, et par voie de conséquence d'éviter sa caducité, ici encore la Cour de cassation admet la condamnation de la caution pour le tout, alors même que la créance non exigible contre le débiteur ne l'est pas davantage contre la caution[5]. Ici encore, l'exécution du titre sera différée. Mais, contrairement à la solution retenue en matière de plan de sauvegarde, la caution ne bénéficiant pas des délais du plan, sa poursuite sera possible dès que la créance deviendra exigible contre elle, mais seulement à hauteur de l'exigibilité.

L'article L. 621-48, alinéa 3 du code, devenu l'article L. 622-28 alinéa 2 dans la rédaction de la loi de sauvegarde des entreprises, prévoit que le tribunal peut, après avoir condamné les cautions à payer, leur accorder des délais ou différés de paiement, dans la limite de deux ans. Il s'agit là du rappel des dispositions de l'article 1343-5 du code civil (anc^t^ C. civ., art. 1244-1[6]). Certes, la disposition ici

1. Com. 27 mai 2014, n° 13-18.018, *Bull. civ.* IV, 94; n° 523 F-P+B; *D.* 2014, Actu 1197, note Lienhar[d]; *Gaz. Pal.* 5 oct. 2014, n° 278, p. 42, note Le Corre-Br[oly]; *Act. proc. coll.* 2014/10, comm. 188, note Cagnoli; *JC[P E]* 2014, chron. 1447, n° 2, obs. Pétel; *BJE* 2014, 294, n[ote] Reille; *Rev. proc. coll.* 2014, comm. 160, note Fraimou[t]; 2015, *comm. 107, note Macorig-Venier; LXB heb[do]* 12 juin 2014, n° 385, note P.-M. Le Corre.
2. Reille, note s^s^ Com. 27 mai 2014, n° 13-18.01[8], préc., *BJE* 2014, 294.
3. Com. 14 oct. 2014, n° 13-17.638, NP; n° 893 F-D; *BJE* 2015, 31, note Bonhomme.
4. Com. 2 juin 2015, n° 14-10.673, *Bull. civ.* IV [à paraître]; n° 548 FS-P+B; *D.* 2015, actu 1270, note Lienhard; *D.* 2015, pan. 1975, note Le Corre; *D.* 2015, études p. 2210, note Arbellot; *Gaz. Pal. entr. diff.* 20 oct. 2015, n° 291, p. 34, note Le Corre-Broly; *APC* 2015/11, comm. 176, note Vallansan; *BJE* sept. 2015, 284, note Borga; *Rev. sociétés* 2015. 548, note Roussel Galle; *JCP E* 2016, chron. 1000, n° 8, note Pétel.
5. Com. 1er mars 2016, n° 14-20.553, *Bull. civ.* IV [à paraître]; n° 190 F-P+B; *Act. proc. coll.* 2016/7, comm. 91, note Cagnoli; *BJE* 2016, 162, note Borga; *Rev. sociétés* 2016. 398, note Roussel Galle.
6. ABROGÉ par : Ord. n° 2016-131, 10 févr. 2016, art. 2.

analysée ne vise pas la situation du débiteur, c'est-à-dire de la caution, mais les besoins du créancier. Cependant, en accordant au tribunal une faculté, ce dernier n'en fera usage que si la situation l'impose, c'est-à-dire en pratique, si la situation de la caution le justifie, et en fonction des besoins du créancier. Dès lors, l'article L. 621-48 alinéa 3, devenu l'article L. 622-28 alinéa 2 dans la rédaction de la loi de sauvegarde des entreprises, apparaît bien être un texte inutile, même si une opinion différente a été émise [1], en ce qu'il fait double emploi avec les dispositions du droit commun des délais de grâce.

En ce qui concerne les voies d'exécution, la solution édictée par l'article 70-1 du décret du 27 décembre 1985 [2] et celle posée par l'article R. 622-26 alinéa 1 du code de commerce (anc^t D. 28 déc. 2005 [3], art. 101, al. 1), applicable en redressement judiciaire (C. com., art. R. 631-27 [anc^t D. 28 déc. 2005, art. 195]), et adaptée en liquidation judiciaire (C. com., art. R. 641-26, al. 1 [anc^t D. 28 déc. 2005, art. 237, al. 1]) sont plus impraticables. Il faudra supposer que l'huissier exhibe à la caution, contre laquelle l'exécution est tentée, la copie de la décision mettant fin à la période d'observation. En pratique, le problème ne surgira qu'en cas de contestation devant le juge de l'exécution. Il sera alors temps de prouver que l'exécution a bien été reprise, après expiration de la période d'observation. Si l'exécution entreprise contre la caution est une saisie immobilière, la copie de la décision mettant fin à la période d'observation semble devoir être présentée à l'audience éventuelle. À défaut, le juge des criées, et depuis la réforme de la saisie immobilière par l'ordonnance du 21 avril 2006 [4], le juge de l'exécution, pourrait, d'office, considérer la saisie immobilière comme irrégulièrement engagée.

721.35 **Possibilité de prise de mesures conservatoires contre les cautions personnes physiques pendant la période d'observation.** Tout en suspendant les actions contre les cautions personnes physiques pendant la période d'observation, le législateur autorise la prise de mesures conservatoires (C. com., art. L. 621-48, al. 3 du code de commerce [anc^t L. 25 janv. 1985 [5], art. 55], réd. antérieure à la loi de sauvegarde des entreprises, C. com., art. L. 622-28, al. 2, réd. loi de sauvegarde des entreprises). Deux situations doivent ici être distinguées.

> *Si le créancier a lancé son* assignation en paiement contre la caution avant le jugement d'ouverture du débiteur, il devrait pouvoir, à lire les textes du livre VI du code de commerce (art. L. 622-28, al. 3), sans difficulté, prendre une mesure conservatoire ou inscrire une sûreté judiciaire provisoire pendant la période d'observation. S'il n'y a pas de véritable problème lorsque le débiteur principal est en redressement judiciaire, une difficulté surgit, en revanche, si le débiteur a obtenu une sauvegarde. Le créancier peut-il prétendre que sa créance est en péril, alors que son débiteur n'est pas en état de cessation des paiements ? Pourtant, le fait que la créance soit en péril est une condition pour l'autorisation de pratiquer des mesures conservatoires.

S'il devait, par principe, être répondu négativement à la question, cela viderait de toute portée l'alinéa 3 de l'article L. 622-28 du code, qui autorise la prise de mesures conservatoires sur le garant personne physique d'un débiteur en sauvegarde.

N'y aurait-il pas place pour une autre lecture des textes et de leur articulation ? Ne faudrait-t-il pas considérer que le texte autorisant la prise de mesures conservatoires sur le garant d'un débiteur en sauvegarde déroge à l'exigence de péril dans le recouvrement de la créance ?

Cette problématique n'est pas inconnue du droit des entreprises en difficulté, comme on a pu le voir à l'occasion d'un arrêt de la Chambre commerciale de la Cour de cassation de 2011. L'article L. 651-4, alinéa 2 du code de commerce, dans la rédaction que lui donne la loi de sauvegarde des entreprises, prévoit la possibilité pour le président du tribunal d'ordonner toute mesure conservatoire utile à l'égard des biens des dirigeants et des représentants permanents des dirigeants personnes morales. La question s'est posée de savoir si l'application du texte présupposait que soit apportée la démonstration que la créance de condamnation à combler l'insuffisance d'actif serait en péril pour justifier la prise de mesure conservatoire. La Cour de cassation a répondu par la négative. La mesure ne constitue pas une simple transposition en la matière de l'article 67 de la loi du 9 juillet 1991 [6] portant réforme des procédures civiles d'exécution. Elle déroge à cette disposition [7]. Le texte a pour objet de pallier l'interdiction de prononcer contre ces dirigeants le redressement et la liquidation judiciaires personnels. C'est pourquoi il n'est pas exigé du demandeur à la mesure conservatoire, en pratique le liquidateur, la démonstration que la créance de condamnation à combler l'insuffisance d'actif serait en péril pour justifier la prise de mesure conservatoire.

1. SOINNE, n° 2077.
2. D. n° 85-1388, 27 déc. 1985, préc.
3. D. n° 2005-1677, 28 déc. 2005, préc.
4. Ord. n° 2006-461, 21 avr. 2006 réformant la saisie immobilière, *JO* 22 avr., p. 6072.
5. L. n° 85-98, 25 janv. 1985, préc.
6. L. n° 91-650, 9 juill. 1991, *JO* 14 juill., p. 9228.
7. Com. 31 mai 2011, n° 10-18.472, *Bull. civ.* IV, n° 89; *D.* 2011. Actu 1613, obs. Lienhard; *D.* 2011. 2692, note Guillou; *LXB hebdo* 16 juin 2011, n° 255, note Le Corre.

Cette interprétation est-elle transposable à la matière qui nous occupe ? Il ne semble pas. On remarquera, ici, que l'article R. 622-26, alinéa 2 oblige le créancier désireux de pratiquer une mesure conservatoire sur le garant à respecter les dispositions des articles R. 511-1 et suivants du code des procédures civiles d'exécution. Il est donc possible de soutenir que la prise de mesures conservatoires prévue par le Code de commerce ne déroge pas aux modalités de prise des mesures conservatoires, au rang desquelles figure l'obligation de démontrer que le recouvrement de la créance est en péril. Ainsi, la possibilité de pratiquer des mesures conservatoires sur le garant personne physique d'un débiteur, pendant la période d'observation, semble bien nécessiter la démonstration que le recouvrement de la créance est en péril.

Une juridiction du fond a ainsi cru devoir juger, en estimant que l'article L. 511-1 du code des procédures civiles d'exécution exige que la personne désireuse de pratiquer des mesures conservatoires, justifie de circonstances susceptibles d'en menacer le recouvrement. L'article 512 du même code prévoit que le juge peut ordonner la mainlevée de la mesure conservatoire s'il apparaît que les conditions prescrites par l'article 511 ne sont pas réunies. Si le placement sous sauvegarde du débiteur principal constitue un élément suffisant pour caractériser la menace qui pèse sur le recouvrement de la créance, il n'est pas de nature à démontrer que le recouvrement de la créance est menacé, alors que la caution est propriétaire d'un immeuble couvrant la dette. Dans ces conditions, il y a lieu d'ordonner la mainlevée[1]. Il résulte de cette décision qu'il est n'est pas, par principe, interdit de pratiquer une mesure conservatoire sur les biens de la caution d'un débiteur sous sauvegarde, mais que l'autorisation donnée par les textes n'équivaut pas à la dispense de démonstration que le recouvrement de la créance est en péril, cette démonstration étant rapportée conformément au droit commun de la prise de mesures conservatoires. Il ne faut donc pas se tromper de débat : le péril dans le recouvrement de la créance ne s'apprécie pas par rapport au débiteur, mais seulement par rapport à la caution, sur les biens de laquelle porte les mesures conservatoires.

> Si le créancier n'a pas encore assigné le garant au jour du jugement d'ouverture du débiteur principal, une autre difficulté surgit. La prise de mesures conservatoires présuppose, en effet, qu'après la mesure conservatoire autorisée par le juge de l'exécuton ou le président du tribunal de commerce, sauf pour le créancier à être en possession d'un titre, mais non exécutoire, le créancier assigne ou procède par voie d'injonction de payer, pour valider la mesure conservatoire, dans le mois qui suit l'exécution de la mesure (D. 31 juill. 1992[2], art. 215, devenu C. pr. exec., art. R. 511-7). Comment coordonner la permission de pratiquer des mesures conservatoires avec la suspension des actions ? Autrement dit, est-il possible, après le jugement de sauvegarde ou de redressement du débiteur, d'assigner le garant pour valider la mesure conservatoire ? La suspension de l'action en paiement n'entraîne-t-elle pas, *a fortiori*, une interdiction de l'action ?

La deuxième chambre civile et la Chambre commerciale de la Cour de cassation sont divisées sur la réponse à apporter.

Pour la deuxième chambre civile, la prise de mesures conservatoires pendant la période d'observation n'est possible qu'autant que l'assignation en paiement a été initiée avant le jugement d'ouverture. À défaut, la mesure conservatoire est caduque, faute de pouvoir être validée par une assignation[3]. Ainsi, selon cette analyse, la possibilité de prendre des mesures conservatoires pendant la période d'observation, à l'encontre d'une caution personnelle personne physique est-elle extrêmement limitée. Ce n'est en effet que si l'assignation au fond est antérieure au jugement d'ouverture et donc à la prise de la mesure conservatoire que cette dernière sera possible. Ce n'est assurément pas ce qu'avait voulu le législateur.

Pour la Chambre commerciale[4], « le créancier qui a été autorisé à pratiquer une mesure conservatoire contre une caution personne physique doit, dans le mois qui suit l'exécution de la mesure, à peine de caducité, introduire une procédure ou accomplir les formalités nécessaires à l'obtention d'un titre exécutoire, même si le débiteur principal a fait l'objet d'un redressement judiciaire; que dans ce cas l'instance engagée est suspendue jusqu'au juge-

1. Amiens, 1re ch. civ., 17 mars 2016, RG n° 14/01959, *LXB hebdo* 19 mai 2016, n° 446, note Le Corre-Broly.

2. D. n° 92-755, 31 juill. 1992, *JO* 5 août, p. 10530.
3. Civ. 2e, 30 avr. 2002, n° 00-20.372, *Bull. civ.* II, n° 85; *D.* 2002. AJ 2260, obs. Lienhard; *JCP E* 2002. Chron. 1380, n° 3, obs. Pétel; *Act. proc. coll.* 2002, n° 140, obs. Pétel; *Dr. et patr.* 2002, n° 108, obs. Monsérié-Bon; *RTD com.* 2003. 163, n° 2, obs. Martin-Serf; *Defrénois* 2003. 779, 37752, note Théry; *Rev. proc. coll.* 2004, p. 230, n° 2, obs. Macorig-Venier.
4. Com. 24 mai 2005, n° 03-21.043, *Bull. civ.* IV, n° 117; *D.* 2005. AJ 1632, obs. Lienhard; *D.* 2005. Somm. 2084, obs. Crocq; *JCP E* 2005. Chron. 1274, n° 5, obs. Pétel; *JCP E* 2005. Chron. 1860, n° 3, obs. Delebecque et Simler; *Dr. et proc.* 2005. 282, note Crocq; *Act. proc. coll.* 2005, n° 132, note Vallansan – Com. 24 mai 2005, n° 00-19.721, *Bull. civ.* IV, n° 116; *D.* 2005. Somm. 2084, obs. Crocq; *Dr. et proc.* 2005. 282, note Crocq; Act. proc. coll. 2005, n° 132, note Vallansan; RD banc. fin. 2005, n° 141, obs. Piedelièvre; *Defrénois* 2005. 1937, Chron. 38287, n° 12, note Gibirila; *Gaz. proc. coll.* 2005/3, p. 49, obs. Le Corre.

ment arrêtant le plan ou prononçant la liquidation judiciaire du débiteur principal »[1]. Cette solution, posée sous l'empire de la loi du 25 janvier 1985, doit être étendue, sous l'empire de la loi de sauvegarde à tous les garants personnes physiques, et vise non seulement le redressement[2], mais encore la sauvegarde.

La solution de la Chambre commerciale apparaît plus respectueuse de l'esprit, mais aussi de la lettre des textes. L'esprit des textes, autorisant le créancier à se prémunir contre l'insolvabilité du garant, justifie qu'il puisse pratiquer une mesure conservatoire et qu'aucun obstacle procédural ne doive s'élever contre sa prérogative. La lettre des textes est également respectée. Le texte ne vise pas une interdiction de l'action en paiement contre le garant, mais seulement une suspension, et ne distingue pas selon que l'assignation en paiement a été initiée avant ou est entamée après le jugement d'ouverture. Or la Chambre commerciale utilise explicitement le terme de suspension : l'action en paiement peut être entamée après le jugement d'ouverture, aux seules fins de valider la mesure conservatoire et, si tôt l'instance liée, celle-ci est suspendue. Certaines juridictions du fond avaient déjà posé la solution[3]. D'autres se sont ensuite alignées sur la solution[4].

Une autre solution aurait permis de conserver l'efficacité à la prise de mesure conservatoire. Ne pouvait-on décider, en effet, que le délai du mois imparti au créancier pour assigner au fond à la suite de l'autorisation de pratiquer la mesure conservatoire se trouvait suspendu ? C'était la solution préconisée par une réponse ministérielle[5] et par une partie des juges du fond[6]. Le secours du créancier aurait alors été trouvé dans les règles du droit commun, et plus précisément dans la règle *contra non valentem*, principe général du droit dont on rappellera qu'il a la force suffisante pour tenir en échec des lois, fussent-elles d'ordre public. La réforme du droit de la prescription, qui résulte de la loi du 17 juin 2008[7], est aujourd'hui clairement en ce sens. Nul reproche ne peut en effet être adressé à un créancier de ne pas avoir lancé son assignation dans le délai du mois, dès lors qu'il lui était interdit de le faire.

Une fois le plan intervenu, la condamnation pourra intervenir pour le tout (v. s[s] n°s 721.24 s). En revanche, l'exécution du titre interviendra dans des conditions différentes selon qu'il y a adoption d'un plan de redressement (v. s[s] n° 721.34) ou de sauvegarde (v. s[s] n° 721.33).

Terminons en indiquant que le créancier pourra inscrire une hypothèque judiciaire après l'adoption du plan, fût-ce un plan de sauvegarde, faute d'interdiction posée par les textes. L'obligation pour lui de valider son inscription par une assignation au fond contre la caution l'autorise à assigner cette caution même pendant l'exécution du plan de sauvegarde et même à obtenir le jugement de condamnation[8].

1. Com. 24 mai 2005, n° 03-21.043, *Bull. civ.* IV, n° 117; *D.* 2005. AJ 1632, obs. Lienhard; *D.* 2005. Somm. 2084, obs. Crocq; *JCP E* 2005. Chron. 1274, n° 5, obs. Pétel; *JCP E* 2005. Chron. 1860, n° 3, obs. Delebecque et Simler; *Dr. et proc.* 2005. 282, note Crocq; *Act. proc. coll.* 2005, n° 132, note Vallansan – Com. 24 mai 2005, n° 00-19.721, *Bull. civ.* IV, n° 116; *D.* 2005. Somm. 2084, obs. Crocq; *Dr. et proc.* 2005. 282, note Crocq; *Act. proc. coll.* 2005, n° 132, note Vallansan; *RD banc. fin.* 2005, n° 141, obs. Piedelièvre; *Defrénois* 2005. 1937, Chron. 38287, n° 12, note Gibirila; *Gaz. proc. coll.* 2005/3, p. 49, obs. Le Corre.
2. Com. 3 nov. 2015, n° 14-19.191, NP; n° 930 F-D; *Gaz. Pal.* 16 févr. 2016, n° 7, p. 28, note Dumont-Lefranc; *Rev. proc. coll.* 2016, comm. 97, note Martin-Serf; *LXB hebdo* 19 nov. 2015, n° 444, note Le Corre-Broly.
3. Paris, 8e ch., 10 juin 1999, *D. Affaires* 1999. 1218; *RJDA* 1999/10, n° 1101, p. 884; *Act. proc. coll.* 1999, n° 221; *JCP E* 2000. Chron. 413, n° 5, obs. Simler et Delebecque; *RTD com.* 2000. 723, obs. Martin-Serf.
4. Bordeaux, 2e ch., 18 déc. 2007, RG n° 06/04003, *Rev. proc. coll.* 2009. Étude 90, obs. Patureau et Pérot-Reboul.
5. Rép. min. n° 572, *JOAN Q* 11 déc. 1997, p. 3477; *D. Affaires* 1998. 207.
6. TGI Saintes, 18 sept. 1998, *D. Affaires* 1999. 176; *RTD com.* 2000. 723, obs. Martin-Serf – Paris, 5e ch. A, 9 févr. 1999, *JCP E* 2000. Chron. 413, n° 5, obs. Simler et Delebecque; *RTD com.* 2000. 723, obs. Martin-Serf.
7. L. n° 2008-561, 17 juin 2008 portant réforme de la prescription en matière civile, *JO* 18 juin, p. 9856.
8. Com. 27 mai 2014, n° 13-18.018, préc.

CHAPITRE

722. Durée des poursuites contre la caution

SECTION 0

ORIENTEUR

722.00 **Plan du chapitre.**

Sect. 722.10 Durée des poursuites contre la caution

SECTION 722.10

DURÉE DES POURSUITES CONTRE LA CAUTION

722.11 Poursuite de la caution et clôture de la procédure.

> CLÔTURE POUR EXTINCTION DU PASSIF. Si la clôture de la liquidation judiciaire intervient pour extinction du passif, *a priori*, le problème de la poursuite de la caution n'existe pas. Toutefois, il a été observé que la clôture peut intervenir pour extinction du passif, alors même que le passif n'est pas intégralement payé, puisqu'il suffit que le passif exigible soit payé et que le créancier accorde un moratoire au débiteur pour payer ses dettes, en reportant ainsi l'exigibilité de celles-ci (v. s^s^ n° 592.21). Dès lors la question de la poursuite de la caution après clôture pour extinction du passif peut se poser.

La cour de cassation juge que ce type de clôture n'a pas pour effet de mettre à l'écart la règle de droit commun du code civil selon laquelle celui qui soulève l'exception de paiement doit prouver le paiement. La caution ne peut donc se réfugier derrière la clôture pour extinction du passif exigible pour prétendre être déchargée de ses obligations, sans prouver le paiement intervenu[1].

> CLÔTURE POUR INSUFFISANCE D'ACTIF DE LA PROCÉDURE DU DÉBITEUR PRINCIPAL. La question est ici de savoir s'il est possible de poursuivreune caution, simple ou solidaire, alors qu'il est interdt, en raison de la *clôture de la liquidation judiciaire* pour insuffisance d'actif, de poursuivre le débiteur. On a vu que l'absence de reprise des poursuites individuelles équivalait, sur un plan économique, à une suppression de la dette, mais que la réalité juridique était différente (v. s^s^ n° 592.54). Les articles L. 621-95 et L. 622-32 du code de commerce (anc^t^ L. 25 janv. 1985[2], art. 92 et 169), dans la rédaction antérieure à la loi de sauvegarde des entreprises et l'article L. 643-11 alinéa 1 du code, dans la rédaction que lui donne la loi de sauvegarde des entreprises, n'évoquent qu'une interdiction de recouvrer l'exercice individuel des actions. La dette subsiste donc. Seule l'action est supprimée au créancier. Sous l'empire de la loi du 25 janvier 1985 non réformée, l'interrogation avait pu exister de savoir si la suppression de l'action contre le débiteur devait emporter suppression de l'action contre la caution. Distinguant extinction de l'action et extinction de la dette d'une part, posant d'autre part la règle selon laquelle l'arrêt des poursuites individuelles ne profite qu'au débiteur et qu'en conséquence l'interdiction de reprise d'un droit ne peut concerner que celui qui a perdu ce droit, et observant que tel n'était pas le cas du créancier face à la caution, c'est fort logiquement que la Cour de cassation devait décider que l'absence de reprise des poursuites individuelles est une règle qui reste sans incidence sur le droit, pour un créancier antérieur, de poursuivre la caution, après clôture de la procédure pour insuffisance d'actif contre le débiteur[3].

1. Com. 13 déc. 2005, n° 03-18.010, NP; n° 1628 F-D.

2. L. n° 85-98, 25 janv. 1985, *JO* 26 janv., p. 1097.
3. Com. 8 juin 1993, n° 91-13.295, *Bull. civ.* IV, n° 230; *RTD civ.* 1994. 36, obs. Mestre; *JCP E* 1993. I. 275, obs. Pétel; *JCP E* 1993. II. 525, obs. Lecène-Marénaud; *RTD com.* 1993. 583, obs. Martin-Serf; *Bull. Joly* 1993. 911, n° 265, obs. Jeantin; *JCP* 1993. I. 3717, obs. Simler; *JCP* 1993. I. 22074, obs. Ginestet; *Defrénois* 1994. 577, obs. Sénéchal; *Quot. Jur.* 28 oct. 1993, IV, obs. P.M. – Com. 28 juin 1994, n° 90-12.974, NP, *Dr. sociétés* 1994, n° 155, obs. Chaput – Com. 28 mars 1995, n° 92-11.943, NP, *Rev. proc. coll.* 1995, 329, n° 6, obs. Kerckhove – Com. 2 déc. 2014, n° 13-22.830, NP; n° 1007 F-D.

La créance n'étant pas éteinte, après clôture pour insuffisance d'actif de la procédure, il en résulte que l'exception de l'absence de reprise des poursuites est purement personnelle au débiteur. Elle n'est pas inhérente à la dette, ce qui justifie que la caution ne puisse s'en prévaloir[1], fût-ce à l'égard du cessionnaire de la créance[2].

L'interrogation qui existait sous l'empire de la loi du 25 janvier 1985 non réformée a été supprimée par l'article 169 de la loi (devenu C. com., art. L. 622-32), tel qu'il résulte de la rédaction que lui a donnée la loi du 10 juin 1994[3]. Il prévoit, en son alinéa 2, que la caution peut recourir, après clôture pour insuffisance d'actif, contre le débiteur. Or, pour obtenir un remboursement, cela suppose évidemment que la caution ait préalablement payé. De la sorte, le législateur de 1994 a clairement établi la possibilité pour le créancier de poursuivre, après clôture pour insuffisance d'actif de la liquidation judiciaire ou du plan de cession, la caution, afin d'obtenir paiement d'une créance antérieure. La solution n'est pas modifiée par la loi de sauvegarde des entreprises, sous réserve que l'arrêté d'un plan de cession totale n'exerce plus d'incidence sur l'existence d'une société. L'article L. 643-11, II du code de commerce indique que « toutefois, la caution ou le coobligé qui a payé aux lieu et place du débiteur peut poursuivre celui-ci ».

Cependant, la règle n'a d'intérêt véritable que si le débiteur est une personne physique. Si le débiteur est une personne morale, sa dissolution résulte, entre la loi du 5 janvier 1988 et l'ordonnance du 12 mars 2014[4], de sa liquidation judiciaire (C. civ., art. 1844-7, 7°) et, depuis l'ordonnance du 12 mars 2014, de la clôture pour insuffisance d'actif de la liquidation judiciaire. Certes, la dissolution d'une société n'a pas pour effet d'entraîner disparition de la personnalité morale, laquelle subsistera tant qu'il y aura des droits et obligations à caractère social, même après la publication des opérations de clôture au sens du droit des sociétés. Mais elle constituera un obstacle pratique à la reconstitution de son patrimoine.

722.12 Absence de particularisme de la clôture pour insuffisance d'actif de la procédure d'une société et poursuite de la caution. Le droit du cautionnement distingue classiquement l'obligation de couverture et l'obligation de règlement. Ces notions vont nous permettre de régler la question posée, en raisonnant par analogie avec deux situations voisines : celle du décès du débiteur et celle de la fusion ou de la scission d'une société.

Dans le premier cas, la caution reste tenue des dettes nées au jour du décès. C'est l'obligation de règlement. Elle est en revanche dégagée des dettes qui sont nées après le décès. C'est la suppression de l'obligation de couverture. Le décès ne fait pas disparaître le cautionnement, mais seulement l'obligation de couverture. La solution se justifie par l'idée de continuation de la personne du défunt par les héritiers.

Dans l'hypothèse de la fusion d'une société, une règle identique peut être observée. Est posée une définition de la fusion ou de la scission, par ses effets. L'article L. 236-3 du code de commerce (anc^t L. 24 juill. 1966[5], art. 372-1) dispose que « la fusion ou la scission entraîne la dissolution sans liquidation des sociétés qui disparaissent et la transmission universelle de leur patrimoine aux sociétés bénéficiaires ». Ici encore, une solution de continuité est trouvée, puisque si la fusion ou la scission entraîne la dissolution, il y a transmission du patrimoine des sociétés dissoutes à une autre société. Tout se passe comme dans l'hypothèse du décès[6]. C'est pourquoi, fort logiquement, les mêmes règles sont posées. La caution reste tenue de l'obligation de règlement pour les dettes nées jusqu'à la fusion ou à la scission. Elle est dégagée de son obligation de couverture au-delà.

Dans les deux cas, le principe de continuation justifie la solution. Une personne continue la personne du défunt : l'héritier. Une personne continue la personne des sociétés, objet des fusions ou des scissions : la société bénéficiaire. Tel n'est pas le cas, en cas de dissolution de la société résultant d'un plan de cession ou d'une liquidation judiciaire. À la clôture de la procédure collective, il n'y a pas de solution de continuité, même si l'être moral ne disparaît pas. Même s'il est tentant d'en tirer la conséquence que le cautionnement disparaît faute de poursuite de l'activité de la société (dans le domaine voisin de la dissolution d'une société par réunion de toutes les parts en une seule main, v. C. civ., art. 1844-5)[7], l'analyse ne peut être suivie. En effet, tant que subsistent des droits et obligations à caractère social, ce qui est le cas en présence de dettes sociales, la personnalité morale « substantielle » subsiste, indépendamment de la personnalité morale « formelle »[8]. En conséquence, la dette principale ne disparaît pas.

1. SAINT-ALARY-HOUIN, 7e éd., n° 1230 – DERRIDA *ET ALII*, n° 453 – RIPERT ET ROBLOT, n° 3275 – SOINNE, n° 2085.
2. Com. 2 déc. 2014, n° 13-22.830, préc.
3. L. n° 94-475, 10 juin 1994, *JO* 11 juin, p. 8440.
4. Ord. n° 2014-326, 12 mars 2014, *JO* 14 mars, p. 5249.
5. L. n° 66-537, 24 juill. 1966, *JO* 26 juill., p. 6402.
6. Simler et Delebecque, *Droit civil : Les sûretés – La publicité foncière*, 6e éd., « Précis », Dalloz, 2012, n° 242.
7. AUSSI : Douai, 2e ch., 20 janv. 2000, *D.* 2000. AJ 139, obs. Lienhard.
8. SUR CETTE DISTINCTION : Gil, note s^s Civ. 2e, 24 janv. 2008, n° 07-10.748; n° 139 FS P+B; *Bull. Joly* 2008. 388, § 83.

722.13 Poursuite de la caution et cession judiciaire des contrats. La cession des contrats ne concerne que les seuls contrats dont les obligations naissent successivement, tel le bail (v. s^s n° 582.51). Elle ne concerne pas le prêt (v. s^s n° 722.14). En cas de cession judiciaire des contrats, le repreneur a l'obligation de payer les obligations naissant après la cession. Plus exactement même, la date de transfert des obligations sur le repreneur est fixée à son entrée en jouissance (v. s^s n° 582.61).

Il convient ensuite d'opérer une distinction selon que l'on est avant ou après la réforme du droit des obligations par l'ordonnance du 10 février 2016[1].

> **Avant la réforme du droit des obligations.** Le repreneur a ainsi l'obligation de payer les dettes nées de son chef. Cette règle conditionne directement les obligations de la caution. Il est d'abord clair que la caution a été donnée pour les engagements du débiteur, et non pour ceux du repreneur. La caution n'est pas la caution du repreneur, mais celle du débiteur d'origine. Il est donc hors de propos que les engagements du repreneur soient garantis par la caution du débiteur. Cette dernière ne devra que les dettes nées du chef du débiteur. Il en ira évidemment différemment si le contrat de cautionnement prévoit le maintien de l'engagement en cas de cession du contrat[2]. Certes, le débiteur garanti n'est pas déterminé. Mais il est aisément déterminable : le cessionnaire du contrat désigné par le tribunal. Il n'y a donc pas d'obstacle au maintien de l'engagement de caution.

Ensuite, la Cour de cassation a nettement pris parti en faveur du caractère non novatoire du plan de cession. Il en résulte que la dette du débiteur n'est pas éteinte par l'effet du plan de cession[3].

La combinaison de ces deux règles – absence de caractère novatoire du plan de cession et obligation de la caution limitée aux seules obligations nées du chef du débiteur – conduit à décider que la caution reste tenue de payer toutes les obligations du contrat nées du chef du débiteur, avant que ne prenne corps l'obligation du repreneur de régler les dettes nées de son chef[4]. De cette règle, il est tiré la conséquence que la caution ne peut être poursuivie pour le manque à gagner résultant d'une relocation à un loyer moindre, alors que ce manque à gagner n'affectait que des loyers postérieurs à la cession[5].

Il en irait évidemment différemment si la caution avait pris un nouvel engagement à l'égard du créancier, pour les dettes nées du chef du repreneur[6]. La résolution du plan de cession n'aurait d'ailleurs pas pour effet de faire disparaître l'obligation de la caution[7], dès lors qu'elle a pour origine le fait du cessionnaire. De même, cette règle peut être écartée si le créancier a déclaré au passif des sommes à échoir, représentatives des créances nées, après jugement d'ouverture, tels les loyers d'une location financière. Leur admission au passif du débiteur obligera la caution solidaire, faute pour elle d'avoir fait une réclamation à l'état des créances[8].

On remarquera ici que le tribunal peut, sous l'empire de la législation antérieure à la loi de sauvegarde des entreprises, accorder des délais de paiement au cessionnaire (C. com., art. L. 621-88, al. 3 [anc^t L. 25 janv. 1985[9], art. 86, al. 3]). Par application de l'article L. 621-65 alinéa 2 du code de commerce (anc^t L. 25 janv. 1985, art. 64, al. 2), qui prévoit que la caution solidaire ne peut se prévaloir des dispositions du plan, faut-il décider que la caution qui a pris un engagement nouveau pour la dette née du chef du repreneur ne peut se prévaloir des délais du plan et doit s'exécuter selon l'échéancier initial ? Nous ne le pensons pas. En effet, l'article L. 621-65, alinéa 2 du code ne concerne que l'engagement initial de la caution et non point son engagement nouveau. Elle doit donc pouvoir faire valoir la nouveauté de son engagement pour faire juger que les règles du droit des procédures collectives n'ont pas vocation à régir cet engagement contracté en garantie des obligations d'un débiteur *in bonis*. La question ne peut plus se poser depuis la loi de sauvegarde des entreprises, puisque le tribunal ne peut plus accorder, pour l'exécution des contrats cédés, de

1. Ord. n° 2016-131, 10 févr. 2016, *JO* 11 févr.
2. SOINNE, n° 1723.
3. RAPPR., pour une cession du contrat intervenu en phase *liquidative, l'absence de décharge* de la caution se justifiant par le fait que la novation ne se présume pas : Com. 6 juin 1995, n° 93-14.456, NP, *Rev. proc. coll.* 1996, 457, n° 4, obs. Kerckhove.
4. EN CE SENS : Com. 12 oct. 1993, n° 91-17.128, *Bull. civ.* IV, n° 333; *D.* 1994. 353, obs. Playoust; *JCP* 1994. I. 3765, obs. Simler et Delebecque; *RD banc. et bourse* 1994. 135, obs. Campana et Calendini; *RTD com.* 1995. 848, obs. Martin-Serf; *JCP* 1994. I. 3759, n° 2, obs. M. Cabrillac et Pétel; *Rev. Banque* 1994. 91, obs. Guillot – Com. 14 févr. 1995, n° 93-11.030, NP, *Rev. Banque* 1995. 92, obs. Guillot; *Rev. proc. coll.* 1995, 171, n° 44, obs. Soinne – Com. 21 nov. 1995, n° 93-20.387. *Bull. civ.* IV, n° 267; *JCP* 1996. I. 3935, n° 7, obs. M. Cabrillac; *JCP E* 1996. II. 826, obs. Jamin et Billau; *D.* 1996. Somm. 396, obs. L. Aynès; *D.* 1997. Somm. 5, obs. Derrida; *RTD com.* 1996. 36, obs. Campana et Calendini; *Rev. proc. coll.* 1996, 229, obs. Soinne – Com. 6 juill. 1999, n° 97-10.381, NP, *Act. proc. coll.* 1999, n° 203; *Rev. proc. coll.* 2001, n° 50, note Soinne – Com. 13 févr. 2007, n° 05-19.470, NP; n° 208 F-D; *Gaz. proc. coll.* 2007/2, p. 54, note Le Corre; *RD banc. fin.* 2007, n° 104, note Legeais.
5. Com. 13 févr. 2007, n° 05-19.470, NP; n° 208 F-D; préc.
6. Com. 21 nov. 1995, n° 93-20.387, *Bull. civ.* IV, n° 267; *RD banc. et bourse* 1996. 53, n° 4, obs. Calendini; *RTD com.* 1996. 347, obs. Martin-Serf.
7. SOINNE, n° 1776.
8. Com. 24 oct. 1995, n° 93-16.742, NP, *RJDA* 1996/3, n° 420, p. 290; *D.* 1995. IR 252.
9. L. n° 85-98, 25 janv. 1985, préc.

délais de paiement au repreneur (C. com., art. L. 642-7).

Indiquons ici que, si le contrat est judiciairement cédé en dehors du plan de cession, c'est-à-dire en liquidation judiciaire par le juge-commissaire, ce qui, en théorie, n'est pas possible (v. s^s n° 563.44), il n'y a pas novation. Il en résulte que si le cessionnaire du contrat est obligé, par l'ordonnance du juge-commissaire, de payer les sommes restant dues par le débiteur cédant avant le jugement d'ouverture, la caution du débiteur n'est pas déchargée au titre de ces sommes qui sont bien des dettes nées du chef du débiteur, admises au passif, qui restent donc valablement cautionnées [1].

> Depuis la réforme du droit des obligations [2]. La cession de contrat est entrée dans le code civil. L'article 1216 du code civil précise que si le cédé y a expressément consenti, la cession de contrat libère le cédant. À défaut, et sauf clause contraire, le cédant est tenu solidairement à l'exécution du contrat.

Si l'on applique ces règles à la cession judiciaire des contrats, il faudrait décider que, par principe, la cession ne libère pas le cédant. Par voie de conséquence, elle ne libère pas davantage sa caution. L'absence d'effet novatoire de la cession de contrat aurait alors pour effet de rapprocher la situation de la caution en cas de jeu du transfert de la charge de la sûreté et sa situation en cas de cession judiciaire du contrat (v. s^s n° 722.14).

La solution ne peut cependant être suivie. Pour que la question de la décharge du cédant se pose, il faut supposer que la dette est née au moment de la cession du contrat. Mais tel n'est pas le cas en droit des entreprises en difficulté. En effet, la dette n'est pas née sur la tête du repreneur. La question de savoir si la caution reste tenue d'une dette qui n'est pas née sur la tête du repreneur ne se pose pas. Aussi faudra-t-il, à notre sens, continuer à appliquer les solutions antérieures à la réforme du droit des obligations.

722.14 Poursuite de la caution et transfert de la charge de la sûreté – engagement particulier du repreneur de payer les échéances restant à échoir.

> Poursuite de la caution et transfert de la charge de la sûreté. L'article L. 621-96 alinéa 3 du code de commerce (anc^t L. 25 janv. 1985 [3], art. 93, al. 3) et *l'article L. 642-12, alinéa 4* du même code (réd. L. 26 juill. 2005 [4]) obligent le repreneur à s'acquitter des échéances restant à échoir, après transfert à son profit du bien grevé acquis grâce au prêt (v. s^s n° 582.44). On est ici en présence d'un contrat dont les obligations naissent instantanément. L'obligation de rembourser naît en une seule fois, à l'exact moment de la remise des fonds pour les contrats de crédits réels, c'est-à-dire ceux consentis par des personnes autres que des établissements de crédit, au moment de la signature, pour les contrats de crédit consensuels, c'est-à-dire ceux consentis par des établissements de crédit. L'obligation de rembourser est ainsi, pour la totalité, née sur la tête de l'emprunteur, c'est-à-dire du débiteur.

En outre, le plan de cession n'a pas d'effet novatoire. Il en résulte que l'obligation transférée sur la dette du repreneur de payer les échéances de crédit restant à échoir n'entraîne pas décharge du débiteur. La solution est d'importance pour la caution.

Étant tenue de la dette née du chef du débiteur et le plan de cession n'ayant pas d'effet novatoire [5], il faut décider que la caution reste obligée à l'intégralité des sommes dues au titre du crédit [6], le contraire ayant cependant été également jugé [7]. La créance du prêteur devra toutefois, sous l'empire de la législation antérieure à la loi de sauvegarde des entreprises, être admise au passif, les échéances transférées au repreneur étant certes exigibles après plan de cession, mais nées avant jugement d'ouverture. La loi de sauvegarde des entreprises nous semble avoir modifié la solution, du fait de la disparition de l'extinction de la créance non déclarée. Les échéances du crédit à échoir après l'entrée en jouissance du repreneur resteront dues, nonobstant leur absence de déclaration au passif (v. s^s n° 665.77). Par accessoire, la caution en restera tenue.

Encore faut-il coordonner la règle précédente avec la question de l'exigibilité des sommes dues. Deux situations doivent être distinguées.

1. Com. 30 mars 2010, n° 09-65.478, NP; n° 385 F-D.
2. Ord. n° 2016-131, 10 févr. 2016 portant réforme du droit des contrats, du régime général et de la preuve des obligations, *JO* 11 févr.
3. L. n° 85-98, 25 janv. 1985, préc.
4. L. n° 2005-845, 26 juill. 2005, *JO* 27 juill., p. 12187.
5. RAPPELANT LA SOLUTION : Com. 27 févr. 2007, n° 03-12.363, *Bull. civ.* IV, n° 64; *D.* 2007. AJ 1021, obs. Lienhard; *JCP E* 2007. Chron. 2119, n° 4, obs. Cabrillac; *Gaz. proc. coll.* 2007/2, p. 53, note Le Corre.
6. Com. 14 juin 1994, n° 92-13.101, NP, *Rev. proc. coll.* 1995, 178, n° 51, obs. Soinne – Com. 13 avr. 1999, n° 97-11.383, *Bull. civ.* IV, n° 87; *RTD com.* 1999. 964, obs. Saint-Alary-Houin; *LPA* 25 mai 1999, n° 103, p. 10, note P. M.; *D. Affaires* 1999. 801, obs. Lienhard; *D.* 2000. Somm 257, note Lipinski; *Rev. proc. coll.* 2000, 96, note Mahinga; *RTD com.* 2000. 177, obs. Martin-Serf – Com. 3 avr. 2002, n° 99-10.932, NP, *Act. proc. coll.* 2002, n° 143; *Rev. proc. coll.* 2003, p. 333, n° 13, obs. Lèguevaques – Com. 9 nov. 2004, n° 02-17.467, NP – Douai, 2e ch., 1re sect., 30 janv. 2014, RG n° 12/06820, *JurisData* 001375.
7. Caen, 1re ch., 16 mai 2002, *Act. proc. coll.* 2002, n° 209, obs. Parot; *Rev. proc. coll.* 2003, p. 333, n° 13, obs. Lèguevaques – Paris, pôle 5, 4e ch., 12 sept. 2012, RG n° 11/06926, *Act. proc. coll.* 2012, n° 276.

Si le plan de cession est adopté en liquidation judiciaire, la déchéance du terme a été décalée, par le jeu de l'article L. 643-1 du code de commerce, au jour de l'adoption du plan, précisément pour permettre le jeu du transfert de la charge de la sûreté. Mais il s'agit d'une déchéance du terme de principe, dont il faut excepter les sommes objets du transfert de la charge de la sûreté. Ces sommes sont dues au fur et à mesure des échéances par le repreneur et, nous semble-t-il, de la même façon par le débiteur. Autrement dit, ces sommes ne sont pas devenues exigibles contre le débiteur. Il n'est donc pas question d'en demander le paiement immédiat à la caution. Il ne pourra être demandé à cette dernière que les sommes devenues exigibles contre le débiteur, c'est-à-dire celles restées impayées par le débiteur avant le transfert de propriété du bien grevé de la sûreté qui a permis le déclenchement du jeu du transfert de la charge de la sûreté, et celles que le repreneur aurait dû payer et dont il ne s'est pas acquitté.

Si le plan de cession est adopté en redressement judiciaire – voire en sauvegarde s'agissant d'une cession partielle volontaire –, il n'y a pas déchéance du terme et la poursuite immédiate de la caution du débiteur s'avère impossible. Mais que décider si, après la décision adoptant le plan de cession en redressement judiciaire, le débiteur est placé en liquidation judiciaire, comme cela est le plus généralement le cas ? Il a été jugé que, en pareille hypothèse, la déchéance du terme résultant du jugement de liquidation judiciaire rend immédiatement exigibles la dette contre le débiteur et par voie de conséquence, contre la caution, qui doit en conséquence payer le solde de la créance, sous la seule déduction des sommes versées par le repreneur au prêteur[1]. Cette solution ne nous semble pas devoir être suivie. Même si le texte de l'article L. 643-1 du code de commerce reste muet sur l'hypothèse, l'application de principe des règles de la liquidation judiciaire au cas du plan de cession adopté en redressement judiciaire oblige à la neutralisation de la déchéance du terme au titre des échéances mises à la charge du repreneur, parce qu'elles ne sont pas davantage exigibles contre le débiteur. Il faut donc décider que, par exception, la déchéance du terme résultant de la liquidation judiciaire est écartée au titre des sommes objets du transfert de la charge de la sûreté précisément pour obliger le repreneur à les payer, mais seulement au fur et à mesure de leur exigibilité et cela parce que, dans les rapports du créancier avec le débiteur, lesdites sommes, par exception, ne sont pas exigibles du seul fait de la liquidation judiciaire. Par accessoire, ces sommes ne sont davantage exigibles contre la caution. Ce n'est donc, au titre de ces sommes mises à la charge du repreneur, que dans l'hypothèse où le repreneur ne paye pas aux échéances convenues que la caution pourra être poursuivie. Mais elle devra régler l'intégralité de la dette, si le repreneur encourt la déchéance du terme et si, dans l'acte de cautionnement, elle a renoncé au bénéfice d'un terme propre. Dans le cas contraire, la déchéance du terme contre le repreneur n'aurait pas pour effet d'entraîner exigibilité complète contre elle. Elle peut parfaitement se substituer au repreneur dans l'exécution du contrat de prêt, pour éviter d'encourir personnellement la déchéance du terme.

La caution ne peut recourir avant paiement sur le fondement de l'article 2309 du code civil (anc[t] C. civ., art. 2032), que contre le débiteur d'origine, non contre le repreneur, codébiteur du débiteur[2].

Le tribunal peut, sous l'empire de la législation antérieure à la loi de sauvegarde des entreprises, accorder des délais de paiement au cessionnaire pour acquitter les échéances du crédit restant à échoir (C. com., art. L. 621-96, al. 3 [anc[t] L. 25 janv. 1985, art. 93, al. 3]). Par application de l'article L. 621-65 alinéa 2 du code de commerce (anc[t] L. 25 janv. 1985, art. 64, al. 2), qui prévoit que la caution solidaire ne peut se prévaloir des dispositions du plan, il faut décider que la caution ne peut se prévaloir des délais de paiement accordés au cessionnaire, à l'identique de la solution posée en cas de cession judiciaire d'un contrat (v. s[s] n°s 722.13 s.). La question ne se pose plus depuis la loi de sauvegarde des entreprises, puisque le tribunal ne peut plus accorder de délais de paiement au repreneur pour acquitter les échéances du crédit qui restent à échoir (C. com., art. L. 641-12, al. 4).

Il ne faudra cependant pas que la dette née du prêt ait fait l'objet d'une novation. À défaut, le repreneur n'en restant pas tenu, la caution ne serait pas davantage obligée au paiement.

Le fait pour le créancier titulaire d'une sûreté, dont la charge doit être transmise au cessionnaire par application de l'article L. 621-96 alinéa 3 du code de commerce, devenu l'article L. 642-12 alinéa 4 depuis la loi de sauvegarde des entreprises, de ne pas s'opposer à la mise à l'écart de la règle, mais en n'y renonçant pas expressément, n'est pas constitutif d'une faute autorisant la décharge de la caution[3].

1. Douai, 2e ch., 1re sect., 30 janv. 2014, RG n° 12/06820, *JurisData* 001375.
2. Com. 27 févr. 2007, n° 03-12.363, *Bull. civ.* IV, n° 64; *D.* 2007. AJ 1021, obs. Lienhard; *Gaz. proc. coll.* 2007/2, p. 53, note Le Corre.
3. Com. 13 mai 2003, n° 99-21.551, *Bull. civ.* IV, n° 71; *D.* 2003. AJ 1629, obs. Avéna-Robardet; *JCP E* 2003. Chron. 1396, n° 2, obs. M. Cabrillac; *LPA* 24 nov. 2003, n° 234, p. 10, note Houtcieff; RD banc. fin. 2003, n° 182, obs. Legeais; RTD com. 2004. 155, n° 3, obs. Martin-Serf; *Defrénois* 2004. 884, 37969, note Honorat et Hovasse; *Act. proc. coll.* 2003, n° 174 – Com. 4 janv. 2005, n° 02-19.099, NP, *Gaz. proc. coll.* 2005/1, p. 44, n° 1, obs. Le Corre.

La simple mention dans les motifs de la décision de l'accord du prêteur pour un rachat à un certain montant de la créance, pour laquelle le transfert de la charge de la sûreté doit jouer, non reprise dans le dispositif de la décision arrêtant le plan de cession, fait peser une incertitude sur l'existence de l'accord dérogatoire, et, en conséquence, n'est pas suffisante pour permettre la dérogation à la règle du transfert de la charge de la sûreté, dont pourrait s'emparer la caution du débiteur [1].

Le simple aménagement du prêt tenant notamment au cantonnement de la dette restant due après l'arrêté du plan de cession est insuffisant à valoir novation et, par voie de conséquence, à entraîner décharge de la caution [2]. La solution a été très clairement posée par la Cour de cassation qui juge que « la transmission au cessionnaire de la charge des sûretés garantissant le remboursement d'un crédit s'opère de plein droit, sauf accord entre le cessionnaire et le créancier titulaire d'une sûreté mentionnée par le texte; qu'un tel accord ne résulte pas du fait que le créancier et le cessionnaire sont convenus du montant dû par ce dernier au titre des échéances futures du prêt garanti par la sûreté. » [3]

Plus fondamentalement, la Cour de cassation considère que le simple fait que le créancier et le cessionnaire conviennent du montant dû par ce dernier au titre des échéances futures du prêt garanti par la sûreté ne vaut pas renonciation au jeu du transfert de la charge de la sûreté et n'autorise donc pas le jeu de la décharge sur le fondement de l'article 2314 du code civil [4]. La solution doit être doublement approuvée. D'abord, la simple limitation du jeu du transfert de la charge de la sûreté ne fait pas obstacle au maintien de la sûreté sur la tête du repreneur et ainsi à la possibilité de subrogation de la caution. Il ne peut, ensuite, être considéré que la limitation des droits du créancier prêteur dans le cadre du jeu de l'article L. 642-12, alinéa 4 du code de commerce puisse s'analyser en un acte de pure volonté. Cette renonciation s'inscrit plus exactement dans un cadre judiciaire obligé. C'est pourquoi les conditions du jeu de l'article 2314 du code civil (exception de subrogation) ne peuvent être réunies, faute d'un acte strictement volontaire par lequel le créancier, égoïstement, fait perdre à la caution le bénéfice d'un droit préférentiel.

En revanche, le fait pour le créancier de renoncer à la transmission de la charge de la sûreté a été d'abord analysé comme étant source de décharge de la caution, par application de l'article 2037 du code civil (devenu C. civ., art. 2314) [5]. Mais une nuance de taille a ensuite été apportée par la Cour de cassation. Elle a approuvé une cour d'appel d'avoir refusé le jeu de l'exception de subrogation, dans une espèce dans laquelle l'administrateur judiciaire avait envoyé un courrier à la banque lui indiquant que la reprise des actifs incluant la reprise des contrats de travail était subordonnée à l'abandon par celle-ci du nantissement sur fonds de commerce, les prix proposés ne permettant pas d'envisager la distribution d'une quelconque somme à la banque ou la prise en charge du crédit par le repreneur. La cour d'appel a pu en déduire que la banque n'avait conclu aucun accord à ce sujet avec le repreneur et que la perte du nantissement résultait aussi des impératifs de bonne fin de la procédure collective avec maintien de tout ou partie de l'activité et des emplois et apurement du passif. La cour d'appel a ainsi fait ressortir que la perte du nantissement résultant du jugement arrêtant le plan de cession n'était ni imputable exclusivement au créancier ni fautif [6]. Il importe de noter que, dans cet arrêt, l'élément clé semble être l'absence d'accord avec le repreneur, l'abandon du nantissement étant accordé à l'administrateur judiciaire.

Il faut encore tenir compte du fait que le transfert de charge des sûretés suppose l'absence de déchéance du terme, au jour du plan de cession. À défaut, en effet, il n'y aura plus d'échéance à échoir transférée au repreneur (v. s[s] n° 582.44). Le fait pour le créancier de déclarer sa créance en totalité en « échu » lui faire perdre la possibilité du jeu du transfert de la charge de la sûreté. Cela peut permettre à la caution d'être déchargée sur le fondement de l'article 2314 du code civil [7]. Mais, à notre sens, pour qu'il y ait fait exclusif du créancier faisant perdre un droit pré-

1. Com. 19 févr. 2013, n° 11-27.906, NP; n° 166 F-D.
2. Com. 21 janv. 2003, n° 00-10.667, NP; n° 127 F-D – Com. 29 sept. 2015, n° 14-17.946, NP.
3. Com. 19 oct. 2010, n° 09-68.377, *Bull. civ.* IV, n° 155; *Gaz. Pal. entr. diff.* 7-8 janv. 2011, p. 42, note Le Corre; *Act. proc. coll.* 2010, n° 277, note Amlon; *LPA* 20 déc. 2010, n° 252, p. 9, note Nabet; *JCP E* 2011. Chron. 1030, n° 4, obs. M. Cabrillac; *Rev. proc. coll.* 2011, n° 9, note Patureau et Perot-Reboul; *D.* 2011. Pan. 408, obs. Crocq; *BJE* mars-avr. 2011, p. 30, note Lisanti; *Gaz. Pal.* 30-31 mars 2011, p. 19, note Dumont; *JCP E* 2011. Chron. 1251, n° 15, obs. Delebecque; *Rev. proc. coll.* 2011, n° 50, note Fraimout; *RTD com.* 2011. 170, n° 3, obs. Martin-Serf; *LXB hebdo* 21 nov. 2010, n° 417, note Le Corre-Broly.
4. Com. 19 oct. 2010, n° 09-68.377, préc.
5. Aix-en-Provence, 8e ch. C, 12 avr. 2007, RG n° 05/12357, *D.* 2007. AJ 1276 – Chambéry, ch. com., 17 mai 2011, RG n° 10/01703, *Rev. proc. coll.* 2011, n° 185, note Fraimout. – Riom, ch. com, 28 mai 2014, RG n° 13/01073, *JurisData* 014109.
6. Com. 19 nov. 2013, n° 12-26.539, NP; n° 1104 F-D; *Gaz. Pal.* 12 janv. 2014, p. 40, note Le Corre-Broly; *Rev. proc. coll.* 2014, comm. 25, note Fraimout; *BJE* mars 2014, 88, note Céreti-Gauthier.; *RTD com.* 2014, 689, n° 2, note Martin-Serf.
7. Com. 3 juill. 2012, n° 11-21.831, NP; n° 759 F-D; *Gaz. Pal. entr. diff.* 13 oct. 2012, n° 286, p. 13, note Le Corre-Broly; *BJE* nov. 2012, n° 188, note Brena; *Gaz. Pal.* 20 sept. 2012, p. 21, note Benilsi.

férentiel à la caution, dans lequel elle aurait pu être subrogée, il faut que le créancier ait commis une erreur dans la déclaration de sa créance, en déclarant « échu » ce qui n'était que « à échoir ». Il ne peut, en effet, lui être reproché la faute d'avoir déclaré une créance « échue », si tel était le cas au jour du jugement d'ouverture. La solution pourrait avoir vocation à se multiplier, du fait du décalage de la déchéance du terme en liquidation judiciaire, lorsqu'un plan de cession est adopté en cette phase. Le créancier aurait en effet tendance, comme il le faisait à raison avant la loi de sauvegarde des entreprises, à déclarer systématiquement sa créance en faisant jouer la déchéance du terme, du fait de la liquidation judiciaire, sans se préoccuper de la rédaction de l'article L. 643-1 du code de commerce.

La question peut également se poser de savoir, lorsque le repreneur fait l'objet d'une procédure collective de paiement, si l'absence de modification de l'inscription de la sûreté prise initialement par le créancier sur le débiteur empêche le créancier de bénéficier de la sûreté, dans la procédure collective du repreneur. Il en résulterait la possibilité pour la caution de prétendre ici à une décharge, sur le fondement de l'article 2314 du code civil, faute de pouvoir être subrogée dans la sûreté. La solution a été posée par la Cour de cassation [1]. Puis, à la suite d'un revirement de jurisprudence, encore qu'un auteur ait contesté l'analyse en un revirement [2], la solution a été abandonnée. La Cour de cassation a estimé que la cession du bien grevé de la sûreté, ordonnée par le jugement ayant arrêté le plan de cession, « opère transmission de plein droit au cessionnaire de la charge de la sûreté qui n'est pas perdue et que le privilège du créancier gagiste suit le fonds de commerce en quelques mains qu'il passe » [3] (v. aussi s^s^ n° 582.41). Le créancier ne peut donc se voir reprocher par la caution de ne pas avoir fait procéder à une modification de l'inscription de la sûreté [4]. L'automaticité du transfert de la charge de la sûreté explique la solution, qui vaut pour toutes les sûretés accordant à leur titulaire un droit de suite.

722.15 Engagement particulier du repreneur de payer les échéances restant à échoir. Même si la règle du transfert de la charge de la sûreté ne s'applique pas, le repreneur peut avoir pris l'engagement de payer les échéances du prêt restant à échoir au jour de l'arrêté du plan de cession. Cet engagement n'est pas novatoire, sauf manifestation expresse du créancier en ce sens, la novation ne se présumant pas. Il en résulte que la caution du débiteur reste intégralement tenue de la dette du débiteur, c'est à dire l'intégralité du prêt [5], comme elle l'est en cas de transfert de la charge de la sûreté.

1. Com. 3 févr. 1998, n° 95-13.853, *Bull. civ.* IV, n° 57; *D. Affaires* 1998. 478; *D.* 1998. 583, note Chazal.
2. M. Cabrillac, obs. s^s^ Com. 7 juill. 2009, n° 08-17.275, *Bull. civ.* IV, n° 100; *JCP E* 2010. Chron. 1011, n° 4.
3. Com. 7 juill. 2009, n° 08-17.275, *Bull. civ.* IV, n° 100; *D.* 2009. AJ 1891, obs. Lienhard; *Gaz. proc. coll.* 2009/4, 2e partie, nos 305 à 307, p. 38, note Le Corre; *Act. proc. coll.* 2009, n° 231, note Salvat; *Rev. proc. coll.* 2010, n° 66, note Pérochon; *RD banc. fin.* 2009, § 157, p. 32, note Cerles; *RTD com.* 2010. 787, n° 4, obs. Martin-Serf; *LXB hebdo* 17 sept. 2009, n° 363, note Le Corre-Broly – Com. 29 sept. 2015, n° 14-17.946, NP.
4. Com. 7 juill. 2009, n° 08-17.275, *Bull. civ.* IV, n° 100; *D.* 2009. AJ 1891, obs. Lienhard; *JCP E* 2010. Chron. 1011, n° 4, note Cabrillac; *Act. proc. coll.* 2009, n° 231, note Salvat; *LXB hebdo* 17 sept. 2009, n° 363, note Le Corre-Broly.
5. Com. 9 févr. 2016, n° 14-23.219, *Bull. civ.* IV [à paraître]; n° 138 F-P+B; *D.* 2016, actu 423, note Lienhard; *Gaz. Pal.* 12 avr. 2016, n° 14, p. 72, note Le Corre-Broly et n° 23, p. 33, note Dumont-Lefrand; BJE 2016, 175, note Reille; *JCP E* 2016. 1280, note Stefania; *Rev. proc. coll.* 2016, comm. 85, note Fraimout – Com. 9 févr. 2016, n° 14-23.229, NP; n° 139 F-D.

CHAPITRE

723. Hauteur de la poursuite de la caution

SECTION 0
ORIENTEUR

723.00 Plan du chapitre.

Sect. 723.10 Principe du respect de la règle de l'accessoire

Sect. 723.20 Renforcement de la règle de l'accessoire par la théorie de la représentation mutuelle des coobligés

Sect. 723.30 Hauteur de la poursuite de la caution – Mise à l'écart de la règle de l'accessoire en fonction des procédures

SECTION 723.10
PRINCIPE DU RESPECT DE LA RÈGLE DE L'ACCESSOIRE

723.11 Énoncé de la règle de l'accessoire interdisant par principe un traitement plus draconien de la caution que le débiteur principal. Aux termes de l'article 2290 du code civil (anct C. civ., art. 2013), « le cautionnement ne peut excéder ce qui est dû par le débiteur, ni être contracté sous des conditions plus onéreuses ». Cette règle traduit l'idée que le cautionnement est un engagement accessoire et que la caution, débiteur de second rang, ne peut être traitée plus durement que le débiteur principal.

À défaut de disposition contraire du droit des procédures collectives de paiement, cette règle devra être, par principe, respectée. Il en résulte que le montant demandé à la caution ne peut excéder le montant qu'il est possible d'exiger du débiteur.

Les contraintes essentielles pesant sur le créancier, dans la poursuite de la caution, tiennent à la nature même du cautionnement, par essence accessoire, qui ne peut exister indépendamment d'une dette.

La qualification des garanties professionnelles revêt à cet égard une importance de premier ordre (v. ss n° 723.15).

723.12 Défaut de déclaration dans les délais et cautionnement. Cette question doit être envisagée en distinguant la situation sous l'empire de la législation antérieure à la réforme du 26 juillet 2005[1] et la situation qui résulte de la loi de sauvegarde des entreprises.

> Incidence pour la caution de l'extinction totale de la créance pour défaut de déclaration dans les délais et cautionnement sous l'empire de la législation antérieure à la réforme du 26 juillet 2005. Le cautionnement est un engagement par essence accessoire. Or, comme le relève un auteur[2], « l'accessoire périt avec le principal ». L'extinction de la créance principale va nécessairement avoir des conséquences sur l'engagement de caution.

On rappellera ainsi que, par application de l'article 2290 du code civil (anct C. civ., art. 2013), la limite de l'engagement du débiteur principal constitue la limite de la poursuite de la caution.

Par application de ce principe, directement dicté par la règle de l'accessoire, la jurisprudence a décidé, sous l'empire de la législation antérieure à la réforme du 26 juillet 2005, que l'extinction de la créance, par suite d'absence de déclaration de celle-ci dans les délais, entraîne extinction du cautionnement. La règle a été clairement posée pour la caution, sous l'empire de la loi du 25 janvier 1985[3], y compris

1. L. n° 2005-845, 26 juill. 2005, *JO* 27 juill., p. 12187.
2. Goubeaux, *La règle de l'accessoire en droit privé*, « Bib. dr. privé », n° 93, Lgdj, 1969, n° 41.
3. L. n° 85-98, 25 janv. 1985, *JO* 26 janv., p. 1097 – Com. 17 juill. 1990, nos 88-15.630, 89-13.439, *Bull. civ.* IV, n° 214 – Com. 17 juill. 1990, n° 89-13.138, *Bull. civ.* IV, n° 215; *Gaz. Pal.* 1990. 2. 678, note Piedelièvre; *RD banc. et bourse* 1990. 246, obs. Campana et Calendini; *JCP E* ▶

pour la caution réelle[1], mais aussi pour l'avaliste, caution solidaire d'un effet de commerce[2].

La solution est justifiée par la règle de l'accessoire. Il ne peut y avoir de cautionnement sans existence d'une dette à cautionner. Si la dette est payée, le cautionnement disparaît. Il en est ainsi, sauf convention contraire, du fait pour un banquier de porter au débit d'un compte-courant, lequel vaut paiement, un billet à ordre avalisé[3].

L'exception n'est pas personnelle au débiteur. Elle est inhérente à la dette[4]. En effet, qu'y a-t-il de plus inhérent à la dette que son existence même[5] ?

La mise en demeure faite à la caution, avant le jugement d'ouverture de la procédure du débiteur principal, reste sans incidence sur l'extinction du cautionnement résultant de l'absence de déclaration de la créance au passif[6].

La clôture pour insuffisance d'actif de la procédure n'a pas pour effet de changer la solution de l'extinction du cautionnement, par suite de l'absence de déclaration au passif du débiteur[7].

Avant de condamner la caution d'un débiteur en redressement ou en liquidation judiciaire, la juridiction doit, au besoin d'office, vérifier que la créance n'est pas éteinte faute de déclaration au passif dans le délai légal[8]. Mais il importe peu qu'une décision constate l'extinction de la créance. L'absence de vérification de la créance ne fait pas obstacle à son extinction, dès lors qu'elle n'est pas déclarée dans les délais. La solution s'impose d'autant plus que la créance non déclarée dans les délais n'est pas soumise à vérification (v. s[s] n° 671.51). Cependant, si le créancier n'ayant pas déclaré dans les délais a sollicité un relevé de forclusion, il devra être définitivement statué sur celui-ci avant que la juridiction devant laquelle est poursuivie la caution ne statue. Il y aura place à un sursis à statuer. Il en ira de même si la créance a été contestée. Aucune décision ne pourra intervenir pour décharger la caution au prétexte de l'extinction de la créance, tant qu'il n'aura pas été définitivement statué sur l'admission ou le rejet de celle-ci[9]. L'évolution ultérieure de la jurisprudence conduit à nuancer les propos. En effet, la Cour de cassation, statuant sous l'empire de la législation antérieure à la loi de sauvegarde des entreprises, a jugé que le créancier qui a obtenu un relevé de forclusion doit impérativement déclarer sa créance dans l'année du jugement d'ouverture, c'est-à-dire dans le délai de l'action en relevé de forclusion. À défaut, sa créance est éteinte (v. s[s] n° 665.57). Il en résulte que ce créancier ne peut plus poursuivre la caution. Cette jurisprudence a continué à être appliquée sous l'empire de la loi de sauvegarde des entreprises, avant d'être tenue en échec par l'ordonnance du 12 mars 2014[10] (v. s[s] n° 665.57).

Si le créancier déclare sa créance hors délai sans justifier d'un relevé de forclusion, il en résulte l'extinction de la créance dont peut se prévaloir la caution[11], dès lors que le délai d'un an, qui court à compter du jugement d'ouverture pour présenter une demande en relevé de forclusion, est expiré.

Avant de condamner la caution, les juges du fond doivent, en l'absence d'admission de la créance au passif, s'ils y sont invités par la caution, vérifier que la personne ayant déclaré la créance avait bien pouvoir pour le faire. Si le créancier est une personne morale, ils doivent en conséquence vérifier que la personne déclarant la créance est un préposé habilité ou un tiers ayant reçu mandat spécial[12]. La question se pose dans des termes très différents depuis la loi de sauvegarde des entreprises, du fait, d'une part, de la disparition de l'extinction de la créance non déclarée (v. s[s] n° 665.78) et, d'autre

▶ 1991. II. 101, note Amlon; *RTD com.* 1990. 642, n° 2, obs. Martin-Serf; *D.* 1990. 494, note Honorat; *Rev. proc. coll.* 1991, 110, n° 2, obs. Delebecque; *D.* 1991. Somm. 12, obs. Derrida – Com. 23 oct. 1990, n° 88-9.257, *Bull. civ.* IV, n° 244 – Com. 30 mars 1993, n° 91-5.351, *Bull. civ.* IV, n° 124 – Com. 6 juill. 1993, n° 90-21.43, NP, *Rev. huissiers* 1994. 93, note Vidal – Com. 12 juill. 1994, n° 92-14.483, *Bull. civ.* IV, n° 260 – Com. 5 août 1994 *Rev. proc. coll.* 1995, 326, n° 4, obs. Kerckhove – Con. 22 oct. 1996, n° 94-16.687, NP, *Rev. sociétés* 1997. 596, note Didier – Civ. 1re, 7 oct. 1998, n° 96-18.093, *Bull. cv.* I, n° 283; *Rev. proc. coll.* 2000, 56, n° 4, obs. Kerckhove – Com. 10 déc. 2002, n° 01-02.486, NP, *Rev. proc. coll.* 2003, p. 331, n° 12, obs. Lèguevaques – Com. 16 mai 2006, n° 05-12.570, NP; n° 621 F-D – Paris, 15e ch. B, 15 nov. 2007, RG n° 06/01968.

1. Com. 27 oct. 1998, n° 96-14.037, *Bull. civ.* IV, n° 260; *Rev. proc. coll.* 2000, 56, n° 4, obs. Kerckhove – Civ. 2e, 28 oct. 1999, n° 97-16.789, *Bull. civ.* II, n° 164.
2. Com. 25 oct. 1994, n° 90-14.030, *Bull. civ.* IV, n° 312; *D.* 1995. 590, note Crionnet; *D.* 1995. Somm. 306, obs. Honorat; *RTD com.* 1996. 124, obs. Martin-Serf; *Rev. huissiers* 1995. 127, note Vidal; *JCP* 1995. I. 3851, obs. Simler et Delebecque – Com. 30 juin 2004, n° 02-14.281, NP – SOL. IMPL. : Com. 28 sept. 2004, n° 03-11.138, NP.
3. Com. 30 sept. 2008 n° 07-13.298, NP; n° 932 F-D.
4. AINSI, SUR L'AFFIRMATION : Paris, 5e ch. A, 18 mai 2005, RG n° 03/19003.
5. AINSI : Com. 26 oct. 1999, n° 96-21.284, NP.
6. *Rennes, 1er déc. 1994, Rev. proc. coll.* 1966, 491, n° 3, obs. Kerckhove; *Dr. sociétés* 1995, n° 230, obs. Chaput.
7. Com. 11 juin 1996, n° 93-16.058, *Bull. civ.* IV, n° 167; *RD banc. et bourse* 1996. 213, obs. Campana et Calendini.
8. Com. 8 juill. 2003, n°s 00-18.152, 00-15.272, 2 esp., NP – Civ. 1re, 15 févr. 2005, n° 03-19.069, NP – Com. 26 sept. 2006, n° 05-14.752, NP; n° 1039 F-D.
9. Com. 19 oct. 1993, n° 91-11.952, *Bull. civ.* IV, n° 351.
10. Ord. n° 2014-326, 12 mars 2014, *JO* 14 mars, p. 5249.
11. Com. 28 févr. 1995, n° 92-18.676, *Bull. civ.* IV, n° 58; *Rev. proc. coll.* 1995, 327, n° 4, obs. Kerckhove – Com. 17 nov. 1998, n° 96-14.665, NP, *Gaz. Pal.* 24-25 avr. 1998, Pan. 185.
12. Com. 26 sept. 2006, n° 05-14.752, NP; n° 1039 F-D.

part, de la possibilité de ratification offerte au créancier (v. s[s] n° 662.52).

La résolution du plan de continuation oblige le créancier antérieur de la première procédure à déclarer au passif de la seconde procédure ouverture suite à la résolution du plan. Faute de le faire, il perd son recours contre la caution, nonobstant l'admission de sa créance au passif de la première procédure[1] et la condamnation définitive de la caution par décision antérieure à la résolution du plan de continuation[2]. La question se pose dans des termes très différents depuis la loi de sauvegarde des entreprises, du fait, d'une part, de la disparition de l'extinction de la créance non déclarée (v. s[s] n° 665.78) et, d'autre part, de la dispense de déclaration au passif de la seconde procédure collective de la créance déclarée au passif de la première (v. s[s] n° 524.34).

L'extinction de la créance principale pour absence de déclaration dans les délais ne permettra cependant pas à la caution d'obtenir la nullité de l'adjudication sur saisie immobilière, si la cause de nullité, en l'occurrence l'extinction de la créance, préexistait à l'adjudication[3].

D'une manière qui peut apparaître sévère pour le créancier, la fraude de la caution, qui a caché la procédure collective du débiteur principal pendant l'instance l'opposant au créancier, reste sans conséquence sur l'extinction, par voie accessoire, du cautionnement[4], au prétexte que le créancier avait les moyens de s'informer sur la situation de son débiteur. La règle de droit commun « *fraus omnia corrumpit* » aurait pu conduire à poser une solution différente. Elle nous semble parfaitement de nature à tenir en échec l'extinction de la créance non déclarée, car il ne faut pas confondre le motif pouvant conduire à relever un créancier de la forclusion avec la sanction de la fraude, qui est indiscutable lorsque l'instance a été engagée contre une caution dirigeante avant le jugement d'ouverture atteignant la société débitrice.

Si la caution a payé le débiteur avant extinction des droits du créancier, c'est-à-dire avant expiration des délais de déclaration de créance, la créance principale est éteinte. La caution ne peut donc reprocher au créancier de ne pas avoir déclaré une créance éteinte[5]. La solution serait différente si le paiement n'était que provisionnel, tel celui reçu du bâtonnier de l'ordre, séquestre du prix d'adjudication d'un immeuble ayant appartenu à la caution et vendu sur saisie. Le créancier, qui ne diligente pas la procédure d'attribution du prix et qui ne déclare pas sa créance au passif du débiteur principal, alors qu'il en a l'obligation en présence d'un paiement reçu à titre simplement provisionnel, serait condamné à restituer le paiement reçu, lequel serait indu du fait de l'extinction de la créance. La solution a été posée à propos d'un tiers ayant affecté un immeuble à la garantie de la dette du débiteur principal (v. s[s] n° 663.12). Cette dernière solution, posée sous l'empire de la loi du 25 janvier 1985, ne semble pas transposable, sous l'empire de la loi de sauvegarde des entreprises, l'extinction de la créance pour défaut de déclaration de créance ayant été supprimée. Il faudra toutefois, nous semble t-il, tenir compte des règles de l'inopposabilité de la créance non déclarée aux garants personnes physiques, au rang desquels il faut placer le tiers qui affecte un bien à la garantie de la dette d'autrui (v. s[s] n° 665.78).

En revanche, si la caution a payé le créancier et a été, par subrogation, admise au passif du débiteur, la sous-caution ne pourra opposer à la caution l'extinction de la créance faute de déclaration de créance du créancier[6].

L'extinction de la créance pourra également résulter de son rejet, alors qu'elle a été déclarée dans les délais. En pareille hypothèse, l'extinction de la créance entraîne pareillement extinction du cautionnement.

L'équation résultant de l'application de la règle de l'accessoire est donc extrêmement simple, sous l'empire de la législation antérieure à la réforme du 26 juillet 2005 : la créance éteinte équivaut à un cautionnement éteint.

Cette règle, qui vaut si la créance n'est pas déclarée au passif du débiteur principal, est sans application si la créance n'est pas déclarée au passif d'une caution. Cela n'interdira pas la poursuite des autres cautions[7], à l'égard des cofidéjusseurs ou des co-avalistes.

N'a pas été jugée contraire à la conception de l'ordre public international français, l'absence d'extinction de la créance pour défaut de déclaration à la procédure collective ouverte en Belgique. En conséquence la caution a pu être poursuivie en France[8].

1. TGI Béthune, ch. com., 19 févr. 2003, *JCP E* 2003. 908.
2. Com. 10 déc. 2002, n° 97-16.055, NP, *Rev. proc. coll.* 2003, p. 331, n° 12, obs. Lèguevaques.
3. Civ. 2e, 18 sept. 2003, n° 01-14.406, *Bull. civ.* II, n° 274; *Dr. et proc.* 2004. 112, note Leborgne; *LXB* n° N8882AA9, note Le Corre.
4. Com. 14 nov. 2000, n° 97-11.985, *Bull. civ.* IV, n° 174; *RTD com.* 2001. 227, obs. Martin-Serf – Paris, 15e ch. B, 15 nov. 2007, RG n° 06/01968.
5. Com. 6 juin 2000, n° 97-18.063, NP, *RTD com.* 2002. 369, n° 5, obs. Martin-Serf.
6. iv. 1re, 29 mai 2001, n° 99-16.753, *Bull. civ.* I, n° 156; t. *proc. coll.* 2001, n° 153, note Régnaut-Moutier; 2001. AJ 1944, obs. Avéna-Robardet; *JCP E* 2002. on. 591, n° 1, obs. Simler.
7. C . 28 janv. 1997, n° 94-21.702, *Bull. civ.* IV, n° 27; *D.* 97. Somm. 167, obs. Aynés; *D.* 1997. 214, obs. Ho at; *JCP* 1997. II. 22946, note Dagorne-Labbé.
8. Con 6 oct. 2007, n°s 06-14.861, 06-14.681, *Bull. civ.* IV, n° 2 *D.* 2007. AJ 2734, obs. Lienhard; *Gaz. proc. coll.* 2008 . 27, note Mélin; *RTD com.* 2008. 335, obs. Crocq.

Notons que l'ancien conjoint, poursuivi comme indivisaire d'un bien dépendant de l'indivision post communautaire, au titre d'un cautionnement donné par son ex époux, ne peut se prévaloir, sous l'empire de la loi du 25 janvier 1985, de l'absence de déclaration au passif de la créance principale[1], bien que ce droit de soulever l'extinction de la créance pour absence de déclaration au passif ait appartenu à son ex conjoint, caution, qui ne l'avait pas utilisé.

> **Incidence pour la caution de l'absence d'extinction de la créance pour défaut de déclaration dans les délais et cautionnement sous l'empire de la législation du 26 juillet 2005.** Il faut observer le mutisme du législateur relativement à l'effet de l'absence de déclaration de créance régulière dans les délais, à l'égard des garants du débiteur (v. s^s n° 665.78).

> **Incidence pour la caution de l'absence d'extinction de la créance pour défaut de déclaration dans les délais et cautionnement sous l'empire de la législation du 18 décembre 2008**[2]. Le mutisme du législateur, sous l'empire de la loi du 26 juillet 2005, dans sa rédaction d'origine, contraste avec le détail de la réglementation posée par l'ordonnance du 18 décembre 2008 (v. s^s n° 665.78).

723.13 Preuve du caractère tardif de la déclaration de créance. La preuve du caractère tardif de la déclaration de créance incombe-t-elle à la caution ou au débiteur ? La Cour de cassation décide que le créancier doit prouver l'existence de sa créance, ce qui suppose qu'il prouve avoir déclaré sa créance dans les délais, soit en justifiant de la date de publication du jugement d'ouverture au *Bulletin des annonces civiles et commerciales (Bodacc)*, soit en invoquant l'absence de publication au *Bodacc* du jugement d'ouverture[3], affirmation que la caution pourra alors combattre par la preuve contraire, en produisant l'avis de publication au *Bodacc* du jugement d'ouverture[4]. La simple mention manuscrite en marge d'une télécopie de la page d'un journal d'annonces légales mentionnant le jugement d'ouverture de la société débitrice ne suffira pas à justifier la date de publication au *Bodacc*[5].

En revanche, si la caution s'appuie, sous l'empire de la législation antérieure à la loi de sauvegarde des entreprises, sur une irrégularité de la déclaration de créance, en l'absence de vérification de celle-ci, elle doit démontrer cette irrégularité. C'est ainsi qu'il lui incombera de prouver le caractère tardif de l'établissement ou de la production du mandat spécial dont le tiers doit être investi pour déclarer une créance[6].

723.14 Incidence de la déclaration de créance faite par la caution sur l'extinction de la créance. La déclaration de créance faite par la caution, sur le fondement de l'article 2309, 2° du code civil (anc^t C. civ., art. 2032, 2° – recours avant paiement, v. s^s n° 726.12), ne permet pas de sauver, sous l'empire de la législation antérieure à la loi de sauvegarde des entreprises, l'absence de déclaration du créancier[7]. La déclaration, sur ce fondement, est destinée à préserver le recours personnel de la caution, après paiement. Il ne s'agit nullement d'une déclaration de créance pour le compte du créancier.

Cependant, rien n'interdit au créancier de donner mandat à la caution de déclarer en son nom et pour son compte la créance, dès lors qu'un pouvoir spécial lui a été conféré, cependant que certains auteurs considèrent que cette clause dénature le contrat en garantie à première demande[8]. En admettant la technique du mandat, il serait possible d'imaginer d'engager la responsabilité de la caution, si elle est le dirigeant social et est en conséquence parfaitement informée de la situation du débiteur principal, pour manquement à ses obligations de mandataire. L'indemnisation pourrait alors aboutir à mettre à la charge de la caution la fraction de la créance qui aurait été payée dans la procédure collective et qui a été perdue, par la négligence de ce mandataire.

723.15 Extinction totale de la créance, garanties indépendantes et garanties professionnelles.

> **Avant l'ordonnance du 18 décembre 2008**[9], la solution est exactement inverse de celle applicable aux cautionnements en présence d'une garantie autonome, laquelle subsiste nonobstant l'anéantissement de la créance issue du contrat de base. Le bénéficiaire de la garantie n'est donc pas confronté à l'obligation de déclarer sa créance au passif de la personne garantie pour préserver sa créance[10] (sur

1. Com. 10 mai 2012, n° 10-20.974, *Bull. civ.* IV, n° 93; *D.* 2012. Actu 1325 obs. Lienhard; *Act. proc. coll.* 2012, n° 157, note Leprovaux; *BJE* juill. 2012, n° 130, note Cabrillac, *Rev. proc. coll.* 2013, comm. 100, note Dumont-Lefrand.
2. Ord. n° 2008-1345, 18 déc. 2008, *JO* 19 déc., p. 19462.
3. Com. 2 juin 2004 n° 02-19.729, NP.
4. Com. 27 mai 2003, n° 00-13.791, NP.
5. Com. 28 sept. 2004, n° 02-15.998, NP.
6. Com. 24 sept. 2003, n° 01-03.721, NP.
7. Com. 17 juill. 1990, n° 89-13.138, *Bull. civ.* IV, n° 215 – Com. 23 oct. 1990, n° 88-19.257, *Bull. civ.* IV, n° 244; *RTD com.* 1991. 108, obs. Martin-Serf – Com. 12 juill. 1994, n° 92-14.483, *Bull. civ.* IV, n° 260; *Rev. proc. coll.* 1995, 327, n° 4, obs. Kerckhove.
8. Saint-Alary-Houin, 4e éd., n° 805 – Delebecque, obs. s^s Com. 23 oct. 1990, *Rev. proc. coll.* 1991, 110, n° 2.
9. Ord. n° 2008-1345, 18 déc. 2008, préc.
10. Com. 12 déc. 2000, *Act. proc. coll.* 2001, n° 50 – Com. 30 janv. 2001, n° 98-22.060, *Bull. civ.* IV, n° 25; *D.* 2001. Somm. 3426, obs. Honorat; *D.* 2001. AJ 1024; *RTD com.* 2001. 753, n° 19, obs. M. Cabrillac; *RTD com.* 2001. 763, obs. Martin-Serf; *Bull. Joly* 2001. 484, n° 119, note Le Nabasque; *JCP E* 2001. Jur. 568, note Legeais; *JCP E* 2001. Jur. 850, note Rémery; *Defrénois* 2001. 1319, 37427, note Piedelièvre – Com. 2 juin 2004, n° 02-17.678, NP – Com. 9 juin 2004, n° 02-12.115, *Bull. civ.* IV, n° 118.

le problème du recours du garant après paiement, v. s[s] n° 665.71). Le garant ne peut imputer à faute au bénéficiaire l'absence de déclaration de sa créance issue du contrat de base[1]. Le rejet de la créance déclarée restera identiquement sans conséquence, si l'acte s'analyse en une garantie autonome, et non en un cautionnement[2].

Certaines sûretés, appelées « cautionnement » par le législateur, constituent en réalité des garanties autonomes, qui subsistent malgré l'anéantissement de l'obligation garantie. Il en est ainsi pour la garantie fournie au maître de l'ouvrage, en vertu de l'article 322 du code des marchés publics, modifié par l'article 102 du décret du 7 mars 2001[3], qui prévoit un cautionnement ou une retenue de garantie sur acomptes lorsque le marché comporte un délai de livraison[4]. La situation est exactement la même avec l'article 1 alinéa 1 de la loi du 16 juillet 1971[5], tendant à réglementer les retenues de garantie en matière de marchés privés, qui prévoit un principe de retenue de garantie, qui est écarté si, selon l'alinéa 4 de cet article, « l'entrepreneur fournit pour un montant égal une caution personnelle et solidaire émanant d'un établissement financier ». Le texte vise également un cautionnement, dont la Cour de cassation, en notre matière, écarte le régime. La garantie subsiste malgré l'absence de déclaration de créance au passif de l'entrepreneur[6]. De la même façon, la garantie de remboursement et de livraison que doit fournir tout constructeur de maisons individuelles, en application de l'article L. 231-2 du code de la construction et de l'habitation, et qui est qualifiée par l'article L. 213-6 de ce code de « cautionnement », n'est pas un cautionnement. Il en résulte que le garant *solvens* n'a pas de recours contre le constructeur[7]. Identiquement, la garantie professionnelle due par l'association professionnelle de solidarité du tourisme a été condamnée à rembourser les titres de transport en cas de liquidation judiciaire d'un de ses adhérents, indépendamment de la déclaration de créance effectuée par le client au passif de l'agence de voyages[8].

Effectivement, dans ces situations, la qualification de cautionnement ne peut être retenue. L'article 2288 du code civil (anc[t] C. civ., art. 2011) énonce en effet que « celui qui se rend caution d'une obligation, se soumet envers le créancier à satisfaire à cette obligation, si le débiteur n'y satisfait pas lui-même ». Or, la garantie instituée par l'article 322 du code des marchés publics ou celle instaurée par la loi du 16 juillet 1971 obligent l'établissement financier à verser au bénéficiaire l'équivalent de la retenue de garantie qui n'a pas fait l'objet d'une consignation, obligation distincte de celle du débiteur. La qualification de cautionnement doit logiquement s'effacer. Le mécanisme ici en cause s'analyse en une garantie à première demande justifiée[9]. La solution ne peut surprendre dès lors qu'on a observé que les garanties autonomes sont présentées comme remplaçant une consignation[10]. Dans ce contexte, la déclaration de la créance issue du contrat de base reste indifférente.

Les solutions s'harmonisent ainsi en matière de garanties dites professionnelles[11]. La déclaration de créance est en effet jugée tout aussi inutile pour la garantie d'achèvement de travaux[12], la garantie financière des agents immobiliers[13], celle des syndics d'immeubles[14] ou des conseils juridi-

1. Com. 9 juin 2004, n° 02-12.115, *Bull. civ.* IV, n° 118.
2. Com. 16 juin 2004, n° 03-12.174, NP.
3. D. n° 2001-210, 7 mars 2001, *JO* 8 mars, p. 37003 – Delebecque et Simler, obs. *JCP E* 2001. Chron. 1858, n° 14 – *Adde*, Guibal, « À la recherche du Nouveau code des marchés publics », *JCP* 2001. I. 327.
4. CE 14 juin 2000, req. n° 199585, *Lebon*; *RTD com.* 2001. 761, obs. Martin-Serf; *RJDA* 2001/4, n° 475.
5. L. n° 71-584, 16 juill. 1971, *JO* 17 juill., p. 7062.
6. Civ. 3e, 3 oct. 2001, n° 99-18.080, *Bull. civ.* III, n° 111; *D.* 2001. AJ 3121, obs. Lienhard; *Act. proc. coll.* 2001, n° 260, obs. Le Corre; *RD banc. fin.* 2002, n° 15, obs. Cerles; *RD banc. fin.* 2002, n° 18, obs. Lucas; *JCP E* 2002. Chron. 175, n° 10, obs. Pétel; *JCP E* 2002. Chron. 763, n° 11, obs. M. Cabrillac; *RJDA* 2002/1, p. 50, n° 68; *RTD com.* 2002. 368, n° 4, obs. Martin-Serf – Civ. 3e, 14 mars 2006, n° 05-11.944, NP; n° 343 F-D : statuant à propos d'une garantie d'achèvement.
7. Civ. 3e, 27 sept. 2006, n° 05-14.674, *Bull. civ* III, n° 188; *Act. proc. coll.* 2006, n° 233, note crit. Salvat – Civ. 3e, 3 déc. 2008, n° 07-20.931, *Bull. civ.* III, n° 192; *Act. proc. coll.* 2009, n° 47, note Périnet-Marquet; *JCP E* 2009. Chron. 1644, n° 15, obs. Simler.
8. Civ. 1re, 30 oct. 2007, n° 05-16.763, NP, *Rev. proc. coll.* 2008, p. 69, n° 7, note Lebel.
9. Simler et Delebecque, *Droit civil, Les sûretés – La publicité foncière*, 6e éd., « Précis », Dalloz, 2012, n° 317.
10. Cabrillac M. et S., Mouly, Pétel, *Droit des sûretés*, 9e éd., LexisNexis, 2010, n° 477.
11. SUR L'ENSEMBLE DE LA QUESTION : Cabrillac, *Les garanties professionnelles*, « Bibl. dr. entr. », Montpellier, 2000.
12. Civ. 3e, 14 janv. 1998, n° 95-17.175, *Bull. civ.* III, n° 10; *JCP E* 1998. Pan. 298, obs. Morvan; *RJDA* 1998/6, n° 767 – Civ. 3e, 28 nov. 2001, n° 00-12.947, *Bull. civ.* III, n° 139; *Act. proc. coll.* 2002, n° 6; *D.* 2002. AJ 213; *RD banc. fin.* 2002, n° 58, obs. Cerles; *RJDA* 2002/10, p. 897, n° 1060.
13. Cass., ass. plén., 4 juin 1999, n° 96-18.094, *Bull. ass. plén.*, n° 4; *Act. proc. coll.* 1999, n° 162, obs. Béhar-Touchais; *RTD civ.* 1999. 665, obs. Bandrac et Crocq; *D. Affaires* 1999. 1082, obs. Lienhard; *LPA* 27 déc. 1999, n° 257, p. 9, note Lemaitre-Basset et J. Schroeder; *Rev. proc. coll.* 2000, 56, n° 4, obs. Kerckhove; *LPA* 10 févr. 2000, n° 29, p. 16, note C. Féviliyé-Dawey; *RTD com.* 2000. 175, obs. Martin-Serf – Com. 23 mai 2000, n° 97-[illegible]403, NP, *Act. proc. coll.* 2000, n° 147 – Civ. 1re, 12 déc. 2[illegible]0, n° 98-10.224, NP, *RD banc. fin.* 2001, n° 113 – Paris, 3e ch. A, 9 déc. 2003, RG n° 03/06150.
14. Com. 15 févr. 2000, n° 97-11.096, NP, *Rev. proc. coll.* 20[illegible] p. 174, n° 1, obs. Lebel – Civ. 1re, 25 juin 2002, n° [illegible]12.212, NP, *Act. proc. coll.* 2002, n° 191; *AJDI* 200[illegible] 29, obs. Thioye; *Rev. proc. coll.* 2003, p. 347, n° 4, obs. Lebel; *Rev. proc. coll.* 2004, p. 213, n° 9, obs. Lebel.

ques[1]. L'action en responsabilité notariale reste identiquement possible de la part de la victime, indépendamment de sa déclaration de créance au passif d'une personne ayant reçu, du notaire, plus que sa part dans la liquidation de communauté consécutive à un divorce, car la mise en jeu de la responsabilité notariale n'est pas subordonnée à la poursuite préalable d'autres débiteurs[2].

La solution est la même pour la garantie de livraison[3]. Mais encore faut-il que cette garantie ne soit pas accessoire. Ainsi, il a été jugé que la garantie de livraison qui prévoyait que la caution n'était tenue de se substituer au débiteur principal pour exécuter les obligations de celui-ci qu'en cas de défaillance établie n'était pas une obligation à première demande indépendante de l'engagement initial, mais une obligation indissociable de cet engagement dont elle n'était qu'un accessoire. La qualification de cautionnement et l'obligation corrélative de déclarer la créance au passif du débiteur principal s'imposaient[4].

L'opportunité de la mise à l'écart de l'analyse de ces mécanismes de garanties en cautionnement est patente. Juger le contraire aurait conduit à la ruine pratique de toutes ces techniques, dont le mérite commun est d'éviter la constitution de gage-espèces.

> **L'ordonnance du 18 décembre 2008** a inséré un alinéa 2, à l'article L. 622-26 du code de commerce, duquel il résulte que « les créances non déclarées sont inopposables aux personnes physiques coobligées ou ayant consenti une sûreté personnelle ou ayant affecté ou cédé un bien en garantie ». Le visa général des personnes physiques ayant consenti une sûreté personnelle permet d'englober les garants autonomes. Si ceux-ci sont des personnes physiques, ils bénéficieront, exactement comme les cautions, de l'interdiction ou de la suspension des poursuites pendant la période d'observation, laquelle sera relayée par l'inopposabilité de la créance non déclarée pendant la période d'exécution des plans de sauvegarde. L'inopposabilité de la créance non déclarée ne bénéficiera pas, en revanche, aux garants autonomes personnes physiques pendant l'exécution de plans de redressement et en liquidation judiciaire. En outre, cette même inopposabilité ne bénéficia pas aux garants personnes morales, ce qui, en pratique, conduira à la reprise des solutions posées antérieurement pour la mise en œuvre des garanties professionnelles, les garants étant toujours des personnes morales.

723.16 Condamnation de la caution par décision définitive et extinction de la créance. L'extinction de la créance permet de tenir en échec la possibilité d'obtenir paiement de la caution, alors que cette dernière a été condamnée par décision définitive[5]. *A priori*, la règle de l'autorité de la chose jugée attachée à la décision de condamnation de la caution semblerait faire obstacle à pareille solution[6]. Ce serait cependant oublier que l'autorité de la chose jugée n'existe que par rapport à ce qui a été précisément jugé. Des causes, à condition qu'elles soient postérieures à la décision rendue, permettront d'obtenir une décision différente de celle primitivement rendue[7]. Il en est ainsi, sous l'empire de la législation antérieure à la loi de sauvegarde des entreprises, de l'extinction de la créance résultant de sa non-déclaration au passif du débiteur, dès lors que le jugement d'ouverture est postérieur au jugement de condamnation de la caution[8]. La solution s'applique identiquement même si la caution a été condamnée par un jugement étranger qui a reçu l'*exequatur* en France[9], l'*exequatur* ne conférant pas plus de droits qu'un jugement émanant d'une juridiction française et l'obligation de déclaration de la créance étant un principe d'ordre public interne et international.

1. Com. 5 oct. 1993, n° 91-13.948, *Bull. civ.* IV, n° 11; *D.* 1994. 267, note ortais et Derrida; *RTD com.* 1994. 122, obs. Martin-Sef; *JCP* 1994. II. 22225, note har-Touchais.
2. Civ. 1re, 29 juin 2004, n° 02-16.417, NP.
3. Civ. 3e, 4 oct. 1995 n° 93-18.313, *Bull. civ.* III, n° 3; *JCP* 1995. II. 22345, note Périnet-Marquet; *RDI* 1996 2, note Saint-Alary-Houin
4. Civ. 3e, 23 juin 2004, nos 02-21.251, 03-194, *Bull. civ.* III, n° 127; *JCP* E 2005. Chron. 179, n° 11 s. Simler; *RD banc. fin.* 2004 n° 204, obs. Cerles.
5. Com. 5 déc. 1995, n° 94-14.793, *Bull. civ.* IV, n° 277; *Quot. Jur.* 1er févr. 1996, p. 6, note P. M.; *Rev. proc. coll.* 1996, 226, n° 2, obs. Kerckhove; *JCP E* 1996. I. 554, n° 18, obs. M. Cabrillac; *RD banc. et bourse* 1996. 210, obs. Contamine-Raynaud; *D.* 1996. Somm. 268, obs. L. Aynès – Com. 25 févr. 1997, n° 95-14.914, NP, *RD banc. et bourse* 1997. 126, n° 2, obs. Campana et Calendini – Com. 23 oct. 1998, *RJDA* 1998/11, p. 969, nos 1294, 1295 – Com. 6 juin 2000, n° 97-14.672, NP, *Act. proc. coll.* 2000, n° 181; *RD banc. fin.* 2000, n° 201, obs. Lucas – Com. 5 mars 2002, n° 98-21.025, NP, *Act. proc. coll.* 2002, n° 126 – Com. 10 déc. 2002, n° 97-16.055, NP, *Act. proc. coll.* 2002, n° 45 – Com. 8 juill. 2003, n° 00-17.708, NP, *RD banc. fin.* 2004, n° 30, obs. Lucas – Com. 15 juin 2011, n° 10-17.209, NP, *BJE* 2011. 316, note Nabet.
6. Pérochon et Bonhomme, 6e éd., n° 270.
7. J.-Cl. Proc., Perrot et Fricero, fasc. 554, [Autorité de la chose jugée – Autorité de la chose jugée au civil sur le civil], nos 152 s.
8. Com. 1er avr. 2003, n° 99-13.536, NP – Com. 8 juill. 2003, n° 00-17.708, NP – Com. 26 mai 2010, n° 09-13.884, NP; n° 576 F-D; *Rev. proc. coll.* 2010, n° 165, note Patureau et Perot-Reboul – Paris, 3e ch. C, 2 juill. 2003, RG n° 02/19204 – Application de la loi du 13 juillet 1967 : Com. 28 janv. 2004, n° 00-22.912, NP.
9. Civ. 1re, 29 sept. 2004, n° 02-16.754, *Bull. civ.* I, n° 215; *D.* 2004. AJ 2717; *D.* 2005. Jur. 2159, note Henry; *Act. proc. coll.* 2004, n° 221, note Péroz.

Si la condamnation de la caution est intervenue avant jugement d'ouverture de la procédure du débiteur principal, il n'a évidemment pas été possible à la caution de soutenir, dans le cadre de cette instance, l'extinction de la créance principale pour prétendre être dégagée. La solution est identique si la caution a été condamnée après jugement d'ouverture de la première procédure, dans laquelle la créance avait été déclarée, mais avant ouverture de la seconde, suite à la résolution du plan, et alors que le créancier n'avait pas déclaré sa créance au passif de la seconde procédure[1]. Il en ira de même si la condamnation est intervenue avant l'expiration du délai imparti au créancier pour déclarer sa créance ou avant rejet de la créance au passif, à la suite de l'exercice d'un recours[2].

Si l'extinction de la créance préexiste à la condamnation de la caution, il est évidemment exclu qu'elle puisse prétendre être dégagée, car il y aurait alors contrariété à l'autorité de la chose jugée[3]. Il en est ainsi en présence d'une exception née du contrat qu'il appartenait à la caution de soulever dès l'instance initiale[4]. La solution est aussi logique au regard de la règle de l'accessoire, la caution ne devant que dans la mesure du débiteur.

De même, en l'absence de déclaration au passif, il n'y a pas extinction du cautionnement conduisant à la remise en cause du jugement de condamnation rendu contre la caution, si cette dernière a payé le créancier avant le jugement d'ouverture. En effet, à la date d'ouverture de la procédure collective, il n'y avait plus de créance, du fait du paiement fait par la caution, qui l'avait éteinte[5]. Seule la caution sera alors tenue de déclarer sa créance de remboursement au passif.

En revanche, malgré l'absence de déclaration de créance au passif, une caution solidaire ne pourra soulever le moyen tiré de l'extinction de la créance principale si une autre caution solidaire a été antérieurement, par décision définitive, condamnée au paiement. La théorie de la représentation mutuelle des coobligés justifie la solution, dès lors que la solidarité a été stipulée non seulement entre débiteur et cautions, mais encore entre cautions[6].

Identiquement, l'absence de déclaration de créance au passif du débiteur principal ne permettra pas l'anéantissement d'une adjudication consécutive à une procédure de saisie immobilière engagée contre une caution, dès lors que l'extinction de la créance principale préexistait à l'adjudication[7].

La suppression de l'extinction de la créance non déclarée depuis la loi de sauvegarde des entreprises fait disparaître l'intérêt de ces questions.

723.17 Incidence de l'extinction de la créance en cas de transaction. La caution qui paie après redressement judiciaire le créancier, alors que la créance est éteinte est-elle en droit de demander le remboursement ? Oui, répond la Cour de cassation. La transaction conclue dans l'ignorance de l'extinction de la créance pour défaut de déclaration dans les délais est nulle faute d'objet[8]. Si après paiement faisant suite à la transaction la caution paie le créancier, elle se trouve subrogée dans les droits de celui-ci. Le débiteur principal est en droit de lui opposer le fait que la créance principale est éteinte. La transaction ne sera pas alors remise en cause car le jugement définitif condamnant la caution est la cause de la transaction. Il en va autrement en cas de transaction entre le créancier et la caution[9].

723.18 Extinction partielle de la créance et cautionnement. Ce qui est vrai de l'extinction totale, l'est aussi de l'extinction partielle. Le rejet partiel de la créance profite également à la caution, qui peut s'en emparer pour voir réduit, à due concurrence, son engagement, tant sous l'empire de la législation antérieure à la loi de sauvegarde des entreprises, que depuis la loi du 26 juillet 2005[10]. Ainsi, en supposant une déclaration de créance à hauteur de 100 et une admission à hauteur de 60, faut-il décider que la caution ne pourra être poursuivie que pour 60. La caution ne peut être condamnée à payer une somme supérieure au montant de la créance admise au passif, sous réserve toutefois des intérêts courant contre la caution à partir de la mise en demeure qui lui est adressée. Ce principe de solution oblige le tribunal à

1. Com. 10 déc. 2002, n° 97-16.055, NP, *Act. proc. coll.* 2003, n° 45.
2. Com. 5 mars 2002, n° 98-21.025, NP.
3. Com. 4 oct. 2005, n° 04-13.679, *Bull. civ.* IV, n° 199; *Gaz. proc. coll.* 2006/1, p. 41, obs. Le Corre; *RD banc. fin.* 2006, n° 21, note Lucas – Com. 18 mars 2014, n° 13-11.310, NP; n° 272 F-D.
4. Com. 18 mars 2014, n° 13-11.310, NP; n° 272 F-D.
5. Civ. 1re, 28 mai 1996, n° 94-15.511, NP, *Rev. proc. coll.* 1996, 492, n° 3, obs. Kerckhove – Civ. 1re, 6 juin 2000, n° 97-21.051, NP, *Act. proc. coll.* 2000, n° 181, note Vallens.
6. Com. 1er juin 1999, n° 96-18.466, *Bull. civ.* IV, n° 115; *Act. proc. coll.* 1999, n° 174, obs. M. Cabrillac; *RTD civ.* 1999. 882, obs. Crocq.
7. Civ. 2e, 18 sept. 2003, n° 01-14.406, *Bull. civ.* II, n° 274; *Dr. et proc.* 2004. 112, note Leborgne; *LXB* n° N8882AA9, note Le Corre.
8. Com. 29 mai 2001, n° 98-19.303, NP, D. 2001. AJ 1944, obs. Avéna-Robardet; *Rev. proc. coll.* 2002, p. 200, n° 12, obs. Lèguevaques.
9. Civ. 1re, 19 déc. 2000, n° 98-12.015, *Bull. civ.* I, n° 334; *D.* 2001. AJ 629, obs. Avéna-Robardet; *D.* 2001. Jur. 2193, note Soustelle; *Act. proc. coll.* 2001, n° 19, obs. Régnault-Moutier; *JCP E* 2001. Chron. 753, n° 11, obs. Pétel; *RTD com.* 2001. 976, obs. Martin-Serf; *Rev. proc. coll.* 2002, p. 200, n° 12, obs. Lèguevaques.
10. L. n° 2005-845, 26 juill. 2005, préc.

vérifier, lorsque la créance est admise au passif au jour où il statue, le montant de l'admission de la créance au passif[1].

L'extinction peut ne toucher que les accessoires. S'ils sont éteints contre le débiteur, ils le sont également contre la caution. La règle a spécialement vocation à s'appliquer en cas d'extinction de la créance d'intérêts. La Cour de cassation a clairement posé la règle selon laquelle les intérêts, dont le cours n'a pas été arrêté contre le débiteur par l'effet de la règle de l'arrêt du cours des intérêts (v. s[s] n° 641.21), ne pourront être demandés à la caution, si le créancier ne les a pas fait admettre au passif. Il en sera ainsi soit parce qu'il ne les a pas réservés dans sa déclaration de créance, soit parce qu'ils ne sont pas mentionnés sur la décision d'admission, le juge-commissaire ayant omis de statuer sur ceux-ci et le créancier n'ayant pas sollicité du juge-commissaire une requête aux fins d'omission de statuer, dans l'année de la décision d'admission (C. pr. civ., art. 463). La solution a été posée à propos d'un coobligé solidaire[2]. La juridiction ne peut cependant limiter la condamnation de la caution au principal de la créance, en rejetant la demande au titre des intérêts, après avoir relevé que le double de la déclaration de créance ne figurait pas au dossier, de sorte qu'il n'était pas possible de vérifier si la créance d'intérêts avait été déclarée, sans avoir invité les parties à s'expliquer, alors que la déclaration de créance figurait sur le bordereau de pièces annexé aux conclusions. La juridiction, en pareille hypothèse, doit solliciter du créancier qu'il produise le double de la déclaration de créance[3]. Cette difficulté a disparu sous l'empire de la loi de sauvegarde des entreprises, qui a supprimé l'extinction de la créance non déclarée (v. s[s] n° 665.75).

L'extinction de la créance contractuelle d'intérêts ne fait cependant pas obstacle à la possibilité de condamner la caution sur la somme admise au passif, à des intérêts moratoires à compter de sa mise en demeure[4].

La règle de l'accessoire, qui s'applique en matière de créances antérieures, a également vocation à s'appliquer aux créances postérieures bénéficiant du traitement préférentiel. Si la prétention du créancier est partiellement écartée contre le débiteur, l'extinction partielle pourra être invoquée par la caution pour se prétendre déchargée à concurrence des prétentions écartées.

723.19 Absence de décision définitive sur l'admission de la créance – Maintien des exceptions inhérentes à la dette. L'absence de décision définitive de justice intéressant l'admission de la créance déclarée au passif du débiteur principal n'interdit pas la poursuite de la caution, mais symétriquement, le créancier ne pourra se prévaloir de l'admission de sa créance au passif pour dénier le droit à la caution de soulever des exceptions inhérentes à la dette.

Il en ira d'abord ainsi si aucune discussion n'est intervenue sur la créance qui n'a pas été vérifiée.

Mais il en ira de même si la créance vérifiée n'a pas encore fait l'objet d'une admission définitive, par suite d'une contestation émanant du débiteur[5] ou d'un coobligé[6]. Il en ira encore de même si le créancier n'est pas en mesure de verser aux débats la preuve de l'admission de sa créance[7].

Le créancier démontrera qu'il a déclaré sa créance dans les délais, sauf relevé de forclusion. En l'absence de cette preuve, qui pourra résulter de l'absence de justification de la réception par le représentant des créanciers de la déclaration de créance prétendument envoyée, il y a place, sous l'empire de législation antérieure à la loi de sauvegarde des entreprises, à extinction du cautionnement[8].

Il appartiendra au créancier d'établir sa créance devant le juge du cautionnement, selon les règles du droit commun[9]. Le juge du cautionnement devra vérifier l'existence et le montant de la créance[10]. En présence du cautionnement d'un compte-courant, le montant déclaré au passif ne sera pas nécessairement mis à charge de la caution. Il s'agit en effet, à défaut de clôture du compte au jour de la déclara-

1. Com. 27 févr. 2007, n° 04-16.700, *Bull. civ.* IV, n° 71.
2. *Agen, 25 sept. 2001, Gaz. Pal.* 7-8 nov. 2001, Jur. 21.
3. Civ. 2e, 11 janv. 2006, n°s 03-17.381, 03-18.412, *Bull. civ.* II, n° 10.
4. Com. 30 juin 2004, n° 03-10.357, NP.
5. Com. 16 oct. 2001, n° 98-19.197, NP, *Act. proc. coll.* 2001, n° 246; *Rev. proc. coll.* 2002, p. 200, n° 15, obs. Lèguevaques – Com. 9 nov. 2004, n° 03-16.438, NP.
6. Com. 9 janv. 2001, n° 97-16.494, NP, *RJDA* 2001/5, n° 612.
7. Basse-Terre, 1re ch. civ., 3 févr. 2014, RG n° 12/00915, *JurisData* 005412.
8. Civ. 1re, 7 oct. 1998, n° 96-18.093, *Bull. civ.* I, n° 283; *JCP E* 1998. 1810; *RJDA* 1998/11, n° 1256.
9. Com. 18 janv. 2000, n° 96-20.798, *Bull. civ.* IV, n° 11; *D.* 2000. AJ 97, obs. Lienhard; *D.* 2001. Somm. 695, obs. L. Aynès; *Rev. proc. coll.* 2000, 133, n° 3, obs. Kerckhove; *RD banc. fin.* 2000, n° 11, obs. Legeais; *JCP E* 2000. Chron. 1657, n° 11, obs. Simler et Delebecque; *RTD com.* 2001. 514, obs. Martin-Serf – Com. 1er févr. 2000, n° 96-21.718, NP, *JCP E* 2000. Chron. 1657, n° 11, obs. Simler et Delebecque – Com. 3 avr. 2001, n° 98-04.210, NP, *Act. proc. coll.* 2001, n° 122 – Com. 11 déc. 2001, n° 98-12.347, NP, *Act. proc. coll.* 2002, n° 61 – Com. 17 sept. 2002, n° 00-14.190, *Bull. civ.* IV, n° 123; *Rev. proc. coll.* 2003, p. 332, n° 12, obs. Lèguevaques – Com. 5 nov. 2003, n° 00-17.442, *Bull. civ.* IV, n° 158; *Act. proc. coll.* 2003, n° 260 – Com. 9 nov. 2004, n° 02-12.044, NP.
10. Com. 11 déc. 2001, n° 98-12.347, NP, *Act. proc. coll.* 2002, n° 61 – Com. 24 sept. 2003, n° 01-00.504, NP – Com. 11 févr. 2004, n° 02-16.475, NP – RAPPR. : Com. 11 avr. 2012, n° 11-15.968, NP; n° 441 F-D.

tion de créance, d'un solde provisoire, qui peut se trouver diminué de remises subséquentes[1] (v. s^s^ n° 721.15).

Outre les exceptions qui lui sont purement personnelles (v. s^s^ n° 723.23), la caution pourra opposer au créancier toutes les exceptions inhérentes à la dette. Il pourrait en être ainsi de sa prescription ou du montant de la créance[2].

Il est également admis que la caution puisse tirer argument d'une irrégularité de la déclaration de créance[3]. Ainsi, a-t-il été jugé que si la caution invoque une irrégularité de la déclaration de créance, par exemple pour défaut de pouvoir du signataire, il appartient au créancier d'établir la régularité de la déclaration et non à la caution d'établir la preuve de l'extinction de la créance[4].

La caution ne pourra, en revanche, tirer argument de l'absence de vérification de la créance pour prétendre être déchargée[5]. L'absence de vérification de la créance n'entraîne nullement son extinction (v. s^s^ n° 672.31).

SECTION 723.20 RENFORCEMENT DE LA RÈGLE DE L'ACCESSOIRE PAR LA THÉORIE DE LA REPRÉSENTATION MUTUELLE DES COOBLIGÉS

723.21 Application aux cautions solidaires de la représentation mutuelle des coobligés. On rappellera d'abord que l'admission au passif est une décision de justice, à laquelle sont attachés tous les effets juridictionnels. Une fois qu'elle est à l'abri des voies de recours, elle passe en force de chose jugée. *A priori*, cette décision n'intéresse que les rapports du créancier et du débiteur. C'est là le jeu de l'effet relatif de la chose jugée. Cela signifie que si les tiers ne peuvent méconnaître cette décision en tant que fait, elle ne peut produire d'effet à leur égard.

A priori, il faudrait décider que les cautions sont des tiers au rapport juridique existant entre créancier et débiteur, les deux parties au contrat de cautionnement étant le créancier et la caution. En présence d'un cautionnement simple, la situation juridique décrite correspond à la réalité. Toute autre, en revanche, est la situation de la caution solidaire. La solidarité produit entre les coobligés à la même dette des effets de représentation mutuelle, qui conduisent à poser que la chose jugée entre le créancier et l'un des coobligés solidaires s'impose aux autres obligés solidaires. La jurisprudence a étendu aux cautions solidaires l'idée de représentation mutuelle qui existe entre coobligés.

Bien que cette extension ait été farouchement critiquée[6], son application par la Cour de cassation n'a pas été véritablement démentie. Un auteur a cependant pu faire observer que la Cour de cassation, à l'époque récente, préfère, pour expliquer l'autorité de chose jugée de la décision d'admission au passif sur la caution, recourir à la règle de l'accessoire[7] plutôt qu'à celle de la représentation mutuelle des coobligés, ce qui autorise alors d'en étendre l'application à des cautions non solidaires[8].

723.22 Conséquences de la règle de la représentation mutuelle des coobligés – Conséquences de l'extension aux cautions de l'autorité de la chose jugée attachée à l'admission au passif. La théorie de la représentation mutuelle des coobligés joue à sens unique, du principal vers l'accessoire. Il ne peut donc être tiré argument par le créancier d'un jugement rendu contre une caution solidaire pour faire considérer au juge-commissaire que cette décision s'impose à lui[9]. Pour cette raison, il n'y a pas place à sursis à statuer, de la part du juge-commissaire, dans l'attente d'un arrêt de la cour d'appel saisie d'un ecours à l'encontre de la décision du juge du cautionnement ayant « prononcé la nullité » des contrat de prêts cautionnés[10]. L'influence de la règle de'accessoire s'impose ici. L'accessoire ne peut infler sur le sort du principal. C'est pour cette raison q l'admission d'un créancier à titre chirographaialors qu'il dispose d'un cautionnement hypothére reste sans incidence sur l'hypothèque,

1. Com. 28 sept. 2004, n° 02-17.088, NP.
2. Com. 9 nov. 2004, n° 03-16.438, NP.
3. Com. 18 janv. 2000, n° 96-16.833, *Bull. civ.* IV, n° 12; *D.* 2000. AJ 97, obs. Lienhard; *Rev. proc. coll.* 2000, 133, n° 3, obs. Kerckhove; *RD banc. fin.* 2000, n° 11, obs. Legeais; *JCP E* 2000. Chron. 1657, n° 11, obs. Simler et Delebecque; *D.* 2001. Somm. 695, obs. L. Aynès; *RTD com.* 2001. 514, obs. Martin-Serf – Com. 1er févr. 2000, n° 96-21.718, NP, *JCP E* 2000. Chron. 1657, n° 1-a-11, obs. Simler et Delebecque – Com. 19 déc. 2000, *Act. proc. coll.* 2001, n° 60 – Com. 3 avr. 2001, n° 98-04.210, NP, *Act. proc. coll.* 2001, n° 122 – Com. 18 févr. 2003, n° 99-16.723, NP, *RTD com.* 2003. 816, n° 8, obs. Martin-Serf; *JCP E* 2003. Jur. 951, note Le Corre; *LXB* n° N7193AAN, *JCP E* 2003, Chron. 1658, n° 15, obs. Cabrillac et Pétel; *Act. proc. coll.* 2003, n° 119; *Rev proc. coll.* 2003, p. 332, n° 12, obs. Lèguevaques.
4. Com. 4 mars 2003, n° 99-16.144, NP, *Rev. proc. coll.* 2003, p. 317, n° 3, obs. Legrand.
5. Com. 23 nov. 2000, *JCP E* 2000. Chron. 1658, n°1-a-11, obs. Simler et Delebecque – Com. 8 mars 2011, n° 00-10.387, NP; n° 213 F-D.
6. CabrilM. et S., Mouly, Pétel, *Droit des sûretés*, 9e éd., LexisN, 2010, n° 391.
7. AINSI : m. 18 janv. 2000, n° 96-16.833, *Bull. civ.* IV, n° 11 2000. AJ 97, obs. Lienhard.
8. FrançDroit civil : *Les sûretés personnelles*, « Droit civil », nomica, 2004, n° 263.
9. Com. ov. 2002, n° 00-21.871, NP; n° 1838 F-D.
10. Com. évr. 2004, n° 01-01.602, *Bull. civ.* IV, n° 29; *D.* 200 638; *Act. proc. coll.* 2004, n° 82, note Vallansan, v de façon erronée un arrêt du 11 déc. 2001; *RTD c*004. 810, n° 3, note Martin-Serf.

puisqu'il ne pouvait déclarer à titre hypothécaire, au passif du débiteur, faute de détenir sur lui ladite hypothèque[1].

À la vérité, à l'époque moderne, les solutions tirées de l'admission de la créance au passif du débiteur principal, à l'égard de la caution, s'expliquent davantage par l'autorité de chose jugée attachée à la décision de justice, et qui est étendue aux cautions.

De même qu'il n'est pas exigé qu'une notification de la déclaration de créance soit faite entre les mains de la caution pour que joue l'effet interruptif de la prescription à son égard (v. s[s] n° 661.21), de même la jurisprudence estime que l'autorité de chose jugée attachée à l'admission de la créance au passif joue indépendamment d'un appel de la caution à la cause et d'une notification de la décision d'admission[2].

Une caution peut opposer à une sous-caution l'autorité de chose jugée attachée à son admission au passif du débiteur cautionné[3]. La solution se justifie par la considération que la caution se trouve, à l'égard de la sous-caution, dans la situation d'un créancier à l'égard de la caution principale[4].

Il y a lieu à appliquer pleinement tout à la fois les effets de la représentation mutuelle et ceux de l'autorité de chose jugée attachée à la décision d'admission de la créance au passif. C'est ainsi qu'il y a place à une limitation de l'engagement de caution à hauteur de la dette principale admise au passif. En sens inverse, la chose jugée dans l'instance d'admission de la créance principale peut être opposée à la caution solidaire, qu'il s'agisse du principe même de la dette ou de son *quantum*, solution applicable tant sous l'empire de la loi du 13 juillet 1967[5], que sous celui de la législation du 25 janvier 1985[6] et sous celui de la loi de sauvegarde des entreprises. La même solution vaut pour l'avaliste, variété de caution solidaire, qui peut se voir opposer l'autorité de chose jugée attachée à l'admission au passif[7].

La caution solidaire peut se prévaloir, dès lors qu'il est définitif, du rejet de la créance garantie dans la procédure collective de son cofidéjusseur, à moins qu'il ne soit dû à une cause personnelle à celui-ci[8], alors que, nous l'avons précisé, il ne peut être tiré argument par le créancier d'un jugement rendu contre une caution solidaire pour faire considérer au juge-commissaire que cette décision s'impose à lui.

La caution solidaire est privée de la possibilité de soulever les exceptions inhérentes à la dette qui n'auraient pas été prises en compte, dans le cadre de l'instance d'admission au passif[9]. La solution ne contrarie pas l'article 6 § 1 de la Conv. EDH, et le droit à un procès équitable qu'il institue, dès lors que la caution dispose d'une voie de recours particulière pour empêcher la décision de devenir définitive : la réclamation à l'état des créances[10]. Cette voie de recours remplace la tierce opposition, laquelle était par principe fermée à une caution sur la décision rendue dans les rapports entre le créancier et le débiteur. Au demeurant, la Chambre commerciale, à la suite d'un revirement de jurisprudence, a admis la possibilité, en droit commun, pour la caution de former une tierce opposition, à l'encontre de la décision condamnant le débiteur envers le créancier, dès lors qu'il y a atteinte à son droit d'accès au juge[11].

La caution ne pourra discuter de la validité de la déclaration de créance[12]. C'est ainsi que, même si dans l'exercice de son pouvoir souverain, une cour d'appel peut retenir qu'il n'est pas établi que la

1. Civ. 3e, 24 juin 1998, n° 97-17.108, *Bull. civ.* I n° 137; *JCP E* 1998. Chron. 2065, n° 9, obs. M. Cabrillac
2. Com. 27 sept. 2011, n° 10-21.686, NP; n° 906 D.
3. Com. 29 mai 2001, n° 98-16.325, *Bull. civ.* I n° 104; *D.* 2001. AJ 1948, obs. Lienhard; *JCP E* 2001. Chn. 1471, n° 11, obs. M. Cabrillac; *RJ com.* 2002. 370, n° 03, note Nemedeu.
4. Saintourens, « Certificateurs de caution et souautions : les oubliés des réformes du droit du cautionnem », *Mél. Cabrillac*, Dalloz – LexisNexis, 1999, p. 399 – Æ, Com. 9 janv. 2001, n° 97-22.053, NP, *RJDA* 2001/4, r57.
5. L. n° 67-563, 13 juill. 1967, *JO* 14 juill., p. 70– Com. 25 févr. 2004, n° 01-13.588, *Bull. civ.* IV, n° 40.
6. L. n° 85-98, 25 janv. 1985, préc. – Com. 6 2001, n° 98-17.116, NP, *Act. proc. coll.* 2001, n° 1– Com. 22 mars 2011, n° 10-10.156, NP; n° 305 F-D*t. proc. coll.* 2011, n° 144, note Théron – Paris, 25e ch17 févr. 2006, RG n° 03/9484.
7. Com. 2 mars 2010, n° 09-10.830, NP; n° 258
8. Com. 18 nov. 2014, n° 13-23.976, *Bull. civ.* IV [à paraître]; n° 1004 F-P+B; *Gaz. Pal.* 18 janv. 2015, n° 18, p. 33, note Le Corre-Broly; *Act. proc. coll.* 2014, comm. 350, note Cagnoli; *RTD com.* 2015. 152, n° 2, et 371, n° 4, obs. Martin-Serf – Com. 18 nov. 2014, n° 13-23.977, NP; n° 1005 F-D.
9. Com. 9 janv. 1996, n° 93-18.905, NP, *Rev. proc. coll.* 1996, 492, n° 3, obs. Kerckhove – Com. 11 juin 1996, n° 93-16.058, *Bull. civ.* IV, n° 167; *Rev. proc. coll.* 1996, 492, n° 3, obs. Kerckhove – Com. 20 mai 1997, n° 95-14.192, NP, *D.* 1997. Somm. 313, obs. Honorat – Com. 13 avr. 1999, n° 96-18.133, NP, *Rev. proc. coll.* 2000, 57, n° 6, obs. Kerckhove – Com. 15 oct. 2002, n° 99-14.394, NP, *RD banc. fin.* 2003, n° 33, obs. Lucas – Com. 17 févr. 2009, n° 08-11.407, NP; n° 133 F-D.
10. Com. 17 févr. 2009, n° 08-11.407, NP; n° 133 F-D – Com. 12 janv. 2016, n° 15-40.036, NP, *BJE* 2016, 116, note Borga.
11. Com. 5 mai 2015, n° 14-16.644, *Bull. civ.* IV [à paraître]; *D.* 2015, pan. 1814, n° 2, note Crocq; *JCP G* 2015. 877, note Ortscheid.
12. Com. 14 janv. 1997, n° 94-19.985, NP, *D.* 1997. IR 52 – Com. 3 févr. 1998, n° 95-18.215, NP, *Rev. proc. coll.* 1998, 495, n° 4, obs. Kerckhove – Paris, 15e ch. B, 9 mai 2003, RG n° 02/14012 – Paris, 15e ch. B, 21 nov. 2003, RG n° 01/22035 – Basse-Terre, 1re ch. civ., 18 sept. 2006, *Rev. proc. coll.* 2008, p. 84, n° 29, obs. Pérot-Reboul et Patureau.

déclaration de créance, dont seule une copie non signée est produite à l'occasion de la poursuite de la caution, émane de la personne dont le nom figure sur la déclaration de créance et qui a bien reçu pouvoir de la déclarer, elle ne pourra, pour autant, retenir cet argument pour rejeter la demande de condamnation de la caution en prétendant, sous l'empire de la législation antérieure à la loi de sauvegarde des entreprises, que la créance était éteinte, dès lors que le juge-commissaire, seul compétent pour statuer sur l'admission ou le rejet de la créance, n'avait pas rejeté celle-ci [1]. Une difficulté particulière se présente si la créance est admise au passif pour sa partie privilégiée, alors que, à la suite de la dispense de vérification du passif chirographaire, la partie chirographaire de la créance n'est pas admise au passif. Il a été jugé, en pareil cas, que l'autorité de la chose jugée s'attachant à l'admission de la partie privilégiée de la créance faisait obstacle à ce que la caution invoque une irrégularité de la déclaration de créance au titre de la partie chirographaire de cette même créance [2].

La caution sera également privée de la possibilité de discuter de la validité de l'obligation principale [3]. Ainsi l'on voit affirmer que l'action en nullité engagée par la caution qui vise à mettre à néant le contrat de crédit-bail ayant donné naissance aux créances irrévocablement admises est incompatible avec le caractère définitif de la chose jugée concernant l'existence, la nature et le montant de la créance du crédit-bailleur [4].

Elle ne pourra davantage discuter du montant de la créance, par exemple pour faire réduire la créance du montant du prix de revente d'un matériel loué [5], des intérêts pratiqués [6] ou du montant d'une clause pénale réductible [7], le contraire ayant cependant été jugé [8].

L'admission de la créance interdit également à la caution d'effets de commerce la possibilité de contester la qualité de porteur légitime reconnue au créancier [9].

L'admission de la créance au passif n'est cependant pas suffisante. Le créancier ne pourra en effet demander paiement à la caution que s'il démontre que la décision d'admission inclut bien la somme qu'il lui réclame [10].

La représentation mutuelle des coobligés a également un effet sur la prescription. Si cette dernière a été interrompue contre le débiteur principal, elle l'est aussi contre la caution solidaire. Or, la déclaration de créance est analysée, du moins avant l'ordonnance du 12 mars 2014, en une demande en justice. Elle est interruptive de la prescription. Cet effet interruptif joue à l'égard de la caution solidaire [11]. Même si l'ordonnance du 12 mars 2014 nous semble avoir emporté un changement dans la nature juridique de la déclaration de créance, cette dernière est toujours interruptive de la prescription, du fait de la précision apportée par l'article L. 622-25-1 du code de commerce, dans la rédaction que lui donne l'ordonnance du 12 mars 2014.

La question de l'effet de l'admission au passif sur la prescription de l'action contre la caution a été étudiée. Il y sera ici renvoyé (v. s^s^ n° 682.31).

723.23 Maintien des exceptions personnelles à la caution solidaire. La caution solidaire, malgré l'application de la représentation mutuelle des coobligés et l'autorité de chose jugée attachée à l'admission de la créance au passif, continue à pouvoir soulever des exceptions qui lui sont personnelles [12].

1. Com. 13 févr. 2007, n° 05-20.032, NP; n° 301 F-D; *Gaz. proc. coll.* 2007/2, p. 43, note Le Corre-Broly.
2. Com. 19 févr. 2008, n° 06-19.688, NP; n° 267 F-D; *Gaz. proc. coll.* 2008/2, p. 39, note Le Corre; *RTD com.* 2008. 628, n° 7, obs. Martin-Serf.
3. Com. 11 juin 1996, n° 93-16.058, *Bull. civ.* IV, n° 167; *Rev. proc. coll. 1996, 492, n° 3, obs. Kerckhove* – Com. 9 janv. 2001, n° 97-22.053, NP, *Act. proc. coll.* 2001, n° 60; *RJDA* 2001/5, n° 611.
4. Com. 24 avr. 2007, n° 06-11.997, NP; n° 632 F-D; *Rev. proc. coll.* 2008, p. 84, n° 29, obs. Pérot-Reboul et Patureau.
5. Com. 9 janv. 1996, n° 93-18.905, NP, *Rev. proc. coll.* 1996, 492, n° 3, obs. Kerckhove.
6. Paris, 3e ch. B, 14 nov. 2003, RG n° 02/19221 – Paris, 15e ch. B, 21 nov. 2003, RG n° 01/22035.
7. Com. 27 mars 2012, n° 10-20.077, *Bull. civ.* IV, n° 68; *D.* 2012. Actu 870, obs. Lienhard; *D.* 2012. Étude 1455, obs. Dammann; *D.* 2012. Étude 2034, obs. Hoang; *D.* 2012. Pan. 1576, obs. Crocq; *D.* 2012. Pan. 2204, obs. Le Corre; *Gaz. Pal. entr. diff.* 3 août 2012, n° 216, p. 16, note Routier; *JCP E* 2012, n° 1274, note Legeais; *BJE* 2012. 176, note Favario; *Act. proc. coll.* 2012. Repère 125, note Routier; *Rev. sociétés* 2012. 398, note Roussel Galle; *Rev. proc. coll.* 2012. Étude 25, note Demeyère; *RTD com.* 2012. 584, n° 7, obs. Legeais; *LPA* 24 juill. 2012, n° 147, p. 18, note Garaud; *JCP E* 2012. Chron. 1508, n° 9, obs. Pétel; *Gaz. Pal.* 2012. Jur. 1568, note Reifegerste; *Dr. et patr.* 2012, n° 217, note Saint-Alary-Houin; *Bull. Joly* juin 2012, n° 256, note Pétel; *LXB hebdo* 19 avr. 2012, n° 293, note Le Corre-Broly.
8. TGI Saintes, 17 oct. 1997, *JCP E* 1998. 1074.
9. Com. 28 sept. 2004, n° 01-13285, NP.
10. Com. 14 janv. 2004, n° 01-00.466, NP.
11. Com. 24 sept. 2003, n° 00-19689, NP, *Act. proc. coll.* 2003, n° 242.
12. Com. 19 nov. 1996, n° 94-17.919, Bull. civ. IV, n° 276; *D.* 1997. Somm. 165, obs. L. Aynès; *RTD com.* 1997. 327, obs. Martin-Serf, *Quot. Jur.* 5 déc. 1996, p. 6, note P. M. – Com. 22 avr. 1997, n° 94-12.862, *Bull. civ.* IV, n° 97; *LPA* 20 juill. 1998, n° 86, p. 17, note Courtier, *RD banc. et bourse* 1997. 127, n° 2, obs. Campana et Calendini; *JCP E* 1997. Pan. 563; *D. Affaires* 1997. 671, n° 11-1 – Com. 26 oct. 1999, n° 96-12.571, *Bull. civ.* IV, n° 181; *Act. proc. coll.* 1999, n° 240; *RD banc. fin.* 2000, n° 11, obs. Legeais; *JCP E* 2000. Chron. 130, obs. M. Cabrillac.

Elle peut bien évidemment, malgré l'admission de la créance, tirer argument des règles de formation de son contrat de cautionnement, par exemple un vice du consentement pour dol[1], des règles de preuve, telles celles relatives à la mention manuscrite.

Elle peut, contrairement au donneur d'aval[2], soulever la disproportion de son engagement de caution, la disproportion pouvant être établie en tenant compte des précédents engagements de caution souscrits par elle[3]. La disproportion est en principe appréciée au jour de la formation du cautionnement. Mais le créancier peut rapporter la preuve que, au jour de la poursuite, la disproportion n'existe plus. En cas d'adoption d'un plan de sauvegarde au bénéfice du débiteur, la disproportion sera appréciée au jour où le créancier pourra poursuivre la caution, ce qui suppose une inexécution du plan[4]. Si le créancier a pratiqué des mesures conservatoires, il peut obtenir son titre de condamnation dès l'adoption du plan de sauvegarde. En pareille situation, il lui appartiendra de vérifier si la disproportion existe toujours. Si tel est le cas, il devra éviter de poursuivre la caution immédiatement, sauf à s'exposer à se voir opposer l'exception de disproportion.

La caution peut aussi soulever le non-respect de l'article L. 313-22 du monétaire et financier (anc^t L. 1er mars 1984[5], art. 48), obligeant l'établissement de crédit, sous peine de déchéance des intérêts, à une information annuelle. Cette obligation subsiste jusqu'à extinction de la dette garantie par le cautionnement, ce dont il résulte qu'elle doit être accomplie même après l'ouverture de la procédure collective du débiteur principal[6], et même après sa liquidation judiciaire[7]. Nonobstant l'admission de la créance au passif, laquelle aura pu inclure des intérêts échus, la caution pourra faire valoir le non-respect de l'article L. 313-22 du code monétaire et financier pour être déchargée de ces intérêts[8]. Si l'admission de la créance ne permet pas de faire la part des intérêts et du principal, il appartiendra au juge du cautionnement de procéder à cette ventilation, pour permettre le jeu de cette disposition[9]. Le juge du cautionnement ne peut en conséquence condamner la caution aux échéances impayées sans vérifier si, dans ces échéances, ne figurent pas des intérêts échus dont le créancier serait déchu[10].

La même règle pourra s'appliquer si l'information du premier impayé non régularisé par l'établissement de crédit n'est pas faite à la caution, dans le domaine « Scrivener », des lois du 10 janvier 1978[11] et 13 juillet 1979[12]. Dans toutes ces hypothèses, il n'y a pas contrariété avec la représentation mutuelle des coobligés, car la déchéance du droit aux intérêts est un droit propre de la caution.

La caution pourra encore soulever la forclusion issue de telle ou telle législation protectrice, par exemple la forclusion biennale instituée par le code de la consommation. Si la déclaration de créance a un effet interruptif de prescription, elle reste en revanche sans effet sur le jeu d'une forclusion[13], pas plus que l'admission de la créance ne saurait avoir d'effet interversif sur la forclusion.

La caution peut enfin, malgré l'admission de la créance et l'autorité de chose jugée y attachée qui s'impose à elle, agir en responsabilité contre le créancier[14]. La solution suppose toutefois que, dans l'instance d'admission de la créance au passif, et bien que ce ne soit pas le lieu (v. s^s n° 682.15), la question de la responsabilité du créancier n'ait pas déjà été tranchée[15].

723.24 Situation de la caution simple – Maintien des exceptions inhérentes à la dette ? Les opinions divergent sur la question de savoir si les

1. Com. 8 juill. 2008, n° 07-11.004, NP; n° 786 F-D; *JCP E* 2008, n° 2294, note Burgard; *JCP E* 2008. Chron. 2493, n° 3, obs. Simler; *LXB hebdo* sept. 2008, n° 318, n° N9882BG4, note Le Corre-Broly.
2. Com. 28 juin 2016, n° 14-23.836, NP; n° 626 F-D.
3. Com. 22 mai 2013, n° 11-24.812, *Bull. civ.* IV, n° 84; *RTD civ.* 2013. 607, n° 12, obs. Barbier; *JCP E* 2013, Chron. 1679, n° 2, obs. Simler.
4. Com. 1er mars 2016, n° 14-16.402, *Bull. civ.* IV [à paraître]; n° 221 FS-P+B; *D.* 2016, actu 598, note Lienhard; *Gaz. Pal.* 28 juin 2016, n° 24, p. 69, note Le Corre-Broly; *Act. proc. coll.* 2016/7, comm. 90, note Douville; *JCP E* 2016. 1242, note Dumery; *Bull. Joly sociétés* mai 2016, 284, note Mouïal-Bassilana; *Gaz. Pal.* 21 juin 2016, n° 23, p. 30 note Dumont-Lefand; *Rev. sociétés* 2016. 399, note Henry; *BJE* 2016, 253, note Perruchot-Triboulet.
5. L. n° 84-148, 1er mars 1984, *JO* 2 mars, p. 751.
6. *Paris, 15e ch. B, 11 févr. 2005, RG n° 04/3900.*
7. Com. 14 janv. 2004, n° 01-12.224, NP – Com. 3 juin 2009, n° 07-14.091, NP; n° 502 F-D; *Gaz. proc. coll.* 2009/3, p. 45 n° 2, note Le Corre.
8. Com. 22 avr. 1997, n° 94-12.862, *Bull. civ.* IV, n° 97 – Com. 26 oct. 1999, n° 96-12.571, *Bull. civ.* IV, n° 181 – Chambéry, ch. com., 3 juill. 2007, RG n° 06/01083, *Rev. proc. coll.* 2008, n° 28, note Pérot-Reboul et Patureau – *Adde*, Com. 3 févr. 2009, n° 07-19.423, NP; n° 95 F-D – Toulouse, 6 oct. 2015, RG n° 13/05358, *JurisData* 022444; *JCP E* 2015. 858.
9. Com. 26 oct. 1999, n° 96-12.958, *Bull. civ.* IV, n° 189; *JCP E* 2000. Chron. 130, obs. M. Cabrillac; *RD banc. fin.* 2000, n° 11, obs. Legeais.
10. Com. 4 oct. 2005, n° 04-16.791, *Bull. civ.* IV, n° 201.
11. L. n° 78-22, 10 janv. 1978 relative à l'information et à la protection des consommateurs dans le domaine de certaines opérations de crédit, *JO* 11 janv., p. 299.
12. L. n° 79-596, 13 juill. 1979 relative à l'information et à la protection des emprunteurs dans le domaine immobilier, *JO* 14 juill., p. 1836.
13. Com. 19 nov. 1996, n° 94-17.909, Bull. civ. IV, n° 276; D. 1997. Somm. 165, obs. L. Aynès; RTD com. 1997. 327, obs. Martin-Serf; *Quot. Jur.* 5 déc. 1996, p. 6, note P. M.
14. Paris, 15e ch. A, 23 sept. 2003, RG n° 02/20881.
15. Com. 2 mars 2010, n° 09-10.830, NP; n° 258 F-D.

exceptions inhérentes à la dette peuvent, après admission de la créance au passif du débiteur principal, être soulevées par la caution simple. Certains auteurs considèrent que la décision d'admission ne s'impose pas à la caution simple[1]. D'autres sont d'un avis opposé[2].

Il est certain que l'autorité de la chose jugée de la décision d'admission au passif du débiteur principal sur une caution simple ne peut être expliquée par la représentation mutuelle des coobligés, cette dernière étant un effet secondaire de la solidarité, qui fait défaut en présence de cautions simples. La Cour de cassation admet cependant que la décision d'admission au passif s'impose à la caution simple[3]. La solution, a-t-il été expliqué, est fondée sur le recours à la règle de l'accessoire[4], ce qui nous semble faire produire à cette dernière peut-être plus d'effet qu'elle n'en a.

Il reste que la caution simple, comme la caution solidaire, conservent la latitude de soulever toutes les exceptions qui lui sont personnelles.

En ce qui concerne les exceptions inhérentes à la dette, il avait été admis, sous les régimes anciens, la recevabilité de la tierce opposition, de la part de la caution simple, à l'encontre de la décision fixant les rapports entre le créancier et le débiteur principal[5]. La raison de douter de l'ouverture de cette voie de recours sur la décision d'admission au passif résulte de l'existence d'une autre voie de recours spécifique : la réclamation à l'état des créances. Seule cette dernière semble dès lors admissible[6], alors surtout que la réclamation n'est rien d'autre qu'une variété de tierce opposition.

723.25 Mise en échec procédural de l'autorité de la chose jugée de la décision statuant sur la créance principale : la réclamation à l'état des créances. La décision d'admission au passif, une fois passée en force de chose jugée, est particulièrement dangereuse pour la caution qui ne peut contester ni le principe, ni le *quantum* de l'admission. La caution solidaire n'étant pas une partie ne peut empêcher la décision de devenir définitive. L'article L. 621-105 du code de commerce (anc[t] L. 25 janv. 1985[7], art. 102), dans sa rédaction antérieure à la loi de sauvegarde des entreprises, n'ouvre l'appel qu'aux parties, ce que n'est pas la caution solidaire, si elle reste en dehors de l'instance. Elle ne pourra donc interjeter appel de la décision d'admission de la créance[8]. Si le juge-commissaire statue sur l'admission d'une créance au passif, par hypothèse, il ne rend pas une ordonnance en matière de réclamation. L'appel de cette ordonnance en qualité de caution du débiteur est en conséquence irrecevable[9].

Cependant rien n'interdit à la caution d'intervenir à l'instance d'admission, son intérêt étant évident[10]. Si elle n'intervient pas, elle est réputée, du moins si elle est une caution solidaire, être représentée à l'instance par le débiteur principal. En conséquence, n'étant pas un tiers, elle ne pourra former tierce opposition. Cette situation bancale aurait pu être fatale pour elle, si le législateur n'était venu à son secours, en instituant une voie de recours particulière, ouverte à tout « intéressé » qui n'est pas une partie : la réclamation (v. s[s] n° 683.22).

La caution est incontestablement une personne « intéressée » au sens de l'article 103 de la loi du 25 janvier 1985, devenu l'article R. 624-8 alinéa 3 (anc[t] D. 28 déc. 2005[11], art. 109, al. 4) et est en conséquence recevable à former réclamation, ce que la jurisprudence relève directement ou de façon indirecte en indiquant que la caution ne peut plus contester la décision d'admission, faute d'avoir formé de réclamation[12], ou d'une autre manière en considérant que l'autorité de la chose jugée, à l'égard de la caution solidaire, se produira après expiration du délai de réclamation, c'est-à-dire après expiration du délai de quinze jours qui commence à courir à partir de l'avis d'insertion au *Bodacc* de dépôt de l'état des créances au greffe[13]. La solution est reconductible, depuis la loi de sauvegarde des entreprises, le délai de réclamation ayant toutefois été porté à un mois (v. s[s] n° 683.23).

1. Soinne, n° 2095.
2. Ripert et Roblot, n° 3025-1.
3. Req. 3 janv. 1938, *Gaz. Pal.* 1938. I. 396.
4. François, *Droit civil : Les sûretés personnelles*, Economica, 2004, n° 263.
5. Com. 16 oct. 1956, *Bull. civ.* III, n° 240 – *contra* : Req. 3 janv. 1938, préc.
6. En ce sens : Soinne, n° 2095.
7. L. n° 85-98, 25 janv. 1985, préc.
8. Com. 21 janv. 2003, NP; n° 129 F-D – Com. 7 déc. 2004, n° 03-13.962, NP.
9. Com. 7 déc. 2004, n° 03-13962, NP.
10. Dijon, 1re ch., 2e sect., 12 nov. 1996, *Rev. proc. coll.* 1998, 51, n° 17, note Cadiou.
11. D. n° 2005-1677, 28 déc. 2005, *JO* 29 déc., p. 20324.
12. Com. 3 mai 1994, n° 92-16.15[illegible], *Bull. civ.* IV, n° 161; *JCP E* 1994. I. 34[illegible], obs. M. Cabrillac; *JCP E* 1994. II. 627, note Wagner; *Rev. proc. coll.* 1995, 3[illegible], n° 4, obs. Kerckhove – Com. 14 juin 1994, n° 92-10.[illegible]1, NP, *Rev. proc. coll.* 1995, 328, n° 4, obs. Kerckhove – Com. 24 oct. 1995, n° 93-9.625, *Bull. civ.* IV, n° 25[illegible] – Com. 5 déc. 1995, n° 93-[illegible]0.981, *Bull. civ.* IV, n° 281; *Rev. huissiers* 1997. 446, note Courtier – Com. 3 févr. 1998, n° 95-18.215, NP, *Rev. proc. coll.* 1998, 495, n° 4, obs. Kerckhove.
13. Com. [illegible] mars 1999, n° 96-21.920, *Bull. civ.* IV, n° 62; *Act. proc. coll.* 1999, n° 94; *D. Affaires* 1999. 674, n° 11; *RTD com.* 1999. 971, obs. Martin-Serf; *Rev. proc. coll.* 2000, 56, n° [illegible], obs. Kerckhove – Com. 20 juin 2000, n° 97-17.567, NP, *RD banc. fin.* 2000, n° 16[illegible], obs. Lucas – Com. 3 nov. 2009, n° 07-14.329, NP; n° 9[illegible] F-D; *Gaz. Pal.* 8-10 janv. 2010, n°s 8, 9, p. 39, note Le Corre; *LXB hebdo* 19 nov. 2009, n° 372, note Le Corre.

La réclamation à l'état des créances s'analyse en une variété de tierce opposition (v. s[s] n° 683.25). Cela justifie qu'une véritable tierce opposition formée à l'encontre de l'arrêt d'une cour d'appel statuant sur l'admission d'une créance au passif est irrecevable, du fait de l'existence de cette voie de recours particulière[1]. En outre, puisque le code de commerce ouvre aux tiers intéressés le droit d'exercer une réclamation à l'encontre de l'état des créances, une caution ne peut prétendre que son droit d'accès au juge n'existe pas, pour remettre en cause la décision statuant sur la créance garantie[2].

Il résulte encore de cette solution que les juges du fond ne peuvent interdire à la caution le droit de soulever une exception inhérente à la dette, au motif que la créance serait admise au passif, sans qu'il soit constaté que l'état des créances a été déposée au greffe, qu'un avis d'insertion informant de ce dépôt a été publié, et que le délai de réclamation est en conséquence expiré[3]. En revanche, le fait que l'état des créances n'ait pas été déposé n'autorise pas la caution à prétendre, sous l'empire de la loi du 25 janvier 1985, à l'extinction de la créance, alors que la créance déclarée a été admise au passif. Cette absence de dépôt de l'état des créances autorise seulement la caution à discuter de la créanc[4].

Sur le terrain de la preuve, la charge e l'expiration du délai de réclamation, et don de l'avis d'insertion au *Bodacc* du dépôt de l'état ds créances au greffe, incombe au créancier, non à l caution[5]. Précisons encore que l'argument tiré de inopposabilité à la caution de l'admission de laréance en raison de l'absence d'expiration du dél de réclamation ne peut être soulevé pour la pmière fois devant la Cour de cassation, en ce qu'il t mélangé de fait et de droit[6].

La réclamation autorise la caution à ulever des exceptions inhérentes à la dette[7], dont e est privée par le jeu classique de la théorie de la reésentation mutuelle des coobligés ou par celui dla règle de l'accessoire. La réclamat n empêche dpposer à la personne intéressée qui la forme l'autorité de chose jugée attachée à l'admission de la créance au passif[8].

Elle pourra ainsi discuter du montant de la créance, par exemple pour contester le caractère manifestement excessif d'une clause pénale, figurant dans la déclaration de créance.

La jurisprudence estime encore que la caution peut discuter de la validité de la déclaration de créance[9]. En revanche, la Cour de cassation lui interdit de soulever des arguments liés à l'irrégularité de la procédure de vérification des créances (v. s[s] n° 683.25).

Précisons que tant que le délai de réclamation n'a pas couru, la caution peut soulever des exceptions inhérentes à la dette[10].

Cette voie de recours a pour effet de remettre en cause l'admission de la créance. La caution pourra ainsi voir fixer, dans d'autres conditions, la créance principale. La décision statuant sur la réclamation déterminera très exactement les droits sur le débiteur que le créancier pourra opposer au réclamant, c'est-à-dire en l'occurrence la caution solidaire. Ainsi, on peut raisonner sur une créance déclarée à hauteur de 100 et admise à hauteur de 90. Si la caution solidaire obtient gain de cause, dans la réclamation, et qu'elle fait fixer les droits du créancier à hauteur de 60, le créancier ne pourra ensuite opposer ses droits sur le débiteur, à la caution, qu'à hauteur de 60.

Un événement postérieur à l'admission de la créance, tel le jeu des nullités de la période suspecte, dès lors qu'il affecterait la nature, le montant ou l'existence de la créance, ne pourrait remettre en cause l'admission intervenue, laquelle reste opposable à la caution solidaire[11].

Parce que la caution peut, par le biais de la réclamation à l'état des créances contester la décision d'admission au passif, elle ne peut être considérée comme privée du droit d'accès au juge pour empêcher que la décision d'admission lui soit opposable. Logiquement, la Cour de cassation a refusé de transmettre une question prioritaire de constitutionnalité[12].

1. Com. 6 déc. 2011, n10-25.571, *Bull.* iv. IV, n° 203; *D.* 2012. Actu 7, obs. ienhard; *Gaz. Pal.* 28 avr. 2012, n° 118, p. 39, note Corre-Broly; *BJE* 2012 88, note Brena.
2. Com. 6 déc. 2011, n10-25.571, *Bull. civ.* IV, n° 203, préc. – Com. 12 janv. 206, n° 15-40.036 QPC, NP, *JE* 2016, 116, note Borga.
3. Com. 9 déc. 2008 n° 07-14.119, NP; n° 1270 F-D; *Gaz. proc. coll.* 2009/2 p. 42, n° 1, note Le Corre; *JCP E* 2009. 1347, n° 11, obs. M. Cabrillac – Com. 22 juin 2010, n° 09-15.972, NP; n° 64 F-D; *BJE* 2011. 34, note Brea.
4. Com. 17 déc. 203, n° 12-28.570, NP; n° 1232 F-D.
5. Com. 22 juin 10, n° 09-15.972, NP; n° 69 F-D; *BJE 2011. 34, not rena* – *Com.* 15 juin 2011, n° 0-18.690, NP; n° 608 F-D
6. Com. 6 oct. 09, n° 08-10.335, NP; n° 850 F.
7. Com. 15 mars 2005, n° 03-15.737, NP.
8. Com. 12 juil. 2011, n° 10-20.165, NP; n° 756 F-D; *Act. proc. coll.* 2011, n° 231, note Vallansan.
9. Com. 9 janv. 2001, n° 98-13.700, NP, *Act. proc. coll.* 2001, n° 60 – Com. 16 oct. 2001, n° 98-19.316, *Bull. civ.* IV, n° 168; *Act. proc. coll.* 2001, n° 247; *RD banc. fin.* 2001, n° 236, obs. Lucas; *RJDA* 2002/2, n° 178, p. 146.
10. Paris, 14[e] ch. B, 26 mars 2004, RG n° 03/15178.
11. Com. 12 nov. 1997, n° 95-18.855, NP, *RJ com.* 1998. 287, n° 70, obs. Saint-Alary-Houin.
12. Com. 12 janv. 2016, n° 15-40.036 QPC, NP; n° 124 F-D; *RTD com.* 2016, 200, n° 6, note Martin-Serf.

SECTION 723.30
HAUTEUR DE LA POURSUITE DE LA CAUTION – MISE À L'ÉCART DE LA RÈGLE DE L'ACCESSOIRE EN FONCTION DES PROCÉDURES

723.31 Impossibilité pour la caution de se prévaloir des remises effectuées par le créancier dans le plan de continuation ou de redressement. Le code de commerce écarte, dans certaines de ses dispositions, la règle de l'accessoire, qui interdit de traiter plus durement la caution que le débiteur principal. La première mise à l'écart de la règle est posée par l'article L. 621-65, alinéa 2 du code de commerce (anc[t] L. 25 janv. 1985[1], art. 64, al. 2), dans sa rédaction antérieure à la loi de sauvegarde des entreprises. Après avoir énoncé dans son premier alinéa que « les dispositions du plan sont opposables à tous », l'alinéa 2 poursuit en indiquant que « toutefois les cautions solidaires et coobligés ne peuvent s'en prévaloir ».

On rappellera d'abord que l'article 1287 du code civil, devenu l'article 1350-2[2], alinéa 1 du code civil (réd. ord. 10 févr. 2016) prévoit que la remise conventionnelle faite au débiteur libère les cautions, tant simples que solidaires. Il est admis au contraire que les remises judiciaires ne profitent pas aux cautions solidaires.

L'article L. 621-65, alinéa 2 du code de commerce, pour sa part, se contente d'indiquer que les cautions solidaires ne peuvent se prévaloir des dispositions arrêtant le plan. Il est donc certain qu'elles ne peuvent profiter des remises consenties au débiteur par le créancier, ce dernier ne pouvant d'ailleurs s'en voir imposer par le tribunal[3].

L'accord intervenu entre le créancier et les organes de la procédure aménageant les modalités de paiement de la dette ne peut davantage profiter à la caution[4].

La remise peut porter sur le principal de la dette ou seulement sur les intérêts. En ce dernier cas, la suppression des intérêts par le plan de continuation n'empêchera pas le créancier de les demander à la caution solidaire[5].

En cas de jeu de l'article L. 621-77 du code de commerce, c'est-à-dire l'option ouverte au créancier en faveur d'un paiement plus rapide assorti d'une réduction proportionnelle de la créance, la réduction ne peut également profiter à la caution solidaire[6]. Il en va *a fortiori* ainsi de la réduction de la dette résultant de l'application, en cas de vente du bien grevé de sûreté, soit en période d'observation, soit en plan de continuation, de la règle de l'article L. 621-80 alinéa 2 du code de commerce (anc[t] L. 25 janv. 1985, art. 78, al. 2). La réduction de la dette, résultant de l'anticipation du paiement reçu par le créancier, ne peut profiter à la caution[7].

Dans le prolongement de cette idée, c'est fort logiquement que la jurisprudence refuse à la caution la possibilité de considérer la remise de dette faite au débiteur comme une faute, empêchant la subrogation[8]. Le caractère judiciaire et non volontaire de la remise de dette, même consentie dans le cadre de la consultation des créanciers, empêche le jeu de l'article 2314 du code civil (anc[t] C. civ., art. 2037) le créancier n'ayant pas commis de faute. En outre, considérer que l'acceptation d'une remise serait constitutive d'une faute contrarierait ouvertement la règle de l'article L. 621-65 alinéa 2 du code de commerce[9].

La précision législative, clarifie, *a contrario*, la situation de la caution simple, qui n'est pas visée par l'article L. 621-65, alinéa 2. Cette dernière peut donc se prévaloir des remises accordées au débiteur[10].

Ce traitement différent entre cautions simples et cautions solidaires a justifié la transmission par la Cour de cassation d'une question prioritaire de constitutionnalité sur le fondement de la contrariété au principe d'égalité devant la loi consacré par l'article 6 de la Déclaration de 1789[11]. Cette différence de traitement n'a pas été jugée contraire à la Constitution, dans la mesure où le code civil lui-même prévoit que l'engagement de la caution solidaire est renforcé par rapport à celui de la caution simple. Or le principe d'égalité devant la loi n'impose

1. L. n° 85-98, 25 janv. 1985, préc.
2. CRÉÉ par Ord. n° 2016-131, 10 févr. 2016, art. 3.
3. Com. 26 mai 1999, n° 96-13.880, NP, *Rev. proc. coll.* 2000, 57, n° 7, obs. Kerckhove – Com. 26 nov. 2002, n° 01-03.759, NP, *Rev. proc. coll.* 2003, p. 332, n° 13, obs. Lèguevaques – Com. 28 janv. 2004, n° 01-15.066, NP.
4. Com. 25 févr. 2004, n° 02-10.118, NP.
5. Com. 25 avr. 2001, n° 96-22.035, *Bull. civ.* IV, n° 73; *Act. proc. coll.* 2001, n° 123, note Régnaut-Moutier.
6. KERCKHOVE, n° 713.
7. KERCKHOVE, n° 713.
8. Com. 22 oct. 1996, n° 94-20.431, *Bull. civ.* IV, n° 255; *Quot. Jur.* 21 nov. 1996, p. 6, note P. M.; *RD banc. et bourse* 1996. 242, obs. Campana et Calendini; *Rev. proc. coll.* 1997, 224, n° 3, obs. Kerckhove – Amiens, 27 févr. 2001, *Rev. proc. coll.* 2001, 76, n° 16, obs. Soinne.
9. KERCKHOVE, n° 713.
10. Com. 23 nov. 2004, n° 03-17.235, *Bull. civ.* IV, n° 203; *D.* 2004. AJ 3220, obs. Lienhard; *D.* 2005. 653, note Lisanti; *D.* 2005. Somm. 2083, obs. Crocq; RD banc. fin. 2005/2, p. 22, obs. Lucas; *Banque et droit* 2005, n° 99, p. 60, obs. Rontchevsky; *JCP E* 2005. Chron. 639, n° 5, obs. M. Cabrillac; *JCP* 2005. I. 135, n° 9, obs. Simler; *JCP E* 2005. Chron. 915, n° 9, obs. Simler; *RTD civ.* 2005. 429, obs. Crocq; *RTD com.* 2005. 159, n° 11, obs. Legeais; *RTD civ.* 2005. 594, n° 5, obs. Saint-Alary-Houin; *RTD com.* 2005. 602, n° 13, obs. Martin-Serf; *LPA* 2005, n° 77, p. [illegible], note Souhami.
11. Com. 18 nov. 2014, n° 14-16.264 QPC, NP; n° 1109 F-D.

pas d'uniformiser les régimes juridiques de la caution simple et de la caution solidaire[1].

La loi du 25 janvier 1985 a écarté la règle de l'accessoire, en matière de cautionnement, en privant la caution solidaire de la possibilité de bénéficier des remises du plan de continuation, ces faveurs eussent elles été « librement » consenties par le créancier, dans le cadre de la consultation préparatoire à l'arrêté du plan de continuation. La règle posée en plan de continuation par la loi du 25 janvier 1985 est maintenue par la loi du 26 juillet 2005[2] pour le plan de redressement. L'article L. 631-20 qui résulte de la loi de sauvegarde des entreprises énonce en effet que « par dérogation aux dispositions de l'article L. 626-11, les coobligés et les personnes ayant consenti un cautionnement ou une garantie autonome ne peuvent se prévaloir des dispositions du plan ». La solution est reconduite par l'ordonnance du 18 décembre 2008[3], l'article L. 631-20 du code, qui en résulte, énonçant désormais que « par dérogation aux dispositions de l'article L. 626-11, les coobligés et les personnes ayant consenti une sûreté personnelle ou ayant affecté ou cédé un bien en garantie ne peuvent se prévaloir des dispositions du plan [de redressement] ». Ce traitement différencié, qui a pour objet de favoriser le recours à la sauvegarde, ne porte pas atteinte au principe d'égalité. Des questions prioritaires de constitutionnalité sur ce traitement distinct ont été rejetées comme non sérieuses[4]. Logiquement, la jurisprudence refuse à la caution la possibilité d'engager la responsabilité civile du créancier qui consent des remises de dettes au débiteur principal[5].

Il n'est pas ici distingué selon que ces cautions sont simples ou solidaires. Le sort des cautions simples se trouve ainsi aggravé, puisqu'elles ne bénéficieront donc plus, contrairement à la solution issue de la législation antérieure à la loi de sauvegarde des entreprises, des remises du plan.

Il n'est pas davantage distingué selon que ces garants sont des personnes physiques ou des personnes morales. Aucune ne pourra se prévaloir des dispositions du plan de redressement.

Mais, pour que la solution puisse prospérer, encore faut-il que la remise accordée par le créancier soit judiciaire, et pas simplement conventionnelle. S'il est prévu que la créance cautionnée sera payée hors plan, ce qui est une pratique courante bien qu'illégale à notre sens, la remise opérée par le créancier ne peut être qualifiée de judiciaire. Il en résulte qu'elle présente la nature d'une créance conventionnelle, qui, en application de l'article 1287 du code civil, profite à la caution[6].

723.32 Impossibilité pour la caution de se prévaloir des règles d'imputation des paiements dans le plan de continuation ou de redressement – imputation des paiements en cas de liquidation judiciaire. Une deuxième trace du traitement plus draconien réservé à la caution par rapport au débiteur principal peut être trouvée dans l'impossibilité pour la caution solidaire de se prévaloir des dispositions du plan prévoyant une imputation prioritaire des paiements effectués par le débiteur sur le principal de la dette[7]. De même, en présence de plusieurs dettes incluses dans le plan, dont certaines seulement sont cautionnées, la caution ne peut prétendre au jeu de l'article 1256 du code civil posant des règles d'imputation des paiements d'abord sur les dettes que le débiteur a le plus d'intérêt d'acquitter, c'est-à-dire celle cautionnées, par rapport à celles qui ne le sont pas[8].

Une cour d'appel a également jugé que les règles d'imputation des paiements posées par le code civil étaient inapplicables en liquidation judiciaire, toutes les dettes étant proportionnellement éteintes par le paiement intervenu. Une caution ne peut donc prétendre être libérée au prétexte de l'imputation prioritaire d'un paiement sur la dette cautionnée[9].

723.33 Possibilité pour la caution de se prévaloir des remises et des règles d'imputation des paiements effectués par le débiteur dans le plan de sauvegarde. Si le débiteur a obtenu un plan de sauvegarde, la règle ci-dessus décrite en plan de continuation ou de redressement est écartée. L'article L. 626-11, alinéa 2 prévoit en effet que « à l'exception des personnes morales, les coobligés et les personnes ayant consenti une caution ou une garantie autonome peuvent s'en (des dispositions du plan de sauvegarde) prévaloir ». Observons que cette faveur bénéficie aux garants dans la sauvegarde accélérée,

1. Cons. const. 6 févr. 2015, n° 2014-448 QPC, *JO* 8 févr., p. 2326; *D.* 2015. 898, note Ch. Juillet; *Bull. Joly sociétés* 2015, 206, note Mouial-Bassilana; *JCP E* 2015. 1274, note Brignon; *RTD com.* 2015. 369, n° 3, obs. Martin-Serf; *BE* mai 2015, 145, note Lisanti.
2. L. n° 2005-845, 26 juill. 2005, préc.
3. Ord. n° 2008-1345, 18 déc. 2008, préc.
4. Com. 12 avr. 2012, n° 12-40.003 QPC, NP, *Rev. sociétés* 2012. 398, note Roussel Galle; *RTD com.* 2012. 850 n° 8, obs. Martin-Serf – Com. 8 oct. 2012, n° 12-40.05[illegible] QPC, NP, *Rev. sociétés* 2012. 728, note Roussel Galle.
5. Com. 3 nov. 2015, n° 14-19.191, NP; n° 930 F-; *Gaz. Pal.* 16 févr. 2016, n° 7, p. 28, note Dumont-Lefrand; *Rev. proc. coll.* 2016, comm. 97, note Martin-Serf; *L[illegible] hebdo* 19 nov. 2015, n° 444, note Le Corre-Broly.
6. Angers, ch. A, sect. comm., 15 déc. 2015, RG n° 13/01913; arrêt aimablement communiqué par Me B. Brecheteau, avocat au barreau d'Angers.
7. Com. 28 janv. 2004, n° 01-15.066, NP.
8. Com. 13 févr. 2007, n° 05-13.308, Bull. civ. IV, n° 32; *Gaz. proc. coll.* 2007/2, p. 52, note Routier; *RD banc. fin.* 2007, n° 103, note Legeais.
9. Aix-en-Provence, 12 mars 2015, RG n° 12/15040, *APC* 2015/8, comm. 129.

alors même qu'il y aurait cessation des paiements, ce qui peut être discuté[1].

Il n'est pas distingué selon que l'on est en présence de cautions solidaires ou de cautions simples. En conséquence, les cautions simples, comme cela était déjà le cas, en plan de continuation, sous l'empire de la législation antérieure à la loi du 26 juillet 2005[2], continuent à pouvoir bénéficier des remises consenties au débiteur.

Peu importe, à notre sens, pour le bénéfice de la règle, la date de souscription du cautionnement, seule important la date d'ouverture de la procédure collective. Il ne s'agit pas, en effet, de raisonner sur une règle du régime du cautionnement, mais sur une règle du régime la procédure collective. Le contraire a pourtant été jugé[3].

Le texte adopté à l'Assemblée nationale ne permettait pas aux cautions réelles de bénéficier des remises du plan de sauvegarde. À la suite d'un amendement présenté par la Commission des lois du Sénat, le bénéfice des dispositions du plan a été étendu aux cautions réelles, dès lors qu'elles sont des personnes physiques[4]. C'est ainsi qu'il faut comprendre la rédaction de l'article L. 626-11 alinéa 2 selon lequel « à l'exception des personnes morales, [...] les personnes ayant consenti une caution [...] peuvent s'en (dispositions du plan) prévaloir ». La règle *Ubi lex* justifiait au demeurant la solution.

Toutefois, le concept même de cautionnement réel a disparu depuis l'arrêt rendu par la chambre mixte de la Cour de cassation du 2 décembre 2005[5]. Comme pour la question du droit de poursuivre, pendant la période d'observation (v. s^{s} n° 721.22), la réalisation forcée du bien cédé en garantie par un tiers, il faut, semble-t-il, admettre que les dispositions du plan de sauvegarde, qui profitent aux garants personnels, ne peuvent bénéficier à un tiers qui a affecté un bien à la garantie de la dette d'un autre[6].

L'ordonnance du 18 décembre 2008[7] (ord. 18 déc. 2008, art. 166), qui a étendu le domaine de la règle, réécrit l'article L. 626-11, alinéa 2, lequel dispose désormais que « À l'exception des personnes morales, les coobligés et les personnes ayant consenti une sûreté personnelle ou ayant affecté ou cédé un bien en garantie peuvent prévaloir ». Le nouvel article L. 626-11, alinéa 2 du code de commerce, n'évoque plus les cautions, ni les garants autonomes. Il fait usage d'une expression infiniment plus extensive, qui a vocation à englober ces deux dernières catégories de garants, mais en les dépassant largement (v. s^{s} n° 144.13). Dès lors, seuls les garants personnels, personnes morales, ne pourront bénéficier de la règle.

En revanche, il faudra que la sûreté personnelle ait été consentie, ce qui, *a priori*, permettra d'exclure du bénéfice de la règle les associés indéfiniment et solidairement responsables des dettes sociales, qui ne peuvent au surplus être considérés comme des codébiteurs, mais plutôt comme des débiteurs subsidiaires adjoints (v. s^{s} n° 731.12) ou encore les associés de sociétés civiles.

L'ordonnance du 18 décembre 2008 entend également assurer le bénéfice des dispositions du plan de sauvegarde « aux personnes physiques ayant cédé un bien en garantie ». En visant la personne physique ayant « affecté un bien en garantie », le législateur règle le problème de celui autrefois dénommé « caution réelle », en l'alignant sur le régime de la caution personnelle.

L'ordonnance du 18 décembre 2008 tient compte également de l'intrusion dans notre droit positif de la fiducie-sûreté, en faisant profiter des dispositions du plan aux qui ont « cédé un bien en garantie ». Est ainsi pris en compte le cas du constituant, personne physique, d'une fiducie-sûreté, qui ne serait pas le débiteur.

En revanche, les garants personnes morales ne pourront bénéficier des dispositions du plan de sauvegarde.

Cette extension du domaine des garants pouvant bénéficier des dispositions du plan de sauvegarde est strictement limitée à la sauvegarde et n'a donc, pas plus qu'auparavant, vocation à bénéficier aux garants d'un débiteur ayant obtenu un plan de redressement. L'absence d'alignement du redressement judiciaire sur la sauvegarde a pour but de créer une incitation financière du dirigeant garant à saisir le tribunal aux fins de se placer sous le régime de la sauvegarde[8]. Les cautions, à l'exception des cautions personnes morales, pourront donc se prévaloir des remises incluses dans le plan de sauvegarde.

La solution, appliquée aux cautions, est conforme au droit commun du cautionnement. Elle n'est que la traduction de la règle de l'accessoire. Il importe peu que la remise faite au débiteur soit volontairement acceptée par le créancier où qu'elle lui ait été imposée dans le cadre du vote d'un comité de créan-

1. Degenhardt., « Sauvegarde accélérée en cessation des paiements : des faveurs injustifiées pour les garants personnes physiques ? », *BJE* 2015, 60.
2. *L. n° 2005-845, 26 juill. 2005, préc.*
3. Aix-en-Provence, 8e ch., 1er avr. 2010, RG n°09/05204, *Rev. proc. coll.* 2011, n° 43, note Fraimout.
4. *Rapp. J.-J. Hyest*, n° 335, p. 271.
5. Cass., ch. mixte, 2 déc. 2005, n° 03-18.210, *Bull. ch. mixte*, n° 7; *D.* 2006. 729, avis. Sainte-Rose, note L. Aynès; *JCP* 2005. II. 10183, note Simler; *LPA* 2006, n° 16, p. 7, note Houtcieff.
6. AUSSI, MAIS PLUS HÉSITANT : LIENHARD, 2e éd. 2007, n° 1026.
7. Ord. n° 2008-1345, 18 déc. 2008, préc.
8. *Rapp. Xavier de Roux*, n° 2095, p. 292.

cier, faute de distinction du texte de l'article L. 626-11 alinéa 2 du code de commerce.

723.34 Absence d'arrêt du cours des intérêts contre la caution malgré l'arrêt du cours des intérêts contre le débiteur dans la législation antérieure à la réforme du 26 juillet 2005[1]. La seconde mise à l'écart de la règle de l'accessoire par le législateur est relative à la question du cours des intérêts. Pour comprendre la portée de la règle issue de la législation du 10 juin 1994[2], il convient d'abord d'indiquer la situation sous l'empire de la loi du 25 janvier 1985[3] dans sa rédaction d'origine.

La question n'intéresse pas ici l'hypothèse où le créancier bénéficie de la règle de la continuation du cours. Si les intérêts dont le cours n'a pas été arrêté (par exemple pour les prêts d'une durée supérieure ou égale à un an) ont été déclarés au passif et ont été admis, ils sont dus par la caution[4]. L'hypothèse doit être distinguée de celle dans laquelle le créancier est confronté à la perte desdits intérêts (v. s[s] n° 723.18). Il n'est ici question que du cas où le créancier, face au débiteur, connaît un arrêt du cours des intérêts.

Sous l'empire de la loi du 25 janvier 1985 non réformée, la règle de l'accessoire produisait plein effet. En conséquence, la jurisprudence avait logiquement admis que l'arrêt du cours des intérêts contre le débiteur principal emportait arrêt du cours des intérêts contre la caution. Cette dernière ne pouvait donc être tenue que des seuls intérêts courus avant jugement d'ouverture[5]. Il en allait de même de l'aval, caution solidaire d'un effet de commerce[6]. Il s'agissait d'une exception inhérente à la dette, et non point personnelle au débiteur, le contraire ayant toutefois été jugé[7]. De manière symétrique, il est possible de considérer que la continuation du cours des intérêts contre le débiteur emporte continuation du cours des intérêts contre la caution. Il n'en va différemment que si la caution est elle-même en redressement ou en liquidation judiciaire. Sa dette n'est alors pas productive d'intérêts susceptibles de continuer leur cours, puisqu'il ne s'agit pas d'une exception à la règle de la continuation du cours des intérêts[8].

Seuls les intérêts qui auraient été dus par le débiteur et qui auraient été arrêtés contre lui sont arrêtés contre la caution. En revanche, les intérêts dus personnellement par la caution continuent à pouvoir lui être réclamés. Il en est ainsi des intérêts dus depuis la mise en demeure faite à la caution[9], sur le fondement de l'article 1153 alinéa 3 du code civil, et ce au taux légal[10]. Peu importe à cet égard que la mise en demeure soit antérieure à l'ouverture de la procédure collective du débiteur.

L'équation résultant de la mise en jeu de la règle de l'accessoire, qui veut que l'arrêt du cours des intérêts contre le débiteur soit équivalent à un arrêt du cours des intérêts contre la caution, a été écartée par la loi du 10 juin 1994.

L'article 55, alinéa 1 de la loi du 25 janvier 1985, issu de la rédaction que lui a donnée la loi du 10 juin 1994[11] (devenu C. com., art. L. 621-48) dispose que « le jugement d'ouverture du redressement judiciaire arrête le cours des intérêts légaux et conventionnels, ainsi que tous intérêts de retard et majorations, à moins qu'il ne s'agisse des intérêts résultant de contrats de prêts conclus pour une durée égale ou supérieure à un an ou de contrats assortis d'un paiement différé d'un an ou plus ». La loi du 10 juin 1994 a ajouté une deuxième phrase à l'article 55, alinéa 1, en énonçant que « les cautions et coobligés ne peuvent se prévaloir des dispositions du présent alinéa ».

Il faut d'abord préciser que les dispositions modificatives de l'article 55 de la loi du 25 janvier 1985 ne s'appliquent qu'aux cautionnements souscrits à

1. L. n° 2005-845, 26 juill. 2005, préc.
2. L. n° 94-475, 10 juin 1994, *JO* 11 juin, p. 8440.
3. L. n° 85-98, 25 janv. 1985, préc.
4. Com. 4 avr. 2006, n° 04-20. 430, *Bull. civ.* IV, n° 88; *D.* 2006. AJ 1231, obs. Lienhard; *JCP E* 2006. Chron. 2331, n° 13, obs. M. Cabrillac; *Gaz. proc. coll.* 2006/3, p. 3[illegible], n° 9, obs. Le Corre.
5. Com. 13 nov. 1990, n° 88-17.734, *Bull. civ.* IV, n° 2[illegible]7; *D.* 1991. Somm. 112, obs. Derrida; *D.* 199[illegible]. 387, obs. L. Aynès; *RTD com.* 1991. 107, obs. Marti-Serf; *JCP E* 1991. II. 114, note Pétel; *Rev. proc. coll.* 1991, 354, obs. Dureuil; *Rev. proc. coll.* 1991, 111, obs. Delebecque; *RD banc. et bourse* 1991. 74, note Campana et Calendini – Com. 11 mai 1993, n° 91-11.951, *Bull. civ.* IV, n° 182; *RTD com.* 1995. 202, obs. Martin-Serf; *Rev. proc. coll.* 1995, 324, obs. Kerckhove – Com. 1er déc. 2009, n° 0[illegible]20.880, NP; n° 1110 F-D.
6. *Com. 25 juin 1996, n° 94-20.100*, Bull. civ. IV, n° 193; *JCP* 1996. II. 22687, note Rémery.
7. Toulouse, 20 févr. 1992, *Rev. Banque* 1992. [illegible]69, obs. Rives-Lange.
8. Com. 9 nov. 2004, n° 03-14.821, NP.
9. Paris, 10 mai 1991, *RD banc. et bourse* 1992. 36, obs. Campana et Calendini; *Dr. sociétés* 1992, n° 52, obs. Chaput – Paris, 3e ch. A, 11 sept. 2007, RG n° 05/13139.
10. Com. 7 janv. 1992, n° 89-17.717, *Bull. civ.* IV, n° 2; *Defrénois* 1992. 1573, obs. Honorat – Com. 17 mars 1992, n° 90-14.350, *Bull. civ.* IV, n° 114; *Rev. Banque* 1993. 100, obs. Guillot – Com. 11 mai 1993, n° 91-11.951, *Bull. civ.* IV, n° 182; *Rev. Banque* oct. 1993. 100, obs. Guillot; *RTD com.* 1995. 202, obs. Martin-Serf – Com. 14 déc. 1993, n° 91-17.928, *Bull. civ.* IV, n° 467; *JCP* 1994. IV. 467 – Com. 22 févr. 1994, n° 92-13.397, NP, *Rev. huissiers* 1994. 473 – Com. 22 mars 1994, *Bull. civ.* IV, n° 122; *D.* 1995. 139, note Vernet – Com. 17 janv. 1995, n° 93-11.645, NP, *Rev. proc. coll.* 1995, 324, n° 2, obs. Kerckhove.
11. Brocard, « Brèves remarques sur la situation de la caution après la loi n° 94-475 du 10 juin 1994 », *RJ com.* 1995. 368.

compter de la date de publication de la loi du 10 juin 1994 (L. 10 juin 1994, art. 38-2). Cette loi ayant été publiée le 11 juin 1994, il faut décider que seuls les cautionnements souscrits à partir du 11 juin 1994 se voient appliquer cette disposition[1], et seulement dans le cadre des procédures ouvertes après le 1er octobre 1994 (v. ss no 721.21)[2].

Ces nouvelles dispositions conduisent à considérer que les intérêts arrêtés, par l'effet du jugement d'ouverture du redressement judiciaire ou de la liquidation judiciaire, contre le débiteur, continuent à courir contre la caution, solidaire ou non.

Il faut qu'il s'agisse d'un arrêt du cours des intérêts résultant de l'application de la loi du 25 janvier 1985. Il n'en sera pas de même si les intérêts ne sont plus dus par le débiteur principal au prétexte qu'ils sont éteints dans le cadre de la déclaration de créance[3].

Cependant, le principe selon lequel l'arrêt du cours des intérêts, qui profite au débiteur en redressement ou en liquidation judiciaire, ne bénéficie pas à sa caution, est sans application si la caution est elle-même en redressement ou en liquidation judiciaire, l'arrêt du cours des intérêts s'imposant alors dans sa propre procédure[4].

Au surplus, l'arrêt du cours des intérêts joue pour la caution sous procédure collective quelle que soit la durée du prêt consenti au débiteur. En d'autres termes, même s'il n'y a pas place à arrêt du cours des intérêts contre le débiteur, la caution va bénéficier, dans sa propre procédure collective, de l'arrêt du cours des intérêts[5].

En présence d'une faillite prononcée à l'étranger, le juge français qui doit statuer sur la poursuite d'une caution doit rechercher si la loi étrangère de la faillite prévoit ou non une continuation du cours des intérêts contre la caution[6].

1. Paris, 15e ch. B, 4 oct. 2007, RG no 05/05227 – *Adde*, SOL. IMPL. : Com. 9 nov. 2004, no 03-14.821, NP.
2. Paris, 17 mars 1995, *Rev. proc. coll.* 1995, 454, no 2, obs. Kerckhove.
3. AINSI : Paris, 16e ch. A, 30 juin 2004, RG no 01/1694.
4. Com. 29 avr. 2003, no 01-15.123, NP – Com. 24 juin 2003, no 02-11.772, NP – Com. 16 nov. 2010, no 09-71.935, *Bull. civ.* IV, no 115; *D.* 2010. 2902, obs. Lienhard; *Gaz. Pal.* 25-26 févr. 2011, p. 46, note Reifegerste; *Gaz. Pal.* 30-31 mars 2011, p. 18, note Dumont; *JCP E* 2011. Chron. 1263, no 3, obs. Pétel; *Rev. sociétés* 2011. 194, note Roussel Galle; *BJE* 2011. 37, note Brena; *LPA* 29 avr. 2011, no 85, p. 4, note Reille; *Rev. sociétés* 2011, note Crocq; *RTD com.* 2011. 637, no 3, obs. Martin-Serf.
5. Com. 8 sept. 2015, no 14-14.175, NP; no 702 F-D; *Gaz. Pal.* 19 janv. 2016, no 3, p. 72, note Le Corre-Broly; *LXB hebdo* 15 oct. 2015, no 440, note Le Corre-Broly – Com. 8 sept. 2015, nos 14-14.177 à 14-14.186, NP; nos 704 FD à 713 F-D; *LXB hebdo* 15 oct. 2015, no 440, note Le Corre-Broly – Com. 8 sept. 2015, no 14-14.188, NP; no 715 F-D; *LXB hebdo* 15 oct. 2015, no 440, note Le Corre-Broly.

723.35 Limitation du domaine de la règle de l'absence d'arrêt du cours des intérêts contre la caution malgré l'arrêt du cours des intérêts contre le débiteur depuis la loi du 26 juillet 2005[7] – Neutralisation de l'anatocisme depuis l'ordonnance du 12 mars 2014[8]. La loi du 26 juillet 2005, dans le souci de rendre attractive la procédure de sauvegarde, prévoit désormais que « les personnes physiques caution... peuvent se prévaloir des dispositions du présent alinéa » (C. com., art. L. 622-28, al. 1). L'alinéa en question prévoit que « le jugement d'ouverture arrête le cours des intérêts légaux et conventionnels, ainsi que de tous intérêts de retard et majorations, à moins qu'il ne s'agisse des intérêts résultant de contrat de prêts conclus pour une durée égale ou supérieure à un an ou de contrats assortis d'un paiement différé d'un an ou plus ». Il faut donc comprendre que, par principe, le débiteur bénéficie de la règle de l'arrêt du cours des intérêts. Par accessoire, la caution en bénéficiera également. La solution a été ainsi posée en présence d'un découvert en compte courant à durée indéterminée, qui avait été cautionné par une personne physique[9]. En revanche, si par exception, le débiteur ne peut bénéficier de la règle de l'arrêt du cours des intérêts, par exemple pour les contrats de prêts conclus pour une durée supérieure ou égale à un an, la caution ne pourra davantage prétendre à un arrêt du cours des intérêts.

Le texte issu de la loi du 26 juillet 2005 semble limiter à la procédure de sauvegarde, pour la rendre plus attractive que la procédure de redressement judiciaire, la possibilité pour les garants de se prévaloir de l'arrêt du cours des intérêts dont bénéficie le débiteur. En outre, seules les personnes physiques ont vocation à bénéficier de la règle. Il faut donc décider, *a contrario*, qu'il y aura, comme sous l'empire de la législation antérieure à la loi du 26 juillet 2005, place à continuation du cours des intérêts contre les cautions personnes morales, alors pourtant que ces intérêts voient leur cours arrêté contre le débiteur principal. En revanche, faute de distinction du texte, les cautions réelles – personnes ayant consenti une sûreté réelle sur un bien – personnes physiques bénéficieront du texte[10] et seront donc traitées comme les cautions personnelles personnes physiques. Telle était la solution voulue par la loi de sauvegarde des entreprises. La disparition du concept de « cautionnement réel », à la suite de l'arrêt

6. Com. 30 oct. 2007, no 06-17.112, NP; no 1198 F-D; *Gaz. proc. coll.* 2008/1, p. 27, noteMénn.
7. L. no 2005-845, 26 juill. 2005, préc.
8. Ord. no 2014-326, 12 mars 2014, préc.
9. Montpellier, 2e ch. civ., 5 avr. 2011, RG no 10/04728.
10. *Rapp. J.-J. Hyest*, no 335, p. 223.

de la chambre mixte de Cour de cassation[1], nous semble devoir conduire à la mise à l'écart de la solution recherchée par la loi de sauvegarde des entreprises. La personne ayant constitué sur un bien lui appartenant une sûreté en garantie de la dette d'une personne placée ensuite sous procédure collective ne peut profiter d'une règle édictée pour des garants personnels, ce que n'est pas le constituant de cette sûreté, relativement au moins à la question de l'exécution forcée sur le bien affecté en garantie. Appliquer les règles du cautionnement à des personnes auxquelles la qualification doit d'évidence être refusée, relève d'une recherche chimérique, faute de texte en ce sens, et quelque équitable que serait la solution. Il reste au législateur à intervenir une nouvelle fois, dans le sens recherché par la loi de sauvegarde des entreprises.

La solution issue de la loi du 26 juillet 2005 assure une symétrie par rapport au domaine d'application de la règle de l'arrêt des poursuites contre les cautions pendant la période d'observation, qui ne concerne que les personnes physiques.

Observons que cette faveur bénéficie aux garants dans la sauvegarde accélérée, alors même qu'il y aurait cessation des paiements, ce qui peut être discuté[2].

La solution antérieure de l'absence d'arrêt du cours des intérêts contre la caution, en cas d'arrêt du cours des intérêts contre le débiteur principal, est explicitement maintenue, pour le redressement judiciaire, par l'article L. 631-14, II, issu de la rédaction que lui a donnée la loi du 26 juillet 2005, qui écarte le jeu de l'article L. 622-28 alinéa 1 pour les cautions, coobligés et garants autonomes, sans distinction selon qu'ils sont des personnes physiques ou morales.

Mais, sans doute à la suite d'une inadvertance législative[3], l'article L. 641-3 alinéa 1 du code dispose que le jugement qui ouvre la liquidation judiciaire – non celui qui la prononce, c'est-à-dire qui convertit en liquidation judiciaire – a les mêmes effets que ceux qui sont prévus en cas de sauvegarde par l'article L. 622-28. Il faut donc comprendre qu'en cas d'ouverture d'une liquidation judiciaire, la règle de l'arrêt du cours des intérêts bénéficie aux personnes physiques ayant donné un cautionnement, ainsi qu'à celles qui sont des codébiteurs ou des garants autonomes.

Il n'y a pas de difficulté à décider que la règle a vocation à jouer pendant l'exécution du plan de sauvegarde.

Une difficulté se présente, en revanche, lorsque la procédure de sauvegarde est convertie en redressement ou en liquidation judiciaire. L'arrêt du cours des intérêts, intervenu par l'effet de l'ouverture de la sauvegarde, doit-il survivre à la conversion en redressement ou en liquidation judiciaire ? Lors des travaux parlementaires, il a été observé que les règles protectrices des cautions, des codébiteurs et des garants autonomes, en matière de sauvegarde, ne trouveraient plus application en cas de conversion en redressement judiciaire[4], seules les règles du redressement judiciaire étant alors applicables. Une application distributive de la règle de l'arrêt du cours des intérêts apparaissait ainsi concevable : une fois la conversion intervenue, les règles du redressement judiciaire trouveraient application et les intérêts arrêtés contre le débiteur reprendraient leurs cours contre les garants.

Si la volonté du législateur apparaissait claire, il aurait fallu qu'il la retraduise correctement, ce qu'il n'a pas fait. Dès lors, il est possible d'observer que, d'une part, l'arrêt du cours des intérêts est définitif et d'autre part, il résulte du seul jugement d'ouverture de la sauvegarde, non du jugement de conversion en redressement judiciaire ou en liquidation judiciaire.

Une solution différente devrait toutefois raisonnablement être posée lorsque la sauvegarde est convertie en redressement judiciaire à la suite du constat de la préexistence à l'ouverture de la sauvegarde de l'état de cessation des paiements. Toutes les faveurs consenties aux garants doivent *a priori* être supprimées. Il faudrait donc décider que l'arrêt du cours des intérêts contre les garants personnes physiques ne s'est jamais produit.

Il ne peut qu'être regretté que l'effet de la conversion de la sauvegarde en redressement ou en liquidation judiciaire, sur la question de la règle du cours des intérêts contre les garants n'ait pas été précisé par le législateur.

L'ordonnance du 18 décembre 2008[5] étend le domaine d'application de la règle selon laquelle le jugement d'ouverture arrête le cours des intérêts légaux et conventionnels ainsi que tous intérêts de retard et majorations. En ce sens, l'article 166 de l'ordonnance du 18 décembre 2008 procède à la réécriture de l'article L. 622-28, alinéa 1 du code de commerce.

1. Cass., ch. mixte, 2 déc. 2005, n° 03-18.210, *Bull. ch. mixte*, n° 7; *D.* 2006. 729, avis Sainte-Rose, note L. Aynès; *JCP* 2005. II. 10183, note Simler; *LPA* 2006, n° 16, p. 7, note Houtcieff.
2. Degenhardt., « Sauvegarde accélérée en cessation des paiements : des faveurs injustifiées pour les garants personnes physiques ? », *BJE* 2015, 60.
3. Froehlich et Sénéchal, « De l'ouverture et du déroulement de la liquidation judiciaire », *LPA* n° sp., 9 févr. 2006, n° 29, p. 4 s., sp. p. 11.
4. *Rapp. Xavier de Roux*, n° 2095, p. 199.
5. Ord. n°2008-1345, 18 déc. 2008, préc.

Désormais, le bénéfice de la règle de l'arrêt du cours des intérêts contre le débiteur est applicable aux personnes physiques coobligées, à celles ayant consenti une sûreté personnelle, ou ayant affecté ou cédé un bien en garantie (v. s[s] n° 144.13).

Comme par le passé, la règle aura vocation à s'appliquer aux cautions et aux garants autonomes. En outre, et de manière nouvelle, la mesure concernera aussi les personnes physiques ayant consenti une sûreté personnelle.

Il faudra que la sûreté personnelle ait été consentie, ce qui, *a priori*, permettra d'exclure du bénéfice de la règle les associés indéfiniment et solidairement responsables des dettes sociales, qui ne peuvent au surplus être considérés comme des codébiteurs, mais plutôt comme des débiteurs subsidiaires adjoints (v. s[s] n° 731.12) ou encore les associés de sociétés civiles. Une formule différente, telle par exemple celle de « personnes physiques garants personnels » aurait permis de les inclure dans les nouveaux bénéficiaires de la règle.

La règle s'appliquera également, de manière nouvelle, aux personnes physiques ayant affecté ou cédé un bien en garantie. L'affectation d'un bien en garantie vise ce qu'on appelait antérieurement les cautions réelles. La cession d'un bien en garantie vise l'hypothèse d'une cession dans un patrimoine fiduciaire à titre de garantie. Ainsi, le constituant, tiers par rapport au débiteur, bénéficiera lui aussi de l'arrêt du cours des intérêts, dans la procédure de sauvegarde.

En revanche, les garants personnes morales du débiteur continueront à être exclus du bénéfice de la règle.

L'extension de la portée de la mesure constitue assurément une augmentation du bénéfice de la sauvegarde attendu pour les garants du débiteur, et cela d'autant que le bénéfice de la règle de l'arrêt du cours des intérêts ne concerne aucun garant dans les procédures de redressement ou de liquidation judiciaire. Ici encore, la technique de la discrimination positive en faveur de la sauvegarde est utilisée par le législateur.

L'ordonnance du 12 mars 2014 a, en outre, neutralisé le jeu des clauses d'anatocisme, en modifiant l'alinéa 1 de l'article L. 622-28 (v. s[s] n° 641.51). Cette neutralisation profitera aux seuls garants personnes physiques d'un débiteur sous sauvegarde, non aux garants d'un débiteur en redressement ou en liquidation judiciaire.

CHAPITRE

724. Le fait du créancier, source de décharge de la caution par application de l'article 2314 du code civil[1]

SECTION 0
ORIENTEUR

724.00 Plan du chapitre.

Sect. 724.10 Le fait du créancier, source de décharge de la caution par application de l'article 2314 du code civil

SECTION 724.10
LE FAIT DU CRÉANCIER, SOURCE DE DÉCHARGE DE LA CAUTION PAR APPLICATION DE L'ARTICLE 2314 DU CODE CIVIL

724.11 Présentation générale du fait du créancier, source de décharge de la caution par application de l'article 2314 du code civil (anc^t C. civ., art. 2037). Aux termes de l'article 2037, devenu l'article 2314 du code civil, « la caution est déchargée, lorsque la subrogation aux droits, hypothèques et privilèges du créancier ne peut plus, par le fait de ce créancier, s'opérer en faveur de la caution ». Il y a une déchéance frappant le créancier ne transmettant pas correctement à la caution les actions qu'il détient ou aurait dû détenir contre le débiteur. Elle trouve son explication dans le fait que la caution ne doit pas, par principe, contribuer à la dette[2], mais seulement faire une avance de fonds pour le débiteur. Dans une formulation superbement ramassée, il a pu être affirmé que la déchéance existera dès qu'il est possible d'imputer au créancier l'impossibilité de subroger la caution dans un droit préférentiel[3].

L'impossible subrogation doit être imputable au créancier. Il n'en est pas ainsi, et en conséquence la caution ne peut être déchargée, lorsque la plaque, autorisant l'exercice du droit de suite en cas de cession du matériel grevé d'un nantissement, n'a pas été apposée et que le matériel a été détourné[4]. De même, il n'y a pas place à décharge de la caution, si la perte du nantissement sur fonds de commerce, par perte du fonds, résulte du non-paiement des loyers par le débiteur, ayant entraîné la résiliation du bail commercial[5].

Si l'impossibilité de la subrogation est imputable tant au créancier qu'à la caution, il est admis qu'il n'y a pas place à décharge de la caution. Il en est spécialement ainsi lorsque la caution et les diri-

1. Anc^t C. civ., art. 2037 – SUR LA QUESTION : Houtcieff, « Contribution à une théorie du bénéfice de subrogation de la caution », *RTD civ. 2006*.191 – Marty, « Cautionnement et comportement du créancier », *JCP E* 13 sept. 2007. Étude 2062.

2. Cabrillac M. et S., Mouly, Pétel, *Droit des sûretés*, 9e éd., LexisNexis, 2010, n° 300.
3. Cabrillac M. et S., Mouly, Pétel, préc., n° 304.
4. Civ. 1re 7 déc. 2004, n° 03-10.631, *Bull. civ.* I, n° 300; *LPA* 28-29 mars 2005 n° 61-62, p. 9, note Houtcieff.
5. Com. 1er mars 2010, n° 09-10.697, NP; n° 311 F-D.

geants de la société débitrice participent, avec le créancier, à l'opération qui conduira à une diminution des droits préférentiels. La solution a été posée à propos d'une mainlevée partielle donnée par le créancier avec l'accord du dirigeant social de la société débitrice, également caution [1]. Elle a également été retenue dans l'hypothèse où il n'a pas été possible d'inscrire le nantissement envisagé, par suite de la négligence du dirigeant social dans la transmission des documents nécessaires à l'inscription [2] ou la négligence de la caution dans la transmission des documents permettant l'inscription de la sûreté [3]. La solution a encore été posée dans l'hypothèse de l'absence de signification à une société d'un nantissement des actions de celle-ci, dès lors que la signification pouvait être l'œuvre tant de la caution que du créancier nanti [4].

L'article 2314 du code civil (anc^t C. civ., art. 2037), qui est devenu d'ordre public depuis la loi du 1er mars 1984 [5] (L. 1er mars 1984, art. 49), pour les cautionnements conclus à partir du 1er mars 1985 [6], n'a rien de spécifique au droit des procédures collectives de paiement. Cependant, en pratique, force est de constater qu'il revêt, en la matière, une importance capitale. Il n'y aura pas lieu d'examiner ici, en son entier, la question de l'exception de subrogation posée par l'article 2314 du code civil (anc^t C. civ., art. 2037), mais seulement de s'intéresser aux règles particulières du droit des procédures collectives, qui conduisent à sa mise en œuvre pratique.

724.12 Perte du droit préférentiel résultant non du fait du créancier mais des règles des procédures collectives. L'impossibilité de subroger la caution doit être exclusivement imputable au créancier. Il n'en sera évidemment pas ainsi si la perte du droit préférentiel résulte de la simple application de la législation des procédures collectives [7], sans intervention du créancier. Plusieurs illustrations peuvent en être fournies.

Tout d'abord, la purge des sûretés résultant du paiement du prix, dans le cadre d'un plan de cession, a pour effet d'affecter profondément les droits du créancier, et par voie de subrogation, ceux de la caution. Cependant, le créancier n'est en rien responsable de la diminution de ses droits. C'est la stricte application de l'article L. 621-96 du code de commerce (anc^t L. 25 janv. 1985 [8], art. 93), devenu l'article L. 642-12, depuis la loi de sauvegarde des entreprises. La caution ne peut donc s'en emparer pour prétendre être déchargée [9].

La faiblesse du prix de cession du bien affecté en garantie ne peut être un moyen pour la caution de prétendre être déchargée. Il en est ainsi, par exemple, de la faiblesse du prix de cession d'un fonds de commerce nanti, dont il ne serait pas établi qu'il a été cédé pour un montant inférieur à sa valeur. En ce cas, le non-paiement du créancier, dans le cadre des opérations de la procédure collective, n'est pas la résultante d'une faute qui lui est imputable, mais tient seulement à l'insuffisance d'actif du débiteur, dont la procédure a été clôturée pour insuffisance d'actif, ce qui n'apparaissait pas injustifié [10]. De même, dans un cadre liquidatif, l'offre de cession est retenue par le juge-commissaire. Le fait qu'une offre concurrente meilleure ait été écartée n'autorisera pas la décharge de la caution, même si le créancier inscrit ne s'y est pas opposé car le préjudice que subit la caution n'est pas né d'un fait exclusivement imputable au créancier [11]. Dans une curieuse affaire, un plan de cession est arrêté par le tribunal après autorisation du juge-commissaire, permettant en réalité la cession d'un fonds de commerce. Le créancier nanti sur le fonds de commerce avait accepté qu'un certain montant du prix soit alloué au bailleur qu'il primait grâce à son nantissement. La cour d'appel avait déchargé la caution sur le fondement de l'article 2314 du code civil. Sa décision est cassée au motif que la cession du fonds de commerce apurée de toute sûreté résultait d'un plan de cession arrêté par le tribunal après autorisation du juge-commissaire [12]. Il semble, dans cette affaire, que la décharge de la caution n'ait pas été acceptée, au motif que la perte du droit préférentiel n'avait pas été le fait exclusif du créancier nanti.

Il en va de même de la fixation d'une quote-part, soit dans le cadre du plan de cession, soit dans le cadre d'une cession d'unité de production, pour l'exercice des droits des créanciers titulaires de sûreté spéciale. La faible quote-part attribuée au créancier ne lui est pas imputable. Il en est de même de l'absence totale d'affectation d'une quote-part, le fait n'étant pas imputable au créancier, mais au tri-

1. Com. 9 mai 1995, n° 92-21.644, NP, *Rev. proc. coll.* 1995, 458, n° 5, obs. Kerckhove.
2. Com. 14 mars 2000, n° 96-20.223, NP, *Rev. proc. coll.* 2000, 134, n° 4, obs. Kerckhove.
3. Com. 6 juill. 2010, n° 09-16.163, NP; n° 155 F-D; *Rev. proc. coll.* 2010, n° 178, note Pérochon; *RTD com.* 2011. 169, n° 2, obs. Martin-Serf.
4. Com. 15 févr. 2011, n° 08-70.303, NP; n° 171 F-D; *Bull. Joly* 2011. 381, note Rubellin.
5. L. n° 84-148, 1er mars 1984, *JO* 2 mars, p. 751.
6. Civ. 1re, 25 mai 1987, n° 85-16.508, *Bull. civ.* I, n° 163; *Gaz. Pal.* 1987. 2. Somm. 483, obs. Piedelièvre.
7. DERRIDA *ET ALII*, n° 541.
8. L. n° 85-98, 25 janv. 1985, *JO* 26 janv., p. 1097.
9. Rouen, ch. prox., 30 mai 2013, RG n° 12/03264, *RTD com.* 2013. 810, n° 4, obs. Martin-Serf.
10. Com. 2 mars 2010, n° 09-65.240, NP; n° 262 F-D.
11. Com. 9 nov. 2004, n° 03-14.821, NP.
12. Com. 21 févr. 2012, n° 10-24.239, NP; n° 238 F-D; *BJE* 2012. 163, note Bréna.

bunal[1]. La caution ne peut donc s'en emparer pour prétendre être déchargée.

Des difficultés se présentent en ce qui concerne le mécanisme du transfert de la charge de la sûreté (C. com., art. L. 642-12 al. 4). Elles ont été examinées (v. s[s] n° 722.14).

On peut encore évoquer la disparition du recours après paiement résultant de la clôture pour insuffisance d'actif de la procédure à l'encontre du débiteur, avant la loi du 10 juin 1994[2], dont la caution ne pouvait davantage s'emparer pour prétendre être déchargée[3].

On peut aussi citer l'anéantissement de la sûreté par suite du jeu des nullités de la période suspecte, dont la caution ne peut s'emparer pour prétendre être déchargée. La solution a été posée sous l'empire des législations antérieures[4]. Il n'y a pas ici disparition de la sûreté par le fait du créancier. Cependant, une solution contraire pourrait être posée si le créancier avait tardé à se faire consentir la sûreté, pourtant visée au rang des sûretés dont la constitution était envisagée et portée à la connaissance de la caution. L'anéantissement aurait certes alors pour cause première la décision du tribunal, et non le fait du créancier. Cependant, il pourrait s'expliquer par le retard initial du créancier, constitutif d'une faute, autorisant la décharge de la caution.

Il peut également être fait état du rejet de la revendication, par suite d'impossibilité d'identifier ou de retrouver en nature les biens remis au débiteur[5]. Le créancier qui, du fait de sa qualité de propriétaire, a l'obligation de revendiquer, ne peut se voir reprocher à faute la revente du bien[6], à moins que les conditions de la revente puissent être contestées[7], ce qui ne sera pas le cas d'une revente aux enchères, technique qui, aux yeux du législateur, est réputée permettre d'obtenir le juste prix, même si, en pratique, il s'agit là d'une fiction. La caution ne pourra reprocher au créancier de ne pas avoir surenchéri dans le cadre d'une vente sur saisie immobilière[8].

1. Com. 26 mai 1999, n° 96-14.675, *Bull. civ.* IV, n° 112; *RTD com.* 2000. 166, obs. M. Cabrillac; *Act. proc. coll.* 1999, n° 147; *JCP E* 1999. Pan. 1270; *RTD com.* 1999. 962, obs. Saint-Alary-Houin; *Rev. proc. coll.* 2000, 59, n° 8, obs. Kerckhove.
2. L. n° 94-475, 10 juin 1994, *JO* 11 juin, p. 8440.
3. Bourges, 30 mai 1989, *Rev. Banque* 1989. 976, obs. Rives-Lange.
4. Com. 2 mars 1970, n° 68-13.755, *Bull. civ.* IV, n° 77.
5. Com. 26 mai 1999, n° 96-14.371, *Bull. civ.* IV, n° 108; *Act. proc. coll.* 1999, n° 146; *JCP E* 1999. Pan. 1266.
6. Com. 23 nov. 1999, n° 97-12.209, *Bull. civ.* IV, n° 203; *D.* 2000. AJ 16.
7. *Civ. 1re, 1er juin 1999, n° 90-18.948, Bull. civ.* I, n° 181; *Rev. proc. coll.* 2000, 59, n° 8, obs. Kerckhove.
8. Civ. 1re, 19 déc. 2000, n° 98-16.118, *Bull. civ.* I, n° 327; *Defrénois* 2001. 940, 37390, n° 54, note Théry.

On peut enfin évoquer la complète exécution du plan de continuation, de sauvegarde ou de redressement, alors que le créancier avait accordé une remise de dette, qui oblige le créancier à donner mainlevée d'un nantissement inscrit sur le fonds de commerce. La disparition de la sûreté n'est ici nullement le fait fautif du créancier, mais la conséquence de l'application du droit des entreprises en difficulté[9].

724.13 Impossibilité de la subrogation résultant de l'exercice d'une faculté ouverte au créancier. L'imputabilité de l'impossible subrogation de la caution apparaissait, dans une vision classique, exclusive de l'idée de simple faculté réservée au créancier. Là où il n'y avait que simple faculté, ne pouvait se déduire une faute en l'absence d'exercice de cette faculté. La solution mérite aujourd'hui d'être très sérieusement nuancée, au regard de la propension jurisprudentielle à stigmatiser l'attitude égoïste du créancier.

Il reste exclu que la caution solidaire prétende être déchargée au prétexte que le créancier a accordé une remise au débiteur, dans le cadre de l'élaboration du plan de continuation[10]. La solution est transposable aux plans de redressement et de sauvegarde. De la même façon, la caution solidaire ne pourra reprocher au créancier d'avoir opté pour un paiement plus bref, en contrepartie d'une réduction de la créance, par application de l'article L. 621-77 du code de commerce (anc[t] L. 25 janv. 1985[11], art. 75), dans la rédaction antérieure à la loi de sauvegarde des entreprises, par application de l'article L. 626-19, texte de la procédure de sauvegarde applicable en redressement judiciaire (C. com., art. L. 631-19, I).

La règle qui autorise le créancier inscrit à reprendre son droit de poursuite individuelle en cas d'inaction du liquidateur est une faculté pour le créancier. En conséquence, le créancier ne devrait pas engager sa responsabilité à ne pas reprendre l'exercice de son droit de poursuite à l'égard d'une caution.

La caution ne peut prétendre être déchargée au motif que le créancier n'a pas sollicité un paiement provisionnel[12].

9. Com. 13 oct. 2015, n° 14-16.264, NP; n° 873 F-D; *Gaz. Pal.* 2015. 3815, note Dumont-Lefrand.
10. Com. 22 oct. 1996, n° 94-20.431, *Bull. civ.* IV, n° 255; *Quot. Jur.* 21 nov. 1996, p. 6, note P. M.; *RD banc. et bourse* 1996, 242, obs. Campana et Calendini; *Rev. proc. coll.* 1997, 224, n° 3, obs. Kerckhove – Com. 14 mai 2008, n° 07-11.488, NP; n° 558 F-D; RTD com. 2008. 851, n° 1, obs. Saint-Alary-Houin.
11. L. n° 85-98, 25 janv. 1985, préc.
12. Aix-en-Provence, 19 nov. 2008, *Act. proc. coll.* 2009, n° 107.

L'absence d'imputabilité au créancier de la perte de valeur du fonds de commerce, lorsqu'il n'aura pas agi rapidement contre le débiteur, n'autorisera pas davantage la décharge de la caution[1].

La même solution sera applicable lorsque le créancier inscrit sur le fonds de commerce, qui peut éviter la résiliation du bail commercial et ainsi la ruine du fonds, en payant le bailleur, laisse s'opérer la résiliation du bail. Il n'y a pas là fait autorisant la décharge de la caution[2]. Il n'y a pas davantage faute de la part du créancier nanti sur le fonds de commerce à s'abstenir d'informer la caution de l'intention du bailleur de résilier le bail de l'immeuble dans lequel est exploité un fonds de commerce grevé d'inscriptions[3].

Dans une vision classique, il était jugé que la notification d'une cession de créance par bordereau Dailly était à la discrétion du banquier cessionnaire. Pour cette raison, la caution ne pouvait invoquer l'absence de notification[4], ni même son irrégularité[5], pour échapper aux poursuites du créancier.

L'évolution générale de l'exception de subrogation, qui permet de plus en plus de reprocher au créancier un comportement égoïste, alors même qu'il ne ferait pas usage de ce qui n'est pour lui qu'une faculté, conduit semble-t-il à modérer très sérieusement la portée de l'affirmation.

On voit ainsi affirmer par la Cour de cassation que si la créance est contestée, il ne peut être reproché au créancier par une caution de ne pas avoir exercé son droit de poursuite individuelle pendant le temps de la contestation, le droit du créancier étant litigieux[6]. Il semble ainsi que si la créance est admise au passif, il peut être reproché au créancier de ne pas avoir exercé son droit de poursuite individuelle dans des délais raisonnables par rapport à l'expiration du délai imparti au liquidateur pour vendre l'actif grevé au profit du créancier. Et il est incontestable que la perte de temps du créancier est une perte d'argent pour la caution, dont elle peut demander l'indemnisation.

L'idée de simple faculté ouverte aux créanciers devait également conduire à décider que l'absence d'exercice par le créancier gagiste de l'attribution judiciaire du gage n'était pas de nature à permettre à la caution d'être déchargée. Les chambres de la Cour de cassation étaient en désaccord sur la solution. Pour la première chambre civile, l'attribution judiciaire du gage n'était qu'une faculté ouverte au créancier, lequel n'était donc pas tenu de la solliciter[7]. Certaines cours d'appel avaient suivi la solution[8]. Telle n'était pas la position de la Chambre commerciale, qui considérait que l'absence de mise en œuvre, par le créancier gagiste, de l'attribution judiciaire autorisait la caution à être déchargée sur le fondement de l'article 2314 du code civil (anc^{t} C. civ., art. 2037)[9]. La chambre mixte de la Cour de cassation avait l'occasion de mettre fin à cette divergence entre les deux chambres. Elle ne l'a pas saisie, déchargeant la caution pour mainlevée d'un nantissement accordée par le créancier et non pour absence de demande d'attribution judiciaire[10]. Mais l'évolution ultérieure de la jurisprudence de la première chambre civile de la Cour de cassation ne permettait pas de douter de la solution, qui serait retenue à la prochaine occasion. C'est chose faite, la première chambre civile suivant désormais la position de la Chambre commerciale, pour estimer que le créancier gagiste, qui néglige de demander l'attribution judiciaire de son gage, commet une faute autorisant le jeu de l'article 2314 du code civil[11].

La solution appliquée pour l'exercice même de l'attribution judiciaire du gage trouve un prolongement nécessaire dans l'exercice tardif de cette faculté, qui est également considéré comme une faute autorisant la décharge de la caution, lorsqu'il entraîne une dépréciation très importante de la

1. Civ. 1re, 14 nov. 2001, n° 99-12.740, *Bull. civ.* I, n° 175; *RD banc. fin.* 2002, n° 10, obs. Legeais.
2. Com. 16 janv. 1996, n° 94-12.109, NP, *Rev. proc. coll.* 1996, 495, n° 6, obs. Kerckhove – Com. 2 avr. 1996, n° 93-19.074, *Bull. civ.* IV, n° 100; *D.* 1996. Somm. 268, obs. L. Aynès; *Rev. proc. coll.* 1996, 495, n° 6, obs. Kerckhove – Com. 15 oct. 2002, n° 01-10.244, NP, *Rev. proc. coll.* 2003, p. 330, n° 10, obs. Lèguevaques.
3. Com. 7 déc. 2004, n° 03-18.899, NP.
4. Com. 11 déc. 2001, n° 98-18.580, *Bull. civ.* IV, n° 196; *Act. proc. coll.* 2002, n° 40, obs. Legeais – Civ. 1re, 4 mars 2003, n° 01-01.375, *Bull. civ.* I, n° 61; *RD banc. fin.* 2003, n° 109, obs. Legeais.
5. Com. 12 févr. 2002, n° 99-15.693, NP.
6. Com. 11 juill. 2006, n° 02-12.137, NP; n° 902 F-D.
7. Civ. 1re, 8 juill. 2003, n° 01-03.177, NP.
8. Lyon, 16 nov. 2006, RG n° 05/07363.
9. Com. 28 mai 1996, n° 94-16.269, *Bull. civ.* IV, n° 104; *RD banc. et bourse* 1996. 211, n° 5 – Com. 13 mai 2003, n° 00-15.404, *Bull. civ.* IV, n° 73; *RD banc. fin.* 2003, n° 192, obs. Lucas; *RD banc. fin.* 2003, n° 181, obs. Legeais; *D.* 2004. Somm. 52, obs. Le Corre; *Act. proc. coll.* 2003, n° 173, obs. Legeais; *JCP E* 2003. Chron. 1396, n° 15, obs. M. Cabrillac; *LPA* 24 nov. 2003, n° 234, p. 10, note Houtcieff; *RTD com.* 2003. 803, n° 6, obs. Bouloc; *RTD com.* 2004. 156, n° 4, obs. Martin-Serf; *LPA* 19 févr. 2004, n° 36, p. 4, note Mouial-Bassilana; *Defrénois* 2004. 889, 37969, note Honorat et Hovasse – Com. 3 déc. 2003, n° 01-14.761, NP, *RD banc. fin.* 2004, n° 79, obs. Lucas – Com. 30 juin 2009, n° 08-17.789, NP; n° 659 F-D; *RTD com.* 2011. 168, n° 1, obs. Martin-Serf.
1 ass., ch. mixte, 10 juin 2005, n° 02-21.296, *Bull. ch. ixte*, n° 5; *D.* 2005. AJ 1773, obs. Delpech; *D.* 2005. mm. 2087, obs. Crocq; *Act. proc. coll.* 2005, n° 142, te Régnaut-Moutier; *JCP E* 2005, n° 1088, note Legeais; D *com.* 2005. 844, n° 4, obs. Martin-Serf.
11. 1re, 22 mai 2008, n° 07-14.808, NP.

valeur du gage[1]. La preuve de cette dépréciation incombe toutefois à la caution, qui devra démontrer qu'une vente consécutive à une attribution judiciaire beaucoup plus rapide aurait permis de dégager un prix très supérieur à celui résultant de la vente par le liquidateur du stock gagé[2]. Il ne peut être reproché à un créancier de ne pas avoir sollicité l'attribution judiciaire d'actions nanties, dès lors que la mise en liquidation judiciaire de la société, dont les actions avaient été nanties, rendait incessibles ses actions[3]. Une cour d'appel a toutefois pu juger qu'un créancier gagiste ayant le droit de demander l'attribution judiciaire de son gage, peut préférer la technique du report du droit de rétention sur le prix, ce qu'il manifeste en enjoignant au liquidateur de vendre rapidement le bien gagé, faute de quoi il demanderait l'attribution judiciaire[4]. Aucun reproche ne peut alors être fait au créancier, qui peut préférer une solution moins coûteuse et plus sécurisée[5].

Il est aujourd'hui impossible de ne pas constater l'extension réelle du champ d'application du bénéfice de subrogation[6]. La Chambre commerciale de la Cour de cassation a rendu ces dernières années un certain nombre de décisions, auxquelles elle a entendu apporter la plus large diffusion, pour témoigner, semble-t-il, de cet élargissement, dans une vision solidariste du contrat de cautionnement « en vertu de laquelle la convention devrait être un instrument, sinon de coopération, tout au moins d'étroite collaboration »[7]. Il est ainsi possible de faire état d'une décision admettant la décharge de la caution dans l'hypothèse d'un créancier ayant négligé de faire jouer le bénéfice d'une cession de créance de loyers, ce qui n'est pourtant pour lui qu'une faculté[8].

Il est probable que cette jurisprudence contamine la solution à poser dans le cadre de la cession loi Dailly, le reproche formulé par la caution étant alors celui de ne pas avoir notifié la cession de créance[9], interdisant au débiteur cédé de s'acquitter des sommes dues au cessionnaire de la créance, fait empêchant ensuite la diminution de la créance de l'établissement de crédit. La solution semble devoir être la même pour le nantissement de créance issu de l'ordonnance du 23 mars 2006[10] réformant le droit des sûretés, que le créancier peut décider de notifier ou non[11].

Cette contamination apparaît d'autant plus certaine que la Cour de cassation a jugé que le créancier qui, dans le même temps, se garantit par un cautionnement et constitue une sûreté provisoire s'oblige envers la caution à rendre cette sûreté définitive (v. s[s] n° 724.18). Elle a de même posé en règle que le prêteur de deniers bénéficiant du privilège institué par l'article 2374 du code civil, qui se garantit par un cautionnement, s'oblige envers la caution à inscrire son privilège (v. s[s] n° 724.18).

Il n'est pas besoin d'être grand prophète pour prédire que la solution posée pour l'inscription d'une sûreté conventionnelle ou la transformation en sûreté définitive d'une sûreté seulement provisoire vaudra aussi pour les facultés ayant pour objet la réalisation d'une sûreté[12], comme cela est déjà le cas pour l'attribution judiciaire du gage.

La conception solidariste du cautionnement semble bien ainsi l'avoir emporté[13].

724.14 De la perte de droits préférentiels à la perte de droits susceptibles de subrogation. La notion de « droits susceptibles de subrogation » est plus large que celle qui a longtemps été utilisée en la matière, à savoir les « droits préférentiels ». Cette dernière notion s'entend de « tout droit susceptible de conférer à son titulaire une facilité plus grande dans la perception de sa créance »[14], ce qui n'est bien évidemment pas le cas du droit de gage général sur les biens du débiteur[15]. *A priori*, s'il n'y a pas perte d'un droit préférentiel, la décharge de la cau-

1. Com. 17 févr. 2009, n° 07-20.458, *Bull. civ.* IV, n° 22; *D.* 2009. AJ 625; *Gaz. proc. coll.* 2009/2, p. 43, n° 2, note Le Corre; *JCP E* 2009. 1347, n° 10, obs. M. Cabrillac; *Act. proc. coll.* 2009, n° 103, note Legeais; *JCP E* 2009. 1644, n° 14, obs. Simler; *RTD civ.* 2009. 555, n° 3, obs. Crocq; *LXB hebdo* n° 342, 19 mars 2009, n° N8944BK, note Le Corre-Broly.
2. Com. 9 juill. 2013, n° 12-19.949, NP; n° 739 F-D; *Gaz. Pal.* 29 sept. 2013, n° 272, p. 36, note Le Corre-Broly; *RTD com.* 2013. 811, n° 5, obs. Martin-Serf.
3. Com. 15 févr. 2011, n° 08-70.303, NP; n° 171 F-D.
4. Pau, 2e ch. 1re sect., 12 mai 2009, RG n° 08/01490, *Act. proc. coll.* 2009, n° 230, note Cagnoli.
5. Cagnoli, note s[s] Pau, 2e ch. 1re sect., 12 mai 2009, RG n° 08/01490, *Act. proc. coll.* 2009, n° 230.
6. *Note Houtcieff, s[s] Com. 3 mai 2006, n° 04-17.283, D.* 2006. Jur. 1693.
7. Piedelièvre, note s[s] Com. 3 mai 2006, n° 04-17.283, *Defrénois* 2006. 1386, 38449, sp. 1391.
8. Com. 3 mai 2006, n° 04-17.283, *Bull. civ.* IV, n° 104; *D.* 2006. Jur. 1693, note Houtcieff, *JCP E* 2006, n° 2061, note Legeais; *Defrénois* 2006. 1386, 38449, note Piedelièvre; *RD banc. fin.* 2006, n° 94, note Legeais; *LPA* 11 mai 2007, n° 95, p. 15, note Zerouki Cottin; *RTD com.* 2007. 229, n° 2, obs. Martin-Serf – *Adde, Rapp. C. cass.* 2006, p. 385.
9. Obs. Legeais, s[s] Com. 3 mai 2006, n° 04-17.283, *JCP E* 2006. 2061, p. 1207.
10. Ord. n° 2006-346, 23 mars 2006, *JO* 24 mars, p. 4475.
11. Obs. Legeais, s[s] Com. 3 mai 2006, n° 04-17.283, *JCP E* 2006. 2061, p. 1207.
12. AINSI : Piedelièvre, note s[s] Cass., ch. mixte, 17 nov. 2006, n° 04-19.123, *Defrénois* 2007. 688, 18583, sp. 692.
13. Savaux, note s[s] Cass., ch. mixte, 17 nov. 2006, n° 04-19.123, *Defrénois* 2007. 38562, n° 27.
14. Mouly, *Les causes d'extinction du cautionnement*, Litec, 1979, n° 411.
15. Com. 8 juin 1999, n° 96-13.333, NP, *Rev. proc. coll.* 2000, 58, n° 8, obs. Kerckhove.

tion sur le fondement de l'article 2314 du code civil (anc[t] C. civ., art. 2037) n'a pas vocation à jouer.

Cependant, il arrive qu'une certaine confusion soit constatée dans le jeu de l'article 2314 du code civil (anc[t] C. civ., art. 2037) avec le droit commun de la responsabilité civile. C'est ainsi que la Cour de cassation[1] admet la décharge de la caution dans l'hypothèse où un créancier, auquel le tribunal avait imposé une remise de dette dans le cadre d'un plan de continuation, n'avait pas demandé au représentant des créanciers d'interjeter appel. La solution peut apparaître surprenante. En effet, le fait pour un créancier de toucher moins que ce qui lui est dû ne constitue pas la perte d'un droit préférentiel susceptible de subrogation. Il y a simplement impossibilité de la caution de recourir, sur le fondement subrogatoire, contre le débiteur pour le tout. Ensuite, ce n'est pas le fait du créancier qui est à l'origine directe de la situation, mais celui du tribunal qui a excédé ses pouvoirs. Ce n'est donc qu'indirectement qu'il peut être considéré que l'impossibilité de subrogation est imputable au créancier. Enfin, le reproche formulé au créancier de ne pas avoir fait interjeter appel par le représentant des créanciers du jugement lui imposant une remise de dette interdite n'est pas fondé. En effet, le représentant des créanciers n'a pas vocation à défendre l'intérêt individuel du créancier et n'est donc pas habile à le représenter pour assurer sa défense individuelle. Il eut donc été préférable de fonder la solution sur le droit commun de la responsabilité. Le créancier a commis une faute engageant sa responsabilité, qui consiste à ne pas avoir formé une tierce opposition nullité à l'encontre du jugement comportant l'excès de pouvoir.

Cet arrêt était resté isolé, de sorte que la construction classique de l'article 2314 du code civil (anc[t] C. civ., art. 2037) sur la notion de « droits préférentiels » semblait pouvoir être maintenue.

Mais, plus récemment, la Cour de cassation a clairement abandonné le concept de « droits préférentiels perdus », en cas de procédure collective atteignant le débiteur principal. Il suffit aujourd'hui que la caution ait « pu tirer un avantage effectif du droit d'être admise dans les répartitions et dividendes, susceptible de lui être transmis par subrogation » (v. s[s] n° 665.78), ce qui peut être le cas, même en présence d'un simple créancier chirographaire, dès lors que, en déclarant sa créance, le créancier aurait *permis à la caution*, par subrogation, de participer aux répartitions ou dividendes. *Ainsi, le simple fait* de pouvoir participer aux répartitions et dividendes, en déclarant une créance au passif, peut-il constituer un droit préférentiel perdu, qui apparaît suffisant, pour entraîner décharge, à concurrence du droit à répartitions ou dividendes perdu par subrogation. Il faut, mais il suffit donc que le créancier fasse perdre, par sa faute, un droit susceptible de subrogation.

1. Com. 16 avr. 1991, n° 89-15.983, *Bull. civ.* IV, n° 142; *JCP E* 1991. I. 100, n° 3, obs. M. Cabrillac; *Rev. Banque* 1991. 1087, obs. J. Rives-Langes; *RTD com.* 1992. 244, obs. Martin-Serf; *JCP N* 1992. II. 195, note Bouteiller.

724.15 Droit préférentiel perdu – Droit réel de propriété. Le droit préférentiel perdu pourra être le droit de propriété.

Il en sera d'abord ainsi si le créancier ne rend pas opposable à la procédure collective son droit de propriété. Deux situations peuvent ici se présenter.

> **Dans la première hypothèse,** le créancier est lié au débiteur dans le cadre d'un contrat non publié et non soumis à publication obligatoire. Le créancier est confronté à l'obligation d'exercer son action en revendication, dans le délai de trois mois de la publication au *Bodacc* du jugement d'ouverture s'il n'est pas titulaire d'un contrat en cours au jour du jugement d'ouverture. Si cette action n'est pas correctement exercée, l'intéressé perd la possibilité de voir déclarer opposable son droit de propriété. La caution poursuivie peut lui objecter que s'il avait revendiqué, par subrogation, elle aurait pu bénéficier du droit de propriété. La décharge de la caution a été admise en matière de clause de réserve de propriété détenue par le vendeur[2], ou par un établissement de crédit, subrogé dans ses droits[3]. La caution subit, du fait du créancier, un préjudice qui constitue la limite de sa décharge. En effet, si la revendication avait été faite, le créancier aurait pu être payé au moins d'une partie de sa créance, sur le prix de vente du bien revendiqué. Seul le solde aurait alors été demandé à la caution. La caution est en droit de ne payer que ce solde, sans pouvoir prétendre être déchargée de la totalité[4] (v. toutefois, sur la charge de la preuve du préjudice subi par la caution, s[s] n° 724.18). La jurisprudence considère ici qu'il appartient au bénéficiaire de la clause de réserve de propriété de prouver que la revendication, si elle avait été mise en œuvre, n'aurait pas été efficace, pour éviter la décharge de la caution[5]. Le jeu de

2. Com. 24 oct. 1995, n° 94-10.5[illegible], NP, *Rev. proc. coll.* 1996, 231, n° 6, obs. Kerckhove – Com. 24 avr. 2007, n° 04-13.898, NP; n° 609 F-D; *RD banc. fin.* 2007, n° 144, note Cerles – Versailles, 1er déc. 1995, *Rev. proc. coll.* 1996, 494, n° 5, obs. Kerckhove – Paris, 15e ch. A, 3 juin 2003, RG n° 01/20004; *RD banc. fin.* 2003, n° 193, obs. Lucas.
3. SOL. IMPL. : Com. 31 mai 1994, n° 90-15.708, NP, *Rev. proc. coll.* 1995, 221, n° 29, obs. Soinne.
4. Com. 20 mai 1997, n° 95-16.034, IP, *Rev. proc. coll.* 2001, 33, n° 31, obs. Soinne.
5. Com. 27 févr. 1996, n° 94-14.313, *Bull. civ.* IV, n° 68; *D. Affaires* 1996. 418 – RAPPORTANT cette preuve : Com. 26 mai 1999, n° 96-14.371, *Bull. civ.* IV, n° 108; *D. Affaires* 1999. 1077, note J. F.

l'article 2314 du code civil (anc[t] C. civ., art. 2037) pour absence de revendication du créancier est en revanche exclu si le bien n'était plus dans le patrimoine du débiteur au jour de l'ouverture de la procédure[1]. Bien que la caution soit fondée à invoquer le bénéfice de l'article 2314 du code civil, si le créancier succombe dans son action en revendication fondée sur une clause de réserve de propriété, il est jugé que la caution n'en est pas pour autant recevable à intervenir volontairement à l'instance en revendication, puisque ce serait admettre par anticipation le jeu de l'article 2314 du code civil, qui présuppose d'abord la perte du droit préférentiel causant préjudice à la caution[2].

Il n'y a pas ici à distinguer selon que le contrat autorisant la revendication conduit ou non à un possible transfert de propriété au profit du détenteur précaire. La caution n'est pas subrogée dans les droits du débiteur à lever l'option d'achat. Elle est subrogée dans les droits du créancier. Dès lors, même si le contrat est une location sans option d'achat, l'absence de revendication du créancier doit conduire à la décharge de la caution. Encore faut-il cependant que la caution subisse un préjudice lié à l'absence de revendication. Tel n'est pas le cas si l'indemnité de résiliation réclamée à la caution est égale à l'intégralité des loyers restant à échoir, sans qu'il y ait place à déduction du prix de revente du bien loué[3]. On objectera cependant que l'indemnité de résiliation est une clause pénale, susceptible, à ce titre, de réductibilité, dans la mesure du préjudice effectif[4], si elle est manifestement excessive par rapport à ce dernier.

On précisera cependant, dès lors que la caution est solidaire, qu'elle ne peut exiger du créancier qu'il revendique préalablement à sa poursuite[5], sauf à lui reconnaître le bénéfice de discussion dont elle est privée.

> **Dans la seconde hypothèse**, le créancier est lié au débiteur par un contrat soumis à publication obligatoire. Il s'agit par exemple du crédit-bail. La publication n'a pas été faite ou ne l'a pas été correctement.

• **Sous l'empire de la loi du 25 janvier 1985[6] non réformée** – c'est-à-dire avant la loi du 10 juin 1994[7] –, le crédit-bailleur était astreint à l'obligation de revendiquer. La caution pouvait prétendre être déchargée si le créancier crédit-bailleur n'avait pas revendiqué[8]. Il en résultait une impossibilité pour le créancier d'opposer à la procédure collective son droit de propriété. L'impossibilité de reprise du bien constitue pour le créancier un préjudice. La caution invoquera le fait que, par subrogation, elle aurait pu bénéficier du droit de propriété. Elle sera donc déchargée, même si le contraire a été jugé[9], ici encore, à hauteur du prix de revente du bien.

• **Depuis la loi de sauvegarde**[10], la caution est identiquement déchargée, sur le fondement de l'article 2314 du code civil, si le crédit-bailleur ne peut obtenir la restitution de son bien. On signalera, en effet, que depuis la loi du 10 juin 1994, dont la solution a été conservée sous l'empire de la loi de sauvegarde des entreprises, le crédit-bailleur n'a plus à revendiquer. Il se contente de demander la restitution de son bien. Si son contrat n'est pas régulièrement publié, son droit de propriété est inopposable à la procédure collective du revendiquant et il ne peut le rendre opposable à la procédure collective. En revanche, il ne peut être reproché au crédit-bailleur de ne pas avoir revendiqué, puisqu'il n'y est plus astreint, pour prétendre que la caution est déchargée. Pourtant, ce reproche est fréquemment invoqué en jurisprudence[11], et parfois au plus haut niveau. Ainsi, dans une espèce, la Cour de cassation a admis la décharge de la caution, faute de revendication du propriétaire, visant à tort des contrats de crédit-bail[12], alors qu'il était question, comme cela résulte clairement des moyens du pourvoi, de contrats de location.

L'article 2314 du code civil (anc[t] C. civ., art. 2037) ne peut en revanche être utilisé si le bailleur financier n'a pas repris possession des biens baillés pour les revendre, dès lors que cette situation est la conséquence d'une ordonnance du juge-commissaire qui a autorisé le bailleur à conclure de nouveaux contrats de location[13].

Au contraire, et peut-être d'une manière extensive, la Cour de cassation a admis la décharge de la caution sur le fondement de l'article 2314 du code civil (anc[t] C. civ., art. 2037), lorsque le créancier a tardé à reprendre la possession de son matériel à la

1. Paris, 25e ch. B, 1er sept. 2003, RG n° 01/18094; *RTD com.* 2004. 157, n° 5, obs. Martin-Serf.
2. Rennes, 2e ch. com., 13 mai 2008, RG n° 07/00907; *Act. proc. coll.* 2009, n° 144.
3. Douai, 2e ch. 29 juin 1995, *Rev. proc. coll.* 1995, 490, n° 31, obs. Soinne.
4. Soinne, obs. ss Douai, 2e ch., 29 juin 1995, préc.
5. Com. 14 juin 1994, n° 92-10.561, NP, *Rev. proc. coll. 1995, 490, n° 30, obs. Soinne*; *Dr. sociétés* 1994, n° 153, *obs. Chaput.*
6. L. n° 85-98, 25 janv. 1985, préc.
7. L. n° 94-475, 10 juin 1994, préc.
8. Com. 14 févr. 1995, n° 93-13.848, *Bull. civ.* IV, n° 41; *Rev. proc. coll.* 1995, 330, n° 7, obs. Kerckhove; *D.* 1996. Somm. 218, obs. Pérochon – Com. 20 mai 1997, n° 95-16.034, NP, *RJDA* 1997/10, n° 1273, p. 876 – Douai, 28 mai 1998, *Rev. proc. coll.* 2001, 33, n° 31, obs. Soinne.
9. Bordeaux, 2e ch., 7 mars 1994, *Rev. proc. coll.* 1995, 220, n° 29, obs. Soinne.
10. L. n° 2005-845, 26 juill. 2005, JO 27 juill., p. 12187.
11. Lyon, 3e ch. A, 19 févr. 2015, RG n° 13/08433, *JurisData* 003423.
12. Com. 15 juin 2011, n°s 10-13.537, 10-13.538, NP.
13. Com. 11 févr. 2004, n° 02-14.379, NP.

suite de l'ordonnance du juge-commissaire l'y autorisant[1]. La même solution devrait être posée lorsque la reprise du matériel est rendue possible par une demande en acquiescement accepté par le mandataire compétent.

724.16 Droit préférentiel perdu – Droit réel accessoire. Le droit préférentiel perdu pourra être un droit réel accessoire, c'est-à-dire une sûreté spéciale ou un privilège général. Les règles du droit des procédures collectives justifient cette perte, spécialement par l'interdiction des inscriptions de sûreté, après jugement d'ouverture, pour garantie d'une créance antérieure (v. s^s n°s 651.11 s.). Dès lors que la sûreté était entrée dans le champ contractuel, pour la caution, son inexistence justifiera sa décharge, à hauteur du préjudice subi. Il y aura donc lieu d'examiner la situation qu'aurait eue le créancier, si la sûreté avait pu jouer et celle qui est la sienne, du fait de la présente situation. La différence entre les deux situations constituera la limite de la décharge de la caution.

La perte de la sûreté pourra d'abord résulter d'une absence d'inscription de celle-ci. La sûreté a été constituée, mais sa publicité n'a pas été assurée. Si la dette est antérieure au jugement d'ouverture, la publicité de cette dernière ne peut plus intervenir après jugement d'ouverture, du fait de la règle de l'arrêt du cours des inscriptions (v. s^s n°s 651.11 s.). Il y a ici place au jeu de l'article 2314 du code civil (anc^t C. civ., art. 2037)[2]. Une question peut cependant se poser. Il se peut en effet que la créance soit née très peu de temps avant le jugement d'ouverture. Le créancier a pu faire rapidement les démarches utiles à l'inscription de la sûreté qui lui a été consentie très peu de temps avant jugement d'ouverture. Mais, sans qu'il y ait manque de diligence de sa part, il n'a pu inscrire la sûreté. Y a-t-il place alors au jeu de l'article 2314 du code civil (anc^t C. civ., art. 2037) ? Dès lors que l'on admet que cette disposition suppose une faute du créancier, une réponse négative s'impose. Cependant, force est de constater que la lettre de l'article 2314 du code civil (anc^t C. civ., art. 2037) ne vise que les faits du créancier et non point sa faute.

La perte de la sûreté pourra ensuite résulter d'une absence de renouvellement. Le droit des procédures collectives n'interdit pas le renouvellement d'une sûreté (v. s^s n° 652.15). À cet égard, l'admission de la créance au passif à titre privilégié ne sera pas suffisante. C'est au jour de la collocation qu'il faudra se placer pour apprécier le caractère privilégié ou non de la créance.

La perte de la sûreté peut encore tenir à une mainlevée que consent un créancier. La solution a été posée à propos de la mainlevée consentie au profit d'un liquidateur par un créancier nanti sur matériel et outillage[3] ou à propos de la mainlevée accordée par le créancier, alors que le bien grevé de la sûreté avait été transmis au repreneur, dans le cadre d'un plan de cession, ce qui emportait transmission de la charge de la sûreté[4].

La perte de la sûreté pourra également résulter d'un sinistre survenu au bien grevé. En cette hypothèse, le créancier gagiste ou hypothécaire doit faire jouer la règle de l'article L. 121-13 du code des assurances, prévoyant l'attribution directe de l'indemnité d'assurance à son profit, nonobstant l'existence d'une procédure collective atteignant l'assuré. Si le créancier néglige de faire cette action, il perd un droit préférentiel, ce qui autorise la décharge de la caution[5]. De façon plus générale, le non-exercice par le créancier de l'action directe dont il dispose est source de décharge de la caution[6]. La solution a été posée notamment à propos d'une action directe que n'avait pas exercée le banquier cessionnaire Dailly dont bénéficiait le cédant en sa qualité de sous-traitant d'un marché de travaux privés[7].

De même, la perte de la sûreté pourra résulter d'une erreur du créancier dans sa déclaration de créance, qui a omis d'en faire mention. Le créancier sera admis à titre chirographaire, empêchant la caution, par voie de subrogation, de bénéficier de la sûreté. Il y aura place à décharge de la caution[8].

Le droit préférentiel perdu pourra être un privilège général, tel celui reconnu au créancier postérieur éligible au traitement préférentiel. La renonciation par le créancier à se prévaloir de son droit de priorité est une cause de décharge de la caution. Contrairement à ce qui a été jugé[9], il appartient au

1. Com. 21 mars 2006, n° 04.20.325, NP; n° 397 F-D; *LXB* n° N7541AKI, note Le Corre-Broly.
2. Nancy, 5e ch. com., 3 déc. 2014, RG n° 14/01488, *Juris-Data* 034120.
3. Cass., ch. mixte, 10 juin 2005, n° 02-21.296, *Bull. ch. mixte*, n° 5; *D.* 2005. AJ 1773, obs. Delpech; *D.* 2005. Somm. 2087, obs. Crocq; *Act. proc. coll.* 2005, n° 142, note Régnaut-Moutier; *JCP E* 2005, n° 1088, note Legeais; *JCP E* 2005. Chron. 1860, n° 6, obs. Delebecque et Simler.
4. Basse-Terre, 3e ch. civ., 2 févr. 2008, RG n° 04/00161, *Act. proc. coll.* 2008, n° 240, note Cagnoli.
5. Com. 5 déc. 1995, n° 93-21.353, NP, *Rev. proc. coll.* 1996, 494, n° 5, obs. Kerckhove.
6. Paris, 1re ch. A, 29 sept. 1999, *JCP E* 2000. Chron. 1710, obs. Delebecque.
7. Com. 14 janv. 2004, n° 01-13.917, NP, *RD banc. fin.* 2004, n° 122, obs. Cerles; *JCP E* 2005. Chron. 179, p. 179, n° 10, obs. Pétel; *Rev. proc. coll.* 2005/2, p. 140, n° 10, obs. Lèguevaques.
8. Com. 4 févr. 1992, n° 90-13.962, *Bull. civ.* IV, n° 56; *LPA* 13 juill. 1992, p. 26, note Derrida.
9. Bordeaux, 2e ch., 6 nov. 2006, RG n° 05/04470, *Rev. proc. coll.* 2007/3, p. 146, n° 8, obs. Saint-Alary-Houin.

créancier, non à la caution, de prouver l'importance du préjudice subi par la caution, c'est-à-dire le montant qu'aurait pu toucher, dans la procédure collective, le créancier en l'absence de renonciation à son droit préférentiel (v. s[s] n° 724.18). Le fait, sous l'empire de la loi de sauvegarde des entreprises de ne pas se préoccuper de la conservation de son privilège de créancier postérieur méritant pourra être une cause de décharge de la caution.

De façon générale, la perte d'un droit exclusif pour le créancier autorise la décharge de la caution. Ainsi, le droit réel constitutif d'un droit préférentiel pourra ne pas être une sûreté au sens strict, mais une simple garantie, tel le droit de rétention, analyse qui prévalait avant l'ordonnance du 23 mars 2006[1] ayant réformé le droit des sûretés. La perte d'un droit de rétention par le créancier se dessaisissant volontairement de la chose retenue autorisera la décharge de la caution[2]. Il pourra s'agir de la perte d'un droit de rétention sur des documents d'immatriculation[3]. La solution est logique dès lors que l'efficacité du droit de rétention est absolue dans le droit des procédures collectives (v. s[s] n° 633.33), sous quelques nuances toutefois en ce qui concerne le droit de rétention fictif résultant de l'article 2286, 4° du code civil. Il pourra également s'agir du droit de mettre en œuvre une cession conditionnelle de loyers, assurant au créancier cessionnaire son paiement[4].

724.17 Droit préférentiel perdu – Sûreté personnelle. Le droit préférentiel perdu pourra être une sûreté personnelle, telle l'existence d'un autre cautionnement. En effet, au jour où la caution aurait pu recourir, elle aurait pu le faire contre le débiteur, mais aussi contre l'autre caution, dans le cadre d'un recours entre cofidéjusseurs. Si le créancier, spécialement parce qu'il a négligé de déclarer sa créance au passif de l'autre caution, ou parce qu'il a déchargé l'autre caution[5] de son engagement, a vu ses droits éteints, une décharge de la caution sera autorisée. Peu importe que le bénéfice de subrogation soit invoqué par une caution solidaire qui se plaint de la perte d'un cautionnement simple[6]. Il convient cependant de se demander quels auraient été les droits du créancier à l'encontre de la caution sous procédure collective. La décharge de la caution *in bonis* ne sera égale qu'à la perte subie par le créancier, divisée par le nombre de cautions, puisqu'on est ici en présence d'un recours entre cofidéjusseurs et non d'un recours contre le débiteur. La caution ne sera donc déchargée qu'à hauteur de la part contributive de la caution déchargée[7] ou dont la dette est éteinte.

La décharge de la caution supposera que l'on soit en présence de la perte d'un recours contre un cofidéjusseur. Tel n'est pas le cas, et il n'y a en conséquence pas place à décharge de la caution, si la garantie perdue est une garantie Sofaris, qui n'a vocation à jouer qu'après épuisement des poursuites contre l'emprunteur et ses garants[8].

Il convient cependant de distinguer la décharge de la caution sur le fondement de l'article 2314 du code civil (anc[t] C. civ., art. 2037) de l'extinction de la créance résultant, sous l'empire de la législation antérieure à la loi de sauvegarde des entreprises, de l'absence de déclaration au passif de l'une des cautions. Si le créancier a déclaré sa créance au passif du débiteur, l'absence de déclaration de créance au passif d'une caution n'a pas pour effet d'entraîner extinction de la créance à l'égard de l'autre caution[9].

Le droit préférentiel perdu pourra également consister dans l'extinction d'un lien de coobligé à la dette, par exemple celui du tiré d'un effet de commerce. L'absence de déclaration de créance dans la procédure de ce dernier par le banquier escompteur est source de décharge de la caution[10].

L'inexécution par le créancier d'une décision de condamnation prononcée contre un codébiteur est également une cause de décharge de la caution[11]. Il en est de même de la tardiveté à poursuivre une autre caution ou l'avaliste d'un billet à ordre. Encore faut-il cependant, lorsque le cautionnement a été donné par l'intéressé, que l'aval ait déjà été constitué, la caution ne pouvant être subrogée que dans des droits préexistants en considération desquels elle s'était engagée[12].

1. Ord. n° 2006-346, 23 mars 2006, préc.
2. Com. 25 nov. 1997, n° 95-16.091, *Bull. civ.* IV, n° 301; *JCP E* 1998. Pan. 101; *RJ com.* 1998, n° 72, obs. Saint-Alary-Houin; *RTD com.* 1999. 192, obs. Martin-Serf – Com. 26 sept. 2006, n° 05-14.752, NP; n° 1039 F-D; *LXB hebdo* n° 232, n° N4?3ALP, note Le Corre-Broly.
3. Com. 26 sept. 2006, n° 05-14.752, NP; n° 1039 F-D
4. Com. 3 mai 2006, n° 04-17.283, *Bull. civ.* IV, n° 104; *D.* 2006. Jur. 16?, note Houtcieff, *JCP E* 2006, n° 2061, note Legeais, *Defrénois* 2006. 1386, 3844?, note Piedelièvre; *RD banc. fin.* 2006, n° 94, note Legeais; *LPA* 11 mai 2007, n° 95, p. 15, note Zerouki Cottin; *RTD com.* 2007. 229 n° 2, obs. Martin-Serf – *Adde*, *Rapp. C. cass.* 200?, p. 385.
5. Com. 5 nov. 2003, n° 00-12.041, NP.
6. Com. 9 avr. 2013, n° 12-14.596, *Bull. civ.* IV, n° 57; *BJE* juill. 2013, p. 231, note Reille.
7. Com. 5 nov. 2003, n° 00-12.041, NP.
8. Paris, 15e ch. B, 7 mai 2004, RG n° 03/09842.
9. Com. 28 janv. 1997, n° 94-21.702, *Bull. civ.* IV, n° 27; *JCP* 1997. I. 4029, n° 15, obs. M. Cabrillac; *D.* 1997. Somm. 167, obs. L. Aynès; *D.* 1997. 214, obs. Honorat.
10. Com. 6 févr. 1996, n° 94-13.622, Bull. civ. IV, n° 33; Rev. proc. coll. 1996, 494, n° 5, obs. Kerckhove.
11. Com. 21 févr. 2006, n° 05-10.389, NP; n° 236 F-D.
12. Com. 25 nov. 2008, n° 07-19.182, NP; n° 1218 F-D; *Gaz. proc. coll.* 2009/1, p. 44, note Routier.

Le droit préférentiel perdu pourra aussi résulter de l'obligation solidaire et indéfinie aux dettes d'un groupement. La caution du groupement dont les membres ou associés sont solidairement responsables du passif peut soulever l'exception de subrogation pour prétendre être déchargée en l'absence de déclaration de créance au passif des membres ou associés car elle perd la possibilité d'être subrogée à l'encontre des membres ou associés [1]. La solution a été posée sous l'empire de la législation antérieure à la loi de sauvegarde des entreprises mais n'a plus, *a priori*, l'occasion de se présenter depuis la loi de sauvegarde, non à cause de la suppression de l'extinction des créances non déclarées, mais du fait de la suppression de l'obligation de placer en redressement ou en liquidation judiciaire les membres ou associés de groupement dont ils sont indéfiniment et solidairement responsables du passif.

Le droit personnel perdu pourra ne pas être un droit préférentiel constitutif d'une sûreté personnelle, mais un mécanisme de garantie telle une délégation de créances ou encore le jeu d'une compensation. En s'abstenant de faire jouer la compensation, le créancier débiteur va devoir payer au failli ce qu'il lui doit, alors qu'il aurait pu minorer la créance qu'il détient contre lui de l'économie réalisée par le jeu de la compensation. La caution pourra s'en prévaloir pour prétendre être déchargée [2]. En revanche, l'absence de notification au débiteur cédé d'une cession de créance par bordereau Dailly ne semblait pouvoir être reprochée au banquier, puisqu'elle ne constituait pour lui qu'une faculté. La solution pourrait être modifiée (v. s^s n° 724.13).

724.18 Montant de la décharge – Droits préférentiels entrés dans le champ contractuel. La jurisprudence posait fermement en règle que seuls les droits préférentiels perdus, qui étaient entrés pour la caution dans son champ contractuel, c'est-à-dire ceux sur lesquels elle pouvait compter par subrogation, étaient source, pour elle, de décharge [3]. Tel n'était pas le cas d'une sûreté que le créancier n'avait pas pris l'engagement de constituer, solution posée pour un nantissement de fonds de commerce en cas de prêt consenti pour l'acquisition du fonds de commerce [4], ou de publier, solution retenue pour l'absence d'inscription d'une hypothèque et d'un privilège de prêteur de deniers [5] ou encore pour l'absence d'inscription d'un nantissement sur matériel et outillage [6]. De même, l'absence d'inscription définitive d'une sûreté judiciaire provisoire n'avait pas été sanctionnée [7]. N'avait pas davantage été sanctionné le fait pour un banquier de ne pas recouvrer les créances cédées par bordereau Dailly et de les laisser périmer n'était pas source de décharge de la caution si les cessions de créances avaient été réalisées après la conclusion du cautionnement [8].

Ces solutions semblent bien avoir vécu. En effet, la chambre mixte de la Cour de cassation est venue juger que le créancier qui, dans le même temps, se garantit par un cautionnement et constitue une sûreté provisoire s'oblige envers la caution à rendre cette sûreté définitive [9]. Non seulement le créancier sera sanctionné de ne pas pris la sûreté qu'il s'était engagé envers la caution à prendre, mais il le sera encore lorsque la caution pouvait légitimement croire qu'il la prendrait. Est ainsi sanctionnée l'absence de bonne foi du créancier [10].

C'est ainsi encore que le prêteur de deniers bénéficiant du privilège institué par l'article 2374 du code civil, qui se garantit par un cautionnement, s'oblige envers la caution à inscrire son privilège [11]. « L'existence d'une sûreté en devenir impose par elle-même au créancier de lui assurer un avenir » [12]. En outre, « il faut admettre que le créancier soit tenu d'exercer de telles facultés dans le sens des intérêts de la caution, qui se caractérisent par le fait que leur mise en œuvre ne dépend que de sa pure volonté » [13].

Peu importe que l'on raisonne, comme le fait la jurisprudence, en termes de préjudice résultant du fait du créancier ou comme le font plus utilement certains auteurs en termes de proportionnalité entre

1. Paris, 15e ch. B, 3 mars 2006, RG n° 04/18529.
2. Riom, 7 oct. 1960, *D.* 1962. 479, note Honorat – *Adde*, SOINNE, n° 2065.
3. AINSI : Com. 25 janv. 1994, n° 91-19.226, *Bull. civ.* IV, n° 30.
4. Com. 15 févr. 2000, n° 96-19.175, *Bull. civ.* IV, n° 28; *Rev. proc. coll.* 2000, 134, n° 4, obs. Kerckhove.
5. Civ. 1re, 29 févr. 2000, n° 97-20.090, *Bull. civ.* I, n° 70; *Rev. proc. coll.* 2000, 134, n° 4, obs. Kerckhove.
6. Com. 12 oct. 1999, n° 96-19.330, NP, *Rev. proc. coll.* 2000, 58, n° 8, obs. Kerckhove.
7. Civ. 1re, 2 oct. 2002, n° 00-17.569, *Bull. civ.* I, n° 227; *Defrénois* 2003. 37850, note Théry.
8. Com. 23 juin 2004, n° 01-17.703, NP.
9. Cass., ch. mixte, 17 nov. 2006, n° 04-19.123, *Bull. ch. mixte*, n° 10; *Defrénois* 2007. 688, 18583, note Piedelièvre; *Defrénois* 2007. 38562, n° 27, note Savaux; *RTD com.* 2007. 215, n° 17, obs. Legeais; *Gaz. Pal.* 7-8 mars 2007, p. 21, note Dagorne-Labbé; *JCP E* 2007. Chron. 1776, n° 13, note Simler; *Banque et droit* janv.-févr. 2007. 47, note Jacob.
10. Houtcieff, note s^s Cass., ch. mixte, 17 nov. 2006, n° 04-19.123, *JCP E* 2006, n° 2132.
11. Civ. 1re, 3 avr. 2007, n° 06-12.531, *Bull. civ.* I, n° 138; *D.* 2007. Jur. 1572, note Houtcieff; *D.* 2007. AJ 1136, obs. Avéna-Robardet; *JCP E* 2007. Chron. 1776, n° 13, obs. Simler; *RTD civ.* 2007. 595, n° 1, obs. Crocq; *RTD com.* 2007. 584, n° 15, obs. Legeais; *RD banc. fin.* 2007, n° 97, note Cerles.
12. Houtcieff, note s^s Civ. 1re, 3 avr. 2007, n° 06-12.531, *D.* 2007. Jur. 1572, sp. 1573, n° 6.
13. Houtcieff, note s^s Civ. 1re, 3 avr. 2007, n° 06-12.531, *D.* 2007. Jur. 1572, sp. 1574.

la décharge de la caution et la valeur du droit préférentiel perdu par le fait du créancier[1]. Le résultat est identique. La caution est déchargée à concurrence de la perte résultant de l'inexistence du droit préférentiel. Il faut donc comparer la situation qui résulte de l'existence du droit préférentiel par rapport à celle qui existe en l'absence du droit préférentiel[2].

L'appréciation du préjudice se fait à la date d'exigibilité de la dette de cautionnement[3]. Toutefois, la Cour de cassation admet que le préjudice ne soit pas évalué à la date d'exigibilité de l'obligation de la caution, c'est-à-dire à la date de défaillance du débiteur principal, si à cette date, le créancier ne pouvait mettre en œuvre la sûreté[4]. Il en sera ainsi si l'exigibilité de la dette de la caution n'est pas intervenue à la date du jugement d'ouverture. En ce cas, si l'ouverture de la procédure collective a pour effet d'entraîner l'impossibilité de réaliser la sûreté, le préjudice devra, nous semble-t-il, devoir être apprécié à la date à laquelle la réalisation de la sûreté devient possible.

À défaut de préjudice, il n'y a donc pas place à décharge de la caution[5].

La preuve du montant du préjudice incombe au créancier[6]. Bien que certains auteurs soient farouchement hostiles à l'idée de préjudice subi par la caution[7], l'analyse de la jurisprudence nous semble conduire à énoncer la règle selon laquelle la décharge de la caution sera complète, en cas de faute de la part du créancier rendant impossible une correcte subrogation dans ses droits préférentiels, à moins que le créancier ne prouve que la perte d'un droit préférentiel a causé à la caution un préjudice inférieur au montant de la poursuite ou ne lui en a causé aucun[8]. D'une autre manière, pour ne pas encourir la déchéance de ses droits contre la caution, il appartient au créancier d'établir que la subrogation, qui est devenue impossible, n'aurait pu être efficace[9]. Il importe donc que le créancier conteste l'évaluation des droits pouvant être transmis par subrogation et qui ont été perdus par son fait exclusif[10]. Il en est ainsi lorsqu'un créancier ne sollicite pas l'attribution judiciaire d'actions nanties à son profit, dès lors que la mise en liquidation judiciaire de la société, dont les actions avaient été nanties, rendait incessibles ses actions[11].

Il ne suffit pas, pour décharger la caution, de prétendre que la valeur des droits préférentiels perdus excède la valeur de la créance. Il faut également rechercher, ainsi que le créancier le demande, si la valeur du bien [un fonds de commerce qui aurait dû être nanti au profit du créancier et qui ne l'a pas été] n'aurait pas été, au moins en partie, absorbée par le montant des droits des créanciers de rang préférable. Ainsi, si le créancier invoque une absorption au moins partielle du prix de vente du bien objet théorique de la garantie, les juges du fond ne peuvent décharger totalement la caution sans procéder à la vérification demandée[12].

Si, à l'inverse, il est établi que la créance correspondant aux échéances antérieures au jugement

1. Cabrillac M. et S., Mouly, Pétel, *Droit des sûretés*, 9e éd., LexisNexis, 2010, no 309.
2. Civ. 1re, 29 janv. 2002, no 99-15.979, NP, *JCP E* 2002. Chron. 1424, no 9, obs. Simler – Civ. 1re, 12 févr. 2002, no 99-15.944, *Bull. civ.* IV, no 51; *JCP E* 2002. Chron. 1424, no 9, obs. Simler – Com. 19 oct. 2010, no 09-69.951, NP, *JCP E* 2011. Chron. 1251, no 7, obs. Simler – Com. 19 oct. 2010, nos 09-69.623, 09-72.944, NP, *JCP E* 2011. Chron. 1251, no 7, obs. Simler.
3. Civ. 1re, 24 févr. 1987, no 85-12.406, *Bull. civ.* I, no 64; *D.* 1987. Somm. 451, obs. L. Aynès; *RD banc. et bourse* 1988. 27, obs. Contamine-Raynaud – Com. 5 juill. 2005, no 04-12.770, *Bull. civ.* IV, no 150; *D.* 2005. AJ 2070, obs. Delpech – Com. 10 juin 2008, no 07-18.159, NP, *RD banc. fin.* 2008, no 107, note Legeais – Com. 11 févr. 2014, no 12-29.670, NP, *Gaz. Pal.* 19 mars 2014, no 78, p. 21, note Dumont-Lefrand.
4. Com. 17 févr. 2009, no 07-20.458, *Bull. civ.* IV, no 22; *D.* 2009. AJ, 625; *Gaz. proc. coll.* 2009/2, p. 43, no 2, note Le Corre; *JCP E* 2009. 1347, no 10, obs. M. Cabrillac; *Act. proc. coll.* 2009, no 103, note Legeais; *JCP E* 2009. 1644, no 13, obs. Simler; *RTD civ.* 2009. 555, no 3, obs. Crocq; *LXB hebdo* no 342, no N8944BI4, note Le Corre-Broly.
5. Civ. 1re, 15 déc. 1998, no 96-20.626, *Bull. civ.* I, no 361; *Rev. proc. coll.* 2000, 59, no 8, obs. Kerckhove – Com. 4 oct. 2005, no 03-20.829, NP.
6. AUSSI : J.-CL. COM., Amlon, fasc 2382, [Créanciers antérieurs titulaires de sûretés personnelles – Cautionnement, garanties autonomes, lettres d'intention], éd. 2007, no 60.
7. Cabrillac M. et S., Mouly, Pétel, *Droit des sûretés*, 9e éd., LexisNexis, 2010, no 309.
8. Com. 27 févr. 1996, no 94-14.313, *Bull. civ.* IV, no 68 – Civ. 1re, 18 mai 2004, no 03-12.284, NP, *JCP E* 2005. Chron. 179, no 10, obs. Simler; *Rev. proc. coll.* 2005/2, p. 140, no 10, obs. Lèguevaques – Civ 1re, 22 mai 2008, no 07-14.808, NP, *RD banc. fin.* 2008, no 106, note Cerles – Com. 8 avr. 2015, no 13-22.969, *Bull. civ.* IV [à paraître]; no 348 F-P+B; *Gaz. Pal.* 21 juill. 2015, no 200, p. 29, note Le Corre-Broly; DPDE mai 2015, 3, note Reille; *RTD com.* 2015. 586, no 2, note Martin-Serf; *LXB hebdo* 14 mai 2015, no 423, note Le Corre-Broly – Paris, 15e ch. B, 3 mars 2006, RG no 04/1852 – Nancy, 5e ch. com., 3 déc. 2014, RG no 14/01488, *JurisData* 034120.
9. Com. 27 févr. 1996, no 94-14.313, *Bull. civ.* IV, no 68; *D.* 1996. Somm. 269, obs. L. Aynès; *Rev. proc. coll.* 1996, 496, no 7, obs. Kerckhove – Civ. 1re, 3 juill. 2013, no 12-21.126, *Bull. civ.* I, no 144; no 725 F-P+B; *Gaz. Pal.* 29 sept. 2013, no 272, p. 35, note Le Corre-Broly; *Act. proc. coll.* 2013/15, comm. 212, note Dumont-Lefrand; *JCP E* 2014, Chron. 1020, no 9, obs. Pétel; *Dr. et patr.* févr. 2014, no 233, p. 62, note A. Aynès et Dupichot; *RTD com.* 2013. 809, no 3, obs. Martin-Serf.
10. Com. 3 nov. 2010, no 09-70.811, NP; no 1108 FS-D.
11. Com. 15 févr. 2011, no 08-70.303, NP; no 171 F-D.
12. Com. 22 sept. 2009, no 08-17.908, NP; no 806 F-D; *Gaz. Pal.* 8-10 janv. 2010, nos 8, 9, p. 41, note Le Corre.

adoptant le plan de cession aurait été payée, grâce au droit de préférence du créancier, que la créance correspondant aux échéances postérieures au jugement adoptant le plan de cession aurait été payée, grâce au jeu du transfert de la charge de la sûreté, il y a place à décharge totale de la caution[1].

Pour écarter la déchéance, les juges du fond sont obligés de vérifier l'identité des situations[2].

1. Com. 17 mai 2011, n° 10-17.736, NP; n° 472 F-D; *Gaz. Pal.* 7 oct. 2011, n° 280, p. 35, note Le Corre; *RTD com.* 2012. 197, n° 7, obs. Martin-Serf.
2. Civ. 1re, 26 janv. 1999, n° 96-21.328, *Bull. civ.* I, n° 27; *JCP* 1999. II. 10041, concl. Sainte-Rose; *Rev. proc. coll.* 2000, 58, n° 8, obs. Kerckhove.

CHAPITRE

725. Le fait du créancier ou d'un tiers, source d'engagement de la responsabilité civile du créancier

SECTION 0

ORIENTEUR

725.00 Plan du chapitre.

Sect. 725.10 Le fait du créancier ou d'un tiers, source d'engagement de la responsabilité civile du créancier

SECTION 725.10

LE FAIT DU CRÉANCIER OU D'UN TIERS, SOURCE D'ENGAGEMENT DE LA RESPONSABILITÉ CIVILE DU CRÉANCIER

725.11 Règles générales relatives au fait du créancier, source d'engagement de la responsabilité civile par la caution. La propension des cautions à engager la responsabilité du créancier est aujourd'hui particulièrement importante. Les reproches formulés sont multiples. Dans le strict domaine des procédures collectives, l'hypothèse la plus fréquente est celle de la caution reprochant à un établissement de crédit soit une rupture abusive de crédit, soit, à l'inverse, un octroi ou un soutien abusif de crédit. La nature de la responsabilité de l'établissement de crédit est, à l'égard de la caution, délictuelle[1].

La caution *solvens* peut faire état d'un préjudice personnel lorsque sa garantie est mise en œuvre, ce qui l'autorise à agir en responsabilité contre le banquier créancier[2] (v. aussi s[s] n° 611.37).

Le soutien ou l'octroi abusif de crédit existera soit en cas de crédit ruineux soit en cas de concours accordé à une personne dont la situation financière, lors de l'octroi du concours, est irrémédiablement compromise (v. s[s] n°s 833.13 s.). Mais la responsabilité sera engagée dans des conditions différentes sous l'empire de la loi de sauvegarde des entreprises.

La caution, qui entend engager la responsabilité du banquier, doit, en application du principe de concentration des moyens de défense, invoquer l'argument dès l'instance initiale[3].

725.12 Soutien ou octroi abusif de crédit.

> LÉGISLATION ANTÉRIEURE À LA LOI DE SAUVEGARDE DES ENTREPRISES. Avant la loi du 26 juillet 2005[4], les tentatives des cautions pour engager la faute du dispensateur de crédit pour octroi inconsidéré du crédit ont été nombreuses.

Le soutien ou l'octroi abusif de crédit existait soit en cas de crédit ruineux soit en cas de concours accordé à une personne dont la situation financière, lors de l'octroi du concours, était irrémédiablement compromise (v. s[s] n°s 833.13 s.)[5]. En l'absence de caractérisation de cette situation lors de l'octroi du concours cautionné, la responsabilité de la banque à

1. Com. 25 juin 1996, n° 94-15.854, NP, *JCP* 1997. I. 900, note Legeais.

2. Com. 28 sept. 2004, n° 03-11.110, NP – Com. 9 déc. 2008, n° 07-19.708, NP; n° 1291 F-D; *Gaz. proc. coll.* 2009/2, p. 35, n° 1, note Routier; *JCP* 2009. I. 136, n° 11, obs. M. Cabrillac; *RTD civ.* 2009. 553, n° 1, obs. Crocq; *RTD com.* 2009. 615, n° 3, obs. Martin-Serf.
3. Com. 25 oct. 2011, n° 10-21.383, *Bull. civ.* IV, n° 169; *D.* 2011. 2735, note Avéna-Robardet; *RDBF* 2012, n° 14, obs. Legeais; *Banque et droit* janv.-févr. 2012. 58, note Rontchevsky; *JCP E* 2012. Chron. 1422, n° 2, obs. Simler; *Dr. et proc.* 2012. 20, note Vinckel; *RTD com.* 2012. 851, n° 9, obs. Martin-Serf.
4. L. n° 2005-845, 26 juill. 2005, *JO* 27 juill., p. 12187.
5. SUR CETTE EXIGENCE : Com. 2 juin 2004, n° 02-18.254, NP.

l'égard de la caution n'était pas retenue[1]. Une caution ne pouvait invoquer le soutien abusif, en se plaçant sur le terrain des vices du consentement, alors que le soutien était postérieur à l'engagement de cautionnement[2]. De même, la banque ne pouvait engager sa responsabilité envers une caution, en cachant à celle-ci des informations sur la situation obérée du dirigeant de la société cautionnée et de l'épouse de celui-ci, seules important les informations sur la situation du débiteur lui-même[3].

En revanche, la banque engageait sa responsabilité envers les cautions pour le soutien abusif, alors même qu'il était postérieur à l'engagement de cautionnement, lorsque cette faute était à l'origine de l'aggravation du passif, qui rejaillissait sur les cautions[4].

La faute était établie lorsque la cotation Banque de France démontrait une solvabilité gravement compromise et une trésorerie très obérée[5]. L'octroi du financement avait pour effet de retarder l'intervention du jugement d'ouverture de la procédure collective. Le préjudice résultait alors de l'aggravation du passif entre le jour où le jugement d'ouverture aurait eu lieu sans le concours de l'établissement de crédit et le jour de son intervention. La caution devait prouver la connaissance qu'avait le banquier de la situation irrémédiablement compromise de son client lors de l'octroi du concours[6] ou le fait que le banquier aurait dû avoir cette connaissance[7]. La faute du banquier dans l'absence de connaissance de la situation de son client démontrait la légèreté blâmable dans l'octroi du financement.

En cas de cautionnement d'un crédit relais, la responsabilité de la banque n'était engagée que si l'opération financée était dépourvue de viabilité[8].

La circonstance qu'un crédit de trésorerie avait été accordé à une entreprise, avant toute activité et pour en permettre le démarrage, afin de financer l'activité d'achat et de revente de produits, n'était pas de nature à elle seule à caractériser un comportement fautif de l'établissement de crédit[9]. Dès lors que les crédits consentis à une entreprise qui venait de se créer l'étaient sur base d'un programme prévisionnel d'activités, attesté par des bons de commande, que les perspectives de développement de la société n'étaient pas irréalistes, la faute du dispensateur de crédit n'était pas établie[10]. La faute était écartée sauf à démontrer l'absence de viabilité de l'opération *ab initio*[11]. Mais, même en ce cas, la responsabilité n'était pas retenue si le concepteur du projet, responsable de son exécution et demandeur du financement, était le dirigeant social qui se portait caution[12]. Il ne peut être reproché à une banque d'avoir, dans un premier temps, dénoncé ses concours, puis de les avoir rétablis, après que les dirigeants sociaux cautions eurent fait un apport personnel important, et fait état de perspectives datées et chiffrées d'amélioration de la trésorerie, alors qu'il n'y avait pas à l'époque cessation des paiements, puis d'avoir, dans un second temps, définitivement dénoncé les concours après cessation des paiements. La banque ne peut, en pareille circonstance, se voir reprochée par la caution d'avoir abusivement maintenu ses concours[13].

De façon générale, la caution était dans une situation délicate, si elle était le dirigeant social ayant sollicité le crédit. Le fait que l'établissement de crédit lui ait accordé ce qu'elle avait demandé, *ès qualités* de dirigeant, avait pour effet d'ôter à la faute de la banque son caractère déterminant dans la réalisation du préjudice de la caution[14]. L'action en responsabilité engagée par la caution était rejetée faute pour elle, selon une formule répétée, de démontrer que la banque aurait eu sur ses revenus, son patrimoine et ses facultés de remboursement raisonnablement prévisibles en l'état du succès escompté de l'opération – immobilière ou commerciale – cautionnée, « des informations que – lui-

1. Com. 21 sept. 2004, n° 02-12.624, NP – Com. 14 juin 2005, n° 02-20.660, NP, *Gaz. proc. coll.* 2005/3, p. 46, n° 3, obs. Routier – Com. 27 févr. 2007, n° 03-12.363, *Bull. civ.* IV, n° 64; *D.* 2007. AJ 1021, obs. Lienhard; *JCP E* 2007. Chron. 2119, n° 4, obs. M. Cabrillac; *Gaz. proc. coll.* 2007/2, p. 53, note Le Corre.
2. Paris, 15e ch. B, 12 janv. 2007, RG n° 05/09476, *Gaz. proc. coll.* 2007/4, p. 53, note Routier.
3. Com. 3 nov. 2009, n° 08-20.000, NP; n° 1009 FS-D; *Gaz. Pal.* 8-10 janv. 2010, nos 8, 9, p. 33 note Routier.
4. Paris, 15e ch. B, 12 janv. 2007, RG n° 05/09476, *Gaz.proc. coll.* 2007/4, p. 53, note Routier.
5. Civ. 1re, 14 mars 2000, n° 97-22.509, NP, *RTD com.* 2001. 268, n° 1, obs. Martin-Serf.
6. Com. 6 févr. 2001, n° 97-10.646, *Bull. civ.* IV, n° 29; *D.* 2001. AJ 1024.
7. Com. 24 juin 2003, n° 00-12.566, *Bull. civ.* IV n° 103; *Bull. Joly* 2004. 35, n° 3, note Routier.
8. Com. 7 janv. 2004, n° 01-11.947, *Bull. civ.* IV, n° 2; *RTD com.* 2004. 358, obs. Legeais.
9. Com. 22 mars 2005, n° 02-20.678, *Bull. civ.* IV, n° 68; *D.* 2005. AJ 1020, obs. Lienhard; *RTD com.* 2005. 402, n° 17, obs. Legeais; *JCP E* 2005. Chron. 1676, nos 32 à 34, obs. L D; *Bull. Joly* 2005. 1213, § 266, note Lucas; *Rev. proc. col.* 2006/3, p. 293, n° 2, obs. Martin-Serf.
10. Com. 22 mars 2005, n° 02-20.678, préc.
11. Civ. 3e, 22 juin 2005, n° 03-19.694, NP, *Gaz. proc. coll.* 2005/3, p. 47, n° 7, obs. Routier.
12. Civ. 3e, 22 juin 2005, n° 03-19.694, préc. – Civ. 3e, 22 juin 2005, n° 03-19.695, NP, *Gaz. proc. coll.* 2005/3, p. 47, n° 8, obs. Routier.
13. Com. 11 oct. 2011, n° 10-21.414, NP; n° 968 F-D; *Gaz. Pal. tr. diff.* 21 janv. 2012, n° 20, p. 37, note Routier.
14. Com. nov. 1993, n° 91-18.337, *Bull. civ.* IV, n° 384; *RTD com.* 1994. 86, obs. M. Cabrillac et Teyssié – Com. 15 févr. 1994, n° 92-11.591, *Bull. civ.* IV, n° 60 – Rennes, 1re ch. B, 20 janv. 2000, *Rev. proc. coll.* 2001, p. 270, n° 1, obs. Martin-Serf.

même/elle-même – aurait ignorées »[1]. De façon générale, l'établissement de crédit n'était pas responsable si la caution connaissait la situation irrémédiablement compromise[2] ou obérée[3]. On voyait ainsi affirmer que la caution n'était pas fondée à rechercher la responsabilité de l'établissement de crédit lorsque, par ses qualités ou fonctions, elle avait parfaite connaissance de la situation de l'emprunteur lorsqu'elle souscrivait son engagement[4]. Il n'en allait différemment que si la caution, dirigeant social, justifiait d'une circonstance exceptionnelle l'ayant conduit à ignorer l'état des finances de la société alors que le créancier l'aurait connu[5] ou l'ayant conduit à ignorer la situation de la société qu'elle dirigeait[6]. Il en avait été ainsi, et la responsabilité avait été retenue, dans une hypothèse où la société débitrice était franchisée et où le contrat de crédit-bail avait été signé alors que le plan de financement avait été établi par le franchiseur et communiquer au crédit bailleur sans passer par le dirigeant caution, de sorte que ce dernier n'avait pu prendre connaissance du compte prévisionnel alarmant et que l'établissement avait ainsi des informations dont ne disposait pas le dirigeant caution[7]. La responsabilité a également été retenue dans une espèce où la banque était associée d'un groupe dont faisait partie la société cautionnée par son dirigeant, lequel n'avait pas les informations que possédait la banque[8].

Si la caution n'était pas le dirigeant, la caractérisation de la connaissance de la situation de la société par la caution était nécessaire avant de rejeter une demande de condamnation pour soutien abusif. Elle pouvait résulter de la qualité de fondateur de la société, lorsque le crédit cautionné avait été consenti à une date voisine de la formation de la société[9].

La recherche de la responsabilité du banquier pour soutien abusif ne pourra prospérer si, dans le cadre d'une autre instance opposant le banquier à l'intéressé pris en sa qualité d'emprunteur, l'argument a été rejeté. L'autorité de la chose jugée entraînera irrecevabilité de l'argument soulevé dans l'instance opposant le banquier à l'intéressé pris cette fois en qualité de caution[10].

> LÉGISLATION ISSUE DE LA LOI DE SAUVEGARDE DES ENTREPRISES. La loi du 26 juillet 2005 a changé les données du problème, en enfermant dans des conditions restrictives l'engagement de la responsabilité du banquier pour octroi abusif de crédit (C. com., art. L. 650-1). La caution, comme toute personne désirant engager la responsabilité du dispensateur de crédit pour ce motif, devra démontrer qu'elle se trouve dans un cas de figure l'autorisant à engager la responsabilité de l'établissement de crédit[11] (v. s^s^ n°s 834.11 s).

1. Com. 8 oct. 2002, n° 99-18.619, *Bull. civ.* IV, n° 136; *JCP E* 2002. Jur. 1730, note Legeais; *RTD civ.* 2003. 124, n° 3, obs. Crocq; *JCP E* 2003. Chron. 627, n° 3, obs. Caussain, Deboissy et Wicker; *LPA* 2003, n° 143, p. 12, note Brenner; *LPA* 8 juill. 2003, n° 135, p. 18, note Roman; *RJ com.* 2003. 267, n° 1619, note Pohé; *Defrénois* 2003. 411, 37961, note Théry; *Defrénois* 2003. 37698, note Piedelièvre; *Rev. proc. coll.* 2003, p. 328, n° 8, obs. Lèguevaques – Com. 25 mars 2003, n° 00-15.386, NP, *RD banc. fin.* 2003, n° 135, obs. Legeais; *Rev. proc. coll.* 2003, p. 328, n° 8, obs. Lèguevaques – Com. 13 mai 2003, n° 00-12.429, NP – Com. 8 juill. 2003, n° 00-13.074, NP – Com. 24 sept. 2003, n° 01-16.055, NP – Com. 3 déc. 2003, n° 01-11.719, NP – Com. 4 févr. 2004, 00-14.417, NP – Com. 19 mai 2004, n° 03-11.578, NP – Com. 30 juin 2004, n° 00-22.420, NP – Com. 12 juill. 2004, n° 01-11.685, NP – Com. 28 sept. 2004, n° 02-16.901, NP – Com. 25 janv. 2005, n° 03-11.473, NP – Com. 22 mai 2007, n° 05-21.703, NP, *RD banc. fin.* 2007, n° 149, note Legeais – Com. 13 nov. 2007, n° 06-12.41?, NP; n° 1222 F-D. – *Adde*, Paris, 15^e^ ch. A, 23 sept. 2003, RG n° 02/20881.
2. Com. 24 juin 2003, n° 00-12.460, NP, *Act. proc. coll* 2003, n° 203; *LPA* 24 nov. 2003, n° 234, p. 7, note Houtcieff; *RD banc. fin.* 2004, n° 13, obs. Legeais – Com. 24 mars 2004, n° 01-17.859, NP.
3. Com. 30 juin 2004, n° 02-16.083, NP.
4. Com. 28 janv. 2014, n° 12-27.703, *Bull. civ.* V, n° 20; *D.* 2014. 1013, n° 3, note Guillou; *Bull. Joly* avr. 2014, 216, note Ansault – Paris, 15e ch. B, 19 nov. 2004, RG n° 03/18018 – Bordeaux, 2e ch. civ., 9 avr. 2008, RG n° 0?/00555, *Rev. proc. coll.* 2009. Étude 93, obs. Patureau et Pérot-Reboul – RAPPR. : Com. 2 nov. 2005, n° 96-21.571, NP; n° 1332 F-D; *Gaz. proc. coll.* 2006/1, p. 39, n° 3, obs. Routier.
5. Com. 1er mars 2005, n°s 01-14.993, 01-15.016, NP.
6. Com. 12 nov. 1997, n° 95-13.681, *Bull. civ.* IV, n° 284; *JCP E* 1998. 182, note Legeais; *Bull. Joly* 1998, n° 40, p. 105, note Delebecque; *Rev. proc. coll.* 2000, 138, n° 1, obs. Martin-Serf – Com. 25 nov. 1997, *Rev. proc. coll.* 2000, 138, n° 1, obs. Martin-Serf – Com. 19 oct. 199?, n° 96-17.342, NP, *Rev. proc. coll.* 2000, 138, n° 1, obs. Martin-Serf – Com. 9 juill. 2002, n° 99-16.023, NP, *RJDA* 2002/12, p. 1106, n° 1309 – Com. 3 déc. 2003, n° 01-11.7??, NP.
7. Com. 20 sept. 2005, n° 03-19.732, *Bull. civ.* IV, n° 176; *D.* 2005. AJ 2588, obs. Delpech; *JCP E* 2006. 1145, note Legeais; Chron. 1753, p. 856, n° 8, obs. Simler; *RTD com.* 2005. 822, n° 11, obs. Legeais; *RD banc. fin.* 2005, n° 207, obs. Legeais; *Rev. proc. coll.* 2006/3, p. 293, n° 1, obs. Martin-Serf; *Bull. Joly* 2006. 44, § 7, note Dumas.
8. Rouen, 28 nov. 2006, RG n° 05-302, *Rev. proc. coll.* 2007/2, p. 98, n° 1, note Martin-Serf.
9. Com. 3 déc. 2003, n° 01-12.220, NP.
10. Com. 10 juin 2008, n° 07-11.309, NP; n° 671 F-D; *Gaz. proc. coll.* 2008/3, p. 50, note Routier.
11. Douai, 2e ch. 2e sect., 21 juin 2012, RG n° 10/03080, *RDBF* nov. 2012, n° 178, note Cerles – Bordeaux, 2e ch. civ., 20 juin 2012, RG n° 10/06196, *Act. proc. coll.* 2013, n° 11, note Cagnoli – EN CE SENS AUSSI : Stoufflet et Mathey, «Loi de sauvegarde des entreprises du 26 juillet 2005 – Commentaire des dispositions applicables aux concours financiers », *RD banc. fin.* 2006, n° 41 – Caen, 1re ch. civ., sect. civ., 6 janv. 2009, *JCP E* 2009. Chron. 1496, n° 13, obs. Mathey – Poitiers, 2^e^ ch. civ., 7 sept. 2010, RG n° 09/01?26, *Rev. proc. coll.* 2011, n° 205, note Martin-Serf – Pau, 2e ch., 1re sect., 20 sept. 2010, RG n° 08/04106, *Rev. proc. coll.* 2011, n° 205, note Martin-Serf – Poitiers, 2e ch., 21 sept. 2010, RG n° 09/021600, *Rev. proc. coll.* 2011, n° 205, note Martin-Serf – Orléans, 13 janv. 2011, RG n° 10/01319, *Rev. proc. coll.* 2011, n° 205, note Martin-Serf.

725.13 Rupture abusive de crédit. La rupture abusive de crédit a pour effet, quant à elle, de provoquer le jugement d'ouverture qui n'aurait pas eu lieu sans elle[1]. La réparation à l'égard de la caution, qui conduira en pratique à sa décharge, ne présente pas de particularité par rapport au traitement général de ce cas de responsabilité du dispensateur de crédit (v. s^s^ n°s 434.21 à 434.25 et 832.11 s). Indiquons seulement que le préjudice personnel de la caution, condition de recevabilité de son action en responsabilité ou du moyen de défense soulevé par elle sera caractérisé par la perte de la chance de ne pas être poursuivi par le créancier cautionné[2]. Ce préjudice ne peut donc être évalué à la perte de valeur du fonds de commerce, qui est le préjudice subi par le débiteur principal[3].

725.14 Manquement à l'obligation de mise en garde du banquier. Le banquier engage sa responsabilité à l'égard de la caution, en cas de manquement à son obligation de mise en garde sur les risques encourus dans le cadre du concours consenti.

Il n'en est cependant ainsi qu'autant que la caution est profane[4].

Le devoir de mise en garde n'existe pas à l'égard du donneur d'aval[5].

Le devoir de mise en garde n'existe pas à l'égard d'une caution avertie. La solution vaut identiquement pour un codébiteur[6].

Le seul constat de la qualité de dirigeant de la société cautionnée ne suffit pas à faire de la caution, étrangère au monde des affaires, une caution avertie[7]. L'appréciation des juges du fond sur la qualité de caution avertie est toutefois souveraine. Or ils peuvent l'établir en retenant qu'en sa qualité de dirigeant, la caution connaissait la situation de la société, ses besoins de trésorerie et ses perspectives de développement, ce dont ils peuvent déduire, en l'absence de circonstances particulières à rapporter par la caution, que cette dernière avait la qualité de caution avertie[8].

De même, la qualité de dirigeant d'une société autre que la société débitrice ne suffit pas à démontrer le caractère averti de la caution[9].

La Cour de cassation estime que la profession antérieure de la caution, qui lui permet de comprendre la portée de ses engagements, fait de cette personne une caution avertie[10]. Il en est ainsi de cautions, également dirigeantes de sociétés tierces, rompues au domaine des affaires et dotées de compétences propres leur permettant d'apprécier la portée de leur engagement[11].

De même, doit être considérée comme avertie, la caution, dirigeant de diverses sociétés d'un groupe, dont l'une a emprunté auprès de la banque[12]. Il en est de même de la dirigeante de la société débitrice, avertie en raison de son expérience professionnelle[13]. Est encore avertie, la caution, gérante de la société qui a effectué l'emprunt et de la caution associée, épouse du gérant, qui travaillait déjà dans le fonds de commerce acheté grâce au prêt cautionné[14].

Est encore avertie, la caution, dirigeant social, qui se présente lors de la souscription des prêts, comme ayant une expérience dans le domaine d'activité de la société emprunteuse, qui fournit une étude de marché, des prévisions financières et un plan de financement prévisionnel, démontrant que cette personne s'était entourée de conseils sérieux avant de démarrer son activité[15].

Est un co-emprunteur averti, la personne qui, indépendamment de son activité salariée, est largement impliquée dans la vie de l'entreprise de son époux à la gestion de laquelle elle participe et qui dispose des informations requises concernant sa situation financière, lui permettant de mesurer le

1. Paris, 27 janv. 1995, *Rev. proc. coll.* 1995, 331, n° 8, obs. Kerckhove.
2. Com. 30 sept. 2008, n° 07-15.872, NP; n° 909 F-D; *Gaz. proc. coll.* 2009/1, p. 44, note Routier; *Bull. Joly* 2009. 401, note Voinot – Com. 24 mars 2015, n° 13-16.076, *Bull. civ.* IV [à paraître]; *Gaz. Pal.* 2015. 2340, note Moreil.
3. Com. 24 mars 2015, n° 13-16.076, préc.
4. Com. 8 janv. 2008, n° 06-13.315, NP; n° 26 F-D; *Gaz. proc. coll.* 2008/2, p. 30, n° 1, note Routier.
5. Com. 28 juin 2016, n° 14-23.836, NP; n° 626 F-D.
6. Com. 17 sept. 2013, n° 12-21.871, NP; n° 821 F-D; *JCP E* 2013, Chron. 1662, n° 20, obs. Stoufflet; *BJE* nov. 2013, 364, note Bonhomme; *Rev. proc. coll.* 2014, étude 7, note Hoang.
7. Com. 11 avr. 2012, n° 10-25.904, *Bull. civ.* IV, n° 76; *Bull. Joly* 2012. 548, note Routier; *Rev. sociétés* 2012. 562, note Legeais – RAPPR. : Com. 13 nov. 2012, n° 11-24.178, NP, *Gaz. Pal.* 12 déc. 2012, p. 13, note Albiges – Com. 27 nov. 2012, n° 11-25.967, NP, *Gaz. Pal.* 12 déc. 2012, p. 13, note Albiges – Com. 22 mars 2016, n° 14-20.216, *Bull. civ.* IV [à paraître]; P+B; *Gaz. Pal.* 21 juin 2016, n° 23, p. 28, note Albigès.
8. Com. 5 m 2015, n° 14-11.863, NP; n° 401 F-D.
9. Com. 31 janv. 2012, n° 10-24.694, NP, *Gaz. Pal.* 28 mars 2012, p. [illegible], note Albiges.
10. Com. 22 nov. 2011, n° 10-25.920, NP; n° 1163 F-D.
11. Com. 1 mars 2012, n° 10-30.923, NP, *Gaz. Pal.* 28 mars 2012, p. 16, note Albiges.
12. Com. 1 mai 2010, n°s 09-12.906, 09-13.347, NP; n° 506 F-D; *Gaz. Pal. entr. diff.* 15-16 oct. 2010, p. 35, note Routier; *Rev. proc. coll.* 2011, n° 21, note Martin-Serf; *RD banc. fin.* 2010, n° 207, note Crédot et Samin.
13. Com. 21 févr. 2012, n° 11-11.270, NP, *Gaz. Pal.* 28 mars 2012, p. 16, note Albiges.
14. Com. 8 janv. 2008, n° 06-13.315, NP, n° 26 F-D; *Gaz. proc. coll.* 2008/2, p. 30, n° 1, note Routier.
15. Com. 12 mars 2013, n° 12-12.372, NP; n° 253 F-D.

risque qu'elle prend en s'engageant au titre du prêt litigieux[1].

Au contraire, l'époux caution non associé, qui exerce une activité salariée et ne dispose pas de compétence particulière en matière de financement, doit bénéficier d'une mise en garde. La solution a été posée au profit d'une épouse codébitrice[2] ou d'une épouse, secrétaire à la retraite, caution[3]. De même, le seul fait de s'immiscer dans la gestion de l'emprunteur ne fait pas de l'intéressé une caution avertie[4]. A encore été considérée comme non avertie, la caution, fondatrice, associée et dirigeante de la société débitrice, dans le cadre d'un prêt consenti à l'occasion d'un montage financier de rachat d'une entreprise selon une opération de LBO. L'appréciation est ainsi portée non seulement au regard de la personne de la caution, mais encore de la complexité de l'opération cautionnée[5].

La caution avertie apparaît ainsi comme la personne au fait de l'opération cautionnée.

Le devoir de mise en garde de la caution ne s'impose toutefois que pour autant qu'il y ait un risque d'endettement de l'emprunteur[6] (v. aussi s^s^ nº 831.12), ce qui ne sera pas le cas en présence d'un prêt adapté aux besoins de l'emprunteur. En outre, le devoir de mise en garde n'est pas dû au conjoint, qui ne se porte pas caution, mais donne seulement son accord à l'autre époux pour permettre l'engagement de la communauté[7].

L'obligation de mise en garde ne s'impose pas à l'égard du tiers, qui affecte un bien à la garantie de la dette du débiteur, faute d'être une caution[8].

Le débiteur de l'obligation de mise en garde doit démontrer qu'il a accompli son obligation[9].

Il importe de noter que l'obligation de mise en garde permettra d'engager la responsabilité du dispensateur de crédit, alors que les conditions d'engagement de sa responsabilité ne seront pas réunies sur le terrain de l'article L. 650-1 du code de commerce[10]. Inversement, l'article L. 650-1 du code de commerce ne concerne que les actions indemnitaires engagées en raison des concours consentis, et ne peut donc permettre de sanctionner un manquement au devoir de mise en garde.

Le préjudice causé par le manquement à l'obligation de mise en garde réside dans la perte de la chance de ne pas conclure le contrat de cautionnement[11].

725.15 Mise en œuvre de la responsabilité civile du créancier par la caution. Après avoir, dans un premier temps, indiqué que la faute de l'établissement de crédit était une cause de décharge de la caution[12], la Cour de cassation a ensuite considéré que c'était une source d'engagement de la responsabilité civile délictuelle de l'établissement de crédit, devant être recherchée par voie de demande en justice. Si l'action en paiement avait été engagée contre la caution, cette dernière devait répondre par la voie d'une demande reconventionnelle, seule technique lui permettant de prétendre, en cette hypothèse, à une extinction de son cautionnement pour faute du créancier[13], le jeu de l'article 2037 du code civil (devenu C. civ., art. 2314) étant ici inadapté[14].

Si la caution avait déclaré sa créance, alors même qu'elle n'avait pas encore payé, comme le lui permet l'article 2309, 2° du code civil (anc^t^ C. civ., art. 2032, 2°), elle ne pouvait engager la responsabilité du banquier. En effet, la faute du dispensateur de crédit est source d'un préjudice collectif pour les créanciers dont le représentant des créanciers ou le liquidateur a le monopole de mise en œuvre[15].

1. Com. 17 sept. 2013, nº 12-21.871, NP, nº 821 F-D; *JCP E* 2013, Chron. 1662, nº 20, obs. Stoufflet; *BJE* nov. 2013, 364, note Bonhomme.
2. Com. 17 nov. 2009, nº 08-70.197, *Bull. civ.* IV, nº 144; *Act. proc. coll.* 2010, nº 7.
3. Versailles, 13^e^ ch., 26 juin 2014, RG nº 12/07282, *Rev. proc. coll.* 2014, comm. 183, note Martin-Serf.
4. Com. 17 mai 2011, nº 10-14.936, NP, *RDF* juill./août 2011, nº 131, note Cerles.
5. Aix en Provence, 8e ch. C, 12 mai 2011, RG nº 11/194, *RDBF* sept. oct. 2011, nº 165, note Legeais; *Rev. proc. coll.* 2012, nº 108, note Martin-Serf.
6. Com. 12 mars 2013, nº 10-30.335, NP; nº 233 F-D
7. Com. 9 févr. 2016, nº 14-20.304, *Bull. civ.* IV [à paraître]; P+B; *Gaz. Pal.* 21 juin 2016, nº 23, p. 29, note Albigès.
8. Com. 24 mars 2009, nº 08-13.034, *Bull. civ.* IV, nº 43; *D.* 2009. 1661, note Borga; *D.* 2009. AJ 943, note Péna-Robardet; *JCP 2009. II. 10091*, note Gourion; *JCP E* 2009. 1399, note Legeais; *JCP E* 2009. 1644, nº 7, obs. Simler; *Rev. proc. col.* 2009. Étude 100, obs. Martin-Serf.
9. Com. 22 mars 2016, nº 14-20.216, préc.
10. Stoufflet et Mathey, « Loi de sauvegarde des entreprises du 26 juillet 2005. Commentaire des dispositions applicables aux concours financiers », *RD banc. fin.* 2006, nº 41 – Orléans, ch. éco., fin., 26 nov. 2009, RG nº 09/01040, *RD banc. fin.* 2011, nº 48, note Legeais – Aix-en-Provence, 8e ch. C, 12 mai 2011, RG nº 10/03928, *RDBF* sept. oct. 2011, nº 165, note Legeais; *Rev. proc. coll.* 2012, nº 108, note Martin-Serf – *Adde*, SOL IMPL. : Caen, ch. civ. sect. civ., 6 janv. 2009, *JCP E* 2010. Chron. 1496, nº 13, obs. Mathey.
11. Com. 17 nov. 2009, nº 08-70.197, *Bull. civ.* IV, nº 144; *JCP E* 2010. 1000, note Legeais et Chron. 1496, nº 16, obs. Mathey; *RD banc. fin.* 2010, nº 8, obs. Legeais et nº 37, obs. Crédot et Samin; *Banque et droit* janv.-févr. 2010. 22, obs. Bonneau.
12. Civ. 1re, 16 oct. 1979, *JCP* 1980. II. 19279; *D.* 1980. IR 212, obs. Vasseur.
13. Com. 16 mars 1993, nº 90-20.614, *Bull. civ.* IV, nº 102; *D.* 1993. Somm. 314, obs. L. Aynès.
14. Com. 22 avr. 1997, nº 95-11.532, *Bull. civ.* IV, nº 96; *RTD com.* 1999. 193, obs. Martin-Serf; *LPA* 4 mars 1998, p. 25, note Boccara – Civ. 1re, 24 juin 1997, nº 95-15.055, *Bull. civ.* I, nº 211; *RTD com.* 1999. 193, obs. Martin-Serf.
15. SUR LE PRINCIPE de solution : Com. 10 juin 2008, nº 07-11.309, NP; nº 671 F-D; *Gaz. proc. coll.* 2008/3, p. 50, note Routier.

Si la caution n'avait pas déclaré sa créance, elle conservait la maîtrise de l'action qu'elle exerçait par voie de demande reconventionnelle. Elle pouvait ainsi individuellement profiter du résultat de l'action. Les dommages et intérêts auxquels le dispensateur de crédit était condamné lui profitaient personnellement et constituaient, à due concurrence, une créance lui permettant le jeu de la compensation.

Revenant sur sa jurisprudence, la Cour de cassation décide désormais que la caution peut, à son choix procédural, procéder par défense au fond ou par voie de demande reconventionnelle, pour prétendre être déchargée[1]. Dans les deux cas, la caution ne pourra arguer de la faute du banquier pour engager à titre personnel sa responsabilité[2], à moins qu'elle n'invoque un préjudice distinct de celui subi par la collectivité des créanciers[3]. Il n'en sera pas ainsi si elle invoque une faute afférente aux comptes du débiteur[4], alors qu'il en sera différemment si elle invoque une faute relative au contrat de cautionnement[5]. À défaut, sa demande est irrecevable, pour défaut de qualité, les actions tendant à la défense de l'intérêt collectif des créanciers étant attitrées (v. s[s] n° 611.31).

Si la caution choisit la voie de l'action en responsabilité, elle ne devra pas avoir encouru la prescription de son action, laquelle court du jour où la caution a su que les obligations résultant de ses engagements étaient mises à exécution du fait de la défaillance du débiteur principal, c'est-à-dire la date de l'assignation en paiement qui lui a été délivrée[6]. En outre, le principe de la concentration des moyens interdit à la caution poursuivie en paiement par la banque en vertu d'une décision irrévocable d'assigner celle-ci en dommages et intérêts et en compensation[7].

Si la caution choisit la voie procédurale de la compensation, après avoir sollicité par voie de demande reconventionnelle la condamnation du créancier, la caution demandera la compensation entre le montant de sa créance de dommages-intérêts sur le créancier et le montant de sa dette de cautionnement. Il a été jugé que la caution ne pouvait demander la compensation entre le montant de sa condamnation et la dette de dommages et intérêts de l'établissement de crédit envers le débiteur[8]. À l'inverse, il a été admis que la caution puisse se prévaloir de la compensation jouant au profit d'un codébiteur *in bonis*, qui avait obtenu la condamnation du banquier pour manquement à son devoir de mise en garde, dans la mesure où la caution pouvait ainsi se prévaloir de l'extinction partielle de la dette garantie[9].

Le fait que la caution ait payé le créancier et qu'elle soit en conséquence subrogée dans ses droits ne lui interdit pas de rechercher la responsabilité de celui-ci[10].

725.16 Faute d'un tiers engageant sa responsabilité délictuelle à l'égard de la caution. La caution peut engager la responsabilité civile délictuelle d'un tiers, qui a commis une faute de nature contractuelle envers le débiteur principal. Il en est ainsi en cas de vente d'un fonds de commerce par un cédant ayant caché au cessionnaire des dettes salariales, ayant dû être supportée par le débiteur principal cessionnaire, ce qui a entraîné la liquidation judiciaire de ce dernier, dont certains engagements avaient été cautionnés[11].

1. Com. 26 oct. 1999, n° 96-16.837, *Bull. civ.* IV, n° 182; *JCP E* 2000. Chron. 412, n° 4, obs. Simler et Delebecque; *Rev. proc. coll.* 2000, 139, obs. Martin-Serf; *RTD com.* 2000. 155, obs. M. Cabrillac – Com. 26 avr. 2000, n° 96-21.941, *Bull. civ.* IV, n° 80; *JCP E* 2000. Pan. 967 – Civ. 1re, 4 oct. 2000, n° 98-10.075, *Bull. civ.* I, n° 233; *D.* 2000. AJ 401, obs. Avena-Robardet – Cass., ch. mixte, 21 févr. 2003, n° 99-18.759, *Bull. ch. mixte*, n° 3; *D.* 2003. AJ 829, obs. Avéna-Robardet; *RD banc. fin.* 2003, n° 69, obs. Legeais; *LPA* 30 juin 2003, n° 129, p. 9, note Houtcieff; *JCP E* 2003. Jur. 1073, note Legeais; *Procédures* 2003, n° 118, note Croze; *RTD com.* 2003. 353, n° 15, obs. Legeais; *Rev. proc. coll.* 2003, p. 327, n° 7, obs. Lèguevaques – *Adde*, SUR LA QUESTION : Legeais, « L'option procédurale offerte à la caution invoquant la responsabilité du banquier », *RD banc. et bourse* 1999. 196.
2. Com. 12 nov. 2006, n° 08-10.138, NP; n° 1172 F-D.
3. Com. 19 juin 2007, n° 05-14.300, NP; n° 862 F-D; *Gaz. proc. coll.* 2007/4, p. 53, note Routier.
4. Com. 12 nov. 2008, n° 08-10.138, NP; n° 1172 F-D; *Gaz. proc. coll.* 2009/1, p. 43, note Routier.
5. Routier, note s[s] Com. 12 nov. 2008, n° 08-10.138, NP; n° 1172 F-D; *Gaz. proc. coll.* 2009/1, p. 43.
6. Com. 24 juin 2003, n° 00-12.566, *Bull. civ.* IV, n° 103; *Bull. Joly* 2004. 35, n° 3, note Routier; *Rev. proc. coll.* 2003, p. 327, n° 7, obs. Lèguevaques; *Rev. proc. coll.* 2005/2, p. 166, n° 4, obs. Martin-Serf.
7. Com. 25 oct. 2011, n° 10-21.383, *Bull. civ.* IV, n° 169; *BJE* 2012. 95, note Staes.
8. Com. 6 mai 1997, n° 94-20.855, *Bull. civ.* IV, n° 119; *JCP E* 1997. Pan. 696.
9. Com. 17 nov. 2009, n° 08-70.197, *Bull. civ.* IV, n° 144; *Act. proc. coll.* 2010, n° 7.
10. Com. 5 mars 2002, n° 98-21.022, NP, *RJDA* 2002/8-9, n° 913.
11. Com. 23 sept. 2014, n° 13-14.241, NP.

CHAPITRE

726. Les recours de la caution[1]

SECTION 0

Orienteur

726.00 **Plan du chapitre.**

Sect. 726.10 Les recours de la caution

SECTION 726.10

Les recours de la caution

726.11 **Présentation générale des recours.** Une caution est un débiteur accessoire. Elle n'est tenue que pour autrui. Dans l'esprit de l'institution, elle ne doit pas supporter définitivement le poids de la dette. C'est la raison pour laquelle elle peut recourir en remboursement contre le débiteur. La caution a le droit d'obtenir du débiteur le remboursement de ce qu'elle a payé en ses lieu et place. Le remboursement suppose un paiement préalable. *A priori*, en conséquence, le recours de la caution interviendra après paiement, soit à titre subrogatoire, soit à titre personnel. Cependant, l'article 2309, 2° du code civil (anc^t C. civ., art. 2032, 2°) autorise un recours de la caution avant paiement.

À côté du recours contre le débiteur, la caution dispose d'un recours contre les autres cofidéjusseurs.

726.12 **Recours de la caution avant paiement.** Aux termes de l'article 2309 du code civil (anc^t C. civ., art. 2032), « la caution, même avant d'avoir payé, peut agir contre le débiteur, pour être par lui indemnisée ». L'article 2309, 2° du code civil (anc^t C. civ., art. 2032, 2°) indique qu'il en est ainsi « lorsque le débiteur a fait faillite ou est en déconfiture ». Derrière cette expression de « faillite », il faut comprendre aujourd'hui sauvegarde, redressement ou liquidation judiciaire.

Le recours avant paiement est supplétif. Le créancier peut, en conséquence, y faire valablement renoncer la caution. Il s'agira d'une « clause de non-concours »[2].

Le recours avant paiement a pour finalité d'éviter que la situation de la caution ne s'aggrave et que son remboursement ne soit compromis par l'attente du terme prévu au contrat. Il s'agit donc d'un recours indemnitaire anticipé[3]. En droit commun, il autorise la caution à obtenir du débiteur une sûreté, la consignation par lui entre les mains d'un tiers du montant des sommes qu'elle s'expose à payer[4], ou à pratiquer une saisie conservatoire sur soi-même[5]. On aperçoit que le fondement de ce recours cadre très mal avec le droit des procédures collectives, et spécialement avec les règles de l'arrêt des poursuites individuelles, de l'arrêt des voies d'exécution ou encore de l'arrêt du cours des inscriptions. La caution ne peut donc obtenir la condamnation du débiteur ou de son commissaire à l'exécution du plan de cession, en présence d'un prêt débloqué avant l'ouverture de la procédure, faisant naître pour la totalité une créance de remboursement antérieure audit jugement[6]. La créance des cautions contre le débiteur, sur le fondement de l'article 2309 du code civil (anc^t C. civ., art. 2032), est en effet alors née antérieurement au jugement d'ouverture.

Le recours anticipé de la caution se résume dès lors à une déclaration de créance au passif du débi-

1. Martial-Braz, « Les recours de la caution au cœur de la tempête », *D.* 2013. 935.

2. Cabrillac M. et S., Mouly, Pétel, *Droit des sûretés*, 9e éd., LexisNexis, 2010, n° 279.
3. Cabrillac M. et S., Mouly, Pétel, préc., n° 281.
4. Cabrillac M. et S., Mouly, Pétel, préc., n° 284.
5. AINSI : Com. 1er févr. 1977, n° 75-12.168, Bull. civ. IV, n° 33.
6. Com. 15 mars 2005, n° 03-11.689, NP, *Gaz. proc. coll.* 2005/2, p. 42, obs. Le Corre.

teur, laquelle est possible[1], et qui remplace l'action indemnitaire arrêtée par la règle de l'arrêt des poursuites individuelles[2]. Cette déclaration de créance est même obligatoire, si la caution veut exercer son recours anticipé avant paiement, alors que le débiteur est déjà sous procédure collective[3]. En effet, la déclaration de créance faite par le créancier ne suffira pas à préserver le recours personnel de la caution[4].

Parce que le recours avant paiement fait naître à la charge du débiteur principal une dette trouvant sa source dans le contrat de cautionnement, celle-ci est antérieure au jugement d'ouverture[5] (v. aussi s^s^ n° 442.18). Sous l'empire de la loi du 25 janvier 1985[6], la déclaration de créance au passif s'impose en conséquence, même si la caution exerce ce recours après clôture de la liquidation judiciaire pour insuffisance d'actif[7]. En effet, faute de déclaration de créance au passif, la créance est éteinte et ne peut donc plus fonder un recours pendant la procédure collective et même après clôture de la procédure collective.

La possibilité de cette déclaration par la caution a été discutée. Le caractère éventuel de la créance de la caution n'y fait pas obstacle, puisqu'il est possible de déclarer les créances éventuelles (v. s^s^ n° 663.42). La difficulté est ailleurs. Elle tient au fait que le créancier aura également pu déclarer sa créance. Il y a alors risque de double emploi, le débiteur ne pouvant, être tenu de payer deux fois la même dette. En réalité, tout dépend de ce que la caution a déclaré au passif du débiteur. Si elle s'est contentée de déclarer sa créance indemnitaire, cette dernière est distincte de la créance principale. Elle n'a pas pour objet de permettre à la caution d'obtenir le remboursement de la somme qu'elle paiera au créancier, mais seulement des dommages et intérêts destinés à réparer ce qu'elle ne pourra, dans le cadre du recours subrogatoire, récupérer. Le recours anticipé de l'article 2309 du code civil (anc^t^ C. civ., art. 2032), est en effet une variété de recours personnel, tel que visé à l'article 2305 du code civil (anc^t^ C. civ., art. 2028), et non une variété de recours subrogatoire. Il est évidemment exclu d'envisager un recours avant paiement ayant pour fondement la subrogation, puisque celle-ci présuppose un paiement.

C'est donc fort justement que la jurisprudence admet la déclaration de créance de la caution, alors même que le créancier a déclaré, dès lors que la créance de la caution est distincte de la créance principale[8].

La créance correspondant à un recours anticipé étant distincte de la créance principale, c'est tout aussi logiquement que la Cour de cassation a considéré que cette déclaration faite par la caution ne permettait pas de préserver les droits du créancier qui, quant à lui, n'avait pas déclaré sa créance au passif (v. s^s^ n° 723.14).

La déclaration de créance, au titre du recours personnel anticipé de la caution, ne peut être faite que dans la procédure du débiteur cautionné et non dans la procédure d'un codébiteur qu'elle n'a pas cautionné[9]. C'est pourquoi la Cour de cassation a pu décider, en présence du transfert de la charge des sûretés, que la caution ne peut recourir avant paiement sur le fondement de l'article 2309 du code civil, que contre le débiteur d'origine, non contre le repreneur[10].

Pas davantage, cette déclaration de créance ne pourrait être faite avant la procédure collective d'une autre caution. Le recours anticipé ouvert à la caution par l'article 2309 du code civil (anc^t^ C. civ., art. 2032) ne peut être dirigé contre un cofidéjusseur[11].

1. Com. 5 nov. 2003, n° 00-17. 442, *Bull. civ.* IV, n° 158; *Act. proc. coll.* 2003, n° 259 – Com. 12 oct. 2004, n° 03-13. 855, NP – Com. 29 nov. 2005, n° 04-18.253, NP; n° 1499 F-D – Rennes, 2e ch. com., 13 mai 2008, RG n° 07/00907, *Rev. proc. coll.* 2009. Étude 88, note Patureau et Pérot-Reboul.
2. Com. 5 nov. 2003, n° 00-17.442, préc. – Com. 12 oct. 2004, n° 03-13.855, NP.
3. Orléans, ch. com., éco. et fin., 1er févr. 2001, *RJDA* 2001/7, n° 786.
4. Com. 2 mars 1993, n° 90-21.025, *Bull. civ.* IV, n° 80; *D.* 1993. Somm. 310, obs. L. Aynès – Civ. 1re, 25 oct. 1994, n° 91-16.729, *Bull. civ.* I, n° 305.
5. Com. 3 févr. 2009, n° 06-20.070, *Bull. civ.* IV, n° 11; *JCP E* 2009. Chron. 1347, n° 12, obs. M. Cabrillac; *JCP E* 2009. Chron. 1644, n° 11, obs. Simler; *RD banc. fin.* 2009, n° 52, note Legeais; *Dr. et proc.* 2009. 202, note Picod; *Rev. proc. coll.* 2009, n° 113, note Macorig-Vénier; *RTD com.* 2009. 612, n° 1, obs. Martin-Serf.
6. L. n° 85-98, 25 janv. 1985, *JO* 26 janv., p. 1097.
7. Com. 12 mai 2009, n° 08-13.430, *Bull. civ.* IV, n° 67; *D.* 2009. AJ 1472, obs. Lienhard; *Gaz. proc. coll.* 2009/3, p. 44, n° 1, note Le Corre; *Act. proc. coll.* 2009, n° 189, note Cagnoli; *JCP E* 2009. *Chron.* 1874, n° 6, note M. Cabrillac; *Gaz. Pal.* 12-16 juill. 2009, Jur. 16, note Piedelièvre; *JCP* 2009. 135, note Simler; *RD banc. fin.* 2009, n° 123, note Cerles; *Dr. et proc.* 2009. 258, note Picod; *RTD civ.* 2009. 553, obs. Crocq; *Rev. proc. coll.* 2009, n° 112, note Macorig-Vénier; *RTD com.* 2009. 613, n° 2, obs. Martin-Serf; *Defrénois* 2009. 481, 39078, n° 5, note Gibirila; *Rev. proc. coll.* 2010, n° 16, note Legrand; *LPA* 26 avr. 2010, n° 82, p. 10, note Dumont-Lefrand; *LXB hebdo* 18 juin 2009, n° 355, note Le Corre.
8. Com. 29 oct. 1991, n° 89-17.014, *Bull. civ.* IV, n° 216 – Com. 2 mars 1993, n° 90-21.025, *Bull. civ.* IV, n° 80; *D.* 1993. Somm. 310, obs. L. Aynès; *RTD civ.* 1993. 859, obs. Bandrac.
9. Com. 27 nov. 1978, n° 76-14.520, *Bull. civ.* IV, n° 277.
10. Com. 27 févr. 2007, n° 03-12.362, *Bull. civ.* IV, n° 64; *D.* 2007. AJ 1021, obs. Lienhard; *JCP E* 2007. Chron. 2119, n° 4, obs. M. Cabrillac; *Gaz. proc. coll.* 2007/2, p. 53, note Le Corre; *RD banc. fin.* 2007, n° 106, note Legeais.
11. Com. 24 mars 1980, n° 78-12.504, *Bull. civ.* IV, n° 141 – Com. 3 mars 1981, n° 78-16.385, *Bull. civ.* IV, n° 117.

Le recours avant paiement constitue pour la caution une faculté. Il ne saurait, en conséquence, être tiré argument de son absence d'exercice. Il suffira, en effet, pour la caution, d'exercer son recours après paiement.

Précisons enfin que le recours avant paiement fait, par hypothèse, naître une créance éventuelle. Cette dernière ne peut être admise au passif, encore que le contraire ait été jugé[1], le juge-commissaire ne pouvant, à notre sens, que surseoir à statuer jusqu'à ce l'événement se produise, et il admettra la créance ou ne se produise pas et il rejettera alors la créance.

726.13 Recours subrogatoire de la caution. Aux termes de l'article 2306 du code civil (anc^{t} C. civ., art. 2029), « la caution qui a payé la dette est subrogée à tous les droits qu'avait le créancier contre le débiteur ». Cet article ne fait que reproduire une solution plus générale posée par l'article 1251, 3° du code civil qui dispose que « la subrogation a lieu de plein droit : [...] 3° au profit de celui qui, étant tenu avec d'autres ou pour d'autres au paiement de la dette, avait intérêt de l'acquitter ». Cette disposition, revisitée par l'ordonnance du 10 février 2016[2] ayant modifié le droit des obligations (C. civ., art. 1346), crée un cas de subrogation légale au profit de celui qui paye la dette d'un autre, alors qu'il y était tenu. La subrogation intervient à l'exact moment du paiement. Elle a pour effet d'investir la personne subrogée de tous les droits et actions du créancier subrogeant contre le débiteur.

La caution qui a payé avant jugement d'ouverture est obligée de déclarer sa créance au passif du débiteur principal pour recourir contre lui, sur le fondement du recours subrogatoire. La jurisprudence décide en effet que le créancier désintéressé n'a plus à déclarer de créance[3]. La caution, en revanche, est en droit de déclarer sa créance de recours subrogatoire[4]. Elle est d'ailleurs seule habilitée à le faire, sauf à avoir reçu un pouvoir spécial de la part du créancier subrogeant[5]. La solution s'impose en cas de paiement complet et ne nous semble pas différente, en cas de paiement partiel. La caution déclarera, en ce dernier cas, pour le montant payé, le créancier pour le surplus.

Si le paiement intervient après jugement d'ouverture, une distinction s'impose selon que le créancier a ou non, préalablement au paiement reçu, déclaré sa créance.

Si le créancier a déclaré sa créance avant paiement, le recours subrogatoire de la caution est préservé par une déclaration de créance effectuée par le créancier au passif du débiteur principal[6]. La caution n'est donc pas tenue de déclarer sa créance de recours subrogatoire[7], pour pouvoir obtenir le titre exécutoire l'autorisant à reprendre ses poursuites après clôture de la liquidation judiciaire pour insuffisance d'actif. Cette dispense de déclaration au passif de la créance de recours subrogatoire de la caution subsiste, même si le paiement qu'elle effectue est intervenu à l'intérieur du délai de déclaration de créance[8].

Lorsque la caution paie après le jugement d'ouverture, qu'elle déclare sa créance au passif et est admise à ce passif, l'ordonnance du juge-commissaire qui constate l'extinction de la créance, en donnant acte au créancier qu'il a été payé, et qui constate qu'il n'est plus saisi d'aucune prétention de la caution, en interdisant à la caution de poursuivre le remboursement de sa créance de remboursent, viole les règles du recours subrogatoire[9]. En pareille situation, le juge-commissaire ne peut déclarer éteinte la créance au prétexte que le créancier a été payé, après le jugement d'ouverture, par la caution. La créance doit en effet être admise pour son montant existant au jour du jugement d'ouverture. Si, postérieurement, le créancier est payé par la caution, la déclaration et l'admission de la créance au passif profitent à la caution, au titre du recours subrogatoire.

La question se pose de savoir si, en présence d'un créancier ayant déclaré sa créance au passif du débiteur, la caution est en droit de déclarer également sa créance de remboursement fondée sur le recours

1. Nîmes, 2e ch. com., sect. B, 5 juin 2014, RG n° 13/01192 *JurisData* 019215.
2. Ord. n° 2016-131, 10 févr. 2016, *JO* 11 févr.
3. Com. 21 févr. 2006 n° 05-10.603, NP; n° 237 F-D; *JCP E* 2006. Chron. 1753, n° 7, obs. Simler; *Gaz. proc. coll.* 2006/3, p. 39, obs Le Corre.
4. Com. 13 avr. 1999, n° 96-18.183, *Bull. civ.* IV, n° 85; *D. Affaires* 1999. 906, obs. Avéna-Robardet; *D.* 2000. Somm. 99, obs Honorat; *Act. proc. coll.* 1999, n° 133; *JCP E* 1999. Chron. 1534, n° 13, obs. M. Cabrillac; *LPA* 8 juin 1999, n° 113, p. 6, note P. M.; *RTD com.* 1999. 973, obs. Martin-Serf.
5. Com. 1er déc. 2009, n°s 08-12.806, 08-12.811, *Bull. civ.* IV, n° 154; *D.* 2009. AJ 2928, obs. Lienhard; *D.* 2010. Pan. 1830, obs. Le Corre; *Rev. proc. coll.* 2010, n° 98, note Legrand; *RTD com.* 2010. 420, n° 2, obs. Martin-Serf; *Defrénois* 2010. 1476, Chron. 39138, note Gibirila; *Gaz. Pal.* 16-17 avr. 2010, n°s 106, 107, p. 40, note Le Corre; *JCP E* 2010. Chron. 1677, n° 6, obs. Simler; *Act. proc. coll.* 2010, n° 37, note Le Corre – Com. 8 juin 2010, n° 09-66.820, NP, *Rev. proc. coll.* 2010, n° 164, note Patureau et Perot-Reboul.
6. Com. 26 mai 1999, n° 96-16.126, NP.
7. Com. 15 févr. 2011, n° 10-10.942, NP; n° 169 F-D; *BJE* juill.-août 2011, n° 93, p. 182, note Bréna.
8. Com. 22 sept. 2009, n° 08-20.175, NP; n° 792 F-D; *Gaz. Pal.* 8-10 janv. 2010, n°s 8, 9, p. 39, note Le Corre; LXB hebdo 22 oct. 2009, n° 368, note Le Corre-Broly; *LPA* 22 déc. 2009, n° 254, p. 20, note Sortais; *RTD com.* 2010. 609, n° 3, obs. Martin-Serf.
9. Com. 17 déc. 2013, n° 12-29.822, NP; n° 1234 F-D.

subrogatoire. La Cour de cassation l'admet en ces termes : « la créance dont la caution dispose par subrogation contre le débiteur principal est celle du subrogeant et peut donner lieu à une autre admission au passif du débiteur principal au profit de cette caution en sa qualité de subrogée dans les droits du créancier garanti »[1]. Il a certes été observé que la solution avait été rendue dans une hypothèse de sous-cautionnement[2]. Mais la formulation employée par la Cour de cassation est suffisamment large pour valoir en dehors même de l'hypothèse de sous-cautionnement.

En revanche, si la caution effectue le paiement après expiration du délai de déclaration de créance, et en l'absence de déclaration de créance du créancier, la créance est, sous l'empire de la législation antérieure à la loi de sauvegarde des entreprises, éteinte. Il en résulte que la caution peut demander au créancier de restituer l'indu, puisque si la créance principale est éteinte, il en est de même par accessoire du cautionnement. La solution ne peut plus être posée, sous l'empire de la loi de sauvegarde des entreprises, dans sa rédaction d'origine, du fait de la suppression de l'extinction de la créance non déclarée. L'ordonnance du 18 décembre 2008[3] a toutefois, pour les procédures ouvertes à compter du 15 février 2009, posé un principe d'inopposabilité à la caution, personne physique, de la créance non déclarée pendant l'exécution des plans de sauvegarde. Dans cette situation, la caution pourrait, nous semble-t-il, demander au créancier *accipiens* répétition de l'indu, puisqu'elle n'avait pas à payer pendant cette période, encore que l'on ne puisse, *stricto sensu*, parler d'« indû » en pareille situation.

Indiquons enfin que la caution qui paie le créancier de deux personnes en indivision, dont l'une est en liquidation judiciaire, peut saisir le bien indivis sans provoquer le partage, dès lorsqu'elle est, dans son recours, créancière de tous les indivisaires[4].

La question de la déclaration de créance en présence de sous-cautionnement est traitée isolément (v. s^s n° 726.18).

726.14 Difficultés du recours subrogatoire en cas d'anéantissement des droits du créancier. Des difficultés sérieuses naîtront chaque fois que les droits du créancier seront atteints par une règle spéciale du droit des procédures collectives. Il en est ainsi de trois séries principales d'hypothèses.

Tout d'abord, si le débiteur obtient un plan de continuation, de redressement ou de sauvegarde, la subrogation obligera la caution à attendre le remboursement, dans les conditions prévues au plan. Elle subira ainsi tous les délais du plan, ainsi que les remises.

Si elle est une caution solidaire, elle n'aura pu opposer au créancier les délais et remises du plan de continuation, avant la loi de sauvegarde des entreprises, les délais et remises du plan de redressement sous l'empire de la loi de sauvegarde. Elle s'expose à payer 100 % de la dette, alors que si le créancier accepte une remise de 30 %, elle n'aura, dans le cadre de son recours subrogatoire, droit qu'à 70 %. On mesure immédiatement les inconvénients du recours subrogatoire, du moins pour la caution solidaire. Cependant, la caution solidaire personne physique bénéficie des délais et remises du plan de sauvegarde.

La caution simple, quant à elle, aura pu se prévaloir des dispositions du plan de continuation, sous l'empire de la législation antérieure à la loi de sauvegarde des entreprises, ainsi que, depuis la loi de sauvegarde, de celles du plan de sauvegarde. Elle n'a donc pas à payer 100 % de la dette, si le créancier a accepté une remise. Elle ne paiera que la dette remisée. En revanche, depuis la loi de sauvegarde des entreprises, la caution simple ne bénéficie pas des délais du plan de redressement (C. com., art. L. 631-20).

La deuxième difficulté est relative aux intérêts arrêtés contre le débiteur alors qu'ils continuent à courir contre la caution. Par subrogation, la caution ne pourra obtenir remboursement de ces sommes, puisqu'elles ne sont pas dues par le débiteur principal. Rappelons que la règle selon laquelle les intérêts arrêtés contre le débiteur ne le sont pas à l'égard de la caution continue à jouer, depuis la loi de sauvegarde des entreprises, lorsqu'une procédure de redressement judiciaire a été ouverte, cependant que cette même règle est écartée si la procédure ouverte est une sauvegarde (C. com., art. L. 622-28, al. 1).

La troisième difficulté du recours subrogatoire résulte de la suppression de l'action en paiement du créancier contre le débiteur. Il en est ainsi en cas de clôture pour insuffisance d'actif de la procédure de liquidation judiciaire ou de plan de cession, sous l'empire de la législation antérieure à la loi de sauvegarde des entreprises, d'une procédure de liquidation judiciaire, depuis la loi de sauvegarde des entreprises. Le créancier antérieur ne retrouve pas l'exercice de son droit de poursuite individuelle contre le débiteur, alors qu'il peut poursuivre la caution. Dans ces conditions, la caution peut-elle utiliser le recours subrogatoire ? Avant la loi du 10 juin 1994[5], la

1. Com. 4 oct. 2005, n° 04-11.390, *Bull. civ.* IV, n° 197 ; *JCP E* 2006. Chron. 1066, n° 14, obs. M. Cabrillac ; *JCP E* 2006. Chron. 1753, p. 856, n° 7, obs. Simler.
2. Obs. M. Cabrillac, s^s Com. 4 oct. 2005, n° 04-11.390, *JCP E* 2006. Chron. 1066, n° 14.
3. Ord. n° 2008-1345, 18 déc. 2008, *JO* 19 déc., p. 19462.
4. Com. 4 avr. 2006, n° 04-15.833, NP.

5. ° 94-475, 10 juin 1994, *JO* 11 juin, p. 8440.

réponse ne pouvait être, par principe, que négative[1], sauf si en sa qualité de créancier recourant contre le débiteur, elle se trouvait, comme tout créancier, dans l'une des exceptions au principe d'interdiction de reprise des poursuites individuelles. Ainsi, la caution ne pouvait-elle, par principe, que s'orienter vers l'utilisation du recours personnel.

La loi du 10 juin 1994 a créé au profit de la caution une exception à l'interdiction de reprise des poursuites individuelles. Elle peut assurément le mettre en œuvre par la technique du recours personnel. La doctrine avait également admis la possibilité du recours subrogatoire[2]. Cette dernière opinion a été adoptée par la Cour de cassation, qui juge que la caution recourant en remboursement après le jugement de clôture de la liquidation judiciaire pour insuffisance d'actif peut exercer soit le recours subrogatoire, sous réserve que le créancier ait déclaré sa créance, soit le recours personnel, dès lors qu'elle a elle-même déclaré sa créance de recours[3]. Même si le droit d'action du créancier est supprimé par le principe d'interdiction de reprise des poursuites individuelles, la créance subsiste, ce qui justifie la possibilité de subrogation de la caution dans le droit de créance. La distinction entre le maintien du *debitum* et la disparition de l'*obligatio* justifie la solution[4].

L'article L. 643-11, II du code de commerce, qui autorise la caution qui a payé à la place du débiteur principal à le poursuivre, malgré la clôture de la liquidation judiciaire de celui-ci pour insuffisance d'actif, ne distingue pas selon que le paiement est antérieur ou postérieur à l'ouverture de la procédure collective, ni suivant la nature subrogatoire ou personnelle du recours exercé par la caution. Il en résulte que la caution, qui a obtenu son titre de condamnation contre le débiteur principal avant l'ouverture de la procédure collective de celui-ci, est fondé à poursuivre contre lui le remboursement de sa créance après clôture de la liquidation judiciaire pour insuffisance d'actif de ce débiteur[5].

La réserve de la déclaration de créance n'existe toutefois que sous l'empire de la législation antérieure à la loi de sauvegarde des entreprises[6], car, depuis cette loi, la créance non déclarée n'est plus éteinte, ce qui justifie que le recours subrogatoire subsiste, alors même que le créancier n'a pas déclaré sa créance, et que le recours personnel est identiquement maintenu, même si la caution n'a pas déclaré au passif sa créance de recours personnel.

726.15 Recours personnel de la caution. Ce recours est organisé par l'article 2305 du code civil (anc[t] C. civ., art. 2028), aux termes duquel « la caution qui a payé a son recours contre le débiteur principal ». L'alinéa 2 ajoute que « ce recours a lieu tant pour le principal que pour les intérêts et les frais; néanmoins la caution n'a de recours que pour les frais par elle faits depuis qu'elle a dénoncé au débiteur principal les poursuites dirigées contre elle ». L'alinéa 3 ajoute enfin que la caution « a aussi recours pour les dommages et intérêts, s'il y a lieu ».

Le recours personnel est plus large que le paiement effectué par la caution, pouvant couvrir notamment les dommages et intérêts (C. civ., art. 2305, al. 3 [anc[t] C. civ., art. 2028, al. 3]), ainsi que les intérêts courus depuis le paiement effectué par la caution.

Il permet en outre à la caution de se prévaloir personnellement de sûreté, dans le cadre de la déclaration de créance du recours personnel, qui lui auraient été conférées par le débiteur, pour garantir son recours en remboursement[7].

Ce recours suppose une créance personnellement détenue par la caution sur le débiteur principal. Cette règle est importante, en droit des procédures collectives de paiement, si la créance détenue par la caution est antérieure au jugement d'ouverture. En effet, elle supposera une déclaration de créance. L'article L. 621-53, alinéa 2 du code de commerce (anc[t] L. 25 janv. 1985[8], art. 60, al. 2), dans sa réaction antérieure à la loi de sauvegarde des entreprises, dispose d'ailleurs que « la caution qui a fait le paiement partiel peut déclarer sa créance, pour tout ce qu'elle a payé à la décharge du débiteur ».

1. Com. 8 juin 1993, n° 91-13.295, *Bull. civ.* IV, n° 230; *JCP* 1993. II. 22174, note Ginestet; *Bull. Joly* 1993. 911, obs. Jeantin; *Defrénois* 1994. 577, obs. Sénéchal – Com. 28 juin 1994, n° 90-12.974, NP, *Dr. sociétés* 1994, n° 175, obs. Chaput.
2. Pérochon et Bonhomme, 7e éd., n° 503.
3. Com. 12 mai 2009, n° 08-13.430, *Bull. civ.* IV, n° 67; *D.* 2009. AJ 1472, obs. Lienhard; *Gaz. proc. coll.* 2009/3, p. 44, n° 1, note Le Corre; *Act. proc. coll.* 2009, n° 189, note Cagnoli; *JCP E* 2009. Chron. 1814, n° 6, note M. Cabrillac; *Gaz. Pal.* 12-16 juill. 2009, Jur. 16, note Piedelièvre; *JCP* 2009. 135, note Simler; *RD banc. fin.* 2009, n° 123, note Cerles; *Dr. et proc.* 2009. 258, note Picod; *RTD civ.* 2009. 553, obs. Crocq; *Rev. proc. coll.* 2009, n° 112, note Macorig-Vénier; *RTD com.* 2009. 13, n° 2, obs. Martin-Serf; *Defrénois* 2009. 481, 39078, n° 5, note Gibirila; *Rev. proc. coll.* 2010, n° 16, note Legrand; *LPA 26 avr. 2010, n° 82, p. 10,* note Dumont-Lefrand; *LXB hebdo* 18 juin 2009, n° 355, note Le Corre.
4. Crocq, obs. s[s] Com. 12 mai 2009, n° 08-13.430, *RTD civ.* 2009. 554.
5. Com. 28 juin 2016, n° 14-21.810, *Bull. civ.* IV [à paraître]; n° 630 FS-P+B; Dpde juill. 2016, p. 1, note Rémery; *LXB hebdo* 21 juill. 2016, n° 475, note Le Corre-Broly.
6. L. n° 2005-845, 26 juill. 2005, *JO* 27 juill., p. 12187.
7. Rennes, 2e ch. com., 2 juin 2009, RG n° 08/04522, *Act. proc. coll.* 2010, n° 86, note Pagnucco; *Rev. proc. coll.* 2010, n° 104, note Legrand.
8. L. n° 85-98, 25 janv. 1985, préc.

La suppression par la loi de sauvegarde des entreprises du principe d'extinction des créances non déclarées dans les délais conduit à amodier la règle. Puisqu'il n'y a plus extinction de la créance non déclarée, mais seulement inopposabilité à la procédure collective, le recours personnel n'est pas définitivement perdu, en l'absence de déclaration de la créance de recours par la caution. Mais, sous l'empire de la loi de sauvegarde des entreprises, dans sa rédaction d'origine, il est exclu de l'exercer pendant la procédure collective. Il ne pourra l'être qu'après clôture, et sous réserve d'une part, que le créancier soit en droit d'exercer ses poursuites individuelles après clôture, et, d'autre part, de l'absence de prescription.

Une difficulté particulière se présente si la créance de recours personnel de la caution contre le débiteur principal est garantie par une sûreté réelle constituée par un tiers. En ce cas, la créance de recours personnel de la caution au passif du débiteur s'impose[1]. L'extinction de la créance non déclarée conduit à cette solution sous l'empire de la loi du 25 janvier 1985. Sous l'empire de la loi de sauvegarde des entreprises, la situation est plus complexe. La créance non déclarée n'étant plus éteinte, mais seulement inopposable à la procédure collective, il en résulte que la sûreté ne disparaît pas davantage. Si elle a été donnée par un tiers, personne morale, elle reste efficace. En revanche, si la sûreté est constituée par une personne physique, il est d'abord impossible de poursuivre ce garant pendant la période d'observation de la sauvegarde et du redressement. En outre, il y a inopposabilité, en application des textes (C. com., art. L. 622-26, al. 2), de la créance non déclarée au tiers garant, pendant l'exécution du plan de sauvegarde. En revanche, en dehors de ces périodes, la poursuite du garant, fut-il personne physique, est possible.

Si la caution a effectué un paiement complet, avant le jugement d'ouverture, elle a seule l'obligation de déclarer sa créance au passif, à l'exclusion du créancier *accipiens*, le jeu du recours subrogatoire justifiant la solution[2]. À défaut, sa créance sera, sous l'empire de la législation antérieure à la loi de sauvegarde des entreprises, éteinte et, sous l'empire de la loi de sauvegarde des entreprises, inopposable à la procédure collective.

Que décider pour les paiements faits après le jugement d'ouverture ? Pour cela, il importe de déterminer le fait générateur de la créance de recours personnel de la caution. Il est trouvé, selon la Cour de cassation, dans le contrat de cautionnement lui-même, alors même que tant que la caution n'a pas payé, sa créance de recours n'est qu'éventuelle (v. s^s n° 442.18). La caution est donc obligée de déclarer sa créance de recours personnel[3]. À défaut, son recours sera éteint, comme il en est de tout créancier antérieur, sous l'empire de la législation antérieure à la loi de sauvegarde des entreprises[4]. La solution justifie que la caution ne puisse bénéficier du nantissement accordé par le débiteur principal pour garantir la créance de remboursement détenue par la caution[5]. Il ne pourra être exercé qu'après clôture de la procédure, sous l'empire de la loi de sauvegarde des entreprises et cela sous réserve d'une part, que le créancier soit en droit d'exercer ses poursuites individuelles après clôture, et, d'autre part, de l'absence de prescription.

Une difficulté se présente en cas de clôture de la procédure du débiteur pour insuffisance d'actif. Il faut ici distinguer la situation antérieure à la loi du 10 juin 1994[6] et la situation issue de cette loi.

Sous l'empire de la loi du 25 janvier 1985 non réformée, le droit de reprise des poursuites au profit de la caution n'était pas prévu par le texte. Le recours subrogatoire se trouvait nécessairement fermé à la caution. Mais il en allait de même du recours personnel, du fait de l'analyse de la Cour de cassation, selon laquelle la créance de recours personnel naît du contrat de cautionnement et non du paiement. Cette créance est donc antérieure au jugement d'ouverture du débiteur principal, si le cautionnement est lui-même antérieur. La caution ne peut donc exercer son droit de recours qui contrarie le principe d'interdiction des reprises individuelles[7], la solution valant identiquement pour le recours personnel avant paiement[8].

L'article 169, alinéa 2 dela loi du 25 janvier 1985, dans la rédaction que lui a donnée la loi du

1. Com. 5 févr. 2013, n° 11-24.587, NP, *BJE* mai 2013, comm. 82, note Reille.
2. Com. 13 avr. 1999, n° 96-18.183, *Bull. civ.* IV, n° 85; *D. Affaires* 1999. 906, obs. Avéna-Robardet; *D.* 2000. Somm. 99, obs. Honorat; *Act. proc. coll.* 1999, n° 133; *JCP E* 1999. Chron. 1534, n° 13, obs. M. Cabrillac; *LPA* 8 juin 1999, n° 113, p. 6, note P. M.; *RTD com.* 1999. 973, obs. Martin-Serf.
3. Com. 12 mai 2009, n° 08-13.40, *Bull. civ.* IV, n° 67, préc. (v. s^s n° 712.94).
4. Com. 1er avr. 2008, n° 07-1238, NP; n° 451 F-D; *JCP E* 2008. Chron. 2013, n° 7, obs. Simler – Com. 5 févr. 2013, n° 11-24.587, NP, *Gaz. Pal.* 20 mars 2013, n° 79, p. 19, note Dumont-Lefrand.
5. Com. 5 févr. 2013, n° 11-2437, NP, préc.
6. L. n° 94-475, 10 juin 1994, préc.
7. Com. 1er mars 2005, n° 02-13.176, NP, *D.* 2005. Jur. 1365, note Le Corre; *Gaz. proc. coll.* 2005/2, p. 42, obs. Le Corre; *LXB* n° N27AIE, note Le Corre – Com. 1er avr. 2008, n° 07-128, NP; n° 451 F-D; *JCP E* 2008. Chron. 2013, n° 7, obs. Simler.
8. Com. 3 févr. 2009, n° -20070, *Bull. civ.* IV, n° 11; *JCP E* 2009. Chron. 1347, n° 2, obs. M. Cabrillac; *JCP E* 2009. Chron. 1644, n° 11, obs. Simler; *RD banc. fin.* 2009, n° 52, note Legeais; *Dr. et proc.* 2009. 202, note Picod; *Rev. proc. coll.* 2009, n° 113, note Macorig-Vénier; *RTD com.* 2009. 612, n° , obs. Martin-Serf.

10 juin 1994, autorise au profit de la caution, la reprise des poursuites, en disposant que « toutefois, la caution ou le coobligé qui a payé aux lieu et place du débiteur peut poursuivre celui-ci ». La nouvelle rédaction de l'article 169 alinéa 2 (C. com., art. L. 622-32, II), qui est reprise par la loi de sauvegarde des entreprises (C. com., art. L. 643-11, II), est donc particulièrement bienvenue pour la caution. Le droit de poursuite de la caution supposera que la procédure du débiteur principal ait été clôturée pour insuffisance d'actif. Le juge doit s'en assurer, dès lors que le débiteur, en l'occurrence associé d'une société en nom collectif, placé en liquidation judiciaire sur le fondement de la solidarité (comme cela était possible avant la loi de sauvegarde des entreprises) soutenait que sa procédure n'avait pas été clôturée, contrairement à celle de la société[1].

Le recours subrogatoire pouvait sembler faire difficulté, au contraire du recours personnel qui ne posait pas problème. L'opinion contraire admettant le recours subrogatoire de la caution avait toutefois été soutenue[2]. Cette dernière opinion a justement été adoptée par la Cour de cassation, qui juge que la caution recourant en remboursement après le jugement de clôture de la liquidation judiciaire pour insuffisance d'actif peut exercer soit le recours subrogatoire, sous réserve que le créancier ait déclaré sa créance, soit le recours personnel, dès lors qu'elle a elle-même déclaré sa créance de recours[3]. La subrogation intervient dans tous les droits qu'avait le créancier contre le débiteur. Or, si l'action contre le créancier est fermée du fait de la clôture de la procédure pour insuffisance d'actif, le droit subsiste[4].

La réserve de la déclaration de créance faite par la Cour de cassation n'existe toutefois que sous l'empire de la législation antérieure à la loi de sauvegarde des entreprises, car, depuis cette loi, la créance non déclarée n'est plus éteinte, ce qui justifie que le recours subrogatoire subsiste, alors même que le créancier n'a pas déclaré sa créance, et que le recours personnel est identiquement maintenu, même si la caution n'a pas déclaré au passif sa créance de recours personnel.

Ne contrarie pas le principe à valeur constitutionnelle d'égalité entre les citoyens, en l'occurrence les débiteurs, selon qu'ils sont cautionnés ou non, la règle qui autorise les cautions à recourir en remboursement contre les débiteurs, nonobstant la clôture de la liquidation judiciaire pour insuffisance d'actif de ces derniers. Dès lors, la question prioritaire de constitutionnalité n'est pas sérieuse[5].

La caution devra respecter les modalités procédurales de reprise des poursuites individuelles après clôture de la procédure pour insuffisance d'actif (v. s[s] n°s 592.71 et 592.72).

Cette créance de recours semble, *a priori*, faire en tout ou partie, double emploi avec la déclaration de créance effectuée par le créancier. Pourtant, le débiteur n'aura pas à payer deux fois la même créance. Il en résulte que la décision d'admission ne préjuge pas des droits respectifs du créancier et de la caution dans les répartitions. Le juge-commissaire ne se prononce que sur l'existence et le montant des créances invoquées par le créancier et par la caution[6] au jour de la déclaration de créance (v. s[s] n° 682.24). Il n'a pas à statuer, en revanche, sur les rapports entre le créancier et la caution[7], lesquels sont évolutifs et peuvent, en conséquence, parfaitement changer après l'admission de la créance, dès lors que la caution aura effectué un paiement complémentaire (v. aussi, s[s] n° 726.12). À surplus, il a été indiqué que la Cour de cassation admet la possibilité d'une déclaration du créancier et d'une déclaration de la caution subrogée (v. s[s] n° 726.13).

Une difficulté se présentera cependant si la créance principale est née après jugement d'ouverture, mais irrégulièrement, au regard des dispositions de l'article L. 621-32 du code de commerce (sur la question, v. s[s] n° 454.11) ou, depuis la loi de sauvegarde des entreprises, des articles L. 622-17 ou L. 641-13 du code. Faut-il reconnaître à la caution, en pareille hypothèse, le droit de recourir contre le débiteur principal ? L'irrégularité de naissance de la créance n'équivaut pas à son inexistence. La créance née irrégulièrement ne pourra être payée en tant que créance postérieure. Il s'agira d'une créance hors procédure, devant, comme telle, être, sous l'empire de la loi de sauvegarde des entreprises, être payée après clôture de la procédure collective. Il ne semble pas que la qualification de la créance principale née irrégulièrement doive rejaillir sur la créance de recours personnel de la caution, car il s'agit bien, comme l'indique la Cour de cassation, d'une créance distincte de la créance principale et ne devant, dès lors, pas subir les aléas de celle-ci. Les solutions sont partiellement modifiées par la loi de sauvegarde des entreprises. Elle confirme le principe jurisprudentiel selon lequel une créance postérieure née irrégulièrement ne peut être payée pendant la procédure collective (C. com., art. L. 622-7, al. 1).

1. Com. 15 déc. 2009, n° 0-19.6, NP; n° 1189 F-D.
2. Pérochon et Bonhomme, 7e éd., 503.
3. Com. 12 mai 2009, n° 8-1343, *Bull. civ.* IV, n° 67, préc. (v. s[s] n° 712.94).
4. Pérochon, 10e éd., n° 377.
5. Com. 21 juin 2011, n° 11-40.015 QPC, NP; n° 764, FS-D; *D.* 2011. Actu 1815, note Lienhard; *RTD com.* 2012. 196, n° 6, obs. Martin-Serf.
6. Com. 23 juin 1998, n° 95-22.009, *Bull. civ.* IV, n° 209; *JCP E* 1998. Chron. 2066, n° 11, obs. M. Cabrillac et Pételre.
7. M. Cabrillac et Pétel, obs. s[s] Com. 23 juin 1998, n° 95-22.009, préc.

Mais elle va plus loin en posant en principe que le titulaire d'une telle créance ne retrouve pas son droit de poursuites individuelles après la clôture (v. aussi s[s] n° 454.12).

726.16 Règles générales du recours entre cofidéjusseurs. Aux termes de l'article 2310 alinéa 1 du code civil (anc[t] C. civ., art. 2033, al. 1), « lorsque plusieurs personnes ont cautionné un même débiteur pour une même dette, la caution qui a acquitté la dette a recours contre les autres cautions, chacun pour sa part et portion ». Cette règle a pour effet de corriger les effets du cautionnement solidaire, qui autorise le créancier à poursuivre le tout sur n'importe quelle caution. Cette règle transforme l'obligation à la dette en une contribution à la dette.

L'admission de la créance de recours de la caution au passif du débiteur n'a pas pour effet de l'autoriser à recourir contre un cofidéjusseur, tant qu'elle n'a pas payé le créancier. En effet, le recours avant paiement n'est ouvert à la caution qu'à l'encontre du débiteur principal[1]. En revanche, une fois qu'elle a payé, elle peut déclarer sa créance de recours personnel contre le débiteur[2].

Si le créancier ne déclare pas au passif de la caution sous procédure collective, cela n'affecte pas l'existence de sa créance à l'encontre du débiteur principal. Cependant, ayant perdu son recours – définitivement sous l'empire de la législation antérieure à la loi de sauvegarde des entreprises, pendant la durée de la procédure depuis la loi de sauvegarde des entreprises – à l'encontre d'une caution, les autres cautions ne disposent pas davantage du recours entre cofidéjusseurs contre la caution en sauvegarde, en redressement ou en liquidation judiciaire, même si elles déclarent au passif de cette dernière, leur créance de recours entre cofidéjusseurs. En conséquence, la perte d'un recours entre cofidéjusseurs constitue une cause de décharge des cautions, par application de l'article 2314 du code civil (anc[t] C. civ., art. 2037 – v. s[s] n° 724.17).

En revanche, le créancier qui a déclaré au passif du débiteur principal n'est pas tenu de déclarer au passif d'une caution sous procédure collective pour pouvoir en poursuivre une autre[3].

Indiquons enfin que la renonciation à recours contre le débiteur principal de la caution *solvens*, remboursée par son cofidéjusseur, n'entrave pas le recours de ce dernier contre le débiteur principal, recours prenant la forme d'une déclaration de créance à son passif[4].

726.17 Déclaration de créance au passif d'une caution – Recours entre cofidéjusseurs. La caution *solvens* n'est nullement obligée de déclarer sa créance au passif du débiteur pour exercer ses recours contre des cofidéjusseurs, car ces derniers ont le droit, avant paiement, de déclarer leurs créances au passif du débiteur, sur le fondement de l'article 2309 du code civil (anc[t] C. civ., art. 2032), c'est-à-dire sur le fondement du recours avant paiement[5].

La difficulté essentielle est ici de déterminer l'incidence de la procédure de sauvegarde, de redressement judiciaire ou de liquidation judiciaire ouverte contre l'une des cautions. Se pose alors la question de la déclaration de créance au passif de la caution, par les autres cautions. Si le cautionnement est solidaire, la théorie des coobligés s'appliquera (v. s[s] n°s 731.31 s.). On ne précisera ici que les points spécifiques au cautionnement.

Les cautions qui n'ont pas encore payé peuvent-elles déclarer au passif de la caution en sauvegarde, en redressement ou en liquidation judiciaire ? L'admettre serait autoriser les cautions à utiliser l'article 2309, 2° du code civil (anc[t] C. civ., art. 2032, 2°), c'est-à-dire le recours avant paiement. La jurisprudence ne l'admet pas[6]. Au surplus, la lettre de l'article 2310 du code civil (anc[t] C. civ., art. 2033) y fait obstacle, puisqu'il est envisagé un recours par la caution qui a acquitté la dette.

Si le créancier ne déclare pas au passif du débiteur principal, sa déclaration au passif de la caution sera sans effet, puisque, sous l'empire de la législation antérieure à la loi de sauvegarde des entreprises[7], la créance principale n'existera plus et, par voie d'accessoire, le cautionnement aura disparu. La solution sera différente, sous l'empire de la loi de sauvegarde des entreprises, car la créance principale ne sera plus éteinte.

Si le créancier déclare au passif du débiteur et au passif de la caution, la déclaration de créance des autres cautions, sur le fondement de l'article 2310 du code civil (anc[t] C. civ., art. 2033), peut faire double emploi. Cependant, l'admission du créancier au passif de la caution et l'admission au passif de celle-ci au passif des autres cautions n'emporteront pas obligation pour la caution en sauvegarde, en redressement ou en liquidation judiciaire, de payer

1. Com. 11 déc. 2001, n° 98-18.580, *Bull. civ.* IV, n° 196; *Act. proc. coll.* 2002, n° 40, obs. Legeais.
2. Com. 1er oct. 2013, n° 12-23.975, *Bull. civ.* IV, n° 142; *BJE* janv. 2014, p. 39, note crit. Brena; *Gaz. Pal.* 2013, jur. 3906, note Dumont-Lefrand.
3. Com. 28 janv. 1997, n° 94-21.702, *Bull. civ.* IV, n° 27; *JCP* 1997. II. 22946, note Dagorne-Labbé; *LPA* 3 oct. 1997, p. 28, note Boccara.
4. Com. 1er oct. 2013, n° 12-23.975, *Bull. civ.* IV, n° 142; *BJE* janv. 2014, p. 39, note crit. Brena.
5. Com. 5 nov. 2003, n° 00-17.442, *Bull. civ.* IV, n° 158; *RD banc. fin.* 2004, n° 17, obs. Legeais.
6. Com. 24 mars 1980, n° 78-12.504, *Bull. civ.* IV, n° 141 – Com. 3 mars 1981, n° 78-16.385, *Bull. civ.* IV, n° 117.
7. L. n° 2005-845, 26 juill. 2005, préc.

deux fois la même créance. Ici encore, les droits respectifs des cautions et du créancier, dans les recours contre les autres cautions, seront déterminés en fonction des paiements au créancier qu'auraient effectués les autres cautions.

Dès lors que la caution aura payé, elle aura son recours contre les autres cautions[1].

Si le paiement est intervenu avant jugement d'ouverture, elle aura dû déclarer au passif de la caution en sauvegarde, en redressement ou en liquidation judiciaire, pour qu'elle puisse exercer son recours.

Même si le paiement effectué au créancier par une caution est intervenu après jugement d'ouverture d'une autre caution, la caution *solvens* n'aura son recours contre la caution sous procédure collective que si elle a déclaré sa créance au passif du cofidéjusseur[2], puisque le fait générateur de son recours entre cofidéjusseurs est la souscription du cautionnement et non le paiement effectué (v. s^s^ n° 442.18).

726.18 Recours de la caution contre la sous-caution. La caution est considérée, à l'égard de la sous-caution[3], comme un créancier, cependant que créancier principal et sous-caution n'ont aucun lien contractuel.

Il en résulte, selon la première chambre civile de la Cour de cassation, que le fait que le créancier ait déclaré sa créance ne suffira pas à autoriser le recours de la caution contre la sous-caution, si la première n'a pas déclaré au passif du débiteur sa créance de recours[4].

La Chambre commerciale de la Cour de cassation était d'abord en sens opposé, et considérait que la caution qui a payé pouvait recourir contre la sous-caution sans avoir besoin de déclarer sa créance de recours au passif du débiteur, dès lors que le créancier a déclaré sa créance, le mécanisme de la subrogation justifiant la solution[5]. La solution est encore parfois posée en jurisprudence[6]. La Chambre commerciale a ensuite abandonné sa position et s'est alignée sur la 1re chambre civile en posant en règle que, « à défaut de déclaration par la caution de sa créance, celle-ci est éteinte à l'égard de la sous-caution[7] qui garantit, non la créance du créancier à l'égard du débiteur principal, mais celle de la caution à l'égard de ce débiteur et le créancier initial qui n'est titulaire d'aucun droit à l'égard de la sous-caution, ne peut, par l'effet de la subrogation, lui transmettre sa créance déclarée »[8].

Ces solutions supposent toutefois que les droits de la caution soient anéantis du fait de l'absence de déclaration de créance au passif. La suppression par la loi de sauvegarde des entreprises de la suppression de l'extinction des créances non déclarées conduit à les modifier, pour les procédures ouvertes après l'entrée en vigueur de cette loi. La question se déplacera, le cas échéant, sur le terrain de la responsabilité civile, dans les rapports caution – sous-caution.

Le fait que le créancier n'ait pas déclaré sa créance restera au contraire sans conséquence sur le recours que pourra effectuer la caution contre des sous-cautions, dès lors que la caution a déclaré sa créance dans les délais, peu important que le paiement effectué par la caution soit intervenu avant déclaration de sa créance par la caution[9].

La caution *solvens* ne semble pas bénéficier de la possibilité de reprise de ses poursuites individuelles contre la sous-caution, après clôture pour insuffisance d'actif de liquidation judiciaire de cette dernière. En revanche, il a été jugé que cette sous-caution, qui est également associée d'une société en nom collectif et à ce titre, curieusement placée sous procédure collective en suite de la procédure collective de la société en nom collectif, après l'entrée en

1. AINSI : Com. 18 mars 2014, n° 13-12.444, P.
2. Com. 1er déc. 2009, n° 07-14.199, NP; n° 1119 F-D.
3. Saintourens, « Certificateurs de cautions et sous-cautions : les oubliés des réformes du droit du cautionnement », *Mél. Cabrillac*, Dalloz – LexisNexis, 1999, p. 399.
4. Civ. 1re, 7 mai 2002, n° 99-21.088, *Bull. civ.* I, n° 123; *D.* 2002. AJ 1902, obs. Lienhard; *RD banc. fin.* 2002, n° 132, obs. Legeais; *Dr. et proc.* 2002. 286, note Courtier; *JCP E* 2002. Chron. 1380, n° 9, obs. M. Cabrillac; *JCP E* 2002. Chron. 1424, n° 11, obs. Simler; *RTD com.* 2003. 165, n° 3, obs. Martin-Serf; *RTD civ.* *2003. 324, n° 3, obs. Crocq* – SUR CETTE SOLUTION : Pellier, « Sous-cautionnement, défaut de déclaration de créance par la caution de premier rang et recours subrogatoire », *LPA* 14 nov. 2007, n° 228, p. 12 s., [illegible] p. 19.
5. Com. 28 janv. 2004, n° 01-11.443, NP, *RTD com.* 2005. 412, n° 1, obs. Martin-Serf; *JCP E* 2005. Chron. 179, n° 9, obs. Simler; *Rev. proc. coll.* 2005, n° 11, obs. Lèguevaques – Com. 11 févr. 2004, n° 00-18.748, NP, *JCP E* 2005. Chron. 179, n° 9, obs. Simler; *Rev. proc. coll.* 2005, n° 11, obs. Lèguevaques.
6. Aix-en-Provence, 14 avr. 2006, RG n° 04/07995, *LPA* 14 nov. 2007, n° 228, p. 12, note Pellier.
7. Com. 21 févr. 2006, n° 05-10.603, NP; n° 237 F-D; *JCP E* 2006. Chron. 1753, n° 7, obs. Simler; *Gaz. proc. coll.* 2006/3, p. 39, obs. Le Corre – Com. 16 oct. 2007, n° 06-18.299, NP; n° 1099 F-D – *Adde,* Com. 5 févr. 2013, n° 11-24.587, NP, *D.* 2013, pan. 1713, obs. Crocq; *Gaz. Pal.* 20 mars 2013, p. 19, obs. Dumont-Lefrand – Aix-en-Provence, 9 mars 2007, RG n° 05/14183, *LPA* 14 nov. 2007, n° 228, p. 12, note Pellier.
8. Com. 30 mars 2005, n° 00-20.733, *Bull. civ.* IV, n° 71; *D.* 2005. AJ 1151, obs. Lienhard; *D.* 2005. Somm. 2084, obs. Crocq; *JCP E* 2005. Chron. 1274, n° 14, obs. M. Cabrillac; *Act. proc. coll.* 2005, n° 118, note Legeais; *JCP E* 2006. Chron. 1753, n° 7, obs. Simler; *Gaz. Pal.* 21-22 juin 2006, p. 41, note Robine; *Gaz. proc. coll.* 2005/2, p. 41, obs. Le Corre – Com. 16 oct. 2007, n° 06-18.299, NP; n° 1099 F-D; *Rev. proc. coll.* 2008, p. 86, n° 35, obs. Pérot-Reboul et Patureau – Aix-en-Provence, 14 avr. 2006, RG n° 04/07995 et Aix-en-Provence, 9 mars 2007, RG n° 05/14183, *LPA* 14 nov. 2007, n° 228, p. 12, note Pellier.
9. Com. 17 déc. 2003, n° 00-19.993, *Bull. civ.* IV, n° 208.

vigueur de la loi de sauvegarde, peut être poursuivie après clôture de sa liquidation judiciaire pour insuffisance, prise en sa qualité de débitrice principale [1]. La solution apparaît discutable, en ce que l'associé en nom collectif n'est pas un débiteur principal, puisqu'il ne peut être considéré comme un codébiteur (v. s^s n° 731.12).

726.19 Recours entre cofidéjusseurs et paiement partiel. Une autre difficulté est de savoir si la caution *solvens* peut recourir contre les autres cautions, alors qu'elle n'aurait effectué qu'un paiement partiel. À défaut de stipulation contraire du contrat de cautionnement, la réponse ne peut être qu'affirmative. La subrogation interviendra à hauteur du paiement. Créancier et cautions *solvens* seront alors en concours à l'égard des autres cautions. Cependant, si la caution *solvens* est sous sauvegarde, en redressement ou en liquidation judiciaire, elle n'aura pas de recours contre les autres cautions, à moins que la réunion des sommes versées en vertu de chaque procédure n'excède le montant total de la créance (C. com., art. L. 621-52 [anc^t L. 25 janv. 1985 [2], art. 59]). La loi de sauvegarde des entreprises [3] n'a pas modifié la solution (C. com., art. L. 622-32). La question se présente identiquement pour les coobligés (v. s^s n°s 731.31 s.).

Le créancier peut cependant valablement faire renoncer les cautions à tout recours entre cofidéjusseurs. Contrairement aux règles des articles 2305 et 2306 du code civil (anc^t C. civ., art. 2028 et 2029) intéressant les recours ouverts à la caution contre le débiteur, qui participent de la nature accessoire du cautionnement et qui ne peuvent donc être écartés, sous peine de disqualification en garantie autonome, le recours entre cofidéjusseurs est purement supplétif. La renonciation à ce recours est possible et n'a même pas à faire l'objet d'une mention manuscrite [4].

Sans aller jusqu'à supprimer le recours entre cofidéjusseurs, le contrat de cautionnement peut l'aménager, en interdisant ce recours tant que le créancier n'est pas complètement payé. C'est la clause de non-concours, laquelle est parfaitement licite [5]. Cette clause peut faire naître une difficulté, si la caution a effectué un paiement partiel avant jugement d'ouverture du débiteur principal. Pour préserver son recours personnel contre les autres cautions, elle doit déclarer au passif de la caution qui a fait l'objet d'une sauvegarde, d'un redressement ou d'une liquidation judiciaire. Mais cette déclaration s'analyse en un recours et est donc interdite par la clause de non-concours. Cependant, cette clause semble devoir être tenue en échec par l'obligation qui est celle de la caution *solvens* de déclarer au passif de la caution en sauvegarde, en redressement ou en liquidation judiciaire. Il faut donc décider que la déclaration de créance est possible, mais que la caution *solvens* ne pourra participer aux répartitions dans la procédure de la caution en sauvegarde, en redressement ou en liquidation judiciaire, qu'après complet désintéressement du créancier. Ainsi, est préservé le respect de la règle d'ordre public de la déclaration au passif d'une créance antérieure et la clause du contrat prévoyant une absence de concours entre créancier et caution *solvens*.

Enfin, si le paiement partiel intervient après jugement d'ouverture, l'admission de la créance de la caution au passif ne l'autorisera pas à faire valoir ses droits sur le débiteur, tant que le créancier n'aura pas été complètement désintéressé, en présence d'une clause de non-concours.

1. Com. 28 juin 2016, n° 13-22.633, NP; n° 605 F-D.
2. L. n° 85-98, 25 janv. 1985, préc.
3. L. n° 2005-845, 26 juill. 2005, préc.
4. Civ. 1re, 9 mai 1990, n° 88-16.571, *Bull. civ.* I, n° 98; *D.* 1990. Somm. 382, obs. L. Aynès.
5. ILLUSTR. : Civ. 2e, 8 déc. 1982, n° 81-11.219, *Bull. civ.* II, n° 162.

TITRE

730. Codébiteur et garant – Associés de sociétés tenus des dettes sociales

SECTION 0

ORIENTEUR

730.00 Plan du titre.

Chap. 731 Codébiteur et garant – Associés de sociétés tenus des dettes sociales

Sect. 731.10 Diversité des codébiteurs – Situation voisine des garants subsidiaires

Sect. 731.20 Moment de la poursuite du codébiteur et des garants

Sect. 731.30 Règles spéciales à l'hypothèse d'une pluralité de codébiteurs en sauvegarde, en redressement ou en liquidation judiciaire

Sect. 731.40 Mise à l'écart de la règle de l'accessoire et indifférence du sort du débiteur sur l'engagement d'un codébiteur

Sect. 731.50 Mise à l'écart de la règle de l'accessoire et hauteur des poursuites contre les codébiteurs et garants

Sect. 731.60 Correctif de la représentation mutuelle des coobligés – Réclamation à l'état des créances

Sect. 731.70 Recours du garant après clôture pour insuffisance d'actif de la procédure du débiteur

CHAPITRE

731. Codébiteur et garant – Associés de sociétés tenus des dettes sociales

SECTION 0 ORIENTEUR

731.00 Plan du chapitre.

Sect. 731.10 Diversité des codébiteurs – Situation voisine des garants subsidiaires

Sect. 731.20 Moment de la poursuite du codébiteur et des garants

Sect. 731.30 Règles spéciales à l'hypothèse d'une pluralité de codébiteurs en sauvegarde, en redressement ou en liquidation judiciaire

Sect. 731.40 Mise à l'écart de la règle de l'accessoire et indifférence du sort du débiteur sur l'engagement d'un codébiteur

Sect. 731.50 Mise à l'écart de la règle de l'accessoire et hauteur des poursuites contre les codébiteurs et garants

Sect. 731.60 Correctif de la représentation mutuelle des coobligés – Réclamation à l'état des créances

Sect. 731.70 Recours du garant après clôture pour insuffisance d'actif de la procédure du débiteur

731.01 Textes applicables.

> Législation antérieure à la loi de sauvegarde des entreprises.

C. com., art. L. 648, al. 1, L. 621-51 à L. 621-53, L. 621-65, al. 2

C. civ., art. 1208 et 1285 (devenus art. 1315 et 1350-1, réd. ord. 10 févr. 2016)

> Législation issue de la loi de sauvegarde des entreprises.

C. com., art. L. 622-28, L. 622-31, L. 622-32, L. 622-33, L. 626-11, L. 631-14, L. 631-20, L. 641-3, al. 1, L. 643-11, I, 2°

C. com., art. R. 622-26, al. 1 et 2 (anc[t] D. 28 déc. 2005, art. 101, al. 1 et 2), R. 631-27 (anc[t] D. 28 déc. 2005, art. 195), R. 641-26, al. 1 et 2 (anc[t] D. 28 déc. 2005, art. 237, al. 1 et 2)

> Législation issue de l'ordonnance du 18 décembre 2008.

C. com., art. L. 622-28, L. 622-31, L. 622-32, L. 622-33, L. 626-11, L. 631-14, al. 6, L. 631-20, L. 641-3, al. 1

C. com., art. R. 622-26, al. 1 et 2, R. 631-27, R. 641-26, al. 1 et 2

> Législation issue de l'ordonnance du 12 mars 2014.

C. com., art. L. 643-11, II

731.02 Jurisprudence de référence.

> Si la société civile obtient un plan de continuation, les délais du plan empêcheront la poursuite de l'associé.

• **Civ. 3e, 23 févr. 2000,** n° 98-14.540, *Bull. civ.* III, n° 43

* V. s[s] n° 731.23

« Mais attendu, d'une part, qu'ayant relevé que les consorts A… avaient produit leur créance contre la société au redressement judiciaire de celle-ci, qu'un jugement avait décidé de la continuation de son activité et arrêté un plan de redressement prévoyant notamment le remboursement de la créance des consorts A… en huit ans et constaté qu'il n'était ni établi ni même allégué que ce plan n'était pas exécuté, la cour d'appel a retenu, à bon droit, que si, dans le cas d'une procédure de redressement judiciaire, la production de sa créance par créancier valait mise en demeure, celui-ci ne pouvait poursuivre les associés en paiement des dettes sociales que dans cas où sa demande contre la société demeurerait infructueuse et que la demande en paiement des consorts A… n'était pas restée infructueuse. »

> Extinction de la créance pour absence de déclaration au passif d'un codébiteur laisse subsister l'obligation distincte contractée par un autre codébiteur.

• **Com. 19 janv. 1993,** n° 89-16.518, *Bull. civ.* IV, n° 25

* V. n° 731.52

« Mais attendu, d'une part, qu'en dehors du cautionnement, lorsque plusieurs codébiteurs s'engagent solidairement, l'un d'eux peut invoquer, au titre d'exceptions communes, que celles affectent l'ensemble des liens obligatoires unissant les débiteurs au créancier; que l'extinction, en vertu de l'article 53 alinéa 3 de la loi du 25 janvier 1985 [devenu C. com., art. L. 621-46, al. 4], de la créance à l'égard du débiteur faisant l'objet d'une procédure collective, laisse subsister l'obligation distincte contractée par son codébiteur solidaire. »

> La disparition de la dette de la société en nom collectif (SNC), par suite de son extinction pour absence de déclaration au passif, emporte disparition de l'obligation de l'associé en nom.

• Com. 25 nov. 1997, nº 95-16.202, *Bull. civ.* IV, nº 309

* V. s^s nº 731.52

> Il résulte des articles 10 de la loi du 24 juillet 1966 et 53 alinéa 1er de la loi du 25 janvier 1985 (devenus C. com., art. L. 221-1 et L. 621-46, al. 1er) que l'extinction, pour défaut de déclaration, de la créance détenue sur une société en nom collectif soumise à une procédure collective emporte la disparition de l'obligation des associés, qui ne sont tenus que du passif social.

• Com. 20 févr. 2001, nº 97-14.256, *Bull. civ.* IV, nº 40

* V. s^s nº 731.52

« Vu les articles 4 alinéa 1er de l'ordonnance du 23 septembre 1967, 178 de la loi du 25 janvier 1985 [devenu C. com., art. L. 624-1] et 2037 du code civil;

Attendu que si l'ouverture d'une procédure collective à l'égard d'une personne morale produit ses effets à l'égard de toutes les personnes membres de la personne morale et indéfiniment et solidairement responsables du passif social, il n'en demeure pas moins qu'il s'agit de procédures distinctes et que, par voie de conséquence, il incombe au créancier qui se prévaut de l'obligation des associés au passif social, de déclarer sa créance non seulement à la procédure suivie contre la personne morale mais encore à chacune de celles suivies contre ses membres ou associés. »

> Le codébiteur peut être poursuivi, nonobstant la clôture de la procédure pour insuffisance d'actifs contre un autre codébiteur.

• Com. 24 mars 2004, nº 01-17.288, NP

* V. s^s nº 731.41

> Le créancier d'une société civile peut poursuivre l'associé de la société en liquidation judiciaire, dès qu'il a déclaré sa créance, sans avoir besoin de démontrer l'insuffisance patrimoniale de la société.

• Cass., ch. mixte, 18 mai 2007, nº 05-10.413, *Bull. ch. mixte*, nº 4, nº 252

* V. s^s nº 731.24

Dans le cas où la société est soumise à une procédure de liquidation judiciaire, la déclaration de créance à la procédure dispense le créancier d'établir que le patrimoine social est insuffisant pour le désintéresser; que l'action peut être régularisée si la créance a été régulièrement déclarée à la procédure.

731.03 Bibliographie indicative. (V. les références complètes s^s nº 031).

> Actualisables. J.-CL. COM., Legeais D., fasc. 2368 [Situation des créanciers – Théorie des coobligés – Cont[illegible]assation], 2016; Amlon G., fasc. 2382, [Créanciers antérieurs titulaires de sûretés personnelles – Cautionnement – Garanties autonomes, lettres d'intention], 2007.

> Ouvrages antérieurs à la loi de sauvegarde des entreprises. CHAPUT, nº 585 – GUYON, nºs 1229, 1230 – JACQUEMONT, nº 482 – KERCKHOVE, nº 553 – LE CORRE-BROLY, nºs 372 à 376 – MARTIN ET VALLENS, nºs 3571 à 3578, 3585 à 3589, 3592 à 3597 – PÉTEL, nºs 401 à 405 – RIPERT ET ROBLOT, nºs 3006 à 3010, 3025-1 – SOINNE, nºs 2077 à 2089, 2091 à 2096, 2101 à 2116 – VALLANSAN, p. 165, 166.

> Ouvrages postérieurs à la loi de sauvegarde des entreprises. COQUELET, 5e éd., nºs 235 à 237 – GIBIRILA, nº 549 – JACQUEMONT ET VABRES, 9e éd., nºs 540 à 546, 578 à 580, 823 à 825 – LE CANNU, 7e éd., nºs 383, 386, 389, 481, 508, 955, 1146, 1226 – LIENHARD, 6e éd., nºs 78.37 à 78.40, 78.44, 83.22 à 83.24, 115.25 – PÉROCHON, 10e éd., 640 à 644, 650, 1005, 1121, 1142 à 1144, 1369, 1377, 1546, 1570 à 1577 – PÉTEL, 8e éd., nºs 188, 282, 404 à 408 – ROUSSEL GALLE, 2e éd., 2007, nºs 280 à 284, 619 à 621, 780 – SAINT-ALARY-HOUIN, 8e éd., nºs 708 à 712, 736, 745, 756, 780, 984, 1103 – VALLANSAN *ET ALII*, 6e éd., p. 159,160, 165, 166, 172, 173, 251 à 253, 317, 433, 446, 447 – VALLENS, 2015, nºs 3936 à 3950, 3973 à 3978, 4508, 4514 – VOINOT, 2011, nºs 402 à 404, 419, 440, 441, 715, 830, 833.

> Articles.

› *Étude d'ensemble.* Barbièri J.-F., « Dirigeants et associés d'une entreprise en difficulté : entre partenaires et débiteurs », *LPA* 30 sept. 2008, nº 196, p. 6 – Coquelet M.-L., « Risques, responsabilités des associés d'une société en procédure collective », *Rev. proc. coll.* 2010. Dossier 6 – Houin-Bressand C., « Cautions, garants et coobligés », *Rev. proc. coll.* 2008. Dossier 9 – Lebel Ch., « l'obligation aux dettes sociales des associés en cas de défaillance de la société débitrice », *Mél. Tricot*, LexisNexis – Dalloz, 2011, p. 487 – Le Corre P.-M., « Cautions, coobligés et garants dans les procédures collectives d'aujourd'hui et de demain », *Rev. proc. coll.* 2004, p. 181 – Macorig-Vénier F., « Le périmètre des garanties », colloque de l'AJDE, Toulouse 10 sept. 2010, *Rev. proc. coll.* 2011. Dossier 6 – Prigent S., « Cautions, coobligés, garants autonomes et constituants d'une sûreté pour un débiteur ayant obtenu un accord de conciliation homologué, une sauvegarde ou un redressement judiciaire », *LPA* 9 janv. 2006, nº 6, p. 5 – Provensal A., « Procédure collective et sûretés personnelles – L'exécution contre les cautions, les coobligés et garants autonomes des débiteurs en procédure collective », *Gaz. Pal.* 11-12 juill. 2007, Doctr. 2 – Reille F., « Sûretés personnelles et droit des entreprises en difficulté », Roussel Galle (dir.), *Entreprises en difficulté*, « Droit 360° », LexisNexis, 2012, p. 331 – Salvat O., « La situation des garants », *Rev. proc. coll.* 2006, p. 147 – Vallansan J., « La sûreté réelle conférée par un tiers : entre obstacles et efficacité », Colloque Sûretés réelles et droit des entreprises en difficulté, Nice, 20 mars 2010, *LPA* 11 févr. 2011, nº 30, p. 41.

› *Associé.* Cérati-Gauthier A., « Poursuites d'un associé par un créancier social », *JCP E* 2007. Étude 2157 – Le Corre P.-M., « La poursuite des associés de sociétés sous procédure collective par les créanciers », *JCP E* 2008. Étude 1326 – Lucas F.-X., « Les associés et la procédure collective », Interv. colloque Crajefe, Nice-Sophia-Antipolis, 2001, *LPA* 9 janv. 2002, nº 7, p. 7; « Associés de société civile, l'étau de l'obligation aux dettes sociales se resserre », *Bull. Joly* 2007. 775; « La situation de l'associé en cas de procédure collective », *BJE* Dossier 210, « Entreprises en difficulté : les bonnes pratiques des professionnels », congrès CNAJMJ La Colle/Loup 14-15 juin 2012 – Monsérié-Bon M.-H., « Associés de société civile et procédure collective : une rencontre réussie », *Mél. Tricot*, LexisNexis – Dalloz, 2011, p. 547 – Nurit-Pontier L., « L'obligation aux dettes sociales des associés de société à risque illimité », *Bull. Joly* 2008. 152, § 36 – Pagnucco J.-Ch., « L'obligation à la dette de l'associé indéfiniment responsable », *RTD com.* 2012. 55 – Vincent C., « Associés indéfiniment responsables et droit des entreprises en difficulté », *RJ com.* 2015. 244.

› *Mesures conservatoires.* Le Corre P.-M., « Les mesures conservatoires et les garants du débiteur sous procédure collective », *in Mesures d'exécution et procédures collectives*, « Procédures », Bruylant, 2012, p. 113.

731.04 Questions essentielles.

• Est-il possible de poursuivre le codébiteur malgré le redressement ou la liquidation judiciaire d'un autre codébiteur ?

* V. s^s n° 731.21.

• Le créancier conserve-t-il une action contre codébiteur *in bonis* s'il ne déclare pas sa créance au passif d'un autre codébiteur ?

* V. s^s n°s 731.51 et 731.52.

• Est-il possible d'obtenir qu'un associé en nom collectif contribue au passif de la SNC sans avoir déclaré sa créance dans la procédure de la SNC ?

* V. s^s n° 731.53.

• Le codébiteur profite-t-il des remises de dettes consenties au débiteur dans le cadre du plan de continuation, de redressement ou de sauvegarde ?

* V. s^s n° 731.56.

731.09 Présentation générale du traitement réservé aux codébiteurs et autres garants par la législation du droit des entreprises en difficulté – Notion de codébiteur – Situation de l'EIRL. Le codébiteur est celui qui est tenu à la dette avec autrui. Ce n'est donc pas un débiteur accessoire au contraire d'une caution.

En matière civile, par principe, l'obligation à sujets multiples est conjointe. La pluralité de débiteurs entraîne, en conséquence, division de l'obligation en autant de fractions qu'il y a de débiteurs (C. civ., art. 1309). Par principe, cette division se fait *pro numero virorum* (par parts viriles). Diverses conséquences sont tirées de la nature conjointe de l'obligation[1] : si l'obligation est éteinte à l'égard de l'un des débiteurs, elle subsiste à l'égard des autres, sauf si l'extinction est inhérente à l'obligation et l'anéantit intégralement. La mise en demeure faite à un codébiteur ne s'étend pas aux autres. Les actes interruptifs de prescription dirigés contre un seul débiteur ne sont pas opposables aux autres débiteurs (arg. *a contrario* C. civ., art. 2249).

En matière commerciale, il y a en revanche présomption de solidarité entre les codébiteurs. En outre, en matière civile, la solidarité peut être stipulée (C. civ., art. 1310). La solidarité passive constitue une véritable sûreté, en adjoignant à un premier débiteur un ou plusieurs autres, augmentant ainsi le gage du créancier.

Les effets secondaires de la solidarité sont particulièrement importants[2]. L'article 1312 du code civil prévoit d'abord que l'interruption de la prescription à l'encontre de l'un des codébiteurs solidaires vaut à l'encontre de tous. La prescription interrompue par l'effet de la déclaration de créance au passif d'un des coobligés ne recommencera son cours qu'au jour de la clôture de la procédure[3]. La demande d'intérêts formée contre les uns fait courir les intérêts contre tous (C. civ., art. 1314). La jurisprudence y a ajouté un effet particulièrement important : celui de la représentation mutuelle des coobligés qui, d'une part, permet de tirer de l'autorité de la chose jugée contre l'un des codébiteurs effet contre les autres et, d'autre part, a pour effet d'écarter la qualification de tiers au profit d'un codébiteur resté en dehors de l'instance opposant le créancier à un autre codébiteur, ce dernier étant censé représenter le premier.

Par principe, le codébiteur est intéressé à la dette, tel le concubin empruntant avec sa compagne pour l'acquisition d'un immeuble. On comprend dès lors que l'exception de subrogation de l'article 2037 du code civil (devenu C. civ. art. 2314) ne puisse jouer au profit du codébiteur[4]. Le recours entre codébiteurs, tel qu'il est envisagé par le code civil, prend d'ailleurs en compte cet intéressement à la dette. L'article 1317 alinéa 2 du code civil dispose en effet que « celui qui a payé au-delà de sa part dispose d'un recours contre les autres à proportion de leur propre part ». Tout se passe entre codébiteurs comme dans le cadre d'un recours entre cofidéjusseurs, chacun pouvant être obligé à la dette pour le tout, alors qu'il ne contribue que par parts viriles.

Cependant, il se peut que l'un des codébiteurs ne soit pas intéressé à la dette[5]. Il jouera alors le rôle de garant. En ce cas, l'article 1318 du code civil dispose que « si la dette procède d'une affaire qui ne concerne que l'un des codébiteurs solidaires, celui-ci est seul tenu de la dette à l'égard des autres ». Le codébiteur intéressé qui a payé n'a pas de recours contre les autres. Si un autre paie, il n'a recours que contre le codébiteur intéressé à l'affaire. Cependant, la jurisprudence, d'une manière excessive, continue à refuser au codébiteur non intéressé à la dette le bénéfice de l'article 2314 du code civil[6].

> Appréhension des codébiteurs et autres garants personnes physiques par le droit des entreprises en difficulté. La loi du 26 juillet 2005 a entendu assurer un traitement iden-

1. Terré, Simler et Lequette, *Droit civil : Les obligations*, 11e éd., « Précis », Dalloz, 2013, n° 1243.
2. Terré, Simler et Lequette, préc., n°s 1255, 1256.
3. Com. 5 déc. 2000, n° 98-11.593, NP, *Act. proc. coll.* 2001, n° 21.
4. Paris, 1er mars 1990, *JCP* 1990. II. 21559, note Petit; *RTD civ.* 1990. 677, obs. Remy – *Adde*, Cabrillac M. et S., Mouly, Pétel, *Droit des sûretés*, 9e éd., LexisNexis, 2010, n° 454.
5. POUR UNE APPLICATION de la notion de codébiteur non intéressé à la dette : Civ. 1re, 17 nov. 1999, n° 97-16.335, *Bull. civ.* IV, n° 309; *JCP* 2000. II. 10403, note Picod; *D.* 2000. Jur. 407, note Ancel; *JCP E* 2001. Jur. 179, note Picod.
6. Civ. 3e, 11 déc. 1996, n° 94-20.998, NP – Com. 17 déc. 2003, n° 01-11.198, NP, *D.* 2004. Somm. 2035, obs. Brémond – Versailles, 20 févr. 1991, *JCP* 1992. I. 3583, n° 9, obs. Simler – *Adde*, Simler et Delebecque, *Droit civil : Les sûretés – La publicité foncière*, 6e éd., « Précis », Dalloz, 2012, n° 261.
7. L. n° 2005-845, 26 juill. 2005, *JO* 27 juill., p. 12187.

tique aux personnes physiques coobligées, cautions et garants autonomes, afin d'éviter des stratégies de contournement[1] de la législation protectrice des cautions et d'utiliser le régime des codébiteurs ou celui des garants autonomes infiniment plus souple. En ce sens, elle fait bénéficier les codébiteurs (sur la question de l'application de la notion aux associés indéfiniment et solidairement tenus du passif, v. s[s] n° 731.12) et les garants autonomes de la règle instituée pour les cautions par la loi du 10 juin 1994[2] : la suspension des poursuites pendant la période d'observation. Elle permet aux codébiteurs et aux garants autonomes, comme aux cautions, de bénéficier de la règle de l'arrêt du cours des intérêts dans la procédure de sauvegarde Elle donne aux codébiteurs et aux garants autonomes les mêmes droits que ceux reconnus aux cautions en cas d'arrêté d'un plan de sauvegarde : les trois types de garants bénéficieront des dispositions du plan de sauvegarde.

L'ordonnance du 18 décembre 2008[3] poursuit la voie tracée par la loi du 26 juillet 2005 en étendant le domaine des bénéfices institués au profit des codébiteurs et des garants autonomes à toutes les personnes physiques ayant consenti une sûreté personnelle. Cette notion de « sûreté personnelle » pourrait être définie, comme l'avait fait la Commission Grimaldi, comme « l'engagement pris envers le créancier par un tiers non tenu à la dette »[4]. La notion ne sera plus simplement académique, compte tenu de la nouveauté de son impact pratique. Elle permet d'englober les cautions, les garants autonomes, mais a également vocation à concerner les personnes ayant signé une promesse de porte-fort sûreté[5]. Elle pourra s'appliquer aussi à la délégation imparfaite de créance[6], qui s'analyse aussi en un mécanisme de sûreté personnel par l'effet d'adjonction de débiteur auquel elle aboutit.

L'ordonnance du 18 décembre 2008 vise encore les personnes physiques ayant affecté un bien en garantie[7]. Il s'est agi, avec le visa des personnes ayant affecté un bien en garantie, d'atteindre l'objectif poursuivi précédemment par la loi du 26 juillet 2005, de faire bénéficier les cautions réelles de la règle de la suspension des poursuites individuelles, de l'arrêt du cours des intérêts et des dispositions du plan de sauvegarde. La chambre mixte devait en décider autrement en supprimant le concept de caution réelle[8] (v. s[s] n° 721.23). Le législateur du droit des entreprises en difficulté devait à nouveau intervenir pour permettre aux personnes physiques, qui affectent un ou plusieurs biens à la garantie de la dette d'une autre, de bénéficier des règles instituées pour les cautions. C'est l'objet de la notion de « personnes ayant affecté un bien en garantie » utilisée à plusieurs reprises par l'ordonnance du 18 décembre 2008. Ces personnes, qui ne sont pas des cautions, ne bénéficient ni du bénéfice de division ni du bénéfice de discussion[9].

Cette même ordonnance se préoccupe enfin des constituants de fiducie-sûreté, qui ne seraient pas les débiteurs, en leur assurant un traitement identique à celui réservé aux cautions par le droit des entreprises en difficulté. C'est l'objet de la notion de « personnes ayant cédé un bien en garantie ».

> Situation particulière de la garantie donnée à l'entreprise à patrimoine affecté par l'EIRL. Une difficulté particulière se présente, qui tient à la possibilité, que semble bien réserver l'ordonnance du 9 décembre 2010[10], adaptant le droit des entreprises en difficulté à l'entrepreneur individuel à responsabilité (EIRL) de conclure un contrat avec soi-même. Cette figure juridique est bien connue du droit fiscal, qui connaît déjà, par exemple, le bail fiscal, c'est-à-dire la possibilité pour un exploitant individuel de se louer à lui-même des locaux, les loyers devenant des charges de son exploitation. Cette possibilité du contrat avec soi-même s'évince de trois dispositions du code de commerce. La première est le nouvel article L. 624-19 du code de commerce, qui oblige l'entrepreneur, qui a mis à disposition des biens de son patrimoine non affecté au service de l'EIRL, sans les affecter, à exercer une action en reprise de ce bien, dans les conditions d'une action en revendication et, *a priori*, sous la même sanction : l'impossibilité d'opposer son droit de propriété à la procédure collective. La question ne peut se poser que parce qu'un lien contractuel unit le patrimoine non affecté au patrimoine affecté. Il y a une convention de mise à disposition, qui peut être un commodat ou une location. La deuxième est l'article L. 651-2, alinéa 4. Selon ce texte, en cas de condamnation à l'insuffisance d'actif, l'EIRL ne peut pas participer aux répartitions à concurrence des sommes au versement desquelles il a été condamné. La troisième, qui est sans doute la plus incontestable, est l'article L. 627-2 du code de commerce, résultant de la rédaction que lui donne l'ordonnance du 9 décembre 2010. Le législateur veut éviter la tentation de poursuivre des contrats inutiles, lorsque le cocontractant n'est autre que lui-même, au titre d'un autre de ses patrimoines. C'est pourquoi, en ce cas, l'option sur la continuation du contrat, prévoit le texte, appartient exclusivement au mandataire judiciaire.

Ce texte présuppose que l'intéressé soit créancier de l'EIRL. Il y a donc une créance détenue par le patrimoine non affecté sur le patrimoine affecté.

La possibilité d'être créancier d'un patrimoine, au titre d'un autre patrimoine, en présence d'une entreprise individuelle à responsabilité limitée, créée par la loi du 15 juin

1. PÉTEL, 8e éd., n° 188 – COQUELET, 5e éd, n° 277.
2. L. n° 94-475, 10 juin 1994, *JO* 11 juin, p. 8440.
3. Ord. n° 2008-1345, 18 déc. 2008, *JO* 19 déc., p. 19462.
4. Macorig-Vénier, « La modernisation du droit des sûretés, les propositions de la Commission Grimaldi », Jazottes (dir.), *La modernisation du droit des affaires*, Litec, 2007, p. 45 s., sp. p. 56.
5. PLUS NUANCÉ : Lienhard, « Réforme du droit des entreprises en difficulté : présentation de l'ordonnance du 18 décembre 2008 », *D.* 2009. Chron. 110 s., sp. 111.
6. Rohart-Messager, « L'amélioration de la prévention », *Gaz. proc. coll.* n° sp., 6-7 mars 2009, p. 5 s., sp. p. 9.
7. *SUR LA QUESTION : Vallansan, « La sûreté* réelle conférée par *un tiers : entre obstacles et efficacité* », Colloque Sûretés réelles et droit des entreprises en difficulté, Nice, 20 mars 2010, *LPA* 11 févr. 2011, n° 30, p. 41.
8. Cass., ch. mixte, 2 déc. 2005, n° 03-18.210, *Bull. ch. mixte*, n° 7 ; *D.* 2006. 729, avis. Sainte-Rose, note L. Aynès ; *JCP* 2005. II. 10183, note Simler ; LPA 2006, n° 16, p. 7, note Houtcieff.
9. Civ. 1re, 25 nov. 2015, n° 14-21.332, *Bull. civ.* I [à paraître] ; *Gaz. Pal.* 16 févr. 2016, n° 7, p. 29, note Albiges.
10. Ord. n° 2010-1512, 9 déc. 2010, *JO* 10 déc., p. 21617.

2010[1], ne semble pas faire difficulté, alors qu'il nous semble, au contraire, difficile d'admettre le cautionnement de soi-même, « l'auto-cautionnement »[2], même si la question est discutée[3]. Dans ces conditions, une formule juridique ne manquera pas de se développer, condition *sine qua non* du crédit que le monde bancaire voudra bien accorder à l'EIRL : celle qui consistera pour l'intéressé à affecter un bien de son patrimoine non affecté à la garantie d'une dette de son patrimoine affecté[4].

En ce cas, il n'y aura pas, à notre sens, de difficulté pour que l'intéressé puisse bénéficier des dispositions protectrices des garants, personnes physiques, en cas de procédure collective atteignant le débiteur[5]. Faute de restriction des textes visant la personne physique ayant affecté un bien en garantie, la règle *Ubi lex*...commande la solution. La *ratio legis* de certaines dispositions protectrices du garant personne physique est également en ce sens. On pense spécialement ici à la règle de l'interdiction des poursuites du garant personne physique pendant la période d'observation de la procédure de sauvegarde ou de redressement judiciaire du débiteur (v. s[s] n° 731.22), que l'on n'osera pas toutefois ici appeler le débiteur principal. La solution ne sera pas différente, et le garant, qui n'est autre que l'entrepreneur individuel à responsabilité limitée, au titre d'un autre de ses patrimoines, pourra, en conséquence, bénéficier de l'arrêt du cours des intérêts, dont bénéficie le débiteur placé sous sauvegarde (v. s[s] n° 731.58), des dispositions du plan de sauvegarde, c'est-à-dire, pour l'essentiel des délais (v. s[s] n° 731.25) et remises de ce plan (v. s[s] n° 731.56). Il bénéficiera aussi de l'inopposabilité de la créance non déclarée pendant l'exécution du plan de sauvegarde (v. s[s] n° 731.52).

Précisons toutefois qu'une charte pour l'accès au crédit des EIRL[6] interdit aux établissements bancaires, à qui sont présentés des demandes de financement, et qui bénéficieraient d'un cautionnement émanant d'une société de caution mutuelle, de demander à l'entrepreneur individuel des garanties réelles sur le patrimoine non affecté.

SECTION 731.10

DIVERSITÉ DES CODÉBITEURS – SITUATION VOISINE DES GARANTS SUBSIDIAIRES

731.11 Diversité des codébiteurs – cession de dette. La coobligation à la dette peut d'abord être d'origine volontaire. Plusieurs personnes décident de contracter ensemble une obligation.

Mais, dans nombre de situations, la coobligation à la dette est involontaire.

Elle peut être d'origine judiciaire. Il en est ainsi des coresponsables d'un dommage.

Le lien de coobligation peut aussi être d'origine légale. Diverses illustrations peuvent en être données.

C'est d'abord la situation des divers signataires d'un effet de commerce, qui sont coobligés solidaires à la dette. L'article L. 511-38, I, 2°, b du code de commerce (anc[t] art. 147, 2°) prévoit, à cet égard, que le porteur de l'effet peut exercer ses recours contre les endosseurs, le tireur et les autres obligés, en cas de faillite du tiré accepteur ou non[7]. L'article L. 511-38, I, 2°, c du code (anc[t] art. 147, 3°) prévoit que le recours peut être exercé contre l'endosseur, et les autres obligés en cas de faillite du tireur d'une lettre non acceptable.

C'est encore la situation du locataire-gérant et du bailleur du fonds de commerce, pour les dettes nées pendant les six mois qui suivent la conclusion du contrat de location-gérance. Après avoir jugé que le liquidateur pouvait mettre en œuvre la responsabilité solidaire de ce codébiteur solidaire adjoint qu'est le loueur du fonds de commerce pour les dettes contractées par le locataire-gérant[8], la Cour de cassation juge désormais que le mandataire de justice ayant en charge la défense de l'intérêt collectif des créanciers ne peut agir pour assurer la défense d'un groupe de créanciers. C'est pourquoi il ne peut agir en paiement contre le loueur d'un fonds de commerce donné en location-gérance, sur le fondement de l'article L. 144-7 du code de commerce instituant une solidarité du loueur du fonds avec le locataire-gérant, car cette solidarité n'a été instituée que dans le seul intérêt des créanciers disposant d'une créance nécessaire à l'exploitation du fonds[9].

La solidarité est présumée en matière commerciale, ce qui permet au prêteur ayant accordé un prêt sans stipuler la solidarité de considérer les emprunteurs comme solidairement tenus si l'objet du prêt est commercial. Tel n'est pas le cas du prêt consenti

1. L. n° 2010-658, 15 juin 2010, *JO* 16 juin, p. 10984.
2. Pérochon, « EIRL : un patrimoine peut en garantir un autre », *Rev. proc. coll.* 2011. Dossier 25, n° 7.
3. *DANS LE SENS indiqué au texte : Simler, obs. JCP E* 2011. Chron. 1251, n° 1 – *CONTRA :* Borga, *BJE* 2011. 77, étude 7, p. 76 s., sp. p. 77 – Pérochon, dossier préc., n° 7.
4. Cabrillac, « L'EIRL : illusions garanties », *BJE* 2011. 79 – Pérochon, « EIRL : un patrimoine peut en garantir un autre », *Rev. proc. coll.* 2011. Dossier 25.
5. EN CE SENS AUSSI : Borga, « L'EIRL et la constitution de sûretés personnelles », *BJE* 2011. 76 s., sp. 78.
6. Minefe, communiqué Minefe 31 mai 2011, « Charte pour l'accès au crédit des EIRL », *RDBF* juill.-août 2011, n° 137, 39.
7. SOUS L'EMPIRE des législations antérieures : Com. 9 nov. 1970, n° 68-11.866, *Bull. civ.* IV, n° 296.
8. Com. 8 juill. 2003, n° 01-15.532, NP, *LPA* 18 févr. 2004, n° 35, p. 9, note crit. Lucas.
9. Com. 9 nov. 2004, n° 02-13.685, *Bull. civ.* IV, n° 193; *RTD civ.* 2005. 183, obs. Perrot; *D.* 2004. AJ 3069, obs. Lienhard; *D.* 2005. Pan. 296, obs. Le Corre; *RTD com.* 2005. 247, obs. Saintourens; *Act. proc. coll.* 2004, n° 245, note Régnaut-Moutier; *LPA* 13 avr. 2005, p. 4, obs. Lucas; *Dr. et patr.* 2005, n° 3677, p. 15, obs. Monsérié-Bon; *Defrénois* 2005. 993, Chron. 38177, n° 4, note Gibirila – Com. 13 déc. 2005, n° 04-18.507, NP; n° 1617 F-D; *Gaz. proc. coll.* 2006/2, p. 40, obs. Russel Galle

à deux époux pour l'acquisition d'un fonds de commerce, faute de démontrer que les deux époux avaient l'intention d'exploiter tous deux le fonds de commerce[1].

Le lien de coobligation à la dette peut aussi tenir à la qualité d'époux. La question sera traitée séparément (v. s[s] n°s 741.11 s.). De la situation de l'époux, peut être rapprochée celle du partenaire d'un pacte de solidarité civile, qui est également un codébiteur solidaire, pour les dettes contractées pour les besoins de la vie courante, sauf pour les dépenses manifestement excessives. La solution résulte de l'article 515-4, alinéa 2 nouveau du code civil[2].

La réforme du droit des obligations, issue de l'ordonnance du 10 février 2016[3], a fait entrer dans le code civil la cession de dette. L'article 1327 prévoit que, avec l'accord du créancier, le débiteur peut céder sa dette. L'article 1327-2 du même code prévoit que la cession de dette peut entraîner décharge du débiteur d'origine, si le créancier y consent expressément. Dans le cas contraire, le débiteur d'origine reste tenu solidairement. Il est alors codébiteur solidaire.

731.12 Garants solidaires ou non – Associés indéfiniment et/ou solidairement responsables du passif. Une situation voisine de la coobligation à la dette peut aussi tenir à la qualité d'associés indéfiniment responsables du passif, soit d'une société, soit d'un groupement d'intérêt économique ou encore d'un groupement agricole d'exploitation en commun (Gaec). Cette obligation se décline en obligation indéfinie et solidaire à la dette, pour les associés en nom, tels l'associé d'une société en nom collectif ou les commandités de société en commandite simple ou par actions. L'obligation à la dette sera indéfinie, mais sans solidarité, dans les sociétés civiles, telles les sociétés civiles immobilières (SCI).

Ces diverses catégories d'associés sont des garants subsidiaires[4], la qualification de garants ayant toutefois été discutée[5]. Ils ne sont ni des cautions, ni des coobligés à la dette, l'affirmation ayant d'abord été posée pour les associés en nom[6], puis pour les associés de sociétés civiles[7]. Il s'agit plus exactement de débiteur subsidiaire adjoint[8].

Cette notion de débiteur subsidiaire adjoint, appliquée aux associés indéfiniment et solidairement tenus du passif social, est exclusive de celle de codébiteur. Même si l'associé en nom doit la même somme que la société, il n'est pas au même rang, puisqu'il ne peut être poursuivi qu'après une mise en demeure de la société demeurée infructueuse. L'observation est d'ailleurs intéressante en cas de procédure collective, puisque la poursuite de la société est impossible. Elle est remplacée par une déclaration de créance au passif. Sans cette dernière, l'associé de la société sous procédure collective ne peut être poursuivi. Cette formalité de substitution à la poursuite de la société est donc plus importante qu'il n'y paraît et suffit, à notre sens, à l'affirmation de l'absence d'identité de rang de la société, débitrice principale, et de l'associé, tenu du passif social. Or, outre le fait que les codébiteurs doivent supporter la même dette, il faut, pour qu'ils reçoivent cette qualification, qu'ils soient tenus au même rang.

L'analyse est importante, puisqu'elle conditionne, au profit des associés indéfiniment et solidairement tenus du passif social, l'application de la protection accordée par le livre VI du code de commerce aux garants personnes physiques : interdiction des poursuites pendant la période d'observation, inopposabilité de la créance non déclarée pendant l'exécution du plan de sauvegarde, bénéfice de l'arrêt du cours des intérêts dans la procédure de sauvegarde, bénéfice des dispositions du plan de sauvegarde.

L'associé de société civile *solvens*, qui s'acquitte seul de l'intégralité de la dette sociale, alors qu'il n'est pas tenu de l'intégralité de la dette, ne bénéficie pas de la subrogation légale dans les droits du créancier désintéressé[9]. Il lui appartenait de ne régler que sa part. La solution est différente pour l'associé indéfiniment et solidairement responsable du passif qui doit payer, avec d'autres, toute la dette sociale, ce qui justifie son recours contre la société, mais aussi contre ses coassociés pour ce qui excède sa part contributive.

La qualité d'associé de société civile immobilière se double souvent de celle de caution. En ce cas, en cas de pluralité de cautions, l'associé prendra garde à la qualité qu'il utilisera pour se retourner contre les autres garants. En qualité de cofidéjusseurs, il ne sera pas soumis à la prescription quinquennale de l'article 1859 du code civil, qui, en revanche, s'appli-

1. Com. 15 nov. 2005, n° 97-20.832, *Bull. civ.* IV, n° 224.
2. Alleaume, « Pacte civil de solidarité, "solidarité contre solidarité", étude comparative des avantages respectifs du mariage et du PACS au regard du droit du crédit », *D.* 2000. Chron. 450.
3. Ord. n° 2016-131, 10 févr. 2016, *JO* 11 févr.
4. Paris, 3e ch. A, 9 sept. 2003, RG n° 02/17738.
5. Lebel, « l'obligation aux dettes sociales des associés en cas de défaillance de la société débitrice », *Mél. Tricot*, LexisNexis – Dalloz, 2011, p. 487, sp. p. 497, n° 18.
6. *Com. 20 mars 2012, n° 10-27.340, Bull. civ.* IV, n° 61; *Bull. Joly* mai 2012, n° 223, note Barbièri; *Dr. sociétés* 2012, n° 102, note Roussile; *Rev. sociétés* 2012. 577, note Dexant de Bailliencourt.
7. Civ. 1re, 18 févr. 2015, n° 13-25.536, NP, *Bull. Joly sociétés* 2015, 232, note Lucas.
8. Briand, « Retour sur la notion de coobligé », *Bull. Joly* sept. 2012, n° 351.
9. Civ. 1re, 18 févr. 2015, n° 13-25.536, préc.

quera à lui en qualité d'associé recourant contre un autre associé[1].

En revanche, faute de texte en ce sens, les membres d'une association ne sont pas tenus aux dettes de celle-ci[2], l'écran que constitue la personnalité morale étant alors efficace.

Lorsque le concessionnaire d'un service public engage sa responsabilité contractuelle envers un usager, l'administration concédante est un garant subsidiaire, si le concessionnaire est insolvable[3].

731.13 Situation du dirigeant social à l'égard de l'administration fiscale – solidarité fiscale. Les solutions ci-dessus dégagées s'appliquent au dirigeant social qui est garant, à l'égard de l'administration fiscale, des dettes contractées par la société, lorsque le dirigeant est responsable de l'inobservation grave et répétée des obligations fiscales ayant rendu impossible le recouvrement des impôts et des pénalités dus par la société débitrice. Des agissements intentionnels ou de mauvaise foi ne sont toutefois pas exigés[4], mais sont en revanche suffisants à défaut d'inobservation répétée des obligations fiscales. En effet, comme cela a été relevé, il faut établir soit des manœuvres frauduleuses, soit des inobservations graves et répétées[5].

L'importance de la TVA non reversée par rapport à celle qui l'a été n'est pas un élément d'appréciation de la gravité de l'inobservation des obligations envers l'administration fiscale[6]. En revanche, le dépôt de nombreuses déclarations mensuelles de TVA sans reversement concomitant de cette TVA constitue une inobservation grave et répétée des obligations fiscales rendant impossible le recouvrement des impositions et justifiant l'application de l'article 267 du Livre des procédures fiscales[7]. Il en est de même de la pratique habituelle de minoration du chiffre d'affaires, de retards dans les déclarations de TVA et de défauts de reversement de la taxe facturée et comptabilisée[8].

Cette disposition a fait l'objet d'une question prioritaire de constitutionnalité qui n'a pas été considérée comme sérieuse au motif qu'elle répond à l'objectif de valeur constitutionnelle de lutte contre la fraude fiscale[9].

L'administration fiscale devra établir le lien de causalité entre les manquements reprochés au dirigeant social et l'impossibilité du recouvrement des sommes dues par la société[10]. Le dirigeant ne pourra toutefois s'exonérer en invoquant les détournements commis par le comptable[11]. Le seul fait de l'ouverture de la procédure collective ne permet pas d'exonérer le dirigeant. Les juges doivent donc rechercher si le dirigeant n'a pas été par son comportement, à l'origine de l'impossibilité de recouvrement de l'impôt[12].

L'instruction n° 12-C-20-88 du 6 septembre 1988 invite l'administration à engager l'action prévue à l'article 267 du Livre des procédures fiscales dans des délais satisfaisants. Une réponse ministérielle rappelle la consigne[13]. Le moyen tiré de cette instruction peut être soulevé d'office, en invitant cependant les parties à présenter leurs observations[14].

Toutefois, la déclaration de la créance fiscale au passif a un effet interruptif de la prescription qui dure le temps de la procédure collective, même si le conjoint est séparé de biens. Cette règle ne contrarie pas les principes d'égalité et de sécurité juridique protégés par le droit de l'union européenne[15].

Si le comptable public qui accorde un plan de règlement de la dette à une société ne peut poursuivre son dirigeant en paiement solidaire, à défaut de respect du plan que s'il l'a préalablement informé que dans une telle hypothèse il serait amené à engager sa responsabilité, cette obligation n'existe pas en présence de l'acceptation de propositions de délais dans le cadre de l'élaboration du plan de continuation. En effet, en ce cas, le comptable public n'accorde pas un plan de règlement à la société débitrice au sens de l'instruction n° 12-C-20-88 du 6 septembre 1988[16].

1. Com. 16 juin 2004, n° 01-14.886, NP.
2. Civ. 3e, 12 juin 2002, n° 00-19.207, *Bull. civ.* III, n° 134; *Act. proc. coll.* 2002, n° 169, obs. Vallansan.
3. CE 11 déc. 2000, req. n° 202971, *Lebon*; *RJDA* 2001/10, n° 996.
4. Com. 31 oct. 2006, n° 05-15.302, NP, *JCP E* 2007, n° 2220, note D.F.
5. Paris, 1re ch. B, 21 sept. 2007, RG n° 05/07637, *Bull. Joly* 2008. 60, § 17, note Serlooten.
6. Com. 28 sept. 2004, nos 02-18.394, 02-18.573, NP.
7. Com. 29 sept. 2009, n° 08-19.504, NP, *Act. proc. coll.* 2009, n° 270; *Dr. sociétés* 2010, n° 19, note Pierre – Com. 4 mai 2010, n° 09-14.054, NP – Com. 19 janv. 2016, n° 14-21.432, NP – Paris, 1re ch. B, 21 sept. 2007, RG n° 05/07637, *Bull. Joly* 2008. 60, § 17, note Serlooten.
8. Com. 12 mai 2015, n° 13-27.507, *Bull. civ.* IV [à paraître]; *BJE* 2015, 381, note Dedeurwaerder – Com. 19 janv. 2016, n° 14-21.432, NP.
9. Com. 16 avr. 2015, n° 15-40.001 QPC, NP; n° 485 D.
10. Com. 28 sept. 2004, nos 02-18.394, 02-18.573, NP, *Rev. sociétés* 2005. 661, note Priol – Com. 11 janv. 2005, n° 02-16.597, *Bull. civ.* IV, n° 7; *Rev. sociétés* 2005. 663, note Priol.
11. Com. 25 avr. 2006, n° 03-20.709, NP; n° 504 F-D; *Bull. Joly* 2006. 1050.
12. Com. 31 oct. 2006, n° 05-15.302, NP, JCP E 2007, n° 2220, note D.F.
13. Rép. min. n° 76134, *JOAN Q* 20 juill. 2010, p. 8098; *Rev. proc. coll.* 2011, n° 97, note Neau-Leduc et Hubert.
14. Com. 22 mars 2005, n° 03-16.537, NP.
15. CE 27 févr. 2013, req. n° 354004, *Lebon* T; *Rev. proc. coll.* 2013, comm. 76, note Vabres.
16. Com. 6 déc. 2005, n° 03-17.218, *Bull. civ.* IV, n° 243; *Rev. proc. coll.* 2006/4, p. 355, n° 1, obs. Lebel.

L'article 267 du Livre des procédures fiscales a été ainsi appliqué pour obtenir condamnation du dirigeant, nonobstant la clôture de la procédure pour insuffisance d'actif de la société débitrice[1].

Il faut noter que la solidarité peut être prononcée par le juge répressif en cas de délit de fraude fiscale, en application de l'article 1745 du code général des impôts[2]. Cette disposition ne méconnaît aucun des principes et droits garantis par la Constitution[3]. Il est indifférent, pour le jeu de cette disposition, que l'administration ait déclaré sa créance au passif du redevable de l'impôt[4]. La même solution vaut d'ailleurs pour le jeu de l'article 267 du Livre des procédures fiscales.

Notons que l'action formée sur le fondement de l'article L. 267 du Livre des procédures fiscales n'a ni la même cause, ni le même objet, ni le même demandeur, que celle mise en œuvre sur le fondement de l'article 1745 du code général des impôts. L'autorité de chose jugée ne peut donc exister entre les deux actions[5].

En revanche, le recouvrement de la créance fiscale devra être impossible sur la société[6], cette impossibilité devant être, précise la jurisprudence, définitive[7]. Dès lors que les procédures engagées par le liquidateur de la société débitrice sont susceptibles d'influer sur la possibilité de recouvrement sur la société, le dirigeant ne peut être déclaré solidairement responsable du paiement de la dette fiscale[8]. Il en est de même si l'administration fiscale peut espérer des répartitions dans le cadre de la liquidation judiciaire de la société[9].

La décision de justice prononçant la solidarité du dirigeant avec la société débitrice pour le paiement des impôts constitue le titre exécutoire suffisant à l'engagement des poursuites contre le dirigeant par l'administration fiscale[10]. La poursuite du dirigeant est indépendante de la possibilité de reprise des poursuites, après clôture pour insuffisance d'actif de la liquidation judiciaire de la société débitrice. Les modalités procédurales de cette reprise n'ont donc pas à être respectées pour pouvoir exercer les poursuites contre le dirigeant[11].

Si les conditions d'application de l'article L. 267 du Livre des procédures fiscales sont réunies, le tribunal ne dispose pas d'un pouvoir d'appréciation pour limiter la condamnation à une fraction seulement de la dette fiscale[12].

Dès lors que le dirigeant est condamné au titre de la solidarité fiscale, il devient codébiteur solidaire. Sous l'empire de la législation antérieure à la loi de sauvegarde des entreprises, il ne peut se prévaloir de l'extinction de la créance non déclarée par l'administration fiscale au passif de la société. La solution est au demeurant la même pour le conjoint de l'associé commandité d'une société sous procédure collective[13].

Les règles relatives à la représentation mutuelle des coobligés s'appliquent au dirigeant codébiteur Il ne peut en conséquence, faute d'être un tiers, exercer une tierce opposition à l'encontre d'une décision rejetant la demande de la société à obtenir la décharge de pénalités fiscales. Le fait que la société ait été placée en liquidation judiciaire et que, malgré son dessaisissement, elle n'ait pas été représentée à l'instance par le liquidateur, n'a pas pour effet de changer la solution, dès lors que le dirigeant de la société débitrice ne peut se prévaloir de la violation des règles du dessaisissement, cette dernière ne pouvant être invoquée que par le liquidateur[14].

Une solidarité fiscale comparable à celle instituée par l'article 267 du livre des procédures fiscales est posée entre la société et le dirigeant social par l'article L. 6362-7 du code du travail. Le dirigeant social d'une société accomplissant des actions de formation professionnel doit rembourser à l'administration fiscale les sommes correspondant aux actions de formation facturées et non dispensées ainsi que les dépenses rejetées comme ne se rattachant pas à l'activité professionnelle de l'intéressé. Le recouvrement de ces sommes est effectué dans les mêmes

1. Com. 30 mai 2000, n° 98-10.926, *Bull. civ.* IV, n° 115; *Act. proc. coll.* 2000, n° 140; *D.* 2000. AJ 302, obs. Lienhard – Com. 28 nov. 2000, n° 98-10.927, *Bull. civ.* IV, n° 184; *Cah. dr. aff.* n° 2, p. 235, note Lienhard; *RJDA* 2001/2, n° 204; *Rev. proc. coll.* 2002, p. 211, n° 12, obs. Neau-Leduc – Com. 19 déc. 2000, n° 98-11.969, NP, *Bull. Joly* 2001. 359, n° 90, note Serlooten – *Adde*, Liénard, «La responsabilité fiscale des dirigeants de sociétés en droit français », *Rev. proc. coll.* 2002, p. 10 – Le Corre, « Engagement de l'action sur le fondement de l'article 267 du Livre des procédures fiscales et procédures collectives », LAMY DR. COM. *Bull.* n° 163, févr. 2004, p. 1.
2. ILLUSTR. : Crim. 22 mars 2006, n° 05-82.783, NP, *Gaz. proc. coll.* 2006/4, p. 42, n° 1, obs. Robaczewski.
3. Crim. 25 févr. 2015, n° 14-85.300, NP, *JCP E* chron. 1369, n° 20, note Salomon.
4. Crim. 3 juin 2004, n° 04-82.036, *Bull. civ.* IV, n° 150; *D.* 2004. AJ 2154.
5. Com. 13 janv. 2009, n° 07-21.680, NP, *Act. proc. coll.* 2009, n° 54.
6. Com. 16 nov. 2004, n° 02-15.162, NP.
7. *Com. 13 janv. 2009, n° 07-21.680, NP, Act. proc. coll. 2009, n° 54.*
8. Com. 3 nov. 2004, n° 02-18.862, NP.
9. Com. 16 nov. 2004, n° 01-10.661, NP.
10. Com. 20 nov. 2001, n° 98-22.648, *Bull. civ.* IV, n° 183; *Rev. proc. coll.* 2002, p. 211, n° 11, obs. Neau-Leduc.
11. Com. 4 mai 2010, n° 09-14.054, NP, *Rev. proc. coll.* 2011, n° 97, note Neau-Leduc et Hubert.
12. Com. 11 janv. 2005, n° 02-16.597, *Bull. civ.* IV, n° 7; *Rev. proc. coll.* 2006, n° 4, obs. Lebel; Rev. sociétés 2005. 663, note Priol.
13. CE 27 mars 2009, req. n° 293871, *Lebon T.*; *Act. proc coll.* 2009, n° 177.
14. CE 6 août 2008, req. n° 295906, NP.

conditions que le recouvrement de la TVA., en application de l'article L 6362-12 du code du travail. Le recours tendant à la décharge de cette obligation de payer ces sommes doit être porté devant la juridiction administrative, seule compétente[1].

SECTION 731.20 MOMENT DE LA POURSUITE DU CODÉBITEUR ET DES GARANTS

731.21 Absence d'application au codébiteur et aux autres garants de la règle de l'arrêt des poursuites individuelles. En droit commun, le principe de liberté des poursuites permet aux créanciers de choisir le coobligé solidaire qu'il veut, sans que ce choix puisse être dicté par l'influence de la personnalité de l'un des codébiteurs dans la création de la dette. Pour sa part, la règle de l'arrêt des poursuites individuelles arrête les actions en justice de la part d'un créancier antérieur, à l'encontre du débiteur, pour obtenir paiement d'une somme d'argent.

La règle de l'arrêt des poursuites individuelles, on l'a vu, ne concerne pas les rapports du créancier avec la caution (v. s[s] n° 721.11). Identiquement, le créancier pourra poursuivre un codébiteur resté *in bonis*[2], sans qu'il y ait à distinguer selon que le codébiteur est ou non solidaire. La solution a été posée dans la situation voisine de l'obligé subsidiaire à la dette qu'est l'associé de Gaec[3]. Il faut cependant réserver l'hypothèse du codébiteur conjoint commun en biens (v. s[s] n° 741.42).

Il résulte de la possibilité de poursuivre un codébiteur *in bonis* que si un commandement aux fins de saisie est annulé pour violation de la règle de l'arrêt des poursuites individuelles à l'égard du débiteur sous procédure collective, le commandement reste efficace à l'égard du codébiteur resté maître de ses droits auquel il a également été délivré[4].

Peu importe que l'action soit arrêtée contre le codébiteur en sauvegarde, en redressement ou en liquidation judiciaire, à l'encontre duquel elle était également introduite[5]. Il y a là une exception purement personnelle au codébiteur en sauvegarde, en redressement ou en liquidation judiciaire (v. s[s] n° 731.62).

Il ne sera pas exigé du créancier qu'il ait procédé à la déclaration de sa créance au passif du codébiteur, avant de poursuivre le codébiteur *in bonis*. La solution est *a fortiori* reconductible sous l'empire de la loi de sauvegarde des entreprises, du fait de la suppression de l'extinction des créances non déclarées.

La règle de l'arrêt des poursuites individuelles, qui est sans application à l'égard d'un codébiteur, est également inapplicable aux autres garants, qu'il s'agisse des garants autonomes ou de toute autre personne ayant consenti une sûreté personnelle, ayant affecté ou cédé un bien en garantie.

731.22 Impossibilité de poursuivre le codébiteur et le garant autonome personne physique pendant la période d'observation dans la législation du 26 juillet 2005. Alors que la législation du 10 juin 1994[6] n'avait fait bénéficier de l'interdiction des poursuites pendant la période d'observation que les seules cautions personnelles, personnes physiques, et que cette solution n'était en conséquence pas applicable aux codébiteurs[7], la réforme du 26 juillet 2005[8] étend la règle au codébiteur et au garant autonome.

Seules les personnes physiques qui ont constitué cette garantie bénéficieront de la règle, non les personnes morales.

La solution, applicable pendant la période d'observation du plan de sauvegarde, l'est également pendant la période d'observation du redressement judiciaire.

Le projet de loi, dans sa version initiale, n'avait étendu cette suspension qu'aux coobligés. Le projet de loi, issu du texte après passage en Conseil d'État, est allé plus loin en prévoyant d'arrêter également les poursuites contre les personnes physiques ayant constitué une garantie autonome. C'est ce dernier texte qui a été adopté (C. com., art. L. 622-28, al. 2). Cette solution peut se comprendre en opportunité. Il s'agit de prévenir l'utilisation de garanties plus dures que le cautionnement, pour tourner une règle ne profitant qu'aux cautions[9]. Il n'en demeure pas moins qu'elle apparaît curieuse, sur le plan juridique. En effet, la solution qui consiste à interdire les poursuites contre les cautions pendant la période d'observation peut juridiquement se recommander de la règle de l'accessoire, qui interdit de traiter plus durement les cautions que le débiteur principal. Pareille justification ne peut évidemment être avancée, en ce qui concerne les codébiteurs, débiteurs principaux de rang identique, et *a fortiori* pour des garanties qualifiées d'« autonomes ». La règle de l'accessoire est, par nature, ici écartée. En procédant

1. T. confl. 13 avr. 2015, n° 15-03.998, *Bull. T. confl.* [à paraître]; *BJE* sept. 2015, 311, note Dedeurwaerder.
2. Paris, 5e ch. A, 5 oct. 2005, RG n° 04/00019.
3. Com. 9 nov. 1993, n° 91-17.279, NP, *Rev. huissiers* 1993. 1442.
4. Com. 4 avr. 2006, n° 04-15.833, NP.
5. Toulouse, 2e ch. 1re sect., 25 janv. 1999, *Rev. proc. coll.* 2001, p. 251, n° 1, obs. Staes.
6. L. n° 94-475, 10 juin 1994, préc.
7. Com. 19 oct. 1999, *Act. proc. coll.* 2000, 19.
8. L. n° 2005-845, 26 juill. 2005, préc.
9. *Rapp. Xavier de Roux*, n° 2095, p. 240.

de la sorte, le législateur introduit de l'accessoire dans de l'autonome...

En visant les cautions, les codébiteurs et les garants autonomes, le législateur ne semble pas avoir étendu la règle aux garants subsidiaires[1]. Certains auteurs introduisent toutefois une distinction entre les associés de sociétés civiles et les associés de sociétés de personnes. Seuls les premiers seraient des débiteurs subsidiaires. Quant aux seconds, qui ne disposent pas d'un bénéfice de discussion dans la mesure où une vaine poursuite ne conditionne pas leurs poursuites par le créancier social, ils seraient de véritables coobligés pouvant bénéficier des règles intéressant les codébiteurs[2]. Il nous semble pourtant que la mise en demeure préalable à la société de personnes doit conduire à maintenir, pour ses associés indéfiniment et solidairement tenus du passif social, la qualification de garants subsidiaires ou, à tout le moins d'obligés légaux subsidiaires[3]. Plus récemment, on a invoqué le concept de débiteur subsidiaire adjoint, pour distinguer l'associé en nom du codébiteur (v. ss nº 731.12).

Les effets de l'interdiction des poursuites à l'encontre des coobligés et des garants autonomes sont les mêmes que pour les cautions (v. ss nos 721.24 s.).

La possibilité de pratiquer des mesures conservatoires sur les cautions, en dépit de la règle de l'interdiction des poursuites est étendue aux coobligés et aux garants autonomes (C. com., art. L. 622-28, al. 3), le texte issu de la réforme ayant substitué au mot « cautionnements », le terme de « garanties ». Cette possibilité de pratiquer des mesures conservatoires doit être interprétée de la même façon que pour les cautions (v. ss nº 721.35).

Impossibilité de poursuivre la personne physique codébitrice, celle ayant consenti une sûreté personne, ayant affecté ou cédé un bien en garantie pendant la période d'observation dans la législation de l'ordonnance du 18 décembre 2008[4]. La règle de l'interdiction ou de la suspension des poursuites pendant la période d'observation voit son domaine à nouveau élargi par l'ordonnance du 18 décembre 2008.

Comme sous l'empire de la loi du 26 juillet 2005, les codébiteurs personnes physiques bénéficient de la règle. Rappelons que les associés de sociétés de personnes, indéfiniment et solidairement tenus du passif social, ne sont pas des codébiteurs[5], mais des débiteurs subsidiaires adjoints (v. ss nº 731.12). Certains auteurs sont toutefois d'un avis opposé[6].

Les garants autonomes ne sont plus explicitement visés, mais sont englobés dans la notion plus large de personnes « ayant consenti une sûreté personnelle » (v. ss nº 731.09). Ne sont pas englobés dans cette catégorie, les associés de sociétés, qui répondent du passif, avec ou sans solidarité, car ils n'ont pas « consenti » une sûreté. Certains auteurs ont toutefois une autre analyse[7].

L'ordonnance procède à une extension remarquable du domaine de la règle en visant désormais deux nouvelles catégories de garants : les personnes physiques ayant affecté[8] ou cédé un bien en garantie (v. ss nº 731.09).

Comme sous l'empire de la loi du 26 juillet 2005, seuls les garants personnes physiques peuvent bénéficier de la suspension et de l'interdiction des poursuites pendant la période d'observation, non les garants personnes morales.

Situation de l'entrepreneur individuel à responsabilité limitée ayant affecté ou cédé un bien en garantie d'une dette de l'EIRL pendant la période d'observation dans la législation de l'ordonnance du 18 décembre 2008. La possibilité d'être créancier d'un patrimoine, au titre d'un autre patrimoine, en présence d'une entreprise individuelle à responsabilité limitée, créée par la loi du 15 juin 2010[9], ne semble pas faire difficulté, alors qu'il nous semble, au contraire, difficile d'admettre le cautionnement de soi-même, même si la question est discutée (v. ss nº 731.09). Dans ces conditions, une formule juridique ne manquera pas de se développer, condition *sine qua non* du crédit que le monde bancaire voudra bien accorder à l'EIRL : celle qui consistera pour l'intéressé à affecter un bien de son patrimoine non affecté à la garantie d'une dette de son patrimoine affecté.

Cet EIRL, qui aura affecté à la garantie d'une dette de son entreprise à patrimoine affecté un ou plusieurs de son patrimoine non affecté, voire la totalité des biens de ce dernier patrimoine, pourra-t-il bénéficier de la règle qui interdit de poursuivre

1. Le Cannu, 7e éd., nº 383.
2. Jacquemont, 7e éd. 2011, nº 782.
3. Lebel, « L'obligation aux dettes sociales des associés en cas de défaillance de la société débitrice », *Mél. Tricot*, LexisNexis – Dalloz, 2011, p. 487 s, sp. p. 499, nos 19 s.
4. Ord. nº 2008-1345, 18 déc. 2008, préc.
5. Com. 20 mars 2012, nº 10-27.340, *Bull. civ.* IV, nº 61; *Bull. Joly* mai 2012, nº 223, note Barbièri; *Dr. sociétés* 2012, nº 102, note Roussille; *Rev. sociétés* 2012. 577, note Dexant de Bailliencourt.
6. Ainsi : Pagnucco, « L'obligation à la dette de l'associé indéfiniment responsable », *RTD com.* 2012. 55, sp. 59, nº 6.
7. Coquelet, « Risques, responsabilités des associés d'une société en procédure collective », *Rev. proc. coll.* 2010. Dossier 6, nº 20.
8. Vallansan, « La sûreté réelle conférée par un tiers : entre obstacles et efficacité », Colloque Sûretés réelles et droit des entreprises en difficulté, Nice, 20 mars 2010, *LPA* 11 févr. 2011, nº 30, p. 41.
9. L. nº 2010-658, 15 juin 2010, préc.

les garants personnes physiques pendant la période d'observation de la procédure collective du débiteur ? Il s'agit bien d'une personne physique ayant affecté un bien en garantie [voire ayant cédé un bien en garantie, dans le cadre d'une fiducie-sûreté]. La lettre de l'article L. 622-28, alinéa 2 du code de commerce, nous semble commander une réponse positive[1]. Elle n'exige pas, même si incontestablement telle avait été la situation sur laquelle le législateur avait entendu raisonner, que ce garant soit un tiers par rapport au débiteur. La *ratio legis* appelle-t-elle une autre solution ? Lorsque l'interdiction de poursuivre les cautions personnes physiques pendant la période d'observation a été posée, par la loi du 10 juin 1994, il s'est agi de faire en sorte que les dirigeants sociaux, qui sont le plus souvent les cautions, n'hésitent pas à déclarer l'état de cessation des paiements de leur société, en ayant en tête l'idée que, dès le lendemain du dépôt de bilan, ils seraient exécutés en tant que caution. Le temps de répit que leur accorde le législateur doit les inciter à ne pas être effrayés par le dépôt de bilan qui doit intervenir, le plus tôt possible, afin que les chances de redressement puissent persister. Or cette problématique est d'autant plus prégnante que le garant est le débiteur lui-même : comment expliquer à l'EIRL qu'il doit anticiper dans le traitement des difficultés de son entreprise s'il ne doit pas bénéficier de la protection accordée à tout garant personne physique et s'il sait donc, qu'en demandant l'ouverture d'une sauvegarde ou d'un redressement judiciaire, il a le droit de ne pas payer ses dettes en tant que débiteur, mais, par le fait même, autorise sa poursuite en tant que garant ? Le mécanisme serait par trop bancal et l'on voit donc que la *ratio legis* est conforme à la lettre du texte : en tant que garant personne physique de l'EIRL, l'intéressé pourra bénéficier des dispositions généreuses de l'article L. 622-28, alinéa 2, texte de la sauvegarde qui s'applique également en redressement judiciaire.

731.23 Poursuite des associés et membres d'un groupement répondant indéfiniment mais sans solidarité des dettes de celui-ci quant au moment de la poursuite. Les membres ou associés de groupements ou de sociétés, dont ils répondent indéfiniment des dettes, sont des garants subsidiaires adjoints[2] (v. aussi s[s] n° 731.12). Cette solution conditionne un certain nombre de règles (v. aussi s[s] n° 731.53).

Une jurisprudence évolutive s'est développée sur la question de la poursuite des associés d'une société civile placée sous procédure collective. En droit commun, le siège de la matière se trouve aux articles 1857 et 1858 du code civil.

Selon l'article 1857, alinéa 1 du code civil, « les associés répondent indéfiniment des dettes sociales à proportion de leur part dans le capital social à la date d'exigibilité ou au jour de la cessation des paiements ». Peu importe, en conséquence, que la dette ait été souscrite par la société avant que l'associé ne détienne des parts de la société, dès lors qu'à cette date, la société faisait face à ses obligations[3].

En présence d'une procédure collective ouverte avec cessation des paiements – redressement ou liquidation judiciaire –, l'appréciation sera donc portée à la dat: de la cessation des paiements, sauf si la dette est exigible avant. Lorsque la société s'est engagée à rembourser une dette dans le cadre d'un protocole, la ate d'exigibilité s'entend de celle du début d'exécuion spontanée des engagements[4].

En cas d'ouverture d'une sauvegarde, l'appréciation ne peut tre portée qu'à la date d'exigibilité de la créance dat le créancier demande à l'associé le paiement. L'ssocié de société civile est donc tenu indéfinimet, mais sans solidarité de la dette sociale, ce q le distingue de l'associé en nom collectif ou du ›mmandité.

Les assocs ne peuvent se prévaloir de l'obligation aux dets sociales, qui est instituée au seul profit des tiers ır l'article 1857 du code civil[5], fussent-ils créancis de la société au titre d'avances en compte count.

La cessi des parts d'une société civile n'est opposable ıx tiers qu'à compter de la mention de la cession ı registre du commerce et des sociétés. Sans l'accnplissement de cette formalité, l'intéressé céda: reste tenu indéfiniment à l'égard des créanciers ›ciaux[6].

Aux tenes de l'article 1858 du code civil, les créanciersne peuvent poursuivre le paiement des dettes socales contre un associé qu'après avoir préalablerent et vainement poursuivi la personne morale. L: notion de vaines poursuites est évidemment a cœur du débat. Est-il suffisant que la

1. EN CE SENS AUSSI : Macorig-Venier, « EIRL : les créanciers de l'EIRL en difficulté », *Rev. proc. coll.* 2011. Dossier 20, n° 14.
2. AINSI SUR CE PRINCIPE : Bordeaux, 1re ch. B, 19 févr. 2008, RG n° 05/01701, *Act. proc. coll.* 2008/9, n° 148.
3. Cor13 avr. 2010, n° 07-17.912, *Bull. civ.* IV, n° 80; *Act. protoll.* 2010/11, n° 156, note Laroche; *Dr. sociétés* 201n° 169, note Legros; *Rev. proc. coll.* 2010, n° 151, notaintourens; *Rev. sociétés* 2011. 104, note Barbièri; *LXEbdo* 20 mai 2010, n° 395, note Le Corre-Broly.
4. Col0 juill. 2012, n° 11-21.640, NP, *Rev. sociétés* 2013. 10ote Barbièri.
5. Co3 mai 2012, n° 11-14.844, *Bull. civ.* IV, n° 91; *D.* 2. Actu 1264, obs. Lienhard; *JCP E* 2012. 1437, noit. Couret et Dondéro; *Bull. Joly* juill. 2012, n° 301, noarbièri; *RTD com.* 2012. 575, n° 1, obs. Monsérié-Bo
6. Cc, 1re ch. A, RG n° 09/01037, *Rev. proc. coll.* 2011, n°, note Lebel.

société soit placée sous procédure collective parce qu'elle est en cessation des paiements ? Faut-il que le créancier fasse la démonstration que l'actif social ne permettra pas de le désintéresser ?

Dans une première phase de la jurisprudence[1], il avait été estimé que la poursuite des associés ou membres tenus à la dette de la personne morale sans solidarité, tels les associés de société civile, était possible pendant la procédure collective du groupement[2], mais il fallait préalablement démontrer l'insuffisance du patrimoine du groupement pour répondre de la dette[3]. Le fait que la société ait été déclarée en liquidation judiciaire apparaissait insuffisant à caractériser l'insuffisance du patrimoine social pour payer la dette[4], alors même que la procédure de saisie immobilière de l'immeuble appartenant à la société aurait été entamée[5] Il en était de même de l'arrêté d'un plan de cession[6]. En pratique, le créancier social devait donc attendre la clôture de la procédure collective de la société pour insuffisance d'actif. La poursuite de l'associé était alors possible[7]. La démonstration de l'insuffisance patrimoniale de la société était toutefois rapportée lorsque le seul bien de la société civile immobilière était un immeuble donné en crédit-bail, relié à la date du jugement d'ouverture.

Dans une seconde phase de la jurisprudence, qui correspond au droit positif, la notion de vaine poursuite exigée par l'article 1858 du code civil est considérablement assouplie, sur un plan probatoire, en cas de liquidation judiciaire atteignant la société civile. Selon la chambre mixte de la Cour de cassation, dans le cas où la société est soumise à une procédure de liquidation judiciaire, « la déclaration de créance à la procédure dispense le créancier d'établir que le patrimoine social est insuffisant pour le désintéresser; l'action peut être régularisée si la créance a été régulièrement déclarée à la procédure »[8]. Ainsi, dès la déclaration de créance effectuée, la poursuite de l'associé de la société civile est possible lorsque cette dernière est en liquidation judiciaire. La portée de la solution est cependant exactement circonscrite à la liquidation judiciaire. Certains auteurs ont critiqué la solution de la chambre mixte, en notant son manque de nuances[9]. Il est exact que la liquidation judiciaire n'établit nullement l'insuffisance patrimoniale, puisque la liquidation judiciaire peut être clôturée par extinction du passif. Le reproche est exagéré. En effet, le nombre de clôture de procédures par extinction du passif est faible et il est, à notre sens, louable pour la Cour de cassation de faire sien le proverbe « le temps, c'est de l'argent ». Ce qui, d'évidence, a animé la Cour de cassation est la volonté de protéger les créanciers sociaux qui ne doivent pas attendre trop longtemps de trop maigres répartitions[10]. En outre, l'insuffisance patrimoniale qui résulte de la liquidation judiciaire doit être considérée comme une règle de preuve. Il s'agit, à notre sens, d'une présomption simple[11]. Rien n'interdira, en conséquence, à l'associé poursuivi de rapporter la preuve contraire que le patrimoine social sera suffisant à payer la créance qui fonde la poursuite du créancier à son encontre. La démonstration sera d'autant plus facile que la créance litigieuse est garantie par une bonne sûreté.

Ainsi, la déclaration de créance au passif de la société en liquidation judiciaire, qui s'avère nécessaire, est aussi jugée suffisante. Cette déclaration de créance peut même être postérieure à l'assignation de l'associé, puisque, selon la Cour de cassation, une régularisation de l'action est possible. La formulation adoptée par la chambre mixte fait naître la difficulté de savoir, sous l'empire de la loi de sauvegarde des entreprises, s'il sera possible au créancier social de poursuivre l'associé, alors même qu'il n'aurait pas déclaré sa créance (v. s[s] n° 731.53).

1. SUR LE DÉTAIL de l'évolution de cette notion : Gottes, av. gén., avis : www.courdecassation.fr.
2. Dijon, 1re ch., 2e sect., 12 sept. 1997, *LPA* 15 janv. 1999, n° 11, note Lebel.
3. Civ. 3e, 6 janv. 1999, n° 97-10.645, *Bull. civ.* III, n°; *LPA* 11 mars 1999, n° 50, p. 5; *Bull. Joly* 1999. 455, note Le Cannu – Com. 6 déc. 2005, n° 04-14.352, *LXB* n° N4683AKN, note Le Corre.
4. Civ. 3e, 18 juill. 2001, n° 99-20.084, NP, *Act. proc. coll.* 2001, n° 192, obs. Vallansan.
5. Com. 11 juin 2003, n° 99-17.271, *CRCAM du Sud-Est/ M. et Mme Saint-Martin*, NP.
6. Civ. 1re, 30 mars 2005, n° 03-10.872, NP.
7. Paris, 5e ch. B, 15 sept. 2005, RG n° 03/3068.
8. Cass., ch. mixte, 18 mai 2007, n° 05-10.413, *Bull. ch. mixte*, n° 4, n° 252; *D.* 2007. AJ 1414, obs. Lienhard; *D.* 2008. Pan. 579, obs. Le Corre; *RJDA* 2007/8-9, p. 766, rapp. Besançon; *Gaz. proc. coll.* 2007/3, p. 18, note Le Corre; *Act. proc. coll.* 2007, n° 128, note Régnaut-Moutier; *JCP* 2007. II. 10128, note Legros; *JCP E* 2007. Chron. 2119, n° 10, obs. Pétel; *JCP E* 2007, n° 1877, n° 10, obs. Caussain, Deboissy et Wicker; *LPA* 14 août 2007, n° 162, p. 18, note Vinckel; *Dr. sociétés* 2007, n° 130, note Lucas; *Dr. sociétés* 2007, n° 157, note Legros; *Rev. proc. coll.* 2007, n° 19, obs. Lebel; *Rev. sociétés* 2007. 620, note Barbièri; *RTD com.* 2007. 550, n° 1, obs. Monsérié-Bon; *RTD com.* 2007. 597, n° 3, obs. Martin-Serf; *Banque et droit* juill.-août 2007. 57, note Storck; *RJ com.* 2007. 345, note Monsérié-Bon; *Defrénois* 2007. 1571, 38675, n° 9, note Gibirila; *Bull. Joly* 2007. 1174, note Pérochon; *LXB hebdo* juin 2007, n° 265, n° N5621BBS, note Le Corre – Com. 16 juin 2009, n° 07-14.913, NP, *Rev. proc. coll.* 2010, n° 123, note Lebel.
9. Caussain, Deboissy et Wicker note s[s] Cass., ch. mixte 18 mai 2007, n° 05-10.413, *JCP E* 5 juill. 2007, n° 1877, n° 10.
10. RAPPR. : Besançon, « Obligations aux dettes des associés d'une société civile soumise à une procédure collective », rapp. s[s] Cass., ch. mixte, 18 mai 2007, n° 05-10.413, *RJDA* 2007/8-9, p. 766 s., sp. p. 772.
11. AUSSI : Pérochon, note s[s] Cass., ch. mixte, 18 mai 2007, n° 05-10.413, *Bull. Joly* 2007. 1174.

Il est logique de considérer que la déclaration de créance effectuée au passif du redressement judiciaire autorisera la poursuite au jour de la conversion en liquidation judiciaire[1], la déclaration de créance valant poursuite du débiteur, la liquidation judiciaire présumant la vanité de la poursuite.

La possibilité pour le créancier social d'agir sitôt la liquidation judiciaire de la société intervenue a un effet sur le cours de la prescription quinquennale de son action contre les associés (v. s^s^ n° 553.12).

Antérieurement à l'arrêt de la chambre mixte de la Cour de cassation, il a été jugé que l'arrêté d'un plan de continuation au bénéfice de la société civile interdisait la poursuite des associés tant que le plan était exécuté[2]. Cela revient à considérer que les dispositions du plan profitent aux associés de la société civile. Le créancier social ne peut entamer ses poursuites contre l'associé qu'après avoir exercé vainement des poursuites contre la société[3]. En pratique, cela suppose que la société soit mise en demeure de payer le dividende du plan. Il faudra démontrer qu'elle ne pouvait le faire.

Cette solution, qui consiste à exiger la démonstration de l'insuffisance patrimoniale, subsiste en phase d'observation. Le bénéfice d'un plan de sauvegarde ou de redressement accordé à une société civile interdit également, comme par le passé, la poursuite de l'associé pendant l'exécution de ce plan, tant que ce plan est exécuté.

La solution posée par la chambre mixte de la Cour de cassation, à propos des associés de sociétés civiles de droit commun, en liquidation judiciaire, vaut également pour les associés des sociétés civiles constituées en vue de la vente d'immeuble (CCH, art. L. 211-2). La poursuite de ces derniers n'est possible qu'après une mise en demeure restée infructueuse. La Cour de cassation estime que la déclaration de créance au passif de la société en liquidation judiciaire[4] ou en liquidation des biens sous l'empire de la loi du 13 juillet 1967[5], et qui remplace la mise en demeure infructueuse, est suffisante, sans que soit exigée l'admission de la créance au passif. Mais contrairement à l'hypothèse de la poursuite de l'associé d'une société civile de droit commun, l'arrêté d'un plan de continuation, de sauvegarde ou de redressement au profit de la société n'interdira pas la poursuite des associés. Il n'y a pas ici à démontrer l'insuffisance patrimoniale. La mise en demeure adressée à la société de payer les dividendes du plan, restée infructueuse, suffira indépendamment de la démonstration de l'impossibilité pour la société de payer ce ou ces dividendes[6]. Peut ainsi être constatée une subsidiarité différenciée, qui est contestée par certains auteurs[7].

La circonstance qu'une personne morale ne fait pas l'objet d'une procédure collective n'est pas de nature à exclure que le patrimoine social soit insuffisant pour désintéresser le créancier[8]. Il appartient, évidemment au créancier, de rapporter la preuve de l'insuffisance patrimoniale.

La poursuite d'un associé tenu du passif social, au titre de l'obligation des associés aux dettes sociales, n'est possible que de la part des créanciers sociaux, non de la part du représentant des créanciers – mandataire judiciaire – ou du liquidateur[9]. Elle n'est pas davantage possible de la part d'un coassocié[10]. La notion d'obligation personnelle des associés envers les créanciers de la personne morale justifie la solution. Au demeurant, comment une action, qui ne conduit pas à faire rentrer dans le

1. Sénéchal, *Leden* 2009/6, p. 2; Legros, note s^s^ Com. 7 juill. 2009, n° 08-13.849, NP; n° 724 F-D; *Dr. sociétés* 2009, n° 231.
2. Civ. 3e, 23 févr. 2000, n° 98-14.540, *Bull. civ.* III, n° 43; *RTD com.* 2000. 681, obs. Monsérié-Bon; *RD banc. fin.* 2000, n° 123, obs. Lucas; *Defrénois* 2000. 1188, n° 6, note Hovasse; *Bull. Joly* 2000, n° 138 – Com. 23 janv. 2001, n° 98-10.668, *Bull. civ.* IV, n° 24; *JCP E* 2001, n° 13, p. 568, note Legeais; *D.* 2001. AJ 781, obs. Lienhard; *D.* 2001. Somm. 3427, obs. Honorat; *Act. proc. coll.* 2001, n° 65, obs. Vallansan; *JCP E* 2001. Chron. 751, n° 3, obs. Pétel; *JCP E* 2002. Jur. 850, note Rémery; *RD banc. fin.* 2001, n° 69, obs. Lucas; *RTD com.* 2001. 472, obs. Monsérié-Bon; *Bull. Joly* 2001. 481, n° 118, note Couret; *Rev. sociétés* 2001. 847, note Dom.
3. Com. 31 janv. 2006, n° 04-15.341, NP, *RD banc. fin.* 2006, n° 165, note Lucas.
4. Com. 13 févr. 2007, n°s 05-19.878, 05-20.321, NP, *D.* 2008. Pan. 579, obs. Le Corre; *Act. proc. coll.* 2007, n° 63, note Rétif; *Rev. proc. coll.* 2007, n° 17, obs. Lebel; *Bull. Joly* 2007. 703, note Kendérian.
5. Civ. 3e, 14 févr. 2007, n° 05-21.488, *Bull. civ.* III, n° 24; *D.* 2008. Pan. 579, obs. Le Corre; *Rev. proc. coll.* 2007, n° 17, obs. Lebel; *Bull. Joly* juin 2007, § 192, p. 705, note Kendérian; *RTD com.* 2007. 396, n° 2, obs. Monsérié-Bon.
6. SUR LA QUESTION : Kendérian, note s^s^ Com. 13 févr. 2007, n°s 05-19.878, 05-20.321, NP; n° 296 F-D et Civ. 3e, 14 févr. 2007, n° 05-21.488, *Bull. civ.* III, n° 24; *Bull. Joly* 2007. 703, sp. 707, n° 2.
7. Nurit-Pontier, « L'obligation aux dettes sociales des associés de société à risque illimité », *Bull. Joly* 2008. 152, § 36.
8. Com. 26 juin 2012, n° 11-24.608, NP, *Bull. Joly* oct. 2012, n° 401, note Lucas.
9. Com. 24 janv. 2006, n° 04-19.061, *Bull. civ.* IV, n° 17; *D.* 2006. AJ 445, obs. Lienhard; *RTD com.* 2006. 916, n° 5, obs. Martin-Serf; *JCP E* 2006. Chron. 1569, n° 10, obs. M. Cabrillac et Pétel; *Act. proc. coll.* 2006, n° 40, note Régnaut-Moutier; *LPA* 28 avr. 2006, n° 85, p. 14, note Gibirila; *Bull. Joly* 2006. 588, note Daigre; *Rev. sociétés* 2006. 410, note Barbièri; *RTD com.* 2006. 435, n° 4, obs. Monsérié-Bon; *RTD com.* 2006. 917, n° 5, obs. Martin-Serf; *Rev. sociétés* 2006. 637, note Bonneau – Paris, pôle 5, 8e ch., 29 juin 2010, *Bull. Joly* 2010. 901, note Lucas; *Act. proc. coll.* 2010, n° 231, note Pagnucco.
10. Com. 3 mai 2012, n° 11-14.844, *Bull. civ.* IV, n° 91; *Dr. sociétés* 2012, n° 119, note Hovasse.

patrimoine de la société débitrice des fonds, pourrait-elle être mise en œuvre par l'organe de défense de l'intérêt collectif des créanciers ?[1] Il suffit d'observer l'absence de qualité à agir de l'organe de défense de l'intérêt collectif des créanciers.

La contribution des associés aux pertes, qui concerne les rapports entre la société et les associés et non avec les créanciers, et qui s'exerce à la dissolution, mérite des précisions et suppose que l'on distingue la situation avant l'ordonnance du 12 mars 2014[2] et depuis cette même ordonnance. En jeu : la dissolution de la société résultant de son placement en liquidation judiciaire.

Avant l'ordonnance du 12 mars 2014, la liquidation judiciaire entraîne dissolution de la société. La contribution aux pertes peut être mise en œuvre par le liquidateur, qui représente la société, laquelle est créancière des associés[3], cependant que la solution contraire avait été posée antérieurement[4]. Lorsque le liquidateur aura récupéré auprès des associés le montant de leur contribution aux pertes, il pourra collectivement le distribuer aux créanciers en tant qu'élément du gage commun.

Depuis l'ordonnance du 12 mars 2014, la solution est différente. Le liquidateur ne peut plus appeler les associés en contribution aux pertes sociales, car cette ordonnance a décalé la dissolution à la clôture pour insuffisance d'actif de la liquidation judiciaire.

Si l'associé est déclaré en sauvegarde, en redressement ou en liquidation judiciaire, il conviendra de déclarer au passif la créance de support du passif du groupement. Cette dernière ne sera qu'éventuelle si la société est encore *in bonis*. La solution a été posée pour un associé de société civile immobilière[5], dès lors que la dette du groupement est antérieure à l'ouverture de la procédure de l'associé[6]. Toutefois, il a été jugé, sous l'empire de la loi du 25 janvier 1985[7], que l'extinction de la créance de support du passif social faute de déclaration au passif n'avait pas pour effet d'ôter à l'associé assigné en paiement sa qualité de défendeur. En conséquence, la compétence reconnue au tribunal sur le fondement de la pluralité de défendeur ne peut être remise en cause[8].

La déclaration de créance est possible même avant vaine poursuite[9]. L'admission au passif de la créance de support du passif social interviendra au prorata de la part détenue par l'associé dans le capital social.

Indiquons que la jurisprudence a admis que le droit effectif au juge implique « que l'associé d'une société civile immobilière, qui répond indéfiniment des dettes sociales à proportion de sa part dans le capital social, soit recevable à former une tierce opposition à l'encontre du jugement ayant fixé une créance dans une instance en paiement engagée contre cette personne morale avant l'ouverture de sa liquidation judiciaire »[10].

Dès lors que la créance a été admise au passif et que l'associé n'a pas formé réclamation à l'état des créances, il ne peut prétendre à la prescription de la créance pour être déchargé de son obligation à la dette[11].

L'impossibilité pour le dirigeant social associé de solliciter la réouverture de la procédure collective après clôture prive ce dirigeant, en l'occurrence associé de la société civile débitrice, de la possibilité d'engager la responsabilité du liquidateur, en présence d'un préjudice invoqué partagé par la collectivité des créanciers, la reprise de la procédure étant en ce cas une condition de l'engagement de la responsabilité du liquidateur. Cette interdiction n'est pas contraire à la Constitution, ce qui justifie le rejet d'une question prioritaire de constitutionnalité, aucune jurisprudence constante, précise la cour de cassation, n'interdisant à l'associé d'une société

1. RAPPR. : Régnaut-Moutier, *Act. proc. coll.* 2006, n° 40.
2. Ord. n° 2014-326, 12 mars 2014, *JO* 14 mars, p. 5249.
3. Com. 20 sept. 2011, n° 10-24.888, *Bull. civ.* IV, n° 136; *D.* 2011. 2970, note Mermoz; *Act. proc. coll.* 2011, n° 278, note Pagnucco; *Gaz. Pal.* 12 oct. 2011, Jur. 7, note Lucas; *Gaz. Pal.* 16 nov. 2011, Jur. 22, note Zattara-Gros; *JCP E* 2011. Chron. 1000, n° 2, obs. Pétel; *RTD com.* 2011. 771, n° 2, obs. Monsérié-Bon.
4. Paris, pôle 5, 8e ch., 29 juin 2009, RG n° 09/15446, *Act. proc. coll.* 2016, n° 231, note Pagnucco; CASSÉ PAR : Com. 20 sept. 2011, n° 10-24.888, *Bull. civ.* IV, n° 136.
5. Com. 30 juin 2004, n° 02-15.345, *Bull. civ.* IV, n° 141; *RTD com.* 2005. 171, obs. Martin-Serf; *D.* 2004. AJ 2155 – Civ. 3e, 23 mai 2007, n° 06-14.988, *Bull. civ.* IV, n° 85.
6. Civ. 3e, 23 mai 2007, n° 06-14.988, *Bull. civ.* IV, n° 85; *D.* 2007. AJ 1513; *Act. proc. coll.* 2007, n° 131, note Legros; *RD banc. fin.* 2007, n° 112, note Lucas; *Dr. sociétés* 2007, n° 131, note Lucas; *Rev. proc. coll.* 2007, n° 15, obs. Lebel; *Bull. Joly* 2007. 1064, note Pétel – Civ. 3e, 19 déc. 2007, n° 06-18.811, *Bull. civ.* III, n° 226; *Gaz. proc. coll.* 2008/2, p. 24, n° 2, note Voinot; *Bull. Joly* 2008. 321, § 69, note Voinot.
7. L. n° 85-98, 25 janv. 1985, *JO* 26 janv., p. 1097.
8. Civ. 3e, 19 déc. 2007, n° 06-18.811, *Bull. civ.* III, n° 226, préc. (v. ss prést n°).
9. Civ. 3e, 23 mai 2007, n° 06-14.988, *Bull. civ.* IV, n° 85, préc. – *Adde*, Cérati-Gauthier, « Poursuites d'un associé par un créancier social », *JCP E* 2007. Étude 2157, n° 17.
10. Com. 26 mai 2010, n° 09-14.241, NP; n° 583 FS-D; *D.* 2010. Actu. 1415, obs. Lienhard; *Act. proc. coll.* 2010, n° 180, note Fin-Langer; *Rev. proc. coll.* 2010, n° 194, note Lebel; *Dr. sociétés* 2010, n° 158, note Hovasse; *RTD com.* 2010. 567, n° 1, obs. Monsérié-Bon; *JCP E* 2010. 2026, note Reifegerste; *JCP E* 2010, n° 1861, note Perrot; *Bull. Joly* 2010. 839, note Staes; *Rev. sociétés* 2010. 406, obs. Roussel Galle; *RTD com.* 2011. 179, n° 10, obs. Vallens.
11. Com. 13 oct. 2015, n° 11-20.746, *Bull. civ.* IV [à paraître]; *Bull. Joly sociétés* 2015, 664, note Borga; *Rev. sociétés* 2016. 298, note Barbièri.

civile poursuivi en paiement de la dette sociale en application de l'article 1857 du code civil d'agir individuellement en réparation de son préjudice contre le liquidateur après clôture de la liquidation judiciaire pour insuffisance d'actif[1]. Mais il faudra qu'il fasse état d'un préjudice distinct de celui subi par la collectivité des créanciers (v. aussi s^s n° 611.31).

731.24 Poursuite des associés et membres d'un groupement répondant indéfiniment et solidairement des dettes de celui-ci quant au moment de la poursuite. L'associé indéfiniment et solidairement tenu de la dette sociale ne peut être, par principe du moins, poursuivi par le créancier de la personne morale, sous l'empire de la législation antérieure à la loi de sauvegarde des entreprises. En effet, il doit obligatoirement être placé en redressement ou en liquidation judiciaires à titre personnel, sur le fondement de l'article L. 624-1 du code de commerce (v. s^s n°s 214.11 s.). Cet obstacle de principe ne peut plus exister du fait de la disparition, avec la loi de sauvegarde des entreprises, de l'extension aux membres et associés indéfiniment et solidairement responsable du passif du groupement de la procédure collective ouverte contre ce dernier (v. s^s n° 214.21).

Observons toutefois que la pratique a permis de rencontrer, sous l'empire de la législation antérieure à la loi de sauvegarde des entreprises, des cas dans lesquels un associé n'avait pas été placé sous procédure collective, de sorte qu'une jurisprudence avait pu se former sur la question du moment de la poursuite de cet associé *in bonis*, alors que la société avait été placée sous procédure collective.

En droit commun, l'associé indéfiniment et solidairement de la dette, tel l'associé d'une société en nom collectif, ne peut être poursuivi qu'après une préalable poursuite de la société. Un acte extrajudiciaire est exigé. Toutefois, la règle de l'arrêt des poursuites individuelles interdit cette démarche si la société est en sauvegarde, en redressement ou en liquidation judiciaire. Il faut alors, mais il suffit, que le créancier social ait déclaré sa créance au passif de la société pour pouvoir poursuivre l'associé. La déclaration de créance est alors assimilée à une vaine poursuite[2]. Il faut toutefois tenir compte du particularisme du droit fiscal. Pour poursuivre l'associé d'une société tenu indéfiniment et solidairement des dettes de celle-ci, le comptable public doit adresser une mise en demeure par acte extrajudiciaire à la société, puis une mise en demeure en lettre recommandée avec demande d'avis de réception à l'associé. En cas de procédure collective, la mise en demeure à la société est remplacée par une déclaration de créance à son passif, cependant que la mise en demeure à l'associé demeure un préalable à l'engagement des poursuites contre lui[3].

Mais le créancier n'a pas à justifier de l'admission de la créance au passif de la société pour agir en paiement des dettes sociales contre l'associé en nom. Dès lors qu'il justifie de l'existence et du montant de la dette sociale, la déclaration de créance étant insuffisante pour cela, il peut obtenir condamnation en paiement de l'associé, même si le montant de la créance est contesté[4].

Le créancier n'aura nul besoin de démontrer le caractère irrécouvrable de sa créance dans la procédure collective du groupement débiteur. Pourrait-il en aller autrement si le débiteur obtient un plan de sauvegarde, de continuation ou de redressement ? Une réponse négative s'impose, l'insuffisance patrimoniale du groupement débiteur, exigée en matière de société civile, n'étant pas ici de mise[5]. Une cour d'appel a cependant cru devoir juger le contraire[6], en alignant le sort des associés en nom sur celui des associés d'une société civile.

L'écart, qui s'était creusé entre la situation de l'associé de société civile et celui de l'associé de la société en nom collectif[7], est depuis l'arrêt de la chambre mixte de la Cour de cassation du 18 mai 2007[8], beaucoup moins sensible, puisque, s'il existe

1. Com. 23 juin 2015, n° 15-40.011 QPC, NP, *Rev. sociétés* 2015. 545, note Henry.
2. Com. 19 déc. 2006, n° 02-21.333, *Bull. civ.* IV, n° 262; *D.* 2008. Pan. 579, obs. Le Corre; *Act. proc. coll.* 2007, n° 37, note Boulay; *JCP E* 2007. Chron. 1450, n° 8, obs. M. Cabrillac; *Rev. sociétés* 2007. 410, note Barbièri; *Rev. proc. coll.* 2007, n° 4, obs. Lebel; *Rev. proc. coll.* 2007, n° 6, obs. Neau-Leduc et Hubert; *Bull. Joly* 2007. 472, note Régnaut-Moutier; *RTD com.* 2007. 595, n° 2, obs. Martin-Serf.
3. Com. 19 déc. 2006, n° 02-21.333, *Bull. civ.* IV, n° 262, préc. (v. s^s prés^t n°) – *Adde, Rapp. C. cass.* 2006, p. 361.
4. Com. 15 sept. 2015, n° 14-15.840, NP., *Dr. sociétés* 2015, comm. 214, note Rousille.
5. Régnaut-Moutier, note s^s Com. 19 déc. 2006, n° 02-21.333, *Bull. Joly* 2007. 472, sp. 477.
6. Aix-en-Provence, 8e ch. C, 30 avr. 2008, RG n° 07/05333, *Dr. sociétés* 2009, n° 31.
7. Boulay, note s^s Com. 19 déc. 2006, n° 02-21.333, *Act. proc. coll.* 2007, n° 37.
8. Cass., ch. mixte, 18 mai 2007, n° 05-10.413, *Bull. ch. mixte*, n° 4; *D.* 2007. AJ 1414, obs. Lienhard; *D.* 2008. Pan. 579, obs. Le Corre; *RJDA* 2007/8-9, p. 766, rapp. Besançon; *Gaz. proc. coll.* 2007/3, p. 18, note Le Corre; *Act. proc. coll.* 2007, n° 128, note Régnaut-Moutier; *JCP* 2007. II. 10128, note Legros; *JCP E* 2007. Chron. 2119, n° 10, obs. Pétel; *JCP E* 2007, n° 1877, n° 10, obs. Caussain, Deboissy et Wicker; *LPA* 14 août 2007, n° 162, p. 18, note Vinckel; *Dr. sociétés* 2007, n° 130, note Lucas; *Dr. sociétés* 2007, n° 157, note Legros; *Rev. proc. coll.* 2007, n° 19, obs. Lebel; *Rev. sociétés* 2007. 620, note Barbièri; *RTD com.* 2007. 550, n° 1, obs. Monsérié-Bon; *RTD com.* 2007. 597, n° 3, obs. Martin-Serf; *Banque et droit* juill.-août 2007. 57, note Storck; *RJ com.* 2007. 345, note Monsérié-Bon; *Defrénois* 2007. 1571, 38675, n° 9, note Gibirila; *Bull. Joly* 2007. 1174, note Pérochon; *LXB hebdo* juin 2007, n° 265, n° N5621BBS, note Le Corre.

pendant la période d'observation et en phase d'exécution des plans, il est en revanche supprimé en cas de liquidation judiciaire.

Précisons que les garants subsidiaires ne peuvent rentrer dans la catégorie nouvelle crée par l'ordonnance du 18 décembre 2008 [1] de « personnes physiques ayant consenti une sûreté personnelle ». Il faudra en effet que la sûreté personnelle ait été consentie, ce qui, *a priori*, permet d'exclure du bénéfice de la règle les garants subsidiaires, tels les associés de sociétés civiles ou les associés de société en nom, alors qu'une formule différente, telle par exemple celle de « personnes physiques garants personnels » aurait permis de les inclure dans les nouveaux bénéficiaires de la règle.

731.25 Terme du codébiteur et des garants. L'autonomie des engagements de codébiteurs, les uns par rapport aux autres, supprime une question délicate en matière de cautionnement : celle du terme. Il n'y a pas ici de dette principale et de dette accessoire. L'autonomie de chacun des liens obligatoires rend possible l'affectation de modalités propres. Ainsi, le terme de l'un des codébiteurs peut-il être différent de celui des autres [2]. Le codébiteur à terme ne peut être poursuivi avant l'arrivée de son terme. La déchéance du terme encourue par l'un des codébiteurs n'atteint pas les autres [3]. Dès lors, de même que le redressement judiciaire ou la sauvegarde n'affectera en rien le terme du codébiteur sous procédure collective, de même la procédure collective ouverte contre un codébiteur, serait-ce une liquidation judiciaire, n'emportera aucun effet sur l'engagement d'un codébiteur demeuré *in bonis*. Ce dernier continuera à bénéficier de son terme propre [4]. L'assignation dirigée contre lui par le créancier n'entraînera pas déchéance du terme [5].

La règle a cependant subi un aménagement sérieux avec la réforme du 26 juillet 2005 [6] qui interdit de poursuivre les codébiteurs personnes physiques pendant la période d'observation (v. ss n° 731.22).

On précisera enfin que les délais du plan de continuation ne peuvent profiter, sous l'empire de la législation antérieure à la loi du 26 juillet 2005, aux codébiteurs, simples ou solidaires. L'article L. 621-65, alinéa 2 du code de commerce (anc^{t} L. 25 janv. 1985 [7], art. 64, al. 2) leur interdit, en effet, de se prévaloir des dispositions du plan.

La solution a été maintenue par la loi du 26 juillet 2005, lorsqu'un plan de redressement est arrêté au profit du débiteur. La règle joue à l'encontre du conjoint codébiteur [8].

En revanche, la solution posée par la loi du 26 juillet 2005, lorsqu'un plan de sauvegarde est arrêté au profit du débiteur, est radicalement contraire à celle retenue en plan de redressement. L'article L. 626-11, alinéa 2 du code de commerce dispose, dans sa rédaction issue de la loi du 26 juillet 2005, que, « à l'exception des personnes morales, les coobligés et les personnes ayant consenti une caution ou une garantie autonome peuvent s'en (des dispositions du plan de sauvegarde) prévaloir ». Ainsi, codébiteurs et garants autonomes, personnes physiques, pourront bénéficier des dispositions du plan de sauvegarde. Il n'y a pas à distinguer selon que l'on est en présence de codébiteur solidaire ou de codébiteur simple.

L'ordonnance du 18 décembre 2008 [9] a étendu aux personnes physiques ayant consenti une sûreté personnelle, ayant cédé ou affecté un bien garantie, le bénéfice des dispositions du plan de sauvegarde. Toutes ces personnes pourront, en conséquence, bénéficier des délais du plan de sauvegarde.

La règle conduit à introduire un mécanisme lié à la règle de l'accessoire dans des garanties pour lesquelles l'idée d'accessoire fait défaut. La solution est spécialement surprenante en présence de garanties dites autonomes qui, par définition, ne sont pas des mécanismes accessoires.

La possibilité pour les codébiteurs et autres garants, personnes physiques, de bénéficier des délais du plan de sauvegarde ne s'accompagne pas, contrairement à la solution retenue pendant la période d'observation, d'une possibilité de prise de mesure conservatoire de la part des créanciers [10].

SECTION 731.30
RÈGLES SPÉCIALES À L'HYPOTHÈSE D'UNE PLURALITÉ DE CODÉBITEURS EN SAUVEGARDE, EN REDRESSEMENT OU EN LIQUIDATION JUDICIAIRE

731.31 Pluralité de codébiteurs en sauvegarde, en redressement ou en liquidation judiciaire – Position du problème. Cette question intéresse identiquement les cautions solidaires. Sauf précision par-

1. Ord. n° 2008-1345, 18 déc. 2008, préc.
2. Terré, Simler et Lequette, *Droit civil : Les obligations*, 11e éd., « Précis », Dalloz, 2013, n° 1254.
3. Amiens, 19 nov. 1921, *Gaz. Pal.* 1922. I. 375.
4. Com. 15 juin 2011, n° 10-18.850, *Bull. civ.* IV, n° 98; *D.* 2011. AJ 1752, obs. Lienhard; *Gaz. Pal.* 7 oct. 2011, n° 280, p. 36, note Le Corre; *Act. proc. coll.* 2011, 220, note Salhi; *BJE* 2011. 314, note Bréna; *RTD com.* 2012. *612, n° 1, obs. Martin-Serf* – Civ. 2e, 19 févr. 20 n° 14-11.985, NP, *BJE* mai 2015, 147, note Borga.
5. Com. 15 juin 2011, n° 10-18.850, *Bull. civ.* IV, 8, préc.
6. L. n° 2005-845, 26 juill. 2005, préc.
7. L. n° 85-98, 25 janv. 1985, préc.
8. Rép. min. n° 104335, *JOAN Q* 11 oct. 2011, p. 10855.
9. Ord. n° 2008-1345, 18 déc. 2008, préc.
10. *Rapp. Xavier de Roux*, n° 2095, p. 291.

ticulière, lorsque sera évoqué le « codébiteur », il faudra sous-entendre également les cautions solidaires, sous réserve des observations déjà apportées pour ces dernières (v. ss nos 726.16 s.). La possibilité de poursuivre le codébiteur présuppose cependant qu'il ne soit pas en état de redressement, de sauvegarde ou de liquidation judiciaire lui-même. En cette hypothèse, la poursuite individuelle, au titre d'une créance antérieure, ainsi que, sous l'empire de la loi de sauvegarde des entreprises, au titre d'une créance postérieure non éligible au traitement préférentiel, sera remplacée par une déclaration de créance à son passif.

Indépendamment de la discussion sur le point de savoir si les associés indéfiniment et solidairement responsables du passif sont ou non des codébiteurs solidaires (v. ss no 731.12), si ces associés, sous l'empire de la législation antérieure à la loi de sauvegarde des entreprises, ont, sur le fondement de l'article L. 624-1 du code de commerce (anct L. 25 janv. 1985[1], art. 178), été déclarés en redressement ou en liquidation judiciaire, l'arrêt des poursuites individuelles contre la société emportera identiquement arrêt des poursuites individuelles contre ces associés. Cependant, il avait été jugé que si, malgré le caractère impératif de l'article L. 624-1 du code, dans sa rédaction antérieure à la loi de sauvegarde des entreprises, certains d'entre eux n'avaient pas été déclarés en redressement ou en liquidation judiciaire, le droit de poursuite individuelle du créancier subsistait[2].

Si la créance détenue à l'encontre de la société dont les associés sont indéfiniment et solidairement responsables du passif est née après le jugement d'ouverture de la procédure de la société, le droit de poursuite contre les associés subsiste. Sous l'empire de la loi de sauvegarde des entreprises, il faudra cependant que la créance soit éligible au traitement préférentiel. Le créancier social devra préalablement avoir obtenu un titre contre la société[3].

Sous l'empire de la législation antérieure à la loi du 26 juillet 2005[4], la question de la pluralité de codébiteurs en redressement ou en liquidation judiciaire est réglementée par les articles L. 621-51 à L. 621-53 du code de commerce (anct L. 25 janv. 1985, art. 58 à 60), pour le redressement judiciaire, et par l'article L. 622-14 du code de commerce (anct L. 25 janv. 1985, art. 153-4) rendant applicables à la liquidation judiciaire les dispositions des articles L. 621-51 à L. 621-53. Les règles relatives à la pluralité de codébiteurs posées, sous l'empire de la loi du 26 juillet 2005, ne font que reprendre les règles anciennes, sous réserve des modifications rédactionnelles induites par la création de la procédure de sauvegarde. Les articles L. 622-31 à L. 622-33, qui concernent la procédure de sauvegarde, sont rendus applicables à la procédure de redressement judiciaire par l'article L. 631-14, I (devenu C. com., art. L. 631-14, al. 1, réd. ord. 18 déc. 2008). Ces règles sont également applicables à la procédure de liquidation judiciaire, du fait du renvoi opéré aux articles L. 622-31 à L. 622-33 par l'article L. 641-3, alinéa 4.

Ces dispositions ne s'appliquent qu'aux codébiteurs solidaires et non aux codébiteurs conjoints, l'article L. 621-51 du code, devenu depuis la loi de sauvegarde des entreprises, l'article L. 622-31, visant le porteur d'engagements « souscrits, endossés ou garantis solidairement ». Elles s'appliquent identiquement aux cautions solidaires, mais non aux cautions simples, le contraire ayant cependant été soutenu[5].

731.32 Principe de déclaration de la créance intégrale dans la procédure de chaque codébiteur. Par hypothèse, ici, deux codébiteurs au moins sont en sauvegarde, en redressement ou en liquidation judiciaire.

Il y aura d'abord lieu d'appliquer l'article L. 621-51 du code de commerce (anct L. 25 janv. 1985[6], art. 58), devenu l'article L. 622-31 du code, qui prévoit que le créancier déclarera, dans chaque procédure, l'intégralité de sa créance. Il s'agira au demeurant d'une condition de la compensation entre la créance qu'il détient et les dettes distinctes qu'il a envers chacun de ses codébiteurs[7].

Peu importe que les procédures soient simultanément ouvertes ou le soient successivement. La solution a été posée sous l'empire des législations antérieures[8]. Une illustration particulière de la règle est trouvée en cas de contre-passation par un banquier d'un effet de commerce. Il conserve le droit de recourir pour la totalité de l'effet contre tous les autres signataires de l'effet, qui sont des codébiteurs solidaires[9]. Si certains d'entre eux sont en procédure collective, le porteur de l'effet déclarera sa créance à chacune des procédures pour l'intégralité de l'effet[10].

Si le créancier perçoit un dividende dans une procédure, il conserve le droit de maintenir sa déclara-

1. L. no 85-98, 25 janv. 1985, préc.
2. Paris, 24 févr. 1995, *Dr. sociétés* 1995, no 120, obs. Chaput.
3. Com. 26 oct. 1999, no 97-17.823, NP, *Act. proc. coll.* 1999, no 274; *RD banc. fin.* 2000, no 21, obs. Lucas.
4. L. no 2005-845, 26 juill. 2005, préc.
5. Soinne, no 2007.
6. L. no 85-98, 25 janv. 1985, préc.
7. Civ. 1re, 13 janv. 2004, no 01-14.860, NP, *Act. proc. coll.* 2004, no 123.
8. Rennes, 1er mars 1933, *DP* 1933, II, 121.
9. Com. 25 mai 1965, *Bull.*, no 331; *D.* 1965. 529, note Marguilan; *JCP* 1966. II. 14477, note Gavalda.
10. Ripert et Roblot, no 3010.

tion intégrale au passif des autres[1], ce qui proportionnellement l'avantage par rapport aux autres créanciers, puisque ses droits à répartition seront calculés sur 100 % de la créance, alors qu'il a pu, par exemple, être déjà désintéressé à hauteur de 25 % de celle-ci. Le paiement du créancier sera cependant plafonné à ce qui lui est du, malgré le silence des textes. Décider le contraire conduirait à un enrichissement sans cause du créancier.

731.33 Recours d'un codébiteur contre les autres. Si l'un des codébiteurs a payé, l'article 1214, alinéa 1 du code civil prévoit qu'il peut répéter contre les autres leurs parts et portions. Il n'y aura pas de difficulté à appliquer cette règle à l'encontre des codébiteurs restés *in bonis*. Au contraire, si les autres font l'objet d'une procédure collective, cela autoriserait le codébiteur *solvens*, en conséquence, à déclarer sa créance de recours dans les procédures des autres. Cette règle de droit commun est écartée par l'article L. 621-52 du code de commerce (anc[t] L. 25 janv. 1985[2], art. 59) qui dispose qu'« aucun recours pour les paiements effectués n'est ouvert aux coobligés soumis à une procédure de redressement judiciaire les uns contre les autres ». La solution est justifiée par la possibilité de déclaration intégrale de la créance dans la procédure de chacun des codébiteurs solidaires[3]. L'article L. 621-52 pose cependant une exception. Il en va autrement si « la réunion des sommes versées en vertu de chaque procédure excède le montant total de la créance, en principal et accessoire ». Il faut donc supposer que le créancier a été intégralement payé. Les recours entre codébiteurs peuvent alors intervenir, puisqu'ils ne peuvent plus nuire aux créanciers. Il faut même supposer que le créancier peut espérer toucher plus que le montant de ce qui lui est du. L'article L. 621-52 prévoit que l'excédent par rapport à sa créance « est dévolu suivant l'ordre des engagements, à ceux des coobligés qui auraient les autres pour garants ». En conséquence, l'excédent sera d'abord dévolu aux cautions *solvens*, puis aux codébiteurs pour la part excédant leur contribution à la dette[4].

Toutes ces solutions sont reprises, sous l'empire de la loi de sauvegarde, par l'article L. 622-32 du code de commerce, texte de la sauvegarde, applicable en redressement et en liquidation judiciaires.

L'article 1317, alinéa 2 du code civil envisage l'hypothèse où le codébiteur qui a payé est confronté dans son recours en remboursement à l'insolvabilité de l'un des codébiteurs. En ce cas, la part de l'insolvable se répartit par contribution entre les autres codébiteurs solvables et le codébiteur *solvens*. Cette hypothèse sera évidemment fréquente, en cas de procédure collective de paiement atteignant plusieurs codébiteurs, sans les atteindre tous.

731.34 Paiement partiel effectué par un codébiteur avant jugement d'ouverture d'un autre codébiteur. L'article L. 621-53 du code de commerce (anc[t] L. 25 janv. 1985[5], art. 60) envisage, pour sa part, l'hypothèse d'un paiement partiel effectué par l'un des codébiteurs avant le jugement d'ouverture d'un autre codébiteur. Le créancier ne devra alors déclarer sa créance au passif des coobligés que sous déduction de ce qu'il a reçu. On assimilera à cette hypothèse le cas d'un paiement partiel effectué par un codébiteur, alors qu'aucun codébiteur n'était, à l'époque du paiement, en redressement ou en liquidation judiciaire, mais que la procédure de liquidation judiciaire ou, sous l'empire de la loi du 25 janvier 1985, les opérations de plan de cession avaient été clôturées à l'encontre de l'un des coobligés. Si ce dernier est une personne physique, il est en effet redevenu *in bonis*[6].

Le coobligé, qui a effectué le paiement partiel, peut, selon l'article L. 621-53, alinéa 2 du code de commerce, déclarer sa créance au passif du débiteur en redressement judiciaire, pour tout ce qu'il a payé à la décharge du débiteur. Ce que le texte de l'article L. 621-53 prévoit comme une faculté constitue, en réalité, une obligation pour le codébiteur, s'il veut recourir contre le débiteur en redressement ou en liquidation judiciaire.

Si le paiement partiel a été effectué par un codébiteur en redressement ou en liquidation judiciaire, l'article L. 621-53, alinéa 1 du code de commerce est sans application, puisqu'il ne vise que le paiement partiel effectué avant jugement d'ouverture. Il faut donc appliquer l'article L. 621-51 du même code (anc[t] L. 25 janv. 1985, art. 58), ce qui autorise le créancier à déclarer pour la totalité de sa créance, au passif des autres codébiteurs mis ultérieurement en redressement judiciaire[7]. La Cour de cassation avait posé sous l'empire des législations antérieures, la solution[8].

Enfin, si le paiement partiel a été fait par un codébiteur resté *in bonis*, alors qu'un autre codébiteur était déjà en redressement ou en liquidation judiciaire au moment du paiement, l'article L. 621-53, alinéa 1 du code de commerce n'a pas vocation à s'appliquer, puisque le paiement n'émane pas d'un codébiteur en redressement judiciaire. Il faut dès lors décider que le droit à déclaration intégrale

1. *GUYON, n° 1229.*
2. L. n° 85-98, 25 janv. 1985, préc.
3. VALLANSAN *ET ALII*, 6e éd., p. 173.
4. SOINNE, n° 2112.
5. L. n° 85-98, 25 janv. 1985, préc.
6. SUR CETTE ASSIMILATION : SOINNE, n° 2108.
7. RIPERT ET ROBLOT, n° 3008.
8. Req. 24 juin 1851, *S.* 1851. I. 561.

de la créance subsiste au passif d'un autre codébiteur placé, après le paiement, en redressement ou en liquidation judiciaire[1], solution posée de longue date en jurisprudence[2].

Toutes ces solutions sont conservées, sous l'empire de la loi de sauvegarde des entreprises par l'article L. 622-33 du code de commerce, ce texte de la sauvegarde étant applicable en redressement et en liquidation judiciaires.

SECTION 731.40 MISE À L'ÉCART DE LA RÈGLE DE L'ACCESSOIRE ET INDIFFÉRENCE DU SORT DU DÉBITEUR SUR L'ENGAGEMENT D'UN CODÉBITEUR

731.41 Clôture pour insuffisance d'actif d'un codébiteur personne physique. La clôture de la procédure pour insuffisance d'actif d'un codébiteur personne physique a pour effet d'empêcher, par principe, le créancier antérieur de retrouver son droit de poursuite individuelle contre lui. On a vu qu'il s'agissait là d'un droit propre au débiteur. La créance n'étant pas éteinte, il en est résulté la possibilité de poursuivre la caution (v. s^s n° 722.11). La règle est identique pour le codébiteur. Ce dernier pourra être poursuivi, nonobstant la clôture de la procédure pour insuffisance d'actif contre un autre codébiteur[3], cependant que le contraire a parfois été jugé[4]. La solution est d'ailleurs explicitement posée, puisque l'article L. 622-32 du code de commerce (anc^t L. 25 janv. 1985[5], art. 169, al. 2), dans la rédaction que lui a donnée la loi du 10 juin 1994[6], prévoit que « le coobligé qui a payé aux lieu et place du débiteur peut poursuivre celui-ci », sans qu'il soit distingué selon que le coobligé a payé la dette avant ou après la clôture de la procédure. La solution est reprise par la loi de sauvegarde des entreprises, par l'article L. 643-11, II qui énonce que « toutefois, la caution ou le coobligé qui a payé au lieu et place du débiteur peut poursuivre celui-ci ».

Il a également été jugé que la clôture pour insuffisance d'actif de la procédure de l'obligé principal ne fera pas obstacle à la poursuite du garant subsidiaire. La solution a été spécialement posée pour la possibilité de poursuivre l'administration concédante en cas d'engagement de la responsabilité contractuelle du concessionnaire de service public[7].

Si le paiement est intervenu avant jugement d'ouverture, pour la totalité, le codébiteur aura pu déclarer au passif de l'autre codébiteur, réservant ainsi son recours personnel. Si le paiement n'est que partiel, l'article L. 621-53 alinéa 2 du code de commerce (anc^t L. 25 janv. 1985, art. 60, al. 2) autorise le codébiteur *solvens* à déclarer sa créance au passif du débiteur en redressement ou en liquidation judiciaire. La solution est reproduite par l'article L. 622-33 résultant de la loi de sauvegarde. En réalité, si les deux codébiteurs sont en redressement ou en liquidation judiciaire, le paiement partiel de l'un n'aura pu intervenir, par application de l'article L. 621-24 du code de commerce (anc^t L. 25 janv. 1985, art. 33). La solution est la même avec la loi de sauvegarde des entreprises, l'interdiction du paiement de la créance résultant de l'article L. 622-7 étant étendue à l'hypothèse d'ouverture, à l'encontre d'un codébiteur, d'une procédure de sauvegarde. Si le paiement est intervenu alors que l'un était en sauvegarde, en redressement ou en liquidation judiciaire et que l'autre était *in bonis*, le recours personnel autoriserait la poursuite du codébiteur le premier en procédure collective.

Une difficulté se présente cependant si le paiement est intervenu après jugement d'ouverture d'un codébiteur alors que le codébiteur *solvens* fait luimême l'objet d'une procédure collective. L'article L. 621-52 du code de commerce (anc^t L. 25 janv. 1985, art. 59), devenu depuis la loi de sauvegarde des entreprises l'article L. 622-32, interdit en effet, en ce cas, le recours entre codébiteurs identiquement en redressement ou en liquidation judiciaire, et désormais en sauvegarde. Cependant, le paiement étant intervenu après jugement d'ouverture d'un codébiteur, le codébiteur *solvens* dispose-t-il, à l'encontre de l'autre codébiteur, d'une créance postérieure, dès lors qu'il fait valoir son recours personnel ? Une réponse négative, au regard de la jurisprudence de la Cour de cassation, s'impose. La créance de recours a son origine dans l'obligation contractée, non dans le paiement effectué (v. s^s n° 442.18).

La possibilité de principe de poursuivre le codébiteur *in bonis* après clôture de la liquidation judiciaire d'un autre mérite toutefois quelques précisions au regard de l'article 1387-1 du code civil issu de la loi du 2 août 2005[8] (v. s^s n° 741.35).

1. RIPERT ET ROBLOT, n° 3010 – SOINNE, n° 2092.
2. Civ., 23 nov. 1852, *DP* 1852, I, 324 – Civ., 25 févr. 1879, *DP* 1879, I, 149.
3. Com. 24 mars 2004, n° 01-17.288, NP, *D.* 2004. AJ 1593; *Rev. proc. coll.* 2004, p. 232, n° 5, obs. Macorig-Venier; *LXB* n° N1387ABY, note Le Corre; CASSATION DE : Agen, 25 sept. 2001, cité réf. suivante – Com. 7 déc. 2004, n° 03-15.856, NP.
4. Agen, 25 sept. 2001, *Gaz. Pal.* 7-8 nov. 2001, Jur. 21, note Auduc.
5. L. n° 85-98, 25 janv. 1985, préc.
6. L. n° 94-475, 10 juin 1994, préc.
7. CE [illegible] déc. 2000, req. n° 202971, *Lebon*; *RJDA* 2001/10, n° [illegible].
8. L. n° 2005-882, 2 août 2005 en faveur des petites et moyennes entreprises, *JO* 3 août, p. 12639.

731.42 Clôture pour insuffisance d'actif d'un codébiteur personne morale. On retrouve ici la question déjà examinée à propos des cautions (v. s^{s} n°s 721.12 s.). Quelle est l'influence de la clôture de la procédure de liquidation judiciaire ou, sous l'empire de la loi du 25 janvier 1985 [1], du plan de cession, pour insuffisance d'actif ? La personnalité de l'être moral ne disparaît pas. Les engagements des codébiteurs sont au demeurant autonomes les uns par rapport aux autres. Pour cette raison, il faut poser en règle que la clôture de la procédure pour insuffisance d'actif d'un codébiteur reste sans incidence sur la dette d'un autre codébiteur. Des arrêts ont ainsi statué sur la question de la solidarité fiscale du dirigeant social, par application de l'article 267 du Livre des procédures fiscales [2].

La solution se justifie également par le constat que, par principe, le codébiteur a vocation à supporter personnellement le poids de la dette. Il est engagé avec autrui, non pour autrui. Le fait qu'il ne puisse recourir contre un autre codébiteur doit, en conséquence, rester sans conséquence. La solution est cependant injuste si le codébiteur n'est pas intéressé à la dette, puisqu'il a alors vocation à obtenir remboursement de la totalité de ce qu'il a payé. Mais c'est finalement là la preuve que la notion de codébiteur non intéressé à la dette cadre particulièrement mal avec cette institution.

731.43 Cession judiciaire des contrat et codébiteur. Seuls les contrats dont les obligatons naissent successivement sont susceptibles de cssion. En cas de cession judiciaire de ces contrats, lerepreneur a l'obligation de payer les obligations nés après la cession. Il ne contracte que l'obligation c payer les créances nées de son chef. Le débiteun'est plus tenu. C'est la raison pour laquelle la aution se trouve déchargée (v. s^{s} n° 722.13).

Du fait de l'autonomie des engagements entre codébiteurs, il faut, semble-t-il, décider ue la cession d'un contrat à un tiers n'a aucunenent pour effet de décharger le codébiteur *in bonis*.

731.44 Transfert de charge des sûretés et codébiteur. Le transfert de la charge de la sûreté oblige le repreneur à payer les échéances du crédit restant à échoir après transfert, à son profit, des actifs grevés ou prise de ceux-ci dans le cadre d'une location-gérance (v. s^{s} n° 582.44). La créance est ici rie, pour la totalité, sur la dette du débiteur principa Le plan de cession, en outre, n'a pas d'effet novaire.

1. L. n° 85-98, 25 janv. 1985, préc.
2. Com. 30 mai 2000, n° 98-10.926, Bull. civ. IV, n° 5; *Act. proc. coll.* 2000, n° 140; *D.* 2000 AJ 302, obs. enhard; *JCP E* 2001. Chron. 752, n° 4, ob Pételt; *RD* anc. fin. 2000, n° 163, Lucas – Com. 28 no 2000, n° -10.927, *Bull. civ.* IV, n° 184; *D.* 2001. AJ 23 obs. Lieard; *JCP E* 2001. Chron. 752, n° 4, obs. Pétel.

Il en est résulté que la caution restait tenue pour l'intégralité (v. s^{s} n° 722.14).

Une règle identique doit ici être posée pour le codébiteur. La solution ne se justifie évidemment pas par la règle de l'accessoire, mais par celle du caractère non novatoire du plan de cession. Le débiteur n'étant pas déchargé, il n'y a pas davantage place à décharge du codébiteur, dont l'engagement est autonome. Le transfert de la charge de la sûreté n'est pas source d'extinction de la créance, qu'il s'agisse de la créance du débiteur ayant fait l'objet du redressement judiciaire, et depuis la loi de sauvegarde des entreprises, de la liquidation judiciaire ou de celle d'un codébiteur demeuré *in bonis*.

SECTION 731.50

MISE À L'ÉCART DE LA RÈGLE DE L'ACCESSOIRE ET HAUTEUR DES POURSUITES CONTRE LES CODÉBITEURS ET GARANTS

731.51 Extinction de la créance et dette du codébiteur *in bonis*. L'engagement d'un codébiteur n'est pas accessoire par rapport à celui d'un autre codébiteur. Ces engagements sont autonomes les uns par rapport aux autres. Alors que l'illustration essentielle de la règle de l'accessoire, en matière de cautionnement, tient à la disparition du cautionnement par suite de la disparition de l'engagement principal, une solution inverse est ici posée. L'autonomie de l'obligation d'un codébiteur oblige à poser la règle selon laquelle l'extinction de sa dette laisse subsister la dette d'un autre codébiteur.

L'article 1208 du code civil dispose que « le codébiteur solidaire poursuivi par le créancier peut opposer toutes les exceptions qui résultent de la nature de l'obligation et toutes celles qui lui sont personnelles, ainsi que celles qui sont communes à tous les codébiteurs ». L'alinéa 2 ajoute qu'« il ne peut opposer les exceptions qui sont purement personnelles à quelques-uns des autres codébiteurs ». L'article 1315, issu de l'ordonnance du 10 février 2016 [3], reprend les solutions.

La remise de dette, qu'il s'agisse du principal ou des intérêts, a pour effet d'entraîner décharge du codébiteur solidaire, en application de l'article 1208 du code civil. Mais encore faut-il qu'il s'agisse d'une remise conventionnelle. Tel n'est pas le cas lorsque le créancier abandonne une partie des intérêts de la créance déclarée, dans le cadre d'une contestation élevée par le liquidateur sur la validité de la déclaration de créance des intérêts [4].

3. Ord. n° 2016-131, 10 févr. 2016, préc.
4. Com. 18 janv. 2005, n° 02-21.490, NP, *Gaz. proc. coll.* 2005/1, p. 45, n° 2, obs. Le Corre.

Il faut toutefois réserver le jeu des règles de la représentation mutuelle des coobligés (v. s[s] n° 731.61).

731.52 Incidence de l'absence de déclaration au passif d'un codébiteur.

> Extinction d'une créance résultant sous l'empire de la législation antérieure à la loi du 26 juillet 2005 [1] de l'absence de déclaration au passif d'un codébiteur. Comment qualifier, par rapport aux hypothèses visées à l'article 1208 du code civil, l'extinction d'une créance résultant de l'absence de déclaration au passif d'un codébiteur ?

Il est d'abord certain qu'il ne s'agit pas, par principe, d'une exception résultant de la nature de l'obligation, telle celle résultant de l'illicéité de l'objet de l'obligation, ou encore la condition résolutoire affectant la dette ou enfin le paiement fait au créancier par un des codébiteurs, qui emporte extinction de l'obligation.

L'extinction de la créance d'un codébiteur est-elle une exception personnelle ? La doctrine distingue entre exceptions personnelles et exceptions personnelles aux autres codébiteurs [2]. La première catégorie, que nous pouvons appeler les exceptions purement personnelles, a pour effet de faire disparaître un lien obligatoire, sans affecter les autres, parce qu'une raison particulière conduit à la suppression d'un lien obligatoire, tel un vice affectant le consentement d'un des codébiteurs. Il en est de même de l'arrêt des poursuites individuelles, dont ne profite que le codébiteur sous procédure collective. La solution a identiquement été appliquée au garant subsidiaire qu'est le membre d'un Gaec [3].

Les exceptions simplement personnelles, qui représentent la seconde catégorie, sont des moyens de défense, nés en la personne de l'un des codébiteurs, mais auxquels la loi fait produire effet sur le sort des autres obligés, telle la remise (ou décharge) de solidarité ou la remise partielle de dette. Il faut donc un texte permettant à un coobligé de se prévaloir d'une exception n'intéressant, *a priori*, qu'un autre coobligé. Tel n'est pas le cas de l'extinction de la créance au passif. Le code de commerce prévoit, en son article L. 621-46 (anc[t] L. 25 janv. 1985 [4], art. 53), que « les créances qui n'ont pas été déclarées et qui n'ont pas donné lieu à un relevé de forclusion sont éteintes ». Le code de commerce n'a pas précisé que l'extinction de la créance profiterait à tous les codébiteurs. Il ne peut donc être considéré qu'il y a là une exception simplement personnelle.

L'extinction de la créance n'est pas commune à tous les codébiteurs, car elle ne résulte pas de la nature de l'obligation. Pas davantage elle n'est personnelle au codébiteur *in bonis* poursuivi. En admettant qu'elle soit personnelle au codébiteur en redressement ou en liquidation judiciaire, le codébiteur *in bonis* ne pourrait l'opposer, par application de l'article 1208, alinéa 2 du code civil.

C'est donc fort justement, eu égard au texte de l'article 1208 du code civil, que la jurisprudence décide que l'extinction de la créance au passif d'un codébiteur, par suite d'absence de déclaration de créance, et faute pour le créancier d'être relevé de la forclusion, « laisse subsister l'obligation distincte contractée par son codébiteur solidaire » [5].

La règle trouve une application particulière en présence du bailleur des locaux servant au logement des époux, quel que soit leur régime matrimonial, nonobstant toute convention contraire, et même si le bail a été conclu avant le mariage puisqu'il est réputé appartenir à l'un ou à l'autre des époux. Il en résulte que les deux époux sont tenus chacun à la dette et que l'extinction de la créance de loyers à l'égard de l'époux en procédure collective n'a pas d'incidence sur l'obligation personnelle distincte de l'autre époux [6].

1. L. n° 2005-845, 26 juill. 2005, préc.
2. Terré, Simler et Lequette, *Droit civil : Les obligations*, 11e éd., « Précis », Dalloz, 2013, n° 1253.
3. Com. 9 nov. 1993, n° 91-17.279, NP, *Rev. huissiers* 1993. 1442.
4. L. n° 85-98, 25 janv. 1985, préc.
5. Com. 19 janv. 1993, n° 89-16.518, *Bull. civ.* IV, n° 25; *JCP E* 1993, n° 11, p. 63, note Favennec-Hery; *LPA* 7 mai 1993, n° 55, p. 10, note Honorat et Patarin; *Defrénois* 1993. 1045, note Derrida; *JCP N* 1994, n° 22, p. 191, note Pétel; *D.* 1993. 331, note Honorat et Patarin; *JCP* 1993. II. 22056, note Pétel; *Quot. Jur.* 18 févr. 1993, n° 14, obs. P. M.; *RTD com.* 1993. 377, obs. Martin-Serf; *RTD civ.* 1993. 581, obs. Mestre; *Rev. proc. coll.* 1993, 71, obs. Saint-Alary-Houin; *LPA* 20 déc. 1993, n° 152, p. 9, note Derrida; *Defrénois* 1993. 1220, obs. Sénéchal – *Adde*, ENTRE AUTRES : Com. 23 oct. 2001, n° 99-12.504, *Bull. civ.* IV, n° 175; *RJPF* 2002, n° 2, p. 15, note Vauville; *Act. proc. coll.* 2001, n° 248; *D.* 2001. AJ 3433, obs. Lienhard; *Dr. et proc.* 2002. 31, obs. Courtier; *JCP E* 2002. Jur. 1165, note De Gentili-Picard – Com. 11 déc. 2001, n° 98-22.643, *Bull. civ.* IV, n° 198; *JCP E* 2002. Chron. 807, obs. Pétel; *Dr. et patr.* 2002, n° 106, note Monsérié-Bon; *D.* 2002. AJ 402, obs. Lienhard; *Act. proc. coll.* 2002, n° 23, obs. Régnaut-Moutier; *RD banc. fin.* 2002, n° 60, obs. Lucas – Com. 9 juin 2004, n° 01-03.935, NP – Com. 7 févr. 2006, n° 03-20.384, NP; n° 178 F-D – Com. 16 sept. 2008, n° 07-15.646, NP; n° 860 F-D; *Gaz. proc. coll.* 2008/4, p. 56, note Le Corre; *RTD com.* 2009. 210, n° 6, obs. Martin-Serf – Com. 25 nov. 2008, n° 07-14.583, *Bull. civ.* IV, n° 199; *D.* 2008. AJ 3008, obs. Lienhard; Gaz. proc. coll. 2009/1, p. 51, note Le Corre; *JCP E* 2009. Chron. 1347, n° 8, obs. M. Cabrillac; *Act. proc. coll.* 2009, n° 51, note Cagnoli; *RTD com.* 2009. 451, n° 2, obs. Martin-Serf; *Defrénois* 2009. 1400, 38973, n° 4, note Gibirila; *LXB hebdo* 18 déc. 2008, n° 331, note Le Corre – Com. 6 juill. 2010, n° 09-68.261, NP; n° 752 F-D.
6. Civ. 3e, 23 mars 2005, n° 03-20.457, *Bull. civ.* III, n° 69; *AJDI* 2005. 466, note Le Corre; *Gaz. proc. coll.* 2005/2, p. 43, obs. Le Corre; *LXB* n° N4225AIC, note Le Corre.

La règle trouve une autre application particulière dans le cadre de certaines cartes accréditives de crédit précisant que si la carte est délivrée à la demande d'une personne morale, le titulaire de la carte n'est pas une caution, mais un codébiteur solidaire, de sorte que l'absence de déclaration au passif de la personne morale n'éteint pas la créance envers le titulaire de la carte[1].

Le créancier, qui ne déclare pas sa créance au passif, n'engage pas sa responsabilité à l'égard du codébiteur *in bonis*, dès lors qu'il n'y a pas de sa part déloyauté ou manquement à son obligation de bonne foi[2], dans la mesure où le créancier de codébiteurs solidaires n'est pas tenu de poursuivre l'un plutôt que l'autre[3].

Notons que l'ancien conjoint, poursuivi comme indivisaire d'un bien dépendant de l'indivision post communautaire, au titre d'un cautionnement donné par son ex époux, ne peut se prévaloir, sous l'empire de la loi du 25 janvier 1985, de l'absence de déclaration au passif de la créance principale[4], bien que ce droit de soulever l'extinction de la créance pour absence de déclaration au passif ait appartenu à son ex-conjoint, caution, qui ne l'avait pas utilisé.

Absence d'extinction d'une créance résultant sous l'empire de la loi du 26 juillet 2005 de l'absence de déclaration au passif d'un codébiteur. La question ne se pose plus, sous l'empire de la législation issue de la loi de sauvegarde des entreprises, qui a supprimé l'extinction de la créance non déclarée (v. s[s] n° 665.75).

> Inopposabilité de la créance non déclarée sous l'empire de l'ordonnance du 18 décembre 2008[5]. L'ordonnance du 18 décembre 2008 a consacré la notion d'inopposabilité de la créance non déclarée. Elle a entendu en tirer des conséquences particulières à l'égard des garants, ce qui était impossible, sous l'empire de la loi du 26 juillet 2005, dans sa rédaction d'origine.

L'inopposabilité de la créance non déclarée concerne tous les garants personnes physiques. Elle intéresse les codébiteurs, les personnes ayant consenti une sûreté personnelle, celle ayant affecté ou cédé un bien garantie (v. sur ces notions, s[s] n° 731.09). Elle ne fait, en revanche, pas obstacle à la poursuite des garants personnes morales. En conséquence, les solutions développées au lendemain de la loi de sauvegarde continueront à valoir pour les garants personnes morales, qui pourront donc être poursuivis.

L'inopposabilité de la créance non déclarée à l'égard des garants personnes physiques n'a d'abord pas besoin d'être posée pendant la période d'observation, du fait de l'interdiction de poursuivre ces personnes, en cette phase, tant en sauvegarde, qu'en redressement judiciaire.

Cette inopposabilité n'existe pas à l'égard des garants en cas de liquidation judiciaire du débiteur. Ils pourront donc, en cette phase, être poursuivis.

L'inopposabilité de la créance non déclarée aux garants personnes physiques est en revanche expressément édictée pendant la période d'exécution du plan de sauvegarde (C. com., art. L. 622-26, al. 2, ord. 18 déc. 2008, art. 34), mais non pendant celle d'exécution du plan de redressement (C. com., art. L. 631-14, al. 6, réd. ord. 18 déc. 2008, art. 80).

L'inopposabilité de la créance non déclarée ne se prolonge pas, à l'égard des garants, après la complète exécution du plan de sauvegarde (C. com., art. L. 622-26, al. 2, réd. ord. 18 déc. 2008, art. 34), contrairement à la solution posée dans les rapports intéressant le créancier avec son débiteur (C. com., art. L. 622-26, al. 2, réd. ord. 18 déc. 2008, art. 80). Il sera donc possible de poursuivre un garant personne physique, même si le débiteur exécute correctement son plan de sauvegarde, sous réserve qu'après cette complète exécution, moment sans doute éloigné de l'ouverture de la procédure collective, le créancier n'ait pas encouru la prescription.

Cette règle est sans aucun doute une disposition extrêmement incitative pour la sauvegarde, et conduit le débiteur à formuler le vœu d'erreur ou d'omission de la part des créanciers. La discrimination positive à l'égard de la sauvegarde apparaît ici d'une manière extrêmement patente.

Elle conduit à traiter beaucoup plus durement des cautions dans la procédure de redressement judiciaire que des garants autonomes ou des codébiteurs, dans la procédure de sauvegarde. La finalisation du régime des garanties atteint ici son paroxysme, la règle de droit commun étant complètement déformée pour pénaliser le débiteur qui n'utilise pas la sauvegarde. On mesure le caractère fonctionnel du droit des sûretés, lorsqu'il est revisité par le droit des entreprises en difficulté.

731.53 L'application de la solution d'indépendance du sort des engagements aux garants subsidiaires – Règles générales. Le principe d'indépen-

1. Paris, 5 juin 1992, *JCP E* 1993. Pan. 176.
2. Com. 23 oct. 2001, n° 99-12.504, *Bull. civ.* IV, n° 175; *RJPF* 2002, n° 2, p. 15, note Vauville; *Act. proc. coll.* 2001, n° 248; *D.* 2001. AJ 3433, obs. Lienhard; *Dr. et proc.* 2002. 31, obs. Courtier; *JCP E* 2002. Jur. 1165, note De Gentili-Picard – Com. 9 juin 2004, n° 01-03.935, NP.
3. Com. 16 sept. 2008, n° 07-15.646, NP; n° 860 F-D; *Gaz. proc. coll.* 2008/4, p. 56, note Le Corre; *RTD com.* 2009. 210, n° 6, obs. Martin-Serf.
4. Com. 10 mai 2012, n° 10-20.974, *Bull. civ.* IV, n° 93; *D.* 2012. Actu 1325, obs. Lienhard; *Act. proc. coll.* 2012, n° 157, note Leprovaux; *BJE* juill. 2012, n° 130, note Cabrillac; *Rev. proc. coll.* 2013, comm. 100, note Dumont-Lefrand.
5. Ord. n° 2008-1345, 18 déc. 2008, préc.

dance des engagements entre codébiteurs ne peut trouver systématiquement application lorsque les obligés, au lieu d'être des coobligés, sont des garants subsidiaires. En cette hypothèse, si la dette du débiteur garanti disparaît, cela emporte disparition de la dette des garants.

L'engagement des garants est subsidiaire et non pas autonome. Il ne résiste pas à la disparition de la dette du groupement, débiteur garanti. La disparition de la dette de celui-ci entraîne disparition de l'obligation de l'associé ou du membre, ce dernier ne devant que la dette du groupement, sans devoir de façon autonome. Ainsi, la disparition de la dette de la SNC, par suite de son extinction pour absence de déclaration au passif, emporte disparition de l'obligation de l'associé en nom[1]. Il en est de même de la disparition de la dette d'une société civile, qui emporte disparition de l'obligation à la dette de l'associé[2]. C'est pourquoi, si la poursuite de l'associé ne présuppose pas l'admission de la créance au passif de la personne morale, la déclaration de créance est un préalable nécessaire[3]. Toutefois, la Cour de cassation admet que si l'assignation de l'associé a été faite avant déclaration de créance au passif, cette irrégularité peut être régularisée[4]. La solution contraire avait été antérieurement posée, la régularisation ayant été dans un premier temps jugée impossible[5].

Il reste à se demander si l'obligation de déclaration de la créance au passif de la société débitrice, en préalable, qui était indiscutable sous l'empire de la législation antérieure à la loi de sauvegarde, doit être maintenue sous l'empire de la loi de sauvegarde des entreprises.

La raison d'en douter pourrait tenir à la disparition de l'extinction des créances non déclarée. Il n'est cependant pas certain que le préalable de la déclaration de créance soit écarté, si l'on en juge par certaines décisions rendues par la Cour de cassation, après le 1er janvier 2006, même si elles le sont sous le régime des textes anciens[6]. Certains commentateurs[7] ont déduit de la généralité des termes employés par la Cour de cassation la volonté de cette dernière de maintenir, sous l'empire de la loi de sauvegarde des entreprises, l'exigence de la déclaration de créance au passif du débiteur principal avant de poursuivre la caution. La transposition avec l'hypothèse qui nous occupe s'imposerait alors et il faudrait continuer à exiger du créancier social qu'il déclare sa créance au passif de la personne morale pour pouvoir, dans un deuxième temps, poursuivre l'associé de société civile.

En effet, en la matière, les règles du droit des sociétés qui continuent à imprimer leurs principes de solutions doivent conduire à maintenir le préalable de la déclaration de créance. La vaine poursuite de la société est nécessaire. Celle-ci, lorsque la société est en liquidation judiciaire, est remplacée par une déclaration de créance. Cette dernière joue dès lors le rôle de préalable poursuite de la société, ce qui permet alors de poursuivre les associés indéfiniment tenus des dettes, qu'ils le soient sans solida-

1. Com. 25 nov. 1997, no 95-16.202, *Bull. civ.* IV, no 309; *JCP E* 1998. Chron. 656, no 11, obs. Pétel; *LPA* 24 juill. 1998, no 88, p. 33, note Teilliais – Com. 20 févr. 2001, no 97-14.256, *Bull. civ.* IV, no 40; *JCP* 2001. II. 10522, note Rémery; *JCP E* 2001. Pan. 392; *Act. proc. coll.* 2001, no 76, obs. Régnaut-Moutier; *D.* 2001. AJ 1101, obs. Avéna-Robardet; *RJDA* 2001/6, no 706; *RD banc. fin.* 2001, no 108, obs. Legeais; *RD banc. fin.* 2001, no 120, obs. Lucas; *Bull. Joly* 2001. 607, no 152, note Le Nabasque; *Bull. Joly* 2001. 844, no 180, note Le Nabasque.
2. Civ. 3e, 22 mars 1995, no 92-20.048, *Bull. civ.* III, no 84; *Rev. sociétés* 1995. 159, note Barbièri; no 96, obs. Chaput; *Bull. Joly* 1995. 551, note Jeantin – Civ. 3e, 10 juill. 1996, no 94-10.552, NP, *D.* 1997. Somm. 80, obs. Honorat; *Dr. sociétés* 1996, no 169, obs. Chaput; *Bull. Joly* 1996. 958, note Calendini – Com. 28 juin 2005, no 03-11.915, NP – *Adde*, SUR LA QUESTION : Julien, « Observations sur l'évolution jurisprudentielle du sort des associés de société civile », *RTD com.* 2001. 841, spéc. nos 5 s.
3. Com. 24 janv. 2006, no 04-19.061, *Bull. civ.* IV, no 17; *D.* 2006. AJ 445, obs. Lienhard; *RTD com.* 2006. 916, no 5, obs. Martin-Serf; *JCP E* 2006. Chron. 1569, no 10, obs. M. Cabrillac et Pétel; *Act. proc. coll.* 2006, no 40, note Régnaut-Moutier; *LPA* 28 avr. 2006, no 85, p. 14, note Gibirila; *Bull. Joly* 2006. 588, note Daigre; *Rev. sociétés* 2006. 410, note Barbièri; *RTD com.* 2006. 435, no 4, obs. Monsérié-Bon; *Rev. sociétés* 2006. 637, note Bonneau – Cass., ch. mixte, 18 mai 2007, no 05-10.413, *Bull. ch. mixte*, no 4, no 252; *D.* 2007. AJ 1414, obs. Lienhard; *D.* 2008. Pan. 579, obs. Le Corre; *RJDA* 2007/8-9, p. 766, rapp. Bançon; *Gaz. proc. coll.* 2007/3, p. 18, note Le Corre; *D com.* 2007. 550, no 1, obs. Monsérié-Bon; *RTD com.* 2007. 597, no 3, obs. Martin-Serf; *Act. proc. coll.* 2007, 128, note Régnaut-Moutier; *JCP* 2007. II. 10128, note Lros; *JCP E* 2007. Chron. 2119, no 10, obs. Pétel; *JCP E* 07. Chron. 1877, no 10, obs. Caussain, Deboissy et Wer; *LPA* 14 août 2007, no 162, p. 18, note Vinckel; *Dr. sétés* 2007, no 130, note Lucas; *Dr. sociétés* 2007, no 1 note Legros; *Rev. proc. coll.* 2007, no 19, obs. Leb *Rev. sociétés* 2007. 620, note Barbièri; *Banque et dro* ill.-août 2007. 57, note Storck; *RJ com.* 2007. 345, no Monsérié-Bon; *Defrénois* 2007. 1571, 38675, no 9, no ibirila; *LXB hebdo* juin 2007, no 265, no N5621BBS, no e Corre.
4. C ch mixte, 18 mai 2007, no 05-10.413, *Bull. ch.* e, no 4, no 252, préc. (v. ss prést no).
5. (27 sept. 2005, no 03-20.390, *Bull. civ.* IV, no 188, *in* Besançon, « Obligations aux dettes des associés e société civile soumise à une procédure collective », ss , ch. mixte, 18 mai 2007, no 05-10.413, *RJDA* 2007/ . 766, sp. p. 769.
6. Com. 30 janv. 2007, no 05-13.751, *Bull. civ.* IV, ; *D.* 2007. AJ 508, obs. Lienhard; *D.* 2008. Pan. 579, Le Corre; *Act. proc. coll.* 2007, no 47, note Salvat; *ebdo* no 249, no N0608BAR, note Le Corre-Broly.
7. ard, obs. ss Com. 30 janv. 2007, no 05-13.751, *D.* 2007. 8.

rité[1] ou avec solidarité, des divergences doctrinales existant en ce dernier cas[2] (v. ss nos 731.23 et 731.24). De même, en présence d'associés solidairement tenus du passif, en dehors même de la liquidation judiciaire, la déclaration de créance au passif vaut mise en demeure. Ainsi, par son équivalence à une mise en demeure à la société, voire à une vaine poursuite de la société, la déclaration de créance continue-t-elle à s'imposer[3], paradoxalement en application des règles du droit des sociétés. Comme cela a été analysé, le défaut de déclaration de créance au passif a un effet paralysant temporaire : il paralyse la poursuite contre les associés tant que la société ne pourra pas être poursuivie[4].

La solution, qui consiste à poser en règle la disparition de la dette du garant subsidiaire en cas d'extinction de la dette de l'obligé principal n'est pas applicable en cas de responsabilité *in solidum* des coresponsables d'un dommage. Le coresponsable n'est en effet pas un garant subsidiaire. De même, en matière de responsabilité contractuelle, il a été jugé que lorsque le concessionnaire d'un service public engage sa responsabilité contractuelle envers un usager, l'administration concédante est garant subsidiaire, lorsque le concessionnaire est insolvable. L'extinction de la créance à l'encontre du concessionnaire n'interdit pas la poursuite du concédant[5].

731.54 Règles spéciales à la location-gérance et à la cession Dailly. Si l'obligé, bien que jouant le rôle de garant, est initialement tenu à la dette et que celle-ci passe sur la tête d'un autre, qui et garanti par le débiteur d'origine, le maintien de l'obligation du garant s'explique alors par le caractère non novatoire du transfert de l'obligation sur la tête d'un autre.

C'est la raison pour laquelle il est jugé que le bailleur du fonds de commerce, resté garant du locataire-gérant, pour les dettes nées pendant les six premiers mois de l'activité, n'est pas déchargé en l'absence de déclaration au passif du locataire-gérant[6].

Il en est de même du cessionnaire d'une créance par bordereau Dailly. L'absence de déclaration de créance au passif du cédant de la créance ne constitue pas un obstacle à la poursuite du débiteur cédé[7]. La solution s'impose *a fortiori* depuis la loi de sauvegarde des entreprises, qui a supprimé le principe d'extinction de la créance non déclarée (v. ss no 665.75). Le cessionnaire Dailly peut déclarer sa créance au passif du cédant, ce dernier restant débiteur principal. La charge de la preuve des paiements reçus par le cessionnaire de la part du débiteur reposera sur le représentant des créanciers ou le liquidateur du garant, non sur le cessionnaire[8].

Parce que le cédant de la créance, dans la cession Dailly utilisée à titre de garantie, reste débiteur principal, l'absence de déclaration de créance par le cessionnaire au passif du débiteur cédé n'interdit pas la demande en paiement contre le cédant, et cela même avant la suppression par la loi de sauvegarde des entreprises de l'extinction de la créance non déclarée[9].

Par principe, le cessionnaire d'une créance professionnelle, qui a été notifiée, doit justifier d'une demande amiable au débiteur cédé avant d'exercer son recours contre le cédant. Cette exigence est toutefois écartée en cas d'événement rendant impossible le paiement de la part du débiteur cédé[10], ce qui inclut évidemment l'hypothèse d'une procédure collective atteignant le débiteur cédé[11].

731.55 Effets de la règle d'indépendance du sort des engagements des codébiteurs. Le principe d'indépendance des engagements des codébiteurs s'avère intéressant pour le créancier, alors surtout que la jurisprudence refuse l'engagement de la responsabilité civile délictuelle du créancier par le codébiteur poursuivi, au prétexte de la disparition d'un lien de coobligation à la dette[12].

1. EN CE SENS AUSSI : Coquelet, « Risques, responsabilités des associés d'une société en procédure collective », *Rev. proc. coll.* 2010. Dossier 6, no 18.
2. EN SENS CONTRAIRE : Coquelet, art. préc.
3. Monsérié-Bon, obs. ss Cass., ch. mixte, 18 mai 2007, no 05-10.413, *RTD com.* 2007. 550, no 1 – Vinckel, note ss Cass., ch. mixte, 18 mai 2007, no 05-10.413, *LPA* 1er août 2007, no 162, p. 18, sp. p. 21, no 8 – Kendérian, obs. ss Com. 13 févr. 2007, no 05-19.878 et Civ. 3e, 14 févr. 2007, no 05-21.488, *Bull. Joly* juin 2007. 703, sp. 709, no 6.
4. Besançon, « Obligations aux dettes des associés de société civile soumise à une procédure collective », note ss Cass., ch. mixte, 18 mai 2007, no 05-10.413, *RJDA* 2007. 8-9, p. 766 s., sp. p. 772.
5. CE 11 déc. 2000, req. no 202971, *Lebon*; *RJDA* 2001, no 996.
6. Com. 27 mai 1997, no 94-21.054, NP, *D. Affaires* 1997. 1042 – CONTRA : Rennes, 24 juin 1998, *JCP E* 2000, no 180, obs. Lucas.
7. Com. 8 déc. 1998, no 96-12.933, NP, *RTD com.* 1999. 172, no 6, obs. M. Cabrillac – Com. 14 mars 2000, no 96-14.034, *Bull. civ.* IV, no 55.
8. Com. 4 déc. 2001, no 98-17.052, *Bull. civ.* IV, no 192; *D.* 2002. AJ 210, obs. Lienhard; *Act. proc. coll.* 2002, no 17.
9. Com. 20 oct. 2009, no 08-18.233, *Bull. civ.* IV, no 128; *D.* 2009. AJ 2611, obs. Lienhard; *Gaz. Pal.* 8-10 janv. 2010, nos 8, 9, p. 31, note Bonhomme; *Act. proc. coll.* 2009, no 303, note Petit; *Rev. proc. coll.* 2010, no 63, note Pérochon.
10. Com. 18 sept. 2007, no 06-13.736, *Bull. civ.* IV, no 197; *JCP E* 2007. Chron. 2377, no 40, note Stoufflet.
11. Stoufflet, obs. ss Com. 18 sept. 2007, no 06-13.736, *JCP E* 2007. Chron. 2377, no 40.
12. Com. 14 mars 2000, no 97-16.565, NP, *RD banc. fin.* 2000, no 68, obs. Lucas.

Parfois, cependant, la solution peut lui nuire. Ainsi, si le créancier se voit opposer par un tiers un droit de rétention sur un bien lui appartenant, il ne peut se réfugier derrière l'absence de déclaration au passif du débiteur pour prétendre au caractère illégitime du droit de rétention exercé par son titulaire, dès lors qu'il existe un codébiteur à l'encontre duquel la créance n'est pas éteinte [1].

Cette absence d'extinction de la créance du codébiteur *in bonis* résulte cependant de l'absence de décision de justice, sur l'existence de la créance, à l'encontre du créancier face au débiteur en sauvegarde, en redressement ou en liquidation judiciaire. Si une décision de justice se prononce sur l'admission de la créance, il conviendra de distinguer selon que le codébiteur est conjoint ou solidaire. Dans le premier cas, la décision de justice n'aura, à notre sens, aucun effet à l'égard du codébiteur conjoint. Dans le second cas, s'appliquera la théorie de la représentation mutuelle des coobligés (v. s^s n° 731.61).

731.56 Incidence sur les codébiteurs et les garants de la remise de dettes dans le cadre des plans.

> LÉGISLATION ANTÉRIEURE À LA LOI DE SAUVEGARDE DES ENTREPRISES – ABSENCE D'INCIDENCE SUR LE CODÉBITEUR DE LA REMISE DE DETTES DU PLAN DE CONTINUATION AVANT LA LOI DE SAUVEGARDE DES ENTREPRISES [2]. En droit commun, l'article 1350-1 du code civil prévoit que « la remise de dette consentie à l'un des codébiteurs solidaires libère les autres, à concurrence de sa part ». Cette règle ne s'applique qu'au profit du codébiteur solidaire, non à l'égard du codébiteur conjoint, cependant que l'article 1350-2, alinéa 1 du code civil invite à ne pas distinguer entre caution simple et caution solidaire, la remise de dette faite au débiteur principal profitant aux deux catégories de cautions.

La libération du codébiteur solidaire suppose que la remise de dette soit « conventionnelle ». Si elle est légale ou judiciaire, il ne sera pas libéré.

L'article L. 621-65 alinéa 2 du code de commerce (anc^t L. 25 janv. 1985 [3], art. 64, al. 2) s'inscrit dans le cadre de l'article 1350-1 du code civil (ancien art. 1285), en disposant que « les cautions solidaires et coobligés ne peuvent s'en (des dispositions du plan) prévaloir ». La lettre du texte permet incontestablement de l'appliquer tant au codébiteur solidaire, qu'au codébiteur conjoint, alors que l'article 1285 du code civil en droit commun, ne s'applique qu'au codébiteur solidaire [4].

L'examen de la question des remises de dettes a déjà été fait à propos des cautions (v. s^s n° 723.31). Dès lors, de brèves observations s'imposent ici. On rappellera d'abord que la remise de dettes ne peut être imposée à un créancier. Dès lors, toute remise de dette est nécessairement acceptée par le créancier, sauf excès de pouvoir de la juridiction. Mais cette remise de dette acceptée n'est pas pour autant conventionnelle. Elle participe de la nature judiciaire du plan, raison pour laquelle l'article L. 621-65, alinéa 2 du code de commerce doit trouver pleine application. Le codébiteur, en conséquence, ne pourra s'en prévaloir pour prétendre minorer son engagement.

De même que le codébiteur ne peut se prévaloir de la remise faite, dans le cadre d'un plan de continuation, à l'un des codébiteurs, de même il ne peut s'emparer du sort des accessoires de la dette d'un codébiteur sur son propre engagement.

> LÉGISLATION ISSUE DE LA LOI DE SAUVEGARDE DES ENTREPRISES – INCIDENCE DE LA REMISE DE DETTES DANS LE CADRE DU PLAN DE REDRESSEMENT ET DE SAUVEGARDE SUR LE CODÉBITEUR ET LE GARANT AUTONOME, PERSONNE PHYSIQUE. Si la réforme du 26 juillet 2005 a maintenu le principe selon lequel le codébiteur ne peut bénéficier des remises accordées au débiteur dans le cadre du plan de redressement, en revanche, elle a modifié la solution en présence d'un plan de sauvegarde (C. com., art. L. 626-11). L'absence d'alignement du redressement judiciaire sur la sauvegarde résulte clairement de l'article L. 631-20 alinéa 1 du code, texte spécifique au redressement judiciaire et qui dispose que « par dérogation aux dispositions de l'article L. 626-11, les coobligés et les personnes ayant consenti un cautionnement ou une garantie autonome ne peuvent se prévaloir des dispositions du plan ». Cette distorsion de règles entre le plan de redressement et le plan de sauvegarde a pour but avoué de créer une incitation financière du dirigeant garant à saisir le tribunal aux fins de se placer sous le régime de la sauvegarde [5]. Cette règle conduit à introduire dans des garanties accessoires une règle commandée par la règle de l'accessoire, qui veut que l'on ne traite pas plus durement le garant accessoire que le débiteur principal. Ainsi, ce régime est « intellectuellement surprenant, mais sociologiquement compréhensible » [6].

À l'exception des personnes morales, qui ne pourront bénéficier des remises du plan de sauvegarde, tous les codébiteurs peuvent bénéficier des dispositions du plan de sauvegarde, et notamment des remises accordées au débiteur dans le cadre de

1. Versailles, 21 sept. 1994, *RJDA* 1994, n° 1366.
2. L. n° 2005-845, 26 juill. 2005, préc.
3. L. n° 85-98, 25 janv. 1985, préc.
4. Terré, Simler et Lequette, *Droit civil : Les obligations*, 11e éd., « Précis », Dalloz, 2013, n° 1254.
5. *Rapp. Xavier de Roux*, n° 2095, p. 292.
6. LE CANNU, 7e éd., n° 955.

l'élaboration du plan, sans distinguer selon que ces remises résulteront de l'adoption d'un plan de sauvegarde, dans les conditions classiques ou après vote favorable des comités de créanciers pouvant conduire à imposer des remises de dettes aux minoritaires réfractaires.

> Législation issue de l'ordonnance du 18 décembre 2008 [1] **– Incidence de la remise de dettes dans le cadre du plan de redressement et de sauvegarde sur le codébiteur et les garants.** Par symétrie avec l'extension du domaine de la règle de l'interdiction des poursuites contre les garants personnes physiques pendant la période d'observation, ces mêmes garants personnes physiques pourront bénéficier des dispositions du plan de sauvegarde.

Il en sera ainsi, avec le nouvel article L. 626-11, alinéa 2 du code de commerce, tel qu'il résulte de l'ordonnance de réforme (ord. 18 déc. 2008, art. 166) pour les personnes physiques coobligées et celles ayant consenti une sûreté personnelle. Le législateur n'évoque plus les cautions, ni les garants autonomes. Il fait usage d'une expression infiniment plus extensive, qui a vocation à englober ces deux dernières catégories de garants, mais en les dépassant largement (v. s^s^ n° 731.09).

En revanche, il faudra que la sûreté personnelle ait été consentie, ce qui, *a priori*, permettra d'exclure du bénéfice de la règle les garants subsidiaires, tels les associés de sociétés civiles ou les associés de société en nom, alors qu'une formule différente, telle par exemple celle de « personnes physiques garants personnels » aurait permis de les inclure parmi les nouveaux bénéficiaires de la règle.

L'ordonnance du 18 décembre 2008 entend également assurer le bénéfice des dispositions du plan de sauvegarde « aux personnes physiques ayant affecté[2] ou cédé un bien en garantie » (sur ces notions, v. s^s^ n° 731.09).

En revanche, les garants personnes morales ne pourront bénéficier des dispositions du plan de sauvegarde.

Cette extension du domaine des garants pouvant bénéficier des dispositions du plan de sauvegarde est strictement limitée à la sauvegarde et n'a donc, pas plus qu'auparavant, vocation à bénéficier aux garants d'un débiteur ayant obtenu un plan de redressement. Il s'agit de discriminer positivement en faveur de la sauvegarde, pour assurer une attractivité de cette procédure sans cessation des paiements, par rapport au redressement judiciaire. C'est la prime à l'anticipation.

1. Ord. n° 2008-1345, 1 déc. 2008, préc.
2. *Vallansan*, « La sûreté réelle conférée par un tiers : entre obstacles et efficacité », Colloque Sûretés réelles et droit des entreprises en difficulté, Nice, 20 mars 2010, *LPA* 11 févr. 2011, n° 30, p. 41.

731.57 Absence d'incidence du sort des intérêts de la dette d'un codébiteur sur l'autre dans la législation antérieure à la loi de sauvegarde des entreprises. L'article L. 621-48 du code de commerce prévoit que « le jugement d'ouverture du redressement judiciaire arrête le cours des intérêts ». On a vu que les intérêts arrêtés contre le débiteur ne l'étaient pas contre les cautions (v. s^s^ n° 723.34). Cette solution résulte explicitement de l'article L. 621-48 alinéa 2 du code de commerce, dans sa rédaction issue de la loi du 10 juin 1994[3]. Sans ce texte, une solution contraire aurait dû être dégagée, en ce qui concerne les cautions, puisqu'elle contrarie ouvertement la règle de l'accessoire. Cette dernière est, en revanche, sans application au codébiteur. Le caractère autonome de l'engagement d'un codébiteur, par rapport à celui d'un autre, justifie que l'arrêt du cours des intérêts, par l'effet du jugement d'ouverture du redressement judiciaire, à l'encontre d'un codébiteur, ne profite pas à un autre codébiteur. Il s'agit là d'une exception purement personnelle au débiteur en redressement ou en liquidation judiciaire. Faute de texte particulier, cette exception reste personnelle au débiteur. Elle ne devient pas une exception simplement personnelle (sur cette notion, v. s^s^ n° 731.52). En conséquence, malgré l'arrêt du cours des intérêts contre le codébiteur en redressement ou en liquidation judiciaire, les intérêts continuent à courir contre le codébiteur *in bonis*[4]. Après paiement, il peut s'en faire rembourser par le codébiteur sous procédure collective, et cela même après clôture de la procédure de liquidation judiciaire pour insuffisance d'actif selon une solution identiquement applicable aux cautions (v. s^s^ n° 722.11).

Une juridiction du fond a estimé que l'arrêt du cours des intérêts contre la société débitrice – une société en nom collectif – était inapplicable à son associé, garant subsidiaire[5], ce qui peut être discuté dès lors que l'on considère l'associé comme un garant subsidiaire, non comme un codébiteur (v. aussi s^s^ n° 731.58). Pour sa part, la Cour de cassation, en considérant l'associé d'une société civile comme un garant subsidiaire, a estimé que la règle de l'arrêt du cours des intérêts trouvait application à son profit[6].

Il a également été jugé que l'arrêt du cours des intérêts visé à l'article 144 du décret du 27 décembre 1985[7], dans sa rédaction d'origine, n'est relatif qu'à la distribution, entre les créanciers colloqués,

3. L. n° 94-475, 10 juin 1994, préc.
4. Civ. 1re, 19 oct. 1999, n° 97-17.109, NP.
5. Grenoble, ch. com., 27 sept. 2006, RG n° 05/00699, Dr. sociétés 2007, n° 11, note Monnet.
6. Com. 29 mars 2011, n° 10-15.554, NP, *BJE* 2011. 192, note Bréna.
7. D. n° 85-1388, 27 déc. 1985, *JO* 29 déc., p. 15281.

du prix de vente d'un bien et ne peut bénéficier au codébiteur solidaire du débiteur en liquidation judiciaire[1].

731.58 Bénéfice de l'arrêt du cours des intérêts pour le codébiteur et les garants depuis la loi du 26 juillet 2005.

> Bénéfice de l'arrêt du cours des intérêts pour le codébiteur et le garant autonome résultant de la loi du 26 juillet 2005[2]. Il résulte de la loi du 26 juillet 2005 que la règle selon laquelle le jugement d'ouverture arrête le cours des intérêts contre le débiteur profite désormais aux personnes physiques, qui sont des codébiteurs ou qui ont consenti une garantie autonome (C. com., art. L. 622-28, al. 1). La règle ne s'applique toutefois qu'en cas d'ouverture d'une procédure de sauvegarde ou de liquidation judiciaire. En effet, l'article L. 622-28, alinéa 1 s'applique en liquidation judiciaire, du fait du renvoi opéré à cette disposition par l'article L. 641-3 alinéa 1. En revanche, cette disposition n'est pas applicable en redressement judiciaire, car l'article L. 631-14, II prévoit explicitement que « toutefois, les personnes physiques coobligées ou ayant consenti un cautionnement ou une garantie autonome ne peuvent se prévaloir des dispositions prévues au premier alinéa de l'article L. 622-28 ». En conséquence, pendant toute la durée du redressement judiciaire, les intérêts continuent à courir contre un codébiteur *in bonis*, alors qu'ils sont arrêtés contre le codébiteur en redressement judiciaire. En cas de conversion du redressement en liquidation judiciaire, le cours des intérêts arrêté contre le codébiteur en liquidation judiciaire s'arrête également contre les autres codébiteurs, si du moins ils sont des personnes physiques. La raison d'appliquer les solutions de la sauvegarde en liquidation judiciaire, alors qu'elles sont inapplicables en redressement judiciaire, nous échappe. Il ne peut s'agir que d'un renvoi trop rapidement effectué par le législateur.

La solution introduite par la loi du 26 juillet 2005 conduit à traiter des codébiteurs et des garants autonomes comme des garants accessoires, introduisant ainsi dans la garantie autonome et dans le régime des codébiteurs des règles pourtant inconciliables avec la nature de ces engagements. Le législateur a ici cherché le pragmatisme en alignant le régime des codébiteurs et garants autonomes, personnes physiques sur celui des cautions personnes physiques. Il s'est agi d'« éviter de créer une disparité de traitement tel qu'elle appellerait immédiatement, en réaction, une différenciation des comportements des établissements de crédit »[3].

En revanche, il a été jugé que les associés répondant indéfiniment des dettes sociales, par exemple les associés de société civile, ne sont pas des coobligés et bénéficient en conséquence de la règle de l'arrêt du cours des intérêts, dont profite le débiteur en redressement judiciaire, puisqu'ils ne peuvent être tenus à plus que lui, compte tenu de leur engagement subsidiaire[4].

> Bénéfice de l'arrêt du cours des intérêts pour le codébiteur et les garants personnes physiques résultant de l'ordonnance du 18 décembre 2008[5]. La règle selon laquelle le jugement d'ouverture arrête le cours des intérêts légaux et conventionnels ainsi que tous intérêts de retard et majorations, qui s'appliquait déjà aux personnes physiques cautions, codébiteurs et garants autonomes, sous l'empire de la loi de sauvegarde, dans sa rédaction d'origine, dans la procédure de sauvegarde, est étendue par le texte issu de la réforme du 18 décembre 2008.

En ce sens, l'article 166 de l'ordonnance du 18 décembre 2008 procède à la réécriture de l'article L. 622-28, alinéa 1 du code de commerce. Désormais, le bénéfice de la règle de l'arrêt du cours des intérêts contre le débiteur est applicable aux personnes physiques coobligées, à celles ayant consenti une sûreté personnelle, ou ayant affecté ou cédé un bien en garantie (sur ces notions, v. s[s] n° 731.09).

Il faudra que la sûreté personnelle ait été consentie, ce qui, *a priori*, permettra d'exclure du bénéfice de la règle les garants subsidiaires, tels les associés de sociétés civiles ou les associés de société en nom, alors qu'une formule différente, telle par exemple celle de « personnes physiques garants personnels » aurait permis de les inclure dans les nouveaux bénéficiaires de la règle.

Comme par le passé, les garants personnes morales du débiteur continueront à être exclus du bénéfice de la règle.

L'extension de la portée de la mesure constitue assurément une augmentation du bénéfice de la sauvegarde attendu pour les garants du débiteur, et cela d'autant que le bénéfice de la règle de l'arrêt du cours des intérêts ne concerne aucun garant dans les procédures de redressement ou de liquidation judiciaire. Ici encore, la technique de la discrimination positive en faveur de la sauvegarde est utilisée par le législateur.

L'article L. 641-3, alinéa 1 nouveau du code de commerce, issu de la rédaction que lui donne l'ordonnance de réforme (ord. 18 déc. 2008, art. 97), rend

1. Com. 24 mars 2004, n° 02-17.627, NP.
2. L. n° 2005-845, 26 juill. 2005, préc.
3. *Rapp. Xavier de Roux*, n° 2095, p. 291.
4. Bordeaux, 1re ch. B, 19 févr. 2008, RG n° 05/01701, *Act. proc. coll.* 2008, n° 148.
5. Ord. n° 2008-1345, 18 déc. 2008, préc.

applicables en liquidation judiciaire la première phrase de l'alinéa 1 de l'article L. 622-28 du code de commerce. Selon cette disposition, « Le jugement d'ouverture arrête le cours des intérêts légaux et conventionnels, ainsi que de tous intérêts de retard et majorations, à moins qu'il ne s'agisse des intérêts résultant de contrats de prêt conclus pour une durée égale ou supérieure à un an ou de contrats assortis d'un paiement différé d'un an ou plus ».

La loi de sauvegarde avait étendu le bénéfice de cette règle aux garants personnes physiques, dans la procédure de sauvegarde, mais non dans le redressement judiciaire. À la suite d'une maladresse législative, ce bénéfice refusé aux garants personnes physiques d'un débiteur en redressement judiciaire, avait été étendu aux garants personnes physiques d'un débiteur en liquidation judiciaire. En effet, l'article L. 622-28, alinéa 1 du code de commerce avait été rendu applicable en liquidation judiciaire par l'article L. 641-3 du code.

Tout en conservant le bénéfice de la règle de l'arrêt du cours des intérêts aux garants personnes physiques d'un débiteur en sauvegarde, en conservant l'inapplication de ce bénéfice pour les garants d'un débiteur en redressement judiciaire, l'article L. 641-3 nouveau supprime très logiquement le bénéfice de cette règle aux garants d'un débiteur en liquidation judiciaire. En effet, l'article L. 641-3, alinéa 1 nouveau du code (ord. 18 déc. 2008, art. 97), rend applicable en liquidation judiciaire la première phrase de l'article L. 622-28, alinéa 1 du code, et non plus la seconde qui pose le principe d'application de la règle de l'arrêt du cours des intérêts aux garants personnes physiques d'un débiteur en sauvegarde.

SECTION 731.60
CORRECTIF DE LA REPRÉSENTATION MUTUELLE DES COOBLIGÉS – RÉCLAMATION À L'ÉTAT DES CRÉANCES

731.61 Effets de l'admission de la créance au passif d'un codébiteur – Application des règles de la représentation mutuelle des coobligés. Les règles précédemment décrites à propos des cautions solidaires sont ici également applicables. On rappellera, en effet, que c'est à partir de l'institution des coobligés solidaires qu'a été élaborée la construction de la représentation mutuelle des coobligés, qui fait l'objet d'une critique sévère de la part de certains auteurs[1], et qui a été exportée par la jurisprudence, dans le domaine du cautionnement. L'admission au passif d'un codébiteur aura, pour un autre codébiteur solidaire, les mêmes effets que l'admission du créancier au passif du débiteur principal pour la caution solidaire.

Rappelons d'abord que l'effet interruptif de prescription attaché à la déclaration de créance au passif de l'un des débiteurs vaut à l'encontre de tous les codébiteurs solidaires (v. s^s^ n° 661.21).

L'admission de la créance au passif du codébiteur, dès lors qu'elle est devenue définitive, s'impose au codébiteur solidaire demeuré *in bonis*. L'effet relatif de l'autorité de la chose jugée est étendu au codébiteur solidaire[2], qui est réputé représenté à l'instance d'admission intervenue entre ce dernier et le codébiteur sous procédure collective. Les effets de la règle de l'accessoire, qui se trouvent seulement renforcés par la représentation mutuelle des coobligés, dans le cadre du cautionnement, sont évidemment ici sans application. La représentation mutuelle des coobligés joue, en réalité, comme un mécanisme de destruction de l'autonomie du lien obligatoire, pour permettre de considérer que ce qui est jugé à l'encontre d'un codébiteur solidaire, s'impose à l'autre. En conséquence, l'admission de la créance au passif interdira au codébiteur solidaire de faire valoir les exceptions communes à tous les codébiteurs, dès lors que ces exceptions n'ont pu être retenues par la décision ayant statué sur l'admission de la créance. L'opposabilité au codébiteur solidaire de l'admission de la créance au passif ne contrarie pas le droit au procès équitable posé par l'article 6 § 1 de la Conv. EDH, du fait de la possibilité pour le codébiteur solidaire de former réclamation à l'état des créances, afin d'empêcher l'admission au passif de devenir définitive[3].

Le codébiteur solidaire, après admission irrévocable de la créance, ne peut plus discuter, pour refuser de remplir son engagement, de l'existence de la créance[4] ou du montant de la créance, ce qui oblige donc le codébiteur solidaire à payer au créancier le montant admis au passif d'un autre codébiteur[5]. La solution a été posée pour une indemnité de résiliation réclamée à un colocataire[6]. Il en est de même

1. Cabrillac M. et S., Mouly, Pétel, *Droit des sûretés*, 9e éd., LexisNexis, 2010, n° 462.

2. Com. 20 sept. 2005, n° 04-14.410, NP – Com. 1er avr. 2008, n° 06-21.296, NP; n° 457 F-D; *Gaz. proc. coll.* 2008/3, p. 59, note Le Corre; *Rev. proc. coll.* 2008, n° 137, note Legrand; *Rev. proc. coll.* 2009, n° 60, note Dumont-Lefrand; *LXB hebdo* 22 mai 2008, n° 305, n° N9582BEM, note Le Corre – Paris, 8e ch. B, 4 déc. 2003, RG n° 03/07691.
3. Com. 30 oct. 2007, n° 04-16.655, *Bull. civ.* IV, n° 229; *Gaz. proc. coll.* 2008/1, p. 65, note Le Corre; *LXB hebdo* 22 nov. 2007, n° 282, n° N1983BDS, note Le Corre-Broly.
4. Com. 30 oct. 2007, n° 04-16.655, préc.
5. Com. 30 oct. 2007, n° 04-16.655, préc. – Com. 16 déc. 2014, n° 13-22.106, NP; n° 1119 F-D.
6. Com. 24 juin 2003, n° 00-18.078, *Bull. civ.* IV, n° 106; *D.* 2003. AJ 2012; *Act. proc. coll.* 2003, n° 187.

du cédant de la créance par bordereau Dailly, garant solidaire à défaut de clause contraire, en cas d'admission de la créance au passif du débiteur cédé[1]. Il ne pourra davantage contester la validité de l'engagement, du moins pour des causes communes. Pas davantage, il ne saurait discuter de la validité de la déclaration de créance effectuée. L'autonomie des engagements y aurait d'ailleurs fait obstacle, même en l'absence de toute admission de la créance. *A fortiori*, en sera-t-il ainsi en cas d'admission de la créance, cependant que la règle ne sera plus justifiée par l'autonomie des engagements, mais par l'idée de représentation mutuelle des coobligés. En revanche, l'admission de la créance au passif du cessionnaire Dailly n'interdit pas au débiteur cédé d'opposer l'exception d'inexécution de son obligation envers le cédant, car l'autorité de la chose jugée ne porte que sur l'existence, le montant et la nature de la créance[2]. Il faut évidemment réserver l'hypothèse d'une cession Dailly acceptée, privative pour le débiteur cédé du droit d'opposer au cessionnaire les exceptions qu'il détient à l'encontre du cédant.

Symétriquement, la hauteur de l'admission de la créance s'imposera au créancier, qui ne pourra réclamer autre chose au codébiteur solidaire[3]. L'admission de la créance au passif du codébiteur, dès lors qu'elle est devenue définitive, fait obstacle à ce que la créance soit admise dans la procédure ouverte en second lieu contre un codébiteur solidaire dans des conditions différentes de celles intéressant le codébiteur le premier placé sous procédure collective[4].

Ainsi, l'absence d'admission des intérêts interdira au créancier de les réclamer au coobligé solidaire[5].

Si l'extinction de la créance de l'un des codébiteurs solidaires est constatée par une décision définitive, un autre pourra s'en emparer et cela fera obstacle à sa condamnation[6]. Cette extinction de la créance rejetée bénéficie au codébiteur ultérieurement placé sous procédure collective, en ce qu'elle fait obstacle à l'admission de la même créance à son passif[7], à moins que ce rejet ne soit dû à une cause personnelle au premier codébiteur.

Cette solution doit être soigneusement distinguée de l'hypothèse d'absence de déclaration de créance dans les délais, dans laquelle aucune décision de justice n'interviendra, la représentation mutuelle des coobligés étant alors impuissante à rendre compte de la situation (v. s^s^ n° 731.52).

On rappellera également que l'admission de la créance avait, avant l'intervention de la loi du 17 juin 2008[8] sur la prescription, un effet d'interversion de prescription, lequel pouvait être opposé au codébiteur solidaire, qui ne pouvait se réfugier derrière l'autonomie de son engagement pour faire juger que son obligation se trouvait prescrite. L'interversion de prescription jouait à l'égard de tous les codébiteurs solidaires[9], ainsi qu'à l'égard des garants subsidiaires tenus solidairement de la dette, tels des associés en nom collectif[10] (sur le détail de la question, v. s^s^ n° 682.31).

731.62 Inapplication des règles de la représentation mutuelle des coobligés aux exceptions purement personnelles. De même qu'une caution solidaire peut opposer au créancier des exceptions purement personnelles, malgré la règle de la représentation mutuelle des coobligés, de même le codébiteur solidaire pourra opposer ces exceptions. Elles sont explicitement visées par l'article 1315 du code civil.

Il est évident que la chose jugée entre l'un des débiteurs et le créancier ne peut englober les exceptions purement personnelles à un autre codébiteur, puisque l'article 1315 du code civil dispose qu'un

1. Com. 28 avr. 2004, n° 01-03.250, NP.
2. Com. 1er avr. 2008, n° 06-21.458, *Bull. civ.* IV, n° 73; *Gaz. proc. coll.* 2008/3, p. 49, note Bonhomme; p. 58, note Le Corre; *RD banc. fin.* 2008, n° 75, obs. Cerles; *RTD com.* 2008. 401, n° 4, obs. Legeais; *JCP E* 2008. Chron. 2062, n° 10, obs. M. Cabrillac; *Rev. proc. coll.* 2008, n° 138, note Legrand; *Rev. proc. coll.* 2009, n° 60, note Dumont-Lefrand; *RTD com.* 2009. 208, n° 4, obs. Martin-Serf; *LXB hebdo* 22 mai 2008, n° 305, n° N9582BEM, note Le Corre,
3. Com. 1er avr. 2008, n° 06-21.296, NP; n° 457 F-D; *Gaz. proc. coll.* 2008/3, p. 59, note Le Corre; p. 59, n° 137, note Legrand; *Rev. proc. coll.* 2009, n° 60, note Dumont-Lefrand; *RTD com.* 2009. 451, n° 2, obs. Martin-Serf; *LXB hebdo* 22 mai 2008, n° 305, n° N9582BEM, note Le Corre – Com. 6 oct. 2009, n° 07-22.029, NP; n° 864 F-D; *Gaz. Pal.* 8-10 janv. 2010, n°s 8, 9, p. 42, note Le Corre – Com. 6 juill. 2010, n° 09-68.261, NP; n° 752 F-D – Com. 18 nov. 2014, n° 13-20.836, NP; n° 1015 F-D.
4. Com. 1er avr. 2008, n° 06-21.296, NP; n° 457 F-D; préc. (v. s^s^ prés^t^ n°).
5. Com. 25 nov. 2008, n° 07-14.583, *Bull. civ.* IV, n° 199; *D.* 2008. AJ 3008, obs. Lienhard; *Gaz. proc. coll.* 2009/1, p. 51, note Le Corre; *JCP E* 2009. Chron. 1347, n° 8, obs. M. Cabrillac; *Act. proc. coll.* 2009, n° 51, note Cagnoli; *RTD com.* 2009. 451, n° 2, obs. Martin-Serf; *Defrénois* 2009. 1400, 38973, n° 4, note Gibirila; *LXB hebdo* 18 déc. 2008, n° 331, n° A066EBB, note Le Corre – Com. 6 oct. 2009, n° 07-22.029, NP; n° 864 F-D; *Gaz. Pal.* 8-10 janv. 2010, n° 8, 9, p. 42, note Le Corre – Agen, 25 sept. 2001, *Gaz. Pal.* 2001. Jur. 1806, note Auduc.
6. Civ. 1re, 24 févr. 2004, n° 01-16.286, NP.
7. Com. 18 nov. 2014, n° 13-19.311, NP; n° 1002 F-D – Com. 18 nov. 2014, n° 13-23.975, NP; n° 1003 F-D – Com. 18 nov. 2014, n° 13-23.978, NP; n° 1006 F-D.
8. L. n° 2008-561, 17 juin 2008, *JO* 18 juin, p. 9856.
9. Com. 30 oct. 2007, n° 04-16.655, *Bull. civ.* IV, n° 229; *Gaz. proc. coll.* 2008/1, p. 65, note Le Corre; *LXB hebdo* n° 282, 22 nov. 2007, n° N1983BDS, note Le Corre-Broly.
10. Com. 29 sept. 2009, n° 08-19.777, *Bull. civ.* IV, n° 115; *D.* 2009. AJ 2422, obs. Lienhard; *JCP E* 2010. Chron. 1011, n° 10, obs. M. Cabrillac; *Act. proc. coll.* 2009, n° 276, note Pagnucco.

codébiteur ne peut opposer les exceptions qui sont personnelles à d'autres codébiteurs. Ces exceptions purement personnelles s'entendent de la même façon que celles intéressant les cautions (v. s^s^ nº 723.23), à l'exception de celles spécifiques aux cautions, par exemple le jeu de l'article 48 de la loi du 1er mars 1984[1] (devenu C. mon. fin., art. L. 313-22). Il s'agira en conséquence des règles de formation de l'obligation, telles les vices du consentement, des règles de preuve des engagements, telle la règle de l'article 1326 du code civil imposant le respect d'une mention manuscrite dans le cadre d'un engagement unilatéral de payer une somme d'argent. Il s'agira encore du jeu d'une forclusion, telle celle instituée par le code de la consommation, puisque l'effet interruptif de prescription, règle applicable au codébiteur solidaire, n'a pas de portée, en ce qui concerne une forclusion.

Au-delà des exceptions purement personnelles au codébiteur qui permettent de tenir en échec la règle de la représentation mutuelle des coobligés, le codébiteur pourra éviter les conséquences de l'admission au passif d'un autre codébiteur, par la voie de la réclamation à l'état des créances.

731.63 Mise à l'écart des règles de la représentation mutuelle des coobligés par la technique de la réclamation à l'état des créances. Le codébiteur solidaire, comme la caution, est incontestablement une personne « intéressée » au sens de l'article 103 de la loi du 25 janvier 1985[2] (disposition qui n'a pas été codifiée à l'occasion de la codification du 18 septembre 2000 du fait de son caractère réglementaire), au sens de l'article R. 624-8 alinéa 4 du code de commerce (anc^t^ D. 28 déc. 2005[3], art. 109, al. 4), sans être une partie. Il a donc qualité pour faire réclamation à l'état des créances (sur la forme, v. s^s^ nº 683.22).

La réclamation à l'état des créances permet à une personne intéressée, qui n'est pas une partie, d'éviter que l'admission au passif, qui par hypothèse est intervenue, ne devienne définitive. Ainsi, par le canal de la réclamation à l'état des créances, le codébiteur solidaire peut soulever des exceptions qui sont inhérentes à la dette, telle l'irrégularité de la déclaration de créance au passif. S'il obtient gain de cause, la créance initialement admise au passif le sera dans les conditions jugées au cours de l'instance en réclamation. Poursuivi ensuite en paiement par le créancier, le codébiteur solidaire resté *in bonis* se retranchera derrière la décision ayant statué sur la réclamation, qui conditionnera l'ampleur de ce qui pourra lui être réclamé. Observons cependant qu'il ne pourra utiliser, pour prétendre être dégagé, les exceptions propres au codébiteur en sauvegarde, en redressement ou en liquidation judiciaire, puisque ce serait alors violer l'article 1315 du code civil.

731.64 Inapplication des règles de la représentation mutuelle des coobligés aux garants subsidiaires et coobligés non solidairement tenus à la dette. La règle de la représentation mutuelle des coobligés n'a d'application qu'à l'égard de personnes solidairement tenues à la dette. La Cour de cassation considère ainsi que l'associé d'une société en nom collectif (SNC) poursuivi par un crédit-bailleur en paiement des dettes de celle-ci ne peut soulever la nullité relative du contrat de crédit-bail[4].

En présence de garants subsidiaires indéfiniment tenus au passif, mais sans solidarité, tels les associés de sociétés civiles, il avait d'abord été considéré que l'admission de la créance au passif de la société n'avait pas d'effet absolu à l'égard des associés. La décision d'admission leur était seulement opposable. Il en résultait qu'ils pouvaient contester les droits du créancier dans le cadre d'une instance engagée contre eux, tendant au support du passif social[5]. Cette solution a vécu. En effet, la jurisprudence estime désormais que, dès lors que la créance a été admise au passif et que l'associé d'une société civile immobilière, tenu indéfiniment, mais sans solidarité au passif social, n'a pas formé réclamation à l'état des créances, il ne peut prétendre à la prescription de la créance pour être déchargé de son obligation à la dette[6]. La décision d'admission au passif s'impose donc à l'associé de société civile comme elle s'impose à une caution, ce qui peut être discuté, ni la règle de l'accessoire, ni celle de la représentation mutuelle des coobligés, qui pourraient expliquer la solution, n'étant ici applicables.

SECTION 731.70

RECOURS DU GARANT APRÈS CLÔTURE POUR INSUFFISANCE D'ACTIF DE LA PROCÉDURE DU DÉBITEUR

731.71 Recours du garant contre le débiteur après clôture pour insuffisance d'actif de la procédure collective de ce dernier. Sous l'empire de la loi du 25 janvier 1985[7] non réformée, le droit de reprise des poursuites contre le débiteur au profit d'un garant n'était prévu par aucun texte. L'article 169

1. L. nº 84-148, 1er mars 1984, *JO* 2 mars, p. 751.
2. L. nº 85-98, 25 janv. 1985, préc.
3. D. nº 2005-1677, 28 déc. 2005, *JO* 29 déc., p. 20324.
4. Com. 28 mars 2001, *RD banc. fin.* 2001, nº 122, obs. Lucas.
5. Com. 28 sept. 2004, nº 02-15.755, NP.
6. Com. 13 oct. 2015, nº 11-20.746, *Bull. civ.* IV [à paraître]; *Bull. Joly sociétés* 2015, 664, note Borga.
7. L. nº 85-98, 25 janv. 1985, préc.

alinéa 2 de la loi du 25 janvier 1985, dans la rédaction que lui a donnée la loi du 10 juin 1994, autorise au profit du codébiteur *solvens*, la reprise des poursuites, en disposant que « toutefois, la caution ou le coobligé qui a payé aux lieu et place du débiteur peut poursuivre celui-ci ». La rédaction de l'article 169 alinéa 2 (C. com., art. L. 622-32, II), qui est reprise par la loi de sauvegarde des entreprises (C. com., art. L. 643-11, II), est donc particulièrement bienvenue pour le codébiteur (sur le recours de la caution contre le débiteur après clôture pour insuffisance d'actif de la procédure collective de ce dernier, v. s^s^ n° 726.15).

Ces textes avaient toutefois oublié certains garants, qui méritent tout autant de pouvoir se faire rembourser par le débiteur, nonobstant la clôture de sa procédure de liquidation judiciaire pour insuffisance d'actif. L'article 78 de l'ordonnance du 12 mars 2014 [1] répare l'oubli, en modifiant en ce sens, le II de l'article L. 643-11, pour étendre la solution jusqu'alors posée au profit des cautions et des codébiteurs, à tous les garants.

Ce sont les garants classiquement visés par le livre VI du code de commerce (v. s^s^ n° 731.09) : codébiteurs, personnes ayant consenti une sûreté personnelle, personnes ayant cédé ou affecté un bien en garantie. Une remarque de taille s'impose : faute de restriction, la règle vaut tant pour les garants personnes physiques que pour les garants personnes morales.

1. Ord. n° 2014-312 mars 2014, préc.

TITRE

740. Conjoint

SECTION 0

ORIENTEUR

740.00 Plan du titre.

Chap. 741 Conjoint

Sect. 741.10 Incidence du dessaisissement atteignant un époux sur les pouvoirs de l'autre

Sect. 741.20 Conjoint travaillant dans l'entreprise

Sect. 741.30 Paiement des créanciers sur les biens propres du conjoint

Sect. 741.40 Paiement des créanciers sur les biens communs

Sect. 741.50 Droits de l'époux sur le patrimoine apparent de son conjoint sous procédure collective – Reprises du conjoint

Sect. 741.60 Éviction des avantages matrimoniaux

Sect. 741.70 Changement de régime matrimonial

Sect. 741.80 Liquidation du régime matrimonial

Sect. 741.90 Pensions alimentaires et prestations compensatoires

CHAPITRE

741. Conjoint

SECTION 0

ORIENTEUR

741.00 **Plan du chapitre.**

Sect.	741.10	Incidence du dessaisissement atteignant un époux sur les pouvoirs de l'autre
Sect.	741.20	Conjoint travaillant dans l'entreprise
Sect.	741.30	Paiement des créanciers sur les biens propres du conjoint
Sect.	741.40	Paiement des créanciers sur les biens communs
Sect.	741.50	Droits de l'époux sur le patrimoine apparent de son conjoint sous procédure collective – Reprises du conjoint
Sect.	741.60	Éviction des avantages matrimoniaux
Sect.	741.70	Changement de régime matrimonial
Sect.	741.80	Liquidation du régime matrimonial
Sect.	741.90	Pensions alimentaires et prestations compensatoires

741.01 **Textes applicables.** (V. les références complètes s^s n° 011).

C. civ., art. 215, 220, 1387-1, 1397, 1402, 1413 à 1415, 1421, 1483, 1538, 1570

> Législation antérieure à la loi de sauvegarde des entreprises.

C. com., art. L. 621-111 à L. 621-114

D. n° 85-1388, 27 déc. 1985, art. 20-1

> Législation issue de la loi de sauvegarde des entreprises.

C. com., art. L. 624-5, L. 624-6, L. 624-7, L. 624-8

C. com., art. R. 624-12 (anc^t D. 28 déc. 2005, art. 113)

C. com., art. R. 631-30 (anc^t D. 28 déc. 2005, art. 198), *R. 641-30 (anc^t D. 28 déc. 2005, art. 241)*

> Législation issue de l'ordonnance du 18 décembre 2008.

C. com., art. L. 624-5, L. 624-6, L. 624-7, L. 624-8

C. com., art. R. 624-12, R. 631-30, R. 641-30

741.02 **Jurisprudence de référence.**

> Le créancier qui n'a pas déclaré sa créance au passif du débiteur n'a aucun droit à faire valoir dans la procédure collective et ne pourra donc pas participer aux répartitions de celle-ci, même du chef du conjoint commun en biens.

• Com. 14 mai 1996, n° 94-11.366, *Bull. civ.* IV, n° 106

* V. s^s n° 741.44

Le créancier au profit duquel des époux communs en biens se sont solidairement engagés en constituant, en garantie, une hypothèque sur un immeuble commun ne peut, s'il n'a déclaré sa créance au passif de la liquidation judiciaire ouverte ultérieurement à l'égard de l'un des conjoints, prétendre participer aux répartitions faites dans le cadre de cette procédure collective mais, demeurant créancier de l'autre époux, peut faire valoir son hypothèque sur le produit de la vente de l'immeuble grevé, une fois désintéressés tous les créanciers admis.

> Lorsque deux époux communs en biens sont successivement placés en liquidation judiciaire, les réalisations d'actifs ne doivent intervenir que dans la première.

• Com. 16 mars 2010, n° 08-13.147, *Bull. civ.* IV, n° 55

* V. s^s n° 741.48

« Lorsque des époux mariés sous le régime de la communauté légale ont été, par des décisions successives, mis, chacun, en liquidation judiciaire, la vente de gré à gré des biens communs, soumis dès son prononcé à l'effet réel de la procédure collective première ouverte, ne peut être autorisée que par le juge-commissaire de cette procédure. »

> Les salaires d'un époux marié sous un régime de communauté sont des biens communs frappés par la saisie collective de l'époux mis en procédure collective et ne peuvent être saisis, pendant la durée de celle-ci, par un créancier de l'époux maître de ses biens.

• Com. 16 nov. 2010, n° 09-68.459, *Bull. civ.* IV, n° 176

* V. s^s n° 741.42

L'article L. 624-6 du code de commerce a pour objet « de désigner comme le véritable propriétaire du bien, non pas celui que les règles du droit civil désignent comme tel, mais celui qui a fourni des valeurs permettant l'acquisition. Elles n'entraînent pas une privation de propriété au sens de l'article 17 de la Déclaration de 1789 ». La disposition poursuit un but d'intérêt général, en pemettant, selon le cas, la continuation de l'entreprise ou ledésintéressement des créanciers. Toutefois, « les dispositions contestées permettent de réunir à l'actif en nature tous les biens acquis pendant la durée du mariage avec des valeurs fournies par le conjoint quelle que soit la cause de cet apport, son ancienneté, l'origine des valeurs ou encore l'activité exercée par le conjoint à la date de l'apport. En l'absence de toute disposition retenue par le législateur pour assurer un encadrement des conditions dans lesquelles la réunion à l'actif est possible, les dispositions de l'article L. 624-6 du code de commerce permettent qu'il soit porté au droit de propriété du conjoint du débiteur une atteinte disproportionnée au regard du but poursuivi. Par suite, elles doivent être déclarées contraires à la Constitution. »

• **Cons. const. 20 janv. 2012,** n° 2011-212 QPC

* V. s^s n° 741.52

> La créance de pension alimentaire, qui fait naître à la charge du débiteur en procédure collective, une dette personnelle, n'a pas à être déclarée au passif.

• **Com. 8 oct. 2003,** n° 00-14.760, *Bull. civ.* IV, n° 152

* V. s^s n° 741.96

741.03 **Bibliographie indicative.** (V. les références complètes s^s n° 031).

> Actualisables. RÉP. COM., Derruppé J., « Entreprises en difficulté – Redressement judiciaire (Phase de traitement – Les créanciers) », n°s 220 à 244 – J.-CL. COM., Storck M., fasc. 3170, [Droit patrimonial de la famille et procédures collectives de paiement]; Jacquemont A., fasc. 2165, [Exploitation en commun et confusion des patrimoines], 2006.

> Ouvrages antérieurs à la loi de sauvegarde des entreprises. Allain, *Droit patrimonial de la famille et procédures collectives de paiement*, thèse, Lille II, 2003 – CHAPUT, n° 539 – JACQUEMONT, n°s 591 à 594 – Cochin, *La situation du conjoint du débiteur soumis à une procédure collective*, thèse Nice 1999 – KERCKHOVE, n°s 698 à 704 – LE CANNU *ET ALII*, n°s 1762 à 1848, 1890 à 1895 – LE CORRE-BROLY, n°s 377 à 382 – Léobon Th., *L'exercice en commun d'une exploitation par deux époux*, thèse, Toulouse 2003 – MARTIN ET VALLENS, n°s 2755, 3334 à 3352 – PÉROCHON ET BONHOMME, n°s 185-3, 185-4, 295 à 298 – PÉTEL, n°s 378 à 383 – RIPERT ET ROBLOT, n°s 3165 à 3171-2 – Rubellin P., *Régimes matrimoniaux et procédures collectives*, thèse, Strasbourg III, 1999 – SAINT-ALARY-HOUIN, n°s 697 à 701, 1060-1 – SOINNE, n°s 1963 à 1975 – VALLANSAN, p. 236, 237.

> Ouvrages postérieurs à la loi de sauvegardedes entreprises. JACQUEMONT ET VABRES, 9e éd., n°s 665 à 669 – LE CANNU, 7e éd., n°s 382, 556 à 559 – LIENHARD, 6e éd., n°s 102.11 à 102.15 – PÉROCHON, 10e éd., n°s 608, 609, 636 à 638, 1512, 1645 à 1654 – PÉTEL, 8e éd., n°s 60 à 63, 381 à 386 – SAINT-ALARY-HOUIN, 9e éd., n°s 686, 687, 850 à 855, 1334, 1335 – VALLANSAN *ET ALII*, 6e éd., p. 189 à 191 – VALLENS, 2015, n°s 3660 à 3683 – VIDAL et GIORGINI, n°s 641 à 646 – VOINOT, 2e éd., n°s 526 à 532.

> Articles.

› *Étude d'ensemble.* Antonini-Cochin L., « L'exécution et les régimes matrimoniaux », *in Mesures d'exécution et procédures collectives*, éd. « Procédures », Bruylant, 2012, p. 85; « *La situation du conjoint du débiteur* », *Rev. proc. coll.* 2013. Dossier 5 – Brémond V., « La protection des biens du conjoint du débiteur failli », *Dr. et patr.* 2004, n° 127, p. 37 – Daigre J.-J., « Le risque d'extension de la procédure collective à l'époux *in bonis* », *LPA* 26 août 1998, n° 102, p. 55 – Derrida F., « La situation des créanciers personnels du conjoint », *D.* 1997. Chron. 117; « Le sort du passif né du chef du conjoint en cas de redressement judiciaire des époux sous le régime de la communauté légale », *Mél. Colomer*, Litec, 1993, p. 153 – Dureuil B., « L'attraction des biens de la communauté conjugale par la procédure collective ou les malheurs de l'époux commun en biens demeuré *in bonis* », *LPA* 26 août 1998, n° 102, p. 10 – Frelot-Dejas F., « Le droit patrimonial de la famille et le droit des procédures collectives », *Gaz. Pal.* 27-29 janv. 2002, Doctr. 3 – Griffon L., « L'extension de la procédure collective au conjoint du débiteur », *Defrénois* 2003. 493, 37709 – Groslière J.-Cl., « Divorce et faillite (questions à résoudre) », *in Mél. Breton et Derrida*, Dalloz, 1991, p. 131 – Haëhl J.-P., « L'entreprise familiale dans les procédures collectives », *Defrénois* 2001. 299, 37314, spéc. n°s 9 s. – Henry L.-C., « L'article L. 624-6, une abrogation acquise, une réforme attendue », *JCP E* 2012. Étude 1255 – Honorat A., « L'incidence de l'état de faillite ou de règlement judiciaire sur les libéralités faites par un époux commerçant à son conjoint », *Rev. syndics et adm. jud.* 1960. 205 – Kerckhove E., « Changement de régime matrimonial et protection des créanciers de la faillite », *D.* 1985. Chron. 268 – Kuassi Deckon F., « Le conjoint du débiteur soumis à une procédure collective en droit uniforme de l'ohada », *LPA* 14 janv. 2008, n° 10, p. 6 et 15 janv. 2008, n° 111, p. 3 – Lambert S., « Le sort du conjoint *in bonis* engagé aux côtés de son époux surendetté ou soumis à une procédure collective », *RTD com.* 2007. 485 – Lecourt A., « La délicate articulation du droit des procédures collectives et du droit de la famille », *RTD com.* 2004. 1 – Leprovaux J., « Statut matrimonial et procédures collectives », *Rev. proc. coll.* 2010. Dossier 4 – Leprovost M. et Chevallier J.-Cl., « Le risque d'extension d'une procédure collective à l'époux *in bonis* », *JCP N* 2002. Étude 1491 – Perrodet A., « Le conjoint du débiteur en redressement judiciaire », *RTD com.* 1999. 3 – Roussel Galle Ph., « Les biens communs et les biens légués », colloque de l'*AJDE*, Toulouse 10 sept. 2010, *Rev. proc. coll.* 2011. Dossier 8 – Rubellin P., « Retour sur le statut du conjoint du débiteur commun en biens », *BJE* janv. 2014, p. 62 – Saint-Alary-Houin C., « Les dangers pour les créanciers de l'époux *in bonis* de l'ouverture d'une procédure collective contre son conjoint », *LPA* 26 août 1998, n° 12, p. 16; « Il est temps de repenser la situation du conjoint dans les procédures », *BJE* 2016, 87 – Sénéchal J.-P., « Le droit des procédures collectives à l'épreuve de la réforme des régimes matrimoniaux », *Bull. Joly* 1995. 229 – Storck M., « Le sort des biens communs dans les procédures de redressement judiciaire », *Mél. Huet-Weiller*, Lgdj – PU Strasbourg, 1994 – Vauvillé F., « Droit des procédures collectives et droit patrimonial de la famille (à propos de Paris, 9 mars 1992) », *JCP N* 1993. I. 79; « Le régime matrimonial à l'épreuve des procédures collectives », *Gaz. Pal.* 10-11 déc. 2008, p. 29; « La situation du conjoint *in bonis* face aux procédures collectives professionnelles », *Dr. et patr.* janv. 2014, n° 232, p. 41.

› Divorce. Béhar-Touchais M., « Divorce et procédure collective », *Rev. proc. coll.* 2003, p. 199 – Goaziou-Huret I., « Divorce et procédures collectives », *RTD com.* 2002. 621 – Henry L.-C. et Fabiani D., « Le divorce des époux et la rupture du PACS », colloque Crajefe Nice 23 mars 2002, *LPA* 24 avr. 2003, nº sp. – Martineau-Bourgninaud V., « Le divorce du débiteur », *Rev. proc. coll.* 2013. Dossier 8.

› *Créance alimentaire.* Cagnoli P., « L'obligation alimentaire est-elle une dette spécifique au regard du droit des procédures collectives d'entreprise ? », *LPA* 24 juin 2010, nº 125, p. 37 – Chendeb R., « Les créances alimentaires et les procédures collectives », *Rev. proc. coll.* 2009. Étude 21 – de Boysson B., « De la faculté de déclarer sa créance alimentaire dans le cadre de la procédure collective et ses conséquences », *RTD com.* 2013. 191 – Flasaquier A., « Le nouveau statut des créances alimentaires dans les procédures collectives », *Gaz. Pal.* 7 juill. 2004, nº 135, p. 15 – Storck M., « Pension alimentaire, prestation compensatoire et procédure de redressement et de liquidation judiciaires », *Rev. proc. coll.* 1989, p. 1.

› *Conjoint collaborateur.* Cabrillac M., « L'extension de la procédure collective du commerçant à son conjoint collaborateur », *Mél. Honorat*, Éd. Frison-Roche, 2000, p. 81 – Castagné S., « Le conjoint du chef d'entreprise après la loi du 2 août 2005 en faveur des PME – Un statut rénové pour les conjoints collaborateurs », *JCP N* 2005. Étude 1498 – Cocquempot-Caulier N., « La protection du conjoint collaborateur… Un leurre ! », *JCP E* 2002. Étude 676.

› *Information.* Dagot M., « L'information du conjoint », *JCP N* 2004. Étude 1165.

741.04 Questions essentielles.

• Un créancier peut-il inscrire une hypothèque sur un bien commun, après jugement d'ouverture, du chef du conjoint *in bonis* ?
* V. s^s nº 741.47.

• Le créancier peut-il poursuivre pendant la procédure collective du débiteur son conjoint commun en biens ?
* V. s^s nº 741.42.

• Que doit faire le conjoint pour soustraire à la procédure des biens qui lui appartiennent en propre ?
* V. s^s nºs 741.51 à 741.55.

• Le liquidateur peut-il s'opposer à un état liquidatif de divorce avantageux pour le conjoint du débiteur ?
* V. s^s nº 741.81.

• Le conjoint doit-il déclarer sa créance de pension alimentaire ou de prestation compensatoire au passif de son ex-époux ?
* V. s^s nºs 741.93 et 741.95.

741.06 Principales actions.

• Demande en acquiescement de revendication pour l'exercice des reprises du conjoint
* V. s^s nº 741.53.

• Délai de trois mois à compter de la publication au *Bodacc* du jugement ouvrant la procédure collective
* V. s^s nº 741.53.

• Requête en revendication pour l'exercice des reprises du conjoint en l'absence d'acquiescement
* V. s^s nº 741.53.

• Délai d'un mois à compter de l'expiration du délai du imparti pour acquiescer à la demande en revendication
* V. s^s nº 741.53.

741.07 Voies de recours sur les décisions mettant en jeu les actions.

• Recours devant le tribunal à l'encontre de l'ordonnance du juge-commissaire statuant sur la demande de reprise du conjoint
* V. s^s nº 741.53.

• Recours sur l'ordonnance du juge-commissaire devant le tribunal dans le délai de dix jours à compter de la notification
* V. s^s nº 741.53.

• Appel possible sur le jugement du tribunal dans le délai de dix jours de la notification
* V. s^s nº 741.53.

741.08 Sanction de l'absence ou de l'échec de l'action.

• Impossibilité pour le conjoint d'établir le caractère propre du bien et impossibilité de reprise du bien
* V. s^s nº 741.55.

741.09 Présentation générale de la situation du conjoint du débiteur sous procédure collective. Droit de la famille et droit des entreprises en difficulté poursuivent des finalités différentes. L'idée de protection de la famille et celle de protection de l'entreprise se rejoignent toutefois tant que le débiteur est sous sauvegarde ou sous redressement judiciaire. Le conflit n'est alors pas majeur, sous réserve des règles relatives à l'administration des biens par chacun des époux, l'administration contrôlée de la procédure collective, qui s'accompagne de l'interdiction d'accomplir en période d'observation des actes de disposition étrangers à la gestion courante produisant des effets énergiques sur les règles d'administration des biens communs. Au contraire, les biens propres du conjoint *in bonis* échappent aux contraintes de la procédure collective.

Le conflit entre les deux branches du droit a, en revanche, pleine vocation à s'exprimer sur les biens communs, lorsque le débiteur est placé en liquidation judiciaire. L'heure n'est plus à la protection de l'entreprise – sous réserve de la possibilité d'arrêter un plan de cession en liquidation. Il est maintenant question de réaliser les biens du débiteur pour assurer le paiement des créanciers. Les droits du conjoint *in bonis* sur ses biens communs vont alors se trouver largement sacrifiés sur l'autel de la défense des créanciers, marquant selon une certaine vision, l'impérialisme des procédures collectives. L'affirmation nous semble excessive, car le sacrifice des droits du conjoint *in bonis* ne résulte-t-il pas, en réalité, du respect des règles d'engagement des biens communs par un seul des époux, destiné à assurer le paiement de ses créanciers, ce qui n'a rien de spécifique à la situation de procédure collective d'un des époux.

Ce qui ressort, de manière frappante, de la situation du conjoint *in bonis*, par rapport à la procédure collective de son époux, est le mutisme du législateur. L'observation a été faite que le législateur traite le débiteur comme un célibataire[1] et ne consacre que des dispositions très éparses, plutôt à fins infirmatives, donc de faible portée, au conjoint *in bonis*.

1. Lamb… « Le sort du conjoint *in bonis* engagé aux côtés de son époux surendetté ou soumis à une procédure collective », *RTD com.* 2007. 485 s., sp. 487, nº 3.

Ce mutisme législatif est déjà gênant lorsque l'un des époux est sous procédure collective, car il va falloir parfois arbitrer entre le droit patrimonial de la famille et le droit des entreprises en difficulté, qui sont tous deux des droits spéciaux. Mais la gêne atteint un seuil paroxystique lorsque les deux époux communs en biens sont successivement placés sous procédure collective, la liquidation judiciaire de l'un pouvant entraîner l'impossibilité du redressement de l'autre. Une intervention législative est souhaitable sur la question, afin que l'application mécanique des règles des procédures collectives ne puisse aboutir au constat d'une sorte d'incurie législative.

Précisons que la procédure collective atteignant un EIRL, en présence de biens communs, qui peuvent faire l'objet de l'affectation, fera naître des difficultés[1].

SECTION 741.10
INCIDENCE DU DESSAISISSEMENT ATTEIGNANT UN ÉPOUX SUR LES POUVOIRS DE L'AUTRE

741.11 Effets du dessaisissement sur le conjoint – époux mariés sous un régime séparatiste. La première difficulté de la matière est de déterminer l'incidence du dessaisissement ou des règles de l'administration contrôlée affectant l'un des époux, sur son conjoint.

Les époux mariés sous un régime séparatiste ont une liberté de principe de gestion de leurs biens. La procédure collective n'a pas pour effet d'affecter les droits du conjoint *in bonis* sur la gestion de ses biens.

La même solution peut être posée en ce qui concerne les propres de l'époux *in bonis* marié sous un régime communautaire. Il a été recommandé, pour cette raison, aux mandataires de justice de s'abstenir de toute poursuite sur les biens professionnels de l'époux *in bonis*[2]. Cette recommandation ne peut cependant être suivie si l'époux est en liquidation judiciaire, car tous les biens communs doivent être réalisés, dans la limite de l'apurement du passif.

Les difficultés commencent si l'on s'intéresse aux propres d'un époux, quel que soit son régime, dès lors que le propre en question est un bien indivis entre les deux époux. Cette situation se présente d'abord pour des biens acquis conjointement par des époux mariés sous un régime séparatiste. Elle a vocation à régir aussi la situation de personnes ayant acquis en commun un bien, avant leur mariage, quel que soit le régime matrimonial adopté. Elle se présentera encore pour des époux mariés sous un régime communautaire, qui divorcent. Leurs biens seront alors indivis après dissolution de la communauté et avant le partage. Les règles de l'indivision s'appliqueront alors[3]. Les solutions seront celles applicables aux biens indivis précédemment exposés (v. s[s] n°s 561.31 s.).

741.12 Effets de la procédure collective sur le conjoint dans le régime communautaire. L'ouverture d'une procédure collective a des effets importants sur les pouvoirs d'administration des époux sur les biens communs. Ces derniers, parce que chacun des époux a le pouvoir d'administration sur les biens communs, tombent dans le périmètre de la procédure collective, ce qui induit des conséquences sur l'administration et la disposition de ces biens. Le décès de l'époux commun en biens n'emportera aucune conséquence sur la soumission à la procédure collective des biens communs, nonobstant une clause d'attribution préférentielle au conjoint survivant en cas de régime de communauté universelle, dès lors que la procédure collective, qui atteint le débiteur, est antérieure à son décès[4].

Durant la période d'observation, le principe est celui de l'impossibilité pour le débiteur et son administrateur judiciaire d'accomplir des actes de disposition étrangers à la gestion courante. Ce principe s'impose au conjoint *in bonis*, du fait de l'assujettissement des biens communs à la procédure collective. La règle est indépendante de l'éventualité d'une assistance ou d'une représentation du débiteur[5]. Le conjoint *in bonis* ne pourra même pas solliciter une autorisation du juge-commissaire en ce sens, ce pouvoir n'appartenant qu'au débiteur et à son administrateur judiciaire.

Le jugement arrêtant le plan de redressement, de continuation ou de sauvegarde met fin à l'administration contrôlée. Le droit commun de la gestion de la communauté est rétabli. En conséquence, la vente d'un immeuble ou d'un fonds de commerce relevant de la communauté nécessite l'accord des deux époux, par application de l'article 1424 du code civil. Il faudra cependant que l'acte de disposition ne porte pas sur un bien déclaré inaliénable par le tribunal. Si l'acte porte sur un bien commun dont la vente était envisagée en phase d'exécution du plan, la quote-part du prix de vente correspondant aux créances garanties par une sûreté spéciale sur le bien devra être remise pour consignation au commissaire à l'exécution (v. s[s] n° 522.32).

1. Sénéchal, « L'affectation de biens communs ou indivis », *BJE* 2011. 62 – Lisanti, « EIRL, régimes matrimoniaux et procédures collectives », *Rev. proc. coll.* 2011, n° 78 – Henry, « EIRL : *quid* des biens communs et des biens indivis affectés ? », *Rev. proc. coll.* 2011. Dossier 23.
2. IFPPC 1999, recomm. n°s 1102-4, 6034-4, p. 28, 3.
3. Com. 6 juill. 1999, n° 97-14.096, *Bull. civ.* IV, n° 152; *D. Affaires* 1999. 1217, obs. Lienhard; *Defrénois* 2000. 42, note Sénéchal; *LPA* 6 janv. 2000, n° 4, p. 6, note P. M.; *RTD com.* 2001. 230, obs. Martin-Serf.
4. Colmar, 1re ch., 26 nov. 2002, RG n° 1A01/05180, *JCP E* 2003. Pan. 1689.
5. LE CANNU, 7e éd., n° 557.

Dans le cadre d'une liquidation judiciaire, les règles du dessaisissement conduisent à décider que les biens communs inclus dans l'actif de la procédure collective sont administrés par le liquidateur qui exerce, pendant la liquidation judiciaire, les droits et actions du débiteur dessaisi. En conséquence, les pouvoirs de gestion des biens communs normalement dévolus au conjoint *in bonis* en vertu des articles 1421 et suivants du code civil ne peuvent plus s'exercer. C'est ainsi que l'époux *in bonis* ne peut donner à bail, même précaire, un immeuble commun[1]. De même, l'époux *in bonis* ne peut percevoir les loyers du bail d'un bien commun, même si l'ordonnance de non-conciliation rendue dans la procédure de divorce des époux le prévoyait[2]. La donation consentie par deux époux, dont l'un est en liquidation judiciaire, est inopposable pour le tout à la procédure collective[3]. Le dessaisissement interdit à l'époux commun en biens demeuré *in bonis* de prétendre récupérer une quote-part du prix d'un bien vendu au mépris des règles du dessaisissement, en faisant obstacle à la demande de restitution de ce prix présentée par le liquidateur, car tant que dure la communauté, les droits de chaque époux sur l'actif de la communauté ne peuvent être individualisés[4].

Du fait du dessaisissement, l'accord du conjoint du débiteur dessaisi n'est pas requis pour les opérations de réalisations en liquidation judiciaire[5]. La même solution s'applique, sous l'empire de la législation antérieure à la loi de sauvegarde des entreprises, dans le cadre d'un plan de cession, pour les biens non compris dans le plan de cession, pour lesquelles s'appliquent les solutions de la liquidation judiciaire. Il en résulte que les décisions rendues à l'encontre du seul époux en liquidation judiciaire, représenté par son liquidateur, relativement à la vente d'un bien commun, sont opposables au conjoint maître de ses biens, d'où il se déduit que la tierce opposition formée par ce dernier est irrecevable[6].

Enfin, en ce qui concerne les biens vendus dans le cadre d'un plan de cession, l'autorisation du conjoint ne sera pas davantage requise. Ce dernier ne dispose même pas de la tierce opposition à l'encontre du jugement arrêtant le plan de cession, ce recours n'étant pas ouvert (v. s[s] n° 572.24), même si le contraire a été jugé[7].

741.13 Situation du logement familial. Les règles du régime primaire se trouvent affectées par la survenance de la sauvegarde, du redressement ou de la liquidation judiciaire. Ainsi, est-il jugé que les règles du dessaisissement autorisent le liquidateur à vendre l'immeuble servant au logement familial, sans avoir besoin de l'accord de son conjoint. L'article 215 du code civil est ici écarté. La solution se justifie par le caractère judiciaire de la vente intervenue[8]. Pour les mêmes raisons, si le conjoint fait l'objet d'une mesure d'incapacité, l'accord du juge des tutelles n'aura pas à être recueilli[9].

Si le logement familial est un propre du conjoint *in bonis*, ce dernier ne peut en disposer sans accord de son conjoint, mais le droit propre de ce dernier est exclusif d'une autorisation à solliciter d'un organe de la procédure collective[10].

Si le logement familial est indivis entre les époux, il a été jugé que le liquidateur, autorisé à vendre les actifs immobiliers de l'époux en liquidation judiciaire peut, par la voie de l'action oblique, provoquer le partage et solliciter la licitation pour appréhender la part de l'époux en liquidation judiciaire[11]. Il a également été jugé que le liquidateur peut se voir opposer par le conjoint survivant coïndivisaire, dans les lieux au moment du décès, le droit qu'il tire de l'article 815-1 du code civil, de demander le maintien dans les lieux[12]. La solution est fondée sur la considération que le liquidateur, qui agit sur le fon-

1. Com. 4 oct. 2005, n° 04-12.610, *Bull. civ.* IV, n° 193; *D.* 2005. AJ 2592, obs. Lienhard; *D.* 2006. Somm. 86, obs. Le Corre; *JCP E* 2006, n° 1243, note Beignier; *JCP E* 2006. Chron. 1066, n° 7, obs. Pétel; *Act. proc. coll.* 2005, n° 230, note Régnaut-Moutier; *Gaz. proc. coll.* 2006/1, p. 42, n° 1, obs. Vauvillé; *Defrénois* 2006. 658, 38373, note Vauvillé; *D.* 2006. Pan. 2068, n° 3, obs. Revel; *Dr. et proc.* 2006. 149, note Gibirila; *LXB hebdo* n° 205, 9 mars 2006, n° N5323AKD, note Gibirila.
2. Bourges, ch. civ., 15 nov. 2007, RG n° 07/00117, *JCP E* 2008, n° 1682.
3. Paris, 3e ch. A, 20 nov. 2007, RG n° 06/18802.
4. Com. 22 mai 2012, n° 11-17.391, *Bull. civ.* IV, n° 106; *D.* 2012. Actu 1399, obs. Lienhard; *Gaz. Pal. entr. diff.* 3 août 2012, n° 216, p. 25, note Voinot; *Act. proc. coll.* 2012, n° 172, note Vauvillé; *Gaz. Pal.* 8 nov. 2012, p. 14, note Benilsi; *LPA* 9 mars 2013, n° 46, p. 9, note Bourdaire-Mignot; *Rev. proc. coll.* 2013, comm. 97, note Lisanti; *LXB hebdo* 21 juin 2012, n° 302, note Le Corre.
5. Civ. 1re, 21 mai 1997, n° 95-14.102, *Bull. civ.* IV, n° 163; *JCP E* 1997. I. 681, n° 14, obs. Pétel.
6. Com. 28 avr. 2009, n° 08-10.368, *Bull. civ.* IV, n° 58; *D.* 2009. AJ 1603, obs. Lienhard; *Gaz. proc. coll.* 2009/3, p. 46, n° 1, note Antonini-Cochin; *Act. proc. coll.* 2009, n° 176, note Leprovaux; *Defrénois* 2009. 478, 39078, n° 4, note Gibirila; *Rev. proc. coll.* 2010, n° 3, p. 23, note Gorrias et Manié; *Rev. proc. coll.* 2010, n° 145, note Lisanti.
7. Douai, 2e ch., 20 nov. 2003, *JCP N* 2004, n° 1554, note Vauvillé.
8. Com. 11 mai 1993, n° 90-20.895, NP, *Rev. proc. coll.* 1995, 72, n° 4, obs. Dureuil – Civ. 1re, 21 mai 1997, n° 95-14.102, *Bull. civ.* IV, n° 163; D. Affaires 1997. 905 – Grenoble, 1re ch., 23 nov. 1999, *JCP E* 2000. Pan. 588; *RD banc. fin.* 2000, n° 122, obs. Lucas.
9. Versailles, 20 juin 1996, *RJDA* 1996, n° 1267.
10. J.-CL. COM., Storck, fasc. 3170, [Redressement et liquidation judiciaires – Droit patrimonial de la famille et procédures collectives de paiement], n° 39.
11. Paris, 2 déc. 1995, *RJDA* 1996, n° 706.
12. Paris, 1re ch., 23 sept. 2004, RG n° 01/00550, *D.* 2004. AJ 2892.

dement de l'action oblique de l'article 1166 du code civil, ne peut avoir plus de droit que le débiteur qu'il représente.

Puisque l'immeuble qui assure le domicile conjugal n'échappe pas aux règles du dessaisissement, il a pu être jugé que le droit de jouissance conféré par le juge aux affaires familiales à l'épouse *in bonis* en instance de divorce, dans le cadre d'une ordonnance de non-conciliation, ne pouvait faire obstacle à la vente de l'immeuble par le liquidateur[1].

SECTION 741.20
CONJOINT TRAVAILLANT DANS L'ENTREPRISE

741.21 Conjoint co-exploitant[2]. Le conjoint non codébiteur peut avoir participé à l'exploitation de l'entreprise de son conjoint. Si les éléments d'une co-exploitation sont réunis, il pourra être personnellement déclaré en redressement ou en liquidation judiciaire.

Le plus souvent, la co-exploitation sera l'œuvre du conjoint, mais elle peut aussi être l'œuvre d'un concubin ou encore d'un associé de fait. Cette dernière qualité est insuffisante, à elle seule, pour justifier l'ouverture de la procédure, si la co-exploitation n'est pas démontrée[3].

La co-exploitation désigne l'exploitation en commun d'une activité indépendante. Il en est ainsi si l'intéressé fait, de manière indépendante, des actes de commerce, à titre de profession habituelle. Il faut que les intéressés « entretiennent des relations égalitaires, aucun d'eux n'étant placé sous la subordination de l'autre »[4]. Indépendamment de l'existence de l'activité commerciale par l'un, l'autre doit exercer de façon indépendante l'activité considérée, à titre de profession habituelle (C. com., art. L. 121-3 [anc^t art. 4])[5].

En cas de co-exploitation, l'ouverture de la procédure ne résulte pas d'une extension. Il s'agit d'une procédure collective autonome[6]. C'est pourquoi la procédure ne pourra être ouverte à l'encontre du co-exploitant que ci ce dernier remplit les conditions exigées pour qu'une procédure collective soit ouverte. Il doit donc avoir la qualité exigée, c'est-à-dire ici celle de commerçant et être en état de cessation des paiements[7]. La sauvegarde peut également être appliquée au co-exploitant s'il rencontre des difficultés qu'il ne peut surmonter.

Sur démonstration de sa qualité de co-exploitant, le conjoint pourra être placé en redressement ou en liquidation judiciaire, soit d'office, avant la suppression de ce type saisine, soit sur assignation. La demande ne pourra prospérer si l'époux est sous le coup d'une interdiction d'exercer le commerce. La solution a été posée à propos d'un fonctionnaire[8].

La prescription triennale instituée par l'article L. 624-5 du code de commerce (anc^t L. 25 janv. 1985[9], art. 182) pour le redressement ou la liquidation judiciaire à titre personnel, dans la législation antérieure à la loi de sauvegarde des entreprises, est inapplicable à l'action en extension sur le fondement de la co-exploitation[10].

La mise sous sauvegarde, en redressement ou en liquidation judiciaire du conjoint sur le fondement de la confusion des patrimoines est également possible[11] (v. aussi s^s n°s 213.21 s.).

Le créancier antérieur devra respecter, dans le cadre de la procédure atteignant le conjoint, toutes les règles du droit des procédures collectives. C'est ainsi, par exemple, qu'il devra déclarer sa créance au passif du conjoint co-exploitant (v. s^s n° 663.75). La solution s'appliquera identiquement, depuis la loi de sauvegarde des entreprises, à certains créanciers, dont la créance est née régulièrement après le jugement d'ouverture, dès lors qu'ils ne bénéficient pas du traitement préférentiel réservé aux créanciers postérieurs. La solution est justifiée par l'observation que la co-exploitation n'est pas une véritable extension, mais l'ouverture d'une procédure distincte supposant la réunion des conditions exigées

1. Civ. 1re, 12 déc. 2006, n° 04-19.364, NP, *Act. proc. coll.* 2007, n° 17.
2. Pérochon, « Le bénéfice sélectif de la procédure collective », *Mél. Mouly*, t. II, Litec, 1998, p. 401.
3. Aix-en-Provence, 22 mai 2001, *RJDA* 2002/7, n° 785.
4. PÉTEL, 8e éd., n° 60.
5. Com. 15 oct. 1991, n° 89-11.281, *Bull. civ.* IV, n° 286; *JCP E* 1992. I. 136, n° 1, obs. Pétel – RAPPR. : Aix-en-Provence, 8e ch. C, 22 mai 2001, *D banc. fin.* 2002, n° 16, obs. Lucas; *Act. proc. coll.* 2002, n° 32.
6. SUR CETTE QUESTION : Delmotte, « Les critères de la confusion des patrimoines dans la jurisprudence de la Cour de cassation (panorama de jurisprudence 1998-2006) », *RJDA* 2006/6, p. 539 s., sp. p. 542, n° 12.
7. Com. 15 mars 2005, n° 03-19.359, *Bull. civ.* IV, n° 55; *D.* 2005. AJ 952, obs. Lienhard; *D.* 2005. Somm. 2013, obs. Lucas; *Act. proc. coll.* 2005, n° 81, note Vallansan; *JCP E* 2005, n° 1789, note Léobon; *Defrénois* 2005. 1924, Chron. 38287, n° 9, note Gibirila; *Gaz. Pal.* 21-22 juin 2006, p. 40, note Robine; *Rev. sociétés* 2005. 684, note Le Corre; *Gaz. proc. coll.* 2005/2, p. 12, obs. Le Corre; *LXB* n° N4240AIU, note Le Corre – Com. 4 oct. 2005, n° 04-14.394, NP; n° 1261 F-D; *Gaz. proc. coll.* 2006/1, p. 15, obs. Lebel.
8. Com. 4 oct. 1994, n° 92-15.102, *Bull. civ.* IV, n° 163; *D.* 1995. 456, note Barabé-Bouchard.
9. L. n° 85-98, 25 janv. 1985, *JO* 26 janv., p. 1097.
10. Paris, 3e ch. A, 6 avr. 1999, *D. Affaires* 1999. 907.
11. Com. 17 nov. 1992, n° 90-22.130, *Bull. civ.* IV, n° 357 – Paris, 3 févr. 1995, JurisData 020687 – Chambéry, 6 juin 1996, *JurisData* 042480 – *Adde*, Daigre, « Le risque d'extension de la procédure collective à l'époux in bonis », *LPA* 26 août 1998, n° 102, p. 5 s., spéc. 8 s.

pour toute ouverture d'une procédure collective (v. s[s] n° 214.51).

Puisque la co-exploitation désigne l'ouverture de procédures autonomes, chacun des époux co-exploitant doit être rendu destinataire de la notification du jugement d'ouverture [1], qui seule fera courir à l'encontre de chacun les délais de recours.

Il a été jugé que lorsqu'une personne exploite avec une autre un fonds de commerce indivis, si la première est déclarée en liquidation judiciaire, la seconde ne peut faire ultérieurement l'objet d'un redressement judiciaire, dans la mesure où le redressement de l'exploitation du fonds de commerce, qui dépend de l'actif des procédures collectives de liquidation judiciaire et de redressement judiciaire, visant simultanément ces deux personnes apparaît manifestement impossible [2]. La solution peut être discutée, dans la mesure où, depuis la loi de sauvegarde des entreprises, le redressement judiciaire ne tend plus seulement à redresser une entreprise, mais peut également permettre le redressement du débiteur qui peut, de la sorte, en obtenant des délais et des remises, apurer son passif, sans qu'il y ait recherche d'un maintien de l'activité et des emplois. Dans ces conditions, il nous apparaît concevable, en présence d'un fonds de commerce indivis, que l'un des exploitants soit déclaré en redressement judiciaire, alors que l'autre est placé en liquidation judiciaire.

741.22 Conjoint collaborateur. Le décret du 1er août 2006 [3], décret d'application de la loi du 2 août 2005 [4], est venu définir, puisque curieusement [5] la loi lui en avait laissé le soin, la notion de conjoint collaborateur. L'article 1er du décret précise ainsi que le conjoint collaborateur est celui qui « exerce une activité professionnelle régulière dans l'entreprise sans percevoir de rémunération et sans avoir la qualité d'associé au sens de l'article 1832 du code civil ». L'article 2 du décret ajoute que le conjoint qui exerce à l'extérieur de l'entreprise une activité salariée d'une durée au moins égale à la moitié de la durée légale du travail est présumé ne pas exercer dans l'entreprise une activité professionnelle de manière régulière.

Avant la loi du 2 août 2005, si le conjoint adoptait le statut de collaborateur, d'associé ou de salarié, dans les conditions de la loi du 10 juillet 1982 [6], cela entraînait pour lui une présomption de non-commercialité. À l'égard des tiers, il s'agissait d'une présomption simple, qu'ils pouvaient donc combattre [7], en établissant à l'égard de l'intéressé la qualité de commerçant. Cela autorisait l'ouverture d'une procédure à son encontre sur assignation [8]. C'est ainsi qu'il y avait place à co-exploitation si le conjoint sortait du mandat général d'administration conféré par son statut [9]. Le fait d'acquérir le fonds avec son conjoint était insuffisant [10]. L'accomplissement d'actes avant le début d'exploitation était indifférent [11], puisque pour être co-exploitant, encore fallait-il que l'exploitation ait commencé. Il en était de même du règlement des factures [12].

La loi n° du 2 août 2005 a modifié l'article L. 121-4 du code de commerce en rendant obligatoire l'adoption d'un statut pour le conjoint qui travaille de manière régulière dans l'entreprise familiale. Le conjoint qui participe à l'activité de l'époux entrepreneur a l'obligation d'opter pour un statut. Il sera collaborateur, salarié, ou associé. Le conjoint d'un artisan ainsi que celui d'un professionnel libéral peut, comme le conjoint d'un commerçant, choisir l'un des statuts de l'article L. 121-4 du code de commerce. En revanche, le statut n'est pas applicable au concubin ou au partenaire d'un pacte civil de solidarité (PACS) [13].

L'article L. 121-7 du code de commerce modifié par la loi du 2 août 2005 prévoit que, à l'égard des tiers, les actes accomplis par le conjoint collaborateur pour les besoins de l'entreprise sont réputés l'être pour le compte du chef d'entreprise et n'entraîne à sa charge aucune obligation personnelle. Ce conjoint n'effectue donc pas d'acte de commerce pour son compte, à moins que les tiers ne combattent cette présomption simple en apportant la preuve

1. Aix-en-Provence, 29 juin 2004, *Rev. proc. coll.* 2005, n° 12, obs. Gorrias.
2. Paris, 3e ch., 28 oct. 2008, RG n° 08/1324.
3. D. n° 2006-966, 1er août 2006, *JO* 3 août, 11580, et rect. *JO* 26 août, 12683 – Saintourens, obs. *RTD com.* 2006. 757.
4. L. n° 2005-882, 2 août 2005, *JO* 3 août, p. 12639.
5. Saintourens, obs. *RTD com.* 2006. 757.
6. L. n° 82-596, 10 juill. 1982, *JO* 13 juill., 2204 – v. J.-CL. COM., Fasc. 3170, [Redressement et liquidation judiciaires – Droit patrimonial de la famille et procédures collectives de paiement], n° 9 – *Adde*, Randoux, « Le conjoint du chef d'une entreprise artisanale et commerciale, collaborateur, salarié ou associé ? », *JCP* 1983. I. 3103.
7. Paris, 3e ch. A, 30 janv. 2001, *Act. proc. coll.* 2001, n° 169, note Vallansan.
8. Com. 14 mai 1996, n° 93-18.408, NP, *D.* 1996. IR 162 – Com. 3 févr. 2004, n° 01-00.430, *Bull. civ.* IV, n° 28; *D.* 2004. AJ 565, obs. Lienhard; *Act. proc. coll.* 2004, n° 92, note Lucas; *JCP E* 2004. Chron. 783, n° 1, obs. M. Cabrillac; *RTD com.* 2004. 243, n° 1, obs. Saintourens; *Bull. Joly* 2004. 784, note Léobon; *Rev. proc. coll.* 2004, p. 212, obs. Lebel – *Adde*, Paris, 3e ch. A, 30 janv. 2001, *Act. proc. coll.* 2001, n° 169, note Vallansan.
9. AINSI : Paris, 3e ch. C, 5 mars 1999, *JCP E* 1999. Chron. 1529, n° A-1, obs. M. Cabrillac; *Rev. proc. coll.* 2000, 120, obs. Deleneuville.
10. Paris, 3e ch. C, 5 mars 1999, préc.
11. Com. 14 mai 1996, n° 93-18.408, NP, *D.* 1996. IR 162 – Com. 6 mai 1997, n° 94-20.772, *Bull. civ.* IV, n° 139; et SUR RENVOI, Angers, aud. sol., 15 mai 1998, *Rev. proc. coll.* 2000, n° 1, obs. Deleneuville.
12. Toulouse, 2e ch., 1re sect., 21 juin 1999, *Rev. proc. coll.* 2000, n° 1, obs. Deleneuville.
13. Rép. min. n° 102528, *JOAN Q* n° 3, 16 janv. 2007, P. 610; *Bull. Joly* 2007. 410, § 100.

d'accomplissements d'acte de commerce en toute indépendance pour son compte. Les solutions jurisprudentielles ci-dessus énoncées conservent leur actualité, lorsque le conjoint sort de son statut.

Sous l'empire de la législation antérieure à la loi de sauvegarde des entreprises[1], le conjoint ne peut demander l'ouverture d'une sauvegarde ou solliciter sa mise en redressement ou en liquidation judiciaire que s'il est immatriculé au registre du commerce et des sociétés en qualité de commerçant[2]. Tel n'est pas le cas s'il est immatriculé en qualité de conjoint collaborateur, pareille immatriculation étant insuffisante à rendre recevable sa demande d'ouverture d'une procédure collective[3].

La loi de sauvegarde des entreprises conduit, semble-t-il, à modifier la solution, car une personne non immatriculée au registre du commerce en sa qualité de professionnel indépendant, peut demander l'ouverture d'une sauvegarde, d'un redressement ou d'une liquidation judiciaire[4]. Elle devra alors démontrer l'accomplissement habituel et de manière indépendante d'actes de commerce. Il faut semble-t-il réserver le cas du conjoint qui exerce une activité salariée pour une durée au moins égale à la moitié de la durée légale du travail. Il est en effet présumé ne pas exercer d'activité professionnelle indépendante régulière (D. 1er août 20<u>6</u>, art. 2), sauf à considérer que cette présomption st simple, ce que nous pensons, et que l'intéressé purrait, en conséquence, la renverser.

L'ordonnance du 18 décembre 200 dissipe toute incertitude. Toute personne exerçant une activité commerciale peut désormais bénéficier des procédures collectives, indépendamment d'une immatriculation au registre du commerce et desociétés.

SECTION 741.30
PAIEMENT DES CRÉANCIERS SUR LES BIENS PROPRES DU CONJOINT

741.31 Paiement du créancier sur leopres du conjoint codébiteur. Un créancier peuursuivre le conjoint sur ses propres, peu imjant le régime matrimonial. Il pourra s'agir de biens indivis entre deux époux. En cette hypothèse, la poursuite du conjoint *in bonis* pourra intervenir et permettra d'appréhender la quote-part dans le bien[6].

Le créancier ayant inscrit une sûreté sur tous les indivisaires peut poursuivre la vente du bien. S'il s'agit d'une hypothèque, le créancier personnel devra adresser un commandement de payer à l'époux coïndivisaire et une requête au juge-commissaire de la procédure ouverte contre le conjoint en liquidation judiciaire. À défaut, sa saisie serait nulle[7].

La poursuite du conjoint *in bonis* supposera cependant qu'il soit tenu à la dette. Il n'en sera ainsi que s'il est codébiteur. Sa qualité pourra résulter d'un engagement contracté par lui avec son conjoint. Elle pourra également résulter de la loi. Il en est ainsi de la solidarité fiscale ou encore de la solidarité des époux dans le cadre des dettes ménagères prévues par l'article 220, alinéa 1 du code civil. Il s'agit là d'une règle du régime primaire, découlant des devoirs des époux dans le cadre du mariage, qui est indépendante du régime matrimonial adopté. La solidarité à la dette, instaurée par article 220 du code civil, intéresse les dettes ayant pour objet l'entretien du ménage ou l'éducation des enfants. L'article 220, alinéa 3 exclut de la solidarité les dettes manifestement excessives ou celles résultant d'achat à tempérament ou d'emprunt, sauf celles portant sur des sommes modestes, et qui sont nécessaires aux besoins de la vie courante.

Cette disposition, dont les contours peuvent parfois être flous[8], revêt un intérêt tout particulier pour les caisses de retraite ou d'assurance-maladie, qui pourront ainsi réclamer à l'époux le paiement d'une créance[9], indépendamment de la procédure collective, par application du principe de liberté des poursuites à l'encontre des codébiteurs. Les propres du conjoint *in bonis* pourront servir à payer une dette commune, en cas de régime de communauté, une dette propre à l'autre époux, en cas de régime séparatiste. Cette disposition autorisera à poursuivre le conjoint demeuré *in bonis*, après clôture pour insuffisance d'actif de la procédure collective contre l'époux ayant fait l'objet de la procédure collective.

On rapprochera de cette disposition celle de l'article 515-4 nouveau du code civil qui institue

1. L. n° 2005-845, 26 juill. 2005, *JO* 27 juill., p. 1.
2. Com. 1er oct. 2002, n° 99-19.229, NP, *Actc. coll.* 2002, n° 230; *Act. proc. coll.* 2002, n° 257.
3. Com. 21 mai 1996, n° 93-18.408, NP, *D.* 19 162 – Com. 11 févr. 2004, n° 01-00.430, *Bull.* cn° 28; *D.* 2004. AJ 565, obs. Lienhard; *Act. proc.* 2004, n° 92, note Lucas; *JCP E* 2004. Chron. 78, obs. M. Cabrillac; *RTD com.* 2004. 243, n° 1, obs. urens; *Defrénois* 2004. 1654, 38066, n° 6, note Gibi*ll. Joly* 2004. 784, note Léobon; *Rev. proc. coll.* 2. 210, n° 2, obs. Lebel; *Rev. proc. coll.* 2005, n° 7, ohont.
4. EN CE SENS AUSSI : PÉTEL, 8e éd., n° 60.
5. Ord. n° 2008-1345, 18 déc. 2008, *JO* 19 déc.162.
6. Com. 20 juin 1995, n° 93-10.331, *Bull. civ.* IV, n° 183; *Rev. proc. coll.* 1996, 128, obs. Dureuil.
7. Com. 22 avr. 1997, n° 94-19.420, *Bull. civ.* IV, n° 99 – *Adde*, Saint-Alary-Houin, « Les dangers pour les créanciers de l'époux *in bonis* de l'ouverture d'une procédure collective contre son conjoint », *LPA* 26 août 1998, n° 12, p. 16 s., sp. p. 17, n° 6.
8. AINSI : Civ. 1re, 27 nov. 2001, n° 99-20.546, *Bull. civ.* I, n° 294; *RJPF* 2002/3, p. 15, obs. Vauvillé.
9. Civ. 1re, 20 nov. 2001, n° 99-17.329, *Bull. civ.* I, n° 284; *RJPF* 2002/3, p. 17, obs. Vauvillé.

une solidarité entre les partenaires d'un pacte civil de solidarité, pour les dettes justifiées pour les « besoins de la vie courante »[1], à l'exception des dettes manifestement excessives. La solution n'a pas été retouchée à l'occasion de la loi du 23 juin 2006[2], qui a modifié en profondeur le Pacs[3]. En revanche, la loi du 1er juillet 2010[4], entrée en vigueur le 1er mai 2011, exclut de la solidarité les achats à tempérament faits par l'un seul des partenaires, sauf si ces achats ne portent que sur des sommes modestes nécessaires aux besoins de la vie courante. À défaut de stipulation contraire de la convention, le régime légal des biens des partenaires du Pacs équivaut à celui de la séparation des biens (C. civ., art. 515-5, al. 1).

741.32 Nullités de la période suspecte et inscription de sûreté prise sur un bien indivis. Si le bien est indivis entre deux époux, l'hypothèque ou le nantissement restera valable sur la quote-part de l'époux resté *in bonis*. Ne semble en revanche pas pouvoir être suivie la solution d'une cour d'appel qui fait échapper au jeu des nullités de la période suspecte le bien indivis en son entier, la demande d'annulation portant ici sur la cession du fonds de commerce[5].

741.33 Absence d'arrêt du cours des inscriptions de sûretés sur les biens propres au conjoint *in bonis* ou indivis entre les époux. Malgré la règle de l'arrêt du cours des inscriptions de sûretés posées par l'article L. 621-50 du code de commerce (anct L. 25 janv. 1985[6], art. 57), devenu l'article L. 622-30 dans la rédaction de la loi de sauvegarde des entreprises, l'inscription d'une sûreté après jugement d'ouverture est valable si elle intéresse un bien indivis entre deux époux mariés sous le régime de la communauté ou sous un régime séparatiste, dès lors qu'elle est prise du chef de l'époux *in bonis*. Elle ne peut évidemment grever que la quote-part de l'époux demeuré *in bonis*[7].

La sûreté est également valablement inscrite après jugement d'ouverture sur un bien propre au conjoint *in bonis*.

741.34 Paiement du créancier sur les propres du conjoint non codébiteur. Le conjoint non codébiteur ne peut être poursuivi par le créancier sur ses biens propres. On comprend dès lors l'importance que peut revêtir, pour le créancier, la qualité de bien propre attribué à tel ou tel bien du conjoint du débiteur (v. ss no 741.51). Cependant, le conjoint non codébiteur peut être une caution. En cette occurrence, son engagement personnel de cautionnement permettra d'atteindre ses biens propres, sans qu'il y ait ici de particularité relative au sort classique de la caution. Le créancier devra, en conséquence, avoir réservé l'existence de sa créance principale à l'encontre de l'autre époux, débiteur principal.

741.35 Décharge judiciaire de l'ex-conjoint dans le cadre du divorce. Afin de protéger l'ex-conjoint d'un exploitant, l'article 1387-1 du code civil, tel qu'issu de la loi du 2 août 2005[8], dispose que « *Lorsque le divorce est prononcé, si des dettes ont été consenties par les époux solidairement ou séparément dans le cadre de la gestion d'une entreprise, le tribunal de grande instance peut décider d'en faire supporter la charge exclusive au conjoint qui conserve le patrimoine professionnel ou, à défaut, la qualification professionnelle ayant servi de fondement à l'entreprise* ».

Le texte autorise ainsi le tribunal de grande instance à décharger l'ex-époux, en décidant de faire supporter à l'autre la totalité des dettes. Si l'engagement était solidaire, cela revient à supprimer la solidarité. Mais il n'est pas nécessaire, pour l'application du texte, que l'engagement ait été souscrit solidairement.

Ce texte a été présenté par certains comme une simple règle de contribution au régime matrimonial, comme en attesterait sa place dans le code civil[9]. Il a été farouchement critiqué par d'autres, s'il devait être interprété comme entraînant libération d'un débiteur solidaire à l'égard de son créancier, du fait de l'expropriation qu'il entraîne, « qui a pour caractéristique d'être à la fois soumise au seul bon vouloir du juge, d'utilité privée et sans indemnité »[10], qui semble contraire à l'article 1er du premier protocole additionnel de la Convention euro-

1. SUR LA QUESTION : Alleaume, « Pacte civil de solidarité; "solidarité contre solidarité" – étude comparative des avantages respectifs du mariage et du PACS au regard du droit du crédit », *D.* 2000. Chron. 450.
2. L. no 2006-728, 23 juin 2006, *JO* 24 juin, p. 9513.
3. Sauvage, « Le régime des biens des partenaires d'un pacte civil de solidarité au lendemain de la loi du 23 juin 2006 », *RLDC* janv. 2007, p. 36 – *Adde,* Fulchiron, *Defrénois* 2006. 1621, art. 38471.
4. L. no 2010-737, 1er juill. 2010 portant réforme du crédit à la consommation, *JO* 2 juill., p. 12001.
5. Aix-en-Provence, 22 janv. 1999, *Rev. proc. coll.* 2004, p. 384, no 5, obs. approb. Blanc.
6. L. no 85-98, 25 janv. 1985, préc.
7. Com. 20 juin 1995, no 93-10.331, *Bull. civ.* IV, no 183; *D.* 1995. IR 179; *Rev. proc. coll.* 1996, 128, obs. Dureuil; *D.* 1997. 1, note Rémery; *LPA* 1996, no 47, p. 11, obs. Honorat et Henry – *Adde*, VALLANSAN, 4e éd., no 180.
8. L. no 2005-882, 2 août 2005, préc. – Piedelièvre, « Le nouvel aicle 1387-1 du code civil (ou de l'utilisation du pavé par ours) », *D.* 2005. 2138 – Jacob, *Banque et droit* 2005, p. 62; Legeais, *RD banc. fin.* 2005, no 163 – Dupichot, *r. et patr.* 2006. 133.
9. Vauvi « L'institutrice et l'artisan (à propos du nouvel article 387-1 du code civil) », *Dr. et patr.* 2006. 26.
10. Crocq Les bons sentiments ne font pas les bons textes (à propou nouvel article 1387-1 du code civil) », *D.* 2005. 2025.

péenne de sauvegarde des droits de l'homme et des libertés fondamentales. Ce texte, ainsi interprété, serait une extravagance[1].

L'expression du législateur « faire supporter la charge » semble plutôt aller dans le sens d'un règlement de la contribution à la dette[2] et non d'une obligation la dette. Il faut donc comprendre que, dans les rapports des époux, le non exploitant sera déchargé, mais qu'il restera tenu à l'égard du créancier qui disposait de deux codébiteurs solidaires. Le créancier pourra donc poursuivre les deux codébiteurs. Le fait que le non exploitant soit déchargé l'autorisera à demander le remboursement de ce qu'il a payé depuis la décision du tribunal de grande instance décidant d'appliquer l'article 1387-1 du code civil.

La coordination de ce texte avec le droit des procédures collectives n'est pas évidente. Il est nécessaire que l'exploitant conserve le patrimoine professionnel. Tel ne sera pas le cas si la procédure évolue vers une liquidation judiciaire ou même un plan de cession totale. La décharge de solidarité de l'ex-époux codébiteur ayant souscrit un engagement solidaire ou conjoint ne sera concevable que pendant la période d'observation, ainsi que dans les plans de sauvegarde ou de redressement.

Le texte réserve toutefois l'hypothèse dans laquelle l'exploitant, tout en ne conservant pas son patrimoine professionnel – hypothèse d'un plan de cession totale ou d'une liquidation judiciaire –, conserve sa qualification professionnelle. Ainsi, lorsque le débiteur est un professionnel libéral, son ex-époux codébiteur pourra être déchargé de la solidarité au titre des dettes d'exploitation qu'il avait souscrites avec son ex-conjoint placé en liquidation judiciaire.

SECTION 741.40
PAIEMENT DES CRÉANCIERS SUR LES BIENS COMMUNS

741.41 Interdiction des poursuites pendant la procédure collective sur un bien commun – Intégration des biens communs dans le périmètre de la procédure collective. L'article 1413 du code civil dispose que « le paiement des dettes dont chaque époux est tenu, pour quelque cause que ce soit, pendant la communauté, peut toujours être poursuivi sur les biens communs ». Cette disposition, qui fonde l'assujettissement des biens communs au périmètre de la procédure collective, et qui a vocation à s'appliquer tant au régime de la communauté légale qu'à celui de la communauté universelle[3], emporte cette conséquence d'interdire au créancier de poursuivre le recouvrement d'une créance, pendant la procédure collective, sur un bien commun. Cette interdiction, qui résulte de la règle de l'arrêt des poursuites individuelles, lorsque la poursuite intéresse le conjoint sous sauvegarde, en redressement ou en liquidation judiciaire, est relayée par l'article 1413 du code civil lorsque la poursuite intéresse le conjoint *in bonis*. La saisie collective des biens communs opérée par le jugement d'ouverture[4] ferme toute action à l'encontre du conjoint resté *in bonis*[5].

A justement été considérée comme non sérieuse la question prioritaire de constitutionnalité portant sur l'article L. 642-18 du code de commerce en ce qu'il permet la vente des biens communs du débiteur sans distraction de la moitié du prix au profit du conjoint *in bonis*. En effet, cette disposition ne porte, par elle-même, aucune atteinte au droit de propriété du conjoint commun en biens du débiteur, dont les droits ne sont affectés que par l'effet de la règle énoncée à l'article 1413 du code civil[6].

Pendant la procédure collective, il n'apparaît donc pas possible de poursuivre le recouvrement d'une créance sur les biens communs, à l'encontre du conjoint. Les mandataires de justice veilleront à ce que les créanciers du conjoint *in bonis* ne poursuivent pas l'exécution sur des biens communs[7], notamment sur les comptes bancaires de l'époux *in bonis*, alors même qu'il s'agirait de comptes non joints.

Peu importe à cet égard que le créancier ait ou non déclaré sa créance.

S'il a déclaré celle-ci, la règle de l'arrêt des poursuites individuelles le paralysera[8].

Dans un premier temps, la jurisprudence avait estimé, sur le fondement de la règle d'indépendance

1. Revel, *D.* 2006. Pan. 2070.
2. TGI Évreux, 17 nov. 2006, RG n° 05/02349 *LPA* 15-16 août 2007, n°s 163, 164, p. 10; *Defrénois* 2008. 317, 38719, note Champenois – *Adde*, EN CE SENS : Revet, *Dr. et patr.* nov. 2005, n° 142 – Chazal et Ferré-André, L'incroyable destin de l'article 1387-1 du code civil, *D.* 2006. Point de vue 316 – Vauvillé, « L'institutrice et l'artisan… », *RJPF* 2005-11/20.
3. Colmar, 1re ch., 26 nov. 2002, *RD banc. fin.* 2004, n° 33, obs. Lucas.
4. Sénéchal, *L'effet réel de la procédure collective*, « Bibl. dr. entr. », Litec, 2002, n°s 144 s.
5. Com. 16 déc. 2014, n° 12-35.440, NP; n° 1126 F-D; *BJE* 2015, 94, note Becqué-Ickowicz et S. Cabrillac.
6. Com. 10 juill. 2014, n°s 14-10.100, 14-10.109 QPC, NP; n° 836 FS-D; *Gaz. Pal.* 5 oct. 2014, n° 278, p. 43, note Antonini-Cochin; *Rev. sociétés* 2014. 529, Roussel Galle; *Rev. proc. coll.* 2015, comm. 75, note Lisanti – Com. 18 nov. 2014, n° 14-16.535 QPC, NP; n° 1110 F-D; *Rev. proc. coll.* 2015, comm. 75, note Lisanti.
7. IFPPC 1999, recomm. n°s 1102-1, 1102-2, 6034-1 à 6034-3, p. 27, 28, 163.
8. Com. 28 janv. 2004, n° 02-17.779, NP.

des engagements des coobligés, et en faisant abstraction complète des règles des régimes matrimoniaux, que le créancier pouvait, en l'absence de déclaration de créance au passif de l'époux commun en biens sous procédure collective, poursuivre le conjoint *in bonis*, qui était codébiteur[1]. Mais, même si parfois la solution est encore affirmée[2], la jurisprudence a rapidement abandonné cette solution.

Si le créancier n'a pas déclaré sa créance au passif de l'époux commun en biens sous procédure collective, il n'a aucun droit à faire valoir dans la procédure collective et ne pourra donc pas participer aux répartitions de celle-ci[3]. Dès lors, il est exclu qu'il conteste l'état de collocation établi par le liquidateur pour prétendre être colloqué en premier rang[4]. Si les deux époux sont placés sous procédure collective, la déclaration de créance au passif de l'un autorisera la participation à la distribution du prix de vente de l'immeuble, même si la créance avait été éteinte, faute de déclaration au passif, dans le cadre de la première procédure collective ouverte[5] (v. toutefois s^s n° 741.48).

L'impossibilité de participer aux répartitions dans la procédure collective, à défaut de déclaration de créance au passif du conjoint sous procédure collective, s'impose avant la loi de sauvegarde des entreprises, du fait de l'extinction de la créance non déclarée. Elle conduit à obliger le créancier à restituer à la procédure collective l'argent versé par le conjoint *in bonis*, avec de l'argent commun, fût-ce les gains et salaires, à l'instar de la solution retenue en matière de cautionnement (s^s n° 723.12).

Mais la solution n'est pas différente depuis la loi de sauvegarde des entreprises, car, si la créance non déclarée n'est plus éteinte, il n'en demeure pas moins que, pendant la procédure collective, les droits du créancier sont inopposables à la procédure. Les droits à répartitions sur les biens communs pendant la procédure collective sont exclus en application de l'article L. 622-26, alinéa 1 du code de commerce, texte de la sauvegarde applicable en redressement et en liquidation judiciaires.

Cela ne signifie pas pour autant, avant comme depuis la législation de sauvegarde des entreprises, que les droits du créancier sont éteints, du chef du conjoint demeuré *in bonis*. Il conserve sa créance, ce qui l'autorisera, après clôture de la procédure, à poursuivre le conjoint sur les biens communs[6], s'il en subsiste En conséquence, nonobstant l'absence de déclaration de la créance du créancier hypothécaire au passif de l'époux en redressement judiciaire, il n'y a pas place à radiation de l'inscription de l'hypothèque prise du chef des deux époux[7].

La règle énoncée ne concerne cependant que les créanciers antérieurs de l'époux sous procédure collective, ainsi que, depuis la loi de sauvegarde des entreprises, les créanciers postérieurs ne bénéficiant pas du traitement préférentiel. Les créanciers postérieurs bénéficiant du traitement préférentiel peuvent, quant à eux, exercer à l'encontre du conjoint demeuré *in bonis* leur droit de poursuite. Corrélativement, ils peuvent obtenir leur paiement sur tous les biens communs.

741.42 Interdiction maintenue en présence d'un conjoint commun en biens codébiteur *in bonis*. Si le conjoint est codébiteur, le créancier peut exhiber cette qualité pour essayer de le poursuivre, non en tant que conjoint, mais en qualité de codébiteur. Cette démarche avait pu prospérer dans un premier temps, abstraction ayant été faite des règles des régimes matrimoniaux, pour n'appliquer que les règles liées à l'indépendance des codébiteurs. Mais elle a ensuite été rapidement abandonnée (v. s^s n° 741.41).

Le créancier, qui ne peut obtenir paiement du conjoint commun en biens resté *in bonis*, du fait de la règle de l'interdiction des paiements, qui ne permet pas de payer, après jugement d'ouverture, à l'aide d'argent commun (v. s^s n°s 531.22 et 741.41), ne peut davantage obtenir sa condamnation, du fait de la règle de l'arrêt des poursuits individuelles, les biens communs formant le gage des créanciers de la procédure collective[8], ce qui interdit par exemple d'obtenir la résolution de la vente avec rente viagère pour non paiement des arrérages, fût-ce du chef du

1. Com. 19 janv. 1993, n° 89-16.518, *Bull. civ.* IV, n° 25; *LPA* 7 mai 1993, p. 10, note Honorat et Patarin; *Rev. huissiers* 1993. 553; *JCP* 1993. II. 22056, note Pétel; *Rev. proc. coll.* 1993, 71, n° 12, obs. Saint-Alary-Houin; *JCP* 1993. I. 3717, obs. Simler; *RTD com.* 1993. 377, obs. Martin-Serf; *RTD com.* 1993. 581, obs. Mestre; *Defrénois* 1993. 1045, 35616, obs. Derrida.
2. AINSI : Aix-en-Provence, 11e ch. A, 10 janv. 2007, *Rev. proc. coll.* 2007, n° 1, obs. Macorig-Venier.
3. Com. 14 mai 1996, n° 94-11.366, *Bull. civ.* IV, n° 106; *Rev. proc. coll.* 1996, 427, n° 15, obs. Soinne; *D.* 1996. 460, obs. Derrida; *RTD civ.* 1996. 666, obs. Crocq; *JCP* 1996. I. 3960, n° 9, obs. Pétel; *JCP E* 1996. I. 584, n° 9, obs. Pétel – Com. 26 oct. 1999, n° 96-20.440, NP, *Act. proc. coll.* 1999, n° 275 – Com. 23 mai 2000, n°s 97-11.005, 97-11.098, 2 esp., NP, *LPA* 18 sept. 2000, n° 186, p. 13, note Gallet – Com. 2 mai 2001, n° 98-13.039, *Bull. civ.* IV, n° 80; *Act. proc. coll.* 2001, n° 124; *D.* 2001. AJ 2030, obs. Lienhard; *JCP E* 2001. Chron. 1857, n° 12, obs. Delebecque et Simler; *RJPF* 2001/11, p. 20, obs. Vauvilé.
4. Com. 23 mai 2000, n° 97-11.005, NP.
5. Com. 11 déc. 2001, n° 98-22.643, *Bull. civ.* IV, n° 198; *JCP* 2002. I. 144, obs. Pétel.
6. Com. 14 mai 1996, n° 94-11.366, préc. – Com. 26 oct. 1999, n° 96-20.440, préc. – Com. 23 mai 2000, n° 97-11.005, préc. – Com. mai 2001, n° 98-13.039, préc.
7. Com. 14 mai 1996, n° 94-11.366, préc. (v. s^s prés^t n°).
8. Com. 16 déc. 2014, n° 12-35.440, NP; n° 1126 F-D; *BJE* 2015, 94, note Bec-Ickowicz et S. Cabrillac.

conjoint commun en biens resté maître de ses droits[1].

Le créancier ne pourra davantage procéder à l'exécution forcée sur des biens communs. Il est ainsi jugé que les salaires d'un époux marié sous un régime de communauté, qui en dehors des procédures collectives, échappent à la saisie des créanciers du conjoint, sont, en revanche, frappés par la saisie collective au profit des créanciers de l'époux mis en procédure collective et ne peuvent être saisis, pendant la durée de celle-ci, au profit d'un créancier de l'époux maître de ses biens[2].

La contestation du liquidateur de l'époux sous procédure collective sur une saisie-vente opérée du chef du conjoint commun en biens resté *in bonis* ne s'analyse pas en une contestation relative à la saisissabilité des biens, enfermée comme telle dans le délai d'un mois prévu à l'article R. 221-53 du code des procédures civiles d'exécution (anc[t] décr. 31 juill. 1992, art. 130[3]), mais est une contestation pour vice de fond relative à la validité de la saisie-vente poursuivie après le jugement d'ouverture[4].

Le droit du créancier à exécuter sur le débiteur sous sauvegarde, en redressement ou en liquidation judiciaire, conditionne son droit d'exécution sur l'époux *in bonis*. Dès lors, si le créancier est titulaire d'une sûreté spéciale et retrouve son droit de poursuite du débiteur, sur le fondement de l'article L. 622-23 du code de commerce (anc[t] L. 25 janv. 1985[5], art. 161), dans la rédaction antérieure à la loi de sauvegarde des entreprises (v. s[s] n°s 566.11 s.), lorsque le liquidateur n'a pas entrepris la vente du bien grevé dans les trois mois de la liquidation judiciaire, il retrouve identiquement le droit de poursuivre le conjoint *in bonis*[6]. La solution est reconductible sous l'empire de la loi de sauvegarde des entreprises, laquelle, tout en conservant le délai de principe de trois mois (C. com. art. L. 643-2, al. 1), prévoit que, si le tribunal a prévu un délai de présentation d'offres de cession de l'entreprise, la possibilité pour un créancier de reprendre ses poursuites individuelles est recouvrée soit au jour où le tribunal statue sur le plan de cession, dès lors que le bien n'est pas intégré dans le plan, soit à l'expiration de la période provisoire d'activité autorisée en liquidation judiciaire (C. com., art. L. 643-2, al. 2). La démarche supposera que le créancier ait déclaré sa créance au passif du codébiteur. À défaut, il ne pourrait, du chef du conjoint *in bonis*, recouvrer, pendant la procédure collective, que le solde restant après paiement de tous les créanciers[7]. Cette solution posée sous l'empire de la législation antérieure à la loi de sauvegarde des entreprises, à une époque où la créance non déclarée était éteinte, subsiste malgré la suppression par la loi de sauvegarde des entreprises de l'extinction des créances non déclarées. En effet, les droits du créancier, en l'absence de déclaration au passif du conjoint sont inopposables à la procédure de ce dernier, pendant toute la durée de la procédure collective. Malgré la lettre de l'article L. 622-23 du code de commerce, devenu l'article L. 643-2, depuis la loi de sauvegarde des entreprises, il ne s'agit pas d'un droit de poursuite, mais plutôt d'un droit d'exécution forcée. Ce qui est ici en jeu est le droit d'exécution sur les biens communs. Pendant la procédure collective, il s'exercera dans les mêmes conditions qu'il le soit du chef de l'époux sous sauvegarde, en redressement ou en liquidation judiciaire, ou du chef de l'époux demeuré *in bonis*.

Notons que l'ancien conjoint, poursuivi comme indivisaire d'un bien dépendant de l'indivision post communautaire, au titre d'un cautionnement donné par son ex-époux, ne peut se prévaloir, sous l'empire de la loi du 25 janvier 1985, de l'absence de déclaration au passif de la créance principale[8], bien que ce droit de soulever l'extinction de la créance pour absence de déclaration au passif ait appartenu à son ex-conjoint, caution, qui ne l'avait pas utilisé.

741.43 Incidence de l'arrêté d'un plan de continuation, de redressement ou de sauvegarde sur le droit de poursuite du créancier à l'encontre du conjoint commun en biens *in bonis*. Le plan de continuation entraîne rétablissement du débiteur dans ses droits. Cependant, les créanciers soumis au plan, c'est-à-dire les créanciers antérieurs ainsi que, depuis

1. Com. 16 déc. 2014, n° 12-35.440, préc.
2. Com. 16 nov. 2010, n° 09-68.459, *Bull. civ.* IV, n° 176; *D.* 2010. 2904, obs. Lienhard; *Gaz. Pal. entr. diff.* 7-8 janv. 2011, p. 43, note Antonini-Cochin; *Gaz. Pal.* 4-5 févr. 2011, p. 40, note Casey; *Rev. proc. coll.* 2011, n° 70, note Dumont-Lefrand; *BJE* 2011. 150, note Cabrillac; *LPA* 29 avr. 2011, n° 8, p. 7, note crit. Henry; *LXB hebdo* 9 déc. 2010, n° 23, note Le Corre.
3. D. n° 92-755, 31 juill. 1992, JO 5 août, p. 10530; ABROGÉ par décr. n° 2012-783, 30 mai 2012, art. 9.
4. Com. 21 sept. 2010, n° 09-15.117, NP; n° 879 F-D; *Gaz. Pal. entr. diff.* 7-8 janv. 2011, p. 45, note Antonini-Cochin.
5. L. n° 85-98, 25 janv. 1985, préc.
6. Cass., ass. plén., 23 déc. 1994, n° 90-15.305, *Bull. ass. plén.*, n° 7; *D.* 1995. Jur. 14, rapp. Chartier, et note Derrida; *JCP N* 1995. II. 423, note Randoux; *JCP E* 1995. II. 660, note Pétel; *RJ com.* 19.. 55 obs. Storck; *Quot. Jur.* 7 févr. 1995, p. 5, note P. M.; *Rev. Banque* 1995. 91, obs. Guillot – Com. 17 juin 19.., n° 95-14.470, NP, *D. Affaires* 1997. 901.
7. Com. 16 mars 1999, n° 96-15.693, NP, *Defrénois* 1999. 865, 37023, n° 8, note Sénéchal – Lyon, 6e ch., 21 oct. 2004, RG n° 03/03052, *Rev. proc. coll.* 2006, n° 10, obs. Legrand.
8. Com. 10 mai 2012, n° 10-20.974, *Bull. civ.* IV, n° 93; *D.* 2012. Actu 1325, obs. Lienhard; *Act. proc. coll.* 2012, n° 157, note Leprovaux; *BJE* juill. 2012, n° 130, note Cabrillac; *Rev. proc. coll.* 2013, comm. 100, note Dumont-Lefrand.

la loi de sauvegarde des entreprises [1], les créanciers postérieurs non éligibles au traitement préférentiel, ne peuvent être payés par le débiteur autrement que selon les dispositions du plan. Dans ce contexte, est-il possible de demander paiement au conjoint *in bonis* [2] ? La possibilité de saisie des biens communs en phase d'exécution du plan est certes une solution dommageable pour le conjoint commun en biens, alors que la jurisprudence lui refuse la possibilité de bénéficier du redressement judiciaire civil pour des dettes communes intégrées dans un plan de continuation [3]. Faut-il pour autant refuser au créancier le droit de le poursuivre ?

La réponse à la question dépend en réalité, semble-t-il, de la qualité de codébiteur du conjoint.

Si le conjoint n'est pas codébiteur, il est impossible pour le créancier de poursuivre l'exécution sur les biens communs du chef de l'époux *in bonis* [4], puisqu'il n'a pas de droits particuliers à faire valoir sur le conjoint *in bonis*.

Si le conjoint est codébiteur, une réponse inverse semble devoir être apportée, du fait de la règle d'indépendance des codébiteurs. En effet, le codébiteur ne peut se prévaloir, sous l'empire de la législation antérieure à la loi de sauvegarde des entreprises (C. com., art. L. 621-65), des dispositions du plan de continuation [5] ou, sous l'empire de la loi de sauvegarde des entreprises (C. com., art. L. 631-20), des dispositions du plan de redressement [6]. En revanche, le conjoint codébiteur peut se prévaloir des dispositions du plan de sauvegarde, en application de l'article L. 626-11, alinéa 2 du code de commerce. Notons que des solutions divergentes ont été posées par les juridictions du fond, certaines admettant la saisie des biens communs [7], d'autres la refusant [8], d'autres enfin la limitant aux biens non nécessaires à l'exploitation [9].

Cette discussion ne pourra en tout cas se poser si l'immeuble commun a été déclaré inaliénable, car cela a alors pour effet de le rendre insaisissable (v. s^s n° 522.74). Mais il importe d'observer que l'inaliénabilité décidée dans le jugement arrêtant le plan ne peut porter que sur des biens indispensables à la poursuite de l'activité, ce qui ne sera pas le cas de l'immeuble d'habitation des époux, hormis l'hypothèse d'un immeuble à usage mixte, ce qui est tout de même fréquent en matière agricole.

La Cour de cassation a eu à connaître de cette difficulté à plusieurs reprises.

Dans une première hypothèse, il était question d'un créancier hypothécaire qui n'avait pas déclaré sa créance au passif. Après arrêté du plan de continuation du débiteur, l'immeuble hypothéqué commun aux deux époux codébiteurs a été vendu. La Cour de cassation a estimé que le créancier hypothécaire pouvait être payé du chef du codébiteur *in bonis*, le commissaire à l'exécution n'ayant pas à percevoir le prix de cession de cet immeuble [10]. La Cour de cassation a toutefois précisé que la vente de l'immeuble n'avait pas été prévue dans le plan de continuation, réservant ainsi la possibilité d'une solution différente si la vente de l'immeuble avait été prévue dans le plan. Il aurait en effet fallu appliquer, à l'époque, les dispositions de l'article L. 621-80 du code de commerce, devenu l'article L. 626-22 du code de commerce, depuis la loi de sauvegarde des entreprises. Ainsi, lorsque les biens communs n'ont pas été déclarés inaliénables et que leur vente n'a pas été envisagée dans le plan de continuation, de sauvegarde ou de redressement, les époux peuvent librement en disposer [11].

Dans une seconde hypothèse, le créancier hypothécaire, qui n'avait pas davantage déclaré sa créance au passif de l'un des époux communs en biens, avait signifié un commandement aux fins de saisie à l'époux resté *in bonis*, alors que l'autre avait obtenu un plan de continuation et était redevenu maître de ses droits. La Cour de cassation admet la

1. L. n° 2005-845, 26 juill. 2005, préc.
2. POUR LA NÉGATIVE : Lambert, « Le sort du conjoint *in bonis* engagé aux côtés de son époux surendetté ou soumis à une procédure collective », *RTD com.* 2007. 485 s., sp. 495, n° 10 – *Adde,* sur la question : IFPPC 1999, recomm. n°s 1102-8, 1102-9, 3180-7, p. 28, 92.
3. Civ. 1re, 11 oct. 2000, n° 99-04.091, *Bull. civ.* I, n° 242; *Act. proc. coll.* 2000, n° 258, note Régnaut-Moutier.
4. Rép. min. n° 104335, *JOAN* 11 oct. 2011, p. 10855; *D. 2011. Actu. 2591; Rev. proc. coll. 2012, n° 118, note Lisanti.*
5. EN CE SENS : Com. 8 juill. 2003, n° 00-19.726, NP, *RJPF* 2003/12, p. 18, note Vauvillé – Toulouse, 2e ch., 1re sect., 3 juin 2004, RG n° 03/01849, *Rev. proc. coll.* 2005, n° 14, obs. Dumont.
6. Rép. min. n° 104335, *JOAN* 11 oct. 2011, p. 10855, *D.* 2011. Actu. 2591; *Rev. proc. coll.* 2012, n° 118, note Lisanti.
7. Paris, 24 janv. 1997, *D. Affaires* 1997. 444.
8. Agen, 11 sept. 1995, *JCP* 1996. IV. 569; *Cah. jurispr. Aquitaine* 1996, n° 1, p. 12, note Saintourens – *Adde,* Dureuil, « L'attraction des biens de la communauté conjugale par la procédure collective ou les malheurs de l'époux commun en biens demeuré *in bonis* », *LPA* 26 août 1998, n° 102, p. 10 s., sp p. 12.
9. TGI Lyon, 18 mai 1993, *LPA* 26 avr. 1995, n° 50, 120, note Derrida.
10. Com. 21 févr. 2006, n° 04-10.187, *Bull. civ.* IV, n° 46; *D.* 2006. AJ 219; *D.* 2006. Pan. 2253, obs. Lucas; JCP E 2006. Chron. 1569, n° 3, obs. M. Cabrillac; *Act. proc. coll.* 2006, n° 91, note crit. Boulay; *Gaz. proc. coll.* 2006/2, p. 32 n° 1, obs. Voinot; *LPA* 27 avr. 2006, n° 84, p. 18, note Lebel; *RTD com.* 2006. 482, n° 6, obs. Martin-Serf; *LXB* n° N7539AKG, note Le Corre.
11. Besançon, 13 nov. 2003, RG n° 03/00323, *Act. proc. coll.* 2004, n° 32, obs. Vallansan; *Rev. proc. coll.* 2005, n° 15, obs. Dumont; et SUR POURVOI : Com. 21 févr. 2006, n° 04-10.187, *Bull. civ.* IV, n° 46, préc. (v. s^s prés^t n°).

validité du commandement aux fins de saisie et celle des poursuites, car, du fait de l'extinction de la créance non déclarée, seul l'époux *in bonis* était encore débiteur et seul lui pouvait, en conséquence, être poursuivi[1].

La problématique est en revanche différente si le conjoint en procédure collective a bénéficié d'un plan de sauvegarde. En effet, en application de l'article L. 626-11, alinéa 2 du code, les coobligés peuvent se prévaloir des dispositions du plan de sauvegarde, s'ils sont des personnes physiques. Il y aura là un obstacle à la poursuite du conjoint *in bonis* codébiteur, autrement que selon les dispositions du plan de sauvegarde.

741.44 Déclaration de créance au passif de l'époux commun en biens non débiteur. La soumission de l'intégralité des biens communs à la procédure collective fait naître une difficulté. Les créanciers ne seront en effet payés sur les biens communs que dans le cadre de la procédure collective. Que décider, dans ces conditions, si le créancier n'a pas comme débiteur l'époux sous sauvegarde, en redressement ou en liquidation judiciaire ? Faut-il le priver, pour ce motif, de tout droit sur les répartitions dans la procédure collective, au prétexte qu'il a la malchance d'être créancier de l'époux *in bonis* ? La soumission à la procédure collective des biens communs autorise en réalité le créancier à déclarer au passif du conjoint de son débiteur, en tant que créancier de l'époux ayant engagé la communauté[2].

Il n'apparaît pas, en revanche, que le représentant des créanciers – mandataire judiciaire – ou le liquidateur ait l'obligation d'avertir le créancier du conjoint *in bonis*, créancier inscrit au titre d'une sûreté publiée sur un bien commun, dans la procédure collective atteignant l'époux, même si le contraire a été préconisé[3]. L'inopposabilité de la forclusion n'apparaît devoir jouer qu'au profit du créancier du débiteur en redressement ou en liquidation judiciaire, l'opinion contraire ayant cependant été émise[4]. La solution doit être étendue à l'hypothèse du débiteur sous sauvegarde.

Il faudra cependant que la dette engage valablement la communauté. Spécialement, si la dette est née d'un cautionnement ou d'un prêt, l'accord du conjoint devra être donné à son époux. L'absence d'accord entraînera absence d'engagement de la communauté et la créance déclarée au passif, du chef du conjoint *in bonis*, devra être rejetée au motif de l'absence de qualité de dette commune, seule susceptible de justifier l'admission au passif d'une personne, qui n'est pas le débiteur à l'origine de la dette.

Dès lors que la créance sur l'époux *in bonis* a été déclarée au passif, le créancier titulaire d'une sûreté spéciale peut faire valoir ses droits sur les biens communs. Il sera traité comme s'il était créancier de l'époux en sauvegarde, en redressement ou en liquidation judiciaire. Il aura droit aux répartitions sur le bien commun grevé de la sûreté[5], et cela à son rang, sans pouvoir éviter le concours des créanciers de l'époux en procédure collective[6].

Le créancier, pour poursuivre la réalisation d'un bien grevé du chef de l'époux *in bonis*, devra être autorisé par le juge-commissaire[7].

741.45 Poursuite du conjoint commun en biens *in bonis* après clôture de la procédure de l'autre époux. L'article L. 622-32 du code de commerce (anc^t L. 25 janv. 1985, art. 169), en liquidation judiciaire et l'article L. 621-95 du même code (anc^t L. 25 janv. 1985, art. 92) en plan de cession, sous l'empire de la législation antérieure à la loi de sauvegarde des entreprises[8], l'article L. 643-11 dans la rédaction de la loi de sauvegarde des entreprises, prévoient une impossibilité de principe, pour les créanciers antérieurs, de reprendre l'exercice de leur droit de poursuite individuelle contre le débiteur, après clôture de la procédure. La solution doit être étendue, sous l'empire de la loi de sauvegarde des entreprises, aux créanciers postérieurs dont la créance est née régulièrement et qui n'ont pas bénéficié du traitement préférentiel, ainsi qu'aux créanciers dont la créance est née irrégulièrement après le jugement d'ouverture.

Si le conjoint resté *in bonis* est codébiteur, le créancier pourra exercer son droit de poursuite contre lui, après la clôture de la procédure. La solution de droit commun des codébiteurs est ici applicable. Il importera donc peu que le créancier ait déclaré sa

1. Com. 3 mai 2006, n° 02-11.963, *Bull. civ.* IV, n° 113; *D.* 2006. AJ 1451, obs. Lienhard; *Act. proc. coll.* 2006, n° 130, note Henry.
2. Com. 14 oct. 1997, n° 96-12.853, *Bull. civ.* IV, n° 260; *JCP* 1998. II. 10003, note Beignier; *D. Affaires* 1997, n° 40 – Com. 25 févr. 2004, n° 01-03.620, NP, *D.* 2004. Somm. 2147, obs. Le Corre; *Rev. proc. coll.* 2005, n° 10, obs. Dumont – Paris, 3e ch. A, 31 janv. 2006, aud. sol., RG n° 04/06733.
3. IFPPC 1999, recomm. n°s 1102-6, 6034-6, p. 28, 164.
4. *Saint-Alary-Houin*, « Les dangers pour les créanciers de l'époux *in bonis* de l'ouverture d'une procédure collective contre son conjoint », *LPA* 26 août 1998, n° 12, p. 16 s., sp. p. 20, n° 18.
5. Com. 25 févr. 2004, n° 01-03.620, NP, *D.* 2004. Somm. 2147, obs. Le Corre; *Rev. proc. coll.* 2005, n° 10, obs. Dumont – Paris, 3e ch. A, 31 janv. 2006, aud. sol., RG n° 04/06733.
6. Paris, 3e ch. B, 25 juin 1993, *D.* 1994. Jur. 195, obs. Derrida; *JCP* 1994. I. 3733, n° 11, obs. Simler.
7. Com. 16 mars 1999, n° 96-15.693, NP, *Act. proc. coll.* 1999, n° 131; *Defrénois* 1999. 37023, n° 8, obs. Sénéchal; *Gaz. Pal.* 27-29 févr. 2000, Jur. 20, obs. Bosgiraud.
8. L. n° 2005-845, 26 juill. 2005, préc.

créance au passif de l'époux en sauvegarde, en redressement ou en liquidation judiciaire.

Si le conjoint resté *in bonis* n'est pas codébiteur, la clôture de la procédure autorisera identiquement la poursuite des biens communs à son encontre pour le paiement de dettes personnelles. C'est là le jeu de l'article 1413 du code civil, seul applicable. En effet, le principe d'interdiction de reprise des poursuites individuelles après clôture de la procédure ne bénéficie qu'au seul débiteur ayant fait l'objet de la procédure collective[1]. Peu importera, pour la poursuite du conjoint, que le créancier ait ou non déclaré au passif du débiteur, comme on l'a vu (v. s[s] n° 741.41). Les intérêts, dont le cours était arrêté contre le débiteur sous procédure collective, ont valablement continué à courir contre le conjoint *in bonis*[2].

741.46 Nullités de la période suspecte, fraude paulienne et biens communs. L'article L. 621-107 du code de commerce (anc[t] L. 25 janv. 1985[3], art. 107) et l'article L. 632-1, dans la rédaction de la loi de sauvegarde des entreprises[4], envisagent les nullités de droit de la période suspecte. Ils autorisent spécialement l'anéantissement des sûretés réelles constituées en garantie d'une créance antérieure (v. s[s] n°s 823.51 s.). En ce cas, si la sûreté a été prise du chef des deux époux, doit-elle être maintenue en tant qu'elle est inscrite du chef de l'époux resté *in bonis* ou doit-elle être anéantie pour le tout ? Que décider si elle n'a été inscrite que du chef du conjoint *in bonis* ? Que décider enfin si elle n'a été inscrite que du chef de l'époux en sauvegarde, en redressement ou en liquidation judiciaire ?

Il faut d'abord préciser que si la sûreté prise sur un bien commun ne l'a été que du chef de l'un, cela ne peut résulter que d'un acte autre qu'un prêt ou un cautionnement. L'article 1415 du code civil oblige en effet le créancier à recueillir le consentement du conjoint commun en biens pour engager la communauté, au titre de pareilles opérations. Si la dette ne résulte pas d'un cautionnement ou d'un prêt, le conjoint engage valablement seul la communauté (C. civ., art. 1413). Le créancier peut donc valablement inscrire, du chef d'un époux seulement, une sûreté. Dès lors que la sûreté a été constituée en garantie d'une dette que n'a pas fait naître l'époux en redressement ou en liquidation judiciaire, sa procédure ne peut permettre d'anéantir cette sûreté, sur le terrain des nullités la période suspecte. Seule la dette née du chef du débiteur autorisera le jeu des nullités de la période suspecte.

1. Caen, 29 nov. 2007, RG n° 06/1368, *Act. proc. coll.* 2008, n° 67 – *Adde* SOINNE, n° 2523.
2. Caen, 29 nov. 2007, RG n° 06/1368, préc.
3. L. n° 85-98, 25 janv. 1985, préc.
4. L. n° 2005-845, 26 juill. 2005, préc.

Si la sûreté prise sur un bien commun l'a été du chef des deux époux, le jeu des nullités de la période suspecte affectera la sûreté *in re*[5]. La sûreté sera nulle pour le tout. L'impossibilité d'individualiser les droits de chacun des époux tant que dure la communauté justifie la solution[6], ainsi que l'exprime l'assemblée plénière de la Cour de cassation[7].

La sûreté sera identiquement inefficace pour le tout, si elle a été inscrite en garantie d'une dette contractée par le seul époux en redressement ou en liquidation judiciaire[8].

Identiquement, lorsque le débiteur, époux commun en biens, a passé, avec son conjoint, un contrat commutatif portant sur un bien commun, la nullité de cette convention, faite depuis la date de cessation des paiements ou dans les six mois précédant cette date pour les actes à titre gratuit translatifs de propriété, atteint l'acte en son entier[9].

Les nullités de la période suspecte pourront également atteindre un paiement effectué par le conjoint avec de l'argent commun. La solution a implicitement été posée par la Cour de cassation[10].

La nullité de la période suspecte qui frapperait une donation effectuée par un époux sur un immeuble commun aurait pour effet d'anéantir en son entier la donation, cette dernière ne pouvant demeurer valable sur la part de l'époux resté *in bonis*[11] (v. aussi s[s] n° 823.33). Ces solutions sont justifiées par l'observation que les droits de l'un ou l'autre des époux ne peuvent être individualisés, sur tout ou partie des biens communs ou sur l'un d'entre eux, tant que dure la communauté. Une cour d'appel en a tiré la conséquence procédurale

5. IFPPC 1999, recomm. n°s 1102-5, 684-5, p. 28, 164.
6. Lambert, « Le sort du conjoint *in bonis* engagé aux côtés de son époux surendetté ou soumis à une procédure collective », *RTD com.* 2007. 485 s., spéc. 492, n° 7.
7. Cass., ass. plén., 23 déc. 1994, n° 90-15.305, *Bull. ass. plén.*, n° 7; *D.* 1995. Jur. 145, rapp. Chartier, et note Derrida; *JCP N* 1995. II. 423, note. Randoux; *JCP E* 1995. II. 660, note Pételi; *RJ com.* 1995. 55 obs. Storck; *Quot. Jur.* 7 févr. 1995, p. 5, note P. M.; *Rev. Banque* 1995. 91, obs. Guillot.
8. Com. 2 avr. 1996, n° 93-20.562, *Bull. civ.* IV, n° 106; *D.* 1996. Somm. 340, obs. Honorat.
9. Com. 3 mai 2011, n° 10-17.011, *Bull. civ.* IV, n° 64; *D.* 2011. Actu. 1343, obs. Lienhard; *Gaz. Pal.* 8 juill. 2011, n° 189, p. 31, note Roussel Galle; *BJE* 2011. 332, note Sautonie-Laguionie; *Bull. Joly* 2012. 56, note Vamparys; *Dr. sociétés* 2011, n° 179, note Legros; RTD com. 2012. 619, n° 8, obs. Martin-Serf.
10. Com. 29 avr. 2003, n° 00-14.766, NP.
11. Com. 8 oct. 2003, n° 02-12.238, NP – Com. 7 avr. 2009, n° 06-19.538, *Bull. civ.* IV, n° 50; *D.* 2009. AJ 1085, obs. Lienhard; *Gaz. proc. coll.* 2009/3, p. 32, n° 6, note Roussel Galle; *Act. proc. coll.* 2009, n° 158, note Leprovaux; *RTD com.* 2009. 811, n° 7, obs. Martin-Serf; *Rev. proc. coll.* 2010, n° 143, note Lisanti – RAPPR. : Com. 28 janv. 2004, n° 01-10.096, NP.

que l'action du liquidateur pouvait n'être dirigée que contre l'époux sous procédure collective[1].

Une difficulté demeure si la donation est effectuée sur un bien commun par l'époux resté *in bonis*. En ce cas, l'acte qui n'a pas été accompli par le débiteur ne peut tomber sous le coup des nullités de la période suspecte. Il a toutefois été jugé, d'une manière souple semble-t-il[2], qu'il était possible d'atteindre l'acte fait en fraude des droits des créanciers du conjoint sous procédure collective par le biais de l'action paulienne[3].

Il a de même été jugé que, lorsqu'en fraude des droits de son créancier, un débiteur commun en biens, a passé avec son conjoint un acte portant sur un bien commun faisant partie du gage du créancier, l'acte est inopposable à celui-ci en son entier. Il en résulte que l'absence de déclaration de créance à la procédure collective de l'époux reste indifférente, et cela même sous l'empire de la loi du 25 janvier 1985[4].

741.47 Arrêt du cours des inscriptions de sûretés sur les biens communs. L'article L. 621-50 du code de commerce (anc^t^ L. 25 janv. 1985[5], art. 57) et l'article L. 622-30, dans la rédaction de la loi de sauvegarde des entreprises, disposition de la procédure de sauvegarde applicable tant en redressement judiciaire (C. com., art. L. 631-14, I), quen liquidation judiciaire (C. com., art. L. 641-3, al 1), interdisent à un créancier d'inscrire des sûretés, en garantie d'une créance antérieure, sur les biens d'un débiteur en sauvegarde, en redressement ou en liquidation judiciaire. Cette interdiction est-elle limitée à l'inscription de la sûreté du chef de l'époux en sauvegarde, en redressement ou en liquidation judiciaire, en laissant possible l'inscription du chef de l'autre époux ? Faut-il, au contraire, décider que l'inscription est impossible, même du chef du conjoint *in bonis*, dès lors qu'elle interviendra sur un bien commun ?

La réponse est commandée par le constat de l'intégration à la procédure collective de l'ensemble des biens communs. Ces biens, par application de l'article 1413 du code civil, sont affectés à la satisfaction de tous les créanciers et, du fait de leur intégration à la procédure collective, à la satisfaction des créanciers de la procédure collective, dans les conditions de celle-ci. La qualité de codébiteur du conjoint n'exerce ici aucune incidence, car c'est le statut du bien qui commande la solution, non la situation personnelle de l'époux. L'inscription de la sûreté sur un bien commun, après ouverture de la procédure à l'encontre d'un époux, est donc impossible[6]. La solution se justifie par l'intégration à la procédure collective des biens communs et par le fait que pendant la communauté, les droits des époux ne peuvent être individualisés sur tout ou partie des biens communs[7].

La solution peut encore se justifier par le fait que l'arrêt du cours des inscriptions est un corollaire de la règle de l'arrêt des poursuites individuelles et qu'il y a, entre les deux règles, identité de solutions.

741.48 Procédures collectives successives atteignant les deux époux. En cas de procédure collective atteignant deux époux communs en biens[8], une difficulté particulière se présente. Les biens communs doivent-ils être confisqués au bénéfice de la procédure collective la première ouverte ? Une réponse positive n'apparaît pas douteuse. L'effet réel de saisie, que produit le jugement d'ouverture, emporte assujettissement à la procédure collective des biens communs[9]. Logiquement, les biens communs sont inclus dans le périmètre de la procédure collective, dès le jour de son ouverture. Ainsi, la seconde procédure ouverte ne peut attraire à elle des biens déjà soumis à une précédente procédure[10], même si le contraire a été jugé[11]. Il en résulte que le juge-commissaire, qui autorise la vente d'un immeu-

1. Metz, 1re ch. civ., 16 juin 2009, RG n° 08/01689, *Act. proc. coll.* 2009, n° 265.
2. Cagnoli, note s^s^ Chambéry, ch. com., 11 mars 2008, RG n° 06/01449, *Act. proc. coll.* 2008, n° 193.
3. Chambéry, ch. com., 11 mars 2008, RG n° 06/01449, *Act. proc. coll. 2008, n° 193, note* Cagnoli; *Rev. proc. coll.* 2009, n° 55, note Dumont-Lefrand.
4. Com. 1er déc. 2009, n° 06-21.052, NP; n° 1121 F-D.
5. L. n° 85-98, 25 janv. 1985, préc.
6. IFPPC 1999, recomm. n°s 1102-5, 6034-5, p. 28, 164 – *Adde*, VALLANSAN *ET ALII*, 6e éd., p. 169.
7. Com. 20 mai 1997, n° 94-15.450, NP, *D.* 1998. Somm. 134 obs. Revel – Com. 3 févr. 1998, n° 94-15.450, NP, *Rev. proc. coll.* 2000, p. 10, obs. Macorig-Venier – *Adde*, Saint-Alary-Houin, « Les dangers pour les créanciers de l'époux *in bonis* de l'ouverture d'une procédure collective contre son conjoint », *LPA* 26 août 1998, n° 12, p. 16 s., sp. p. 21, n° 23.
8. SUR CETTE DIFFICULTÉ : Allain, *Droit patrimonial de la famille et procédures collectives de paiement*, th. dact., Lille II, 2003, p. 167 s., n°s 154 s.
9. Com. 16 mars 2010, n° 08-13.147, *Bull. civ.* IV, n° 55; *D.* 2010. AJ 825, obs. Lienhard; *D.* 2010. 1112, note Bélaval, *D.* 2010. Pan. 1828, obs. Le Corre; *Gaz. Pal. entr. diff.* 2-3 juill. 2010, n°s 183, 184, p. 13, note Antonini-Cochin; *Act. proc. coll.* 2010, n° 122, note Vallansan; *Rev. proc. coll.* 2010, n° 248, note Berthelot; *JCP E* 2010. Chron. 1742, n° 6, obs. M. Cabrillac; *Rev. proc. coll.* 2011, n° 71, note Dumont-Lefrand; *RTD com.* 2010. 794, n° 8, obs. Vallens; *Leden* mai 2010, p. 1, obs. Lucas.
10. Com. 16 mars 2010, n° 08-13.147, *Bull. civ.* IV, n° 55, préc. – Com. 26 janv. 2016, n° 14-13.851, *Bull. civ.* IV [à paraître]; n° 98 FS-P+B; *Act. proc. coll.* 2016/5, comm. 65, note Pedemons; *Gaz. Pal.* 12 avr. 2016, n° 14, p. 74, note Antonini-Cochin; *BJE* 2016. 100, note M. Sénéchal – Sénéchal, *L'effet réel de la procédure collective*, Litec, 2002, n° 150.
11. T. com. Romans, 4 oct. 2000, *Defrénois* 2001. 492, obs. Rubellin; *Rev. proc. coll.* 2003, p. 358, n° 6, obs. Rubellin.

ble commun à deux époux, alors que, par l'effet réel de la liquidation judiciaire précédemment ouverte contre l'un des époux, l'immeuble était déjà inclus dans cette liquidation, excède ses pouvoirs [1]. Il en résulte également qu'il est exclu de considérer qu'il y a place à un partage des actifs entre les deux procédures [2], la liquidation judiciaire des deux époux n'entraînant pas dissolution de la communauté. Le liquidateur de la première procédure, pour récupérer l'intégralité du prix de vente de l'immeuble, n'a pas besoin d'exercer un recours à l'encontre de l'ordonnance du juge-commissaire de la seconde procédure qui a ordonné la vente, puisque cette ordonnance lui est inopposable [3]. Il faut comprendre qu'elle n'a pas autorité de la chose jugée à son égard, faute d'identité de parties. Peu importe que les époux communs en biens aient divorcé après ouverture de la procédure collective, l'indivision n'étant apparue qu'après, ce qui ne pouvait donc faire obstacle à l'effet réel opéré par la première procédure collective ouverte sur les biens alors communs entre les époux [4].

La difficulté est plus sérieuse encore si les deux époux sont placés, sans confusion des patrimoines, sous procédure collective le même jour. Même si la procédure collective est une liquidation judiciaire, les règles du dessaisissement ne permettent pas alors de régler la difficulté et il faut, semble-t-il, raisonner comme en cas de saisie effectuée simultanément, les créanciers de chacun des époux ayant égale vocation à profiter des biens communs.

741.49 Obligation d'auditionner ou de convoquer le conjoint pour la vente des biens communs. Le décret du 28 décembre 2005 [5] prévoit que le conjoint du débiteur doit être entendu ou, à tout le moins convoqué par le juge-commissaire, avant toute décision autorisant la vente des biens de la communauté. La solution est posée par l'article R. 624-12, alinéa 1 du code de commerce, dans la procédure de sauvegarde (anc[t] D. 28 déc. 2005, art. 113, al. 1). Cette disposition de la sauvegarde est applicable en redressement (C. com., art. R. 631-30, al. 1 [anc[t] D. 28 déc. 2005, art. 198, al. 1]) et en liquidation judiciaires (C. com., art. R. 641-30, al. 1 [anc[t] D. 28 déc. 2005, art. 241, al. 1]). Toutefois, dans ces deux procédures, l'audition et la convocation s'imposent non seulement lorsque le juge-commissaire autorise la vente des biens communs, ce qui vise l'hypothèse d'une vente de gré à gré, mais encore lorsqu'il l'ordonne, ce qui vise le cas de la vente aux enchères, alors que dans la procédure volontariste de sauvegarde, l'hypothèse d'une vente ordonnée n'est pas envisagée.

L'obligation d'audition par le juge-commissaire a été renforcée par rapport à la législation antérieure, car l'article 20-1 du décret du 27 décembre 1985 [6] prévoyait seulement que « lorsqu'au cours d'une procédure de redressement ou de liquidation judiciaire la dissolution de la communauté existant entre le débiteur et son conjoint devient opposable aux tiers, ce conjoint doit être entendu ou dûment convoqué avant toute décision ordonnant ou autorisant la vente des biens de l'indivision ».

Cette convocation du conjoint commun en biens lui permettra de faire valoir ses observations et ensuite d'exercer un recours sur l'ordonnance du juge-commissaire. Cela justifie l'absence d'audience d'orientation, dans la vente sur saisie, et cela même au profit du conjoint commun en biens [7].

Le débiteur est sans qualité pour reprocher au juge l'absence de convocation de son conjoint [8].

Le fait pour le juge-commissaire d'autoriser la vente de biens communs sans convoquer le conjoint commun en biens est une cause de nullité de l'ordonnance. Mais l'irrégularité ne porte sur la saisine du juge-commissaire. Il en résulte que la cour d'appel, après avoir annulé l'ordonnance pour défaut de convocation, peut faire jouer l'effet dévolutif de l'appel et statuer sur le fond, en permettant au conjoint commun en biens de faire valoir ses observations, ce qui fait alors disparaître l'irrégularité [9].

SECTION 741.50

DROITS DE L'ÉPOUX SUR LE PATRIMOINE APPARENT DE SON CONJOINT SOUS PROCÉDURE COLLECTIVE – REPRISES DU CONJOINT

741.51 Application aux reprises du conjoint des règles de preuve des régimes matrimoniaux. En régime de communauté, les biens communs répondent des dettes des époux et c'est pourquoi ils sont inclus dans le périmètre de la procédure collective.

1. Com. 16 mars 2010, n° 08-13.147, *Bull. civ.* IV, n° 55, préc.
2. Com. 16 mars 2010, n° 08-13.147, *Bull. civ.* IV, n° 55, préc. – Paris, 25e ch. B, 11 juin 2004, RG n° 03/00382.
3. Com. 26 janv. 2016, n° 14-13.851, *Bull. civ.* IV [à paraître]; n° 98 FS-P+B; *D.* 2016. actu 310, note Lienhard; *D.* 2016. 1039, n° 3, note Arbellot; *Act. proc. coll.* 2016/5, comm. 65, note Pedemons; *Defrénois* 2016. 350, note Lebel; *BJE* 2016, 100, note M. Sénéchal; *Rev. proc. coll.* 2016, comm. 48, note Berthelot.
4. SUR CETTE QUESTION : Com. 26 janv. 2016, n° 14-13.851, P; n° 98 FS-P+B; préc.
5. D. n° 2005-1677, 28 déc. 2005, *JO* 29 déc., p. 20324.
6. D. 85-1388, 27 déc. 1985, *JO* 29 déc., p. 15281.
7. Co 26 janv. 2010, n° 09-10.773, NP; n° 102 F-D; *Gaz. Pal.* -17 avr. 2010, n°s 106, 107, p. 41, note Vauvillé.
8. Com 0 juill. 2012, n° 11-19.529, NP; n° 813 F-D.
9. Com. févr. 2015, n°s 14-10.100, 14-10.109, NP; n° 207 F-D; G *Pal.* 2015, Jur. 1792, note Théron; *Rev. proc. coll.* 20 comm. 75, note Lisarti.

Au contraire, les biens appartenant personnellement au conjoint ne répondent pas des dettes de la procédure collective. C'est pourquoi le conjoint *in bonis* est autorisé à les soustraire à l'actif de la procédure.

Les reprises du conjoint sont soumises à des conditions de preuve posées par l'article L. 621-111 du code de commerce (anc^t L. 25 janv. 1985[1], art. 111), dans la rédaction antérieure à la loi de sauvegarde des entreprises, par l'article L. 624-5 dans la rédaction de la loi de sauvegarde des entreprises. Cette dernière disposition, qui est une règle de la procédure de sauvegarde, est applicable tant en redressement judiciaire (C. com., art. L. 631-18, I, devenu C. com., art. L. 631-18, al. 1, réd. ord. 18 déc. 2008[2]), qu'en liquidation judiciaire (C. com., art. L. 641-14, al. 1).

Ces textes indiquent que le conjoint établira ses biens personnels « conformément aux règles des régimes matrimoniaux ». La reprise ne peut porter que sur des biens personnels à l'époux *in bonis*. La notion de biens personnels doit être entendue largement, pour s'appliquer également aux biens propres dans les régimes de communauté. Elle n'est pas réservée aux régimes séparatistes[3]. Le respect des règles des régimes matrimoniaux conduira aux solutions suivantes.

Si les époux sont mariés sous un régime de communauté légale, il y a présomption d'acquêt de communauté (C. civ., art. 1402). Il appartient à l'époux de rapporter la preuve contraire, dans les conditions de l'article 1402, alinéa 2 du code civil, le principe étant celui de la preuve préconstituée. Le juge admettra également les autres écrits, tels les titres de famille ou les factures. Il y aura place encore au jeu de l'article 1438 du code civil, permettant de rapporter la preuve par tous moyens, spécialement par témoignage, du fait de l'impossibilité morale de la pré-constitution d'une preuve par écrit. En cas d'emploi ou de réemploi de propres, les règles des articles 1434 et 1435 du code civil seront applicables[4]. On ajoutera que l'article 1414 alinéa 2 du code civil autorise l'époux à rapporter la preuve de l'existence de gains et salaires portés sur un compte-courant ou un compte de dépôt. Il peut demander que lui soit laissée une somme équivalente, soit à un douzième d'une année de salaire, soit au montant du dernier mois de salaire.

Si les époux sont mariés sous un régime séparatiste, l'article 1538, alinéa 3 du code civil établit d'abord une règle de propriété indivise, à l'égard des biens dont aucun des époux ne justifie d'une propriété exclusive[5]. Pour les autres biens, l'établissement de la propriété est rapporté par tous moyens (C. civ., art. 1538, al. 1). Des présomptions de propriété pourront être prévues au contrat de mariage. Si l'époux est commerçant, l'opposabilité à la procédure collective supposera la publication de ces mentions au registre du commerce et des sociétés. Toute preuve contraire sera rapportable, y compris la preuve que les biens qui appartiennent à l'un des époux ont été acquis grâce à une libéralité de l'autre (C. civ., art. 1538, al. 2 *in fine*).

Dans les régimes de participation aux acquêts, la consistance du patrimoine originaire est établie par un état descriptif (C. civ., art. 1570, al. 2). En son absence ou s'il est incomplet, la preuve sera rapportée dans les conditions du régime de la communauté légale, c'est-à-dire de l'article 1402 du code civil.

Les présomptions établies par les règles des régimes matrimoniaux peuvent être combattues, non seulement par les règles propres aux régimes matrimoniaux, mais encore par les règles du droit des procédures collectives de paiement.

741.52 Combat de la preuve du statut de bien propre par les organes de la procédure – Action en rapport – Inconstitutionnalité de la règle. L'article L. 621-112 du code de commerce (anc^t L. 25 janv. 1985[6], art. 112) dispose que « le représentant des créanciers ou l'administrateur judiciaire peut, en prouvant par tous les moyens que les biens acquis par le conjoint du débiteur l'ont été avec des valeurs fournies par celui-ci, demander que les acquisitions ainsi faites soient réunies à l'actif ». La solution est reproduite par l'article L. 624-6 du code, dans la rédaction que lui donne la loi de sauvegarde des entreprises, sous réserve du visa du mandataire judiciaire au lieu du représentant des créanciers. Cette règle de la procédure de sauvegarde est applicable tant en redressement judiciaire (C. com., art. L. 631-18, I, devenu C. com., art. L. 631-18, al. 1, réd. ord. 18 déc. 2008), qu'en liquidation judiciaire (C. com., art. L. 641-14, al. 1). Il s'agit là d'une règle permettant d'écarter le jeu classique des règles des régimes matrimoniaux, classiquement dénommée action en rapport. Cette règle est la conséquence directe de la suppression de la présomption mucienne, laquelle permettait, jusqu'à la loi du 13 juillet 1967, de présumer que les biens acquis l'avaient été grâce aux revenus du commerce de l'époux en procédure collective.

1. L. nº 85-98, 25 janv. 1985, préc.
2. Ord. nº 2008-1345, 18 déc. 2008, préc.
3. *Lécuyer, « De la détermination du patrimoine du débiteur »*, *LPA* nº sp., 8 févr. 2006, nº 28, p. 66 s., spéc. 67 – VALLENS, 2010, nº 3544.
4. RIPERT ET ROBLOT, nº 3166.
5. ILLUSTR. : Civ. 1re, 10 mars 1993, nº 91-13.923, *Bull. civ.* I, nº 107; *Defrénois* 1993. 1083, obs. Champenois.
6. L. nº 85-98, 25 janv. 1985, préc.

La règle ne peut jouer qu'en présence de biens acquis par le conjoint, non par un enfant du débiteur [1].

Bien que la disposition ici étudiée vise le conjoint et non l'ex-conjoint du débiteur, la jurisprudence estime justement que la règle n'est pas subordonnée à la condition que le mariage soit en cours à la date d'ouverture de la procédure collective du conjoint [2]. Le rapport reste ainsi possible même après le divorce; il serait trop simple de divorcer pour échapper à l'action en rapport [3].

Sous certains aspects, cette règle spécifique n'est que la reproduction des solutions des régimes matrimoniaux. Ainsi, l'article 1538, alinéa 2 du code civil prévoit-il que la présomption de propriété énoncée au contrat de mariage souffre la preuve contraire. Cependant, en régime séparatiste, la règle énoncée par l'article L. 621-112 du code, devenu l'article L. 624-6 avec la loi de sauvegarde des entreprises, fait naître une difficulté. En effet, en droit commun, on estime que l'époux qui acquiert un bien ou une fraction du bien pour son compte, même à l'aide de deniers provenant de son conjoint, en devient propriétaire [4]. Cette disposition conduit à écarter cette solution, puisqu'elle établit une action en déclaration de simulation [5], un auteur évoquant une sorte d'action en revendication [6]. Il importera peu que le bien ait été totalement ou partiellement acquis grâce aux deniers du conjoint en redressement ou en liquidation judiciaire. À concurrence de l'apport fait par ce dernier, il y aura réunion à son actif [7].

Le mandataire de justice rapportera aisément la preuve car, comme pour toute simulation, la preuve est rapportée par tous moyens. Il en sera ainsi si le conjoint *in bonis* n'exerçait pas, lors de l'acquisition du bien, d'activité susceptible de lui procurer des revenus, solution posée tant sous l'empire de la législation du 25 janvier 1985 [8] que sous celui de la loi du 13 juillet 1967 [9], et reconductible sous l'empire de la loi de sauvegarde des entreprises. Toutefois, le conjoint pourra rapporter la preuve – évidemment appréciée souverainement par les juges du fond [10] – de l'existence de deniers propres ou personnels ayant permis l'acquisition ou d'une activité non rémunérée dépassant la simple contribution aux charges du mariage. La preuve peut encore résulter d'une déclaration de remploi de biens propres à l'origine de l'acquisition d'un bien appartenant prétendument pour partie à l'autre conjoint [11]. La preuve n'est pas rapportée si le conjoint, qui ne dispose pas de revenus personnels, expose avoir vendu des actions ou mis en gage des bijoux, dès lors qu'il ne prouve pas avoir affecté ces sommes à l'acquisition du bien dont la réunion à l'actif du débiteur sous procédure collective est sollicitée [12].

Si l'acquisition faite par le conjoint de l'époux sous procédure collective l'est au moyen d'un compte ouvert au nom des deux époux, l'époux *in bonis* devra combattre la présomption de fonds indivis en rapportant la preuve qu'il avait la propriété exclusive des fonds déposés sur le compte [13].

Sous les régimes communautaires, la difficulté ne se pose pas. Un bien acquis avec les deniers du conjoint est soumis à la procédure collective et ne peut en être distrait, que les deniers du conjoint soient des propres ou qu'ils soient des communs. En revanche, les règles de l'accession peuvent venir contrarier la solution. Ainsi, si un immeuble est construit avec des deniers communs sur un terrain appartenant au conjoint resté *in bonis*, les dispositions de l'article L. 621-112 du code de commerce,

1. Com. 24 mai 2005, n° 03-15.813, NP, *Gaz. proc. coll.* 2005/3, p. 52, obs. Vauvillé; *RJPF* 2005/12, p. 9, obs. Vauvillé.
2. Com. 16 janv. 2007, n° 04-14.592, *Bull. civ.* IV, n° 3; *D.* 2007. AJ 378, obs. Lienhard; *Act. proc. coll.* 2007, n° 28, note Cagnoli; *Rev. proc. coll.* 2007, n° 124, obs. Lebel; *Defrénois* 2007. 894, art. 38605, n° 8, note Gibirila; *RTD civ.* 2007. 322, n° 21, obs. Hauser; *Rev. proc. coll.* 2009, n° 56, note Lisanti – *Adde*, Obelliane, « La discrète résurrection de la présomption mucienne au sujet de l'arrêt de la Cour de cassation du 16 janvier 2007 », *Rev. proc. coll.* 2008. Étude 7.
3. Lienhard, obs. s[s] Com. 16 janv. 2007, n° 04-14.592, *D.* 2007. AJ 378.
4. Civ. 1re, 9 oct. 1991, n° 90-15.073, *Bull. civ.* I, n° 260; *JCP N* 1992. II. 213, note Storck; *Defrénois* 1992. 35408, note Champenois – *Civ. 1re, 17 déc. 1991, n° 89-17.299*, NP, *D.* 1993. 580, note Courtine; *Defrénois* 1992. 35408, note Champenois; *JCP N* 1992. II. 213, note Storck.
5. Le Cannu *et alii*, n° 1806 – Brémond, obs. s[s] Com. 23 janv. 1996, n° 92-19.826, *Bull. civ.* IV, n° 24; *D.* 1999. Somm. 19.
6. Soinne, n° 1970.
7. Com. 23 janv. 1996, n° 92-19.826, *Bull. civ.* IV, n° 24; *LPA* 9 janv. 1998, p. 30, note Courtier; *Defrénois* 1996. 944, obs. Sénéchal; *JCP E* 1996. I. 554, n° 15, obs. Pétel; *D.* 1999. Somm. 19, obs. Brémond.
8. Com. 16 janv. 2007, n° 04-14.592, préc. – Pau, 14 août 1986, *JurisData* 046044 – Rouen, 2e ch., 4 juin 1992, *RJDA* 1993/3, p. 225, n° 261 – Metz, 14 déc. 1995 et Besançon, 21 nov. 1997, *Rev. proc. coll.* 2001, 18, n° 10, obs. Soinne.
9. L. n° 67-563, 13 juill. 1967, *JO* 14 juill., p. 7059 – Com. 14 févr. 1989, *Rev. proc. coll.* 1989, 508, n° 24 – Com. 10 janv. 2006, n° 04-18.817, *Bull. civ.* IV, n° 3; *D.* 2006. AJ 302, obs. Lienhard; *JCP N* 2006. 1170, note Brémond.
10. Sous l'empire de la loi du 13 juillet 1967 et identiquement applicable depuis : Com. 10 janv. 2006, n° 04-18.817, *Bull. civ.* IV, n° 3; *D.* 2006. AJ 302, obs. Lienhard; *RD banc. fin.* 2006, n° 111, note Lucas.
11. Poitiers, 2 juin 1995, *Rev. proc. coll.* 2001, 18, n° 10, obs. Soinne.
12. Com. 16 janv. 2007, n° 04-14.592, Bull. civ. IV, n° 3; *D.* 2007. AJ 378, obs. Lienhard; *Act. proc. coll.* 2007, n° 28, note Cagnoli; *Rev. proc. coll.* 2007, n° 124, obs. Lebel; *Defrénois* 2007. 894, art. 38605, n° 8, note Gibirila; *RTD civ.* 2007. 322, n° 21, obs. Hauser.
13. Com. 22 sept. 2009, n° 06-20.247, NP; n° 796 F-D; *D.* 2010. Pan. 2399, note Revel; *Gaz. Pal.* 8-10 janv. 2010, n°s 8, 9, p. 43, note Le Corre; *Rev. proc. coll.* 2010, n° 142, note Lisanti.

devenu l'article L. 624-6 avec la loi de sauvegarde des entreprises, sont inapplicables, le fait que les valeurs aient été fournies par la communauté n'ayant pas d'incidence sur le statut de bien propre de l'immeuble, sauf récompense à la communauté. En cas d'aliénation, le mandataire de justice de l'autre époux ne peut donc en appréhender le prix[1]. Inversement, si l'immeuble est construit avec de l'argent emprunté par deux époux séparés de biens, sur un terrain appartenant en propre à l'époux sous procédure collective, la procédure collective pourra appréhender cet immeuble[2]. L'autre époux ou ses héritiers pourront solliciter une indemnisation au titre du remboursement du prêt ayant servi à la construction, sans que le calcul et le règlement de cette créance ne présupposent la liquidation globale du régime matrimonial, contrairement à la solution retenue pour le calcul d'une récompense due à la communauté. Si la créance contre le conjoint sous procédure collective tient au remboursement de la quote-part du prêt ayant servi à la construction, la nature antérieure de ce prêt commandera une déclaration de créance.

On remarquera que l'article L. 621-112 du code de commerce, devenu l'article L. 624-6 avec la loi de sauvegarde des entreprises, vise le représentant des créanciers – mandataire judiciaire – ou l'administrateur judiciaire. Il faut évidemment y ajouter le liquidateur, par application de l'article L. 622-14 du code de commerce (anc^t^ L. 25 janv. 1985, art. 153-4), qui rend applicable à la liquidation judiciaire les articles L. 621-103 à L. 621-129 (anc^t^ L. 25 janv. 1985, art. 100 à 127). La solution est la même depuis la loi de sauvegarde des entreprises, l'article L. 624-6 étant applicable en liquidation judiciaire, du fait du renvoi opéré par l'article L. 641-14 alinéa 1 du code. Cette action en rapport supposera une assignation du conjoint par l'organe compétent, devant le tribunal de la faillite, pour établir la simulation.

L'article L. 621-112 du code de commerce, devenu l'article L. 624-6 avec la loi de sauvegarde des entreprises, fait naître une difficulté si la preuve du caractère propre, en régime communautaire, personnel en régime séparatiste, est rapportée par un écrit auquel sont intervenus les deux époux. Il s'agit, en effet, pour l'organe compétent de prouver contre le contenu d'un écrit, ce qui, dans le respect de l'article 1341 du code civil, ne peut se faire par tous moyens. L'article L. 621-112, devenu l'article L. 624-6 avec la loi de sauvegarde des entreprises, doit, à cet égard, être considéré comme un texte d'exception, autorisant la mise à l'écart de l'article 1341 du code civil.

Enfin, il convient de préciser que l'action en rapport a un effet rétroactif. Tout se passe comme si le bien réuni à l'actif du débiteur s'y trouvait au jour du jugement d'ouverture. En conséquence, l'inscription d'une sûreté sur ce bien est atteinte par la règle de l'arrêt du cours des inscriptions édictée par l'article L. 621-50 du code de commerce (anc^t^ L. 25 janv. 1985, art. 57)[3], devenu l'article L. 622-30 depuis la loi de sauvegarde des entreprises.

Une question prioritaire de constitutionnalité a été jugé sérieuse et, en conséquence, transmise par la Cour de cassation au Conseil Constitutionnel, au sujet de l'article L. 624-6 du code de commerce, qui prévoit l'action en rapport. La question posée est de savoir si la disposition en cause est contraire au droit de propriété garanti par l'article II de la Déclaration des droits de l'homme et du citoyen, ainsi qu'au principe d'égalité devant la loi, protégé par l'article VI de cette même Déclaration. La Cour de cassation, qui ne discute pas du fait que le but de la disposition est d'intérêt général, s'interroge sur le moyen utilisé, consistant non en un rapport à la procédure collective des valeurs fournies par le débiteur, mais en la reprise en nature du bien acquis grâce à elles, moyen qui peut apparaître disproportionné à l'objectif assigné par le texte, en privant le conjoint de tout droit réel sur le bien litigieux[4].

Le Conseil constitutionnel[5] a répondu que l'article L. 624-6 du code de commerce a pour objet « de désigner comme le véritable propriétaire du bien, non pas celui que les règles du droit civil désignent comme tel, mais celui qui a fourni des valeurs per-

1. Com. 24 juin 2003, n° 00-14.645, *Bull. civ.* IV, n° 105; *D.* 2003. AJ 2012; *D.* 2003. Jur. 2167, note Delmotte; *D.* 2003. Somm. 51, obs. Le Corre; *Act. proc. coll.* 2003, n° 188; *RJPF* 2003/12, p. 18, obs. Vauvillé; *Defrénois* 2004. 71, 37586, note Champenois; *JCP E* Chron. 202, p. 225, n° 8, Pételt; *Rev. proc. coll.* 2003, p. 359, n° 9, obs. Rubellin; *Dr. et patr.* 2004, n° 127, p. 37, note Brémond.
2. *Civ. 1re, 15 mai 2008, n° 06-16.939*, NP, *Act. proc. coll.* 2008, n° 226, note Lécuyer; *Rev. proc. coll.* 2009, n° 52, note Lisanti.
3. Kerckhove, n° 704 – Ripert et Roblot, n° 3167.
4. Com. 2 nov. 2011, n° 10-25.570, NP, *Gaz. Pal. entr. diff.* 21 janv. 2012, n° 20, p. 44, note Antonini-Cochin; *Act. proc. coll.* 2011, n° 303, note Leprovaux; *JCP E* 2011. Chron. 1000, n° 1, obs. Pételt; *BJE* 2012. 120, concl. Bonhomme, note Becqué-Ickowicz et Cabrillac; *Rev. sociétés* 2011. 730, note Roussel Galle; *RTD com.* 2012. 198, n° 8, obs. Martin-Serf.
5. Cons. const. 20 janv. 2012, n° 2011-212 QPC, *JO* 21 janv., p. 1214; *D.* 2012. Pan. 2198, note Lucas; *Gaz. Pal.* 28 avr. 2012, n° 118, p. 41, note Antonini-Cochin; *Gaz. Pal.* 16 mars 2012, p. 33, note Casey; *Act. proc. coll.* 2012, n° 38, note Legrand; *JCP E* 2012, n° 1194, note Lebel; *JCP E* 2012. Chron. 1227, n° 6, obs. Pételt; *LPA* 17 avr. 2012, n° 77, p. 3, note Jacotot; *Dr. et proc.* 2012. 96, note Reille; *Rev. sociétés* 2012. 192, note Roussel Galle; *Rev. proc. coll.* 2012. Étude 8; *Dr. et patr.* 2012, n° 217, note Saint-Alary-Houin; *LPA* 6 févr. 2013, n° 27, p. 5, note Yildirim – *Adde*, Henry, « L'article L. 624-6, une abrogation acquise, une réforme attendue », *JCP E* 2012. Étude 1255.

mettant l'acquisition. Elles n'entraînent pas une privation de propriété au sens de l'article 17 de la Déclaration de 1789 ». La disposition poursuit un but d'intérêt général, en permettant, selon le cas, la continuation de l'entreprise ou le désintéressement des créanciers. Toutefois, « les dispositions contestées permettent de réunir à l'actif en nature tous les biens acquis pendant la durée du mariage avec des valeurs fournies par le conjoint quelle que soit la cause de cet apport, son ancienneté, l'origine des valeurs ou encore l'activité exercée par le conjoint à la date de l'apport. En l'absence de toute disposition retenue par le législateur pour assurer un encadrement des conditions dans lesquelles la réunion à l'actif est possible, les dispositions de l'article L. 624-6 du code de commerce permettent qu'il soit porté au droit de propriété du conjoint du débiteur une atteinte disproportionnée au regard du but poursuivi. Par suite, elles doivent être déclarées contraires à la Constitution. »

Ainsi, la disposition de l'article L. 624-6 du code de commerce se trouve abrogée à compter de la publication de la décision du Conseil constitutionnel[1], ce qui évidemment vaut pour les procédures en cours.

Le législateur devra revoir sa copie, et encadrer les conditions de l'action, afin de supprimer le caractère disproportionné de l'atteinte par rapport au but poursuivi.

Dans cette attente, la Cour de cassation a jugé que doit être cassé l'arrêt qui ordonne la réunion à l'actif de la liquidation judiciaire du débiteur de la totalité des parts sociales détenues par son conjoint dans le capital d'une société civile immobilière, alors que, selon la Cour de cassation, les parts sociales ne pouvaient être réunies à l'actif que proportionnellement au montant des valeurs fournies par le débiteur à son conjoint pour les acquérir[2]. La cour d'appel de renvoi, dans le prolongement de la solution, juge que la réintégration à l'actif du débiteur sous procédure collective doit être limitée à la partie du bien réellement financée par l'époux en liquidation judiciaire[3].

741.53 Règles gouvernant les revendications et reprises du conjoint.

> Législation antérieure à la loi de sauvegarde des entreprises[4]. Inapplication des règles de droit commun des revendications. On observera que l'article L. 621-113 du code de commerce (anc^{t} L. 25 janv. 1985[5], art. 113), dans la rédaction antérieure à la loi de sauvegarde des entreprises, évoque les « reprises » alors que les articles L. 621-115 et suivants du même code (anc^{t} L. 25 janv. 1985, art. 115 s.) concernent les « revendications ». En outre, les droits du conjoint sont réglementés dans une section III et ceux des droits du vendeur de meubles et revendications dans une section IV. Il en est tiré la conséquence que les modalités procédurales des revendications sont inapplicables aux reprises du conjoint[6]. Il est dès lors possible de considérer que les droits du conjoint sur les meubles n'ont pas à s'exercer dans les conditions des revendications. Spécialement, le conjoint peut établir la consistance de ses droits personnels, à l'extérieur du délai de trois mois posé par l'article 115 de la loi du 25 janvier 1985 (devenu C. com., art. L. 621-115)[7]. Le contraire a pourtant été généralement soutenu en doctrine, dès lors que le bien était détenu par le conjoint en redressement ou en liquidation judiciaire[8]. Certes, en ce dernier cas, le conjoint cherche à établir que le bien qui est dans les actifs apparents du débiteur lui appartient. Il cherche donc à rendre opposable à la procédure collective son droit de propriété, ce qui est incontestablement une action en revendication. Mais cette action n'est pas soumise à la réglementation des articles L. 621-115 et suivants du code de commerce, faute pour le législateur d'avoir créé une section intitulée « droits du conjoint, du vendeur et revendication ».

Le tribunal de la faillite semble compétent pour connaître de ces difficultés[9], car les règles de la

1. EN TIRANT LA CONSÉQUENCE : Com. 11 avr. 2012, n° 10-25.570, *Bull. civ.* IV, n° 81; *D.* 2012. AJ 1122, obs. Lienhard; *D.* 2012. Pan. 2200, note Lucas; *Act. proc. coll.* 2012, n° 148, note Leprovaux; *BJE* juill. 2012, n° 114, note Becqué-Ickowicz; *Rev. proc. coll.* 2013, comm. 94, note Lisanti.
2. Com. 11 avr. 2012, n° 10-27.235, *Bull. civ.* IV, n° 79; *D.* 2012. Actu. 1122, obs. Lienhard; *D.* 2012. Pan. 2200, note Lucas; *Gaz. Pal. entr. diff.* 3 août 2012, n° 216, p. 35, note Antonini-Cochin; *Act. proc. coll.* 2012, n° 148, note Leprovaux; *Rev. sociétés* 2012. 397, note Roussel Galle; *BJE* juill. 2012, n° 114, note Becqué-Ickowicz; *JCP E* 2012. Chron. 1508, n° 3, obs. Pétel; *Bull. Joly* juin 2012, n° 266, note Parachkévova; *LPA* 9 mars 2013, n° 46, p. 9, note Bourdaire-Migno; *Rev. proc. coll.* 2013, comm. 94, note Lisanti.
3. Aix-en-Provence, 8e ch. C, 28 mars 2013, RG n° 2013/162, *Rev. proc. coll.* 2013, comm. 94, note Lisanti.
4. L. n° 2005-845, 26 juill. 2005, préc.
5. L. n° 85-98, 25 janv. 1985, préc.
6. RAPPR. : PÉROCHON ET BONHOMME, 6e éd., n° 297.
7. TGI Limoges, 1re ch., 7 févr. 1991, *D.* 1991. Somm. 331, obs. crit. Honorat; *Rev. proc. coll.* 1991, 481, n° 4, obs. Soinne – RIPERT ET ROBLOT, n° 316.
8. DERRIDA *ET ALII*, n° 340 – J.-CL. COM., Storck, fasc. 3170, [Redressement et liquidation judiciaires – Droit patrimonial de la famille et procédures collectives de paiement], n° 22 – KERCKHOVE, n° 699 – CHAPUT, n° 539.
9. J.-CL. COM., Storck, fasc. 3170, Redressement et liquidation judiciaires – Droit patrimonial de la famille et procédures collectives de paiement], n° 2 – Sénéchal, « La vente des immeubles et la distribution de leur prix », intervention au colloque du Crajefe, Nice, 1998, *LPA* 28 oct. 1998, n° 129, p. 36 s., sp. p. 42.

faillite exercent leur influence sur la solution du litige.

> Législation issue de la loi de sauvegarde des entreprises[1]. Application des règles de droit commun des revendications. L'article L. 624-5 du code de commerce prévoit que pour l'exercice de ses reprises, le conjoint du débiteur doit exercer son action « dans les conditions prévues par l'article L. 624-9 » du code de commerce. Il est donc intégralement soumis aux modalités de l'action en revendication. Le but de cette modification est d'enfermer le conjoint dans le délai de l'action en revendication de trois mois ouverte aux propriétaires d'un meuble. Le délai aura pour point de départ la publication au *Bodacc* du jugement d'ouverture. Le conjoint devra commencer par présenter une demande en acquiescement de revendication à l'administrateur judiciaire, tant en sauvegarde, qu'en redressement judiciaire. La curiosité s'installe cependant à défaut d'administrateur. En effet, la demande devra être présentée au débiteur, c'est-à-dire à l'époux, lequel devra recueillir l'accord du mandataire judiciaire. En liquidation judiciaire, la demande sera présentée au liquidateur.

La réglementation ne trouve application que pour autant que le débiteur soit devenu détenteur du bien. Tel n'est pas le cas, et la revendication ne s'impose pas au conjoint, en présence d'un mobil-home acquis par le conjoint en propre et installé sur un terrain, propriété d'une société civile immobilière, alors que les parts de cette société ne conféraient aux associés qu'un droit de jouissance du terrain. Le liquidateur ne pouvait, en conséquence, vendre le mobil-home[2].

À défaut d'acquiescement à la demande en revendication, le conjoint devra saisir le juge-commissaire, à l'identique de la solution dégagée pour l'action en revendication classique, et dans les mêmes délais.

Les voies de recours sur l'ordonnance du juge-commissaire et ensuite sur le jugement statuant sur le recours formé à l'encontre de l'ordonnance du juge-commissaire seront les mêmes que pour l'action en revendication de droit commun.

Remarquons cependant que les reprises peuvent porter sur des biens immeubles. En ce cas, il n'apparaît pas concevable d'appliquer le délai de trois mois qui n'intéresse que les seuls propriétaires de meubles.

> Législation issue de l'ordonnance du 18 décembre 2008[3]. Application des règles de droit commun des revendications et restitutions. L'article L. 624-5 du code de commerce prévoit, dans la rédaction d'origine de la loi de sauvegarde des entreprises, que le conjoint du débiteur soumis à une procédure de sauvegarde établit la consistance de ses biens personnels conformément aux règles des régimes matrimoniaux et dans les conditions prévues par l'article L. 624-9. La symétrie avec les solutions posées pour le propriétaire de meubles n'a pas été poussée jusqu'à son terme. En effet, le propriétaire d'un meuble, qui est titulaire d'un contrat publié, est dispensé d'avoir à revendiquer et peut se contenter de présenter une demande en restitution, laquelle est facultative et n'est enfermée dans aucun délai. Ce propriétaire est, ainsi que le précise l'article L. 624-10 du code de commerce, dispensé de faire reconnaître son droit de propriété.

L'ordonnance du 18 décembre 2008 (ord. 18 déc. 2008, art. 39) modifie l'article L. 624-5, pour ajouter au visa de l'article L. 624-9, celui de l'article L. 624-10. Ainsi, désormais, si le conjoint du débiteur est lié à ce dernier par un contrat publié, ce qui devrait toutefois être rare [les civilistes auront à éclaircir le point], il est dispensé de revendiquer et peut se contenter de présenter une demande en restitution.

741.54 Effets de la reprise du conjoint. Aux termes de l'article L. 621-113 du code de commerce (anc^{t} L. 25 janv. 1985[4], art. 113), « les reprises faites en application de l'article L. 621-111 [anc^{t} L. 25 janv. 1985, art. 111] ne peuvent s'exercer qu'à charge des dettes et hypothèques, dont ces biens sont légalement grevés ». La solution est reprise par la loi de sauvegarde des entreprises. L'article L. 624-7 dispose que « les reprises faites en application de l'article L. 624-5 ne sont exercées qu'à charge des dettes et hypothèques dont ces biens sont légalement grevés » Cela signifie que la distraction par le conjoint des biens lui appartenant, dans les actifs apparents du débiteur, n'emporte ni extinction de la dette, ni purge. Le conjoint reprend le bien avec toutes les inscriptions de sûreté qui le grèvent. Il faut en effet sauvegarder les droits des créanciers du débiteur sous procédure collective[5].

741.55 Effets du rejet de la demande de reprise émanant du conjoint. Si le conjoint succombe dans sa demande en reprise du bien, les sanctions classiques de l'échec d'une action en revendication d'un bien mobilier sont-elles applicables ? En pratique, il est certain que le conjoint ne pourra reprendre le bien dont il prétendait être propriétaire, dans la procédure de son époux. Le liquidateur pourra en conséquence intégrer le bien dans le périmètre des réa-

1. *L. n° 2005-845, 26 juill. 2005*, préc.
2. Com. 12 mars 2013, n° 12-12.011, NP; n° 248 F-D; *Rev. proc. coll.* 2013, comm. 114, note Reille.
3. Ord. n° 2008-1345, 18 déc. 2008, préc.
4. L. n° 85-98, 25 janv. 1985, préc.
5. Vallens, 2015, n° 3669.

lisations d'actifs, exactement comme cela est le cas en droit commun des revendications mobilières.

Toutefois, l'analyse juridique permettant de parvenir à ce résultat ne nous semble pas identique. En effet, en cas d'échec d'une revendication, la sanction classique est l'inopposabilité du droit de propriété à la procédure collective. Il n'y a pas perte du droit de propriété (v. s[s] n° 813.73). Dans le cas des actions en reprise du conjoint, les présomptions de propriété posées par le code civil conduisent à considérer que, en cas d'échec d'une action en reprise du bien, le conjoint n'a pas réussi à rapporter la preuve de son droit de propriété. Le bien n'est en conséquence pas un propre du conjoint. Il ne s'agit pas seulement d'une inopposabilité à la procédure collective du statut de bien propre, mais d'une absence de démonstration de ce statut, qui semble pouvoir déborder le strict cadre des procédures collectives, solution d'importance si ce bien, véritable actif de la procédure collective, n'est pas réalisé pendant celle-ci et reste entre les mains du débiteur après clôture de sa procédure collective.

SECTION 741.60 ÉVICTION DES AVANTAGES MATRIMONIAUX

741.61 Énoncé de la règle d'éviction des avantages matrimoniaux. La personne qui exerce une activité éligible au redressement ou à la liquidation judiciaire, avant son mariage, peut être tentée d'anticiper sur les difficultés et d'accorder à son conjoint des avantages matrimoniaux, qui seront autant de source de réduction du gage des créanciers. De façon classique, le droit des procédures collectives se préoccupe de cette situation. Le code de commerce procède par éviction des avantages matrimoniaux.

Aux termes de l'article L. 621-114 du code de commerce (anc[t] L. 25 janv. 1985[1], art. 114), « le conjoint du débiteur qui était commerçant, artisan ou agriculteur lors de son mariage ou l'est devenu dans l'année de celui-ci ne peut exercer dans le redressement judiciaire aucune action à raison des avantages faits par l'un des époux à l'autre, dans le contrat de mariage ou pendant le mariage; les créanciers ne peuvent, de leur côté, se prévaloir des avantages faits par l'un des époux à l'autre». L'article L. 622-14 du code de commerce (anc[t] L. 25 janv. 1985, art. 153-4) *étend la solution à la liquidation* judiciaire. La loi de sauvegarde des entreprises modifie la portée du texte en énonçant à l'article L. 624-8 que « le conjoint du débiteur qui, lors de son mariage, dans l'année de celui-ci ou dans l'année suivante, était commerçant, immatriculé au répertoire des métiers, agriculteur ou qui exerçait toute autre activité professionnelle indépendante, ne peut exercer dans la procédure de sauvegarde aucune action à raison des avantages faits par l'un des époux à l'autre, dans le contrat de mariage ou pendant le mariage. Les créanciers ne peuvent, de leur côté, se prévaloir des avantages faits par l'un des époux à l'autre ».

Certains plaident pour l'abrogation de cette règle de défiance issue des visions napoléoniennes, et qu'il serait sans doute temps de supprimer[2].

741.62 Domaine de la règle de l'éviction des avantages matrimoniaux. Dès lors que le débiteur, personne physique, est éligible aux procédures collectives, son conjoint se trouve concerné par la règle. Du fait de la soumission aux procédures collectives par la loi de sauvegarde des entreprises de tous les professionnels indépendants, y compris les professionnels libéraux, la règle a vocation à s'appliquer à l'encontre des conjoints de ces derniers (C. com., art. L. 624-8). Ainsi, comme l'énonce l'article L. 624-8, la règle a vocation à s'appliquer au conjoint d'un débiteur « commerçant, immatriculé au répertoire des métiers, agriculteur ou qui exerçait toute autre activité professionnelle indépendante ». La formule très large « toute autre activité professionnelle indépendante » utilisée par le législateur à l'article L. 624-8 doit permettre d'englober l'hypothèse du conjoint de l'artisan de fait, non immatriculé au répertoire des métiers[3], mais aussi celle du conjoint du commerçant de fait.

L'ordonnance du 18 décembre 2008 (ord. 18 déc. 2008[4], art. 40) remplace le visa du conjoint « commerçant, immatriculé au répertoire des métiers, agriculteur » par celui de conjoint « agriculteur ou exerçait une activité commerciale ou artisanale ». Il s'agit d'une disposition analogue à celle déjà rencontrée à propos de la détermination des personnes éligibles à la sauvegarde (v. com., art. L. 621-2, al. 1, ord. 18 déc. 2008, art 13). Ainsi, le cas des artisans de fait est aligné sur celui des commerçants de fait. Cette modification nous semble avoir une portée interprétative.

Sous l'empire de la législation antérieure à la loi du 26 juillet 2005[5], le mariage doit être intervenu au plus tard dans l'année du début de l'activité du débiteur. La règle, restrictive de droits, est d'interprétation stricte[6]. Cela justifie de longue date[7], son

1. L. n° 85-98, 25 janv. 1985, préc.

2. Saint-Alary-Houin, « Ne tirez plus sur le conjoint ! Pour une abrogation de l'article L. 624-8 du code de commerce… voire plus ! », *BJE* oct. 2012, édito[illegible] 149, p. 269.
3. *Rapp. Xavier de Roux*, n° 2095, p. 2[illegible].
4. Ord. n° 2008-1345, 18 déc. 2008, préc.
5. L. n° 2005-845, 26 juill. 2005, préc.
6. Ripert et Roblot, n° 3169.
7. Civ. 18 avr. 1882, *S.* 1883. I. 61, note Lyon-Caen.

inapplication si, lors du mariage, l'époux était incapable et ne pouvait en conséquence avoir la qualité de commerçant. On peut ici estimer que si l'inscription au registre du commerce, qui confère à l'intéressé une présomption de commercialité, est intervenue dans le délai ci-dessus visé, alors même que l'activité n'avait pas commencé, la règle a vocation à s'appliquer. Inversement, le début de l'activité est suffisant, peu important l'inscription au registre. L'inscription au répertoire des métiers a aujourd'hui la même valeur présomptive que l'inscription au registre du commerce (v. s[s] n° 211.31).

Si le début de l'activité du débiteur est intervenu au cours d'une année civile différente de celle au cours de laquelle le conjoint a reçu l'avantage, ce dernier ne sera pas remis en cours. L'intérêt matrimonial est alors plus fort que l'intérêt des créanciers.

La loi du 26 juillet 2005 modifie la règle, pour tenir compte de l'hypothèse dans laquelle le mariage, bien que n'étant pas intervenu l'année du début d'activité, a eu lieu peu de temps après ce début d'activité[1]. La modification a été maladroite[2], ce qui oblige à un effort d'interprétation. Il semble qu'il faille comprendre que l'article L. 624-8 du code de commerce prévoit désormais que le conjoint du débiteur ne pourra se prévaloir des avantages matrimoniaux s'il était éligible aux procédures de sauvegarde, de redressement ou de liquidation judiciaire avant son mariage ou si son mariage est intervenu, non seulement l'année au cours de laquelle il est devenu éligible aux procédures collectives, mais encore l'année suivante.

La règle a pour fondement la volonté de protéger les créanciers en évitant le passage de biens sur la tête du conjoint, pour vider ainsi le gage des créanciers[3]. Il est cependant curieux qu'elle soit limitée dans le temps car il suffit à un professionnel indépendant de se marier pour faire passer sur la tête de son conjoint une partie de sa fortune. Il semblerait ainsi que le législateur ait voulu éviter de considérer les commerçants, agriculteurs ou artisans et plus généralement les professionnels indépendants, comme de « mauvais partis », dont on pourrait se détourner en raison d'une éventuelle impossibilité de profiter d'avantages matrimoniaux.

La règle ne s'applique que si des avantages ont été procurés au conjoint. Tel ne sera pas le cas de concubins. Le droit des régimes matrimoniaux évoque classiquement les « avantages matrimoniaux » qui désignent l'excédent qu'un régime conventionnel de communauté permet de conférer à un époux en contemplation des droits qu'il aurait eus par application des règles de la communauté légale[4]. Au sens de l'article L. 621-114 du code de commerce (anc[t] L. 25 janv. 1985, art. 114), de l'article L. 624-8 dans la rédaction de la loi de sauvegarde des entreprises, l'avantage est synonyme de libéralité portant sur un bien ou une masse de biens[5]. Mais il doit également viser les clauses du contrat de mariage dérogeant au droit commun de la formation des masses partageables, dans la composition des lots et qui portent atteinte à l'égalité du partage dans les régimes de communauté[6]. S'il y a avantage, la règle posée par l'article L. 621-114 du code, dans la rédaction antérieure à la loi de sauvegarde des entreprises, par l'article L. 624-8 dans la rédaction de la loi de sauvegarde des entreprises, joue. S'il n'y a qu'application des règles des régimes matrimoniaux adoptés, et même si cela est très avantageux pour le conjoint *in bonis*, la règle édictée par le code est sans application[7].

Peu importe que l'avantage soit consenti dans le contrat de mariage ou pendant le mariage.

741.63 Inopposabilité des avantages matrimoniaux à la procédure. L'article L. 621-114 du code de commerce (anc[t] L. 25 janv. 1985[8], art. 114) indique que « le conjoint [...] ne peut exercer dans le redressement judiciaire aucune action à raison des avantages faits par l'un des époux à l'autre, dans le contrat de mariage ou pendant le mariage ». L'article L. 624-8, dans la rédaction que lui donne la loi de sauvegarde des entreprises, reproduit la solution en visant la sauvegarde au lieu du redressement judiciaire. Rappelons que l'article L. 624-8 est applicable également en redressement judiciaire (C. com., art. L. 631-18, I), et en liquidation judiciaire (C. com., art. L. 641-14, al. 1). La disposition ici analysée n'a donc pas pour effet de remettre en cause les libéralités échues avant le jugement d'ouverture. Elle interdit seulement au conjoint de soustraire des actifs du débiteur les libéralités qui lui auraient été faites et qui n'auraient pas été délivrées. Il y a donc suppression de l'action en revendication[9], qui se traduit par

1. *Rapp. Xavier de R*... n° 2095, p. 257.
2. Interv. Jean-Yves Le Bouillonnec, *JOAN CR*, 3e séance du 3 mars 2005, p. 58.
3. SAINT-ALARY-HOUIN, [...][e] éd., n° 855 – RIPERT ET ROBLOT, n° 3168 – SOINNE, n° 973 – VALLENS, 2015, n° 3670.
4. J.-CL. COM., Storck, fasc. 3170, [Redressement et liquidations judiciaires – Droit patrimonial de la famille et procédures collectives de paiement], n° 25.
5. J.-CL. COM., Storck, fasc. 3170, [Redressement et liquidation judiciaires – Droit patrimonial de la famille et procédures collectives de paiement], n° 25.
6. SAINT-ALARY-HOUIN, 9e éd., n° 855 – KERCKHOVE, n° 704.
7. PÉROCHON, 10e éd., n° 1654 – RIPERT ET ROBLOT, n° 3171 – SOINNE, n° 1975.
8. L. n° 85-98, 25 janv. 1985, préc.
9. J.-CL. COM., Storck, fasc. 3170, [Redressement et liquidation judiciaires – Droit patrimonial de la famille et procédures collectives de paiement], n° 25.

une fin de non-recevoir pour défaut de qualité à agir.

En revanche, cette disposition n'emporte pas révocation des donations entre époux, lesquelles sont soumises à l'article 1096 du code civil. Constituant des droits propres, elles échappent aux règles du dessaisissement. Il y a une inopposabilité à la procédure collective des avantages matrimoniaux, lesquels restent, *inter partes*, parfaitement efficaces[1].

741.64 Bilatéralité de la règle de l'inopposabilité des avantages matrimoniaux. De même que l'époux ne peut faire valoir dans la procédure collective ses avantages matrimoniaux, de même ses créanciers ne peuvent se prévaloir des avantages faits par l'un des époux à l'autre. L'idée est ici d'assurer une neutralité des avantages matrimoniaux. Du côté de l'époux sous procédure collective, cela revient à soustraire les avantages matrimoniaux non libérés au périmètre de sa procédure collective. Il s'agit d'un droit propre, échappant aux règles du dessaisissement et de l'administration contrôlée et qui interdit, en conséquence, aux organes de la procédure collective l'exercice de l'action tendant à obtenir l'exécution de la libéralité. Ici encore, l'action exercée par l'organe de la procédure collective sera atteinte d'une fin de non-recevoir, pour défaut de qualité à agir. Rien ne fait cependant obstacle à ce que l'époux, désireux de payer rapidement son passif, n'obtienne l'exécution de la libéralité, pour permettre ainsi d'englober, dans le périmètre de sa procédure collective, des biens donnés par son conjoint.

L'article L. 132-17 du code des assurances, dans la rédaction que lui a donnée la loi du 25 janvier 1985[2], déroge cependant à la règle de l'article L. 621-114 du code de commerce (anc[t] L. 25 janv. 1985, art. 114) et à celle de l'article L. 624-8 dans la rédaction de la loi de sauvegarde des entreprises. Les créanciers peuvent en effet se prévaloir de l'avantage consenti au débiteur par son conjoint, s'il s'agit d'un contrat d'assurance sur la vie, contracté au profit du conjoint. La solution se justifie par l'observation que l'avantage constitué par le capital décès n'appartient plus au patrimoine du débiteur[3]. Cette justification n'est que partiellement satisfaisante, dès lors que les primes ayant permis le versement du capital proviennent, quant à elles, du patrimoine du débiteur. D'ailleurs, un correctif est immédiatement apporté à cette exception. Si les primes étaient exagérées par rapport aux facultés du débiteur, il y aurait avantage susceptible d'une action en rapport. Il y aurait en outre possibilité du jeu des nullités de la période suspecte, au titre de l'article L. 621-107-1, 1° du code de commerce (anc[t] L. 25 janv. 1985, art. 107, 1°), dans la rédaction antérieure à la loi de sauvegarde des entreprises, au titre de l'article L. 632-1, I, 1°, dans la rédaction issue de la loi de sauvegarde des entreprises. Il y a bien en effet un acte à titre gratuit translatif de propriété.

SECTION 741.70

CHANGEMENT DE RÉGIME MATRIMONIAL

741.71 Diversité des situations de changement de régime matrimonial. La tentation peut être grande pour un époux confronté aux difficultés financières de son entreprise d'adopter un régime matrimonial plus protecteur de son conjoint, pour faire ainsi échapper aux poursuites de ses créanciers, une partie des biens composant son patrimoine. Aucune disposition de la législation ne se préoccupe explicitement de ce problème. Cependant, les solutions du droit des procédures collectives permettent de les prendre en compte, le droit commun offrant en outre certaines parades. Il faut ici distinguer selon que le changement de régime matrimonial est conventionnel ou judiciaire et selon qu'il intervient avant l'ouverture de la procédure ou après celle-ci.

741.72 Nullité de la période suspecte et changement de régime matrimonial avant ouverture de la procédure. Le changement du régime matrimonial avant ouverture de la procédure peut d'abord être attaqué, si les créanciers en subissent un préjudice, sur le fondenent des nullités de la période suspecte. En réalité, comme il a été justement observé, ce qui est attaqué nest pas le changement de régime, mais plutôt le parage consécutif, dès lors qu'il est préjudiciable aux créanciers.

Trois fondements peuvent être trouvés à l'action du mandataire de justice. Il pourra tout d'abord s'agir d'un acte à titre gratuit translatif de propriété (C. com., art. L. 621-107, I, 1° [anc[t] L. 25 janv. 1985[4], art. 107, 1], dans la rédaction antérieure à la loi de sauvegarde des entreprises, C. com., art. L 632-1, I, 1°, dans la rédaction issue de la loi de suvegarde des entreprises). Il pourra ensuite être qestion d'un contrat commutatif déséquilibré (C com., art. L. 621-107, I, 2° [anc[t] L. 25 janv. 1985, art 07, 2°], dans la rédaction antérieure à la loi de saugarde des entreprises, C. com., art. L. 632-1, I, 2 dans la rédaction issue de la loi de sauvegarde des reprises), si les obligations du débiteur excèdent tablement celles de son conjoint[5]. La tenta-

1. SOINNE, n° 1974 – PÉROCHON, 10e éd., n° 1654.
2. L. n° 85-98, 25 janv. 1985, préc.
3. SOINNE, n° 1975.
4. L. n° 98, 25 janv. 1985, préc.
5. Com. iill. 2002, n° 99-14.400, NP, *RJPF* 2002/12, p. 22, obs. Vllé.

tion sera ici particulièrement grande. On pensera spécialement au passage d'un régime de communauté à un régime séparatiste, en accroissant la part attribuée au conjoint *in bonis*. On peut cependant douter de la qualification de « contrat » pour le régime matrimonial et, à cet égard, il est plus opportun pour le législateur de viser la « convention ». Enfin – solution posée sous l'empire de la loi du 13 juillet 1967[1] –, il pourra s'agir d'un cas de nullité facultative de la période suspecte, la preuve pouvant facilement être rapportée, à l'encontre de l'époux *in bonis*, de sa connaissance de l'état de cessation des paiements de son conjoint[2], ce qui suppose que l'on retienne la notion d'acte à titre onéreux pour qualifier l'opération.

741.73 Changement de régime matrimonial avant ouverture de la procédure et actions de droit commun. Avant la loi du 23 juin 2006[3] (art. 44), qui a modifié l'article 1397 du code civil, le changement de régime matrimonial supposait toujours une homologation judiciaire. Depuis cette loi, le principe est inverse : le changement de régime matrimonial est fait par acte notarié. Il n'y a place à homologation du changement de régime qu'en présence d'enfants mineurs, ou d'opposition de la part des enfants majeurs, des personnes parties au contrat de mariage (par exemple un donateur, mais non les époux eux-mêmes[4]) ou des créanciers[5].

Sous l'empire de la législation antérieure à la loi du 23 juin 2006, l'article 1397 alinéa 6 du code civil prévoit que « les créanciers peuvent former tierce opposition contre le jugement d'homologation du changement de régime matrimonial fait en fraude de leurs droits dans les conditions du code de procédure civile ». Cette action est enfermée dans le délai d'un an, qui court à compter de l'accomplissement des formalités de publicité, lesquelles consistent en une apposition d'une mention en marge des actes de mariage, outre une mention au registre du commerce pour les commerçants qui a d'ailleurs été supprimée, et enfin une mention sur la minute du contrat de mariage, s'il en a été établi un.

Le droit reconnu aux créanciers subsiste en cas d'ouverture d'une procédure collective et se combine avec le droit exclusif reconnu au liquidateur pour agir au nom et dans l'intérêt collectif des créanciers[6]. Il appartient aux créanciers de prouver le caractère frauduleux du principe et du montant des récompenses retenues dans l'acte[7].

Si les époux s'abstiennent de procéder aux opérations de partage dans l'année de la publication du changement de régime matrimonial, les créanciers pourront être restés dans l'ignorance du changement intervenu, nonobstant la publicité qui en a été faite. Il n'y aura plus alors possibilité de remettre en cause le jugement homologuant le changement de régime matrimonial. Seul pourra être attaqué le partage consécutif au changement intervenu, et cela dans le délai d'un an. Les organes de la procédure pourront exercer cette action paulienne[8], à la condition que la fraude préjudicie aux créanciers dont le représentant des créanciers ou le liquidateur défend l'intérêt. La loi de sauvegarde des entreprises érige en défenseur de l'intérêt collectif des créanciers, à titre subsidiaire, c'est-à-dire en cas de carence du mandataire judiciaire, les contrôleurs. Ces derniers sont donc, à notre sens, recevables à exercer une action paulienne (v. s[s] n° 612.23), si la fraude est préjudiciable à la collectivité des créanciers.

Cependant, contrairement à l'hypothèse du jeu des nullités de la période suspecte, la fraude devra être démontrée et elle résultera partiellement du préjudice occasionné au créancier[9]. Sera prise en compte la volonté de préjudicier aux droits des créanciers d'un époux antérieurs au changement de régime[10].

La loi du 23 juin 2006 (art. 44) a modifié l'article 1397 du code civil. La tierce opposition émanant des créanciers qui n'ont pas fait opposition a été supprimée. L'alinéa 9 de cette disposition prévoit désormais que « les créanciers non opposants peuvent attaquer le changement de régime matrimonial s'il a été fait en fraude de leurs droits, dans les conditions de l'article 1167 du code civil ». Il s'agit donc d'une action paulienne classique, enfermée dans le délai de trente ans. Comme cela avait été jugé sous l'empire de la législation antérieure à la loi du 23 juin 2006, les organes de la procédure ayant en charge la défense de l'intérêt collectif des créanciers – mandataire judiciaire, liquidateur et commis-

1. L. n° 67-563, 13 juill. 1967, préc.
2. Com. 15 juin 1976, n° 75-10.185, *Bull. civ.* IV, n° 26; *Defrénois* 1977. 1028, 32496, note Honorat – Com. 21 mai 1979, n° 78-10.978, *Bull. civ.* IV, n° 164; *Defrénois* 1980. 733, 32300, note Honorat.
3. L. n° 2006-728, 23 juin 2006, préc.
4. Gelot et Crône, « La nouvelle procédure de changement de régime matrimonial issue de la loi du 23 juin 2006 portant réforme des successions et des libéralités », *Defrénois* 2006. 1376, 38483, n° 7.
5. Beaubrun, « Le nouvel article 1397 du code ci[illegible] un texte *transitoire ?* », *Defrénois* 2007. 95, 38519, [illegible] – Omarjee, « Le décret précisant la nouvelle procédu[illegible]u changement de régime matrimonial », *LPA* 12 jan[illegible]007, n° 10, p. 4.
6. Civ. 1[re], 19 mars 2014, n[os] 11-22.194, 12-28.921, *Bull. civ.* I, n° 48; *Act. proc. coll.* 2014/9, comm. 171, note Leprovaux.
7. Civ. 1[re], 19 mars 2014, n[os] 11-22.194, 12-28.921, préc.
8. ILLUSTR. : Civ. 1re, 22 févr. 2000, n° 97-16.895, NP, *RJPF* 2000/5, p. 21, obs. Vauvillé.
9. AINSI : Rennes, 1re ch., 16 déc. 1987, *JurisData* 049022.
10. Paris, 11 juill. 1978, *Defrénois* 1979. 481, 31936, note Champenois.

saire à l'exécution du plan – pourront exercer cette action paulienne[1] (v. s[s] n°s 621.31 et 621.32), qui appartiendra également aux contrôleurs, en cas de carence des mandataires de justice mis en demeure d'agir.

On rappellera en outre, qu'en cas de passage d'un régime de communauté à un régime séparatiste, les articles 1482 et 1483 du code civil permettent de maintenir le droit de poursuite des créanciers de la communauté à hauteur des trois quarts des biens, c'est-à-dire la moitié appartenant à l'époux du chef duquel la dette est entrée en communauté, plus la moitié de la part du conjoint.

Enfin, il semble délicat d'attaquer le partage par la voie oblique, car le débiteur négligent dans la remise en cause d'un partage lésionnaire dispose, en la matière, d'un droit propre, qui semble exclusif de l'ouverture de l'action oblique, l'opinion contraire ayant cependant été émise[2].

741.74 Changement de régime matrimonial après ouverture de la procédure. Il faut d'abord préciser que, si le jugement d'ouverture intervient moins de trois mois après la publication du changement de régime matrimonial, ce dernier est inopposable aux créanciers. Ces derniers, lorsque le régime matrimonial initial était celui de la communauté, conservent la possibilité de considérer comme des biens communs les biens devant être attribués à l'époux demeuré *in bonis*. La solution a été posée sous l'empire de la législation du 13 juillet 1967[3], mais est reconductible.

La demande de changement de régime matrimonial est un acte mixte. Il est inconcevable que la demande soit présentée uniquement par l'organe de la procédure, nonobstant le droit propre de l'époux[4]. Mais, si le débiteur est dessaisi, la demande devra être présentée par le liquidateur et par lui-même[5]. Si un administrateur intervient, aux côtés du débiteur, la demande devra être présentée par les deux si l'administrateur a mission de représentation ou d'assistance, cependant qu'elle pourra être présentée par le débiteur seul si l'administrateur a seulement mission de surveillance. Au stade de l'homologation judiciaire, devenue exceptionnelle depuis la loi du 23 juin 2006[6], la présence du liquidateur aux côtés du débiteur est indispensable pour que le changement de régime soit opposable à la procédure collective. Il en est de même de l'administrateur judiciaire, si le débiteur est représenté, en redressement judiciaire.

741.75 Séparation judiciaire de biens. Le changement de régime matrimonial peut résulter d'une demande de séparation judiciaire de biens. L'article 1443 du code civil prévoit que « si par le désordre des affaires d'un époux [...], il apparaît que le maintien de la communauté met en péril les intérêts de l'autre conjoint, celui-ci peut poursuivre la séparation de biens en justice ».

La demande de séparation judiciaire de biens est un droit propre du conjoint, l'article 1446 du code civil disposant que « les créanciers d'un époux ne peuvent demander de son chef la séparation de biens ». Elle peut donc valablement être introduite par un époux malgré l'ouverture de la procédure collective de son conjoint[7], fut-ce une liquidation judiciaire[8].

La démonstration doit être rapportée qu'il y a désordre des affaires d'un époux. Même si le contraire avait pu être jugé[9], la seule ouverture de la procédure collective est à cet égard insuffisante[10]. Il a même été esimé que le prononcé de la liquidation judiciaire n'étblit pas, à lui seul, la mise en péril des intérêts de ce lernier, dès lors que la séparation de biens ne modie les droits des créanciers que pour l'avenir, ce qurend impossible la demande d'attribution préférentielle au conjoint *in bonis* de l'immeuble, sel élément d'actif[11].

Cette action des effets importants pour les créanciers. L'article 147, alinéa 1 du code civil, pour tenir compte de ces dngers pour les créanciers, les auto-

1. Beaubrun, « Le nouvel article 1397 du code civil, un texte transitoire ? » *Defrénois* 2007. 95, art. 38519, n° 10.
2. J.-CL. COM., *Storck, fasc. 3170, [Redressement et liquidation judiciaires – Droit patrimonial de la famille et procédures collectives de paiement]*, n° 61.
3. L. n° 67-563, 13 juill. 1967, préc. – Civ. 1re, 9 juill. 1991, n° 90-12.764, *Bull. civ.* I, n° 235; *D.* 1992. Somm. 372, obs. Honorat; *RTD civ.* 1992. 437, n° 2, obs. Lucet et Vareille.
4. Nîmes, 30 avr. 1990, *LPA* 1991, n° 25, p. 17, note Martin; *Rev. huissiers* 1991. 124, note Martin.
5. Nîmes, 30 avr. 1990, préc.
6. L. n° 2006-728, 23 juin 2006, préc.
7. Civ. 1re, 3 mai 2000, n° 98-10727, *Bull. civ.* I, n° 127; *D.* 2000. AJ 264; *Defrénois* 2000. 37205, note Sénéchal; *Act. proc. coll.* 2000, n° 127; *JCP E* 2000. Jur. 1714, note Casey.
8. Civ. 1re, 3 mai 2000, n° 98-10.727, *Bull. civ.* I, n° 127, préc – Civ. 1re, 19 oct. 2004, n° 02-13.659, *Bull. civ.* IV, n° 231; *D.* 2005. Pan. 298, obs. Le Corre; *Act. proc. coll.* 2004, n° 233, note Vallansan et Leprovaux; *RJPF* 2005/1, p. 20, note Vauvillé; *Dr. et proc.* 2005. 89, note Putman; *Defrénois* 2005. 990, Chron. 38177, n° 3, note Gibirila; *Rev. proc. coll.* 2005, n° 8, obs. Dumont; *LXB* n° N4134ABQ, note Le Corre.
9. Rennes, 6e ch., 6 janv. 1983, *JurisData* 040189.
10. Poitiers, 21 oct. 1992, *JurisData* 050069.
11. Civ. 1re, 19 oct. 2004, n° 02-13.659, *Bull. civ.* I, n° 231; *D.* 2005. Pan. 298, obs. Le Corre; *Act. proc. coll.* 2004, n° 233, note Vallansan et Leprovaux; *RJPF* 2005/1, p. 20, note Vauvillé; *JCP E* 2005. Jur. 238, note Leprovaux; *RJPF* 2005/1, p. 20, note Vauvillé; *Dr. et proc.* 2005. 89, note Putman; *Defrénois* 2005. 990, Chron. 38177, n° 3, note Gibirila; *Rev. proc. coll.* 2005, n° 8, obs. Dumont; *LXB* n° N4134ABQ, note Le Corre.

rise à intervenir à l'instance. S'il y a sauvegarde, redressement ou liquidation judiciaire, le représentant des créanciers – mandataire judiciaire – ou le liquidateur qui les représente, semble seul avoir qualité à intervenir. Les effets patrimoniaux de cette action ne se produisent que si l'organe compétent a été mis en cause[1].

Leur présence obligatoire à l'instance oblige à considérer qu'ils ne semblent pas recevables à former tierce opposition au jugement de séparation de biens, dans l'année de sa publication (C. pr. civ., art. 1298), contrairement à la solution du droit commun.

Le jugement de séparation de biens doit être signifié non seulement au débiteur, mais encore à son liquidateur. À défaut, le délai prescrit pour entreprendre les opérations de partage ne court pas[2].

Le représentant des créanciers – mandataire judiciaire – ou le liquidateur pourra également agir en nullité de la séparation de biens si les poursuites tendant à la liquidation de la communauté ne sont pas commencées, trois mois après le passage en force de chose jugée du jugement de séparation de biens ou si, dans l'année qui suit l'ouverture des opérations de liquidation, le règlement définitif n'est pas intervenu. Le non-respect de ces délais fait présumer une collusion frauduleuse entre les époux et une renonciation au bénéfice du jugement, susceptible de tomber devant la démonstration d'une force majeure[3].

SECTION 741.80

LIQUIDATION DU RÉGIME MATRIMONIAL

741.81 Liquidation du régime matrimonial par suite de divorce ou de la séparation de biens. La question qui se pose ici est de savoir si les effets patrimoniaux d'un divorce peuvent être remis en cause[4].

À l'égard des tiers, le divorce, et la règle peut être étendue à la séparation de biens, ne produit effet qu'à compter de la mention en marge des actes de l'état civil[5]. En conséquence, toutes les dettes nées entre le divorce et la prise d'effet de celui-ci à l'égard des tiers restent communes, si les époux étaient mariés sous le régime de la communauté[6], sauf si un jugement de séparation de corps publié a précédé le divorce. Cette règle selon laquelle le divorce ne produit effet qu'à compter de la mention en marge des actes de l'état civil emporte cette conséquence que si, à la date du jugement d'ouverture, cette mention n'a pas eu lieu, l'effet de saisie collective des biens communs liés à l'ouverture de la procédure se produit. Le juge-commissaire n'excède donc pas ses pouvoirs à autoriser la vente d'un bien commun, du chef de l'époux en liquidation judiciaire, malgré le divorce intervenu[7].

Il était admis que malgré le caractère obligatoire de la mention au registre du commerce et des sociétés du divorce du commerçant, l'absence de cette dernière ne faisait pas obstacle à son opposabilité aux tiers[8]. La difficulté a disparu depuis la curieuse suppression de l'obligation de publication au registre du commerce et des sociétés du régime matrimonial (D. 9 mai 2007[9] modifiant C. com., art. R. 123-37).

Bien qu'étant irrecevables à exercer un recours contre le jugement de divorce, les créanciers peuvent former une tierce opposition contre les dispositions du jugement de divorce réglant entre les époux les aspects patrimoniaux du divorce[10]. La tierce opposition est également recevable à l'encontre du jugement homologuant la convention de divorce sur requête conjointe, mais elle doit ici[11] être formée dans l'année suivant l'accomplissement des formalités de mention en marge des actes d'état civil (C. civ., art. 262 – C. pr. civ., art. 1104)[12].

Les créanciers peuvent également attaquer le partage réalisé hors leur présence, alors qu'ils avaient demandé à ce qu'il y soit procédé en leur présence (C. civ., art. 882). La question n'intéresse ici que les époux mariés sous un régime communautaire.

Ces deux actions seront cependant conduites par le représentant des créanciers – mandataire judiciaire – ou le liquidateur, du fait de leur monopole de défense de l'intérêt collectif des créanciers, dès lors que les droits de tous les créanciers se trouvent atteints.

1. J.-CL. COM., Storck, fasc. 3170, [Redressement et liquidation judiciaires – Droit patrimonial de la famille et procédures collectives de paiement], n° 57 – *Adde*, Lyon, 24 sept. 1969, *RTD com.* 1971. 481, obs. Houin; *JCP* 1970. II. 16150, note J. A.
2. Com. 23 mai 2000, n° 97-12.629, NP.
3. *Civ. 1re, 16 mai 1972*, n° 69-14.644, *Bull. civ.* I, n° 128.
4. *SUR LA QUESTION* : Vauvillé, « Divorce et liquidation judiciaire : astuces et pièges », *RJPF* 2001, n° 1, p. 6.
5. Civ. 1re, 12 oct. 1983, *JurisData* 2148.
6. AINSI Paris, 16e ch., 18 juin 1987, *JurisData* 21273.
7. Com. 8 juin 2010, n° 09-14.076, NP, *Gaz. Pal. entr. diff.* 15-16 oct. 2010, p. 36, note Antonini-Cochin.
8. Pau, 2e ch., 9 mai 1994, *JurisData* 044263.
9. D. n° 2007-750, 9 mai 2007, *JO* 10 mai, p. 8295.
10. Civ. 1re, 5 nov. 2008, n° 06-21.256, *Bull. civ.* I, n° 252; *Rev. proc. coll.* 2009, n° 61, note Lisanti.
11. SUR CE POINT : Lisanti, note ss Civ. 1re, 5 nov. 2008, n° 06-21.256 *Rev. proc. coll.* 2009, n° 61.
12. J.-CL. COM., Storck, fasc. 3170, [Redressement et liquidation judiciaires – Droit patrimonial de la famille et procédures collectives de paiement], n° 59.

Le jeu des nullités de la période suspecte est plus délicat. Sous l'empire de la loi du 13 juillet 1967[1], il n'y avait pas de difficulté. En effet, les actes accomplis pendant la période suspecte n'étaient pas nuls, mais seulement inopposables à la masse des créanciers. Il était donc logique que la jurisprudence admette le jeu des inopposabilités de la période suspecte en la matière[2].

La solution doit-elle être modifiée sous l'empire de la loi du 25 janvier 1985[3] ou sous celle de sauvegarde des entreprises ? Les actes de la période suspecte ne sont plus inopposables, mais nuls. Faut-il dès lors admettre la nullité du divorce ? Une réponse positive ne peut être apportée, puisque sur le terrain du statut des personnes, pareille annulation fondée sur les effets patrimoniaux du divorce aboutirait à des conséquences fâcheuses si les débiteurs avaient à nouveau contracté mariage. On ne saurait admettre que le droit des procédures collectives puisse conduire à rendre possible la polygamie. D'ailleurs, il y a un excès à vouloir annuler le divorce, alors que seuls sont en cause les effets patrimoniaux de celui-ci.

N'est-il pas possible de dissocier l'état liquidatif du divorce lui-même, pour n'annuler que le premier, sur le fondement des nullités de la période suspecte ? L'indivisibilité affirmée[4] entre les dispositions d'ordre personnel et celles d'ordre patrimonial semblerait y faire obstacle, alors surtout que ce serait remettre en cause le jugement de divorce. Pourtant, comme il a été justement relevé, il n'y aurait pas contrariété à l'autorité de chose jugée attachée au jugement de divorce. En effet, le juge n'a pas vérifié l'équilibre de l'état liquidatif[5]. Il est donc concevable de le remettre en cause, si un déséquilibre apparaît, alors surtout qu'il serait intervenu en fraude des droits des créanciers, le débiteur ayant conscience, au moment de l'établissement de l'état liquidatif, qu'il était préférable d'abandonner, par exemple sous forme de prestation compensatoire, à son époux, ce qui lui serait soustrait par ses créanciers.

Dès lors, il apparaît logique que la jurisprudence rendue sous l'empire de la loi du 13 juillet 1967 soit reconduite tant sous l'empire de la loi du 25 janvier 1985, que sous celui de la loi de sauvegarde des entreprises. Le jeu des nullités de la période suspecte conduit ainsi à remettre en cause, non le divorce lui-même, mais seulement l'état liquidatif qui l'accompagne, dans la mesure où il est préjudiciable aux intérêts des créanciers[6].

Le divorce sur requête conjointe est ainsi fragilisé. Mais il ne faut pas s'en étonner. Comme cela a été justement remarqué, c'est la nature hybride de ce type de divorce, « mi-conventionnel, mi-judiciaire » qui justifie la solution[7].

La solution ci-dessus décrite pour l'hypothèse du divorce vaut identiquement pour le jugement de séparation de corps. L'état liquidatif de communauté réglant les effets de la séparation de biens n'échappe pas au jeu des nullités de la période suspecte s'il est défavorable au conjoint sous procédure collective. La solution n'est pas altérée par le fait que des dispositions relatives aux créances alimentaires ou aux prestations compensatoires soient incluses dans la convention[8].

L'admission des nullités de la période suspecte, en la matière, doit conduire à rendre également recevable l'action paulienne exercée par un créancier, non à l'encontre du jugement de divorce, mais à l'encontre de l'état liquidatif, si ce dernier a été établi en fraude de ses droits[9]. Il en ira spécialement ainsi de l'organisation complète de l'insolvabilité de l'un des époux, dans le cadre de la convention de divorce. Les organes de la procédure collective seront également recevables à agir sur ce fondement (v. s^s n° 621.31).

741.82 Divorce produisant effet après jugement d'ouverture. On observera d'abord qu'entre le jugement de divorce et le partage, les biens sont indivis entre les époux qui étaient, pendant leur mariage, commun; en biens. Les créanciers de la communauté ont un droit de poursuite à hauteur de la moitié des dtes entrées en communauté du chef de l'époux smis à la procédure. Tout se passe comme s'il était débiteur classique, mais seulement pour

1. L. n° 67-563, 13 juill. 1967, préc.
2. Cass., ch. mixte, 6 déc. 1985, n° 82-14.122, *Bull ch. mixte*, n° 1; *JCP* 1986. II. 20646, concl. Cochard, note Lindon et Bénabent; *Defrénois* 1986. 33690, note Massip; *D.* 1986. 185, note Derrida – *Adde*, dans le domaine voisin de la demande de séparation de corps : Com. 28 avr. 1998, n° 95-19.436, NP, *D.* 1999. Somm. 20, obs. Revel.
3. L. n° 85-98, 25 janv. 1985, préc.
4. Civ. 2e, 6 mai 1987, n° 86-10.107, *Bull. civ.* II, n° 103; *D.* 1987. 358, note Groslière; *Defrénois* 1987. 34044, note Massip.
5. Revel, obs. s^s Com. 28 avr. 1998, n° 95-19.436, NP, *D.* 1999. Somm. 20, obs. Revel.
6. Civ. 1re 5 janv. 2000, n° 97-21.119, *Bull. civ.* IV, n° 19; *D.* 20(AJ 103, obs. Lienhard; *RD banc. fin.* 2000, n° 71, note as; *Rev. proc. coll.* 2003, p. 354, n° 3, obs. Dumc- Civ. 1re, 3 juin 2003, n° 01-17.971, *Bull. civ.* IV, n° 13*ct. proc. coll.* 2003, n° 179, obs. Vallansan; *Rev. proc.* 2003, p. 354, n° 3, obs. Dumont.
7. GoazHuret, « Divorce et procédures collectives », *RTD com.*2. 627.
8. Comnov. 2006, n° 04-18.650, *Bull. civ.* IV, n° 216; *D.* 2(AJ 2911, obs. Lienhard; *Gaz. proc. coll.* 2007/1, p. 38e Roussel Galle; *Act. proc. coll.* 2006, n° 246, note Blan*P E* 2007. Chron. 1450, n° 7, obs. M. Cabrillac; *Rev. coll.* 2007/3, p. 123, n° 1, obs. Lebel; *Defrénois* 200), art. 38605, n° 1, note Gibirila.
9. Revs. s^s Com. 28 avr. 1998, n° 95-19.436, *D.* 1999. Som), obs. Revel.

la moitié de la dette. La poursuite pourra intervenir avant même le partage, sur le fondement de l'article 1483 du code civil. Cependant, après le partage, les droits des créanciers seront limités à l'émolument de l'ex-conjoint dans la communauté (C. civ., art. 1483, al. 2). Cette limitation ne sera opposable aux créanciers que si un inventaire a été établi.

L'époux qui a payé seul un créancier a un recours contre son ex-conjoint et non contre l'indivision qui, faute d'avoir la personnalité morale, ne peut être débitrice[1]. La créance issue de ce recours emprunte la nature de la dette payée.

Si la dette payée est née avant le jugement d'ouverture, la créance de recours a la nature d'une créance antérieure. Il incombe, en conséquence, à l'époux divorcé de déclarer cette créance issue de la liquidation du régime matrimonial au passif de son ex-conjoint[2].

Si la dette payée est née après le jugement d'ouverture, la créance de recours a la qualité de créance postérieure. Sous l'empire de la législation antérieure à la loi de sauvegarde des entreprises, cette nature postérieure de la créance autorise l'époux *solvens* à recourir contre l'autre, nonobstant la clôture de la procédure du second[3].

Sous l'empire de la loi de sauvegarde des entreprises, la créance de recours n'est d'évidence pas éligible au traitement préférentiel. Elle doit donc être déclarée au passif dans les deux mois de son exigibilité (C. com. art. L. 622-24, al. 5). Après clôture de la procédure, le créancier est-il confronté à l'interdiction de reprise des poursuites individuelles ? Une réponse positive semble devoir être apportée. Il n'est pas *a priori* possible de considérer, en application de l'article L. 643-11, I, 2° du code de commerce, que la créance est attachée à la personne du créancier. Les solutions posées sous l'empire de la législation antérieure, quant à l'obligation de déclaration de ce type de créances, semblent conduire à la solution.

Il a en effet été jugé que, à l'exclusion des créances nées de la pension alimentaire et de la prestation compensatoire, qui n'ont pas à être déclarées au passif du débiteur soumis à la procédure collective, l'ex-époux doit déclarer ses autres créances de toute nature[4]. Il en est ainsi, par exemple, d'une créance de dommages et intérêts pour préjudice moral subi par une épouse abandonnée par son mari au profit d'une autre femme[5]. Il en est de même d'une créance née dans le cadre de la liquidation du régime matrimonial à la suite d'un divorce[6]. Il a été observé à ce sujet que le fait générateur de la créance ne serait pas nécessairement le même selon que les époux auront adopté un régime séparatiste ou un régime communautaire, la créance naissant dans le premier cas du paiement réalisé pour autrui, alors que dans le second la créance naît des récompenses, lesquelles constituent un compte unique et indivisible, dont le reliquat après dissolution du régime doit seul être pris en compte[7].

Si la dette est née du chef de l'époux *in bonis*, il sera tenu pour la totalité sur le fondement de l'article 1482 du code civil et pourra, ici encore, être poursuivi dès avant le partage.

L'article 20-1 du décret du 27 décembre 1985[8], dans la rédaction que lui a donnée le décret du 21 octobre 1994[9], énonce que « lorsqu'au cours d'une procédure de redressement ou de liquidation judiciaire la dissolution de la communauté existant entre le débiteur et son conjoint devient opposable aux tiers, ce conjoint doit être entendu ou dûment convoqué avant toute décision ordonnant ou autorisant la vente des biens de l'indivision ». L'article R. 624-12, alinéa 2 du code de commerce (anc^t^ D. 28 déc. 2005[10], art. 113, al. 2) reprend la solution, en la limitant cependant à l'hypothèse d'une décision autorisant la vente et non plus celle d'une décision ordonnant la vente. Il faut donc limiter le jeu de la disposition au cas de vente de gré à gré de biens meubles ou immeubles. Cette disposition de la sauvegarde est reproduite en redressement judiciaire (C. com., art. R. 631-30, al. 2 [anc^t^ D. 28 déc. 2005, art. 198, al. 2]) et en liquidation judiciaire (C. com., art. R. 641-30, al. 2 [anc^t^ D. 28 déc. 2005, art. 241, al. 2]), sous réserve que, dans ces deux procédures, le conjoint doit être entendu ou dûment convoqué, non seulement lorsque la vente est autorisée, mais encore lorsqu'elle est ordonnée.

Si le partage résultant d'un divorce intervient après le jugement d'ouverture, il est inopposable à la procédure collective s'il a été accompli en l'absence de l'organe compétent (v. aussi s^s^ n° 552.33), c'est-

1. Civ. 1re, 25 oct. 2005, n° 03-20.382, *Bull. civ.* I, n° 388; *D.* 2005. AJ 2873, obs. Lienhard; *D.* 2006. Som. 6, obs. Le Corre; *Act. proc. coll.* 2005, n° 256, note bissy et Wicker.
2. Civ. 1re, 25 oct. 2005, n° 03-20.382, *Bull. civ.* I, n° préc.
3. Civ. 1re, 17 oct. 2000, n° 97-11.593, NP, *Act. proc. coll.* 2000, n° 244; *RJPF* 2001/2, p. 19, obs. Vauvillé.
4. Civ. 1re, 23 mai 2006, n° 03-16.300, *Bull. civ.* I, n° 253; *D.* 2006. AJ 1684, obs. Lienhard; *Gaz. proc. coll.* 2006/4, p. 33, note Vauvillé; *RTD com.* 2006. 662, obs. Martin-Serf; *LXB* n° N0183ALD, note Le Corre.
5. Civ. 1re, 7 juin 2006, n° 04-15.608, NP; n° 980 F-D; *RTD civ.* 2006. 747, n° 19, obs. Hauser; *Dr. fam.* 2006, 163, note Larribeau-Terneyre; *Gaz. proc. coll.* 2006/3, p. 34, n° 2, obs. Le Corre; *LXB* n° N0179AL9, note Le Corre.
6. Civ. 1re, 23 mai 2006, n° 03-16.300, *Bull. civ.* I, n° 253; *D.* 2006. AJ 1684, obs. Lienhard; *Gaz. proc. coll.* 2006/4, p. 33, note Vauvillé; *RTD com.* 2006. 662, n° 3, obs. Martin-Serf; *LXB* n° N0183ALD, note Le Corre.
7. Vauvillé, note s^s^ Civ. 1re, 23 mai 2006, n° 03-16.300, *Gaz. proc. coll.* 2006/4, p. 33.
8. D. n° 85-1388, 27 déc. 1985, préc.
9. D. n° 94-910, 21 oct. 1994, *JO* 22 oct., p. 15019.
10. D. n° 2005-1677, 28 déc. 2005, préc.

à-dire en redressement judiciaire, de l'administrateur judiciaire s'il a mission de représentation ou d'assistance, de ce même organe en sauvegarde, s'il a mission d'assistance et, en liquidation judiciaire, du liquidateur[1]. Le partage est en effet incontestablement un acte de nature patrimoniale, la solution ayant été posée sous l'empire de la loi du 13 juillet 1967[2]. La solution est identique pour la convention définitive de séparation de corps.

SECTION 741.90

PENSIONS ALIMENTAIRES ET PRESTATIONS COMPENSATOIRES

741.91 Pensions alimentaires et prestations compensatoires – Fixation et révision. Le divorce a pour effet d'entraîner fixation du montant des pensions alimentaires et des prestations compensatoires. On est ici en présence d'actions mixtes[3]. Il y a incontestablement un droit personnel de l'ex-conjoint, ce qui justifie que lui seul puisse agir.

Cependant, ces actions ont des incidences patrimoniales, ce qui justifie l'intervention des organes de la procédure, dans le respect des règles de l'administration contrôlée et du dessaisissement[4], afin que les montants fixés ne soient pas par trop contraires à l'intérêt des créanciers. Si tel était le cas, les organes de la procédure pourraient intervenir pour faire juger que « le divorce a été l'occasion d'un montage frauduleux »[5], par le caractère disproportionné de la prestation compensatoire attribuée à l'ex-époux *in bonis*. À défaut d'intervention des organes de la procédure, la décision fixant ou révisant la pension alimentaire ou la prestation compensatoire serait inopposable à la procédure[6].

La procédure collective du conjoint pourra justifier une minoration de la dette de pension[7]. La solution doit pouvoir être étendue à l'ouverture d'une procédure de sauvegarde, même si, ici, par hypothèse, le débiteur n'est pas en état de cessation des paiements.

La demande de révision de la pension est légalement à l'initiative de l'ex-époux et non de ses créanciers. Mais, ici encore, une fois la demande introduite, les organes de la procédure peuvent y intervenir[8]. À défaut d'intervention volontaire, il faudra les attraire à la procédure pour que la décision rendue leur soit opposable.

Cette procédure doit se dérouler devant la juridiction compétente en la matière et non devant le tribunal de la faillite[9], c'est-à-dire actuellement le juge aux affaires matrimoniales.

Le divorce peut aussi avoir pour effet d'entraîner fixation d'une prestation compensatoire. Cette dernière a été peu retouchée par la loi du 26 mai 2004[10] relative au divorce[11]. Si la procédure s'est déroulée en dehors de l'intervention des organes de la procédure, les créanciers représentés par leur représentant peuvent agir par une tierce opposition au jugement de fixation de la prestation compensatoire, dès lors qu'il apparaît que la fixation est intervenue en fraude de leurs droits, leur débiteur ayant négligé de se défendre[12].

741.92 Créances de récompense et créances entre époux. La législation des procédures collectives ne contient aucune disposition relative au sort des créances que détiendrait l'époux *in bonis* sur son conjoint. Les règles de droit commun, en conséquence, doivent trouver application. Dès lors que la créance est antérieure au jugement d'ouverture, elle devra faire l'objet d'une déclaration. Cette difficulté ne se présente pas si le divorce est intervenu avant le jugement d'ouverture. Il appatiendra à l'ex-époux de déclarer la créance issue de la liquidation du régime matrimonial[13].

1. Com. 26 avr. 2000, nº 97-10.335, *Bull. civ.* IV, nº 81 ; *Act. proc. coll.* 2000, nº 126 ; *D.* 2000. AJ 263, obs. Lienhard ; *JCP E* 2000. Chron. 1562, nº 5, obs. Pétel ; *LPA* 28 févr. 2001, nº 42, p. 16, note Paquette-Dessaigne – Civ. 1re, 26 juin 2001, nº 98-14.697, NP, *Act. proc. coll.* 2001, nº 210 ; *RJPF* 2001/12, p. 18, obs. Vauvillé ; *Rev. proc. coll.* 2003, p. 354, nº 3, obs. Dumont – *Adde*, Kerckhove, « Changement de régime matrimonial et protection des créanciers de la faillite », *D.* 1985. Chron. 268, spéc. 269 – Teilliais, *LPA* 26 mars 1997, nº 37, p. 5 – Dureuil, « L'attraction des biens de la communauté conjugale par la procédure collective ou les malheurs de l'époux commun en biens demeuré *in bonis* », *LPA* 26 août 1998, nº 102, p. 10 s., sp. p. 15.
2. Civ. 1re, 10 juin 1969, *Bull. civ.* I, nº 220 ; *RTD com.* 1971. 482, obs. Houin.
3. J.-CL. COM., Storck, fasc. 3170, [Redressement et liquidation judiciaires – Droit patrimonial de la famille et procédures collectives de paiement], nº 28.
4. Rouen, 24 oct. 2002, RG nº 01/02007, *Rev. proc. coll.* 2003, p. 352, nº 1, obs. Dumont.
5. Civ. 1re, 5 nov. 2008, nº 06-21.256, *Bull. civ.* I, nº 252 – *Adde*, Vauvillé, obs. ss Civ. 2e, 21 févr. 2002, nº 00-11.114, NP, *RJPF* 2002/5, p. 17.
6. Com. 22 janv. 2002, nº 99-13831, NP, *Rev. proc. coll.* 2003, p. 352, nº 1, obs. Dumon
7. AINSI : Nancy, 3e ch., 26 févr. 193, *JurisData* 043047 – Metz, ch., 11 mai 1993, *JurisData* 042711 – Dijon, 26 mars 2002, RG nº 01/01660, *Rev. proc coll.* 2003, p. 352, nº 1, obs. Dumont.
8. J.-CL. COM., Storck, fasc. 3170, [Redressement et liquidation judiciaires – Droit patrimonial de la famille et procédures collectives de paiement], nº 28.
9. Paris, 17e ch. A, 17 déc. 1986, Jurisdata 027617.
10. L. nº 2004-439, 26 mai 2004, *JO* 27 mai, p. 9319.
11. Lemouland, « La loi du 26 mai 2004 relative au divorce », *D.* 2004. Chron. 1825, sp. 1834 à 187.
12. J.-CL. COM., Storck, fasc. 3170, [Redressement et liquidation judiciaires – Droit patrimonial de la famille et procédures collectives de paiement], nº 29.
13. Com. 16 févr. 1999, nº 95-22.324, *Bull civ.* IV, nº 47 ; *Act. proc. coll.* 1999, nº 67 ; *D. Affaires* 1999 523, obs. Pisoni.

Depuis la loi de sauvegarde des entreprises[1], l'obligation de déclarer s'impose même pour la créance s'inscrivant dans le cadre de la liquidation du régime matrimonial postérieure au jugement d'ouverture. En effet, cette créance ne pourra jamais bénéficier du traitement réservé aux créances postérieures. Sa déclaration devra être faite dans les deux mois de son exigibilité (C. com., art. L. 622-24, al. 5).

Cette règle a-t-elle vocation à s'appliquer pour les créances de récompense, dans les régimes de communauté et de participation aux acquêts ? L'ex-époux peut en effet être titulaire d'une telle créance, lorsque tous les biens communs sont réalisés dans la procédure collective de l'ex-conjoint débiteur. L'ex-époux a alors droit à exercer ses prélèvements si le compte des récompenses présente un solde en sa faveur, par application de l'article 1470 du code civil. L'article 1474 du code civil prévoit qu'en ce cas, l'époux qui exerce ses prérogatives n'a aucun droit à être préféré aux créanciers de la communauté.

On a objecté que, pendant le régime matrimonial, la créance de récompense ne pouvait être liquidée, ce qui ferait obstacle à sa déclaration[2]. En réalité, il semble qu'une analogie puisse être tentée avec le compte-courant. Même si celui-ci, au jour du jugement d'ouverture, n'est pas clôturé, il est possible de faire apparaître un solde provisoire qu'il convient de déclarer au passif. La transposition semble pouvoir être effectuée. Le fait que le règlement des récompenses constitue une opération de partage, si elle s'effectue par prélèvement sur les biens communs (C. civ., art. 1474), est également avancé par certains auteurs pour dispenser l'époux de déclarer au passif[3]. L'argument ne semble cependant pas pouvoir être suivi car l'article 1474 du code civil, lui-même, trait l'époux comme un créancier de la communauté. Or, les biens communs étant tous soumis à la procédure collective, il en résulte que le créancier antérieur de la communauté doit déclarer sa créance au passif, ce qui est le cas de l'époux créancier d'une récompense. La compensation peut intervenir entre sa créance et sa dette, puisqu'il y a un lien de connexité évident, créances et dette réciproques pouvant se fondre dans le compte de récompenses[4]. S'agissant d'une compensation pour dettes connexes elle ne pourra jouer, à l'égard de l'époux sous procédure collective, que si la créance a été déclaré au passif.

1. L. n° 2005-845, 26 juill. 2005, préc.
2. J.-CL. COM., Storck, fasc. 3170, [Redressement et liquidation judiciaires – Droit patrimonial de la famille et procédures collectives de paiement], n° 26.
3. *J.-CL. COM., Storck, fasc. 3170, [Redressement et liquidation judiciaires - Droit patrimonial* de la famille et procédures collectives de paiement], n° 26.
4. Com. 10 déc. 1946, *D.* 1947. 87.

741.93 Créances de prestation compensatoire (sur la nature antérieure ou postérieure de cette créance, v. s[s] n°s 443.81 et 443.82; sur le paiement de ce type de créance, v. s[s] n° 741.96). L'ex-époux peut aussi être titulaire d'une prestation compensatoire sur le débiteur. Lorsque la prestation compensatoire est versée sous forme de rente, il pourra exister au jour du jugement d'ouverture de créances échues et de créances à échoir. Ces dernières doivent-elles être déclarées au passif ? La réponse pouvait paraître commandée par leur fait générateur. C'est ainsi qu'il a été considéré que cette créance devait être déclarée au passif, dès lors que le jugement de divorce qui la fait naître était lui-même antérieur au jugement d'ouverture[5], et dès lors du moins que le divorce était devenu opposable aux tiers avant le jugement d'ouverture[6]. La Cour de cassation, pour sa part, indique que c'est le passage de la décision de divorce en force de chose jugée qui fait naître la créance de prestation compensatoire[7].

Cependant, par une décision de principe, après avoir observé que la créance de prestation compensatoire a pour partie un caractère alimentaire, la Chambre commerciale de la Cour de cassation a décidé d'accorder un régime spécial à ce type de créance. Elle la dispense de déclaration au passif, fût-elle antérieure[8], ce qui fait évidemment obstacle

5. Dijon, 3 mars 1998, *RTD civ.* 1999. 822, n° 15, obs. Hauser – Versailles, 13e ch., 23 janv. 2003, RG n° 01/08060.
6. SUR UNE DIFFICULTÉ de cette nature : Com. 3 avr. 2001, n° 98-15.388, NP, *RJPF* 2001, n° 7-8, p. 19, obs. Vauvillé.
7. Com. 8 oct. 2003, n° 01-17.970, NP, *Gaz. Pal.* 7 juill. 2004, n° 135, p. 15, note Flasaquier.
8. Com. 8 oct. 2003, n° 99-21.682, *Bull. civ.* IV, n° 152; *D.* 2003. AJ 2637, obs. Lienhard; *D.* 2004. Somm. 1965, obs. Danis-Fatôme; *Act. proc. coll.* 2003, n° 230, note Storck; *RJPF* 2003/12, p. 24, note Valory; *JCP E* 2004. Chron. 202, n° 12, obs. M. Cabrillac et Pétel; *Rev. proc. coll.* 2003, p. 353, n° 2, obs. Dumont; *Dr. et proc.* 2004. 87, note Crocq; *LPA* 17 févr. 2004, n° 34, p. 7, note Zattara; *LPA* 3 mai 2004, n° 88, p. 16, note Massip; *JCP E* 2004. Jur. 336, note Becqué-Ickowicz; *JCP N* 2004, n° 1243, note Fosset-Lefebvre; *Rev. proc. coll.* 2004, p. 22, note Fosset-Lefebvre; *Rev. proc. coll.* 2004, p. 242, n° 1, obs. Saint-Alary-Houin; *Gaz. Pal.* 7 juill. 2004, n° 135, p. 15, note Flasaquier; *RTD com.* 2004. 368, n° 1, obs. Martin-Serf; *LXB* n° N9277AAT, note Le Corre – *Adde,* Com. 19 nov. 2003, n° 01-00.431, NP, *Act. proc. coll.* 2004, n° 19 – Com. 30 juin 2004, n° 03-12. 002, NP – Com. 30 juin 2004, n° 03-10.986, NP – Com. 1er févr. 2005, n° 01-13.943, *Bull. civ.* IV, n° 18; *D.* 2005. AJ 490, obs. Lienhard; *Act. proc. coll.* 2005, n° 44, note Henry; *RTD civ.* 2005. 375, n° 21, obs. Hauser; *Gaz. proc. coll.* 2005/1, p. 33, n° 3-1, obs. Le Corre – Com. 30 mars 2005, n° 03-20.424, NP, *Rev. proc. coll.* 2006/1, p. 61, n° 5, obs. Legrand – Com. 10 mai 2005, n° 03-10.971, NP, *Gaz. proc. coll.* 2005/3, p. 53, obs. Vauvillé – Com. 4 avr. 2006, n° 04-16.672, Bull. civ. IV, n° 89; *D.* 2006. AJ 1166, obs. Lienhard; *Gaz. proc. coll.* 2006/4, p. 33, note Vauvillé; *RTD com.* 2006. 662, n° 3, obs. Martin-Serf; *RTD civ.* 2006. 546, n° 19, obs. Hauser.

à son admission au passif[1], et ne la soumet pas au régime des créances postérieures, fût-elle postérieure[2]. Cela fait obstacle à son paiement dans les conditions applicables aux créances postérieures éligibles au traitement préférentiel[3] (v. ss n° 741.96). Il s'agit d'une dette personnelle au débiteur, au sens de l'article 1166 du code civil, échappant en conséquence à la procédure collective, comme les droits et actions à caractère personnel. La chambre criminelle suit la solution, ce qui justifie la possibilité de condamner l'ex-époux pour délit d'abandon de famille[4].

(Sur la solution issue de la loi de sauvegarde des entreprises[5], v. ss n° 741.96).

La Cour de cassation ne va cependant pas jusqu'au bout de l'analyse en considérant que si le créancier déclare sa créance de prestation compensatoire, les règles relatives à la procédure de déclaration et de vérification des créances et à l'admission dans les répartitions leur sont applicables, sans pour autant que la non-admission à ce passif affecte ses droits de créancier d'aliments[6]. Ainsi, le créancier d'aliments doit-il choisir d'entrer ou non dans la procédure collective. S'il y entre, il doit se soumettre à ses contraintes, et notamment répondre dans les délais à une contestation de créance s'il veut participer aux répartitions et dividendes, sans avoir à se contenter d'être payé dans des conditions extrêmement marginales (v. ss n° 741.96).

741.94 Créances de contribution à l'entretien des enfants. La créance de contribution à l'entretien des enfants naît successivement. Même si elle est fixée et révisée judiciairement, elle naît, non par l'effet du jugement qui en fixe le montant, mais jour après jour, par suite de la nécessité de pourvoir à l'entretien des enfants. Il en avait été tiré la conséquence que seule la créance née au jour du jugement d'ouverture devait être déclarée au passif[7].

Cependant, cette créance a une nature alimentaire. Il faut en conséquence lui appliquer, à notre sens, les règles de la créance de pension alimentaire (v. ss n° 741.95). Elle échappe à la distinction des créances antérieures et des créances postérieures. Elle n'est donc jamais soumise à déclaration au passif.

En revanche, sous l'empire de la législation antérieure à la loi de sauvegarde des entreprises, elle ne peut être payée comme une créance postérieure née régulièrement après le jugement d'ouverture. Dette personnelle au débiteur, elle doit être acquittée sur les revenus dont il conserve la disposition – revenus non soumis au dessaisissement – par la voie de la procédure de paiement direct ou de recouvrement public des pensions alimentaires[8]. La solution est modifiée avec la loi de sauvegarde des entreprises. Ce type de créance n'est plus concerné par la règle de l'interdiction des paiements (v. ss n° 741.96).

741.95 Créances de pension alimentaire (sur la nature antérieure ou postérieure de cette créance, v. ss nos 443.81 et 443.82; sur le paiement de ce type de créance, v. ss n° 741.96). Les pensions alimentaires étant fonction des besoins de l'ex-époux, elles semblent prendre naissance au fur et à mesure de ses besoins. Elles n'auraient donc pas, pour les versements à intervenir après le jugement d'ouverture, à faire l'objet d'une déclaration au passif[9].

La jurisprudence s'était cependant orientée en sens contraire et obligeait à déclarer pour le tout, la créance de pension alimentaire[10].

La Cour de cassation, sans se préoccuper de la qualification de créance antérieure ou postérieure, observe, pour sa part, que la créance de pension alimentaire, qui fait naître à la charge du débiteur en procédure collective, une dette personnelle, n'a pas à être déclarée au passif[11]. Les droits et actions personnels, au sens où l'entend l'article 1166 du code civil, qui exclut du domaine de l'action oblique les

1. Paris, 3e ch. B, 13 mars 2008, RG n° 07/9428, *RJDA* 2008/7, p. 809, n° 828, *Rev. proc. coll.* 2009, n° 117, note Saint-Alary-Houin.
2. Com. 15 nov. 2005, n° 04-17.112, NP; n° 1438F-D.
3. Paris, 3e ch. B, 13 mars 2008, RG n° 07/9428, préc.
4. Crim. 9 juin 2004, n° 03-84. 029, *Bull. crim.* n° 158; *D.* 2004. AJ 2157, *RTD civ.* 2004. 721, n° 10 obs. Hauser; *RJ com.* 2005/5, p. 437, note Sortais; *Rev. proc. coll.* 2005/1, p. 50, n° 1, obs. Dumont.
5. L. n° 2005-845, 26 juill. 2005, préc.
6. Com. 13 juin 2006, n° 05-17.081, *Bull. civ.* IV, n° 141; *D.* 2006. AJ 1681, obs. Lienhard; *D.* 2006. Jur. 1969, note Vincent; *D.* 2007. Pan. 45, obs. Le Corre; *RTD com.* 2006. 662, n° 3, obs. Martin-Serf; *Defrénois* 2006. 1914, Chron. 38507, n° 6, note Gibirila; *RTD civ.* 2006. 747, n° 19, obs. Hauser; *Dr. et proc.* 2006. 328, note Le Corre; *Gaz. proc. coll.* 2006/4, p. 26, n° 2, note Le Corre – *Adde*, de Boysson, « De la faculté de déclarer sa créance alimentaire dans le cadre de la procédure collective et ses conséquences », *RTD com.* 2013. 191.
7. Versailles, 13e ch., 23 janv. 2003, RG n° 01/08060.
8. Com. 23 nov. 2004, n° 03-12.928, NP, *Rev. proc. coll.* 2005/1, p. 50, n° 1, obs. Dumont.
9. J.-CL. COM., Storck, fasc. 3170, [Redressement et liquidation judiciaires – Droit patrimonial de la famille et procédures collectives de paiement], n° 31.
10. Paris, 1re ch. A, 4 juill. 2000, *D.* 2000. AJ 398 – Paris, 1re ch. A, 4 sept. 2000, *RJDA* 2001/1, n° 53.
11. Com. 8 oct. 2003, n° 00-14.760, *Bull. civ.* IV, n° 152, préc. (v. ss n° 714.93) – Crim. 7 janv. 2004, n° 03-82. 337, *Bull. crim.* n° 5; *D.* 2004. AJ 419, obs. Lienhard; JCP E 2004. Chron. 783, p. 861, n° 14, obs. Pétel; *Act. proc. coll.* 2004, n° 62, note Mascala; *Rev. proc. coll.* 2004, p. 242, n° 1, obs. Saint-Alary-Houin; *Rev. proc. coll.* 2005/1, p. 50, n° 1, obs. Dumont; *LPA* 12 avr. 2005, n° 72, p. 3, note Zattara – Crim. 9 juin 2004, n° 03-84. 029, *Bull. crim.* n° 158; *D.* 2004. AJ 2157, *RTD civ.* 2004. 721, n° 10, obs. Hauser; *RJ com.* 2005/5 p. 437, note Sortais; *Rev. proc. coll.* 2005/1, p. 50, n° 1, obs. Dumont – Com. 30 juin 2004, n° 03-12.002, NP

actions strictement attachées à la personne du débiteur, échappent à la procédure collective, ce qui justifie la solution retenue. Rien n'interdit cependant au créancier d'aliments de se soumettre aux contraintes de la procédure collective (v. s^s n° 741.93).

(Sur la solution issue de la loi de sauvegarde des entreprises [1], v. s^s n° 741.96).

741.96 Paiement et exécution des pensions alimentaires et des prestations compensatoires (v. aussi s^s n°s 443.81 et 443.82). La règle de l'interdiction de payer, après jugement d'ouverture, des créances nées avant ce même jugement, posée par l'article L. 621-24 du code de commerce (anc^t L. 25 janv. 1985 [2], art. 33), dans la rédaction antérieure à la loi de sauvegarde des entreprises, est ici mise en échec par le droit de la famille. En effet, le code pénal érige en délit d'abandon de famille le fait de ne pas payer ses pensions alimentaires. Le débiteur doit donc s'exécuter, nonobstant la règle de l'interdiction des paiements de créance antérieure, qui cède ici le pas [3]. Une cour d'appel a toutefois pu prononcer la relaxe du prévenu, lequel, dirigeant social d'une société en redressement judiciaire, ne percevait aucun salaire, et était ainsi dans l'impossibilité absolue de payer [4].

Parce que les créances alimentaires échappent à la règle de l'interdiction des paiements, le paiement par compensation est possible entre une créance d'aliments et la dette du créancier d'aliments envers le liquidateur ès qualités au titre de la cession des droits de l'ex conjoint dans un immeuble indivis [5].

La Cour de cassation indique toutefois que la créance de pension alimentaire [6] ou de prestation compensatoire [7] sera payée sur les revenus dont le débiteur conserve la disposition – c'est-à-dire ceux non soumis au dessaisissement (v. s^s n° 552.35) –, par exemple les subsides qui lui seraient versés ou encore la fraction non saisissable de son salaire, à concurrence de la fraction relativement saisissable, c'est-à-dire celle qui peut être saisie par un créancier d'aliments. La créance de pension alimentaire sera également recouvrée par la voie de la procédure de paiement direct ou grâce à la procédure de recouvrement public des pensions alimentaires régie par la loi du 11 juillet 1975 [8]. La solution est la même pour la créance de prestation compensatoire [9]. Notons que la procédure de paiement direct s'analyse en une action directe et non en une saisie-attribution [10], ce qui autorise son maintien malgré la procédure collective du débiteur. La solution, posée sous l'empire de la législation du 13 juillet 1967 [11], doit être reconduite [12].

Ainsi, seul l'actif « personnel » permet de répondre du « passif personnel » [13].

Cette limitation des possibilités de recouvrement des créances alimentaire et des créances de prestation compensatoire a conduit la jurisprudence à exiger que le juge prenne en compte les sommes dont le débiteur conserve la libre disposition, lorsqu'il apprécie les revenus du débiteur, pour condamner au versement d'une prestation compensatoire [14]. Mais rien n'interdit au créancier d'aliments de se soumettre aux contraintes de la procédure collective pour participer aux répartitions et dividendes (v. s^s n° 741.93).

La loi de sauvegarde des entreprises, dans sa rédaction d'origine, a entendu confirmer le principe de dispense de déclaration au passif de la créance de nature alimentaire, mais l'a fait maladroitement en disposant que « le jugement ouvrant la procédure emporte, de plein droit, interdiction de payer toute créance née antérieurement au jugement d'ouver-

1. L. n° 2005-845, 26 juill. 2005, préc.
2. L. n° 85-98, 25 janv. 1985, préc.
3. Crim. 7 janv. 2004, n° 03-82.337, *Bull. crim.* n° 5; *D.* 2004. AJ 419, obs. Lienhard; *JCP E* 2004. Chron. 783, n° 14, obs. Pétel; *Act. proc. coll.* 2004, n° 62, note Mascala; *Rev. proc. coll.* 2004, p. 242, n° 1, obs. Saint-Alary-Houin; *Rev. proc. coll.* 2005/1, p. 50, n° 1, obs. Dumont; *LPA* 12 avr. 2005, n° 72, p. 3, note Zattara – Crim. 9 juin 2004, n° 03-84.029, *Bull. crim.* n° 158; *D.* 2004. AJ 2157, *RTD civ.* 2004. 721, n° 10, obs. Hauser; *RJ com.* 2005/5, p. 437, note Sortais; *Rev. proc. coll.* 2005/1, p. 50, n° 1, obs. Dumont – Metz, ch. appel corr., 11 sept. 1987, *JurisData* 047718.
4. Paris, ch. soc., 2e sect., 21 mars 2012, RG n° 10/05724, *Gaz. Pal. entr. diff.* 13 oct. 2012, n° 286, p. 38, note Robaczewski.
5. *Com. 12 juill. 2016, n°s 13-19782*, 15-24.252, NP; n° 652 F-D.
6. Com. 8 oct. 2003, n° 00-14.70, *Bull. civ.* IV, n° 152, préc. (v. s^s n° 714.93).
7. Crim. 9 juin 2004, n° 03-84.029, *Bull. crim.* n° 158; *D.* 2004. AJ 2157, *RTD civ.* 2004. 721, n° 10, obs. Hauser; *RJ com.* 2005/5, p. 437, note Sortais; *Rev. proc. coll.* 2005/1, p. 50, n° 1, obs. Dumont – Com. 15 nov. 2005, n° 04-17112, NP; n° 1438 F-D.
8. L. n° 75-618, 11 juill. 1975, *JO* 12 juill., p. 7178.
9. Com. 1er févr. 2005, n° 01-13.943, *Bull. civ.* IV, n° 18; *D.* 2005. AJ 490, obs. Lienhard; *Act. proc. coll.* 2005, n° 44, note Henry; *RTD civ.* 2005. 375, n° 21, obs. Hauser; *Gaz. proc. coll.* 2005/1, p. 33, n° 3-1, obs. Le Corre; *Rev. proc. coll.* 2009, n° 117, note Saint-Alary-Houin.
10. Civ. 2e, 24 oct. 1984, n°s 83-12.553, 83-14.440, *Bull. civ.* IV, n° 156; *RTD civ.* 1985. 624, obs. Perrot.
11. L. n° 67-563, 13 juill. 1967, préc. – Com. 15 juill. 1986, n° 84-16.282, *Bull. civ.* IV, n° 158; *D.* 1987. 192, note Massip; *D.* 1988. Somm. 7, obs. Derrida.
12. J.-CL. COM., Storck, fasc. 3170, [Redressement et liquidation judiciaires – Droit patrimonial de la famille et procédures collectives de paiement], n° 50.
13. Obs. Dumont, obs. s^s Com. 8 oct. 2003, n° 00-14.760, *Rev. proc. coll.* 2005/1, p. 51, n° 1.
14. Civ. 1re, 7 juin 2006, n° 04-15.608, NP; n° 980 F-D; *RTD civ.* 2006. 747, n° 19, obs. Hauser; *Dr. fam.* 2006, 163, note Larribeau-Terneyre; *Gaz. proc. coll.* 2006/3, p. 34, n° 2, obs. Le Corre; *LXB* n° N0179AL9, note Le Corre.

ture, à l'exception du paiement par compensation de créances connexes. Il emporte également, de plein droit, interdiction de payer toute créance née après le jugement d'ouverture, non mentionnée au I de l'article L. 622-17, à l'exception des créances liées aux besoins de la vie courante du débiteur personne physique et des créances alimentaires ». Les travaux parlementaires ne démontrent nullement la volonté d'écarter la jurisprudence de la Cour de cassation, en la matière. Il faut donc considérer, malgré la lettre du texte de l'article L. 622-7, qui ne vise que les créances alimentaires postérieures au jugement d'ouverture, que les créances alimentaires, qu'elles soient antérieures ou postérieures au jugement d'ouverture, ne sont pas concernées par la règle de l'interdiction des paiements[1]. Pouvant être payé à l'échéance, le créancier de la prestation compensatoire ou de la pension alimentaire n'a donc pas à déclarer celle-ci au passif[2]. L'opinion contraire a cependant été soutenue[3]. D'autres auteurs, enfin, sont hésitants[4].

Mais, alors que le créancier postérieur d'aliments ne semble pas connaître de restriction pour obtenir son paiement spontané, ce qui autorise le débiteur à payer sur n'importe quel bien, l'absence de dérogation par la loi de sauvegarde à la règle de l'arrêt des poursuites individuelles pour ce type de créances antérieures nous semble conduire à décider que le créancier antérieur d'aliments ne pourra obtenir son paiement forcé que sur les biens dont le débiteur conserve la libre disposition[5]. Rien ne semble interdire à ce créancier de déclarer sa créance au passif du débiteur et de se soumettre alors intégralement aux contraintes de la procédure collective, c'est-à-dire le cas échéant aux délais du plan de sauvegarde ou de redressement.

L'ordonnance du 18 décembre 2008[6] a entendu supprimer la difficulté d'interprétation liée à la liberté de paiement des créances postérieures alimentaires, le texte ancien pouvant laisser entendre *a contrario* que l'interdiction du paiement des créances alimentaires subsistait si ces dernières étaient antérieures au jugement d'ouverture. En ce sens, l'article L. 622-7, I, alinéa 1 prévoit désormais que toutes les créances alimentaires, antérieures ou postérieures au jugement d'ouverture, peuvent être payées. Symétriquement, l'article L. 622-24 du code de commerce (ord. 18 déc. 2008, art. 33) fait sortir du périmètre de l'obligation de déclaration des créances au passif, les créances alimentaires, qu'elles soient antérieures ou postérieures (L. 622-24, al. 7).

Encore faut-il qu'il s'agisse d'une véritable créance alimentaire. Une tentative a été entreprise par des créanciers de salaires, ayant fait valoir que le salaire a une nature alimentaire, pour en déduire que ces créances échappaient à la règle de l'arrêt des voies d'exécution. La Cour de cassation n'a pas suivi l'argumentation, en considérant que les salariés ne détenaient pas de créances d'aliments au sens de l'article L 622-7, *I*, alinéa 1 du code de commerce, texte qui fait échapper à la règle de l'interdiction des paiements la créance alimentaire[7].

Observons en outre, d'une part, que les textes nouveaux ne précisent pas sur quels biens le débiteur pourra payer ses dettes alimentaires et, d'autre part, que la règle de l'arrêt des poursuites individuelles n'est pas mise en échec au profit du créancier d'aliments. Ainsi, la jurisprudence de la Cour de cassation selon laquelle le débiteur ne pourra payer ses dettes d'aliments que sur les biens dont il conserve la libre disposition devrait-elle avoir vocation à la reconduction[8], les auteurs n'étant toutefois pas unanimes, certains considérant que le créancier d'aliments peut se faire payer sur tous les biens du débiteur[9], ce qui, à notre sens, semble faire abstraction d'une donnée importante : la règle de l'arrêt des poursuites individuelles n'est pas écartée au pro-

1. AUSSI : VOINOT, 2007, n° 335.
2. EN CE SENS AUSSI : Boulay, « Les créanciers antérieurs dans les procédures de sauvegarde, de redressement et de liquidation judiciaires », *Rev. proc. coll.* 2006/2, p. 135 s., sp. p. 139 – J.-CL. COM., Dumont-Lefrand, fasc. 2152, « Procédure de sauvegarde », éd. 2006, n° 41 – SAINT-ALARY-HOUIN, 5e éd., n° 688 – J.-CL. COM., Vallansan, fasc. 2352, [Déclaration et admission des créances], 2007, n° 64.
3. Voinot, « La nouvelle procédure de sauvegarde », *Gaz. Pal.* 7-8 sept. 2005, n° sp., p. 24 s., sp. p. 34, n° 42.
4. Macorig-Venier et Saint-Alary-Houin, « La situation des créanciers dans la loi de sauvegarde des entreprises », *RD banc. fin.* 2006, n° 23.
5. RAPPR. : PÉROCHON ET BONHOMME, 7e éd., n° 250 – ROUSSEL GALLE, 2e éd., 2007, n° 505 – SUR LA DISCUSSION de ces solutions : Vincent, note s[s] Com. 13 juin 2006, n° 05-17.081, *D.* 2006. Jur. 1969.
6. Ord. n° 2008-1345, 18 déc. 2008, préc.
7. Com. 3 mai 2016, n° 14-24.855, *Bull. civ.* IV [à paraître]; n° 376 F-P+B; *Act. proc. coll.* 2016/9, comm. 121, note Fin-Langer; *JCP E* 2016. 1387, note Ronet-Yague; *BJE* 2016, 262, note Lemesle. – Com. 3 mai 2016, n°s 14-24.856 à 14-24.860, 5 arrêts, NP; n°s 377 à 381 F-D.
8. EN CE SENS AUSSI : PÉTEL, 8e éd., n° 17 – Pétel, « Le nouveau droit des entreprises en difficulté : acte II – Commentaire de l'ordonnance n° 2008-1345 du 18 décembre 2008 », *JCP E* 2009. 1049, sp. n° 34 – Dumont-Lefrand, « Droits des créanciers d'aliments », *Rev. proc. coll.* 2009, n° 57 – VALLANSAN *ET ALII*, 6e éd., p. 153 – Lucas « les innovations introduites par l'ordonnance n° 2008-1345 du 18 décembre 2008 : morceaux choisis », LPA 22 avr. 2010, n° 80, p. 47 s., sp. p. 50 – Cagnoli, « L'obligation alimentaire est-elle une dette spécifique au regard du droit des procédures collectives d'entreprise ? », *LPA* 24 juin 2010, n° 125, p. 37 – de Boysson, « De la faculté de déclarer sa créance alimentaire dans le cadre de la procédure collective et ses conséquences », *RTD com.* 2013. 191 s, sp. 201 – JACQUEMONT ET VABRES, 9e éd., 2015, n° 532.
9. PÉROCHON, 10e éd., n° 609.

fit du créancier d'aliments. Et c'est pourquoi un autre auteur suggère encore une solution différente : une liberté de paiement spontané, et une poursuite en paiement limitée aux seuls biens dont le débiteur conserve la libre disposition[1]. Observons cependant que, en liquidation judiciaire, du fait des règles du dessaisissement, le paiement spontané ne peut lui-même être effectué par le débiteur que sur des biens dont il conserve la libre disposition.

En sauvegarde et en redressement judiciaire, il ne semble pas y avoir d'obstacle au paiement de la dette d'aliments, le débiteur n'étant pas dessaisi. Tout au plus, dans le redressement judiciaire si un administrateur a reçu mission d'administration, il semble qu'il lui appartienne, sans restriction particulière, d'effectuer le paiement.

En liquidation judiciaire, sous réserve des cas exceptionnels où le débiteur conserverait la libre disposition de biens, ce qui présuppose qu'ils soient insaisissables, les paiements ne pourront être effectués que par le liquidateur. Il aurait peut-être été opportun de préciser que ces paiements pourraient être effectués par prélèvement, comme le prévoit l'article L. 643-8, alinéa 1 du code de commerce pour les subsides versés au débiteur. La technique qui semble devoir être utilisée est la suivante : le débiteur sollicitera des subsides et, si le juge-commissaire lui alloue, il aura alors des sommes dont il conserve la libre disposition, dans la mesure où ces subsides semblent bien insaisissables, sauf de la part des créanciers d'aliments. Rien n'interdira, et comme par le passé, au créancier d'aliments d'utiliser la procédure de paiement direct des pensions alimentaires.

Le créancier d'aliments pourra, comme sous l'empire de la législation antérieure, utiliser la technique du paiement direct ou bénéficier de la procédure de recouvrement public des pensions alimentaires.

En outre, et comme l'avait décidé la Cour de cassation, sous le régime de la loi du 25 janvier 1985[2], rien ne semble interdire au créancier d'aliments, antérieur comme postérieur, de déclarer sa créance au passif, ce qui le soumettra alors complètement à la discipline collective, mais, corrélativement, l'autorisera à participer aux répartitions liquidatives ou au paiement de dividendes du plan de sauvegarde ou de redressement. Il n'y a, semble-t-il, pas de difficulté à admettre que le créancier d'aliments cumule sa qualité de créancier dans la procédure collective et celle de créancier autorisé à se faire payer sur les biens dont le débiteur conserve la libre disposition[3], ses biens n'étant pas dans le giron de la procédure collective, puisqu'ils sont insaisissables.

Terminons en indiquant que l'entrée de la procédure de recouvrement des pensions alimentaires dans le code des procédures civiles d'exécution[4] (C. pr. exec., art. L. 213-1) ne semble pas de nature à modifier les solutions ici présentées.

1. COQUELE, 5e éd., n° 254.

2. L. n° 85-98, 25 janv. 1985, préc.
3. Cagnoli, « L'obligation alimentaire est-elle une dette spécifique au regard du droit des procédures collectives d'entreprise ? », *LPA* 24 juin 2010, n° 125, p. 37 s., sp. p. 40.
4. Douchy-Oudot, « Le recouvrement des pensions alimentaires », *Dr. et patr.* déc. 2013, n° 231, p. 47.

LIVRE

800. L'actif

SECTION 0

ORIENTEUR

800.00 **Plan du livre.**

Titre 810 **Soustraction aux actifs apparents : action en revendication et en restitution**

Chap. 811 Propriétaire immobilier

Chap. 812 Propriétaire mobilier titulaire d'un contrat publié – Restitution

Chap. 813 Propriétaire mobilier non titulaire d'un contrat publié – Revendication – Règles générales

Chap. 814 Propriétaire d'effets de commerce et autres titres impayés

Chap. 815 Vendeur de meubles non payé – Règles générales

Chap. 816 Clause de réserve de propriété

Titre 820 **Reconstitution de l'actif : nullités de la période suspecte**

Chap. 821 Contours des nullités de la période suspecte

Chap. 822 Modalités procédurales de l'action en nullité de la période suspecte

Chap. 823 Cas de nullités de droit de la période suspecte

Chap. 824 Nullités facultatives de la période suspecte

Chap. 825 Effets des nullités de la période suspecte

Chap. 826 Règles particulières à l'acquittement des effets de commerce

Titre 830 **Reconstitution de l'actif : actions en responsabilité contre les tiers**

Chap. 831 Règles générales relatives aux actions en responsabilité contre les tiers

Chap. 832 Rupture fautive des concours bancaires

Chap. 833 Soutien abusif avant la loi du 26 juillet 2005

Chap. 834 Soutien abusif sous l'empire de la loi du 26 juillet 2005

800.05 **Lien entre les questions.**

• Sur la préservation des actifs

* V. s[s] Titre 460.

TITRE

810. Soustraction aux actifs apparents : action en revendication et en restitution

SECTION 0
ORIENTEUR

810.00 **Plan du titre.**

Chap. 811 **Propriétaire immobilier**
Sect. 811.10 Dérogation au droit commun des procédures collectives
Chap. 812 **Propriétaire mobilier titulaire d'un contrat publié – Restitution**
Sect. 812.10 Entrée en vigueur de la loi du 10 juin 1994 instituant le régime des actions en restitution
Sect. 812.20 Domaine de la dispense de revendication
Sect. 812.30 Règles spéciales au crédit-bail mobilier
Sect. 812.40 Sanctions variables de l'absence de publicité
Sect. 812.50 Demande en acquiescement de restitution
Sect. 812.60 Requête en restitution
Sect. 812.70 Voies de recours à l'encontre de l'ordonnance statuant sur la requête en restitution
Sect. 812.80 Bien n'ayant pas fait l'objet d'une demande en restitution
Chap. 813 **Propriétaire mobilier non titulaire d'un contrat publié – Revendication – Règles générales**
Sect. 813.10 Nature juridique de l'action en revendication
Sect. 813.20 Domaine de la revendication
Sect. 813.30 Existence en nature du bien
Sect. 813.40 Modalités procédurales de l'action en revendication sous l'empire de la loi du 25 janvier 1985 non réformée
Sect. 813.50 Modalités procédurales de l'action en revendication depuis la loi du 10 juin 1994
Sect. 813.60 Voie de recours sur la décision statuant sur la revendication
Sect. 813.70 Effets de l'action en revendication
Chap. 814 **Propriétaire d'effets de commerce et autres titres impayés**
Sect. 814.10 Revendication des effets de commerce et autres titres impayés
Chap. 815 **Vendeur de meubles non payé – Règles générales**
Sect. 815.10 Situation générale des vendeurs de meubles non réservataires
Sect. 815.20 Vente résolue
Sect. 815.30 Marchandises en cours d'expédition
Chap. 816 **Clause de réserve de propriété**
Sect. 816.10 Nature juridique et domaine de la clause de réserve de propriété
Sect. 816.20 Conditions d'opposabilité de la clause de réserve de propriété
Sect. 816.30 Existence en nature du bien
Sect. 816.40 Revente du bien – Revendication du prix
Sect. 816.50 Identification du bien – Choses fongibles
Sect. 816.60 Mise en œuvre de la clause de réserve de propriété
Sect. 816.70 Circulation de la clause de réserve de propriété

810.03 **Bibliographie indicative.** (V. les références complètes s^{s} n° 031).

> Actualisables. LAMY SÛRETÉS, Crocq P., [Propriétés – sûretés], étude 293. – Pérochon F., « Les propriétaires sont-ils heureux ? » LAMY AFFAIRES mars 2005, suppl. n° 80, p. 105 ; DP RECOUVREMENT DE CRÉANCES ET PROCÉDURES D'EXÉCUTION,

Pérochon F., « Clause de réserve de propriété et revendications », 2 févr. 2001 – RÉP. COM., Derruppé J., « Entreprises en difficulté – Redressement judiciaire (Phase de traitement – Les créanciers) », n°s 247 à 256, 323 à 337 – J.-CL. COM., Vallansan J., fasc. 2550, [Situation du vendeur de meubles – Revendication – Règles générales].

> **Ouvrages antérieurs à la loi de sauvegarde des entreprises.** Le Corre-Broly, *Crédit-bail mobilier et procédure collective*, th. dact. Lille II, 1997.

> **Ouvrages postérieurs à la loi de sauvegarde des entreprises.** Laroche M., *Revendication et propriété – Du droit des procédures collectives au droit des biens*, coll. « Th. Doctorat et notariat », t. 24, Éd. *Defrénois* 2007.

> **Articles.** Bross W., « La revendication dans les procédures collectives : une imposture ? », *Dr. et patr.* févr. 2011, n° 200, p. 30 – Dupichot P., « Propriété et garantie au lendemain de l'ordonnance relative aux sûretés », *RLDA* 2006/7, n° 401 – Le Corre-Broly E., « Les modifications apportées par l'ordonnance du 18 décembre 2008 en matière de revendications et de restitutions », *Gaz. Pal.* 8 à 10 mars 2009, n° sp., p. 48 – Pérochon F., « La procédure des revendications et des restitutions dans les procédures collectives », *LPA* 28 nov. 2008, n° 239, p. 56.

810.09 **Évolution du traitement du propriétaire dans les procédures collectives de paiement.** Les créanciers antérieurs sont dans une situation délicate, dans la procédure collective. Le propriétaire est-il, pour sa part, mieux loti ? La formule de l'article 544 du code civil qui pose le principe du caractère absolu du droit de propriété continue-t-elle à se vérifier en cas de sauvegarde, de redressement ou de liquidation judiciaire ?

Le droit des procédures collectives reste classiquement muet sur la situation du propriétaire immobilier.

Tel n'est pas le cas de la situation du propriétaire de meuble.

Sous l'empire des législations anciennes, la question n'a pas véritablement fait l'objet de difficultés. Les propriétaires de meubles étaient autorisés à les reprendre dans la faillite de leur débiteur. Quelques conventions avaient pu faire l'objet de difficultés, mais ce qui était en cause était la qualification du contrat et le point de savoir si le droit de propriété, invoqué par le tiers, n'avait pas été transféré au débiteur. Il en avait été ainsi spécialement pour le contrat de location-vente [1], mais aussi pour la clause de réserve de propriété insérée dans un contrat de vente. La possibilité du propriétaire de reprendre son bien dans la faillite n'était pas contestée. Cependant, sous l'empire de la loi du 13 juillet 1967 [2], déjà, se dessinait une obligation pour le propriétaire de meubles : revendiquer. La solution avait été posée par un arrêt de la Chambre commerciale de la Cour de cassation du 29 mai 1984 [3] obligeant les propriétaires de meubles à revendiquer dans la faillite de leur débiteur, quel que soit le titre ou la cause juridique invoqué.

Les dispositions de la loi du 25 janvier 1985 [4] reprennent, dans l'ensemble, le corps de règles établi par le législateur de 1967. Rapidement, cependant, a été débattue la question de l'obligation pour les établissements de crédit, et spécialement les crédits-bailleurs, de revendiquer dans la procédure collective de leurs cocontractants. La Cour de cassation devait rendre des arrêts de principe, par décisions du 15 octobre 1991, en ces termes : l'article 115 est applicable « quelle que soit la cause juridique ou le titre invoqué à l'appui de la revendication » [5]. Le domaine de l'obligation de revendiquer apparaissait ainsi général, ce qui devait émouvoir les établissements de crédit qui, faisant leur compte, mesuraient l'ampleur des dégâts occasionnés par la jurisprudence de la Cour de cassation.

C'est dans ce contexte que devait intervenir la loi du 10 juin 1994, en réaction contre cette jurisprudence.

La loi de sauvegarde des entreprises ne modifie pas le dispositif résultant de la loi du 10 juin 1994, cependant que l'ordonnance du 18 décembre 2008 uniformise, comme c'était le cas sous l'empire de la loi du 25 janvier 1985, le délai de l'action en revendication.

1. Le Corre, *La location-vente, contribution à l'étude du transfert différé de propriété*, th., Lille, 1990.
2. L. n° 67-563, 13 juill. 1967, JO 14 juill., p. 7059.
3. Com. 29 mai 1984, n° 83-11.516, *Bull. civ.* IV, n° 181; *D.* 1985. IR 4, obs. Derrida.
4. L. n° 85-98, 25 janv. 1985, JO 26 janv., p. 1097.
5. Com. 15 oct. 1991, n° 90-13.147, n° 90-10.978, 2 esp., *Bull. civ.* IV, n° 291; *D.* 1991. 632, note Derrida; *RTD com.* 1992. 251, note Martin-Serf; *JCP* 1992. II. 21805, note Larroumet; *JCP E* 1992. II. 250, note Bey; *D.* 1993. Somm. 285, obs. Pérochon; *Rev. sociétés* 1992. 105, note Leveneur et Paclot.

CHAPITRE

811. Propriétaire immobilier

SECTION 0

ORIENTEUR

811.00 **Plan du chapitre.**

Sect. 811.10 Dérogation au droit commun des procédures collectives

SECTION 811.10

DÉROGATION AU DROIT COMMUN DES PROCÉDURES COLLECTIVES

811.11 **Propriétaire immobilier.** Les propriétaires immobiliers n'ont pas l'obligation de faire reconnaître opposable à la procédure leur droit de propriété. Si leur droit est contesté, ils peuvent agir en revendication, dans les conditions de droit commun, devant le tribunal de grande instance. Il s'agit en effet d'une action réelle pétitoire.

Les formes et délais spécifiques du droit des procédures collectives sont ici sans application[1].

Si la propriété a été conservée par eux[2], par exemple dans le cadre d'une vente à terme, la procédure collective n'a pas pour effet de les obliger à abandonner, sans contrepartie, leur droit de propriété. L'absence de déclaration de créance au passif n'aura pas pour effet d'entraîner transfert de propriété, au profit de l'acheteur débiteur, car l'extinction de la créance n'équivalant pas au paiement, il en résulte que la condition suspensive du paiement du prix affectant le transfert de propriété n'a pas joué[3].

En outre, il a été jugé que le vendeur d'immeuble peut invoquer la clause de réserve de propriété insérée au contrat de vente, sans que puisse lui être objecté son caractère inconciliable avec l'inscription du privilège du vendeur d'immeuble[4].

Contrairement à la situation du crédit-bailleur mobilier, le crédit-bailleur immobilier ne peut voir déclarer inopposable son droit de propriété à la procédure. L'absence de publication d'un contrat de crédit-bail immobilier au jour du jugement d'ouverture ne produit aucun effet d'inopposabilité car les tiers au sens de l'article 11 du décret du 4 juillet 1972[5] renvoyant à l'article 30 du décret du 4 janvier 1955 relatif à la publicité foncière[6], sont les personnes ayant des droits concurrents et publiés sur l'immeuble qu'ils tiennent du même auteur ou qui ont inscrit des sûretés sur l'immeuble. Or, tel n'est pas le cas des créanciers représentés par leur liquidateur[7].

1. RAPPR. : PÉTEL, 8e éd. no 349 – CHAPUT, no 530 – DERRIDA *ET ALII*, no 341.
2. Dagot, « La clause de réserve de propriété et l'avant-contrat en matière de vente», *JCP N* 1980. Étude 7554 – Derrida, « *À propos de la clause de réserve de propriété dans les ventes immobilières à crédit* », *Defrénois* 1989. 34590 – Prouveur, « La clause de réserve de propriété en matière immobilière », *Gaz. Pal.* 2003. 1593.
3. Com. 9 janv. 1996, no 93-12.667, *Bull. civ.* IV, no 8; *JCP E* 1996. I. 554, no 19, obs. M. Cabrillac; CASSATION DE : Douai, 21 sept. 1992, *Rev. proc. coll.* 1992, 418, no 2, obs. Soinne – *Adde*, SUR LA QUESTION : Larroumet, « Le vendeur sous clause de réserve de propriété peut-il revendiquer sans avoir déclaré sa créance à la procédure collective de l'acheteur ? », *D. Affaires* 1996. 603.
4. Com. 28 sept. 2004, no 03-10.332, *Bull. civ.* IV, no 172; *D.* 2005. Pan. 299, obs. Le Corre; *D.* 2005. Somm. 2081, obs. Crocq; *JCP E* 2005. Chron. 31, no 12, obs. M. Cabrillac; *JCP E* 2005. Chron. 915, no 15, obs. Delebecque; *Defrénois* 2005. 517, 38133, note Piedelièvre; *LXB* no N3157ABK, note Le Corre.
5. D. no 72-665, 4 juill. 1972, *JO* 14 juill., p. 7456.
6. D. no 55-22, 4 janv. 1955, *JO* 7 janv., p. 346.
7. Com. 15 mai 2001, no 98-14.965, Bull. civ. IV, no 89; D. 2001. AJ 1873, obs. Lienhard; D. 2001. Somm. 3429, obs. Honorat; *Act. proc. coll.* 2001, no 153, obs. Régnaut-Moutier; *JCP E* 2001. Chron. 1472, no 14, obs. M. Cabrillac et Pétel.

CHAPITRE

812. Propriétaire mobilier titulaire d'un contrat publié – Restitution

SECTION 0 ORIENTEUR

812.00 **Plan du chapitre.**

Sect.	812.10	Entrée en vigueur de la loi du 10 juin 1994 instituant le régime des actions en restitution
Sect.	812.20	Domaine de la dispense de revendication
Sect.	812.30	Règles spéciales au crédit-bail mobilier
Sect.	812.40	Sanctions variables de l'absence de publicité
Sect.	812.50	Demande en acquiescement de restitution
Sect.	812.60	Requête en restitution
Sect.	812.70	Voies de recours à l'encontre de l'ordonnance statuant sur la requête en restitution
Sect.	812.80	Bien n'ayant pas fait l'objet d'une demande en restitution

812.01 **Textes applicables.** (V. les références complètes s^s^ n° 011).

> Législation antérieure à la loi de sauvegarde des entreprises.

C. com., art. L. 621-116, L. 621-123, L. 623-4

D. n° 85-1388, 27 déc. 1985, art. 85-2, 85-4 et 85-5

> Législation issue de la loi de sauvegarde des entreprises.

C. com., art. L. 624-10, L. 624-17, L. 631-18, I, L. 641-4, al. 3, L. 641-14, al. 1

C. com., art. R. 624-14 (anc^t^ D. 28 déc. 2005, art. 116), R. 624-15 (anc^t^ D. 28 déc. 2005, art. 117), R. 631-31 (anc^t^ D. 28 déc. 2005, art. 199), R. 641-31 (anc^t^ D. 28 déc. 2005, art. 242), R. 641-32 (anc^t^ D. 28 déc. 2005, art. 243)

> Législation issue de l'ordonnance du 18 décembre 2008.

C. com., art. L. 624-10, L. 624-10-1, L. 624-17, L. 631-18, al. 1, L. 641-4, al. 3, L. 641-14, al. 1

C. com., art. R. 624-14, R. 624-15, R. 631-31, R. 641-31, R. 641-32

> Législation issue de l'ordonnance du 12 mars 2014.

C. com., art. L. 641-14-1

C. com., art. R. 624-13-1, R. 641-31, R. 641-32-1

812.02 **Jurisprudence de référence.**

> Le contrat de crédit-bail ne peut pas être publié après jugement d'ouverture (solution de la loi de 1985 non réformée).

• Com. 11 mai 1999, n° 96-22.763, *Bull. civ.* IV, n° 96

* V. s^s^ n° 812.34

« Vu l'article 1er, 3° de la loi du 2 juillet 1966 et les articles 1er et suivants du décret du 4 juillet 1972, ensemble l'article 57 de la loi du 25 janvier 1985; [...]

Attendu que pour ordonner la reprise de ces véhicules par la société D..., l'arrêt, avoir relevé que la publicité des contrats, conclus les 8 et 9 juillet 1992, avait été effectuée le 15 septembre 1992 et que l'action en revendication avait été exercée le 23 septembre 1992, dans le délai de trois mois prévu par l'article 115 de la loi du 25 janvier 1985, retient que la sanction d'interdiction de revendication pour le crédit-bailleur est injustifiée;

Attendu qu'en statuant ainsi, alors qu'à la date du jugement d'ouverture le droit de propriété du crédit-bailleur sur les véhicules objet du contrat n'était pas opposable aux créanciers du preneur faute qu'ait été accomplie la publicité prévue par le décret du 4 juillet 1972, la cour d'appel a violé les textes susvisés. »

> La publicité du contrat de crédit-bail qui contient des erreurs, est irrégulière et le crédit-bailleur ne peut opposer son droit de propriété.

• Com. 11 mai 2010, n° 09-14.048, *Bull. civ.* IV, n° 88

* V. s^s^ n° 812.23

> L'action en restitution est facultative.

• Com. 18 sept. 2012, n° 11-21.744, *Bull. civ.* IV, n° 162

• Com. 2 juin 2015, n° 14-13.116, NP; n° 545 F-D

* V. s^s^ n° 812.51

812.03 **Bibliographie indicative.** (V. les références complètes s^s^ n° 031).

> Actualisables. RÉP. COM., Derruppé J., « Entreprises en difficulté – Redressement judiciaire (Phase de traitement – Les créanciers) », n°s 257 à 260 – J.-CL. COM., Vallansan J., fasc. 2550, [Situation du vendeur de meubles – Revendication – Règles générales] – DP RECOUVREMENT DE CRÉANCES ET PROCÉDURES D'EXÉCUTION, Pérochon F., V^is^ *Clause de réserve de propriété et revendications*.

> Ouvrages antérieurs à la loi de sauvegarde des entreprises. JACQUEMONT, n°s 601, 602 – KERCKHOVE, n° 676 – LE CANNU *ET ALII*, n°s 1315 à 1320 – Le Corre-Broly, *Crédit-bail mobilier et procédure collective*, thèse dactyl., Lille II, 1997 – LE CORRE-BROLY, n°s 414 à 417 – MARTIN ET VALLENS, n°s 3480 à 3485, 3507 à 3509, 3567 à 3570 – PÉROCHON ET BONHOMME, n°s 293, 294 – PÉTEL, n° 348 – RIPERT ET ROBLOT, n°s 3147-1 – SAINT-ALARY-HOUIN, n°s 705, 705-2, 707 – SOINNE, n°s 1962-3, 1962-6 à 1962-9 – VALLANSAN, p. 241 à 244.

> Ouvrages antérieurs à la loi de sauvegarde des entreprises. Le Corre-Broly, *Crédit-bail mobilier et procédure collective*, th. dact. Lille II, 1997.

> Ouvrages postérieurs à la loi de sauvegarde des entreprises. COQUELET, 5e éd., n° 305 – JACQUEMONT ET VABRES, 9e éd., n°s 677, 678 – Laroche M., *Revendication et propriété – Du droit des procédures collectives au droit des biens*, coll. « Th. Doctorat et notariat », t. 24, Defrénois, 2007 – LE CANNU, 7e éd., n°s 657 à 660 – LIENHARD, 6e éd., n°s 103.36 à 103.38 – PÉROCHON, 10e éd., n°s 1636 à 1644 – PÉTEL, 8e éd., n° 351 – ROUSSEL GALLE, 2e éd., n°s 563 à 566, 569 – SAINT-ALARY-HOUIN, 9e éd., n° 859 – VALLANSAN *ET ALII*, 6e éd., p. 195 à 198 – VALLENS, 2015, n°s 3824, 3825, 3828, 3929 à 3931 – VIDAL et GIORGINI, n°s 672 à 674 – VOINOT, 2e éd., n°s 509 à 511.

> Articles. Cordier P., « L'incidence de la publicité des contrats de crédit-bail mobilier en cas d'ouverture d'une procédure collective du preneur », *RJDA* 1999/11, p. 939 – Le Corre-Broly E., « La publicité du contrat de crédit-bail et sa sanction en cas de redressement ou de liquidation judiciaire », *JCP E* 1997. I. 621; « Les modifications apportées par l'ordonnance du 18 décembre 2008 en matière de revendications et de restitutions », *Gaz. Pal.* 8-10 mars 2009, n° sp., p. 48 – Martin-Serf, « Revendications et restitutions, étude sur les questions procédurales », interv. colloque Crajefe 1998, *LPA* 28 oct. 1998, sp. p.34 – Pérochon F., « La procédure des revendications et des restitutions dans les procédures collectives », *LPA* 28 nov. 2008, n° 239, p. 56.

812.04 Questions essentielles.

- Le crédit-bailleur peut-il récupérer son bien dans la procédure collective du preneur s'il n'a pas publié son contrat ?

* V. s^s n° 812.42.

- Est-il possible de publier le contrat de crédit-bail après jugement d'ouverture ?

* V. s^s n° 812.34.

- Comment publier au greffe un contrat de location ou une vente avec clause de réserve de propriété ?

* V. s^s n° 812.23.

- La demande en restitution est-elle enfermée dans un délai ?

* V. s^s n° 812.54.

SECTION 812.10
ENTRÉE EN VIGUEUR DE LA LOI DU 10 JUIN 1994 INSTITUANT LE RÉGIME DES ACTIONS EN RESTITUTION

812.11 Entrée en vigueur de la loi réglementant la situation des propriétaires de meubles titulaires de contrats publiés. Aux termes de l'article L. 621-116 du code de commerce (anc^t L. 25 janv. 1985[1], art. 115-1), tel qu'il résulte de la rédaction que lui a donnée la loi du 10 juin 1994[2], « le propriétaire d'un bien est dispensé de faire reconnaître son droit de propriété, lorsque le contrat portant sur ce bien a fait l'objet d'une publicité ».

Faute de dispositions transitoires particulières, la législation du 10 juin 1994 est inapplicable aux procédures ouvertes avant le 1er octobre 1994[3]. Elle n'a pas été jugée interprétative de la loi du 25 janvier 1985[4]. Il n'y a pas à distinguer selon que la procédure a été ouverte après le 22 octobre 1994 ou entre le 1er octobre 1994 et le 22 octobre 1994, date d'entrée en vigueur du décret du 21 octobre 1994[5], des solutions divergentes ayant cependant été posées[6]. La question de l'application de la loi dans le temps en cas de résolution d'un plan de continuation et d'ouverture subséquente d'une procédure a été déjà examinée (v. s^s n° 072.14).

SECTION 812.20
DOMAINE DE LA DISPENSE DE REVENDICATION

812.21 Contrats concernés par la dispense de revendication. La dispense de revendication concerne les propriétaires de biens dont le contrat est publié. Le domaine de la règle est général et s'applique à tous les contrats en vertu desquels un bien mobilier a été confié au débiteur, dès lors qu'il fait l'objet d'une publicité.

Dès lors que le contrat passé entre le débiteur et le propriétaire ne fait l'objet d'aucune publicité, le propriétaire ne peut pas bénéficier des dispositions de l'article L. 621-116 du code de commerce (devenu C. com., art. L. 624-10 dans la procédure de sauvegarde, rendu applicable en redressement judiciaire par l'article L. 631-18, I et en liquidation judiciaire par l'article L. 641-14, al. 1) et est tenu d'agir par la voie d'une action en revendication[7], peu important la connaissance par le liquidateur de

1. L. n° 85-98, 25 janv. 1985, *JO* 26 janv., p. 1097.
2. L. n° 94-475, 10 juin 1994, *JO* 11 juin, p. 8440.
3. Com. 14 janv. 1997, n° 94-14.081, NP, *Rev. proc. coll.* 1997, 197, n° 7, obs. Soinne; *RTD com.* 1998. 684, obs. Martin-Serf.
4. Com. 14 janv. 1997, n° 94-14.081, préc.
5. D. n° 94-910, 21 oct. 1994, *JO* 22 oct., p. 15019.
6. EN CE SENS, à propos de l'article 53 alinéa 2 de la loi du 25 janvier 1985 : Paris, 3e ch. C, 22 nov. 1996, *Rev. proc. coll.* 1997, 197, n° 7, obs. Soinne – *CONTRA* : Douai, 2e ch. 25 sept. 1997, *Diac c/Soinne ès-qual. Euroconstructions*, NP – *Adde*, SUR LA QUESTION : Alix, « Les procédures de redressement judiciaire ouvertes entre le 1er et le 21 octobre 1994, peut-on ignorer la date limite d'entrée en vigueur prévue expressément par la loi du 10 juin 1994 ? », *LPA* 14 août 1996, p. 19.
7. Com. 11 juill. 2006, n° 04-19.435, NP; n° 960 F-D.

son droit de propriété[1]. Les juges du fond ne peuvent toutefois rejeter la demande de reprise des biens par le propriétaire sans rechercher, lorsqu'ils y sont invités par ce dernier, si les biens ne sont pas restés sa propriété en vertu d'un contrat publié[2].

Il faut être en présence d'un contrat conférant au débiteur la détention d'un bien, ce que confirme l'article 85-4 du décret du 27 décembre 1985[3] ouvrant à ces propriétaires la possibilité de présenter une demande en restitution.

Tous les contrats publiés permettent une dispense de revendication.

Il en sera d'abord ainsi des contrats obligatoirement publiés aux fins d'opposabilité, comme cela a été confirmé lors des travaux préparatoires de la loi de sauvegarde des entreprises[4], tels le contrat de location-gérance de fonds de commerce[5], dont la publicité est réglementée par l'article 2 du décret du 14 mars 1986[6], le contrat de crédit-bail, le contrat de licence de brevet (CPI, art. L. 613-9), et de licence de marque (CPI, art. L. 714-7). La publicité obligatoire est ici suffisante, puisque, par hypothèse, la publicité facultative, dans les formes de la publication du contrat de crédit-bail, n'est réservée qu'aux contrats de location, au contrat de vente avec clause de réserve de propriété et aux contrats pour lesquels il y a subrogation dans la clause de réserve de propriété[7]. L'article R. 624-15 alinéa 1 du code de commerce (anc[t] D. 28 déc. 2005[8], art. 117, al. 1) confirme la solution jurisprudentielle en énonçant que « pour bénéficier des dispositions de l'article L. 624-10 du code de commerce, les contrats qui y sont mentionnés doivent être publiés selon les modalités qui leur sont applicables ». Cette disposition de la procédure de sauvegarde est applicable en redressement (C. com., art. R. 631-31 [anc[t] D. 28 déc. 2005, art. 199]) et en liquidation judiciaire (C. com., art. R. 641-31 [anc[t] D. 28 déc. 2005, art. 242]).

Observons que le contrat de fiducie est soumis à une publicité obligatoire. Cependant, celle-ci n'a pas pour effet de rendre opposable aux tiers le droit de propriété du fiduciaire, mais ne constitue qu'une mesure de lutte contre le blanchiment d'argent. Au demeurant, le fichier des fiducies n'est pas accessible au public, ce qui suffit à lui dénier le rôle d'une publicité. La dispense obligatoire de revendication ne peut donc jouer ici[9].

La dispense de revendication est encore accordée pour trois catégories de contrats visés par l'article 85-5 du décret du 27 décembre 1985 : les contrats de location, de vente avec clause de réserve de propriété et de prêt comportant une subrogation dans la clause de réserve de propriété. Cependant, les propriétaires titulaires de l'un de ces trois types de contrats ne seront dispensés de revendiquer qu'autant qu'ils auront publié leurs contrats, dans les conditions de publication du contrat de crédit-bail[10]. L'article R. 624-15 alinéa 2 du code de commerce (anc[t] D. 28 déc. 2005, art. 117, al. 2), disposition de la procédure de sauvegarde applicable en redressement (C. com., art. R. 631-31 [anc[t] D. 28 déc. 2005, art. 199]) et en liquidation judiciaires (C. com., art. R. 641-31 [anc[t] D. 28 déc. 2005, art. 242]), reprend la solution, en énonçant, de manière plus extensive que, en l'absence de réglementation particulière, le propriétaire du bien devra avoir fait publier le contrat avant le jugement d'ouverture, selon le cas, au registre mentionné à l'article 2 du décret du 4 juillet 1972[11] (devenu C. mon. fin., art. R. 313-4), c'est-à-dire le registre de publication des contrats de crédit-bail tenu par le greffe du tribunal de commerce ou au registre prévu au troisième alinéa de l'article R. 621-8 du code de commerce (anc[t] D. 28 déc. 2005, art. 63), c'est-à-dire le registre spécial ouvert au greffe du tribunal de grande instance. La publication qui ne répond pas aux modalités prévues à l'article R. 624-15 du code de commerce ne dispense pas le propriétaire de revendiquer. La solution a été posée à propos de l'enregistrement auprès du

1. Com. 15 févr. 2005, n° 03-17.604, *Bull. civ.* IV, n° 28; *D.* 2005. AJ 641, note Lienhard; *Gaz. proc. coll.* 2005/1, p. 46, 48, obs. Le Corre-Broly; *Act. proc. coll.* 2005/5, n° 56, note Vallansan; *Rev. proc. coll.* 2005/4, p. 376, n° 6, obs. Monsérié-Bon.
2. Com. 18 sept. 2012, n° 11-21.744, *Bull. civ.* IV, n° 162; *D.* 2012. Actu. 2240, obs. Lienhard; *Gaz. Pal.* 18 janv. 2013, n° 18, p 32, note Le Corre-Broly; *Act. proc. coll.* 2012, n° 241, note Vallansan; *BJE* 2012. 372, note Laroche; *JCP E* 2012. Chron. 1757, n° 17, obs. Pétel; *Bull. Joly* nov. 2012. 815, note Barbièri.; *Rev. proc. coll.* 2013, comm. 137, note Monsérié-Bon.
3. D. n° 85-1388, 27 déc. 1985, *JO* 29 déc., p. 15281.
4. *Rapp. Xavier de Roux*, n° 2095, p. 259.
5. Com. 15 mars 2005, n° 00-18.550, *Bull. civ.* IV, n° 60; *D.* 2005. AJ 890, obs. Lienhard; *Act. proc. coll.* 2005, n° 102, note Pérochon; *Gaz. proc. coll.* 2005/2, p. 48, obs. Le Corre-Broly; *RTD com.* 2005. 603, n° 14, obs. Martin-Serf; *JCP E* 2005. Chron. 1274, n° 16, obs. M. Cabrillac; *Rev. proc. coll.* 2005/4, p. 375, n° 3, obs. Monsérié-Bon; *LXB* n° N2977AI4, note Le Corre; CONFIRMATION DE : Besançon, 2e ch. com., 7 juin 2000, *Act. proc. coll.* 2000, n° 209 – Besançon, 2 avr. 2002, *Rev. proc. coll.* 2003, p. 308, n° 6, obs. Monsérié-Bon – Montpellier, 10 sept. 2002, *Rev. proc. coll.* 2003, p. 308, n° 6, obs. Monsérié-Bon.
6. D. n° 86-465, 14 mars 1986, *JO* 16 mars, p. 4292.
7. Com. 15 mars 2005, n° 00-18.550, préc. (v. s[s] prés[t] n°).
8. D. n° 2005-1677, 28 déc. 2005, *JO* 29 déc., p. 20324.
9. EN CE SENS AUSSI : Macorig-Vénier, « L'exclusivité », Colloque Sûretés réelles et droit des entreprises en difficulté, Nice, 20 mars 2010, *LPA* 11 févr. 2011, n° 30, p. 59 s., sp. p. 63.
10. Martin-Serf, « Revendications et restitutions, étude sur les questions procédurales », interv. colloque Crajefe 1998, *LPA* 28 oct. 1998, sp. p. 24.
11. D. n° 72-665, 4 juill. 1972, *JO* 14 juill., p. 7456.

service des impôts du contrat de cession de droits au bail[1].

Observons que si une fiducie-sûreté est constituée sans dépossession, c'est-à-dire avec une convention de mise à disposition, la dispense de revendication est concevable si la convention de mise à disposition prend la forme d'une location et si, en tant que telle, elle est publiée.

Contrairement à la publicité du contrat de crédit-bail, la publicité des contrats de location ou de vente avec clause de réserve de propriété n'est cependant pas une condition d'opposabilité du droit de propriété aux créanciers et ayant cause à titre onéreux du débiteur. Son effet est exactement précisé par l'article 85-5 alinéa 1 du décret du 27 décembre 1985 et par l'article R. 624-15 alinéa 1 du code de commerce (anc[t] D. 28 déc. 2005, art. 117, al. 1) : c'est une condition de la dispense de l'obligation de revendiquer. L'absence de publicité des contrats de location ou de vente avec clause de réserve de propriété ne rend donc pas inopposable à la procédure le droit de propriété. Elle oblige seulement le cocontractant intéressé à revendiquer.

Notons que l'entrepreneur individuel à responsabilité limitée (EIRL), qui a mis à disposition des biens de son patrimoine non affecté au service de l'EIRL, sans les affecter, doit exercer une action en reprise de ce bien, dans les conditions d'une action en revendication. S'il a publié le contrat de mise à disposition, il est, comme tout propriétaire de meuble, titulaire d'un contrat publié, dispensé d'avoir à exercer une action en reprise du bien, laquelle n'est rien d'autre qu'une action en revendication. Il se contentera d'exercer, sans délai, une action en restitution. Une discussion existe pour savoir s'il y a place ou non à mention, dans la publicité, d'un rattachement du bien en question au patrimoine visé par la procédure collective. Si la procédure collective intéresse un patrimoine affecté, la dispense de revendication ne devrait jouer que pour autant que la publicité mentionne le rattachement du bien audit patrimoine[2], même si les textes restent muets sur cette exigence, ce qui conduit un autre auteur à poser la solution contraire[3], dans la mesure où le raisonnement classiquement mené sur l'identification du débiteur dans la publicité doit être remplacé par un raisonnement conduit sur le patrimoine concerné.

812.22 Bien objet du contrat publié se trouvant entre les mains d'un tiers. Seul le propriétaire est concerné par l'action en revendication. Il en résulte que seul celui-ci peut être concerné par la demande en restitution.

Le bien objet du contrat publié devra se trouver entre les mains du cocontractant du débiteur. Si tel n'est pas le cas, le détenteur du bien n'aura pas à restituer, ce qui rend inutile toute demande en restitution à son encontre.

Si le bien se trouve entre les mains d'un tiers, sous-locataire, dépositaire ou détenteur sans droit ni titre, soumis à une procédure collective de paiement, le propriétaire du bien devra présenter une demande en revendication et non en restitution car le contrat n'est pas publié sur ce détenteur. La règle aura spécialement vocation à s'appliquer dans l'hypothèse d'un contrat de crédit-bail adossé, le crédit-bailleur étant lié par contrat avec une entreprise qui a elle-même passé sur le bien un contrat de location. Le locataire principal sera sans qualité pour demander la restitution du bien sous-loué. La solution a été posée tant en matière de crédit-bail adossé[4] qu'en matière de sous-location[5]. Le crédit-bailleur, pour sa part, devra revendiquer dans la procédure collective du sous-locataire[6]. De même, le crédit-bailleur devra revendiquer dans la procédure collective de l'acquéreur des biens crédit baillés vendus à tort par le liquidateur du crédit-preneur[7].

La publication du contrat de crédit-bail a pour effet de constituer de mauvaise foi l'acquéreur du bien crédit-baillé. La solution est justifiée car l'acquéreur du bien est un « ayant-cause à titre onéreux du client de l'entreprise de crédit-bail », auquel le droit de propriété de l'entreprise de crédit-bail est opposable du fait de la publication du contrat de crédit-bail[8].

En revanche, si cet acquéreur vend à nouveau le bien, objet du contrat de crédit-bail, son ayant cause ne peut être considéré comme étant de mauvaise foi, faute de publicité du contrat de crédit-bail sur son auteur[9].

1. Com. 5 nov. 2013, n° 12-25.765, *Bull. civ.* IV, n° 162; n° 1044 F-P+B; *D.* 2013, actu 2638, note Lienhard; *Gaz. Pal.* 12 janv. 2014, p. 7, note Le Corre-Broly; *BJE* janv. 2014, p. 32, note Laroche; *JCP E* 2014, Chron. 1020, n° 10, obs. Pétel.
2. Le Corre-Broly, « Actions en revendication ou en reprise et EIRL », *BJE* mars 2011, p. 68.
3. *Texier, « Entrepreneur individuel à responsabilité limitée* (EIRL) et droit des entreprises en difficulté », Roussel Galle (dir.), *Entreprises en difficulté*, « Droit 360° », LexisNexis, 2012, p. 1 s., sp. p. 30, n° 68.
4. Com. 13 juin 1995, n° 93-18.375, *Bull. civ.* IV, n° 177; *D.* 1996. Somm. 211, obs. Pérochon; *JCP* 1996. I. 3896, n° 11, obs. M. Cabrillac.
5. Com. 20 mai 1997, n° 95-13.957, *Bull. civ.* IV, n° 150.
6. Dijon, 22 nov. 2012, RG n° 11/02368, *Leden* févr. 2012, n° 024, obs. Borga.
7. Versailles, 13e ch., 3 avr. 2014, RG n° 12/05494, JurisData 007267.
8. AINSI : Paris, 15e ch. B, 24 juin 2005, RG n° 04/8191.
9. Com. 14 oct. 1997, n° 95-10.006, *Bull. civ.* IV, n° 257; *D.* 2000. Somm. 74, obs. Pérochon et Mainguy.

812.23 **Publicité – Règles générales.** Pour être exempté de l'obligation de revendiquer, le bailleur ou le vendeur sous clause de réserve de propriété[1] doit publier au greffe du tribunal de commerce ou du tribunal de grande instance statuant commercialement (D. 4 juill. 1972[2], art. 2) son contrat dans les conditions prévues aux articles R. 313-3 à R. 313-9 et R. 313-11 du code monétaire et financier (D. 27 déc. 1985[3], art. 85-5, al. 1), c'est-à-dire dans les conditions d'un contrat de crédit-bail mobilier. L'article R. 624-15 alinéa 2 du code de commerce (anc^t^ D. 28 déc. 2005[4], art. 117, al. 2) prévoit, pour sa part, une publication au registre mentionné à l'article R. 313-4 du code monétaire et financier, c'est-à-dire le registre des inscriptions de crédit-bail tenu au greffe du tribunal de commerce ou du tribunal de grande instance à compétence commerciale. Il vise aussi le registre mentionné à l'article R. 621-8 du code de commerce (anc^t^ D. 28 déc. 2005, art. 63), ouvert au greffe du tribunal de grande instance et qui concerne les personnes qui ne sont pas immatriculées au registre du commerce ou au répertoire des métiers.

La publication qui ne répond pas aux modalités prévues à l'article R. 624-15 du code de commerce ne dispense pas le propriétaire de revendiquer. Il en est ainsi de l'enregistrement auprès du service des impôts du contrat de cession de droits au bail[5].

Il importe de remarquer que le code de commerce vise les propriétaires de biens, sans préciser s'il s'agit de biens meubles ou immeubles. La règle *Ubi lex...* aurait conduit à décider que le bailleur d'immeuble ou le vendeur à terme d'immeubles serait également astreint à l'obligation de revendiquer. Le doute est cependant dissipé avec le décret du 27 décembre 1985, qui vise une publicité effectuée « dans les conditions » de la publicité des opérations de crédit-bail mobilier. Cette expression n'est pas reprise par le décret du 28 décembre 2005. Pour autant, l'interprétation ne nous semble pas devoir être modifiée.

La publicité doit permettre l'identification des parties et des biens (C. mon. fin., art. R. 313-3). Le bordereau doit comporter l'indication de la nature et la description sommaire du bien. À défaut, l'identification du bien n'est pas possible et la publicité est tenue pour inexistante[6]. L'article 85-5, alinéa 2 du décret du 27 décembre 1985 prévoit que la publication doit contenir, le cas échéant, l'indication de la personne subrogée aux propriétaires. Cette précision est de première importance en cas de subrogation dans la clause de réserve de propriété (v. s^s^ n°s 816.74 s.). Pour le contrat de vente contenant une clause de réserve de propriété, le prix de vente du bien doit être indiqué ainsi que sa date d'exigibilité. Ces précisions n'ont pas été reprises par le décret du 28 décembre 2005.

L'article 85-5 alinéa 3 du décret prévoit que, pour l'application des articles R. 313-4 à R. 313-6 du code de commerce, le loueur ou le vendeur bénéficiaire de la clause de réserve de propriété est soumis aux conditions applicables aux entreprises de crédit-bail. Ces précisions ne sont pas reprises par le décret du 28 décembre 2005. Mais le renvoi est opéré aux modalités de publication des contrats de crédit-bail pour les contrats n'obéissant pas à un régime particulier de publicité (C. com., art. R. 624-15, al. 2).

Les erreurs dans la publication pourront entraîner inefficacité de celle-ci, à moins qu'il ne s'agisse d'une simple erreur d'orthographe, permettant néanmoins l'identification de la partie ou du bien[7], ce qui n'est pas le cas d'une publicité effectuée sous le nom de l'enseigne commerciale et non sous celui du débiteur[8], sous le nom incomplet du débiteur[9] ou bien encore sous le nom comportant une erreur, accompagné d'un mauvais prénom et d'une adresse erronée[10]. Il faut bien comprendre que si la levée d'un état d'inscription débouche sur un résultat néant, cela semble clairement signifier que la publicité n'est pas valide, puisqu'elle ne permet pas aux tiers d'être renseignés, ce qui est pourtant le seul objet de cette publicité.

L'erreur dans la publicité, qui ne fait pas obstacle à l'identification des parties et des biens, par exemple le fait de publier un contrat de crédit-bail dans la rubrique contrat de location, devra rester sans conséquence, ce qu'apprécient souverainement les juges du fond[11].

Si le matériel a été restitué dès avant le jugement d'ouverture, la publicité est indifférente, l'adminis-

1. Com. 11 juill. 2006, n° 04-19.435, NP; n° 960 F-D.
2. D. n° 72-665, 4 juill. 1972, préc.
3. D. n° 85-1388, 27 déc. 1985, préc.
4. D. n° 2005-1677, 28 déc. 2005, préc.
5. Com. 5 nov. 2013, n° 12-25.765, préc.
6. Pau, 6 avr. 1998, *Rev. proc. coll.* 2001, 12, n° 1, obs. Soinne – T. com. Versailles, 6e ch., 30 oct. 2007, RG n° 07/L01119.
7. Com. 16 mai 1995, n°s 93-15.041, 93-15.042, 2 esp., NP, *Rev. proc. coll.* 1995, 467, n° 4 obs. Soinne.
8. Com. 29 avr. 1997, n° 95-15.099, *Bull. civ.* IV, n° 112; *D. Affaires* 1997. 835, n° 11-3.
9. Douai, 2^e^ ch., 14 janv. 1999, *Rev. proc. coll.* 2001, 12, n° 1, obs. Soinne.
10. Com. 11 mai 2010, n° 09-14.048, Bull. civ. IV, n° 88, *D.* 2010. Actu. 1276, obs. Lienhard; *Gaz. Pal. entr. diff.* 2-3 juill. 2010, n°s 183, 184, p. 40, note Le Corre-Broly; *Act. proc. coll.* 2010, n° 177, note Petit; *JCP E* 2010. Chron. 1742, n° 12, obs. M. Cabrillac; *Rev. sociétés* 2010. 409, note Roussel Galle; *RTD com.* 2011. 174, n° 7, obs. Martin-Serf; *LXB hebdo* 17 juin 2010, n° 399, note Le Corre-Broly.
11. Com. 8 juill. 2014, n° 13-18.471, NP; n° 641 F-D; *BJE* 2014, 375, note Laroche; *Gaz. Pal.* 2014, Jur. 3296, note Moreil.

trateur et le liquidateur ne pouvant exciper de son absence[1].

La publicité est effectuée au greffe du tribunal du tribunal de commerce ou du tribunal de grande instance statuant commercialement dans le ressort duquel l'acheteur sous clause de réserve de propriété ou le locataire est immatriculé à titre principal au registre du commerce (C. mon. fin., art. R. 313-5, al. 1). Une publicité effectuée sur un établissement secondaire serait inefficace[2]. Si l'acheteur sous clause de réserve de propriété ou le locataire n'est pas immatriculé au registre du commerce ou au répertoire des métiers, la publication est effectuée au greffe du tribunal de commerce ou du tribunal de grande instance statuant commercialement dans le ressort duquel il a l'établissement pour les besoins duquel le contrat a été souscrit (C. mon. fin., art. R. 313-5, al. 2).

812.24 Preuve de la publicité du contrat. La preuve de la publicité devra être rapportée par le propriétaire, jusqu'à ce que la cour d'appel statue. La solution, posée sous l'empire de la loi du 13 juillet 1967[3] pour le crédit-bailleur, est reconductible[4]. Cette preuve ne sera rapportée que par l'exhibition d'une copie ou d'un extrait de l'état d'inscription au greffe, et non par la preuve de l'envoi du bordereau au greffe ou une attestation du greffe selon laquelle les formalités de publicité ont bien été accomplies[5].

SECTION 812.30

RÈGLES SPÉCIALES AU CRÉDIT-BAIL MOBILIER

812.31 Publicité obligatoire des contrats de crédit-bail – Problématique des contrats de location avec option d'achat. Les contrats de crédit-bail sont soumis à publication obligatoire. Ces contrats sont ceux visés à l'article L. 313-7 du code monétaire et financier. La loi du 2 août 2005[6] y a ajouté les contrats de location de parts ou actions comportant une promesse unilatérale de vente moyennant un prix convenu tenant compte au moins pour partie des versements effectués à titre de loyers (C. mon. fin., art. L. 313-7, 4°).

Les contrats de location avec option d'achat, encore dénommés location avec promesse de vente[7], ne sont pas soumis à la réglementation du crédit-bail et par conséquent à l'obligation de publicité, encore qu'une opinion contraire ait pu être émise[8]. Ces contrats sont soumis à la loi n° 78-22 du 10 janvier 1978, dite loi Scrivener[9], aujourd'hui codifiée dans le code de la consommation. Cette soumission est inconciliable avec la législation sur le crédit-bail. La distinction entre crédit-bail et location avec option d'achat ou promesse de vente tient à la destination du bien. Alors que l'opération de crédit-bail suppose que le bien ait une destination principalement professionnelle, le contrat de location avec promesse de vente ou de location avec option d'achat suppose que le bien ait une destination principalement extra professionnelle. Peu importera l'usage effectif du bien. C'est au jour de la conclusion du contrat que la destination, c'est-à-dire l'utilisation projetée par le locataire, s'appréciera. Il ne saurait, après conclusion du contrat, être reproché à l'établissement de crédit de ne pas avoir surveillé l'usage effectif du bien pour requalifier le contrat et en tirer les conséquences, au regard de l'obligation de publicité. Inversement, peu importera l'utilisation non professionnelle du bien dès lors que, sur le contrat, figure la mention selon laquelle l'intéressé est commerçant, en l'absence de mention d'utilisation extraprofessionnelle du bien loué[10].

Si la publicité du contrat de location avec option d'achat n'est pas effectuée, pas renouvelée, ou si elle est irrégulière, le bailleur devra présenter une demande en revendication[11], contrairement à la solution posée en matière de crédit-bail (v. s[s] n° 812.42).

La Cour de cassation n'a pas fait droit à la prétention d'un liquidateur de voir rejeter la demande en revendication d'une société financière sur un véhicule de tourisme sur le fondement d'un contrat de location avec option d'achat. Le liquidateur n'avait en effet pas établi que le véhicule était un bien d'équi-

1. Soinne, obs. *Rev. proc. coll.* 1997, 188, n° 1.
2. Douai, 11 sept. 1997, *Rev. proc. coll.* 2001, 12, n° 1, obs. Soinne.
3. L. n° 67-563, 13 juill. 1967, *JO* 14 juill., p. 7059.
4. Com. 25 mars 1997, n° 94-20.297, *Bull. civ.* IV, n° 81; *Rev. proc. coll.* 1997, 329, n° 32, obs. Soinne; *D.* 2000. Somm. 68, obs. Pérochon et Mainguy.
5. Com. 13 janv. 1998, n° 95-17.553, *Bull. civ.* IV, n° 15; *D. Affaires* 1998. 299, n° 11-4, note Avena-Robardet; *RJDA 1998/5, n° 628; D. 2000.* Somm. 68, obs. Pérochon et Mainguy; et DANS LA MÊME AFFAIRE : Paris, 1re ch. G, aud. sol., 4 juin 2003, RG n° 02/05813.
6. L. n° 2005-882, 2 août 2005, *JO* 3 août, p. 12639.
7. TGI Avesnes/Helpe, stat. com., 26 oct. 1993 et Douai, 2e ch., 16 juin 1994, *Rev. proc. coll.* 1995, 190, n° 2, obs. Soinne – Douai, 2e ch., 10 oct. 1996, *Diac ès-qual Duminy*, NP – *Adde*, Cordier, « L'incidence de la publicité des contrats de crédit-bail mobilier en cas d'ouverture d'une procédure collective du preneur », *RJDA* 1999/11, p. 939 s., 1038.
8. SOINNE, n° 1888.
9. L. n° 78-22, 10 janv. 1978, *JO* 11 janv., p. 299, dite loi Scrivener.
10. Com. 24 févr. 1998, n° 95-13.006, NP, *Rev. proc. coll.* 2001, 12, n° 1, obs. Soinne.
11. Chambéry, ch. civ., 1re sect., 2 déc. 2014, RG n° 13/01343, *JurisData* 032440.

pement et, par voie de conséquence, que le contrat devait être qualifié de crédit-bail, obligeant le cocontractant à sa publicité aux fins d'opposabilité du droit de propriété[1].

La publicité n'a à être faite que par rapport au locataire. Dès lors, si le bien se retrouve entre les mains d'un tiers, il ne saurait être reproché au crédit-bailleur l'absence de publicité. La solution a été posée dans une espèce où le bien se retrouvait entre les mains de l'épouse du locataire[2], ainsi que dans une affaire où le bien était entre les mains d'une autre société d'un groupe dont faisait partie le débiteur[3]. Le crédit-bailleur devra alors revendiquer, faute de publicité, sa demande étant fondée sur la détention sans droit ni titre, et non sur le contrat de crédit-bail.

Un arrêt de la Cour de cassation[4] a rejeté un pourvoi, alors que la cour d'appel avait accepté la prétention du crédit-bailleur tendant à la reprise du matériel dans la procédure collective d'un tiers détenteur, fondée sur une demande en restitution. Pourtant, cet arrêt n'est pas de nature à contredire l'affirmation. En effet, on peut apercevoir que la cour d'appel avait, sans avoir été contredite, requalifié la demande de restitution en une demande en revendication. Il aurait appartenu au demandeur au pourvoi de demander la censure de la cour d'appel sur le fondement de la requalification peu orthodoxe d'une demande en restitution en une demande en revendication.

812.32 Modification dans la publicité du contrat de crédit-bail. Il y a place à modification de la publicité en cas de changement de dénomination sociale du crédit-preneur ou du crédit-bailleur, ainsi qu'en cas de fusion absorption. Cependant, en ce dernier cas, si la fusion absorption concerne le crédit preneur, il aura place à résiliation du contrat si le contrat de crédit-bail, lorsque c'est le plus souvent le cas, prévoit cette cause de résiliation. L'absence de publicité ne pourra alors être opposée au crédit-bailleur qui devra revendiquer son bien, dans les conditions de l'article L. 621-115 du code de commerce (anc[t] L. 25 janv. 1985[5], art. 115)[6], devenu sous l'empire de la loi de sauvegarde des entreprises, l'article L. 624-9. Ce texte de la sauvegarde est applicable en redressement judiciaire (C. com., art. L. 631-18, I et en liquidation judiciaire, C. com., art. L. 641-14, al. 1). Une simple demande en restitution serait insuffisante. En revanche, si le changement intéressant le contrat ne concerne ni les parties ni les biens, il n'y a pas lieu à modification de la publicité. Il en va spécialement ainsi en cas de simple changement des modalités financières du contrat[7].

Les modifications qui affectent l'identité des parties ou des biens doivent être mentionnées en marge de l'inscription existante (C. mon. fin., art. R. 313-6, al. 1). Si la modification intervenue implique un changement de greffe pour l'inscription de la publicité, le vendeur sous clause de réserve de propriété ou le bailleur devra faire reporter l'inscription sur le registre du greffe du tribunal compétent (C. mon. fin., art. R. 313-6, al. 2). Cette disposition vise l'hypothèse de modification intervenue en la personne du crédit-preneur. Elle ne vise pas l'hypothèse de modification intéressant la personne du crédit-bailleur. Il est cependant parfois tiré argument de l'absence de modification de l'inscription dans la personne du crédit-bailleur pour rejeter ses prétentions[8]. Il a de même été jugé que le crédit-bailleur ne peut se voir reprocher de ne pas avoir effectué les modifications nécessaires s'il est resté dans l'ignorance des changements intervenus en la personne du crédit preneur[9]. Ces solutions ne peuvent être suivies. En effet, l'obligation de publicité a pour objet d'informer les tiers sur le fait que les biens qui constituent les actifs apparents du débiteur ne lui appartiennent pas. Il est donc parfaitement indifférent que les mentions modificatives de l'inscription initiale aient été portées sur le bordereau de publication. Il faudra, mais il suffira, que le crédit-bailleur procédant à sa demande en restitution démontre qu'il vient bien aux droits de celui au bénéfice duquel la publicité avait été prise.

L'article R. 313-6, alinéa 1 du code monétaire et financier prévoit que « les modifications affectant les renseignements mentionnés à l'article R. 313-3 sont publiées en marge de l'inscription existante ».

Le rapprochement entre l'article R. 313-6, alinéa 1 et l'article R. 313-3 conduit à décider que le changement d'identité du crédit-preneur constitue une modification devant être publiée en marge de l'inscription existante. Il en résulte que la modification en la personne du crédit-bailleur n'emportera jamais obligation, pour ce dernier, de procéder à une nouvelle publication de son contrat de crédit-

1. Com. 11 févr. 2014, n° 12-27.813, NP; n° 192 F-D.
2. Douai, 2e ch., 15 juin 1995, *Rev. proc. coll.* 1997, 188, n° 1, obs. Soinne.
3. Douai, 2e ch., 26 sept. 1996, *Diac c/Soinne ès-qual Graindor*, NP.
4. Com. 5 nov. 2013, n° 12-21.412, NP; n° 1037 F-D.
5. L. n° 85-98, 25 janv. 1985, préc.
6. T. com. Romans, ord. juge-com., 10 déc. 1996, *Loxxia Bail c/Me Grandjean ès-qual. Chatain SA*, NP.
7. T. com. Verdun, 20 déc. 1996, *Loxxia Bail c/Hombert Tourisme*, NP; et SUR APPEL : Nancy, 2e ch. com., 21 juin 2000, *Hombert Tourisme et Me Douillet ès-qual. c/Loxxia Bail*, NP.
8. AINSI : T. com. Versailles, 6e ch., 30 oct. 2007, RG n° 07/L019.
9. Douai, 2e ch., 31 oct. 1996, *Rev. proc. coll.* 2001, 12, n° 1 obs. Soinne.

bail, mais simplement de procéder, comme l'énonce l'article R. 313-6 alinéa 1 du code monétaire et financier, par voie de publication en marge de l'inscription existante. En outre, en cas de fusion absorption atteignant le crédit-bailleur, la publicité de cette opération substitue la société absorbante de plein droit dans la publicité initialement effectuée au nom du crédit-bailleur[1].

812.33 Publicité du contrat de crédit-bail et cession du contrat – Cession de la créance de loyers ou d'indemnité de résiliation. En cas de cession du contrat, il y a place à publicité. Il y a bien une modification de l'identité des parties.

La solution s'impose notamment en cas de cession d'un contrat dans le cadre d'un plan de cession. Cependant, en pareille hypothèse, d'une part l'opposabilité à tous du jugement arrêtant le plan de cession et de toutes ses dispositions, notamment celle imposant la cession du contrat au profit du repreneur, d'autre part, l'avis d'insertion au *Bodacc* de ce jugement, permettront de laisser sans conséquence l'absence de publicité sur le repreneur, en cas de procédure collective l'atteignant[2]. Une cour d'appel avait toutefois posé une solution contraire[3]. En pareille hypothèse, le crédit-bailleur devra revendiquer son bien dans la procédure collective du repreneur, faute de publicité du contrat sur le repreneur.

La solution a également été posée dans une espèce particulière où un contrat de location financière avait été conclu, contrat cédé à un repreneur en plan de cession, mais ensuite transformé en un contrat de crédit-bail. Ce contrat n'avait pas été publié. Dans la procédure collective du repreneur, le crédit-bailleur a été autorisé à revendiquer les véhicules financés, au motif que les créanciers de la première société n'ont pu douter de ce que le débiteur détenait les quatre véhicules en vertu du contrat cédé, du fait que le jugement arrêtant le plan de cession en rend les dispositions opposables à tous[4].

Cette solution apparaît critiquable, car le contrat de crédit-bail, en l'occurrence n'a jamais été publié, contrairement aux solutions sur lesquelles se fonde cet arrêt pour parvenir à sa solution.

Le fait que les dispositions du plan de cession, depuis la loi de sauvegarde des entreprises, ne soient pas opposables, mais applicables à tous, ne devrait pas modifier la solution[5].

La cession du contrat de crédit-bail doit être distinguée de la simple cession de la créance de loyers ou d'indemnité de résiliation. En ce dernier cas, il n'y a pas modification de la personne du crédit-bailleur, resté propriétaire du matériel, la cession de contrat n'entraînant pas cession du droit de propriété, lequel, dans le crédit-bail, ne joue pas le rôle d'une sûreté, et ne peut être simplement considéré comme un accessoire de la créance issue du contrat de crédit-bail[6].

812.34 Publicité du contrat de crédit-bail après jugement d'ouverture. Sous l'empire de la loi du 25 janvier 1985[7] non réformée, la publication du contrat de crédit-bail ne pouvait intervenir après jugement d'ouverture. La Cour de cassation avait appuyé la solution sur l'article 57 de la loi du 25 janvier 1985 (devenu C. com., art. L. 621-50), qui pose la règle de l'arrêt du cours des inscriptions[8]. La solution nous était apparue critiquable, même si elle avait été largement préconisée par la doctrine[9]. En effet, à l'époque, l'arrêt du cours des inscriptions concernait non seulement les inscriptions de sûreté, mais encore les actes constitutifs ou translatifs de droit réel. Tel n'était pas le cas d'un contrat de crédit-bail. Pendant la première phase du contrat, les parties sont dans les liens d'un louage. Il n'y a donc pas « acte constitutif ou translatif de droits réels ». Ce n'est qu'au jour de la levée d'option d'achat que le problème se pose.

La solution dégagée par la Cour de cassation ne pouvait plus être appuyée, sous l'empire de la loi du 25 janvier 1985 modifiée par la loi du 10 juin 1994[10], sur l'article 57 de la loi du 25 janvier 1985

1. Com. 5 juill. 2005, n° 04-11320, *Bull. civ.* IV, n° 154; *D.* 2005. Jur. 2165, note Le Corre-Broly; *D.* 2005. AJ 1999, obs. Lienhard; *RTD com.* 2006. 208, obs. Martin-Serf; *Gaz proc. coll.* 2005/3, p. 55, obs. Pérochon; *RTD com.* 2006. 469, n° 5, obs. Bouloc; *LXB* n° N6356AKM, note Le Corre-Broly; CONFIRMATION DE : Douai, 2e ch., 2e sect., 6 nov. 2003, RG n° 01/03114, *Gaz. Pal.* jur. 8-10 févr. 2004, p. 10, note Le Corre-Broly.
2. Com. 11 févr. 1997, n° 94-14143, *Bull. civ.* IV, n° 48; *Rev. proc. coll.* 1997, 189, n° 1, obs. Soinne; *RJDA* 1997/6, n° 843 – Com. 28 oct. 2008, n° 07-16.443, *Bull. civ.* IV, n° 179; *D.* 2008. AJ 2866, note Lienhard; *Gaz. proc. coll.* 2009/1, p. 53, note Pérochon; *Act. proc. coll.* 2008, n° 309, note Pérochon; *JCP E* 2009. Chron. 1000, n° 7, obs. M. Cabrillac; *RTD com.* 2009. 457, n° 7, obs. Martin-Serf; *LXB hebdo* 20 nov. 2008, n° 17, n° N7494BZ, note Le Corre-Broly.
3. Montpellier, 2e ch. B, 10 sept. 1996, *Diac c/Me Melon ès-qual Isotop*, NP.
4. Metz, 2e ch. com., 8 janv. 2014, RG n° 13/01452, *Juris-Data* 000123.
5. Lienhard, note ss Com. 28 oct. 2008, n° 07-16.443, *Bull. civ.* IV, n° 179; *D.* 2008. AJ 2866.
6. Douai, 2e ch., 2e sect., 6 nov. 2003, RG n° 01/03114, *Gaz. Pal.* 8-10 févr. 2004, Jur. 10, note Le Corre-Broly.
7. L. n° 85-98, 25 janv. 1985, préc.
8. Com. 11 mai 1999, n° 96-22.763, *Bull. civ.* IV, n° 96; *RTD com.* 2000. 165, obs. M. Cabrillac; *LPA* 1er juin 1999, n° 108, p. 5, obs. P. M.; *LPA* 14 sept. 1999, n° 183, p. 13, note Courtier; *Act. proc. coll.* 1999, n° 149, obs. Crocq; *JCP E* 1999. Chron. 1535, n° 3-c-16, obs. M. Cabrillac; D. Affaires 1999. 1042, obs. Lienhard; *Rev. proc. coll.* 2001, 13, n° 3, obs. Soinne.
9. DERRIDA *ET ALII*, n° 343.
10. L. n° 94-475, 10 juin 1994, préc.

(C. com., art. L. 621-50), c'est-à-dire la règle de l'arrêt du cours des inscriptions. L'article 57 (C. com., art. L. 621-50) avait en effet été modifié et ne visait plus les actes translatifs ou constitutifs de droits réels. La publicité initiale pouvait donc, sous l'empire de la loi du 25 janvier 1985 réformée par la loi du 10 juin 1994, valablement intervenir après jugement d'ouverture. Le problème était alors celui de son opposabilité aux créanciers du débiteur. Dès lors que la publicité n'avait pas été effectuée au jour du jugement d'ouverture, le droit de propriété ne pouvait être opposable aux créanciers du preneur[1], même si le contraire avait encore été jugé par certaines juridictions du fond[2]. Si le bien était entré dans le patrimoine apparent du débiteur avant jugement d'ouverture, seuls les créanciers dont la créance était née après l'entrée du bien dans les « magasins » du débiteur et avant le jugement d'ouverture pouvaient se prévaloir de l'inopposabilité de la publication. Les autres ne pouvaient prétendre s'être mépris sur l'élément contribuant à la solvabilité apparente du débiteur. Ils ne pouvaient prétendre avoir ignoré l'existence du droit de propriété du crédit-bailleur (C. mon. fin., art. R. 313-10). La Cour de cassation allait même plus loin en considérant que le bien ne devenait la propriété du bailleur qu'au jour de la signature du procès-verbal de réception. Dès lors, si cette dernière intervenait après jugement d'ouverture, la publicité pouvait valablement être effectuée après ledit jugement. Précisons que sous l'empire de la loi du 25 janvier 1985 non réformée, il avait été jugé que le crédit-bailleur était même dispensé en pareille hypothèse d'avoir à revendiquer[3].

La modification des textes relatifs à la publication des actes translatifs de propriété après jugement d'ouverture par la loi de sauvegarde des entreprises ne permet pas la remise en cause de la solution, alors surtout que l'article R. 624-15 alinéa 1 du code de commerce (anc[t] D. 28 déc. 2005[4], art. 117, al. 1), disposition de la procédure de sauvegarde applicable en redressement (C. com., art. R. 631-31 [anc[t] D. 28 déc. 2005, art. 199]) et en liquidation judiciaires (C. com., art. R. 641-31 [anc[t] D. 28 déc. 2005, art. 242]), prévoit explicitement que la dispense de revendication n'est accordée qu'au titulaire d'un contrat publié avant le jugement d'ouverture.

1. Com. 4 déc. 2001, n° 99-19.622, NP, *Act. proc. coll.* 2002, n° 24 et 2002, n° 62, obs. Vallansan; *Rev. proc. coll.* 2003, p. 137, n° 29, obs. Soinne.
2. Montpellier, 2 oct. 2001, *Rev. proc. coll.* 2003, p. 137, n° 29, obs. Soinne.
3. Com. 16 mai 1995, n° 93-13.063, *Bull. civ.* IV, n° 143; *Rev. proc. coll.* 1995, 468, n° 5, obs. Soinne.
4. D. n° 2005-1677, 28 déc. 2005, préc.

SECTION 812.40
SANCTIONS VARIABLES DE L'ABSENCE DE PUBLICITÉ

812.41 Principe de variabilité de la sanction de l'absence d'accomplissement régulier des mesures de publicité. Pour autoriser la dispense de revendication, la publicité devra être accomplie régulièrement, en respectant les règles de compétence territoriale. La publicité se périme par cinq ans (C. mon. fin., art. L. 313-11 [anc[t] L. n° 66-455, 2 juill. 1966, art. 1-4]). Elle peut être renouvelée, avant péremption. L'obligation de renouvellement de la publicité ne s'impose pas, si le contrat est résilié[5].

À défaut d'accomplissement régulier des mesures de publicité, la sanction sera variable, selon qu'il s'agit d'un contrat de crédit-bail ou d'un contrat de location ou de vente avec clause de réserve de propriété.

812.42 Sanction de l'absence d'accomplissement régulier des mesures de publicité en présence d'un crédit-bail. À défaut de publicité régulière du contrat de crédit-bail, le crédit-bailleur ne pourra opposer aux créanciers et ayants cause à titre onéreux du débiteur son droit de propriété, sauf à prouver que tous les créanciers du débiteur avaient connaissance de la propriété de l'établissement de crédit-bail[6], ce qui sera relativement difficile. C'est ainsi que la preuve que le mandataire de justice avait connaissance de la propriété du bien, par exemple par l'existence d'une carte grise, est estimée insuffisante[7]. Il a été jugé de même que, en l'absence de publication d'un contrat de crédit-bail mobilier, la preuve de la connaissance du droit de propriété sur le bien objet du contrat de crédit-bail par chacun des créanciers ne résulte ni de la continuation par l'administrateur judiciaire du contrat, ni de la déclaration de créance du crédit-bailleur au passif du redressement judiciaire[8]. Contrairement à ce qui pu être jugé[9], la connaissance par un créancier ne peut suffire à rendre opposable le droit de propriété à la procédure collective, de sorte que l'action en restitution ne peut prospérer.

5. Douai, 2e ch., 15 juin 1995, *Rev. proc. coll.* 1997, 188, n° 1, obs. Soinne.
6. Com. 29 avr. 2014, n° 13-12.528, *Bull. civ.* IV, n° 73; n° 412 F-P+B; *Gaz. Pal.* 29 juin 2014, n° 180, p. 32, note Le Corre-Broly; *Rev. sociétés* 2014. 406, note Roussel Galle; *Gaz. Pal.* 20 juill. 2014, n° 201, p. 24, note Moreil; *RTD com.* 2015, 158, n° 6, obs. Martin-Serf.
7. Com. 29 avr. 1997, n° 95-15.099, *Bull. civ.* IV, n° 112; *RJDA* 1997/8-9, n° 1066.
8. Com. 7 déc. 2004, n° 02-14.088, NP, *Gaz. proc. coll.* 2005/1, p. 48, note Le Corre-Broly.
9. Metz, ch. urg., 11 sept. 2014, RG n° 13/02647, *JurisData* 027560.

Il y aura inopposabilité du droit de propriété, laquelle interdira non seulement la restitution du bien, mais aussi sa revendication[1]. Bien qu'il n'y ait pas perte du droit de propriété et transfert corrélatif du bien au débiteur, le bien deviendra le gage des créanciers, le propriétaire ne pouvant se présenter comme tel à leur égard et à celui de leur représentant[2], c'est-à-dire à la procédure collective.

La distinction entre inopposabilité aux créanciers et perte du droit de propriété a des conséquences importantes. Le débiteur et l'administrateur, lequel représente, assiste ou surveille le débiteur dans sa gestion, ne peuvent se prévaloir de l'absence de publicité régulière[3]. En plan de continuation, le débiteur se retrouve alors seul face au crédit-bailleur. Or le droit de propriété lui reste opposable[4], ce qui autorisera le crédit-bailleur à reprendre le bien crédit baillé, si le paiement des loyers nés régulièrement après jugement d'ouverture ou des loyers dus après plan de continuation n'a pas été effectué. Il ne s'agira pas d'une action en revendication, mais d'une action en restitution née du contrat[5].

En outre, l'inopposabilité du droit de propriété résultant du défaut de publicité du contrat de crédit-bail n'affecte pas les droits du crédit-bailleur sur les mensualités perçues antérieurement à l'ouverture de la procédure[6], pas plus qu'elle n'interdit au crédit-bailleur de percevoir les loyers du crédit-bail après le jugement d'ouverture, au titre de la continuation du contrat, ces loyers étant en outre éligibles au traitement préférentiel réservé aux créanciers postérieurs au titre de la contrepartie de la prestation fournie au débiteur. Signalons toutefois qu'une opinion contraire a été émise sur la question[7].

Enfin, l'inopposabilité à la procédure collective du droit de propriété résultant du défaut de publicité du contrat de crédit-bail n'interdit pas au crédit-bailleur de s'opposer à l'exercice du privilège du bailleur sur les biens crédit baillés, dès lors que le bailleur connaissait la propriété du crédit-bailleur[8]. Mais contrairement à ce qui pu être jugé, cette connaissance par un créancier ne peut suffire à rendre opposable le droit de propriété à la procédure collective, de sorte que l'action en restitution ne peut prospérer[9].

812.43 Sanction de l'absence d'accomplissement régulier des mesures de publicité en présence d'un contrat non soumis à publicité obligatoire aux fins d'opposabilité. En présence d'un contrat autre qu'un contrat de crédit-bail, et non soumis à publicité obligatoire aux fins d'opposabilité, le droit de propriété du cocontractant ne devient pas inopposable à la procédure. Il n'est cependant plus opposable de plein droit. Les bailleurs et autres vendeurs sous clause de réserve de propriété ne seront pas dispensés de revendiquer. Ils devront alors respecter les modalités de l'action en revendication[10], et notamment les délais de cette action (v. s^s n°s 813.53 et 813.57).

SECTION 812.50
DEMANDE EN ACQUIESCEMENT DE RESTITUTION

812.51 Caractère facultatif de la demande en restitution. La règle introduite par l'article L. 621-116 du code de commerce (anc^t L. 25 janv. 1985[11], art. 115-1), devenu l'article L. 624-10 dans la rédaction de la loi de sauvegarde des entreprises, est particulièrement importante. Le propriétaire ayant publié son contrat est dispensé de faire reconnaître son droit de propriété. Cette expression évoque incontestablement l'action en revendication[12]. L'article L. 621-123 du code de commerce (anc^t L. 25 janv. 1985, art. 121-1) envisage la situation de ce propriétaire en lui accordant la possibilité de présenter une demande en restitution.

Sous l'empire de la législation antérieure à la loi de sauvegarde des entreprises, la loi ne prévoyait pas explicitement la possibilité pour le propriétaire dont le contrat était publié de demander la restitution de son bien. L'article L. 621-123 du code de commerce envisageant la situation de ce propriétaire accordait la possibilité d'acquiescer à la demande en acquiescement de restitution. La loi de sauvegarde des entreprises pose plus clairement la solution à l'article L. 624-10 : le propriétaire d'un bien dont le contrat est publié « peut réclamer la restitution de son bien ». Est ainsi consacré « dans la loi le droit à restitution en tant qu'action spécifique distincte de la

1. Bordeaux, 2e ch. civ., 27 oct. 2014, RG n° 14/00010, *JurisData* 025582.
2. Com. 16 mars 1993, n° 91-11.587, NP, *RJDA* 1994/1, n° 91.
3. Com. 16 mai 1995, n° 93-13.063, *Bull. civ.* IV, n° 143; *JCP* 1995. II. 22497, note Clément; *Rev. proc. coll.* 1995, 468, n° 5, obs. Soinne.
4. Com. 16 mars 1995, *RJDA* 1995/11, n° 1254.
5. Com. 3 déc. 1996, n° 94-16.815, *Bull. civ.* IV, n° 300; *Rev. proc. coll.* 1997, 323, n° 27, obs. Soinne.
6. Com. 29 avr. 2014, n° 13-12.528, *Bull. civ.* IV, n° 73; n° 412 F-P+B; *Gaz. Pal.* 29 juin 2014, n° 180, p. 32, note Le Corre-Broly; *Rev. sociétés* 2014. 406, note Russel Galle; *Gaz. Pal.* 20 juill. 2014, n° 201, p. 24, note Moreil; *RTD com.* 2015. 158, n° 6, obs. Martin-Serf.
7. Favario, note s^s Com. 29 avr. 2014, n° 13-12.528, *Bull. civ.* IV, n° 73; n° 412 F-P+B; *Leden* juin 2014, comm. 92.
8. Metz, ch. urg., 11 sept. 2014, RG n° 13/02647, *JurisData* 027560.
9. Metz, ch. urg., 11 sept. 2014, préc.
10. Com. 3 mai 2006, n° 05-11.051, NP; n° 520 F-D; *Gaz. proc. coll.* 2006/3, p. 45, obs. Pérochon; *Rev. proc. coll.* 2006/4, p. 360, n° 1, obs. Monsérié-Bon.
11. L. n° 85-98, 25 janv. 1985, préc.
12. RAPPR. : PÉROCHON, 10e éd., n° 1636.

revendication ». En ce sens, il est indiqué que ce propriétaire « peut réclamer la restitution de son bien dans des conditions fixées par décret »[1].

Tant sous l'empire de la législation antérieure[2] que sous l'empire de la loi de sauvegarde des entreprises, le caractère facultatif de l'action en restitution doit être affirmé. Il en résulte que le liquidateur engage sa responsabilité, en l'absence de toute demande en restitution, s'il vend les biens appartenant à des propriétaires dispensés d'avoir à revendiquer, sans les mettre préalablement en demeure d'avoir à reprendre leur bien et sans consigner le prix provenant de la vente desdits biens[3].

L'action en restitution de meubles engagée avant l'ouverture de la procédure n'est pas soumise aux dispositions spécifiques aux demandes en restitution exercées après l'ouverture de la procédure collective[4], à l'identique de la solution posée pour l'action en revendication (v. s^{s} n° 813.22). Elle sera donc poursuivie après le jugement d'ouverture selon les dispositions de l'article L. 621-42 du code de commerce, devenu l'article L. 622-23 dans la rédaction de la loi de sauvegarde des entreprises, textes réglementant les actions en justice et voies d'exécution non interrompues par la règle de l'arrêt des poursuites individuelles et des voies d'exécution.

812.52 Auteur de la demande en restitution. La demande en restitution ne s'analyse pas en une demande en justice (v., par analogie, la solution retenue en matière de demande en revendication s^{s} n° 813.51). Elle n'est pas adressée à une juridiction et, en cas d'accord des parties, ne conduira pas à une décision de justice. En conséquence, son auteur importe peu. Il pourra d'abord s'agir du propriétaire, personne physique. Il pourra s'agir d'un avocat. Pour le propriétaire, personne morale, il pourra s'agir de son représentant légal ou d'un préposé, sans que ce dernier ait à justifier d'une délégation de pouvoirs pour présenter la demande. Il pourra enfin s'agir d'un tiers, muni ou non d'un pouvoir spécial.

1. *Rapp. Xavier de Roux*, n° 2095, p. 261.
2. Com. 18 sept. 2012, n° 11-21.744, *Bull. civ.* IV, n° 162; *D.* 2012. Actu. 2240, obs. Lienhard; *Gaz. Pal.* 18 janv. 2013, n° 18, p 32, note Le Corre-Broly; *Act. proc. coll.* 2012, n° 241, note Vallansan; *BJE* 2012. 372, note Laroche; *JCP E* 2012. Chron. 1757, n° 17, obs. Pétel; *Bull. Joly* nov. 2012. 815, note Barbièri; *Rev. proc. coll.* 2013, comm. 137, note Monsérié-Bon – Com. 2 juin 2015, n° 14-13.116, NP; n° 545 F-D; *Gaz. Pal. entr. diff.* 20 oct. 2015, n° 291, p. 31, note Le Corre-Broly; *BJE* sept. 2015, 298, note Laroche; *Rev. proc. coll.* 2015, comm. 163, note Lebel.
3. Com. 2 juin 2015, n° 14-13.116, préc.
4. Com. 30 juin 2004, n° 02-18.353, NP, *Rev. proc. coll.* 2006/1, p. 53, n° 12, obs. Lebel – Com. 31 janv. 2012, n° 10-19.063, NP; n° 93 F-D – Com. 31 janv. 2012, n° 10-19.064, NP; n° 94 F-D – Com. 31 janv. 2012, n° 10-19.065, NP; n° 95 F-D.

812.53 Destinataire de la demande en acquiescement de restitution. Pour les procédures ouvertes entre le 1er janvier 1986 et le 31 décembre 2005, l'article 85-4 du décret du 27 décembre 1985[5] réglemente la demande en restitution. L'alinéa 1 se contente d'indiquer que la demande est faite au mandataire de justice mentionnée à l'article 121-1 de la loi (devenu C. com., art. L. 621-123), par lettre recommandée avec demande d'avis de réception. En redressement judiciaire, le mandataire de justice sera l'administrateur ou, à son défaut, le représentant des créanciers. En liquidation judiciaire, il s'agira du liquidateur.

La loi de sauvegarde des entreprises, pour les procédures ouvertes à compter du 1er janvier 2006, a modifié partiellement le destinataire de la demande en acquiescement de restitution. L'article L. 624-17 (texte de la procédure de sauvegarde applicable en redressement judiciaire du fait du renvoi opéré par l'article L. 631-18, I) indique que la demande est adressée à l'administrateur judiciaire. Il faut indiquer que, si un administrateur judiciaire a été désigné aux fins de faire fonctionner les comités de créanciers, dans une procédure de sauvegarde ou de redressement judiciaire sans administrateur judiciaire, tout se passe comme si aucun administrateur judiciaire n'avait été désigné. En effet, cet administrateur n'est investi que des prérogatives relatives au fonctionnement des comités de créanciers (C. com., art. R. 626-53 [anc^{t} D. 28 déc. 2005, art. 163]). À défaut d'administrateur, la demande en acquiescement de restitution sera adressée au débiteur. Le mandataire judiciaire n'est donc pas le destinataire de la demande, en l'absence d'administrateur judiciaire. Le débiteur ne pourra cependant acquiescer qu'avec l'accord du mandataire judiciaire.

En liquidation judiciaire, le destinataire de la demande sera, selon la loi, le liquidateur (C. com., art. L. 641-4, al. 3). Cependant, le décret du 28 décembre 2005[6] oblige, d'une manière non symétrique à la loi, à distinguer selon que, en liquidation judiciaire un administrateur a ou non été nommé. Cette disposition prévoit en effet que « les articles R. 624-13 à R. 624-16 (anc^{t} D. 28 déc. 2005, art. 114 à 117) sont applicables à la procédure de liquidation judiciaire. Le liquidateur exerce les fonctions dévolues par ces dispositions au mandataire judiciaire. Lorsqu'il n'a pas été désigné d'administrateur, le liquidateur exerce également les fonctions dévolues à l'administrateur par ces dispositions ». Ainsi, si un administrateur judiciaire a été désigné, il sera le destinataire de la demande en acquiescement de restitution.

5. D. 85-1388, 27 déc. 1985, préc.
6. D. 2005-1677, 28 déc. 2005, préc.

L'article 69 de l'ordonnance du 12 mars 2014, applicable aux procédures ouvertes à compter du 1er juillet 2014, modifie une nouvelle fois les solutions, en procédant à une écriture incontestablement plus lisible des textes, par la création d'un nouvel article : l'article L. 641-14-1 du code de commerce. Cette, disposition prévoit que le liquidateur, avec l'accord de l'administrateur judiciaire s'il en a été désigné, peut acquiescer à la demande en restitution.

Le nouveau destinataire de la demande en acquiescement est donc désormais le liquidateur, alors même qu'un administrateur serait nommé (C. com., art. R. 641-31, I, al. 2, réd. D. 30 juin 2014[1], art. 95). Le demandeur en adresse une copie à l'administrateur judiciaire, s'il en a été désigné. L'administrateur doit donner son accord (C. com., art. L. 641-14-1). La solution vaut pour l'action en reprise exercée par un EIRL.

Conséquence du transfert de pouvoir au liquidateur, la référence dans l'alinéa 3 de l'article L. 641-4 à l'article L. 624-17 prévoyant l'acquiescement à une demande en revendication ou en restitution par l'administrateur est supprimée (ord. 12 mars 2014[2], art. 65, 2°). Identiquement, l'application de l'article L. 624-17 en liquidation est écartée dans le premier alinéa de l'article L. 641-14.

La demande adressée au mandataire judiciaire ou au représentant des créanciers, alors qu'un administrateur a été désigné, est irrégulière. En cas d'erreur commise par le propriétaire, il est conseillé au mandataire de justice, destinataire de la demande, d'indiquer à l'intéressé l'erreur par lui commise[3]. L'irrégularité qui entache la demande en acquiescement de restitution reste cependant sans conséquence si elle a disparu avant que n'expire le délai accordé au mandataire de justice pour répondre. Il en sera ainsi lorsque, du fait du prononcé de la liquidation judiciaire dans le délai du mois imparti au mandataire de justice pour répondre, il est devenu liquidateur[4].

En outre, compte tenu de l'absence de délai de saisine du mandataire compétent, l'erreur commise par le propriétaire dont le contrat est publié reste sans conséquence, faute de délai d'introduction de la demande.

1. D. n° 2014-736, 30 juin 2014, *JO* 1er juill., p. 10834.
2. Ord. n° 2014-326, 12 mars 2014, *JO* 14 mars, p. 52
3. IFPPC, recomm. nos 1103-7, 6032-7, p. 32, 160.
4. Com. 5 juill. 2005, n° 04-11.320, *Bull. civ.* IV, 154; *D.* 2005. Jur. 2165, note Le Corre-Broly; *D.* 2005. 1999, obs. Lienhard; *RTD com.* 2006. 208, obs. Martin- ; *RTD com.* 2006. 469, n° , obs. Bouloc; *Gaz. proc. co* 005/3, p. 55, obs. Pérochon; *LXB* n° N6356AKM, note Corre-Broly; CONFIRMATION DE : Douai, 2e ch., 2e se 6 nov. 2003, RG n° 01/03114, *Gaz. Pal.* 8-10 févr. 2(Jur. 10, note Le Corre-Broly.

812.54 Absence de délai de présentation de la demande en acquiescement de restitution. L'article 85-4 du décret du 27 décembre 1985[5] doit être comparé avec l'article 85-1 du même décret qui réglemente l'action en revendication. Le rapprochement peut également être tenté, depuis la loi de sauvegarde des entreprises, entre l'article R. 624-13 alinéa 1 du code de commerce (anct D. 28 déc. 2005[6], art. 114) et l'article R. 624-14 alinéa 1 du code de commerce (anct D. 28 déc. 2005, art. 116, al. 1). Dans le domaine de l'action en revendication, la demande doit être adressée dans le délai de l'action en revendication (v. ss n° 813.53). Pareille précision n'existe pas, en ce qui concerne la demande en restitution. La conséquence à en tirer est extrêmement simple : la demande en restitution n'est enfermée dans aucun délai, ce qu'indique, sous l'empire de la loi du 25 janvier 1985[7] (réd. L. 10 juin 1994[8]) la jurisprudence des juges du fond[9], dont l'opinion est suivie par les auteurs[10], et a été consacrée par la Cour de cassation[11], et ce que confirment les travaux préparatoires à l'occasion de la réforme de sauvegarde des entreprises[12]. Cette loi n'a donc pas modifié les solutions applicables.

812.55 Acquiescement du mandataire à la demande en acquiescement de restitution. Le mandataire de justice, destinataire de la demande en restitution, peut acquiescer à la demande.

L'acquiescement (sur cette notion, v. ss n° 813.51) est subordonné à l'accord du débiteur, même si celui-ci est dessaisi. Il y a donc là, pour le débiteur, un droit propre à refuser l'acquiescement. La solution posée sous l'empire de la législation antérieure a été conservée par la loi de sauvegarde des entreprises, l'ordonnance de réforme du droit des sûretés du 23 mars 2006[13] (art. 48, II) s'étant contenté de modifier la rédaction maladroite du texte de l'article L. 624-17 du code de commerce.

L'acquiescement peut prendre un tour particulier, lorsque le liquidateur laisse vendre, dans le cadre d'une autre procédure collective, un bien crédit-baillé, dont la restitution lui avait été demandée.

5. D. n° 85-1388, 27 déc. 1985, préc.
6. D. n° 2005-1677, 28 déc. 2005, préc.
7. L. n° 85-98, 25 janv. 1985, préc.
8. L. n° 94-475, 10 juin 1994, préc.
9. T. com. Nantes, ord. J.-C., 18 févr. 2004, *Bail Ouest/Me Hervouet* ès qual. *M. Beziau*, NP – Douai, 2e ch., 2e sect., 6 nov. 2003, RG n° 01/03114, *Gaz. Pal.* 8-10 févr. 2004, Jur. 10, note Le Corre-Broly.
10. RIPERT ET ROBLOT, n° 3147-1 – PÉROCHON, 10e éd., n° 1642 – VALLENS, 2015, n° 3931 – LIENHARD, 6e éd. 2015/2016, n° 103.37.
11. Com. 18 sept. 2012, n° 11-21.744, *Bull. civ.* IV, n° 162, préc. (v. ss n° 812.51).
12. *Rapp. Xavier de Roux*, n° 2095, p. 259.
13. Ord. n° 2006-346, 23 mars 2006, *JO* 24 mars, p. 4475.

Il a pu être jugé que le liquidateur devait, ès qualités, une créance de réparation couverte par l'article L. 621-32, comme étant née régulièrement après le jugement d'ouverture, alors qu'il avait donné au crédit-bailleur l'assurance qu'il pourrait percevoir le prix de vente[1]. Il ne nous semble pas que la solution soit reconductible, sous l'empire de la loi de sauvegarde des entreprises, sauf à considérer, ce que nous ne pensons pas, que la créance est née pour les besoins du déroulement de la procédure collective.

Dans la procédure de sauvegarde, depuis la loi de sauvegarde des entreprises[2], lorsqu'il n'y a pas d'administrateur, l'acquiescement appartient au débiteur. Il doit recevoir l'avis favorable du mandataire judiciaire (C. com., art. L. 624-17). Cette disposition de la sauvegarde est applicable en redressement judiciaire, du fait du renvoi opéré par l'article L. 631-18, I (devenu C. com., art. L. 631-18, al. 1, réd. ord. 18 déc. 2008[3]).

812.56 Reconnaissance du droit à restitution depuis l'ordonnance du 18 décembre 2008. L'article L. 624-10-1 du code de commerce, issu de l'ordonnance de réforme (ord. 18 déc. 2008[4], art. 42), applicable aux procédures ouvertes à compter du 15 février 2009, prévoit que lorsque le droit à restitution a été reconnu dans les conditions prévues à l'article L. 624-10 du code, et si le bien fait l'objet d'un contrat en cours au jour de l'ouverture de la procédure, la restitution effective interviendra au jour de la résiliation du contrat ou du terme du celui-ci. Le droit à restitution sera reconnu soit par l'acquiescement du mandataire ou du débiteur, selon le cas, soit par la décision de justice rendue après saisine sur requête du juge-commissaire.

Ainsi, le propriétaire, titulaire d'un contrat publié en cours au jour du jugement d'ouverture, peut présenter dès l'ouverture de la procédure sa demande en restitution, laquelle, si elle aboutit, autorisera la reprise du bien, qui ne sera cependant effective qu'ultérieurement, lorsque le lien contractuel justifiant la détention précaire aura cessé. La solution, préconisée par un auteur[5] est symétrique par rapport à celle posée en matière d'action en revendication, en observant toutefois que l'action en restitution n'est enfermée dans aucun délai, au contraire de l'action en revendication.

1. Com. 2 mars 2010, n° 09-10.039, NP; n° 255 F-D; *Gaz. Pal. entr. diff.* 2-3 juill. 2010, n°s 183, 184, p. 39, note Le Corre-Broly; *RTD com.* 2011. 176, n° 9, obs. Martin-Serf; *Dr. et patr.* sept. 2011. 74, note Saint-Alary-Houin; *Rev. proc. coll.* 2012, n° 42, note Saint-Alary-Houin.
2. L. n° 2005-845, 26 juill. 2005, *JO* 27 juill., p. 12187.
3. Ord. n° 2008-1345, 18 déc. 2008, *JO* 19 déc., p. 19462.
4. Ord. n° 2008-1345, 18 déc. 2008, préc.
5. Pérochon, « La procédure des revendications et des restitutions dans les procédures collectives », intervention au colloque du Crajefe, Nice, 17 mai 2008, *LPA* 28 nov. 2006, p. 56, n° 29.

SECTION 812.60
REQUÊTE EN RESTITUTION

812.61 Requête en restitution. Si le mandataire de justice n'acquiesce pas à la demande en restitution, dans le délai du mois de la demande ou en cas de contestation, l'article 85-4 alinéa 2 du décret du 27 décembre 1985[6] et l'article R. 624-14 alinéa 2 du code de commerce (anc^{t} D. 28 déc. 2005[7], art. 116, al. 2) prévoient que « le juge-commissaire peut être saisi à la diligence du propriétaire afin qu'il soit statué sur les droits de ce dernier » (sur la compétence exclusive du juge-commissaire en matière de revendication, v. s^{s} n° 813.54). Depuis la loi de sauvegarde des entreprises[8], applicable aux procédures ouvertes à compter du 1er janvier 2006, le défaut d'acquiescement pourra aussi être l'œuvre du débiteur ou du mandataire judiciaire refusant de suivre l'avis du débiteur (C. com., art. L. 624-17, en sauvegarde, C. com., art. L. 631-18, I, en redressement judiciaire).

Aucune forme n'est imposée par les textes. En pratique, la requête prendra, le plus souvent, la forme d'un courrier recommandé, lequel sera déposé au greffe du tribunal.

Ici encore, le texte doit être comparé à l'article 85-1 alinéa 2 du décret du 27 décembre 1985 ou à l'article R. 624-13 alinéa 2 du code de commerce (anc^{t} D. 28 déc. 2005, art. 114, al. 2), qui obligent, à défaut d'acquiescement dans le délai du mois de réception de la demande, le propriétaire à saisir le juge-commissaire, dans le délai du mois de l'expiration du délai de réponse imparti au mandataire, et ce à peine de forclusion. La différence entre les deux textes est double. Alors que le propriétaire est enfermé dans un délai pour saisir le juge-commissaire d'une requête en revendication, il n'existe aucun délai pour la requête en restitution[9]. Alors que la saisine dans le délai est impartie à peine de forclusion pour la requête en revendication, aucune forclusion n'est prévue pour la requête en restitution. Ces deux différences s'expliquent aisément. Alors que la requête en revendication est obligatoire, puisque « le demandeur doit [...] saisir le juge-commissaire », l'article 85-4 alinéa 2 du décret du 27 décembre 1985 et l'article R. 624-14 alinéa 2 du code de commerce (anc^{t} D. 28 déc. 2005, art. 116,

6. D. n° 85-1388, 27 déc. 1985, préc.
7. D. n° 2005-1677, 28 déc. 2005, préc.
8. L. n° 2005-845, 26 juill. 2005, préc.
9. Pérochon, 10e éd., n° 1642.

al. 2) prévoient que le juge-commissaire peut être saisi... La requête en restitution est donc facultative. On comprend qu'une requête facultative ne soit enfermée dans aucun délai[1]. Le caractère facultatif, et par voie de conséquence exclusif d'un délai de forclusion, existe identiquement pour les demandes en acquiescement de restitution présentées au mandataire.

L'auteur de la requête en restitution sera déterminé dans les mêmes conditions que l'auteur d'une déclaration de créance, sous l'empire de la législation antérieure à l'ordonnance du 12 mars 2014[2], la déclaration de créance étant jusqu'à cette ordonnance du 12 mars 2014, assimilée à une demande en justice (v. s^{s} n°s 662.11 à 662.44).

Demande en acquiescement de restitution et requête en restitution sont des techniques de dissipation de l'incertitude, non des techniques d'établissement des droits. Il nous semblait dès lors logique de décider que la complexité introduite, dans le cadre des actions en revendication, consistant à saisir d'abord le mandataire de justice, puis le juge-commissaire, n'existait pas pour les demandes en restitution. L'article 85-4 alinéa 2 du décret du 27 décembre 1985 et l'article R. 624-14 alinéa 2 du code de commerce (anc^{t} D. 28 déc. 2005, art. 116, al. 2) le prévoient explicitement en indiquant que le juge-commissaire peut être saisi d'une demande en restitution, même en l'absence de demande en acquiescement préalablement adressée au mandataire de justice compétent. Mais, dès lors que la saisine du juge-commissaire émane du propriétaire, et non du mandataire de justice, la Cour de cassation décide que le préalable de la demande en acquiescement à l'organe compétent s'impose avant la saisine du juge-commissaire[3]. Il faut bien voir cependant que, faute de délai de présentation de la demande en acquiescement et de la requête en restitution, le rejet de la demande pour ce motif n'interdira pas au propriétaire de recommencer toute la procédure. On peut dès lors sérieusement s'interroger sur la nécessité de maintenir les deux temps de cette demande en restitution.

Quoi qu'il en soit, et tenant compte de l'invitation lancée par la Cour de cassation qui semble distinguer selon que la requête émane du propriétaire ou du mandataire, l'article R. 641-31, I, alinéa 3 du code de commerce, dans la rédaction que lui donne l'article 95 du décret du 30 juin 2014[4], dispose que « même en l'absence de demande préalable de restitution, le juge-commissaire peut être saisi par le liquidateur », Au regard de la position de la Cour de cassation ci-dessus explicitée, il nous apparaît que la disposition nouvelle est de nature interprétative.

Indiquons enfin que l'article L. 624-10-1 du code de commerce, issu de l'ordonnance du 18 décembre 2008[5], art. 42, applicable aux procédures ouvertes à compter du 15 février 2009, prévoit que lorsque le droit à restitution a été reconnu dans les conditions prévues à l'article L. 624-10 du code, et si le bien fait l'objet d'un contrat en cours au jour de l'ouverture de la procédure, la restitution effective interviendra au jour de la résiliation du contrat ou du terme du celui-ci. Le droit à restitution sera, à défaut d'acquiescement à la demande en restitution, reconnu par la décision de justice rendue après saisine sur requête du juge-commissaire (v. s^{s} n° 812.56).

SECTION 812.70

VOIES DE RECOURS À L'ENCONTRE DE L'ORDONNANCE STATUANT SUR LA REQUÊTE EN RESTITUTION

812.71 Voies de recours sur les décisions statuant en matière de restitution. La décision que rendra le juge-commissaire est susceptible, de la part des personnes dont les droits et obligations sont susceptibles d'être affectés, d'un recours devant le tribunal, qualifié par la pratique d'opposition, dans le délai classique de huitaine de la notification, sous l'empire de la législation antérieure à la loi de sauvegarde des entreprises, dans le délai de dix jours à compter de la notification, sous l'empire de législation de sauvegarde des entreprises, c'est-à-dire pour les procédures ouvertes à compter du 1er juillet 2006.

Seule une notification régulière peut faire courir le délai de recours, qu'il s'agisse du recours contre l'ordonnance ou du recours contre le jugement statuant sur le recours contre l'ordonnance. Le liquidateur, demandeur à la fin de non-recevoir tirée de la tardiveté de l'appel, doit verser aux débats la lettre de notification du greffe afin que la juridiction saisie de la fin de non-recevoir puisse vérifier la régularité de la notification et, par voie de conséquence, la possibilité de faire courir le délai d'appel[6]. Si la question en débat avait été celle de l'exception de

1. T. com. Nantes, ord. J.-C., 18 févr. 2004, *Bail Ouest/Me Hervouet* ès qual. *M. Beziau*, NP.
2. Ord. n° 2014-326, 12 mars 2014, préc.
3. Com. 5 juill. 2005, n° 04-11.320, *Bull. civ.* IV, n° 154; *D.* 2005. Jur. 2165, note Le Corre-Broly; *D.* 2005. AJ 1999, obs. Lienhard; *RTD com.* 2006. 208, obs. Martin-Serf; *RTD com.* 2006. 469, n° 5, obs. Bouloc; *Gaz. proc. coll.* 2005/3, *p. 55, obs. Pérochon; LXB n° N6356*AKM, note Le Corre-Broly; CONFIRMATION DE : Douai, 2e ch., 2e sect., 6 nov. 2003, RG n° 01/03114, *Gaz. Pal.* 8-10 févr. 2004, p. 10, note Le Corre-Broly.
4. D. n° 2014-736, 30 juin 2014, préc.
5. Ord. n° 2008-1345, 18 déc. 2008, préc.
6. Com. 11 déc. 2012, n° 11-24.423, NP; n° 1254 F-D.

nullité de la notification, la charge de la preuve de la nullité de la notification aurait incombé au demandeur à l'exception de nullité.

Le décret du 23 décembre 2006[1] (art. 45, 1°), qui a modifié l'article 67, alinéa 4 du décret du 28 décembre 2005 (devenu C. com., art. R. 621-21, al. 4), a toutefois assoupli le système. S'il conserve l'obligation de notifier les ordonnances aux parties et aux personnes dont les droits et obligation sont affectés, il prévoit en revanche une simple communication aux mandataires de justice, ce qui évitera la forme recommandée. Pour tenir compte de cette modification, l'article 67 alinéa 4 du décret du 28 décembre 2005 (devenu C. com., art. R. 621-21, al. 4), tel qu'il résulte de la modification opérée par l'article 45, 2° du décret du 23 décembre 2006, prévoit que le recours contre l'ordonnance du juge-commissaire court désormais soit de la notification aux parties et aux personnes dont les droits et obligations sont affectés par l'ordonnance, soit de leur communication aux mandataires de justice.

L'article L. 623-4 du code de commerce (anc^t^ L. 25 janv. 1985, art. 173, 2°), dans la rédaction antérieure à la loi de sauvegarde des entreprises, ferme l'appel sur les décisions du tribunal, statuant sur le recours formé devant le tribunal à l'encontre des ordonnances du juge-commissaire, en réservant cependant les ordonnances statuant en matière de revendication. L'interprétation *a contrario* du texte, qui conduirait à retourner au droit commun de l'irrecevabilité de l'appel des jugements vidant les recours sur les ordonnances du juge-commissaire, s'avère impossible. En effet, il n'y a aucune raison d'opposer les demandes statuant en matière de revendication à celles statuant en matière de restitution. L'analogie s'impose donc, par un argument *a fortiori*, tiré de la volonté du législateur d'avantager le propriétaire de meuble, dont le contrat est publié, ce qui est inconciliable avec la fermeture de son droit d'appel sur de telles décisions. L'ouverture de l'appel réformation rend inutile toute discussion sur l'existence d'un excès de pouvoir commis par le juge-commissaire, puis par le tribunal. La mauvaise qualification de l'appel – qualifié à tort d'appel nullité par l'appelant – reste sans conséquence[2].

La loi de sauvegarde des entreprises[3], applicable aux procédures ouvertes à compter du 1er janvier 2006, dissipe toute incertitude à ce sujet. Elle a en effet écarté le principe posé par la législation antérieure, selon lequel les jugements statuant sur recours à l'encontre des ordonnances du juge-commissaire dans la limite de ses attributions n'étaient susceptibles ni d'appel ni de pourvoi en cassation. Désormais, le principe est inverse : les jugements par lesquels le tribunal statue sur le recours formé à l'encontre d'une ordonnance du juge-commissaire, fût-elle rendue dans la limite des attributions de celui-ci, sont susceptibles d'appel et de pourvoi. La solution résulte d'un amendement présenté à l'Assemblée nationale[4]. En conséquence, la malfaçon qui résultait de la loi du 10 juin 1994[5], qui avait oublié de prévoir la possibilité d'appel à l'encontre du jugement statuant sur le recours formé contre l'ordonnance du juge-commissaire rendue en matière de restitution, n'existe plus. Il n'existe donc pas de discussion sur la possibilité de faire appel du jugement statuant sur le recours formé à l'encontre de l'ordonnance du juge-commissaire.

Le délai d'appel de dizaine courra de la notification par le greffe du jugement[6], et non de sa signification.

SECTION 812.80
BIEN N'AYANT PAS FAIT L'OBJET D'UNE DEMANDE EN RESTITUTION

812.81 Sort du bien n'ayant pas fait l'objet d'une demande en restitution. L'article 85-4, alinéa 3 du décret du 27 décembre 1985[7] prévoit que le bien qui n'a pas fait l'objet d'une demande en restitution peut être vendu selon les formes de la liquidation judiciaire. Il s'agit de la réalisation des biens meubles, de façon isolée, mais aussi dans le cadre d'une cession d'unité de production, faute de distinction du texte. Le mandataire de justice compétent, c'est-à-dire en cas de liquidation judiciaire, le liquidateur, et en cas de plan, le commissaire à l'exécution du plan, devront solliciter du juge-commissaire l'autorisation de vendre le bien. L'article 85-4 alinéa 3 du décret du 27 décembre 1985 prévoit cependant, pour protéger le propriétaire, que le mandataire de justice doit faire parvenir à celui-ci une mise en demeure qui devra rester infructueuse pendant un mois. La forme recommandée avec demande d'avis de réception devra être utilisée. La mise en demeure sera envoyée au dernier domicile connu du propriétaire.

Les textes ne prévoient pas que l'ordonnance d'habilitation rendue par le juge-commissaire soit adressée au propriétaire. Il faut en conséquence

1. D. nº 2006-1709, 23 déc. 2006, *JO* 29 déc., p. 19846.
2. Com. 3 févr. 2009, nº 07-18.931, *Bull. civ.* IV, nº 14; *Gaz. proc. coll.* 2009/2, p. 45, note Le Corre-Broly; *Act. proc. coll.* 2009, nº 102, note Petit; *Rev. proc. coll.* 2010, nº 4, note Gorrias et Manié.
3. L. nº 2005-845, 26 juill. 2005, préc.
4. Amend. nº 330 d'Arlette Grosskost, *JOAN CR*, 8 mars 2005, p. 1803.
5. L. nº 94-475, 10 juin 1994, préc.
6. Com. [illegible] déc. 2003, nº 00-21.589, *Bull. civ.* IV, nº 195.
7. D. nº 85-1388, 27 déc. 1985, préc.

décider que ce dernier pourra former un recours devant le tribunal à l'encontre de l'ordonnance, et ce dans le délai de droit commun de huit jours du dépôt au greffe de l'ordonnance.

Une fois la vente intervenue, l'article 85-4 alinéa 4 du décret du 27 décembre 1985 prend le soin de prévoir que le prix de vente est consigné par l'administrateur, le représentant des créanciers ou le liquidateur à la Caisse des dépôts et consignations, et sous déduction des frais, tenu à la disposition du créancier.

Si le prix de vente n'a pas été réclamé par le propriétaire, pendant la procédure, il est prévu qu'après clôture de celle-ci, le montant ainsi consigné sera restitué au créancier, ou à ses ayants droit, sur ordonnance du président du tribunal.

La législation de sauvegarde des entreprises, applicable aux procédures ouvertes à compter du 1er janvier 2006, n'a réglementé la question du sort du bien en l'absence de demande en restitution, qu'en situation de liquidation judiciaire. C'est l'objet de l'article R. 641-32 du code de commerce (anct D. 28 déc. 2005[1], art. 243). La disposition est en conséquence inapplicable en dehors de la liquidation judiciaire[2]. La solution est logique. En effet, auparavant, le plan de cession totale arrêté en redressement judiciaire emportait obligation de vendre les biens non compris dans le plan selon les modalités de la liquidation judiciaire. Cela pouvait concerner les biens qui n'avaient pas fait l'objet d'une demande de restitution. Désormais, le plan de cession totale ne constitue plus une issue de la procédure du débiteur, mais seulement un événement de celle-ci. S'il est arrêté en redressement judiciaire, la loi n'interdit pas ultérieurement l'arrêté d'un plan de redressement. En pareil cas, les biens non cédés dans le plan n'auront pas à être vendus. Si, au contraire, le débiteur n'obtient pas un plan de redressement, alors il est placé en liquidation judiciaire.

L'alinéa 1 de l'article R. 641-32 du code de commerce (anct D. 28 déc. 2005, art. 243) ne fait que reprendre les solutions posées par l'article 85-4 alinéa 3 du décret du 27 décembre 1985, sous la réserve que seul le liquidateur procédera ici à la mise en demeure au propriétaire d'avoir à reprendre son bien. L'alinéa 2 de l'article R. 641-32 du code de commerce (anct D. 28 déc. 2005, art. 243, al. 2) reprend également, sous quelques adaptations, les règles posées par l'article 85-4, alinéa 4 du décret du 27 décembre 1985. Le prix de vente du bien doit être consigné à la Caisse des dépôts et consignations par le liquidateur. L'article R. 641-32 du code de commerce (anct D. 28 déc. 2005, art. 243, al. 2) précise utilement que le liquidateur doit avertir, par lettre recommandée avec demande d'avis de réception, le propriétaire que le prix est tenu à sa disposition. Le texte précise également, de manière opportune, que le montant consigné sera reversé, lorsque la demande sera présentée après clôture de la procédure, par la Caisse des dépôts et consignation. Il faut en effet tenir compte du fait que le liquidateur, à cette époque, aura nécessairement cessé ses fonctions.

L'article 96 du décret du 30 juin 2014[3], applicable aux procédures ouvertes à compter du 1er juillet 2014, étend, en créant pour cela un article R. 641-32-1, la solution posée par l'article R. 641-32 au cas de l'absence d'action en reprise par l'EIRL. La solution est logique lorsque le bien est l'objet d'un contrat publié, ce qui correspond, en droit commun, à l'action en restitution. Il n'est nul besoin d'exercer une action en reprise. Le bien peut être vendu, mais le prix est tenu à disposition de l'EIRL.

La solution est totalement injustifiée si le bien n'est pas l'objet d'un contrat publié. En droit commun, le propriétaire doit alors en effet exercer l'action en revendication. S'il ne revendique pas, l'article R. 641-32 est totalement inapplicable. Le bien sera certes vendu, mais son prix ne sera pas consigné pour être tenu à la disposition du propriétaire. En effet, le prix du bien devient alors un élément du gage commun.

Justement, l'article R. 641-32-1 du code de commerce (réd. D. 30 juin 2014, art. 96), applicable aux procédures ouvertes à compter du 1er juillet 2014, introduit une distinction selon que l'EIRL est ou non titulaire d'un contrat publié avec lui-même. Dans le premier cas, l'application de l'article R. 641-32 est justifiée. Dans le second, elle ne l'est pas et l'EIRL sera sanctionné par une inopposabilité de son droit de propriété à la procédure collective, s'il ne procède pas dans les délais à une action en reprise du bien introduit dans un patrimoine apparent sous procédure collective.

1. D. n° 2005-1677, 28 déc. 2005, préc.
2. Roussel Galle, 2e éd., n° 565 – Lienhard, 6e éd., n° 38.
3. D. n° 2014-736, 30 juin 2014, préc.

CHAPITRE

813. Propriétaire mobilier non titulaire d'un contrat publié – Revendication – Règles générales

SECTION 0

ORIENTEUR

813.00 **Plan du chapitre.**

Sect.	813.10	Nature juridique de l'action en revendication
Sect.	813.20	Domaine de la revendication
Sect.	813.30	Existence en nature du bien
Sect.	813.40	Modalités procédurales de l'action en revendication sous l'empire de la loi du 25 janvier 1985 non réformée
Sect.	813.50	Modalités procédurales de l'action en revendication depuis la loi du 10 juin 1994
Sect.	813.60	Voie de recours sur la décision statuant sur la revendication
Sect.	813.70	Effets de l'action en revendication

813.01 **Textes applicables.** (V. les références complètes ss n° 011).

> Législation antérieure à la loi de sauvegarde des entreprises.

C. com., art. L. 621-115, L. 621-123, L. 621-124, L. 623-4

D. n° 85-1388, 27 déc. 1985, art. 85-1 à 85-3

> Législation issue de la loi de sauvegarde des entreprises.

C. com., art. L. 624-9, L. 624-17, L. 631-18, I, L. 641-4, al. 3, L. 641-14, al. 1

C. com., art. R. 624-13 (anct D. 28 déc. 2005, art. 114), R. 631-31 (anct D. 28 déc. 2005, art. 199), R. 641-31 (anct *D. 28 déc. 2005, art. 242)*

> Législation issue de l'ordonnance du 18 décembre 2008.

C. com., art. L. 624-9, L. 624-10-1, L. 624-17, L. 631-18, al. 1, L. 641-4, al. 3, L. 641-14, al. 1

C. com., art. R. 624-13, R. 631-31, R. 641-31

> Législation issue de l'ordonnance du 12 mars 2014.

C. com., art. L. 641-14-1

C. com., art. R. 624-13-1, R. 641-31, R. 641-32-1

813.02 **Jurisprudence de référence.**

> Tout propriétaire d'un meuble doit le revendiquer dans la procédure collective du débiteur (solution rendue sous l'empire de la loi du 25 janvier 1985 non réformée à propos d'un contrat de crédit-bail).

• Com. 15 oct. 1991, n° 90-13.147, *Bull. civ.* IV, n° 291

* V. ss n° 813.41

« Vu l'article 115 de la loi du 25 janvier 1985; [...]

Attendu qu'en statuant ainsi, alors que les dispositions de l'article 115 de la loi du 25 janvier 1985 sont applicables quels que soient la cause juridique ou le titre invoqué à l'appui de la revendication, et que le crédit-bailleur ne pouvait, dès lors, faire valoir son droit de propriété sur les biens objets du contrat qu'en les revendiquant dans le délai de 3 mois à partir du prononcé du jugement ouvrant la procédure de redressement judiciaire, la cour d'appel a violé le texte susvisé. »

> La demande en acquiescement de revendication étant une phase obligatoire, le propriétaire ne saurait saisir directement le juge-commissaire.

• Com. 2 oct. 2001, n° 98-22.304, *Bull. civ.* IV, n° 155

* V. ss n° 813.54

« Mais attendu que l'arrêt énonce exactement que l'article 121-1 de la loi du 25 janvier 1985 [devenu C. com., art. L. 621-123], tel qu'il résulte de la loi du 10 juin 1994, institue en matière de revendication une procédure préliminaire devant l'administrateur ou, à défaut, devant le représentant des créanciers ou le liquidateur, constituant un préalable obligatoire à l'engagement de l'action en revendication qui relève désormais de la seule compétence du juge-commissaire, que l'article 85-1 du décret du 21 octobre 1994 a précisé les règles de cette procédure en prévoyant que la demande de revendication devait être adressée au mandataire de justice dans le délai légal et en accordant au revendiquant un nouveau délai pour saisi le juge-commissaire, en l'absence d'accord de ce mandataire, et que ces dispositions sont applicables aussi bien à la revendication du bien qu'à celle de son prix; qu'il en déduit à bon droit que cette procédure n'ayant pas été respectée par Mme S..., l'action en revendication est irrecevable. »

> **« La revendication ne peut être exercée que dans le délai de trois suivant la publication du jugement d'ouverture, même si le bien revendiqué fait l'objet d'un contrat en cours ». (solution ord. 18 déc. 2008)**

• **Com. 12 janv. 2016,** n° 14-11.943, *Bull. civ.* IV [à paraître]

* V. ss n° 813.54

> **Si le débiteur obtient un plan de continuation, l'absence ou le rejet de la demande en revendication ne l'autorisera pas à opposer à son cocontractant une inopposabilité du droit de propriété.**

• **Com. 24 mars 2004,** n° 02-18.048, *Bull. civ.* IV, n° 61

* V. ss n° 813.73

813.03 **Bibliographie indicative.** (V. les références complètes ss n° 031 – Aussi ss n° 810.03).

> **Ouvrages antérieurs à la loi de sauvegarde des entreprises.** CHAPUT, nos 529, 530, 532 et 533 – GUYON, n° 1361 – JACQUEMONT, nos 597 à 600, 608, 610 à 620 – KERCKHOVE, nos 676 à 679 – LE CANNU, nos 920 à 923 – LE CANNU *ET ALII*, nos 487 à 506 – LE CORRE-BROLY, nos 405 à 413 – MARTIN ET VALLENS, nos 3507 à 3543, 3549, 3561 à 3566 – PÉROCHON ET BONHOMME, nos 282 à 286, 288 à 292 – PÉTEL, nos 347, 349 à 358 – RIPERT ET ROBLOT, nos 3142 à 3147 – SAINT-ALARY-HOUIN, nos 704 à 706, 709 à 713, 730 à 736 – SOINNE, nos 1888, 1889, 1923 à 1931, 1932 à 1948, 1949 à 1962-4 – VALLANSAN, p. 237 à 241, 252 à 254.

> **Ouvrages postérieurs à la loi de sauvegarde des entreprises.** COQUELET, 5e éd., nos 302 à 304, 306 à 308 – GIBIRILA, NOS 474, 484 à 484-2 – JACQUEMONT ET VABRES, 9e éd., nos 670 à 675, 685 à 690, 699 à 701 – Laroche M., *Revendication et propriété – Du droit des procédures collectives au droit des biens*, coll. « Th. Doctorat et notariat », t. 24, Éd. *Defrénois* 2007 – LE CANNU, 7e éd., nos 646 à 656 – LIENHARD, 6e éd., nos 103.13, 103.17, 103.22 à 103.25, 103.27 à 103.35 – PÉROCHON, 10e éd., nos 1602 à 1635 – PÉTEL, 8e éd., nos 350, 352 à 356, 359 – ROUSSEL GALLE, 2e éd., nos 561, 562, 569 à 571 – SAINT-ALARY-HOUIN, 9e éd., nos 856 à 858, 860, 862 à 872, 899 à 900 – VALLANSAN *ET ALII*, 6e éd., p. 191 à 195, 199, 201 à 203, 208 – VALLENS, 2015, nos 3858 à 3867, 3888, 3912 à 3928 – VIDAL et GIORGINI, nos 651 à 671, 1361, 1362 – VOINOT, 2e éd., nos 494 à 496, 503 à 508, 512 à 514, 533, 534.

> **Articles.** Deleneuville J.-M., « Revendications : état des lieux sur l'actualité jurisprudentielle – Modalités procédurales et voies de recours », *Rev. proc. coll.* 2004, p. 199 – Diesbecq A. et Laverrière E., « La prorogation des délais de revendication à raison de la distance et leur computation », *JCP E* 2005. Chron. 959 – Favarel-Veidig B., « La procédure de revendication après l'adoption de la loi de sauvegarde des entreprises », *LPA* 17 févr. 2006, n° 35, p. 53 – François J., « Retour sur la revendication des sommes d'argent », *D.* 2012. Étude 1493 – Larroumet C., « Le vendeur sous clause de réserve de propriété peut-il revendiquer sans avoir déclaré sa créance à la procédure collective de l'acheteur ? », *D. Affaires* 1996. 603 – Le Corre-Broly E., « Les modifications apportées par l'ordonnance du 18 décembre 2008 en matière de revendications et de restitutions », *Gaz. Pal.* 8-10 mars 2009, n° sp., p. 48; « Actions en revendication ou en reprise et EIRL », *BJE* mars/avr. 2011. 68; « La sanction du défaut de revendication », *Gaz. Pal.* 12 avr. 2016, n° 14, p. 51 – Le Corre-Broly E. et Le Corre P.-M., « L'analyse jurisprudentielle de la demande en acquiescement de revendication », *D.* 2002. Chron. 948 – Martin D.-R., « De la revendication des sommes d'argent », *D.* 2002. Chron. 3279 – Martin-Serf A., « Revendications et restitutions, étude sur les questions procédurales », interv. colloque Crajefe 1998, *LPA* 28 oct. 1998, sp. p. 34 – Mastrullo Th. et Menjucq M., « Procédure collective du mandataire et revendication des sommes d'argent spécialement affectées au paiement du mandant », *Rev. proc. coll.* 2016, études 11 – Pailler P., « Conditions procédurales de l'action en revendication du bailleur de meuble en cas de procédure collective », *D.* 2013. Étude 1249 – Pérochon F., « Les revendications : les dernières évolutions jurisprudentielles et leur philosophie », interv. colloque 28 nov. 2001, *Rev. proc. coll.* 2002, p. 123; « La revendication du prix de revente », *D. Affaires* 1996. 102 – Pérochon F., « La procédure des revendications et des restitutions dans les procédures collectives », *LPA* 28 nov. 2008, n° 239, p. 56 – Rémery J.-P., « Location financière et ouverture d'une procédure collective dans la jurisprudence de la Cour de cassation », *D.* 2013, Chron. 1634.

813.04 **Questions essentielles.**

• Le point de départ du délai de la demande en revendication de trois mois est-il unique ?

* V. ss n° 813.53.

• La continuation du contrat justifiant la détention précaire du débiteur exerce-t-elle une incidence sur le point de départ du délai de la demande en revendication ?

* V. ss n° 813.54.

• Que se passe-t-il si le propriétaire ne présente pas sa requête en revendication dans les délais après avoir présenté correctement sa demande au mandataire de justice ?

* V. ss n° 813.57.

• Qu'advient-il du bien non revendiqué dans les délais ?

* V. ss n° 813.73.

813.06 **Principales actions.**

• Demande en acquiescement de revendication

* V. ss n° 813.51.

• Délai de trois mois à compter de la publication au *Bodacc* du jugement d'ouverture

* V. ss n° 813.53.

• Délai d'un mois imparti au mandataire de justice ou au débiteur selon le cas pour répondre à la demande

* V. ss n° 813.56.

• Requête en revendication à présenter dans le mois suivant le délai imparti au mandataire ou au débiteur selon le cas pour répondre à la demande en acquiescement

* V. ss n° 813.57.

813.07 **Voies de recours sur les décisions mettant en jeu les actions.**

• Recours sur l'ordonnance du juge-commissaire devant le tribunal dans le délai de dix jours à compter de la notification de l'ordonnance

* V. ss n° 813.57.

• Appel possible sur le jugement du tribunal dans le délai de dix jours de la notification
* V. s[s] n° 813.57.

813.08 **Sanction de l'absence ou de l'échec de l'action.**
• Inopposabilité du droit de propriété à la procédure collective rendant impossible la récupération du bien meuble
* V. s[s] n° 813.73.

SECTION 813.10 NATURE JURIDIQUE DE L'ACTION EN REVENDICATION

813.11 **Nature juridique de l'action en revendication.** L'article L. 621-115 du code de commerce, dans la rédaction antérieure à la loi de sauvegarde des entreprises[1] (anc[t] L. 25 janv. 1985[2], art. 115, devenu C. com., art. L. 624-9 depuis la loi de sauvegarde), ne pose pas la nature juridique de l'action en revendication. Cependant, elle résulte de la lettre de l'article L. 621-116 du code de commerce (anc[t] L. 25 janv. 1985, art. 115-1, devenu C. com., art. L. 624-10 depuis la loi de sauvegarde), qui dispense le propriétaire, titulaire d'un contrat publié, de « faire reconnaître son droit de propriété ». L'action en revendication est donc une action tendant à la reconnaissance du droit de propriété, définition conforme à celle de l'action en revendication de droit commun.

La jurisprudence rendue sous l'empire de la loi du 25 janvier 1985 non réformée avait complété la définition en posant la sanction de l'absence de revendication : le droit de propriété devenait inopposable à la procédure collective[3]. De la sorte, la nature juridique de l'action en revendication peut être complètement définie : il s'agit d'une action en reconnaissance du droit de propriété, aux fins d'opposabilité à la procédure collective, c'est-à-dire aux créanciers et à leur représentant. La solution implique que l'on reconnaisse la personnalité morale au groupement des créanciers, restaurant ainsi l'idée de masse des créanciers, à laquelle la loi du 25 janvier 1985 s'est pourtant attaquée[4]. Le vocable de « procédure collective » est utilisé à la place de celui de masse des créanciers[5] (v. aussi s[s] n° 611.21).

Le fait de se présenter auprès de l'administrateur judiciaire comme créancier, au titre d'une première commande, objet d'une action en revendication, ne vaut pas revendication, au titre d'une deuxième commande, pour laquelle l'intéressé se présente identiquement comme créancier, sans formuler de demande en revendication[6].

1. L. n° 2005-845, 26 juill. 2005, *JO* 27 juill., p. 12187.
2. L. n° 85-98, 25 janv. 1985, *JO* 26 janv., p. 1097.
3. AINSI : Com. 23 mai 1995, n° 93-10.439, *Bull. civ.* IV, n° 153; *Rev. proc. coll.* 1995, 488, n° 29, obs. Soinne.
4. SOINNE, n° 1949.
5. M. Cabrillac, « L'impertinente réapparition d'un condamné à mort ou la métempsychose de la masse des créanciers », *Mél. Gavalda*, Dalloz, 2001, p. 69.

SECTION 813.20 DOMAINE DE LA REVENDICATION

813.21 **Obligation de revendication pour tout propriétaire de meubles – Situation de l'EIRL – Sauvegarde accélérée.** L'article L. 621-115 du code de commerce (anc[t] L. 25 janv. 1985[7], art. 115, devenu C. com., art. L. 624-9 depuis la loi de sauvegarde des entreprises[8]) se contente de viser la revendication des meubles. Ne sont pas précisées les procédures concernées, le texte visant seulement le jugement d'ouverture. Cependant, ce texte s'inscrit dans la procédure de sauvegarde. Il peut cependant sans difficulté s'appliquer également aux procédures de redressement et de liquidation judiciaires, en application des articles L. 631-18, I (devenu C. com., art. L. 631-18, al. 1) et L. 641-14, alinéa 1.

L'application du régime des revendications a été critiquée en sauvegarde[9]. Le législateur aurait sans doute pu tenir compte du particularisme de la sauvegarde, procédure volontariste ouverte sans cessation des paiements, pour écarter dans cette procédure le jeu des actions en revendication, spécialement pour les biens vendus sous clause de réserve de propriété, car ces revendications seront souvent funestes pour l'entreprise[10]. Il peut, *de lege ferenda*, être envisagé de ne pas permettre au propriétaire d'un bien meuble de reprendre son bien dans une procédure ouverte sans cessation des paiements[11].

a formule de cette disposition est générale. Comme l'énonce la Cour de cassation, elle s'appliqu à tout propriétaire de meubles qui veut faire reonnaître son droit de propriété, quelle que soit la case ou le titre juridique fondant sa propriété. Elle estainsi applicable au louage, au prêt à usage[12] ou

6. Com 19 juin 2012, n° 11-18.907, NP; n° 712 F-D; *Gaz. Pal. er. diff.* 13 oct. 2012, n° 286, p. 30, note Pérochon; *RTD m.* 2013. 145, n° 6, obs. Martin-Serf; *Rev. proc. coll.* 23, comm. 133, note Monsérié-Bon.
7. L. n° 98, 25 janv. 1985, préc.
8. L. n° 25-845, 26 juill. 2005, préc.
9. Lécuye De la détermination du patrimoine du débiteur », *LPA* n°, 8 févr. 2006, n° 28, p. 66 s., sp. p. 68.
10. RAPPR. uyer, Lucas et Lécuyer, (dir.), *La réforme des procédurellectives…*, Lgdj, 2006, p. 167 – SAINT-ALARY-HOUIN, d., n° 881.
11. RAPPR. rd, « Les fonctions des mandataires de justice », *Rev. proll.* 2006/2, p. 205 s., sp. p. 207, n° 11.
12. Com. 2v. 1997, n° 94-14.345, NP, *Dr. sociétés* 1997, n° 46, Chaput; *D. Affaires* 1997. 347; *D.* 2000. Somm. bs. Pérochon et Mainguy.

encore au contrat d'entreprise, qualification retenue pour le contrat de garage[1].

Cette solution jurisprudentielle est législativement consacrée par l'ordonnance du 18 décembre 2008[2], applicable aux procédures ouvertes à compter du 15 février 2009. Le nouvel article L. 624-16 du code de commerce, qui en est issu (ord. 18 déc. 2008, art. 43) prévoit, de manière très large, que peuvent être revendiqués « à condition qu'ils se retrouvent en nature, les biens meubles remis à titre précaire au débiteur... ». Ce texte pose un principe général de revendication des biens remis au débiteur à titre précaire. La solution n'est pas nouvelle et c'est pourquoi il faut donc voir, dans le nouvel article L. 624-16 du code de commerce, une disposition interprétative.

Le fait que le fournisseur soit dans une situation de quasi monopole, comme cela est le cas, par exemple, pour la distribution des cigarettes et du tabac, en France, n'a pas pour effet de modifier la solution. Une question prioritaire de constitutionnalité a été rejetée comme non sérieuse[3]. Les difficultés du débitant de tabac à se fournir n'ont pas pour effet de porter atteinte à la liberté d'entreprendre. En outre, il n'existe pas d'obligation de traiter différemment des personnes pouvant se trouver dans des situations différentes – principe d'égalité inversé et appliqué non à des créanciers, mais à des débiteurs.

Le nouvel alinéa 1 de l'article L. 624-16 du code de commerce, qui résulte de l'ordonnance du 18 décembre 2008 (art. 43), applicable aux procédures ouvertes à compter du 15 février 2009, a vocation à régir une situation particulière : celle dans laquelle des biens meubles ont été transfrés dans un patrimoine fiduciaire, tout en laissant par convention l'usage ou la jouissance des biens au débiteur constituant. Puisque les biens sont entr les mains du débiteur à titre précaire, dans la mesur où il n'est plus le propriétaire de ces meubles, il appartient à son propriétaire de les revendiquer, comme tout propriétaire de meubles (v. s^s^ n° 633.51). Cette revendication devra être exercée dans les trois de la publication au *Bodacc* du jugement d'ouverture, et cela même si la convention par laquelle les biens sont restés entre les mains du débiteur est n cours au jugement d'ouverture, voire a été contine après ce même jugement. La restitution n'inteiendra, selon la règle nouvelle posée par l'article L. 4-10-1 du code de commerce, qu'au jour de la résition ou de l'arrivée à terme de la convention.

1. Com. 3 déc. 2003, n° 01-02.177, NP, *E* 2004. Chron. 1192, n° 5, obs. Pasqualini et Pasqualalerno.
2. Ord. n° 2008-1345, 18 déc. 2008, préc.
3. Com. 13 déc. 2011, n° 11-40.079 QPC, NP; 289 F-D; *D.* 2012. Actu. 88, obs. Lienhard.

L'intéressé devra être propriétaire du bien revendiqué, qualité qui peut faire naître des difficultés en présence de certains contrats, tel celui de location-vente[4]. La jurisprudence sur la question a été abondante, sous l'empire des législations antérieures. Cette qualité de propriétaire a pu être discutée dans le cadre des apports faits par des coopérateurs à une coopérative. La jurisprudence a décidé que le coopérateur, en confiant sa récolte à la coopérative, n'opère pas au profit de cette dernière un transfert de propriété et peut donc revendiquer la récolte apportée au prorata de ses apports respectifs[5].

La personne qui a placé des biens meubles au service de l'exploitation d'un fonds est dispensée de l'obligation de revendiquer, car les biens sont devenus immeubles par destination[6].

L'action en revendication est la seule technique qui permette de distraire le bien de la procédure du débiteur et d'éviter ainsi sa revente. Elle est exclusive d'une autre action, telle une voie de recours formée à l'encontre d'une ordonnance du juge-commissaire autorisant la vente de biens appartenant à un tiers[7].

Il n'y a pas à distinguer selon que le bien meuble est corporel ou incorporel. La jurisprudence a décidé de l'application du texte aux meubles incorporels, par exemple un fonds de commerce vendu avec une clause de réserve de propriété[8] ou donné en location-gérance[9], une licence de débit de boisson donnée en location[10], ainsi qu'au droit de propriété industriel[11] ou intellectuel[12]. Elle est concevable pour la location d'actions ou de parts sociales instituée par la loi du 2 août 2005[13]. Cependant, si le contrat de location de parts ou actions comporte

4. SUR LA QUESTION : Le Corre, *La location-vente : Contribution au transfert différé de propriété*, th., Lille II, 1990.
5. Com. 11 juill. 2006, n° 05-13.103, *Bull. civ.* IV, n° 181; *D.* 2006. AJ 2462, obs. Lienhard; *Act. proc. coll.* 2006, n° 198, note Pérochon; *JCP E* 2007. Chron. 1004, n° 13, obs. M. Cabrillac; *JCP E* 2007. Chron. 1907, n° 28, obs. Gros; *Rev. proc. coll.* 2006/4, p. 362, n° 4, obs. Monsérié-Bon; *RTD civ.* 2006. 794, n° 2, obs. Revet; *RTD com.* 2007. 452, n° 6, obs. Martin-Serf; *Gaz. Pal.* 5-6 janv 2007, p. 26, note Goni.
6. Com. 5 févr. 2002, n° 99-19.425, NP, *Rev. proc. coll.* 2003, p. 306, n° 1, obs. Monsérié-Bon.
7. Com. 12 oct. 1999, n° 97-15.081, NP, *Act. proc. coll.* 1999, n° 253.
8. Com. 29 févr. 2000, n° 97-14.575, NP, *RJDA* 2000/5, n° 572.
9. Com. 21 nov. 1995, n° 93-20.531, *Bull. civ.* IV, n° 266; *D.* 1996. 211, note Régnaut-Moutier; *D.* 1996. Somm. 214, obs. Pérochon; *Rev. huissiers* 1996. 326, note Courtier.
10. SOL. IMPL. : Com. 28 sept. 2004, n° 03-14.083, NP.
11. Com. 22 oct. 1996, n° 94-17.768, *Bull. civ.* IV, n° 252.
12. T. com. Bordeaux, ord. J.-C., 11 avr. 2013, RG n° 2012/00670, *Rev. proc. coll.* 2015, chron. 1, n° 10, note Julienne.
13. L. n° 2005-882, 2 août 2005, *JO* 3 août, p. 12639.

une promesse unilatérale de vente moyennant un prix convenu tenant compte au moins pour partie des versements effectués à titre de loyers, il y a soumission au régime du crédit-bail (C. mon. fin., art. L. 313-7, 4°), ce qui rend alors obligatoire, et non plus seulement à notre sens, facultative, la publicité du contrat.

Sous l'empire de la loi du 25 janvier 1985, dans sa rédaction initiale, l'article 115 de cette loi avait été jugé applicable même aux propriétaires titulaires de contrats publiés, tels les crédit-bailleurs[1]. Cette obligation de revendication incombant aux titulaires d'un contrat de crédit-bail n'emportait pas violation du respect du droit de propriété consacré par l'article 1er du protocole additionnel n° 1 à la Convention européenne de sauvegarde des droits de l'homme et des libertés fondamentales du 4 novembre 1950[2].

Désormais, l'action en revendication n'est plus applicable à ces propriétaires, qui peuvent se contenter de présenter des demandes en restitution (L. 25 janv. 1985, art. 115-1, devenu C. com., art. L. 621-116, réd. antérieure à la loi de sauvegarde des entreprises et C. com., art. L. 624-10, depuis la loi de sauvegarde des entreprises). Pour qu'il en soit ainsi, il faudra cependant qu'ils opposent leurs droits dans la procédure collective à leur cocontractant, et non dans la procédure collective d'un tiers. En cette dernière occurrence, ils seront confrontés à devoir revendiquer, dans les conditions du code de commerce. Il en sera ainsi pour un bailleur désireux de reprendre son bien dans la procédure d'un sous-locataire, avec lequel il n'a pas de lien contractuel.

Mais la revendication qui s'impose au propriétaire, n'est, par principe, ouverte qu'à lui. C'est ainsi qu'elle n'est pas possible pour le locataire principal dans la procédure atteignant le sous-locataire[3]. De même, elle a été refusée à une personne se présentant acquéreur d'un bien, alors qu'une ordonnance du juge-commissaire avait certes autorisé la vente de l'actif revendiqué à cette personne, mais avec une faculté de substitution. Or cette faculté avait été utilisée. Il en résultait que, si effectivement, la personne initialement candidate à l'acquisition avait effectivement payé le prix d'acquisition, ce n'était qu'à titre de garant, non à titre de propriétaire[4].

La revendication s'impose dans la seconde procédure ouverte suite à la résolution du plan, malgré la revendication dans la première procédure[5], du fait de l'absence d'identité des deux procédures, l'intéressé devant rendre opposable son droit de propriété à la seconde procédure.

L'article L. 621-115 (anct L. 25 janv. 1985, art. 115, devenu C. com., art. L. 624-9 depuis la loi de sauvegarde des entreprises) est cependant inapplicable au créancier rétenteur, qui s'est trouvé dessaisi du meuble par fraude ou violence[6]. De même, il a été estimé, sous l'empire de la législation antérieure à la loi du 10 juin 1994, que le locataire, assigné en paiement des loyers sans déduction du prix du matériel loué, ne pouvait reprocher au crédit-bailleur de ne pas avoir revendiqué son matériel dans la procédure collective d'un tiers détenteur, dès lors que le locataire, gardien du matériel, s'était dépossédé de ce matériel au mépris des stipulations contractuelles[7]. Remarquons cependant que le problème de l'opposabilité du droit de propriété ne se posait pas ici, le litige n'intéressant que les rapports du propriétaire et du débiteur, non la procédure collective.

Il a été jugé que le fait que le bien soit placé sous scellés par décision d'un juge d'instructions ne dispensait pas le propriétaire de l'obligation de revendiquer[8]. Cette dernière solution n'est cependant pas évidente, car le bien ne se trouve plus juridiquement entre les mains du débiteur du fait de son placement sous mains de justice.

Le bien doit avoir été introduit dans le patrimoine apparent du débiteur avant le jugement d'ouverture. La revendication ne s'imposera donc pas dans les délais du code de commerce, si la vente du bien sous clause de réserve de propriété est intervenue après jugement d'ouverture de la procédure[9], suite à la résolution du plan. Parce que les biens doivent être dans le patrimoine apparent du débiteur, le propriétaire n'est pas astreint à revendiquer les biens meu-

1. Com. 15 oct. 1991, n° 90-13.147, *Bull. civ.* IV, n° 291; *D.* 1991. 632, note Derrida; *RTD com.* 1992. 251 note Martin-Serf; *JCP* 1992. II. 21805, note Larroumet; *JCP E* 1992. II. 250, note Bey; *D.* 1993. Somm. 285, obs. Pérochon; *Rev. sociétés* 1992. 105, note Leveneur et Paclot – *Adde*, SUR LA QUESTION : Rives-Lange et Rachez, « L'article 115 a-t-il une vocation universelle », *D.* 1991. Chron. 270; Le Corre, « La propriété de l'établissement de crédit face à l'article 115 de la loi du 25 janvier 1985 », *Rev. proc. coll.* 1992, p. 1 s.; Courtier, « Le crédit-bail mobilier et l'action en revendication de l'article 115 de la loi du 25 janvier 1985 », *Quot. Jur.* 1990, n° 52, p. 3; Amiot, « Le délai de l'article 115 s'applique-t-il au crédit-bail mobilier ? », *RD banc. et bourse* 1988. 182.
2. Com. 9 mai 1995, n° 92-20.565, *Bull. civ.* IV, n° 120 – Com. 5 déc. 1995, n° 94-10.385, *Bull. civ.* IV, n° 278.
3. Com. 20 mai 1997, n° 95-13.957, *Bull. civ.* IV, n° 150; *D.* 2000. Somm. 66, obs. Pérochon et Mainguy.
4. Com. 24 juin 2003, n° 00-16.082, NP.
5. Com. 20 mai 1997, n° 94-16.733, NP, *D. Affaires* 1997. 860, 11-2 – SOINNE, n° 1949.
6. Com. 3 janv. 1995, n° 92-17.995, NP, *Rev. proc. coll.* 1995, 482, obs. Soinne; *JCP E* 1995. I. 487, n° 13, obs. M. Cabrillac.
7. Com. 12 oct. 2004, n° 02-18.923, NP.
8. Paris, 1re ch., 9 sept. 1998, *D.* 2000. Somm. 77, obs. Pérochon et Mainguy; *D. Affaires* 1998. 1700, obs. Lienhard.
9. Rouen, 2e ch. civ., 5 nov. 1998, *RJDA* 1999/2, p. 160, n° 204.

bles, lorsque l'immeuble loué à son gérant par la société débitrice l'a été à vide et que les meubles n'ont jamais été détenus par la société débitrice[1].

Les règles ci-dessus décrites jouent tant en redressement qu'en liquidation judiciaires. Cette solution, après avoir été posée par la jurisprudence[2], a été consacrée par l'article 148-2 alinéa 1 de la loi du 25 janvier 1985 (devenu C. com., art. L. 622-3), issu de la rédaction que lui a donnée la loi du 10 juin 1994[3]. La solution reste inchangée depuis la loi de sauvegarde des entreprises. Ces règles s'appliquent donc tant à la procédure de sauvegarde, qu'à celle de redressement et de liquidation judiciaires.

> **Action en reprise exercée par l'EIRL.** L'article L. 624-19 du code de commerce, dans la rédaction que lui donne l'ordonnance du 9 décembre 2010[4] ayant adapté le droit des entreprises en difficulté à l'entrepreneur individuel à responsabilité limitée (EIRL), oblige l'entrepreneur, qui a mis à disposition des biens de son patrimoine non affecté au service de l'EIRL, sans les affecter, à exercer une action en reprise de ce bien, dans les conditions d'une action en revendication et, *a priori*, sous la même sanction : l'impossibilité d'opposer son droit de propriété à la procédure collective. L'action en reprise n'est donc qu'une variété d'action en revendication[5], parfois rapprochée de l'action en reprise exercée par le conjoint au titre de ses biens propres[6], présentant cette particularité d'être exercée par une personne qui, au titre de l'un de ses patrimoines, est propriétaire du bien et, au titre d'un autre de ses patrimoines, celui sous procédure collective, détenteur précaire. Est évoquée une « auto-revendication »[7].

La question ne peut se poser que parce qu'un lien contractuel unit le patrimoine non affecté au patrimoine affecté. Il y a une convention de mise à disposition, qui peut être un commodat ou une location. Observons que rien n'interdit la publication facultative de cette convention de mise à disposition. En ce cas, l'EIRL est dispensé d'avoir à exercer une action en reprise, laquelle s'analyse, en réalité, en une action en revendication. Il se trouve dans la situation de tout propriétaire de meuble titulaire d'un contrat publié (v. s^s n° 812.21).

En présence d'un entrepreneur individuel à responsabilité limitée, l'inventaire ne doit, par principe, porter que sur les seuls biens du débiteur figurant dans le patrimoine concerné par la procédure collective. Par exception, l'article L. 622-6, alinéa 1 du code de commerce, dans la rédaction que lui donne l'ordonnance du 9 décembre 2010 portant adaptation du droit des entreprises en difficulté à l'entrepreneur individuel à responsabilité limitée, prévoit que l'inventaire doit également faire mention des biens détenus dans le cadre de l'activité à raison de laquelle la procédure a été ouverte qui sont compris dans un autre de ses patrimoines et dont il est susceptible de demander la reprise dans les conditions prévues par l'article L. 624-19. Les organes de la procédure collective seront ainsi informés, dès l'ouverture de celle-ci, des risques de distraction de ses biens par le débiteur lui-même, dans le cadre de son action en reprise, qui est une variété d'action en revendication.

Il ne semble pas que la sanction classique attachée au défaut d'établissement régulier de l'inventaire (v. s^s n° 816.31) puisse ici trouver à s'appliquer. Il serait en effet absurde d'obliger le mandataire de justice à prouver que le bien qui ne se retrouve pas dans les actifs apparents de l'EIRL n'existait pas en nature au jour de l'ouverture de la procédure, l'EIRL étant mieux placé que quiconque pour savoir ce qu'est devenu le bien.

> **Sauvegarde accélérée.** La réglementation de la sauvegarde financière accélérée ne contenait aucune disposition relative à la revendication du propriétaire de meubles, d'où il fallait curieusement déduire l'application du droit commun de ces règles dans cette procédure.

L'article L. 628-1, alinéa 1 du code de commerce, qui résulte de l'article 36 de l'ordonnance du 12 mars 2014[8], applicable aux procédures ouvertes compter du 1er juillet 2014, reprend très exactement la rédaction du même article, dans la rédaction que lui avait donnée l'ordonnance du 18 décembre 2008, en substituant à l'expression « sauvegarde financière accélérée » celle de « sauvegarde accélérée ». Cette pseudo variante de la sauvegarde est soumise, selon la disposition, aux règles de la sauvegarde de droit commun, sous réserve des dispositions du chapitre 8 du titre II du livre VI du code de commerce. Alors que l'avant-projet d'ordonnance était resté muet sur la question, l'article 36 de l'ordonnance du 12 mars 2014 prévoit à l'article L. 628-1 du code de commerce que ne sont pas applicables les dispositions des sections 3 et 4 du chapitre IV du titre II. Le législateur prend ainsi pleinement conscience que les délais de la sauvegarde anticipée sont

1. Com. 15 nov. 2005, n° 04-17.895, NP; n° 1447 F-D.
2. Com. 13 févr. 1990, n° 88-13.546, *Bull. civ.* IV, n° 41; *D.* 1991. Somm. 42, obs. Pérochon.
3. L. n° 94-475, 10 juin 1994, *JO* 11 juin, p. 8440.
4. Ord. n° 2010-1512, 9 déc. 2010, *JO* 10 déc., p. 21617.
5. Le Corre-Broly, « Actions en revendication ou en reprise et EIRL », *BJE* mars/avr. 2011. 68, sp. 70 – Roussel Galle, « EIRL : contracter et revendiquer avec soi-même… quelle drôle d'idée… », *Rev. proc. coll. 2011.* Dossier 24, n° 4.
6. Saint-Alary-Houin, « EIRL et procédures collectives », *Dr. et patr.* avr. 2011. 63, sp. 68.
7. Pérochon, 10e éd., n° 1632.
8. Ord. n° 2014-326, 12 mars 2014, *JO* 14 mars, p. 5249.

incompatibles avec certaines règles de la période d'observation.

Cela signifie donc que les règles relatives aux revendications et aux restitutions sont inapplicables dans les sauvegardes accélérées. En conséquence, les créanciers antérieurs soumis aux sauvegardes accélérées, tels des fournisseurs qui auraient livré des biens avec une clause de réserve de propriété, ne pourront reprendre leurs biens et seront donc traités pendant le plan de sauvegarde accélérée comme des créanciers soumis au plan. Il n'en sera toutefois ainsi que si ces créanciers sont membres des comités, car, en dehors des comités, les délais et remises du plan ne peuvent être imposés aux créanciers dans une sauvegarde accélérée. Rien, n'interdit toutefois aux créanciers non membres des comités d'accepter des délais et remises dont le tribunal donnera acte. Sous cette réserve, l'observation est de première importance : c'est la première fois que la législation, depuis que la clause de réserve de propriété est opposable à la procédure collective en droit français, connaît un recul. Peut-être n'est-ce là qu'un début ?

813.22 Action en revendication du bien entamée avant le jugement d'ouverture. Les règles ci-dessus exposées sont sans application si la revendication a été commencée avant jugement d'ouverture. La solution a été posée en présence d'une demande de constatation de la résiliation d'un contrat d'abord présentée en référé, puis au fond[1]. Elle est alors continuée, dans les termes de l'article L. 621-42 du code de commerce (anc^t L. 25 janv. 1985[2], art. 49, devenu C. com., art. L. 622-23)[3], en tant que voie d'exécution non soumise à la règle de l'arrêt des poursuites individuelles (v. s^s n°s 622.71 et 622.72). La mise en cause des organes compétents, qui est une condition de la poursuite régulière de l'instance, s'imposera. En revanche, cette mise en cause pourra parfaitement intervenir en dehors du délai de l'action en revendication[4].

La même solution est posée pour la demande en restitution (v. s^s n° 812.51).

813.23 Situation particulière de la personne présentant une demande de restitution de sommes d'argent[5]. Dans une première phase, la jurisprudence avait admis que la revendication puisse porter sur une somme d'argent. Il fallait, pour cela, que l'argent ne fût pas confondu dans le patrimoine du débiteur, ce qui n'était pas sans poser des difficultés de preuve. Cela autorisait ainsi l'intéressé à se présenter à la procédure collective comme propriétaire, non comme simple créancier[6].

Une difficulté se présentait spécialement si l'obligation de restitution était détenue sur un banquier. La solution décrite cadrait assez mal avec l'analyse selon laquelle l'obligation du banquier de restituer à son client les sommes déposées par celui-ci chez lui relevait d'un quasi-dépôt, le banquier devenant en réalité propriétaire des sommes déposées à charge pour lui de rendre l'équivalent à son client quand ce dernier en fera la demande. L'idée avait cependant été avancée en doctrine de revendiquer non une somme d'argent, mais le compte bancaire, en tant qu'universalité[7].

À la suite d'une évolution[8], la Cour de cassation considère aujourd'hui, sous la forme d'un principe, qu'« une demande de restitution de fonds ne peut être formée par voie de revendication, la seule voie ouverte au créancier d'une somme d'argent étant de déclarer sa créance à la procédure collective de son débiteur »[9], dès lors que la créance est soumise à la procédure collective, ou demander son paiement au débiteur si elle est une créance postérieure méritante[10]. Toute demande portant sur une somme d'argent oblige donc, par principe, à considérer l'intéressé comme un créancier, soumis comme tel à la règle de l'arrêt des poursuites individuelles et corrélativement astreint à devoir déclarer sa créance antérieure au passif.

1. Com. 3 déc. 2003, n° 01-02.497, NP.
2. L. n° 85-98, 25 janv. 1985, préc.
3. Com. 9 juill. 1996, n° 94-16.708, *Bull. civ.* IV, n° 208 – Com. 3 déc. 2003, n° 01-02.497, NP – Douai, 2e ch., 25 mai 2000, *Act. proc. coll.* 2000, n° 263.
4. Com. 9 juill. 1996, n° 94-16.708, *Bull. civ.* IV, n° 208.
5. François, « Retour sur la revendication des sommes d'argent », *D.* 2012. Étude 1493.
6. Com. 25 mars 1997, n° 94-18.337, *Bull. civ.* IV, n° 84 – Com. 10 mai 2000, n° 97-16.726, *Bull. civ.* IV, n° 98; *D.* 2000. AJ 277, obs. Lienhard; *JCP E* 2000. Chron. 1566, n° 11, obs. Pétel; *JCP E* 2001. Jur. 521, note Courtot et Marmoz; *RD banc. fin.* 2000, n° 161, obs. Lucas.
7. Lucas, obs. *RD banc. fin.* 2003, n° 154.
8. DÉJÀ : Com. 10 mai 2000, n° 97-16726, *Bull. civ.* IV, n° 98, préc. (v. s^s prés^t n°) – *Adde*, Lucas, obs. *RD banc. fin.* 2003, n° 154, préc.
9. Com. 4 févr. 2003, n° 00-13.356, FP, *D.* 2003. AJ 1230, obs. Lienhard; *Act. proc. coll.* 2003, n° 128, obs. Régnaut-Moutier; *RD banc. fin.* 2003, n° 154, obs. Lucas; *JCP E* 2003. Jur. 1363, note Robine; *Defrénois* 2003. 1163, 37810, note Lichbacher; *RTD com.* 2003. 572, n° 9, obs. Martin-Serf; *Rev. proc. coll.* 2003, p. 306, n° 2, obs. Monsérié-Bon; *Dr. et proc.* 2003. 292, note Le Corre – Com. 22 mai 2013, n° 11-23.961, *Bull. civ.* IV, n° 87; n° 520 FS-P+B; *D.* 2013. 1594, note Danos; Actu 1342, note Lienhard; pan. 2368, note Lucas; *Gaz. Pal.* 12 juill. 2013, n° 193, p. 27, note Le Corre-Broly; *Act. proc. coll.* 2013/10, comm. 135, note Cagnoli; *BJE* juill. 2013, p. 226, note Laroche; *JCP E* 2013, Chron. 1434, n° 5, obs. Pétel; *Rev. sociétés* 2013. 526, note Roussel Galle; *RTD civ.* 2013. 649, n° 7, note Dross; *RTD com.* 2013. 591, n° 7, obs. Martin-Serf; *Rev. proc. coll.* 2013, comm. 130, note Monsérié-Bon; *RDBF* sept. 2013, comm. 169, note Houin-Bressand.
10. Com. 19 mai 2015, n°s 13-25.312, 13-26.586, NP; n° 482 FS-D; *Gaz. Pal.* 21 juill. 2015, n° 200, p. 24, note Bonhomme.

Cette solution de principe doit toutefois être infléchie lorsque le débiteur détient l'argent en qualité de mandataire, que cette détention se fait sur un compte isolé, indépendant de celui du mandataire, et que les sommes déposées sur le compte sont spécialement affectées au paiement du mandant[1]. Si ces conditions cumulatives sont réunies, la revendication des sommes d'argent est possible, ce qui est approuvé en doctrine[2].

Par voie de conséquence, dans ces hypothèses, la déclaration de créance ne s'imposera pas. Il en est ainsi en présence de facturation et d'encaissement par le franchiseur de sommes déposées en banque sur un compte réseau, le franchiseur ne jouant alors que le rôle d'un mandataire chargé d'encaisser pour le compte des franchisés les créances détenues sur des tiers par ces derniers[3].

De façon plus générale, la déclaration de créance ne s'impose pas si les sommes d'argent ne sont jamais entrées dans le patrimoine du débiteur, étant restées isolées sur un compte spécial, ainsi que l'exige la législation applicable à la profession du débiteur. Telle est la solution qui a été posée pour les agents immobiliers (v. s^s^ n° 663.13). La justification de la solution semble toutefois résider dans le fait que le professionnel en question est assuré au titre de la représentation des fonds, cette garantie professionnelle pouvant jouer indépendamment de toute déclaration de créance au passif de l'assuré (v. s^s^ n° 723.15).

Au surplus, la revendication d'une somme d'argent demeure légalement admissible pour le vendeur sous clause de réserve de propriété autorisé à revendiquer la créance du prix de revente (v. s^s^ n° 816.42). Mais il faut immédiatement préciser qu'il ne s'agit pas, *stricto sensu*, de la revendication du prix, mais plutôt d'une action personnelle en paiement contre le sous-acquéreur obligeant à une revendication préalable dans la procédure collective du primo acquéreur pour opposer son droit de propriété à la procédure collective.

813.24 Situation particulière du dépositaire. Alors même que le dépositaire n'est, par hypothèse, pas un propriétaire, la Cour de cassation a admis la revendication exercée par le dépositaire dans la procédure du sous-dépositaire, alors que l'action ne pouvait tendre à rendre opposable le droit de propriété du sous-dépositaire[4]. La solution a été justifiée par la considération que le dépositaire a la charge de restituer en nature la chose remise.

813.25 Situation du cessionnaire de la créance de loyers financiers. Une solution particulière, à notre sens, a également été posée dans l'hypothèse de la cession de créance issue d'un contrat conférant une détention à titre précaire. La Cour de cassation considère que le cessionnaire de la créance de loyers d'un contrat de location financière a également qualité pour exercer la revendication[5]. La solution est surprenante, car la cession de créance n'a pas pour effet d'investir le cessionnaire de la qualité de propriétaire[6], sauf à confondre la cession de créance avec une cession de contrat.

SECTION 813.30 EXISTENCE EN NATURE DU BIEN

813.31 Existence en nature du bien (sur la transformation du bien, v. s^s^ n° 816.32; sur l'incorporation du bien, v. s^s^ n° 816.33; et sur le sinistre survenu au bien, v. s^s^ n° 816.34). Pour pouvoir être revendiqués, les biens meubles doivent exister en nature. Cette condition n'était, jusqu'à l'ordonnance du 18 décembre 2008[7], posée explicitement que pour les biens vendus. Elle était ainsi posée par les articles L. 621-118 (anc^t^ L. 25 janv. 1985[8], art. 117, devenu C. com., art. L. 624-12, depuis la loi de sauvegarde des entreprises : revendication des marchandises dont la vente est résolue), L. 621-122 alinéa 1 (anc^t^ L. 25 janv. 1985, art. 121, al. 1, devenu C. com., art. L. 624-16, al. 1 depuis la loi de sauvegarde des entreprises : revendication des marchandises consignées au débiteur, soit à titre de dépôt, soit pour être vendues pour le compte du propriétaire), et L. 621-122 alinéa 2 du code de commerce (anc^t^ L. 25 janv. 1985, art. 121, al. 2, devenu C. com., art. L. 624-16, al. 2 : revendication des marchandises vendues sous clause de réserve de propriété). Mais tous s'accordaient à considérer que l'exigence de l'existence des biens en nature était une condition applicable à toutes les revendications[9]. La généralité de la règle de l'existence en

1. Mastrullo et Menjucq, « Procédure collective du mandataire et revendication des sommes d'argent spécialement affectées au paiement du mandant », *Rev. proc. coll.* 2016, *études 11*.
2. PÉROCHON, 10e éd., n° 1621.
3. Com. 30 juin 2004, n° 03-17.330, NP.
4. Com. 14 nov. 2000, n° 97-21.523, *Bull. civ.* IV, n° 175; *D.* 2001. AJ 233, obs. Pisoni; *Act. proc. coll.* 2000, n° 262, note Lucas; *RD banc. fin.* 2001, n° 21, obs. Lucas; *JCP E* 2001. Chron. 755, n° 14, obs. Pétel; *RTD civ.* 2001. 387, obs. crit. Revet; *RTD com.* 2001. 500, obs. Bouloc.
5. Com. 23 juin 1998, *RJDA* 1998/11, p. 951, n° 1270.
6. AINSI : Douai, 2e ch., 2e sect., 6 nov. 2003, RG n° 01/03114.
7. Ord. n° 2008-1345, 18 déc. 2008, préc.
8. L. n° 85-98, 25 janv. 1985, préc.
9. RIPERT ET ROBLOT, n° 3143 – PÉTEL, 5e éd., n° 340 – SOINNE, n° 1932 – VOINOT, 2e éd., n° 497.

nature du bien, en tant que condition de la revendication avait, par exemple, été appliquée au contrat de « confié » de pierres précieuses[1]. Le fait que des pierres précieuses remises dans le cadre d'un contrat de « confié » n'aient été ni restituées, ni facturées, ne pouvait suffire à prouver leur existence en nature à la date du jugement d'ouverture[2].

L'ordonnance du 18 décembre 2008 fait aujourd'hui clairement apparaître, dans les textes, la généralité du principe d'existence en nature du bien en tant que condition de fond de sa revendication. En ce sens, l'alinéa 1 de l'article L. 624-16 du code de commerce (ord. 18 déc. 2008, art. 43) prévoit, de manière très large, que peuvent être revendiqués « à condition qu'ils se retrouvent en nature, les biens meubles remis à titre précaire au débiteur... ». Cette disposition doit être considérée comme interprétative.

Cette condition de fond de la revendication sera étudiée avec la clause de réserve de propriété, les difficultés pratiques se rencontrant essentiellement en cette matière (v. s^s n° 816.31).

Indiquons seulement ici une solution jurisprudentielle selon laquelle en cas d'échange d'un bien par un autre, le propriétaire du premier bien devenant propriétaire du second bien reçu en échange, conserve son droit de revendication[3]. La solution a été posée pour un four industriel vendu à une société de crédit-bail qui l'avait loué à un utilisateur, four sinistré qui avait été remplacé à la suite d'un échange résultant d'un accord tripartite. Observons que la question de la publicité obligatoire en présence d'un crédit-bail et de son éventuelle modification n'avait toutefois pas été abordée dans l'arrêt.

SECTION 813.40
MODALITÉS PROCÉDURALES DE L'ACTION EN REVENDICATION SOUS L'EMPIRE DE LA LOI DU 25 JANVIER 1985 NON RÉFORMÉE

813.41 Caractère obligatoire de la requête en revendication. La requête en revendication, sous l'empire de la loi du 25 janvier 1985[4] non réformée, est la seule démarche procédurale tendant à l'opposabilité du droit de propriété.

Elle avait d'abord semblé obligatoire, dans tous les cas[5]. Cependant, rapidement, la jurisprudence avait considéré que si le droit de propriété avait été reconnu par l'organe compétent, le propriétaire était dispensé d'avoir à revendiquer. Il en allait d'abord ainsi lorsque le mandataire de justice compétent avait opté pour la continuation du contrat en cours[6]. En redressement judiciaire sans administrateur, le débiteur ne pouvant continuer seul le contrat, il en résultait l'obligation de revendiquer, en ce cas[7], même si le paiement des loyers était servi après jugement d'ouverture au propriétaire[8]. Il en était de même si l'organe compétent avait opté pour la non continuation du contrat, car il y avait là implicitement reconnaissance du droit de propriété[9], ou si un accord entre les parties était intervenu sur la possibilité de continuer à utiliser le bien, dans le cadre d'une autre convention, le protocole transactionnel faisant apparaître l'intéressé comme propriétaire[10]. Le droit de propriété devait cependant, en ce cas, être reconnu de façon non équivoque[11]. En revanche, la simple présomption de renonciation à la continuation du contrat, du fait du silence gardé par le débiteur ou l'administrateur judiciaire, selon le cas, était insuffisante[12]. Il en allait de même de la demande de prorogation du délai d'option pour la continuation du contrat[13].

1. Com. 28 sept. 2004, n° 02-16.931, NP, *Act. proc. coll.* 2004, n° 232, note Vallansan.
2. Com. 28 sept. 2004, n° 02-16.931, préc. (v. s^s *prés^t* n°).
3. Com. 18 mars 2014, n° 12-27.616, NP; n° 295 F-D.
4. L. n° 85-98, 25 janv. 1985, préc.
5. Com. 15 oct. 1991, n° 90-13.147, préc.
6. Com. 20 oct. 1992, n° 90-19.100, *Bull. civ.* IV, n° 316; *Dr. sociétés* 1994, n° 93, obs. Chaput – ET PLUS NETTEMENT : Com. 6 déc. 1994, n° 92-18.722, n° 92-16.931, 2 esp., *Bull. civ.* IV, n°s 365, 367; *LPA* 23 janv. 1995, p. 10, note Soinne; *Rev. huissiers* 1995. 449, note Courtier; *JCP E* 1995. I. 457, n° 14, obs. Pétel; *JCP E* 1995. II. 698, note Leveneur – Com. 9 janv. 1996, n° 93-16.113, *Bull. civ.* IV, n° 11; *D.* 1996. Somm. 213, obs. Pérochon.
7. Com. 11 juill. 1995, n° 93-13.516, NP, *Rev. proc. coll.* 1995, 481, n° 18, obs. Soinne.
8. Com. 8 déc. 1998, n° 96-21.404, NP, *Act. proc. coll.* 1999, n° 37.
9. Com. 25 juin 1996, n° 94-12.456, *Bull. civ.* IV, n° 189; *D.* 1996. IR 186; *D. Affaires* 1996. 1102 – Com. 11 févr. 1997, *D. Affaires* 1997. 34 – Com. 25 mars 1997, n° 94-20.297, *Bull. civ.* IV, n° 81; *Rev. proc. coll.* 1997, 341, n° 39, obs. Soinne.
10. Com. 25 juin 1996, n° 94-16.297, *Bull. civ.* IV, n° 191; *Rev. proc. coll.* 1997, 337, n° 38, obs. Soinne; *JCP E* 1997. I. 623, n° 23 obs. M. Cabrillac.
11. AINSI, EN CAS D'ÉQUIVOQUE : Com. 28 janv. 1997, n° 94-11.072, NP, *Rev. proc. coll.* 1997, 338, n° 38, obs. Soinne.
12. Com. 17 mars 1992, n° 90-17.051, *Bull. civ.* IV, n° 188; *D.* 1992. Somm. 248, obs. Derrida; *D.* 1993. Somm. 285, obs. Pérochon; *JCP* 1992. II. 21963, note Bey; *RJ com.* 1994. 66, note Leclerc – Com. 11 mai 1993, n° 91-11.379, *Bull. civ.* IV, n° 181; *Rev. huissiers* 1993. 982, note Vidal.
13. Com. 20 oct. 1992, n° 90-19.100, *Bull. civ.* IV, n° 316; *D.* 1993. 19, note Derrida; *D.* 1993. Somm. 285, obs. Pérochon – Com. 27 avr. 1993, n° 91-13.951, NP, *Rev. proc. coll.* 1993, 569, obs. Soinne – Com. 8 mars 1994, n° 92-14.394, *Bull. civ.* IV, n° 101; *Dr. sociétés* 1994, n° 93, obs. Chaput – Com. 9 mai 1995, n° 92-20.565, *Bull. civ.* IV, n° 135; *D.* 1996. Somm. 217, obs. Pérochon; *Rev. proc. coll.* 1995, 478, obs. Soinne – Com. 17 déc. 1996, n° 94-17.601, NP, *D.* 1997. IR 52.

La requête était le plus généralement adressée au juge-commissaire. Mais, faute de texte imposant la saisine du juge-commissaire, la compétence appartenait concurremment au tribunal[1], mais non au juge des référés[2] ou encore au juge de l'exécution[3].

813.42 La requête en revendication, une demande en justice. Il convient d'abord de préciser que la requête en revendication étant une demande en justice, doit contenir une demande. Si elle doit être signée de son auteur et être rédigée en français[4], il a été jugé que l'absence de signature ne constituait pas une irrégularité de fond. S'agissant simplement d'une irrégularité de forme, le juge doit rechercher en quoi l'irrégularité aura causé un grief[5]. Ne peut donc être suivie la solution d'une cour d'appel invalidant la requête pour défaut de signature, sans opérer cette recherche[6].

La requête doit émaner d'une personne ayant qualité. Elle peut être présentée par le propriétaire lui-même, s'il est une personne physique. La solution, posée sous l'empire de la loi du 25 janvier 1985[7] non réformée[8], doit être reconduite. Si le propriétaire est une personne morale, la demande peut être présentée par le représentant légal de celle-ci. Dans les sociétés par actions simplifiées, l'article L. 227-6 du code de commerce dispose que la société par actions simplifiées est représentée à l'égard des tiers par son seul président. Lui seul pouvait donc signer la requête en revendication, non le directeur général, qui n'avait pas ici les mêmes pouvoirs que lui[9]. La solution a été partiellement modifiée par la loi de sécurité financière (sur cette question du représentant légal d'une société, v. les solutions développées à propos de la déclaration de créance s^s n° 662.31).

La requête peut également être signée par un préposé. Cependant, ce dernier devra avoir reçu pouvoir de présenter une telle demande. Ce pouvoir, qui n'a pas à avoir date certaine, n'a pas à être spécial[10]. Il doit cependant conférer clairement qualité à l'intéressé pour présenter une demande en revendication[11]. Elle pourra également être présentée par un avocat, lequel sera dispensé de pouvoir.

La demande pourra enfin être présentée par un tiers, non avocat, sous deux réserves. D'une part, en Alsace-Moselle, le tiers devra obligatoirement être avocat[12]. À défaut, la requête en revendication est irrecevable et le recours formé à l'encontre de l'ordonnance par une personne n'ayant pas la qualité d'avocat le serait tout autant[13]. D'autre part, si la procédure a été ouverte devant le tribunal de grande instance, la représentation ne pourra être l'œuvre que d'un avocat, cependant que la représentation par avocat n'est pas obligatoire. Le tiers qui n'est pas avocat, sous les deux réserves ci-dessus exprimées, devra justifier d'un pouvoir spécial[14]. La solution s'impose même à l'huissier[15] ou à l'avoué. La qualité de société du même groupe que celui auquel appartient le propriétaire sera insuffisante[16]. Le pouvoir spécial devait, comme cela était jugé pour la déclaration de créance, être produit dans le délai de présentation de la requête en revendication[17]. Le revirement opéré par l'assemblée plénière de la Cour de cassation, en matière de déclaration de créance (v. s^s n° 662.22), condamne cette solution. Il suffira que le pouvoir spécial existe à l'intérieur du délai de l'action en revendication, sans

1. Com. 10 juill. 1990, n° 88-20.505, *Bull. civ.* IV, n° 205; *D.* 1990. IR 188 – Com. 1er oct. 1991, n° 90-11.653, NP, *D.* 1992. Somm. 6, obs. Derrida; *D.* 1993. Somm. 294, obs. Pérochon.
2. Com. 9 juill. 1991, n° 89-18.254, *Bull. civ.* IV, n° 252; *D.* 1993. Somm. 294, obs. Pérochon; *JCP E* 1991. I. 102, obs. Pétel; *RTD com.* 1992. 469, obs. Martin-Serf – Com. 20 oct. 1992, n° 90-18.867, NP, *Rev. proc. coll.* 1993, 131, obs. Soinne – Com. 11 mai 1993, n° 91-11.646, NP, *Rev. huissiers* 1993. 801 – Com. 22 nov. 1994, n° 91-18.494, NP, *Dr. sociétés* 1995, n° 6, obs. Chaput.
3. TGI Orléans, Jex, 11 févr. 1994, *Rev. proc. coll.* 1995, 214, n° 23, obs. Soinne; *Rev. huissiers* 1994. 645 – Toulouse, 3e ch., 6 sept. 1994 *Rev. proc. coll.* 1995, 215, n° 23, obs. Soinne.
4. Dijon, 1re ch., 2e sect., 10 déc. 1996, *Rev. proc. coll.* 1997, 334, n° 36, obs crit. Soinne.
5. Civ. 2e, 3 juin 1999, n° 97-14.159, *Bull. civ.* II, n° 107; *D. Affaires* 1999. 1332.
6. Douai, 2e ch, 21 sept. 1995 et Douai, 18 déc. 1996, *Rev. proc. coll.* 1997, 334, n° 36, obs. Soinne.
7. L. n° 85-98, 25 janv. 1985, préc.
8. Com. 9 mai 1995, n° 93-12.365, NP, *RJDA* 1995, n° 1163.
9. Com. 2 juill. 2002, n° 98-23.324, *Bull. civ.* IV, n° 112; *Act. proc. coll.* 2002/14, n° 187, obs. Régnaut-Moutier; *JCP E* 2002. Chron. 1639, n° 3, obs. Caussain, Deboissy et Wicker; *RD banc. fin.* 2002, n° 190, obs. Lucas; *RTD com.* 2003. 374, n° 9, obs. Martin-Serf – *Adde*, Hallouin, « Le monopole de représentation du président de la société par actions simplifiée », *D.* 2002. Doctr. 2922.
10. Com. 9 mai 1995, n° 93-12.365, NP, *RJDA* 1995, n° 1163.
11. Com. 3 juin 1997, n° 94-12.450, *Bull. civ.* IV, n° 167; *D.* 2000. Somm. 73, obs. Pérochon et Mainguy; *D. Affaires* 1997. 681.
12. Com. 14 janv. 1997, n° 93-18.596, *Bull. civ.* IV, n° 14; *Rev. proc. coll.* 1997, 333, n° 36, obs. Soinne.
13. Metz, 22 mai 2001, *Rec. jur. Est* 2001, p. 161, cité par VALLENS, 2012, n° 3860.
14. Com. 5 juill. 2005, n° 04-11.132, *Bull. civ.* IV, n° 153; *Gaz. proc. coll.* 2005/3, p. 55, obs. Pérochon; *JCP E* 2006. Chron. 1066, n° 15, obs. Pétel; *Act. proc. coll.* 2005, n° 205, note Fricero; *RD banc. fin.* 2005, n° 180, obs. Lucas; *Rev. proc. coll.* 2005/4, p. 375, n° 4, obs. Monsérié-Bon *RTD com.* 2006. 469, n° 5, obs. Bouloc.
15. Com. 5 juill. 2005, n° 04-11.132, préc. (v. s^s prés^t n°).
16. Com. 13 juin 1995, n° 93-18.375, *Bull. civ.* IV, n° 153; *D.* 1996. Somm. 211, obs. Pérochon; *JCP E* 1995. I. 513, n° 11, obs. M. Cabrillac, *Rev. proc. coll.* 1997, 324, n° 28, obs. Soinne – Paris, 3e ch. C, 5 avr. 1996, *Rev. proc. coll.* 1997, 324, n° 28, obs. Soinne.
17. Com. 5 juill. 2005, n° 04-11.132, préc.

qu'il soit nécessaire qu'il ait été produit en justice dans ce même délai.

En outre, la requête doit préciser qu'il est demandé la reconnaissance de son droit de propriété. À cet égard, le terme de demande en revendication est suffisant. En revanche, un simple courrier adressé au juge-commissaire contenant copie d'une demande amiable au représentant des créanciers, à l'administrateur judiciaire ou au liquidateur serait insuffisant. La solution, posée sous l'empire de la loi du 25 janvier 1985 non réformée[1], doit être reconduite.

813.43 Délai de présentation de la requête en revendication. Le délai de présentation de la requête en revendication, seule procédure applicable puisque la demande en acquiescement de revendication n'existait pas alors, est unique. Il est de trois mois à compter du jugement d'ouverture[2], et non de sa publication au *Bodacc*. Le caractère choquant de ce point de départ du délai, qui est inconnu, n'a pourtant pas été jugé contraire à la Convention européenne de sauvegarde des droits de l'homme[3]. *O tempora, o mores* !

Si la requête est envoyée par voie postale, le délai sera considéré comme respecté si l'envoi est intervenu dans le délai, peu important que le juge-commissaire n'ait reçu la requête qu'ultérieurement[4]. C'est là le jeu de l'article 668 du code de procédure civile.

Ensuite, le délai de revendication est préfix. La solution posée sous l'empire de la loi du 25 janvier 1985[5] non réformée[6], est explicitement énoncée par article 85-1 alinéa 2 du décret du 27 décembre 1985[7] qui dispose que ce délai est imparti « à peine de forclusion »[8]. Aucune technique de relevé de forclusion n'est ici envisageable[9], contrairement à la solution retenue en matière de déclaration de créance. Cependant, la règle *contra non valentem*... peut-être invoquée, même en matière de délai préfix[10]. L'intéressé devra démontrer son impossibilité absolue d'agir dans le délai. La solution a été posée dans une espèce où le bien crédit baillé avait été remis au débiteur pour réparation par le cocontractant de l'établissement de crédit-bail[11].

La requête en revendication ne permet pas le jeu de l'article 643 du code de procédure civile offrant l'allongement du délai pour les personnes domiciliées dans les DOM-TOM et pour celles domiciliées à l'étranger, car il ne s'agit pas d'un délai de comparution (v. s[s] n° 813.57).

Enfin, le délai qui expire un samedi, un dimanche, un jour férié ou chômé, est prorogé jusqu'au premier jour ouvrable suivant (C. pr. civ., art. 641 et 642)[12].

On rappellera qu'en cas de continuation du contrat, la jurisprudence avait décidé qu'il était inutile de revendiquer[13], et cela même si l'option pour la continuation du contrat était intervenue après l'expiration du délai de revendication[14].

La conversion du redressement en liquidation judiciaire reste sans influence sur le cours du délai, la liquidation judiciaire n'ayant pas pour effet d'ouvrir un nouveau délai de revendication[15].

813.44 Dépassement du délai raisonnable par le juge-commissaire. Le juge-commissaire saisi d'une requête en revendication, doit statuer dans un délai raisonnable, en application de l'article 25 du décret du 27 décembre 1985[16]. La solution est reprise par l'article R. 621-21, alinéa 2 du code de commerce (anc[t] D. 28déc. 2005[17], art. 67, al. 2). À défaut, le propriétaire exerçant son action en revendication peut saisir le tribunal aux fins qu'il rende une décision qui se substituera à l'ordonnance du juge-commissaire. Il s'agit là d'une solution de droit commun, en matière d'ordonnance du juge-commissaire (v. s[s] n° 331.71).

Il a été jugé que l'ordonnance étant rendue sur requête, le principe de la contradiction n'avait pas à

1. Com. 21 janv. 1992, n° 90-12.965, *Bull. civ.* IV, n° 24; *D.* 1992. Somm. 246, obs. Pérochon; *D.* 1993. Somm. 295 obs. Pérochon.
2. Douai, 7 déc. 1989, *Gaz. Pal.* 1990. 11, Somm. 604, obs. Bey.
3. Com. 8 mars 1994, n° 92-14.394, *Bull. civ.* IV, n° 101; *Dr. sociétés* 1994, n° 93, obs. Chaput – Com. 9 mai 1995, n° 92-20.565, *Bull. civ.* IV, n° 135; *D.* 1996. Somm. 217, obs. Pérochon; *Rev. proc. coll.* 1995, 478, obs. Soinne – Com. 5 déc. 1995, n° 94-10.385, *Bull. civ.* IV, n° 278; *D.* 1996. Somm. 215 obs. Pérochon – Com. 17 déc. 1996, n° 94-17.601, NP, *D.* 1997. IR 52 – CONTRA : Chambéry, 19 janv. 1995, *Rev. proc. coll.* 1995, 478, obs. Soinne.
4. Com. 1er oct. 1991, n° 90-13.482, NP, *JCP E* 1992. II. 136, n° 15, obs. M. Cabrillac – Paris, 3e ch. C, 19 mai 1995, *Rev. proc. coll.* 1995, 483, n° 22, obs. crit. Soinne.
5. L. n° 85-98, 25 janv. 1985, préc.
6. Com. 13 févr. 1990, n° 88-13.546, *Bull. civ.* IV, n° 41; *D.* 1991. Somm. 42, obs. Pérochon – Com. 20 oct. 1992, n° 90-19.100, *Bull. civ.* IV, n° 316; *D.* 1993. 19, obs. Derrida; *D.* 1993. Somm. 285, obs. Pérochon.
7. D. n° 85-1388, 27 déc. 1985, préc.
8. Com. 2 juill. 1998, *Région Nord Pas-de-Calais c/Me Perin ès-qual. Sanef*, NP.
9. Dijon, 4 mai 1993, *RJ com.* 1994. 67.
10. asseur, « Délai préfix, délai de prescription et délai de océdure », *RTD civ.* 1950. 439, n° 27.
11. m. 2 mars 1999, n° 96-19.253, NP, *RD banc. fin.* 2000/1, nm. 20, obs. Lucas; *RJDA* 1999, n° 578.
12. n. 2 juill. 1998, *Région Nord Pas-de-Calais c/Me Perin ual Sanef*, NP.
13. A: Com. 4 juill. 2000, n° 97-12.662, NP, *Act. proc. coll.* 2/16, n° 206.
14. C 4 juill. 2000, n° 97-12.662, préc.
15. C 27 nov. 1991, n° 89-19.255, NP, *RJDA* 1992, n° 200.
16. D. 5-1388, 27 déc. 1985, préc.
17. D. 005-1677, 28 déc. 2005, préc.

être respecté[1]. Pourtant, la nature contentieuse et non pas simplement gracieuse de la requête en revendication semble bien, au contraire, impliquer le respect du principe de contradiction.

SECTION 813.50 MODALITÉS PROCÉDURALES DE L'ACTION EN REVENDICATION DEPUIS LA LOI DU 10 JUIN 1994

813.51 Présentation générale et nature juridique de la demande en acquiescement de revendication. La demande en acquiescement de revendication est une innovation de la loi du 10 juin 1994[2] (sur l'application de la loi dans le temps, v. s[s] n° 072.14). L'article 85-1 du décret du 27 décembre 1985[3] et l'article R. 624-13 alinéa 1 du code de commerce (anc[t] D. 28 déc. 2005[4], art. 114, al. 1), disposition de la procédure de sauvegarde applicable en redressement judiciaire (C. com., art. R. 631-31 [anc[t] D. 28 déc. 2005, art. 199]) et en liquidation judiciaire (C. com., art. R. 641-31 [anc[t] D. 28 déc. 2005, art. 242]), précisent la forme de la demande : il s'agit d'une lettre recommandée avec demande d'avis de réception. Cette dernière peut contenir également la déclaration de créance si son destinataire est habilité à recevoir les déclarations de créances. Mais il faut que le courrier contienne une demande explicite de revendication[5], ce qui présuppose qu'il comporte une identification des biens revendiqués[6]. Tel n'est pas le cas d'une lettre recommandée adressée à l'organe ayant qualité pour opter sur la continuation du contrat, et mettant celui-ci en demeure d'avoir à se prononcer sur la poursuite du contrat, en lui rappelant que la résiliation entraînerait l'obligation de restitution immédiate du matériel loué[7]. Un tel courrier ne contint pas de demande relative à l'opposabilité à la procédure collective du droit de propriété, ce qui est l'objet d'une demande en revendication.

Aux termes de l'article 121-1 de la loi du 25 janvier 1985[8] (devenu C. com., art. L. 621-123), tel qu'il résulte de la loi du 10 juin 1994, il est possible à l'organe compétent d'acquiescer à la demande en revendication présentée par le propriétaire. La solution est reprise par l'article L. 624-17 du code de commerce, depuis la loi de sauvegarde des entreprises, texte applicable en redressement judiciaire (C. com., art. L. 631-18, I) et en liquidation judiciaire (C. com., art. L. 641-4, al. 3). Il ne s'agit pour l'organe compétent que d'une simple faculté, et non d'une obligation. Le défaut d'acquiescement ne saurait donc justifier une condamnation en responsabilité de l'organe compétent[9].

La demande en revendication semblait devoir être assimilée à une action en justice, ce que confortait la possibilité d'un acquiescement et l'expression même de demande. L'acquiescement désigne en effet la manifestation de volonté par laquelle le plaideur reconnaît le bien-fondé des prétentions de son adversaire (C. pr. civ., art. 408). La Cour de cassation a cependant jugé le contraire, la demande présentant un caractère amiable et non contentieux. Il en résulte que le pouvoir pour présenter la demande n'est pas exigé[10], contrairement à la solution retenue en matière de déclaration des créances, avant l'ordonnance du 12 mars 2014[11]. Cette question se pose en revanche dans le cadre de la requête présentée au juge-commissaire (v. s[s] n° 813.56).

813.52 Destinataire de la demande en acquiescement de revendication.

> SOUS L'EMPIRE DE LA LÉGISLATION ANTÉRIEURE À LA LOI DE SAUVEGARDE DES ENTREPRISES (PROCÉDURES OUVERTES AVANT LE 1[ER] JANVIER 2006). En cas de redressement judiciaire, le mandataire compétent sera l'administrateur et, à son défaut, le représentant des créanciers. En cas de liquidation judiciaire, il s'agira du liquidateur, sauf s'il y a maintien de l'activité autorisée en liquidation judiciaire. En ce cas, s'il y a un administrateur judiciaire, lui seul sera compétent pour acquiescer à la demande, ce

1. Paris, 3e ch. C, 2 juill. 2003, RG n° 02/11735.
2. L. n° 94-475, 10 juin 1994, préc.
3. D. n° 85-1388, 27 déc. 1985, préc.
4. D. n° 2005-1677, 28 déc. 2005, préc.
5. SUR CETTE DIFFICULTÉ : Poitiers, 26 mars 2002, Or[...]ns, 16 juill. 2002 et Aix-en-Provence, 18 sept. 2002, *Rev[...]oc. coll.* 2003, p. 308, n° 7, obs. Monsérié-Bon.
6. Com. 13 nov. 2012, n° 11-25.718, NP, *Bull. Joly e[...]diff.* janv. 2013, n° 8, note Laroche.
7. Com. 12 mars 2013, n° 11-24.729, *Bull. civ.* I[...]° 39; n° 263 FS-P+B; *D.* 2013. Actu 768, note L[...]nard; *D.* 2013, pan. 2375, note Le Corre; *Gaz. Pal.* 1er [...]2013, n° 121, p. 33, note Le Corre-Broly; *Act. proc. c[...]*013/8, comm. 98, note Voinot; *JCP E* 2013, Chron. [...], n° 6, obs. Pétel; *LXB hebdo* 18 avr. 2013, n° 335, no[...] Corre-Broly; *BJE* juill. 2013, p. 228, note Laroche[...]*D com.* 2013. 350, n° 10, obs. Martin-Serf; *Rev. pro[...]l.* 2013, comm. 134, note Monsérié-Bon.
8. L. n° 85-98, 25 janv. 1985, préc.
9. Com. 5 avr. 2016, n°s 14-13.247, 14-22.733, *Bull. civ.* IV [à paraître]; n° 319 F-P+B; *Gaz. Pal.* 28 juin 2016, n° 24, p. 59, note Bidan; *BJE* 2016, 269, note Laroche.
10. Com. 6 mars 2001, n° 98-15.099, *Bull. civ.* IV, n° 50; *Act. proc. coll.* 2001, n° 91, obs. Vallansan; *D.* 2001. AJ 1009, obs. Lienhard; *JCP E* 2001. Chron. 1472, obs. M. Cabrillac et Pétel; *RTD civ.* 2001. 395, obs. Crocq; *RTD com.* 2001. 524, obs. Vallens – Com. 5 nov. 2003, n° 01-01.076, NP, *Act. proc. coll.* 2004, n° 6; *Rev. proc. coll.* 2004, p. 379, n° 3, obs. Monsérié-Bon – *Adde*, Orléans, ch. com. éco et fin., 19 sept. 2002, *RJDA* 2002/12, p. 1099, n° 1302.
11. Ord. n° 2014-326, 12 mars 2014, préc.

qu'impose la lettre de l'article L. 621-123 du code de commerce (anc[t] L. 25 janv. 1985[1], art. 121-1).

Le mandataire de justice compétent pour se prononcer sur la demande en acquiescement devra cependant recueillir, en pratique en lui adressant un courrier recommandé[2], l'accord du débiteur, même si celui-ci est dessaisi, ce qui confère à l'intervention de ce dernier la nature d'un droit propre. La prudence commandera au mandataire d'avoir un acquiescement écrit du débiteur[3].

En cas de désaccord entre le débiteur et le mandataire judiciaire, il appartiendra au juge-commissaire, saisi à la demande de tout intéressé – le propriétaire, le débiteur ou le mandataire judiciaire – de trancher le litige.

La régularité de la demande présentée au représentant des créanciers – mandataire judiciaire – ne peut être remise en cause ni par la désignation ultérieure d'un administrateur judiciaire, nommé en cours de période d'observation, ni par l'ordonnance avant dire droit impartissant au propriétaire de présenter sa demande à l'administrateur judiciaire[4] (sur l'irrégularité tenant à l'erreur commise sur le destinataire de la demande, v. s[s] n° 812.53).

> SOUS L'EMPIRE DE LA LOI DE SAUVEGARDE DES ENTREPRISES (PROCÉDURES OUVERTES À COMPTER DU 1ER JUILLET 2006). La loi de sauvegarde des entreprises[5] a quelque peu modifié les règles relatives à la détermination de l'organe compétent pour acquiescer à la demande en revendication.

L'article L. 624-17 du code de commerce (texte de la procédure de sauvegarde applicable en redressement judiciaire du fait du renvoi opéré par l'article L. 631-18, I) indique que la demande est adressée à l'administrateur judiciaire et, à son défaut, au débiteur. Observons que si un administrateur judiciaire a été désigné aux fins de faire fonctionner les comités de créanciers, dans une procédure de sauvegarde ou de redressement judiciaire ouverte sans administrateur judiciaire, tout se passe comme si aucun administrateur judiciaire n'avait été désigné. En effet, cet administrateur n'est investi que des prérogatives relatives au fonctionnement des comités de créanciers (C. com., art. R. 626-53 [anc[t] D. 28 déc. 2005[6], art. 163]). Le mandataire judiciaire n'est donc pas le destinataire de la demande, en l'absence d'administrateur judiciaire. Le débiteur ne pourra cependant acquiescer qu'avec l'accord du mandataire judiciaire.

Une règle particulière est posée pour l'**action en reprise exercée par un EIRL.** À défaut d'administrateur, la demande doit être adressée, non au débiteur – ce qui n'aurait guère eu de sens, sauf schizophrénie –, mais directement au juge-commissaire (C. com., art. L. 624-19). Il n'y a donc pas de demande en acquiescement, mais directement une requête en reprise du bien.

Lorsque, en sauvegarde ou en redressement judiciaire, la demande est adressée à l'administrateur, une copie doit être adressée au mandataire judiciaire (C. com., art. R. 624-13, al. 1 [anc[t] D. 28 déc. 2005, art. 114, al. 1]). L'administrateur ne pourra acquiescer qu'avec l'accord du débiteur. La solution posée sous l'empire de la législation antérieure a été conservée par la loi de sauvegarde des entreprises, l'ordonnance de réforme du droit des sûretés du 23 mars 2006[7] (art. 48, II) s'étant contenté de modifier la rédaction maladroite du texte de l'article L. 624-17 du code de commerce[8], qui énonçait que l'administrateur ou à défaut le débiteur, après accord du mandataire, peut acquiescer à la demande après accord du débiteur. Ce dernier devait donc, alors même qu'il était éventuellement le destinataire de la demande en acquiescement, se donner un accord à lui-même.

En liquidation judiciaire, le destinataire de la demande sera le liquidateur, précise la loi (C. com., art. L. 641-4, al. 3). Cependant, le décret du 28 décembre 2005 oblige, d'une manière non symétrique à la loi, à distinguer selon que, en liquidation judiciaire un administrateur a ou non été nommé. L'article R. 641-31 du code de commerce (anc[t] D. 28 déc. 2005, art. 242) prévoit en effet que « les articles R. 624-13 à R. 624-16 (anc[t] D. 28 déc. 2005, art. 114 à 117) sont applicables à la procédure de liquidation judiciaire. Le liquidateur exerce les fonctions dévolues par ces dispositions au mandataire judiciaire. Lorsqu'il n'a pas été désigné d'administrateur, le liquidateur exerce également les fonctions dévolues à l'administrateur par ces dispositions ». Ainsi, si un administrateur judiciaire a été désigné, il sera le destinataire de la demande en acquiescement de revendication.

Il est conseillé au mandataire saisi par erreur de la demande d'indiquer au propriétaire l'erreur par lui commise[9].

> SOUS L'EMPIRE DE L'ORDONNANCE DU 12 MARS 2014 (PROCÉDURES OUVERTES À COMPTER DU 1ER JUILLET 2014). Les règles de la législation précé-

1. L. n° 85-98, 25 janv. 1985, préc.
2. IFPPC, recomm. n°s 1103-1, 6032-1, p. 31, 159.
3. IFPPC, recomm. n°s 1103-2, 6032-2, p. 31, 159.
4. Com. 15 mars 2005, n° 03-20.332, NP, *D.* 2005. AJ 1083, obs. Lienhard; *Gaz. proc. coll.* 2005/2, p. 45, obs. Le Corre-Broly; *LXB* n° N4226AID, note Le Corre.
5. L. n° 2005-845, 26 juill. 2005, préc.
6. D. n° 2005-1677, 28 déc. 2005, préc.
7. Ord. n° 2006-346, 23 mars 2006, *JO* 24 mars, p. 4475.
8. ROUSSEL GALLE, 2e éd., n° 569.
9. IFPPC, recomm. n°s 1103-1, 6032-1, p. 31, 159.

dente sont conservées, sous une réserve. L'article 69 de l'ordonnance du 12 mars 2014[1] procède à une écriture incontestablement plus lisible des textes, par la création d'un nouvel article. L'article L. 641-14-1 du code de commerce prévoit que le liquidateur, avec l'accord de l'administrateur judiciaire s'il en a été désigné, peut acquiescer à la demande en revendication.

Le nouveau destinataire de la demande en acquiescement est donc désormais le liquidateur, alors même qu'un administrateur serait nommé (C. com., art. R. 641-31, I, al. 2, réd. D. 30 juin 2014[2], art. 95). Le demandeur en adresse une copie à l'administrateur judiciaire, s'il en a été désigné. L'administrateur doit donner son accord (C. com., art. L. 641-14-1). La solution vaut pour l'action en reprise exercée par un EIRL.

Conséquence du transfert de pouvoir au liquidateur, la référence dans l'alinéa 3 de l'article L. 641-4 à l'article L. 624-17 prévoyant l'acquiescement à une demande en revendication par l'administrateur est supprimée (ord. 12 mars 2014, art. 64, 2°). Identiquement, l'application de l'article L. 624-17 en liquidation est écartée dans le premier alinéa de l'article L. 641-14.

> **Appréciation de la réforme.** La concentration entre les mains du liquidateur de la qualité pour acquiescer à une demande en revendication contribue à la simplification et doit être approuvée. En revanche, le liquidateur représente le débiteur au titre de ses droits patrimoniaux. Si le choix est fait de rendre destinataire de la demande en acquiescement au lieu et place de l'administrateur, le liquidateur, le premier doit quitter la scène et l'on complique donc inutilement le mécanisme.

Le décret du 30 juin 2014[3] (art. 57) précise davantage les règles pour l'action en reprise exercée par l'EIRL, en créant un articleR. 624-13-1.

Il confirme la solution en l'absence d'administrateur judiciaire. C'est l'objet de lalinéa 2 de l'article R. 624-13-1, qui résulte de larédaction que lui donne le décret du 30 juin 2014 (art. 57), L'EIRL saisira le juge-commissaire dans le délai de trois mois de la publication au *Bodacc* du jugement d'ouverture.

Le décret du 30 juin 2014 (art. 57) envisage ensuite l'hypothèse dans laquelle un administrateur a été désigné, ce qui devrait être extrêmement rare pour un EIRL. En ce cas, précise l'alinéa 1 de l'article R. 624-13-1 du code de commerce, la demande en acquiescement de reprise – équivalent de la demande en acquiescement de revendication – est adressée à l'administrateur judiciaire et au mandataire judiciaire dans le délai de trois mois de la publication au *Bodacc* du jugement d'ouverture, par lettre recommandée avec demande d'avis de réception. À défaut d'acquiescement par l'administrateur, le demandeur doit, à peine de forclusion, saisir le juge-commissaire dans le délai prévu au deuxième alinéa de l'article R. 624-13, c'est-à-dire le délai du mois courant à expiration du délai du mois imparti à l'administrateur pour acquiescer.

Avant de statuer, précise l'alinéa 3 de l'article R. 624-13-1, le juge-commissaire devra recueillir les observations du demandeur, de l'administrateur, le cas échéant, et du mandataire judiciaire. Il n'a donc pas à procéder à une convocation devant lui pour organiser un débat.

813.53 Délai de la demande en acquiescement de revendication. La demande en acquiescement de revendication doit être adressée dans le délai de l'article L. 621-115 du code de commerce (anc[t] L. 25 janv. 1985[4], art. 115, devenu C. com., art. L. 624-9 depuis la loi de sauvegarde des entreprises[5]), c'est-à-dire trois mois. Ce délai est imparti à peine de forclusion. Il s'agit d'un délai préfix. Aucune possibilité de relevé de forclusion n'existe ici, contrairement à la solution instituée en matière de délai de déclaration des créances. Rien ne semble toutefois interdire le jeu de la règle *contra non valentem* (v. s[s] n° 813.43). L'allongement des délais de distance prévue par les articles 642 et 643 du code de procédure civile ne peut trouver à s'appliquer, car le délai de revendication n'est ni un délai de recours ni un délai de comparution[6], encore que le contraire ait parfois été jugé[7].

Les règles de computation des délais applicables aux requêtes en revendication (v. s[s] n° 813.43) seront également applicables aux demandes en acquiescement. La demande en acquiescement étant nécessairement adressée par voie postale, le délai sera respecté dès lors que l'expédition est intervenue dans le délai, peu important que le mandataire de justice destinataire de la demande, ne l'ait reçue

1. Ord. n° 2014-326, 12 mars 2014, préc.
2. D. n° 2014-736, 30 juin 2014, *JO* 1er juill., p. 10834.
3. D. n° 2014-736, 30 juin 2014, préc.
4. L. n° 85-98, 25 janv. 1985, préc.
5. L. n° 2005-845, 26 juill. 2005, préc.
6. Com. 7 févr. 2006, n° 04-19.342, *Bull. civ.* IV, n° 30; *D.* 2006. AJ 576, obs. Lienhard; *D.* 2006. Jur. 1547, note Marotte; *Gaz. proc. coll.* 2006/2, p. 51, obs. Le Corre-Broly; *Rev. proc. coll.* 2006/4, p. 361, n° 2, obs. Monsérié-Bon; *LXB* n° N5998AKD, note Le Corre-Broly; *RTD com.* 2006. 668, n° 6, obs. Vallens; *RJ com.* 2006. 400, note Sortais – Paris, 3e ch. B, 26 mars 2004, RG n° 03/06690, *D.* 2004. AJ 1165; *Rev. proc. coll.* 2004, p. 381, n° 9, obs. Monsérié-Bon – Paris, 3e ch. A, 17 janv. 2006, RG n° 05/01413, RJ com. 2006. 400, note Sortais.
7. Montpellier, 30 janv. 1990, *Rev. proc. coll.* 1991, 234, obs. Soinne – Dijon, 1re ch., 2e sect., 10 déc. 1996, *Rev. proc. coll.* 1997, 328, n° 31.

qu'après expiration du délai de l'action en revendication (C. pr. civ., art. 668).

La question du point de départ de l'action en revendication a évolué et il convient, en conséquence, de distinguer selon les législations pour la présenter.

> **Pour les procédures ouvertes avant le 15 février 2009**, ce qui vaut sous l'empire de la loi du 25 janvier 1985, réformée par la loi du 10 juin 1994 [1], dont les solutions sont identiquement applicables sous l'empire de la loi de sauvegarde des entreprises, dans sa rédaction d'origine du 26 juillet 2005, le point de départ de ce délai est variable.

Si le contrat est en cours au jour du jugement d'ouverture, ce qui pose parfois en la matière des difficultés, par exemple à propos d'un contrat d'entreprise [2] (sur la notion de contrat en cours en matière de vente avec clause de réserve de propriété, v. s^s^ n° 431.28), ou d'un accord de distribution d'une durée d'un an renouvelable par tacite reconduction [3], aucune demande en revendication n'a à être présentée [4]. Il en sera ainsi tant qu'aucune option ne sera intervenue sur la poursuite du contrat, le contrat en cours devant être distingué du contrat continué. Cette solution, d'abord posée par une juridiction du fond [5], a ensuite été affirmée par la Cour de cassation. Statuant à propos du non-paiement des sommes dues entre le jugement d'ouverture et l'option, la Chambre commerciale a jugé que tant que l'organe compétent (en l'occurrence un administrateur judiciaire) n'avait ni expressément ni tacitement opté pour la continuation du contrat, la non exécution n'avait pu entraîner sa résiliation de plein droit, de sorte que le délai de revendication n'avait pas commencé à courir [6].

Le courrier contenant mise en demeure sur la poursuite du contrat est évidemment impuissant à faire courir le délai de revendication [7]. Seule une réponse dans le mois de la mise en demeure formulant une non continuation du contrat ou l'expiration du délai du mois en l'absence de réponse permet de considérer que le contrat est résilié. À l'arrivée à terme ou à compter de la résiliation du contrat, courra alors un délai de trois mois de présentation de la demande (C. com., art. L. 621-115, al. 2, devenu C. com., art. L. 624-9, al. 2 depuis la loi de sauvegarde des entreprises).

Le délai de l'action en revendication court de la date de la résiliation du contrat, non de sa constatation par le juge-commissaire. Dans le régime simplifié sans administrateur judiciaire, sous l'empire de la législation antérieure à la loi de sauvegarde des entreprises, le délai de l'action en revendication court de la date de refus par le juge-commissaire d'autoriser la continuation du contrat et non, comme cela a été jugé d'une manière critiquable par une cour d'appel, de la date du jugement statuant sur opposition à l'encontre de l'ordonnance du juge-commissaire ayant refusé l'autorisation de continuer le contrat [8]. L'exécution provisoire attachée à l'ordonnance justifie la solution [9].

Une difficulté se présente toutefois, sous l'empire de la législation antérieure à la loi de sauvegarde des entreprises, lorsque l'organe compétent opte spontanément pour la non continuation du contrat. La Cour de cassation considère en effet que le contrat n'est pas alors résilié de plein droit, mais que le cocontractant peut le faire résilier selon les voies du droit commun (v. s^s^ n° 431.41). Il semble qu'il faille décider que le délai de la demande en acquiescement de revendication ne court pas, faute de résiliation du contrat, mais ne courra qu'à compter de la décision qui prononcera la résiliation dudit contrat. Cette solution, inopportune à notre sens (v. s^s^ n° 431.41), ne semble pas, au simple regard des textes issus de la loi de sauvegarde, devoir être remise en cause.

La liquidation judiciaire, même non assortie d'une poursuite provisoire d'activité, n'entraîne pas, sous l'empire de la législation antérieure à la loi de sauvegarde des entreprises, résiliation du contrat. Le délai dela demande en revendication ne court donc pas du seul fait de la liquidation judiciaire [10]. La

1. L. n° 94-475, 10 juin 1994, préc.
2. AINSI : Paris, 3e ch. A, 10 sept. 2001, *Act. proc. coll.* 2002/6, 80, obs. Pérochon.
3. Com. 17 févr. 2009, n° 07-19.192, NP; n° 156 F-D.
4. Orléans, 13 janv. 2000, *JCP E* 2000. Pan. 1212.
5. Douai, 2e ch., 29 juin 2000, *Act. proc. coll.* 2000/20, n° 264, obs. Régnaut-Moutier.
6. Com. 7 nov. 2006, n° 05-17.112, *Bull. civ.* IV, n° 217; *D.* 2006. AJ 2846, obs. Lienhard; *D.* 2007. Pan. 48, obs. Le Corre; *Gaz. proc. coll.* 2007/1, p. 45, note Pérochon; *JCP E* 2007, n° 1003, note Le Corre-Broly; *JCP E* 2007, Chron. 1004, n° 14, obs. M. Cabrillac; *Act. proc. coll.* 2006, n° 236, note Roussel Galle; *Defrénois* 2007. 87, 38605, n° 2, note Gibirila; *RTD com.* 2007. 239, n° 9, obs. Vallens; *Rev. proc. coll.* 2007/4, p. 225, n° 2, obs. Monsérié-Bon.
7. Com. 2 juin 2004, n° 01-16.372, NP, *Rev. proc. coll.* 2004, p. 226, n° 7, obs. Roussel Galle; *LXB* n° N2354ABS, note Le Corre.
8. Montpellier, 2e ch., 10 janv. 2008, RG n° 06/06976, *Act. proc. coll.* 2008, n° 191, note crit. Cagnoli.
9. Cagnoli, note s^s^ Montpellier, 2e ch., 10 janv. 2008, RG n° 06/06976, *Act. proc. coll.* 2008, n° 191.
10. Com. 15 févr. 2005, n° 03-17.604, *Bull. civ.* IV, n° 28; *D.* 2005. AJ 641, note Lienhard; *D.* 2005. Somm. 2018, obs. Lucas; *RTD com.* 2006. 20[illegible], n° 5, obs. Martin-Serf; *Gaz. proc. coll.* 2005/1, p. 47, obs. Le Corre-Broly; *JCP E* 200[illegible] Chron. 1274, n° 8, obs. Pétel; *Act. proc. coll.* 2005, n° [illegible] note Vallansan; *Rev. proc. coll.* 2005/4, p. 376, n° 6, obs. Monsérié-Bon – Com. 16 sept. 2008, n° 07-11.012, NP; 846 F-D; *Gaz. proc. coll* 2008/4, p. 59, note Le Corre-Broly – Com. 15 juin 2011, n°s 10-13.537, 10-13.[illegible] NP; n° 615 F-D.

solution ne semble pas modifiée par la loi de sauvegarde des entreprises, dans sa rédaction d'origine, même si cette dernière limite la possibilité de continuation des contrats en cours en liquidation judiciaire à l'hypothèse d'une poursuite provisoire d'activité (v. s^s n° 431.32), car l'impossibilité de poursuite du contrat ne semble pas équivaloir à sa résiliation.

Si le contrat n'est pas en cours au jour du jugement d'ouverture, soit parce qu'à cette date, il est arrivé à terme, soit parce qu'il est résilié, le délai de trois mois courra à compter de la publication au *Bodacc* du jugement d'ouverture[1] (C. com., art. L. 621-115, al. 1, devenu C. com., art. L. 624-9, al. 1 depuis la loi de sauvegarde des entreprises), ce qui supposera une publication régulière. Dans le cas contraire, le délai de trois mois ne courra pas.

En cas de redressement judiciaire, le délai courra de la publication de ce jugement au *Bodacc*. Un délai nouveau ne pourra courir en cas de conversion du redressement en liquidation judiciaire. La solution, posée sous l'empire de la loi du 25 janvier 1985 non réformée[2], doit être reconduite. En revanche, le délai de trois mois ne courra qu'à compter de la publication du jugement d'extension, en cas d'extension de procédure sur le fondement de la fictivité ou de la confusion des patrimoines[3], nonobstant l'unité de procédure, dès lors que le bien se trouve dans les actifs apparents de la personne à laquelle la procédure collective initialement ouverte a été étendue.

> Pour les procédures ouvertes à compter du 15 février 2009, c'est-à-dire sous l'empire de l'ordonnance du 18 décembre 2008, le délai de l'action en revendication cesse d'être variable, pour devenir, comme cela était le cas avant la loi du 10 juin 1994, unique. La solution ne devrait pas trouver application dans la procédure intéressant la cible de l'extension, étendue sur le fondement de la confusion des patrimoines ou de la fictivité, à compter du 15 février 2009, alors que la procédure initiale a été ouverte avant cette date[4], selon un principe de solution classique en la matière (v. s^s n° 074.61). L'ordonnance n° 2008-1345 du 18 décembre 2008 (art. 41) apporte, en effet, un véritable bouleversement par rapport aux solutions admises sous l'empire de la loi de sauvegarde des entreprises, en supprimant l'alinéa 2 de l'article L. 624-9 du code de commerce. Il faut donc comprendre qu'il n'existe désormais plus qu'un seul point de départ du délai de l'action en revendication : la publication au *Bodacc* du jugement d'ouverture.

Malgré la lettre du texte, et selon une solution identiquement appliquée en matière de déclaration des créances (v. s^s n° 665.31), la demande en revendication est recevable même si elle est présentée avant la publication au *Bodacc* du jugement d'ouverture[5]. Il en résulte que si le liquidateur ne répond pas à la demande en revendication ainsi présentée avant la publication au *Bodacc* du jugement d'ouverture, le délai de présentation de la requête en revendication court. Ne peut donc être suivie la solution d'une juridiction qui estime que le propriétaire peut valablement, après publication au *Bodacc* du jugement d'ouverture, et dans le délai de trois mois de cette publication, présenter une nouvelle demande en revendication[6]. Le choix ouvert par cette juridiction entre continuer l'action initiale ou présenter une nouvelle demande n'existe pas, dès lors que l'on admet que la demande initiale est recevable.

Pour sa part, le délai reste inchangé : trois mois.

La solution, préconisée par un auteur[7], a été justifiée par la volonté d'accélérer la détermination de la consistance des biens du débiteur[8].

En opportunité, il s'agit là d'une simplification, aucune discussion ne pouvant désormais porter sur l'acquisition de la résiliation.

Sur le plan de la logique juridique, la solution nous semble également devoir être approuvée[9]. En effet, dès lors que l'action en revendication est définie comme celle par laquelle le propriétaire d'un meuble entend rendre opposable son droit de propriété à la procédure collective, on ne comprend pas pourquoi cette action devrait être corrélée à une possibilité de restitution du bien.

Ainsi, par cette modification, dans tous les cas, le propriétaire d'un meuble non titulaire d'un contrat publié le liant au débiteur, devra revendiquer dans le délai de trois mois de la publication au *Bodacc* du jugement d'ouverture pour rendre opposable son droit de propriété, et cela même si le contrat est con-

1. Paris, 3e ch. A, 10 sept. 2001, *D.* 2001. AJ 2973.
2. Com. 27 nov. 1991, n° 89-19.255, NP, *RJDA* 1992. 200.
3. Com. 2 févr. 1999, n° 96-17.517, *Bull. civ.* IV, n° 3
4. Le Corre-Broly, « Les modifications apportées par l'ordonnance du 18 décembre 2008 en matière de revendications et de restitutions », *Gaz. Pal.* 8-10 mars 2009, sp., p. 48 s., sp. p. 49, n° 5.
5. T. com. Clermont-Ferrand, 14 déc. 2012, *Selarl Sudre es qual. liquidateur Sarl Auvergne Mobilhome/Camping Division Ltd., Gaz. Pal.* 1er mai 2013, n° 121, p. 34, note Le Corre-Broly.
6. T. com. Clermont-Ferrand, 14 déc. 2012, *Selarl Sudre es qual. liquidateur Sarl Auvergne Mobilhome/Camping Division Ltd*, préc.
7. Pérochon, « La procédure des revendications et des restitutions dans les procédures collectives », *LPA* 28 nov. 2008, n° 239, p. 56 s., sp. n° 27.
8. Rapport au président de la République sur l'ordonnance n° 2008-1345 du 18 déc. 2008, *JO* 19 déc. 2008, Titre I, chap. II, 3, s^s art. 41 et 42.
9. EN CE SENS AUSSI : Pétel, « Le nouveau droit des entreprises en difficulté : acte II – commentaire de l'ordonnance n° 2008-1345 du 18 décembre 2008 », *JCP E* 2009. 1049, n° 37.

tinué (v. s[s] n° 813.54). Il n'obtiendra en revanche la restitution de son bien qu'à l'arrivée à terme ou à la résiliation du contrat. C'est d'ailleurs ce que précise le nouvel article L. 624-10-1 du code de commerce (ord. n° 2008-1345, 18 déc. 2008, art. 42).

813.54 Caractère obligatoire de la demande en acquiescement sous l'empire des deux législations. La demande en acquiescement constitue une phase obligatoire, dans le cadre des demandes en revendication. Il faut seulement exclure l'action en reprise du bien par un EIRL, à défaut d'administrateur judiciaire, dans la sauvegarde ou le redressement. L'action en reprise sera, en ce cas, directement présentée au juge-commissaire (C. com., art. L. 624-19)[1]. Sous cette réserve, le propriétaire ne saurait saisir directement le juge-commissaire de sa demande. La requête qui lui serait adressée serait irrecevable[2], fût-elle dans le délai de l'action en revendication, la Cour de cassation la déclarant irrecevable « quel que soit le délai dans lequel elle avait été intentée »[3].

Cependant, il a pu être jugé par des juridictions du fond que, si la requête en revendication est présentée en même temps que la demande en acquiescement, la cause d'irrecevabilité de la requête a disparu si le juge-commissaire statue après expiration du délai imparti au mandataire de justice pour répondre[4]. C'est là une application de l'article 126 du code de procédure civile.

La Cour de cassation a semblé, dans un premier temps, rejeter l'analyse, en mettant en avant d'une part le fait que la demande en acquiescement au mandataire de justice est un préalable obligatoire et, d'autre part, le fait que si dans le mois de cette demande, le propriétaire n'a pas eu d'accord sur sa demande, il doit, à peine de seconde forclusion, saisir dans le même délai le juge-commissaire[5].

Puis, la Chambre commerciale de la Cour de cassation a admis clairement l'application de l'article 126 du code de procédure civile en énonçant que « si le juge-commissaire ne peut accueillir la requête en revendication lorsque le délai prévu par l'article 85-1 du décret du 27 décembre 1985[6] dont dispose le mandataire pour répondre à la demande présentée devant lui n'est pas expiré, il peut cependant, en application des dispositions de l'article 126 du code de procédure civile, statuer sur la requête dès lorsque la cause d'irrecevabilité a disparu au jour où il statue »[7].

Ainsi, l'article 126 du code de procédure civile peut-il jouer en la matière. Mais une distinction semble s'imposer. Si aucune demande en acquiescement n'est présentée, le jeu de l'article 126 est exclu. Si une demande en acquiescement est présentée, mais si le délai subséquent de présentation de la requête en revendication n'est pas respecté, en ce que la requête est présentée trop tôt, c'est-à-dire avant l'expiration du délai imparti au mandataire judiciaire ou au débiteur, selon le cas, pour répondre à la demande en acquiescement, l'article 126 a vocation à jouer et permet de réparer l'irrégularité dans le tempo des deux actions.

Ces solutions restent pleinement applicables, faute de modification des textes, sous l'empire de la loi de sauvegarde des entreprises.

Il a ainsi été jugé que le courrier adressé à l'organe compétent, qui ne contient pas une identification précise des biens revendiqués, ne peut valoir demande en revendication. Il en résulte que la requête ensuite adressée au juge-commissaire n'est pas recevable, faute de demande en acquiescement de revendication préalable[8].

Il importe toutefois d'observer que le tribunal saisi sur le recours formé à l'encontre de l'ordonnance ayant rejeté la demande en acquiescement de revendication, a les pouvoirs du juge-commissaire et a donc compétence pleine et entière pour statuer au fond sur le bien-fondé de la requête en revendication. Il en résulte que le tribunal peut accepter la revendication alors pourtant que le juge-commissaire, saisi par voie de requête, avait statué avant l'expiration du délai du mois imparti au mandataire

1. PÉROCHON, 10e éd., n° 1633.
2. Com. 2 oct. 2001, n° 98-22.304, *Bull. civ.* IV, n° 155; *D.* 2001. AJ 3043, obs. Lienhard; *Act. proc. coll.* 2001, n° 250, obs. Pérochon; *JCP E* 2001. Pan. 1746; *Dr. et proc.* 2002. 29, obs. Courtier; *JCP E* 2002. Chron. 175, n° 13, obs. M. Cabrillac et Pétel; *RTD com.* 2002. 360, n° 3, obs. Bouloc; *RTD com.* 2002. 159, n° 9, obs. Martin-Serf – Com. 28 janv. 2004, n° 01-03.240, NP – Com. 5 déc. 2006, n° 05-17.685, NP; n° 1363 F-D – Orléans, ch. com. éco et fin., 19 sept. 2002, *RJDA* 2002/12, p. 1099, n° 1302 – Paris, 25e ch. A, 13 févr. 2004, RG n° 03/04923 – CONTRA : Besançon, 1er oct. 1999, *Rev. proc. coll.* 2001, 31, n° 28, obs. Soinne.
3. Com. 5 déc. 2006, n° 05-17.685, NP; n° 1363 F-D; *Gaz. proc. coll.* 2007/2, p. 57, note Le Corre-Broly.
4. Paris, 3e ch. B, 22 janv. 1999, *D. Affaires* 1999. 340; *RTD civ.* 1999. 441, obs. Crocq; *RTD com.* 2000. 179, obs. Martin-Serf – Paris, 3e ch. A, 22 mars 2005, RG n° 03/975, *Gaz. proc. coll.* 2005/2, p. 44, obs. Le Corre-Broly.
5. Com. 28 janv. 2004, n° 01-03.240, NP; n° 248 F-D.

6. D. n° 85-1388, 27 déc. 1985, préc.
7. Com. 11 juill. 2006, n° 05-13.659, *Bull. civ.* IV, n° 174; ° 925 FS-P+B; *D.* 2006. AJ 2100, obs. Lienhard; *D.* 2007. n. 49, obs. Le Corre; Gaz. proc. coll. 2006/4, p. 35, note L Corre-Broly; *JCP E* 2007. Chron. 1004, p. 24, n° 12, o M. Cabrillac; *Act. proc. coll.* 2006/15, n° 177, note Vansan; *Rev. proc. coll.* 2006/4, p. 363, n° 6, obs. Monsér Bon; *RTD civ.* 2006. 800, n° 4, obs. Crocq; *RTD com.* 200 231, n° 3, obs. Martin-Serf; *LXB* n° N2919ALP, note Le C e – Com. 7 nov. 2006, n° 05-18.171, NP; n° 1200 F-D; z. *proc. coll.* 2007/2, p. 57, note Le Corre-Broly.
8. Com. nov. 2012, n° 11-25.718, NP, *BJE* janv. 2013, n° 8, Laroche.

pour se prononcer sur la demande en acquiescement qui lui a été présentée[1].

La solution serait à notre sens la même, pour la cour d'appel. En effet, il est admis que l'article 126 du code de procédure civile ne fait aucune distinction entre la procédure de première instance et celle d'appel et la régularisation peut intervenir à ce dernier stade, même si la fin de non-recevoir avait été relevée par le tribunal[2]. De la sorte, l'irrégularité sera nécessairement couverte au jour où le juge du fond statue.

Ces solutions font clairement apparaître la complication inutilement introduite par le législateur. Il aurait été largement préférable de donner le choix au propriétaire de présenter une demande en acquiescement de revendication ou de présenter directement sa requête en revendication au juge-commissaire. Là où la loi du 10 juin 1994[3] avait cru voir une simplification et un gain de temps, il y a eu, en réalité extrême complication procédurale et statistiquement perte de temps et donc d'argent pour les propriétaires.

Quoi qu'il en soit, la procédure est respectée dès lors que la demande est présentée au mandataire de justice, même si celui-ci, méconnaissant la procédure, indique au revendiquant qu'il n'est pas compétent et qu'il doit s'adresser au juge-commissaire[4].

L'ordonnance du 18 décembre 2008[5] fait naître une question : la revendication continue-t-elle à devoir s'imposer lorsque, à l'intérieur du délai de l'action, l'organe compétent aura opté pour la continuation du contrat en cours ? La question n'est pas nouvelle. Elle avait trouvé, sous l'empire de la loi du 25 janvier 1985, une réponse négative (v. s^s n° 813.41). Un auteur a suggéré de reconduire la solution[6], sous l'empire de l'ordonnance du 18 décembre 2008, c'est-à-dire pour les procédures ouvertes à compter du 15 février 2009 : de la sorte, la revendication deviendrait inutile lorsqu'une option en faveur de la continuation aurait été formulée sur la continuation du contrat avant l'expiration du délai de revendication.

Cette reconduction de la solution nous semble pourtant faire difficulté. Il importe d'observer que, sous l'empire de la loi du 25 janvier 1985 non réformée, le législateur n'avait aucunement pris le soin de coordonner les règles de la revendication avec celles de la continuation des contrats en cours. La jurisprudence avait donc dû intervenir face à ce gênant mutisme. Le législateur de 1994, dont les solutions furent reconduites par la loi de sauvegarde des entreprises, assura la coordination entre les deux corps de règles en décalant le point de départ du délai de l'action en revendication à la fin du contrat. L'ordonnance du 18 décembre 2008 modifie la solution, mais en maintenant une coordination entre les règles de la continuation des contrats en cours et celles de l'action en revendication. Il n'y a pas plus place, comme en 1985, à faire « parler le mutisme législatif ». La revendication s'impose, que le contrat soit continué ou non. Seules les suites de la reconnaissance du droit de propriété par l'effet de la revendication sont décalées dans le temps, à condition que le préalable de la revendication ait été respecté. Il faut en outre observer que la continuation du contrat en cours et l'action en revendication ne mettent pas en jeu les mêmes rapports juridiques. La continuation du contrat n'intéresse que les rapports entre les parties au contrat, à savoir le cocontractant et le débiteur. Au contraire, l'action en revendication n'a pas d'effet immédiat entre les parties au contrat. Elle intéresse les rapports entre le propriétaire du bien et la procédure collective. Il s'agit, pour le premier, d'opposer son droit de propriété à la procédure collective. Cela restera sans effet sur le contrat. L'indépendance entre les deux questions nous conduit à poser en règle le caractère obligatoire de l'action en revendication indépendamment du sort du contrat, cette dernière question ne conditionnant que la récupération – la restitution dit le code – du bien par le propriétaire.

La Cour de cassation suit la position ci-dessus exprimée, dans une espèce dans laquelle un bailleur financier avait mis en demeure le débiteur d'avoir à se prononcer sur la continuation du contrat, en lui rappelant que le défaut de continuation entraînerait l'obligation de restitution immédiate du matériel loué. La Cour de cassation juge que la lettre de mise en demeure n'invitait pas son destinataire à se prononcer sur le droit de propriété et ne valait donc pas revendication[7]. Plus clairement encore, la Cour de cassation a ensuite jugé que « la revendication ne peut être exercée que dans le délai de trois mois suivant la publication du jugement d'ouverture, le bien revendiqué fît-il l'objet d'un contrat en

1. Com. 7 nov. 2006, n° 05-18.171, NP; n° 1200 F-D *Gaz. proc. coll.* 2007/2, p. 58, note Le Corre-Broly.
2. Civ. 3e, 15 nov. 1989, n° 88-10.441, *Bull. civ.* III, n° 215.
3. L. n° 94-475, 10 juin 1994, préc.
4. Com. 5 oct. 2004, n° 02-17.324, NP.
5. Ord. n° 2008-1345, 18 déc. 2008, préc.
6. Pétel, « Le nouveau droit des entreprises en difficulté : acte II – commentaire de l'ordonnance n° 2008-1345 du 18 décembre 2008 », *JCP E* 2009. Étude 10 n° 37.
7. Com. 12 mars 2013, n° 11-24.729, *Bull. civ.* IV, n° 39; n° 263 FS-P+B; *D.* 2013, actu 768, note Lienhard; pan. 2375, note Le Corre; *Gaz. Pal.* 1er mai 2013, n° 121, p. 33, note Le Corre-Broly; *Act. proc. coll.* 2013/8, comm. 98, note Voinot; *BJE* juill. 2013, p. 228, note Laroche; *JCP E* 2013, Chron. 1434, n° 6, obs. Pétel; *RTD com.* 2013. 350, n° 10, obs. Martin-Serf; *Rev. proc. coll.* 2013, comm. 134, note Monsérié-Bon; *LXB hebdo* 18 avr. 2013; n° 335, note Le Corre-Broly.

cours »[1], car l'option pour la continuation d'un contrat, en l'occurrence émanant d'un administrateur judiciaire, ne vaut pas acquiescement à celle-ci[2].

En revanche, et d'une manière extrêmement laxiste, une cour d'appel a pu analyser comme valant demande en acquiescement de revendication, le courrier adressé par le propriétaire, un bailleur mobilier, à l'administrateur judiciaire lui demandant de prendre position sur la poursuite du contrat, lui confirmant sa qualité de propriétaire l'exercice de la revendication en cas de non poursuite du contrat et/ou de résiliation du contrat[3]. Mais, dès lors que l'administrateur n'a pas acquiescé à la demande en revendication, sa décision de poursuite du contrat ne valant pas acquiescement à la revendication, le propriétaire n'était pas dispensé de saisir le juge-commissaire d'une requête en revendication[4].

813.55 Effets de l'acquiescement sous l'empire des deux législations – discussion sur l'acquiescement. Lorsque l'acquiescement est intervenu, le mandataire de justice compétent ne saurait discuter à nouveau le droit de propriété de l'intéressé, ayant renoncé définitivement à combattre les prétentions de celui-ci, dans le cadre de l'action en justice entamée[5]. Quelques difficultés peuvent se présenter si le mandataire de justice ne peut restituer ensuite le bien (v. s[s] n° 812.55).

D'une manière souple au regard des textes réglementaires, il a été jugé que si le destinataire légal de la demande en acquiescement de revendication acquiesce à la demande présentée en dehors du délai qui lui est imparti, mais avant expiration du délai de saisine du juge-commissaire, le propriétaire n'encourt aucune forclusion et sa requête en revendication devient inutile[6].

Une fois l'acquiescement intervenu, le propriétaire n'a pas à présenter une requête au juge-commissaire[7].

Mais encore faut-il qu'il y ait acquiescement.

Il a été soutenu que l'acquiescement peut n'être qu'implicite. Il en est ainsi, par exemple, en cas de restitution spontanée du bien, dans le délai de l'action[8].

Une difficulté particulière peut se présenter lorsque l'organe compétent pour acquiescer à la demande en revendication reconnaît le principe de l'opposabilité du droit de propriété, par exemple celui reposant sur une clause de réserve de propriété, mais conteste sa portée. Ainsi, dans une espèce, l'administrateur judiciaire avait reconnu l'opposabilité d'une clause de réserve de propriété portant sur des médicaments, mais avait proposé au vendeur réservataire de payer le prix des marchandises restant en stocks, pour moins de 5 000 euros, afin de bloquer la revendication, alors que le vendeur avait déclaré une créance de plus de 1 700 000 euros et qu'il n'était pas d'accord avec le montant retenu par l'administrateur judiciaire. En raison du désaccord constaté entre l'administrateur judiciaire et le vendeur réservataire, la cour d'appel a justement pu estimer qu'il n'y avait pas eu acquiescement à la demande en revendication, de sorte que le vendeur était astreint à présenter une requête en revendication au juge-commissaire[9].

Après acquiescement du mandataire de justice à la demande en revendication du bien, le juge-commissaire n'est plus compétent pour connaître de la discussion sur la revendication du prix (v. s[s] n° 816.46).

L'ordonnance du 18 décembre 2008[10], pour tenir compte de l'unification du point de départ du délai de l'action en revendication, et, par voie de conséquence, de la situation particulière des propriétaires unis au débiteur par un contrat en cours au jour de l'ouverture de la procédure et au jour de la demande en revendication, insère un article L. 624-10-1 du code de commerce (ord. 18 déc. 2008, art. 42). Cette disposition prévoit que lorsque le droit à restitution a été reconnu dans les conditions prévues à l'article L. 624-9 du code, et si le bien fait l'objet d'un contrat en cours au jour de l'ouverture de la procédure, la restitution effective n'interviendra

1. Com. 16 sept. 2014, n° 13-20.173, NP; n° 725 F-D; *Gaz. Pal.* 18 janv. 2015, n° 18, p. 28, note Le Corre-Broly; *BJE* 2014, 371, note Sortais; *Leden* 2014, comm. 138, note Le Corre; *RTD com.* 2015. 373, n° 6, obs. Martin-Serf; *LXB hebdo* 16 oct. 2014, n° 587, note Le Corre-Broly – Com. 12 janv. 2016, n° 14-11.943, *Bull. civ.* IV, [à paraître]; n° 37 F-P+B; *D.* 2016. 198, note Lienhard; *Gaz. Pal.* 12 avr. 2016, n° 14, p. 70, note *Le Corre-Broly; Act. proc. coll.* 2016/2, comm. 20, note Vallansan; *Rev. sociétés* 2016. 198, note Henry; *BJE* 2016, 108, note Laroche; *JCP E* 2016, chron. 1198, n° 8, note Pétel.
2. Com. 12 janv. 2016, n° 14-11.943, préc.
3. Com. 12 janv. 2016, n° 14-16.310, NP; n° 38 F-D; *JCP E* 2016, chron. 1198, n° 8, note Pétel.
4. Com. 12 janv. 2016, n° 14-16.310, préc.
5. Nancy, 2e ch. com., 21 juin 2000, *Hombert tourisme et Me Douillet ès-qual. c/Loxxia Bail*, NP.
6. Com. 7 févr. 2006, n° 04-11.867, *Bull. civ.* IV, n° 31; *D.* 2006. AJ 576, obs. Lienhard; *JCP E* 2006. Chron. 1569, n° 8, obs. M. Cabrillac; *Act. proc. coll.* 2006, n° 51, note Vallansan; *Gaz. proc. coll.* 2006/2, p. 50, n° 2, obs. Le Corre-Broly; *LXB* n° N5998AKD, note Le Corre-Broly; *RTD com.* 2007. 23, n° 4, obs. Martin-Serf; *Rev. proc. coll.* 2006/4, p. 362, n° 5, obs. Monsérié-Bon; *RJ com.* 2006. 398, note Sort.
7. Com. 20 janv. 2009, n° 07-15.336, NP; n° 34 F-D – Com. 3 févr. 2009, n° 07-17.442, NP; n° 98 F-D.
8. Soinne, obs. *Rev. proc. coll.* 1995, 214, n° 22.
9. Com. 3 mai 2016, n° 14-24.586, *Bull. civ.* IV [à paraître]; n° 387 F-P+B; *Act. proc. coll.* 2016/10, comm. 135, note Petit.
10. Ord. n° 2008-1345, 18 déc. 2008, préc.

qu'au jour de la résiliation du contrat ou du terme du celui-ci.

Ainsi, le propriétaire, non titulaire d'un contrat publié en cours au jour du jugement d'ouverture, peut présenter dès l'ouverture de la procédure sa demande en revendication, laquelle, si elle aboutit, rendra opposable à la procédure collective le droit de propriété et autorisera la reprise du bien, qui ne sera cependant effective qu'ultérieurement, lorsque le lien contractuel justifiant la détention précaire aura cessé.

813.56 La requête en revendication, deuxième étape. Si la procédure a été ouverte à compter du 1er octobre 1994, l'article 85-1 alinéa 2 du décret du 27 décembre 1985[1], et sous l'empire de la loi de sauvegarde des entreprises, l'article R. 624-13 alinéa 2 du code de commerce, trouvent application. On a vu que la première étape était une demande en acquiescement de revendication (v. s^s^ n° 813.54). À défaut d'accord ou en cas de contestation, énonce l'article L. 621-123 du code de commerce, devenu avec la loi de sauvegarde des entreprises, l'article L. 624-17 du code, le propriétaire doit saisir le juge-commissaire. Aucune forme n'est imposée par les textes. En pratique, la requête prendra, le plus souvent, la forme d'un courrier recommandé, qui sera déposé au greffe du tribunal.

Il est clair que le défaut de réponse, comme la réponse explicitement négative[2] oblige à saisir le juge-commissaire. Si l'organe compétent, dans le délai qui lui est imparti, c'est-à-dire un mois à compter de la réception de la demande en revendication, n'a pas acquiescé à celle-ci, soit parce qu'il n'a pas répondu dans le délai qui lui est imparti, soit parce qu'il a répondu, dans ce même délai, négativement, le propriétaire doit présenter une requête au juge-commissaire. La lettre de l'article 85-1 alinéa 2 du décret du 27 décembre 1985, et sous l'empire de la loi de sauvegarde des entreprises, celle de l'article 114 alinéa 2 du décret du 28 décembre 2005[3], condamnent la solution antérieure de la posibilité de saisine concurrente du tribunal[4]. Le juge des référés et le juge de l'exécution[5] seraient identiquement incompétents.

Il a déjà été précisé que si le destinataire légal de la demande en acquiescement de revendication acquiesce à la demande présentée en dehors du délai qui lui est imparti, mais avant expiration du délai de saisine du juge-commissaire, le propriétaire n'encourt aucune forclusion et sa requête en revendication devient inutile (v. s^s^ n° 813.55).

La requête en revendication, contrairement à la demande en acquiescement, est une véritable demande en justice, ce qui induit un certain nombre de conséquences précédemment exposées (v. s^s^ n° 813.42).

L'article R. 624-13 alinéa 3 du code de commerce (anc^t^ D. 28 déc. 2005, art. 114, al. 3) prévoit que le juge-commissaire, avant de statuer, doit recueillir les observations des parties intéressées, c'est-à-dire de l'administrateur et du mandataire judiciaire ou du liquidateur, du débiteur et celles du propriétaire ou celui se présentant comme tel. Il s'agit là du respect de la règle du contradictoire. Observons que le juge-commissaire, qui peut convoquer les parties, semble ainsi ne pas en avoir l'obligation, ce qui nous paraît singulier dans une procédure qui est clairement devenue contentieuse, puisque, par hypothèse, un désaccord existe entre les parties faute d'acquiescement à la demande en revendication initialement présentée.

Pour le surplus, une distinction s'impose selon que la procédure a été ouverte avant le 15 février 2009 ou depuis cette date.

> **Si la procédure est ouverte avant l'entrée en vigueur de l'ordonnance du 18 décembre 2008**, la requête en revendication ne doit pas à être présentée tant que le contrat est en cours. Il en est ainsi tant que le délai d'option originaire ou prorogé n'est pas expiré, ainsi que dans l'hypothèse où le contrat a été continué. En revanche, si l'option de non continuation est intervenue, la revendication s'impose. La solution de la jurisprudence, rendue sous l'empire de la loi du 25 janvier 1985 non réformée, ne peut pas être reconduite, compte tenu de la lettre des textes issus de la législation de 1994[6].

> **Si la procédure est ouverte à compter de l'entrée en vigueur de l'ordonnance du 18 décembre 2008**, la requête en revendication, qui fait suite à une absence d'acquiescement à la demande en revendication, s'impose indépendamment du fait de savoir si le propriétaire est encore lié au débiteur au titre d'un contrat en cours. Il y aura lieu à application de l'article L. 624-10-1 du code de commerce, issu de l'ordonnance de réforme (ord. 18 déc. 2008, art. 42), qui prévoit que lorsque le droit à restitution a été reconnu dans les conditions prévues à l'article L. 624-10 du code, et si le bien fait l'objet d'un contrat en cours au jour de l'ouverture de la procédure, la restitution effective interviendra au jour de la résiliation du contrat ou du terme du celui-ci. Le droit à restitution sera, à défaut d'acquiescement à la demande en

1. D. n° 85-1388, 27 déc. 1985, préc.
2. Com. 2 nov. 2005, n° 04-16.593, *Bull. civ.* IV, n° 213; *Act. proc. coll.* 2005, n° 242, note Vallans; *RTD com.* 2006. 653, n° 5, obs. Bouloc.
3. D. n° 2005-1677, 28 déc. 2005, préc.
4. SAINT-ALARY-HOUIN, 7e éd., n° 791 – Lyon, *Rev. proc. coll.* 1995, 216, n° 24.
5. Chambéry, 9 déc. 1997, *Rev. proc. coll.* 1998, 93, n° 16, obs. Canet.
6. PÉTEL, 7e éd., n° 343.

revendication, reconnu par la décision de justice rendue après saisine sur requête du juge-commissaire.

Ne peut être approuvée, la décision qui admet l'opposabilité du droit de propriété, en l'absence de requête en revendication, alors que l'administrateur judiciaire n'avait pas acquiescé à la demande, mais avait opté pour la continuation du contrat[1]. Contrairement à ce que juge la cour d'appel, on ne peut, à partir d'une option de continuation du contrat, considérer que l'administrateur a reconnu l'opposabilité du droit de propriété du revendiquant.

> Sous l'empire de l'ordonnance du 12 mars 2014[2], c'est-à-dire pour les procédures ouvertes à compter du 1er juillet 2014, en liquidation judiciaire avec poursuite d'activité, et alors qu'un administrateur judiciaire a été désigné, à défaut d'acquiescement, comme par le passé, le demandeur doit présenter une requête en revendication. Le juge-commissaire statue alors au vu des observations du demandeur, du débiteur, du liquidateur et le cas échéant de l'administrateur (C. com., art. L. 641-14-1, réd. ord. 12 mars 2014, art. 69, II).

> Appréciation de la réforme du 12 mars 2014. Puisque le choix a été fait de rendre destinataire de la demande en acquiescement en lieu et place de l'administrateur, le liquidateur, le premier nous semblerait devoir quitter la scène et l'on complique donc inutilement le mécanisme en lui demandant son avis. Au surplus, à cette époque, le plus souvent la période d'activité sera terminée et l'administrateur, statistiquement, ne sera plus en fonction.

Rappelons que l'action en reprise du bien par un EIRL, à défaut d'administrateur judiciaire, dans la sauvegarde ou le redressement, est directement présentée au juge-commissaire (C. com., art. L. 624-19).

813.57 Délai de la requête en revendication. Si la procédure a été ouverte à partir du 1er octobre 1994, la requête en revendication doit être présentée dans le mois qui suit l'expiration du délai imparti au mandataire de justice compétent pour répondre à la demande en acquiescement. Le point de départ est classiquement fixé à la date de réception de la demande en acquiescement par l'organe compétent[3]. Tant que cette demande n'a pas été présentée, le délai de présentation de la requête n'a pas couru. Il en est de même si une première demande est adressée en courrier simple au mandataire de justice compétent. Elle n'aura pas pour effet de faire courir le délai de présentation de la requête, seule la demande en recommandé ayant cet effet[4].

Les règles de computation des délais ont déjà été exposées (v. ss no 813.43).

La requête en revendication ne permet pas le jeu de l'article 643 du code de procédure civile offrant l'allongement du délai pour les personnes domiciliées dans les DOM-TOM et pour celles domiciliées à l'étranger, car il ne s'agit ni d'un délai de comparution, ni d'un délai de recours[5].

La lettre de l'article 85-1 alinéa 2 du décret du 27 décembre 1985[6], qui prévoit que « à défaut d'acquiescement du mandataire dans le délai d'un mois à compter de la réception de la demande, le demandeur doit, sous peine de forclusion, saisir le juge-commissaire dans un délai identique à compter de l'expiration du délai de réponse du mandataire » ne peut autoriser l'interprétation selon laquelle le délai de saisine du juge-commissaire ne s'imposerait que si le mandataire de justice ne répond pas à la demande, non s'il y répond par la négative[7]. La solution est identique avec la lettre de l'article R. 624-13, alinéa 2 du code de commerce (anct D. 28 déc. 2005[8], art. 114, al. 2). Pareille interprétation contrarierait, en effet, la lettre de l'article L. 621-123 du code, devenu avec la loi de sauvegarde des entreprises, l'article L. 624-17. Il ne faut donc pas assimiler défaut d'acquiescement et absence de réponse, alors surtout que l'article 85-1 alinéa 2 du décret du 27 décembre 1985 et l'article R. 624-13 alinéa 2 du code de commerce (anct D. 28 déc. 2005, art. 114, al. 2) visent l'expiration du délai de réponse. Ainsi, même si le destinataire de la demande répond explicitement et négativement à la demande en acquiescement de revendication à l'intérieur du délai du mois qui lui est imparti, le délai du mois de présentation de la requête courra non à compter de sa réponse[9], mais à compter de l'expiration du délai de réponse imparti au mandataire ou au débiteur, selon le cas[10].

Les dispositions réglementaires (D. 27 déc. 1985, art. 85-1, al. 2, C. com., art. R. 624-13, al. 2 [anct D. 28 déc. 2005, art. 114, al. 2]) ont ainsi institué un double délai de forclusion[11]. Le délai du mois,

1. Aix-en-Provence, 8e ch. A, 24 oct. 2013, RG no 2013/593.
2. Ord. no 2014-326, 12 mars 2014, préc.
3. Poitiers, 2e ch. civ., 7 sept. 2004, *D.* 2004. AJ 2572.
4. Com. 10 mai 2000, no 97-15.476, NP, *RJDA* 2000/9-10, no 893.
5. Com. 28 sept. 2004, no 03-11.876, *Bull. civ.* IV, no 171; *D.* 2004. AJ 2715; *D.* 2005. Pan. 298, obs. Le Corre; *JCP E* 2005. Chron. 31, no 13, obs. M. Cabrillac et Pétel; *Rev. proc. coll.* 2005/4, p. 376, no 5, obs. Monsérié-Bon; *Act. proc. coll.* 2004, no 210, note Le Corre.
6. D. no 85-1388, 27 déc. 1985, préc.
7. Com. 2 nov. 2005, no 04-16.593, *Bull. civ.* IV, no 213; *Act. proc. coll.* 2005, no 242, note Vallansan; *RTD com.* 2006. 653, no 5, obs. Bouloc.
8. D. no 2005-1677, 28 déc. 2005, préc.
9. TOUTEFOIS : VOINOT, 2011, no 508.
10. Com. 28 sept. 2004, no 03-11.876, *Bull. civ.* IV, no 171, préc. (v. ss prést no) – Poitiers, 2e ch. civ., 7 sept. 2004, *D.* 2004. AJ 2572.
11. Amiens, 6 oct. 2000, *Rev. proc. col* 2001, 31, no 28, obs. Soinne – Bourges, 4 juin 2002, *Act. proc. coll.* 2002, no 225.

qui doit être respecté à peine de forclusion, s'ajoute en effet au délai prévu à l'article L. 621-115 du code de commerce (anc[t] L. 25 janv. 1985, art. 115, devenu C. com., art. L. 624-9 depuis la loi de sauvegarde des entreprises), également imparti à peine de forclusion[1]. Le propriétaire ne saurait évidemment reprendre son matériel, en l'absence d'acquiescement du mandataire, sans présenter de demande au juge-commissaire[2]. La forclusion qui atteint le propriétaire dans le cadre d'une demande en revendication du bien joue identiquement dans le cas d'une demande en revendication du prix, fût-elle introduite contre l'affactureur auquel la créance du prix de revente avait été transmise[3].

Parce que, depuis l'ordonnance du 18 décembre 2008[4], applicable aux procédures ouvertes à compter du 15 février 2009, la revendication est obligatoire, même si le contrat est continué (v. s[s] n° 813.55). Ne peut être suivie la décision d'une cour d'appel faisant droit à la demande d'un loueur qui avait présenté la demande en acquiescement dans les délais, mais n'avait pas saisi le juge-commissaire d'une requête dans les délais, en se fondant sur la décision de l'administrateur judiciaire de poursuivre le contrat[5].

La légalité de ce double délai de forclusion a été discutée[6]. Cette discussion ne relève pas de la compétence des juridictions de l'ordre judiciaire, en l'absence d'atteinte grave au droit de propriété[7]. La légalité de la disposition n'apparaît cependant pas douteuse. D'une part, l'absence de revendication n'a pas pour effet de faire disparaître le droit de propriété du revendiquant (v. s[s] n° 813.73) même si, sur le plan économique, la situation sera généralement équivalente pour lui. D'autre part, les délais d'action sont incontestablement du domaine réglementaire et il n'appartient pas au législateur d'inscrire dans la loi le délai de revendication, mais de le prévoir dans le décret.

Si le juge-commissaire ne statue pas dans un délai raisonnable, le propriétaire pourra saisir le tribunal (v. s[s] n° 813.44).

SECTION 813.60
VOIE DE RECOURS SUR LA DÉCISION STATUANT SUR LA REVENDICATION

813.61 Voie de recours sur la décision statuant sur la revendication. La décision statuant sur la revendication sera susceptible d'une voie de recours.

Si elle émane du juge-commissaire, les parties se verront ouvrir, à l'encontre de l'ordonnance, le recours devant le tribunal, qualifié par la pratique d'opposition, dans le délai classique, sous l'empire de la législation antérieure à la loi de sauvegarde des entreprises, de huit jours de la notification qui leur en est faite (D. 27 déc. 1985[8], art. 25, al. 3), dans le délai de dizaine de cette même notification, sous l'empire de la législation de sauvegarde des entreprises (C. com., art. R. 621-21, al. 4 [anc[t] D. 28 déc. 2005[9], art. 67, al. 4]) et selon les formes classiquement admises dans le droit des procédures collectives (v. s[s] n°s 332.12, 332.14 à 332.16). La notion de « parties » doit ici être entendue au sens de « personnes dont les droits sont susceptibles d'être affectés par l'ordonnance ».

Le décret du 23 décembre 2006 (art. 45, 1°), qui a modifié l'article R. 621-21 alinéa 4 du code de commerce (anc[t] D. 28 déc. 2005, art. 67, al. 4), a toutefois assoupli le système. S'il conserve l'obligation de notifier les ordonnances aux parties et aux personnes dont les droits et obligations sont affectés, le décret prévoit en revanche une simple communication aux mandataires de justice, ce qui évitera la forme recommandée. Pour tenir compte de cette modification, l'article 67 alinéa 4 du décret du 28 décembre 2005 (devenu C. com., art. R. 621-21, al. 4), tel qu'il résulte de la modification opérée par l'article 45, 2° du décret du 23 décembre 2006, prévoit que le recours contre l'ordonnance du juge-commissaire court désormais soit de la notification aux parties et aux personnes dont les droits et obligations sont affectés par l'ordonnance, soit de leur communication aux mandataires de justice.

L'appel directement formé à l'encontre de l'ordonnance du juge-commissaire est irrecevable[10].

1. Com. 28 janv. 2004, n° 01-03.240, NP, *Rev. proc. coll.* 2004, p. 381, n° 7, obs. Monsérié-Bon – Com. 2 nov. 2005, n° 04-16.593, *Bull. civ.* IV, n° 213; *Act. proc. coll.* 2005, n° 242, note Vallansan; *RTD com.* 2006. 653, n° 5, obs. Bouloc – Com. 11 juill. 2006, n° 04-19.435, NP; n° 960 F-D.
2. Rennes, 2e ch., 13 mai 2003, *RD banc. fin.* 2004, n° 27, obs. Lucas.
3. Com. 15 mars 2005, n° 00-12.563, *Bull. civ.* IV, n° 59; *Act. proc. coll.* 2005, n° 103, note Régnaut-Moutier; *Gaz. proc. coll.* 2005/2, p. 46, obs. Le Corre-Broly.
4. Ord. n° 2008-1345, 18 déc. 2008, préc.
5. Aix-en-provence, 8e ch. A, 24 oct. 2013, RG n° 12/22479.
6. TGI Mulhouse, sect. com., 23 oct. 1996, *Rev. proc. coll.* 1997, 331, n° 35, obs. Soinne – Colmar, 1re ch. civ., 2 déc. 1997, *JCP E* 1998. Pan. 1810.
7. *Civ. 1re, 16 mai 2000, n° 98-10.489, Bull. civ.* I, n° 146; *D.* 2000. AJ 291, obs. Lienhard; *JCP E* 2000. Chron. 1564, n° 8, obs. Pétel; *Rev. proc. coll.* 2001, 30, n° 27, obs. Soinne – Paris, 3e ch. C, 21 mars 2003, *D.* 2003. AJ 1294.
8. D. n° 85-1388, 27 déc. 1985, préc.
9. D. n° 2005-1677, 28 déc. 2005, préc.
10. Com. 12 avr. 2005, n° 03-18.216, NP, *Gaz. proc. coll.* 2005/2, p. 47, obs. Le Corre-Broly.

Si la décision émane du tribunal, parce que le juge-commissaire n'a pas statué dans des délais raisonnables, l'appel de cette décision est ouvert dans le délai de dix jours de la notification du jugement par le greffe.

Les décisions par lesquelles le tribunal statue sur le recours contre l'ordonnance du juge-commissaire statuant en matière de revendication, sont, sous l'empire de la **législation antérieure à la loi de sauvegarde des entreprises**, par dérogation au droit commun des jugements statuant sur opposition, susceptibles d'appel (C. com., art. L. 623-4 [anc^{t} L. 25 janv. 1985, art. 173, 2]) dans le délai classique de dix jours (D. 27 déc. 1985, art. 156 et 157), qui court à compter de la notification du jugement par le greffe[1], comme le recours formé à l'encontre de l'ordonnance.

Depuis la **loi de sauvegarde des entreprises**[2], cette solution n'est que le respect du droit commun qui rend recevable l'appel et le pourvoi en cassation à l'encontre des jugements par lesquels le tribunal statue sur le recours formé à l'encontre d'une ordonnance du juge-commissaire (v. s^{s} n° 333.31).

L'ouverture de l'appel à l'encontre du jugement statuant sur le recours formé contre l'ordonnance du juge-commissaire statuant en matière de revendication ou de restitution entraîne irrecevabilité du pourvoi en cassation directement formé à l'encontre du jugement, solution posée tant sous l'empire de la loi du 25 janvier 1985[3], que sous l'empire de la loi du 26 juillet 2005 de sauvegarde des entreprises[4].

Précisons enfin que le délai de recours à l'encontre de l'ordonnance du juge-commissaire et le délai de recours à l'encontre du jugement vidant le recours sur l'ordonnance du juge-commissaire sont augmentés en application de l'article 643 du code de procédure civile. Si le propriétaire est domicilié à l'étranger, il bénéficie, faute de disposition contraire, de l'allongement de deux mois du délai d'appel, en raison de la distance, prévu par l'article 643 du code de procédure civile, s'agissant d'un délai de recours. L'allongement du délai sera d'un mois pour le créancier domicilié dans les pays et départements d'outre-mer, en présence d'une procédure collective ouverte en métropole. Au contraire, si la procédure collective est ouverte en Outre-mer, le créancier métropolitain n'aura pas d'augmentation du délai de recours.

1. Com. 3 déc. 2003, n° 00-21.589, *Bull. civ.* IV, n° 195; *D.* 2004. Jur. 1079, note Cagnoli et Le Bars; *Act. proc. coll.* 2004, n° 25; *RTD com.* 2004. 160, n° 8, obs. Vallens.
2. L. n° 2005-845, 26 juill. 2005, préc.
3. Com. 8 janv. 2008, n° 06-15.462, NP; n° 18 F-D.
4. Com. 14 oct. 2008, n° 07-17.824, NP; n° 1011 F-D; *Gaz. proc. coll.* 2009/1, p. 55, note Pérochon; *JCP E* 2009. Chron. 1008, n° 15, obs. M. Cabrillac.

SECTION 813.70

EFFETS DE L'ACTION EN REVENDICATION

813.71 Effet d'une demande en revendication acceptée. L'action en revendication a été définie comme une action tendant à la reconnaissance du droit de propriété, aux fins d'opposabilité à la procédure collective. Cette action apparaît donc indépendante de la restitution du bien. Pourtant, la législation de 1994[5] a posé en règle que la demande en revendication emporte demande en restitution (D. 27 déc. 1985[6], art. 85-1, al. 3). La solution a été conservée par la législation de sauvegarde (C. com., art. R. 624-13, al. 4 [anc^{t} D. 28 déc. 2005[7], art. 114, al. 4]). C'est donc fort logiquement que le législateur a rendu inutile la revendication si la demande ne peut s'accompagner de la restitution du bien, tant que le contrat conférant une jouissance précaire au débiteur est en cours.

Si la revendication est acceptée, le propriétaire du terrain sur lequel étaient placés les biens revendiqués ne peut, sauf à engager sa responsabilité civile délictuelle, les retenir[8].

L'acceptation de la revendication conduit logiquement à la restitution du bien, du moins sous l'empire de la législation antérieure à l'ordonnance du 18 décembre 2008[9]. Sous l'empire de l'ordonnance du 18 décembre 2008, applicable aux procédures ouvertes à compter du 15 février 2009, une distinction s'impose. Si le propriétaire, qui revendique son bien, n'est pas lié au débiteur par un contrat en cours, l'acceptation de la revendication conduit à la restitution du bien. L'article L. 624-10-1 du code de commerce, issu de l'ordonnance du 18 décembre 2008 (art. 42) prévoit au contraire que lorsque le droit à restitution a été reconnu dans les conditions prévues à l'article L. 624-9 du code, et si le bien fait l'objet d'un contrat en cours au jour de l'ouverture de la procédure, la restitution effective interviendra au jour de la résiliation du contrat ou du terme du celui-ci.

Assez souvent, des frais de gardiennage auront été exposés par la procédure collective, et tout spécialement par le liquidateur, lorsque le bien revendiqué ne fait plus l'objet d'un contrat en cours et n'est donc plus utilisé. À qui incombent-ils ? Au propriétaire ou à la procédure collective ? La Cour de cassa-

5. L. n° 94-475, 10 juin 1994, préc.
6. D. n° 85-1388, 27 déc. 1985, préc.
7. D. n° 2005-1677, 28 déc. 2005, préc.
8. Com. 20 janv. 2009, n° 07-15.336, NP; n° 34 F-D.
9. Ord. n° 2008-1345, 18 déc. 2008, préc.

tion juge que le liquidateur qui expose des frais de gardiennage prend des mesures conservatoires pour garantir l'exercice effectif du droit à revendication. Les frais ne sont donc pas exposés dans le cadre de la gestion d'affaires, incompatible avec l'exécution d'une obligation légale telle celle du liquidateur de prendre de telles mesures conservatoires [1]. Il y a là l'affirmation d'une obligation légale de conservation de l'objet d'une éventuelle action en revendication [2] ou en restitution. En conséquence, les frais doivent être supportés par la procédure collective. De *lege ferenda*, un texte pourrait prévoir de faire supporter ces frais de gardiennage au propriétaire au moins pour le temps de la revendication, et, si le juge-commissaire doit intervenir à défaut d'acquiescement à la demande en revendication, le temps raisonnable nécessaire à l'obtention de l'ordonnance. Il n'est en effet pas logique que la collectivité des créanciers ait à supporter des frais exposés dans l'intérêt d'un seul qui va diminuer par son action en revendication le gage commun. Indiquons que le liquidateur ne peut être tenu du non paiement des frais de gardiennage, dès lors que, au moment de la commande, il disposait de la trésorerie suffisante, mais que les frais ont considérablement augmenté du fait de la lenteur de la procédure de revendication tenant à un contentieux [3].

Si le bien qui existait en nature au jour de l'ouverture de la procédure a disparu, la restitution ne pourra être ordonnée. Il y aura lieu alors d'admettre la revendication et de déclarer impossible la restitution. Cette décision autorisera le propriétaire, dont le droit est reconnu opposable à la procédure, à appréhender le bien, dans l'hypothèse où *il* parviendrait à le localiser, après que l'ordonnance aura été rendue.

La clôture pour insuffisance d'actif de la procédure du débiteur ne pourra être opposée et, en conséquence, faire obstacle à la possibilité pour le propriétaire, dont la revendication a été acceptée, de reprendre celui-ci. Le commandement aux fins de saisie-revendication délivré après la clôture pour insuffisance d'actif sera en conséquence parfaitement efficace (v. s[s] n° 592.52).

813.72 Incidence de la déclaration de créance sur la revendication. La déclaration de créance ne constitue nullement une condition d'acceptation de la revendication. Elle porte en effet sur le droit personnel de créance, cependant que la revendication a pour objet le droit réel de propriété. Sous l'empire de la loi du 25 janvier 1985 [4], l'extinction de la créance pour absence de déclaration régulière dans les délais, n'interdit pas, en conséquence, la revendication.

Pareille solution pouvait faire difficulté en présence d'une clause de réserve de propriété. Celle-ci est en effet analysée en un accessoire de la créance du prix (v. s[s] n° 816.13). Il pouvait donc apparaître que l'absence de déclaration de créance entraînerait extinction de la créance, l'accessoire disparaissant dans le même temps. La Cour de cassation s'est pourtant prononcée en sens contraire [5], en considérant que l'extinction de la créance n'équivalait pas à son paiement et que, en conséquence, la condition suspensive du paiement du prix ne s'étant pas réalisée, le transfert de propriété n'était pas intervenu au profit de l'acheteur.

A fortiori, faut-il décider que l'inopposabilité à la procédure collective de la créance non déclarée, sous l'empire de la loi de sauvegarde des entreprises, reste sans conséquence sur l'exercice de la revendication.

L'indifférence de la déclaration de créance sur la possibilité du jeu de la clause de réserve de propriété conduit à décider que la contestation de la créance reste sans incidence sur la possibilité de statuer sur la demande en revendication [6].

La survivance de la clause de réserve de propriété, accessoire de la créance du prix, à la disparition de la créance, apparaît cependant bien difficile à justifier [7], puisque cela revient à dire que « le vendeur demeurera propriétaire jusqu'au complet paiement d'une créance éteinte » [8].

Dans cette logique, la jurisprudence pose en règle que pour apprécier si la valeur des biens restitués excède le solde du prix restant du, il faut considérer la fraction du prix convenu entre les parties demeurée impayée, indépendamment d'une déclaration de

1. Com. 13 janv. 2015, n° 13-11.550, *Bull. civ.* IV [à paraître] n° 34 F-P+B; *Gaz. Pal.* 5 mai 2015, p. 38, note Le Corre-Broly; *BJE* 2015, 99, note Laroche; *Act. proc. coll.* 2015, comm. 45, note Fin-Langer; *RTD civ.* 2015. 444, n° 5, obs. Crocq; *JCP E* 2015, chron. 120 n° 10, obs. Pétel; *ID com.* 2015. 592, n° 7, note Martin-Serf.
2. Crocq, note s[s] Com. 13 janv. 2015, n° 13-11.550, préc., *RTD civ.* 2015. 445.
3. Com. 29 sept. 2015, n° 13-26.529 NP, *BJE* 2016, 36, note Laroche.
4. L. n° 85-98, 25 janv. 1985, préc.
5. Com. 20 oct. 1992, n° 90-18.867, NP, *Rev. proc. coll.* 1992, 425, n° 7, obs. Soinne – Com. 9 janv. 1996, n° 93-12.667, *Bull. civ.* IV, n° 8; *JCP E* 1996. I. 554, n° 19, obs. M. Cabrillac – Com. 11 mars 1997, n° 94-20.069, *Bull. civ.* IV, n° 70; *Rev. proc. coll.* 1997, 196, n° 6, obs. Soinne – *Adde*, Larroumet, « Le vendeur bénéficiant d'une clause de réserve de propriété peut-il revendiquer sans avoir déclaré sa créance à la procédure collective de l'acheteur ? », *D. Affaires* 1996. 603.
6. Paris, 18 sept. 2008, RG n° 07/13063.
7. RAPPR. : PÉROCHON ET BONHOMME, 6e éd., n° 288 – *Adde*, Mairot, « La réserve de propriété analysée en une obligation réelle », *Defrénois* 2007. 399, 38557, sp. 401, n° 7.
8. J.-CL. COM., Crocq, fasc. 2545, [Situation du vendeur de meubles – Clause de réserve de propriété], 2015, n° 50.

créance y correspondant totalement ou partiellement[1].

De même que l'absence de déclaration de créance n'exerce pas d'incidence sur la possibilité de revendiquer, de même la déclaration de créance n'équivaut pas à une renonciation à la revendication. La solution avait été posée sous l'empire de la loi du 13 juillet 1967[2] et doit être reconduite.

La Cour de cassation juge logiquement que la déclaration de la créance avec mention de la clause de réserve de propriété ne peut permettre l'admission à titre privilégiée de la créance. Elle n'autorisera pas le vendeur réservataire à opposer à la procédure collective son droit de propriété faute d'avoir présenté une demande en revendication[3]. Cette solution se justifie par l'observation que la clause de réserve de propriété, qui est certes une sûreté réelle, ne confère à son bénéficiaire aucun droit de préférence dans les répartitions[4]. Elle est également fondée sur l'observation que le code de commerce prévoit des actions spécifiques pour rendre opposable à la procédure collective le droit de propriété et le droit de créance, la revendication pour le premier, la déclaration de créance pour la seconde, de sorte que l'une ne peut équivaloir à l'autre.

Dans certaines situations, cependant, la déclaration de créance par le propriétaire n'est pas sans risque. Elle manifeste clairement qu'il entend abandonner son droit de propriété, en contrepartie du paiement de la créance. Il en est ainsi de la déclaration de créance de la valeur résiduelle, en cas de contrat de crédit-bail ou de location avec option d'achat[5]. L'établissement de crédit manifeste sa volonté de laisser s'opérer le transfert de propriété. La déclaration de créance est alors assimilée à l'acceptation de la levée d'option d'achat, à moins que ne soit insérée au contrat une clause prévoyant que le transfert de propriété, suite à la levée d'option d'achat, ne s'opérera que contre complet paiement du prix. Il s'agira, en réalité, d'une clause de réserve de propriété.

Si la déclaration de créance est indifférente au jeu de la revendication, en revanche, la revendication exercera une incidence sur le droit de créance. Tout d'abord, les contrats de crédit-bail et de location avec option d'achat prévoient généralement que l'indemnité de résiliation est égale au montant de tout ou partie des loyers restant à échoir, minorée de la valeur de revente ou de relocation du bien baillé. L'acceptation de la revendication n'obligera cependant pas la société financière, après revente ou relocation du bien, à une déclaration de créance rectificative. En effet, la déclaration doit être effectuée en prenant en compte la créance telle qu'elle existe au jour du jugement d'ouverture de la procédure collective. Le juge-commissaire, symétriquement, doit admettre la créance pour le montant existant au jour de ce même jugement d'ouverture, sans avoir à tenir compte des paiements postérieurement effectués (v. s[s] n° 682.24). En revanche, le paiement du créancier par la procédure collective tiendra compte du montant perçu après revente du bien. Contrairement aux contrats de crédit-bail, les contrats de location ne prévoient pas que l'indemnité de résiliation est égale à la différence entre le montant des loyers à échoir et le prix de revente ou de relocation du bien. Contractuellement, il n'y a donc pas place à réduction de créance. Certes, l'indemnité de résiliation pourra alors apparaître abusive par rapport au préjudice et serait ainsi susceptible de réduction, dans le cadre du jeu des clauses pénales, l'indemnité de résiliation ayant cette nature[6]. Cependant, l'excès par rapport au préjudice ne peut ici apparaître manifeste car la situation du locataire débiteur doit être comparée avec celle d'un locataire exécutant correctement le contrat. À la fin du contrat de location, alors que tous les loyers ont été payés, il y a place à restitution du bien, laquelle n'entraîne pourtant pas, à concurrence de la valeur du bien, remboursement d'une partie des loyers. Dès lors, l'indemnité de résiliation demandée par le locataire ne semble pas devoir être considérée comme manifestement abusive.

813.73 Absence de revendication acceptée[7]. En l'absence de revendication dans les délais ou en cas de rejet de la revendication, le droit de propriété de l'intéressé devient inopposable à la procédure col-

1. Com. 1er avr. 2008, n° 07-11.726, *Bull. civ.* IV, n° 74; *Gaz. proc. coll.* 2008/3, p. 61, note Pérochon; *Act. proc. coll.* 2008, n° 147, note Blanc; *JCP E* 2008. Chron. 2062, n° 12, obs. M. Cabrillac; *RTD com.* 2008. 623, n° 4, obs. Martin-Serf; *Rev. proc. coll.* 2008, n° 152, note Monsérié-Bon; *LXB hebdo* 24 avr. 2008, n° 302, n° N7479BEQ, note Le Corre-Broly.
2. L. n° 67-563, 13 juill. 1967, *JO* 14 juill., p. 7059 – Com. 1er oct. 1985, n° 84-12.015, *Bull. civ.* IV, n° 222.
3. Com. 15 oct. 2013, n° 12-25.993, NP; n° 986 F-D; *Act. proc. coll.* 2013/18, comm. 268, note Vallansan.
4. Com. 15 oct. 2013, n° 13-10.463, *Bull. civ.* IV, n° 153; *n° 957 F-P+B; D. 2013. actu 2462, note Lienhard; D.* 2014. 187, note Saenko; *Gaz. Pal.* 12 janv. 2014, p. 28, note Le Corre; *Act. proc. coll.* 2013/18, comm. 268, note Vallansan; *Rev. sociétés* 2013. 729, note Henry; *JCP E* 2013, Chron. 1679, n° 17, obs. Delebecque; *Gaz. Pal.* 2013, Jur. 3910, note Dumont-Lefranc; *JCP E* 2014, Chron. 1020, n° 12, obs. Pétel; *LXB hebdo* 21 nov. 2013, n° 359, note Le Corre-Broly.
5. Le Corre-Broly, *Crédit-bail mobilier et procédure collective*, th. dact., Lille II, 1997, n° 474.
6. AINSI : Paris, 5e ch. B, 25 nov. 1993, *Rev. proc. coll.* 1995, 218, n° 26, obs. Soinne.
7. Le Corre-Broly, « La sanction du défaut de revendication », *Gaz. Pal.* 12 avr. 2016, n° 14, p. 51.

lective[1]. Il ne s'opère pas au profit du débiteur un transfert de propriété[2]. Il faut ici noter que la procédure collective est personnifiée, et que la masse des créanciers, que le législateur du 25 janvier 1985[3] avait entendue enterrée, réapparaît sous un autre vocable, une métempsychose en quelque sorte[4].

Du fait de l'inopposabilité du droit de propriété à la procédure, l'intéressé ne peut plus se présenter, dans la procédure collective, comme propriétaire. S'il est rentré en possession du bien sans revendication, il a commis une voie de fait. Il doit le restituer au mandataire de justice. S'il l'a revendu, il doit en restituer le prix[5], lequel correspond au montant du préjudice qu'a fait subir à la procédure collective la personne ayant repris par voie de fait un bien[6].

L'absence ou le rejet de la revendication oblige également le propriétaire à laisser s'opérer la mutation des cartes grises des véhicules lui appartenant[7]. Une solution contraire a toutefois été apportée par une juridiction[8], créant une situation de blocage complet[9].

Il résulte de l'inopposabilité du droit de propriété la possibilité pour le mandataire de justice de vendre le bien litigieux, qui devient le gage des créanciers[10]. La caution pourra s'en prévaloir sur le terrain de l'article 2314 du code civil (anc^t C. civ., art. 2037[11]), en soulevant l'exception de subrogation (v. s^s n° 724.15). En cas de plan de cession ou de liquidation judiciaire, le produit de la vente sera appréhendé par le groupement des créanciers, dont fait partie le propriétaire, s'il est admis au passif.

L'inopposabilité du droit de propriété autorise identiquement le liquidateur à faire procéder à la destruction de biens non revendiqués dans les délais légaux[12].

Toutefois, si devant les juges du fond, saisis d'un recours contre une ordonnance du juge-commissaire ordonnant la vente aux enchères d'un bien devant être revendiqué, et qui ne l'a pas été, le liquidateur ne conteste pas que le matériel avait été restitué à son propriétaire, ni ne conteste la régularité de cette restitution, la cour d'appel, qui a relevé que le bailleur justifiait de sa propriété et était en possession du matériel litigieux, n'avait pas à vérifier que le propriétaire avait agi en revendication[13].

En cas de plan de continuation, de redressement ou de sauvegarde, le produit de la vente est affecté au débiteur. La vente devra cependant être intervenue pendant la période d'observation, alors qu'existe encore le groupement des créanciers.

En effet, l'inopposabilité du droit de propriété doit être distinguée de sa perte. Il en résulte plusieurs conséquences.

Si le débiteur obtient un plan de continuation, de redressement ou de sauvegarde, il redevient *in bonis*. L'absence ou le rejet de la demande en revendication ne l'autorisera pas à opposer à son cocontractant une inopposabilité du droit de propriété[14]. Il n'y aura pas d'obstacle tiré du défaut de revendication à une action en restitution du bien après arrêté du plan[15]. Ainsi, en présence d'une location, le débiteur ne pourra se dispenser de payer les loyers du bail correspondant à des périodes de jouissance postérieures au jugement arrêtant le plan, sauf à encourir la résiliation du contrat, ce qui autorisera alors l'action née du contrat, permettant ainsi l'exercice d'une saisie-revendication ou d'une requête sur le fondement de l'article R. 222-11 du code des procédures civiles d'exécution (anc^t décr. 31 juill. 1992 régissant les voies d'exécution[16], art. 149[17]).

1. PAR EX. : Com. 3 déc. 2003, n° 01-02.177, NP – Com. 15 déc. 2015, n° 13-25.566, *Bull. civ.* IV [à paraître]; n° 1070 F-P+B.
2. AINSI : Com. 26 nov. 2002, n° 01-03.980, *Bull. civ.* IV, n° 176; *D.* 2003. AJ 67, obs. Lienhard; *Act. proc. coll.* 2003, n° 7; *RTD civ.* 2003. 316, n° 3, obs. Revet; *Gaz. Pal.* 5-6 sept. 2003, Somm. 9, note Denner; *RTD com.* 2003. 570, n° 7, obs. Martin-Serf; *Rev. proc. coll.* 2003, p. 309, n° 8, obs. Monsérié-Bon.
3. L. n° 85-98, 25 janv. 1985, préc.
4. M. Cabrillac, « L'impertinente réapparition d'un condamné à mort ou la métempsychose de la masse des créanciers », *Mél. Gavalda*, Dalloz, 2001, p. 69.
5. Com. 23 mai 1995, n° 93-10.439, *Bull. civ.* IV, n° 153; *Rev. proc. coll.* 1995, 488, n° 29, obs. Soinne.
6. Paris, 3e ch. A, 2 déc. 2003, RG n° 02/18961.
7. Pau, 2e ch., 17 oct. 1995, *Rev. proc. coll.* 1997, 348, n° 43, obs. Soinne.
8. Agen, ch. civ., 14 avr. 2008, RG n° 07/01125, *Act. proc. coll.* 2009, n° 37, note Raoul-Cormeil.
9. SUR LE DÉTAIL de cette situation de blocage : Raoul-Cormeil, note s^s Agen, ch. civ., 14 avr. 2008, RG n° 07/01125, *Act. proc. coll.* 2009, n° 37.
10. Com. 23 mai 1995, n° 93-10.439, *Bull. civ.* IV, n° 153; *Gaz. Pal.* 1996. Pan. 59 – Com. 3 déc. 2003, n° 01-02.177, NP – Paris, 25e ch. B, 2 juill. 2004, RG n° 02/22190.
11. TRANSFÉRÉ par Ord. n° 2006-346, 23 mars 2006, préc., art. 5.
12. Com. 3 déc. 2003, n° 01-02.177, NP, *Act. proc. coll.* 2004, n° 30.
13. Com. 11 déc. 2012, n° 11-27.791, NP; n° 1258 F-D; *BJE* mars 2013, n° 43, note Laroche; *Rev. proc. coll.* 2013, comm. 131, note Monsérié-Bon.
14. Com. 4 janv. 2000, n° 96-19.511, NP, *Act. proc. coll.* 2000, n° 40; *D.* 2000. Jur. 533, note Le Corre-Broly; *RJ com.* 2000. 266, n° 1561, note Dumesnil-Rossi et Santana; *RTD com.* 2002. 159, n° 9, obs. Martin-Serf – Com. 24 mars 2004, n° 02-18.048, *Bull. civ.* IV, n° 61; *D.* 2004. AJ 1084, obs. Lienhard; *Act. proc. coll.* 2004, n° 105, obs. Régnaut-Moutier; *JCP E* 2004. Chron. 1292, n° 2, obs. M. Cabrillac; *Rev. proc. coll.* 2004, p. 378, n° 1, obs. Monsérié-Bon; *LXB* n° N1628ABW, note Le Corre.
15. Com. 30 oct. 2007, n° 06-18.328, NP; n° 1184 F-D; *Gaz. proc. coll.* 2008/1, p. 67, note Pérochon; Rev. proc. coll. 2008, n° 150, note Monsérié-Bon.
16. D. n° 92-755, 31 juill. 1992, *JO* 5 août, 10530.
17. ABROGÉ par D. n° 2012-783, 30 mai 2012, *JO* 31 mai, p. 9375, art. 9.

Si le plan de continuation est résolu, l'inopposabilité du droit de propriété à la procédure n'interdira pas au propriétaire de faire déclarer opposable à la seconde procédure son droit de propriété[1]. L'indépendance des deux procédures justifie la solution. Cela supposera cependant que, dans le cadre de la seconde procédure, le propriétaire exerce une action en revendication[2]. De même, un tiers peut présenter une demande en distraction du bien, objet d'une saisie-vente, entre les mains du débiteur, soumis à une nouvelle procédure, en dépit de l'absence de revendication dans la première procédure[3].

Puisque le droit de propriété n'est pas perdu, qu'il est seulement inopposable à la procédure collective et que le bien, qui en est l'objet, ne devient pas la propriété du débiteur, la restitution de ce bien peut être demandée par le propriétaire à un tiers acquéreur, dès lors que ce dernier est de mauvaise foi[4], puisqu'il savait que le bien acquis dans le cadre des opérations de la procédure collective n'appartenait pas à la société débitrice, mais à la société mère de cette dernière. En revanche, si le tiers acquéreur est de bonne foi, la règle en fait de meubles, possession vaut titre le protégera et interdira au propriétaire la reprise d'un bien présumé acquis d'un véritable propriétaire. La solution ne vaut toutefois, ainsi que cela a été remarqué, que pour les biens meubles corporels[5].

L'absence d'équivalence entre l'inopposabilité du droit de propriété à la procédure et sa perte a conduit la Cour de cassation à rejeter une question prioritaire de constitutionnalité qui lui a été posée, à propos de la sanction du rejet d'une action en revendication, dans un redressement judiciaire. La Cour a jugé que « les dispositions de l'article L. 624-9 du code de commerce, dans sa rédaction issue de l'ordonnance du 18 décembre 2008[6], se bornent à unifier le point de départ du délai de l'action en revendication en le faisant courir, dans tous les cas, à compter de la publication au *Bodacc* du jugement d'ouverture sous peine de rendre inopposable à la procédure collective le droit de propriété du revendiquant; que les restrictions aux conditions d'exercice du droit de propriété qui peuvent résulter de ce texte répondent à un motif d'intérêt général et n'ont ni pour objet, ni pour effet d'entraîner la privation du droit de propriété ou d'en dénaturer la portée; que la question posée ne présente donc pas de caractère sérieux au regard des exigences qui s'attachent au principe de valeur constitutionnel invoqué »[7], à savoir l'atteinte au droit de propriété constitutive d'une violation de l'article 17 de la Déclaration des droits de l'homme et du citoyen du 26 août 1789.

Dans une autre décision, la Cour de cassation a approuvé une cour d'appel d'avoir jugé que la forclusion instituée par l'article L. 624-9 du code de commerce répond à un motif d'intérêt général et ne constitue pas une atteinte disproportionnée au droit de propriété[8].

813.74 Incidence sur la créance de l'absence de revendication acceptée. L'inopposabilité du droit de propriété reste également sans incidence sur le droit de créance.

La solution a d'abord été appliquée en matière de location financière. Le bailleur ne cessant d'être propriétaire, il en résulte qu'il ne donne pas à bail la chose d'autrui. Il peut donc valablement réclamer au locataire les loyers à échoir[9] ou encore l'indemnité de résiliation[10]. En outre, il a été jugé, sous l'empire de la législation antérieure à la loi du 10 juin 1994[11], que le locataire, assigné en paiement des loyers sans déduction du prix du matériel loué, ne pouvait reprocher au crédit-bailleur de ne pas avoir revendiqué son matériel dans la procédure collective d'un tiers détenteur, dès lors que le locataire, gardien du matériel, s'était dépossédé de ce matériel au mépris des stipulations contractuelles[12].

Ces solutions doivent être rapprochées de celle retenue par la Cour de cassation en présence d'un

1. Com. 20 juin 1995, nº 93-17.009, NP, *Rev. proc. coll.* 1995, 482, nº 21, obs. Soinne – Com. 20 mai 1997, nº 94-16.733, NP, *D. Affaires* 1997. 860.
2. Com. 14 mars 1995, nº 92-20.955, NP, *Rev. proc. coll.* 1995, 219, nº 28, obs. Soinne.
3. Com. 26 nov. 2002, nº 01-03.980, *Bull. civ.* IV, nº 176; *D.* 2003. AJ 67; *Act. proc. coll.* 2003, nº 7; *RTD civ.* 2003. 316, nº 3, obs. Revet; *RTD com.* 2003. 570, nº 7, obs. Martin-Serf.
4. Com. 15 déc. 2015, nº 13-25.566, *Bull. civ.* IV [à paraître]; nº 1070 F-P+B; *Gaz. Pal.* 12 avr. 2016, nº 14, p. 69, note Le Corre-Broly; *Rev. sociétés* 2016. 199, note Henry; *BJE* 2016, 112, note Laroche; *JCP E* 2016, chron. 1198, nº 9, note Pétel; *RTD com.* 2016. 204, nº 9, note Martin-Serf.
5. Le Corre-Broly, « La sanction du défaut de revendication », *Gaz. Pal.* 12 avr. 2016, nº 14, p. 51 s., sp. p. 53, nº 12.
6. Ord. nº 2008-1345, 18 déc. 2008, préc.
7. Com. 15 mars 2011, nº 10-40.073, *Bull. civ.* IV, nº 44; *D.* 2011. Actu. 815, obs. Lienhard; *D.* 2011. 2689, note Arbellot; *Rev. sociétés* 2011. 387, note Roussel Galle; *Gaz. Pal.* 8 juill. 2011, nº 189, note Le Corre-Broly; *BJE* 2011. 194, note Laroche; *RTD com.* 2011. 642, nº 7, obs. Martin-Serf; *LXB hebdo* 14 avr. 2011, nº 247, note Le Corre-Broly.
8. Com. 1er avr. 2014, nº 13-13.574, *Bull. civ.* IV, nº 66; 355 FS-P+B; *D.* 2014. 870, note Lienhard et 1015, nº 7, e Guillou; *Act. proc. coll.* 2014/8, comm. 159, note noli; *RTD com.* 2014. 692, nº 2, note Martin-Serf; *RTD* 2014. 680, nº 3, note Dross.
9. C 19 janv. 1999, nº 95-19.216, NP, *Act. proc. coll.* 1 nº 69.
10. C 3 févr. 1998, nº 95-20.170, *Bull. civ.* IV, nº 55; *RTD* co998. 913, nº 12, obs. Bouloc; *D.* 2000. Somm. 71, ob rochon et Mainguy.
11. L. -475, 10 juin 1994, préc.
12. Co oct. 2004, nº 02-18.923, NP.

contrat de crédit-bail non publié. L'inopposabilité du droit de propriété résultant du défaut de publicité du contrat de crédit-bail n'affecte pas les droits du crédit-bailleur sur les mensualités perçues antérieurement à l'ouverture de la procédure[1], pas plus qu'elle n'interdirait au crédit-bailleur de percevoir les loyers du crédit-bail après le jugement d'ouverture, au titre de la continuation du contrat, ces loyers étant en outre éligibles au traitement préférentiel réservé aux créanciers postérieurs au titre de la contrepartie de la prestation fournie au débiteur.

La solution est identique en présence d'une clause de réserve de propriété. C'est ainsi qu'il a été admis que le vendeur titulaire d'une clause de réserve pouvait se voir appliquer les modalités de règlement du passif spécialement envisagées en plan de continuation, nonobstant son absence de revendication[2].

1. *Com.* 29 avr. 2014, n° 13-12.528, *Bull. ci*[...] n° 73; n° 412 F-P+B; *Gaz. Pal.* 29 juin 2014, n° 180[...]82, note Le Corre-Broly; *Rev. sociétés* 2014. 406, [...] Roussel Galle; *Gaz. Pal.* 20 juill. 2014, n° 201, p. 24[...] Moreil; *RTD com.* 2015. 158, n° 6, obs. Martin-Serf.

2. Com. 9 juill. 2002, n° 99-17.446, NP.

CHAPITRE

814. Propriétaire d'effets de commerce et autres titres impayés

SECTION 0
ORIENTEUR

814.00 **Plan du chapitre.**

Sect. 814.10 Revendication des effets de commerce et autres titres impayés

814.01 **Textes applicables.**

> Législation antérieure à la loi de sauvegarde des entreprises. C. com., art. L. 621-121

> Législation issue de la loi de sauvegarde des entreprises. C. com., art. L. 624-15, L. 631-18, I, L. 641-14, al. 1

> Législation issue de l'ordonnance du 18 décembre 2008. C. com., art. L. 624-15, L. 631-18, al. 1, L. 641-14, al. 1

814.03 **Bibliographie indicative.** (V. les références complètes s[s] n° 031).

> Actualisables. RÉP. COM., Derruppé J., « Entreprises en difficulté – Redressement judiciaire (Phase de traitement – Les créanciers) », n°s 261 à 273.

> Ouvrages antérieurs à la loi de sauvegarde des entreprises. KERCKHOVE, n° 682 – LE CORRE-BROLY, n° 423 – MARTIN ET VALLENS, n°s 3527 à 3529 – RIPERT ET ROBLOT, n° 3145 – SAINT-ALARY-HOUIN, n° 714 – SOINNE, n° 1887 – VALLANSAN, p. 246.

> Ouvrages postérieurs à la loi de sauvegarde des entreprises. LIENHARD, 6e éd., n° 103.21 – SAINT-ALARY-HOUIN, 9e éd., n° 873 – VALLANSAN *ET ALII*, 6e éd., p. 200 et 201 – VALLENS, 2015, n°s 3879 à 3881.

SECTION 814.10
REVENDICATION DES EFFETS DE COMMERCE *ET AUTRES TITRES IMPAYÉS*

814.11 **Revendication des effets de commerce et autres titres impayés détenus par le débiteur.** L'article L. 621-121 du code de commerce (anc[t] L. 25 janv. 1985[1], art. 120), devenu l'article L. 624-15 dans la rédaction de la loi de sauvegarde des entreprises, disposition de la procédure de sauvegarde applicable en redressement judiciaire (C. com., art. L. 631-18, I) et en liquidation judiciaire (C. com., art. L. 641-14, al. 1) s'intéresse à la situation du propriétaire d'effets de commerce ou autres titres impayés, en énonçant que « peuvent être revendiqués s'ils se trouvent encore dans le portefeuille du débiteur, les effets de commerce ou autres titres non payés, remis par leur propriétaire pour être recouvrés ou pour être spécialement affectés à des paiements déterminés ».

Les titres ici visés doivent être endossables. L'endossement ne doit pas être translatif de propriété, ce qui, par application de l'article L. 511-13 du même code (anc[t] art. 122), suppose qu'il fasse l'objet d'une mention de remise à titre de procuration ou de remise en gage (endossement pignoratif), libellée sous la forme « valeur en recouvrement », ou encore « par procuration ». Cependant, à défaut de mention, il y a seulement présomption d'endossement translatif, ce qui autorise la preuve contraire, rapportable par tous moyens[2].

L'endossement de l'article L. 621-121 du code de commerce, devenu l'article L. 624-15 dans la rédaction de la loi de sauvegarde des entreprises, doit donc être à titre de procuration[3], preuve qu'il incombe au revendiquant de rapporter.

L'affectation spéciale à des paiements déterminés doit émaner du propriétaire de l'effet qui le revendique. Le vendeur initial est sans qualité pour revendiquer l'effet accepté par le sous-acquéreur, qui se trouve encore entre les mains de l'acheteur[4].

1. L. n° 85-98, 25 janv. 1985, *JO* 26 janv. p. 1097.
2. Req. 12 mars 1867, *DP* 1867. I. 394 – Com. 16 mai 1955, *Gaz. Pal.* 1955. 2. 13.
3. RIPERT ET ROBLOT, n° 3145 – J.-CL. COM., Valansan, fasc. 2550, [Redressement et liquidation judiciaires – Situation du vendeur de meubles – Règles générales], n°s 39 s.
4. Versailles, 8 juin 1989, *JCP E* 1990. II. 15568, n° 16, obs. M. Cabrillac.

Les effets remis en compte-courant ne pourront être revendiqués, d'une part parce qu'ils n'ont pas été « spécialement affectés à des paiements déterminés », selon la formule de la disposition analysée, mais aussi, d'autre part, parce qu'ils deviennent la propriété du récepteur, dès inscription en compte-courant[1]. Il en ira différemment si les parties excluent de l'entrée en compte l'effet remis, spécialement si le remettant décide de l'affectation de l'effet à un paiement déterminé.

Cette disposition est d'application rare. Elle a essentiellement pour but de protéger les clients d'un banquier ou d'un agent de change, contre une procédure collective atteignant ses derniers. Son intérêt est en outre amoindri depuis la dématérialisation des titres[2].

1. Req. 14 mai1862, *DP* 1863. I. 173.

2. Sant-Alary-Houin, 9e éd., no 873.

CHAPITRE

815. Vendeur de meubles non payé – Règles générales

SECTION 0
ORIENTEUR

815.00 Plan du chapitre.

Sect. 815.10 Situation générale des vendeurs de meubles non réservataires

Sect. 815.20 Vente résolue

Sect. 815.30 Marchandises en cours d'expédition

815.01 Textes applicables.

> Législation antérieure à la loi de sauvegarde des entreprises.

C. com., art. L. 621-117 à L. 621-120, L. 621-122

> Législation issue de la loi de sauvegarde des entreprises.

C. com., art. L. 624-11 à L. 624-14, L. 624-16, L. 631-18, I, L. 641-14, al. 1

> Législation issue de l'ordonnance du 18 décembre 2008.

C. com., art. L. 624-11 à L. 624-14, L. 624-16, L. 631-18, al. 1, L. 641-14, al. 1

815.03 Bibliographie indicative. (V. les références complètes s^s^ n° 031).

> Actualisables. RÉP. COM., Derruppé J., « Entreprises en difficulté – Redressement judiciaire (Phase de traitement – Les créanciers) », n°s 405 à 519 – J.-CL. COM., Vallansan J., fasc. 2540, [Situation du vendeur de meubles – Résolution de la vente – Rétention – Revendication des marchandises en cours de transport].

> Ouvrages antérieurs à la loi de sauvegarde des entreprises. CHAPUT, n° 531 – JACQUEMONT, n°s 621 à 625 – KERCKHOVE, n°s 680, 681, 683 – LE CORRE-BROLY, n° 422 – MARTIN ET VALLENS, n°s 3516 à 3526, 3530 à 3534 – PÉTEL, n°s 359 à 364 – RIPERT ET ROBLOT, n°s 3148 à 3158 – SAINT-ALARY-HOUIN, n°s 715 à 721 – SOINNE, n°s 1890 à 1900 – VALLANSAN, p. 244 à 246.

> Ouvrages postérieurs à la loi de sauvegarde des entreprises. COQUELET, 5e éd., n°s 318 à 321 – GIBIRILA, n°s 488 à 490 – JACQUEMONT ET VABRES, 9e éd., n°s 702 à 706 – LE CANNU, 7e éd., n°s 678, 679 – LIENHARD, 6e éd., n°s 103.17 à 103.20 – PÉROCHON, 10e éd., n° 1605 – PÉTEL, 8e éd., n°s 360 à 365 – ROUSSEL GALLE, 2e éd., n° 567 – SAINT-ALARY-HOUIN, 9e éd., n°s 874 à 880 – VALLANSAN *ET ALII*, 6e éd., p. 200 – VALLENS, 2012, n°s 3868 à 3878, 3882 à 3886 – VOINOT, 2e éd., n°s 516 à 519.

SECTION 815.10
SITUATION GÉNÉRALE DES VENDEURS DE MEUBLES NON RÉSERVATAIRES

815.11 Énoncé des dispositions réglementant la situation des vendeurs de meubles non réservataires. L'article L. 621-117 du code de commerce (anc^t^ L. 25 janv. 1985 [1], art. 116) commence par énoncer que « le privilège, l'action résolutoire et le droit de revendication établi par le quatrièmement de l'article 2102 du code civil (devenu C. civ., art. 2332 [2]) au profit du vendeur de meubles ne peuvent être exercés que dans la limite des dispositions ci-après ». Malgré la lettre du texte, il s'agit, en ce qui concerne le privilège, non pas d'une simple limitation de son jeu, mais d'une suppression pure et simple. L'action résolutoire des articles 1184 et 1654 du code civil est, quant à elle, aménagée (v. s^s^ n° 815.21). La rédaction des textes laissait à désirer car l'action résolutoire n'était pas prévue par le « quatrièmement de l'article 2102 du code civil ». C'est pourquoi, dans la nouvelle rédaction, issue de la loi du 26 juillet 2005 [3], l'article L. 624-11 isole, dans le texte, l'action résolutoire, laquelle résulte de l'article 1654 du code civil.

L'article L. 621-120 du code de commerce (anc^t^ 25 janv. 1985, art. 119), devenu l'article L. 624- dans la rédaction de la loi de sauvegarde des entreprises, pour sa part, autorise, au profit du ven-

. n° 85-98, 25 janv. 1985, *JO* 26 janv., p. 1097.

RÉÉ par Ord. n° 2006-346, 23 mars 2006, *JO* 24 mars, rt. 9; en vigueur depuis le 1er oct. 2016.

3 n° 2005-845, 26 juill. 2005, *JO* 27 juill., p. 12187.

deur n'ayant pas encore livré ou expédié les marchandises, l'exercice d'un droit de rétention. En droit commun, cette prérogative n'existe qu'au profit du vendeur au comptant. Pareille restriction n'existe pas ici. Cette solution, posée de longue date[1], est restée inchangée[2]. Cette faculté a été reconnue applicable au vendeur d'actions de société, non payé[3]. Le droit de rétention pourrait ne porter que sur des documents administratifs[4].

Si la vente est un contrat en cours au jour du jugement d'ouverture, du fait de l'absence de délivrance à l'acheteur, la résolution de la vente sera possible, si l'administrateur judiciaire ou le débiteur selon le cas, ne le poursuit pas[5]. La résolution aura pour fondement, non l'inexécution, mais l'option de non continuation du contrat. Le vendeur devra donc déclarer au passif l'indemnité de résiliation du contrat, sauf à différer le jeu des acomptes reçus, jusqu'à ce que le juge-commissaire ait statué sur le montant des dommages et intérêts, ce qui l'autorisera ensuite à compenser[6]. Inversement, si l'administrateur judiciaire ou le débiteur veulent continuer le contrat, le vendeur n'a pas à se satisfaire d'un paiement fractionné qui aurait été envisagé. Étant rétenteur, il pourra exiger le complet paiement du prix, avant de se dessaisir du bien. C'est là la logique du droit de rétention instauré par article L. 621-120 du code de commerce, devenu l'article L. 624-14 dans la rédaction de la loi de sauvegarde des entreprises, qui l'emporte sur le droit commun de la continuation des contrats en cours.

La disposition de l'article L. 621-120 du code de commerce, devenu l'article L. 624-14 dans la rédaction de la loi de sauvegarde des entreprises, inscrit dans l'esprit général de préservation de la plénitude du droit de rétention. Seul le paiement permettra de vaincre l'inertie du rétenteur. La technique du retrait sera utilisée (v. s[s] n°s 563.61 s. et 633.31 s.)[7].

SECTION 815.20
VENTE RÉSOLUE

815.21 Revendication en cas de vente résolue. L'article L. 621-118, alinéa 1 du code de commerce (anc[t] L. 25 janv. 1985[8], art. 117, al. 1), devenu l'article L. 624-12 dans la rédaction de la loi de sauvegarde des entreprises, autorise la revendication des marchandises dont la vente a été résolue avant jugement d'ouverture. Il s'agit là d'une véritable revendication, car la demande du revendiquant porte sur le droit de propriété, qui lui a fait retour, du fait de la rétroactivité de la résolution. La résolution pourra résulter du jeu d'une clause résolutoire acquise avant jugement d'ouverture, ou d'une action en résolution de la vente, ayant fait l'objet d'une décision de justice avant jugement d'ouverture. Cette décision devra être passée en force de chose jugée, à la date du jugement d'ouverture. Le motif de la résolution est ici sans incidence.

Le mécanisme ne pourra jouer en présence d'une vente ayant donné lieu, de la part de l'acheteur, à restitution de marchandises invendues, en contrepartie d'un avoir sur ventes futures, lorsque le vendeur fait l'objet d'une procédure collective. L'acheteur, en opérant la restitution, avait, en effet, définitivement perdu la propriété des marchandises, pourtant intégralement payées[9].

L'article L. 621-118, alinéa 2 du code de commerce, devenu l'article L. 624-12, alinéa 2 dans la rédaction de la loi de sauvegarde des entreprises, autorise également la revendication des marchandises dont la vente a été résolue après jugement d'ouverture, dès lors d'une part que l'action en résolution a été intentée avant jugement d'ouverture et que, d'autre part, elle a un fondement autre que le défaut de paiement du prix[10], par exemple la mise en jeu de la garantie des vices cachés. L'article L. 622-14 du code de commerce (anc[t] L. 25 janv. 1985, art. 153-4), dans la rédaction antérieure à la loi de sauvegarde des entreprises, étend à la liquidation judiciaire le jeu de l'article L. 621-118, alinéa 2, limité au redressement judiciaire. Cette extension à la liquidation judiciaire résulte, dans la loi de sauvegarde des entreprises[11], de l'article L. 641-14, alinéa 1. Cette disposition ne contrarie pas la règle de l'arrêt des poursuites individuelles, car si son jeu est limité à la poursuite de l'action résolutoire pour cause autre que le défaut de paiement du prix, cette action, par hypothèse entamée avant jugement d'ouverture, sera poursuivie dans les conditions de l'article L. 621-42 du même code de commerce (anc[t] L. 25 janv. 1985, art. 49), devenu l'article L. 622-23 dans la rédaction de la loi de sauvegarde des entreprises. Il s'agit en effet d'une action non arrêtée par l'effet du jugement d'ouverture (v. s[s] n° 621.91).

Dans les deux cas, la revendication ne sera possible que si les marchandises existent en nature au

1. Req. 24 avr. 1903, *DP* 1904. I. 229, note Alfandari.
2. PÉTEL, 8e éd., n° 361 – SOINNE, n° 1892.
3. Paris, 3e ch. A, 10 févr. 2004, RG n° 03/11354, *JE* 2004. Pan. 494.
4. SUR LA QUESTION : Le Corre-Broly, « Le droit de rétention documents d'immatriculation », *D. Affaires* 1998. 18
5. RIPERT ET ROBLOT, n° 3150 – PÉTEL, 8e éd., n° 361.
6. RIPERT ET ROBLOT, n° 3150.
7. CHAPUT, n° 530.
8. L. n° 85-98, 25 janv. 1985, préc.
9. Versailles, 13e ch., 21 juin 2001, *RJDA* 2002/1, n° 72, p. 53.
10. EN CE SENS AUSSI : VALLANSAN *ET ALII*, 6e éd., p. 199.
11. L. n° 2005-845, 26 juill. 2005, préc.

jour du jugement d'ouverture (sur cette notion, v. s[s] n°s 813.31 et 816.31 s.).

SECTION 815.30
MARCHANDISES EN COURS D'EXPÉDITION

815.31 Revendication des marchandises en cours d'expédition. L'article L. 621-119 du code de commerce (anc[t] L. 25 janv. 1985[1], art. 118), devenu l'article L. 624-13 dans la rédaction de la loi de sauvegarde des entreprises, autorise la revendication des marchandises expédiées au débiteur, tant que la tradition n'en a point été effectuée dans ses magasins ou dans ceux du commissionnaire chargé de les vendre pour son compte. Les marchandises doivent avoir quitté les magasins du vendeur. À défaut, la disposition est sans application, l'article L. 621-120 du code (anc[t] L. 25 janv. 1985, art. 119), devenu l'article L. 624-14 dans la rédaction de la loi de sauvegarde des entreprises, prenant le relais.

Les marchandises doivent être *in transitu*, c'est-à-dire en cours de transport. La notion de « magasins » de l'acheteur se définit comme tout emplacement autorisant la prise de possession par l'acheteur, créant ainsi une solvabilisation apparente de celui-ci[2]. Il n'en est pas ainsi de l'arrivée des marchandises en gare de destination, dès lors qu'il n'y a pas prise de possession par l'acheteur. La revendication est donc encore possible[3]. Il n'en sera pas ainsi si la marchandise est remise au transitaire en douane de l'acheteur. La solution, posée sous l'empire de la loi du 13 juillet 1967[4], doit être reconduite[5].

La justification de la revendication *in transitu* est l'absence de solvabilité apparente créée chez le débiteur, ce qui est là la raison classique du sacrifice des droits du vendeur[6]. Il ne s'agit d'ailleurs pas d'une véritable revendication[7], car la propriété a été transférée, dès l'accord de volonté sur la chose et sur le prix (C. civ., art. 1583) à l'acheteur. Il s'agit plus justement d'une action portant sur la possession de la chose et non sur la propriété[8]. Le droit de « revendication » s'exerce par le mécanisme d'une saisie-revendication. Est également admise la pratique de l'opposition à livraison[9], technique moins fiable que la procédure réglementée de la saisie-revendication.

La revendication ne sera cependant possible que si les marchandises n'ont pas été revendues, *in transitu*. La revente[10], selon l'article L. 621-119, alinéa 2 du code de commerce, devenu l'article L. 624-13, alinéa 2 dans la rédaction de la loi de sauvegarde des entreprises, doit cependant être intervenue sans fraude, c'est-à-dire sans la volonté de tourner l'impossibilité pour le vendeur originaire de revendiquer la marchandise *in transitu*. En outre, la revente doit être intervenue « sur factures ou titres de transports réguliers ». Ce texte interdit toute revendication de la part du vendeur d'origine en cas de revente des marchandises. On exceptera cependant le jeu de l'article L. 621-124 du code de commerce (anc[t] L. 25 janv. 1985, art. 122), devenu l'article L. 624-18 dans la rédaction de la loi de sauvegarde des entreprises, autorisant la revendication du prix[11] (v. s[s] n° 816.42).

1. L. n° 85-98, 25 janv. 1985, préc.
2. RAPPR. : SOINNE, n° 1896.
3. Req. 29 nov. 1875, *DP* 1878. 1. 17.
4. L. n° 67-563, 13 juill. 1967, *JO* 14 juill., p. 7059.
5. Com. 13 mai 1986, n° 84-13.113, *Bull. civ.* IV, n° 92.
6. RIPERT ET ROBLOT, n° 3148.
7. AUSSI : VALLANSAN *ET ALII*, 6e éd., p. 200
8. SAINT-ALARY-HOUIN, 9e éd., n° 878 – RIPERT ET ROBLOT, n° 3152 – SOINNE, n° 1895.
9. SOINNE, n° 1895.
10. SUR LA QUESTION : Mainguy, *La revente*, Litec, 1996.
11. RIPERT ET ROBLOT, n° 3154.

CHAPITRE 816. Clause de réserve de propriété

SECTION 0 ORIENTEUR

816.00 **Plan du chapitre.**

Sect.	816.10	Nature juridique et domaine de la clause de réserve de propriété
Sect.	816.20	Conditions d'opposabilité de la clause de réserve de propriété
Sect.	816.30	Existence en nature du bien
Sect.	816.40	Revente du bien – Revendication du prix
Sect.	816.50	Identification du bien – Choses fongibles
Sect.	816.60	Mise en œuvre de la clause de réserve de propriété
Sect.	816.70	Circulation de la clause de réserve de propriété

816.01 **Textes applicables.**

C. civ., art. 2369 à 2372

> Législation antérieure à la loi de sauvegarde des entreprises.

C. com., art. L. 621-122, L. 621-124

D. n° 85-1388, 27 déc. 1985, art. 85-3

> Législation issue de la loi de sauvegarde des entreprises.

C. com., art. L. 624-16, L. 624-18, L. 631-18, I, L. 641-14, al. 1

C. com., art. R. 624-16 (anc^t D. 28 déc. 2005, art. 115), R. 631-31 (anc^t D. 28 déc. 2005, art. 199), R. 641-31 (anc^t D. 28 déc. 2005, art. 242)

> Législation issue de l'ordonnance du 18 décembre 2008.

C. com., art. L. 624-16, L. 624-18, L. 631-18-al. 1, L. 641-14, al. 1

C. com., art. R. 624-16, R.631-31, R. 641-31

> Législation issue de l'ordonnance du 12 mars 2014.

C. com., art. R. 641-31

816.02 **Jurisprudence de référence.**

> La clause de réserve de propriété peut être insérée dans un contrat d'entreprise.

• ***Com. 29 mai 2001***, *n° 98-21.162, NP*

* V. s^s n° 816.12

« Le bien remis en exécution d'un contrat d'entreprise peut être l'objet d'une propriété réservée. »

> L'appréciation de la fongibilité relève du pouvoir souverain d'appréciation des juges du fond.

• **Com. 15 févr. 2000,** n° 97-11.670, *Bull. civ.* IV, n° 30

• **Com. 5 mars 2002,** n° 98-17.585, *Bull. civ.* IV, n° 48

* V. s^s n° 816.52

« Attendu […] que c'est dans l'exercice de son pouvoir souverain que la cour d'appel a retenu que les marchandises revendiquées n'avaient pas le caractère de biens fongibles. »

> Si les biens sont fongibles, celui qui revendique n'a pas à prouver l'identité des biens revendiqués avec ceux livrés.

• **Com. 5 mars 2002,** n° 98-17.585, *Bull. civ.* IV, n° 48

* V. s^s n° 816.52

« Attendu, en second lieu, que l'article 121 alinéa 3 *in fine* de la loi du 25 janvier 1985 devenu l'article L. 621-122 alinéa 3 *in fine* du code de commerce énonce une règle de fond, attribuant au revendiquant la propriété des biens fongibles qui se trouvent entre les mains de l'acheteur dès lors que ceux-ci sont de même espèce et de même qualité que ceux qu'il a livrés; qu'après avoir énoncé que la loi ne subordonnait la revendication de tels biens à aucune autre condition puis relevé que le caractère fongible des biens revendiqués par la société n'était pas contesté, la cour d'appel, qui a dit n'y avoir lieu de prendre en considération le moyen selon lequel la rotation rapide des stocks exclut que les marchandises retrouvées en nature chez le débiteur soient celles mêmes vendues par la société avec une clause de réserve de propriété, a légalement justifié sa décision. »

> Si le prix de revente du bien repris est supérieur au solde de la créance, le créancier propriétaire doit restituer au mandataire de justice l'excédent.

• **Com. 5 mars 1996,** n° 93-12.818, *Bull. civ.* IV, n° 72

* V. s^s n° 816.61

« Mais attendu que l'action en revendication d'un bien vendu avec clause de réserve de propriété n'est pas une action en résolution de la vente et que le prêteur, subrogé dans la sûreté que constitue la propriété réservée, n'est tenu de restituer les sommes qu'il a reçues en exécution du contrat de prêt que dans la mesure où la valeur du bien restitué excède le montant des sommes qui lui restent dues; que c'est donc à bon droit que la cour d'appel, qui constate, sans inverser la charge de la preuve, qu'il n'est pas établi que la société C... ait reçu des sommes en excédent, a rejeté la demande du liquidateur. »

> La clause de réserve de propriété est un accessoire de la créance du prix de vente et circule avec elle.

• **Com. 15 mars 1988,** n° 85-18.623, *Bull. civ.* IV, n° 106

* V. s^s n° 816.71

« Vu l'article 65 de la loi du 13 juillet 1967, ensemble les articles 1249 et 1250 du code civil;

Attendu que pour l'application d'une clause de réserve de propriété lorsque l'acheteur a été soumis à une procédure collective, il n'y a pas lieu de distinguer selon que la revendication est exercée par le vendeur ou par un tiers subrogé dans ses droits; que si le paiement avec subrogation a pour effet d'éteindre la créance à l'égard du créancier, il la laisse subsister au profit du subrogé qui dispose de toutes les actions qui appartenaient au créancier et qui se rattachaient à cette créance avant le paiement. »

816.03 **Bibliographie indicative.** (V. les références complètes s^s n° 031).

> Actualisables. Avant LSE : RÉP. COM., Derruppé J., « Entreprises en difficulté – Redressement judiciaire (Phase de traitement – Les créanciers) », n°s 520 à 555 – J.-CL. COM., Crocq P., fasc. 2545, [Situation du vendeur de meubles – Clause de réserve de propriété] – LAMY SÛRETÉS, Crocq P., [Propriétés – Sûretés], étude 293 – DP RECOUVREMENT DE CRÉANCES ET PROCÉDURES D'EXÉCUTION, Pérochon F., *V^{is} Clause de réserve de propriété et revendications*. Depuis LSE : J.-CL. COM., Crocq P., fasc. 2545, [Situation du vendeur de meubles – Clause de réserve de propriété], éd. 2015.

> Ouvrages antérieurs à la loi de sauvegarde des entreprises. CHAPUT, n°s 534 à 537 – GUYON, n°s 1361-1000 à 1304 – JACQUEMONT, n°s 626 à 640 – KERCKHOVE, n°s 684 à 696 – LE CANNU, n°s 924 à 929 – LE CANNU *ET ALII*, n°s 1288 à 1312 – LE CORRE-BROLY, n°s 418 à 421 – MARTIN ET VALLENS, n°s 3535, 3544 à 3566 – Pérochon F., *La réserve de propriété dans la vente de meubles corporels*, Litec, 1988 – PÉROCHON ET BONHOMME, n° 287 – PÉTEL, n°s 365 à 367 – RIPERT ET ROBLOT, n°s 3144, 3159 à 3164 – SAINT-ALARY-HOUIN, n°s 708, 722 à 736 – SOINNE, n°s 1901 à 1923 – VALLANSAN, p. 246 à 256.

> Ouvrages postérieurs à la loi de sauvegarde des entreprises. COQUELET, 5e éd., n°s 323, 324 – GIBIRILA, n°s 476 à 483, 485 à 487, 491 – JACQUEMONT ET VABRES, 9e éd., n°s 678 à 684, 691 à 698, 707 à 721 – Laroche M., *Revendication et propriété – Du droit des procédures collectives au droit des biens*, coll. « Th. Doctorat et notariat », t. 24, Éd. *Defrénois* 2007 – LE CANNU, 7e éd., n°s 661 à 677 – LIENHARD, 6e éd., n°s 103.26, 103.39 à 103.55 – PÉROCHON, 10e éd., n°s 1606, 1607, 1611 à 1621 – PÉTEL, 8e éd., n°s 357, 358, 364 à 370 – ROUSSEL GALLE, 2e éd., n°s 568, 572 à 574 – SAINT-ALARY-HOUIN, 9e éd., n°s 881 à 898 – VALLANSAN *ET ALII*, 6e éd., p. 203 à 207, 209 à 211 – VALLENS, 2015, n°s 3889 à 3911, 3923 à 3926 – VIDAL et GIORGINI, n°s 655, 664, 670, 671 – VOINOT, 2e éd., n°s 497 à 502, 520 à 525.

> Articles. Cevaër E. et Perrot P.-E., « La clause de réserve de propriété dans les cessions d'entreprises : pourquoi s'en priver ? », *Dr. et patr.* mai 2011. 52 – Crocq P., « La réserve de propriété », *RD banc. fin.* mai-juin 2006. 68 – Danos, « Exceptions inhérentes à la dette et subrogation réelle sur la créance de prix de revente », *JCP E* 2011. Étude 1366 – Ghestin J., « Réflexions d'un civiliste sur la clause de réserve de propriété », *D.* 1981. Chron. 1 – Larroumet C., « Le vendeur sous clause de réserve de propriété peut-il revendiquer sans avoir déclaré sa créance à la procédure collective de l'acheteur ? », *D. Affaires* 1996. 603 – Le Corre-Broly E., « La revendication du prix sous l'éclairage de la jurisprudence », *Gaz. proc. coll.* 2007/3, p. 3 – Mairot A., « La réserve de propriété analysée en une obligation réelle », *Defrénois* 2007. 399, art. 38557 – Monsérié-Bon M.-H., « Revendication en nature : leçon de choses... », *Rev. proc. coll.* 2016, dossier 13 – Pérochon F., « La revendication du prix de revente », *D. affaires* 1996. 1402 – Pétel Ph., « Retour sur la revendication de choses fongibles », *Mél. Tricot*, LexisNexis – Dalloz, 2011, p. 571 – Ribadeau Dumas V., « La saisie-revendication dans le cadre d'une procédure collective : une technique efficace pour les créanciers titulaires d'une clause de réserve de propriété », *D.* 2008. Chron. 2190 – Soupgui E., « La protection du créancier réservataire contre les difficultés des entreprises dans l'espace juridique OHADA », *Rev. proc. coll.* 2009/5, p. 33, § 28 – Souweine C., « Revendication du prix de revente par le bénéficiaire d'une clause de réserve de propriété : à la recherche d'une cohérence en droit des entreprises en difficulté », *D.* 2011. Chron. 2617 – Voinot D., « Effectivité et efficacité de la réserve de propriété après la réforme du droit des sûretés », *LPA* 27 mars 2008, n° 63, p. 62.

816.04 **Questions essentielles.**

• Sur quel document peut figurer la clause de réserve de propriété ?

* V. s^s n°s 816.21 et 816.22.

• La clause de réserve de propriété peut-elle être convenue à tout moment ?

* V. s^s n° 816.22.

• Peut-on revendiquer un bien incorporé ?

* V. s^s n° 816.33.

• La demande en paiement du prix exercée contre le sous-acquéreur qui n'a pas payé suppose-t-elle une action en revendication ?

* V. s^s n° 816.46.

• Est-il possible de transférer la clause de réserve de propriété ?

* V. s^s n°s 816.71 à 816.77.

• Le prêteur subrogé dans la clause de réserve de propriété doit-il restituer les acomptes versés au comptant par l'acheteur emprunteur ?

* V. s^s n° 816.77.

816.09 **Évolution historique de l'efficacité de la clause de réserve de propriété – droit international privé.** Il convient d'abord de préciser que la vente est un contrat consensuel. L'article 1583 du code civil considère que la vente est parfaite, dès qu'on est convenu de la chose et du prix. À la perfection de la vente, sont indifférents la livraison du bien, mais surtout le paiement du prix[1]. Le transfert de propriété

1. SUR CETTE QUESTION : Chazal et Vincente, « Le transfert de propriété par l'effet des obligations dans le code civil », *RTD civ.* 2000. 493.

solo consensu est indépendant du paiement du prix. Cela place le vendeur de meubles dans une situation extrêmement inconfortable, en cas de procédure collective atteignant l'acheteur. Il est confronté, en règle générale, à n'être que créancier chirographaire du prix de la chose vendue à un débiteur, sans pouvoir exercer d'action résolutoire lui permettant de faire rentrer dans son patrimoine le bien vendu.

Le transfert de propriété *solo consensu* a rapidement été considéré comme un principe supplétif dans la vente. Les parties peuvent donc l'aménager. Tel est l'objet de la clause de réserve propriété, qui permet de différer, au jour du complet paiement du prix, le transfert de propriété.

La jurisprudence a reconnu la validité de la clause de réserve de propriété [1], mais en la déclarant inopposable à la masse des créanciers [2]. La clause de réserve de propriété était ainsi frappée d'inefficacité, au moment où, précisément, elle était utile.

La loi du 12 mai 1980 [3], dite loi « Dubanchet », a rendu opposable à la masse des créanciers la clause, par une disposition insérée à l'article 65 de la loi du 13 juillet 1967 [4]. Cette solution a été reconduite par le législateur de 1985 [5], à l'article 121 alinéa 2 (devenu C. com., art. L. 621-122) et conservée par la loi de sauvegarde des entreprises (C. com., art. L. 624-16).

Le code civil, à l'occasion de la réforme du droit des sûretés, opérée par l'ordonnance du 23 mars 2006 [6], contient désormais, aux articles 2367 à 2372,un corps de règles régissant la clause de réserve de propriété. L'article 2373, alinéa 2 du code civil, pour sa part, prévoit la possibilité d'une clause de réserve de propriété portant sur un immeuble.

Il convient de préciser que, en **droit international privé**, les conditions de revendication des biens vendus sous clause de réserve de propriété sont déterminées par la loi de la faillite [7]. En revanche, les conditions de validité de la clause de réserve de propriété sont déterminées par la loi du contrat. En conséquence, une clause de réserve de propriété constituée à l'étranger ne produira effet, en France, que si, d'une part, elle a été valablement constituée au regard de la loi du contrat et si, d'autre part, sa mise en œuvre répond aux conditions de mise en œuvre du droit français [8].

L'article 7, alinéa 1 du Règlement CE du 29 mai 2000 [9] pose un principe de reconnaissance des clauses de réserve de propriété constituées dans un État membre, lorsque la procédure collective s'ouvre sur le territoire d'un autre État membre, à condition que le bien objet de la clause ne soit pas sur le territoire d'ouverture de la procédure collective. Les biens situés à l'étranger, sur le territoire d'un État soumis au Règlement communautaire du 29 mai 2000, doivent être revendiqués dans la procédure principale ouverte en France [10] (sur le Règlement communautaire du 29 mai 2000, v. aussi s[s] n° 092.34).

Terminons par une interrogation très importante que fait naître la création par l'ordonnance du 12 mars 2014 [11] de la procédure de **sauvegarde accélérée**. Dans cette procédure, les règles relatives aux revendications ne s'appliquent pas (C. com., art. L. 628-1, al. 1). Il en résulte donc, *a priori*, que le vendeur sous clause de réserve de propriété ne pourra pas procéder à la revendication du bien livré et devra, en conséquence, être soumis, comme tout créancier, aux délais du plan. Mais une autre lecture est possible. En effet, en application de l'article L. 628-6 du code de commerce, issu de l'ordonnance du 12 mars 2014, l'ouverture d'une telle procédure ne produit d'effet qu'à l'égard des créanciers mentionnés à l'article L. 622-24 et soumis à l'obligation de déclaration prévue par ce texte […] [12]. Si l'on admet que le vendeur sous clause de réserve de propriété peut faire jouer sa revendication sans déclaration de créance, on peut admettre qu'il n'est pas soumis à la procédure de sauvegarde accélérée et qu'il peut donc revendiquer, non pas en vertu des règles du droit de la revendication qui ne s'appliquent pas dans cette procédure, mais sur le fondement du droit commun [13], s'il n'est pas payé à bonne date, puisqu'il ne s'agit pas d'un créancier soumis à la sauvegarde, dès lors qu'il n'est pas contraint de déclarer sa créance.

SECTION 816.10
NATURE JURIDIQUE ET DOMAINE DE LA CLAUSE DE RÉSERVE DE PROPRIÉTÉ

816.11 Une modalité suspensive du transfert de propriété. La clause de réserve de propriété est analysée dans la loi du 12 mai 1980 [14] comme « subordonnant le transfert de propriété de propriété au paiement intégral du prix ».

Il est d'abord certain qu'elle n'affecte pas la naissance du contrat lui-même, mais seulement le transfert de propriété.

Le paiement du prix constitue-t-il un terme suspensif ou une condition suspensive du transfert de propriété ? L'expression législative « subordonnant » fait indiscutablement pencher en faveur d'une modalité suspensive. Encore que les qualifications

1. Civ. 3 mai 1935, *DH* 1935. 313.
2. Civ. 28 mars 1934 et Civ. 22 oct. 1934, *D.* 1934. I. 151, note Vandamme; *S.* 1935. I. 33, note Esmein.
3. L. n° 80-335, 12 mai 1980 relative aux effets des clauses de réserves de propriété dans les contrats de vente, *JO* 13 mai, p. 1202, dite loi Dubanchet.
4. L. n° 67-563, 13 juill. 1967 sur le règlement judiciaire, la liquidation des biens, la faillite personnelle et les banqueroutes, *JO* 14 juill., p. 7059.
5. L. n° 85-98, 25 janv. 1985, *JO* 26 janv., p. 1097.
6. Ord. n° 2006-346, 23 mars 2006, *JO* 24 mars, p. 4475.
7. Civ. 1re, 8 janv. 1991, n° 89-16.741, *Bull. civ.* I, n° 9; *D.* 1991. 276, note Rémery; *D.* 1993. Somm. 286, obs. Pérochon.
8. J.-CL. COM., Crocq, *fasc. 2545*, [Situation du vendeur de meubles – Clause de réserve de propriété], 2015, n° 23.
9. Règl. (CE) n° 1346/2000, Conseil, 29 mai 2000 relatif aux procédures d'insolvabilité, *JOCE L* 160, 30 juin, p. 1.
10. VALLENS, 2015, n° 3863.
11. Ord. n° 2014-326, 12 mars 2014, JO 14 mars, p. 5249.
12. PÉROCHON, 10e éd., n° 1095.
13. AUSSI : Crocq, *D.* 2014, pan. 1614.
14. L. n° 80-335, 12 mai 1980, préc.

de terme suspensif[1] ou de condition suspensive[2] soient alternativement utilisées par la jurisprudence, et certains auteurs considèrent, au regard du libellé de la clause, que les deux qualifications sont concevables[3], ces deux qualifications nous semblent sujettes à critique.

Le terme est en effet un événement subjectivement certain pour les parties. Tel n'est assurément pas le cas de la clause de réserve de propriété, puisque c'est précisément dans la perspective du non-paiement du prix que l'insertion de la clause est justifiée. La qualification de condition, pour sa part, n'est pas davantage exempte de critique car, classiquement, l'exécution d'une obligation ne peut être mise en condition. Or, le paiement du prix est l'obligation essentielle du vendeur.

Il en résulte qu'il est préférable de voir dans la clause de réserve de propriété une modalité suspensive *sui generis* du transfert de propriété dans la vente[4].

Le caractère suspensif de la modalité est en tout cas clairement établi par l'ordonnance du 23 mars 2006[5], puisqu'il est énoncé explicitement que la clause « suspend l'effet translatif d'un contrat » (C. civ., art. 2367, al. 1).

Du caractère suspensif de la clause, il est déduit que la charge des risques reste sur le vendeur demeuré propriétaire, sauf clause contraire fréquente dans les contrats de vente[6].

Dans la clause de réserve de propriété, le transfert de propriété n'est pas un effet automatique du contrat, mais est automatiquement attaché à l'exécution de l'obligation de l'acheteur, c'est-à-dire le paiement du prix. Il apparaît ainsi comme la contrepartie du paiement du prix, semblant ainsi plutôt jouer le rôle d'une obligation à la charge du vendeur, même si cette dernière est automatiquement exécutée[7]. Pourtant, le législateur semble plutôt lui attacher le régime d'un effet automatique du contrat. L'action en revendication peut être paralysée contre octroi de délais de paiement. L'article L. 621-122, alinéa 4 du code de commerce (anc^t L. 25 janv. 1985[8], art. 121, al. 4) prévoit que « la créance du prix est assimilée à celle d'une créance née régulièrement après le jugement d'ouverture ». La loi de sauvegarde reprend la solution, la formulant autrement en énonçant que « le paiement du prix est alors assimilé à celui des créances mentionnées au I de l'article L. 622-17 (C. com., art. L. 624-16, al. 4 issu de la loi de sauvegarde des entreprises) ». Le législateur est obligé de recourir à une fiction; « la créance est assimilée », ce qui suppose donc qu'il considère que cette créance est née avant jugement d'ouverture. Elle n'est pas la contrepartie du transfert de propriété, mais de la délivrance de la chose, intervenue avant jugement d'ouverture. De la sorte, le transfert de propriété n'apparaît pas comme une obligation à la charge du vendeur, mais bien comme un effet automatique de la vente. Dès lors, le contrat de vente avec clause de réserve de propriété ne peut être considéré comme un contrat en cours au jour du jugement d'ouverture (v. s^s n° 431.28).

816.12 Une modalité applicable même en dehors du contrat de vente. Une autre question est de savoir si la clause peut indifféremment assortir un contrat de vente ou un autre contrat, tel un contrat d'entreprise. La lettre de l'article L. 621-122 alinéa 2 du code de commerce (anc^t L. 25 janv. 1985[9], art. 121, al. 2, devenu C. com., art. L. 624-16, al. 2) visant le « prix » et « l'acheteur » paraît la limiter aux seuls contrats de vente[10].

Dans un premier temps, la Cour de cassation a admis la validité de la clause insérée dans un contrat d'entreprise[11], en la refusant pour le contrat de coopération[12].

Puis, par une décision de principe, la Cour de cassation a énoncé que « l'action en revendication des biens dont la propriété est réservée en application d'une clause contractuelle peut être exercée quelle que soit la nature juridique du contrat dans lequel

1. Com. 9 janv. 1996, n° 93-12.667, *Bull. civ.* IV, n° 8; *RTD civ.* 1996. 436, obs. Crocq; *D.* 1996. 184, note Derrida.
2. Versailles, 20 mai 1987, *D.* 1988. Somm. 8, obs. Derrida; *Rev. proc. coll.* 1987/4, 72, obs. Soinne – *Adde*, SOINNE, n° 1907.
3. SAINT-ALARY-HOUIN, 9e éd., n° 889.
4. J.-CL. COM., Crocq, *fasc. 2545, [Redressement et liquidation judiciaires – Situation du vendeur de meubles – Clause de réserve de propriété]*, 2015, n° 40.
5. Ord. n° 2006-346, 23 mars 2006, préc.
6. J.-CL. COM., Crocq, fasc. 2545, [Situation du vendeur de meubles – Clause de réserve de propriété], 2015, n° 3.
7. COMP. : J.-CL. COM., Crocq, fasc. 2545, [Redressement et liquidation judiciaires – Situation du vendeur de meubles – Clause de réserve de propriété], 2015, n° 39.
8. L. n° 85-98, 25 janv. 1985, préc.
9. L. n° 85-98, 25 janv. 1985, préc.
10. Rouen, 2e ch. civ., 8 juin 1995, *Rev. proc. coll.* 1997, 200, n° 10, obs. Soinne – EN CE SENS : SOINNE, n° 1908.
11. Com. 29 mai 2001, n° 98-21.126, NP, *Act. proc. coll.* 2001, n° 211; *JCP E* 2001. Jur. 2006, note Leveneur; *RJDA* 2001/11, n° 1130 – *Adde*, REJETANT la clause pour motif tiré de l'incorporatin du bien, et non pour absence de validité de la clause nsérée dans un contrat d'entreprise : Com. 2 mars 199 n° 95-18.643, *Bull. civ.* IV, n° 50; *D. Affaires* 1999. 5, n° 11, obs. Lienhard; *Act. proc. coll.* 1999, n° 82; *D.* 20. Somm. 69 et 72, obs. Pérochon et Mainguy; *JCP E* 19. Jur. 1968, note Cutajar; *RTD com.* 1999. 944, obs. Bloc; *RTD com.* 1999. 442, obs. Crocq; *RTD civ.* 2000. 86 n° 1, obs. Revet.
12. Civ. 1re, 13 févr. 01, n°s 98-20.317, 98-20.319, *Bull. civ.* I, n° 36; *D.* 2. AJ 861; *Act. proc. coll.* 2001, n° 77; *Rev. sociétés* 20 334, note Saintourens.

elle figure »[1], peu important que la clause porte sur des exemplaires matériels d'une œuvre protégée par le droit d'auteur[2]. Il faudra cependant que le revendiquant établisse sa propriété sur la marchandise fournie pour être l'objet du contrat d'entreprise[3]. La clause de réserve de propriété peut également assortir un contrat de travail à façon[4], variété de contrat d'entreprise. En droit commun, le droit de l'accession autorise le façonnier à retenir la chose si la valeur du travail dépasse la valeur de la matière employée en remboursant au propriétaire le prix de la matière. Cette règle peut toutefois être conventionnellement écartée pour donner plein effet à la clause de réserve de propriété[5].

Ainsi, la clause de réserve de propriété peut-elle désormais assortir tout type de contrats, et non pas seulement le contrat de vente auquel historiquement, et même législativement, elle était attachée. Il y a là incontestablement une extension purement prétorienne, que l'ordonnance du 23 mars 2006[6] a consacrée, en énonçant que la clause « suspend l'effet translatif d'un contrat » (C. civ., art. 2367, al. 1), sans autre précision sur le type de contrats concernés[7].

816.13 La propriété réservée, une sûreté. Le rôle de garantie ne peut être discuté. La question se pose toutefois de savoir si la propriété réservée peut être analysée en une sûreté. Un auteur[8] définit la sûreté comme un mécanisme ayant pour finalité de garantir l'exécution d'un contrat.

La Cour de cassation a pris nettement parti en faveur de cette qualification de sûreté[9].

Logiquement, la jurisprudence, tirant les conséquences de l'analyse de la clause de réserve de propriété en une sûreté, a posé en règle que la revendication au titre de la clause de réserve de propriété n'avait pas pour effet d'entraîner résolution du contrat de vente (v. s[s] n° 816.61), mais constitue une forme d'exécution par équivalent de celui-ci[10], ce qui apparaît critiquable puisque l'objet recherché par l'acheteur, à savoir le transfert de propriété, ne se produira pas[11].

L'ordonnance du 23 mars 2006[12] consacre cette vision, en énonçant d'une part, à l'article 2329 du code civil, que « les sûretés sur les meubles sont : 4° la propriété retenue à titre de garantie » et, d'autre part que « la propriété ainsi réservée est l'accessoire de la créance dont elle garantit le paiement » (C. civ., art. 2367, al. 2), ce qui est la définition même d'une sûreté.

L'analyse de la clause de réserve de propriété en une sûreté emporte des conséquences. Si le contrat de vente qui la contient est publié au greffe du tribunal, le vendeur sous clause de réserve de propriété ou le prêteur subrogé dans ses droits devra être averti d'avoir à déclarer sa créance (C. com., art. L. 621-43, al. 1 [anc[t] L. 25 janv. 1985[13], art. 50, al. 1]), pouvant ainsi, en l'absence d'avertissement, bénéficier sous l'empire de la législation antérieure à la loi de sauvegarde des entreprises, du mécanisme de l'inopposabilité de la forclusion[14], le contraire ayant cependant été soutenu[15]. La loi de sauvegarde des entreprises supprime la difficulté. L'article L. 622-22, alinéa 1, texte spécifique à la sauvegarde rendu applicable en redressement judiciaire par l'article L. 631-14, I (devenu C. com., art. L. 631-14, al. 1, réd. ord. 18 déc. 2008[16]) et en liquidation judiciaire par l'article L. 641-3, alinéa 2 (devenu C. com., art. L. 641-3, al. 4, réd. ord. 18 déc. 2008), oblige en effet à avertir, outre les créanciers titulaires de sûretés publiés, les créanciers titulaires de contrats publiés. Ainsi, ne serait-ce que parce qu'il est titulaire d'un contrat publié, le bénéficiaire de la

1. Com. 19 nov. 2003, n° 01-01.137, *Bull. civ.* IV, n° 162; *D.* 2004. AJ 3049, obs. Lienhard; *D.* 2004. Jur. 801, note Lucas et Lucas; *JCP E* 2004. Chron. 783, n° 1, obs. M. Cabrillac; *Act. proc. coll.* 2004, n° 20, note Aleaume; *LPA* 19 févr. 2004, n° 36, p. 9, note Lécuyer; *RD banc. fin.* 2004/2, n° 70, obs. Legeais; *RTD com.* 2004. 363, n° 7, obs. Bouloc; *RTD com.* 2004. 599, n° 5, obs. Martin-Serf; *Rev. proc. coll.* 2004, p. 379, n° 2, obs. Monsérié-Bon.
2. Com. 19 nov. 2003, n° 01-01.137, *Bull. civ.* IV, n° 162.
3. Paris, 3e ch. B, 26 mars 2004, RG n° 03/07248.
4. Com. 11 déc. 2007, n° 06-14.486, NP; n° 1340 F-D.
5. Com. 27 sept. 2011, n° 10-14.746, NP, *JCP E* 2012, n° 1089, note Billemont; *RTD com.* 2013. 144, n° 5, obs. Martin-Serf; arrêt rendu dans la même affaire que : Com. 11 déc. 2007, n° 06-14.486, NP, préc.
6. Ord. n° 2006-346, 23 mars 2006, préc.
7. AUSSI : J.-CL. COM., Crocq, fasc. 2545, [Situation du vendeur de meubles – Clause de réserve de propriété], 2015, n° 1; Voinot, « Effectivité et efficacité de la réserve de propriété après la réforme du droit des sûretés », *LPA* 27 mars 2008, n° 63, p. 62 s., sp. p. 63, n° 8.
8. Crocq, *Propriété et garantie*, « Bibl. dr. privé », Lgdj, 1995, n° 282.
9. Com. 9 mai 1995, n° 92-20.811, NP, *Rev. proc. coll.* 1995, 487, n° 28, obs. Soinne; *RTD civ.* 1996. 441, obs. Crocq – Com. 23 janv. 2001, n° 97-21.660, *Bull. civ.* IV, n° 23; *Act. proc. coll.* 2001/4, obs. Régnaut-Moutier; *JCP E* 2001. Chron. 755, n° 13, obs. M. Cabrillac; *D.* 2001. AJ 702, obs. Lienhard.
10. J.-CL. COM., Crocq, fasc. 2545, [Situation du vendeur de meubles – Clause de réserve de propriété], 2015, n° 52.
11. J.-CL. COM., Crocq, fasc. 2545, [Situation du vendeur de meubles – Clause de réserve de propriété], 2015, n° 52 – *Adde*, Salati, *Le juge face aux sûretés réelles non judiciaires*, PUAM, 2000, n°s 54 s.
12. Ord. n° 2006-346, 23 mars 2006, préc.
13. L. n° 85-98, 25 janv. 1985, préc.
14. J.-CL. COM., Crocq, fasc. 2545, [Redressement et liquidation judiciaires – Situation du vendeur de meubles – Clause de réserve de propriété], 2008, n° 54 – GUYON, n° 1362.
15. Pérochon, « La réforme de 1994 de la réserve de propriété », *JCP E* 1995, *Cah. dr. entr.* n° 5, p. 25 s.
16. Ord. n° 2008-1345, 18 déc. 2008, préc.

clause de réserve de propriété doit profiter de l'avertissement obligatoire d'avoir à déclarer sa créance.

La clause de réserve de propriété devrait, *a priori*, être mentionnée en tant que sûreté, dans la déclaration de créance. Cependant, son absence de mention restera sans conséquence[1]. L'admission n'a pas en effet à faire apparaître l'existence de la clause de réserve de propriété, car elle ne conférera aucun droit particulier dans les répartitions au créancier, qui en est titulaire. La question constitue donc un faux problème (v. s^s n° 666.42). Le principe général dégagé par la jurisprudence, selon lequel seules les sûretés réelles figurant dans le patrimoine du débiteur doivent être mentionnées dans la déclaration de créance doit ici trouver pleine application[2].

L'analyse de la clause de réserve de propriété en une sûreté emporte aussi une conséquence si la valeur de revente du bien est supérieure à la créance. En ce cas, le vendeur doit restituer à la procédure collective l'excédent. En effet, la sûreté a joué. Cette solution, d'abord d'origine exclusivement prétorienne (v. s^s n° 816.61), a été consacrée par le code civil, à l'occasion de la réforme du droit des sûretés, par l'ordonnance du 23 mars 2006 (C. civ., art. 2373, al. 3).

Enfin, la propriété réservée étant une sûreté, son caractère d'accessoire de la créance du prix s'impose[3]. Dès lors, sa circulation, en même temps que la créance du prix dont elle n'est que l'accessoire, est possible (v. s^s n° 816.61). Mais, n'étant qu'un accessoire de la créance du prix, elle ne peut garantir autre chose, contrairement à la solution du droit allemand admettant la réserve de propriété « élargie » (*Erweiteter Eigentuns Vorbehalt*)[4].

SECTION 816.20

CONDITIONS D'OPPOSABILITÉ DE LA CLAUSE DE RÉSERVE DE PROPRIÉTÉ

816.21 Clause contenue dans un écrit. Il résulte des termes de l'article L. 621-122, alinéa 2 du code de commerce (anc^t L. 25 janv. 1985[5], art. 121, al. 2), que la clause « doit avoir été convenue entre les parties dans un écrit établi, au plus tard, au moment de la livraison ». Cette exigence a été supprimée par la loi du 10 juin 1994[6], mais rétablie par la loi du 1er juillet 1996[7]. Cette abrogation ne s'applique pas aux procédures ouvertes à la date d'entrée en vigueur de la loi du 1er juillet 1996 (L. 1er juill. 1996, art. 20). La loi de sauvegarde des entreprises[8] a repris sans changement l'article L. 621-122 alinéa 2 (C. com., art. L. 624-16, al. 2). Pour sa part, l'article 2368 du code civil, issu de l'ordonnance du 23 mars 2006, dispose que « la réserve de propriété est convenue par écrit ».

L'article 3, alinéa 3 de la loi du 12 mai 1980 prévoit l'obligation de mentionner, sur une ligne distincte, à l'actif du bilan de l'acquéreur, les biens achetés sous réserve de propriété. Cependant, cette règle d'ordre comptable n'est pas une condition d'opposabilité de la clause, faute d'exigence en ce sens des textes du droit des procédures collectives de paiement[9].

La clause doit être écrite. Il ne s'agit pas là d'une simple question de preuve. Pas d'avantage il ne s'agit d'une formalité imposée à peine de nullité, et cela même depuis l'ordonnance du 23 mars 2006[10] ayant réformé le droit des sûretés[11]. De façon intermédiaire, on est ici en présence d'une formalité complémentaire imposée afin d'opposabilité aux tiers[12]. En conséquence, la clause sera privée d'efficacité, à l'égard de la procédure collective, si elle n'est pas établie dans un écrit[13]. La dérogation au droit commun de l'article 1583 du code civil impose la solution.

En revanche, la forme de l'écrit importe peu. L'examen de la jurisprudence révèle une grande souplesse dans l'application. Tous les documents commerciaux courants peuvent constituer l'écrit exigé par la loi[14]. Ainsi la clause de réserve de propriété peut-elle figurer valablement sur la correspondance échangée entre les parties, les télex, télégramme, bons de commande, bons de livraison, accusé de réception, ou encore factures. La réforme du droit

1. EN CE SENS AUSSI : J.-CL. COM., Crocq, fasc. 2545, [Situation du vendeur de meubles – Clause de réserve de propriété], 2015, n° 54.
2. SUR CE PRINCIPE de solution : Civ. 3e, 24 juin 1998, n° 97-17.108, *Bull. civ.* III, n° 137 ; *JCP* 1999. I. 103, n° 9, obs. M. Cabrillac.
3. Com. 15 mars 1988, n° 85-18.623, *Bull. civ.* IV, n° 106 ; *D.* 1988. 330, note Pérochon ; *Rev. Banque* juin 1988. 699, obs. Rives-Lange ; *Gaz. Pal.* 1988. I. 244, note Soinne ; *JCP* 1989. II. 21348, note Morançais-Demester ; *RTD civ.* 1988. 791, obs. Bandrac ; *RD banc. et bourse* 1988. 103, obs. Dekeuwer-Défossez ; *RD banc. et bourse* 1988. 129, obs. Credot et Gerard.
4. SUR LA QUESTION : Witz, obs. *RTD civ.* 1995. 707 ; *RTD civ.* 1997. 276.
5. L. n° 85-98, 25 janv. 1985, préc.
6. L. n° 94-475, 10 juin 1994, *JO* 11 juin, p. 8440.
7. L. n° 96-588, 1er juill. 1996 sur la loyauté et l'équilibre des relations commerciales, *JO* 3 juill., p. 9983.
8. L. n° 2005-845, 26 juill. 2005, JO 27 juill., p. 12187.

SOINNE, n° 1918.

Ord. n° 2006-346, 23 mars 2006, préc.

PÉROCHON, 10e éd., n° 1609, note 33 – J.-CL. COM., Crocq, asc. 2545, [Situation du vendeur de meubles – Clause de serve de propriété], 2015, n° 58.

12. estin, « Réflexions d'un civiliste sur la clause de réserve propriété », *D.* 1981. Chron. 1.
13. . 16 oct. 1990, n° 89-14.189, *Bull. civ.* IV, n° 239.
14. V NS, 2015, n° 3894.

de la preuve par la loi du 13 mars 2000[1] permet de considérer que l'écrit peut aujourd'hui revêtir la forme de données reproduites sur un support informatique[2].

816.22 Écrit établi au plus tard au moment de la livraison. La deuxième condition d'opposabilité de la clause tient à son établissement au plus tard au moment de la livraison[3]. Cette condition ne résulte pas du droit commun de la clause de réserve de propriété énoncé au code civil, mais du droit spécial des procédures collectives. Dès lors, le support de la clause n'est plus ici indifférent. Spécialement, si la clause figure sur une facture, il sera impératif de prouver que la facture a été établie au plus tard au moment de la livraison[4], ce qui supposera l'établissement de deux preuves : celle de la date de la livraison et celle de l'antériorité ou de la concomitance de la facture à la livraison. Il y a là une difficulté probatoire qui peut conduire au rejet de la demande[5]. Mais l'antériorité ou la concomitance de l'établissement de l'écrit par rapport à la livraison est un fait juridique, qui peut, en conséquence, être prouvé par tout moyen.

En cas de vente « livraison départ usine », le revendiquant doit établir que toutes les factures ont été remises avec les marchandises enlevées et que le transporteur a agi, à l'occasion de l'enlèvement des biens dans l'usine, pour le compte de l'acheteur en ayant reçu de lui mandat de recevoir en son nom les factures sur lesquelles figuraient les clauses de réserve de propriété[6].

La clause peut aussi figurer dans les conditions générales de vente du vendeur. S'il est préférable qu'elle y figure au recto, sa présence au verso est suffisante, mais une recherche de son acceptation sera alors nécessaire[7]. Le vendeur devra en tout cas se réserver la preuve que ces conditions générales de vente ont été portées à la connaissance de l'acheteur[8].

L'obligation de prouver l'antériorité ou la concomitance de l'acceptation de la clause à la livraison conduit à préconiser de faire figurer la clause soit sur les bons de commande, soit sur les bons de livraison. Dans cette dernière hypothèse, si le bon de livraison est signé par un prestataire de services qui n'est pas le mandataire de l'acheteur, la preuve de l'acceptation de la clause avant la livraison ne peut être établie, le seul fait de ne pas avoir contesté la clause de réserve de propriété étant insuffisant à établir cette preuve de l'acceptation de la clause[9]. Dès lors que le bon de livraison comporte la clause, et dès lors qu'il n'est pas contesté que la date de la livraison est celle du bon de livraison, l'acceptation de la clause dans un écrit établi au plus tard lors de livraison est établie[10].

Une difficulté particulière d'antériorité ou de concomitance de la clause de réserve de propriété par rapport à la livraison peut se présenter lorsque l'acheteur est déjà en possession du bien, du fait d'une précédente vente assortie d'une condition suspensive – obtention d'un prêt – ayant défailli. La Cour de cassation juge que l'accord des parties sur une nouvelle vente contenant la clause de réserve de propriété permet de considérer que la délivrance de la chose est intervenue lors de cette nouvelle vente[11]. C'est, à notre avis, confondre livraison – opération matérielle – et délivrance – opération juridique. Or, le texte de l'alinéa 2 de l'article L. 624-16 du code de commerce exige une clause de réserve de propriété contenue dans un écrit concomitant ou antérieur à la livraison, non à la délivrance. La Cour de cassation, en cela approuvée par les auteurs civilistes, justifie sa solution par le visa de l'article 1606 du code civil, texte de droit commun qui n'est pas écarté en cas de vente avec clause de réserve de propriété, et selon lequel la délivrance des effets mobiliers s'opère par le seul consentement des parties si l'acheteur les a déjà en son pouvoir en un autre titre.

816.23 Acceptation de la clause par l'acheteur au plus tard lors de la livraison. Aux termes de l'article L. 621-122, alinéa 2 du code de commerce (anc[t] L. 25 janv. 1985[12], art. 121, al. 2, devenu C. com., art. L. 624-16, al. 2 depuis la loi de sauvegarde des entreprises), la clause « doit avoir été convenue entre les parties ». La clause doit, en consé-

1. L. nº 2000-230, 13 mars 2000 portant adaptation du droit de la preuve aux technologies de l'information et relative à la signature électronique, *JO* 14 mars, p. 3968.
2. VALLENS, 2015, nº 3894.
3. Pérochon, « Les revendications : dernières évolutions », *LPA* 13 févr. 2002, nº 32, p. 4 s.
4. Com. 19 janv. 1999, nº 96-22.099, NP, *Rev. proc. co*[ll.] 2001, 16, nº 7, obs. Soinne.
5. AINSI : Com. 29 mai 2001, nº 98-21.126, NP, *RJDA* 20[0]1, nº 1131 – Com. 19 nov. 2003, nº 01-00.749, NP, [R]ev. *proc. coll.* 2004, p. 380, nº 4, obs. Monsérié-Bon, XB nº N0083ABP, note Le Corre.
6. *Com. 3 mai 2006, nº 05-11.943, NP*, nº 543 F-D.
7. Com. 17 janv. 1995, nº 92-21.808, NP, *Rev. pr*[oc.] coll. 1995, 195, nº 7, obs. Soinne.
8. Paris, 3e ch. B., 2 juin 2006, RG nº 05/12522.
9. Com. 24 avr. 2007, nº 06-10.350, NP; nº 633 F-D.
10. Com. 15 avr. 2008, nº 07-13.082, NP; nº 508 F-D.
11. Com. 3 juill. 2012, nº 11-20.425, *Bull. civ.* IV, nº 147; *D.* 2012. Actu. 1815, note approb. Lienhard; *Act. proc. coll.* 2012, nº 212, note Petit; *BJE* oct. 2012, nº 157, note Laroche; *RTD civ.* 2012. 557, note Crocq; *LPA* 6 déc. 2012, nº 244, p. 8, note Quézel-Ambrunaz; *JCP E* 2012. Chron. 1757, nº 16, obs. Pétel; *RTD com.* 2013. 142, nº 3, obs. Martin-Serf; *Rev. proc. coll.* 2013, comm. 132, note Monsérié-Bon.
12. L. nº 85-98, 25 janv. 1985, préc.

quence, avoir été acceptée par l'acheteur, et ce au plus tard au moment de la livraison.

Aucune difficulté ne se présente si la clause a été explicitement acceptée dans un écrit. Il en sera ainsi lorsqu'elle figure sur un bon de commande [1], rédigé par le fournisseur, et signé de l'acheteur.

Il est clairement admis que l'opposabilité à la procédure collective d'une clause de réserve de propriété n'est pas subordonnée à l'acceptation écrite de la part de l'acheteur [2]. L'acceptation de la clause de réserve de propriété par l'acheteur peut donc n'être que tacite. Ainsi, lorsque la clause figure sur une facture ou sur les conditions générales de vente, l'acceptation résultera de l'exécution du contrat en connaissance de cause [3]. C'est pourquoi l'acceptation existera même si elle n'émane que d'un préposé, les juges du fond n'ayant pas alors à rechercher si le préposé avait qualité pour engager l'acheteur en signant les bons de livraison [4]. Elle existera identiquement si elle a été acceptée par le mandataire de l'acheteur. Mais encore faudra-t-il prouver que la personne qui a accepté la clause est bien le mandataire de l'acheteur, et non un prestataire de service n'ayant pas reçu cette mission [5].

L'acceptation tacite de la clause de réserve de propriété par l'acheteur présupposera que son attention ait été suffisamment attirée sur l'existence de la clause, laquelle devra, dès lors, être ostensible. C'est pourquoi, à défaut d'acceptation expresse, la clause devra être dépourvue d'efficacité, ce qui posera problème si elle figure en petits caractères, au milieu des conditions contractuelles [6].

La stipulation de la clause en langue étrangère pourra, en fonction des circonstances tenant à la connaissance ou non par l'acheteur de la langue employée, constituer un motif de rejet de la revendication [7]. Il a été, en sens inverse, retenu le fait que l'acquéreur, dirigeant social, ne peut sérieusement soutenir avoir signé un contrat dont il n'aurait pas saisi la signification [8].

L'acceptation de la clause par l'acheteur, au plus tard au moment de la livraison, est un fait juridique, qui peut, en conséquence, être prouvé par tout moyen. À cet égard, l'acceptation peut être déduite de l'existence d'un courant d'affaires existant entre les parties, et de la réception par le débiteur, dans le courant de ces relations, de factures antérieures comportant la clause litigieuse sans protestation de sa part, l'acceptation tacite résultant alors de l'exécution du contrat [9]. Ainsi la jurisprudence accepte-t-elle qu'un bon de commande n'ait pas été signé en présence de relations d'affaires anciennes [10]. Remarquons que l'article 1120 du code civil, issu de la rédaction que lui a donnée l'ordonnance du 10 février 2016 [11] qui a réformé le droit commun des obligations, est bien en ce sens, lorsqu'il énonce que « le silence ne vaut pas acceptation, à moins qu'il n'en résulte autrement [...] des relations d'affaires ».

L'acceptation de la clause par l'acheteur est une règle qui s'impose à tous, même au liquidateur d'une procédure collective, autorisé par le juge-commissaire à vendre des biens meubles sous clause de réserve de propriété. L'ordonnance du juge-commissaire ne vaudra pas clause convenue dans un écrit, au sens de l'article L. 621-122, alinéa 2 du code de commerce (anc^t L. 25 janv. 1985, art. 121, al. 2, devenu C. com., art. L. 624-16, al. 2 depuis la loi de sauvegarde des entreprises) [12].

Simple fait juridique, la question de la preuve de l'acceptation de la clause appartient évidemment au pouvoir souverain des juges du fond [13].

1. Com. 5 oct. 2004, n° 02-17.324, NP.
2. Com. 13 oct. 1998, n° 96-10.861, NP, *D.* 2000. Somm. 65, obs. Pérochon et Mainguy.
3. Com. 3 juin 1997, n° 93-21.322, NP, *RJDA* 1997/11, n° 1414 – Com. 13 oct. 1998, n° 96-10.861, NP, *D.* 2000. Somm. 65, obs. Pérochon et Mainguy – Paris, 3e ch. A, 11 janv. 2000, *RJDA* 2000/5, n° 575 – Versailles, 13e ch., 28 oct. 2004, *D.* 2005. AJ 79.
4. Com. 11 juill. 1995, n° 93-10.385, *Bull. civ.* IV, n° 210; *D.* 1996. Somm. 211, obs. Pérochon; *JCP E* 1995. I. 513, n° 13, obs. Pétel – Com. 19 mars 1996, n° 94-12.446, NP.
5. Com. 24 avr. 2007, n° 06-10.350, NP; n° 633 F-D.
6. Com. 14 juin 1994, n° 92-10.633, NP, *Rev. huissiers* 1994. 1287; *Rev. proc. coll.* 1995, 194, n° 7, obs. Soinne – Com. 11 juill. 1995, n° 93-11.393, NP, *Rev. proc. coll.* 1995, 470, n° 7, obs. Soinne – Com. 17 févr. 1998, n° 95-21.666, NP et Com. 19 déc. 2000, n° 98-11-577, NP, *Rev. proc. coll.* 2001, 15, n° 5, obs. Soinne – *Adde*, Paris, 3e ch. C, 12 sept. 1999, *D.* 2000. Somm. 65, obs. Pérochon et Mainguy – Versailles, 13e ch., 20 janv. 2000, *RJDA* 2000/5, n° 575 – COMP. : Paris, 30 avr. 1998, *Rev. proc. coll.* 2001, 15, n° 5, obs. Soinne – Paris, 3e ch. C, 2 juill. 2003, RG n° 02/ 11735.
7. AINSI POUR LE REJET : Douai, 4 mars 1999, *Rev. proc. coll.* 2001, 15, n° 5, obs. Soinne – POUR L'EFFICACITÉ : Metz, 30 mai 1996, *Rev. proc. coll.* 2001, 15, n° 5, obs. Soinne – Besançon, 2e ch. com., 22 mai 2001, *Act. proc. coll.* 2001, n° 222 – Toulouse, 2e ch., 2e sect., 3 mai 2001, *Act. proc. coll.* 2001, n° 221.
8. Paris, 3e ch. A, 2 déc. 2003, RG n° 02/18961.
9. Com. 31 janv. 2012, n° 10-28.407, *Bull. civ.* IV, n° 18; *D.* 2012. Actu. 432, obs. Lienhard; *D.* 2012. Pan. 2200, obs. Lucas; *Gaz. Pal.* 28 avr. 2012, n° 118, p. 35, note Pérochon; *Act. proc. coll.* 2012, n° 75, note Thiberge; *BJE* 2012. 158, note Laroche; *LPA* 15 juin 2012, n° 120, p. 16, note Reille; *RTD com.* 2012. 616, n° 6, obs. Martin-Serf; *Rev. proc. coll.* 2013, comm. 132, note Monsérié-Bon – RAPPR. : Versailles, 28 oct. 2004, *D.* 2005. AJ 79, obs. Lienhard.
10. Com. 20 sept. 2005, n° 04-15.556, NP.
11. DEPUIS le 1er oct. 2016 : Ord. n° 2016-131, 10 févr. 2016, *JO* 11 févr.
12. Com. 16 oct. 1990, n° 89-14.189, *Bull. civ.* IV, n° 239; *JCP E* 1991. I. 44, n° 5, obs. Pétel.
13. Com. 6 mars 1990, n° 88-2.409, *Bull. civ.* IV, n° 66.

816.24 Acceptation de la clause de réserve de propriété lors de chaque contrat – accord général. Sous l'empire de la loi du 25 janvier 1985[1] non réformée, solution reconduite de la législation de 1967[2], la clause devait être acceptée à l'occasion de chacune des ventes[3]. L'accord général était invalidé par la jurisprudence.

Dans un souci de simplification de la revendication, le législateur, depuis la loi du 10 juin 1994, admet que la clause puisse « figurer dans un écrit régissant un ensemble d'opérations commerciales convenues entre les parties » (L. 25 janv. 1985, art. 121, al. 2 *in fine*, devenu C. com., art. L. 621-122, al. 2, puis C. com., art. L. 624-16, al. 2 depuis la loi de sauvegarde des entreprises). Il suffira donc que le vendeur fasse signer à l'acheteur un document aux termes duquel ce dernier accepte que toutes les ventes à intervenir soient affectées d'une clause de réserve de propriété. Il en sera ainsi lorsque l'acheteur a expressément accepté les conditions générales de vente lors de l'ouverture de son compte client[4]. Seule une dénonciation explicite de l'accord général remettra en cause l'efficacité de la clause[5]. C'est ce qu'énonce la disposition ici analysée, en prévoyant que « la clause de réserve de propriété est opposable à l'acheteur et aux autres créanciers, à moins que les parties n'aient convenu par écrit de l'écarter ou de la modifier ».

816.25 Contradiction entre clauses contractuelles d'achat et clauses contractuelles de vente. Puisque la clause peut figurer dans les conditions générales de vente du vendeur, une difficulté se présente si les conditions générales de l'acheteur excluent toute clause de réserve de propriété. La contradiction entre les clauses obligerait à mettre à l'écart les conditions générales du vendeur, l'ambiguïté devant profiter à celui qui s'engage, contre celui qui stipule[6]. Mais encore faut-il que les conditions générales d'achat aient été portées à la connaissance du fournisseur. Si tel n'est pas le cas, la clause de réserve de propriété reste efficace[7].

C'est cette solution jurisprudentielle que la loi du 1er juillet 1996[8], à laquelle la jurisprudence a refusé de reconnaître un caractère interprétatif[9], a entendu écarter, en modifiant sur ce point l'article 121 de la loi du 25 janvier 1985[10] (devenu C. com., art. L. 621-122). Il est prévu que « nonobstant toute clause contraire, la clause de réserve de propriété est opposable à l'acheteur et aux autres créanciers, à moins que les parties n'aient convenu par écrit de l'écarter ou de la modifier ». Ainsi, la clause des conditions d'achat excluant par avance la réserve de propriété ne sera efficace que si le vendeur l'a acceptée. À défaut, la clause de réserve de propriété ne pourra être écartée.

Pour donner un sens au mécanisme mis en place par le législateur, il faut supposer que, dans un premier temps, la clause ait été convenue entre le vendeur et l'acheteur et que, dans un second temps, l'acheteur décide de l'écarter pour les ventes à venir. Il faudra alors que l'acheteur dénonce l'acceptation initiale du principe d'inclusion dans les ventes d'une clause de réserve de propriété[11] et que le vendeur accepte explicitement la clause d'exclusion par l'acheteur de la clause de réserve de propriété[12]. Si le vendeur a accepté les conditions générales d'achat excluant la clause de réserve de propriété dans les ventes à intervenir, le fait que de précédentes ventes soient intervenues entre l'acheteur et le vendeur comportant une clause de réserve de propriété ne vaudra pas acceptation de la clause de réserve de propriété pour les ventes intervenues après acceptation par le vendeur des clauses d'achat de l'acheteur[13].

L'ordonnance du 23 mars 2006[14], qui réforme le droit des sûretés, abandonne la solution, qualifiée d'aberrante et d'inutile[15], afin de rendre cohérent le

1. L. nº 85-98, 25 janv. 1985, préc.
2. L. nº 67-563, 13 juill. 1967, préc.
3. Com. 17 mars 1992, nº 90-16.207, NP, *D.* 1993. Somm. 290, obs. Pérochon – Com. 3 nov. 1992, nºs 90-18604, 90-17.949, *Bull. civ.* IV, nº 346 ; *D.* 1993. Somm. 287 et 290, obs. Pérochon – Com. 29 mai 2001, nº 98-15.802, *Bull. civ.* IV, nº 108 ; *Act. proc. coll.* 2001, nº 155 ; *D.* 2001. AJ 2032.
4. Paris, 3e ch. A, 8 nov. 2005, RG nº 05/0793.
5. AINSI : Paris, 3e ch. B, 19 sept. 2003, RG nº 02/12399.
6. Com. 25 oct. 1994, nº 92-21.807, *Bull. civ.* IV, nº 316 ; *D.* 1996. Somm. 212, obs. Pérochon ; *JCP E* 1996. II. 779, note Vallens ; *Rev. proc. coll.* 1995, 192, nº 6, obs. Soinne – Com. 28 mars 1995, nº 93-10.291, NP, *Rev. proc. coll.* 1995, 192, nº 6, obs. Soinne – Com. 11 juill. 1995, nº 93-10.104, *Bull. civ. IV, nº 213 ; Rev. proc. coll.* 1995, 471, nº 8, obs. Soinne – Com. 3 déc. 1996, nº 94-21.796, *Bull. civ.* IV, nº 299 ; *Dr. sociétés* 1997, nº 10, obs. Chaput ; *RD banc. et bourse* 1997, 37, obs. Campana et Calendini.
7. Com. 12 juill. 1994, nº 92-10.761, *Bull. civ.* IV, nº 268 ; *Rev. proc. coll.* 1995, 193, nº 6, obs. Soinne.
8. L. nº 96-588, 1er juill. 1996, préc.
9. Com. 2 oct. 2001, nº 98-19.681, *Bull. civ.* IV, nº 155 ; *D.* 2001. AJ 3044, obs. Lienhard ; *JCP E* 2001. Pan. 1746 ; *Act. proc. coll.* 2001, nº 249 ; *RJDA* 2002/2, nº 180, p. 149 – Com. 11 déc. 2001, nº 98-19.708, NP, *Act. proc. coll.* 2002, nº 48, obs. Régnaut-Moutier – Com. 5 mars 2002, nº 98-17.488, NP, *Act. proc. coll.* 2002, nº 127 ; *Rev. proc. coll.* 2003, p. 307, nº 4, obs. Monsérié-Bon.
10. L. nº 85-98, 25 janv. 1985, préc.
11. Pérochon, DP RECOUVREMENT DE CRÉANCES ET PROCÉDURES D'EXÉCUTION, *Vº Clause de réserve de propriété et revendications* (2 févr. 2001), nº 32.
12. Versailles, 13e ch., 4 mars 2004, RG nº 03/00756 – Versailles, 13e ch., 28 oct. 2004, D. 2005. AJ 79.
13. Com. 24 avr. 2007, nº 06-10.350, NP ; nº 633 F-D.
14. Ord. nº 2006-346, 23 mars 2006, préc.
15. Crocq, « La réserve de propriété », *RD banc. fin.* mai-juin 2006. 68, sp. 70.

jugement d'ouverture de la procédure collective n'est pas remplie, le propriétaire ne peut revendiquer son bien. Il en est ainsi de l'acheteur d'un bien, qui avait payé le prix, alors que le matériel - des remorques - n'était pas construit, et n'existait donc pas en nature, au jour du jugement d'ouverture[1], l'entreprise du fabricant ayant été cédée en plan de cession à un repreneur, qui avait terminé les remorques. La question aurait ici pu se poser de savoir si l'acheteur, qui avait complètement payé le prix, était astreint à devoir revendiquer alors que le bien n'existait pas encore dans le patrimoine du fabricant, débiteur, au jour du jugement d'ouverture.

Si le bien existe en nature au jour du jugement d'ouverture et qu'il est utilisé, vendu ou incorporé après jugement d'ouverture, il y a place, sous l'empire de la législation antérieure à la loi de sauvegarde des entreprises, à une créance postérieure bénéficiant du traitement de faveur au profit du revendiquant[2]. La solution s'impose identiquement si l'administrateur judiciaire intègre, dans un plan de cession, des biens par la suite revendiqués[3]. Dans un premier temps, la jurisprudence a estimé que le mandataire de justice ne pouvait vendre le bien, dont il sait qu'il n'appartient pas au débiteur, avant expiration du délai de revendication, sauf à engager sa responsabilité, à hauteur du préjudice subi par le créancier propriétaire, en cas de différence du prix de revente par rapport à la créance[4]. La jurisprudence, dans un second temps, a fait preuve de plus de souplesse. Les biens vendus sous clause de réserve de propriété ne sont pas indisponibles et peuvent faire l'objet d'une intégration dans un plan de cession, à charge pour l'administrateur judiciaire d'affecter le prix au paiement de la créance du vendeur[5]. En revanche, le revendiquant n'a pas d'action contre le repreneur[6]. De façon générale, il est jugé que les organes de la procédure se doivent d'« affecter les fonds, provenant de cette vente, au règlement de la créance de la société auteur de la revendication, dès l'issue de la revendication »[7]. Si le mandataire n'est pas en mesure de représenter les fonds provenant de la vente, à concurrence de la créance du revendiquant, il engage sa responsabilité[8].

L'attribution d'une créance postérieure couverte par le traitement préférentiel peut être discutée depuis la loi de sauvegarde des entreprises. Il semble cependant que le traitement de faveur doive continuer à être reconnu au vendeur réservataire[9]. En effet, la créance semble bien être née pour les besoins de la période d'observation ou de la liquidation, notion qui recouvre les dettes d'exploitation auxquelles il semble possible d'assimiler cette créance. La discussion a en réalité peu d'objet du fait de l'obligation consacrée par la Cour de cassation de représenter les fonds provenant de la vente du bien objet de la clause de réserve de propriété.

Le champ d'application de la revendication en cas de procédure collective est défini par l'article L. 624-16 du code de commerce, qui ne se réfère pas à la notion d'immobilisation par destination. Cette dernière ne peut donc faire obstacle à la revendication[10]. Au demeurant, tant que le prix n'est pas payé, la propriété appartient au vendeur réservataire, ce qui fait obstacle, à notre sens, à l'immobilisation par destination.

816.32 **Transformation du bien.** La transformation du bien interdit sa revendication. Cette question n'est pas propre à la clause de réserve de propriété. L'absence de transformation du bien est une condition commune aux revendications mobilières, quel qu'en soit le fondement.

Il n'y aura transformation faisant obstacle à la revendication que s'il y a perte de la nature du bien. Il en est ainsi en cas de modification des caractères et des propriétés du bien.

Ainsi, la transformation de peau en vêtement ou de laine en chandails[11], empêche la revendication[12].

1. Com. 31 mai 2016, n° 14-25.999, NP; n° 496 F-D; *LXB hebdo* 16 juin 2016, n° 470, note Le Corre-Broly.
2. Com. 11 juill. 1995, n° 93-10.385, *Bull. civ.* IV, n° 210; *JCP E* 1995. Chron. 513, n° 5, obs. M. Cabrillac – Com. 11 mars 1997, n° 94-20.069, *Bull. civ.* IV, n° 70; *Dr. et patr.* juin 1997. 85, obs. Monsérié-Bon; *D.* 2000. Somm. 77, obs. Pérochon et Mainguy.
3. Com. 9 juin 1992, n° 90-16.804, *Bull. civ.* IV, n° 230; *RD banc. et bourse* 1993. 102, obs. Campana et Calendini; *RTD com.* 1993. 356, obs. Bouloc; *JCP N* 1993. Prat. 2640, n° 10, obs. M. Cabrillac; *D.* 1993. Somm. 296, obs. Pérochon; *Rev. proc. coll.* 1993, 123, n° 9, obs. Soinne.
4. Com. 5 déc. 1995, n° 93-21.339, *Bull. civ.* IV, n° 280; *D.* 1996. Somm. 224, obs. Pérochon; *Quot. Jur.* 2 avr. 1996, p. 5, note P. M. – RAPPR. : Com. 6 juill. 1999, n° 97-12.613, *Bull. civ.* IV, n° 150; *LPA* 6 janv. 2000, n° 4, p. 10, note P. M.; *RTD civ.* 1999. 885, obs. Crocq.
5. Com. 4 janv. 2000, n° 96-18.638, *Bull. civ.* IV, n° 5; *D.* 2000. AJ 56, obs. Lienhard; *JCP E* 2000. Chron. 701, n° 7, obs. M. Cabrillac; *Act. proc. coll.* 2000, n° 29, obs. Crocq.
6. Rennes, 15 oct. 1998, *Rev. proc. coll.* 2001, 19, obs. Soinne.
7. Com. 4 janv. 2000, n° 96-18.638, préc. (v. ss prést n°).
8. Com. 4 janv. 2000, n° 96-18.638, préc. (v. ss prést n°).
9. EN CE SENS AUSSI : PÉROCHON 10e éd., n° 1627.
10. Com. 10 mars 2015, n° 1323.424, *Bull. civ.* IV [à paraître]; n° 261 F-P+B; *D.* 2015, act 677, note Lienhard; *RTD com.* 2015. 443, n° 4, obs. Crocq; *Rev. sociétés* 2015. 410, note Roussel Galle; *Act. proc. coll.* 2015/7, comm. 100, note Vallansan; *RTD com.* 201. 375, n° 7, obs. Martin-Serf; *BJE* 2015, 230, note Laroche.
11. Toulouse, 27 nov. 1984, *D.* 1985. IR 185.
12. Com. 22 mars 1994, n° 2-11.223, *Bull. civ.* IV, n° 121; *D.* 1996. Somm. 219, obs. Pérochon – Com. 11 oct. 1994, n° 92-17.864, n° 92-1765, 2 esp., NP, *Rev. proc. coll.* 1995, 206, obs. Soinne.

Parfois, l'incorporation du bien livré dans un ensemble empêchera sa revendication, s'il se produit un changement de nature du bien. Ainsi a-t-il pu être jugé que la mise en place des biens livrés ne pouvait être réduite à une simple activité d'installation de composants juxtaposés aisément détachables, mais devait être regardée comme constituant une opération d'intégration d'éléments constitutifs interconnectés entre eux et indissociables ayant eu pour conséquence la création d'un ensemble nouveau, de sorte que les biens ne se retrouvaient pas en nature[1]. La revendication a, dès lors, été rejetée non sur le fondement de l'incorporation, mais sur le fondement du changement de nature du bien.

Il pouvait apparaître que le processus de vinification emportant passage du raisin en vin constituait une transformation car la nature de la chose – raisin – est bien transformée lorsqu'elle devient du vin. La jurisprudence a cependant statué en sens contraire[2]. De cette solution, il est possible de rapprocher celle qui admet la revendication par le fournisseur de moûts de bouteilles de vin, et qui rejette l'idée d'une transformation sous la double observation que le mode de conditionnement durable des moûts est l'embouteillage et que l'évolution des moûts en vin est inéluctable[3]. Il en est de même de l'admission de la revendication de champignons alors que seul le mycélium avait été livré[4], le champignonniste devant être indemnisé de son travail. L'exemple du mycélium, qui doit devenir un champignon, illustre bien l'idée : il est dans la logique des choses que le mycélium aboutisse à des champignons. Il semble ainsi que si la modification du bien ne tient qu'à un processus normal d'évolution, il n'y a pas changement de nature du bien.

Il a pourtant été jugé qu'il y avait transformation justifiant le rejet de la revendication en cas d'abattage d'animaux de boucherie, qui avaient été livrés sur pied, ce qui, au regard des explications ci-dessus apparaît critiquable.

1. Com. 19 juin 2012, nº 11-18.907, NP; nº 712 F-D; *Gaz. Pal. entr. diff.* 13 oct. 2012, nº 286, p. 30, note Pérochon; *RTD com.* 2013. 145, nº 6, obs. Martin-Serf; *Rev. proc. coll.* 2013, comm. 133, note Monsérié-Bon.
2. Com. 11 juill. 2006, nº 05-13.103, *Bull. civ.* IV, nº 181; *D.* 2006. AJ 2462, obs. Lienhard; *Act. proc. coll.* 2006, nº 198, note Pérochon; *JCP E* 2007. Chron. 1004, nº 13, obs. M. Cabrillac; *JCP E* 2007. Chron. 1907, nº 28, obs. Gros; *Rev. proc. coll.* 2006/4 p. 362, nº 4, obs. Monsérié-Bon; *RTD civ.* 2006. 794, nº , obs. Revet; *RTD com.* 2007. 452, nº 6, obs. Martin-Serf; *Gaz. Pal.* 5-6 janv 2007, p. 26, note Goni.
3. Dijon, ch. civ. sect. B, 29 juin 2006, *Act. proc. coll.* 2006, nº 224.
4. Orléans, ch. com. éco. et fi, 25 oct. 2007, RG nº 07/00593, *Act. proc. coll.* 2008, nº 81; *RJDA* 2008/1, p. 68, nº 68.

Le simple changement de couleur ou d'aspect du bien est insuffisant. La revendication du fil teint[5] ou de morceaux de bois tronçonnés et étuvés[6] est donc possible. Il en est de même, en cas d'élevage d'animaux, par exemple des alevins qui deviennent, sans changer de nature, des poissons[7]. Identiquement, l'opération d'engraissage d'animaux, est possible car ces modifications ne conduisent pas à une transformation de la nature de la « marchandise ».

Si la revendication est admise, l'acheteur devra être indemnisé de la plus-value apportée au bien pour les transformations ainsi effectuées[8].

L'ordonnance de réforme du droit des obligations du 10 février 2016 contient à cet égard une règle précise. L'article 1352-5 du code civil aura alors pleine vocation à s'appliquer. Selon l'article 1352-5 du code civil, « il est tenu compte à celui qui doit restituer des dépenses nécessaires à la conservation de la chose et de celles qui ont augmenté la valeur, dans la limite de la plus-value estimée au jour de la restitution ».

816.33 Incorporation du bien. L'incorporation du bien empêchera également sa revendication, peu important que l'incorporation intervienne dans un ensemble mobilier, solution posée par exemple pour une incorporation de matériel dans une chaîne de montage[9], ou immobilier[10], solution retenue par exemple pour des câbles sous tension dans une usine[11].

Il n'y a pas incorporation s'il suffit d'une simple opération de démontage. Le critère est désormais posé par l'article L. 621-122, alinéa 3 du code de commerce (anc[t] L. 25 janv. 1985[12], art. 121, al. 3, devenu C. com., art. L. 624-16, al. 3 depuis la loi de sauvegarde des entreprises[13]).

L'article 2370 du code civil, issu de l'ordonnance du 23 mars 2006[14], au titre du droit commun de la clause de réserve de propriété, reprend sous une for-

5. Com. 6 mars 1990, nº 88-14.267, *Bull. civ.* IV, nº 73; *Rev. proc. coll.* 1991, 223, obs. Soinne; *D.* 1991. Somm. 46, obs. Pérochon.
6. Com. 17 mai 1988, nº 86-19.546, *Bull. civ.* IV, nº 166; *Gaz. Pal.* 1988. 1. Pan. 201.
7. Douai, 2e ch., 2e sect., 18 déc. 2012, RG nº 11/08348; et SUR POURVOI : Com. 11 juin 2014, nº 13-14.844, *Bull. civ.* IV, nº 104; *D.* 2014. 2205, nº 6, note Arbellot; *Gaz. Pal.* 5 oct. 2014, nº 278, p. 40, note Le Corre-Broly; *Rev. proc. coll.* 2014, comm. 135, note Lebel; *BJE* 2014, 364, note Laroche.
8. Com. 6 mars 1990, nº 88-14.267, préc.
9. Com. 6 juill. 1993, nº 90-21.711, *Bull. civ.* IV, nº 286; *D.* 1993. Somm. 293, obs. Pérochon.
10. Com. 17 mars 1998, nº 95-11.209, *Bull. civ.* IV, nº 108; *D. Affaires* 1998. 803.
11. Com. 10 janv. 2006, nº 04-16.020, NP; nº 7 F-D.
12. L. nº 85-98, 25 janv. 1985, préc.
13. L. nº 2005-845, 26 juill. 2005, préc.
14. Ord. nº 2006-346, 23 mars 2006, préc.

mulation différente la solution posée par la législation du droit des entreprises en difficulté. Le texte fait apparaître comme un principe la possibilité d'exercice de ses droits par le créancier réservataire malgré l'incorporation à un autre bien, peu important qu'il soit meuble ou immeuble. Il fait seulement réserve des dommages occasionnés au bien par l'opération de séparation. En réalité, l'interprétation ancienne continuera à prospérer, le changement de formulation nous apparaissant de pure forme, ce qui ne doit pas surprendre compte tenu de l'obligation de codifier à droit constant, dans laquelle était enfermé, en la matière, le Gouvernement à l'occasion de l'ordonnance du 23 mars 2006. Les règles de l'accession mobilière et immobilière du code civil sont donc écartées par la législation, reprenant en cela les solutions jurisprudentielles, qui n'a égard qu'au critère matériel du démontage.

L'opération de démontage ne doit occasionner au bien revendiqué et au bien, dans lequel il est incorporé, aucun dommage. Le critère du dommage est d'ordre physique. Ainsi, la revendication a été rejetée pour des pierres précieuses, du fait de leur sertissage dans des bijoux, rendant impossible leur restitution sans endommager les bijoux [1]. De même, la revendication a été rejetée au préjudice d'un prestataire de services qui avait fait des travaux dans un navire, l'opération de démontage des éléments fournis par ce prestataire ne pouvant intervenir sans dommage physique [2]. Le critère du dommage n'est pas économique. Il importe donc peu que la reprise du bien entraîne un dommage économique pour le bien dans lequel l'incorporation avait eu lieu [3] ou qu'elle fasse perdre au bien dans lequel il avait été incorporé sa fonctionnalité [4].

L'absence de dommage est une question de preuve, laissée en conséquence à l'appréciation souveraine des juges [5], et qui permet d'expliquer les divergences pouvant exister en présence de situations pourtant sensiblement identiques. Ainsi, peuvent être revendiqués, des pneumatiques montés sur des véhicules, qu'il suffit de démonter en dévissant des boulons [6], des buses intégrées dans des moules, qu'il est possible de désassembler par dévissage [7], ou des batteries montées sur des véhicules en débranchant quelques fils [8], un moteur monté sur un véhicule [9] ou sur un navire [10], un dispositif monté sur machine - outil, qui peut être récupéré par un débranchement et le retrait de fixations [11].

Il a été jugé que les opérations de démontage des commandes numériques qui impliquaient le débranchement de câbles, l'extraction de cartes informatiques, le démontage du tableau de commande, le débranchement et le démontage de moteurs électriques et la sauvegarde des programmes, étaient complexes, ce qui a justifié le rejet de la revendication [12]. À l'inverse, il a été jugé que des commandes numériques pouvaient être aisément dissociées des machines-outils sur lesquelles elles étaient installées, sans altération ou dommage pour chacun des éléments ainsi séparés. L'impossibilité de réutiliser les câbles et connecteurs n'interdisait pas la revendication, car elle ne résultait pas de leur dégradation, mais de la nécessité de les adapter à chaque machine-outil [13].

Il a encore été jugé que la mise en place des biens livrés ne pouvait être réduite à une simple activité d'installation de composants juxtaposés aisément détachables, mais devait être regardée comme constituant une opération d'intégration d'éléments constitutifs interconnectés entre eux et indissociables ayant eu pour conséquence la création d'un ensemble nouveau, de sorte que les biens ne se retrouvaient pas en nature [14]. La revendication a ainsi été rejetée non sur le fondement de l'incorporation, mais sur le fondement du changement de nature du bien.

La demande de revendication sera identiquement rejetée lorsque l'installation du matériel revendiqué ne s'analyse pas en une simple opération de pose d'un accessoire, mais en l'intégration d'un élément

1. Com. 28 sept. 2004, n° 02-16.931, NP – Com. 20 oct. 2009, n° 08-20.381, NP; n° 928 F-D; *Gaz. Pal.* 8-10 janv. 2010, n°s 8 et 9, p. 44, note Le Corre-Broly; *RTD com.* 2010. 425, n° 6, obs. Martin-Serf.
2. Bordeaux, 1re ch. civ. sect. B, 21 mars 2013, RG n° 11/05545, *Rev. proc. coll.* 2014. Chron. 1, n° 8, note Piette.
3. Com. 28 oct. 2008, n° 07-16.899, NP; n° 1083 F-D; *Gaz. proc. coll.* 2009/1, p. 52, note Pérochon; *JCP E* 2009. Chron. 1008, n° 16, obs. M. Cabrillac; *RTD com.* 2009. 455, n° 6, obs. Martin-Serf; *Rev. proc. coll.* 2009, n° 168, note Monsérié-Bon.
4. Paris, 20 nov. 2008, RG n° 08/03836 – *Adde*, Pérochon, 10e éd., n° 1611.
5. Com. 4 janv. 2005, n° 02-10.538, NP, *LPA* 16 févr. 2006, n° 34, p. 7, note Voisin – Com. 10 janv. 2006, n° 04-16.020, NP; n° 7 F-D – Com. 21 mars 2006, n° 04-19.775, NP; n° 395 F-D.
6. Com. 18 juill. 1989, n° 88-13.395, *Bull. civ.* IV, n° 228; *D.* 1991. Somm. 45, obs. Pérochon.
7. Paris, 20 nov. 2008, RG n° 08/03836.
8. Com. 29 janv. 1991, n° 89-18.322, *Bull. civ.* IV, n° 47; *Rev. proc. coll.* 1991, 225, n° 11, obs. Soinne.
9. Com. 21 mars 2006, n° 04-19.775, NP; n° 395 F-D.
10. Com. 15 mars 1994, n° 91-14.375, *Bull. civ.* IV, n° 110; *D.* 1996. Somm. 219, obs. Pérochon, *JCP* 1994. II. 22277, note Larroumet – Com. 11 mars 1997, n° 94-20.069, *Bull. civ.* IV, n° 70; *D. Affaires* 1997. 510; *D.* 2000. Somm. 72, obs. Pérochon et Mainguy.
11. Rouen, 2e ch., 20 sept. 2007, RG n° 04/4441, *RJDA* 2008/1, p. 67, n° 67.
12. Com. 24 mars 2004, n° 01-10.280, NP, *Rev. proc. coll.* 2004, p. 215, n° 13, obs. Lebel; *RD banc. fin.* 2004, n° 212, obs. Lucas; *Rev. proc. coll.* 2004, p. 380, n° 5, obs. Monsérié-Bon.
13. Com. 4 janv. 2005, n° 02-10.538, NP.
14. Com. 19 juin 2012, n° 11-18.907, NP; n° 712 F-D; *Gaz. Pal. entr. diff.* 13 oct. 2012, n° 286, p. 30, note Pérochon; *RTD com.* 2013. 145, n° 6, obs. Martin-Serf; *Rev. proc. coll.* 2013, comm. 133, note Monsérié-Bon.

constitutif qui a pour conséquence la création d'un ensemble nouveau[1].

816.34 Bien sinistré – Indemnité d'assurance. Si le bien a été sinistré, l'indemnité d'assurance subrogée aux biens est attribuée directement au propriétaire, sans qu'il y ait, sous l'empire de la législation antérieure à l'ordonnance du 23 mars 2006[2] relative aux sûretés, place à revendication[3], la solution ayant été également posée en matière de dépôt[4], ou à déclaration de créance, solution posée sous l'empire de la loi du 13 juillet 1967[5].

L'article 2372 du code civil, issu de l'ordonnance du 23 mars 2006, consacre, au titre du droit commun de la clause de réserve de propriété, le report du droit de propriété sur l'indemnité d'assurance subrogée au bien. En outre, l'ordonnance du 23 mars 2006 a complété, en son article 48, l'article L. 624-18 du code de commerce, par la phrase suivante : « Peut être revendiquée dans les mêmes conditions l'indemnité d'assurance subrogée au bien ». De cette disposition, il résulte, à notre avis, encore que la doctrine, dans l'ensemble, ait observé un mutisme sur ce point[6], ou ait émis un avis contraire[7], l'obligation pour le propriétaire de procéder à la revendication de l'indemnité d'assurance dans les formes et délais de la revendication du bien lui-même, comme cela est le cas pour la revendication du prix[8]. À défaut, l'indemnité d'assurance sera attribuée à la procédure collective, sur demande de ses organes.

SECTION 816.40
REVENTE DU BIEN – REVENDICATION DU PRIX[9]

816.41 Principe d'interdiction de la revendication du bien en cas de revente par l'acheteur à un sous-acquéreur – conflit avec le vendeur sous clause de réserve de propriété. Lorsque l'acheteur initial a revendu le bien à un sous-acquéreur, la revendication du bien entre les mains de ce dernier est par principe impossible. L'article 2276 du code civil y fait obstacle, dès lors du moins que le sous-acquéreur est de bonne foi, c'est-à-dire qu'il est, lors de l'acquisition[10], dans l'ignorance que son auteur n'est pas encore propriétaire du bien, ce qui peut être le cas en présence d'une clause de réserve de propriété, lorsque le vendeur d'origine n'a pas été payé[11].

S'il y a eu revente des marchandises vendues sous clause de réserve de propriété, leur revendication est impossible entre les mains du sous-acquéreur, celui-ci ne détenant pas les marchandises à titre précaire pour le compte de l'acheteur initial[12], mais pour lui-même. La solution a été posée dans une espèce où une centrale d'achat avait acquis sous clause de réserve de propriété les biens, les avait revendus, étant précisé que les livraisons avaient été effectuées non à la centrale d'achat, mais directement par le fournisseur aux acheteurs finaux.

Dans une espèce, la vente a été faite avec clause de réserve de propriété à un acquéreur qui a cédé à une société de crédit-bail, dans le cadre d'une cession-bail, le matériel litigieux. La qualité du sous-acquéreur, établissement de crédit, n'a pas suffi à renverser la présomption de bonne foi[13].

Il en a été de même pour le créancier gagiste, qui l'emporte sur le revendiquant, dès lors qu'il s'était fait remettre par le débiteur le bien en gage, sans qu'il ait été prouvé sa connaissance, à cette date, de l'absence de propriété du constituant du gage[14]. Le

1. Com. 24 mars 2004, n° 01-10.820, NP, *Rev. proc. coll.* 2004, p. 215, n° 13, obs. Lebel; *RD banc. fin.* 2004, n° 212, obs. Lucas.
2. Ord. n° 2006-346, 23 mars 2006, préc.
3. Com. 22 avr. 1997, n° 93-10.114, *Bull. civ.* IV, n° 103; *D. Affaires* 1997. 736; *RTD civ.* 1997. 696, obs. Zenati; *RTD com.* 1998. 421, obs. Martin-Serf – Com. 16 sept. 2008, n° 07-11.012, NP; n° 846 F-D.
4. L. n° 67-563, 13 juill. 1967, préc. – Com. 16 sept. 2008, n° 07-11.012, NP; n° 846 F-D; *Gaz. proc. coll.* 2008/4, p. 59, note Le Corre-Broly.
5. Com. 1er oct. 1985, n° 84-12.015, *Bull. civ.* IV, n° 222; *D.* 1986. 246, note M. Cabrillac.
6. AINSI : Cabrillac M. et S., Mouly, Pétel, *Droit des sûretés*, 9e éd., LexisNexis, 2010, n° 841.
7. J.-CL. COM., Crocq, fasc. 2545, [Situation du vendeur de meubles – Clause de réserve de propriété], 2015, n° 4.
8. EN CE SENS AUSSI : Le Corre-Broly, note ss Com. 16 sept. 2008, n° 07-11.012, *Gaz. proc. coll.* 2008/4, p. 59 – VALLENS, 2015, n° 3905.
9. CETTE QUESTION a été traitée avec l'agréable assistance d'Emmanuelle Le Corre-Broly.
10. Paris, 5e ch. B, 4 févr. 1999, *RJDA* 1999/11, n° 1236.
11. Com. 5 oct. 1993, n° 91-15.453, *Bull. civ.* IV, n° 317; *Rev. huissiers* 1994. 187, note Vidal.
12. Com. 3 nov. 2015, n° 13-26.811, *Bull. civ.* IV [à paraître]; n° 927 F-P+B; *D.* 2015, actu 2317, note Lienhard; *Gaz. Pal.* 19 janv. 2016, n° 3, p. 72, note Le Corre-Broly; *Act. proc. coll.* 2015/20, comm. 307, note Laroche; *BJE* 2016, 34, note Macorog-Venier; *Leden* 2015, comm. 178, note crit. Pérochon; *JCP E* 2016. 1169, note Pelletier et Lauthier; *JCP E* 2016, chron. 1198, n° 10, note Pétel; *RTD com.* 2016. 206, n° 10, note Martin-Serf.
13. Com. 5 févr. 2002, n° 99-12.004, NP.
14. Com. 5 avr. 1994, n° 90-11.559, *Bull. civ.* IV, n° 146; *Rev. huissiers* 1995. 720, obs. Bazin; *Rev. proc. coll.* 1997, 219, n° 20, obs. Soinne – Com. 26 mai 2010, n° 09-65.812, *Bull. civ.* IV, n° 98; *D.* 2010. 1412, note Lienhard; *D.* 2011. Pan. 410, obs. Crocq; *Gaz. Pal. entr. diff.* 15-16 oct. 2010, p. 19, note Pérochon; *JCP E* 2010, n° 1601, note Legeais; *RTD civ.* 2010. 597, n° 4, note Crocq; *JCP E* 2011. Chron. 1251, n° 17, obs. Delebecque – Com. 26 mai 2010, n° 09-65.813, NP – Poitiers, 2e ch. civ., 11 janv. 2011, RG n° 09/02106, Act. proc. coll. 2011, n° 305 – SUR LE RAPPEL de cette solution : Rép. min. n° 16491, JOAN Q 12 févr. 2008, p. 1110; *D.* 2008. 1335; *Act. proc. coll.* 2008/8; *RTD civ.* 2008. 319, n° 2, obs. Crocq.

créancier n'a pas à rechercher, lors de la constitution du gage, si les biens remis en gage avaient fait l'objet d'une clause de réserve de propriété[1]. En revanche, a été considéré comme de mauvaise foi, l'acquéreur d'un véhicule qui ne s'était pas fait délivrer par son vendeur la carte grise[2]. La revendication du bien entre ses mains a alors été possible.

Le créancier gagiste rétenteur pourra faire échec à la revendication du vendeur réservataire, en cas de substitution de marchandises, qui résulterait d'une clause de substitution conventionnelle, dès lors que l'accord de substitution est antérieur aux livraisons effectuées par le vendeur réservataire[3]. Il a été jugé que la faculté de substitution n'a pas besoin de faire l'objet d'un accord exprès par le créancier, cet accord pouvant résulter d'une pratique du tiers détenteur ayant eu lieu au vu et au su de ce créancier et avec l'aval tacite de ce dernier[4].

Mais encore faut-il, pour que le créancier gagiste l'emporte sur le vendeur réservataire de propriété, dès lors qu'il utilise le mécanisme de l'entiercement, que la dépossession soit matérialisée et non équivoque. La procédure prévoyant que deux employés de la société débitrice avaient qualité pour intervenir après déclaration ou demande d'autorisation à la société assurant l'entiercement, à la supposer respectée, ne suffisait pas à matérialiser la dépossession, dans la mesure où le débiteur avait gardé la maîtrise des marchandises, que ces dernières étaient entreposées dans une chambre froide sans système de sécurité et accessible à tout le personnel, que la manipulation de ces dernières étant rendue possible par le fait que la chaîne censée en interdire l'accès n'était pas fixée par un cadenas. En outre, aucune mention relative à des droits particuliers sur les marchandises n'était affichée ni sur la porte d'accès, ni à l'intérieur des locaux. Il s'en déduit que rien ne permettait d'identifier et d'isoler, de manière non équivoque, les marchandises effectivement remises en gage et d'assurer la publicité de leur dépossession. En conséquence, le gage obtenu par la banque ne pouvait tenir en échec le droit de revendication du vendeur sous clause de réserve de propriété[5].

Une cour d'appel ne peut rejeter la demande du vendeur réservataire, en présence d'un droit de rétention exercé par un voiturier, au motif qu'il ne peut être décidé que son droit de rétention serait exercé illégitimement, dès lors que le transporteur, exerçant son droit de rétention, n'est pas dans la cause. Il appartient au liquidateur, et non au revendiquant, de mettre en cause le transporteur pour que puisse être vérifiée la légitimité de son droit de rétention et ainsi le bien-fondé du rejet de la demande de revendication émanant du vendeur réservataire de propriété, qui avait prouvé l'existence en nature des biens à l'ouverture de la procédure collective[6].

En l'absence de caractérisation de la mauvaise foi du sous-acquéreur, la revendication ne pourra concerner que le prix ou la fraction du prix[7], qui n'a pas encore été payé au débiteur, revendeur. Il s'agit du prix de vente d'origine, non du prix supérieur de revente[8]. La différence doit être reversée à la procédure[9]. Cette action en revendication du prix est de première importance pour le vendeur initial, qui se voit ouvrir le privilège de l'exclusivité, là où il n'aurait dû être traité que comme un créancier chirographaire[10].

816.42 Domaine d'application de la revendication du prix. La question de la revendication du prix n'est pas spécifique à la clause de réserve de propriété. Elle intéresse toutes les revendications visées à l'article L. 621-122 du code de commerce (anc[t] L. 25 janv. 1985[11], art. 121, devenu C. com., art. L. 624-16 depuis la loi de sauvegarde des entreprises)[12]. Il en résulte que la revendication du prix peut intervenir même si la créance du débiteur sur le tiers en possession des marchandises n'est pas née de la conclusion d'une vente, mais de celle d'un contrat d'entreprise[13]. En pratique, cependant, c'est en matière de vente avec clause de réserve de propriété que la question pose le plus de difficulté. Observons au demeurant que l'article 2372 du code civil, issu de l'ordonnance du 23 mars 2006[14], consacre au titre du droit commun de la clause de réserve de propriété le report du droit de propriété du vendeur

1. Com. 11 sept. 2012, n° 11-22.240, NP, *RTD civ.* 2012. 755, obs. Crocq.
2. Com. 15 oct. 2002, n° 00-14.328, *Bull. civ.* IV, n° 146.
3. Com. 26 mai 2010, n° 09-65.812, *Bull. civ.* IV, n° 98; *D. 2010. 1412, note Lienhard*; *D.* 2011. Pan. 410, obs. Crocq; *Gaz. Pal. entr. diff.* 15-16 oct. 2010, p. 19, note Pérochon; *JCP E* 2010, n° 1601, note Legeais; *RTD civ.* 2010. 597, n° 4, note Crocq; *JCP E* 2011. Chron. 1251, n° 17, obs. Delebecque – Com. 26 mai 2010, n° 09-65.813, NP – *Adde*, Com. 11 sept. 2012, n° 11-22.240, NP.
4. Com. 11 sept. 2012, n° 11-22.240, NP, préc. (v. s[s] prés[t] n°).
5. Com. 8 avr. 2015, n° 14-13.787, NP; n° 355 F-D; *RLDC* juin 2015, 36, obs. Pouliquen; *RTD civ.* 2015. 665, n° 2, note Crocq; *Leden* 2015, comm. 092, note Lucas.
6. Com. 13 nov. 2012, n° 11-25.035, NP.
7. Com. 27 oct. 1998, n° 96-16.382, NP, *RJDA* 1998/11, p. 887, rapp. Rmery.
8. Com. 15 janv. 1991, n° 89-12.884, *Bull. civ.* IV, n° 31; *Rev. proc. coll.* 193, 128, n° 14, obs. Soinne – Versailles, 23 sept. 199 *Rev. proc. coll.* 2001, 19, n° 13, obs. Soinne.
9. Lyon, 11 juill 997, *Rev. proc. coll.* 2001, 19, n° 13, obs. Soinne.
10. RAPPR. : JACQMONT ET VABRES, 9e éd., n° 678.
11. L. n° 85-98, janv. 1985, préc.
12. KERCKHOVE, 694.
13. Com. 17 m 1998, n° 95-11.209, *Bull. civ.* IV, n° 108; *D.* 1999. Sm. 72, obs. Honorat.
14. Ord. n° 20346, 23 mars 2006, préc.

réservataire sur la créance de prix de revente détenue par le revendeur à l'égard du sous-acquéreur.

Aux termes de l'article L. 621-124 du code de commerce (anc[t] L. 25 janv. 1985, art. 122, devenu C. com., art. L. 624-18, depuis la loi de sauvegarde des entreprises[1]), « peut être revendiqué le prix ou la partie du prix des biens visés à l'article L. 621-122 qui n'a été ni payé, ni réglé en valeur, ni compensé en compte-courant entre le débiteur et l'acheteur, à la date du jugement d'ouverture ». L'ordonnance du 18 décembre 2008[2] a supprimé la précision relative au compte-courant. L'article L. 622-14 du code de commerce (anc[t] L. 25 janv. 1985, art. 153-4), sous l'empire de la législation antérieure à la loi de sauvegarde des entreprises, étend la solution à la liquidation judiciaire. Pour sa part, l'article L. 624-18 du code de commerce, dans la rédaction que lui donne la loi de sauvegarde des entreprises, qui est un texte de la procédure de sauvegarde, est applicable en redressement judiciaire (C. com., art. L. 631-14, I, devenu C. com., art. L. 631-18, al. 1, réd. ord. 18 déc. 2008) et en liquidation judiciaire (C. com., art. L. 641-14, al. 1).

La revendication du prix suppose une revente du bien. Tel n'est pas le cas pour des chèques-restaurant, lesquels n'avaient été ni cédés, ni vendus, mais simplement mis à disposition par l'entreprise auprès de ses salariés, de sorte que ces derniers n'étaient pas des sous-acquéreurs. La revendication sur la partie du prix retenue par l'entreprise sur le salaire des salariés au titre des chèques restaurant ne peut donc prospérer[3].

La revendication du prix peut être exercée entre les mains d'une personne publique. La reconnaissance d'une telle créance ne peut toutefois être assimilée à la condamnation de la personne publique à verser les sommes en cause, le règlement étant en effet subordonné notamment à l'accomplissement des obligations qui pesaient sur la société débitrice dans le cadre du marché public. Il en résulte que le vendeur réservataire n'est pas fondé à soutenir que le tribunal administratif a rejeté à tort sa demande tendant à la condamnation de l'État à lui verser une certaine somme en réparation de la faute commise par l'État relativement à la non-exécution d'une décision de justice[4].

Une juridiction du fond, se fondant sur la subrogation réelle du prix à la chose, a admis l'action en paiement exercée contre le sous-acquéreur en redressement judiciaire[5]. La solution était critiquable, dans la mesure où la règle de l'interdiction des paiements interdisait de demander paiement, fût-ce sur le fondement de la subrogation réelle, au sous-acquéreur sous procédure collective, l'action contre ce dernier n'étant pas une action réelle, mais bien une action personnelle en paiement. En conséquence, le vendeur initial ne semblait pouvoir que déclarer sa créance au passif du sous-acquéreur. La Cour de cassation a cassé cette décision des juges du fond en posant en principe que « l'action en paiement exercée par le vendeur initial à l'encontre d'un sous-acquéreur de biens vendus sous clause de réserve de propriété s'analyse en une action personnelle et non en une action réelle »[6]. Elle va ensuite en tirer la conséquence, en considérant comme soumise à la règle de l'arrêt des poursuites individuelles l'action en paiement du prix laissé impayé par le sous-acquéreur sous procédure collective, puisqu'elle tend au paiement d'une créance antérieure au jugement d'ouverture[7].

« Loin de porter atteinte au droit de propriété du créancier réservataire revendiquant, les dispositions [qui permettent au vendeur de revendiquer le prix entre les mains du sous-acquéreur qui n'a pas encore payé] lui permettent l'exercice à l'encontre d'un sous-acquéreur, sans le priver, s'agissant de prouver un fait, d'aucun moyen d'information sur le sort des biens après livraison, de sorte que les dispositions critiquées sont claires et précises. » Il en résulte qu'une question prioritaire de constitutionnalité portant sur la garantie du droit de propriété du vendeur réservataire, au prétexte de difficulté d'identification des sous-acquéreurs n'est pas sérieuse[8].

816.43 Fondement de l'action du vendeur réservataire. La revendication du prix de revente est fondée sur la subrogation réelle[9] : le droit de propriété

1. L. n° 2005-845, 26 juill. 2005, préc.
2. Ord. n° 2008-1345, 18 déc. 2008, préc.
3. Com. 31 mai 2005, n° 02-12.538, NP, *Rev. proc. coll.* 2005/3, p. 56, obs. Pérochon.
4. CE 12 déc. 2007, req. n° 296345, *Lebon T.*; *Act. proc. coll.* 2008, n° 179.
5. Versailles, 13e ch., 20 mars 2008, RG n° 07/04237.
6. Com. 6 oct. 2009, n° 08-15.048, *Bull. civ.* IV, n° 122; *D.* 2009. AJ 2482, obs. Lienhard; *D.* 2010. Pan. 1822, obs. Lucas; *Gaz. proc. coll.* 2009/4, 2e partie, n°s 305 à 307, p. 42, n° 5, note Pérochon; *Act. proc. coll.* 2009, n° 283, note Blanc; *JCP E* 2009, n° 2144, note Reifegerste; *JCP* 2009. 566, note Dallemagne; *JCP E* 2010. Chron. 1011, n° 12, obs. M. Cabrillac; *LXB hebdo* 22 oct. 2009, n° 368, note Le Corre – Com. 6 oct. 2009, n° 08-18.547, NP; n° 881 FS-D.
7. Com. 6 oct. 2009, n° 08-15.048, préc. et Com. 6 oct. 2009, n° 08-18.547, préc. (v. s[s] prés[t] n°).
8. Com. 21 juin 2011, n° 11-40.032 QPC, NP; n° 729 F-D; *D.* 2011. Actu. 1814, obs. Lienhard; *Rev. sociétés* 2011. 527, note Roussel Galle; *RTD com.* 2011. 643, n° 8, obs. Martin-Serf.
9. SUR CETTE ANALYSE : Pérochon, « La revendication du prix de revente », *D. Affaires* 1996. 1402, n° 14 – Laroche, *Revendication et propriété : Du droit des procédures collectives au droit des biens*, « Doctorat et notariat », t. 24, Defrénois, 2007, p. 290, n° 450.

sur le bien dont disposait le vendeur initial réservataire est reporté sur la créance de prix de revente du bien[1]. Est évoquée une « revendication de substitution »[2]. Le vendeur initial doit revendiquer dans la procédure collective de l'acquéreur-revendeur la créance de prix de revente du bien qui est subrogée au bien lui-même.

Ainsi que l'a lumineusement analysé un auteur[3], l'action réelle en revendication du prix dans la procédure collective de l'acquéreur-revendeur se double d'une action personnelle en paiement de la créance du prix de revente contre le sous-acquéreur ou, dans l'hypothèse d'une circulation de la créance de prix de revente, contre l'affactureur ou le cessionnaire Dailly. La revendication par le vendeur initial de la créance du prix dans la procédure collective constitue l'action réelle en revendication *stricto sensu* qui fonde la seconde action, l'action personnelle en paiement contre le sous-acquéreur, dont dispose le vendeur initial. La recevabilité et le caractère fondé de la première action – l'action réelle en revendication – conditionnent le succès de la seconde action – l'action personnelle en paiement. La Cour de cassation a repris l'analyse à son compte en posant en principe que « l'action en paiement exercée par le vendeur initial à l'encontre d'un sous-acquéreur de biens vendus sous clause de réserve de propriété s'analyse en une action personnelle et non en une action réelle »[4]. Elle va ensuite en tirer la conséquence, en considérant comme soumise à la règle de l'arrêt des poursuites individuelles l'action en paiement du prix laissé impayé par le sous-acquéreur sous procédure collective, puisqu'elle tend au paiement d'une créance antérieure au jugement d'ouverture[5]. Ainsi, même si ces actions sont toutes deux couramment désignées sous le vocable de « revendication du prix », elles sont parfaitement distinctes. L'ambivalence de cette expression a bien été mise en évidence[6].

Cette analyse a conduit la Cour de cassation à apporter des réponses à deux questions essentielles.

Tranchant une première difficulté, elle a considéré que l'action du vendeur initial exerçant une revendication sur le prix est indépendante du sort de la créance née de la revente du bien par l'acquéreur-revendeur au sous-acquéreur. Il a en effet été jugé que le vendeur réservataire de propriété « *peut revendiquer le prix impayé par le sous-acquéreur en redressement ou liquidation judiciaire, peu important que la créance détenue par l'acquéreur initial à l'encontre du sous-acquéreur soit éteinte pour n'avoir pas été déclarée au passif de ce dernier* »[7]. La solution est justifiée par la subrogation réelle, qui s'opère à la date de la revente[8], cependant que le « flottement notionnel » est dénoncé, qui consiste à évoquer le « propriétaire d'une créance »[9]. Un auteur conteste d'ailleurs fortement l'analyse, préférant voir dans la « revendication du prix » une variété d'action directe[10].

Cette position se justifie pleinement, puisque l'action en revendication s'exerce à l'encontre de la procédure collective et, dès lors que les conditions de recevabilité de celle-ci au jour de l'ouverture de la procédure sont réunies, cette action en revendication doit prospérer. Celle-ci se double alors d'une action personnelle du vendeur initial à l'encontre du sous-acquéreur. Cette action, du fait de la règle de l'interdiction des paiements, se transforme alors en un droit pour le vendeur initial de déclarer sa créance au passif du sous-acquéreur à hauteur de la créance de prix que ce dernier restait devoir à son propre vendeur, l'acquéreur-revendeur.

La seconde question posée à la Cour de cassation était de savoir si le sous-acquéreur pouvait opposer au vendeur initial l'exception d'inexécution par le revendeur de son obligation pour refuser de régler le prix. La Chambre commerciale avait semblé y être hostile[11], mais l'arrêt n'était pas très significatif,

1. NOT. : Pérochon, DPDE, V^{is} *Clause de réserve de propriété et revendication*, n° 58 – Le Corre-Broly, « La revendication du prix de revente sous l'éclairage de la jurisprudence », *Gaz. proc. coll.* 2007/4, p. 3.
2. Laroche, *Revendication et propriété...*, « Doctorat et notariat », t. 24, Defrénois, 2007, p. 289 s., n°s 450 s.
3. PÉROCHON, 10e éd., n° 1616.
4. Com. 6 oct. 2009, n° 08-15.048, *Bull. civ.* IV, n° 122; *D.* 2009. AJ 2482, obs. Lienhard; *D.* 2010. Pan. 1822, note Lucas; *Gaz. proc. coll.* 2009/4, 2e partie, n°s 305 à *307, p. 42, n° 5, note Pérochon*; *Act. proc. coll.* 2009, n° 283, note Blanc; *JCP E* 2009. 2144, note Reifegerste; *JCP* 2009. 566, note Dallemagne; *JCP E* 2010. Chron. 1011, n° 12, obs. M. Cabrillac; *LXB hebdo* 22 oct 2009, n° 368, note Le Corre – Com. 6 oct. 2009, n° 08 18.547, NP; n° 881 FS-D.
5. Com. 6 oct. 2009, n° 08-15.048, préc. (v. s^s $prés^t$ n°) - Com. 6 oct. 2009, n° 08-18.547, préc. (v. s^s $prés^t$ n°).
6. Pérochon, DPDE, V^{is} *Clause de réserve de propriété et revendication*, n° 61.
7. Com. 21 févr. 2006, n°04-19.672, *Bull. civ.* IV, n° 43; *D.* 2006. AJ 718, obs. Lienhard; *D.* 2006. Pan. 2255, obs. crit. Lucas; *JCP E* 2006. Chron. 1569, n° 9, obs. M. Cabrillac; *Act. proc. coll.* 2006, n° 81, note Vallansan; *Gaz. proc. coll.* 2006/2, p. 49 obs. Le Corre-Broly; *RTD com.* 2007. 233, n° 5, obs. Martin-Serf; *Rev. proc. coll.* 2006/4, p. 361, n° 3, obs. Monsérié-Bon; *RJ com.* 2006. 394, note Sortais.
8. M. Cabrillac, obs. s^s Com. 21 févr. 2006, n° 04-19.672, *JCP E* 2006. Chron. 1569, n° 9 – Pérochon, DP RECOUVREMENT DE CRÉANCES ET PROCÉDURES D'EXÉCUTION, V^{is} *Clause de réserve de propriété*, n° 61 – *Adde*, Pérochon, « La revendication du prix de revente », *D. Affaires* 1996. 1402.
9. Lucas, obs. s^s Com. 21 févr. 2006, n° 04-19.672, *D.* 2006. Pan. 2256.
10. Bross, « La revendication dans les procédures collectives : une imposture ? », *Dr. et patr.* févr. 2011. 30, p. 35.
11. Com. 3 janv. 1995, n° 93-11.093, *Bull. civ.* IV, n° 3; *JCP E* 1995. I. 457, obs. M. Cabrillac et Pétel; *Rev. proc. coll.* 1995, 198, n° 11, obs. Soinne.

s'agissant de l'absence de réponse à un moyen[1]. La solution avait clairement été posée par une cour d'appel[2]. La Cour de cassation devait ensuite poser, dans un arrêt de principe, sa solution, en énonçant que la revente opère, par l'effet de subrogation réelle, transport dans le patrimoine du vendeur initial du prix ou de la partie du prix impayé par les sous-acquéreurs au jour de l'ouverture de la procédure collective de l'acheteur. Il en résulte que le sous-acquéreur ne peut opposer au vendeur initial les exceptions qu'il aurait pu opposer à son propre vendeur[3]. La solution aurait pu être justifiée par l'idée selon laquelle l'action personnelle du vendeur initial à l'encontre du sous-acquéreur est distincte de l'action en paiement dont peut se prévaloir l'acquéreur-revendeur à l'encontre de son propre acquéreur. Le vendeur réservataire de propriété exercerait à l'encontre du sous-acquéreur non pas l'action en paiement dont est titulaire l'acquéreur-revendeur, mais une action personnelle en paiement[4]. Mais cette justification est délicate, dès lors que la Cour de cassation évoque le « transport dans le patrimoine du vendeur initial [de la créance] du prix ou de la partie du prix impayé par le sous-acquéreur au jour de l'ouverture de la procédure collective du débiteur », ce dont il résulte qu'il n'y a pas une autre créance, qu'il il n'y a pas novation. La solution de la Cour de cassation apparaît dès lors bien difficile à justifier[5].

Le sous-acquéreur, qui ne se libérera valablement qu'entre les mains du propriétaire, non entre celle du débiteur ou de son liquidateur[6], n'aura à s'exécuter que si la revendication est acceptée par le mandataire de justice compétent ou, à défaut, par le juge-commissaire. De même, la prétention du vendeur sous clause de réserve de propriété, qui entend demander au *factor*, auquel avaient été transmises les créances de revente des biens, la restitution de sommes par lui encaissées sur des sous-acquéreurs, à la suite de l'annulation du contrat d'affacturage, ne pourra prospérer que si sa demande en revendication a été acceptée[7].

816.44 Conditions de fond de la revendication tenant au bien dont le prix est revendiqué. Les conditions générales de recevabilité de la revendication prévue à l'article L. 621-122 du code de commerce (devenu C. com., art. L. 624-16, depuis la loi de sauvegarde des entreprises[8]) devront être réunies.

Il en est d'abord ainsi des conditions d'opposabilité de la clause de réserve de propriété, à savoir l'existence d'une clause de réserve de propriété convenue dans un écrit établi au plus tard au moment de la livraison[9].

Le bien, dont le prix est revendiqué, devra exister en nature, entre les mains du sous-acquéreur, même si des solutions divergentes ont été exprimées[10]. Cette exigence exclut sa transformation ou son incorporation, et, de façon plus générale, sa perte d'identification[11]. Il reste à savoir à quelle date il convient de se placer pour apprécier l'absence de transformation.

Sous l'empire de la loi du 25 janvier 1985[12] non réformée, il avait été jugé que la date à laquelle il convenait de se placer pour apprécier cette existence en nature du bien était celle de la délivrance de celui-ci au sous-acquéreur[13].

La référence opérée par l'article L. 621-122 du code (devenu C. com., art. L. 624-16 depuis la loi de sauvegarde des entreprises) à l'article L. 621-124 (devenu C. com., art. L. 624-18 depuis la loi de sauvegarde des entreprises) était susceptible de conduire à changer la solution, ce qui aurait conduit à décider que l'existence en nature devait s'apprécier

1. Lienhard, note ss Com. 5 juin 2007, no 05-21.349, *D.* 2007. AJ 1729.
2. Poitiers, ch. civ., 1re sect., 16 mars 1994, *Rev. proc. coll.* 1995, 476, no 13.
3. Com. 5 juin 2007, no 05-21.349, *Bull. civ.* IV, no 152; *D.* 2007. AJ 1729, obs. Lienhard; *Act. proc. coll.* 2007, no 153, note Le Corre-Broly; *RD banc. fin.* juill.-août 2007, p. 21, no 155, note Legeais; *Rev. proc. coll.* 2007/4, p. 224, no 1, obs. Monsérié-Bon; *JCP E* 2008. Chron. 1207, no 11, obs. crit. M. Cabrillac et Pétel; *RTD com.* 2008. 622, no 3, obs. Martin-Serf – Com. 18 janv. 2011, no 07-14.181, NP, no 1 F-D; *Gaz. Pal. entr. diff.* 1-2 avr. 2011, p. 36, note Pérochon; *BJE* 2011. 198, note Torck; *RTD civ.* 2011. 378, no 3, obs. Crocq; *RLDC* mars 2011, 33, obs. Ansault; *RTD com.* 2012. 616, no 5, obs. Martin-Serf.
4. Le Corre-Broly, « La revendication du prix sous l'éclairage de la jurisprudence », *Gaz. proc. coll.* 2007/3, p. 3.
5. Danos, « Exceptions inhérentes à la dette et subrogation réelle sur la créance de prix de revente », *JCP E* 2011. Étude 1366, no 7.
6. Paris, 3 déc. 1997, *Rev. proc. coll.* 2001, 19, no 12, obs. Soinne.
7. Com. 20 sept. 2005, no 04-10.129, NP.
8. L. no 2005-845, 26 juill. 2005, préc.
9. Paris, 5e ch. B, 26 mai 2005, RG no 03/17406.
10. EN CE SENS : Paris, 5e ch. C, 2 avr. 1999 et Versailles 23 sept. 1999, *Rev. proc. coll.* 2001, 19, no 12, obs. Soinne – *CONTRA* : Aix-en-Provence, 8e ch. com., 31 oct. 2000, *Act. proc. coll.* 2001, no 224.
11. EN CE SENS : Paris, 3e ch. C, 28 mai 1999 et Paris, 3e ch. C, 19 nov. 1999, *Rev. proc. coll.* 2001, 20, no 14, obs. Soinne – *CONTRA* : Aix-en-Provence, 8e ch. com., 31 oct. 2000, *Act. proc. coll.* 2001, no 224.
12. L. no 85-98, 25 janv. 1985, préc.
13. Com. 3 janv. 1995, no 93-11.093, *Bull. civ.* IV, no 3; *D.* 1996. Somm. 221, obs. Pérochon; *Rev. proc. coll.* 1995, 197, no 10 obs. Soinne; *JCP E* 1995. I. 457, no 13, obs. M. Cabrillac et Pétel – Com. 14 janv. 1997, no 95-10.674, NP et Com. 25 mars 1997, no 94-19.858, NP, *Rev. proc. coll.* 1997, 318, no 21, obs. Soinne.

au jour du jugement d'ouverture. Les opinions divergeaient sur ce point[1].

La Cour de cassation a clos le débat en posant en règle qu'il suffit que les biens, dont le prix est revendiqué, existent en leur état initial à la date de délivrance au sous-acquéreur[2], peu important ensuite leur transformation, car c'est à cette date qu'a jouée la subrogation réelle de la chose au prix, qui fonde le droit du vendeur réservataire à revendiquer le prix. Une cour d'appel a semblé poser une présomption d'absence de transformation du bien au jour de la délivrance au sous-acquéreur[3]. La solution semble devoir être suivie. Il appartiendra, en conséquence, à celui qui s'oppose à la revendication du prix, de prouver la transformation du bien avant sa livraison au sous-acquéreur.

La revendication du prix entre les mains du sous-acquéreur suppose la démonstration que le prix de vente revendiqué correspond bien aux marchandises revendues[4].

Le prix de vente peut être revendiqué même si les choses vendues sont fongibles, et cela, comme s'il s'agissait de la revendication des biens fongibles eux-mêmes. Il en résulte que le vendeur réservataire n'a pas à établir l'identité entre la chose fongible vendue et la chose revendue[5].

816.45 Non-paiement du prix de revente avant le jugement d'ouverture, condition de la revendication du prix. Le prix de revente ne doit pas avoir été payé au débiteur, ni réglé en valeur avant l'ouverture de la procédure collective du débiteur acquéreur-revendeur. Tel est évidemment le cas si le prix n'a jamais été payé[6].

Deux problèmes différents se posent ici : celui de la preuve du paiement et celui de la preuve de sa date.

Si le mandataire de justice ne prouve pas le paiement effectué par le sous-acquéreur au débiteur, acheteur intermédiaire, la revendication du prix de revente est possible[7]. Il ne peut, en revanche, être exigé du revendiquant qu'il démontre son paiement au sous-acquéreur, puisque, au contraire, la revendication du prix ne peut aboutir qu'à défaut de paiement par le sous-acquéreur au débiteur, acheteur intermédiaire.

De façon plus générale, la règle est qu'il appartient à celui qui se prévaut de l'extinction de la propriété réservée, en conséquence du règlement de la créance garantie, de rapporter la preuve que l'acquéreur s'est acquitté du paiement du prix de la marchandise vendue sous clause de réserve de propriété. L'admission au passif de la créance de solde du prix est un moyen propre à établir que le prix de vente n'a pas été complètement payé[8].

Dans l'action personnelle en paiement dirigée contre le sous-acquéreur, la preuve que le paiement est intervenu incombe à ce dernier, conformément à l'article 1353[9], alinéa 2 du code civil (ex art. 1315, al. 2), puisqu'il soulève l'exception de paiement[10].

Lorsqu'il n'est plus question de la preuve du paiement, mais de celle sa date, les solutions changent. Il appartient en effet au vendeur revendiquant de prouver que le paiement a été effectué après le jugement d'ouverture, et qu'il remplit donc les conditions pour pouvoir obtenir restitution des sommes par la procédure collective[11].

Par l'expression « règlement en valeur », il faut entendre tous règlements par chèques ou effets de commerce, lorsque le porteur du chèque ou de l'effet peut se prévaloir du transfert irrévocable de la provision à son profit[12]. En ce qui concerne le chèque, le règlement en valeur intervient dès sa remise[13]. En ce qui concerne les effets de commerce, l'acceptation par le tiers acquéreur d'une lettre de change tirée sur lui par l'acheteur revendeur et escomptée par un établissement de crédit interdit au vendeur

1. EN CE SENS : RIPERT ET ROBLOT, n° 3144 – *CONTRA* : SOINNE, n° 1925.
2. Com. 5 nov. 2003, n° 00-21.357, *Bull. civ.* IV, n° 162; *JCP E* 2004. Chron. 783, n° 13, obs. M. Cabrillac; *RD banc. fin.* 2004, n° 20, obs. Legeais; *Act. proc. coll.* 2004, n° 7, note Jacquemont; *RTD com.* 2004. 601, n° 6, obs. Martin-Serf – Com. 7 avr. 2009, n° 08-12.915, NP; n° 344 F-D; *Gaz. proc. coll.* 2009/4, 2ᵉ partie, nᵒˢ 305 à 307, p. 40, n° 1, note Pérochon; *Rev. proc. coll.* 2009/6, 168, p. 44, note Monsérié-Bon – *Adde*, CE 25 juin 2003, req. n° 232665, *min. Défense/Banque Worms*, *Lebon T.*
3. Paris, 3ᵉ ch. A, 8 nov. 2005, RG n° 05/2793.
4. Paris, 5ᵉ ch. B, 26 mai 2005, RG n° 03/17406.
5. SOL. IMPL., Com. 7 juin 2005, n° 04-14.670, NP.
6. Com. 3 nov. 2015, n° 13-26.811, *Bull. civ.* IV [à paraître]; n° 927 F-P+B; *D.* 2015, actu 2317, note Lienhard; *Gaz. Pal.* 19 janv. 2016, n° 3, p. 72, note Le Corre-Broly; *Act. proc. coll.* 2015/20, n° 307, note Laroche; *BJE* 2016, 34, note Macorig-Venier; *Leden* 2015, comm. 178, note Pérochon; *JCP E* 2016. 1169, note Pelletier et Lauthier; *JCP E* 2016, chron. 1198, n° 10, note Pétel; *RTD com.* 2016. 206, n° 10, note Martin-Serf.
7. Co. 30 mai 2006, n° 04-18.076, NP; n° 702 F-D; *Gaz. pro coll.* 2006/4, p. 32, note Bonhomme.
8. Co. 12 juill. 2011, n° 10-30.799, NP; n° 735 F-D; *Gaz. Pal ntr. diff.* 21 janv. 2012, n° 20, p. 35, note Le Corre-Bro
9. MObar Ord. n° 2016-131, 10 févr. 2016, préc., art. 4.
10. Co 17 mars 1998, n° 95-11.209, *Bull. civ.* IV, n° 108; *JCP* 1998. I. 167. obs. Pétel; *RTD com.* 1998. 911, obs. Boc; *D. Affaires* 1998. 803, obs. Avena-Robardet; *D.* 0. Somm. 75, obs. Honorat et Mainguy – *CONTRA* : Ren, 16 juin 1999, *Rev. proc. coll.* 2001, 20, n° 15, obs. Soi
11. Co mars 2010, n° 08-22.003, NP; n° 248 F-D – Paris, 1ᵉʳ 2009, RG n° 08/18156.
12. Ba Réserve de propriété, les obstacles de la dernière heu es parades possibles », *JCP E* 1998. Prat. p. 1294.
13. Co 2 juill. 1994, n° 92-15.831, NP, *Rev. proc. coll.* 19 08, n° 10, obs. Soinne.

de revendiquer la créance du prix de revente[1]. Il n'en sera ainsi que si l'établissement financier n'est pas de mauvaise foi au sens du droit cambiaire. La même solution vaut pour le billet à ordre souscrit par le sous-acquéreur au profit de l'acquéreur-revendeur ou endossé au profit d'un tiers de bonne foi. Au contraire, la remise à l'escompte par le débiteur sous procédure collective d'une lettre de change tirée sur l'acheteur, mais non acceptée par lui, ne peut constituer le règlement en valeur faisant obstacle à la revendication[2]. Le paiement par le sous-acquéreur à l'affacturer empêchera la revendication du prix non entamée au jour du règlement[3].

La Cour de cassation a une interprétation restrictive du texte de l'article L. 621-124 du code de commerce (devenu C. com., art. L. 624-18 depuis la loi de sauvegarde des entreprises)[4]. Les modes d'extinction de l'obligation autres que ceux figurant au texte ne feront pas obstacle à la revendication du prix. Il en est ainsi, par exemple, de la dation en paiement[5].

Une difficulté se présente pour le paiement par compensation. Doit-il faire faire obstacle à la revendication du prix ?

Sous l'empire de législations antérieures à l'ordonnance du 18 décembre 2008[6], il avait été jugé qu'un procédé de compensation autre que le compte-courant était impuissant à priver le vendeur d'origine de la possibilité de revendiquer, entre les mains du sous-acquéreur, le prix[7]. L'article L. 624-18 du code de commerce, dans la rédaction que lui a donnée la loi de sauvegarde des entreprises, confortait la solution en disposant que « Peut être revendiqué le prix ou la partie du prix des biens visés à l'article L. 624-16 qui n'a été ni payé, ni réglé en valeur, ni compensé en compte-courant entre le débiteur et l'acheteur à la date du jugement ouvrant la procédure ».

Le nouvel article L. 624-18 issu de l'ordonnance du 18 décembre 2008 (ord. 18 déc. 2008, art. 44), ne limite plus la compensation à l'hypothèse du compte-courant. Dès lors, si le prix ou la partie du prix des biens remis à titre précaire au débiteur – en pratique il s'agira le plus souvent de biens vendus sous clause de réserve de propriété – a été compensé, la revendication du prix sera impossible, même si cette compensation intervient en dehors du jeu du compte-courant.

L'article R. 624-16 du code de commerce, dans sa rédaction du 28 décembre 2005[8], disposait que « En cas de revendication du prix des biens en application de l'article L. 624-18 du code de commerce, les sommes correspondantes payées par le sous-acquéreur postérieurement à l'ouverture de la procédure doivent être versées par le débiteur entre les mains du mandataire judiciaire. Celui-ci les remet au créancier revendiquant à concurrence de sa créance ». L'article 31 du décret du 12 février 2009 modifie l'article R. 624-16 en prévoyant désormais que ces sommes devront être versées par le débiteur ou l'administrateur. S'agissant d'une disposition de la sauvegarde, rendue applicable en redressement judiciaire, il faut comprendre que la mission confiée par le tribunal à l'administrateur judiciaire est ici sans importance, seul important le versement de ces sommes, qui sera indifféremment effectué par l'administrateur ou le débiteur.

Si le prix n'a été payé par le sous-acquéreur que pour partie avant jugement d'ouverture, la revendication du prix sera possible sur la partie non payée du prix, l'article L. 621-124 [anc[t] L. 25 janv. 1985[9], art. 122], (devenu C. com., art. L. 624-18 depuis la loi de sauvegarde des entreprises[10]) visant la revendication de la partie du prix « qui n'a été ni payé ni réglé »[11]. Deux observations s'imposent à ce stade.

1. Com. 9 janv. 1990, n° 88-14.966, *Bull. civ.* IV, n° 9; *D.* 1990. Somm. 121, obs. M. Cabrillac; *D.* 1991. Somm. 48 obs. Pérochon; *Rev. Banque* 1990. 428, obs. Rives Lange – Com. 2 nov. 1993, n° 91-16.297, *Bull. civ.* IV, n° 375.
2. Com. 6 mai 1997, n° 93-13.261, *Bull. civ.* IV, n° 123; *JCP E* 1997. II. 997, rapp. Rémery; *RD banc. et bourse* 1997. 215, obs. Credot et Gérard; *RTD com.* 1998. 191, obs. Bouloc; *D.* 2000. Somm. 75, obs. Pérochon et Mainguy – Com. 5 janv. 1999, n° 96-18.156, NP, *Act. proc. coll.* 1999, n° 59.
3. Com. 10 juill. 2001, n° 98-19.331, *Bull. civ.* IV, n° 134; *Act. proc. coll.* 2001, n° 181, obs. Mainguy; *D.* 2001. AJ 2597, obs. Lienhard; *JCP E* 2001. Pan. 1603; *RJDA* 2002/1, n° 73, p. 54; *RTD com.* 2002. 148, n° 11, obs. Bouloc; *RTD com.* 2002. 163, n° 13, obs. Martin-Serf – *Adde* Pérochon, « Les revendications : dernières évolutions », *LPA* 13 févr. 2002, n° 32, p. 4 s.
4. Macorig-Vénier, note s[s] Com. 14 mai 2008, n° 06-21.532, *Act. proc. coll.* 2008, n° 178.
5. Com. 14 mai 2008, n° 06-21.532, *Bull. civ.* IV, n° 98; *D.* 2008. AJ 1477, obs. Lienhard; *D.* 2008. Jur. 22 note Aubry; *Gaz. proc. coll.* 2008/3, p. 62, n° 2, note Pérochon; *Act. proc. coll.* 2008, n° 178, note Macorig-Vénier; *JCP E* 2008. Chron. 2062, n° 13, obs. M. Cabrillac; *RTD com.* 2008. 866, n° 15, obs. Martin-Serf; *Rev. proc. coll.* 2008/4, p. 45, n° 151, note Monsérié-Bon; *RTD civ.* 2008. 520, n° 3, obs. crit. Crocq; *Defrénois* 2009. 356, 388, n° 6, note Gibirila.
6. Ord. n° 2008-1345, 18 déc. 2008, préc.
7. Com. 8 janv. 2002, n° 99-11.079, *Bull. civ.* IV, n° 6; *D.* 2002. AJ 573, obs. Lienhard; *JCP E* 2002. Chron. 763, n° 12, obs. M. Cabrillac et Pétel; *Act. proc. coll.* 2002, n° 49, obs. Régnaut-Moutier; *RTD com.* 2002. 374, n° 9, obs. Martin-Serf; *Dr. et patr.* 2002, n° 106, p. 105, obs. Monsérié-Bon – Com. 15 févr. 2005, n° 02-13.814, NP.
8. D. n° 2005-1677, 28 déc. 2005, préc.
9. L. n° 85-98, 25 janv. 1985, préc.
10. L. n° 2005-845, 26 juill. 2005, préc.
11. Com. 27 oct. 1998, n° 96-16.382, NP, *RJDA* 1998, n° 1271, rapp. Rémery; *D.* 2000. Somm. 76, obs. Pérochon et Mainguy.

Il faut que le solde restant du par le sous-acquéreur à son propre vendeur, à savoir le débiteur, *primo* acquéreur, corresponde à une fraction du prix de revente du bien affecté de la clause de réserve de propriété, et non à une créance distincte du *primo* acquéreur sur son sous-acquéreur[1].

La revente opère, par l'effet de la subrogation réelle, transport dans le patrimoine du vendeur initial du prix ou de la partie du prix impayé par le sous-acquéreur au jour de l'ouverture de la procédure collective du débiteur. Il en résulte que la revendication du prix s'exerce sur le solde du prix de revente du bien affecté de la clause de réserve de propriété restant dû au jour précité, à concurrence du prix tel que fixé lors de la convention conclue avec le vendeur initial[2]. Ainsi, en cas de versement d'un acompte par le sous-acquéreur à son acheteur intermédiaire, le débiteur sous procédure collective, la revendication du prix entre les mains du sous-acquéreur pourra intervenir en faisant abstraction de cet acompte, dès lors que ce dernier n'a pas pour effet d'éteindre, fût-ce pour partie, la créance du prix de vente, ce qui présuppose que la différence entre le prix de vente et le prix de revente soit supérieure au montant de l'acompte. On peut ainsi prendre l'exemple suivant. La vente intervient entre A et B pour 100. B, qui n'a rien perçu de A, revend à C pour 220. C verse 60 à B. Cet acompte sur le prix de revente n'a pas à être pris en compte pour déterminer les droits de A sur B. Il reste du 100 à A par B. Or comme C doit encore à B au moins 100 [en l'occurrence 160], il n'y a pas d'obstacle à ce que A demande à C, au titre de la revendication du prix, la somme de 100.

Si le prix n'a pas été payé à la date du jugement d'ouverture, la revendication du prix payé après le jugement d'ouverture est possible. Si le prix a été payé après le jugement d'ouverture, la revendication du prix entre les mains du débiteur suppose de rapporter la preuve de la postériorité au jugement d'ouverture du paiement du prix. Cette preuve incombe au demandeur à la revendication, c'est-à-dire au vendeur[3].

Une difficulté peut se présenter si l'acquéreur du bien vendu sous réserve de propriété l'a revendu dans le cadre d'un marché global, lorsqu'une partie de ce marché a été payée avant le jugement d'ouverture. Peut-il être soutenu que la fraction payée correspond prioritairement à la chose vendue sous clause de réserve de propriété au prétexte que, d'une part, le débiteur aurait convenu de l'imputation des premiers versements en provenance du maître de l'ouvrage au paiement de la chose vendue sous clause de réserve de propriété et que, d'autre part, à défaut d'imputation conventionnelle, le paiement doit être imputé prioritairement sur la dette que le débiteur avait le plus d'intérêt à acquitter ? Il s'agit d'appliquer l'article 1342-10 du code civil[4] (ex. art. 1253 et 1256). Cela est possible, mais à condition qu'il y ait plusieurs dettes dont soit tenu le débiteur, ce qui n'est pas le cas lorsque le marché est global, la dette étant alors unique[5].

Une autre difficulté se présente en cas de transport de la créance du prix de revente. La créance de prix de revente est subrogée au bien, dès la revente, c'est-à-dire avant la cession de cette créance. Pour qu'il en soit ainsi, il est toutefois nécessaire que la cession de la créance du prix de revente, entraînant sa sortie du patrimoine de l'acheteur, ne précède pas la mise en possession réelle du sous-acquéreur, faute de quoi la subrogation de la créance aux biens vendus ne peut s'opérer[6]. Cette situation peut se présenter en cas de cession de la créance de marché de travaux incorporant les biens vendus sous clause de réserve de propriété.

Diverses situations méritent ici d'être envisagées, selon que la revente intervient avant ou après l'ouverture de la procédure collective.

La **revente du bien** peut d'abord avoir lieu **avant l'ouverture de la procédure collective**. Une distinction semblait devoir, dans un premier temps, être établie selon que le paiement du prix de revente intervenait avant ou après exercice de l'action en

1. Com. 16 juin 2009, n° 08-15.753, *Bull. civ.* IV, n° 84; *D.* 2009. AJ 1752, note Lienhard; *Gaz. proc. coll.* 2009/4, 2e partie, nos 305 à 307, p. 41, n° 3, note Pérochon; *Act. proc. coll.* 2009, n° 210, note Pérochon; *JCP E* 2009. Chron. 1814, n° 11, obs. M. Cabrillac; *JCP* 2009, n° 75, note Dumoulin; *RTD civ.* 2009. 760, n° 3, obs. Crocq; *Rev. proc. coll.* 2009, n° 170, note Monsérié-Bon; *RTD com.* 2009. 810, n° 6, obs. Martin-Serf; *RD banc. fin.* 2009, n° 159, note Legeais.
2. Com. 16 juin 2009, n° 08-10.241, *Bull. civ.* IV, n° 81; *D.* 2009. AJ 1752, note Lienhard; *Gaz. proc. coll.* 2009/4, 2e partie, nos 305 à 307, p. 41, n° 4, note Pérochon; *JCP E* 2009. Chron. 1814, n° 11, obs. M. Cabrillac; *JCP* 2009. 75, note Dumoulin; *RTD civ.* 2009. 763, n° 4, obs. Crocq *Rev. proc. coll.* 2009/6, 170, p. 45, note Monsérié-Bon; *RD banc. fin.* 2009, n° 160, note Legeais; *LXB hebdo* 16 juill. 2009, n° 359, note Le Corre-Broly.
3. Com. 2 nov. 1993, n° 91-16.297, *Bull. civ.* IV, n° 375 – Com. 3 déc. 2003, n° 01-03.545, NP – Com. 7 avr. 2009, n° 07-20.432, NP; n° 343 F-D; *Gaz. proc. coll.* 2009/4, 2e partie, nos 305 à 307, p. 40, n° 2, note Pérochon; *Rev. proc. coll.* 2009, n° 169, note Monsérié-Bon.
4. CRÉÉ par Ord. n° 2016-131, 10 févr. 2016, préc., art. 3.
5. Com. 16 janv. 2007, n° 05-14452, NP; n° 2 F-D – *Adde*, UR CETTE DIFFICULTÉ : J.-CL. COM., Crocq, fasc. 2545, [Situation du vendeur de meubles – Clause de réserve de propriété], 2015, n° 46.
6. m. 14 déc. 2010, n° 09-71.767, *Bull. civ.* IV, n° 199; 2011. 8, note Lienhard; *Gaz. Pal. entr. diff.* 1-2 avr. 1, p. 35, note Pérochon; *Act. proc. coll.* 2011, n° 45, n Saintourens; *JCP E* 2011 Chron. 1263, n° 9, obs. Pé *RTD civ.* 2011. 155, n° , obs. Crocq; *RLDC* févr. 20 p. 35, obs. Ansault; *Rev. sociétés* 2011, note Reille.

revendication. Si le paiement du prix de revente intervient après l'exercice de l'action en revendication, l'efficacité de cette action ne peut, d'évidence, être paralysée[1]. Il y avait incontestablement lieu d'appliquer, sous l'empire de la législation antérieure à la loi de sauvegarde des entreprises, l'article 85-3 du décret du 27 décembre 1985[2], lequel précisait que, « en cas de revendication du prix des biens visés à l'article 121 de la loi du 25 janvier 1985 (devenu C. com., art. L. 122) en application de l'article 122 de la même loi (devenu C. com., art. L. 124), les sommes correspondantes payées par le sous-acquéreur postérieurement à l'introduction de l'action en revendication doivent être versées par le débiteur entre les mains de l'administrateur s'il en a été nommé un ou, à défaut, du représentant des créanciers ou du mandataire judiciaire à la liquidation des entreprises afin d'être attribuées au créancier revendiquant à concurrence de sa créance »[3].

Puis, par une décision de principe, la Cour de cassation a considéré, malgré la lettre de l'article 85-3 du décret du 27 décembre 1985, qu'il n'y avait pas lieu de distinguer selon que le prix de revente, non payé à la date du jugement d'ouverture, est versé avant ou après la demande en revendication. Dans les deux cas, la revendication du prix interviendra entre les mains du débiteur, de son administrateur ou de son liquidateur[4]. Le mandataire de justice devra affecter les fonds au paiement de la créance du revendiquant. Si le mandataire a dissipé les fonds, le vendeur initial semble pouvoir prétendre au paiement sur les premières rentrées, du fait de l'obligation d'affectation[5]. Ainsi, lorsque le prix de revente n'aura pas été versé entre les mains du débiteur – l'acquéreur d'origine – au jour où est rendue la décision relative à l'action en revendication du prix, il n'en demeure pas moins que cette action pourra prospérer. Une fois cette revendication de la créance du prix de revente exercée, il appartiendra au vendeur-revendiquant d'exercer une action personnelle en paiement contre le sous-acquéreur et cela, comme l'a relevé la doctrine, sur le fondement « *de sa qualité de propriétaire de ce bien qu'est la créance du prix de revente si le sous-acquéreur ne paye pas à l'échéance* »[6]. Ainsi, dans l'hypothèse où le prix de revente n'aurait pas encore été versé entre les mains du débiteur, il importera, par commodité, que le créancier revendiquant prenne la précaution de faire intervenir à l'instance en revendication le sous-acquéreur pour lui demander le paiement.

Le décret du 28 décembre 2005 consacre cette jurisprudence. L'article 115 de ce décret (devenu C. com., art. R. 624-16), texte de la procédure de sauvegarde, applicable en redressement (D. 28 déc. 2005, art. 199) et en liquidation judiciaires (D. 28 déc. 2005, art. 242) énonce en effet que « en cas de revendication du prix [...,] les sommes correspondantes payées par le sous-acquéreur postérieurement à l'ouverture de la procédure doivent être versées par le débiteur entre les mains du mandataire judiciaire. Celui-ci les remet au créancier revendiquant à concurrence de sa créance ». Ainsi, ce texte ne distingue plus selon que le prix a été payé par le sous-acquéreur avant ou après l'introduction de l'action en revendication.

L'article R. 641-31 du code de commerce rend applicable en liquidation judiciaire les articles R. 624-13 à R. 624-16. La logique aurait donc voulu que la fraction du prix de revente versée au débiteur en sauvegarde ou en redressement judiciaire fût reversée par le liquidateur, en cas de conversion. C'était oublier que l'article R. 624-16 réglementant la question, et qui est un texte de la sauvegarde, ne pouvait évidemment pas viser le liquidateur. Cette omission est réparée par l'article 95 du décret n° 2014-736 du 30 juin 2014. L'article R. 641-31, I ne vise plus l'application en liquidation judiciaire des articles R. 624-13 à R. 624-16, mais celle des articles R. 624-13 à R. 624-15. Puis, il énonce, dans le nouvel article R. 641-31, II une règle spéciale à la liquidation judiciaire : « en cas de revendication du prix des biens en application de l'article L. 624-18, les sommes correspondantes payées par le sous-acquéreur postérieurement à l'ouverture de la procédure sont remises au créancier revendiquant par le liquidateur ».

Il a été jugé par une juridiction du fond que le reversement de la fraction du prix de revente n'interviendra qu'à concurrence de ce qui est dû au vendeur d'origine, selon le montant déclaré au passif[7]. S'il est exact que le reversement ne peut être effectué pour un montant supérieur à ce qui reste dû au vendeur d'origine, en revanche, la liaison entre le montant de la déclaration de créance et le

1. Com. 27 oct. 1998, n° 96-16.382, NP, *D.* 2000. Somm. 5, obs. Pérochon et Mainguy; *RJDA* 1998, n° 1271, rap. Rémery.
2. D. n° 85-1388, 27 déc. 1985, préc.
3. Com. 20 sept. 2005, n° 04-14.702, *Bull. civ.* IV, n° 17; *D.* 2005. AJ 2445, obs. Lienhard; *JCP E* 2006. Chron. 1066, n° 16, obs. M. Cabrillac; *Act. proc. coll.* 2005, n° 215, note Vallansan; *LXB* n° N6356AKM, note Le Corre-Broly.
4. Com. 3 déc. 2003, n° 00-15.929, *Bull. civ.* IV, n° 191; *D.* 2004. AJ 140; *JCP E* 2004. Chron. 783, n° 1 obs. M. Cabrillac; *Act. proc coll.* 2004, n° 21, note Péchon; *RD banc. fin.* 2004, n° 71, obs. Legeais; *Rev. p. coll.* 2004, p. 380, n° 6, obs Monsérié-Bon; *RTD civ.* 2004. 761, n° 4, obs. Crocq – Com. 5 mai 2004, n° 01-16.1 NP.
5. RAPPR. : M. Cabrillac, obs. ss Com. 3 déc. 20 n° 00-15.929, *JCP E* 2004. Chron. 783, p. 860, n° 12
6. Pérochon, DPDE, V^is Clause de réserve de propriété et revendications, n° 61.
7. Paris, 20 nov. 2008, RG n° 08/03836.

montant du reversement peut être discutée, dans la mesure où la revendication du prix obéit aux conditions de la revendication du bien, laquelle n'est pas conditionnée à la déclaration de créance au passif (v. s^s n° 813.72).

La **revente du bien** peut également avoir lieu **après l'ouverture de la procédure collective** de l'acheteur initial, et être notamment l'œuvre des mandataires de justice, puisque « la revendication ne rend pas les marchandises vendues avec clause de réserve de propriété indisponibles tandis que l'activité de l'entreprise est poursuivie »[1].

La Cour de cassation considère, en cas de revente après le jugement d'ouverture de la chose livrée avant ledit jugement, que le vendeur initial réservataire de propriété dispose d'une créance postérieure [créance « de l'article 40 », 5e rang (C. com., art. L. 621-32)], pour le montant des marchandises susceptibles de revendication existant au jour du jugement d'ouverture, le fait générateur étant alors trouvé dans la revente[2], cependant que la solution n'est pas toujours suivie[3]. Dans le prolongement de cette analyse, il est considéré que l'évaluation de la créance postérieure doit être effectuée au moment de la proposition de rachat faite au revendiquant[4]. La disposition de l'article 85-3 du décret du 27 décembre 1985 ne semble pas avoir pour effet d'empêcher le créancier revendiquant de pratiquer une saisie conservatoire entre les mains du débiteur, d'obtenir un titre contre lui et de convertir ensuite la saisie conservatoire en saisie-attribution.

Cette jurisprudence nous semble reconductible, sous l'empire de la loi de sauvegarde des entreprises, la créance du revendiquant étant éligible au traitement préférentiel si elle est née en période d'observation (C. com., art. L. 622-17, I) ou pendant la poursuite provisoire de l'activité autorisée en liquidation judiciaire (C. com., art. L. 641-13, I), en tant que créance née pour les besoins de ces périodes.

En outre, et de manière logiquement plus protectrice des intérêts du bénéficiaire de la clause de réserve de propriété, il est jugé que les organes de la procédure se doivent d'« affecter les fonds, provenant de cette vente, au règlement de la créance de la société auteur de la revendication, dès l'issue de la revendication »[5]. D'une autre manière, il est jugé que le règlement de la créance, correspondant à la contre-valeur monétaire des marchandises revendiquées est prioritaire à tout autre[6]. Si le mandataire n'est pas en mesure de représenter les fonds provenant de la vente, à concurrence de la créance du revendiquant, il engage sa responsabilité[7].

1. Com. 11 mars 1997, n° 94-20.069, *Bull. civ.* IV, n° 70; *D.* 2000. Somm. 77, obs. Pérochon et Mainguy – Com. 4 janv. 2000, n° 96-18.638, *Bull. civ.* IV, n° 5; *D.* 2000. AJ 56, obs. Lienhard; *JCP E* 2000. Chron. 701, n° 7, obs. M. Cabrillac; *Act. proc. coll.* 2000/3, n° 29, obs. Crocq.
2. Com. 8 juin 1993, n° 90-21.928, *Bull. civ.* IV, n° 234; *D.* 1993. Somm. 296, obs. Pérochon; *Rev. proc. coll.* 1993, p. 558, obs. Soinne – Com. 26 juin 2001, n° 98-16.849, NP, *Act. proc. coll.* 2001/14, n° 183; *RJDA* 2001/12, n° 1228 – Com. 1er févr. 2011, n° 10-11.577, NP; n° 71 F-D.
3. Paris, 3e ch. B, 19 sept. 2003, RG n° 02/14771.
4. Bordeaux, 2e ch., 17 avr. 1996, *Me Torelli ès-qual. Scierie du Petit Clos c/Sovac entreprises*, NP.

816.46 Modalités procédurales de la revendication du prix. Les conditions procédurales applicables à la revendication du bien sont applicables à la revendication du prix. La Cour de cassation a ainsi énoncé que « les dispositions de l'article L. 621-123 du code de commerce (devenu C. com., art. L. 624-17 depuis la loi de sauvegarde des entreprises[8]) et 85-1 du décret du 27 décembre 1985[9] (devenu C. com., art. R. 624-13, réd. D. 28 déc. 2005[10]) sont applicables aussi bien à la revendication du bien qu'à celle de son prix, peu important que cette demande soit faite contre un sous-acquéreur »[11]. Le respect de la demande en acquiescement de revendication, dans le délai de trois mois (v. s^s n° 813.53), en préalable à la saisine du juge-commissaire, s'impose en conséquence[12]. À défaut, la demande en paiement du prix dirigée contre le sous-acquéreur est irrecevable. Cependant, dès lors que l'action en revendication en nature a été exercée dans le délai légal, la revendication du prix n'a, quant à elle, pas à être exercée dans ledit délai[13], puisque la revendication

5. Com. 4 janv. 2000, n° 96-18.638, *Bull. civ.* IV, n° 5; *D.* 2000. AJ 56, obs. Lienhard; *JCP E* 2000. Chron. 701, n° 7, obs. M. Cabrillac; *Act. proc. coll.* 2000/3, n° 29, obs. Crocq.
6. Com. 31 mai 2011, n° 10-17.615, NP; n° 546 F-D.
7. Com. 4 janv. 2000, n° 96-18.638, préc. (v. s^s prés^t n°).
8. L. n° 2005-845, 26 juill. 2005, préc.
9. D. n° 85-1388, 27 déc. 1985, préc.
10. D. n° 2005-1677, 28 déc. 2005, préc.
11. Com. 24 mai 2005, n° 04-13.464, *Bull. civ.* IV, n° 110; *D.* 2005. AJ 1633, obs. Lienhard; *Gaz. proc. coll.* 2005/3, p. 57, obs. Pérochon; *Rev. proc. coll.* 2005/4, p. 374, n° 2, obs. Monsérié-Bon.
12. Com. 2 oct. 2001, n° 98-22.304, *Bull. civ.* IV, n° 155; *D.* 2001. AJ 3043, obs. Lienhard; *Act. proc. coll.* 2001, n° 250, obs. Pérochon; *JCP E* 2001. Pan. 1746; *Dr. et proc.* 2002. 29, obs. Courtier; *JCP E* 2002. Chron. 175, n° 13, obs. M. Cabrillac et Pétel – Com. 15 mars 2005, n° 00-12.563, *Bull. civ.* IV, n° 59; *D.* 2005. AJ 1351, obs. Lienhard; *Act. proc. coll.* 2005, n° 103, note Régnaut-Moutier – Com. 12 avr. 2005, n° 03-14.261, NP, *Act. proc. coll.* 2005, n° 103, note Régnaut-Moutier; Gaz. proc. coll. 2005/2, p. 46, obs. Le Corre-Broly – Com. 21 juin 2005, n° 04-10.128, NP, *Gaz. proc. coll.* 2005/3, p. 58, obs. Pérochon.
13. Com. 9 janv. 1996, n° 93-20.109, NP, *Rev. proc. coll.* 1997, 319, n° 23 – Com. 24 nov. 1998, n° 96-13.841, *Bull. civ.* IV, n° 279; *Act. proc. coll.* 1999/1, n° 11; *D. Affaires* 1999, 522, obs. Lienhard; *JCP E* 1999. Chron. 811, n° 6; *D.* 2000. Somm. 76, obs. Pérochon et Mainguy; *Rev. proc. coll.* 2001, 19, n° 12, obs. Soinne – Com. 15 févr. 2000, n° 97-15.335, NP, *RTD com.* 2001. 517, obs. Martin-Serf.

du bien vaut revendication du prix. La solution est justifiée par l'observation que l'on est ici en présence d'une revendication de la chose reportée sur la créance en provenant[1]. L'action personnelle en paiement sera donc recevable, dès lors que l'action réelle en revendication a été présentée dans les délais.

Si le mandataire de justice n'acquiesce pas à la demande en revendication du bien dans la procédure collective de l'acheteur initial, il entre dans les attributions du juge-commissaire de statuer sur la demande en revendication du prix[2], c'est-à-dire l'action personnelle que détient le vendeur initial contre le sous-acquéreur. La solution vaut même si le sous-acquéreur est un établissement public, car l'action en revendication ne met en cause ni la validité, ni l'exécution d'un contrat administratif[3].

La saisine du juge-commissaire, dans le délai d'un mois qui court à compter de l'expiration du délai du mois imparti au mandataire de justice pour répondre à la demande qui lui est présentée par le vendeur réservataire (v. s^s^ n° 813.57), s'impose. À défaut, la forclusion qui atteint le propriétaire dans le cadre d'une demande en revendication du bien jouera identiquement dans le cas d'une demande en revendication du prix, fût-elle introduite contre l'affactureur auquel la créance du prix de revente avait été transmise[4].

Le vendeur réservataire poura valablement remplacer la notification au sous-acquéreur de l'ordonnance du juge-commissaire par une signification, en application de l'article 651 alinéa 3 du code de procédure civile[5].

Indiquons que, depuis la loi de sauvegarde des entreprises, dans les procédures de sauvegarde et de redressement judiciaire sans administrateur, c'est le débiteur qui a qualité, avec l'avis conforme du mandataire judiciaire, pour acquiescer à la demande qui lui est présentée.

Si le mandataire de justice acquiesce à la demande en revendication du bien ou du prix de vente, le juge-commissaire perd sa compétence pour statuer sur l'action personnelle en paiement. C'est ainsi que le vendeur sous clause de réserve de propriété peut assigner, devant le tribunal normalement compétent, l'affactureur en restitution de sommes perçues par lui, au titre du paiement effectué par le sous-acquéreur. Le juge-commissaire n'est pas compétent pour connaître de cette demande[6]. Ne peut donc être suivie l'opinion selon laquelle, en ce cas, seul le tribunal de la faillite serait compétent[7].

816.47 Conflit avec le titulaire de la créance de prix de revente. Une difficulté particulière se présente si le bien vendu sous clause de réserve de propriété est revendu avant paiement et si la créance du prix de revente fait l'objet d'une circulation, par voie de cession de créance ou par le mécanisme de l'affacturage.

Le conflit né entre le vendeur originaire et le cessionnaire de la créance de prix de revente se résoudra, par principe, au profit du premier[8]. En effet, la créance de prix de revente est subrogée au bien, dès la revente, c'est-à-dire avant la cession de cette créance. La solution est identique en cas d'affacturage. Le vendeur sous clause de réserve de propriété l'emportera sur l'affactureur s'il revendique entre les mains du sous-acquéreur, la créance du prix de revente[9]. Mais que faut-il décider si la créance de prix de revente a été versée à l'affactureur ? Le vendeur d'origine pourra revendiquer, entre les mains de l'affactureur, subrogé dans les droits du débiteur (acquéreur), la créance du prix de revente du bien au sous-acquéreur, à condition de prouver que le paiement, qui a été effectué par le sous-acquéreur, est intervenu après le jugement d'ouverture. Dans le cas contraire, en effet, la revendication du prix n'est plus possible, seule étant admise la revendication du prix non payé avant jugement d'ouverture par le sous-acquéreur. Intervertit la charge de la preuve, la cour d'appel[10] qui oblige l'affactureur, pour résister à la demande de paiement présentée par le vendeur réservataire, à prouver que le prix de revente a été payé avant le jugement d'ouverture[11]. Le réservataire devra donc prouver que le prix de revente a été payé après le jugement d'ouverture.

1. PÉROCHON, 10e éd., n° 1616.
2. Com. 12 avr. 2005, n° 03-14.261, NP, *Act. proc. coll.* 2005, n° 103, note Régnaut-Moutier; *Gaz. proc. coll.* 2005/2, p. 46, obs. Le Corre-Broly.
3. T. confl. 13 nov. 2000, n° 3189, *Lebon*; *Act. proc. coll.* 2001, n° 42, note Vallansan.
4. Com. 15 mars 2005, n° 00-12.563, *Bull. civ.* IV, n° 59; *Act. proc. coll.* 2005, n° 103, note Régnaut-Moutier; *Gaz. proc. coll.* 2005/2, p. 46, obs. Le Corre-Broly; *RTD com.* 2007. 235, n° 6, obs. Martin-Serf.
5. Com. 10 mars 2015, n° 13-22.777, *Bull. civ.* IV [à paraître]; n° 260 F-P+B; *BJE* juill. 2015, 232, note Laroche; *Rev. proc. coll.* 2015, comm. 83, note Cagnoli; *Dr. sociétés* 2016, comm. 16, note Legros.
6. Com. 22 mai 2007, n° 06-11.861, *Bull. civ.* IV, n° 137; *D.* 2007. AJ 1600; *Act. proc. coll.* 2007, n° 175, note Pérochon; *Rev. proc. coll.* 2007/4, p. 225, n° 3, obs. Monsérié-Bon.
7. Pérochon, note s^s^ Com. 22 mai 2007, n° 06-11.861, *Act. proc. coll.* 2007, n° 175.
8. Com. 20 juin 1989, n° 88-11.720, *Bull. civ.* IV, n° 197; *JCP E* 1990. II. 15668, n° 15, obs. M. Cabrillac; *D.* 1989. 431, note Pérochon; *Rev. Banque* 1989. 760, note Rives-Lange – Com. 26 avr. 2000, n° 97-21.486, *Bull. civ.* IV, n° 89; *JCP E* 2000. Pan. 970; *D.* 2000. AJ 278, obs. Pisoni.
9. Com. 26 avr. 2000, n° 97-21.486, *Bull. civ.* IV, n° 89; *Act. proc. coll.* 2000, n° 122, note Dom.
10. Paris, 3e ch. A, 8 nov. 2005, RG n° 05/2793.
11. Com. 24 avr. 2007, n° 06-10.599, NP; n° 631 F-D; *LXB hebdo* n° 261, 23 mai 2007, n° N1642BBG, note Le Corre-Broly.

Toutefois, pour que le conflit se résolve au profit du vendeur réservataire, il importe que la cession de la créance du prix de revente, entraînant sa sortie du patrimoine de l'acheteur, ne précède pas la mise en possession réelle du sous-acquéreur, faute de quoi la subrogation de la créance aux biens vendus ne peut s'opérer[1]. Cette situation peut se présenter en cas de cession de la créance de marché de travaux incorporant les biens vendus sous clause de réserve de propriété. Le cessionnaire de la créance sera alors payé à l'exclusion du vendeur.

SECTION 816.50

IDENTIFICATION DU BIEN – CHOSES FONGIBLES[2]

816.51 Identification des corps certains. Pour pouvoir être revendiqué, le bien doit être identifié. Cette condition se comprend aisément. Comment le revendiquant peut-il trouver sa propriété sur un bien qu'il ne peut identifier ? Cette condition est donc commune à toutes les revendications. Ainsi, malgré le mutisme du texte sur cette question, elle est applicable à la revendication de biens en cours de livraison[3] ou à la revendication de biens loués[4].

Tout moyen d'identification est recevable, l'identité étant un fait juridique. Mais elle ne saurait résulter du jeu de conventions prévoyant que le bien revendiqué sera présumé celui livré en dernier lieu, cette clause contrariant la règle d'ordre public de l'identification du bien[5].

L'exigence d'identification, qui était indispensable dans tous les cas avant la réforme du 10 juin 1994, ne demeure que pour les corps certains, la charge en incombant évidemment au revendiquant[6]. Elle a disparu pour les choses fongibles.

816.52 Règles applicables à la revendication des choses fongibles. Le caractère fongible de la chose revendiquée ne faisait pas obstacle à la revendication, même avant la loi du 10 juin 1994[7], dès lors qu'elle était identifiable, soit par des opérations de marquage, soit par des techniques permettant son isolement par rapport à des choses identiques. En revanche, si le bien fongible avait été mélangé avec d'autres, la revendication ne pouvait prospérer[8].

La loi du 10 juin 1994 a considérablement assoupli la tâche du revendiquant, en matière de choses fongibles. Il n'a plus à prouver que les choses revendiquées sont celles qu'il a livrées, dès lors qu'existent entre les mains du débiteur, « des biens de même espèce et de même qualité ». L'article 2369 du code civil, issu de la rédaction de l'ordonnance du 23 mars 2006[9], reprend la solution, pour la faire devenir le principe de droit commun, en l'étendant même à l'hypothèse où les biens seraient détenus par un tiers.

Des difficultés se sont présentées en ce qui concerne les médicaments. Il a d'abord été estimé que la rotation rapide des stocks n'était pas un obstacle à la revendication, la solution ayant été posée à propos de médicaments chez un pharmacien[10]. Puis le caractère de fongibilité a été discuté. Il a été estimé que les produits pharmaceutiques étaient dans des conditionnements portant des indications permettant une individualisation, empêchant leur interchangeabilité[11]. Les médicaments sont « identifiables à l'unité de conditionnement par lots et par date de fabrication. De la sorte chaque médicament livré [...] est individualisé et identifiable dans la chaîne des aliénations et livraisons successives. Chaque médicament ne se fond donc pas dans un tout indifférencié »[12]. Le contraire, c'est-à-dire le caractère fongible des médicaments, a aussi été sou-

1. Com. 14 déc. 2010, n° 09-71.767, *Bull. civ.* IV, n° 199; *D.* 2011. 8, note Lienhard; *Gaz. Pal. entr. diff.* 1-2 avr. 2011, p. 35, note Pérochon; *Act. proc. coll.* 2011, n° 45, note Saintourens; *JCP E* 2011. Chron. 1263, n° 9, obs. Pétel; *RTD civ.* 2011. 155, n° 1, obs. Crocq; *RLDC* févr. 2011, p. 35, obs. Ansault; *Rev. sociétés* 2011, note Reille; *RTD com.* 2011. 622, n° 10, obs. Legeais.
2. Marly, *Fongibilité et volonté individuelle : Étude sur la qualification juridique des biens*, Bibl. Institut André Tunc – *Lgdj, 2005.*
3. Com. 2 mai 1989, n° 88-10.317, *Bull. civ.* IV, n° 142; *Rev. proc. coll.* 1989, 507 – *Adde*, SOINNE, n° 1932.
4. Paris, 3e ch. B, 20 juin 2003, RG n° 02/18946.
5. Com. 9 janv. 1990, n° 88-13.511, *Bull. civ.* IV, n° 8; *D.* 1991. 130, note Virassamy; *D.* 1991. Somm. 41, obs. Pérochon, *RTD com.* 1992. 247, obs. Martin-Serf; *Rev. proc. coll.* 1991, 232, obs. Soinne.
6. AINSI : Com. 25 juin 2002, n° 99-17.203, NP, *Act. proc. coll.* 2002, n° 195, obs. Vallansan.
7. L. n° 94-475, 10 juin 1994, préc.
8. Com. 25 mars 1997, n° 94-18.337, *Bull. civ.* IV, n° 84; *JCP E* 1997. II. 991, note Pétel; *D.* 1997. 481, note Martin.
9. Ord. n° 2006-346, 23 mars 2006, préc.
10. Com. 5 mars 2002, n° 98-17.585, *Bull. civ.* IV, n° 48; *D.* 2002. AJ 1139, obs. Lienhard; *RD banc. fin.* 2002, n° 91, obs. Legeais; *RTD civ.* 2002. 339, obs. Crocq; *RTD civ.* 2002. 327, obs. Revet; *JCP E* 2002. Chron. 1380, n° 12, obs. M. Cabrillac; *RTD com.* 2002. 544, n° 7, obs. Martin-Serf – Paris, 3e ch. C, 3 avr. 1998, *D. Affaires* 1998. 845; *D.* 2000. Somm. 69, obs. Pérochon et Mainguy; *RTD civ.* 1998. 709, obs. Crocq; *RTD com.* 2000. 180, obs. Martin-Serf – Lyon, 3e ch., 5 nov. 1999, *Act. proc. coll.* 2000-18, n° 230 – TGI Bordeaux, 5e ch., 7 nov. 2013, RG n° 12/06645, *Rev. proc. coll.* 2015, chron. 1, n° 9, note Julienne.
11. Paris, 3e ch. C, 12 mai 2000, *D.* 2000. AJ 329, obs. Lienhard; *JCPE* 2001. Chron. 220, n° 13, obs. Pétel.
12. Paris, 3e ch. B, 19 sept. 2003, RG n° 02/14771, reproduit partiellement dans la note de Lienhard, ss Com. 15 mars 2005, n° 03-20.332, *D.* 2005. AJ 1083, obs. Lienhard – Rappr. T. com. Nantes, 1 févr. 2016, RG n° 201500663, BJE 2016, 177, note appb. Laroche.

tenu[1]. On voit ainsi affirmer que « les médicaments et produits pharmaceutiques sont fongibles dès lors qu'ils sont interchangeables en raison de l'identité de leur marque de fabrique, de leur conditionnement et contenance ainsi que de leurs formules et propriétés »[2]. À cet égard, il importe d'insister sur la propriété des médicaments, les pathologies qu'ils sont réputés guérir, ces éléments devant être vérifiés pour considérer qu'ils sont fongibles[3]. Ainsi, à l'intérieur d'une même cour d'appel, des divergences sont apparues entre les sections, qui utilisent sensiblement les mêmes arguments pour parvenir à un résultat opposé.

Sont fongibles, des biens qui sont mesurés par leur qualité et quantité et susceptibles d'être remplacées par d'autres[4]. Une cour d'appel a, pour sa part, pu considérer que « sont fongibles les produits de même espèce et de même qualité que ceux qui ont été livrés »[5]. Au regard de cette définition, la fongibilité ne peut être écartée, par principe, pour les médicaments. Le fait que les biens soient individualisés ne leur fait pas perdre leur caractère de fongibilité[6]. Il suffirait d'ailleurs de les enlever de leurs emballages pour s'en convaincre. Il faut donc distinguer déterminabilité par le nombre, le poids ou la mesure et détermination, seul le premier élément devant être pris en compte pour savoir si le bien est ou non fongible. Il n'en demeure pas moins que si le vendeur qui exerce sa revendication n'a pas à démontrer que les biens revendiqués sont ceux qu'il a livrés, il doit néanmoins démontrer qu'il a livré des biens de même espèce et de même qualité[7].

Comme elle l'avait fait pour les médicaments, une cour d'appel refuse toutefois de considérer comme fongibles des appareils électriques, qui pouvaient être identifiés grâce à un numéro de série unique, confondant ici encore fongibilité, c'est-à-dire interchangeabilité avec possibilité d'identification[8].

On mesure ici combien serait précieuse une définition de la fongibilité par la Cour de cassation, le concept de fongibilité semblant bien constituer une notion juridique[9]. Malheureusement, la Cour de cassation, saisie de la question, a estimé que l'appréciation de la fongibilité relevait du pouvoir souverain d'appréciation des juges du fond[10], la démonstration incombant au revendiquant.

Si ce dernier l'établit, il n'est pas traité comme un propriétaire, devant faire preuve de son droit de propriété, mais plutôt comme un créancier autorisé à se payer par reprise des biens. Il y a là une véritable « attribution de la propriété au fournisseur » qui a livré des biens semblables[11]. Tout se passe comme si le créancier voyait reporter sur des biens semblables à ceux livrés entre les mains du débiteur son droit exclusif emportant faculté d'attribution judiciaire[12], à l'instar d'un créancier gagiste.

Une cour d'appel a ainsi pu se satisfaire de documents indiquant les médicaments vendus et leur quantité pour faire droit à la demande en revendication d'un fournisseur. A été évoquée la possibilité d'une « identification » des produits[13].

La Cour de cassation considère que la règle est de fond[14], non de preuve. Il en résulte qu'il sera inutile de prouver l'identité des biens revendiqués avec ceux livrés. Symétriquement, la preuve de l'absence d'identité entre biens revendiqués et biens livrés ne conduira pas au rejet de la revendication. Il suffira de démontrer l'existence de biens fongibles[15].

1. Lyon, 3e ch., 5 nov. 1999, *Act. proc. coll.* 2000, n° 230; *JCP E* 2000. Pan. 1737; *JCP E* 2001. Chron. 220, n° 13, obs. Pétel – Rouen, 7 oct. 2003, RG n° 02/04302, *Rev proc. coll.* 2004, p. 212, n° 7, obs. Lebel.
2. Paris, 3e ch. A, 22 mars 2005, RG n° 03/975, *Gaz. proc. coll.* 2005/2, p. 46, obs. Le Corre-Broly.
3. Caen, 18 déc. 2008, RG n° 07/2056 *Act. proc. coll.* 2009, n° 63.
4. Cabrillac (dir.), *Dictionnaire du vocabulaire juridique, Vis Chose fongible*, Litec, 2002, p. 66.
5. Paris, 3e ch. A, 23 oct. 2007 RG n° 06/21634.
6. SUR LA QUESTION : Laude, « La fongibilité », *RTD com.* 1995. 307, sp. nos 12, 14.
7. *Paris, 3e ch. A, 23 oct. 2007* RG n° 06/21634.
8. Paris, pôle 5, 9e ch., 6 mai 2010, RG n° 09/005.42, Gaz. *Pal. entr. diff.* 15-16 oct. 2010, p. 37, note crit. Pérochon; *Rev. proc. coll.* 2010, n° 175 note Roussel Galle.
9. EN CE SENS AUSSI : SAINT-ALARY-HOUIN, 9e éd., n° 888.
10. Com. 15 févr. 2000, n° 97-11.670, *Bull. civ.* IV, n° 30; *RTD com.* 2000. 709, n° 8, obs. Bouloc; *D.* 2000. AJ 127, obs. Lienhard – Com. 5 mars 2002, n° 98-17.585, *Bull. civ.* IV, n° 48; *D.* 2002. AJ 1139, obs. Lienhard; *Act. proc. coll.* 2002, n° 115, note Mainguy; *RD banc. fin.* 2002, n° 91, obs. Legeais; *RTD civ.* 2002. 339, obs. Crocq; *RTD civ.* 2002. 327, obs. Revet; *JCP E* 2002. Chron. 1380, n° 12, obs. M. Cabrillac; *RTD com.* 2002. 544, n° 7, obs. Martin-Serf; *Rev. proc. coll.* 2003, p. 307, n° 5, obs. Monsérié-Bon – Com. 8 juill. 2003, n° 00-19.685, NP – Com. 15 mars 2005, n° 03-20.332, NP; n° 463 F-D; *D.* 2005. AJ 1083, obs. Lienhard; *D.* 2005. Jur. 1718, note Marly; *D.* 2005. Somm. 2019, obs. Lucas; *JCP E* 2005. Chron. 1274, n° 15, obs. M. Cabrillac; *Gaz. proc. coll.* 2005/2, p. 46, obs. Le Corre-Broly; *RTD com.* 2005. 605, n° 15, obs. Martin-Serf.
11. PÉROCHON, 10e éd., n° 1617.
12. RAPPR. : Marly, *Fongibilité et volonté individuelle : Étude sur la qualification juridique des biens*, Lgdj, 2005, n° 94.
13. Com. 28 juin 2016, n° 14-15.389, NP; n° 629 F-D.
14. Com. 5 mars 2002, n° 98-17.585, *Bull. civ.* IV, n° 48; *D.* 2002. AJ 1139, obs. Lienhard; *Act. proc. coll.* 2002/9, n° 115, note Mainguy; *RD banc. fin.* 2002/3, p. 128, n° 91, obs. Legeais; *RTD civ.* 2002. 339, obs. Crocq; *RTD civ.* 2002. 327, obs. Revet; *JCP E* 2002. Chron. 1380, n° 12, obs. M. Cabrillac; *Rev. proc. coll.* 2003, p. 307, n° 5, obs. Monsérié-Bon.
15. Com. 13 nov. 2002, n° 00-10.284, NP, Act. proc. coll. 2003, n° 7; JCP E 2003. Jur. 667, note Forgues; RTD com. 2003. 571, n° 8, obs. Martin-Serf; *Rev. proc. coll.* 2003, p. 308, n° 5, obs. Monsérié-Bon.

Dès lors qu'un créancier revendiquant peut revendiquer des produits de qualité équivalente de sa marque à la condition que le vendeur initial ne les ait pas revendiqués lui-même, il peut obtenir la condamnation d'un commissionnaire, exerçant sur les marchandises revendiquées un droit de rétention, à lui payer le prix de ces marchandises figurant à l'inventaire du commissaire-priseur pour un montant supérieur[1].

816.53 Conflit existant entre propriétaires revendiquant des choses fongibles. Une difficulté importante, non résolue par les textes, se présente s'il existe plusieurs personnes exerçant une action en revendication et si les biens, entre les mains du débiteur, ne peuvent suffire à les satisfaire toutes. La règle selon laquelle le premier revendiquant devra être servi ne peut trouver application, l'opinion contraire ayant cependant été émise[2]. Outre qu'elle ne repose sur aucun fondement, elle est parfaitement inique pour ceux qui, tout en étant dans les délais, ont présenté leur demande en revendication ultérieurement. Surtout, elle est inextricable si les revendications ont été présentées le même jour. Elle aboutit également à une impasse, si les personnes ayant présenté leur revendication en second lieu, forment un recours à l'encontre de l'ordonnance rendue au profit du premier ayant exercé sa revendication, ce qu'elles peuvent faire, puisqu'elles sont bien des personnes dont les droits sont susceptibles d'être affectés par l'ordonnance attaquée.

Une autre solution apparaît donc préférable. A été ici utilisée l'expression de « néo-revendication »[3]. La technique du législateur consiste à autoriser des propriétaires à se faire payer en nature, comme s'il s'agissait de créanciers. En conséquence la règle du « marc-le-franc » doit être respectée.

Deux modalités sont cependant concevables.

La première consiste à calculer les droits de chaque propriétaire par rapport à leurs créances[4]. Cette solution se heurte à deux obstacles. Le premier tient au fait que, même si les propriétaires sont traités comme des créanciers, ils ne sont pas titulaires de créances, mais de droits réels sur des biens. Le second tient au fait que cette technique désavantagerait par trop le vendeur ayant vendu au meilleur prix et serait en conséquence injuste.

C'est pourquoi, il est préférable de calculer les droits du revendiquant en fonction du nombre de *biens livrés et non payés*, par rapport au volume total de biens de même nature entre les mains du débiteur, et de procéder ensuite à une règle de trois[5].

Ne peut être suivie la décision d'un juge-commissaire appliquant la présomption *Fifo* (*first in – first out*), c'est à dire premier entré – premier sorti, pour décider que le calcul des créances devait se faire au prorata des dernières livraisons des derniers fournisseurs à concurrence des stocks constatés[6]. Cette technique est doublement critiquable en ce qu'elle confond revendication et droit de créance, d'une part, et en ce qu'elle fait jouer une règle de preuve, qui repose sur la présomption *Fifo* là où la Cour de cassation voit une règle de fond.

Signalons toutefois une troisième opinion, qui voit dans la prérogative de revendiquer des biens fongibles une vraie revendication et qui suggère de répartir les biens au *prorata* entre tous les propriétaires de choses semblables[7], ce qui nous semble inique.

SECTION 816.60

MISE EN ŒUVRE DE LA CLAUSE DE RÉSERVE DE PROPRIÉTÉ

816.61 Conséquences du jeu de la clause de réserve de propriété. Dans une première phase, la jurisprudence a considéré que le jeu de la clause de réserve de propriété emportait résolution de la vente. Cette analyse obligeait le vendeur à restituer les acomptes reçus[8]. Dès lors, la qualification de sûreté devait être rejetée[9]. Puis, on l'a vu, la Cour de cassation a analysé la clause de réserve de propriété en une sûreté (v. s^s^ n° 816.13). La jurisprudence a logiquement tiré les conséquences de l'analyse de la clause de réserve de propriété en une sûreté.

Elle a posé en règle que la revendication au titre de la clause de réserve de propriété n'avait pas pour effet d'entraîner résolution du contrat de vente. Le vendeur est payé par la reprise de son bien, retrou-

1. Com. 14 janv. 2014, n° 12-23.225, NP; n° 49 F-D.
2. SOINNE, n° 1942.
3. Pérochon, « La revendication des biens fongibles par le vendeur », *LPA* 14 sept. 1994, p. 82, n°s 9 s.
4. EN CE SENS : J.-CL. COM., Crocq, fasc. 2545, [Situation du vendeur de meubles – Clause de réserve de propriété], 2015, n° 97.
5. EN CE SENS : PÉROCHON, 10e éd., n° 1617, note 54 – Pétel, « Retour sur la revendication de choses fongibles », *Mél. Tricot*, LexisNexis – Dalloz, 2011, p. 571.
6. T. com. Poitiers, ord. J.-C., 10 oct. 2014, RG n° 2014M0240, *Gaz. Pal.* 18 janv. 2015, n° 18, p. 29, note Le Corre-Broly; *LXB hebdo* 20 nov. 2014, n° 402, note Le Corre-Broly; décision aimablement communiquée par Maître Marie Capel, Mandataire judiciaire.
7. Revet, obs. *RTD civ.* 2002. 327 – Laroche, *Revendication et propriété : Du droit des procédures collectives au droit des biens*, « Doctorat et notariat », t. 24, Defrénois, 2007, n°s 344 s.
8. Versailles, 20 mai 1987, *D.* 1988. Somm. 8, obs. Derrida; *Rev. proc. coll.* 1987/4, p. 72, obs. Soinne – Bordeaux, 27 févr. 1990, *D.* 1990. 191, note Pérochon.
9. Saint-Alary-Houin, rapport de synthèse, colloque Crajefe, *LPA* 20 sept. 2000, n° 188, p. 4 s., sp. p. 45, n° 23.

vant le droit d'en disposer, et émancipé du devoir de laisser s'opérer le transfert de propriété, qui devient dès lors impossible. Le vendeur n'a pas à restituer les acomptes. Le prix de revente du bien, le cas échéant déterminé par expertise, mais plus opportunément par le prix retiré de la revente, s'impute sur le solde de la créance. L'article 2371, alinéa 2 du code civil, issu de l'ordonnance du 23 mars 2006[1], consacre législativement la solution.

Si la valeur de revente du bien, après revendication, excède ce qui reste dû, le vendeur doit restituer à la procédure collective l'excédent[2]. La solution est consacrée législativement par l'article 2371 alinéa 3 du code civil issu de l'ordonnance du 23 mars 2006, qui précise toutefois que seul importe le montant de la dette garantie encore exigible, et non le montant total. Le rôle de sûreté joué par la clause de réserve de propriété justifie la solution.

La jurisprudence pose en règle que pour apprécier si la valeur des biens restitués excède le solde du prix restant du, il faut considérer la fraction du prix convenu entre les parties, demeurée impayée, indépendamment d'une déclaration de créance y correspondant totalement ou partiellement. La solution, posée sous l'empire de la législation antérieure à la loi de sauvegarde des entreprises[3], alors que sous cette législation, la créance non déclarée est éteinte, vaut *a fortiori* sous l'empire de la loi de sauvegarde des entreprises, qui a supprimé l'extinction des créances non déclarées.

La vente avec clause de réserve de propriété n'est pas analysée comme un contrat en cours au sens du code de commerce (v. s[s] n° 431.28). Il n'est donc pas possible d'autoriser le revendiquant à déclarer sa créance dans le délai de l'article 66, alinéa 2 du décret du 27 décembre 1985[4], dans le délai de l'article R. 622-21, alinéa 2 du code de commerce, c'est-à-dire un mois après résiliation du contrat[5].

Le fait que le débiteur se fournisse presque intégralement auprès d'un vendeur pratiquant la clause de réserve de propriété et soit ainsi confronté, en cas de procédure collective, à une revendication de la quasi-totalité des biens vendus n'est pas contraire au principe d'égalité devant la loi et à la liberté d'entreprendre. Une question prioritaire de constitutionnalité mettant en avant ces arguments a été ainsi considérée comme non sérieuse[6].

Précisons que dans le conflit opposant le bailleur d'immeuble et le vendeur sous clause de réserve propriété, le premier l'emporte, puisque son privilège s'étend à tous les meubles qui garnissent les lieux loués[7]. La seule solution pour le réservataire est de constituer de mauvaise foi le bailleur, lors de l'introduction du bien dont la propriété est réservée, dans les lieux loués.

816.62 Blocage de la revendication par l'autorisation de paiement immédiat ou par l'octroi de délais de paiement. L'article L. 621-122, alinéa 4 du code de commerce (anc[t] L. 25 janv. 1985[8], art. 121, al. 4) prévoit qu'« il n'y a pas lieu à revendication si le prix est payé immédiatement ». Cette disposition étend, dans une certaine mesure, au contrat de vente les règles relatives à a continuation des contrats en cours, pourtant inapplicables à la vente dont le bien est livré avant le jugement d'ouverture (v. s[s] n° 431.27). L'organe compétent peut exécuter le contrat qui ne serait pas résolu. L'article L. 624-16, alinéa 4 issu de la loi de sauvegarde des entreprises prévoit identiquement que « dans tous les cas, il n'y a pas lieu à revendication si, sur décision du juge-commissaire, le prix est payé immédiatement ». La loi de sauvegarde fait de la décision du juge-commissaire une condition du paiement immédiat du prix. Il s'agit là d'autoriser le paiement d'une créance antérieure, ce qui classiquement présuppose l'autorisation du juge-commissaire (v. s[s] n° 633.21). Le fait que le juge-commissaire ait ordonné la restitution du bien ou le paiement du prix n'a pas pour effet de modifier le caractère antérieur de la créance[9]. Le juge-commissaire sera saisi à cette fin par tout intéressé, le vendeur, le mandataire de justice compétent, voire le débiteur s'il n'est pas dessaisi.

Si le prix est payé immédiatement, la disposition du code de commerce ici analysée joue de façon comparable au retrait contre paiement.

Mais, contrairement à la solution envisagée pour le retrait contre paiement, il est ici possible que le

1. Ord. n° 2006-346, 23 mars 2006, préc.
2. Com. 5 mars 1996, n° 93-12.818, *Bull. civ.* IV, n° 72; *D.* 1996. Somm. 222, obs. Pérochon; *JCP E* 1996. 584, n° 11, obs. M. Cabrillac; *RTD civ.* 1996. 443, obs. Crocq.
3. Com. 1er avr. 2008, n° 07-11.726, *Bull. civ.* IV, n° 74; *D.* 2008. AJ 1142; *Gaz. proc. coll.* 2008/3, p. 61, note Pérochon; *Act. proc. coll.* 2008, n° 147, note Blanc; *JCP E* 2008. Chron. 2062, n° 12, obs. M. Cabrillac; *RTD com.* 2008. 623, n° 2, obs. Martin-Serf; *Rev. proc. coll.* 2008, p. 46, n° 152, note Monsérié-Bon; *LXB hebdo* 24 avr. 2008, n° 302, n° N7479EQ note Le Corre-Broly.
4. D. n° 85-1388, 27 déc. 1985, préc.
5. Nancy, 2e ch., 15 nov. 1995, *Rev. proc. coll.* 1997, 345, n° 42, obs. Soinne.
6. Com. 11 déc. 2011, n° 11-40.079 QPC, NP; n° 1289 F-D; *RTD com.* 2012. 616, n° 4, obs. Martin-Serf.
7. Civ. 3e, 24 juin 2009, n° 08-14.357, *Bull. civ.* III, n° 154; *D.* 2009. 1888, note Prigent; *RD banc. fin.* 2009, n° 161, note Legeais; *RD banc. fin.* 2009, n° 169, note Piedelièvre; *JCP E* 2010. Chron. 1036, n° 21, obs. Delebecque – Com. 16 nov. 2010, n° 09-70.765, *Bull. civ.* IV, n° 178; *Gaz. Pal.* 30-31 mars 2011, p. 22, note Dumont-Lefrand; *JCP E* 2011. Chron. 1251, n° 21, obs. Delebecque.
8. L. n° 85-98, 25 janv. 1985, préc.
9. Com. 10 mai 2012, n° 11-15.015, NP; n° 492 F-D.

dans la vente une clause de réserve de propriété, va subroger dans cette clause l'établissement de crédit *solvens*, lequel, en contrepartie, accorde un prêt représentant le montant du paiement effectué au vendeur. Si le prêt est décaissé entre les mains du débiteur, à charge pour celui-ci de payer le fournisseur, le mécanisme ne peut jouer[1]. Le prêt consenti ne peut donc, ne serait-ce qu'un instant de raison, transiter par le compte bancaire de l'emprunteur.

Pour respecter les dispositions de l'article 1346-1 du code civil, la subrogation doit être expresse et faite en même temps que le paiement. Elle prend la forme d'une quittance subrogative. Cette dernière n'a pas à avoir date certaine, le groupement des créanciers n'ayant pas la personnalité morale, le contraire ayant cependant été soutenu[2]. L'opération de subrogation et de prêt peut être concentrée dans un seul document signé par les trois parties : le vendeur subrogeant, le prêteur subrogé et l'acheteur emprunteur. L'avantage de la formule est de faire accepter par l'acheteur emprunteur la clause de réserve de propriété, bien qu'il n'ait pas à intervenir à l'opération de subrogation, et de faire établir par le vendeur subrogeant la quittance subrogative.

Il importe que le subrogeant ait manifesté expressément sa volonté de subroger l'établissement de crédit à l'instant-même du paiement. Pour éviter les difficultés liées à l'absence de concomitance entre la subrogation et le paiement, il est possible de prévoir dans l'acte constatant le paiement et visant la subrogation que les parties s'accordent sur le principe de la subrogation, laquelle ne sera effective qu'au moment du paiement. La condition de concomitance posée par l'ancien article 1250, 1° du code civil peut ainsi être remplie, lorsque le subrogeant a manifesté expressément, dans un document antérieur, sa volonté de subroger son cocontractant à l'instant même du paiement[3]. Cette solution, issue de la jurisprudence, est confirmée par la rédaction du nouvel article 1346-1, alinéa 1 du code civil, selon lequel la subrogation « doit être consentie en même temps que le paiement, à moins que, dans un acte antérieur, le subrogeant n'ait manifesté la volonté que son cocontractant lui soit subrogé lors du paiement ».

La subrogation ici envisagée est celle faite par le créancier. La forme notariée envisagée par l'ancien article 1250, 2° du code civil, en cas de subrogation émanant du débiteur, n'était donc pas nécessaire[4], sauf à confondre subrogation par le vendeur et subrogation par l'acheteur[5]. Au demeurant, le nouvel article 1346-2 du code civil supprime l'exigence de l'acte notarié pour la subrogation émanant du débiteur.

816.76 Mise en œuvre de la clause de réserve de propriété transmise par subrogation. La solution appliquée à la vente avec clause de réserve de propriété l'est aussi pour le prêteur subrogé dans les droits du vendeur (v. ss n° 431.28). Le contrat n'est plus en cours au jour du jugement d'ouverture si la chose a été livrée à l'acheteur emprunteur, ce qui oblige le prêteur à revendiquer dans le délai de trois mois de la publication du jugement d'ouverture au *Bodacc*[6]. La discussion est au demeurant sans importance, depuis l'ordonnance du 18 décembre 2008[7], qui fait uniformément courir le délai de l'action en revendication à compter de la publication au *Bodacc* du jugement d'ouverture.

Cependant, le prêteur a la possibilité de publier son contrat au greffe du tribunal, dans les conditions de la publication d'un contrat de crédit-bail mobilier (v. ss n° 812.23). En ce cas, il n'est pas soumis à l'obligation de revendiquer. Il pourra présenter une demande en acquiescement de restitution.

816.77 Effets de la subrogation conventionnelle dans la clause de réserve de propriété. La subrogation conventionnelle dans la clause de réserve de propriété n'investit pas le subrogé de la qualité de vendeur. Il n'en contracte donc pas les obligations. La subrogation est strictement limitée à la clause. Il en résulte des conséquences fondamentales en cas de jeu de la clause.

L'établissement de crédit n'étant subrogé que dans la clause, n'a pas à restituer, lorsqu'il exerce sa revendication, les acomptes versés au comptant par l'acheteur, alors surtout qu'il ne les a pas perçus[8].

Il en résulte également que, percevant de l'acheteur emprunteur des échéances d'un crédit et non les acomptes d'un prix de vente, il n'a pas davantage à restituer celles-ci[9].

1. Colmar, 1re ch. B, 20 juin 2001, *Act. proc. coll.* 2002, n° 163.
2. SOINNE, n° 1920 et *Rev. proc. coll.* 1997, 209, n° 15.
3. Civ. 1re, 28 mai 2002, n° 99-17.733, *Bull. civ.* I, n° 154; *Act. proc. coll.* 2002, n° 162, obs. Alleaume.
4. Besançon, 2e ch. com., 11 juin 1999, *RJ com.* 1999. 454, n° 1544, note Haennig – Besançon, 7 nov. 2000, *Crédit de l'Est c/ Me Masson ès-qual. Sarl Trommenschlager*, NP – *Adde*, Soinne, *Rev. proc. coll.* 1997, 208, n° 15.
5. AINSI : GI Annecy, 10 juill. 1995, *Rev. proc. coll.* 1997, 210, n° 5, obs. Soinne.
6. Com. 28 sept. 2004, n° 03-13.696, NP, *D.* 2005. Pan. 299, obs. Le Corre.
7. Ord. n° 2008-1345, 18 déc. 2008, préc.
8. Com. 9 mai 1995, n° 92-20.811, NP, *Rev. proc. coll.* 1995, 487, n° 28, obs. Soinne – Besançon, 2e ch. com., 3 déc. 1997, *RJ com.* 1999. 453, n° 1544, note Haennig.
9. Com. 23 janv. 2001, n° 97-21.660, *Bull. civ.* IV, n° 23; *D.* 2001. AJ 702, obs. Lienhard; *RTD civ.* 2001. 398, n° 3, obs. Crocq; *RTD com.* 2001. 499, obs. Bouloc; *RTD com.* 2001. 518, obs. Martin-Serf; *Act. proc. coll.* 2001, n° 52, obs. Régnaut-Moutier; *JCP E* 2001. Chron. 755, n° 13, obs. M. Cabrillac; *RJ com.* 2001. 280, n° 1584, note Haennig – Paris, 3e ch. A, 2 déc. 2003, RG n° 02/18961.

Cependant, la clause de réserve de propriété jouant le rôle de sûreté, il en est tiré la conséquence que, si le prix de revente du bien repris est supérieur au solde de la créance, le créancier propriétaire devra restituer au mandataire de justice l'excédent[1].

1. Com. 23 janv. 2001, nº 97-21.660, préc. – Paris, 3e ch. A, 2 déc. 2003, RG nº 02/18961, préc. (v. ss prést nº).

CHAPITRE

821. Contours des nullités de la période suspecte

SECTION 0 ORIENTEUR

821.00 Plan du chapitre.

Sect.	821.10	Fondement des nullités de la période suspecte
Sect.	821.20	Rapprochement des nullités de la période suspecte et de l'action paulienne
Sect.	821.30	Notion de période suspecte
Sect.	821.40	Preuve de la date de l'acte
Sect.	821.50	Notion de nullité de droit et de nullité facultative de la période suspecte
Sect.	821.60	Exclusion de certains actes des nullités de la période suspecte par le droit communautaire

821.02 Jurisprudence de référence.

> « La période suspecte débute la première heure du jour fixé pour la date de cessation des paiements ».

• **Com. 28 sept. 2004,** n° 03-10.332, *Bull. civ.* IV, n° 172

* V. s[s] n° 821.31

> Les juges saisis d'une demande en nullité facultative disposent d'un pouvoir souverain de prononcer ou non la nullité. La solution a été posée à propos de la nullité des avis à tiers détenteur du Trésor public.

• **Com. 12 janv. 2010,** n° 09-11.119, *Bull. civ.* IV, n° 5

* V. s[s] n° 821.51

821.03 Bibliographie indicative. (V. les références complètes s[s] n° 031 – v. aussi s[s] n° 820.03).

> **Ouvrages postérieurs à la loi de sauvegarde des entreprises.** COQUELET, 5e éd., n°s 325 à 328 – GIBIRILA, N[OS] 432 à 434 – JACQUEMONT ET VABRES, 9e éd., n°s 619 à 621 – LE CANNU, 7e éd., n°s 574 à 584, 589, 590 et 625 – LIENHARD, 6e éd., n°s 117.11, 117.19 à 117.22 – PÉROCHON, 10e éd., n°s 1460 à 1468 – PÉTEL 8e éd., n°s 371, 372 – ROUSSEL GALLE, 2e éd., n°s 575, 576 – SAINT-ALARY-HOUIN, 9e éd., n°s 1135 à 1139, 1141, 1163 – VALLANSAN *ET ALLI*, 6e éd., p. 333 et 334, 345 – VALLENS, 2015, n°s 3604 à 3606, 3611, 3614 à 3618, 3622 et 3623 – VIDAL et GIORGINI, n°s 1091 à 1094 – VOINOT, 2e éd., n°s 472 à 474.

> **Articles.** Mastrullo Th., « La conversion de la sauvegarde en redressement judiciaire », *Rev. proc. coll.* 2008, p. 41.

SECTION 821.10 FONDEMENT DES NULLITÉS DE LA PÉRIODE SUSPECTE

821.11 Renflouer l'entreprise. Destinées dans les législations antérieures à faire régner l'égalité entre les créanciers antérieurs et à sanctionner les fraudes commises, les nullités de la période suspecte tendent, depuis la législation du 25 janvier 1985, au renflouement de l'entreprise, pour assurer efficacement son redressement. L'objectif essentiel des nullités de la période suspecte explique aujourd'hui que le produit des actions en nullité profite directement au débiteur et non plus, comme par le passé, à ses créanciers[1]. Il a été écrit que « la période suspecte se plie à l'objectif général de traitement des entreprises en difficulté[2] ».

Les deux anciens objectifs n'ont pas complètement disparu, mais sont relégués à l'arrière-plan[3].

(Sur la conformité à l'ordre public français de décisions étrangères rendues en matière de nullités ou d'inopposabilité de la période suspecte, v. s[s] n° 093.22).

1. SAINT-ALARY-HOUIN, 9e éd., n° 1172 – *Adde, rapp. Gouzes*, Ass. nat., *JO* doc. adm. n° 1872, p. 124.
2. Vinckel, *L'acte suspect ou la théorie générale des nullités à l'épreuve du droit des procédures collectives*, th., Paris II, 1999.
3. Calendini, « Le principe de proportionnalité en droit des procédures collectives », *LPA* 30 sept. 1998, n° 117, p. 50 s., spéc. n° 6.

SECTION 821.20

RAPPROCHEMENT DES NULLITÉS DE LA PÉRIODE SUSPECTE ET DE L'ACTION PAULIENNE[1]

821.21 Bonne foi indifférente du tiers acquéreur. Les nullités de la période suspecte présentent des analogies certaines avec la fraude paulienne. Le plus souvent, en effet, les nullités de la période suspecte sanctionnent des actes d'appauvrissement du débiteur au préjudice de ses créanciers et au bénéfice de l'un d'eux. L'idée de sanctionner la fraude commise par le débiteur et par un créancier n'est donc pas complètement absente de la théorie des nullités de la période suspecte. Elle n'est cependant plus une condition de la nullité. La solution est d'importance. Elle justifie que la bonne foi du tiers acquéreur reste complètement indifférente au jeu de la nullité. La vente étant nulle entre le débiteur et son cocontractant, il y a place à anéantissement en cascade de la revente intervenue entre le cocontractant, le débiteur et son propre contractant[2].

Diverses différences séparent l'action paulienne des nullités de la période suspecte. L'action paulienne peut frapper des actes accomplis en dehors de la période suspecte, laquelle ne peut remonter à plus de dix-huit mois antérieurement au jugement d'ouverture. L'action paulienne suppose la démonstration d'une fraude du débiteur et d'une complicité d'un tiers, éléments indifférents au jeu des nullités de la période suspecte. Le domaine des deux actions est différent. Certains actes tombant sous le coup des nullités de la période suspecte, par exemple des paiements, ne sont pas des actes d'appauvrissement et ne tombent donc pas sous le coup de l'action paulienne[3].

Il n'y a donc pas complètement double emploi de l'action paulienne par rapport au jeu des nullités de la période suspecte. En outre, et surtout serait-on tenté de dire, alors que les actions en nullités de la période suspecte sont strictement attitrées aux organes de la procédure collective et que le produit de ces actions est nécessairement collectif, l'action paulienne peut être engagée *ut singuli* par un créancier, auquel l'acte sera déclaré inopposable, le résultat de l'action étant alors strictement individuel (v. s[s] n°s 621.31 et 621.32).

1. SUR LA QUESTION : Courtier, *LPA* 3 mars 1995, p. 9 – Pizzio-Delaporte, « L'action paulienne dans les procédures collectives », *RTD com.* 1995. 715 s.
2. Com. 3 févr. 1998, n° 95-20.389, *Bull. civ.* IV, n° 53; *JCP E* 1998. Chron. 655, n° 3-a-9, obs. M. Cabrillac; *RTD com.* 1999. 201, obs. Martin-Serf.
3. *J.-CL. COM., Saint-Alary-Houin et Monsérié-Bon*, fasc. 2505, [Nullités de droit – Régime des paiements], 2012, n° 3 – *Adde*, Colomber, « De la règle que l'action paulienne n'est pas reçue contre les paiements », *RTD civ.* 1965. 51.

SECTION 821.30

NOTION DE PÉRIODE SUSPECTE

821.31 Définition. La période suspecte désigne la période s'étendant de la date de cessation des paiements remontée jusqu'au jour du jugement d'ouverture (sur les difficultés de détermination de la période suspecte, en cas d'extension de procédure, v. s[s] n° 213.42).

Depuis la loi du 26 juillet 2005[4], il convient de préciser que le jugement d'ouverture sera un jugement de redressement ou de liquidation judiciaire. En revanche, le jugement de la procédure de sauvegarde ne permettra pas, par principe, de caractériser, en amont de son intervention, une période suspecte, puisque, par hypothèse, la procédure de sauvegarde est ouverte sans état de cessation des paiements. Toutefois, la procédure de sauvegarde peut être convertie en redressement ou en liquidation judiciaire (v. s[s] n° 222.26), notamment sur le constat de la préexistence à son ouverture de l'état de cessation des paiements. En ce cas, les actes accomplis avant l'ouverture de la sauvegarde pourront, dans la limite de la période suspecte, tomber sous le coup des nullités de la période suspecte. En revanche, les actes accomplis pendant la sauvegarde ne pourront tomber sous le coup des nullités de la période suspecte, puisqu'ils sont accomplis après le jugement d'ouverture de la procédure collective[5] (v. s[s] n° 222.26).

La période suspecte peut résulter d'une fixation initiale de la date de cessation des paiements, antérieurement au jour de son intervention ou, le plus fréquemment, d'un jugement de report de date de cessation des paiements (sur la question v. s[s] n°s 222.21 s.). La terminologie s'explique aisément : par hypothèse, le débiteur est, dans cette phase, en état de cessation des paiements. Pourtant, il n'a pas déclaré son état de cessation des paiements. On peut suspecter qu'il ait, pour y parvenir, obtenu l'aide de quelques créanciers qui, en contrepartie de reports d'échéances, se seront ménagé une situation préférentielle. On peut aussi soupçonner le débiteur, sentant sa fin économique proche, d'avoir organisé son insolvabilité par quelques donations dont les gratifiés se souviendront, le moment venu.

Il nous semblait que les actes accomplis le jour même de la cessation des paiements ne devaient pas être considérés comme effectués en période suspecte, la solution se justifiant textuellement par le fait que le texte, pour les nullités de droit, ne vise

4. L. n° 2005-845, 26 juill. 2005, JO 27 juill., p. 12187.
5. Com. 18 mai 2016, n° 14-24.910, *Bull. civ.* IV [à paraître]; n° 466 FS-P+B; *Act. proc. coll.* 2016/11, comm. 142, note Monsérié-Bon; *BJE* 2016, 274, note Bonhomme.

que l'acte accompli **depuis** la date de cessation des paiements[1] et pour les nullités facultatives, l'acte accompli **après** la cessation des paiements. La solution avait d'ailleurs été posée[2]. L'opinion contraire avait toutefois été soutenue[3]. La Cour de cassation s'est, à la suite d'un revirement, rangée à cette dernière opinion, estimant que « la période suspecte débute la première heure du jour fixé pour la date de cessation des paiements »[4]. Il y a là une rétroactivité sans texte, qui ne peut être approuvée. En effet, la rétroactivité est une fiction juridique. Or, les fictions juridiques ne peuvent exister sans texte.

L'ordonnance du 18 décembre 2008[5] (art. 89), judicieusement, modifie la rédaction des alinéas 1 et 2 de l'article L. 632-2 du code de commerce, en remplaçant systématiquement l'expression « après la date de cessation des paiements » par celle de « à compter de la date de cessation des paiements ». Il n'y a donc plus de difficulté à considérer que l'acte accompli le jour de la date de cessation des paiements retenue par la juridiction pourra tomber sous le coup des nullités de la période suspecte.

En revanche, cette même ordonnance ne modifie pas le texte qui régit les nullités de droit de la période suspecte, et qui vise les actes accomplis « depuis » la date de cessation des paiements. L'interprétation condamnable de la Cour de cassation pourrait ainsi être reconduite.

Les actes accomplis après le jugement d'ouverture ne peuvent, *a priori*, tomber sous le coup des nullités de la période suspecte[6], ce qui justifie l'impossibilité d'annuler des actes accomplis après ouverture de la sauvegarde, cette dernière constituant le jugement d'ouverture. Cette solution présente l'avantage considérable de ne pas faire tomber sous le coup de la période suspecte des actes accomplis après ouverture de la sauvegarde et de ne pas créer une insécurité dans une phase où l'intervention judiciaire est destinée à protéger les tiers, par son effet de saisie collective[7]. Pourtant, certains auteurs se sont emparé de la terminologie du législateur de sauvegarde des entreprises, à propos du report de la date de cessation des paiements, contenue à l'article L. 631-8, alinéa 2 du code de commerce. Ce texte, qui vise la possibilité pour le tribunal de remonter la date de cessation des paiements, indique que celle-ci ne peut être antérieure de plus de dix-huit mois à la date du jugement constatant la cessation des paiements. L'expression « jugement constatant » est différente de celle de « jugement d'ouverture », et permettrait d'englober dans la période suspecte, la période qui s'étendrait, en cas de conversion de la sauvegarde du fait de la préexistence à son ouverture de l'état de cessation des paiements, du jugement d'ouverture de la sauvegarde jusqu'au jugement de redressement judiciaire ou de liquidation judiciaire[8].

Cette difficulté d'interprétation disparaît avec l'ordonnance du 18 décembre 2008. L'article L. 621-12 du code de commerce, tel qu'il résulte de l'ordonnance de réforme, reprend le principe de conversion de la sauvegarde en un redressement judiciaire, si le débiteur est déjà en cessation des paiements au moment du prononcé du jugement. Le texte nouveau (ord. 18 déc. 2008, art. 17) supprime le visa du deuxième alinéa de l'article L. 631-8 du code de commerce, pour le remplacer par le visa de cet article en son entier. Cela emporte des conséquences importantes. L'article L. 631-8, alinéa 1 du code, tel qu'il résulte de l'ordonnance du 18 décembre 2008 (art. 77), précise que « Le tribunal fixe la date de cessation des paiements. À défaut de détermination de cette date, la cessation des paiements est réputée être intervenue à la date du jugement d'ouverture de la procédure ». Cette précision **« à la date du jugement d'ouverture de la procédure »** remplace l'expression **« à la date du jugement qui la constate »**.

Ainsi, et comme prend le soin de le préciser l'article L. 631-8, alinéa 5 du code de commerce (ord. 18 déc. 2008, art. 77), de manière redondante à notre avis, la date de cessation des paiements à retenir lors de la conversion de la sauvegarde en redressement judiciaire, en cas de constat de la préexistence de la cessation des paiements à l'ouverture de la sauvegarde, ne sera plus celle du jugement de conversion de la sauvegarde en redressement judiciaire, mais bien celle du jugement d'ouverture de la sauvegarde[9].

Il s'est clairement agi, par cette modification, d'éviter que des actes accomplis après l'ouverture de

1. Paris, 28 mars 1989, *Rev. proc. coll.* 1990, 162, obs. Guyon.
2. Com. 19 janv. 1999, n° 96-18.772, NP, *Act. proc. coll.* 1999, n°s 65, 71; *Rev. proc. coll.* 2002, p. 273, n° 2, obs. Blanc.
3. SOINNE, n° 1868.
4. Com. 28 sept. 2004, n° 03-10.332, *Bull. civ.* IV, n° 172; *D.* 2004. AJ 2716; *D.* 2005. Pan. 296, obs. Le Corre; *RD banc. fin.* 2004, n° 250, obs. Lucas – Com. 11 avr. 2012, n° 09-12.431, NP; n° 438 F-D; *Gaz. Pal. entr. diff.* 13 oct. 2012, n° 286, p. 32, note Bonhomme, Pérochon; *BJE* juill. 2012, n° 117, note Bonhomme.
5. Ord. n° 2008-1345, 18 déc. 2008, *JO* 19 déc., p. 19462.
6. Toulouse, 4e ch. soc., 1re sect., 16 mars 2006, *Rev. proc. coll.* 2006/3, p. 276, n° 2, obs. Blanc.
7. RAPPR. : VOINOT, 2e éd., n° 474.
8. AINSI : VALLENS, 2007, n° 3361 – LE CANNU, 7e éd., n° 578 – RAPPR. : Mastrullo, « La conversion de la sauvegarde en redressement judiciaire », *Rev. proc. coll.* 2008, p. 41 s., sp. p. 46, n° 36 – AUSSI SUR CETTE QUESTION : Mouial-Bassilana, « L'articulation de la période suspecte et des différentes procédures après la loi de sauvegarde du 26 juillet 2005 », *D.* 2006. Chron. 1959 s., sp. 1964 à 1966, nos 27 à 34.
9. TOUTEFOIS : VALLENS, 2015, n° 3615.

la sauvegarde ne puissent être considérés comme effectués pendant la période suspecte[1].

La durée de la période suspecte est légalement limitée à dix-huit mois, sans que cette limitation puisse être opposée à une juridiction répressive. La résolution d'un plan de continuation ou de redressement et l'ouverture consécutive d'une nouvelle procédure de liquidation judiciaire n'autorise pas un changement de la solution. Il ne sera pas possible à la juridiction saisie de la résolution du plan de fixer la date de cessation des paiements plus de dix-huit mois avant l'ouverture de la seconde procédure[2], l'autorité de chose jugée attachée à l'arrêté du plan de plan de continuation et présupposant l'absence de cessation des paiements à cette date, du fait des reports d'exigibilité des créances antérieures, y faisant obstacle. En outre, l'autonomie des deux procédures collectives justifie qu'elles aient chacune leur propre période suspecte[3]. Enfin, il a été jugé qu'un organe de la seconde procédure ouverte après résolution du plan ne pourra agir en nullité pour des actes accomplis avant l'ouverture de la première procédure, que le plan résolu soit un plan de cession[4] ou de continuation[5]. La solution est transposable au plan de redressement, sous l'empire de la loi de sauvegarde des entreprises et ne peut se poser pour un plan de sauvegarde, l'ouverture même de la procédure de sauvegarde étant exclusive de l'état de cessation des paiements du débiteur.

Sous l'empire de la législation antérieure à la loi de sauvegarde des entreprises, le tribunal qui prononce la résolution du plan de continuation et ouvre une procédure de liquidation judiciaire peut ne pas constater l'état de cessation des paiements. En ce cas, il ne peut évidemment fixer une date de cessation des paiements et *a fortiori* une date antérieure au jugement de résolution du plan (v. s[s] n° 524.33). En conséquence, le tribunal ne peut, en pareil cas, créer une période suspecte autorisant le jeu des nullités de la période suspecte[6].

En revanche, un acte peut tomber sous le coup des nullités de la période, s'il est accompli en phase d'exécution du plan de continuation, dès lors que le rapport du commissaire à l'exécution du plan en vue de la résolution du plan est antérieur à l'acte litigieux[7].

L'article L. 621-107, II du code de commerce, dans la rédaction antérieure à la loi du 26 juillet 2005 (anc[t] L. 25 janv. 1985, art. 107, al. dern.), devenu l'article L. 632-1, II, depuis la loi du 26 juillet 2005, ajoute que les actes visés au 1° (actes à titre gratuit translatifs de propriété) sont annulables s'ils ont été accomplis dans les six mois précédents la date de cessation des paiements. Ils sont ainsi nuls de droit s'ils sont accomplis pendant la période suspecte; ils sont frappés de nullité seulement facultative s'ils sont accomplis dans les six mois précédents[8].

La question la plus délicate, sous l'empire de la législation antérieure à la loi du 26 juillet 2005, a été de savoir si la date de cessation pouvait être fixée à l'intérieur d'un règlement amiable, ayant par la suite échoué. Aucun argument de texte ne l'interdisait. La coordination des textes régissant le règlement amiable et le redressement judiciaire semblait exclure la possibilité de remonter la date de cessation des paiements antérieurement à l'ouverture d'un règlement amiable[9], puisque celle-ci supposait l'absence d'état de cessation des paiements. La jurisprudence s'est pourtant fixée en sens contraire (v. s[s] n° 222.22).

La question ne pourra se poser dans le cadre d'une procédure de conciliation homologuée qui aura ensuite échoué, car la date de cessation des paiements ne peut être remontée à une date antérieure à la décision définitive homologuant l'accord de conciliation (v. s[s] n° 144.45). En revanche, les termes de la question demeurent inchangés en présence d'une conciliation seulement constatée (v. s[s] n° 144.12).

Une dernière difficulté tient à a la détermination de la période suspecte en cas d'extension sur le fondement de la confusion des patrimoines, lorsque l'on raisonne sur un accompli par la personne à laquelle la procédure collective est étendue (v. s[s] n° 213.41) ou, sous l'empire de la loi du 25 janvier 1985[10], en cas d'ouverture d'une procédure collective contre un dirigeant, soit pour faits visés à l'article L. 624-5 du code de commerce (v. s[s] n° 923.46), soit pour inexécution de la décision de condamnation à combler l'insuffisance d'actif (v. s[s] n° 923.14).

Notons qu'il ne sera pas possible, dans le cadre d'une instance en annulation d'un acte sur le fon-

1. Rapport au président de la République sur l'ordonnance n° 2008-1345 du 18 déc. 2008, *JO* 19 déc. 2008, Titre I, chap. III, s[s] art. 77.
2. Com. 11 juin 2003, n° 00-15.676, NP.
3. Lucas, obs. s[s] Com. 13 nov. 2007, n° 05-13.248, *D.* 2008. Pan. 573.
4. Com. 13 nov. 2007, n° 05-13.248, *Bull. civ.* IV, n° 243; *D.* 2007. AJ 3011, obs. Lienhard; *D.* 2008. Pan. 573, obs. Lucas; *JCP E* 2008. Chron. 1432, n° 8, obs. Pétel; *RTD com.* 2008. 868, n° 17, obs. Martin-Serf; *LXB hebdo* 20 déc. 2007, n° 286, n° N4170BDS, note Le Corre.
5. *Paris, 3e ch. A, 3 juill. 2007, RG n° 06/11053, Act. proc. coll.* 2007, n° 189, note approb. Vallansan.
6. Com. 18 sept. 2007, n° 06-15.569, NP; n° 983 F-D; *Gaz. proc. coll.* 2008/1, p. 51, note Roussel Galle.
7. Com. 24 sept. 2003, n° 00-22.013, *Cts Sorci/Me Rafoni ès qual,* NP.
8. ILLUSTR. : Com. 1er févr. 2000, n° 96-15.408, NP, RJDA 2000/5, n° 570.
9. DERRIDA ET ALII, n° 184.
10. L. n° 85-98, 25 janv. 1985, *JO* 26 janv., p. 1097.

dement des nullités de la période suspecte de discuter de la date de cessation des paiements, point de départ de la période suspecte, faute d'exercice d'une voie de recours sur la partie du jugement d'ouverture de la procédure collective fixant la date de cessation des paiements ou du jugement de report de date de cessation des paiements (v. s[s] n° 233.54).

SECTION 821.40
PREUVE DE LA DATE DE L'ACTE

821.41 Preuve par tout moyen. La preuve de la date de l'acte litigieux prend toute son importance pour savoir s'il a été accompli pendant la période suspecte. Si l'acte est commercial, la liberté de la preuve en matière commerciale (C. com., art. L. 110-3 [anc[t] art. 109]) doit être affirmée. Si l'acte est civil, on aurait pu penser à l'article 1377 du code civil (ex. art. 1328) pour exiger du créancier, à l'encontre duquel est exercée l'action en nullité, de rapporter la preuve du caractère certain de la date, soit par enregistrement de l'acte, soit par l'insertion du *negotium* dans un *instrumentum* authentique, soit par la preuve de son « manque de savoir-vivre », c'est-à-dire sa mort. C'était la solution posée sous l'empire de la loi du 13 juillet 1967. Mais la raison de la règle résultait de l'existence de la masse, laquelle précisément a disparu. Le groupement des créanciers, quant à lui, n'est pas doté de la personnalité morale. Il faut décider, en l'absence d'existence d'un tiers auquel opposer la date certaine, que l'article 1328 du code civil (devenu C. civ., art. 1377) est aujourd'hui sans objet, en la matière et que la preuve de l'acte, qui serait par hypothèse, contestée, pourra être rapportée par tout moyen, mais devra l'être, par le demandeur à l'action[1]. En conséquence, il appartiendra au mandataire de justice compétent de rapporter la preuve de la fausseté de la date apparente[2].

On réservera cependant l'hypothèse ou la validité d'un acte dépend d'une formalité qui lui donne date certaine, telle la constitution d'un gage sur meuble incorporel qui doit être enregistré, puis signifié au débiteur de la chose gagée, à moins qu'il ne soit accepté dans un acte authentique[3].

1. Com. 28 janv. 1997, n° 94-20.554, *Bull. civ.* IV, n° 35; *JCP E* 1997. II. 935, rapp. Rémery; *JCP E* 1997. I. 673, n° 19, obs. Simler et Delebecque; *Quot. Jur.* 6 mars 1997, p. 5, note P. M.; *D.* 1997. Somm. 214, obs. Honorat; *Dr. et patr.* juill. 1997. 85, obs. Monsèrié.
2. Com. 16 mars 1999, n° 96-22.368, NP, *Act. proc. coll.* 1999, n° 116.
3. Com. 28 janv. 1997, n° 94-20.554, *Bull. civ.* IV, n° 35; *D.* 1998. 140, note Jobard-Bachelier; *Rev. proc. coll.* 1998, 203, n° 1, obs. Lemistre.

SECTION 821.50
NOTION DE NULLITÉ DE DROIT ET DE NULLITÉ FACULTATIVE DE LA PÉRIODE SUSPECTE

821.51 Mesure du pouvoir souverain du tribunal. L'expression « nullité de droit » ne signifie pas que la nullité intervient automatiquement. Cette expression conditionne seulement le pouvoir du juge. En présence d'une nullité de droit, le tribunal n'a aucun pouvoir d'opportunité. Si le cas de nullité est prouvé, le tribunal est tenu de prononcer la nullité[4]. La connaissance de l'état de cessation des paiements du débiteur par son cocontractant ou par un créancier *accipiens* est ici indifférente[5]. C'est pourquoi, avant de rejeter une demande de nullité au motif que la connaissance par le partenaire du débiteur de l'état de cessation des paiements n'est pas rapportée, les juges saisis d'une demande de nullité d'un paiement sollicitée tant au titre des nullités facultatives, qu'à celui des nullités de droit, doivent rechercher si le paiement n'était pas nul de droit[6].

Au contraire, les juges saisis d'une demande en nullité facultative disposent d'un véritable pouvoir, sinon discrétionnaire, du moins souverain[7], de prononcer ou non la nullité. Après avoir caractérisé les cas de nullité, les juges du fond ne peuvent encourir la cassation de leur décision à décider de ne pas prononcer la nullité[8]. Il leur faut néanmoins motiver leur décision, c'est-à-dire s'expliquer sur la raison qui les incite à ne pas prononcer la nullité. La solution a été posée sous l'empire de la loi du 13 juillet 1967[9], ainsi que, à propos de la nullité des avis à tiers détenteur du Trésor public, sous l'empire de la loi de sauvegarde des entreprises[10]. Il peut ainsi être tenu compte de la situation difficile du créancier et de l'importance de l'acte critiqué pour ce créancier,

4. Ripert et Roblot, n° 3112.
5. Paris, 3e ch. B, 7 janv. 2005, RG n° 04/05587.
6. Com. 2 nov. 2005, n° 04-18.574, NP; n° 1336 F-D; *Gaz. proc. coll.* 2006/1, p. 32, obs. Roussel Galle.
Cagnoli, note s[s] Com. 12 janv. 2010, n° 09-11.119, *Act. proc. coll.* 2010, n° 61.
8. Civ. 2e, 12 mai 2016, n° 15-13.833, *Bull. civ.* II [à paraître]; *Act. proc. coll.* 2016/12, comm. 158, note Moulin.
9. . n° 67-563, 13 juill. 1967, *JO* 14 juill., p. 7059 – Com. 5 mai 1974, n° 73-11.214, *Bull. civ.* IV, n° 158.
10. .m. 12 janv. 2010, n° 09-11.119, *Bull. civ.* IV, n° 5; 2010. AJ 204, obs. Lienhard; *D.* 2010. Pan. 1820, obs. ..s; *Gaz. Pal.* 16-17 avr. 2010, n[os] 106, 107, p. 32, note ..sel Galle; *Gaz. Pal.* 2010. Jur. 840, note Iacovelli; *R.* 2010/3, p. 215, rapp. Delmotte; *Act. proc. coll.* 20.. n° 61, note Cagnoli; *RTD civ.* 2010. 376, n° 5, obs. Pe..; *RTD com.* 2010. 426, n° 7, obs. Martin-Serf; *Rev. pr..oll.* 2010, n° 232, note Blanc; *Dr. et proc.* 2010. 12..ote Lauvergnat; *LPA* 9 juin 2010, n° 114, p. 28, not..ndeau.

par exemple une saisie-attribution, pour refuser l'annulation[1].

Inversement, les juges du fond ayant caractérisé la possibilité de prononcer la nullité[2], ne peuvent sans exercer leur pouvoir souverain d'appréciation, prononcer automatiquement la nullité[3].

Dans son pouvoir souverain d'appréciation, le tribunal, le plus souvent, devrait retenir la gravité de l'acte ainsi que l'avantage procuré au créancier, même s'il n'y a pas là une condition de recevabilité de l'action. Une cour d'appel a pu, pour refuser d'annuler des paiements effectués par la société à son dirigeant, retenir le fait que le dirigeant avait été condamné à combler l'insuffisance d'actif, ce qui faisait double emploi avec l'annulation sollicitée des paiements reçus[4].

SECTION 821.60

EXCLUSION DE CERTAINS ACTES DES NULLITÉS DE LA PÉRIODE SUSPECTE PAR LE DROIT COMMUNAUTAIRE

821.61 Protection accordée aux garanties financières et accessoires. Afin de donner davantage d'efficacité aux garanties financières, une directive des communautés européennes[5] demande aux États membres de veiller à l'efficacité des contrats de garanties financières et des instruments financiers en garantie de ces contrats, en excluant des nullités de la période suspecte ces contrats ou les instruments financiers constitués en garantie de ces contrats[6]. Cette directive a été transposée en droit français par l'ordonnance du 24 février 2005[7].

1. Paris, 16 nov. 2010, pôle 5, 8e ch., RG nº 10/0[illegible]4, *Rev. proc. coll.* 2011, nº 139, note Blanc.
2. Com. 28 mai 1996, nº 94-10.688, *Bull. civ.* IV, [illegible]52.
3. AINSI : Com. 12 mai 1959, *Bull. civ.* III, nº 205.
4. Versailles, 13e ch., 7 févr. 2008, RG nº 07/504[illegible] *TD com.* 2008. 423, nº 7, obs. Martin-Serf; *Rev. pro*[illegible]*ll.* 2008, nº 160, note Blanc.
5. Dir. 2002/47/CE, Parlement et Conseil, 6 juin 2002, *Act. proc. coll.* 2002, nº 206, obs. Bonneau; *Rev. proc. coll.* 2002, p. 213.
6. Soinne, « L'aspiration du droit communautaire – La directive 2002-47 CE du Parlement européen et du conseil en date du 6 juin 2002 relative aux contrats de garantie financière », *Rev. proc. coll.* 2003/4, p. 285, sp. nº 11.
7. Ord. nº 2005-171, 24 févr. 2005, *JO* 25 févr., p. 3254 – *Adde*, Crocq, obs. *D.* 2005. Somm. 2078 – Praicheux, « La transposition en droit français de la directive européenne sur les contrats de garantie financière (commentaire de l'ordonnance nº 2005-171 du 24 février 2005) », *RD banc. fin.* 2005, p. 56.

CHAPITRE

822. Modalités procédurales de l'action en nullité de la période suspecte

SECTION 0 ORIENTEUR

822.00 **Plan du chapitre.**

Sect.	822.10	Titulaires de l'action en nullité de la période suspecte
Sect.	822.20	Instance en nullité de la période suspecte
Sect.	822.30	Absence de délai de l'action en nullité de la période suspecte
Sect.	822.40	Publication éventuelle de l'assignation en nullité de la période suspecte
Sect.	822.50	Voies de recours sur le jugement statuant en matière de nullité de la période suspecte

822.01 **Textes applicables.** (V. les références complètes s^s n° 011).

> Législation antérieure à la loi de sauvegarde des entreprises.

C. com., art. L. 621-110

> Législation issue de la loi de sauvegarde des entreprises.

C. com., art. L. 632-4, L. 641-14, al. 1

> Législation issue de l'ordonnance du 18 décembre 2008.

C. com., art. L. 632-4, L. 641-14, al. 1

822.02 **Jurisprudence de référence.**

> Un créancier ne peut soulever par voie d'exception le moyen tiré de la nullité de l'acte.

• Com. 6 mai 1997, n° 94-16.133, *Bull. civ.* IV, n° 120

* V. s^s n° 822.11

« Mais attendu que l'action en nullité des paiements faits par le débiteur depuis la date de cessation des paiements ne peut être exercée que par l'administrateur, par le représentant des créanciers, par le liquidateur ou par le commissaire à l'exécution du plan; que le créancier n'a pas qualité pour invoquer personnellement la nullité d'un paiement, fût-ce par voie d'exception. »

> Un contrôleur peut se substituer au mandataire judiciaire défaillant, après une mise en demeure infructueuse, pour agir en extension de la procédure collective, même si l'action en extension sur le fondement de la confusion des patrimoines n'a pas exclusivement pour objet la défense de l'intérêt collectif des créanciers.

• Cass., avis, 3 juin 2013, n° 13-70.003, *Bull. avis*, n° 9

* V. s^s n° 822.12

> Le débiteur ne peut soulever l'exception de nullité de la période suspecte.

• Com. 12 juin 2001, n° 98-19.873, *Bull. civ.* IV, n° 115

* V. s^s n° 822.11

« Attendu, d'autre part, que l'action en nullité des actes faits par le débiteur depuis la date de cessation des paiements ne peut être exercée que par l'administrateur, le représentant des créanciers, le liquidateur ou le commissaire à l'exécution du plan. »

> Le juge-commissaire, statuant dans le cadre de la vérification des créances, est incompétent pour annuler un acte accompli pendant la période suspecte.

• Com. 28 sept. 2004, n° 02-19.500, NP

* V. s^s n° 822.21

« Il n'entre pas dans les attributions du juge de la vérification des créances de prononcer la nullité d'un acte intervenu en période suspecte. »

> L'action en nullité de la période suspecte ne se prescrit pas par l'écoulement du délai de la prescription commerciale, cette dernière étant seulement applicable aux obligations nées à l'occasion de leur commerce entre

commerçants ou entre non-commerçants. L'action est ainsi recevable tant que ses titulaires sont en fonction.

• **Com. 21 sept. 2010,** n° 08-21.030, *Bull. civ.* IV, n° 140

* V. s[s] n° 822.31

> Le débiteur est privé du droit de former un pourvoi en cassation dans le cadre d'une action en nullité de la période suspecte, serait-il redevenu maître de ses droits, du fait de l'adoption de son plan de redressement.

• **Com. 2 déc. 2014,** n° 13-24.308, *Bull. civ.* IV [à paraître]; n° 1074 F-P+B

* V. s[s] n° 822.51

822.03 **Bibliographie indicative.** (V. les références complètes s[s] n° 031 – Aussi s[s] n° 820.03).

> **Ouvrages postérieurs à la loi de sauvegarde des entreprises.** COQUELET, 5e éd., 2015, n°s 354, 355 – GIBIRILA, n°s 435 à 437 – JACQUEMONT ET VABRES, 9e éd., n°s 658, 659 – LE CANNU, 7e éd., n°s 617 à 621 – LIENHARD, 6e éd., n°s 117.12 à 117.18, 117.23 – PÉROCHON, 10e éd., n°s 1469 à 1471 – PÉTEL 8e éd., n° 371 – ROUSSEL GALLE, 2e éd., n° 579 – SAINT-ALARY-HOUIN, 9e éd., n°s 1167 à 1170 – VALLANSAN *ET ALII*, 6e éd., p. 342 à 345 – VALLENS, 2015, n°s 3607 à 3610, 3612, 3613, 3621 – VIDAL et GIORGINI, n°s 1113, 1114 – VOINOT, 2e éd., n°s 491 à 493.

822.04 **Question essentielle.**

• Une nullité de la période suspecte peut-elle conduire à remettre en cause une sûreté en présence d'une admission privilégiée de la créance au passif ?

* V. s[s] n° 822.31.

SECTION 822.10
TITULAIRES DE L'ACTION EN NULLITÉ DE LA PÉRIODE SUSPECTE

822.11 **Titulaires de l'action en nullité de la période suspecte sous l'empire de la législation antérieure à la loi du 26 juillet 2005**[1]. Les actions en nullité de la période sont attitrées. Seuls peuvent agir, d'après l'article L. 621-110 du code de commerce (anc[t] L. 25 janv. 1985[2], art. 110), l'administrateur judiciaire, le représentant des créanciers et le liquidateur.

Le commissaire à l'exécution du plan s'est également vu reconnaître, de manière parfaitement prétorienne, qualité pour agir[3]. Le commissaire à l'exécution du plan n'est pas le continuateur de la personne de l'administrateur, ni celle du représentant des créanciers. Pas davantage, il n'a qualité pour administrer l'entreprise. Il n'aurait pas donc pas dû avoir qualité pour agir. Sa qualité à agir est cependant, *a posteriori* serait-on tenté de dire, justifiée eu égard à la vision de la Cour de cassation, qui a fait du commissaire à l'exécution du plan un organe de défense de l'intérêt collectif des créanciers (v. s[s] n° 521.34).

Quoi qu'il en soit, le commissaire à l'exécution ne pourra agir que s'il est encore en fonction lors de l'introduction[4] ou de la poursuite de l'action[5]. S'il n'est plus en fonction, il ne peut pas solliciter la désignation d'un mandataire *ad hoc* pour poursuivre l'action, même si la solution contraire est parfois retenue[6]. En revanche, avant la fin de sa mission, il peut solliciter la nomination d'un mandataire *ad hoc* pour continuer l'action engagée.

Encore faut-il qu'il soit le commissaire à l'exécution du plan de la société, partie à la transaction, non celui d'une société contrôlant la société partie à la transaction[7]. L'article L. 622-14 du code de commerce (anc[t] L. 25 janv. 1985, art. 153-4) rendant applicables à la liquidation judiciaire les dispositions des articles L. 621-107 et suivants (anc[t] L. 25 janv. 1985, art. 107 s.) justifie la solution.

Il importe toutefois d'indiquer que la jurisprudence décide qu'un organe de la seconde procédure ouverte après résolution du plan ne pourra agir en nullité pour des actes accomplis avant l'ouverture de la première procédure, que le plan résolu soit un plan de cession[8] ou de continuation[9].

En outre, si le commissaire à l'exécution du plan intervient à une transaction, il ne peut ensuite engager une action tendant à la nullité de cette transaction, de sorte que le liquidateur ne peut ensuite continuer l'instance[10].

Si le résultat de l'action ne fait pas difficulté en plan de continuation, en revanche, en plan de cession, certains auteurs considèrent que le produit de

1. L. n° 2005-845, 26 juill. 2005, *JO* 27 juill., p. 12187.
2. L. n° 85-98, 25 janv. 1985, *JO* 26 janv., p. 1097.
3. Com. 8 juin 1999, *LPA* 8 juill. 1999, p. 9; *Act. proc. coll.* 1999, n° 166, obs. Vallansan – Com. 15 oct. 2013, n° 12-23.966, NP; n° 985 F-D; *Rev. proc. coll.* 2015, comm. 121, note Blanc.
4. Com. 1er févr. 2000, n° 96-21.469, NP, *RTD com.* 2001. 215, obs. Saint-Alary-Houin.
5. Com. 12 juin 2001, *Act. proc. coll.* 2001, n° 196; *RD banc. fin.* 2002, n° 19, obs. Lucas; *Rev. proc. coll.* 2002, p. 272, n° 1, obs. Blanc.
6. Lyon, 3e ch., 8 sept. 2005, *Rev. proc. coll.* 2006/3, p. 275, n° 1, obs. Blanc.
7. Paris, 3e ch. B, 28 sept. 2001, *RTD com.* 2002. 153, n° 2, obs. Saint-Alary-Houin.
8. Com. 13 nov. 2007, n° 05-13.248, *Bull. civ.* IV, n° 243; *D.* 2007. AJ 3011, obs. Lienhard; *D.* 2008. Pan. 573, obs. Lucas; *JCP E* 2008. Chron. 1432, n° 8, obs. Pétel; *Rev. proc. coll.* 2008, n° 65, note Blanc; *RTD com.* 2008. 868, n° 17, obs. Martin-Serf; *LXB hebdo* 20 déc. 2007, n° 286, n° N4170BDS, note Le Corre.
9. Paris, 3e ch. A, 3 juill. 2007, RG n° 06/11053, *Act. proc. coll.* 2007, n° 189, note approb. Vallansan; *Rev. proc. coll.* 2008, n° 65, note Blanc.
10. Com. 24 mars 2009, n° 08-11.264, NP; n° 281 F-D.

l'action doit profiter au cessionnaire[1]. La solution ne semble pas pouvoir être suivie, car elle participe d'une confusion entre l'entreprise et le débiteur. Le produit de l'action ne profite pas à la première, mais au second. Il faut donc plutôt décider que le produit de l'action fera partie des biens non intégrés au plan de cession, à répartir en conséquence entre les créanciers selon les modalités de la liquidation judiciaire (C. com., art. L. 621-83, al. 4 [anc[t] L. 25 janv. 1985, art. 81, al. 4]).

On remarquera ici, contrairement à l'action en report de la date de cessation des paiements, que ni le tribunal, ni le procureur ne peuvent agir. La qualité n'est pas reconnue au juge-commissaire[2].

Un créancier, même s'il y a intérêt, n'a pas davantage qualité pour agir[3], fût-il contrôleur[4]. Cette qualité a été déniée à l'AGS voulant faire annuler un contrat de travail[5] ou la clause d'un contrat de travail accordant trois mois de préavis au salarié[6] ou faire annuler les modifications apportées au contrat de travail[7]. Il ne peut, par voie d'exception, soulever le moyen tiré de la nullité de l'acte[8], solution applicable à tout intéressé, par exemple à une caution[9] ou à l'avaliste d'un billet à ordre[10]. N'ayant pas qualité pour agir en nullité, fort logiquement, il est tout aussi irrecevable à solliciter une expertise sur les opérations susceptibles d'être concernées par l'action en nullité[11].

Le débiteur, qui n'a pas plus qualité à agir[12], ne pourra davantage soulever l'exception de nullité pour refuser de remplir son obligation[13]. La solution vaut même après clôture de sa procédure[14].

Le débiteur du débiteur[15], par exemple le débiteur cédé d'une cession de créance professionnelle[16], et le cocontractant du débiteur[17] se voient également fermer l'action. Par voie de conséquence, le débiteur cédé est irrecevable à former une tierce opposition contre le jugement ayant rejeté la demande de nullité formée par le liquidateur[18], certaines juridictions posant toutefois, de manière critiquable, une solution contraire[19]. La jurisprudence justifie la solution par le caractère de nullité relative[20]. À la vérité, l'action en nullité de la période suspecte est une nullité de protection, non pas du débiteur, mais de l'entreprise. Il s'agit de défendre les forces vives de l'entreprise et c'est pourquoi le caractère relatif de la nullité est sujet à critiques[21].

Notons que, une fois la nullité prononcée, toute personne intéressée peut s'en prévaloir[22].

822.12 Titulaires de l'action en nullité de la période suspecte sous l'empire de la législation issue de la loi du 26 juillet 2005. La loi du 26 juillet 2005[23] reprend, à l'article L. 632-4, la liste des personnes pouvant engager l'action en nullité de la période suspecte, en ajoutant à cette liste le ministère public, ce qui va dans le sens de la législation du 26 juillet 2005, d'associer encore plus étroitement le ministère public aux procédures collectives. Elle substitue au vocable « représentant des créanciers » celui de « mandataire judiciaire », mais en visant aussi, alors que la disposition est posée pour le redressement judiciaire, le liquidateur.

1. DERRIDA *ET ALII*, n° 256 – J.-CL. COM., Saint-Alary-Houin et Monsérié-Bon, fasc. 2515, [Redressement et liquidation judiciaires – Action en nullité], n° 15.
2. Paris, 7 avr. 1992, *Rev. proc. coll.* 1994, 256, n° 12, obs. Lemistre.
3. Com. 5 oct. 1993, *Rev. proc. coll.* 1994, p. 256, n° 12, obs. Lemistre – Com. 1er avr. 1997, n° 94-12.990, NP, *D. Affaires* 1997. 611.
4. PÉROCHON ET BONHOMME, 6e éd., n° 251.
5. Soc. 2 déc. 2009, n° 08-43.104, *Bull. civ.* IV, n° 269; *Act. proc. coll.* 2010, n° 46, note Fin-Langer – Dijon, ch. soc., 29 janv. 2009, RG n° 08/00329, *Act. proc. coll.* 2010, n° 191.
6. Douai, 31 oct. 2002, *Rev. proc. coll.* 2004, p. 70, n° 3, obs. Blanc.
7. Soc. 13 févr. 2008, n° 06-44.234, NP; n° 294 F-D; *Gaz. proc. coll.* 2008/2, p. 37, n° 1, note Duprat.
8. Com. 1er avr. 1997, n° 94-12.990, NP, *Rev. proc. coll.* 1998, 209, n° 15, obs. Lemistre – Com. 6 mai 1997, n° 94-16.133, *Bull. civ.* IV, n° 120; *D.* 1997. Somm. 313, obs. Honorat; *D. Affaires* 1997. 735; *RTD com.* 1999. 202, obs. Martin-Serf.
9. Com. 25 févr. 2004, n° 01-17.599, NP, *Rev. proc. coll.* 2004, p. 382, n° 1, obs. Blanc.
10. Com. 25 nov. 1997, n° 95-18.692, *Bull. civ.* IV, n° 306; *JCP E* 1998, n° 4, p. 102.
11. Com. 26 avr. 2000, n° 97-20.656, *Bull. civ.* IV, n° 83; *D.* 2000. AJ 267, obs. Lienhard; *JCP E* 2000. Pan. 1019; *RTD com.* 2000. 728, obs. Vallens; *RTD com.* 2001. 235, obs. Martin-Serf; *D.* 2001. Somm. 621, obs. Honorat; *Bull. Joly* 2000, n° 189, note Menjucq; *Rev. proc. coll.* 2002, p. 272, n° 1, obs. Blanc.
12. Com. 12 juin 2001, n° 98-18.284, NP, *D.* 2001. AJ 2034, obs. Lienhard; *RJDA* 2001/12, n° 1237 – Com. 22 nov. 1994, n° 93-15.425, NP.
13. Versailles, 13e ch., 9 avr. 1998, *RJDA* 1998/11, n° 1269, p. 951.
14. Com. 12 juin 2001, n° 98-18.284, préc.
15. Com. 1er avr. 1997, n° 94-12.990, NP.
16. Com. 4 juill. 2000, n° 97-21.528, NP, *Act. proc. coll.* 2000, n° 192.
17. Com. 12 juin 2001, *RJDA* 2001/12, n° 1236; *Rev. proc. coll.* 2002, p. 272, n° 1, obs. Blanc.
18. Com. 18 janv. 2011 n° 09-71.071, *Bull. civ.* IV, n° 5; *D.* 2011. 302, note Lienhard; *Gaz. Pal. entr. diff.* 1-2 avr. 2011, p. 34, note Russel Galle; *Act. proc. coll.* 2011, n° 64, note Fricero; *BJ* 2011. 210, note Sautonie-Laguionie; *Rev. proc. coll.* 2011, n° 130 note G. Blanc; *RTD com.* 2012. 619, n° 7, obs. Martin-Serf.
19. Colmar, 1re ch. A, 5 mai 2009, RG n° 1A08/00280, *Rev. proc. coll.* 2010, n° 26, note Blanc.
20. Com. 1er avr. 1997, n° 94-12.990, NP, *D. Affaires* 1997, 611.
21. AINSI : PÉROCHON, 10e éd., n° 1467.
22. Crim. 3 juin 1997, n° 96-83.855, NP, *D. Affaires* 1997, 860; *RTD com.* 1999 202, obs. Martin-Serf.
23. L. n° 2005-845, 26 juil. 2005, préc.

Le texte nouveau de l'article L. 632-4 du code de commerce, tel qu'issu de l'ordonnance de réforme du 18 décembre 2008[1] (art. 89), ajoute également à la liste le commissaire à l'exécution du plan, en consacrant la solution jurisprudentielle. Il supprime logiquement, en phase de redressement judiciaire, le visa du liquidateur.

En revanche, le texte nouveau introduit une nouvelle malfaçon. En effet, aucune disposition spéciale n'est posée pour la liquidation judiciaire. L'article L. 641-14, alinéa 1 du code de commerce se contente en effet d'indiquer que « les dispositions du chapitre II du titre III du présent livre relatives aux nullités de certains actes s'appliquent à la procédure de liquidation judiciaire ». Il oublie de préciser que le liquidateur exerce alors les fonctions dévolues au mandataire judiciaire, alors qu'il n'y a, en revanche, pas de difficulté à reconnaître le droit d'agir, en liquidation judiciaire, à l'administrateur judiciaire. Ayant eu à connaître de cette difficulté, la Cour de cassation a jugé que, aux termes des articles L. 632-4, L. 641-4 et L. 641-14 du code de commerce, le liquidateur exerce les fonctions dévolues au mandataire judiciaire, lequel a qualité pour agir en nullité d'un acte accompli en période suspecte[2].

Il faut en outre tenir compte des pouvoirs nouveaux reconnus aux contrôleurs. Dès lors que cette action attitrée n'est pas mise en œuvre par l'un de ses titulaires, cela signifie que le mandataire judiciaire est resté inactif. Un contrôleur, en application de l'article L. 622-20, alinéa 1, auquel renvoient en redressement judiciaire l'article L. 631-14, I (devenu C. com., art. L. 631-14, al. 1, réd. ord. 18 déc. 2008) et en liquidation judiciaire l'article L. 641-1, II alinéa 4 (devenu al. 5, réd. ord. 18 déc. 2008), nous semblait dès lors avoir qualité pour agir en nullité de la période suspecte, car cette action participe de la défense de l'intérêt collectif des créanciers[3]. L'opinion contraire avait toutefois été soutenue, au motif que cette action dépasse le cadre de la seule défense des intérêts des créanciers[4]. Saisie pour avis, la Cour de cassation a estimé que le contrôleur peut se substituer au mandataire judiciaire défaillant, après une mise en demeure infructueuse, pour agir en extension de la procédure collective, même si l'action en extension sur le fondement de la confusion des patrimoines n'a pas exclusivement pour objet la défense de l'intérêt collectif des créanciers[5].

Indiquons qu'un amendement avait été présenté à l'Assemblée nationale pour permettre aux salariés, par l'intermédiaire de leurs représentants, d'agir en nullité de la période suspecte[6]. Cet amendement a été rejeté, au motif que « l'action en nullité n'appartient pas à une catégorie particulière de créanciers, fût-elle, comme c'est le cas des salariés, très intéressée à l'issue des procédures, de représenter la collectivité »[7]. De même, l'AGS n'a pas qualité à agir pour faire annuler un contrat de travail sur le fondement des nullités de la période suspecte[8].

SECTION 822.20

INSTANCE EN NULLITÉ DE LA PÉRIODE SUSPECTE

822.21 Juridiction compétente – L'action en nullité de la période suspecte, action née de la faillite. L'action ne saurait exister sans l'ouverture de la procédure collective. Il faut donc décider que cette action est de la compétence exclusive du tribunal d'ouverture de la faillite[9], porterait-elle sur l'annulation d'une mesure d'exécution[10], ou d'une

1. Ord. n° 2008-1345, 18 déc. 2008, *JO* 19 déc., p. 19462.
2. Com. 1er avr. 2014, n° 13-14.086, *Bull. civ.* IV, n° 65; n° 348 F-P+B; *D.* 2014, actu 859, note Lienhard; *Gaz. Pal.* 29 juin 2014, p. 27, note Voinot 31, note Roussel Galle; *JCP E* 2014. 1346, note Lebel; *Bull. Joly sociétés* 2014, 412, note Brignon; *RTD com* 2014, 695, n° 7, note Martin-Serf; *Rev. proc. coll* 2015, comm. 121, note Blanc; *Defrénois* 2015. 246, note Vauvié.
3. EN CE SENS AUSSI : PÉROCHON, 1re éd., n° 1469 – VALLENS, 2015, n° 3607 – SAINT-ALARY-HOUIN, 7e éd., n° 1053 – LE CANNU, 7e éd., n° 618 – VALLANSAN *ET ALII*, 5e éd., p. 312 – LIENHARD, 6e éd., n° 117.13 – VOINOT, n° 579 – Wicker, « La période suspecte après la loi de sauvegarde des entreprises », *Rev. proc. coll.* 2006/1, p. 12 s, sp. p. 15, *n° 27 – J.-CL. COM.*, Saint-Alary-Houin et Monsérié-Bon., fasc. 2502, [Nullités de droit et nullités facultatives – Notion – Actions voisines (action paulienne, abus de droit) – Exercice de l'action et conséquences], 2012, n° 43.
4. Vinckel, « Le nouveau régime de la période suspecte dans la loi n° 2005-845 du 26 juillet 2005 et le décret n° 2005-1677 du 28 décembre 2005 : une réforme en trompe l'œil », *JCP E* 2006, n° 1118, n° 15 – RÉP. COM., Martin-Serf, « Entreprise en difficulté (nullités de la période suspecte) », 2006, n° 48.
5. Cass., avis, 3 juin 2013, n° 13-70.003, *Bull. avis*, n° 9; *D.* 2013, pan. 2366, note Lucas; *Rev. proc. coll.* 2013, études 18, concl. av. gén. Bonhomme; *Act. proc. coll.* 2013/12, comm. 167, note Cagnoli; *Rev. sociétés* 2013. 520, note Roussel Galle; *Bull. Joly* sept. 2013, p. 578, note Parachkévova; *Rev. proc. coll.* 2013, comm. 117, note Saintourens; *RDBF* sept. 2013, comm. 168, note Houin-Bressand; *Dr. sociétés* 2013, comm. 166, note Legros; *LXB hebdo* n° 347, 18 juill. 2013, note Le Corre.
6. Amend. n° 508, Interv. Michel Vaxès, *JOAN CR*, 3e séance du 8 mars 2005, p. 1775.
7. Interv. Philippe Houillon, *JOAN CR*, 3e séance du 8 mars 2005, p. 1776.
8. Soc. 2 déc. 2009, n° 08-43.104, *Bull. civ.* IV, n° 269.
9. Com. 7 avr. 2009, n° 08-16.884, *Bull. civ.* IV, n° 51; *D.* 2009. AJ 1138, obs. Lienhard; *Gaz. proc. coll.* 2009/3, p. 31, n° 5, note Roussel Galle; *Act. proc. coll.* 2009, n° 150, note Rolland – Poitiers, ch. civ., 2e sect., 30 mars 1999, *Rev. proc. coll.* 2003, p. 150, n° 1, obs. Blanc – Paris, 5e ch. A, 29 mars 2006, RG n° 05/20964.
10. Paris, 3e ch. B, 20 déc. 2007, RG n° 07/14822, *D.* 2008. AJ 222; *Act. proc. coll.* 2008/6, n° 100; *RTD com.* 2008. 421, n° 5, obs. Martin-Serf.

mesure conservatoire[1], et même si elle fait l'objet d'une demande subsidiaire[2]. Pourtant, curieusement, les juridictions saisies, par exemple le conseil des prud'hommes[3], ou le juge des référés[4], ne relèvent pas systématiquement leur incompétence.

La contestation de la compétence suppose un contredit, de sorte que la cour d'appel, statuant comme juge d'appel du juge de l'exécution, ne peut connaître de la question de compétence[5].

Le tribunal de grande instance statuant en référé serait ainsi incompétent pour se prononcer sur une demande de nullité d'inscription de nantissement prise en période suspecte[6]. Le juge-commissaire est identiquement incompétent[7]. Il commet un excès de pouvoir à se reconnaître compétent, ce qui ouvre, à l'encontre du jugement statuant sur opposition, la voie de recours de l'appel-nullité[8], l'appel réformation étant fermé, sous l'empire de la législation antérieure à la loi de sauvegarde des entreprises. Depuis la loi de sauvegarde, le jugement statuant sur le recours à l'encontre d'une ordonnance du juge-commissaire est, par principe, susceptible d'appel.

L'action ne saurait spécialement être greffée sur la vérification du passif, comme on peut parfois le constater en pratique[9]. En effet, « il n'entre pas dans les attributions du juge de la vérification des créances de prononcer la nullité d'un acte intervenu en période suspecte »[10]. Peu importe, même si l'inverse a été jugé[11], que la nullité ne soit invoquée que par voie d'exception par un mandataire de justice dans le cadre d'une instance d'appel d'une ordonnance d'admission au passif. En effet, soit l'argument a été développé devant le juge-commissaire dans le cadre de la vérification du passif et il était alors irrecevable. Soit l'argument n'a pas été développé devant le juge-commissaire et il est tout aussi irrecevable car il s'agit d'une demande nouvelle formulée pour la première fois en cause d'appel.

Il faut toutefois combiner le caractère d'ordre public de la compétence du tribunal de la faillite pour connaître d'une action en nullité de la période suspecte avec l'introduction d'un litige devant la juridiction de droit commun pour en connaître, lorsque ces deux instances sont connexes. En ce cas, chacune des deux juridictions saisies doit conserver la connaissance de l'affaire qui est lui soumise. Il en est ainsi en cas de discussion devant le tribunal de grande instance sur la qualification d'un acte qualifiée de cession de créance, dont il était prétendu qu'il s'agissait en réalité d'une délégation de créance, et dont la nullité sur le fondement des nullités de la période suspecte était recherchée devant le tribunal de la faillite[12]. Le tribunal de grande instance, en l'occurrence, appréciera la qualification de l'acte. Dans un second temps, le tribunal de la faillite estimera si l'acte ainsi qualifié est ou non soumis aux nullités de la période suspecte.

En introduisant une action en nullité de la période suspecte, le liquidateur ne se substitue pas au débiteur dessaisi pour agir en son nom, mais exerce une action au nom et dans l'intérêt collectif des créanciers. Il en résulte que la clause compromissoire stipulée à l'acte litigieux - un contrat de franchise - est inapplicable au litige[13].

822.22 Déroulement de l'instance en nullité de la période suspecte. La demande de nullité de la nullité de la période suspecte est formée par voie d'assignation.

Doit être attrait devant le tribunal de la faillite, celui qui a passé l'acte avec le débiteur ou, depuis la loi de sauvegarde des entreprises, celui qui a pratiqué la mesure conservatoire ou la mesure d'exécution.

Le débiteur n'a même pas à être mis en cause dans l'instance en nullité[14], alors même qu'il aurait retrouvé, après arrêté de son plan, tous ses pouvoirs[15].

Le tribunal doit statuer au vu du rapport du juge-commissaire.

1. Paris, pôle 1, 5e ch., ord., 17 déc. 2009, RG no 09/20628, *Rev. proc. coll.* 2010, no 223, note Blanc – Poitiers, 30 mars 1999, *Rev. proc. coll.* 2003, 150, no 1, note Blanc.
2. Paris, 3e ch. A, 25 nov. 2003, RG no 01/16163.
3. Metz, 2 févr. 2009, RG no 06/01785, *Rev. proc. coll.* 2010, no 19, note Blanc.
4. Reims, ch. civ., 1re sect., 14 déc. 2009, RG no 09/01032, *Rev. proc. coll.* 2010, no 223, note crit. Blanc.
5. Lyon, 6e ch., 20 nov. 2014, RG no 09/07304, *JurisData* 028755, *Rev. proc. coll.* 2015, comm. 129, note Blanc.
6. TGI Paris, réf., 4 juill. 1988, *Rev. proc. coll.* 1989, 222, obs. Guyon.
7. Douai, 8e ch., 11 sept. 1997, *Gaz. Pal.* 6-7 mars 1998, Jur. 4 – Versailles, 13e ch., 5 sept. 2002, *D.* 2003. Jur. 897, note Sortais – *Adde*, SAINT-ALARY-HOUIN, 9e éd., no 1170 – *DERRIDA ET ALII, no 350 – VALLENS, 2015, no* 3607.
8. Com. 24 mars 2004, no 01-01.358, NP.
9. Paris, 3e ch. A, 30 avr. 1990, cité dans DERRIDA *ET ALII*, note 1449 – Chambéry, 13 mars 1995, *Rev. proc. coll.* 1997, 83, obs. Mestre et Laude.
10. Com. 28 sept. 2004, no 02-19.500, NP, *LXB* no N3156ABI, note Le Corre – *Adde*, Versailles, 5 sept. 2002, *Rev. proc. coll.* 2004, p. 383, no 3, obs. Blanc.
11. Paris, 24 mars 1995, *Rev. proc. coll.* 1997, 83, obs. Mestre et Laude.
12. Com. 7 avr. 2009, no 08-16.884, préc.
13. Com. 17 nov. 2015, no 14-16.012, *Bull. civ.* IV [à paraître]; no 988 F-P+B; *D.* 2015, actu 2439, note Lienhard; *Gaz. Pal.* 12 avr. 2016, no 14, p. 68, note Roussel Galle; *Act. proc. coll.* 2015/20, comm. 319, note Fin-Langer; *Rev. sociétés* 2016. 198, note Roussel Galle; *JCP E* 2016. 1135, note Lebel; *BJE* 2016, 121, note Vidal; *Rev. proc. coll.* 2016, comm. 47, note Reille.
14. Com. 3 juin 1997, no 96-13.098, NP, *Rev. proc. coll.* 1998, 209, no 15, obs. Lemistre.
15. Com. 3 juin 1997, no 96-13.098, NP, préc. (v. ss prést no).

SECTION 822.30

ABSENCE DE DÉLAI DE L'ACTION EN NULLITÉ DE LA PÉRIODE SUSPECTE

822.31 Absence de délai de l'action en nullité de la période suspecte – Limite tenant à l'autorité de la chose jugée. Cette action en nullité, qui n'est pas ouverte aux parties à une convention, et qui ne peut donc être qualifiée de relative [1], ne se prescrit pas dans le délai quinquennal de l'article 1304 du code civil [2]. Elle ne se prescrit pas davantage par l'écoulement du délai de la prescription commerciale, cette dernière étant seulement applicable aux obligations nées à l'occasion de leur commerce entre commerçants ou entre non-commerçants [3]. L'action est ainsi recevable tant que ses titulaires sont en fonction [4]. La seule limite qui existera tiendra donc à la disparition de la qualité des organes ayant qualité pour exercer l'action [5], encore qu'il ait été soutenu, de manière contestable, nous semble-t-il, que l'action restait recevable même après clôture de la procédure [6]. Seul le ministère public pourrait alors agir. Il n'y a, en revanche, pas d'obstacle à l'engagement de l'action dans le cadre d'une reprise de la procédure, une action dans l'intérêt collectif des créanciers n'ayant pas été engagée, mais, en pratique, le créancier qui sollicitera de l'ancien liquidateur l'engagement d'une telle action devra se montrer convaincant et avancer les frais de l'instance.

Il importe peu que l'action soit intentée avant l'expiration du délai de relevé de forclusion. Sans doute, l'exercice de cette action au-delà du délai de relevé de forclusion sera-t-elle source de problèmes sérieux pour le créancier astreint, le cas échéant, du fait de la nullité, à déclarer au passif sa créance (v. s^s^ n° 825.11). Cependant, faute de texte contraire, il est impossible d'enfermer l'action dans le délai annal du relevé de forclusion.

L'admission de la créance pourra constituer, pour une raison tirée de l'autorité de la chose jugée, une date butoir à l'exercice de l'action. En effet, l'admission de la créance est une véritable décision de justice qui, une fois à l'abri des voies de recours, est dotée de l'autorité de la chose jugée. C'est pourquoi il a justement été recommandé que le mandataire de justice qui envisage de lancer une action en nullité de la période suspecte sollicite un sursis à statuer dans le cadre de l'admission de la créance, jusqu'à la solution du litige relatif à la nullité de la période suspecte [7] et, le cas échéant, demande un nouveau délai pour vérifier les créances [8]. Certaines causes de nullité de la période suspecte – contrat commutatif déséquilibré, sûreté constituée en garantie d'une créance antérieure – contrarient en effet ouvertement la décision d'admission de la créance. Dans l'hypothèse du contrat commutatif déséquilibré, l'annulation conduirait, par voie de conséquence, à anéantir la créance, laquelle aurait pourtant été préalablement admise par décision définitive. De la même façon, l'anéantissement de la sûreté réelle conduirait à disqualifier la créance en créance chirographaire alors que l'admission serait intervenue à titre privilégié.

Fort logiquement, la jurisprudence décide que l'autorité de la chose jugée attachée à la décision d'admission de la créance par le juge-commissaire fait obstacle au jeu de la nullité de la période suspecte [9].

Il en ira spécialement ainsi de l'admission à titre privilégié qui fera obstacle à l'anéantissement ultérieur de la sûreté [10].

De même, l'autorité de la chose jugée attachée à l'admission de la créance au passif fait obstacle à la toute demande d'annulation des actes qui en constituent le fondement, par exemple des cessions de créance [11].

L'autorité de la chose jugée attachée à l'admission de la créance au passif empêche la remise en cause du jeu de la compensation, qui conduit à réduire, à due concurrence, l'admission de la créance [12]. Identiquement, dès lors que la créance est relative à un solde fusionné de deux comptes, l'autorité de la chose jugée liée à l'admission au passif interdit toute demande d'annulation de l'acte qui en consti-

1. Reille, note s^s^ Com. 21 sept. 2010, n° 08-21.030, *Act. proc. coll.* 2010, n° 261.
2. PARIS, 2e ch. B, 20 déc. 2007, RG n° 07/2896.
3. Com. 30 mars 2010, n° 08-17.556, NP; n° 372 F-D; *D.* 2010. 1017, note Lienhard; *Gaz. Pal. entr. diff.* 2-3 juill. 2010, n°s 183, 184, p. 31, note Roussel Galle; *RTD com.* 2010. 432, n° 12, note Vallens; *RTD com.* 2010. 614, n° 7, obs. Martin-Serf; *Rev. proc. coll.* 2010, n° 225, note Blanc.
4. Com. 21 sept. 2010, n° 08-21.030, *Bull. civ.* IV, n° 140; *D.* 2010. Actu. 2221, obs. Lienhard; *Gaz. Pal. entr. diff.* 7-8 janv. 2011, p. 37, note Roussel Galle; *Act. proc. coll.* 2010, n° 261, note Reille; *LPA* 20 déc. 2010, n° 252, p. 13 note Zattara-Gros; *JCP E* 2010, n° 1946, note Reifegerste *JCP E* 2011. Chron. 1030, n° 8, obs. M. Cabrillac; *BJE* 2011 136, note Delattre; *RTD com.* 2011. 797, n° 10, ob Vallens; *Rev. sociétés* 2011. 311, note Bellot; *RTD co* 2011. 419, n° 7, obs. Martin-Serf.
5. VALLENS, 2015, n° 3610.
6. PÉROCHON, 10e éd., n° 1471.
7. IFPPC 1999, recomm. n°s 1101-5, 1101-6, 5011, 6001-4, 6033-5, p. 26, 105, 124 et 162.
8. IFPPC 1999, recomm. n°s 1101-6, 5011, 6001-4, 6033-5, p. 26, 105, 124 et 162.
9. Com. 12 nov. 1991, n° 89-19.454, *Bull. civ.* IV, n° 342; *D.* 1992. Somm. 183, obs. Honorat; *JCP E* 1992. I. 136, n° 13, obs. M. Cabrillac et Pétel; *RTD com.* 1992. 692, obs. Martin-Serf – Com. 5 avr. 2011, n°s 10-14.211, 10-30.593, NP; n° 358 F-D; *Gaz. Pal.* 9 juill. 2011, n° 189, p. 29, note Le Corre-Broly; *RTD com.* 2011. 799, n° 8, obs. Martin-Serf.
10. Paris, 3e ch. B, 20 févr. 2004, RG n° 03/08508.
11. Com. 5 avr. 2011, n°s 10-14.211, 10-30.593, préc.
12. Com. 17 juin 1997, n° 94-21.865, NP, *Rev. proc. coll.* 1998, 209, n° 14, obs. Lemistre.

tue le fondement. Il n'est dès lors plus possible de remettre en cause la fusion des deux comptes[1].

Au contraire, si l'action en nullité n'a pas pour effet d'atteindre l'autorité de la chose jugée attachée à l'admission de la créance, elle est parfaitement recevable. À cet égard, on rappellera que la matière litigieuse, dans le domaine de l'admission de la créance au passif, seule couverte par l'autorité de la chose jugée, tient à l'existence, au montant et à la nature de la créance. Aussi, dès lors que la question soumise à la juridiction n'affecte pas cette matière litigieuse, l'action en nullité peut prospérer, nonobstant l'admission de la créance au passif[2]. Il en sera ainsi de la nullité des remises en compte-courant opérées de façon anormale par le débiteur pendant la période suspecte, l'admission n'ayant pas pour effet de réputer réguliers les paiements qui auraient fait diminuer, pendant la période suspecte, le solde débiteur, alors que la banque avait connaissance de l'état de cessation des paiements de son cocontractant[3]. De façon générale, la décision du juge-commissaire ne fera pas obstacle à la remise en cause de paiements, qui viennent minorer, à due concurrence, le montant de l'admission[4].

SECTION 822.40
PUBLICATION ÉVENTUELLE DE L'ASSIGNATION EN NULLITÉ DE LA PÉRIODE SUSPECTE

822.41 Remise en cause d'un droit soumis à publication à la conservation des hypothèques. Si l'action en nullité a pour objet de remettre en cause un droit soumis à publication à la conservation des hypothèques, l'assignation doit, à peine d'irrecevabilité, également faire l'objet d'une publication[5]. La solution n'est toutefois pas applicable en Nouvelle-Calédonie[6].

Il en ira spécialement ainsi des actes translatifs de propriété immobilière à titre gratuit, des sûretés réelles immobilières constituées en garantie d'une créance antérieure, qu'elles soient judiciaires[7] ou conventionnelles[8], de paiements qui interviendraient par mode anormal, telle une dation en paiement ayant pour objet un immeuble, ou encore de contrats commutatifs déséquilibrés portant sur un droit immobilier.

En l'absence de publication de l'assignation en nullité à la conservation des hypothèques, la demande de nullité est irrecevable[9]. La solution vaut aussi en Alsace-Moselle, pour la publication de la demande de nullité au Livre foncier (L. 1er juin 1924, art. 38-4)[10]. La Cour de cassation a jugé que l'irrecevabilité introduite par la loi du 4 mars 2002[11] est applicable aux procédures collectives ouvertes antérieurement car elle répond à « un impérieux motif d'intérêt général »[12].

Il ne peut tout à la fois être affirmé que la demande de nullité est irrecevable et que la vente serait nulle à l'égard de l'un des deux acquéreurs. En outre, si la demande de nullité de la vente immobilière est irrecevable, la revente du bien par l'acquéreur à un sous-acquéreur reste valable. L'indivisibilité de l'objet du litige justifie ces solutions[13].

La fin de non-recevoir tirée de l'absence de publication de l'assignation en nullité peut être régularisée par la publication du jugement prononçant l'annulation et contenant la mention de l'assignation. Ainsi, devant la cour d'appel, la fin de non-recevoir a disparu[14]. La solution apparaît souple, car cela revient à assimiler, d'une manière critiquable à

1. Com. 5 avr. 2011, nos 10-14.211, 10-30.593, préc.
2. Com. 8 juin 1999, no 96-22.071, *Bull. civ.* IV, no 123; *Act. proc. coll.* 1999, 166; *D. Affaires* 1999. 1117, obs. Avéna-Robardet; *LPA* 1999, no 135, p. 9, note P. M.; *RTD com.* 2000. 183, obs. Martin-Serf; *D.* 1999. Somm. 352, obs. Honorat; *Rev. proc. coll.* 2002, p. 274, no 3, obs. Blanc – Com. 7 déc. 1999, no 96-18.141, *Bull. civ.* IV, no 221; *Act. proc. coll.* 2000, no 12; *D.* 2000. AJ 32, obs. Lienhard; *JCP E* 2000. Chron. 751, no 3-a-8, obs. M. Cabrillac; *Rev. proc. coll.* 2002, p. 274, no 3, obs. Blanc.
3. Com. 24 oct. 1995, no 94-10.399, *Bull. civ.* IV, no 250; *D.* 1996. 86, note Derrida; *D. Affaires* 1995. 200; *RTD com.* 1996. 344, obs. Martin-Serf; 97, obs. M. Cabrillac – Com. 9 juill. 1996, no 94-18.556, NP, *D.* 1996. IR 185; *D. Affaires* 1996. 1170 – Com. 19 mars 2002, no 99-12.438, NP, *Act. proc. coll.* 2002, no 116; *Rev. proc. coll.* 2003/1, p. 22, no 1, obs. Legrand – Com. 18 févr. 2003, no 00-14.353, NP, *Act. proc. coll.* 2003, nos 117 et 2003/11, no 142, obs. Boulay; *RD banc. fin.* 2003, no 117, obs. Lucas; *Rev. proc. coll.* 2004, p. 69, no 2, obs. Blanc – Paris, 2e ch. B, 20 déc. 2007, RG no 07/2896, *Rev. proc. coll.* 2008, no 158, note Blanc.
4. Com. 17 juill. 2001, no 98-21.197, NP – Com. 25 févr. 2004, no 01-11.281, NP, *Rev. proc. coll.* 2004, p. 384, no 4, obs. Blanc – Com. 16 mars 2010, no 09-11.430, NP; no 315 F-D; *Gaz. Pal. entr. diff.* 2-3 juill. 2010, nos 183, 184, p. 30, note Roussel Galle.
5. IFPPC 1999, recomm. nos 1101-10, 6033-8, p. 26 et 162.
6. Com. 21 sept. 2010, no 08-21.030, préc.
7. Com. 12 avr. 2005, no 03-18.606, *Bull. civ.* IV, no 89; *D.* 2005. AJ 1151, obs. Lienhard; *Act. proc. coll.* 2005, no 122, note Le Bars; *JCP E* 2005. Chron. 1425, no 11, obs. M. Cabrillac; *RTD com.* 2005. 848, no 7, obs. Martin-Serf.
8. Paris, 3e ch. B, 25 sept. 1998, *RTD com.* 2000. 182, obs. Martin-Serf.
. Civ. 3e, 10 juill. 2002, no 98-23.286, NP – Com. 5 juin 2007, nos 06-10.342, 06-13.132, NP; no 826 F-D.
). VALLENS, 2015, no 3612.
. L. no 2002-306, 4 mars 2002, *JO* 5 mars, p. 4166.
. Com. 28 sept. 2004, no 02-14.215, *Bull. civ.* IV, no 164; *D.* 2004. AJ 2623.
Com. 5 juin 2007, nos 06-10.342, 06-13.132, NP; no 826 F-D; *Gaz. proc. coll.* 2007/4, p. 48, note Roussel Galle.
Civ. 3e, 18 nov. 2009, no 08-11.893, *Bull. civ.* IV, no 256, *Act. proc. coll.* 2010, no 25, note Le Bars.

notre sens, la publication de l'assignation à la publication du jugement d'annulation[1].

SECTION 822.50

VOIES DE RECOURS SUR LE JUGEMENT STATUANT EN MATIÈRE DE NULLITÉ DE LA PÉRIODE SUSPECTE

822.51 Droit commun des procédures collectives. Faute de disposition particulière, le droit commun des procédures collectives doit s'appliquer aux voies de recours.

Le créancier pourra en conséquence former appel, dans les dix jours de la notification de la décision prononçant la nullité[2]. Les titulaires de l'action, qui auraient été déboutés, auront les mêmes délais.

Faute de qualité à agir en nullité, le débiteur ne peut interjeter appel d'une décision déboutant le mandataire de justice. Faute d'intérêt à agir, il ne pourra faire appel du jugement faisant droit à l'action du mandataire de justice. Identiquement, il est privé du droit de former un pourvoi en cassation, serait-il redevenu maître de ses droits, du fait de l'adoption de son plan de redressement[3].

Du fait du caractère attitré des actions en nullité de la période suspecte, la tierce opposition est, de manière générale, fermée (v. s^{s} n° 822.11).

Notons qu'il ne sera pas possible, dans le cadre d'un recours contre une décision annulant un acte au titre des nullités de la période suspecte de discuter de la date de cessation des paiements, point de départ de la période suspecte, faute d'exercice d'une voie de recours sur la partie du jugement d'ouverture de la procédure collective fixant la date de cessation des paiements ou du jugement de report de date de cessation des paiements (v. s^{s} n° 233.54).

1. RAPPR. : Le Bars, note s^{s} Civ. 3e, 18 nov. 2009, 8-11.893, *Bull. civ.* IV, n° 256; *Act. proc. coll.* 2010, n°
2. VALLENS, 2015, n° 3613.
3. Com. 2 déc. 2014, n° 13-24.308, *Bull. civ.* IV [à paraître]; n° 1074 F-P+B; *RTD com.* 2015. 159, n° 7, obs. Martin-Serf et 160, n° 8, obs. J.-L. Vallens; *Gaz. Pal.* 2015, jur. 1025, note Lauvergnat; *Rev. proc. coll.* 2015, comm. 121, note Blanc.

CHAPITRE

823. Cas de nullités de droit de la période suspecte

SECTION 0 ORIENTEUR

823.00 Plan du chapitre.

Sect. 823.10 Paiement de dettes non échues
Sect. 823.20 Paiement de dettes échues par mode non communément admis
Sect. 823.30 Actes à titre gratuit nuls de droit
Sect. 823.40 Contrats commutatifs déséquilibrés
Sect. 823.50 Sûretés réelles constituées en garantie d'une créance antérieure
Sect. 823.60 Dépôts et consignations de sommes effectués en application de l'article 2350 du code civil
Sect. 823.70 Mesures conservatoires
Sect. 823.80 *Stock-options*
Sect. 823.90 Constitution d'une fiducie – affectation ou modification d'affectation par un EIRL

823.01 Textes applicables. (V. les références complètes s[s] n° 011).

> Législation antérieure à la loi de sauvegarde des entreprises.
C. com., art. L. 621-107

> Législation issue de la loi de sauvegarde des entreprises.
C. com., art. L. 632-1, L. 641-14, al. 1

> Législation issue de l'ordonnance du 18 décembre 2008.
C. com., art. L. 632-1, L. 641-14, al. 1

823.02 Jurisprudence de référence.

> La concomitance entre la créance et la sûreté s'apprécie par référence à la date de l'acte constitutif.
• Com. 25 oct. 1994, n° 91-14.539, *Bull. civ.* IV, n° 314
* V. s[s] n° 823.52

« Mais attendu, d'une part, qu'après avoir énoncé à bon droit que pour prononcer la nullité d'une hypothèque judiciaire, au regard de l'article 107, 6° de la loi du 25 janvier 1985 [devenu C. com., art. L. 621-107, I, 6°], il y a lieu de rechercher si sa constitution sur les biens du débiteur, qui résulte non de son inscription mais du jugement de condamnation, est postérieure à la date de cessation des paiements, la cour d'appel a constaté que les contraintes avaient été rendues exécutoires par des décisions du président du tribunal des affaires de sécurité sociale des 23 mai et 17 novembre 1986, antérieurement à la cessation des paiements fixée au 6 mars 1987 et en a exactement déduit que les hypothèques judiciaires, même inscrites après cette date, n'étaient pas nulles. »

> La saisie attribution reste valable malgré l'annulation, sur le fondement des nullités de la période suspecte, de la saisie conservatoire.
• Com. 29 avril 2003, n° 00-11.912, *Bull. civ.* IV, n° 63
* V. s[s] n° 823.72

« Ayant constaté que la conversion en saisie attribution a été effectuée avant le jugement d'ouverture de la procédure collective des époux Auroux, la cour d'appel en a exactement déduit que la nullité encourue par la saisie conservatoire, en l'application de l'article 107, 7° de la loi du 25 janvier 1985, devenu l'article L. 621-107-7,7 du code de commerce, n'entraîne pas, en vertu de l'attribution immédiate au saisissant, la nullité de la saisie attribution. »

> L'opération destinée à provoquer une compensation entre la société débitrice et l'un de ses créanciers, telle la vente soudaine de tous les véhicules industriels appartenant à la société débitrice, alors que cet acte n'entre pas dans son objet social, doit être annulée en tant que paiement par mode anormal.
• Com. 13 févr. 2007, n° 05-13.526, *Bull. civ.* IV, n° 36
* V. s[s] n° 823.26

823.03 Bibliographie indicative. (V. les références complètes s[s] n° 031 – Aussi s[s] n° 820.03).

> Actualisables. Avant LSE : J.-CL. COM., Saint-Alary-Houin C. et Monsérié-Bon M.-H., fasc. 2505, [Nullités de droit – Régime des paiements]; fasc. 2507, [Nullités de droit – Libéralités – Actes à titre gratuit – Contrats lésionnaires]; fasc. 2508, [Nullités des sûretés – Nullité des dépôts et consignations – Nullité des mesures conservatoires] – Depuis LSE : J.-CL. COM., Saint-Alary-Houin C. et Monsérié-Bon M.-H., fasc. 2505, [Nullités de droit – Régime des paiements] éd. 2012; fasc. 2507, [Nullités de droit – Libéralités – Actes à titre gratuit – Contrats lésionnaires – Stock-option – Affectation de biens (EIRL)], éd.

2012; fasc. 2508, [Nullités des sûretés – Nullité des dépôts et consignations – Nullité des mesures conservatoires – Nullité du contrat de fiducie], éd. 2012.

> **Ouvrages antérieurs à la loi de sauvegarde des entreprises.** CHAPUT, n°s 563 à 565 – GUYON, n°s 1324 à 1332 – JACQUEMONT, n°s 524 à 542 – KERCKHOVE, n°s 657 à 667 – LE CANNU, n°s 831 à 839 – LE CORRE-BROLY, n°s 186 à 192 – MARTIN ET VALLENS, n°s 3318 à 3352 – PÉROCHON ET BONHOMME, n°s 253 à 260-2 – PÉTEL, n°s 369 à 374 – RIPERT ET ROBLOT, n°s 3114 à 3132 – SAINT-ALARY-HOUIN, n°s 657 à 672 – SOINNE, n°s 1805 à 1849 – VALLANSAN, p. 228 à 233.

> **Ouvrages postérieurs à la loi de sauvegarde des entreprises.** COQUELET, 5e éd., n°s 329 à 347 – GIBIRILA, n°s 440 à 453 – JACQUEMONT ET VABRES, 9e éd., n°s 622 à 647 – LE CANNU, 7e éd., n°s 591 à 608 – LIENHARD, 6e éd., n°s 117.20, 117.27 à 117.39 – PÉROCHON, 10e éd., n°s 1475 à 1493 – PÉTEL 8e éd., n°s 373 à 377 – ROUSSEL GALLE, 2e éd., 2007, n° 577 – SAINT-ALARY-HOUIN, 9e éd., n°s 1140, 1142 à 1159 – VALLANSAN *ET ALII*, 6e éd., p. 334 à 340 – VALLENS, 2015, n°s 3624 à 3647 – VIDAL et GIORGINI, n°s 1095 à 1107 – VOINOT, 2e éd., n°s 475 à 485.

> **Articles.** Arrighi J.-P., « Les nouveaux cas de nullités de la période suspecte », *Gaz. Pal.* 9-10 sept. 2005, n^o sp., p. 9 – Blanc G., « EIRL : nullités de la période suspecte », *Rev. proc. coll.* 2011. Dossier 29 – Djoudi J., « La garantie du solde du compte-courant en période suspecte », *RD banc. fin.* 2010. Dossier 14 – Feugère B., « Le sort d'une remise de dette consentie au cours de la période suspecte du créancier », *JCP E* 2002. Prat. 1040 – Kerckhove E., « Changement de régime matrimonial et protection des créanciers de la faillite », *D.* 1985. Chron. 268 – Leclercq, « quelles conséquences engendre le dépôt de bilan de l'assuré sur le contrat d'assurance-vie ? », *Gaz. Pal.* 2000. 2. Doctr. 1694 – Lefort Ch., « Le sort d'une saisie conservatoire de créances pratiquée antérieurement au jugement d'ouverture d'une procédure collective », *Dr. et proc.* 2003. 204 et 2003. 272 – Martin-Serf A., « Les nullités de la période suspecte, l'avis à tiers détenteur et la loi Dailly », *Rev. proc. coll.* 2000, 167 – Neuville S., « La transaction suspecte (observations sur la notion de transaction au regard des nullités de la période suspecte) », *D.* 2000. Doctr. 571 – Sautonie-Laguionie L., « L'EIRL et les nullités de la période suspecte », *BJE* 2011. 82 – Schmidt D., « La cession de créances professionnelles au regard des articles 107 et 108 de la loi du 25 janvier 1985 », *RD banc. et bourse* 1987. 83 – Teboul G., « La transmission du patrimoine à titre gratuit : les nullités de la période suspecte », *Gaz. Pal.* 2001 Doctr. 1525 – Vauvillé F., « Procédure collective et changement de régime matrimonial », *RJPF* mars 1999, p. 6.

823.04 Questions essentielles.

• Les nullités de la période suspecte peuvent-elles atteindre un contrat de travail ?

* V. s^s n° 823.41.

• Les nullités de la période suspecte peuvent-elles atteindre une convention réglant les effets d'un divorce ?

* V. s^s n° 823.42.

• La saisie attribution peut-elle tomber sous le coup des nullités de la période suspecte ?

* V. s^s n° 823.72.

SECTION 823.10

PAIEMENT DE DETTES NON ÉCHUES

823.11 Paiement de dettes non échues. L'article L. 621-107, I, 3° du code de commerce (anc^t L. 25 janv. 1985[1], art. 107, 3°) répute « nul tout paiement quel qu'en ait été le mode, pour dettes non échues au jour du paiement ». Le texte est repris sans modification par l'article L. 632-1, I, 3° issu de la loi du 26 juillet 2005[2], applicable en redressement judiciaire et auquel renvoie l'article L. 641-14 alinéa 1 pour la procédure de liquidation judiciaire.

Il est ici reproché au créancier d'avoir reçu un paiement de dettes non échues alors que le débiteur est en état de cessation des paiements. Le débiteur, par définition, ne peut plus payer son passif exigible avec son actif disponible et, nonobstant cette impossibilité, paie un créancier dont la créance n'est pas encore exigible. La rupture d'égalité entre les créanciers est ici manifeste.

La preuve que la dette n'était pas échue au jour du paiement incombe au demandeur à l'action en nullité[3].

Seuls des paiements tombent sous le coup de la nullité. Il est ainsi jugé que l'abandon de la quote-part d'un bien immobilier dans le cadre d'une convention réglant les effets d'une séparation de corps, au titre de l'accomplissement d'un devoir de secours maintenu après le jugement de séparation de corps, ne constitue pas le paiement d'une dette non échue[4]. Au contraire, l'attribution d'un immeuble à l'ex-époux, dans le même contexte, constituerait un paiement nul. Il peut s'agir d'un paiement par compensation conventionnelle[5].

Les remises en compte-courant de fonds, effets de commerce et les virements effectués par le débiteur sur son compte-courant ne sont pas des paiements de dettes non échues, à raison du principe d'indivisibilité du compte-courant. Seul le solde du compte constitue une dette à la date de la clô-

1. L. n° 85-98, 25 janv. 1985, *JO* 26 janv., p. 1097.
2. L. n° 2005-845, 26 juill. 2005, *JO* 27 juill., p. 12187.
3. Com. 12 juill. 2004, n° 02-18.926, NP.
4. Com. 7 nov. 2006, n° 04-18.650, *Bull. civ.* IV, n° 216; *D.* 2006. AJ 2911, obs. Lienhard; *Gaz. proc. coll.* 2007/1, p. 38, note Roussel Galle; *Act. proc. coll.* 2006, n° 246, note Blanc; *JCP E* 2007. Chron. 1450, n° 7, obs. M. Cabrillac; *Rev. proc. coll.* 2007/3, p. 123, n° 1, obs. Lebel; *RTD civ.* 2007. 322, n° 21, obs. Hauser; *Defrénois* 2007. 870, art. 38605, n° 1, note Gibirila; *RJPF* févr. 2007, p. 26, note Valory; *Dr. et patr.* mars-avr. 2007. 94, note Putman; *Dr. fam.* 2007, n° 61, note Laribeau-Terneyre.
5. Aix-en-Provence, 8e ch. A, 16 avr. 2009, RG n° 07/21452, *Rev. proc. coll.* 2010, n° 26, note Blanc; *Rev. proc. coll.* 2010, n° 229, note Blanc.

ture[1], cependant que certaines décisions des juges du fond s'écartent parfois de cette ligne jurisprudentielle[2]. Il est toutefois possible de faire tomber sous le coup des nullités facultatives ces remises, si elles ont pour seul objet de rembourser des avances consenties et de réduire ainsi, à due concurrence, le solde débiteur[3]. En outre, ces remises pourront être annulées si elles ne sont pas faites en exécution normale et loyale du compte-courant[4].

Tous les paiements tombent en revanche sous le coup de la nullité, peu important que la dette payée soit commerciale ou civile, ou même qu'elle ait sa source dans une obligation naturelle[5].

Seuls les paiements effectués par le débiteur sont nuls, non ceux qu'il reçoit[6].

Les paiements faits par des tiers sont par principe valables[7]. Il en est ainsi du paiement effectué par une caution, même s'il est réalisé au moyen de versements sur le compte de la société débitrice[8]. La solution contraire a toutefois été posée par une cour d'appel, qui estime que sauf preuve d'une affectation spéciale du versement effectué par la caution sur le compte de la société, pour effectuer tel paiement précis, le paiement reçu par la banque est nul[9]. Précisons toutefois que la nullité du paiement effectué par le débiteur est opposable à la caution, qui sera rétroactivement considérée comme n'étant pas libérée[10]. Est également valable, le paiement effectué par un garant autonome, alors même qu'il était contre-garanti par le débiteur ayant immobilisé dans les livres du garant autonome les sommes nécessaires à l'exécution de la garantie indépendante, dès lors d'une part que la nullité de la contre-garantie n'était pas sollicitée et que, d'autre part, il n'était pas démontré que l'exécution de la garantie autonome avait été faite à partir de fonds appartenant au débiteur[11].

Si le paiement de la dette non échue est fait par délégation, il y a place à nullité, non seulement parce qu'il est fait pour dette non échue, mais encore au motif qu'il constitue un mode anormal de paiement[12].

Il faut ici supposer que la créance est affectée d'un terme. Le solde d'un compte-courant d'associé constitue, sauf clause particulière des statuts ou de la convention passée entre l'associé et la société, une dette échue, ne permettant pas, en conséquence, le jeu de la nullité[13].

Pour apprécier ce cas de nullité, il convient de comparer la date du paiement à celle de l'exigibilité de la créance. Il y a place à nullité si le paiement intervient avant la date d'exigibilité. C'est ainsi qu'a pu être annulé, le remboursement d'un prêt par un simple jeu d'écritures[14] ou par l'attribution au prêteur du prix de vente du fonds de commerce financé, dans la mesure où le prêt n'était pas exigible[15]. La solution aurait été différente si une clause de l'acte de prêt avait rendu exigible le prêt en cas de vente du fonds de commerce. Et c'est ainsi qu'a pu échapper à la nullité, l'affectation au remboursement d'un prêt de l'indemnité de résiliation du bail, la résiliation ayant emporté déchéance du terme[16]. De même, échappe à la nullité, le remboursement d'un prêt effectué dans le respect de la clause contractuelle prévoyant la déchéance du terme pour défaut de paiement[17], ou pour cessation d'activité de l'emprunteur qui résulte de la liquidation amiable de la société[18].

Il pourra s'agir d'un terme d'origine judiciaire ou même d'un report d'échéances[19]. À cet égard, il faut préciser que la date d'exigibilité d'une créance délictuelle ou quasi délictuelle est celle de l'acquisition

1. Besançon, 2e ch. com. 18 juin 2002, RG n° 01/02376 – Douai, 18 nov. 2010, RG n° 10/02379, *Rev. proc. coll.* 2011, n° 133, note Blanc – Nîmes, 24 juin 2010, RG n° 08/05226, *Rev. proc. coll.* 2011, n° 133, note Blanc.
2. AINSI : Douai, 30 juin 2010, n° 09/07321, *Rev. proc. coll.* 2011, n° 133, note Blanc.
3. Com. 25 févr. 2004, n° 00-16.676, NP, *Act. proc. coll.* 2004, n° 87; *Rev. proc. coll.* 2015, comm. 126, note Blanc – et *A CONTRARIO* : Douai, 18 nov. 2010, RG n° 10/02379, *Rev. proc. coll.* 2011, n° 133, note Blanc.
4. J.-CL. COM., Saint-Alary-Houin et Monsérié-Bon, fasc. 2505, [Nullités de droit – Régime des paiements], 2012, n° 37.
5. J.-CL. COM., Saint-Alary-Houin et Monsérié-Bon, fasc. 2505, [Nullités de droit – Régime des paiements], 2012, n° 10.
6. Com. 20 mai 1997, n° 95-10.304, NP, *Rev. proc. coll.* 1998, n° 204, n° 3, obs. Lemistre.
7. Orléans, ch. éco et fin., 10 mars 2005, *RJDA* 2005/8-9, p. 879.
8. Com. 14 janv. 2014, n° 12-25.232, NP; n° 55 F-D.
9. Montpellier, 2e ch., 25 mars 2014, RG n° 13/00423, *Gaz. Pal.* 14 mai 2014, n° 134, p. 14.
10. Com. 22 oct. 1997, n° 94-14.570, NP, *Rev. sociétés* 1997. 596, note Didier.
11. Com. 26 sept. 2006, n° 05-15.289, NP; n° 1049 F-D; *Rev. roc. coll.* 2007/4, p. 226, n° 1, obs. Blanc.
12. aris, 3e ch. A, 27 janv. 2004, RG n° 03/00252.
13. aris, 3e ch. C, 17 sept. 1999, *D.* 1999. Jur. 31, obs. Lienard.
14. ontpellier, 2e ch., 25 mars 2014, RG n° 13/00423, *Juris-ta* 014313, *Rev. proc. coll.* 2015, comm. 126, note nc.
15. ambéry, ch. com., 20 déc. 2005, RG n° 04/03068, *JCP* 06. II. 10097.
16. ntpellier, 2e ch. A, 8 mars 2005, RG n° 04/01969.
17. om. Bordeaux, 26 janv. 2012, n° 2009F01288, *Rev. p. coll.* 2012, p. 30, note Sautonie-Laguionie.
18. C. 5 oct. 2010, n° 09-70.260, NP; n° 928 F-D; *Gaz. Pal. e diff.* 7-8 janv. 2011, p. 36, note Roussel Galle; *Rev. p coll.* 2011, n° 133, note Blanc.
19. PÉHON, 10e éd., n° 1484 – J.-CL. COM., Saint-Alary-H et Monsérié-Bon, fasc. 2505, [Nullités de droit – Re des paiements], 2012, n° 16.

de la force de chose jugée de la décision fixant le montant des dommages et intérêts[1].

Il n'y aura pas paiement de dettes non échues si le débiteur a encouru la déchéance du terme puisque, ce qui était à terme, devient immédiatement exigible. Il en est ainsi en cas de dissolution de la société ayant contracté le prêt[2].

Peu importe, qu'au regard du type de vente intervenue, il soit habituel de payer par anticipation[3]. La solution est posée, par exemple, pour des coupes de bois dans les forêts de l'État[4].

A fortiori, il y aura place à nullité si le paiement est intervenu alors que la dette n'était pas encore née[5].

La nullité a vocation à jouer indépendamment du mode de paiement.

Il pourra s'agir de virements bancaires[6].

Il pourra également s'agir de cessions de créances de droit commun[7] ou des cessions par bordereau Dailly[8], qui seront annulées si elles permettent le paiement de dettes non échues[9], peu important la date de la convention-cadre, ou à tout le moins pour la partie non échue de la dette[10]. Tel sera spécialement le cas si les cessions de créances sont faites à titre de garantie d'un solde débiteur en compte. Dès lors que le compte n'est pas clôturé, la dette n'est pas exigible. Il en résulte que les cessions de créances assimilées à des modalités de paiement interviennent pour une dette non échue et tombent, à ce titre, sous le coup des nullités de la période suspecte[11]. Le contraire a cependant été jugé[12].

Les seules difficultés concernent ici les paiements en effets de commerce, étant précisé que le paiement des effets de commerce (v. s^s n° 826.11) échappe à la nullité. Si la provision est constituée pour garantir une dette non échue, par le tireur qui sera déclaré en redressement ou en liquidation judiciaire, il y a place à nullité. La provision doit alors faire l'objet d'un rapport par le tiré ou par le porteur parce qu'elle n'a pas été valablement transmise[13]. Au contraire, il n'y a pas place à nullité s'il existe une créance du tireur sur le tiré. La provision est valablement transmise au porteur. Il en sera de même si la lettre de change est remise à l'escompte[14].

SECTION 823.20

PAIEMENT DE DETTES ÉCHUES PAR MODE NON COMMUNÉMENT ADMIS

823.21 Modes de paiement communément admis. L'article L. 621-107, I, 4° du code de commerce (anc^t L. 25 janv. 1985[15], art. 107, 4°) répute nul « tout paiement pour dettes échues, fait autrement qu'en espèces, effets de commerce, virements, bordereaux de cession visés par la loi du 2 janvier 1981[16] facilitant le crédit aux entreprises ou tout autre mode de paiement communément admis dans les relations d'affaires ». Le texte est repris sans modification par l'article L. 632-1, I, 4° issu de la loi du 26 juillet 2005[17], applicable en redressement judiciaire et auquel renvoie l'article L. 641-14 alinéa 1 pour la procédure de liquidation judiciaire.

Le texte commence par énoncer les paiements qu'ils considèrent valables.

La notion de paiement en espèces est largement entendue. Elle vise, en réalité, de façon générale, la satisfaction du créancier par l'objet promis au contrat[18], par exemple la livraison de marchandises commandées[19] ou la remise d'un appartement, dès lors que ce mode de paiement était prévu au contrat[20]. En revanche, la remise d'un appartement

1. Honorat, « La situation des créanciers d'indemnités délictuelles et contractuelles dans la faillite ou le règlement judiciaire du débiteur », *RTD com.* 1961. 19.
2. Chambéry, 23 juin 2009, RG n° 08/01638, *Rev. proc. coll.* 2010, n° 25, note Blanc.
3. J.-CL. COM., Saint-Alary-Houin et Monsérié-Bon, fasc. 2505, [Nullités de droit – Régime des paiements], 2012, n° 1.
4. Dijon, 19 févr. 1867, *D.* 1868. II. 139.
5. Douai, 2e ch., 16 juin 1994, *Rev. proc. coll.* 1995, 63, n° 2, obs. Lemistre.
6. Versailles, 13e ch., 15 janv. 2004, RG n° 03/04766.
7. Com. 22 janv. 2002, n° 99-10.895, NP.
8. Com. 12 juill. 2004, n° 02-18.926, NP – Com. [illegible] nov. 2005, n° 04-13.718, NP; n° 1348 F-D; *RTD com.* [illegible]006. 170, n° 7, obs. Legeais; *Gaz. proc. coll.* 2006/1, p. 30, obs. Roussel Galle.
9. Com. 19 mai 2015, n° 14-11.215, *Bull. civ.* IV [à pa[illegible]re]; n° 475 F-P+B; *Gaz. Pal.* 21 juill. 2015, n° 200, p. 2[illegible] note Roussel Galle; *BJE* 2015, 378, note Lisanti; *JCP E* [illegible]15. 1504, note Moreil; *RTD com.* 2015. 588, n° [illegible] note Martin-Serf.
10. Com. 22 janv. 2002, n° 98-21.023, NP, *Rev. pr[illegible]coll.* 2002, p. 276, n° 6, obs. Blanc.
11. Com. 2 nov. 2005, n° 04-13.718, NP; n° 1348 F-D; *RTD com.* 2006. 170, n° 7, obs. Legeais; *Gaz. proc. coll.* 2006/1, p. 30, obs. Roussel Galle; *Rev. proc. coll.* 2006/3, p. 277, n° 5, obs. Blanc; *RD banc. fin.* 2006, n° 16, note Cerles – Nîmes, ch. réun., 29 janv. 2004, RG n° 00/03328 – Poitiers, 2e ch. civ., 14 oct. 2008, RG n° 07/02011, *Rev. proc. coll.* 2010, n° 25, note Blanc.
12. Besançon, 12 mai 2006, RG n° 05/01447, *Rev. proc. coll.* 2007/4, p. 227, n° 3, obs. Blanc.
13. SAINT-ALARY-HOUIN, 9e éd., n° 1149.
14. Civ. 20 juin 1854, *D.* 1854. I. 305 – Civ. 16 juill. 1909, *D.* 1909. I. 385, note Boistel.
15. L. n° 85-98, 25 janv. 1985, préc.
16. L. n° 81-1, 2 janv. 1981, *JO* 3 janv., p. 150.
17. L. n° 2005-845, 26 juill. 2005 préc.
18. RAPPR. : PÉROCHON, 10e éd., n° 1485 – RIPERT ET ROBLOT, n° 3124 – J.-CL. COM., Saint-Alary-Houin et Monsérié-Bon, fasc. 2505, [Redressement et liquidation judiciaires – Nullités de droit – Régime des paiements], 2012, n° 54.
19. Com. 21 juill. 1953, *S.* 1954. I. 8; *RTD com.* 1954. 156, obs. Houin.
20. Com. 30 juin 1970, n° 69-10.518, *Bull. civ.* IV, n° 226; *RTD com.* 1971. 470, obs. Houin.

autre que celui prévu au contrat est une dation nulle[1].

Le simple échéancier pour le règlement de la dette n'est évidemment pas un paiement nul[2].

Les paiements effectués par le mécanisme du bordereau Dailly échappent expressément à la nullité. Il en est de même, pour la jurisprudence, du paiement par le mécanisme de l'affacturage[3].

Les paiements effectués en effets de commerce échappent également à la nullité (v. toutefois s^s n° 823.11), qu'il s'agisse de la lettre de change, du chèque[4], mais aussi du billet à ordre[5]. Au contraire, le paiement par titre non négociable sera atteint de nullité[6].

L'expression de « mode de paiement communément admis dans les relations d'affaires » est particulièrement floue. Elle laisse donc place à une large part d'interprétation.

Il est d'abord certains modes de paiement qui, du fait de leur très grande pratique, sont écartés de la nullité. Il en est ainsi des paiements par carte[7], par prélèvement bancaire[8] ou par titre universel de paiement (TIP)[9]. Il en est de même des remises en compte-courant[10]. Ces dernières doivent cependant s'inscrire dans le cadre du fonctionnement normal du compte[11] et ne doivent pas avoir comme seul dessein de diminuer la somme due par le débiteur, ou même de l'éteindre[12]. L'enchevêtrement des remises apparaît donc, plus encore que dans le cadre classique du fonctionnement d'un compte-courant, indispensable.

Dès lors que le mode de paiement n'est pas classique, il ne peut être considéré comme normal que s'il est admis communément dans les relations d'affaires, ce qui suppose, d'évidence, que les parties entretiennent des relations d'affaires[13].

823.22 La cession de créance, un mode de paiement de dettes échues non communément admis. Le code de commerce, après avoir énoncé les modes admissibles de paiement, répute nuls les autres modes.

Il en sera d'abord ainsi de la cession de créance de droit commun[14], non de la cession de créance par bordereau Dailly qui est un mode de paiement communément admis (v. s^s n° 823.21). Il importera peu, à cet égard, que la cession de créance vienne remplacer des saisies abandonnées[15]. De même, a été admise la possibilité d'annulation d'un paiement effectué en vertu d'un pseudo acquiescement à une saisie conservatoire, acte non prévu, qui s'analyse en réalité en une cession de créance constitutive d'un mode de paiement nul de droit s'il intervient en période suspecte, alors même que la saisie conservatoire avait été effectuée avant la période suspecte[16].

En revanche, il n'y aura pas place à nullité si la signification ou l'acceptation dans un acte authentique de la cession de créance est intervenue en période suspecte, dès lors que la cession de créance est intervenue antérieurement[17].

823.23 La délégation de créance, un mode de paiement de dettes échues non communément admis. Il en sera encore de même, par principe, de la délégation[18]. Il n'y aura nullité que si l'acceptation

1. Cass., ass. plén., 22 avr. 1974, n° 71-13.450, *Bull. ass. plén.*, n° 1; *D.* 1974. Jur. 613, note Derrida; *JCP* 1974. II. 17867, note Bénabent.
2. Com. 10 déc. 2002, n° 99-16.518, NP, *Rev. proc. coll.* 2004, p. 71, n° 7, obs. Blanc.
3. Paris, 5e ch. A, 3 déc. 2003, RG n° 02/10298.
4. Versailles, 12e ch., 2e sect., 4 mars 2004, RG n° 02/05090.
5. Com. 25 nov. 1997, n° 95-18.692, *Bull. civ.* IV, n° 472; *D.* 1998. IR 22.
6. J.-CL. COM., Saint-Alary-Houin et Monsérié-Bon, fasc. 2505, [Redressement et liquidation judiciaires – Nullités de droit – Régime des paiements], 2012, n° 74.
7. J.-CL. COM., Saint-Alary-Houin et Monsérié-Bon, fasc. 2505, [Nullités de droit – Régime des paiements], 2012, n° 82 – JACQUEMONT ET VABRES, 9e éd., 2015, n° 629.
8. Angers, ch. com., 24 mai 2005, RG n° 04/01411, *RD banc. fin.* 2006, n° 24, note Lucas – *Adde*, LE CANNU, 7e éd., n° 596.
9. LE CANNU, 7e éd., n° 596.
10. Lyon, 3e ch., 8 sept. 2005, RG n° 03/05558.
11. Com. 19 janv. 1999, n° 95-15.825, NP, *Act. proc. coll.* 1999, n° 70, obs. Régnaut-Moutier – Besançon, 2e ch. com., 18 juin 2002, RG n° 01/02376, *Act. proc. coll.* 2002, n° 267 – *Adde*, J.-CL. COM., Saint-Alary-Houin et Monsérié-Bon, fasc. 2505, [Nullités de droit – Régime des paiements], 2008, n° 103.
12. Com. 17 févr. 1998, n° 95-19.065, NP.
13. Houin-Bressand, « Instruments de paiement et droit des entreprises en difficulté », Roussel Galle (dir.), *Entreprises en difficulté*, « Droit 360° », Lexisnexis, 2012, p. 571 s., sp. p. 575, n° 1282.
14. Com. 14 déc. 1993, n° 92-10.858, *Bull. civ.* IV, n° 472; *JCP E* 1994. II. 41, n° 546, note Guyon – Com. 4 janv. 2000, n° 96-18.235, NP, *Act. proc. coll.* 2000, n° 42 – Paris, 27 nov. 2001, RG n° 01/06684, *Rev. proc. coll.* 2004, p. 385, n° 7, obs. Blanc – Paris, 25e ch. A, 21 déc. 2001, RG n° 00/09946, *D.* 2002. AJ 724 – Grenoble, ch. com., 30 oct. 2003, RG n° 02/03078, *RD banc. fin.* 2004, n° 135, obs. Lucas.
15. Com. 4 janv. 2000, n° 96-18.235, préc.; SUR RENVOI APRÈS CASSATION : Toulouse, 28 févr. 2001, *Rev. proc. coll.* 2003, p. 151, n° 5, obs. Blanc.
16. Com. 3 nov. 2009, n° 08-20.418, NP; n° 1006 F-D; *Gaz. Pal.* 8-10 janv. 2010, nos 8 et 9, p. 27, note Roussel Galle; *Act. proc. coll.* 2009, n° 309, note Fin-Langer; *RD banc. fin.* 2010, n° 69, note Piedelièvre; Rev. proc. coll. 2010, n° 26, note Blanc.
17. Com. 19 févr. 1979, n° 77-14.276, *Bull. civ.* IV, n° 66.
18. Com. 30 nov. 1993, n° 91-13.881, *Bull. civ.* IV, n° 439; *D.* 1994. Somm. 178, obs. Honorat – Com. 14 juin 1994, n° 92-17.285, NP, *D.* 1994. IR 221 – Paris, 3e ch. A, 27 janv. 2004, *RD banc. fin.* 2004, n° 136, obs. Lucas – Montpellier, 8 nov. 2005, *Rev. proc. coll.* 2007/4, p. 227, n° 4, obs. Blanc – Aix-en-Provence, 8e ch. C, 12 janv. 2012, RG n° 10/18398, *Rev. proc. coll.* 2013, n° 13, note Blanc.

de la délégation par le délégué intervient en période suspecte, peu important la date du paiement[1]. La nullité sera au contraire écartée si la délégation a été acceptée avant la période suspecte. La solution est identique, dans le droit alsacien-mosellan de l'insolvabilité notoire[2], cependant que la Cour de cassation a ici admis que la délégation échappait à la nullité, dès lors que l'acte « prévoyant la délégation » était antérieur à la date de cessation des paiements, peu important son acceptation, analysant sans doute la délégation ici intervenue comme un mécanisme de sûreté, seule important la date de la constitution de cette sûreté[3].

Une cour d'appel ne peut, sans se contredire, considérer que la délégation de créance est un mode de paiement communément admis dans les relations d'affaires et annuler l'accord de délégation au prétexte que la délégation était postérieure à la date de cessation des paiements[4]. La confusion a été commise ici entre mode normal de paiement et mode de paiement communément admis dans les relations d'affaires du secteur d'activité.

La nullité a été écartée dans une hypothèse où le franchiseur, qui avait fourni du stock, payé par le mécanisme de la délégation par l'acquéreur du fonds de commerce, avait stipulé une clause de réserve de propriété, qu'il aurait faite jouer en l'absence de paiement. Le franchiseur a donc été payé grâce à son droit de propriété[5].

En outre, la délégation de créance ne saurait être atteinte par la nullité si les créances déléguées ont fait l'objet de saisies-attributions[6].

823.24 La novation, un mode de paiement de dettes échues non communément admis. La novation constitue encore un mode de paiement anormal.

On peut penser à la novation par changement de cause de l'obligation. La tentation pourrait dès lors exister de considérer qu'il s'opère une telle novation lorsqu'un solde débiteur en compte est remplacé par un crédit de restructuration. L'annulation doit cependant être rejetée. En effet, le prêt de restructuration ou de consolidation ne constitue pas un paiement, mais une dette à terme, constitutive et non extinctive d'une obligation. Il ne s'agit donc pas d'un paiement anormal[7]. Des solutions moins nettes ont toutefois été parfois énoncées[8] et une cour d'appel ainsi jugé que le prêt de restructuration devait être annulé en tant que mode anormal de paiement, car il avait permis d'éteindre un solde débiteur en compte[9]. De même, la remise en compte-courant du crédit consenti peut tomber sous le coup de la nullité[10], puisqu'il y a bien alors paiement du débit en compte.

823.25 La dation en paiement, un mode de paiement de dettes échues non communément admis. La dation en paiement, c'est-à-dire la modification de l'objet du paiement, constitue un mode de paiement anormal[11], à moins, selon le principe posé en la matière, qu'il constitue un mode de paiement communément admis dans le secteur d'activité professionnel de l'intéressé[12].

Il en est ainsi :

– du paiement effectué par remise d'un immeuble dès lors que celle-ci n'est pas prévue au contrat[13], ou, si cette dernière est prévue au contrat, de

1. Com. 5 janv. 1965, *Bull. civ.* III, n° 7; *JCP* 1965. II. 14177, note Nectoux; *RTD com.* 1965. 658, *obs.* Houin.
2. Com. 4 oct. 2005, n° 04-14.722, *Bull. civ.* IV, n° 198; *D.* 2005. AJ 2591, obs. Lienhard; *D.* 2007. Pan. 757, obs. Martin; *JCP E* 2006, n° 1347, note Albrieux; *JCP E* 2006, Chron. 1006, n° 11, obs. M. Cabrillac; *Act. proc. coll.* 2005, n° 243, note Lécuyer; *Gaz. proc. coll.* 2006/1, p. 31, obs. Roussel Galle; *RTD civ.* 2006. 319, n° 18, obs. Mestre et Fages; *RTD com.* 2006. 451, n° 5, obs. Martin-Serf; *Rev. proc. coll.* 2006/3, p. 278, n° 6, obs. Blanc; *Gaz. Pal.* 21-22 juin 2006, p. 43, note Robine.
3. Obs. M. Cabrillac, s[s] Com. 4 oct. 2005, n° 04-14.722, *JCP E* 2006. Chron. 1006, n° 11.
4. *Com. 5 févr. 2013, n° 11-28.364, NP;* n° 115 F-D.
5. *Amiens, 17 oct. 2005, Rev. proc. coll.* 2007/4, p. 227, n° 4, obs. Blanc.
6. Com. 11 févr. 2004, n° 01-16.868, NP.
7. Com. 26 sept. 2006, n° 05-15.870, NP; n° 1054 F-D; *Gaz. proc. coll.* 2007/1, p. 39, note Roussel Galle; *RD banc. fin.* 2007, n° 22, note Lucas; *RTD com.* 2007. 603, n° 7, obs. Martin-Serf; *Rev. proc. coll.* 2007/4, p. 227, n° 4, obs. Blanc – Com. 15 déc. 2009, n° 08-15.159, NP, *D.* 2010. AJ, 146; *JCP E* 2010. Chron. 1296, n° 6, obs. M. Cabrillac; *Rev. proc. coll.* 2010, n° 230, note Blanc; *RTD com. 2010.* 767, n° 11, obs. Legeais – Aix-en-Provence, 20 mars 2008, RG n° 08/153, *Rev. proc. coll.* 2008/4, p. 49, n° 156, note Blanc.
8. AINSI : Com. 25 juin 2002, n° 00-16.987, NP, *RJDA* 2002/12, n° 1300, p. 1098; *Rev. proc. coll.* 2004, p. 70, n° 5, obs. Blanc.
9. Rennes, 4 mars 2008, RG n° 07/07062, *Rev. proc. coll.* 2009/3, p. 47, n° 84, note Blanc.
10. Lucas, note s[s] Com. 26 sept. 2006, n° 05-15.870, *RD banc. fin.* 2007, n° 22.
11. Com. 2 févr. 1999, n° 96-14.467, *Bull. civ.* IV, n° 37; *Act. proc. coll.* 1999, n° 60, *D. Affaires* 1999. 379, obs. A.; *LPA* 1er avr. 1999, n° 65, p. 11, note P. M.; *RTD com.* 1999. 757, obs. Martin-Serf; *Rev. proc. coll.* 2002, p. 277, n° 7, obs. Blanc – Com. 1er févr. 2000, n° 96-15.408, NP, *RJDA* 2000/5, n° 571; *Rev. proc. coll.* 2002, p. 277, n° 7, obs. Blanc – Com. 18 févr. 2003, n° 99-19.249, NP, *Act. proc. coll.* 2003, n° 118, obs. Boulay; *LXB* n° N71891AAI, note Le Corre – Paris, 3e ch. A, 2 nov. 1993, *Rev. proc. coll.* 1995, 64, n° 4, obs. Lemistre – Douai, 6 févr. 1997, *Rev. proc. coll.* 1998, 205, n° 7, obs. Lemistre – Colmar, 26 mars 1997, *Rev. proc. coll.* 1998, 206, n° 8, obs. Lemistre.
12. Com. 16 mars 2010, n° 09-11.430, NP; n° 315 F-D; Gaz. Pal. entr. diff. 2-3 juill. 2010, n°s 183, 184, p. 30, note Roussel Galle; *RTD com. 2010.* 790, n° 6, obs. Martin-Serf.
13. Angers, 5 nov. 2002, *Rev. proc. coll.* 2004, p. 71, n° 7, obs. Blanc.

la remise d'un immeuble autre que celui prévu à la convention[1];

– du paiement réalisé par la remise de deux emplacements de parking, même si cette modalité de paiement s'inscrit dans le cadre d'une transaction[2];

– de la remise d'une licence IV de débit de boissons, en paiement du solde du prix de vente d'un fonds de commerce[3];

– de l'attribution du prix de vente de l'immeuble vendu à l'*accipiens* en paiement partiel de la créance que ce dernier détient sur le débiteur[4];

– de la livraison de marchandises, autres que celles commandées[5];

– de la cession à titre de paiement des créances clients, du stock et du matériel d'exploitation[6];

– même si la solution est critiquée[7], de la reprise par le vendeur de biens qui entraîne résolution amiable de la vente[8], peu important que la restitution de marchandises s'accompagne d'un avoir[9]. Au contraire, échappe à la nullité, la reprise de marchandises si elle est effectuée non sur le fondement d'une résolution amiable, mais sur celui d'une clause de réserve de propriété[10], puisque les biens ne sont pas encore entrés dans le patrimoine de l'acheteur débiteur[11].

Est également nulle, en tant que dation en paiement, la remise à un prêteur, à titre de paiement, de véhicules, alors pourtant qu'il exerçait sur les cartes grises un droit de rétention[12] ou de la remise au prêteur d'un navire qu'il avait financé en inscrivant une hypothèque maritime[13].

Il faut cependant que la convention emportant dation soit intervenue en période suspecte. Il n'y aura pas place à nullité si la convention de dation est antérieure à la période suspecte, dès lors que seule la restitution est intervenue en cette période[14].

Sera identiquement analysé en dation en paiement, et comme tel soumis à la nullité de la période suspecte, l'exercice par le conjoint de ses reprises[15].

823.26 La compensation, un mode de paiement de dettes échues non communément admis. La compensation appelle quelques précisions. La compensation légale, intervenant en dehors de toute manifestation de volonté, ne peut être remise en cause, dans le cadre des nullités de la période suspecte[16]. Il faut toutefois réserver le cas d'une compensation légale provoquée par un acte destiné à la préparer[17]. Il en est ainsi lorsqu'une personne achète au débiteur des biens[18]. La même solution vaut pour la vente soudaine de tous les véhicules industriels appartenant à la société débitrice, alors que cet acte n'entre pas dans son objet social. L'opération doit être annulée dans la mesure où elle est destinée à provoquer une compensation entre la société débitrice et l'un de ses créanciers[19].

1. Cass., ass. plén., 22 avr. 1974, n° 71-13.450, *Bull. ass. plén.*, n° 1; *D.* 1974. Jur. 613, note Derrida; *JCP* 1974. II. 17867, note Bénabent.
2. Com. 13 mars 2007, n° 06-15.619, NP; n° 474 F-D; *Rev. proc. coll.* 2008, p. 60, n° 70, note Blanc.
3. Lyon, 22 mars 2002, *BICC* 15 avr. 2004, p. 39.
4. Com. 2 nov. 2005, n° 04-18.574, NP; n° 1336 F-D; *Gaz. proc. coll.* 2006/1, p. 32, obs. Roussel Galle.
5. Orléans, ch. com. éco et fin., 13 févr. 2003, *RD banc. fin.* 2004, n° 29, obs. Lucas.
6. Com. 16 mars 2010, n° 09-11.430, NP; n° 315 F-D; préc. (v. s^s prés^t n°).
7. J.-CL. COM., Saint-Alary-Houin et Monsérié-Bon, fasc. 2505, [Nullités de droit – Régime des paiements], 2012, n° 124.
8. Com. 12 juill. 1994, n° 92-10.761, *Bull. civ.* IV, n° 268; *D.* 1996. Somm. 212, obs. Pérochon – Paris, 7 janv. 1992, *D.* 1992. IR 111; *Rev. proc. coll.* 1993, 111, obs. Auque-Warembourg et Lemistre – Besançon, 19 mars 2008, RG n° 04/02472, *Rev. proc. coll.* 2008/4, p. 50, n° 157, note Blanc – Bourges, ch. civ., 17 déc. 2009, RG n° 09/00899, *Rev. proc. coll.* 2010, n° 233, note Blanc – Paris, pôle 5, 10e ch., 3 févr. 2010, RG n° 08/06122, *Rev. proc. coll.* 2010, n° 230, note Blanc – *CONTRA* : Colmar, 28 mai 1996, *Rev. proc. coll.* 2001, 17, n° 8, obs. Soinne – *Adde*, SUR LA QUESTION : Loussouarn, « Des résolutions amiables ou judiciaires de ventes mobilières pendant la période suspecte », *RTD com.* 1949. 274.
9. Aix-en-Provence, 8e ch. A, 18 mars 1999, *Act. proc. coll.* 1999, n° 227; *Rev. proc. coll.* 2003, p. 151, n° 5, obs. Blanc – Nîmes, 1re ch. civ. B, 19 mars 2009, RG n° 07/02689, *Rev. proc. coll.* 2010, n° 26, note Blanc.
10. Com. 12 juill. 1994, n° 92-10.761, *Bull. civ.* IV, n° 268; *D.* 1996. Somm. 212, obs. Pérochon – Com. 16 déc. 2008, n° 07-17.207, NP; n° 1363 F-D; *Gaz. proc. coll.* 2009/2, p. 30, note Roussel Galle; *Rev. proc. coll.* 2009, n° 84, note Blanc; *Rev. proc. coll.* 2009, n° 167, note Monsérié-Bon – Bastia, 21 nov. 2007, RG n° 06/01029, *Rev. proc. coll.* 2008, n° 156, note Blanc – Aix-en-Provence, 14 mars 2008, RG n° 08/105, *Rev. proc. coll.* 2008, n° 157, note Blanc.
11. Roussel Galle, note s^s Com. 16 déc. 2008, n° 07-17.207; n° 1363 F-D; *Gaz. proc. coll.* 2009/2, p. 30.
12. Com. 11 juill. 2000, n° 97-12.374, *Bull. civ.* IV, n° 142; *Act. proc. coll.* 2000, n° 193; *JCP E* 2000. Chron. 1708, n° 16, obs. Delebecque et Simler; *RD banc. fin.* 2001, n° 15, obs. Legeais; *D.* 2001. Somm. 465, note Piedelièvre; *JCP E* 2001. Chron. 221, n° 15, obs. M. Cabrillac; *Rev. proc. coll.* 2002, p. 277, n° 7, obs. Blanc.
13. Com. 18 févr. 2003, n° 99-19.249, NP, *Rev. proc. coll.* 2004, p. 71, n° 7, obs. Blanc.
14. J.-CL. COM., Saint-Alary-Houin et Monsérié-Bon, fasc. 2505, [Redressement et liquidation judiciaires – Nullités de droit – Régime des paiements], 2012, n° 127.
15. Req. 24 janv. 1854, *DP* 1854. I. 81.
16. Grenoble, ch. urg., 14 nov. 1995, *JurisData* 045648.
17. J.-CL. COM., Saint-Alary-Houin et Monsérié-Bon, fasc. 2505, [Nullités de droit – Régime des paiements], 2012, n° 131.
18. Com. 21 mai 1979, n° 77-15.921, *Bull. civ.* IV, n° 165.
19. Com. 13 févr. 2007, n° 05-13.526, *Bull. civ.* IV, n° 36; *D.* 2007. AJ 583 note Lienhard; *Gaz. proc. coll.* 2007/2, p. 22, n° 2, note Lebel; p. 40, note Roussel Galle; *JCP E* 2007. Chron. 140, n° 6, obs. M. Cabrillac; *Act. proc. coll.* 2007, n° 49, note Régnaut-Moutier; *RD banc. fin.* 2007, n° 70, note Lucas; *Rev. proc. coll.* 2007/3, p. 128, n° 8, obs. Lebel; *Rev. proc. coll.* 2007/4, p. 227, n° 4, obs. Blanc; *RTD com.* 2008. 624, n° 5, obs. Martin-Serf; *Defrénois* 2007. 3875, n° 4, note Gibirila.

La compensation judiciaire échappe également à la nullité[1], puisqu'elle joue également en dehors de la volonté des parties.

Il n'en va pas, en revanche, ainsi, de la compensation conventionnelle, qui peut donc tomber sous le coup des nullités de la période suspecte[2]. Ce qui sera pris en compte n'est pas le paiement compensatoire, mais la convention de compensation. Si cette dernière intervient en période suspecte, elle sera remise en cause[3], alors surtout qu'elle peut aussi s'analyser en une dation. Il en est ainsi, par exemple, de la reprise par un concessionnaire d'un stock de véhicules[4], du remboursement d'une dette ayant fait l'objet d'une reconnaissance par compensation avec la vente d'un appartement[5], du remboursement d'un prêt avec une partie du prix de vente de la maison cédée au prêteur[6] ou encore de la compensation de créance avec celle détenue par un bénéficiaire de cession de créance dans le cadre d'une cession de fonds de commerce avec dispense de séquestration du prix[7].

Inversement, la compensation ne sera pas remise en cause si la convention de compensation de bonne foi est antérieure à la période suspecte[8]. On voit, d'une autre manière, affirmer par la Cour de cassation que si le mode de paiement par compensation n'a pas été arrêté en période suspecte, à l'issue d'un concert entre le débiteur et le créancier pour échapper aux règles de la procédure collective, le paiement compensatoire ne sera pas remis en cause[9].

La compensation conventionnelle échappe encore à la nullité si les créances et dettes réciproques sont unies par un lien de connexité[10], ce qui, a-t-il été observé, « ouvre une brèche considérable dans le système des nullités de droit »[11], mais s'inscrit parfaitement dans l'attitude bienveillante de la jurisprudence à l'égard de la compensation pour dettes connexes. La connexité fait ainsi échapper la compensation conventionnelle, tant au jeu des nullités de la période suspecte, qu'à l'interdiction des paiements de créances antérieures (v. s[s] n°s 632.42 s.) et est ici appréciée de la même façon que celle portée pour mettre à l'écart la règle de l'interdiction du paiement des créances antérieures[12].

Lorsque, en vertu de la convention de compte-courant, une banque a la faculté d'ouvrir, pour certaines opérations, des comptes spécifiques, sous-comptes du compte général, et que, selon cette même convention, elle peut, à tout moment, et sans formalité, considérer comme fusionnés en un solde unique, la compensation pour dettes connexes, en application du compte-courant, cadre général des relations d'affaires de la banque avec son client, peut justifier la possibilité de compenser une créance de remboursement d'un cautionnement donné par la banque avec une remise d'effets à l'escompte, alors même que les opérations ont été enregistrées sur des comptes distincts[13].

823.27 Influence de l'utilisation fréquente du mode de paiement dans le secteur d'activité. L'utilisation fréquente dans un secteur d'activité précis de tel mode de paiement, *a priori* considéré comme un mode anormal de paiement, le fera échapper à la nullité. Il sera appréhendé alors comme un mode de paiement communément admis.

Ainsi, dans le secteur du bâtiment, seront considérées comme des modes admissibles de paiement, les délégations de créance[14] ou les cessions de

1. Civ. 1re, 18 janv. 1967, *JCP* 1967. II. 15005-*bis*, note J. A. – *Adde*, SAINT-ALARY-HOUIN, 6e éd., n° 1040 – RIPERT ET ROBLOT, n° 3125.
2. Paris, 5e ch. B, 24 juin 2004, RG n° 02/10660 – T. com. Paris, 17e ch., 18 janv. 2005, RG n° 03/057505, *Gaz. Pal.* 12-13 févr. 2007, p. 20 – Aix-en-Provence, 8e ch C, 22 sept. 2011, RG n° 10/14913, *Rev. proc. coll.* 2013, n° 13, note Blanc.
3. Com. 3 janv. 1991, n° 88-20.327, NP, *Rev. proc. coll.* 1991, 504, obs. Chaput.
4. Com. 17 févr. 1998, n° 95-19.065, NP.
5. Paris, 3e ch. B, 7 janv. 2005, RG n° 04/05587.
6. Com. 19 déc. 2000, n° 98-11.093, *Bull. civ.* IV, n° 203; *JCP E* 2001. Pan. 303; *D.* 2001 AJ 306, obs. Lienhard; *D.* 2001. Somm. 3426, obs. Honorat; *Act. proc. coll.* 2001, n° 26; *RJDA* 2001/3, n° 345; *RTD com.* 2002. 165, n° 15, obs. Martin-Serf; *Rev. proc. coll.* 2002, p. 277, n° 7, obs. Blanc.
7. Aix-en-Provence, 8e ch. A, 16 avr. 2009, RG n° 07/21452, *Rev. proc. coll.* 2010, n° 26, note Blanc; *Rev. proc. coll.* 2010, n° 229, note Blanc – Montpelier, 16 févr. 2010, RG n° 09/0659, *Rev. proc. coll.* 2011, n° 34, note Blanc.
8. Com. 9 déc. 1997, n° 95-12.651, *Bull. civ.* IV, n° 327; *LPA* 29 juill. 1998, n° 90, p. 34, note Seilliais; *D.* 1998. Somm. 325, obs. Honorat; *JCP E* 1998. Chron. 657, n° 5-b-14, obs. M. Cabrillac – Douai, 1re ch., 6 sept. 2002, RG n° 98/09480.
9. Com. 18 sept. 2007, n° 06-17.952, NP; n° 998 F-D; *Gaz. proc. coll.* 2007/4, p. 47, note Roussel Galle; *Rev. proc. coll.* 2008, p. 68, n° 6, note Lebel.
10. Com. 27 mars 1990, n° 88-18.204, *Bull. civ.* IV, n° 99 – Bourges, 4 févr. 2010, RG n° 09/01082, *Rev. proc. coll.* 2010, n° 230, note Blanc.
11. SAINT-ALARY-HOUIN, 9e éd., n° 1152.
12. J.-CL. COM., Saint-Alary-Houin et Monsérié-Bon, fasc. 2505, [Nullités de droit – Régime des paiements], 2012, n° 154.
13. Com. 16 oct. 2007, n° 06-14.574, NP; n° 1113 F-D; *Gaz. proc. coll.* 2008/1, p. 56, note Bonhomme; *Rev. proc. coll.* 2008, p. 88, n° 41, obs. Pérct-Reboul et Patureau; p. 60, n° 70, note Blanc; *RTD com.* 2008. 626, n° 6, obs. Martin-Serf.
14. Com. 23 janv. 2001, n° 98-10.975, *Bull. civ.* IV, n° 22; *D.* 2001. AJ 2509, obs. Lienhard; *JCP* 2001. I. 321, n° 5, obs. M. Cabrillac et Pétel; *Rev. proc. coll.* 2002, p. 278, n° 7, obs. Blanc – Paris, 17 sept. 2003, RG n° 02/00087, *RD banc. fin.* 2004, n° 136, obs. Lucas.

créance[1]. Il en sera de même des dations en paiement dans le domaine de la vente d'objets d'art[2]. La délégation de loyers est un mode de paiement communément pratiquée dans le secteur bancaire.

La cession de créance n'est pas considérée comme un mode de paiement communément admis;

– dans le domaine d'activité du travail temporaire[3];

– dans le domaine des centrales d'achat[4];

– dans le secteur du commerce de véhicules automobiles[5].

Il suffit que le mode de paiement litigieux soit communément admis dans le secteur géographique d'activité du débiteur[6].

La preuve de ce que le mode de paiement est communément admis dans le secteur d'activité sera rapportée par une attestation émanant d'une autorité professionnelle[7]. Au contraire, l'attestation établie par plusieurs professionnels de la branche d'activité pourra apparaître insuffisante[8].

On voit ainsi que le critère de normalité du paiement est apprécié avec relativité. En dehors de certains milieux professionnels où telle ou telle pratique est classique, l'utilisation du mode de paiement en question sera frappée de nullité, sauf s'il est établi que dans les relations entre les parties, le mode de paiement était classique[9].

La Cour de cassation nous semble toutefois s'être départie de sa rigueur classique, à propos du paiement par compensation, en ne censurant pas une cour d'appel d'avoir retenu que la compensation est un mode de paiement usuel dans les relations d'affaires et qu'aucun élément ne permet de douter qu'il était pratiqué entre les parties[10]. Il y aurait ainsi, pour la compensation, une solution intermédiaire entre le mode de paiement par principe anormal et le mode de paiement communément admis dans un secteur d'activité, celui du mode de paiement usuel dans les relations d'affaires. La compensation semble ainsi sortir des modes anormaux de paiement.

SECTION 823.30
ACTES À TITRE GRATUIT NULS DE DROIT

823.31 Énoncé de la nullité des actes à titre gratuit. Parmi les cas de nullité de droit, celui visé à l'article L. 621-107, I, 1° du code de commerce (anc[t] L. 25 janv. 1985[11], art. 107, 1°), texte repris sans modification par l'article L. 632-1, I, 1° issu de la loi du 26 juillet 2005[12], applicable en redressement judiciaire et auquel renvoie l'article L. 641-14 alinéa 1 pour la procédure de liquidation judiciaire, mérite d'être isolé. Il s'agit là, fondamentalement, de sanctionner des actes d'appauvrissement du débiteur, à titre gratuit. Selon cette disposition, sont nuls, lorsqu'ils auront été faits par le débiteur « tous les actes à titre gratuit translatifs de propriété mobilière ou immobilière ». Par cette expression, sont visés les donations, constitutions de dot et tous les actes d'appauvrissement sans contrepartie.

Il faudra évidemment que l'acte attaqué ne comporte pas de contrepartie. Tel n'est pas le cas, et la nullité est écartée, en présence d'une cession de droits consentis par une société à une autre, cette dernière ayant la charge de remettre en état l'établissement hôtelier, objet de la cession de droits[13].

823.32 Remises de dettes. Parmi les actes d'appauvrissement sans contrepartie, il y a d'abord les remises de dette. Il n'y aura cependant acte annulable que si la remise de dette intervient sans contrepartie[14]. La remise de dette pourra être incluse dans une transaction. Cette dernière sera nulle s'il n'y a pas de véritable contrepartie[15]. Elle ne pourra être remise en cause, en tant qu'acte à

1. Com. 21 nov. 2000, n° 97-16.874, *Bull. civ.* IV, n° 180; *RJDA* 2001/7, n° 790 – Com. 3 avr. 2001, n° 98-15.150, NP, *BRDA* 2001, p. 6, n° 9; *Rev. proc. coll.* 2002, p. 278, n° 7, obs. Blanc – Aix-en-Provence, 6 juin 2013, RG n° 12/09275, *JurisData* 012294, *Rev. proc. coll.* 2015, comm. 127, note Blanc – COMP. : Reims, 30 mars 1994, *Rev. proc. coll.* 1995, 449, n° 7, obs. Lemistre.
2. Paris, 3e ch. C, 28 juin 1996, *Rev. proc. coll.* 1998, 206, n° 8, obs. Lemistre – Paris, 1re ch. B, 7 mai 1998, *Act. proc. coll.* 1998, n° 111, obs. Régnaut-Moutier.
3. Grenoble, ch. com., 30 oct. 2003, RG n° 02/03078, *RD banc. fin.* 2004, n° 135, obs. Lucas.
4. Paris, 3e ch., 27 oct. 1995, *JurisData* 023933.
5. Paris, 3e ch. A, 27 janv. 2004, RG n° 03/00252, *RD banc. fin.* 2004, n° 136, obs. Lucas.
6. Com. 24 sept. 2003, n° 00-21.993, NP, *Act. proc. coll.* 2003, n° 247; *Rev. proc. coll.* 2004, p. 385, n° 8, obs. Blanc.
7. Com. 13 nov. 2002, n° 99-21.893, NP, *Rev. proc. coll.* 2004, p. 72, n° 7, obs. Blanc.
8. Paris, 3[e] ch. C, 22 oct. 1999, *Act. proc. coll.* 2000, n° 30.
9. Com. 23 janv. 2001, n° 98-10.975, *Bull. civ.* IV, n° 22; *Act. proc. coll.* 2001, n° 66, obs. Vallansan; *JCP E* 2001. Chron. 752, n° 3, obs. M. Cabrillac; *D.* 2001. AJ 2509, obs. Lienhard; *RJDA* 2001/4, n° 480; *RD banc. fin.* 2001, n° 121, obs. Lucas; *RJ com.* 2001. 311, n° 1585, obs. Courtier; *RTD com.* 2001. 978, obs. Martin-Serf; *Rev. proc. coll.* 2002, p. 277, n° 7, obs. Blanc.
10. Com. 16 sept. 2014, n° 13-19.294, NP; n° 707 F-D; CONFIRMANT : Metz, 19 mars 2013, RG n° 13/00148, *Rev. proc. coll.* 2015, comm. 127, note Blanc – COMPR. Nancy, 13 mars 2013, RG n° 11/02294, JurisData 020829, Rev. *proc. coll.* 2015, comm. 127, note Blanc.
11. L. n° 85-98, 25 janv. 1985, préc.
12. L. n° 2005-845, 26 juill. 2005, préc.
13. Paris, pôle 5, 8e ch., 29 nov. 2011, n° 11/01663, *Rev. proc. coll.* 2013, n° 11, note Blanc.
14. AINSI : Com. 20 sept. 2005, n° 04-11.789, NP; n° 1112 F-D; *Gaz. proc. coll.* 2006/1, p. 29, n° 3, obs. Roussel Galle.
15. Aix-en-Provence, 8e ch., 19 févr. 2002, *Act. proc. coll.* 2002, n° 224.

titre gratuit s'il y a transaction véritable, ce qui suppose qu'il existe une contrepartie[1]. La nullité pourrait cependant être prononcée si la transaction est déséquilibrée (v. s[s] n° 823.41).

823.33 Donations. Les donations représentent l'archétype de l'acte à titre gratuit tombant sous le coup des nullités de la période suspecte[2]. L'annulation d'une donation entraînera nullité de l'acte subséquent de vente du bien donné, peu important la bonne foi de l'acquéreur (v. s[s] n° 825.41). Les donations ne seront annulées que si elles ne présentent pas un caractère rémunératoire excluant son caractère d'acte à titre gratuit[3]. Le caractère rémunératoire de la donation est souverainement apprécié par les juges du fond[4]. C'est ainsi que ce caractère n'a pas été retenu en présence d'une épouse gratifiée qui avait aidé son mari pendant sept ans dans l'exploitation de son commerce, faute pour l'activité déployée d'avoir été constante[5].

Pour savoir si l'acte a été accompli en période suspecte, sera pris en compte la date de l'acceptation[6], cependant que l'on voit parfois affirmer que doit être prise en compte la date de l'acte, voire de sa publicité[7]. Il pourra ne s'agir que de donations en nue-propriété[8] ou en usufruit.

Si la donation est l'œuvre d'époux communs en biens, la nullité doit-elle être prononcée pour le tout ? Des juridictions du fond avaient répondu négativement à la question. La nullité n'avait été prononcée que du chef de l'époux en redressement ou en liquidation judiciaire. À l'égard de l'époux *in bonis*, il était en revanche possible d'exercer une action pour fraude paulienne[9]. La Cour de cassation, plus énergiquement, mais aussi plus simplement, a préféré considérer que lorsque le débiteur a passé avec son conjoint un acte à titre gratuit portant sur un bien commun qui fait partie du gage des créanciers, la nullité de cet acte l'atteint en son entier[10] (v. aussi s[s] n° 741.46). La difficulté demeure si une donation est effectuée sur un bien commun par le seul époux qui restera *in bonis*. En ce cas, l'acte qui pas été accompli par le débiteur ne peut tomber sous le coup des nullités de la période suspecte. Il a toutefois été jugé, d'une manière souple, semble-t-il[11], qu'il était possible d'atteindre l'acte fait en fraude des droits des créanciers du conjoint sous procédure collective par le biais de l'action paulienne[12].

Il pourra s'agir de donations déguisées, ayant pris la forme de transfert de parts d'une société civile immobilière, en contrepartie de prêts, le prêteur n'ayant cependant aucune volonté de demander le remboursement aux porteurs de parts, en l'occurrence sa compagne et les enfants de cette dernière, alors qu'il était déjà en état de cessation des paiements[13].

823.34 Constitutions de dot. Les constitutions de dot, malgré la suppression de leur visa exprès dans la législation, sont également englobées dans la formule législative. Constitution de dots et donations obligeront le donataire à restituer la chose reçue et les fonds perçus. En cas d'aliénation du bien donné, le sous-acquéreur sera inquiété, y compris dans le domaine mobilier, s'il est de bonne foi. Il ne pourra, à son profit, revendiquer les dispositions de l'article 2276 du code civil, une opinion contraire ayant cependant été soutenue (v. aussi s[s] n° 825.41).

823.35 Partages consécutifs au changement de régime matrimonial. Au rang des actes d'appauvrissement sans contrepartie, on signalera également les partages consécutifs au changement de régime matrimonial ou à la dissolution du régime.

Il a été ainsi jugé que le déséquilibre du partage au préjudice du débiteur peut s'analyser comme une libéralité[14]. Le passif grevant les biens attribués au

1. Com. 2 oct. 2001, n° 98-19.694, *Bull. civ.* IV, n° 22; *D.* 2001. AJ 3119, obs. Lienhard; *Act. proc. coll.* 2001, n° 237, obs. Régnaut-Moutier; *Dr. et proc.* 2002. 23, obs. Picod; *RJDA* 2002/2, n° 179, p. 148; *RTD com.* 2002. 164, n° 14, obs. Martin-Serf; *Rev. proc. coll.* 2002, p. 275, n° 4, obs. Blanc.
2. AINSI : TGI Dunkerque, 18 déc. 2002, *Dr. et proc.* 2003. 233, obs. Delattre; *Rev. proc. coll.* 2003, p. 151, n° 3, obs. Blanc – Paris, 3e ch. B, 4 juin 2004, RG n° 03/15665.
3. Com. 24 sept. 2003, n° 00-22.013, NP, *Act. proc. coll.* 2003, n° 246.
4. Com. 16 mai 2006, n° 05-15.552, NP; n° 615 F-D.
5. Com. 16 mai 2006, n° 05-15.552, NP; n° 615 F-D.
6. J.-CL. COM., Saint-Alary-Houin et Monsérié-Bon, fasc. 2507, [Redressement et liquidation judiciaire – Nullités de droit – Libéralités – Actes à titre gratuit – Contrats lésionnaires – Stock-option – Affectation de biens (EIRL)], 2012, n° 24.
7. Paris, 3e ch. B, 4 juin 2004, RG n° 03/15665.
8. Orléans, 28 juin 2001, RG n° 00/02600, *Rev. proc. coll.* 2003, p. 357, n° 5, obs. Rubellin – Nîmes, 5 juin 2008, RG n° 06/01769, *Rev. proc. coll.* 2009, n° 82, note Blanc.
9. *Rennes, 1re ch. A, 1er déc. 1998, Act. proc. coll.* 1999, n° 228 – Chambéry, 11 mars 2008, RG n° 06/01499, *Rev. proc. coll.* 2008, n° 153, note Blanc; *Rev. proc. coll.* 2009, n° 55, note Dumont-Lefrand.
10. Com. 7 avr. 2009, n° 06-19.538, *Bull. civ.* IV, n° 50; *D.* 2009. AJ 1085, note Lienhard; *Gaz. proc. coll.* 2009/3, p. 32, n° 6, note Roussel Galle; *Act. proc. coll.* 2009, n° 158, note Leprovaux; *JCP E* 2009. Chron. 1814, n° 7, note M. Cabrillac; *RTD com.* 2009. 811, n° 7, obs. Martin-Serf; *Rev. proc. coll.* 2010, n° 143, note Lisanti.
11. Cagnoli, note s[s] Chambéry, ch. com., 11 mars 2008, RG n° 06/01449, *Act. proc. coll.* 2008/12, n° 193.
12. Chambéry, ch. com., 11 mars 2008, RG n° 06/01449, *Act. proc. coll.* 2008, n° 193, note Cagnoli; *Rev. proc. coll.* 2009, n° 55, note Dumont-Lefrand.
13. Civ. 1re, 2 mars 2004, n° 01-13.767, NP.
14. Com. 28 mars 1995, n° 91-18.721, *Bull. civ.* IV, n° 111; *D.* 1996. Somm. 81, obs. Honorat; *Defrénois* 1995. 970, obs. Sénéchal; *Rev. proc. coll.* 1995, 448, n° 3, obs. Lemistre.

ciaux[1]. Au contraire, il n'y aura pas place à nullité si, en contrepartie de la résiliation amiable du bail commercial, le bailleur abandonne ses loyers et son droit d'entrée dans les lieux[2]. Il y a également place à nullité en cas de cession à vil prix des droits d'exploitation[3], ou encore des cessions de marque[4]. Il en est de même de la faiblesse du montant de la redevance dans les contrats de location-gérance[5]. Le déséquilibre peut encore tenir au constat que le transfert au débiteur d'un fonds de commerce, de faible valeur, a eu pour effet de faire supporter au débiteur les charges liées au licenciement des salariés attachés au fonds de commerce[6]. Il faut en effet prendre en compte, pour apprécier le déséquilibre, l'ensemble des obligations mises à la charge du débiteur par la transaction et non pas seulement le prix de cession[7].

La cession de parts sociales pourra également être annulée si le montant versé par le débiteur est très supérieur à la valeur des parts, lesquelles ne valaient presque plus rien à la date de la cession[8].

Il y a aussi place à nullité d'un contrat de partenariat et de mécénat disproportionné au préjudice du débiteur au profit d'une association sportive[9].

Les transactions seront également nulles en cas de déséquilibre notable au préjudice du débiteur[10]. Il en va différemment si une saisie-attribution est faite en exécution d'un protocole transactionnel; en tant qu'acte non volontaire, elle échappe à la nullité[11], du moins sous l'empire de la législation antérieure à la loi de sauvegarde des entreprises (v. s[s] n° 824.24). En outre, une juridiction du fond, se fondant sur l'autorité de la chose jugée attachée au jugement ayant homologué la transaction, a refusé de l'annuler[12].

Le déséquilibre peut aussi tenir à des circonstances particulières. Il en est ainsi lorsque le débiteur paie par compensation, en cédant à son créancier une créance sur une société solvable, tandis qu'il devenait cessionnaire d'une créance sur une société en difficulté, ce qui compromettait évidemment sérieusement le recouvrement de cette créance[13]. De même, il y a convention déséquilibrée en cas de résiliation d'un contrat de location-gérance, emportant une légère réduction de sommes dues par le locataire-gérant au loueur, cependant que le premier s'engageait à prendre en charge le coût du licenciement des salariés, lesquels auraient du faire retour au loueur[14]. En réalité, il s'agissait de faire prendre en charge les sommes en question par l'AGS.

La turpitude du débiteur dans l'existence du déséquilibre est indifférente au jeu de la nullité[15], cette action étant en liquidation judiciaire exercée par le liquidateur, non pas en tant qu'il représente le débiteur, mais en tant qu'il défend l'intérêt de ses créanciers.

823.42 Rapports pécuniaires entre époux. L'attention des mandataires de justice portera utilement sur les rapports pécuniaires entre époux et ex-époux[16]. La jurisprudence admet ainsi la remise en cause des états liquidatifs de changement de régime matrimonial[17], qui pourront aussi être remis en cause en tant que donation déguisée (v. s[s] n° 823.35). La solution est étendue aux conventions réglant les effets d'un divorce[18], par exemple l'acte de partage de la communauté à la suite d'un changement de régime matrimonial[19] ou d'un divorce[20], cependant

1. Paris, 16e ch. B, 14 nov. 1996, *Rev. proc. coll.* 1998, 205, n° 5, obs. Lemistre.
2. Paris, 3e ch. B, 27 sept. 1996, *Rev. proc. coll.* 1998, 205, n° 5, obs. Lemistre.
3. T. com. Marseille, 16 avr. 1987, *Rev. proc. coll.* 1987/3, p. 43, obs. Guyon.
4. Com. 24 nov. 1998, n° 94-19.890, NP, *RJDA* 1999/1, p. 67, n° 78.
5. Paris, 14 mai 2008, *Rev. proc. coll.* 2008/4, p. 49, n° 155, note Blanc – *Adde*, J.-CL. COM., Saint-Alary-Houin et Monsérié-Bon, fasc. 2507, [Redressement et liquidation judiciaire – Nullités de droit – Libéralités – Actes à titre gratuit – Contrats lésionnaires – Stock-option – Affectation de biens (EIRL)], 2012, n° 50.
6. Com. 27 juin 2006, n° 04-19.423, NP; n° 828 F-D; *Gaz. proc. coll.* 2006/4, p. 24, note Roussel Galle.
7. Roussel Galle, note s[s] Com. 27 juin 2006, n° 04-19.423, *Gaz. proc. coll.* 2006/4, p. 24.
8. Com. 27 mai 2014, n° 13-15.540, NP; n° 526 F-D; *Rev. proc. coll.* 2015, comm. 125, note Blanc.
9. Nîmes, 6 nov. 2008, RG n° 06/03897, *Rev. proc. coll.* 2010, n° 24, note Blanc.
10. Com. 26 juin 2001, n° 98-16.479, NP, *Rev. proc. coll.* 2002, p. 275, n° 5, obs. Blanc – Com. 27 nov. 2001, n° 98-21.887, NP, *Rev. proc. coll.* 2002, p. 275, n° 5, obs. Blanc; *Rev. proc. coll.* 2002, p. 287, n° 8, obs. Canet – Paris, 5e ch. A, 28 juin 2006, RG n° 05/20964, *RTD com.* 2007. 602, n° 6, obs. Martin-Serf – Rouen, 13 févr. 2007, RG n° 04/00991, *Rev. proc. coll.* 2008, n° 68, note Blanc.
11. Com. 11 févr. 2004, n° 01-16.868, NP, *Rev. proc. coll.* 2004, p. 385, n° 6, obs. Blanc.
12. Bordeaux, 2e ch., 12 sept. 2007, RG n° 06/05497, *Rev. proc. coll.* 2008, n° 69, note Blanc.
13. Versailles, 13e ch., 26 juin 2014, RG n° 13/08988, *Juris-Data* 015285.
14. Aix-en-Provence, 24 sept. 2015, RG n° 13/20605, *Juris-Data* 022234; *JCP E* 2015. 936.
15. Soc. 21 févr. 2006, n° 04-40.062, NP; n° 437 F-D; *Gaz. proc. coll.* 2006/2, p. 42 obs. Roussel Galle.
16. IFPPC 1999, recomm. n°s 1101-1, 6033-1, p. 25 et 161.
17. Com. 25 juin 1979, n° 78-10.991, *Bull. civ.* IV, n° 213; *D.* 1979. IR 533, obs. Honorat.
18. Civ. 1re, 25 janv. 2000, n° 97-21.119, *Bull. civ.* I, n° 19; *D.* 2000. AJ 103, obs. Lienhard; *RD banc. fin.* 2000, n° 71, obs. Lucas; *Rev. proc. coll.* 2002, p. 272, n° 1, obs. Blanc.
19. Com. 9 juill. 2002, n° 99-14.400, NP, *RJPF* 2002/12, p. 22, obs. Vauvillé; *Rev. proc. coll.* 2004, p. 71, n° 6, obs. Blanc.
20. Civ. 1re, 3 juin 2003, n° 01-17.971, *Bull. civ.* I, n° 136; *D.* 2003. AJ 1763; *Act. proc. coll.* 2003, n° 179, obs. Vallansan; *RJPF* 2003/10, p. 19, obs. Vauvillé; *RTD com.* 2004. 814, n° 6, note Martin-Serf.

que si la transmission d'un bien intervient au titre d'une obligation alimentaire, la nullité semble devoir être écartée[1].

La nullité du contrat ou de l'acte de partage a pour effet de remettre les parties en l'état antérieur. Le cocontractant du débiteur devra restituer la chose reçue. Il deviendra créancier, ce qui fera naître la question de sa déclaration de créance. Si la restitution en nature ne peut plus être effectuée, il y a place à restitution en équivalent, par versement d'une somme d'argent. Le sous-acquéreur, qui tient son droit du cocontractant du débiteur, pourrait être inquiété, même s'il est sous-acquéreur d'un bien meuble corporel, de bonne foi. Il ne sera pas protégé par l'article 2276 du code civil.

SECTION 823.50
SÛRETÉS RÉELLES CONSTITUÉES EN GARANTIE D'UNE CRÉANCE ANTÉRIEURE

823.51 Nullité de certaines sûretés réelles constituées en garantie d'une créance antérieure. L'article L. 621-107, 6° du code de commerce (anc[t] L. 25 janv. 1985[2], art. 107, 6°), texte repris sans modification par l'article L. 632-1, I, 6° issu de la loi du 26 juillet 2005[3], applicable en redressement judiciaire et auquel renvoie l'article L. 641-14 alinéa 1 pour la procédure de liquidation judiciaire, répute nuls « toute hypothèque conventionnelle, toute hypothèque judiciaire ainsi que l'hypothèque légale des époux et tout droit de nantissement constitués sur les biens du débiteur pour dettes antérieurement contractées ». L'ordonnance du 23 mars 2006[4] a complété la disposition en ajoutant le gage.

Le principe d'égalité qui doit régner entre les créanciers permet de remettre en cause la prise de sûretés réelles en garantie d'une créance antérieure. La solution se comprend aisément si la sûreté est donnée en garantie des dettes du débiteur. Mais la nullité jouera également si la sûreté constitue un « cautionnement réel »[5], faute pour le texte de distinguer selon que la sûreté est constituée en garantie de son propre engagement ou de celui d'un tiers.

En revanche, la sûreté réelle pour autrui ne tombe pas sous le coup de la nullité des sûretés consenties en garantie d'une créance antérieure[6]. Cependant, il peut tomber sous le coup des nullités facultatives, au titre des actes à titre onéreux.

La dette est née, ce qui, en pratique, le plus souvent, signifie que le concours financier a été accordé au débiteur. *A priori*, le débiteur n'a pas d'obligation de constituer au profit des créanciers une sûreté. Pourquoi accepterait-il de le faire si ce n'est pour avantager ce créancier par rapport aux autres ? C'est cette rupture d'égalité qui va ici être sanctionnée.

Le fait que le bien grevé de la sûreté ait été vendu avant jugement d'ouverture et que l'acquéreur ait commencé la procédure de purge n'empêche pas le jeu de la nullité[7].

On remarquera que le texte ne frappe pas de nullité toutes sûretés réelles, mais seulement celles spécialement énoncées. Le principe « pas de nullité sans texte » oblige à une interprétation restrictive de ce texte.

C'est la raison pour laquelle la cession de créance loi Dailly faite à titre de garantie en propriété ne peut être atteinte par cette cause de nullité. En effet, une telle cession de créance transfère au cessionnaire la propriété de la créance cédée, de sorte qu'une telle cession n'est pas un nantissement[8]. Au contraire, la cession de créance de Dailly à titre de nantissement tombe sous le coup de la nullité[9].

De même, la clause de réserve de propriété, qui n'aurait pas été consentie au moment de la vente, mais qui aurait été consentie au plus tard au moment de la livraison, ne saurait être remise en cause, le contraire ayant cependant été soutenu[10]. La stipulation d'une clause de réserve de propriété après perfection de la vente n'échappera pas nécessairement aux nullités, mais seules les nullités facultatives doivent pouvoir trouver ici application[11].

Si la constitution d'hypothèque tombe sous le coup de la nullité, il n'en va pas de même de la recharge de l'hypothèque[12].

Le nantissement d'instruments financiers tombe, en revanche, sous le coup du texte. Ainsi a pu être annulé, le nantissement d'instruments financiers constitué par le débiteur en contre-garantie d'une

1. AINSI : Riom, 9 oct. 1996, *Rev. proc. coll.* 1998, 204, n° 4, obs. Lemistre.
2. L. n° 85-98, 25 janv. 1985, préc.
3. *L. n° 2005-845, 26 juill. 2005, préc.*
4. Ord. n° 2006-346, 23 mars 2006, *JO* 24 mars, p. 4475.
5. Com. 4 janv. 2000, n° 97-15.712, NP, *Rev. proc. coll.* 2002, p. 279, n° 8, obs. Blanc.
6. Paris, 15e ch. B, 10 mars 2006, RG n° 05/17604 – Amiens, ch éco., 22 sept. 2009, RG n° 07/04765, *Rev. proc. coll.* 2010, n° 231, note Blanc.
7. Com. 20 nov. 2001, n° 99-21.661, NP, *Rev. proc. coll.* 2002, p. 279, n° 8, obs. Blanc.
8. Com. 28 mai 1996, n° 94-10.361, *Bull. civ.* IV, n° 151; *D.* 1996. Somm. 390, obs. Pedelièvre; *RTD civ.* 1996. 671, obs. Crocq; *RTD com.* 1996. 508, obs. M. Cabrillac; *RD banc. et bourse* 1987. 207, obs. Campana.
9. Paris, 3e ch. C, 9 juin 1995, JurisData 022109.
10. Bretzner, « La clause de réserve de propriété et les nullités de la période suspecte », Rev. proc. coll. 1991. 377 – AUSSI : SAINT-ALARY-HOUIN, 7e éd., n° 1042.
11. EN CE SENS : GUYON, n° 1328.
12. PÉROCHON, 9e éd., n° 1311.

garantie autonome précédemment donnée par une banque pour le paiement à première présentation d'un chèque durant toute sa période de validité[1].

823.52 Nullité de la sûreté conditionnée à l'absence de concomitance entre la naissance de la dette et la constitution de la sûreté – Indifférence de la date de publicité de la sûreté. La nullité sanctionne ici l'absence de concomitance entre la constitution de la sûreté et la naissance de la dette. La constitution désigne la réunion des conditions de validité et non celle de ses conditions d'opposabilité aux tiers. La solution a été posée, par exemple, pour l'exercice d'un droit de rétention sur documents d'immatriculation, seule devant être prise en compte la date de l'accord sur la remise, non la date effective de ladite remise[2].

Il en est d'abord tiré la conséquence que les inscriptions prises en renouvellement d'inscriptions existantes ne sont pas nulles. La solution est la même pour la sûreté constituée conventionnellement en substitution d'une garantie préexistante. La solution a été posée en présence d'un privilège de prêteur de deniers remplacé par une hypothèque, cette substitution n'ayant pas pour effet de grever plus lourdement le patrimoine du débiteur[3].

Il en est aussi tiré la conséquence que les sûretés constituées ne sont pas davantage annulables, dès lors que la sûreté d'origine n'est pas, par elle-même, annulable[4].

La sûreté n'est pas nulle de droit au seul motif qu'elle est constituée en période suspecte. Il faut qu'elle soit constituée en garantie d'une créance antérieure. Il n'y a donc pas place à nullité de droit si la sûreté est constituée dans l'acte de prêt[5].

Lorsque la sûreté est prise en **garantie du solde débiteur d'un compte-courant**, il n'y pas place à nullité si la sûreté est prise pour garantir l'augmentation du débit en compte, ce qui supposera de nouvelles avances[6]. En revanche, la sûreté est nulle en tant qu'elle est appelée à garantir le montant du solde débiteur préexistant à la constitution de la sûreté[7]. Pour apprécier la nullité, les juges doivent rechercher quelles dettes les parties ont eu l'intention de garantir, lors de la constitution de la sûreté, la dette préexistante ou l'accroissement du débit[8]. Il ne suffira, lors de l'appréciation, de savoir s'il y a eu ou non augmentation du débit en compte après la constitution de la sûreté. Les juges devront « faire apparaître derrière les soldes intermédiaires les opérations intervenues entre le client et le banquier, notamment des avances du banquier qui accroissent le débit du client ou des rentrées d'avances antérieures à la sûreté qui augmentent le solde créditeur »[9].

Il y a au contraire place à nullité de la garantie si elle est constituée après l'octroi du financement, et cela même si la garantie ne pouvait alors être constituée, faute pour le débiteur d'être titulaire, à la date de l'octroi du financement, des droits sur les biens affectés à la garantie[10]. En pareille hypothèse, il a été estimé que la nullité ne serait évitée que si le débiteur, de façon claire et incontestable, au moment de l'octroi du financement, exprime sa volonté d'instituer la garantie[11].

Peu importe en revanche la concomitance entre la publicité de la sûreté et la naissance de la dette[12]. Cette concomitance s'avérera, le plus souvent, en pratique impossible puisque, alors que la sûreté est sujette à publication, il sera impossible de publier la sûreté et simultanément de la constituer. Cela est spécialement vrai pour les gages sur matériel et outillage, le gage sur véhicule automobile ou encore les hypothèques. Il faut donc, pour apprécier la concomitance entre sûreté et naissance de la créance, se référer à la date de constitution de la sûreté. Ainsi, dans l'exemple d'une hypothèque, c'est la date de l'acte notarié dans lequel le débiteur accepte en garantie de sa dette une hypothèque qui sera seule prise en compte. En présence d'une hypothèque judiciaire, il y aura place à nullité si l'inscription intervient après cessation des paiements, en garantie d'une créance antérieure à la date de cessation

1. Com. 1er déc. 2009, nº 08-20.380, NP.
2. Com. 14 mars 2000, nº 97-18.328, NP.
3. Com. 20 janv. 1998, nº 95-16.402, *Bull. civ.* IV, nº 28.
4. Com. 20 janv. 1998, nº 95-16.402, *Bull. civ.* IV, nº 28; *RTD com.* 1999. 194, obs. Martin-Serf; *RD banc. et bourse* 1998. 73, obs. Campana et Calendini; *Quot. Jur.* 19 mars 1998, p. 4; *D.* 1998. Somm. 380, Piedelièvre; *RTD civ.* 1998. 707, obs. Crocq.
5. Com. 2 oct. 2007, nº 06-14.682, NP; nº 1038 F-D; *Gaz. proc. coll.* 2008/1, p. 60, note Routier.
6. Amiens, ch. éco., 22 sept. 2009, RG nº 07/04765, *Rev. proc. coll.* 2010, nº 231, note Blanc.
7. Com. 11 févr. 1970, 2 arrêts, *RTD com.* 1971. 153, obs. Cabrillac et Rives-Lange.
8. Com. 16 déc. 1970, *D.* 1971. 450, note Rives-Lange; *JCP* 1971. II. 16704, note Gavalda; *RTD com.* 1971. 407, obs. Cabrillac et Rives-Lange – Com. 10 janv. 1983, *D.* 1983. IR 264, obs. Honorat; *Rev. Banque* 1984. 108, obs. Marin – *Adde*, M. Cabrillac et Rives-Lange, obs. ss Com. 11 févr. 1970, 2 arrêts, *RTD com.* 1971. 153 – Djoudi, « La garantie du solde du compte courant en période suspecte », *RD banc. fin.* 2010. dossier 14, nº 18.
9. Djoudi, art. préc., nº 19 – *Adde*, Gavalda, note ss Com. 16 déc. 1970, *JCP* 1971. II. 16704.
1 Paris, 15e ch. B, 5 déc. 2003, RG nº 02/12550.
1 Paris, 15e ch. B, 5 déc. 2003, RG nº 02/12550.
1 Com. 25 oct. 1994, nº 91-14.539, *Bull. civ.* IV, nº 314; *CP E* 1995. I. 457, nº 9, obs. M. Cabrillac – Com. 22 nov. 994, nº 93-12.899, NP, *Rev. proc. coll.* 1995, 447, obs. emistre – Com. 29 oct. 2002, nº 99-18.938, NP, *Act. oc. coll.* 2003, nº 19, obs. Régnaut-Moutier – Com. févr. 2003, nº 99-19.249, NP, *Rev. proc. coll.* 2004, 72, nº 8, obs. Blanc.

des paiements[1]. Peu importe en revanche la date de la publicité[2].

La dépossession n'est pas, en matière de gage, une condition de validité, mais seulement d'opposabilité. En conséquence, elle pourra intervenir en période suspecte[3]. Il faut cependant réserver le cas des gages sur meubles incorporels. Le gage n'est en effet ici constitué que si l'acte conclu par les parties a été enregistré puis signifié au débiteur de la créance gagée ou acceptée par lui dans un acte authentique[4].

Peu importe également que la créance garantie par la sûreté soit antérieure à la cessation des paiements, seule important la constitution de la sûreté en période suspecte[5].

823.53 Hypothèque et nantissement judiciaires. Le code de commerce s'intéresse non seulement aux hypothèques légales et aux hypothèques conventionnelles, mais aussi aux hypothèques judiciaires, desquelles on rapprochera les hypothèques de contraintes prises par les organismes sociaux autorisés par le code de la sécurité sociale à se délivrer des titres à eux-mêmes[6]. En ce qui concerne ces dernières, il en résulte le jeu de l'application de l'article 2412 du code civil[7] (anc[t] C. civ., art. 2123). Il n'y a pas lieu de se placer à la date du jugement de condamnation pour apprécier leur validité.

Ne peut en conséquence être suivie la décision qui fait échapper, par principe, les hypothèques judiciaires au jeu des nullités de la période suspecte, lorsqu'elles sont inscrites en garantie d'une créance antérieure[8].

En visant « tout droit de nantissement », le texte a vocation à s'appliquer tant au nantissement conventionnel qu'au nantissement judiciaire. Pour ce dernier, la sûreté n'est pas ici constituée par son inscription provisoire, mais par le jugement de condamnation[9], dont seule la date devra être prise en compte pour apprécier si la sûreté a été constituée en période suspecte.

La nullité sera encourue même si la sûreté a été précédée d'une promesse de sûreté, laquelle ne vaut pas constitution de la sûreté[10].

La nullité sera identiquement encourue nonobstant la vente de l'immeuble grevé de la sûreté avant le jugement d'ouverture[11].

Il faut enfin préciser que si l'hypothèque ou le nantissement a été constitué sur un bien commun, il y a place à nullité pour le tout, peu important qu'un seul des époux fasse l'objet d'une procédure collective. La solution a été spécialement posée à propos d'une hypothèque grevant un immeuble commun, constituée depuis la date de cessation des paiements du mari, pour sûreté d'une dette antérieurement contractée[12].

823.54 Hypothèque rechargeable – Problème de la convention de rechargement. L'article 2422 du code civil a ouvert la possibilité au débiteur d'affecter une hypothèque à la garantie d'une créance autre que celle mentionnée dans l'acte constitutif. Le mécanisme est permis par une convention dite de rechargement. Ce mécanisme a été supprimé par la loi du 17 mars 2014[13] relative à la consommation, entrée en vigueur le 1er juillet 2014, date à partir de laquelle il ne sera plus possible de convenir d'une clause de rechargement. Pendant le temps de son existence, il a fait naître des difficultés. En outre, le mécanisme a été rétabli par la loi du 20 décembre 2014[14] (art. 48), mais est désormais cantonné à la seule garantie des créances professionnelles, et ce à compter du 21 décembre 2014[15].

Plusieurs questions se posent à propos de l'hypothèque rechargeable au regard du jeu des nullités de la période suspecte, et plus spécialement du cas visé par l'article L. 632, I, 6° qui prévoit qu'est nulle si

1. Com. 9 juill. 2002, n° 99-16.473, *Bull. civ.* IV, n° 116; *Act. proc. coll.* 2002, n° 194; *RJDA* 2002/12, n° 1301, p. 1098; *Rev. proc. coll.* 2004, p. 72, n° 8 obs. Blanc.
2. Lyon, 28 févr. 2013, RG n° 11/08248, *JurisData* 008996, *Rev. proc. coll.* 2015, comm. 129, note Blanc.
3. Toulouse, 25 mars 1874, *DP* 1876. II. 318 – J.-CL. COM., Saint-Alary-Houin et Monsérié-Bon, fasc. 2508, [Nullités des sûretés – Nullité des dépôts et consignations – Nullité des mesures conservatoires], n° 53.
4. Com. 28 janv. 1997, n° 94-20.554, *Bull. civ.* IV, n° 3; *D.* 1998. 140, obs. Jobard-Bachelier; *JCP E* 1997. II. 95, rapp. Rémery – Com. 8 oct. 2003, n° 00-22.356, NP, *Rev. proc. coll.* 2004, p. 386, n° 9, obs. Blanc.
5. Com. 5 avr. 2016, n° 14-18.403, NP; n° 327 F-D.
6. Metz, 1re ch. civ., 17 déc. 1998, *JCP E* 2000. Pan. 157
7. CRÉÉ par *Ord. n° 2006-346, 23 mars 2006*, préc., art 4.
8. Caen, 1re ch. sect. civ. et com., 10 nov. 2010, RG n° 08/04561, *Act. proc. coll.* 2011, n° 53; *Rev. proc. coll.* 2011, n° 135, note approb. Blanc.
9. Com. 25 oct. 1994, n° 91-14.539, préc. – Com. 22 nov. 1994, n° 93-12.899, NP, *Rev. loyers* 1995. 529, note Gallet.
10. Com. 12 nov. 1997, n° 95-14.900, *Bull. civ.* IV, n° 287; *D.* 1998. Somm. 106, obs. Piedelièvre; *D.* 1998. Somm. 325, obs. Honorat; *RTD civ.* 1998. 705, obs. Crocq; *RTD com.* 1999. 196, obs. Martin-Serf.
11. Com. 13 avr. 1999, n° 96-22.208, NP, *Act. proc. coll.* 1999/10, n° 140.
12. Com. 2 avr. 1996, n° 93-20.562, *Bull. civ.* IV, n° 106; *D.* 1996. Somm. 340, obs. Honorat; *JCP E* 1996. I. 584, n° 7, obs. Pétel.
13. L. n° 2014-344, 17 mars 2014, *JO* 18 mars, p. 5400.
14. L. n° 2014-1545, 20 déc. 2014, *JO* 21 déc., p. 21647.
15. Crocq, obs. *D.* 2015, pan. 1810; Andreu, « L'hypothèque rechargeable ressuscitée », *JCP G* 2015. 78 – Gijsbers, « Hypothèque rechargeable : rétablissement pour les professionnels par la loi du 20 décembre 2014 », *D.* 2015. 69.

elle est intervenue depuis la cessation des paiements, « toute hypothèque conventionnelle constituée sur les biens du débiteur pour dettes antérieurement contractées ».

Le code de commerce ne vise que la nullité de la constitution de l'hypothèque. Cela permet-il de faire tomber sous le coup de la nullité l'hypothèque offerte aux créanciers en application d'une convention de rechargement, dès lors que l'hypothèque préconstituée tombe sous le coup des nullités de la période suspecte ? Puisque l'hypothèque d'origine est nulle, elle ne devrait pas pouvoir être offerte en garantie par le mécanisme d'une convention de rechargement. Il a toutefois été observé que l'hypothèque est annulée si elle est consentie en garantie d'une créance antérieure. Or, par la convention de rechargement, l'hypothèque peut être offerte en garantie d'une dette concomitante. Il en a été déduit qu'elle échapperait à la nullité[1]. En sens inverse, il est possible d'observer que l'hypothèque d'origine est nulle, *erga omnes*, ce qui atteint nécessairement, à notre sens, l'hypothèque consentie par le jeu de la convention de rechargement.

Que décider lorsque l'hypothèque préconstituée sera offerte à un nouveau créancier, en garantie d'une créance antérieure, pendant la période suspecte ? Au strict regard de ce cas particulier de nullité de la période suspecte, la lettre du texte ne permettrait pas l'anéantissement. En effet, la sûreté n'est pas véritablement constituée, mais simplement offerte aux créanciers, comme le prévoit l'article 2422, alinéa 2 du code civil. Ne peut-on cependant assimiler le fait de constituer une sûreté et le fait d'offrir à un créancier une sûreté préconstituée ? Ce qui importe n'est-il pas le fait que pendant la période suspecte, un créancier se voit ménager une situation qu'il n'avait pas avant ladite période, rompant ainsi la nécessaire égalité des créanciers qui doit régner pendant cette période ? Aussi, suggérons-nous volontiers de permettre l'anéantissement d'une hypothèque offerte aux créanciers par le mécanisme d'une convention de rechargement pendant la période suspecte. Au demeurant, même si le jeu de la nullité de droit devait être écarté, la possibilité du jeu d'une nullité facultative subsisterait, car cette convention est bien un acte à titre onéreux visé à l'article L. 632-2, alinéa 1 du code de commerce.

Il ne semble pas possible, en revanche de prononcer l'annulation de la convention de rechargement, car cette dernière ne représente pas la constitution d'une hypothèque, mais seulement la possibilité d'offrir une hypothèque préconstituée à un autre créancier ou pour une autre créance.

1. Le Cannu, 7e éd., n° 605.

SECTION 823.60

DÉPÔTS ET CONSIGNATIONS DE SOMMES EFFECTUÉS EN APPLICATION DE L'ARTICLE 2350 DU CODE CIVIL

823.61 Dépôts et consignations de sommes effectués en application de l'article 2350 du code civil[2] (ancien C. civ., art. 2075-1). L'article L. 621-107, I, 5° du code de commerce (anc[t] L. 25 janv. 1985[3], art. 107, 5°), texte repris sans modification par l'article L. 632-1, I, 5° issu de la loi du 26 juillet 2005[4], applicable en redressement judiciaire et auquel renvoie l'article L. 641-14 alinéa 1 pour la procédure de liquidation judiciaire, répute nuls « tout dépôt et toute consignation de sommes effectués en application de l'article 2350 du code civil (anc[t] C. civ., art. 2075-1), à défaut d'une décision de justice ayant acquis force de chose jugée ».

Ce cas participe de « l'arsenal anti-sûreté »[5] que déploie l'article L. 621-107 et depuis la loi de sauvegarde des entreprises, l'article L. 632-1 du code de commerce. Il faut éviter que le créancier n'obtienne, par voie judiciaire, une garantie équivalente à celle qu'il ne peut plus obtenir conventionnellement, du fait de la nullité des sûretés réelles constituées en garantie d'une créance antérieure, car du fait de la consignation, le créancier qui en bénéficie se voit reconnaître le privilège du gagiste.

La nullité ne peut remettre en cause une consignation effectuée en vertu d'une décision passée en force de chose jugée avant le jugement d'ouverture. Seule la consignation étant affectée et non la décision sur le fondement de laquelle elle est intervenue, seule doit être prise en compte la date de la consignation et non celle de la décision. Suffit-il que la consignation résulte d'une décision ayant acquis force de chose jugée au jour du jugement d'ouverture[6], ou doit-on exiger, comme le fait une autre partie de la doctrine, une décision ayant acquis force de chose jugée avant la cessation des paiements[7] ? La Cour de cassation a tranché en faveur de la première position : la consignation ne sera nulle que si elle est intervenue en période suspecte, peu important que la décision ait acquis force de chose jugée pendant la période suspecte[8].

2. Créé par Ord. n° 2006-346, 23 mars 2006, art. 11.
3. L. n° 85-98, 25 janv. 1985, préc.
4. L. n° 2005-845, 26 juill. 2005, préc.
5. Pérochon, 10e éd., n° 1492.
6. En ce sens : Saint-Alary-Houin, 7e éd., n° 1023.
7. Derrida *et alii*, n° 349 – Guyon, n° 1331 – Sénéchal, *L'effet réel de la procédure collective*, Litec, 2002, n°s 618 s. – Pérochon, 10e éd., n° 1491 – Ripert et Roblot, n° 3127 – Le Cannu *et alii*, n° 528 – Pétel, 7e éd., n° 367.
8. Com. 11 févr. 2014, n° 12-16.938, *Bull. civ.* IV, n° 36; n° 196 FS-P+B; *D.* 2014, actu. 478, note Lienhard; *Gaz. Pal.* 29 juin 2014, n° 180, p. 30, note Roussel Galle; *Act. proc. coll.* 2014/4, comm. 60, note Vallansan; *JCP E* 2014, Chron. 1173, n° 4, note Pétel; *Rev. proc. coll.* 2015, comm. 128, note Blanc.

La nullité a ici pour objet d'empêcher le jeu de l'article 2350 du code civil (anc^t C. civ., art. 2075-1), qui confère au créancier la qualité de gagiste. C'est semble-t-il le fondement de cette nullité[1]. Par hypothèse, en effet, le gage ainsi conféré l'est en garantie d'une créance antérieure.

Il n'y a place à nullité que si le dépôt ou la consignation est intervenue à la demande du débiteur[2].

Sont exclues de cette nullité, les consignations de sommes dans le cadre d'une constitution de partie civile au cours d'une instance pénale[3].

SECTION 823.70
MESURES CONSERVATOIRES

823.71 Sûretés conservatoires. Aux termes de l'article L. 621-107, 7° du code de commerce (anc^t L. 25 janv. 1985[4], art. 107, 7°), dans la rédaction que lui a donnée la loi du 9 juillet 1991[5] portant réforme des voies d'exécution, texte repris sans modification par l'article L. 632-1, I, 7° issu de la loi du 26 juillet 2005[6], applicable en redressement judiciaire et auquel renvoie l'article L. 641-14 alinéa 1 pour la procédure de liquidation judiciaire, est nulle « toute mesure conservatoire à moins que l'inscription [...] ne soit antérieur(e) à la date de cessation des paiements ». Il s'agit là des sûretés conservatoires de l'article 77 de la loi du 9 juillet 1991 (anc^t C. pr. civ., art. 53 et 54), c'est-à-dire le nantissement judiciaire conservatoire et les hypothèques judiciaires conservatoires, ainsi que, depuis la loi du 9 juillet 1991, le nantissement conservatoire de valeurs mobilières et de parts sociales. La déclaration notariée d'insaisissabilité ne rentre pas dans ces mesures conservatoires susceptibles d'annulation[7] (v. toutefois s^s n°s 823.95 et 824.41).

Pour tenir compte du fait que ces actes ne sont pas faits par le débiteur, mais par un créancier, l'article L. 621-107, I, qui énonce, dans la rédaction antérieure à la loi du 26 juillet 2005, que « sont nuls, lorsqu'ils auront été faits par le débiteur depuis la date de cessation des paiements, les actes suivants» a vu sa rédaction modifiée par l'article L. 632-1 I, qui énonce, sous l'empire de la loi de sauvegarde des entreprises, que « sont nuls, lorsqu'ils sont intervenus depuis la date de cessation des paiements, les actes suivants... ».

On rappellera qu'en l'absence de titre, l'inscription nécessite une autorisation du juge de l'exécution ou du président du tribunal de commerce, si la créance est commerciale. En présence d'un titre provisoire, l'inscription peut être prise sans autorisation. Cette inscription provisoire, qui reste valable trois ans et qui peut être renouvelée avant péremption, doit, après obtention du titre définitif, faire l'objet d'une inscription définitive qui rétroagit à la date de l'inscription provisoire. Le rang des créanciers est en conséquence déterminé par rapport à la date de l'inscription provisoire.

Si l'inscription de la sûreté judiciaire provisoire intervient antérieurement à la période suspecte, la sûreté conservatoire est valide, peu important la date de la décision de condamnation[8]. Si l'inscription de la sûreté judiciaire provisoire intervient pendant la période suspecte, la sûreté est nulle, même si l'ordonnance autorisant la mesure conservatoire est antérieure à la période suspecte[9].

En outre, l'inscription définitive pourra intervenir en période suspecte, et même après jugement d'ouverture, l'arrêt du cours des inscriptions de sûreté de l'article L. 621-50 du code de commerce (anc^t L. 25 janv. 1985, art. 57), dans la rédaction antérieure à la loi de sauvegarde des entreprises et l'article L. 622-30, dans la rédaction issue de la loi du 26 juillet 2005, n'affectant pas la possibilité d'inscription (v. s^s n° 652.16).

Une difficulté naît pour les nantissements de parts sociales et de valeurs mobilières qui ne font pas l'objet d'une inscription, mais simplement d'une signification à la personne morale concernée. La doctrine[10] estime néanmoins que la sûreté conservatoire est nulle si elle prise en période suspecte. La date à prendre en compte sera ici celle de la signification à la personne morale concernée, laquelle devra être antérieure à la période suspecte, pour éviter la nullité.

1. SAINT-ALARY-HOUIN, 9e éd., n° 1153 – KERCKHOVE, n° 664.
2. Paris, 22 nov. 1990, *D.* 1991. IR 36 – J.-CL. COM., Saint-Alary-Houin et Monsérié-Bon, fasc. 2508, [Nullités des sûretés – Nullité des dépôts et consignations – Nullité des mesures conservatoires – Nullité du contrat de fiducie], 2012, n° 81.
3. Crim. 22 mai 1995, n° 94-82.018, *Bull. crim.*, n° 182; *Rev. proc. coll.* 1996, 114, obs. Dureuil.
4. L. n° 85-98, 25 janv. 1985, préc.
5. *L. n° 91-650, 9 juill. 1991, JO 14 juill.* p. 9228.
6. *L. n° 2005-845, 26 juill. 2005, préc.*
7. Nancy, ch. com., 23 mars 2011, RG n° 09/02695, *JCP E* 1368, note Lebel.
8. Com. 1er juill. 1997, n° 95-11.375, *Bull. civ.* IV, n° 212; *RTD civ.* 1998. 429, obs. Crocq; *JCP E* 1997. II. 935, rapp. Rémery; *JCP E* 1997. I. 651, n° 6, obs. M. Cabrillac; *D.* 1997. Somm. 2, obs. Honorat; *RTD com.* 1999. 197, obs. Martin-Serf – Com. 14 janv. 2004, n° 01-01.182, NP, *Rev. proc. coll.* 2004, p. 386, n° 10, obs. Blanc – CONTRA : Paris, 5e ch. C, 11 juin 1999, *Act. proc. coll.* 1999, n° 204.
9. Com. 21 janv. 2003, n° 99-15.667, NP, *Act. proc. coll.* 2003, n° 56; *RD banc. fin.* 2003, n° 124, obs. Delecci; *Rev. proc. coll.* 2004, p. 72, n° 8, obs. Blanc.
10. LE CANNU ET ALII, n° 532 – Derrida, « Incidence des nouvelles procédures civiles d'exécution sur le redressement et la liquidation judiciaires des entreprises », LPA 6 janv. 1993, n° sp., p. 25 s., spéc. n° 17.

823.72 **Saisies conservatoires.** L'article L. 621-107, I, 7° du code de commerce (anc[t] L. 25 janv. 1985[1], art. 107, 7°), texte repris sans modification par l'article L. 632-1, I, 7° issu de la loi du 26 juillet 2005[2], applicable en redressement judiciaire et auquel renvoie l'article L. 641-14 alinéa 1 pour la procédure de liquidation judiciaire, frappe de nullité « toute mesure conservatoire, à moins que l'acte de saisie ne soit antérieur à la date de cessation des paiements ».

La nullité aura vocation à régir les saisies conservatoires de créance, préalables précieux des saisies-attributions.

Pour tenir compte du fait que ces actes ne sont pas faits par le débiteur, mais par un créancier, l'article L. 621-107, I, qui énonce, dans la rédaction antérieure à la loi du 26 juillet 2005, que « sont nuls, lorsqu'ils auront été faits par le débiteur depuis la date de cessation des paiements, les actes suivants » a vu sa rédaction modifiée par l'article L. 632-1, I, qui énonce, dans sa rédaction issue de la loi de sauvegarde des entreprises, que « sont nuls, lorsqu'ils sont intervenus depuis la date de cessation des paiements, les actes suivants... ».

On remarquera que la nullité n'a pas pour effet de remettre en cause les mesures conservatoires déjà effectuées avant la période suspecte, du moins par principe. A ainsi été admise la possibilité d'annulation d'un paiement effectué en vertu d'un pseudo acquiescement à une saisie conservatoire, acte non prévu, qui s'analyse en réalité en une cession de créance constitutive d'un mode de paiement nul de droit s'il intervient en période suspecte, alors même que la saisie conservatoire avait été effectuée avant la période suspecte[3].

Il faut en effet admettre la possibilité d'annulation d'un paiement effectué en vertu d'un pseudo acquiescement à une saisie conservatoire, acte non prévu, qui s'analyse en réalité en une cession de créance constitutive d'un mode de paiement nul de droit[4].

La nullité ne frappera que la mesure conservatoire entamée après le début de la période suspecte[5]. L'appréciation ne sera pas portée sur l'autorisation donnée par le juge de pratiquer une saisie conservatoire, mais sur l'acte de saisie lui-même, du ministère de l'huissier[6]. Si la saisie conservatoire est nulle, le tiers saisi ne pourra être condamné pour manquement à une obligation de renseignement[7].

Le maintien de la validité de la saisie conservatoire pratiquée avant le début de la période suspecte présente un intérêt limité. En effet, s'il a pu être admis dans une première phase que, malgré l'interdiction faite aux créanciers ayant pratiqué la saisie conservatoire de la faire convertir, après le jugement d'ouverture, en saisie-attribution, le créancier n'en restait pas moins titulaire d'une sûreté spéciale, par application de l'article 2350 du code civil[8] (anc[t] C. civ., art. 2075-1)[9], cette jurisprudence devait être remise en cause par la Cour de cassation qui devait ensuite décider que le créancier ayant pratiqué une saisie conservatoire ne disposait plus, après jugement d'ouverture, de la qualité de créancier gagiste. La solution, qui n'est pas véritablement explicitée par la Cour de cassation, peut pourtant s'expliquer. Si la saisie conservatoire est à l'abri de la nullité de la période suspecte, en ce qu'elle est intervenue avant le début de la période suspecte, il n'en demeure pas moins qu'entraînant l'application de l'article 2350 du code civil (anc[t] C. civ., art. 2075-1), on est alors en présence d'une somme consignée par l'application de cette disposition. La nullité peut alors être justifiée sur le fondement de l'article L. 621-107, I, 5° du code de commerce, dans sa rédaction à la loi du 26 juillet 2005, devenu l'article L. 632-1, I, 5° dans la rédaction de la loi de sauvegarde des entreprises.

Si la saisie conservatoire a été valablement faite avant la période suspecte, la conversion pourra intervenir pendant la période suspecte[10], seule étant atteinte, au titre des nullités de droit de la période suspecte, la saisie conservatoire, non la saisie-attribution, des solutions divergentes ayant cependant été posées en jurisprudence[11].

1. L. n° 85-98, 25 janv. 1985, préc.
2. L. n° 2005-845, 26 juil. 2005, préc.
3. Com. 3 nov. 2009, n° 08-20.418, NP; n° 1006 F-D; *Gaz. Pal.* 8-10 janv. 2010, n°s 8, 9, p. 27, note Roussel Galle; *Act. proc. coll.* 2009, n° 309, note Fin-Langer; *RD banc. fin.* 2010, n° 69, note Piedelièvre; *Rev. proc. coll.* 2010, n° 26, note Blanc.
4. Com. 3 nov. 2009, n° 08-20.418, préc. (v. s[s] prés[t] n°).
5. Com. 12 oct. 1999, n° 96-13.133, *Bull. civ.* IV, n° 166; *Procédures* 2000, n° 3, obs. Perrot et n° 14, obs. Laporte; *LPA* 8 févr. 2000, n° 27, p. 20, note Courtier; *JCP E* 2000. Chron. 129, n° 12, obs. M. Cabrillac; *RD banc. fin.* 2000, n° 76, note Lucas; *Rev. proc. coll.* 2002, p. 279, n° 9, obs. Blanc – Rouen, 7 févr. 1996, *Rev. proc. coll.* 1996, 343, obs. Canet – Colmar, 12 oct. 2010, RG n° 10/00930, *Rev. proc. coll.* 2011, n° 136, note Blanc.
6. Versailles, 13e ch., 28 sept. 2000, *RJDA* 2001/2, n° 199 – *Adde*, J.-CL. COM., Saint-Alary-Houin et Monsérié-Bon, fasc. 2508, [Nullités des sûretés – Nullité des dépôts et consignations – Nullité des mesures conservatoires – Nullité du contrat de fiducie], 2012, n° 95.
7. Civ. 2e, 21 déc. 2000, n° 98-21.990, *Bull. civ.* II, n° 179; *JCP E* 2001. Chron. 756, n° 16, obs. M. Cabrillac; *RJDA* 2001/4, n° 481; *RD banc. fin.* 2001, n° 72, obs. Delleci.
8. CRÉÉ par Ord. n° 2006-346, 23 mars 2006, art. 11.
9. TGI Le Mans, Jex, 2 avr. 1994, *Gaz. Pal.* 1996. 2. Somm. 436; *Rev. proc. coll.* 1998, 206, n° 11, obs. Lemistre.
10. Scholastique, « Titre exécutoire et procédures collectives », *Dr. et proc.* 2005. 7 s., sp. n° 9.
11. EN CE SENS : Douai, 8 févr. 1996, *Rev. proc. coll.* 1998, 85, n° 5, obs. Canet – *CONTRA*, invalidant l'acte de conversion intervenu en période suspecte, Rennes, 24 févr. 1996, *Rev. proc. coll.* 1998, 85, n° 5, obs. Canet.

Il avait, dans un premier temps, été jugé que, la nullité de la saisie attribution était encourue si elle résultait de la conversion d'une saisie conservatoire soumise à annulation, parce que cette dernière avait été effectuée en période suspecte[1]. Cette solution avait été critiquée sur l'observation que le créancier pouvait valablement pratiquer, en période suspecte, une saisie-attribution, alors que sa saisie était annulée si elle avait été précédée d'une saisie conservatoire[2]. Sensible à la critique, la Cour de cassation a abandonné la solution et estime en conséquence, au motif de l'effet attributif immédiat de la saisie attribution, que cette dernière reste valable, même si elle est précédée d'une saisie conservatoire annulée au titre des nullités de la période suspecte. La solution a été clairement posée[3], cependant qu'un précédent arrêt était déjà présenté en ce sens[4], mais il était moins significatif, dans la mesure où la cour d'appel avait eu à statuer sur ce terrain alors qu'elle n'était saisie de la difficulté qu'en tant que juge de l'exécution. La suprématie du droit des voies d'exécution est ainsi affirmée[5].

Ces solutions, applicables sous l'empire de la législation antérieure la loi du 26 juillet 2005, doivent, depuis la loi de sauvegarde des entreprises, être coordonnées avec l'article L. 632-2 du code de commerce, selon lequel « tout avis à tiers détenteur, toute saisie attribution ou toute opposition peut également être annulé lorsqu'il a été délivré ou pratiqué par un créancier après la date de cessation des paiements et en connaissance de celle-ci » (v. s^s n° 824.24).

SECTION 823.80

STOCK-OPTIONS

823.81 Nullité des autorisations, levées et ventes d'options. A été ajouté, par la loi du 26 juillet 2005 (C. com., art. L. 632-1, I, 8°), aux actes susceptibles d'être annulés au titre de la période suspecte, le cas des levées, autorisations et reventes d'options, nommées *stock-option*, dans le langage journalistique.

Les autorisations sont des opérations effectuées par la société débitrice. Les levées et reventes d'options sont passées par les bénéficiaires de ces options.

L'article L. 225-177 du code de commerce permet à l'assemblée générale extraordinaire d'une société anonyme d'autoriser, selon certaines modalités, le conseil d'administration ou le directoire, selon le cas, à consentir, au bénéfice des membres du personnel salarié de la société ou de certains d'entre eux, des options donnant droit à la souscription d'actions. Ces options peuvent être levées par leurs bénéficiaires, dans un délai déterminé.

Ce cas de nullité a été introduit par amendement à l'Assemblée nationale. Il a été indiqué qu'« il serait curieux de ne pas avoir une attitude rigoureuse à l'égard d'un tel type de rémunération différée : la période suspecte ne se prête guère à la fructification des *stock-options* »[6]. En outre, il a été indiqué que « les propriétaires d'actions pourraient avoir accès à des informations avant les marchés sur l'état des difficultés de l'entreprise et seraient donc susceptibles d'en abuser et d'affaiblir encore davantage l'entreprise »[7]. Il s'agit d'éviter que les dirigeants puissent procéder à des opérations sur leurs *stock-options* pendant la période suspecte[8].

L'autorisation de levée d'options menace de porter atteinte au patrimoine de la société en cessation des paiements dans la mesure, a-t-il été expliqué, « où les levées d'options éventuelles risquent de constituer des rémunérations différées ou de permettre l'accès à des informations susceptibles d'abus, voire les deux »[9].

La levée de l'option, qui forme le contrat définitif de cessions d'actions entre la société et son salarié, est également annulable, car elle peut grever le patrimoine de la société si le prix de l'action est inférieur à la valeur intrinsèque ou boursière du titre[10]. L'action en nullité, qui emporte retour des actions dans le patrimoine de la société[11], devra être

1. Com. 12 oct. 1999, n° 96-13.133, *Bull. civ.* IV, n° 166; *LPA* 8 févr. 2000, n° 27, p. 20, note Courtier; *JCP E* 2000. Chron. 129, n° 12, obs. M. Cabrillac.
2. M. Cabrillac, obs. s^s Com. 12 oct. 1999, n° 96-13.133, *JCP E* 2000. Chron. 129, n° 3-A-12.
3. Com. 29 avr. 2003, n° 00-11.912, *Bull. civ.* IV, n° 63; *D.* 2003. AJ 1364, obs. Lienhard; *Act. proc. coll.* 2003, n° 130; *RD banc. fin.* 2003, n° 158, obs. Delecci; *LPA* 6 oct. 2003, n° 199, p. 15, note Keita; *Rev. proc. coll.* 2004, p. 386, n° 10, obs. Blanc; *RTD com.* 2005. 846, n° 5, obs. Martin-Serf; *LXB* n° N7496AAU, note Le Corre.
4. Com. 10 déc. 2002, n° 99-16.603, *Bull. civ.* IV, n° 191; *D.* 2003. AJ 68, obs. Lienhard; *RD banc. fin.* 2003, n° 40, obs. Delleci; *Dr. et proc.* 2003. 163, obs. Crocq; *RTD civ.* 2003. 147, n° 10, obs. Perrot; *JCP E* 2003. Chron. 760, n° 9, obs. M. Cabrillac; *Gaz. Pal.* 5-6 sept. 2003, p. 11, note Denner; *RTD com.* 2005. 846, n° 5, obs. Martin-Serf.
5. Lefort, « *Le sort d'une saisie conservatoire* de créances pratiquée antérieurement au jugement d'ouverture d'une procédure collective », *Dr. et proc.* 2003. 204; *Dr. et proc.* 2003. 272, sp. 275, n° 40.
6. Amend. n° 493, Interv. Arnaud Montebourg, *JOAN CR*, 3e séance du 8 mars 2005, p. 1775.
7. *Rapp. J.-J. Hyest*, n° 335, p. 350.
8. *Rapp. J.-J. Hyest*, n° 335, p. 351.
9. Arrighi, « Les nouveaux cas de nullités de la période suspecte », *Gaz. Pal.* 9-10 sept. 2005, n° sp., p. 9, sp. p. 11, n° 13.
10. Arrighi, « Les nouveaux cas de nullités de la période suspecte », *Gaz. Pal.* 9-10 sept. 2005, n° sp., p. 9, sp. p. 12, n° 17.
11. TOUTEFOIS : LE CANNU, 7e éd., n° 622.

exercée contre chaque acquéreur des titres[1]. Il restera à apprécier l'utilité pratique d'une telle nullité au regard de la valeur des titres[2].

Enfin, d'après le texte de l'article L. 632-1, I, 8° du code de commerce, est soumise à la nullité, la revente d'options. Il a été relevé qu'il y avait là une bizarrerie juridique à prévoir un tel cas de nullité, dans la mesure où l'article L. 225-183, alinéa 2 du code de commerce dispose que « les droits résultants des options consenties sont incessibles jusqu'à ce que l'option ait été exercée »[3]. Ce cas de nullité est donc impraticable en l'état[4]. L'ordonnance du 18 décembre 2008[5] (art. 88) tient compte de ces remarques et supprime très justement, en tant que cas de nullité de la période suspecte, les reventes d'options.

En revanche, des auteurs ont marqué leur étonnement à ne pas avoir sanctionné les attributions gratuites d'actions, en période suspecte, qui sont plus dangereuses pour la société que les actes visés au texte[6].

SECTION 823.90
CONSTITUTION D'UNE FIDUCIE – AFFECTATION OU MODIFICATION D'AFFECTATION PAR UN EIRL

823.91 Constitution d'une fiducie sous l'empire de la loi de sauvegarde des entreprises dans sa rédaction d'origine. L'article 18-2 de la loi du 19 février 2007[7] instituant la fiducie a créé un 9° à l'article L. 632-1, I du code de commerce. Est nul de droit, s'il est accompli pendant la période suspecte « tout transfert de biens ou de droits dans un patrimoine fiduciaire en application des articles 2011 et suivants du code civil ».

La fiducie peut être un moyen de faire sortir de son patrimoine une masse de biens, qui échapperait ainsi à l'emprise d'une procédure collective. L'acte est particulièrement préjudiciable aux créanciers. On comprend dès lors que le législateur ait soumis la fiducie aux nullités de la période suspecte, de manière autonome par rapport aux sûretés réelles constituées en garantie d'une créance antérieure, alors même que l'on serait en présence d'une fiducie-sûreté.

Sont concernées par la nullité, non seulement la fiducie-sûreté, mais également la fiducie-gestion, faute de distinction du texte.

Il importe peu, en conséquence, en cas de fiducie sûreté, que le contrat ait été conclu en garantie d'une créance antérieure ou concomitante.

En revanche, il importe de prendre en considération la date de constitution de la fiducie[8], non sa date d'enregistrement ou de sa publicité, si elle porte sur des biens immobiliers.

Il semble que si des biens placés dans le patrimoine fiduciaire sont remplacés par d'autres en période suspecte, le mécanisme de la subrogation réelle permette d'éviter de prononcer la nullité, tout se passant comme si les biens en remplacement avaient été dès l'origine dans le patrimoine fiduciaire[9].

823.92 Nullité de la fiducie sous l'empire de la loi de sauvegarde des entreprises dans la rédaction issue de l'ordonnance du 18 décembre 2008. L'ordonnance du 18 décembre 2008[10] abandonne la vision négative du droit des entreprises en difficulté sur la fiducie. L'idée est ici d'observer une certaine neutralité à l'égard de la fiducie. Pour cette raison, l'ordonnance assouplit sensiblement les règles relatives à la fiducie.

Le texte, comme celui issu de la loi du 26 juillet 2005[11], conserve le principe de nullité des fiducies-gestion. En effet, l'article L. 632-1, 9° continue à soumettre à la nullité de droit de la période suspecte « tout transfert de biens ou de droits dans un patrimoine fiduciaire », qui serait accompli pendant la période suspecte. Le principe reste donc celui de la nullité de tout transfert de biens ou de droits dans un patrimoine fiduciaire en application des articles 2011 et suivants du code civil effectué pendant la période suspecte[12].

Le nouvel article L. 632, I, 9° du code de commerce, issu de l'ordonnance du 18 décembre 2008 (art. 88), excepte du jeu de la nullité de la période suspecte les fiducies-sûreté, dès lors que le transfert de propriété qu'elles consacrent est intervenu en garantie d'une dette concomitamment contractée. Ainsi, ne sera, *a contrario*, frappée de nullité, que la fiducie-sûreté constituée en garantie d'une créance antérieure. Le régime de la fiducie-sûreté, au regard

1. Arrighi, art. préc., sp. p. 12, n° 18.
2. Vinckel, « Le nouveau régime de la période suspecte dans la loi n° 2005-845 du 26 juillet 2005 et le décret n° 2005-1677 du 28 décembre 2005 : une réforme en trompe l'œil » : *JCP E* 2006, n° 1118, n° 20.
3. Arrighi, art. préc., sp. p. 12, n° 24 – *Adde*, Vinckel, art. préc., n° 20 – LE CANNU, 7e éd., n° 608.
4. Arrighi, art. préc., p. 9, sp. p. 12, n° 24 - *Adde*, PÉROCHON ET BONHOMME, 7e éd., n° 521.
5. Ord. n° 2008-1345, 18 déc. 2008, *JO* 19 déc., p. 19462.
6. LE CANNU, 7e éd., n° 608 – JACQUEMONT ET VABRES, 9e éd., n° 642 – LIENHARD, 6e éd., n° 117.35.
7. L. n° 2007-211, 19 févr. 2007, *JO* 21 févr., p. 3052.
8. Dammann et Podeur, « Fiducie-sûreté et droit des procédures collectives : évolution ou révolution ? », D. 2007. 1359, sp. 1362.
9. Dammann et Podeur, art. préc., sp. 1362 – *Adde*, LIENHARD, 2e éd., 2007, n° 1714.
10. Ord. n° 2008-1345, 18 déc. 2008, préc.
11. L. n° 2005-845, 26 juill. 2005, préc.
12. Texier et Russo, « Le nouveau droit des entreprises en difficulté après l'ordonnance du 18 décembre 2008 et son décret d'application du 12 février 2009 », *LPA* 2 mars 2009, n° 43, p. 3 s., sp. p. 8, n° 18.

des nullités de la période suspecte, se trouve, en conséquence, aligné sur celui des autres sûretés réelles[1]. Comme ces dernières, il n'y aura place à nullité de droit que si le transfert de propriété, en raison de la fiducie-sûreté, est intervenu pendant la période suspecte en garantie d'une créance antérieure. Il avait en effet justement été relevé que ce cas était plus sévère, appliqué à la fiducie-sûreté, que la constitution d'hypothèque ou de gage[2], qui peut valablement intervenir en période suspecte, dès lors que c'est en garantie d'une dette apparue concomitamment.

823.93 Nullité des avenants au contrat de fiducie-sûreté. Le nouvel article L. 632, I, 10° du code de commerce, issu de l'ordonnance de réforme (ord. 18 déc. 2008[3], art. 88), soumet à la nullité de droit de la période suspecte, tout avenant à un contrat de fiducie affectant des biens ou des droits déjà transférés dans un patrimoine fiduciaire à la garantie de dettes contractées antérieurement à cet avenant.

Plusieurs conditions sont nécessaires au jeu de ce cas de nullité.

Il faut d'abord un contrat de fiducie, par lequel des biens ou droits ont été transférés dans un patrimoine fiduciaire à titre de garantie d'une ou de plusieurs créances.

Il faut ensuite un avenant conclu en période suspecte, portant sur ce contrat de fiducie, dont l'objet est d'emporter affectation des biens transmis dans le patrimoine fiduciaire à la garantie de créances initialement non garanties par le contrat de fiducie et contractées antérieurement à l'avenant. Il est donc question de sanctionner, par la nullité de l'avenant, la garantie donnée après contraction de la dette, à l'identique de la solution classiquement posée, qui sanctionne les sûretés constituées en garantie d'une créance antérieure[4].

Restera en revanche efficace l'avenant par lequel des biens ou droits transmis dans le patrimoine fiduciaire assureront la garantie d'une créance née concomitamment à l'avenant, la sûreté étant alors concomitante à la contraction de la dette.

Le nouvel article L. 632, I, 10° du code de commerce a pour effet de consacrer, ainsi que cela a été remarqué[5], l'idée d'une fiducie-sûreté rechargeable, dont le mécanisme a été encadré par l'ordonnance du 30 janvier 2009[6] portant diverses mesures relatives à la fiducie.

823.94 Nullité des affectations ou modifications d'affectation par un EIRL[7]. L'ordonnance du 9 décembre 2010[8], qui adapte le droit des entreprises en difficulté à l'entrepreneur individuel à responsabilité limitée (EIRL), a introduit un nouveau cas de nullité de la période suspecte en insérant à l'article L. 632-1, I du code de commerce un 11°.

Selon cette disposition, sont nulles si elles sont accomplies pendant la période suspecte, « lorsque le débiteur est un entrepreneur individuel à responsabilité limitée, toute affectation ou modifications dans l'affectation d'un bien, sous réserve du versement des revenus mentionnés à l'article L. 526-18, dont il est résulté un appauvrissement du patrimoine visé par la procédure au bénéfice d'un autre patrimoine de cet entrepreneur ».

Deux agissements sont visés, pour tenir compte des risques inhérents à la tentation d'appauvrissement d'un patrimoine de l'EIRL, et partant de ses créanciers, au bénéfice d'un autre, lorsque le débiteur est aux abois.

Lorsque le débiteur est un EIRL, l'affectation d'un bien dont il est résulté un appauvrissement du patrimoine visé par la procédure collective au bénéfice d'un autre patrimoine de cet entrepreneur est un cas de nullité. Le visa de l'« affectation » suppose ici de raisonner sur un mouvement allant du patrimoine non affecté vers le patrimoine affecté[9]. Il s'agit ici d'éviter que l'entrepreneur, qui exploite au moins deux activités, dont l'une est abritée dans une entreprise unipersonnelle à responsabilité limitée, ne favorise cette dernière au détriment du patrimoine non affecté logeant l'autre entreprise, qui connaît des difficultés.

S'il n'y a pas de difficulté à frapper de nullité les affectations de biens réalisées en période suspecte, il n'en va pas de même, à notre sens, quoique l'opinion contraire ait été soutenue[10], de la constitution

1. Texier et Russo, art. préc., sp p. 8, n° 18 – Macorig-Vénier et Saint-Alary-Houin, « Les créanciers dans l'ordonnance n° 2008-1345 du 18 décembre 2008 portant réforme du droit des entreprises en difficulté », *Rev. proc. coll.* 2009, n° 9, sp. p. 72, n° 45 – Blanc, *Rev. proc. coll.* 2009, n° 81.
2. Cerles, « La fiducie, nouvelle reine des sûretés », *JCP E* 2006. Étude 2054, n° 19.
3. *Ord. n° 2008-1345, 18 déc. 2008, préc.*
4. Rapport au président de la République sur l'ordonnance n° 2008-1345 du 18 déc. 2008, *JO* 19 déc., Titre I, chap. III, s[s] art. 88.
5. Lienhard, « réforme du droit des entreprises en difficulté : présentation de l'ordonnance du 18 décembre 2008 », *D.* 2009. Chron. 110 s., spéc. 118 – LIENHARD, 6e éd., n° 117.37 – Crocq, « L'ordonnance du 18 décembre 2008 et le droit des sûretés », *Rev. proc. coll.* 2009. Dossier 10, n° 21 – Legeais, *Sûretés et garanties du crédit*, 6e éd., Lgdj, 2008, n° 747 – Blanc, *Rev. proc. coll.* 2009, n° 81.
6. Ord. n° 2009-112, 30 janv. 2009, *JO* 31 janv., p. 1854 – C. civ., art. 2372-5 – SUR LA QUESTION : Grimaldi et Dammann, « La fiducie sur ordonnances », *D.* 2009. Chron. 670 s, sp. 673, n° 12.
7. Sautonie-Laguionie, « L'EIRL et les nullités de la période suspecte », *BE* 2011. 82, sp. 83 – Blanc, « EIRL : nullités de la période suspecte », *Rev. proc. coll.* 2011. Dossier 29 – Martin-Serf, obs. RTD com. 2011. 417, n° 6, obs. Martin-Serf.
8. Ord. n° 2010-1512, 9 déc. 2010, *JO* 10 déc., p. 21617.
9. Sautonie-Laguionie, art. préc., sp. 83.
10. Sautonie-Laguionie, art. préc., sp. 83.

de l'EIRL. Les textes sur les nullités méritent une interprétation stricte – pas de nullité sans texte – et, faute de viser la constitution d'une EIRL, cette dernière, en tant que telle, devrait échapper à la nullité[1].

La portée de la discussion peut sembler limitée, dès lors que l'on admet la nullité de toutes les affectations. Il faut cependant tenir compte de l'article L. 526-6, alinéa 2 du code de commerce (réd. L. 15 juin 2010[2]), qui prévoit que le patrimoine de l'EIRL est composé de l'ensemble des biens dont l'entrepreneur est titulaire, nécessaires à l'exercice de son activité professionnelle. Il n'est donc pas besoin de procéder à une affectation pour ces biens. Or seule cette dernière tombe sous le coup de la nullité. Ainsi, la réintégration dans le patrimoine non affecté des biens nécessaires à l'EIRL, mais non affectés, ne devrait pas être possible.

L'entrepreneur pourrait aussi chercher à affecter au patrimoine de l'entreprise unipersonnelle, des dettes[3]. Il a été dit qu'il y avait place à nullité, du fait de l'appauvrissement résultant de l'affectation. La solution peut être discutée. Le texte ne vise que l'affectation ou la modification dans l'affectation d'un « bien ». Or une dette n'est pas un bien. De toute façon, rechercher la nullité de d'affectation d'une dette ne présente statistiquement guère d'intérêt. En cas de liquidation judiciaire, le liquidateur devrait plutôt s'orienter vers une faute de gestion, qui consiste à apporter des dettes à une entreprise.

Le second type d'agissements est la modification dans l'affectation d'un bien, c'est-à-dire la désaffectation[4]. L'hypothèse est inverse de la précédente. Il s'agit là d'empêcher que l'entrepreneur ne favorise le patrimoine non affecté au détriment du patrimoine affecté, en faisant sortir des biens de ce dernier, alors qu'au titre de ce patrimoine affecté, l'entrepreneur est déjà en état de cessation des paiements. Une difficulté concernera les biens nécessaires à l'activité de l'EIRL, mais qui n'avaient pas été affectés. Peut-on parler d'une modification de l'affectation ? La solution peut être discutée[5].

Dans les deux cas, l'article L. 632, I, 11° du code de commerce réserve le versement des revenus professionnels tirés de l'activité logée dans le patrimoine affecté. Observons toutefois que, en cas d'excès de prélèvements personnels, la faute de gestion pourra permettre la condamnation de l'EIRL sur son patrimoine non affecté, au titre de la responsabilité pour insuffisance d'actif, si ce prélèvement a contribué à créer ou à augmenter l'insuffisance d'actif de l'EIRL.

1. EN CE SENS AUSSI : J.-CL. COM., Saint-Alary-Houin C. et Monsérié-Bon M.-H., fasc. 2510, [Nullités facultatives], 2012, n° 29.
2. L. n° 2010-658, 15 juin 2010, *JO* 16 juin, p. 10984.
3. Sautonie-Laguionie, art. préc., sp. 83.
4. PÉROCHON, 10e éd., n° 1479.
5. POUR L'AFFIRMATIVE : Sautonie-Laguionie, art. préc., sp. 83.

823.95 Déclaration notariée d'insaisissabilité. L'article 44 de l'ordonnance du 12 mars 2014[6] crée un nouveau cas de nullité de droit de la période suspecte, en insérant un 12° au I de l'article L. 632-1 du code de commerce : celui de la déclaration notariée d'insaisissabilité.

Cette solution était demandée par les praticiens des procédures collectives et par la doctrine, tant il apparaissait anormal qu'un débiteur puisse, quelques jours avant l'ouverture de sa procédure collective, déclarer insaisissable un ou plusieurs immeubles. La demande était d'autant plus pressante que la Cour de cassation avait jugé que le liquidateur n'avait pas qualité pour agir en fraude paulienne afin de rendre inopposable à la procédure collective la déclaration notariée.

Si le débiteur déclare insaisissable un ou plusieurs immeubles pendant la période suspecte, il y a matière à nullité de droit de la période suspecte. La disposition vise la déclaration notariée, non sa publicité. Il faut en déduire que la déclaration notariée faite avant la période suspecte, mais publiée pendant la période suspecte, ne tombe pas sous le coup des nullités de droit de la période suspecte.

Précisons que l'article 44 de l'ordonnance du 12 mars 2014 complète le dispositif en faisant tomber sous le coup des nullités facultatives de la période suspecte la déclaration notariée effectuée dans les six mois précédant la date de cessation des paiements (v. s[s] n° 824.41).

Nul doute que ce cas de nullité de la période suspecte sera abondamment utilisé par les mandataires judiciaires et liquidateurs, agissant comme défenseur de l'intérêt collectif des créanciers, protecteur du gage commun.

Appréciation de la réforme. Si l'introduction de ce cas de nullité suscite l'adhésion, il aurait été également opportun de compléter le dispositif par la reconnaissance, au profit du liquidateur, de la qualité à discuter la validité et l'opposabilité à la procédure collective de la déclaration notariée, notamment la validité de sa publicité. L'impossibilité pour le liquidateur de saisir et de vendre l'immeuble, objet de la déclaration notariée, suppose qu'il y ait des créanciers ayant le droit de saisir l'immeuble – créanciers antérieurs à la publicité de la déclaration notariée et créanciers non professionnels – et des créanciers n'ayant pas le droit de saisir l'immeuble – créanciers professionnels postérieurs à la publicité. L'appréciation est ainsi menée par rapport à la publicité de la déclaration notariée, laquelle devra, *a priori*, être régulière.

6. Ord. n° 2014-326, 12 mars 2014, *JO* 14 mars, p. 5249.

CHAPITRE

824. Nullités facultatives de la période suspecte

SECTION 0

ORIENTEUR

824.00 Plan du chapitre.

Sect. 824.10 Conditions de l'action en nullité facultative de la période suspecte

Sect. 824.20 Divers actes annulables au titre des nullités facultatives de la période suspecte

Sect. 824.30 Règles spéciales aux actes à titre gratuit accomplis dans les six mois précédant la date de cessation des paiements

Sect. 824.40 Règles spéciales aux déclarations notariées d'insaisissabilité accomplies dans les six mois précédant la date de cessation des paiements

824.01 Textes applicables. (V. les références complètes s[s] nº 011).

> Législation antérieure à la loi de sauvegarde des entreprises.

C. com., art. L. 621-107, II, L. 621-108

> Législation issue de la loi de sauvegarde des entreprises.

C. com., art. L. 632-1, II, L. 632-2

> Législation issue de l'ordonnance du 18 décembre 2008.

C. com., art. L. 632-1, II, L. 632-2

824.02 Jurisprudence de référence.

> Le préjudice subi par le débiteur est indifférent au jeu des nullités facultatives de la période suspecte.

• Com. 16 févr. 1993, nº 91-11.235, *Bull. civ.* IV, nº 62; *JCP E* 1993. I. 277, nº 9, obs. M. Cabrillac et Pétel; *Quot. Jur.* 1er avr. 1993, p. 3, note P. M.; *Rev. proc. coll.* 1994, 255, obs. Lemistre

* V. s[s] nº 824.11

> La cession de créance loi Dailly ne peut être annulée si la signature de la convention cadre est intervenue avant la période suspecte.

• Com. 20 janv. 1998, nº 95-16.718, NP

* *V. s[s] nº 824.22*

Viole l'article 108 de la loi du 25 janvier 1985 (devenu C. com., art. L. 621-108) la cour d'appel qui, pour accueillir la demande en nullité de cessions de créances professionnelles intervenues au cours de la période suspecte, retient que les cessions litigieuses, dont le montant a été porté au crédit le jour même, ont eu pour effet de rétablir la situation, largement débitrice jusque-là, du compte de la société dans les livres de la banque qui avait connaissance de l'impossibilité de la société de continuer à faire face à son passif exigible avec son actif disponible, alors que la convention de cession des créances professionnelles en exécution de laquelle sont intervenues les cessions litigieuses a été conclue avant la date de cessation des paiements.

> Si les mesures conservatoires ou d'exécution diligentées par un huissier de justice établissent que celui-ci a connaissance de l'état de cessation des paiements, lorsqu'il a pratiqué la saisie dont la nullité est recherchée, la nullité ne peut néanmoins être prononcée car le fait que le mandataire connaît l'état de cessation des paiements n'implique pas la connaissance personnelle de cet état par son client, alors surtout que l'huissier est tenu au secret professionnel, faute de démontrer que l'huissier aurait failli à son devoir.

• Com. 2 déc. 2014, nº 13-25.705, *Bull. civ.* IV [à paraître]; nº 1075 FS-P+B

* V. s[s] nº 824.24

824.03 Bibliographie indicative. (V. les références complètes s[s] nº 031 – Aussi s[s] nº 820.03).

> Actualisables. J.-CL. COM., Saint-Alary-Houin C. et Monsérié-Bon M.-H., fasc. 2510, [Nullités facultatives] – J.-CL. COM., fasc. 2386, Amlon G., [Trésor public – Avis à tiers détenteur], éd. 2015.

> Ouvrages antérieurs à la loi de sauvegarde des entreprises. CHAPUT, n°s 566, 567 – GUYON, n°s 1333 à 1335 – JACQUEMONT, n°s 543 à 548 – KERCKHOVE, n°s 668 à 671 – LE CANNU, n°s 840 à 844 – LE CORRE-BROLY, nº 193 – PÉROCHON ET BONHOMME, n°s 261 à 262-3 – PÉTEL, n°s 375, 376 – RIPERT ET ROBLOT, n°s 3133 à 3140 – SAINT-ALARY-HOUIN, n°s 673 à 677 – SOINNE, n°s 1850 à 1862 – VALLANSAN, p. 233 et 234.

> Ouvrages postérieurs à la loi de sauvegarde des entreprises. COQUELET, 5e éd., n°s 348 à 352 – GIBIRILA, n°s 454 à 462 – JACQUEMONT ET VABRES, 9e éd., n°s 648 à 655 – LE CANNU,

7e éd., nos 609 à 615 – LIENHARD, 6e éd., nos 117.41 à 117.50 – PÉROCHON, 10e éd., nos 1494 à 1500 – PÉTEL, 8e éd., nos 378, 379 – ROUSSEL GALLE, 2e éd., nos 574 à 577 – SAINT-ALARY-HOUIN, 9e éd., nos 1160 à 1166 – VALLANSAN *ET ALII*, 6e éd., p. 340 à 342 – VALLENS, 2015, nos 3648 à 3658 – VIDAL et GIORGINI, nos 1108 à 1112 – VOINOT, 2e éd., nos 486 à 489.

> Articles. Arrighi J.-P., « Les nouveaux cas de nullités de la période suspecte », *Gaz. Pal.* 9-10 sept. 2005, no sp., p. 9 – Feugère B., « Le sort d'une remise de dette consentie au cours de la période suspecte du créancier », *JCP E* 2002. Prat. 1040 – Lauvergnat L., « L'annulation de la saisie-attribution pratiquée en période suspecte », *Dr. et proc.* 2007. 254 – Martin-Serf A., « Les nullités de la période suspecte, l'avis à tiers détenteur et la loi Dailly », *Rev. proc. coll.* 2000, 167 – Perrot R. et Théry Ph., « L'épée de Damoclès (à propos des mesures d'exécution pratiquées en période suspecte) », *D.* 2005. 1842 – Roussel Galle Ph., « L'exécution et le jeu des nullités de la période suspecte », *in Mesures d'exécution et procédures collectives*, coll. « Procédures », éd. Bruylant, 2012, p. 101 – Schmidt D., « La cession de créances professionnelles au regard des articles 107 et 108 de la loi du 25 janvier 1985 », *RD banc. et bourse* 1987. 83 – Teboul G., « Les nullités facultatives de la période suspecte : décisions récentes », *Gaz. Pal.* 23-27 déc. 2001, Doctr. 10 – Théry Ph., « Le droit d'opposition en droit du paiement », *LPA* 4 avr. 2007, no 68, p. 25.

SECTION 824.10
CONDITIONS DE L'ACTION EN NULLITÉ FACULTATIVE DE LA PÉRIODE SUSPECTE

824.11 Indifférence du préjudice causé au débiteur ou aux autres créanciers. L'article L. 621-108 du code de commerce (anct L. 25 janv. 1985[1], art. 108), texte repris sans modification par l'article L. 632-2 issu de la loi du 26 juillet 2005[2], applicable en redressement judiciaire et auquel renvoie l'article L. 641-14 alinéa 1 pour la procédure de liquidation judiciaire, ne fait pas du préjudice subi par le débiteur ou le groupement des créanciers une condition de l'action en nullité.

La Cour de cassation, de manière systématique, se contente de viser, à l'époque, les articles 1 et 110 de la loi du 25 janvier 1985 (devenus C. com., art. L. 620-1 et L. 621-110 et, depuis la loi du 26 juillet 2005, C. com., art. L. 632-4), pour indiquer que « l'action en nullité a pour effet de reconstituer l'actif du débiteur »[3]. Elle ne fait pas état de l'intérêt à agir du demandeur à l'action.

Cependant, il faut remarquer que la question de l'intérêt à agir, en tant que condition de recevabilité de l'action, n'a pas été discutée devant la Cour de cassation. En outre, pareille solution paraît poser difficulté si l'action est intentée en situation de liquidation judiciaire. C'est pourquoi, si le préjudice causé au débiteur ou aux autres créanciers n'apparaît pas comme une condition spécifique de la recevabilité de l'action, l'intérêt à agir, condition de recevabilité du droit commun de toute action, devra exister, ce qui apparaît faire difficulté, en l'absence de préjudice causé au débiteur ou aux autres créanciers[4]. Un auteur a, dans une formule ramassée, bien analysé la question : « l'annulation a pour effet de reconstituer l'actif du débiteur. L'opération ne peut être qualifiée d'acte suspect que si elle a grevé le patrimoine du débiteur : à défaut, son anéantissement rétroactif ne produirait pas l'effet escompté par la loi »[5]. Un arrêt peut d'ailleurs être cité dans le sens décrit par l'auteur, qui rejette la demande de nullité de la période suspecte en relevant que l'annulation ne tend pas effectivement à reconstituer le patrimoine du débiteur[6]. On peut encore signaler un arrêt dans lequel la Cour de cassation refuse d'annuler un virement effectué par le dirigeant social sur le compte bancaire de la société au moyen de deniers lui appartenant. La Cour de cassation a considéré que l'acte ne pouvait être annulé, puisque la société ne pouvait être considérée comme une partie au paiement du découvert. Elle a, à cette occasion, pris le soin de relever que la société débitrice avait réduit son passif, sans pour autant obérer son patrimoine[7].

824.12 Preuve de la connaissance de l'état de cessation des paiements. Il devra être démontré, contre le créancier, la connaissance qu'il avait, au jour où il a conclu l'acte soumis à nullité[8], de l'état de cessation des paiements du débiteur. La solution a été posée, par exemple, à propos de l'annulation d'un paiement, seule la date du paiement étant prise

1. L. no 85-98, 25 janv. 1985, *JO* 26 janv., p. 1097.
2. L. no 2005-845, 26 juill. 2005, *JO* 27 juill., p. 12187.
3. Com. 16 févr. 1993, no 91-11.235, *Bull. civ.* IV, no 62; *JCP E* 1993. I. 277, no 9, obs. M. Cabrillac et Pétel; *Quot. Jur.* 1er avr. 1993, p. 3, note P. M.; *Rev. proc. coll.* 1994, 255, obs. Lemistre – *Adde*, Com. 5 avr. 1994, no 91-21.840, *Bull. civ.* IV, no 143; *D.* 1994. IR 117 – Com. 9 janv. 1996, no 93-14.933, *Bull. civ.* IV, no 10 – Com. 29 mai 2001, no 98-16.142, NP, *RJDA* 2001/10, no 1002; *Rev. proc. coll.* 2002, p. 281, no 11, obs. Blanc.
4. EN CE SENS : J.-CL. COM., Saint-Alary-Houin et Monsérié-Bon, fasc. 2510, [Nullités facultatives], 2012, no 44 – RIPERT ET ROBLOT, no 3135 – GUYON, no 1318 – DERRIDA *ET ALII*, no 349.
5. Vinckel, « Le nouveau régime de la période suspecte dans la loi no 2005-845 du 26 juillet 2005 et le décret no 2005-1677 du 28 décembre 2005 : une réforme en trompe l'œil » : *JCP E* 2006, no 1118, no 14.
6. Com. 29 oct. 1991, no 90-11.354, *Bull. civ.* IV, no 320; *D.* 1992. 424, note Sortais.
7. Com. 30 oct. 2007, no 06-20.883, NP; no 1187 F-D; *Rev. proc. coll.* 2008, no 71, note Blanc.
8. Com. 28 mai 1996, no 94-10.688, *Bull. civ.* IV, no 152 – Com. 2 mai 2001, DPDE *bull.* 214, p. 6028, *Vis Cessation des paiements*, no 60.

en compte, non la date de la reconnaissance de dette[1].

La simple connaissance d'un risque imminent pour le débiteur n'est pas suffisante[2], pas plus que la proximité du jugement d'ouverture par rapport à la date de l'acte[3]. Les difficultés de paiement et le fait que le créancier ait été le principal fournisseur ne suffisent pas davantage à rapporter la preuve de la connaissance de l'état de cessation des paiements[4]. De même, le fait de relever que le cocontractant n'ignorait pas les difficultés financières du débiteur ne suffit pas à établir sa connaissance de l'état de cessation des paiements[5]. De même encore, le fait pour un organisme social de connaître le non-respect d'un échéancier convenu avec le débiteur ne suffit pas à rapporter la preuve de la connaissance de l'état de cessation des paiements[6]. Identiquement, le fait pour le bailleur de connaître la cessation d'activité du locataire et le fait d'avoir enregistré quatre loyers impayés, qui établissent la connaissance des difficultés du débiteur, ne suffisent pas à démontrer la connaissance de l'état de cessation des paiements[7]. On voit parfois cependant des décisions se satisfaisant de ces éléments[8], qui sont davantage des indices qu'une preuve effective de la connaissance de la cessation des paiements.

Identiquement, il ne suffit pas de constater que le *solvens* n'ignorait pas le non-paiement de certaines dettes ou le refus de payer certaines autres[9]. L'octroi de facilités de paiement par le créancier est tout aussi insuffisant[10]. Il en est de même de l'affirmation selon laquelle le clerc du notaire rédacteur de l'acte de prêt et de nantissement à l'occasion de la vente d'un fonds de commerce ne pouvait ignorer les difficultés de la société venderesse, le notaire étant celui de cette société[11]. Le caractère notoire de cet état ne sera pas suffisant, une connaissance personnelle au créancier étant exigée[12]. Cependant, le mandant sera réputé connaître l'état de cessation des paiements si la preuve est rapportée de cette connaissance par le mandataire[13]. La solution a été posée à l'encontre du chef d'un pool bancaire, sa connaissance impliquant la connaissance par les autres banques du pool[14]. Elle a également été retenue à l'encontre d'une société qui a reçu un paiement alors qu'un représentant de celle-ci avait assisté à une réunion au cours de laquelle le dirigeant de l'association débitrice avait indiqué son intention de déposer le bilan le lendemain[15].

La charge de la preuve de la connaissance par le créancier de l'état de cessation des paiements repose sur le demandeur à l'action. Par principe, sauf imprudence du créancier, cette preuve sera difficile à rapporter.

Des situations particulières pourront toutefois rendre plus facile la démonstration de la connaissance de l'état de cessation des paiements lors de la réception du paiement.

Il en ira d'abord ainsi si le cocontractant est un parent[16], exerce des fonctions à responsabilité dans les deux sociétés parties à la convention[17] ou est un dirigeant de la société débitrice[18]. Mais il n'y a là qu'une présomption simple de connaissance, qui pourra tomber dans des situations particulières. Il en sera ainsi en présence d'un *accipiens*, co-gérant de la société débitrice, dont il a obtenu le remboursement de son avance en compte courant, alors que la société exploitait deux salons de coiffure, dans deux villes différentes, que les difficultés financières étaient liées à la gestion de l'autre salon de coiffure exploité par le second gérant, et qu'il avait été tenu dans l'ignorance des impayés de cotisations sociales

1. Com. 17 juill. 2001, n° 98-21.197, NP, *Rev. proc. coll.* 2002, p. 280, n° 118, obs. Blanc.
2. Com. 8 mars 1994, n° 92-10.429, NP, *Rev. proc. coll.* 1995, 67, n° 7, obs. Lemistre.
3. Com. 25 oct. 1994, nos 92-21.374, 92-21.375, 2 esp., NP, *Rev. proc. coll.* 1995, 449, n° 9, obs. Lemistre – Versailles, 12e ch., 2e sect., 4 mars 2004, RG n° 02/05090, statuant dans une hypothèse de paiement par chèque effectué trois jours avant l'ouverture de la procédure.
4. Paris, 3e ch. B, 18 févr. 2005, RG n° 04/1614.
5. Com. 26 févr. 2008, n° 06-19.132, NP; n° 314 F-D; *Rev. proc. coll.* 2008, n° 72, note Blanc.
6. Com. 5 mai 2015, n° 14-13.551, NP; n° 415 F-D; *APC* 2015/10, comm. 154, note Vallansan.
7. Versailles, 13e ch., 1er déc. 2011, RG n° 11/05066, *Rev. proc. coll.* 2013, n° 16, note Blanc.
8. AINSI : Amiens, ch. éco., 25 mars 2010, RG n° 08/00892, *Rev. proc. coll.* 2011, n° 138, note Blanc.
9. Amiens, ch. éco., 15 oct. 2009, RG n° 08/03538, *Rev. proc. coll.* 2010, n° 232, note Blanc.
10. Com. 15 déc. 2009, n° 08-15.159, NP, *Rev. proc. coll.* 2010, n° 232, note Blanc.
11. Com. 12 mai 2009, n° 08-12.590, NP; n° 449 F-D; *Rev. proc. coll.* 2010, n° 27, note Blanc.
12. Civ. 18 avr. 1866, *DP* 1866. I. 260 – Civ. 20 nov. 1911, *DP* 1912. I. 20.
13. Com. 6 juin 1962, *Bull. civ.* III, n° 306.
14. Com. 17 janv. 1995, n° 91-16.832, NP, *Rev. proc. coll.* 1995, 450, n° 10.
15. Besançon, 2e ch. com., 6 avr. 2004, *Act. proc. coll.* 2004, n° 153.
16. POUR UNE SITUATION VOISINE : Com. 10 juill. 2001, n° 98-19.510, NP, *Rev. proc. coll.* 2002, p. 281, n° 11, obs. Blanc.
17. Com. 11 mai 1999, *Rev. proc. coll.* 2002, p. 280, n° 11, obs. Blanc – Paris, 8e ch. A, 9 oct. 2014, RG n° 13/13560, *JurisData* 025329, *Rev. proc. coll.* 2015, comm. 131, note Blanc.
18. Com. 28 mai 1996, n° 94-10.688, préc. – Com. 29 mai 2001, n° 98-16.142, NP, *RD banc. fin.* 2001, n° 237, obs. Lucas – Versailles, 13e ch., 20 mai 2010, RG n° 09/09729, *Rev. proc. coll.* 2011, n° 138, note Blanc – Versailles, 13e ch., 10 mai 2012, RG n° 11/09063, *JurisData* 023729, *Rev. proc. coll.* 2015, comm. 131, note Blanc.

et des rejets de chèques, du fait de dissensions avec l'autre gérant[1].

Le fait que l'*accipiens* soit une société appartenant au même groupe que la société débitrice a pu également être utilisé pour prouver la connaissance de l'état de cessation des paiements[2]. Cet argument a toutefois été rejeté par une autre juridiction[3].

Si l'appartenance ou l'ancienne appartenance d'une société à un groupe de sociétés ne peut emporter, du côté de la société mère, aucune présomption de connaissance de l'état de la cessation des paiements, cette connaissance peut résulter du fait qu'une convention d'assistance comptable a existé entre les deux personnes morales, qui s'est poursuivie même après la cessation des liens capitalistiques[4].

La preuve de la connaissance de l'état de cessation des paiements a encore pu être rapportée lorsque le paiement est effectué par un dirigeant commun à l'*accipiens* et au *solvens*[5]. Ainsi a pu être utilisé l'argument tenant à la qualité d'administrateur de l'*accipiens*[6]. La simple qualité d'associé de la personne morale débitrice a parfois été jugée suffisante pour établir la preuve de la connaissance de l'état de cessation des paiements[7]. Ce même argument a également été jugé insuffisant pour rapporter cette preuve[8], alors surtout que l'intéressé est minoritaire. En revanche, le fait que l'*accipiens* soit un associé majoritaire et que la comptabilité du débiteur soit tenue dans les locaux de cet associé constitue un indice de cette connaissance[9].

Il y aura place à nullité en présence du paiement de salaires effectué au gérant de fait[10]. Une cour d'appel a toutefois cru devoir juger que l'identité de dirigeant de la société acquéreur et de la société venderesse ne suffisait pas à apporter la démonstration de la connaissance de l'état de cessation des paiements de la part de l'*accipiens*[11].

La preuve de la connaissance de l'état de cessation des paiements sera également facilitée dans quelques autres situations particulières.

Commençons par indiquer que l'on voit toutefois parfois affirmer que le seul fait que l'intéressé soit le banquier unique est insuffisant à rapporter la preuve de la connaissance de l'état de cessation des paiements, alors même que des échéances de crédit n'avaient pas été honorées.[12] La nullité n'est pas systématique au prétexte que le cocontractant du débiteur est le banquier unique et a ainsi la tenue et la connaissance de tous ses comptes. Effectivement, en soi, cette situation ne permet pas de rapporter la preuve de la connaissance de l'état de cessation des paiements. Il a ainsi été jugé que les remises en compte n'ont pas à être annulées, en l'absence d'une démonstration de la connaissance de l'état de cessation des paiements par la banque, lorsque le compte continue à fonctionner normalement. Il en est ainsi, en l'absence d'écritures en débit, en l'absence de rejet de chèque, de la remise d'effets de commerce ou de virement[13]. La nullité facultative a également pu être écartée, si la cour d'appel se contente d'affirmer, pour justifier l'annulation, que la banque gestionnaire des comptes ne pouvait ignorer le débit du compte professionnel et l'endettement préoccupant de la société, générateur d'une situation de cessation des paiements[14]. Ce faisant, la preuve de la connaissance de l'état de cessation des paiements n'est pas rapportée, aucun élément personnel de connaissance n'étant prouvé, seule une présomption étant posée.

Au contraire, il a pu être jugé que le banquier ne peut prétendre ignorer la cessation des paiements, alors surtout que, après avoir rejeté des chèques et rompu les concours, il reçoit des paiements sous forme de remises en compte-courant[15] ou de vire-

1. Com. 19 nov. 2013, nº 12-25.925, *Bull. civ.* IV, nº 169; nº 1091 F-P+B; *D.* 2013. Actu. 2767, note Lienhard; *Gaz. Pal.* 12 janv. 2014, p. 33, note Roussel Galle; *Bull. Joly* févr. 2006, p. 106, note Mouial-Bassilana; *Rev. sociétés* 2014. 203, note Henry; *BJE* mars 2014, note Benilsi; *LPA* 11 avr. 2014, nº 73, p. 16, note Stefania; *Dr. sociétés* 2014, comm. 107, note Legros; *RTD com.* 2014. 698, nº 9, note Martin-Serf.
2. Com. 26 oct. 1999, nº 97-14.430, NP, *Act. proc. coll.* 2000, nº 41; *RJDA* 2000, nº 66, p. 59 – Aix-en-Provence, 8e ch. C, 22 déc. 2006, RG nº 06/763, *Rev. proc. coll.* 2008, nº 73, note Blanc.
3. Montpellier, 8 nov. 2005, *Rev. proc. coll.* 2007/4, p. 229, nº 5, obs. Blanc.
4. Aix-en-Provence, 8e ch. A, 10 mai 2012, RG nº 10/20590, *JurisData* 018085, *Act. proc. coll.* 2013/2, comm. 19, note Vallansan; *Rev. proc. coll.* 2015, comm. 131, note Blanc.
5. Com. 16 févr. 1993, nº 91-11.235, *Bull. civ.* IV, nº 62 – Aix-en-Provence, 8e ch. C, 22 déc. 2006, RG nº 06/763, *Rev. proc. coll.* 2008, nº 73, note Blanc.
6. Bordeaux, 2e ch., 7 mai 2007, RG nº 06/01162, *Rev. proc. coll.* 2008, nº 73, note Blanc – Orléans, ch. com. éco. et fin., 8 nov. 2007, RG nº 07/165, *RJDA* 2008/2, p. 295.
7. Grenoble, 6 juin 2006, RG nº 04/04449, *Rev. proc. coll.* 2007/4, p. 229, nº 5, obs. Blanc.
8. Com. 26 févr. 2008, nº 06-19.132, NP, *Rev. proc. coll.* 2008, nº 158, note Blanc – Paris, 3e ch., 17 sept. 1999, *RJDA* 1999. 1096, nº 1362 – Paris, 3e ch. C, 2 juill. 2003, RG nº 02/20189.
9. Toulouse, 2e ch., 1re sect., 1er févr. 2007, RG nº 06/01451, *Rev. proc. coll.* 2008, nº 72, note Blanc.
10. Paris, 25 mars 2008, RG nº 06/18142, *Rev. proc. coll.* 2008, nº 159, note Blanc.
11. Aix-en-Provence, 30 avr. 2008, RG nº 08/252, *Rev. proc. coll.* 2009, nº 85, note Blanc.
12. Montpellier, 20 nov. 2007, RG nº 06/05667, *Rev. proc. coll.* 2008, nº 158, note Blanc.
13. Versailles, 13e ch., 15 mars 1997, *Rev. proc. coll.* 1998, 207, nº 12, obs. Lemistre.
14. Com. 16 juin 2009, nº 08-14.635, NP; nº 577 F-D.
15. Com. 19 janv. 1999, nº 95-15.825, NP, *Act. proc. coll.* 1999, nº 70 – Com. 25 févr. 2004, nº 00-16.676, NP, *Rev. proc. coll.* 2004, p. 387, nº 12, obs. Blanc.

ment[1], qu'après avoir informé téléphoniquement son client du rejet de chèques qui allait avoir lieu le lendemain, la banque accepte le surlendemain la remise de bordereaux Dailly de cession de créances[2], qu'après avoir refusé d'honorer le règlement de certains clients du débiteur, il reçoit des remises de chèques[3], qu'après un dépassement fréquent du découvert autorisé, il reçoit des remises de chèques[4], ou qu'il consent des crédits dits de « restructuration[5] », tout en refusant de nouvelles avances et en clôturant le compte[6]. Le banquier ne peut davantage ignorer l'état de cessation des paiements si le compte a été débiteur depuis son ouverture et que les bilans communiqués à la banque faisaient régulièrement ressortir des résultats négatifs[7]. Plus souplement, la connaissance de l'état de cessation des paiements a pu être inférée de la situation des comptes bancaires, qui se sont dégradés au fil des mois[8], ce qui nous apparaît insuffisant. De manière très souple également, la connaissance a pu être déduite de la dénonciation de la convention de compte-courant en raison d'une situation financière non régularisée et des échéances de prêt non honorées[9].

De même, l'avocat du débiteur qui, dans le cadre de la défense du débiteur dans l'instance en redressement judiciaire, obtient le règlement d'honoraires aura quelques difficultés à soutenir qu'il ne connaissait pas l'état de cessation des paiements du débiteur[10]. La solution s'imposera d'autant plus que cet avocat, conseil habituel du débiteur, reçoit des honoraires disproportionnés par rapport aux diligences accomplies[11]. La solution vaut également pour l'expert-comptable, lorsqu'il perçoit des honoraires, et qu'il connaît parfaitement la situation de son client[12].

La surveillance des comptes du débiteur par le créancier et les entrevues avec les experts-comptables de ce dernier établissement la connaissance de l'état des paiements[13].

Ne pourra davantage soutenir ignorer l'état de cessation des paiements, le créancier qui assigne en redressement judiciaire et qui accepte des reports, tout en obtenant des paiements[14].

La solution a été aussi appliquée à l'ex-époux dans le cadre d'un partage de la communauté[15].

A encore été retenu comme indice de la connaissance le fait que le débiteur réalisait plus de deux tiers de son chiffre d'affaires avec le créancier et le fait que dans la période précédant immédiatement le paiement litigieux, aucune commande n'avait été effectuée[16]. On peut rapprocher de cette situation, celle dans laquelle le bénéficiaire du paiement est le principal fournisseur, tout en encaissant les recettes de son client, dans un supermarché, les échanges épistolaires informant de la situation financière et le fait que l'*accipiens* ait cru bon de se renseigner sur le paiement des cotisations sociales, tout en connaissant l'existence du non-paiement de certains autres fournisseurs[17].

De même, la connaissance de la cessation des paiements a pu être établie dans l'hypothèse d'un créancier ayant été informé par le débiteur que le fait qu'il pratique des saisies-attributions obligerait le débiteur à déposer le bilan[18].

Cette preuve de la connaissance est encore établie lorsque le créancier a pratiqué de multiples saisies-attributions infructueuses, que la presse locale s'était faite l'écho des difficultés financières du débiteur, que le créancier n'ignorait pas que le CIRI avait été saisi et que le cotation des actions de la société avait été interrompue[19].

Précisons qu'il ne peut être fait état pour établir la connaissance de l'état de cessation des paiements de l'intéressé, de faits antérieurs à la cessation des paiements[20].

1. Amiens, ch. com., 5 mars 2009, RG n° 08/00334, *Rev. proc. coll.* 2010, n° 27, 41, note Blanc.
2. Com. 22 nov. 2011, n° 10-25.283, NP; n° 1161 F-D; *Gaz. Pal.* 28 avr. 2012, n° 118, p. 34, note Bonhomme.
3. Lyon, 3e ch., 8 sept. 2005, *Rev. proc. coll.* 2006/3, p. 278, n° 8, obs. Blanc.
4. Aix-en-Provence, 8e ch. C, 15 sept. 2005, *Rev. proc. coll.* 2006/3, p. 278, nos 8 et 9, obs. Blanc.
5. Com. 2 mai 2001, n° 98-10.413, NP, *RJDA* 2001/10, n° 1003.
6. Com. 11 mai 2003, n° 00-18.975, NP, *Rev. proc. coll.* 2004, p. 387, n° 12, obs. Blanc.
7. Riom, ch. com., 18 juin 2014, RG n° 12/02991, *JurisData* 018310, *Rev. proc. coll.* 2015, comm. 131, note Blanc.
8. Douai, 30 juin 2010, RG n° 09/07321, *Rev. proc. coll.* 2011, n° 138, note Blanc.
9. Nîmes, 24 juin 2010, RG n° 08/05226, *Rev. proc. coll.* 2011, n° 138, note Blanc.
10. Paris, 3e ch. A, 28 juin 1994, *Rev. proc. coll.* 1995, 450, 66, obs. Lemistre.
11. *Paris, 3e ch. A, 1er févr. 2000, Gaz. Pal.* 23-27 déc. 2001, p. 13, note Teboul.
12. Rennes, 2e ch. com., 28 avr. 2009, RG n° 08/02385, *Rev. proc. coll.* 2010, n° 27, note Blanc.
13. Bourges, ch. civ., 4 févr. 2010, RG n° 09/01082, *Rev. proc. coll.* 2010, n° 232, note Blanc.
14. Paris, 3e ch. A, 13 sept. 1994, *D.* 1994. IR 237; *Rev. proc. coll.* 1995, 450, n° 10, obs. Lemistre – Versailles, 6 mars 1997, *JCP E* 1997. Pan. 435.
15. Civ. 1re, 3 juin 2003, n° 01-17.971, *Bull. civ.* I, n° 136, *Mme Gouilloud c/SCP Belat – Desprat* ès qual. *M. Bron.*
16. Nîmes, 1re ch. B, 19 mars 2009, RG n° 07/02689, *Rev. proc. coll.* 2010, n° 27, note Blanc.
17. Versailles, 13e ch., 20 mai 2010, RG n° 09/09729, *Rev. proc. coll.* 2011, n° 138, p. 51, note Blanc.
18. Fort-de-France, 19 déc. 2008, RG n° 07/00029, *Rev. proc. coll.* 2010, n° 27, note Blanc.
19. Bordeaux, 2e ch. civ., 31 janv. 2014, RG n° 11/055822, JurisData 001450, Rev. proc. coll. 2015, comm. 131, note Blanc.
20. Angers, 12 févr. 2008, RG n° 07/00622, *Rev. proc. coll.* 2009, n° 85, note Blanc.

La question de la preuve de la connaissance de l'état de cessation des paiements par le créancier est évidemment abandonnée au pouvoir souverain des juges du fond[1].

824.13 Indifférence de la fraude pour les actes accomplis dans les six mois qui précèdent la cessation des paiements. Les actes, qui sont accomplis dans les six mois qui précèdent la cessation des paiements, peuvent être annulés sans démonstration d'une fraude commise par le débiteur. La solution a été posée pour une donation-partage[2]. C'est l'intérêt de l'action en nullité par rapport à l'action paulienne.

824.14 Caractère facultatif du prononcé de la nullité. En présence d'une nullité facultative de la période suspecte, le tribunal dispose d'un pouvoir souverain d'appréciation, dont il doit impérativement faire usage, pour prononcer ou non la nullité (v. s[s] n° 821.51).

On précisera qu'a été considérée comme non sérieuse, une question prioritaire de constitutionnalité posée à propos de la conformité des nullités facultatives aux exigences qui s'attachent aux dispositions, règles et principes de valeur constitutionnelle d'égalité devant la loi, de respect de la garantie des droits et de la liberté contractuelle, de clarté et d'intelligibilité de la loi ainsi que de la protection du droit de propriété[3].

SECTION 824.20 DIVERS ACTES ANNULABLES AU TITRE DES NULLITÉS FACULTATIVES DE LA PÉRIODE SUSPECTE

824.21 Divers actes annulables au titre des nullités facultatives de la période suspecte. Les actes ici annulables sont normaux. Le seul reproche qui est fait au créancier est d'avoir passé l'acte avec le débiteur, alors qu'il avait connaissance de l'état de cessation des paiements de celui-ci.

Le texte vise ici les personnes qui « ont traité avec le débiteur », contrairement à la solution posée, depuis la loi de sauvegarde des entreprises, en matière de nullités de droit de la période suspecte. L'acte attaqué sera donc un acte volontaire[4]. Puisqu'il faut avoir traité avec le débiteur la protection que recherche ce dernier en déclarant insaisissable son immeuble ne peut tomber sous le coup des nullités facultatives de la période suspecte[5], du moins avant l'ordonnance du 12 mars 2014[6] (v. s[s] n° 824.41).

La vente de stocks appartenant à son débiteur en vertu d'une ordonnance du président du tribunal de commerce, qui s'analyse en une dation en paiement, ne peut être annulée dès lors que le paiement qu'elle entraîne n'est pas volontaire[7]. De même, la prise de garantie judiciaire, qui n'est pas un acte volontaire du côté du débiteur, ne tombe pas sous le coup du texte[8].

824.22 Paiements faits par le débiteur – Cessions de créances par bordereau Dailly – Convention-cadre. Parmi les actes annulables facultativement, figurent les paiements.

Mais encore faut-il qu'ils émanent du débiteur[9]. Dans une première phase de sa jurisprudence, la Cour de cassation avait décidé que paiement par chèque de banque échappait aux nullités de la période suspecte et spécialement à l'action en rapport[10]. La solution a ensuite été abandonnée (v. s[s] n° 826.11).

Tel n'est pas davantage le cas du paiement au profit de la banque au moyen d'un virement effectué sur le compte-courant bancaire de la société, soit par le dirigeant social[11] soit par des garants[12]. Tel n'est pas non plus le cas du paiement effectué par l'acheteur d'un troupeau appartenant au débiteur à une coopérative, créancier porteur de warrants[13].

Pour la même raison, la reconnaissance de dette faite par le dirigeant social à titre personnel et non *es qualités* de dirigeant de la société débitrice ne peut tomber sous le coup des nullités de la période suspecte, puisqu'elle n'est pas l'œuvre du débiteur[14].

1. Com. 5 nov. 2003, n° 00-21.609, NP – Com. 27 mai 2008, n° 07-15.405, NP; n° 626 F-D; *Gaz. proc. coll.* 2008/3, p. 43, n° 1, note Roussel Galle.
2. Paris, 3e ch. A, 30 oct. 2007, RG n° 06/2318.
3. Com. 26 mars 2013, n° 12-40.106 QPC, NP, *RTD com.* 2013. 351, n° 11, obs. Martin-Serf; *Rev. proc. coll.* 2015, comm. 130, note Blanc.
4. CHAPUT, n° 566 – RIPERT ET ROBLOT, n° 140.
5. RAPPR. : J.-CL. COM., Saint-Alary-Houin C. et Monsérié-Bon M-H., fasc. 2510, [Nullités facultatives], 2012, n° 29.
6. Ord. n 2014-326, 12 mars 2014, *JO* 14 mars, p. 5249.
7. Com. 8 janv. 2005, n° 03-12-307, NP, *JCP E* 2005. Chron. 915, n° 21, obs. Delebecque.
8. Caen, 10 nov. 2010, RG n° 08/04561, *Rev. proc. coll.* 2011, n° 138, note Blanc.
9. Com. 1er avr. 2008, n° 07-10.574, NP; n° 454 F-D; *Gaz. proc. coll.* 2008/3, p. 43, n° 2, note Roussel Galle; *RTD com.* 2008. 869, n° 17, obs. Martin-Serf – Paris, 3e ch. B, 14 fév. 2003, RG n° 02/06324.
10. Com. 14 mars 2000, n° 97-15.136, *Bull. civ.* IV, n° 58; *D.* 2000. AJ 186, obs. Lienhard.
11. Com. 4 oct. 2010, n° 09-68.974, NP; n° 939 F-D – Paris, 3e ch. A, 19 sept. 2006, RG n° 05/14924.
12. Com. 16 mars 2010, n° 09-12.008, NP; n° 313 F-D; *Rev. proc. coll.* 2010, n° 224, note Blanc.
13. Com. 1er avr. 2008, n° 07-10.574, NP; n° 454 F-D; *Gaz. proc. coll.* 2008/3, p. 43, n° 2, note Roussel Galle.
14. Com. 6 déc. 2011, n° 10-20.660, NP; n° 1238 F-D.

Tel n'est pas davantage le cas du paiement effectué par un garant autonome, alors même qu'il était contre-garanti par le débiteur ayant immobilisé dans les livres du garant autonome les sommes nécessaires à l'exécution de la garantie indépendante, dès lors d'une part que la nullité de la contre-garantie n'était pas sollicitée et que, d'autre part, il n'était pas démontré que l'exécution de la garantie autonome avait été faite à partir de fonds appartenant au débiteur[1].

L'annulation d'un prélèvement et le rejet d'un chèque ne constituent ni des paiements, ni des actes à titre onéreux, et ne peuvent donc tomber sous le coup des nullités de la période suspecte[2].

De façon générale, le paiement par chèque ne tombe pas sous le coup des nullités de la période suspecte. La demande d'annulation devra donc être rejetée[3], sauf la possibilité pour le juge de redonner son exacte qualification à la demande, en application de l'article 12 du code de procédure civile et de considérer ainsi qu'il est saisi d'une demande en rapport (v. s[s] n° 826.11).

Le paiement par virement peut être annulé au titre des nullités facultatives de la période suspecte. La date du virement conditionne la nullité, puisqu'il est évité, s'il est antérieur à la période suspecte. La Cour de cassation a jugé que la date du paiement déterminant l'appréciation de sa validité au regard de la période suspecte est le moment où le bénéficiaire est réputé avoir reçu les fonds, c'est-à-dire le moment où il acquiert un droit définitif sur ceux-ci. Il en est ainsi lorsque l'ordre de paiement est devenu irrévocable selon les modalités de fonctionnement du système interbancaire de télécompensation (SIT), lequel retient le jour et l'heure de l'envoi par la banque du bénéficiaire d'un message d'acceptation vers la banque émettrice formalisant l'échange[4].

Il pourra s'agir de paiements par compensation, y compris la compensation fiscale[5], alors surtout que la compensation conventionnelle aura été créée de toutes pièces par les parties[6], ou par remboursement d'un compte-courant[7]. Si le banquier prend à l'escompte des effets de commerce, seule la date de remise des effets doit être prise en compte, non celle de la régularisation comptable, pour apprécier si le banquier, qui a opéré compensation, connaissait la cessation des paiements de son client[8].

Il pourra s'agir du jeu, pendant la période suspecte, d'un pacte commissoire, qui constitue une forme de paiement[9].

Sous réserve du cas spécial de la nullité facultative des saisies-attributions et avis à tiers détenteur créé par la loi de sauvegarde des entreprises (v. s[s] n° 824.24), le paiement devra être volontaire, puisque le code de commerce vise les personnes « qui ont traité avec le débiteur ». Le paiement intervenant dans le cadre de la répartition amiable du prix de vente d'un fonds de commerce peut être annulé, mais si une opposition au paiement a été effectuée, cette dernière n'étant qu'un acte conservatoire ayant pour effet de rendre indisponible le prix de vente et de permettre au créancier de faire-valoir postérieurement ses droits dans une distribution du prix et ne pouvant être analysée en une saisie[10].

Même si l'opinion contraire a été émise[11], les paiements faits en exécution d'un plan de continuation, de sauvegarde ou de redressement ne devraient pas pouvoir être annulés, car ils ont une nature judiciaire. En ce sens, il a été observé que l'annulation se heurterait à l'autorité de la chose jugée attachée au jugement ayant arrêté le plan et défini les dividendes à payer[12]. On peut en outre prendre en compte le caractère de nullité facultative, qui devrait inciter les juges à une certaine retenue en la matière.

Le paiement peut être annulé, même s'il correspond à la part salariale de cotisations sociales dues, alors pourtant que le précompte est prélevé sur le salaire par l'employeur[13]. La règle *Ubi lex*... justifie la solution. L'opportunité commande en revanche

1. Com. 26 sept. 2006, n° 05-15.289, NP; n° 1049 F-D; *Rev. proc. coll.* 2007/4, p. 226, n° 1, obs. Blanc.
2. Com. 2 oct. 2007, n° 05-20.324, *Bull. civ.* I, n° 210; *D.* 2007. AJ 2611, note Lienhard; *Gaz. proc. coll.* 2008/1, p. 51, note Roussel Galle; *RTD com.* 2008. 200 n° 7, obs. Martin-Serf; *JCP E* 2008. Chron. 1207, n° 9, obs. M. Cabrillac; *Rev. proc. coll.* 2008, n° 65, note Blanc; *Rev. proc. coll.* 2008, n° 71, note Blanc.
3. Orléans, ch. com. éco. et fin., 20 déc. 2007, RG n° 07/374, *RJDA* 2008/4, p. 434, n° 441.
4. Com. 11 avr. 2012, n° 09-12.431, NP; n° 438 F-D; *BJE* 2012, n° 117, note Bonhomme.
5. T. com. Coutances, 20 janv. 2015, RG n° 2015/000285, *Leden* 2015/2, comm. 019, note Lucas.
6. Com. 26 oct. 1999, n° 97-14.430, NP, *Act. proc. coll.* 2000, n° 41; *RJDA* 2000, n° 66, p. 59; *Rev. proc. coll.* 2002, p. 280, n° 10, obs. Blanc – Com. 30 oct. 2000, *RJDA* 2001/2, n° 200.
7. Com. 29 mai 2001, n° 98-16.142, NP, *RD banc. fin.* 2001, n° 237, obs. Lucas.
8. Com. 16 oct. 2007, n° 06-14.574, NP; n° 1113 F-D; *Gaz. proc. coll.* 2008/1, p. 56, note Bonhomme; *Rev. proc. coll.* 2008, n° 41, obs. Pérot-Reboul et Patureau; *Rev. proc. coll.* 2008, n° 70, note Blanc.
9. Macon-Vénier, « Le pacte commissoire et les sûretés réelles », *RLDA* 2007, n° 14, p. 79, sp. 85.
10. Com. 1er déc. 2009, n° 08-13.551, NP; n° 1122 F-D.
11. Vinckel, « Le nouveau régime de la période suspecte dans la loi n° 2005-845 du 26 juillet 2005 et le décret n° 2005-1677 du 28 décembre 2005 : une réforme en trompe l'œil » : *JCP E* 2006. Étude 1118, n° 11.
12. PÉROCHON, 1re éd., n° 1495.
13. Com. 21 juin 2005, n° 03-21.163, *Bull. civ.* IV, n° 131; *D.* 2005. AJ 1150, obs. Lienhard; *Gaz. proc. coll.* 2005/3, p. 37, obs. Roussel Galle; *Act. proc. coll.* 2005, n° 154, note Vallansan; *RTD com.* 2005. 847, n° 6, obs. Martin-Serf.

de ne pas prononcer la nullité en ce cas, celle-ci étant, rappelons-le, simplement facultative, car il apparaît équitable que ces sommes reversées à l'Urssaf, qui n'appartiennent pas au chef d'entreprise débiteur, lui restent acquises.

Ne pouvant, par principe du moins, être annulés sur le fondement des nullités de droit (v. s^{s} n°s 823.22 et 823.51), à moins que les cessions ne soient faites à titre de nantissement garantissant un concours antérieur, les paiements par bordereau Dailly pourront être attaqués sur le terrain des nullités facultatives de la période suspecte[1]. La jurisprudence décide que la nullité ne pourra être prononcée que si la convention-cadre régissant les relations du cédant des créances avec l'établissement de crédit a été conclue en période suspecte. Au contraire, si la convention est antérieure, les cessions intervenues en période suspecte ne pourront être attaquées[2], même si le contraire est encore parfois jugé par les juges du fond[3]. La solution est justifiée par l'observation que la connaissance de la cessation des paiements s'apprécie à la date du contrat fondant le paiement, non à la date de ce dernier.

Dès lors que la convention-cadre a été conclue avant la période suspecte, la nullité de la cession de créance est évitée, alors même que la convention n'aurait commencé à être mise en œuvre que pendant la période suspecte[4].

La preuve qu'une convention-cadre a été signée avant la période suspecte incombe à l'établissement de crédit[5].

La modification de la convention-cadre, en période suspecte, restera sans incidence sur la validité des cessions de créances, dès lors qu'elle n'a pas fait perdre à l'opération, la nature de cessions de créances à titre de garantie[6].

824.23 Remises en compte-courant. Une difficulté concerne les remises en compte-courant.

Les remises de chèques en compte-courant ne peuvent être annulées que si elles interviennent dans le cadre du fonctionnement anormal du compte, n'enregistrant que les remises à son crédit. En ce cas, les remises valent, en diminuant le solde débiteur du compte, paiement d'une dette échue au sens de l'article L. 632-2 du code de commerce[7]. Ainsi, la nullité n'interviendra-t-elle que si le banquier refuse parallèlement d'honorer les chèques, car il y a bien alors réduction du montant du solde débiteur[8], ce qui peut être analysé en un paiement.

Le virement effectué par le dirigeant social sur le compte bancaire de la société aux moyens de deniers lui appartenant ne peut être annulé, puisque la société ne peut être considérée comme une partie au paiement du découvert. La société a en effet réduit son passif sans pour autant obérer son patrimoine[9].

824.24 Avis à tiers détenteur, saisies-attributions[10] et opposition. Sous l'empire de la législation antérieure à la loi du 26 juillet 2005[11], l'article L. 621-107, I, 7° ne vise que les mesures conservatoires. Il est logiquement jugé qu'il n'a bien évidemment pas vocation à remettre en cause les saisies-attributions[12], les avis à tiers détenteurs[13] ou les saisies-exécution[14].

Pour la même raison, ne peuvent être, par principe, annulés au titre des nullités facultatives, sous le régime antérieur à la loi du 26 juillet 2005 (v. s^{s} n° 823.72) les paiements faits dans le cadre de saisies[15]. Il faut toutefois, selon la Cour de cassation,

1. IFPPC 1999, recomm. n°s 1101-2, 6033-2, p. 25 et 161.
2. Com. 20 janv. 1998, n° 95-16.718, NP, *Rev. Banque* 1998 89, obs. Guillot – Com. 19 janv. 1999, n° 95-15.825, NP *Act. proc. coll.* 1999, n° 71 – Com. 28 sept. 2004, n° 02 10.943, NP – Com. 30 mars 2010, n° 08-17.556, NP, n° 372 F-D; *D.* 2010. 1017, note Lienhard; *Gaz. Pal. entr. diff.* 2-3 juill. 2010, n°s 183, 184, p. 31, note Roussel Galle; *RTD com. 2010.* 432, n° 12, note Vallens et p. 614, n° 7, obs. Martin-Serf; *Rev. proc. coll.* 2010, n° 225, note Blanc – Paris, 18 juin 2002, *Rev. proc. coll.* 2004, p. 387, n° 12, obs. Blanc – Douai, 14 juin 2007, RG n° 06/01782, *Rev. proc. coll.* 2008, p. 52, note Blanc.
3. T. com. Paris, 13 nov. 2001, *RD banc. fin.* 2002, n° 184, obs. Legeais; *Rev. proc. coll.* 2003, p. 153, n° 6, obs. Blanc.
4. Com. 28 sept. 2004, n° 03-13.336, NP, *LXB* n° N3158ABL, note Le Corre.
5. Com. 11 juin 2003, n° 00-18.975, NP.
6. Com. 26 juin 2001, n° 98-17.523, NP, *Act. proc. coll.* 2001/17, obs. Bonhomme.
7. Com. 18 mai 2016, n° 14-24.910, *Bull. civ.* IV [à paraître]; n° 465 FS-P+B; *Act. proc. coll.* 2016/11, comm. 142, note Monsérié-Bon; *BJE* 2016, 274, note Bonhomme.
8. Com. 25 févr. 2004, n° 00-16.676, NP, *Rev. proc. coll.* 2004, p. 387, n° 12, obs. Blanc.
9. Com. 30 oct. 2007, n° 06-20.883, NP; n° 1187 F-D; *Rev. proc. coll.* 2008, n° 71, note Blanc.
10. Lauvergnat, « L'annulation de la saisie-attribution pratiquée en période suspecte », *Dr. et proc.* 2007. 254.
11. L. n° 2005-845, 26 juill. 2005, préc.
12. Com. 11 févr. 2004, n° 01-16.868, NP – *Adde*, Cass., avis, 16 déc. 1994, n° 09-40.021, *Bull. avis*, n° 24; *JCP* 1995. II. 22409, note Graffmeyer; *JCP E* 1995. II. 686, note Martin; *D.* 1995. 166, note Derrida.
13. Com. 16 juin 1998, n° 96-17.050, *Bull. civ.* IV, n° 200; *D. Affaires* 1998. 1272, obs. Lienhard; *RJDA* 1998/11, p. 950, n° 1267.
14. Com. 26 oct. 1999, n° 97-12.140, NP, *Act. proc. coll.* 1999, n° 276.
15. Com. 16 juin 1998, n° 96-17.050, *Bull. civ.* IV, n° 200; *D. Affaires* 1998. 1272, obs. Lienhard; *JCP E* 1998. 2065, obs. M. Cabrillac; *RJDA* 1998/11, p. 951, n° 1268; *Rev. proc. coll.* 1999, 106, n° 17, obs. Canet – Com. 26 mai 1999, *RJDA* 2000, n° 65 – Com. 4 mars 2003, n° 00-11.597, NP, *Rev. proc. coll.* 2004, p. 73, n° 10, obs. Blanc – Com. 29 avr. 2003, n° 00-11.912, *Bull. civ.* IV, n° 63; *Act. proc. coll.* 2003, n° 131 – Paris, 3e ch. B, 21 juin 2007, RG n° 06/13458 – *Adde*, Martin-Serf, « Les nullités de la période suspecte, l'avis à tiers détenteur et la loi Dailly », *Rev. proc. coll.* 2000, 167.

réserver le cas des saisies faites en exécution d'une reconnaissance de dette notariée établie en période suspecte[1], la Cour de cassation ayant dû, comme le remarque un auteur, forcé quelque peu l'analyse pour faire rentrer dans la catégorie des actes à titre onéreux la reconnaissance de dette[2].

L'article L. 632-2, issu de la rédaction que lui a donnée la loi de sauvegarde des entreprises, a ajouté un cas de nullité, en frappant les avis à tiers détenteur, les saisies-attributions[3] et les oppositions. La modification des textes a été justifiée par la volonté de faire respecter le principe d'égalité entre les créanciers. Ces mesures, a-t-il été dit, « permettent en effet à certains créanciers, notamment publics, de se faire payer avant les créanciers qui bénéficient d'un privilège établi par la loi »[4]. Il a été objecté qu'« il y a là un curieux recul du droit puisque le législateur avait précisément institué la saisie-attribution, en 1991, pour mettre à la disposition des créanciers une voie d'exécution efficace échappant aux aléas d'une procédure collective ultérieure »[5]. Cette nullité, qui était de droit dans le texte adopté à l'Assemblée nationale, est devenue simplement facultative, pour tenir compte de la gravité de la mesure, à la suite d'un amendement présenté au Sénat[6]. Il serait en effet apparu anormal que, au titre d'un paiement, l'*accipiens* soit traité plus durement – nullité de droit – si le paiement est la suite d'une mesure d'exécution forcée, alors que la nullité serait facultative s'il résulte d'une exécution volontaire[7]. Le caractère facultatif de ce cas de nullité conduit à permettre au juge qui constate que les conditions de la nullité sont réunies de ne pas la prononcer[8] (v. aussi s^s n° 821.51).

Le principe « pas de nullité sans texte» conduit à exclure de la nullité les saisies-ventes ou encore les saisies appréhensions[9]. Il en est de même des saisies-revendications[10].

Ce cas de nullité supposera la connaissance de l'état de cessation des paiements, et non pas de la date de cessation des paiements[11], par le créancier pratiquant la voie d'exécution. La nullité a ainsi été acceptée lorsque les services fiscaux reconnaissent avoir eu connaissance des difficultés des sociétés d'un groupe auquel appartient la société débitrice, et alors que la Commission des chefs de services financiers (CCSF) avait été saisie d'une demande de rééchelonnement des dettes, ce qui conduisait le Trésor public, membre de la CCSF, à savoir que la cessation des paiements s'imposerait en cas d'échec des négociations[12]. Cette décision, qui semblait confondre la probabilité avec la certitude de la connaissance de la cessation des paiements, a été infirmée, faute de preuve de la connaissance par le trésorier de l'état de cessation des paiements[13].

Une cour d'appel a établi la connaissance de l'état de cessation des paiements à partir des circonstances suivantes. Une rencontre a eu lieu entre le débiteur et le comptable des impôts, compte tenu des difficultés de l'entreprise, rencontre au cours de laquelle le comptable a accordé un moratoire. Le fait que le moratoire n'ait pu être tenu, établit, selon la cour d'appel, la preuve de la connaissance de l'état de cessation des paiements[14]. Ici encore, il semble y avoir une confusion entre la probabilité et la certitude de connaissance de la cessation des paiements.

Une autre cour d'appel a pu établir la connaissance de l'état de cessation des paiements dans les circonstances suivantes. La production de la liasse fiscale faisait apparaître une perte au cours de l'exercice de près de 80 000 euros, alors que l'exercice précédent s'était déjà soldé par une perte supé-

1. Com. 1er oct. 2002, n° 01-03.216, *Bull. civ.* IV, n° 134; *Act. proc. coll.* 2002, n° 238, obs. Boulay; *D.* 2002. AJ 2869, obs. Lienhard; *Procédures* 2003, n° 7; *JCP E* 2003. Chron. 231, n° 8, obs. M. Cabrillac; *RD banc. fin.* 2003, n° 82, obs. Lucas; *RTD civ.* 2003. 146, n° 8, obs. Perrot; *Rev. proc. coll.* 2004, p. 73, n° 10, obs. Blanc; *LXB* n° N4261AA3, note Le Corre.
2. PÉROCHON, 10e éd., n° 1496.
3. POUR DE PREMIÈRES APPLICATIONS à des saisies-attribution Paris, 3e ch. A, 29 mai 2007, RG n° 06/12528, *Rev. pr coll.* 2008, n° 72, note Blanc.
4. Amend. n° 156, Interv. Xavier de Roux, *JOAN* 3e séance du 8 mars 2005, p. 1774.
5. PÉTEL, 8e éd., n° 379.
6. Amend. n° 390, Interv. Clément, *JO Sénat CR* ain *2005, p.* 4875.
7. Vinckel, « *Le nouveau régime de la période suspec*ans la loi n° 2005-845 du 26 juillet 2005 et le décret n° 2005-1677 du 28 décembre 2005 : une réforme en trompe l'œil », *JCP E* 2006, étude 1118, n° 17.
8. Com. 12 janv. 2010, n° 09-11.119, *Bull. civ.* IV, n° 5; *D.* 2010. AJ 204, note Lienhard; *D.* 2010. Pan. 1820, note Lucas; *Gaz. Pal.* 16-17 avr. 2010, n°s 106, 107, p. 32, note Roussel Galle; *Gaz. Pal.* 2010, Jur. 840, note Iacovelli; *RJDA* 2010/3, p. 215, rapp. Delmotte; *Act. proc. coll.* 2010, n° 61, note Cagnoli; *RTD civ.* 2010. 376, n° 5, obs. Perrot; *RTD com.* 2010. 426, n° 7, obs. Martin-Serf; *Rev. proc. coll.* 2010, n° 232, note Blanc; *Dr. et proc.* 2010. 129, note Lauvergnat; *LPA* 9 juin 2010, n° 114, p. 28, note Brandeau; *Defrénois* 2010. 1478, Chron. 39138, note Gibirila.
9. Vinckel, art. préc., n° 617.
10. RAPPR. : Paris, 3e ch. B, 20 déc. 2007, RG n° 07/14822, *D.* 2008. AJ 222; *Act. proc. coll.* 2008, n° 100.
11. Besançon, 2e ch. com., 6 nov. 2013, RG n° 12/00001, *JurisData* 030133, *Rev. proc. coll.* 2015, comm. 131, note Blanc.
12. T. com. Bobigny, 3e ch., 25 oct. 2006, RG n° 06/L02703, *D.* 2007. AJ 228, obs. Lienhard; *Gaz. proc. coll.* 2007/2, p. 42, note Roussel Galle; *RTD com.* 2008. 422, n° 6, obs. Martin-Serf.
13. Paris, 3e ch., 13 déc. 2007, RG n° 06/19721, *D.* 2008. AJ 221, note Lienhard.
14. Fort-de-France, ch. civ., 19 mars 2010, RG n° 09/00311, *Rev. proc. coll.* 2011, n° 138, note Blanc.

rieure à 10 000 euros. Ces indications portées au bilan, compte tenu de la taille de la société débitrice et de son activité, ne pouvaient que révéler l'état de cessation des paiements. Le service de recouvrement des impôts, en signifiant un avis à tiers détenteur dans ces circonstances, connaissait l'état de cessation des paiements et la nullité facultative de l'avis à tiers détenteur était encourue[1].

Il est en tout cas évidemment insuffisant de constater qu'un avis à tiers détenteur a été pratiqué pendant la période suspecte pour en déduire la connaissance de l'état de cessation des paiements de la part du Fisc[2]. Dans une autre espèce, la nullité a été justement prononcée, dans la mesure où les avis à tiers détenteurs avaient été délivrés le lendemain de la réception d'un courrier indiquant que toutes voies d'exécution relatives à la mise en demeure délivrée un jour plus tôt contraindrait l'entreprise à procéder au dépôt immédiat d'une déclaration de cessation des paiements[3]. La nullité peut être prononcée si la saisie-attribution est pratiquée par l'Urssaf qui, en présence de cotisations impayées, avait assigné le débiteur aux fins de faire ouvrir sa procédure collective[4].

Si les mesures conservatoires ou d'exécution diligentées par un huissier de justice établissent que celui-ci a connaissance de l'état de cessation des paiements, lorsqu'il a pratiqué la saisie dont la nullité est recherchée, la nullité ne peut néanmoins être prononcée car le fait que le mandataire connaît l'état de cessation des paiements n'implique pas la connaissance personnelle de cet état par son client, alors surtout que l'huissier est tenu au secret professionnel, faute de démontrer que l'huissier aurait failli à son devoir[5].

Les oppositions sont également atteintes par le jeu des nullités facultatives de la période suspecte. Il a été remarqué que le terme « oppositions » « présente une plasticité qui convient fort mal à la technicité du droit des procédures collectives »[6]. Rentreraient, *a priori*, dans ce cadre non défini légalement, l'opposition au paiement du prix de vente d'un fonds de commerce ainsi que l'opposition en matière de saisie-vente sur les meubles corporels[7]. Un auteur a suggéré de placer sous le vocable d'« oppositions » toutes les mesures d'exécution et les mesures conservatoires[8]. Cela correspond à la portée que la Cour de cassation avait attribuée à l'article 173 du décret du 27 décembre 1985[9], déclarant irrecevable toute opposition ou procédure d'exécution sur les sommes versées à la Caisse des dépôts et consignations[10]. Le vocable « opposition » doit être rattaché à l'idée qu'il s'agit d'empêcher la captation par un créancier de sommes d'argent devant être versées au débiteur[11].

La possibilité d'annulation des saisies-attributions intervenues pendant la période suspecte conduira à supprimer la discussion relative à la portée de la nullité d'une saisie conservatoire sur la saisie-attribution (v. s[s] n° 823.72).

Si le créancier a déjà reçu son paiement, il est tenu, du fait de l'annulation, de le restituer, non au tiers saisi, mais à la procédure collective[12]. Il faut excepter l'hypothèse où le créancier sera sous procédure collective. L'interdiction des paiements lui interdira de le restituer après jugement d'ouverture. L'interdiction des poursuites individuelles interdira à l'organe de la procédure ayant obtenu l'annulation sur le fondement de la période suspecte de poursuivre le créancier *accipiens* en justice.

Si le créancier n'a pas reçu son paiement, faut-il décider que le tiers saisi n'a pas à se libérer ? La solution serait absurde au regard de l'objectif poursuivi par le législateur, qui n'a pas été de permettre au débiteur saisi de ne pas payer ses dettes. Il faut seulement décider que le créancier ne pourra recevoir son paiement, du fait du jeu de la nullité de la saisie-attribution. Le tiers saisi en revanche, devra payer ses dettes en se libérant selon le schéma qui aurait dû être emprunté, si la saisie-attribution n'avait pas été pratiquée. En conséquence, le tiers saisi devra se libérer entre les mains de l'organe de la procédure collective ayant obtenu la nullité ou, si ce dernier a cessé ses fonctions, entre les mains de l'organe qui prend sa suite, commissaire à l'exécution du plan ou liquidateur.

1. Nancy, 2e ch. com., 26 oct. 2011, RG n° 11/00330, *Rev. proc. coll.* 2013, n° 16, note Blanc.
2. Dijon, 15 févr. 2007, RG n° 06/01735, *Rev. proc. coll.* 2008, n° 72, note Blanc; *RTD com.* 2008. 870, n° 19, obs. Martin-Serf – *Adde*, Lauvergnat, « L'annulation de la saisie-attribution pratiquée en période suspecte », *Dr. et proc.* 2007. 254, sp. 257, n° 10.
3. AINSI : Toulouse, 2e ch., 1re sect., 10 mai 2007, RG n° 07/01149, *JCP E* 2008, n° 1643, note Lebel; *Rev. proc. coll.* 2008, n° 72, note Blanc; *RTD com.* 2008. 870, n° 19, obs. Martin-Serf.
4. Bastia, 2 juill. 2008, RG n° 07/00626, *Rev. proc. coll.* 2009, n° 86, note Blanc.
5. Com. 2 déc. 2014, n° 13-25.705, *Bull. civ.* IV [à paraître]; n° 1075 FS-P+B; *Act. proc. coll.* 2015, comm. 10, note Vallansan; *BJE* 2015, 115, note Lisanti; *JCP E* 2015, chron. 1204, n° 7, obs. Pétel; *Gaz. Pal.* 2015, Jur. 313, note Lauvergnat; *Rev. proc. coll.* 2015, comm. 131, note Blanc; *RTD com.* 2015. 590, n° 5, note Martin-Serf.
6. Arrighi, « Les nouveaux cas de nullités de la période suspecte », *Gaz. Pal.* 9-10 sept. 2005, n° sp., p. 9, sp. p. 15, n° 36.
7. Arrighi, art. préc., sp. p. 16, n°s 38 à 41.
8. Canet, *Rev. proc. coll.* 2005, p. 29 – *Adde*, J.-CL. COM., Saint-Alary-Houin et Monsérié-Bon, fasc. 2510, [Nullités facultatives], 2012, n° 37.
9. D. n° 85-1388, 27 déc. 1985, *JO* 29 déc., p. 15281.
10. LIENHARD, 6e éd., n° 117.48.
11. LE CANNU, 7e éd, n° 616.
12. Lauvergnat, « L'annulation de la saisie-attribution pratiquée en période suspecte », art. péc., sp. 258, n° 14.

824.25 Séquestre conventionnel. Le séquestre conventionnel, aboutissant à un paiement en période suspecte, ne sera pas davantage annulé, s'il est intervenu en dehors de la période suspecte. Seule la date de remise des fonds au séquestre doit être prise en compte[1].

824.26 Actions en justice et jugements. Les actions en justice et les jugements ne peuvent tomber sous le coup des nullités de la période suspecte, qu'ils soient constitutifs ou déclaratifs[2].

824.27 Autres actes. Des actes autres que des paiements sont annulables. Il en est ainsi des ventes[3], des apports en société[4], des constitutions de sûreté, par exemple d'hypothèques, en dépit de l'existence d'une promesse d'hypothèque[5], des transactions[6] ou encore des partages, par exemple le partage de la communauté ayant existé entre des époux suite au divorce[7]. La mise d'un fonds en location-gérance peut également tomber sous le coup de la nullité[8].

La reprise de stocks, suivie d'une émission d'avoirs et d'une inscription au crédit du compte-courant du débiteur, est également annulable[9], alors surtout qu'elle peut recevoir la qualification de dation en paiement, acte nul de droit (v. s^s n° 823.25).

SECTION 824.30

RÈGLES SPÉCIALES AUX ACTES À TITRE GRATUIT ACCOMPLIS DANS LES SIX MOIS PRÉCÉDANT LA DATE DE CESSATION DES PAIEMENTS

824.31 Particularités des actes à titre gratuit accomplis dans les six mois précédant la date de cessation des paiements. Pour qu'il y ait place à nullité facultative de la période suspecte, il faut, par principe, supposer qu'aucun des actes visés à l'article L. 621-107, I du code de commerce, dans la rédaction antérieure à la loi du 26 juillet 2005[10] (anc^t L. 25 janv. 1985[11], art. 107) et à l'article L. 632-1, I, dans la rédaction issue de la loi du 26 juillet 2005, n'ait été constaté. À défaut, la nullité ne serait pas simplement facultative, mais obligatoire.

On réservera cependant les actes à titre gratuit, nul de droit s'ils sont accomplis pendant la période suspecte, et qui sont soumis à la nullité facultative (C. com., art. L. 621-107, II, dans la rédaction antérieure à la loi du 26 juillet 2005, C. com., art. L. 632-1, II, dans la rédaction issue de la loi du 26 juillet 2005), s'ils sont accomplis dans les six mois qui précèdent la date de cessation des paiements.

Contrairement au jeu de l'article L. 632-2 du code de commerce, il n'est pas exigé, à l'encontre du défendeur à l'action, la connaissance de l'état de cessation des paiements du débiteur lorsqu'il a été gratifié[12]. Une cour d'appel a cependant jugé le contraire[13].

L'acte attaqué doit être fait à titre gratuit, ce qui ne sera pas le cas d'une donation rémunératoire[14] ou encore d'un partage, certes déséquilibré, mais comportant l'obligation pour le bénéficiaire du partage déséquilibré de prendre en charge le remboursement du prêt de l'immeuble mis dans son lot, ce qui est exclusif d'un acte à titre gratuit[15].

(Sur la nullité des actes effectués par des époux communs en biens, v. s^s n°s 741.46 et 823.33).

SECTION 824.40

RÈGLES SPÉCIALES AUX DÉCLARATIONS NOTARIÉES D'INSAISISSABILITÉ ACCOMPLIES DANS LES SIX MOIS PRÉCÉDANT LA DATE DE CESSATION DES PAIEMENTS

824.41 Particularités des déclarations notariées d'insaisissabilité accomplies dans les six mois précédant la cessation des paiements. L'article 44 de l'ordonnance du 12 mars 2014[16] a créé un nouveau cas de nullité de droit de la période suspecte, en insérant un 12° au I de l'article L. 632-1 du code de

1. Paris, 3e ch. A, 25 nov. 1997, *R com.* 1999. 23, n° 156, note Convert.
2. J.-CL. COM., Saint-Alary-Houin et Monsérié-Bon, fasc. 2510, [Nullités facultatives], 2012, n° 23.
3. Civ. 10 mai 1865, *DP* 1865. 230.
4. Com. 1 avr. 2014, n° 13-1086, *Bull. civ.* IV, n° 65 ; n° 348 F-P+B ; *D.* 2014, actu 869 note Lienhard ; *Gaz. Pal.* 29 juin 2014, p. 27, note Voinot et 31, note Roussel Galle ; *JCP E* 2014. 1346, note Lebel ; *Bull. Joly sociétés* 2014, 412, note Brignon ; *RTD com.* 2014. 695, n° 7, note Martin-Serf ; *Rev. proc. coll.* 2015, comm. 121, note Blanc ; *Defrénois* 2015. 246, note Vauvillé.
5. Com. 2 mai 2001, n° 98-10.413, NP, *RJDA* 2001/10, n° 1003 ; *Rev. proc. coll.* 2002, p. 273, n° 2, obs. Blanc.
6. Civ. 26 juill. 1897, *DP* 1901. I. 28.
7. Civ. 1re, 3 juin 2003, n° 01-17.971, *Bull. civ.* I, n° 136.
8. Grenoble, ch. com., 26 nov. 1998, cité dans Teboul, « Les nullités facultatives de la période suspecte : décisions récentes », *Gaz. Pal.* 23-27 déc. 2001, Doctr. 10.
9. Nîmes, 2e ch. B, 26 févr. 2004, *RD banc. fin.* 2004, n° 210, obs. Lucas.
10. L. n° 2005-845, 26 juill. 2005, préc.
11. L. n° 85-98, 25 janv. 1985, préc.
12. Com. 25 juin 1991, n° 89-21.286, *Bull. civ.* IV, n° 238 – *Adde*, LE CANNU, 7e éd., n° 610.
13. Paris, pôle 5, 3e ch., 15 févr. 2012, n° 10/06691, *Rev. proc. coll.* 2013, n° 15, note crit. Blanc.
14. Com. 24 sept. 2003, n° 00-22.013, NP, *Rev. proc. coll.* 2004, p. 386, n° 11, obs. Blanc.
15. Com. 16 déc. 2014, n° 13-25.765, *Bull. civ.* IV [à paraître] ; n° 1124 F-P+B ; *BJE* 2015, 112, note Benilsi ; *JCP E* 2015. 1051, note Brignon ; *DPDE* janv. 2015, 2, note Rémery ; *Rev. proc. coll.* 2015, comm. 124, note Blanc ; *RTD com.* 2015. 591, n° 6, note Martin-Serf.
16. Ord. n° 2014-326, 12 mars 2014, préc.

commerce : celui de la déclaration notariée d'insaisissabilité (v. s^s n° 823.95). L'article 44 de l'ordonnance du 12 mars 2014 complète le dispositif en faisant tomber sous le coup des nullités facultatives de la période suspecte la déclaration notariée effectuée dans les six mois précédant la date de cessation des paiements. Il modifie en ce sens la rédaction du II de l'article L. 632-1 en ajoutant au texte « la déclaration notariée visée au 12° du I de l'article L. 632-1 ». Ainsi, la déclaration notariée est-elle traitée, au regard des nullités de la période suspecte, comme les actes à titre gratuit, qui peuvent également être annulés, au titre des nullités facultatives, s'ils sont accomplis dans les six mois précédant la date de cessation des paiements.

Il faut remarquer que ce cas dénote par rapport aux autres cas de nullités facultatives. Alors que la connaissance de l'état de cessation des paiements du débiteur est exigée de son partenaire, il n'est pas ici impératif de prouver que le débiteur avait eu parfaite conscience de son état de cessation des paiements. Il importe d'insister sur le fait que les nullités de la période suspecte ont d'abord et avant tout pour objectif de reconstituer l'actif du débiteur, non de sanctionner la fraude du débiteur.

Nul doute que ce cas de nullité de la période suspecte sera abondamment utilisé par les mandataires judiciaires et liquidateurs, agissant comme défenseur de l'intérêt collectif des créanciers, protecteur du gage commun.

CHAPITRE

825. Effets des nullités de la période suspecte

SECTION 0
ORIENTEUR

825.00 **Plan du chapitre.**

Sect.	825.10	Effets de la nullité des paiements
Sect.	825.20	Effets de l'annulation des sûretés réelles
Sect.	825.30	Effets de la nullité des mesures conservatoires
Sect.	825.40	Effets de la nullité des contrats
Sect.	825.50	Effets de la nullité des déclarations notariées d'insaisissabilité

825.01 **Textes applicables.** (V. les références complètes s^s n° 011).

> Législation antérieure à la loi de sauvegarde des entreprises.

C. com., art. L. 621-110

> Législation issue de la loi de sauvegarde des entreprises.

C. com., art. L. 632-4

> Application à la procédure de liquidation judiciaire de textes de la procédure de redressement judiciaire par renvois de textes.

C. com., art. L. 641-14, al. 1 rendant applicable en liquidation judiciaire l'article L. 632-4

> Législation issue de l'ordonnance du 18 décembre 2008.

C. com., art. L. 632-4, L. 641-14, al. 1

825.03 **Bibliographie indicative.** (V. les références complètes s^s n° 031 – Aussi s^s n° 820.03).

> Ouvrages antérieurs à la loi de sauvegard des entreprises. CHAPUT, n°s 561, 562 – GUYON, n°s 1322, 323 – JACQUEMONT, n°s 551, 552 – KERCKHOVE, n° 674 – LE ANNU, n° 846 – LE CORRE-BROLY, n° 195 – PÉROCHON ET BONHOME, n° 252 – RIPERT ET ROBLOT, n°s 3119, 3120, 3126 et 31 – SAINT-ALARY-HOUIN, n°s 653 à 686 – SOINNE, n°s 1875 1883 – VALLANSAN, p. 234.

> Ouvrages postérieurs à la loi de sauvegarde entreprises. COQUELET, 5e éd., n°s 356, 357 – GIBIRILA, n 38, 439 – JACQUEMONT ET VABRES, 9e éd., n°s 660, 661 CANNU, 7e éd., n° 622 – LIENHARD, 6e éd., n°s 117.24 à 11 – PÉROCHON, 10e éd., n°s 1472, 1474 – PÉTEL, 8e éd., n° – ROUSSEL GALLE, 2e éd., n° 578 – SAINT-ALARY-HOU 9e éd., n°s 1171 à 1173 – VALLANSAN *ET ALII*, 6e éd., p. 342 – VALLENS, 2015, n°s 3619, 3620 – VIDAL et GIORGINI, n° 1115.

825.04 **Question essentielle.**

• Un créancier confronté à déclarer une créance au passif à la suite de la nullité d'un paiement dispose-t-il d'un délai particulier pour déclarer sa créance ?

* V. s^s n° 825.11.

SECTION 825.10
EFFETS DE LA NULLITÉ DES PAIEMENTS

825.11 **Effets de la nullité des paiements.** De manière générale, il convient d'abord d'indiquer que le paiement nul oblige le créancier qui l'a reçu à restituer, outre le principal de la somme reçue, les intérêts au taux légal sur cette somme, non depuis le jugement d'ouverture, mais depuis le jour du paiement, le contraire ayant cependant été jugé[1]. Cette règle suppose cependant que le créancier soit de mauvaise foi, la jurisprudence appliquant ici l'article 1378 du code civil[2], même si le contraire a été soutenu[3].

Les nullités de la période suspecte ont aujourd'hui pour objet de reconstituer les forces vives de l'entreprise, comme cela résulte de l'article L. 621-110 du code de commerce (anc^t L. 25 janv. 1985[4], art. 110), dans la rédaction antérieure à la loi de sauvegarde des entreprises[5], de l'article L. 632-4 depuis la loi de

1. Rennes, 17 nov. 1993, *RJ com.* 1994. 242, note Grua; *Rev. proc. coll.* 1995, 450, n° 12, obs. Lemistre.
2. Com. 22 nov. 1994, n° 92-18.010, NP, *Rev. proc. coll.* 1995, 450, obs. Lemistre – Com. 21 nov. 1995, n° 93-21.303, NP, *Rev. proc. coll.* 1997, 83, obs. Mestre et Laude.
3. J.-CL. COM., Saint-Alary-Houin et Monsérié-Bon, fasc. 2515, [Redressement et liquidation judiciaires – Action en nullité], n° 90.
4. L. n° 85-98, 25 janv. 1985, *JO* 26 janv., p. 1097.
5. L. n° 2005-845, 26 juill. 2005, *JO* 27 juill., p. 12187.

sauvegarde des entreprises, textes qui s'intéressent à l'action en nullité de la période suspecte. L'action est spécialement utile, dans cette perspective, en cas de plan de continuation ou de redressement. Si une action en nullité est engagée ou envisagée lors de l'arrêté d'un plan de continuation ou de redressement, le représentant des créanciers – mandataire judiciaire – pourra utilement demander au tribunal de prévoir l'affectation des sommes recouvrées au paiement des créanciers [1].

Le fondement des nullités de la période suspecte conduit à décider que la compensation entre la dette de restitution née de l'anéantissement du paiement et la créance apparaissant suite à la restitution ne peut jouer [2]. De même, le créancier ne saurait pratiquer entre ses mains une saisie-attribution sur la somme objet de ce paiement annulé qui doit être restituée [3].

La seule possibilité pour le créancier est de déclarer sa créance au passif. La jurisprudence considère en effet que la créance de restitution née de l'annulation au titre du jeu de nullité de la période suspecte est antérieure au jugement d'ouverture du redressement ou de la liquidation judiciaire (v. aussi s^{s} n° 825.41). C'est ainsi qu'en cas d'annulation de la cession d'une créance, la créance de restitution du prix de cession doit être déclarée au passif en tant que créance antérieure [4].

Aucune difficulté ne se présente si l'action en nullité a été exercée dans le délai de la déclaration de créance. Si le créancier a effectué le remboursement à l'intérieur de ce délai, il est titulaire d'une créance qu'il déclarera au passif [5]. Si le créancier n'a pas encore effectué le paiement, parce qu'il essaie de résister à celui-ci, la prudence commandera qu'il déclare sa créance éventuelle liée à l'anéantissement recherché du paiement reçu. Le juge-commissaire surseoira alors à statuer jusqu'au résultat de l'action en nullité [6].

La difficulté essentielle se présente si l'action est exercée en dehors du délai de déclaration de créance. Faute de texte particulier, il ne semble pas possible d'accorder au créancier un délai complémentaire de déclaration de créance, même si le contraire a pu être jugé [7]. C'est pourquoi il est conseillé au mandataire de justice qui lance son assignation en nullité de la période suspecte de veiller à le faire en temps utile par rapport au risque de forclusion encouru par le créancier confronté à devoir restituer ce qu'il a reçu [8]. Dès lors que le créancier n'aura pas déclaré sa créance dans les délais classiques et sauf relevé de forclusion, celle-ci sera éteinte. Il est en tout cas exclu qu'il cherche à obtenir l'admission de sa créance dans le cadre de l'action en nullité de la période suspecte, le tribunal n'ayant pas compétence en matière d'admission des créances [9]. Si le créancier est encore dans le délai, il lui appartiendra de solliciter le relevé de forclusion, en avançant que la défaillance à déclarer dans le délai n'est pas due à son fait, car il n'était pas créancier au jour du redressement judiciaire et ne l'est devenu qu'au-delà du délai de déclaration de créance. La jurisprudence devrait se montrer conciliante [10], cependant que l'examen des décisions permet d'apercevoir parfois une certaine sévérité [11]. Il est ainsi retenu contre le créancier sa connaissance de la procédure d'annulation au titre des nullités de la période suspecte, lorsqu'elle a été engagée à une date à laquelle le créancier pouvait encore déclarer sa créance [12].

Le délai allongé de l'action en relevé de forclusion prévu par l'article L. 622-26 alinéa 2 du code de commerce, c'est-à-dire le délai d'un an à compter de la publicatin au *Bodacc* du jugement d'ouverture de la procédre collective pour les créanciers placés dans l'imossibilité de connaître l'existence de leur créance ant l'expiration du délai classique de six mois, ns semble devoir être appliqué au créancier confroé à devoir déclarer une créance, lorsque le jugemt prononçant l'annulation est postérieur au délai six mois qui court à compter de la publication *Bodacc* du jugement d'ouverture [13].

En, si le créancier n'est plus dans le délai du relele forclusion, *a priori*, sa tâche est insurmontablpuisque sa créance se trouve définitivement étei, ce qu'a explicitement jugé la Cour de cassa-

1. IFPPC 1999, recomm. n° 3180-8, p. 92.
2. Com. 24 oct. 1995, n° 94-10.399, *Bull. civ.* IV, n° 250; *D.* 1996. 86, note Derrida; *RTD com.* 1996. 344, obs. Martin-Serf – Com. 4 mars 1997, n° 94-20.759, NP, *JCP E* 1997. Pan. 435 – Com. 19 févr. 2008, n° 06-21.018, NP; n° 270 F-D; *Gaz. proc. coll.* 2008/2, p. 25, note Roussel Galle; *Rev. proc. coll.* 2008, p. 64, n° 75, note Blanc – *Adde*, IFPPC 1999, recomm. n°s 1101-11, 6033-9, p. 26, 162.
3. Com. 30 mai 2006, n° 05-10.832, NP, *Rev. proc. coll.* 2007/4, p. 229, n° 5, obs. Blanc.
4. Com. 21 mars 2006, n° 04-20.728, NP; n° 396 F-D; *Gaz. proc. coll.* 2006/3, p. 32, obs. Roussel Galle; *Rev. proc. coll.* 2006/3, p. 278, n°s 8 et 9, obs. Blanc.
5. Com. 28 janv. 2004, n° 00-22.905, NP, *LXB* n° N0871ABU, note Le Corre.
6. Douai, 2^{e} ch., 28 janv. 1993, *Rev. proc. coll.* 1995, 451, n° 13, obs. Lemistre.
7. urges, 28 juill. 1994, *Rev. proc. coll.* 1995, 451, n° 13, s. Lemistre.
8. PC 1999, recomm. n° 6001-1, p. 123.
9. ris, 3e ch. B, 27 juin 2003, RG n° 02/18467.
1NSI : Douai, 2e ch., 7 juin 2001, RG n° 99/06576, *BSD c/ e Soinne* ès qual. *SA Art Nord*, NP.
INSI : Nîmes, 2e ch. B, 21 oct. 2004, *RD banc. fin.* 2005, ° 51, note Lucas.
aris, 3e ch. A, 17 janv. 2006, RG n° 05/1864, *RJ com.* 2006. 406, note Sortais.
AUSSI : LE CANNU, 7e éd., n° 622.

tion[1]. La règle « *contra non valentem...* »[2], qui interdit de faire courir un délai, fût-il préfixe, à l'encontre d'une personne privée du droit d'agir, aurait peut-être pu trouver grâce aux yeux de la Cour de cassation dans l'affaire précitée, mais elle n'avait pas été invoquée. En outre, le droit au procès équitable posé par l'article 6 § 1 de la Conv. EDH doit conduire à écarter la forclusion atteignant une personne qui n'est devenue créancière que lorsque le délai d'action était fermé (v. aussi s^s n° 665.11).

On précisera enfin que la nullité du paiement ayant pour effet de faire réapparaître rétroactivement la qualité de créancier, il en résulte également rétroactivement la renaissance du cautionnement, et cela même si la restitution faite par l'*accipiens* l'a été volontairement, dès lors que la nullité du paiement était patente, au regard des règles des nullités de la période suspecte[3].

Ces règles communes posées, il convient de distinguer selon la forme du paiement.

825.12 Effets de la nullité en fonction du type de paiements. Si le paiement est intervenu en espèces, tout d'abord, le créancier devra restituer la somme reçue.

Ensuite, si le paiement est intervenu par dation, le créancier devra restituer le bien reçu en paiement, s'il existe encore en nature dans son patrimoine. Il a également été admis que le créancier puisse conserver le bien, en restituant la contre-valeur[4]. Si le bien s'est déprécié, l'*accipiens* devra restituer en outre une somme représentative de l'ampleur de la dépréciation[5]. À défaut d'existence en nature du bien, il y aura place à restituer une somme équivalente (solution posée sous l'empire de la loi du 13 juillet 1967[6])[7], la valeur du bien semblant devoir être évaluée au jour de la dation, par l'estimation qu'en auraient faite les parties, à moins qu'il n'apparaisse au demandeur à l'action en nullité que cette valeur est inférieure à la réalité, auquel cas il y a lieu place à une expertise[8].

1. Com. 30 oct. 2000, n° 97-21.077, *Bull. civ.* IV, n° 171; *D.* 2000. AJ 427, obs. Lienhard; *Act. proc. c*oll. 2000, n° 239, note Vallansan; *RTD com.* 2001. 236, obs. Martin-Serf; *RD banc. fin.* 2001, n° 20, obs. Lucas; *JC*P 2001. Chron. 219, n° 9, obs. Pétel; *D.* 2001. Somm. , obs. Honorat.
2. DERRIDA *ET ALII*, n° 351 – Grua, note s^s Com. 17 n 1993, n° 91-17.758, *RJ com.* 1994. 242.
3. Com. 22 oct. 1996, n° 94-14.570, NP, *D.* 199 R 2; *Quot. Jur.* 19 nov. 1996, p. 12.
4. Bourges, ch. civ., 17 déc. 2009, RG n° 09/008 *Rev. proc. coll.* 2010, n° 233, note Blanc.
5. Com. 15 mars 1982, n° 81-10.921, *Bull. civ.* IV, n –
COMP. : Montpellier, 28 janv. 1992, *Rev. proc. coll.* 4, 250, obs. Lemistre.
6. L. n° 67-563, 13 juill. 1967, *JO* 14 juill., p. 7059.
7. Com. 15 mars 1982, n° 81-10.921, *Bull. civ.* IV, n° 1
8. Req. 29 avr. 1938, *S.* 1939. I. 21.

Si le paiement est intervenu par transport de créance – cession ou délégation –, la somme reçue par le cessionnaire de la part du débiteur cédé[9] ou du délégué[10] devra être restituée à l'entreprise. La solution vaut même si le paiement du débiteur cédé entre les mains du cessionnaire est intervenu à la suite d'une décision de justice revêtue de l'exécution provisoire, mais frappée d'appel. L'infirmation de la décision, faisant suite au jugement de nullité de la cession de créance sur le fondement des nullités de la période suspecte, en vertu de laquelle le paiement forcé a été effectué, remet les parties dans la situation où elles se trouvaient avant l'exécution et fait disparaître la cause du paiement, l'obligation de rembourser résultant de plein droit de la réformation[11]. Le cessionnaire ne pourra contester la nullité de la cession de créance couverte par l'autorité de la chose jugée[12].

Mais la restitution de sommes par le cessionnaire, qui résulte du fait que l'annulation de la cession de créances entraîne le retour des créances dans le patrimoine du cédant, suppose que soit rapportée, par le cédant, la preuve du paiement reçu par le cessionnaire[13].

Si le paiement est intervenu par compensation, le créancier devra effectuer le paiement de sa dette.

Si le paiement est intervenu par cession de créance par bordereau Dailly, la nullité de la cession a pour effet d'autoriser le cédant, c'est-à-dire le débiteur ou les organes de sa procédure, à agir en paiement contre le débiteur cédé, lequel ne peut prétendre à l'inopposabilité de l'annulation de la cession. Le jugement d'annulation est en effet opposable aux tiers, non présents à l'instance, tant qu'il n'a pas été rétracté par la voie de la tierce opposition[14].

Si le paiement est intervenu par délégation de créance, le délégataire doit restituer les sommes reçues au délégué, puisque c'est ce dernier qui aurait du payer directement le débiteur délégant s'il n'y avait pas eu délégation[15]. En cas de réformation de la décision ayant prononcé la nullité de la délégation de créance, décision qui avait été exécutée parce qu'elle était revêtue de l'exécution provisoire, le

9. Com. 3 mai 2011, n° 09-72.952, NP; n° 426 F-D.
10. Com. 28 mai 2002, n° 99-17.545, NP, *RJDA* 2002/11, n° 1172, p. 988.
11. Com. 11 oct. 2011, n° 10-11.938, *Bull. civ.* IV, n° 55; *D.* 2011. Actu. 2534, obs. Lienhard; *Gaz. Pal. entr. diff.* 21 janv. 2012, n° 20, p. 35, note Roussel Galle; *Rev. proc. coll.* 2013, n° 18, note Blanc.
12. Com. 3 mai 2011, n° 09-72.952, NP; n° 426 F-D.
13. Com. 22 nov. 2011, n° 10-25.283, NP; n° 1161 F-D; *Gaz. Pal.* 28 avr. 2012, n° 118, p. 34, note Bonhomme; *Rev. proc. coll.* 2013, n° 18, note Blanc.
14. Com. 5 mai 2004, n° 01-14.012, NP.
15. Com. 15 mai 2007, n° 05-22.039, NP, *Rev. proc. coll.* 2008, p. 63, n° 74, note Blanc.

liquidateur du délégant qui avait obtenu versement entre ces mains des sommes, objet de la délégation, en lieu et place du délégué, doit les restituer, en vertu de la réformation de la décision ayant prononcé la condamnation du délégataire envers le liquidateur du délégant[1].

Les virements qui seraient effectués à partir du compte du débiteur devront être remis au liquidateur[2] ou, selon le cas, à l'administrateur, et en leur absence, au débiteur.

SECTION 825.20 EFFETS DE L'ANNULATION DES SÛRETÉS RÉELLES

825.21 Effets de l'annulation des sûretés réelles. L'annulation d'une sûreté réelle sur le fondement des nullités de la période suspecte a pour effet de conférer à son titulaire la qualité de créancier chirographaire, à moins qu'il ne dispose d'une autre sûreté qui n'aurait pas été remise en cause. On comprend pourquoi l'admission définitive d'une créance au passif, avec reconnaissance de sa qualité de titulaire de sûreté spéciale, a pour effet d'interdire l'annulation subséquente de la sûreté (v. s[s] n° 822.31). La solution sera intéressante pour les créanciers inscrits sur le même bien en rang subséquent, puisqu'ils seront colloqués en meilleur rang. Elle l'est aussi pour les créanciers chirographaires, dès lors que les créanciers privilégiés n'absorberont pas l'intégralité du prix de vente du bien grevé au profit du créancier dont la sûreté a été annulée.

La caution pourra s'emparer de l'annulation pour prétendre être déchargée sur le fondement de l'article 2314 du code civil (anc[t] C. civ., art. 2037), dès lors du moins que la sûreté annulée était entrée dans son champ contractuel (v. s[s] n° 724.16). Cela n'est évidemment pas le cas d'une sûreté judiciaire ou d'une sûreté conservatoire, l'annulation de telles sûretés étant exclusive du jeu de cette disposition[3].

SECTION 825.30 EFFETS DE LA NULLITÉ DES MESURES CONSERVATOIRES

825.31 Effets de la nullité des mesures conservatoires. La nullité des mesures conservatoires entraînera la caducité des mesures effectuées. Les biens et valeurs frappées par l'indisponibilité résultant de la mesure conservatoire seront à nouveau disponibles.

1. Com. 6 déc. 2011, n° 1233 F-D.
2. Com. 18 mars 2003, n° 00-18.979, NP, *Rev. proc. coll.* 2004, p. 388, n° 12, obs. Blanc.
3. Chambéry, 20 sept. 1994, *Rev. proc. coll.* 1995, 452, n° 14, obs. Lemistre.

SECTION 825.40 EFFETS DE LA NULLITÉ DES CONTRATS

825.41 Effets de la nullité des contrats. La nullité des contrats oblige à une remise des parties en l'état antérieur. Ainsi, en cas de nullité d'une vente dans laquelle l'acheteur était le débiteur, le vendeur doit lui restituer le prix.

Il faut cependant tenir compte de l'impossibilité du jeu de la règle en présence de contrats à exécution successive. Ainsi, le locataire débiteur ne peut restituer la jouissance procurée, l'employeur débiteur le travail effectué. La rétroactivité attachée à la nullité est alors tempérée[4] par le jeu d'une créance d'indemnité compensatrice qui entre en compensation avec la dette de restitution. En matière de bail, le montant de l'indemnité, qui prendra la forme d'une indemnité d'occupation, sera arbitré par le tribunal qui prononcera la nullité.

La réforme du droit des obligations, issue de l'ordonnance du 10 février 2016[5], contient désormais une règle précise. Selon l'article 1352-8 du code civil, « la restitution d'une prestation de service a lieu en valeur. Celle-ci est appréciée par le juge à la date à laquelle elle a été fournie ».

La solution est la même en matière de contrat de travail. Le salarié, dont le contrat est annulé sur le fondement des nullités de la période suspecte, a droit à une indemnité compensatrice[6], qui ne sera pas nécessairement égale au montant du salaire auquel il aurait pu prétendre[7]. Il importe toutefois de noter que le salarié ne pourrait prétendre obtenir la fixation au passif d'une créance salariale, dès lors que le contrat est annulé sur le fondement des nullités de la période suspecte, mais seulement une indemnité compensatrice qui n'a pas la même nature. S'il demande la fixation d'une créance salariale, il doit être débouté, ce qui permettra à l'AGS de ne pas garantir les sommes en question[8]. De même, le salarié, dont le contrat est annulé sur le fondement des nullités de la période suspecte, ne peut prétendre à l'allocation de dommages et inté-

4. Terré, Simler et Lequette, *Droit civil : Les obligations*, 10e éd., « Précis », Dalloz, 2009, n° 425.
5. EPUIS le 1er oct. 2016 : Ord. n° 2016-131, 10 févr. 2016, éc.
6. c. 7 mai 2003, n° 01-42.33?, NP, *Act. proc. coll.* 2003, 200.
7. Langer, note s[s] Soc. 2 déc. 2009, n° 08-43.104, *Act. c. coll.* 2010, n° 46.
8. 2 déc. 2009, n° 08-43.104, *Bull. civ.* IV, n° 269 ; *Act. coll.* 2010, n° 46, note in-Langer.

rêts pour inobservation de la procédure de licenciement, pour licenciement abusif et pour travail dissimulé[1].

L'annulation d'une vente obligera l'acheteur à déclarer au passif le montant du prix de vente qui doit lui être remboursé, l'annulation ayant pour effet de faire apparaître rétroactivement une créance de restitution ayant une nature antérieure au jugement d'ouverture[2]. La solution est aux antipodes de celle classiquement retenue en matière de créance de restitution fondée sur l'annulation d'un contrat (v. s^s^ n° 442.21), ce qui semble dénoter, de la part de la Cour de cassation, une idée de sanction. La solution présenterait un intérêt de moralisation.

La nullité de la donation obligera aussi à restitution du bien donné[3].

L'annulation de la cession d'un bien entraînera l'annulation de la cession subséquente, faite par le premier acquéreur ou par le donataire, en cas de cession initiale à titre gratuit[4]. S'appliquera la règle « *resoluto jure dantis, resolvitur jus accipientis* ». La règle « en fait de meuble, propriété vaut titre » sera sans application car ni l'erreur commune, ni l'apparence ne peuvent faire obstacle aux conséquences, vis-à-vis des tiers, de la nullité de droit de la période suspecte[5].

SECTION 825.50

EFFETS DE LA NULLITÉ DES DÉCLARATIONS NOTARIÉES D'INSAISISSABILITÉ

825.51 Effets de la nullité des déclarations notariées d'insaisissabilité. Si une déclaration notariée d'insaisissabilité est annulée, sur le fondement des nullités de la période suspecte, l'immeuble redevient par principe saisissable par tous. Dans ces conditions, le liquidateur qui est le défenseur de l'intérêt collectif et qui met en œuvre les actions ayant pour objet le gage commun, retrouve qualité à agir pour faire vendre l'immeuble litigieux.

Le produit de la vente, élément du gage commun, sera réparti par le liquidateur, entre les créanciers, selon leur rang.

Pour leur part, les créanciers soumis à la discipline collective, représentés par le liquidateur, perdent individuellement le droit de saisir l'immeuble.

1. Com. 22 sept. 2011, n° 10-14.036, NP.
2. Com. 28 janv. 2004, n° 00-22.905, NP, *Rev. proc. co*[ll.] 2004, n° 14, obs. Blanc – Com. 20 janv. 2009, n° 0[…]11.098, *Bull. civ.* IV, n° 8; *D.* 200[9]. AJ 425, note Lienha[rd]; *Gaz. proc. coll.* 2009/2, p. 21[…] n° 1, note Henry; *JC*[P E] 2009. Chron. 1347, n° 6, obs. M. Cabrillac; *JCP E* 2[…], n° 1381, note Lebel; *Act. proc. coll.* 2009, n° 65, [no]te Vallansan; *Rev. proc. coll.* 2009/3, p. 50, n° 87, note [..]c; *Dr. sociétés* 2009, n° 80 note Legros; *Rev. proc. coll.* 2009, n° 116, note Saint-Alary-Houin; *RTD com.* [20]09. 616, n° 5, obs. Martin-Serf; *Defrénois* 2009. 469, [..]78, n° 1, note Gibirila; *Dr. et proc.* 2009. 146, note Le[…]re.
3. AINSI : TGI Dunkerque, 18 déc. 2002, *Dr. et proc.* [2]003. 233, obs. Delattre.
4. Com. 30 juin 2004, n° 0[2]-13.465, *Bull. civ.* IV[, n°] 137; *D.* 2005. Pan. 296 obs. L[e] Corre; *Act. proc. coll.* [20]04/15, n° 191, note Vallansan.
5. Com. 30 juin 2004, n° 02-13.465, *Bull. civ.* IV, n° 137, préc. (v. s^s^ plés^t^ n°).

CHAPITRE

826. Règles particulières à l'acquittement des effets de commerce

SECTION 0
ORIENTEUR

826.00 Plan du chapitre.

Sect. 826.10 Primauté des règles du droit cambiaire

826.01 Textes applicables. (V. les références complètes s[s] n° 011).

> Législation antérieure à la loi de sauvegarde des entreprises.

C. com., art. L. 621-109

> Législation issue de la loi de sauvegarde des entreprises.

C. com., art. L. 632-3, L. 641-14, al. 1

> Législation issue de l'ordonnance du 18 décembre 2008.

C. com., art. L. 632-3, L. 641-14, al. 1

826.02 Jurisprudence de référence.

> Il importe peu, pour l'application de l'article L. 621-109 alinéa 1 du code de commerce, que la lettre de change ait ou non circulé.

• **Com. 28 janv. 2004,** n° 01-00.741, *Bull. civ.* IV, n° 17

* V. s[s] n° 826.11

> Le commissaire à l'exécution du plan peut exercer l'action en rapport.

• **Com. 23 nov. 2004,** n° 03-17.141, *Bull. civ.* IV, n° 200

* V. s[s] n° 826.11

826.03 Bibliographie indicative. (V. les références complètes s[s] n° 031 – Aussi s[s] n° 820.03).

> Ouvrages antérieurs à la loi de sauvegarde des entreprises. Guyon, n° 1336 – Jacquemont, n° 549 – Kerckhove, n° 672 – Le Cannu, n° 844 – Le Corre-Broly, n° 194 – Pérochon et Bonhomme, n° 263 – Pétel, n° 378 – Ripert et Roblot, n° 3141 – Saint-Alary-Houin, n°s 684 à 686 – Soinne, n°s 1863 à 1867 – Vallansan, p. 234 à 236.

> Ouvrages postérieurs à la loi de sauvegarde des entreprises. Gibirila, n° 463 – Jacquemont et Vabres, 9e éd., n° 656 – Le Cannu, 7e éd., n° 612 – Lienhard, 6e éd., n° 117.51 – Pérochon, 10e éd., n°s 1501, 1502 – Pétel, 8e éd., n° 380 – Saint-Alary-Houin, 9e éd., n° 1149 – Vallansan *et alii*, 6e éd., p. 344 – Vallens, 2015, n° 3659 – Vidal et Giorgini, n°s 1116, 1117 – Voinot, 2e éd., n° 490.

> Articles. Bretzner J.-L., « La clause de réserve de propriété et les nullités de la période suspecte », *Rev. proc. coll.* 1991, 377 – Briand-Méledo D., « Quelques repères sur les nullités de la période suspecte », *Mél. Paillusseau*, Dalloz, 2003, p. 383 – Feugère B., « Le sort d'une remise de dette consentie au cours de la période suspecte du créancier », *JCP E* 2002. Prat. 1040 – Kerckhove E., « Changement de régime matrimonial et protection des créanciers de la faillite », *D.* 1985. Chron. 268 – Lefort Ch., « Le sort d'une saisie conservatoire de créances pratiquée antérieurement au jugement d'ouverture d'une procédure collective », *Dr. et proc.* 2003. 204 et 2003. 272 – Martin-Serf A., « Les nullités de la période suspecte, l'avis à tiers détenteur et la loi Dailly », *Rev. proc. coll.* 2000, 167 – N'guyen Xuan Chanh, « Paiement en effets de commerce et paiement des effets de commerce en période suspecte », D. 1970. Chron. 105 – Neuville S., « La transaction suspecte (observations sur la notion de transaction au regard des nullités de la période suspecte) », D. 2000. Doctr. 571 – Schmidt D., « La cession de créances professionnelles au regard des articles 107 et 108 de la loi du 25 janvier 1985 », *RD banc. et bourse* 1987. 83 – Sortais J.-P., « L'action en rapport de l'article L. 652-3 du code de commerce et le chèque », *Mél. Tricot,* LexisNexis – Dalloz, 2011, p. 593 – Teboul G., « Les nullités facultatives de la période suspecte : décisions récentes », *Gaz. Pal.* 23-27 déc. 2001, Doctr. 10.

SECTION 826.10
PRIMAUTÉ DES RÈGLES DU DROIT CAMBIAIRE

826.11 Action en rapport. À la nullité des paiements intervenus après cessation des paiements, en connaissance de l'état de celle-ci, il est fait exception, pour le paiement des effets de commerce, au profit du tiers porteur d'une lettre de change ou d'un billet à ordre. La supériorité des règles cambiaires imposant un paiement à l'échéance est ici patente[1].

Comme il a été justement relevé, on ne saurait reprocher au porteur de présenter son titre au paiement, même s'il connaissait l'état de cessation des paiements, puisqu'il y est obligé[2]. Le paiement ne sera valide que s'il émane du tiré de la lettre ou du souscripteur du billet à ordre ou du tiré d'un chèque.

Même sur le terrain des nullités facultatives de la période suspecte, le paiement d'un billet à ordre[3] ou d'un chèque[4] ne peut être annulé.

À la suite d'autres auteurs[5], nous avions estimé, en introduisant certes une distinction que le texte légal ne comportait pas, que l'effet devait avoir circulé et que le porteur devait avoir été diligent. La Cour de cassation a rejeté cette analyse en considérant qu'il importait peu, pour l'application de l'article L. 621-109, alinéa 1 du code de commerce, devenu depuis la loi du 26 juillet 2005[6], l'article L. 632-3 alinéa 1, que la lettre de change ait ou non circulé[7]. On aperçoit avec cette jurisprudence que le fondement classique des solutions relatives au paiement des effets de commerce, à savoir la sécurité du porteur de l'effet, n'est plus ici en cause, puisqu'il importe peu que le titre ait circulé[8].

Si l'action en nullité est écartée, les paiements ici en cause peuvent toutefois être atteints par une autre action. En effet, l'action en nullité est remplacée par une action en rapport, ouverte par l'article L. 621-109 du code de commerce (anc[t] L. 25 janv. 1985[9], art. 109), à l'administrateur et au représentant des créanciers. La loi du 26 juillet 2005 reproduit la solution. L'article L. 632-3, issu de la loi du 26 juillet 2005, applicable en redressement judiciaire et auquel renvoie l'article L. 641-14 alinéa 1 pour la procédure de liquidation judiciaire, substitue au visa du représentant des créanciers, le visa du mandataire judiciaire, ce qui autorise le jeu de l'action en redressement comme en liquidation judiciaire (C. com., art. L. 632-3, al. 2, depuis la loi du 26 juillet 2005).

En revanche, le texte issu de la législation antérieure à la loi du 26 juillet 2005 n'ouvre pas cette action au commissaire à l'exécution du plan, lequel a pourtant qualité pour engager les actions en nullité de la période suspecte (C. com., art. L. 621-110 [anc[t] L. 25 janv. 1985, art. 110]). Mais, la Cour de cassation, poursuivant l'érection du commissaire à l'exécution du plan en défenseur de l'intérêt collectif des créanciers, lui a reconnu qualité pour engager l'action en rapport, sous l'empire de la loi du 25 janvier 1985[10]. La loi du 26 juillet 2005 reconnaît explicitement le pouvoir de défendre l'intérêt collectif des créanciers au commissaire à l'exécution, mais a néanmoins oublié de prévoir, à l'article L. 632-3 du code de commerce, qu'il avait qualité pour engager l'action en rapport, alors qu'il conserve sa qualité à engager une action en nullité de la période suspecte (C. com., art. L. 632-4).

L'action en rapport sera dirigée contre le tireur de la lettre de change ou, dans le cas de tirage pour compte, contre le donneur d'ordre, ainsi que contre le bénéficiaire d'un chèque ou le premier endosseur d'un billet à ordre, c'est-à-dire, de façon générale, contre ceux qui ont tiré profit de la circulation du titre.

L'action en rapport suppose que le titre soit émis par le débiteur. Ainsi, et alors que la solution était critiquée par certains auteurs[11], la jurisprudence s'était, dans un premier temps, fixée dans le sens que, en présence d'un chèque, le rapport n'était possible que si le chèque était émis par le débiteur lui-même. Il en était tiré la conséquence de l'inapplication de l'action en rapport au paiement par chèque de banque[12], ainsi qu'au paiement fait par un notaire à l'aide de fonds provenant de la vente du droit au

1. LE CANNU, 7e éd., n° 612.
2. RIPERT ET ROBLOT, n° 3141.
3. Com. 5 mai 2004, n° 00-20.089, NP, *Rev. proc. coll.* 2004, p. 388, n° 13, obs. Blanc.
4. Orléans, 20 déc. 2007, RG n° 07/00374, *RJ com.* 2008. 381, note Sortais.
5. J.-CL. COM., Saint-Alary-Houin et Monérié-Bon, fasc. 2510, [Nullités facultatives], 2007, n°s 43 s.
6. L. n° 2005-845, 26 juill. 2005, *JO* 27 juill., p. 12187.
7. Com. 28 janv. 2004, n° 01-00.741, *Bull. civ.* IV, n° 17; *D.* 2004. AJ 501, obs. Lienhard; *Act. proc. coll.* 2004, n° 89, note Boulay; *JCP E* 2004. Jur. 87, note Piedelièvre; *Rev. proc. coll.* 2004, p. 388, n° 13, obs. Blanc; *Defrénois* 2004. 1651, 38066, n° 5, note Gibirila; *RTD com.* 2005. 417, n° 5, obs. Martin-Serf.
8. PÉROCHON, 10e éd., n° 1501.
9. L. n° 85-98, 25 janv. 1985, *JO* 26 janv., p. 1097.
10. Com. 23 nov. 2004, n° 03-17.141, *Bull. civ.* IV, n° 200; *D.* 2004. AJ 3218, note Lienhard; *D.* 2005. Pan. 296, obs. Le Corre; *RD banc. fin.* 2005, n° 18, note Lucas; *RTD com.* 2005. 151, n° 2, obs. M. Cabrillac; *RTD com.* 2005. 417, n° 5, obs. Martin-Serf; *RTD com.* 2005. 590, n° 1, obs. Saint-Alary-Houin; *RJ com.* 2005. 274, note Sortais; *LXB* n[o] N4133ABP, note Le Corre.
11. JACQUEMONT, 7e éd. 2011, n° 626.
12. Com. 14 mars 2000, n° 97-15.136, *Bull. civ.* IV, n° 58; *D.* 2000. AJ 186, obs. Lienhard; *Rev. proc. coll.* 2002, p. 282, n° 12, obs. Blanc – Douai, 2e ch., 10 juin 1999, *Act. proc. coll.* 2000, n° 231.

bail du débiteur[1]. Dans une seconde phase de sa jurisprudence, la Cour de cassation a considéré que l'action en rapport était possible même en présence d'un chèque de banque[2]. Il a été observé que la modification des textes par la loi de sauvegarde des entreprises, qui n'exige plus, pour le prononcé des nullités facultatives de la période suspecte, auxquelles on doit assimiler l'action en rapport, un acte accompli par le débiteur, justifie la solution[3], sans qu'il soit ainsi question d'un véritable revirement de jurisprudence. Il a été annoncé que la solution vaudrait au-delà du chèque de banque, et devrait s'appliquer à tous chèques émis par des tiers, pour le compte du débiteur[4].

L'action en rapport supposera la démonstration de la connaissance de la cessation des paiements du débiteur par celui auquel il est demandé le rapport[5]. Cette connaissance pourra résulter du fait que le dirigeant de la société qui reçoit le paiement était aussi détaché par cette société pour assurer par mandat la gestion de la société débitrice[6] ou était également le dirigeant de la société débitrice[7].

L'action en rapport a pour résultat la restitution du titre[8].

1. Com. 12 oct. 2004, n° 03-10.932, NP, *Act. proc. coll.* 2004, n° 222, note Régnaut-Moutier.
2. Com. 3 juill. 2012, n° 11-22.974, *Bull. civ.* IV, n° 145; *D.* 2012. Actu. 1813, obs. Lienhard; *Gaz. Pal. entr. diff.* 13 oct. 2012, n° 286, p. 33, note Bonhomme; *Act. proc. coll.* 2012, n° 202, note Piedelièvre; *BJE* 2012, n° 151, note Bonhomme; *RTD com.* 2012. 595, n° 1, obs. Legeais; *LPA* 4 déc. 2012, n° 242, p. 13, note Sortais; *JCP E* 2012. Chron. 1757, n° 11, obs. Pétel; *Rev. proc. coll.* 2012. Étude 43, note Zinty; *Gaz. Pal.* 21 sept. 2012, p. 2870, note Rouaud; *Rev. proc. coll.* 2013, n° 17, note Blanc; *RTD com.* 2013. 146, n° 7, obs. Martin-Serf; *LXB hebdo* 19 juill. 2012, n° 305, note Le Corre-Broly.
3. Le Corre-Broly, note ss Com. 3 juill. 2012, n° 11-22.974, *LXB hebdo* 19 juill. 2012, n° 305.
4. Piedelièvre, note ss Com. 3 juill. 2012, n° 11-22.974, *Act. proc. coll.* 2012/14, n° 202.
5. Com. 8 mars 1994, n° 92-[illegible].429, NP, *Rev. proc. coll.* 199[illegible]. 67, n° 7, obs. Lemistre – Versailles, 12e ch., 2e sect., 4 mars 2004, *RJ com.* 2004. 39[illegible], note Sortais – Versailles, 12e ch., 4 mars 2004, *RTD com.* 2005. 417, n° 5, obs. Martin-Serf – Paris, 14e ch. B, [illegible] sept. 2004, RG n° 04/036[illegible], *RTD com.* 2005. 41[illegible], n° 5, obs. Martin-Serf – Paris, 3e ch., 5 sept. 2006, RG n° 05/1687.
6. Paris, [illegible] ch. B, 18 juin 2004, RG n° 03/12199.
7. Paris, [illegible] ch. A, 5 sept. 2006, RG n° 05/1687.
8. Saint-Alary-Houin, 9e éd., n° 1149.

TITRE

830. Reconstitution de l'actif : actions en responsabilité contre les tiers

SECTION 0

ORIENTEUR

830.00 Plan du titre.

Chap.	**831**	**Règles générales relatives aux actions en responsabilité contre les tiers**
Sect.	831.10	Divers tiers susceptibles d'engager leur responsabilité civile
Chap.	**832**	**Rupture fautive des concours bancaires**
Sect.	832.10	Section unique
Chap.	**833**	**Soutien abusif avant la loi du 26 juillet 2005**
Sect.	833.10	Condamnation de l'établissement de crédit sous l'empire de la législation antérieure à la loi de sauvegarde des entreprises
Chap.	**834**	**Soutien abusif sous l'empire de la loi du 26 juillet 2005**
Sect.	834.10	Condamnation de l'établissement de crédit sous l'empire de la législation de sauvegarde des entreprises

830.01 Textes applicables. (V. les références complètes s^s n° 011).

> Législation issue de la loi de sauvegarde des entreprises. C. com., art. L. 650-1

> Législation issue de l'ordonnance du 18 décembre 2008. C. com., art. L. 650-1

830.03 Bibliographie indicative. (V. les références complètes s^s n° 031).

> Actualisables. J.-CL. COM., Legeais D., fasc. 3100, [Responsabilité du banquier et des tiers], éd. 2016.

> Ouvrages antérieurs à la loi de sauvegarde des entreprises. CHAPUT, n° 351 – KERCKHOVE, n°s 457, 458, 88[illegible] à 901 – LE CANNU, n°s 661, 662 – MARTIN ET VALLENS, n°s 41[illegible] à 4132 – Routier, *Obligations et responsabilités du banquier* « Dalloz référence », 2005 – SAINT-ALARY-HOUIN, n°s 540, 541 – SOINNE, n°s 1353 à 1358, 2117 à 2143, 2716 à 2729.

> Ouvrages postérieurs à la loi de sauvegarde des entreprises. Bouthinon-Dumas V., *Le banquier face à l'entreprise en difficulté,* Revue Banque éd. 2008 – Capoen A.-L., « La responsabilité bancaire à l'égard des entreprises en difficulté », th. dact. Toulouse 2008 – JACQUEMONT, 7e éd., n°s 468, 470 à 474 – COQUELET, 5e éd., n°s 568 à 575 – LE CANNU, 7e éd., n°s 628 à 645 – LIENHARD, 6e éd., n°s 141.11 à 141.23 – PÉROCHON, 10e éd., n°s 162 à 165, 1656 – PÉTEL, 8e éd. n° 447 – ROUSSEL GALLE, 2e éd., n°s 816 à 821 – ROUTIER R., *Obligations et responsabilités du banquier*, 3e éd. « Dalloz action », 2011 – SAINT-ALARY-HOUIN, 9e éd., N^OS 351, 352, 842 à 846 – VALLANSAN *ET ALII*, 6e éd., p. 457 à 459 – VALLENS, 2012, n°s 4737 à 4742, 4745 à 4763 – VIDAL et GIORGINI, n°s 1504 à 1507, 1525 à 1545 – VOINOT, 2e éd., n°s 861-1 et 861-2.

> Articles.

› *Étude d'ensemble.* Forray V., « Commentaire complémentaire de l'article L. 650-1 du code de commerce », *RTD com.* 2008. 661 – Hoang P., « Risque d'entreprise et risque indemnitaire des partenaires externes de l'entreprise en difficulté », *LPA* 10 juill. 2013, n° 137, p. 6 – Legeais D., « Les concours consentis à une entreprise en difficulté », *JCP E* 2005. Étude 1510 – Mascala C., « La réforme du régime des sanctions », *Dr. et patr.* déc. 2009. 85 – Moury J., « La responsabilité du fournisseur de "concours" dans le marc de l'article L. 650-1 du code de commerce », *D.* 2006. Chron. 1743 – Nzouabeth D., « La responsabilité des tiers en cas d'ouverture d'une procédure collective d'apurement du passif dans l'espace OHADA », *Rev. proc. coll.* 2007/4, p. 192 – Robine D., « L'article L. 650-1 du code de commerce, un "cadeau" empoisonné », *D.* 2006. Doctr. 69; « L'article 650-1 du code de commerce : un Janus à deux visages », *Mél. Le Cannu,* Dalloz – Lextenso – Thomson Reuters, 2014, 621 – Roussel Galle Ph., « Risques et responsabilités des cocontractants », *Rev. proc. coll.* 2010/6, n° 9, p. 89 – Routier R., « De l'irresponsabilité du prêteur dans le projet de loi de sauvegarde des entreprises », *D.* 2005. Doctr. 1478; « L'article L. 650-1 du code de commerce : un article "détonnant" pour le débiteur et "détonant" pour le contribuable ? », *D.* 2006. Chron. 2917 – Routier R., « Les retouches de l'article L. 650-1 du code de commerce », *Gaz. Pal.* 8-10 mars 2009, nº sp. p. 53; « La rupture abusive en questions », Le Corre-Broly E. (dir.), *Contentieux bancaire des procédures collectives,* Bruylant, 2014, p. 163 – Stoufflet J. et Mathey N., « Loi de sauvegarde des entreprises du 26 juillet 2005. Commentaire des dispositions applicables aux concours financiers », *RD banc. fin.* 2006/1, p. 54 – Vauvillé F., « Le nouveau titre V des responsabilités et des sanctions », *Rev. proc. coll.* 2006/4, p. 345.

› *Soutien abusif.* Caramalli D., « Réforme du soutien abusif de crédit : le point de vue du praticien », *LPA* 18 avr. 2005, nº 76, p. 6; « Quelques réflexions sur la responsabilité du banquier pour soutien abusif dans un contexte de LBOs en difficulté », *JCP E* 2009. 1363 – Coutant-Lapalus Ch., « La réparation du préjudice résultant d'un soutien abusif de plusieurs créanciers au débiteur en difficulté », *LPA* 16 nov. 2007, nº 230, p. 8 – Hoang P., « De la suppression du dispositif prétorien de la responsabilité pour soutien abusif », *D.* 2006. Chron. 1458; « L'octroi abusif de crédit s'invite à la table de l'exclusion de responsabilité de l'article L. 650-1 du code de commerce », *D.* 2012. Étude 2034 – Legeais D., « Les actions en soutien abusif », *Rev. proc. coll.* 2013, dossier 27 – Routier R., « Le cantonnement de la responsabilité pour soutien abusif », *Gaz. proc. coll.* 2005, nº sp., 9-10 sept., p. 33 – Sortais J.-P., « Responsabilité bancaire, soutien abusif et droit des entreprises en difficulté », Roussel Galle (dir.), *Entreprises en difficulté*, « Droit 360° », LexisNexis, 2012, p. 617.

› *Banquier.* Dammann R., « La situation des banques titulaires de sûretés, après la loi de sauvegarde des entreprises », *Banque et droit* sept.-oct. 2005. 16, sp. 21; « Banque et banquiers responsables », *in Responsabilité et régulation économique,* vol. 5, Presses Sc. Po et Dalloz, 2007, p. 73 – Houin-Bressand C., « Bilan de la jurisprudence sur la responsabilité du banquier dispensateur de crédit », *RD banc. fin.* 2007, nº 23 – Lamanda V., « La responsabilité du banquier dans la délivrance du crédit », *Mél. Tricot,* LexisNexis – Dalloz, 2011, p. 21.

> **Tables rondes.** Abitbol F., Dammann R., Menjucq M. et Sénéchal M., « Les banques face aux difficultés des entreprises », *Rev. proc. coll.* 2013, Table ronde 3.

CHAPITRE

831. Règles générales relatives aux actions en responsabilité contre les tiers

SECTION 0

ORIENTEUR

831.00 Plan du chapitre.

Sect. 831.10 Divers tiers susceptibles d'engager leur responsabilité civile

831.02 Jurisprudence de référence.

> L'expert-comptable engage sa responsabilité envers la collectivité des créanciers lorsque ses fautes « sont à l'origine directe de la présentation fallacieuse des comptes (du débiteur) qui a induit en erreur les créanciers de la société ainsi que les banques qui ont continué à accorder leur crédit ».

• **Com. 23 mars 2010,** n° 09-10.791, *Bull. civ.* IV n° 60

* V. s^s n° 831.11

> Peut engager sa responsabilité une caisse d'assurance-maladie, qui a accordé des délais de paiement à ses affiliés, en trompant les tiers sur la solvabilité du débiteur, dans les conditions d'engagement de la responsabilité du banquier pour soutien abusif.

• **Com. 10 déc. 2003,** n° 01-03.746, *Bull. civ.* IV, n° 199

* V. s^s n° 831.11

831.03 Bibliographie indicative. (V. les références complètes s^s n° 031 – Aussi s^s n° 830.03).

831.05 Lien entre les questions.

• Sur les modalités procédurales des actions en responsabilité contre les tiers.

* *V. s^s n°s 611.31 à 611.36.*

• Sur la répartition du produit de l'action en responsabilité contre les tiers.

* V. s^s n° 611.37.

SECTION 831.10

DIVERS TIERS SUSCEPTIBLES D'ENGAGER LEUR RESPONSABILITÉ CIVILE

831.11 Tiers recherchés en responsabilité civile autres que les établissements de crédit. Le plus souvent, les tiers recherchés en responsabilité seront les établissements de crédit, pour octroi ou soutien abusif de crédit, ou inversement pour rupture abusive. Cette question est traitée isolément.

Mais d'autres tiers sont susceptibles d'engager leur responsabilité.

La responsabilité pour soutien abusif des **fournisseurs** ou des **concédants** était, avant la loi de sauvegarde des entreprises, retenue dans les mêmes conditions que celle des établissements de crédit. On signalera une décision ayant admis la condamnation du PMU, obtenue par le commissaire à l'exécution du plan, sur le terrain délictuel, pour manquement à son obligation de bonne foi et de loyauté dans l'exécution d'un contrat « point PMU » conclu avec le débiteur, le GIE Pari mutuel urbain ayant permis l'installation d'établissements concurrents de celui du débiteur dotés de contrats plus avantageux[1].

Parmi ces tiers susceptibles d'engager leur responsabilité, il en était spécialement ainsi des fournisseurs, qui, en continuant à fournir le débiteur, lui permettaient de continuer une activité déficitaire. C'est ainsi qu'avait pu être condamné le fournisseur de farine pour les livraisons effectuées à un

1. Com. 26 janv. 2010, n° 08-16.959, NP, *Rev. proc. coll.* 2010, n° 122, note Martin-Serf.

boulanger[1]. L'appréciation de la viabilité de l'entreprise débitrice était un élément déterminant. La responsabilité n'était engagée que si les livraisons effectuées étaient abusives par rapport à cette viabilité. La solution avait été posée à propos d'un **franchiseur**[2]. L'importance des livraisons devait aussi être mise en correspondance avec le chiffre d'affaires réalisé. La connaissance par le fournisseur de la situation irrémédiablement compromise du débiteur ou le fait que le fournisseur aurait dû connaître cette situation autorisait sa condamnation[3]. Il en était ainsi d'un fournisseur qui, en contrepartie de l'abandon de son action en paiement contre son client dont il connaissait la situation obérée, obtenait une exclusivité dans les fournitures. La transaction passée n'interdisait pas l'action en responsabilité contre lui par le liquidateur[4].

À défaut de caractérisation de la connaissance par le fournisseur de la situation irrémédiablement compromise de son client, sa responsabilité n'était pas retenue[5]. La solution avait été posée dans le cadre d'une action en responsabilité contre la Poste, qui avait accordé des délais de paiements trop longs[6].

La même solution a été posée pour une société d'assurance à l'égard de la procédure collective de son courtier. La connaissance de la situation irrémédiablement compromise par l'assureur de son courtier n'est pas établie, dès lors que, contrairement à un établissement de crédit, la société d'assurance n'avait pas connaissance des comptes de son courtier, de sa défaillance bancaire et de ses dettes à l'égard d'autres tiers, et alors qu'elle avait reçu de son courtier deux chèques qu'elle a mis à l'encaissement et qui lui ont été payés, ce qui rendait vraisemblable l'absence de cessation des paiements[7].

La responsabilité du fournisseur était exclue si la demande de maintien des livraisons émanait de l'administrateur judiciaire[8]. La question de la responsabilité délictuelle de l'administrateur est alors entière à l'égard des tiers mais aussi à l'égard du fournisseur non payé (v. s^s^ n° 372.31).

La responsabilité d'un partenaire contractuel au motif d'une rupture brutale d'un contrat de coopération a été rejetée. Il a été retenu que, dans mesure où le règlement amiable – et la solution vaudrait pour un mandat *ad hoc* ou une conciliation – négocié au profit de la société débitrice, fondé sur des estimations optimistes, n'ayant pas de chance d'aboutir, la rupture abusive d'un contrat, survenue concomitamment et dont a été victime ladite société, ne saurait donner lieu à l'indemnisation d'une perte de chance de survie pour celle-ci[9].

Il pouvait en être de même du **concédant** soutenant abusivement le concessionnaire. Conformément aux solutions retenues en matière de responsabilité bancaire, la responsabilité n'était retenue que si les concours étaient accordés à une entreprise en situation irrémédiablement compromise[10]. La responsabilité était retenue lorsque les concours étaient accordés alors qu'aucune solution de cession du contrat de concession n'était envisagée[11]. De même, la responsabilité était engagée si le concédant imposait des sacrifices à son concessionnaire[12]. Il en était encore ainsi du concédant, qui engageait sa responsabilité envers les créanciers du concessionnaire, en procédant à une cession séparée de deux structures dont le lien était une condition de survie du concessionnaire ou en mettant en œuvre, de mauvaise foi, une clause résolutoire autorisant la résiliation immédiate du contrat sans préavis ni indemnité[13].

La responsabilité des tiers, qui par leur attitude avaient contribué à créer une apparence trompeuse de solvabilité, était générale. Ainsi, était admis le principe d'engagement de la responsabilité d'une caisse d'assurance-maladie, qui avait accordé des délais de paiement à ses affiliés, en trompant les tiers sur la solvabilité du débiteur, dans les conditions d'engagement de la responsabilité du banquier pour soutien abusif avant la loi de sauvegarde des entreprises instaurant l'article L. 650-1 du code. Il fallait donc apporter la démonstration que le créancier savait ou aurait dû savoir que son partenaire était dans une situation irrémédiablement compromise et que ce soutien avait causé un préjudice, ce

1. Com. 27 févr. 2007, n° 06-13.649, *Bull. civ.* IV, n° 72 – Amiens, 4e ch., sect. com., 19 déc. 1997, *Gaz. Pal.* 27-29 janv. 2002, Jur. 30, note Bouriez Brunet – Limoges, aud. sol., 11 janv. 2006, *JCP E* 2006, n° 1770.
2. Com. 27 mars 2001, n° 99-11.752, NP, *RJDA* 2001/8-9, n° 879.
3. Com. 30 oct. 2000, n° 97-21.154, *Bull. civ.* IV, n° 170; *RJDA* 2001/2, n° 194 – Com. 12 oct. 2004, n°s 02-13.404, 02-13.405, NP.
4. Rennes, 2^e^ ch., 30 mai 2006, *JCP E* 2006, n° 2838.
5. Com. 19 avr. 2005, n° 03-13.490, NP.
6. Com. 13 mars 2007, n° 05-19.345, NP; n° 449 F-D.
7. Com. 19 mai 2015, n° 14-16.954, NP; n° 469 F-D.
8. Com. 7 mars 2006, n° 05-13.380, NP; n° 299 F-D; *Gaz. proc. coll.* 2006/3, p. 42, n° 1, obs. Routier.
9. Com. 3 nov. 2015, n° 14-14.970, NP; n° 942 F-D; *BJE* 2016, 40, note Favario.
10. Com. 30 juin 2004, n° 01-13.512, n° 01-13.607, NP – Versailles, 5 juin 2008, RG n° 07/05513, *LPA* 13 nov. 2009, n° 227, p. 99, n° 329.
11. Amiens, 4^e^ ch. com., 19 janv. 1999, *Rev. proc. coll.* 2001, p. 70, n° 2, obs. Martin-Serf.
12. Com. 15 janv. 2002, n° 99-21.172, NP, *Act. proc. coll.* 2002, n° 107.
13. Com. 30 nov. 2004, n° 03-10.557, NP – RAPPR. : T. com. Paris, 1re ch., 13 oct. 2003, *RD banc. fin.* 2004, n° 241, obs. Lucas.

qui en l'occurrence n'avait pas été pas le cas et avait conduit au rejet de l'action[1].

La **responsabilité des services fiscaux** a été retenue du fait de la remise en cause à tort par l'administration d'une exonération fiscale ayant conduit à la liquidation judiciaire d'une société[2].

L'article L. 650-1 du code de commerce, issu de la loi de sauvegarde des entreprises, conduit à rejeter la responsabilité de principe pour concours financier accordé à une entreprise en situation difficile (v. s^s^ n° 834.12). En revanche, s'il n'y a pas fourniture de concours financier, la responsabilité des fournisseurs sera, après la loi de sauvegarde, engagée dans les mêmes conditions qu'avant la loi de sauvegarde[3]. Le soutien abusif par fournitures de biens ou de services continuera à être source de responsabilité lorsque le fournisseur saura ou devra savoir que l'entreprise est dans une situation irrémédiablement compromise lors de la fourniture de biens ou de services.

On aurait pu penser que le simple octroi de délais de paiement ne rentrait pas dans le cadre de l'article L. 650-1 du code de commerce, qui exige un concours. Mais, la Cour de cassation est clairement en sens contraire (v. s^s^ n° 834.13).

D'autres tiers, qui ne sont pas des fournisseurs, peuvent engager leur responsabilité.

Il en est d'abord ainsi du **bailleur**, qui n'exécute pas correctement son obligation d'assurer au locataire une jouissance paisible, et qui engage sa responsabilité à l'égard des créanciers de la procédure collective, à la survenance de laquelle, par sa faute, il a contribué[4]. Sa responsabilité est également envisageable si, n'exécutant pas correctement son engagement de donner à bail des locaux permettant d'assurer une jouissance paisible, il en résulte un préjudice pour les créanciers du débiteur, telle la fermeture totale ou partielle d'un local par suite d'inexécution de travaux lui incombant[5].

1. Com. 10 déc. 2003, n° 01-03.746, *Bull. civ.* IV, n° 99; *D.* 2004. AJ 136, note Delpech; *JCP E* 2004. Jur. 252, note Legeais; *JCP E* 2004. Chron. 783, n° 17, obs. M. Cabrillac; *Act. proc. coll.* 2004, n° 53, note Réganut-Moutier; *RTD com.* 2004. 139, n° 5, obs. Legeais; *Bull. Joly* 2004. 91, note Lucas; *RTD civ.* 2004. 736, n° 14, obs. Mestre et Fages; *Rev. proc. coll.* 2005/2, p. 165, n° 2, obs. Martin-Serf; *LXB* n° N0080ABL, note Le Corre.
2. CE 12 mars 2014, req. n° 359643, *Lebon* T; *BJE* juill. 14, p. 262, note Dedeurwaerder – CE 12 mars 2014, req. n° 359645, *Lebon* T; *BJE* juill. 2014, p. 262, note Dedeurwaerder; *Rev. proc. coll.* 2014, comm. 107, note Vabres.
3. RAPPR. : LE CANNU, 7e éd., n° 266.
4. Paris, 16e ch. A, 18 févr. 2004, *RD banc. fin.* 2004, n° 107, obs. Lucas.
5. TGI Grasse, 1re ch. civ., sect. B, 27 oct. 2005, RG03/05327.

Les **commissaires aux comptes** peuvent aussi engager leur responsabilité à l'égard de la collectivité des créanciers, en maintenant les créanciers dans l'ignorance de la situation exacte de la société, faute d'accomplissement de leurs diligences légales, et en permettant ainsi la poursuite d'une activité déficitaire[6]. La responsabilité peut être engagée en cas de certification fautive des comptes, occasionnant un préjudice aux tiers, qui consentent des concours[7]. La responsabilité est écartée lorsque les commissaires aux comptes, bien qu'ayant accepté de certifier les comptes, ont attiré l'attention des dirigeants et des adhérents dans leurs rapports, ont signalé à plusieurs reprises les difficultés provenant de l'importance des flux financiers entre la société mère et ses filiales, et ont déclenché une procédure alerte, suivie, quelques années plus tard, d'une seconde procédure d'alerte[8].

Il a ainsi été jugé qu'ils devaient indemniser le préjudice résultant de l'aggravation du passif entre le jour où le contrôle du commissaire aux comptes aurait dû alerter les créanciers de l'entreprise et celle à laquelle son refus de certifier les comptes les a effectivement alertés.

Précisons que l'action en responsabilité contre les commissaires aux comptes, se prescrit par trois ans à compter du fait dommageable ou de sa révélation, s'il a été dissimulé (C. com., art. L. 225-242, renvoyant à L. 225-254)[9]. La dissimulation suppose la volonté du commissaire aux comptes de cacher les faits dont il a connaissance par la certification des comptes[10]. Ces principes de solution restent applicables en cas d'action en comblement de passif (v. s^s^ n° 921.41).

La responsabilité pourra être de nature pénale en cas de présentation de faux bilan (v. aussi s^s^ n° 931.23).

De la responsabilité du commissaire aux comptes, on rapprochera celle du commissaire aux apports qui, à l'occasion d'un traité de fusion, n'a pas remis en cause l'évaluation de la valeur des apports en nature (clientèles des sociétés en cause). La surévaluation de ces apports a donné une appa-

6. Amiens, 1re ch., 18 nov. 2003, *RD banc. fin.* 2004, n° 240, obs. Lucas.
7. Com. 30 oct. 2012, n° 11-20.591, NP, *BJE* 2013, n° 9, note Le Mesle.
8. Com. 8 nov. 2011, n° 10-20.626, NP; n° 1101 F-D; *D.* 2011. Actu. 2864, obs. Lienhard; *Gaz. Pal. entr. diff.* 21 janv. 2012, n° 20, p. 17, note Bidan.
9. Com. 11 janv. 2005, n° 02-12.741, NP – Com. 13 févr. 2007, n° 03-13.577, *Bull. civ.* IV, n° 44; *Dr. sociétés* 2007, n° 116, note Hovasse; *JCP E* 2007. Chron. 2279, n° 72, obs. Navarro; *Rev. proc. coll.* 2008/4, p. 59, n° 172, note Martin-Serf.
10. Paris, 25e ch. B, 9 nov. 2007, RG n° 05/07898, *Bull. Joly* 2008. 304, note Granier.

CHAPITRE

832. Rupture fautive des concours bancaires

SECTION 0

ORIENTEUR

832.00 **Plan du chapitre.**

Sect. 832.10 Section unique

832.03 **Bibliographie indicative.** (V. les références complètes s[s] n° 031 – Aussi s[s] n° 830.03).

832.05 **Lien entre les questions**

• Sur la possibilité de casser les concours bancaires.

* V. s[s] n°s 434.21 à 434.25.

SECTION 832.10

SECTION UNIQUE

832.11 **Conditions de fond de la condamnation pour rupture abusive de crédit (v. aussi s[s] n°s 434.21 à 434.25).** L'établissement de crédit engage sa responsabilité en cas de rupture abusive de crédit. Il en sera ainsi s'il ne respecte pas les règles posées par l'article L. 313-12 du code monétaire et financier, soit parce que le délai de préavis n'est pas respecté, soit parce qu'il y a rupture des concours sans préavis en dehors des deux hypothèses restrictivement prévues par cette disposition[1].

L'établissement de crédit ne peut engager sa responsabilité s'il respecte le délai de préavis, alors surtout que les difficultés de la société débitrice ne sont pas unies par un lien de causalité avec la rupture du découvert en compte[2].

L'établissement de crédit ne peut se réfugier derrière une clause du contrat de prêt pour rompre ses concours, dès lors qu'il fonde sa rupture sur une cause non prévue au contrat[3].

Le rejet de chèques justifié par un dépassement du découvert autorisé ne peut s'analyser en une rupture fautive de crédit[4].

Le préjudice résultant du défaut d'information préalable au rejet d'un chèque ne se confond pas avec le rejet fautif d'un chèque. Le second peut entraîner une rupture fautive de crédit, alors que le premier ne tient qu'à perte de la chance d'approvisionner le chèque et à la possibilité consécutive d'échapper aux conséquences de l'émission de chèque sans provision[5].

La responsabilité contractuelle d'un établissement de crédit pourra être recherchée. Le débiteur ne pourra cependant agir, symétriquement à l'exigence posée pour l'action d'un créancier à l'encontre d'un tiers, que dans la mesure où il démontre un intérêt distinct de celui subi par la collectivité[6].

L'article L. 650-1 du code de commerce, qui pose un principe de non-responsabilité du banquier dans le cadre de l'octroi fautif de crédit, n'a pas vocation à régir la responsabilité pour rupture abusive. Les solutions anciennes demeureront donc applicables,

1. AINSI : Com. 24 mars 2015, n° 13-16.076, *Bull. civ.* IV [à paraître], *Gaz. Pal.* 2015. 2340, note Moreil – Paris, 15e ch. B, 7 sept. 2007, RG n° 05/15751.
2. Com. 14 janv. 2014, n° 12-28.890, NP; n° 46 F-D.
3. Com. 13 mars 2007, n° 06-13.325, *Bull. civ.* IV, n° 86; *D.* 2007. AJ 1020, note Lienhard; *Act. proc. coll.* 2007, n° 107, note Legeais; *Banque et droit* juill.-août 2007. 21, note Bonneau; *Rev. sociétés* 2007. 571, note Granier; *Rev. proc. coll.* 2007/4, p. 238, n° 2, obs. Martin-Serf.
4. Com. 23 avr. 2013, n° 12-18.113, NP; n° 432 F-D.
5. Com. 14 juin 2016, n° 14-19.742, *Bull. civ.* IV [à paraître]; n° 576 P+B; DPDE juill. 2016, p. 4, note Henry.
6. Com. 27 mai 2003, n° 99-18 472, NP – Com. 13 mars 2007, n° 06-13.325, *Bull. civ.* IV, n° 86; *D.* 2007. AJ 1020, note Lienhard; *Act. proc. coll.* 2007, n° 107, note Legeais; *Banque et droit* juill.-août 2007. 21, note Bonneau; *Bull. Joly* 2007. 839, note Lucas.

sous l'empire de la loi de sauvegarde des entreprises[1].

832.12 Saisine aux fins d'engager la responsabilité pour rupture abusive de crédit. La qualité à agir appartiendra au débiteur pendant la période d'observation à moins qu'un administrateur ayant mission d'assistance ou de représentation n'ait été nommé. Si l'administrateur a reçu mission d'assistance, le débiteur et son administrateur devront engager l'action. Si l'administrateur a mission de représentation, seul l'administrateur peut agir.

Après arrêté d'un plan de continuation, le débiteur, redevenu *in bonis*, peut agir.

Enfin, après plan de cession, sous l'empire de la législation antérieure à la loi de sauvegarde des entreprises[2], le commissaire à l'exécution du plan, qui ne représente pas le débiteur (v. s^s n° 521.31), est sans qualité à agir sur le terrain contractuel. Le débiteur pourra en revanche agir, s'il n'est pas placé en liquidation judiciaire. Sous l'empire de la législation antérieure à la loi de sauvegarde des entreprises, l'arrêté d'un plan de cession totale emporte dissolution de la société. Son ancien dirigeant ne peut agir. En revanche, un mandataire *ad hoc* ou un liquidateur amiable pourrait agir[3]. La solution a été posée à propos d'une action en responsabilité pour rupture abusive de concours bancaires avant l'ouverture de la procédure. Mais la recevabilité de l'action, comme il a été indiqué, est subordonnée à la démonstration que le débiteur subit un préjudice distinct de celui subi par la collectivité des créanciers[4].

En liquidation judiciaire, sous l'empire de la législation antérieure à la loi de sauvegarde des entreprises, seul un liquidateur amiable ou un mandataire *ad hoc* peut agir en responsabilité contractuelle. Sous l'empire de la loi de sauvegarde, le maintien du dirigeant social en fonction autorisera à agir sur le terrain contractuel.

La responsabilité pourra également être engagée sur le terrain délictuel à l'égard des tiers, notamment les créanciers du débiteur sous procédure collective. La qualité à agir appartiendra à l'organe de défense de l'intérêt collectif des créanciers (v. s^s n°s 611.31 à 611.35 et 611.37). C'est ainsi qu'un associé qui ne démontre pas avoir subi un préjudice strictement personnel est irrecevable à agir[5].

Une caution pourra reprocher au banquier une rupture abusive. Son préjudice personnel sera caractérisé par la perte de la chance de ne pas être poursuivie par le créancier cautionné[6].

832.13 Prescription de l'action en responsabilité pour rupture abusive de crédit. Avant la loi du 17 juin 2008[7], la prescription de l'action en responsabilité civile extra-contractuelle décennale court, en application de l'article 2270-1 du code civil, à compter de la manifestation du dommage ou de son aggravation[8]. Dès lors que le dommage est constitué par l'insuffisance d'actif dont le liquidateur demande le paiement, la manifestation du dommage se produit au plus tard au jour du jugement de liquidation judiciaire, même si à cette date, le dommage n'est pas chiffrable[9]. La solution ne sera écartée que si la personne actionnée en responsabilité parvient à démontrer que des circonstances particulières permettent de considérer que le dommage s'est manifesté avant l'ouverture de la procédure collective, cette tâche semblant particulièrement ardue[10].

Depuis la loi du 17 juin 2008, il y a lieu d'appliquer l'article 2224 du code civil, qui est venu unifier les délais de prescription des actions en responsabilité délictuelle et des actions en responsabilité contractuelle. Désormais, le délai quinquennal de droit commun s'applique à elles deux. Le délai de cinq ans à compter de la date à laquelle le demandeur a connu ou aurait dû connaître les faits lui permettant d'exercer son droit.

Le préjudice subi par la réduction ou la suppression fautive des concours n'a pas de rapport direct avec le montant du concours réduit ou supprimé. Il s'apprécie en fonction des effets produits par la réduction irrégulière de trésorerie[11].

1. EN CE SENS AUSSI : Moury, « La responsabilité du fournisseur de "concours" dans le marc de l'article L. 650-1 du code de commerce », *D.* 2006. Chron. 1743 s., sp. 1746, n° 12 – Stoufflet et Mathey, « Loi de sauvegarde des entreprises du 26 juillet 2005 – Commentaire des dispositions applicables aux concours financiers », *RD banc. fin.* janv.-févr. 2006, p. 54 s., sp. p. 58, n° 39.
2. L. n° 2005-845, 26 juill. 2005, *JO* 27 juill., p. 12187.
3. Com. 13 mars 2007, n° 06-13.325, *Bull. civ.* IV, n° 8, préc. (v. s^s n° 832.11).
4. Com. 13 mars 2007, n° 06-13.325, *Bull. civ.* IV, n° 6, préc. (v. s^s n° 832.11) – *Adde*, Paclot et Roussel Gde, « Quelques remarques sur la réparation du préjudice une société dissoute par l'effet d'une liquidation judicie », *JCP E* 2008. 2101.
5. Paris, 15e ch. B, 15 nov. 2007, RG n° 06/10596, *RJDA* 2008/6, p. 688, n° 690.
6. Com. 30 sept. 2008, n° 07-15.872, NP; n° 909 F-D; *Gaz. proc. coll.* 2009/1, p. 44, note Routier *Bull. Joly* 2009. 401, note Voinot.
7. L. n° 2008-561, 17 juin 2008, *JO* 18 juin, p. 9856.
8. SUR CE PRINCIPE de solution : Civ. 1re, 9 juill. 2009, n° 08-10.820, *Bull. civ.* I, n° 172; *RTD com.* 2009. 794, n° 7, obs. Legeais.
9. Com. 9 mai 2007, n° 06-10.185, *Bull. civ.* IV, n° 120; *D.* 2007. AJ 1497, note Delpech; *RD banc. fin.* 2007, n° 114, note Lucas; *JCP E* 2007. Chron. 2377, n° 36, obs. Dumoulin; *Rev. proc. coll.* 2008, p. 73, note Martin-Serf.
10. Lucas, note s^s Com. 9 mai 2007, n° 06-10.185, *RD banc. fin.* 2007, n° 114.
11. Paris, 15e ch. B, 7 sept. 2007, RG n° 05/15751.

832.14 Montant de la condamnation en cas de responsabilité pour rupture abusive de crédit. La condamnation du banquier ne pourra porter sur la totalité du préjudice subi par les créanciers antérieurs que s'il est démontré, contre le banquier, que la rupture fautive est la cause exclusive de la procédure collective[1]. Le fait que l'ouverture de la procédure collective soit intervenue plusieurs mois[2], voire plusieurs années[3], après la rupture brutale de crédit, est de nature à rendre très difficile l'établissement du lien de causalité entre la faute alléguée et le préjudice.

1. Com. 23 oct. 2001, n° 98-18.788, NP; n° 1792 F-D.
2. AINSI : Lyon, 3e ch. B, 8 nov. 2007, RG n° 06/05806, *Rev. proc. coll.* 2008, p. 73, n° 91, note Martin-Serf.
3. AINSI : Paris, 1re ch. B, 29 nov. 2007, RG n° 05/24812, *Rev. proc. coll.* 2008, p. 73, n° 91, note Martin-Serf.

CHAPITRE

833. Soutien abusif avant la loi du 26 juillet 2005

SECTION 0

ORIENTEUR

833.00 Plan du chapitre.

Sect. 833.10 Condamnation de l'établissement de crédit sous l'empire de la législation antérieure à la loi de sauvegarde des entreprises

833.02 Jurisprudence de référence.

> La condamnation du banquier, sur le terrain de la responsabilité délictuelle, interviendra pour soutien abusif dans deux séries d'hypothèses. Soit l'établissement de crédit a pratiqué une politique de crédit ruineux pour l'entreprise devant nécessairement provoquer une croissance continue et insurmontable de ses charges financières, soit il a apporté un soutien artificiel à une entreprise dont il connaissait ou aurait dû connaître, s'il s'était informé, la situation irrémédiablement compromise.

• **Com. 22 mars 2005,** n° 03-12.922, *Bull. civ.* IV, n° 67

* V. s^s n° 833.11

> L'obligation de réparation du créancier fautif est limitée à la seule aggravation de l'insuffisance d'actif que l'établissement de crédit ou les établissements de crédit, en cas de responsabilité *in solidum*, ont contribué à créer par leur faute, laquelle a conduit à retarder l'ouverture de la procédure collective.

• **Com. 22 mars 2005,** n° 03-12.922, préc.

* V. s^s n° 833.14

833.03 Bibliographie indicative. (V. les références complètes s^s n° 031 – Aussi s^s n° 830.03).

SECTION 833.10

CONDAMNATION DE L'ÉTABLISSEMENT DE CRÉDIT SOUS L'EMPIRE DE LA LÉGISLATION ANTÉRIEURE À LA LOI DE SAUVEGARDE DES ENTREPRISES

833.11 Présentation générale de l'engagement de la responsabilité pour soutien abusif sous l'empire de la législation antérieure à la loi du 26 juillet 2005 [1]. La condamnation du banquier, sur le terrain de la responsabilité délictuelle, interviendra pour soutien abusif, selon la Cour de cassation, dans deux séries d'hypothèses. Soit l'établissement de crédit a pratiqué une politique de crédit ruineux pour l'entreprise devant nécessairement provoquer une croissance continue et insurmontable de ses charges financières, soit il a apporté un soutien artificiel à une entreprise dont il connaissait ou aurait dû connaître, s'il s'était informé, la situation irrémédiablement compromise [2]. Ces deux conditions sont alternatives et non cumulatives [3].

Il a été jugé que, dès lors que le dommage est subi en France, la responsabilité délictuelle d'un banquier étranger à l'égard des créanciers d'une procédure collective entraîne application de la loi française [4].

833.12 Crédit ruineux. La première hypothèse d'engagement de la responsabilité du banquier est celle dans laquelle le banquier a accordé des concours importants, dont le coût excessif rend inéluctable l'effondrement de son client en l'absence de toute perspective sérieuse de développement ou de redressement [5]. Cela suppose que les concours accordés soient disproportionnés par rapport aux perspectives de rentabilité de l'entreprise [6]. Selon d'autres

1. L. n° 2005-845, 26 juill. 2005, *JO* 27 juill., p. 12187.
2. Com. 22 mars 2005, n° 03-12.922, *Bull. civ.* IV, n° 67; *D.* 2005. AJ 1020, note Lienhard; *Gaz. proc. coll.* 2005/2, p. 32, obs. Routier; *RTD com.* 2005. 578, n° 11, obs. Legeais; *JCP E* 2005. Chron. 1676, n°s 32 à 34, obs. L. D.; *Rev. proc. coll.* 2005/4, p. 387, n° 2, obs. Martin-Serf; *Bull. Joly* 2005. 1212, note Lucas.
3. Com. 10 juin 2008, n° 07-10.940, NP; n° 691 F-D; *Gaz. proc. coll.* 2008/3, p. 51, note Routier.
4. Aix-en-Provence, 8e ch. C, 26 janv. 2012, RG n° 10/09313, *Gaz. Pal.* 2012. 1574, note Morel-Maroger.
5. Com. 22 mai 2001, n° 99-10.437, NP, RD banc. fin. 2001, n° 179.
6. Com. 23 oct. 2001, n° 99-18.570, NP, *RJDA* 2002/3, n° 291, p. 244 – Com. 8 juill. 2003, n° 00-18.757, NP.

formules, il faut que le coût du crédit soit insupportable pour l'équilibre de la trésorerie du débiteur et incompatible pour lui avec toute rentabilité[1] ou que l'établissement de crédit ait fait peser sur l'entreprise une charge financière excessive qui ne tenait pas compte des capacités raisonnablement prévisibles de résultat et de remboursement de l'entreprise[2]. Il y a crédit ruineux lorsque le prêteur sait que l'emprunteur ne pourra supporter la charge des emprunts dans des conditions normales d'exploitation[3]. Il y a crédit ruineux si le prêteur n'ignore pas que les remboursements des crédits accordés à l'emprunteur – la société mère – ne pourraient intervenir que par des avances de trésorerie de la filiale, lesquelles ont considérablement réduit la capacité de financement de cette dernière, empêchant des investissements indispensables au maintien de l'activité et que ces crédits ont généré un endettement excessif au regard des ressources de l'entreprise ou incompatible avec sa rentabilité, de sorte que par sa faute, le prêteur a provoqué la dégradation de la filiale, les procédures des deux sociétés se déroulant sous patrimoine commun[4]. Le prêteur peut ainsi être amené à supporter l'insuffisance d'actif de la filiale, alors que le passif de la mère, société emprunteuse, a été couvert. Observons que l'appréciation ici menée n'entre pas en contradiction avec le principe selon lequel en cas d'extension de procédure, la faute ayant entraîné l'insuffisance d'actif ne s'apprécie pas au niveau de l'ensemble constitué par les sociétés à patrimoines confondus, mais bien au niveau de chaque personne morale (v. ss n° 213.44).

En résumé, ce cas correspond à la situation dans laquelle le montant et le coût du crédit sont incompatibles avec la situation financière de l'entreprise créditée et ses facultés de remboursement, ainsi qu'avec sa rentabilité ou ses perspectives économiques. Ce caractère disproportionné de crédit s'apprécie par rapport aux capacités de l'entreprise emprunteuse et révèle en lui-même un manquement du fournisseur de crédit à son obligation de vigilance[5].

Le fait que le fonctionnement des comptes ait entraîné des agios de plus en plus importants sera insuffisant[6].

De façon plus générale, la responsabilité du dispensateur de crédit peut être engagée lorsqu'il finance une activité dépourvue de toute viabilité. Tel ne sera pas le cas, et la responsabilité ne sera pas retenue en présence d'un crédit-bail, si l'activité s'est poursuivie pendant trois ans avant l'ouverture de la procédure collective et qu'une étude faisait ressortir les prévisions de rentabilité de l'activité[7]. De même, le fait que plus de cinq ans se soient écoulés entre l'octroi du prêt et l'ouverture de la procédure collective, pendant lesquels le débiteur a fait face à ses obligations, est exclusif d'un crédit ruineux[8]. Identiquement, si plus de huit ans se sont écoulées depuis l'octroi du financement et que la liquidation judiciaire n'est que la suite de la résolution d'un plan, la responsabilité doit être écartée, faute de lien de causalité avéré[9]. En présence d'un crédit relais, il a également pu être jugé que la responsabilité de l'établissement de crédit ne pouvait être retenue que si le crédit était destiné à financer une opération immobilière dépourvue de viabilité[10].

Lorsque le client du banquier a eu une interdiction d'émettre des chèques, le banquier doit être vigilant. L'octroi d'un concours après cette interdiction constituera généralement un octroi abusif[11]. Cependant, il y a place à exonération de responsabilité, nonobstant le caractère abusif de l'octroi si la décision a été prise non par la banque, mais par une commission à laquelle participait la banque[12].

La condamnation a pu être prononcée lorsque le banquier a accordé des financements sans rapport avec les capitaux propres ou les bénéfices, ces financements ayant servi à financer des pertes[13]. La condamnation est également fondée lorsque les frais des concours accordés absorbent 75 %, voire la totalité du résultat d'exploitation[14].

1. Com. 17 mars 2004, n° 01-15.969, n° 01-17.472, NP.
2. Com. 27 sept. 2005, n° 03-20.285, NP, *Gaz. proc. coll.* 2006/1, p. 38, n° 1, obs. Routier; *Rev. proc. coll.* 2007/2, p. 99, n° 3, obs. Martin-Serf.
3. Com. 8 janv. 2013, n° 11-27.120, NP; n° 1 F-D; *Gaz. Pal.* 1er mai 2013, n° 121, p. 37, note Routier.; *Bull. Joly* avr. 2013, comm. 117, note Lucas; *RDBF* juill. 2013, comm. 123, note Crédot et Samin; *JCP E* 2013, Chron. 1662, n° 19, obs. Dumoulin; *Rev. proc. coll.* 2013, comm. 180, note Martin-Serf.
4. Com. 8 janv. 2013, n° 11-27.120, NP; n° 1 F-D; préc.
5. Hoang, « De la suppression du dispositif prétorien de la responsabilité pour soutien abusif », *D.* 2006. Chron. 1458 s., sp. 1462, n° 23.
6. Com. 22 mars 2005, n° 03-12.922, *Bull. civ.* IV, n° 67, préc. (v. ss n° 833.11).
7. Com. 22 févr. 2005, n° 03-14.014, *Bull. civ.* IV, n° 33; *JCP E* 2005. Chron. 1676, nos 32 à 34, obs. L. D.
8. Com. 13 févr. 2007, n° 05-13.308, *Bull. civ.* IV, n° 32; *Gaz. proc. coll.* 2007/2, p. 52, note Routier.
9. Com. 3 juin 2009, n° 08-1[illegible]439, NP; n° 501 F-D; *Rev. proc. coll.* 2009, n° 175, note Martin-Serf.
10. Com. 7 janv. 2004, n° 01-11.[illegible]47, *Bull. civ.* IV, n° 2; *RD banc. fin.* 2004, n° 110.
11. Paris, 15e ch. B, 4 févr. 2000, *Gaz. Pal.* 21-22 avr. 2000, Jur. 14, note Vray.
12. Com. 23 janv. 2000, *Act. proc. coll.* 2000, n° 55, note Bouteiller.
13. Paris, 15e ch. A, 15 janv. 2000, *Gaz. Pal.* 31 janv.-1er févr. 2001, Somm. 17, note Vray.
14. Com. 18 janv. 2011, n° 09-17.161, NP; n° 3 F-D; *Gaz. Pal. entr. diff.* 1-2 avr. 2011, p. 40, note Routier.

Le reproche existera également si les concours sont accordés à des sociétés dont la cessation des paiements était caractérisée dès leur formation[1]. Il en sera ainsi si les concours octroyés sont sans commune mesure avec les possibilités du débiteur, la charge annuelle des remboursements absorbant l'intégralité des revenus du débiteur[2].

La substitution des concours à court terme par un crédit à moyen terme à une entreprise, qui se rapproche rapidement d'une situation irrémédiablement compromise, totalement inadaptée à la situation et aux besoins de la société débitrice, est constitutive d'un crédit ruineux[3].

833.13 Connaissance de la situation irrémédiablement compromise. La seconde hypothèse d'engagement de la responsabilité du banquier est celle dans laquelle il est démontré que le banquier savait ou aurait dû savoir que la situation de son client était irrémédiablement compromise[4].

Il importe d'abord de préciser que les juges du fond sont souverains dans l'appréciation de la situation irrémédiablement compromise du débiteur[5].

La preuve de la connaissance par l'établissement de crédit de la situation du débiteur est délicate à rapporter. Elle incombe, conformément au droit commun de la preuve, à celui qui engage l'action en responsabilité. Comme en matière de rupture des concours (v. s[s] n° 434.23), la jurisprudence estime que l'arrêté d'un plan de continuation n'est pas de nature à exclure l'existence d'une situation irrémédiablement compromise[6]. La solution a été notamment adoptée en présence de l'arrêté d'un plan de continuation très rapidement résolu[7]. La solution est transposable au plan de redressement, mais non au plan de sauvegarde, faute de cessation des paiements.

Le fournisseur est moins à même de connaître la situation irrémédiablement compromise de son partenaire qu'un établissement de crédit en général. À l'intérieur même des établissements de crédit, il est possible de distinguer entre le teneur du compte-courant du débiteur, qui est le seul à avoir, en temps réel, connaissance de la situation financière de son client, et le simple prêteur, qui n'a pas accès à cette information[8]. La preuve de la connaissance de la situation de l'entreprise sera évidemment plus délicate à rapporter si le fournisseur de crédit n'était pas, lors de l'octroi du prêt, le banquier[9].

Toutefois, il a été noté[10] que la Cour de cassation avait institué une présomption de connaissance de la situation sans issue de l'entreprise par le banquier, dès lors qu'il a été alerté par des motifs lui permettant de douter de la bonne santé financière de son débiteur, mais qu'il n'a pas fait preuve de davantage de diligence et n'a pas vérifié en s'informant[11]. C'est ce qui explique le distinguo relevé en jurisprudence entre la connaissance de la situation par le banquier et la connaissance qu'il aurait dû avoir de cette situation. Ainsi, il a pu être jugé que la banque devait connaître la situation respective des deux sociétés en présence de l'acquisition du fonds de la première par la seconde, dès lors qu'elle a du se faire communiquer les comptes de la première, qui était alors à quelques semaines du dépôt de bilan et ceux de la première, qui était en début d'activité[12]. De même, il a été jugé que le banquier savait ou aurait du savoir que le banquier traditionnel du débiteur lui avait refusé un concours en raison de l'absence de rentabilité de son entreprise[13]. Il y a encore place à condamnation du banquier, qui aurait du connaître la situation irrémédiablement compromise de son client, alors qu'il ne se livre à aucune vérification sur les besoins en fonds de roulement avant de les entériner en accordant un relèvement du plafond d'engagements, qui ne demande aucune explication sur les délais de paiement inhabituellement longs des clients cédés ni sur l'annulation d'une facture importante cédée auprès d'un client de taille importante, et qui ne démontre aucune vigilance particulière avant d'augmenter ce plafond, alors qu'un accroissement du nombre d'incidents de paiement pouvait être constaté[14].

1. Com. 6 mars 2001, n° 98-10.636, NP, *Act. proc. coll.* 2001, n° 114, note Vallansan.
2. Amiens, 4e ch., sect. com., 19 déc. 1997, *Gaz. Pal.* 27-29 janv. 2002, Jur. 30, note Boiriez Brunet.
3. Com. 30 oct. 2007, n°s 06-16.129, 06-16.178, *Bull. civ.* IV, n° 230; *D.* 2007. AJ 2071, note Lienhard; *D.* 2008. Pan. 575, obs. Lucas; *Gaz. proc. coll.* 2008/1, p. 58, note Routier; *JCP E* 2008. Chron. 1207, n° 14, obs. M. Cabrillac; *LXB hebdo* n° 282, 22 nov. 2007, n° N1983BDS, note Le Corre.
4. Com. 16 oct. 2001, n° 98-18.301, NP.
5. Com. 15 oct. 2013, n° 12-19.468, NP; n° 955 F-D.
6. Com. 18 sept. 2007, n° 06-10.883, NP, *Rev. proc. coll.* 2009. Étude 92, note Faureau et Pérot-Reboul – Com. 8 janv. 2008, n° 05-17.935, NP; n° 20 F-D; *Gaz. proc. coll.* 2008/2, p. 31, n° 2, note Routier; *Rev. proc. coll.* 2008, n° 170, note Martin-Serf.
7. Com. 27 mai 2008, n° 07-13.393, NP; n° 623 F-D; *Gaz. proc. coll.* 2008/3, p. 52, note Routier.
8. Hoang, « De la suppression du dispositif prétorien de la responsabilité pour soutien abusif », *D.* 2006. Chron. 1458 s., sp. 1464, n° 29.
9. Com. 5 juin 2012, n° 11-18.533, NP; n° 649 F-D.
10. Hoang, art. préc., sp. 1464, n° 29.
11. Com. 26 mars 1996, n° 94-13.907, *Bull. civ.* IV, n° 95.
12. Com. 8 janv. 2008, n° 03-13.319, NP; n° 19 F-D; *Rev. proc. coll.* 2008, n° 169, note Martin-Serf.
13. Com. 27 mai 2008, n° 07-13.393, NP; n° 623 F-D; *Gaz. proc. coll.* 2008/3, p. 52, note Routier; *Rev. proc. coll.* 2008, n° 168, note Martin-Serf.
14. Com. 6 oct. 2009, n° 08-15.154, NP; n° 846 F-D; *Gaz. Pal.* 8-10 janv. 2010, n°s 8 et 9, p. 34 note Routier.

La preuve de la connaissance par la banque de la situation irrémédiablement compromise de son client est également exigée pour caractériser la mauvaise foi de la banque, au sens de l'article L. 511-12 du code de commerce, qui a escompté un effet de commerce[1].

Le banquier doit ici avoir contribué à la création d'une apparence trompeuse de solvabilité. L'exigence est d'ailleurs identique pour condamner, pour soutien abusif, un fournisseur[2] ou un organisme social[3]. Il importera peu, en revanche, dès lors qu'est engagée la responsabilité délictuelle de l'établissement de crédit, non sa responsabilité contractuelle, que la situation compromise soit connue de la part du dirigeant, du débiteur ou du dirigeant de la société débitrice[4].

Il y a situation irrémédiablement compromise en présence d'une érosion chronique du chiffre d'affaires, une baisse continue de la marge brute, des résultats constamment et lourdement déficitaires, de lourdes charges financières totalement disproportionnées excédant la norme et absorbant entièrement le résultat d'exploitation, une dégradation continue de la situation nette, une aggravation du passif exigible en valeur relative par rapport au chiffres d'affaires et à la situation nette, et le financement des pertes grâce à des dégagements d'actifs, plus particulièrement la diminution des stocks[5].

Il y a situation irrémédiablement compromise en présence d'un endettement considérable[6] ou d'un endettement excessif, lorsque le résultat courant avant impôt est largement déficitaire, en raison notamment d'importantes charges financières[7].

La condamnation interviendra ainsi, si le banquier accorde un crédit alors que les résultats se sont dégradés au cours des deux dernières années, que l'exercice précédant l'année au cours de laquelle le crédit est consenti est très négatif et que la dégradation constante ne s'accompagnait d'aucun espoir de redressement[8].

Il y a place à condamnation lorsque le banquier accorde un prêt de restructuration, alors que le solde débiteur du compte s'était accru dans d'importantes proportions et de manière continue dans les cinq mois ayant précédé le prêt, que les mouvements créditeurs mensuels, qui étaient auparavant largement supérieurs au solde débiteur, avaient chuté le mois ayant précédé le prêt et ne permettaient plus de faire face aux dettes[9].

Il y aura place à condamnation lorsque le banquier quintuple en six mois le découvert accordé à trois sociétés formant un groupe, dont l'une a cessé son activité et dont les deux autres ont une activité restreinte, en comptant sur une subvention publique incertaine[10].

La condamnation sera également prononcée lorsque le banquier se fait céder des créances par bordereau Dailly pour réduire le découvert en compte, alors que, dans le même temps, il rejette des effets de commerce en motivant sa décision « par la situation » de sa cliente, dont il admet ainsi avoir connu le caractère désespéré[11].

Il y a encore place à condamnation lorsque les concours sont consentis en contemplation des garanties fournies par un tiers, sans égard à l'absence totale de rentabilité de l'entreprise financée et à l'existence, au moment des concours consentis, de pertes d'exploitation depuis plusieurs années[12].

Le fait que le dirigeant social ait commis des fautes, qu'il ait été parfaitement informé de la situation, n'est pas de nature à exonérer le dispensateur de crédit des conséquences de ses fautes à l'égard des créanciers, dès lors qu'il n'est pas soutenu que ces créanciers aient été fautifs et aient parfaitement connu la situation du débiteur[13].

Aucune condamnation ne pourra, au contraire, être prononcée si le banquier accorde des concours à une entreprise, dont la situation n'était pas irrémédiablement compromise au moment des concours accordés[14]. L'appréciation de la situation compromise doit en effet être exclusivement appréciée à la date de l'emprunt[15].

1. Com. 17 mars 2004, n° 01-15.111, NP – Com. 9 juin 2004, n° 01-14.046, NP.
2. Com. 30 oct. 2000, n° 97-21.154, *Bull. civ.* IV, n° 170; *JCP E* 2000. Pan. 2029; *Act. proc. coll.* 2000, n° 253.
3. Com. 10 déc. 2003, n° 01-03.746, *Bull. civ.* IV, n° 199.
4. Com. 22 mars 2005, n° 03-14.824, NP, *Gaz. proc. coll.* 2005/2, p. 33, obs. Routier.
5. Com. 30 oct. 2007, n°s 06-16.129, 06-16.178, *Bull. civ.* IV, n° 230, préc. (v. s^s^ n° 833.12).
6. Com. 27 mai 2008, n° 07-13.393, NP; n° 623 F-D; *Gaz. proc. coll.* 2008/3, p. 52, note Routier; *Rev. proc. coll.* 2008, n° 168, note Martin-Serf.
7. Com. 8 janv. 2008, n° 03-13.319, NP; n° 19 F-D; *Rev. proc. coll.* 2008, n° 169, note Martin-Serf.
8. Com. 5 oct. 2004, n° 01-17.329, NP.
9. Com. 9 déc. 2008, n° 07-21.018, NP; n° 1280 F-D; *Gaz. proc. coll.* 2009/2, p. 36, n° 2, note Routier.
10. Com. 3 juill. 2007, n° 06-14.944, NP, *Gaz. proc. coll.* 2007/4, p. 54, note Routier; *Rev. proc. coll.* 2008, n° 93, note Martin-Serf.
11. Com. 28 juin 2005, nos 04-11.944, 04-12.094, NP, *Gaz. proc. coll.* 2005/3, p. 44, n° 2 obs. Routier.
12. Com. 8 janv. 2008, n° 05-17.936, NP; n° 20 F-D; *Gaz. proc. coll.* 2008/2, p. 31, n° 2, note Routier; *Rev. proc. coll.* 2008, n° 170, note Martin-Serf.
13. Com. 8 janv. 2008, n° 05-17.936, préc. (v. s^s^ prés^t^ n°).
14. Com. 30 nov. 2004, n° 01-03.769, NP – Com. 3 oct. 2006, n° 05-12.436, NP; n° 1088 F-D.
15. Com. 11 mai 2010, nos 09-12906, 09-13.347, NP; n° 506 F-D; *Gaz. Pal. entr. diff.* 15-16 oct. 2010, p. 35, note Routier.

Même si l'emprunteur est dans une situation déficitaire, l'existence de perspectives de redressement de l'emprunteur permet d'écarter la responsabilité[1]. Ainsi, pour rejeter la demande de condamnation, la juridiction pourra retenir la croyance en un possible rétablissement partagée par le commissaire aux comptes et par des experts, traduite également dans des décisions du tribunal de commerce[2].

De même, la responsabilité sera écartée si la cessation des paiements n'existait pas à l'époque où le concours a été accordé en contrepartie de la cession de créances professionnelles par bordereau Dailly[3].

La responsabilité bancaire pour soutien abusif ne sera pas retenue au seul prétexte qu'un crédit de consolidation a été accordé, dont le créancier connaissait le caractère irrécouvrable sur le débiteur emprunteur, le remboursement du prêt devant être assuré par des cessions d'actifs appartenant à des tiers, notamment les associés. Cela ne caractérise pas la connaissance par la banque d'une situation irrémédiablement compromise lors de l'octroi du crédit[4].

La responsabilité est identiquement écartée, lorsque le banquier consent un prêt de restructuration se substituant à d'autres prêts moins avantageux, alors au surplus que la banque avait fait une étude préalable démontrant que la marge brute dégagée permettait de payer les échéances du prêt, ce prêt ponctuel ayant été accordé dans des conditions tout à fait normales au regard des éléments comptables et financiers dont la banque disposait[5].

La situation irrémédiablement compromise n'est pas caractérisée lorsque les accords ont pour objet de réduire l'endettement du débiteur. Il en est ainsi lorsqu'un banquier accepte, alors que la situation n'est pas irrémédiablement compromise, de différer la rupture de ses concours, puis, un an après, accepte une réduction de sa créance dans un plan de remboursement supportable par le débiteur, à l'occasion d'une procédure de règlement amiable homologué par le tribunal, et alors que la cession de certains biens du débiteur était en cours[6].

La responsabilité du banquier n'est pas retenue si les concours sont accordés à une entreprise dont les bilans produits ne devaient entraîner, de sa part, aucune suspicion[7], alors au surplus qu'aucun incident de paiement n'avait été enregistré. De même, la responsabilité sera écartée si les concours sont octroyés à des professionnels du secteur d'activité, sur la base d'une étude prévisionnelle circonstanciée préparée par un expert-comptable et un commissaire aux comptes[8]. De la même façon, il ne peut être reproché au banquier d'accorder des concours sur la base de documents comptables sans valeur, s'il n'est pas démontré contre lui sa connaissance du manque de fiabilité des documents[9]. Le banquier n'est dès lors pas en faute de ne pas procéder à des investigations complémentaires[10]. Identiquement, la responsabilité ne pourra être retenue si les documents comptables sollicités par le banquier n'ont jamais été fournis, ce qui conduit à décider que le banquier n'a pu avoir connaissance de la situation irrémédiablement compromise[11]. Il est exigé du banquier une diligence normale pour accéder à la connaissance de la situation exacte de son client[12].

En outre, le lien causal entre le crédit consenti et la faute de la banque n'existera pas s'il est démontré que la déconfiture du débiteur trouve son origine dans les difficultés économiques du secteur d'activité du débiteur et conduira au rejet de la responsabilité contractuelle de la banque engagée par le débiteur[13].

Des indices du soutien abusif pourront être trouvés dans la multiplication de reports d'échéances, d'aménagements de termes ou encore de prêt-relais[14], des ratios anormaux et l'existence de traites impayées au surplus non causées[15].

1. Com. 2 oct. 2007, n° 06-14.682, NP; n° 1038 F-D; *Gaz. proc. coll.* 2008/1, p. 60, note Routier.
2. Com. 30 sept. 2008, n° 07-17.384, *Bull. civ.* IV, n° 162; *D.* 2008. AJ 2596, note Lienhard; *Gaz. proc. coll.* 2009/1, p. 26, n° 1, note Reille; *Rev. sociétés* 2009. 422, note Routier; *Act. proc. coll.* 2008, n° 263, note Régnaut-Moutier; *JCP E* 2009. Chron. 1008, n° 17, obs. Pétel; *RTD com.* 2009. 191, n° 8, obs. Legeais; *Bull. Joly* 2009. [illegible], note Torck; *Rev. proc. coll.* 2009, n° 99, note Martin-Serf; *Defrénois* 2009. 1391, 38973, n° 1, note Gibirila.
3. Com. 2 mai 2007, n° 06-11.246, NP; n° 659 F-D.
4. Com. 14 janv. 2003, n° 99-21.241, NP, *Act. proc. coll.* 2003, n° 62.
5. Com. 22 sept. 2009, n° 08-16.669, NP; n° 804 F-D; Gaz. *Pal.* 8-10 janv. 2010, n° 8 et 9, p. 35, note Ro[illegible]er; *Rev. proc. coll.* 2009, n° 17[illegible], note Martin-Serf; *RD banc. fin.* 2010, n° 42, note Crédot et Samin.
6. Com. 13 sept. 2011, n° 10-20.760, NP; n° 811 F-D.
7. AINSI : Com. 24 sept. 2003, n° 00-19.067, *Bull. civ.* IV, n° 136.
8. Com. 12 juill. 2005, n° 03-11.089, NP; n° 164 F-D; *RTD com.* 2005. 821, n° 10, obs. Legeais; *Rev. proc. coll.* 2006/3, p. 293, n° 1, obs. Martin-Serf.
9. Com. 26 nov. 2003, n° 01-02.548, NP – Com. 25 avr. 2006, n° 04-17.462, NP, *Rev. proc. coll.* 2007/2, p. 99, n° 2, obs. Martin-Serf.
10. Com. 24 sept. 2002, n° 00-10.063, *Bull. civ.* IV, n° 128; *D.* 2002. AJ 2866, obs. Avéna-Robardet; *Act. proc. coll.* 2002/17, n° 229; *LPA* 9 janv. 2003, n° 7, p. 6, note E. C.
11. Com. 7 janv. 2004, n° 01-02.896, NP.
12. Com. 17 mars 2003, n°s 01-15.969, 01-17.472, NP.
13. Civ. 1re, 4 janv. 2005, n° 02-10.661, NP, *Gaz. proc. coll.* 2005/1, p. 40, n° 1, obs. Routier.
14. T. com. Paris, 1re ch., 17 sept. 2001, *Act. proc. coll.* 2002, n° 241.
15. Com. 19 nov. 2003, n° 00-19.584, et 9 autres, NP, *RTD com.* 2004. 145, n° 9, obs. Legeais; *RD banc. fin.* 2004, n° 192.

Il ne peut être tiré argument du fonctionnement des comptes ayant entraîné des agios de plus en plus importants, du fait que des échéances de prêts n'ont pas été payées à partir d'une certaine date et du fait que la banque cumulait les garanties pour trouver que celle-ci savait que la situation était irrémédiablement compromise, ces éléments ne constituant que des indices.

De même, l'octroi à une entreprise d'une garantie bancaire d'achèvement de travaux ne peut engager la responsabilité de la banque, car il ne contribue pas à créer une apparence de solvabilité, compte tenu du caractère obligatoire de cette garantie, pour certains types d'opérations[1].

Le soutien abusif sera retenu si les crédits, apparemment consentis à la société mère d'un groupe de sociétés, ont en réalité servi à soutenir l'activité de la filiale dont la situation était irrémédiablement compromise[2].

Enfin, il semble que la responsabilité pour soutien abusif soit exclue si la demande de maintien des concours est sollicitée par l'administrateur judiciaire. La solution a été posée à propos d'un fournisseur qui avait continué ses livraisons sur demande expresse de l'administrateur judiciaire[3].

833.14 Montant de la condamnation pour soutien abusif. La question de la détermination du montant auquel peuvent être condamnés les établissements bancaires pour soutien abusif a connu une grande évolution.

Les premiers arrêts de la Cour de cassation se référaient à une diminution de l'actif ou à une aggravation du passif à laquelle les agissements fautifs de la banque avaient contribué[4].

Puis la jurisprudence a limité le préjudice que le créancier fautif devait réparer à l'insuffisance d'actif[5].

Enfin, dans une troisième phase, qui correspond au droit positif, la Cour de cassation a cantonné l'obligation de réparation du créancier fautif à la seule aggravation de l'insuffisance d'actif que l'établissement de crédit ou les établissements de crédit, en cas de responsabilité *in solidum*, ont contribué à créer par leur faute, laquelle a conduit à retarder l'ouverture de la procédure collective[6]. Le montant de l'aggravation de l'insuffisance d'actif est égal à la différence entre le montant de l'insuffisance d'actif à la date à laquelle le juge statue et le montant de l'insuffisance d'actif au jour de l'octroi du soutien abusif[7]. Il ne suffit donc pas de comparer l'actif réalisé et le passif né après l'octroi du concours[8]. Il faut comparer deux chiffres. Le premier est composé de la différence entre l'actif et le passif à la date du concours – montant de l'insuffisance d'actif initial. Le second représente la différence entre l'actif et le passif à la date du jugement d'ouverture. La différence entre le premier et le second chiffre, ce dernier étant supposé supérieur au premier, représente l'accroissement de l'insuffisance d'actif pouvant être mis à charge de l'établissement de crédit.

Pour déterminer l'insuffisance d'actif, les actifs doivent au préalable être réalisés[9]. Cet accroissement de passif peut être celui constaté entre l'octroi des concours fautifs et la date du jugement d'ouverture[10].

Il peut s'agir du montant de la créance super privilégiée des salariés des sociétés dont la rémunération n'a plus été assurée[11]. Cette solution a pour effet d'aligner le régime de la responsabilité de droit commun du banquier sur celui de l'action en comblement de passif, aujourd'hui dénommée action en

1. Com. 20 nov. 2001, n° 99-18.998, NP, *RJDA* 2002/3, n° 291, p. 244.
2. Com. 25 mars 2003, n° 01-01.690, *Bull. civ.* IV, n° 50; *D.* 2003. AJ 1291; *Act. proc. coll.* 2003, n° 122; *LPA* 7 juill. 2003, n° 134, p. 8, note E. C; *RTD com.* 2003. 557, n° 12, obs. Legeais; *JCP E* 2004. Jur. 927, p. 1007, note Croze; *Rev. proc. coll.* 2005/2, p. 164, n° 1, obs. Martin-Serf.
3. Com. 7 mars 2006, n° 05-13.380, NP; n° 299 F-D; *Gaz. proc. coll.* 2006/3, p. 42, n° 1, obs. Routier.
4. Com. 16 nov. 1993, n° 91-19.570, *Bull. civ.* IV, n° 408; *D.* 1994. Jur. 57, concl. de Gouttes, rapp. Pasturel, note Derrida et Sortais – Com. 12 juill. 1994, n° 92-14.349, *Bull. civ.* IV, n° 265; *D.* 1995. Somm. 1, obs. Derrida – RAPPR. : Com. 23 janv. 2001, n° 97-21.193, NP, *Act. proc. coll.* 2001, n° 94; *Act. proc. coll.* 2001, n° 114, note Vallansan.
5. Com. 5 mars 1996, n° 94-13.583, *Bull. civ.* IV, n° 70.
6. Com. 19 nov. 2003, n° 00-19.584, préc – Com. 22 mars 2005, n° 03-12.922, préc. – Com. 22 mars 2005, n° 03-12.399, NP, *Gaz. proc. coll.* 2005/2, p. 33, obs. Routier – Com. 14 mars 2006, n° 03-19.944, NP; n° 343 F-D; *Gaz. proc. coll.* 2006/3, p. 43, n° 2, obs. Routier – Com. 3 juill. 2007, n° 06-14.944, NP, *Gaz. proc. coll.* 2007/4, p. 54, note Routier – Com. 16 oct. 2007, n° 06-15.386, NP; n° 990 F-D; *Gaz. proc. coll.* 2008/1, p. 59, note Routier; *Rev. proc. coll.* 2008, n° 92, note Martin-Serf; SUR RENVOI APRÈS CASSATION DE : Com. 19 nov. 2003, n° 00-19.584, NP – Com. 30 oct. 2007, nos 06-16.129, 06-16.178, *Bull. civ.* IV, n° 230; *D.* 2007. AJ 2078, note Lienhard; *D.* 2008. Pan. 575, obs. Lucas; *Gaz. proc. coll.* 2008/1, p. 58, note Routier; *JCP E* 2008. Chron. 1207, n° 14, obs. M. Cabrillac; *LXB hebdo* 22 nov. 2007, n° 282, n° N1983BDS, note Le Corre – Com. 16 mars 2010, n° 09-11.550, NP; n° 307 F-D; n° 09-16.403, NP; n° 753 F-D; *Gaz. Pal. entr. diff.* 15-16 oct. 2010, p. 34, note Routier; *Rev. proc. coll.* 2010, n° 120, note Martin-Serf – Com. 13 sept. 2011, n° 10-30.766, NP; n° 809 F-D.
7. Com. 22 mars 2016, nos 14-10.066, 14-14.980, *Bull. civ.* IV [à paraître]; n° 258 F-P+B.
8. Com. 22 mars 2016, nos 14-10.066, 14-14.980, préc.
9. Com. 24 juin 2008, n° 07-19.842, NP; n° 737 F-D.
10. Com. 8 janv. 2008, n° 05-17.936, NP; n° 20 F-D; *Gaz. proc. coll.* 2008/2, p. 31, n° 2, note Routier; *Rev. proc. coll.* 2008, n° 1[illegible], note Martin-Serf.
11. Com. 3 juill. 2007, n° 06-14.944, NP, *Gaz. proc. coll.* 2007/4, p. 54, note Routier.

responsabilité pour insuffisance d'actif. Le fait de rester inactif pendant plusieurs années pour recouvrer sa créance, en ne prononçant pas la déchéance du terme malgré des impayés depuis huit ans, en n'assignant pas en redressement judiciaire, en s'abstenant de prendre toute mesure à l'égard du débiteur, en se bornant à négocier avec le dirigeant des remboursements par la vente d'actifs lui appartenant, contribue à l'accroissement du passif au préjudice de l'ensemble des créanciers[1].

Il résulte de la solution jurisprudentielle posée en la matière que s'il est établi que le passif a diminué pendant la phase de soutien abusif, l'établissement de crédit ne peut être condamné, faute de préjudice[2]. Faute pour le demandeur à l'action de fournir des éléments sur l'aggravation ou la diminution de l'insuffisance d'actif qui peut résulter de la faute, la demande ne peut qu'être rejetée[3].

Dès lors que l'octroi du premier concours n'était pas fautif, il ne peut être question de condamner le banquier à la totalité du passif déclaré, au prétexte qu'il a accordé un second concours qui était fautif, dès lors que le passif déclaré comprenait pour partie le montant du crédit initialement accordé et qui n'avait pas été remboursé[4].

La condamnation ne pourra porter en outre sur la diminution de l'actif[5]. Ainsi, il est jugé qu'il n'existe pas de lien de causalité entre la faute de la banque et la dépréciation de certains éléments d'actifs – en l'occurrence des participations dans des filiales. Autrement dit, l'insuffisance d'actif réparable doit être minorée de la perte de valeur des éléments d'actifs postérieurement au concours accordé[6].

Si le passif de la société à laquelle le banquier a accordé des concours est transféré à l'associé unique par suite de la dissolution de la société, le banquier ne peut être condamné à réparer tout ou partie du passif de l'associé unique qu'il n'a pas financé[7].

Il ne pourra donc, par principe, être question de faire supporter au banquier le montant des créances admises au passif[8]. Il ne pourra davantage être question, par principe, de le condamner à la totalité de l'insuffisance d'actif[9], comme on le voit parfois devant les juges du fond[10], sauf à démontrer que le banquier, par son attitude, a eu la responsabilité intégrale de la création du passif.

Les juges devront en tout cas déduire du montant de la condamnation, le passif existant avant l'octroi du crédit abusif[11]. L'établissement de crédit peut renoncer à la créance qu'il a déclarée. En ce cas, la condamnation sera minorée du montant de cette créance éteinte[12]. En l'absence de cette renonciation, la condamnation doit englober la créance détenue par le banquier, auteur de l'octroi fautif de crédit[13].

Rien n'interdit, si le passif n'est pas encore déterminé au jour de la condamnation, de prévoir une condamnation à hauteur d'une fraction ou de l'intégralité de l'insuffisance d'actif qui sera ultérieurement déterminée[14].

En pratique, une expertise sera le plus généralement nécessaire pour établir une situation rétrospective. Il a été jugé qu'il était sans importance que le rapport soit établi de nombreuses années après les faits, dès lors qu'il est régulièrement versé aux débats et qu'il est contradictoirement débattu[15].

Les responsables d'un même dommage seront condamnés *in solidum* à la totalité[16], sauf leur recours entre eux[17], la solution valant même si les coresponsables du dommage sont les dirigeants sociaux,

1. Com. 8 janv. 2008, nº 05-17.936, NP; nº 20 F-D; *Gaz. proc. coll.* 2008/2, p. 31, nº 2, note Routier; *Rev. proc. coll.* 2008, nº 170, note Martin-Serf.
2. Com. 24 mai 2005, nº 0[illegible]-11.875, NP; nº 790 F-D; *Rev. proc. coll.* 2005/4, p. 387, nº 2, obs. Martin-Serf; *Gaz. proc. coll.* 2005/3, p. 45 nº 3, obs. Routier.
3. Com. 2 oct. 2007, nº 05-19.894, NP, *Gaz. proc. coll.* 2008/1, p. 60, note Routier.
4. Com. 8 nov. 2011, nº 10-21.971, NP; nº 1114 F-D; *Gaz. Pal. entr. diff.* 21 janv. 2012, nº 20, p. 38, note Routier.
5. Com. 22 mars 2005, nº 03-12.399, NP, *Gaz. proc. coll.* 2005/2, p. 33, obs. Routier.
6. Com. 23 avr. 2013, nº 12-22.843, *Bull. civ.* IV, nº 65; nº 434 F-P+B; *Gaz. Pal.* 12 juill. 2013, nº 93, p. 28, note Routier; *Bull. Joly* juin *2013, comm.* 197, note Lucas; *RDBF* juill. 2013, comm. 123, note Crédot et San[illegible]; *JCP E* 2013, Chron. 1662, nº 18, obs. Dumoulin; *Rev. proc. coll.* 2013, comm. 181, note Martin-Serf.
7. Com. 14 mars 2006, nº 03-19.944, NP; nº 343 F-D; *Gaz. proc. coll.* 2006/3, p. 43, nº 2, obs. Routier.
8. Com. 11 mai 2010, nºs 09-12.906, 09-13.347, NP; nº 506 F-D.
9. Com. 21 sept. 2004, nº 01-17.349, NP – Com. 13 sept. 2011, nº 10-30.766, NP; nº 809 F-D.
10. AINSI : Dijon, 1re ch., 1re sect., 18 juill. 2000, *RD banc. fin.* 2000, nº 188, obs. Crédot et Gérard.
11. Com. 22 mars 2005, nº 03-12.922, *Bull. civ.* IV, nº 67, préc. (v. sº prést nº) – *Adde*, SUR L'APPLICATION DE CETTE SOLUTION, approuvée par la Cour de cassation : Com. 22 janv. 2013, nºs 11-30.536, 11-30.546, NP; nº 80 FS-D.
12. Com. 15 mars 2005, nº 04-10.419, NP, *Gaz. proc. coll.* 2005/2, p. 33, obs. Routier.
13. Com. 18 janv. 2011, nº 09-17.161, NP; nº 3 F-D.
14. Com. 30 nov. 2004, nº 03-11.412, NP – Com. 8 janv. 2008, nº 03-13.319, NP; nº 19 F-D.
15. Com. 8 janv. 2008, nº 05-17.936, NP; nº 20 F-D; *Gaz. proc. coll.* 2008/2, p. 31, nº 2, note Routier; *Rev. proc. coll.* 2008, nº 170, note Martin-Serf.
16. Com. 19 nov. 2003, nº 00-19.584, et 9 autres, NP; nº 1575 FS-D – Com. 27 févr. 2007, nº 06-13.649, *Bull. civ.* IV, nº 72; LPA 16 nov. 2007, nº 230, p. 8, note Coutant-Lapalus.
17. Com. 27 févr. 2007, nº 06-13.649, *Bull. civ.* IV, nº 72; *LPA* 16 nov. 2007, nº 230, p. 8, note Coutant-Lapalus.

titulaires de comptes-courants débiteurs dans la société dirigée[1].

833.15 Modalités de la condamnation de l'établissement de crédit sur un fondement délictuel. L'action en responsabilité pour soutien abusif contre un établissement de crédit obéit, avant la loi du 17 juin 2008[2], à la prescription de l'article 2270-1 du code civil. En conséquence, comme pour toute action en responsabilité extra-contractuelle, la prescription a pour point de départ la manifestation ou l'aggravation du dommage. Lorsqu'il est question d'un crédit ruineux, il convient donc, pour apprécier la prescription, de rechercher à quelle date s'est manifesté le dommage résultant pour les créanciers de l'aggravation du passif[3]. À l'égard du défenseur de l'intérêt collectif des créanciers, il s'agira de la date d'ouverture de la procédure collective[4].

Depuis la loi du 17 juin 2008, il y a lieu d'appliquer l'article 2224 du code civil, qui est venu unifier les délais de prescription des actions en responsabilité délictuelle et des actions en responsabilité contractuelle. Désormais, le délai quinquennal de droit commun s'applique à elles deux. Il court à compter de la date à laquelle le demandeur a connu ou aurait dû connaître les faits lui permettant d'exercer son droit.

Il a été jugé que l'interversion de la prescription – qui n'existe plus au demeurant depuis la loi du 17 juin 2008 – résultant de l'admission au passif de la créance n'a aucune incidence sur le délai de prescription de l'action en responsabilité en soutien abusif engagée contre un tiers[5].

L'établissement de crédit, qui est assigné sur le fondement de l'action en comblement de passif en qualité de dirigeant de fait et subsidiairement sur le fondement de l'article 1240 du code civil[6] (ex. art. 1382) pour soutien abusif, peut être condamné sans avoir été préalablement convoqué en chambre du conseil en qualité de dirigeant, dès lors que la condamnation intervient sur le fondement de l'action en responsabilité civile délictuelle de cet article[7].

Les éléments d'un rapport d'expertise annulé peuvent être retenus pour fonder la condamnation d'un banquier s'ils sont corroborés par d'autres éléments du dossier[8].

Lorsque l'action en responsabilité est engagée sur le terrain délictuel, seul le défenseur de l'intérêt collectif des créanciers a intérêt à agir. Pendant la période d'observation il s'agira du représentant des créanciers et, depuis la loi de sauvegarde des entreprises, du mandataire judiciaire. Après l'adoption du plan, la qualité appartient au commissaire à l'exécution, qui peut continuer, mais aussi entamer l'action en responsabilité (v. s[s] n°s 521.33 à 521.35).

Avec la réforme du 26 juillet 2005[9], les contrôleurs pourront agir, à titre subsidiaire, aux fins d'engager la responsabilité d'un établissement de crédit (v. s[s] n° 612.23).

Enfin, par exception, un tiers peut agir à titre individuel contre un établissement de crédit s'il a subi un préjudice strictement personnel (v. s[s] n° 611.36).

Pour sa part, l'établissement de crédit assigné en responsabilité a qualité pour appeler en garantie un tiers, dès lors que l'établissement de crédit est assigné sur le fondement du soutien abusif et non en paiement des dettes sociales[10].

1. Com. 30 sept. 2008, n° 07-17.384, *Bull. civ.* IV, n° 162; *D.* 2008. AJ 2596, note Lienhard; *Gaz. proc. coll.* 2009/1, p. 26, n° 1, note Reille; *Rev. sociétés* 2009. 422, note Routier; *Act. proc. coll.* 2008, n° 263, note Régnaut-Moutier; *JCP E* 2009. Chron. 1008, n° 17, obs. Pétel; *RTD com.* 2009. 191, n° 8, obs. Legeais; *Bull. Joly* 2009. 60, note Torck; *Rev. proc. coll.* 2009. Étude 99, obs. Martin-Serf; *Defrénois* 2009. 1391, 38973, n° 1, note Gibirila.
2. L. n° 2008-561, 17 juin 2008, *JO* 18 juin, p. 9856.
3. Com. 10 juin 2008, n° 07-10.940, NP; n° 691 F-D; *Gaz. proc. coll.* 2008/3, p. 51, note Routier; *Rev. proc. coll.* 2009, n° 7, note Fraimout.
4. Com. 11 mai 2010, n°s 09-12.906, 09-13.347, NP; n° 506 F-D.
5. Com. 9 déc. 2008, n° 07-16.736, NP; n° 1295 F-D; *Gaz. proc. coll.* 2009/2, p. 36, n° 3, note Routier.
6. MOD. par Ord. n° 2016-131, 10 févr. 2016, JO 11 févr., art. 2.
7. Com. 8 janv. 2008, n° 06-16.308, NP; n° 10 F-D; *Gaz. proc. coll.* 2008/2, p. 32, n° 3, note Routier; *Bull. Joly* 2008. 325, note Staes; *Rev. proc. coll.* 2008, n° 64, note ...orrias; *Dr. sociétés* 2008, n° 152, note Legros.
8. ...om. 6 oct. 2009, n° 08-15.154, NP; n° 846 F-D; *Gaz. Pal.* 10 janv. 2010, n°s 8 et 9, p. 34 note Routier.
9. ...n° 2005-845, 26 juill. 2005, préc.
10. ...n. 10 juin 2008, n° 07-10.940, préc.

CHAPITRE

834. Soutien abusif sous l'empire de la loi du 26 juillet 2005

SECTION 0

ORIENTEUR

834.00 Plan du chapitre.

Sect. 834.10 Condamnation de l'établissement de crédit sous l'empire de la législation de sauvegarde des entreprises

834.01 Textes applicables. (V. les références complètes s[s] n° 011).

> **Législation issue de la loi de sauvegarde des entreprises.**

C. com., art. L. 650-1

834.02 Jurisprudence de référence.

> Lorsqu'une procédure collective est ouverte, « les créanciers ne peuvent être tenus pour responsables des préjudices subis du fait des concours consentis, sauf les cas de fraude, d'immixtion caractérisée dans la gestion du débiteur ou de disproportion des garanties prises, que si les concours consentis sont en eux-mêmes fautifs ».

• **Com. 27 mars 2012,** n° 10-20.077, *Bull. civ.* IV, n° 68

* V. s[s] n° 834.12

834.03 Bibliographie indicative. (V. les références complètes s[s] n° 031 – Aussi s[s] n° 830.03).

834.04 Question essentielle.

• L'article L. 650-1 du code de commerce institue-t-il trois cas de responsabilité ou ne pose-t-il que trois exceptions au principe d'irresponsabilité du banquier en cas de concours fautif ?

* V. s[s] n° 834.12.

SECTION 834.10

CONDAMNATION DE L'ÉTABLISSEMENT DE CRÉDIT SOUS L'EMPIRE DE LA LÉGISLATION *DE SAUVEGARDE DES ENTREPRISES*

834.11 Contexte de l'adoption de l'article L. 650-1 du code de commerce. Dans l'idée de permettre à des entreprises en difficulté de trouver des financements, et d'interdire ce faisant aux établissements de crédit de se réfugier derrière le risque de condamnation pour soutien abusif[1], il a été imaginé d'introduire dans la législation une limitation très sensible au principe de responsabilité pour faute du banquier pour les financements accordés à une entreprise en difficulté[2].

Dans une vision très optimiste, il a été écrit que la responsabilité pour soutien abusif, loin de constituer pour les dispensateurs de crédit une menace redoutable, ne leur inspirerait qu'une crainte largement apprivoisée[3]. Il a été de même évoqué, abusivement nous semble-t-il, au regard de la réalité pratique, qui ne peut être quantifiée sur la seule base des décisions rendues par la Cour de cassation en la matière, alors surtout que la pratique révèle qu'un grand nombre de contentieux sont résolus par une transaction, le caractère laborieux des justifications à la suppression du dispositif prétorien de responsabilité pour soutien abusif.

Le dispositif mis en place nous apparaît au contraire partir d'une saine vision des choses, car il nous semble, à la suite d'un auteur, anormal de voir dans le banquier le responsable idéal, au seul prétexte qu'il est solvable[4]. La responsabilité du banquier ne doit pas être transformée en un mécanisme d'assurance comparable à celui de l'AGS. Comme il a été justement relevé, « le législateur savait parfaitement dès l'origine que la jurisprudence relative au soutien abusif condamnait rarement les banques

1. *Rapp. J.-J. Hyest*, au nom de la commission des lois du Sénat, n° 335, p. 137.
2. Hoang, « De la suppression du dispositif prétorien de la responsabilité pour soutien abusif », *D.* 2006. Chron. 1458, n° 3.
3. Hoang, art. préc., sp. 1465, n° 36.
4. Urbain-Parléani, « L'octroi abusif de crédit », *RD banc. fin.* 2002/6, p. 365.

mais il a considéré que sa portée n'en est pas moins grande au titre de son effet dissuasif »[1].

Au démarrage des discussions parlementaires ayant entouré l'adoption de ce qui allait devenir l'article L. 650-1 du code de commerce, l'ambition législative était limitée. Le projet de loi était parti du constat que l'une des sources d'insécurité du règlement amiable tenait à la possibilité de remonter la date de cessation des paiements (v. s[s] n° 144.45). En conséquence, pouvait parfaitement être caractérisée une situation irrémédiablement compromise au moment de l'octroi du concours nouveau, pendant la phase de recherche de l'accord de règlement amiable. Ce risque est évidemment apparu inacceptable pour les établissements de crédit[2]. Comment leur reprocher, après coup, ce que le conciliateur, sous l'égide du tribunal, les supplie de faire ? Pour amener les établissements de crédit à se montrer moins restrictifs dans la distribution des crédits à une entreprise rencontrant des difficultés, il faut chasser le risque de poursuites sur le fondement de l'article 1240 du code civil[3] (ex. art. 1382), au titre du soutien abusif, même si le montant des condamnations prononcées en moyenne sur une année ne dépasserait pas 15 millions d'euros[4]. Il faut, a-t-il été dit, « ne pas décourager les apporteurs de crédit aux entreprises »[5]. Indiquons toutefois que ce chiffre de 15 millions d'euros ne reflète que très imparfaitement la réalité, puisqu'il ne correspond qu'au montant des condamnations dans les affaires portées devant la Cour de cassation.

L'article L. 611-11, alinéa 2 du projet de loi avait pour objet de répondre à cette préoccupation en énonçant que « ces personnes (qui ont accordé un concours ou une avance au débiteur dans le cadre de la procédure de conciliation) ne peuvent, sauf fraude ou comportement manifestement abusif de leur part, être tenues pour responsable des préjudices subis du fait des concours consentis du fait d'un accord homologué ».

L'importance de la disposition a conduit à la présentation d'un amendement, qui a été adopté, permettant de reporter la discussion de ce texte après l'article 142 du projet de loi, c'est-à-dire au stade de l'examen des dispositions relatives à la responsabilité et aux sanctions[6]. La portée du texte n'est évidemment pas du tout la même : il a vocation à s'appliquer pour tous les concours consentis, et non pas seulement à ceux accordés dans le cadre d'un accord de conciliation homologué, comme cela était initialement prévu[7].

L'opposition parlementaire a été très véhémente à propos de cette mise à l'écart de la responsabilité du banquier pour soutien abusif. A été évoqué le principe général d'irresponsabilité pour faute[8]. L'exception d'irrecevabilité a été soulevée au prétexte que le principe de responsabilité, reconnu par le Conseil constitutionnel dans sa décision du 9 novembre 1999, est mis à mal par l'article 8 du projet, qui exonère une personne, éventuellement les banques, qui consentent un concours dans le cadre d'un accord homologué. Des personnes peuvent causer une injustice, mais n'être pas tenues pour responsables. Elle crée un véritable « privilège d'irresponsabilité »[9].

Le garde des Sceaux, face à l'argument d'inconstitutionnalité que renfermerait le texte[10], a indiqué qu'il n'était pas question de supprimer le principe même de responsabilité, mais de savoir comment cette responsabilité peut être organisée et encadrée[11]. Il faut trouver un juste équilibre entre la nécessité de ne pas décourager les apporteurs de crédits aux entreprises et les principes généraux du droit de la responsabilité[12].

Par l'amendement n° 602, il s'est agi d'étendre la portée de la réglementation établie, pour ne pas la cantonner aux seuls établissements de crédit, comme cela était prévu dans le projet de loi. Il s'est agi de prendre en compte l'évolution jurisprudentielle, qui ne cantonne pas le soutien abusif aux seuls établissements de crédit[13]. C'est ainsi que le texte de l'article L. 650-1 du code de commerce dispose que « les créanciers ne peuvent être tenus pour responsable des préjudices subis du fait des concours consentis, sauf les cas de fraude, d'immixtion caractérisée dans la gestion du débiteur ou si les garanties prises en contrepartie de ces concours sont disproportionnées à ceux-ci ».

1. Vauvillé, « Le nouveau titre V des responsabilités et des sanctions », *Rev. proc. coll. 2006/4, p.* 345 s., sp. p. 346.
2. *Rapp. Xavier de Roux*, n° 2095, p. 41.
3. MOD. PAR Ord. n° 2016-131, 10 févr. 2016, *JO* 11 févr., art. 2.
4. Interv. Vidalies, *JOAN CR*, 2e séance du 3 mars 2005, p. 1635.
5. Interv. Perben, *JOAN CR*, 3e séance du 8 mars 2005, p. 1791.
6. Amend. n° 575, Interv. Xavier de Roux, *JOAN CR*, 2e séance du 3 mars 2005, p. 1633.
7. *Rapp. J.-J. Hyest*, n° 335, p. 445.
8. Interv. Vidalies, *JOAN CR*, 3e séance du 8 mars 2005, p. 1792.
9. Interv. Giaccobi, 3e séance *JOAN CR*, 1er mars 2005, p. 1507 – AUSSI : Interv. Montebourg, *JOAN CR*, 3e séance du 1er mars 2005, p. 1518.
10. SUR CETTE ATTAQUE : interv. Montebourg, *JOAN CR*, 2e séance du 3 mars 2005, p. 1634 – V. LES ARGUMENTS développés par : Routier, « De l'irresponsabilité du prêteur dans le projet de loi de sauvegarde des entreprises », *D.* 2005. Doctr. 1478.
11. Interv. Perben, *JOAN CR*, 2e séance du 3 mars 2005, p. 1634.
12. Interv. Perben, *JOAN CR*, 3e séance du 8 mars 2005, p. 1791.
13. Interv. de Roux, *JOAN CR*, 2e séance du 3 mars 2005, p. 1635.

L'opposition parlementaire a entendu soumettre ce texte à la censure du Conseil constitutionnel, qui a rejeté le recours[1], en adoptant sensiblement les arguments avancés par le Gouvernement lors de la discussion parlementaire. Selon le Conseil constitutionnel, « si la faculté d'agir en responsabilité met en œuvre l'exigence constitutionnelle posée par les dispositions de l'article 4 de la Déclaration des droits de l'homme et du citoyen de 1789 aux termes desquelles : « La liberté consiste à pouvoir faire tout ce qui ne nuit pas à autrui », cette exigence ne fait pas obstacle à ce que, en certaines matières, pour un motif d'intérêt général, le législateur aménage les conditions dans lesquelles la responsabilité peut être engagée; Considérant, d'une part, que le législateur a expressément prévu que la responsabilité de tout créancier qui consent des concours à une entreprise en difficulté resterait engagée en cas de fraude, d'immixtion caractérisée dans la gestion du débiteur ou de prise de garanties disproportionnées; qu'ainsi, contrairement à ce qui est soutenu, il n'a pas supprimé cette responsabilité; Considérant, d'autre part, qu'en énonçant les cas dans lesquels la responsabilité des créanciers serait engagée du fait des concours consentis, le législateur a cherché à clarifier le cadre juridique de la mise en jeu de cette responsabilité; que cette clarification est de nature à lever un obstacle à l'octroi des apports financiers nécessaires à la pérennité des entreprises en difficulté; qu'elle satisfait ainsi à un objectif d'intérêt général suffisant; Considérant, en second lieu, que les dispositions contestées ne portent pas atteinte au droit des personnes intéressées d'exercer un recours effectif devant une juridiction; que doit être dès lors écarté le grief tiré de la violation de l'article 16 de la Déclaration de 1789 ».

Il a été souligné que cette interprétation du Conseil constitutionnel semblait à rebours de l'évolution générale du droit de la responsabilité[2]. Mais, après tout, ne faut-il pas arrêter ce mouvement de responsabilité quasi automatique sans faute prouvée ? Au surplus, il est évident que la protection individuelle, qui consiste à réparer le préjudice, doit céder le pas devant l'intérêt général, mis en avant par le Conseil constitutionnel et qui doit être compris comme celui de sauver les entreprises et des emplois en leur octroyant, sans risque d'engagement de la responsabilité, des concours.

Un auteur estime cependant que l'article L. 650-1 du code de commerce, du fait du principe d'irresponsabilité qu'il contient, contrarie la Convention européenne des droits de l'homme, au regard des principes de protection des droits et des libertés d'autrui et du droit au procès équitable, du fait de la suppression de la possibilité pour la victime d'une faute d'en obtenir réparation, et cela de manière rétroactive[3]. La solution contraire a été retenue en jurisprudence[4].

L'objectif que s'assignait le législateur de rendre plus clair le régime d'engagement de la responsabilité du banquier n'a en tout cas pas été atteint. Au contraire, il nous apparaissait que le dernier état de la jurisprudence de la Cour de cassation intéressant la matière assurait une lisibilité du droit, ce qu'est loin de faire l'article L. 650-1 du code de commerce. Le risque d'un contentieux pléthorique ne nous semblait pas exclu, avec une telle disposition aux contours incertains, sinon brumeux. Et nous ne pouvions dès lors que partager l'opinion d'un auteur lorsqu'il écrivait qu'il « est à craindre que la protection voulue par le législateur pour le fournisseur de concours ne soit, en raison des contentieux nouveaux que le texte va susciter par ses incertitudes, aussi éphémère que le sillage d'un navire »[5]. Le contentieux risquait de se déplacer vers de nouveaux horizons[6].

Dans l'interprétation de la disposition ici analysée, il faudra en tout cas se souvenir du contexte et des raisons qui ont conduit à poser ce texte et ne pas oublier qu'il s'agissait de permettre d'octroyer, à risques plus limités, des crédits à des entreprises en difficulté[7]. Il n'apparaîtrait donc pas concevable de faire jouer l'article L. 650-1 du code de commerce, et spécialement le nouveau cas de responsabilité lié à la prise de garanties disproportionnées par rapport aux concours consentis, en dehors de crédits consentis à une entreprise en difficulté[8]. Cette dernière notion nous semble pouvoir être appréhendée comme le fait le droit européen (v. s^s^ n° 111.11).

834.12 Nature du dispositif créé par l'article L. 650-1 du code de commerce – Compétence (v. aussi pour l'engagement de la responsabilité à l'égard des cautions s^s^ n° 725.12). Il a été soutenu que le texte de l'article L. 650-1 du code de commerce ne posait pas une présomption de non-responsabilité[9], dans la mesure où une faute pourrait être recherchée à l'extérieur des circonstances permettant exceptionnellement d'agir en responsabilité, spécialement l'hypothèse du crédit ruineux. Il a

1. Cons. const. 22 juill. 2005, n° 2005-522 DC, *JO* 27 juill., p. 12225; *LPA* 4 août 2005, n° 154, note Schoettl.
2. Moury, « La responsabilité du fournisseur de "concours" dans le marc de l'article L. 650-1 du code de commerce », *D.* 2006. Chron. 1743 s., sp. 1744, n° 5.
3. Routier, « L'article L. 650-1 du code de commerce : un article "détonnant" pour le débiteur et "détonant" pour le contribuable ? », *D.* 2006. Chron. 2917, sp. 2917, n° 10.
4. Paris, 8 mars 2012, *Dr. et proc.* 2012. 230, note Laforcade.
5. Moury, art. préc., sp. 1751, n° 33.
6. Moury, art. préc.
7. RAPPR. : Moury, art. préc., n° 2.
8. EN CE SENS AUSSI : Moury, art. préc., sp. 1745, n° 9.
9. Legeais, « Les concours consentis à une entreprise en difficulté », *JCP E* 2005. Étude 1510, n° 3 – Moury, art. préc., sp. 1744, n° 4.

été soutenu qu'il ne s'agissait pas davantage d'une déchéance, puisque l'application du texte de l'article L. 650-1 du code n'est qu'un retour à la responsabilité civile lorsqu'une faute a été commise[1].

Le texte, tel qu'il est rédigé, nous semble bien poser, malgré les affirmations du Conseil constitutionnel et les opinions ci-dessus exposées, un principe d'irresponsabilité des créanciers – on a parlé d'îlot d'irresponsabilité devant plutôt trouver sa place à l'article L. 313-12 du code monétaire et financier[2] – dans l'octroi de concours. Il est clair qu'avec ce texte, le banquier peut commettre des fautes unies par un lien de causalité avec le préjudice subi par les créanciers, sans pour autant être responsable[3], y compris lorsque la faute est commise en toute connaissance de la situation compromise du débiteur[4].

Il nous apparaît d'abord que, au titre d'un concours consenti, la responsabilité du dispensateur de crédit ne peut être retenue faute d'invoquer l'un des trois comportements visés[5].

En examinant ensuite les trois cas visés à l'article L. 650-1 du code de commerce, et en s'intéressant ensuite au lien de causalité pouvant exister entre l'un de ces trois cas et le préjudice que fait subir par son fait le dispensateur de crédit à la collectivité des créanciers, la perplexité s'installe si l'on doit résumer les faits visés à l'article L. 650-1 en des cas d'engagement de la responsabilité, c'est-à-dire en des fautes. Comment par exemple, caractériser utilement le lien de causalité entre le préjudice subi et la prise de garanties disproportionnées ? Cet exemple nous conduit plutôt à voir dans les faits visés à l'article L. 650-1 du code de commerce des causes de déchéance du principe d'irresponsabilité du banquier.

Lorsque l'article L. 650-1 du code énonce que le banquier n'est pas responsable, il sous-entend évidemment qu'il n'est pas responsable... de sa faute. Il est donc nécessaire que le dispensateur de crédit ait été fautif dans la distribution du crédit. Les fautes anciennement retenues nous semblent toujours d'actualité : il faudra constater soit un octroi de crédit en connaissance de la situation irrémédiablement compromise[6] – octroi d'argent facile –, soit un crédit ruineux – octroi d'argent trop cher. Mais il faudra, en outre – et là se trouve l'apport de l'article L. 650-1 du code de commerce – que ce crédit fautif s'accompagne soit d'une fraude, soit d'une immixtion caractérisée, soit d'une prise de garanties disproportionnée par rapport aux concours consentis. Seule cette interprétation nous semble possible[7], si l'on accepte le postulat indiscutable que le législateur a voulu restreindre les cas d'engagement de la responsabilité du dispensateur de crédit, en posant un principe d'irresponsabilité dans la distribution des crédits.

Cette analyse semblait avoir été partagée par une juridiction[8].

Mais l'analyse était âprement discutée en doctrine, d'autres auteurs voyant en effet simplement dans l'article L. 650-1, trois cas de responsabilité du fournisseur de crédit[9].

C'est dans le premier sens que s'est prononcée la Cour de cassation. Elle affirme que lorsqu'une procédure collective est ouverte, « les créanciers ne peuvent être tenus pour responsables des préjudices subis du fait des concours consentis, sauf les cas de fraude, d'immixtion caractérisée dans la gestion du débiteur ou de disproportion des garanties prises, que si les concours consentis sont en eux-mêmes fautifs »[10]. Ainsi que nous l'avions pensé, le qualificatif « fautifs » doit être sous-entendu après le mot "concours", dans le texte de l'article L. 650-1 du code de commerce. La faute ne réside pas dans l'une des

1. Moury, art. préc., sp. 1744, n° 4.
2. Martin-Serf, *Rev. proc. coll.* 2005/4, p. 386, n° 1.
3. RAPPR. : Robine, « L'article L. 650-1 du code de commerce, un "cadeau" empoisonné », *D.* 2006. Doctr. 69 s., sp. 72, n° 15.
4. Moury, art. préc., sp. 1744, n° 3.
5. Paris, 15e ch. B, 3 juill. 2008, RG n° 06/20946, *Gaz. proc. coll.* 2009/1, p. 22, note Routier.
6. AINSI : Com. 5 mai 2015, n° 14-11.863, NP; n° 401 F-D.
7. EN CE SENS AUSSI : Crédot et Samin, note ss T. com. Nanterre, 7e ch., 19 juin 2009, RG n° 08/F00426, *RD banc. fin.* 2010, n° 208 – *Adde*, MAIS PLUS TIMIDEMENT EN CE SENS : Roussel Galle, « Risques et responsabilités des cocontractants », *Rev. proc. coll.* 2010/6, n° 9, p. 89 s., sp. p. 92, n° 21.
8. Pau, 2e ch., 1re sect., 20 sept. 2010, RG n° 08/04106, *Act. proc. coll.* 2011, n° 40.
9. AINSI : Forray, « Commentaire complémentaire de l'article L. 650-1 du code de commerce », *RTD com.* 2008. 661 s., sp. 665 s.
10. Com. 27 mars 2012, n° 10-20.077, *Bull. civ.* IV, n° 68; *D.* 2012. Actu. 870, obs. Lienhard; *D.* 2012. Étude 1455, obs. Dammann et Rapp; *D.* 2012. Étude 2034, obs. Hoang; *D.* 2012. Pan. 1576, obs. Crocq; *D.* 2012. Pan. 2204, obs. Le Corre; *Gaz. Pal. entr. diff.* 3 août 2012, n° 216, p. 16, note Routier; *JCP E* 2012, n° 1274, note Legeais; *BJE* 2012. 176, note Favario; *Act. proc. coll.* 2012, n° 125, note Routier; *Rev. sociétés* 2012. 398, note Roussel Galle; *Rev. proc. coll.* 2012. Étude 25, note Demeyère; *RTD com.* 2012. 584, n° 7, obs. Legeais; *LPA* 24 juill. 2012, n° 147, p. 18, note Garaud; *JCP E* 2012. Chron. 1508, n° 9, obs. Pétel; *Gaz. Pal.* 2012, Jur. 1568, note Reifegerste; *Dr. et patr.* sept. 2012. 104, note Saint-Alary-Houin; *Bull. Joly* 2012, n° 256, note Pétel; *Rev. proc. coll.* 2012, n° 215, note Martin-Serf; Rev. *sociétés* 2013. 93, note Riassetto; *LXB hebdo* 19 avr. 2012, n° 293, note Le Corre-Broly – *Adde*, Com. 11 déc. 2012, n° 11-25.795, NP; n° 1245 F-D; *Gaz. Pal.* 1er mai 2013, n° 121, p. 37, note Routier – Com. 28 janv. 2014, n° 12-26.156, NP; n° 100 F-D; *Gaz. Pal.* 19 mars 2014, n° 78, p. 17, note Dumont-Lefrand – Com. 11 févr. 2014, n° 12-26.683, NP; n° 177 F-D – Com. 16 déc. 2014, n° 13-23.748, NP; n° 1113 F-D – Paris, pole 5, 8e ch., 11 févr. 2014, RG n° 13/00107, *RTD com.* 2014. 690, n° 3, note Martin-Serf.

trois hypothèses visées à l'article L. 650-1 du code de commerce. Spécialement, dans l'arrêt précité, la Cour de cassation a considéré que l'immixtion caractérisée dans la gestion ne permettait pas, à elle seule, d'engager la responsabilité du banquier[1]. La même solution est posée lorsqu'il est reproché une prise de garanties disproportionnées[2]. Le banquier, sans octroi d'argent facile ou trop cher, ne sera pas responsable. Mais, par principe, le banquier qui octroie de l'argent facile ou trop cher ne sera pas davantage responsable. Il ne le sera que si, outre l'octroi d'argent facile ou trop cher, il a eu un comportement frauduleux, s'est immiscé, de façon caractérisée, dans la gestion du débiteur ou a pris des garanties disproportionnées par rapport aux concours consentis. En somme, « l'octroi d'un crédit ne doit pas engager la responsabilité du créancier qui accepte un risque, même de manière imprudente; mais la règle ne doit pas protéger celui qui agit par calcul, avec de mauvaises intentions »[3].

Ainsi, le dispositif de l'article L. 650-1 du code de commerce doit-il s'analyser en un principe d'irresponsabilité pour concours fautif, assorti de trois causes de déchéance de ce principe d'irresponsabilité[4].

Lorsque le dispositif aura vocation à jouer, la responsabilité du créancier sera de nature délictuelle. La solution posée sous l'empire de la législation du 25 janvier 1985[5], selon laquelle, dès lors que le dommage est subi en France, la responsabilité délictuelle d'un banquier étranger à l'égard des créanciers d'une procédure collective entraîne application de la loi française (v. s[s] n° 833.11), nous semble devoir être reconduite.

Le fait que l'article L. 650-1 du code de commerce réglemente la question de la responsabilité du banquier pour soutien abusif n'a pas conduit au changement de la solution de principe, selon laquelle la responsabilité du banquier pour soutien abusif ne relève pas de la compétence du tribunal de la faillite (v. s[s] n° 312.42), en ce qu'elle n'est ni une action née de la faillite, ni une action sur laquelle les règles de la faillite exercent leur incidence[6]. La solution peut être sérieusement discutée, du fait que l'article L. 650-1 du code de commerce déroge de manière très notable au droit commun de la responsabilité civile délictuelle, qui obligent le fautif à réparer les conséquences de sa faute.

834.13 Domaine du dispositif créé par l'article L. 650-1 du code de commerce. Tous les créanciers, dès lors du moins qu'ils ont consenti un concours financier, sont potentiellement appelés à bénéficier de la disposition ou à se la voir appliquer, et non pas seulement les établissements de crédit[7].

On remarquera que le texte exige que la personne recherchée en responsabilité soit un créancier. Faudra-t-il admettre que celui qui n'est plus créancier au jour de l'ouverture de la procédure collective ne puisse être recherché en responsabilité sur le fondement de l'article L. 650-1 du code ? Une réponse négative nous semble devoir s'imposer[8]. Cela n'a nullement été voulu par le législateur, qui par le terme – qu'il croyait générique – de « créancier » a simplement entendu englober des personnes autres que les établissements de crédit.

Le terme de concours est large et englobe les prêts, l'escompte, les découverts, les ouvertures de crédit, les crédits garantis par une cession Dailly. Sont concernés les concours bancaires, mais encore les crédits interentreprises et les crédits fournisseurs[9]. Il n'y a pas à distinguer selon que les concours sont consentis pour financer la création ou l'acquisition de l'entreprise[10].

Certains estimaient que l'article L. 650-1 du code avait vocation à s'appliquer aux délais de paiement[11]. Nous n'avions pas partagé l'opinion[12]. Il

1. Com. 27 mars 2012, n° 10-20.077, préc. – *Adde*, Com. 16 déc. 2014, n° 13-23.748, NP, *Rev. proc. coll.* 2015, comm. 74, note Martin-Serf – Paris, pôle 5, 8e ch., 11 févr. 2014, RG n° 13/00107, *Rev. proc. coll.* 2015, comm. 74, note Martin-Serf.
2. Com. 11 déc. 2012, n° 11-25.795, NP; n° 1245 F-D; *Gaz. Pal.* 1er mai 2013, n° 121, p. 37, note Routier.
3. Pétel, note s[s] Com. 27 mars 2012, n° 10-20.077, préc.
4. EN CE SENS AUSSI : Capoen, « La responsabilité bancaire à l'égard des entreprises en difficulté », th. dact. Toulouse 2008, p. 212, n° 246.
5. *L. n° 85-98, 25 janv. 1985, JO 26 janv.*, p. 1097.
6. *Com. 12 juill. 2016, n° 14-29.429, Bull. civ.* IV [à paraître]; n° 674 F-P+B.
7. AINSI : Com. 16 oct. 2012, n° 11-22.993, *Bull. civ.* IV, n° 186; *D.* 2012. Actu. 2513, obs. Lienhard; *Rev. sociétés* 2012. 730, note Roussel Galle; *JCP E* 2012, n° 1735, note Legeais; *Act. proc. coll.* 2012, n° 293, note Régnaut-Moutier; *BJE* 2012, n° 194, note Le Mesle; *Gaz. Pal.* 8 nov. 2012, p. 20, note Favario; *JCP E* 2012. Chron. 1757, n° 18, obs. Pétel.; *Rev. proc. coll.* 2013, comm. 93, note Martin-Serf.
8. EN CE SENS AUSSI : Moury, « La responsabilité du fournisseur de "concours" dans le marc de l'article L. 650-1 du code de commerce », *D.* 2006. Chron. 1743 s., sp. 1746, n° 12.
9. Legeais, « Les concours consentis à une entreprise en difficulté », *JCP E* 2005. Étude 1510, n° 6 – Moury, art. préc., sp. 1746, n° 12.
10. Com. 3 nov. 2015, nos 14-10.274, 14-18.433, NP; n° 933 F-D; *Gaz. Pal.* 19 janv. 2016, n° 3, p. 74, note crit. Routier; *BJE* 2016, 48, note Favario; *Gaz. Pal.* 8 mars 2016, n° 10, p. 70, note crit. Moreil; *JCP E* 2016, chron. 1198, n° 12, note Pétel; *Rev. proc. coll.* 2016, comm. 100, note Martin-Serf.
11. AINSI : Toulouse, 2e ch., 1re sect., 3 févr. 2010, RG n° 08/05207, *Rev. proc. coll.* 2011, n° 22, note Martin-Serf – *Adde*, Legeais, art. préc., n° 6 – Moury, art. préc., sp. 1746, n° 12 – LE CANNU, 7e éd., n° 636 – VALLENS, 2010, n° 4607 – Dammann, « Banque et banquiers responsables », *in Responsabilité et régulation économique*, vol. 5, Presses ScPo – Dalloz, 2007, p. 73 s., sp. p. 84, n° 200.
12. EN CE SENS AUSSI : SAINT-ALARY-HOUIN, 7e éd., n° 770.

en résultait, selon nous, l'impossibilité, d'appliquer l'article L. 650-1 du code de commerce à des créanciers institutionnels, tels l'Urssaf, même si certaines juridictions du fond avaient statué en sens contraire[1]. De tels créanciers n'auraient pu voir leur responsabilité engagée que dans les conditions de droit commun, et non dans les conditions restrictives de l'article L. 650-1 du code de commerce (v. s[s] nº 831.11). Cette analyse était celle implicitement faite par d'autres juridictions, qui rejetaient la demande de condamnation de l'Urssaf, en relevant l'absence de démonstration de la situation irrémédiablement compromise du débiteur[2].

La Cour de cassation a très clairement jugé le contraire, approuvant une cour d'appel d'avoir estimé que les termes génériques de « concours consentis » et de « créancier » de l'article L. 650-1 du Code de commerce conduisent à ne pas limiter son application aux seuls établissements de crédit et que des délais de paiement accordés par un cocontractant au débiteur constituent un concours[3]. L'Urssaf, les organismes de retraite ou encore le Trésor public pourraient donc engager leur responsabilité en cas de moratoire s'analysant en un soutien abusif, dès lors, évidemment, que les autres conditions d'engagement de la responsabilité sur le fondement de l'article L. 650-1 du code de commerce sont réunies.

Il a cependant été observé que le texte ne devait pas concerner les concours pour financer des créations ou des acquisitions d'entreprises[4], car il ne saurait alors y avoir « soutien abusif », mais octroi inconsidéré de crédit. Observons cependant que l'article L. 650-1 du code de commerce vise seulement, de manière générale, les « concours consentis », et non pas seulement le soutien abusif. L'observation a été suivie par la Cour de cassation, qui estime que l'article L. 650-1 du code de commerce a vocation à s'appliquer même aux concours consentis pour la création ou l'acquisition de l'entreprise, ce qui exclut le recours à l'article 1382 du code civil[5] (devenu art. 1240[6]). Peut-être le texte mériterait-il d'être réécrit, car si la solution de la Cour de cassation est conforme au texte, elle ne l'est sans doute pas à son esprit[7].

Le texte ne peut, compte tenu de sa place au sein du livre VI du code de commerce, trouver application que si une procédure est ouverte[8]. C'est en ce sens que s'est fixée rapidement la jurisprudence[9], même si l'opinion contraire avait été émise[10]. La configuration aux procédures collectives des exceptions au principe d'irresponsabilité de l'établissement est un élément important en ce sens[11]. Il ne s'agit pas d'une dérogation au droit commun de la responsabilité du dispensateur de concours, qui aurait dû trouver sa place à l'article 1240 du code civil (ex. art. 1382) ou dans le code monétaire et financier. Il s'agit seulement d'un aménagement de la responsabilité du fournisseur de concours à une entreprise en difficulté, dans la procédure collective de celle-ci ou, lorsque le texte sera invoqué par une caution ou à son encontre, à l'occasion de cette procédure.

Mais, il pouvait, nous semble-t-il, s'agir d'une conciliation[12], peu important qu'elle ait été ensuite homologuée[13], certains limitant toutefois, en ce qui concerne la disproportion des garanties par rapport aux concours consentis, l'application du texte aux procédures collectives[14] et l'écartant délibérément en cas de conciliation homologuée, l'homologation devant, selon eux, éviter toute disproportion des garanties[15]. L'opinion ne nous semblait pas pouvoir être complètement suivie, car si l'homologation supposait que l'intérêt des créanciers non signataires ait été respecté, rien ne permettait d'affirmer qu'avant la conciliation, des concours sur garantis n'avaient pas été accordés. En revanche, l'homologation de l'accord de conciliation semblait exclure la possibilité de soulever ultérieurement une disproportion des garanties souscrites pendant l'accord de conciliation[16].

1. *Toulouse*, 2e ch., 1re sect., 3 févr. 2010, RG nº 08/05207, *Rev. proc. coll.* 2011, nº 22, *note Martin-S?rf.*
2. Nîmes, 1re ch. B, 18 mars 2010, RG nº 08/02932, *Rev. proc. coll.* 2011, nº 22, note Martin-Ser?.
3. Com. 16 oct. 2012, nº 11-22.993, préc. (v. s[s] prés[t] nº).
4. Legeais, art. préc., nº 76 – Moury, art. préc., sp. 1746, nº 12.
5. Com. 3 nov. 2015, n°s 14-10.274, 14-18.?33, préc.
6. MOD. par Ord. nº 2016-131, 10 févr. 201? préc., art. 2.
7. RAPPR. Pétell, note s[s] Com. 3 nov. 2015, n? 14-10.274, 14-18.433, préc.
8. EN CE SENS AUSSI : Moury, art. préc., sp. 1745, nº 9 – PÉROCHON ET BONHOMME, 10e éd., nº 162 – Stoufflet et Mathey, « Loi de sauvegarde des entreprises du 26 juillet 2005 – Commentaire des dispositions applicables aux concours financiers », *RD banc. fin.* 2006. Dossier 1, nº 40 – LE CANNU, 7e éd., nº 633 – Dammann, « Banque et banquiers responsables », *in Responsabilité et régulation économique*, vol. 5, Presses ScPo – Dalloz, 2007, p. 73 s., sp. p. 82, nº 196.
9. Com. 8 janv. 20?8, nº 05-17.936, NP; nº 20 F-D; *Gaz. proc. coll.* 2008/2, ?. 31, nº 2, note Routier; *JCP E* 2008. Chron. 1768, nº 19, ?bs. Stoufflet.
10. Routier, « Le can?onnement de la responsabilité pour soutien abusif », *?az. pro? coll.* 2005, nº sp., 9-10 sept., p. 33 s., n°s 1? 16.
11. LE CANNU, 7e ?d., nº 633.
12. AUSSI : Rout?, « Les retouches de l'article L. 650-1 du code de comm?e », *Gaz. Pal.* 8-10 mars 2009, nº sp. p. 53, nº 4.
13. LE CANN? 7e éd., nº 633.
14. LE CA?, 7e éd., nº 638.
15. LE C?U, 7e éd., nº 642.
16. VAL?S, 2007, nº 4329.

Toutes ces interrogations et divergences d'interprétation sont dissipées par le nouvel alinéa 1 de l'article L. 650-1 du code de commerce, dans la rédaction que lui donne l'ordonnance du 18 décembre 2008[1] (art. 129, 1°). En effet, le texte prend désormais le soin de préciser l'article L. 650-1 du code de commerce n'a vocation à s'appliquer que « lorsqu'une procédure de sauvegarde, de redressement ou de liquidation judiciaire est ouverte ». Ainsi, d'une part, il est nécessaire qu'une procédure ait été ouverte et, d'autre part, il faut qu'il s'agisse de l'ouverture d'une procédure collective, une procédure de conciliation étant insuffisante à permettre le jeu de l'article L. 650-1 du code de commerce. La solution peut être regrettée[2], car l'impunité relative de l'établissement de crédit assurée par le jeu de l'article L. 650-1 du code aurait été particulièrement intéressante à ce stade[3].

L'article 129, 1° de l'ordonnance du 18 décembre 2008, qui dissipe une incertitude, devrait se voir reconnaître un caractère interprétatif.

Peu importe que le préjudice occasionné soit collectif ou individuel[4], contractuel – c'est-à-dire subi par le débiteur cocontractant – ou délictuel.

Les règles posées par l'article L. 650-1 du code de commerce peuvent en effet être invoquées par le débiteur, désireux d'engager la responsabilité contractuelle du créancier fournisseur du concours. Il s'agit là de la mise en œuvre du manquement à l'obligation de vigilance, c'est-à-dire de prudence et de discernement dans le cadre d'une opération de crédit[5].

Les règles issues de l'article L. 650-1 du code de commerce peuvent être opposées à un codébiteur[6] ou à une caution (v. s[s] n° 725.12).

Il importe de noter que l'obligation de mise en garde permettra d'engager la responsabilité du dispensateur de crédit, alors que les conditions d'engagement de sa responsabilité ne seront pas réunies sur le terrain de l'article L. 650-1 du code de commerce[7]. Inversement, l'article L. 650-1 du code de commerce ne concerne que les actions indemnitaires engagées en raison des concours consentis, et ne peut donc permettre de sanctionner un manquement au devoir de mise en garde[8].

834.14 Application dans le temps du dispositif de l'article L. 650-1 du code de commerce. Il a été remarqué que l'article L. 650-1 du code de commerce figure aux grands absents des dispositions transitoires expresses[9]. La question de son application dans le temps peut donc faire naître des difficultés. Faute de dérogation au principe d'application de la loi de sauvegarde[10] dans le temps, il faut décider que le dispositif prétorien de responsabilité du banquier pour soutien abusif continuera à régir les crédits consentis à des entreprises dont la procédure collective a été ouverte avant le 1er janvier 2006[11]. Il a été jugé inapplicable à des procédures en cours[12]. Il ne s'appliquera donc qu'aux seules procédures ouvertes à compter du 1er janvier 2006[13], ce qui englobe les procédures ouvertes suites à résolution d'un plan de continuation.

Il a été estimé en doctrine que l'article L. 650-1 du code de commerce aura, en revanche, vocation à s'appliquer aux crédits consentis dès lors que le crédité est soumis à une procédure collective à compter du 1er janvier 2006, et cela même si les fautes ont été commises avant le 1er janvier 2006[14]. La solution a été suivie par la jurisprudence[15]. Le régime de responsabilité civile ne dépendra en effet que du

1. Ord. n° 2008-1345, 18 déc. 2008, *JO* 19 déc., p. 19462.
2. AUSSI : SAINT-ALARY-HOUIN, 7e éd., n° 308.
3. RAPPR. : Routier, « Les retouches de l'article L. 650-1 du code de commerce », *Gaz. Pal.* 8-10 mars 2009, n° sp. p. 54, n° 4.
4. Legeais, « Les concours consentis à une entreprise en difficulté », *JCP E* 2005. Étude 1510, n° 7.
5. Hoang, « De la suppression du dispositif prétorien de la responsabilité pour soutien abusif », *D.* 2006. Chron. 1458 s., sp. 1461, n° 18.
6. Com. 17 sept. 2013, n° 12-21.871, NP; n° 82 F-D; *JCP E* 2013, Chron. 1662, n° 20, obs. Stoufflet; *BJE* [illegible] 2013, 364, note Bonhomme; *Rev. proc. coll.* 2014, étude 7, note Hoang.
7. Stoufflet et Mathey, « Loi de sauvegarde des entreprises du 26 juillet 2005. Commentaire des dispositions applicables aux concours financiers », *RD banc. fin.* 2006, n° 41 – Orléans, ch. éco., fin., 26 nov. 2009, RG n° 09/01040, *RD banc. fin.* 2011, n° 48, note Legeais – Aix-en-Provence, 8e ch. C, 12 mai 2011, RG n° 10/03928, *RDBF* sept. oct. 2011, n° 165, note Legeais; *Rev. proc. coll.* 2012, n° 108, note Martin-Serf – *Adde*, SOL IMPL. : Caen, ch. civ. sect. civ., 6 janv. 2009, *JCP E* 2010. Chron. 1496, n° 13, obs. Mathey.
8. Caen, 1re ch. civ., 25 juin 2013, RG n° 11/01857, *Rev. proc. coll.* 2014, comm. 182, note Martin-Serf.
9. Hoang, art. préc., sp. 1459, n° 6.
10. L. n° 2005-845, 26 juill. 2005, *JO* 27 juill., p. 12187.
11. Hoang, art. préc., sp. 1459, n° 8.
12. Versailles, 13e ch. 15 déc. 2005, *D.* 2006. AJ 1601, obs. Lienhard; *Rev. proc. coll.* 2006/3, p. 255, n° 4, obs. Roussel Galle – Paris, Pôle 5, ch. B, 8 sept. 2009, RG n° 08/05526, *Gaz. proc. coll.* 2009/4, 2e partie, n°s 305 à 307, p. 45, n° 2, note Montéran.
13. Com. 19 juin 2012, n° 11-18.940, *Bull. civ.* IV, n° 127; *D.* 2012. Actu. 1670, obs. Lienhard; *D.* 2012. Pan. 2204, obs. Le Corre; *Rev. sociétés* 2012. 535, note Roussel Galle; *JCP E* 2012. Chron. 1508, n° 10, obs. Pétel; *Gaz. Pal.* 2012. 2884, note Reifegerste; *LPA* 15 avr. 2013, n° 75, p. 13, note Zattara-Gros; *Rev. proc. coll.* 2013, comm. 91, note Martin-Serf.
14. Hoang, art. préc., sp. 1460, n° 9.
15. Com. 8 janv. 2008, n° 05-17.936, NP; n° 20 F-D; *Gaz. proc. coll.* 2008/2, p. 31, n° 2, note Routier; *JCP E* 2008. 1768, n° 19, obs. Stoufflet – Com. 19 juin 2012, n° 11-18.940, *Bull. civ.* IV, n° 127, préc. (v. s[s] prés[t] n°) – Paris, 8 mars 2012, *Dr. et proc.* 2012. 230, note Laforcade.

régime de la procédure collective déclenchant l'application de l'article L. 650-1 du code de commerce.

Il reste à se demander si le banquier ne pourrait se prévaloir du principe de sécurité juridique et de prévisibilité du droit, pour échapper à la responsabilité nouvelle créée en cas de disproportion des garanties par rapport aux concours consentis, dès lors que le texte de l'article L. 650-1 du code de commerce n'existait pas au moment où il a octroyé le concours et pris les garanties correspondantes [1]. La solution dégagée par la chambre mixte de la Cour de cassation à propos des cautionnements disproportionnés par rapport aux revenus de la caution nous semble même transposable, pour l'hypothèse de disproportion des garanties. Il a été décidé de n'appliquer l'article L. 341-4 du code de la consommation (devenu C. consom., art. L. 332-1 [2]) issu de la loi du 1er août 2003 [3] qu'aux cautionnements conclus après le 1er août 2003, car l'exigence de proportionnalité est relative à la conclusion du contrat [4]. Or, l'article L. 650-1 du code de commerce institue également une exigence de proportionnalité des garanties, qui s'apprécie au moment de la conclusion des concours. En conséquence, la disproportion des garanties par rapport aux concours ne devrait sanctionner que les garanties souscrites à compter du 1er janvier 2006, date d'entrée en vigueur de la loi de sauvegarde des entreprises.

En réalité, cette problématique ne se pose pas pour l'article L. 650-1 du code de commerce, compte tenu de l'analyse de la Cour de cassation sur la nature juridique de ce texte, qui n'institue pas trois fautes susceptibles d'engager la responsabilité, mais reprenant les deux cas de responsabilité pour soutien abusif de la législation antérieure [5], limite leur application aux trois seules hypothèses envisagées par le texte (v. ss no 834.12), de sorte que, si la situation résultant de l'article L. 650-1 du code de commerce est certes nouvelle pour le banquier, elle lui est en réalité profitable [6] et ne lui fait pas courir de danger supplémentaire à ceux qui existaient avant le texte.

834.15 **Fraude.** Il est établi par la Cour de cassation que les faits visés au premier alinéa de l'article L. 650-1 du code de commerce, et notamment la fraude, ne constituent pas des fautes susceptibles à elles seules d'engager la responsabilité du banquier.

1. RAPPR. : Hoang, art. préc., sp. 1460, no 9.
2. CRÉÉ par Ord. no 2016-301, 14 mars 2016, *JO* 16 mars.
3. L. no 2003-721, 1er août 2003, *JO* 5 août, p. 13449.
4. Cass., ch. mixte, 22 sept. 2006, no 05-13.517, *Bull. ch. mixte*, no 7; *RLDC* nov. 2006, no 32, 2269, p. 32.
5. EN CE SENS AUSSI : Riassetto, note ss Com. 27 mars 2012, no 10-20.077, *Rev. sociétés* 2013. 94, no 7.
6. Roussel Galle, note ss Com. 19 juin 2012, no 11-18.940, *Rev. sociétés* 2012. 535.

La première de ces causes de déchéance, qui autorisera en conséquence l'engagement de la responsabilité du dispensateur de crédit, est la fraude.

La réserve de la fraude allait de soi. Il s'agit d'un principe général du droit que la loi ne peut exclure. La fraude évoque des comportements relevant du droit pénal [7]. La Cour de cassation approuve une cour d'appel de considérer que la fraude civile ou commerciale ne se démarque guère de la fraude pénale [8]. Il s'agit d'actes réalisés en utilisant des moyens déloyaux destinés à surprendre un consentement, à obtenir un avantage matériel ou moral indu, ou d'actes réalisés avec l'intention d'échapper à l'application d'une règle impérative ou prohibitive [9].

Il pourra d'abord s'agir de concours tombant sous le coup d'une incrimination pénale. Il en est ainsi de l'escompte d'effets de complaisance, de la mobilisation par bordereau Dailly de factures ne correspondant pas à des créances réelles – « Dailly creux » – ou de la circulation de traites de cavalerie [10].

Il s'agit ensuite de consentir des crédits ou des avances au débiteur dans un but autre que celui de démarrer ou de maintenir l'activité [11]. Une cour d'appel a cru devoir juger que la fraude doit s'entendre de l'octroi de crédits illicites ou de manœuvres exercées par le créancier pour le seul service de ses intérêts personnels au lieu de soutenir l'activité d'une entreprise ou d'assurer sa pérennité [12]. Ainsi a-t-il pu être jugé que l'octroi d'un concours par une banque dans le seul service de ses intérêts personnels en vue d'obtenir une garantie permettant de garantir notamment des engagements antérieurs, au lieu de contribuer au redressement de l'entreprise, était constitutif d'une fraude [13]. Cette décision

7. Interv. Vidalies, *JOAN CR*, 2e séance du 3 mars 2005, p. 1635.
8. Com. 16 oct. 2012, no 11-22.993, *Bull. civ.* IV, no 186; *D.* 2012. Actu. 2513, obs. Lienhard; *Gaz. Pal.* 18 janv. 2013, no 18, p. 34, note Routier; *Rev. sociétés* 2012. 730, note Roussel Galle; *JCP E* 2012, no 1735, note Legeais; *RTD com.* 2012. 830, obs. Legeais; *Act. proc. coll.* 2012, no 293, note Régnaut-Moutier; *BJE* 2012, no 194, note Le Mesle; *Gaz. Pal.* 8 nov. 2012, p. 20, note Favario; *JCP E* 2012. Chron. 1757, no 18, obs. Pétel; *Rev. proc. coll.* 2013, comm. 93, note Martin-Serf.
9. Com. 16 oct. 2012, no 11-22.993, *Bull. civ.* IV, no 186, préc. (v. ss prést no).
10. *Rapp. J.-J. Hyest*, no 335, p. 446.
11. *Rapp. J.-J. Hyest*, no 335, p. 445 – *Adde*, Orléans, 29 avr. 2010, *RD banc. fin.* nov./déc. 2010, p. 92, no 217, note Legeais.
12. Orléans, ch. com., 29 avr. 2010, RG no 09/02517, *Rev. proc. coll.* 2011, no 205, note Martin-Serf – Orléans, 13 janv. 2011, RG no 10/01319, *Rev. proc. coll.* 2011, no 205, note Martin-Serf.
13. Versailles, 16e ch., 20 janv. 2011, RG no 09/09658, *RDBF* 2011, no 130, note crit. Crédot et Samin.

a été censurée par la Cour de cassation, qui a estimé que la cour d'appel s'était déterminée par des motifs impropres à caractériser l'intention frauduleuse de la banque[1].

La simple faute d'imprudence ne peut constituer une fraude. Ainsi, le fait pour le banquier de s'abstenir de demander la production des comptes sociaux et celui de ne pas rechercher l'avis d'experts, avant d'octroyer le concours, ne permettent pas de retenir une fraude susceptible de permettre l'engagement de sa responsabilité[2]. De même, le fait pour le banquier de ne pas avoir procédé à la clôture du compte, malgré la lettre de dénonciation et la négociation de conventions d'amortissement du solde débiteur, ne relève nullement d'une fraude[3].

N'est pas constitutive d'une fraude, l'acceptation de traites parfaitement causées permettant ainsi directement l'octroi de délais de paiement et un système de compensation[4].

Une juridiction du fond a fait une curieuse application du texte, en condamnant le banquier sur le fondement de la fraude pour avoir laissé fonctionner un compte bancaire en position débitrice, après avoir notifié sa décision de supprimer les concours à durée indéterminée[5].

Le texte initial réservait également le comportement manifestement abusif. L'interprétation, au cas par cas, se serait avérée nécessaire. L'adverbe « manifestement » utilisé dans le texte aurait conduit à ne rendre possible la condamnation que dans les cas d'évidence, « celui où la preuve n'a pas de place et où le sens commun suffit »[6], des cas dans lesquels le créancier ne peut ignorer que l'octroi de nouveaux concours aura des conséquences dommageables[7]. Le visa du comportement manifestement abusif a finalement été supprimé, sans doute du fait de l'arbitraire que renfermait l'adverbe « manifestement ».

1. Com. 27 mars 2012, n° 11-13.536, NP; n° 373 FS-D; *Gaz. Pal. entr. diff.* 3 août 2012, n° 216, p. 16, note Routier; *RTD com.* 2012. 584, n° 7, obs. Legeais; *Rev. proc. coll.* 2012, n° 216, note Martin-Serf.
2. T. com. Nanterre, 7e ch., 19 juin 2009, RG n° 08/F00426, *Gaz. Pal.* 16-17 avr. 2010, nos 106, 107, p. 38, note Routier; *Rev. proc. coll.* 2011, n° 20, note Martin-Serf; *RD banc. fin.* 2010, n° 208, note Crédot et Samin.
3. Com. 2 oct. 2012, n° 11-23.213, NP; n° 939 F-D; *D.* 2012. Actu. 2445, note Lienhard; *RTD com.* 2012. 830, obs. Legeais – Versailles, 13e ch., 12 mai 2011, RG n° 09/05743, *Rev. proc. coll.* 2011, n° 205, note Martin-Serf; *Gaz. Pal.* 12 avr. 2013, n° 102, p. 28, note Reifegerste; *Rev. proc. coll.* 2013, comm. 93, note Martin-Serf.
4. Com. 16 oct. 2012, n° 11-22.993, *Bull. civ.* IV, n° 186, préc. (v. ss prést n°).
5. *T. com. Nanterre, 7e ch., 19 juin 2009, RG n° 08/F00426,* préc. (v. ss prést n°).
6. *Rapp. Xavier de Roux*, n° 2095, p. 156.
7. *Rapp. J.-J. Hyest*, n° 335, p. 445.

834.16 Immixtion caractérisée dans la gestion[8]. La deuxième cause de déchéance du principe d'irresponsabilité pour octroi fautif de concours est l'immixtion caractérisée dans la gestion du débiteur.

Ce cas évoque incontestablement la direction de fait[9], mais aussi la société de fait et enfin l'influence exercée par le créancier sur son débiteur[10], ce qui conduit à ne pas retenir la responsabilité du banquier en l'absence d'un tel constat[11]. L'exclusion dans la limitation de responsabilité est parfaitement justifiée ici, quoi que ce cas soit plus large que le droit commun des procédures collectives relativement à la responsabilité des dirigeants, seule la direction de fait étant sanctionnée sur le terrain de l'action en responsabilité pour insuffisance d'actif. L'immixtion caractérisée permet en effet d'atteindre celui qui, sans s'être substitué au dirigeant de droit, a influé sur les décisions de celui-ci[12], lui a fait prendre des décisions de gestion qui n'auraient pas été prises sans son intervention. Il pourrait en être ainsi du conseil appuyé, qui peut se rencontrer lorsque le banquier fait partie d'un comité de pilotage ou intervient dans une opération de *LBO*, où il conditionne le concours au respect de ratios. Il y a bien là, nous semble-t-il, immixtion dans la gestion. Il restera à déterminer si elle est, ainsi que l'exige la loi, « caractérisée ».

Il n'y a pas immixtion dans la gestion lorsque le banquier, en vertu d'une clause de l'acte de prêt, surveille les versements, lesquels doivent intervenir sur présentation de factures. Il n'y a pas là pouvoir de direction sur l'activité du client, mais simple contrôle de l'emploi des fonds empruntés[13]. Cette jurisprudence, rendue sous l'empire de la législation antérieure à la loi de sauvegarde des entreprises, nous semble apporter un éclairage précieux sur la responsabilité du fournisseur de crédit au titre d'une immixtion dans la gestion.

Il a été soutenu que le fait de s'être immiscé dans la gestion n'entraînerait la responsabilité de son auteur que si cette immixtion a été à l'origine de la création d'un préjudice[14], dû à une mauvaise déci-

8. V. Lasserre Capdeville, « Que reste t-il au XXIe siècle du devoir de non-ingérence du banquier ? », *Banque et droit* 2005, n° 100, p. 11.
9. Interv. Giaccobi, *JOAN CR*, 2e séance du 3 mars 2005, p. 1634 – Interv. Perben, *JOAN CR*, 3e séance du 8 mars 2005, p. 1791 – *Rapp. J.-J. Hyest*, n° 335, p. 446.
10. Interv. Perben, *JOAN CR*, 3e séance du 8 mars 2005, p. 1791.
11. Pour illustration, Bordeaux, 30 mai 2014, RG n° 12/04242, *JurisData* 011975, *Rev. proc. coll.* 2015, chron. 1, n° 16, note Lecène-Villemonteix.
12. Vallens, 2015, n° 4749.
13. Com. 30 oct. 2007, n° 06-12.677, *Bull. civ.* IV, n° 227; *D.* 2007. AJ 2870, note Avéna-Robardet; *RD banc. fin.* 2008, n° 35, note Crédot et Samin.
14. Vallens, 2015, n° 4749.

sion prise dans la gestion de l'entreprise. Dès lors que nous analysons l'immixtion caractérisée dans la gestion comme une cause de déchéance du principe d'irresponsabilité du banquier, peu importe, nous semble-t-il, que cette immixtion ait été la source d'un préjudice, car la faute n'est pas là : elle se situe dans un octroi fautif de crédit, auquel s'ajoute l'immixtion caractérisée dans la gestion. C'est en ce sens que s'est prononcée la Cour de cassation[1].

834.17 Prise de garanties disproportionnées par rapport aux concours consentis. La troisième cause de déchéance du principe d'irresponsabilité pour octroi fautif de concours tient à la prise de garanties disproportionnées par rapport aux concours consentis. Le texte vise les garanties, non les « sûretés », ce qui est infiniment plus large (v. sur cette question s[s] n° 834.19).

En droit commun de la responsabilité civile bancaire, il y a place à condamnation pour soutien abusif lorsque le concours est disproportionné par rapport à la rentabilité attendue de l'opération. Le texte issu de la réforme n'évoque nullement un crédit disproportionné, ce qui aurait conduit à appliquer le droit commun de la responsabilité bancaire, mais une disproportion des garanties par rapport au concours. Ce visa laisse donc sans sanction l'octroi de crédit sans commune mesure avec la rentabilité escomptée de l'opération.

Il s'agit ici de sanctionner les prises de garanties inhabituelles au regard de la pratique[2], ce qui est plus restrictif que le texte ne semble l'envisager. C'est ainsi qu'il a été indiqué que « les crédits immobiliers qui sont consentis en échange d'une hypothèque sur la totalité du bien alors qu'ils n'en financent qu'une partie demeurent possibles, puisque telle est la pratique »[3]. Cette interprétation semble toutefois exagérément restrictive, tout décalage important entre le montant du financement et la valeur des garanties semblant, au contraire, être exclu du dispositif de non-responsabilité pour faute.

Les contours de ce cas de responsabilité sont particulièrement flous, à plusieurs égards et la brèche dans le principe d'irresponsabilité du banquier n'en est que plus béante[4].

On remarquera d'abord, de façon générale, que l'article de L. 650-1 alinéa 1 du code de commerce a oublié de préciser que le concours devait être consenti à une entreprise en difficulté. C'est incontestablement ce qui a été voulu par le législateur puisqu'il s'agissait de permettre à des entreprises en pareille situation de trouver un financement. Cela ressort d'une part, des travaux préparatoires de la loi de sauvegarde des entreprises, mais encore, d'autre part, de l'analyse qui en a été faite par le Conseil constitutionnel. Il eut été opportun que le législateur le précisât explicitement.

Le texte vise une disproportion par rapport aux concours consentis des « garanties » et non pas seulement des sûretés, ce qui est beaucoup plus large et permet d'englober les mécanismes tels que la délégation imparfaite de créance, la promesse de porte-fort d'exécution[5], la lettre d'intention comportant une obligation de faire. Il a été soutenu que les sûretés négatives doivent également pouvoir tomber sous le coup du texte[6].

Il n'est pas distingué selon que la garantie est réelle ou personnelle, et dans le premier cas, selon que la garantie est constituée sur un bien du débiteur ou sur un bien appartenant à un tiers[7]. Le texte a vocation à s'appliquer à la fiducie-sûreté[8], cependant que la possibilité de rechargement de la sûreté doit, nous semble-t-il, conduire à rendre beaucoup plus difficile la caractérisation de l'excès. Il ne semble pas, en revanche, même si le contraire a pu être soutenu[9], que cela permette l'anéantissement d'un contrat de crédit-bail, garanti par une sûreté personnelle. Certes, la propriété joue, dans le contrat de crédit-bail, le rôle de garantie, mais qui est l'opération principale et non le mécanisme accessoire utilisé pour garantir l'exécution du contrat[10].

Le concours doit toutefois être subordonné à la garantie, ce qui sauve la garantie accordée après le concours, à moins qu'elle ne soit la conséquence d'une promesse de garantie octroyée lors du concours[11].

La disproportion devra être appréciée au moment de l'engagement[12] et même plus précisément au

1. Com. 27 mars 2012, n° 10-20.077, préc.
2. Interv. Perben, *JOAN CR*, 3e séance du 8 mars 2005, p. 1791.
3. Interv. Perben, *JOAN CR*, 3e séance du 8 mars 2005, p. 1791.
4. RAPPR. : Moury, « La responsabilité du fournisseur de "concours" dans le marc de l'article L. 650-1 du code de commerce », *D.* 2006. Chron. 1743 s., sp. 1749, n° 21.
5. Moury, art. préc., sp. 1748, n° 19.
6. Moury, art. préc., sp. 1748, n° 20.
7. EN CE SENS AUSSI : LE CANNU, 7e éd., n° 640.
8. Dammann, « Banque et banquiers responsables », *in Responsabilité et régulation économique*, vol. 5, Presses ScPo – Dalloz, 2007, p. 73 s., sp. p. 86, n° 205.
9. Legeais, « Les concours consentis à une entreprise en difficulté », *JCP E* 2005. Étude 1510, n° 16.
10. EN CE SENS AUSSI : Moury, art. préc., sp. 1748, n° 19.
11. Routier, « Le cantonnement de la responsabilité pour soutien abusif », *Gaz. proc. coll.* n° sp. 9-10 sept. 2005, p. 33 s., sp. p. 35, n° 13.
12. Poitiers, 2e ch., civ., 11 janv. 2011, RG n° 09/02456, *Rev. proc. coll.* 2012, n° 109, note Martin-Serf – *Adde*, EN CE SENS : Dammann, « La situation des banques titulaires de sûretés, après la loi de sauvegarde des entreprises », *Banque et droit* sept.-oct. 2005. 16, sp. 21 – Moury, art. préc., sp. 1749, n° 23 – J.-CL. COM., Bouteiller, fasc. 3100, [Responsabilité du banquier], 2007, n° 21.

moment de la constitution de la sûreté[1], car la mesure a pour objet d'éviter la ruine du crédit du débiteur. Il faudra prendre en compte le montant maximum de ce qui peut être dû au créancier, en ce compris les intérêts, frais et accessoires, c'est-à-dire finalement ses risques réels[2] qui méritent d'être garantis. Mais dans une espèce, une cour d'appel a pu estimer qu'il n'y avait pas disproportion en présence de deux cautionnements s'ajoutant à un nantissement sur fonds de commerce, cette garantie n'ayant pas permis, dans la procédure collective du débiteur, au créancier d'obtenir un paiement[3]. La Cour de cassation, qui ne contrôle pas la disproportion, question laissée à l'appréciation souveraine des juges du fond, exige cependant que la juridiction du fond qui retient la disproportion explique en quoi il y a disproportion[4].

Si le cautionnement illimité n'est pas en lui-même une garantie disproportionnée, puisque la caution ne pourra être appelée pour plus que ce que doit le débiteur, en revanche une multiplicité de cautionnements pourrait être jugée excessive[5]. Cette disproportion pourra également exister lorsque le créancier double sa garantie réelle de cautionnements.

L'aval étant une variété de cautionnement solidaire, il n'est pas de bonne raison d'écarter l'application du texte pour l'aval. Le contraire a pourtant été jugé au motif assez surprenant de l'inapplication à l'aval des dispositions de l'article L. 341-4 du code de la consommation (devenu C. consom., art. L. 332-1[6]) proscrivant le cautionnement disproportionné[7]. Pourtant, l'exclusion ne s'explique que par la nature commerciale de l'aval, non par l'impossibilité de faire jouer en la matière les règles de la disproportion. Au demeurant, la disproportion de l'article L. 650-1 envisagée par rapport aux concours consentis n'a rien à voir avec la disproportion de l'article L. 341-4 du code de la consommation (devenu C. consom., art. L. 332-1[8]) qui l'envisage par rapport aux biens et revenus du garant.

Appartiendra-t-il à la pratique d'établir des ratios de disproportion, puisque le code de commerce n'en contient pas ? On peut ci faire état de l'exemple du droit allemand, qui sanctionne la prise de sûreté excessive. La Cour fédérale de justice allemande (BGH) a fixé des seuils précis : la valeur de réalisation du bien donné en garantie ne peut, en cas de procédure d'insolvabilité, excéder 110 % du montant du financement. En cas d'excès, il y a place à une mainlevée partielle de la garantie, cette mainlevée étant sous-entendue[9]. Le droit français connaît deux hypothèses de prise en compte de l'excès de la garantie. Il en est ainsi de l'article R. 532-9 du code des procédures civiles d'exécution[10] (anc^t^ D. 31 juill. 1992, art. 259), qui envisage un cantonnement des sûretés provisoires lorsque la valeur des biens grevés est manifestement supérieure aux créances garanties. De même, l'article 2444 alinéa 2 du code civil répute excessives les inscriptions d'hypothèques grevant plusieurs immeubles, lorsque la valeur d'un seul ou de quelques-uns d'entre eux représente 233 % du montant de la créance garantie. On est ici très loin du seuil de 110 % évoqué par comparaison dans la législation allemande.

On pourrait songer à utiliser la réglementation bancaire internationale qui pose des ratios en deçà desquels la banque n'est pas suffisamment garantie et ainsi estimer que, à partir d'un certain pourcentage – 30 % par exemple – au-dessus de ces seuils, la banque et plus généralement tout créancier, seraient surgarantis.

Plutôt que de fixer arbitrairement des ratios à partir desquels il y aurait disproportion, il sera sans doute plus sage d'évaluer la « sur garantie » par type de garanties, en appréciant si l'établissement de crédit a observé une bonne conduite, étant entendu que certaines garanties n'ont guère de valeur, par exemple le nantissement de fonds de commerce, que d'autres garanties, par exemple le cautionnement, ne valent que ce que valent les patrimoines engagés. Que là où il peut y avoir disproportion des garanties, si une caution est solvable et qu'une garantie réelle a en outre été recueillie, il peut y avoir ici garanties à peine suffisantes si les multiples cautionnements recueillis n'engagent solidairement que des patrimoines très limités. L'appréciation au cas par cas semble donc raisonnable[11].

Si l'on avait vu dans les trois faits énoncés à l'alinéa 1 de l'article L. 650-1 du code de commerce des fautes susceptibles en elles-mêmes de sanctions, indépendamment du caractère fautif du concours octroyé, la seule disproportion, même manifeste, aurait cependant été insuffisante, puisque, dans le domaine de la responsabilité civile, il aurait encore fallu démontrer, conformément au droit commun, le préjudice et le lien de causalité entre la faute et le

1. PÉROCHON, 10e éd., n° 164.
2. EN CE SENS : Dammann, art. préc., sp. 21 – RAPPR. : Moury, art. préc., sp. 1749, n° 22 – LE CANNU, 7e éd., n° 641.
3. Com. 13 janv. 2015, n° 13-25.360, NP; n° 40 FS-D; *Gaz. Pal.* 2015, Jur. 1096, note Dumont-Lefrand; *Rev. proc. coll.* 2015, comm. 74, note Martin-Serf.
4. Com. 13 janv. 2015, n° 13-25.360, préc.
5. VALLENS, 2015, n° 4750.
6. CRÉÉ par Ord. n° 2016-301, 14 mars 2016, préc.
7. Nancy, 2e ch. com., 26 juin 2013, RG n° 12/00481, *Gaz. Pal.* 8 nov. 2013, n° 312, p. 23 note Rouaud.
8. CRÉÉ par Ord. n° 2016-301, 14 mars 2016, préc.
9. EN CE SENS : Dammann, art. préc., sp. 22.
10. CRÉÉ par D. n° 2012-783, 30 mai 2012, *JO* 31 mai, p. 9375.
11. AUSSI : LE CANNU, 7e éd., n° 641.

dommage[1]. Or, il aurait été extrêmement délicat de rapporter le lien de causalité entre le préjudice et la disproportion des garanties, alors pourtant que cette démonstration aurait été nécessaire[2]. En quoi le fait de prendre des garanties disproportionnées aurait-il pu conduire à la création d'un préjudice ? Une seule hypothèse nous aurait semblé permettre de rapporter la preuve que le fait pour le banquier d'exiger des garanties disproportionnées par rapport aux concours consentis a entraîné un préjudice pour la collectivité des créanciers. Il se serait agi de l'hypothèse dans laquelle le dispensateur de crédit, après avoir exigé des garanties disproportionnées, aurait refusé de consentir un nouveau concours au prétexte que le débiteur n'aurait plus été en mesure de lui proposer de garanties. Si le débiteur s'était tourné alors vers d'autres fournisseurs de crédit et que ces derniers avaient refusé leur concours au motif de l'impossibilité pour le débiteur de leur fournir des garanties, alors la preuve aurait pu être rapportée que l'activité de l'entreprise avait été gravement perturbée et avait entraîné la cessation des paiements de celle-ci parce que l'entreprise n'avait pu obtenir le financement adapté à ses besoins, compte tenu de la ruine de son crédit lié à l'exigence initiale de garanties disproportionnées. Ce qui aurait alors été sanctionné aurait été l'entrave occasionnée par la disproportion dans les garanties à la possibilité de financement de l'entreprise[3], le « gaspillage de crédit ». On le voit, ce cas d'engagement de la responsabilité du dispensateur de crédit serait resté, le plus souvent, lettre morte.

Aussi faut-il préférer l'analyse selon laquelle la prise de garanties disproportionnées est une simple cause de déchéance du principe d'irresponsabilité du banquier pour octroi fautif de concours et, en conséquence, considérer qu'il faut, outre une prise de garantie disproportionnée par rapport aux concours consentis, un concours fautif, à l'identique de la solution posée par la Cour de cassation en matière d'immixtion caractérisée (v. s[s] n° 834.16).

La disproportion des garanties n'étant pas la faute engageant la responsabilité du banquier, mais une condition supplémentaire à cet engagement, peu importera que le préjudice soit uni par un lien de causalité avec la prise de garanties disproportionnées par rapport aux concours consentis. En revanche, il devra être uni par un lien de causalité avec le concours fautif, consistant en l'octroi d'un argent trop facile ou trop cher.

834.18 Modalités de la condamnation. Les règles relatives au montant de la condamnation, telles qu'elles résultaient de la jurisprudence initiée avant la loi de sauvegarde des entreprises, nous semblent devoir être conservées (v. s[s] n° 833.14). Il en résulte que le montant de la condamnation sera limité à l'augmentation de l'insuffisance d'actif résultant de la faute commise par le banquier[4], et tenant soit à sa fraude, soit à son immixtion caractérisée dans la gestion du débiteur, soit à sa prise de garanties disproportionnées par rapport aux concours consentis.

834.19 Nullité ou cantonnement des garanties à titre de sanction complémentaire de l'engagement de la responsabilité. Lorsque l'un de ces trois cas de responsabilité sera retenu[5], comme l'estime la jurisprudence[6], et pas uniquement comme cela a été suggéré en cas de disproportion des garanties[7], l'article L. 650-1, alinéa 2 du code de commerce prévoit que « les garanties prises en contrepartie de ses concours sont nulles ». L'unique condition de cette nullité est que la garantie soit prise en contrepartie du concours. La garantie postérieure au concours ne peut donc être affectée[8].

Il a déjà été observé que le texte vise les garanties et non pas seulement les sûretés, ce qui est beaucoup plus large (v. s[s] n° 834.17).

Le caractère insolite de cette sanction a été souligné, alors que la réparation d'une responsabilité est classiquement assurée par l'octroi de dommages et intérêts[9].

Toutes les garanties seront nulles et non seulement celle qui conduit à la disproportion[10].

1. Dammann, « Banque et banquiers responsables », *in Responsabilité et régulation économique*, vol. 5, Presses ScPo – *Dalloz, 2007, p. 73 s., sp. p.* 81, n° 191.
2. EN CE SENS AUSSI : Moury, art. préc., sp. 1750, n° 28.
3. RAPPR. : Stoufflet et Mathey, « Loi de sauvegarde des entreprises du 26 juillet 2005 – Commentaire des dispositions applicables aux concours financiers », *RD banc. fin.* 2006. Dossier 1, n° 35 – Vaillot, *LPA* 21 sept. 2006, n° 189, p. 41 – J.-CL. COM., Bouteiller, fasc. 3100, [Responsabilité du banquier], 2007, n° 20 – J.-CL. COM., Bouteiller, fasc. 3100, [Responsabilité du banquier], 2007, n° 20 – LE CANNU, 7e éd., n° 644 – VALLENS, 2015, n° 4750.
4. Moury, art. préc., sp. 1750, n° 29 – Stoufflet et Mathey, « Loi de sauvegarde des entreprises du 26 juillet 2005 – Commentaire des dispositions applicables aux concours financiers », *RD banc. fin.* 2006. Dossier 1, n° 36.
5. Routier, « Le cantonnement de la responsabilité pour soutien abusif », *Gaz. proc. coll.* n° sp. 9-10 sept. 2005, p. 33 s., sp. p. 35, n° 13 – Stoufflet et Mathey, art. préc., n° 36 – Moury, art. préc., sp. 1751, n° 30 – SAINT-ALARY-HOUIN, 7e éd., n° 772 – LE CANNU, 7e éd., n° 645 – VALLENS, 2012, n° 4670 – Dammann, « Banque et banquiers responsables », *in Responsabilité et régulation économique*, vol. 5, Presses ScPo – Dalloz, 2007, p. 73 s., sp. p. 87, n° 208.
6. Caen, 25 oct. 2012, RG n° 11/03403, *Act. proc. coll.* 2013, n° 42.
7. Zattara-Gros, « Des responsabilités et des sanctions », *LPA* n° sp. 9 févr. 2006, n° 29, p. 52.
8. Routier, art. préc., sp. p. 35, n° 13.
9. Routier, art. préc., sp. p. 35, n° 13.
10. RAPPR. : LE CANNU, 7e éd., n° 645.

Il y a là, sous l'empire de la loi du 26 juillet 2005[1], dans sa rédaction d'origine, une nullité de plein droit, ne laissant aucun pouvoir d'appréciation au juge[2]. Cette automaticité, qui est présentée par un auteur comme la contrepartie de l'impunité de principe[3], a paru trop sévère au législateur et l'ordonnance du 18 décembre 2008[4], qui y substitue, en conséquence, une nullité facultative. En ce sens, l'article L. 650-1, alinéa 2 du code de commerce, dans sa rédaction issue de l'ordonnance du 18 décembre 2008 (art. 129, 2°), prévoit que « Pour le cas où la responsabilité d'un créancier est reconnue, les garanties prises en contrepartie de ses concours peuvent être annulées ». Ainsi, le législateur substitue à une nullité de plein droit, une nullité seulement facultative.

Il appartiendra au tribunal d'apprécier, *a priori* souverainement, et en tout cas à l'abri de toute censure de la Cour de cassation, dès lors qu'il aura effectivement fait usage de son pouvoir d'appréciation, comme cela est le cas en matière de nullité facultative de la période suspecte, s'il y a ou non place à annulation des garanties, de toutes les garanties ou de certaines d'entre elles[5], par exemple celles prises au-delà des concours consentis.

La rétroactivité de la nullité obligera le créancier à restituer ce qu'il aurait reçu au titre de l'exécution de la garantie[6].

Cette nullité serait absolue pour certains, au motif de l'intérêt général sous-tendu par la disposition[7]. Cette nullité nous semble au contraire relative[8], puisqu'elle est de protection, même si les personnes peuvent être nombreuses, puisqu'il s'agit de la collectivité des créanciers, si la faute est délictuelle. Il pourra ne s'agir que du débiteur, si la faute est contractuelle.

La responsabilité contractuelle peut être engagée parallèlement à l'engagement de la responsabilité délictuelle. Le défenseur de l'intérêt collectif des créanciers agira en responsabilité délictuelle, le débiteur ou son représentant agiront en responsabilité contractuelle. En liquidation judiciaire, la double qualité du liquidateur – défenseur de l'intérêt collectif des créanciers et représentant du débiteur du fait du dessaisissement – l'autorisera à agir à son choix sur l'un des deux terrains.

Le responsable ne sera évidemment pas condamné à réparer un même préjudice deux fois. L'indemnisation sur le terrain contractuel semble de nature à permettre une indemnisation plus large.

Le nouvel alinéa 2 de l'article L. 650-1 du code de commerce, dans sa rédaction issue de l'ordonnance du 18 décembre 2008 (art. 129, 2°), permet au juge de substituer à la nullité facultative des garanties, un cantonnement de celles-ci. En ce sens, le texte dispose que « Pour le cas où la responsabilité d'un créancier est reconnue, les garanties prises en contrepartie de ses concours peuvent être annulées ou réduites par le juge ».

Le domaine d'application du texte est large et pourrait bien trouver application en cas de fraude ou d'immixtion caractérisée dans la gestion. Cependant, ce cantonnement nous semble rationnellement trouver son terrain d'élection dans l'hypothèse où la responsabilité du dispensateur de crédit a été retenue parce que les garanties prises étaient disproportionnées par rapport aux concours.

On comprend, dès lors, que le pouvoir de réduction du juge le conduira vraisemblablement, même s'il n'en a pas l'obligation, d'après le texte, à cantonner les garanties au montant maximal de ce qui peut être dû au dispensateur de crédit, ce dernier ayant au demeurant, et par hypothèse, été condamné à des dommages et intérêts.

1. L. n° 2005-845, 26 juill. 2005, préc.
2. Moury, art. préc., sp. 1751, n° 32 – Lienhard, 1re éd., n° 2305.
3. Routier, « Les retouches de l'article L. 650-1 du code de commerce », *Gaz. Pal.* 8-10 mars 2009, n° sp. p. 54, n° 5.
4. Ord. n° 2008-1345, 18 déc. 2008, préc.
5. Aussi : Routier, art. préc., n° 7.
6. *Lienhard, 6e éd., n° 141.23.*
7. *Moury, art. préc., sp. 1751, n° 32.*
8. Aussi : Zattara-Gros, « Des responsabilités et des sanctions », *LPA* n° sp. 9 févr. 2006, n° 29, p. 52 s., sp. p. 56.

LIVRE

900. Sanctions civiles et pénales atteignant le débiteur et les dirigeants

SECTION 0

ORIENTEUR

900.00 **Plan du livre.**

Titre	**910**	**Sanctions civiles non pécuniaires (faillite personnelle et interdiction de gérer)**
Chap.	911	Règles communes à la faillite personnelle et à l'interdiction de gérer
Chap.	912	Règles propres à la faillite personnelle
Chap.	913	Règles propres à l'interdiction de gérer
Titre	**920**	**Sanctions et responsabilités civiles pécuniaires (comblement de passif, redressement et liquidation judiciaires personnels, action en paiement des dettes sociales)**
Chap.	921	Règles communes aux responsabilités et sanctions pécuniaires atteignant les dirigeants
Chap.	922	Règles spéciales à l'action en comblement de passif
Chap.	923	Règles spéciales au redressement et à la liquidation judiciaires à titre personnel – Législation antérieure à la loi du 26 juillet 2005
Chap.	924	Règles spéciales à l'action en obligation aux dettes sociales – Législation issue de la loi du 26 juillet 2005
Chap.	925	Action en responsabilité environnementale pour insuffisance d'actif des sociétés mères de filiales exploitant une installation classée
Chap.	926	Action en responsabilité pour contribution à la cessation des paiements
Titre	**930**	**Sanctions pénales**
Chap.	931	Procédure applicable aux infractions pénales de la législation des procédures collectives
Chap.	932	Infraction commise par le débiteur et les dirigeants de la personne morale débitrice : la banqueroute
Chap.	933	Infractions autres que la banqueroute

900.03 **Bibliographie indicative.** (V. les références complètes s^s n° 031).

> Articles.

› *Dirigeant en général.* Delattre Ch., « Le dirigeant fautif », *Rev. proc. coll.* 2010. Dossier 8 – Fossier Th., « la sanction du dirigeant et sa responsabilité : quelques critères d'appréciation au fond » (études des décisions de la cour d'appel de Douai entre 2005 et 2007), *Rev. proc. coll.* 2008. Étude 3 – Gibirila D., « Les responsabilités et les sanctions du dirigeant dans la loi de sauvegarde des entreprises », *Defrénois* 2006. 989, n° 38412 – Mascala C., « Le devenir du chef d'entreprise – les perspectives d'avenir », *Rev. proc. coll.* 2003, p. 192 – Régnaut-Moutier C., « Les dirigeants de société », *Rev. proc. coll.* 2006/2, p. 159.

› *Dirigeant de fait.* Cunha V., « Au-delà du réel : La sanction du dirigeant de fait dans le droit des procédures collectives », *Rev. proc. coll.* 2006/1, p. 24.

› *Sanctions.* Delattre Ch., « La faillite personnelle et l'interdiction de gérer ne doivent pas être considérées comme des sanctions vaines », *Rev. proc. coll.* 2009, n° 27 – Lèguevaques Ch., « Les sanctions civiles et pénales à l'encontre des dirigeants dans la loi de sauvegarde – Ou l'allégement du fardeau de l'homme en col blanc », *Rev. proc. coll.* 2006/3, p. 246 – Legros J.-P., « Sanctions patrimoniales et droit des entreprises en difficulté », Roussel Galle (dir.), *Entreprises en difficulté*, « Droit 360° », LexisNexis, 2012, p. 743 –

Mascala C., « La réforme du régime des sanctions », *Dr. et patr.* déc. 2009. 85; « Le périmètre des sanctions », colloque de l'*AJDE*, Toulouse 10 sept. 2010, *Rev. proc. coll.* 2011. Dossier 5; « Les sanctions en droit des entreprises en difficulté : flux, reflux et incohérences », *Dr. et patr.* mars 2013, dossier p. 80 – Mascala C. et Salomon R., « Regards sur les évolutions récentes des sanctions », *Rev. proc. coll.* 2013. Dossier 11 – Modat Ph., « Le nouveau droit des sanctions commerciales issu de la loi du 26 juillet 2005 », *RLDA* juill. 2007, n° 18, p. 75 – Montéran Th., « Les sanctions pécuniaires et personnelles dans la loi du 26 juillet 2005 », *Rev. proc. coll.* 2005, n° sp., p. 37 – Roussel Galle Ph., « Que reste-t-il du caractère sanctionnateur des procédures », in Colloque Paris Ouest Nanterre La défense, 25 nov. 2011, « Que reste-t-il des principes traditionnels des procédures collectives face au morcellement du traitement de la défaillance », *Rev. proc. coll.* 2012. Dossier 17 – Schultz Ph., « La faillite personnelle après la loi du 26 juillet 2005 sur la sauvegarde de l'entreprise », *Rev. proc. coll.* 2005, p. 299 – Teboul G., « Les sanctions : de nouvelles pistes », *LPA* 8 mars 2006, n° 48, p. 18 – Vallansan J., « Les sanctions économiques influencées par la crise économique ? », *BJE* oct. 2012. Dossier 163 – Vauvillé F., « Le nouveau titre V des responsabilités et des sanctions », *Rev. proc. coll.* 2006, p. 345.

› *Procédure de réhabilitation.* Delattre Ch., « La procédure de réhabilitation des articles L. 653-11 et R. 653-4 du Code de commerce », *Rev. proc. coll.* 2011. Étude 19.

› *Le débiteur.* Roussel Galle Ph., « Responsabilités et sanctions des débiteurs après la loi de sauvegarde des entreprises du 26 juillet 2005 », *JCP E* 2005. Étude 1512.

TITRE

910. Sanctions civiles non pécuniaires (faillite personnelle et interdiction de gérer)

SECTION 0

ORIENTEUR

910.00 Plan du titre.

Chap. 911		**Règles communes à la faillite personnelle et à l'interdiction de gérer**
Sect.	911.10	Caractère facultatif de la faillite personnelle et de l'interdiction de gérer
Sect.	911.20	Domaine des mesures de faillite personnelle et d'interdiction de gérer
Sect.	911.30	Modalités procédurales de la faillite personnelle et de l'interdiction de gérer
Sect.	911.40	Cumul de sanctions et prononcé des mesures de faillite personnelle et d'interdiction de gérer
Sect.	911.50	Décision prononçant la faillite personnelle ou l'interdiction de gérer
Sect.	911.60	Exécution provisoire des mesures de faillite personnelle
Sect.	911.70	Voies de recours sur les décisions rendues en matière de faillite personnelle et d'interdiction de gérer
Sect.	911.80	Durée des mesures de faillite personnelle et d'interdiction de gérer
Sect.	911.90	Relèvement des mesures de faillite personnelle et d'interdiction de gérer
Chap. 912		**Règles propres à la faillite personnelle**
Sect.	912.10	Cas de prononcé de la faillite personnelle intéressant indistinctement les débiteurs personnes physiques et les dirigeants de personnes morales débitrices
Sect.	912.20	Cas de prononcé de la faillite personnelle intéressant exclusivement les dirigeants de personnes morales débitrices
Sect.	912.30	Prononcé de la faillite personnelle par la juridiction répressive
Sect.	912.40	Effets de la faillite personnelle
Sect.	912.50	Sanctions de l'exercice d'une activité en dépit de la mesure de faillite personnelle
Chap. 913		**Règles propres à l'interdiction de gérer**
Sect.	913.10	Cas de prononcé de l'interdiction de gérer
Sect.	913.20	Effets de l'interdiction de gérer

910.03 Bibliographie indicative. (V. les références complètes s[s] n° 031 – Aussi s[s] n° 900.03).

> Actualisables. RÉP. COM., Fortis E., « Entreprises en difficulté – Redressement judiciaire (Sanctions) », n°s 34 à 46 – J.-CL. COM., Martin-Serf A., fasc. 2910, [Sanctions professionnelles et pénales – Faillite personnelle et autres mesures d'interdiction], 2002.

> Ouvrages antérieurs à la loi de sauvegarde des entreprises. CHAPUT, n°s 629 à 635, 637 et 638, 640 à 643 – GUYON, n°s 1407 à 1415 – JACQUEMONT, n°s 886 à 901 – KERCKHOVE, n°s 855 à 872 – LE CANNU, n°s 877 à 883 – LE CANNU *ET ALII*, n°s 1689 à 1726 – LE CORRE-BROLY, n°s 425 à 431 – MARTIN ET VALLENS, n°s 3663 à 3691 – PÉROCHON ET BONHOMME, n°s 439 à 444 – PÉTEL, n°s 427 à 433 – RIPERT ET ROBLOT, n°s 3302 à 3320 – SAINT-ALARY-HOUIN, n°s 1110 à 1121 – SOINNE, n°s 2643 à 2713 – VALLANSAN, p. 354 à 362, 374 et 375.

> Ouvrages postérieurs à la loi de sauvegarde des entreprises. COQUELET, 5e éd., n°s 551 à 563 – GIBIRILA, n°s 790 à 827 – JACQUEMONT ET VABRES, 9e éd., n°s 1140 à 1163 – LE CANNU, 7e éd., n°s 1318 à 1337 – LIENHARD, 6e éd., n°s 134.11 à 134.48 – PÉROCHON, 10e éd., n°s 1722 à 1764 – PÉTEL, 8e éd., n°s 427 à 437 – ROUSSEL GALLE, 2e éd., n°s 840 à 856 – SAINT-ALARY-HOUIN, 9e éd., n°s 1395 à 1406, 1442 à 1464 – VALLANSAN *ET ALII*, 6e éd., p. 481 à 492 – VALLENS, 2015, n°s 4662 à 4732 – Vidal et Giorgini, nos 1484, 1485, 1557 à 1603 – Voinot, 2e éd., nos 901 à 918.

> **Articles.** Lasserre Capdeville J., « Réforme du droit des entreprises en difficulté : l'évolution des sanctions », *BJE* mai 2014, 206 – Croze H., « Loi de sauvegarde des entreprises (VI) – Les procédures contre les dirigeants, associés ou membres d'une personne morale », *Procédures* 2006. Étude 8 – Delattre Ch., « Le chef d'entreprise face à ses obligations comptables dans la loi de sauvegarde », *Dr. sociétés* 2012. Étude 13 ; « Les obligations des administrateurs et mandataires judiciaires en matière de révélation », *BJE* sept. 2013, p. 309 – Gibirila D., « Les responsabilités et les sanctions du dirigeant dans la loi de sauvegarde des entreprises », *Defrénois* 2006. 989, n° 38412 – Lèguevaques Ch., « Les sanctions civiles et pénales à l'encontre des dirigeants dans la loi de sauvegarde – Ou l'allégement du fardeau de l'homme en col blanc », *Rev. proc. coll.* 2006/3, p. 246 – Martin-Serf A., « Réforme des procédures collectives – sanctions civiles », *Rev. proc. coll.* 2009. Dossier 14 – Mascala C., « Le comportement fautif du chef d'entreprise : de la sanction à la réparation », Lamy affaires mars 2005, suppl. n° 80, p. 71 ; « La réforme du régime des sanctions », *Dr. et patr.* déc. 2009. 85 – Matsopoulou H., « Sauvegarde des entreprises : modifications réglementaires – réflexions sur la faillite et l'interdiction de gérer », *D.* 2007. Chron. 104 – Montéran Th., « Les sanctions pécuniaires et personnelles dans la loi du 26 juillet 2005 », *Gaz. Pal.* 9-10 sept. 2005, n° sp., p. 37 ; « La réforme des responsabilités et sanctions », *Gaz. Pal.* 8-10 mars 2009, n° sp. p. 57 – Régnault-Moutier C., « Les dirigeants de société », *Rev. proc. coll.* 2006/2, p. 159 – Roussel Galle Ph., « Responsabilités et sanctions des débiteurs après la loi de sauvegarde des entreprises du 26 juillet 2005 », *JCP E* 2005. Étude 1512 ; « La procédure civile dans les responsabilités et sanctions civiles », *LPA* 28 nov. 2008, n° 239, p. 80 ; « Le dirigeant de société et le nouveau droit des entreprises en difficulté issu de la réforme du 18 décembre 2008 », *Rev. sociétés* 2009. 249 – Vauvillé F., « Le nouveau titre V des responsabilités et des sanctions », *Rev. proc. coll.* 2006/4, p. 345.

CHAPITRE

911. Règles communes à la faillite personnelle et à l'interdiction de gérer

SECTION 0 ORIENTEUR

911.00 **Plan du chapitre.**

Sect.	911.10	Caractère facultatif de la faillite personnelle et de l'interdiction de gérer
Sect.	911.20	Domaine des mesures de faillite personnelle et d'interdiction de gérer
Sect.	911.30	Modalités procédurales de la faillite personnelle et de l'interdiction de gérer
Sect.	911.40	Cumul de sanctions et prononcé des mesures de faillite personnelle et d'interdiction de gérer
Sect.	911.50	Décision prononçant la faillite personnelle ou l'interdiction de gérer
Sect.	911.60	Exécution provisoire des mesures de faillite personnelle
Sect.	911.70	Voies de recours sur les décisions rendues en matière de faillite personnelle et d'interdiction de gérer
Sect.	911.80	Durée des mesures de faillite personnelle et d'interdiction de gérer
Sect.	911.90	Relèvement des mesures de faillite personnelle et d'interdiction de gérer

911.01 **Textes applicables.** (V. les références complètes s[s] n° 011).

> Législation antérieure à la loi de sauvegarde des entreprises.

C. com., art. L. 625-1, L. 625-7, L. 625-10, L. 626-6

D. n° 85-1388, 27 déc. 1985, art. 155, 168 à 171

> Législation issue de *la loi de sauvegarde des entreprises*.

C. com., art. L. 653-1, L. 653-7, L. 653-11, L. 654-6, L. 661-11, L. 662-3

C. com., art. R. 653-1 à R. 653-4 (anc[t] D. 28 déc. 2005, art. 323 à 326), R. 661-1, al. 1 et 2 (anc[t] D. 28 déc. 2005, art. 328, al. 1 et 2), R. 662-9 (anc[t] D. 28 déc. 2005, art. 345), R. 662-12 (anc[t] D. 28 déc. 2005, art. 348, al. 1)

D. n° 2005-1677, 28 déc. 2005, art. 353, 19° et 361-6

> Législation issue de l'ordonnance du 18 décembre 2008.

C. com., art. L. 653-1, L. 653-7, L. 653-11, L. 654-6, L. 661-11, L. 662-3

C. com., art. R. 653-1 à R. 653-4, R. 661-1, al. 1 et 2, R. 662-9, R. 662-12

> Législation issue de l'ordonnance du 12 mars 2014.

C. com., art. L. 653-7

C. com., art. R. 662-9

911.02 **Jurisprudence de référence.**

> Le jugement prononçant la mesure est susceptible de nullité si l'intéressé n'a pas été convoqué par acte d'huissier devant comporter toutes les mentions classiques d'une assignation au moins huit jours avant l'audience en chambre du conseil.

• **Com. 6 juin 1995,** n° 93-14.320, *Bull. civ.* IV, n° 167 – Paris, 3e ch. C, 18 déc. 1998 – Paris, 11 juin 1999.

* V. s[s] n° 911.32

« Mais attendu qu'ayant énoncé exactement que le liquidateur judiciaire devait, en application de l'article 164 du décret du 27 décembre 1985, agir par voie d'assignation aux formes et avec les mentions des articles 56 et 855 du Nouveau code de procédure civile et que la notification de l'ordonnance du 30 décembre 1991 par acte d'huissier de justice était une signification, la cour d'appel en a, à bon droit, déduit, sans avoir à rechercher si l'irrégularité commise avait causé un grief à M. D..., que le tribunal n'avait pas été valablement saisi. »

> L'absence de fixation de la durée de la mesure constitue pour l'intéressé un motif de réformation de la décision.

• **Com. 3 nov. 1992,** n° 90-16.555, *Bull. civ.* IV, n° 343

* V. s[s] n° 911.81

« Vu l'article 195 alinéa 1er de la loi du 25 janvier 1985, aux termes duquel, lorsque le tribunal prononce la faillite personnelle ou l'interdiction prévue à l'article 192, il fixe la durée de cette mesure, qui ne peut être inférieure à 5 ans;

Attendu qu'après avoir considéré que les éléments relevés à l'encontre de M. I... justifiaient que lui soit appliquée une mesure de faillite personnelle, la cour d'appel a retenu qu'il n'y avait pas lieu de limiter cette mesure dans le temps, s'agissant d'une sanction qui ne se circonscrit pas dans la durée; Attendu qu'en statuant ainsi, alors qu'elle devait fixer la durée de la sanction prononcée, la cour d'appel a violé le texte susvisé. »

> **Même en l'absence de condamnation à combler le passif, le dirigeant condamné à l'interdiction de gérer ou à la faillite personnelle ne peut être relevé de la mesure que s'il a apporté une contribution suffisante au paiement des dettes sociales.**

• **Com. 24 mai 2005,** n° 04-11.964, NP

* V. s[s] n° 911.91

« En retenant, par une appréciation souveraine, qu'en l'absence de toute contribution de M. B. au paiement du passif de la société A, la demande devait être rejetée, la cour d'appel n'a fait qu'user des pouvoirs qu'elle tenait de l'article L. 625-10 du code de commerce qui n'opère aucune distinction selon que le demandeur au relevé de l'interdiction ou de la déchéance a été ou non condamné en outre au paiement des dettes sociales. »

> **Le principe de proportionnalité commande, lorsque plusieurs faits sont invoqués au soutien d'une demande de condamnation à la faillite personnelle ou à l'interdiction de gérer, et retenus par les premiers juges, que chacun d'eux soit légalement justifié.**

• **Com. 1er déc. 2009,** n° 08-17.187, *Bull. civ.* IV, n° 155

* V. s[s] n° 911.11

911.03 **Bibliographie indicative.** (V. les références complètes s[s] n° 031 – Aussi s[s] n°s 900.03, 910.03).

> **Articles.** Couvrat P., « La durée des interdictions professionnelles prononcées par les juridictions pénales », *RSC* 2003. 598 – Delattre Ch., « Durée des interdictions répressives prononcées par les juridictions répressives – Vers une homogénéisation de la jurisprudence », *JCP E* 2007. Étude 1451; « Pas de sanction civile par le tribunal de la procédure collective pour un avocat en liquidation judiciaire (au sujet de TGI Poitiers, 10 juin 2011, RG n° 11/01309) », *Rev. proc. coll.* 2011. Étude 28 – Saint-Alary-Houin C., « Le rebond du débiteur en liquidation : vrai ou faux départ ? », *Mél. Tricot,* LexisNexis – Dalloz, 2011, p. 579.

911.04 **Questions essentielles.**

• Les lois d'amnistie ont-elles des effets sur la faillite personnelle ou l'interdiction de gérer ?

* V. s[s] n° 911.11.

• L'action aux fins de prononcé de la faillite personnelle ou de l'interdiction de gérer est-elle enfermée dans des délais ?

* V. s[s] n° 911.35.

• Un dirigeant retiré peut-il être frappé de faillite personnelle ou d'interdiction de gérer ?

* V. s[s] n° 911.22.

• La cour d'appel saisie par la personne condamnée peut-elle augmenter la durée de la mesure ?

* V. s[s] n° 911.81.

• À quelles conditions une personne condamnée à la faillite personnelle ou à l'interdiction de gérer peut-elle être relevée de ces mesures ?

* V. s[s] n° 911.91.

SECTION 911.10

CARACTÈRE FACULTATIF DE LA FAILLITE PERSONNELLE ET DE L'INTERDICTION DE GÉRER

911.11 **Nature juridique de la faillite personnelle et de l'interdiction de gérer – Caractère facultatif – Principe de proportionnalité.** La faillite personnelle et l'interdiction de gérer présentent la nature de mesures d'élimination de la vie des affaires de personnes incompétentes ou malhonnêtes, dont la présence au sein du tissu économique est source de danger pour les tiers. Ces mesures sont également qualifiées de mesures d'assainissement. A été évoquée la « police de la direction des entreprises »[1].

Parce que « les affaires, c'est l'argent des autres », il faut en écarter ces personnes[2]. Cela justifie d'abord que le prononcé de telles mesures est inutile si les intéressés sont déjà retirés des affaires, compte tenu de leur âge[3]. Cela explique ensuite que certaines décisions retiennent l'absence d'incompétence ou de malhonnêteté pour écarter le prononcé de la mesure, notamment lorsqu'il n'est question que du retard dans la déclaration de la cessation des paiements[4].

Cela justifie aussi que les aides publiques ne puissent bénéficier aux personnes sanctionnées[5].

Ces mesures diffèrent de l'action en responsabilité pour insuffisance d'actif et c'est pourquoi il n'est pas nécessaire que les faits reprochés aient contribué à créer une insuffisance d'actif[6].

Ces mesures ne présentent pas la nature de sanctions pénales, et c'est pourquoi le principe de la légalité des délits et des peines ne s'applique pas en la matière. L'absence de plafond pour la durée des sanctions, sous l'empire de la législation antérieure à la loi de sauvegarde des entreprises, ne contrarie donc pas ce principe[7]. Pour cette même raison, les lois nouvelles plus douces n'ont pas vocation à s'appliquer immédiatement, ce qui était jugé à propos de la limitation de la durée des mesures instaurée par la loi du 25 janvier 1985[8], qui n'existait pas

1. CHAPUT, n° 628.
2. Robert et Matsopoulou, *Traité de droit pénal des affaires,* « Droit », PUF, 2004, n° 159.
3. Paris, 3e ch. B, 15 nov. 2007, RG n° 05/19850; *RJDA* 2008/7, p. 813, n° 833.
4. Douai, 2e ch., 2e sect., 13 janv. 2005, *Rev. proc. coll.* 2006, p. 87, n° 26, obs. Barret.
5. CE 18 mars 1998, req. n° 170534, *Lebon T.*; *Rev. proc. coll.* 1999, 133, n° 4, obs. Bach.
6. Paris, 3e ch. B, 17 avr. 2008, *Dr. sociétés* 2008. 251, 20, note Legros.
7. Amiens, ch. éco., 13 mars 2003, *RTD com.* 2004. 606, n° 10, obs. Mascala.
8. L. n° 85-98, 25 janv. 1985, *JO* 26 janv., p. 1097.

sous l'empire de la loi du 13 juillet 1967[1]. Elles n'ont pas davantage vocation à les faire disparaître. Notons toutefois que certaines juridictions se sont émancipées de cette solution, en faisant application immédiate de la loi nouvelle plus douce en la matière[2]. La solution n'est pas si critiquable, dans la mesure où il peut paraître choquant que la rétroactivité *in mitius*, règle de la matière pénale, soit sans application en matière de faillite personnelle et d'interdiction de gérer, lorsque la mesure est prononcée par la juridiction civile alors que la règle trouve application si la mesure est prononcée à titre de peine complémentaire de la faillite personnelle[3]. L'égalité des citoyens devant la loi ne semble pas respectée. Voilà peut-être une idée de question prioritaire de constitutionnalité...

Parce que la faillite personnelle et l'interdiction de gérer ne sont pas des sanctions pénales, les **lois d'amnistie** restent sans influence sur ces mesures. La solution a ainsi été posée pour la loi d'amnistie du 20 juillet 1988[4]. La solution est la même pour celle du 3 août 1995[5] (L. 3 août 1995, art. 18, II, 1). Pour la même raison, il n'y a pas d'obstacle au prononcé successif de deux peines de faillite personnelle ou d'interdiction de gérer, pour des faits différents[6].

La faillite personnelle et l'interdiction de gérer sont des mesures facultatives dont le prononcé est laissé à l'appréciation souveraine des juges du fond[7].

Plusieurs conséquences importantes ont été tirées de ce caractère facultatif.

Il a été jugé qu'il importe, lorsque plusieurs faits sont retenus par la juridiction du fond, au soutien de la condamnation à la faillite personnelle ou à l'interdiction de gérer, que chacun d'eux soit légalement justifié[8]. Il est ainsi lorsque la faillite personnelle est prononcée sur le fondement de plusieurs faits, dont celui tenant à la poursuite abusive d'exploitation déficitaire. Si un dirigeant est recherché sur ce fondement, son intérêt personnel doit être prouvé. À défaut, ce cas de faillite personnelle n'est plus fondé, ce qui entraîne la cassation de l'arrêt d'appel ayant condamné à la faillite personnelle en retenant plusieurs faits, dont celui-ci[9].

De même, avant la loi de sauvegarde des entreprises, il avait pu être jugé que la condamnation à l'interdiction de gérer fondée sur plusieurs faits, dont celui tenant à la déclaration de l'état de cessation des paiements au-delà du délai légal, supposait que l'état de cessation des paiements fût exactement établi, ce qui n'était pas le cas lorsque l'existence ou le montant de l'actif disponible n'avaient pas été pris en compte[10]. Cela supposait également que la date de cessation des paiements soit fixée avec précision[11]. Il faut faire état, depuis la loi de sauvegarde des entreprises, de l'article R. 653-1, alinéa 2 du code de commerce, selon lequel la date retenue pour le prononcé de l'interdiction sur le fondement de l'absence de déclaration de son état de cessation des paiements dans les quarante-cinq jours de celui-ci ne pourra être différente de celle fixée par la juridiction en application de l'article L. 631-8 du code de commerce. Il n'y a donc plus qu'une seule date de cessation des paiements pour le prononcé de l'interdiction de gérer. Dès lors, les juges du fond ne peuvent condamner à l'interdiction de gérer sur le fondement de l'absence de déclaration de l'état de cessation des paiements dans le délai légal sans préciser si la date qu'ils retiennent comme étant celle de la cessation des paiements avait été indiquée

1. Colmar, 1re ch. civ., 11 mars 2003, *Act. proc. coll.* 2003, n° 202.
2. L. n° 67-563, 13 juill. 1967, *JO* 14 juill., p. 7059 – Colmar, 1re ch. civ., 11 mars 2003, RG n° 02/5752, *Rev. proc. coll.* 2005, p. 156, n° 10, obs. Barret.
3. PÉROCHON, 10e éd., n° 1725.
4. L. n° 88-828, 20 juill. 1988, *JO* 21 juill., p. 9429 – Paris, 2 févr. 1989, *D.* 1989. IR 81.
5. L. n° 95-884, 3 août 1995, *JO* 6 août, p. 11804 – Com. 23 avr. 2003, n° 00-16.087, NP; n° 626 F-D; *Rev. proc. coll.* 2005, p. 163, n° 28, obs. Barret.
6. Paris, 3e ch. B, 25 sept. 2008, RG n° 08/02287, *Rev. proc. coll.* 2009, p. 30, § 27, note Delattre.
7. Com. 23 mai 2000, n° 98-13.729, NP, *Act. proc. coll.* 2000, n° 155 – Com. 11 juill. 2006, n° 04-12.893, NP; n° 959 F-D – Com. 1er déc. 2009, n° 08-17.187, *Bull. civ.* IV, n° 155; *D.* 2010. AJ 7, obs. Lienhard; *Gaz. Pal.* 16-17 avr. 2010, nos 106, 107, p. 46, note Montéran; *Act. proc. coll.* 2010, n° 31, note Vallansan; *JCP* 2009, n° 564, note Mastrullo; *JCP* 2010, n° 55, note Roussel Galle; *RJDA* 2010/3, p. 211, note Gibirila; *Bull. Joly* 2010. 256, note Le Corre – Paris, 3e ch. A, 5 janv. 2000, *Rev. proc. coll.* 2001, p. 277, n° 12, obs. Barret – Rennes, 2e ch., 6 sept. 2000, *Rev. proc. coll.* 2001, 108, n° 3, obs. Barret.
8. Com. 1er déc. 2009, n° 08-17.187, *Bull. civ.* IV, n° 155; *D.* 2010. AJ 7, obs. Lienhard; *Gaz. Pal.* 16-17 avr. 2010, nos 106, 107, p. 46, note Montéran; *Act. proc. coll.* 2010, n° 31, note Vallansan; *RJDA* 2010/3, p. 211, note Gibirila; *JCP* 2009, n° 564, note Mastrullo; *JCP* 2010, n° 55, note Roussel Galle; *JCP E* 2010, n° 1115, note Lebel; *JCP E* 2010. Chron. 1296, n° 15, obs. Pételt; *Rev. proc. coll.* 2010, n° 119, note Martin-Serf; *LPA* 18 févr. 2010, n° 35, note Teboul; *Defrénois* 2010. 1487, Chron. 39138, note Gibirila; *Bull. Joly* 2010. 256, note Le Corre – Com. 15 févr. 2011, n° 09-70.496, NP; n° 163 F-D; *Gaz. Pal. entr. diff.* 1-2 avr. 2011, p. 47, note Montéran – Com. 3 mai 2011, n° 10-13.546, NP; n° 429 F-D – Com. 3 mai 2011, n° 10-16.709, NP; n° 438 F-D – *Adde*, Nabet, « Le principe de proportionnalité s'invite en droit des procédures collectives », *LPA* 8 avr. 2010, n° 70, p. 3.
9. Com. 4 nov. 2014, n° 13-20.652, NP; n° 949 F-D.
10. Com. 15 févr. 2011, n° 09-70.496, NP; n° 163 F-D; *Gaz. Pal. entr. diff.* 1-2 avr. 2011, p. 47, note Montéran.
11. Com. 8 mars 2011, n° 09-67.062, NP; n° 201 F-D; *Rev. proc. coll.* 2012, n° 103, note Martin-Serf.

dans le jugement d'ouverture ou avait été celle retenue dans un jugement de report[1].

Il ne peut être reproché aux juges du fond, pour rejeter une demande de mesures personnelles en indiquant que certains cas de faillite personnelle relevés ne justifiaient pas le prononcé de celle-ci, de ne pas avoir examiné si d'autres cas ne pouvaient être retenus[2]. Ils peuvent estimer que les conséquences du prononcé d'une telle mesure seraient disproportionnées par rapport aux faits reprochés[3]. Ils peuvent aussi considérer que le prononcé d'une condamnation à combler le passif est suffisant[4].

Le fait pour le débiteur ou le dirigeant social de collaborer avec les organes de la procédure peut également être pris en compte pour écarter le prononcé des mesures[5].

Du fait de cette liberté d'appréciation, la personne sanctionnée est sans intérêt à critiquer un arrêt qui considère que les faits relevés justifient une faillite personnelle pour une durée de dix ans, mais qui, en son dispositif, la fixe à cinq ans[6].

Le caractère facultatif des mesures d'interdiction permet à la juridiction de tenir compte de circonstances de fait particulières, telles celles dans lesquelles le dirigeant de droit a dû accepter son poste sous la menace de représailles, pour permettre à la société de fonctionner, alors que le dirigeant de fait était en situation irrégulière en France[7] ou de la brève durée de gestion du dirigeant[8]. De même, il peut être tenu compte des grandes difficultés professionnelles et familiales rencontrées par le dirigeant qui a été conduit à s'en remettre à un salarié, délégataire de signature[9].

Précisons que l'article L. 128-1 du code de commerce, issu de l'article 71 de la loi du 22 mars 2012 de simplification du droit et d'allégement des démarches administratives[10], organise la tenue par le Conseil national des greffiers d'un **fichier national automatisé des interdits de gérer**, qui devrait permettre de rendre plus effective l'infraction d'exercice d'une activité professionnelle au mépris de l'interdiction[11]. Un décret du 19 février 2015[12], pris avis de la CNIL[13], a enfin donné corps à ce fichier[14].

SECTION 911.20

DOMAINE DES MESURES DE FAILLITE PERSONNELLE ET D'INTERDICTION DE GÉRER

911.21 Débiteurs personnes physiques. La faillite personnelle et l'interdiction de gérer ont un domaine identique posé par l'article L. 625-1 du code de commerce (anc^t L. 25 janv. 1985[15], art. 185). Elles s'appliquent aux personnes physiques susceptibles d'être déclarées en redressement ou en liquidation judiciaire : commerçant, agriculteur, ou artisan, à l'exception cependant des personnes soumises à un règlement amiable qui échoue et qui peuvent prétendre au redressement et à la liquidation judiciaires[16]. L'inscription au registre du commerce emporte présomption de commercialité et autorise le prononcé des mesures contre une personne, sauf pour cette dernière à combattre la présomption de commercialité attachée à son inscription[17]. Elle ne pourra toutefois combattre cette présomption devant la Cour de cassation, sans avoir contesté devant les juges du fond, sa qualité de commerçant[18]. Sous l'empire de la législation de sauvegarde, elle devrait toutefois démontrer qu'elle n'exerce pas d'activité indépendante.

Ces mesures sont sans application pour les personnes relevant de la faillite civile en Alsace-Moselle (C. com., art. L. 670-1).

En outre, ces mesures sont sans application aux personnes décédées, puisqu'elles ont essentiellement pour objet de les écarter de la vie des affaires[19].

1. Com. 4 nov. 2014, n° 13-23.070, *Bull. civ.* IV [à paraître]; n° 960 FS-P+B+R+I; *D.* 2014. Actu. 2238, note Lienhard; *Gaz. Pal.* 18 janv. 2015, n° 18, p. 15, note Reille et p. 34, note Montéran; *Rev. sociétés* 2014. 751, note Henry; *JCP E* 2014. 1604, rapp. Schmidt et note Roussel Galle et 1637, n° 12, note Pétel; *Act. proc. coll.* 2014, comm. 344 note Thuillier; *BJE* 2015, 113, note Lasserre Capdeville *Rev. proc. coll.* 2015, comm. 67, note Martin-Serf.
2. Com. 11 juill. 2006, n° 04-12.893, NP; n° 959 F-D; *Gaz. proc. coll.* 2006/4, p. 41, note Montéran.
3. Grenoble, ch. com., 9 déc. 2004, *Rev. proc. coll.* 2006, p. 87, n° 26, obs. Barret.
4. Douai, 2e ch., 2e sect., 18 déc. 2008, *Dr. sociétés* 2009, n° 167, note Legros.
5. AINSI : Paris, 29 oct. 2009, RG n° 08/22710.
6. Com. 30 oct. 2007, n° 06-14.796, NP; n° 1171 F-D; *Gaz. proc. coll.* 2008/1, p. 71, note Montéran.
7. Paris, 3e ch. A, 13 janv. 2004, RG n° 02/21903.
8. Paris, 3e ch. A, 11 janv. 2005, RG n° 04/06989.
9. Paris, 3e ch. A, 28 mars 2006, RG n° 05/15493.
10. L. n° 2012-387, 22 mars 2012, *JO* 23 mars, p. 5226.
11. Martin-Serf, obs. *Rev. proc. coll.* 2012, n° 214.
12. D. n° 2015-194, 19 févr. 2015, *JO* 21 févr., p. 3231.
13. Cnil, délibération n° 2015-009, 22 janv. 2015.
14. Mascala, *D.* 2015. 1512; *Rev. proc. coll.* 2015, comm. 192, note Martin-Serf; Salomon, *Dr. sociétés* 2015, comm. 121.
15. L. n° 85-98, 25 janv. 1985, préc.
16. CHAPUT, n° 630.
17. Paris, 3e ch. B, 20 sept. 2007, RG n° 06/18447.
18. Com. 3 mai 2011, n° 10-16.986, NP; n° 441 F-D; *Gaz. Pal.* 9 juill. 2011, n° 189, p. 35, note Montéran; *Rev. proc. coll.* 2011, n° 203, note Martin-Serf; *Rev. proc. coll.* 2011, n° 206, note Lebel.
19. Amiens, ch. éco., 23 janv. 2003, RG n° 02/00253, *Rev. proc. coll.* 2005, p. 153, n° 1, obs. Barret – Paris, 3e ch. B, 1er oct. 2004, RG n° 03/22022.

La loi du 26 juillet 2005[1], pour tenir compte de l'application des procédures collectives aux professionnels libéraux, a modifié le texte. La faillite personnelle ou l'interdiction de gérer peut être appliquée aux personnes physiques commerçantes, agriculteurs ou immatriculées au répertoire des métiers et à toute personne physique exerçant une activité professionnelle indépendante.

L'ordonnance du 18 décembre 2008[2] maintient sans modification les 2° et 3° du I de l'article L. 653-1 du code. En revanche, l'article 134 de l'ordonnance du 18 décembre 2008 modifie le 1° du I de cet article, en remplaçant les mots « la profession de commerçant, d'agriculteur ou immatriculées au répertoire des métiers » par ceux d'« une activité commerciale ou artisanale, aux agriculteurs ». Il s'agit d'une rédaction analogue à celle utilisée pour déterminer le domaine d'application *ratione personae* de la procédure de sauvegarde. Ce changement de rédaction a pour objet de tenir compte de la modification apportée par la loi de modernisation de l'économie, loi LME du 4 août 2008[3], qui a accordé à certains artisans la possibilité de ne pas être immatriculés au répertoire des métiers. Afin de ne pas les exclure du dispositif de traitement des difficultés des entreprises, il est apparu indispensable de modifier la rédaction des textes. Corrélativement, les artisans non immatriculés doivent, comme ceux qui le sont, pouvoir être sanctionnés par la faillite personnelle ou l'interdiction de gérer. Ainsi, l'approche est-elle désormais effectuée par l'activité et non plus par la profession[4].

Observons que la modification n'est toutefois qu'apparente, dans la mesure où, avant la réforme résultant de l'ordonnance, il était estimé que les artisans de fait, en tant que personnes physiques exerçant une activité professionnelle indépendante, pouvaient déjà se voir appliquer les mesures de faillite personnelle ou d'interdiction de gérer[5]. L'article 134 de l'ordonnance du 18 décembre 2008 nous semble, en conséquence, être une disposition interprétative.

Toutefois, en visant désormais les personnes exerçant une activité commerciale et non plus les commerçants, il semblait qu'il fallait exclure du domaine de la faillite personnelle et de l'interdiction de gérer, les associés en nom, qui, bien qu'ils soient commerçants, n'exerçaient pas d'activité commerciale. Le contraire avait été soutenu[6]. Cette dernière opinion nous semble devoir être suivi depuis que la Cour de cassation a estimé que les associés en nom continuaient, même après l'ordonnance du 18 décembre 2008, à relever des procédures collectives (v. s[s] n° 211.21).

La loi du 26 juillet 2005 exclut les personnes physiques, ainsi que les dirigeants de personnes morales exerçant une activité professionnelle indépendante, et, à ce titre, soumises à des règles disciplinaires (C. com., art. L. 653-1, I, 3°, al. 2)[7]. L'exclusion créée par la loi de sauvegarde des entreprises a pour objet « d'éviter d'empiéter sur les compétences de contrôle déontologique et disciplinaire des ordres et des autorités professionnelles, dont la sanction de comportements professionnels fautifs constitue une des missions principales »[8]. Mais l'exclusion est en réalité plus large, car certains professionnels indépendants pourront en bénéficier, alors pourtant qu'ils ne sont pas dotés d'un ordre ou d'une autorité professionnelle en charge de leur régime disciplinaire. Il suffit que ces professionnels soient soumis « à des règles disciplinaires » pour interdire l'application à leur encontre des mesures de faillite personnelle ou d'interdiction de gérer. L'exemple a été pris du cas des agents commerciaux, dont le statut est défini aux articles L. 134-1 à L. 134-16 du code de commerce[9].

Si l'intéressé est un professionnel indépendant soumis à un ordre, mais également un commerçant, par exemple un pharmacien, il est jugé que la faillite personnelle ou l'interdiction de gérer est applicable[10].

Par cette exclusion, les mesures accessoires à la faillite personnelle, par exemple l'incapacité publique élective ou la possibilité pour les créanciers de reprendre leurs poursuites individuelles après clôture de la procédure pour insuffisance d'actif ne peuvent frapper les professionnels libéraux « disciplinés », ce « bouclier disciplinaire[11] » ayant été

1. L. n° 2005-845, 26 juill. 2005, *JO* 27 juill., p. 12187.
2. Ord. n° 2008-1345, 18 déc. 2008, *JO* 19 déc. p. 19462.
3. L. n° 2008-776, 4 août *2008*, *JO* 5 août, p. 12471, dite loi LME.
4. Martin-Serf, « Réforme des procédures collectives – Sanctions civiles », *Rev. proc. coll.* 2009, p. 99 s., sp. p. 104, n° 32.
5. *Rapp. Xavier de Roux*, n° 2095, p. 423 – Schultz, « La faillite personnelle après la loi du 26 juillet 2005 sur la sauvegarde de l'entreprise », *Rev. proc. coll.* 2005, p. 301, n° 8 – Le Corre, *Droit et pratique des procédures collectives*, 4e éd., « Dalloz action », 2008, n° 91.21.
6. JACQUEMONT, 6e éd., n° 1054.
7. TGI Poitiers, 10 juin 2011 RG n° 11/01309, *Rev. proc. coll.* 2011. Étude 28, obs. Delattre.
8. *Rapp. Xavier de Roux*, n° 2095, p. 422.
9. *Rapp. Xavier de Roux*, n° 2095, p. 422 – *Adde*, Schultz, « La faillite personnelle après la loi du 26 juillet 2005 sur la sauvegarde de l'entreprise », *Rev. proc. coll.* 2005, p. 306, n° 29.
10. Paris, 3e ch. A, 23 sept. 2008, RG n° 07/21713, *D.* 2008. AJ 2665, note Lienhard *Gaz. proc. coll.* 2008/4, p. 37, n° 1, note Lebel; *JCP E* 2008. 2436 et la note de Cérati-Gauthier, « Application de la loi de sauvegarde des entreprises aux professions libérales ».
11. PÉROCHON, 10e éd, n° 1728

dénoncé comme constitutif d'un « privilège des notables indélicats »[1].

Il importe toutefois d'observer que la juridiction pénale a la possibilité de prononcer la faillite personnelle, à titre de peine complémentaire de la banqueroute, à l'encontre de ces professionnels libéraux[2].

En tout cas, lorsque le professionnel indépendant n'est pas soumis à des règles disciplinaires de sa profession – on a parlé des professionnels indisciplinés[3] –, la faillite personnelle et l'interdiction de gérer peuvent être prononcées à leur encontre par les juridictions civiles.

L'ordonnance du 9 décembre 2010[4] adapte à l'EIRL les cas classiques de faillite personnelle, étant entendu que l'interdiction de gérer pourra être prononcée en substitut.

911.22 Dirigeants de personnes morales ayant une activité économique ou non. Alors que la législation antérieure à la loi de sauvegarde des entreprises limitait la possibilité de prononcer la faillite personnelle et l'interdiction de gérer aux dirigeants de personnes morales ayant une activité économique, la restriction a été supprimée sur amendement de la commission des lois du Sénat. L'idée a été d'harmoniser le domaine subjectif des sanctions professionnelles et des sanctions pécuniaires[5]. En conséquence, les dirigeants de personnes morales débitrices pourront être frappés de faillite personnelle ou d'interdiction de gérer, même si les personnes morales dirigées n'ont pas d'activité économique. On pense spécialement à certaines associations.

Comme pour la condamnation à combler l'insuffisance d'actif (v. s[s] n° 922.25), le fait que le dirigeant n'exerce pas effectivement ses pouvoirs importe peu pour sa condamnation, dès lors que les faits reprochés sont établis à son encontre[6]. La gérance de paille est d'ailleurs analysée non comme une circonstance atténuante, mais comme une circonstance aggravante[7]. De même, le fait que le dirigeant soit placé à titre individuel en liquidation judiciaire ne constitue pas un obstacle au prononcé des mesures de faillite personnelle et d'interdiction de gérer[8].

La loi du 26 juillet 2005[9] exclut les personnes, dirigeants de personnes morales, exerçant une activité professionnelle indépendante et, à ce titre, soumises à des règles disciplinaires (C. com., art. L. 653-1, I, 3°, al. 2). La solution est nouvelle par rapport à la législation antérieure à la loi du 26 juillet 2005, qui s'appliquait déjà aux personnes morales exerçant une activité libérale, et dont les dirigeants pouvaient être sanctionnés par la faillite personnelle ou l'interdiction de gérer. L'exclusion ne s'appliquera toutefois que pour les procédures ouvertes à compter du 1er janvier 2006[10], la faillite personnelle et l'interdiction de gérer n'étant pas des sanctions pénales (v. s[s] n° 911.11) auxquelles il y aurait lieu d'appliquer le principe de la rétroactivité de la loi pénale plus douce.

La solution nouvelle est justifiée par le régime applicable aux professionnels libéraux, personnes physiques. À défaut de rendre la solution symétrique en cas d'exercice de la profession libérale sous forme sociétaire, il y aurait eu une nouvelle forme d'inégalité, car le contrôle déontologique est attaché à la profession, non à la façon dont elle est exercée[11].

911.23 Succession de procédures – Postériorité à l'ouverture de la première procédure collective des faits fondant la demande. Le principe, en la matière, est que seuls des faits antérieurs à l'ouverture de la procédure peuvent justifier la faillite personnelle ou l'interdiction de gérer[12]. Il faut toutefois excepter les cas de faillite personnelle ou d'interdiction de gérer, qui visent spécialement des comportements par nature postérieurs à l'ouverture de la procédure. Il en est ainsi des faits consistant à faire obstacle au bon déroulement de la procédure en s'abstenant volontairement de coopérer avec les organes de la procédure (v. s[s] n° 912.19), du fait de ne pas exécuter le jugement de condamnation au paiement des dettes sociales (v. s[s] n° 912.24) ou au paiement de l'insuffisance d'actif social (v. s[s] n° 912.25) et de ne pas remettre aux organes de la procédure certains documents (v. s[s] n° 913.13).

1. Pérochon, « Le privilège des noables indélicats : un nouveau privilège », *D.* 2005. Doctr. 1146 – *Adde,* Schultz, « La faillite personnelle après la loi du 26 juillet 2005 sur la sauvegarde de l'entreprise », *Rev. proc. coll.* 2005, p. 301, n° 8.
2. Pétel, « Le nouveau droit des entreprises en difficulté », *JCP E* 2005. 1509, p. 7730, sp. p. 1733, n° 11 – Mascala, « L'amélioration de la situation du chef d'entreprise », *Rev. proc. coll.* 2005, p. 370 s., sp. p. 372 et *RTD com.* 2006. 213 – Roussel Galle, 2e éd., 2007, n° 48 – Lienhard, 4e éd., 2011, n° 134.14.
3. Mascala, « L'amélioration dela situation du chef d'entreprise », *Rev. proc. coll.* 2005, p. 370 s, sp. p. 372.
4. *Ord. n° 2010-1512, 9 déc. 2010, JO 10 déc.*, p. 21617.
5. *Rapp. J.-J. Hyest*, n° 335, p. 167.
6. Lyon, 2 nov. 2006, 3e ch. civ., RG n° 05-3044, *RJDA* 2007/8-9, p. 827, n° 878.
7. Ainsi : Paris, pôle 5, 9e ch., 21 janv. 2010, RG n° 09/12335, *Dr. sociétés* 2010, n° 167, note Legros.
8. Paris, 3e ch. A, 8 nov. 2005, RG n° 04/24629.
9. L. n° 2005-845, 26 juill. 2005, préc.
10. Schultz, at. préc., n° 9.
11. *Rapp. Xaver de Roux*, n° 2095, p. 422.
12. Com. 17 ot. 2000, n° 98-13.106, NP, *RJDA* 2001/1, n° 62 – Com. 20 févr. 2001, n° 98-10.265, NP, *Rev. proc. coll.* 2002, p. 14, n° 3, obs. Barret – Com. 11 déc. 2012, n° 11-22.43, NP, *Rev. proc. coll.* 2013, comm. 179, note Martin-Serf - Aix-en-Provence, 8e ch. A, 27 juin 2013, RG n° 2013/380 *Rev. proc. coll.* 2013, comm. 179, note Martin-Serf.

En cas de succession de procédures, résultant de la résolution d'un plan de sauvegarde, de continuation ou de redressement, seuls des faits postérieurs à l'ouverture de la première procédure, qui s'est terminée sans sanction, c'est à dire des faits commis entre l'adoption du plan et sa résolution, peuvent justifier la mesure[1], ce qu'oublient parfois les juridictions du fond[2]. La solution vaut même en cas de résolution indivise d'un plan adopté dans le cadre d'une extension de procédure sur le fondement de la confusion des patrimoines[3].

911.24 Procédures concernées par les mesures de faillite personnelle et d'interdiction de gérer. La législation antérieure à la loi du 26 juillet 2005[4] permettait le prononcé de la faillite personnelle et de l'interdiction de gérer en cas de redressement ou de liquidation judiciaire.

La solution est maintenue par la loi du 26 juillet 2005. En revanche, le texte de l'article L. 653-1, I ne s'applique pas à la procédure de sauvegarde. Le projet de loi ne prévoyait pas l'exclusion (art. 148). Un amendement, adopté à l'Assemblée nationale a écarté l'application de la faillite personnelle et de l'interdiction de gérer en cas d'ouverture d'une procédure de sauvegarde. Il a été dit que cela semblait « assez cohérent si l'on veut pousser les débiteurs, les entreprises à se mettre sous la protection du tribunal »[5]. Cette exclusion a pour effet de rendre plus attractive pour les débiteurs et les dirigeants sociaux la procédure de sauvegarde[6].

Il faut encore préciser que seuls des faits relatifs à la gestion de la personne morale débitrice peuvent justifier les mesures de faillite ou d'interdiction de gérer, les actes relatifs à a gestion d'autres entreprises ne pouvant justifier le prononcé de ces mesures[7].

Apportons une dernière précision relative au Règlement insolvabilité. Il est jugé que l'action tendant au prononcé d'une mesure d'interdiction de gérer à l'encontre du dirigeant de la personne morale faisant l'objet de la procédure d'insolvabilité appartient à la catégorie des actions qui dérivent directement de la procédure initiale et qui s'y insèrent étroitement. En conséquence, le tribunal français qui a ouvert une procédure secondaire n'a pas compétence pour prononcer à l'encontre du dirigeant de la personne morale ayant fait l'objet de la procédure principale d'insolvabilité une mesure d'interdiction de gérer[8].

SECTION 911.30

MODALITÉS PROCÉDURALES DE LA FAILLITE PERSONNELLE ET DE L'INTERDICTION DE GÉRER

911.31 Personnes ayant qualité pour saisir aux fins de prononcé des mesures d'élimination. Les mesures d'assainissement sont des actions attitrées.

> LÉGISLATION ANTÉRIEURE À LA LOI DE SAUVEGARDE DES ENTREPRISES. Sous l'empire de la législation antérieure à la loi de sauvegarde des entreprises, la saisine appartient, aux termes de l'article L. 625-7 du code de commerce (anc^{t} L. 25 janv. 1985[9], art. 191), à l'administrateur, au liquidateur et au représentant des créanciers.

Le représentant des créanciers devra encore être en fonction. En outre, son maintien en fonction ne doit pas seulement tendre à l'achèvement des opérations de vérification du passif, après l'arrêté du plan de redressement[10] (v. s^{s} n° 361.34). C'est pourquoi, en ce cas, il n'a plus qualité pour assigner aux fins de prononcé de la faillite personnelle[11]. Identiquement, la qualité de l'administrateur pour assigner en faillite personnelle cesse après arrêté du plan[12].

La saisine appartient également au procureur de la République. Ce dernier sera spécialement informé par les mandataires de justice, parallèlement à l'information communiquée au juge-commissaire, de tout fait de nature à entraîner l'application des

1. Com. 16 sept. 2014, n° 13-18.503, NP; n° 699 F-D – Caen, 1er juin 1995, *JCP* 1995. IV. 2675 – Toulouse, 2e ch., 2e sect., 8 avr. 1999, *JCP E* 1999. Pan. 1560; *RJ com.* 2000. 221, n° 1558, note Régnaut-Moutier; *Rev. proc. coll.* 2000, 224, n° 2, obs. Barret – Paris, 3e ch. B, 21 nov. 2003, RG n° 03/30544.
2. *AINSI : Paris, 3e ch. B, 12 sept. 2003, RG n° 03/3059.*
3. Com. 16 sept. 2014, n° 13-18.503, NP; n° 699 F-D; *BJE* 2015, 38, note Lasserre Capdeville; *Rev. proc. coll.* 2015, comm. 69, note Martin-Serf.
4. L. n° 2005-845, 26 juill. 2005, préc.
5. Amend. n° 201, Interv. Xavier de Roux, *JOAN CR*, 3e séance du 8 mars 2005, p. 148.
6. *Rapp. J.-J. Hyest*, n° 335, p. 465.
7. Com. 13 mai 2003, n° 99-11.969, NP; n° 767 F-D; *Rev. proc. coll.* 2005, p. 161, n° 22, obs. Barret.
8. Com. 22 janv. 2013, n° 11-17.968, *Bull. civ.* IV, n° 17; n° 55 F-P+B; *D.* 2013. Actu. 301, obs. Lienhard; *D.* 2013. 755, note Dammann et Rapp; *Gaz. Pal.* 1er mai 2013, n° 121, p. 13, note Mélin; *Act. proc. coll.* 2013, n° 53, note Legrand; *Rev. sociétés* 2013. 183, note Henry; *LPA* 20 mars 2013, n° 57, p. 9, note Legrand; *JCP E* 2013. 1218, note Lemay; *JCP E* 2013, Chron. 1216, n° 11, obs. Pétel; *BJE* mai 2013, comm. 65, note Sortais; *Rev. proc. coll.* 2013, comm. 30, note Mastrullo et juill. 2013, étude 19, D'Avout; Dr. sociétés 2013, comm. 89, note Legros; *Bull. Joly* avr. 2013, comm. 118, note Vallens.
9. L. n° 85-98, 25 janv. 1985, préc.
10. Paris, 3e ch. A, 7 oct. 2003, RG n° 02/10429.
11. Com. 24 sept. 2003, n° 00-11.010, *Bull. civ.* IV, n° 143; *D.* 2003. AJ 2438, obs. Lienhard; *JCP E* 2004. Chron. 151, n° 5, obs. Pétel; *Bull. Joly* 2003. 1265, note Cagnoli; *JCP E* 2004. Jur. 385, note Legros; *Rev. sociétés* 2004. 412, note Lucas.
12. Com. 24 sept. 2003, n° 00-11.010, préc. (v. s^{s} prés^{t} n°).

sanctions ici analysées, en application de l'article 168 du décret du 27 décembre 1985[1].

En outre, le tribunal qui est nécessairement celui d'ouverture de la procédure collective du débiteur[2], personne physique ou personne morale débitrice, peut se saisir d'office, mais non la cour d'appel[3]. Il y a saisine d'office, même si l'ordonnance du président fixant la date d'audition du dirigeant a été rendue à la demande du mandataire de justice et encore que cette demande du mandataire contenant les faits justifiant la saisine soit jointe à l'ordonnance présidentielle[4].

Cette possibilité de saisine d'office n'avait pas été jugée contraire à la Convention européenne des droits de l'homme par les juridictions internes[5], sans doute de manière laxiste.

On notera un absent de marque dans la liste des personnes ayant qualité pour saisir le tribunal : le commissaire à l'exécution du plan[6].

> Législation issue de la loi de sauvegarde des entreprises. La loi du 26 juillet 2005, par dérogation au principe général d'application de cette loi dans le temps, s'applique, en ce qui concerne la saisine aux fins de faillite personnelle ou d'interdiction de gérer, aux procédures collectives en cours au jour de l'entrée en vigueur de la loi, c'est dire le 1er janvier 2006 (art. 191).

La loi de sauvegarde des entreprises a revu à la baisse la liste des personnes autorisées à saisir le tribunal aux fins de prononcé de la faillite personnelle ou de l'interdiction de gérer. Lors des travaux préparatoires de la loi de sauvegarde des entreprises, il avait été annoncé que la liste établie par la loi du 26 juillet 2005 n'entraînerait pas inefficacité de la saisine émanant de l'administrateur judiciaire ou du tribunal d'office, qui ne disposent plus de la saisine, si la demande a été faite avant l'entrée en vigueur de la nouvelle[7], et cela bien que la loi nouvelle s'applique, par dérogation, aux procédures en cours (L. 26 juill. 2005, art. 191), car l'application immédiate d'une loi nouvelle est sans effet sur la validité des actes de procédure accomplis selon la loi alors en vigueur.

La jurisprudence a ensuite appliqué ces principes. Ainsi, dès lors qu'au 1er janvier 2006, l'assignation a été délivrée à la personne recherchée en sanction professionnelle, la juridiction est valablement saisie, au regard des règles de la législation antérieure, et peut donc statuer[8]. Cette solution[9], qui consiste à ne prendre en compte que la date de l'assignation, non celle de la saisine et encore moins celle de la décision, permet de sauver les saisines d'office – interdites par la loi de sauvegarde des entreprises – n'ayant pas donné lieu à décision au 1er janvier 2006. *A fortiori*, ne peuvent être invalidées en cause d'appel, sur le fondement d'une modification des personnes ayant qualité à saisir la juridiction, les décisions de première instance prononcées avant le 1er janvier 2006[10].

La loi de sauvegarde a, en effet, modifié la liste des personnes pouvant saisir le tribunal aux fins de prononcer d'une faillite personnelle ou d'une interdiction de gérer (C. com., art. 653-7).

Tout d'abord, le tribunal ne peut plus se saisir d'office. La solution est justifiée par le souci d'impartialité et plus précisément par le droit à un procès équitable tel que l'impose l'article 6 § 1 de la Convention européenne de sauvegarde des droits de l'homme et des libertés fondamentales[11]. Il faut éviter que le débiteur ne soit dissuadé d'agir par anticipation, voyant dans le tribunal « l'incarnation de la menace de la sanction potentielle »[12]. Cette suppression de la saisine d'office a toutefois été critiquée par certains auteurs[13].

Le ministère public a également le droit de saisine aux fins de prononcé des mesures de faillite personnelle et d'interdiction de gérer, le visa du procureur de la République ayant, de manière classique, été remplacé par celui du ministère public.

Les mandataires de justice, qui auront le droit de saisine, devront comme antérieurement, informer le procureur de la République et le juge-commissaire (C. com., art. R. 653-1, al. 1 [anct D. 28 déc. 2005, art. 323, al. 1]), sur les faits justifiant ces mesures. Le décret du 12 février 2009[14] étend le domaine de cette obligation. L'article 111 du décret du 12 février 2009 modifie, en effet, le premier alinéa de l'article R. 653-1 pour rendre obligatoire, de la part des

1. D. n° 85-1388, 27 déc. 1985, *JO* 29 déc., p. 15281.
2. Paris, 3e ch. B, 25 avr. 2003, RG n° 02/11399.
3. Com. 26 nov. 2002, n° 99-18.888, *Bull. civ.* IV, n° 178; *Act. proc. coll.* 2003, n° 11; *RTD com.* 2003. 171, n° 8, obs. Martin-Serf.
4. Com. 30 oct. 2007, n° 06-14.796, NP; n° 1171 F-D; *Gaz. proc. coll.* 2008/1, p. 71, note Montéran.
5. Paris, 3e ch. A, 11 janv. 2005, RG n° 04/06989 – Paris, 3e ch. B, 25 févr. 2005, RG n° 04/7412 – Paris, 3e ch. A, 24 mai 2005, RG n° 04/19042.
6. Com. 12 nov. 1997, n° 94-20.845, NP, *Rev. proc. coll.* 1998, 313, n° 8, obs. Bach – Com. 24 sept. 2003, n° 00-11.010, *Bull. civ.* IV, n° 143; *D.* 2003. AJ 2438; *JCP E* 2004. Chron. 151, n° 5, obs. Pétel – Paris, 3e ch. B, 1er oct. 2004, RG n° 03/22022 – Paris, 3e ch. B, 15 sept. 2006, RG n° 04/18672.
7. *Rapp. Xavier de Roux*, n° 2095, p. 432.
8. Com. 27 févr. 2007, n° 05-22.036, NP, *Dr. et proc.* juill.-août 2007, p. 204, note Le Corre.
9. Qui est celle du service de documentation et d'études de la Cour de cassation, Q/R n° 10.
10. Colmar, 1re ch. civ., sect. A, 9 mai 2006, RG n° 05-3373, *Rev. proc. coll.* 2007, p. 93, n° 19, obs. Barret.
11. Rapp. J.-J. Hyest, n° 335, p. 53.
12. *Rapp. Xavier de Roux*, n° 2095, p. 432.
13. Saint-Alary-Houin, 9e éd., n° 92.
14. D. n° 2009-160, 12 févr. 2009, *JO* 13 févr., p. 2596.

mandataires de justice, l'information du ministère public sur tout fait visé à l'article L. 653-8 du code de commerce, c'est-à-dire les faits permettant spécifiquement de prononcer l'interdiction de gérer. Il s'agit d'abord du fait pour toute personne mentionnée à l'article L. 653-1, et cela de mauvaise foi, de ne pas remettre au mandataire judiciaire, à l'administrateur ou au liquidateur les renseignements qu'il est tenu de lui communiquer en application de l'article L. 622-6 « dans le mois suivant le jugement d'ouverture ». Il s'agit ensuite du fait d'avoir omis de demander l'ouverture d'une procédure de redressement ou de liquidation judiciaire, dans le délai de quarante-cinq jours à compter de la cessation des paiements, sans avoir, par ailleurs, demandé l'ouverture d'une procédure de conciliation.

L'administrateur judiciaire disparaît de la liste des personnes pouvant saisir le tribunal, même si le débiteur où le dirigeant de la personne morale débitrice ne coopère pas avec cet organe, ce qui est pourtant un cas de faillite personnelle (v. s^s^ n° 912.19).

Reste donc recevables à saisir le tribunal, aux fins de prononcé des mesures, le mandataire judiciaire, le liquidateur ou le ministère public.

Par alignement sur la solution retenue pour l'action en responsabilité pour insuffisance d'actif et pour l'action en obligations aux dettes sociales (v. s^s^ n° 921.31), l'article L. 653-7, alinéa 2 prévoit la possibilité de saisine des contrôleurs. Il devra s'agir des créanciers contrôleurs nommés, ce qui exclut le contrôleur représentant l'ordre ou l'autorité professionnelle, lorsque le débiteur est un professionnel libéral[1].

Ce pouvoir s'inscrit dans la mission d'organe de défense de l'intérêt collectif des créanciers qu'accorde aux contrôleurs la loi du 26 juillet 2005, même si cela est nié par certains auteurs pour l'action en faillite personnelle[2]. N'oublions pas en effet que les créanciers antérieurs retrouveront, après clôture pour insuffisance d'actif, le droit de poursuite individuelle si le débiteur personne physique est failli. En revanche, il est exact que l'absence d'effet patrimonial de l'interdiction de gérer aurait dû conduire à ne pas reconnaître le droit d'agir aux contrôleurs. Quoi qu'il en soit, ce droit d'action est subsidiaire par rapport à celui du mandataire judiciaire et ne pourra donc s'exercer qu'en cas de carence de ce dernier.

Dans le cadre classique, un contrôleur seul peut agir en cas d'inaction du mandataire judiciaire. Ici comme pour l'action en responsabilité pour insuffisance d'actif et pour l'action en obligation aux dettes sociales, le droit de saisine des contrôleurs présuppose qu'une majorité de contrôleurs le décide. La solution a été justifiée, dans le cadre de l'action en responsabilité pour insuffisance d'actif et de l'action en obligation aux dettes sociales, par la volonté d'éviter qu'un contrôleur ne puisse faire pression sur le débiteur « et qu'il était donc souhaitable que l'engagement des sanctions graves à l'encontre des débiteurs s'inscrive dans un contexte plus serein, que garantit une action conjointe de la majorité des contrôleurs »[3]. La solution est précisée par l'article R. 653-2 du code de commerce (anc^t^ D. 28 déc. 2005[4], art. 324). Les contrôleurs désignés, qui devront être au moins deux, agiront à la majorité (v. s^s^ n° 612.25). Précisons que cette dernière disposition est applicable aux procédures en cours au 1er janvier 2006 (D. 28 déc. 2005, art. 361, 6°).

1. *Rapp. Xavier de Roux*, n° 2095, p. 411.
2. Cagnoli, « La qualité pour agir, questions procédurales *Rev. proc. coll.* 2006, p. 209 s., sp. p. 210.

911.32 Convocation et comparution pour le prononcé des mesures d'élimination (v. aussi s^s^ n° 921.37).

> LÉGISLATION ANTÉRIEURE À LA LOI DE SAUVEGARDE DES ENTREPRISES. Sous l'empire de la législation antérieure à la loi de sauvegarde des entreprises, si la saisine est l'œuvre d'un mandataire de justice, l'intéressé doit être convoqué, par acte d'huissier devant comporter toutes les mentions classiques d'une assignation[5], au moins huit jours avant l'audience en chambre du conseil (D. 27 déc. 1985[6], art. 169, renvoyant à l'art. 164). À défaut d'assignation régulière, il y a place à nullité du jugement[7]. La saisine ne peut se présenter sous forme de requête à laquelle est jointe une note, mélangeant les règles de saisine d'office et celles à l'initiative d'un mandataire[8]. Il y a place à nullité, même s'il n'en résulte aucun grief pour la personne concernée, lorsque l'acte introductif d'instance est intitulé sommation et non assignation à comparaître, ne mentionne pas les risques de condamnation en cas de non-comparution, n'énumère pas les pièces fondant la demande et reste muet sur les modalités de représentation en justice[9].

Le fait que l'assignation ait été délivrée pendant la période des vacances estivales et qu'elle n'ait pas été remise à personne n'emportera pas son irrégularité[10].

3. *Rapp. Xavier de Roux*, n° 2095, p. 432, 433.
4. D. n° 2005-1677, 28 déc. 2005, *JO* 29 déc., p. 20324.
5. Amiens, 4e ch. com., 19 févr. 1998, *Rev. proc. coll.* 2000, 66, n° 1, obs. Bach.
6. D. n° 85-1388, 27 déc. 1985, préc.
7. Com. 6 juin 1995, n° 93-14.320, *Bull. civ.* IV, n° 167 – Paris, 3e ch. C, 18 déc. 1998 et Paris, 11 juin 1999, *Rev. proc. coll.* 2000, 67, n° 1, obs. Bach.
8. Besançon, 2e ch. com., 19 sept. 1997, *Rev. proc. coll.* 2003, p. 162, n° 3, obs. Martin-Serf.
9. Com. 4 oct. 2005, n° 04-15.305, NP.
10. Paris, 3e ch. B, 20 sept. 2007, RG n° 06/18447.

Il y a nullité de l'assignation si elle est délivrée dans les termes de l'article 659 du code de procédure civile, alors que l'huissier n'a pas fait les diligences exigées pour ce genre de délivrance d'assignation [1]. Il en est ainsi lorsque l'assignation est délivrée à une adresse qui n'est pas celle figurant sur le jugement d'ouverture de la procédure [2]. Cependant, la jurisprudence estime que si l'intéressé n'a pas fait connaître au mandataire de justice assignant son changement d'adresse depuis l'ouverture de la procédure, il n'y a pas place à nullité du jugement pour acte introductif d'instance délivré dans les formes de l'article 659 du code de procédure civile [3].

Il y a également place à nullité de la décision, faute d'acte introductif d'instance valable, en cas d'irrégularité de la citation à l'étranger du dirigeant poursuivi, sans respecter le Règlement CE du 13 novembre 2007 [4].

Le mandataire doit disposer de faits précis, qu'il énonce dans son assignation en les qualifiant [5].

Si, sous l'empire de la législation antérieure à la loi du 26 juillet 2005 [6], la saisine intervient d'office, il convient d'appliquer l'article 8 du décret du 27 décembre 1985. Le président du tribunal fait convoquer l'intéressé par les soins du greffier par acte d'huissier. La citation doit être impartiale. La citation ordonnée « en vue de l'application éventuelle de sanctions personnelles et autres mesures d'interdiction » respecte le principe d'impartialité [7]. La demande de convocation ne peut, même si le contraire a pu être jugé [8], émaner d'un juge délégué [9], cependant que le président du tribunal peut être suppléé par le vice-président ou, à défaut de désignation du vice-président ou en cas d'empêchement de celui-ci, par le juge ayant le plus d'ancienneté dans les fonctions judiciaires. Dès lors que le signataire de l'ordonnance sollicitant la convocation n'est pas le président, la nullité de la convocation ne sera évitée que s'il est démontré que la demande de convocation était l'œuvre d'un magistrat pouvant, selon les articles L. 412-2 et R. 412-6 du code de l'organisation judiciaire, suppléer le président [10]. L'ordonnance doit être impartiale. Elle ne peut donc contenir un pré-jugement. Le seul fait que l'ordonnance précise qu'elle intervient « en vue de l'application des articles L. 625-1 à L. 628-8 du code de commerce » ne suffit pas à l'entacher de partialité [11]. À la convocation, est jointe, à peine de nullité [12], une note du président. Cette dernière ne peut être l'œuvre d'un juge délégué [13]. La note doit exposer les faits motivant sa saisine. Le rapport du juge-commissaire ne peut suppléer cette note [14]. Celle-ci doit être impartiale, sous peine de nullité du jugement [15]. Elle ne peut être considérée comme partiale pour la seule raison que l'intéressé est visé comme dirigeant de fait, la note prenant le soin de viser d'« éventuelles sanctions » [16]. La note n'a pas à être exhaustive sur les faits visés [17]. Elle peut se contenter de viser le rapport du liquidateur remis au juge-commissaire et être annexée à l'ordonnance présidentielle [18]. Même si un mandataire de justice a demandé au juge-commissaire de bien vouloir saisir le tribunal aux fins de prononcé de sanctions, il y a saisine d'office si la procédure décrite ci-dessus est respectée [19].

Si la saisine est l'œuvre du procureur de la République, il convient d'appliquer l'article 9 du décret du 27 décembre 1985 : le procureur présente une requête au tribunal. Le président du tribunal fait convoquer, par acte d'huissier délivré à la diligence du greffier, l'intéressé. Le fait que le greffier ait fait convoquer la personne poursuivie aux fins de sanction sans y avoir été invité par le président du tribunal constitue une irrégularité de forme, qui n'entraînera la nullité de l'assignation que si l'irrégularité a

1. Paris, 3e ch. C, 27 juin 2003, RG n° 02/02966 – Paris, 3e ch. C, 27 juin 2003, RG n° 03/00714 – Paris, 3e ch. A, 7 sept. 2004, RG n° 03/17436.
2. Paris, 3e ch. A, aud. sol., 31 mai 2005, RG n° 03/10771.
3. Paris, 3e ch. A, 29 oct. 2002, RG n° 02/08871, *Rev. proc. coll.* 2003, p. 335, n° 1, obs. Barret – Paris, 3e ch. A, 14 oct. 2003, RG n° 02/20192 – Paris, 3e ch. B, 31 oct. 2003, RG n° 02/00827, *RD banc. fin.* 2004, n° 127, obs. Lucas.
4. Règl. (CE) n° 1393/2007, Parlement et Conseil, 13 nov 2007, *JOUE L* 324, 10 déc., p. 79. – Civ. 2e, 8 janv. 2015, n° 13-28.113, NP, *Leden* 2015/3, comm. 042, note Staes.
5. IFPPC, recomm. n° 6210-2, p. 192.
6. L. n° 2005-845, 26 juill. 2005, préc.
7. Paris, 3e ch. A, 14 déc. 2004, RG n° 04/11176.
8. Paris, 22 nov. 2002, RG n° 01/21798, *Rev. proc. coll.* 2005, p. 163, n° 27, obs. Barret.
9. Com. 23 nov. 2004, n° 03-12.607, NP, *Act. proc. coll.* 2005, n° 37, note Cagnoli – Com. 23 nov. 2004, n° 03-13.784, NP, *Act. proc. coll.* 2005, n° 37, note Cagnoli.
10. Com. 23 nov. 2004, n° 03-12.607, NP, *Act. proc. coll.* 2005, n° 37, note Cagnoli; *Rev. proc. coll.* 2005, p. 135, n° 22, obs. Gorrias – Com. 23 nov. 2004, n° 03-13.784, NP, *Act. proc. coll.* 2005, n° 37, note Cagnoli; *Rev. proc. coll.* 2005/2, p. 135, n° 22, obs. Gorrias.
11. Paris, 3e ch. A, 14 déc. 2004, RG n° 04/11176.
12. Dijon, 1re ch., 2e sect., 18 nov. 1997, *Rev. proc. coll.* 2003, p. 162, n° 3, obs. Martin-Serf.
13. Paris, 3e ch. A, 18 avr. 2000, *Rev. proc. coll.* 2001, 49, n° 2, obs. Barret.
14. Paris, 3e ch. B, 23 mars 2001, RG n° 00/12835, *Rev. proc. coll.* 2003, p. 336, n° 3, obs. Barret.
15. Dijon, 26 janv. 1999, *RTD com.* 1999. 989, obs. Vallens – Amiens, 18 janv. 2001, RG n° 99/01503, *Rev. proc. coll.* 2003, p. 336, n° 3, obs. Barret.
16. Aix-en-Provence, 8e ch. C, 25 sept. 2001, *JCP E* 2002. Jur. 1766, note Baldino.
17. Amiens, 4e ch. com., 19 nov. 1998, *Rev. proc. coll.* 2000, 66, n° 1, obs. Bach.
18. Com. 29 févr. 2000, n° 97-18.923, NP, *RJDA* 2000/6, n° 703.
19. Com. 23 nov. 2004, n° 03-12.520, NP.

causé grief à la personne poursuivie[1]. À la convocation, est jointe la requête du procureur de la République. L'assignation n'est pas irrégulière, même si elle n'indique pas les faits sur lesquels elle est fondée, dès lors qu'elle se réfère expressément à la requête du ministère public contenant ces faits[2]. L'assignation n'est pas irrégulière lorsque l'acte d'huissier ne fait mention que de la qualité de dirigeant de fait d'une société, même si l'intéressé est condamné en tant que dirigeant de droit d'une autre, dès lors que la requête du ministère public jointe à l'acte d'huissier expose la situation des deux sociétés et le rôle de chacun des dirigeants au sein de chacune des sociétés, de sorte que l'intéressé est informé des fautes susceptibles d'être retenues à son encontre[3]. Il y a simple vice de forme lorsque la copie de la requête du ministère public n'est pas jointe à l'assignation, dès lors qu'elle est annexée à la convocation du débiteur à comparaître. La personne poursuivie devra justifier d'un grief, qui n'existera pas si, en outre, elle a pu prendre connaissance au greffe du contenu de cette requête, pouvant ainsi assurer sa défense[4].

La saisine demeure régulière si la requête du ministère public vise correctement les textes de la loi du 25 janvier 1985[5] qui fondent la demande, alors que l'assignation délivrée par l'huissier vise, de façon erronée, des textes applicables sous l'empire de la législation de sauvegarde des entreprises, cette erreur n'ayant pu avoir d'influence sur les droits de la défense, les nouveaux textes n'ayant pas modifié la nature des sanctions non pécuniaires[6].

Lorsque la saisine est l'œuvre du ministère public, qui intervient donc en qualité de partie principale, il doit nécessairement conclure par écrit et ses conclusions doivent être communiquées à la personne poursuivie, afin de respecter l'article 6 § 1 de la Convention de sauvegarde des droits de l'homme et des libertés fondamentales et l'article 422 du code civil : droit au procès équitable et principe d'égalité des armes[7]. Au demeurant, même si le ministère public n'est que partie jointe, la communication à la personne poursuivie de ses conclusions s'impose, dès lors du moins qu'il s'agit de véritables conclusions (v. s[s] n° 340.12).

L'intéressé doit être convoqué à comparaître personnellement en chambre du conseil, en application de l'article 164 du décret du 27 décembre 1985, rendu applicable en matière de faillite personnelle et d'interdiction de gérer par l'article 169.

Le jugement sera annulé pour irrégularité de l'acte introductif d'instance si l'assignation du dirigeant l'oblige à se présenter directement devant le tribunal, sans passage préalable en chambre du conseil[8] ou si, d'une autre manière, elle ne vise pas sa convocation aux fins d'audition en chambre du conseil[9]. L'irrégularité de l'assignation pouvait cependant être réparée si un acte séparé ultérieur prévoyait la convocation de l'intéressé en chambre du conseil[10]. Dans un premier temps, comme cela avait été le cas en matière de comblement de passif, la comparution volontaire de l'intéressé couvrait l'irrégularité, dès lors du moins qu'il obtenait un délai pour assurer sa défense s'il le demandait[11]. La solution contraire avait également été posée[12]. Dans une deuxième phase, la Cour de cassation a considéré, en matière de responsabilité pour insuffisance d'actif (v. s[s] n° 921.37), que l'absence de convocation aux fins de comparution personnelle constituait une fin de non-recevoir, la solution ayant vocation à s'appliquer en matière de faillite personnelle et d'interdiction de gérer. L'obligation d'audition de l'intéressé en chambre du conseil ne lui permettait pas de se faire représenter[13], alors qu'il retrouvait cette possibilité lorsque le tribunal statuait sur le fond[14]. Cette obligation ne s'imposait cependant pas en cause d'appel[15].

Des conclusions au fond pouvaient permettre de couvrir l'irrégularité[16], à condition cependant qu'elles

1. Com. 18 sept. 2007, n° 05-21.194, NP; n° 976 F-D; *Dr. sociétés* 2008, n° 8, note Legros.
2. Com. 18 sept. 2007, n° 05-21.194, préc. (v. s[s] prés[t] n°).
3. Com. 10 mars 2009, n° 07-11.581, NP; n° 206 F-D; *Dr. sociétés* 2009, n° 166, note Legros.
4. Paris, 3e ch. A, 2 oct. 2007, RG n° 06/21602.
5. L. n° 85-98, 25 janv. 1985, préc.
6. Com. 12 janv. 2010, n° 08-19.787, NP; n° 26 F-D.
7. Com. 17 nov. 2015, n°s 14-17.607, 14-22.222, *Bull. civ.* IV [à paraître]; n° 990 F-P+B; *Dr. sociétés* 2016, comm. 17, note Legros et comm. 65, note Legros; *JCP E* 2016. 1002, note Delattre; *BJE* 2016, 118, note de Lajarte-Moukoko; *Rev. proc. coll.* 2016, comm. 95, note Martin-Serf.
8. Bourges, 1re ch., 28 oct. 1996, *Rev. proc. coll.* 2003, p. 163, n° 3, obs. Martin-Serf.
9. Versailles, 13e ch., 25 nov. 1999, *Rev. proc. coll.* 2003, p. 163, n° 3, obs. Martin-Serf – Paris, 3[e] ch. A, 6 juill. 2004, RG n° 03/21246 – Paris, 3[e] ch. A, 5 sept. 2006, RG n° 05/14236.
10. Angers, ch. com., 2 oct. 2000, *Rev. proc. coll.* 2003, p. 163, n° 3, obs. Martin-Serf – Paris, 3[e] ch. A, 6 juill. 2004, RG n° 03/21246 – Paris, 3e ch. B, 5 nov. 2004, RG n° 04/6311.
11. AINSI : T. com. Bobigny, 11 mai 1998, *Rev. proc. coll.* 2000, 114, n° 2, obs. Barret.
12. Douai, 2e ch., 25 juin 1998, *Rev. proc. coll.* 2000, 67, n° 1, obs. Bach.
13. TOUTEFOIS : VALLENS, 2007, n° 4286.
14. Com. 19 févr. 2002, n° 99-15.359, *Bull. civ.* IV, n° 38; *D.* 2002. AJ 1485, obs. Lienhard; *Act. proc. coll.* 2002, n° 133, obs. Régnaut-Moutier; *Dr. sociétés* 2002, p. 13, obs. Legros; *Rev. proc. coll.* 2003, p. 163, n° 3, obs. Martin-Serf.
15. Com. 20 juin 2000, n° 97-19.487, NP, *Act. proc. coll.* 2000, n° 197.
16. Com. 6 juill. 1999, n° 96-21.292, NP, *Rev. proc. coll.* 2000, 67, n° 1, obs. Bach - Paris, 3e ch. C, 10 déc. 1999, *Rev. proc. coll.* 2000, 224, obs. Barret – *CONTRA* : Paris, 3e ch. A, 18 avr. 2000, *Rev. proc. coll.* 2001, 49, n° 2, obs. Barret.

ne fussent pas seulement subsidiaires par rapport à la demande de nullité du jugement pour absence ou irrégularité de l'acte introductif d'instance[1].

En cas d'appel nullité pour irrégularité de l'acte introductif d'instance, et conformément au droit commun, il n'y avait pas place à application de l'effet dévolutif de l'appel même si l'appelant avait conclu au fond, dès lors que ce n'était qu'à titre subsidiaire[2]. La solution était différente et l'effet dévolutif s'opérait si l'appelant concluait sur le fond à titre principal[3].

En cause d'appel, le ministère public ne peut solliciter la condamnation à la faillite personnelle en lieu et place de l'interdiction de gérer. La finalité différente des mesures, qui ne sont pas de même gravité, conduit à considérer la demande comme nouvelle[4].

Les règles ci-dessus exposées demeurent valables sous l'empire des législations postérieures, sous la seule réserve des modalités de convocation du débiteur ou du dirigeant qui ont évolué.

> LÉGISLATION ISSUE DE LA LÉGISLATION DE SAUVEGARDE DES ENTREPRISES. Sous l'empire de la législation de sauvegarde des entreprises, les modalités procédurales de la convocation de l'intéressé aux fins de prononcé des mesures de faillite personnelle et d'interdiction de gérer sont posées par l'article R. 653-2 du code de commerce. Selon ce texte, « le ou les dirigeants mis en cause sont convoqués dans les formes prévues au deuxième alinéa de l'article R. 651-2 ».

Le texte, maladroitement, visait le ou les dirigeants. Mais la solution s'appliquait identiquement au débiteur personne physique.

Sous l'empire du décret du 28 décembre 2005[5], les formes prévues à l'article R. 651-2, alinéa 2 du code de commerce sont les modalités procédurales applicables à l'action en responsabilité pour insuffisance d'actif. Selon cette disposition, « le ou les dirigeants mis en cause sont avertis par le greffier qu'ils peuvent prendre connaissance du rapport et sont convoqués un mois au moins avant leurаudition en chambre du conseil, par acte d'huissier de justice ou dans les formes prévues à l'article R. 631-4 du code de commerce » (v. s[s] n°s 921.33, 921.36, 921.37). Le délai d'un mois remplace l'ancien délai de huitaine. La disposition prévoyant ce nouveau délai est d'application immédiate aux procédures en cours au 1er janvier 2006[6]. Même si l'assignation est antérieure au 1er janvier 2006, l'article R. 651-5, alinéa 1 du code de commerce doit être appliqué à la convocation adressée au débiteur ou au dirigeant après le 1er janvier 2006. Il en résulte que le délai du mois prévu par le texte nouveau doit être respecté[7].

La précision selon laquelle l'intéressé doit être convoqué en chambre du conseil contredit la possibilité ouverte par l'article L. 662-3 alinéa 2 du code de commerce, que les débats soient publics. Logiquement cette inadvertance réglementaire, qui avait été dénoncée[8], a été corrigée par le décret du 23 décembre 2006 (art. 69) qui supprime, dans l'article R. 653-2 du code de commerce, la référence à la chambre du conseil[9].

> LÉGISLATION ISSUE DE L'ORDONNANCE DU 18 DÉCEMBRE 2008. Sous l'empire de l'ordonnance du 18 décembre 2008[10], applicable aux procédures ouvertes à compter du 15 février 2009, le décret du 12 février 2009[11] a entendu simplifier pour supprimer l'importante source de contentieux tenant à la question de la convocation du débiteur ou du dirigeant aux fins de comparution personnelle. La convocation pour audition personnelle est supprimée. Rien n'interdira toutefois au tribunal, en application des articles 184 et 198 du code de procédure civile, de convoquer aux fins de comparution personnelle, le débiteur ou le dirigeant de la personne morale, à titre de mesure d'instruction[12].

Pour le surplus, si la demande émane d'un mandataire de justice, il procédera par voie d'assignation, en vertu de l'article R. 653-2 du code de commerce.

Si la demande émane du ministère public, il faudra, en application de l'article R. 653-2 du code de commerce, respecter les formes et la procédure prévues à l'article R. 631-4, texte qui intéresse la saisine

1. Com. 17 déc. 2003, n° 00-20.159, NP.
2. Paris, 3e ch. C, 16 mars 2001, RG n° 00/18402, Paris, 3e ch. C, 15 févr. 2002, RG n° 00/22501, Paris, 3e ch. C, 15 nov. 2002, RG n° 01/22157, *Rev. proc. coll.* 2003, p. 337, n° 4, obs. Barret – Paris, 3e ch. A, 2 avr. 2002, RG n° 01/17807, *Rev. proc. coll.* 2003, p. 337, n° 4, obs. Barret.
3. Com. 30 janv. 2007, n° 05-12.395, NP; n° 109 F-D; *Gaz. proc. coll.* 2007/2, p. 59, note Montéran – Paris, 3e ch. A, 23 oct. 2001, RG n° 01/04430, *Rev. proc. coll.* 2003, *p. 337, n° 4, obs. Barret.*
4. Aix-en-Provence, 8e ch., 13 nov. 1997, *Rev. proc. coll.* 1999, 133, n° 3, obs. Bach.
5. D. n° 2005-1677, 28 déc. 2005, préc.
6. Com. 30 sept. 2008, n° 06-21.895, *Bull. civ.* IV, n° 164; *D.* 2008. AJ 2500, note Lienhard; Chron. 2750, note Bélaval; *Gaz. proc. coll.* 2009/1, p. 57, note Montéran; *Dr. sociétés* 2008, n° 250, note Legros; *Act. proc. coll.* 2008, n° 276, note Saintourens; *Rev. proc. coll.* 2009. Étude 95, note Martin-Serf – Paris, 3e ch. A, 5 sept. 2006, RG n° 05/14236.
7. Com. 30 sept. 2008, n° 06-21.895, préc. (v. s[s] prés[t] n°).
8. Legros, « Le décret d'application du livre VI du code de commerce », *Dr. sociétés* 2005, étude 9, p. 10 s., sp. n° 68.
9. Legros, *Dr. sociétés* 2007, p. 33.
10. Ord. n° 2008-1345, 18 déc. 2008, préc.
11. D. n° 2009-160, 12 févr. 2009, préc.
12. Texier et Russo, « Le nouveau droit des entreprises en difficulté après l'ordonnance du 18 décembre 2008 et son décret d'application du 12 février 2009 », *LPA* 2 mars 2009, n° 43, p. 3 s., sp. p. 13, n° 39.

aux fins d'ouverture du redressement judiciaire par le ministère public. Ce dernier présentera une requête au tribunal en indiquant les faits de nature à motiver la demande. Le président du tribunal, par les soins du greffier, fera ensuite assigner le dirigeant par acte extrajudiciaire. À la convocation, sera jointe la requête du procureur de la République – ministère public –, lequel devra être avisé de la date d'audition du débiteur. Cette citation devra permettre au dirigeant d'assurer sa défense, ce qui suppose qu'elle contienne une présentation des moyens en fait. À défaut, la citation est irrégulière et le jugement du tribunal, qui fait droit à la demande de condamnation doit être annulé, sans effet dévolutif de l'appel[1].

Depuis le décret du 30 juin 2014[2], applicable aux procédures ouvertes à compter du 1er juillet 2014, lorsque la demande émane du ministère public, le greffier fait convoquer le débiteur, non par acte extrajudiciaire, mais par lettre recommandée avec demande d'avis de réception, à comparaître dans le délai qu'il fixe. Cette nouvelle forme de convocation a fait naître une difficulté, objet d'un avis de la Cour de cassation. Que se passe-t-il si la lettre recommandée revient au greffe sans avoir atteint son destinataire ? La Cour de cassation est d'avis que, faute pour le code de commerce d'avoir envisagé ce cas, il y a lieu d'appliquer le droit commun de la procédure civile, comme invite à le faire l'article R. 662-1, 1° du code de commerce. En conséquence, il incombe au greffier d'inviter le ministère public à procéder par voie d'assignation[3].

Comme cela était déjà le cas sous l'empire des législations précédentes, en cause d'appel, le ministère public ne peut solliciter la condamnation à la faillite personnelle en lieu et place de l'interdiction de gérer.

911.33 Information du tribunal aux fins de prononcé des mesures d'élimination – Rapport du juge-commissaire ou du juge commis.

> Législation antérieure à la loi de sauvegarde des entreprises[4]. Sous l'empire de la législation antérieure à la loi de sauvegarde des entreprises, l'article 169 du décret du 27 décembre 1985[5] renvoie à l'article 164 du même texte. Il en résulte la possibilité pour le tribunal de désigner un juge, pouvant se faire assister de toute personne de son choix, afin d'élaborer un rapport sur l'application des articles L. 625-3 à L. 625-6 du code de commerce. Cette dernière remettra un document, qualifié par la pratique d'expertise, mais qui n'en est pas une au sens procédural du terme (v. ss n° 921.36).

Si un juge commis a été désigné pour l'établissement d'un rapport, ce juge pouvant au demeurant être le juge-commissaire, le rapport devra impérativement être écrit, puisque son dépôt au greffe est prévu, afin que le débiteur ou le dirigeant concerné puisse en prendre connaissance. Ce rapport n'est exigé à peine de nullité du jugement que si un juge a été commis pour son établissement[6], règle parfois oubliée en jurisprudence[7] (sur cette règle, v. aussi ss n° 921.36).

> Législation issue de la loi de sauvegarde des entreprises. La législation de sauvegarde modifie la règle en prévoyant à l'article R. 662-12, alinéa 1 du code de commerce que les mesures de faillite personnelle ou d'interdiction de gérer ne peuvent être prises que sur rapport du juge-commissaire. Le rapport pourra n'être qu'oral[8], le juge-commissaire étant alors un « rapporteur général » d'une affaire[9].

Les dispositions réglementaires sur la faillite personnelle et sur l'interdiction de gérer ne renvoient pas à l'article R. 651-5, texte applicable à l'action en responsabilité pour insuffisance d'actif et à l'action en obligation aux dettes sociales, qui prévoit la possibilité pour le juge désigné par le président du tribunal de se faire assister, pour l'établissement de son rapport, par toute personne de son choix. Il faut donc, nous semble-t-il, décider qu'il n'est pas ici possible de désigner un juge commis.

L'article R. 653-2 du code de commerce (anct D. 28 déc. 2005[10], art. 324) précise que la convocation de l'intéressé est faite dans les formes prévues à l'article R. 651-2. Précisons, pour le suivi historique de la disposition en cause, que le décret du 23 décembre 2006[11] (art. 70) a procédé à une nouvelle numérotation et il faut, à l'article 324 du décret du 28 décembre 2005, lire l'article 317-1 et non plus l'article 318.

Le rapport devra être impartial, sous peine de contrarier l'article 6 § 1 de la Convention européenne de sauvegarde des droits de l'homme[12] et

1. Paris, pôle 5, 8e ch., 8 juin 2010, *Rev. proc. coll.* 2011, n° 18, note Martin-Serf.
2. D. n° 2014-736, 30 juin 2014, *JO* 1er juill., p. 10834.
3. Cass., avis, 4 avr. 2016, n° 16-70.001, avis n° 16003, *Dr. sociétés* 2016, comm. 110, note Legros; *Act. proc. coll.* 2016/10, comm. 129, note Rolland.
4. L. n° 2005-845, 26 juill. 2005, préc.
5. D. n° 85-1388, 27 déc. 1985, préc.

Com. 18 janv. 2005, n° 01-17.541, NP, *Gaz. proc. coll.* 2005/1, p. 49, n° 7-A-1, obs. Montéran – Com. 27 mars 2012, n° 11-12.188, *Bull. civ.* IV, n° 67; *D.* 2012. Actu. 943, obs. Lienhard; *Dr. sociétés* 2012, n° 128, note Legros – Paris, 3e ch. B, 5 nov. 2004, RG n° 04/6311.

7. Ainsi : Lyon, 3e ch. 11 janv. 2001, D. 2002. Somm. 204, obs. Derrida – Riom, ch. com., 13 avr. 2005, *Rev. proc. coll.* 2006/1, p. 86, n° 24, obs. Barret.
8. Modat, « Le nouveau droit des sanctions commerciales issu de la loi du 26 juillet 2005 », *RLDA* juill. 2007, n° 18, p. 75 s., sp. p. 77.
9. Modat, art. préc., sp. p. 77.
10. n° 2005-1677, 28 déc. 2005, préc.
11. n° 2006-1709, 23 déc. 2006, *JO* 29 déc., p. 19846.
12. lmar, 5 déc. 2000, *RTD com.* 2001. 247, obs. Vallens.

d'exposer ainsi le jugement à la nullité, ce qui sera assurément le cas en cas d'ambiguïté sur l'auteur du rapport, par exemple si le doute existe sur le point de savoir si le rapport n'émane pas du mandataire de justice, demandeur à la mesure[1].

911.34 Incidence d'une instance pénale sur le prononcé des mesures. Il a été jugé, avant la loi du 5 mars 2007[2] qui a modifié les règles du sursis à statuer au civil en cas d'action au pénal, que le sursis à statuer, du fait d'une instance pénale en cours, ne s'imposait pas au juge civil dans le cadre du prononcé de la mesure de faillite personnelle ou d'interdiction de gérer[3], à moins que les faits fondant cette action n'aient été strictement identiques. Si les faits reprochés au pénal n'étaient que pour partie identiques, le sursis à statuer ne s'imposait pas[4].

Dès lors que les faits sont différents, l'autorité de la chose jugée au pénal ne s'imposait pas à la juridiction civile saisie d'une demande tendant au prononcé de la faillite personnelle ou de l'interdiction de gérer[5].

La loi de réforme de la procédure pénale du 5 mars 2007 a aménagé le principe selon lequel le criminel tient le civil en l'état par la modification apportée à l'article 4 du code de procédure pénale. Désormais, ce principe devient une faculté, lorsque l'action est seulement à fin civile.

911.35 Obstacle temporel au prononcé des sanctions civiles – Prescription.

> LÉGISLATION ANTÉRIEURE À LA LOI DE SAUVEGARDE DES ENTREPRISES[6]. Sous l'empire de la législation antérieure à la loi de sauvegarde des entreprises, ces mesures peuvent être prononcées **à toute époque de la procédure** (C. com., art. L. 625-4)[7]. Tant que la procédure n'a pas été clôturée, c'est-à-dire avant arrêté d'un plan de continuation, clôture des opérations de cession (C. com., art. L 621-95, alinéa 1), laquelle suppose un jugement, ou clôture des opérations de liquidation, le prononcé de la mesure est possible[8].

La clôture par extinction du passif, quant à elle, devrait faire obstacle au prononcé de telles mesures.

La Cour de cassation admet cependant le prononcé de la mesure même après clôture de la procédure, si celle-ci n'a pas fait l'objet d'une décision passée en force de chose jugée[9]. En revanche, une fois la décision de clôture passée en force de chose jugée, le prononcé de la sanction n'est plus possible[10]. Ne peut donc être suivie la solution d'une cour d'appel admettant la possibilité du prononcé de la mesure, alors que la procédure avait été clôturée, dès lors que la juridiction avait été saisie avant la clôture[11].

La clôture de la procédure est, en tout cas, la seule limite temporelle au prononcé des mesures, puisque, faute de texte contraire, la prescription des actions tendant au prononcé des mesures est trentenaire. Spécialement, la prescription triennale de l'article L. 624-5, dernier alinéa du code de commerce est inapplicable[12].

Cependant, le droit à un procès équitable semble exclusif de la possibilité de sanctionner le débiteur ou un dirigeant, de nombreuses années après l'ouverture de la procédure. Ainsi, a été considéré comme impossible le prononcé de la mesure d'interdiction de gérer 11 ans après l'ouverture de la procédure[13].

> LÉGISLATION ISSUE DE LA LOI DE SAUVEGARDE DES ENTREPRISES. La loi du 26 juillet 2005 introduit un délai de prescription pour l'action tendant au prononcé de la faillite personnelle et de l'interdiction de gérer. La solution est nouvelle. Elle ne s'applique pas aux procédures en cours, selon ce qui a été jugé[14],

1. SUR CE PRINCIPE, SOUS L'EMPIRE de la loi du 25 janvier 1985 Versailles, 13e ch., 18 nov. 1999, *Rev. proc. coll.* 2000 224, obs. Barret.
2. L. n° 2007-291, 5 mars 2007 tendant à renforcer l'équi bre de la procédure pénale, *JO* 6 mars, p. 4206.
3. Com. 18 janv. 2000, n° 96-18.512, NP, *Bull. Joly* 200 n° 103, note Barbièri – Douai, 2e ch., 4 nov. 1999, *R proc. coll.* 2001, p. 276, n° 10, obs. Barret.
4. Com. 10 mars 2004, n° 00-17.577, NP.
5. Com. 26 nov. 2002, n° 99-18.888, *Bull. civ.* IV, n° 1 *Act. proc. coll. 2003*, n° 12; *RTD com.* 2003. 378, n° obs. Mascala.
6. L. n° 2005-845, 26 juill. 2005, préc.
7. Com. 3 mai 1994, n° 91-17.989, *Bull. civ.* IV, n° 164.
8. Com. 27 avr. 1993, n° 91-14.203, *Bull. civ.* IV, n° 153; *Rev. proc. coll.* 1993, 478, obs. Soinne – CONTRA : Basse-Terre, 2e ch., 10 mai 1999, *Rev. proc. coll.* 2000, 225, n° 2, obs. Barret.
9. Com. 22 oct. 1996, n° 94-20.094, *Bull. civ.* IV, n° 250; *D.* 1997. Somm. 79, obs. Honorat; *Bull. Joly* 1996. 1066, note Calendini; *JCP E* 1997. I. 623, n° 12, obs. Pétel – Com. 12 oct. 1999, n° 96-17.615, NP, *Act. proc. coll.* 1999, n° 260.
10. Colmar, 1re ch. A 16 nov. 2004, *Rev. proc. coll.* 2006/1, p. 85, n° 21, obs. Barret – *Adde*, SOL. IMPL. : Paris, 3e ch. A, 26 sept. 2006, RG n° 05/22257.
11. Aix-en-Provence, 8e ch. A, 24 mai 2006, RG n° 04/20368, *Rev. proc. coll.* 2007, p. 94, n° 21, obs. Barret.
12. Com. 25 oct. 1994, n° 91-18.121, NP, *Dr. sociétés* 1995, n° 32, obs. Chaput – Paris, 3e ch. B, 9 avr. 2004, RG n° 03/14513.
13. Caen, 1re ch., 7 févr. 2002, *RD banc. fin.* 2002, n° 147, obs. Lucas; *Act. proc. coll.* 2002, n° 158; *RJDA* 2002/6, n° 675.
14. Com. 16 oct. 2007, n° 06-10.805, *Bull. civ.* IV, n° 219; *D.* 2007. AJ 2666, obs. Lienhard; *Act. proc. coll.* 2007, n° 226, note Vallansan; *JCP E* 2008. Chron. 1207, n° 18, 35, obs. Pétel; *Rev. sociétés* 2008. 174, note Roussel Galle; *Dr. sociétés* 2008, n° 7, note Legros; *Rev. proc. coll.* 2008, p. 48, note Delattre; *JCP E* 2007. 2471, note Cholet.

mais regretté par certains [1], après avoir été annoncé par le Service de documentation et d'études de la Cour de cassation [2], dès lors du moins que la mesure de faillite personnelle ou d'interdiction de gérer est recherchée devant la juridiction non répressive. En effet, si la mesure est plus douce, son caractère non répressif exclut l'application du principe de rétroactivité *in mitius*. En revanche, devant la juridiction répressive, la prescription introduite de manière nouvelle par la loi de sauvegarde des entreprises semble devoir être d'application immédiate, en application du principe de rétroactivité *in mitius*, puisque la faillite personnelle ou l'interdiction de gérer constitue une peine complémentaire de la banqueroute.

Du fait de la disparité de régimes existants, selon que la faillite personnelle ou l'interdiction de gérer est sollicitée dans le cadre d'une procédure collective ouverte avant ou depuis l'entrée en vigueur de la loi de sauvegarde des entreprises, deux questions prioritaires de constitutionnalité ont été posées.

La première a été posée sur le point de savoir si les articles 190 et 191 de la loi du 26 juillet 2005 de sauvegarde des entreprises méconnaissent le principe de rétroactivité *in mitius*, ainsi que le principe de nécessité des peines, tels qu'ils sont garantis par l'article 8 de la Déclaration de droits de l'homme et du citoyen. La question a été considérée comme non sérieuse par la Cour de Cassation, dans la mesure où les dispositions des articles 190 et 191 de la loi du 26 juillet 2005 se bornent à établir le régime transitoire applicable à la prescription des actions en faillite personnelle ou en interdiction de gérer, engagées à l'occasion d'une procédure en cours au 1er janvier 2006 [3].

La seconde question l'a été en ces termes : « l'article 191 de la loi du 26 juillet 2005 de sauvegarde des entreprises ne faisant bénéficier de la prescription triennale que les débiteurs dont la procédure collective a été ouverte postérieurement au 1er janvier 2006, porte-t-il atteinte aux droits et libertés garanties par la Constitution et plus précisément au principe constitutionnel instauré par l'article 1er de la Déclaration des droits de l'homme et du citoyen du 26 août 1789 et à la liberté d'entreprendre consacrée par l'arrêt du Conseil constitutionnel du 16 janvier 1982, la loi d'Allarde des 2 et 17 mars 1791 instaurant la liberté du commerce et de l'industrie, aux principes généraux du droit d'application immédiate de loi de procédure et de rétroactivité des lois plus douces » ? La Cour de Cassation avait déjà, dans la première affaire, répondu à une partie de la question, celle portant sur la rétroactivité *in mitius*. Elle a considéré comme non sérieuse la question prioritaire de constitutionnalité dans la mesure où « les dispositions de l'article 191 de la loi du 26 juillet 2005 se bornent à fixer le régime de la prescription, applicable aux actions aux fins de sanction personnelle engagées contre les débiteurs mis en procédure collective après le 1er janvier 2006 ou contre les dirigeants de personnes morales mises en procédure collective après cette date, qu'ils n'introduisent aucune distinction injustifiée de nature à priver les justiciables de garanties égales, ne méconnaissent pas, par elles-mêmes, le principe d'égalité, celui de la liberté d'entreprendre, ou celui de l'application immédiate de la loi plus douce » [4].

La bonne question prioritaire de constitutionnalité n'a pas encore été posée. Il s'agit de savoir s'il n'y aurait pas une atteinte au principe d'égalité des citoyens devant la loi à appliquer la rétroactivité *in mitius* en cas de mesure de faillite personnelle ou d'interdiction de gérer prononcée par la juridiction répressive à titre de peine complémentaire de la banqueroute, et à ne pas appliquer cette même rétroactivité *in mitius* en cas de mesure de faillite personnelle ou d'interdiction de gérer prononcée par la juridiction civile. La remarque s'impose d'autant plus que le vrai délinquant sera mieux traité que le simple malhonnête, voire le simple incompétent.

La prescription, qui résulte de la loi de sauvegarde des entreprises, est de trois ans à compter du jugement qui prononce l'ouverture de la procédure de redressement ou de liquidation judiciaire (C. com., art. L. 653, II). S'il y a prescription, la demande est irrecevable. Une cour d'appel ne peut donc infirmer un jugement ayant prononcé une mesure d'interdiction alors que la demande était prescrite [5].

In cas de conversion d'un redressement en liquidation judiciaire, le délai de prescription commence à courir à compter du jugement de redressement judiciaire, ce dernier étant seul considéré comme le jugement d'ouverture [6].

1. Lienhard, 6e éd., no 134.15.
2. Service de documentation et d'études de la Cour de cassation, Q/R no 8 – *Adde*, Schultz, « La faillite personnelle après la loi du 26 juillet 2005 sur la sauvegarde de l'entreprise », *Rev. proc. coll.* 2005, p. 302, no 13.
3. Com. 18 févr. 2011, no 10-25.035 QPC, NP; no 310 FS-D; *Rev. proc. coll.* 2011, no 102, 63, note Martin-Serf.
4. Com. 18 févr. 2011, no 10-40.066 QPC, NP; no 311 FS-D; *Act. proc. coll.* 2011, no 124; Rev. proc. coll. 2011, no 102, note Martin-Serf.
5. Com. 12 janv. 2016, nos 13-24.211, NP; no 36 F-D.
6. Com. 4 nov. 2014, no 13-24.028, *Bull. civ.* IV [à paraître]; no 941 F-P+B; *Gaz. Pal.* 18 janv. 2015, no 18, p. 36, note Montéran; *Act. proc. coll.* 2014, comm. 338, note Fin-Langer; *BJE* 2015, 116, note Lasserre Capdeville; *Rev. proc. coll.* 2015, comm. 70, note Martin-Serf; *Bull. Joly sociétés* 2015, 23, note Mouial-Bassilana; *Dr. sociétés* 2015, comm. 75, note Legros.

Il a été dit que, en cas de succession d'une procédure de sauvegarde et d'une procédure de redressement ou de liquidation judiciaire, il y aurait deux jugements d'ouverture, ce qui aurait alors pour conséquence que seule la date du jugement ouvrant la procédure encore en cours doive être prise en compte, pour le calcul du délai de prescription[1]. L'affirmation est surprenante, car la conversion de la sauvegarde en redressement ou en liquidation judiciaire n'entraîne pas l'ouverture de deux procédures, conversion n'étant pas ouverture. Il faut semble-t-il, au regard de l'économie des textes et de l'impossibilité de prononcer les mesures dans la procédure de sauvegarde, décider que seul le prononcé du redressement ou de la liquidation judiciaire, faisant suite à la conversion de la sauvegarde, peut faire courir le délai de prescription[2].

Ce délai de prescription, introduit à la suite d'un amendement, a été préféré à celui de cinq ans contenus dans le projet de loi (art. 150), afin de l'aligner sur celui des délits de banqueroute, des actions en responsabilité pour insuffisance d'actif et des actions en obligation aux dettes sociales[3].

Une solution de la législation antérieure ne peut être conservée : la sanction de la faillite personnelle ou de l'interdiction de gérer pourra désormais être prononcée même si la procédure est clôturée. Le changement de solution s'impose, car désormais, il n'est plus précisé que la sanction peut être prononcée à toute époque de la procédure. Elle peut donc être prononcée après[4]. La solution est importante : il n'y a pas d'obstacle à clôturer la procédure au prétexte qu'une demande de faillite personnelle ou d'interdiction de gérer est en cours[5]. Toutefois, si la mesure a été demandée par un organe de la procédure collective, un mandataire *ad hoc* devra être nommé avant la clôture afin que l'instance ne tombe pas en déshérence.

Une question subsiste : l'instance tendant au prononcé de la faillite personnelle ou de l'interdiction de gérer pourra-t-elle être engagée après la clôture de la procédure ? Une réponse négative nous semble s'imposer[6], à cause d'une obligation : le rapport obligatoire du juge-commissaire. Or, une fois la clôture intervenue, le juge-commissaire n'est plus en fonction.

1. *Rapp. Xavier de Roux*, nº 2095, p. 425, 426.
2. EN CE SENS AUSSI : LIENHARD, 6e éd., nº 134.15; LE CANNU, 7e éd., nº 1322; VALLANSAN *ET ALII*, 6e éd., p. 483 – Barret, *Rev. proc. coll.* 2006/1, p. 85, nº 22.
3. Amend. nº 201, Interv. Xavier de Roux, *JOAN CR*, 3e séance du 8 mars 2005, p. 148 – *Adde*, *Rapp. Xavier de Roux*, nº 2095, p. 421.
4. *Rapp. Xavier de Roux*, nº 2095, p. 425, 426 – *Adde*, LE CANNU, 7e éd., nº 1321 – VALLENS, 2010, nº 4556.
5. VALLENS, 2015, nº 4696.
6. EN CE SENS AUSSI : Barret, *Rev. proc. coll.* 2006/1, p. 85, nº 22

Signalons une difficulté particulière pour le point de départ du délai de prescription lié à la faillite personnelle ou à l'interdiction de gérer prononcée pour inexécution de la décision de condamnation à combler l'insuffisance d'actif (v. ss nº 922.64).

911.36 Prononcé de la mesure par la juridiction répressive.

> LÉGISLATION ANTÉRIEURE À LA LOI DE SAUVEGARDE DES ENTREPRISES[7]. La mesure de faillite personnelle peut être prononcée par la juridiction répressive, à titre de peine complémentaire (C. com., art. L. 626-6, al. 1). Il en est de même de la mesure d'interdiction de gérer. Cela présuppose le prononcé de la banqueroute. La condamnation pour recel de banqueroute ne suffira pas[8]. Il en est de même de la complicité de banqueroute[9]. La faillite personnelle ne peut davantage être prononcée à titre de peine complémentaire d'une condamnation pour abus de biens sociaux[10].

Si la juridiction répressive a prononcé à titre de peine complémentaire la mesure, alors que la juridiction civile ou commerciale l'avait également prononcée, et si les deux décisions sont définitives, seule la décision de la juridiction répressive sera exécutée (C. com., art. L. 626-6, al. 2). Si la seconde décision est plus sévère que la première, l'intéressé aura intérêt à la frapper d'appel, pour en obtenir la réformation en faisant valoir qu'il a déjà été condamné par la juridiction civile ou commerciale. Le texte de l'article L. 626-6, alinéa 2 n'exclut le cumul de sanctions que dans l'hypothèse de prononcé de la mesure pour les mêmes faits. Il en résulte, *a contrario*, qu'il est possible à la juridiction civile de prononcer une mesure de faillite personnelle, alors que la juridiction répressive l'a déjà prononcée à titre de peine complémentaire de la banqueroute, si les faits fondant la sanction sont différents[11].

Le sursis à statuer ne semble pas s'imposer[12], compte tenu de la possibilité qui existe pour les deux types de juridictions – pénale ou civile – de prononcer la mesure et du règlement de conflits en cas de décisions multiples. La faillite personnelle est ici également facultative[13] et le tribunal n'a pas à motiver sa décision sur l'appréciation de la mesure[14].

7. L. nº 2005-845, 26 juill. 2005, préc.
8. Crim. 5 août 1998, nº 97-84.43, NP.
9. Crim. 30 juin 2004, nº 03-87.427, NP, *JCP E* 2004. Jur. 1817, note Robert.
10. Crim. 23 sept. 2009, nº 08-88.228, NP, *D.* 2010. Pan. 1668, note Mascala.
11. Paris, 3e ch. A, 18 nov. 2003, RG nº 03/04967.
12. Com. 14 mars 1995, nº 92-16.792, NP, *Bull. Joly* 1995. 551 – Paris, 3e ch., 4 mars 1997, *Rev. proc. coll.* 1998, 516, nº 8, obs. Bach.
13. Crim. 9 oct. 1989, nº 88-87.545, *Bull. crim.* nº 345; *Rev. sociétés* 1990. 285, note Bouloc.
14. Crim. 3 juin 1991, nº 89-86.911, NP, *Rev. proc. coll.* 1995, 355, nº 3, obs. Devèze.

Aucune difficulté ne se présente si la juridiction civile a prononcé la mesure alors que, dans le cadre du prononcé de la banqueroute, la juridiction pénale n'a pas prononcé la faillite personnelle. L'intéressé ne saurait d'évidence se prévaloir de l'absence de prononcé de la mesure par la juridiction pénale pour prétendre être déchargé de sa condamnation prononcée au civil[1].

> LÉGISLATION ISSUE DE LA LOI DE SAUVEGARDE DES ENTREPRISES. La juridiction répressive, qui prononce la banqueroute, conserve la possibilité, sous le régime issu de la loi du 26 juillet 2005, de prononcer à titre de peine complémentaire, la faillite personnelle ou l'interdiction de gérer.

Une difficulté d'application de la loi dans le temps peut se poser, si, alors que la procédure collective a été ouverte avant le 1er janvier 2006, une décision définitive n'a pas encore été rendue sur le prononcé des mesures de faillite personnelle ou d'interdiction de gérer. En effet, le principe de la rétroactivité *in mitius* conduira à appliquer immédiatement la loi nouvelle si elle est plus douce. Il est admis que la suppression et l'adoucissement d'une peine complémentaire sont des cas d'application de la loi pénale plus douce[2]. Ainsi, la loi nouvelle pourra-t-elle trouver application pour le prononcé à titre de peine complémentaire de la banqueroute, d'une mesure de faillite personnelle ou d'interdiction de gérer[3]. Mais la loi pénale peut aussi être plus sévère, en ce qu'elle a étendu à « toute entreprise ayant toute autre activité indépendante » le champ d'application de l'incrimination réprimant la violation de cette interdiction. En cela, il y a place au maintien de la loi pénale plus douce[4].

La loi de sauvegarde des entreprises ne prévoit pas la possibilité pour la juridiction civile de prononcer la faillite personnelle à l'encontre des professionnels libéraux soumis à des règles disciplinaires (C. com., art. L. 653-1, dernier al.). En revanche, faute de restriction du texte, il semble que cette sanction puisse être prononcée à leur encontre par la juridiction répressive, à titre de peine complémentaire (v. s[s] n° 911.21).

La législation antérieure est modifiée, par suppression de l'article L. 626-6 alinéa 2 sur un point important : la juridiction répressive ne pourra plus prononcer une mesure d'interdiction, ni en modifier les modalités, dès lors que la juridiction civile ou commerciale aura statué par une décision définitive (C. com., art. L. 654-6). La solution a été justifiée par la règle « *non bis in idem* » qui interdit de prononcer deux sanctions pour un même fait[5]. Or, pour le Conseil d'État[6], la règle *non bis in idem*, « fait partie du principe à valeur constitutionnelle de la nécessité des peines » garanti par l'article 8 de la déclaration de 1789. Ce principe est relayé par l'article 368 du code de procédure pénale. Ainsi, le civil l'emportera sur le pénal[7]. La rédaction de l'article L. 654-6 du code semblait justifier que la règle instituée allât plus loin que la prohibition de la règle *non bis in idem*. En effet, il pouvait être soutenu que la juridiction répressive perdait son pouvoir de prononcer la faillite personnelle ou l'interdiction de gérer, même si la sanction concernait d'autres faits que ceux qui avaient conduit au prononcé de la sanction par la juridiction civile ou commerciale[8]. Le principe de proportionnalité des peines avait aussi été avancé pour justifier la solution[9]. Mais il avait été remarqué que ce principe à valeur constitutionnelle était ici sans emport pour justifier la solution, car il aurait du simplement conduire à consacrer le non-cumul de peines prononcées, dans la limite du maximum encouru[10].

En sens inverse, il a été dit que, compte tenu du fondement de la règle, la sanction d'interdiction prononcée par la juridiction civile devait l'être pour des faits identiques. Si tel n'est pas le cas, le prononcé antérieur par la juridiction civile d'une mesure d'interdiction ne ferait pas obstacle au prononcé par la juridiction répressive, à titre de peine complémentaire, de l'interdiction de gérer[11] ou de la faillite personnelle. C'est en ce dernier sens que

1. Amiens, ch. éco., 27 janv. 2005, *Rev. proc. coll.* 2006/1, p. 88, n° 31, obs. Barret – Paris, 3e ch. B, 6 sept. 2007, RG n° 06/17138.
2. Stéfani et Levasseur par Bouloc, *Droit pénal général*, 22e éd., « Précis Dalloz », 2011, n° 165.
3. ADMETTANT CE PRINCIPE d'application immédiate de la loi nouvelle : Crim. 31 oct. 2007, n° 06-89.045, *Bull. crim.* n° 263, *D.* 2007. AJ 3074, note Lienhard; *D.* 2008. Pan. 1579, obs. crit. Mascala; *Gaz. proc. coll.* 2008/1, p. 75, note Robaczewski; *Bull. Joly* 2008. 332, note Chilstein; *Rev. sociétés* 2008. 165, note Matsopoulou; *Dr. sociétés* 2008, n° 18, note Salomon.
4. Crim. 17 févr. 2016, n° 14-83.663, *Bull. crim.* [à paraître]; *Dr. sociétés* 2016, comm. 69, note Salomon; *Rev. proc. coll.* 2016, comm. 95, note Martin-Serf.
5. *Rapp. Xavier de Roux*, n° 2095, p. 447.
6. Avis 29 févr. 1996, n° 358.597.
7. RAPPR. : Matsopoulou, « Sauvegarde des entreprises : modifications réglementaires – Réflexions sur la faillite et l'interdiction de gérer », *D.* 2007. Chron. 104 s., sp. 106.
8. *Rapp. Xavier de Roux*, n° 2095, p. 448 – *Adde*, Mascala, « L'amélioration de la situation du chef d'entreprise », *Rev. proc. coll.* 2005/4, p. 370 s., sp. p. 373 – AUSSI POUR UNE DIFFICULTÉ d'interprétation liée à la lettre du texte : Zattara-Gros, « Des responsabilités et des sanctions », *LPA* n° sp. 9 févr. 2006, n° 29, p. 52 s., sp. p. 78.
9. *Rapp. Xavier de Roux*, n° 2095, p. 491.
10. Robaczewski, « La non-réforme des sanctions pénales dans la loi de sauvegarde des entreprises », *Rev. proc. coll.* 9-10 sept. 2005, n° sp., p. 48 s., sp. p. 50, n° 10.
11. Crim. 31 oct. 2007, n° 06-89.045, préc. (v. s[s] prés[t] n°).

s'est fixée la jurisprudence. La chambre criminelle de la Cour de cassation, faisant application du nouvel article L. 654-6 du code de commerce, décide que le prononcé antérieur par la juridiction civile d'une mesure d'interdiction ne fait obstacle au prononcé par la juridiction répressive, à titre de peine complémentaire, de l'interdiction de gérer[1] ou de la faillite personnelle, que si et seulement si les faits fondant la mesure sont identiques à ceux fondant le prononcé de la sanction de banqueroute. Ainsi, la solution de la législation antérieure est purement reconduite, alors que le texte est différent.

Cette solution n'est pas, à notre sens, conforme, au texte. Il s'agit, a-t-il été écrit, d'une interprétation audacieuse du texte[2].

Quoi qu'il en soit, l'article 142 de l'ordonnance du 18 décembre 2008[3] fait sienne la solution retenue par la Chambre criminelle de la Cour de cassation, en modifiant l'article L. 654-6 du code de commerce. Ce texte énonce désormais que « La juridiction répressive qui reconnaît l'une des personnes mentionnées à l'article L. 654-1 coupable de banqueroute peut, en outre, dans les conditions prévues au premier alinéa de l'article L. 653-11, prononcer soit la faillite personnelle de celle-ci, soit l'interdiction prévue à l'article L. 653-8, à moins qu'une juridiction civile ou commerciale ait déjà prononcé une telle mesure par une décision définitive prise à l'occasion des mêmes faits ». De la sorte, l'impossibilité pour la juridiction pénale de prononcer la faillite personnelle ou l'interdiction de gérer est clairement cantonnée à l'hypothèse d'une telle mesure déjà prononcée par la juridiction civile ou commerciale pour les mêmes faits. Une difficulté non réglée par les textes se présentera alors[4] : faudra-t-il limiter le total des condamnations prononcées par la juridiction civile ou commerciale et par la juridiction répressive à quinze ans ? La solution serait logique[5], sous l'observation que si la juridiction non répressive avait retenu, outre le cas sur lequel elle s'est fondée pour prononcer la sanction, celui sur lequel s'est appuyée la juridiction répressive, la limitation de durée se serait produite.

L'article 142 de l'ordonnance du 18 décembre 2008 doit être considéré comme interprétatif, ce qui est au demeurant conforté par le rapport au Président de la République sur l'ordonnance du 18 décembre 2008, qui fait état d'une actualisation « à droit constant des dispositions de droit pénal »[6].

Une difficulté non réglée par les textes se présente si la juridiction répressive est saisie alors que la juridiction civile l'est également. En ce cas, la règle « le criminel tient le civil en l'état » doit permettre d'attribuer compétence exclusive à la juridiction répressive. En revanche, que décider si la juridiction civile a rendu une décision, qui n'est pas encore définitive ? En pareille situation, il a été également suggéré d'appliquer le principe « le criminel tient le civil en l'état », pour n'appliquer au final que la décision de la juridiction répressive[7]. Ce serait alors, sans texte spécial, la reprise de la solution du droit antérieur[8].

En outre, le texte de l'article L. 654-6, appliqué à la lettre – qui dispose que « la juridiction répressive qui reconnaît l'une des personnes... coupable de banqueroute peut, en outre, prononcer soit la faillite personnelle de celle-ci, soit l'interdiction prévue à l'article L. 653-8, à moins qu'une juridiction civile ou commerciale ait déjà prononcé une telle mesure par une décision définitive », fait naître une difficulté en utilisant l'expression « une telle mesure » au lieu d'employer l'expression « l'une ou l'autre de ces mesures »[9]. L'expression « une telle mesure » suppose en effet une identité de mesures et interdit au juge pénal de prononcer une faillite personnelle si le tribunal civil l'a déjà prononcée, mais n'interdirait nullement de prononcer en ce cas l'interdiction de gérer et inversement[10]. L'exégèse ne doit cependant pas conduire à pareille solution[11], car une contrariété évidente de décisions ne manquerait pas de survenir si, par exemple le tribunal de la faillite prononce l'interdiction de gérer une seule entreprise commerciale nommément désignée, alors que le tribunal correctionnel prononce la faillite personnelle, mesure qui emporte interdiction de gérer toutes les entreprises commerciales. L'expression « une telle mesure » employée par le texte doit donc s'interpréter comme signifiant la mesure de faillite personnelle ou d'interdiction de gérer. Une question prio-

1. Crim. 31 oct. 2007, nº 06-89.045, préc. (v. s^s prés^t nº).
2. Robaczewski, « Les sanctions pénales dans l'ordonnance du 18 décembre 2008 portant réforme du droit des entreprises en difficulté », *Gaz. Pal.* 8-10 mars 2009, nº sp. p. 61.
3. *Ord. nº 2008-1345, 18 déc. 2008, préc.*
4. *Lienhard, 6ᵉ éd., nº 134.23.*
5. *Sur la question : Mascala, « La réforme du régime des sanctions », Dr. et patr. déc. 2009. 85 s., sp. 90.*
6. Rapport au président de la République sur l'ordonnance nº 2008-1345 du 18 déc. 2008, *JO* 19 déc., Titre I, chap. V, s^s art. 139 à 145.
7. Mascala, « L'amélioration de la situation du chef d'entreprise », *Rev. proc. coll.* 2005/4, p. 370 s, sp. p. 373 ; *RTD com.* 2006. 215.
8. Sur la question, aussi : Robaczewski, « La non réforme des sanctions pénales dans la loi de sauvegarde des entreprises », *Rev. proc. coll.* 9-10 sept. 2005, nº sp., p. 48 s., sp. p. 50, nº 10.
9. Robaczewski, art. préc., sp. p. 50, nº 10.
10. Robaczewski, art. préc., sp. p. 50, nº 10 – Vallens, 2015, nº 4717.
11. En ce sens aussi : Matsopoulou, « Réflexions sur la faillite personnelle et l'interdiction de gérer », *D.* 2007. Chron. 104 s., sp. 106 – *Adde*, Lienhard, 6ᵉ éd., nº 134.23.

ritaire de constitutionnalité a été posée sur le sujet à la Cour de cassation, qui l'a jugée sérieuse[1].

Le Conseil Constitutionnel a également été saisi par la Chambre criminelle de la Cour de cassation à propos du cumul possible de sanctions par la juridiction civile et la juridiction répressive. Il a été observé que l'article L. 654-6 du code de commerce règle la difficulté lorsque la juridiction civile a déjà prononcé une mesure de faillite personnelle ou d'interdiction de gérer par une décision définitive, mais ne régit pas l'hypothèse inverse, celle de la juridiction pénale ayant prononcé une telle mesure alors que la juridiction civile n'a pas encore statué. Dès lors que, observe le Conseil Constitutionnel, il existe une différence de traitement qui n'est justifiée ni par une différence de situation, ni par un motif d'intérêt général, il y a en conséquence, estime le Conseil Constitutionnel, méconnaissance du principe d'égalité devant la loi. L'article L. 654-6 est donc non conforme à la Constitution et est abrogé à compter du 1er octobre 2016[2].

La durée des mesures de faillite personnelle et d'interdiction de gérer n'a pas été précisée. Faute de renvoi à l'article L. 653-11 qui réglemente la question de la durée des mesures prononcées par la juridiction civile ou commerciale, les solutions antérieures demeurent-elles en conséquence applicables ? Une réponse affirmative a parfois été apportée[3] : soit les mesures sont temporaires, auquel cas elles ne peuvent excéder cinq ans, soit elles sont définitives. Mais la Chambre criminelle en a décidé autrement, l'ordonnance du 18 décembre 2008 s'étant employé, pour sa part, à régler la difficulté (v. ss no 911.81).

Enfin, si la mesure de faillite personnelle ou d'interdiction de gérer est prononcée par la juridiction répressive, à titre de peine complémentaire de la banqueroute, le relèvement n'obéira pas aux règles posées par le code de commerce, mais à celles de l'article 702-1 du code de procédure pénale.

SECTION 911.40
CUMUL DE SANCTIONS ET PRONONCÉ DES MESURES DE FAILLITE PERSONNELLE ET D'INTERDICTION DE GÉRER

911.41 Cumul de la mesure d'élimination avec d'autres sanctions. La faillite personnelle ou l'interdiction de gérer peut être prononcée cumulativement avec le redressement judiciaire ou la liquidation judiciaire à titre personnel[4] ou avec le comblement du passif. Les juges du fond peuvent toutefois considérer que le prononcé d'une condamnation à combler le passif est suffisant[5], puisque les deux types de sanctions sont facultatifs.

Les deux instances – celle en sanctions non pécuniaires et celle en sanctions pécuniaires – n'ont pas le même objet. Il en résulte que le jugement rendu dans l'une de ces instances n'aura pas autorité de la chose jugée dans l'autre, les faits fondant la demande fussent-ils identiques[6]. Il en est de même de l'action en comblement de passif[7] ou encore de la condamnation pour abus de biens sociaux[8].

La juridiction qui prononce le comblement du passif ne peut se contenter de prendre appui sur ce prononcé pour condamner à la faillite personnelle ou à l'interdiction de gérer sans préciser le cas qui justifie la sanction personnelle retenue[9].

SECTION 911.50
DÉCISION PRONONÇANT LA FAILLITE PERSONNELLE OU L'INTERDICTION DE GÉRER

911.51 Intervention de la décision prononçant la mesure d'élimination. Précisons d'abord que le droit au procès équitable, posé par l'article 6 § 1 de la Convention européenne des droits de l'Homme oblige à prononcer la mesure dans un délai raisonnable. La sanction qui s'attache à la violation de cette obligation n'est pas l'annulation de la procédure ou sa réformation, mais la réparation du préjudice résultant éventuellement du délai subi[10].

> **Sous l'empire de la législation antérieure à la loi du 26 juillet 2005**[11]. Bien que le jugement soit rendu en audience publique, les débats ont lieu en chambre du conseil. Toutefois, la publicité des débats ne sera une cause de nullité de la décision que si cette dernière est invoquée avant la clôture des débats[12].

> **La loi de sauvegarde des entreprises du 26 juillet 2005** conserve le principe selon lequel le prononcé des mesures de faillite personnelle ou d'interdiction de gérer a lieu en audience publique (C. com., art. R. 662-13 [anct D. 28 déc. 2005[13], art. 349]).

1. Com. 28 juin 2016, no 16-40.208, QPC, NP, no 747 FS-D.
2. Cons. const. 29 sept. 2016, no 2016-573 QPC, *JO* 1er oct.
3. *Rapp. Xavier de Roux*, no 2095, p. 448.
4. Com. 25 nov. 1997, no 95-18.808, NP, *Rev. proc. coll.* 1998, 514, no 4, obs. Bach.
5. Douai, 2e ch., 2e sect., 18 déc. 2008, *Dr. sociétés* 2009, no 167, note Legros.
6. Com. 17 déc. 2003, no 01-10.359, NP, *Rev. proc. coll.* 2005/2, p. 153, no 1, obs. Barret.
7. AINSI : Paris, 10 oct. 1997, Rev. proc. coll. 1998, 316, no 13, note Bach.
8. Com. 29 févr. 2000, no 96-15.827, *Bull. civ.* IV, no 42 ; *Bull. Joly* 2000, no 131, note Saintourens.
9. Com. 17 févr. 2015, no 13-28.778, NP ; no 187 F-D.
10. Com. 22 juin 2010, no 09-16.269, NP ; no 695 F-D.
11. L. no 2005-845, 26 juill. 2005, préc.
12. Com. 27 oct. 1998, no 95-22.246, NP, *RTD com.* 1999. 205, obs. Vallens.
13. D. no 2005-1677, 28 déc. 2005, préc.

Sous l'empire de la législation du 26 juillet 2005, le principe en matière de sauvegarde, de redressement et de liquidation judiciaires, est d'organiser des débats en chambre du conseil (C. com., art. L. 662-3, al. 1). Il est en revanche écarté pour l'application des sanctions. Il s'agit de mettre en conformité la législation française avec l'article 6 § 1 de la Convention européenne de sauvegarde des droits de l'homme et son exigence du procès équitable. Les plaideurs avaient en effet tenté d'exhiber cette disposition pour obtenir l'annulation de jugements de sanctions, alors que, conformément à la législation en vigueur, les débats avaient eu lieu en chambre du conseil. La jurisprudence, qui a cantonné l'exigence des débats en chambre du conseil à la procédure de première instance, ne les a pas suivis[1].

Quoi qu'il en soit, la difficulté a été supprimée par l'article L. 662-3, alinéa 2 du code de commerce qui prévoit que « par dérogation aux dispositions du premier alinéa, les débats relatifs aux mesures prises en application des chapitres Ier, II et III du titre V ont lieu en audience publique ». Le texte réserve cependant la possibilité pour le débiteur de demander au président du tribunal, avant leur ouverture, que les débats aient lieu en chambre du conseil, si le débiteur le demande.

Maladroitement, la loi de sauvegarde des entreprises ne visait que la demande émanant du débiteur, alors que les mesures de faillite personnelle ou d'interdiction de gérer avaient également vocation à s'appliquer aux dirigeants des personnes morales débitrices. Le décret du 23 décembre 2006 avait déjà modifié l'article R. 662-9, alinéa 1 du code de commerce, en visant la personne poursuivie, terme susceptible de viser non seulement le débiteur personne physique, mais encore le dirigeant de la personne morale débitrice. L'alinéa 2 de l'article L. 662-3 du code de commerce, dans sa rédaction issue de l'ordonnance du 18 décembre 2008[2] (art. 156), s'emploie également à corriger la malfaçon législative et remplace le mot « débiteur » par l'expression « l'une des personnes mises en cause ».

L'article R. 662-9, alinéa 1 du code de commerce indique que cette demande doit être présentée au président du tribunal par la personne poursuivie. Le greffier doit la consigner. En pratique, il apparaît opportun que le président de l'audience interroge, dès le début de l'audience, le débiteur ou le dirigeant concerné[3]. Le président du tribunal ne saurait, de sa propre autorité, décider que les débats auront lieu en chambre du conseil[4]. La décision rendue par le président du tribunal est une mesure d'administration judiciaire. Elle n'est donc pas susceptible de recours (C. com., art. R. 662-9, al. 2).

La loi de sauvegarde des entreprises prévoit, selon la règle de principe édictée par l'article R. 662-12, alinéa 1 du code de commerce, que le tribunal ne pourra statuer sur la faillite personnelle ou l'interdiction de gérer qu'au vu du rapport du juge-commissaire.

La loi du 26 juillet 2005 prévoit en outre que le juge-commissaire ne pourra siéger dans la formation de jugement ni participer au délibéré, si le tribunal est saisi par le mandataire judiciaire, le liquidateur ou le ministère public (C. com., art. L. 653-7, al. 3). Cette solution, qui résulte d'un amendement, est justifiée par le souci du droit à un procès équitable, et « s'inscrit dans le droit fil de la jurisprudence de la Cour européenne des droits de l'homme »[5]. La participation du juge-commissaire à la formation de jugement est une cause de nullité du jugement[6].

La solution a toutefois été maladroitement posée par le législateur. En effet, l'article L. 653-7, alinéa 3 du code de commerce, dans sa rédaction issue de la loi de sauvegarde, qui la contient, s'exprime ainsi : « Dans les mêmes cas que ceux prévus au premier alinéa, le juge-commissaire ne peut ni siéger dans la formation de jugement, ni participer au délibéré ». Or, l'alinéa 1 de l'article L. 653-7 dispose que « Dans les cas prévus aux articles L. 653-3 à L. 653-6 et L. 653-8, le tribunal est saisi par le mandataire judiciaire, le liquidateur ou le ministère public ». Il avait semblé, à la seule lecture des textes, que le juge-commissaire aurait pu participer au délibéré ou faire partie de la formation de jugement, si la saisine du tribunal était à l'initiative des contrôleurs[7]. Cette solution inexplicable nous semblait cependant devoir être écartée au regard du droit à un procès équitable, érigé ici en principe par le législateur[8]. La malfaçon est réparée par l'article 136 de l'ordonnance du 18 décembre 2008, qui modifie la rédaction de l'article L. 653-7, alinéa 3 du code de commerce. Désormais, ce texte dispose que « le juge-

1. Com. 9 mai 1995, n° 92-20.746, *Bull. civ.* V, n° 133; *D.* 1996. Somm. 83, obs. Honorat.
2. *Ord. n° 2008-1345, 18 déc. 2008, préc.*
3. Modat, « *Le nouveau droit des sanctions commerciales issu* de la loi du 26 juillet 2005 », *RLDA* juill. 2007, n° 18, p. 75 s., sp. p. 77.
4. Gibirila, « Les responsabilités et les sanctions du dirigeant dans la loi de sauvegarde des entreprises », *Defrénois* 2006/12, p. 989, 38412, sp. p. 1000.
5. Amend. de Mme Grosskost, n° 328 et Interv. Xavier de Roux, *JOAN CR*, 3e séance du 8 mars 2005, p. 1799 – *Adde, Rapp. J.-J. Hyest*, n° 335, p. 478.
6. AINSI : Paris, 3e ch. A, 26 févr. 2008, *JCP E* 2008. 1905, note Delattre.
7. Montéran, « Les sanctions pécuniaires et personnelles dans la loi du 26 juill. 2005 », *Gaz. Pal.* 9-10 sept. 2005, p. 37, sp. p. 40 – Gibirila, « Les responsabilités et les sanctions du dirigeant dans la loi de sauvegarde des entreprises », *Defrénois* 2006/12, p. 989, n° 38412, sp. p. 998.
8. Le Corre, *Droit et pratique des procédures collectives*, 4e éd., « Dalloz action », 2008, n° 921.51.

commissaire ne peut ni siéger dans la formation de jugement, ni participer au délibéré ». Voilà qui est plus simple et plus clair !

911.52 Communication et publicité de la décision prononçant la mesure d'élimination. La mesure de faillite personnelle ou d'interdiction de gérer fait l'objet d'un avis de publication au *Bodacc* (D. 27 déc. 1985[1], art. 170, al. 1 - C. com., art. R. 653-3, al. 1). Si le débiteur est commerçant, le jugement prononçant la faillite personnelle ou l'interdiction de gérer est mentionné d'office au registre du commerce et des sociétés (D. 30 mai 1984[2], art. 36-3, 19°, réd. D. 28 déc. 2005, art. 353, 19°).

Elle est communiquée aux mandataires de justice désignés par la juridiction, au procureur de la République et au trésorier-payeur général du département dans lequel le débiteur a son siège ainsi qu'a celui du département dans lequel il a son principal établissement (D. 27 déc. 1985, art. 170, al. 1 - C. com., art. R. 653-3, al. 1).

Cette décision doit être signifiée aux personnes sanctionnées, par les soins du greffier du tribunal ou, le cas échéant, de la cour d'appel (D. 27 déc. 1985, art. 170, al. 2 - C. com., art. R. 653-3, al. 2). En l'absence de fonds permettant de payer les frais de signification, la décision est signifiée par le ministère public près la juridiction qui l'a prononcée (solution de la législation antérieure à la loi de sauvegarde des entreprises, D. 27 déc. 1985, art. 170, al. 2). Sous l'empire de la loi de sauvegarde des entreprises, il faudra solliciter l'avance des fonds par le Trésor public, en application de l'article L. 663-1, I, 3° du code de commerce[3].

Lorsque la décision est passée en force de chose jugée, elle est mentionnée au registre du commerce et des sociétés et au répertoire des métiers et, en Alsace-Moselle, au répertoire des entreprises. Si elle est prononcée par la juridiction pénale, elle est portée au casier judiciaire, en application de l'article 768, 5° du code de procédure pénale. Ces solutions de la législation antérieure (D. 27 déc. 1985, art. 170, al. 1), sont reprises sous l'empire de la loi de sauvegarde des entreprises (C. com., art. R. 653-3, al. 1).

SECTION 911.60
EXÉCUTION PROVISOIRE DES MESURES DE FAILLITE PERSONNELLE

911.61 Exécution provisoire de la décision prononçant la mesure d'élimination. Sous l'empire de la législation antérieure à la loi de sauvegarde des entreprises, le principe est que la décision qui prononce la faillite personnelle ou l'interdiction de gérer n'est pas revêtue de l'exécution provisoire de droit (D. 27 déc. 1985[4], art. 155, al. 1). Cependant, en application de l'article L. 625-10 du code de commerce, le tribunal peut, ordonner l'exécution provisoire (C. com., art. L. 625-10).

La législation de sauvegarde des entreprises reproduit les solutions, en prévoyant identiquement que la décision de faillite ou d'interdiction de gérer n'est pas exécutoire de plein droit à titre provisoire (C. com., art. R. 661-1, al. 2). Le tribunal peut toutefois ordonner l'exécution provisoire (C. com., art. L. 653-11). La gravité des faits reprochés et, par voie de conséquence, le degré de nocivité de l'intéressé pour son entourage économique, devraient être les motifs déterminants pour retenir l'exécution provisoire[5].

Le régime de l'exécution provisoire facultative contient en lui-même une certaine protection, car l'appelant pourra demander l'arrêt de l'exécution provisoire au premier président de la cour d'appel. Avant le décret du 23 décembre 2006[6], l'arrêt de l'exécution provisoire était obtenu dans les conditions de droit commun de l'arrêt de l'exécution provisoire, qui s'écartait des solutions applicables à l'arrêt de l'exécution provisoire en matière de redressement et de liquidation judiciaires. Il suffisait, en conformité avec les dispositions de l'article 524, alinéa 1, 2° du code de procédure civile, de démontrer l'existence de « conséquences manifestement excessives ». Depuis le décret du 23 décembre 2006, il y a une uniformisation des conditions d'obtention de l'arrêt de l'exécution, que celle-ci soit de droit ou soit ordonnée facultativement. Dès lors, l'appelant devra démontrer des chances sérieuses de réformation de la décision des premiers juges (v. s[s] n° 234.25).

SECTION 911.70
VOIES DE RECOURS SUR LES DÉCISIONS RENDUES EN MATIÈRE DE FAILLITE PERSONNELLE ET D'INTERDICTION DE GÉRER

911.71 Voies de recours sur les décisions rendues en matière de faillite personnelle et d'interdiction de gérer. Les décisions rejetant la demande de sanction sont susceptibles d'appel, par le demandeur, organe de la procédure, qu'il s'agisse du représentant des créanciers - mandataire judiciaire -, du liquidateur ou, sous l'empire de la législation anté-

1. D. n° 85-1388, 27 déc. 1985, préc.
2. D. n° 84-406, 30 mai 1984 relatif au registre du commerce et des sociétés, *JO* 31 mai, p. 1699.
3. Vallens, 2015, n° 4698.
4. D. n° 85-1388, 27 déc. 1985, préc.
5. rappr. : Vallens, 2015, n° 4705.
6. D. n° 2006-1709, 23 déc. 2006, préc.

rieure à la loi de sauvegarde des entreprises, de l'administrateur judiciaire.

Sous l'empire de la législation antérieure à la loi de sauvegarde des entreprises, le ministère public, qui peut faire appel s'il est demandeur à la mesure, ne peut faire appel, dans le cas contraire, puisqu'il n'est alors que partie jointe[1], à moins qu'il ne démontre que les faits non sanctionnés par le tribunal constituent une atteinte à l'ordre public[2]. L'analyse des mesures de faillite personnelle et d'interdiction de gérer en mesures d'assainissement du tissu économique a pu justifier l'atteinte à l'ordre public lorsqu'une demande de prononcé de la mesure a été rejetée par le tribunal[3].

La loi de sauvegarde des entreprises modifie la solution en prévoyant que le ministère public peut faire appel des décisions de faillite personnelle et d'interdiction de gérer, même s'il n'a pas agi comme partie principale (C. com., art. L. 661-11). Cet appel sera suspensif et obéira aux règles classiques de l'appel du ministère public (v. s[s] n° 322.22). La solution est reconduite par l'ordonnance du 18 décembre 2008[4]. L'article L. 661-12 du code de commerce dispose que « Les recours du ministère public prévus par le présent chapitre lui sont ouverts même s'il n'a pas agi comme partie principale ». Or l'article L. 661-11 du code de commerce ouvre au ministère public l'appel sur les décisions rendues en application du chapitre III du titre V, au sein desquels figure la réglementation de la faillite personnelle et de l'interdiction de gérer.

Il a été spécialement jugé que le délai d'appel de l'article 157 du décret du 27 décembre 1985[5] s'appliquait au ministère public, même s'il déclare agir comme partie principale. Le délai d'appel court en conséquence de l'avis qui lui est donné de la décision, non d'une notification[6]. La solution n'est pas modifiée par la loi de sauvegarde des entreprises

Le commissaire à l'exécution du plan continue la procédure d'appel entreprise par le représentant des créanciers – mandataire judiciaire – ou, sous l'empire de la législation antérieure à la loi de sauvegarde des entreprises, par l'administrateur judiciaire, cependant qu'il n'a pas qualité à exercer lui-même la voie de recours.

La décision est également susceptible d'appel de la part de la personne à l'encontre de laquelle a été prononcée la mesure, également dans les conditions classiques de l'appel des décisions du tribunal de la faillite[7] (v. s[s] n° 322.11), sous réserve que le délai d'appel court ici non d'une simple notification par le greffe, mais d'une signification de la décision. Si l'intéressé sollicite, devant la cour d'appel, la nullité de la décision, sans conclure sur le fond, et si la cour rejette sa demande, il ne peut, sauf excès de pouvoir commis par la cour d'appel, immédiatement frapper de pourvoi la décision, qui ne met pas fin à l'instance, puisqu'elle l'invite à conclure sur le fond[8].

Si le jugement est réputé contradictoire, le délai d'appel court contre l'intéressé, même si la signification a été faite par procès-verbal de recherches infructueuses (C. pr. civ., art. 699), dès lors que les formes de cette signification ont été respectées[9].

Sur le seul appel du dirigeant, les juges d'appel ne peuvent substituer la mesure la plus grave de la faillite personnelle à celle de l'interdiction de gérer prononcée par les premiers juges (v. s[s] n° 913.11).

En cas d'annulation du jugement ayant prononcé la sanction, le tribunal peut à nouveau, sous l'empire de la législation antérieure à la loi de sauvegarde des entreprises, être saisi ou se saisir d'office[10]. Il n'en ira différemment qu'en cas d'irrégularité de l'acte introductif d'instance, à moins que l'appelant n'ait conclu à titre principal au fond. Il ne pourra statuer à nouveau que dans une composition différente. À défaut, le principe d'impartialité du tribunal ne serait pas respecté, ce qui serait source d'une nouvelle annulation de la décision[11].

Sous l'empire de la loi du 25 janvier 1985[12] et celle de sauvegarde des entreprises[13], dans sa rédaction d'origine, les textes ne réglementaient pas l'opposition et la tierce opposition sur les décisions rendues en matière de faillite personnelle et d'interdiction de gérer. Il était admis que si l'intéressé avait été défaillant, l'appel était remplacé par une opposition, dans le délai de dizaine courant à compter de la publication au *Bodacc*[14] (D. 27 déc. 1985, art. 156, al. 1 et 2 ; C. com., art. R. 661-2, al. 1 et 3).

De manière nouvelle, l'article R. 661-2, alinéa 1 du code de commerce, qui résulte de la rédaction que lui donne l'article 114 du décret du 12 février 2009[15], prévoit que, sauf dispositions contraires,

1. DERRIDA *ET ALII*, n° 593.
2. Com. 20 janv. 1998, n° 94-20.177, *Bull. civ.* IV, n° 33; *D.* 1998. Jur. 125, rapp. Pasturel.
3. Amiens, ch. éco., 9 févr. 2006, *Act. proc. coll.* 2007, n° 32, note Cagnoli.
4. Ord. n° 2008-1345, 18 déc. 2008, préc.
5. *D. n° 85-1388, 27 déc. 1985, préc.*
6. *Com. 8 juill. 2003, n° 01-13.693, Bull. civ.* IV, n° 127; *D.* 2003. AJ 2173; *Act. proc. coll.* 2003, n° 204, obs. Cagnoli; *Rev. proc. coll.* 2005/2, p. 162, n° 25, obs. Barret.
7. EN CE SENS AUSSI : VALLENS, 2015, n° 4707.
8. Com. 3 mai 2011, n° 10-16.933, NP; n° 440 F-D.
9. Com. 2 mai 2001, n° 98-12.037, *Bull. civ.* IV, n° 79; *Rev. proc. coll.* 2001, p. 274, n° 5, obs. Barret – Douai, 2e ch., 30 sept. 1999, *Rev. proc. coll.* 2001, p. 274, n° 5, obs. Barret.
10. ILLUSTR. : Com. 3 déc. 2003, n° 01-02.222, NP; n° 1756 F-D; *Rev. proc. coll.* 2005/2, p. 163, n° 26, obs. Barret.
11. *Paris*, 3e ch. B, 25 févr. 2005, RG n° 04/7412.
12. L. n° 85-98, 25 janv. 1985, préc.
13. L. n° 2005-845, 26 juill. 2005, préc.
14. SOINNE, n° 2686.
15. D. n° 2009-160, 12 févr. 2009, préc.

l'opposition et la tierce opposition sont formées contre les décisions rendues en matière de faillite personnelle et d'interdiction de gérer, par déclaration au greffe dans le délai de dix jours à compter du prononcé de la décision.

SECTION 911.80

DURÉE DES MESURES DE FAILLITE PERSONNELLE ET D'INTERDICTION DE GÉRER

911.81 Durée des mesures d'élimination sous l'empire de la législation antérieure à la loi du 26 juillet 2005 [1]. L'article L. 625-10, alinéa 1 du code de commerce indique que la durée des mesures doit être fixée par le tribunal (v. aussi s[s] n° 911.11). Pour le demandeur à la mesure, il s'agit d'une omission de statuer pouvant être réparée dans le délai d'un an du prononcé de la décision. Faute de réparation de cette omission, la seule solution semble être de rendre active la mesure pour le délai minimal autorisé, c'est-à-dire cinq ans. Cependant, l'absence de fixation de la durée constitue pour l'intéressé un motif de réformation de la décision [2].

La cour d'appel ne pourra augmenter la durée de la mesure, en cas d'appel de la personne condamnée [3].

La durée de la mesure ne peut être inférieure à cinq ans. Aucun maximum n'est prévu, ce que rappelle parfois la jurisprudence [4]. Il n'est pas possible à la juridiction de décider de sanctionner à vie l'intéressé [5]. Mais la durée peut être longue et conduire l'intéressé jusqu'à l'âge de la retraite. Ainsi a été appliquée une sanction de trente ans à une personne âgée de trente-deux ans [6] et même une mesure de cinquante ans [7].

Par exception, si la mesure est prononcée par la juridiction répressive, en application de l'article L. 626-6 du code de commerce (anc[t] L. 25 janv. 1985 [8], art. 201), le tribunal n'est pas obligé de préciser une durée, faute de renvoi par l'article L. 626-6 du code à l'article L. 625-10 [9]. Même si un auteur a pu douter de la constitutionnalité de la perpétuité de la mesure [10], la chambre criminelle de la Cour de cassation a maintenu la possibilité de n'enfermer dans aucun délai la faillite personnelle. Ainsi, l'interdiction d'exercer une activité professionnelle prononcée à titre de peine complémentaire de la banqueroute est-elle soit temporaire, auquel cas elle est au maximum de cinq ans, soit définitive [11]. La solution est identique pour l'interdiction de gérer [12]. De la même façon, l'Assemblée plénière de la Cour de cassation, statuant à propos de l'interdiction d'exercer une activité commerciale par application de la loi du 30 août 1947 [13], a précisé que l'interdiction temporaire prononcée à titre de peine complémentaire est, en application de l'article L. 131-27 du code pénal, soit temporaire et ne peut alors excéder cinq ans, soit définitive [14].

Le comportement du dirigeant, qui a tardé à déclarer la cessation des paiements en essayant de trouver un repreneur [15], mais aussi l'importance de l'insuffisance d'actif [16], pourront être des éléments d'appréciation dans la fixation de la durée de la mesure.

Au terme fixé par le tribunal, les interdictions cessent, sans qu'il y ait besoin de décision de justice (C. com., art. L. 625-10).

Ce pan de la législation antérieure à la loi du 26 juillet 2005 n'est pas des plus clairs. La chose est d'autant plus choquante que l'on est ici dans des matières sensibles, dont l'application peut être particulièrement lourde de conséquences pour les personnes concernées.

911.82 Durée des mesures d'élimination sous l'empire de la loi du 26 juillet 2005. Le mérite de

1. L. n° 2005-845, 26 juill. 2005, préc.
2. Com. 3 nov. 1992, n° 90-16.555, *Bull. civ.* IV, n° 343 – Com. 23 nov. 1999, n° 97-13.285, NP, *Rev. proc. coll.* 2000, 115, n° 4, obs. Barret – Com. 26 sept. 2006, n° 05-16.160, NP, *Dr. sociétés* 2007, n° 71, note Legros.
3. Com. 3 nov. 1992, n° 90-16.555, *Bull. civ.* IV, n° 34 – Com. 25 juin 2002, n° 99-11.532, NP.
4. Paris, 10 sept. 2004, *Rev. sociétés* 2004. 967, obs. Urba Parléani.
5. Com. 9 janv. 1996, n° 93-16.463, *Bull. civ.* IV, n° 9; *Bu Joly* 1996. 530, note Vallansan – Com. 23 nov. 1999 n° 97-13.285, NP, *Act. proc. coll.* 2000, n° 17.
6. Com. 20 juin 1995, n° 93-16.431, NP, *RJDA* 1995, n° 1048.
7. Douai, 2e ch., 3 avr. 2001, *Rev. proc. coll.* 2001, p. 276, n° 11, obs. Barret.
8. L. n° 85-98, 25 janv. 1985, préc.
9. Crim. 4 janv. 1990, n° 89-81.245, *Bull. crim.* n° 2; *D.* 1990. Somm. 364, obs. Roujou de Boubée – Crim. 6 août 1996, n° 96-80.053, *Bull. crim.* n° 302; *RTD com.* 1997. 160, obs. Bouloc.
10. Bouloc, obs. s[s] Crim. 6 août 1996, n° 96-80.053, *RTD com.* 1997. 160.
11. Crim. 8 janv. 2003, n° 02-82.555, *Bull. crim.* n° 3; *Act. proc. coll.* 2003, n° 94, note Cerf-Hollender; *JCP E* 2003. Jur. 904, note Robert; *RTD com.* 2003. 379, n° 13, obs. Mascala – Crim. 25 févr. 2004, n° 03-84.357, *Bull. crim.* n° 52; *D.* 2004. AJ 1085, *Act. proc. coll.* 2004, n° 119, note Cerf-Hollender; *Bull. Joly* 2004. 779, note Lucas.
12. Crim. 25 févr. 2004, n° 03-84.357, *Bull. crim.* n° 52; *D.* 2004. AJ 1085 *Act. proc. coll.* 2004, n° 119, note Cerf-Hollender; *Bull. Joly* 2004. 779, note Lucas; *Rev. sociétés* 2004. 917, note Bouloc; *RTD com.* 2004. 627, n° 10, obs. Bouloc.
13. L. n° 47-1635, 30 août 1947, *JO* 31 août, p. 8661.
14. Cass., ass. plén., 22 nov. 2002, n° 92-82.460 *Bull. ass. plén.*, n° 2; *Rev. sociétés* 2003. 359, note Bouloc.
15. Paris, 3e ch. B, 29 nov. 2002, *Rev. proc. coll.* 2005/2, p. 160, n° 18, obs. Barret.
16. Paris, 3e ch. C, 13 sept. 2002, RG n° 01/20109, *Rev. proc. coll.* 2005/2, p. 160, n° 18, obs. Barret.

la loi du 26 juillet 2005[1] est de remettre de l'ordre dans la question de la durée des mesures d'élimination.

L'article L. 653-11, alinéa 1 du code de commerce commence par supprimer le minimum de cinq ans. L'idée est ici de ne pas dissuader les tribunaux de prononcer des faillites personnelles[2].

Ensuite, il prévoit un maximum fixe de quinze ans, qui s'appliquera pour la faillite personnelle ou l'interdiction de gérer prononcée par la juridiction civile. Il s'agit ici d'assurer une mise en conformité, d'une part avec la jurisprudence constitutionnelle qui a régulièrement insisté sur l'exigence d'individualisation et de proportionnalité des peines, d'autre part avec l'évolution consacrée par le nouveau code pénal, qui a supprimé la notion de peine minimale[3]. En supprimant le plancher, et en instaurant un plafond à quinze ans, la loi du 26 juillet 2005 permet une « gradation complète, capable d'opérer une distinction claire entre l'entrepreneur malchanceux, écarté des affaires pour une durée courte, et l'entrepreneur malhonnête, qui pourra difficilement reprendre la responsabilité d'une entreprise s'il est "failli" pour quinze ans »[4].

La durée des mesures de faillite personnelle et d'interdiction de gérer prononcée par la juridiction répressive n'avait pas été précisée par la loi de sauvegarde. Faute de renvoi à l'article L. 653-11, qui réglementait la question de la durée des mesures prononcées par la juridiction civile ou commerciale, les solutions antérieures semblaient en conséquence applicables[5] : soit les mesures étaient temporaires, auquel cas elles ne pouvaient excéder cinq ans, soit elles étaient définitives. Une autre lecture des textes avait cependant été proposée, qui partait des dispositions transitoires. Observant que celles-ci prévoyaient que « dans toutes les dispositions » les mesures devaient être comprises comme ayant une durée maximale de quinze ans, il en était déduit que cette limitation s'appliquait également à la mesure de faillite personnelle prononcée à titre de peine complémentaire de la banqueroute[6]. Il a été démontré que cette lecture n'apparaissait pas possible[7].

La Chambre criminelle de la Cour de cassation a admis la condamnation à la faillite personnelle pour une durée de huit ans, car cette peine complémentaire entre dans les prévisions de l'article L. 653-11 alinéa 1 du code de commerce, les dispositions de cet article étant applicables aux procédures en cours en vertu de l'article 191, 7° de la loi de sauvegarde des entreprises[8]. La même solution a encore été posée par la Chambre criminelle de la Cour de cassation, qui a accepté la possibilité d'une condamnation à l'interdiction de gérer pour une durée de quinze ans[9]. Les solutions posées par la chambre criminelle de la Cour de cassation[10] constituent un authentique revirement de jurisprudence[11]. Si elles se justifient par la modification résultant de la loi de sauvegarde, elles ne peuvent, en revanche, quoique l'opinion contraire ait été émise[12], s'expliquer à partir des dispositions transitoires de la loi de sauvegarde[13]. Il a été préconisé que l'uniformisation jurisprudentielle soit suivie d'une harmonisation des textes[14].

C'est précisément à cette harmonisation des textes que se livre l'article 142 de l'ordonnance du 18 décembre 2008[15], en modifiant l'article L. 654-6 du code de commerce. Désormais, selon cette dernière disposition, la juridiction répressive qui reconnaît l'une des personnes mentionnées à l'article L. 654-1 coupable de banqueroute peut, en outre, prononcer soit la faillite personnelle de celle-ci, soit l'interdiction prévue à l'article L. 653-8, et cela, pré-

1. L. n° 2005-845, 26 juill. 2005, préc.
2. *Rapp. Xavier de Roux*, n° 2095, p. 440.
3. *Rapp. Xavier de Roux*, n° 2095, p. 440.
4. *Rapp. Xavier de Roux*, n° 2095, p. 440.
5. *Rapp. Xavier de Roux*, n° 2095, p. 448 – *Adde*, Schultz, « La faillite personnelle après la loi du 26 juillet 2005 sur la sauvegarde de l'entreprise », *Rev. proc. coll.* 2005, p. 307, n° 35 – IMPLICITEMENT : Robaczewski, « La non réforme des sanctions pénales dans la loi de sauvegarde des entreprises », *Rev. proc. coll. 9-10* sept. 2005, n° sp., p. 48 s., sp. p. 53 n° 18.
6. Mascala, *RTD com.* 2006. 218 – *Adde*, PÉROCHON ET BO HOMME, 7e éd., n° 594 – SAINT-ALARY-HOUIN, 5e éd., n° 13
7. Matsopoulou, « Sauvegarde des entreprises : modifications réglementaires – réflexions sur la faillite et l'interdiction de gérer », *D.* 2007. Chron. 104 s., sp. 108.
8. Crim. 8 nov. 2006, n° 05-85.922, *Bull. crim.* n° 280; *D.* 2007. AJ 10, obs. Lienhard; *D.* 2007. Pan. 1630, obs. Mascala; *Gaz. proc. coll.* 2007/1, p. 47, note Robaczewski; *Act. proc. coll.* 2007, n° 31, note Cerf-Hollender; *JCP E* 2007. Chron. 1450, n° 16, obs. Pétel; *Rev. proc. coll.* 2007/1, p. 36, n° 32, obs. Roussel Galle; *Rev. proc. coll.* 2007/3, p. 158, n° 2, obs. Mascala; *Defrénois* 2007. 880, n° 4, note Gibirila; *RTD com.* 2007. 466, n° 7, obs. Bouloc; *Rev. proc. coll.* 2007/2, p. 92, n° 18, obs. Barret; *Dr. sociétés* 2007, n° 17, note Salomon.
9. Crim. 8 nov. 2006, n° 06-81.862, *Bull. crim.* n° 280, préc. (v. ss prést n°).
10. Delattre, « Durée des interdictions répressives prononcées par les juridictions répressives – Vers une homogénéisation de la jurisprudence », *JCP E* 2007. 1451, p. 27.
11. *Rapp. C. cass.*, 2006, p. 456; *Gaz. Pal.* 25-26 avr. 2007, p. 20.
12. Obs. Pétel, *JCP E* 2007. Chron. 1450, n° 16.
13. Robaczewski, « Les sanctions pénales dans l'ordonnance du 18 décembre 2008 portant réforme du droit des entreprises en difficulté », *Gaz. Pal.* 8-10 mars 2009, n° sp. p. 61 s., sp. p. 62.
14. *Rapp. C. cass.*, 2006 – *Adde*, Matsopoulou, « Sauvegarde des entreprises : modifications réglementaires – Réflexions sur la faillite et l'interdiction de gérer », *D.* 2007. Chron. 104 s., sp. 108.
15. Ord. n° 2008-1345, 18 déc. 2008, préc.

cise l'article 142 de l'ordonnance de réforme, « dans les conditions prévues au premier alinéa de l'article L. 653-11 ». La juridiction répressive, qui prononce la faillite personnelle ou l'interdiction de gérer, devra donc respecter l'alinéa 1 de l'article L. 653-11 du code de commerce, qui oblige la juridiction à prévoir une durée de la mesure, qui ne pourra être supérieure à quinze ans [1].

Cette disposition, contenue à l'article 142 de l'ordonnance du 18 décembre 2008 doit être considérée comme interprétative, selon la vision énoncée dans le rapport au Président de la République sur l'ordonnance du 18 décembre 2008, qui fait état d'une actualisation « à droit constant des dispositions de droit pénal » [2].

> **Application du plafonnement dans le temps.** Le plafonnement de la sanction à quinze ans a vocation à s'appliquer au prononcé de la mesure de faillite personnelle ou d'interdiction de gérer, dans l'hypothèse d'une procédure collective ouverte antérieurement à l'entrée en application de la loi du 26 juillet 2005. En effet, par dérogation au principe d'inapplication de la loi nouvelle aux procédures en cours au jour de son entrée en vigueur, les dispositions relatives à la durée des mesures de faillite personnelle et d'interdiction de gérer s'appliquent immédiatement aux procédures en cours (L. 26 juill. 2005, art. 191).

Le plafonnement à quinze ans de la durée des mesures de faillite personnelle ou d'interdiction de gérer s'applique aux mesures de faillite personnelle ou d'interdiction de gérer prononcées antérieurement à la publication de la loi du 26 juillet 2005. En ce cas, le plafonnement s'applique aux déchéances et interdictions qui en résultent. La durée de ces déchéances et interdictions sera calculée à compter du jour où la décision qui les aura prononcées sera devenue définitive (L. 26 juill. 2005, art. 190), c'est-à-dire, selon la Cour de cassation, exécutoire [3]. Ainsi, dès que quinze années se seront écoulées depuis que la décision sera devenue définitive, c'est-à-dire exécutoire, la mesure prononcée cessera de plein droit. Ce plafonnement s'applique tant aux mesures de faillite personnelle et d'interdiction de gérer prononcée par la juridiction civile que par celles prononcées par la juridiction répressive à titre de peine complémentaire de la banqueroute [4]. Dès lors que la décision prononçant l'interdiction de gérer ou la faillite personnelle n'a pas acquis force de chose jugée au 1er janvier 2006, la décision prononçant une telle mesure pour une durée supérieure à quinze ans doit être annulée et remplacée par une décision limitant la durée de la mesure à quinze ans [5].

En outre, les mesures de faillite personnelle et d'interdiction de gérer, ainsi que les déchéances et interdictions qui en résultent, prononcées en application de la législation antérieure à la loi du 26 juillet 2005, prennent fin à la date de publication de la loi du 26 juillet 2005, c'est-à-dire le 27 juillet 2005, lorsque, à cette date, elles ont été prononcées plus de quinze années auparavant par une décision devenue définitive (L. 26 juill. 2005, art. 190, 2°). Si une décision rejetant une demande de relèvement ou de réhabilitation est rendue avant le 27 juillet 2005, l'écoulement de la durée de quinze ans au jour où doit statuer la juridiction saisie du recours rendra sans objet sa saisine. C'est ainsi que la Cour de cassation a jugé que le pourvoi est devenu sans objet lorsque, à la date du 27 juillet 2005, les mesures ont été prononcées plus de quinze années auparavant par une décision devenue définitive [6].

Toutefois, l'article 190 de la loi du 26 juillet 2005 a mis fin sans rétroactivité aux peines d'interdiction de gérer et de faillite personnelle prononcées plus de quinze ans avant sa date de publication. Il en résulte que la personne qui, au mépris de l'interdiction, a géré une société en qualité de dirigeant de fait peut être condamnée, même après la publication de la loi du 26 juillet 2005 dès lors que la commission des éléments constitutifs de l'infraction est antérieure à cette date et que les dispositions de l'article L. 627-4 du code de commerce, dans leur rédaction antérieure à la loi de sauvegarde des entreprises, ont été

1. Crim. 19 févr. 2014, n° 12-87.058, NP, *Dr. soc.* 201 comm. 110, note Salomon.
2. Rapport au président de la République sur l'ordonnanc n° 2008-1345 du 18 déc. 2008, *JO* 19 déc. 2008, Titre chap. V, ss art. 139 à 145.
3. Com. 23 mai 2006, n° 05-11.989, *Bull. civ.* IV, n° 125 *D.* 2006. AJ 1528, obs. Lienhard; Pan. 2256, obs. Lucas *Act. proc. coll.* 2006, n° 148, note Martineau-Bourgninaud *Gaz. proc. coll.* 2006/4, p. 38, note Montéran; *Bull. Joly* 2006. 1138, note Pétel; *Rev. proc. coll.* 2006/3, p. 258, n° 12, obs. Roussel Galle; *Rev. proc. coll.* 2007/3, p. 158, n° 2, obs. Mascala; *Dr. sociétés* 2007, n° 27, note Legros; *Rev. proc. coll.* 2007/2, p. 92, n° 18, obs. Barret.
4. Crim. 8 nov. 2006, n° 05-85.271, *Bull. crim.* n° 280; *D.* 2007. AJ 10, obs. Lienhard; Pan. 1630, obs. Mascala; *Gaz. proc. coll.* 2007/1, p. 47, note Robaczewski; *Act. proc. coll.* 2007, n° 31, note Cerf-Hollender; *JCP E* 2007. Chron. 1450, n° 16, obs. Pétel; *Rev. proc. coll.* 2007/1, p. 36, n° 32, obs. Roussel Galle; *Rev. proc. coll.* 2007/3, p. 158, n° 2, obs. Mascala; *Defrénois* 2007. 880, note Gibirila; *Rev. proc. coll.* 2007/2, p. 92, n° 18, obs. Barret; *Dr. sociétés* 2007, n° 17, note Salomon; *RTD com.* 2007. 466, n° 7, obs. Bouloc.
5. Crim. 8 nov. 2006, n° 05-85.271, préc. (v. ss prést n°).
6. Com. 29 nov. 2005, n° 04-17.972, *Bull. civ.* IV, n° 236; *D.* 2006. Pan. 2256, obs. Lucas; *Act. proc. coll.* 2005, n° 260, note Régnaut-Moutier; *Rev. sociétés* 2006. 186, note Roussel Galle; *Bull. Joly* 2006. 325, note Mascala; *JCP E* 2006, n° 1305, note Robert; *Rev. proc. coll.* 2007/2, p. 92, n° 18, obs. Barret.

reprises par l'article L. 654-15 du code de commerce issu de la rédaction que lui a donnée la loi de sauvegarde[1].

SECTION 911.90

RELÈVEMENT DES MESURES DE FAILLITE PERSONNELLE ET D'INTERDICTION DE GÉRER

911.91 Cas de relèvement des mesures d'élimination. La durée fixée par le tribunal est un maximum. Au terme de la durée, il y a cessation de plein droit des mesures d'interdiction sans qu'un jugement soit nécessaire[2].

Il est exclu que le tribunal revienne sur sa décision et décide de statuer à nouveau sur la mesure. Les règles du dessaisissement du juge (C. pr. civ., art. 481) y font obstacle[3].

> Sous l'empire de la législation antérieure à la loi de sauvegarde des entreprises[4]. La durée des mesures ne peut être réduite que dans deux séries d'hypothèses.

Il en est d'abord ainsi du cas où la clôture de la procédure intervient pour extinction du passif. En effet, le chef d'entreprise ou les dirigeants de la personne morale débitrice sont alors rétablis dans leurs droits (C. com., art. L. 625-10, al. 3).

Il en est ensuite ainsi dans l'hypothèse où l'intéressé demande le relèvement des mesures prononcées à la juridiction compétente, qui est celle ayant prononcé la mesure[5] (D. 27 déc. 1985[6], art. 171, réd. D. 21 oct. 1994[7]) et non pas nécessairement, comme avant le décret du 27 décembre 1985, dans sa rédaction d'origine, le tribunal de la faillite. La demande est présentée par requête à laquelle sont jointes les pièces justificatives de sa contribution au règlement du passif (D. 27 déc. 1985, art. 171).

L'intéressé doit avoir apporté une contribution suffisante au paiement des dettes souscrites (C. com., art. L. 625-10, al. 3), ce qui nous semble relever du pouvoir souverain d'appréciation des juges du fond[8]. Dans ce cadre, les sommes versées à des créanciers postérieurs éligibles au traitement préférentiel ne nous semblent pas devoir être prises en compte, puisque le paiement de ces créanciers demeure impératif. Seul doit être apprécié le paiement des créanciers que le débiteur n'a plus juridiquement l'obligation de payer, celui qui correspond à l'exécution d'une obligation naturelle, justifiée par la volonté d'être relevé de l'interdiction. Mais, il nous semble qu'il importe peu que les sommes versées aux créanciers le soient au marc le franc[9]. La contribution devra être effective. Il en résulte que le simple engagement de verser une somme consignée sur un compte est insuffisant[10]. De même, l'abandon par le dirigeant de son compte-courant ne constitue pas une contribution au paiement des dettes[11].

Il n'y aura pas davantage démonstration d'une contribution suffisante en cas de disparition de la dette par suite d'un dégrèvement émanant de l'administration fiscale[12].

Le texte ne distingue pas, lorsque la mesure est prononcée contre un dirigeant social, selon que le dirigeant a été ou non condamné à combler le passif[13]. D'ailleurs, le relèvement des sanctions de faillite personnelle ou d'interdiction de gérer ne peut autoriser la dispense de paiement du passif social mis à charge du dirigeant[14]. Le relèvement de la mesure ne pourra résulter d'une transaction entre le liquidateur et le dirigeant, réduisant le montant de la condamnation à payer le passif, en contrepartie d'un règlement immédiat, même si le contraire a pu être jugé[15], du fait de l'interdiction de transiger sur une condamnation à payer l'insuffisance d'actif (v. s[s] nº 922.53).

L'appréciation des juges du fond, qui doit être motivée, est souveraine[16]. Il n'est pas nécessaire que l'intéressé ait indemnisé totalement les créanciers[17]. L'appréciation n'est d'ailleurs pas purement quantitative. Elle peut tenir compte des possibilités contributives de l'intéressé et de la part prise dans la création du passif[18]. Elle doit cependant être significative, ce qui n'est pas le cas d'un versement mensuel de 250 francs pour un passif de 200 000 francs[19]. S'il est vrai qu'une appréciation différente doit être portée en fonction de la situation financière de

1. Crim. 19 sept. 2007, nº 07-82.653, *Bull. crim.* nº 219.
2. Paris, 3ᵉ ch. A, 26 oct. 2004, RG nº 04/6166.
3. Paris, 3ᵉ ch. A, 9 sept. 2003, RG nº 02/09334.
4. L. nº 2005-845, 26 juill. 2005, préc.
5. Douai, 2ᵉ ch., 16 déc. 1999, *Rev. proc. coll.* 2001, 51, nº 6, obs. Barret.
6. D. nº 85-1388, 27 déc. 1985, préc.
7. D. nº 94-910, 21 oct. 1994, *JO* 22 oct., p. 15019.
8. Delattre, « La procédure de réhabilitation des articles L. 653-11 et R. 653-4 du Code de commerce », *Rev. proc. coll.* 2011. Étude 19, nº 12.
9. SUR L'INTERROGATION : Delattre, « La procédure de réhabilitation des articles L. 653-11 et R. 653-4 du Code de commerce », *Rev. proc. coll.* 2011. Étude 19, nº 12.
10. Versailles, 11 sept. 1997, *D. affaires* 1997. 1329.
11. Paris, 3ᵉ ch. C, 16 mai 2003, *Dr. sociétés* 2004, nº 172, obs. Legros.
12. Dijon, 1ʳᵉ ch., 24 nov. 1998, *Rev. proc. coll.* 2000, 33, nº 4, obs. Bach.
13. Com. 24 mai 2005, nº 04-11.964, NP, *LXB* nº N5495AID, note Le Corre.
14. Paris, 3ᵉ ch. A, 26 oct. 2004, RG nº 04/6166.
15. Douai, 2ᵉ ch., 21 oct. 1999, *Rev. proc. coll.* 2001, p. 278, nº 13, obs. Barret.
16. Com. 29 mai 2001, nº 98-19.364, NP.
17. Douai, 2ᵉ ch., 15 févr. 2001, *BICC* 1ᵉʳ oct. 2001, nº 962.
18. Paris, 12 juin 1990, *D.* 1990. IR 1992.
19. Com. 3 nov. 1992, nº 90-19.545, *Bull. civ.* IV, nº 344.

l'intéressé, le seul fait que ce dernier n'ait aucun bien ne peut suffire à le relever de l'interdiction[1]. Si l'intéressé, dirigeant social, a été condamné à combler une partie du passif, l'exécution de cette décision pourra apparaître, en fonction des autres éléments du dossier, tantôt insuffisante[2], tantôt suffisante[3], pour entraîner le relèvement des sanctions. Il peut aussi être tenu compte de l'implication du dirigeant dans la création du passif social[4]. Les circonstances ayant entouré le prononcé des mesures d'interdiction et le fait que l'intéressé ait fait l'objet d'une condamnation pénale peuvent également constituer des éléments d'appréciation[5]. Il peut aussi être tenu compte de l'importance du passif payé par rapport au montant de la condamnation[6].

> **La loi du 26 juillet 2005** (C. com., art. L. 653-11, al. 2 à 5), par dérogation au principe de l'inapplication de la loi nouvelle aux procédures en cours au jour de son entrée en vigueur, s'appliquera immédiatement au relèvement des mesures de faillite personnelle et d'interdiction de gérer (L. 26 juill. 2005, art. 191)[7].

Elle ne modifie pas les conditions de relèvement de la faillite personnelle. Il est simplement précisé que le jugement de clôture pour extinction du passif rétablit les dirigeants de la personne morale dans tous leurs droits « y compris après l'exécution de l'obligation aux dettes sociales prononcée à son encontre » (C. com., art. L. 653-11, al. 2).

Du fait de l'abrogation de l'obligation aux dettes sociales, l'article 138 de l'ordonnance du 18 décembre 2008[8] est contraint de supprimer le visa du prononcé de l'obligation aux dettes sociales. En revanche, le nouveau texte précise, désormais, que le relèvement des mesures de faillite personnelle ou d'interdiction de gérer a lieu « y compris après exécution d'une condamnation prononcée à son encontre en application de l'article L. 651-2 ».

Le nouveau texte est également retouché par l'article 163, II de l'ordonnance du 18 décembre 2008, qui substitue à l'expression « chef d'entreprise » celle de « débiteur personne physique ».

Il était curieux que le texte ancien n'ait visé que l'hypothèse d'une condamnation à l'obligation aux dettes sociales, non celle d'une condamnation à combler l'insuffisance d'actif. L'occasion a été saisie par l'ordonnance du 18 décembre 2008.

Mais il faut immédiatement voir que la disposition est purement interprétative.

La loi du 26 juillet 2005 assouplit les conditions du relèvement de l'interdiction de gérer.

Il y aura d'abord identiquement place à relèvement en cas de contribution suffisante de l'intéressé au paiement du passif.

Le relèvement de l'interdiction de gérer peut aussi, de manière nouvelle pour les procédures ouvertes à compter du 1er janvier 2006, résulter du fait que l'intéressé « présente toutes garanties démontrant sa capacité à diriger ou contrôler une entreprise » (C. com., art. L. 653-11, al. 4). La loi LME du 4 août 2008[9] a rendu applicable aux procédures ouvertes avant le 1er janvier 2006 cette disposition (L. 4 août 2008, art. 77, II).

Ce cas de relèvement ne suppose pas que l'intéressé démontre qu'il a suffisamment contribué au paiement du passif[10]. Le caractère flou de ce cas de relèvement, qui ouvre une large place à l'appréciation de la juridiction, nous semble devoir correspondre à des hypothèses dans lesquelles l'interdiction a été prononcée pour des faits relevant de l'incompétence, non de la malhonnêteté. Dans la première série d'hypothèses, il peut être compris que l'intéressé, à la suite d'une formation, – on pense spécialement à une formation comptable et de gestion – ait, au jour où il présente sa demande de relèvement, une capacité à gérer une entreprise. La formation invoquée par le dirigeant doit, évidemment, avoir un rapport avec la direction et la gestion d'une entreprise[11] et avoir été suivie après la condamnation[12]. Il faut donner à la personne sanctionnée la possibilité de redémarrer. En revanche, si l'interdiction a été prononcée à la suite d'un comportement malhonnête, on voit mal où se trouverait la capacité nouvelle de l'intéressé à gérer une entreprise. En

1. Douai, 2e ch., 2e sect., 19 mai 2011, RG no 11/181, cité in Delattre, « La procédure de réhabilitation des articles L. 653-11 et R. 653-4 du Code de commerce », *Rev. proc. coll.* 2011. Étude 19.
2. AINSI : Douai, 2e ch., 26 janv. 1995, cité par SOINNE, no 9971-1 – Douai, 2e ch., 2e sect., 19 avr. 2012, *JCP E* 2012, no 1634, note Delattre – *Adde*, EN CE SENS : SOINNE, no 2710.
3. Paris, pôle 5, 9e ch., 3 févr. 2011, RG no 09/28413, *Dr. sociétés* 2011, no 137, note Legros; *JCP E* 2011, no 158, note Legros; *Rev. proc. coll.* 2012, no 104, note Martin-Serf.
4. Paris, 12 juin 1990, *RJ com.* 1991. 181, note Marchi *Adde*, JACQUEMONT, 7e éd. 2011, no 1087.
5. Douai, 2e ch., 2e sect., 16 sept. 2008, *JCP E* 2008, no 2474 note Delattre – *Adde*, JACQUEMONT, 7e éd., 2011, no 1087.
6. AINSI : Douai, 2e ch., 2e sect., 19 avr. 2012, préc. (v. ss prést no).
7. Com. 12 juill. 2011, no 10-21.882, *Bull. civ.* IV, no 117; *D.* 2012. Actu. 2011, obs. Lienhard; *Gaz. Pal.* 7 oct. 2011, no 280, p. 38, note Montéran; *Rev. sociétés* 2011. 525, note Roussel Galle; *Rev. proc. coll.* 2011, no 204, note Martin-Serf.
8. Ord. no 2008-1345, 18 déc. 2008, préc.
9. L. no 2008-776, 4 août 2008, préc.
10. Gibirila, « Les responsabilités et les sanctions du dirigeant dans la loi de sauvegarde des entreprises », *Defrénois* 2006. 989, no 38412, sp. 1019.
11. Grenoble, ch. com., 6 janv. 2011, RG no 10/02747, *Dr. sociétés* 2011, no 178, note Legros; *Rev. proc. coll.* 2012, no 104, note Martin-Serf.
12. Grenoble, ch. com., 6 janv. 2011, RG no 10/02747, préc.

outre, la récidive devrait rendre difficile, sinon impossible, la possibilité de relever l'intéressé des mesures prononcées[1]. Si l'interdit de gérer fonde sa demande de relèvement sur cette disposition, il devra, en application de l'article R. 653-4 alinéa 1 du code de commerce, produire les documents attestant de cette garantie de compétence nouvelle. Il pourra s'agir, précise cette disposition, d'une attestation relative au fait que l'intéressé a suivi une formation professionnelle reconnue suivie d'une validation des acquis.

La demande en relevé des déchéances et incapacités doit être adressée par requête à la juridiction qui a prononcé la mesure de faillite personnelle ou d'interdiction de gérer (D. 27 déc. 1985, art. 171, al. 1 – C. com., art. R. 653-4, al. 1). Il pourra donc s'agir du tribunal ou de la cour d'appel. Sont joints à la demande tous documents justifiant de la contribution au paiement du passif (D. 27 déc. 1985, art. 171, al. 1 – C. com., art. R. 653-4, al. 1).

911.92 Modalités procédurales du relèvement des mesures d'élimination. La juridiction statuera sur le relèvement des déchéances après avoir entendu en chambre du conseil le demandeur (D. 27 déc. 1985[2], art. 171, al. 2 – C. com., art. R. 653-4, al. 2 [anc^t D. 28 déc. 2005[3], art. 326, al. 2]). La législation antérieure à loi de sauvegarde prévoit une audition en chambre du conseil et un jugement rendu en audience publique (D. 27 déc. 1985, art. 171, al. 2). La loi de sauvegarde des entreprises prévoit (C. com., art. L. 662-3, al. 2) que, par dérogation aux dispositions du premier alinéa, les débats relatifs aux mesures prises en application des chapitres Ier, II et III du titre V ont lieu en audience publique. Le président du tribunal peut décider qu'ils ont lieu en chambre du conseil, si le débiteur – ou le dirigeant (ord. 18 déc. 2008[4], art. 156, modifiant C. com., art. L. 662-3) – le demande avant leur ouverture. Cette disposition s'impose en conséquence aux mesures de relèvement.

Alors que sous l'empire de la législation antérieure à la loi de sauvegarde, le ministère public doit être entendu (D. 27 déc. 1985, art. 171, al. 2), sous l'empire de la législation issue de la loi de sauvegarde, il suffit que l'avis du ministère public soit recueilli (C. com., art. R. 653-4, al. 2).

L'article 702-1 du code de procédure pénale envisage aussi le relèvement des déchéances prononcées par la juridiction répressive. La demande ne pourra être présentée à la juridiction répressive, moins de six mois après le prononcé de la mesure et, si elle est refusée, de nouvelles demandes ne pourront être présentées moins de six mois après une décision de refus (al. 4). Le relèvement ne sera accordé que si l'intéressé a apporté une contribution suffisante au règlement du passif du débiteur, dans les mêmes conditions que pour les sanctions prononcées par la juridiction civile. Le relèvement résultera du seul fait que le tribunal correctionnel acceptera l'exclusion de l'inscription de la condamnation au bulletin n° 2 du casier judiciaire[5].

Le tribunal peut relever totalement ou partiellement[6] l'intéressé des déchéances encourues.

La décision du tribunal qui relève totalement des déchéances et interdictions emporte réhabilitation, tant sous l'empire de la législation antérieure à la loi du 26 juillet 2005[7], que sous l'empire de la loi du 26 juillet 2005 (C. com., art. L. 653-11, al. 5).

La décision du tribunal, qui refuse le relèvement des mesures de faillite personnelle ou d'interdiction de gérer, semble, conformément au droit commun, susceptible d'appel. S'agissant d'une question née de la faillite, le délai d'appel de dix jours, qui court à compter de la notification de la décision doit être respecté[8], dès lors du moins, à notre sens, que la procédure collective n'a pas encore été clôturée. Dans le cas contraire, le délai de droit commun de l'appel semble s'imposer.

1. *Rapp. Xavier de Roux*, n° 2095, p. 442.
2. D. n° 85-1388, 27 déc. 1985, préc.
3. D. n° 2005-1677, 28 déc. 2005, préc.
4. Ord. n° 2008-1345, 18 déc. 2008, préc.
5. Douai, 2e ch., 23 sept. 1999, *Rev. proc. coll.* 2001, p. 278, n° 13, obs. Barret.
6. AINSI : Paris, 3e ch. A, 12 juin 1990, *D.* 1990. IR 192.
7. L. n° 2005-845, 26 juill. 2005, préc.
8. VALLENS, 2015, n° 4720.

CHAPITRE

912. Règles propres à la faillite personnelle

SECTION 0
ORIENTEUR

912.00 **Plan du chapitre.**

Sect. 912.10 Cas de prononcé de la faillite personnelle intéressant indistinctement les débiteurs personnes physiques et les dirigeants de personnes morales débitrices

Sect. 912.20 Cas de prononcé de la faillite personnelle intéressant exclusivement les dirigeants de personnes morales débitrices

Sect. 912.30 Prononcé de la faillite personnelle par la juridiction répressive

Sect. 912.40 Effets de la faillite personnelle

Sect. 912.50 Sanctions de l'exercice d'une activité en dépit de la mesure de faillite personnelle

912.01 **Textes applicables.**

> Législation issue de la loi de sauvegarde des entreprises. C. com., art. L. 653-2 à L. 653-6, L. 653-9, L. 653-10, L. 654-6, L. 654-15

> Législation issue de l'ordonnance du 18 décembre 2008. C. com., art. L. 653-2 à L. 653-6, L. 653-9, L. 653-10, L. 654-6, L. 654-15

> Législation issue de l'ordonnance du 12 mars 2014. C. com., art. L. 653-5

912.02 **Jurisprudence de référence.**

> Même si le débiteur a été assigné par un créancier aux fins d'ouverture de la procédure, il n'est pas dispensé de respecter le délai qui lui est imparti pour déposer le bilan.

• Com. 19 janv. 1999, n° 96-16.635, *Bull. civ.* IV, n° 19

* V. s^s n° 912.18

« Mais attendu que le débiteur, qui est tenu de demander l'ouverture de la procédure de redressement judiciaire au plus tard dans les 15 jours qui suivent la cessation des paiements, n'en est pas dispensé par la délivrance d'une assignation à cette fin par un créancier;

Attendu qu'après avoir relevé que l'Urssaf avait assigné la société M... le 19 novembre 1992 en redressement judiciaire, que la procédure avait été ouverte le 20 octobre 1993 et que la date de cessation des paiements avait été fixée à la date de cette assignation, l'arrêt retient que Mme S... n'a pas déclaré l'état de cessation des paiements de ladite société; qu'en l'état de ces constatations, la cour d'appel n'a fait qu'user des pouvoirs qu'elle tient des articles 188 et 189, 5° de la loi du 25 janvier 1985 [devenus C. com., art. L. 625-4 et L. 625-5, 5°], en prononçant, à l'égard de Mme S... une mesure de faillite personnelle. »

> L'inéligibilité aux fonctions publiques électives en cas de faillite personnelle est contraire à la Constitution.

• Cons. const. 15 mars 1999, n° 99-410 DC

* V. s^s n° 912.42

« En instituant une incapacité d'exercer une fonction publique élective d'une durée en principe au moins égale à cinq ans, applicable de plein droit à toute personne physique à l'égard de laquelle a été prononcée la faillite personnelle, l'interdiction prévue par l'article 192 de la loi n° 85-98 du 25 janvier 1985 ou la liquidation judiciaire, sans que le juge qui décide de ces mesures ait à prononcer expressément ladite incapacité, l'article 194 de cette loi méconnaît le principe de nécessité des peines. »

> Le failli interdit de diriger une personne morale ne peut valablement représenter celle-ci en justice.

• Com. 27 janv. 1998, n° 95-20.585, *Bull. civ.* IV, n° 47

* V. s^s n° 912.52

Une personne qui est frappée de l'interdiction de gérer une société prévue par l'article 6 du décret-loi du 8 août 1935 n'a pas qualité pour agir en justice au nom de cette société.

912.03 **Bibliographie indicative.** (V. les références complètes s^s n° 031 – Aussi s^s n°s 900.03, 910.03).

> Articles. Cabrillac M., « La vente de ses parts ou actions imposée au dirigeant social en faillite personnelle », *Mél. Jauffret*, Lgdj, 1974, p. 163– Lienhard A., « Aubaine pour le dirigeant condamné », *Mél. Robert*, LexisNexis, 2012, p. 431 s.

912.04 Questions essentielles.

• Le seul fait de ne pas déclarer son état de cessation des paiements dans les délais légaux suffit-il au prononcé de la faillite personnelle ?

* V. s[s] n° 912.18.

• Le simple administrateur d'une société anonyme peut-il se voir reprocher de ne pas avoir déclaré l'état de cessation des paiements ?

* V. s[s] n° 912.18.

• Y a-t-il une sanction pénale attachée à la violation de l'interdiction résultant de la faillite personnelle ?

* V. s[s] n° 912.51.

• Le failli devient-il incapable ?

* V. s[s] n° 912.52.

912.09 Généralités – Respect des cas visés par la législation. Les cas de faillite personnelle sont limitativement prévus par le code de commerce. Ils sont précis. Il n'apparaît donc pas possible de fonder une condamnation à la faillite personnelle[1] ou une interdiction de gérer[2] sur une faute de gestion, cas non prévu par le code de commerce, et cela même si la plupart des cas de faillite personnelle constituent des fautes de gestion. De même, il n'est pas possible de prononcer une mesure de faillite personnelle, alors que la faute reprochée ne permet que le prononcé de l'interdiction de gérer[3].

Ainsi, ne constitue pas, par exemple, un cas de faillite personnelle, l'incurie du dirigeant[4]. De même, *de lege lata*, ne constitue pas un cas de faillite personnelle, la poursuite d'activité en liquidation judiciaire au mépris du rejet de la demande de poursuite provisoire d'activité[5]. De *lege ferenda*, la solution serait sans doute heureuse, au regard des risques encourus par les partenaires contractuels.

Si une condamnation à combler le passif est intervenue, il ne suffit pas, pour caractériser un cas de faillite personnelle, de se prévaloir de ce que le fait constitutif de faillite personnelle ou d'interdiction de gérer a été retenu comme faute de gestion justifiant le comblement de passif, car les demandes ayant un fondement différent, la faute de gestion retenue dans le cadre de l'action en comblement de passif ne peut permettre le jeu de l'autorité de la chose jugée dans le cadre de la faillite personnelle ou de l'interdiction de gérer. Il appartient en conséquence à la juridiction de caractériser, dans le cadre de l'action en sanction civile non pécuniaire, le cas justifiant la sanction. La solution a été posée à propos de l'absence de tenue d'une comptabilité conforme[6].

A fortiori, la juridiction qui prononce le comblement du passif ne peut se contenter de prendre appui sur ce prononcé pour condamner à la faillite personnelle ou à l'interdiction de gérer sans préciser le cas qui justifie la sanction personnelle retenue[7].

L'ordonnance du 9 décembre 2010[8] adapte à l'**EIRL** les cas classiques de faillite personnelle, étant entendu qu'en substitut, pourra être prononcée l'interdiction de gérer.

SECTION 912.10

CAS DE PRONONCÉ DE LA FAILLITE PERSONNELLE INTÉRESSANT INDISTINCTEMENT LES DÉBITEURS PERSONNES PHYSIQUES ET LES DIRIGEANTS DE PERSONNES MORALES DÉBITRICES

912.11 Avoir poursuivi abusivement une exploitation déficitaire qui ne pouvait conduire qu'à la cessation des paiements. Ce cas est envisagé pour les débiteurs personnes physiques par l'article L. 625-3, 1° du code de commerce (anc[t] L. 25 janv. 1985[9], art. 187, 1). Pour les dirigeants, l'article L. 625-4 du code de commerce (anc[t] L. 25 janv. 1985, art. 188) procède par renvoi aux cas de redressement ou de liquidation judiciaires à titre personnel énoncés par l'article L. 624-5 du même code (anc[t] L. 25 janv. 1985, art. 182). Plus spécialement, ce cas est envisagé par le 4° de cette dernière disposition.

Il résulte de cette législation par renvoi une différence importante. En effet, alors que l'intérêt personnel dans la poursuite d'exploitation déficitaire n'est pas exigé pour les débiteurs personnes physiques (C. com., art. L. 625-3, 1°), il est indispensable pour sanctionner le dirigeant de la personne morale débitrice[10]. Il devra donc être caractérisé par le demandeur à l'action[11]. Les juges du fond ne peuvent se contenter de relever que l'intéressé n'a pas déclaré l'état de cessation des paiements dans les délais et qu'il y a bien eu poursuite abusive d'exploitation déficitaire entraînant l'augmentation du passif[12], sans se préoccuper de l'intérêt personnel du dirigeant. Le dirigeant peut échapper à la condamnation si la société était en sommeil, puisque, dans

1. Com. 13 mai 2003, n° 99-11.969, NP, *RTD com.* 2004. 607, n° 11, obs. Mascala – Caen, 1re ch. sect. civ. et com., 10 nov. 2010, *Dr. sociétés* 2011, n° 116, note Legros.
2. Com. 3 mai 2006, n° 04-20.526, NP; n° 546 F-D; *Gaz proc. coll.* 2006/3, p. 50, obs. Montéran – Caen, 1re ch, sect. civ. et com., 19 nov. 2010, RG n° 10/10823, *Act. proc. coll.* 2011, n° 59.
3. Com. 12 janv. 2010, n° 08-19.787, NP; n° 26 F-D.
4. Caen, 1re ch. sect. civ. et com., 10 nov. 2010, *Dr. sociétés* 2011, n° 116, note Legros.
5. Com. 22 sept. 2009, n° 08-14.883, NP; n° 798 F-D.
6. Com. 3 mai 2006, n° 04-20.526, préc.
7. Com. 17 févr. 2015, n° 13-28.778, NP; n° 187 F-D.
8. Ord. n° 2010-1512, 9 déc. 2010, *JO* 10 déc., p. 21617.
9. L. n° 85-98, 25 janv. 1985, *JO* 26 janv., p. 1097.
10. Com. 3 mai 2011, n° 10-16.709, NP; n° 438 F-D; *Dr. sociétés* 2012, n° 31, note Legros – Com. 4 nov. 2014, n° 13-20.652, NP; n° 949 F-D – Paris, 3e ch. A, 13 juin 1989, *D.* 1989. IR 211.
11. Com. 19 mars 2002, n° 99-15.912, NP, *Act. proc. coll.* 2002, n° 129 – Com. 2 déc. 2014, n° 13-19.144, NP; n° 1062 F-D; *Dr. sociétés* 2015, comm. 116, note Legros.
12. Com. 5 avr. 2011, n° 09-70.231, NP; n° 345 F-D; *Dr. sociétés* 2011, n° 117, note Legros.

ce cas, l'activité n'est pas poursuivie dans l'intérêt du dirigeant[1]. L'intérêt personnel dans la poursuite d'une exploitation déficitaire sera caractérisé de la même façon qu'en cas de redressement ou de liquidation judiciaire à titre personnel (v. s[s] n° 923.53). Cette précision est évidemment inutile lorsque l'intéressé est le débiteur lui-même, car *a priori* la poursuite d'exploitation est faite dans son intérêt.

La décision qui fixe la date de cessation des paiements retenue pour l'ouverture de la procédure collective, ou même dans le cadre d'une remontée de date de cessation des paiements, n'est pas, sous l'empire de la législation antérieure à la loi de sauvegarde des entreprises[2], couverte par l'autorité de la chose jugée dans le cadre de la poursuite d'une mesure de faillite personnelle ou d'interdiction de gérer. Il résulte de cette autonomie la possibilité de condamner à la faillite personnelle ou à l'interdiction de gérer sur le fondement d'une poursuite abusive d'exploitation déficitaire en fixant la cessation des paiements antérieurement à une décision qui avait refusé l'ouverture de la procédure pour absence de caractérisation de l'état de cessation des paiements[3]. Indiquons que la solution a été modifiée par la loi de sauvegarde des entreprises (v. s[s] n° 222.22).

La **loi de sauvegarde des entreprises** reprend ce cas, qui a vocation à s'appliquer à toutes les personnes pouvant être frappées de la faillite personnelle (C. com., art. L. 653-3, 1°). Ce texte vise le fait d'« avoir poursuivi abusivement une exploitation déficitaire qui ne pouvait conduire qu'à la cessation des paiements ». Il semble cependant, compte tenu de l'article L. 653-4 du code aux termes duquel « le tribunal peut prononcer la faillite personnelle de tout dirigeant de droit ou de fait, d'une personne morale, qui a commis l'une des fautes mentionnées à l'article L. 652-1 » que, en présence d'un dirigeant social, l'intérêt personnel dans la poursuite d'activité soit exigé, car selon l'article L. 652-1, 4° du code, texte intéressant l'obligation aux dettes sociales, l'intérêt personnel est nécessaire. Au contraire, s'agissant d'un débiteur personne physique, cette exigence n'est pas posée. La discussion n'existe plus depuis l'ordonnance du 18 décembre 2008[4] qui a supprimé l'obligation aux dettes sociales et réécrit en conséquence l'article L. 653-3, I en énonçant les cas, sans renvoyer à l'article L. 652-1, texte qui régissait l'obligation aux dettes sociales.

Le caractère déficitaire de la poursuite d'activité pourra résulter du fait que le principal débiteur de la société débitrice se trouve dans l'incapacité de payer ses dettes, du fait de son placement en liquidation judiciaire, ce qui entraîne, par voie de conséquence, pour la société, une situation d'impossibilité de faire face à ses dettes[5].

Il y a poursuite abusive d'exploitation déficitaire lorsque le dirigeant d'une société, qui n'a plus d'activité, continue à percevoir de cette société une rémunération, tout en fondant une société concurrente[6] ou continue à percevoir pendant dix-huit mois, la même rémunération, importante au demeurant, malgré les pertes[7].

En punissant de la faillite personnelle la poursuite abusive de l'exploitation déficitaire, le législateur espère, d'une part, des dépôts de bilan plus précoces, pour permettre le redressement de l'entreprise, mais aussi, d'autre part, l'absence d'accroissement du passif autorisant un paiement plus important des créanciers[8].

912.12 Cas relatifs à la comptabilité.

> LÉGISLATION ANTÉRIEURE À LA LOI DE SAUVEGARDE DES ENTREPRISES[9]. AVOIR OMIS DE TENIR UNE COMPTABILITÉ CONFORMÉMENT AUX DISPOSITIONS LÉGALES OU AVOIR FAIT DISPARAÎTRE TOUT OU PARTIE DE LA COMPTABILITÉ. Ces cas, qui sont constitutifs de banqueroute (C. com., art. L. 626-2 [anc[t] L. 25 janv. 1985, art. 197, 4° et 5°]) sont posés par l'article L. 625-3 du code de commerce (anc[t] L. 25 janv. 1985[10], art. 187, 2), pour les débiteurs personnes physiques, et par l'article L. 625-4 du même code (anc[t] L. 25 janv. 1985, art. 188) qui procède par renvoi aux dispositions de l'article L. 624-5 (anc[t] L. 25 janv. 1985, art. 182), pour les dirigeants de personnes morales. En l'occurrence, il s'agit du 5° et du 7° de cette dernière disposition. Il convient de remarquer que les cas de faillite personnelle, relatifs à la tenue de la comptabilité, ne sont pas identiques pour les débiteurs personnes physiques et pour les dirigeants de personnes morales débitrices.

Pour les premiers, la tenue d'une comptabilité fictive n'est pas visée, alors qu'elle l'est pour les seconds.

Depuis la loi du 10 juin 1994[11], les dirigeants peuvent se voir appliquer la faillite personnelle en

1. Paris, 3e ch. A, 5 févr. 2008, *Dr. sociétés* 2008, n° 205, note Legros.
2. L. n° 2005-845, 26 juill. 2005, *JO* 27 juill., p. 12187.
3. Com. 10 mars 2009, n° 07-11.581, NP; n° 206 F-D; *Dr. sociétés* 2009, n° 166, note Legros.
4. Ord. n° 2008-1345, 18 déc. 2008, *JO* 19 déc., p. 19462.
5. Com. 28 janv. 2004, n° 01-11.711, NP.
6. Colmar, 1re ch. civ., sect. A, 25 oct. 2011, RG n° 11/30529; *Rev. proc. coll.* 2013, comm. 89, note Martin-Serf.
7. Versailles, 13e ch., 4 oct. 2012, RG n° 12/02037, *Rev. proc. coll.* 2013, comm. 90, note Martin-Serf.
8. GUYON, n° 1409.
9. L. n° 2005-845, 26 juill. 2005, préc.
10. L. n° 85-98, 25 janv. 1985, préc.
11. L. n° 94-475, 10 juin 1994, *JO* 11 juin, p. 8440.

cas de comptabilité manifestement incomplète ou irrégulière (C. com., art. L. 624-5, 7°, auquel renvoie l'article L. 625-4), alors que ce cas n'existe pas pour les personnes physiques. Il s'agit, par là, d'exiger plus, en matière de comptabilité, du dirigeant d'une personne morale que d'un débiteur personne physique. La solution était inapplicable lorsque la procédure avait été ouverte sous l'empire de la loi du 25 janvier 1985 non réformée[1]. En présence d'une direction collégiale, seul le président du conseil d'administration ou du directoire peut se voir reprocher le fait, les autres n'ayant pas la responsabilité de la mise en place de la comptabilité[2]. Depuis la loi NRE, le directeur général peut être sanctionné alors que le président du conseil d'administration ne devrait plus l'être, s'il ne cumule pas cette fonction avec celle de directeur général. En revanche, dirigeant de droit et dirigeant de fait peuvent encourir ce reproche[3].

Ce cas sera constitué, par exemple, lorsque l'intéressé aura omis de passer certaines écritures comptables[4], notamment des recettes[5], lorsque la comptabilité présente des comptes d'attente de montants importants sans justification[6], un poste « frais pour compte » non identifiable[7], un poste « autres créances » non identifiées et non provisionnées alors qu'il s'agissait de créances douteuses[8], ou encore un poste « créances rattachées à des participations » inexistantes[9]. Il en est de même lorsque certaines écritures comptables relatives aux comptes courants d'associés ne sont justifiées par aucun mouvement de fonds correspondant[10], que celles relatives au paiement de factures entre sociétés du même groupe ne sont justifiées par aucune prestation[11]. Le caractère irrégulier de la comptabilité pourra tenir à des artifices comptables ayant eu pour objet et pour effet de donner une meilleure image des comptes sociaux, en majorant artificiellement le poste compte clients et le chiffre d'affaires[12]. Le caractère incomplet de la comptabilité, qui emporte comptabilité non conforme aux dispositions légales[13], pourra tenir à l'inexistence du livre d'inventaire[14]. Une comptabilité qui ne permet pas de justifier d'une partie importante du passif de l'entreprise doit être considérée comme manifestement incomplète ou irrégulière. Il en est ainsi en présence du constat de douze comptes d'attente relatifs pour l'essentiel à des opérations passées avec des sociétés satellites dont le solde débiteur était important, puis de la réintégration, par l'administration fiscale, dans les résultats de la société, du solde créditeur d'un compte d'associé pour une somme importante[15].

Pour les débiteurs personnes physiques, seule la non tenue d'une comptabilité conforme ou le fait de faire disparaître la comptabilité est source de faillite personnelle. La tenue d'une comptabilité manifestement irrégulière ou incomplète n'est pas un cas de faillite personnelle.

La non remise de la comptabilité au mandataire de justice n'est pas constitutive du cas de faillite personnelle, puisqu'elle n'équivaut pas, en elle-même, à la non tenue de la comptabilité[16]. La non remise de la comptabilité a cependant été analysée comme valant présomption de non tenue de comptabilité régulière, justifiant le prononcé de la sanction[17]. La solution s'impose spécialement si, en dépit d'une, voire de plusieurs mises en demeure, la comptabilité n'a pas été remise au mandataire qui en a fait la demande[18]. Il en ira de même du simple fait, pour l'intéressé, de ne pas contester la non remise de pièces comptables au mandataire[19]. Cette présomption de non tenue de la comptabilité pourrait cependant être combattue par l'attestation versée aux débats d'une société d'archivage établissant que des documents comptables lui ont été remis[20].

Compte tenu de la solution retenue en la matière par la Cour de cassation, la remise tardive de la comptabilité aux mandataires de justice sera insuffisante au prononcé de la mesure[21]. La remise de la

1. Com. 29 mai 2001, nº 98-19.364, NP.
2. Paris, 3e ch. B, 23 mai 2003, RG nº 01/17165.
3. Com. 3 oct. 2006, nº 05-15.150, NP, *Act. proc. coll.* 2006, nº 239, note Vallansan – Paris, 3e ch. B, 16 févr. 2006, RG nº 05/8052.
4. Paris, 3e ch. A, 6 juill. 2004, RG nº 03/22145.
5. Paris, 3e ch. B, 15 sept. 2005, RG nº 04/13933.
6. Paris, 3e ch. A, 23 mai 2006, RG nº 05/05229.
7. Paris, 3e ch. A, 23 mai 2006, RG nº 05/05229.
8. Paris, 3e ch. A, 23 mai 2006, RG nº 05/05229.
9. Paris, 3e ch. A, 23 mai 2006, RG nº 05/05229.
10. Com. 11 juill. 2006, nº 05-14.890, NP; nº 894 F-D.
11. Com. 11 juill. 2006, nº 05-14.890, NP; nº 894 F-D.
12. Com. 10 mai 2012, nº 10-28.689, NP; nº 502 F-D.
13. Com. 6 oct. 2009, nº 08-10.681, NP; nº 872 F-D.
14. Paris, 3e ch. A, 27 juin 2006, RG nº 05/24729.
15. Com. 13 mai 2014, nº 13-15.898, NP; nº 462 F-D.
16. Com. 3 déc. 2003, nº 02-14.060, NP; nº 1692 F-D; *Rev. proc. coll.* 2005/2, p. 159, nº 16, obs. Barret – Com. 27 févr. 2007, nº 05-21.795, *Bull. civ.* IV, nº 70; *D.* 2007. AJ 1021, obs. Lienhard; *Dr. sociétés* 2007, nº 133, note Legros; *JCP E* 2007, nº 2401, note Delattre – Com. 22 sept. 2009, nº 08-14.885, NP; nº 798 F-D – Paris, 3e ch. A, 19 sept. 2006, RG nº 05/21493.
17. Com. 16 sept. 2014, nº 13-10.514, NP; nº 724 F-D; *BJE* 2014, 379, note Lasserre Capdeville; *Rev. proc. coll.* 2015, comm. 68, note Martin-Serf; *Dr. sociétés* 2015, comm. 74, note Legros – Paris, 3e ch., 9 juin 1998, *Rev. proc. coll.* 1999, 236, nº 3, obs. Bach – Paris, 3e ch. B, 7 mars 2003, RG nº 02/12683.
18. Com. 3 déc. 2003, nº 00-18.916, NP.
19. Com. 13 mai 2003, nº 99-11.969, NP – Com. 3 déc. 2003, nº 01-01.863, NP.
20. Paris, 3e ch. B, 20 nov. 1998, *Rev. proc. coll.* 1999, 236, nº 3, obs. Bach.
21. Paris, 3e ch., 29 janv. 1999, *Rev. proc. coll.* 1999, 236, nº 3, obs. Bach.

comptabilité à l'audience a été jugée suffisante pour écarter le grief[1], alors que la sanction a été appliquée dans le cas d'une remise de la comptabilité intervenue après l'audience des plaidoiries[2].

Des tentatives d'exonération sont souvent entreprises. Il est ainsi énoncé que la charge de la comptabilité avait été transférée sur un associé. L'argument est évidemment inopérant[3], la comptabilité étant de la compétence du dirigeant de droit, peu important en conséquence qu'elle ait été mise à la charge d'un dirigeant de fait. Il en va différemment en cas de changement de dirigeant, si l'ancien dirigeant a tardé à remettre à son successeur, qui ne pourra être sanctionné, les documents comptables[4]. Il est encore soutenu que la comptabilité était tenue, mais que des défaillances informatiques font obstacle à sa présentation. Cet argument peut être retenu si la preuve des allégations est rapportée. Aussi apparaît sévère la décision condamnant l'intéressé, alors que la comptabilité avait été perdue par suite de la mise en place d'un système informatique défectueux[5]. Un autre argument fréquemment avancé tient au fait que la comptabilité n'a pas été établie par l'expert-comptable. La distinction semble devoir être faite selon que l'expert-comptable est ou non en faute de ne pas l'avoir établie. Il le sera, s'il a été payé de ses diligences, mais qu'il ne les a pas accomplies. Le reproche semble alors ne pas pouvoir peser sur le débiteur ou le dirigeant[6]. L'expert-comptable ne sera pas fautif s'il n'a pas été payé. Il y a alors faute du débiteur ou du dirigeant justifiant le prononcé de la faillite personnelle[7]. Il en est de même si l'intéressé n'a pas remis au comptable les pièces nécessaires à l'établissement de la comptabilité[8]. Le dirigeant poursuivi ne peut s'exonérer en régularisant la situation[9].

La **non-tenue d'une comptabilité conforme** n'ouvrira droit à sanction que si la tenue d'une comptabilité est exigée, ce qui n'est pas le cas pour les personnes physiques agriculteurs[10]. La loi du 26 juillet 2005, de manière interprétative, prévoit d'ailleurs explicitement que la non-tenue d'une comptabilité n'est passible de faillite personnelle que lorsque les textes applicables en font obligation (C. com., art. L. 653-5, 8°). En outre, il ne peut être reproché au dirigeant d'une société de ne pas avoir présenté ses comptes annuels avant la fin du premier exercice comptable (C. com., art. L. 123-12, al. 3), dès lorsqu'à cette date, l'intéressé avait cessé ses fonctions directoriales[11].

Bien que le texte vise la non tenue d'une comptabilité conforme, la Cour de cassation a estimé que le caractère par trop incomplet de la comptabilité la rendait non conforme[12]. En outre, l'existence de pièces permettant de reconstituer la comptabilité n'équivaut pas à celle-ci[13], puisqu'elle ne permet pas, à elle seule, d'établir la réalité comptable de l'entreprise. Ainsi la sanction est applicable au dirigeant n'ayant remis au mandataire de justice que les factures, grand livre et balance[14], ou seulement les factures et les pièces de caisse, peu important l'attestation du comptable selon laquelle la comptabilité a été tenue, dès lors qu'elle n'est pas produite au juge[15]. La sanction s'applique identiquement si le débiteur est dans l'incapacité de remettre les livres légaux[16]. De même, la remise des bilans sera insuffisante, si les pièces comptables ayant permis son établissement ne sont pas communiquées[17].

Si le reproche formulé est celui de la non-tenue d'une comptabilité conforme, et non l'abstention de tenue de la comptabilité, la charge de la preuve de la non-conformité de la comptabilité incombe au demandeur à l'action. En cas de saisine d'office, il s'agissait de l'autorité judiciaire[18]. Le problème ne se pose plus depuis la suppression de la saisine d'office aux fins de prononcé de la faillite personnelle.

Le caractère incomplet de la comptabilité était jugé, avant la loi du 10 juin 1994, insuffisant[19], sauf à permettre le constat d'une comptabilité irré-

1. Paris, 3e ch. B, 9 avr. 2004, RG n° 03/14513.
2. Paris, 3e ch. C, 2 juill. 2003, RG n° 03/03277.
3. Com. 11 juin 2003, n° 00-17.603, NP.
4. Paris, 3e ch. A, 20 janv. 2004, RG n° 03/05243.
5. Douai, 2e ch., 28 mai 1998, *Rev. proc. coll.* 2000, 67 n° 2, obs. Bach.
6. *Aix-en-Provence, 8e ch. A, 3 sept. 1998, Rev. proc. coll.* 2000, 67, n° 2, obs. Bach.
7. Amiens, 4e ch., 19 nov. 1998, *Rev. proc. coll.* 2000, 230, n° 3, obs. Bach – Poitiers, 2e ch. civ., 13 juin 2006, RG n° 04/1964, *Rev. proc. coll.* 2007/2, p. 94, n° 22, obs. Barret.
8. Paris, 3e ch. A, 17 mai 2005, RG n° 04/14276 – Paris, 3e ch. A, 17 janv. 2006, RG n° 05/7359.
9. Douai, 2e ch. 1re sect., 7 janv. 2015, RG n° 13/07262, *Rev. proc. coll.* 2015, Alertes 13, obs. Delattre; *JCP E* 2015. 1291, note Delattre.
10. Com. 1er déc. 2009, n° 08-17.187, *Bull. civ.* IV, n° 155; *D.* 2010. AJ 7, obs. Lienhard; *Gaz. Pal.* 16-17 avr. 2010, nos 106, 107, p. 46, note Montéran; *Act. proc. coll.* 2010, n° 31, note Vallansan; *RJDA* 2010/3, p. 211, note Gibirila; *JCP* 2009, n° 564, note Mastrullo; *JCP* 2010, n° 55, note Roussel Galle; *JCP E* 2010, n° 1115, note Lebel; *JCP E* 2010. Chron. 1296, n° 15, obs. Pétel; *Rev. proc. coll.* 2010, n° 119, note Martin-Serf; *LPA* 18 févr. 2010, n° 35, note Teboul; *Defrénois* 2010. 1487, Chron. 39138, note Gibirila; *Bull. Joly* 2010. 256, note Le Corre.
11. Com. 14 mai 2008, n° 07-10.092, NP; n° 574 F-D.
12. Com. 6 déc. 1994, n° 91-20.564, NP – Adde, Paris, 3e ch. C, 2 juill. 2003, RG n° 03/02427.
13. Riom, 13 mars 1991, *Rev. proc. coll.* 1992. II. Somm. 537.
14. Paris, 3e ch. A, 13 janv. 2004, RG n° 03/03938.
15. Paris, 3e ch. B, 13 juin 2003, RG n° 02/21653.
16. Paris, 3e ch. C, 27 juin 2003, RG n° 02/03108.
17. Com. 3 déc. 2003, n° 00-18.916, NP.
18. Com. 23 nov. 2004, n° 01-17.697, NP.
19. Com. 22 juin 1993, n° 91-14.566, *Bull. civ.* IV, n° 261.

gulière. Depuis la loi du 10 juin 1994, les dirigeants peuvent être inquiétés, mais seulement si les manquements constatés sont manifestes, c'est-à-dire grossiers. Il en est ainsi si les principaux livres obligatoires (journal général, livre d'inventaire, livre de paie, livre unique du personnel) n'existent pas[1] ou ne sont pas tenus correctement, nombre de pièces comptables faisant en outre défaut[2]. Il en est de même si les déclarations fiscales et sociales ne sont pas à jour[3]. Il est en tout cas suffisant que la comptabilité ne soit pas terminée au titre d'une année pour être considérée comme incomplète[4]. La mauvaise foi n'est toutefois pas exigée[5].

> Législation issue de la loi de sauvegarde des entreprises. Ajout de la tenue d'une comptabilité manifestement irrégulière ou incomplète et de la tenue d'une comptabilité fictive. Tout en maintenant les cas de faillite personnelle relatifs à la tenue de la comptabilité prévus par la législation antérieure à la loi du 26 juillet 2005, et qui avaient vocation à s'appliquer tant au débiteur personne physique, qu'au dirigeant des personnes morales débitrices, la législation de sauvegarde des entreprises (C. com., art. L. 653-5, 6°) prévoit que la tenue d'une comptabilité manifestement incomplète ou irrégulière au regard des dispositions applicables, ainsi que la tenue d'une comptabilité fictive, cas n'intéressant que les dirigeants de personne morale débitrice sous l'empire de la législation antérieure à la loi du 26 juillet 2005, rendent désormais possible le prononcé de la faillite personnelle, tant pour les débiteurs personnes physiques, que pour les dirigeants de personne morale débitrice[6].

La non-certification des comptes n'établit pas, *de facto*, la tenue d'une comptabilité irrégulière[7].

912.13 Avoir détourné ou dissimulé tout ou partie de l'actif ou frauduleusement augmenté le passif. Ce cas, constitutif de banqueroute (v. ss n° 932.32) est prévu, dans la législation antérieure à la loi de sauvegarde des entreprises, par l'article L. 625-3, 3 du code de commerce (anct L. 25 janv. 1985[8], art. 187, 3) pour les débiteurs personnes physiques, et par l'article L. 625-4 (anct L. 25 janv. 1985, art. 188) procédant par renvoi à l'article L. 624-5 du code (anct L. 25 janv. 1985, art. 182), et plus spécialement au 6°, pour les dirigeants de personne morale, érigeant ces faits en cas de redressement ou de liquidation judiciaire à titre personnel. L'interprétation développée à propos de ce cas de banqueroute pourra être ici utilisée (v. ss n° 932.32).

La loi de sauvegarde des entreprises reprend, à l'article L. 653-3, 3° du code, ce cas, pour toutes les personnes susceptibles d'être sanctionnées par la faillite personnelle.

Il a été jugé que ce cas était constitué en présence d'un débiteur ayant détourné des actifs figurant à l'inventaire[9] ou du débiteur ayant détourné les actifs provenant d'une succession qui lui est échue pendant sa procédure collective[10]. La solution serait différente sous l'empire de l'ordonnance du 12 mars 2014[11] (v. ss n° 552.09), puisque le liquidateur, sauf accord du débiteur, ne peut plus réaliser de tels biens.

Plus classiquement, la Cour de cassation considère, pour sa part, que seuls des faits antérieurs à l'ouverture de la procédure peuvent justifier le prononcé de la faillite personnelle[12] ou de l'interdiction de gérer[13], ce dont il résulte que ce cas de faillite personnelle n'est pas constitué lorsqu'il est relevé que le commissaire-priseur n'avait pu récupérer aucun matériel et qu'aucune facture client à recouvrer n'avait été émise[14].

Il y a encore augmentation frauduleuse du passif à se reconnaître débiteur de sommes que l'on ne doit pas. Signalons qu'un cas distinct de faillite personnelle a été créé par l'ordonnance du 12 mars 2014 : la déclaration d'une créance supposée par le débiteur pour le compte du créancier (v. ss n° 912.17).

Il a également été jugé qu'il y avait augmentation frauduleuse du passif par le fait, pour un dirigeant social, de soustraire volontairement la société dirigée au paiement de l'impôt, dont il est résulté un redressement fiscal ayant entraîné une augmentation de charges de la société et la cessation des paiements[15].

912.14 Exercice d'une activité commerciale, artisanale ou agricole ou une fonction de direction

1. Com. 11 juin 2003, n° 00-17.603, NP – Paris, 3e ch. C, 25 avr. 2003, RG n° 02/01066.
2. Com. 12 avr. 2005, n° 02-19.451, *Bull. civ.* IV, n° 86; *Defrénois* 2005. 1928, Chron. 38287, n° 10, note Gibirila; *Bull. Joly* 2005. 1209, note Granier.
3. Paris, 3e ch. C, 25 avr. 2003, RG n° 02/01066.
4. Douai, 2e ch., 4 nov. 1999, *Rev. proc. coll.* 2001, p. 276, n° 9, obs. Barret.
5. Paris, 21 févr. 2008, RG n° 07/07239.
6. *ILLUSTR. : Versailles, 13e ch., 4 oct. 2012, RG n° 12/02037, Rev. proc. coll. 2013, comm. 90, note* Martin-Serf.
7. *Paris, pôle 5, 8e ch., 1er déc. 2015, RG n° 15/03698, Bull. Joly sociétés* mai 2016, 289, note Teller.
8. L. n° 85-98, 25 janv. 1985, préc.
9. Paris, 3e ch. B, 21 nov. 2003, RG n° 02/13856.
10. Com. 3 déc. 2003, n° 98-18.940, NP.
11. Ord. n° 2014-326, 12 mars 2014, *JO* 14 mars, p. 5249.
12. Com. 28 avr. 2009, n° 08-10.145, NP; n° 379 F-D.
13. Com. 3 mai 2011, n° 10-13.546, NP; n° 429 F-D.
14. Com. 22 sept. 2009, n° 08-14.885, NP; n° 798 F-D – COMP. : Com. 6 oct. 2009, n° 08-10.681, NP; n° 872 F-D.
15. Com. 29 avr. 2014, n° 13-12.563, *Bull. civ.* IV, n° 51; n° 423 FS-P+B; *D.* 2014. 2204, n° 5, note Lecaroz; Act. proc. coll. 2014/10, comm. 179, note Mascala; Rev. sociétés 2014. 404, note Roussel Galle; *JCP E* 2014, chron. 1447, n° 11, obs. Pétel; *BJE* 2014, 316, note Le Mesle; *Rev. proc. coll.* 2014, comm. 179, note Martin-Serf.

ou d'administration d'une personne morale contrairement à une interdiction prévue par la loi. L'article L. 625-5, 1° du code de commerce (anc^t^ L. 25 janv. 1985, art. 189, 1°), dans sa rédaction antérieure à la loi de sauvegarde des entreprises[1] et l'article L. 653-5, 1° du code, dans sa rédaction issue de la loi de sauvegarde des entreprises, s'intéressent à toutes les personnes pouvant se voir appliquer la faillite personnelle. En ce qui concerne spécialement les activités de direction, seule la direction des personnes morales de droit privé est source de sanctions[2].

Les agissements visés par le texte se distinguent du fait de servir de prête-nom dans la direction de la personne morale[3]. Il s'agit d'enfreindre une interdiction d'exercice, nécessairement prévue par un texte, même de nature réglementaire, mais pouvant être prononcée par une juridiction, dès lors qu'elle intervient en vertu d'un texte[4]. On peut ainsi penser aux interdictions édictées par la loi du 30 août 1947, par exemple la tenue d'une maison de tolérance. Il peut aussi être question de se livrer à une activité nécessitant une autorisation en l'absence de celle-ci, par exemple le fait pour un étranger d'exercer le commerce[5] ou d'exercer une fonction de direction ou une activité incompatible avec le statut de l'intéressé, par exemple l'activité commerciale pour un fonctionnaire[6]. Il peut encore s'agir de la violation d'une interdiction de gérer précédemment prononcée par une juridiction[7].

Le prononcé de la faillite personnelle pour ce motif supposera que l'activité interdite ait été exercée avant que l'activité de la société dirigée, dans la procédure de laquelle le dirigeant est recherché en faillite personnelle, n'ait pris fin[8].

912.15 Avoir, dans l'intention d'éviter ou de retarder l'ouverture de la procédure de redressement ou de liquidation judiciaire, fait des achats en vue d'une revente au-dessous du cours ou employé des moyens ruineux pour se procurer des fonds. Ce cas est envisagé par l'article L. 625-5, 2° du code de commerce (anc^t^ L. 25 janv. 1985[9], art. 189, 2), dans sa rédaction antérieure à la loi de sauvegarde des entreprises, par l'article L. 653-5-2 du code, dans sa rédaction issue de la loi de sauvegarde des entreprises. Il s'agit ici encore d'une disposition commune à toutes les personnes pouvant se voir appliquer la faillite personnelle. Ce cas est constitutif de banqueroute (v. s^s^ n° 932.31).

Ce cas suppose un élément intentionnel précis. L'intéressé doit, par ses agissements, avoir voulu retarder ou empêcher la constatation judiciaire de son état de cessation des paiements.

L'élément matériel résulte de deux séries d'agissements. Le premier tient au fait d'acheter pour revendre au-dessous du cours. Est ici prise en compte l'intention. Il ne pourra être reproché à l'intéressé une revente à perte qui résulte des circonstances, non de son intention[10].

Est ensuite visé l'emploi de moyens ruineux pour se procurer des fonds. Ce cas sera constitué si est constaté un recours massif à des établissements de crédit ou à des prêteurs privés, la diversification des sources de financement étant destinée à ne pas attirer l'attention, l'importance et le nombre des crédits étant sans commune mesure avec les résultats de l'activité[11].

912.16 Avoir souscrit, pour le compte d'autrui, sans contrepartie, des engagements jugés trop importants au moment de leur conclusion, eu égard à la situation de l'entreprise ou de la personne morale. Ce cas, qui constitue une disposition commune aux débiteurs personnes physiques et aux dirigeants, est posé par l'article L. 625-5, 3° du code de commerce (anc^t^ L. 25 janv. 1985, art. 189, 3), dans sa rédaction antérieure à la loi de sauvegarde des entreprises, par l'article L. 653-5, 3° du code, dans sa rédaction issue de la loi de sauvegarde des entreprises. Il s'agit ici de sanctionner une « activité démesurée »[12].

Les actes visés pourront tenir au fait, pour des dirigeants de personne morale, d'accorder généreusement les cautionnements de la société dirigée[13], d'émettre des traites de complaisance[14] ou encore de consentir des remises de dettes[15].

Il pourra également s'agir de la conclusion de contrats de travail au profit de proches, dont la réalité n'est pas avérée et dont la charge ne pouvait être assurée par la société dirigée, compte tenu de sa situation à l'époque de leur conclusion[16].

912.17 Payer ou faire payer, après cessation des paiements et en connaissance de cause de celle-ci, un créancier au préjudice des autres créanciers –

1. L. n° 2005-845, 26 juill. 2005, préc.
2. Com. 14 oct. 1997, n° 95-16.033, NP, *Rev. proc. coll. 1998, 310, n° 5, obs. Bach.*
3. Com. 27 avr. 1993, n° 91-14.493, *Bull. civ.* IV, n° 149.
4. SOINNE, n° 2665.
5. GUYON, n° 1409.
6. SOINNE, n° 2665.
7. Rouen, ch. civ. et com., 15 sept. 2011, RG n° 10/01152, *JCP E* 2012, n° 1247, note Delattre.
8. Com. 13 déc. 2005, 04-18.352, NP; n° 1637 F-D; *Gaz. proc. coll.* 2006/2, p. 53, obs. Montéran.
9. L. n° 85-98, 25 janv. 1985, préc.
10. SOINNE, n° 2667.
11. Com. 28 janv. 2004, n° 01-01.369, NP.
12. VIDAL et GIORGINI, n° 1576.
13. JACQUEMONT et VABRES, 9e éd., n° 1156.
14. SOINNE, n° 2669.
15. SOINNE, n° 2669.
16. Com. 28 sept. 2004, n° 02-12.071, NP.

Déclarer sciemment, au nom d'un créancier, une créance supposée. Le fait de payer ou de faire payer, après cessation des paiements et en connaissance de cause de celle-ci, un créancier au préjudice des autres créanciers – prévu par l'article L. 625-5, 4° du code de commerce, dans sa rédaction antérieure à la loi de sauvegarde des entreprises[1], qui est commun aux débiteurs personnes physiques et aux dirigeants, doit être rapproché de certains cas de nullité de la période suspecte et évoque l'idée de respect de la règle de l'égalité entre créanciers[2].

Il faut ici supposer qu'à l'encontre du créancier *accipiens*, aurait pu être menée une action en nullité du paiement reçu, sous cette double réserve que le paiement aurait pu intervenir même plus de dix-huit mois avant le jugement d'ouverture, faute de référence expresse aux conditions du jeu des nullités de la période suspecte et que la connaissance de l'état de cessation des paiements est exigée du débiteur ou du dirigeant de la personne morale débitrice, non du créancier.

Peu importe que le paiement soit fait par le débiteur lui-même ou qu'il ait donné l'ordre d'y procéder. Pourront ainsi être retenus, non seulement les paiements par chèque de banque, mais encore toutes les techniques faisant intervenir un troisième personnage à l'opération de paiement, par exemple des cessions ou des délégations de créances.

Un élément intentionnel doit cependant être prouvé par le demandeur à la faillite personnelle : la volonté de préjudicier aux autres créanciers. Il faudra ainsi démontrer que le créancier payé a été avantagé. On peut penser au fait de payer une dette non échue, alors qu'il y a impossibilité de payer celles qui le sont. On peut aussi songer au fait de payer un créancier chirographaire, par exemple un fournisseur, alors que dans le même temps le passif privilégié n'est pas payé.

Ce cas, repris par la loi du 26 juillet 2005 (C. com., art. L. 653-5, 4°), contenait dans le projet de loi (art. 152) une exception. La sanction n'était pas applicable lorsque le paiement était compris dans un accord amiable homologué par jugement définitif dans les conditions de l'article L. 611-8. La faillite personnelle n'était donc pas encourue si le paiement intervenait en application d'une procédure de conciliation ayant reçu l'homologation du tribunal. *A contrario*, le paiement fait en exécution d'un accord non homologué par le tribunal ouvrait application à la mesure de faillite personnelle.

À la suite d'un amendement, cette exclusion prévue par le projet de loi a été supprimée. Il a été observé que « l'homologation de l'accord par jugement empêche que la cessation des paiements puisse être reportée avant cette homologation. En conséquence, la situation que le projet envisage de sanctionner ne peut pas se produire »[3]. Il est donc établi que le paiement intervenu en exécution d'un accord de conciliation homologué par le tribunal ne pourra être sanctionné par la faillite personnelle, pas plus qu'il ne pourrait tomber sous le coup des nullités de la période suspecte.

Déclarer sciemment, au nom d'un créancier, une créance supposée. Ce cas (C. com., art. L. 653-5, 7°) a été introduit par l'article 87 de l'ordonnance du 12 mars 2014[4]. Il est la conséquence de la solution posée par l'article L. 622-24, alinéa 3 du code de commerce, dans la rédaction que lui donne l'ordonnance du 12 mars 2014 (art. 27, 3°), selon laquelle lorsque le débiteur a porté une créance à la connaissance du mandataire judiciaire, il est présumé avoir déclaré la créance pour le compte du créancier.

Cette solution recèle un véritable danger, qui autoriserait les déclarations de créances supposées par le débiteur. Il suffirait à ce dernier de faire figurer sur la liste de ses créanciers une créance imaginaire, ou de la faire figurer pour un montant bien supérieur à la réalité, pour que cette dernière soit considérée comme ayant été déclarée.

Pour lutter contre cette tentation, qui pourrait avoir plus tard une contrepartie de la part du créancier ayant ainsi été gratifié par le débiteur, le législateur a introduit ce cas de faillite personnelle. L'intention frauduleuse du débiteur doit être établie. Il doit avoir agi sciemment. La simple erreur du débiteur sera donc insuffisante.

912.18 Omettre de déclarer l'état de cessation des paiements dans le délai légal – Législation antérieure à la loi de sauvegarde des entreprises[5]**.** Précisons d'abord que ce cas de faillite personnelle n'existe que dans la législation antérieure à la loi de sauvegarde des entreprises. Depuis la loi du 26 juillet 2005, ce fait ne constitue plus qu'un cas d'interdiction de gérer (v. s[s] n° 913.12). Le dirigeant recherché en sanction devra être en fonction au jour de l'état de cessation des paiements. Le dirigeant qui a démissionné sans que soit démontrée, à la date de son retrait, l'existence de la cessation des paiements ne peut être sanctionné[6].

La date de cessation doit-elle être fixée avec précision par la juridiction ayant à statuer sur la

1. L. n° 2005-845, 26 juill. 2005, préc.
2. Jacquemont, 7e éd. 2011, n° 1097.
3. Amend. n° 205, Interv. Xavier de Roux, *JOAN CR*, 3e séance du 8 mars 2005, p. 1798.
4. Ord. n° 2014-326, 12 mars 2014, préc.
5. L. n° 2005-845, 26 juill. 2005, préc.
6. Paris, 3e ch. C, 27 juin 2003, RG n° 02/19574, *Rev. proc. coll.* 2005/2, p. 162, n° 23, obs. Barret.

demande de faillite personnelle ? La réponse à la question commande de distinguer deux périodes.

> **Avant le revirement de jurisprudence** issu d'un arrêt de la Chambre commerciale de la Cour de cassation, en date du 4 novembre 2014[1], la date de cessation des paiements retenue par le tribunal peut être différente de celle retenue dans le cadre de la procédure intéressant le débiteur (v. s^s^ n° 222.22). La preuve de la date de cessation des paiements incombe au demandeur à l'action[2]. L'impossibilité pour une personne, condamnée en sa qualité de dirigeant à combler l'insuffisance d'actif d'une société, suffit à caractériser la cessation des paiements dans le cadre d'une procédure ouverte ultérieurement contre l'intéressé exploitant individuel[3].

Si le jugement d'ouverture a fixé la date de cessation des paiements au jour de son intervention, et qu'aucun jugement de report de date n'est ensuite intervenu, le tribunal devra caractériser une date antérieure d'au moins quinze jours par rapport au jugement d'ouverture pour prononcer la sanction[4]. Le tribunal ne peut fixer une date de cessation des paiements antérieure au rapport de l'expert, sans préciser en quoi l'état de cessation des paiements était caractérisé à cette autre date[5].

Si le dirigeant dont la condamnation est recherchée ne conteste pas la date de cessation des paiements retenue à l'encontre de la personne morale, le tribunal, dans le cadre de la mesure de sanction, n'a pas à rechercher une date différente de celle retenue contre la personne morale[6].

La date de cessation des paiements doit être fixée avec précision[7]. Il est insuffisant d'indiquer que la date de cessation des paiements existait depuis plusieurs mois par rapport au jugement d'ouverture[8], que l'entreprise était en état de cessation des paiements au cours du troisième trimestre de telle année[9], que lorsque le débiteur a créé son entreprise, il était débiteur de sommes importantes et que son passif n'avait fait que s'aggraver[10], que la situation était préoccupante dès une certaine époque, que la banque avait dénoncé ses concours à telle date et que des dettes fiscales et sociales représentant plusieurs trimestres de cotisations n'étaient plus payés depuis une autre date[11], ou encore que le débiteur n'était plus en mesure de faire face à ses paiements depuis un temps ancien[12]. La caractérisation de l'état de cessation des paiements ne peut s'inférer de la seule disproportion entre le montant du passif et celui de l'actif[13]. Cette disproportion n'est, en effet, pas une condition du prononcé de la mesure[14]. Elle ne peut, *a fortiori*, être déduite d'un simple retard de paiement[15], de la multiplicité d'inscriptions de privilèges fiscaux ou sociaux et du nombre de créances impayées[16], ni même d'une demande de report d'exigibilité d'une dette, fût-elle importante[17], de l'importance du passif exigible[18], mise le cas échéant en comparaison avec la faiblesse des actifs réalisés[19], ou de l'accroissement d'une dette à l'égard d'un créancier[20], de l'ancienneté et de l'importance des dettes[21], ou encore de la situation déficitaire du débiteur[22], sans mettre chacun de ces éléments en correspondance avec l'actif disponi-

1. Com. 4 nov. 2014, n° 13-23.070, *Bull. civ.* IV [à paraître]; n° 960 FS-P+B+R+I; *D.* 2014. Actu. 2238, note Lienhard; *Gaz. Pal.* 18 janv. 2015, n° 18, p. 15, note Reille et p. 34, note Montéran; *Rev. sociétés* 2014. 751, note Henry; *JCP E* 2014. 1604, rapp. Schmidt et note Roussel Galle et 1637, n° 12, note Pétel; *Act. proc. coll.* 2014, comm. 344, note Thuillier; *BJE* 2015, 113, note Lasserre Capdeville; *Rev. proc. coll.* 2015, comm. 67, note Martin-Serf.
2. Com. 26 oct. 1999, n° 97-14.735, NP.
3. Com. 14 déc. 2010, n° 09-72.403, NP; n° 1284 F-D; *Gaz. Pal. entr. diff.* 1-2 avr. 2011, p. 46, note Montéran.
4. Com. 10 mars 2004, n° 01-11.995, NP, *Rev. proc. coll.* 2006/1, p. 87, n° 26, obs. Barret.
5. Com. 16 nov. 2010, n° 09-16.530, NP; n° 1170 F-D – Com. 12 juill. 2011, n° 09-16.529, NP; n° 835 F-D.
6. Com. 17 déc. 2003, n° 02-15.846, NP.
7. Com. 20 mai 1997, n° 93-21.347, *Bull. civ.* IV, n° 145; *Rev. proc. coll.* 1998, 309, n° 3, obs. Bach – Com. 27 mai 2003, n° 01-15.642, NP, *Act. proc. coll.* 2003, n° 195 – Com. 3 déc. 2003, n° 02-14.060, NP, *RD banc. fin.* 2004, n° 74, obs. Lucas – Com. 11 févr. 2004, n° 02-11.872, NP – Com. 3 mai 2006, n° 04-20.526, NP; n° 546 F-D; *Gaz. proc. coll.* 2006/3, p. 50, obs. Montéran – Com. 10 mars 2009, n° 07-15.815, NP; n° 221 F-D; *Gaz. proc. coll.* 2009/3, p. 53, n° 4, note Montéran – Com. 22 juin 2010, n° 09-16.269, NP; n° 695 F-D – Com. 8 mars 2011, n° 09-67.062, NP; n° 201 F-D; *Rev. proc. coll.* 2012, n° 103, note Martin-Serf.
8. Com. 3 mai 2006, n° 04-20.526, préc.
9. Com. 5 avr. 2011, n° 09-70.231, NP; n° 345 F-D; *Dr. sociétés* 2011, n° 117, note Legros.
10. Com. 10 mars 2009, n° 07-15.815, NP; n° 221 F-D; *Gaz. proc. coll.* 2009/3, p. 53, n° 4, note Montéran.
11. Com. 11 févr. 2014, n° 12-26.947, NP; n° 179 F-D.
12. Com. 14 mai 2008, n° 07-12.766, NP; n° 577 F-D; *Gaz. proc. coll.* 2008/3, p. 66, note Montéran.
13. Com. 20 juin 2000, n° 96-19.227, NP, *Rev. proc. coll.* 2001, 107, n° 2, obs. Barret – Com. 3 mai 2006, n° 04-20.526, NP; n° 546 F-D; *Gaz. proc. coll.* 2006/3, p. 50, obs. Montéran.
14. Douai, 2e ch., 4 nov. 1999, *Rev. proc. coll.* 2001, p. 277, n° 12, obs. Barret.
15. Paris, 3e ch. A, 25 janv. 2000, *Rev. proc. coll.* 2001, p. 277, n° 12, obs. Barret.
16. Com. 25 févr. 2002, n° 02-10.064, NP.
17. Com. 15 févr. 2000, n° 97-19.692, NP, *Rev. proc. coll.* 2001, 107, n° 2, obs. Barret.
18. Com. 19 mai 2004, n° 02-17.658, NP; n° 797 F-D; *Rev. proc. coll.* 2005/2, p. 15[illegible], n° 12, obs. Barret.
19. Com. 15 févr. 2011, n° 09-70.496, NP; n° 163 F-D; *Gaz. Pal. entr. diff.* 1-2 avr. 201[illegible], p. 47, note Montéran.
20. Com. 19 déc. 2006, n° 05-[illegible]1.848, NP; n° 1436 F-D.
21. Com. 14 mai 2008, n° 07-1[illegible].766, NP; n° 577 F-D; *Gaz. proc. coll.* 2008/3, p. 66, note Montéran.
22. Com. 1er févr. 2000, n° 96-1[illegible].532, NP, *Rev. proc. coll.* [illegible]01, 50, n° 4, obs. Barret – Com. 10 mars 2004, n° 01-[illegible]132, NP.

ble. Pas davantage, la date de cessation des paiements n'est fixée avec précision, lorsque la juridiction se contente de retenir le non-paiement du conseiller juridique, du principal fournisseur et l'émission de chèques sans provision, sans avoir égard à l'actif disponible[1]. Identiquement, la cessation des paiements ne peut être caractérisée par le fait pour le débiteur d'avoir perdu son principal client, d'avoir fait l'objet d'une vérification fiscale ayant abouti à un redressement fiscal, d'enregistrer un résultat annuel présentant une perte, ou encore par le fait d'avoir des d'arriérés de cotisations sociales ou de taxe professionnelle, dès lors qu'aucune précision n'est apportée sur l'actif disponible[2]. L'indication du passif et de l'actif est également insuffisante, la seule comparaison devant être faite entre le passif exigible et l'actif disponible[3].

L'existence de déclaration de créances correspondant à des créances antérieures à la date de cessation des paiements retenue ne peut davantage suffire à caractériser l'état de cessation des paiements et donc le caractère tardif de la déclaration de l'état de cessation des paiements, dès lors que le passif exigible, traduit dans ces déclarations de créance, n'est pas mis en rapport avec le montant de l'actif disponible[4]. En revanche, dès lors qu'il existe du passif exigible, et qu'il n'y a aucun actif, la preuve de l'état de cessation des paiements est rapportée[5].

> **La Cour de cassation a ensuite opéré un authentique revirement de jurisprudence sur la question.** Elle a estimé, par un arrêt auquel elle a entendu assurer la plus large diffusion, que l'omission de déclaration de la cessation des paiements dans le délai légal, susceptible de constituer une faute de gestion, s'apprécie au regard de la seule date de la cessation des paiements fixée dans le jugement d'ouverture ou dans un jugement de report[6]. Bien que la solution n'ait été posée qu'en matière d'action en comblement de passif et d'interdiction de gérer, et non en matière de faillite personnelle, nul doute qu'elle a vocation aussi à jouer en matière de faillite personnelle. Il résulte de cette solution que la juridiction saisie d'une demande de faillite personnelle pour défaut de déclaration de l'état de cessation des paiements dans le délai légal n'aura plus à caractériser spécialement la date de cessation des paiements. Elle sera tenue par celle retenue soit dans le jugement d'ouverture soit dans celle résultant d'un jugement de report de date de cessation des paiements.

Ce cas commun aux dirigeants et aux débiteurs personnes physiques, est envisagé par l'article L. 625-5, 5° du code de commerce (anc[t] L. 25 janv. 1985[7], art. 189, 5). Ce cas ne semble intéresser que les seuls dirigeants de droit, à l'exclusion des dirigeants de fait qui ne peuvent déclarer l'état de cessation des paiements[8]. Cependant, l'article L. 625-1 du code de commerce (anc[t] L. 25 janv. 1985, art. 185), qui détermine les dirigeants concernés, vise le dirigeant de fait pour tous les cas visés aux articles L. 625-2 et suivants du code (anc[t] L. 25 janv. 1985, art. 186 s.). Dès lors, il est logique de considérer que ce cas vise également les dirigeants de fait[9]. La mesure intéressera non seulement le président du conseil d'administration ou du directoire, ainsi que les directeurs généraux, mais aussi les administrateurs, alors pourtant qu'ils ne peuvent procéder à la déclaration de l'état de cessation des paiements. Il leur sera reproché de ne pas avoir incité le président ou le directeur général à déclarer l'état de cessation des paiements[10]. La jurisprudence se montrera parfois plus souple, cependant, à l'égard de simples administrateurs, qui ignoraient la réalité et auxquels il ne sera pas reproché de ne pas s'être substitué à leur président[11]. Il sera également relevé, pour écarter la sanction à l'encontre d'un simple administrateur, le fait qu'il ne se soit pas immiscé dans la gestion[12].

De façon générale, les raisons ayant conduit le dirigeant à ne pas déclarer dans les délais l'état de cessation des paiements sont indifférentes[13]. La mauvaise foi de l'intéressé n'est pas exigée[14]. Il ne pourrait se retrancher derrière son emprisonnement, si à la date de celle-ci, l'état de cessation des

1. Com. 30 oct. 2012, n° 11-12.231, NP; n° 1064 F-D.
2. Com. 8 juill. 2008, n° 06-21.243, NP; n° 783 F-D; G[...] *proc. coll.* 2008/4, p. 39, note Lebel.
3. Com. 22 juin 2010, n° 09-16.269, NP; n° 695 F-D.
4. Com. 10 mars 2004, n° 01-13.132, NP – Com. 10 [m]ai 2012, n° 10-28.689, NP; n° 502 F-D.
5. Com. 23 nov. 2004, n° 03-14.[4]93, NP.
6. Com. 4 nov. 2014, n° 13-23.[0]70, *Bull. civ.* IV [à par]e]; n° 960 FS-P+B+R+I; *D.* 201[4] Actu. 2238, note Lie[nha]rd; *Gaz. Pal.* 18 janv. 2015, n° [1]8, p. 15, note Reille et [...]34, note Montéran; *Rev. sociétés* 2014. 751, note [He]nry; *JCP E* 2014. 1604, rapp. [S]chmidt et note Roussel [Ga]le et 1637, n° 12, note Pétel; *Act. proc. coll.* 2014, com[m.] 344, note Thuillier; *BJE* 201[5], 113, note Lasserre Ca[p]ville; *Rev. proc. coll.* 2015, [c]omm. 67, note Martin-Ser[f] – Com. 18 mai 2016, n° 14-2[...].133, NP; n° 436 F-D.
7. L. n° 85-98, 25 janv. 1985, préc.
8. Paris, 3 ch. B, 11 oct. 1991, *Dr. sociétés* 1992, 53, obs. Chaput – SAINT-ALARY-HOUIN, n° 1113.
9. Com. 6 janv. 1998, n° 95-18.478, *Bull. civ.* IV, n° 6; *Quot. Jur.* 10 févr. 1998, p. 2; *Rev. proc. coll.* 1998, 307, n° 1, obs. Bach.
10. Com. 16 févr. 1999, n° 96-21.669, n° 96-22.489, 2 esp., NP, *Bull. Joly* 1999. 775, note P. S.; *Act. proc. coll.* 1999, n° 112 – Paris, 3e ch. C, 2 juill. 2003, RG n° 02/02081.
11. Paris, 3e ch. A, 27 avr. 2004, RG n° 03/08574.
12. Paris, 3e ch. A, 31 août 2004, RG n° 03/16625.
13. SUR CE PRINCIPE : Com. 13 avr. 1999, n° 96-19.402, NP, *RJDA* 1999, n° 979 – Com. 7 janv. 2003, n° 99-20.846, NP; n° 26 F-D.
14. Paris, 21 févr. 2008, RG n° 07/07239.

paiements existait[1]. Ne pourra être retenu le fait que l'intéressé pensait que la poursuite d'activité lui permettrait de régler ses créanciers[2]. L'espoir de voir progresser l'activité de la société pendant la période des soldes ne constitue pas davantage une excuse légitime au retard[3]. Le dirigeant ne pourra ainsi faire état de mauvaises relations avec les associés pour justifier une absence de dépôt de bilan dans les délais légaux[4]. Pas davantage, il ne pourra se réfugier derrière leur promesse d'apporter des capitaux[5]. Le dirigeant ne pourrait se réfugier derrière le fait qu'un mandataire *ad hoc* avait été désigné par le président du tribunal de commerce[6] ou qu'un conciliateur avait été nommé. On peut seulement écarter le prononcé de la mesure contre un dirigeant ayant un peu tardé à déposer le bilan, dès lors qu'il venait de prendre la direction de la société et qu'un certain délai était nécessaire à son information exacte sur la situation de la société[7]. Il en sera *a fortiori* ainsi du dirigeant ayant pris la direction de plusieurs sociétés un mois avant le dépôt de bilan[8].

Par exception, toutefois, il a pu être jugé que le fait pour le débiteur de voir sa demande rejetée pour non paiement des frais de greffe interdisait que soit prononcée à son encontre une mesure de faillite personnelle ou d'interdiction de gérer pour défaut de déclaration de l'état de cessation des paiements dans les délais légaux[9]. La solution s'impose d'autant plus depuis que le greffe ne peut refuser la demande d'ouverture d'un redressement ou d'une liquidation judiciaire en se fondant sur l'absence de paiement des frais de greffe.

La mesure pourra être prononcée, même si le débiteur a été assigné par un créancier aux fins d'ouverture de la procédure, car, en ce cas, il n'est pas dispensé de respecter le délai qui lui est imparti pour « déposer le bilan »[10].

1. AINSI : Chambéry, ch. com., 24 janv. 2006, RG n° 05-799, *Rev. proc. coll.* 2007/2, p. 94, n° 22, obs. Barret.
2. Com. 28 janv. 2004, n° 01-01.369, NP.
3. Paris, 3e ch. A, 5 sept. 2006, *JCP E* 2006, n° 2563.
4. Com. 17 oct. 2000, n° 97-21.809, NP.
5. Com. 16 oct. 2001, n° 98-20.613, NP.
6. Com. 10 mai 2005, n° 04-10.366, NP – Paris, 3e ch. B, 8 nov. 2007, RG n° 036/19911.
7. Paris, 3e ch. A, 4 janv. 2000, *Rev. proc. coll.* 2001, p. 277, n° 11, obs. Barret.
8. Com. 19 nov. 2003, n° 01-02.128, NP.
9. *Paris, 3e ch. A, 5 févr. 2008, RG n° 07/13090; JCP E 2008. 1871, note Delattre.*
10. Com. 19 janv. 1999, n° 96-16.635, *Bull. civ.* IV, n° 19; *D.* 2002. Somm. 203, obs. Sortais – Com. 13 mai 2003, n° 01-15.171, NP – Com. 14 janv. 2014, n° 12-29.807, *Bull. civ.* IV, n° 8; n° 39 F-P+B; *D.* 2014. actu 207, note Lienhard; *Rev. sociétés* 2014. 197, note Roussel Galle; *BJE* mars 2014, 100, note Le Mesle; *Dr. sociétés* 2014, comm. 69, note Legros – Paris, 3e ch. B, 13 juin 2003, RG n° 02/21788.

Le fait que le passif ait été constitué par un précédent dirigeant reste indifférent sur la possibilité du prononcé de la mesure[11]. Identiquement, l'existence d'un dirigeant de fait ne permettra pas d'exonérer le dirigeant de droit[12].

La mesure ne pourra être prononcée si l'ouverture de la procédure n'est que la conséquence de la résolution du plan de continuation[13]. Il en sera différemment si l'ouverture de la procédure intervient sur démonstration d'un nouvel état de cessation des paiements postérieur au plan de continuation et entraînant par voie de conséquence sa résolution[14].

Ce cas de prononcé de la mesure de faillite personnelle est considéré par certains comme ouvrant la porte à l'arbitraire judiciaire puisqu'il peut s'appliquer à presque tous les débiteurs ou dirigeants sociaux[15]. En réalité, il s'agit d'un texte utile, car il permet de sanctionner un débiteur ou un dirigeant dont l'attitude n'apparaît pas d'une franche orthodoxie, même s'il ne rentre pas dans les autres cas explicitement visés[16]. Il permet ainsi de sanctionner le dirigeant ayant déjà conduit deux sociétés à une liquidation judiciaire clôturée pour insuffisance d'actif sans être sanctionné[17]. Il permet de sanctionner le dirigeant qui continue une activité déficitaire en ne payant pas pendant plusieurs années ses cotisations sociales et ses impôts[18]. En outre, il constitue une franche invitation à déposer le bilan au plus vite, participant ainsi de la recherche du redressement. Il est en tout cas, à lui seul, suffisant pour justifier la faillite personnelle[19].

11. Douai, 2e ch., 9 sept. 1999 et Paris, 3e ch. A, 4 janv. 2000, *Rev. proc. coll.* 2001, p. 277, n° 12, obs. Barret.
12. Douai, 2e ch., 18 nov. 1999 et Paris, 3e ch. C, 17 déc. 1999, *Rev. proc. coll.* 2001, p. 277, n° 12, obs. Barret.
13. Com. 29 mai 2001, n° 98-17.634, *Bull. civ.* IV, n° 105; *Act. proc. coll.* 2001, n° 158; *D.* 2001. AJ 2033, obs. Lienhard; *D.* 2002. Somm. 203, obs. Derrida; *RJDA* 2001/11, n° 1136; *Rev. proc. coll.* 2001, p. 274, n° 3, obs. Barret; *RTD com.* 2002. 155, n° 5, obs. Saint-Alary-Houin – Com. 24 juin 2003, n° 00-18.342, NP; n° 1020 F-D; *Rev. proc. coll.* 2005/2, p. 158, n° 17, obs. Barret – Com. 30 sept. 2008, n° 06-21.895, *Bull. civ.* IV, n° 164; *D.* 2008. AJ 2500, obs. Lienhard; Chron. C. cass. 2750, note Bélaval; *Gaz. proc. coll.* 2009/1, p. 57, note Montéran; *Dr. sociétés* 2008, n° 250, note Legros; *Act. proc. coll.* 2008, n° 276, note Saintourens.
14. AINSI : Paris, 23 oct. 2008, RG n° 08/03357.
15. PÉROCHON ET BONHOMME, 6e éd., n° 440.
16. RAPPR. : DERRIDA *ET ALII*, n° 591.
17. AINSI : Nîmes, 2e ch. B, 12 janv. 2006, RG n° 04/1311, obs. Barret.
18. Paris, 3e ch. B, 18 oct. 2007, RG n° 07/406 – Paris, 3e ch. B, 18 oct. 2007, RG n° 07/451.
19. Com. 10 oct. 1995, n° 93-16.899, *Bull. civ.* IV, n° 227; *Rev. proc. coll.* 1998, 309, n° 3, obs. Bach – Com. 26 oct. 1999, n° 97-16.208, NP – Com. 3 oct. 2000, n° 97-20.425, NP, *Act. proc. coll.* 2000, n° 235 – Com. 14 janv. 2004, n° 01-02.012, NP – Com. 23 nov 2004, n° 02-11.103, NP – Paris, 3e ch. A, 16 sept. 2003, RG n° 03/02763.

Le caractère facultatif du prononcé de la mesure offre au juge une marge d'appréciation de l'opportunité de la sanction. Ainsi, le dirigeant n'ayant pas déposé son bilan au prétexte qu'il était dans l'attente de la conclusion d'un contrat, qui aurait pu être salvatrice pour son entreprise, pourra-t-il être dispensé de la condamnation[1]. La condamnation n'a pas été davantage prononcée à l'encontre d'un dirigeant ayant attendu quelques mois avant de procéder à la déclaration de sa cessation des paiements du fait de l'attente d'une exposition devant se tenir dans ce laps de temps et ayant obtenu l'année précédente un franc succès, alors que le retard n'a pas eu pour effet d'aggraver sensiblement l'insuffisance d'actif[2]. Il a ainsi été jugé, plus souplement, qu'il n'y avait pas lieu au prononcé de la mesure, alors que la poursuite d'activité déficitaire était clairement établie, dans la mesure où le dirigeant avait recherché, en poursuivant son activité, l'apurement du passif[3]. Les tribunaux pourront répugner à prononcer la mesure sur le seul constat de l'absence de déclaration de l'état de cessation des paiements dans le délai légal, alors que la poursuite d'activité n'a pas contribué à augmenter le passif[4] ou que le montant des créances restées impayées est modeste[5].

La condamnation pourra ne pas être prononcée à l'encontre du dirigeant qui a démissionné alors que la cessation des paiements préexistait à son départ, dès lors que l'essentiel de l'insuffisance d'actif a été créé postérieurement à son départ[6]. Le dirigeant pourra encore éviter la condamnation s'il démontre l'existence de causes étrangères ayant entravé la bonne marche de son entreprise et précipité celle-ci dans l'état de cessation des paiements, le retard pris à déposer le bilan ne s'analysant pas alors en un manque de rigueur. La solution a, par exemple, été posée dans le cas d'une entreprise confrontée à des grèves importantes de la Poste et des transports publics[7]. À l'inverse, le dirigeant ne pourra utilement se retrancher, lorsque le retard à déposer le bilan est important, derrière le fait qu'il a fait des apports d'argent frais[8]. Le tribunal, pour retenir ce cas de faillite personnelle, pourra avoir égard au fait que l'absence de déclaration de l'état de cessation des paiements a contribué à augmenter l'insuffisance d'actif[9] (v. aussi s^s n° 922.22).

La marge de manœuvre du juge se retrouve au regard de la durée de la mesure. Rien n'oblige le juge à corréler la durée de la mesure avec l'importance du retard pris. Mais, en jurisprudence, ce lien est parfois établi[10], ce qui n'est pas sérieusement contestable.

> **Suppression de ce cas de faillite personnelle par la loi de sauvegarde des entreprises.** Le projet de loi de sauvegarde des entreprises avait maintenu l'omission de déclaration de l'état de cessation des paiements dans le délai légal en tant que cas de faillite personnelle. Cependant, la Commission des affaires économiques du Sénat a proposé un amendement supprimant la sanction de la faillite personnelle lorsque le débiteur ou le dirigeant n'a pas saisi le tribunal dans les quarante-cinq jours de son état de cessation des paiements. Il a été dit que « la sanction, par la faillite personnelle, de cette négligence apparaît excessive. Les conséquences patrimoniales de la faillite personnelle sont en effet très lourdes pour les débiteurs lorsqu'ils exercent sous la forme individuelle. Une sanction du défaut de cette obligation est indispensable mais l'interdiction de gérer semble plus adaptée à ce qui peut n'être souvent qu'un défaut de vigilance »[11]. En conséquence, ce cas de faillite personnelle est devenu, sous réserves d'adaptation tenant au délai pour déclarer son état de cessation des paiements, un cas d'interdiction de gérer (v. s^s n° 913.12).

Il faut toutefois noter que le défaut de déclaration de l'état de cessation des paiements dans le délai de quinze jours continue à être sanctionné après le 1er janvier 2006 pour les procédures collectives ouvertes avant cette date[12]. Le prononcé de la sanction sera possible même si l'assignation est postérieure au 1er janvier 2006, seule important l'antériorité à cette même date de la date d'ouverture de la procédure collective contre le débiteur[13].

La commission des lois du Sénat avait aussi proposé un amendement tendant à sanctionner par la faillite personnelle le non-respect du délai de huit jours pour saisir le tribunal aux fins de redressement ou de liquidation judiciaires en cas d'échec de la conciliation et de caractérisation de l'état de cessation des paiements. Il est apparu important de sanc-

1. Paris, 3e ch. A, 5 janv. 2000, *Rev. proc. coll.* 2001, p. 277, n° 12, obs. Barret.
2. Paris, 3e ch. B, 7 févr. 2003, RG n° 02/09870, *Rev. proc. coll.* 2005/2, p. 158, n° 13, obs. Barret.
3. Grenoble, ch. com., 15 juin 2005, RG n° 04/1746, *Rev. proc. coll.* 2007/2, p. 96, n° 26, obs. Barret.
4. Lyon, 3e ch. civ., 16 juin 2006, RG n° 05/834, *Rev. proc. coll.* 2007/2, p. 95, n° 23, obs. Barret.
5. Paris, 3e ch. A, 24 mai 2005, RG n° 04/9042.
6. Paris, 3e ch. C, 2 juill. 2003, RG n° 02/21073, *Rev. proc. coll.* 2005/2, p. 162, n° 23, obs. Barret.
7. *Paris, 3e ch. A, 25 janv. 2000, Rev. proc. coll.* 2001, p. 277, n° 12.
8. Douai, 2e ch., 14 oct. 1999 et Paris, 3e ch. C, 15 déc. 1999, *Rev. proc. coll.* 2001, p. 277, n° 12, obs. Barret.
9. Paris, 3e ch. A, 23 mai 2006, RG n° 05/05229.
10. Douai, 2e ch., 9 déc. 1999, *Rev. proc. coll.* 2001, p. 277, n° 12, obs. Barret.
11. Avis n° 337 de Christian Gaudin, Doc. Sénat, au nom de la commission des affaires économiques, p. 93.
12. Paris, 3e ch. B, 6 sept. 2007, RG n° 06/07138.
13. Paris, 3e ch. A, 20 nov. 2007, RG n° 07/2829; *Dr. sociétés* 2008/3, p. 22, n° 52, note Legros.

tionner cette omission du fait des conséquences préjudiciables qu'un tel comportement peut avoir pour les créanciers [1]. Ce texte n'a finalement pas été adopté après que l'idée d'obliger le débiteur, en ce cas, à saisir le tribunal eut été abandonnée.

912.19 Faire obstacle au bon déroulement de la procédure en s'abstenant volontairement de coopérer avec les organes. Ce cas créé par la loi du 26 juillet 2005 [2] (C. com., art. L. 653-5, 5°), qui est inapplicable pour les procédures ouvertes avant le 1er janvier 2006 [3], a pour objet de façonner un bon collaborateur de la procédure collective. Il s'agit de sanctionner le débiteur ou le dirigeant qui a, en s'abstenant volontairement de coopérer avec les organes de la procédure, fait manifestement obstacle à son bon déroulement. On remarquera que ce cas de faillite personnelle est particulier, en ce qu'il suppose des faits postérieurs à l'ouverture de la procédure [4].

Le dirigeant ne peut déléguer son obligation de coopérer avec les organes de la procédure, notamment en se retranchant derrière ses conseils [5]. Il ne peut davantage tirer argument de son éloignement géographique [6]. Pas davantage, il ne peut se retrancher derrière son incarcération, événement non constitutif de force majeure [7]. Cette dernière solution apparaît toutefois bien sévère. Exiger que le défaut de coopération résulte d'un cas de force majeure pour ne pas être fautif apparaît excessif. Il nous semble plutôt qu'il faille sanctionner la mauvaise volonté. Cela suppose que la volonté de coopérer puisse s'exprimer, ce qui est évidemment délicat pour une personne emprisonnée.

Observons que le texte n'exige pas que soit établie l'intention d'entraver la procédure collective [8].

Il a été dit que le fait de faire obstacle au bon déroulement de la sauvegarde pourra être sanctionné, alors même que cette procédure ne donne pas lieu à application de la faillite personnelle, dès lors du moins que cette procédure est ensuite convertie en redressement ou en liquidation judiciaire [9]. L'opinion peut être suivie. En revanche, et quoique l'opinion contraire ait été émise [10], il n'apparaît pas que le fait de faire obstacle au déroulement de la procédure de conciliation puisse être sanctionnée [11], faute de solution de continuité entre cette procédure et le redressement ou la liquidation judiciaire. On ne convertit pas, en effet, une conciliation en redressement ou en liquidation judiciaire et l'on n'est donc plus dans la même procédure au déroulement de laquelle il serait fait obstacle. En outre, faire obstacle au déroulement de la procédure n'est guère concevable dans la conciliation, le conciliateur ne gérant pas l'entreprise, mais se contentant de rechercher un accord avec les créanciers.

L'idée est ici d'inciter les débiteurs et dirigeants de personnes morales à se rendre aux convocations des mandataires de justice, et de leur communiquer les documents qu'ils sollicitent [12]. Il ne peut donc, à notre sens, être soutenu que le fait de nuire à l'action des contrôleurs puisse ainsi être sanctionné [13].

La preuve du manquement au devoir de coopération avec les organes de la procédure sera utilement apportée par un procès-verbal d'audition initiée par le ministère public [14].

L'idée est louable. Il n'est pas certain qu'elle aboutisse à de résultats sensiblement différents de ceux constatés auparavant, à moins que cette collaboration ne soit exhibée pour écarter le prononcé des mesures de faillite personnelle ou d'interdiction de gérer, qui serait justifié par d'autres cas [15]. En effet, si l'on raisonne sur le cas du liquidateur mécontent de la coopération du débiteur, il peut, en l'état de la législation antérieure à la loi du 26 juillet 2005, solliciter à son encontre une faillite personnelle, de manière très facile, pour déclaration tardive de l'état de cessation des paiements. Il peut aussi demander l'application de la mesure pour absence de compta-

1. *Rapp. J.-J. Hyest*, n° 335, p. 476.
2. L. n° 2005-845, 26 juill. 2005, préc.
3. Com. 22 sept. 2009, n° 08-14.885, NP; n° 798 F-D.
4. Montéran, « Les sanctions pécuniaires et personnelles dans la loi du 26 juillet 2005 », *Rev. proc. coll.* 9-10 sept. 2005, n° sp., p. 37 s., sp. p. 45 – Zattara-Gros, « Des responsabilités et des sanctions », *LPA* n° sp. 9 févr. 2006, n° 29, p. 52 s., sp. p. 72 – *Adde*, Douai, 2e ch., 1e sect., 29 avr. 2010, RG n° 09/04901, *Rev. proc. coll.* 2011. Alerte 5, note Delattre.
5. Aix-en-Provence, 8e ch., 2 févr. 2012, RG n° 2012/76, *JCP E* 2012, n° 1618, note Delattre; *Rev. proc. coll.* 2012, n° 37, note Delattre; *Rev. proc. coll.* 2013, comm. 88, note Martin-Serf – Aix-en-Provence, 8e ch., 15 nov. 2012, RG n° 12/00465, *Rev. proc. coll.* 2013, comm. 88, note Martin-Serf.
6. Aix-en-Provence, 8e ch., 2 févr. 2012, RG n° 2012/76, préc. (v. ss prést n°).
7. Douai, 2e ch., 2e sect., 6 juin 2013, RG n° 12/03165, *JCP E* 2013. 1594, note approb. Delattre.
8. Com. 16 sept. 2014, n° 13-10.514, NP; n° 724 F-D; *BJE* 2014, 379, note Lasserre Capdeville; *Rev. proc. coll.* 2015, comm. 68, note Martin-Serf; *Dr. sociétés* 2015, comm. 74, note Legros.
9. Schultz, « La faillite personnelle après la loi du 26 juillet 2005 sur la sauvegarde de l'entreprise », *Rev. proc. coll.* 2005, p. 303, n° 17 – Voinot, 2011, n° 910.
10. Schultz, art. préc., n° 17 – Voinot, 2011, n° 910.
11. En ce sens aussi : Roussel Galle, 2e éd., 2007, n° 846.
12. Aussi : Lizé, « Les solutions vues par un mandataire judiciaire – Plan de cession, liquidation judiciaire générale, liquidation judiciaire simplifiée issus de la loi du 26 juillet 2005 et du décret du 28 décembre 2005 », *Rev. proc. coll.* 2006/2, p. 200 s., sp. p. 202.
13. Schultz, art. préc., n° 18.
14. Grenoble, ch. com., 6 janv. 2011, RG n° 09/04013, *JCP E* 2011, n° 1576, note Delattre.
15. Ainsi : Paris, 29 oct. 2009, RG n° 08/22710.

bilité, dans la mesure où l'absence de communication de la comptabilité au liquidateur qui en fait la demande justifie la mesure. La solution a été posée dans le cas d'une remise de la comptabilité intervenue après l'audience des plaidoiries[1]. Il en ira de même du simple fait pour l'intéressé de ne pas contester la non remise de pièces comptables au mandataire[2]. De même, il a été jugé que la non remise de la comptabilité vaut présomption de non tenue de comptabilité régulière, justifiant le prononcé de la sanction[3].

Ainsi, l'arsenal pouvait apparaître suffisant pour qui voulait obtenir la condamnation à la faillite personnelle de l'intéressé non coopératif. La nouveauté introduite dans la loi du 26 juillet 2005 semblait ainsi relever plus d'un dogme – celui d'inciter le débiteur et le dirigeant à se montrer coopératif – que d'une véritable utilité pragmatique.

L'utilisation qui est faite de ce nouveau cas de faillite personnelle conduit cependant à nuancer les propos.

Ainsi, a pu être condamné, le dirigeant d'une société, qui résidant au Luxembourg, et qui n'ayant pas déféré aux convocations, avait seulement fait parvenir au mandataire judiciaire un questionnaire qui lui avait été envoyé en indiquant que les difficultés de la société provenaient d'un litige fiscal et donné ordre à son comptable et à son avocat de remettre le dossier du redressement fiscal. La liste des créanciers et la comptabilité n'avaient, pour leur part, jamais été communiquées[4].

De même, a été condamné un chef d'entreprise pour n'avoir pu être localisé, par le ministère public, pendant les deux années suivant sa déclaration de cessation des paiements, en prétextant une procédure de divorce, un changement d'adresse et des problèmes de santé, ou encore un mandat confié à un avocat[5].

Un entrepreneur, ayant reçu un courrier recommandé lui enjoignant de prendre contact avec le liquidateur et de lui présenter les documents nécessaires à sa mission, a pu être condamné pour ne pas avoir déféré à l'injonction, et ce, sans fournir de motif légitime[6].

De même, a été condamné, le gérant d'une société qui avait fait défaut au stade de l'enquête « préfaillite », ne s'était pas rendu aux convocations du mandataire judiciaire et n'avait communiqué ni les documents comptables, ni la liste de ses créanciers[7]. Il en va également ainsi du dirigeant qui, par ses manquements répétés aux sollicitations du mandataire judiciaire sans fournir d'explications sérieuses, caractérise son refus manifeste de coopérer avec les organes de la procédure collective[8]. Il en va encore ainsi du dirigeant qui n'a pas répondu aux convocations du mandataire judiciaire, n'a pas transmis la liste de ses créanciers et n'a pas indiqué sa nouvelle adresse après avoir déménagé[9].

Le dirigeant ne peut se retrancher, pour éviter de se voir reprocher un défaut de coopération avec le liquidateur, derrière la saisie des documents comptables par la gendarmerie aux services de laquelle le liquidateur judiciaire avait fait appel, après avoir à plusieurs reprises vainement demandé au dirigeant de lui remettre les documents comptables[10].

Au contraire, ne peut encourir le reproche de faire obstacle au bon déroulement de la procédure en s'abstenant volontairement de coopérer avec les organes, l'ancien dirigeant auquel un seul rendez-vous avait été fixé avec le mandataire de justice et manqué par ce dirigeant, ayant rencontré de sérieux problèmes de santé, et alors que la comptabilité avait été régulièrement tenue[11].

Ne peut davantage encourir le reproche de faire obstacle au bon déroulement de la procédure en s'abstenant volontairement de coopérer avec les organes, l'un des dirigeants dès lors que l'autre dirigeant s'est présenté au liquidateur pour lui fournir toutes explications sur la situation de la société et lui a adressé une note sur la situation comptable de la société et sur son redéploiement commercial[12]. Autrement dit, non seulement le dirigeant ne doit pas coopérer, mais encore cela doit conduire à empêcher le bon déroulement de la procédure, ce qui n'est pas le cas dès lors qu'un des dirigeants coopère. Il faut donc un élément intentionnel, mais

1. Paris, 3e ch. C, 2 juill. 2003, RG n° 03/03277.
2. Com. 13 mai 2003, n° 99-11.969, NP.
3. Paris, 3e ch., 9 juin 1998, *Rev. proc. coll.* 1999, 236, n° 3, obs. Bach – Paris, 3e ch. B, 7 mars 2003, RG n° 02/12683.
4. Aix-en-Provence, 8e ch., 2 févr. 2012, RG n° 2012/76, *JCP E* 2012. 1618, note Delattre; *Rev. proc. coll.* 2013, comm. 88, note Martin-Serf.
5. *Aix-en-Provence, 8e ch., 15 nov. 2012*, RG n° 12/00465, *Rev. proc. coll.* 2013, comm. 88, note Martin-Serf.
6. *Riom, ch. com., 12 déc. 2012*, RG n° 11/02526, *Rev. proc. coll.* 2013, comm. 88, note Martin-Serf.
7. Rennes, 3e ch. com., 10 déc. 2013, RG n° 12/03765, *Rev. proc. coll.* 2014, comm. 87, note Martin-Serf.
8. Rouen, ch. civ. et com., 7 nov. 2013, RG n° 13/00397, *Rev. proc. coll.* 2014, comm. 87, note Martin-Serf.
9. Rouen, ch. civ. et com., 16 janv. 2014, RG n° 12/02818, *Rev. proc. coll.* 2014, comm. 87, note Martin-Serf.
10. Com. 30 juin 2015, n° 13-23.026, NP; n° 654 F-D.
11. Com. 24 mars 2015, n° 14-50.046, NP; n° 311 F-D.
12. Com. 17 nov. 2015, n° 14-12.372, *Bull. civ.* IV [à paraître]; n° 993 FS-P+B; *D.* 2015. actu 2438, note Lienhard; *Gaz. Pal.* 12 avr. 2016, n° 14, p. 75, note Montéran; *Act. proc. coll.* 2015/20, comm. 317, note Vallansan; *JCP E* 2015. 1624, note Cérati-Gauthier; *BJE* 2016, 19, note Monsérié-Bon; *Bull. Joly sociétés* 2016, 48, note Laroche; Dr. sociétés 2016, comm. 35, note Legros; Rev. sociétés 2016. 194, note Henry et 253, note Reygrobellet; *Gaz. Pal.* 2 févr. 2016, n° 5, p. 68, note Dondéro; *Rev. proc. coll.* 2016, comm. 40, note Lebel et comm. 92, note Martin-Serf.

aussi un élément matériel pour constituer ce cas de faillite personnelle.

Ainsi, le constat s'impose-t-il que le caractère large de ce cas permet de condamner un dirigeant ou un débiteur plus facilement que par le passé.

SECTION 912.20 CAS DE PRONONCÉ DE LA FAILLITE PERSONNELLE INTÉRESSANT EXCLUSIVEMENT LES DIRIGEANTS DE PERSONNES MORALES DÉBITRICES

912.21 Disposer des biens de la personne morale comme des siens propres. Ce cas, envisagé par l'article L. 625-4 du code de commerce (anc^{t} L. 25 janv. 1985[1], art. 188), dans sa rédaction antérieure à la loi de sauvegarde des entreprises, qui renvoie à l'article L. 624-5 du même code (anc^{t} L. 25 janv. 1985, art. 182), et plus spécialement au 1° de cette disposition, ne peut intéresser que les dirigeants de personnes morales débitrices puisqu'il suppose, de la part de ceux-ci, une méconnaissance de l'étanchéité qui doit exister entre leur patrimoine et celui de la personne morale. Il s'agit de sanctionner le dirigeant qui fait passer son intérêt avant celui de la personne morale qu'il dirige, comme si cette dernière était « sa chose ». Ce cas a été repris par la loi de sauvegarde des entreprises (C. com., art. L. 653-4).

Les faits caractéristiques ici visés consisteront, pour le dirigeant de la personne morale débitrice, à payer des dettes personnelles ou les dettes d'une autre structure avec le compte social[2] ou à utiliser le personnel de la personne morale pour faire des travaux personnels, par exemple ceux relatifs à son habitation. Toutefois, le caractère facultatif de la mesure de faillite personnelle pourra conduire à ne pas la prononcer si les prélèvements effectués sur le compte social sans explication comptable, ne sont pas disproportionnés par rapport à l'activité et au volume d'affaires de la société[3].

Il pourra encore s'agir de payer prioritairement les dettes cautionnées par le dirigeant social[4], alors que les dettes courantes ne le sont pas ou de payer une dette contractée envers une société dans laquelle le dirigeant est intéressé[5].

La disposition des biens sociaux comme des biens propres ne présuppose pas que la société débitrice soit propriétaire des biens en question. Ainsi, ce cas a été retenu à l'encontre du dirigeant de fait d'une société, laquelle avait pris en location un véhicule, qu'elle destinait à la relocation à ses clients, dès lors que le dirigeant, sans contrepartie, utilisait à des fins personnelles le véhicule, privant la société du bien et du loyer[6].

L'ordonnance du 9 décembre 2010[7] adapte à l'EIRL ce cas de faillite personnelle. L'entrepreneur devra avoir disposé des biens visés par la procédure collective comme s'ils étaient compris dans un autre de ses patrimoines. Le texte vise les biens de l'entreprise, ce qui revient à personnaliser l'entreprise, ainsi que cela a été justement remarqué[8]. Il s'agit ici de protéger le gage des créanciers de la procédure collective, c'est-à-dire le gage compris dans le patrimoine affecté soumis à la procédure collective.

912.22 Avoir, sous le couvert de la personne morale masquant ses agissements, fait des actes de commerce dans un intérêt personnel. Ce cas, envisagé par l'article L. 625-4 du code de commerce (anc^{t} L. 25 janv. 1985[9], art. 188), qui renvoie à l'article L. 624-5 du même code (anc^{t} L. 25 janv. 1985, art. 182), et plus spécialement au 2° de cette disposition, ne peut, ici encore, intéresser que les dirigeants de personnes morales débitrices puisqu'il suppose, de la part de ceux-ci, de se servir de l'écran d'une personne morale pour agir à titre individuel. Il est repris par la loi de sauvegarde des entreprises (C. com., art. L. 653-4).

La mesure présuppose que la société dirigée soit fictive ou que l'intéressé agisse en véritable maître de l'affaire, comme s'il n'y avait pas de personne morale, c'est-à-dire, en présence d'une société, sans être animé d'un quelconque *affectio societatis*.

L'intéressé doit avoir accompli des actes de commerce, selon la définition du code de commerce, par exemple la signature d'aval. Seule la répétition donnera lieu à application du texte du fait du pluriel utilisé dans l'expression « actes de commerce ».

Les actes doivent être accomplis dans l'intérêt personnel du dirigeant, et non dans l'intérêt de la personne morale dirigée. Mais le texte a également vocation à régir l'hypothèse d'actes de commerce accomplis dans l'intérêt d'une personne morale dans laquelle le dirigeant est intéressé[10]. L'intérêt sera donc direct ou indirect.

L'ordonnance du 9 décembre 2010[11] adapte à l'EIRL ce cas de faillite personnelle. L'EIRL devra avoir, sous le couvert de l'activité visée par la procé-

1. L. n° 85-98, 25 janv. 1985, préc.
2. Com. 11 juill. 1995, n° 93-15.864, NP, *JCP* 1995. II. 22549, note Gibirila.
3. Paris, 3e ch. B, 1er juill. 2005, RG n° 04/20779.
4. Com. 27 oct. 1998, n° 96-15.218, NP; *RJDA* 1999/4, n° 450.
5. Com. 27 oct. 1998, n° 95-15.068, NP; *RJDA* 1999/2, n° 207.
6. Com. 8 nov. 2011, n° 10-18.849, NP; n° 1120 F-D.
7. Ord. n° 2010-1512, 9 déc. 2010, préc.
8. Saint-Alary-Houin, « EIRL et procédures collectives », *Dr. et patr.* avr. 2011. 63, sp. 70.
9. L. n° 85-98, 25 janv. 1985, préc.
10. SOINNE, n° 2631.
11. Ord. n° 2010-1512, 9 déc. 2010, préc.

dure collective, masquant ses agissements, fait des actes de commerce dans un intérêt autre que celui de cette activité.

912.23 **Faire des biens ou du crédit de la personne morale un usage contraire à l'intérêt de celle-ci à des fins personnelles ou pour favoriser une autre personne morale ou entreprise dans laquelle il était intéressé directement ou indirectement.** Ce cas, envisagé par l'article L. 625-4 du code de commerce (anc[t] L. 25 janv. 1985[1], art. 188), qui renvoie à l'article L. 624-5 du même code (anc[t] L. 25 janv. 1985, art. 182), et plus spécialement au 3° de cette disposition, ne peut, ici encore, intéresser que les dirigeants de personnes morales débitrices puisqu'il suppose, de la part de ceux-ci, de méconnaître les intérêts de la personne morale et de faire prévaloir les leurs. Il est repris par la loi de sauvegarde des entreprises (C. com., art. L. 653-4, 3°).

Ce cas se rapproche sensiblement du délit d'abus de biens sociaux.

Seront ici sanctionnés, les versements de salaires aux dirigeants, s'ils sont excessifs et, *a fortiori*, s'ils sont versés sans travail effectif.

Il en sera de même du paiement de factures d'un montant excessif par rapport à la prestation fournie et ne pouvant s'expliquer que par l'intérêt qu'en retire le dirigeant, un proche de celui-ci ou une personne morale dans laquelle il est intéressé. Symétriquement, l'absence de facturation de fournitures au profit d'une autre société dirigée constitue ce cas de faillite personnelle[2].

Il en est encore de même de prélèvements effectués sur les actifs sociaux pour payer les dettes d'une autre structure dans laquelle le dirigeant ou son conjoint était associé[3]. La solution est identique en présence de financements d'une activité d'une société par les ressources d'une autre[4], lorsque la distribution exceptionnelle de dividendes, prélevés sur le poste « autres réserves » aux actionnaires de deux sociétés dont le dirigeant de la société débitrice était président du conseil d'administration, avait pour objet de lui permettre de favoriser une société dans laquelle il était l'actionnaire majoritaire[5].

Il en ira de même de la conclusion par la société débitrice d'un bail à construction sur un terrain appartenant au dirigeant dans des conditions défavorables à la société[6].

La sanction peut encore être prononcée à l'encontre du dirigeant qui se fait céder des participations détenues par la société débitrice dans une autre société et qu'il paie par compensation avec son compte-courant dans la société débitrice alors qu'il connaissait le caractère irrécouvrable de ce dernier[7].

L'ordonnance du 9 décembre 2010[8] adapte à l'**EIRL** ce cas de faillite personnelle. Il s'agit ici pour l'entrepreneur de faire des biens ou du crédit de l'entreprise visée par la procédure collective un usage contraire à l'intérêt de celle-ci à des fins personnelles ou pour favoriser une personne morale ou entreprise dans laquelle il était intéressé directement ou indirectement. Le texte fait apparaître que l'acte préjudiciable à l'entreprise à patrimoine affecté pourra profiter soit au patrimoine non affecté [fins personnelles] soit au patrimoine d'une autre entreprise à patrimoine affectée gérée par l'entrepreneur, soit à une personne morale.

912.24 **Inexécution de la condamnation à combler le passif.** Ce cas, visé à l'article L. 625-6 du code de commerce (anc[t] L. 25 janv. 1985[9], art. 190), ne peut ici encore concerner que les seuls dirigeants de personne morale puisqu'il suppose que l'intéressé ait été condamné à payer les dettes de la personne morale. Il n'en sera cependant ainsi que dans le seul cas de condamnation à combler le passif sur le fondement de l'article L. 624-3 du code de commerce (anc[t] L. 25 janv. 1985, art. 180), peu important ensuite que l'intéressé se soit vu appliquer les dispositions de l'article L. 624-4 (anc[t] L. 25 janv. 1985, art. 181), c'est-à-dire le redressement ou la liquidation judiciaire à titre personnel pour inexécution de la condamnation à combler le passif. En revanche, il n'y a pas place au prononcé de la mesure dans le cas où le passif de la personne morale a été mis à charge du dirigeant, par suite d'une déclaration à titre personnel en redressement ou en liquidation judiciaire sur le fondement de l'article L. 624-5 du code de commerce (anc[t] L. 25 janv. 1985, art. 182)[10]. Il s'agit ici d'inciter à s'exécuter, en le menaçant de sanction – technique de dissuasion – le dirigeant condamné à combler le passif.

Ce cas de faillite personnelle semble repris par la **loi de sauvegarde des entreprises.** L'article L. 653-6 du code dispose en effet que « le tribunal peut prononcer la faillite personnelle du dirigeant de la per-

1. L. n° 85-98, 25 janv. 1985, préc.
2. Paris, 3e ch. A, 17 janv. 2006, RG n° 05/7359.
3. Paris, 3e ch. C, 25 avr. 2003, RG n° 02/01066.
4. Versailles, 13e ch., 31 janv. 2013, RG n° 12/03954, *Rev proc. coll. 2013, comm. 177, note Martin*-Serf.
5. Com. 25 oct. 2011, n° 10-23.671, NP; n° 1053 F-D; *Gaz. Pal.* 28 avr. 2012, n° 118, p. 42, note Montéran; *Bull. Joly* 2012. 243, note Poracchia.
6. Com. 21 janv. 2003, n° 00-12.724, NP; n° 140 F-D; *Rev. proc. coll.* 2005, p. 161, n° 21, obs. Barret.
7. Com. 8 juill. 2003, n° 00-20.010, NP; n° 1227 FS-D; Rev. *proc. coll.* 2005, p. 161, n° 20, obs. Barret.
8. Ord. n° 2010-1512, 9 déc. 2010, préc.
9. L. n° 85-98, 25 janv. 1985, préc.
10. Com. 6 janv. 1998, n° 95-11.544, *Bull. civ.* IV, n° 4.

sonne morale qui n'a pas acquitté les dettes de celle-ci mises à sa charge ». Il s'agit là de l'exacte reprise du texte ancien (C. com., art. L. 625-6). Cependant, la formulation législative peut faire naître un doute, dans la mesure où la loi de sauvegarde des entreprises a créé l'obligation aux dettes sociales, sanction qui consiste à mettre à la charge du dirigeant tout ou partie des dettes sociales, et qui peut être opposée à la condamnation à combler l'insuffisance d'actif, qui ne consiste pas alors à supporter le passif de la personne morale, mais seulement l'insuffisance d'actif. L'absence de volonté législative affirmée, lors des travaux parlementaires, sous réserve cependant du Rapport Xavier de Roux, dans lequel on peut lire à deux reprises que la faillite personnelle ne pourra être prononcée en cas d'inexécution de la condamnation à combler le passif, mais seulement en cas d'inexécution de l'obligation aux dettes sociales[1], cependant que dans ce même rapport le contraire est aussi affirmé[2], nous pousse à décider que la solution ancienne, à savoir la possibilité de prononcer la faillite personnelle contre le dirigeant qui n'exécute pas la condamnation à combler l'insuffisance d'actif, doit être reconduite[3]. Le texte n'a pas été modifié à l'occasion de la réforme issue de l'ordonnance du 18 décembre 2008. Cette absence de suppression conforte l'opinion émise, puisque cette ordonnance a supprimé l'obligation aux dettes sociales.

Une difficulté tenant au délai de prescription se présente pour ce cas de faillite personnelle (v. ss no 922.64).

L'ordonnance du 9 décembre 2010[4] adapte à l'**EIRL** ce cas de faillite personnelle. Le cas vise l'entrepreneur, condamné à payer l'insuffisance d'actif constatée dans la procédure ouverte contre son entreprise individuelle à responsabilité limitée sur son patrimoine non affecté, qui ne s'est pas exécuté de cette condamnation. L'incitation pour cet entrepreneur est ici très claire, sauf à s'exclure de la vie des affaires.

Comme cela est le cas pour toutes les hypothèses de prononcé de la faillite personnelle, il est possible, tant sous l'empire de la loi de 1985, que sous celui de la loi de 2005[5], de prononcer à la place l'interdiction de gérer. Cette dernière mesure peut d'ailleurs être prononcée en appel, en substitution à la faillite personnelle. Il en sera ainsi lorsque la cour d'appel n'est pas mise en mesure de savoir si l'intéressé fait délibérément obstacle de mauvaise foi à l'exécution de la décision, compte tenu d'indications insuffisantes sur les ressources du dirigeant condamné[6].

912.25 Inexécution de la condamnation à l'obligation aux dettes sociales. La loi du 26 juillet 2005[7] a créé, en substitut au redressement judiciaire et à la liquidation judiciaire à titre personnel, l'obligation aux dettes sociales. L'article L. 653-6 du code prévoit la possibilité de prononcer la faillite personnelle à l'encontre du dirigeant qui ne s'acquitte pas des dettes de la personne morale mises à sa charge. Il n'y a donc aucune difficulté à appliquer ce cas de faillite personnelle au dirigeant condamné à l'obligation aux dettes sociales qui ne paie pas celles-ci. Conformément à la solution classique, le prononcé de la faillite personnelle est facultatif.

La suppression de l'obligation aux dettes sociales par l'ordonnance du 18 décembre 2008[8] conduit évidemment à la disparition de ce cas de faillite personnelle.

SECTION 912.30

PRONONCÉ DE LA FAILLITE PERSONNELLE PAR LA JURIDICTION RÉPRESSIVE

912.31 Prononcé de la mesure d'élimination par la juridiction répressive. La mesure de faillite personnelle peut être prononcée soit par la juridiction civile, c'est-à-dire le tribunal de la faillite, soit par la juridiction répressive, à titre de peine complémentaire (L. 25 janv. 1985[9]; C. com., art. L. 626-6, l. 1 – L. 26 juill. 2005[10]; C. com., art. L. 654-6). le présuppose alors le prononcé de la banqueroute . ss no 911.36). Elle ne peut accompagner une ndamnation pour abus de biens sociaux[11].

STION 912.40

ETS DE LA FAILLITE PERSONNELLE

9.41 Exclusion de la vie des affaires résultant de mesure. Aux termes de l'article L. 625-2, ala 1 du code de commerce, dans sa rédaction

1. *Rapp. Xavier de Roux*, no 2095, p. 416 et p. 417.
2. *Rapp. Xavier de Roux*, no 2095, p. 418.
3. AUSSI : Montéran, « Les sanctions pécuniaires et personnelles dans la loi du 26 juillet 2005 », *Rev. proc. coll.* 9-10 sept. 2005, no sp., p. 37 s., sp. p. 45 – Zattara-Gros, « Des responsabilités et des sanctions », *LPA* no sp. 9 févr. 2006, no 29, p. 52 s., sp. p. 71, 73 – PÉROCHON ET BONHOMME, 7e éd., nos 564, 581-1 – VALLANSAN, 4e éd., no 547.
4. Ord. no 2010-1512, 9 déc. 2010, préc.
5. L. no 2005-845, 26 juill. 2005, préc.
6. noble, ch. com., 2 févr. 2012, RG no 10/03949, *Dr. étés* 2012, no 214, note Legros.
7. 2005-845, 26 juill. 2005, préc.
8. no 2008-1345, 18 déc. 2008, préc.
9. 85-98, 25 janv. 1985, préc.
10. 2005-845, 26 juill. 2005, préc.
11. 23 sept. 2009, no 08-88.228 NP, *D.* 2010. Chron. 1668, Mascala; *Dr. sociétés* 2010, no 16, note Legros.

antérieure à la loi du 26 juillet 2005[1], la faillite personnelle emporte interdiction de diriger, gérer, administrer ou contrôler, directement ou indirectement, toute entreprise commerciale ou artisanale, toute exploitation agricole et toute personne morale ayant une activité économique.

L'article L. 653-2 du code de commerce, dans sa rédaction issue de la loi de sauvegarde des entreprises, modifie ces effets sur deux points. D'une part, le texte ajoute « toute entreprise ayant toute autre activité indépendante ». Il s'agit là de prendre en compte l'extension des procédures collectives aux professionnels indépendants. D'autre part, le texte nouveau vise désormais « toute personne morale » et supprime l'exigence de l'activité économique, en procédant ainsi à un alignement des domaines des sanctions professionnelles et des sanctions pécuniaires. Le failli ne pourra par exemple, diriger une association sportive ou culturelle, un syndicat ou encore une société civile immobilière[2]. Il a aussi été soutenu que la faillite personnelle peut conduire les maires ou présidents administrant une collectivité territoriale à quitter leurs fonctions, faute pour l'article L. 653-2 du code, de distinguer entre les personnes morales de droit privé et les personnes morales de droit public[3]. L'opinion ne nous semble pas pouvoir être suivie. L'article L. 653-2 du code, qui s'intéresse aux effets de la faillite personnelle, nous semble devoir être interprété au regard du domaine d'application des sanctions, qui concerne toutes les personnes morales, dès lors qu'elles sont de droit privé. En outre, l'incapacité publique élective est une sanction spécifique qui permet d'écarter le failli de telles fonctions. La règle *specialia*... nous semble conduire à la solution, alors surtout qu'une faillite personnelle prononcée pour une durée supérieure à cinq ans aurait ce curieux effet de prolonger l'incapacité publique élective.

L'intéressé n'aura plus accès à une activité impliquant une possibilité d'ouverture d'une nouvelle procédure collective à son encontre. Dans ce contexte, il est logique de décider que l'impossibilité de l'exercice de l'activité interdit au débiteur, à l'encontre duquel une mesure de faillite personnelle a été prononcée, et qui exerce l'activité au mépris de la mesure d'interdiction, de bénéficier du redressement judiciaire; il sera, en conséquence, placé directement en liquidation judiciaire. La solution a été posée pour l'exercice du commerce[4] (v. aussi s[s] n° 227).

De même, la mesure de radiation du registre du commerce s'impose[5].

Une cour d'appel, saisie d'une question prioritaire de constitutionnalité fondée sur la non-conformité aux articles 4 et 5 de la Déclaration des droits de l'homme, a considéré la question comme non sérieuse. Elle n'est pas contraire à la liberté d'entreprendre, dans la mesure où elle est limitée dans le temps, proportionnée car soumise à l'appréciation des juges du fond, n'interdit que l'exercice d'une activité indépendante et s'inscrit dans le droit fil de l'article 5 de la Déclaration des droits de l'homme qui permet à la loi d'intervenir pour défendre les actions nuisibles à la société[6]. Dans une autre espèce, la Cour de cassation a considéré comme non sérieuse la question prioritaire de constitutionnalité fondée sur l'automaticité de l'interdiction de gérer toute entreprise attachée au prononcé de la faillite personnelle. « Sous le couvert d'une contestation du caractère automatique de l'interdiction de gérer toute entreprise qui est attachée à la faillite personnelle, la question entend remettre en cause la définition même de cette mesure, la faillite personnelle consistant en cette interdiction dont elle est l'effet principal, et méconnaît à la fois le caractère facultatif de son prononcé par le juge, même si les conditions en sont réunies, et la possibilité prévue par l'article L. 653-8 du code de commerce, de lui substituer une simple mesure d'interdiction de gérer ne s'appliquant à la direction de certaines entreprises. »[7]

Il n'existait pas en France de registre des faillis comme cela était le cas en Italie. Pareille mesure aurait violé l'article 8 de la Conv. EDH, par l'atteinte à la vie privée qu'elle occasionnait, du fait de son caractère automatique et de l'absence de contrôle juridictionnel sur l'application des incapacités qui y sont relatives[8]. Pourtant, un fichier national des interdits de gérer a été créé (v. s[s] n° 911.11).

Pour suppléer la carence du dirigeant social failli, un mandataire *ad hoc* peut être désigné. Il a nécessairement une mission de représentation légale de cette société, qui l'autorise à demander l'ouverture d'un redressement ou d'une liquidation judiciaire, mais encore d'une procédure de sauvegarde (v. s[s] n° 231.25).

1. L. n° 2005-845, 26 juill. 2005, préc.
2. Schultz, « La faillite personnelle après la loi du juillet 2005 sur la sauvegarde de l'entreprise », *Rev. . coll.* 2005, p. 305, n° 26.
3. Schultz, art. préc., n° 26.
4. Com. 2 mai 2001, n° 98-12.036, NP, *RJDA* 1/8-9, n°s 882, 889; *Rev. proc. coll.* 2001, p. 275, n° 7, Barret.
5. Dijon, ch. civ. B, 19 févr. 2002, *Act. proc. coll.* 2002, n° 118.
6. Aix-en-Provence, 8e ch. C, 17 oct. 2013, RG n° 13-07096, *Rev. proc. coll.* 2014, comm. 178, note Martin-Serf.
7. Com. 1er juill. 2015, n° 15-40.014 QPC, NP, *Gaz. Pal.* 19 janv. 2016, n° 3, p. 77, note Robaczewski; *BJE* 2015, 337, note Favario; *Dr. sociétés* 2015, comm. 180, note Legros.
8. CEDH 24 mai 2006, req. n° 20662/02, *Pernici c/Italie*, *Rev. sociétés* 2007. 157, note Matsopoulou.

912.42 Effets secondaires de la faillite personnelle. L'article 194 de la loi du 25 janvier 1985[1], disposition abrogée par la codification intervenue en 2000[2], prévoyait que le jugement qui prononce la faillite personnelle emporte incapacité d'exercice d'une fonction publique élective[3]. La durée de cinq ans visée au texte ne concernait que l'interdiction résultant du prononcé de la liquidation judiciaire, et non celle résultant du prononcé de la faillite personnelle ou de l'interdiction de gérer. Cette interdiction s'appliquait même aux fonctions de député européen[4]. La solution était logique puisque l'élection était intervenue en France.

Par une décision du 15 mars 1999, le Conseil constitutionnel a considéré inconstitutionnel le caractère automatique de l'incapacité d'exercer une fonction publique élective résultant de ce texte[5]. Logiquement, l'ordonnance de codification du 18 septembre 2000 a supprimé l'article 194 et le deuxième alinéa de l'article 195 qui réglementait la durée de l'incapacité de l'article précédent.

La loi du 26 juillet 2005[6] réinstaure cette mesure complémentaire. Elle n'est envisagée qu'en cas de prononcé de la faillite personnelle[7]. Mais, pour tenir compte du reproche formulé au législateur précédent par le Conseil constitutionnel, la mesure n'est plus automatique. Il s'agit en effet d'une simple faculté pour le tribunal (C. com., art. L. 653-10).

Le texte précise que l'incapacité publique élective prendra effet à compter de la notification, par le ministère public, de la décision qui la prononce. Si le point de départ de l'interdiction était précisé, le texte du projet de loi restait, en revanche, muet sur sa durée. À la suite d'un amendement[8], le texte prévoit que l'incapacité sera prononcée pour une durée égale à celle de la faillite personnelle, dans la limite de cinq ans. Il a été relevé que cette limitation à cinq ans constituait un alignement sur la durée maximale des mesures complémentaires prononcées par la juridiction répressive[9].

L'incapacité d'exercer une fonction publique élective entraîne, en application de l'article L. 199 du code électoral, inéligibilité aux élections départementales, et par renvoi[10], municipales et régionales, à partir de la décision définitive qui prononce l'incapacité publique élective. Pour cette raison, l'article 191 du projet de loi, qui avait vocation à modifier l'article 202 du code électoral, a été jugé redondant avec l'article 199 du même code et l'article 191 du projet de loi de sauvegarde a été en conséquence supprimé[11].

Lorsque la personne sanctionnée par une mesure de faillite personnelle sera dispensée ou relevée des déchéances et interdictions, par l'effet d'un jugement de clôture pour extinction du passif, elle sera identiquement relevée de l'incapacité d'exercer une fonction publique élective (C. com., art. L. 653-11, al. 2), et l'inéligibilité prendra alors fin.

L'intéressé pourra également demander au tribunal de le relever de l'incapacité d'exercer une fonction publique élective s'il a apporté une contribution suffisante au paiement du passif (C. com., art. L. 653-11, al. 3 – v. s^s n° 911.91).

En outre, la faillite personnelle emporte, sous l'empire de la législation antérieure à la loi de sauvegarde des entreprises, diverses déchéances complémentaires visées par l'article L. 625-2, alinéa 2 du code de commerce sous l'expression « interdictions et déchéances applicables aux personnes qui étaient déclarées en état de faillite au sens donné à ce terme antérieurement au 1er janvier 1968 ». Il s'agit là des déchéances professionnelles, civiques et honorifiques, telle la radiation des listes électorales ou l'interdiction de porter certaines décorations[12], par exemple celle de la légion d'honneur. L'ordonnance du 6 mai 2005[13] relative aux incapacités en matière commerciale et à la publicité du régime matrimonial des commerçants a abrogé la loi du 30 août 1947[14] relative à l'assainissement des professions commerciales et industrielles et le décret du 8 août 1935[15] portant application aux gérants et administrateurs de sociétés de la législation de la faillite et de la banqueroute et instituant l'interdiction et la déchéance du droit de gérer et administrer une société, que les réformes pénales successives avaient déjà largement vidé de leur substance. Cette ordon-

1. L. n° 85-98, 25 janv. 1985, préc.
2. Ord. n° 2000-912, 18 sept. 2000, *JO* 21 sept., p. 14783.
3. ILLUSTR. : Com. 9 juill. 1996, n° 95-13.424, *Bull. civ.* IV, n° 207.
4. CE 8 janv. 1997, req. n° 183363, *Lebon*; *D.* 1997. 259, note Ghegantian; *Rev. proc. coll.* 1998, 314, n° 11, obs. Bach.
5. Cons. const. 15 mars 1999, n° 99-410 DC, *JO* 21 mars, p. 4234; *Rec.*, p. 51; *JCP E* 1999. Chron. 1537, n° 19, obs. Pétel; *D.* 2000. Somm. 116, obs. Roujou de Boubée.
6. L. n° 2005-845, 26 juill. 2005, préc.
7. Gibirila, « Les responsabilités et les sanctions du dirigeant dans la loi de sauvegarde des entreprises », *Defrénois* 2006/12, p. 989, n° 38412, sp. p. 1018.
8. Amend. n° 212, Interv. Xavier de Roux, *JOAN CR*, 3e séance du 8 mars 2005, p. 1800.
9. Zattara-Gros, « Des responsabilités et des sanctions », *LPA* n° sp., 9 févr. 2006, n° 29, p. 52 s., sp. p. 75.
10. *Rapp. Xavier de Roux*, n° 2095, p. 502.
11. *Rapp. J.-J. Hyest*, n° 335, p. 577.
12. SUR LE DÉTAIL de la question : SOINNE, nos 2690 s. – J.-CL. COM., Martin-Serf, fasc. 2910.
13. Ord. n° 2005-428, 6 mai 2005 relative aux incapacités en matière commerciale et à la publicité du régime matrimonial des commerçants, *JO* 7 mai, p. 7925.
14. L. n° 47-1635, 30 août 1947, *JO* 31 août, p. 8661.
15. D. 8 août 1935, *JO* 9 août, p. 8682.

nance a refondu les interdictions d'exercice résultant d'une condamnation pénale[1].

Le renvoi à ces interdictions et déchéances complémentaires a été supprimé par la loi du 26 juillet 2005, sans que le nouveau texte ne renvoie davantage à l'ordonnance du 6 mai 2005. Le sens de la disposition contenue à l'article L. 625-2 alinéa 2, dans sa rédaction antérieure à la loi de sauvegarde des entreprises, est en effet apparu obscur[2]. Il a été parlé du « pitoyable ancien article L. 625-2 alinéa 2 » du code[3]. Mais la suppression de ce renvoi n'a pas pour effet de supprimer ces interdictions et déchéances complémentaires, car elles sont prévues par d'autres textes[4], les articles L. 128-1 et suivants du code de commerce ainsi que divers textes spécifiques, notamment ceux propres à l'exercice de telle ou telle profession, interdisant précisément l'exercice de la profession au failli.

La loi du 26 juillet 2005 n'affecte pas, en revanche, l'article L. 341-9, II du code monétaire et financier, tel qu'il résulte de la loi du 1er août 2003[5], qui prévoit l'interdiction de l'exercice d'une activité de démarchage bancaire et financier pour la personne frappée d'une mesure de faillite personnelle ou une autre mesure d'interdiction prévue par le code de commerce, ce qui permet de viser l'interdiction de gérer.

L'article L. 625-9 du code de commerce, dans la rédaction antérieure à la loi du 26 juillet 2005 et l'article L. 653-9, dans la rédaction issue de la loi du 26 juillet 2005, qui étend la solution à la procédure de sauvegarde, prévoient enfin que les droits de vote des dirigeants frappés de faillite personnelle dans l'assemblée de la personne morale débitrice, et seulement dans celle-ci[6], sont exercés par un mandataire *ad hoc* désigné par le tribunal, lequel ne peut ordonner la cession forcée des parts ou actions détenues par les dirigeants concernés, dès lors qu'il s'agit de ceux détenus par la personne morale débitrice[7]. Le produit de la vente des actions sera affecté exclusivement au paiement du passif social, ce qui aura pour effet de l'exclure du périmètre des biens soumis au dessaisissement, si le dirigeant fait lui-même l'objet d'une procédure de redressement ou de liquidation judiciaire à titre personnel[8].

Pour les débiteurs, personnes physiques, le prononcé de la faillite personnelle présente un impact patrimonial indéniable, puisqu'il interdit à l'intéressé de bénéficier de la règle de l'impossibilité de reprise des poursuites individuelles, après clôture pour insuffisance d'actif de la procédure (v. ss no 592.65).

SECTION 912.50

SANCTIONS DE L'EXERCICE D'UNE ACTIVITÉ EN DÉPIT DE LA MESURE DE FAILLITE PERSONNELLE

912.51 Sanction pénale de l'exercice d'une activité en dépit de la mesure de faillite personnelle ou d'interdiction de gérer. Afin que la mesure de faillite personnelle ne reste pas lettre morte, l'article L. 627-4 du code de commerce (anct L. 25 janv. 1985[9], art. 216), dans sa rédaction antérieure à la loi de sauvegarde des entreprises[10] et l'article L. 654-15, dans sa rédaction issue de la loi de sauvegarde des entreprises, relaient l'interdiction, sur le terrain pénal, en énonçant que « quiconque exerce une activité professionnelle ou des fonctions en violation des interdictions, déchéances ou incapacités prévues par les articles L. 625-2 et L. 625-8 [C. com., art. L. 653-2 et L. 653-8, réd. L. 26 juill. 2005] est puni d'un emprisonnement de deux ans et d'une amende de 375 000 euros ».

L'infraction de violation d'une interdiction de gérer ou d'une mesure de faillite personnelle n'implique pas une notification de la décision prononçant l'interdiction de gérer ou la faillite personnelle selon les formes du code de procédure pénale[11].

L'article 216 de la loi du 25 janvier 1985 a été jugé applicable à la violation d'une mesure de faillite personnelle prononcée sous l'empire de la loi du 13 juillet 1967[12], dès lors que la violation de l'interdiction est postérieure à l'entrée en vigueur de la loi du 25 janvier 1985[13].

Est constituée l'infraction, lorsque l'intéressé, parfois sous couvert d'un contrat de travail[14], est dirigeant de fait[15], la régularité du contrat de travail, au besoin reconnue par le conseil des prud'hommes

1. Schultz, « La faillite personnelle après la loi du 26 juillet 2005 sur la sauvegarde de l'entreprise », *Rev. proc. coll.* 2005, p. 299, no 1.
2. *Rapp. Xavier de Roux*, no 2095, p. 424.
3. Pérochon, 10e éd., no 1746.
4. *Rapp. Xavier de Roux*, no 2095, p. 424 – *Rapp. J.-J. Hyest*, no 335, p. 468 – *Adde*, Régnault-Moutier, « Les dirigeants de société », *Rev. proc. coll.* 2006/2, p 159 s., sp. p. 164.
5. *L. no 2003-706, 1er août 2003, JO 2 août, p. 13220.*
6. Soinne, no 2699.
7. Versailles, 25 févr. 1993, *Bull. Joly* 1993. 603, note P. L. C.
8. Rappr. : Derrida *et alii*, no 596.
9. L. no 85-98, 25 janv. 1985, préc.
10. L. no 2005-845, 26 juill. 2005, préc.
11. Crim. 19 mars 2008, no 07-82.662, NP, *Act. proc. coll.* 2008, no 151.
12. L. no 67-563, 13 juill. 1967, *JO* 14 juill., p. 7059.
13. Crim. 10 nov. 1999, no 98-84.852, *Bull. crim.* no 255; *Rev. sociétés* 2000. 568, note Bouloc.
14. Rouen, ch. corr., 31 janv. 2008, RG no 07/00552, *Rev. proc. coll.* 2009, no 27, note Delattre.
15. Crim. 25 juin 2013, no 12-84.810, NP, *Dr. sociétés* 2013, comm. 192, note Salomon – T. corr. Valenciennes, 28 sept. 2015, RG no 1917/15, *JCP E* 2016. 1296, note Delattre.

étant sans importance[1], alors surtout que le dirigeant de droit était complètement absent[2].

Il en est de même lorsque l'intéressé avait géré l'entreprise de son épouse, laquelle était gérante de paille[3].

L'infraction est encore constituée lorsqu'une juridiction, dans le cadre de la procédure de liquidation judiciaire de la société dirigée par l'intéressé, avait prononcé l'interdiction d'exercer toute activité non salariée durant la procédure collective, dès lors que l'intéressé a constitué une société qu'il a dirigée en fait, alors que la procédure collective de la première société était toujours en cours, activité qu'il a ensuite continuée à titre personnel, après la liquidation judiciaire prononcée contre la deuxième société[4].

Une juridiction du fond a cru devoir juger que l'infraction est réalisée même lorsque l'intéressé exerce une des activités interdites à l'étranger[5].

Le pourvoi introduit par l'intéressé n'ayant pas d'effet suspensif, il en résulte que l'infraction est constituée, nonobstant la voie de recours formée à l'encontre de l'arrêt de la cour d'appel ayant confirmé le jugement prononçant l'interdiction[6].

L'intéressé ne peut prétendre que l'infraction n'est pas constituée, au prétexte que le juge délégué à la surveillance du registre du commerce et des sociétés ne lui avait pas délivré d'injonction de respecter une décision de justice contradictoire et exécutoire prononçant la faillite personnelle[7].

L'article 190 de la loi du 26 juillet 2005 a mis fin aux peines d'interdiction de gérer et de faillite personnelle prononcées plus de quinze ans avant sa date de publication, mais sans rétroactivité. Il en résulte que la personne qui, au mépris de l'interdiction, a géré une société en qualité de dirigeant de fait peut être condamnée, même après la publication de la loi du 26 juillet 2005, dès lors que la commission des éléments constitutifs de l'infraction est antérieure à cette date et que les dispositions de l'article L. 627-4 du code de commerce, dans leur rédaction antérieure à la loi de sauvegarde des entreprises, ont été reprises par l'article L. 654-15 du code de commerce issu de la rédaction que lui a donnée la loi de sauvegarde[8].

Indiquons encore que l'article 128-1 du code de commerce sanctionnait pénalement le dirigeant pour violation d'une interdiction de gérer, qui résultait automatiquement du prononcé de la condamnation pénale au titre de certaines infractions. Ce texte a été abrogé par l'article 70 de la loi LME du 4 août 2008[9]. Le principe de rétroactivité *in mitius* de la loi pénale plus douce rend impossible la condamnation, dès lors qu'aucune condamnation passée en force de chose jugée n'était intervenue avant l'entrée en vigueur de la loi LME[10].

De même, la condamnation à la faillite personnelle prononcée sous l'empire de la loi du 25 janvier 1985 n'interdisait pas l'exercice d'une activité indépendante libérale. Ne peut donc être condamné pour violation de cette interdiction, après le 1er janvier 2006, celui qui exerce une activité libérale, au motif que le texte issu de la loi de sauvegarde des entreprises vise cette interdiction, car ce serait appliquer rétroactivement une loi pénale plus sévère[11].

912.52 Sanctions civiles de l'exercice d'une activité en dépit de l'interdiction. Sur le terrain civil, il convient d'abord d'indiquer que la violation d'une interdiction de gérer n'est pas, sous l'empire de la législation antérieure à la loi de sauvegarde des entreprises, un cas de redressement ou de liquidation judiciaire à titre personnel. Mais, elle peut, sous cette même législation, être prise en compte dans l'appréciation du tribunal sur le prononcé facultatif du redressement judiciaire pour inexécution de la décision à combler le passif[12].

La violation de l'interdiction a-t-elle ensuite des conséquences sur la validité des actes accomplis au mépris de l'interdiction ? Une réponse négative s'impose. En effet, la faillite personnelle, mesure de police économique, ne crée pas une incapacité[13],

1. Crim. 23 févr. 2011, n° 10-81.143, NP, *Gaz. Pal.* 7 oct. 2011, n° 280, p. 43, note Robaczewski; *Dr. pénal* 2011, n° 69, note Robert.
2. Paris, 9e ch. A, 1er oct. 2008, RG n° 08/03731, *Rev. proc. coll.* 2009, n° 27, note Delattre.
3. Douai, 6e ch. appels corr., 16 nov. 2010, RG n° 10/1156, *Rev. proc. coll. 2011. Alerte 5, note Delattre.*
4. Crim. 12 sept. 2012, n° 11-85.516, NP, *Dr. sociétés* 2012, n° 218, note Salomon.
5. Douai, 6e ch., 22 sept. 2005, RG nos 04/01858, 04/2600, *D.* 2005. AJ 2677, obs. Lienhard; *Act. proc. coll.* 2006, n° 41, note Delattre.
6. Crim. 1er mars 2000, n° 98-85.323, NP, *RJDA* 2000/6, n° 706; *Rev. proc. coll.* 2000, 225, n° 3, obs. Barret.
7. Douai, 6e ch. corr., 24 juin 2008, RG n° 08/470, *Rev. proc. coll.* 2009/5, p. 30, § 27, note Delattre.
8. Crim. 19 sept. 2007, n° 07-82.653, *Bull. crim.* n° 219; *D.* 2008. Pan. 1575, obs. Mascala; *Act. proc. coll.* 2008, note Mascala; *JCP E* 2008, n° 1474, note Delattre.
9. L. n° 2008-776, 4 août 2008, *JO* 5 août, p. 12471, dite loi LME.
10. Crim. 16 déc. 2009, n° 09-80.545, *Bull. crim.* n° 217; *Dr. sociétés* 2010, n° 59, note Salomon.
11. Crim. 17 févr. 2016, n° 14-83.663, *Bull. crim.* [à paraître]; *Act. proc. coll.* 2016/6, comm. 70, note Mascala; *BJE* 2016, 279, note Sorsino.
12. Paris, 3e ch. B, 3 janv. 2005, RG n° 04/1234.
13. Civ. 3e, 27 janv. 1999, n° 96-22.253, *Bull. civ.* III, n° 20; *JCP E* 1999. Con. 1866, obs. Moneger – Paris, 13e ch. B, 9 oct. 1998, *Affaires* 1998. 1813, obs. Lienhard; *RJ com.* 1999. 0, note Pétel – RAPPR. : Paris, 5e ch. A, 3 déc. 2003, RG n° 2/14264.

susceptible d'invalider l'acte accompli par le failli. Elle lui interdit seulement l'exercice d'une profession. L'acte accompli dans le cadre de l'activité interdite restera donc valable, cependant que la jurisprudence n'est pas toujours clairement fixée en ce sens[1].

Le failli n'est pas davantage atteint d'une incapacité d'ester en justice[2]. En revanche, étant interdit de diriger une personne morale, il ne peut valablement représenter celle-ci en justice[3].

Indiquons enfin que la délégation de pouvoirs accordée à une personne frappée d'une interdiction de gérer n'exonère pas le dirigeant d'une société de sa responsabilité pénale, dans la mesure où une telle personne ne peut accomplir d'actes de gestion[4]. Dans le même ordre d'idées, il faut préciser que le dirigeant de droit ne peut s'exonérer de sa responsabilité pénale en n'exerçant pas ses fonctions[5].

1. AINSI : Paris, 3e ch. B, 24 oct. 2003, RG n° 2/20357.
2. Paris, ord. 1er prés., 9 juill. 1998, *RJ Com.* 1999. 170, n° 1525, obs. Pétel.
3. Com. 27 janv. 1998, n° 95-20.585, *Bull. civ.* IV, n° 47 ; *LPA* 8 juill. 1998, n° 91, p. 7, note Grosclaude – Paris, 3e ch. B, 9 oct. 1998, *D. Affaires* 1998. 1813, obs. Lienhard.
4. Crim. 13 juin 2012, n° 11-85.280, NP, *Dr. sociétés* 2013, n° 56, note Salomon.
5. Crim. 31 mai 2012, n° 11-86.234, NP, *Gaz. Pal.* 25 janv. 2013, n° 25, p. 37, note Dondéro.

CHAPITRE

913. Règles propres à l'interdiction de gérer

SECTION 0

ORIENTEUR

913.00 Plan du chapitre.

Sect. 913.10 Cas de prononcé de l'interdiction de gérer
Sect. 913.20 Effets de l'interdiction de gérer

913.01 Textes applicables.

> Législation antérieure à la loi de sauvegarde des entreprises.
C. com., art. L. 625-8, L. 625-9

> Législation issue de la loi de sauvegarde des entreprises.
C. com., art. L. 653-8, L. 653-9
C. com., art. R. 653-1, al. 2 (anc[t] D. 28 déc. 2005, art. 323, al. 2)

> Législation issue de l'ordonnance du 18 décembre 2008.
C. com., art. L. 653-8, L. 653-9
C. com., art. R. 653-1, al. 2

> Législation issue de l'ordonnance du 12 mars 2014.
C. com., art. L. 653-8

> Législation issue de la loi n° 2015-990 du 6 août 2015
C. com., art. L. 653-8

913.02 Jurisprudence de référence.

> La cour d'appel ne peut substituer, sur appel du débiteur ou du dirigeant, la faillite personnelle à l'interdiction de gérer.

• **Com. 5 avr. 1994,** n° 92-15.556, NP
* V. s[s] n° 913.15

« Vu le principe selon lequel les juges d'appel ne peuvent aggraver le sort de l'appelant sur son unique appel; Attendu que pour infirmer le jugement et prononcer, au lieu et place *de l'interdiction de diriger décidée par les premiers juges*, la faillite personnelle pour la même durée, l'arrêt retient que les faits reprochés à Mme S… sont visés à l'article 187, 1 et 3, de la loi du 25 janvier 1985 [devenu C. com., art. L. 625-3, 1° et 3°], de sorte que seule la faillite personnelle est encourue par elle;

Attendu qu'en statuant ainsi, alors qu'elle ne pouvait substituer, sur le seul appel de Mme S… dont elle était saisie, la sanction plus grave de la faillite personnelle à celle de l'interdiction de diriger retenue, fût-ce en violation de l'article 192 de la loi du 25 janvier 1985 [devenu C. com., art. L. 625-8], par le tribunal, la cour d'appel a violé le principe susvisé. »

> La date retenue pour la cessation des paiements, dans le cadre de l'interdiction de gérer, ne peut être différente de celle fixée par le tribunal en application de l'article L. 631-8 du code de commerce (C. com., art. R. 653-1, al. 2), c'est-à-dire la date retenue dans le jugement d'ouverture ou dans un jugement de report de date de cessation des paiements.

• **Com. 4 nov. 2014,** n° 13-23.070, *Bull. civ.* IV [à paraître], n° 960 FS-P+B+R+I
* V. s[s] n° 913.12

> Parce que, sous l'empire de la loi de sauvegarde des entreprises, la date de cessation des paiements retenue dans la procédure collective sera la même pour autoriser le prononcé de l'interdiction de gérer, l'intérêt à agir du dirigeant de la personne morale débitrice pour s'opposer au report de la date de cessation des paiements est caractérisé.

• **Com. 5 oct. 2010,** n° 09-69.010, *Bull. civ.* IV, n° 150
* V. s[s] n° 913.12

913.03 Bibliographie indicative. (V. les références complètes s[s] n° 031 – Aussi s[s] n°s 900.03, 910.03).

SECTION 913.10

CAS DE PRONONCÉ DE L'INTERDICTION DE GÉRER

913.11 Cas de prononcé de l'interdiction de gérer – possibilité de prononcer l'interdiction de gérer en substitut à la faillite personnelle. L'article L. 625-8, alinéa 1 du code de commerce, dans la rédaction antérieure à la loi du 26 juillet 2005[1] (anc[t] L. 25 janv. 1985, art. 192, al. 1), prévoit que le tribunal peut prononcer l'interdiction de gérer au lieu de la faillite

1. L. n° 2005-845, 26 juill. 2005, *JO* 27 juill., p. 12187.

personnelle, dans tous les cas de prononcé de celle-ci (C. com., art. L. 625-3 à L. 625-6 [anc^{t} L. 25 janv. 1985, art. 187 à 190]), contrairement à la solution issue de la loi du 25 janvier 1985[1], dans sa rédaction initiale, limitant cette possibilité aux seuls cas visés aux articles 189 et 190 (devenus C. com., art. L. 625-5 et L. 625-6). L'incompétence du dirigeant de droit, qui laisse aux commandes un dirigeant de fait, constitutive d'une faute de gestion, n'est pas un cas d'interdiction de gérer[2].

La solution est reproduite par l'article L. 653-8, alinéa 1 du code, dans la rédaction issue de la loi du 26 juillet 2005, qui se contente de procéder à des modifications de référence, en visant désormais les cas visés aux articles L. 653-3 à L. 653-6. Comme la faillite personnelle, la mesure peut être prononcée par la juridiction correctionnelle comme peine complémentaire de la banqueroute, (v. s^{s} n° 912.31). Elle ne peut, en revanche, accompagner une condamnation pour abus de biens sociaux[3].

Ainsi que cela a été noté[4], une curiosité doit toutefois être signalée, qui consiste pour le législateur à avoir oublié de viser, à l'article L. 653-8 du code de commerce, les professionnels libéraux. Ainsi, *a priori*, tous sont exclus de la mesure d'interdiction de gérer, alors que certains – ceux qui ne sont pas soumis à des règles disciplinaires – peuvent être frappés de la faillite personnelle (v. s^{s} n° 911.21).

Cette disposition était interprétée limitativement[5]. Cela avait notamment eu pour effet d'interdire le prononcé de l'interdiction de gérer pour omission de déclaration de l'état de cessation des paiements dans le délai de quinzaine, dans une procédure certes ouvertes après l'entrée en vigueur de la loi du 10 juin 1994, mais sur résolution d'un plan de continuation d'une procédure ouverte avant l'entrée en vigueur de cette loi, et restant, en conséquence, soumise à la loi du 25 janvier 1985 non réformée[6].

Sur appel de la personne sanctionnée pour faillite personnelle, il n'est pas rare que la cour d'appel substitue à la faillite personnelle une mesure d'interdiction de gérer. Elle prendra notamment appui sur des circonstances atténuantes pour l'intéressé. Ainsi, est-il retenu que l'intéressé, qui n'avait pas déclaré son état de cessation des paiements dans les délais légaux avait eu le souci de maintenir des emplois[7]. On peut encore signaler une décision opérant cette substitution en relevant que l'intéressé avait, postérieurement à l'ouverture de la procédure, procédé à des remboursements à l'aide de fonds personnels[8]. De même, il peut être relevé que l'intéressée avait perdu son compagnon, qui assurait la direction technique de l'établissement de transport[9]. Il a pu encore être retenu au profit du dirigeant de droit, pour substituer à la faillite personnelle une simple mesure d'interdiction de gérer, alors que la faillite personnelle avait été prononcée pour des manquements aux obligations comptables tant à l'encontre du dirigeant de droit que du dirigeant de fait, que les documents comptables étaient retenus par ce dernier[10]. Plus souplement, il peut encore être relevé que le dirigeant avait tenté de sauver la société en faisant des apports en compte-courant et était incompétent, mais non malhonnête, puisqu'il n'avait commis aucune faute pénale[11]. Il pourra également en être ainsi, en cas de prononcé de la mesure pour inexécution d'une décision de condamnation à combler l'insuffisance d'actif, lorsque la cour d'appel n'est pas mise en mesure de savoir si l'intéressé fait délibérément obstacle de mauvaise foi à l'exécution de la décision, compte tenu d'indications insuffisantes sur les ressources du dirigeant condamné[12]

913.12 Omission de déclaration de l'état de cessation des paiements dans les délais légaux. À l'occasion du vote de la loi de sauvegarde des entreprises, la commission des affaires économiques du Sénat a proposé un amendement supprimant la sanction de faillite personnelle lorsque le débiteur ou le dirigeant n'a pas saisi le tribunal dans les quarante-cinq jours de son état de cessation des paiements. Il a été dit que « la sanction, par la faillite personnelle, de cette négligence apparaît excessive. Les conséquences patrimoniales de la faillite personnelle sont en effet très lourdes pour les débiteurs lorsqu'ils exercent sous la forme individuelle. Une sanction du défaut de cette obligation est indispen-

1. L. n° 85-98, 25 janv. 1985, *JO* 26 janv., p. 1097.
2. Com. 3 mai 2006, n° 04-20.526, NP; n° 546 F-D; *Gaz. proc. coll.* 2006/3, p. 50, obs. Montéran.
3. Crim. 23 sept. 2009, n° 08-88.228, NP, *Dr. sociétés* 2010, n° 16, note Legros.
4. Rétif, « L'extension des procédures collectives aux professions libérales », *Dr. et patr.* mars 2006. 95, sp. 99.
5. Com. 3 nov. 1992, n° 90-17.054, *Bull. civ.* IV, n° 342 – Com. 27 avr. 1993, n° 91-14.493, *Bull. civ.* IV, n° 149; *Rev. sociétés* 1993. 867, note Le Nabasque; *Bull. Joly* 1993. 689, note Ramackens – Com. 14 juin 1994, n° 92-18.033, *Bull. civ.* IV, n° 213 – Com. 23 mai 1995, n° 93-12.112, NP, *Bull. Joly* 1995. 884, note Le Cannu – Com. 23 nov. 1999, n° 97-13.285, NP, *Act. proc. coll. 2000*, n° 16. Com. 24 juin 2003, n° 00-18.342, NP.
6. Com. 24 juin 2003, n° 00-18.342, NP; n° 1020 F-D; *Rev. proc. coll.* 2005/2, p. 158, n° 14, obs. Barret.
7. Paris, 3e ch. B, 18 oct. 2007, RG n° 06/22806.
8. Toulouse, 2e ch., 2e sect., 28 mai 2013, RG n° 12/00400, *Rev. proc. coll.* 2013, comm. 178, note Martin-Serf.
9. Paris, 3e ch. B, 19 janv. 2006, RG n° 04/21460.
10. Grenoble, ch. com., 31 mai 2012, RG n° 11/02140, *Dr. sociétés* 2012, n° 214, note Legros.
11. Nîmes, 2e ch. B, 9 déc. 2004, Rev. proc. coll. 2006/1, p. 88, n° 29, obs. Barret.
12. Grenoble, ch. com., 2 févr. 2012, RG n° 10/03949, *Dr. sociétés* 2012, n° 214, note Legros.

sable mais l'interdiction de gérer semble plus adaptée à ce qui peut n'être souvent qu'un défaut de vigilance »[1]. À la suite de cette proposition de la Commission des affaires économiques du Sénat, a été adopté un amendement qui, tout en supprimant comme cas de faillite personnelle l'absence de déclaration de l'état de cessation des paiements dans le délai légal, a prévu que l'interdiction de gérer pourra être prononcée à l'encontre du chef d'entreprise qui a omis de faire, dans le délai de quarante-cinq jours, la déclaration de cessation des paiements, sans avoir, par ailleurs, demandé l'ouverture d'une procédure de conciliation. Cet amendement est donc un amendement de conséquence par rapport à l'amendement présenté à l'article 152, qui supprime comme cas de faillite personnelle le non-respect des délais de déclaration de l'état de cessation des paiements[2]. L'interdiction de gérer peut ainsi être prononcée en cas d'omission de déclaration de l'état de cessation des paiements dans le délai de quarante-cinq jours.

L'interprétation précédemment développée sur ce cas de faillite personnelle sera conservée (v. ss n° 912.18).

Jusqu'à la loi du 6 août 2015[3], dite Loi Macron, la non-déclaration de l'état de cessation des paiements dans le délai de 45 jours constituait un cas d'interdiction de gérer, sans que le texte ne nécessite d'apprécier le comportement du débiteur ou du dirigeant de la personne morale débitrice. La remarque était toutefois largement théorique, dans la mesure où l'interdiction de gérer est une mesure facultative, ce qui oblige le tribunal à apprécier l'opportunité de la mesure par rapport au comportement général du débiteur. Le législateur a estimé trop sévère la mesure, qui potentiellement pouvait être appliquée à la quasi-totalité des débiteurs sous redressement ou liquidation judiciaire. En outre, la procédure de rétablissement professionnel peut être remise en cause si le débiteur encourt l'un des cas d'interdiction de gérer. On voit apparaître ici le fait que la quasi-totalité des rétablissements professionnels peuvent être remis en cause, ce qui, sur un plan de politique législative, n'est évidemment pas acceptable.

Il faut donc approuver[4] le législateur (L. 6 août 2015, art. 239) de cantonner désormais la mesure d'interdiction de gérer prévue à l'article L. 653-8, alinéa 3 du code de commerce, au cas où l'intéressé a « sciemment » omis de déclarer son état de cessation des paiements[5]. En droit pénal, on parlerait d'un dol spécial. L'intéressé doit avoir voulu accomplir un acte qu'il sait interdit par la loi. Il doit s'être abstenu délibérément de déclarer son état de cessation des paiements. Or il est des hypothèses où l'intéressé peut avoir des doutes sur son état de cessation des paiements, l'encaissement à un ou deux jours près d'une facture pouvant avoir des conséquences sur la caractérisation de son impossibilité de payer son passif exigible, avec son actif disponible susceptible de variation quotidienne.

La solution nouvelle ne devrait, en bonne logique, faute de disposition transitoire particulière, s'appliquer qu'aux procédures ouvertes après l'entrée en vigueur de la loi du 6 août 2015, dite loi Macron. Une juridiction du fond a cru devoir juger le contraire[6]. La rétroactivité *in mitius* n'est ici pas de mise, l'interdiction de gérer n'étant pas une sanction pénale.

Contrastant avec la solution posée sous l'empire de la législation antérieure à la loi de sauvegarde des entreprises (v. ss n° 912.18), la date retenue pour la cessation des paiements, dans le cadre de l'interdiction de gérer, ne peut être différente de celle fixée par le tribunal en application de l'article L. 631-8 du code de commerce (C. com., art. R. 653-1, al. 2 [anct D. 28 déc. 2005[7], art. 323, al. 2]), c'est-à-dire la date retenue dans le jugement d'ouverture ou dans un jugement de report de date de cessation des paiements[8]. Cette solution, qui résulte du décret, alors que son caractère législatif ne devrait guère faire de doute puisque c'est un élément constitutif de la mesure d'interdiction de gérer, doit être pleinement pprouvée, car retenir des dates de cessation des pæments différentes n'avait guère de sens, si l'on vut bien comprendre que, dans certaines situatins, l'intéressé devait être considéré comme étant ι état de cessation des paiements, mais que dans cutres, il était considéré comme faisant toujours te à son passif exigible avec son actif disponible (ss n° 222.22). La jurisprudence a d'ailleurs

1. Avis n° 337 de Christian Gaudin, *Doc. Sénat*, au nom de la commission des affaires économiques, p. 93.
2. Avis n° 337 de Christian Gaudin, *Doc. Sénat*, au nom de la commission des affaires économiques, p. 94.
3. L. n° 2015-990, 6 août 2015, *JO* 7 août, p. 13537, dite loi Macron.
4. TOUTEFOIS : Delattre, « Beau temps pour le dirigeant incompétent », *Rev. proc. coll.* 2015, études 19.
5. Lasre Capdeville, « Évolution légale de l'interdiction de gér», *BJE* 2016, 75.
6. Parpôle 8, 5e ch., 24 nov. 2015, RG n° 14/23088, *Dr. socs* 2016, comm. 89, note crit. Legros.
7. D. 2005-1677, 28 déc. 2005, *JO* 29 déc., p. 20324.
8. Co4 nov. 2014, n° 13-23.070, *Bull. civ.* IV [à paraître]; n°) FS-P+B+R+I; *D.* 2014. Actu 2238, note Lienhard; *Gaal.* 18 janv. 2015, n° 18, p. 14, note Reille et p. 34, noMontéran; *Rev. sociétés* 2014. 751, note Henry; *JC*2014. 1604, rapp. Schmidt et note Roussel Galle et 16n° 12, note Pétel; *Act. proc. coll.* 2014, comm. 344, nchuillier; *BJE* 2015, 113, note Lasserre Capdeville; *Rroc. coll.* 2015, comm. 67, note Martin-Serf; *Bull. Joociétés* 2015, 23, note Mouial-Bassilana; *Dr. sociétés* 2(comm. 55, note Legros.

fait dépasser la solution de son strict champ d'application, à la suite d'un revirement (v. s^s n° 912.18). Observons que, parce que la date de cessation des paiements retenue dans la procédure collective sera la même pour autoriser le prononcé de l'interdiction de gérer, l'intérêt à agir du dirigeant de la personne morale débitrice pour s'opposer au report de la date de cessation des paiements est caractérisé[1].

Une coordination s'impose avec la procédure de conciliation. En effet, cette procédure peut être ouverte alors que le débiteur est en état de cessation des paiements depuis moins de quarante-cinq jours. Si l'ouverture d'une telle procédure a été sollicitée, alors que l'état de cessation des paiements n'était pas caractérisé depuis plus de quarante-cinq jours, la mesure d'interdiction de gérer ne peut s'appliquer, quelle que soit ensuite l'issue de la procédure de conciliation[2]. Ainsi, même si l'accord de conciliation n'est pas homologué, alors même que la date de cessation des paiements pourrait être remontée, l'interdiction de gérer ne peut être prononcée. Au contraire, si l'ouverture d'une procédure de conciliation a été sollicitée et qu'elle est rejetée parce que l'état de cessation des paiements préexiste depuis plus de quarante-cinq jours, la sanction de l'interdiction de gérer, dans le cadre de la procédure collective subséquemment ouverte, pourra, à notre avis, être prononcée. En effet, par hypothèse, la demande d'ouverture de la conciliation n'aura pas alors été présentée dans le délai de quarante-cinq jours de l'état de cessation des paiements.

Cette sanction ne vise que l'absence de demande d'ouverture de la procédure, non l'absence de demande d'une conversion de la sauvegarde en redressement ou en liquidation judiciaire, par suite de l'apparition de l'état de cessation des paiements[3].

Ce texte ne permettait pas de sanctionner un débiteur en cours d'exécution d'un plan de sauvegarde ou de redressement, et qui était confronté à la cessation des paiements. En effet, seul le débiteur qui devait demander l'ouverture de la procédure de redressement judiciaire ou de liquidation judiciaire pouvait être sanctionné, ce qui n'était pas le cas du débiteur exécutant un plan, qui n'avait pas la qualité pour saisir le tribunal aux fins de résolution de son plan et d'ouverture d'une liquidation judiciaire[4], faute de figurer au II de l'article L. 626-27 du code de commerce.

Pour tenir compte de ce qui pouvait être considéré comme une malfaçon, l'article 137 de l'ordonnance du 18 décembre 2008[5] modifie la rédaction du dernier alinéa de l'article L. 653-8 du code de commerce. Il est désormais prévu que la mesure d'interdiction de gérer « peut également être prononcée à l'encontre de toute personne mentionnée à l'article L. 653-1 qui a omis de demander l'ouverture d'une procédure de redressement ou de liquidation judiciaire, dans le délai de quarante-cinq jours à compter de la cessation des paiements, sans avoir, par ailleurs, demandé l'ouverture d'une procédure de conciliation. » Ainsi, le débiteur qui, en cours d'exécution d'un plan de sauvegarde ou de redressement, se trouve en cessation des paiements, et qui doit demander l'ouverture d'une procédure collective – redressement ou liquidation dans l'hypothèse d'un plan de sauvegarde, liquidation judiciaire dans le cas d'un plan de redressement – qui entraînera *ipso facto* résolution de son plan, pourra se voir appliquer la mesure d'interdiction de gérer, s'il ne procède pas à cette demande dans le délai de quarante-cinq jours de sa cessation des paiements, à moins, comme le réservait et continue à le faire, l'alinéa 3 de l'article L. 653-8 du code de commerce, qu'il n'ait, dans ce même délai, demandé l'ouverture d'une conciliation. Une opinion contraire a toutefois été émise[6].

Observons, au demeurant, que la conciliation ne pouvant être ouverte plus de quarante-cinq jours après l'apparition de l'état de cessation des paiements, en bonne logique, le législateur n'aurait pas du ici se contenter d'une demande d'ouverture de la conciliation dans les quarante-cinq jours de la cessation des paiements, mais aurait dû exiger l'ouverture de cette conciliation avant l'expiration de ce délai de quarante-cinq jours.

Le grief de non déclaration de l'état de cessation des paiements a été considéré comme inapplicable à un dirigeant retiré, au motif du caractère non obligatoire de la demande d'ouverture de la procédure collective, en ce cas[7].

1. Com. 5 oct. 2010, n° 09-69.010, *Bull. civ.* IV, n° 150; *D.* 2010. 2359, obs. Lienhard; *Gaz. Pal. entr. diff.* 8 janv. 2011, p. 46, note Montéran; *Rev. proc. coll.* 2010. 215, note Saintourens; *JCP E* 2011. Chron. 1030, n° obs. M. Cabrillac; *Dr. sociétés* 2011, n° 58, note Legros; *Bull. Joly* 2011. 40, note Rubellin; *Procédures* 2011, n° note Rolland; *Rev. proc. coll.* 2011, n° 25, note Cagnoli; *Rev. proc. coll.* 2011, n° 103, note Martin-Serf; *RTD com.* 2011. 179, n° 10, obs. Vallens.
2. *Rapp. J.-J. Hyest*, n° 335, p. 475.
3. PÉROCHON, 9e éd., n° 1755 – *Adde*, JACQUEMONT, éd., n° 1062.
4. PÉROCHON ET BONHOMME, 7e éd., n° 585 – Le Corre, *Droit et pratique des procédures collectives*, 4e éd., « Dalloz action », 2008, n° 913.12.
5. Ord. n° 2008-1345, 18 déc. 2008, *JO* 19 déc., p. 19462.
6. Roussel Galle, « Le dirigeant de société et le nouveau droit des entreprises en difficulté issu de la réforme du 18 décembre 2008 », *Rev. sociétés* 2009. 249 s., sp. 269, n° 47 – PÉROCHON, 9e éd., n° 1564.
7. Besançon, 3 avr. 2013, RG n° 12/02518, *Gaz. Pal.* 1er mai 2013, n° 121, p. 44, note approb. Montéran; *BJE* sept. 2013, p. 275, note Favario.

L'allongement par la loi de sauvegarde des entreprises à quarante-cinq jours du délai légal de déclaration de l'état de cessation des paiements fixé antérieurement par le code de commerce à quinze jours ne concerne pas les procédures en cours, de sorte que la condamnation à l'interdiction de gérer peut être prononcée après le 1er janvier 2006 pour défaut de déclaration de l'état de cessation des paiements dans le délai de quinze jours[1]. La rétroactivité *in mitius* est ainsi écartée par la Chambre commerciale de la Cour de cassation en matière des sanctions professionnelles, qui ne relèvent pas du droit pénal et qui ne sont pas des peines[2]. La solution posée vaut parce qu'elle émane d'une juridiction qui se prononce « en tant que juridiction non répressive ». Cette précision, inutile à la résolution du litige, laisse clairement entendre que la solution devrait être différente si la mesure est prononcée à titre de peine complémentaire par une juridiction répressive. En effet, le principe de la rétroactivité *in mitius* conduirait à appliquer immédiatement la loi nouvelle parce qu'elle est, sur la question qui nous intéresse, doublement plus douce que la loi ancienne. D'abord, elle offre un délai plus important au chef d'entreprise pour déclarer son état de cessation des paiements : quarante-cinq jours au lieu de quinze. Ensuite, la loi nouvelle supprime la faillite personnelle pour absence de déclaration de l'état de cessation des paiements, alors que la faillite personnelle est une mesure plus sévère que l'interdiction de gérer, cette dernière mesure n'en étant qu'un démembrement. Or il est admis que la suppression et l'adoucissement d'une peine complémentaire sont des cas d'application de la loi pénale plus douce[3].

913.13 Sanction de la non remise aux organes de la procédure de renseignements obligatoires. L'article L. 625-8, alinéa 2 du code de commerce, dans la rédaction antérieure à la loi du 26 juillet 2005[4], sanctionne le débiteur non coopératif, dont l'attitude peut gravement nuire aux créanciers, en les empêchant d'être des créanciers connus (v. ss n° 665.41). L'interdiction peut être prononcée à l'encontre du débiteur, personne physique, du dirigeant de la personne morale ayant une activité économique ou du représentant permanent du dirigeant personne morale, qui, de mauvaise foi n'aura pas remis au représentant des créanciers la liste complète et certifiée de ses créanciers et le montant de ses dettes, dans les huit jours suivant le jugement d'ouverture[5]. Ce cas est issu de la loi du 10 juin 1994 et s'inscrit dans les mesures de protection des créanciers. Il s'agit d'un cas d'interdiction de gérer, non de faillite personnelle[6]. Il semble d'une application assez rare et n'être retenu qu'avec d'autres cas d'interdiction de gérer[7].

La solution est reprise par l'article L. 653-8, alinéa 2, dans la rédaction issue de la loi du 26 juillet 2005, mais comporte des modifications induites par l'obligation nouvelle qui pèse sur le débiteur d'indiquer à l'administrateur et au liquidateur les renseignements qu'il est tenu de lui communiquer, en application de l'article L. 622-6 du code de commerce, dans le mois du jugement d'ouverture. En conséquence, le débiteur personne physique ou le dirigeant de la personne morale débitrice pourra se voir appliquer l'interdiction de gérer[8] s'il ne remet pas la liste certifiée de ses créances, du montant de ses dettes, des principaux contrats en cours et s'il n'informe pas des instances en cours auxquelles il est parti dans le mois du jugement d'ouverture, cependant qu'il doit, selon les dispositions combinées des articles L. 622-6 et R. 622-5 du code de commerce (anct D. 28 déc. 2005[9], art. 81), remplir cette même obligation dans le délai non sanctionné de huit jours à compter du jugement d'ouverture. La solution s'imposera d'autant plus que la demande de communication des documents aura été présentée par le liquidateur[10].

Il faut noter que le délai de huit jours de l'ancien texte a été remplacé par un délai d'un mois.

En outre, dans la procédure de sauvegarde et dans celle de redressement judiciaire, si un administrateur a été désigné, deux personnes sont rendues destinataires des informations : l'administrateur et le mandataire judiciaire.

Il a été remarqué que l'article L. 622-6 du code de commerce n'a pas été rendu applicable en cas de liquidation judiciaire immédiate, ce qui doit conduire à l'inapplication de ce cas d'interdiction de gérer en pareille situation[11]. En sens inverse, il peut

1. Com. 19 déc. 2006, n° 05-19.088, *Bull. civ* IV, n° 259; *D.* 2007. AJ 87, obs. Lienhard; *JCP E* 2007. Chron. 1450, n° 15, obs. Pétel; *Rev. proc. coll.* 2007, n° 31, obs. Roussel Galle; *Rev. sociétés* 2007. 416, note Saintourens; *Dr. sociétés* 2007, n° 70, note Legros; *Dr. et proc.* 2007. 146, note Le Corre – Besançon, 26 sept. 2006, RG n° 05/2502.
2. Obs. Legros, *Dr. sociétés* 2007, n° 70.
3. Stéfani et Levasseur par Bouloc, *Droit pénal général*, 22e éd., « Précis Dalloz », 2011, n° 165.
4. L. n° 2005-845, 26 juill. 2005, préc.
5. ILLUSTR. : Paris, 3e ch. B, 20 sept. 2007, RG n° 07/451.
6. Com. 27 févr. 2007, n° 05-21.795, *Bull. civ.* IV, n° 70; *D.* 2007. AJ 1021, note Lienhard – Com. 12 janv. 2010, n° 08-19.787, NP; n° 26 F-D; *Gaz. Pal.* 16-17 avr. 2010, nos 106, 107, p. 45, note Montéran.
7. ILLUSTR. : Paris, 3e ch. B, 20 sept. 2007, RG n° 07/451 – Paris, 3e ch. B, 3 juill. 2008, *JCP E* 2009, n° 2334, note Delattre.
8. ILLUSTR. : Paris, 3e ch. A, 26 févr. 2008, *JCP E* 2009, n° 2334, note Delattre.
9. D. n° 2005-1677, 28 déc. 2005, préc.
10. Colmar, 1re ch. A, 22 avr. 2008, *Act. proc. coll.* 2009, n° 116 – Paris, 28 oct. 2008, RG n° 08/08807.
11. PÉROCHON, 9e éd., n° 1561.

être observé que l'article L. 641-4, alinéa 3 du code de commerce prévoit que le liquidateur exerce les fonctions dévolues à l'administrateur et au mandataire judiciaire par l'article L. 622-6 du code. Ce renvoi nous semble justifier l'application de ce cas d'interdiction de gérer même en liquidation judiciaire. La question ne se pose plus depuis l'ordonnance du 12 mars 2014, dont l'article 61 a réécrit le I de l'article L. 641-1 afin de rendre applicables au débiteur les dispositions de l'article L. 622-6 en cas de liquidation judiciaire[1].

L'extension des obligations à la charge du débiteur, gage d'une meilleure information des mandataires, qui eux-mêmes auront à leur charge l'information des cocontractants et créanciers, contient en germe une application massive de ce cas d'interdiction de gérer, si les tribunaux décident de s'engager dans cette voie, ce qui présuppose, évidemment que les mandataires et le ministère public y soient eux-mêmes enclins.

Indiquons enfin que ce cas d'interdiction de gérer semble inclus dans l'un des cas de faillite personnelle, celui visé à l'article L. 653-5, 7° qui vise le « fait d'avoir, en s'abstenant volontairement de coopérer avec les organes de la procédure, fait obstacle à son bon déroulement »[2].

913.14 Sanction de l'omission d'avertir de l'ouverture de sa procédure collective le demandeur dans le cadre d'une instance en cours. L'ouverture de la procédure collective interrompt les instances en cours au jour du jugement d'ouverture tendant à la condamnation du débiteur au paiement d'une somme d'argent. Le créancier peut décider de se désister de son instance ou de la reprendre aux fins de fixation de sa créance. En ce cas, il doit impérativement déclarer sa créance au passif, ce qui est une condition de la reprise régulière de son instance. À défaut, la décision obtenue, faute de reprise régulière de l'instance, sera réputée non avenue. Faute de déclaration de créance, cette dernière sera inopposable à la procédure collective. Jusqu'à l'ordonnance du 12 mars 2014[3], le débiteur qui, de mauvaise foi, avait gardé le silence sur l'ouverture de sa procédure collective, n'était pas sanctionné.

Au contraire, l'ordonnance du 12 mars 2014 (art. 26) modifiant l'article L. 622-22 du code de commerce, oblige le débiteur à informer son créancier, avec lequel il est partie à une instance en cours au jour du jugement d'ouverture, de l'ouverture de sa procédure collective, dans les dix jours de celle-ci.

1. PÉROCHON, 10e éd., n° 1750.
2. *Rapp. Xavier de Roux,* n° 2095, p. 434 – *Adde,* Schultz, « *La faillite personnelle après la loi du 26 juillet 2005 sur la sauvegarde de l'entreprise* », *Rev. proc. coll.* 2005, p. 304, n° 20.
3. Ord. n° 2014-326, 12 mars 2014, *JO* 14 mars, p. 5249.

Afin que cette obligation ne reste pas lettre morte, l'ordonnance du 12 mars 2014 (art. 88) prévoit la possibilité pour le tribunal de sanctionner de l'interdiction de gérer le débiteur qui, sciemment, manque à son obligation. C'est l'objet d'un complément apporté à l'alinéa 2 de l'article L. 653-8 du code de commerce. Il faudra donc démontrer à l'encontre du débiteur son intention malveillante, ce qui suppose qu'il soit en état de comprendre l'obligation que le législateur lui fait assumer. Cette intention pourra être appuyée par le fait que le débiteur n'a pas mentionné l'existence du créancier sur la liste qu'il doit remettre au mandataire judiciaire à l'ouverture de la procédure collective.

913.15 Interdiction pour la cour d'appel de substituer la faillite personnelle à l'interdiction de gérer en cas d'appel de la personne sanctionnée. La cour d'appel ne pourra substituer, sur appel du débiteur ou du dirigeant, la faillite personnelle à l'interdiction de gérer[4]. Elle ne peut en effet aggraver, sauf appel incident, le sort de l'appelant[5]. À l'inverse, elle pourra substituer l'interdiction de gérer à la faillite personnelle[6], si elle estime trop sévère la mesure prononcée par les premiers juges[7].

913.16 Condamnation accessoire à la banqueroute. L'article L. 626-6 du code de commerce (anc^t^ L. 25 janv. 1985[8], art. 201) prévoit que la juridiction ayant condamné l'intéressé pour banqueroute peut, à titre de peine accessoire, et facultativement, condamner l'intéressé à l'interdiction de gérer. L'article L. 654-6 reprend, sous l'empire de la loi de sauvegarde des entreprises, la solution (v. s^s^ n° 911.36).

SECTION 913.20
EFFETS DE L'INTERDICTION DE GÉRER

913.21 Effets de l'interdiction de gérer. La mesure d'interdiction de gérer est plus limitée que celle de faillite personnelle. Elle sera modulable, contrairement à la faillite personnelle, et pourra être ainsi fonction de ce qu'aura décidé le tribunal. Il poura parfaitement prononcer l'interdiction de diriger,gérer ou administrer ou prendre le contrôle de toutentreprise commerciale, artisanale ou agri-

4. Com. 5 avr. 1994, n° 92-15.556, NP, *Bull. Joly* 1994. 1213 – Com. 24 mars 2004, n° 01-11.633, NP.
5. SUR CE RAPEL : Com. 6 mai 1997, n° 95-11.697, NP, *Rev. proc. coll.* 1998, 314, n° 9, obs. Bach.
6. Paris, 31 oct. 1997, *Rev. proc. coll.* 1998, 514, n° 5, obs. Bach – Paris, 3e ch. B, 20 juin 2003, RG n° 02/20903 – Paris, 3e ch. B,5 sept. 2003, RG n° 02/22275.
7. AINSI : Nîmes, 2e ch. B, 9 déc. 2004, *Rev. proc. coll.* 2006/1, p. 88, n° 29, obs. Barret.
8. L. n° 85-98, 25 janv. 1985, préc.

cole et de toute personne morale – ce qui englobe les SCI [1] –, ou exclure seulement l'intéressé des activités commerciales, ou lui interdire seulement la direction de sociétés [2].

Il pourrait, comme l'indique le texte de l'article L. 625-8 alinéa 1 du code de commerce, – L. 653-8, alinéa 1 depuis la loi de sauvegarde des entreprises [3] – limiter l'interdiction à certaines entreprises seulement. Ainsi, le tribunal pourrait-il interdire à l'intéressé de s'intéresser à toute entreprise, sauf celle qu'il exploite personnellement [4], par exemple celle exploitée sous forme d'auto-entrepreneur [5], ou certaines d'entre elles qu'il dirige au moment de la condamnation [6]. Le dirigeant condamné peut être autorisé à continuer à exercer la direction d'une association qu'il préside bénévolement [7].

Notons que l'interdiction ne concerne pas la direction, la gestion, l'administration ou le contrôle des entreprises libérales, à moins qu'elle ne soit exploitée sous forme sociale, toute personne morale étant en effet visée. Curieusement, il n'y a pas ici d'alignement entre les formes – sociale ou individuelle – d'exploitation. Il a été dit que cette omission constituait un oubli et n'était pas la conséquence de l'impossibilité d'appliquer l'interdiction de gérer à certains professionnels libéraux [8]. La solution n'est pas certaine, les travaux préparatoires n'étant ici d'aucun secours. Mais il serait paradoxal d'interdire l'accès à la profession libérale, alors que le même fait commis par le professionnel libéral n'entraînerait pas sa sanction.

Mais, à défaut de précision, l'interdiction vaut pour toutes les activités énoncées à l'article L. 653-8 du code [9].

Le dirigeant, interdit de gérer ne peut adopter le statut d'auto-entrepreneur [10], sauf la possibilité pour le tribunal, qui prononce la mesure, d'autoriser l'exercice de telle ou telle activité sous ce statut [11].

Le mandataire *ad hoc* désigné pour suppléer la carence du dirigeant social interdit de gérer a nécessairement une mission de représentation légale de la société, ce qui l'autorise à demander l'ouverture d'un redressement ou d'une liquidation judiciaire, mais encore d'une procédure de sauvegarde (v. s^s n° 231.25).

L'interdiction de gérer, pas plus que la faillite personnelle, ne crée, sous les réserves visées dans la décision, d'incapacité pour l'intéressé. Indiquons cependant qu'a été jugé comme constitutif d'une réticence dolosive le fait pour une société d'avoir dissimulé à un consultant financier chargé de rechercher pour son compte des partenaires financiers, la condamnation à une interdiction de gérer d'un de ses salariés exerçant des fonctions de responsabilité en son sein et ayant un rôle essentiel vis-à-vis à des tiers [12].

Pour le surplus, les effets secondaires attachés à l'interdiction de gérer sont assez semblables à ceux de la faillite personnelle (v. s^s n° 912.42).

Les articles L. 625-9 et L. 625-10 du code de commerce (anc^t L. 25 janv. 1985 [13], art. 193 et 195), dans leur rédaction antérieure à la loi de sauvegarde des entreprises, et les articles L. 653-9 et L. 653-10, dans leur rédaction issue de la loi de sauvegarde des entreprises, s'appliquent aux deux mesures, sous réserve des interdictions et de l'incapacité d'exercer une fonction publique élective, d'abord déclarées inconstitutionnelles (v. s^s n° 912.42), puis supprimées par l'ordonnance de codification du 18 septembre 2000 [14]. La loi du 26 juillet 2005, qui a réintroduit la faculté pour le tribunal de prononcer l'incapacité d'exercer une fonction publique élective, ne l'attache qu'à la faillite personnelle, non à l'interdiction de gérer (C. com., art. L. 653-10).

Pour sa part, l'article L. 625-2, alinéa 2 (anc^t L. 25 janv. 1985, art. 186, al. 2), texte spécifique à la faillite personnelle, ne s'applique pas à l'interdiction de gérer. En conséquence, « les interdictions et déchéances applicables aux personnes qui étaient déclarées en état de faillite au sens donné à ces termes antérieurement au 1er janvier 1968 », ne s'appliquent pas (v. s^s n° 912.42). La référence à ces « interdictions et déchéances » a été purement et simplement supprimée par la loi de sauvegarde des entreprises (v. s^s n° 912.42).

Indiquons qu'une loi du 22 mars 2012 [15] a créé un fichier national des interdits de gérer (C. com.,

1. Douai, 2e ch., 1er juill. 1999, *Rev. proc. coll.* 2000, 225, n° 4, obs. Barret.
2. AINSI : Paris, 25 sept. 1990, *D.* 1990. IR 229.
3. L. n° 2005-845, 26 juill. 2005, préc.
4. AINSI : Paris, 6 févr. 1996, *Bull. Joly* 1996. 401, note Lepeltier.
5. Paris, pôle 5, 8e ch., 24 nov. 2015, RG n° 14/24594; *Dr. sociétés* 2016, comm. 109, note Legros.
6. Paris, 31 oct. 1997, *Rev. proc. coll.* 1998, 514, n° 5, note Bach.
7. Paris, pôle 5, 9e ch., 15 janv. 2015, RG n° 14/10494, *Dr. sociétés* 2015, comm. 96, note Legros.
8. PÉROCHON ET BONHOMME, 7e éd., n° 587.
9. Com. 11 févr. 2014, n° 12-21.069, NP; n° 178 F-D; *Dr. sociétés* 2014, comm. 106, note Legros; *JCP E* 2014. 1299, note Delattre.
10. Rép. min. n° 107215, *JOAN Q* 20 sept. 2011, p. 10061; *D.* 2011. Actu. 2274; *JCP E* 2012, n° 1069, note Delattre; *Rev. proc. coll.* 2012, n° 105, note Martin-Serf.
11. Paris, pôle 5, 8e ch., 7 sept. 2010, RG n° 10/00299, *Dr. sociétés* 2011, n° 118, note Legros.
12. Com. 7 févr. 2012, n° 11-10.487, *Bull. civ.* IV, n° 24; *Rev. sociétés* 2012. 429, note Schlumberger.
13. L. n° 85-98, 25 janv. 1985, préc.
14. Ord. n° 2000-912, 18 sept. 2000 *JO* 21 sept., p. 14783.
15. L. n° 2012-387, 22 mars 2012, *JO* 23 mars, p. 5226.

art. L. 128-1 s.), qui devrait permettre une plus grande effectivité du respect des interdictions[1]. La constitution de ce fichier et sa mise à jour incombent au Conseil national des greffiers des tribunaux de commerce. L'inscription à ce fichier apparaît clairement comme une mesure de sûreté, d'où se déduirait l'application immédiate à compter de l'entrée en vigueur de la loi du 22 mars 2012[2].

913.22 Sanction pénale de l'exercice d'une activité en dépit de l'interdiction de gérer. L'exercice d'une activité professionnelle en violation d'une interdiction de gérer est passible d'une sanction pénale, dans les mêmes conditions que la violation d'une mesure de faillite personnelle (v. s^{s} n° 912.51).

1. Mascala, obs. *D.* 2012. Chron. 1707.

2. Mascala, obs. *D.* 2012. Chron. 1707.

TITRE

920. Sanctions et responsabilités civiles pécuniaires (comblement de passif, redressement et liquidation judiciaires personnels, action en paiement des dettes sociales)

SECTION 0
ORIENTEUR

920.00 Plan du titre.

Chap. 921 Règles communes aux responsabilités et sanctions pécuniaires atteignant les dirigeants

Sect. 921.10 Application des responsabilités et sanctions pécuniaires au dirigeant de droit

Sect. 921.20 Application des responsabilités et sanctions pécuniaires au dirigeant de fait

Sect. 921.30 Modalités procédurales des responsabilités et sanctions pécuniaires

Sect. 921.40 Prescription des actions aux fins de prononcé des sanctions pécuniaires

Sect. 921.50 Prononcé de la responsabilité et de la sanction pécuniaire

Sect. 921.60 Exécution provisoire de la décision prononçant la responsabilité ou la sanction pécuniaire

Sect. 921.70 Voies de recours à l'encontre de la décision prononçant la responsabilité ou la sanction pécuniaire

Sect. 921.80 Cumul de responsabilité et de sanctions

Chap. 922 Règles spéciales à l'action en comblement de passif

Sect. 922.10 Nature juridique de l'action en comblement de passif – Caractère facultatif de la condamnation à combler le passif

Sect. 922.20 Une faute de gestion, condition de fond de l'action en comblement de passif

Sect. 922.30 Un préjudice constitué par l'insuffisance d'actif

Sect. 922.40 Contribution de la faute de gestion à l'insuffisance d'actif

Sect. 922.50 Modalités de la condamnation au comblement du passif

Sect. 922.60 Effets de la condamnation

Sect. 922.70 Action en paiement des dettes sociales d'une société d'assurances

Chap. 923 Règles spéciales au redressement et à la liquidation judiciaires à titre personnel – Législation antérieure à la loi du 26 juillet 2005

Sect. 923.10 Redressement et liquidation judiciaires personnels pour inexécution du jugement de condamnation à combler le passif

Sect. 923.20 Évolution de la législation – Suppression des extensions sanctions par la loi du 26 juillet 2005
Sect. 923.30 Nature juridique de la mesure de redressement ou de liquidation judiciaires personnels par application de l'article L. 624-5 du code de commerce – Évolution de la législation
Sect. 923.40 Règles communes au prononcé de la mesure
Sect. 923.50 Cas de prononcé du redressement ou de la liquidation judiciaire à titre personnel exigeant la démonstration d'un intérêt personnel du dirigeant
Sect. 923.60 Cas de prononcé du redressement ou de la liquidation judiciaire à titre personnel n'exigeant pas la démonstration de l'intérêt personnel du dirigeant
Sect. 923.70 Effets de la mesure de redressement ou de liquidation judiciaire à titre personnel sur le fondement de l'article L. 624-5 du code de commerce
Chap. 924 Règles spéciales à l'action en obligation aux dettes sociales – Législation issue de la loi du 26 juillet 2005
Sect. 924.10 Domaine de l'obligation aux dettes sociales
Sect. 924.20 Modalités procédurales de l'obligation aux dettes sociales
Sect. 924.30 Condamnation des dirigeants
Sect. 924.40 Cas de condamnation à l'obligation aux dettes sociales
Chap. 925 Action en responsabilité environnementale pour insuffisance d'actif des sociétés mères de filiales exploitant une installation classée
Sect. 925.10 Conditions de l'action en responsabilité pour insuffisance d'actif des sociétés mères de filiales exploitant une installation classée
Sect. 925.20 Modalités procédurales de l'action en responsabilité pour insuffisance d'actif des sociétés mères de filiales exploitant une installation classée
Sect. 925.30 Effets de l'action en responsabilité pour insuffisance d'actif des sociétés mères de filiales exploitant une installation classée
Chap. 926 Action en responsabilité pour contribution à la cessation des paiements
Sect. 926.10 Domaine d'application de l'action en responsabilité pour contribution à la cessation des paiements
Sect. 926.20 Conditions de l'action en responsabilité pour contribution à la cessation des paiements
Sect. 926.30 Modalités procédurales de l'action en responsabilité pour contribution à la cessation des paiements
Sect. 926.40 Mesures conservatoires prises dans le cadre de l'action en responsabilité pour contribution à la cessation des paiements

920.03 Bibliographie indicative. (V. les références complètes ss n° 031 – Aussi ss n° 900.03).

> Articles. Croze H., « Loi de sauvegarde des entreprises (VI) – Les procédures contre les dirigeants, associés ou membres d'une personne morale », *Procédures* 2006/6, p. 5 – Delattre, Gambier, Le Corre et Péchenard, « Responsabilités des dirigeants », *BJE* Dossier 211, « Entreprises en difficulté : les bonnes pratiques des professionnels », congrès CNAJMJ La Colle/Loup 14 et 15 juin 2012 – Douaoui-Chamssedine, « Les actions en responsabilité pour insuffisance d'actif et en extension s'appliqueront-elles à l'entrepreneur individuel à responsabilité limitée », *RLDA* nov. 2010, 4 – Feugère B., « Le dirigeant d'une personne morale cité devant le tribunal de commerce pour comblement de passif », *RJ com.* 1999. 333 – Germain M., « Les sanctions pécuniaires des dirigeants », in *Actes du colloque La loi de sauvegarde des entreprises : quelles procédures ? Quelles responsabilités ?* coll. Colloques et Débats, Litec 2007, p. 107 – Gibirila D., « Les responsabilités et les sanctions du dirigeant dans la loi de sauvegarde des entreprises », *Defrénois* 2006. 989, n° 3841 – Le Cannu P., « La responsabilité civile des dirigeants de personne morale après la loi de sauvegarde des entreprises du 26 juillet 2005 », *Rev. sociétés* 2005. 743 – Lacoste B., « Du comblement de passif à la responsabilité pour insuffisance d'actif – Retour sur dix ans d'application de la responsabilité pour insuffisance d'actif », *Cah. dr. entr.* n° 4, juill./août 2016, p. 60 – Legros J.-P., « Sanctions patrimoniales et droit des entreprises en difficulté », Roussel Galle (dir.), *Entreprises en difficulté*, « Droit 360° », LexisNexis, 2012, p. 743 – Lèguevaques Ch., « Les sanctions civiles et pénales à l'encontre des dirigeants dans la loi de sauvegarde – Ou l'allégement du fardeau de l'homme en col blanc », *Rev. proc. coll.* 2006/3, p. 246 – Martin-Serf A., « Réforme des procédures collectives – sanctions civiles », *Rev. proc. coll.* 2009/1, p. 99 – Mascala C., « Le comportement fautif du chef d'entreprise : de la sanction à la réparation », LAMY AFFAIRES mars 2005, suppl. n° 80, p. 71 – Montéran Th., « Les sanctions pécuniaires et personnelles dans la loi du 26 juillet 2005 », *Gaz. Pal.* 9-10 sept. 2005, n° sp., p. 37; « La réforme des responsabilités et sanctions », *Gaz. Pal.* 8-10 mars 2009, n° sp. p. 57 – Parachkevova I., « La nouvelle responsabilité des dirigeants dans les procédures collectives : révolution ou évolution ? », *LPA* 19 déc. 2006, n° 252, p. 4 – Patureau N., « Obligations et responsabilité du dirigeant dans la loi de sauvegarde des entreprises », *LPA* 17 févr. 2006, n° 35, p. 111 – Régnaut-Moutier C., « Les dirigeants de société », *Rev. proc. coll.* 2006/2, p. 159 – Roussel Galle Ph., « Responsabilités et sanctions des débiteurs après la loi de sauvegarde des entreprises du 26 juillet 2005 », *JCP E* 2005. Étude 1512; « Le dirigeant de société et le nouveau droit des entreprises en difficulté issu de la réforme du 18 décembre 2008 », *Rev. sociétés* 2009. 249 – Saint-Alary-Houin C., « La responsabilité patrimoniale des dirigeants de sociétés en difficulté », *Rev. proc. coll.* 2001, p. 145 – Teboul G., « Les sanctions : de nouvelles pistes », *LPA* 8 mars 2006, n° 48, p. 18 – Vallens J.-L., « Les sanctions dans la réforme du 26 juillet 2005 », *RLDA* 2005, suppl. n° 88, n° 5566; « Impartialité du tribunal, procédures collectives et droit de la défense », interv. Entretiens de la sauvegarde, *D.* 2008. Actu. 972 – Vauvillé F., « Le nouveau titre V des responsabilités et des sanctions », *Rev. proc. coll.* 2006/4, p. 345.

CHAPITRE

921. Règles communes aux responsabilités et sanctions pécuniaires atteignant les dirigeants

SECTION 0

ORIENTEUR

921.00 **Plan du chapitre.**

Sect.	921.10	Application des responsabilités et sanctions pécuniaires au dirigeant de droit
Sect.	921.20	Application des responsabilités et sanctions pécuniaires au dirigeant de fait
Sect.	921.30	Modalités procédurales des responsabilités et sanctions pécuniaires
Sect.	921.40	Prescription des actions aux fins de prononcé des sanctions pécuniaires
Sect.	921.50	Prononcé de la responsabilité et de la sanction pécuniaire
Sect.	921.60	Exécution provisoire de la décision prononçant la responsabilité ou la sanction pécuniaire
Sect.	921.70	Voies de recours à l'encontre de la décision prononçant la responsabilité ou la sanction pécuniaire
Sect.	921.80	Cumul de responsabilité et de sanctions

921.01 **Textes applicables.** (V. les références complètes s^s n° 011).

> Législation antérieure à la loi de sauvegarde des entreprises.

C. com., art. L. 623-2, L. 623-8, L. 624-3 à L. 624-7

D. n° 85-1388, 27 déc. 1985, art. 155, 163, 164, 167

> Législation issue de la loi de sauvegarde des entreprises.

C. com., art. L. 651-1 à L. 651-4, L. 652-4, L. 652-5, L. 661-8

C. com., art. R. 651-1 (anc^t D. 28 déc. 2005, art. 316), R. 651-2 (anc^t D. 28 déc. 2005, art. 317-1), R. 651-3 (anc^t D. 28 déc. 2005, art. 320), R. 651-4 (anc^t D. 28 déc. 2005, art. 317), R. 651-5 (anc^t D. 28 déc. 2005, art. 318), R. 652-1 (anc^t D. 28 déc. 2005, art. 321), R. 652-2 (anc^t D. 28 déc. 2005, art. 322), R. 662-9 (anc^t D. 28 déc. 2005, art. 345)

D. 28 déc. 2005, art. 361-5

Sur l'application de la loi dans le temps, v. s^s n° 073.01

> Législation issue de l'ordonnance du 18 décembre 2008.

C. com., art. L. 651-1 à L. 651-4, L. 661-8

C. com., art. R. 651-1 à R. 651-5, R. 662-9

> Législation issue de l'ordonnance du 12 mars 2014.

C. com., art. R. 662-9

921.02 **Jurisprudence de référence.**

> Le dirigeant de fait est la personne qui exerce, directement ou par personne interposée, une activité positive et indépendante d'administration générale d'une personne morale.

• **Com. 26 juin 2001,** n° 98-20.115, NP

* V. s^s n° 921.21

« *Sont impropres à caractériser* l'exercice, en fait, par un salarié d'une activité positive et indépendante dans l'administration d'une société, le fait qu'il détenait la moitié des parts sociales, qu'il avait, contrairement au dirigeant de droit, une formation en rapport avec l'activité de l'entreprise, qu'il n'a eu un contrat de travail qu'un an après son arrivée dans la société, qu'il bénéficiait de placements financiers au titre d'un contrat d'assurance-vie souscrit par la société, avantage que les services fiscaux qualifient "d'avantage accordé aux seuls dirigeants de sociétés", et enfin qu'il s'octroyait en sus de son salaire des honoraires d'apport d'affaires, disposait d'un véhicule de fonction non utilitaire et qu'il avait réglé sur son compte personnel une caution pour un matériel loué. »

> La direction de fait peut être établie par personne interposée.

• **Com. 27 juin 2006,** n° 04-15.831, *Bull. civ.* IV, n° 151

* V. s^s n° 921.21

« De même qu'en vertu de l'article L. 624-2 du code de commerce dans sa rédaction antérieure à la loi du 26 juillet 2005 de sauvegarde des entreprises, les fautes de gestion ayant contribué à l'insuffisance d'actif d'une société en redressement ou liquidation judiciaires peuvent engager la responsabilité des personnes morales dirigeantes et celle de leurs représentants permanents, de même peut être déclarée responsable de ces fautes, sur le fondement de l'article L. 624-3 du même code, la personne morale qui, sans être dirigeant de droit de la société en redressement ou liquidation judiciaire, a exercé en fait, par l'intermédiaire d'une personne physique qu'elle a choisie et qui a agi sous son emprise, des pouvoirs de direction sur la société. »

> Les dirigeants condamnés ne sont pas recevables, même à titre d'appel en garantie, à agir en sanctions pécuniaires contre d'autres dirigeants.

• Com. 6 juin 1995, n° 91-21.173, *Bull. civ.* IV, n° 168

* V. s^s n° 921.31

« Vu les articles 180 alinéa 1er et 183 de la loi du 25 janvier 1985 [devenus C. com., art. L. 624-3, al. 1er et L. 624-6];

Attendu que lorsque la liquidation judiciaire d'une société à responsabilité limitée fait apparaître une insuffisance d'actif, les dispositions du premier de ces textes ouvrent aux conditions qu'elles prévoient une action ayant pour effet de contraindre les dirigeants au paiement de tout ou partie des dettes sociales; qu'en vertu du second de ces textes, le tribunal, s'il ne se saisit pas d'office, ne peut être saisi que par l'administrateur, le représentant des créanciers, le commissaire à l'exécution du plan, le liquidateur ou le procureur de la République; qu'il s'ensuit que les dirigeants ne sont pas recevables, même à titre de garantie, à exercer l'action en paiement des dettes sociales contre d'autres dirigeants. »

> Le rapport aux fins de sanctions établi par un technicien sur demande du juge désigné par le tribunal n'est pas une expertise, de sorte que, pour son établissement, le respect du contradictoire ne s'impose pas.

• Com. 11 mai 1999, n° 96-18.896, *Bull. civ.* IV, n° 97

* V. s^s n° 921.36

« Mais attendu que les actuels dirigeants de droit d'une société en redressement ou liquidation judiciaires n'ont pas un intérêt légitime à discuter le bien-fondé d'une ordonnance du juge-commissaire qui désigne une personne de son choix pour consigner dans un rapport les éléments d'information sur les éventuelles responsabilités encourues par les dirigeants de droit ou de fait de cette société en vue de permettre une demande d'application, vis-à-vis de certains d'entre eux, des dispositions des articles 180 à 182 de la loi du 25 janvier 1985 [devenus C. com., art. L. 624-3 à L. 624-5], dès lors que, si ces éléments d'information sont produits dans une action engagée ultérieurement à leur encontre, la valeur et les éléments de preuve ainsi réunis ne peuvent être retenus qu'après que ce rapport a été régulièrement versé aux débats et soumis à la libre discussion des parties. »

> Le tribunal de la faillite est compétent pour prononcer une condamnation à combler le passif contre un dirigeant étranger.

• Com. 5 mai 2004, n° 01-02.041, *Bull. civ.* IV, n° 82

* V. s^s n° 921.34

> La désignation du juge commis est facultative. En l'absence d'utilisation de cette faculté il n'y a pas nullité du jugement pour défaut d'établissement d'un rapport.

• Com. 24 sept. 2003, n° 00-11.010, *Bull. civ.* IV, n° 143

* V. s^s n° 921.36

> L'ancienneté des faits reprochés est sans importance pour l'appréciation du délai de prescription.

• Com. 8 avr. 2015, n° 13-28.512, *Bull. civ.* IV [à paraître]; n° 360 F-P+B

* V. s^s n° 921.41

921.03 Bibliographie indicative. (V. les références complètes s^s n° 031).

> Actualisables. RÉP. COM., Daigre J.-J., « Entreprises en difficulté – Redressement judiciaire (Personnes moral et dirigeant) », n°s 366 à 386 – J.-CL. COM., Legros J.-P., fasc. 3160, [Associations]; Hannoun C., fasc. 2905, [Dirigeants sociaux – Sanctions patrimoniales – Responsabilité pour insuffisance d'actif – Obligation aux dettes sociales], 2007; Virassamy G., fasc. 3155, [Contrats de concession et de franchisage].

> Ouvrages antérieurs à la loi de sauvegarde des entreprises. CHAPUT, n°s 614 à 616, 619 à 622, 626 – GUYON, n°s 1370, 1371, 1377 à 1380, 1383 à 1394, 1402, 1403 – JACQUEMONT, n°s 848 à 862 – KERCKHOVE, n°s 823 à 828, 835 à 838, 840 à 842, 852 et 853 – LE CANNU, n°s 864, 870, 876 – LE CANNU *ET ALII*, n°s 1606 à 1634 – LE CORRE-BROLY, n°s 432 à 437 – MARTIN ET VALLENS, n°s 3570 à 3597 – PÉROCHON ET BONHOMME, n°s 425 à 430 – PÉTEL, n°s 417 à 420 – RIPERT ET ROBLOT, n°s 3277 à 3281, 3287 à 3290, 3297 à 3300 – SAINT-ALARY-HOUIN, n°s 1075 à 1083, 1092 à 1096, 1107 – SOINNE, n°s 2540 à 2580 – VALLANSAN, p. 341 à 344, 347 et 348, 350 à 353.

> Ouvrages postérieurs à la loi de sauvegarde des entreprises. COQUELET, 5e éd., n°s 536 à 544, 549 – GIBIRILA, n°s 752 à 773 – JACQUEMONT et VABRES, 9e éd., n°s 1101 à 1106, 1110 à 1121, 1127 à 1130 – LE CANNU, 7e éd., n°s 1245 à 1284 – LIENHARD, 6e éd., n°s 131.11 à 131.42, 132.23 à 132.27, 132.30 à 132.32 – PÉROCHON, 10e éd., n°s 1670 à 1695 – PÉTEL, 8e éd., n°s 420 à 422 et 424 – ROUSSEL GALLE, 2e éd., n°s 825 à 827, 829 à 831, 833 – SAINT-ALARY-HOUIN, 9e éd., n°s 1395 à 1406, 1408,1417 à 1424 – VALLANSAN *ET ALII*, 6e éd., p. 461 à 465, 470, 472 à 475 – VALLENS, 2015, n°s 4543 à 4579, 4613, 4616 à 4634, 4644 à 4651 – VIDAL et GIORGINI, n°s 1486 à 1492, 1497 à 1500, 1502 – VOINOT, 2e éd., n°s 862 à 864, 873 à 882.

> Articles. Chauvaux D., « Exercice de l'action en comblement de passif à l'encontre d'une collectivité publique, concl. sur T. confl. 20 nov. 2006 », *RJDA* 2007. 119 – Cuisinier V., « Les groupes et la responsabilité de la société mère », *Rev. proc. coll.* 2013, dossier 54 – Cunha V., « Au-delà du réel : La sanction du dirigeant de fait dans le droit des procédures collectives », *Rev. proc. coll.* 2006/1, p. 24 – Delattre Ch., « L'inlassable travail de la Cour de cassation quant à la détermination de la notion de direction de fait », *JCP E* 2007. Étude 1872; « Les actes préparatoires à une action en responsabilité pour insuffisance d'actif (articles L. 651-4 et R. 651-5 du code de commerce) », *Rev. proc. coll.* 2010. Étude 2 – Delebecque Ph., « L'administrateur de fait par personne interposée : une notion à définir », *JCP E* 2005. Étude 234 – Diesbecq, « Conditions procédurales de l'action en responsabilité pour insuffisance d'actif (C. com., art. L. 651-2 : quelques conseils pratiques) », *Rev. proc. coll.* 2012. Prat. 1 – Ducouloux-Favard, « La règle de la faute séparable des fonctions de gestion des sociétés de capitaux est dans la loi », *Dr. sociétés* 2007. Étude 11 – Le Corre P.-M., « Variations sur la convocation personnelle du dirigeant recherché en comblement de l'insuffisance d'actif », *Gaz. proc. coll.* 2009/2, p. 3 – Martin D., « Les membres du conseil de surveillance sont-ils des dirigeants sociaux au sens de la loi du 25 janvier 1985 ? », *Rev. proc. coll.* 1991. I. Doctr. 24 – Notté G., « La notion de dirigeant de fait au regard du droit des procédures collectives », *JCP CI* 1980. I. 8560 – Rémery J.-P., « La notion de dirigeant de fait », *RJDA* 1999/11, p. 945 – Rives-Lange J.-L., « La notion de dirigeant de fait au regard de la loi de 1967 », *D.* 1975. Chron. 41 – Roussel Galle Ph., « La procédure civile dans les responsabilités et sanctions civiles », *LPA* 28 nov. 2008, nº 239, p. 80 – Rouvière F., « Le concours de l'action en comblement de passif et de l'action civile exercée devant la juridiction répressive », *RTD com.* 2006. 529 – Thomas V., « La responsabilité de la société mère pour faute dans l'exercice du pouvoir de contrôle de la filiale », *Rev. proc. coll.* 2013, dossier 55 – Vallens J.-L., « Les sanctions dans la réforme du 26 juillet 2005 », *RLDA* 2005, suppl. nº 88, nº 5566.

921.04 Questions essentielles.

• Quels sont les indices de la direction de fait ?

* V. s^s nº 921.22.

• Les héritiers du dirigeant peuvent-ils être condamnés à combler le passif ?

* V. s^s nº 921.15.

• Quelle est la juridiction compétente pour connaître d'une action en comblement de passif contre l'État ou les collectivités locales ?

* V. s^s nº 921.35.

• L'action en comblement de passif se cumule-t-elle avec d'autres sanctions ?

* V. s^s n°s 921.81, 921.83.

921.09 Présentation générale des responsabilités et sanctions pécuniaires. La législation antérieure à la loi du 26 juillet 2005[1] contenait deux types de sanctions pécuniaires : l'action en comblement de passif d'une part, le redressement et la liquidation judiciaires personnels d'autre part.

La loi du 26 juillet 2005 n'évoque pas, à propos du comblement de passif, l'idée de « sanctions pécuniaires », mais celle de « responsabilité ». Cette action constitue en effet un mode particulier de mise en jeu de la responsabilité civile délictuelle[2]. Elle reprend, sous quelques adaptations, l'action en comblement de passif de la législation antérieure, en évoquant désormais « la responsabilité pour insuffisance d'actif », mais supprime le redressement et la liquidation judiciaire personnels, du fait de la suppression systématique des extensions sanctions. Elle reprend les cas qui permettaient le prononcé du redressement ou de la liquidation judiciaire à titre personnel, à l'exception de ceux relatifs à la tenue de la comptabilité, pour les transformer en cas d'« obligations aux dettes sociales », nouveauté de la législation du 26 juillet 2005, qui apparaît comme une sanction, et non comme une action en responsabilité, même si cette distinction n'est pas partagée par tous[3]. L'ordonnance du 18 décembre 2008[4], pour sa part, supprime l'obligation aux dettes sociales. Ainsi, l'action en responsabilité pour insuffisance d'actif devient-elle la seule action de nature financière intéressant les dirigeants de personnes morales.

> Application dans le temps (v. aussi s^s nº 073.35). L'article 191 de la loi du 26 juillet 2005 prévoit que, par exception au principe d'inapplication de la loi nouvelle aux procédures en cours lors de son entrée en vigueur, les chapitres I et II du titre V relatif à la responsabilité des dirigeants pour insuffisance d'actif et à l'obligation aux dettes sociales seront applicables aux procédures en cours.

De même, l'article 361, 5° du décret du 28 décembre 2005[5] prévoit que les chapitres Ier et II du titre V du livre VI du code de commerce, c'est-à-dire les dispositions relatives à l'action en responsabilité pour insuffisance d'actif et à l'action en obligation aux dettes sociales s'appliquent aux procédures en cours au 1er janvier 2006, à l'exception – qui n'en est pas véritablement une d'ailleurs – de l'article R. 651-1 du code de commerce.

L'ordonnance du 18 décembre 2008 supprime l'obligation aux dettes sociales, sans porter atteinte aux actions engagées avant le 15 février 2009 (v. s^s nº 074.31).

> Situation de l'EIRL. L'ordonnance du 9 décembre 2010[6] adapte le droit des entreprises en difficulté à l'EIRL[7]. Dans le domaine de l'action en responsabilité pour insuffisance d'actif, l'ordonnance traite l'EIRL comme le dirigeant de son entreprise individuelle à responsabilité limitée pour lui appliquer cette responsabilité pécuniaire. Se trouve en conséquence modifié l'article L. 651-1 du code de commerce, qui pose le domaine d'application de l'action en responsabilité pour insuffisance d'actif, en y ajoutant les entrepreneurs individuels à responsabilité limitée.

SECTION 921.10

Application des responsabilités et sanctions pécuniaires au dirigeant de droit

921.11 Personnes morales dont les dirigeants sont concernés par les responsabilités et sanctions pécuniaires. Aux termes de l'article L. 624-2 du code de commerce (anc^t L. 25 janv. 1985[8], art. 179), dans sa rédaction antérieure à la loi de sauvegarde des entreprises, et de ceux de l'article L. 651-1, dans sa rédaction issue de la loi de sauvegarde des entreprises, sont visés les dirigeants des personnes morales

1. L. nº 2005-845, 26 juill. 2005, *JO* 27 juill., p. 12187.
2. *Rapp. J.-J. Hyest*, nº 335, p. 443.
3. AINSI : considérant que l'action en obligation aux dettes sociales est une action en responsabilité : Mascala, « L'amélioration de la situation du chef d'entreprise », *Rev. proc. coll.* 2005/4, p. 370 s sp. p. 371.
4. Ord. nº 2008-1345, 18 déc. 2008, *JO* 19 déc., p. 19462.
5. nº 2005-1677, 28 déc. 2005, *JO* 29 déc., p. 20324.
6. Ord. nº 2010-1512, 9 déc. 2010, *JO* 10 déc., p. 21617.
7. Martin-Serf, « EIRL : attention aux actions en responsabilité pour insuffisance d'actif », *Rev. proc. coll.* 2011. Dossier 31.
8. L. nº 85-98, 25 janv. 1985, *JO* 26 janv., p. 1097.

de droit privé. La loi du 25 janvier 1985 visait initialement « les dirigeants de personnes morales de droit privé ayant une activité économique ». La loi du 10 juin 1994[1] a supprimé le visa de l'activité économique. De la sorte, les dirigeants de toutes les personnes morales soumises au redressement judiciaire ou à la liquidation judiciaire sont susceptibles d'être sanctionnés par le comblement de passif, le redressement ou la liquidation judiciaires à titre personnel dans la législation antérieure à la loi de sauvegarde des entreprises, et par l'obligation aux dettes sociales, dans la législation de sauvegarde des entreprises[2]. La solution a, par exemple, été appliquée pour le comblement de passif à l'encontre du dirigeant de fait d'une association d'utilité publique[3].

L'action en responsabilité pour insuffisance d'actif ne peut être exercée contre un dirigeant de fait d'une entreprise exploitée par une personne physique[4].

921.12 Règles générales de détermination des dirigeants concernés par les responsabilités et sanctions pécuniaires. L'article L. 624-2 du code de commerce (anc[t] L. 25 janv. 1985[5], art. 179), dans sa rédaction antérieure à la loi de sauvegarde des entreprises[6], vise les « dirigeants personnes physiques ou morales ainsi que les personnes physiques représentants permanents de ces dirigeants personnes morales ». Le texte diffère sur un point de l'article L. 625-1 du code, dans sa rédaction antérieure à la loi de sauvegarde des entreprises, déterminant le domaine de la faillite personnelle et de l'interdiction de gérer : il prévoit son application tant aux dirigeants personnes physiques qu'aux dirigeants personnes morales. La loi de sauvegarde des entreprises reprend (C. com., art. L. 651-1) les termes de l'article L. 624-2 du code. Sous l'empire de la loi de sauvegarde, aux termes de l'article L. 651-1 du code de commerce, sont concernés les dirigeants des personnes morales de droit privé.

Pour sa part, l'article L. 653-1 du code, dans sa rédaction issue de la loi de sauvegarde des entreprises, qui détermine le domaine d'application de la faillite personnelle, a supprimé le visa de la direction d'une entreprise ayant une activité économique. Les domaines des sanctions pécuniaires et de la faillite personnelle sont ainsi unifiés.

Ces textes ne s'appliquent qu'aux seuls dirigeants. Ne peut donc être recherchée la responsabilité pour insuffisance d'actif de personnes associées n'ayant pas la qualité de dirigeant[7].

Ces textes s'appliquent que les dirigeants soient ou non rémunérés, ce que la législation antérieure à la loi du 26 juillet 2005 prenait le soin de préciser (C. com., art. L. 624-3 et L. 624-5). Pour sa part, la législation du 26 juillet 2005 a supprimé l'exigence tenant au fait que les dirigeants soient ou non rémunérés, car « cette mention n'est en réalité dotée d'aucune portée puisque le fait de viser « tout dirigeant, de droit ou de fait » englobe déjà le cas de dirigeants bénévoles »[8]. Ces derniers continueront, en conséquence, à être responsables[9].

Le dirigeant peut être étranger. La solution, posée sous l'empire de la loi du 13 juillet 1967[10], reconduite sous l'empire de loi du 25 janvier 1985[11], reste d'actualité.

Une cour d'appel peut valablement considérer que, en l'absence de production du procès-verbal de l'assemblée générale qui aurait désigné une personne dirigeant de la personne morale débitrice ou de la publication de cette désignation, la qualité de dirigeant de droit n'est pas établie[12].

Le comblement de passif peut être prononcé contre un incapable majeur. Cette solution issue de loi du 13 juillet 1967[13] est reconductible[14]. Elle est transposable à l'obligation aux dettes sociales. Il en est de même, sous l'empire de la législation antérieure à la loi de sauvegarde des entreprises, de la liquidation judiciaire à titre personnel. En revanche, le redressement judiciaire à titre personnel n'est pas envisageable, puisque l'intéressé ne pourrait obtenir

1. L. n° 94-475, 10 juin 1994, *JO* 11 juin, p. 8440.
2. L. n° 2005-845, 26 juill. 2005, préc.
3. Com. 27 juin 2006, n° 04-16.296, NP; n° 825 F-D; *Gz. proc. coll.* 2006/4, p. 39, note Montéran.
4. Com. 30 juin 2015, n° 14-15.984, *Bull. civ.* IV [à paraître]; n° 650 F-P+B; *D.* 2015. études 2211, n° 5, note Arbelt; *Gaz. Pal. entr. diff.* 20 oct. 2015, n° 291, p. 35, note Montéran; *BJE* sept. 2015, 307, note Favario; *Rev. sociétés* 2015. 546, note Roussel Gall; *Rev. proc. coll.* 2015, comm. 186, note Martin-Serf *Bull. Joly sociétés* 2015, 598, note Mouial-Bassilana; *Dr sociétés* 2016, comm 15, note Legros.
5. L. n° 85-98, 25 janv. 1985, préc.
6. L. n° 2005-845, 26 juill. 2005 préc.
7. Com. 12 janv. 2016, n°s 14-23.359, 14-27.090, NP; n° 33 F-D; *BJE* 2016, 186, note Favario; *Bull. Joly sociétés* 2016, 227, note Brignon.
8. *Rapp. Xavier de Roux*, n° 2095, p. 408.
9. *Rapp. J.-J. Hyest*, n° 335, p. 450 – AINSI : Bordeaux, 7 févr. 2014, RG n° 12/04659, *Rev. proc. coll.* 2015, chron. 1, n° 15, note Lecenne-Villemonteix.
10. L. n° 67-563, 13 juill. 1967, *JO* 14 juill., p. 7059 – T. com. Paris, 19 mai 1981, *Rev. proc. coll.* 1981, II, 748.
11. Com. 5 mai 2004, n° 01-02.041, *Bull. civ.* IV, n° 82; *D.* 2004. AJ 1596; jur. 1796, note Vallens; Somm. 2145, obs. Henry; *Act. proc. coll.* 2004, n° 156, obs. Dom; *JCP E* 2004, Jur. 1249, note Reifegerste; *RTD com.* 2004. 601, n° 7, obs. Mascala; *Bull. Joly* 2004. 1349, note Monsérié-Bon; *Rev. proc. coll.* 2005/2, p. 149, n° 1, obs. Martin-Serf; *Rev. sociétés* 2004. 715, note Le Corre.
12. Com. 16 sept. 2014, n° 13-24.349, NP.
13. Com. 17 juin 1986, n° 84-17.668, *Bull. civ.* IV, n° 129; *Rev. proc. coll.* 1987, 431, obs. Chaput.
14. SOINNE, n° 2558.

un plan de continuation, lequel suppose une poursuite d'activité inconciliable avec son statut d'incapable.

921.13 Diversité des dirigeants de droit – dirigeant retiré. Les sanctions s'appliquent d'abord aux dirigeants de droit. Sont des dirigeants de droit, les organes statutaires de direction. Il s'agira des gérants de société à gérance, des présidents du conseil d'administration et administrateurs de sociétés anonymes[1], alors même que ces derniers n'assurent pas la direction générale de la société[2], et cela même après la loi NRE du 15 mai 2001[3], des présidents et membres du directoire des sociétés à directoire, ainsi que des directeurs généraux, cette dernière solution ayant déjà été posée sous l'empire de la loi du 13 juillet 1967[4]. Les sanctions s'appliquent encore aux directeurs généraux adjoints et aux directeurs généraux délégués des sociétés à directoire. Les dirigeants, simples administrateurs, pourront cependant ne pas être sanctionnés s'ils ont été victimes des agissements du représentant légal de la personne morale débitrice, qui a truqué la comptabilité[5].

Sont encore dirigeants de droit, les liquidateurs amiables[6], même si l'on voit parfois curieusement affirmer le contraire[7], ou encore les administrateurs provisoires[8], solution posée en jurisprudence sous les législations antérieures[9].

En revanche, les membres du conseil de surveillance ne sont pas concernés, la solution posée sous l'empire de la loi du 13 juillet 1967[10] devant être reconduite[11]. Toutefois, d'une part, ils peuvent être condamnés s'ils sont dirigeants de fait[12] et, d'autre part, peuvent répondre de leur faute dans le défaut de surveillance sur le fondement de l'article 1382 du code civil[13].

Dans les groupements d'intérêt économique et les associations, les dirigeants seront les administrateurs.

Le dirigeant pourra être une personne morale de droit public, par exemple une commune[14], et même l'État[15]. Ce dernier peut se voir appliquer l'action en comblement de passif. Il ne peut, en revanche, se voir appliquer le redressement judiciaire ou la liquidation judiciaire à titre personnel, sous l'empire de la législation antérieure à la loi de sauvegarde des entreprises. Il peut, sous l'empire de la loi de sauvegarde des entreprises, être condamné à l'obligation aux dettes sociales. En outre, et par dérogation, dans les sociétés d'économie mixte, si une commune a la qualité de membre ou de président du conseil d'administration, la responsabilité civile des mandats de représentation incombe à la commune et non à ses représentants[16].

L'irrégularité de la nomination du dirigeant restera sans influence sur la possibilité de prononcer la sanction[17]. La solution a été posée à propos d'un notaire illégalement désigné président du conseil d'administration[18]. Il en va de même de l'absence d'exécution des fonctions du dirigeant de droit[19], alors surtout qu'il s'agit là d'une faute de gestion (v. s[s] n° 922.25).

Le dirigeant peut être condamné, même s'il n'est plus en fonction au jour du jugement d'ouverture. Cependant, sa condamnation ne sera possible que si

1. Com. 28 janv. 2004, n° 02-16 774, NP – Com. 10 mars 2004, n° 01-03.004, NP – Com. 27 févr. 2007, n° 05-20.038, NP; n° 362 F-D.
2. Com. 31 mai 2011, n°s 09-13.975, 09-14.026, 09-16.522, 09-67.661, *Bull. civ.* IV, n° 87; *D.* 2011. Actu. 1551, obs. Lienhard; *Gaz. Pal.* 7 oct. 2011, n° 280, note Montéran; *Act. proc. coll.* 2011, n° 207, note Pagnucco; *JCP E* 2011, n° 1655, note Couret et Dondéro; *Rev. sociétés* 2011. 521, note Roussel Galle; *Bull. Joly* 2011. 268, note Dammann et Boché-Robinet; *Rev. proc. coll.* 2011, n° 199, note Martin-Serf; *Dr. sociétés* 2011, n° 200, note Legros.
3. L. n° 2001-420, 15 mai 2001, *JO* 16 mai, p. 7776, dite loi NRE.
4. L. n° 67-563, 13 juill. 1967, préc. – Com. 3 mars 1981, *n° 79-15.504, Bull. civ. IV, n° 116; JCP CI 1982, I, 10827,* obs. M. Cabrillac et Vivant; *RTD com.* 1982. 446, obs. Merle; *JCP* 1982. II. 19754, obs. Notté.
5. Versailles, 13e ch., 5 mai 2003, RG n° 02/06451.
6. Kerckhove, n° 824 – Chaput, n° 622.
7. Amiens, ch. éco., 19 janv. 2006, RG n° 05-727, *Act. proc. coll.* 2006, n° 252, note Régnaut-Moutier.
8. Soinne, n° 2551.
9. T. com. Lyon, 2 juill. 1959, *RTD com.* 1959. 757, obs. Houin.
10. Paris, 8 juill. 1975, *Rev. sociétés* 1976. 114.
11. Martin, « Les membres du conseil de surveillance sont-ils des dirigeants sociaux au sens de la loi du 25 janvier 1985 ? », *Rev. proc. coll.* 1991, I, Doctr. 24 – Kerckhove, n° 824– Saint-Alary-Houin, 9e éd., n° 1402 – Soinne, n°s 2550, 2552.
12. Com. 12 juill. 2005, n°s 03-14.045, 03-15.855, *Bull. civ.* IV, n° 174; *Dr. sociétés* 2005, n° 175; *Bull. Joly* 2006. 22 § 4, av. Lafortune, note Saintourens.
13. Com. 6 févr. 1979, n° 77-13.264, *Bull. civ.* IV, n° 53.
14. T. confl. 2 juill. 1984, n° 02343, *Lebon*; *JCP* 1984. II. 20306, note Alfandari; *D.* 1984. 545, note Derrida.
15. Com. 16 févr. 1993, n° 90-18.389, *Bull. civ.* IV, n° 66; *Rev. sociétés* 1993. 644, obs. Guyon; *Bull. Joly* 1993. 678, obs. Jeantin; *RTD com.* 1993. 684, obs. Alfandari – T. com. Rouen, 10 mars 1981, *D.* 1981. IR 37, obs. Vasseur.
16. Com. 25 juin 1991, n° 88-14.323, *Bull. civ.* IV, n° 239; *Rev. proc. coll.* 1991, 502, obs. Chaput.
17. Orléans, ch. com., 5 oct. 2006, RG n° 05/03086, *Dr. sociétés* 2007, n° 132, note Legros.
18. Com. 10 oct. 1995, n°s 91-21.748, 91-21.990, *Bull. civ.* IV, n° 26; *D.* 1995. IR 244.
19. Com. 31 janv. 1995, n° 92-21.548, *Bull. civ.* IV, n° 29; *Bull. Joly* 1995. 341, obs. Couret; *JCP E* 1995. I. 475, obs. Viandier et Caussain; *RTD com.* 1996. 543, obs. Haëhl – Com. 9 mai 1995, n° 93-11.338, *Bull. civ.* IV, n° 134; *D.* 1996. Somm. 84, obs. Honorat – Com. 19 mars 1996, n° 93-13.468, NP, *Bull. Joly* 1996. 5?6, note Le Cannu; *RTD com.* 1996. 542, obs. Haëhl – Comp. Metz, 29 juin 1993, *Dr. sociétés* 1994, n° 114, obs. Chaput.

l'ouverture de la procédure est la conséquence d'une situation créée lorsqu'il était en fonction[1]. Il faut, pour la condamnation à combler l'insuffisance d'actif, que puisse lui être imputée une faute de gestion ayant contribué à l'insuffisance d'actif[2], même si lors de son retrait, il n'y avait pas encore cessation des paiements[3]. Il ne suffit pas que l'insuffisance d'actif soit liée à la période de gestion de l'intéressé. Il faut qu'elle existe au jour de sa démission, sauf à ce que le dirigeant continue en fait à assurer la gestion[4], ou au jour de la cessation des fonctions d'un dirigeant de fait[5]. Les décisions de condamnation prononcées par des cours d'appel sont ainsi censurées par la Cour de cassation, faute pour les premières d'avoir précisé si l'insuffisance d'actif existait déjà à la date à laquelle le dirigeant avait cessé ses fonctions[6]. Spécialement, une cour d'appel ne peut condamner le dirigeant retiré en se contentant d'énoncer les nombreux impayés dont il est responsable, ce qui permet certes d'apporter des éléments de preuve sur l'état de cessation des paiements, mais ne permet pas d établir que l'insuffisance d'actif de la société débitrice préexistait au retrait du dirigeant recherché en responsabilité pour insuffisance d'actif[7].

Si, à la date du retrait du dirigeant, il y a déjà cessation des paiements et si les fonds propres sont déjà négatifs, l'insuffisance d'actif peut être caractérisée et la condamnation peut intervenir[8], alors même que le montant de l'insuffisance d'actif, qui est certaine, n'est pas exactement fixée[9]. Dans une espèce, la condamnation du dirigeant a pu intervenir, alors que trois années s'étaient écoulées entre le retrait du dirigeant et l'ouverture de la procédure collective. Ce dirigeant s'était livré à une « course au chiffre d'affaires », avait affiché des prévisions exceptionnellement optimistes pour les besoins de la reprise de l'entreprise par des investisseurs, et avait réalisé des prises de marchés à perte[10]. En l'absence de cette démonstration, sa condamnation est impossible[11]. Est ainsi déjouée la manœuvre consistant à abandonner le navire alors qu'il est en péril.

En outre, son retrait serait bien évidemment inopérant s'il a continué à être dirigeant de fait.

En revanche, il importera peu que son retrait ait fait l'objet de publicités légales, dès lors que sa démission est incontestable[12], car l'inopposabilité de la cessation des fonctions non publiée ne concerne que les engagements de la société envers les tiers.

Le fait que son retrait soit antérieur de plus de trois ans au jugement ayant arrêté le plan de continuation reste sans effet sur la prescription de l'action en comblement de passif, qui continue à courir à compter de ce jugement[13]. Cette solution, posée sous l'empire de la loi du 25 janvier 1985[14] est, *mutatis mutandis*, transposable sous l'empire de la loi du 26 juillet 2005[15] de sauvegarde des entreprises.

921.14 Personnes morales dirigeantes. Lorsque le dirigeant est une personne morale, les sanctions et responsabilités pécuniaires – redressement ou liquidation judiciaire à titre personnel ou comblement de passif – l'atteignent personnellement. C'est ce que prévoit l'article L. 624-2 du code de commerce (anc[t] L. 25 janv. 1985[16], art. 179) déclarant applicables tant aux personnes physiques qu'aux personnes morales les deux mesures qu'il réglemente. Sous l'empire de la loi de sauvegarde des entreprises, le comblement de passif et l'obligation aux dettes sociales peuvent frapper les dirigeants personnes morales (C. com., art. L. 651-1).

Mais il faut encore tenir compte de la particularité de la situation. Le dirigeant étant une personne morale, ne peut s'exprimer autrement que par un porte-parole, personne physique, qui reçoit l'appellation de représentant permanent. L'article L. 225-20 du code de commerce (anc[t] L. 24 juill. 1966[17],

1. Com. 27 avr. 1993, nº 91-14.204, *Bull. civ.* IV, nº 151; *Rev. sociétés* 1993. 871, note Le Nabasque – Com. 8 juin 1999, nº 96-22.342, NP – Paris, 3e ch. B, 31 oct. 2003, RG nº 03/00218.
2. AINSI : Com. 22 mai 2013, nº 12-14.956, NP; nº 513 F-D.
3. Com. 27 févr. 2007, nº 05-20.038, NP; nº 362 F-D – RAPPR. : Com. 14 oct. 2008, nº 07-19.000, NP; nº 1007 F-D; *Gaz. proc. coll.* 2009/1, p. 59, nº 3, note Montéran; *Dr. sociétés* 2008, nº 249, note Legros; *Rev. proc. coll.* 2009/6, 172, p. 47, note Martin-Serf.
4. Com. 17 sept. 2013, nº 12-26.360, NP; nº 820 F-D.
5. Com. 27 janv. 2015, nº 13-12.430, NP; nº 67 F-D; *D.* 2015. pan. 1978, note Lucas.
6. Com. 22 juin 2010, nº 09-17.486, NP; nº 684 F-D; *Gaz. Pal. entr. diff.* 15-16 oct. 2010, p. 38, note Montéran – Com. 5 avr. 2016, nº 14-13.843, NP; nº 339 F-D; *Gaz. Pal.* 28 juin 2016, nº 24, p. 70, note Montéran; *BJE* 2016, 277, note Favario.
7. Com. 5 avr. 2016, nº 14-13.843, préc.
8. Com. 22 janv. 2013, nº 11-17.420, NP; nº 61 F-D; *Gaz. Pal.* 1er mai 2013, nº 121, p. 43, note Montéran; *Rev. proc. coll.* 2013, comm. 17, note cit. Martin-Serf.
9. Com. 6 oct. 2009, nº 06-16.141, NP, nº 860 F-D; *Bull. Joly* 2010. 249, note Rubellin; *Rev. proc. coll.* 2010, nº 114, note Martin-Serf – Com. 13 mai 2014, nº 13-12.355, NP; nº 472 F-D; *Gaz. Pal.* 5 oct. 2014, p. 44, note Montéran; *Dr. sociétés* 2015, comm. 95, note Legros.
10. Caen, 14 févr. 2008, RG nº 06/01882; *Bull. Joly* 2008. 611, note Voinot.
11. Paris, 27 juin 2003, RG nº 02/19754.
12. Paris, 26 sept. 1989, *D.* 1991. 116, obs. Derrida – Versailles, 13e ch., 2 déc. 1999, *RJDA* 2000/4, nº 456; *Bull. Joly* 2000, nº 77 – Paris, 3e ch. B, 25 févr. 2000, *RD banc. fin.* 20006, nº 231, obs. Delecci.
13. Caen, 14 févr. 2008, RG nº 06/01882; *Bull. Joly* 2008. 611, note Voinot.
14. L. nº 85-98, 25 janv. 1985, préc.
15. L. nº 2005-845, 26 juill. 2005, préc.
16. L. nº 85-98, 25 janv. 1985, préc.
17. L. nº 66-537, 24 juill. 1966, *JO* 26 juill., p. 6402.

art. 91) oblige à sa désignation, dans l'hypothèse où la direction sociale est assurée par une personne morale.

L'article L. 624-2 du code de commerce, dans sa rédaction antérieure à la loi de sauvegarde des entreprises et l'article L. 651-1 du code, dans la rédaction que lui donne la loi de sauvegarde des entreprises, après avoir posé la possibilité de sanctionner la personne morale dirigeante, énoncent que les sanctions qu'ils réglementent ont également vocation à s'appliquer au représentant permanent de la personne morale dirigeante[1].

Il ne semble possible de condamner le représentant permanent qu'autant que l'a été la personne morale. Il n'est pas possible en revanche de condamner le dirigeant social de la personne morale dirigeante, s'il n'a pas la qualité de représentant permanent de celle-ci[2]. Une solution contraire a toutefois été retenue dans une espèce. Les dirigeants de droit de la société dirigeante de la société débitrice ont pu encourir les mêmes responsabilités que s'ils étaient dirigeants en leur nom propre de cette dernière, puisque les fautes caractérisées à l'encontre de ces dirigeants avaient contribué à la cessation des paiements de la société débitrice[3]. Au regard des textes, la solution n'est pas à l'abri de la critique.

Le représentant permanent, en cas de condamnation à combler le passif, est tenu solidairement avec la personne morale[4].

921.15 Décès du dirigeant. L'action en comblement de passif peut être appliquée aux héritiers du dirigeant, personne physique décédée, dès lors qu'ils ont accepté la succession[5]. Il s'agit d'une responsabilité patrimoniale dont la charge est transmissible, solution posée par la Cour de cassation sous l'empire de la loi du 13 juillet 1967[6] et reconduite par la jurisprudence[7]. Cette solution semble applicable à l'obligation aux dettes sociales créée par la loi de sauvegarde des entreprises et supprimée par l'ordonnance du 18 décembre 2008[8].

En revanche, les héritiers condamnés à combler le passif ne peuvent être personnellement déclarés en redressement ou en liquidation judiciaire à titre personnel pour inexécution du jugement de condamnation à combler le passif[9].

La solution nous semblait devoir être étendue au redressement et à la liquidation judiciaires à titre personnel, sur le fondement de l'article L. 624-5 du code de commerce (anc^t L. 25 janv. 1985[10], art. 182), sur la justification de la nature de sanction de la mesure, à savoir son caractère strictement personnel au dirigeant concerné[11]. Le contraire avait cependant été jugé[12]. Observons qu'il avait été jugé possible de prononcer le redressement judiciaire personnel à l'encontre d'associés, héritiers du dirigeant de droit, sur le fondement d'une direction de fait[13]. Pour sa part, la Cour de cassation considère comme possible le prononcé de la mesure non contre la succession du dirigeant au motif que l'indivision successorale n'a pas la personnalité morale[14], mais contre le dirigeant décédé lui-même. La Cour de cassation considère que le décès d'un dirigeant en cours d'instance n'entraîne pas l'extinction de l'action, qui doit être poursuivie à son égard, les héritiers étant appelés en la cause[15]. La Cour de cassation, sans doute pour des considérations d'équité, enferme la saisine du tribunal aux fins de prononcé du redressement ou de la liquidation judiciaire personnels dans le délai d'un an du décès du dirigeant[16]. Il s'agit là de faire application par transposition d'une disposition qui n'intéresse que l'ouverture de la procédure du débiteur personne physique, non le cas ici visé.

1. ILLUSTR. : Com. 3 janv. 1995, n°s 91-18.109, 91-18.111, 2 esp., NP, *Bull. Joly* 1995. 267, note Couret; *Rev. huissiers* 1996. 210, note Courtier – Com. 25 mars 1997, n° 95-10.995, *Bull. civ.* IV, n° 85; *D. Affaires* 1997. 579 – Com. 19 nov. 2013, n° 12-16.099, *Bull. civ.* IV, n° 170; n° 1115 FS-P+B; *D.* 2013. actu 2767, note Lienhard; *Gaz. Pal.* 2 févr. 2014, n° 33, p. 28, note Dondéro; *Bull. Joly* févr. 2014, 101, note Monsérié-Bon; *Act. proc. coll.* 2014/1, comm. 15, note Pagnucco; *BJE* mars 2014, 95, note Favario; *Dr. sociétés* 2014, comm. 68, note Legros – Versailles, 13e ch., 31 janv. 2013, RG n° 12/03954, *Rev. proc. coll.* 2013, comm. 177, note Martin-Serf.
2. Com. 3 oct. 2000, n° 96-15.514, NP, *Act. proc. coll.* 2000, n° 234; *RJDA* 2001/1, n° 6.
3. Com. 8 juill. 2014, n° 13-18.958, NP; n° 644 F-D.
4. Paris, 3e ch. C, 30 juin 2000, *JCP E* 2000. Pan. 1738.
5. SOINNE, n° 2560.
6. L. n° 67-563, 13 juill. 1967, préc. – Com. 3 mai 1988, n° 86-10.250, *Bull. crim.* n° 147; *D.* 1988. IR 140.
7. Versailles, 27 févr. 1997, *JCP E* 1997. Pan. 468 – Amiens, ch. éco., 23 janv. 2003, RG n° 02/00253, *Rev. proc. coll.* 2005/2, p. 153, n° 1, obs. Barret.
8. Ord. n° 2008-1345, 18 déc. 2008, préc.
9. Com. 3 mai 1988, n° 86-10.250, *Bull. civ.* IV, n° 147; *D.* 1988. IR 140.
10. L. n° 85-98, 25 janv. 1985, préc.
11. SOINNE, n° 2621.
12. Amiens, ch. éco., 23 janv. 2003, *JCP E* 2003. Pan. 1380; *Rev. proc. coll.* 2005/2, p. 153, n° 1, obs. Barret.
13. Bourges, ch. civ., 12 juin 2001, *Act. proc. coll.* 2001, n° 255.
14. Com. 21 juin 2005, n° 04-13.850, *Bull. civ.* IV, n° 136; *D.* 2005. AJ 1848, obs. Lienhard; *D.* 2006. Somm. 87, obs. Le Corre; *Act. proc. coll.* 2005, n° 196, note Saintourens; *RJ com.* 2005/5, p. 440, note Sortais; *Rev. sociétés* 2006. 416, note Roussel Galle; *LXB* n° N6689AIL, note Le Corre.
15. Com. 21 juin 2005, n° 04-12.281, *Bull. civ.* IV, n° 135; *D.* 2005. AJ 1848, obs. Lienhard; *Act. proc. coll.* 2005, n° 196, note Saintourens; *RJ com.* 2005/5, p. 440, note Sortais; *Rev. sociétés* 2006. 416, note Roussel Galle; *Rev. proc. coll.* 2006/1, p. 82, n° 12, obs. Barret.
16. Com. 21 juin 2005, n° 04-13.850, préc. (v. s^s prés^t n°).

SECTION 921.20 APPLICATION DES RESPONSABILITÉS ET SANCTIONS PÉCUNIAIRES AU DIRIGEANT DE FAIT

921.21 Notion de dirigeants de fait. Les responsabilités et sanctions pécuniaires s'appliquent aux dirigeants de fait (C. com., art. L. 624-2, réd. antérieure à la loi de sauvegarde des entreprises, C. com., art. L. 651-1, réd. loi de sauvegarde des entreprises). La difficulté essentielle est ici de déterminer la notion de dirigeant de fait, notion juridique, qualifiée de « couteau suisse prétorien »[1], sur laquelle la Cour de cassation exerce son contrôle[2].

Le dirigeant de fait est la personne qui exerce, directement ou par personne interposée, une activité positive et indépendante d'administration générale d'une personne morale[3], sous le couvert ou aux lieu et place de ses représentants légaux[4]. Il ne peut s'agir d'assurer la direction de fait d'une entreprise exploitée par une personne physique[5]. En jurisprudence, est ainsi évoquée « la personne qui accomplit les mêmes actes de gestion que le gérant de droit sans être investie de ses fonctions[6] » ou encore celui qui accomplit en toute indépendance des actes positifs de direction et de gestion[7]. Il faut donc une immixtion dans la gestion, traduisant une activité positive[8] et indépendante de direction[9], ne se cantonnant pas à un simple conseil. Tel sera le cas d'une personne qui développe une activité sans rapport avec le commerce exploité, qui ne rend pas compte au dirigeant de droit de son activité et ne lui donne pas les indications nécessaires à l'établissement de la comptabilité relative à cette activité[10].

Il convient cependant de réserver l'hypothèse où le conseil a placé les organes de gestion dans un véritable état de dépendance[11]. Le seul fait pour un banquier d'accepter la cession de créances Dailly ne peut évidemment caractériser cette direction de fait, alors que seul le débiteur qui était titulaire des créances avait pu lui apporter[12].

Il ne suffit pas de faire état du rôle prépondérant d'une personne dans une société[13], notamment au sein de l'assemblée des associés[14], ou dans une association[15]. Le fait pour l'intéressé de se présenter comme le représentant de la société auprès de ses partenaires et de négocier seul le sort de la société lors de son rachat par une autre ne sont pas des éléments suffisants à caractériser des actes de direction de fait, dès lors que la preuve de l'exercice de ces actes en toute indépendance n'est pas rapportée[16]. Identiquement, le fait d'être l'associé majoritaire[17] ou le cessionnaire des actions de la société débitrice n'est pas suffisant[18].

Si l'intéressé intervient comme dirigeant d'une autre société ou en tant qu'administrateur délégué, il n'exerce pas personnellement dans la société débitrice des actes positifs de direction[19].

Il faut rapporter la preuve d'**actes positifs de direction** contre l'intéressé. Ces actes doivent être indiqués avec précision. Tel n'est pas le cas de l'affirmation selon laquelle le dirigeant de droit n'a pas accompli d'actes de gestion[20] ou d'attestations éta-

1. Champaud et Danet, obs. *RTD com.* 1998. 614.
2. Com. 16 mars 1999, n° 95-17.420, *Bull. civ.* IV, n° 64; *Bull. Joly* 1999. 768; *LPA* 8 avr. 1999, p. 8; *Rev. proc. coll.* 2001, p. 262, obs. Martin-Serf; *RJDA* 1999/5, n° 557.
3. Com. 26 juin 2001, n° 98-20.115, NP, *Act. proc. coll.* 2001, n° 201 – Com. 11 déc. 2001, n° 99-11.365, NP – Com. 22 janv. 2002, n° 98-21.181, NP.
4. Ripert et Roblot, n° 3281 – Kerckhove, n° 127.
5. Com. 30 juin 2015, n° 14-15.984, *Bull. civ.* IV [à paraître]; n° 650 F-P+B; *D.* 2015. études 2211, n° 5, note Arbellot; *Gaz. Pal. entr. diff.* 20 oct. 2015, n° 291, p. 35, note Montéran; *BJE* sept. 2015, 307, note Favario; *Rev. sociétés* 2015. 546, note Roussel Galle; *Rev. proc. coll.* 2015, comm. 186, note Martin-Serf; *Bull. Joly sociétés* 2015, 598, note Mouial-Bassilana; *Dr. sociétés* 2016, comm. 15, note Legros.
6. Paris, 3e ch. A, 6 juill. 1993, *JurisData* 021957.
7. Com. 15 mars 2005, n° 03-19.577, NP – Com. 7 mars 2006, n° 04-20.355, NP; n° 323 F-D; *Gaz. proc. coll.* 2006/3, p. 47, obs. Montéran; *Rev. proc. coll.* 2007/2, p. 87, n° 1, obs. Barret et Barret – Com. 6 oct. 2009, n° 08-15.378, NP; n° 858 F-D; *Dr. sociétés* 2010, n° 14, note Legros; *Rev. sociétés* 2010. 185, note Roussel Galle; *Bull. Joly* 2010. 251, note le Corre.
8. Paris, 3e ch. C, 6 oct. 2000, *Bull. Joly* 2001. 32, n° 6 – Paris, 3e ch. A, 10 oct. 2000, *Bull. Joly* 2001. 33.
9. Com. 18 janv. 2000, n° 97-19.010, NP, *Rev. proc. coll.* 2001, p. 262, n° 1, obs. Martin-Serf – Com. 4 janv. 2005, n° 00-20.847, NP, *Gaz. proc. coll.* 2005/1, p. 50, n° 7-A-2, obs. Montéran.
10. Nancy, 2e ch. com., 15 oct. 2003, RG n° 03/1967, *Rev. proc. coll.* 2007/2, p. 88, n° 3, obs. Barret et Barret.
11. Com. 6 févr. 2001, n° 98-15.129, *Bull. civ.* IV, n° 33; *Act. proc. coll.* 2001, n° 82.
12. Com. 12 juill. 2005, n° 03-17.857, NP, *Gaz. proc. coll.* 2005/3, p. 4, n° 1, obs. Routier.
13. Com. 1er mars 2005, n° 02-20.680, NP.
14. Com. 30 mai 2006, n° 05-14.958, NP, *Dr. sociétés* 2007, n° 7, note Legros.
15. Com. 24 juin 2008, n° 07-13.431, NP; n° 735 F-D; *Gaz. proc. coll.* 2008/4, p. 61, n° 2, note Montéran; *Rev. proc. coll.* 2008/4, p. 53, n° 162, note Martin-Serf; *Dr. sociétés* 2009, n° 14 note Legros; *Rev. proc. coll.* 2009/2, p. 30, n° 31, note Lebel.
16. Com. 24 avr. 2007, n° 04-10.050, NP; n° 629 F-D.
17. Paris, 3e ch. C, 2 juill. 2003, RG n° 02/20187, *Rev. proc. coll.* 2005/2, p. 154, n° 3, obs. Barret.
18. En matière de faillite personnelle : Orléans, ch. com. et fin., 20 mars 2003, RG n° 02/01620, *Rev. proc. coll.* 2005/2, p. 160, n° 19, obs. Barret.
19. Versailles, 13e ch., 15 oct. 2015, RG n° 14/08314, *Bull. Joly sociétés* 2016, 160, note Heinich.
20. Com. 12 juill. 2005, n° 02-19.860, *Bull. civ.* IV, n° 169; *Gaz. proc. coll.* 2005/3, p. 29, n° 3, obs. Voinot et p. 61, obs. Montéran; *Act. proc. coll.* 2005, n° 194, note Régnaut-Moutier; *JCP E* 2005. 1586, p. 1879, note Legros; *RD banc. fin.* 2005, n° 179, obs. Lucas; *Bull. Joly* 2006, nos 5, 6, note Le Cannu; *Rev. proc. coll.* 2006/1, p. 50, n° 7, obs. Lebel; *Rev. proc. coll.* 2006/1, p. 77, n° 2, obs. Barret et Barret.

blissant que l'intéressé était le « seul interlocuteur et décideur de la société »[1].

L'accomplissement d'actes conservatoires par un créancier soucieux de sauvegarder sa créance ne caractérise pas l'accomplissement d'actes positifs de gestion. Il en est ainsi du banquier qui paie la taxe foncière d'une société civile immobilière, la prime d'assurance multirisque habitation, deux acomptes sur la facture d'un artisan, la prime d'assurances dommage-ouvrage, après avoir mis en demeure sa débitrice de payer les intérêts des ouvertures de crédit et du solde débiteur du compte[2].

Le seul fait pour une personne d'avoir cautionné l'emprunt consenti à la société débitrice est, à cet égard, insuffisant[3]. Le fait qu'il soit jugé que l'intéressé était lié à la personne morale par un contrat de travail fictif est tout aussi insuffisant à caractériser la direction de fait[4].

La qualification de dirigeant de fait suppose la démonstration que les **actes de direction** ont été accomplis **en toute indépendance**[5].

Faute de démontrer que les actes accomplis, qui peuvent recevoir la qualification d'actes de direction, l'ont été en toute indépendance, la preuve de la direction de fait n'est pas rapportée[6]. Ainsi, il a pu être jugé qu'il n'est pas suffisant, pour établir la direction de fait, de faire état d'actes relatifs à la gestion d'un établissement secondaire, fussent-ils nombreux, dès lors qu'ils sont effectués en vertu de mandats donnés par le dirigeant de droit[7]. Identiquement, le fait de relever des actes démontrant une activité de direction et de gestion est insuffisant, en présence d'un directeur salarié, dès lors qu'il n'est pas démontré que ces actes ont été accomplis en toute indépendance[8]. Si les actes accomplis le sont dans le cadre de délégations de pouvoirs, l'indépendance de l'intéressé n'est pas rapportée[9], peu important que la délégation de pouvoirs soit intervenue à une époque où le dirigeant de droit était empêché[10].

Au contraire, la directrice salariée d'une association, qui dispose des plus larges pouvoirs dans les domaines comptable et financier et dans celui de la gestion du personnel, prend ses décisions sans en référer à une autre personne et sans avoir à établir de rapport à destination d'une autre personne, a la qualité de dirigeant de fait[11]. Le fait que l'intéressé, associé majoritaire, ait eu un rôle décisionnel de premier plan dans la gestion de la société, en établissant le siège social dans sa résidence, à un endroit éloigné du lieu de l'activité de la société, qu'il ait défini les modalités du fonctionnement financier et économique de la société ainsi que ses perspectives d'avenir, que le dirigeant de droit le consultait régulièrement dans une relation de dépendance et de soumission à ses avis, établit la direction de fait[12]. De même, le directeur salarié responsable de la gestion financière et administrative d'une association peut se voir qualifié de dirigeant de fait, dès lors qu'il accomplit des actes de direction en toute indépendance. Tel est le cas s'il est relevé contre lui le fait de conserver pendant plusieurs mois, à son seul usage, les comptes clos de l'association ainsi que le rapport du commissaire aux comptes en s'opposant à toute intervention du président dans la gestion, qu'il s'est investi seul de la conclusion de nouveaux contrats de travail malgré les recommandations du conseil d'administration et qu'il a pris seul la décision d'augmenter la ligne de crédit de l'association auprès de la banque[13]. De même encore, le directeur technique salarié d'une société peut être qualifié de dirigeant de fait, s'il s'alloue des avantages en nature et un intéressement au chiffre d'affaires, et conclut des contrats pour le compte de la société, alors que les dirigeants de droit n'exercent aucun contrôle et laissent s'accomplir sans réagir les actes préjudiciables et se poursuivre une activité défici-

1. Douai, 2e ch., 2e sect, 3 nov. 2005, RG no 03/6560, *JCP E* 2006. 1406, p. 473, note Delattre.
2. Com. 3 juill. 2007, no 06-10.803, NP; no 923 F-D; *Gaz. proc. coll.* 2007/4, p. 59, note Montéran; *JCP E* 200. 1768, no 20, obs. Stoufflet; *Bull. Joly* déc. 2008, § 35 p. 1357, note Pétel.
3. Com. 24 avr. 2007, no 04-10.050, NP; no 626 F-D – Paris, 3e ch. C, 6 oct. 2000, *Bull. Joly* 2001. 32, no 6.
4. Com. 24 mai 2005, no 03-19.656, NP.
5. Com. 15 mars 2005, no 03-17.558, NP.
6. Com. 27 févr. 2007, no 05-22.036, NP, *Dr. sociétés* 2007, no 95, note Legros – Com. 24 juin 2008, no 07-13.431, NP; no 735 F-D; *Rev. proc. coll.* 2008/4, p. 53, no 162, note Martin-Serf; *Dr. sociétés* 2009, no 14, note Legros.
7. Com. 13 févr. 2007, no 05-20.126, *Bull. civ.* IV, no 41; *D.* 2007. AJ 731, obs. Lienhard; *Dr. sociétés* 2007, no 95, note Legros; *Rev. sociétés* 2007. 630, note Saintourens; *Bull. Joly* 2007. 697, note Lecourt; *LXB hebdo* 22 mars 2007, no N3567BAD, note Le Corre.
8. Com. 27 mars 2007, no 05-17.311, NP; no 544 F-D; *JCP E* 2007, no 2274, note Delattre – Com. 24 juin 2008, no 07-13.431, NP; no 735 F-D; *Gaz. proc. coll.* 2008/4, p. 61, no 2, note Montéran; *Rev. proc. coll.* 2008, p. 53, no 162, note Martin-Serf; *Dr. sociétés* 2009, no 14, note Legros; *Rev. proc. coll.* 2009/2, p. 30, no 31, note Lebel.
9. Nancy, 2e ch. com., 15 oct. 2003, RG no 03/1967, *Rev. proc. coll.* 2007, p. 88, no 3, obs. Barret et Barret.
10. Chambéry, ch. com., 13 déc. 2005, RG no 04/2155, *Rev. proc. coll.* 2007, p. 89, no 5, obs. Barret et Barret.

. Pau, 2e ch., 1re sect., 19 oct. 2006, RG no 03/03994, *Rev. proc. coll.* 2007, p. 161, no 2, obs. Lebel.

Com. 15 févr. 2011, no 10-11.781, NP; no 130 F-D.

Com. 24 juin 2008, no 07-13.431, NP; no 735 F-D; *Gaz. roc. coll.* 2008/4, p. 61, no 2, note Montéran; *Rev. proc. oll.* 2008/4, p. 53, no 162, note Martin-Serf; *Dr. sociétés* 009, no 14, note Legros; *Rev. proc. coll.* 2009/2, p. 30, 31, note Lebel.

taire dès le début[1]. Le directeur commercial d'une société peut être qualifié de dirigeant de fait s'il exerce en fait de larges fonctions de direction, en signant des courriers et attestations, en procédant seul à l'embauche de personnel, en contractant avec des organismes de travail temporaire, en signant les marchés avec les clients[2]. Identiquement, peut-être qualifié de dirigeant de droit, le salarié qui fait fonctionner le compte bancaire, signe le contrat de bail des locaux professionnels, engage la société envers les fournisseurs, procède à l'embauche des salariés, fixe leur rémunération et leur affectation et apparaît aux yeux de ceux-ci comme l'employeur[3].

L'indépendance et la souveraineté doivent s'apprécier par rapport à la personne morale, au sein de laquelle le dirigeant de fait exerce son pouvoir. Il est donc *a priori* indifférent qu'un tiers, par exemple un organisme bancaire, se soit comporté comme un véritable gestionnaire de la personne morale s'il n'est pas démontré contre l'intéressé cette indépendance et souveraineté par rapport à la personne morale[4].

Il a été jugé que la **direction de fait peut être établie par l'intermédiaire de préposés**. La Cour de cassation énonce ainsi que peut être condamnée à combler le passif « la personne morale, qui sans être dirigeant de droit de la société en redressement ou en liquidation judiciaire, a exercé en fait, par l'intermédiaire d'une personne physique qu'elle a choisie et qui a agi sous son emprise, des pouvoirs de direction sur la société »[5]. Cet arrêt vient confirmer un arrêt remarqué de la cour d'appel de Versailles[6], dans une espèce où une banque avait désigné, pour figurer au sein du conseil d'administration d'une société commerciale, deux administrateurs qui étaient ses salariés. La Cour de cassation ne reprend toutefois pas à son compte l'analyse. Il n'est pas question, selon la Cour de cassation, d'un administrateur de fait par personne interposée, comme l'avait jugé la cour d'appel de Versailles, mais bien de la direction de fait par l'intermédiaire de préposés. La solution a ensuite été reproduite. La Cour de cassation a ainsi retenu qu'une société exerçait en fait, par l'intermédiaire de deux salariés qu'elle avait choisis et qui agissaient sous son emprise, des pouvoirs de direction d'une autre société[7].

Bien que nouvelle, la solution n'est pas aussi révolutionnaire qu'il n'y paraît. En effet, le législateur lui-même, en droit des sociétés, utilise le concept d'interposition de personnes : il s'agit des articles L. 241-9, L. 245-16 et L. 246-2 du code de commerce, qui punissent d'une peine d'amende et de prison certaines infractions relatives à la constitution des sociétés à responsabilité limitée, des infractions relatives aux valeurs mobilières émises par les sociétés par actions et des infractions communes aux diverses formes de sociétés par actions. Le premier de ces textes (C. com., art. L. 241-9) prévoit que « les dispositions des articles L. 241-2 à L. 241-6 sont applicables à toute personne qui, directement ou par personne interposée, aura, en fait, exercer la gestion d'une société à responsabilité limitée sous le couvert ou au lieu et place de son gérant légal ». Le deuxième de ces textes (C. com., art. L. 245-16), prévoit que « les dispositions du présent chapitre visant le président, les administrateurs, directeurs généraux et les gérants de sociétés par actions sont applicables à toute personne qui, directement ou par personne interposée, aura, en fait, exercé la direction, l'administration ou la gestion desdites sociétés sous le couvert ou au lieu et place de leurs représentants légaux ». Enfin, le dernier de ces textes (C. com., art. L. 246-2) énonce que « les dispositions des articles L. 242-1 à L. 242-29 et des articles L. 243-1 et L. 243-2 visant le président, les administrateurs ou les directeurs généraux de sociétés anonymes et les gérants de société en commandite par actions sont applicables à toute personne qui, directement ou par personne interposée, a, en fait, exercer la direction, l'administration ou la gestion desdites sociétés sous le couvert ou au lieu et place de leurs représentants légaux ». Ces trois textes prennent en compte l'interposition de personnes pour retenir la qualification de dirigeants. Ainsi, il apparaît qu'il n'y a pas de difficulté à utiliser l'interposition de personnes, en droit des

1. Paris, 3e ch. A, 30 oct. 2007, RG n° 07/01824; *Rev. proc. coll.* 2008, p. 69, n° 84, note Martin-Serf.
2. Grenoble, ch. com., 2 févr. 2012, RG n° 10/05110, *Rev. proc. coll.* 2013, comm. 84, note Martin-Serf; *Dr. sociétés* 2013, comm. 126, note Legros.
3. Com. 6 oct. 2009, n° 08-15.378, NP; n° 858 F-D; *Dr. sociétés* 2010, n° 14, note Legros; *Rev. sociétés* 2010. 185, note Roussel Galle; *Bull. Joly* 2010. 251, note Le Corre.
4. Com. 15 mars 2005, n° 03-17.558, NP.
5. Com. 27 juin 2006, n° 04-15.831, *Bull. civ.* IV, n° 151; *D.* 2006. AJ 1892, obs. Lienhard; Jur. 2534, note Dammann et Paszkudzki; *D.* 2007. Pan. 1696, obs. Balot-Léna; *JCP E* 2007. Chron. 1004, n° 16, obs. Pétel; *JCP E* 2006, n° 2408, note Reinhard; *Defrénois* 2006. 1920, Chron. 38507, n° 8, note Gibirila; *Bull. Joly* 2006, n° 286, note Lucas; *Dr. et patr.* mai 2007. 83, obs. Poracchia; *Rev. sociétés* 2006. 900, note Poracchia; *RD banc. fin.* 2006, n° 190 note Crédot et Samin; *Rev. Banque* 2007. 103, obs. Ma[illegible] tout et Prüm; *RTD com.* 2006. 892, n° 7, obs. Legeais; *R[illegible] proc. coll.* 2007/2, p. 85, n° 6, obs. Martin-Serf; *L[illegible]* n° N2919ALP, note Le Corre.
6. Versailles, 13e ch., 29 avr. 2004, RG n° 03/04439, *RD [illegible] fin.* 2004/4, p. 271, note Lucas; *Bull. Joly* 2004. 1201 [illegible]te Constantin et Lévy; *JCP E* 2005. Jur. 32, note Cam[illegible]a; *Banque et droit* mars-avr. 2005. 7, note Amigues; *RT[illegible]m.* 2005. 403, n° 18, obs. Legeais – *Adde*, Deleb[illegible]ue, « L'administrateur de fait par personne interpos[illegible]une notion à définir », *JCP E* 2005, n° 234.

7. Com. 15 juin 2011, n° 10-17.023, NP; n° 612 F-D.

sociétés, dans le cadre des procédures collectives pour affiner la notion de dirigeant de fait. Au surplus, et comme cela a été relevé, l'article L. 650-1 du code de commerce, qui permet de sanctionner le banquier au titre des concours consentis en cas d'immixtion dans la gestion, s'inscrit bien dans le sens de la jurisprudence. Le banquier doit plus que jamais se garder de « trop encadrer l'action d'une entreprise cliente »[1].

La direction de fait doit être établie par rapport à la société débitrice, non par rapport à une société exploitant l'activité dans les locaux anciennement occupés par la société débitrice[2].

921.22 **Indices de la direction de fait.** Une jurisprudence considérable a été rendue en la matière. Les indices classiquement retenus sont les suivants.

Il y a d'abord le pouvoir de signature des comptes bancaires sociaux[3]. Cependant, ce critère est parfois jugé insuffisant par les juridictions du fond[4]. Spécialement si l'intéressé est directeur administratif et financier d'une société ne comportant que quatre associés et deux salariés[5]. Il en va différemment si la qualité de salarié ne lui confère pas la prérogative de faire fonctionner les comptes bancaires. La simple délégation de signature sera insuffisante, dès lors que le dirigeant de droit avait assuré le contrôle des activités[6]. C'est pourquoi ce critère de la détention de la signature des comptes bancaires n'est pas suffisant, lorsque l'intéressé est salarié[7]. En outre, il peut être observé une tendance des juges du fond à distinguer parfois la détention de la signature sur le compte bancaire de son utilisation effective, seule cette dernière étant retenue comme critère de la direction de fait[8].

Le pouvoir d'engager les finances de la personne morale[9], par exemple en signant des actes de cession de créances professionnelles[10] ou une lettre de change[11], le pouvoir de discuter du plafonnement des crédits ou de décider des remboursements de ces mêmes crédits[12], ou plus généralement de donner des ordres aux banques[13], caractérisent la direction de fait. On peut cependant, en sens inverse, faire état d'un arrêt considérant que, à défaut de détenir la signature bancaire, le seul fait d'engager les finances par le truchement d'un acte de cession de créances professionnelles est insuffisant à caractériser la direction de fait[14].

Le fait pour une commune d'imposer ses choix financiers, par l'intermédiaire de ses trois représentants au comité directeur d'une association, d'exercer un contrôle sur la gestion et les décisions de cette association caractérisent une activité positive de direction[15].

Identiquement a été retenu le fait d'accepter sciemment que soit passé un acte de disposition au préjudice de la personne morale[16]. Il en est de même de la prise de décisions relatives aux investissements de la personne morale, la solution ayant été posée à pro)os d'une commune[17], et plus généralement du fait d'être l'interlocuteur des organismes bancaires[1].

Il y a esuite la détention et l'établissement des documen' comptables[19], la solution ayant été posée à propos l'une commune, la comptabilité étant

1. Lucas, note s[s] Com. 27 juin 2006, n° 04-15.831, *Bull. Joly* 2006/12, § 286.
2. Com. 11 oct. 2011, n° 10-18.700, NP; n° 981 F-D.
3. Com. 6 juill. 1999, n° 97-14.721, NP – Com. 22 janv. 2002, n° 98-21.619, NP – Com. 19 févr. 2002, n° 99-14.906, NP, *RJDA* 2002/7, n° 791 – Com. 17 sept. 2002, n° 99-15.857, NP, *RJDA* 2002/12, p. 1104, n° 1307 – Com. 24 juin 2003, n° 00-17.700, NP – Com. 28 janv. 2004, n° 01-11.467, NP – Com. 10 mars 2004, n° 01-10.015, NP – Com. 6 oct. 2009, n° 08-15.378, NP; n° 858 F-D; *Dr. sociétés* 2010, n° 14, note Legros; *Rev. sociétés* 2010. 185, note Roussel Galle; *Bull. Joly* 2010. 251, note Le Corre – Com. 10 janv. 2012, n° 10-28.067, NP; n° 8 F-D; *Rev. proc. coll.* 2012, n° 211, note Martin-Serf – Lyon, 3e ch. civ., 5 janv. 2006, RG n° 04/6987, *Rev. proc. coll.* 2007/2, p. 88, n° 3, obs. Barret et Barret – Paris, pôle 5, 8e ch., 18 oct. 2011, RG n° 10/25084, *Bull. Joly* 2012, comm. 62, note Nurit-Pontier; *Rev. proc. coll.* 2013, comm. 84, note Martin-Serf – COMP. : Com. 9 juill. 2002, n° 99-11.579, NP, *RJDA* 2002/12, p. 1079, n° 1274 – Com. 10 févr. 2015, n°s 13-17.589, NP; n° 143 F-D.
4. Douai, 2e ch., 2e sect, 3 nov. 2005, *JCP E* 2006, n° 1406, 2e esp., note Delattre.
5. Com. 1er déc. 2015, n° 14-20.116, NP; n° 1024 F-D; *Gaz. Pal.* 2 févr. 2016, n° 5, p. 72, note Moulin.
6. Paris, 25e ch. B, 3 nov. 2000, *Rev. sociétés* 2001. 134, obs. Guyon.
7. Com. 13 févr. 2007, n° 05-17.987, NP; n° 191 F-D; *Dr. sociétés* 2007, n° 194, note Legros.
8. Paris, 'ch. B, 5 sept. 2003, RG n° 02/01559 – Bordeaux, 2e ch.v., 28 juin 2012, RG n° 11/01308, *Rev. proc. coll.* 2013)mm. 83, note Martin-Serf.
9. AINSI 'on, 3e ch. civ., 5 janv. 2006, RG n° 04/6987, *Rev. proc.ll.* 2007/2, p. 88, n° 3, obs. Barret et Barret.
10. Com5 mars 2005, n° 03-17.558, NP – Paris, 3e ch. B, 2 ma003, RG n° 01/16046.
11. Com 8 janv. 2005, n° 03-10.123, NP, *Gaz. proc. coll.* 200, p. 49, n° 7-A-2, obs. Montéran.
12. Con5 mars 2005, n° 03-17.558, NP.
13. Co30 mars 2005, n° 03-15.761, NP.
14. Co30 mai 2006, n° 03-16.179, NP; n° 715 F-D; *Gaz. prooll.* 2006/3, p. 47, obs. Montéran.
15. Co15 juin 2011, n° 09-14.578, NP; n° 597 F-D; *Gaz. Pal*oct. 2011, n° 280, p. 41, note Montéran; *Rev. proc. co*011, n° 209, note Lebel.
16. Cc5 mai 2004, n° 02-14.091, NP.
17. Cc13 mai 2003, n° 01-17.505, NP, *Act. proc. coll.* 2003, n°2.
18. C24 mai 2005, n°s 03-17.984, 04-11.480, 04-11.586, N*v. proc. coll.* 2006/1, p. 77, n° 2, obs. Barret et Barret.
19. C 22 janv. 2002, n° 98-21.619, NP – Com. 24 sept. 2, n° 00-19.711, NP – Montpellier, 2e ch. B, 7 mars 2 *Act. proc. coll.* 2000, n° 222, note Régnaut-Moutier –s, 3e ch. B, 22 oct. 2004, RG n° 01/21941.

tenue par le secrétaire de mairie[1]. Le fait qu'un mémoire contenant les problèmes de comptabilité de la société ait été adressé à l'intéressé par l'expert-comptable a été jugé suffisant[2].

Sauf fonction de directeur du personnel, l'embauche du personnel[3], le cas échéant doublée de la négociation avec des organismes de travail temporaire[4], la décision de licencier[5] et plus généralement l'intervention dans le licenciement des salariés[6], ou encore la direction de la politique salariale[7] sont des critères de la direction de fait. Il en est de même de la mise en œuvre des sanctions disciplinaires à l'égard des salariés[8]. A encore été retenu le fait pour l'intéressé de donner des instructions au personnel[9], des ordres aux salariés[10] ou aux sous-traitants[11].

Sauf fonction de directeur commercial, la négociation des contrats[12], la négociation avec les clients pour solder des comptes litigieux[13], le fait de procéder à la signature des marchés[14], ou le fait d'être le principal interlocuteur des clients[15] et, *a fortiori*, leur seul interlocuteur, tandis que le dirigeant de droit, qui n'était pas sur place, déclarait être salarié[16], seront également des éléments révélateurs de cette qualité. Il en est spécialement ainsi de la signature du bail commercial[17]. La décision de mise du fonds de commerce en location-gérance est également un acte de direction de fait[18]. Est également un indice de la direction de fait, le fait de fixer le prix d'acquisition du fonds de commerce et du stock de la société[19]. Il en est de même de la décision de mettre en vente des actifs de la personne morale, par exemple un véhicule[20] ou du fait de vendre deux véhicules de la société, sans avoir reçu mandat du dirigeant de droit[21]. La fixation des tarifs de location de salles a identiquement été retenue à l'encontre d'une commune[22]. Le fait de finir seul des chantiers a également été considéré comme un indice de la direction de fait[23]. Il en est de même de la conclusion d'un contrat de location portant sur un véhicule luxueux, en se faisant passer comme le représentant légal de la société[24].

En sens inverse, il a été jugé que le simple fait de signer pour le compte de la société des contrats portant commande de travaux était insuffisant à caractériser la direction de fait[25].

1. Com. 13 mai 2003, nº 01-17.505, NP, *Act. proc. coll.* 2003, nº 232.
2. Paris, 3e ch. B, 12 avr. 2002, *RJDA* 2002/10, p. 872, nº 1030.
3. Com. 3 janv. 1991, nº 89-16.509, NP, *Dr. sociétés* 1991, nº 181, p. 2 – Com. 16 avr. 1996, nº 94-17.215, NP, *D.* 1996. IR 138 – Com. 19 févr. 2002, nº 99-14.906, NP, *RJDA* 2002/7, nº 791 – Com. 6 oct. 2009, nº 08-15.378, NP; nº 858 F-D; *Dr. sociétés* 2010, nº 14, note Legros – Besançon, 2e ch. com., 17 sept. 2002, *JCP E* 2003. Pan. 340 – Paris, 3e ch. A, 19 oct. 2004, RG nº 03/22330 – Paris, pôle 5, 8e ch., 18 oct. 2011, RG nº 1/25084, *Bull. Joly* 2012, comm. 62, note Nurit-Pontier; *Rev. proc. coll.* 2013, comm. 84, note Martin-Serf.
4. Grenoble, ch. com., 2 févr. 2012, RG nº 1/05110, *Rev. proc. coll.* 2013, comm. 84, note Martin-Serf.
5. Com. 6 juill. 1999, nº 97-14.721, NP, *Rev. proc. coll.* 2001, p. 266, nº 6, obs. Martin-Serf – Besançon, e ch. com., 17 sept. 2002, *JCP E* 2003. Pan. 340.
6. Com. 17 nov. 2015, nº 14-12.372, *Bull. civ.* [à paraître]; nº 993 FS-P+B; *D.* 2015. actu 2438, note Lihard; *Gaz. Pal.* 12 avr. 2016, nº 14, p. 75, note Montéra *Act. proc. coll.* 2015/20, comm. 317, note Vallansan; *JCP E* 2015. 1624, note Cérati-Gauthier; *BJE* 2016, 19, nc Monsérié-Bon; *Bull. Joly sociétés* 2016, 48, note Laroc *Dr. sociétés* 2016, comm. 35, note Legros; *Rev. sociétés* 2016. 194, note Henry et 253, note Reygrobellet; *Gaz. Pal.* 2 févr. 2016, nº 5, p. 68, note Dondéro; *Rev. proc. coll.* 2016, comm. 40, note Lebel et comm. 92, note Martin-Serf.
7. Com. 6 oct. 2009, nº 08-15.378, NP; nº 858 ; préc. – Montpellier, 2e ch. B, 7 mars 2000, *Act. proc. coll.* 2000, nº 222, note Régnaut-Moutier.
8. Com. 27 juin 2006, nº 04-16.296 NP; nº 82 -D; *Gaz. proc. coll.* 2006/4, p. 39, note Montéran.
9. Lyon, 3e ch. civ., 5 janv. 2006, RG nº 04/6987 *Rev. proc. coll.* 2007/2, p. 88, nº 3, obs. Barret et Barret.
10. Com. 15 mars 2005, nº 03-17.558, NP.
11. Com. 15 mars 2005, nº 03-17.558, NP.
12. Com. 17 sept. 2002, nº 99-15.857, NP, *RJDA* 2002/12, p. 1104, nº 1307 – Com. 24 juin 2003, nº 00-700, NP – Com. 24 sept. 2003 nº 00-19.711, NP – Com 5 mars 2005, nº 03-17.558, NP – Paris, 3e ch. B, 2 ma 03, RG nº 01/16046 – Paris 3e ch. B, 10 sept. 2004, nº 04/ 1325.
13. Com. 30 mars 2005, nº 03-15.761, NP.
14. Com. 15 mars 2005, nº 03-17.558, NP – Grenoble, ch. com., 2 févr. 2012, RG nº 10/05110, *Rev. proc. coll.* 2013, comm. 84, note Martin-Serf.
15. Nîmes, 2e ch. B, 13 oct. 2005, RG nº 04/2544, *Rev. proc. coll.* 2007/2, p. 88, nº 3, obs. Barret et Barret – RAPPR. : Com. 17 nov. 2015, nº 14-12.372, *Bull. civ.* IV [à paraître]; nº 993 FS-P+B; *D.* 2015. actu 2438, note Lienhard; *Gaz. Pal.* 12 avr. 2016, nº 14, p. 75, note Montéran; *Act. proc. coll.* 2015/20, comm. 317, note Vallansan; *JCP E* 2015. 1624, note Cérati-Gauthier; *BJE* 2016, 19, note Monsérié-Bon; *Bull. Joly sociétés* 2016, 48, note Laroche; *Dr. sociétés* 2016, comm. 35, note Legros; *Rev. sociétés* 2016. 194, note Henry et 253, note Reygrobellet; *Gaz. Pal.* 2 févr. 2016, nº 5, p. 68, note Dondéro.
16. Com. 10 févr. 2015, nº 13-17.589, NP; nº 143 F-D.
17. Com. 6 oct. 2009, nº 08-15.378, NP; nº 858 F-D; préc. – Versailles, 13e ch., 21 déc. 2000, *RJDA* 2001/4, nº 487.
18. Com. 6 juill. 1999, nº 97-14.721, NP, *Rev. proc. coll.* 2001, p. 266, nº 6, obs. Martin-Serf.
19. Com. 15 févr. 2011, nº 10-11.781, NP; nº 130 F-D; *Gaz. Pal. entr. diff.* 1-2 avr. 2011, p. 44, note Montéran.
20. Montpellier, 2e ch. B, 7 mars 2000, *Act. proc. coll.* 2000, nº 222, note Régnaut-Moutier.
21. Com. 10 févr. 2015, nº 13-17.589, préc.
22. Com. 13 mai 2003, nº 01-17.505, NP, *Act. proc. coll.* 2003, nº 232.
23. Com. 28 oct. 2008, nº 07-16.779, NP, *Dr. sociétés* 2009, nº 39, note Legros.
24. Com. 10 janv. 2012, nº 10-28.067, NP; nº 8 F-D; *Rev. proc. coll.* 2012, nº 211, note Martin-Serf.
25. Com. 30 mai 2006, nº 03-16.179, NP; nº 715 F-D; *Gaz. proc. coll.* 2006/3, p. 47, obs. Montéran.

La direction de fait a encore été retenue lorsque l'intéressé est l'interlocuteur unique des associés, anciens dirigeants, auxquels il reproche l'absence de mise en œuvre des décisions de la direction[1]. Il en est de même s'il est l'interlocuteur unique des créanciers[2] ou des fournisseurs[3] ou le fait de payer sur ses deniers personnels les fournisseurs ont été considérés comme des indices de la direction de fait[4]. Il en est de même du fait d'être l'interlocuteur de l'administration fiscale[5], ou encore l'interlocuteur privilégié des organismes sociaux[6], auxquels les intéressés avaient indiqué que si ces organismes recherchaient la responsabilité de la société, il ne lui resterait plus à cette dernière qu'à déposer le bilan[7]. L'établissement des documents sociaux et fiscaux peut également être utilisé en ce sens[8].

De façon générale, le fait de se présenter aux tiers comme dirigeant, par exemple en utilisant le titre de cogérant, dans le cadre d'un contrat ou à l'occasion de l'établissement d'un constat d'huissier, peut être utilisé pour caractériser la direction de fait[9]. Le fait de présider en qualité de « gérant » les assemblées d'associés et de signer les procès-verbaux d'assemblées peut encore être retenu comme indice de la direction de fait[10].

Caractérisent encore la direction de fait, l'exploitation du fonds et l'appropriation des stocks[11], la décision de résilier le bail[12], de faire vendre le fonds de commerce[13] ou celle de mener les discussions en vue de la reprise de l'affaire[14].

Au contraire, la position de l'intéressé dans l'organigramme de la personne morale sera insuffisante à caractériser la direction de fait[15], dès lors que l'intéressé reste dans les limites de ses attributions. En revanche, si l'intéressé prend des décisions importantes, sans en référer au dirigeant de droit, il sort de ses attributions pour devenir dirigeant de fait. La solution a été posée à propos d'un directeur général, seul habilité à faire fonctionner le compte bancaire, et ayant consenti au nom de la société une hypothèque[16].

La simple signature d'un chèque, le simple fait d'avoir traité des contrats avec les clients ou encore de réclamer une indemnité égale à celle du dirigeant de droit à percevoir résultant de la reprise de la clientèle de la société débitrice, sont des éléments insuffisants à caractériser la direction de fait[17].

Le fait de recevoir des actes d'huissier ou de représenter la société devant le conseil des prud'hommes, alors que cela est autorisé pour un salarié par le code du travail, sont des éléments insuffisants[18].

L'activité de conseil n'est pas une activité positive de direction[19].

Le fait pour l'ancien dirigeant de devenir salarié d'une société ayant repris l'activité de la société qu'il dirigeait auparavant n'est pas suffisant à caractériser la direction de fait[20]. Il en est de même de l'ancien associé majoritaire, devenu minoritaire, fils du fondateur de la société, qui, s'il s'intéresse de près à la gestion, ne prend pas lui-même les décisions[21]. De même, le seul fait d'avoir été le fondateur n'est pas suffisant pour caractériser la direction de fait[22].

Le fait que l'intéressé ait eu une immixtion dans la gestion utile pour la société ne devrait pas supprimer sa qualité de dirigeant de fait, même si en opportunité le contraire a pu être décidé[23], mais ne

1. Com. 17 nov. 2015, n° 14-12.372, *Bull. civ.* IV [à paraître]; n° 993 FS-P+B; *D.* 2015. actu 2438, note Lienhard; *Gaz. Pal.* 12 avr. 2016, n° 14, p. 75, note Montéran; *Act. proc. coll.* 2015/20, comm. 317, note Vallansan; *JCP E* 2015. 1624, note Cérati-Gauthier; *BJE* 2016, 19, note Monsérié-Bon; *Bull. Joly sociétés* 2016, 48, note Laroche; *Dr. sociétés* 2016, comm. 35, note Legros; *Rev. sociétés* 2016. 194, note Henry et 253, note Reygrobellet; *Gaz. Pal.* 2 févr. 2016, n° 5, p. 68, note Dondéro; *Rev. proc. coll.* 2016, comm. 40, note Lebel et comm. 92, note Martin-Serf.
2. Com. 18 janv. 2005, n° 03-10.123, NP, *Gaz. proc. coll.* 2005/1, p. 49, n° 7-A-1, obs. Montéran.
3. Com. 6 oct. 2009, n° 08-15.378, NP; n° 858 F-D; *Dr. sociétés* 2010, n° 14, note Legros; *Rev. sociétés* 2010. 185, note Roussel Galle; *Bull. Joly* 2010. 251, note Le Corre.
4. Com. 28 oct. 2008, n° 07-16.779, NP, *Dr. sociétés* 2009, n° 39, note Legros.
5. Paris, pôle 5, 8e ch., 18 oct. 2011, RG n° 10/25084, *Bull. Joly* 2012, comm. 62, note Nurit-Pontier; *Rev. proc. coll.* 2013, comm. 84, note Martin-Serf.
6. Versailles, 13e ch., 21 déc. 2000, *RJDA* 2001/4, n° 487.
7. Com. 10 janv. 2012, n° 10-28.067, NP; n° 8 F-D; *Rev. proc. coll.* 2012, n° 211, note Martin-Serf.
8. Com. 10 mars 2004, n° 01-10.015, NP.
9. Paris, 3e ch. A, 7 déc. 2004, RG n° 04/3304.
10. Com. 24 mai 2005, n° 03-17.984, n° 04-11.480, n° 04-11.586, NP.
11. Paris, 3e ch. B, 24 sept. 1999, *Rev. proc. coll.* 2001, p. 264, n° 3, obs. Martin-Serf.
12. Paris, 3e ch. B, 23 oct. 1998, *Rev. proc. coll.* 2001, p. 264, n° 3, obs. Martin-Serf.
13. Pau, 2e ch., 24 mars 1997, *Rev. proc. coll.* 2001, p. 265, n° 4, obs. Martin-Serf – Lyon, 3e ch., 2 juill. 1999, *Rev. proc. coll.* 2001, p. 265, n° 4, obs. Martin-Serf.
14. Paris, 3e ch. B, 23 oct. 1998, préc.
15. Com. 16 mars 1999, n° 95-17.420, *Bull. civ.* IV, n° 64; *Act. proc. coll.* 1999, n° 97; *Bull. Joly* 1999. 768, n° 169.
16. Aix-en-Provence, 8e ch. A, 28 janv. 1999, *Rev. proc. coll.* 2001, p. 266, n° 5, obs. Martin-Serf.
17. Com. 7 mars 2006, n° 04-20.355, NP; n° 323 F-D; *Gaz. proc. coll.* 2006/3, p. 47, obs. Montéran.
18. Amiens, ch. éco., 24 févr. 2005, *Rev. proc. coll.* 2006/1, p. 77, n° 3, obs. Barret et Barret.
19. Chaput, n° 616.
20. Com. 28 sept. 2004 n° 02-16.855, NP.
21. Paris, 3e ch. B, 5 sept. 2003, *Rev. proc. coll.* 2006/1, p. 77, n° 3, obs. Barret et Barret.
22. Com. 3 janv. 1991 n° 89-16.509, NP, cité par Soinne, note 9091.
23. Paris, 3e ch., 5 avr. 1999, *RTD com.* 2000. 373, obs. Champaud et Danet; *Rev. proc. coll.* 2001, p. 266, n° 5, obs. Martin-Se[rf].

pourra conduire à sa condamnation, aucune faute ne pouvant lui être reprochée.

921.23 Professions spécialement visées par la direction de fait. Certaines professions sont particulièrement visées en tant que dirigeant de fait. Il en est ainsi des franchiseurs qui, selon une heureuse expression, transmettent leur savoir-faire, mais aussi leur « savoir gérer »[1], et, en tant que tels, seront difficiles à distinguer des dirigeants de fait[2]. C'est ainsi que le franchiseur qui dépossède le franchisé de la gestion de l'essentiel de ses recettes a reçu la qualification de dirigeant de fait[3]. Mais, inversement, il a été jugé que le seul fait d'obliger le franchisé à verser ses recettes sur un compte spécial mis à la disposition du franchiseur n'est pas suffisant pour attribuer à celui-ci la qualité de dirigeant de fait[4], solution qui peut être discutée, car il y a bien là, semble-t-il, un acte positif de gestion. La qualification de dirigeant de fait sera en tout cas refusée au franchiseur, qui ne dépasse pas les obligations inhérentes à la nécessaire collaboration des parties dans ce type de contrat[5], alors même que les contraintes imposées au franchisé par le franchiseur seraient importantes[6]. La solution est la même, dès lors qu'ils ne dépassent pas les prérogatives du contrat, pour un concédant[7], un mandant avec son agent commercial[8] ou encore dans l'hypothèse du contrat d'affermage[9].

Des franchiseurs, il faut rapprocher la situation du donneur d'ordre par rapport au sous-traitant. Il y aura direction de fait dans le cas d'une maîtrise d'ouvrage déléguée, dès lors que les règlements bancaires, l'embauche du personnel et la décision d'intervention sur le chantier d'entreprises, auront été effectués sans recours au gérant de droit[10]. La solution ne sera pas différente dans le cadre d'un contrat d'assistance, dès lors que la trésorerie de l'entreprise aura été tenue par l'assistant et que ce dernier décidait de l'attribution, au profit de la société assistée, des marchés[11]. Il en sera encore ainsi en présence d'un contrat de prestations de services, lorsque l'utilisateur du service, seul client du prestataire, aura imposé le contenu des prestations, assumait les relations avec les fournisseurs et fixait les directives applicables au personnel. La solution a été posée en application de l'article 99 de la loi du 13 juillet 1967[12].

Il en est de même des établissements de crédit. Leur devoir de conseil et de surveillance dans l'utilisation des fonds prêtés ne caractérise nullement une direction de fait, solution posée sous l'empire de la loi du 13 juillet 1967[13], reconduite sous l'empire de la loi du 25 janvier 1985[14] et reconductible également sous l'empire de la loi de sauvegarde des entreprises. Mais le conseil ne doit pas aller jusqu'à suggérer, et *a fortiori* imposer des mesures de gestion, tel le licenciement d'une partie du personnel, l'embauche d'un personnel plus qualifié, la modification de la politique de prix, l'investissement dans de nouveaux matériels. Il s'agit là de mesures de gestion qui conduiront à retenir la qualification de dirigeant de fait, solution posée sous l'empire de la loi du 13 juillet 1967[15].

921.24 Relations sociétés mères et filiales – sociétés de famille. Les relations de sociétés mères à filiales conduisent également souvent à caractériser une direction de fait par la société mère, dès lors que le dirigeant de droit de la filiale reçoit toutes ses instructions de la société mère[16] ou encore lorsque la branche d'activité cédée à la filiale continue à être exploitée par la mère[17]. Peu importe que la société mère soit située à l'étranger[18].

La direction de fait pourra être établie par société interposée en présence d'une holding qui dirige une

1. Pérochon et Bonhomme, 6e éd., n° 428.
2. Com. 9 nov. 1993, n° 91-18.351, *Bull. civ.* IV, n° 390; *JCP E* 1994. II. 612, note Virassamy; *Rev. sociétés* 1994. 321, note Le Tourneau; *RTD civ.* 1995. 104, obs. Mestre – Pau, 2e ch., 29 févr. 2000, *Dr. sociétés* 2000, n° 00, obs. Chaput; *Rev. proc. coll.* 2001, p. 264, n° 2, obs. Martin-Serf.
3. Com. 27 mai 2003, n° 00-13.606, NP – *Ado*, Com. 12 avr. 2005, n° 04-10.010, NP.
4. Toulouse, 2e ch., sect. 1, 4 mai 2005, *JCP E* 2006. 1072, p. 82.
5. Orléans, ch. com., éco. et fin., 8 mars 2001, *RJDA* 2001/5, n° 620.
6. aussi : Com. 23 sept. 2014, n° 12-35.120, NP; n° 837 FS-D; *BJE* 2015, 36, note Sortais.
7. Com. 26 oct. 1999, n° 97-19.026, NP, *Act. proc. coll.* 1999, n° 277; *RJDA* 1999/11, p. 945, rapp. Rémery; *Bull. Joly* 2000. 149, note Le Cannu.
8. Paris, 3e ch. A, 29 juin 2004, RG n° 9/17613.
9. *Grenoble, ch. com., 31 janv. 2002, G n° 96/00798, Rev. proc. coll.* 2003, p. 346, n° 2, obs. Le...
10. Com. 4 juill. 2000, n° 98-11.911, NP, *Rev. proc. coll.* 2001, p. 263, n° 2, obs. Martin-Serf.
11. Com. 22 juin 1999, n° 97-14.232, NP, *Rev. proc. coll.* 2001, p. 263, n° 2, obs. Martin-Serf.
12. L. n° 67-563, 13 juill. 1967, préc. – Com. 24 nov. 1998, n° 96-11.733, NP, *RJDA* 1999/5, n° 558; *Rev. proc. coll.* 2001, p. 263, n° 2, obs. Martin-Serf.
13. Com. 15 avr. 1986, *Rev. proc. coll.* 1986/4, p. 47, n° 2, obs. Dureuil.
14. L. n° 85-98, 25 janv. 1985, préc. – Com. 30 oct. 2007, n° 06-12.677, *Bull. civ.* IV, n° 227; *JCP E* 2008. Chron. 1768, n° 21, obs. Stoufflet; *RTD com.* 2008. 401, n° 5, obs. Legeais.
15. Com. 4 janv. 1989, *D.* 1989. 436, obs. Derrida.
16. ainsi : Com. 6 juin 2000, n° 96-21.134, NP, *RJDA* 2000/9, n° 868; *Rev. proc. coll.* 2001, p. 265, n° 4, obs. Martin-Serf – Pau, 1re ch., 24 mars 1997, *Rev. proc. coll.* 2001, p. 265, n° 4, obs. Martin-Serf.
17. Com. 23 nov. 1999, n° 97-14.693, NP, *Rev. proc. coll.* 2001, p. 265, n° 4, obs. Martin-Serf – Paris, 3e ch. C, *Rev. proc. coll.* 2001, p. 265, n° 4, obs. Martin-Serf.
18. Paris, 3e ch. C., 23 mai 1997, *Rev. proc. coll.* 2001, p. 265, n° 4, obs. Martin-Serf.

filiale par l'intermédiaire de la société mère. La solution sera retenue lorsque la filiale n'a aucune autonomie par rapport à la société mère, qu'elle est entièrement contrôlée par la holding par l'intermédiaire de la société mère et que le véritable pouvoir de décision appartient à cette dernière[1]. La présomption de dirigeant de fait n'existe pas et le seul fait que l'intéressé dirige une société détenant 99 % du capital d'une filiale ne suffit pas à lui attribuer la qualité de dirigeant de fait[2].

La Cour de cassation, dans le dossier *Metaleurop*, a toutefois approuvé une cour d'appel d'avoir retenu que la notion de groupe de société impliquait des relations croisées entre ses membres, un contrôle d'ensemble, une unité de décision et une stratégie commune impulsée par la société mère[3], ce qui a pour effet de retenir une notion plus restrictive de dirigeant de fait. La simple supervision des dirigeants et cadres supérieurs de la filiale par la société mère n'implique pas la direction de fait, dès lors que les activités techniques sont effectivement dirigées par les dirigeants de la filiale[4]. L'approbation par la mère des investissements de la filiale dépassant un certain montant n'implique pas un acte de direction de fait, et a pour seul objet de contrôler la conformité de la dépense prévue avec le programme général d'investissement du groupe, sans discussion de son opportunité[5]. De même, ne caractérise pas la direction de fait, la mise en place d'organisations opérationnelles transversales dénommées « *business units* » qui avait un objectif de coordination, et de développement des synergies, sans vocation de direction, ces unités, autonomes par rapport à la holding, n'ayant eu ni pour but, ni pour effet de concentrer les pouvoirs entre les mains de celle-ci ou de substituer aux structures d'organisation et de gestion propres à la filiale le pouvoir de direction y étant effectivement exercé, par voie de délégation de son président, pendant une certaine période, par un directeur du personnel, de contrôle de gestion, de la comptabilité et arrêtant des choix stratégiques relatifs, notamment, à la politique d'approvisionnements ou commerciale[6]. Enfin, le fait que le nouveau président de la filiale ait été révoqué après avoir proposé une orientation nouvelle de l'activité ne peut suffire à caractériser la direction de fait[7].

Les sociétés familiales permettent également souvent de mettre en évidence une direction de fait[8], lorsque l'animateur réel est failli personnel ou interdit de gérer. Un « homme de paille », qui sera parfois l'épouse, le fils ou la fille, assurera alors passivement les fonctions de dirigeant de droit, ce qui permettra alors de sanctionner toute la famille.

921.25 Circonstances particulières démontrant la direction de fait. Parfois, des circonstances particulières pourront faciliter la démonstration de la qualité de fait. La représentation de la personne morale en justice[9] ou à une transaction[10] peut également être retenue comme actes démonstratifs de la direction de fait.

Il serait tentant d'utiliser le fait que l'intéressé soit l'interlocuteur privilégié ou habituel des mandataires de justice. La solution est parfois retenue[11], ce fait étant parfois considéré comme insuffisant à lui seul[12]. De même, ont pu être utilisés comme indices de la direction de fait, le fait pour l'intéressé de prendre l'initiative d'être l'interlocuteur du tribunal, par exemple en adressant au président une note sur la situation de la personne morale[13], ou l'interlocuteur du juge-commissaire, serait-ce à titre de mandataire du dirigeant de droit[14], ou encore d'intervenir dans une instance intéressant la société en qualité de codirigeant[15]. En réalité, il s'agit là d'actes postérieurs à l'ouverture de la procédure collective de la personne morale, qui ne devrait donc pas être pris en compte pour la caractérisation de la direction de fait (v. ss n° 921.26).

La direcon de fait est aussi assez souvent caractérisée à l'encontre de personnes étrangères, dont le statut n'atorise pas l'accomplissement de telle ou telle activé et qui ont donc recours à un prête-nom[16].

921.26 Preuve de la direction de fait. Il appartient au mandeur à l'action de prouver la direc-

1. Com. 2 nov. 2005, n° 02-15.895, NP, *Bull. Joly* 2006/4, *§ 93, p. 469, note Lucas*; *Rev. sociétés* 2006. 398, note Poracchia; *Rev. proc. coll.* 2007/2, p. 84, n° 5, obs. Martin-Serf.
2. Com. 2 nov. 2005, n° 02-15.895, préc.
3. Com. 19 nov. 2013, n° 12-28.367, NP; n° 1094 F-D; *BJE* janv. 2014, p. 18, note Le Mesle; *Bull. Joly* févr. 2014, 103, note Pelletier.
4. Com. 19 nov. 2013, n° 12-28.367, NP, préc.
5. Com. 19 nov. 2013, n° 12-28.367, NP, préc.
6. Com. 19 nov. 2013, n° 12-28.367, NP, préc.
7. Com. nov. 2013, n° 12-28.367, NP, préc.
8. AINSI : ...m. 6 juill. 1999, n° 97-14.721, NP; Douai, 2e ch., 29 m...997; Paris, 3e ch. B, 24 sept. 1999, *Rev. proc. coll.* 2001 266, n° 6, obs. Martin-Serf.
9. Besa...n, 2e ch. com., 17 sept. 2002, *JCP E* 2003. Pan. ...
10. Paris ch. B, 10 sept. 2004, RG n° 04/1325.
11. AINSI ...aris, 3e ch. B, 5 déc. 2003, RG n° 03/06762.
12. Pari... ch. A, 30 mars 2004, RG n° 03/12922.
13. Pari...e ch. A, 25 janv. 2000, *Rev. proc. coll.* 2001, 110, n° ...s. Barret.
14. Gre...le, ch. com., 5 nov. 1998, *Rev. proc. coll.* 2001, p. ... n° 5, obs. Martin-Serf.
15. Pa...e ch. A, 9 mars 1999, *Rev. proc. coll.* 2001, p. 266, n° ...bs. Martin-Serf.
16. Ve...es, 13e ch., 12 avr. 2012, RG n° 11/07087 – Versa... 13e ch., 12 déc. 2013, RG n° 13/02247, *Rev. proc.* c...014, comm. 81, note Martin-Serf.

tion de fait. La solution a été posée sous l'empire de la loi du 13 juillet 1967[1].

Si, dans le cadre d'une instance pénale, la qualification a été refusée, la juridiction civile se trouve subséquemment liée. La solution, posée sous l'empire de la loi du 13 juillet 1967[2], doit être reconduite[3]. Il n'en sera cependant ainsi que si les fautes reprochées pour caractériser au pénal la qualité de dirigeant de fait sont identiques à celles invoquées dans le cadre de l'action au civil[4].

Il existe cependant quelques décisions dissonantes par rapport à cette solution de principe, une juridiction du fond revendiquant ainsi par rapport au juge pénal, qui n'avait pas encore statué, son indépendance pour l'appréciation de la qualification de dirigeant de fait[5].

Symétriquement, si la caractérisation de la qualité de dirigeant de fait a été établie dans le cadre d'une instance pénale, elle s'imposera au juge civil.

En cas de pluralité de sociétés dirigées par une même personne, la qualité de dirigeant de fait de ce dernier ne pourra cependant être retenue, en s'appuyant sur l'autorité de la chose jugée au pénal, que si la juridiction correctionnelle a indiqué qu'il était dirigeant de fait de la société dont les dettes sont mises à sa charge. La solution a été posée sous l'empire de la loi du 25 janvier 1985[6], en matière de liquidation judiciaire personnelle pour faute[7].

De même, l'établissement de la direction de fait dans une instance civile s'imposera dans le cadre d'une autre instance. Ainsi a-t-il été jugé que la qualité de dirigeant de fait retenue dans une instance en comblement de passif s'imposait dans le cadre d'une action en faillite personnelle ou en interdiction de gérer[8], comme elle s'imposait dans le cadre d'une action en redressement ou en liquidation judiciaire à titre personnel. La réciproque a également été jugée, l'autorité de la décision prononçant la faillite personnelle, qui retient la qualité de dirigeant de fait, s'imposant dans le cadre d'une action en comblement de passif[9].

L'aveu retenu dans le cadre d'une instance ne peut cependant être suffisant, la direction de fait étant une question de droit sur laquelle ne peut porter l'aveu[10]. L'aveu ne pourra donc être pris en compte que comme élément s'ajoutant à la démonstration d'actes positifs de gestion[11].

De même, l'attestation versée aux débats par l'intéressé, qui constitue un aveu extrajudiciaire, n'est pas suffisante, la force probante de ce dernier relevant du pouvoir souverain d'appréciation des juges du fond[12].

Seul le tribunal d'ouverture de la procédure a compétence pour déterminer la qualité de dirigeant de fait[13], sous réserve de la direction de fait des personnes morales de droit public (v. ss no 921.35).

Le juge-commissaire peut désigner une personne aux fins d'établir la qualité de dirigeant de fait[14].

Seuls des faits antérieurs à l'ouverture de la procédure collective à l'encontre de la personne morale peuvent justifier la qualification de dirigeant de fait[15].

En outre, la direction de fait ne permettra de prononcer une sanction que si les fautes retenues sont accomplies pendant la direction de fait de l'intéressé[16].

SECTION 921.30

MODALITÉS PROCÉDURALES DES RESPONSABILITÉS ET SANCTIONS PÉCUNIAIRES

(Sur la communication au ministère public et les conclusions de ce dernier, v. ss no 340.12).

921.31 Auteurs de la saisine aux fins de prononcé des responsabilités et sanctions pécuniaires.

> LÉGISLATION ANTÉRIEURE À LA LOI DE SAUVEGARDE DES ENTREPRISES[17]. L'article L. 624-6 du code de commerce (anct L. 25 janv. 1985[18], art. 183) dis-

1. L. no 67-563, 13 juill. 1967, préc. – Com. mai 1980, no 78-15.775, *Bull. civ.* IV, no 3; *JCP CI* 1980.3945.
2. Com. 2 mai 1977, no 75-13.925, *Bull. civ.* IV, 119.
3. KERCKHOVE, no 841.
4. Civ. 2e, 4 juin 2009, no 08-11.163, *Bull. civ.*, no 140; *Gaz. proc. coll.* 2009/4, 2e partie, p. 14, note cero, *Gaz. proc. coll.* 2009/4, 2e partie, nos 305 à 307, 44, no 1, note Montéran; *JCP E* 2009, no 2001, note Adi-Aziber; *Rev. proc. coll.* 2010, no 117, note Martin-Serf.
5. Lyon, 3e ch. civ., 5 janv. 2006, RG no 04/698, *Rev. proc. coll.* 2007/2, p. 88, no 4, obs. Barret et Barret.
6. L. no 85-98, 25 janv. 1985, préc.
7. Com. 1er mars 2005, no 02-20.680, NP.
8. Com. 3 oct. 2000, no 97-20.425, NP, *Act. proc. coll.* 2000, no 235 – Paris, 3e ch. A, 27 janv. 1998, *Rev. proc. coll.* 2001, p. 263, no 1, obs. Martin-Serf – Paris, 5e ch. B, 5 déc. 2003, RG no 03/22040.
9. Com. 4 févr. 2003, no 00-10.238, NP; no 206 F-D; NP – Paris, 3e ch. A, 9 déc. 2003, RG no 02/14779.
10. Com. 10 mars 2004, no 00-17.577, NP, *RD banc. fin.* 2004, no 213, obs. Lucas; *Rev. proc. coll.* 2006/1, p. 76, no 1, obs. Barret et Barret.
11. Paris, pôle 5, 9e ch., 23 févr. 2012, *Rev. proc. coll.* 2012. Étude 24.
12. Paris, pôle 5, 9e ch., 23 févr. 2012, RG no 11/11274, *Rev. proc. coll.* 2013, comm. 84, note Martin-Serf.
13. Orléans, ch. com., éco. et fin., 8 mars 2001, *RJDA* 2001/5, no 620; *Rev. proc. coll.* 2001, p. 262, no 1, obs. Martin-Serf.
14. Com. 15 mai 2001, no 98-150.02, *Bull. civ.* IV, no 90; *D.* 2001. AJ 2031, obs. Lienhard; *Rev. proc. coll.* 2001, p. 262, no 1, obs. Martin-Serf.
15. Com. 14 janv. 2004, no 02-14.001, NP; no 65 F-D; *Rev. proc. coll.* 2005/2, p. 154, no 4, obs. Barret.
16. Com. 10 mai 2005, no 03-20.984, NP.
17. L. no 2005-845, 26 juill. 2005, préc.
18. L. no 85-98, 25 janv. 1985, préc.

pose que, pour l'action en comblement de passif et l'action en redressement ou en liquidation judiciaire à titre personnel, « le tribunal se saisit d'office ou est saisi par l'administrateur, le représentant des créanciers, le commissaire à l'exécution du plan, le liquidateur ou le procureur de la République ». De la sorte, tous les organes professionnels des procédures collectives, outre le procureur, ont qualité pour exercer l'action.

Conformément à l'article L. 621-68, alinéa 2 du code de commerce, l'action introduite avant le jugement arrêtant le plan par l'administrateur judiciaire ou le représentant des créanciers sera poursuivie par le commissaire à l'exécution du plan (sur la question, v. aussi s^s^ n° 521.33). Après arrêté du plan, l'administrateur judiciaire ne demeure plus en fonction que pour passer les actes nécessaires à la mise en œuvre du plan (C. com., art. L. 621-67, al. 1). Le représentant des créanciers, quant à lui, ne demeure en fonction que pour terminer les opérations de vérification du passif (C. com., art. L. 621-67, al. 2). Il est dès lors logique de décider que l'administrateur judiciaire (v. s^s^ n° 371.41) et le représentant des créanciers (v. s^s^ n° 361.34) ne peuvent plus engager d'action en comblement de passif après arrêté du plan, solution transposable à l'action en redressement ou en liquidation judiciaire à titre personnel.

En cas de liquidation judiciaire, la saisine appartient au liquidateur. Il y aurait irrecevabilité de l'action si la saisine était l'œuvre du représentant des créanciers, peu important qu'il soit le liquidateur, car il y a bien changement de partie. La régularisation pourra néanmoins intervenir, mais dans le délai de prescription de l'action en comblement de passif[1].

La condamnation ne peut intervenir si le liquidateur, entre les mains duquel la condamnation doit être versée n'est plus en fonction[2]. Un mandataire *ad hoc* doit être désigné pour continuer l'instance.

En cas de remplacement du liquidateur désigné à l'origine, l'absence de mention au registre du commerce et des sociétés du remplacement du liquidateur reste sans influence sur le déroulement de la procédure de liquidation judiciaire. Le nouveau liquidateur peut donc agir en sanctions et responsabilités pécuniaires, car il est investi, dès sa nomination, de tous les pouvoirs que confère la loi au mandataire-liquidateur, notamment celui d'agir en responsabilités et sanctions pécuniaires[3].

1. Com. 24 sept. 2003, n° 00-11.010, *Bull. civ.* IV, n° 143; *D.* 2003. AJ 2438, obs. Lienhard; *JCP E* 2004. Chron. 151, n° 5, obs. Pétel.
2. Com. 24 mars 2009, n° 07-21.341, NP; n° 269 F-D; *Gaz. proc. coll.* 2009/3, p. 50, n° 2, note Montéran.
3. Com. 15 mars 2005, n° 03-19.577, NP.

En revanche, il y a irrégularité de la saisine si elle est l'œuvre du liquidateur qui se présente *ès qualités* de liquidateur du groupe de sociétés dont fait partie la société dont la responsabilité du dirigeant est recherchée. Cependant, l'irrégularité n'est pas de fond, mais simplement de forme. Faute d'être substantielle, elle supposera la démonstration d'un grief[4].

L'article L. 624-6 du code prévoit enfin la possibilité pour le tribunal de se saisir d'office. Cette faculté de saisine d'office, dans les conditions prévues par la loi, ne porte pas, selon la Cour de cassation, par elle-même, atteinte aux principes d'indépendance et d'impartialité garantis par l'article 6 § 1 de la Convention européenne de sauvegarde des droits de l'homme et des libertés fondamentales[5].

La liste de l'article L. 624-6 du code de commerce aux fins de saisine de la juridiction est limitative. Il s'agit d'une action strictement attitrée. En conséquence, les dirigeants, même à titre d'appel en garantie, ne seraient pas recevables à agir contre d'autres dirigeants[6]. La solution contraste avec celle retenue dans le cadre de la recherche de la responsabilité d'un tiers sur le fondement de l'article 1382, le tiers ayant ici qualité pour appeler en garantie une autre personne (v. s^s^ n° 833.15).

Les dirigeants ne peuvent se prévaloir du sort réservé à d'autres dirigeants dont la responsabilité n'est pas recherchée[7].

Parce que l'appel en garantie est fermé, il est admis qu'il peut être procédé à l'audition des dirigeants de façon séparée[8].

4. Com. 14 nov. 2000, n° 98-11.456, *Bull. civ.* IV, n° 176; *D.* 2000. AJ 437, obs. Lienhard.
5. Com. 16 mai 2006, n° 05-16.668, *Bull. civ.* IV, n° 123; *D.* 2006. AJ 1149, obs. Lienhard; *Gaz. proc. coll.* 2006/3, p. 52, obs. Montéran; *Rev. proc. coll.* 2006/3, p. 257, n° 8, obs. Roussel Galle; *Dr. sociétés* 2007, n° 48, note Legros.
6. Com. 6 juin 1995, n° 91-21.173, *Bull. civ.* IV, n° 168; *Bull. Joly* 1995. 986, note Le Cannu; *JCP* 1996. I. 3896, n° 20, obs. Pétel; *Rev. proc. coll.* 1996, 399, n° 1, obs. Martin-Serf – Com. 7 déc. 1999, n° 97-12.173, NP – Com. 18 mars 2003, n° 99-13.484, NP, *Act. proc. coll.* 2003, n° 149 – Com. 1er avr. 2003, n° 99-16.992, NP, *Act. proc. coll.* 2003, n° 134 – Com. 5 mai 2004, n° 01-02.041, *Bull. civ.* IV, n° 82; *D.* 2004. AJ 1596; Jur. 1796, note Vallens; *ct. proc. coll.* 2004, n° 156, obs. Dom; *Bull. Joly* 2004. 349, note Monsérié-Bon; *Rev. sociétés* 2004. 715, note Corre – Com. 2 nov. 2005, n° 04-13.085, NP – Com. 2 juill. 2016, n° 14-23.310, NP, n° 658 F-D – Paris, ch. B, 5 déc. 2003, RG n° 01/22040.
7. om. 2 nov. 2005, n° 04-13.085, NP – Com. 12 juill. 16, n° 14-23.310, NP, n° 658 F-D.
8. m. 14 mars 2000, n° 97-13.336, *Bull. civ.* IV, n° 60; *Act. oc. coll.* 2000, n° 96; *JCP E* 2000. Jur. 996, note Cagnoli; A 21 nov. 2000, n° 232, p. 15, note Gibirila – Com. évr. 2001, n° 98-15.129, *Bull. civ.* IV, n° 33; *D.* 2001. 861; *D.* 2002. Somm. 81, obs. Sortais; *Act. proc. coll.* 01, n° 84.

A fortiori, un dirigeant ne serait pas recevable à demander le prononcé à son encontre d'une liquidation judiciaire à titre personnel [1], alors pourtant qu'il pourrait y avoir intérêt, s'il est caution, pour pouvoir bénéficier des dispositions de l'article L. 622-32 du code de commerce (anc^t^ L. 25 janv. 1985, art. 169).

Les créanciers sont également sans qualité à agir, même s'ils sont contrôleurs [2]. La solution a été posée tant pour l'action en comblement de passif [3], que pour le prononcé de la liquidation judiciaire à titre personnel pour inexécution de la condamnation à combler le passif [4]. Leur seule ressource sera de rechercher la responsabilité de l'organe ayant en charge la défense de l'intérêt collectif des créanciers [5].

Il en est de même des associés [6] ou encore de membres ou salariés d'une association [7].

La décision avant dire droit qui déclare recevable l'action engagée et qui pour le surplus désigne un expert est couverte par l'autorité de la chose jugée, laquelle fait obstacle à une discussion ultérieure sur la qualité à agir de l'auteur de la saisine de la juridiction [8].

L'obligation pour le tribunal de soulever d'office le moyen d'ordre public tiré du défaut de qualité à agir conduit à considérer que la décision qui déclare recevable l'action engagée a nécessairement tranché la question de la recevabilité de l'action au regard de la qualité à agir [9].

> LÉGISLATION ISSUE DE LA LOI DE SAUVEGARDE DES ENTREPRISES. La loi du 26 juillet 2005, qui détermine la liste des personnes pouvant engager l'action en responsabilité pour insuffisance d'actif (C. com., art. L. 651-3), et pour l'obligation aux dettes sociales, l'article L. 652-5, renvoyant à l'article L. 651-3, modifie sur plusieurs points la législation antérieure.

La loi du 26 juillet 2005 tient compte de l'impossibilité d'engager l'action en responsabilité pour insuffisance d'actif en redressement judiciaire et après adoption d'un plan tant que celui-ci ne sera pas résolu. Elle supprime, en conséquence, de la liste des personnes ayant qualité pour saisir le tribunal, l'administrateur judiciaire et le commissaire à l'exécution du plan, ne maintenant que le mandataire judiciaire et le liquidateur. Il a été dit que cela répondait au souhait de mieux distinguer les deux métiers de mandataire judiciaire et d'administrateur judiciaire [10].Notons toutefois que si la qualité du mandataire judiciaire peut se comprendre pour l'action en responsabilité pour insuffisance d'actif qui peut être exercée en cas de résolution du plan de sauvegarde ou de redressement sans liquidation judiciaire, en revanche, elle est très surprenante dans le cadre de l'action en obligation aux dettes sociales, qui ne peut être engagée qu'en liquidation judiciaire.

Du fait de la suppression de la possibilité de prononcer la sanction en dehors de la liquidation judiciaire (v. s^s^ n° 922.09), l'article 132 de l'ordonnance du 18 décembre 2008 [11] modifie l'alinéa 1 de l'article L. 651-3 du code de commerce et supprime la curieuse possibilité d'agir du mandataire judiciaire qui avait été maintenue par la loi du 26 juillet 2005.

Les dispositions de la loi de sauvegarde des entreprises relatives aux responsabilités et sanctions pécuniaires sont applicables aux procédures en cours lors de l'entrée en vigueur de la loi, à l'exception de l'article L. 651-2 (L. 26 juill. 2005, art. 191, 5°). La saisine par le commissaire à l'exécution du plan ou par le tribunal d'office, après le 1er janvier 2006, pour les procédures ouvertes à l'encontre des personnes morales avant le 1er janvier 2006, est donc à notre sens irrecevable, puisque les modalités de saisine du tribunal sont fixées par l'article L. 651-3, applicable aux procédures en cours au 1er janvier 2006. Le contraire a cependant été jugé et c'est ainsi qu'il a pu être décidé que la saisine par le commissaire à l'exécution du plan après le 1er janvier 2006 restait recevable [12] (v. aussi s^s^ n° 073.35). La solution a été justifiée par l'observation que l'article L. 651-3

1. Rennes, 19 mai 1993, *Dr. sociétés* 1994, n° 51, obs. Chaput.
2. PÉROCHON ET BONHOMME, 6e éd., n° 430.
3. Paris, 3e ch. A, 29 juin 2004, RG n° 03/17613.
4. Com. 28 févr. 1995, n° 92-17.329, *Bull. civ.* IV, n° 6[illegible]; *D.* 1995. 390, note Derrida; *JCP* 1995. I. 3871, n° 15, obs. M. Cabrillac et Pételet; *RTD com.* 1995. 663, obs. Haëh– Com. 28 mars 2000, n° 97-19.153, *Bull. civ.* IV, n° 71; *A. proc. coll.* 2000, n° 112; *D.* 2000. AJ 225, obs. Pisc; *JCP E* 2000. Chron. 1567, n° 14, obs. Pétel.
5. Rép. min. n° 5420, *JOAN Q* 16 janv. 1989, p. 276; *B. Joly* 1989. 202, § 63 – *Adde*, VALLANSAN, p. 351.
6. Com. 26 mai 1999, n° 96-16.126, NP.
7. Paris, 1re ch. A, 29 juin 2004, RG n° 02/12626.
8. Com. 22 mai 2007, n° 05-21.542, NP; n° 767 F-D – C 22 mai 2007, n° 05-21.543, NP; n° 768 F-D – C 22 mai 2007, n° 06-11.296, NP; n° 770 F-D; *Gaz. p coll.* 2007/4, p. 56, note Montéran – Com. 22 mai 2[illegible] n° 06-11.557, NP; n° 771 F-D; *RTD com.* 2008. 858, obs. Saint-Alary-Houin.
9. Com. 22 mai 2007, n° 06-11.213, NP; n° 769 F-D; *proc. coll.* 2007/4, p. 56, note Montéran – Com. 22 2007, n° 06-11.296, préc. – Com. 22 mai 2007, n° 11.557, préc.
10. *Rapp. J.-J. Hyest*, n° 335, p. 53 et p. 455.
11. Ord. n° 2008-1345, 18 déc. 2008, préc.
12. Com. 5 févr. 2008, n° 07-10.004, *Bull. civ.* IV, n° 28; *D.* 2008. AJ 543, note Lienhard; Chron. 1231, note Bélaval; *JCP E* 2008. Chron. 1432, n° 15, obs. Pétel; *Act. proc. coll.* 2008, n° 84, note Lebel; *Dr. sociétés* 2008, n° 97, note Legros; *Procédures* 2008, n° 117, note Rolland; *Rev. proc. coll.* 2008, p. 70, n° 86, note Martin-Serf; *Bull. Joly* 2008. 430, note Vallansan; *Rev. proc. coll.* 2009, n° 8, note Fraimout – Paris, 14e ch. A, 25 oct. 2006, RG n° 06/05437; *JCP E* 2007, n° 1357, p. 29, note Roussel Galle; *Bull. Joly* 2007. 693.

du code de commerce, issu de la rédaction de la loi de sauvegarde des entreprises, n'est pas applicable aux procédures en cours au 1er janvier 2006. Dès lors, l'article L. 651-2 du code de commerce, qui détermine les personnes ayant qualité pour saisir le tribunal, n'est pas davantage applicable [1], ce qui nous semble bien discutable. Il a été indiqué que « la Cour de cassation a préféré, à une lecture purement formelle de l'article 191, 5° de la loi de sauvegarde, une solution prenant en compte la cohérence entre les différentes actions et leur inscription dans l'architecture globale des procédures » [2]. Il n'y a en revanche aucune difficulté à décider que la saisine antérieure au 1er janvier 2006, et même si la sanction n'est prononcée qu'après le 1er janvier 2006, reste régulière et ne pourra être remise en cause, au cours d'une procédure d'appel ou d'une instance en cassation.

La loi de sauvegarde des entreprises supprime également la possibilité pour le tribunal de se saisir d'office. Il a été jugé que l'instance en redressement judiciaire à titre personnel ayant donné lieu à l'ouverture de la procédure à titre de sanction avant le 1er janvier 2006 ne peut être remise en cause, selon le principe énoncé par l'article 192 de la loi de sauvegarde des entreprises, même si la saisine était intervenue d'office [3], mode de saisine prohibée pour l'obligation aux dettes sociales, par la loi de sauvegarde des entreprises.

La saisine d'office est apparue gênante au regard du nécessaire principe d'impartialité de la juridiction [4], et plus précisément du droit à un procès équitable tel que l'impose l'article 6 § 1 de la Convention européenne de sauvegarde des droits de l'homme et des libertés fondamentales [5]. La solution est aussi posée pour développer l'idée de prévention, car le tribunal aurait alors été regardé avec suspicion, « si le chef d'entreprise voit dans celui qui le reçoit pour l'inciter à agir le plus en amont possible la même personne que celle qui pourrait décider ultérieurement d'engager une action pour le sanctionner financièrement » [6].

La loi du 26 juillet 2005, de manière classique, substitue au procureur de la République le ministère public.

Un amendement, qui a été rejeté sans explication [7], avait été présenté pour que les salariés, par leur organe de représentation, puissent avoir qualité pour saisir le tribunal en responsabilité pour insuffisance d'actif.

Comme cela avait déjà été jugé sous l'empire de la loi du 25 janvier 1985, les dirigeants, même à titre d'appel en garantie, ne sont pas, sous l'empire de la loi de sauvegarde des entreprises, recevables à agir contre d'autres dirigeants. Il ne peuvent donc critiquer le sort réservé à un autre dirigeant.

Enfin, l'article L. 651-3, alinéa 2 prévoit la possibilité de saisine des contrôleurs. Il devra s'agir des créanciers contrôleurs nommés, ce qui exclut le contrôleur représentant l'ordre ou l'autorité professionnelle lorsque le débiteur est un professionnel libéral [8]. Si l'on suit la solution de la Cour de cassation selon laquelle l'article L. 651-2 du code de commerce est inapplicable lorsqu'il est fait application de l'article L. 651-3, il faut encore décider que la saisine par des contrôleurs reste impossible, pour les procédures ouvertes contre les personnes morales avant l'entrée en vigueur de la loi de sauvegarde des entreprises.

Le pouvoir de saisine ainsi attribué s'inscrit dans la mission d'organe de défense de l'intérêt collectif des créanciers qu'accorde aux contrôleurs la loi du 26 juillet 2005. C'est pourquoi, il est subsidiaire par rapport à celui du liquidateur et ne pourra donc s'exercer qu'en cas de carence de ce dernier.

Le droit de saisine accordé aux contrôleurs peut apparaître redondant par rapport aux pouvoirs généraux qui leur sont reconnus. Il a cependant été observé qu'il importait de prévoir explicitement la solution, pour éviter qu'un contrôleur n'engage une action en responsabilité contre un dirigeant, sur le fondement d'une faute de gestion, pour obtenir la condamnation de celui-ci à réparer tout le préjudice qu'il a occasionné par sa faute, alors que le tribunal, dans le cadre de l'action en responsabilité pour insuffisance d'actif et dans le cadre de l'obligation aux dettes sociales, a un pouvoir d'appréciation sur le *quantum* de la condamnation [9].

Une différence notable doit cependant être signalée, qui résulte d'un amendement. Dans le cadre classique, un contrôleur seul peut agir en cas d'inaction du mandataire judiciaire. Ici, le droit de saisine des contrôleurs suppose que la majorité des créanciers nommés contrôleurs le décide, ce qui supposera que deux contrôleurs au moins le décident, son ce que prévoit le décret (C. com., art. R. 651-4

1. Com. 5 févr. 2008, n° 07-10.004, préc. (v. ss prést n°).
2. Béléval, note ss *Com. 5 févr. 2008, n° 07-10.004, D.* 2008. Chron. 1231 – RAPPR. : Pételm obs. ss Com. 5 févr. 2008, n° 07-10.004, *JCP E* 2008. 1432, n° 15.
3. Com. 16 mai 2006, n° 05-16.668, *Bull. civ.* IV, n° 123; *D.* 2006. AJ 1149, obs. Lienhard; *Gaz. proc. coll.* 2006/3, p. 52, obs. Montéran; *Dr. sociétés* 2007, n° 48, note Legros.
4. *Rapp. Xavier de Roux*, n° 2095, p. 411.
5. *Rapp. J.-J. Hyest*, n° 335, p. 53 et p. 455.
6. *Rapp. Xavier de Roux*, n° 2095, p. 411.
7. mend. n° 514, Interv. Michel Vaxès, *JOAN CR*, 3e séance u 8 mars 2005, p. 1795 et 1796.
8. pp. *Xavier de Roux*, n° 2095, p. 411 – *Rapp. J.-J. Hyest*, 335, p. 455.
9. pp. *Xavier de Roux*, n° 2095, p. 412.

– v. s^{s} n° 612.25). La solution est suivie en jurisprudence, la saisine par un seul contrôleur étant jugée irrecevable[1]. La solution a été justifiée par la volonté d'éviter qu'« un contrôleur ne puisse agir seul en poursuivant un but qui ne relèverait pas nécessairement d'un intérêt collectif, mais d'un intérêt individuel »[2].

L'article R. 651-4 du code de commerce prévoit que la mise en demeure devra être adressée par au moins deux contrôleurs, ce qui ajoute au texte légal, car cela revient à interdire l'assignation si un seul contrôleur a été désigné, alors qu'à lui seul il représente bien la majorité des créanciers nommés contrôleurs. Cette précision apportée par le décret se borne toutefois à préciser les conditions de recevabilité de la mise en demeure adressée au mandataire de justice. Les dispositions en cause n'ont ni pour objet ni pour effet de mettre en cause des règles concernant les droits civiques et les garanties fondamentales accordées aux citoyens pour l'exercice des libertés publiques qu'il appartient au législateur de fixer en vertu de l'article 34 de la constitution. Les limites de la compétence réglementaire n'ont en conséquence pas été dépassées, selon le Conseil d'État[3].

Le texte du décret fait en outre naître une difficulté. Dans l'hypothèse où au moins quatre contrôleurs ont été désignés, la majorité sera de trois. La mise en demeure faite par deux contrôleurs sera-t-elle alors suffisante ? Oui, à lire le texte, mais il faudra ensuite que l'assignation soit délivrée par au moins trois contrôleurs.

Pour tenir compte du fait que l'action introduite par des créanciers contrôleurs profite à la collectivité, l'article L. 651-3, alinéa 3 prévoit que les frais de justice de justice auxquels a été condamné le dirigeant sont payés par priorité sur les sommes qui sont versées au titre de la condamnation à l'insuffisance d'actif ou à l'obligation aux dettes sociales. Il s'agit de frais de conseil et de procédure[4].

Sera reconnu à cette créance, sous l'empire de la législation de sauvegarde des entreprises, dans sa rédaction d'origine, le rang 2 parmi les créances postérieures (v. s^{s} n° 456.63). Sous l'empire de l'ordonnance du 18 décembre 2008, c'est-à-dire pour les procédures ouvertes à compter du 15 février 2009, cette créance sera payée prioritairement à toutes autres, sous la seule réserve des créances super privilégiées de salaires. Il y a donc là une dérogation à la règle posée par l'article L. 651-2 alinéa 4, selon laquelle les sommes doivent être réparties entre les créanciers au marc le franc (v. s^{s} n° 922.61). En revanche, ces frais ne pourront être avancés par le Trésor public[5].

921.32 Formes de la saisine de la juridiction aux fins de prononcé des responsabilités et sanctions pécuniaires (v. aussi s^{s} n° 911.32) – Effet dévolutif de l'appel[6]. La saisine du tribunal est directe. Il n'y a pas à solliciter de celui-ci une autorisation, par requête, pour pouvoir assigner le dirigeant[7].

Avant le décret du 12 février 2009[8], la forme de la saisine n'était pas précisée. La saisine par voie de requête était ainsi jugée recevable[9], même si, en pratique, la saisine prenait plutôt la forme d'une assignation, lorsqu'elle émanait des organes de la procédure collective.

Depuis le décret du 12 février 2009, l'article R. 651-2 du code de commerce précise que la saisine à la demande du liquidateur intervient par voie d'assignation. La voie de la requête est ainsi clairement fermée au liquidateur[10]. Il faut toutefois réserver le cas de la Nouvelle-Calédonie, les demandes en sanctions pécuniaires devant, sur ce territoire, intervenir par voie de requête (D. 7 avr. 1928, art. 74, al. 2 et 76)[11].

Comme en matière de faillite personnelle ou d'interdiction de gérer, (v. s^{s} n° 911.32), l'intéressé ne pourra se plaindre de l'absence de délivrance de l'assignation à sa personne, s'il n'a pas pris la précaution de faire mentionner son changement d'adresse au registre du commerce ou des sociétés[12], ou, à tout le moins, s'il n'a pas pris le soin de signaler au mandataire de justice qui l'assigne ce changement d'adresse. En revanche, l'huissier qui délivre fautivement dans les conditions de l'article 659 du code de procédure civile une assignation en responsabilité pécuniaire engage sa responsabilité si, du fait de sa faute, la procédure en responsabilité est annulée[13].

L'assignation doit, à peine de nullité, mentionner la nécessité de sa comparution personnelle du dirigeant (v. aussi s^{s} n° 921.37), obligatoirement en chambre du conseil, sous l'empire de la législation

1. Paris, pôle 5, 17 juin 2014, *Dr sociétés* 2015, comm. 3, note Legros.
2. Amend. n° 195, Interv. Xavier de Roux, *JOAN R, 3e séance du 8 mars 2005, p. 1796.*
3. CE 25 juill. 2013, req. n° 353500, NP, *Rev. proc. coll.* 2014, comm. 174, note Martin-Serf.
4. *Rapp. Xavier de Roux*, n° 2095, p. 413.
5. *Rapp. Xavier de Roux*, n° 2095, p. 413.
6. SUR DES DIFFICULTÉS de la matière : Gourdain, « Comment assigner désormais en responsabilité pour insuffisance d'actif et/ou en sanction ? », *D.* 2008. 1357.
7. Paris, 13 mars 1991, *Rev. proc. coll.* 1993, 57, obs. Liénard.
8. D. n° 2009-160, 12 févr. 2009, *JO* 13 févr., p. 2596.
9. Com. 22 mai 2013, n° 12-14.956, NP; n° 513 F-D.
10. Montéran, « La réforme des responsabilités et sanctions », *Gaz. Pal.* 8-10 mars 2009, n° sp. p. 57 s., sp. p. 58.
11. Com. 8 juill. 2008, n° 07-10.548, NP; n° 799 F-D.
12. Paris, 3e ch. B, 8 nov. 2007, RG n° 06/22081.
13. Angers, 1re ch. B, 19 nov. 2008, RG n° 07/02509; *Act. proc. coll.* 2009, n° 118.

antérieure à la loi de sauvegarde des entreprises. Le fait que l'assignation n'ait pas été remise en copie au greffe huit jours au moins avant l'audience n'est pas une cause de caducité de l'assignation[1]. La législation de sauvegarde des entreprises, qui maintient l'obligation d'une comparution personnelle, supprime l'obligation de comparution en chambre du conseil, et modifie en outre le délai de comparution pour le porter à un mois (v. s^s n° 921.37). Dans une ultime modification des règles applicables, le décret du 12 février 2009 supprime le délai de comparution du mois (v. s^s n° 921.37).

L'assignation émanera de l'organe compétent s'il est demandeur. La cause devra être communiquée au ministère public (C. pr. civ., art. 425-2), à peine de nullité du jugement[2]. Dans le cadre d'un pourvoi en cassation, le ministère public sera cependant seul à pouvoir invoquer le défaut de communication.

La citation pourra également être l'œuvre du tribunal, si, sous l'empire de la législation antérieure à la loi de sauvegarde des entreprises, il se saisit d'office, le cas échéant pour sauver une saisine irrégulière émanant d'un mandataire de justice[3]. Les mandataires de justice communiqueront spontanément au tribunal les éléments en leur possession pour étayer la saisine[4]. L'article 164, alinéa 2 du décret du 27 décembre 1985[5] prévoit alors le respect de l'article 8 du même décret. Le président du tribunal demande au greffier de faire convoquer le dirigeant par acte d'huissier. À la convocation, est jointe une note (sur celle-ci, v. s^s n° 911.32) par laquelle le président expose les faits de nature à motiver la saisine d'office. Le greffier adresse ensuite copie de cette note au procureur de la République, en l'avisant de la date d'audience. À défaut de note jointe à l'assignation, celle-ci est irrégulière faute d'acte introductif d'instance valable[6].

Si la demande émane du procureur de la République – ministère public sous l'empire de la loi de sauvegarde des entreprises –, il faudra respecter l'article 9 du décret du 27 décembre 1985 et l'article R. 631-4 du code de commerce (anc^t D. 28 déc. 2005, art. 173). Le procureur de la République – ministère public sous l'empire de la loi de sauvegarde des entreprises –, présentera une requête au tribunal en indiquant les faits de nature à motiver la demande. Le président du tribunal, par les soins du greffier, fera ensuite assigner le dirigeant. À la convocation, sera jointe la requête du procureur de la République – ministère public –, lequel devra être avisé de la date d'audition du débiteur. Cette citation devra permettre au dirigeant d'assurer sa défense, ce qui suppose qu'elle contienne une présentation des moyens en fait. À défaut, la citation est irrégulière et le jugement du tribunal, qui fait droit à la demande de condamnation doit être annulé, sans effet dévolutif de l'appel[7].

Le décret du 12 février 2009 a modifié la rédaction de l'article R. 651-2 du code de commerce. Sans modification au fond, si la saisine du tribunal est l'œuvre du ministère public, il y aura lieu de respecter les dispositions de l'article R. 631-4 du code de commerce, qui règlement la saisine par le ministère public. Le texte nouveau de l'article R. 651-2 du code ne vise plus seulement « les formes prévues à l'article R. 631-4 », mais plus généralement « les formes et [...] la procédure prévue à l'article R. 631-4 ».

Depuis le décret du 30 juin 2014[8], applicable aux procédures ouvertes à compter du 1er juillet 2014, le greffier fait convoquer le débiteur, non par acte extrajudiciaire, mais par lettre recommandée avec demande d'avis de réception, à comparaître dans le délai qu'il fixe. Cette nouvelle forme de convocation a fait naître une difficulté, objet d'un avis de la Cour de cassation, rendu dans le domaine de la faillite personnelle et de l'interdiction de gérer, matière où la convocation du débiteur se fait également, si la demande émane du ministère public, dans les formes et selon la procédure prévues à l'article R 631-4 (v. s^s n° 911.32).

Que la demande émane du tribunal d'office ou du ministère public, la note jointe à l'assignation doit contenir les indications sur les faits de nature à motiver la saisine. À défaut, l'acte introductif d'instance est irrégulier et doit conduire à l'annulation du jugement[9], ce qui empêchera ensuite le jeu de l'effet dévolutif de l'appel.

La convocation du dirigeant ne peut résulter d'un jugement ordonnant la convocation, suivi de citations délivrées par le greffe. Le caractère insolite du mode de convocation ne permet pas de savoir qui est l'auteur de la saisine, car le mode d'introduction de l'instance ne correspond à aucune des formes légalement prévues. Il en résulte la nullité du jugement pour défaut d'acte introductif d'instance[10].

1. Civ. 2e, 14 oct. 2004, n° 02-21.372, *Bull. civ.* II, n° 46; *D.* 2004. AJ 2791.
2. Com. 15 mars 2005, n° 02-13.415, NP, *Gaz. proc. coll.* 2005/2, p. 50, obs. Montéran.
3. Com. 1er avr. 2003, n° 00-12.438, NP, *Act. proc. coll.* 2003, n° 150, obs. Cagnoli.
4. IFPPC, recomm. n° 6200-1, p. 190.
5. D. n° 85-1388, 27 déc. 1985, *JO* 29 déc., p. 15281.
6. Com. 27 mai 2003, n° 01-13.615, NP.
7. Paris, pôle 5, 8e ch., 8 juin 2010, *Rev. proc. coll.* 2011, n° 18, note Martin-Serf.
8. D. n° 2014-736, 30 juin 2014, *JO* 1er juill., p. 10834.
9. Com. 11 févr. 2004, n° 01-11037, NP, *JCP E* 2004. Jur. 978, note Legros – Com. 7 mars 2006, n° 04-17.402, NP; n° 301 F-D; *Gaz. proc. coll.* 2006/3, p. 50, obs. Montéran.
10. Versailles, 13e ch., 29 janv. 2004 *Rev. proc. coll.* 2005/2, p. 134, n° 21, obs. Gorrias.

> Effet dévolutif de l'appel. Si la cour d'appel annule le jugement de condamnation à combler le passif, elle ne pourra ensuite inviter les parties à conclure sur le fond et confirmer le jugement qu'elle a précédemment annulé[1].

L'annulation du jugement de condamnation à combler le passif pour irrégularité de l'acte introductif d'instance interdit à la cour d'appel de faire application de l'effet dévolutif de l'appel, sauf si le dirigeant conclut à titre principal au fond[2] et non pas seulement à titre subsidiaire à la nullité. Il n'y a pas place à l'effet dévolutif de l'appel si le dirigeant conclut à titre principal à la nullité et seulement à titre subsidiaire sur le fond[3].

En ce qui concerne le redressement ou la liquidation judiciaire personnel, il a d'abord été jugé que l'annulation du jugement, qui avait ouvert la procédure à titre personnel contre le dirigeant, n'interdisait pas à la cour d'appel, après annulation, de faire jouer l'effet dévolutif de l'appel, même en l'absence d'acte introductif d'instance valable et, par application de l'article 11 du décret du 27 décembre 1985 (v. s^s^ n° 231.52), d'ouvrir elle-même la procédure de redressement judiciaire ou de liquidation judiciaire personnel, à l'encontre du dirigeant[4], par dérogation au droit commun de l'effet dévolutif de l'appel, par principe exclu, en cas de nullité du jugement, faute d'acte introductif d'instance valable.

Puis, la Cour de cassation a modifié sa jurisprudence. L'irrégularité de l'acte introductif d'instance, conformément au droit commun en la matière, empêche le jeu de l'effet dévolutif de l'appel. La cour d'appel ne peut donc, en ce cas, après avoir annulé le jugement d'ouverture de redressement ou de liquidation judiciaire à titre personnel, ouvrir la procédure à titre de sanction[5]. La règle a été posée, par exemple, dans le cadre d'une assignation en liquidation judiciaire à titre personnel sur le fondement de l'article L. 624-5 du code de commerce, alors que la citation du dirigeant était irrégulière, du fait de l'absence d'impartialité de l'ordonnance du président du tribunal, accompagnant la citation délivrée par le greffier[6]. Elle vaut également pour l'assignation en comblement de passif. A été invoquée la violation de l'article 6 § 1 de la Convention européenne de sauvegarde des droits de l'homme et des libertés fondamentales. De même, il a été jugé que l'absence de visa dans l'acte introductif d'instance de l'audition du dirigeant en chambre du conseil et de l'obligation pour ce dernier de s'y présenter personnellement entraînait nullité de l'acte introductif d'instance empêchant le jeu de l'effet dévolutif de l'appel[7]. Cette solution, posée sous l'empire de la législation antérieure, est maintenue sous l'empire de la loi de sauvegarde[8], sous réserve que la mention de l'obligation de comparution en chambre du conseil a disparu (v. s^s^ n° 921.37).

Malgré cette évolution jurisprudentielle, il n'y a pas d'obstacle au jeu de l'effet dévolutif de l'appel, et cela conformément au droit commun (C. pr. civ., art. 562, al. 2), lorsque l'irrégularité n'affecte pas la saisine du premier juge, mais est relative au défaut du respect du principe de contradiction après un renvoi ordonné par le tribunal, alors que l'intéressé n'avait pas été avisé de la date de renvoi et n'avait pas été convoqué à nouveau lorsqu'il a été déclaré à titre personnel en redressement[9] ou en liquidation judiciaire[10].

921.33 Délais de saisine de convocation aux fins de prononcé des responsabilités et sanctions pécuniaires. Entre l'assignation et la date d'audition du débiteur en chambre du conseil, l'article 164, alinéa 2 du décret du 27 décembre 1985[11] prévoit un délai de comparution de huitaine. Ce délai était manifestement trop court, eu égard à l'obligation faite à l'intéressé de se présenter personnellement. Il lui faut assurer sa défense, ce qui nécessite plus de huit jours.

Dans une vision beaucoup plus protectrice des droits de la défense s'inscrivant dans l'objectif du droit à un procès équitable, l'article R. 651-2 du code de commerce porte ce délai à un mois. Cette disposition est applicable aux procédures en cours lors de l'entrée en vigueur du décret (D. 28 déc. 2005[12], art. 361, 5°). Ainsi, si une nouvelle convo-

1. Com. 16 juin 2004, n° 02-17.366, NP.
2. Com. 30 mai 2006, n° 05-12.220, NP; n° 719 F-D; *Gaz. proc. coll.* 2006/3, p. 48, obs. Montéran.
3. Com. 24 mai 2005, n° 04-12.552, NP – Com. 4 oct. 2005, n° 04-15.305, NP; n° 1273 F-D; *Gaz. proc. coll.* 2006/1, p. 45, obs. Montéran – Com. 12 mai 2009, n° 08-10.278, NP; n° 455 F-D.
4. Com. 25 févr. 1997, n° 95-10.577, NP, *Rev. proc. coll.* 1998, 317, n° 16, obs. Bach.
5. Com. 4 janv. 2005, n° 03-11.465, *Bull. civ.* IV, n° 2; *D.* 2005. AJ 280, obs. Lienhard; Somm. 2012, obs. Lucas; *Rev. proc. coll.* 2-3 mars 2005, Jur. 8, note Gerbay; *Act. proc. coll.* 2005, n° 49, note Cagnoli; *JCP E* 2005. Jur. 529, note Cagnoli; Chron. 639, n° 2, obs. Pétel; *Dr. et proc.* 2005. 217, note Gibirila; *RTD civ.* 2005. 636, n° 7, obs. Perrot; *Rev. proc. coll.* 2005/2, p. 134, n° 20, obs. Gorrias; *RJ com.* 2005/3, p. 270, note Sortais – Com. 24 mai 2005 n°s 01-01.858, 02-17.934, 02-17.935, NP – Soc. 20 sept. 2005, n° 03-16.717 NP; n° 1101 F-D; *Gaz. proc. coll.* 2006/1, p. 46, obs. Montéran.
6. Com. 4 janv. 2005, n° 03-11.465, préc. (v. s^s^ prés^t^ n°).
7. Com. 21 mars 2006, n° 04-17.910, NP; n° 383 F-D; *Gaz. proc. coll.* 2006/3, p. 48, obs. Montéran; *Dr. sociétés* 2007, p. 20, note Legros-Orléans, ch. com. éco. et fin., 20 déc. 2007, RG n° 07/1141, *RJDA* 2008/4, p. 437, n° 444.
8. AINSI : Paris, 3e ch. A, 5 sept. 2006, *JCP E* 2006. 2560, p. 1840.
9. Com. 2 nov. 2005, n° 04-13.086, NP.
10. Com. 2 nov. 2005, n° 04-13.085, NP.
11. D. n° 85-1388, 27 déc. 1985, préc.
12. D. n° 2005-1677, 28 déc. 2005, préc.

cation est adressée au dirigeant à compter du 1er janvier 2006, le respect du délai d'un mois s'impose[1]. Le non-respect de ce délai est une cause de nullité de la procédure[2]. Une difficulté pouvait se présenter de savoir si ce délai s'appliquait lorsque l'assignation émanait des contrôleurs agissant à titre subsidiaire. L'article 317-1 du décret du 28 décembre 2005, inséré par l'article 68 du décret du 23 décembre 2006[3], et devenu l'article R. 651-2 du code de commerce, la supprime, car ce texte a désormais, sans contestation possible, une portée générale et s'applique à tous les cas de saisine.

Les délais de distance de l'article 643 du code de procédure civile s'appliqueront pour les étrangers et les personnes domiciliées dans les départements et territoires d'outre-mer[4].

La nullité de l'assignation est particulièrement intéressante à soulever par le dirigeant concerné, pour l'action en comblement de passif, du fait de la prescription de l'action (v. ss n° 921.41). Il n'y a pas alors effet dévolutif de l'appel (C. pr. civ., art. 562)[5], à moins que, conformément au droit commun, le dirigeant concerné n'ait conclu sur le fond, à titre principal et non pas seulement à titre subsidiaire, solution posée tant en matière de responsabilités et sanctions pécuniaires[6], que dans le domaine voisin de l'interdiction de gérer[7]. La solution est transposable à l'obligation aux dettes sociales.

La clôture de la procédure pour insuffisance d'actif fera obstacle au prononcé de la mesure[8].

Enfin, on précisera que l'action en comblement de passif n'a pas à faire l'objet d'un sursis à statuer, du fait d'une instance pénale en cours, cette action ne pouvant exercer d'influence sur l'action en comblement[9], l'opinion contraire ayant cependant été émise[10]. La solution est transposable à l'action en redressement judiciaire ou en liquidation judiciaire à titre personnel[11] et, depuis la loi de sauvegarde des entreprises, à l'action en obligation aux dettes sociales. La solution mériterait toutefois d'être nuancée, si une discussion porte sur la question de la direction de fait, cette qualité retenue au pénal s'imposant en effet au juge civil (v. ss n° 921.26).

921.34 Compétence aux fins de prononcé des responsabilités et sanctions pécuniaires – Règles générales. L'article 163 du décret du 27 décembre 1985[12] précise que le tribunal compétent est celui d'ouverture de la procédure, à l'encontre de la personne morale débitrice[13], et cela même en présence d'un dirigeant social étranger[14]. La solution est reproduite par l'article R. 651-1 du code de commerce, pour l'action en responsabilité en insuffisance d'actif, par l'article R. 652-1 alinéa 1 du code de commerce, et pour l'action en obligation aux dettes sociales. L'article R. 662-3 du code de commerce, qui pose le principe de concentration du contentieux des procédures collectives devant le tribunal d'ouverture de la procédure collective, prévoit, dans la rédaction que lui donne l'article 117 du décret du 12 février 2009[15], que ce tribunal sera compétent pour connaître des actions en responsabilité pour insuffisance d'actif. Cela fait, semble-t-il, double emploi avec la précision déjà contenue à l'article R. 651-1 du même code. Il aurait été préférable de supprimer la précision dans le texte spécial, c'est-à-dire l'article R. 651-1.

L'article 112 du décret du 30 juin 2014[16] modifie la rédaction de l'article R. 651-1 du code de commerce, pour tenir compte de l'action en responsabilité qui serait engagée contre un EIRL et procède, en conséquence à deux corrections, qui sont des adaptations rédactionnelles. Pour cela, il commence par remplacer l'expression « dans le cas prévu à l'article L. 651-2 », par l'expression « dans les cas prévus à l'article L. 651-2 ». Ensuite, il n'emploie plus l'expression « la liquidation judiciaire de la personne morale », puisqu'il peut aussi être question de la liquidation judiciaire de l'EIRL. Il se contente donc d'évoquer le tribunal qui a ouvert ou prononcé « la liquidation judiciaire ».

Au regard de la compétence matérielle, peu importe la qualité du dirigeant[17]. Au plan de la

1. Com. 31 janv. 2012, n° 10-28.191, NP; n° 69 F-D.
2. Com. 28 janv. 2004, n° 02-16 774, NP.
3. D. n° 2006-1709, 23 déc. 2006, *JO* 29 déc., p. 19846.
4. Paris, 19 févr. 1991, *Rev. proc. coll.* 1991, I, 363, note Marchi – Paris, 13 janv. 1995, *D.* 1995. IR 66.
5. Paris, 10 mars 1992, *D.* 1992. IR 149.
6. Paris, 3e ch. A, 30 mars 1999, *Rev. proc. coll.* 2000, 32, n° 1, obs. Bach.
7. Com. 17 févr. 1998, n° 95-15.101, NP, *Rev. proc. coll.* 1999, 32, n° 28, obs. Cadiou.
8. Soinne, n° 2565.
9. Versailles, 4 mai 1995, *JCP E* 1995. Pan. 812.
10. Guyon, n° 1380.
11. Paris, 3e ch., 4 mars 1997, *Rev. proc. coll.* 1998, 516, n° 8, obs. Bach.
12. D. n° 85-1388, 27 déc. 1985, préc.
13. Com. 4 janv. 2000, n° 97-11.712, *Bull. civ.* IV, n° 3; *JCP E* 2000. Chron. 698, n° 3, obs. Pétel – Com. 14 mars 2000, n° 97-12.684, *Bull. civ.* IV, n° 61; *Bull. Joly* 2000, n° 132, note Menjucq.
14. Com. 5 mai 2004, n° 01-02.041, *Bull. civ.* IV, n° 82; *D.* 2004. AJ 1596; Jur. 1796, note Vallens; Somm. 2145, obs. Henry; *Act. proc. coll.* 2004, n° 156, obs. Dom; *JCP E* 2004. Jur. 1249, note Reifegerste; *RTD com.* 2004. 601, n° 7, obs. Mascala; *Bull. Joly* 2004. 1349, note Monsérié-Bon; *LPA* 8 juill. 2005, n° 135, p. 14, note Henry; *Rev. sociétés* 2004. 715, note Le Corre.
15. D. n° 2009-160, 12 févr. 2009, préc.
16. D. n° 2014-736, 30 juin 2014, préc.
17. Paris, 6 nov. 2001, *RJDA* 2002, n° 289; *Rev. proc. coll.* 2003, p. 165, n° 8, obs. Martin-Serf.

compétence territoriale, le domicile du dirigeant est donc indifférent[1]. La compétence de principe du tribunal de la faillite ne conduit cependant pas à mettre à l'écart les dispositions de l'article 47 du code de procédure civile, lequel institue un privilège de juridiction au profit des auxiliaires de justice, autorisés en conséquence à demander le renvoi devant une juridiction limitrophe. La solution a été posée pour un avocat assigné en comblement de passif[2]. En ce qui concerne la compétence d'attribution, le tribunal de commerce, compétent pour l'ouverture de la procédure de la personne morale, le restera, même si le dirigeant n'est pas commerçant[3].

Cependant, si le dirigeant recherché est déjà en redressement ou en liquidation judiciaire, l'article 166 alinéa 1 du décret du 27 décembre 1985 prévoit que le déroulement de la procédure de redressement judiciaire ou de liquidation judiciaire personnel se poursuivra devant le tribunal qui a déclaré le premier le dirigeant en redressement ou en liquidation judiciaire[4]. Par exception, si le dirigeant est déclaré à titre de sanction en liquidation judiciaire à titre personnel et qu'il était déjà soumis à une procédure de redressement judiciaire, l'article 166 alinéa 1 du décret du 27 décembre 1985 prévoit que la procédure de liquidation se déroulera devant le tribunal qui l'a prononcée.

Le prononcé de la mesure par la juridiction répressive est impossible[5].

921.35 Compétence pour le prononcé des responsabilités et des sanctions pécuniaires – Règles spéciales à l'État et aux collectivités territoriales[6]. Des difficultés particulières se présentent si le dirigeant est l'État ou une collectivité locale. Une évolution doit ici être retracée.

Le Tribunal des conflits a d'abord accepté que la compétence des juridictions judiciaires soit reconnue en présence d'une commune, mais celle-ci était, en l'occurrence, dirigeant de droit[7].

Puis, le Tribunal des conflits a décidé que l'action en comblement de passif est de la compétence des juridictions de l'ordre judiciaire si l'État est dirigeant de droit, de la compétence des juridictions administratives, si l'État est dirigeant de fait[8].

Dans un troisième temps, le Tribunal des conflits, statuant à propos de collectivités publiques, a décidé que la compétence des juridictions administratives doit être affirmée lorsque sont en cause des dommages imputables à l'exercice du service public administratif, ce qui est assurément le cas lorsqu'une mission d'intérêt général à caractère administratif est en jeu, et cela même en présence d'une collectivité dirigeant de droit[9]. L'objet statutaire de la personne morale ne prévaudra pas sur l'objet réel, seul pris en compte[10]. La Cour de cassation, dans une espèce, n'a toutefois pas suivi ce critère, affirmant la compétence des juridictions de l'ordre judiciaire, au motif que la faute commise par la collectivité locale dans la gestion de la société mettait en cause des rapports de droit privé[11], alors pourtant qu'il s'agissait en l'espèce d'une société d'économie mixte ayant pour objet l'aménagement urbain, ce qui permettait d'accréditer l'idée que l'on était ici en présence d'un service public à caractère administratif.

La compétence appartient aux juridictions de l'ordre judiciaire en présence d'une action dirigée contre le dirigeant, personne morale de droit public, d'un établissement public à caractère industriel et commercial, dès lors que celui-ci n'accomplit pas une mission de service public[12]. La solution est identique si la responsabilité recherchée est celle d'une commune, en raison de la gestion de son maire dans une société d'économie mixte, par application de l'article L. 1524-5 du code des collectivités

1. Com. 14 mars 2000, n° 97-12.684, *Bull. civ.* IV, n° 61; *Dr. sociétés* 2000, n° 89, obs. Chaput; *RTD com.* 2000. 468, obs. Vallens; *Bull. Joly* 2000, n° 132, note Menjucq; *Rev. proc. coll.* 2003, p. 165, n° 8, obs. Martin-Serf.
2. Com. 26 juin 2001, n° 98-17.823, *Bull. civ.* IV, n° 126; *D.* 2001. AJ 2593, obs. Lienhard; *Act. proc. coll.* 2001, n° 184; *RTD com.* 2001. 777, obs. Vallens; *D.* 2002. Somm. 82, obs. Sortais; Somm. 1481, obs. Honorat; *RJDA* 2001/11, n° 1009; *Rev. proc. coll.* 2003, p. 161, n° 1, obs. Martin-Serf.
3. Paris, 3e ch. C, 6 nov. 2001, *RJDA* 2002/3, n° 289, p. 243.
4. ILLUSTR. : Com. 26 mai 1998, n° 95-13.529, *Bull. civ.* IV, n° 167; *Act. proc. coll.* 1998, n° 56; *RJDA* 1998/10, p. 849, n° 1143.
5. Crim. 5 août 1998, n° 97-84.431, NP, *Rev. sociétés* 1999. 175, note Bouloc.
6. SUR LA QUESTION : Governatori, « Le droit administratif à l'épreuve des procédures collectives », *Gaz. proc. coll.* 2009/4, 1re partie, nos 303, 304, p. 9 s., sp. p. 20 s.
7. T. confl. 2 juill. 1984, n° 02343, *Lebon*, 449; *JCP* 1984. II. 20306, concl. Labetoulle et obs. Alfandari.
8. T. confl. 23 janv. 1989, n° 02561, *Lebon*, 291; *D.* 1989. 367, concl. Flipo, note Derrida et Amselek; *JCP E* 1989. II. 15599, n° 22, obs. Pétel; *JCP* 1990. II. 21397, note Alfandari.
9. T. confl. 15 nov. 1999, n° 99-03.153, *Bull. T. confl.* n° 35; *Lebon*, 479; *D.* 2000. AJ 11, obs. Lienhard; *JCP E* 2000. Chron. 755, n° 16, obs. Pétel; *Rev. proc. coll.* 2000, 135, n° 3, obs. Martin-Serf; *LPA* 17 avr. 2000, note Courtier; *Bull. Joly* 2000, n° 160; *AJDA* 1999. 992, Chron. Guyomar et Fombeur.
10. AINSI : Paris, 3e ch. A, 2 mars 2004, RG n° 02/11147.
11. Com. 8 janv. 2002, n° 98-17.439, *Bull. civ.* IV, n° 7; *Rev. sociétés* 2003. 308, note Lucas.
12. Com. 6 févr. 2001, n° 98-15.129, *Bull. civ.* IV, n° 33; *Act. proc. coll.* 2001, n° 83; *Bull. Joly* 2001, n° 150, p. 593, note Barbièri; RJDA 2001/10, n° 101; Rev. proc. coll. 2001, p. 267, n° 7, obs. Martin-Serf – Civ. 1re, 11 févr. 2003, n° 00-12.857, *Bull. civ.* I, n° 44; *Bull. Joly* 2003, n° 112, p. 557, note Pézard.

territoriales[1], ou en raison de la gestion d'un syndicat intercommunal dans le même type de société[2]. C'est ainsi que la compétence des juridictions judiciaires avait été reconnue pour un maire poursuivi en qualité de dirigeant de fait d'une association non investie de prérogatives de puissance publique[3], par exemple une association sportive. Mais il était possible de faire état d'une solution contraire[4].

On a vu ensuite affirmer que si la responsabilité d'une collectivité locale est recherchée dans la gestion d'une association, le caractère industriel ou commercial de l'association permet de déterminer l'ordre de compétence. La compétence appartient aux juridictions administratives si les ressources de l'association proviennent pour l'essentiel de subventions, puisque tout caractère industriel ou commercial est alors exclu[5]. C'est ainsi qu'a pu être considéré comme dirigeant de fait un département dans la gestion d'un comité d'expansion départemental[6]. Au contraire, la compétence de l'ordre judiciaire s'impose si l'association a des ressources provenant de son activité propre.

Dans une dernière phase, le Tribunal des Conflits a, suivant en cela l'avis du Commissaire du gouvernement[7], entendu simplifier. Si le principe est celui de la compétence de la juridiction administrative pour rechercher la responsabilité de l'État, lorsqu'est en cause une mission de service public, en revanche, une telle action en responsabilité relève « de la compétence des tribunaux de l'ordre judiciaire lorsque la responsabilité de l'État ou de la personne morale est recherchée au titre d'une activité à caractère industriel ou commercial sans qu'il y ait lieu de distinguer si la collectivité publique concernée a agi en qualité de dirigeant de droit ou de fait »[8].

921.36 Information du tribunal – Instruction des mesures de responsabilités et de sanctions pécuniaires – rapport du juge commis. Aux termes de l'article L. 624-7 du code de commerce, « Pour l'application des dispositions des articles L. 624-3 à L. 624-5 [anc[t] L. 25 janv. 1985[9], art. 180 à 182], d'office ou à la demande de l'une des personnes mentionnées à l'article L. 624-6 [anc[t] L. 25 janv. 1985, art. 183], le tribunal peut charger le juge-commissaire ou, à défaut, un membre de la juridiction qu'il désigne d'obtenir, nonobstant toute disposition législative contraire, communication de tout document ou information sur la situation patrimoniale des dirigeants personnes physiques ou morales ainsi que des personnes physiques représentants permanents des dirigeants personnes morales mentionnées à l'article L. 624-2, de la part des administrations et organismes publics, des organismes de prévoyance et de sécurité sociales et des établissements de crédit ». Il a été relevé que l'expression « organismes de prévoyance et de sécurité sociales » pouvait laisser rêveur, puisqu'elle ne correspond à aucune catégorie juridique connue[10]. Pour lui donner un sens, il faut donc lire les « organismes assureurs gérant un régime de prévoyance ou de retraite complémentaire »[11].

Sous réserve des changements de référence qu'induit la rédaction nouvelle du texte issu de la loi du 26 juillet 2005[12] (C. com., art. L. 651-4, al. 1), les solutions antérieures restent inchangées sous une réserve : ce n'est plus le tribunal, mais son président qui charge le juge commis de la mission de recueillir des informations. Il s'est agi ici d'« alléger et accélérer des procédures qui exigent une organisation adaptée pour être pleinement efficaces »[13].

Faute de dispositions contraires, les dispositions des articles 493 et suivants du code de procédure civile relatives aux ordonnances doivent être respectées. Il en résulte que si la demande de désignation d'un juge commis émane du liquidateur ou de son avocat, elle ne peut être effectuée par télécopie, mais seulement par requête, à peine de nullité de cette décision[14].

1. T. confl. 14 févr. 2000, n° 00-03.113, *Bull. T. confl.* n° 1; *D.* 2000. AJ 205; *Rev. proc. coll.* 2000, 136, n° 3, obs. Martin-Serf – Com. 8 janv. 2002, n° 98-17.439, *Bull. civ.* IV, n° 7; *D.* 2002. AJ 570, obs. Lienhard; *Act. proc. coll.* 2002, n° 54; *Rev. sociétés* 2003. 308, note Lucas; *Rev. proc. coll.* 2003, p. 161, n° 2, obs. Martin-Serf; *Dr. sociétés* 2002, n° 71, note Vidal – Com. 7 mars 2006, n° 04-17.402, NP; n° 301 F-D; *Gaz. proc. coll.* 2006/3, p. 50, obs. Montéran.
2. Com. 26 oct. 1999, n° 97-14.432, n° 1630 P; *D.* 1999. AJ 80; *JCP E* 2000. Jur. 34, note Rémery; *LPA* 3 févr. 2000, n° 24, p. 13, note P. M.; *Act. proc. coll.* 1999, n° 246; *Rev. proc. coll.* 2000, 136, n° 3, obs. Martin-Serf.
3. Com. 14 mars 2000, n° 97-12.431, NP – Civ. 1re, 11 févr. 2003, n° 00-12.857, *Bull. civ.* I, n° 44; *Act. proc. coll.* 2003, n° 107, obs. Régnaut-Moutier; *Rev. proc. coll.* 2005/2, p. 150, n° 2, obs. Martin-Serf.
4. CAA Bordeaux, 2e ch., 11 mai 1998, *D.* 1999. Somm. 92, obs. Karaquillo; *Rev. proc. coll.* 2001, p. 267, n° 7, obs. Martin-Serf.
5. Civ. 1re, 7 juin 2006, n° 04-17.797, NP; n° 967 F-D.
6. CE 5 déc. 2005, req. n° 259748, *Lebon*; *JCP E* 2006. Pan. 1120; *Rev. proc. coll.* 2006/3, p. 289, n° 1, obs. Martin-Serf.
7. Chavaux, « Exercice de l'action en comblement de passif à l'encontre d'une collectivité publique », *RJDA* 2007/2, p. 119.
8. T. confl. 20 nov. 2006, n° 3570, *Dr. sociétés* 2007, n° 112, note Legros; *Defrénois* 2007. 884, n° 5, note Gibirila; *RJDA* 2007/2, p. 119, concl. Chavaux.
9. L. 85-98, 25 janv. 1985, préc.
10. Morvan, « Le droit social dans la réforme du droit des entreprises en difficulté », *JCP E* 2005. Étude 1511, n° 45.
11. Morvan, art. préc., n° 45.
12. L. n° 2005-845, 26 juill. 2005, préc.
13. Rapp. *Xavier de Roux*, n° 2095, p. 414, 415.
14. Reims, ch. civ., 1re sect., 22 oct. 2013, RG n° 12/03011, *JCP E* 2014. 1263, note Delattre.

Il ne faut pas confondre le juge-commissaire et le juge commis. Toutefois, rien n'interdit de désigner ainsi que le prévoit le code, le juge-commissaire aux fins d'information du tribunal.

L'ordonnance du 9 décembre 2010[1] ajoute au texte de l'article L. 651-4, alinéa 1 du code de commerce, des précisions pour en rendre possible l'application à l'EIRL. À cette fin, il est prévu que la recherche d'informations pourra porter sur les revenus et le patrimoine non affecté de l'entrepreneur individuel à responsabilité limitée. Il s'agit là de rendre effective la condamnation de l'EIRL, laquelle ne peut être exécutée que sur des biens du patrimoine non affecté.

Cette recherche d'informations via le président du tribunal est nécessairement antérieure à la condamnation et ne peut être effectuée après la condamnation pour permettre une exécution effective de cette condamnation[2]. Le président du tribunal excède ses pouvoirs s'il autorise la recherche de ces informations.

Dans la version antérieure au décret du 21 octobre 1994[3], il était simplement exigé par l'article 164, alinéa 3 du décret du 27 décembre 1985[4], que le juge-commissaire soit entendu en son rapport. Il en résultait que le rapport, qui pouvait être oral, n'avait pas à être tenu à disposition du dirigeant[5].

L'article 164 du décret du 27 décembre 1985, issu de la rédaction que lui a donnée le décret du 21 octobre 1994, précise que le juge désigné « peut se faire assister de toute personne de son choix dont les constatations sont consignées dans son rapport ». La solution est reprise par l'article R. 651-5 alinéa 1 du code de commerce, d'application immédiate aux procédures en cours au 1er janvier 2006 (v. aussi s^s n° 331.31). Le Trésor public n'aura pas à faire l'avance des frais inhérents à cette assistance technique si elle a été sollicitée par le liquidateur pour l'assister et non par le juge commis (v. s^s n° 472.31). La désignation de l'« expert » n'appartient pas au tribunal, mais au juge commis[6].

La lettre de ce texte fait clairement apparaître que la désignation de ce juge commis est facultative. Il en résulte qu'en l'absence d'utilisation de cette faculté, il n'y a pas nullité du jugement pour défaut d'établissement d'un rapport[7], ce qui sera en revanche le cas si un juge a été missionné[8], l'inverse ayant cependant aussi été jugé[9].

En l'absence de décision du tribunal chargeant le juge-commissaire d'établir un rapport, le juge-commissaire pourra valablement être entendu en ses observations orales[10]. Mais l'audition devra être contradictoire. Elle ne saurait, sans violer le principe de contradiction, être antérieure aux débats[11].

Le rapport peut valablement, sans contrarier la Convention européenne de sauvegarde des droits de l'homme, être établi par un des magistrats composant la juridiction de jugement[12]. Il pourra s'agir du juge-commissaire[13]. Il peut d'ailleurs être invoqué contre le dirigeant poursuivi la connaissance qu'il avait du fait que le rapport avait été établi par le juge-commissaire et qu'il lui appartenait de demander la récusation de ce dernier, sur le fondement de l'article 341, 5° du code de procédure civile[14]. Dès lors qu'il ne s'agit pas du rapport établi par le juge commis avec l'assistance d'un tiers, ce rapport n'a pas à être déposé au greffe pour être tenu à disposition du dirigeant concerné[15].

De façon générale, si le rapport est établi par un magistrat composant la juridiction, il devra être impartial, sous peine de nullité du jugement[16].

Le rapport peut également être établi dans le cadre d'un audit comptable par un expert-comptable[17].

1. Ord. n° 2010-1512, 9 déc. 2010, préc.
2. Versailles, 13e ch., 15 avr. 2010, RG n° 09/0638, *Act. proc. coll.* 2010, n° 170, note Delattre; *JCP E* 2010.743, note Legros; *Dr. sociétés* 2010, n° 188, note Legros.
3. D. n° 94-910, 21 oct. 1994, *JO* 22 oct., p. 15019.
4. *D. n° 85-1388,* 27 déc. 1985, préc.
5. Com. 11 févr. 2004, n° 02-11.872, NP.
6. Com. 15 mai 2001, n° 98-15.002, *Bull. civ.* IV, n°; *D.* 2001. AJ 2031, obs. Lienhard; *D.* 2002. Somm. 83, Derrida.
7. Com. 24 sept. 2003, n° 00-11.010, *Bull. civ.* IV, n° 143; *D.* 2003. AJ 2440, obs. Lienhard; *Act. proc. coll.* 2003, n° 235; *JCP E* 2003. Chron. 202, 230, n° 18, obs. Pétel; *Rev. proc. coll.* 2004, p. 270, n° 9, obs. Dumont; *RTD com.* 2004. 603, n° 8, obs. Mascala; *LXB* n° N9276AAS, note Le Corre – Com. 3 déc. 2003, n° 01-03.323, NP, *Rev. proc. coll.* 2006, p. 83, n° 16, obs. Barret – Com. 11 févr. 2004, n° 02-16.193, NP, *Rev. proc. coll.* 2006, p. 83, n° 16, obs. Barret – Com. 11 févr. 2004, n° 01-11.528, NP – Com. 11 févr. 2004, n° 02-15.551, NP – Com. 23 nov. 2004, n° 03-14.493, NP – Com. 28 oct. 2008, n° 07-16.379, NP; n° 1104 FS-D; *Gaz. proc. coll.* 2009/1, p. 56, note Montéran; *Dr. et patr.* sept. 2009, n° 184, p. 115, note Saint-Alary-Houin – Paris, 3e ch. B, 5 sept. 2003, RG n° 02/17872 – Paris, 3e ch. A, 30 sept. 2003, RG n° 02/20198 – Paris, 3e ch. A, 23 mai 2006, RG n° 04/04151 – Paris, 3e ch. B, 15 nov. 2007, RG n° 05/19850, *Rev. proc. coll.* 2008, p. 71, n° 88, note Martin-Serf.
8. Pau, 2e ch., 1re sect., 18 déc. 1997, *Rev. proc. coll.* 2000, 66, n° 1, obs. Bach.
9. Angers, ch. com., 8 janv. 2001, *BICC* 15 mai 2001, n° 547.
10. Com. 3 déc. 2003, n° 01-03.323, NP.
11. Paris, 3e ch. B, 21 mars 2003, RG n° 02/10784.
12. Versailles, 13e ch., 18 nov. 1999, *RJDA* 2000, n° 198, p. 173; *D.* 2000. AJ 49.
13. Com. 28 sept. 2004, n° 03-11.610, NP – Amiens, ch. éco., 30 sept. 2004, RG n° 02/03779.
14. Com. 28 sept. 2004, n° 03-11.610, NP.
15. Aix-en-Provence, 8e ch. A, 2 juin 2004, *Rev. proc. coll.* 2006/1, p. 83, n° 16, obs. Barret et Barret.
16. Versailles, 13e ch., 18 nov. 1999, *RJDA* 2000, n° 198, p. 173; *D.* 2000. AJ 49.
17. Com. 30 oct. 2000, n° 98-12.349, NP, *RJDA* 2001/2, n° 209 – Paris, 19 mars 1993, *Rev. proc. coll.* 1994. I. Somm. 225 – Aix-en-Provence, 8e ch. A, 3 sept. 1998, *Rev. proc. coll.* 1999, 32, n° 2, obs. Bach.

Le rapport peut s'appuyer sur des informations recueillies dans le cadre d'une instance pénale en cours[1].

Au sens procédural du terme, le document qui sera remis au juge par la personne qu'il aura désignée pour lui apporter les renseignements sur le dirigeant dont la responsabilité est recherchée, ne constituera pas une expertise, mais une mesure d'information du tribunal. Il en résulte d'abord que ce rapport n'est pas destiné à informer les dirigeants dont la responsabilité est recherchée sur les circonstances de la procédure en cours[2]. Il en résulte ensuite que les règles de droit commun d'établissement d'une expertise ne s'appliquent pas pour l'établissement du rapport[3], spécialement la règle du contradictoire[4].

Une véritable demande d'expertise peut toutefois émaner d'un mandataire de justice n'ayant pas à son dossier d'éléments suffisants. Ce mandataire devra évidemment avoir qualité à agir, ce qui conduit à interdire la présentation d'une telle demande à l'administrateur judiciaire et au commissaire à l'exécution du plan, sous l'empire de la loi de sauvegarde des entreprises[5]. La demande sera alors présentée avant que le mandataire n'engage l'action[6]. Mais il ne peut être question de suppléer complètement la carence du mandataire dans l'administration de la preuve. L'expert ne sera donc nommé que si des diligences suffisantes ont été effectuées par la mandataire de justice[7]. L'expert devra évidemment être impartial. Il a toutefois été jugé que, dès lors que le dirigeant recherché en responsabilité a négligé, avant la clôture des débats, de demander la récusation de l'expert, renonce à s'en prévaloir devant la Cour de cassation[8]. Il était admis que cette demande d'expertise *in futurum* pouvait être fondée sur l'article 145 du code de procédure civile. La solution semble abandonnée. La Cour de cassation juge en effet que le juge des référés est incompétent au profit du juge-commissaire s'il s'agit de désigner un technicien sur le fondement de l'article L. 621-9, alinéa 2 du code de commerce, le tribunal étant pour sa part compétent, en vertu de l'article L. 621-4 du même code s'il s'agit de procéder à la désignation d'un expert (v. s[s] n° 331.31).

Il a été jugé qu'il y avait excès de pouvoir pour un juge-commissaire à rendre une ordonnance sur requête, sans débat contradictoire devant lui, pour effectuer des recherches aux fins d'envisager s'il y avait lieu d'engager la responsabilité de sociétés, tiers à la procédure collective[9].

En cas d'établissement d'un rapport, l'alinéa 1 de l'article 164 du décret du 27 décembre 1985 prévoit que le rapport est déposé au greffe où, selon l'article 164 alinéa 2, le dirigeant peut en prendre connaissance, avant son audition en chambre du conseil[10]. L'article R. 651-5, alinéa 1 du code de commerce reproduit la solution, sous réserve de la suppression de la comparution en chambre du conseil. L'alinéa 2 de l'article 318 du décret du 28 décembre 2005 indiquait que le greffier devait aviser le ou les dirigeants qu'ils pouvaient prendre connaissance du rapport avant leur audition, sans enfermer cet avertissement dans un délai. Ce texte a été modifié par l'article 69 du décret du 23 décembre 2006[11]. Il est désormais prévu, d'une manière plus précise, que le greffier doit avertir le ou les dirigeants, au moins un mois avant la date d'audience, qu'ils peuvent prendre connaissance du rapport (C. com., art. R. 651-5, al. 1).

De ce dépôt obligatoire au greffe, et de ces communications, il résulte que ce rapport devra nécessairement être écrit[12].

Pour respecter le principe du contradictoire, il devra être régulièrement versé aux débats[13]. Toutes

1. Paris, 3e ch. C, 30 juin 2000, *JCP E* 2000. Pan. 1738.
2. Com. 20 sept. 2005, n° 03-20.481, NP.
3. Paris, 3e ch. B, 31 oct. 2003, RG n° 03/00218.
4. Com. 25 nov. 1997, n° 95-17.631, NP et Com. 3 mars 1998, n° 96-13.089, NP, *Rev. proc. coll.* 1998, 518, n° 10, obs. Bach – Com. 11 mai 1999, n° 96-18.896, *Bull. civ.* IV, n° 97; *RJ com.* 1999. 410, n° 1541, note Saintourens; *LPA* 1[er] juin 1999, n° 108, p. 6, note P. M.; *JCP E* 1999. Jur. 1878, note Courtier – Com. 30 oct. 2000, n° 98-12.349, NP, *D.* 2000. AJ 438; *RJDA* 2001/2, n° 209 – Com. 25 juin 2002, n° 99-18.643, NP, *Act. proc. coll.* 2002, n° 200 – Com. 7 janv. 2003, n° 99-12.237, NP; n° 3 F-D; NP – Com. 29 avr. 2003, n°s 00-18.033, 00-18.326, NP – Com. 8 oct. 2003, n° 01-00.667, NP, *Act. proc. coll.* 2003, n° 251 – Com. 11 févr. 2004, n° 02-15.551, NP – Com. 6 oct. 2009, n° 06-15.141, NP; n° 860 F-D; *Bull. Joly* 2010. 249, note Rubellin; *Rev. proc. coll.* 2010, n° 114, note Martin-Serf.
5. Com. 5 févr. 2008, n° 07-10.004, *Bull. civ.* IV, n° 28; *D.* 2008. AJ 543, note Lienhard; Chron. 1231, note Bélaval; *JCP E* 2008. 1432, n° 15, obs. Pétel; *Act. proc. coll.* 2008, n° 84, note Lebel; *Dr. sociétés* 2008, n° 97, note Legros; *Procédures* 2008, n° 117, note Rolland; *Rev. proc. coll.* 2008, n° 86, note Martin-Serf; *Rev. proc. coll.* 2009, n° 8, note Fraimout.
6. IFPPC, recomm. n° 6200-2, p. 190.
7. Paris, 14e ch. B, 7 nov. 2003, RG n° 03/04608.
8. Civ. 2e, 4 juin 2009, n° 08-11.163, *Bull. civ.* I, n° 140; *D.* 2009. Chron. 2071, obs. Sommer; *Gaz. proc. coll.* 2009/4, 2e partie, p. 14, note Fricero; *Gaz. proc. coll.* 2009/4, 2e partie, n°s 305 à 307, p. 44, n° 1, note Montéran; *JCP E* 2009, n° 2001, note Algadi-Aziber; *Rev. proc. coll.* 2010, n° 114, note Martin-Serf.
9. Paris, 3e ch. B, 11 oct. 2007, RG n° 06/19975.
10. Com. 28 janv. 2004, n° 02-16 774, NP : rejetant la demande de nullité du fait de la nouveauté du moyen et non de son caractère inopérant.
11. D. n° 2006-1709, 23 déc. 2006, préc.
12. Versailles, 13e ch., 30 sept. 1999, *RJDA* 2000, n° 75, p. 66.
13. Com. 9 juill. 1996, n° 94-18.556, NP, *Rev. proc. coll.* 1996, 325, obs. Soinne – Com. 8 juin 1999, n° 95-14.723, *Bull. civ.* IV, n° 120 – Com. 30 oct. 2000, n° 98-12.671, *Bull. civ.* IV, n° 172; *D.* 2000. AJ 438; *RJDA* 2001/2, n° 209 – Com. 14 nov. 2000, n° 98-11.607, NP, *Rev. proc. coll.* 2001, p. 275, n° 6, obs. Barret – Com. 7 janv. 2003, n° 99-12.237, NP; n° 3 F-D.

les pièces ayant servi à l'établissement du rapport et communiquées à l'auteur du rapport devront également être versées aux débats[1]. La faculté de consulter le rapport au greffe ne dispense pas le greffier de le communiquer, si le dirigeant en fait la demande[2]. La non-communication du rapport au dirigeant, qui en avait pourtant fait la demande, méconnaît l'article 6 § 1 de la Conv. EDH. Le droit au procès équitable n'est pas respecté, car il n'y a pas égalité des armes, le dirigeant recherché en responsabilité se trouvant désavantagé d'une manière appréciable, par rapport à la partie adverse, alors que la pièce présentée au juge est susceptible d'influencer sa décision[3]. En revanche, faute pour le dirigeant ayant eu connaissance du rapport d'en avoir demandé la communication, il n'y a pas atteinte au droit de la défense et au principe d'égalité des armes[4].

L'article 113 du décret du 30 juin 2014 modifie sur plusieurs points le texte de l'article R. 651-5, alinéa 1 du code. La modification essentielle tient au fait que, désormais, l'intéressé n'est plus informé d'avoir à prendre connaissance du rapport. Ce dernier lui est communiqué au moins un mois avant la date d'audience par le greffier, par lettre recommandée avec demande d'avis de réception. Gageons qu'il y aura là un nouveau moyen intéressant à soulever pour les personnes poursuivies en sanction pécuniaire. Ensuite, le texte tient compte de son application à l'EIRL. En conséquence, cette communication est faite non seulement au dirigeart mis en cause, mais également à l'EIRL.

Ce rapport sera communiqué, sou l'empire de la législation antérieure à la loi de sauvegarde des entreprises, au procureur de la République (D. 27 déc. 1985, art. 164, al. 1), sous l'empire dela loi de sauvegarde des entreprises, au ministère pulic (C. com., art. R. 651-5, al. 1), cette disposition étant applicable aux procédures en cours lors de l'entrée en vigueur du décret (D. 28 déc. 2005, art. 361, 5°).

Le tribunal statuera sur le rapport du juge commis après avoir entendu ou dûment appelé les contrôleurs (C. com., art. R. 651-5, al. 2 [anc^t D. 28 déc. 2005, art. 318, al. 2] – ancien al. 3, réd. ant. D. 23 déc. 2006).

1. Civ. 2e, 9 nov. 2006, n° 05-14.456, NP; n° 1816 FS-D; *Gaz. proc. coll.* 2007/1, p. 48, note Montéran.
2. Com. 10 janv. 2012, n° 10-24.426, *Bull. civ.* IV, n° 3; *D.* 2012. Actu. 216, obs. Lienhard; *Gaz. Pal.* 28 avr. 2012, n° 118, p. 44, note Montéran; *Act. proc. coll.* 2012, n° 35, note Delattre; *JCP E* 2012. Chron. 1227, n° 12, obs. Pétel; *BJE* 2012. 174, note Favario; *Dr. sociétés* 2012, n° 107, note Legros; *Rev. proc. coll.* 2012, n°212, note Martin-Serf.
3. *Com. 10 janv. 2012, n° 10-24.426, préc.* (v. s^s prés^t n°).
4. Com. 13 mai 2014, n° 13-12.355, NP; n° 472 F-D; *Gaz. Pal.* 5 oct. 2014, p. 44, note Montéran; *Dr. sociétés* 2015, comm. 95, note Legros.

> **Rapport du juge-commissaire.** L'article 73 du décret du 23 décembre 2006, qui modifie l'article 348 du décret du 28 décembre 2005 (devenu C. com., art. R. 662-12), prévoit explicitement que le tribunal statuera également sur le rapport du juge-commissaire pour les actions en responsabilité pour insuffisance ou en obligation aux dettes sociales. Il importe, en conséquence, de ne pas confondre le rapport du juge-commissaire et celui du juge commis[5].

Le rapport du juge-commissaire, contrairement au rapport du juge commis, est obligatoire et pourra n'être qu'oral[6]. Mais, si le rapport du juge-commissaire ne figure pas au dossier et que le juge-commissaire ne figure pas parmi les personnes présentes à l'audience, il y place à annulation du jugement, faute de rapport[7]. La cour d'appel ne peut toutefois, sans méconnaître l'objet du litige à elle soumis, annuler le jugement des premiers juges pour défaut de rapport du juge-commissaire, alors que le dirigeant demande l'annulation du jugement pour absence de désignation d'un juge commis et absence d'établissement d'un rapport de ce juge commis[8].

Le rapport ne s'impose qu'en première instance. Il a été jugé, d'une manière surprenante, qu'il y avait place à nullité du jugement sans effet dévolutif, puisque la nullité affectait la saisine du tribunal[9]. Au contraire, la jurisprudence dominante estime justement que si la cour d'appel annule le jugement qui lui est déféré, du fait de l'absence de rapport, ou du fait que le jugement reprend presque intégralement le rapport établi[10], l'effet dévolutif autorise la cour d'appel à statuer à nouveau, l'irrégularité n'affectant pas l'acte introductif d'instance et ne faisant donc pas obstacle à l'effet dévolutif de l'appel[11]. En ce cas, l'établissement d'un rapport en cause d'appel n'est pas exigé[12] et l'établissement du rapportn'affecte pas *stricto sensu* la saisine du tribunal, mas seulement son information. Cette solution n'emporte pas violation des articles 2 et 17 de

5. Delattre, « Les rapports du juge-commissaire en matière de sanction », *Rev. proc. coll.* 2011. Étude 16.
6. Modat, « Le nouveau droit des sanctions commerciales issu de la loi du 26 juillet 2005 », *RLDA* juill. 2007, n° 18, p. 75 s., sp. p. 77.
7. Paris, pôle 5, 9e ch., 5 nov. 2009, *Rev. proc. coll.* 2011, n° 18, note Martin-Serf.
8. Com. 1er févr. 2011, n° 10-30.228, NP; n° 69 F-D; *Rev. proc. coll.* 2012, n° 101, note Martin-Serf.
9. Paris, pôle 5, 9e ch., 5 nov. 2009, *Rev. proc. coll.* 2011, n° 18, note Martin-Serf.
10. AINSI : Amiens, ch. éco., 30 sept. 2004, RG n° 02/03779.
11. Versailles, 13e ch., 12 janv. 2012, RG n° 11/02751, *Dr. sociétés* 2013, n° 52, note Legros; et SUR POURVOI : Com. 22 mai 2013, n° 12-18.823, NP; n° 509 F-D.
12. Com. 3 déc. 2003, n° 01-02.222, NP – Com. 3 déc. 2003, n° 01-03.323, NP – Paris, 3e ch. A, 30 sept. 2003, RG n° 02/20198.

la Déclaration des droits de l'homme et du citoyen de 1789, ni celle de l'article 1er du protocole additionnel à la convention européenne des droits de l'homme, ou encore celle de l'article 544 du code civil[1].

Ajoutons que l'article R. 651-5 du code de commerce n'a pas été modifié par le décret du 12 février 2009[2].

Indiquons pour terminer que l'information du tribunal peut résulter de rapports établis par les organes de la procédure. Le rapport du conciliateur, du fait de la confidentialité attachée à la procédure de conciliation, ne peut toutefois être utilisé pour obtenir la condamnation d'un dirigeant en responsabilité pour insuffisance d'actif[3]. La solution serait la même pour le rapport du mandataire *ad hoc*. Mais si le liquidateur se fonde sur le rapport de l'administrateur judiciaire, lequel reprend le rapport du conciliateur, il n'y a plus place à nullité de l'assignation[4], ce qui peut être discuté.

921.37 Audition aux fins de prononcé des responsabilités et sanctions pécuniaires. Chaque dirigeant doit personnellement répondre des fautes qui lui sont reprochées. Les dirigeants doivent être convoqués individuellement. Il n'y a donc pas violation du principe de contradiction lorsque les dirigeants ne sont pas présents à l'audience intéressant l'un d'eux[5].

Commençons par indiquer que la saisine du tribunal intervient, dans tous les cas, par acte d'huissier de justice, et ce à peine de nullité[6]. Il faut toutefois réserver le cas de la Nouvelle-Calédonie, les demandes en sanctions pécuniaires devant, sur ce territoire, intervenir par voie de requête (D. 7 avr. 1928, art. 74, al. 2 et 76)[7].

> SOUS L'EMPIRE DE LA LÉGISLATION ANTÉRIEURE À LA LOI DE SAUVEGARDE DES ENTREPRISES[8], en application de l'article 164 alinéa 2 du décret du 27 décembre 1985[9], l'acte introductif de l'instance contre le dirigeant doit prévoir son audition en chambre du conseil et l'obligation pour ce dernier de s'y présenter personnellement.

L'audition du dirigeant doit être personnelle. Le dirigeant ne peut se faire représenter par avocat. Ne répond pas aux exigences de l'article 164 du décret du 27 décembre 1985, la convocation du dirigeant aux fins de comparution personnelle, dès lors qu'il est mentionné dans l'assignation la faculté de se faire représenter par avocat[10]. De même, la mention claire et non équivoque de la convocation des dirigeants n'existe pas si l'assignation litigieuse invite à comparaître à l'audience et par devant les juges composant le tribunal, qu'elle comporte la mention que les parties se défendent elles-mêmes ou qu'elles ont la faculté de se faire assister ou représenter par un avocat, tout en soulignant que lors de l'audition en chambre du conseil, les parties doivent comparaître en personne et qu'elles ont la faculté de se faire assister par toute personne de leur choix[11].

Cette obligation s'impose, alors même qu'il n'a pas été fait usage de la faculté de désigner un juge aux fins d'établir un rapport sur la responsabilité pécuniaire du dirigeant[12].

Si le dirigeant n'est pas auditionné, alors qu'il a été régulièrement convoqué, pour le motif qu'il n'a jamais déféré aux convocations, il ne peut être tiré argument du défaut de comparution personnelle[13].

La Cour de cassation a évolué sur la sanction du non-respect de cette obligation. Trois phases peuvent être distinguées.

Dans un premier temps, il avait été jugé que l'irrégularité de la convocation du dirigeant en chambre du conseil contenant la possibilité de représentation par avocat n'entraînait pas la nullité de la procédure[14]. Il y avait application des nullités pour vice de forme, ce qui supposait la démonstration d'un grief.

La solution a été abandonnée et la Cour de cassation a, dans un deuxième temps, affirmé que la convocation par acte d'huissier de justice du dirigeant en vue de son audition personnelle constituait une formalité substantielle dont le non-respect entraînait la nullité du jugement. Dans trois décisions, la

1. Com. 22 mai 2013, n° 12-18.823, NP; n° 509 F-D; *Dr. sociétés* 2013, comm. 145, note Legros.
2. D. n° 2009-160, 12 févr. 2009, préc.
3. T. com. Nanterre 19 mars 2009, RG n° 2008L04572, *Rev. proc. coll.* 2012, n° 179, note Delattre.
4. *Com. 27 sept. 2011, n° 10-20.308, NP Rev. proc. coll.* 2012, n° 179, note Delattre.
5. Paris, 3e ch. B, 22 oct. 2004, RG n° 03/16748.
6. Com. 6 juin 1995, n° 91-21.173, *Bull. civ.* IV, n° 168; *Quot. Jur.* 3 août 1995, p. 4, note P. M. – Com. 30 mars 1999, n° 95-17.709, n° 95-17.718, NP – *Adde*, IFPPC, recomm. n° 6200-4, p. 190.
7. Com. 8 juill. 2008, n° 07-10.548, NP; n° 799 F-D.
8. L. n° 2005-845, 26 juill. 2005, préc.
9. D. n° 85-1388, 27 déc. 1985, préc.
10. Com. 28 oct. 2008, n° 07-13.133, *Bull. civ.* IV, n° 182; *D.* 2008. AJ 2865, note Lienhard; *Gaz. proc. coll.* 2009/1, p. 56, note Montéran; *Act. proc. coll.* 2008, n° 305, note Vallansan; *JCP E* 2009, n° 1141, note Legros; *Dr. sociétés* 2009, n° 38, note Legros; *Bull. Joly* 2009; 273, note Rolland; *Rev. proc. coll.* 2009. Étude 95, obs. Martin-Serf; *Dr. et patr.* sept. 2009. 115, note Saint-Alary-Houin; *Procédures* 2009, n° 55, note Croze.
11. Com. 10 mars 2015, n° 09-12.473, NP; n° 258 F-D.
12. Com. 28 oct. 2008, n° 07-16.379, NP; n° 1104 FS-D; *Gaz. proc. coll.* 2009/1, p. 56, note Montéran; *Act. proc. coll.* 2008, n° 305, note Vallansan; *Dr. sociétés* 2009, n° 38, note Legros; *Rev. proc. coll.* 2009, n° 95, note Martin-Serf; *Dr. et patr.* sept. 2009. 115, note Saint-Alary-Houin.
13. Com. 10 févr. 2015, n° 1[illegible]-20.231, NP; n° 134 F-D.
14. Com. 19 févr. 2002, n° [illegible]9-15.359, *Bull. civ.* IV, n° 38; *D.* 2002. AJ 1485, obs. Lienhard.

question de la nécessité d'un grief n'avait pas été invoquée, une première fois en matière de faillite personnelle [1], une deuxième dans le domaine de l'action en comblement de passif [2] et une troisième fois en matière de redressement judiciaire personnel à titre de sanction [3]. Puis, dans le domaine de l'action en comblement de passif, la Cour de cassation a clairement affirmé que le non-respect de cette formalité substantielle entraînait la nullité du jugement indépendamment de tout grief [4] (pour l'effet dévolutif de l'appel, v. s^s^ n° 921.32). La solution a été suivie par les juridictions du fond, tant sous l'empire de la législation antérieure à la loi de sauvegarde des entreprises [5], que sous l'empire de la loi du 26 juillet 2005 [6]. Comme il a été relevé [7], il n'y a pas là un simple vice de forme, comme en cas de convocation dans un délai trop court, sanctionné seulement en cas de démonstration d'un grief, et devant être invoqué avant toute défense au fond [8], mais équivalence à une absence totale de la formalité. La Cour de cassation a toutefois écarté la demande de nullité du fait de la nouveauté du moyen [9]. Pour autant, comme cela a été souligné, la solution posée par la Cour de cassation n'était pas satisfaisante au regard des règles de la procédure civile, car l'article 114 du code de procédure civile dispose que les nullités substantielles ne peuvent être prononcées que si la preuve d'un grief est apportée [10].

Aussi, dans une troisième phase, la Cour de cassation décide-t-elle que la convocation du dirigeant pour être entendu personnellement par le tribunal est un préalable obligatoire aux débats. L'omission de cet acte constitue une fin de non-recevoir à la demande de condamnation du dirigeant [11] ou à l'ouverture contre lui d'une procédure à titre de sanction [12]. Peu importe, en conséquence, que les droits de la défense aient pu être respectés par le fait que le dirigeant ait personnellement comparu, dès lors qu'il n'a pas été convoqué à comparaître personnellement [13].

Il a été déduit de la solution appliquée par la Cour de cassation, que celle-ci avait considéré que le non-respect de l'obligation de convoquer le dirigeant aux fins de comparution personnelle en chambre du conseil constituait l'omission matérielle d'un acte substantiel, qui ne relève pas des dispositions de l'article 114 du code de procédure civile, mais de la fin de non-recevoir de l'article 122 du même code [14].

La fin de non-recevoir, contrairement à une nullité de forme, peut être invoquée en tout état de cause [15]. Toutefois, le dirigeant a été jugé irrecevable à présenter pour la première fois devant la Cour de cassation cette fin de non-recevoir, fût-elle d'ordre public, en ce qu'elle est mélangée de fait et de droit [16].

Cette fin de non-recevoir fait obstacle à toute condamnation et l'omission de cette formalité entache le jugement de nullité, faisant obstacle à l'effet dévolutif de l'appel, dès lors que le dirigeant, recherché en responsabilité, ne conclut au fond qu'à titre subsidiaire. La solution, valable sous l'empire de la

1. Com. 28 janv. 2004, n° 01-02.870, NP.
2. Com. 24 mai 2005, n° 04-12.552, NP.
3. Com. 21 mars 2006, n° 04-17.910, NP; n° 38 F-D; *Gaz. proc. coll.* 2006/3, p. 48, obs. Montéran.
4. Com. 4 oct. 2005, n° 02-15.633, NP; n° 1273 F-D; *Gaz. proc. coll.* 2006/1, p. 45, obs. Montéran.
5. Aix-en-Provence, 8e ch. A, 16 mars 2006, *Rev. proc. coll.* 2007/4, p. 235, n° 3, obs. Martin-Serf – Paris, 3e ch. A, 23 mai 2006, RG n° 04/04151 – Paris, 3e ch. A, 5 sept. 2006, RG n° 05/14236, *JCP E* 2006, n° 2560; *Rev. proc. coll.* 2007/4, p. 235, n° 3, obs. Martin-Serf – Paris, 3^e^ ch. B, 5 avr. 2007, RG n° 06/10421, *Act. proc. coll.* 2007, n° 182, note Cagnoli.
6. Paris, 3e ch. A, 5 sept. 2006, RG n° 05/24534, *JCP E* 2006, n° 2560; *Rev. proc. coll.* 2007, n° 6, obs. Barret.
7. Lienhard, note s^s^ Com. 28 oct. 2008, n° 07-13.133, *D.* 2008; AJ 2865.
8. Com. 27 mai 2008, n° 06-20.762, NP, *Dr. sociétés* 2008, n° 204, note Legros.
9. Com. 28 janv. 2004, n° 02-16.774, NP.
10. Vallansan, note s^s^ Com. 28 oct. 2008, n° 07-13.133, *Act. proc. coll.* 2008, n° 305.
11. Com. 28 oct. 2008, n° 07-13.133, préc. (v. s^s^ prés^t^ n°) – Com. 28 oct. 2008, n° 07-16.379, NP; n° 1104 FS-D; *Act. proc. coll.* 2008, n° 305, note Vallansan; *Bull. Joly* 2009. 273, note Rolland; *Dr. sociétés* 2009, n° 38, note Legros; *Rev. proc. coll.* 2009. Étude 95, note Martin-Serf; *Dr. et patr.* sept. 2009. 115, note Saint-Alary-Houin – Com. 17 févr. 2009, n° 07-17.711, NP; n° 151 F-D; *Rev. proc. coll.* 2009. Étude 95, note Martin-Serf – Com. 17 févr. 2009, n° 07-21.238, NP; n° 158 F-D; *Dr. sociétés* 2009, n° 125, note Legros; *LPA* 7 juill. 2009, n° 134, p. 16, note Sortais; *LXB hebdo* 19 mars 2009, n° 342, n° N8944BI4, note Le Corre – Com. 10 mars 2009, n° 07-20.632, *Bull. civ.* IV, n° 34; *Gaz. proc. coll.* 2009/3, p. 51, note Montéran; *Rev. proc. coll.* 2009. Étude 95, note Martin-Serf; *Dr. sociétés* 2009, n° 144, note Legros; *Procédures* 2009, n° 158, note Rolland – Com. 12 mai 2009, n° 08-10.278, NP; n° 455 F-D – Com. 2 mars 2010, n°s 09-12.000, 09-12.221, NP; n° 250 F-D; *Gaz. Pal. entr. diff.* 2-3 juill. 2010, n°s 183, 184, p. 42, note Montéran – Com. 15 juin 2011, n° 10-17.023, NP; n° 612 F-D – Com. 28 juin 2011, n° 10-30.726, NP; n° 683 F-D – Com. 10 juill. 2012, n° 11-19.470, NP; n° 824 F-D – Com. 3 mai 2016, n° 14-11.798, NP; n° 397 F-D.
12. Com. 17 févr. 2009, n° 07-20.061, NP; n° 150 F-D; *Dr. sociétés* 2009, n° 125, note Legros; *LPA* 7 juill. 2009, n° 134, p. 16, note Sortais.
13. Com. 17 févr. 2009, n° 07-21.238, NP; n° 158 F-D; *Dr. sociétés* 2009, n° 125, note Legros; *LPA* 7 juill. 2009, n° 134, p. 16, note Sortais; *LXB hebdo* n° 342, 19 mars 2009, n° N8944BI4, note Le Corre – Com. 10 juill. 2012, n° 11-19.470, NP; n° 824 F-D.
14. Montéran, note s^s^ divers arrêts, *Gaz. proc. coll.* 2009/1, p. 57.
15. Com. 12 mai 2009, n° 08-10.278, NP; n° 455 F-D.
16. Com. 10 mars 2009, n° 07-20.632, Bull. civ. IV, n° 34; *Gaz. proc.* coll. 2009/3, p. 51, note Montéran; *Rev. proc. coll.* 2009. Étude 95, note Martin-Serf; *Dr. sociétés* 2009, n° 144, note Legros; *Procédures* 2009, n° 158, note Rolland – Com. 9 févr. 2010, n° 09-13.485, NP; n° 176 F-D.

législation antérieure à la loi de sauvegarde des entreprises, a été posée sous l'empire de la loi de sauvegarde avant l'ordonnance du 18 décembre 2008[1] et son décret d'application du 12 février 2009[2].

La convocation du dirigeant aux fins d'être personnellement entendu en chambre du conseil ne doit pas nécessairement être faite dans l'acte introductif d'instance, cette convocation pouvant intervenir par acte séparé, mais nécessairement avant toute décision au fond[3]. Cette convocation à comparaître personnellement en chambre du conseil peut résulter d'un jeu de conclusions[4].

Il n'y a pas d'irrégularité lorsque l'assignation distingue exactement l'action en paiement des dettes sociales avec la mention selon laquelle le dirigeant peut se faire représenter devant le tribunal, de la convocation du dirigeant en vue de son audition en chambre du conseil avec l'indication qu'il n'a pas la faculté de se faire représenter[5].

Peu importe, dès lors que l'assignation initiale est intervenue avant prescription de l'action, que l'acte séparé soit en dehors du délai de l'action[6].

Dès lors que cette convocation par acte séparé mentionne l'obligation pour le dirigeant de comparaître personnellement en chambre du conseil, le fait que cet acte contienne par erreur, la possibilité pour l'intéressé de se faire représenter n'est qu'un vice de forme. Il appartient, en conséquence, au dirigeant de démontrer un grief, lequel n'existe pas si l'intéressé se présente en personne en chambre du conseil[7].

Il a en outre été jugé que, dès lors que l'assignation en comblement de passif est régulière, la convocation du débiteur à comparaître personnellement en chambre du conseil intervenue par acte subséquent, par voie de notification au lieu de l'être par acte d'huissier, ne constitue que l'irrégularité d'un acte de procédure pour vice de forme, laquelle ne peut entraîner sa nullité que si l'intéressé démontre l'existence d'un grief[8].

En revanche, bien que l'assignation soit initialement régulière, la convocation adressée dans le cadre de la reprise d'instance faisant suite à un sursis à statuer, qui ne mentionne pas l'obligation de comparution personnelle, est irrégulière, dès lors que le dirigeant n'avait pas été entendu lors de la première convocation[9].

En outre, si le dirigeant est cité à comparaître pour être entendu personnellement selon les modalités de l'article 659 du code de procédure civile, au lieu de se faire délivrer la signification à sa véritable adresse, le fait qu'il ait été convoqué par le greffe à la suite du renvoi de l'affaire pour être entendu personnellement ne constitue qu'un vice de forme, qui reste sans conséquence, faute de grief, dès lors que l'intéressé a comparu à l'audience à laquelle l'affaire a été retenue, a pu s'expliquer et faire valoir ses observations[10].

Le dirigeant retrouve la possibilité de se faire assister par un avocat, lorsque le tribunal statue sur le fond[11].

L'audition en chambre du conseil est une mesure de protection du dirigeant, lequel, ne peut, en conséquence, soutenir qu'il y a violation de l'article 6 § 1 de la Convention européenne des droits de l'homme, faute de débats publics. Elle ne s'impose que devant les premiers juges, non devant la cour d'appel[12]. Devant celle-ci, les débats sont publics. Le caractère écrit de la procédure suffit à assurer le respect du contradictoire.

Observons enfin que, avant que la Cour de cassation n'ait analysé en une fin de non-recevoir l'absence de convocation personnelle du dirigeant à comparaître, il avait pu être jugé que si l'appelant

1. Ord. n° 2008-1345, 18 déc. 2008, préc.
2. D. n° 2009-160, 12 févr. 2009, préc. – Com. 2 oct. 2012, n° 11-21.487, NP; n° 951 F-D.
3. Com. 25 févr. 2004, n° 02-15.304, NP, *RTD com.* 2004. 377, n° 7, obs. Vallens; 617, n° 19, obs. Vallens – Com. 17 févr. 2009, n° 07-17.711, NP; n° 151 F-D; *Gaz. proc. coll.* 2009/2, p. 46, n° 1, note Montéran; *Dr. sociétés* 2009, n° 125, note Legros; *Bull. Joly* 2009. 587, note Le Corre – Com. 1er févr. 2011, n° 09-13.689, NP; n° 84 F-D – Com. 1er févr. 2011, n° 09-13.690, NP; n° 85 F-D – Com. 28 juin 2011, n° 10-30.726, NP; n° 683 F-D.
4. Com. 12 juill. 2011, n° 09-16.529, NP; n° 835 F-D; *Dr. sociétés 2012, n° 52, note Legros.*
5. Com. 25 oct. 2011, n° 10-15.583, NP; n° 1024 F-D; *Dr. sociétés* 2012, n° 52, note Legros.
6. Com. 17 févr. 2009, n° 07-17.711, NP; n° 151 F-D; préc. (v. ss prést n°) – Com. 1er févr. 2011, n° 09-13.689, NP; n° 84 F-D – Com. 1er févr. 2011, n° 09-13.690, NP; n° 85 F-D – Com. 15 juin 2011, n° 10-17.023, NP; n° 612 F-D – Com. 12 juill. 2011, n° 09-72.406, NP, *Dr. sociétés* 2012, n° 52, note Legros.
7. Com. 30 juin 2009, n° 08-13.464, NP; n° 647 F-D.
8. Com. 24 avr. 2007, n° 06-10.273, *Bull. civ.* IV, n° 112; *D.* 2007. AJ 1267, note Lienhard; *Act. proc. coll.* 2007, n° 108, note Cagnoli; *Rev. proc. coll.* 27-31 mai 2007, p. 11, note Julien; *JCP E* 2 août 2007, 1981, p. 21, note Pétel-Teyssié; *Dr. sociétés* 2007, n° 156, note Legros; *Rev. proc. coll.* 2007/4, p. 235, n° 3, obs. Martin-Serf; *Bull. Joly* 2007. 1157, note Staes.
9. Com. 3 mai 2016, n° 14-11.798, NP; n° 397 F-D.
10. Com. 19 juin 2012, n° 10-16.890, *Bull. civ.* IV, n° 126; *D.* 2012. Actu 1671, note Lienhard; *Gaz. Pal. entr. diff.* 1[illegible] oct. 2012, [illegible] 286, p. 36, note Montéran; *Rev. sociétés* 2012. 533, n[illegible]e Roussel Galle; *Dr. sociétés* 2012, n° 169, note Legro[illegible] *Bull. Joly* 2012, n° 386, note Mouial Bassilana; *R[illegible] proc. coll.* 2012, n° 213, note Martin-Serf.
11. Com. 19 f[illegible] 2002, n° 99-15.359, *Bull. civ.* IV, n° 38; *D.* 2002. [illegible]1485, obs. Lienhard; *Act. proc. coll.* 2002, n° 133, o[illegible] Régnaut-Moutier; *Dr. sociétés* 2002, p. 13, obs. Leg[illegible]; *Rev. proc. coll.* 2003, p. 163, n° 3, obs. Martin-S[illegible]
12. Com. [illegible]ai 1995, n° 92-20.746, *Bull. civ.* IV, n° 133; *D.* 199[illegible]omm. 83, obs. Honorat – Com. 20 juin 2000, n° 97-[illegible]87, NP, *Act. proc. coll.* 2000, n° 197.

contestait à titre principal la sanction prononcée et ne soulevait qu'à titre subsidiaire la nullité de l'acte introductif d'instance, l'effet dévolutif autorisait la cour d'appel, qui avait annulé le jugement, à prononcer la mesure[1]. Cette solution avait été appliquée à un dirigeant social placé en redressement judiciaire à titre de sanction. Depuis que la Cour de cassation analyse cette absence de convocation régulière comme une fin de non-recevoir, la cour d'appel ne peut faire jouer l'effet dévolutif de l'appel, que le dirigeant ait conclu à titre principal à l'irrecevabilité de la demande et à titre subsidiaire au fond[2], ou qu'il ait conclu à titre principal au fond et à titre subsidiaire à l'irrecevabilité.

> Sous l'empire de la législation de sauvegarde des entreprises et antérieurement au décret du 12 février 2009 pour les procédures ouvertes avant le 15 février 2009. Dans sa rédaction d'origine, issue du décret du 28 décembre 2005, l'article 318 alinéa 2 de ce décret (devenu C. com., art. R. 651-5) précise les modalités de la convocation du dirigeant. Le principe de convocation du dirigeant aux fins de comparution personnelle est conservé. Les solutions posées sous l'empire de la loi du 25 janvier 1985[3] peuvent donc être conservées. Toutefois, le délai entre la convocation et la comparution a été allongé, pour être porté à un mois.

L'article 318, alinéa 2 du décret du 28 décembre 2005[4] est applicable aux procédures en cours au 1er janvier 2006[5]. Même si l'assignation est antérieure au 1er janvier 2006, l'article 318 du décret du 28 décembre 2005 (devenu C. com., art. R. 651-5, al. 1) doit être appliqué à la convocation adressée au débiteur ou au dirigeant après le 1er janvier 2006. Il en résulte que le délai du mois prévu par le texte nouveau doit être respecté[6].

L'article 318 du décret du 28 décembre 2005 était un peu confus, puisqu'il semblait lier la question de la convocation personnelle du dirigeant recherché en responsabilité à l'établissement d'un rapport, alors pourtant que les deux questions sont indépendantes l'une de l'autre. Il a d'ailleurs été clairement jugé que cette obligation de comparution personnelle et la convocation du dirigeant à cette fin s'imposait, alors même qu'il n'avait pas été fait usage de la faculté de désigner un juge aux fins d'établir un rapport sur la responsabilité pécuniaire du dirigeant[7].

Afin d'éclaircir le dispositif, l'article 68 du décret du 23 décembre 2006[8] a inséré un article 317-1 dans le décret du 28 décembre 2005, qui allait devenir l'article R. 651-2 du code. Dans sa rédaction d'origine, cette disposition reprenait le principe de la convocation du débiteur en chambre du conseil. La précision selon laquelle l'intéressé devait être convoqué en chambre du conseil contredisait pourtant la possibilité ouverte par l'article L. 662-3 alinéa 2 du code de commerce, que les débats soient publics.

Logiquement cette inadvertance réglementaire, qui avait été dénoncée[9], a été corrigée par le décret du 23 décembre 2006 (art. 68), qui supprime dans l'article 317-1 du décret du 28 décembre 2005 (devenu C. com., art. R. 651-2), la référence à la chambre du conseil[10]. L'assignation n'aura donc plus à préciser que l'audition du débiteur aura lieu en chambre du conseil, cependant qu'elle devra continuer à indiquer que le dirigeant devra comparaître personnellement. La convocation du dirigeant par le greffier, qui reprend obligatoirement la forme d'une assignation, doit être antérieure d'au moins un mois par rapport à la date de l'audience.

La Cour de cassation, statuant sous l'empire des textes de la loi de sauvegarde des entreprises, mais alors que l'assignation en responsabilité pour insuffisance d'actif avait été délivrée avant l'intervention du décret du 23 décembre 2006, a décidé, comme elle l'a fait sous l'empire de la loi du 25 janvier 1985, que la convocation du dirigeant pour être entendu personnellement par le tribunal est un préalable obligatoire aux débats. L'omission de cet acte constitue une fin de non-recevoir à la demande de condamnation du dirigeant[11]. Il ne suffit donc pas que le dirigeant soit rendu destinataire d'une assignation à comparaître devant le tribunal, dès

1. Com. 30 janv. 2007, n° 05-12.895, NP; n° 109 F-D; *Gaz. proc. coll.* 2007/2, p. 59, note Montéran.
2. Com. 2 mars 2010, nos 09-12.000, n° 09-12.22, NP; n° 250 F-D; *Gaz. Pal. entr. diff.* 2-3 juill. 2010, nos 183, 184, p. 42, note Montéran.
3. L. n° 85-98, 25 janv. 1985, préc.
4. D. n° 2005-1677, 28 déc. 2005, préc.
5. Com. 30 sept. 2008, n° 06-21.895, *Bull. civ.* IV, n° 164; *D.* 2008. AJ 2500, note Lienhard; Chr… 2750, note Bélaval; *Gaz. proc. coll.* 2009/1, p. 57, note Montéran; *Dr. sociétés* 2008, n° 250, note Legros; *Bull. J…* 2009. 273, note Rolland; *Rev. proc. coll.* 2009. Étude 95, note Martin-Serf – Paris, 3e ch. A, 5 sept. 2006, RG n° 05…236, *JCP E* 2006, n° 2560.
6. Com. 30 sept. 2008, n° 06-21.895, préc. (v. ss… n°).
7. Com. 28 oct 2008, n° 07-16.379, NP; n° 1104 FS-D; *Rev. proc. coll.* 2009. Étude 95, note Martin-Serf.
8. D. n° 2006-1709, 23 déc. 2006, préc.
9. Legros, « Le décret d'application du livre VI du code de commerce », *Dr. sociétés* 2006. Étude 9, sp. n° 68.
10. Legros, *Dr. sociétés* 2007, p. 33.
11. Com. 28 oct. 2008, n° 07-16.056, *Bull. civ.* IV, n° 183; *Gaz. proc. coll.* 2009/1, p. 56, note Montéran; *Act. proc. coll.* 2008, n° 305, note Vallansan; *JCP E* 2009, n° 1141, note Legros; *Rev. proc. coll.* 2009. Étude 95, note Martin-Serf; *Procédures* 2009, n° 55, note Croze – Com. 19 nov. 2013, n° 12-24.101, NP; n° 1105 F-D – Com. 19 nov. 2013, n° 12-24.102, NP; n° 1106 F-D – Com. 24 mars 2015, n° 13-25.702, NP; n° 314 F-D – Com. 5 mai 2015, n° 14-11.815, NP; n° 420 F-D – Com. 12 juill. 2016, n° 14-23.402, NP, n° 659 F-D.

lors qu'il n'a jamais reçu de convocation en vue de son audition personnelle[1].

La même solution -omission de la convocation du dirigeant pour être entendu personnellement par le tribunal constituant une fin de non-recevoir à la demande de condamnation du dirigeant – a été posée dans des espèces où l'assignation avait été délivrée après le décret du 23 décembre 2006[2]. S'agissant d'une fin de non-recevoir et non d'une exception de procédure, elle n'a pas à être soulevée simultanément à la signification des premières conclusions[3].

Une cour d'appel ne peut toutefois déclarer irrecevable une assignation en comblement de l'insuffisance d'actif au motif qu'aucune preuve établissant que le dirigeant a été convoqué en vue de son audition personnelle ne figure au dossier, dès lors qu'elle relève qu'une mention du jugement entrepris, laquelle vaut jusqu'à inscription de faux, constatait l'accomplissement de cette formalité[4].

Comme elle avait pu le faire avant l'intervention du décret du 23 décembre 2006, la Cour de cassation juge que la convocation à comparaître personnellement peut valablement résulter d'un acte du greffe postérieur à l'assignation délivrée à la requête du liquidateur[5]. Elle peut également résulter d'un autre acte d'huissier respectant le délai du mois, alors que la première convocation n'avait pas respecté ledit délai[6].

Comme elle l'avait déjà estimé avant l'intervention du décret du 23 décembre 2006, la Cour de cassation juge qu'il importe peu, dès lors que l'assignation initiale est intervenue avant prescription de l'action, que l'acte séparé de l'huissier invitant à comparaître personnellement soit en dehors du délai de l'action[7].

La fin de non-recevoir résultant de l'omission ou de l'irrégularité de la convocation du dirigeant aux fins d'être entendu personnellement par le tribunal peut être régularisée par son audition effective préalablement aux débats[8].

Une juridiction du fond a estimé que si la convocation des dirigeants par acte d'huissier a été délivrée pour une date à laquelle l'affaire n'a finalement pas été retenue, la convocation pour l'audience de renvoi devait identiquement faire mention de l'obligation de comparution personnelle des dirigeants[9]. *A fortiori*, il y a place à une fin de non-recevoir, si une nouvelle convocation n'est pas délivrée, alors que lors de la première convocation, l'affaire a été renvoyée[10]. En cas de renvois multiples, tant que le dirigeant n'a pas été entendu, il faut lui rappeler, dans la convocation, et cela jusqu'à l'audience de plaidoiries, la nécessité de sa présence personnelle à l'audience[11].

Une autre juridiction du fond, statuant à propos de mesures d'interdiction de gérer, a estimé que la rédaction de l'acte introductif d'instance prêtant à confusion en ce qu'il cite à comparaître le dirigeant pour être entendu par le tribunal, mais en évoquant la faculté pour son destinataire de se faire assister ou représenter, ne peut valoir avertissement de l'obligation pour le dirigeant de se présenter personnellement pour son audition par le tribunal[12]. De même, est irrégulière l'assignation qui prévoit que le défendeur peut comparaître en personne ou a la faculté de se faire représenter à l'audience[13].

L'assignation a également été jugée irrégulière si elle ne précise pas que le dirigeant est convoqué aux fins de son audition préalable[14].

Si une décision accueille cette fin de non-recevoir, l'assignation initiale ne produit plus son effet interruptif de prescription. Dès lors que la seconde assignation est délivrée en dehors du délai triennal de prescription, la prescription a joué[15].

> *SOUS* L'EMPIRE DE LA LÉGISLATION DE SAUVEGARDE DES ENTREPRISES ET POSTÉRIEUREMENT AU DÉCRET DU 12 FÉVRIER 2009 POUR LES PROCÉDURES OUVERTES À COMPTER DU 15 FÉVRIER 2009. Parachevant l'évolution des textes sur la question, le décret du 12 février 2009, applicable aux seules procédures ouvertes à compter du 15 février 2009[16], aban-

1. Com. 24 mars 2015, n° 13-25.702, préc.
2. Com. 22 mai 2012, n° 11-12.132, *Bull. civ.* IV, n° 107; *D.* 2012. Actu. 1397, obs. Lienhard; *Gaz. Pal. entr. dif.* 3 août 2012, n° 216, p. 36, note Montéran; *Rev. sociétés* 2012. 533, note Roussel Galle; *Dr. et proc.* oct. 2012. 233 note Reille; *Dr. sociétés* 2012, n° 169, note Legros; *Rev. proc. coll.* 2012, n° 213, note Martin-Serf – Com. 2 oct. 2012, n° 11-21.487, NP; n° 951 F-D – Com. 19 nov. 2013, n° 12-25.068, NP; n° 1109 F-D – Com. 17 déc. 2013, n° 12-29.198, NP; n° 1224 F-D – Com. 12 janv. 2016, n°s 13-21.673, 13-21.674, 13-24.211, 13-24.212, 13-24.287, 13-26.461, 13-27.108, NP; n° 36 F-D.
3. Com. 12 janv. 2016, nos 13-21.673 s., préc.
4. Com. 17 févr. 2015, n° 14-10.302, NP.
5. Com. 13 mars 2012, n° 10-28.667, NP; n° 294 F-D; *Rev. proc. coll.* 2012, n° 213, note Martin-Serf.
6. Com. 5 mai 2015, n° 14-13.300, NP; n° 414 F-D; *Dr. sociétés* 2016, comm. 88, note Legros.
7. Com. 5 mai 2015, n° 14-13.300, préc. – Com. 16 juin 2015, n° 14-15.841, NP; n° 583 F-D.
8. Com. 23 sept. 2014, n° 13-18.789, NP; n° 762 F-D.
9. Versailles, 13e ch., 10 sept. 2009, RG n° 08/08820, *Gaz. Pal.* 29 nov.-1er déc. 2009, p. 6, note Jullien.
10. Com. 17 déc. 2013, n° 12-29.198, NP; n° 1224 F-D.
11. Com. 12 juill. 2016, n° 14-23.402, NP, n° 659 F-D.
12. Paris, pôle 5, 8e ch., 27 sept. 2011, RG n° 10/24987.
13. Com. 19 nov. 2013, n° 12-24.101, NP; n° 1105 F-D – Com. 19 nov. 2013, n° 12-24.102, NP; n° 1106 F-D.
14. Com. 9 juill. 2013, n° 1[illegible]-18.123, n° 750 F-D.
15. Com. 26 janv. 2016, n° [illegible]4-17.952, *Bull. civ.* IV [à paraître]; n° 100 FS-P+B; *D.* 2016. actu 310, note Lienhard; *Gaz. Pal.* 12 avr. 2016, n° 14, p. 62, note Fricero et p. 76, note Montéran; *Act. proc. coll.* 2016/4, comm. 45, note Staes.
16. Com. 12 juill. 2016, n° 14-23.402, NP, n° 659 F-D.

donne la convocation personnelle du débiteur d'avoir à comparaître. C'est l'objet de l'article 109 du décret du 12 février 2009, qui modifie en ce sens la rédaction de l'article R. 651-2 du code de commerce. Il faut évidemment se garder de confondre ouverture et conversion de procédure. Une procédure de redressement judiciaire ouverte avant le 15 février 2009 ne permettra pas la soumission à l'ordonnance du 18 décembre 2008 d'une liquidation judiciaire prononcée sur conversion[1].

Rien n'interdira toutefois au tribunal, en application des articles 184 et 198 du code de procédure civile, de convoquer aux fins de comparution personnelle, le débiteur ou le dirigeant de la personne morale, à titre de mesure d'instruction[2].

Le texte nouveau se contente désormais de préciser que « Pour l'application de l'article L. 651-2, le tribunal est saisi, selon le cas, par voie d'assignation ou dans les formes et selon la procédure prévues à l'article R. 631-4. ». Ainsi, la convocation du dirigeant concerné pour audition personnelle devient inutile[3].

Il faut toutefois réserver le jeu de l'article R. 651-5 du code de commerce, qui n'a pas été modifié par le décret du 12 février 2009. Selon l'alinéa 1 de ce texte, « Pour l'application de l'article L. 651-4 du code de commerce, le juge désigné par le président du tribunal peut se faire assister de toute personne de son choix dont les constatations sont consignées dans son rapport. Ce rapport est déposé au greffe et communiqué par le greffier au ministère public. Le ou les dirigeants mis en cause sont avertis par le greffier, au moins un mois avant la date de l'audience, qu'ils peuvent en prendre connaissance.» À défaut de juge commis par le tribunal, il n'y a pas place à établissement d'un rapport. Le délai du mois prévu par l'article R. 651-5 ne s'imposera donc pas.

921.38 Mesure conservatoire sur les biens des dirigeants et sur ceux du patrimoine non affecté de l'EIRL. Afin d'éviter que les dirigeants n'organisent leur insolvabilité[4], alors qu'ils pressentent une action en responsabilité pécuniaire contre eux, l'article L. 651-4, alinéa 2 du code de commerce, dans la rédaction que lui donne la loi de sauvegarde des entreprises, prévoit la possibilité pour le président du tribunal d'ordonner toute mesure conservatoire utile à l'égard des biens des dirigeants et des représentants permanents des dirigeants personnes morales.

La solution est adaptée par l'ordonnance du 9 décembre 2010[5] au cas particulier de l'**EIRL**. À cette fin, il est prévu la possibilité pour le président du tribunal d'ordonner toute mesure conservatoire utile sur les biens de l'entrepreneur individuel à responsabilité compris dans son patrimoine non affecté.

La mesure ne constitue pas une simple transposition en la matière de l'article 67 de la loi du 9 juillet 1991 portant réforme des procédures civiles d'exécution (devenu C. pr. exéc., art. L. 511-1[6]). Elle déroge à cette disposition[7], à plusieurs titres.

La demande sera présentée sous forme de requête par le liquidateur, le ministère public ou un contrôleur en cas de carence du mandataire judiciaire ou du liquidateur[8]. La faculté ouverte au contrôleur, lui permet ici, à notre sens, d'agir seul. La mesure a vocation à défendre l'intérêt collectif des créanciers, même si elle prépare une action en responsabilité pour insuffisance d'actif ou en obligation aux dettes sociales.

Mais la mesure peut également être ordonnée d'office, ce qui est parfaitement dérogatoire par rapport au droit commun des mesures conservatoires.

La saisie conservatoire sera ordonnée sur la démonstration que l'action en responsabilité apparaît fondée en son principe. Si cela est nécessaire, c'est aussi suffisant. Le président du tribunal ne peut donc rétracter son ordonnance autorisant la prise de mesure conservatoire en se réfugiant derrière l'observation que l'appréciation du bien-fondé de l'action ne rentre pas dans son pouvoir[9].

Le texte a pour effet de pallier l'interdiction de prononcer contre ces dirigeants le redressement et la liquidation judiciaire à titre personnel, depuis l'entrée en vigueur de la loi de sauvegarde des entreprises. C'est pourquoi il n'est pas exigé du demandeur à la mesure conservatoire, en pratique le liquidateur, la démonstration que la créance de

1. Com. 24 mars 2015, n° 14-11.013, NP; n° 320 F-D; *Dr. sociétés* 2015, comm. 179, note Legros.
2. Texier et Russo, « Le nouveau droit des entreprises en difficulté après l'ordonnance du 18 décembre 2008 et son décret d'application du 12 février 2009 », *LPA* 2 mars 2009, n° 43, p. 3 s., sp. p. 13, n° 39.
3. Dizel, « Actions en responsabilité et sanctions », RPA, *n° sp., 11 mars 2009*, n° 02-1, 4204 – Le Corre, *La réforme du droit des entreprises en difficulté : Commentaire de l'ordonnance du 18 décembre 2008 et du décret du 12 février 2009*, Dalloz, 2009, p. 347, n° 512-3.
4. *Rapp. Xavier de Roux*, n° 2095, p. 415.
5. Ord. n° 2010-1512, 9 déc. 2010, préc.
6. CRÉÉ par Ord. n° 2011-1895, 19 déc. 2011, *JO* 20 déc., p. 21464.
7. Com. 31 mai 2011, n° 10-18.472, *Bull. civ.* IV, n° 89; *D.* 2011. Actu. 1613, obs. Lienhard; *D.* 2011. 2692, note Guillou; *LXB hebdo* 16 juin 2011, n° 255, note Le Corre.
8. Montéran, « Les sanctions pécuniaires et personnelles dans la loi du 26 juillet 2005 », *Rev. proc. coll.* 2005, n° sp., p. 37 s., sp. p. 41 – Zattara-Gros, « Des responsabilités et des sanctions », *LPA* n° sp. 9 févr. 2006, n° 29, p. 52 s., sp. p. 64.
9. Orléans, ch. com., 26 juill. 2012, n° 11/03845, *Rev. proc. coll.* 2013, comm. 10, note Delattre.

condamnation à combler l'insuffisance d'actif serait en péril pour justifier la prise de mesure conservatoire[1]. La solution, selon la Cour de cassation, ne viole pas l'article 1er du protocole additionnel à la Convention européenne des droits de l'homme, assurant à toute personne le droit au respect de ses biens[2].

921.39 Péremption d'instance. L'action en responsabilité pour insuffisance d'actif constitue une instance susceptible d'être atteinte, conformément au droit commun, par une péremption d'instance, si les parties n'accomplissent aucune diligence pendant au moins deux ans, en application de l'article 386 du code de procédure civile[3].

SECTION 921.40 PRESCRIPTION DES ACTIONS AUX FINS DE PRONONCÉ DES SANCTIONS PÉCUNIAIRES

921.41 Prescription de l'action en responsabilité pour insuffisance d'actif. La prescription de l'action en comblement de passif est régie, sous l'empire de la législation antérieure à la loi du 26 juillet 2005[4], par l'article L. 624-3, alinéa 2 du code de commerce (anct L. 25 janv. 1985[5], art. 180, al. 2). L'action se prescrit par trois ans à compter du jugement qui prononce la liquidation judiciaire ou arrête le plan de redressement[6]. Le délai court du jugement, non de son passage en force de chose jugée. Peu importe donc que ce jugement soit frappé d'appel[7]. L'ancienneté des faits reprochés est sans importance pour l'appréciation du délai de prescription[8]. Ainsi a-t-il pu être jugé que le fait que le retrait du dirigeant soit antérieur de plus de trois ans au jugement ayant arrêté le plan de continuation reste sans effet sur la prescription de l'action en comblement de passif, qui continue à courir à compter de ce jugement[9]. Cette solution, posée sous l'empire de la loi du 25 janvier 1985 est, *mutatis mutandis*, transposable sous l'empire de la loi du 26 juillet 2005 de sauvegarde des entreprises.

Ce délai est de prescription, non de procédure. Il en résulte que l'article 642 du code de procédure civile est inapplicable à la prescription de l'action, de sorte que le délai ne peut être prorogé jusqu'au premier jour ouvrable suivant le samedi, le dimanche, le jour férié ou chômé qui serait le dernier jour du délai de l'action[10]. Cette solution sera *a priori* identiquement applicable pour le délai de prescription de l'action en responsabilité pour insuffisance d'actif.

Il avait été jugé que, en cas de résolution du plan de continuation, la prescription courait à compter du jugement d'ouverture du redressement judiciaire, si les faits reprochés étaient antérieurs à l'arrêté du plan de continuation[11]. La Cour de cassation estime, pour sa part, que, en cas de résolution du plan de continuation, si les faits reprochés sont antérieurs à l'ouverture de la première procédure, la prescription court à compter de la décision arrêtant le plan[12]. Au contraire, si les fautes de gestion justifiant l'action sont postérieures à l'arrêté du plan, le prononcé de la liquidation judiciaire, suite à la résolution du plan, fait courir le délai de prescription de l'action[13]. En cas de modification du plan de redressement, seul le jugement d'arrêté de plan fait courir le délai de prescription[14].

La décision avant dire droit, qui déclare recevable l'action engagée et qui, pour le surplus, désigne un

1. Com. 31 mai 2011, n° 10-18.472, préc. (v. ss prést n°).
2. Com. 31 mai 2011, n° 10-18.472, préc.
3. AINSI, Com. 10 févr. 2015, n° 13-20.231, NP.
4. L. n° 2005-845, 26 juill. 2005, préc.
5. L. n° 85-98, 25 janv. 1985, préc.
6. Com. 22 juin 1999, n° 97-11.756, NP.
7. Com. 13 mai 2003, n° 00-16.247, *Bull. civ.* IV, n° 79; *D.* 2003. AJ 1564; *Act. proc. coll.* 2003, n° 166; *JCP E* 2003. Chron. 1396, n° 19, obs. Pétel; *Bull. Joly* 2003, n° 187, note Pétel; *RTD com.* 2003. 823, n° 15, obs. Vallens; *Rev. proc. coll.* 2004, p. 264, n° 1, obs. Dumont.
8. Com. 8 avr. *2015, n° 13-28.512, Bull. civ.* IV [à paraître]; n° 360 F-P+B; *D.* 2015. actu 862, note Lienhard et 2015, pan. 1980, note Lucas; *Rev. sociétés* 2015. 406, note Henry; *BJE* sept. 2015, 305, note Sortais; *JCP E* 2015, chron. 1422, n° 10, note Pétel; *Rev. proc. coll.* 2015, comm. 191, note Martin-Serf; *Bull. Joly sociétés* 2015, 304, note Laroche; *Dr. sociétés* 2015, comm. 154, note Legros; *LPA* 17 déc. 2015, n° 251, note Ballot-Léna – Paris, 3e ch. B, 15 nov. 2007, RG n° 05/19850, *Rev. proc. coll.* 2008, p. 71, n° 88, note Martin-Serf.
9. Caen, 14 févr. 2008, RG n° 06/01882, *Bull. Joly* 2008. 611, note Voinot.
10. Com. 10 janv. 2006, n° 04-10.482, *Bull. civ.* IV, n° 5; *D.* 2006. AJ 301, obs. Lienhard; Pan. 2256, obs. Lucas; *JCP E* 2006. Chron. 1569, n° 15, obs. Pétel; *JCP E* 2006, n° 1625, note Legros; *Act. proc. coll.* 2006, n° 31, note Le Bars; *Gaz. proc. coll.* 2006/2, p. 52, obs. Montéran; *Defrénois* 2006. 934, Chron. 38407, n° 4, note Gibirila; *JCP E* 2006, n° 1625, note Legros; *Rev. proc. coll.* 2007/2, p. 86, n° 7, obs. Martin-Serf; *LXB* n° N4683AKN, note Le Corre.
11. Aix-en-Provence, 16 févr. 1995, *Bull. Aix* 1995, n° 11, p. 210, obs. Vincensini.
12. Com. 2 oct. 2007, n° 06-18.609, NP; n° 1044 F-D; *Gaz. proc. coll.* 2008/1, p. 72, note Montéran.
13. Com. 22 avr. 1997, n° 95-12.037, *Bull. civ.* IV, n° 102; *JCP* 1997. I. 4054, n° 21, obs. Pétel – Com. 20 janv. 1998, n° 95-19.488, *Bull. civ.* IV, n° 30; *D.* 1998. Somm. 326, obs. Honorat; *Rev. proc. coll.* 2000, 25, n° 4, obs. Martin-Serf; *D. Affaires* 1999. 253, obs. Lienhard – Com. 5 mars 2002, n° 99-14.096, NP, *Rev. proc. coll.* 2003, p. 337, n° 5, obs. Barret – Rouen, 2e ch. civ., 28 janv. 1999, *Bull. Joly* 1999. 633, n° 138, obs. Pétel – Paris, 3e ch. B, 23 mai 2003, RG n° 02/01370 – Paris, 3e ch. B, 11 juin 2004, RG n° 03/21720.
14. Com. 19 mai 2004, n° 02-11.199, *Bull. civ.* IV, n° 101; *D.* 2004. AJ 2047; *Act. proc. coll.* 2004, n° 167, note ...ntourens; *RTD com.* 2004. 611, n° 14, obs. Vallens; *Rev. proc. coll.* 2005/2, p. 15, n° 4, obs. Martin-Serf.

expert, est couverte par l'autorité de la chose jugée, laquelle fait obstacle à une discussion ultérieure sur la prescription de l'action[1].

En cas d'action en comblement de passif contre un commissaire aux comptes, l'action se prescrit par trois ans à compter du fait dommageable, qui sera la certification fautive des comptes[2], ce qui rend, ainsi que cela a été justement critiqué, très difficile la recherche de la responsabilité du commissaire aux comptes[3].

La loi du 26 juillet 2005, qui a supprimé la possibilité de prononcer la sanction après adoption d'un plan de redressement et qui institue l'interdiction de prononcer la sanction après adoption d'un plan de sauvegarde, prévoit que le délai de prescription, si un plan de redressement ou de sauvegarde a antérieurement été adopté, ne courra que du jugement prononçant la résolution de ce plan (C. com., art. L. 651-2, al. 3).

Si une liquidation judiciaire est prononcée subséquemment à la résolution du plan, elle pourra, à notre sens, faire courir un nouveau délai de prescription pour les fautes de gestion commises postérieurement à l'arrêté du plan. Décider le contraire rendrait impossible la recherche de la responsabilité d'un dirigeant pour des faits commis plus de trois ans après l'arrêté du plan, ce qui serait pour le moins curieux.

La prescription ne sera arrêtée dans le délai que si une assignation régulière a été délivrée[4]. La solidarité pouvant exister au stade du prononcé de la condamnation n'a pas pour effet d'entraîner une interruption de la prescription contre un dirigeant, du fait de l'assignation délivrée dans le délai de l'action contre un autre[5]. Cependant, du fait de la solidarité légale existant entre le représentant permanent de la personne morale et celle-ci, si cette dernière est recherchée dans le cadre d'une responsabilité ou d'une sanction, la prescription sera valablement interrompue contre le représentant permanent[6].

Lorsque la procédure a été ouverte sur extension, la date du dernier jugement d'extension sera seule retenue si la demande concerne un dirigeant de la personne morale à laquelle la procédure a été étendue en dernier lieu[7].

L'ordonnance du 18 décembre 2008[8] supprime la possibilité de prononcer la condamnation à l'insuffisance d'actif en dehors de la liquidation judiciaire (v. s[s] n° 922.09). En conséquence, le texte régissant le point de départ du délai de prescription se trouve logiquement modifié. Désormais, le seul point de départ du délai de trois ans pour agir en responsabilité pour insuffisance d'actif est le jugement qui prononce la liquidation judiciaire, ainsi que le précise le nouvel alinéa 2 de l'article L. 651-2 du code de commerce, dans sa rédaction issue de l'ordonnance du 18 décembre 2008 (ord. 18 déc. 2008, art. 131). Il aurait été préférable de viser le « jugement de liquidation judiciaire », sans évoquer le « prononcé » qui évoque une conversion.

Le moyen tiré de la prescription de l'action n'est pas une exception de procédure, mais une fin de non-recevoir. Il en résulte qu'il peut être invoqué en tout état de cause[9].

Si une décision accueille une fin de non-recevoir, l'assignation initiale ne produit plus son effet interruptif de prescription. Dès lors que la seconde assignation est délivrée en dehors du délai triennal de prescription, la prescription a joué[10].

921.42 Prescription de l'action en redressement et en liquidation judiciaires à titre personnel. La prescription triennale applicable à l'action en comblement de passif ne s'applique pas à la demande de redressement ou de liquidation judiciaire à titre personnel, sur le fondement de l'inexécution du jugement de condamnation à combler le passif, faute de texte en ce sens[11]. La sanction a pour fondement l'absence d'exécution d'une décision de justice. Elle emportera, même en matière commerciale, interversion de prescription, ce qui

1. Com. 22 mai 2007, n° 06-11.213, NP; n° 769 F-D; *Gaz. proc. coll.* 2007/4, p. 56, note Montéran.
2. Com. 13 févr. 2007, n° 03-13.577, *Bull. civ.* IV, n° 44; *Dr. sociétés* 2007, n° 116, note Hovasse; *JCP E* 2007. Chron. 2279, n° 72, obs. Navarro; *Bull. Joly* 2007. 811, note Lucas.
3. Lucas, note s[s] Com. 13 févr. 2007, n° 03-13.577, *Bull. Joly* 2007. 811, sp. 815.
4. Dijon, 4 nov. 1992, *Rev. proc. coll.* 1993, 581, obs. Blanchard.
5. Com. 7 nov. 2006, n° 05-16.693, *Bull. civ.* IV, n° 28; *D.* 2006. AJ 2910, obs. Lienhard; *Gaz. proc. coll.* 2007/1, p. 49, note Montéran; *Act. proc. coll.* 2006, n° 253, note Régnaut-Moutier; *Bull. Joly* 2007. 359, note Lucas; *Rev. proc. coll.* 2007/2, p. 86, n° 8, obs. Martin-Serf; *RD banc. fin.* 2006, n° 209, note Lucas; *Defrénois* 2007. 876, 13, note Gibirila; *LXB hebdo* n° 237, 23 nov. 2006, n° N0346A9P, note Le Corre.
6. Com. 2 déc. 1986, n° 85-11.307, *Bull. civ.* IV, n° 232; *Rev. sociétés* 1987. 409, note Honorat.
7. Paris, 20 déc. 1994, *Dr. sociétés* 1995, n° 75, obs. Chaput.
8. Ord. n° 2008-1345, 18 déc. 2008, préc.
9. Com. 13 avr. 2010, n° 09-11.487, NP, *Dr. sociétés* 2010, n° 234, note Legros.
10. Com. 26 janv. 2016, n° 14-17.952, *Bull. civ.* IV [à paraître]; n° 100 FS-P+B; *D.* 2016. actu 310, note Lienhard; *Gaz. Pal.* 12 avr. 2016, n° 14, p. 62, note Fricero et 76, note Montéran; *Act. proc. coll.* 2016/4, comm. 45, note Staes.
11. Com. 14 mai 1996, n° 94-15.852, *Bull. civ.* IV, n° 135; *D.* 1996. Somm. 339, obs. Honorat; *Dr. sociétés* 1996, n° 128, p. 10, obs. Chaput; *Bull. Joly* 1996. 836, note Le Cannu; *Rev. proc. coll.* 1997, 104, n° 2, obs. Martin-Serf; *Dr. et patr.* sept. 1996. 72, note Monsèrié.

conduit à rendre applicable la prescription de droit commun qui, à l'époque de cette jurisprudence, trentenaire[1].

L'action en redressement ou en liquidation judiciaire à titre personnel, sur le fondement de l'article L. 624-5 du code de commerce (anc[t] L. 25 janv. 1985[2], art. 182), se prescrit, aux termes de son dernier alinéa, par trois ans à compter du jugement qui arrête le plan de redressement de l'entreprise ou, à défaut, qui prononce la liquidation judiciaire. Peu importe que le jugement de liquidation soit définitif. Seul son prononcé, non son passage en force de chose jugée, fait courir le délai triennal de prescription[3]. La prescription continue à courir du jugement arrêtant le plan, même si un jugement modificatif de plan intervient ultérieurement, par identité de solution avec celle retenue pour l'action en comblement de passif.

921.43 Prescription de l'action en obligation aux dettes sociales. La prescription de l'obligation aux dettes sociales est, en application de l'article L. 652-4 du code de commerce, de trois ans à compter du jugement qui prononce la liquidation judiciaire. Observons que ce texte ne règle *a priori* que le cas de la conversion de la sauvegarde ou du redressement judiciaire en liquidation judiciaire – jugement qui prononce la liquidation judiciaire – mais ne prévoit pas le délai de prescription lorsque le jugement ouvre la liquidation judiciaire immédiate. Pour réparer la malfaçon, il faut décider que la prescription court du jugement de liquidation judiciaire, peu important qu'il la prononce ou qu'il l'ouvre.

L'article 191 de la loi du 26 juillet 2005[4] prévoit que, par exception au principe d'inapplication de la loi nouvelle aux procédures en cours lors de son entrée en vigueur, les chapitres I et II du titre V relatif à la responsabilité des dirigeants pour insuffisance d'actif et à l'obligation aux dettes sociales seront applicables aux procédures en cours. Il faut donc comprendre que si le redressement ou la liquidation judiciaire à titre personnel n'a pas été ouvert au plus tard le 31 décembre 2005, l'obligation aux dettes sociales pourra être substituée à cette sanction, mais la demande devra *a priori* être présentée dans le délai de la prescription de cette action, c'est-à-dire trois ans à compter du jugement de liquidation judiciaire atteignant la personne morale débitrice (v. aussi s[s] n° 073.35).

1. Douai, 2e ch., 2e sect., 29 avr. 2003, RG n° 02/01552, *Rev. proc. coll.* 2005/2, p. 157, n° 11, obs. Barret – *Adde*, PÉROCHON ET BONHOMME, 6e éd., n° 430.
2. L. n° 85-98, 25 janv. 1985, préc.
3. Com. 30 janv. 2007, n° 05-12.895, NP; n° 109 F-D; *Gaz. proc. coll.* 2007/2, p. 59, note Montéran.
4. L. n° 2005-845, 26 juill. 2005, préc.

Terminons en indiquant que l'ordonnance du 18 décembre 2008[5] a supprimé l'obligation aux dettes sociales (v. s[s] n° 074.31).

SECTION 921.50 PRONONCÉ DE LA RESPONSABILITÉ ET DE LA SANCTION PÉCUNIAIRE

921.51 Audiences de prononcé des responsabilités et sanctions pécuniaires.

> Sous l'empire de la législation du 25 janvier 1985[6], l'une des difficultés a été celle de la possibilité de la présence du juge-commissaire dans la formation de jugement, qui avait ensuite à connaître de l'action en comblement de passif.

Il a été jugé, par la Cour de cassation, que la présence du juge-commissaire dans la formation de jugement n'est pas contraire à l'article 6 § 1 de la Convention européenne des droits de l'homme[7]. Il est vrai que le législateur français donne clairement l'exemple avec l'article 164, alinéa 3 du décret du 27 décembre 1985[8], qui prévoit, dans la rédaction que lui a donnée le décret du 21 octobre 1994[9], que le tribunal statue sur rapport du juge désigné. Le juge-commissaire pouvait même, estimait la Cour de cassation, présider la juridiction de jugement, sans qu'il y ait violation du principe d'impartialité du juge[10].

Cette vision a été clairement démentie par la Cour européenne des droits de l'homme. La Cour énonce que « l'impartialité au sens de l'article 6 § 1 s'apprécie selon une double démarche : la première consiste à essayer de déterminer la conviction personnelle de tel ou tel juge en telle occasion, la seconde amène à s'assurer qu'il offrait des garanties suffisantes pour exclure à cet égard tout doute légitime »[11].

5. Ord. n° 2008-1345, 18 déc. 2008, préc.
6. L. n° 85-98, 25 janv. 1985, préc.
7. Com. 3 nov. 1992, n° 90-16.751, *Bull. civ.* IV, n° 345; *D.* 1993. 538, note Vallens – Com. 16 mars 1993, n° 91-10.314, NP, *D.* 1993. 530, obs. Vallens – Com. 23 janv. 1996, n° 94-13.391, *Bull. civ.* IV, n° 23 – Paris, 3e ch. A, 25 janv. 2000, *Rev. proc. coll.* 2001, p. 274, obs. Barret – Amiens, ch. éco., 23 janv. 2003, RG n° 02/00253, *Rev. proc. coll.* 2005/2, p. 156, n° 9, obs. Barret – *Adde*, Paris, 3e ch. B, 15 nov. 2007, RG n° 05/19850, *Rev. proc. coll.* 2008, p. 71, n° 88, note Martin-Serf.
8. D. n° 85-1388, 27 déc. 1985, préc.
9. D. n° 94-910, 21 oct. 1994, préc.
10. Com. 16 oct. 2001, n° 98-12.568, *Bull. civ.* IV, n° 167; *D.* 2002. Somm. 80, obs. Derrida; *JCP E* 2002. Chron. 121, n° 2, obs. Pétel; *RJDA* 2002/3, n° 288, p. 242, *Rev. proc. coll.* 2002, p. 113, n° 3, obs. Martin-Serf.
11. CEDH 4 oct. 2007, req. n° 17997/02, *Le Stum c/France*, *LXB hebdo* n° 278, 25 oct. 2007, n° N9001BCD, note Le Corre.

Il faut, estime la Cour, se demander si certains faits vérifiables autorisent à suspecter l'impartialité de la juridiction collégiale. L'élément déterminant consiste à savoir si les appréhensions des intéressés peuvent passer pour objectivement justifiées. En ce qui concerne, en revanche, le second aspect de la démarche, qui consiste à apprécier l'impartialité objective de la formation de jugement, il est relevé que la même personne a exercé les fonctions de juge-commissaire tout au long de la procédure de redressement et de liquidation judiciaires avant de présider la formation de jugement qui a statué sur les fautes de gestion imputée au requérant. Le juge-commissaire, qui a participé à l'intégralité de la procédure de redressement et de liquidation, était tout particulièrement susceptible de se forger une opinion sur la question des fautes de gestion imputables au requérant, même s'il ne s'est pas prononcé sur cette question. Compte tenu de son implication tout au long de la procédure collective, le juge-commissaire avait pu se faire une opinion avant l'audience sur l'existence des fautes de gestion soumises ensuite à l'examen de la formation qu'il a présidée. Selon la Cour, eu égard à l'importance des apparences en la matière, les appréhensions du requérant quant au défaut d'impartialité de la formation de jugement du tribunal de commerce de Versailles qui a examiné sa cause peuvent passer pour objectivement justifiées. Il y a donc eu méconnaissance du droit du requérant à un tribunal impartial et, partant, violation de l'article 6 § 1 de la Convention.

La portée de l'arrêt doit être circonscrite. Il n'est nullement question de condamner, de manière systématique, la présence du juge-commissaire dans la formation de jugement. La Cour le rappelle dans la présente affaire. La Cour européenne des droits de l'homme était d'ailleurs intervenue précédemment dans ce cas de figure et avait identiquement refusé la condamnation de la France. Ainsi, le fait d'occuper la fonction de juge-commissaire et de présider la formation de jugement pour apprécier la viabilité d'un plan de continuation n'est pas en soi susceptible de sanction[1]. La connaissance approfondie du dossier par le juge n'implique pas un préjugé empêchant de le considérer comme impartial au moment du jugement sur le fond.

Même en matière de sanction – faillite personnelle par exemple –, la présidence de la juridiction de jugement par le juge-commissaire n'est pas suffisante pour considérer qu'il y a violation du droit à un procès équitable, lorsque le juge-commissaire n'avait pas occupé cette fonction pendant toute la procédure, ne la prenant qu'à la fin de la procédure atteignant la personne morale débitrice. L'assignation en faillite personnelle émanait du liquidateur[2].

Ainsi, ce qui apparaît déterminant tient au pré-jugement qui entoure la décision que doit rendre le tribunal présidé par celui qui a été le juge-commissaire pendant toute la procédure ou au moins une bonne partie de celle-ci et qui est amené, dans le cadre de sa fonction de juge-commissaire, à se forger une opinion précise sur la personne qui sera ensuite jugée par le tribunal qu'il va présider. Ce qui est donc condamné, c'est le pré-jugement, qui d'évidence, ne peut être compatible avec le droit à un juge impartial, assurant au plaideur un procès équitable.

Il a été tiré argument par la Cour européenne des droits de l'homme, à titre surabondant, du fait de la modification de la législation interne, laquelle ne pouvait s'expliquer que par la violation de l'article 6 § 1 de la convention qu'elle était susceptible d'entraîner.

> **La loi de sauvegarde des entreprises**[3], à la suite d'un amendement de la commission des lois du Sénat, a, en effet, rendu impossible la présence du juge-commissaire dans la formation de jugement et dans la formation de délibéré qui connaît de l'action en comblement de passif (C. com., art. L. 651-3). La solution est identiquement applicable à l'obligation aux dettes sociales, du fait du renvoi qu'opère à l'article L. 651-3, l'article L. 652-3. Elle a été justifiée par la volonté d'assurer le droit à un procès équitable[4], le besoin de discrétion cédant devant le droit au procès équitable[5]. Cette interdiction pour le juge-commissaire de participer à la formation de jugement s'applique, en vertu de l'article 191 de la loi de sauvegarde du 26 juillet 2005, aux procédures en cours[6]. La méconnaissance de cette interdiction entraîne la nullité du jugement[7], mais la cour d'appel reste saisie en vertu de l'effet dévolutif de l'appel, l'irrégularité n'affectant pas l'acte introductif d'instance[8].

Le juge-commissaire est ici entendu au sens d'organe et non pas en tant que personne physique déterminée qui aurait traité le dossier dès son origine[9]. L'article 73

1. CEDH 6 juin 2000, req. n° 34130/96, *Morel c/France*.
2. CEDH 24 janv. 2002, req. n° 40028/98, *Delage et Magistrello c/France*.
3. L. n° 2005-845, 26 juill. 2005, préc.
4. *Rapp. J.-J. Hyest*, n° 335, p. 457.
5. Cagnoli, « La qualité pour agir, questions procédurales », *Rev. proc. coll.* 2006/2, p. 209 s., sp. p. 210.
6. AINSI : Paris, 3e ch. A, 26 févr. 2008, RG n° 07/11613, note Lienhard.
7. Bastia, ch. civ., sect. B, 2 oct. 2013, RG n° 12/00179, *JCP E* 2014. 1085, note Delattre.
8. AINSI : Paris, 3e ch. A, 26 févr. 2008, RG n° 07/11613, note Lienhard.
9. Service de documentation et d'études de la Cour de cassation, Q/R n° 19, *JCP E* 2006. 391, p. 1559.

du décret du 23 décembre 2006[1], qui modifie l'article 348 du décret du 28 décembre 2005[2] (devenu C. com., art. R. 662-12), prévoit explicitement que le tribunal statuera sur le rapport du juge-commissaire pour les actions en responsabilité pour insuffisance d'actif ou en obligation aux dettes sociales.

La solution selon laquelle le juge-commissaire ne peut faire partie de la juridiction de jugement ni participer au délibéré ne semble, à la lecture littérale des textes de la loi de sauvegarde des entreprises, dans leur rédaction initiale, s'imposer que si la saisine du tribunal est à l'initiative du mandataire judiciaire, du liquidateur ou du ministère public. Il semblerait, en revanche, au seul regard de l'article L. 651-3, alinéa 3, que le juge-commissaire pourrait participer au délibéré ou faire partie de la formation de jugement, si la saisine du tribunal est à l'initiative des contrôleurs[3]. Cette solution inexplicable ne semble pas pouvoir être suivie, au regard de l'objectif poursuivi par le législateur, à savoir le droit au procès équitable[4] et le silence des travaux parlementaires sur pareille solution semble ici condamner l'interprétation. Au demeurant, l'interprétation *a contrario*, qui pourrait justifier la solution semble ici impossible : le retour au principe, à savoir la possibilité pour le juge-commissaire de siéger dans la formation de jugement ou de participer au délibéré contrarierait le principe supérieur d'impartialité du juge.

L'ordonnance du 18 décembre 2008[5] modifie le texte et pose désormais plus clairement que « le juge-commissaire ne peut ni siéger dans la formation de jugement, ni participer au délibéré ». La solution s'impose ainsi, de manière indiscutable, quel que soit l'auteur de la saisine du tribunal. Ce texte est, d'évidence, interprétatif.

Le fait que le président du tribunal ait été désigné précédemment arbitre dans un litige auquel était partie le dirigeant n'est pas de nature à faire considérer que le juge n'est pas impartial, même si la demande de sanction émane du tribunal d'office, et suppose donc une note de son président[6].

Alors que le dirigeant a été personnellement entendu, obligatoirement en chambre du conseil sous l'empire de la loi du 25 janvier 1985 (D. 27 déc. 1985, art. 164, al. 2), sur sa demande sous l'empire de la législation de sauvegarde des entreprises (C. com., art. R. 651-5, al. 1 - v. s[s] n° 921.37), le tribunal statue sur rapport du juge commis ou en son absence du juge-commissaire. La législation de sauvegarde des entreprises ajoute que le tribunal statue après avoir entendu ou dûment appelé les contrôleurs (C. com., art. R. 651-5, al. 2, réd. D. 23 déc. 2006, art. 69). Cette audition ou à tout le moins cette convocation s'inscrit dans la lignée de la solution autorisant les contrôleurs à agir subsidiairement en sanction.

L'article 164, alinéa 3 du décret du 27 décembre 1985 prévoit que le tribunal statue par jugement prononcé en audience publique. La législation de sauvegarde des entreprises conserve la règle (C. com., art. R. 662-13).

En revanche, la **loi de sauvegarde** modifie les règles relatives au déroulement des débats[7]. Il résulte en effet de l'article L. 662-3 alinéa 2 du code de commerce, dans la rédaction que lui donne la loi de sauvegarde des entreprises que, « par dérogation aux dispositions du premier alinéa, les débats relatifs aux mesures prises en application des chapitres Ier, II et III du titre V ont lieu en audience publique ». Le dirigeant concerné peut en effet demander au président du tribunal, avant leur ouverture, que les débats aient lieu en chambre du conseil. En conséquence, si le principe en matière de sanctions est celui des débats en audience publique, le dirigeant concerné peut demander que les débats aient lieu en chambre du conseil. Il y va de son image, si, comme cela est souvent le cas - à peu près une fois sur deux - la demande de sanction est rejetée. L'article R. 662-9, alinéa 1 du code de commerce, dans la rédaction que lui donne l'article 118 du décret du 12 février 2009[8], corrige la malfaçon législative originelle visant le « débiteur ». Il indique désormais que cette demande doit être faite par la personne poursuivie au président du tribunal. Le greffier doit la consigner. En pratique, il apparaît opportun que le président de l'audience interroge dès le début de l'audience le débiteur ou le dirigeant concerné[9]. Le président du tribunal ne saurait, de sa propre autorité, décider que les débats auront lieu en chambre du conseil[10]. La décision rendue par le président du tribunal est une mesure d'administration judiciaire. Elle n'est donc pas susceptible de recours (C. com., art. R. 662-9, al. 2).

1. D. n° 2006-1709, 23 déc. 2006, préc.
2. D. n° 2005-1677, 28 déc. 2005, préc.
3. Montéran, « Les sanctions pécuniaires et personnelles dans *la loi du 26 juill. 2005* », *Gaz. Pal.* 9-10 sept. 2005, p. 37, sp. p. 40 – Gibirila, « Les responsabilités et les sanctions du dirigeant dans la loi de sauvegarde des entreprises », *Defrénois* 2006/12, p. 989, n° 38412, sp. p. 998.
4. EN CE SENS AUSSI : Montéran, art. préc., p. 40 – Zattara-Gros, « Des responsabilités et des sanctions », *LPA* n° sp., 9 févr. 2006, n° 29, p. 52 s., sp. p. 55 – PÉROCHON ET BONHOMME, 7e éd., n° 564.
5. Ord. n° 2008-1345, 18 déc. 2008, préc.
6. Com. 10 mars 2004, n° 00-19.568, NP.
7. Bigot, *Rev. proc. coll.* 5-6 avr. 2006, p. 2.
8. D. n° 2009-160, 12 févr. 2009, préc.
9. Modat, « Le noeau droit des sanctions commerciales issu de la loi du 2 uillet 2005 », *RLDA* juill. 2007, n° 18, p. 75 s., sp. p. .
10. Gibirila, « Lessponsabilités et les sanctions du dirigeant dans la loi dauvegarde des entreprises », *Defrénois* 2006/12, p. 9, n° 38412, sp. p. 1000.

Conformément à l'article 6 § 1 de la Convention européenne des droits de l'homme, le dirigeant a le droit d'être jugé dans un délai raisonnable. Si le délibéré n'est pas rendu dans ce délai, ce qui sera incontestablement le cas lorsqu'il sera vidé plusieurs années après les plaidoiries, le jugement pourra être annulé sur ce fondement[1], ce qui pourra se révéler intéressant pour l'intéressé si la prescription a joué[2].

921.52 Communication et publicité de la décision. Le jugement de condamnation à combler l'insuffisance d'actif et celui prononçant le redressement ou la liquidation judiciaire à titre personnel sont, sous l'empire de la législation antérieure à la loi de sauvegarde des entreprises, adressés aux autorités citées à l'article 19 du décret du 27 décembre 1985[3] et sont mentionnés au registre du commerce et des sociétés (RCS), au répertoire des métiers ou, en Alsace-Moselle, au répertoire des entreprises, ou au registre spécial tenu au tribunal de grande instance, selon le cas.

Le jugement de redressement ou de liquidation judiciaire à titre personnel sur le fondement de l'article L. 624-4 du code de commerce (anc^t L. 25 janv. 1985[4], art. 181) ou sur le fondement de l'article L. 624-5 (anc^t L. 25 janv. 1985, art. 182), véritable jugement d'ouverture d'une procédure collective, est, comme tel, publié au *Bodacc* et dans un journal d'annonces légales (D. 27 déc. 1985, art. 167, al. 2). Il n'en est évidemment pas de même du jugement de condamnation à combler le passif.

Sous l'empire de la législation issue de la loi de sauvegarde des entreprises, il est seulement prévu une communication au procureur de la République – et non ici au ministère public – des jugements de condamnation à combler l'insuffisance d'actif (C. com., art. R. 651-3) et des jugements de condamnation à l'obligation aux dettes sociales (C. com., art. R. 652-2).

SECTION 921.60

EXÉCUTION PROVISOIRE DE LA DÉCISION PRONONÇANT LA RESPONSABILITÉ OU LA SANCTION PÉCUNIAIRE

921.61 Exécution provisoire de la décision prononçant une responsabilité ou une sanction pécuniaire. Les jugements prononçant le comblement de passif, le redressement ou la liquidation judiciaires à titre personnel sont, sous l'empire de la législation antérieure à la loi de sauvegarde des entreprises, exécutoires de plein droit, à titre provisoire (D. 27 déc. 1985[5], art. 155, al. 1). Cependant, contrairement aux règles classiques en matière de procédure collective, l'exécution provisoire peut être arrêtée (D. 27 déc. 1985, art. 155, al. 2 – v. s^s n° 234.21). L'article 155, alinéa 2 du décret ne vise cependant que les jugements de condamnation à combler le passif (C. com., art. L. 624-3) et les jugements de redressement ou de liquidation judiciaire à titre personnel sur le fondement de l'article 182. Il y a place à arrêt de l'exécution provisoire, dès lors que l'appelant invoque des moyens sérieux, peu important l'absence de conséquences manifestement excessives attachées à l'exécution provisoire[6].

Il en résulte qu'échappent à ce régime les jugements de redressement et de liquidation judiciaires à titre personnel sur le fondement de l'article L. 624-4 du code de commerce, c'est-à-dire pour inexécution de la condamnation à combler le passif.

La législation de sauvegarde des entreprises modifie la solution. L'article R. 661-1, alinéa 2 du code de commerce fait échapper à l'exécution provisoire de droit, les jugements de condamnation à combler l'insuffisance d'actif et ceux condamnant à l'obligation aux dettes sociales (v. s^s n° 234.12). Bien que les textes ne réservent pas la possibilité de prévoir que la décision sera assortie, à titre facultatif de l'exécution provisoire, l'exécution provisoire peut, conformément au droit commun, être ordonnée[7], puisqu'elle n'est pas explicitement interdite, même si la solution n'est pas nécessairement opportune. La Cour de cassation a d'ailleurs eu à statuer sur l'exécution provisoire facultative, ordonnée dans le domaine voisin de l'obligation aux dettes sociales. Ainsi a-t-il été décidé que si l'exécution provisoire est ordonnée, elle peut être arrêtée si les moyens invoqués par l'appelant apparaissent sérieux, ce qui sera le cas lorsque le tribunal, en cas d'obligation aux dettes sociales, a décidé d'étendre la liquidation judiciaire de la société au dirigeant[8].

1. Paris, 26 janv. 1996, *D.* 1997. 52, note Bernard; *Rev. proc. coll.* 1999, 45, n° 8, obs. Martin-Serf.
2. Paris, 7 nov. 1997, *Rev. proc. coll.* 19, 45, n° 7, obs. Martin-Serf.
3. D. n° 85-1388, 27 déc. 1985, préc.
4. L. n° 85-98, 25 janv. 1985, préc.
5. D. n° 85-1388, 27 déc. 1985, préc.
6. Com. 1er févr. 2011, n° 10-10.161, NP, *JCP E* 2011. 1193, note Legros; *Dr. sociétés* 2011, n° 77, note Legros; *Act. proc. coll.* 2011, n° 93.
7. Hoonakker, « Dernières réformes de l'exécution provisoire : raison et déraison », *D.* 2006. Chron. 754, n° 9 – LIENHARD, 6e éd., n° 131.40 – VALLENS, 2015, n° 4651.
8. Com. 5 févr. 2008, n° 07-15.011, *Bull. civ.* IV, n° 29; *D.* 2008. AJ 607, note Lienhard; *Gaz. proc. coll.* 2008/2, p. 41, note Montéran; *Act. proc. coll.* 2008, n° 70, note Vallansan; *Rev. sociétés* 2008. 426, note Roussel Galle; *Dr. et patr.* 2008, n° 172, p. 111, note Saint-Alary-Houin; Rev. proc. coll. 2008/4, p. 55, n° 165, note Martin-Serf; RJ com. 2008. 399, note Sortais; *Defrénois* 2009. 343, 38894, n° 2, note Gibirila; *Bull. Joly* 2008. 329, note Le Corre; *LXB hebdo* 21 févr. 2008, n° 293, n^o N2049BEM, note Le Corre.

L'exécution provisoire, qui a été ordonnée, peut être arrêtée, conformément aux règles régissant le droit des entreprises en difficulté, si les chances de réformation apparaissent sérieuses. Il en est ainsi, a estimé une juridiction du fond, lorsque la décision a été rendue, sans rapport du juge-commissaire[1]. La solution n'est pas évidente, lorsque l'on précise que le rapport du juge-commissaire n'est obligatoire qu'en première instance, de sorte que si son absence devant le tribunal peut être censurée, cela ne conduira pas la cour, par application de l'effet dévolutif de l'appel, à statuer autrement que ne le ferait la juridiction de première instance. Dès lors, quelle est l'utilité de l'arrêt de l'exécution provisoire ?

SECTION 921.70
VOIES DE RECOURS À L'ENCONTRE DE LA DÉCISION PRONONÇANT LA RESPONSABILITÉ OU LA SANCTION PÉCUNIAIRE

921.71 Voies de recours des parties sur les décisions de condamnation à combler le passif, sur les décisions de redressement et de liquidations judiciaires à titre personnel et sur les décisions de condamnation à l'obligation aux dettes sociales. Les jugements de sanction doivent être signifiés aux personnes sanctionnées, par le greffier de la juridiction, dans les quinze jours de leur date, sous l'empire de la législation antérieure à la loi de sauvegarde des entreprises (D. 27 déc. 1985[2], art. 170, al. 2). Il ne peut être reproché au greffier d'avoir accompli la signification, lui seul étant visé par le texte, non les parties[3]. Cette précision n'a pas été reprise par le décret du 28 décembre 2005[4].

En l'absence de fonds disponibles et sauf jeu de l'article L. 627-3 du code de commerce, dans sa rédaction antérieure à la loi de sauvegarde des entreprises, de l'article L. 663-1 du code, dans sa rédaction issue de la loi de sauvegarde des entreprises[5] (v. s^s n°s 472.11 s.), la signification sera effectuée par le ministère public.

En cause d'appel, si le ministère public conclut à la confirmation du jugement de condamnation, ses conclusions devront être communiquées au dirigeant, afin qu'il ait la possibilité d'y répondre utilement. La cour d'appel ne peut donc se satisfaire d'une mention indiquant que la procédure a été *communiquée* au ministère public, qui a conclu à la confirmation du jugement, sans préciser que le dirigeant a pris connaissance des conclusions du ministère public[6].

Faute de disposition contraire, jusqu'à l'ordonnance du 18 décembre 2008[7], le droit commun des procédures collectives trouve à s'appliquer, en matière de voie de recours[8]. Le liquidateur peut interjeter appel, sans que puisse être prononcée une amende civile contre lui, dès lors qu'il ne fait qu'agir dans l'intérêt des créanciers, sauf à caractériser contre lui une faute commise dans l'exercice du recours[9]. Il faut cependant préciser que les décisions prononçant le redressement ou la liquidation judiciaire à titre personnel constituent des jugements d'ouverture et doivent, en conséquence, en tant que tels, obéir aux voies de recours sur ce type de jugements[10]. En outre, le dirigeant condamné qui formera appel prendra attention à assigner le liquidateur *ès qualités* de la procédure ouverte contre lui, non *ès qualités* de liquidateur de la personne morale dont il était le dirigeant. À défaut, son appel sera irrecevable, pour défaut de qualité de l'intimé[11]. Pour sa part, le liquidateur ne peut se désister de l'instance, lorsque l'appel a été interjeté par des dirigeants condamnés en première instance[12].

De manière nouvelle, l'article R. 661-2, alinéa 1 du code de commerce, qui résulte de la rédaction que lui donne l'article 114 du décret du 12 février 2009[13], se contente de viser l'opposition et la tierce opposition formées contre les décisions rendues en matière de responsabilité pour insuffisance d'actif. Pour le surplus, le droit commun continue donc à s'appliquer.

Si le dirigeant concerné par une mesure de comblement de passif a été déclaré en liquidation judiciaire dans le cadre d'une procédure antérieure, le dessaisissement qui le frappe lui interdit d'exercer une voie de recours sur le jugement de condamnation[14], comme de défendre à une voie de recours exercée par un organe de la procédure[15]. La solution nous semble discutable, au regard du droit propre qui doit pouvoir être reconnu au dirigeant concerné.

Le dirigeant sanctionné peut interjeter appel dans les dix jours de la signification de la décision. À cette

1. Rouen, pr. prés., ord. réf., 12 mars 2014, RG n° 14/00007, *Dr. sociétés* 2015, comm. 33, note Legros.
2. D. n° 85-1388, 27 déc. 1985, préc.
3. Com. 9 juill. 2002, n° 99-20.621, NP.
4. D. n° 2005-1677, 28 déc. 2005, préc.
5. L. n° 2005-845, 26 juill. 2005, préc.

Com. 3 déc. 2013, n° 12-29.334, *Bull. civ.* IV, n° 177; n° 1155 F-P+B; *Gaz. Pal.* 29 juin 2014, n° 180, p. 38, note Montéran; *Dr. sociétés.* 2014, comm. 88, note Legros.
Ord. n° 2008-1345, 18 déc. 2008, préc.
RIPERT ET ROBLOT, n° 3289 – CHAPUT, n° 619 – SOINNE, n° 2580.
Com. 30 juin 2009, n° 08-16.823, NP; n° 654 F-D; *Gaz. proc. coll.* 2009/4, 2e partie, p. 13, note Gorrias.
CHAPUT, n° 626.
Com. 17 déc. 2003, n° 01-01.228, NP.
Civ. 2e, 20 mars 2014, n° 13-11.273, *Bull. civ.* II, n° 79.
D. n° 2009-160, 12 févr. 2009, préc.
Versailles, 13e ch., 2 févr. 1996, *RJDA* 1995/3, n° 770.
Com. 5 mai 2004, n° 01-11.994, NP.

occasion, le dirigeant condamné au comblement de l'insuffisance d'actif peut intimer un autre dirigeant également condamné[1].

Si la signification mentionne un délai erroné, et notamment le délai de droit commun d'appel, le délai de recours n'a pas couru[2].

Deux décisions sur trois statuant en matière d'action en comblement de passif, en 2001 et en 2002, ont été frappées d'appel[3]. Sauf appel incident, la cour ne pourra alors augmenter la condamnation à combler le passif. La solution a été posée par la Cour de cassation sous l'empire de la loi du 13 juillet 1967[4]. Il pourra être fait opposition à l'encontre des jugements de redressement ou de liquidation judiciaire à titre personnel, dans les dix jours de la décision. Si le dirigeant concerné sollicite, devant la cour d'appel, la nullité de la décision, sans conclure sur le fond, et si la cour rejette sa demande, le dirigeant ne peut, sauf excès de pouvoir commis par la cour d'appel, immédiatement frapper de pourvoi la décision, qui ne met pas fin à l'instance, puisqu'elle invite le dirigeant à conclure sur le fond[5].

Cependant, une difficulté se présente lorsque le jugement de condamnation intervient peu de temps avant la clôture de la procédure. En effet, la mission du liquidateur, spécialement, prendra fin à la clôture de la procédure. Si un appel est interjeté contre lui après clôture de la procédure, alors qu'il était une partie au jugement attaqué, l'appel est recevable, mais la procédure ne pourra être poursuivie que par la nomination d'un mandataire *ad hoc*, qui prendra la place du liquidateur dont la mission a pris fin[6].

La cassation obtenue par un dirigeant condamné au redressement ou à la liquidation judiciaire à titre personnel ne profite qu'à lui, non à un autre dirigeant identiquement condamné qui ne s'était pas pourvu contre l'arrêt de la cour d'appel l'ayant condamné[7].

921.72 Tierce opposition des créanciers à l'encontre de la décision prononçant le redressement ou la liquidation judiciaire à titre personnel. Les créanciers pourront former tierce opposition au jugement de redressement ou de liquidation judiciaire à titre personnel, puisqu'il s'agit de jugements d'ouverture (C. com., art. L. 623-2 [anct L. 25 janv. 1985[8], art. 171-1]), dans les dix jours de cette publication. La solution avait été posée dès avant la réforme du 10 juin 1994[9].

921.73 Opposition et tierce opposition à l'encontre de la décision condamnant le dirigeant à combler le passif ou à l'obligation aux dettes sociales. Jusqu'à l'ordonnance du 18 décembre 2008[10], les textes restaient muets sur l'opposition et la tierce opposition en matière de sanctions pécuniaires. Faute de fermeture explicite de cette voie de recours, la tierce opposition nous semblait ouverte sur la décision condamnant le dirigeant à combler le passif[11] ou à l'obligation aux dettes sociales, cependant que le tiers opposant devait, conformément au droit commun processuel, démontrer son intérêt à agir.

L'article R. 661-2, alinéa 1 du code de commerce, qui résulte de la rédaction que lui donne l'article 114 du décret du 12 février 2009[12], prévoit que, sauf dispositions contraires, l'opposition et la tierce opposition sont formées contre les décisions rendues en matière de responsabilité pour insuffisance d'actif, par déclaration au greffe dans le délai de dix jours à compter du prononcé de la décision.

921.74 Voies de recours sur les décisions rejetant la demande de responsabilité et de sanction pécuniaire. Les décisions rejetant la demande de sanction sont également susceptibles d'appel par le demandeur, organe de la procédure, qu'il s'agisse du représentant des créanciers, de l'administrateur judiciaire, du commissaire à l'exécution du plan et du liquidateur, dans les dix jours de leur signification. Observons cependant que l'appel d'un jugement refusant de condamner des dirigeants à combler le passif ne peut émaner que du liquidateur de la personne morale débitrice, non du liquidateur des dirigeants préalablement déclarés en liquidation judiciaire[13].

Le ministère public, dans la législation antérieure à la loi de sauvegarde des entreprises, pourra en interjeter appel dans les conditions de l'article 157, alinéa 3 du décret du 27 décembre 1985[14] (v. ss nos 322.22 et 323.51), s'il a été demandeur à

1. Com. 30 juin 2015, nº 14-10.107, NP.
2. Com. 19 nov. 2013, nº 12-12.665, NP ; nº 1107 F-D ; *Re[v.] sociétés* 2014. 202, note Roussel Galle.
3. *Rapp. J.-J. Hyest*, nº 335, p. 450.
4. L. nº 67-563, 13 juill. 1967, préc. – Com. 22 mai 198[5], nº 84-12.675, *Bull. civ.* IV, nº 163 ; *Rev. proc. coll.* 198[6]. 106, obs. Chaput.
5. Com. 3 mai 2011, nº 10-16.932, NP ; nº 439 F-D.
6. Com. 5 nov. 2003, nº 00-10.239, *Bull. civ.* IV, nº 160 ; *Ac[t.] proc. coll.* 2004, nº 9, obs. Cagnoli ; *JCP E* 2004. Jur. 115[.], note Legros ; *Rev. proc. coll.* 2004, p. 271, nº 10, ob[s.] Dumont ; *RJ com.* 2004. 389, note Sortais – Com. 5 no[v.] 2003, nº 00-10.240, NP.
7. Montpellier, 1re ch. A, 21 févr. 2005, RG nº 03/4013, *Re[v.] proc. coll.* 2007/2, p. 89, nº 6, obs. Barret et Barret.
8. L. nº 85-98, 25 janv. 1985, préc.
9. L. nº 94-475, 10 juin 1994, préc. – Aix-en-Provence, 9 nov. 1988, *RD banc. et bourse* 1989. 186, obs. Dekeuwer-Défossez.
10. Ord. nº 2008-1345, 18 déc. 2008, préc.
11. Soinne, nº 2580.
12. D. nº 2009-160, 12 févr. 2009, préc.
13. Com. 5 mai 2004, nº 01-11.994, NP.
14. D. nº 85-1388, 27 déc. 1985, préc.

l'action. Dans le cas contraire, en qualité de partie jointe, il ne peut faire appel, faute d'inclusion de tels jugements dans l'article L. 622-6 du code de commerce (anc[t] L. 25 janv. 1985[1], art. 174) ouvrant au ministère public qualité pour faire appel des décisions, même s'il n'est que partie jointe.

La loi de sauvegarde des entreprises modifie la solution en prévoyant que le ministère public peut faire appel des décisions rendues en matière d'action en comblement de passif ou d'obligation aux dettes sociales, même s'il n'a pas agi comme partie principale (C. com., art. L. 661-11).

Enfin l'article R. 661-2, alinéa 1 du code de commerce, qui résulte de la rédaction que lui donne l'article 114 du décret du 12 février 2009[2], rend recevable l'opposition et la tierce opposition contre les décisions rendues en matière de responsabilité pour insuffisance d'actif, ce qui inclut celles qui rejettent la demande.

SECTION 921.80
CUMUL DE RESPONSABILITÉ ET DE SANCTIONS

921.81 Cumul du comblement de passif et du redressement ou de la liquidation judiciaire à titre personnel – Législation antérieure à la loi de sauvegarde des entreprises[3]. On précisera d'abord qu'il n'est pas possible à une juridiction de condamner le dirigeant à combler l'insuffisance d'actif et à la liquidation ou au redressement judiciaire à titre personnel[4]. Le cumul de sanctions serait d'ailleurs inutile car le dirigeant condamné en redressement ou en liquidation judiciaire personnel doit régler l'intégralité de l'insuffisance d'actif[5]. En outre, comme cela a été jugé, le cumul de sanctions rendrait impossible l'exécution immédiate de la décision à combler l'insuffisance d'actif du fait de la règle de l'interdiction des paiements de créances antérieures[6].

Pour cette même raison de l'obligation pour l'associé indéfiniment et solidairement responsable de payer le passif social, le dirigeant indéfiniment et solidairement responsable du passif, par exemple le gérant associé d'une société en nom collectif, ne pourra être condamné à combler le passif puisque, par application de l'article L. 624-1 du code de commerce, il sera, sous l'empire de la loi du 25 janvier 1985[7], mis obligatoirement en redressement ou en liquidation judiciaire à titre personnel (v. s[s] n°s 214.11 s.).

En revanche, il est parfaitement loisible de saisir le tribunal afin de prononcer alternativement les deux sanctions[8]. Il n'y a pas alors violation de l'article 7, alinéa 2 du décret du 27 décembre 1985[9] prohibant la règle du subsidiaire, c'est-à-dire l'assignation en redressement ou en liquidation judiciaire d'une part et une autre demande d'autre part[10]. En effet, cette règle ne concerne que le créancier assignant en ouverture de la procédure. Il n'est pas davantage interdit, en cause d'appel, de solliciter à titre principal la confirmation de l'ouverture d'un redressement judiciaire et à titre subsidiaire, la condamnation à combler le passif[11].

921.82 Comblement de passif ou redressement et liquidation judiciaire à titre personnel, obligation aux dettes sociales et abus de biens sociaux ou banqueroute[12] – Autorité de chose jugée au pénal (?). Il est possible de condamner un dirigeant social en comblement du passif, malgré une condamnation pour abus de biens sociaux ou pour banqueroute reposant sur les mêmes faits. La solution se justifie par l'absence d'identité d'objet des demandes de réparation[13]. L'action civile exercée au pénal ne rendra pas irrecevable la demande de condamnation à combler le passif[14]. Pour la même raison, le

1. L. n° 85-98, 25 janv. 1985, préc.
2. D. n° 2009-160, 12 févr. 2009, préc.
3. L. n° 2005-845, 26 juill. 2005, préc.
4. Com. 17 nov. 1992, n° 90-20.299, *Bull. civ.* IV, n° 359; *Rev. sociétés 1993. 445, obs. Chaput – Com. 11 avr.* 1995, n° 92-17.013, NP, *RJDA* 1995, n° 771. Com. 5 févr. 2002, n° 98-23.420, NP – Paris, 3e ch. B, 15 nov. 2007, RG n° 05/19850, *Rev. proc. coll.* 2008, p. 71, n° 88, note Martin-Serf.
5. RAPPR. : Paris, 3e ch. B, 15 nov. 2007, RG n° 05/19850; *Rev. proc. coll.* 2008, p. 71, n° 88, note Martin-Serf.
6. Caen, 1re ch. civ., sect. civ. et com., 10 févr. 2005, RG n°s 02/1850, 02-1851; *Rev. proc. coll.* 2007/2, p. 90, n° 10, obs. Barret.
7. L. n° 85-9[illegible] 25 janv. 1985, préc.
8. Com. 14 [illegible]ct. 1997, n° 95-13.563, *Bull. civ.* IV, n° 262; *Rev. proc. c*[illegible] 1999, 48, n° 12, obs. Martin-Serf – Paris, 3e ch. A[illegible]21 sept. 2004, RG n° 03/21205.
9. D. n° 8[illegible]1388, 27 déc. 1985, préc.
10. Paris, [illegible]ch. B, 15 nov. 2007, RG n° 05/19850, *Rev. proc. coll.* 2[illegible]8, p. 71, n° 88, note Martin-Serf.
11. Paris, [illegible] ch. B, 15 nov. 2007, RG n° 05/19850, préc. (v. s[s] prés[t]).
12. SUR [illegible] QUESTION : Rouvière, « Le concours de l'action en com[illegible]ement de passif et de l'action civile exercée devant la juri[illegible]tion répressive », *RTD com.* 2006. 529.
13. Cri[illegible] 11 mars 2015, n° 13-86.155, NP, *Gaz. Pal.* 1[er] mai 20[illegible], p. 46, note Robaczewski; *Rev. proc. coll.* 2015, c[illegible]m. 189, note Martin-Serf; *Bull. Joly sociétés* 2015, 4[illegible] note Saintourens; *Dr. sociétés* 2015, comm. 120, n[illegible] Salomon.
14. [illegible] 13 juin 2001, n° 00-86.128, NP, *RJDA* 2002/3, [illegible]87, p. 240 – Crim. 10 oct. 2001, n° 00-85.604, NP, [illegible]A 2002/4, n° 417, p. 354 – Crim. 21 nov. 2001, n° 00-[illegible]938, NP, *RJDA* 2002/3, n° 287, p. 240 – Crim. 11 juin [illegible]08, n° 07-87.877, NP, *Dr. sociétés* 2008, n° 235, note [illegible]omon – Nîmes, 2e ch. com., sect. B, 3 mai 2012, RG 10/05527, *Rev. proc. coll.* 2013, comm. 86, note [illegible]artin-Serf.

sursis à statuer du fait des poursuites pénales ne s'impose pas dans l'action en sanction pécuniaire[1].

Identiquement, il est possible d'ouvrir un redressement ou une liquidation judiciaire à titre personnel alors qu'une condamnation pour abus de biens sociaux[2] ou pour banqueroute[3] est intervenue contre le dirigeant. Ces solutions sont transposables en cas de prononcé de l'obligation aux dettes sociales.

Cependant, comme il n'est pas concevable d'obtenir la réparation d'un même préjudice deux fois, il faut décider que le montant de la condamnation versé au titre de l'action civile au pénal s'imputera sur la condamnation à combler le passif[4] ou à l'obligation aux dettes sociales. C'est ainsi qu'il a pu être jugé que l'obligation aux dettes sociales ne peut se cumuler avec l'action civile pour banqueroute, dès lors que le dirigeant a déjà été condamné sur ce dernier fondement à réparer toute l'insuffisance d'actif[5].

Symétriquement, le mandataire de justice débouté au pénal sur le fondement de l'abus de biens sociaux ou de la banqueroute pourra agir devant le tribunal de la faillite en comblement de passif, les deux actions n'ayant pas le même objet[6], ce qui exclut l'autorité de la chose jugée au pénal sur le civil. La solution s'impose d'autant plus lorsque la relaxe du chef de banqueroute est justifiée pour absence d'intention frauduleuse, alors que les fautes de gestion justifiant la condamnation à combler l'insuffisance d'actif peuvent n'être que des fautes légères d'imprudence[7].

La solution est la même pour l'obligation aux dettes sociales.

921.83 Comblement de passif et obligation aux dettes sociales – Législation issue de la loi de sauvegarde des entreprises. Le cumul entre l'action en insuffisance d'actif et l'obligation aux dettes sociales est impossible, car l'introduction même de l'action en insuffisance d'actif est impossible dans les cas d'ouverture de l'action en obligation aux dettes sociales (v. ss nº 924.14). La difficulté ne se pose plus, depuis l'ordonnance du 18 décembre 2008, qui a supprimé l'obligation aux dettes sociales (v. ss nº 074.31).

1. Com. 25 févr. 2004, nº 00-14.984, NP – T. cq. Bordeaux, 24 juill. 2012, RG nº 2010F00966, *Rev. pro coll.* 2014. Chron. 1, nº 10, note Melin-Soucramanien.
2. Com. 4 janv. 2005, nº 03-17.254, NP, *Gaz proc. coll.* 2005/1, p. 53, nº 7-A-3, obs. Montéran; *Rev proc. coll.* 2006/1, p. 82, nº 13, obs. Barret.
3. Com. 4 avr. 2006, nº 04-12.509, NP; nº 462-D; *Gaz. proc. coll.* 2006/3, p. 49, obs. Montéran; *Rev. oc. coll.* 2007/2, p. 90, nº 8, obs. Barret.
4. Com. 29 févr. 2000, nº 96-15.827, *Bull. civ.* IV, n2; *RTD com.* 2001. 239, obs. Mascala; *D.* 2002. Somm9, obs. Sortais; *Rev. proc. coll.* 27-29 janv. 2002, Jur., note Courtier – Crim. 11 mars 2015, nº 13-86.155, *Gaz. Pal.* 1er mai 2015, p. 46, note Robaczewski; *Rev. c. coll.* 2015, comm. 189, note Martin-Serf; *Bull. Joly ciétés* 2015, 460, note Saintourens.
5. Versailles, 13e ch., 7 févr. 2008, RG nº 07/06881, 2008. AJ 1053, note Lienhard; *Gaz. proc. coll.* 2008/. 67, note Robaczewski; *Rev. proc. coll.* 2008/4, p. 54,164, note Martin-Serf.
6. Com. 27 nov. 2001, nº 98-19.871, NP, *Act. proc. coll.* 2002, nº 29; *RJDA* 2002/4, nº 417, p. 354 – Com. 1er févr. 2011, nº 09-72.695, NP; nº 63 F-D.
7. Com. 1er févr. 2011, nº 09-72.695, NP; nº 63 F-D; *Gaz. Pal. entr. diff.* 1-2 avr. 2011, p. 43, note Montéran et 7 oct. 2011, nº 280, p. 42, note Robaczewski; *Rev. proc. coll.* 2011, nº 100, note Martin-Serf; *Dr. sociétés* 2011, nº 159, note Legros.

CHAPITRE

922. Règles spéciales à l'action en comblement de passif

SECTION 0

ORIENTEUR

922.00 **Plan du chapitre.**

Sect. 922.10 Nature juridique de l'action en comblement de passif – Caractère facultatif de la condamnation à combler le passif

Sect. 922.20 Une faute de gestion, condition de fond de l'action en comblement de passif

Sect. 922.30 Un préjudice constitué par l'insuffisance d'actif

Sect. 922.40 Contribution de la faute de gestion à l'insuffisance d'actif

Sect. 922.50 Modalités de la condamnation au comblement du passif

Sect. 922.60 Effets de la condamnation

Sect. 922.70 Action en paiement des dettes sociales d'une société d'assurances

922.01 **Textes applicables.** (V. les références complètes s[s] n° 011).

> Législation antérieure à la loi de sauvegarde des entreprises.

C. com., art. L. 624-3, L. 624-4

D. n° 85-1388, 27 déc. 1985, art. 165

> Législation issue de la loi de sauvegarde des entreprises.

C. com., art. L. 651-2

C. com., art. R. 651-6 (anc[t] D. n° 2005-1677, 28 déc. 2005, art. 319)

> Législation issue de l'ordonnance du 18 décembre 2008.

C. com., art. L. 651-2

C. com., art. R. 651-6

> Législation issue de l'ordonnance du 12 mars 2014.

C. com., art. R. 651-6

922.02 **Jurisprudence de référence.**

> Le principe de proportionnalité commande, lorsque plusieurs fautes de gestion sont invoquées au soutien d'une demande de condamnation à la responsabilité pour insuffisance d'actif, et retenues par les premiers juges, que chacune d'elles soit légalement justifiée.

• Com. 15 déc. 2009, n° 08-21.906, *Bull. civ.* IV, n° 166

* V. s[s] n° 922.16

> L'omission de déclaration de la cessation des paiements dans le délai légal, susceptible de constituer une faute de gestion, s'apprécie au regard de la seule date de la cessation des paiements fixée dans le jugement d'ouverture ou dans un jugement de report.

• Com. 4 nov. 2014, n° 13-23.070, *Bull. civ.* IV [à paraître]; n° 960 FS-P+B+R+I

* V. s[s] n° 922.22

> L'action en comblement de passif est recevable même si les opérations de vérification des créances ne sont pas terminées, dès lors qu'il apparaît avec évidence que l'actif sera insuffisant pour payer le passif.

• Com. 28 mai 1991, n° 89-21.116, *Bull. civ.* IV, n° 187; *D.* 1992. Somm. 184, obs. Honorat

* V. s[s] n° 922.33

Justifie légalement sa décision la cour d'appel qui condamne un dirigeant à supporter une partie des dettes sociales, dès lors qu'au moment où elle statue, elle constate que l'existence de l'insuffisance d'actif est certaine et supérieure au montant de la condamnation prononcée.

> La faute d'un dirigeant ne permettra pas d'exonérer un autre dirigeant fautif.

• Com. 8 janv. 2002, n° 98-17.439, *Bull. civ.* IV, n° 7; *D.* 2002. AJ 570, obs. Lienhard

* V. s[s] n° 922.41

« Mais attendu qu'un administrateur ne peut prétendre se soustraire à l'application de l'article 180 de la loi du 25 janvier 1985 devenu l'article L. 624-3 du code de commerce en invoquant l'attitude d'un autre administrateur. »

> Il n'est pas possible de transiger sur une condamnation à combler le passif prononcée par une juridiction.

• Com. 5 nov. 2003, n° 00-11.876, *Bull. civ.* IV, n° 164; *D.* 2003. AJ 283; *JCP E* 2004. Chron. 783, n° 5, obs. Pétel; *JCP E* 2004. Jur. 1058, note Dumont-Lefrand; *Bull. Joly*

2004. 205, § 30, note Boillot; *Rev. proc. coll.* 2004, p. 271, n° 11, obs. Dumont

* V. s^s n° 922.53

922.03 **Bibliographie indicative.** (V. les références complètes s^s n° 031).

> Actualisables. RÉP. COM., Daigre J.-J., « Entreprises en difficulté – Redressement judiciaire (Personnes morales et dirigeants) », n°s 387 à 418 – J.-CL. COM., Hannoun C., fasc. 2905, [Dirigeants sociaux – Sanctions patrimoniales – Responsabilité pour insuffisance d'actif – Obligation aux dettes sociales], 2007.

> Ouvrages antérieurs à la loi de sauvegarde des entreprises. CHAPUT, n°s 617, 618 – GUYON, n°s 1372 à 1376, 1381, 1382 – JACQUEMONT, n°s 863 à 877 – KERCKHOVE, n°s 829 à 834, 839, 843 à 848 – LE CANNU, n°s 869, 869-1, 871 à 873 – LE CANNU *ET ALII*, n°s 1635 à 1657 – LE CORRE-BROLY, n°s 438 à 442 – MARTIN ET VALLENS, n°s 3598 à 3641 – Messaï, « La responsabilité civile des dirigeants sociaux », th. Paris I 2005 – PÉROCHON ET BONHOMME, n°s 431 à 435 – PÉTEL, n°s 421 à 423 – RIPERT ET ROBLOT, n°s 3282 à 3286, 3291 à 3393 – SAINT-ALARY-HOUIN, n°s 1084 à 1091, 1097 à 1099 – SOINNE, n°s 2581 à 2618 – VALLANSAN, p. 344 à 348, 353.

> Ouvrages postérieurs à la loi de sauvegarde des entreprises. COQUELET, 5e éd., n°s 545 à 549 – GIBIRILA, n°s 774 à 789 – JACQUEMONT et VABRES, 9e éd., n°s 1104, 1105, 1108, 1109, 1122 à 1126, 1131 à 1139 – LE CANNU, 7e éd., n°s 1285 à 1294, 1298, 1299, 1301 à 1309, 1315 à 1317 – LIENHARD, 6e éd., n°s 132.11 à 132.21, 132.27 à 132.29 – PÉROCHON, 10e éd., n°s 1659, 1670, 1696 à 1721 – PÉTEL, 8e éd., n°s 421, 425 et 426 – ROUSSEL GALLE, 2e éd., n°s 835, 837 à 839 – SAINT-ALARY-HOUIN, 9e éd., n°s 1410 à 1416, 1418, 1419, 1425 à 1431 – VALLANSAN *ET ALII*, 6e éd., p. 465 à 472 – VALLENS, 2015, n°s 4548, 4580 à 4612, 4614, 4635 à 4643, 4653 et 4654 – VIDAL et GIORGINI, n°s 1493 à 1496, 1501, 1503, 1516 à 1523 – VOINOT, 2e éd., n°s 865 à 872, 883 à 887.

> Articles. Abras J., « Responsabilité extra-contractuelle des dirigeants sociaux – L'exigence d'une faute séparable des fonctions entendue restrictivement : présent offert aux dirigeants ou nécessité », *JCP E* 2008. Étude 1912 – Bourrié-Quillet, « La faute de gestion du dirigeant de société en cas d'insuffisance d'actif, pratique judiciaire », *JCP* 1998. I. 112 et *JCP E* 1998. 455 – Calvo J., « L'action en comblement de passif et la notion de faute de gestion », *LPA* 27 mai 1998, p. 13 – Camensuli-Feuillard L., « L'irresponsabilité du dirigeant à l'égard de l'associé, du créancier et de la société débitrice en difficulté », *Bull. Joly* 2008. 6, § 18 – Colin Y., « La responsabilité pécuniaire du dirigeant d'entreprise en cas de faillite », *Dr. sociétés* 1998. Chron. 5 – Croze H., « Loi de sauvegarde des entreprises (VI) – Les procédures contre les dirigeants, associés ou membres d'une personne morale », *Procédures* 2006. Étude 8 – Daigre J.-J., « De l'inapplicabilité de la responsabilité civile de droit commun du dirigeant d'une société en redressement ou liquidation judiciaire », *Rev. sociétés* 1988. 199 – Delattre Ch., « Quelques précisions sur la notion de transaction en matière de responsabilité pour insuffisance d'actif », *Rev. proc. coll.* 2012. Étude 35 – Deleneuville J.-M., « L'action en comblement de l'insuffisance d'actif social de l'article L. 624-3 du code de commerce », *Rev. proc. coll.* 2002, p. 76 – Demeyère D., « Les fautes de gestion dans la responsabilité pour insuffisance d'actif », *Gaz. Pal.* 5 avr. 2013, n° 95, p. 13 – Derrida F., « Procès de l'article 180 de la loi du 25 janvier 1985 (action en comblement d'insuffisance d'actif social) », *D.* 2001. Chron. 1377 – Favario Th., « La faute de gestion de l'article L. 651-2 du code de commerce », *Rev. proc. coll.* 2011. Étude 15 – Germain M., « L'action en comblement du passif social, entre droit commun et droit spécial », in *Le code de commerce, 1807-2007, Livre du bicentenaire*, Dalloz 2007 – Gibirila D., « Les responsabilités et les sanctions du dirigeant dans la loi de sauvegarde des entreprises », *Defrénois* 2006. 989, n° 38412 – Grossi I., « Nouvelle mise en garde des dirigeants : une action en responsabilité peut en cacher une autre », *RLDA* 2000, n° 29, n° 1804 – Haëhl J.-Ph., « Prééminence du droit des sanctions des procédures collectives sur le droit commun de la responsabilité civile », *RTD com.* 1995. 663 – Jambort S., « Responsabilité des dirigeants sociaux à l'égard des tiers pour des faits antérieurs à l'ouverture d'une procédure collective », *JCP E* 2006. Étude 2834 – Laugier M., « L'introuvable responsabilité du dirigeant social envers les tiers pour fautes de gestion », *Bull. Joly* 2003. 1231, § 261 – Le Corre P.-M., « Le recours du dirigeant social après l'admission des créances au passif », *Gaz. Pal.* 29 juin 2014, n° 180, p. 6 – Lèguevaques Ch., « Les sanctions civiles et pénales à l'encontre des dirigeants dans la loi de sauvegarde – Ou l'allégement du fardeau de l'homme en col blanc », *Rev. proc. coll* 2006, p. 246 – Lienhard A., « Aubaine pour le dirigeant condamné », *Mél. Robert*, LexisNexis, 2012, p. 431 s. – Mascala C., « La réforme du régime des sanctions », *Dr. et patr.* déc. 2009. 85 – Nicolas E., « La notion de faute séparable des fonctions des dirigeants sociaux à la lumière de la jurisprudence récente – Mutation, disparition ou simple besoin de changement de désignation », *Rev. sociétés* 2013. 535 – Patureau N., « Obligations et responsabilité du dirigeant dans la loi de sauvegarde des entreprises », *LPA* 17 févr. 2006, n° 35, p. 111 – Piniot M.-C., « Responsabilité civile des dirigeants sociaux, non-cumul des actions du droit des sociétés et du droit des procédures collectives », *RJDA* 1995. 639; « Cumul de l'action en comblement de passif et de la responsabilité fiscale », *RJDA* 1998/1, p. 3 – Randoux D., « La responsabilité du dirigeant d'association à l'égard des tiers », *Rev. sociétés* 2005. 225 – Saint-Alary-Houin C., « La responsabilité patrimoniale de dirigeants de sociétés en difficulté », Colloque Toulouse 17 janv. 2000, *JCP E* 2001, *Cah. Dr. entr.* n° 3, p. 30 – Soinne B., « La responsabilité des dirigeants d'une personne en cas de redressement ou de liquidation judiciaire, une évolution jurisprudentielle préoccupante », *LPA* 2 août 1995, p. 10; *Rev. proc. coll.* 1995, 249 s. – Sortais J.-P., « Les contours de l'action en comblement de l'insuffisance d'actif », *Mél. Bézard*, *LPA* – Montchrestien, 2002, p. 321 s. – Teboul G., « Procédures collectives et sanctions pécuniaires : peut-on transiger sur une sanction en comblement de passif » ? *Rev. proc. coll.* 2004, p. 9 – Vauvillé F., « Le nouveau titre V des responsabilités et des sanctions », *Rev. proc. coll.* 2006, p. 345 – Wdowiak S., « La faute détachable des fonctions, condition de l'action en responsabilité du tiers contre le dirigeant : entre incertitudes et hésitations », *Gaz. Pal.* 5 avr. 2013, n° 95, p. 8

– Zenati F., « Le produit de l'action en comblement de passif et la masse des créanciers », *D.* 1983. Chron. 213.

922.04 Questions essentielles.

• Est-ce que le fait pour un dirigeant de droit de laisser la direction à un dirigeant de fait est constitutif d'une faute de gestion ?

* V. s^s n° 922.25.

• L'action en comblement de passif peut-elle tendre à sanctionner des fautes commises après jugement d'ouverture ?

* V. s^s n° 922.21.

• Une action en comblement de passif est-elle recevable si la personne morale débitrice obtient un plan de continuation ?

* V. s^s n° 922.35.

• La faute retenue à l'encontre du dirigeant autorise-t-elle sa condamnation si elle n'est pas la cause principale du dommage ?

* V. s^s n° 922.41.

• Le dirigeant condamné dispose-t-il d'une action récursoire contre les autres dirigeants ?

* V. s^s n° 922.42.

922.09 Domaine de l'action en responsabilité pour insuffisance d'actif. L'action en responsabilité pour insuffisance d'actif est l'appellation donnée par la loi de sauvegarde à l'action en comblement de l'insuffisance d'actif de la législation du 25 janvier 1985[1], dénommée action en comblement de passif sous l'empire de la loi du 13 juillet 1967[2]. Ce dernier vocable sera le plus souvent conservé dans les développements qui suivent.

Sous l'empire de la législation antérieure à la loi du 26 juillet 2005[3], l'action en comblement de passif pouvait être prononcée en toute phase de la procédure de redressement ou de liquidation judiciaire, sous réserve du délai de prescription pour l'engagement de l'action. L'action était donc possible après adoption d'un plan de continuation.

La loi du 26 juillet 2005 modifie la solution et prévoit que l'action en responsabilité pour insuffisance d'actif peut être exercée dans la procédure de liquidation judiciaire, ainsi qu'après résolution d'un plan de sauvegarde ou de redressement. En conséquence, après arrêté d'un plan de redressement ou de sauvegarde, l'action en comblement de passif n'est plus recevable. Elle ne le sera qu'en cas de résolution desdits plans.

Il importe de préciser que cette modification du domaine d'application de l'action aujourd'hui dénommée action en responsabilité pour insuffisance d'actif n'est pas applicable aux procédures en cours contre la personne morale au 1er janvier 2006 et que la sanction du comblement de l'insuffisance d'actif peut parfaitement prospérer après cette date soit en cas de plan de continuation soit en cas de plan de cession (v. s^s n° 073.35).

Malgré la rédaction restrictive des textes au regard du domaine de l'action en responsabilité pour insuffisance d'actif, le risque de condamnation à combler l'insuffisance d'actif n'était pas complètement écarté pour le dirigeant qui se plaçait sous le régime de la sauvegarde, ce qui avait conduit, lors des travaux préparatoires de la loi de sauvegarde des entreprises à l'observation selon laquelle « on peut peut-être s'interroger sur la pertinence du nouvel article L. 651-1 – qui deviendra en définitive l'article L. 651-2 – qui prévoit l'application de ces sanctions au régime de sauvegarde. Une telle disposition ne risque-t-elle pas de s'avérer dissuasive envers un débiteur dont la démarche est volontaire et préventive »[4] ?

Ces observations ont été prises en compte. L'alinéa 1 de l'article L. 652-1 du code de commerce, dans la rédaction que lui donne l'ordonnance du 18 décembre 2008[5] (art. 131), prévoit que l'action en responsabilité pour insuffisance d'actif n'est désormais possible qu'un cas de liquidation judiciaire. La résolution du plan ne suffira plus au prononcé de la condamnation, dès lors qu'elle ne s'accompagne pas d'une liquidation judiciaire. Par voie de conséquence, l'article R. 651-1 du code de commerce qui disposait que « Le tribunal compétent pour statuer dans le cas prévu à l'article L. 651-2 du code de commerce est celui qui a ouvert ou prononcé la sauvegarde, le redressement ou la liquidation judiciaires de la personne morale », est modifié. L'article R. 651-1 du code de commerce, dans la rédaction que lui donne l'article 108 du décret du 12 février 2009[6], ne vise plus la sauvegarde et le redressement judiciaire et dispose désormais que « Le tribunal compétent pour statuer dans le cas prévu à l'article L. 651-2 du code de commerce est celui qui a ouvert ou prononcé la liquidation judiciaire de la personne morale. »

La solution est opportune pour la résolution du plan de sauvegarde, dont on sait, au demeurant, que même prononcée pour cause de cessation des paiements, elle n'entraîne plus systématiquement la liquidation judiciaire, le tribunal pouvant ouvrir un redressement judiciaire.

En ce qui concerne la résolution du plan de redressement, en pratique, il faut bien apercevoir que la restriction du domaine d'application de l'action en responsabilité pour insuffisance d'actif est très limitée. En effet, rares sont les hypothèses de résolution de plan de redressement sans cessation des paiements, seul cas dans lesquels la possibilité de condamner le dirigeant de la personne morale débitrice, non placée en liquidation judiciaire, pouvait trouver application.

> EIRL et comblement de passif. L'ordonnance du 9 décembre 2010[7] rend applicable à l'**EIRL** l'action en responsabilité pour insuffisance d'actif, en modifiant d'une part, l'article L. 651 du code de commerce et, d'autre part, en insérant après l'alinéa 1 de l'article L. 651-2 du même code, un alinéa aux termes duquel « lorsque la liquidation judiciaire a été ouverte ou prononcée à raison de l'activité d'un entrepreneur individuel à responsabilité limitée à laquelle un patrimoine est affecté, le tribunal peut, dans les mêmes conditions, condamner cet entrepreneur à payer tout ou partie de l'insuffisance d'actif. La somme mise à sa charge s'impute sur son

1. L. n° 85-98, 25 janv. 1985, *JO* 26 janv., p. 1097.
2. L. n° 67-563, 13 juill. 1967, *JO* 14 juill., p. 7059.
3. L. n° 2005-845, 26 juill. 2005, *JO* 27 juill., p. 12187.
4. n° 337 de Christian Gaudin, *Doc. Sénat*, au nom de la mission des affaires économiques, p. 44.
5. n° 2008-1345, 18 déc. 2008, *JO* 19 déc., p. 19462.
6. 2009-160, 12 févr. 2009, *JO* 13 févr., p. 2596.
7. n° 2010-1512, 9 déc. 2010, *JO* 10 déc., p. 21617.

patrimoine non affecté ». L'**EIRL** est ainsi traité, au-delà du patrimoine concerné par la procédure collective et appréhendé par elle, comme le dirigeant d'une société, devant répondre de la faute de gestion, sur les biens de son patrimoine non affecté, lorsque sa faute a contribué à l'insuffisance d'actif dont sont victimes les créanciers de son patrimoine affecté. Cela signifie, *a contrario*, que la faute de gestion commise au titre de son patrimoine non affecté ne peut être prise en compte sur le terrain de la responsabilité pour insuffisance d'actif, si le patrimoine non affecté loge une entreprise indépendante. Mais, il n'y a pas de quoi s'émouvoir, puisque l'intéressé, sur ce patrimoine non affecté, est déjà responsable sans limitation, ce qui ne peut être résumé à une immunité[1].

SECTION 922.10 NATURE JURIDIQUE DE L'ACTION EN COMBLEMENT DE PASSIF – CARACTÈRE FACULTATIF DE LA CONDAMNATION À COMBLER LE PASSIF

922.11 Nature juridique de l'action de l'action en comblement de passif. L'action en comblement de passif est une action en responsabilité civile délictuelle, à caractère non répressif, solution déjà posée sous l'empire de la loi du 13 juillet 1967[2], mais exclusivement indemnitaire[3], ayant pour objet la réparation du préjudice subi par la collectivité des créanciers[4]. La solution permet d'écarter le jeu de l'article 4 du protocole n° 7 de la convention européenne de sauvegarde des droits de l'homme et des libertés fondamentales qui interdit de punir deux fois pour des mêmes faits[5].

Sous l'empire de la loi du 13 juillet 1967, l'ation en comblement de passif présentait, par rapprt à l'action en responsabilité civile, une particuarité évidente : le demandeur à l'action était dispesé de prouver la faute et le lien de causalité entre lafaute et le préjudice. Deux des trois éléments classiqes de la trilogie constitutive d'une action en resposabilité étaient ainsi présumés.

Cette absence d'assimilation entre l'actin en responsabilité civile contre des dirigeants de ociétés, telle celle visée aux articles 52 et 244 de laoi du 24 juillet 1966[6] (devenus C. com., art. L. 2232 et L. 225-251), et l'action en comblement de ıssif, emportait des conséquences. Le syndic, en taique représentant de la masse des créanciers, avait le choix d'engager une action en comblement de passif contre les dirigeants sociaux ou une action en responsabilité de droit commun des sociétés sur le fondement des articles 52 et 244 de la loi du 24 juillet 1966 ou 1382 et 1383 du code civil[7]. Cette dualité d'actions autorisait les créanciers, invoquant un préjudice personnel, à agir contre les dirigeants sociaux, *ut singuli*. En outre, pour obtenir réparation de leur fraction individuelle de préjudice collectif, ils pouvaient agir si le syndic n'agissait pas.

La loi du 26 juillet 2005[8] retraduit la nature juridique de l'action en comblement de passif en la traitant dans un chapitre intitulé « de la responsabilité pour insuffisance d'actif ». La nature d'action en responsabilité est donc affirmée.

922.12 Action en comblement de passif et action en responsabilité de droit commun. L'alignement, par la loi du 25 janvier 1985[9], de l'action en comblement de passif sur l'action en responsabilité contre les dirigeants sociaux d'une part, la disparition de la masse des créanciers d'autre part, a conduit la Cour de cassation à opérer un changement important dans les solutions retenues. L'action en comblement de passif est aujourd'hui, à l'encontre du dirigeant d'une personne morale débitrice, par principe, la seule action en responsabilité civile recevable lorsque la procédure collective fait apparaître une insuffisance d'actif[10]. En conséquence, s'agissant d'une action attitrée et fermée aux créanciers, les actions en responsabilité sur le fondement des articles 52 et 244 de la loi du 24 juillet 1966[11] (devenus C. com. art. L. 223-22 et L. 225-251) ne peuvent plus prospérer. *A fortiori*, il ne peut y avoir cumul entre une action en comblement de l'insuffisance d'actif et une action en responsabilité civile délictuelle de droit commun, tant sous l'empire de la législation antérieure à la loi de sauvegarde des

1. Pérochon, 10e éd., n° 1671.
2. L. n° 67-563, 13 juill. 1967, préc. – Com. 15 nov. 88, n° 87-12.340, *Bull. civ.* IV, n° 305.
3. Pau, 2e ch., 23 mars 2004, *RD banc. fin.* 2004, n14, obs. Lucas.
4. Soinne, n° 2582.
5. Pau, 2e ch., 23 mars 2004, *RD banc. fin.* 20042, n° 214, obs. Lucas.
6. L. n° 66-537, 24 juill. 1966, *JO* 26 juill., p. 6402.
7. Com. 7 janv. 1981, n° 79-11.283, *Bull. civ.* IV, n° 11.
8. L. n° 2005-845, 26 juill. 2005, préc.
9. L. n° 85-98, 25 janv. 1985, préc.
10. Com. 28 févr. 1995, n° 92-17.329, *Bull. civ.* IV, n° 60; *Bull. Joly* 1995 544, n° 194; *D.* 1995. 390, note Derrida; *RTD com.* 1995. 663, obs. Haëhl – Com. 11 avr. 1995, n° 92-17.013, NP, *Bull. Joly* 1995. 684, n° 238, note Daigre – Com. 20 juin 1995, n° 93-12.810, *Bull. civ.* IV, n° 187; *Bull. Joly* 1995. 985, n° 386, note Daigre – Com. 26 mai 1999, n° 96-16.126, NP, *Bull. Joly* 1999. 962, n° 226, note Menjucq – Com. 3 oct. 2000, n° 96-15.514, NP, *Bull. Joly* 2001. 24, n° 4, note Le Cannu; *RJDA* 2001/1, n° 61 – Com. 5 mars 2002, *Act. proc. coll.* 2002, n° 104 – Com. 19 nov. 2013, n° 12-16.099, *Bull. civ.* IV, n° 170; n° 1115 FS-P+B; *D.* 2013. actu 2767, note Lienhard; *Gaz. Pal.* 2 févr. 2014, n° 33, p. 28, note Dondéro; *Bull. Joly* févr. 2014, 101, note Monsérié-Bon; *Act. proc. coll.* 2014/1, comm. 15, note Pagnucco; *BJE* mars 2014, 95, note Favario; *Dr. sociétés* 2014, comm. 68, note Legros.
11. L. n° 66-537, 24 juill. 1966, préc.

entreprises[1], que depuis cette dernière législation[2]. Cette règle dite du non cumul est critiquée par certains, faisant justement observer que les conditions de l'action de droit commun sont beaucoup trop restrictives, en cas d'ouverture d'une procédure collective, au regard des contraintes financières d'engagement de l'action en responsabilité pour insuffisance d'actif, dans des procédures collectives impécunieuses, ce qui assure au dirigeant fautif une immunité imméritée[3].

L'obligation d'opérer une distinction entre les deux actions conduit à décider que le délai de prescription de trois ans, qui court en matière de responsabilité de droit commun des sociétés, à compter de la faute, est ici sans application, la seule prescription étant celle relative à l'introduction de l'action en comblement de passif dans le délai de trois ans qui court à compter de la liquidation judiciaire[4].

L'action en responsabilité introduite contre les dirigeants avant le jugement d'ouverture par un créancier reste recevable, la recevabilité de l'action s'appréciant à la date de l'introduction de l'action[5].

L'action en responsabilité de droit commun engagée après l'ouverture de la procédure collective est irrecevable si est invoquée par le créancier une insuffisance d'actif[6]. En revanche, si aucune insuffisance d'actif n'est constatée, l'action en responsabilité de droit commun peut, en tout cas sous l'empire de la législation antérieure à la loi de sauvegarde des entreprises, prospérer contre le dirigeant[7]. La solution a été posée dans une espèce où l'indemnisation recherchée l'était par un associé n'invoquant aucune insuffisance d'actif[8]. Au contraire, la cour d'appel qui autorise un associé à agir contre le dirigeant social en paiement du passif social sans constater l'absence d'insuffisance d'actif, prive sa décision de base légale[9]. Le liquidateur pourrait toutefois reprendre, sur le fondement de l'article L. 651-2 du code de commerce, et dans le délai de prescription de l'action en responsabilité pour insuffisance d'actif, l'action engagée sur le fondement de l'article L. 223-22 du code de commerce. La condamnation du dirigeant ne peut évidemment intervenir si le liquidateur ne comparaît pas et ne reprend pas l'action engagée par l'associé[10]. La question du cumul avec l'action en responsabilité pour insuffisance d'actif ne peut alors évidemment se poser.

La difficulté se trouve renouvelée avec la loi de sauvegarde des entreprises, pour deux raisons. La première tient à la création de l'obligation aux dettes sociales par la loi du 26 juillet 2005[11] (v. s[s] n° 924.15). La seconde tient au cantonnement de l'action en responsabilité pour insuffisance d'actif depuis la loi du 26 juillet 2005. La condamnation ne peut être prononcée pendant les procédures de sauvegarde et de redressement, ainsi que pendant l'exécution des plans de sauvegarde et de redressement. Il faut donc admettre la possibilité de l'action en responsabilité civile de droit commun contre les dirigeants pendant ces phases[12], l'action n'étant irrecevable en cas d'insuffisance d'actif de la société que s'il y a eu résolution du plan de sauvegarde ou de redressement ou prononcé de la liquidation judiciaire, sous l'empire de la loi de sauvegarde dans sa rédaction d'origine. L'action en responsabilité pour insuffisance d'actif a été ensuite exclusivement cantonnée à la liquidation judiciaire, depuis l'ordonnance du 18 décembre 2008[13].

De même, il est interdit d'actionner un dirigeant, fût-il de fait, sur le fondement de l'action en responsabilité civile de l'article 1382 du code civil et

1. Chambéry, ch. com., 12 sept. 2006, RG n° 04/1297, *Rev. proc. coll.* 2007/2, p. 91, n° 11, obs. Barret – *Adde*, SUR CETTE AFFIRMATION : Com. 10 juill. 2007, n° 06-16.165, NP; n° 954 F-D; *Gaz. proc. coll.* 2007/4, p. 58, note Montéran.
2. Com. 19 nov. 2013, n° 12-16.099, *Bull. civ.* IV, n° 170, préc.
3. Lucas, « Responsabilité pour insuffisance d'actif, une étrange indulgence », *Bull. Joly sociétés* 2015, 265, éditorial.
4. Com. 8 avr. 2015, n° 13-28.512, *Bull. civ.* IV [à paraître]; n° 360 F-P+B; *D.* 2015. actu 862, note Lienhard et 2015, pan. 1980, note Lucas; *Rev. sociétés* 2015. 406, note Henry; *BJE* sept. 2015, 305, note Sortais; *JCP E* 2015, chron. 1422, n° 10, note Pétel; *Rev. proc. coll.* 2015, comm. 191, note Martin-Serf; *Bull. Joly sociétés* 2015, 304, note Laroche; *Dr. sociétés* 2015, comm. 154, note Legros; *LPA* 17 déc. 2015, n° 251, note Ballot-Léna.
5. Com. 10 févr. 2009, n° 07-20.445, *Bull. civ.* IV, n° 21; *D.* 2009. AJ, 559, obs. Lienhard; *D.* 2009. Chron. 1243, n° 5, note Bélaval et Salomon; *Gaz. proc. coll.* 2009/2, p. 48, n° 4, note Montéran; *Rev. sociétés* 2009. 328, note Barbièri; *LPA* 11 sept. 2009, n° 182, p. 5, note Quiévy; *Bull. Joly sociétés* 2009, n° 143, note Legros; *Dr. sociétés* 2009, n° 161, note Gallois-Cochet; *RTD civ.* 2009. 537, n° 3, obs. Jourdain.
6. Com. 28 mars 2000, n° 97-11.533, *Bull. civ.* IV, n° 70; *Act. proc. coll.* 2000, n° 113, note Saintourens; *D.* 2000. AJ 187, obs. Lienhard; *Rev. proc. coll.* 2000, 135, n° 1, obs. Martin-Serf; *Bull. Joly* 2000. 606, note Daigre; *JCP E* 2000. Chron. 1566, n° 12, obs. Pétel; *RTD com.* 2000. 655, obs. Champaud et Danet; *RD banc. fin.* 2000, n° 73, obs. Lucas; *Bull. Joly* 2000, n° 135, note Daigre – Com. 28 mai 2002, n° 98-20.333, NP, *RJDA* 2002/11, p. 990, n° 1176.
7. Com. 27 juin 2006, n° 05-14.271, *Bull. civ.* IV, n° 152; *D.* 2006. AJ 1891, obs. Lienhard; *Act. proc. coll.* 2006, n° 172, note Régnaut-Moutier; *Gaz. proc. coll.* 2006/4, p. 40, note Montéran; *Dr. sociétés* 2007, n° 6, note Legros.
8. Com. 11 juill. 2006, n° 0[illegible]-13.529, NP, *Act. proc. coll.* 2006, n° 201, note Régnaut-Moutier.
9. Com. 30 juin 2015, n° 14-13.421, NP; n° 651 F-D; *Gaz. Pal.* 2015. 3178, note Zattara-Gros; *Rev. proc. coll.* 2016, comm. 94, note Martin-Serf.
10. Com. 30 juin 2015, n°s 14-13.422, 14-23.928, NP; n° 652 F-D.
11. L. n° 2005-845, 26 juill. 2005, préc.
12. VIDAL et GIORGINI, n° 1506.
13. Ord. n° 2008-1345, 18 déc. 2008, préc.

sur le fondement de l'action en comblement de passif ou sur celui du redressement ou de la liquidation judiciaire à titre personnel[1].

L'action en responsabilité de droit commun contre les dirigeants sociaux est cependant recevable, si elle tend à la réparation d'un préjudice postérieur au jugement d'ouverture[2] (v. aussi s^s n° 922.21). Les conditions restrictives tenant à l'existence d'une faute détachable des fonctions de dirigeant devront être réunies[3] (v. s^s n° 922.13). Il n'apparaît pas de bonne raison de ne pas reconduire la solution, sous l'empire de la loi de sauvegarde. Il faut toutefois, sous l'empire de cette dernière législation, réserver l'hypothèse de la résolution d'un plan de redressement judiciaire. En ce cas, si par extraordinaire, la résolution du plan ne s'accompagne pas d'un état de cessation des paiements, la faute sera commise après ouverture de la procédure. Seule l'action en responsabilité pour insuffisance d'actif sera recevable, non l'action en responsabilité de droit commun, en application du principe « *specialia...* »

En outre, en présence d'un préjudice subi par la collectivité des créanciers, l'action en responsabilité civile de droit commun n'est fermée au liquidateur qu'autant que la personne poursuivie, si elle n'est pas dirigeant de droit, est qualifiée de dirigeant de fait[4].

Cette action en responsabilité délictuelle de droit commun reste recevable si elle est présentée à titre très subsidiaire, alors même qu'à titre principal est demandée l'ouverture d'une procédure collective à titre de sanction contre l'intéressé, et, à titre subsidiaire, la condamnation de l'intéressé à combler le passif, dès lors que ces deux demandes ont été rejetées faute d'établir la qualité de dirigeant de fait de l'intéressé[5].

De même, reste recevable l'action en réparation du préjudice fondé sur la rupture brutale de relations commerciales établies (C. com., art. L. 442-6, I, 5°) si elle est présentée à titre subsidiaire par rapport à une action en comblement de passif présentée à titre principal contre un dirigeant de fait[6].

922.13 Action en responsabilité contre le dirigeant sur le fondement d'un préjudice personnel – Faute détachable des fonctions[7]. Il est possible de réserver le cas d'une action ne tendant qu'à obtenir réparation d'un préjudice strictement personnel au créancier[8], ce qui n'est pas le cas du préjudice tiré du défaut de paiement de sa créance[9]. La solution est identique pour l'associé, qui devra démontrer l'existence d'un préjudice strictement personnel[10].

Il avait semblé, sur la question de l'action en responsabilité de droit commun du dirigeant, en présence d'une société sous procédure collective, et ayant pour fondement une faute antérieure au jugement d'ouverture, que le créancier et l'associé étaient placés sur un pied d'égalité. Ainsi, créancier et associé[11] qui agissaient en responsabilité de droit commun contre le dirigeant devaient rapporter, outre l'existence d'un préjudice personnel, celle d'une faute du dirigeant détachable de ses fonctions[12], ce que

1. Com. 8 juill. 2003, n° 00-16.882, NP, *Act. proc. coll.* 2003, n° 215.
2. Com. 14 mars 2000, n° 97-17.753, *Bull. civ.* IV, n° 59; *Act. proc. coll.* 2000, n° 95; *D.* 2000. AJ 188, obs. Lienhard; *Dr. sociétés* 2000, n° 75, note Chaput; *Rev. proc. coll.* 2000, 135, n° 1, obs. Martin-Serf; *JCP E* 2000. Jur. 1527, note Poracchia; *RTD com.* 2000. 655, obs. Champaud et Danet; *RD banc. fin.* 2000, n° 73, obs. Lucas; *LPA* 15 févr. 2001, n° 33, p. 17, note Segarra – Rouen, 2e ch., 11 janv. 2007, RG n° 05/2942, *RJDA* 2007/11, p. 1118, n° 1137.
3. Rouen, 2e ch., 11 janv. 2007, RG n° 05/2942, *RJDA* 2007/11, p. 1118, n° 1137.
4. Com. 28 sept. 2004, n° 01-13.528, NP – Com. 19 févr. 2008, n° 06-20.444 NP; n° 284 F-D; *Gaz. proc. coll.* 2008/2, p. 42, note Montéran; *Dr. sociétés* 2008, n° [illegible], note Legros; *Bull. Joly* 2008. 504, note Saintourens; *Rev. proc. coll.* 2009. Étude 5, note Martin-Serf.
5. Com. 19 févr. 2008, n° 06-20.444, préc. (v. s^s prés^t n° [illegible]
6. Grenoble, ch. com., 28 mars 2013, RG n° 11/03121, *Rev. proc. coll.* 2014, comm. 177, note Martin-Serf.
7. Monnet, « Assurance et faute séparable des fonctions de dirigeant de société », *Dr. sociétés* 2007, n° 10 – E. Nicolas, « La notion de faute séparable des fonctions des dirigeants sociaux à la lumière de la jurisprudence récente – Mutation, disparition ou simple besoin de changement de désignation », *Rev. sociétés* 2013. 535.
8. Cass., ass. plén., 9 juill. 1993, n° 89-19.211 *Bull. ass. plén.*, n° 13; *JCP E* 1993. I. 298, n° 15, obs. Pétel; II, 509, note Pollaud-Dulian; *D.* 1993. 469, concl. Jéol, rapp. Dumas, note Derrida – Paris, 13 janv. 1995, *RJDA* 1995. 241 – Paris, 1re ch. A, 10 mars 1998, *Rev. proc. coll.* 1999, 46, n° 10, obs. Martin-Serf; *Bull. Joly* 1998, n° 259, note Rontchevsky – Versailles, 13e ch., 22 juin 2000, *D.* 2000. AJ 367, obs. Lienhard; *Bull. Joly* 2000, n° 260, note Daigre.
9. Com. 7 juill. 2004, n° 02-10.687, NP.
10. Com. 7 juill. 2004, n° 00-22.887, NP.
11. AINSI : Paris, 1re ch. A, 25 sept. 2007, RG n° 06/11998; *Bull. Joly* 2008. 50, note Messaï-Bahri.
12. Com. 28 avr. 1998, n° 96-10.253, *Bull. civ.* IV, n° 139; *JCP E* 1998. Jur. 1258, note Guyon; *JCP* 1998. II. 10177, note Ohl; *Bull. Joly* 1998. 808, note Le Cannu; *Dr. sociétés* 1998, n° 46, note Vidal; *Rev. sociétés* 1998. 767, note Saintourens – Com. 7 mars 2006, n° 04-16.536, *Bull. civ.* IV, n° 61; *D.* 2006. AJ 857, obs. Lienhard; *Gaz. proc. coll.* 2006/3, p. 31, obs. Roussel Galle; *JCP E* 2006. Chron. 2331, n° 14, obs. M. Cabrillac; *Act. proc. coll.* 2006, n° 102, note Vallansan; *Bull. Joly* 2006. 938, note Lucas; *JCP E* 2006. Chron. 2035, n° 2, obs. Caussain, Deboissy et Wicker; *LXB* n° N8015AK3, note Lehnof; *Defrénois* 2006. 940, Chron. 38407, n° 6, note Gibirila; *Rev. sociétés* 2006. 644, note Barbièri; *Dr. sociétés* 2006, p. 207, note Ginestet – Versailles, 12e ch., 8 avr. 1999, *D. Affaires* 1999. 996 – Versailles, 13e ch., 22 juin 2000, *D.* 2000. AJ 367, obs. Lienhard; *Bull. Joly* 2000, n° 260, note Daigre – *Adde*, Jambort, « Responsabilité des dirigeants sociaux à l'égard des tiers pour des faits antérieurs à l'ouverture d'une procédure collective (à propos de Com. 7 mars 2006) », *JCP E* 2006. Étude 2834.

certains auteurs critiquaient, en l'état d'une société sous procédure collective[1]. Il y avait là un emprunt indéniable au droit administratif[2]. Du fait de cette dernière exigence, en pratique, l'action sera très rarement recevable, compte tenu du caractère restrictif de cette notion prétorienne[3].

La Cour de cassation s'est toutefois ensuite clairement exprimée en un autre sens, pour considérer que l'associé, s'il doit démontrer un préjudice distinct de celui subi par la personne morale (v. ss n° 611.36), n'a pas, en revanche, à prouver une faute du dirigeant, qui soit détachable de ses fonctions[4].

L'exigence de la faute détachable est en revanche posée si l'action est engagée par un tiers, non associé[5]. La responsabilité extra contractuelle du dirigeant social sera retenue si est relevée une faute intentionnelle d'une particulière gravité, incompatible avec l'exercice normal des fonctions sociales[6]. La réalité recouverte par la faute séparable des fonctions est en pratique extrêmement malaisée à déterminer avec précision. Il semble que la faute détachable existera si le dirigeant a eu l'intention de causer le dommage ou s'il a témoigné d'une indifférence manifeste quant aux risques des dommages occasionnés par sa faute[7]. Un auteur a suggéré de remplacer la notion de faute détachable par l'expression de « faute personnelle d'une particulière anormalité »[8].

Tel n'est pas le cas de l'omission de déclaration de la cessation d'activité d'un site classé au regard des règles de l'environnement, lorsque l'immeuble est ensuite cédé, alors que le dirigeant n'a pas participé à cette vente[9]. Peu importe qu'il agisse dans les limites de ses attributions[10].

L'exigence de la faute détachable est également posée lorsque la responsabilité du président d'une association est recherchée[11].

Une faute civile grave peut suffire, sans que soit exigée une faute pénale.

La solution a été retenue, en dehors de toute procédure collective, dans l'hypothèse du gérant d'une société, qui laisse un salarié utiliser un véhicule qui n'est plus assuré, la résiliation du contrat d'assurance étant intervenue quelques jours plus tôt, et qui provoque un accident dans lequel un tiers est blessé[12].

Identiquement, la faute détachable a été retenue :

– à l'encontre du gérant d'une société ayant exercé de multiples recours administratifs, et alors que la société dont il était le gérant n'avait été constituée qu'à cette fin, ce dont il résultait que ces recours étaient étrangers à l'objet et à l'intérêt de la société dirigée, et que le dirigeant avait agi dans un but d'enrichissement personnel[13];

– à l'encontre d'un dirigeant social trompant le cocontractant sur la solvabilité de la société qu'il dirigeait[14];

– pour le dirigeant social commettant volontairement des malversations destinées à faire échapper des biens au gage des créanciers de la société dirigée[15];

– dans une espèce où le dirigeant, par l'intermédiaire de sociétés du groupe qu'il dirigeait, a réduit à

1. Lucas, note ss Com. 7 mars 2006, n° 04-16.536, *Bull. Joly* 2006. 944.
2. Abras, « Responsabilité extra-contractuelle des dirigeants sociaux – L'exigence d'une faute séparable des fonctions entendue restrictivement : présent offert aux dirigeants ou nécessité », *JCP E* 2008. Étude 1912, sp. n° 3 – Camensuli-Feuillard, « L'irresponsabilité du dirigeant à l'égard de l'associé, du créancier et de la société débitrice en difficulté », *Bull. Joly* 2008. 66, sp. 75, n° 26.
3. RAPPR. : Daigre, note ss Versailles, 13e ch., 22 juin 2000, *Bull. Joly* 2000, n° 260 – Lucas, note ss Com. 7 mars 2006, n° 04-16.536, *Bull. Joly* 2006. 945.
4. Com. 9 mars 2010, nos 08-21.547, 08-21.793, *Bull. civ.* IV, n° 48, *D.* 2010. AJ 761, obs. Lienhard; *Rev. proc. coll.* 2011, n° 16, note Martin-Serf; *RTD com.* 2010. 374, n° 4, note Le Cannu et Dondéro; *JCP E* 2010 n° 1483, note Schiller; *Rev. sociétés* 2010. 230, note Le Nabasque; *Dr. sociétés* 2010, n° 109, note Coquelet.
5. Com. 23 nov. 2010, n° 09-15.339, NP, *Bull. Joly* 2011. 186, note Couard.
6. Com. 20 mai 2003, n° 99-17.092, *Bull. civ.* IV, n° 84; *D.* 2003. AJ 1502, obs. Lienhard; Jur 2623, note Dondero; *Bull. Joly* 2003. 786, note Le Nabasque; *Defrénois* 2003. 1067, 37801, note Maleville-Costedoat; *RTD civ.* 2003. 509, n° 4, obs. Jourdain; *Rev. proc. coll.* 6-7 févr. 2004, Jur. 22, note Clément; *RTD com.* 2003. 741, n° 3, obs. Champaud et Danet – Com. 26 févr. 2008, n° 05-18.569, NP, *Bull. Joly* 2008. 657, note Le Cannu – Com. 10 févr. 2009, n° 07-20.445, *Bull. civ.* IV, n° 21; *D.* 2009. Chron. 1243, n° 5, note Bélaval et Salomon; *Gaz. proc. coll.* 2009/2, p. 48, n° 4, note Montéran; *Rev. sociétés* 2009. 328, note Barbièri; *LPA* 11 sept. 2009, n° 182, p. 5, note Quiévy; *Dr. sociétés* 2009, n° 143, note Legros; *Dr. sociétés* 2009, n° 161, note Gallois-Cochet; *RTD civ.* 2009. 537, n° 3, obs. Jourdain.
7. Abras, art. préc., sp. n° 8.
8. Nicolas, « La notion de faute séparable des fonctions des dirigeants sociaux à la lumière de la jurisprudence récente – Mutation, disparition ou simple besoin de changement de désignation », *Rev. sociétés* 2013. 535.
9. Paris, pôle 2, 1re ch., 20 sept. 2011, RG n° 10/03144, *Bull. Joly* 2012, n° 222, note Dondéro.
10. Com. 18 juin 2013, n° 12-17.195, NP; n° 624 F-D; *Bull. Joly* déc. 2013, 828, note Couard.
11. Paris, pôle 5, 8e ch., 2 mars 2010, RG n° 09/15336, *Bull. Joly* 2010. 662, note Rubellin.
12. Com. 4 juill. 2006, n° 05-13.930, *Bull. civ.* IV, n° 166; *D.* 2006. AJ 1953, obs. Lienhard; *RTD com.* 2006. 848, n° 5, obs. Champaud et Danet.
13. Com. 10 nov. 2015, n° 14-18.179, NP, *Bull. Joly sociétés* 2016, 28, note Messaï-Bahri.
14. Com. 31 mars 2015, n° 14-14.575, NP, *Bull. Joly sociétés* 2015, 363, note Messaï-Bahri.
15. Com. 31 mars 2015, n° 13-19.432, NP, *Bull. Joly sociétés* 2015, 363, note Messaï-Bahri.

néant l'activité de l'une des sociétés de ce groupe, créant un préjudice à un cocontractant[1];

– à l'encontre du gérant qui s'abstient de mentionner la créance d'une société filiale sur la liste des dettes de la société mère remise au mandataire judiciaire, ayant ainsi voulu sciemment avantager la seconde au détriment de la première et des créanciers de celle-ci, privant ces derniers de la possibilité d'obtenir un règlement dans le cadre du plan de la société mère.

La faute a été retenue bien que les organes des procédures collectives aient pu connaître cette créance[2] :

– dans le cas d'un dirigeant ayant, es qualités, signé des contrats de sous-licence, alors qu'il savait que les brevets correspondants, pour lesquels il avait personnellement déposé une demande en son nom, n'avaient été ni délivrés, ni publiés[3];

– pour le dirigeant social d'une discothèque qui ne procède pas aux déclarations informatives permettant le calcul des droits des artistes-interprètes[4];

– dans le fait pour le dirigeant social de prendre à bail des véhicules, sans commencer l'activité sociale pour laquelle les contrats de location, dont les loyers n'ont pas été payés, avaient été souscrits[5].

De même, la Cour de cassation a pu reprocher à une cour d'appel de ne pas avoir vérifié s'il n'y avait pas faute détachable des fonctions directoriales dans le fait pour les dirigeants d'organiser l'insolvabilité de la société, empêchant de manière intentionnelle le paiement d'un important créancier[6].

La faute détachable des fonctions a également été retenue par la Cour de cassation, dans une espèce topique[7], en présence :

– d'un dirigeant qui n'avait fait aucune provision sur les exercices clos sur les trois années ayant précédé l'année d'ouverture de la procédure collective;

– d'un dirigeant qui avait distribué la trésorerie en dividendes;

– d'une disproportion entre les achats et le chiffre d'affaires, conséquence d'une trésorerie disparue;

– d'entrées non comptabilisées faisant disparaître une partie de la trésorerie;

– d'une trésorerie disparue par les locations incertaines;

– d'honoraires anormaux;

– de conventions illégales.

Un manquement aux règles de l'art dans le domaine de la construction d'une gravité certaine, en connaissance de cause, n'a pas été qualifié de faute détachable[8]. La faute lourde n'est donc pas équipollente à la faute détachable.

S'il y a faute pénale, le caractère détachable de la faute semble cependant plus facile à démontrer.

C'est ainsi que la tromperie sur la qualité des matériaux utilisés pour un chantier, dol civil, constitue un acte de nature purement civile de nature entrepreneuriale, non détachable des fonctions[9].

De même, le gérant d'une SARL exploitant des activités sportives engage sa responsabilité à ne pas souscrire les assurances obligatoires[10].

Mais toute faute pénale ne sera pas nécessairement suffisante. C'est ainsi que le défaut de souscription d'une assurance en matière de construction de maison individuelle n'a pas été considéré comme une faute détachable des fonctions du dirigeant[11]. Cette vision n'est pas partagée par la Chambre commerciale de la Cour de cassation, qui juge, au contraire, que l'acceptation consciente par le gérant d'une SARL de l'ouverture d'un chantier non couvert par une assurance garantissant la responsabilité décennale des constructeurs est une faute constitutive d'une infraction pénale intentionnelle, séparable comme telle des fonctions sociales du gérant et propre à engager sa responsabilité civile à l'égard des tiers à qui cette faute a porté préjudice[12].

1. Com. 26 juin 2007, n° 06-13.566, NP, *RTD com.* 2008. 128, obs. Le Cannu et Dondéro.
2. Com. 27 mai 2014, n° 12-28.657, *Bull. civ.* IV, n° 92; n° 518 F-P+B; *Rev. sociétés* 2014. 529, note Roussel Galle; *BJE* 2014, 317, note Favario; *RTD com.* 2014. 587, n° 1, note Martin-Serf.
3. Com. 26 févr. 2008, n° 05-18.569, NP, *Bull. Joly* 2008. 657, note Le Cannu.
4. Com. 9 févr. 2012, n° 09-69.594, NP, *Bull. Joly* 2012, n° 191, note Maetz.
5. Dijon, 1re ch. civ., 9 sept. 2010, *Dr. sociétés* 2011, n° 31, obs. D.G.-C.
6. Com. 10 févr. 2009, n° 07-20.445, *Bull. civ.* IV, n° 21; *D.* 2009. AJ 559, obs. Lienhard; *D.* 2009. Chron. 1243, n° 5, note Bélaval et Salomon; *Gaz proc. coll.* 2009/2, p. 48, n° 4, note Montéran; *Bull. Joly* 2009. 499, note Messaï-Bahri; *LPA* 11 sept. 2009, n° 182, p. 5, note Quiévy; *Dr. sociétés* 2009, n° 143, note Legros; *Dr. sociétés* 2009, n° 161, note Gallois-Cochet; *RTD civ.* 2009. 537, n° 3, obs. Jourdain.
7. Com. 18 juin 2013, n° 12-17.195, NP; 624 F-D.
8. Com. 31 janv. 2012, n° 11-14.154, NP, *Rev. sociétés* 2012. 418, note Dondéro.
9. Civ. 3e, 18 juin 2003, n° 98-22.718, NP, *Dr. sociétés* 2003, p. 27, note Monnet; *RTD com.* 2004. 93, n° 1, obs. Champaud et Danet.
10. Com. 27 mai 2015, nos 13-23.772, 14-11.405, 14-13.689, NP, *Bull. Joly sociétés* 2015, 446, note Brignon; *Rev. sociétés* 2016. 95, note Rizzo.
11. Civ. 3e, 4 janv. 2006, n° 04-14.731, *Bull. civ.* IV, n° 7; *D.* 2006. AJ 231, obs. Lienhard; *D.* 2007. Pan. 267, obs. Hallouin et Lamazerolles; *Bull. Joly* 2006. 527, note Messai-Bahri; *JCP E* 2006. Chron. 2035, n° 1, obs. Caussain, Deboissy et Wicker.
12. Com. 18 mai 2010, n° 09-66.172, NP, *Dr. sociétés* 2010, n° 161, note Roussille – Com. 28 sept. 2010, n° 09-66.255, Bull. civ. IV, n° 146; *D.* 2010. Étude 2618, note Salomon; *Gaz. Pal.* 15-16 déc. 2010, Jur. 13, note Zattara-Gros; *Dr. sociétés* 2010, n° 225, note Roussille; *Dr. sociétés* 2011, n° 1, note Salomon.

On notera, à la suite d'auteurs[1], que si le contentieux est placé devant le tribunal correctionnel, la réparation semble plus assurée, la chambre criminelle ne demandant pas de rechercher si la faute est détachable des fonctions pour obliger la personne condamnée à indemniser[2].

Apportons enfin quelques précisions procédurales. En cas de faute détachable des fonctions, l'action en responsabilité contre le dirigeant social d'une société commerciale relève de la compétence d'attribution du tribunal de commerce[3]. L'action est enfermée dans un délai triennal de prescription. La solution a été posée, en application de l'article L. 223-23 du code de commerce, pour la responsabilité d'un gérant de SARL[4].

922.14 Action civile devant la juridiction répressive. Il convient de réserver l'action civile devant la juridiction répressive qui, si elle tend à obtenir réparation d'un préjudice collectif, est irrecevable de la part des créanciers (anc. L. 25 janv. 1985[5], art. 211, énonçant la liste des personnes pouvant agir, devenu C. com., art. L. 626-16), alors qu'elle est recevable si elle tend à obtenir réparation d'un préjudice personnel[6].

La loi de sauvegarde des entreprises reprend la solution, tout en prévoyant cependant la possibilité de l'action civile de la part des contrôleurs agissant à la majorité, en cas de carence du mandataire judiciaire (C. com., art. L. 654-17 – v. s^s n° 931.21).

922.15 Action en responsabilité fiscale. Les actions en responsabilité fiscale des articles 266 et 267 du Livre des procédures fiscales peuvent également se cumuler avec l'action en responsabilité pour insuffisance d'actif, dès lors du moins que l'action en comblement de passif permet au Fisc d'être payé intégralement[7]. Dans le cas contraire, l'action reste ouverte au fisc[8].

1. Obs. Caussain, Deboissy et Wicker, s^s Civ. 3e, 4 janv. 2006, n° 04-14.731, *JCP E* 2006. Chron. 2035, n° 1 – Camensuli-Feuillard, « L'irresponsabilité du dirigeant à l'égard de l'associé, du créancier et de la société débitrice en difficulté», *Bull. Joly* 2008. 66, sp. 75, n° 27.
2. AINSI : Crim. 7 mars 2001, n° 00-81.512, NP.
3. Com. 27 oct. 2009, n° 08-20.384, *Bull. civ.* IV, n° 138; *et proc.* mars 2010. 82, note Gibirila.
4. Com. 9 févr. 2012, n° 09-69.594, NP, *Bull. Joly* 201 n° 191, note Maetz.
5. L. n° 85-98, 25 janv. 1985, préc.
6. Crim. 11 oct. 1993, n° 92-81.260, *Bull. crim.* n° 283; *Re proc. coll.* 1994, 282, obs. Devèze.
7. Com. 11 févr. 1992, n° 89-20.852, *Bull. civ.* IV, n° 71; *JC* 1992. II. 335, note Pérochon; *RTD com.* 1994. 382, obs. Haëhl.
8. SUR LA QUESTION : Le Corre, « Engagement de l'action sur le fondement de l'article L. 267 du Livre des procédures fiscales et procédures collectives », LAMY AFFAIRES, janv. 2004, n° 67, p. 5.

922.16 Caractère facultatif de la condamnation à combler le passif – principe de proportionnalité. Même si les conditions de fond de l'action sont réunies, il appartient aux juridictions du fond de décider souverainement de prononcer ou non la condamnation[9]. Ce caractère facultatif, ajouté à la possibilité pour le juge de moduler le montant de la condamnation, a conduit au rejet, pour caractère non sérieux, d'une question prioritaire de constitutionnalité de l'action en responsabilité pour insuffisance d'actif, pour violation prétendue de l'article 8 de la déclaration des droits de l'homme et du citoyen de 1789[10]. Une cour d'appel peut, en effet, après avoir relevé une ou plusieurs fautes de gestion, faisant usage de son pouvoir souverain d'appréciation, décider, de ne pas prononcer de sanction[11]. La solution a été posée alors qu'était constatée l'existence d'un compte-courant d'associé débiteur[12] ou à propos de fautes de gestion intervenues dans un contexte particulier[13].

Cette faculté de prononcer la condamnation n'oblige cependant pas le tribunal à expliciter si le comportement du dirigeant doit l'amener à prononcer la sanction, dès lors qu'il a précisé les circonstances conduisant à la sanction[14].

Dès lors que le tribunal exerce un pouvoir souverain d'appréciation, en prononçant ou non la sanction, à partir de la preuve rapportée par le demandeur à l'action que l'application des textes est fondée, le principe de proportionnalité justifie que si plusieurs fautes sont reprochées au défendeur pour justifier la mesure, le caractère non fondé de l'une d'elles conduit à la cassation de l'arrêt d'appel ayant prononcé la condamnation en ayant retenu chacune de ces fautes[15]. Ainsi, la condamnation à

9. Com. 12 mars 2013, n°s 11-26.135, 12-15.034, NP, *Dr. sociétés* 2013, comm. 164, note Legros; *Leden* avr. 2013, comm. 055, note Favario – Versailles, 13e ch., 27 sept. 2001, *Act. proc. coll.* 2002, n° 117.
10. Com. 10 juill. 2012, n° 12-13.526 QPC; n° 893 D.
11. Com 3 nov. 2009, n° 08-20.354, NP; n° 987 F-D; *Gaz. Pal.* 9-10 janv. 2010, n°s 8, 9, p. 46, note Montéran.
12. Com. 3 nov. 2009, n° 08-20.354, préc. (v. s^s prés^t n°).
13. Paris, 3e ch. A, 11 janv. 2005, RG n° 04/05212, *Gaz. proc. coll.* 2005/1, p. 51, n° 7, obs. Montéran.
14. Com. 16 sept. 2008, n° 07-15.693, NP; n° 845 F-D; *Gaz. proc. coll.* 2008/4, p. 60, n° 1, note Montéran.
15. Com. 15 déc. 2009, n° 08-21.906, *Bull. civ.* IV, n° 166; *D.* 2010. AJ 10, note Lienhard; *Gaz. Pal.* 16-17 avr. 2010, n°s 106, 107, p. 46, note Montéran; *Act. proc. coll.* 2010, n° 31, note Vallansan; *Dr. sociétés* 2010, n° 55, note Legros; *RJDA* 2010/3, p. 211, note Gibirila; *JCP E* 2010, n° 1164, note Delmotte et Roussel Galle; *JCP E* 2010. Chron. 1296, n° 14, obs. Pétel; *Dr. et patr.* 2010, n° 196, p. 91, note Saint-Alary-Houin et Monsérié-Bon; *Rev. sociétés* 2010. 256, note Morelli; *Bull. Joly* 2010. 364, note Camensali-Feuillard; *Rev. proc. coll.* 2010, n° 115, note Martin-Serf; *LPA* 18 févr. 2010, n° 35, note Teboul; *Defrénois* 2010. 1487, chron. 39138, note Gibirila – Com. ▶

combler l'insuffisance d'actif fondée sur plusieurs faits, dont celui tenant à la déclaration de l'état de cessation des paiements au-delà du délai légal, suppose que l'état de cessation des paiements soit exactement établi[1], ce qui n'est pas le cas lorsque l'existence ou le montant de l'actif disponible n'ont pas été pris en compte[2] ou que la date de cessation des paiements n'a pas été fixée avec précision[3] ou que l'état de cessation des paiements n'est pas caractérisé à la date retenue du fait que certaines dettes ne peuvent être prises en compte du fait de moratoires accordés par les créanciers[4]. Il en est de même du fait, pour les juges du fond, de retenir la poursuite abusive d'exploitation déficitaire, d'une part, et, d'autre part, l'absence de déclaration de la perte de la moitié du capital social, alors que ce reproche supposait de démontrer qu'il y avait eu expiration des délais prévus aux articles L. 225-100 et L. 225-248 du code de commerce avant la date de cessation des paiements[5]. Il en est encore de même pour une cour d'appel lorsqu'elle se fonde sur plusieurs fautes de gestion, dont l'une d'elles n'était pas dans le débat et qu'elle a ainsi violé le principe de contradiction[6].

▶ 30 mars 2010, nº 08-22.140, NP; nº 390 F-D; *D.* 2010. Actu. 1071, note Lienhard; *Gaz. Pal. entr. diff.* 2-3 juill. 2010, nºs 183, 184, p. 41, note Montéran; *Rev. proc. coll.* 2011. Étude 5, obs. Demeyère; *Dr. sociétés* 2010, nº 147, note Legros – Com. 15 févr. 2011, nº 09-70.496, NP; nº 163 F-D; *Gaz. Pal. entr. diff.* 1-2 avr. 2011, p. 47, note Montéran – Com. 3 mai 2011, nº 10-16.709, NP; nº 438 F-D – Com. 15 juin 2011, nº 10-20.253, NP; nº 603 F-D – Com. 10 mai 2012, nº 11-11.903, NP; nº 496 F-D – Com. 23 avr. 2013, nº 12-10.241, NP; nº 440 F-D – Com. 14 janv. 2014, nº 12-26.844, NP; nº 50 F-D – Com. 23 sept. 2014, nº 13-13.467, NP; nº 833 F-D – Com. 4 nov. 2014, nº 13-24.028, *Bull. civ.* IV [à paraître]; nº 941 F-P+B; *Gaz. Pal.* 18 janv. 2015, nº 18, p. 36, note Montéran; *Act. proc. coll.* 2014, comm. 338, note Fin-Langer; *BJE* 2015, 116, note Lasserre Capdeville; *Rev. proc. coll.* 2015, comm. 70, note Martin-Serf; *Bull. Joly sociétés* 2015, 23, note Mouial-Bassilana; *Dr. sociétés* 2015, comm. 75, note Legros – Com. 10 févr. 2015, nº 13-17.589, NP; nº 143 F-D – Com. 13 oct. 2015, nº 14-15.755, NP; nº 894 F-D; *Bull. Joly sociétés* 2016, 17, note Heinich; *Dr. sociétés* 2016, comm. 87, note Legros; *Rev. proc. coll.* 2016, comm. 93, note Martin-Serf – Adde, Nabet, « Le principe de proportionnalité s'invite en droit des procédures collectives », *LPA* 8 avr. 2010, nº 70, p. 3.

1. Com. 8 juill. 2014, nº 13-18.490, NP; nº 643 F-D – Com. 10 févr. 2015, nº 13-17.589, NP; nº 143 F-D.
2. Com. 15 févr. 2011, nº 09-70.496, NP; nº 163 F-D; *Gaz. Pal. entr. diff.* 1-2 avr. 2011, p. 47, note Montéran – Com. 4 nov. 2014, nº 13-24.028, *Bull. civ.* IV [à paraître]; nº 941 F-P+B; préc.
3. Com. 8 mars 2011, nº 09-67.062, NP; nº 201 F-D; *Rev. proc. coll.* 2012, nº 103, note Martin-Serf – Com. 15 juin 2011, nº 10-20.253, NP; nº 603 F-D – Com. 23 avr. 2013, nº 12-10.241, NP; nº 440 F-D.
4. Com. 14 janv. 2014, nº 12-26.844, NP; nº 50 F-D.
5. Com. 10 mai 2012, nº 11-11.903, NP; nº 496 F-D.

Mais encore faut-il que la décision attaquée ait prononcé la condamnation en se fondant sur plusieurs fautes de gestion. Tel n'est pas le cas lorsque l'arrêt de la cour d'appel ne retient qu'une seule faute de gestion, en l'occurrence le fait d'informer avec retard les services fiscaux et sociaux de la création de la société débitrice, différant ainsi le paiement de certaines charges. Dans ces conditions, il est sans importance que la cour d'appel n'ait pas été suffisamment précise dans la fixation de la date de la cessation des paiements, puisqu'elle n'a pas prononcé la sanction sur le fondement d'une déclaration tardive de l'état de cessation des paiements[7].

La même solution est posée, pour les mêmes raisons, en matière de faillite personnelle et d'interdiction de gérer (v. sˢ nº 911.11).

L'article L. 624-3 du code de commerce (ancᵗ L. 25 janv. 1985[8], art. 180), dont les solutions sont reprises par l'article L. 651-2 du code, dans la rédaction que lui donne la loi de sauvegarde des entreprises, énonce que le tribunal peut décider de condamner le dirigeant. En cela, l'action en comblement s'écarte d'une action en responsabilité civile délictuelle de droit commun où le pouvoir d'appréciation de la juridiction n'existe pas, si les conditions de l'action sont réunies. Dans l'appréciation de cette faculté du prononcé ou non de la condamnation, le tribunal tiendra compte d'éventuelles circonstances atténuantes ou exonératoires, telle l'intervention des pouvoirs publics, l'environnement général. Ainsi, il y a eu place à exonération du dirigeant d'une société de prêt à porter de luxe, les circonstances économiques défavorables tenant à la crise du Golfe Persique[9]. L'attitude des salariés peut également être une cause d'exonération[10]. Seront également des éléments d'appréciation, l'état de santé du dirigeant, notamment son état psychique[11], ou encore la situation personnelle de l'intéressé[12], le fait qu'il ait été nommé dirigeant alors que la situation était déjà largement déficitaire et qu'il ait entrepris des démarches pour redresser la situation, sans y parvenir, notamment en apportant des fonds personnels[13], tout en ne percevant qu'une rémunération minime[14].

6. Com. 2 déc. 2014, nº 12-15.597, NP; nº 1050 F-D.
7. Com. 15 févr. 2011, nº 10-11.781, NP; nº 130 F-D; *Gaz. Pal. entr. diff.* 1-2 avr. 2011, p. 44, note Montéran.
8. L. nº 85-98, 25 janv. 1985, préc.
9. AINSI : Paris, 3ᵉ ch. B, 30 oct. 1998, *Rev. proc. coll.* 2000, 24, nº 1, obs. Martin-Serf.
10. SOINNE, nº 2611.
11. Grenoble, ch. com., 7 janv. 1999, *JCP E* 1999. Pan. 745.
12. Interv. Badinter, déb. Ass. nat., 10 avr. 1984, *JOAN CR*, p. 1391.
13. Com. 12 mars 2013, nºs 11-26.135, 12-15.034, NP, *Leden* avr. 2013, comm. 055, note Favario; *Dr. sociétés* 2013, comm. 164, note Legros.
14. Paris, 3ᵉ ch. A, 16 mai 2006, RG nº 05/15820.

Le caractère facultatif du prononcé de la condamnation à combler l'insuffisance d'actif et le fait que la jurisprudence retienne en la matière le principe de proportionnalité ont conduit la Cour de cassation à rejeter comme non sérieuse une question prioritaire de constitutionnalité ayant pour fondement la violation de l'article 8 de la Déclaration des droits de l'homme et du citoyen de 1789, suivant lequel « la loi ne doit établir que des peines strictement et évidemment nécessaires. »[1]

Au contraire, ce même caractère facultatif du prononcé de la sanction, en ce qu'il permet au tribunal d'exclure toute réparation de la part des dirigeants responsables ou d'en déterminer l'étendue, sans énoncer les critères à prendre en considération par le juge, paraissaient susceptibles d'affecter le principe de responsabilité pour faute découlant de l'article 4 de la Déclaration des droits de l'homme et du citoyen du 26 août 1789 ainsi que l'égalité devant la loi tant des victimes lésées que des dirigeants dont la responsabilité est engagée et a justifié le renvoi d'une question prioritaire de constitutionnalité devant le Conseil constitutionnel[2].

Le Conseil Constitutionnel a cependant rejeté cette question prioritaire de constitutionnalité[3]. L'article L. 651-2, alinéa 1er est d'abord déclaré conforme au principe constitutionnel de responsabilité pour faute, tel qu'il découle de l'article 4 de la Déclaration des droits de l'homme et du citoyen du 26 août 1789. Ensuite, le Conseil constitutionnel écarte le grief d'atteinte au principe d'égalité devant la loi découlant de l'article 6 de la déclaration de 1789. Enfin, le Conseil constitutionnel juge que les dispositions de l'article L. 651-2, alinéa 1er n'ont pas pour effet de conférer à la juridiction saisie un pouvoir arbitraire dans la mise en œuvre de l'action en responsabilité pour insuffisance d'actif, dès lors qu'il résulte de la jurisprudence constante de la Cour de cassation que le montant des sommes auxquelles les dirigeants sont condamnés doit être proportionné au nombre et à la gravité des fautes commises, ce que les tribunaux oublient toutefois parfois, comme cela a été justement remarqué[4].

1. Com. 10 juill. 2012, n° 12-13.256 QPC NP, *Dr. sociétés* 2013, n° 32, note Legros.
2. Com. 27 juin 2014, n° 13-27.317 QPC NP; n° 784 FS-D; *D. 2014. 2198, n° 2, note Lecaroz; Act. proc. coll.* 2014/14, comm. 249, note Saintourens; *Rev. proc. coll.* 2014, comm. 172, note Martin-Serf.
3. Cons. const. 26 sept. 2014, n° 2014-415 QPC, *JO* 28 sept., p. 15790; *Act. proc. coll.* 2014/18 n° 311, note Saintourens; *Rev. sociétés* 2014. 753, note Roussel Galle; *Rev. proc. coll.* 2014, comm. 172, note Martin-Serf; *Leden* 2014, comm. 152, note Lucas; *BJE* 2014, 377, note Favario.
4. Saintourens, note s^s Cons. const. 26 sept. 2014, n° 2014-415 QPC, préc., *Act. proc. coll.* 2014/18, n° 311.

SECTION 922.20

UNE FAUTE DE GESTION, CONDITION DE FOND DE L'ACTION EN COMBLEMENT DE PASSIF

922.21 Présentation générale de la faute de gestion – Nécessité de l'antériorité de la faute à l'ouverture de la procédure de la personne morale. L'action en comblement de passif a pour objet de sanctionner le comportement antérieur au jugement d'ouverture du dirigeant. Il en résulte que seules des fautes de gestion antérieures au jugement d'ouverture peuvent être prises en compte[5]. Mais peu importe que les fautes soient commises avant les trois ans qui conditionnent le délai de prescription de l'action en comblement de passif[6].

Le montant des indemnités de licenciement induites par la procédure collective ne saurait ainsi être pris en compte[7]. De même, la condamnation ne pourrait s'appuyer sur le fait pour le débiteur d'avoir caché à son liquidateur l'existence d'un salarié, occasionnant un préjudice à la société[8]. En revanche, ce fait pourrait constituer une faute détachable des fonctions du dirigeant justifiant sa condamnation sur le fondement du droit des sociétés (v. s^s n° 922.13).

En cas de résolution d'un plan de continuation, il avait d'abord été jugé que seuls des faits postérieurs à l'arrêté du plan pouvaient être retenus dans le cadre d'une action initiée à l'occasion de la seconde procédure ouverte suite à la résolution du plan[9]. Toutefois, il avait été admis que la condamnation fût possible si les faits commencés avant l'ouverture de la première procédure avaient été continués après l'arrêté du plan de continuation[10]. La Cour de cassation a ensuite estimé que les fautes commises pendant la période d'observation de la première procédure ayant abouti à un plan de continuation pouvaient être retenues au titre d'une action en comblement du passif, dans le cadre de la liquida-

5. Com. 8 janv. 2002, n° 98-22.077, NP, *Act. proc. coll.* 2002, n° 90 – Paris, 3e ch. A, 17 févr. 2009, *Rev. sociétés* 2009. 671 – Com. 27 mai 2014, n° 12-27.945, NP; n° 522 F-D – Com. 10 mars 2015, n° 12-16.956, *Bull. civ.* IV [à paraître]; n° 264 F-P+B; *Rev. sociétés* 2015. 406, note Henry; *BJE* juill. 2015, 249, note Favario; *Bull. Joly sociétés* 2015, 302, note Mouial-Bassilana.
6. Com. 8 avr. 2015, n° 13-28.512, *Bull. civ.* IV [à paraître]; n° 360 F-P+B; *D.* 2015. actu 862, note Lienhard et 2015, pan. 1980, note Lucas; Rev. sociétés 2015. 406, note Henry; *BJE* sept. 2015, 305, note Sortais; *JCP E* 2015, chron. 1422, n° 10, note Pétel; *Rev. proc. coll.* 2015, comm. 191, note Martin-Serf; *Bull. Joly sociétés* 2015, 304, note Laroche; *Dr. sociétés* 2015, comm. 154, note Legros; *LPA* 17 déc. 2015, n° 251, note Ballot-Léna.
7. Paris, 3e ch. B, 30 avr. 2004, RG n° 03/11285.
8. Com. 27 mai 2014, n° 12-27.945, NP; n° 522 F-D.
9. Paris, 3e ch. A, 16 déc. 2003, RG n° 03/02064.
10. Com. 5 mai 2004, n° 01-16.591, NP.

tion judiciaire subséquente à la résolution du plan[1]. Enfin, la Cour de cassation a admis que des faits antérieurs à l'ouverture de la première procédure pouvaient fonder, en cas de résolution du plan, une condamnation à combler le passif dans le cadre de la seconde procédure[2].

Faut-il continuer à adopter cette dernière solution, sous l'empire de la loi de sauvegarde des entreprises, qui rend impossible le prononcé de la condamnation à combler le passif pendant l'exécution du plan ? Une réponse positive ne peut que s'imposer[3]. L'arrêté du plan de redressement ne doit pas constituer un mécanisme de purge des fautes, puisqu'il est interdit d'agir en responsabilité pour insuffisance d'actif avant sa résolution. La faute pourra donc être commise soit antérieurement au jugement d'ouverture de la procédure, soit entre l'arrêté du plan et sa résolution[4]. Il a d'ailleurs été observé que la faute pouvait ainsi être commise très longtemps avant l'action en responsabilité pour insuffisance d'actif[5] – les dix ans classiques du plan auxquels s'ajoutent les trois ans de délai de prescription –[6]. Mais il faudra, nous semble-t-il en ce second cas, que la résolution du plan s'accompagne d'une liquidation judiciaire, à défaut de quoi l'antériorité de la faute de gestion à l'ouverture de la procédure collective ferait défaut. Ajoutons que l'adoption du plan a pour effet de faire revenir *in bonis* le débiteur. Il en résulte que la gestion incombe au dirigeant social, lequel ne peut donc, pour cette période, reprocher une faute au mandataire judiciaire ou au commissaire à l'exécution du plan, pour prétendre être déchargé de sa propre faute[7].

La notion de faute de gestion est particulièrement extensive, ce que d'aucuns déplorent, car tout dirigeant, aussi diligent qu'il ait pu être, peut être ainsi sanctionné[8]. La faute doit résulter d'une décision engageant la personne morale pour l'avenir. La gestion d'une entreprise étant chose compliquée, il est aisé d'imaginer la facilité à rapporter la preuve d'une faute de gestion. Les juges du fond disposent d'un pouvoir souverain pour l'apprécier, la Cour de cassation se limitant à un contrôle de la qualification[9], ce qui suppose que les juridictions du fond motivent suffisamment leur décision en ce qui concerne la caractérisation de la faute de gestion[10].

La faute, pour être sanctionnée, doit se rattacher à la gestion. La solution, applicable pour tout dirigeant, a été spécialement posée à propos d'un dirigeant de fait[11].

Il a été écrit par un observateur particulièrement averti de la jurisprudence, que ce qui est sanctionné, c'est d'abord et avant tout, l'entêtement dans l'erreur, qui suppose non seulement une erreur, mais une attitude démontrant une absence de modification de comportement après l'erreur[12].

En revanche, dès lors qu'aucune faute de gestion n'est démontrée, la seule importance de l'insuffisance d'actif de la personne morale débitrice sera insuffisante à entraîner la condamnation[13], pas plus que la dégradation financière de la société dirigée[14] ou encore l'insuffisance des mesures de restructuration au regard de la durée et de l'importance de l'exploitation déficitaire[15].

Le dirigeant ne sera pas exonéré de sa responsabilité au motif qu'un mandataire *ad hoc* aura été nommé sur sa demande[16].

En présence d'un **EIRL**, la faute devra impérativement être commise dans la gestion de l'entreprise à patrimoine affecté.

922.22 Fautes de gestion tenant à des infractions pénales, à des cas de prononcé du redressement et de la liquidation judiciaire à titre personnel (sous l'empire de la législation antérieure à la loi de sauvegarde des entreprises[17]) et à des cas de faillite personnelle ou d'interdiction de gérer. Toutes les fautes ne présentent pas le même degré de gravité. Si le comportement relatif à la gestion de l'entreprise constitue une infraction pénale, il y a assurément faute de gestion.

> Cas de banqueroute. Il y a faute de gestion lorsque l'un des cas de banqueroute est caractérisé.

1. Com. 19 févr. 2008, n° 06-21.542, NP; n° 286 FS-D; *D.* 2008. Chron. 1232, n° 2, note Béléval; *Gaz. proc. coll.* 2008/2, p. 43, note Montéran.
2. Com. 7 juill. 2009, n° 08-18.895, NP; n° 732 F-D.
3. EN CE SENS AUSSI : Montéran, s[s] Com. 19 févr. 2008, n° 06-21.542; n° 286 FS-D; *Gaz. proc. coll.* 2008/2, p. 43.
4. Montéran, « Les sanctions pécuniaires et personnelles dans la loi du 26 juillet 2005 », *Rev. proc. coll.* 9-10 sept. 2005, n° sp., p. 38 – Zattara-Gros, « Des responsabilités et des sanctions », *LPA* n° sp., 9 févr. 2006, n° 29, p. 52 s., sp. p. 58 – Mascala, *RTD com.* 2006. 210.
5. *Rapp. Xavier de Roux*, n° 2095, p. 409.
6. Régnault-Moutier, « Les dirigeants de société », *Rev. proc. coll. 2006/2, p. 159 s., sp. p. 161.*
7. Bordeaux, 4 sept. 2015, RG n° 14/06009, *JCP E* 2015, actu 784.
8. PÉROCHON, 10e éd., n° 1401.
9. Com. 17 nov. 1992, n° 90-20.299, *Bull. civ.* IV, n° 359; *Rev. sociétés* 1993. 867, obs. Bouloc – Com. 15 juin 2011, n° 10-18.585, NP; n° 601 F-D.
10. Com. 17 mars 1998, n° 95-22.160, NP, *Rev. proc. coll.* 1999, 46, n° 9, obs. Martin-Serf.
11. Com. 4 juill. 2000, n° 98-11.911, NP, *RJDA* 2001/1, n° 59.
12. Tricot, « La responsabilité des dirigeants d'entreprise, en France », *LPA* 13 déc. 2007, n° 249, p. 59 s., sp. p. 63.
13. Com. 19 janv. 1993, n° 91-12.365, *Bull. civ.* IV, n° 18; *RJDA* 1993, n° 660.
14. Com. 8 oct. 2003, n° 00-17.105, NP.
15. Com. 1er févr. 2005, n°s 03-13.140, 03-13.317, NP.
16. Orléans, ch. éco. et fin., 10 juill. 2007, RG n° 06/2826; *RJDA* 2007/12, p. 1244, n° 1267.
17. L. n° 2005-845, 26 juill. 2005, préc.

Il peut s'agir de l'achat en vue de revente au-dessous du cours [1].

Il peut également être question de l'emploi de moyens ruineux pour se procurer des fonds [2], par exemple en émettant quatre lettres de change d'un montant important non approvisionnées [3].

Il peut être question d'effectuer des détournements d'actifs [4], tenant par exemple au fait pour le dirigeant de transférer le principal client de la société débitrice à une autre société créée et dirigée par ce même dirigeant [5].

Il peut aussi s'agir de la disposition des biens sociaux dans un intérêt contraire à la société [6], par exemple le fait pour le dirigeant de faire souscrire à son profit une assurance-vie d'un montant important [7], de détenir un compte-courant débiteur [8], de faire acheter par la société exerçant une activité de dépollution maritime, un navire de plaisance [9], de faire rembourser des frais n'incombant pas à la société débitrice [10] ou de payer des dettes d'une autre société, dans laquelle le dirigeant est intéressé, avec les recettes d'une autre société dirigée par ce même dirigeant [11]. Mais, pour que l'abus de biens sociaux soit retenu comme faute de gestion justifiant la condamnation à combler le passif, la preuve doit être rapportée qu'il a contribué à l'insuffisance d'actif, ce qui n'est pas le cas, lorsque le tribunal correctionnel a prononcé la compensation entre les paiements faits sur le compte de la société par le dirigeant et une créance du père du dirigeant sur la société [12].

Il pourra s'agir du non-reversement des précomptes salariaux [13].

Il en est également ainsi des infractions relatives à la comptabilité. La tenue d'une comptabilité irrégulière est une faute de gestion justifiant le comblement de passif [14]. Il en est *a fortiori* de même de l'absence de toute tenue de comptabilité [15]. Le défaut de tenue de comptabilité prive en effet le dirigeant du moyen de percevoir l'évolution réelle de la situation financière [16], de connaître avec précision la situation de la société [17] ou, d'une autre manière, de moyens de contrôle de la rentabilité de la personne morale [18]. Le reproche de tenue incomplète de la comptabilité ne peut cependant être adressé à de simples administrateurs, dès lors que la responsabilité en incombe à d'autres, et que les administrateurs ne se sont pas immiscés dans l'établissement des comptes [19]. Ce reproche a cependant été adressé à un simple administrateur, qui n'a pas exigé du président la tenue d'une comptabilité conforme [20]. Le reproche peut être adressé à un dirigeant de fait [21].

Les infractions relatives à la comptabilité, par exemple la tenue d'une comptabilité manifestement incomplète, ne peuvent toutefois être retenues à titre de faute de gestion que s'il est démontré qu'elles ont contribué à la création ou à l'augmentation de l'insuffisance d'actif [22].

Mais les juges du fond ne peuvent fonder une condamnation en responsabilité pour insuffisance d'actif, en énonçant que les irrégularités comptables ont contribué à la déconfiture, déconfiture n'étant pas insuffisance d'actif [23].

Peuvent également justifier une condamnation, les erreurs commises dans l'appréciation des provisions relatives à la dépréciation des titres des sociétés acquis dans le cadre d'une opération d'achat avec effet de levier (LBO) [24].

1. Com. 16 avr. 1996, n° 94-17.215, NP, *D.* 1996. IR 138.
2. Com. 28 nov. 2000, n° 97-15.985, NP, *RJDA* 2001/3 n° 346.
3. Com. 29 avr. 2014, n° 13-11.798, NP; n° 419 F-D.
4. Com. 10 févr. 2015, n° 13-20.231, NP; n° 134 F-D – Paris 3e ch. A, 22 mars 2005, RG n° 04/09509.
5. Com. 10 mars 2015, n° 12-16.956, *Bull. civ.* IV [à paraître] n° 264 F-P+B; *Rev. sociétés* 2015. 406, note Henry; *BJE* juill. 2015, 249, note Favario; *Rev. proc. coll.* 2015, comm. 67, note Martin-Serf; *Bull. Joly sociétés* 2015, 302, note Mouial-Bassilana.
6. Com. 29 févr. 2000, n° 96-15.827, *Bull. civ.* IV, n° 42; *Bull. Joly* 2000, n° 131, note Saintourens – Com. 10 févr. 2015, n° 13-20.231, NP; n° 134 F-D.
7. Com. 25 nov. 2008, n° 07-11.549, NP; n° 1215 F-D; *Bull. Joly* 2009. 491, note Gourdon.
8. Paris, 3e ch. A, 26 juin 2007, RG n° 06/17930, *RJDA* 2007/11, p. 1117, n° 1136.
9. Orléans, ch. com., 29 mai 2008, *JCP E* 2008. 2444.
10. Paris, 3e ch. A, 8 févr. 2005, RG n° 03/06412.
11. Com. 16 sept. 2008, n° 07-15.693, NP; n° 845 F-D; *Gaz. proc. coll.* 2008/4, p. 60, n° 1, note Montéran.
12. Com. 4 oct. 2005, n° 04-15.494, NP.
13. Paris, 21 oct. 2008, RG n° 07/08629.
14. Com. 11 juill. 2006, n° 05-14.890, NP; n° 894 F-D – Com. 5 juin 2012, n° 11-16.404, NP; n° 633 F-D.
15. Com. 13 nov. 2007, n° 06-13.212, NP; n° 1239 F-D; *Gaz. proc. coll.* 2008/1, p. 68, note Montéran – Toulouse, 2e ch., 1er févr. 2007, *Rev. proc. coll.* 2007/4, p. 234, n° 2, obs. Martin-Serf.
16. Com. 14 janv. 2004, n° 01-02.212, NP – Paris, 3e ch. B, 23 mai 2003, RG n° 02/01370 – Paris, 3e ch. A, 9 déc. 2003, RG n° 02/14779 – Paris, 3e ch. A, 7 déc. 2004, RG n° 04/3304.
17. Com. 19 mai 2015, n° 14-10.348, NP; n° 459 F-D; *Gaz. Pal.* 2015. 2320, note Dondéro.
18. Com. 3 nov. 2009, n° 08-16.361, NP; n° 994 F-D – Com. 22 juin 2010, n° 09-14.214, NP; n° 701 F-D; *Dr. sociétés* 2010, n° 233, note Legros – RAPPR. : Com. 17 déc. 2013, n° 12-25.519, NP; n° 1228 F-D.
19. Paris, 3e ch. C, 29 mars 2002, *JCP E* 2002. Pan. 1629.
20. Paris, 3e ch. C, 2 juill. 2003, RG n° 02/02081.
21. Com. 11 déc. 2012, n° 11-22.436, NP; n° 1250 F-D; *Gaz. Pal.* 1er mai 2013, n° 121, p. 42, note Montéran; *Bull. Joly* avr. 2013, comm. 120, note Mouial-Bassilana; *Dr. sociétés* 2013, comm. 211, note Legros.
22. Com. 30 oct. 2012, n° 11-12.231, NP; n° 1064 F-D; *Bull. Joly* 2013, n° 8, note Mouial-Bassilana – Com. 30 juin 2015, n° 13-23.026, NP; n° 654 F-D.
23. Com. 12 juill. 2016, n° 14-23.310, NP, n° 658 F-D.
24. Com. 16 déc. 2014, n° 13-25.029, NP; n° 1112 F-D; *Rev. proc. coll.* 2015, comm. 189, note Martin-Serf.

Il avait été jugé par une cour d'appel que l'absence de dépôt des comptes sociaux n'était pas une faute de gestion permettant la condamnation à combler l'insuffisance d'actif[1]. La Cour de cassation, pour sa part, estime qu'une cour d'appel ne peut pas se dispenser de rechercher, alors qu'elle y est invitée, si le fait de ne pas fournir au liquidateur un certain nombre de documents comptables ne peut s'analyser en une absence ou une insuffisance de comptabilité constitutive d'une faute de gestion ayant contribué à l'insuffisance d'actif[2].

Constituent également des fautes de gestion, les paiements préférentiels, spécialement ceux effectués au profit de membres de la famille[3] ou de sociétés dans lesquelles les dirigeants sont intéressés[4].

> **Anciens cas de redressement et de liquidation judiciaires à titre personnel.** Les cas visés à l'article L. 624-5 du code de commerce (anc^{t} L. 25 janv. 1985[5], art. 182), dans sa rédaction antérieure à la loi de sauvegarde des entreprises, au titre des fautes entraînant le redressement ou la liquidation judiciaire à titre personnel sont également des fautes de gestion (v. s^{s} n°s 923.51 à 923.63).

La solution a été posée pour l'usage des biens ou du crédit de la personne morale contrairement à l'intérêt de celle-ci à des fins personnelles ou pour favoriser une autre entreprise dans lequel le dirigeant est intéressé[6]. Il en est ainsi en présence de financements d'une activité d'une socété par les ressources d'une autre[7]. Il en est de même, lorsque la distribution exceptionnelle de dividendes, prélevés sur le poste « autres réserves » ayant eu pour effet de priver ces sociétés d'une partie importante de leurs réserves, aux actionnaires de deux sociétés dont le dirigeant de la société débitrice était président du conseil d'administration, avait pour objet de lui permettre de favoriser une société dans laquelle il était l'actionnaire majoritaire[8]. La faute a également été retenue à l'encontre d'un dirigeant qui avait pris l'initiative de distribuer des dividendes, privant la société des ressources nécessaires au paiement de ses dettes exigibles, même si la décision a été votée par l'assemblée générale[9]. La faute de gestion a encore été retenue contre un dirigeant qui avait perçu un important dividende deux ans avant l'ouverture de la procédure collective, même si la société avait fait des bénéfices cette année-là, dès lors que les autres années avaient été déficitaires[10]. Cette distribution de dividendes est d'autant plus fautive que la société est assignée en paiement, alors qu'elle ne peut faire face à la demande de paiement[11]. On peut encore citer une décision qui condamne le liquidateur amiable d'une société, également associé majoritaire et gérant de l'unique associée de la société débitrice, pour versement d'un dividende proche du montant d'une créance litigieuse à laquelle la société a été condamnée et qui s'est trouvée dans l'impossibilité de l'acquitter du fait de ce versement[12]. La faute a encore été retenue lorsque le dirigeant gère l'activité de la société à distance dans des locaux où il emploie une secrétaire percevant le deuxième salaire le plus élevé de la société, laquelle se consacre essentiellement aux besoins personnels de l'actionnaire majoritaire[13].

La poursuite abusive d'exploitation déficitaire est également utilisée pour caractériser une faute de gestion[14]. La solution a été retenue en présence

1. Paris, 3e ch. B, 6 déc. 2007, *JCP E* 2008, n° 1681, note Delattre.
2. Com. 12 janv. 2010, n° 08-14.342, NP; n° 2 F-D; *Gaz. Pal.* 16-17 avr. 2010, n°s 106, 107, p. 45, note Montéran; *Rev. proc. coll.* 2011, n° 15, note Martin-Serf; *Rev. proc. coll.* 2011, n° 156, note Delattre.
3. Paris, 3e ch. B, 25 avr. 2003, RG n° 02/17117.
4. Paris, 3e ch. A, 23 mai 2006, RG n° 04/04151.
5. L. n° 85-98, 25 janv. 1985, préc.
6. Com. 14 déc. 1993, n° 91-21.362, NP, *Rev. sociétés* 1994. 778, note Pariente – Com. 3 oct. 2000, *Bull. Joly* 2001.14, n° 4, note Le Cannu – Paris, 3e ch. C, 14 févr. 2003, RG n° 02/11515 – Paris, 3e ch. A, 9 déc. 2003, RG n° 02/03991 – Paris, 3e ch. A, 19 oct. 2004, RG n° 04/35 – Paris, 3e ch. A, 14 déc. 2004, RG n° 04/1300.
7. Versailles, 13e ch., 31 janv. 2013, RG n° 12/03954, *Rev. proc. coll.* 2013, comm. 177, note Martin-Serf.
8. Com. 25 oct. 2011, n° 10-23.671, NP; n° 1053 F-D; *Gaz. Pal.* 28 avr. 2012, n° 118, p. 42, note Montéran; *Bull. Joly* 2012. 243, note Poracchia; *BJE* 2012. 98, note Favario; *Rev. proc. coll.* 2013, comm. 82, note Martin-Serf.
9. Paris, pôle 5, 8e ch., 8 avr. 2014, RG n° 13/06822, *Rev. proc. coll.* 2014, comm. 175, note Martin-Serf.
10. Orléans, ch. com. éco. et fin., 29 mai 2008, RG n° 07/02711, *Rev. proc. coll.* 2013, comm. 82, note Martin-Serf.
11. Toulouse, 15 sept. 2015, RG n° 13/09393, *JurisData* 023332; *JCP E* 2015. 857.
12. Metz, ch. com., 20 déc. 2011, RG n°s 11/00209, 10/01998, *Rev. proc. coll.* 2013, comm. 82, note Martin-Serf.
13. Com. 22 janv. 2013, n° 11-27.420, NP; n° 61 F-D; *Gaz. Pal.* 1er mai 2013, n° 121, p. 43, note Montéran; *Rev. proc. coll.* 2013, comm. 174, note crit. Martin-Serf.
14. Com. 27 avr. 1993, n° 91-14.204, *Bull. civ.* IV, n° 151; *Bull. Joly* 1993. 687, note Chaput; *Rev. sociétés* 1993. 861, note Le Nabasque – Com. 4 janv. 2000, n° 97-10.389, NP, *RJDA* 2000/5, n° 579 – Com. 28 nov. 2000, n° 97-15.985, NP, *RJDA* 2001/3, n° 346 – Com. 9 oct. 2001, *Act. proc. coll.* 2001, n° 254 – Com. 16 oct. 2001, n° 98-22.168, NP, *Rev. proc. coll.* 2001. Pan. 30 – Com. 4 févr. 2003, n° 00-10.238, NP; n° 206 F-D – Com. 14 janv. 2004, n° 02-15.595, NP – Com. 15 mars 2005, n° 03-17.870, NP, *Gaz. proc. coll.* 2005/2, p. 49, obs. Montéran – Com. 7 juin 2005, n° 04-13.262, NP; n° 864 F-D; *JCP E* 2005, n° 1751, note Delattre; *Rev. proc. coll.* 2006, p. 291, n° 3, obs. Martin-Serf – Com. 4 oct. 2005, n° 04-16.365, NP – Com. 15 nov. 2005, n° 04-16.989, NP; n° 1437 F-D – Com. 8 mars 2011, n° 10-10.931, NP; n° 235 F-D – Com. 31 mai 2011, n°s 09-13.975, 09-14.026, 09-16.522, 09-67.661, *Bull. civ.* IV, n° 87; *D.* 2011. Actu. 1551, obs. Lienhard; *Gaz. Pal.* 7 oct. 2011, n° 280, p. 39, note Montéran; *Act. proc. coll.* 2011, n° 207, note Pagnucco; *JCP E* 2011, n° 1655, note Couret et Dondéro; *Rev. sociétés* ▶

d'un dirigeant qui exhibait des bilans faisant *a priori* apparaître une diminution des pertes, sans faire apparaître de dettes fiscales malgré un chiffre d'affaires important[1]. Elle peut encore intervenir par le recours à la mise en location-gérance d'un fonds de commerce[2] ou par la création d'une filiale qui reprend le passif d'une structure en état de cessation des paiements[3]. Il y a encore poursuite abusive d'exploitation déficitaire, justifiant la condamnation à combler l'insuffisance d'actif, en présence d'un dirigeant qui fait supporter à la société, au titre de ses salaires et avantages en nature, des sommes beaucoup trop importantes au regard de la faible marge qu'elle réalise, et qui souscrit des marchés à très faible marge, sans pouvoir assumer le risque de retard en faisant un appel massif à la sous-traitance, ce qui ne peut que conduire à la cessation des paiements[4].

Les dirigeants ne peuvent s'exonérer de leur faute tenant à une poursuite abusive d'une exploitation déficitaire en faisant valoir qu'ils espéraient une amélioration sensible de la situation du groupe de sociétés dirigées, dès lors qu'ils ne pouvaient ignorer la complexité, la longueur et le caractère aléatoire de cette procédure, dont l'existence ne pouvait les dispenser de tirer les conséquences de l'état de cessation des paiements des sociétés dirigées et des résultats négatifs enregistrés[5]. De même, le fait pour un dirigeant d'avoir voulu préserver des emplois ne l'exonère pas de sa faute de gestion, consistant à avoir poursuivi une activité déficitaire[6].

Le dirigeant social ne peut davantage s'exonérer de sa responsabilité, en prétextant qu'un mandataire *ad hoc* avait été nommé, cette nomination n'ayant pas privé le dirigeant de l'exercice de ses pouvoirs[7].

Il n'est pas exigé que soit précisée par les juges du fond la date de la cessation des paiements pour retenir la poursuite abusive d'une exploitation déficitaire en tant que faute de gestion[8]. La date retenue par le jugement d'ouverture est suffisante, dès lors qu'elle n'a pas fait l'objet d'une contestation par le dirigeant[9].

Si l'intérêt personnel du dirigeant est exigé dans le cadre du redressement judiciaire à titre personnel (v. s[s] n° 923.53), il est indifférent dans le cadre de la condamnation à l'insuffisance d'actif[10]. L'on voit ainsi des condamnations sans référence à cet intérêt personnel du dirigeant, lorsqu'il est relevé qu'il n'y avait aucun signe de rentabilité future, l'absence de marché correspondant aux produits fabriqués et l'absence de commande[11].

L'intérêt personnel du dirigeant est toutefois exhibé, pour justifier davantage la condamnation, laquelle est, rappelons-le, facultative, ce qui induit une appréciation subjective de la part des juges du fond sur le comportement du dirigeant[12]. Sera ainsi condamné le dirigeant qui continue à percevoir sa rémunération pour ses fonctions directoriales[13]. *A fortiori*, en sera-t-il ainsi lorsque le dirigeant perçoit une rémunération démesurée alors que l'exploitation est déficitaire[14], s'attribue une rémunération importante alors que la société présente un passif important, ne règle plus ses impôts, ses cotisations sociales et ses fournisseurs[15]. Sera identiquement condamné le dirigeant qui rétribue les membres de sa famille pendant la poursuite d'activité déficitaire[16], se rémunère par l'intermédiaire d'une autre société du groupe alors qu'il est possible de relever des mouvements anormaux de fonds entre les sociétés ou encore est intéressé par la survie de l'ensem-

▶ 2011. 521, note Roussel Galle; *BJE* 2011. 268, note Dammann et Boché-Robinet; *Rev. proc. coll.* 2011, n° 199, note Martin-Serf; *Dr. sociétés* 2011, n° 200, note Legros – Com. 15 juin 2011, n° 10-17.023, NP; n° 612 F-D – Com. 27 sept. 2011, n° 10-20.308, NP, n° 898 F-D – Com. 11 oct. 2011, n° 10-20.423, NP; n° 967 F-D; *Gaz. Pal.* 20 janv. 2012, p. 45, note Montéran; *Rev. proc. coll.* 2012, n° 98, note Martin-Serf – Com. 10 mai 2012, n° 11-11.903, NP; n° 496 F-D – Com. 11 févr. 2014, n° 12-21.069, NP; n° 178 F-D; *Dr. sociétés.* 2014, comm. 106, note Legros; *JCP E* 2014. 1299, note Delattre – Com. 29 avr. 2014, n° 13-11.798, NP; n° 419 F-D – Com. 17 févr. 2015, n° 13-28.778, NP; n° 187 F-D – Com. 18 mai 2016, n° 14-15.849, NP; n° 441 F-D – Paris, 3e ch. B, 13 juin 2003, RG n° 02/19517 – Paris, 3e ch. B, 20 juin 2003, RG n° 02/20196 – Paris, 3e ch. A, 14 oct. 2003, RG n° 01/06118 – Paris, 3e ch. C, 25 avr. 2003, RG n° 02/01066.

1. Com. 20 sept. 2005, n° 03-20.172, NP; n° 1110 F-D; *Gaz. proc. coll.* 2006, p. 45, obs. Montéran.
2. Com. 19 nov. 2003, n° 00-19.212, NP.
3. Com. 25 févr. 2004, n° 01-11.862, NP.
4. Com. 3 déc. 2013, n° 12-19.881, NP; n° 1151 F-D; *Gaz. Pal.* 2014, Jur. 1681, note Dondéro.
5. Com. 27 janv. 2015, n° 13-24.972, NP; n° 84 F-D.
6. Com. 18 mai 2016, n° 14-15.849, NP; n° 441 F-D.
7. Com. 18 mai 2016, n° 14-16.895, NP; n° 435 F-D.
8. Com. 27 sept. 2011, n° 10-20.308, NP; n° 898 F-D.
9. Com. 17 févr. 2015, n° 13-28.778, NP; n° 187 F-D.
10. Com. 23 mai 1995, n° 93-12.112, NP, *Bull. Joly* 1995. 884, note Le Cannu – Com. 16 déc. 2008, n° 07-18.513, NP; n° 1374 F-D – Com. 27 mai 2014, n° 13-12.319, NP; n° 541 F-D.
11. Com. 27 févr. 2007, n° 05-20.038, NP; n° 362 F-D.
12. Com. 24 avr. 2007, n° 04-10.050, NP; n° 629 F-D.
13. Com. 16 déc. 2008, n° 07-18.513, NP; n° 1374 F-D; *Gaz. proc. coll.* 2009/2, p. 4[illegible], n° 2, note Montéran.
14. Aix-en-Provence, 8e ch. A, 16 févr. 2006, Rev. proc. coll. 2007/4, p. 234, n° 1, obs. Martin-Serf – Paris, 3e ch. B, 24 févr. 2006, *Rev. proc. coll.* 2007/4, p. 234, n° 1, obs. Martin-Serf.
15. Com. 19 mai 2015, n° [illegible]4-10.348, NP; n° 459 F-D; *Gaz. Pal.* 2015. 2320, note Dondéro.
16. Com. 11 juill. 2006, n° [illegible]-14.890, NP; n° 894 F-D – Com. 16 déc. 2008, n° 07-18.513, NP; n° 1374 F-D – Paris, 3e ch. B, 24 févr. 2006, *Rev. proc. coll.* 2007/4, p. 234, n° 1, obs. Martin-Serf.

ble des sociétés du groupe qu'il dirige[1]. Il en est de même du dirigeant qui profite de la poursuite d'activité pour faire diminuer les dettes qu'il a cautionnées[2] ou pour permettre le remboursement du compte-courant d'une société dans laquelle le dirigeant est intéressé[3].

La disposition des biens de la personne morale comme des siens propres est également utilisée pour caractériser une faute de gestion[4]. Il pourra s'agir, pour le dirigeant, du fait d'effectuer des prélèvements importants, et sans justification sur le compte social[5] ou de payer à l'aide de deniers sociaux des dettes personnelles[6], au besoin en falsifiant des chèques établis à l'ordre de la société[7], ou celles d'une autre société dans laquelle le dirigeant est intéressé[8]. De ce cas, il est possible de rapprocher l'hypothèse du dirigeant ayant un compte-courant débiteur dans la société[9] ou du dirigeant s'octroyant une rémunération excessive[10], fût-ce pour une courte période et alors même qu'elle a été autorisée par les associés[11], ou sans contrepartie[12]. La rémunération doit être mise en perspective avec la situation de la société. Il n'est donc pas suffisant d'affirmer qu'elle est proportionnée aux salaires versés aux cadres ou aux responsabilités exercées par l'intéressé au sein de cette importante[13]. Constitue de même une faute de gestion justifiant la condamnation, la souscription de contrats de crédit-bail portant sur des véhicules luxueux, l'un pour le dirigeant, l'autre pour son épouse, alors que le bilan de la société ne le permettait pas[14], ou la souscription d'un contrat de location portant sur un véhicule de tourisme dont le dirigeant profite personnellement, alors que la société réalisait des pertes importantes et ne pouvait plus payer ses impôts, cotisations sociales et ses fournisseurs[15]. Constitue encore une faute de gestion, le fait de conclure un contrat de commodat portant sur le principal matériel de production de la société, au profit d'une nouvelle société constituée par le dirigeant[16].

Ont également été retenues comme faute de gestion justifiant le comblement du passif, les manipulations comptables masquant derrière un résultat d'exploitation présenté comme bénéficiaire une activité en réalité déficitaire et qui constitue le cas visé à l'article L. 624-5 du code de commerce (réd. ant. LSE) de comptabilité manifestement incomplète ou irrégulière au regard des dispositions légales[17]. Ainsi, l'absence d'établissement du bilan peut justifier la condamnation[18], s'agissant d'éléments clés pour savoir si la société est ou non en état de cessation des paiements. Au contraire, il a été jugé que l'absence d'inscription en comptabilité d'une dette résultant d'une décision de condamnation de la société débitrice, qui constitue certes une faute de gestion, ne justifie pas le prononcé du comblement de l'insuffisance d'actif, faute de lien de causalité entre cette faute et l'insuffisance d'actif, qui résulte, pour l'essentiel, de cette décision de condamnation[19].

> Cas de faillite personnelle ou d'interdiction de gérer. Constituent encore des fautes de gestion les cas de faillite personnelle ou d'interdiction de gérer.

Il en est d'abord ainsi de l'omission de déclarer l'état de cessation des paiements dans le délai légal[20], la faute pouvant être commise par l'admi-

1. Com. 11 juill. 2006, nº 05-14.890, NP nº 894 F-D.
2. Com. 21 janv. 2003, nº 01-03.656, NP nº 131 F-D.
3. Com. 19 mai 2015, nº 14-10.348, préc. – Paris, 3e ch. A, 23 mai 2006, RG nº 04/04151.
4. Com. 11 juill. 1995, nº 93-15.864, NP, JCP 1995. II. 22549, note Gibirila – Paris, 17 oct. 1997, *Rev. proc. coll.* 1998, 111, obs. Martin-Serf.
5. Com. 13 nov. 2007, nº 06-13.212, NP; nº 1239 F-D; *Gaz. proc. coll.* 2008/1, p. 68, note Montéran.
6. Paris, 3e ch. B, 24 févr. 2006, *Rev. proc. coll.* 2007/4, p. 234, nº 1, obs. Martin-Serf.
7. Com. 11 déc. 2012, nº 11-22.436, NP; nº 1250 F-D; *Gaz. Pal.* 1er mai 2013, nº 121, p. 42, note Montéran; *Bull. Joly* avr. 2013, comm. 120, note Mouial-Bassilana; *Dr. sociétés* 2013, comm. 211, note Legros.
8. Paris, 3e ch. A, 11 sept. 2007, RG nº 06/12784.
9. Com. 11 févr. 2014, nº 12-21.069, NP; nº 178 F-D; *Dr. sociétés* 2014, comm. 106, note Legros; *JCP E* 2014. 1299, note Delattre – Paris, 3e ch B, 31 oct. 2003, RG nº 03/00218 – Paris, 3e ch. A 11 sept. 2007, RG nº 06/12784.
10. Com. 1er juill. 1997, *Rev. proc. coll.* 1998, 111, obs. Martin-Serf – Paris, 3e ch. B, 31 oct. 2003, RG nº 03/00218.
11. Toulouse, 2e ch., 25 janv. 2007, *Rev. proc. coll.* 2007/4, p. 234, nº 1, obs. Martin-Serf.
12. Com. 24 sept. 2003, nº 02-[illegible].343, NP.
13. Com. 31 mai 2016, nº 14-[illegible].779, NP; nº 507 F-D.
14. Paris, 21 oct. 2008, RG nº [illegible]/08629.
15. Com. 19 mai 2015, nº 14-10.348, NP; nº 459 F-D; *Gaz. Pal.* 2015. 2320, note Dondéro.
16. Com. 29 sept. 2015, nº 14-18.135, NP.
17. Com. 4 avr. 2006, nº 04-19.637, *Bull. civ.* IV, nº 92; *D.* 2006. AJ 1107, obs. Lienhard; *Act. proc. coll.* 2006, nº 95, note Régnaut-Moutier; *Rev. proc. coll.* 2006/3, p. 257, nº 10, obs. Roussel Galle; *Rev. proc. coll.* 2007/2, p. 92, nº 18 et p. 93, nº 20, obs. Barret; *LXB* nº N7539AKG, note Le Corre.
18. Com. 11 févr. 2014, nº 12-21.069, NP; nº 178 F-D; *Dr. sociétés* 2014, comm. 106, note Legros; *JCP E* 2014. 1299, note Delattre.
19. Com. 3 juill. 2012, nº 10-17.624, NP nº 768 F-D.
20. Com. 8 oct. 1996, nº 94-14.459, *Bull. civ.* IV, nº 225; *Rev. proc. coll.* 1997, 242, nº 1, obs. Martin-Serf; *JCP E* 1997. II. 917, note Daigre; *Bull. Joly* 1996. 1057, note Calendini – Com. 14 nov. 2000, nº 97-21.306, NP, *RJDA* 2001/3, nº 347 – Com. 17 sept. 2002, *RJDA* 2002/12, p. 1101, nº 1305 – Com. 24 mars 2004, nº 02-17.817, NP – Com. 4 oct. 2005, nº 04-16.365, NP – Com. 15 juin 2011, nº 10-17.023, NP; nº 612 F-D – Com. 11 oct. 2011, nº 10-20.423, NP; nº 967 F-D; *Gaz. Pal. entr. diff.* 21 janv. 2012, nº 20, p. 45, note Montéran; *Rev. proc. coll.* 2012, nº 98, note Martin-Serf.

nistrateur, informé de la situation de la société, n'ayant pas invité le représentant légal à déposer le bilan[1]. À l'inverse, d'autres décisions refusent de condamner le simple administrateur, au prétexte qu'il n'a pas reçu mandat en ce sens[2]. On mesure ici la plasticité de ce cas, qui peut être manipulé comme les juridictions l'entendent (v. aussi ss n° 912.18). La faute pourrait aussi être commise par le dirigeant de fait auquel il sera reproché de ne pas être intervenu auprès du dirigeant de droit pour que ce dernier procède à la déclaration d'état de cessation des paiements[3]. La non-déclaration de la cessation des paiements pourra être retenue pour fonder l'action en comblement de passif, alors que le débiteur exécutait son plan de continuation, dès lors qu'est apparu un nouvel état de cessation des paiements[4].

Du fait de l'absence d'autorité de chose jugée attachée à la décision d'ouverture du règlement amiable (v. ss n° 222.24), il sera possible, dans le cadre de la procédure collective, de considérer comme une faute de gestion, la demande tardive d'ouverture de la procédure collective[5]. Identiquement, il est jugé que le fait de recourir à un mandat *ad hoc* ou à une conciliation n'a pas pour effet d'exonérer le dirigeant du retard mis à déclarer l'état de cessation des paiements de la personne morale[6].

Indiquons cependant que la condamnation n'est absolument pas systématique pour cette seule raison[7]. Il faudra nécessairement démontrer que le retard à déclarer l'état de cessation des paiements est en relation avec l'augmentation de l'insuffisance d'actif, en comparant ce montant à la date à laquelle le dépôt de bilan devait intervenir avec celui existant au jour de l'ouverture de la procédure[8]. L'abstention fautive doit avoir contribué à l'augmentation de l'insuffisance d'actif[9], ce qui est le cas lorsque des dettes nouvelles sont créées sans apparition concomitante de richesses nouvelles[10]. Cette abstention peut être en relation avec un autre cas de faillite personnelle, celui de la poursuite abusive d'exploitation déficitaire[11].

L'état de cessation des paiements devra être fixé à une date précise[12], et par référence à la notion légale de cessation des paiements[13]. La juridiction ne pourra se réfugier derrière le fait qu'une action est en cours pour faire remonter la date de cessation des paiements pour s'émanciper de cette obligation[14]. Il faudra donc établir qu'à la date retenue comme étant celle de l'apparition de l'état de cessation des paiements, le débiteur ne pouvait, avec son actif disponible, faire face à son passif exigible.

Cette preuve n'est pas rapportée lorsque la juridiction se contente de retenir, sans égard à l'actif disponible, le retard mis à procéder à la déclaration de cessation des paiements par la référence à l'accroissement d'une dette à l'égard d'un créancier[15], au non paiement des factures des fournisseurs[16], ou par référence à la condamnation du débiteur à payer des salaires à un de ses employés, salarié ayant du assigner son employeur en redressement judiciaire[17], à l'importance des dettes fiscales et sociales[18] ou à l'importance des dettes d'exploitation et au résultat déficitaire[19], au fait que la situation était préoccupante dès une certaine époque, que la banque avait dénoncé ses concours à telle

1. Com. 25 mars 1997, n° 95-10.995, *Bull. civ.* IV, n° 85; *D. Affaires* 1997. 579; *Rev. proc. coll.* 1998, 305, n° 2, obs. Martin-Serf; *Dr. et patr.* juin 1997. 89, note Bertrand – Com. 31 mai 2011, nos 09-13.975, 09-14.026, 09-16.522, 09-67.661, *Bull. civ.* IV, n° 87; *D.* 2011. Actu. 1551, obs. Lienhard – COMP. : Paris, 3e ch. A, 27 févr. 2001, *RJDA* 2001/8-9, n° 888 – Paris, 3e ch. C, 2 juill. 2003, RG n° 02/02081.
2. Paris, 3e ch. B, 23 mai 2003, RG n° 02/01370.
3. Paris, 3e ch. B, 5 déc. 2003, RG n° 22040 – Paris, 3e ch. B, 10 sept. 2004, RG n° 04/1325 – Paris, 3e ch. A., 16 mai 2006, RG n° 05/17265.
4. Paris, 23 oct. 2008, RG n° 08/03357.
5. Com. 8 juill. 2003, n° 00-15.919, *Bull. civ.* IV, n° 129; *n° 1231 FS-P; D. 2003. AJ 2171, obs.* Lienhard; *D.* 2004. Somm. 59, obs. Lucas; *Bull. Joly* 2003. 1129; *JCP E* 2003. Chron. 202, n° 16, obs. Pétel; *LPA* 16 févr. 2004, n° 33, p. 4, note Lécuyer; *Defrénois* 2004. 575, Chron. 37925, note Gibirila; *Rev. proc. coll.* 2005/2, p. 152, n° 5, obs. Martin-Serf – Paris, 3e ch B, 31 oct. 2003, RG n° 03/00218.
6. Rennes, 2e ch., 9 août 2011, RG n° 10/05370, *Rev. proc. coll.* 2011, n° 169, note Delattre.
7. Com. 19 févr. 2002, n° 99-15.359, *Bull. civ.* IV, n° 38.
8. Paris, 3e ch. B, 23 mai 2003, RG n° 02/16488 – Paris, 3e ch. A, 9 déc. 2003, RG n° 02/14779.
9. Com. 4 oct. 2005, n° 04-16.365, NP – Com. 31 mai 2011, n° 10-17.684, NP; n° 547 F-D.
10. Com. 3 nov. 2009, n° 08-16.361, NP; n° 994 F-D.
11. Paris, 3e ch. A, 16 mai 2006, RG n° 05/15820.
12. Com. 30 mars 2010, n° 08-22.140, NP; n° 390 F-D; *D.* 2010. Actu. 1071, obs. Lienhard; *Gaz. Pal. entr. diff.* 2-3 juill. 2010, nos 183, 184, p. 41, note Montéran; *Rev. proc. coll.* 2011, Étude 5, note Demeyère; *Dr. sociétés* 2010, n° 147, note Legros – Com. 8 mars 2011, n° 09-67.062, NP; n° 201 F-D; *Rev. proc. coll.* 2012, n° 103, note Martin-Serf – Com. 3 mai 2011, n° 10-16.709, NP; n° 438 F-D – Com. 15 juin 2011, n° 10-20.253, NP; n° 603 F-D – Com. 11 déc. 2012, n° 11-27.552, NP, n° 1252 F-D – Com. 23 avr. 2013, n° 12-10.241, NP; n° 440 F-D.
13. Com. 3 mai 2011, n° 10-16.709, NP; n° 438 F-D – Com. 23 avr 2013, n° 12-10.241, NP; n° 440 F-D.
14. Com. 1 déc. 2012, n° 11-27.552, préc.
15. Com 19 déc. 2006, n° 05-11.848, NP; n° 1436 F-D – Com 11 oct. 2011, n° 10-20.423, NP; n° 967 F-D; *Gaz. Pal. tr. diff.* 21 janv. 2012, n° 20, p. 45, note Montéran; *Rev. oc. coll.* 2012, n° 98, note Martin-Serf.
16. Cor 8 juill. 2014, n° 13-18.490, NP; n° 643 F-D.
17. Cor 27 mai 2014, n° 12-27.945, NP; n° 522 F-D.
18. Co 30 mars 2010, n° 08-22.140, préc. (v. ss prést n°) – Co 11 oct. 2011, n° 10-18.700, NP; n° 981 F-D – Com. 8 s. 2015, n° 14-15.183, NP; n° 724 F-D.
19. Cc 8 nov. 2011, n° 09-71.668, NP; n° 1100 F-D.

date et que des dettes fiscales et sociales représentant plusieurs trimestres de cotisations n'étaient plus payés depuis une autre date[1], ou encore à l'existence de déclarations de créances correspondant à des créances antérieures à la date de cessation des paiements retenue, dès lors que le passif exigible, traduit dans ces déclarations de créance, n'est pas mis en rapport avec le montant de l'actif disponible[2]. La date de cessation des paiements n'est pas davantage fixée avec précision lorsque la juridiction retient l'importance du passif exigible en comparaison avec le montant insignifiant des réalisations d'actifs, alors qu'il fallait comparer le passif exigible à l'actif disponible[3]. Il en est de même lorsque la juridiction retient pour fixer la date de cessation des paiements et caractériser ainsi le caractère tardif de la déclaration de cessation des paiements, l'ampleur du déficit de la société et les nombreuses dettes exigibles demeurées impayées sans préciser l'existence ou le montant de l'actif disponible[4]. Pas davantage, la date de cessation des paiements n'est fixée avec précision, lorsque la juridiction se contente de retenir le non-paiement du conseiller juridique, du principal fournisseur et l'émission de chèques sans provision, sans avoir égard à l'actif disponible[5]. La date de cessation des paiements n'est pas fixée ainsi que l'exige la loi, lorsque les juges du fond retiennent le fait que la société avait fonctionné en ligne débitrice toute l'année 2008; qu'à compter du mois de juin, elle n'avait réglé ni les salaires, ni l'URSSAF; pour indiquer que la cessation des paiements existait à compter du 1er juin 2008, sans apporter la moindre précision sur l'actif disponible[6].

L'octroi d'un moratoire supprime l'exigibilité des dettes qui en font l'objet, empêchant la caractérisation de l'état de cessation des paiements et par voie de conséquence le dépassement du délai légal de déclaration de l'état de cessation des paiements[7].

La date de cessation des paiements retenue peut aussi être erronée si elle n'est pas fixée selon les critères classiques en la matière. Ainsi, l'état de cessation des paiements n'est pas caractérisé à la date retenue si certaines dettes ont été prises en compte, alors qu'elles n'étaient pas exigibles, du fait de moratoires accordés par les créanciers[8].

Au contraire, il est estimé que la déclaration tardive de l'état de cessation des paiements est légalement établie, lorsque le dirigeant reconnaît avoir eu des difficultés de trésorerie en mai et que la déclaration d'état de cessation des paiements aurait dû intervenir en juillet, alors qu'elle a été effectuée en septembre, et alors que parallèlement, le mandataire judiciaire s'appuie sur des factures impayées antérieures, du bilan qui ne faisait état d'aucune disponibilité et montrait d'importantes pertes d'exploitation et que, dès le premier semestre, la société n'était plus en mesure, avec son actif disponible, de payer son passif exigible[9].

Que décider si la date de cessation des paiements a été fixée antérieurement au jugement d'ouverture dans ce jugement ou dans un jugement de report ? Cette date s'impose-t-elle au tribunal appelé à statuer sur la demande de condamnation à combler le passif ? Deux phases doivent être distinguées.

>> **Première phase.** Avant la loi de sauvegarde des entreprises, peu importe que le tribunal, dans le cadre de la décision d'ouverture de la procédure, ait fixé la date de cessation des paiements au jour du jugement d'ouverture. Cette fixation n'est que provisoire et ne s'impose donc pas au juge chargé d'examiner la faute de gestion tenant à une déclaration tardive de l'état de cessation des paiements. Une juridiction ne peut, en conséquence, pour écarter la demande de responsabilité pécuniaire, se contenter d'énoncer qu'il n'y a pas eu de report de la date de cessation, puisqu'elle n'est pas liée par la date de cessation fixée provisoirement par le tribunal dans le cadre de l'ouverture de la procédure collective de la personne morale débitrice[10] (v. aussi ss no 222.22). Mais si la juridiction n'a pas à se considérer comme liée par la date de cessation des paiements retenue dans le cadre de l'ouverture de la procédure collective, elle peut parfaitement retenir celle-ci dans le cadre de l'action en responsabilité pour insuffisance d'actif[11].

>> **Deuxième phase.** Statuant sous l'empire de la loi de sauvegarde des entreprises, la Cour de cassation a estimé, par un arrêt auquel elle a entendu assurer la plus large diffusion, que l'omission de déclaration de la cessation des paiements dans le délai légal, susceptible de constituer une faute de gestion, s'apprécie au regard de la seule date de la cessation des paiements fixée dans le jugement d'ouverture ou

1. Com. 11 févr. 2014, no 12-26.947, NP; no 179 F-D.
2. Com. 10 mai 2012, no 10-28.689, NP; no 502 F-D.
3. Com. 15 févr. 2011, no 09-70.496, NP, no 163 F-D; *Gaz. Pal. entr. diff.* 1-2 avr. 2011, p. 47, note Montéran.
4. Com. 13 janv. 2015, no 13-21.630, NP; no 21 F-D.
5. Com. 30 oct. 2012, no 11-12.231, no 1064 F-D; *Bull. Joly 2013, no 8, note Mouial-Bassilana.*
6. Com. 10 févr. 2015, nos 13-17.589, 13-17.819; NP; no 143 F-D.
7. Com. 16 déc. 2014, no 13-25.029, NP; no 111 F-D; *Rev. proc. coll.* 2015, comm. 189, note Martin-Serf.
8. Com. 14 janv. 2014, no 12-26.844, NP; no 50 F-D.
9. Com. 27 mars 2012, no 11-13.787; no 344 F-D; *Rev. proc. coll.* 2012, no 210, note Martin-Serf.
10. Com. 30 janv. 2007, no 05-21.208, NP; no 112 F-D; Gaz. proc. coll. 2007/2, p. 60, note Montéran; *Dr. sociétés* 2007, no 93, note Legros; *Rev. proc. coll.* 2007/4, p. 236, no 4, obs. Martin-Serf.
11. Com. 8 juill. 2014, no 13-18.958, NP; no 644 F-D.

dans un jugement de report[1]. Il s'agit d'un authentique revirement de jurisprudence, la Cour de cassation n'ayant pas rendu sa décision au visa de l'article R. 653-1, alinéa 2 du code de commerce, texte qui impose de retenir, dans le cadre de l'interdiction de gérer pour omission de déclaration de l'état de cessation des paiements dans le délai légal, la date fixée dans le jugement d'ouverture ou dans un jugement de report.

En conséquence de cette solution, il ne peut plus être reproché au tribunal de ne pas avoir fixé avec précision l'état de cessation des paiements à telle date, dès lors que le jugement d'ouverture, ou un jugement de report, fixe la date de cessation des paiements à une date antérieure au délai légal de déclaration de l'état de cessation des paiements[2]. Au contraire, il peut être reproché aux juges du fond de retenir une date de cessation des paiements antérieure à celle fixée par le tribunal lors de l'ouverture de la procédure collective et en l'absence de tout report de date de cessation des paiements, pour caractériser l'omission de déclaration de l'état de cessation des paiements dans le délai légal, en tant que faute de gestion ayant contribué à l'insuffisance d'actif[3].

Avant comme depuis la loi de sauvegarde, en l'absence d'augmentation de l'insuffisance d'actif dans cette période, la faute ne peut être considérée comme ayant contribué à cette augmentation et la condamnation sera écartée[4]. Il ne peut donc être affirmé que le défaut de déclaration de la cessation de paiements dans le délai légal a nécessairement contribué à augmenter l'insuffisance d'actif, même si la solution a déjà été posée[5].

> Cas d'obligation aux dettes sociales. Les cas d'obligation aux dettes sociales prévus par la législation issue de la loi de sauvegarde des entreprises (C. com., art. L. 652-1) sont identiquement des fautes de gestion, mais ils ne pouvaient plus, sous l'empire de la loi de sauvegarde des entreprises, dans sa rédaction d'origine, justifier le comblement de passif. En effet l'article L. 652-1, dernier alinéa du code de commerce prévoyait que « dans les cas visés au présent article, il ne pouvait être fait application des dispositions de l'article L. 651-2 ». En conséquence, si l'une des fautes spécialement visées à l'article L. 652-1 et susceptibles d'entraîner la sanction de l'obligation aux dettes sociales était constatée, l'action en comblement de passif ne pouvait pas prospérer (v. s^{s} n° 924.14). La solution a été abandonnée avec l'ordonnance du 18 décembre 2008, qui a supprimé l'obligation aux dettes sociales. Ces anciens cas d'obligation aux dettes sociales, qui sont indissociablement des fautes de gestion, pourront donc de nouveau être utilisés au soutien d'une action en responsabilité pour insuffisance d'actif.

922.23 Règles relatives à la gestion des sociétés. Il y a faute de gestion en cas de violation caractérisée des règles relatives à la gestion des sociétés.

La faute topique est ici l'absence de réunion des assemblées d'associés[6] ou du conseil d'administration[7].

Il en sera de même de l'absence de déclaration de la perte de la moitié du capital social[8]. Il faudra constater l'expiration des délais prévus aux articles L. 225-100 et L. 225-248 du code de commerce avant la date de cessation des paiements[9]. Constitue également une faute de gestion, le fait de poursuivre l'activité en sachant que les capitaux propres étaient devenus inférieurs à la moitié du capital social et que l'activité était déficitaire[10].

Il ne peut être reproché au dirigeant de ne pas avoir procédé à une augmentation de capital, laquelle est de la compétence des associés. Il peut en revanche lui être reproché de ne pas avoir tenté d'obtenir une augmentation de capital[11].

Avaient été, dans un premier temps, retenues comme des fautes de gestion justifiant la condam-

1. Com. 4 nov. 2014, n° 13-23.070, *Bull. civ.* IV [à paraître]; n° 960 FS-P+B+R+I; *D.* 2014. actu 2235, note Lienhard; *Gaz. Pal.* 18 janv. 2015, n° 18, p. 15, note Reille et p. 34, note Montéran; *Rev. sociétés* 2014.751, note Henry; *JCP E* 2014. 1604, rapp. Schmidt et note Roussel Galle et 1637, n° 12, note Pétel; *Act. proc. coll.* 2014, comm. 344, note Thuillier; *BJE* 2015, 113, note Lasserre Capdeville; *Rev. proc. coll.* 2015, comm. 67, note Martin-Serf; *Bull. Joly sociétés* 2015, 23, note Mouial-Bassilana; *Dr. sociétés* 2015, comm. 55, note Legros – Com. 19 mai 2015, n° 14-10.348, NP; n° 459 F-D; *Gaz. Pal.* 2015. 2320, note Dondéro – Com. 18 mai 2016, n° 14-21.133, NP; n° 436 F-D.
2. Com. 10 mars 2015, n° 12-16.956, *Bull. civ.* IV [à paraître]; n° 264 F-P+B; *Rev. sociétés* 2015. 406, note Henry; *BJE* juill. 2015, 249, note Favario; *Rev. proc coll.* 2015, comm. 67, note Martin-Serf; *Bull. Joly sociétés* 2015, 302, note Mouial-Bassilana.
3. Com. 5 mai 2015, n° 14-13.300, NP; n° 414 F-D; *Dr. sociétés* 2016, comm. 88, note Legros.
4. Paris, 3e ch. B, 7 mars 2003, RG n° 02/1264.
5. Paris, 3e ch. B, 27 févr. 2004, RG n° 03/0453.
6. Bordeaux, 2e ch., 10 janv. 1991, *Rev. proc. coll.* 1992, 222, n° 1, obs. Chaput.
7. Com. 10 mai 2012, n° 11-11.903, NP; n° 496 F-D; *Dr. sociétés* 2013, comm. 88, note Legros.
8. Com. 21 nov. 1995, n° 93-19.535, NP et Com. 8 oct. 1996, n° 94-16.312, NP, *Rev. proc. coll.* 1999, 42, n° 1, obs. Martin-Serf – Bordeaux, 23 oct. 1995, *Dr. sociétés* 1996, n° 34, obs. Chaput.
9. Com. 10 mai 2012, n° 11-11.903, NP; n° 496 F-D; *Dr. sociétés* 2013, comm. 88, note Legros.
10. Com. 5 juin 2012, n° 11-16.404, NP; n° 633 F-D – Com. 29 avr. 2014, n° 13-11.798, NP; n° 419 F-D – Aix-en-Provence, 8e ch. C, 28 mars 2013, RG n° 11/17750, *Rev. proc. coll.* 2013, comm. 172, note crit. Martin-Serf.
11. Com. 12 juill. 2016, n° 14-23.310, NP, n° 658 F-D.

nation à combler l'insuffisance d'actif, l'absence de reconstitution des capitaux propres, en cas de perte de la moitié du capital social[1], solution dont on pouvait rapprocher le comportement du dirigeant ayant empêché la reconstitution des capitaux propres[2], notamment en s'abstenant de convoquer l'assemblée[3]. Puis la solution a été abandonnée sur l'observation que la reconstitution des capitaux n'est pas l'œuvre du dirigeant social, mais celle des associés, le premier ne pouvant donc être tenu pour responsable de l'absence de reconstitution des capitaux propres[4].

Il pourra être question de l'absence de désignation d'un commissaire aux comptes[5].

Il pourra aussi être question du non-respect de la procédure en cas d'acquisition d'un bien d'une certaine importance appartenant à un associé[6] ou de la réalisation d'opérations étrangères à l'objet social[7].

Au contraire, il a été jugé que la surestimation d'un apport en nature ne peut constituer une faute de gestion, dans la mesure où l'évaluation a été faite par un commissaire aux apports, commissaire aux comptes de profession[8].

922.24 Fautes de gestion traduisant une incompétence manifeste en matière de gestion. L'incompétence évidente en matière de gestion peut être constitutive d'une faute de gestion. La solution a été clairement posée par une juridiction[9]. Le plus souvent, des faits traduisant cette incompétence seront relevés pour caractériser la faute de gestion.

Il peut s'agir d'investissements inadaptés[10] ou excessifs[11], du lancement de produits sans étude préalable sur la rentabilité à terme du projet[12] et sans action commerciale[13]. Il peut être question du financement massif accordé à une filiale par une société-mère, qu'il conduit à ruiner[14].

Au contraire, le reproche d'investissements inadaptés ou excessifs ne peut plus être adressé lorsque le dirigeant s'est entouré des conseils d'une société spécialisée, qui a procédé à une étude prévisionnelle de faisabilité[15].

Le fait de faire contracter des engagements financiers insupportables à la société constitue une faute de gestion[16]. Il en est ainsi du fait d'un recours massif au crédit pour équiper et faire fonctionner la personne morale[17].

Pourra, dans le même ordre d'idées, être reproché au dirigeant le fait de ne pas avoir réalisé l'augmentation de capital décidée par l'assemblée des associés[18].

Il peut encore être question de ventes conclues avec des débiteurs de solvabilité très douteuse[19].

Il peut aussi s'agir de la conclusion d'un contrat se révélant catastrophique pour la société déjà fragile[20]. Dans une espèce, la condamnation du dirigeant a pu intervenir, alors qu'il s'était livré à une « course au chiffre d'affaires », avait affiché des prévisions exceptionnellement optimistes pour les besoins de la reprise de l'entreprise par des investisseurs, et avait réalisé des prises de marchés à perte[21]. De même, il y a place à condamnation du dirigeant qui accepte des commandes et les acomptes correspondant, à une époque où la société n'est manifestement plus en mesure de les honorer, ce qui contribue à augmenter le passif déclaré[22].

1. Com. 11 oct. 2011, n° 10-20.423, NP, n° 967 F-D; *Gaz. Pal. entr. diff.* 21 janv. 2012, n° 20, p. 45, note Montéran; *Rev. proc. coll.* 2012, n° 98, note Martin-Serf – Paris, 3e ch. A, 9 déc. 2003, RG n° 02/14779.
2. Paris, 19 mars 1996, *Bull. Joly* 1996. 608, note Le Cannu; *Rev. proc. coll.* 1999, 44, n° 6, obs. Martin-Serf.
3. Paris, 3e ch. A, 17 févr. 2009, *Rev. sociétés* 2009. 671, note Urbain-Parléani – Paris, 26 nov. 2015, RG n° 14/05504, *Gaz. Pal.* 2 févr. 2016, n° 5, p. 74, note Dondéro.
4. Com. 13 oct. 2015, n° 14-15.755, NP; n° 894 F-D; *Bull. Joly sociétés* 2016, 157, note Heinich; *Dr. sociétés* 2016, comm. 87, note Legros; *Rev. proc. coll.* 2016, comm. 93, note Martin-Serf.
5. Com. 23 nov. 1999, *Bull. Joly* 2000, n° 76, note Barbièri – Paris, 18 nov. 1997, *Bull. Joly* 1998. 250 note Barbièri; *Rev. proc. coll.* 1999, 43, n° 4, obs. Martin-Serf.
6. T. com. Villeneuve-sur-Lot, 16 févr. 1996, *Bull. Joly* 1996. 413, note Daigre; *Rev. proc. coll.* 1999, 43, n° 2, obs. Martin-Serf.
7. Versailles, 13e ch., et Paris, 3e ch. A, 5 mai 1998, *Rev. proc. coll.* 1999, 43, n° 3, obs. Martin-Serf.
8. Grenoble, ch. com., 4 févr. 2012, RG n° 10/04268, *Dr. sociétés 2012, n° 188, note Legros.*
9. Dijon, ch. civ., sect. B, 30 juin 2005, RG n° 04/1777, *RD banc. fin.* 2006, n° 27, note Lucas; *RJDA* 2007/1, p. 77, n° 78.
10. Com. 25 nov. 2008, n° 07-11.549, NP; n° 1215 F-D; *Bull. Joly* 2009. 491, note Gourdon.
11. Com. 19 mars 1996, n° 94-12.004, *Bull. civ.* IV, n° 91; *Rev. sociétés* 1996. 840, note Bruguier; *Bull. Joly* 1996. 613, Couret; *Defrénois* 1996. 935, obs. Le Cannu; *Rev. proc. coll.* 1997, 02, n° 1, obs. Martin-Serf – Com. 8 juin 1999, n° 96-10.681, NP – Com. 20 juin 2000, n° 97-17.888, NP, *Bull. Joly* 2000, n° 231 – Com. 27 févr. 2007, n° 05-20.038, NP; n° 362 F-D.
12. Com. 19 févr. 2002, n° 99-14.906, NP – Rouen, 9 juill. 1983, *JurisData* 42818.
13. Rouen, 9 juill. 1983, *JurisData* 42818.
14. Paris, 3e ch. A, 1[illegible] nov. 2007, RG n° 07/01145, *Rev. proc. coll.* 2008, p. 71, n° 87, note Martin-Serf.
15. Com. 29 oct. 2002, n° 99-13.882, NP.
16. Dijon, ch. civ., 30 juin 2005, RG n° 04/1777, préc. (v. ss prést n°).
17. Com. 27 mai 2003, n° 00-14.981, NP.
18. Com. 11 févr. 2004, n° 02-11.872, NP.
19. Paris, 3e ch. C, 6 oct. 2000, *RJDA* 2001/1, n° 58.
20. Com. 7 juin 2005, n° 04-13.262, NP; n° 864 F-D; *JCP E* 2005. 171, p. 2058, note Delattre; *Rev. proc. coll.* 2006/3, p. 291, n° 3, obs. Martin-Serf.
21. Caen, 14 févr. 2008, RG n° 06/01882; *Bull. Joly* 2008. 611, note Poinot.
22. Com. 24 mars 2015, n° 14-10.354, NP; n° 307 F-D.

Il y a encore faute de gestion à acheter des fonds de commerce et les revendre peu de temps après à un prix inférieur, entraînant des indemnités de licenciement du personnel[1].

Il en est de même de l'absence de mise en place de moyens de gestion adaptés[2], notamment les moyens comptables[3], dont il est possible de rapprocher l'absence de réorganisation nécessaire de l'activité[4].

Il peut encore être question d'une masse salariale trop importante[5], constituée notamment d'une direction pléthorique par rapport à la taille de l'entreprise[6], alors surtout que la rémunération serait versée en contrepartie d'un travail fictif[7].

La faute de gestion pourra également tenir au fait de laisser vacants des postes de direction[8].

Il pourra à l'inverse s'agir d'un licenciement massif et prématuré du personnel[9].

Il pourra encore s'agir pour le dirigeant de tirer profit de la personne morale en lui imposant des charges supérieures à la norme, par exemple en lui facturant des redevances de location-gérance d'un montant exorbitant[10].

On rapprochera de cette situation le cas du dirigeant d'une société constituée sur la captation frauduleuse du fichier client d'une autre société, la condamnation de la société à l'égard de la victime d'actes de concurrence déloyale ayant précipité la chute de la première[11].

Il pourra être question pour le dirigeant de consentir des avances à une autre société à une époque de baisse constante du chiffre d'affaires, alors que les résultats d'exploitation étaient négatifs[12].

Il y a faute de gestion pour le dirigeant d'une société holding à revendre la société dont les actions avaient été acquises par un montage en LBO, dès lors que cette holding n'avait pas d'autre activité et actif que les parts de cette société reprise, l'absence de déclaration de la cessation des paiements de la holding ne pouvant que conduire à une augmentation de l'insuffisance d'actif[13].

> **Intervention des associés.** La faute de gestion était, dans une première phase de la jurisprudence, caractérisée également par le fait de démarrer une activité avec des fonds propres insuffisants[14] et de la poursuivre sans remédier à cette situation[15]. Puis il a été jugé que ne constitue pas une faute de gestion, l'insuffisance des apports consentis lors de la constitution de la société, l'insuffisance étant imputable aux associés, non aux dirigeants[16]. *A fortiori*, le reproche de sous-capitalisation ne peut être adressé au dirigeant non associé, puisqu'il ne peut agir aux fins de recapitaliser la société, le pouvoir appartenant aux associés[17]. De façon plus générale, les fautes qui peuvent être adressées non au dirigeant, mais aux associés, ne peuvent plus être retenues sur le terrain de la responsabilité pour insuffisance d'actif.

922.25 Fautes de gestion traduisant une incurie des dirigeants. La faute de gestion peut tenir aussi à l'incurie des dirigeants.

Il en sera d'abord ainsi de la passivité du dirigeant[18], notamment l'administrateur, informé de la situation de la société, qui n'invite pas le représentant légal à procéder à la déclaration de l'état de ces-

1. Com. 30 juin 2009, n° 08-13.464, NP n° 647 F-D.
2. Com. 14 déc. 1993, n° 91-20.839, *Bull. civ.* IV, n° 473.
3. Com. 27 mai 2003, n° 00-14.981, NP.
4. Com. 3 oct. 2000, n° 96-15.514, NP, *Bull. Joly* 2001. 2, n° 4, note Le Cannu.
5. Com. 28 mars 2000, n° 97-17.834, NP, *Bull. Joly* 2000, n° 134, note Daigre – Douai, 13 févr. 1997, *Rev. proc. coll.* 1998, 110, obs. Martin-Serf.
6. Com. 3 oct. 2000, n° 96-15.514, NP, *Bull. Joly* 2001. 24, n° 4, note Le Cannu; *RJDA* 2001/1, n° 61.
7. Paris, 30 mai 1997, *Rev. proc. coll.* 1998, 110, obs. Martin-Serf.
8. Com. 3 oct. 2000, n° 96-15.514, préc.
9. Paris, 3e ch. A, 9 déc. 2003, RG n° 02/03991.
10. Com. 28 mai 2002, n° 00-13.127, NP, *RJDA* 2002/10, p. 900, n° 1067.
11. Com. 9 avr. 2013, n° 12-16.919, NP; n° 364 F-D.
12. Com. 10 mars 2004, n° 00-19.568, NP.
13. Paris, pôle 5, 9e ch., 16 janv. 2014, RG n° 12/10411, *Rev. proc. coll.* 2014, comm. 176, note Martin-Serf.
14. Com. 27 mai 2003, n° 00-14.981, NP – Aix-en-Provence, 8e ch. A, 16 mai 2001, *RD banc. fin.* 2001, n° 192, note Lucas; *RJDA* 2002/4, n° 416, p. 353 – Dijon, ch. civ., sect. B, 30 juin 2005, RG n° 04/1777, *RD banc. fin.* 2006, n° 27, p. 26, note Lucas; *RJDA* 2007/1, p. 77, n° 78.
15. Com. 28 nov. 2000, n° 97-15.985, NP, *RJDA* 2001/3, n° 346 – Com. 29 avr. 2003, n° 00-13.940, NP – Rouen, 2e ch., 21 mars 2002, *RJDA* 2002/12, p. 1101, n° 1305.
16. Com. 10 mars 2015, n° 12-15.505, *Bull. civ.* IV [à paraître]; n° 268 FS-P+B; *D.* 2015. actu 678, note Lienhard; *Gaz. Pal.* 21 juill. 2015, n° 200, p. 31, note Montéran; *JCP E* 2015. 1261, note Dondéro; *Rev. sociétés* 2015. 406, note Henry et 468, note Poracchia; *APC* 2015/7, comm. 107, note Vallansan; *BJE* 2015, 248, note Favario; *Rev. proc. coll.* 2015, comm. 187, note Martin-Serf; *Bull. Joly sociétés* 2015, 244, note Parachkévova; *Dr. sociétés* 2015, comm. 117, note Legros; *Dr. et patr.* sept. 2015, n° 250, chron. 92, n° 6, note Monsérié-Bon.
17. AINSI : Paris, 3e ch. B, 27 sept. 2007, RG n° 06/12904, *Rev. proc. coll.* 2008, p. 72, n° 89, note Martin-Serf.
18. Com. 31 janv. 1995, n° 92-21.548, *Bull. civ.* IV, n° 29; *Rev. proc. coll.* 1998, 304, n° 2, obs. Martin-Serf; *Bull. Joly* 1995. 341, note Couret; *RTD com.* 1996. 543, obs. Martin-Serf – Com. 19 mars 1996, n° 93-13.468, NP, *Bull. Joly* 1996. 526, note Le Cannu; *RTD com.* 1996. 542, obs. Haëhl; *Rev. proc. coll.* 1998, 301, n° 1, obs. Martin-Serf – Com. 14 janv. 1997, n° 94-14.414, NP, *Rev. proc. coll.* 1998, 301, n° 1, obs. Martin-Serf – Com. 25 juin 2002, n° 99-20.048, NP, *RJDA* 2002/12, p. 1101, n° 1305 – Versailles, 13e ch., 2 déc. 1999, *RJDA* 2000/4, n° 456 – Paris, 3e ch. A, 8 déc. 2000, *RTD com.* 2001. 242, obs. Mascala – Orléans, ch. com., 5 oct. 2006, RG n° 05/03086, *Dr. sociétés* 2007, n° 312, note Legros.

sation des paiements[1], ou qui délègue tous ses pouvoirs[2]. À cet égard, est particulièrement topique la faute de gestion tenant au fait, pour le dirigeant de droit, de laisser la gestion à un dirigeant de fait[3], en portant de manière parfaitement honorifique le titre de PDG[4]. Peu importe à cet égard que la société dirigée en droit par l'intéressé soit filiale d'une société dont le dirigeant de droit exerce sur la société débitrice la direction de fait[5].

Le gérant qui ne surveille pas la gestion du cogérant et le laisse augmenter d'une manière excessive sa rémunération commet une faute de gestion[6].

La passivité pourra tenir, par exemple, à ne pas se préoccuper des impayés accumulés et à la poursuite des livraisons[7], à la perte du droit au bail des locaux dans lequel l'exploitation était effectuée[8]. La faute sera plus caractérisée encore si le dirigeant avait un intérêt personnel à la résiliation d'un contrat le liant à la société, par exemple la résiliation du contrat de location-gérance qui lui permettait de récupérer gratuitement le fonds de commerce[9].

Constituent également des fautes de gestion, le fait pour le dirigeant de faire vendre rapidement les actifs dans de mauvaises conditions avant l'ouverture de la procédure collective, le fait pour le dirigeant de précipiter la dissolution de la société, alors qu'elle était exposée, du fait d'une instance au fond, à restituer ce qu'elle avait obtenu d'une caution, en référé, sans que le dirigeant ait fait prendre à la société les mesures nécessaires à garantir une éventuelle restitution[10].

A été considérée comme un faute de gestion, le fait pour le dirigeant, qui n'avait ni négocié ni signé un contrat de travail, de ne pas s'être opposé à sa conclusion, alors qu'il contenait une indemnité conventionnelle de licenciement d'un montant disproportionné[11].

Notons la similitude de solutions retenues dans la matière pénale, où il est jugé que le dirigeant de droit ne peut s'exonérer de sa responsabilité pénale en n'exerçant pas ses fonctions[12].

L'incurie du dirigeant pourra tenir à l'absence de prise de mesures à la suite d'une procédure d'alerte déclenchée par le commissaire aux comptes[13].

Cette faute de gestion peut être retenue à l'encontre de simples administrateurs d'une société anonyme. Il leur sera reproché un manquement au devoir de contrôle et de surveillance du président du conseil d'administration ou du directeur général[14]. Cependant, si la situation réelle est cachée par le président du conseil d'administration aux simples administrateurs, la sévérité ci-dessus exprimée s'estompe, les manœuvres du premier à l'égard des seconds pouvant alors constituer pour ces derniers une circonstance exonératoire[15].

L'incurie du dirigeant est encore caractérisée, en présence du représentant permanent d'une personne morale dirigeante, si celui-ci ne participe qu'épisodiquement aux réunions du conseil d'administration et n'exerce aucun contrôle sur la gestion[16].

Le dirigeant de droit ne pourrait se réfugier derrière une absence d'autonomie de gestion, liée au contrôle du dirigeant de fait. Ne peut dès lors être approuvée une cour d'appel qui retient cet argument pour ne pas condamner le dirigeant de droit[17].

1. Com. 31 mai 2011, n°s 09-13.975, 09-14.026, 09-16.522, 09-67.661, *Bull. civ.* IV, n° 87; *D.* 2011. Actu. 1551, note Lienhard; *Gaz. Pal.* 7 oct. 2011, n° 280, note Montéran; *Act. proc. coll.* 2011, n° 207, note Pagnucco; *JCP E* 2011, n° 1655, note Couret et Dondéro; *Rev. sociétés* 2011. 521, note Roussel Galle; *Bull. Joly* 2011. 268, note Dammann et Boché-Robinet; *Rev. proc. coll.* 2011, n° 199, note Martin-Serf; *Dr. sociétés 2011, n° 200, note Legros.*
2. Bordeaux, 2 janv. 2006, *Rev. proc. coll.* 2007/4, p. 234, n° 2, obs. Martin-Serf.
3. AINSI : Com. 23 juin 1998, n° 95-21.458, NP, *RTD com.* 1999. 983, obs. Mascala – Com. 28 mars 2000, n° 97-17.834, NP, *Bull. Joly* 2000, n° 134, note Daigre – Com. 4 oct. 2005, n° 04-16.365, NP – Douai, 2e ch., 26 janv. 1995; Aix-en-Provence, 8e ch., 30 nov. 1995; Paris, 3e ch. B, 17 oct. 1997; Paris, 3e ch. A, 24 févr. 1998, *Rev. proc. coll.* 1999, 182, n° 1, obs. Martin-Serf – Paris, 3e ch. B, 19 nov. 1999, *RJDA* 2000/4, n° 459; *Bull. Joly* 2000, n° 52, note Barbièri – Versailles, 13e ch., 21 déc. 2000, *RJDA* 2001/4, n° 487 – Paris, 3e ch. A, 30 oct. 2007, RG n° 07/01824, *Rev. proc. coll.* 2008, p. 69, n° 84, note Martin-Serf.
4. Paris, 3e ch. A, 4 sept. 2007, RG n° 06/14980; *RJDA* 2008/1, p. 71, n° 70.
5. Paris, 3e ch. B, 19 nov. 1999, *RJDA* 2000/4, n° 459; *Bul[l.] Joly* 2000, n° 52, note Barbièri.
6. Com. 8 oct. 2003, n° 00-20.070, NP, *Act. proc. coll.* 20[…] n° 252.
7. *Paris, 12 janv. 1996, D. 1996. IR 75.*
8. Com. 6 nov. 1972, *Rev. proc. coll.* 1973. I. Somm. 28.
9. Civ. 3e, 12 juin 2002, DPDA *bull.* 227, 8 juill. […]2, p. 5770, *V^is^ Comblement du passif*, n° 51-b.

10. Com. 8 avr. 2015, n° 13-28.512, *Bull. civ.* IV [à paraître]; n° 360 F-P+B; *D.* 2015. actu 862, note Lienhard et 2015, pan. 1980, note Lucas; *Rev. sociétés* 2015. 406, note Henry; *BJE* sept. 2015, 305, note Sortais; *JCP E* 2015, chron. 1422, n° 10, note Pétel; *Rev. proc. coll.* 2015, comm. 191, note Martin-Serf; *Bull. Joly sociétés* 2015, 304, note Laroche; *Dr. sociétés* 2015, comm. 154, note Legros; *LPA* 17 déc. 2015, n° 251, note Ballot-Léna.
11. Com. 28 juin 2016, n° 14-22.534, NP, n° 608 F-D.
12. Crim. 31 mai 2012, n° 11-86.234, NP, *Gaz. Pal.* 25 janv. 2013, n° 25, p. 37, note Dondéro.
13. Com. 25 juin 2002, n° 99-20.048, NP, *RJDA* 2002/12, p. 1101, n° 1305.
14. Com. 10 mars 2004, n° 01-03.004, NP.
15. Com. 14 mai 2002, n° 00-14.891, NP, *RJDA* 2002/8-9, n° 920.
16. Com. 30 oct. 2000, n° 98-12.431, NP, *Bull. Joly* 2001. 27, n° 5, note Daigre; *RJDA* 2001/2, n° 210.
17. Lyon, 29 juill. 2013, RG n°s 10/09151, 10/09257, *Leden* oct. 2013, comm. 154, note crit. Borga; *BJE* janv. 2014, p. 41, note crit. Borga et Favario.

La loi de sauvegarde des entreprises[1], par les procédures d'anticipation qu'elle offre aux dirigeants, peut être l'occasion de nouveaux reproches adressés aux dirigeants. Il a ainsi été soutenu que l'absence d'utilisation des procédures de conciliation ou de sauvegarde, qui auraient permis d'éviter la liquidation judiciaire, pourrait constituer une faute de gestion[2]. Des juridictions du fond ont cru devoir suivre l'opinion[3]. D'autres insistant sur le caractère facultatif de la sauvegarde sont en sens inverse[4]. Cette dernière solution est effectivement préférable au regard du caractère strictement facultatif de ces procédures[5]. L'action en responsabilité pour insuffisance est une variété, certes amodiée, d'action en responsabilité civile délictuelle. Cette responsabilité ne peut être engagée que pour sanctionner un comportement obligatoire. Or, là où il n'y a que faculté, il ne nous semble pas y voir faute délictuelle. Il pourrait en revanche être reproché au dirigeant, à titre de faute de gestion, d'avoir, pour obtenir le constat de l'accord de conciliation, faussement attesté qu'il n'était plus en état de cessation des paiements[6].

À l'inverse, le fait que le dirigeant utilise la prévention ne pourra l'exonérer de sa responsabilité, si le recours au mandat *ad hoc* a pour seul objet de masquer une situation totalement obérée. Autrement dit, le recours à la prévention ne sera pas exonératoire de responsabilité s'il est fait à mauvais escient[7]. De même, il a été jugé que le recours à une conciliation, qui permet d'obtenir des moratoires qui ne seront pas tenus, ne peut exonérer le dirigeant[8]. Le dirigeant ne pourra davantage se réfugier derrière la convocation à l'entretien confidentiel avec le président du tribunal pour s'exonérer de son obligation de déclarer l'état de cessation des paiements[9].

1. L. n° 2005-845, 26 juill. 2005, préc.
2. Le Cannu, 7e éd., n° 1292 – Voinot, 2e éd., n°868.
3. T. com. Valenciennes, 9 juill. 2012, RG n°2012000586, *Leden* sept. 2012, p. 1, obs. Lucas; *Rev. proc. coll.* 2013, comm. 171, note crit. Martin-Serf – Douai, 2e ch., 2e sect., 29 nov. 2012, RG n° 12/00803, *BJE* 2013, n° 50, note approb. Rubellin; *Rev. proc. coll.* 2013, comm. 28, note Delattre; *RTD com.* 2013. 334, n° 2, obs. Macorig-Vénier; *Rev. proc. coll.* 2013, comm. 171, note crit. Martin-Serf – Douai, 4 oct. 2013, RG n° 12/05585, *Leden* févr. 2014, comm. 035, note Cesbron Lavau – Douai, 2e ch., 1re sect., 4 déc. 2013, RG n° 12/05585, *Rev. proc. coll.* 2014, comm. 148, note Delattre.
4. *Lyon, 3e ch. A, 24 juill. 2014, RG n° 13/07951, JurisData* 018709.
5. Lyon, 3e ch. A, 24 juill. 2014, RG n° 13/07951, *JurisData* 018709 – aussi : Gibirila, n° 265 – rappr. : Pérochon, 10e éd., n° 420.
6. Le Cannu, 7e éd., n° 1294.
7. Versailles, 13e ch., 19 oct. 2009, RG n° 09/030028, note Delattre.
8. Douai, 2e ch., 1re sect., 30 nov. 2011, RG n° 10/02737, *Rev. proc. coll.* 2012, n° 181, note Delattre.

922.26 Faute de gestion résultant de l'inobservation d'obligations légales, notamment fiscales et sociales. Le non-respect de la législation fiscale constitue une faute de gestion rendant possible la condamnation à combler le passif. Il en est ainsi par exemple de l'absence de déclaration régulière des charges fiscales, ayant entraîné des taxations d'office[10]. Le fait d'avoir fait subir indûment à la société des pénalités et intérêts de retard, ainsi que le fait de ne pas avoir respecté le plan d'apurement établi par l'administration fiscale, sont également des fautes de gestion[11].

Lorsque les manquements constitutifs de fraude fiscale sont antérieurs à la nomination du dirigeant, ce dernier commet une faute de gestion à ne pas tirer les conséquences des manquements dont il est informé[12] (v. aussi ss n° 731.13).

Le non-respect de la législation sociale constitue également une faute de gestion rendant possible la condamnation à réparer l'insuffisance d'actif. Il en est ainsi par exemple de l'absence de déclaration régulière des charges sociales, ayant entraîné des taxations d'office[13].

Le fait pour un marchand de biens immobiliers de ne pas avoir souscrit une assurance pour garantir sa responsabilité décennale, ce qui l'a obligé à réduire le prix de vente des biens et à indemniser les préjudices subis par les propriétaires, constitue une faute de gestion[14].

922.27 Faute de gestion tenant au fait de vouloir avantager un créancier. La faute de gestion peut également consister à vouloir avantager un créancier, pa exemple en effectuant entre ses mains un paiemert préférentiel, alors qu'il connaissait l'état de cesation des paiements du débiteur[15]. Il importe pd, en ce cas, que l'action en nullité de la période sspecte ait été introduite[16]. Il peut aussi être queson de rembourser des avances en comptes couran d'associés, de manière préférentielle par rapporaux autres créanciers[17]. Observons toutefois ql y a là une difficulté à caractériser la contri-

9. Veailles, 13e ch., 27 oct. 2011, RG n° 11/03417, *Rev. p. coll.* 2012, n° 181, note Delattre.
10. C. 13 nov. 2007, n° 06-13.212, NP; n° 1239 F-D; *Gaz. c. coll.* 2008/1, p. 68, note Montéran.
11. n. 5 juin 2012, n° 11-16.404, NP; n° 633 F-D.
12. s, 3e ch. A, 16 mai 2006, RG n° 05/15820.
13. m. 13 nov. 2007, n° 06-13.212, NP; n° 1239 F-D; *Gaz. oc. coll.* 2008/1, p. 68, note Montéran.
14. uen, ch. civ. et com., 17 janv. 2013, RG n° 12/01935, *v. proc. coll.* 2013, comm. 173, note crit. Martin-Serf.
15. om. 11 juin 1996, n° 94-16.067, *Bull. civ.* IV, n° 169; *Rev. oc. coll.* 1997, 243, n° 2, obs. Martin-Serf.
1 om. 11 juin 1996, n° 94-16.067, préc. (v. ss prést n°).
aris, 3e ch. B, 30 avr. 2003, RG n° 03/11285 – Aix-en-Pro-ence, 8e ch. A, 5 juill. 2012, *JCP E* 2013, n° 1116, note elattre.

bution de la faute de gestion à la création ou à l'augmentation de l'insuffisance d'actif (v. s[s] n° 922.41).

Il peut encore être question de faire payer les salaires du dirigeant au moyen de la prise en charge de ceux-ci par une société débitrice, puis de procéder par voie de compensation entre la créance détenue sur cette société et la société dirigée, privant de la sorte la société dirigée de toute trésorerie[1].

De cette solution, il est possible de rapprocher l'hypothèse d'une cession par le dirigeant social de l'intégralité de la trésorerie de la société à une banque, la veille du dépôt de bilan, pour permettre à une autre société du groupe, d'obtenir un crédit[2].

On peut encore faire état d'une décision qui a condamné le dirigeant social pour avoir accepté d'inclure dans un contrat de travail une indemnité contractuelle de licenciement excessive[3].

SECTION 922.30 UN PRÉJUDICE CONSTITUÉ PAR L'INSUFFISANCE D'ACTIF

922.31 Insuffisance d'actif constitutive du préjudice. Le préjudice permettant l'ouverture de l'action en comblement de passif est constitué par l'insuffisance d'actif. À défaut d'insuffisance d'actif, l'action en comblement de passif ne peut prospérer. Ainsi, ne peut être admise l'action tendant à la condamnation non pour création ou augmentation de l'insuffisance d'actif, mais pour augmentation du passif[4].

La solution est la même, sous l'empire de la loi de sauvegarde des entreprises[5], pour l'action justement dénommée action en responsabilité pour insuffisance d'actif, malgré, jusqu'à l'ordonnance du 18 décembre 2008[6], une approximation du législateur, dans la lettre du texte.

En effet, l'article L. 624-3 alinéa 1 du code de commerce, dans sa rédaction antérieure à la loi de sauvegarde des entreprises, disposait que « le tribunal peut [...] décider que les dettes de la personne morale seront supportées, en tout ou en partie [...] par [...] les dirigeants ». Il était admis de longue date, que le préjudice permettant l'ouverture de l'action en comblement de passif était constitué par l'insuffisance d'actif. À défaut d'insuffisance d'actif, l'action en comblement de passif était donc vouée à l'échec[7]. Avant la loi du 10 juin 1994, le silence du texte sur la possibilité d'appliquer l'action en comblement de passif en plan de cession avait fait naître un doute. La jurisprudence avait admis l'action en ce cas[8].

Tout aussi maladroitement, l'article L. 651-2 du code de commerce, dans la rédaction d'origine de la loi de sauvegarde des entreprises, disposait, en effet, que « Lorsque la résolution d'un plan de sauvegarde ou de redressement judiciaire ou la liquidation judiciaire d'une personne morale fait apparaître une insuffisance d'actif, le tribunal peut, en cas de faute de gestion ayant contribué à cette insuffisance d'actif, décider que les dettes de la personne morale seront supportées, en tout ou en partie, par tous les dirigeants de droit ou de fait ou par certains d'entre eux, ayant contribué à la faute de gestion ».

Malgré cette maladresse rédactionnelle, la jurisprudence avait décidé que, en cas de condamnation à la totalité, le montant de la condamnation ne pouvait dépasser l'insuffisance d'actif. C'est pourquoi le dirigeant ne pouvait être condamné à la totalité du passif[9], à moins que l'actif ne soit inexistant. Dès lors, s'il y avait des éléments d'actif à réaliser, le montant de la condamnation ne pouvait être égal au montant du passif admis[10]. Une demande de condamnation devait nécessairement prendre en compte les réalisations d'actifs intervenues ainsi que les paiements effectués par les cautions, pour que puisse être déterminée l'insuffisance d'actif[11].

Cette solution consistant à limiter le montant de la condamnation, en cas de responsabilité pour insuffisance d'actif, à cette insuffisance, qui ressortait de l'appellation de la sanction pécuniaire elle-même – responsabilité pour insuffisance d'actif – est désormais explicitement contenue dans le texte de l'article L. 651-2, alinéa 1 du code de commerce, dans sa rédaction issue de l'ordonnance du 18 décembre 2008 (ord. 18 déc. 2008, art. 131). D'évidence, sur ce point, l'article 131 de l'ordonnance du 18 décembre 2008 est une disposition interprétative, ainsi que le confirme le rapport au Président de la République, qui évoque la dissipation d'une ambiguïté[12].

1. Com. 30 juin 2009, n° 08-13.464, NP n° 647 F-D.
2. Com. 7 déc. 1999, n° 97-12.173, NP, *RJDA* 00/4, n° 458.
3. Aix-en-Provence, 22 mai 2014, RG n° 12/15858, *Rev. proc. coll.* 2014/14, comm. 262.
4. Com. 12 janv. 2016, n°s 14-23.359, 14-27.090, NP 33 F-D; *BJE* 2016, 186, note Favario; *Bull. Joly sociétés* 2016, 227, note Brignon.
5. L. n° 2005-845, 26 juill. 2005, préc.
6. Ord. n° 2008-1345, 18 déc. 2008, préc.
7. Com. 27 juin 2006, n° 05-14.271, *Bull. civ.* IV, n° 152; *D.* 2006. AJ 1891, obs. Lienhard.
8. Aix-en-Provence, 29 oct. 1992, *Rev. proc. coll.* 1993, 581, obs. Blanchard.
9. Com. 30 juin 2004, n° 03-12.816, NP – Com. 30 oct. 2007, n° 06-15.247, NP; n° 1190 F-D; *Gaz. proc. coll.* 2008/1, p. 69, note Montéran.
10. Com. 23 janv. 1996, n° 92-18.589, NP, *D.* 1996. IR 132.
11. Lyon, 3e ch. civ., sect. B, *Rev. proc. coll.* 2009/6, 172, p. 47, note Martin-Serf.
12. Rapport au président de la République sur l'ordonnance n° 2008-1345 du 18 déc. 2008, *JO* 19 déc. 2008, Titre I, chap. V, s[s] art. 131.

En présence d'un **EIRL**, l'insuffisance d'actif s'appréciera par référence aux seuls biens et dettes intéressant le patrimoine affecté, concerné par la procédure collective.

En présence d'une holding, l'insuffisance d'actif s'apprécie au regard de son actif et de son passif propres, sans référence aux comptes consolidés du groupe[1].

Les juges du fond ne peuvent condamner un dirigeant sur le seul visa du passif, sans caractériser les éléments d'actif, puisqu'il n'est pas alors possible de vérifier qu'il y a insuffisance d'actif[2]. Sauf absence totale d'actif, il est impossible de prononcer une condamnation à l'intégralité du passif social[3]. De même, les juges du fond ne peuvent condamner le dirigeant alors que le montant des actifs n'est pas déterminé, de sorte que l'insuffisance d'actif ne peut être considérée comme certaine, le liquidateur soutenant que l'absence de fiabilité de la comptabilité de la société débitrice ne permettait pas de retenir le montant d'actifs prétendu par le débiteur au titre de travaux en cours et le liquidateur ne justifiant pas du détail des actifs susceptibles d'être recouvrés[4].

Par principe, l'insuffisance d'actif s'établit donc à la différence entre le montant du passif admis (v. ss n° 922.33) et le montant de l'actif de la personne morale débitrice, tel qu'il résulte des réalisations effectuées en plan de cession ou en liquidation judiciaire[5]. Faute de procéder à la comparaison entre le montant du passif admis et le montant des réalisations d'actifs, la juridiction n'établit pas l'insuffisance d'actif au jour où elle statue[6]. Il est toutefois suffisant que l'insuffisance d'actif soit certaine, ce qui autorise la condamnation en présence d'un passif admis supérieur à 100 000 euros, dès lors que l'actif est négligeable[7]. L'insuffisance d'actif doit ainsi être certaine à hauteur du montant de la condamnation prononcée[8].

Cette insuffisance d'actif s'apprécie au jour où la juridiction statue. Il en résulte qu'elle n'a pas à prendre l'augmentation de l'insuffisance d'actif ayant pu exister entre le jour de l'apparition de l'état de cessation des paiements et l'ouverture de la procédure collective, alors même que la faute de gestion reprochée serait une poursuite abusive d'exploitation déficitaire[9]. La juridiction ne doit pas davantage prendre en compte l'éventualité d'une condamnation contre un tiers, par exemple le commissaire aux comptes[10], susceptible de supprimer ou, à tout le moins, de réduire le montant de cette insuffisance d'actif. La bonne pratique sera néanmoins, en ce cas, de surseoir à statuer, l'opportunité d'une telle décision étant abandonnée aux juges du fond.

Ce principe doit cependant être adapté lorsque le dirigeant dont la responsabilité est recherchée n'est plus en fonction à la date de l'ouverture de la procédure. En ce cas, l'insuffisance d'actif doit être établie à la date de cessation des fonctions de ce dirigeant[11] (v. ss n° 921.13) ce qui suppose que soit constaté le montant des capitaux propres de la société débitrice à cette date[12].

De même, en cas de succession de dirigeants, la condamnation du nouveau dirigeant supposera une insuffisance d'actif apparue sous la direction du dirigeant dont la responsabilité est recherchée. La condamnation ne pourrait être prononcée pour un montant supérieur à l'insuffisance d'actif créée sous la direction de la personne recherchée en responsabilité[13].

Le fait que le dirigeant ait passé un accord avec les créanciers pour payer les dettes sociales ne peut suffire à faire disparaître l'insuffisance d'actif, en l'absence de preuve d'un abandon de créance, puisqu'il n'y a alors que transfert de créance au profit d'un nouveau créancier de la personne morale[14].

Le dirigeant recherché en responsabilité ne peut, pour prétendre à la diminution de l'insuffisance d'actif, reprocher au liquidateur de ne pas avoir recouvré le compte clients, dès lors qu'il n'a pas de fonds pour engager une telle action[15].

1. Com. 18 mai 2016, n° 14-16.895, NP; n° 435 F-D.
2. Com. 26 juin 2001, n° 98-16.520, NP, *Rev. proc. coll.* 2003, p. 164, n° 6, obs. Martin-Serf.
3. Com. 30 oct. 2007, n° 06-15.247, NP; n° 1190 F-D; *Gaz. proc. coll.* 2008/1, p. 69, note Montéran.
4. Com. 30 juin 2015, n° 13-27.317, NP; n° 655 F-D.
5. SUR ce principe : Paris, 3e ch. B, 15 nov. 2007, RG n° 0 19850; *Rev. proc. coll.* 2008, p. 71, n° 88, note Martin-Serf.
6. Com. 23 avr. 2013, n° 12-12.231, NP; n° 438 F-D.
7. Com. 10 mars 2015, n° 12-16.956, *Bull. civ.* IV [à paraître]; n° 264 F-P+B; *Rev. sociétés* 2015. 406, note Henry; *BJE* juill. 2015, 249, note Favario; *Rev. proc. coll.* 2015, comm. 67, note Martin-Serf; *Bull. Joly sociétés* 2015, 302, note Mouial-Bassilana.
8. Com. 19 déc. 2006, n° 05-11.848, NP; n° 1436 F-D.
9. Com. 27 sept. 2011, n° 10-20.308, NP; n° 898 F-D.
10. Com. 31 mai 2011, nos 09-13.975, 09-14.026, 09-16.522, 09-67.661, *Bull. civ.* IV, n° 87; *D.* 2011. Actu. 1551, obs. Lienhard; *Gaz. Pal.* 7 oct. 2011, n° 280, note Montéran; *Act. proc. coll.* 2011, n° 207, note Pagnucco; *JCP E* 2011, n° 1655, note Couret et Dondéro; *Rev. sociétés* 2011. 521, note Roussel Galle; *Bull. Joly* 2011. 268, note Dammann et Boché-Robinet; *Rev. proc. coll.* 2011, n° 199, note Martin-Serf; *Dr. sociétés* 2011, n° 200, note Legros.
11. Com. 28 sept. 2004, n° 02-10.680, NP – Com. 1er févr. 2005, nos 03-13.140, 03-13.317, NP.
12. Com. 12 juill. 2004, n° 02-17.111, NP – Com. 22 janv. 2013, n° 11-27.420, NP; n° 61 F-D; *Gaz. Pal.* 1er mai 2013, n° 121, p. 43, note Montéran; *Rev. proc. coll.* 2013, comm. 174, note crit. Martin-Serf.
13. Com. 17 déc. 2013, n° 12-25.519, NP; n° 1228 F-D.
14. Paris, 3e ch. A, 29 juin 2004, RG n° 03/17613.
15. Grenoble, 17 nov. 2011, RG n° 10/03677, *Leden* juin 2012, n° 088, note Delattre.

922.32 Insuffisance d'actif en cas d'extension de procédures. En cas d'extension sur le fondement de la fictivité ou de la confusion des patrimoines, on rappellera qu'il n'y a qu'un passif et qu'un actif[1]. Cependant, le dirigeant n'ayant à supporter que le passif de la personne morale qu'il dirigeait (v. s[s] n° 922.51), il en résulte que le tribunal doit distinguer, pour caractériser l'insuffisance d'actif à mettre à la charge du dirigeant, le passif et l'actif de chacune des personnes morales dont le patrimoine a été confondu (v. s[s] n° 922.51).

Au contraire, le passif de la personne morale comprend celui de sociétés en redressement ou en liquidation judiciaire dont elle est associée indéfiniment et solidairement responsable[2].

Le tribunal ne peut évidemment prononcer une condamnation supérieure à l'insuffisance d'actif[3], cette dernière représentant le préjudice réparable.

Ces règles doivent être adaptées, en cas de réunion des patrimoines d'un **EIRL**, car il n'existe là qu'une seule personne dont les patrimoines ont été réunis. L'insuffisance d'actif doit donc, à notre sens, s'apprécier globalement, mais est sans conséquence, du fait de la soumission de l'ensemble des patrimoines à la procédure collective.

922.33 Détermination de l'insuffisance d'actif et vérification des créances – Limitation aux seules créances antérieures au jugement d'ouverture. *A priori*, on pourrait penser que l'insuffisance d'actif ne peut être définitivement établie qu'après achèvement des opérations de vérification du passif, d'une part, et fin des opérations de réalisation d'actifs, d'autre part.

Cependant, une jurisprudence constante décide que l'action est recevable même si ces opérations ne sont pas terminées, dès lors qu'il apparaît avec évidence que l'actif sera insuffisant pour payer le passif[4]. Il suffit que l'insuffisance d'actif soit certaine, peu important que le passif et l'actif soient exactement chiffrés[5], au jour où la juridiction statue, cette recherche étant indispensable, sauf à encourir la censure de la Cour de cassation, qui ne serait pas en mesure d'exercer son contrôle sur ce point[6]. À défaut d'insuffisance certaine de l'actif, la condamnation ne peut être prononcée[7].

Le liquidateur peut, en revanche, pour déterminer l'insuffisance d'actif, prendre en compte, d'une part, le passif privilégié, et d'autre part, certaines créances chirographaires, qui auraient été vérifiées et admises au passif, en dépit d'une dispense de vérification du passif chirographaire[8], au demeurant injustifiée compte tenu de l'engagement d'une action en responsabilité pour insuffisance d'actif.

Le fait que certaines créances soient contestées ne peut suffire à écarter l'action en comblement de passif, dès lors que les créances non contestées sont supérieures aux actifs, la contestation de créance n'ayant évidemment pas pour effet d'augmenter l'actif, mais seulement de diminuer le passif[9]. En revanche, le liquidateur ne peut se prévaloir, pour déterminer l'insuffisance d'actif, d'un passif déclaré à titre provisionnel[10], sauf à démontrer que le passif non contesté et déclaré à titre définitif est supérieur à l'actif. Il ne peut davantage se contenter d'un état provisoire des créances, le montant du passif admis et vérifié d'une part, le montant de l'actif, d'autre part, étant inconnus, d'où il résulte que le montant de l'insuffisance d'actif n'est pas déterminé et que l'insuffisance d'actif n'est pas certaine[11].

Il n'y a pas de difficulté pour le tribunal à condamner à un montant inférieur à la partie non contestée du passif déclaré[12]. Ainsi, la condamnation est possible à hauteur du passif déclaré, déduction faite des réalisations d'actifs, dès lors que le passif n'a pas été contesté[13]. Si l'insuffisance d'actif n'est pas certaine, au contraire, la condamnation ne peut être prononcée. Il en est ainsi lorsque le liquidateur se contente de verser aux débats un état provisoire des créances, de sorte que le montant du passif n'est pas connu et qu'il ne donne pas d'indication sur les actifs à réaliser[14]. Il en est de même si la juridiction se contente d'indiquer que le passif déclaré (non vérifié) s'élève à une certaine somme et que l'actif est constitué de créances à recouvrer sans précision de leur montant[15].

1. SUR LA QUESTION : Delebecque, « Groupe de sociétés et procédure collective, confusion des patrimoines et responsabilité des membres du groupe », *Rev. proc. coll.* 1998, 129 s.
2. Versailles, 13e ch., 29 avr. 2004, RG n° 03/04439.
3. Com. 21 janv. 2003, n° 01-03.656, NP; n° 131 F-D.
4. Com. 28 mai 1991, n° 89-21.116, *Bull. civ.* IV, n° 187; *D.* 1992. Somm. 184, obs. Honorat – Com. 28 janv. 2004, n° 01-16.355, NP – Aix-en-Provence, 8e ch. A, 27 févr 2002, *Dr. sociétés* 2002, n° 195, obs. Legros; *Rev. proc coll. 2003, p. 164, n° 5, obs. Martin-Serf.*
5. Com. 7 juin 2005, n° 04-13.262, NP; n° 864 F-D; *JCP* 2005, n° 1751, note Delattre; *Rev. proc. coll.* 2005, p. 291, n° 3, obs. Martin-Serf.
6. Com. 7 mars 2006, n° 04-16.404, NP; n° 300 F-D; *Gaz. proc. coll.* 2006/3, p. 51, obs. Montéran.
7. Com. 22 mai 2012, n° 11-15.358, NP; n° 581 F-D.
8. Com. 15 juin 2011, n° 10-15.643, NP; n° 611 F-D.
9. Com. 15 mars 2005, n° 03-19.577, NP.
10. AINSI : Com. 3 oct. 2006, n° 05-15.150, NP, *Act. proc. coll.* 2006, n° 239, note Vallansan.
11. Com. 3 déc. 2003, n° 01-02.046, NP, *RD banc. fin.* 2004, n° 75, obs. Lucas.
12. Paris, 3e ch. A, 30 mars 2004, RG n° 03/13690.
13. Com. 8 mars 2011, n° 10-10.931, NP; n° 235 F-D.
14. Com. 3 déc. 2003, n° 01-02.046, NP.
15. Com. 9 juill. 2002, n° 99-11.579, NP.

Il importe que la vérification du passif soit, sinon entreprise, à tout le moins envisagée[1]. Il suffira que le montant de la condamnation ne soit pas supérieur à l'insuffisance d'actif[2]. L'appréciation de l'insuffisance d'actif s'effectuera au jour où la juridiction statuera[3]. Si la solution peut être suivie sans réserve en ce qui concerne les opérations de réalisation d'actifs, en revanche, elle ne peut être approuvée, en ce qui concerne la vérification du passif.

Après avoir posé le principe de dispense de vérification des créances chirographaires lorsque l'on sait que seuls les créanciers privilégiés pourront espérer percevoir quelque chose dans la procédure de liquidation judiciaire, le texte de la loi du 25 janvier 1985[4] (C. com., L. 621-102) et celui de la loi de sauvegarde des entreprises (C. com., L. 641-4, al. 2) prévoient une exception en énonçant que les créances chirographaires devront être vérifiées, si l'action en comblement de l'insuffisance d'actif est exercée.

La portée de ce texte fait difficulté. Faut-il comprendre que la vérification des créances chirographaires est une condition préalable de l'action en comblement de passif ? Faut-il au contraire entendre que la vérification des créances chirographaires est possible, mais non obligatoire, lorsqu'est envisagée une action en responsabilité pour insuffisance d'actif ?

La Cour de cassation a estimé que « la dispense de vérification des créances chirographaires ne fait pas obstacle à l'action en responsabilité pour insuffisance d'actif dès lors que celle-ci est établie »[5].

La solution n'allait pas de soi au regard de la lettre du texte de l'alinéa 2 de l'article L. 641-4 du code de commerce. Rappelons exactement celle-ci : « Il n'est pas procédé à la vérification des créances chirographaires s'il apparaît que le produit de la réalisation de l'actif sera entièrement absorbé par les frais de justice et les créances privilégiés, à moins que, s'agissant d'une personne morale ou d'un entrepreneur individuel à responsabilité limitée, il n'y ait lieu de mettre à la charge des dirigeants sociaux de droit ou de fait ou de cet entrepreneur tout ou partie du passif conformément à l'article L. 651-2 ». Le texte laisse donc entendre un principe, celui de la non vérification des créances chirographaires si aucune distribution n'est à attendre pour ces créanciers chirographaires. Et il corrige ce principe en apportant une exception : sauf si on envisage une action en responsabilité pour insuffisance d'actif. On pouvait donc comprendre, et c'est ce que nous avions fait, que la vérification des créances était une condition de l'action en comblement de passif.

À la lecture stricte du texte, on pouvait ajouter un argument de logique juridique : comment faire supporter à un dirigeant un passif qui n'a pas été vérifié, c'est-à-dire un passif qui n'est pas juridiquement certain ?

À ce stade, il importe de s'arrêter sur la notion d'insuffisance d'actif, utilisée dans le cadre de l'action en responsabilité pour insuffisance d'actif. L'action en responsabilité pour insuffisance d'actif est une variété d'action en responsabilité civile délictuelle. Sont exigés : une faute, à savoir la faute de gestion, une contribution de cette faute à la création du préjudice, et un préjudice, qui est constitué par l'insuffisance d'actif. L'insuffisance d'actif correspond à la différence entre le montant du passif admis et le montant de l'actif de la personne morale débitrice, tel qu'il résulte des réalisations effectuées en liquidation judiciaire.

Ainsi, l'insuffisance d'actif ne peut-elle exister si aucune créance antérieure n'est admise au passif.

Le raccourci que nous avions eu dans le raisonnement était d'avoir considéré que tout le passif devrait être vérifié pour que l'insuffisance d'actif, constitutive du préjudice, soit juridiquement établie. Or, dès lors que l'on considère que l'insuffisance d'actif est égale à la différence entre le passif antérieur admis et le montant des réalisations d'actifs, il suffit qu'au moins une créance privilégiée, par hypothèse d'un montant supérieur à celui du produit de la réalisation des actifs, soit admise au passif.

Dans ces conditions, on ne peut qu'approuver la solution de la Cour de cassation. Il faut, mais il suffit, que l'insuffisance d'actif soit établie. Peu importe donc que le passif chirographaire ne soit pas vérifié. Toutefois, une difficulté ne manquera pas de se présenter pour l'exécution de la condamnation, car son produit doit être réparti sans tenir compte de l'ordre des privilèges. Comment le liquidateur pourra t-il distribuer aux créanciers chirographaires ce qui leur revient, dès lors que ce passif chirographaire n'est pas vérifié ?

Seul le passif antérieur doit être pris en compte. C'est en ce sens que s'est fixée la Cour de cassation, qui exclut de l'insuffisance d'actif les dettes posté-

1. Aix-en-Provence, 8e ch. A, 16 févr. 2000, *Massiani ès-qual. Varoise de services c/Smalbeen*, NP.
2. Com. 22 mars 1994, nº 92-12.560, NP.
3. Com. 28 févr. 1995, nº 92-18.572, NP, *RJDA* 1995, nº 651 – Com. 16 mars 1999, nº 95-20.314, *Bull. civ.* , nº 61 ; *LPA* 16 avr. 1999, nº 176, p. 9, note P. M. ; *Bull. J*... 1999. 757, nºs 166, 167, note Saint-Alary – Com. 7 ma... 2006, nº 04-16.404, NP ; nº 300 F-D ; *Gaz. proc. co*... 2006/3, p. 51, obs. Montéran.
4. L. nº 85-98, 25 janv. 1985, préc.
5. Com. 5 nov. 2013, nº 12-22.510, *Bull. civ.* IV, nº 160, nº 1051 FS-P+B ; *D.* 2013. actu 2640, note Lienhard ; *Rev. sociétés* 2013. 730, note Roussel Galle ; *Dr. sociétés* 2014, comm. 12, note Legros ; *BJE* mars 2014, 99, note Favario ; *RTD com.* 2014. 188, nº 4, note Martin Serf ; *LXB hebdo* 21 nov. 2013, nº 359, note Le Corre – Com. 29 sept. 2015, nº 14-18.135, NP.

rieures au jugement d'ouverture[1]. Il est parfois distingué selon que ce passif postérieur aurait ou non une origine antérieure au jugement d'ouverture[2]. Cette distinction semble difficile à suivre, car si le passif a une origine antérieure au jugement d'ouverture, il ne peut être couvert par les dispositions de l'article L. 621-32 du code de commerce et, depuis la loi de sauvegarde des entreprises, par celles de l'article L. 622-17 du code (v. s[s] n°s 451.11 s.).

Les dettes nées de la poursuite de l'activité doivent donc être exclues de la détermination du passif à prendre en compte pour la détermination de l'insuffisance d'actif[3]. Il en est ainsi, par exemple, des indemnités de licenciements économiques, effectués après le jugement d'ouverture[4]. Il faut de même affirmer l'impossibilité de prendre en compte les frais et honoraires dus au titre de la procédure collective[5], ainsi que les frais de réalisation des actifs[6]. En outre, il convient de faire abstraction des intérêts courus au titre de créances antérieures au jugement d'ouverture, par exemple des prêts dont le cours des intérêts ne seraient pas arrêtés.

Il faut également exclure le passif postérieur constitué par les créances détenues par des créanciers, dont la créance est née régulièrement, mais qui ne sont pas éligibles au traitement préférentiel, autrement dit des créanciers postérieurs non méritants, alors même que ce passif sera reporté sur l'état des créances.

922.34 Contestation du passif par le dirigeant social. Le dirigeant d'une société recherché en responsabilité dans le cadre d'une action en comblement de passif peut faire réclamation à l'état des créances Il s'agit là de la seule technique par laquelle il pourra contester l'état des créances[7] et ainsi faire diminuer l'insuffisance d'actif qu'il pourrait être condamné à payer. Des difficultés se présentent toutefois pour le dirigeant (v. s[s] n° 683.22).

Une difficulté particulière mérite, en outre, d'être signalée, pour celui auquel est reconnu la qualité de dirigeant de fait, si, à cette date, le délai pour former réclamation est expiré. En effet, pour éviter que les dettes de la personne morale ne deviennent *ipso facto* des dettes du dirigeant, celui-ci peut former réclamation à l'état des créances de la procédure de la personne morale. Les créances admises au passif de la personne morale ne sont alors admises au passif du dirigeant que dans les termes de la décision rendue sur réclamation[8]. Mais cette possibilité semble exclue si le délai de réclamation est expiré. La Cour de cassation, sous l'empire de la loi du 25 janvier 1985[9], juge alors que la personne, déclarée en redressement judiciaire à titre de sanction, en sa qualité de dirigeant de fait, sur le fondement de l'article L. 624-5 du code de commerce, et qui doit supporter le passif de la personne morale, ne peut se voir opposer l'expiration du délai de réclamation, sauf à la priver, en violation de l'article 6 § 1 de la Conv. EDH, d'un recours effectif au juge pour discuter du passif de la personne morale (v. s[s] n° 923.71). La solution, *mutatis mutandis*, nous semble transposable au cas du dirigeant de fait recherché en comblement de l'insuffisance d'actif, tant avant que depuis la loi de sauvegarde des entreprises.

À défaut de réclamation dans les délais, l'autorité étendue de chose jugée attachée à l'état des créances fera obstacle à la possibilité pour le dirigeant recherché en responsabilité pécuniaire de contester le montant du passif pris en compte dans l'insuffisance d'actif[10].

922.35 Date d'appréciation de l'insuffisance d'actif. L'insuffisance d'actif doit s'apprécier au jour où la juridiction statue[11]. La règle est spécialement importante en cause d'appel. Les juges du fond ne peuvent se contenter de préciser l'importance de l'insuffisance d'actif à telle date, dès lors qu'ils ont l'obligation de porter cette appréciation au jour où ils statuent, puisqu'ils ne peuvent condamner à un montant supérieur à l'insuffisance d'actif[12]. Il ne pourra cependant être reproché à la cour d'appel de ne pas avoir porté son appréciation au jour où elle statue, mais au jour où le tribunal a statué, si le diri-

1. Com. 28 févr. 1995, n° 92-18.572, NP, *RJDA* 1995/5, n° 651 – Com. 18 mars 2008, n° 02-21.616, NP; n° 385 F-D; *D.* 2009. 349, note Deleneuville; *Gaz. proc. coll.* 2008/3, p. 64, note Montéran; *JCP E* 2008. 2022, note Delattre; *Dr. sociétés* 2008, n° 151, note Legros; *Rev. proc. coll.* 2009/6, 171, p. 47, note Martin-Serf – Com. 17 sept. 2013, n° 12-26.360, NP, n° 820 F-D.
2. Paris, 5 juill. 1996, *D.* 1996. IR 228.
3. Com. 24 janv. 1989, n° 86-15.246, NP – Com. 28 avr. 1998, n° 95-21.969, NP, *Bull. Joly* 1998. 1285, note Delebecque – Com. 28 févr. 1995, n° 92-18.572, NP.
4. Com. 18 mars 2008, n° 02-21.616, NP; n° 385 F-D; *Gaz. proc. coll.* 2008/3, p. 64, note Montéran; *JCP E* 2008, n° 2022, note Delattre; *Dr. sociétés* 2008, n° 151, note Legros.
5. Com. 2 juin 1987, n° 85-15.713, *Bull. civ.* IV, n° 130.
6. Com. 16 févr. 1993, n° 90-21.331, *Bull. civ.* IV, n° 67.
7. Com. 28 sept. 2004, n° 03-10.760, NP.
8. Com. 4 avr. 2006, n° 05-12.248, *Bull. civ.* IV, n° 90; *D.* 2006. AJ 1167, obs. Lienhard; *Rev. proc. coll.* 2007/2, p. 91, n° 12, obs. Barret – Com. 4 avr. 2006, n° 05-12.250, NP.
9. L. n° 85-98, 25 janv. 1985, préc.
10. Paris, 3e ch. A, 20 juin 2006, RG n° 05/13266.
11. Com. 7 juin 2005, n° 04-13.262, NP; n° 864 F-D; *JCP E* 2005, n° 1751, note Delattre; *Rev. proc. coll.* 2006/3, p. 291, n° 3 obs. Martin-Serf – Com. 27 juin 2006, n° 05-11.690, NP, *JCP E* 2007, n° 1117, note Delattre – Com. 30 oct. 2007, n° 06-15.247, NP; n° 1190 F-D; *Gaz. proc. coll.* 2008/1, p. 69, note Montéran – Com. 22 mai 2012, n° 11-15.358, NP; n° 581 F-D.
12. Com. 27 juin 2006, n° 05-11.690, NP, *JCP E* 2007, n° 1117, p. 2, note Delattre.

geant dont la responsabilité est recherchée ne démontre pas que l'insuffisance d'actif serait inférieure au montant retenu par les premiers juges[1]. De même, il ne peut être reproché à la cour d'appel de ne pas avoir précisé le montant de l'insuffisance d'actif au jour où elle statue, si le liquidateur a fait état d'un passif d'un certain montant et que le dirigeant n'a pas contesté devant les juges du fond l'existence d'une insuffisance d'actif ni le fait que son montant était au moins égal au montant de la condamnation prononcée contre lui[2].

Si la juridiction doit préciser le montant de l'insuffisance d'actif au jour où elle statue, en revanche, elle n'a pas à se préoccuper de l'augmentation de l'insuffisance d'actif ayant pu exister entre le jour de l'apparition de l'état de cessation des paiements et l'ouverture de la procédure collective, alors même que la faute de gestion reprochée serait une poursuite abusive d'exploitation déficitaire[3].

922.36 Insuffisance d'actif et plan de continuation – Régime antérieur à la législation du 26 juillet 2005[4]. L'action en comblement de passif est-elle envisageable en cas de plan de continuation ? Sous l'empire de la loi du 13 juillet 1967[5], l'action en comblement de passif pouvait prospérer nonobstant l'homologation d'un concordat[6]. La solution est-elle différente sous l'empire de la loi du 25 janvier 1985 ?

Il a été suggéré de réserver l'hypothèse où la juridiction arrêterait le plan de continuation en tenant compte du montant des condamnations à venir contre les dirigeants de la personne morale[7]. La difficulté de pareille méthode tient au fait que la condamnation à combler le passif pourrait ne pas être intervenue à la date du plan, ce qui pourrait conduire la juridiction à un pré jugement inconciliable avec l'impartialité nécessaire que doit attendre le plaideur, et surtout à un arrêté de plan sur des bases hypothétiques, tel celui partiellement basé sur une action en responsabilité contre l'avocat du débiteur[8]. En outre, si la condamnation est intervenue, elle peut ne pas être définitive. Certes, sous l'empire de la loi du 25 janvier 1985[9], la décision de condamnation à combler le passif est exécutoire de plein droit (D. 27 déc. 1985[10], art. 155, al. 2), mais elle peut être arrêtée par le premier président de la cour d'appel et surtout elle peut être réformée. Le plan de continuation serait alors voué à l'échec, ce qui pourrait démontrer l'imprudence de l'administrateur judiciaire à avoir élaboré un projet de plan intégrant une condamnation hypothétique à combler le passif. La technique intermédiaire pourrait être de ne pas tenir compte, dans le cadre de l'élaboration du plan de continuation, de l'éventuel produit de la condamnation à combler le passif, mais de faire accepter par les créanciers des remises de dettes, sous condition résolutoire de la condamnation à combler le passif.

Sous la réserve précédemment invoquée, peut-on concevoir une insuffisance d'actif en cas d'arrêté d'un plan de continuation ? À cet égard, on observera que les créanciers auront obligatoirement accepté, sauf excès de pouvoir de la juridiction, les remises de dettes (v. s^s^ n° 522.18). Il en résulte que l'intégralité du passif sera payée et qu'il n'y aura donc pas d'insuffisance d'actif[11]. Le visa à l'article L. 624-3 alinéa 3 du code de commerce (anc^t^ L. 25 janv. 1985, art. 180, al. 3), qui règle la question de l'affectation des sommes récupérées dans le cadre de l'action en comblement de passif, du plan de continuation ne saurait donc être qu'une inadvertance législative[12], car on imagine mal une action sans intérêt à agir. La Cour de cassation a cependant posé en règle que l'arrêté d'un plan de continuation ne fait pas obstacle à ce que l'insuffisance d'actif soit mise à charge du dirigeant[13].

En application de cette solution jurisprudentielle, une cour d'appel a estimé qu'il devait être tenu compte des modalités de règlement du passif prévues par le plan, en évaluant le coût actuariel du plan dont les remises acceptées et les délais acceptés et imposés font chuter la valeur économique des créances[14].

En cas de résolution du plan, l'insuffisance d'actif peut parfaitement apparaître dans le cadre de la liquidation judiciaire subséquente, seule procé-

1. Com. 11 févr. 2004, n° 01-12.850, NP.
2. Com. 15 févr. 2011, n° 10-11.781, NP; n° 130 F-D; *Gaz. Pal. entr. diff.* 1-2 avr. 2011, p. 44, note Montéran.
3. Com. 27 sept. 2011, n° 10-20.308, NP; n° 898 F-D.
4. L. n° 2005-845, 26 juill. 2005, préc.
5. L. n° 67-563, 13 juill. 1967, préc.
6. Com. 20 janv. 1998, n° 95-16.344, *Bull. civ.* IV, n° 34; *Rev. proc. coll.* 1998, 361, n° 30, obs. Soinne.
7. SOINNE, n° 2594.
8. Paris, 3e ch. B, 22 mars 1996, *Rev. proc. coll.* 1998, 353, n° 23, obs. Soinne.
9. L. n° 85-98, 25 janv. 1985, préc.
10. D. n° 85-1388, 27 déc. 1985, *JO* 29 déc., p. 15281.
11. Toulouse, 2e ch., 4 août 1994, cité par SOINNE, note 9405 – RAPPR. : DERRIDA *ET ALII*, n° 580 – SAINT-ALARY-HOUIN, 4e éd., n° 1089 – KERCKHOVE, n° 829 – PÉROCHON ET BONHOMME, 6e éd., n° 432 – Gastaud, « Le comblement de l'insuffisance d'actif social », colloque Crajefe, 1991, p. 249; *LPA* 26 juill. 1991, p. 26 s. – SOINNE, n° 2594.
12. DERRIDA *ET ALII*, n° 580.
13. Com. 21 nov. 2006, n° 02-20.443, Bull. civ. IV, n° 228; *D.* 2007. AJ 22, obs. Lienhard; *Gaz. proc. coll.* 2007/2, p. 17, note Montéran; *Act. proc. coll.* 2007, n° 21, note Saintourens; *Bull. Joly* 2007. 361, note Pételcap; *Dr. sociétés* 2007, n° 93, note Legros; *JCP E* 2007. Chron. 1450, n° 14, obs. Pétel; *JCP E* 2007, n° 1235, note Guyader; *Rev. proc. coll.* 2007/2, p. 83, n° 4, obs. Martin-Serf; *Rev. proc. coll.* 2007/2, p. 71.
14. Caen, 14 févr. 2008, 1re ch. civ. et com., RG n° 06/1982, *Act. proc. coll.* 2008, n° 120; *RJDA* 2008/6, p. 693, n° 696.

dure possible depuis la loi du 10 juin 1994[1]. Se posera alors la question de la prescription de l'action (v. s[s] n° 921.41).

922.37 Insuffisance d'actif et plan de redressement ou de sauvegarde – Régime issu de la législation du 26 juillet 2005[2]. L'action en responsabilité pour insuffisance d'actif ne peut plus être exercée après adoption d'un plan de redressement. La solution résulte de l'article L. 651-2 du code. Elle est étendue à l'adoption d'un plan de sauvegarde.

Seule la liquidation judiciaire ou la résolution du plan de sauvegarde ou du plan de redressement, dans la rédaction initiale de la loi de sauvegarde des entreprises, rendra recevable l'action en responsabilité pour insuffisance d'actif. La solution sera possible même si la résolution du plan intervenue sans cessation des paiements n'emporte pas le prononcé de la liquidation judiciaire, comme le permet l'article L. 626-27, I alinéa 1 du code de commerce.

La possibilité de prendre en compte des fautes de gestion postérieures à l'arrêté du plan induit cette conséquence que, symétriquement, le montant de l'insuffisance d'actif sera arrêté non au jour de l'ouverture de la procédure collective initiale, mais au jour du jugement prononçant la résolution du plan. La solution s'impose d'ailleurs littéralement, dans la rédaction initiale de la loi de sauvegarde des entreprises, car l'article L. 651-2 du code de commerce évoque la résolution du plan faisant apparaître une insuffisance d'actif[3].

L'ordonnance du 18 décembre 2008[4] supprime la possibilité de prononcer le comblement de l'insuffisance d'actif en cas de résolution du plan de sauvegarde ou de redressement, pour cantonner l'action à l'ouverture ou au prononcé de la liquidation judiciaire.

922.38 Dirigeant déclaré antérieurement en sauvegarde, en redressement ou en liquidation judiciaire. Sous l'empire de la législation antérieure à la loi de sauvegarde des entreprises, l'article 165 du décret du 27 décembre 1985[5] envisage l'hypothèse d'un dirigeant condamné à combler l'insuffisance d'actif alors qu'antérieurement une procédure de redressement ou de liquidation judiciaire non clôturée a été ouverte à son encontre. L'article R. 651-6 du code de commerce (réd. D. 28 déc. 2005[6], art. 319) procède identiquement, en étendant la solution à l'hypothèse d'un dirigeant sous sauvegarde. L'article 114 du décret du 30 juin 2014[7] adapte le texte pour tenir compte de son application à l'EIRL. Après avoir visé le dirigeant de la personne morale, il vise également l'EIRL.

L'article 165 du décret du 27 décembre 1985 prévoit que le montant du passif mis à charge du dirigeant est déterminé par le tribunal qui a ouvert la procédure de la personne morale. L'article R. 651-6 du code de commerce ne contient plus la précision selon laquelle la détermination de ce passif incombe au tribunal ayant ouvert la procédure de la personne morale. La solution ne peut cependant être différente car c'est bien ce tribunal et lui seul qui fixe le montant de la condamnation. La suppression opérée par le nouveau texte doit être comprise comme la prise en compte d'une affirmation tautologique par le texte ancien.

L'article 165 du décret du 27 décembre 1985 prévoit une mise en cause du représentant des créanciers ou du liquidateur désigné dans la procédure du dirigeant. La solution est reprise par l'article R. 651-6 du code de commerce, qui vise désormais le mandataire judiciaire et le liquidateur. La défense de l'intérêt collectif des créanciers de la procédure ouverte contre le dirigeant justifie la solution. Les règles du dessaisissement du débiteur en liquidation judiciaire ne suffisent pas à justifier la règle, puisque, en dehors de la liquidation judiciaire, la présence du représentant des créanciers – mandataire judiciaire – est requise. Mais un paramètre a *a priori* été oublié : celui de l'administration contrôlée. En effet, si le dirigeant est en redressement judiciaire et qu'il est représenté par un administrateur, il faut, à notre sens, compte tenu de l'impact patrimonial de la sanction, que l'administrateur judiciaire le représente.

L'article 165 du décret du 27 décembre 1985, dont la solution est reprise par l'article R. 651-6 du code de commerce, dispense utilement d'une déclaration de créance au passif du dirigeant condamné à combler l'insuffisance d'actif, ce qui rend évidemment inutile une vérification de cette créance et, par voie de conséquence, impossible une contestation de celle-ci (v. s[s] n° 663.74). En effet, le montant de la condamnation mis à charge du dirigeant déjà sous procédure collective est simplement reporté sur l'état des créances de la procédure ouverte contre ce dirigeant à la demande du liquidateur. La créance détenue par le liquidateur de la société dont le dirigeant est condamné à supporter l'insuffisance d'actif n'est donc pas fixée par le juge-commissaire. Elle ne peut être retenue pour le montant de l'insuffisance d'actif, mais seulement pour le montant auquel le dirigeant a été condamné[8].

1. L. n° 94-475, 10 juin 1994, *JO* 11 juin, p. 8440.
2. L. n° 2005-845, 26 juill. 2005, préc.
3. AINSI : JACQUEMONT, *7e éd., 2011, n° 1075.*
4. Ord. n° 2008-1345, 18 déc. 2008, préc.
5. D. n° 85-1388, 27 déc. 1985, préc.
6. D. n° 2005-1677, 28 déc. 2005, *JO* 29 déc., p. 2037
7. D. n° 2014-736, 30 juin 2014, *JO* 1er juill., p. 10834.
8. Com. 13 févr. 2007, n° 05-20.999, NP; n° 298 F-D.

Du fait de cette dispense de déclaration de créance au passif du dirigeant, l'expiration des délais de déclaration de créance dans la procédure collective du dirigeant ne peut constituer un obstacle à sa condamnation à supporter l'insuffisance d'actif de la personne morale débitrice[1].

Cette dispense de vérification joue, même si l'action en responsabilité pour insuffisance d'actif est entamée avant la mise en redressement ou en liquidation judiciaire du dirigeant, dès lors que l'ouverture de sa procédure est antérieure à sa condamnation à payer l'insuffisance d'actif[2].

SECTION 922.40
CONTRIBUTION DE LA FAUTE DE GESTION À L'INSUFFISANCE D'ACTIF

922.41 Notion de contribution à l'insuffisance d'actif. La faute de gestion prouvée à l'encontre du dirigeant doit avoir contribué à l'insuffisance d'actif. Cette solution d'évidence, puisque, outre qu'elle résulte de la lettre de l'article L. 624-3 du code de commerce, dans sa rédaction antérieure à la loi de sauvegarde des entreprises, de celle de l'article L. 651-2, alinéa 1 du code, dans sa rédaction issue de la loi de sauvegarde des entreprises, et n'est qu'une adaptation de la règle de droit commun de l'article 1240 du code civil[3] (ex. art. 1382), est parfois oubliée, ce qui entraîne la cassation de certaines décisions s'étant contenté de constater la faute de gestion et l'importance de l'insuffisance d'actif, sans établir le lien entre ces deux éléments[4]. Ainsi, n'y a-t-il pas place à condamnation du dirigeant lorsque ce dernier a pris, dans les deux ans ayant précédé l'ouverture de la procédure collective, des mesures de réduction des charges, dès lors que la cessation des paiements a été inéluctablement provoquée par l'arrêt brutal des relations entretenues entre le débiteur, concessionnaire automobile, et son concédant[5].

Mais le législateur n'évoque pas le lien de causalité entre la faute et le préjudice. En réalité, par l'expression « contribuer », le législateur distend le lien de causalité[6], en permettant d'écarter le problème des causes plurales du dommage. Il n'est pas besoin que la faute soit à l'origine exclusive du dommage[7]. Pour cette raison, la juridiction qui condamne le dirigeant n'a pas à déterminer la part de l'insuffisance d'actif imputable à la faute de gestion[8].

Il suffit que le fait reproché au dirigeant soit l'une des fautes ayant contribué à la réalisation du dommage, peu important qu'elle soit la cause unique ou même principale[9]. La théorie de l'équivalence des conditions trouve à s'appliquer[10]. L'ancienneté de la faute de gestion rendra cependant plus délicate la démonstration que la faute a contribué à la création de l'insuffisance d'actif[11].

Il en résulte que la faute d'un dirigeant ne permettra pas d'exonérer un autre dirigeant fautif[12].

Il en résulte aussi que le fait que les difficultés de la société soient principalement dues à l'attitude de tiers, par exemple les pouvoirs publics, ne peut suffire à exonérer le dirigeant des fautes qu'il aurait commises. La demande de condamnation ne peut donc être rejetée sans l'examen des fautes invoquées contre le dirigeant[13]. Mais l'attitude des pouvoirs publics, par exemple celle d'une commune, dans la gestion d'une association sportive, peut conduire à

1. CE 20 mai 2011, req. n° 325102, *Lebon* T; *D.* 2011. Actu. 1552, obs. Lienhard; *JCP E* 2011, n° 1498, note Lebel; *BJE* 2011. 334, note Sortais; *Rev. proc. coll.* 2011, n° 200, note Martin-Serf; *Bull. Joly* 2011, n° 390, note Parachkevova; *Dr. sociétés* 2011, n° 181, note Legros.
2. Com. 8 mars 2011, n° 09-16.131, NP; n° 217 F-D; *Gaz. Pal.* 9 juill. 2011, n° 189, p. 37, note Montéran.
3. CRÉÉ PAR : Ord. n° 2016-131, 10 févr. 2016, *JO* 11 févr.
4. Com. 25 févr. 2004, n° 01-11.862, NP – Com. 4 nov. 2014, n° 13-20.652, NP; n° 949 F-D.
5. Com. 1er avr. 2014, n° 13-13.596, NP; n° 334 F-D.
6. EN CE SENS : PÉROCHON, 10e éd., n° 1708.
7. Com. 30 nov. 1993, n° 91-20.554, *Bull. civ.* IV, n° 440; *Rev. proc. coll.* 1996, 401, obs. Martin-Serf; *Bull. Joly* 1994. 410, obs. Pétel – Com. 19 mars 1996, n° 93-13.468, NP, *Bull. Joly* 1996. 526, note Le Cannu; *Rev. proc. coll.* 2000, 24, n° 2, obs. Martin-Serf – Com. 6 janv. 1998, *Rev. proc. coll.* 2000, 25, n° 2, obs. Martin-Serf – Com. 17 févr. 1998, n° 95-18.510, *Bull. civ.* IV, n° 5; *D. Affaires* 1998. 475; *Rev. sociétés* 1998. 580, obs. Guyon; *Rev. proc. coll.* 2000, 25, n° 2, obs. Martin-Serf – Com. 6 févr. 2001, n° 98-15.129, *Bull. civ.* IV, n° 33; *Act. proc. coll.* 2001, n° 82 – Com. 16 oct. 2001, n° 98-12.568, *Bull. civ.* IV, n° 167 – Com. 21 juin 2005, n° 04-12.087, *Bull. civ.* IV, n° 134; *D.* 2005. AJ 1850, obs. Lienhard; *Gaz. proc. coll.* 2005/3, p. 59, obs. Montéran; *Rev. proc. coll.* 2005/4, p. 385, n° 2, obs. Martin-Serf – Com. 11 oct. 2011, n° 10-20.423, NP; n° 967 F-D; *Gaz. Pal. entr. diff.* 20 janv. 2012, p. 45, note Montéran; *Rev. proc. coll.* 2012, n° 98, note Martin-Serf.
8. Com. 2 juin 2004, n° 01-17.756, NP – Com. 17 nov. 2015, n° 14-12.372, *Bull. civ.* IV [à paraître]; n° 993 FS-P+B; *D.* 2015. actu 2438, note Lienhard; *Gaz. Pal.* 12 avr. 2016, n° 14, p. 75, note Montéran; *Act. proc. coll.* 2015/20, comm. 317, note Vallansan; *JCP E* 2015. 1624, note Cérati-Gauthier; *BJE* 2016, 19, note Monsérié-Bon; *Bull. Joly sociétés* 2016, 48, note Laroche; *Dr. sociétés* 2016, comm. 35, note Legros; *Rev. sociétés* 2016. 194, note Henry; *Gaz. Pal.* 2 févr. 2016, n° 5, p. 68, note Dondéro; *Rev. proc. coll.* 2016, comm. 40, note Lebel et comm. 92, note Martin-Serf.
9. RIPERT ET ROBLOT, n° 3285.
10. DERRIDA *ET ALII*, n° 579 – SOINNE, n° 2606 – PÉROCHON, 10e éd., n° 1708 – VOINOT, 2e, 2013, n° 872.
11. AINSI : Paris, 3e ch. A, 29 juin 2004, RG n° 03/17613.
12. Com. 8 janv. 2002, n° 98-18.959, *Bull. civ.* IV, n° 5; *D.* 2002. AJ 570, obs. Lienhard.
13. Com. 30 mars 2005, n° 03-19.279, NP.

ne prononcer qu'une condamnation minime contre le dirigeant de droit, la commune étant, quant à elle, plus lourdement condamnée, spécialement pour avoir fait des promesses financières non tenues[1].

La décision de l'actionnaire majoritaire de soutenir la société peut toutefois constituer un élément d'appréciation très important, pour écarter la condamnation du dirigeant. Mais encore faut-il que la décision de l'actionnaire majoritaire de cesser de soutenir la société débitrice ne soit pas postérieure à l'état de cessation des paiements[2]. La cause des difficultés financières ne peut être imputée aux dirigeants de la société d'exploitation, dans le cadre d'une opération d'achat avec effet de levier (LBO), dans la mesure où les décisions stratégiques échappent aux dirigeants de la société d'exploitation et que la mise en place de l'opération obligeant la société à verser chaque année des dividendes importants à la société ayant acquis ses actions, pour lui permettre de rembourser les emprunts contractés à cette fin, est également étrangère aux dirigeants de la société d'exploitation[3].

Le fait pour un dirigeant de faire procéder, quelques jours avant le dépôt de bilan, au remboursement d'un prêt anticipé cautionné par lui, distrayant ainsi une somme dans son intérêt personnel au détriment de l'ensemble des créanciers, ne contribue pas à l'insuffisance d'actif et n'autorise donc pas la condamnation à combler l'insuffisance d'actif[4].

Un amendement a été présenté à l'occasion du vote de la loi de sauvegarde des entreprises pour éviter qu'une faute ayant seulement contribué à l'insuffisance d'actif puisse permettre l'engagement de la responsabilité. Il s'agissait de revenir aux principes généraux de la responsabilité qui lient la responsabilité à la faute et au préjudice résultant effectivement de cette faute[5]. Cet amendement a été rejeté au prétexte qu'on « ne voit pas comment calculer exactement le lien de causalité entre l'insuffisance d'actif et la faute de gestion. Il y aurait là un facteur d'insécurité juridique »[6]. Pourtant, cet amendement aurait permis d'aligner véritablement l'action en comblement de passif sur une action en responsabilité, vocable utilisé par législateur pour la désigner.

922.42 Action récursoire du dirigeant condamné. Une action récursoire des dirigeants condamnés est possible. Mais il leur appartiendra de démontrer que les personnes contre lesquelles le recours est exercé ont contribué à l'insuffisance d'actif, par leur faute. Cette dernière doit en conséquence être en rapport avec l'activité[7]. En revanche, le caractère attitré de l'action interdit aux dirigeants recherchés en comblement de passif d'attraire dans la cause d'autres dirigeants, par la technique procédurale de l'appel en garantie (v. s[s] n° 921.31).

SECTION 922.50
MODALITÉS DE LA CONDAMNATION AU COMBLEMENT DU PASSIF

922.51 Montant de la condamnation – Condamnation totale ou partielle. L'article L. 624-3, alinéa 1 du code de commerce (anc[t] L. 25 janv. 1985[8], art. 180, al. 1), dans sa rédaction antérieure à la loi de sauvegarde des entreprises, dispose que « le tribunal peut […] décider que les dettes de la personne morale seront supportées, en tout ou en partie […] par […] les dirigeants ». La solution est reproduite par l'article L. 651-2, alinéa 1 du code, dans la rédaction que lui donne la loi de sauvegarde des entreprises. La liberté du tribunal, qui existe déjà au stade du principe de la condamnation, se prolonge logiquement quant aux modalités d'application.

Les juges du fond disposent ici d'un pouvoir souverain d'appréciation[9], ce qui n'est sans générer un risque d'arbitraire[10]. Le tribunal ne statue pas *ultra petita* s'il prononce une condamnation supérieure à celle demandée par le mandataire de justice[11].

Il peut d'abord décider d'une condamnation totale ou partielle à l'insuffisance d'actif. Il y a là une différence notable par rapport à une action en responsabilité civile de droit commun. Cette liberté est logique par rapport à l'établissement du lien de causalité entre faute de gestion et préjudice. En opportunité, elle permet au juge de « fixer l'étendue de la réparation à ce qu'il croit juste, compte tenu de la gravité de la faute, de la nature des fonctions, et

1. Bordeaux, 2e ch. civ., 24 mars 2009, *Rev. proc. coll.* 2009/6, 173, p. 48, note Martin-Serf.
2. Com. 22 janv. 2013, n° 11-27.420, NP; n° 61 F-D; *Gaz. Pal.* 1er mai 2013, n° 121, p. 43, note Monéran; *Rev. proc. coll.* 2013, comm. 174 note crit. Martin-Serf.
3. Com. 16 déc. 2014, n° 13-25.028, NP; n° 1111 F-D; *Rev. sociétés* 2015. 391, note Poracchia.
4. Com. 16 juin 2015, n° 13-24.804, NP; n° 596 F-D; *Rev. proc. coll.* 2015, comm. 189, note Martin-Serf.
5. *Amend. n° 298, Interv. Philippe Folliot, JOAN CR,* 3e séance *du 8 mars 2005, p. 1795.*
6. Interv. Xavier de Roux, *JOAN CR*, 3e séance du 8 mars 2005, p. 1795.
7. Com. 27 nov. 2001, n° 98-20.661, NP.
8. L. n° 85-98, 25 janv. 1985, préc.
9. ILLUSTR. : T. com. Bordeaux, 25 mars 2013, RG n° 2012F00909, *Rev. proc. coll.* 2014. Chron. 1, n° 15 – *Adde*, jurisprudence cité par Lecène-Villemonteix, *Rev. proc. coll.* 2014. Chron. 1, n° 16.
10. Sortais « Les contours de l'action en comblement de l'insuffisance d'actif », Mél. Bézard, LPA – Montchrestien, 2002, p. 321 s.
11. Paris, 3e ch. B, 25 sept. 1998, *Rev. proc. coll.* 2003, p. 164, n° 6, obs. Martin-Serf.

de l'indépendance du dirigeant »[1]. À l'inverse, elle peut apparaître contraire au principe de proportionnalité de la sanction à la faute pouvant ouvrir un recours devant la Cour européenne des droits de l'homme[2].

Les juges pourront prendre en compte, pour minorer le montant de la condamnation, les efforts du dirigeant, après ses fautes de gestion, pour rétablir la situation[3] ou encore le versement de sommes d'argent en numéraire pour éteindre une partie des dettes sociales[4], accompagnés d'abandons de créances[5]. Ils pourront également prendre en compte le montant des cautionnements souscrits par les dirigeants en garantie des dettes sociales[6], car s'ils paient les dettes cautionnées, une fraction du préjudice disparaît. La solution semble d'autant plus s'imposer si le dirigeant se porte caution peu de temps avant la cessation des paiements et qu'en outre, il effectue un versement conséquent pour éteindre une partie des dettes[7].

Les juges pourront également tenir compte de la situation financière du dirigeant[8]. De façon générale, et afin que les décisions de justice rendues au nom du Peuple français ne restent pas lettre morte, il est opportun pour le tribunal de proportionner le montant de la condamnation aux capacités contributives des dirigeants.

La faute de gestion pouvant n'être que très partiellement la cause du dommage, il est logique de décider que la condamnation peut n'être que partielle. Cependant, les juges du fond ayant libre pouvoir d'appréciation sur le *quantum* de la condamnation n'ont pas l'obligation de corréler le montant de la condamnation au degré de contribution de la faute de gestion à la réalisation du préjudice. La condamnation peut donc être totale alors que la faute n'a contribué que partiellement à la réalisation du préjudice[9]. En pratique, les juges du fond introduiront généralement dans leur décision une certaine corrélation[10]. Le tribunal n'a pas davantage l'obligation de corréler le montant de la condamnation au montant de la participation du dirigeant dans le capital social[11]. Décider le contraire rendrait impossible la condamnation du dirigeant non associé.

Le tribunal, dans la fixation du montant de la condamnation, pourra tenir compte de la situation financière respective des dirigeants condamnés[12]. Si la circonstance que l'intéressé était caution de plusieurs créanciers de la société débitrice ne peut l'exonérer de sa responsabilité, elle peut être un élément d'appréciation dans le montant de sa condamnation[13]. Le dirigeant recherché en responsabilité a la possibilité de suggérer un montant de réparation qui sera retenu s'il est en relation avec ses capacités financières[14].

Pour fixer le montant de la condamnation, les juges peuvent également tenir compte du fait que le dirigeant a pris la direction de la société alors que l'état de cessation des paiements préexistait[15], qu'il était inexpérimenté puisqu'il venait de terminer à 23 ans ses études[16]. Ou encore qu'il était en état de dépression[17].

1. GUYON, n° 1373 – Vauvillé, « Le nouveau titre V des responsabilités et des sanctions », *Rev. proc. coll.* 2006/4, p. 345 s., sp. p. 348.
2. Mascala, *LPA* 6 sept. 2000, p. 50 s.
3. Versailles, 13ᵉ ch., 25 févr. 1999, *Rev. proc. coll.* 2002, p. 112, n° 2, obs. Martin-Serf.
4. Grenoble, ch. com., 20 juin 2013, RG n° 10/03483, *JCP E* 2014. 1060, note Delattre.
5. T. com. Paris, 1re ch., 7 sept. 1998, *Rev. proc. coll.* 202, p. 112, n° 2, obs. Martin-Serf.
6. Amiens, ch. éco., 22 *mars* 2007, RG n° 05/01275; G *proc. coll.* 2008/2, p. 44, note Montéran; *Rev. proc. co* 2008, p. 86, n° 36, obs. Pérot-Reboul et Patureau; e p. 70, n° 85, note Martin-Serf.
7. AINSI : Paris, 3e ch. A, 31 janv. 2008, *Rev. proc. coll.* 2009/6, 173, p. 48, note Martin-Serf.
8. Paris, 3e ch. C, 9 oct. 1998, *Rev. proc. coll.* 2002, p. 112, n° 2, obs. Martin-Serf – Paris, 3e ch. A, 16 mai 2006, RG n° 05/17265 – Pau, 2e ch., 1re sect., 20 déc. 2007, *Rev. proc. coll.* 2009/6, 173, p. 48, note Martin-Serf.
9. AINSI : Com. 19 mars 1996, n° 93-13.468, NP, *Bull. Joly* 1996. 526, note Le Cannu; *Rev. proc. coll.* 1996, 401, n° 2, obs. Martin-Serf – Com. 28 mars 2000, n° 97-17.834, NP, *Bull. Joly* 2000, n° 134, note Daigre – Com. 6 févr. 2001, n° 98-15.129, *Bull. civ.* IV, n° 33; *D.* 2001. AJ 861; *Act. proc. coll.* 2001, n° 82 – Com. 2 mai 2001, n° 98-14.146, NP, *Act. proc. coll.* 2001, n° 172; *Rev. proc. coll.* 2002, p. 112, n° 2, obs. Martin-Serf; *Dr. sociétés* 2001, n° 141, note Legros – Com. 21 juin 2005, n° 04-12.087, *Bull. civ.* IV, n° 134; *D.* 2005. AJ 1850, obs. Lienhard; *Gaz. proc. coll.* 2005/3, p. 59, obs. Montéran; *Rev. proc. coll.* 2005/4, p. 385, n° 2, obs. Martin-Serf – Com. 31 mai 2011, nos 09-13.975, 09-14.026, 09-16.522, 09-67.661, *Bull. civ.* IV, n° 87; *D.* 2011. Actu. 1551, obs. Lienhard; *Gaz. Pal.* 7 oct. 2011, n° 280, note Montéran; *Act. proc. coll.* 2011, n° 207, note Pagnucco; *JCP E* 2011, n° 1655, note Couret et Dondéro; *Rev. sociétés* 2011. 521, note Roussel Galle; *Bull. Joly* 2011. 268, note Dammann et Boché-Robinet; *Rev. proc. coll.* 2011, n° 199, note Martin-Serf; *Dr. sociétés* 2011, n° 200, note Legros – Com. 11 oct. 2011, n° 10-20.423, NP; n° 967 F-D; *Gaz. Pal. entr. diff.* 20 janv. 2012, p. 45, note Montéran; *Rev. proc. coll.* 2012, n° 98, note Martin-Serf.
10. AINSI : Versailles, 3 mai 1990, *Bull. Joly* 1990. 664, note Daigre.
11. Versailles, 13e ch., 2 déc. 1999, *RJDA* 2000/4, n° 456.
12. Versailles, 13e ch., 27 sept. 2001, *RJDA* 2002/2, n° 184, p. 152; *Bull. Joly* 2002, n° 7, note Daigre; *Rev. proc. coll.* 2002, p. 112, n° 2, obs. Martin-Serf.
13. Douai, 2e ch., 14 sept. 2011, RG n° 10/05395, *JCP E* 2011, n° 1290, note Delattre.
14. Paris, 3e ch. A, 16 mai 2006, RG n° 05/18137.
15. Versailles, 13e ch., 18 oct. 2012, RG n° 12/01534, *Rev. proc. coll.* 2013, comm. 170, note Martin-Serf.
16. Caen, 2e ch. civ. et com., 4 avr. 2013, RG n° 12/02231, *Rev. proc. coll.* 2013, comm. 170, note Martin-Serf.
17. Versailles, 13e ch., 13 sept. 2012, RG n° 12/01259, *Rev. proc. coll.* 2013, comm 170, note Martin-Serf.

En cas de condamnation à la totalité, le montant ne peut dépasser l'insuffisance d'actif. C'est pourquoi le dirigeant ne peut être condamné à la totalité du passif[1], à moins d'un actif inexistant. Dès lors, s'il y a des éléments d'actif à réaliser, le montant de la condamnation ne peut être égal au montant du passif admis[2].

Encore faut-il préciser que l'insuffisance d'actif à prendre en compte est seulement celle de la personne morale dirigée, non celle de la personne à laquelle la procédure a été étendue sur le fondement de la confusion des patrimoines[3].

Toutefois, lorsque la personne morale dirigée est un groupement d'intérêt économique ou une société en nom collectif, c'est-à-dire un groupement dont les membres ou associés sont solidairement tenus du passif social, la condamnation du dirigeant d'un tel groupement pourra porter sur l'insuffisance d'actif des sociétés dont le groupement est associé, puisque ce dernier doit lui-même répondre de l'insuffisance d'actif des sociétés dont le groupement est associé[4]. Il faudra toutefois que l'insuffisance d'actif de ces sociétés se rapporte à des créances antérieures à l'ouverture de la procédure du groupement.

Certains dirigeants pourront être condamnés solidairement avec d'autres, cependant que d'autres dirigeants pourront être condamnés sans solidarité[5]. Si certains dirigeants sont condamnés sans solidarité à une certaine fraction de la dette, les dirigeants solidairement condamnés ne pourront l'être que déduction faite de la part mise à charge des dirigeants condamnés sans solidarité[6], dès lors que le montant de la condamnation des dirigeants condamnés sans solidarité et celui de la condamnation des dirigeants solidairement condamnés excède l'insuffisance d'actif. Décider le contraire conduirait à autoriser un montant total de condamnation supérieur à l'insuffisance d'actif constatée.

Le montant dû est porteur d'intérêts au taux légal (C. civ., art. 1153-1)[7], en principe à compter du jugement de condamnation[8], à moins que la juridiction du fond ne décide de faire partir les intérêts à compter de l'introduction de la demande[9].

Si le mandataire de justice, demandeur à l'action, obtient le paiement de la part du dirigeant, il a droit à des honoraires de recouvrement d'actif, mais ces derniers ne peuvent être mis à charge du dirigeant condamné[10].

922.52 Incidences fiscales de l'exécution de la décision à combler le passif. Le montant payé par le dirigeant était, jusqu'à la loi du 25 janvier 1985[11], déductible de ses revenus[12]. La solution se justifiait par le fait que la faute était présumée[13]. Il a été soutenu qu'elle pourrait ne pas être reconduite, du fait de la suppression de la présomption de faute[14]. Des opinions contraires admettant la déductibilité de la condamnation ont cependant majoritairement été maintenues[15]. Une cour d'appel administrative a clairement posé en principe la non-déductibilité de sommes payées au titre de la condamnation à combler le passif[16].

1. Com. 30 juin 2004, nº 03-12.816, NP – Com. 30 oct. 2007, nº 06-15.247, NP; nº 1190 F-D; *Gaz. proc. coll.* 2008/1, p. 69, note Montéran.
2. Com. 23 janv. 1996, nº 92-18.589, NP, *D.* 1996. IR 132.
3. Com. 23 mai 2000, nº 97-21.080, *Bull. civ.* IV, nº 108; *Act. proc. coll.* 2000, nº 141; *D.* 2000. Jur. 299, obs. Lienhard; *JCP E* 2000. Chron. 1567, nº 13; *LPA* 23 nov. 2000, nº 232, p. 18, note Gibirila; *LPA* 26 févr. 2001, nº 40, note Raimon; *Rev. sociétés* 2001. 115, note Daigre; *D.* 2002. Somm. 78, obs. Derrida; *Rev. proc. coll.* 2002, p. 111, nº 1, obs. Martin-Serf – Com. 17 juill. 2001, nº 98-22.916, NP, *Act. proc. coll.* 2001, nº 218, obs. Vallansan; *Rev. proc. coll.* 2002, p. 111, nº 1, obs. Martin-Serf; *Dr. sociétés* 2001, nº 174, obs. Legros – Com. 8 juill. 2003, nº 00-21.608, NP, *Act. proc. coll.* 2003, nº 263; *RD banc. fin.* 2004, nº 35, obs. Lucas – Com. 30 oct. 2007, nº 06-14.672, NP; nº 1189 F-D; *Gaz. proc. coll.* 2008/1, p. 32, note Reille; p. 70, note Montéran; *Dr. sociétés* 2008, nº 125, note Legros – Paris, 3ᵉ ch. A, 18 oct. 2005, *Rev. proc. coll.* 2006/3, p. 291, nº 4, obs. Martin-Serf.
4. Com. 27 juin 2006, nº 04-15.831, *Bull. civ.* IV, nº 151; *D.* 2006. AJ 1892, obs. Lienhard; *D.* 2006. Jur. 2534, note Dammann et Paszkudzki; *D.* 2007. Pan. 1696, obs. Balot-Léna; *JCP E* 2007. Chron. 10[illegible]4, nº 16, obs. Pétel; *JCP E* 2006, nº 2408, note Reinhard; *Defrénois* 2006. 1920, Chron. 38507, nº 8, note Gibirila; *Bull. Joly* 2006, nº 286, note Lucas; *Dr. et patr.* mai 2007. 83, obs. Poracchia; *Rev. sociétés* 2006. 900, note Poracchia; *RD banc. fin.* 2006 nº 190, note Crédot et Samin; *Rev. Banque* 2007. 10[illegible] obs. Mattout et Prüm; *RTD com.* 2006. 892, nº 7, obs. Legeais; *Rev. proc. coll.* 2007/2, p. 85, nº 6, obs. Martin-Serf; *LXB* nº N2919ALP, note Le Corre.
5. AINSI : Com. 31 mai 2011, nºˢ 09-13.975, 09-14.026, 09-16.522, 09-67.661, *Bull. civ.* IV, nº 87.
6. Com. 17 juill. 2001, *RJDA* 2001/12, nº 1239; *Rev. proc. coll.* 2003, p. 164, nº 6, obs. Martin-Serf.
7. Com. 24 avr. 1990, nº 88-14.911, *Bull. civ.* IV, nº 123; *Rev. proc. coll.* 1991, 115, obs. Chaput.
8. Com. 17 mai 1994, nº 92-17.777, NP, cité par SOINNE, note 9578-18.
9. Com. 13 mars 1990, nº 88-15.669, NP, *JurisData* 000751 – Com. 24 avr. 1990, nº 88-14.911, préc.
10. SOINNE, nº 2613-2.
11. L. nº 85-98, 25 janv. 1985, préc.
12. CE 29 avr. 1977, req. nº 00808, *Lebon*; *Rev. sociétés* 1977. 433, note Cozian – CE 6 mai 1987, *Dr. fisc.* 1987, nº 1918, p. 1163.
13. SAINT-ALARY-HOUIN, 7ᵉ éd., nº 1279.
14. SAINT-ALARY-HOUIN, 7ᵉ éd., nº 1279.
15. SOINNE, nº 2618 – Jacquemont et VABRES, 9ᵉ éd., nº 1134, mais avec des nuances – *Adde*, SUR LA QUESTION : Cozian, « Le dirigeant contraint d'acquitter un passif peut-il déduire de ses revenus imposables les paiements qu'il a effectués », *JCP E* 2002, nº 366 – Turot, « La prise en charge du passif social par un dirigeant, charge déductible ou perte en capital », *RJPF* 1989, 543.
16. CAA Bordeaux, 4ᵉ ch., 15 janv. 2009, req. nº 07BX01832, *Act. proc. coll.* 2009, nº 181.

Si l'acquéreur des parts de la société débitrice comble le passif social, il sera tenu compte, lorsqu'il revendra les parts, dans le calcul de la plus-value, qui devra intégrer comme augmentatives du prix de cession, des sommes payées au titre du comblement de passif[1].

922.53 Transaction en matière d'action en comblement de passif[2]. La doctrine était divisée sur le point de savoir si une transaction peut intervenir en matière d'action en comblement de passif[3], alors qu'elle est pratiquée assez généralement.

La difficulté de transiger, en pareille matière, tient au fait que l'on peut difficilement trouver les concessions réciproques exigées en matière de transaction, seul un avantage, sans contrepartie étant accordé au dirigeant avec lequel est passée la transaction, au préjudice de la collectivité des créanciers.

La Cour de cassation, pour sa part, interdit les transactions sur les condamnations prononcées[4], peu important que le liquidateur ait transigé sur les condamnations prononcées avec un autre dirigeant et qu'il en résulte en conséquence un traitement discriminatoire[5]. La précision de la Cour de cassation qui n'interdit que les transactions sur condamnations prononcées laisse donc intacte la possibilité de transaction avant la condamnation[6]. En revanche, en dépit du fait que la décision de condamnation ne soit pas définitive, la transaction devient impossible. La solution a été posée en présence d'un arrêt de la cour d'appel non définitif, emportant condamnation du dirigeant[7].

Les concessions réciproques nécessaires à l'existence d'une transaction tiendront ici à l'aléa judiciaire, du fait du caractère facultatif de la condamnation et du pouvoir souverain d'appréciation du tribunal sur le montant de la condamnation, de la longueur de la procédure, ainsi qu'aux difficultés de l'exécution de la décision de condamnation au regard de la situation financière du dirigeant. Du fait du pouvoir d'action reconnu au ministère public, il est opportun de recueillir son avis sur la transaction[8].

La transaction ne pourra porter que sur la condamnation pécuniaire, non sur les sanctions personnelles et *a fortiori* pénales.

La juridiction, saisie d'une demande d'homologation d'une transaction, ne peut décider d'exclure du droit à répartition des créanciers avec lesquels la transaction est intervenue, au prétexte que les signataires de la transaction auraient ainsi reconnu leur responsabilité[9].

Cette transaction n'aura pas à être notifiée aux créanciers, qui ne sont pas des personnes dont les droits risquent d'être affectés par la transaction, au motif que les créanciers ne peuvent saisir le tribunal aux fins de sanctions patrimoniales. La solution mériterait d'être nuancée, sous l'empire de la loi de sauvegarde des entreprises, du fait du pouvoir subsidiaire d'action des contrôleurs, ce qui doit, à notre sens, conduire à la notification de cette ordonnance aux contrôleurs désignés.

922.54 Condamnation d'un ou de plusieurs dirigeants avec ou sans solidarité. L'article L. 624-3, alinéa 1 du code de commerce (anc[t] L. 25 janv. 1985[10], art. 180, al. 1), dans sa rédaction antérieure à la loi de sauvegarde des entreprises[11], l'article L. 651-2 alinéa 1 du code, dans sa rédaction issue de la loi de sauvegarde des entreprises, disposent que « le tribunal peut [...] décider que les dettes [...] seront supportées, en tout ou en partie, avec ou sans solidarité par tous les dirigeants [...] ou par certains d'entre eux ».

La juridiction qui constate la contribution de plusieurs dirigeants à la réalisation du dommage peut décider d'en condamner un ou plusieurs. Le pouvoir

1. CE 26 sept. 2001, req. n° 199540, NP, *Rev. proc. coll.* 2002, p. 209, n° 3, obs. Neau-Leduc.
2. Delattre, « Quelques précisions sur la notion de transaction en matière de responsabilité pour insuffisance d'actif », *Rev. proc. coll.* 2012. Étude 35.
3. POUR LA NÉGATIVE : Derrida, obs. s[s] T. com. Créteil, 27 juill. 2001, *AOM-Air Liberté*, *D.* 2002. Somm. 76 – Martin, « Comblement de passif : un jugement de condamnation peut-il être évité ? », LAMY AFFAIRES 2001, suppl. n° 42, p. 11 – Vallens, « Le comblement de passif n'est pas soluble dans une transaction », LAMY AFFAIRES 2001, suppl. n° 42, p. 18 – POUR L'AFFIRMATIVE : Chaput, « L'action en comblement de passif est-elle susceptible d'une transaction ? », LAMY AFFAIRES 2001, suppl. n° 42, p. 7; Canet, s[s] T. com. Paris, 1re ch., 7 sept. 1998, *Rev. proc. coll. civ. et com.* 2002, p. 282, n° 2.
4. Com. 5 nov. 2003, n° 00-11.876, *Bull. civ.* IV, n° 164; *D.* 2003; AJ 2831; *JCP E* 2004. Chron. 783, n° 5, obs. Pétel; *JCP E* 2004. Jur. 1058, note Dumont-Lefrand; *Bull. Joly* 2004. 205, § 30, note Boillot; *Rev. proc. coll.* 2004, p. 271, n° 11, obs. Dumont; *RJ com.* 2004. 188, note Sortais; *RTD com.* 2004. 604, n° 9, obs. Mascala – Com. 15 mars 2005, n° 03-19.488, NP, *Gaz. proc. coll.* 2005/2, p. 52, obs. Montéran.
5. Com. 2 nov. 2005, n° 04-13.085, NP.
6. AINSI : Metz, 9 janv. 2001, *Rec. Jur. Est* 2001, p. 103 – T. com. Créteil 27 juill. 2001, *D.* 2002. 77, obs. Derrida – Toulouse, 2e ch., 2e sect., 2 juill. 2013, RG n° 12/01788, *Act. proc. coll.* 2013/15, comm. 222; *JCP E* 2013. 1610, note Delattre; *Rev. proc. coll.* 2013, comm. 176, note crit. Martin-Serf.
7. Com. 24 mars 2009, n° 07-20.383, NP; n° 287 F-D; *Gaz. proc. coll.* 2009/3, p. 19, n° 1, note Montéran; *JCP E* 2009, note Delattre; *Dr. sociétés* 2009, n° 169, note Legros; *Rev. proc. coll.* 2010, n° 116, note Martin-Serf.
8. AINSI : T. com. Valenciennes, ord. J.-C., 19 déc. 2013, *Act. proc. coll.* 2014/5, comm. 79, note Cagnoli – *Adde*, Delattre, « Périmètre d'une transaction en matière de responsabilité pour insuffisance d'actif », *Rev. proc. coll.* 2014. Focus 1.
9. Com. 16 juin 2004, n° 01-15745, NP.
10. L. n° 85-98, 25 janv. 1985, préc.
11. L. n° 2005-845, 26 juill. 2005, préc.

souverain d'appréciation de l'opportunité de la condamnation ouvert au juge du fond a pour corollaire cette possibilité.

La juridiction pourra ainsi apprécier le degré de participation de chacun des dirigeants à la production du dommage, sans en avoir cependant l'obligation[1]. En ce sens, il apparaît logique de retenir d'abord la responsabilité du principal responsable dans les sociétés à directions multiples. Il n'apparaîtrait pas logique de ne pas les condamner, en condamnant, par exemple, de simples membres du conseil d'administration.

La condamnation de plusieurs dirigeants pourra être graduée, afin de tenir compte de la plus ou moins grande implication dans la réalisation du dommage ou encore de la plus ou moindre grande expérience des affaires des dirigeants condamnés[2]. Cependant, si les juges ne sont pas saisis d'une demande en ce sens, ils n'ont pas à se prononcer sur la responsabilité respective de chacun des dirigeants recherchés[3].

La loi du 26 juillet 2005, à la suite d'un amendement présenté par la commission des lois du Sénat, a prévu qu'en cas de condamnation solidaire, le tribunal devait statuer par une décision motivée. Il a été expliqué que, de la sorte, la participation de chaque dirigeant à la faute pourrait être établie avec certitude[4]. Il s'agit, semble-t-il, d'éviter de condamner solidairement des dirigeants n'ayant pas le même degré d'implication dans la faute. C'est, d'une certaine manière, remplacer, pour une condamnation solidaire, la notion de faute ayant contribué à l'insuffisance d'actif par celle de faute ayant causé le préjudice, chacune des fautes commises par chacun des dirigeants étant alors, pour partie éventuellement variable, la cause du dommage[5]. Ne répond pas à l'exigence de motivation suffisante, la décision qui se contente de faire état des comportements retenus constituant autant de fautes de gestion[6]. Répond au contraire à l'exigence de motivation suffisante, la cour d'appel qui retient que les trois dirigeants de droit avaient poursuivi fin 2005 et en 2006, sans réelle comptabilité et sans assumer le paiement des charges sociales et fiscales, une activité déficitaire de la société à la seule fin de s'en attribuer une partie des actifs au détriment des créanciers, leur stratégie concordante étant à l'origine directe et exclusive de l'ensemble de l'insuffisance d'actif[7].

Lorsque le tribunal décide que la condamnation de plusieurs dirigeants sera solidaire, chacun sera tenu dans la limite de sa propre condamnation à la totalité des dettes mises à charge des autres. Rien n'interdit, en conséquence, de prévoir une condamnation solidaire, l'un étant tenu de la totalité de l'insuffisance d'actif, l'autre d'une partie seulement[8]. En réalité, il s'agit plus exactement d'une condamnation *in solidum*, puisque la responsabilité est délictuelle.

Faute de distinction du texte, la solidarité pourra intervenir même si la personne morale débitrice n'est pas commerçante, les dirigeants de personnes morales commerçantes pouvant – ce sera le plus fréquemment le cas – ne pas être commerçant.

Les dirigeants solidairement condamnés ne pourront prétendre à une division de la dette. Celui qui aura payé aura un recours si le montant du paiement effectué dépasse sa part contributive, contre les autres dirigeants non *solvens*. Si l'un de ces dirigeants contre lesquels le recours est exercé est en sauvegarde, en redressement ou en liquidation judiciaire, le dirigeant *solvens* sera confronté à devoir déclarer sa créance de recours au passif.

922.55 Délais de paiement accordé au dirigeant condamné. Rien dans les textes n'interdit au tribunal d'octroyer au dirigeant condamné des délais de paiement, sur le fondement de l'article 1244-1 du code civil. Cette disposition n'est en effet pas réservée aux créances d'origine contractuelle. Conformément au droit commun, les juges du fond auront donc en la matière un pouvoir souverain d'appréciation[9].

SECTION 922.60
EFFETS DE LA CONDAMNATION

922.61 Affectation des sommes versées. L'article L. 624-3, alinéa 3 du code de commerce (anc[t]

1. AINSI : Com. 31 mai 2011, n°s 09-13.975, 09-14.026, 09-16.522, 09-67.661, *Bull. civ.* IV, nº 87 ; *D.* 2011. Actu. 1551, note Lienhard; *Gaz. Pal.* 7 oct. 2011, nº 280, note Montéran; *Act. proc. coll.* 2011, nº 207, note Pagnucco; *JCP E* 2011, nº 1655, note Couret et Dondéro; *Rev. sociétés* 2011. 521, note Roussel Galle; *Bull. Joly* 2011. 268, note Dammann et Boché-Robinet; *Rev. proc. coll.* 2011, nº 199, note Martin-Serf; *Dr. sociétés* 2011, nº 200, note Legros.
2. Versailles, 13e ch., 21 déc. 2000, *RJDA* 2001/4, nº 487.
3. Com. 3 janv. 1995, *Bull. Joly* 1995. 266, note Couret; *Rev. huissiers* 1996. 210, note Courtier; *Rev. proc. coll.* 1996, 401, nº 2, obs. Martin-Serf.
4. *Rapp. J.-J. Hyest*, nº 335, p. 451.
5. *RAPPR : Parachkevova,* « La nouvelle responsabilité des dirigeants dans les procédures collectives : révolution ou évolution ? », *LPA* 19 déc. 2006, nº 252, p. 4 s., sp. p. 7, nº 17.
6. Com. 10 janv. 2012, nº 10-28.067, NP; nº 8 F-D; *Rev. proc. coll.* 2012, nº 211, note Martin-Serf.
7. Com. 30 juin 2015, nº 13-28.537, NP; nº 656 F-D; *Gaz. Pal. entr. diff.* 20 oct. 2015, nº 291, p. 36, note Montéran; *Rev. proc. coll.* 2015, comm. 188, note Martin-Serf.
8. Orléans, ch. com., 29 mai 2008, RG nº 07/02711, *Dr. sociétés* 2009, nº 37, note Legros.
9. Com. 8 oct. 2003, nº 00-20.070, NP, *Act. proc. coll.* 2003, nº 253.

L. 25 janv. 1985[1], art. 180, al. 3) dispose que « les sommes versées [...] entrent dans le patrimoine du débiteur ». La solution est reprise par l'article L. 651-2, alinéa 3 du code, dans la rédaction que lui donne la loi de sauvegarde des entreprises. Contrairement à la solution issue de la loi de 1967[2], il n'est plus question d'affectation des sommes au profit de la masse des créanciers. Celle-ci ayant disparu et le groupement des créanciers n'étant pas doté de la personnalité morale (v. s^s n° 611.22), l'entrée dans le patrimoine du débiteur des sommes recouvrées s'impose. Cela ne semble cependant pas suffisant, *de lege ferenda*, à justifier la disparition des causes de préférence, car si les sommes entrent dans le patrimoine du débiteur, elles peuvent parfaitement y entrer avec les causes de préférence[3]. La solution ne peut s'expliquer que par un « zeste d'équité »[4] du législateur.

En cas de liquidation judiciaire ou de plan de cession, les sommes recouvrées seront affectées au désintéressement des créanciers. En cas de plan de continuation, l'alinéa 3 de l'article L. 624-3, dans la rédaction antérieure à la loi du 26 juillet 2005[5], prévoit que ces sommes « sont affectées [...] selon les modalités prévues par le plan d'apurement du passif ». Cela signifie qu'après être entrées dans le patrimoine du débiteur, elles sont redistribuées aux créanciers au terme prévu par le plan de continuation. Le danger est grand qu'il n'y ait dissipation de ces sommes. Malgré le silence des textes, il apparaît dès lors prudent que les fonds en cause ne soient pas remis au débiteur, mais soient conservés par le commissaire à l'exécution du plan, sur un compte ouvert à la Caisse des dépôts et consignations[6]. En cas de plan de cession partielle, il peut également y avoir plan de continuation partiel (v. s^s n° 572.32). Il faut donc décider que les sommes recouvrées seront affectées selon les modalités du plan de continuation.

La solution n'aura plus l'occasion de jouer, sous l'empire de la législation du 26 juillet 2005, puisque la condamnation ne pourra intervenir en phase d'exécution des plans de sauvegarde ou de redressement. Logiquement, l'article L. 651-2, alinéa 4 du code de commerce supprime le membre de phrase relatif à l'affectation particulière des fonds provenant de la condamnation en cas d'adoption d'un plan de redressement. Uniformément, les sommes entrent dans le patrimoine du débiteur et sont réparties entre tous les créanciers au marc le franc. L'affectation des sommes, par le jeu de l'article L. 624-3, alinéa 3 du code de commerce, doit conduire à décider de leur indisponibilité. La solution est d'importance puisqu'elle devrait interdire aux créanciers postérieurs bénéficiant du traitement préférentiel de les capter entre les mains des dirigeants, par la voie de saisie-attribution. Elle devrait aussi conduire à rejeter la compensation entre les dommages et intérêts dus par le dirigeant et la créance qu'il détiendrait sur la société, le contraire ayant cependant été soutenu[7].

De manière nouvelle, l'alinéa 3 de l'article L. 651-2 du code de commerce, dans sa rédaction issue de l'ordonnance du 18 décembre 2008[8] (art. 131), prévoit que les dirigeants condamnés à combler l'insuffisance d'actif « ne peuvent pas participer aux répartitions à concurrence des sommes au versement desquelles ils ont été condamnés ». Cette disposition a pour but d'empêcher les dirigeants condamnés, qui peuvent être des dirigeants de fait très solvables – ou prétendus tels –, par exemple des établissements de crédit, de récupérer une partie des sommes auxquelles ils ont été condamnés.

La solution peut se comprendre sur le plan de la morale ou de l'opportunité. Elle a d'ailleurs été présentée comme aussi morale que logique[9]. Elle évitera la tentation de prétendre à une compensation entre le montant de la condamnation et le montant de la créance admise au passif, compensation au demeurant impossible, compte tenu de l'affectation des sommes au désintéressement des créanciers et à la personnification de la procédure collective, nouveau nom de la masse des créanciers, sous tendue par quelques remarquables décisions de la Cour de cassation[10].

C'est une sanction complémentaire, qui apparaît toutefois illogique, et contraire au principe de proportionnalité des peines, en cas de condamnation à la totalité de l'insuffisance d'actif, puisque si le dirigeant exécute la condamnation, il aura à supporter plus que le montant de l'insuffisance d'actif, dès

1. L. n° 85-98, 25 janv. 1985, préc.
2. L. n° 67-563, 13 juill. 1967, préc.
3. Martin-Serf, « L'intérêt collectif des créanciers ou l'impossible adieu à la masse », *Mél. Honorat*, Éd. Frison-Roche, 2000, p. 143, sp. p. 155 – *Adde*, PÉROCHON, 10e éd., n° 1716.
4. PÉROCHON, 10e éd., n° 1716, note 108.
5. L. n° 2005-845, 26 juill. 2005, préc.
6. SOINNE, n° 2614.
7. SOINNE, n° 2616.
8. Ord. n° 2008-1345, 18 déc. 2008, préc.
9. Lienhard, « Réforme du droit des entreprises en difficulté : présentation de l'ordonnance du 18 décembre 2008 », *D.* 2009. Chron. 110 s., spéc. 121 – Martin-Serf, « Réforme des procédures collectives – sanctions civiles », *Rev. proc. coll.* 2009/1, p. 99 s., sp. p. 103, n° 29.
10. SUR CETTE QUESTION : M. Cabrillac, « L'impertinente réapparition d'un condamné à mort ou la métempsychose de la masse des créanciers », *Mél. Gavalda*, Dalloz, 2001, p. 69 – *Adde*, Martin-Serf, « L'intérêt collectif des créanciers ou l'impossible adieu à la masse », *Mél. Honorat*, Éd. Frison-Roche, 2000, p. 143.

lors que sa créance aura été prise en compte dans le montant de l'insuffisance d'actif[1]. En outre, elle semble dénaturer l'action en responsabilité pour insuffisance d'actif, qui n'est comme son nom l'indique, qu'une action en responsabilité, non une punition[2]. En somme, cette règle est une « fausse bonne idée, dont l'effet marketing prime sur l'analyse juridique »[3].

Quoi qu'il en soit, la mesure ne devrait pas permettre de priver le dirigeant concerné des droits à répartition sur la fraction de sa créance excédant le montant de la condamnation[4].

La solution est reprise, en présence d'un EIRL condamné à la responsabilité pour insuffisance d'actif. La condamnation doit être exécutée sur le patrimoine non affecté, ce que l'article L. 651-2, alinéa 2 (réd. ord. 9 déc. 2010[5]) traduit en ces termes : « la somme mise à sa charge s'impute sur le patrimoine non affecté ». L'entrepreneur ne peut participer aux répartitions à concurrence des sommes au versement desquelles il a été condamné. Pour donner un sens au texte, il faut supposer que l'EIRL, au titre de son patrimoine non affecté, ait été créancier du patrimoine affecté et qu'il ait déclaré, dans la procédure de l'EIRL une créance. Il est alors traité comme un dirigeant, privé du droit de participer aux répartitions sur les sommes, objets de sa condamnation, en tant qu'EIRL. Il n'apparaît pas, en revanche, possible de faire exécuter la condamnation sur un autre patrimoine affecté[6].

922.62 Droits des créanciers postérieurs bénéficiant du traitement préférentiel sur les sommes versées. La question qui se pose ici est de savoir si les créanciers postérieurs bénéficiant du traitement préférentiel ont vocation à percevoir des sommes versées au titre de la condamnation à combler le passif.

Sous l'empire de la loi du 13 juillet 1967[7], le produit de l'action tombait dans l'actif de la masse et permettait ainsi de payer le passif. La suppression de la masse fait apparaître la question sous un jour différent. L'article L. 624-3, alinéa 3 du code de commerce (anc^t L. 25 janv. 1985[8], art. 180, al. 3), sous l'empire de la législation antérieure à la loi de sauvegarde des entreprises, n'a pas réglé explicitement la question. Si la condamnation est intervenue alors que le débiteur a obtenu un plan de continuation, il est prévu que les créanciers ne peuvent être réglés que selon les modalités du plan de continuation, ce qui est inconciliable avec le paiement des créanciers « de l'article 40 ». En réalité, l'intervention du plan de continuation présuppose le règlement des créanciers. Il est dès lors logique que le législateur n'ait pas prévu les droits de ces créanciers sur ces sommes. La question ne se pose plus sous l'empire de la législation du 26 juillet 2005[9], qui n'a pas envisagé la possibilité de prononcer la condamnation avant la résolution du plan de redressement ou de sauvegarde.

Si le débiteur a fait l'objet d'une liquidation judiciaire, le texte de l'article L. 624-3, alinéa 3 du code de commerce, dans sa rédaction antérieure à la loi de sauvegarde des entreprises, celui de l'article L. 651-2, alinéa 3 du code, dans sa rédaction issue de la loi de sauvegarde des entreprises, indiquent que les créanciers seront payés au marc le franc, ce qui ne signifie pas que les créanciers postérieurs soient exclus des répartitions. Au contraire, ces textes évoquent une répartition qui doit intervenir entre « tous les créanciers »[10]. Il faut donc admettre que les créanciers de l'article 40, sous l'empire de la loi du 25 janvier 1985, les créanciers postérieurs éligibles au traitement préférentiel, sous l'empire de la loi de sauvegarde, puissent être payés sur le produit de l'action en comblement de passif[11]. La solution apparaît toutefois illogique compte tenu du fait que seules des fautes de gestion antérieures au jugement d'ouverture peuvent permettre la condamnation à combler l'insuffisance d'actif, ce qui laisse entendre que le préjudice a été subi par les seuls créanciers antérieurs, qui logiquement devraient être les seuls indemnisés.

922.63 Droits respectifs des créanciers sur les sommes versées. La question est ici de déterminer les droits respectifs de chaque créancier sur les sommes recouvrées. Sous l'empire de la loi du 13 juillet 1967[12], la jurisprudence avait, dans le silence des textes sur la question, décidé que les créanciers pouvaient faire valoir leurs droits de préférence sur les sommes recouvrées, dans le cadre de l'action en

1. EN CE SENS AUSSI : PÉROCHON, 10e éd., n° 1718.
2. Roussel Galle, « Le dirigeant de société et le nouveau droit des entreprises en difficulté issu de la réforme du 18 décembre 2008 », *Rev. sociétés* 2009. 249 s., sp. 267, n° 42.
3. PÉROCHON, 10e éd., n° 1718.
4. Mascala, « La réforme du régime des sanctions », *Dr. et patr.* 2009, n° 187, p. 85 s., sp. p. 87.
5. Ord. n° 2010-1512, 9 déc. 2010, préc.
6. Sénéchal, « L'EIRL : point de vue d'un mandataire judiciaire », *BJE* 2011. 73, sp. 75, n° 13 – Saint-Alary-Houin, « EIRL et procédures collectives », *Dr. et patr.* avr. 2011, p. 63 s., sp. p. 69 – Borga et Berthelot, « L'EIRL en difficulté, entre respect et négation de l'affectation », *BJE* 2011. 155 s., sp. 159, n° 19.
7. L. n° 67-563, 13 juill. 1967, préc.
8. L. n° 85-98, 25 janv. 1985, préc.
9. L. n° 2005-845, 26 juill. 2005, préc.
10. VALLANSAN ET ALII, 6e éd., p. 470.
11. Martin-Serf, obs. s^s Com. 20 mai 1997, n° 95-12.162, *Rev. proc. coll.* 1997, 487 – VALLANSAN *ET ALII*, 6e éd., p. 470.
12. L. n° 67-563, 13 juill. 1967, préc.

comblement de passif[1]. La solution avait fait l'objet de vives critiques et le législateur de 1994[2] l'a abandonnée en posant clairement, à l'alinéa 3 de l'article L. 624-3 du code de commerce (anc^t L. 25 janv. 1985[3], art. 180), qu'« en cas de cession ou de liquidation judiciaire, les sommes sont réparties entre tous les créanciers au marc le franc ». La solution est reprise par l'article L. 651-2, alinéa 3 du code, dans la rédaction que lui donne la loi de sauvegarde des entreprises. Les créanciers devront donc abandonner leur privilège, fût-ce le super-privilège des salaires[4]. Faute de distinction du texte, le droit de priorité de l'article L. 621-32 du code de commerce (anc^t L. 25 janv. 1985, art. 40) doit également être abandonné. Identiquement, le privilège conféré par la loi de sauvegarde[5] à certains créanciers postérieurs devra être abandonné[6]. Ici encore, l'opinion contraire a été soutenue[7].

Cependant, le texte, sous l'empire de la législation antérieure à la loi de sauvegarde des entreprises, cantonne l'abandon des droits de préférence aux hypothèses de cession ou de liquidation judiciaire, mais non au cas du plan de continuation. La lettre du texte commande donc de maintenir le droit de priorité en plan de continuation[8]. Il semble que l'on puisse aller plus loin. La lettre du texte de l'article L. 624-3, alinéa 3 du code de commerce évoquant une affectation « en cas de continuation de l'entreprise selon les modalités prévues par le plan d'apurement du passif » ne peut concerner les créanciers « de l'article 40 », auxquelles les dispositions du plan de continuation, en ce qui concerne le règlement du passif, ne s'appliquent pas (v. s^s n° 455.47).

La question ne se pose plus sous l'empire de la législation du 26 juillet 2005, qui a supprimé la possibilité de prononcer la condamnation avant la résolution du plan de redressement ou de sauvegarde. L'ordonnance du 18 décembre 2008[9], quant à elle, a cantonné strictement la possibilité de condamnation à combler l'insuffisance d'actif à l'ouverture ou au prononcé de la liquidation judiciaire.

922.64 Inexécution de la condamnation en responsabilité pour insuffisance d'actif – Solution de la loi du 26 juillet 2005[10]. En cas d'inexécution de la condamnation en responsabilité pour insuffisance d'actif, le tribunal ne pourra plus, comme sous l'empire de la législation antérieure à la loi du 26 juillet 2005 (v. s^s n° 923.12), ouvrir une procédure de redressement ou de liquidation judiciaire à l'encontre du dirigeant. Toutefois, si le dirigeant est accessible aux procédures de redressement et de liquidation judiciaires, par sa qualité, l'ouverture d'une procédure collective à son encontre interviendra s'il est en état de cessation des paiements[11].

La procédure de rétablissement personnel de la loi du 1er août 2003[12] ne lui est pas accessible si son surendettement provient de cette condamnation, puisque celle-ci est une dette professionnelle[13]. En revanche, si le dirigeant condamné fait état d'autres dettes pour fonder son surendettement, rien ne lui interdit de demander l'ouverture d'une procédure de rétablissement personnel, dès lors qu'il n'est pas professionnel indépendant, ce qui aura pour effet d'englober ensuite dans la procédure les dettes de condamnation à combler le passif.

En outre, la sanction de la faillite personnelle pourra être prononcée à son encontre (C. com., art. L. 653-6). Mais une difficulté liée au délai de prescription se présente alors : le délai court du jugement ouvrant le redressement ou la liquidation judiciaire[14] ou prononçant la liquidation judiciaire en cas de conversion de la sauvegarde en liquidation judiciaire, alors que la condamnation à combler l'insuffisance d'actif aura pu être prononcée plus tardivement, ce qui, en pratique, conduit à réduire considérablement le délai pour saisir le tribunal aux fins de prononcer la faillite personnelle pour inexécution du jugement de condamnation[15]. Il serait opportun, *de lege ferenda*, de faire partir le délai de prescription de ce cas de faillite personnelle d'une

1. Com. 7 mai 1979, n° 77-10.657, *Bull. civ.* IV, n° 141 ; *R… sociétés* 1980. 550, note Honorat et Guetta ; *D.* 197… 431, note Derrida et Sortais – Com. 18 avr. 1983, n° 8…15.483, *Bull. civ.* IV, n° 147 – Com. 18 avr. 1993, n°s 8…12.050, 82-11.763, *Bull. civ.* IV, n° 117, 2 esp. ; *D.* 1983… 488, note Derrida et Sortais.
2. L. n° 94-475, 10 juin 1994, préc.
3. L. n° 85-98, 25 janv. 1985, préc.
4. Com. 20 mai 1997, n° 95-12.162, *Bull. civ.* IV, n° 147 ; *Quot. Jur.* 3 juill. 1997, p. 8, note P. M. ; *D. Affaires* 1997. 799 ; *Dr. sociétés* 1997, n° 122, note Chaput ; *Rev. proc. coll.* 1997, 487, obs. Martin-Serf.
5. L. n° 2005-845, 26 juill. 2005, préc.
6. EN CE SENS AUSSI : JACQUEMONT et VABRES, 9e éd., n° 1136.
7. SAINT-ALARY-HOUIN, 6e éd., n° 609.
8. KERCKHOVE, n° 846.
9. Ord. n° 2008-1345, 18 déc. 2008, préc.
10. L. n° 2005-845, 26 juill. 2005, préc.
11. *Rapp. Xavier de Roux*, n° 2095, p. 418.
12. L. n° 2003-710, 1er août 2003, *JO* 2 août, p. 13281.
13. LIENHARD, 6e éd., n° 132.29 – TOUTEFOIS : Neveu, « Les innovations apportées au régime des sanctions par le projet de réforme », Interv. Colloque Droit et commerce, Deauville, 3-4 avr. 2004, *RJ com.* hors série 2004, p. 131.
14. Versailles, 13e ch., 24 sept. 2015, RG n° 15/03435, *Dr. sociétés* 2016, comm. 36, note Legros ; *JCP E* 2016. 1170, note Delattre.
15. Delattre, « La sanction du non paiement d'une condamnation au titre de la responsabilité pour insuffisance d'actif », *Rev. proc. coll.* 2012. Étude 16 – Lienhard, « Aubaine pour le dirigeant condamné », *Mél. Robert*, LexisNexis, 2012, p. 431 s.

mise en demeure restée infructueuse d'avoir à exécuter le jugement de condamnation.

L'article 78 du projet d'ordonnance du 12 mars 2014[1] prenait en compte cette observation, en prévoyant que, pour ce cas de prononcé de faillite personnelle, le délai de prescription ne courrait qu'à compter de la décision rendue en application de l'article L. 651-2 qui aurait acquis force de chose jugée. D'une manière incompréhensible, le texte final de l'ordonnance n'a pas conservé la solution et la malfaçon dénoncée subsiste dans les textes.

Fort heureusement, la solution a finalement été posée par la loi de modernisation de la justice du XXIe siècle, qui modifie en ce sens l'article L. 653-1, II du code de commerce. Pour les procédures ouvertes à compter de la publication de cette loi, ce cas de prononcé de faillite personnelle aura un délai de prescription qui ne courra qu'à compter de la date à laquelle la décision rendue en application de l'article L. 651-2 aura acquis force de chose jugée.

Il appartiendra au liquidateur de recouvrer le montant de la condamnation prononcée contre le dirigeant. En cas de prononcé de la sanction dans le cadre de la résolution d'un plan, sans liquidation judiciaire, il semble qu'un mandataire *ad hoc* doive être nommé pour recouvrer le montant de la condamnation, la résolution du plan entraînant en effet fin de la mission du commissaire à lexécution du plan.

Les créanciers sont dépourvus de qualité à agir en paiement de la condamnation prononcée, car est ici en cause un intérêt collectif des créanciers, dont ils ne peuvent assurer la défense individuellement. En outre, les créanciers de la personne morale ne deviennent pas créanciers personnels du dirigeant, ce qui leur interdit toute action contre lui[2].

Les contrôleurs ne semblent pas davantage pouvoir agir, fût-ce à titre subsidiaire, ce qui pourrait sans doute être repensé, dans l'hypothèse où le mandataire de justice, en charge de la défense de l'intérêt collectif des créanciers, n'agirait pas.

SECTION 922.70
ACTION EN PAIEMENT DES DETTES SOCIALES D'UNE SOCIÉTÉ D'ASSURANCES

922.71 Action en paiement des dettes sociales d'une société d'assurances. L'action en paiement des dettes d'une société d'assurances, objet d'une liquidation régie par l'article L. 326-2 du code des assurances, engagée contre son dirigeant, est organisée par l'article L. 328-13 du code des assurances, et n'est pas soumise aux dispositions du code de commerce. Elle n'est pas subordonnée au prononcé préalable par le tribunal de la clôture des opérations de liquidation et l'action est recevable alors même que n'est pas définitivement établie l'insuffisance d'actif de la société d'assurances[3].

1. Ord. n° 2014-326, 12 mars 2014, *JO* 14 mars, p. 524

2. PÉROCHON ET BONHOMME, 7e éd., n° 571.
3. Com. 7 juill. 2004, n°s 02-15.208, 02-15.397, NP.

CHAPITRE

923. Règles spéciales au redressement et à la liquidation judiciaires à titre personnel – Législation antérieure à la loi du 26 juillet 2005

SECTION 0 ORIENTEUR

923.00 Plan du chapitre.

Sect.	923.10	Redressement et liquidation judiciaires personnels pour inexécution du jugement de condamnation à combler le passif
Sect.	923.20	Évolution de la législation – Suppression des extensions sanctions par la loi du 26 juillet 2005
Sect.	923.30	Nature juridique de la mesure de redressement ou de liquidation judiciaires personnels par application de l'article L. 624-5 du code de commerce – Évolution de la législation
Sect.	923.40	Règles communes au prononcé de la mesure
Sect.	923.50	Cas de prononcé du redressement ou de la liquidation judiciaire à titre personnel exigeant la démonstration *d'un intérêt personnel du dirigeant*
Sect.	923.60	Cas de prononcé du redressement ou de la liquidation judiciaire à titre personnel n'exigeant pas la démonstration de l'intérêt personnel du dirigeant
Sect.	923.70	Effets de la mesure de redressement ou de liquidation judiciaire à titre personnel sur le fondement de l'article L. 624-5 du code de commerce

923.01 **Textes applicables.** (V. les références complètes s[s] n° 011).

> **Législation antérieure à la loi de sauvegarde des entreprises.**

C. com., art. L. 624-4 et L. 624-5

D. n° 85-1388, 27 déc. 1985, art. 166

923.02 **Jurisprudence de référence.**

> **Dans l'hypothèse où un dirigeant est placé à titre personnel en liquidation judiciaire au titre de sa direction de deux sociétés ayant fait l'objet de procédures collectives distinctes, une seule date de cessation des paiements sera retenue pour le dirigeant : la date la plus ancienne de cessation des paiements des personnes morales débitrices.**

• **Com. 4 févr. 2003,** n° 99-21.554, *Bull. civ.* IV, n° 15

* V. s[s] n° 923.46

> **Le créancier conserve son privilège général assortissant les dettes sociales dans la procédure ouverte à titre personnel contre le dirigeant.**

• **Com. 2 mars 1999,** n° 95-19.917, *Bull. civ.* IV, n° 49

* V. s[s] n° 923.73

« Vu l'article 182 alinéa 2 de la loi du 25 janvier 1985 [devenu C. com., art. L. 624-5, al. 2]; […]

Attendu qu'en statuant ainsi alors que, dès lors que le passif personnel du dirigeant comprend celui de la personne morale, il doit être tenu compte des droits de préférence des créanciers privilégiés de la personne morale, dans la procédure collective ouverte à l'égard du dirigeant, la cour d'appel a violé le texte susvisé. »

> Le créancier de la personne morale débitrice n'a pas à déclarer sa créance au passif du dirigeant mis en redressement ou en liquidation judiciaire.

• **Com. 12 oct. 1999,** n° 97-14.552, NP

* V. s^s n° 923.71

« Mais attendu qu'il résulte des dispositions de l'article 182 de la loi du 25 janvier 1985 [devenu C. com., art. L. 624-5], qu'en cas de redressement judiciaire prononcé en application de ce texte, le passif du dirigeant comprend, outre le passif personnel, celui de la personne morale, et que les créanciers admis dans la procédure collective de la personne morale le sont de plein droit par le seul effet de la loi dans celle du dirigeant, sans qu'il y ait lieu à nouvelles déclarations de créance et décisions d'admission. »

> Seuls des faits antérieurs au jugement d'ouverture de la procédure de la personne morale peuvent justifier le redressement ou la liquidation judiciaire à titre personnel.

• **Com. 12 oct. 1993,** n° 89-18.900, *Bull. civ.* IV, n° 332

* V. s^s n° 923.41

« Vu l'article 182 de la loi du 25 janvier 1985 [devenu C. com., art. L. 624-5];

Attendu que, pour prononcer, en vertu de ce texte, le redressement judiciaire de feu M. U…, l'arrêt retient que celui-ci, durant la période d'observation ouverte à l'égard de la société U…, d'un côté, a falsifié un ordre de virement qui lui avait été remis par l'administrateur et perçu la somme correspondante, d'un autre côté, a encaissé des sommes qui auraient dû être portées au compte de la société;

Attendu qu'en statuant ainsi, alors que, seuls des faits antérieurs au jugement d'ouverture du redressement judiciaire d'une personne morale peuvent justifier le prononcé du redressement judiciaire de ses dirigeants, et que l'arrêt constate que les faits retenus à l'égard de M. U… étaient postérieurs à l'ouverture de la procédure collective concernant la société U…, la cour d'appel a violé le texte susvisé. »

> Le dirigeant condamné en redressement ou en liquidation judiciaire à titre personnel ne peut être condamné à combler le passif.

• **Com. 17 nov. 1992,** n° 90-20.299, *Bull. civ.* IV, n° 359

* V. s^s n° 923.43

« Vu les articles 180, 181 et 182 de la loi du 25 janvier 1985 [devenus C. com., art. L. 624-3, L. 624-4 et L. 624-5];

Attendu que si l'action en comblement de l'insuffisance d'actif prévue à l'article 180 peut entraîner l'ouverture d'un redressement judiciaire du dirigeant défaillant dans les conditions fixées à l'article 181, une même décision judiciaire ne peut entrer en voie de condamnation e ce chef, dès lors qu'elle prononce le redressement judicire du dirigeant en application de l'article 182, mesure qui, n raison de la confusion entre le passif personnel et le pas social, rend sans objet la condamnation à supporter toutu partie du passif social;

Attendu que l'arrêt, en condamnar M. M… à payer l'insuffisance d'actif de la société F… et enononçant à son égard le redressement judiciaire en vertu de l'article 182 de la loi du 25 janvier 1985, a violé les textes susvisés. »

> L'arrêté d'un plan de continuation au profit d'un dirigeant, de droit ou de fait, fera obstacle au prononcé contre lui d'une mesure de redressement ou de liquidation judiciaire à titre personnel.

• **Com. 5 févr. 2002,** n° 98-17.846, *Bull. civ.* IV, n° 29

* V. s^s n° 923.44

« Attendu, d'autre part, que l'arrêt énonce exactement que lorsqu'une société fait l'objet d'un plan de redressement, aucune procédure de redressement ou de liquidation judiciaire ne peut être ouverte à son égard au motif que cette société aurait été le dirigeant de fait d'une autre société soumise à une procédure collective et aurait commis l'un des agissements prévus par l'article 182 de la loi du 25 janvier 1985 [devenu C. com., art. L. 624-5]. »

923.03 **Bibliographie indicative.** (V. les références complètes s^s n° 031).

> Actualisables. Rép. com., Daigre J.-J., « Entreprises en difficulté – Redressement judiciaire (Personnes morales et dirigeants) », n°s 419 à 432 – J.-Cl. com., Vivant M., fasc. 2915, [Dirigeants sociaux – Sanctions patrimoniales – Comblement du passif – Extension de la procédure], remis à jour par Hannoun C.

> Ouvrages antérieurs à la loi de sauvegarde des entreprises. Chaput, n°s 624 à 627 – Guyon, n°s 1401, 1402, 1404 – Jacquemont, n°s 878 à 883 – Kerckhove, n°s 848 à 851, 854 – Le Cannu, n°s 873 à 875 – Le Cannu *et alii,* n°s 1658 à 1660, 1663 à 1688 – Le Corre-Broly, n°s 443 à 446 – Martin et Vallens, n°s 3642 à 3662 – Pérochon et Bonhomme, n°s 435 à 438 – Pételm n°s 424 à 426 – Ripert et Roblot, n°s 3291 à 3297, 3301 – Saint-Alary-Houin, n°s 1100 à 1106, 1108 - Soinne, n°s 2620 à 2642 – Vallansan, p. 348 à 350, 354.

> Articles. Dagre J.-J., « L'extension du redressement judiciaire aux dirigeants », *Rev. huissiers* 1988. 817 – Delattre C., « Contribution à l'étude sur la nature de l'article 181 de la loi du 25 janvier 1985 », *Rev. proc. coll.* 2000, 183 – Teboul G., « La poursuite abusive d'une exploitation déficitaire », *LPA* 14 sept. 1999, n° 183, p. 12.

923.04 **Questions essentielles.**

• Un créancier de la personne morale débitrice peut-il agir en redressement ou en liquidation judiciaire à titre personnel contre le dirigeant qui n'exécute pas la condamnation à combler le passif ?

* V. s^s n° 923.14.

• La date de cessation des paiements dans la procédure ouverte contre le dirigeant condamné en comblement de passif et qui n'exécute pas sa décision est-elle identique à celle de la personne morale ?

* V. s^s n° 923.14.

• Un créancier de la personne morale peut-il reprendre l'exercice de son droit de poursuite individuelle contre le dirigeant déclaré personnellement en liquidation judiciaire et dont la procédure a été clôturée pour insuffisance d'actif ?

* V. s^s n° 923.15.

• Le tribunal est-il, dans le cadre de l'ouverture à titre personnel de la procédure contre le dirigeant, obliger de prononcer la même mesure que celle atteignant la personne morale ?
* V. s[s] n° 923.45.

SECTION 923.10
REDRESSEMENT ET LIQUIDATION JUDICIAIRES PERSONNELS POUR INEXÉCUTION DU JUGEMENT DE CONDAMNATION À COMBLER LE PASSIF

923.11 Suppression du redressement et de la liquidation judiciaires à titre personnel pour inexécution du comblement de passif sous le régime de la loi du 26 juillet 2005[1]. La loi de sauvegarde des entreprises a supprimé les extensions sanctions, c'est-à-dire plus précisément les ouvertures de procédures à titre de sanction à l'encontre des dirigeants fautifs (v. s[s] n° 923.21). Il en est ainsi du redressement et de la liquidation judiciaires à titre personnel pour inexécution de la décision de condamnation à combler le passif. Cette sanction a été, dans un premier temps, remplacée par l'action en obligation aux dettes sociales, avant que l'ordonnance du 18 décembre 2008[2] ne vienne supprimer cette sanction créée par la loi du 26 juillet 2005.

L'article 192 de la loi de sauvegarde des entreprises du 26 juillet 2005 prévoit que cette procédure ouverte en vertu de l'article L. 624-4 et L. 624-5 du code de commerce, dans sa rédaction antérieure à la présente loi, n'est pas affectée par son entrée en vigueur. En conséquence, si le redressement ou la liquidation judiciaire à titre personnel est valablement ouvert pour inexécution de la décision de condamnation à combler le passif avant le 1er janvier 2006, la condamnation ne sera pas remise en cause du fait de l'entrée en vigueur de la loi de sauvegarde des entreprises[3].

En revanche, il est déduit de l'article 192 de la loi du 26 juillet 2005 (v. aussi s[s] n° 073.35) que l'action en redressement ou en liquidation judiciaire à titre personnel contre le dirigeant qui n'exécute pas la condamnation à combler le passif (C. com., art. L. 624-4, réd. antérieure à la loi de sauvegarde des entreprises) ne peut plus être poursuivie après le 1er janvier 2006 si, à cette date la procédure collective, à titre de sanction de l'inexécution à combler l'insuffisance d'actif n'a pas été ouverte[4]. La solution a été posée dans deux espèces où le dirigeant avait été condamné par le tribunal et où la cour d'appel, après avoir annulé le jugement de condamnation, avait ouvert respectivement la liquidation judiciaire à titre personnel par arrêt du 1er février 2006[5] et le redressement judiciaire par arrêt du 9 juin 2006[6], c'est-à-dire postérieurement à l'entrée en vigueur de la loi du 26 juillet 2005. Or l'annulation du jugement, qui avait ouvert la procédure avant le 1er janvier 2006, a entraîné l'anéantissement rétroactif de cette décision, de sorte qu'aucune procédure collective n'était ouverte au 1er janvier 2006 contre le dirigeant.

Les créanciers sont, sous l'empire de la législation antérieure à la loi du 26 juillet 2005, sous la dépendance du mandataire de justice, commissaire à l'exécution du plan ou liquidateur, car ils sont individuellement privés du droit de saisir le tribunal aux fins d'ouverture d'une procédure collective contre le dirigeant condamné[7].

En supprimant ce cas d'ouverture d'une procédure collective, le dirigeant condamné à combler le passif ne semble cependant pas davantage pouvoir être poursuivi directement par le créancier en paiement. Il s'agit d'une action intéressant collectivement les créanciers, devant être exercée par le liquidateur et, en cas de carence de celui-ci, par un créancier nommé contrôleur (v. s[s] n° 612.25). Notons toutefois que les travaux parlementaires semblent au contraire accréditer l'idée que la suppression du redressement et de la liquidation judiciaire à titre personnel fera disparaître l'obstacle au droit de poursuite individuelle des créanciers, en cas d'inexécution de la condamnation à combler le passif, qui demeurent sous la dépendance des auxiliaires de justice[8].

La suppression de cette « extension – sanction » est en tout cas opportune sur le plan de l'efficacité des sanctions. En effet, en l'état de la législation antérieure, si la procédure du dirigeant se termine par un jugement de liquidation judiciaire clôturée pour insuffisance d'actif, il y a place au jeu de l'article L. 622-32 du code de commerce (anc[t] L. 25 janv.

1. L. n° 2005-845, 26 juill. 2005, *JO* 27 juill., p. 12187.
2. Ord. n° 2008-1345, 18 déc. 2008, *JO* 19 déc., p. 19462.
3. Paris, 3e ch. B, 22 sept. 2006, RG n° 05/24780, *Rev. proc. coll.* 2007/2, p. 83, n° 3, obs. Martin-Serf – *Adde*, ne revenant pas sur la sanction : Paris, 3e ch. A, 27 juin 2006, RG n° 05/25077.
4. Com. 13 mars 2007, n° 06-12.880, *Bull. civ.* IV, n° 87; *D.* 2007. AJ 872, obs. Lienhard; *Act. proc. coll.* 2007, n° 97, note Lucas; *Rev. sociétés* 2007. 896, note Roussel Galle – Com. 21 juin 2007, n° 06-18.045, *Bull. civ.* IV, n° 172; *D.* 2007. AJ 1876, note Lienhard; *Gaz. proc. coll.* 2007/4, p. 60, note Monéran; *Act. proc. coll.* 2007, n° 167, note Blanc; *Dr. sociétés* 2007, n° 176, note Legros; *Dr. et proc.* nov.-déc. 2007. 331, note Le Corre – Limoges, ch. civ., 1re sect., 24 mai 2006, RG n° 05/1526, *Rev. proc. coll.* 2007/2, p. 83, n° 3, obs. Martin-Serf.
5. Com. 13 mars 2007, n° 06-12.880, préc. (v. s[s] prés[t] n°).
6. Com. 21 juin 2007, n° 06-18.045, préc. (v. s[s] prés[t] n°).
7. Com. 28 mars 2000, n° 97-19.153, *Bull. civ.* IV, n° 71; *D.* 2001. Somm. 618, obs. Honorat; *RTD com.* 2000. 731, obs. Vallens; *LPA* 23 nov. 2000, n° 232, p. 16, note Gibirila – Com. 17 oct. 2000, n° 97-11.928, NP, *Act. proc. coll.* 2000, n° 249, obs. Vallansan.
8. *Rapp. J.-J. Hyest*, n° 335, p. 453.

1985[1], art. 169) : interdiction de reprise des poursuites individuelles de la part des créanciers antérieurs. La clôture de la procédure de la personne morale pour insuffisance d'actif n'autorise pas le droit de poursuite individuelle à l'encontre du dirigeant dont la procédure a également été clôturée pour insuffisance d'actif, par un créancier de la personne morale, lequel n'est pas devenu personnellement créancier du dirigeant[2]. La sanction – liquidation judiciaire à titre personnel – devient alors une faveur pour le dirigeant[3], ce qui, dans l'esprit de la règle est choquant.

923.12 Conditions d'application de la sanction – Sanction accessoire de l'inexécution. Aux termes de l'article L. 624-4 du code de commerce (anct L. 25 janv. 1985[4], art. 181), « le tribunal peut ouvrir une procédure de redressement judiciaire ou de liquidation judiciaire à l'égard des dirigeants à la charge desquels a été mis tout ou partie du passif d'une personne morale et qui ne s'acquittent pas de cette dette ». Le texte a pour finalité d'inciter le dirigeant de la personne morale débitrice, qui a été condamné à combler l'insuffisance d'actif, à s'exécuter du montant de la condamnation.

Le texte permet l'ouverture d'une procédure collective à l'encontre d'une personne non éligible à celle-ci, au regard de la qualité exigée. Le texte ne distingue pas selon que la condamnation à combler le passif a été totalement ou partiellement inexécutée. La solution a été posée par la Cour de cassation sous l'empire de la loi du 13 juillet 1967[5]. Cependant, le caractère facultatif du prononcé de la sanction[6] – « le tribunal peut » –, doit inciter les juridictions à ne prononcer la sanction que si l'inexécution est d'une certaine ampleur. En outre, les juridictions pourront tenir compte des possibilités financières du dirigeant condamné et estimer inutile d'ouvrir une procédure de redressement ou de liquidation judiciaire qui se révélerait impécunieuse. Mais ils ont là toute faculté, l'impécuniosité des dirigeants n'étant pas une raison déterminante de ne pas prononcer la mesure[7]. Il a cependant été jugé que le prononcé de la mesure devait être maintenu lorsque l'intéressé, qui n'avait pas commencé l'exécution de la décision à combler le passif, sollicitait la possibilité de payer sa dette par versements mensuels modiques, ne permettant l'apurement que sur trente ans du principal de la dette[8].

Il a été estimé que la procédure collective ouverte contre une personne physique ne faisait pas obstacle au prononcé, à titre de sanction, d'une seconde procédure, contre cette personne prise en sa qualité de dirigeant de droit ou de fait d'une personne morale placée en liquidation, pour inexécution de la décision de condamnation à combler le passif[9].

Le tribunal ne peut accorder de délais de grâce[10], car seul le juge de l'exécution ou la juridiction prononçant la condamnation ont cette possibilité.

923.13 Mesure de faillite personnelle ou d'interdiction de gérer, sanction accessoire de l'inexécution de la condamnation à combler le passif. Aux lieu et place du redressement ou de la liquidation judiciaire à titre personnel, ou en complément de cette sanction, le tribunal peut prononcer contre le dirigeant condamné, qui n'exécute pas la condamnation, une mesure de faillite personnelle (C. com., art. L. 625-6 [anct L. 25 janv. 1985[11], art. 190]) ou l'interdiction de gérer, l'article L. 625-7 du code de commerce (anct L. 25 janv. 1985, art. 191) renvoyant aux articles L. 625-3 à L. 625-6 du même code (anct L. 25 janv. 1985, art. 187 à 190). L'application de l'article L. 625-6 est subordonnée au jeu de l'action en comblement de passif. Il ne peut jouer indépendamment de cette condamnation pour compléter une mesure de redressement ou de liquidation judiciaire personnel sur le fondement de l'article L. 624-5 du code de commerce (anct L. 25 janv. 1985, art. 182)[12].

Le dirigeant condamné, par application de l'article L. 626-14 du code de commerce (anct L. 25 janv. 1985, art. 209), qui ne s'exécute pas de la condamnation, pourrait enfin se voir appliquer les sanctions visées aux articles L. 626-3 à L. 626-7 du code (anct L. 25 janv. 1985, art. 198 à 202)[13], qui visent

1. L. n° 85-98, 25 janv. 1985, *JO* 26 janv., p. 1097.
2. Com. 28 mars 2000, n° 97-19.153, *Bull. civ.* IV, n° 71; *RTD com.* 2000. 731, obs. Vallens; *D.* 2001. Somm. 618, obs. Honorat; *LPA* 23 nov. 2000, n° 232, p. 16, note Gibirila.
3. *Rapp. J.-J. Hyest*, n° 335, p. 453.
4. L. n° 85-98, 25 janv. 1985, préc.
5. L. n° 67-563, 13 juill. 1967, *JO* 14 juill., p. 7059 – Com. 1er mars 1982, n° 80-14.377, *Bull. civ.* IV, n° 77.
6. PÉROCHON ET BONHOMME, 6e éd., n° 435.
7. AINSI : Com. 4 oct. 2005, n° 04-14.650, NP; n° 1195 F-D; *Gaz. proc. coll.* 2006/1, p. 46, obs. Montéran.
8. Paris, 3e ch. B, 21 nov. 2003, RG n° 03/10279 – RAPPR. : Paris, 3e ch. A, 27 juin 2006, n° 05/25077.
9. Com. 4 janv. 2005, n° 03-14.150, *Bull. civ.* IV, n° 4; *D.* 2005. AJ 215, obs. Lienhard; *D.* 2005. Somm. 2011, obs. Lucas; *Gaz. proc. coll.* 2005. 26, obs. Lucas; *Act. proc. coll.* 2005, n° 25 note Régnaut-Moutier; *JCP E* 2005. Chron. 639, n° 16, obs. Pétel; *Dr. et patr.* 2005, p. 115, n° 3676, obs. Monsérié-Bon; *Rev. sociétés* 2005. 451, note Bonneau; *Defrénois* 2005. 1000, Chron. 38177, n° 6, note Gibirila; *RJ com.* 2005/3, p. 270, note Sortais; *Rev. proc. coll.* 2005/4, p. 385, n° 3, obs. Martin-Serf; *Bull. Joly* 2005. 571, note Sénéchal; *Rev. proc. coll.* 2006/1, p. 47, n° 2, obs. Lebel; *Dr. et proc.* 2005. 158, note Le Corre; *LXB* n° N4881ABE, note Le Corre.
10. Paris, 3e ch. A, 4 nov. 2003, RG n° 03/01295.
11. L. n° 85-98, 25 janv. 1985, préc.
12. Com. 6 janv. 1998, Rev. proc. coll. 1998, 517, n° 9, obs. Bach.
13. RIPERT ET ROBLOT, n° 3291 – SAINT-ALARY-HOUIN, 4e éd., n° 1100.

les personnes qui, de mauvaise foi, ont détourné ou dissimulé ou tenté de détourner ou de dissimuler, tout ou partie de leurs biens, ou qui se sont frauduleusement reconnues débitrices de sommes qu'elles ne devaient pas.

923.14 Ouverture de la procédure – Choix de la juridiction. La saisine aux fins d'ouverture du redressement ou de la liquidation judiciaire à titre personnel pour inexécution de la décision à combler le passif est attitrée. Il en résulte qu'un créancier de la personne morale non payé n'a pas qualité pour agir contre le dirigeant, l'action étant réservée au liquidateur [1] ou au commissaire à l'exécution du plan.

La règle de l'article L. 624-5, III du code de commerce (anc^t L. 25 janv. 1985 [2], art. 182), selon laquelle « la date de cessation des paiements est celle fixée par le jugement d'ouverture [...] de la personne morale » ne devrait pas s'appliquer. En effet, ce texte est spécial au redressement et à la liquidation judiciaire à titre personnel prononcé pour faits visés à l'article L. 624-5. Il ne devrait donc pas trouver application pour le jeu du redressement ou de la liquidation judiciaire à titre personnel prononcé pour inexécution de la condamnation à combler l'insuffisance d'actif. Faute de disposition contraire de l'article L. 624-3 du code de commerce (anc^t L. 25 janv. 1985, art. 180), il y aura lieu de fixer la date de cessation des paiements conformément au droit commun. La solution, posée sous l'empire de la loi du 13 juillet 1967 [3] nous semble reconductible sous l'empire de la loi du 25 janvier 1985 [4].

Si le tribunal, méconnaissant la solution, aligne la date de cessation des paiements dans la procédure du dirigeant, qui n'exécute pas la condamnation, sur celle retenue par le jugement intéressant la personne morale, l'autorité de chose jugée interdira ensuite de contester la date de cessation des paiements, eût-elle été irrégulièrement fixée. La solution a été posée au préjudice de défendeurs à une action en nullité de la période suspecte, sous l'empire de la loi du 25 janvier 1985 [5].

Le tribunal n'est pas davantage tenu, lors du jugement d'ouverture de la procédure contre le dirigeant pour inexécution de la condamnation à combler l'insuffisance d'actif, par la date fixée par la juridiction, qui a prononcé contre ce même dirigeant une mesure de faillite personnelle. Il n'y a pas autorité de chose jugée, la matière litigieuse n'étant pas identique [6].

La fraction non acquittée de la dette résultant de la condamnation à combler le passif sera évidemment un élément essentiel, mais le tribunal appréciera également les autres dettes non payées, l'existence de ces dernières pouvant en effet expliquer le non-paiement de la condamnation à combler le passif. Le tribunal ne pourra fixer une date de cessation des paiements antérieure de dix-huit mois au jugement d'ouverture. Cependant, par dérogation au droit commun, l'état de cessation des paiements n'est pas une condition d'ouverture de la procédure collective, car celle-ci intervient à titre de sanction [7].

Le tribunal n'a pas à surseoir à statuer dans le cadre de la demande de mise en redressement ou en liquidation judiciaire à titre personnel pour inexécution de la décision de condamnation à combler le passif au prétexte que cette décision ferait l'objet d'un pourvoi en cassation [8]. Le caractère exécutoire par provision de la décision de condamnation à combler le passif, sous l'empire de législation antérieure à la loi de sauvegarde des entreprises justifierait d'ailleurs identiquement l'absence de sursis à statuer en cas d'appel de cette décision [9].

Sous l'empire de la loi du 25 janvier 1985 non réformée, il y avait obligation pour la juridiction de prononcer un redressement judiciaire, même si le débiteur ne remplissait pas les conditions pour obtenir un plan de continuation. Depuis la loi du 10 juin 1994, la juridiction a le choix de prononcer le redressement ou la liquidation judiciaire. Le choix de la mesure dépendra de la situation du dirigeant condamné. S'il n'exploite aucune entreprise personnelle, il ne peut bénéficier d'un plan de continuation, ce dernier ne pouvant être arrêté avec pour seule finalité le paiement du passif de l'intéressé [10] (v. s^s n° 530.09). Le tribunal prononcera en conséquence une liquidation judiciaire [11]. Si le dirigeant

1. Com. 28 mars 2000, n° 97-19.153, *Bull. civ.* IV, n° 71; *D.* 2001. Somm. 618, obs. Honorat; *RTD com.* 2000. 731, obs. Vallens; *LPA* 23 nov. 2000, n° 232, p. 16, note Gibirila – *Com. 17 oct. 2000, Act. proc. coll. 2000*, n° 249, obs. Vallansan.
2. L. n° 85-98, 25 janv. 1985, préc.
3. L. n° 67-563, 13 juill. 1967, préc. – Com. 3 mai 1988, n° 86-11.776, *Bull. civ.* IV, n° 146; *D.* 1988. IR 140.
4. SOINNE, n° 2624.
5. Com. 22 nov. 2011, n° 10-25.389, NP; n° 1157 F-D; *Gaz. Pal.* 28 avr. 2012, n° 118, p. 15, note Reille – Com. 18 juin 2013, n° 12-19.956, NP; n° 635 F-D; *BJE* sept. 2013, p. 301, note Favario.
6. Com. 14 mai 1996, n° 94-15.852, *Bull. civ.* IV, n° 135; *D.* 1996. Somm. 339, obs. Honorat.
7. PÉROCHON ET BONHOMME, 6e éd., n° 435 – LE CANNU *ET ALII*, n° 1658.
8. Paris, 3e ch. A, 2 juill. 2002, *Rev. proc. coll.* 2005/2, p. 156, n° 7, obs. Barret.
9. Barret, *Rev. proc. coll.* 2005/2, p. 156, n° 7, obs. s^s Paris, 3e ch. A, 2 juill. 2002.
10. Amiens, 4e ch. com., 19 févr. 1998, *Rev. proc. coll.* 2000, Somm. 38, note Canet – POUR UNE ILLUSTRATION de délais accordés au dirigeant pour élaborer un plan d'apurement de ses dettes, dans le cadre de sa liquidation judiciaire à titre personnel : Com. 2 juin 2004, n° 01-16.446, NP.
11. SOINNE, n° 2622.

exploite une entreprise personnelle, il y aura place à prononcer un redressement judiciaire, si les critères du prononcé de la liquidation judiciaire immédiate ne sont pas réunis[1] (v. s^s^ n°s 233.26 et 233.27). Il appartiendra alors à l'intéressé de présenter un projet de plan de continuation, sauf à être placé en liquidation judiciaire[2].

923.15 Effets de l'ouverture de la procédure pour inexécution de la condamnation à combler le passif à l'encontre du dirigeant. L'ouverture de la procédure à l'encontre du dirigeant produit tous les effets attachés à un jugement d'ouverture. Il y a place à nomination d'organes du redressement ou de la liquidation judiciaire, selon le cas. Le débiteur subira les effets classiques, spécialement le dessaisissement en liquidation judiciaire. Les créanciers subiront les restrictions attachées à tout jugement d'ouverture : arrêt des poursuites individuelles et des voies d'exécution, arrêt du cours des intérêts, arrêt du cours des inscriptions de sûreté. Le jeu des nullités de la période suspecte interviendra dans les conditions de droit commun.

Alors que l'article L. 624-5 alinéa 8 du code de commerce (anc^t^ L. 25 janv. 1985[3], art. 182, al. 8) prévoit un effet automatique de transfert du passif, l'article L. 624-4 (anc^t^ L. 25 janv. 1985, art. 181) reste muet sur la question. Dans ces conditions, y a-t-il lieu à déclaration au passif du dirigeant condamné ? Une réponse négative s'impose. L'insuffisance d'actif, c'est-à-dire le passif résiduel de la personne morale, a été mise à charge du dirigeant par le jugement de condamnation à combler le passif. Ce passif a donc été transféré, sur la tête du dirigeant, avant même qu'il ne soit déclaré en redressement ou en liquidation judiciaire. L'ouverture de sa procédure n'y peut rien changer. L'insuffisance d'actif continuera à être une dette du dirigeant. Il n'y a donc pas lieu, pour le créancier du groupement, à déclarer au passif du dirigeant la créance qu'il détient sur le groupement. La vérification des créances de la personne morale débitrice sera menée par le représentant des créanciers de celle-ci, non par le représentant des créanciers du dirigeant condamné[4].

En revanche, le créancier personnel du dirigeant condamné devra déclarer sa créance au passif de celui-ci. À défaut, sa créance sera éteinte, sauf relevé de forclusion, pour lequel les juridictions devraient se montrer plus souples, ce qui n'est pas toujours le cas[5], pour éviter qu'une sanction – comblement de passif – doublée d'une autre – liquidation judiciaire personnelle – ne se transforme en une aubaine pour le dirigeant condamné.

Une difficulté particulière se présente si le dirigeant contre lequel est ouvert le redressement ou la liquidation judiciaire personnel à titre de sanction de l'inexécution de la condamnation à combler le passif est déjà en redressement ou en liquidation judiciaire sur le fondement d'une activité distincte. La solution est possible (v. s^s^ n°s 233.43, 923.12). L'articulation des deux procédures sera assurée, nous semble-t-il, par l'application de l'article 165 du décret du 27 décembre 1985[6], qui règle l'hypothèse d'une condamnation à combler le passif prononcée contre un dirigeant faisant déjà l'objet d'une procédure collective. Le montant du passif déterminé par le tribunal ayant eu à connaître de l'action en comblement de passif est devenu une dette automatique du dirigeant, et est admis de plein droit à son passif. C'est là le jeu de l'article 165 du décret. L'ouverture de la seconde procédure à titre de sanction de l'inexécution de la décision de condamnation à combler le passif n'intéressera que les créanciers personnels du dirigeant dont les dettes sont nées après l'ouverture de sa première procédure et qui, dans la seconde procédure ouverte à titre de sanction deviennent des créanciers antérieurs astreints à déclarer leur créance au passif dans les délais classiques de déclaration de créance qu'ouvre la publication au *Bodacc* du jugement d'ouverture de la seconde procédure. Ces créanciers seront traités sur un pied d'égalité avec les créanciers de la première procédure ouverte, mais ne pourront évidemment participer aux répartitions qui auront déjà été effectuées, car la seconde procédure ne doit pas produire, à notre sens, d'effet rétroactif.

La difficulté est autre si le dirigeant contre lequel est ouvert le redressement ou la liquidation judiciaire à titre personnel à titre de sanction de l'inexécution de la condamnation à combler le passif est placé en liquidation judiciaire au titre d'une activité exercée à titre personnel après condamnation à combler le passif. En ce cas, le liquidateur de la société qu'il dirigeait et au titre de l'exploitation de laquelle il a été condamné à combler le passif doit déclarer au passif du débiteur personne physique la créance de support de l'insuffisance d'actif. À défaut, cette créance est éteinte et ne pourra ensuite servir de support à un redressement ou à une liquidation judiciaire pour inexécution de la décision de condamnation à combler le passif[7].

1. Com. 6 févr. 2001, DPDA bull. 211, 1er avr. 2001, p. 6085, V^is^ *Liquidation judiciaire*, n° 5.
2. *Bourges, 26 juin 2000, Rev. proc. coll.* 2001, p. 276, n° 8, obs. Barret.
3. L. n° 85-98, 25 janv. 1985, préc.
4. Com. 15 févr. 2000, n° 97-14.554, NP, *RJDA* 2000/, n° 707.
5. AINSI : Paris, 3e ch. A, 22 juin 2004, RG n° 03/20562.
6. D. n° 85-1388, 27 déc. 1985, *JO* 29 déc., p. 15281.
7. Amiens, ch. éco., 9 juin 2005, RG n° 04/04645.

Si la procédure du dirigeant se termine par un jugement de liquidation judiciaire clôturée pour insuffisance d'actif, il y aura place au jeu de l'article L. 622-32 du code de commerce (anc[t] L. 25 janv. 1985, art. 169) : interdiction de reprise des poursuites individuelles de la part des créanciers antérieurs. La clôture de la procédure de la personne morale pour insuffisance d'actif n'autorisera pas le droit de poursuite individuelle à l'encontre du dirigeant dont la procédure aura également été clôturée pour insuffisance d'actif, par un créancier de la personne morale, lequel n'est pas devenu personnellement créancier du dirigeant[1].

La sanction – liquidation judiciaire à titre personnel – devient alors une faveur pour le dirigeant, ce qui, dans l'esprit de la règle, est choquant. Il eut été opportun de considérer comme une exception au jeu de l'article L. 622-32 du code de commerce le prononcé d'une liquidation judiciaire sur le fondement de l'article L. 624-4. La juridiction pourra cependant compléter la sanction de la liquidation judiciaire personnelle par une mesure de faillite personnelle ou d'interdiction de gérer (C. com., art. L. 625-6 et L. 625-7 [anc[t] L. 25 janv. 1985, art. 190 et 191]), ce qui fera alors échec au jeu de l'article L. 622-32 du code de commerce (anc[t] L. 25 janv. 1985, art. 169 – v. s[s] n° 592.65).

SECTION 923.20 ÉVOLUTION DE LA LÉGISLATION – SUPPRESSION DES EXTENSIONS SANCTIONS PAR LA LOI DU 26 JUILLET 2005

923.21 Principe de disparition des extensions à titre de sanction. Afin de tirer les conséquences d'une idée déjà contenue dans la législation du 13 juillet 1967[2] et plus encore dans celle du 25 janvier 1985[3], idée de dissociation du sort de l'homme et de l'entreprise, la loi du 26 juillet 2005[4] supprime les extensions à titre de sanction. L'exposé des motifs précise en ce sens qu'il « convient d'achever la séparation du sort de l'homme de celui de l'entreprise, engagée en 1967 »[5].

Les extensions sanctions étaient au nombre de deux dans la loi du 13 juillet 1967 et dans celle du 25 janvier 1985. D'une part, le dirigeant de la personne morale débitrice qui n'acquittait pas la condamnation à combler le passif pouvait être déclaré en redressement ou en liquidation judiciaire à titre personnel (C. com., art. L. 624-4). D'autre part, le dirigeant qui avait commis l'un des faits graves visés à l'article L. 624-5 du code de commerce encourait également à titre personnel le redressement ou la liquidation judiciaire. Ces mesures pouvaient être prononcées contre des personnes n'ayant pas la qualité subjective exigée pour être déclarée en redressement ou en liquidation judiciaire, et qui n'avaient pas davantage à être dans la situation économique exigée par principe par la législation des procédures collectives, l'état de cessation des paiements.

Comme le relève l'exposé des motifs du projet de loi, il n'est pas concevable d'ouvrir une procédure collective lorsque la situation économique de l'intéressé ne le justifie pas. La procédure collective « devient une sanction pouvant paradoxalement être prononcée à l'égard d'une entreprise économiquement saine »[6].

923.22 Disparition de l'« extension » au dirigeant pour faits visés à l'article L. 624-5 du code de commerce – Maintien de la sanction en Polynésie Française. La loi du 26 juillet 2005[7] fait, en conséquence de la suppression des extensions sanctions, disparaître le redressement et la liquidation judiciaires à titre personnel contre le dirigeant pour des faits visés à l'article L. 624-5.

Selon l'article 192 de la loi du 26 juillet 2005, les procédures ouvertes en vertu de l'article L. 624-5 ne sont pas affectées par l'entrée en vigueur de cette loi. *Il* ne suffira pas que le tribunal soit saisi de la demande. En revanche, si la procédure à titre de sanction a été prononcée avant le 1er janvier 2006, *il* importe peu qu'elle soit frappée d'appel[8] et même que son exécution provisoire ait été arrêtée par le *premier* président de la cour d'appel[9] (v. aussi s[s] n° 073.14).

En revanche, si la procédure n'a pas ouverte contre le dirigeant avant le 1er janvier 2006, elle ne

1. Com. 28 mars 2000, n° 97-19.153, *Bull. civ.* IV, n° 71; *RTD com.* 2000. 731, obs. Vallens; *D.* 2001. Somm. 618, obs. Honorat; *LPA* 23 nov. 2000, n° 232, p. 16, note Gibirila.
2. L. n° 67-563, 13 juill. 1967, préc.
3. L. n° 85-98, 25 janv. 1985, préc.
4. L. n° 2005-845, 26 juill. 2005, préc.
5. EXP. MOTIFS : p. 12.
6. EXP. MOTIFS : p. 13.
7. L. n° 2005-845, 26 juill. 2005, préc.
8. Com. 27 nov. 2007, n° 06-19.076, NP; n° 1294 F-D; *Gaz. proc. coll.* 2008/1, p. 73, note Montéran; *Dr. sociétés* 2008, n° 30, note Legros; *Procédures* 2008, n° 18, note Rolland.
9. Com. 4 janv. 2006, n° 04-19.868, *Bull. civ.* IV, n° 1; *D.* 2006. AJ 142, obs. Lienhard; *D.* 2006. Pan. 2252, obs. Lucas; *JCP E* 2006. Chron. 1569, n° 1, obs. Pétel; *JCP E* 2006. Chron. 1570, obs. Legros; *Act. proc. coll.* 2006, n° 20, note Régnaut-Moutier; *Gaz. proc. coll.* 2006/2, p. 52, obs. Montéran; *RJ com.* 2006/1, p. 55, note Sortais; *Defrénois* 2006. 931, Chron. 38407, n° 3, note Gibirila; *Rev. proc. coll.* 2006/3, p. 256, n° 5, obs. Roussel Galle; *LXB* n° N4683AKN, note Le Corre.

pourra plus l'être après[1] (v. aussi s[s] nº 073.35). En outre, il faut que l'ouverture de la procédure soit valablement intervenue avant le 1er janvier 2006. Tel n'est pas le cas si la juridiction, qui a ouvert la procédure, a retenu à tort la qualité de dirigeant de fait contre l'intéressé[2].

Cette disparition de la procédure collective-sanction n'existe pas en Polynésie Française. Une question prioritaire de constitutionnalité a été jugée sérieuse par la Cour de cassation, au motif qu'elle porte atteinte au droit de propriété et au principe de nécessité des peines[3]. Le Conseil constitutionnel[4] a considéré comme partiellement anticonstitutionnelle la mesure. Il a commencé par écarter le grief tiré de la méconnaissance des principes de nécessité et de proportionnalité des peines découlant de l'article 8 de la déclaration des droits de l'homme de 1789, au motif que le mécanisme n'a pas le caractère d'une punition. Les principes de nécessité et de proportionnalité ne lui sont donc pas applicables. Il a également écarté le grief tiré de la méconnaissance de la liberté d'entreprendre découlant de l'article 4 de la déclaration des droits de l'homme de 1789, dans la mesure où l'extension est distincte de l'interdiction de gérer ou de la faillite personnelle, et n'a pas pour objet ou pour effet d'interdire au dirigeant d'exercer une activité économique ou de diriger une personne morale. Le dernier grief invoquait une violation du droit de propriété posé par les articles 2 et 17 de la déclaration des droits de l'homme de 1789. En permettant de confondre le patrimoine du dirigeant avec celui de la personne morale en redressement ou en liquidation judiciaire, l'article L. 624-5 priverait le dirigeant de la gestion de sa propriété. Le Conseil constitutionnel répond qu'il n'y a pas privation du droit de propriété au sens de l'article 17. Il estime, en revanche, qu'il y a atteinte partielle à ce droit au sens de l'article 2. Le Conseil relève que le mécanisme a pour objet de faciliter l'apurement du passif de la personne morale et le désintéressement des créanciers, ce qui constitue un but d'intérêt général permettant une atteinte législative au droit de propriété. Mais cette atteinte n'est justifiée et proportionnée que dans la mesure où le dirigeant a commis des faits qui « révèlent son enrichissement personnel ou une utilisation des biens ou du crédit de la personne morale à des fins personnelles ». Il en est ainsi des cas prévus par les 1° à 4° et 6° de l'article L. 624-5, non de ceux envisagés par les 5° et 7°. Ainsi, en Polynésie Française, demeurent applicables les 5 et 7° de l'article L. 624-5 du code de commerce. Les 1° à 4° et 6° de ce même article sont inapplicables à compter de la publication de la décision du Conseil constitutionnel.

923.23 Création de l'obligation aux dettes sociales en substitut au redressement et à la liquidation judiciaires personnels. La loi du 26 juillet 2005[5] a remplacé le redressement et la liquidation judiciaires à titre personnel par une obligation aux dettes sociales, limitée à la procédure de liquidation judiciaire.

Cinq des sept cas que prévoyait l'article L. 624-5 du code de commerce comme cause d'ouverture d'un redressement ou d'une liquidation judiciaire deviennent des hypothèses de condamnation à payer les dettes sociales. Les deux autres cas, qui ont trait à la comptabilité, ne sont plus que des cas de faillite personnelle.

Ici encore, en termes de politique de sanctions, la solution était préférable à celle issue de la législation du 25 janvier 1985[6]. Elle évitait que des ouvertures de liquidation judiciaire à titre personnel ne devinssent, après clôture pour insuffisance d'actif, des mesures de faveur pour des dirigeants, qui, sans elles, auraient été tenus envers les créanciers sociaux, notamment au titre de cautionnements donnés en couverture des engagements sociaux.

L'ordonnance du 18 décembre 2008[7], pour sa part, a supprimé l'obligation aux dettes sociales, l'action en responsabilité pour insuffisance d'actif devenant la seule mesure à implication financière pouvant atteindre les dirigeants de personnes morales débitrices.

923.24 Possibilité de mesures conservatoires sur les biens des dirigeants. Pour tenir compte du fait que le dirigeant de la personne morale débitrice ne pourra être déclaré en redressement ou en liquidation judiciaire, et afin d'éviter que ce dirigeant n'organise son insolvabilité, des mesures conserva-

1. Com. 7 mars 2006, nº 04-20.252, *Bull. civ.* IV, nº 60; *D.* 2006. Pan. 2252, obs. Lucas; *JCP E* 2006. Chron. 2331, nº 1, obs. Pétel; *Act. proc. coll.* 2006, nº 95, note Régnaut-Moutier; *Dr. sociétés* 2006, nº 88, obs. Legros; *Rev. proc. coll.* 2006/3, p. 256, nº 7, obs. Roussel Galle; *LXB* nº 04-20.252, note Le Corre – Com. 30 mai 2006, nº 05-12.311, NP; nº 716 F-D; *Gaz. proc. coll.* 2006/4, p. 37, note Montéran; *Rev. proc. coll.* 2006/3, p. 256, nº 7, obs. Roussel Galle.
2. Com. 13 févr. 2007, nº 05-20.126, *Bull. civ.* IV, nº 41 *D.* 2007. AJ 731, obs. Lienhard; *Dr. sociétés* 2007, nº 95 note Legros; *Rev. sociétés* 2007. 630, note Saintouren *LXB hebdo* 22 mars 2007, nº N3567BAD, note Le Corre Com. 13 févr. 2007, nº 05-22.036, NP, *Dr. sociétés* 200 nº 95, note Legros.
3. *Com.* 7 *juill.* 2015, nº 15-40.022 QPC, NP, *Dr. soci* 2015, comm. 219, note Legros; *Act. proc. coll.* 2015 comm. 299, note Cerf-Hollender.
4. Cons. const. 7 oct. 2015, nº 2015-487 QPC, *JO* 9 p. 18830.
5. L. nº 2005-845, 26 juill. 2005, préc.
6. L. nº 85-98, 25 janv. 1985, préc.
7. Ord. nº 2008-1345, 18 déc. 2008, préc.

toires sur les biens du dirigeant peuvent être ordonnées par le président du tribunal (v. s[s] n° 921.38).

SECTION 923.30

NATURE JURIDIQUE DE LA MESURE DE REDRESSEMENT OU DE LIQUIDATION JUDICIAIRES PERSONNELS PAR APPLICATION DE L'ARTICLE L. 624-5 DU CODE DE COMMERCE – ÉVOLUTION DE LA LÉGISLATION

923.31 Nature juridique du redressement ou de la liquidation judiciaires personnels pour faits visés à l'article L. 624-5 du code de commerce (anc[t] L. 25 janv. 1985[1], art. 182). Le redressement ou la liquidation judiciaire à titre personnel apparaît, compte tenu des cas visés, qui sont aussi des hypothèses de faillite personnelle et généralement des cas de banqueroute, comme une sanction à l'encontre du dirigeant malhonnête. La pratique parle d'extension de la procédure. Cette expression est malencontreuse car, contrairement à l'extension sur le fondement de la fictivité ou de la confusion des patrimoines (v. s[s] n°s 213.31 s.), la procédure ouverte contre le dirigeant et celle contre la personne morale sont distinctes, ce que met parfois en évidence la jurisprudence[2]. Si les faits reprochés sont ceux visés à l'article L. 624-5 du code de commerce et qu'en outre cet article est visé, la malfaçon contenue dans l'assignation restera sans conséquence (v. s[s] n° 214.31).

Il s'agit d'abord et avant tout d'une action en ouverture de procédure collective de paiement contre le dirigeant, dont la finalité est la sanction de ce dernier. Ce fondement posé sous l'empire de la loi du 13 juillet 1967[3] est parfaitement reconductible sous l'empire de la loi du 25 janvier 1985. Cependant, cette sanction emportera satisfaction des créanciers, lesquels auront alors deux gages : celui de la personne morale et celui du dirigeant condamné. On peut donc parler d'ouverture de procédure à finalité d'accroissement du gage des créanciers, justifiée par le comportement du dirigeant condamné. Les actions en nullité de la période suspecte peuvent être exercées, mais ne pourront l'être par le liquidateur de la personne morale débitrice, qui n'a pas qualité pour agir dans la procédure du dirigeant. En revanche, le liquidateur de la personne morale pourra agir, comme tout créancier, dans le cadre d'une action paulienne dans la procédure du dirigeant[4].

Mais il ne s'agit pas d'une action en responsabilité, car les conditions de cette dernière : faute, préjudice et lien de causalité, ne sont pas exigées, les avis étant cependant partagés en doctrine[5].

1. L. n° 85-98, 25 janv. 1985, préc.
2. Com. 14 nov. 2000, n° 98-11.607, NP, *RJDA* 2001/3, n° 348.
3. L. n° 67-563, 13 juill. 1967, préc. – Com. 16 janv. 1974, n° 72-14.272, *Bull. civ.* IV, n° 21; *Rev. sociétés* 1974. 308, note Honorat; *RJ com.* 1974. 95, note Massin.

SECTION 923.40

RÈGLES COMMUNES AU PRONONCÉ DE LA MESURE

923.41 Exigence de faits antérieurs au jugement d'ouverture de la personne morale débitrice. Les cas visés à l'article L. 624-5 du code de commerce (anc[t] L. 25 janv. 1985[6], art. 182) sont relatifs à des faits antérieurs au jugement d'ouverture de la personne morale[7]. Peu importe, en revanche, que le dirigeant ne soit entré en fonction qu'après la date de cessation des paiements retenue pour la personne morale dirigeante[8].

Constitue un fait antérieur, pour l'application du cas visé par l'article L. 624-5, 3° du code de commerce, qui consiste à faire des biens ou du crédit de la personne morale un usage contraire à l'intérêt de celle-ci à des fins personnelles ou pour favoriser une autre personne morale ou entreprise dans laquelle le dirigeant était intéressé directement ou indirectement, le fait de charger un notaire, avant l'ouverture de la procédure de la personne morale, d'envoyer à la Safer la déclaration d'intention d'aliéner contenant les conditions de la vente de terrains, dès lors que, dès cet envoi, il existait entre le vendeur et l'acquéreur un accord sur la chose et sur le prix rendant la vente parfaite[9].

Si le jugement d'ouverture de la personne morale intervient suite à la résolution d'un plan de continuation, les faits reprochés aux dirigeants, qui seront antérieurs au jugement d'ouverture de la seconde procédure, ne pourront être que postérieurs au plan de continuation[10].

4. Bordeaux, 2e ch., 16 janv. 2006, RG n° 04/6095, *Rev. proc. coll.* 2007/2, p. 91, n° 12, obs. Barret.
5. EN CE SENS : SOINNE, n° 2625 – *CONTRA* : CHAPUT, n° 624.
6. L. n° 85-98 25 janv. 1985, préc.
7. Com. 12 ct. 1993, n° 89-18.900, *Bull. civ.* IV, n° 332; *Bull. Joly* 993. 1268, note Pétel – Com. 18 oct. 1994, *RJDA* 1[illegible]5/2, n° 21 – Com. 28 nov. 2000, n° 98-10.083, *Bull. ci*V, n° 187; *Act. proc. coll.* 2001, n° 55; *RJDA* 2001/[illegible]n° 349 – Paris, 3e ch. B, 21 nov. 2003, RG n° 03/3054[illegible]
8. Com. 7 févr. 2009, n° 07-20.903, *Bull. civ.* IV, n° 26; *Dr. soci*[illegible] 2009, n° 81, note Legros.
9. Co[illegible]3 janv. 2008, n° 06-14.655, NP; n° 4 F-D; *Gaz. proc. co*[illegible]008/2, p. 44, note Montéran.
10. C[illegible] 11 mars 1997, *Dr. sociétés* 1997, n° 85, note Chaput; B*Joly* 1997. 586, note Le Cannu.

923.42 Caractère facultatif du redressement et de la liquidation judiciaires personnels – Transaction. L'article L. 624-5 du code de commerce (anc[t] L. 25 janv. 1985[1], art. 182) accorde au juge du fond le soin d'apprécier l'opportunité de la sanction, lorsque l'un des faits énumérés à cet article est constaté. Le texte énonce : « le tribunal peut... ». La sanction est donc facultative[2]. Cela permet à la juridiction de ne pas prononcer la sanction, lorsqu'elle estime que le dirigeant, qui a certes commis les agissements visés au texte, ne les a pas accomplis avec une intention frauduleuse[3].

Comme en matière d'action en responsabilité pour insuffisance d'actif (v. s[s] n° 922.53), une transaction est concevable entre le liquidateur et le dirigeant de la personne morale débitrice, qui portera sur le versement d'une certaine somme par le dirigeant en contrepartie de l'abandon de l'action du liquidateur. Elle devra être antérieure à la condamnation.

Cette transaction n'aura pas à être notifiée aux créanciers, qui ne sont pas des personnes dont les droits risquent d'être affectés par la transaction, au motif que les créanciers ne peuvent saisir le tribunal aux fins de sanctions patrimoniales[4].

923.43 Exigence du prononcé antérieur d'une procédure collective contre la personne morale débitrice – Impossibilité d'une double sanction pécuniaire – Double procédure collective. Ces cas présupposent un jugement d'ouverture d'une procédure collective à l'encontre de la personne morale débitrice[5].

Si le redressement ou la liquidation judiciaire à titre personnel est prononcé contre le dirigeant, le tribunal ne peut le condamner à combler le passif[6], la première sanction absorbant la seconde.

Une difficulté se présente si le dirigeant a déjà été déclaré à titre personnel en redressement ou en liquidation et alors que sa première procédure n'a pas été clôturée (v. s[s] n° 233.43).

923.44 Conséquence de l'arrêté d'un plan de continuation sur la possibilité de prononcer la mesure. Contrairement à la condamnation d'un dirigeant à l'insuffisance d'actif, qui suppose l'existence d'une telle insuffisance, ce qui nous apparaît inconciliable avec l'arrêté d'un plan de continuation au profit de la personne morale débitrice (v. s[s] n°s 922.36, 922.37), l'arrêté d'un plan de continuation de la personne morale ne fait pas obstacle au prononcé du redressement ou de la liquidation judiciaire pour faits visés à l'article L. 624-5 contre le dirigeant[7].

En revanche, l'arrêté d'un plan de continuation au profit d'un dirigeant, de droit ou de fait, fera obstacle au prononcé contre lui d'une mesure de redressement ou de liquidation judiciaire à titre personnel[8], du fait de l'opposabilité *erga omnes* du jugement arrêtant ce plan.

923.45 Possibilité pour le tribunal d'ouvrir un redressement ou une liquidation judiciaire contre le dirigeant. La législation a évolué sur la question de la possibilité de prononcer immédiatement la liquidation judiciaire à titre personnel contre le dirigeant fautif.

Sous l'empire de la loi du 25 janvier 1985[9] non réformée, le tribunal avait l'obligation de prononcer d'abord le redressement judiciaire personnel[10], sauf hypothèse de confusion des patrimoines[11], ou de fictivité de la personne morale[12], qui obligeait à prononcer la même mesure. Le moyen tiré de l'obligation de prononcer, préalablement à la liquidation judiciaire, le redressement judiciaire, était de pur droit et pouvait donc être invoqué pour la première fois en cassation[13].

Le tribunal peut, depuis la loi du 10 juin 1994[14], ouvrir, à l'encontre du dirigeant, un redressement ou une liquidation judiciaire immédiate[15]. La solution résulte de la modification, par la loi du 10 juin 1994, de l'article L. 624-5 du code de commerce (anc[t] L. 25 janv. 1985, art. 182), en son alinéa 1.

Peu importe la solution retenue à l'encontre de la personne morale débitrice[16]. Les procédures ouvertes contre la personne morale et contre le dirigeant sont distinctes. Seule doit importer la possibilité ou

1. L. n° 85-98, 25 janv. 1985, préc.
2. Poitiers, ch. civ., 1re sect., 20 août 1992, *JurisData* 045640.
3. Poitiers, 2e ch. civ., 27 juin 2006, RG n° 04/…02, *Rev. proc. coll.* 2007/2, p. 91, n° 13, obs. Barret.
4. *Com. 27 févr. 2007*, n° 05-20.678, NP; n° 376 F-…
5. Paris, 6 avr. 1990, *D.* 1991. Somm. 115, note Derr…
6. Com. 17 nov. 1992, n° 90-20.299, *Bull. civ.* IV, … 359; *Rev. sociétés* 1993. 445, note Chaput – Com. … avr. 1995, n° 92-16.764, NP, *BRDA* 1995, n° 10, p. 4.
7. Com. 7 juin 2005, n° 03-11.229, *Bull. civ.* IV, n° 126; *D.* 2005. AJ 1697, obs. Lienhard; *D.* 2005. Somm. 87, obs. Le Corre; *JCP E* 2005, Chron. 1274, n° 168, obs. Pétel; *JCP E* 2005, Chron. 1413, obs. Cerati-Gauthier; *Act. proc. coll.* 2005, n° 161, note Vallansan; *Rev. sociétés* 2005. 906, note Le Corre; *LXB* n° N6689AIL, note Le Corre.
8. Com. 5 févr. 2002, n° 98-17.846, *Bull. civ.* IV, n° 29; *JCP E* 2002. Chron. 1380, n° 15, obs. Pétel.
9. L. n° 85-98, 25 janv. 1985, préc.
10. Com. 16 mars 1993, n° 91-12.763, *Bull. civ.* IV, n° 105 – Com. 20 juin 1995, *Bull. Joly* 1995. 992, note Le Cannu – Com. 15 mars 2005, n° 03-17.915, NP.
11. Com. 15 oct. 1991, n° 90-10.930, *Bull. civ.* IV, n° 289.
12. Com. 16 mars 1993, n° 91-12.763, *Bull. civ.* IV, n° 105.
13. Com. 15 mars 2005, n° 03-17.915, NP.
14. L. n° 94-475, 10 juin 1994, *JO* 11 juin, p. 8440.
15. Com. 13 oct. 1998, n° 97-18.443, NP, *Rev. proc. coll.* 1999, 184, n° 2 obs. Bach – Com. 15 mai 2001, n° 98-18.084, NP, *Act. proc. coll.* 2001, n° 170.
16. AINSI : Com. 6 juil. 1993, n° 90-13.029, *Bull. civ.* IV, n° 283; *RJDA* 1994/2, n° 224.

non pour le dirigeant d'un redressement personnel[1], ce qui présuppose qu'il exploite, à titre personnel, une entreprise. La juridiction qui prononce d'emblée la liquidation judiciaire doit en tout cas caractériser en quoi le redressement judiciaire est manifestement impossible[2]. La possibilité pour le dirigeant d'un redressement personnel est un moyen de pur droit, qui peut donc être invoqué pour la première fois en cassation[3]. Si le redressement s'avère manifestement impossible, les critères du plan de continuation n'étant pas réunis, seule la liquidation judiciaire sera prononcée[4]. Le prononcé d'un plan de cession contre la personne morale n'interdira pas le prononcé du redressement judiciaire personnel du dirigeant[5].

Lorsque le tribunal a prononcé le redressement judiciaire à titre de sanction, il peut convertir en liquidation judiciaire la procédure sans avoir à réexaminer si les conditions du prononcé de la sanction sont réunies[6].

923.46 Date de cessation des paiements de la procédure ouverte contre le dirigeant. L'article L. 624-5, III du code de commerce (anc[t] L. 25 janv. 1985[7], art. 182, al. 9) prévoit que « la date de cessation des paiements est celle fixée par le jugement d'ouverture [...] de la personne morale ».

Peu importe que, au jour de la date de cessation de la personne morale, le dirigeant n'ait pas encore été en fonction[8]. Cette solution, logique au regard du principe posé, nous semble inopportune du fait de l'insécurité juridique qu'elle occasionne pour les personnes, qui ont contracté avec le futur dirigeant. Elles n'avaient alors aucun risque d'annulation sur le fondement des nullités de la période suspecte. Or ce risque apparaît rétroactivement.

Le tribunal ne peut donc remonter la date de cessation des paiements, dans la procédure ouverte contre le dirigeant, à une date antérieure à celle retenue pour la personne morale[9]. En revanche, l'identité de date de cessation des paiements conduit à rendre possible, dans la procédure collective du dirigeant, une période suspecte supérieure à dix-huit mois, ce à quoi s'opposent parfois les juridictions du fond[10].

L'article L. 624-5, III du code ne vise que la date de cessation des paiements retenue par le tribunal à l'occasion du jugement d'ouverture de la procédure contre la personne morale. Il en résulte que si la date de cessation des paiements de la personne morale est remontée, le tribunal devra prévoir que la date de cessation des paiements retenue contre le dirigeant est la date de cessation des paiements remontée. Si le jugement de report de date de cessation des paiements de la personne morale intervient après ouverture de la procédure contre le dirigeant, un jugement devra intervenir pour modifier la date de cessation des paiements à l'encontre du dirigeant[11]. La solution semblait devoir différer de celle retenue dans le cadre du redressement ou de la liquidation judiciaire à titre personnel pour inexécution d'un jugement de condamnation à combler le passif (v. s[s] n° 923.14).

Il en ira cependant différemment si le dirigeant, à l'encontre duquel est prononcé le redressement ou la liquidation judiciaire à titre personnel sur le fondement de l'article L. 624-5 du code de commerce, est déjà en redressement ou en liquidation judiciaire. La date de cessation des paiements sera alors celle de l'ouverture de la procédure à son encontre, sauf si elle est postérieure à celle de la personne morale (D. 27 déc. 1985[12], art. 166, al. 3).

Cette solution doit être transposée à l'hypothèse d'un dirigeant placé à titre personnel en liquidation judiciaire au titre de sa direction de deux sociétés ayant fait l'objet de procédures collectives distinctes. Une seule date de cessation des paiements sera retenue pour le dirigeant, la date la plus ancienne de cessation des paiements des personnes morales débitrices[13].

1. Com. 6 juill. 1993, n° 90-13.029, *Bull. civ.* IV, n° 283 – Com. 8 juill. 2003, n° 00-14.045, NP – Com. 10 mars 2004, n° 01-10.015, NP – Com. 15 mars 2005, n° 03-19.377, NP.
2. Com. 4 avr. 2006, n° 05-13.277, *Bull. civ.* IV, n° 91; *D.* 2006. AJ 1106, obs. Lienhard; *Gaz. proc. coll.* 2006/3, p. 51, obs. Montéran – Com. 4 avr. 2006, n° 05-10.543, NP, *Gaz. proc. coll.* 2006/3, p. 51, obs. Montéran – Com. 30 janv. 2007, n° 05-19.221, NP; n° 95 F-D; *Gaz. proc. coll.* 2007/2, p. 59, note Montéran – Com. 5 juin 2007, n° 06-13.568, NP; n° 819 F-D; *Gaz. proc. coll.* 2007/4, p. 56, note Montéran.
3. Com. 15 mars 2005, n° 03-19.377, NP.
4. *Com. 6 févr. 2001, n° 97-20.863, NP – Com. 4 janv. 2005, n° 03-16.301, NP, Gaz. proc. coll. 2005/1, p. 50, n° 7-A-3,* obs. Montéran.
5. Com. 14 nov. 2000, n° 98-11.607, NP, *Act. proc. coll.* 2001, n° 56.
6. Com. 27 juin 2006, n° 04-19.423, NP; n° 828 F-D.
7. L. n° 85-98, 25 janv. 1985, préc.
8. Com. 17 févr. 2009, n° 07-20.903, *Bull. civ.* IV, n° 26; *D.* 2009. AJ 727, note Lienhard; *Gaz. proc. coll.* 2009/2, p. 48, n° 3, note Montéran.
9. Com. 27 nov. 2007, n° 06-19.076, NP; n° 1294 F-D; *Gaz. proc. coll.* 2008/1, p. 73, note Montéran; *Dr. sociétés* 2008, n° 30, note Legros; *Procédures* 2008, n° 18, note Rolland.
10. AINSI : Bordeaux, 2e ch. civ., 31 mars 2009, RG n° 08/04427, *Rev. proc. coll.* 2010/1, 22, p. 37, note Blanc.
11. SOINNE, n° 2641.
12. D. n° 85-1388, 27 déc. 1985, préc.
13. Com. 4 févr. 2003, n° 99-21.554, *Bull. civ.* IV, n° 15; *D.* 2003. AJ 555, obs. Lienhard; *D.* 2003. Somm. 1620, obs. Le Corre; *D.* 2003. Jur. 1496, note Martineau-Bourgninaud; *Act. proc. coll.* 2003, n° 61, obs. Vallansan; *JCP E* 2003. Chron. 760, n° 16, obs. Pétel; *Defrénois* 2004. 571, n° 37925, note Gibirila; *Rev. proc. coll.* 2004, p. 269, n° 8, obs. Dumont.

923.47 Indifférence de l'état de cessation des paiements du dirigeant. L'ouverture de la procédure à l'encontre du dirigeant intervient à titre de sanction. Il en résulte qu'il importe peu que le dirigeant soit en état de cessation des paiements[1].

923.48 Indifférence de la qualité du dirigeant. Le dirigeant de la personne morale débitrice peut être condamné au redressement ou à la liquidation judiciaire, sans qu'il soit exigé de lui, qu'il ait la qualité exigée pour être déclaré en redressement ou en liquidation judiciaire[2].

SECTION 923.50
CAS DE PRONONCÉ DU REDRESSEMENT OU DE LA LIQUIDATION JUDICIAIRE À TITRE PERSONNEL EXIGEANT LA DÉMONSTRATION D'UN INTÉRÊT PERSONNEL DU DIRIGEANT

923.51 Accomplissement d'actes de commerce, sous le couvert de la personne morale masquant ses agissements, dans un intérêt personnel. La méconnaissance de l'intérêt de la personne morale, et ce dans un intérêt personnel, résulte tout d'abord du cas visé à l'article L. 624-5, I, 2° du code de commerce (anc^t L. 25 janv. 1985[3], art. 182, 2°) qui vise l'accomplissement d'actes de commerce, sous le couvert de la personne morale masquant ses agissements, dans un intérêt personnel.

De façon générale, ce cas est établi si le dirigeant social se comporte en maître de l'affaire, sans solliciter l'avis des assemblées de personnes morales, en dirigeant la personne morale comme s'il s'agissait d'une entreprise personnelle[4].

Ce cas est également établi lorsqu'il y a création d'une société pour reprendre en location-gérance le fonds déficitaire du dirigeant[5].

A été ici admise l'exonération du dirigeant, du fait de l'intervention des pouvoirs publics désireux d'éviter des licenciements[6], solution discutable car, en cette hypothèse, soit la continuation d'activité a pour objet l'intérêt personnel du dirigeant, soit elle a un autre objet. En ce second cas, le texte n'a pas vocation à s'appliquer et il n'y a donc pas lieu de s'interroger sur une circonstance exonératoire.

923.52 Faire des biens ou du crédit de la personne morale un usage contraire à l'intérêt de celle-ci ou pour favoriser une autre personne morale ou entreprise dans laquelle le dirigeant est directement ou indirectement intéressé. Le deuxième cas identiquement démonstratif de l'absence de prise en compte des intérêts de la personne morale, et ce dans un intérêt personnel, consiste à faire des biens ou du crédit de la personne morale un usage contraire à l'intérêt de celle-ci ou pour favoriser une autre personne morale ou entreprise dans laquelle le dirigeant est directement ou indirectement intéressé (C. com., art. L. 624-5, I, 3°).

Ce fait peut être constitutif d'abus de biens sociaux[7] (v. C. com., art. L. 241-3, 4° et L. 242-6, 3° [anc^t L. 24 juill. 1966[8], art. 425-4 et 437]), sous réserve que, pour l'application de l'article L. 624-5 du code de commerce (anc^t L. 25 janv. 1985[9], art. 182), la mauvaise foi du dirigeant n'est pas exigée[10]. Mais il faut caractériser le fait que les biens ou le crédit de la personne morale ont été utilisés par le dirigeant à des fins personnelles[11].

L'hypothèse type est ici le fait de conclure des contrats manifestement déséquilibrés en qualité de dirigeant social, le contractant étant l'entreprise personnelle du dirigeant ou une autre entreprise dans laquelle il a des intérêts[12].

Il peut encore être question de présenter des lettres de change non causées tirées sur des tiers non avertis, ces faits exposant la société et son dirigeant au risque anormal de poursuites pénales et fiscales et pouvant porter atteinte au crédit et à la réputation de la société. Il y a bien usage du crédit de la société contraire à ses intérêts, alors même que les faits étaient présentés comme destinés à assurer une trésorerie à l'entreprise[13].

Il pourra également s'agir du fait de faire effectuer des travaux par la personne morale débitrice,

1. Com. 8 juill. 2003, n° 00-14.045, NP – Com. 12 oct. 2004, n° 03-15.335, NP – Com. 7 juin 2005, n° 03-11.229, *Bull. civ.* IV, n° 126; *D.* 2005. AJ 1697, obs. Lienhard; *D.* 2006. Somm. 87, obs. Le Corre; *JCP E* 2005. Chron. 1274, n° 168, obs. Pétel; *Act. proc. col.* 2005, n° 161, note Vallansan; *Rev. sociétés* 2005. 906, note Le Corre; LXB n° N6689AIL, note Le Corre.
2. PÉTEL, 3e éd., n° 426.
3. L. n° 85-98, 25 janv. 1985, préc.
4. PÉTEL, 3e éd., n° 425.
5. *Com. 5 mars 2002, n° 98-17.497, NP, Act. proc. coll.* 2002, n° 119.
6. Bourges, ch. civ., 7 mai 2000, *Act. proc. coll.* 2000, n° 223, note Régnart-Moutier.
7. SAINT-ALARY-HOUIN, 4e éd., n° 1105 – DERRIDA *ET ALII*, n° 584 – SOINNE, n° 2632.
8. L. n° 66-537, 24 juill. 1966, *JO* 26 juill., p. 6402.
9. L. n° 85-98, 25 janv. 1985, préc.
10. RIPERT ET ROBLOT, n° 3295 – PÉTEL, 3e éd., n° 425 – DERRIDA *ET ALII*, n° 584 – SOINNE, n° 2632.
11. AINSI : Com. 3 avr. 2001, n° 98-14.195, NP, *RJDA* 2001/6, n° 717.
12. AINSI : Com. 28 mai 1991, n° 89-20.206, NP, *Bull. Joly* 1991. 840, note Jeantin – Com. 27 févr. 2007, n° 05-22.036, NP, *Dr. sociétés* 2007, n° 95, note Legros.
13. Com. 21 juin 2005, n° 04-12.281, *Bull. civ.* IV, n° 35; D. 2005. AJ 1848, obs. Lienhard; Act. proc. coll. 2005, n° 196, note. Saintourens; *RJ com.* 2005/5, p. 440, note Sortais; *Rev. sociétés* 2006. 416, note Roussel Galle; *Rev. proc. coll.* 2006/1, p. 82, n° 12, obs. Barret.

qui doivent profiter à une autre structure, dans laquelle le dirigeant est intéressé[1] ou qui lui profite directement[2]. Ces faits révéleront souvent une confusion des patrimoines[3]. Dans le même ordre d'idées, pourra être sanctionnée l'utilisation gratuite par une société du personnel d'une autre[4].

Il pourra aussi s'agir du bénéfice d'un véhicule de fonction n'apparaissant pas comme un avantage en nature, alors surtout que le dirigeant facture en supplément à la société des indemnités kilométriques[5].

Il pourra encore être question, pour le dirigeant, de faire reprendre par la société dirigée des engagements qui doivent personnellement lui profiter[6] ou qui doivent profiter à une société dans laquelle le dirigeant a un intérêt personnel[7].

Ce cas de redressement et de liquidation judiciaires personnels est encore constitué si le dirigeant s'abstient de faire rembourser un prêt consenti par la société dirigée à une autre société dans laquelle il est intéressé[8] ou encore s'il s'abstient de réclamer à la société dans laquelle il est intéressé le paiement de prestations réalisées par une autre société qu'il dirige[9].

Il y a encore place à application du texte en présence de prélèvements importants effectués sur la trésorerie de l'entreprise, totalement étrangers à l'intérêt des sociétés du groupe, destinés à acquérir des titres pour permettre au dirigeant de réaliser une opération d'autocontrôle[10].

923.53 Poursuite abusive, dans un intérêt personnel, d'une exploitation déficitaire ne pouvant conduire qu'à la cessation des paiements de la personne morale. Le troisième cas permettant de sanctionner l'absence de prise en compte de l'intérêt de la personne morale pour des raisons guidées par l'intérêt personnel du dirigeant est prévu par l'article L. 624-5, I, 4° du code de commerce (anc L. 25 janv. 1985[11], art. 182, 4°). Il s'agit de la poursuite abusive, dans un intérêt personnel, d'une exploitation déficitaire ne pouvant conduire qu'à la cessation des paiements de la personne morale[12].

L'exploitation déficitaire consiste pour l'entreprise à ne plus faire de bénéfices et au contraire à développer des pertes. La cessation des paiements ne sera pas nécessairement caractérisée à l'époque du début des pertes, mais la situation d'exploitation prolongée aura pour conséquence *in fine* une dégradation de la situation de la personne morale débitrice depuis la date de la cessation des paiements. Dans cette appréciation, le tribunal ne sera pas tenu par la date de cessation des paiements retenue par la juridiction, en ce qui concerne la personne morale (v. s^s n° 222.22). Il ne saurait y avoir autorité de chose jugée, les parties n'étant pas identiques. Le tribunal doit donc constater que, malgré les pertes enregistrées, l'exploitation a été continuée. Le plus souvent, la preuve est d'autant plus facilement rapportée que la date de cessation des paiements est antérieure à la poursuite constatée, cependant que la date de cessation des paiements de la personne morale débitrice n'a pas à être remontée pour le prononcé de la mesure[13]. Mais, comme cela a été justement relevé, le texte de l'article L. 624-5, I, 4° du code de commerce n'est pas alors pleinement respecté. En effet, une interprétation stricte de ce texte, qui pose une sanction, conduirait à écarter le cas lorsque la cessation des paiements a préexisté à la poursuite d'activité déficitaire dans un intérêt personnel[14]. Mais il est alors possible d'observer que la poursuite d'activité déficitaire présuppose d'abord une poursuite de l'activité avant cessation des paiements, et prolongée au-delà de l'apparition de cette dernière. De la sorte, peut être approuvée la décision qui retient le cas, en relevant que la poursuite d'activité déficitaire est intervenue pendant la période suspecte[15].

Le plus souvent, l'intérêt personnel résultera de la perception d'une rémunération. Il pourra s'agir de la contination de la perception d'un salaire par le dirigean[16] ou par des proches[17] (enfants, con-

1. Rennes, 8 janv. 1992, *Dr. sociétés* 1992, n° 226, note Chaput.
2. Com. 24 sept. 2003, n° 00-19.711, NP; n° 1328 F-D; *Rev. proc. coll.* 2005/2, p. 155, n° 5, obs. Barret – Paris, 3e ch. B, 30 janv. 2004, RG n° 03/02181.
3. Com. 6 juin 2000, n° 98-11.819, NP, *Act. proc. coll.* 2000, n° 196.
4. Paris, 3e ch. A, 9 déc. 2003, RG n° 02/03991.
5. Paris, 3e ch. A, 14 sept. 2004, RG n° 03/20909.
6. STATUANT sur une interdiction de gérer : Com. 24 sept. 2003, n° 00-19.711, NP; n° 1328 F-D; *Rev. proc. coll.* 2005/2, p. 155, n° 5, obs. Barret – Paris, 3e ch. A, 6 avr. 2004, RG n° 03/13804.
7. Paris, 3e ch. C, 2 juill. 2003, RG n° 02/11996.
8. Com. 8 oct. 2003, n° 01-00.236, NP; n° 1412 F-D; *Rev. proc. coll.* 2005/2, p. 155, n° 5, obs. Barret.
9. Com. 28 sept. 2004, n° 02-16.855, NP.
10. Com. 17 déc. 2003, n° 00-17.347, NP; n° 1827 F-D; *Rev. proc. coll.* 2005/2, p. 155, n° 5, obs. Barret.
11. L. n° 85-98, 25 janv. 1985, préc.
12. AINSI : om. 3 avr. 2001, *Act. proc. coll.* 2001, n° 113.
13. Com. 7 avr. 1993, *Rev. proc. coll.* 1993, 478, n° 14, obs. Soinr *Bull. Joly* 1993, n° 192, obs. Chaput; *JCP* 1993. I. 307 obs. Pétel.
14. EN CENS : Barret, *Rev. proc. coll.* 2007/2, p. 91, n° 14.
15. Bours, ch. civ., 21 févr. 2006, RG n° 05/1114, *Rev. proc. coll.* 07/2, p. 91, n° 14, obs. Barret.
16. Con 4 nov. 2000, *RJDA* 2001/3, n° 348 – Com. 23 janv. 200 *Rev. proc. coll.* 2002, p. 115, n° 4, obs. Barret – Cor 12 juin 2001, *RJDA* 2001/12, n° 1238; *Rev. proc. col* 002, p. 115, n° 4, obs. Barret – Com. 5 févr. 2002, Dp *Bull.* 223, 2 avr. 2002, p. 5837, *Vis Dirigeants et associé* n° 57 – Com. 25 juin 2002, n° 99-11.532, NP – Com. 27 ai 2003, n° 01-14.528, NP – Com. 25 févr. 2004, n° 11.862, NP – Com. 5 mai 2004, n° 01-13.209, NP – C 15 mars 2005, n° 03-19.268, NP, *Gaz. proc. coll.* ▶

joint), peu important que celle-ci ne soit pas excessive[1], la caractérisation de l'intérêt personnel étant évidemment encore plus nette si le salaire est sans rapport avec l'activité déployée[2], et *a fortiori*, si le versement du salaire ne correspond à aucun travail effectif[3]. Peu importe également que la rémunération soit laissée en compte courant[4]. Il pourra également s'agir de la perception par l'intéressé de rappels de salaires[5].

Il pourra aussi s'agir de chercher à minorer le montant dû au titre de cautionnements, en essayant de payer le passif de la personne morale cautionnée, tout en laissant s'accroître le passif non cautionné[6].

Il pourra également s'agir pour le dirigeant de se rembourser de son compte-courant dans la société[7].

Il pourra être question de continuer une activité personnelle antérieure par le canal d'une société constituée à cet effet[8], de continuer l'activité d'une société par la création d'une filiale qui supportera tout le passif existant[9] ou, pour le dirigeant social, de percevoir, par le canal d'une société civile immobilière, des loyers de la part de la société d'exploitation. L'intérêt personnel sera alors caractérisé si les loyers dépassent largement la valeur locative, le simple fait qu'ils permettent le remboursement de l'emprunt étant insuffisant[10], cependant que le décalage entre le montant des loyers et la valeur locative n'est pas systématiquement exigé[11]. La seule augmentation du loyer sera insuffisante si elle est corrélée à l'augmentation de la surface louée[12].

L'intérêt personnel existera aussi dans la continuation d'un contrat avec une société dans laquelle le dirigeant est intéressé, rendu possible grâce à la poursuite d'activité[13].

Il pourra de même être question de mettre en sommeil la société qui sera déclarée en liquidation judiciaire et de créer une autre société permettant le détournement de la clientèle[14].

Il pourra encore s'agir de concentrer sur la structure vouée au dépôt de bilan les dettes d'autres structures, en utilisant les techniques du droit des sociétés, telles des fusions ou des scissions[15].

SECTION 923.60

CAS DE PRONONCÉ DU REDRESSEMENT OU DE LA LIQUIDATION JUDICIAIRE À TITRE PERSONNEL N'EXIGEANT PAS LA DÉMONSTRATION DE L'INTÉRÊT PERSONNEL DU DIRIGEANT

923.61 Disposition des biens de la personne morale comme des siens propres. L'article L. 624-5, 1° du code de commerce (anc^t L. 25 janv. 1985[16], art. 182, 1°) vise la disposition des biens de la personne morale comme des siens propres. Ici encore, il y aura méconnaissance de l'intérêt social, mais contrairement aux trois hypothèses précédentes, l'intérêt personnel du dirigeant est indifférent[17], le contraire ayant cependant été soutenu[18]. En pratique, cependant, son intérêt personnel existera le plus souvent.

Le comportement le plus fréquemment sanctionné sera le fait d'effectuer des prélèvements dans la caisse de la personne morale[19], par exemple pour effectuer des remboursements indus de frais de voyage[20], payer des dépenses personnelles du dirigeant[21], effectuer des réparations de biens appartenant aux dirigeants avec l'argent de la personne morale[22].

Il pourra être question pour le dirigeant d'acquérir avec l'argent de la personne morale des biens personnels, cette dernière solution ayant été posée sous l'empire de la loi du 13 juillet 1967[23] ou pour

▶ 2005/2, p. 50, obs. Montéran – Paris, 3e ch. B, 13 juin 2003, RG n° 02/19517 – Paris, 3e ch. A, 30 nov. 2004, RG n° 03/21354 – Paris, 3e ch. B, 15 sept. 2005, RG n° 04/13933.

17. Paris, 3e ch. C, 23 mai 2003, RG n° 02/17129.

1. Ripert et Roblot, n° 3295.
2. Com. 19 nov. 2003, n°s 01-01.454 à 01-01456, 3 esp., NP, *Rev. proc. coll.* 2005/2, p. 160, n° 17, obs. Barret – Montpellier, 2e ch. B, 7 févr. 2006, RG n° 05/883, *Rev. proc. coll.* 2007/2, p. 91, n° 14, obs. Barret.
3. Com. 23 nov. 2004, n° 02-14.722, NP.
4. Com. 29 févr. 2000, Dpda *bull.* 199, 9 mai 2000, p. 6284, *V^is Faillite personnelle et autres mesures d'interdiction*, n° 5-b.
5. Paris, 3e ch. A, 27 avr. 2004, RG n° 03/08574.
6. Com. 8 oct. 1996, *RJDA* 1997, n° 134 – Com. 27 mai 2003, n° 01-14.528, NP – Paris, 3e ch. B, 9 a 2004, RG n° 03/14513.
7. Paris, 3e ch. B, 3 nov. 2005, RG n° 01/17656.
8. Com. 7 déc. 1999, Dpda *bull.* 194, 13 févr. 20 p. 6331, *V^is Dirigeants et associés*, n° 57.
9. Com. 25 févr. 2004, n° 01-11.862, NP.
10. Douai, 2e ch., 30 avr. 1998 *Rev. proc. coll.* 99, 134, n° 5, obs. Bach.
11. Paris, 3e ch. C, 11 févr. 2000, *Rev. proc. coll.* 01, 111, n° 6, obs. Barret.
12. Paris, 3e ch. B, 18 mars 2005, RG n° 04/21099.
13. Com. 19 nov. 2003, n° 00-21.652, NP.
14. Com. 23 nov. 1999, Dpda *bull.* 194, 13 févr. 2000, p. 6331, *V^is Dirigeants et associés*, n° 56.
15. Com. 14 nov. 2000, *RJDA* 2001/3, n° 348.
16. L. n° 85-98, 25 janv. 1985, préc.
17. Paris, 7 juill. 1992, *RJDA* 1993, n° 29.
18. Saint-Alary-Houin, 4e éd., n° 1105.
19. ainsi : Paris, 2 nov. 1988, *Rev. proc. coll.* 1989, 595, obs. Chaput.
20. Bourges, 9 oct. 1988, *Rev. proc. coll.* 1989, 595, obs. Chaput.
21. Com. 30 mars 2005, n° 03-15.761, NP.
22. Com. 6 juill. 1999, Dpda *bull.* 189, 11 oct. 1999, p. 6420, *V^is Dirigeants et associés*, n° 56.
23. L. n° 67-563, 13 juill. 1967, préc. – Com. 10 juill. 1984, *JCP* 1984.IV. 305.

le dirigeant, de se verser des rémunérations trop importantes par rapport au travail accompli[1].

Le fait pour le dirigeant d'avoir un compte-courant débiteur dans la société est également constitutif de disposition des biens sociaux comme des siens propres[2].

Le fait de disposer de la clientèle de la société au profit de son activité personnelle constitue un cas de disposition des biens sociaux comme des siens propres. La disposition pourra résulter de la signature d'un contrat de commodat[3].

923.62 Avoir détourné ou dissimulé tout ou partie de l'actif ou augmenté frauduleusement le passif de la personne morale. L'article L. 624-5, I, 6° du code de commerce énonce que la mesure s'appliquera si les dirigeants détournent ou dissimulent tout ou partie de l'actif ou augmentent frauduleusement le passif de la personne morale.

Le détournement portera généralement sur du matériel et plus souvent encore sur des véhicules[4]. Il pourra aussi porter sur des créances, telle la créance issue d'un marché que le dirigeant avait cédée à une société dirigée par un membre de sa famille, deux jours après avoir déclaré l'état de cessation des paiements de la société débitrice[5]. Il y aura également détournement d'actifs lorsque le dirigeant reprend, à la faveur d'une clause nulle d'actualisation du montant nominal de ses apports en numéraire, autre chose que ce qu'il a apporté[6].

Le détournement ou la dissimulation de l'actif autorisera, après clôture de la procédure contre la personne morale, une réouverture de la procédure.

L'augmentation frauduleuse du passif a d'abord pour objectif de permettre à un créancier d'augmenter ses droits à répartition dans la procédure de la personne morale.

La contrepartie généralement attendue du dirigeant social pourra tenir à une continuation des relations contractuelles dans le cadre d'une autre entreprise, à l'engagement du créancier de ne pas poursuivre le dirigeant en qualité de caution, voire à un reversement au dirigeant social de sommes perçues du créancier dans la procédure de la personne morale.

Les cas envisagés par l'article L. 624-5, I, 6°, particulièrement graves, sont également des cas de banqueroute à l'encontre du dirigeant (C. com., art. L. 626-2 [anc[t] L. 25 janv. 1985, art. 197, 2° et 3°]).

923.63 Cas relatifs à la tenue de la comptabilité. Le législateur de 1985[7] accorde à la tenue régulière de la comptabilité une importance particulière, considérant en cela la tenue de la comptabilité régulière comme un impératif de saine gestion d'une entreprise.

L'article L. 624-5, I, 5° du code de commerce (anc[t] L. 25 janv. 1985, art. 182, 5°) sanctionne le dirigeant qui a tenu une comptabilité fictive ou fait disparaître des documents comptables de la personne morale ou qui s'est abstenu de tenir toute comptabilité conforme aux règles légales. Le cas sera encore constitué si les documents comptables présentés ne sont accompagnés d'aucun enregistrement chronologique des mouvements ayant affecté le patrimoine de l'entreprise[8]. La non remise de la comptabilité au mandataire de justice qui l'a pourtant demandée, fait présumer la non tenue de comptabilité[9].

Il s'agit également d'un cas de banqueroute (C. com., art. L. 626-2 [anc[t] L. 25 janv. 1985, art. 197, 4°]).

Ce texte, comme toute sanction, a reçu une interprétation restrictive, laissant échapper au texte la tenue irrégulière[10] ou incomplète[11] de la comptabilité. Le législateur du 10 juin 1994, en réaction contre cette jurisprudence, a élargi le domaine d'application du texte en sanctionnant également la tenue d'une comptabilité manifestement incomplète ou irrégulière, au regard des dispositions légales (C. com., art. L. 625-3 [anc[t] L. 25 janv. 1985, art. 182, 7°]). Ce cas est également un cas de banqueroute (C. com., art. L. 626-2 [anc[t] L. 25 janv. 1985, art. 197, 5°]). Il en est ainsi lorsque les livres comptables n'ont pas été régulièrement tenus[12], lorsque seul le journal de caisse est tenu, alors que le bilan ou le compte de résultat ne sont pas établis[13]. Il en est de même en l'absence du livre journal, du grand-livre, du livre d'inventaire, du registre du personnel et du registre des immobilisations[14] ou de l'absence d'inscription en comptabilité de mouvements de sommes relatifs à l'activité d'un courtier sous mandat, tels que les encaissements de primes ou les règlements de sinis-

1. Paris, 3e ch. A, 27 sept. 1994, *Bull. Joly* 1994, n° 377, obs. Couret; *Dr. sociétés* 1994, n° 192, obs. Chaput.
2. Paris, 3e ch. A, 21 sept. 2004, RG n° 03/21205.
3. Com. 30 oct. 2007, n° 06-14.796, NP; n° 1171 F-D; *Gaz. proc. coll.* 2008/1, p. 71, note Montéran.
4. Paris, 3e ch. C, 2 juill. 2003, RG n° 02/19262.
5. Com. 25 févr. 2004, n° 01-11.210, n° 01-11.211, NP.
6. Com. 5 juill. 2005, n° 02-10.233, *Bull. civ.* IV, n° 149; *D.* 2006. AJ 2219, obs. Lienhard; *Gaz. proc. coll.* 2005/3, p. 60, obs. Montéran; *Rev. sociétés* 2006. 182, note Sortais; *RTD com.* 2005. 783, obs. Grosclaude; *Rev. proc. coll.* 2006/1, p. 83, n° 15, obs. Barret.
7. L. n° 85-98, 25 janv. 1985, préc.
8. Com. 3 déc. 2003, n° 00-22.717, NP.
9. Paris, 3e ch. B, 7 mars 2003, RG n° 02/12683.
10. Paris, 13 juin 1989, *JCP* E 1990. II. 15668, n° 26, obs. Pételer.
11. Paris, 19 mars 1993, *RJDA* 1993, n° 801.
12. Com. 8 juill. 2003, n° 00-20.010, NP.
13. Com. 17 sept. 2002, n° 99-15.857, NP, *RJDA* 2002/12, p. 1104, n° 1307.
14. Paris, 3e ch. C, 2 juill. 2003, RG n° 02/19262 – Paris, 3e ch. B, 12 sept. 2003, RG n° 03/2473.

tres, alors que ces mouvements de fond affectent son patrimoine[1].

La jurisprudence considère que la charge d'une comptabilité conforme incombe au dirigeant[2]. Il en résulte que s'il est dans l'incapacité de produire une comptabilité conforme, il y a place à application de la sanction[3].

SECTION 923.70 EFFETS DE LA MESURE DE REDRESSEMENT OU DE LIQUIDATION JUDICIAIRE À TITRE PERSONNEL SUR LE FONDEMENT DE L'ARTICLE L. 624-5 DU CODE DE COMMERCE

923.71 Support par le dirigeant condamné des dettes de la personne morale. Aux termes de l'article L. 624-5, II du code de commerce (anc^t L. 25 janv. 1985[4], art. 182, al. 8), « en cas de redressement judiciaire ou de liquidation judiciaire prononcé en application du présent article, le passif comprend, outre le passif personnel, celui de la personne morale ». Il a été indiqué qu'il y avait ouverture, à l'encontre du dirigeant, d'une procédure distincte de celle ouverte contre la personne morale. Il ne s'opère pas de confusion des patrimoines[5]. Dans la procédure du dirigeant, les créanciers personnels de celui-ci seront soumis à l'obligation de déclarer leurs créances, dans les conditions classiques.

Toutes les dettes de la personne morale, sans que l'absence de recherche sur le point de savoir si la sanction est proportionnée aux fautes commises contrarie l'article 1er de la Convention européenne des droits de l'homme[6], deviennent de plein droit des dettes du dirigeant. Il n'y a pas lieu à déclaration de créance, pour les créanciers antérieurs de la personne morale débitrice[7]. Il en résulte que la créance détenue sur la personne morale ne peut faire l'objet d'une vérification, et par voie de conséquence, d'une contestation, dans la procédure du dirigeant[8]. Le juge-commissaire de la procédure collective du dirigeant n'a pas à statuer sur l'admission ou le rejet de ces créances, puisqu'elles n'ont pas à être déclarées. On pourrait donc penser que le juge-commissaire, qui statue sur ces créances, commet un excès de pouvoir, du fait de l'automaticité du support du passif de la personne morale par le dirigeant. Pourtant, dans une espèce, la Cour de cassation a cassé la décision de la cour d'appel ayant statué en ce sens. Il faut en effet tenir compte d'une difficulté particulière susceptible de se présenter, sous l'empire de la loi du 25 janvier 1985, pour celui auquel est reconnue la qualité de dirigeant de fait, si, à cette date, le délai pour former réclamation est expiré. En effet, pour éviter que les dettes de la personne morale ne deviennent *ipso facto* des dettes du dirigeant, celui-ci peut former réclamation à l'état des créances de la procédure de la personne morale. Les créances admises au passif de la personne morale ne sont alors admises au passif du dirigeant que dans les termes de la décision rendue sur réclamation[9]. Mais cette possibilité semble exclue si le délai de réclamation est expiré. La Cour de cassation juge alors que la personne, déclarée en redressement judiciaire à titre de sanction, en sa qualité de dirigeant de fait, sur le fondement de l'article L. 624-5 du code de commerce, et qui doit supporter le passif de la personne morale, ne peut se voir opposer l'expiration du délai de réclamation, sauf à la priver, en violation de l'article 6 § 1 de la Conv. EDH, d'un recours effectif au juge pour discuter du passif de la personne morale[10].

923.72 Cas du dirigeant social déjà en redressement ou en liquidation judiciaire au jour de la sanction. L'article 166 du décret du 27 décembre 1985 réglemente la situation du dirigeant social auquel est appliqué l'article L. 624-5 du code de commerce (anc^t L. 25 janv. 1985[11], art. 182) et qui est déjà en redressement judiciaire ou en liquidation judiciaire. Si les deux procédures sont de même nature, seule la procédure la première ouverte est poursuivie[12]. Si les deux procédures sont de nature différente, seule la procédure de liquidation judiciaire sera poursuivie[13]. L'article 166, alinéa 2 du

1. Com. 21 juin 2005, n° 03-10.647, NP, *Gaz. proc. coll.* 2005/3, p. 59, obs. Montéran.
2. Com. 6 févr. 2001, *Act. proc. coll.* 2001, n° 131.
3. Com. 14 janv. 2004, n° 01-10.286, NP, *Rev. proc. coll.* 2005/2, p. 155, n° 6, obs. Barret.
4. L. n° 85-98, 25 janv. 1985, préc.
5. Com. 19 nov. 2003, n° 01-01.[illegible]56, NP.
6. Com. 1er mars 2005, n° 02-2[illegible].680, NP.
7. Com. 12 oct. 1999, *JCP E* 2000. Jur. 366, rapp. Rémy; *Act. proc. coll. 1999, n° 259* – Angers, ch. Com. 13 sept. 2005, RG n° 04/1073, *Rev. proc. coll.* 2007/2, p. 91, n° 2, obs. Barret.
8. Grenoble, ch. com., 12 déc. 2002, *JCP E* 2003. Pan. 95.
9. Com. 4 avr. 2006, n° 05-12.248, *Bull. civ.* IV, n° 90; *D.* 2006. AJ 1167, obs. Lienhard; *Rev. proc. coll.* 2007/2, p. 91, n° 12, obs. Barret – Com. 4 avr. 2006, n° 05-12.250, NP.
10. Com. 22 nov. 2011, n° 10-25.096, *Bull. civ.* IV, n° 192; *D.* 2011. Actu. 2927, obs. Lienhard; *Gaz. Pal.* 28 avr. 2012, n° 118, p. 32, note Le Corre; *Act. proc. coll.* 2011, n° 317, note Cagnoli; *Rev. proc. coll.* 2012, n° 5, p. 34, note Cagnoli; *Dr. sociétés* 2012, n° 129, note Legros; *Bull. Joly* 2012. 236, note Le Corre.
11. L. n° 85-98, 25 janv. 1985, préc.
12. AINSI : Com. 26 mars 1998, *Act. proc. coll.* 1998, n° 56; *RJDA* 1998/10, p. 849, n° 1143.
13. Com. 7 juin 2005, n° 03-11.229, *Bull. civ.* IV, n° 126; *D.* 2005. AJ 1697, obs. Lienhard; *D.* 2006. Somm. 87, obs. Le Corre; *JCP E* 2005. Chron. 1274, n° 18, obs. Pétel; *JCP E* 2005. Chron. 1413, obs. Cerati-Gauthier; *Act. proc. coll.* 2005, n° 161, note Vallansan; *Rev. sociétés* 2005. 906, note Le Corre; *LXB* n° N6689AIL, note Le Corre.

décret prévoit alors que les créanciers admis dans la procédure qui n'est pas poursuivie sont admis de plein droit dans la procédure poursuivie.

Le représentant des créanciers de la première procédure ouverte contre le dirigeant ne peut exercer de recours contre la décision ayant prononcé l'ouverture de la seconde procédure à titre de sanction. Il ne peut au plus qu'être intervenant volontaire accessoire, ce qui suppose que le dirigeant fasse lui-même le recours et ne s'en désiste pas[1].

923.73 Conservation dans la procédure du dirigeant des privilèges généraux du créancier de la personne morale. Malgré l'indépendance des procédures du dirigeant et de la personne morale, le fait que les dettes de ces dernières deviennent de plein droit des dettes du dirigeant emporte la conséquence de la conservation des privilèges assortissant les dettes sociales[2]. Il ne peut s'agir que des privilèges généraux et non des privilèges spéciaux[3], ces derniers n'ayant pour assiette que des biens déterminés, lesquels sont la propriété du ou des dirigeants de la personne morale. On peut s'interroger pour savoir si la solution peut être étendue au droit de priorité conféré aux créanciers postérieurs par l'article L. 621-32 du code de commerce (anc^{t} L. 25 janv. 1985[4], art. 40). Une réponse négative nous semble devoir être apportée, le droit de priorité conféré par cette disposition n'étant pas un privilège.

La prise en compte des dettes de la personne morale par le dirigeant joue à sens unique. Il ne saurait être question de payer les dettes du dirigeant sur les actifs de la personne morale. La solution posée sous les régimes antérieurs[5] mérite d'être reconduite[6].

923.74 Clôture pour insuffisance d'actif de la procédure du dirigeant. Si la procédure du dirigeant social est clôturée pour insuffisance d'actif, l'article L. 622-32 du code de commerce (anc^{t} L. 25 janv. 1985[7], art. 169) en liquidation judiciaire et l'article L. 621-95, alinéa 3 du code de commerce (anc^{t} L. 25 janv. 1985, art. 92, al. 3) en plan de cession, trouveront application. Ce qui peut se présenter comme une sanction contre le dirigeant de la personne morale, par hypothèse malhonnête, devient une faveur difficilement compréhensible. Il se trouve dispensé d'avoir à payer, non seulement les dettes de la personne morale, mais aussi celles qui lui étaient propres, par exemple les cautionnements.

Le tribunal pourra éviter pareille conséquence choquante, en termes de moralité des affaires, en prononçant une faillite personnelle ou une interdiction de gérer, ce qu'il pourra aisément, puisque l'article L. 625-4 du code de commerce (anc^{t} L. 25 janv. 1985, art. 188) prévoit qu'en cas de faute mentionnée à l'article L. 624-5 du même code (anc^{t} L. 25 janv. 1985, art. 182), il est possible de prononcer pareille sanction. Il en ira de même si le tribunal correctionnel retient contre ce dirigeant fautif le délit de banqueroute, ce qui ici encore est souvent aisé dès lors que certains cas de redressement et de liquidation judiciaires à titre de sanction sont également des cas de banqueroute.

Dans ces deux hypothèses, il y aura échec au jeu de l'article L. 622-32 du code[8]. Peu importe à cet égard que la mesure de faillite personnelle soit prononcée dans le cadre de la procédure de la personne morale débitrice, qui a conduit le dirigeant à être déclaré à titre de sanction en redressement ou en liquidation judiciaire ou dans le cadre de la procédure collective ouverte à titre de sanction contre le dirigeant, faute pour les textes posant les exceptions à l'impossibilité de reprise des poursuites individuelles de distinguer[9].

En outre, la règle instituée par l'article L. 622-32 – auquel renvoie l'article L. 621-95, alinéa 3 – ne s'applique pas en cas de fraude à l'égard des créanciers. Or, deux des sept cas envisagés à l'article L. 624-5, et même plus pour un auteur qui n'excepte que les cas relatifs à la tenue de la comptabilité[10], constituent une fraude : l'article L. 624-5, 2° et l'article L. 624-5, 6°. Ils font donc échec au jeu de l'article L. 622-32.

On précisera enfin que, si le dirigeant de la personne morale n'a pas acquitté les dettes couvertes par l'article L. 621-32 du code de commerce (anc^{t} L. 25 janv. 1985, art. 40), il ne peut, pour ces dernières, bénéficier du jeu de l'article L. 622-32 (v. s^{s} n° 455.47).

1. Com. 3 mai 2006, n° 04-18.394, NP; n° 552 FS-D.
2. Com. 2 mars 1999, n° 95-19.917, *Bull. civ.* IV, n° 49; *D. Affaires 1999. 560, obs. Lienhard; LPA* 1er avr. 1999, n° 65, p. 9, note P. M.; *Bull. Joly* 1999. 857, note Sénéchal; *JCP E* 1999. Chron. 1537, n° 6-A-18, obs. Pétel; *Rev. proc. coll.* 1999, 237, n° 4, obs. Bach; *RTD civ.* 1999. 436, n° 1, obs. Bandrac et Crocq.
3. DERRIDA *ET ALII*, n° 584 – SOINNE, n° 2642.
4. L. n° 85-98, 25 janv. 1985, préc.
5. Amiens, 4 févr. 1958, *RTD com.* 1958. 387.
6. SOINNE, n° 2642.
7. L. n° 85-98, 25 janv. 1985, préc.
8. Com. 16 janv. 2007, n° 05-16.235, *Bull. civ.* IV, n° 2; *D.* 2007. AJ 312, obs. Lienhard; *Dr. sociétés* 2007, n° 135, note Legros; *Rev. proc. coll.* 2007/3, p. 135, n° 5, obs. Macorig-Vénier; *RTD com.* 2007. 451, n° 6, obs. Martin-Serf; *Rev. sociétés* 2007. 893, note Roussel Galle.
9. Com. 16 janv. 2007, n° 05-16.235, préc. (v. s^{s} prés^{t} n°).
10. PÉROCHON ET BONHOMME, [illegible] éd., n° 438.

CHAPITRE

924. Règles spéciales à l'action en obligation aux dettes sociales – Législation issue de la loi du 26 juillet 2005

SECTION 0

ORIENTEUR

924.00 Plan du chapitre.

Sect.	924.10	Domaine de l'obligation aux dettes sociales
Sect.	924.20	Modalités procédurales de l'obligation aux dettes sociales
Sect.	924.30	Condamnation des dirigeants
Sect.	924.40	Cas de condamnation à l'obligation aux dettes sociales

924.01 Textes applicables. (V. les éférences complètes s^s n° 011).

> Législation issue de la loi de sauvearde des entreprises. C. com., art. L. 651-3, L. 651-4, L. 65-1 à L. 652-5

> Législation issue de l'ordonnance du 18 décembre 2008. Ord. n° 2008-1345, 18 déc. 2008, at. 133 et 173

924.03 Bibliographie indicative. (V. les références complètes s^s n° 031).

> Actualisables. J.-CL. COM., Hanroun C., fasc. 2905, [Dirigeants sociaux – Sanctions patrinoniales – Responsabilité pour insuffisance d'actif – Obligation aux dettes sociales], 2007.

> Ouvrages postérieurs à la loi desauvegade des entreprises. JACQUEMONT, 6e éd., n°s 1038à 1044 – E CANNU, 7e éd., n°s 1285 à 1290 – LIENHARD, 4 éd. 201, n°s 133.11 à *133.26 – PÉROCHON ET BONHOMME, 7e éd., n°s 572 à 578* – PÉTEL, 5e éd., n°s 413 à 415 – ROUSSEL GALLE 2e éd., 2007, *n°s 823, 828, 834, 836 à 839* – *SAINT-ALARY-HOUIN*, 7e éd., n°s 1283 à 1292 – VALLANSAN, 4 éd., n°s 533, 534 – VALLENS, 2012, n°s 4575 à 4581 – VOINOT, 2007, n°s 682, 687, 702 à 708.

> Articles. Croze H., « Loi de sauvegarde des entreprises (VI) – Les procédures contre les dirigeants, associés ou membres d'une personne morale », *Procédures* 2006. Étude 8 – Gibirila D., « Les responsabilités et les sanctions du dirigeant dans la loi de sauvegarde des entreprises », *Defrénois* 2006. 99, n° 38412 – Goudain P., « Pratique de la nouvelle obligation aux dettes sociales », *D.* 2007. Point de vue 2245 – Lèguevaques Ch., « Les sanctions civiles et pénales à l'encontre des dirigeants dans la loi de sauvegarde – Ou l'allégement du fardeau de l'homme en col blanc », *Rev. proc. coll.* 2006, p. 246 – Mascala C., « Le comportement fautif du chef d'entreprise : de la sanction à la réparation », LAMY AFFAIRES mars 2005, suppl. n° 80, p. 71 – Montéran Th., « Les sanctions pécuniaires et personnelles dans la loi du 26 juillet 2005 », *Rev. proc. coll.* 2005, n° sp., p. 37 – Patureau N., « Obligations et responsabilité du dirigeant dans la loi de sauvegarde des entrepises », *LPA* 17 févr. 2006, n° 35, p. 111 – Régnaut-Moutier C. « Les dirigeants de société », *Rev. proc. coll.* 2006, p. 159 – Roussel Galle Ph., « Responsabilités et sanctions des débiteurs après la loi de sauvegarde des entreprises du 26 juillet 2005 », *JCP E* 2005. Étude 1512 – Saint-Alary-Houin C., « La responsabilité patrimoniale des dirigeants de sociétés en difficulté », *Rev. proc. coll.* 2001, p. 145 – Vauvillé F., « Le nouveau titre V des responsabilités et des sanctions », *Rev. proc. coll.* 2006, p. 345.

924.04 Question essentielle.

• Le prononcé de la sanction de l'obligation aux dettes sociales peut-il intervenir en l'absence d'insuffisance d'actif ?

* V. s^s n° 924.32.

924.09 Création de l'obligation aux dettes sociales par la loi de sauvegarde des entreprises du 26 juillet 2005[1] – Application dans le temps – nature juridique de l'obligation aux dettes sociales – caractère facultatif du prononcé – abrogation de l'obligation aux dettes sociales par l'ordonnance du 18 décembre 2008[2]. La loi du 26 juillet 2005 a supprimé le redressement et la liquidation judiciaires du dirigeant à titre de sanction. Cette sanction pécuniaire est remplacée par une obligation financière à supporter tout ou partie des dettes de la personne morale, présentée comme « une action en comblement de passif aggravée »[3], car le dirigeant n'aura pas seulement à supporter l'insuffisance d'actif, mais tout ou partie des dettes de la personne morale.

L'article 191, 5° de la loi du 26 juillet 2005 prévoit que, par exception au principe d'inapplication de la nouvelle aux procédures en cours lors de son entrée en vigueur, les chapitres I et II du titre V relatif à la responsabilité des dirigeants pour insuffisance d'actif et à l'obligation aux dettes sociales seront applicables aux procédures en cours (v. s^s^ n°s 073.14, 923.22). La mesure pourra donc être prononcée dans le cadre de procédures ouvertes contre des personnes morales débitrices avant le 1er janvier 2006 (v. s^s^ n° 073.35).

Comme l'action en responsabilité pour insuffisance d'actif, le prononcé de l'obligation aux dettes sociales est facultatif (v. s^s^ n° 922.16). Il doit en être tiré la même conséquence : dès lors que le tribunal exerce un pouvoir souverain d'appréciation, en prononçant ou non la sanction, à partir de la preuve rapportée par le demandeur à l'action que l'application des textes est fondée, le principe de proportionnalité justifie que si plusieurs fautes sont reprochées au défendeur pour justifier la mesure, le caractère non fondé de l'une d'elles conduit à la cassation de l'arrêt d'appel ayant prononcé la condamnation en ayant retenu chacune de ces fautes. Ce caractère facultatif, ajouté à la possibilité pour le juge de moduler le montant de la condamnation, a conduit au rejet, pour caractère non sérieux, d'une question prioritaire de constitutionnalité de l'action en obligation aux dettes sociales, pour violation prétendue de l'article 8 de la déclaration des droits de l'homme et du citoyen de 1789[4].

La détermination de la nature juridique de l'obligation aux dettes sociale fait difficulté. Le code de commerce consacre son livre V aux responsabilités et sanctions pécuniaires. Le code, dans le chapitre I du livre V, évoque une action en responsabilité, la responsabilité pour insuffisance d'actif. Il consacre son chapitre III à la faillite personnelle et à l'interdiction de gérer, mesures qui sont indiscutablement des sanctions. En revanche, le chapitre II est simplement intitulé « De l'obligation aux dettes sociales ». Le législateur ne précise pas ici s'il est question de responsabilité ou de sanction. La place du chapitre II ne nous apporte aucun éclairage, dans la mesure où il suit immédiatement une action en responsabilité et où il précède immédiatement une sanction.

L'examen des travaux préparatoires de la loi de sauvegarde des entreprises nous permet d'observer que l'obligation aux dettes sociales est présentée comme une sanction patrimoniale, quoique l'opinion ne soit pas suivie par tous les auteurs[5]. Ainsi, dans le rapport Xavier de Roux, peut-on lire que « le dispositif d'obligation aux dettes sociales se rapprocherait plus d'un régime de sanction que de la simple recherche de responsabilité[6] ». Certains auteurs suivent l'analyse[7]. D'autres auteurs, en revanche, considèrent que l'on est en présence d'une action en responsabilité civile[8]. Il a en outre été justement relevé pour justifier l'idée de sanction que l'obligation aux dettes sociales au contraire de l'action en responsabilité pour insuffisance d'actif, concerne des dirigeants malhonnêtes[9].

Rapidement, la doctrine a oublié, ou a feint d'oublier, que l'obligation aux dettes sociales était un succédané du redressement judiciaire personnel à titre de sanction. Et c'est pourquoi, face à une lettre des textes un peu approximative, qui ne permettait pas véritablement de faire le départ entre cette sanction et la responsabilité pour insuffisance d'actif, il s'est imposé comme une évidence, pour beaucoup, que l'obligation aux dettes sociales ne servait à rien. Autant, dès lors, la supprimer, selon des souhaits également formulés par certains praticiens[10].

Pour notre part, fidèle à l'historique de cette innovation, nous conservions l'idée que cette sanction – et non pas simplement une action en responsabilité civile pécuniaire – avait une certaine utilité, celle de permettre de punir plus sévèrement le dirigeant que dans l'hypothèse de l'action en responsabilité pour insuffisance d'actif. C'est ainsi que nous avions pu considérer comme possible une sanction dépassant le montant de l'insuffisance d'actif, une sanction pouvant englober toutes les dettes de la personne morale, comme l'énonçait exactement l'article L. 652-1, alinéa 1 du code de commerce, et notamment les dettes postérieures au jugement d'ouverture non prises en compte dans le cadre de l'action en responsabilité pour insuffisance d'actif. Le prononcé de l'obligation aux dettes sociales aurait ainsi permis de mettre à la charge du dirigeant fautif toutes les dettes de la personne morale, sans prise en compte des actifs à réaliser, autorisant ainsi un éventuel bonus de liquidation au profit des associés victimes des agissements du dirigeant fautif.

Parce que l'obligation aux dettes sociales avait cette filiation par rapport au redressement judiciaire à titre personnel de l'article L. 624-5 du code de commerce, sous le régime de la loi du 25 janvier 1985[11], pouvait s'expliquer une différence

1. L. n° 2005-845, 26 juill. 2005, *JO* 27 juill., p. 12187.
2. Ord. n° 2008-1345, 18 déc. 2008, *JO* 19 déc., p. 19462.
3. *Rapp. J.-J. Hyest*, n° 335, p. 61.
4. Com. 10 juill. 2012, n° 12-13.526 QPC ; n° 893 D.

5. AINSI : VALLENS, 2007, n° 4238.
6. *Rapp. Xavier de Roux*, n° 2095, p. 417.
7. ROUSSEL GALLE, 2e éd., n° 823 ; PÉTEL, 5e éd., n° 413 – Parachkevova, « La nouvelle responsabilité des dirigeants dans les procédures collectives : révolution ou évolution ? », *LPA* 19 déc. 2006, n° 252, p. 4 s., sp. p. 9, n° 33 – Legros, « La loi du 26 juillet 2005 de sauvegarde des entreprises – Le sort des membres et dirigeants des personnes morales », *Dr. sociétés* 2006, étude 2.
8. AINSI : VOINOT, n° 703.2.
9. …egnaut-Moutier, « Les dirigeants de société », *Rev. proc. coll.* 2006, p. 159 s., sp. p. 163.
10. …ontéran, « Pour améliorer le droit des entreprises en difficulté, osons la réforme », *Gaz. proc. coll.* 2008/1, p. 3 s., sp. p. 13.
11. L. n° 85-98, 25 janv. 1985, *JO* 26 janv., p. 1097.

de régime par rapport à l'action en responsabilité pour insuffisance d'actif, celle qui tenait à l'affectation du produit de l'action. Dans le régime de l'obligation aux dettes sociales, le produit de l'action était affecté entre les créanciers, en tenant compte de leurs privilèges. La solution était la même, à l'époque du redressement judiciaire à titre de sanction.

Relativement isolé dans l'idée que l'obligation aux dettes sociales était autre chose que l'action en responsabilité pour insuffisance d'actif, notre opinion n'a pas été prise en compte et, dès lors, logiquement au regard de l'idée ambiante selon laquelle l'obligation aux dettes sociale ne servait à rien, et faisait double emploi avec l'action en responsabilité pour insuffisance d'actif[1], le législateur a décidé de la supprimer.

C'est l'objet de l'article 133 de l'ordonnance n° 2008-1345 du 18 décembre 2008. Le seul mérite de la solution, mérite au demeurant poursuivi par le législateur, est celui de clarifier et de simplifier le régime des responsabilités et sanctions. L'ordonnance d'habilitation précisait clairement ce point : il fallait « 10° Préciser, actualiser et renforcer la cohérence du régime des sanctions pécuniaires, professionnelles et pénales en cas de procédure collective »[2]. En supprimant ce que nous appelions une sanction pécuniaire, le législateur ne laisse plus subsister qu'une action en responsabilité. Corrélativement, l'article 110 du décret du 12 février 2009[3] abroge le chapitre II du titre V de la partie réglementaire du livre VI du code de commerce.

Un auteur a pu regretter la suppression de cette sanction, dont le maintien aurait permis de consacrer les dommages – intérêts punitifs contre les dirigeants ayant eu un comportement particulièrement déloyal[4].

Indiquons qu'une disposition transitoire spéciale a été prévue par l'ordonnance du 18 décembre 2008, pour tenir compte de l'abrogation de l'obligation aux dettes sociales (ord. 18 déc. 2005, art. 173 – v. ss n° 074.31).

SECTION 924.10
DOMAINE DE L'OBLIGATION AUX DETTES SOCIALES

924.11 Domaine subjectif. La mesure a le même domaine subjectif que le redressement et la liquidation judiciaires personnels de la législation antérieure à la loi du 26 juillet 2005[5] (v. ss nos 921.11 à 921.26).

La suppression de la précision selon laquelle les dirigeants pouvaient être rémunérés ou non est san conséquence sur l'interprétation, ainsi que permet tent de l'établir les travaux préparatoires à l'occa sion de la discussion sur la responsabilité pour insuffisance d'actif (v. ss n° 921.12). Les dirigeants bénévoles pourront donc être condamnés.

924.12 Procédures concernées – Impossibilité de l'action en paiement des dettes sociales en redressement judiciaire ou en sauvegarde. L'action en paiement des dettes sociales ne présuppose pas l'insuffisance d'actif. Le dirigeant ayant à supporter les dettes sociales est considéré comme un garant subsidiaire, à l'instar de la solution actuellement retenue à l'encontre de l'associé en nom collectif par l'article L. 221-1 du code de commerce.

Pourtant, l'article L. 652-1 du code réserve explicitement, en son alinéa 1, la possibilité de l'action en liquidation judiciaire. L'action en paiement des dettes sociales est donc impossible tant en situation de redressement qu'en situation de sauvegarde. La résolution des plans de redressement ou de sauvegarde est même insuffisante si elle ne s'accompagne pas du prononcé de la liquidation judiciaire. Contrairement à l'action en responsabilité pour insuffisance d'actif (C. com., art. L. 651-2, al. 1), sous l'empire de la législation de sauvegarde des entreprises, dans sa rédaction d'origine, c'est-à-dire antérieurement à l'ordonnance du 18 décembre 2008[6], l'action en obligation aux dettes sociales n'est donc pas applicable en cas de résolution du plan sans cessation des paiements.

924.13 Coexistence de l'action en paiement des dettes sociales avec l'action en responsabilité pour insuffisance d'actif. La création de l'obligation aux dettes sociales n'a pas pour effet d'emporter suppression de l'action en comblement de passif. Une articulation des deux dispositions s'avère nécessaire. En effet, en l'état de la législation antérieure à la loi du 26 juillet 2005[7], les cas de redressement ou de liquidation judiciaires personnels de l'article L. 624-5 du code de commerce constituent des fautes de gestion autorisant le tribunal à prononcer une condamnation à combler le passif (v. ss n° 922.22). Dans ces conditions, faudra-t-il admettre que le tribunal ait le choix entre l'action en responsabilité pour insuffisance d'actif et l'obligation aux dettes sociales, si l'on est en présence de cas conduisant au prononcé de la seconde sanction ?

Il avait été relevé que la coexistence des deux mesures pouvait faire naître une difficulté, si l'une était appliquée à un premier dirigeant, l'autre à un second. Il apparaissait, en effet impossible, de condamner solidairement ces deux dirigeants[8].

1. *Rapport au président de la République sur l'ordonnan* n° 2008-1345 du 18 déc. 2008, *JO* 19 déc., Titre I, chap ss art. 133.
2. L. n° 2008-776, 4 août 2008, art. 74, I, 10°.
3. D. n° 2009-160, 12 févr. 2009, *JO* 13 févr., p. 2596.
4. Voinot, « L'ouverture des procédures collectives », *proc. coll.* 6-7 mars 2009, n° sp., p. 10.
5. L. n° 2005-845, 26 juill. 2005, préc.
6. Ord. n° 2008-1345, 18 déc. 2008, préc.
7. L. n° 2005-845, 26 juill. 2005, préc.
8. Le Cannu, « La responsabilité civile des dirigeants de personne morale après la loi de sauvegarde des entreprises du 26 juillet 2005 », *Rev. sociétés* 2005. 743 s., sp. n° 38.

L'ordonnance du 18 décembre 2008[1] (ord., art. 133) a supprimé l'obligation aux dettes sociales, ce qui fait disparaître la coexistence des deux mesures.

924.14 Impossibilité du cumul entre l'action en responsabilité pour insuffisance d'actif et l'obligation aux dettes sociales. La solution de la législation antérieure à la loi du 26 juillet 2005[2] qui avait posé l'impossibilité du cumul entre l'action en comblement de passif et le redressement ou la liquidation judiciaire à titre personnel est reprise sous une réserve importante. Alors que dans la législation antérieure à la loi de sauvegarde des entreprises, seul le cumul de sanctions est impossible, l'engagement des deux actions demeurant possible, la loi de sauvegarde des entreprises, à la suite d'un amendement de la commission des lois du Sénat[3], a interdit l'engagement de l'action en comblement de passif dans les cas d'obligation aux dettes sociales (C. com., art. L. 652-1). L'action en obligation aux dettes sociales absorbe ainsi en très grande partie le comblement de passif, car les cas de redressement ou de liquidation judiciaire à titre personnel de la législation antérieure à la loi de sauvegarde, qui, dans cette législation, deviennent les cas d'obligation aux dettes sociales sont, dans l'immense majorité des hypothèses, de fautes de gestion permettant le prononcé du comblement de passif. Il eût peut-être été plus simple de supprimer purement et simplement l'action en comblement de passif[4]. Le dispositif légal y aurait gagné en clarté, sans perdre en efficacité et en souplesse, compte tenu de la possibilité pour le tribunal de graduer le montant de la condamnation aux dettes sociales. Quoi qu'il en soit, il nous semble que l'action en obligation aux dettes sociales, plus sévère que la responsabilité pour insuffisance d'actif, absorbe cette dernière, ce qui exclut, encore que le contraire ait été soutenu[5], tout cumul de sanctions. Il a été jugé en ce sens que si une juridiction retient l'existence d'un fait qualifié au sens de l'article L. 652-1 (obligation aux dettes sociales), elle n'a pas à examiner la demande sur le fondement de la responsabilité pour insuffisance d'actif[6].

Ainsi, l'engagement de l'action en insuffisance d'actif est impossible s'il est fondé sur des faits rendant possible l'obligation aux dettes sociales. La demande nous semble atteinte d'une fin de non-recevoir, d'ordre public, que la juridiction pourrait soulever d'office, après évidemment, avoir invité les parties à s'expliquer.

Il semble néanmoins possible d'assigner à titre principal en obligation aux dettes sociales et subsidiairement en insuffisance d'actif[7], dès lors que les fautes fondant la demande de condamnation sur le fondement de l'action en insuffisance d'actif ne sont pas des cas d'obligation aux dettes sociales. C'est en ce sens que s'est prononcée la Cour de cassation[8].

Indiquons enfin que l'assignation sur le fondement de la responsabilité pour insuffisance d'actif ne semble pas de nature à interrompre la prescription de l'action en obligation aux dettes sociales et réciproquement[9].

924.15 Action en obligation aux dettes sociales, action en responsabilité de droit commun et action civile pour banqueroute. La jurisprudence, sous l'empire de la législation antérieure à la loi de sauvegarde des entreprises, avait clairement exclu le cumul entre l'action en responsabilité de droit commun contre les dirigeants sociaux sur le fondement des articles L. 223-22 et L. 225-251 du code de commerce. L'action de droit commun ne peut par principe prospérer contre les dirigeants d'une société en procédure collective, à moins qu'il n'y ait pas d'insuffisance d'actif (v. s[s] n° 922.12), auquel cas la question du cumul avec l'action en responsabilité pour insuffisance d'actif ne peut évidemment se poser.

Dès lors que l'on admet que l'obligation aux dettes sociales est une sanction (v. s[s] n° 924.09), qui peut être prononcée même en l'absence d'insuffisance d'actif (v. s[s] n° 924.32), il convient, nous semble-t-il, de poser en règle l'impossibilité de rechercher le dirigeant d'une société en liquidation judiciaire sur le terrain de l'action en responsabilité civile de droit commun. L'action en obligation aux dettes sociales absorbe, à notre sens, cette action de droit commun.

Il a également été jugé que l'obligation aux dettes sociales ne peut se cumuler avec l'action civile pour banqueroute, dès lors que le dirigeant a déjà été con-

1. Ord. n° 2008-1345, 18 déc. 2008, préc.
2. L. n° 2005-845, 26 juill. 2005, préc.
3. *Rapp. J.-J. Hyest*, n° 335, p. 462.
4. EN CE SENS AUSSI : Parachkevova, « La nouvelle responsabilité des dirigeants dans les procédures collectives : révolution ou évolution ? », *LPA* 19 déc. 2006, n° 252, p. 4 s., sp. p. 10, n° 37.
5. Mascala, « Le nouveau régime de sanction dans la loi de sauvegarde des entreprises », *RTD com.* 2006. 209 s., sp. 212 – Lienhard, obs. s[s] Orléans, ch. com., 16 févr. 2006, *D.* 2006. AJ 1041.
6. Orléans, ch. com., 16 févr. 2006, RG n° 05/01291, *D.* 2006. AJ 1041, obs. Lienhard.
7. EN CE SENS AUSSI : Le Cannu, « La responsabilité des dirigeants de personnes morales après la loi de sauvegarde des entreprises du 26 juillet 2005 », *Rev. sociétés* 2005. 743 s., sp. 746, n° 8 – LE CANNU 7e éd., n° 1312 – PÉROCHON ET BONHOMME, 7e éd., n° 568-1.
8. Com. 30 oct. 2012, n° 11-2.868, NP; n° 1065 F-D; *Gaz. Pal.* 18 janv. 2013, n° 18, p. 3, note Montéran; *Rev. proc. coll.* 2013, comm. 87, note Martin-Serf.
9. LIENHARD, 4e éd., n° 133.17 – LE CANNU, 7e éd., n° 1312.

damné sur ce dernier fondement à réparer toute l'insuffisance d'actif[1].

Il faut cependant observer que l'action en obligation aux dettes sociales n'est possible qu'en cas de liquidation judiciaire. Il faut donc admettre la possibilité de rechercher la responsabilité civile de droit commun dans la procédure de sauvegarde, dans celle de redressement judiciaire, ainsi qu'en cas de résolution du plan de sauvegarde ou de redressement sans état de cessation des paiements et donc sans ouverture d'une liquidation judiciaire.

SECTION 924.20
MODALITÉS PROCÉDURALES DE L'OBLIGATION AUX DETTES SOCIALES

924.21 Application de principe à l'obligation aux dettes sociales des règles de l'action en responsabilité pour insuffisance d'actif. Les modalités procédurales sont globalement identiques à celles de l'action en responsabilité pour insuffisance d'actif (v. s[s] n°s 921.31 à 921.37). Indiquons seulement ici que le rapport du juge-commissaire ne s'est imposé sur l'action en obligation aux dettes sociales qu'à la suite du décret du 23 décembre 2006[2], qui a modifié l'article R. 662-12 du code de commerce, en élargissant le domaine de l'obligation pour le juge-commissaire de faire rapport sut tout ce qui concerne les procédures collectives, y compris selon l'ajout au texte, en matière d'obligation aux dettes sociales. Le non-respect de cette obligation n'affectant pas la saisine du tribunal, il en a été tiré la conséquence que cette irrégularité n'empêchait pas le jeu de l'effet dévolutif de l'appel pour permettre de prononcer la sanction[3].

Dans sa rédaction d'origine, issue du décret du 28 décembre 2005[4], applicable aux procédures ouvertes entre le 1er janvier 2006 et le 15 février 2009, l'article 318 alinéa 2 de ce décret (devenu C. com., art. R. 651-5) précise les modalités de la convocation du dirigeant. Le principe de convocation du dirigeant aux fins de comparution personnelle, qui existe en matière de comblement de l'insuffisance d'actif est applicable en matière d'obligation aux dettes sociales (v. s[s] n° 921.37). Il en a été tiré la conséquence que si la convocation du greffier du tribunal jointe à la citation de huissier de justice mentionne une « demande en prononcé de sanctions personnelles » et vise les demandes du liquidateur fondées sur les dispositions de l'article L. 624-3 (ancien) du code de commerce, c'est-à-dire une action en comblement de passif, la cour d'appel peut retenir qu'il n'est pas justifié de la délivrance au dirigeant d'une convocation concernant une demande de condamnation à l'obligation aux dettes sociales dans les formes prescrites par l'article 318, alinéa 2 du décret du 28 décembre 2005 (devenu C. com., art. R. 651-5). L'omission constitue une fin de non-recevoir faisant obstacle à toute condamnation du dirigeant[5].

Comme en matière d'action en responsabilité pour insuffisance d'actif, un technicien peut être désigné pour établir un rapport. Ce document ne devrait pas, en principe, être le seul élément utilisé pour établir la responsabilité du dirigeant. Toutefois, si le dirigeant ne demande pas la nullité de ce rapport, il ne peut adresser ce reproche aux juges du fond, dès lors que le document en question a été versé aux débats et soumis à la libre discussion des parties[6].

924.22 Saisine aux fins de prononcé de l'obligation aux dettes sociales. Les conditions de la saisine font l'objet d'un renvoi par l'article L. 652-5 du code de commerce à l'article L. 651-3 du même code (v. s[s] n° 921.31). Il faut toutefois noter le caractère insolite du renvoi, s'agissant du mandataire judiciaire, qui a qualité pour saisir le tribunal aux fins de prononcé de la responsabilité pour insuffisance d'actif, mais qui ne peut l'avoir pour l'action en obligation aux dettes sociales, cette dernière n'étant possible qu'en liquidation judiciaire, procédure dans laquelle est présent un liquidateur, non un mandataire judiciaire.

Une difficulté se présente en ce qui concerne le remboursement des frais exposés par les contrôleurs, qui auront agi en obligation aux dettes sociales, à la place du liquidateur (v. s[s] n° 924.35).

924.23 Prescription de l'action tendant à l'obligation aux dettes sociales. Les conditions de la prescription sont posées par article L. 652-4 : *l'action se prescrit par trois ans à compter du jugement qui* **prononce** la liquidation judiciaire. Il faut admettre aussi que l'action se prescrit par trois ans à compter du jugement qui **ouvre** la liquidation judiciaire, en cas de liquidation judiciaire immédiate. La prescription de l'action n'est pas interrompue par une assignation en ouverture de procédure de liquidation judiciaire à titre personnel ni par une assignation en paiement de l'insuffisance d'actif[7]. Ainsi, si une demande additionnelle de condamnation à l'obligation aux dettes sociales peut être pré-

1. Versailles, 13e ch., 7 févr. 2008, RG n° 07/06881, *D.* 2008 AJ 1053, obs. Lienhard.
2. D. n° 2006-1709, 23 déc. 2006, *JO* 29 déc., p. 19846.
3. Orléans, ch. com., 2 avr. 2008, *Rev. proc. coll.* 2009. Étude 97, obs. Martin-Serf.
4. D. n° 2005-1677, 28 déc. 2005, *JO* 29 déc., p. 20324.
5. Com. 3 déc. 2013, n° 12-22.215, NP; n° 1153 F-D.
6. Com. 3 déc. 2013, n° 12-19.202, NP; n° 1175 FS-D.
7. Orléans, ch. com., 12 juin 2008, *Rev. proc. coll.* 2009. Étude 98, obs. Martin-Serf.

sentée à l'occasion d'une demande de condamnation à combler le passif ou d'une demande de prononcé du redressement ou de la liquidation judiciaire à titre personnel, elle doit être présentée à l'intérieur du délai de prescription de trois ans qui court de la liquidation judiciaire de la personne morale. En outre, le fait qu'un des dirigeants ait soulevé le moyen tiré de la prescription ne permet pas à un autre qui ne l'avait pas soulevé d'en bénéficier [1].

La demande tendant au prononcé de l'obligation aux dettes sociales, qui se substitue à une action en redressement judiciaire personnel, doit intervenir dans les trois ans du jugement de liquidation judiciaire et non dans les trois ans de l'entrée en vigueur de la loi de sauvegarde [2] (v. aussi s^s n° 073.35).

924.24 Recherches d'informations par la juridiction. L'article L. 652-5 du code de commerce rend applicables les dispositions de l'article L. 651-4 du même code. Le président du tribunal peut donc charger le juge-commissaire ou, à défaut, un juge qu'il désigne d'obtenir communication de tout document ou information sur la situation patrimoniale des dirigeants et des représentants permanents des dirigeants personnes morales (v. s^s n° 921.36).

924.25 Transaction. Comme en matière d'action en responsabilité pour insuffisance d'actif (v. s^s n° 922.53), une transaction est concevable entre le liquidateur et le dirigeant de la personne morale débitrice, qui portera sur le versement d'une certaine somme par le dirigeant en contrepartie de l'abandon de l'action du liquidateur.

La transaction devra impérativement intervenir avant la condamnation.

Cette transaction n'aura pas à être notifiée aux créanciers, qui ne sont pas des personnes dont les droits risquent d'être affectés par la transaction, au motif que les créanciers ne peuvent saisir le tribunal aux fins de sanctions patrimoniales.

La solution mériterait d'être nuancée, sous l'empire de la loi de sauvegarde des entreprises, du fait du pouvoir subsidiaire d'action des contrôleurs, ce qui doit, à notre sens, conduire à la notification de cette ordonnance aux contrôleurs désignés.

SECTION 924.30
CONDAMNATION DES DIRIGEANTS

924.31 Caractère facultatif de la condamnation. L'article L. 652-1 du code de commerce prévoit que le tribunal « peut » décider de mettre à la charge des dirigeants la totalité ou une partie des dettes de la personne morale débitrice. Le prononcé de la sanction est donc facultatif [3]. Il est laissé à l'appréciation souveraine des juges du fond, lorsque les conditions en sont remplies.

Le caractère facultatif du prononcé de l'obligation aux dettes sociales et le fait que la jurisprudence retienne en la matière le principe de proportionnalité ont conduit la Cour de cassation à rejeter comme non sérieuse une question prioritaire de constitutionnalité ayant pour fondement la violation de l'article 8 de la Déclaration des droits de l'homme et du citoyen de 1789, suivant lequel « la loi ne doit établir que des peines strictement et évidemment nécessaires » [4].

924.32 Modalités de la condamnation. La condamnation pourra être prononcée pour la totalité des dettes de la personne morale ou seulement pour une partie de celle-ci.

Nous avions relevé qu'une ambiguïté rédactionnelle existait dans le projet de loi (art. 146), dans la mesure où le texte énonçait que « le tribunal peut décider que ses dettes (de la personne morale) seront supportées en totalité ». La faculté ouverte au tribunal – peut décider – pouvait porter soit sur le principe de la condamnation, soit sur son montant : la totalité ou non, c'est-à-dire la totalité ou une partie. À la suite d'un amendement, il a été clairement établi que l'obligation aux dettes sociales peut tendre à faire supporter la totalité ou une partie des dettes.

Cette mesure, à ces divers égards, ne serait rien d'autre qu'une action en comblement de passif. Pourtant, une différence majeure distingue *a priori* les deux actions.

L'action en comblement de passif suppose, en effet, une insuffisance d'actif de la personne morale, que retraduit d'ailleurs fort bien la nouvelle appellation de l'action en comblement de passif : la responsabilité pour insuffisance d'actif. Au contraire, l'obligation aux dettes sociales ne suppose pas la démonstration d'une insuffisance d'actif de la personne morale [5], l'opinion contraire étant, il faut le concéder, généralement soutenue [6]. L'article

1. Orléans, ch. com., 12 juin 2008, *Rev. proc. coll.* 2009. Étude 98, obs. Martin-Serf.
2. Angers, ch. com., 29 nov. 2012, RG n° 10/02486, *Rev. proc. coll.* 2013, comm. 87, note approb. Martin-Serf.
3. *Rapp. J.-J. Hyest*, n° 335, p. 460.
4. Com. 10 juill. 2012, n° 12-13.256 QPC, xxx-xxx; F-D; *Dr. sociétés* 2013, n° 32, note Legros.
5. EN CE SENS AUSI : ROUSSEL GALLE, 2e éd. 2007, n° 836 – Parachkevova « La nouvelle responsabilité des dirigeants dans les procédures collectives : révolution ou évolution ? », *LPA* 19 déc. 206, n° 252, p. 4 s., sp. p. 10, n° 33.
6. AINSI : Régna-Moutier, « Les dirigeants de société », *Rev. proc. coll.* 26/2, p. 159 s., sp. p. 163 – PÉROCHON ET BONHOMME, 7e é, n° 575 – Teboul, « Les sanctions : de nouvelles pistes, *LPA* 8 mars 2006, n° 48, p. 18 s., sp. p. 21 – VOINOT, n° 15.

L. 652-1 alinéa 1 se contente d'indiquer que « le tribunal peut décider de mettre à la charge de l'un des dirigeants… d'une personne morale la totalité ou une partie des dettes de cette dernière… ». Ainsi, il nous semble, au regard de la nature de sanction de l'obligation aux dettes sociales et non pas d'action en responsabilité (v. s^{s} n° 924.09) que le tribunal n'a pas l'obligation de limiter la condamnation à l'insuffisance d'actif[1]. Il n'a donc pas, à notre sens, l'obligation de déduire du montant des dettes sociales le produit des réalisations d'actif – le contraire ayant aussi été soutenu[2] –, ce qui pourrait autoriser alors un bonus de liquidation pour les associés[3]. La nature juridique de sanction et non d'action en responsabilité de l'obligation aux dettes sociales nous semble pouvoir justifier la solution[4].

La solution est incontestablement plus sévère pour le dirigeant recherché en paiement, opinion que ne partagent évidemment pas les auteurs qui n'admettent pas la possibilité de prononcer la sanction – qui pour eux est une responsabilité – au-delà de l'insuffisance d'actif[5]. Mais cela n'est pas illogique. En effet, les cas qui sont ici reprochés au dirigeant sont des fautes d'une particulière gravité. Ces faits démontrent le peu de cas que fait le dirigeant de l'intérêt de la personne morale. Soit le dirigeant fait preuve d'égoïsme – réalisation d'actes de commerce dans un intérêt personnel sous le couvert de la personne morale, usage des biens ou du crédit contraire à l'intérêt de la personne morale à des fins personnelles, continuation abusive d'exploitation déficitaire dans un intérêt personnel, soit il fait montre de malhonnêteté : disposition des biens sociaux comme des siens propres, détournement ou dissimulation d'actif et augmentation frauduleuse du passif, ce dernier cas étant d'ailleurs constitutif de banqueroute.

La notion de dettes sociales apparaît suffisamment large pour englober les dettes nées après l'ouverture de la procédure. L'opinion a été soutenue[6]. Nous ne la partageons pas, car le législateur a incontestablement voulu sanctionner le dirigeant de la personne morale débitrice pour des faits antérieurs à l'ouverture de la procédure, puisque ces faits doivent avoir contribué à la cessation des paiements. La logique semble donc commander que la sanction soit limitée aux seules dettes nées avant l'ouverture de la procédure, alors surtout que le fait ici sanctionné doit avoir conduit à la cessation des paiements.

Pour décider de condamner le dirigeant à une partie seulement des dettes sociales, le tribunal pourra prendre en compte le fait que le dirigeant avait apporté sa garantie à l'entreprise, et que le liquidateur avait tardé à réaliser certains actifs[7].

924.33 Pluralité des dirigeants responsables. L'article L. 652-2 du code de commerce pose une règle particulière en cas de pluralité de dirigeants responsables, qui contraste avec la solution retenue dans le cadre de l'action en responsabilité pour insuffisance d'actif. Il appartient en effet ici au tribunal de tenir compte de la faute de chacun des dirigeants pour déterminer la part des dettes sociales à leur charge. La mise en pratique de ce principe sera délicate. Il ne s'agit pas d'établir un lien de causalité entre la faute du dirigeant et le montant de la dette sociale[8]. Pareille solution contrarierait le principe énoncé par l'article L. 652-1 selon lequel la faute retenue devra avoir « contribué à la cessation des paiements » et non pas être la cause de la cessation des paiements. Il s'agit plus exactement de comparer les fautes respectives de chacun des dirigeants, c'est-à-dire leur gravité, pour condamner plus modérément celui qui a commis une faute moins grave et plus lourdement celui qui a commis la faute la plus grave[9]. Observons que la solution rapproche plus l'obligation aux dettes sociales d'une peine que d'un mécanisme de responsabilité civile[10], sauf à poser en postulat que la faute la plus grave est celle qui est la plus dommageable pour la personne morale et pour ses créanciers.

Par décision motivée, le tribunal peut cependant déclarer les dirigeants solidairement responsables et non pas, comme le prévoyait le projet de loi (art. 14.) responsables *in solidum*. Cette substitution a été expliquée par l'observation que le régime de la responsabilité solidaire est d'origine légale, alors que celui de l'obligation *in solidum* résulte de la

1. EN CE SENS AUSSI : Fossier, « la sanction du dirigeant et sa responsabilité : quelques critères d'appréciation au fond », *Rev. proc. coll.* 2008, p. 18 s., sp. p. 20, n° 14.
2. Montéran, « Les sanctions pécuniaires et personnelles dans la loi du 26 juillet 2005 », *Rev. proc. coll.* 2005, n° sp., p. 37 s., sp. p. 43.
3. EN CE SENS AUSSI : Legros, « La loi du 26 juillet 2005 de sauvegarde des entreprises. Le sort des membres et dirigeants des personnes morales », *Dr. sociétés* 2006. Étude 2, sp. n° 66.
4. EN CE SENS AUSSI : Vauvillé, « Le nouveau titre V des responsabilités et des sanctions », *Rev. proc. coll.* 2006, p. 345 s., *sp. p. 349.*
5. Et notamment : Pétell, « Le nouveau droit des entreprises en difficulté », *JCP E* 2005. Étude 1509, spéc. n° 18 – PÉROCHON ET BONHOMME, 7e éd., n° 577-1.
6. Montéran, art. préc., sp. p. 41 – Zattara-Gros, « Des responsabilités et des sanctions », *LPA* n° sp. 9 févr. 2006, n° 29, p. 52 s., sp. p. 66 – Régnaut-Moutier, art. préc., sp. p. 163 – LIENHARD, 2e éd. 2007, n° 2428 – VOINOT, n° 705.
7. Bordeaux, 2e ch., 25 mars 2008, RG n° 07/03608, Rev. proc. coll. 2008, p. 56, n° 167, note Martin-Serf.
8. *Rapp. Xavier de Roux*, n° 2095, p. 417.
9. EN CE SENS AUSSI : LIENHARD, 4e éd. 2011, n° 133.25.
10. *Rapp. Xavier de Roux*, n° 2095, p. 417.

jurisprudence et serait source de plus d'incertitude[1].

924.34 Possibilité de prise de mesures conservatoires sur les biens des dirigeants pour assurer l'effectivité de la condamnation. L'article L. 652-5 du code de commerce rend applicable, dans le cadre de l'obligation aux dettes sociales, l'article L. 651-4, alinéa 1 du code, qui permet, dans le cadre de la responsabilité pour insuffisance d'actif, au président du tribunal d'ordonner toutes mesures conservatoires utiles à l'égard des biens des dirigeants (v. s[s] n° 921.38). La règle permet de parvenir à une solution sensiblement identique à celle qui existait, sous l'empire de la législation antérieure en cas d'ouverture d'un redressement ou d'une liquidation judiciaire à titre personnel, cette dernière mesure valant, en elle-même, saisie des biens du débiteur.

924.35 Affectation des sommes recouvrées. L'article L. 652-3 du code prévoit que les sommes recouvrées sont affectées au désintéressement des créanciers selon l'ordre de leurs sûretés. La solution contraste avec celle retenue dans le cadre de l'action en responsabilité pour insuffisance d'actif. En ce dernier domaine, les créanciers sont payés au marc le franc. Dans le cadre de l'obligation aux dettes sociales, au contraire, les répartitions tiendront compte des rangs de chacun des créanciers. Il s'agit ici en effet de tenir compte de la nature de l'obligation aux dettes sociales : les dirigeants deviennent des garants subsidiaires, au même titre que des associés en nom collectif, sous réserve du caractère facultatif de la solidarité. Les créanciers touchent en conséquence les sommes qui leur sont dues, comme si le paiement était effectué par leur débiteur. On peut rapprocher la règle de celle qui résultait de la jurisprudence, sous l'empire de la législation antérieure (v. s[s] n° 214.31), qui prévoyait que les créanciers titulaires de privilèges généraux conservaient ces derniers dans la procédure ouverte contre le dirigeant fautif sur le fondement de l'article L. 624-5 du code de commerce.

Cette différence de traitement entre l'action en responsabilité pour insuffisance d'actif et l'action en obligation aux dettes sociales, dans l'affectation des sommes recouvrées, peut induire des stratégies procédurales lorsque l'action sera introduite par des contrôleurs, selon qu'ils ont la qualité de créanciers chirographaires ou celle de créanciers titulaires de privilèges[2].

Malgré le terme « sûreté » employée par l'article L. 652-3 du code, il faut comprendre que seuls les créanciers titulaires de privilèges généraux seront payés par priorité par le dirigeant fautif[3]. En effet, les créanciers titulaires de sûreté spéciale ont un droit qui ne s'exerce que sur une assiette, le prix de vente du bien grevé, qui par hypothèse ne se trouve que dans le patrimoine du constituant de la sûreté, c'est-à-dire la personne morale débitrice.

Puisque l'action ne peut prospérer qu'en liquidation judiciaire, le classement retenu par l'article L. 641-13, II sera respecté. Ainsi, l'obligation aux dettes sociales profitera-t-elle d'abord, dans l'hypothèse où ces créanciers n'auraient pas encore été payés, au super-privilège des salaires ou à l'AGS subrogée dans les droits des salariés, puis aux créanciers titulaires du privilège des frais de justice antérieurs au jugement d'ouverture, puis aux créanciers titulaires du privilège de la conciliation, puis aux créanciers postérieurs privilégiés, et enfin à certains créanciers antérieurs titulaires de privilèges généraux et aux autres créanciers, c'est-à-dire les créanciers chirographaires, au rang desquels il faut placer les créanciers titulaires de sûreté spéciale sur le patrimoine de la personne morale débitrice, faute d'exercer leur droit sur le prix de vente du bien grevé de leur sûreté.

Il faudra cependant coordonner ce classement avec l'existence de sûretés sur le patrimoine des dirigeants condamnés, et spécialement les sûretés immobilières, ce que n'a pas fait le législateur. Faudra-t-il décider que le privilège de la conciliation, par exemple, l'emporte sur l'hypothèque inscrite sur un bien du dirigeant ? Une réponse négative nous semble devoir être apportée car le privilège de la conciliation a vocation à s'exercer sur les biens composant le patrimoine du débiteur, non sur les biens d'un tiers. En conséquence, il nous semble que les répartitions à effectuer dans le cadre de la vente d'actifs appartenant aux dirigeants condamnés à l'obligation aux dettes sociales doivent d'abord être amputées des sommes revenant aux créanciers inscrits sur le patrimoine du débiteur. Une fois ces créanciers payés, il ne restera, par hypothèse, que des créanciers chirographaires, lesquelles viendront alors en concours avec les créanciers de la personne morale. Dans ces répartitions, il faudra alors tenir compte des privilèges généraux reconnus aux créanciers de la personne morale.

Une difficulté se présente en ce qui concerne le remboursement des frais exposés par les contrôleurs, qui auront agi en obligation aux dettes sociales, à la place du liquidateur. Elle tient à la disposition de l'article L. 651-3, alinéa 4 du code de

1. *Rapp. J.-J. Hyest*, n° 335, p. 462.
2. EN CE SENS AUSSI : Gibirila, « Les responsabilités et les sanctions du dirigeant dans la loi de sauvegarde des entreprises », *Defrénois* 2006. 989, n° 38412, sp. 1010.
3. EN CE SENS AUSSI : PÉROCHON ET BONHOMME, 7e éd., n° 578 – Teboul, « Les sanctions : de nouvelles pistes », *LPA* 8 mars 2006, n° 48, p. 18 s., sp. p. 21 – LIENHARD, 4e éd. 2011, n° 133.26.

commerce, règle posée pour la responsabilité pour insuffisance de l'actif social, rendue applicable à l'action en obligation aux dettes sociales (C. com., art. L. 652-5). Selon cette disposition, les frais exposés par les contrôleurs, qui auront agi subsidiairement, leur seront remboursés par priorité. Ce droit de priorité peut entrer en concours avec celui d'autres créanciers, qui conservent leur privilège sur les sommes provenant de la condamnation du dirigeant[1]. Pour résoudre la difficulté, il importe ici d'observer que, contrairement à la solution retenue pour l'insuffisance d'actif, il n'est pas ici prévu que les sommes versées par le dirigeant rentrent dans le patrimoine du débiteur. Il est donc possible de considérer que les contrôleurs seront remboursés par prélèvement, avant toute distribution aux créanciers de la personne morale débitrice.

924.36 Inexécution de la condamnation à l'obligation aux dettes sociales. L'inexécution de la condamnation ne peut conduire à l'ouverture d'une procédure collective à l'encontre du dirigeant condamné, l'obligation aux dettes sociales remplaçant l'extension sanction de la législation précédente, qu'il est évidemment inconcevable de réintroduire.

Il appartiendra au liquidateur de se préoccuper de l'exécution de cette décision. En cas de carence, il semble qu'un contrôleur, même agissant seul, pourrait, après une vaine mise en demeure d'agir adressée au liquidateur, se préoccuper de l'exécution de la condamnation. L'action en exécution de la décision de condamnation à l'obligation aux dettes sociales participe en effet de la défense de l'intérêt collectif des créanciers[2]. Mais le produit de l'action, qui reste collectif, devra être remis au liquidateur.

SECTION 924.40
CAS DE CONDAMNATION À L'OBLIGATION AUX DETTES SOCIALES

924.41 Conditions communes au prononcé de la sanction : la faute ayant contribué à la cessation des paiements. Selon l'article L. 652-1 du code, la faute du dirigeant doit avoir « contribué à la cessation des paiements »[3]. La solution contraste avec la faute de gestion permettant le prononcé du comblement de passif. En ce cas, la faute doit avoir « contribué à l'insuffisance d'actif ». Il s'agit en conséquence de rendre responsable le dirigeant qui a conduit la personne morale à la cessation des paiements, peu important qu'il y ait ou non une insuffisance d'actif. Il en est ainsi lorsque la société débitrice a, pendant l'exécution de son plan de redressement, créé un nouveau passif d'exploitation et n'a pas été en mesure de s'acquitter des cotisations fiscales et des impôts nés après le plan, la poursuite d'activité étant, dans ces conditions, l'unique cause de la cessation des paiements[4].

Il a cependant été observé que la nuance « est excessivement subtile et peu convaincante car la cessation des paiements est l'un des éléments de la chaîne des causalités ayant abouti au préjudice subi par les créanciers »[5].

L'établissement des fautes visées à l'article L. 652-1 du code de commerce sera insuffisante au prononcé de la sanction, si la preuve n'est pas rapportée que la faute a contribué à la cessation des paiements[6].

Pour cette raison, l'obligation aux dettes sociales ne pourra être prononcée, si la faute reprochée au dirigeant est postérieure à la cessation des paiements[7]. Ainsi, la poursuite abusive d'exploitation déficitaire ne peut être retenue comme fondement de l'action en obligation aux dettes sociales, dès lors que cette faute postérieure à la cessation des paiements ne peut avoir contribué à cette dernière[8].

La preuve que la faute a contribué à la cessation des paiements n'est pas davantage rapportée, et il n'y a donc pas place au prononcé de la sanction, si la cessation des paiements était virtuellement acquise à la date d'entrée en fonction des dirigeants[9].

924.42 Exigence de faits antérieurs au jugement d'ouverture de la personne morale débitrice. L'obligation aux dettes sociales ne pourra être prononcée que pour des faits antérieurs à l'ouverture de la procédure collective. En effet, l'article L. 652-1 du code de commerce énonce clairement que la faute devra avoir « contribué à la cessation des paiements »[10]. La faute est nécessairement antérieure à la procédure collective ouverte consécutivement à la réso-

1. *Sur cette difficulté : Le Cannu, 7e éd., no 1283.*
2. En ce sens aussi : Lienhard, 3e éd. 2009, no 2431.
3. Sur une application du texte : Orléans, 29 juin 2006, *BICC* 2006, no 2174.
4. Com. 1er févr. 2011, no 10-11.490, NP; no 67 F-D; *Gaz. Pal. entr. diff.* 1-2 avr. 2011, p. 45, note Montéran; *Dr. sociétés* 2011, no 97, note Legros; *Bull. Joly* 2011. 311, note Pétel; *Rev. proc. coll.* 2012, no 100, note Martin-Serf.
5. Pétel, « Le nouveau droit des entreprises en difficulté », *JCP E* 2005. Étude 1509, sp. no 18.
6. Com. 3 déc. 2013, no 09-16.684, NP; no 1167 F-D.
7. Orléans, ch. éco. et fin., 24 sept. 2009, RG no 08/03420, *Rev. proc. coll.* 2011, no 17, note Martin-Serf.
8. Com. 4 juin 2013, no 08-70.434, NP; no 557 F-D; *BJE* sept. 2013, p. 299, note Favario; *Bull. Joly* 2013. 668, note Mouial-Bassilana; *Dr. sociétés* 2014, comm. 54, note Legros.
9. Colmar, 1re ch. A, 26 févr. 2008, *Rev. proc. coll.* 2011, no 19, note Martin-Serf.
10. En ce sens aussi : Jacquemont, 6e éd., no 1040.

lution du plan, si elle est commise pendant l'exécution d'un plan de redressement[1].

Ainsi, d'une part, la faute devra-t-elle être nécessairement antérieure à l'ouverture de la procédure collective. En outre, d'autre part, si elle n'est pas la cause exclusive de l'apparition de l'état de cessation des paiements, elle devra au moins en être l'une des causes. Il y a place ici à l'application de la théorie de l'équivalence des causes.

924.43 Énoncé des cas de condamnation à l'obligation aux dettes sociales. Le tribunal prononcera l'obligation aux dettes sociales lorsque sera établie, à l'encontre des dirigeants, l'une des fautes ci-après :

Disposition des biens de la personne morale comme des siens propres (C. com., art. L. 652-1, 1° – v. s^{s} n° 923.61). Il en est ainsi en cas d'engagement de frais somptuaires disproportionnés et étrangers à l'objet social, tels que le règlement de factures d'hôtel élevées ou l'octroi de rémunérations excessives[2]. Il en est de même du prélèvement des comptes sociaux par le dirigeant d'une somme importante à des fins personnelles[3].

Accomplissement d'actes de commerce, sous le couvert de la personne morale masquant ses agissements, dans un intérêt personnel (C. com., art. L. 652-1, 2° – v. s^{s} n° 923.51).

Faire des biens ou du crédit de la personne morale un usage contraire à l'intérêt de celle-ci ou pour favoriser une autre personne morale ou entreprise dans laquelle le dirigeant est directement ou indirectement intéressé (C. com., art. L. 652-1,3° – v. s^{s} n° 923.52). Il en est ainsi en cas d'engagement de frais somptuaires disproportionnés et étrangers à l'objet social, tels que le règlement de factures d'hôtel élevées ou l'octroi de rémunérations excessives[4]. Il en est de même de la décision de distribuer à la société holding, associée unique de la société appauvrie, et sur les réserves de cette dernière, une somme de 180 000 euros, alors qu'il ne restait en trésorerie que 17 246 euros, afin de rembourser le prix d'acquisition des actions de la filiale, lequel était cautionné par le dirigeant associé unique de la holding[5].

Poursuite abusive, dans un intérêt personnel, d'une exploitation déficitaire ne pouvant conduire qu'à la cessation des paiements de la personne morale (C. com., art. L. 652-1, 4° – v. s^{s} n° 923.53). Il en est ainsi en cas de maintien de la rémunération de gérant, pendant l'exécution du plan de redressement de la société débitrice, avec création d'un nouveau passif d'exploitation, la société n'ayant pas été en mesure de s'acquitter des cotisations fiscales et des impôts nés après le plan, la poursuite d'activité étant, dans ces conditions, l'unique cause de la cessation des paiements[6]. *A fortiori*, il y a place à condamnation en cas d'octroi de rémunérations excessives[7]. Au contraire, il a été jugé que le seul fait pour des sociétés appartenant à un groupe de clôturer leurs exercices comptables à des dates différentes ne suffit pas à caractériser une volonté de masquer une situation financière dégradée, afin de poursuivre une exploitation déficitaire dans un intérêt personnel[8].

Avoir détourné ou dissimulé tout ou partie de l'actif ou augmenté frauduleusement le passif de la personne morale (C. com., art. L. 652-1, 5° – v. s^{s} n° 923.62).

Certains cas retenus antérieurement pour permettre le prononcé du redressement ou de la liquidation judiciaire à titre personnel contre le dirigeant fautif ont été supprimés : l'abstention de tenue de comptabilité, la tenue d'une comptabilité manifestement incomplète ou irrégulière et la comptabilité fictive. Les fautes relatives à l'établissement de la comptabilité demeurent passibles de la faillite personnelle et de la banqueroute.

Les cas visés au texte sont limitatifs. Ne peut, par exemple, justifier l'obligation aux dettes sociales, le manque de rigueur dans l'établissement des comptes, puisque l'abstention de tenue de comptabilité[9], la tenue d'une comptabilité manifestement incomplète ou irrégulière et la comptabilité fictive ne sont pas des fautes permettant le prononcé de la sanction.

924.44 Disposition des biens de la personne morale comme des siens propres (C. com., art. L. 652-1, 1°). Il s'agit de la reprise exacte du cas ancien de redressement et de liquidation judiciaires à titre personnel visé à l'article L. 624-5, I, 1°. L'interprétation sera la même (v. s^{s} n° 923.61).

Il y a ainsi place à condamnation des dirigeants qui ont détourné du matériel informatique appartenant à la société, mis à la charge de la société des dépenses faites pour leurs besoins personnels,

1. Com. 1er févr. 2011, n° 10-11.490, NP; n° 67 F-D; préc. (v. s^{s} n° 924.41).
2. Aix-en-Provence, 8e ch. A, 21 janv. 2010, RG n° 10/14, *Rev. proc. coll.* 2011, n° 19, note Martin-Serf.
3. Com. 3 déc. 2013, n° 12-19.202, NP; n° 1175 FS-D.
4. Aix-en-Provence, 8e ch. A, 21 janv. 2010, RG n° 10/14, préc. (v. s^{s} prés^{t} n°).
5. Nîmes, 2e ch. B, 26 mai 2011, n° 09/02414, *Rev. proc. coll.* 2012, n° 102, note Martin-Serf.
6. Com. 1er févr. 2011, n° 10-11.490, NP; n° 67 F-D; *Gaz. Pal. entr. diff.* 1-2 avr. 2011, p. 45, note Montéran; *Dr. sociétés* 2011, n° 97, note Legros; *Bull. Joly* 2011. 311, note Pétel; *Rev. proc. coll.* 2012, n° 100, note Martin-Serf.
7. Aix-en-Provence, 8e ch. A, 21 janv. 2010, RG n° 10/14, *Rev. proc. coll.* 2011, n° 19, note Martin-Serf.
8. Com. 3 déc. 2013, n° 12-22.213, NP; n° 1152 F-D; *Bull. Joly* mars 2014, p. 186, note Mouial-Bassilana.
9. Com. 19 nov. 2013, n° 12-26.170, NP; n° 1095 F-D.

notamment d'importants frais de déplacements pendant le week-end[1]. Il en est de même en cas d'utilisation par le dirigeant à titre personnel de la carte de paiement de la société, de l'ouverture d'un compte bancaire et de retraits de fonds à des fins personnelles[2]. Il y a encore place à condamnation d'un dirigeant qui utilise son compte courant d'associé dans la société débitrice pour régler les factures émises par une société dont il était également le dirigeant[3].

924.45 Accomplissement d'actes de commerce, sous le couvert de la personne morale masquant ses agissements, dans un intérêt personnel (C. com., art. L. 652-1, 2°). Il s'agit de la reprise exacte du cas ancien de redressement et de liquidation judiciaires à titre personnel visé à l'article L. 624-5, I, 2°. L'interprétation générale sera la même (v. s^s n° 923.51), sous la réserve suivante : la rédaction nouvelle oblige à établir que la faute reprochée au dirigeant a contribué à la cessation des paiements, exigence nouvelle par rapport au texte issu de la législation antérieure à la loi du 26 juillet 2005[4].

924.46 Faire des biens ou du crédit de la personne morale un usage contraire à l'intérêt de celle-ci ou pour favoriser une autre personne morale ou entreprise dans laquelle le dirigeant est directement ou indirectement intéressé (C. com., art. L. 652-1, 3°). Il s'agit de la reprise exacte du cas ancien de redressement et de liquidation judiciaires à titre personnel visé à l'article L. 624-5, I, 3°. L'interprétation générale sera la même (v. s^s n° 923.52), sous la réserve suivante : la rédaction nouvelle oblige à établir que la faute reprochée au dirigeant a contribué à la cessation des paiements, exigence nouvelle par rapport au texte issu de la législation antérieure à la loi du 26 juillet 2005[5].

Ce cas a pu être retenu lorsque les dirigeants ont encaissé des sommes pour des travaux qu'ils savaient ne pouvoir réaliser, ce qui leur a permis de percevoir des rémunérations et de prétendus remboursements de frais prélevés au détriment des créanciers et dans leur seul intérêt[6]. Ce cas est également constitué lorsque le dirigeant entretient une confusion entre la société débitrice et une autre société qu'il a créée, qu'il a détourné le numéro de téléphone à son profit, ce qui lui a permis de s'attribuer des règlements non justifiés et de réaliser sans autorisation, et à son profit, un actif de la société débitrice[7]. Il y a également place à condamnation du dirigeant d'une société d'expertise comptable, qui affecte les fonds empruntés par la société au remboursement de son compte-courant d'associé, alors que les cotisations Urssaf ne sont pas payées[8].

Ce cas est encore retenu, lorsque le dirigeant fait exécuter par la société dirigée des travaux pour le compte de SCI dans lesquels il est associé, faisant ainsi un usage des biens sociaux contraire à l'intérêt social et dans un intérêt personnel[9].

924.47 Poursuite abusive, dans un intérêt personnel, d'une exploitation déficitaire ne pouvant conduire qu'à la cessation des paiements de la personne morale (C. com., art. L. 652-1, 4°). Il s'agit de la reprise exacte du cas ancien de redressement et de liquidation judiciaires à titre personnel visé à l'article L. 624-5, I, 4°. L'interprétation sera la même (v. s^s n° 923.53).

L'intérêt personnel de la poursuite d'activité déficitaire est ainsi retenu lorsque le dirigeant perçoit de la société un salaire après la cessation des paiements[10], alors même que cette rémunération serait laissée en compte-courant[11]. Il en ira, *a fortiori*, ainsi, du fait pour le dirigeant de s'octroyer une rémunération excessive, équivalente aux pertes constatées[12] ou une rémunération sans rapport avec la rentabilité de l'entreprise, ce versement ayant contribué à la cessation des paiements, notamment du fait de l'application de pénalités de retard pour le paiement systématiquement tardif des charges sociales[13].

924.48 Avoir détourné ou dissimulé tout ou partie de l'actif ou augmenté frauduleusement le passif de la personne morale (C. com., art. L. 652-1, 5°). Il s'agit de la reprise exacte du cas ancien de redressement et de liquidation judiciaires à titre personnel visé à l'article L. 624-5, I, 6°. L'interprétation générale sera la même (v. s^s n° 923.62), sous la réserve suivante : la rédaction nouvelle oblige à établir que la faute reprochée au dirigeant a contribué à la cessation des paiements, exigence nouvelle par rapport au texte issu de la législation antérieure à la loi du 26 juillet 2005[14].

1. Paris, 3e ch. A, 9 sept. 2008, RG n° 07/11396, *Rev. proc. coll.* 2010, n° 118, note Martin-Serf.
2. Paris, 3e ch. A, 16 sept. 2008, *Rev. proc. coll.* 2010, n° 118, note Martin-Serf.
3. Toulouse, 2e ch., 2e sect., 24 janv. 2012, RG n° 10/011.., *Rev. proc. coll. 2013, comm. 86, note Martin-Serf.*
4. L. n° 2005-845, 26 juill. 2005, préc.
5. L. n° 2005-845, 26 juill. 2005, préc.
6. Com. 1er févr. 2011, n° 10-11.492, NP; n° 68 F-D.
7. Com. 1er févr. 2011, n° 10-11.492, NP; n° 68 F-D.
8. Montpellier, 2e ch., 1er avr. 2008, RG n° 06/07771, *Rev. proc. coll.* 2010, n° 118, note Martin-Serf.
9. Lyon, 3e ch. A, 2 avr. 2009, RG n° 08/05555, *Rev. proc. coll.* 2010, n° 118, note Martin-Serf.
10. Orléans, ch. com., 23 mars 2006, RG n° 05/00620, *D.* 2006. AJ 1600, obs. Lienhard; *Rev. proc. coll.* 2006/3, p. 257, n° 9, obs. Roussel Galle.
11. Com. 13 nov. 2012, n° 11-20.128, NP, *Rev. proc. coll.* 2013, comm. 85, note Martin-Serf.
12. Bordeaux, 2e ch., 25 mars 2008, RG n° 07/03608, *Rev. proc. coll.* 2008, p. 56, n° 167, note Martin-Serf.
13. Orléans, ch. éco. et fin., 16 avr. 2009, *Rev. proc. coll.* 2010, n° 118, note Martin-Serf.
14. L. n° 2005-845, 26 juill. 2005, préc.

Il en est ainsi du fait pour le dirigeant de s'octroyer une rémunération excessive, équivalente aux pertes constatées[1]. Il y a également place à condamnation du dirigeant d'une société d'expertise comptable, qui encaisse personnellement des honoraires, alors qu'il avait fait apport de sa clientèle à la société dirigée et avait transféré à cette même société les salariés qui ont accompli les prestations[2].

1. Bordeaux, 2e ch., 25 mars 2008, RG n° 07/03608, *Rev. proc. coll.* 2008, p. 56, n° 167, note Martin-Serf.

2. Montpellier, 2e ch., 1er avr. 2008, RG n° 06/07771, *Rev. proc. coll.* 2010, n° 118, note Martin-Serf.

CHAPITRE

925. Action en responsabilité environnementale pour insuffisance d'actif des sociétés mères de filiales exploitant une installation classée

SECTION 0
ORIENTEUR

925.00 Plan du chapitre.

Sect. 925.10 Conditions de l'action en responsabilité pour insuffisance d'actif des sociétés mères de filiales exploitant une installation classée

Sect. 925.20 Modalités procédurales de l'action en responsabilité pour insuffisance d'actif des sociétés mères de filiales exploitant une installation classée

Sect. 925.30 Effets de l'action en responsabilité pour insuffisance d'actif des sociétés mères de filiales exploitant une installation classée

925.01 Textes applicables.

C. envir., art. L. 512-17

925.03 Bibliographie indicative. (V. les références complètes s[s] n° 031).

> Ouvrages. VIDAL et GIORGINI, n°s 1546 à 1556.

> Articles. Dupouy S., « La responsabilité environnementale des groupes de sociétés par le Grenelle : enjeux et perspectives », *Dr. sociétés* 2012. Étude 16 – Hannoun Ch., « La responsabilité environnementale des sociétés-mères », *Envir.* 2009. Dossier 7 – Montéran Th., « Liquidation judiciaire et sites pollués : une action en recherche de maternité », *D.* 2010. Chron. 2859 – Voinot D., « Cession de sites pollués », *Rev. proc. coll.* 2015, dossier 26.

925.09 Création de l'action en responsabilité environnementale pour insuffisance d'actif – Application dans le temps – Nature juridique. La confrontation des problèmes d'environnement au droit des entreprises en difficulté n'est pas nouvelle. L'affaire *Métaleurop* a été l'occasion d'une indignation générale, où l'on a vu une société mère étrangère se désintéresser complètement des problèmes environnementaux créés par la cessation d'activité de sa filiale française. De façon générale, une société mère ne répond pas, par principe, des obligations environnementales de sa filiale[1].

À l'occasion de l'affaire *Métaleurop*, la Cour de cassation, après avoir rejeté la demande d'extension présentée par le liquidateur de la filiale, avait largement ouvert une brèche, en indiquant qu'une action en comblement de l'insuffisance d'actif aurait peut-être pu être exploitée (v. s[s] n° 213.21). Cette invitation a donné une idée au législateur français : offrir une action en responsabilité pour insuffisance d'actif à la procédure collective d'une filiale, lorsque la société mère, voire des sociétés détenant la société mère, ont contribué par leur faute caractérisée à la création de l'insuffisance d'actif, rendant impossible l'exécution des obligations de remise en état du site pollué.

La question de l'application dans le temps de l'article L. 512-17 du code de l'environnement, qui réglemente cette action, n'est pas réglée par la loi du 12 juillet 2010[2], ayant inséré la disposition dans le code de l'environnement. Il n'apparaît pas possible de l'appliquer aux procédures ouvertes avant son entrée en vigueur. Classiquement, la loi nouvelle ne s'applique pas immédiatement aux procédures en cours, sauf disposition transitoire contraire. Il faut donc, à notre sens, décider que cette disposition a vocation à s'appliquer aux procédures ouvertes à compter de l'entrée en vigueur de la loi du 12 juillet 2010.

Il s'agit clairement d'une action en responsabilité. Plus précisément, il s'agit d'une variété particulière d'action en responsabilité pour insuffisance d'actif, une action en res-

1. CE 30 déc. 2011, req. n° 319835, *Rev. proc. coll.* 2012, n° 167, note Ruffié.
2. L. n° 2010-788, 12 juill. 2010, *JO* 13 juill., p. 12905.

ponsabilité environnementale. Mais, si elle a l'apparence d'une action en responsabilité pour insuffisance d'actif de droit commun, elle n'en a absolument pas le goût, pour deux raisons essentielles : il ne s'agit pas ici de condamner un dirigeant, mais un actionnaire majoritaire et il n'est pas question d'indemniser des créanciers au titre d'une faute de gestion, mais de permettre de respecter des obligations environnementales ! Cette observation autorise le cumul de l'action en responsabilité pour insuffisance d'actif de droit commun contre l'actionnaire majoritaire, dirigeant de droit, et l'action en responsabilité environnementale, faute d'identité d'objet[1].

SECTION 925.10 CONDITIONS DE L'ACTION EN RESPONSABILITÉ POUR INSUFFISANCE D'ACTIF DES SOCIÉTÉS MÈRES DE FILIALES EXPLOITANT UNE INSTALLATION CLASSÉE

925.11 Personnes susceptibles de condamnation. L'idée du législateur est de faire supporter à l'actionnaire majoritaire, même non dirigeant, d'une filiale, les sommes nécessaires au financement de la remise en état d'un site pollué. Il s'agit donc, par principe, d'une société mère.

Il faut que l'exploitation ait été assurée par une filiale, au sens de l'article L. 233-1 du code de commerce, c'est-à-dire une société détenue par une autre à hauteur d'au moins 50 %.

La filiale doit avoir la qualité d'exploitant d'une installation classée au sens du droit de l'environnement (installations visées à l'article L. 511-1 du code de l'environnement). Elle est par principe débitrice de l'obligation de remise en état du site, en tant que dernier exploitant. Elle est également débitrice de cette obligation si elle a cédé l'exploitation, mais que le cessionnaire n'a pas repris l'activité polluante. En revanche, si elle simplement propriétaire du site, sans l'exploiter, elle n'est pas débitrice de l'obligation de remise en état[2].

Cette filiale doit être placée en liquidation judiciaire, ce qui est la condition désormais classique d'engagement d'une action en responsabilité pour insuffisance d'actif.

Afin d'éviter les montages du droit des sociétés ayant vocation à vider de portée la législation établie, l'article L. 512-17, alinéa 2 du code de l'environnement prévoit que si la filiale, qui exploite, est détenue par une société, si cette dernière a été condamnée et qu'elle n'est pas en mesure d'assurer le financement de la remise en état du site pollué par sa filiale, c'est la « grand-mère », c'est-à-dire la société détenant la société actionnaire majoritaire de la filiale exploitante, qui sera recherchée en responsabilité et non plus seulement la mère[3]. Il sera même possible de remonter dans la chaîne des responsables jusqu'à l'arrière grand-mère.

Pour cela, l'article L. 512-17, alinéa 2 du code de l'environnement pose d'abord le principe d'engagement de la responsabilité de la société mère. Puis il s'intéresse à l'hypothèse où cette dernière ne pourrait financer les mesures de remise en état en fin d'activité incombant à sa filiale. En ce cas, ce même article prévoit que l'action engagée contre la société mère de la filiale exploitante du site peut être engagée à l'encontre de la propre société mère de la société mère de la filiale exploitante, que nous appellerons la grand-mère. Et le texte poursuit en prévoyant que ces dispositions s'appliquent encore à la « société dont la société condamnée en application du présent alinéa est la filiale [...] dès lors que cette dernière société n'est pas en mesure de financer les mesures de remises en état du ou des sites en fin d'activité incombant à sa filiale ». Il faut comprendre que l'action peut donc être engagée contre la société que nous appellerons l'arrière grand-mère.

La lettre du texte fait apparaître que la recherche en responsabilité de la grand-mère est subsidiaire : la mère doit être condamnée et si, et seulement si, elle ne peut payer le montant de la condamnation, alors il sera possible de s'adresser à la grand-mère. Mais cette dernière devra elle-même avoir commis une faute caractérisée ayant contribué à l'impossibilité pour la société mère d'exécuter ses obligations à l'égard de la procédure collective de la filiale. Mais faut-il comprendre qu'une insuffisance d'actif doive être caractérisée à l'égard de la grand-mère ? Le texte ne l'énonce pas.

Le texte va plus loin en déclarant encore d'un cran la possibilité de condamnation à l'insuffisance d'actif : l'arrière-grand-mère pourra être atteinte, si filiale exploitante, mère et grand-mère ne peuvent financer les mesures de remise en état du site.

La grand-mère et l'arrière-grand-mère n'apparaissent pas comme de simples garants, puisque chacune d'elles, à son niveau, doit avoir commis une faute caractérisée envers sa propre filiale.

925.12 Fautes rendant possible la condamnation. L'article L. 512-17 du code de l'environnement prévoit que l'action en responsabilité pour insuffisance d'actif est ouverte contre l'actionnaire majoritaire, tel qu'entendu précédemment, en cas de faute caractérisée ayant contribué à l'insuffisance d'actif de la filiale. La notion de faute caractérisée suppose une faute particulièrement grave et intentionnelle, qui pourrait se rapprocher de ce qui est jugé en matière de faute détachable permettant

1. Montéran, « Liquidation judiciaire et sites pollués : une action en recherche de maternité », *D.* 2010. Chron. 2859 s., sp. 2864.
2. Montéran, art. préc., sp. 2862.
3. Montéran, art. préc., sp. 2860.

d'engager, à l'égard des tiers, la responsabilité d'un dirigeant social (v. s[s] n° 922.13).

L'exigence est renforcée, par rapport à une action en responsabilité pour insuffisance d'actif classique : une faute de gestion ayant contribué à l'insuffisance d'actif est suffisante. Il s'est agi, par cette exigence, de respecter le principe d'autonomie des personnes morales, d'écarter en conséquence la responsabilité de plein droit des sociétés mères, et de ne faire réapparaître cette responsabilité, gommant l'autonomie des personnes morales, que dans des cas extrêmes. Il en est ainsi lorsque l'attitude de l'actionnaire majoritaire a conduit à la ruine de la filiale, par exemple par assèchement de sa trésorerie, ponctionnée abusivement par l'actionnaire ou encore lorsque la politique du groupe a identiquement conduit à la ruine de la filiale[1].

La faute doit avoir contribué à l'insuffisance d'actif. L'appréciation sera ici la même qu'en matière de responsabilité pour insuffisance d'actif de droit commun. La contribution est exigée, non le lien de causalité, ce qui permet de distendre la relation causale. Il suffit que la faute soit l'un des éléments, pas nécessairement le seul, ni même le plus important, qui explique l'insuffisance d'actif.

L'insuffisance d'actif, sera appréciée comme dans le droit commun de l'action éponyme. Il s'agit de la différence entre le montant des créances antérieures admises au passif et le produit des réalisations d'actif. Cette insuffisance d'actif est évidemment un élément essentiel : elle explique pourquoi il faut s'adresser à celui qui, juridiquement, est un tiers, l'actionnaire majoritaire, pour financer la remise en état du site pollué. Le responsable [la filiale] n'en a pas les moyens. Mais si ce responsable n'a pas les moyens, c'est partiellement ou exclusivement à cause d'une faute de son actionnaire majoritaire. Voilà pourquoi ce dernier doit supporter la dette de remise en état du site.

SECTION 925.20

MODALITÉS PROCÉDURALES DE L'ACTION EN RESPONSABILITÉ POUR INSUFFISANCE D'ACTIF DES SOCIÉTÉS MÈRES DE FILIALES EXPLOITANT UNE INSTALLATION CLASSÉE

925.21 Saisine et tribunal compétent. L'article L. 512-17, alinéa 1 du code de l'environnement prévoit que l'action en responsabilité pour insuffisance d'actif créée par cette même disposition est de la compétence du tribunal qui a ouvert ou prononcé la liquidation judiciaire de la filiale. Cette attraction de compétence subsiste s'il est question d'engager la responsabilité de la grand-mère ou de l'arrière-grand-mère.

La saisine du tribunal appartient au liquidateur, au ministère public et au tribunal d'office. Il s'agit là de personnes pouvant classiquement saisir le tribunal aux fins de condamnation à la responsabilité pour insuffisance d'actif. Mais le texte ajoute un autre personnage : le représentant de l'État dans le département, c'est-à-dire le préfet. Il s'agira, vraisemblablement, du personnage central de cette action.

Compte tenu du sort du produit de l'action (v. s[s] n° 925.32), les contrôleurs ne peuvent ici, à notre sens, se substituer au liquidateur mis en demeure et qui n'exercerait pas l'action[2].

La question se pose de savoir si cette action pourra être continuée, voire entamée après clôture de la liquidation judiciaire pour insuffisance d'actif de la filiale. La filiation de cette action par rapport à l'action en responsabilité pour insuffisance d'actif de droit commun pourrait conduire à apporter une réponse négative. Pourtant, en sens inverse, le but de cette action, à savoir fournir les moyens de la remise en état d'un site pollué, ce qui n'a rien à voir avec une action indemnitaire du droit des entreprises en difficulté, conduit à déconnecter cette action de la problématique de la procédure collective. Le sort du produit de l'action, qui est autre que celui d'assurer la satisfaction des créanciers de la procédure collective (v. s[s] n° 925.32), plaide clairement en ce sens. Aussi, puisque les textes n'exigent pas que l'action soit entreprise pendant la durée de la liquidation judiciaire de la filiale, rien ne semble interdire qu'elle le soit après clôture, pourvu qu'elle le soit par un organe habilité à cette date, ce qui ne sera plus le cas du liquidateur.

L'action pourra, *a fortiori*, être poursuivie après la clôture de la procédure, à laquelle elle ne saurait faire obstacle, compte tenu du sort du produit de l'action. Si elle a été entreprise par le liquidateur, un mandataire *ad hoc* chargé de continuer cette action devra être désigné.

SECTION 925.30

EFFETS DE L'ACTION EN RESPONSABILITÉ POUR INSUFFISANCE D'ACTIF DES SOCIÉTÉS MÈRES DE FILIALES EXPLOITANT UNE INSTALLATION CLASSÉE

925.31 Portée de la condamnation de la société mère de la filiale exploitante. La condamnation au titre de la responsabilité environnementale pour insuffisance d'actif a pour effet de mettre à la charge

1. Montéran, art. préc., sp. 2863.

2. AUSSI : Montéran, art. préc., sp. 2861.

de la société mère de la filiale exploitant le site pollué « tout ou partie du financement des mesures de remise en état du ou des sites en fin d'activité ». La remise en état d'un site pollué par une activité classée consiste à dépolluer le terrain, ce qui, au minimum, conduit à prendre en charge les mesures de réhabilitation du terrain au regard de l'usage futur des sols, sans qu'il s'agisse nécessairement de le remettre en l'état initial.

Le texte ne précise pas davantage. La nature d'action en responsabilité pour insuffisance d'actif conduit naturellement l'interprète à se recommander de l'interprétation développée en matière de responsabilité pour insuffisance d'actif de droit commun. C'est pourquoi, il nous semble qu'il faille interpréter le texte dans le sens de la liberté de fixation du montant de la condamnation par la juridiction saisie, comme cela est le cas en droit commun de l'action en responsabilité pour insuffisance d'actif. Dans cette appréciation, la juridiction saisie prendra sans doute en compte d'une part la surface financière de la société mère, grand-mère, voire arrière-grand-mère selon le cas et, d'autre part, la faute caractérisée commise dans la création de l'insuffisance d'actif de la filiale. La condamnation devrait être d'autant plus lourde que l'impécuniosité de la filiale, qui explique son impossibilité de remettre personnellement en état le site exploité, a pour cause unique le comportement de la société à laquelle il est demandé la réparation.

La condamnation ne peut toutefois dépasser le montant de l'insuffisance d'actif, qui s'apprécie conformément au droit commun de la matière à la date du jugement d'ouverture[1], à la création de laquelle la faute de la société condamnée a contribué.

Il convient de remarquer qu'il n'est pas prévu de solidarité entre la société mère, grand-mère et arrière-grand-mère. La deuxième n'est condamnable que si la première n'est pas en mesure de financer les mesures de remises en état, la troisième ne l'est que si la deuxième est défaillante. On aurait pu imaginer une solidarité, dans l'hypothèse où la défaillance de l'une n'aurait été que partielle.

L'alinéa 3 de l'article L. 512-17 du code de commerce prévoit enfin que si l'article L. 514-1 du code de l'environnement a été mis en œuvre, les sommes consignées en application du 1° du I de cet article, au titre des mesures de remise en état du site en fin d'activité, sont déduites des sommes mises à la charge de la société mère. Il faut ici supposer que la filiale a été mise en demeure par le préfet, d'avoir à respecter ses obligations environnementales. La mise en demeure étant restée infructueuse, le préfet a obligé l'exploitant à consigner une somme correspondant au montant des travaux de dépollution à effectuer. Ces sommes seront, en application de l'alinéa 3 de l'article L. 512-17 du code, déduite du montant de la condamnation de la société mère, ce qui suppose en pratique, que le montant de la consignation n'ait pas été intégralement versé ou que le montant de la remise en état soit supérieur à la consignation sollicitée à l'époque.

Le sort du produit de l'action nous semble interdire toute transaction sur cette action (v. s[s] n° 925.32), l'opinion contraire ayant été soutenue[2].

925.32 Sort du produit de l'action. Le sort du produit de l'action en responsabilité environnementale pour insuffisance d'actif n'est pas précisé par les textes. Il semble pourtant aller de soi que les sommes recouvrées ne peuvent être distribuées au profit de la collectivité des créanciers. Il s'agit, fondamentalement, de permettre d'assurer la remise en état d'un site pollué. C'est pourquoi les sommes recueillies au titre de l'action en responsabilité semblent devoir être remises à l'agence de l'environnement et de maîtrise de l'énergie (Ademe), qui, en application de l'article L. 541-3 du code de l'environnement, est l'intermédiaire auquel s'adresse l'État, qui assure la réhabilitation des sites pollués, en cas de défaillance du débiteur de l'obligation de remise en état du site[3].

La solution peut s'appuyer aussi sur le fait qu'il faille procéder à la déduction à opérer au titre des sommes consignées en application de l'article L. 514-1 du code de l'environnement. En effet, la condamnation à la totalité n'a pas d'utilité, si certaines sommes à verser pour effectuer les travaux de remise en état du site pollué ont déjà été versées. Il en résulte que la condamnation n'a pas d'autre objet que de permettre d'effectuer les travaux de remise en état du site.

Cette observation est importante au regard des fonctions du liquidateur. Celui-ci est investi de la nission de défendre l'intérêt collectif des créanciers. Or cette action en responsabilité environnementale our insuffisance d'actif ne participe nullement de ette mission. Elle va donc coûter à la collectivité es créanciers, sans rien leur rapporter. La concluon est simple : si le liquidateur a qualité pour xercer, il n'a pas d'intérêt à agir. En outre, son citation personnelle est inexistante, puisque sa nunération n'est pas prévue, pour une action pourt lourde et chronophage. Il devrait donc s'en disser, laissant au tribunal d'office, au ministère lic en charge de la défense de l'intérêt public et réfet, en charge du respect de l'environnement son département, le soin d'engager cette action.

1. Montéran, art. préc., sp. 2860.

ontéran, art. préc., sp. 2864.

ontéran, art. préc., sp. 2865.

CHAPITRE

926. Action en responsabilité pour contribution à la cessation des paiements

SECTION 0 ORIENTEUR

926.00 Plan du chapitre.

Sect. 926.10 Domaine d'application de l'action en responsabilité pour contribution à la cessation des paiements

Sect. 926.20 Conditions de l'action en responsabilité pour contribution à la cessation des paiements

Sect. 926.30 Modalités procédurales de l'action en responsabilité pour contribution à la cessation des paiements

Sect. 926.40 Mesures conservatoires prises dans le cadre de l'action en responsabilité pour contribution à la cessation des paiements

926.01 Textes applicables.
C. com., art. L. 631-10-1, L. 663-1-1
C. com., art. R. 631-14-1, R. 651-5, R. 661-1, R. 662-17

926.03 Bibliographie indicative. (V. les références complètes s^s n° 031).

> Ouvrages. VIDAL et GIORGINI, n°s 1508 à 1513.

> Articles. Laugier M., « L'indisponibilité et les mesures conservatoires de la loi dite *Pétroplus* du 12 mars 2012 », *Dr. et patr.* janv. 2014, n° 232, p. 37 – Le Corre P.-M., « Pour quelques barils de plus chez la fille et pour quelques dollars de moins… chez la mère : la loi *Pétroplus* du 12 mars 2012 » *Rev. sociétés* 2012. 407; « *Pétroplus* : commentaire de la lo et du décret », *LXB hebdo* n° 308, 13 sept. 2012 Lienhard A., « Mesures conservatoires : irruption d'une lo applicable à l'affaire *Pétroplus* », *D.* 2012. Actu. 605 Morvan P., « La loi Pétroplus, les procédures collectives et les salariés », *JCP E* 2013. Étude 1047 – Pérochon F., « De mesure dite conservatoire à l'exécution sommai anticipée », *BJE* 2012. 73 – Roussel Galle Ph., « les mesur conservatoires oubliées : l'exemple de la loi *Pétroplus* », *et patr.* déc. 2013, n° 231, p. 34 – Rossi P., « Le déc d'application de la loi *Pétroplus* : un texte prudent », 2013, n° 38 – Roussel Galle Ph., « La loi *Pétroplus* : quelq réflexions…avec un peu de recul », *Rev. proc. coll.* 20 Étude 16 – Teboul G., « La nouvelle loi sur les mesures conservatoires en matière de procédures collectives : une loi de circonstance ou une loi préventive, », *LPA* 2 mars 2012, n° 45, p. 8 – Legros J.-P., « Présentation de la loi n° 2012-346 du12 mars 2012 », *Dr. sociétés* 2012, n°s 85 à 88.

926.05 Création de l'action en responsabilité pour contribution à la cessation des paiements – application dans le temps – nature juridique. Une loi du 12 mars 2012[1] vient ajouter, dans le livre VI du code de commerce, la possibilité de pratiquer des mesures conservatoires sur des biens appartenant à des tiers, lorsqu'une procédure de redressement judiciaire peut donner lieu à une action en responsabilité pour contribution à la cessation des paiements contre un dirigeant de droit ou de fait de la société débitrice.

Connu sous le nom de loi *Pétroplus*, procédure collective médiatisée, le texte vient répondre à certains actes estimés comme moralement répréhensibles et en tous cas économiquement dévastateurs, que l'on a pu constater, consistant pour des sociétés multinationales à dépecer des filiales en difficulté, en reprenant les biens, propriété des premières, dans la procédure collective des secondes. Observons immédiatement, à la suite d'un auteur, que l'objectif qui consiste à s'attaquer aux agissements de multinationales risque fort d'achopper lorsque les biens de la personne cible de l'extension ou du dirigeant fautif sont hors du territoire français[2].

La proposition de loi a été enregistrée à la présidence de l'Assemblée nationale le 22 février 2012 et a abouti à un

1. L. n° 2012-346, 12 mars 2012, *JO* 13 mars, p. 4497 – Lienhard, « Mesures conservatoires : irruption d'une loi applicable à l'affaire *Pétroplus* », *D.* 2012. Actu. 605 – Pérochon, « De la mesure dite conservatoire à l'exécution sommaire anticipée », *BJE* 2012. 73 – Roussel Galle, « La loi Pétroplus : quelques réflexions… avec un peu de recul », *Rev. proc. coll.* 2012. Étude 16 – Teboul « La nouvelle loi sur les mesures conservatoires en matière de procédures collectives : une loi de circonstance ou une loi préventive, », *LPA* 2 mars 2012, n° 45, p. 8 – Legros, « Présentation de la loi n° 2012-346 du 12 mars 2012 », *Dr. sociétés* 2012, n°s 85 à 88.
2. Roussel Galle, « La loi Pétroplus : quelques réflexions… avec un peu de recul », *Rev. proc. coll.* 2012. Étude 16, n° 12.

vote, obtenu à l'unanimité des deux assemblées, en une semaine. C'est dire l'émoi suscité, dans la classe politique, par le dossier *Pétroplus*, filiale d'un groupe suisse exploitant en France une raffinerie de pétrole, et où l'on a vu la société mère tenter de récupérer des actifs lui appartenant, empêchant la poursuite d'exploitation de sa filiale.

Cette loi, applicable en France métropolitaine et dans les départements d'outre-mer, s'applique aussi en Nouvelle-Calédonie et dans les îles Wallis-et-Futuna (art. 5).

L'article 6, pour sa part, démontre, s'il en était besoin, l'empressement de la classe politique à lutter contre la pratique rencontrée dans le dossier *Pétroplus*, en prévoyant que la loi est applicable aux procédures de sauvegarde, de redressement et de liquidation judiciaires en cours à la date de sa publication, laquelle est intervenue au *Journal officiel* du 13 mars 2012.

Le décret du 25 octobre 2012[1] vient encadrer ces mesures conservatoires. Il entre en vigueur le 28 octobre 2012.

Son application est étendue à Wallis-et-Futuna. Une délibération spéciale devra intervenir pour son application sur le territoire de la Nouvelle-Calédonie.

Cette législation a pour finalité de permettre de pratiquer des mesures conservatoires sur les biens d'un tiers, en attendant le prononcé d'une condamnation en responsabilité pour contribution à la cessation des paiements.

Sous prétexte d'envisager une possibilité de pratiquer des mesures conservatoires, l'article L. 631-10-1 du code de commerce crée, en réalité, une nouvelle action en responsabilité pécuniaire contre les dirigeants de personne morale débitrice[2], sans en préciser davantage les contours, accréditant l'idée que ce cas de responsabilité préexiste dans le livre VI du code de commerce.

Il n'est pas exigé que la faute ait causé la cessation des paiements. Il suffit qu'elle y ait contribué. Elle peut n'être que pour partie la cause de la cessation des paiements. C'est donc un lien de causalité distendu par rapport à l'article 1240 du code civil[3] (ex. art. 1382). Le texte ne repose donc pas sur la responsabilité délictuelle de l'article 1240 du code civil. Il s'agit d'une responsabilité de nature délictuelle *sui generis*, comparable à celle existant dans l'action en responsabilité pour insuffisance d'actif, à la différence qu'il n'est pas ici exigé une faute de gestion.

SECTION 926.10 DOMAINE D'APPLICATION DE L'ACTION EN RESPONSABILITÉ POUR CONTRIBUTION À LA CESSATION DES PAIEMENTS

926.11 Dirigeants concernés. L'action en responsabilité pour contribution à la cessation des paiements s'applique aux dirigeants, de droit ou de fait, de la personne morale débitrice. La notion de dirigeant de fait sera entendue classiquement (v. ss nos 921.21 s.).

926.12 Procédures concernées. L'action en responsabilité pour contribution à la cessation des paiements n'aura vocation à s'appliquer que dans la seule procédure de redressement judiciaire. C'est l'objet du nouvel article L. 631-10-1 du code de commerce. Le texte est inapplicable dans la procédure de sauvegarde, procédure volontariste où l'on évite de sanctionner un dirigeant. Le texte est tout aussi inapplicable en liquidation judiciaire, puisque, dans cette procédure, subsiste l'action en responsabilité pour insuffisance d'actif qui se substitue à l'action en responsabilité pour contribution à la cessation des paiements. Il a d'ailleurs fallu envisager le cas de la conversion du redressement en liquidation judiciaire. C'est l'objet de l'article 3 de la loi du 12 mars 2012[4], qui prévoit que le président du tribunal pourra « maintenir la mesure conservatoire ordonnée à l'égard des biens du dirigeant de droit ou de fait en application de l'article L. 631-10-1 ». Ce texte est inséré au second alinéa de l'article L. 651-4. Il faut donc comprendre que l'action en responsabilité pour contribution à la cessation des paiements ne pourra prospérer en liquidation judiciaire. Mais elle pourra être remplacée par une action en responsabilité pour insuffisance d'actif. La substitution devrait pouvoir se faire par voie de conclusions. Une nouvelle assignation serait inutile. La substitution devra toutefois être faite dans le délai de prescription de l'action en responsabilité pour insuffisance d'actif – trois ans du prononcé de la liquidation judiciaire. On peut ici transposer purement et simplement les solutions jurisprudentielles retenues, entre le 1er janvier 2006 et le 14 février 2009 – pour assurer le passage de l'action en redressement ou en liquidation judiciaire à titre personnel à l'action en obligation aux dettes sociales.

SECTION 926.20 CONDITIONS DE L'ACTION EN RESPONSABILITÉ POUR CONTRIBUTION À LA CESSATION DES PAIEMENTS

926.21 Contribution à la cessation des paiements. Depuis la loi de sauvegarde des entreprises, et plus encore depuis l'ordonnance du 18 décembre 2008[5], l'action en responsabilité pour insuffisance d'actif, autrefois dénommée action en comblement de passif, ne peut être intentée contre un dirigeant

1. D. no 2012-1190, 25 oct. 2012, *JO* 27 oct., p. 16719 – Roussel Galle, « Le décret Petroplus est arrivé ! », *Rev. proc. coll.* 2012. Étude 40.
2. Roussel Galle, « Mesures conservatoires, confusion des patrimoines et action en responsabilité », DPDA mars 2012, p. 3.
3. CRÉÉ PAR : Ord. no 2016-131, 10 févr. 2016, *JO* 11 févr.

L. no 2012-346, 12 mars 2012, préc.
Ord. no 2008-1345, 18 déc. 2008, *JO* 19 déc., p. 19462.

qu'en cas de liquidation judiciaire de la personne morale débitrice.

Le texte ici étudié, qui crée un article L. 631-10-1 du code de commerce, permet de rendre responsable, dans la procédure de redressement judiciaire, le dirigeant, de droit ou de fait, qui a contribué à la cessation des paiements du débiteur.

Le législateur n'indique pas ici que le dirigeant devra avoir commis une faute de gestion[1]. Nous remarquerons, néanmoins, que seule une faute de gestion, en pratique, pourra contribuer à la cessation des paiements.

Le lien de causalité s'apprécie ici, *mutatis mutandis*, comme en matière d'action en responsabilité pour insuffisance d'actif. Il n'est pas exigé que la faute ait causé la cessation des paiements. Il suffit qu'elle y ait contribué. Elle peut n'être que pour partie la cause de la cessation des paiements. Elle n'a même pas à être la cause principale de la cessation des paiements. C'est donc un lien de causalité distendu par rapport à l'article 1240 du code civil[2] (ex. art. 1382).

926.22 Préjudice réparable. Une action en responsabilité ne peut déboucher sur une condamnation que sous la condition d'un préjudice réparable. Or, une difficulté sérieuse semble ici se présenter.

Dès lors que l'on cantonne l'action en responsabilité pour contribution à la cessation des paiements à la seule procédure de redressement judiciaire, il faut admettre qu'elle ne pourra, en pratique, développer ses effets que dans le cadre de l'exécution du plan de redressement. Mais on peut alors légitimement se demander quel préjudice le dirigeant qui a contribué à la cessation des paiements va bien devoir réparer. Si le plan est exécuté tout le passif, une fois les remises acceptées, y compris dans les comités de créanciers, est payé; il ne subsiste plus de dette. Où donc se trouve le préjudice ? Dans les dettes générées par l'ouverture de la procédure collective, peut-être ?

On ne peut qu'être interpellé par ce retour en arrière dans la législation. Certes, la Cour de cassation avait posé en règle que l'arrêté d'un plan de continuation ne faisait pas obstacle à ce que l'insuffisance d'actif soit mise à charge du dirigeant[3]. Mais il faut se souvenir que cette vision des choses a été clairement condamnée par la loi de sauvegarde des entreprises, qui a cantonné la condamnation à combler l'insuffisance d'actif d'abord au cas de résolution du plan et à la liquidation judiciaire, puis en 2008, à la seule hypothèse de la liquidation judiciaire. On ne peut donc qu'être étonné par ce retour en arrière.

Si le plan est résolu, et s'il y a cessation des paiements, une nouvelle procédure – une liquidation judiciaire – va s'ouvrir. L'action en responsabilité pour contribution à la cessation des paiements peut-elle prendre corps dans cette seconde procédure ? Une réponse négative s'impose, puisque cette action ne peut être engagée qu'en redressement judiciaire.

Nous peinons donc à comprendre l'utilité de cette action et, par voie de conséquence, l'utilité de pratiquer des mesures conservatoires sur les biens du dirigeant responsable.

SECTION 926.30 MODALITÉS PROCÉDURALES DE L'ACTION EN RESPONSABILITÉ POUR CONTRIBUTION À LA CESSATION DES PAIEMENTS

926.31 Saisine. Comme les mesures conservatoires qu'ils sont en droit de solliciter, l'administrateur judiciaire et le mandataire judiciaire peuvent, en application de l'article L. 630-10-1 du code de commerce, saisir le tribunal d'une demande en responsabilité pour contribution à la cessation des paiements.

Observons que le ministère public, contrairement à la solution posée dans le cas de l'action en responsabilité pour insuffisance d'actif, n'a pas cette qualité. La saisine d'office est identiquement exclue, en la matière.

926.32 Prescription. Faute de texte particulier, cette action ne connaîtra d'autre délai d'introduction que le temps de la procédure de redressement judiciaire.

SECTION 926.40 MESURES CONSERVATOIRES PRISES DANS LE CADRE DE L'ACTION EN RESPONSABILITÉ POUR CONTRIBUTION À LA CESSATION DES PAIEMENTS

926.41 Création d'un cas spécial de prise de mesures conservatoires. Le législateur a tiré pré-

1. *Rapp. nº 448, Sénat, par Sueur, p. 14* – Roussel Galle, « La loi Pétroplus : quelques réflexions... avec un peu de recul », *Rev. proc. coll.* 2012. Étude 16, nº 15.
2. CRÉÉ PAR : Ord. nº 2016-131, 10 févr. 2016, *JO* 11 févr.
3. Com. 21 nov. 2006, nº 02-20.443, *Bull. civ.* IV, nº 228; *D.* 2007. AJ 22, obs. Lienhard; *Gaz. proc. coll.* 2007/2, p. 17, note Montéran; *Act. proc. coll.* 2007, nº 21, note Saintourens; *Bull. Joly* 2007. 361, note Pétel; Dr. sociétés 2007, nº 93, note Legros; *JCP E* 2007. Chron. 1450, nº 14, obs. Pétel; *JCP E* 2007, nº 1235, note Guyader; *Rev. proc. coll.* 2007, p. 83, nº 4, obs. Martin-Serf; *Rev. proc. coll.* 2007, p. 71.

texte de la possibilité de pratiquer des mesures conservatoires au titre de cette action pour la créer. C'est assez dire l'importance de ces dernières dans son esprit.

L'article 2 de la loi du 12 mars 2012[1] crée un cas spécial de prise de mesures conservatoires. Saisi par l'administrateur ou le mandataire judiciaire, le président du tribunal peut ordonner « toute mesure conservatoire utile à l'égard des biens du dirigeant de droit ou de fait à l'encontre duquel l'administrateur ou le mandataire judiciaire a introduit une action en responsabilité fondée sur une faute ayant contribué à la cessation des paiements du débiteur ». C'est l'objet du nouvel article L. 631-10-1 du code de commerce.

L'article 4 du décret insère dans le Code de commerce un nouvel article R. 631-14-1, dont l'objet est de donner des précisions au juge appelé à statuer sur la demande d'autorisation de pratiquer des mesures conservatoires. Le juge devra limiter le montant des sommes pour la garantie desquelles la mesure conservatoire est ordonnée au montant des dommages et intérêts demandés en réparation du préjudice causé par la faute de celui qui a contribué à la cessation des paiements. Cette solution d'évidence aura, de manière nouvelle, l'occasion de jouer pour les mesures conservatoires pratiquées sur les biens des dirigeants, dans le cadre de l'action en responsabilité pour insuffisance d'actif. L'article 6 du décret ajoute, en ce sens, un alinéa à l'article R. 651-5 du code de commerce, qui, jusqu'alors, restait muet sur cette question.

Sous prétexte d'envisager une possibilité de pratiquer des mesures conservatoires, l'article L. 631-10-1 du code de commerce a créé, en réalité, une nouvelle action en responsabilité pécuniaire contre les dirigeants de personne morale débitrice.

926.42 Règles spéciales aux mesures conservatoires portant sur des biens dont la conservation ou la détention génère des frais ou qui sont susceptibles de dépérissement. L'article 4, alinéa 1 de la loi du 12 mars 2012[2] insère un article L. 663-1-1 dans le Code de commerce disposant que lorsque les mesures conservatoires que nous avons précédemment examinées « portent sur des biens dont la conservation ou la détention génère des frais ou qui sont susceptibles de dépérissement, le juge-commissaire peut autoriser, aux prix et conditions qu'il détermine, l'administrateur, s'il a été nommé, ou le mandataire ou le liquidateur à les céder. Les sommes provenant de cette cession sont immédiatement versées en compte de dépôt à la Caisse des dépôts et consignations ».

Ainsi, le texte permet-il au juge-commissaire d'autoriser la cession de biens, appartenant à un tiers, objets de mesures conservatoires.

Contrairement à la solution retenue en droit commun des mesures conservatoires, et compte tenu de la gravité de la solution, le juge-commissaire appelé à statuer sur l'autorisation de vendre les biens objets de la mesure conservatoire ne peut le faire qu'après avoir entendu ou dûment appelé le propriétaire des biens saisis. Il entend ou appelle également le débiteur (C. com., art. R. 662-17, al. 1, réd. D. 25 oct. 2012[3], art. 9).

La demande ici présentée étant chose grave, et étant particulièrement dérogatoire au droit commun des mesures conservatoires, il est prévu la présence à l'audience du ministère public, et non pas la simple communication à celui-ci (C. com., art. R. 662-17, al. 2, réd. D. 25 oct. 2012, art. 9).

Les biens ici envisagés, encore que le texte légal n'en dise mot, seront le plus généralement des biens corporels.

En droit commun, la saisie conservatoire de meubles corporels est le préalable normal à la saisie-vente, en l'attente d'un titre exécutoire. La saisie conservatoire porte sur des biens appartenant au débiteur. En l'espèce, le débiteur est le propriétaire des biens en question.

De quoi est-il débiteur ? Il est débiteur éventuel des sommes auxquelles il pourrait être condamné si sa responsabilité pour contribution à la cessation des paiements est retenue.

Ainsi, la natre précise de cette mesure conservatoire n'appara pas discutable, même si la créance qui la fonde est que très floue, dans son quantum, parce qu'ell est encore plus évanescente, dans sa réalité, du it de sa simple éventualité.

En droi commun, la saisie conservatoire n'autorise pas vente des biens. Elle prépare la saisie-vente, i permettra de vendre le bien, lorsque le créanci r sea en possession d'un titre exécutoire.

La slutin envisagée par la loi du 12 mars 2012 est donc pfaitement dérogatoire au droit commun de la sais conservatoire de meubles corporels, lorsqu'il t envisagé la possibilité de vendre les biens obj de la mesure conservatoire. Il a été écrit qu'il s'aait là de « responsabilités [...] sanctionnées av d'être jugées »[4].

La con du bien objet de la mesure conservatoire, pplication de la loi du 12 mars 2012, doit toutefrester exceptionnelle. Le texte n'envisage la podité pour le juge-commissaire – lequel sera

1. L. n° 2012-346, 12 mars 2012, préc.
2. L. n° 2012-346, 12 mars 2012, préc.

3. D012-1190, 25 oct. 2012, préc.
4. « La nouvelle loi sur les mesures conservatoires en re de procédures collectives : une loi de circonstance le loi préventive, », *LPA* 2 mars 2012, n° 45, p. 8.

saisi par voie de requête par l'organe compétent – d'autoriser la cession qu'en présence de biens dont la conservation ou la détention génère des frais. Les travaux parlementaires font état de produits alimentaires pour la première catégorie, de produits chimiques ou pétroliers, pour la seconde[1]. Mais les observateurs font déjà remarquer que la formule est suffisamment compréhensive pour englober une masse très importante de biens[2]. Si cette détention ou cette conservation est financièrement neutre pour la procédure collective, l'autorisation de vente ne pourra être donnée par le juge-commissaire que si les biens sont soumis à dépérissement.

Le seul fait de vendre les biens objets de la saisie conservatoire ne permettra pas le versement des honoraires de réalisations d'actif au profit du liquidateur. Ces honoraires ne seront dus que s'il y a conversion en saisie définitive (C. com., art. R. 663-29, IV, réd. D. 25 oct. 2012, art. 10).

En droit commun, le créancier ne peut se faire attribuer la somme saisie. Pas davantage, il ne peut obtenir la remise du prix de vente du bien vendu. La solution n'est pas prévue, pour cette simple raison que la vente du bien ne l'est pas davantage.

Le principe ici posé par l'alinéa 1 de l'article 4 de la loi du 12 mars 2012, qui devient l'article L. 663-1-1, alinéa 1 du code de commerce, est celui du versement en compte de dépôt à la Caisse des dépôts et consignations, du prix de vente du bien. Le texte légal ne précise pas davantage. Pour sa part, le décret (art. 11) modifie la rédaction de l'article R. 663-45, alinéa 1 du code de commerce pour viser, dans cette disposition qui concerne la nomenclature des comptes bancaires rémunérés ouverts dans les livres de la Caisse des dépôts et consignations, les fonds déposés en application de l'article L. 663-1-1 du code, à savoir les fonds provenant de la vente des biens saisis à titre conservatoire.

L'article 11 du décret modifie encore l'alinéa 2 de ce même article R. 663-45 du code. Le principe est le suivant « les intérêts des comptes bancaires sont imputés au crédit du compte ouvert au nom du fonds dans les livres de la Caisse des dépôts et consignations ». Il n'en sera pas ainsi des intérêts dus au titre de sommes déposées en application de l'article L. 663-1-1.

Il n'y a pas de difficulté à comprendre que cette consignation débouche sur une appréhension par la procédure collective, si la mesure conservatoire est suivie d'une extension de la procédure.

Si la mesure conservatoire est suivie de la très hypothétique condamnation en responsabilité pour contribution à la cessation des paiements, on ne sait ce que devient le prix. Il faut, semble-t-il, décider qu'une fois la condamnation prononcée contre le dirigeant, cette dernière sera exécutée à due concurrence sur les sommes placées à la Caisse des dépôts et consignations, ce qui, ici encore, aboutira à une appréhension par la procédure collective.

En revanche, si aucune condamnation n'est prononcée, les sommes consignées devront être restituées à la personne concernée.

926.43 Autorisation de l'affectation des sommes provenant de la cession de biens saisis à titre conservatoire. Particulièrement exorbitante du droit commun, apparaît la disposition de l'alinéa 2 de l'article 4 de la loi du 12 mars 2012[3], devenu l'alinéa 2 de l'article L. 663-1-1 du code de commerce, qui dispose que « le juge-commissaire peut autoriser l'affectation des sommes provenant de cette cession au paiement des frais engagés par l'administrateur, le mandataire judiciaire ou le liquidateur pour les besoins de la gestion des affaires du propriétaire de ces biens, y compris pour assurer le respect des obligations sociales et environnementales de la propriété de ces biens, si les fonds disponibles du débiteur n'y suffisent pas ».

Le pouvoir réglementaire a entouré l'autorisation d'affectation des sommes en cause des mêmes précautions que celles existant pour la possibilité de cession des biens objets de mesures conservatoires (C. com., art. R. 662-17).

Sur le fond, le texte pose un principe de subsidiarité dans l'affectation des sommes : elle ne pourra avoir lieu que si le débiteur ne dispose pas des fonds suffisants pour assurer la gestion des biens du tiers propriétaire, objets des mesures conservatoires.

Si le débiteur ne dispose pas des fonds nécessaires, les fonds provenant de la vente pourront, sur autorisation du juge-commissaire, être affectés au paiement des frais engagés pour assurer la gestion des biens.

Le texte prend le soin de préciser que cela englobe les obligations sociales du propriétaire du bien. On pourrait, dans une première approche, comprendre que des salariés sont attachés au bien, par exemple les salariés attachés à un fonds de commerce. Cette approche ne semble toutefois pas la bonne, car si des salariés sont attachés au fonds, les obligations sociales pèsent sur l'exploitant et non sur le propriétaire du fonds. Dans une seconde approche, on peut comprendre que le tiers, propriétaire des biens, objets des mesures conservatoires, a des obligations sociales envers les salariés du débiteur au titre, par

1. Rapp. Ass. nat., n° 4411, par Guégot, p. 22.
2. Roussel Galle, « La loi Pétroplus : quelques réfle[xions] avec un peu de recul », *Rev. proc. coll.* 2012. Étu[de] n° 23.

3. L. n° 2012-346, 12 mars 2012, préc.

exemple, d'une obligation de reclassement, notamment s'il est qualifié de co-employeur.

Le texte prend également le soin de prévoir le respect des obligations environnementales. Il faut ici supposer que le tiers, sur les biens duquel ont été pratiquées des mesures conservatoires, a des obligations environnementales liées à la propriété des biens en question.

Le texte n'envisage pas l'affectation de l'intégralité du prix de vente des biens objets des mesures conservatoires, mais ne l'interdit pas davantage. Tout sera fonction de l'importance des frais auxquels se seront exposés les organes de la procédure collective, pour assurer la gestion des biens, objets des mesures conservatoires.

Il s'agit bien d'une affectation de sommes, laquelle est exclusive du concours avec d'autres créanciers. Il s'agit donc d'un droit très supérieur à celui que détiendra un créancier au titre du privilège du conservateur de la chose.

Il ne peut être discuté que les mesures contenues dans la loi du 12 mars 2012, peuvent se comprendre. Elles n'en sont pas moins choquantes. Elles autorisent la vente de biens, par la procédure collective, qui n'appartiennent pas au débiteur. Il y a là une atteinte grave au droit de propriété, qui nous semble faire difficulté, tant au regard des principes constitutionnels, qu'au regard de l'article 1er du protocole additionnel n° 1 à la Conv. EDH, qui garantit le droit de propriété, atteinte d'autant plus grave que les fonds provenant de la vente peuvent être appréhendés par la procédure collective, et tout cela alors que, peut-être, l'action qui justifiait les mesures n'aboutira pas, parce que les conditions n'en étaient pas réunies.

L'ordonnance du 12 mars 2014 a entendu les critiques doctrinales, qui unanimement s'étaient élevées contre cette affectation résultant de l'alinéa 2 de l'article L. 663-1-1 du code de commerce. Son article 95 l'abroge.

926.44 Voies de recours-exécution provisoire. Faute de dispositions particulières, le droit commun des voies de recours sur les ordonnances en matière de mesures conservatoires sera applicable : appel si le demandeur succombe, demande de rétraction par le défendeur à la mesure [1].

Précisons que les décisions autorisant les mesures conservatoires ici étudiées ne seront pas exécutoires de plein droit à titre provisoire. Il appartiendra donc au tribunal de décider ou non d'accorder l'exécution provisoire (C. com., art. R. 661-1, al. 2, réd. D. 25 oct. 2012 [2], art. 7). Si l'exécution provisoire est facultativement ordonnée, elle peut être arrêtée, non seulement dans les conditions classiques du droit des entreprises en difficulté, si les moyens invoqués par l'appelant apparaissent sérieux, mais en outre, de manière dérogatoire par rapport au droit commun des procédures collectives, si l'exécution risque d'entraîner des conséquences manifestement excessives (C. com., art. R. 661-1, al. 3, réd. D. 25 oct. 2012, art. 7), ce qui est le critère d'arrêt de l'exécution provisoire en droit commun. La dérogation s'explique ici par le particularisme de ces mesures conservatoires, qui peuvent déboucher sur la vente des biens, voire l'affectation de leur prix au préjudice du propriétaire.

926.45 Appréciation des mesures. Les bonnes idées ne font pas nécessairement les bonnes lois, alors même que ces idées seraient communément partagées, comme c'est le cas de la loi du 12 mars 2012 [3], adoptée par les deux assemblées à l'unanimité.

Mais cette réflexion est déjà trop tardive. Contentons-nous de souhaiter qu'il soit fait un usage modéré des opportunités extravagantes qu'offre cette législation [4], peut-être, comme cela a été suggéré, aux fins de défense des intérêts des salariés [5]. Mais alors, ceux-ci n'invoqueraient-ils pas un préjudice personnel, que ne pourrait protéger le défenseur de l'intérêt collectif des créanciers ?

1. Legros, « Présentation de la loi n° 2012-346 du 12 mars 2012 », *Dr. sociétés* 2012, n° 86.
2. D. n° 2012-1190, 25 oct. 2012, préc.
3. L. n° 2012-346, 12 mars 2012, préc.
4. RAPPR. : Roussel Galle, « La loi Pétroplus : quelques réflexions… avec un peu de recul », *Rev. proc. coll.* 2012. Étude 16, n° 29 – Pelletier, « De nouvelles mesures conservatoires en matière de sauvegarde, de redressement judiciaire ou de liquidation judiciaires », *Bull. Joly* 2012, n° 254.
5. Morvan, « La loi Pétroplus, les procédures collectives et… les salariés », *JCP E* 2013. Étude 1047.

TITRE

930. Sanctions pénales

SECTION 0
ORIENTEUR

930.00 **Plan du titre.**

Chap.	931	**Procédure applicable aux infractions pénales de la législation des procédures collectives**
Sect.	931.10	Prescription de l'action publique
Sect.	931.20	Saisine de la juridiction répressive
Sect.	931.30	Instruction des infractions
Sect.	931.40	Publicité des décisions et frais de la publication
Chap.	932	**Infraction commise par le débiteur et les dirigeants de la personne morale débitrice : la banqueroute**
Sect.	932.10	Évolution générale – Conditions préalables du délit de banqueroute
Sect.	932.20	Personnes pouvant être sanctionnées
Sect.	932.30	Cas de banqueroute
Sect.	932.40	Peines de la banqueroute
Chap.	933	**Infractions autres que la banqueroute**
Sect.	933.10	Infractions autres que la banqueroute commises par le débiteur et les dirigeants de la personne morale débitrice
Sect.	933.20	Infractions commises par les tiers

930.03 **Bibliographie indicative.** (V. les références complètes s[s] n° 031 – Aussi s[s] n° 900.03).

> Actualisables. J.-CL. COM., Cerf-Hollander A., fasc. 2930, [Banqueroute et autres infractions], 2014.

CHAPITRE

931. Procédure applicable aux infractions pénales de la législation des procédures collectives

SECTION 0

ORIENTEUR

931.00 Plan du chapitre.

Sect. 931.10 Prescription de l'action publique
Sect. 931.20 Saisine de la juridiction répressive
Sect. 931.30 Instruction des infractions
Sect. 931.40 Publicité des décisions et frais de la publication

931.01 Textes applicables.

> Législation antérieure à la loi de sauvegarde des entreprises.

C. com., art. L. 626-15 à L. 626-19

> Législation issue de la loi de sauvegarde des entreprises.

C. com., art. L. 654-16 à L. 654-19

C. com., art. R. 654-1, (anc^t D. 28 déc. 2005, art. 327)

> Législation issue de l'ordonnance du 18 décembre 2008.

C. com., art. L. 654-16 à L. 654-19

C. com., art. R. 654-1

931.02 Jurisprudence de référence.

> Le créancier est recevable à se constituer partie civile, si la procédure a déjà été engagée, pour obtenir réparation d'un préjudice qui lui est personnel

• Crim. 11 oct. 1993, n° 92-81.260, *Bull. crim.* n° 283

* V. s^s n° 931.22

L'action civile en réparation du dommage causé par un crime, un délit ou une contravention appartient devant la juridiction *répressive à tous ceux qui ont personnellement souffert des conséquences directes de l'infraction. L'article 211 de la loi du 25 janvier 1985 (devenu C. com., art. L. 626-16) n'interdit pas aux créanciers de se constituer parties civiles en raison d'un préjudice particulier distinct du montant de leur créance et résultant directement de l'infraction et le principe de l'égalité des créanciers ne s'oppose pas à leur action individuelle contre les complices du banqueroutier qui ne font pas eux-mêmes l'objet d'une procédure collective et dont le patrimoine n'est pas en conséquence le gage de l'ensemble des créanciers.*

> Le déclenchement de l'action publique aux fins de poursuite d'un mandataire de justice pour malversation ne peut être l'œuvre du débiteur.

• Crim. 10 mars 2010, n° 09-82.063, *Bull. crim.* n° 50

* V. s^s n° 931.21

931.03 Bibliographie indicative. (V. les références complètes s^s n° 031 – Aussi s^s n° 900.03).

> Actualisables. RÉP. COM., Fortis E., « Entreprises en difficulté – Redressement judiciaire (Sanctions) », n°s 108 à 115.

> Ouvrages antérieurs à la loi de sauvegarde des entreprises. CHAPUT, n°s 644, 646, 649 – GUYON, n° 1416 – JACQUEMONT, n°s 911 à 913 – KERCKHOVE, n°s 873 à 886 – LE CANNU, n°s 886, 890 – LE CANNU *ET ALII,* n°s 1727 à 1761 – LE CORRE-BROLY, n°s 447 à 461 – MARTIN ET VALLENS, n°s 4170 à 4174 – PÉROCHON ET BONHOMME, n°s 445 à 451 – PÉTEL, n°s 434 à 442 – RIPERT ET ROBLOT, n°s 3325, 3327 – SAINT-ALARY-HOUIN, n°s 1071 à 1073, 1122 à 1130 – SOINNE, n°s 2782 à 2788 – Sordino, *Le délit de banqueroute – Contribution à un droit pénal des procédures collectives*, coll. « Bibl. dr. entr. », t. 34, Litec, 1996 – VALLANSAN, p. 372 et 373.

> Ouvrages postérieurs à la loi de sauvegarde des entreprises. GIBIRILA, n°s 828 à 831 – JACQUEMONT ET VABRES, 9e éd., n°s 1173, 1181 – LE CANNU, 7e éd., n° 1343 – LIENHARD, 6e éd., n°s 144.11 à 144.15 – PÉROCHON, 10e éd., n°s 1763, 1764 – PÉTEL, 8e éd., n° 442 – ROUSSEL GALLE, 2e éd., n°s 870 à 872 – SAINT-ALARY-HOUIN, 9e éd., n° 1480 – VALLANSAN *ET ALII,* 6e éd., p. 503 et 504 – VALLENS, 2015, n°s 4813 à 4821 – VOINOT, 2e éd., n°s 937 à 939.

> Articles. Gibirila D., « Les responsabilités et les sanctions du dirigeant dans la loi de sauvegarde des entreprises », *Defrénois* 2006. 989, n° 38412 – Lasserre Capdeville J., « Droit pénal et droit des entreprises en difficulté », Roussel Galle (dir.), *Entreprises en difficulté*, « Droit 360° », LexisNexis, 2012, p. 793 – Lèguevaques Ch., « Les sanctions civiles et pénales à l'encontre des dirigeants dans la loi de sauvegarde – Ou l'allégement du fardeau de l'homme en col blanc », *Rev. proc. coll.* 2006, p. 246 – Martello L., « L'action civile dans les procédures collectives », *LPA* 28 nov. 2008, n° 239, p. 15 – Mascala C., « Le comportement fautif du chef d'entreprise : de la sanction la réparation », LAMY AFFAIRES mars 2005, suppl. n° 80, p. 71 – Matsopoulou H., « L'incidence d'une procédure collective sur l'exercice de l'action civile », *JCP* 1998. I. 164 – Robaczewski C., « La non-réforme des sanctions pénales dans la loi de sauvegarde des entreprises », *Gaz. Pal.* 9-10 sept. 2005, n° sp., p. 48; « Les sanctions pénales dans l'ordonnance du 18 décembre 2008 portant réforme du droit des entreprises en difficulté », *Gaz. Pal.* 8-10 mars 2009, n° sp. p. 61 – Roussel Galle Ph., « Responsabilités et sanctions des débiteurs après la loi de sauvegarde des entreprises du 26 juillet 2005 », *JCP E* 2005. Étude 1512 – Rouvière F., « Le concours de l'action en comblement de passif et de l'action civile exercée devant la juridiction répressive », *RTD com.* 2006. 529 – Sala Y., « Rôle et pouvoirs du ministère public, sanctions pénales et loi de sauvegarde des entreprises », *LPA* 17 févr. 2006, n° 35, p. 121 – Souweine C., « Action civile et procédures collectives », *D.* 2006. Doctr. 501.

931.04 Questions essentielles.

• Quel est le point de départ du délai de prescription de l'infraction de banqueroute ?

* V. s^s n° 931.11.

• Le créancier a-t-il qualité pour saisir la juridiction répressive pour connaître des infractions pénales ?

* V. s^s n° 931.21.

SECTION 931.10
PRESCRIPTION DE L'ACTION PUBLIQUE

931.11 Prescription de l'action publique. L'article L. 626-15 du code de commerce, sous l'empire de la législation antérieure à la loi du 26 juillet 2005 (anc^t L. 25 janv. 1985[1], art. 210) prévoit que, pour toutes les infractions envisagées aux articles L. 626-2 à L. 626-14 (anc^t L. 25 janv. 1985, art. 197 à 209), « la prescription de l'action publique ne court que du jour du jugement prononçant l'ouverture de la procédure de redressement judiciaire lorsque les faits incriminés sont apparus avant cette date ». Le texte ne réglemente que le point de départ du délai. Il faut en conséquence décider que ces infractions, qui constituent des délits, se prescrivent par trois ans (C. pr. pén., art. 8).

Pour le point de départ de la prescription, il convient de distinguer selon que les faits sont apparus avant ou après l'ouverture de la procédure.

Dans le premier cas, le principe d'interprétation stricte attaché à la matière pénale conduit à écarter le jeu de ce point de départ de presciption lorsque le *jugement d'ouverture est une liquidation* judiciaire. Cette solution, préconisée par une partie de la doctrine[2], conduit à retenir comme point de départ de prescription de l'infraction soit sa commission, soit sa révélation. En matière de délits comparables à ceux visés par la législation des procédures collectives, la prescription[3] a généralement comme point de départ la révélation des faits délictueux. Or les infractions ici visées supposent l'ouverture d'une procédure de redressement ou de liquidation judiciaire, de sorte que la révélation des faits constitutifs de l'infraction ne peut être antérieure à l'ouverture de la procédure pour les organes de celle-ci, qui sont seuls habilités à saisir la juridiction, si l'on excepte le ministère public.

La loi du 26 juillet 2005[4] a modifié la rédaction défectueuse du texte ancien, à savoir l'article L. 626-15. Le texte de l'article L. 654-16 ne fait plus seulement courir la prescription du jour du jugement prononçant l'ouverture du redressement judiciaire, lorsque les faits incriminés sont apparus avant cette date, mais également du jour du jugement ouvrant la procédure de sauvegarde ou de liquidation judiciaire. Si les faits délictueux sont apparus après l'ouverture de la procédure de sauvegarde, mais avant la conversion, leur prescription ne commencera à courir qu'à compter de la procédure de redressement ou de liquidation judiciaire subséquente[5].

Le projet de loi prévoyait que ce texte serait applicable aux procédures en cours (art. 193-i), par dérogation au principe d'inapplication de loi nouvelle aux procédures en cours au jour de son entrée en vigueur. Cette solution a été critiquée lors des travaux parlementaires, car il a été observé que cette disposition est soit « inopérante, puisque cette entrée en vigueur anticipée (du texte) ne s'applique en matière de prescription, qu'à des procédures déjà en cours », soit « contrevient au principe suivant lequel la loi ultérieure plus rigoureuse ne s'applique pas aux procédures engagées sous un régime plus doux »[6]. La solution de l'application aux procédures en cours de l'article L 654-16 du code a finalement été abandonnée, car elle contrevenait au principe constitutionnel de non-rétroactivité de la loi pénale plus sévère[7]. La loi nouvelle est en effet plus sévère, dans la mesure où le domaine d'application de l'infrac-

1. L. n° 85-98, 25 janv. 1985, *JO* 26 janv., p. 1097.
2. Pérochon et Bonhomme, 6e éd., n° 445 – Sordino, *Le délit de banqueroute – Contribution à un droit pénal des procédures collectives*, « Bibl. dr. entr. », t. 34, Litec, 1996, n° 226.
3. Renucci, « Infractions d'affaires et prescription de l'action publique », *D.* 1997. Chron. 23.
4. L. n° 2005-845, 26 juill. 2005, *JO* 27 juill., p. 12187.
5. Matsopoulou, « La banqueroute (quelques aspects d'actualisation) », *LPA* 18 juin 2008, n° 122, p. 30 s., sp. 38.
6. *Rapp. Xavier de Roux*, n° 2095, p. 455.
7. *Rapp. J.-J. Hyest*, n° 335, p. 582.

tion, quant aux personnes, a été étendu[1]. En vertu du principe de non-rétroactivité de la loi pénale plus sévère, les nouveaux textes ne sont applicables qu'aux faits commis après le 1er janvier 2006[2].

Dans le second cas, lorsque les faits sont apparus après l'ouverture de la procédure, la prescription ne court que du jour de la révélation des faits[3], non du jugement d'ouverture, la précision de l'article L. 626-15 du code de commerce – et depuis la loi de sauvegarde des entreprises, celle de l'article L. 654-16 –, n'ayant pas pour objet de mettre à l'écart la règle de droit commun relative au point de départ du délai de prescription, en matière de délit d'affaires. La solution a été appliquée pour le délit de malversation[4]. Si les faits constitutifs de banqueroute sont apparus avant l'issue de l'enquête diligentée en suite du dépôt de plainte, la prescription court de la révélation des faits, non des suites de l'enquête[5].

Il a été jugé que l'infraction de blanchiment d'argent étant un délit distinct de celui de banqueroute avait une prescription autonome, la prescription du second délit n'emportant pas celle du premier[6].

Si, par principe, l'effet interruptif de la prescription est limité aux faits délictueux visés par les actes de poursuite interruptifs, il en va autrement en présence de faits connexes aux faits délictueux. Ainsi, la prescription est-elle écartée pour tous les actes délictueux commis dans la gestion frauduleuse de sociétés commerciales – comptabilité irrégulière, emploi de moyens ruineux pour se procurer des fonds, aux fins de retarder l'ouverture de la procédure collective, détournement d'actifs –, dès lors que certains de ces faits avaient été poursuivis[7].

SECTION 931.20
SAISINE DE LA JURIDICTION RÉPRESSIVE

931.21 Saisine de la juridiction répressive pour la poursuite des infractions de banqueroute et des autres infractions visées par la législation du droit des entreprises en difficulté.

L'article L. 626-16 du code de commerce (anct L. 25 janv. 1985[8], art. 211), dans la rédaction antérieure à la loi de sauvegarde des entreprises, énonce les personnes ayant qualité pour saisir la juridiction répressive, au titre des infractions visées aux sections I et II du chapitre VI.

Classiquement, d'abord, la juridiction pénale peut être saisie par l'action publique du ministère public.

La juridiction peut également être saisie par la voie d'une constitution de partie civile. Il importe peu que celle-ci soit antérieure ou postérieure aux poursuites du ministère public[9].

Elle peut être l'œuvre de tous les mandataires de justice : administrateur judiciaire, représentant des créanciers, liquidateur. Le liquidateur peut ainsi se constituer partie civile pour obtenir la condamnation du dirigeant auteur du délit de banqueroute pour comptabilité incomplète ou irrégulière à hauteur des dettes accumulées par la société, la carence comptable du prévenu ayant retardé durablement le constat de la cessation des paiements et ainsi aggravé le montant du passif social[10]. La solution apparaît bien sévère sur le terrain de la causalité[11].

Elle peut aussi être l'œuvre du commissaire à l'exécution du plan[12]. Ce dernier, qui peut engager l'action civile en cas d'appauvrissement de la société débitrice dans la mesure où il peut invoquer un tel préjudice au nom de la société[13], peut également continuer l'action engagée par le représentant des créanciers ou l'administrateur judiciaire[14]. Lorsque sa mission a pris fin, un mandataire *ad hoc* est recevable à exercer l'action civile[15]. Faute de nomination avant expiration de sa fonction, la constitution de partie civile est irrecevable[16].

La saisine de la juridiction peut aussi résulter de l'initiative du reprsentant des salariés. Il s'agit pour

1. JACQUEMONT et VABRES, 9e éd., 2015, no 1166 – ROUSSEL GALLE, 2e éd. 2007, no 861.
2. SAINT-ALARY-HOUIN, 9e éd., no 1465 – JACQUEMONT ET VABRES, 9e éd., no 1166 – ROUSSEL GALLE, 2e éd., no 861.
3. EN CE SENS : DERRIDA *ET ALII*, no 623 – SOINNE, no 2786 – JACQUEMONT, 7e éd. 2011, no 1114 – Sordino, *Le délit de banqueroute – Contribution à un droit pénal des procédures collectives, Litec, 1996, no 226 – Renucci, D.* 1997. Chron. 23, no 13.
4. Crim. 9 févr. 2005, no 03-85.508, *Bull. crim.* no 50; *D.* 2005. AJ 152, obs. Lienhard.
5. Crim. 1er juill. 2009, no 08-87.080, *Gaz. Pal.* 8-10 janv. 2010, nos 8, 9, p. 48, note Robaczewski.
6. Crim. 31 mai 2012, no 12-80.715, *Bull. civ.* IV, no 139; *Gaz. Pal. entr. diff.* 3 août 2012, no 216, p. 37, note Robaczewski; *Dr. sociétés* 2012, no 173, note Salomon.
7. Crim. 27 juin 2012, no 11-86.197, NP, *Gaz. Pal. entr. diff.* 13 oct. 2012, no 286, p. 38, note Robaczewski.
8. L. no 85-98, 2 janv. 1985, préc.
9. Crim. 27 [illegible]v. 2002, no 01-82.594, *Bull. crim.* no 52; *D.* 2002. [illegible]2258.
10. Crim. 8 [illegible]ll. 2015, no 14-84.075, NP, *Gaz. Pal.* 19 janv. 2016, [illegible]3, p. 78, note Robaczewski; *Dr. sociétés* 2015, comm. [illegible]23, note Salomon; *Bull. Joly sociétés* 2015, 509, note [illegible]uial-Bassilana.
11. Robac[illegible]wski, note ss Crim. 8 juill. 2015, no 14-84.075, préc.
12. AINSI [illegible]rim. 28 mai 2008, no 07-87.350, NP, *Dr. sociétés* 200[illegible] no 214, note Salomon – Crim. 19 nov. 2008, no 08-82.[illegible], NP; no 6439 F-D; *Gaz. proc. coll.* 2009/2, p. 51, no [illegible] note Robaczewski – Crim. 10 juin 2010, no 09-86[illegible]9, NP, *Dr. sociétés* 2010, no 191, note Salomon (v. [illegible]ssi ss no 541.[illegible]2).
13. C[illegible] 19 nov. 2008, no 08-82.013, NP, *Dr. sociétés* 2009, [illegible]0, note Salomon.
14. [illegible]. 10 mai 2007, [illegible]o 06-86.173, NP, *Dr. sociétés* 2007, [illegible]167, note Salomon.
15. [illegible]m. 16 nov. 2011, no 10-85.470, NP, *Dr. sociétés* 2012, [illegible]34, note Salomon.
16. [illegible]im. 12 juin 2014, no 1[illegible]-81.283, NP, *Gaz. Pal.* 18 janv. [illegible]015, no 18, p. 37, note Robaczewski; *JCP E* 2015, chron. [illegible]030, no 7, note Salomon.

ce dernier d'un des rares pouvoirs autres que celui de la vérification des créances salariales, que lui attribue la loi. La loi de sauvegarde des entreprises conserve pour tous ces organes la possibilité de la constitution de partie civile (C. com., art. L. 654-17).

Sous l'empire de la législation antérieure à la loi du 26 juillet 2005[1], le contrôleur ne peut agir[2], puisqu'il est, par principe, dépourvu de la qualité à émettre une prétention juridique. La loi de sauvegarde des entreprises, à la suite d'un amendement de la commission des lois du Sénat, a reconnu qualité aux contrôleurs pour saisir le tribunal correctionnel aux fins de sanctions pénales[3]. Les conditions de la saisine des contrôleurs sont celles de leur droit d'action en matière de sanctions. Les créanciers contrôleurs nommés par le tribunal – ce qui exclut le contrôleur d'office – ne pourront donc agir qu'à la majorité, ce qui suppose au moins deux créanciers contrôleurs. Une mise en demeure adressée au mandataire judiciaire et restée infructueuse s'impose (C. com., art. L. 654-17, D. 28 déc. 2005[4], art. 327 – v. s[s] n° 612.23).

La liste de l'article L. 626-16 du code de commerce[5] (anc[t] L. 25 janv. 1985, art. 211), et depuis la loi de sauvegarde des entreprises, celle de l'article L. 654-17[6], est limitative Il en résulte que le déclenchement de l'action publique aux fins de poursuite d'un mandataire de justice pour malversation ne peut être l'œuvre du débiteur[7].

L'irrecevabilité de l'action sera cependant écartée par le juge du fond, si une ordonnance de renvoi devant le juge correctionnel a été rendue à l'initiative d'une personne sans qualité pour saisir la juridiction[8].

Le simple créancier ne sauraitse substituer au défenseur de l'intérêt collectif des créanciers, représentant des créanciers – mandatair judiciaire – ou liquidateur pour demander la répartion du préjudice subi par la collectivité des créanerers[9].

En revanche, en application du prinpe d'absence de représentation collective d'un créancier par l'organe de défense de l'intérêt collectif des créanciers, le créancier peut se constituer partie civile s'il demande la réparation d'un préjudice qui lui est strictement personnel[10], lequel doit être distinct de la simple perte de sa créance[11]. Mais, même en ce cas, il ne saurait mettre en branle l'action publique. Cependant, l'irrecevabilité de son action civile n'aura pas pour effet d'entraîner la nullité de l'instruction si elle est suivie d'un réquisitoire du parquet afin d'informer[12]. Ainsi, comme cela a été observé, cette solution jurisprudentielle permet, dans les faits, au créancier de déclencher le procès pénal[13].

L'État – en l'occurrence l'agent judiciaire du Trésor – ne figurant pas au rang des personnes pouvant se constituer partie civile aux fins de poursuites pour banqueroute est irrecevable[14], alors même que l'action civile aurait pour fondement des détournements de subventions octroyées à la société débitrice. Il en est assurément ainsi si les subventions n'ont pas vocation à être restituées, la question demeurant entière si, au contraire, des restitutions sont concevables en l'absence d'utilisation des fonds octroyés aux fins initialement prévues, puisque l'État pourrait alors être considéré comme un créancier[15]. Mais il faudrait alors qu'il rapporte la preuve de l'existence d'un préjudice spécial, distinct de celui de la collectivité des créanciers, qui ne peut se résumer à la perte de sa créance.

931.22 Action civile se greffant sur l'action publique. Si le créancier ne peut saisir la juridiction répressive aux fins de poursuites pour banqueroute, en revanche, il reste recevable à se constituer partie civile par voie d'intervention, si la procédure a déjà été engagée. Il faudra alors que l'action civile tende à la réparation d'un préjudice personnel au créancier, distinct de celui de la collectivité des créanciers[16].

1. L. n° 2005-845, 26 juill. 2005, préc.
2. PÉROCHON ET BONHOMME, 6e éd., n° 445.
3. *Rapp. J.-J. Hyest*, n° 335, p. 498.
4. D. n° 2005-1677, 28 déc. 2005, *JO* 29 déc., p0324.
5. Crim. 20 févr. 1997, n° 96-81.201, *Bull. crim.* 72.
6. Crim. 3 juin 2015, n° 13-88.608, NP, *Gaz. Pal.* *ntr. diff.* 20 oct. 2015, n° 291, p. 37, note Robaczewski.
7. Crim. 10 mars 2010, n° 09-82.063, *Bull. cri* n° 50; *D.* 2010. Étude 2758, obs. Bouloc; *Gaz. Pal.* en *diff.* 2-3 juill. 2010, n°s 183, 184, p. 45, note Robaczeki; *Dr. sociétés* 2010, n° 152, note Salomon; *RTD co* 2010. 816, n° 9, obs. Bouloc.
8. Crim. 5 mai 1997, n° 96-81.82, *Bull. crim.* n° 1 *Rev. sociétés* 1998. 127, obs. Bouoc.
9. Crim. 3 juin 2015, n° 13-88.608, NP, *Gaz. Pal.* e *diff.* 20 oct. 2015, n° 291, p. 37, note Robaczewski; *Dr* *sociétés* 2015, comm. 159, nce Salomon.
10. Crim. 3 juin 2015, n° 13-88.608, préc.
11. Crim. 17 févr. 2016, n° 15-80.984, NP, *Gaz. Pal.* 12 avr. 2016, n° 14, p 78, note Robaczewski.
12. Crim. 11 avr. 2002, n° 02-80.778, *Bull. crim.* n° 87; *Act. proc. coll.* 2002, n° 256, obs. Cerf-Hollender, *RTD com.* 2002. 737, n° 9, obs. Bouloc; *Rev. sociétés* 2003. 562, note Bouloc.
13. Cerf-Hollender, note s[s] Crim. 11 avr. 2002, n° 02-80.778, *Act. proc. coll.* 2002, n° 256.
14. Crim. 28 févr. 2006, n° 05-83.461, *Bull. crim.* n° 55; *Gaz. proc. coll.* 2006/3, p. 53, obs. Robaczewski; *Act. proc. coll.* 2006, n° 120, note Cerf-Hollender; *Rev. sociétés* 2006. 389, note Bouloc; *Bull. Joly* 2006 2011. 1035, note Mascala.
15. Cerf-Hollender, note s[s] Crim. 28 févr. 2006, n° 05-83.461, *Act. proc. coll.* 2006, n° 120.
16. Crim. 11 oct. 1993, n° 92-81.260, *Bull. crim.* n° 283; *Rev. sociétés* 1994. 303, note Bouloc; *Rev. proc. coll.* 1994, 282, obs. Mascala – Crim. 30 mai 1994, n° 93-83.933, NP, *Bull. Joly* 1994. 12005, obs. Daigre; *Rev. proc. coll.* 1996, 137, obs. Mascala – Crim. 4 déc. 1997, n° 96-85.729, NP, *Dr. pénal* 1998, n° 52; *LPA* 27 juill. 1998, n° 89, p. 24, note Sordino – Versailles, 9e ch., 14 janv. 2004, RG n° 02/02525.

Le créancier devra faire état d'un préjudice distinct du simple montant de sa créance déclarée et résultant directement de l'infraction[1]. Pour cette raison, le créancier ne saurait solliciter réparation de sa fraction de préjudice collectif. La solution a été posée au préjudice de l'AGS, dont la constitution de partie civile a été déclarée irrecevable, car elle ne subit pas de préjudice distinct du fait du délit de malversation, qui a rendu impossible le remboursement de ses avances[2].

L'acte de se constituer partie civile, dans le cadre d'une infraction pénale, même contre personne non dénommée, tendant à la mise en cause de la responsabilité de l'auteur de l'infraction poursuivie, constitue une manifestation de l'intention de mettre en cause la responsabilité des auteurs du dommage. Il est donc interruptif de prescription. Toutefois, cette interruption est non avenue si les demandes résultant de la constitution de partie civile sont rejetées en raison de la décision de relaxe[3].

La prescription de l'action en responsabilité civile ne court qu'à compter de la date à laquelle la victime n'a plus d'incertitude sur l'existence du dommage. Dès lors que l'intéressé a pu se convaincre du caractère chimérique du projet qu'il a financé et du caractère irrécouvrable de ses créances chirographaires, il a connaissance du dommage, même si ce dernier n'est pas encore chiffrable. La prescription court, en conséquence, à cette date[4].

Une difficulté se présente, liée à la déclaration de créance.

Il pouvait être prétendu que le créancier ne pouvait agir que s'il avait conservé cette qualité, ce qui supposait qu'il ait déclaré sa créance et que celle-ci ne fût pas éteinte[5]. Il avait ainsi été jugé que si la créance de la partie civile était éteinte faute de déclaration au passif, le prévenu pour banqueroute ne pouvait être placé sous le régime du sursis avec mise à l'épreuve prévu par l'article 132-45,5° du code pénal, puisque ce texte obligeait à réparer les dommages causés par l'infraction, lesquels n'existaient plus du fait de l'extinction de la créance[6].

La chambre criminelle de la Cour de cassation pour sa part, opère une distinction. Si le défaut de déclaration de la créance au passif par une victime d'infractions pénales interdit la fixation de la créance au passif[7], il ne prive pas la victime du droit de se constituer partie civile[8], afin de déclencher l'action publique. Certes, dans une autre espèce identiquement soumise à la loi du 25 janvier 1985[9], sous l'empire de laquelle la créance non déclarée est éteinte, la chambre criminelle a déclaré irrecevable la constitution de partie civile du fait de l'extinction de la créance[10]. Les deux arrêts ne sont toutefois pas contradictoires. En effet, dans la seconde espèce, la constitution de partie civile était liée à une infraction en matière de droit de la construction, et plus précisément le fait d'avoir, en infraction avec cette législation, reçu un chèque de banque. Or, faute de déclaration de créance au passif, l'incident de paiement avait été régularisé. Ce n'est donc pas l'extinction seule de la créance qui a justifié l'irrecevabilité de la constitution de partie civile, mais les effets de l'extinction de la créance sur le chèque[11].

En dépit de la disparition de l'extinction de la créance pour défaut de déclaration au passif, sous l'empire de la législation issue de la loi de sauvegarde des entreprises, l'absence de déclaration de la créance interdira identiquement à la victime d'obtenir la condamnation du débiteur au paiement d'une somme d'argent, car la victime de l'infraction, du fait de l'inopposabilité de sa créance à l'égard de la procédure collective, ne peut plus se présenter comme créancier.

La déclaration de créance ne fait pas perdre au créancier la possibilité d'exercice de l'action civile, car elle ne manifeste pas le choix de la réparation par la voie civile ou par la voie pénale. Se trouve ainsi écartée la règle *una via electa*... (v. s^s n° 661.21). L'action n'est pas davantage fermée au créancier titulaire d'une créance née postérieurement au jugement d'ouverture et éligible au traitement préférentiel, car la discipline collective résultant de la représentation assurée par l'organe de défense de l'intérêt collectif des créanciers ne concerne que les créanciers soumis à la discipline collective.

Le créancier doit chiffrer sa demande. Il ne pourra obtenir réparation que du préjudice qu'il a subi, lequel n'est pas directement corrélé au montant de l'insuffisance d'actif[12]. En cas de soustraction de

1. Crim. 17 juin 2014, n° 13-83.288, *Bull. crim.* n° 150; n° 2705 F-P+B+I; *Gaz. Pal.* 5 oct. 2014, p. 45, note Robaczewski; *BJE* 2014, 320, note Sordino; *RTD com.* 2014. 708, n° 7, note Bouloc; *JCP E* 2015, chron. 1030, n° 7, note Salomon – Crim. 17 févr. 2016, n° 15-80.984, NP, *Gaz. Pal.* 12 avr. 2016, n° 14, p. 78, note Robaczewki.
2. Crim. 7 mars 2012, n° 11-83.005, *Bull. crim.* n° 62; *Gaz. Pal.* 28 avr. 2012, n° 118, p. 46, note Robaczewski; *Dr. sociétés* 2012, n° 90, note Salomon; *BJE* 2012, n° 129, note Sordino; *RTD com.* 2012. 855, n° 5, obs. Bouloc.
3. Com. 12 juill. 2011, n° 10-19.579, NP; n° 734 F-D.
4. Com. 12 juill. 2011, n° 10-19.579, préc.
5. Soinne, n° 2784.
6. Crim. 10 sept. 2003, n° 02-85.252, *Bull. crim.* n° 159.
7. Crim. 26 sept. 2012, n° 11-80.814, NP.
8. Crim. 23 janv. 2008, n° 07-82.174, NP, *Rev. proc. coll.* 2008, p. 58, n° 136, note Legrand.
9. L. n° 85-98, 25 janv. 1985, préc.
10. Crim. 8 oct. 2008, n° 08-82.789, NP, *LPA* 13 mars 2009, n° 52, p. 9, note Sortais.
11. Sortais, note s^s Crim. 8 oct. 2008, n° 08-82.789, *LPA* 13 mars 2009, n° 52, p. 9 s., sp. p. 11, n° 3.
12. Le Cannu *et alii*, n° 1747.

biens, il pourra s'agira de la valeur du bien soustrait[1], dès lors du moins que le créancier avait vocation à recueillir l'intégralité du prix de revente.

En l'absence de disposition légale sur le sort des sommes recueillies dans le cadre de l'action, ces dernières intègrent le patrimoine du débiteur[2], à l'identique de la solution dégagée dans le cadre de la condamnation à combler le passif. Certains distinguent selon que le préjudice subi par la collectivité des créanciers est ou non spécial[3]. Cette distinction semble cependant d'une mise en œuvre délicate.

Faute de disposition comparable à celle de l'article L. 624-3, alinéa 3 du code de commerce (anc[t] L. 25 janv. 1985, art. 180, al. 3), et, depuis la loi de sauvegarde des entreprises, dans sa rédaction antérieure à l'ordonnance du 18 décembre 2008[4], à celle de l'article L. 651-2, alinéa 3, il ne semble pas que les sommes recueillies dans le cadre de l'action puissent être affectées à la continuation de l'activité, le contraire ayant été soutenu[5]. Elles devront donc faire l'objet d'une distribution immédiate.

L'action civile appartient de façon générale à toute personne ayant personnellement souffert des conséquences d'une banqueroute. Il a ainsi été jugé que le cessionnaire des actifs, qui subit un préjudice direct résultant du détournement de certains des actifs, objet de la cession, est recevable à se constituer partie civile dans le cadre de la banqueroute[6].

931.23 Saisine de la juridiction répressive pour la poursuite d'infractions non visées par le code de commerce. Aucune entorse n'est apportée au droit commun, lorsqu'il est question de poursuivre des infractions non visées par le chapitre VI du titre II du livre VI du code de commerce (législation antérieure à la loi de sauvegarde des entreprises) et par le chapitre V du titre II du livre VI du code de commerce (législation issue de la loi de sauvegarde des entreprises).

La liste des personnes ayant qualité pour se constituer partie civile établie par le code de commerce est donc inadaptée, lorsqu'il est question de poursuivre, par exemple, un délit d'abus de biens sociaux commis par les dirigeants de la société débitrice. En ce cas, le représentant des créanciers – mandataire judiciaire – est par principe sans qualité à se constituer partie civile pour obtenir réparation du préjudice subi par la personne morale débitrice. Il en est *a fortiori* ainsi des créanciers individuellement, l'infraction d'abus de biens sociaux ne causant un préjudice direct qu'à la société elle-même, et non à ses créanciers[7]. Seuls les dirigeants semblent donc pouvoir mettre en œuvre l'action. La Cour de cassation a toutefois admis la recevabilité de l'action d'un administrateur judiciaire sur le fondement de sa qualité à accomplir les actes nécessaires à la conservation des droits de l'entreprise contre ses débiteurs[8]. En toute hypothèse, il apparaît qu'il n'y a pas de difficulté à reconnaître qualité à agir à l'administrateur judiciaire s'il a, en redressement judiciaire, une mission d'administration, puisqu'il est alors autorisé à représenter le débiteur pour la défense de ses droits patrimoniaux. Il prend la place des organes sociaux, dans cette tâche. Il peut donc se constituer partie civile pour le préjudice subi par le débiteur. De même, le liquidateur, du fait du dessaisissement, aurait ce pouvoir.

L'infraction de présentation de comptes annuels infidèles est susceptible d'occasionner un préjudice personnel et direct au cocontractant de la société débitrice, pouvant justifier la recevabilité de son action civile[9].

On a pu constater qu'en droit pénal des affaires, la recevabilité de la constitution de partie civile est à géométrie variable[10].

Pour remédier à l'impossibilité d'agir du représentant des créanciers et de l'administrateur judiciaire n'ayant pas mission d'administration, la jurisprudence admet en outre la nomination d'un mandataire *ad hoc* chargé de représenter la société[11].

Si les dirigeants sont les auteurs de l'infraction commise au préjudice de la société, il est évident qu'ils n'agiront pas contre eux. En ce cas, la Cour de cassation admet l'action des organes de la procédure, notamment du commissaire à l'exécution du plan[12] ou du liquidateur[13]. Le fait que, depuis la loi de sauvegarde, en application de l'article L. 641-9, II, alinéa 1 du code de commerce, les dirigeants sociaux en fonction lors du prononcé de la liquidation judiciaire le demeurent, n'aura pas pour effet de faire obstacle à l'exercice, par le liquidateur judi-

1. Crim. 20 mars 1995, n° 94-82.163, *Bull. crim.* n° 110.
2. Derrida *et alii*, n° 624 – Ripert et Roblot, n° 3325.
3. Le Cannu, 7e éd., n° 1344.
4. Ord. n° 2008-1345, 18 déc. 2008, *JO* 19 déc., p. 19462.
5. Derrida *et alii*, n° 624.
6. Crim. 30 oct. 2013, n° 12-86.707, NP, *Gaz. Pal.* 12 janv. 2014, p. 42, note Robaczewski; *Dr. sociétés* 2014, comm. 17, note Salomon.
7. Crim. 20 mai 2009, n° 08-86.899, NP, *Dr. sociétés* 2009, n° 170, note Salomon.
8. Crim. 27 févr. 2002, n° 01-82.594, *Bull. crim.* n° 52; *D.* 2002. 2258; *Bull. Joly* 2002. 777, n° 173, note Lucas.
9. Crim. 25 juin 2013, n° 12-86.659, NP, *Dr. sociétés* 2013, comm. 191, note Salomon.
10. Salomon, note ss Crim. 25 juin 2013, n° 12-86.659, NP, *Dr. sociétés* 2013, comm. 191.
11. Crim. 27 févr. 2002, n° 01-82.594, *Bull. crim.* n° 52.
12. Crim. 8 oct. 2003, n° 02-86.428, NP, *Act. proc. coll.* 2004, n° 11.
13. Crim. 8 mars 2006, n° 05-82.865, NP; n° 1526 F-D; *Gaz. proc. coll.* 2006/3, p. 54, n° 2, obs. Robaczewski; *Bull. Joly* 2006, août-sept., 213, p. 1048, note Scholer – Crim. 12 juin 2012, n° 11-87.799, NP, *Dr. sociétés* 2012, n° 217, note Salomon.

ciaire, des actions tendant à l'allocation de dommages-intérêts en réparation du préjudice résultant des infractions commises par les dirigeants de la personne morale en liquidation judiciaire[1].

Si l'action a été engagée par l'administrateur ou le représentant des créanciers - mandataire judiciaire –, elle peut être poursuivie par le commissaire à l'exécution du plan[2] et, lorsque ce dernier aura cessé sa fonction, par un mandataire spécial nommé pour la poursuivre[3].

Le liquidateur ne pourra toutefois obtenir réparation devant la juridiction répressive que du préjudice résultant directement des infractions commises[4]. Au contraire, la réparation pourra être plus complète dans le cadre d'une action en responsabilité pour insuffisance d'actif, le liquidateur n'ayant pas à démontrer le lien de causalité entre la faute et le préjudice, mais seulement la contribution de la faute de gestion à la réalisation du préjudice.

En outre, si l'infraction commise par les dirigeants l'a été au préjudice, non de la société, mais des créanciers, le représentant des créanciers - mandataire judiciaire –, le liquidateur, ainsi que le commissaire à l'exécution du plan peuvent agir. La solution a été posée en cas de présentation de faux bilan, la poursuite étant engagée contre les dirigeants, mais aussi contre le commissaire aux comptes[5]. Il en est de même des créanciers, par exemple des fournisseurs victimes des escroqueries commises par les dirigeants de la personne morale débitrice[6]. Mais il était admis que les créanciers agissant individuellement devaient démontrer un préjudice propre[7]. La solution semble bien avoir été abandonnée par la chambre criminelle de la Cour de cassation, qui a admis la possibilité pour des créanciers d'agir contre les dirigeants de la personne morale débitrice, auteurs de faits d'escroquerie, alors pourtant qu'ils ne faisaient état que de leur créance impayée, ce qui n'est pas un préjudice distinct de celui subi par la collectivité des créanciers. La solution a été justifiée par l'observation que la société débitrice n'avait pas été la victime de l'infraction[8].

Sous l'empire de la législation antérieure à la loi de sauvegarde des entreprises, l'indemnisation au titre de la constitution de partie civile supposera que le créancier ait déclaré sa créance au passif du dirigeant, dès lors que ce dernier, auteur des faits d'escroquerie, a été déclaré lui-même en redressement ou en liquidation judiciaire. L'extinction de la créance pour absence de déclaration au passif d'une personne coupable d'escroquerie fait en effet obstacle à l'obtention d'une indemnisation au titre d'une constitution de partie civile[9]. En revanche, même si l'indemnisation est impossible faute de déclaration de la créance au passif, la victime d'une infraction peut se constituer partie civile « aux fins de corroborer l'action publique »[10]. Cette solution posée sous l'empire de la loi du 25 janvier 1985[11] est évidemment applicable sous l'empire de la loi de sauvegarde des entreprises. Mais l'indemnisation du créancier ne sera pas possible, sous l'empire de la loi du 25 janvier 1985 du fait de l'extinction de la créance non déclarée et, sous l'empire de la loi de sauvegarde, du fait de la règle de l'arrêt des poursuites individuelles et son corollaire, la représentation collective des créanciers[12], qui sont applicables indépendamment de la déclaration de créance au passif.

La solution n'est pas reconductible, sous l'empire de la loi de sauvegarde des entreprises[13], du fait de la disparition de l'extinction de la créance pour absence de déclaration de celle-ci au passif[14].

Une double indemnisation est impossible. C'est pourquoi, si l'organe ayant en charge la défense de l'intérêt collectif des créanciers a agi, les créanciers sont pour leur part irrecevables. La solution a été posée pour la constitution de partie civile du commissaire à l'exécution du plan[15], organe érigé, dès avant la loi de sauvegarde des entreprises, par la jurisprudence en défenseur de l'intérêt collectif des créanciers.

Pourtant, une décision de la Chambre criminelle de la Cour de cassation n'a pas censuré une cour

1. Crim. 5 déc. 2012, n° 11-85.838, *Bull. crim.* n° 271 ; *Gaz. Pal.* 1er mai 2013, n° 121, p. 45, note Robaczewski ; *Act. proc. coll.* 2013, n° 28, note Cerf-Hollender ; *Dr. sociétés* 2013, n° 36, note Salomon ; *Rev. sociétés* 2013. 305, note Bouloc ; *LPA* 5 avr. 2013, n° 69, p. 17, note Boursier ; *RTD com.* 2013. 601. n° 4, obs. Bouloc.
2. Crim. 6 juin 2007, n° 06-85.720, NP, *Dr. sociétés* 2007, n° 186, note Salomon.
3. Crim. 6 juin 2007, n° 06-85.720, préc.
4. Angers, 15 mai 2007, RG n° 06/00724, *Gaz. proc. coll.* 2007/3, p. 61, note Robaczewski.
5. Crim. 17 nov. 2004, n° 03-82.657, *Bull. crim.* n° 291 ; *D.* 2005. AJ 566, obs. Lienhard ; *Rev. sociétés* 2005. 433, note Bouloc ; *Dr. sociétés* 2005, n° 58, note Salomon.
6. Versailles, 9e ch., 14 janv. 2004, RG n° 02/02525.
7. Crim. 8 oct. 2003, n° 02-86.428, NP, *Act. proc. coll.* 2004, n° 11.
8. Crim. 11 juin 2008, n° 07-81.655, NP, *Act. proc. coll.* 2008, n° 257, note Cerf.
9. Crim. 10 mai 2007, n° 06-84.119, *Bull. crim.* n° 121 ; *D.* 2007. AJ 1788, obs. Lienhard.
10. Crim. 23 janv. 2008, n° 07-82.174, NP, *JCP E* 2008. Chron. 2062, n° 15, obs. M. Cabrillac.
11. L. n° 85-98, 25 janv. 1985, préc.
12. M. Cabrillac, obs. ss Crim. 23 janv. 2008, n° 07-82.174, *JCP E* 2008. Chron. 2062, n° 15.
13. L. n° 2005-845, 26 juill. 2005, préc.
14. Crim. 1er juill. 2009, n° 08-87.407, NP, *Dr. sociétés* 2009, n° 233, note Salomon.
15. Crim. 17 nov. 2004, n° 03-82.657, *Bull. crim.* n° 291 ; *D.* 2005. AJ 566, note Lienhard ; *Dr. sociétés* 2005, n° 58, note Salomon.

d'appel qui avait admis la recevabilité de la constitution de partie civile de 11 créanciers, en sus de celle du liquidateur. Ces créanciers ne poursuivaient pas l'indemnisation d'un préjudice personnel, puisqu'il était question, pour eux, d'être indemnisés pour le montant déclaré au passif, ce qui constitue l'archétype d'un préjudice collectif. Pour admettre la solution, la Cour de cassation s'est focalisée sur la considération selon laquelle la cour d'appel avait entendu éviter une double indemnisation en considérant que le montant des sommes allouées aux créanciers, à titre individuel, devait être déduit du montant des sommes arrêtées dans le cadre de la procédure collective. Deux obstacles s'élèvent pourtant contre pareil raisonnement. Le premier tient au fait que le montant de la créance existant au jour du jugement d'ouverture ne peut être réduit au prétexte que des paiements postérieurs au jugement d'ouverture seraient effectués [1]. Le second obstacle tient à la qualité à agir : si le préjudice n'est pas strictement personnel aux créanciers, ces derniers ne peuvent agir, seul le défenseur de l'intérêt collectif des créanciers ayant cette qualité.

La Chambre nationale des huissiers de justice ne peut exercer les droits réservés à la partie civile, dans le cadre d'un abus de confiance aggravé commis par un huissier, que relativement aux faits portant un préjudice direct ou indirect à l'intérêt collectif de la profession qu'elle représente. Aucune disposition n'autorise cette autorité professionnelle à se constituer partie civile pour obtenir le remboursement des sommes exposées en exécution de ses obligations légales, faute de préjudice distinct de celui subi par les clients de l'étude, qui aurait été susceptible de constituer une atteinte à l'intérêt collectif de la profession [2].

SECTION 931.30
INSTRUCTION DES INFRACTONS

931.31 Instruction des infractions – Droit de communication du ministère public. L'article L. 626-17 du code de commerce (anc[t] L. 25 janv. 1985 [3], art. 212) dispose que le ministère public peut requérir de l'administrateur ou du liquidateur la remise de tous les actes et documents détenus par ces derniers. La solution est reproduite, sous l'empire de la loi du 26 juillet 2005 [4], par l'article L. 654-18, dans la rédaction que lui donne la loi de sauvegarde des entreprises.

Il peut apparaître singulier que l'obligation de retransmission n'ait pas été étendue au représentant des créanciers – mandataire judiciaire – qui peut être en possession d'un certain nombre de documents, qu'il sera seul à détenir, en l'absence d'administrateur. La solution n'est cependant pas gênante, puisque cette disposition fait déjà double emploi avec celle de l'article L. 621-11 alinéa 1 du code de commerce (anc[t] L. 25 janv. 1985, art. 13, al. 1), devenu depuis la loi de sauvegarde des entreprises, l'article L. 621-8 alinéa 1, dans la rédaction de la loi de sauvegarde des entreprises, qui autorise le ministère public à requérir tous actes ou documents relatifs à la procédure. Cette dernière disposition est applicable en redressement judiciaire (C. com., art. L. 631-9) et en liquidation judiciaire (C. com., art. L. 641-11, al. 2).

En tout cas, seul le ministère public est en droit de demander cette communication, qui aurait pu être utile pour un organe de la procédure, pour réunir des éléments probatoires, aux fins d'être plus exactement informé avant de lancer son action. Cependant, cette absence de droit de transmission peut être réparée par le recours au juge-commissaire, qui dispose de ce pouvoir à toute étape de la procédure, par application de l'article L. 621-11, alinéa 1 du code de commerce, dans la rédaction antérieure à la loi de sauvegarde des entreprises, par celle de l'article L. 621-28, alinéa 1, sous l'empire de la loi de sauvegarde des entreprises. Ainsi les organes de la procédure désireux d'agir pourront-ils solliciter le juge-commissaire, afin qu'il effectue cette démarche [5].

Il a été jugé que la prescription du délit d'abus de biens sociaux commence à courir non à compter de la présentation des comptes sociaux, ni à la date de la connaissance des faits délictueux par le commissaire aux comptes, mais à la date de la réception par le ministère public du rapport du mandataire judiciaire, dès lors que les comptes annuels n'avaient pas été présentés à l'assemblée générale des actionnaires et que le commissaire aux comptes n'avait pas dénoncé l'abus de biens sociaux dans des conditions permettant l'exercice de l'action publique [6].

Le fait que le juge d'instruction ait participé au jugement d'ouverture de la procédure collective ouverte à l'encontre de la personne morale ne fait pas obstacle, au regard de l'article 6 § 1 de la Convention européenne des droits de l'homme, à ce qu'il instruise la mesure de banqueroute contre le

1. Crim. 6 avr. 2016, n° 14-85.227, NP, *Gaz. Pal.* 28 juin *2016, n° 24, p. 71, note Robaczewski.*
2. *Crim. 9 mars 2016, n°* 1385.943, *Bull. crim.* [à paraître]; *n° 545 F-P+B; Gaz. Pal.* 12 avr. 2016, n° 14, p. 77, note Robaczewski; *BJE* 2016 275, note Sordino.
3. L. n° 85-98, 25 janv. 1985, préc.
4. L. n° 2005-845, 26 juill. 2005, préc.
5. Soinne, n° 2787.
6. Crim. 3 oct. 2007, n° 06-87.276, NP; n° 5249 F-D; *Bull. Joly* 2008. 134, § 33, note Chilstein.

dirigeant de la personne morale débitrice[1]. La solution, posée dans l'ordre interne, n'est cependant pas très heureuse au regard du droit à un procès équitable et pourrait ne pas être suivie par la juridiction européenne.

SECTION 931.40

PUBLICITÉ DES DÉCISIONS ET FRAIS DE LA PUBLICATION

931.41 Publication du jugement. L'article L. 626-19 du code de commerce (anc^t L. 25 janv. 1985[2], art. 214) prévoit la publication des arrêts et jugements rendus en application des articles L. 626-2 à L. 626-14 du code (anc^t L. 25 janv. 1985, art. 197 à 209). La solution est reprise par l'article L. 654-20, issu de la loi de sauvegarde des entreprises.

L'article 170 du décret du 27 décembre 1985[3] prévoit que « les jugements prononçant la faillite personnelle ou les autres sanctions prévues au titre V et VI de la loi du 25 janvier 1985 [devenus chapitres IV et V du titre II du livre VI du code de commerce] font l'objet des publicités prévues à l'article 21 et sont adressées aux autorités mentionnées à l'article 19 ». Le visa dans le corps du texte des titres V et VI du code de commerce résulte d'un ajout opéré par le décret du 21 octobre 1994[4]. La rédaction initiale ne prévoyait pas cette restriction, de sorte que toutes les décisions prononçant des sanctions et pas seulement celles relatives aux sanctions civiles étaient visées. Les sanctions du titre VI qui nous occupent ici devaient donc faire l'objet de publication au registre du commerce et des sociétés pour les commerçants, au répertoire des métiers pour les artisans ou à son équivalent en Alsace-Moselle, le répertoire des entreprises, ou enfin pour les personnes non immatriculées à ces registres ou répertoires, au registre spécial tenu au greffe du tribunal de grande instance. En outre, un avis d'insertion devait être effectué au *Bodacc*, ainsi que dans un journal d'annonces légales. Cette solution nous semble devoir être reconduite. C'est la seule façon de réparer la malfaçon de l'article 171 du décret du 27 décembre 1985, qui prévoit une publicité, sans plus de précision. Cette solution se recommande d'ailleurs du visa par l'article 170 du décret des mentions prévues au casier judiciaire par l'article 768-5 du code de procédure pénale, ce visa donnant l'indication que le pouvoir réglementaire entendait bien soumettre les décisions sur les sanctions pénales à la publicité de l'article 21 du décret du 27 décembre 1985.

931.42 Frais de la poursuite et de publication du jugement. En cas de relaxe, l'article L. 626-18 du code de commerce (anc^t L. 25 janv. 1985[5], art. 213) prévoit que lorsque l'action n'est pas l'œuvre du ministère public, les frais sont à la charge du Trésor public. En cas de condamnation, ils sont à la charge du condamné.

Le Trésor public, qui aura avancé les frais, ne pourra exercer son recours contre le débiteur qu'après clôture de la procédure (C. com., art. L. 626-18, al. 2) La solution est reprise par l'article L. 654-19, alinéa 2 qui prévoit que « en cas de condamnation, le Trésor public ne peut exercer son recours contre le débiteur qu'après la clôture des opérations de liquidation judiciaire ». Même si le contraire a été soutenu[6], cela ne constitue pas une exception au jeu de la règle de l'interdiction du droit de reprise, après clôture, des poursuites individuelles, puisque, par hypothèse, le fait générateur de cette créance de remboursement doit être trouvé dans l'avance des fonds, laquelle est postérieure au jugement d'ouverture.

Les frais de publication du jugement ou de l'arrêt sont également à la charge du condamné (C. com., art. L. 626-19 [anc^t L. 25 janv. 1985, art. 214]), devenu l'article L. 654-20, sous l'empire de la loi du 26 juillet 2005[7].

1. Crim. 10 mars 2004, n° 03-87.441, *Bull. crim.* n° 65; *D.* 2004. AJ 1237.
2. L. n° 85-98, 25 janv. 1985, préc.
3. D. n° 85-1388, 27 déc. 1985, *JO* 29 déc., p. 15281.
4. D. n° 94-910, 21 oct. 1994, *JO* 22 oct., p. 15019.
5. L. n° 85-98, 25 janv. 1985, préc.
6. SOINNE, n° 2788.
7. L. n° 2005-845, 26 juill. 2005, préc.

CHAPITRE

932. Infraction commise par le débiteur et les dirigeants de la personne morale débitrice : la banqueroute

SECTION 0

ORIENTEUR

932.00 **Plan du chapitre.**

Sect. 932.10 Évolution générale – Conditions préalables du délit de banqueroute
Sect. 932.20 Personnes pouvant être sanctionnées
Sect. 932.30 Cas de banqueroute
Sect. 932.40 Peines de la banqueroute

932.01 **Textes applicables.**

> Législation antérieure à la loi de sauvegarde des entreprises.

C. com., art. L. 626-1 à L. 626-7

> Législation issue de la loi de sauvegarde des entreprises.

C. com., art. L. 654-1 à L. 654-7

> Législation issue de l'ordonnance du 18 décembre 2008.

C. com., art. L. 654-1 à L. 654-7

932.02 **Jurisprudence de référence.**

> La juridiction correctionnelle ne sera pas liée par la date de cessation des paiements retenue par la juridiction de la faillite.

• **Crim. 18 nov. 1991,** n°s 90-81.775, 91-81.646, *Bull. crim.* n° 415, 2 esp.

* V. s^s^ n° 932.13

« Pour déclarer constituer le délit de banqueroute, le juge répressif a le pouvoir de retenir en tenant compte des éléments soumis à son appréciation une date de cessation des paiements autre que celle fixée par la juridiction consulaire. »

***> L'ouverture d'une procédure de redressement ou de liquidation judiciaire n'est qu'une condition préalable à l'exercice de l'action publique* du chef de banqueroute. Il importe donc peu qu'un pourvoi en cassation ait conduit à l'anéantissement de la décision ouvrant le redressement judiciaire, dès lors que la procédure collective était exécutoire au moment des détournements.**

• **Crim. 24 mars 2010,** n° 09-84.599, *Bull. crim.* n° 55

* V. s^s^ n° 932.13

> Le créancier est recevable à agir contre le complice de banqueroute *in bonis* du débiteur.

• **Crim. 11 oct. 1993,** n° 92-81.260, *Bull. crim.* n° 283

* V. s^s^ n° 932.23

Le principe de l'égalité des créanciers ne s'oppose pas à leur action individuelle contre les complices du banqueroutier qui ne font pas eux-mêmes l'objet d'une procédure collective et dont le patrimoine n'est pas en conséquence le gage de l'ensemble des créanciers.

> L'intérêt du groupe de sociétés ne peut justifier l'infraction de banqueroute par détournement d'actif.

• **Crim. 27 avr. 2000,** n° 99-85.192, *Bull. crim.* n° 169

* V. s^s^ n° 932.32

« Attendu que, pour relaxer le prévenu, poursuivi pour banqueroute par détournement d'actifs à raison de ces avances non remboursées, la cour d'appel, après avoir dit qu'il n'y avait pas lieu de requalifier la poursuite en abus de biens sociaux, énonce que les sociétés avaient une enseigne commune et des méthodes de vente identiques, une zone d'achalandage ayant fait l'objet d'une même stratégie et une activité commune, que les sociétés travaillaient en synergie, que c'est à la suite de la création de B… C… que les autres sociétés ont périclité et enfin que Jacques X n'a pas agi dans un intérêt personnel ;

Mais attendu qu'en prononçant ainsi, alors que l'intérêt de groupe ne saurait être invoqué en cas de poursuites pour banqueroute, la cour d'appel n'a pas donné de base légale à sa décision. »

932.03 **Bibliographie indicative.** (V. les références complètes s[s] n° 031).

> Actualisables. RÉP. COM., Fortis E., « Entreprises en difficulté – Redressement judiciaire (Sanctions) », n°s 49 à 92.

> Ouvrages antérieurs à la loi de sauvegarde des entreprises. CHAPUT, n°s 645, 647, 648, 650 et 651, 653, 654 – GUYON, n° 1417 – JACQUEMONT, n°s 906 à 910 – KERCKHOVE, n°s 873 à 886 – LE CANNU, n°s 887 à 889, 891 et 892 – LE CANNU *ET ALII*, n°s 1727 à 1761 – LE CORRE-BROLY, n°s 447 à 461 – MARTIN ET VALLENS, n°s 4133 à 4156 – PÉROCHON ET BONHOMME, n°s 445 à 451 – PÉTEL, n°s 434 à 442 – RIPERT ET ROBLOT, n°s 3321 à 3327-1 – SAINT-ALARY-HOUIN, n°s 1071 à 1073, 1122 à 1130 – SOINNE, n°s 2751 à 2769-1 – VALLANSAN, p. 362 à 369.

> Ouvrages postérieurs à la loi de sauvegarde des entreprises. GIBIRILA, n°s 832 à 846 – JACQUEMONT ET VABRES, 9e éd., n°s 1164 à 1172, 1174 à 1177 – Lasserre Capdeville J, « Abus de biens sociaux et banqueroute », Joly, éd. 2010 – LE CANNU, 7e éd., n°s 1338 à 1342, 1344 à 1346 – LIENHARD, 6e éd., n°s 141.11 à 142.18 – PÉROCHON, 10e éd., n°s 1760 à 1777 – PÉTEL, 8e éd., n°s 439 à 441, 443 – ROUSSEL GALLE, 2e éd., n°s 59 à 866 – SAINT-ALARY-HOUIN, 9e éd., n°s 1465 à 1473 – VALLANSAN *ET ALII*, 6e éd., p. 493 à 500 – VALLENS, 2015, n°s 4764 à 4796 – VIDAL et GIORGINI, 1re éd., n°s 1606 à 1626 – VOINOT, 2e éd., n°s 921 à 925.

> Articles. Bénéjat M., « Faut-il sauver la banqueroute ? », *Rev. proc. coll.* 2010. Étude 27 – Canet P., « Le délit de banqueroute comptable sous l'influence de la réforme des sanctions civiles issue de la loi de sauvegarde des entreprises », *LPA* 12 avr. 2007, n° 74, p. 42 – Chevalier J.-Y., « Le risque pénal encouru par le commerçant en difficulté », *LPA* 12 janv. 1994, p. 16 – Conte P., « La banqueroute du commerçant radié du registre du commerce et des sociétés », *Mél. Larguier*, PU Grenoble 1993, p. 67 – Delattre Ch., « Le chef d'entreprise face à ses obligations comptables dans la loi de sauvegarde », *Dr. sociétés* 2012. Étude 13 – De Massiac B., « Le délit de banqueroute cinq ans après l'entrée en vigueur de la loi du 25 janvier 1985 », *RJDA* 1992. 658 – Dekeuwer A., « Cessation des paiements, détournement d'actif et pouvoirs du juge pénal en matière de banqueroute », *JCP E* 1995. I. 420 – Desurvire D., « Banqueroute et faillite de l'antiquité à la France contemporaine », *LPA* 30 août 1991, p. 12 – Fraimout J.-J., « La banqueroute comptable après la loi de sauvegarde des entreprises, questions et conjectures : un régime pénal inchangé dans un contexte procédural nouveau », *LPA* 12 avr. 2007, n° 74, p. 44 - Gibirila D., « Les responsabilités et les sanctions du dirigeant dans la loi de sauvegarde des entreprises », *Defrénois* 2005. 989, n° 38412 - Jeandidier W., « Le droit pénal de la banqueroute ou les avatars de la dépénalisation », *RJ com.* 2001 – Jonville A., « Les délits liés aux difficultés des entreprises et la responsabilité pénale des personnes morales », *JCP N* 1994. Prat. 3053 – Lasserre Capdeville J., « Un oubli regrettable de l'ordonnance sur l'EIRL : l'adaptation du délit de banqueroute », *LPA* 18 janv. 2011, n° 12, p. 3 – Mascala C., « La réforme du régime des sanctions », *Dr. et patr.* déc. 2009. 85 – Matsopoulou H., « La banqueroute (quelques aspects d'actualisation) », *LPA* 18 juin 2008, n° 122, p. 30 – Stolowy N., « Délinquance des comptes et droit des entreprises en difficultés », *JCP* 2003. I. 147.

932.04 **Questions essentielles.**

• Qui peut se rendre complice de banqueroute ?

* V. s[s] n° 932.23.

• Est-il grave de ne pas tenir correctement sa comptabilité ?

* V. s[s] n°s 932.34 à 932.37.

SECTION 932.10

ÉVOLUTION GÉNÉRALE – CONDITIONS PRÉALABLES DU DÉLIT DE BANQUEROUTE

932.11 **Généralités sur la banqueroute.** La banqueroute est une sanction très ancienne du droit des procédures collectives. Son origine est trouvée dans le statut des villes italiennes de la Renaissance. *Banca rotta* signifie le banc rompu, image pour indiquer que l'intéressé ne pouvait plus siéger aux assemblées de marchands. En France, l'infraction de banqueroute existe depuis une ordonnance de Charles IX de 1560.

Sous l'empire de la loi du 13 juillet 1967[1], il était distingué entre banqueroute simple et banqueroute frauduleuse, entre banqueroute facultative et banqueroute obligatoire. La loi du 25 janvier 1985[2] a supprimé ces distinctions. Désormais, les cas de banqueroute sont obligatoires, ce que justifie l'expression « sont coupables » de l'article L. 626-2, alinéa 1 du code de commerce (anc[t] L. 25 janv. 1985, art. 197, al. 1)[3], expression reprise par l'article L. 654-2, alinéa 1 issu de la loi de sauvegarde des entreprises.

Tous les cas de banqueroute supposent l'intention délictueuse de leur auteur[4]. La banqueroute est un délit d'intention, non d'imprudence, puisqu'elle suppose, selon les cas, des actes de détournement d'actifs ou des falsifications, qui sont autant de faits volontaires[5].

Faute d'avoir été spécialement envisagée par les textes, la tentative de banqueroute n'est pas punissable[6].

Le recel de banqueroute suppose la caractérisation des éléments constitutifs de l'infraction initiale

1. L. n° 67-563, 13 juill. 1967, *JO* 14 juill., p. 7059.
2. L. n° 85-98, 25 janv. 1985, *JO* 26 janv., p. 1097.
3. RIPERT ET ROBLOT, n° 3324.
4. V. Sordino, *Le délit de banqueroute – contribution à un droit pénal des procédures collectives*, « Bibl. dr. entr. », t. 34, Litec, 1996, n°s 372 s.
5. Matsopoulou, « La banqueroute (quelques aspects d'actualisation) », *LPA* 18 juin 2008, n° 122, p. 30 s., sp. p. 34.
6. RIPERT ET ROBLOT, n° 3324.

de banqueroute[1]. C'est en effet un délai de conséquence.

Les cas de banqueroute sont divisibles. Ils sont autant de délits spéciaux. En conséquence, la relaxe prononcée au titre d'un des cas visés à l'article L. 626-2 du code de commerce, dans la rédaction antérieure à la loi de sauvegarde des entreprises[2], à l'article L. 654-2 issu de la loi de sauvegarde des entreprises, ne fait pas obstacle à une poursuite ultérieure sur le fondement d'un autre cas[3].

Rien n'interdit à un tribunal de retenir à l'encontre d'un même prévenu plusieurs cas de banqueroute[4].

La banqueroute absorbe les délits spéciaux du droit des affaires, dont les éléments constitutifs seraient identiques. Ainsi, une poursuite pour abus de biens sociaux à l'encontre d'un dirigeant ne peut plus prospérer après ouverture de la procédure à l'encontre de la personne morale si les agissements délictueux ont été accomplis après la date de cessation des paiements[5]. Les juges du fond ne pourront d'office procéder à une requalification des faits qu'en respectant la règle du contradictoire[6], afin de permettre au prévenu d'assurer sa défense, ce qui est le cas lorsque les juges avisent, lors de l'audience des débats devant la cour d'appel, qu'ils envisagent la requalification[7]. Si les faits sont antérieurs à la cessation des paiements, ils pourront justifier le délit d'abus de biens sociaux et non la banqueroute, à moins qu'ils n'aient été à l'origine de la cessation des paiements, qu'ils soient en relation de causalité matérielle et intentionnelle avec la cessation des paiements[8], auquel cas seuls les textes sur la banqueroute seront applicables. Si les faits sont postérieurs à la cessation des paiements, seule l'infraction de banqueroute peut être retenue[9].

1. Crim. 7 mars 2012, n° 11-80.763, NP, *Gaz. Pal.* 18 janv. 2013, n° 18, p. 42, note Robaczewski; *Dr. sociétés* 2012, n° 174, note Salomon.
2. L. n° 2005-845, 26 juill. 2005, *JO* 27 juill., p. 12187.
3. SOINNE, n° 2757 – RIPERT ET ROBLOT, n° 3324.
4. Crim. 10 sept. 2008, n° 08-80.889, NP, *Dr. sociétés* 2008, n° 259, note Salomon.
5. Crim. 27 oct. 1999, n° 98-85.651, NP, *JCP E* 2000. Jur. 1045, note Robert; *Act. proc. coll.* 2000, n° 82 – *Adde*, Mascala, « Les sanctions applicables aux dirigeants », *LPA* 6 sept. 2000, n° 178, p. 50 s., sp. p. 51.
6. Crim. 16 mai 2001, n° 00-85.066, *Bull. crim.* n° 128; *Act. proc. coll.* 2001, n° 159 – Crim. 3 nov. 2011, n° 10-88.832, NP, *Dr. sociétés* 2012, n° 16, note Salomon – Crim. 5 juin 2013, n° 12-83.056, NP, *Gaz. Pal.* 29 sept. 2013, n° 272, p. 38, note Robaczewski.
7. Crim. 10 févr. 2010, n° 09-80.660, NP, *Dr. sociétés* 2010 n° 214, note Salomon.
8. AINSI : Crim. 21 sept. 1994, n° 93-85.541, NP, *JCP E* 1995. II. 690, note Dekeuwer – Crim. 5 févr. 1995, n° 94-82.469, NP, *Rev. proc. coll.* 1996, p. 133, obs. Devèze – Crim. 25 mars 2009, n° 08-84.84?, NP, *Dr. sociétés* 2009, n° 147, note Salomon.

En 2003, 565 peines principales pour banqueroute ont été prononcées, 423 peines de prison, dont 69 d'emprisonnement ferme[10].

Des interrogations se font jour pour savoir si la banqueroute a encore sa place dans l'arsenal répressif, compte tenu des autres possibilités de sanctionner le débiteur et le dirigeant de la personne morale débitrice[11].

932.12 Dépénalisation de certains cas de banqueroute. La loi du 25 janvier 1985[12] a dépénalisé certains cas de banqueroute connus de la législation antérieure :

– paiement d'un créancier au préjudice des autres, après la cessation des paiements;

– prise d'engagements trop importants pour le compte d'autrui, par la personne morale, sans contrepartie;

– omission de déclaration de la cessation des paiements dans le délai de quinzaine de celle-ci;

– consommation des fonds de la personne morale dans des opérations de pur hasard.

L'article L. 626-2 du code de commerce (anc^t L. 25 janv. 1985, art. 197) n'envisage plus que cinq cas de banqueroute. La solution est reprise par l'article L. 654-2 du code, dans la rédaction que lui donne la loi du 26 juillet 2005[13].

932.13 Ouverture d'une procédure collective, condition préalable à l'engagement des poursuites aux fins de prononcé de la banqueroute. Rompant avec les solutions antérieures, qui autorisaient le prononcé de la banqueroute indépendamment de l'ouverture d'une procédure collective (L. 13 juill. 1967[14], art. 139), l'article L. 626-2 du code de commerce (anc^t L. 25 janv. 1985[15], art. 197) et l'article L. 654-2 du code, dans la rédaction que lui donne la loi du 26 juillet 2005[16], font de l'ouverture de la procédure collective à l'encontre de l'intéressé, de la personne morale qu'il dirigeait ou de la personne morale que dirigeait la personne morale qu'il représentait, de façon permanente, une condition du prononcé de la banqueroute.

La conception traditionnelle de la faillite virtuelle a donc disparu. Il n'en demeure pas moins que la cessation des paiements devra être caractérisée contre le débiteur ou contre la personne morale qu'il

9. Crim. 5 oct. 1992, n° 91.86.770, *Bull. crim.* n° 301; *Bull. Joly* 1993. 252, note Bouloc.
10. *Rapp. J.-J. Hyest*, n° 335, p. 488.
11. Bénéjat, « Faut-il sauver la banqueroute ? », *Rev. proc. coll.* 2010. Étude 27.
12. L. n° 85-98, 25 janv. 1985, préc.
13. L. n° 2005-845, 26 juill. 2005, préc.
14. L. n° 67-563, 13 juill. 1967, préc.
15. L. n° 85-98, 25 janv. 1985, préc.
16. L. n° 2005-845, 26 juill. 2005, préc.

dirige pour pouvoir poursuivre du chef de banqueroute, dès lors que les faits doivent être commis, par principe, après la cessation des paiements. La juridiction pénale pourra toutefois retenir des faits antérieurs à la cessation des paiements fixée par la juridiction consulaire, pour considérer que le délit est constitué, dès lors qu'ils ont pour objet ou pour effet d'éviter ou de retarder la constatation de l'état de cessation des paiements[1]. Cette solution est critiquée par certains auteurs, qui considèrent que l'ouverture de la procédure collective est un élément constitutif de l'infraction, non une simple condition préalable[2]. En outre, la juridiction correctionnelle ne sera pas liée par la date de cessation des paiements retenue par la juridiction de la faillite. Cette solution, posée sous l'empire de la législation antérieure à la loi du 26 juillet 2005[3], « séquelles de l'autonomie autrefois reconnue au juge pénal en la matière »[4] – la faillite virtuelle[5] – demeure inchangée sous l'empire de la législation du 26 juillet 2005[6]. Un auteur a toutefois fait observer, à juste titre selon nous, que l'interdiction de remonter la date de cessation des paiements au-delà de la décision définitive homologuant l'accord de conciliation s'impose tant au juge civil qu'au juge pénal[7]. En revanche, la possibilité pour le juge pénal de fixer la date de cessation plus de dix-huit mois avant le jugement d'ouverture, posée sous l'empire de la législation antérieure à la loi de sauvegarde des entreprises[8], semble devoir être reconduite[9].

La péremption du jugement d'ouverture pour défaut de notification n'emporte pas de conséquence sur la validité du réquisitoire introductif de l'action en banqueroute[10]. Il faut voir, dans cette solution, la consécration de la thèse selon laquelle l'ouverture de la procédure collective n'est pas une condition de fond ayant valeur équivalente à un élément constitutif de l'infraction de banqueroute, mais simplement une condition préalable de nature procédurale d'engagement des poursuites[11]. Cette opinion a d'ailleurs exactement été consacrée par la Chambre criminelle de la Cour de cassation, qui juge que l'ouverture d'une procédure de redressement ou de liquidation judiciaire n'est qu'une condition préalable à l'exercice de l'action publique du chef de banqueroute. Il importe donc peu qu'un pourvoi en cassation ait conduit à l'anéantissement de la décision ouvrant le redressement judiciaire, dès lors que la procédure collective était exécutoire au moment des détournements[12]. De même, il importe peu que la liquidation soit clôturée pour extinction du passif, dès lors que la procédure en banqueroute est en cours à cette date[13].

Une question prioritaire de constitutionnalité a été présentée par une personne qui s'était constituée partie civile, relativement à l'obligation d'existence d'un jugement d'ouverture d'une procédure de redressement ou de liquidation judiciaire pour pouvoir prononcer le délit de banqueroute, ayant notamment pour fondement le principe de l'égalité devant la loi pénale. Elle a été rejetée comme étant non sérieuse[14].

932.14 Inapplication du délit de banqueroute à la procédure de sauvegarde. L'article L. 654-2 du code de commerce, dans la rédaction que lui donne la loi de sauvegarde des entreprises[15], ne rend possible la condamnation pour banqueroute qu'en cas d'ouverture d'une procédure de redressement judiciaire ou de liquidation judiciaire. Il reste muet sur la procédure de sauvegarde.

La solution s'explique aisément. En effet, la procédure de sauvegarde est ouverte sans état de cessation des paiements[16]. Or l'infraction de banque-

1. Crim. 6 févr. 1995, n° 94-82.469, NP, *Rev. proc. coll.* 1996, p. 133, obs. Devèze.
2. Matsopoulou, « La banqueroute (quelques aspects d'actualisation) », *LPA* 18 juin 2008, n° 122, p. 30 s., sp. p. 32.
3. Crim. 18 nov. 1991, n°s 90-83.775, 91-81.646, *Bull. crim.* n° 415, 2 esp.; *Rev. proc. coll.* 1992, 319, obs. Devèze; *JCP E* 1992. I. 192, n° 17, obs. M. Cabrillac; *JCP* 1993. I. 3686, n° 11, obs. Gavalda et Stoufflet; *JCP* 1993. II. 22102, note Sordino; *RTD com.* 1992. 878, obs. Bouzat – Crim. 21 juin 1993, n° 92-84.526, *Bull. crim.* n° 217; *RJ com.* 1994. 16, note Bernardini et Honorat.
4. Pétel, 8e éd., n° 441.
5. Derrida, « Renaissance de la faillite virtuelle ? », *Mél. Larguier*, PU Grenoble, 1993, p. 95 s.
6. *Rapp. Xavier de Roux*, n° 2095, p. 448, 449.
7. Jacquemont et Vabres, 9e éd., n° 1172.
8. Com. 20 oct. 1992, n° 90-20.964, *Bull. crim.* n° 315; *Bull. Joly* 1993. I. 298, n° 20, obs. M. Cabrillac; *LPA* 26 janv. 1994, p. 20, note Bernardini et Honorat.
9. Voinot, 2e éd., n° 923.
10. Crim. 10 mars 2004, n° 03-87.441, *Bull. crim.* n° 65; *D.* 2004. AJ 1237; *RTD com.* 2004. 608, n° 12, obs. Mascala et 627, n° 9, obs. Bouloc.
11. Mascala, obs. s^s^ Crim. 10 mars 2004, n° 03-87.441, *RTD com.* 2004. 608, n° 12 – Bénéjat, « Faut-il sauver la banqueroute ? », *Rev. proc. coll.* 2010. Étude 27, n° 11.
12. Crim. 24 mars 2010, n° 09-84.599, *Bull. crim.* n° 55; *D.* 2010. Actu. 1204, obs. Lienhard; *Gaz. Pal. entr. diff.* 2-3 juill. 2010, n°s 183, 184, p. 43 note Robaczewski; *Act. proc. coll.* 2010, n° 166, note Cerf-Hollender; *Rev. sociétés* 2010. 407, note Roussel Galle et p. 464, note Matsopoulou; *Bull. Joly* 2010, n° 141, note Mouial-Bassilana; *JCP E* 2010. Chron. 1742, n° 13, obs. Pétel; *Dr. sociétés* 2010, n° 151, note Salomon; *RTD com.* 2010. 816, n° 8, obs. Bouloc – Crim. 24 oct. 2012, n° 11-86.165, NP, *Dr. sociétés* 2013, n° 16, note Salomon; *RTD com.* 2013. 160, n° 7, obs. Bouloc; *Dr. pénal* 2013, 46, obs. Robert.
13. Crim. 23 mai 2013, n° 12-81.199, NP, *D.* 2014. pan. 1570, note crit. Mascala; *JCP E* 2014. 1028, note Salomon; *Rev. sociétés* 2013. 512, note Bouloc.
14. Crim. 21 déc. 2012, n° 11-86.645, NP, *Dr. sociétés* 2013, n° 55, note Salomon.
15. L. n° 2005-845, 26 juill. 2005 préc.
16. *Rapp. Xavier de Roux*, n° 2095, p. 442, 443.

route, même si la cessation des paiements n'en est plus un élément constitutif, ne devrait être prononcée qu'à l'occasion de procédures supposant l'état de cessation des paiements, ce qui est le cas des procédures de redressement et de liquidation judiciaires, non de la procédure de sauvegarde.

En termes de politique législative, l'exclusion de la sauvegarde des procédures au cours desquelles peut être prononcée la banqueroute est la trace de la prime à l'anticipation, chère au législateur de sauvegarde. La sauvegarde apparaît une machine à laver les fautes, mais à condition que la machine ne tombe pas en panne.

À suivre le texte, ce que la loi pénale plus que toute autre conduit à faire strictement, la banqueroute ne pourra toutefois être prononcée en cas de conversion en redressement ou en liquidation judiciaire, car il ne s'agit pas, ainsi que l'exige l'article L. 654-2, de l'« ouverture d'un redressement ou de liquidation judiciaire ».

En revanche, en cas de résolution du plan de sauvegarde, la banqueroute pourra être prononcée, mais à condition seulement qu'il y ait cessation des paiements. En ce cas, en effet, il y aura ouverture d'une liquidation judiciaire (C. com., art. L. 626-27, I, al. 2) ou, depuis l'ordonnance du 18 décembre 2008[1], d'un redressement ou d'une liquidation judiciaire (C. com., art. L. 626-27, I, al. 2).

SECTION 932.20
PERSONNES POUVANT ÊTRE SANCTIONNÉES

932.21 **Personnes physiques.** L'article L. 626-1, 1° du code de commerce (anc[t] L. 25 janv. 1985[2], art. 196, 1), dans la rédaction antérieure à la loi de sauvegarde des entreprises, vise « tout commerçant, artisan ou agriculteur ». Toutes les personnes susceptibles d'être déclarées, par voie directe, en redressement ou en liquidation judiciaire, peuvent être sanctionnées. On exceptera le débiteur décédé, mai[s] non le débiteur retiré des affaires ou radié[3], dès lor[s] qu'il a pu être déclaré en redressement ou en liqui[-]dation judiciaire. Dès lors que l'intéressé a ét[é] déclaré en redressement ou en liquidation jud[i]ciaire, l'une de ces trois qualités résulte nécessair[e]ment du jugement d'ouverture. L'intéressé ne ser[a]ble pas recevable à prétendre ultérieurement, deva[nt] la juridiction répressive, à l'inexistence de l'une ces qualités[4], même si le civil n'a pas autorité de chose jugée sur le pénal.

L'article L. 626-1, 2° du code de commerce (devenu C. com., art. L. 654-1, 2°, réd. L. 26 juill. 2005[5]) vise ensuite les personnes ayant directement ou indirectement, en droit ou en fait, dirigé ou liquidé une personne morale de droit privé ayant une activité économique. Le texte s'applique aux dirigeants de société d'économie mixte[6]. Il importe peu que l'intéressé ait la qualité exigée pour l'ouverture d'une procédure collective. Le texte n'exige pas davantage que le dirigeant ait été personnellement placé en redressement ou en liquidation judiciaire, le contraire ayant été soutenu[7]. Il est seulement exigé qu'il soit dirigeant ou liquidateur, peu important qu'il soit liquidateur amiable ou judiciaire[8]. Le fait qu'il n'exerce pas, dans les faits, la direction de droit ne permettra pas d'écarter l'application du texte[9].

Le juge français est compétent pour connaître des faits de banqueroute relatifs à une société de droit étranger, dès lors que la liquidation judiciaire de cette société, qui avait un établissement en France, a été prononcée[10].

Un simple administrateur de société par actions, dès lors qu'il se contente de participer aux décisions collectives, est *a priori* mal placé pour être condamné pour banqueroute[11].

Le gérant d'une EURL tombe sous le coup de l'infraction[12].

La **loi de sauvegarde des** entreprises, à la suite d'un amendement de la commission des lois du Sénat, a supprimé l'exclusion relative aux personnes morales n'ayant pas une activité économique[13]. Ainsi, les dirigeants de toutes les personnes morales de droit privé sont concernés.

La sanction s'applique aux dirigeants de fait, comme l'action en comblement de passif ou, sous l'empire de la législation antérieure à la loi de sauvegarde des entreprises, le redressement et la liquidation judiciaires à titre personnel, et sous l'empire de

1. Ord. n° 2008-1345, 18 dc. 2008, *JO* 19 déc., p. 1946[2]
2. L. n° 85-98, 25 janv. 198[5], préc.
3. SUR LA QUESTION : Conte, [«] La banqueroute du commerç[ant] radié du registre du commerce et des sociétés », *Mél. [...]guier*, PU Grenoble, 19[..], p. 67.
4. SOINNE, n° 2755.
5. L. n° 2005-845, 26 juill. 2005, préc.
6. Crim. 2 juin 1999, n° 98-81.454, *Bull. crim.* n° 118; *RTD com.* 1999. 980, n° 1, obs. Mascala.
7. GUYON, n° 1416.
8. LE CANNU, 7e éd., n° 1341, note 7.
9. AINSI : Versailles, 9e ch. C., 14 déc. 2005, *JCP E* 2006. 2629, p. 1944.
10. Crim. 4 avr. 2012, n° 10-87.448, NP, *Gaz. Pal.* 18 janv. 2013, n° 18, p. 41, note Robaczewski; *Dr. sociétés* 2012, n° 131, note Salomon.
11. Matsopoulou, « La banqueroute (quelques aspects d'actualisation) », *LPA* 18 juin 2008, n° 122, p. 30 s., sp. p. 31.
12. Toulouse, 3e ch., 24 nov. 2009, *Dr. sociétés* 2010, n° 126, note Salomon.
13. *Rapp. J.-J. Hyest*, n° 335, p. 489.

la loi du 26 juillet 2005, l'action en obligation aux dettes sociales. La solution vaut quel que soit le cas de banqueroute poursuivi. Cette solution a, par exemple, été posée en cas d'absence de tenue de comptabilité[1] ou de tenue d'une comptabilité irrégulière[2]. La notion sera entendue identiquement (v. s^{s} n°s 921.21 s.). La Chambre criminelle de la Cour de cassation contrôle la déduction juridique qu'opèrent les juges du fond sur la qualité de dirigeant de fait à partir d'un faisceau d'indices laissés à leur appréciation souveraine[3]. C'est ainsi qu'a été retenue la qualification de dirigeant de fait à l'encontre d'un prétendu directeur commercial qui prenait les décisions importantes, fixait les salaires, décidait des investissements, tout en étant le seul à disposer d'une voiture de fonction et occupait le bureau directorial[4]. La sanction peut frapper simultanément un dirigeant de fait et un dirigeant de droit[5].

Une particularité importante mérite toutefois d'être signalée, qui distingue la direction de fait retenue en matière de responsabilité et de sanctions civiles de la direction de fait retenue en matière de banqueroute : dans le second domaine, il est admis que la gestion de fait peut concerner une entreprise exploitée en la forme individuelle[6], ce qui est inconcevable dans le premier.

Contrairement à ces sanctions qui ne présupposent pas, pour leur application, que la personne morale ait une activité économique, la banqueroute et les autres infractions visées dans le titre VII ne seront appliquées, sous l'empire de la législation antérieure à la loi de sauvegarde des entreprises, qu'aux dirigeants de personne morale ayant une activité économique (sur cette notion, v. s^{s} n° 911.22), reprenant en cela la solution applicable à la faillite personnelle et à l'interdiction de gérer (C. com., art. L. 625-1 [anc^{t} L. 25 janv. 1985, art. 185]). La loi de sauvegarde des entreprises a modifié la solution. Il est désormais indifférent que les intéressés soient dirigeants de personnes ayant une activité économique.

L'article L. 626-1, 3° du code de commerce, et la solution est reprise sous l'empire de la loi de sauvegarde des entreprises par l'article L. 654-1, 3°, vise encore les personnes physiques représentants permanents des personnes morales, à l'identique de la solution retenue pour l'action en comblement de passif, le redressement et la liquidation à titre personnel ou l'action en obligation aux dettes sociales (v. s^{s} n° 921.14). Peu importe que la personne morale dirigée soit majoritairement détenue par une personne morale de droit public[7].

L'ordonnance du 18 décembre 2008[8] maintient, sans modification, les 2° et 3° de l'article L. 654-1 du code. En revanche, l'article 139 de l'ordonnance du 18 décembre 2008 modifie le 1° de cet article, en remplaçant les mots « tout commerçant, agriculteur, à toute personne immatriculée au répertoire des métiers » par ceux de « toute personne exerçant une activité commerciale ou artisanale, à tout agriculteur ». Il s'agit d'une rédaction analogue à celle déjà rencontrée, par exemple pour déterminer le domaine d'application *ratione personae* de la procédure de sauvegarde. Ce changement de rédaction a pour objet de tenir compte de la modification apportée par la loi de modernisation de l'économie, loi du 4 août 2008[9], qui a accordé à certains artisans la possibilité de ne pas être immatriculés au répertoire des métiers. Afin de ne pas les exclure du dispositif de traitement des difficultés des entreprises, il est apparu indispensable de modifier la rédaction des textes. Corrélativement, les artisans non immatriculés doivent, comme ceux qui le sont, pouvoir être sanctionnés par la banqueroute.

La loi du 26 juillet 2005 avait ajouté à la liste des personnes pouvant être atteintes par le délit de banqueroute toutes les personnes physiques qu'elle soumettait aux procédures de redressement ou de liquidation judiciaire. Étaient en conséquence visées les personnes physiques exerçant une activité professionnelle indépendante, ce qui permettait d'englober les professionnels libéraux, qu'il soit au non soumis à un statut réglementaire ou législatif. Ce visa large permettait également d'englober les artisans de fait, non immatriculés au répertoire des métiers[10].

Ainsi, il apparaît que la modification de l'article L. 654-1, 1° du code de commerce, par l'article 139 de l'ordonnance du 18 décembre 2008, n'est qu'appa-

1. Crim. 7 déc. 1992, n° 92-80.627, *Bull. crim.* n° 402.
2. Crim. 19 nov. 2008, n° 08-81.194, *Bull. crim.* n° 237; *Gaz. proc. coll.* 2009/2, p. 50, n° 1, note Robaczewski; *Dr. sociétés* 2009, n° 18, note Salomon; *Act. proc. coll.* 2009, n° 87, note Cerf-Hollender; *RTD com.* 2009. 472, n° 7, obs. Bouloc; *Rev. sociétés* 2009. 653, note Matsopoulo.
3. AINSI, Crim. 12 nov. 2015, n° 14-84.963, NP, *Gaz. Pal.* 12 avr. 2016, n° 14, p. 77, note Robaczewski; *Dr. sociétés* 2016, comm. 19, note Salomon.
4. Crim. 19 sept. 1994, n° 93-85.629, NP, *Bull. Joly* 1994. 1309, note Barbièri.
5. Crim. 19 sept. 1994, n° 93-85.629, préc.
6. Crim. 19 nov. 2008, n° 08-81.194, *Bull. crim.* n° 237; *Gaz. proc. coll.* 2009/2, p. 50, n° 1, note Robaczewski; *Act. proc. coll.* 2009, n° 87, note Cerf-Hollender; *RTD com.* 2009. 472, n° 7, obs. Bouloc; *Dr. sociétés* 2009, n° 18, note Salomon; *Rev. sociétés* 2009. 653, note Matsopoulo.
7. Toulouse, 3e ch., 31 mai 2000, *JCP E* 2001. Pan. 493.
8. Ord. n° 2008-1345, 18 déc. 2008, préc.
9. L. n° 2008-776, 4 août 2008, *JO* 5 août, p. 12471, dite loi LME.
10. *Rapp. Xavier de Roux*, n° 2095, p. 444 – *Adde,* Mascala, « L'amélioration de la situation du chef d'entreprise », *Rev. proc. coll.* 2005, p. 370 s, sp. p. 371.

rente[1]. Cette disposition doit donc être considérée comme purement interprétative.

Précisons enfin que la qualité nécessaire pour pouvoir condamner l'intéressé pour banqueroute s'apprécie non à la date des poursuites, mais à la date des agissements délictueux[2].

932.22 Personnes morales. La responsabilité pénale des personnes morales a fait son apparition, avec la loi du 25 janvier 1985[3], en matière de banqueroute, alors qu'auparavant cette infraction ne pouvait être commise que par des personnes physiques. L'article L. 626-7 du code de commerce (anc^t^ L. 25 janv. 1985, art. 202) prévoit que les personnes morales peuvent être déclarées pénalement responsables, dans les conditions prévues à l'article 121-2 du code pénal, des infractions prévues par les articles L. 626-3 et L. 626-4 du code de commerce (anc^t^ L. 25 janv. 1985, art. 198 et 199). L'article L. 626-3 s'intéresse à l'auteur et au complice de banqueroute. L'article L. 626-4 vise identiquement l'auteur ou le complice de banqueroute ayant la qualité particulière de dirigeant d'une société de bourse.

Les solutions sont reprises par la loi de sauvegarde, l'article L. 654-7, I du code énonçant que « les personnes morales peuvent être déclarées responsables pénalement, dans les conditions prévues par l'article 121-2 du code pénal, des infractions prévues par les articles L. 654-3 et L. 654-4 ». Il s'agissait, par ce visa, de tenir compte du principe de spécialité de la responsabilité pénale des personnes morales.

L'article 143 de l'ordonnance du 18 décembre 2008[4] supprime le visa de l'article 121-2 du code pénal, pour tenir compte de la suppression du principe de spécialité de la responsabilité pénale des personnes morales par la loi du 9 mars 2004[5], dite loi Perben II, applicable depuis le 31 décembre 2005[6]. Cette modification de l'article L. 654-7 du code de commerce opérée par l'article 143 de l'ordonnance du 18 décembre 2008 est donc purement interprétative, comme le reconnaît le rapport au Président de la République sur l'ordonnance du 18 décembre 2008, qui fait état d'une actualisation « à droit constant des dispositions de droit pénal »[7].

932.23 Complicité de banqueroute. L'article L. 626-3, alinéa 2 du code de commerce (anc^t^ L. 25 janv. 1985[8], art. 198, al. 2), dans la rédaction antérieure à la loi de sauvegarde des entreprises[9] et l'article L. 654-3, alinéa 2 du code, dans la rédaction que lui donne la loi de sauvegarde des entreprises, punissent des peines de la banqueroute les complices du banqueroutier. La qualité de l'intéressé importe peu. Ces textes indiquent qu'il peut ne pas être commerçant, agriculteur ou artisan. Il faut toutefois remarquer l'oubli gênant du législateur pour le complice du banqueroutier professionnel indépendant ayant une qualité autre que celle de commerçant, d'artisan ou d'agriculteur. Si le débiteur est une personne morale, le banqueroutier peut ne pas être dirigeant.

Sous l'empire de la loi de sauvegarde des entreprises, l'alinéa 2 de l'article L. 654-3 du code de commerce disposait que « Encourent les mêmes peines les complices de banqueroute, même s'ils n'ont pas la qualité de commerçant, d'agriculteur ou d'artisan ou ne dirigent pas, directement ou indirectement, en droit ou en fait, une personne morale de droit privé. »

Ce texte ne faisait qu'énoncer un principe général du droit pénal, selon lequel les complices sont punis comme auteur de l'infraction. En effet, l'article 121-7 du code pénal érige en principe que la complicité de crime ou de délit est toujours incriminée[10]. Le texte était donc inutile[11] et c'est pourquoi l'article 141 de l'ordonnance du 18 décembre 2008[12] l'a supprimé[13].

Compte tenu des cas de banqueroute, deux catégories se trouvent particulièrement exposées à être complices du banqueroutier.

La première est celle des experts-comptables et des commissaires aux comptes[14]. Il leur sera reproché l'aide procurée à la tenue d'une comptabilité irrégulière, qui pourra être source de graves préjudices, spécialement pour des banquiers qui, sur le fondement de documents comptables erronés, ayant reçu le visa d'un commissaire aux comptes, auront accordé des concours[15]. Le fait que le commissaire

1. RAPPR. : Mascala, « La réforme du régime des sanctions », *Dr. et patr.* déc. 2009. 85 s., sp. 88.
2. SAINT-ALARY-HOUIN, 6e éd., n° 1314.
3. L. n° 85-98, 25 janv. 1985, préc.
4. Ord. n° 2008-1345, 18 déc. 2008, préc.
5. L. n° 2004-204, 9 mars 2004 portant adaptation de la justice aux évolutions de la criminalité, *JO* 10 mars, p. 4567, dite loi Perben II.
6. Mascala, art. préc., sp. 90.
7. Rapport au président de la République sur l'ordonnance n° 2008-1345 du 18 déc. 2008, *JO* 19 déc., Titre I, chap. V, s^s^ art. 139 à 145.
8. L. n° 85-98, 25 janv. 1985, préc.
9. L. n° 2005-845, 26 juill. 2005, préc.
10. SUR CE PRINCIPE : Conte et Maistre du Chambon, *Droit pénal général*, [illegible]^e^ éd., « U », A. Colin, 2002, n° 408.
11. Mascala, « Les sanctions pénales dans l'ordonnance du 18 décembre 2008 », *Rev. proc. coll.* 2009, p. 105, n° 3.
12. Ord. n° 2008-1345, 18 déc. 2008, préc.
13. AUSSI : Mascala, « La réforme du régime des sanctions », *Dr. et patr.* déc. 2009. 85 s., sp. 88.
14. V. du Pontavice, « Commissaires aux comptes, experts-comptables et complicité du délit commis par les dirigeants sociaux », *Rev. sociétés* 1988. 489.
15. Crim. 24 janv. 1994, n° 93-80.832, NP – Crim. 18 mai 2011, n° 10-87.768, NP, *BJE* 2011. 279, note Lasserre Capdeville; *JCP E* 2011, n° 1761, note Salomon.

aux comptes n'accomplisse pas d'acte positif de complicité, en certifiant les comptes annuels d'une société, n'autorise pas sa relaxe, dès lors que, ayant le devoir d'agir, en l'occurrence en effectuant les recherches nécessaires, il s'abstient volontairement des vérifications comptables qui s'imposaient[1]. La complicité par abstention est en effet punissable, dès lors qu'il y a collusion entre le commissaire aux comptes et les dirigeants sociaux[2].

La deuxième catégorie classique de complices du banqueroutier est celle des banquiers[3]. Le fait principal punissable tiendra à un emploi de moyens ruineux pour se procurer des fonds, dans l'intention d'éviter ou de retarder l'ouverture de la procédure collective. Il sera ainsi reproché au banquier l'escompte de traites fictives[4], dont peut être rapprochée la cession de créances fictives par bordereau Dailly. Il pourra s'agir de la suppression par le banquier d'avis d'impayés destinés à la Banque de France[5]. Eu égard au fait punissable principal, la complicité ne sera retenue que si le banquier savait que les concours accordés étaient ruineux pour l'entreprise, preuve qui ne semble guère poser de problèmes, mais aussi qu'ils étaient destinés à éviter ou à retarder l'ouverture de la procédure, ce qui pose davantage de difficultés probatoires[6]. Le délit est caractérisé si, d'une part, la banque, ayant connaissance de la situation de cessation des paiements, a artificiellement maintenu au débiteur les crédits en compte-courant, dans le but de réaliser des actifs à son profit et de réduire ainsi le débit de ce compte, et que, d'autre part, les intérêts et frais comptabilisés ont excédé les capacités de remboursement de la société débitrice[7]. La complicité de banqueroute par fourniture de moyens ruineux peut ainsi être retenue contre la banque.

La jurisprudence démontre qu'il peut exister une troisième catégorie de personnes, à l'encontre desquelles peut être retenue une complicité de banqueroute par fourniture de moyens : les administrateurs provisoires, désignés par le tribunal, pour se substituer aux organes statutaires d'une société et qui ont sciemment contrevenu à leur mission en maintenant à son poste le président et en mettant en place, à ses côtés, un « comité de direction ». Leur complicité sera retenue s'ils ont conscience de fournir à certaines personnes désignées pour faire partie de ce comité, les moyens de commettre les détournements dont ceux-ci se sont rendus coupables[8].

L'article L. 626-7 du code de commerce (anc[t] L. 25 janv. 1985, art. 202), dans la rédaction antérieure à la loi de sauvegarde des entreprises et l'article L. 654-3 du code, dans la rédaction que lui donne la loi de sauvegarde des entreprises, permettent de considérer que la banque, en tant que personne morale, sera pénalement responsable des agissements de ses préposés, spécialement les directeurs d'agence.

Les textes ne font pas obstacle à la constitution de partie civile à l'encontre des complices, cette dernière pouvant se révéler financièrement plus intéressante qu'à l'encontre de l'auteur du délit. Ainsi le créancier, qui est par principe privé d'action contre le débiteur, reste recevable à agir contre le complice *in bonis* du débiteur[9].

Le complice de banqueroute, comme l'auteur du délit, ne peut être condamné qu'à hauteur du préjudice qu'il fait subir aux créanciers, par ses agissements[10].

SECTION 932.30
CAS DE BANQUEROUTE

932.31 **Avoir « dans l'intention d'éviter ou de retarder l'ouverture de la procédure de redressement judiciaire ou de liquidation judiciaire, soit fait des achats en vue d'une revente au-dessous du cours, soi[illegible]t employé des moyens ruineux pour se procurer [illegible]les fonds ».** Le texte vise deux types de faits qui [illegible] commun l'objectif poursuivi par le débiteur ou l[illegible]dirigeant de la personne morale débitrice : ne pas s[illegible]oumettre à une procédure collective ou s'y sou[illegible]tre le plus tard possible, ce qui entraîne d'une [illegible]t impossibilité de tout redressement et d'autre [illegible]rt accumulation de dettes au préjudice des

1. V. Crim. 18 mai 2011, nº 10-87.768, NP, *Gaz. Pal. entr. diff.* 21 janv. 2012, nº 20, p. 47, note Robaczewsk; *Dr. sociétés* 2011, nº 182, note Salomon.
2. Robaczewski. note s[s] Crim. 18 mai 2011, nº 10-87.768, NP, *Gaz. Pal. entr. diff.* 21 janv. 2012, nº 20, p. 47.
3. Mouly, « La responsabilité pénale du banquier en cas de banqueroute de son client », *D.* 1984. Chron. 32 – Koering-Joulin, « L'élément moral de la complicité par fourniture de moyens ruineux », *D.* 1980. Chron. 231 – Letartre, « Le banquier complice », *RD banc. et bourse* 1988. 192 – Ducouloux-Favard, « Banqueroute par moyens ruineux et complicité des établissements financiers au regard du Nouveau code pénal », *LPA* 6 oct. 1993, p. 61.
4. Crim. 13 nov. 1989, nº 88-83.422, NP, *Rev. proc. coll. 1990, 287, obs. Devèze.*
5. Crim. 4 déc. 1989, nº 89-80.752, NP, *Rev. proc. coll.* 1990, 287, obs. Devèze.
6. AINSI : Paris, 9e ch., 14 févr. 2000, *RTD com.* 2001. 238, obs. Mascala; *D.* 2002. Somm. 205, obs. Sortais.
7. Crim. 22 sept. 2010, nº 09-83.274, NP, *Gaz. Pal.* 7 oct. 2011, nº 280, p. 46, note Robaczewski; *Dr. sociétés* 2010, nº 237, note Salomon; *Dr. sociétés* 2011, nº 19, note Salomon; *Bull. Joly* 2011. 129, note Dondéro; *RD banc. fin.* 2011, nº 193, note Crédot et Samyn.
8. Cri[illegible]2 sept. 2010, nº 09-87.363, NP, *Gaz. Pal.* 7 oct. 201[illegible]º 280, p. 45, note Robaczewski; *LPA* 11 juill. 2011, nº [illegible] p. 18, note Sordino.
9. Cri[illegible] 1 oct. 1993, nº 92-81.260, *Bull. crim.* nº 283; *Rev. pr[illegible]oll.* 1994, 282, note Devèze et Mascala.
10. D[illegible] 6[e] ch., *D.* 2005. AJ 358, obs. Lienhard.

créanciers. Il s'agit également d'un cas de faillite personnelle.

La volonté d'éviter ou de retarder l'ouverture de la procédure de redressement judiciaire est l'élément moral constitutif du délit. Si cette volonté fait défaut, le délit ne peut être constitué[1]. L'infraction ne sera caractérisée que s'il y a préjudice pour le débiteur. Il y a là un élément matériel de l'infraction. Tel n'est pas le cas lorsque le dirigeant de la société débitrice revend des matériels financés par des crédits, sans rembourser ces derniers, dès lors que les reventes sont intervenues à un prix normal[2].

Il importe ici d'observer la malfaçon législative résultant de la loi de sauvegarde des entreprises, qui consiste à avoir oublié l'hypothèse de la liquidation judiciaire immédiate. À lire le texte, en cas de liquidation judiciaire immédiate, l'infraction ne pourrait être constituée, puisque seule l'ouverture de la liquidation judiciaire, non celle du redressement judiciaire, aurait été retardée. La rigueur du législateur, pour prévoir les procédures à l'occasion desquelles la banqueroute pourra être prononcée, s'est ici arrêtée en chemin.

La malfaçon est réparée par l'article 140 de l'ordonnance du 18 décembre 2008[3], qui ajoute dans le 1° de l'article L. 654-2 du code de commerce, le visa de la liquidation judiciaire. Le principe d'interprétation stricte de la matière pénale nous incite à considérer que le texte n'est pas interprétatif, et ne peut, en conséquence, trouver application que pour les procédures ouvertes à compter du 15 février 2009, encore que le rapport au Président de la République sur l'ordonnance du 18 décembre 2008 fasse état d'une actualisation « à droit constant des dispositions de droit pénal »[4].

Le premier type de faits visés par l'article L. 626-2, 1° du code de commerce (anct L. 25 janv. 1985[5], art. 197, 1), devenu l'article L. 654-2, 1° depuis la loi de sauvegarde des entreprises, est d'avoir fait des achats pour revendre au-dessous du cours. Cette infraction doit être rapprochée de l'interdiction de revente à perte, créée par l'article 32 de l'ordonnance du 1er décembre 1986. L'infraction n'est caractérisée que s'il y a revente à un prix anormal[6]. Le fait de vendre des denrées périssables en dessous du cours n'est cependant pas punissable[7], l'intéressé réduisant en l'occurrence la perte constatée pour le débiteur. Signalons que la définition de la revente à perte a été modifiée par la loi du 3 janvier 2008[8]. Elle est posée par l'article L. 442-2, alinéa 1 du code de commerce.

La deuxième série de faits visés à l'article L. 626-2, 1° du code de commerce, devenu l'article L. 654-2, 1° depuis la loi de sauvegarde des entreprises, est l'emploi de moyens ruineux pour se procurer des fonds. Il n'en sera ainsi que si peuvent être constatés des actes positifs destinés à obtenir des fonds. Le simple fait de ne pas payer une dette génératrice de frais financiers importants ou de majorations de retard pour des dettes fiscales ou sociales ne suffit pas[9]. Le recours massif à la cession de créances professionnelles par bordereau Dailly ne constitue pas un moyen ruineux pour se procurer des fonds, compte tenu du ratio entre la charge engendrée par la mobilisation de créances et la situation financière générale de la société[10]. L'infraction sera constituée en cas d'escompte de fausses factures ou de traites de complaisance[11], solution dont on rapprochera la cession de fausses factures par le mécanisme du bordereau Dailly ou de l'affacturage[12]. Le cas sera identiquement constitué dans le cadre d'un contrat d'affacturage portant sur des créances réelles, mais ruineux[13]. Il en est de même en cas d'opérations de cavalerie[14]. Encore faudra-t-il cependant, pour ne pas violer l'article 388 du code de procédure pénale, que la cour d'appel ne retienne pas l'émission de chèques croisés non causés pour fonder le délit de banqueroute par emploi de moyens ruineux, alors que l'ordonnance de renvoi devant le tribunal correctionnel avait retenu des manœuvres consistant à solliciter des prêts à court terme assortis de sûretés dont le montant excédaient les capacités financières des sociétés[15].

La souscription d'un très grand nombre de prêts, et de façon générale l'existence d'un taux d'endettement trop important générant des frais financiers

1. Paris, 22 avr. 1992, *Rev. proc. coll.* 1992, II, 520, note Marchi.
2. Crim. 8 déc. 1999, nº 99-81.699, NP, *RJDA* 2000/4, nº 462.
3. Ord. nº 2008-1345, 18 déc. 2008, préc.
4. Rapport au président de la République sur l'ordonnance nº 2008-1345 du 18 déc. 2008, *JO* 19 déc. 2008, titre I, chap. V, ss art. 139 à 145.
5. L. nº 85-98, 25 janv. 1985, préc.
6. AINSI : Crim. 8 déc. 1999, nº 99-81.699, NP, *RJDA* 2000/4, nº 462.
7. SAINT-ALARY-HOUIN, 9e éd., nº 1469.
8. L. nº 2008-3, 3 janv. 2008 pour le développement de la concurrence au service des consommateurs, *JO* 4 janv., p. 258.
9. Versailles, 11 juin 1993, *BICC* 1993, nº 1272.
10. Crim. 9 sept. 2009, nº 09-80.255, NP, *D.* 2010. Pan. 1669, note Mascala.
11. Crim. 6 déc. 1993, nº 93-81.475, *Bull. crim.* nº 370 – Crim. 8 janv. 2014, nº 13-80.087, NP, *Dr. sociétés* 2014, comm. 73, note Salomon.
12. Crim. 13 mai 1991, nº 90-84.154, NP, *Rev. proc. coll.* 1995, 354, obs. Devèze.
13. Crim. 2 juin 1999, nº 98-81.454, *Bull. crim.* nº 118; *RTD com.* 1999. 980, nº 1, obs. Mascala.
14. Crim. 19 sept. 1994, nº 93-85.629, NP, *Bull. Joly* 1994. 1309, note Barbièri.
15. Crim. 6 mai 2009, nº 08-84.378 F-D; *Dr. sociétés* 2009, nº 171, note Salomon.

excessifs, peut constituer l'infraction[1]. Au contraire, la souscription d'un seul prêt par une société en état de cessation des paiements depuis trois ans a été jugée insuffisante[2]. De même, il ne peut y avoir emploi de « moyens ruineux » si les prêts sont consentis sans intérêt[3].

Pour apprécier la date à laquelle il faut, dans le cadre d'une action en report de date de cessation des paiements, fixer la cessation des paiements, il convient de prendre en compte les actifs disponibles et le passif exigible de toutes les structures, qui constituent une même entreprise, en cas d'extension sur le fondement de la confusion des patrimoines[4]. La solution autorise la condamnation pour banqueroute du dirigeant d'une société, qui n'est pas, prise isolément, en état de cessation des paiements, la cessation des paiements devant être appréciée au niveau de l'ensemble des sociétés dont les patrimoines ont été confondus[5].

932.32 Avoir détourné ou dissimulé tout ou partie de l'actif du débiteur. Ce cas suppose l'existence d'une dissipation volontaire d'un élément d'actif appartenant au débiteur, effectuée par l'une des personnes énoncées à l'article L. 626-1 du code de commerce (anc[t] L. 25 janv. 1985[6], art. 196)[7], devenu l'article L. 654-1 depuis la loi de sauvegarde des entreprises. Il s'agit d'un cas de prononcé de la faillite personnelle, et, sous l'empire de la législation antérieure à la loi de sauvegarde des entreprises, de redressement ou de liquidation judiciaire à titre personnel (C. com., art. L. 624-5, 6° [anc[t] L. 25 janv. 1985, art. 182, 6°]), un cas d'obligation aux dettes sociales, sous l'empire de la loi de sauvegarde des entreprises (C. com., art. L. 652-1, 5°).

L'infraction a été adaptée à la situation particulière de l'EIRL, par l'ordonnance du 9 décembre 2010[8]. Les biens visés au texte sont, en présence d'un EIRL, ceux du patrimoine visé par la procédure.

L'infraction n'est pas constituée si l'élément principal de l'actif a été réalisé par le liquidateur autorisé par le juge-commissaire[9]. Tel n'est pas davantage le cas si le bien détourné n'appartient pas au débiteur, par exemple un bien loué par le débiteur, tel le fonds de commerce donné en location-gérance dont la clientèle a été détournée[10]. En revanche, et en méconnaissance des règles régissant les effets de la clause de réserve de propriété qui suspend le transfert de propriété à l'acheteur jusqu'au paiement complet du prix, l'infraction de banqueroute a été retenue contre le dirigeant d'une société, auquel il a été reproché d'avoir vendu des véhicules achetés sous clause de réserve de propriété à un prix inférieur au prix d'achat. Il a été considéré que les biens incriminés faisaient partie du patrimoine de la société[11]. Ce faisant, la chambre criminelle de la Cour de cassation assimile la réserve de propriété à une sûreté réelle sur la chose d'autrui[12].

Le fait pour un dirigeant social de laisser s'opérer la reprise des locaux loués par une société civile immobilière dont il est associé, sans réclamer d'indemnité d'éviction, est constitutif du délit, car il entraîne disparition de l'actif de la société débitrice, à savoir son fonds de commerce[13]. De cette solution, il est possible de rapprocher celle consistant pour le dirigeant social, de concert avec une société civile immobilière, propriétaire des lieux loués, à transformer le bail commercial en un bail précaire, en augmentant le loyer[14].

Une réponse ministérielle a considéré que l'abandon de créances pouvait constituer un détournement d'actif, constitutif du délit de banqueroute[15].

L'élément moral de l'infraction fait défaut si l'actif a été vendu, alors que le prix de vente a été consigné pour les créanciers[16]. C'est pourquoi les juridictions prennent soin de préciser que l'actif a été vendu par le débiteur ou le dirigeant sans reversement des sommes correspondantes à la procédure collective[17].

Si le détournement est antérieur à la cessation des paiements, par principe, l'infraction sera celle

1. Crim. 12 mars 1998, n° 96-85.739, *Bull. crim.* n° 100; *D. Affaires* 1998. 962.
2. Crim. 26 sept. 1996, n° 95-82.745, NP, *Bull. Joly* 1997. 112, note Barbièri; *LPA* 22 sept. 1997, n° 114, p. 13, note Likillimba.
3. Crim. 21 mars 2001, n° 00-83.864, NP, *Act. proc. coll.* 2001, n° 145.
4. Com. 7 janv. 2003, n° 99-16.204, *Bull. civ.* IV, n° 4; *D.* 2003. AJ 347; *Act. proc. coll.* 2003, n° 31, obs. Vallansan; *RTD com.* 2003. 813, n° 5, obs. Saint-Alary-Houin; *Dr. et proc.* 2003/4, p. 235, note Le Corre; *Bull. Joly* 2003. 402, note Lucas; *Rev. proc. coll.* 2004, p. 273, n° 13, obs. Dumont – Com. 17 déc. 2003, n° 02-16.029, NP – Com. 23 nov. 2004, n° 03-17.799, NP.
5. Crim. 16 déc. 2009, *Dr. sociétés* 2010, n° 79, note Salomon.
6. L. n° 85-98, 25 janv. 1985, préc.
7. Crim. 10 mai 1993, n° 92-83.004, *Bull. crim.* n° 168.
8. Ord. n° 2010-1512, 9 déc. 2010, *JO* 10 déc., p. 21617.
9. Crim. 22 févr. 1996, n° 95-82.506, *Bull. crim.* n° 90; *Bull. Joly* 1996. 694, note Barbièri.
10. Crim. 22 août 1995, n° 9483.750, *Bull. crim.* n° 267; *Rev. sociétés* 1996. 339, note Chl.
11. Crim. 20 oct. 2004, n° 03-85.238, *Bull. crim.* n° 249, *D.* 2005. Somm. 2081, obs. Crocq; *RTD com.* 2005. 429, n° 4, obs. Bouloc; AJ *Pénal* 2005. 22, obs. Coste.
12. Crocq, obs. s[s] Crim. 20 oct. 2004, n° 03-85.238, *D.* 2005. Somm. 2081.
13. Crim. 26 oct. 1995, n° 9482.737, NP, *RJDA* 1996, n° 279.
14. Paris, 30 mai 1996, *Dr. sociétés* 1997, n° 8, obs. Chaput.
15. Rép. min. n° 2915, *JOAN* Q 27 nov. 2007, p. 7516.
16. Crim. 13 juin 1996, n° 9583.280, NP, *Rev. sociétés* 1997. 59, note Bouloc; *Rev. proc. coll.* 1997, 395, obs. Devèze.
17. Paris, 3e ch. B, 6 sept. 2007, RG n° 06/17138.

d'abus de biens sociaux, non celle de banqueroute[1]. Toutefois, mêmes si les faits sont antérieurs à la cessation des paiements, la jurisprudence admet que délit de banqueroute puisse être retenu si ces faits sont en relation de causalité matérielle et intentionnelle avec la cessation des paiements[2]. Si le détournement est postérieur, il y aura banqueroute et non abus de biens sociaux[3]. La juridiction pourra toutefois requalifier les faits en détournement d'actif constitutif de banqueroute, alors que l'infraction poursuivie était celle d'abus de biens sociaux[4], dès lors que la peine prononcée est encourue au titre des deux incriminations, sur le fondement de la peine justifiée[5]. Il se peut encore que les mêmes faits puissent être retenus comme étant constitutifs d'abus de biens sociaux, en tant qu'ils ont été commis avant la date de cessation des paiements, et comme constitutifs de banqueroute, dès lors qu'ils le sont après la date de cessation des paiements[6]. La solution a été posée pour une rémunération excessive du dirigeant[7].

Peu importe que le détournement soit intervenu à l'intérieur d'un groupe de sociétés. Il en est de même de l'hypothèse d'une union économique[8]. L'intérêt du groupe ne pourra être invoqué pour justifier l'infraction[9]. Ainsi, l'infraction est constituée en cas de détournement du stock d'une société effectué par un dirigeant au profit d'une autre[10].

L'infraction est constituée en cas de prélèvements effectués sur un compte-courant d'associé devenu débiteur au préjudice de la société et au profit du dirigeant[11].

L'infraction sera encore constituée en cas de dissimulation du prix d'un actif cédé après cessation des paiements, même si la cession est intervenue à un prix normal[12]. Il en sera de même si la réalisation d'un actif social a été faite sans contrepartie ou à un prix très inférieur à sa valeur, l'explication étant trouvée dans l'intérêt du dirigeant dans la société acquéreur[13]. En revanche, en l'absence de préjudice pour le débiteur, le délit n'existe pas si la cession d'actif intervient au profit d'un créancier, à prix normal, à titre de dation en paiement[14]. De même, l'infraction n'existe pas si l'actif est vendu à un prix normal et que le prix provenant de la vente n'est pas détourné au préjudice de la société débitrice[15]. Cependant, le délit est constitué si ce créancier est le dirigeant social, qui se rembourse son compte-courant créditeur après le jugement d'ouverture sans déclarer sa créance, car celle-ci se trouve, sous l'empire de la législation antérieure à la loi de sauvegarde des entreprises, ainsi éteinte et le remboursement est alors dépourvu de cause[16]. La suppression de l'extinction de la créance non déclarée par la loi de sauvegarde des entreprises, et son remplacement par une simple inopposabilité à la procédure collective, n'apparaît pas de nature à emporter une modification de la solution, car le dirigeant ne pouvant se présenter comme créancier à la procédure collective ne peut prétendre, pendant la durée de celle-ci, se faire payer. Il en est de même du dirigeant se remboursant des sommes versées à la société au titre d'une augmentation de capital, qui n'avait pas eu lieu, sans démontrer l'existence d'une créance certaine, liquide et exigible détenue sur la société[17]. La solution sera encore identique pour le dirigeant, qui a signé des ordres de virement, pour

1. Crim. 5 juin 1989, nº 87-91.278, *Bull. crim.* nº 233 – Crim. 30 juin 2004, nº 03-87.427, NP, *Dr. sociétés* 2005, nº 18, note Salomon – Crim. 19 nov. 2008, nº 08-82.013, NP; nº 6439 F-D; *Gaz. proc. coll.* 2009/2, p. 51, nº 2, note Robaczewski.
2. Crim. 5 oct. 1992, nº 91-86.770, *Bull. crim.* nº 301; *Bull. Joly* 1993. 252, note Bouloc; *JCP E* 1993. I. 298, nº 21, obs. Pétel – Crim. 14 févr. 2007, nº 06-86.721, NP, *Gaz. proc. coll.* 2007/3, p. 60, note Robaczewski; *RTD com.* 2007. 618, obs. Bouloc; *Rev. proc. coll.* 2007/3, p. 157, nº 1, obs. Mascala.
3. Crim. 8 sept. 2004, nº 04-80.771, NP, *Dr. sociétés* 2005 nº 18, note Salomon – Crim. 10 mai 2007, nº 06-86.173 NP, *Dr. sociétés* 2007, nº 167, note Salomon – Crim. 6 jui 2007, nº 06-85.644, NP, *Dr. sociétés* 2007, nº 187, not Salomon.
4. Crim. 10 mai 2007, nº 06-86.173, NP, *Dr. sociétés* 200 nº 167, note Salomon – Crim 6 juin 2007, nº 06-85.64 NP, *Dr. sociétés* 2007, nº 187, note Salomon.
5. Salomon, note sˢ Crim. 10 mai 2007, nº 06-86.173, *sociétés* 2007, nº 167 – Salomon, note sˢ Crim. 6 ju 2007, nº 06-85.644, NP, *Dr. sociétés* 2007, nº 187.
6. Crim. 5 nov. 2008, nº 07-87.086, NP, *Gaz. proc. c* 2009/1, p. 60, note Robaczewski – Crim. 19 nov. 20(nº 08-82.013, NP, *Dr. sociétés* 2009, nº 40, note Salomo
7. Crim. 5 nov. 2008, nº 07-87086, préc.
8. Crim. 20 juill. 1993, nº 92-84.086, *Bull. crim.* nº 250; *sociétés* 1994. 93, note Bouloc.
9. Crim. 27 avr. 2000, nº 99-85.192, *Bull. crim.* nº 169; *proc. coll.* 2000, nº 170; *D* 2000. AJ 327, obs. Lienha *RTD com.* 2000. 746, obs. Bouloc; *LPA* 9 avr. 2001, nº p. 13, note Sordino; *JCP E* 2001. Chron. 947, obs. Fort Muller; *D.* 2002. Somm. 206, obs. Sortais.
10. Crim. 4 nov. 2009, nº 08-88.437, NP, *Bull. Joly* 2010. 285, 63, note Lasserre Capdeville – Crim. 23 mai 2013, nº 12-18.199, NP, *Gaz. Pal.* 29 sept. 2013, nº 272, p. 37, note Robaczewski; *Rev. sociétés* 2013. 512, note Bouloc; *RTD com.* 2013. 602, nº 5, obs. Bouloc; *Dr. sociétés* 2013, comm. 129, note Salomon.
11. Crim. 8 sept. 2004, nº 04-80.771, NP, *JCP E* 2005. 736, p. 818, nº 4, obs. Muller.
12. Crim. 29 mars 2000, nº 99-85.878, *Bull. crim.* nº 141; *Act. proc. coll.* 2000, nº 128; *JCP E* 2000. Pan. 922; *D.* 2000. AJ 268.
13. Crim. 7 déc. 1992, nº 91-83.937, NP, *RJDA* 1993, nº 67.
14. Crim. 16 janv. 1989, nº 88-82.576, *Bull. crim.* nº 15; *D.* 1989. IR 78.
15. Crim. 10 mars 2010, nº 09-83.016, NP, *Dr. sociétés* 2010, nºˢ 127, note Salomon et 215, note Salomon.
16. Crim. 20 mars 1995, nº 94-82.163, *Bull. crim.* nº 110.
17. Crim. 23 oct. 1997, nº 96-84.717, *Bull. crim.* nº 348; *D. Affaires* 1998. 115, note Avena-Robardet; *Rev. sociétés* 1998. 141, note Bouloc.

que soient remboursés les comptes courants détenus par des associés, membres de sa famille[1] ou qui a signé des ordres de virement sur des comptes ouverts à l'étranger au nom d'une personne morale dont le dirigeant est le seul associé[2].

Le délit est très net lorsque le dirigeant social détourne les règlements émanant de clients soit directement à son profit[3], soit au profit d'une société nouvelle qu'il dirige[4]. Il en est de même s'il émet des chèques sur le compte social à son ordre sans justification[5], se fait rembourser par la société des dépenses personnelles[6], rembourse sur le compte social des frais et dépenses exposés par son épouse[7] ou par une autre structure dans laquelle il est intéressé[8]. De même, le délit est constitué si le dirigeant se verse des rémunérations excessives[9], procède à une augmentation de ses salaires et se verse des dividendes[10]. Peu importe à cet égard que les salaires et les dividendes en cause aient été versés sur le compte-courant détenu par le dirigeant dans la société, dès lors que ce compte n'était pas bloqué et que le dirigeant en avait la libre disposition[11]. Il en est de même lorsque le dirigeant obtient la conclusion avec la société d'un contrat de direction commerciale particulièrement avantageux[12] ou encore la signature d'une convention de prestations d'assistance et de conseil en matière administrative, comptable et commerciale sans contreparties réelles au profit d'une société tierce, dans laquelle le dirigeant avait des intérêts[13].

L'infraction est encore constituée lorsque le dirigeant effectue des paiements sur les fonds sociaux à titre de frais et d'honoraires au bénéfice d'une société civile professionnelle, d'un contrôleur de gestion et d'un président honoraire d'un tribunal de commerce, si le versement des fonds a eu pour objet non le paiement de dettes sociales, mais la rémunération de services rendus par ces personnes dans l'intérêt strictement personnel du dirigeant[14].

L'infraction est aussi constituée lorsque le dirigeant social se fait attribuer, à l'insu des actionnaires et du commissaire aux comptes, des titres que la société détenait dans le capital d'une autre, à un prix arbitrairement fixé et sans contrepartie réelle[15].

Un dirigeant ne peut, sur le fondement d'un détournement d'actif, être condamné à réparer le préjudice subi par une société alors que le détournement a été commis au préjudice d'une autre[16].

Le recel du délit de banqueroute par détournement et dissimulation d'actif peut être retenu à l'encontre d'une société constituée pour continuer l'activité de la société débitrice et qui a encaissé sur son compte bancaire le produit de la vente des biens détournés au préjudice de la société débitrice[17].

Le dirigeant social, qui dans un premier temps, détourne des biens appartenant à la société débitrice, en en faisant l'acquisition, puis en en faisant donation à ses enfants par acte notarié, tout en les laissant à la disposition de la société débitrice, afin de lui permettre de continuer son exploitation, d'abord coupable de banqueroute, se rend encore coupable de vol, s'il soustrait ensuite les biens en question[18]. En effet, du fait de la fraude commise, l'acquistion des biens, puis leur donation, sont nulles, de sorte que les biens sont réputés être restés la propriété de la société débitrice.

La complicité de banqueroute peut être retenue à l'encontre du président d'une association de défense d'entreprises en difficultés, qui propose au dirigeant d'une société en état de cessation des paie-

1. Crim. 27 nov. 1997, n° 96-85.520, *Bull. crim.* n° 405; *Rev. sociétés* 1998. 596, note Bouloc; *RJDA* 1998, n° 323.
2. Crim. 9 janv. 2008, n° 07-83.715, NP, *D.* 2008. Pan. 1574, obs. Mascala.
3. Crim. 5 oct. 1992, n° 91-86.770, *Bull. crim.* n° 301; *Bull. Joly* 1993. 252, note Bouloc – RAPPR. : Crim. 14 déc. 1994, n° 94-80.347, *Bull. crim.* n° 417.
4. Crim. 31 oct. 2007, n° 06-89.045, *Bull. crim.* n° 263; *D.* 2007. AJ 3074, obs. Lienhard; *D.* 2008. Pan. 1579, obs. Mascala; *Gaz. proc. coll.* 2008/1, p. 75, note Robaczewski; *Bull. Joly* 2008. 332, note Chilstein; *Rev. sociétés* 2008. 165, note Matsopoulou; *Dr. sociétés* 2008, n° 18, note Salomon – Crim. 14 déc. 2011, n° 10-88328, NP, *Gaz. Pal.* 28 avr. 2012, n° 118, p. 46, note Robaczewski.
5. Crim. 23 oct. 1997, n° 96-84.717, *Bull. crim.* n° 348; *JCP E* 1999. 321, note Robert.
6. Paris, 4 déc. 1996, *Dr. sociétés* 1997, n° 155.
7. Crim. 8 nov. 2006, n° 05-85.271, *Bull. crim.* n° 280; *D.* 2007. Pan. 1624, obs. Macala; *Dr. sociétés* 2007, n° 59, note Salomon; *Rev. proc. coll.* 2007/3, p. 157, n° 1, obs. Mascala.
8. Crim. 8 nov. 2006, n° 05-85.271, préc. (v. ss prést n°).
9. Crim. 18 juin 1998, n° 97-83.996, NP, *JCP E* 1999. 174, note Robert; *Rev. sociétés* 1998. 817, obs. Bouloc – Crim. 5 nov. 2008, n° 07-87.086, NP, *Gaz. proc. coll.* 2009/1, p. 60, note Robaczewski.
10. Crim. 3 oct. 2007, n° 07-81.030, *Bull. crim.* n° 237; *Gaz. proc. coll.* 2008/1, p. 74, note Robaczewski.
11. Paris, 9e ch. corr. A, 24 janv. 2007, *Dr. sociétés* 2007, n° 122, note Salomon.
12. Crim. 6 juin 2007, n° 06-85.644, NP, *Dr. sociétés* 2007, n° 187, note Salomon; *Rev. sociétés* 2008. 405, note Bouloc.
13. Crim. (juin 2007, n° 06-85.644, NP, préc. (v. ss prést n°).
14. Crim. avr. 2006, n° 04-87.765, NP, *D.* 2007. Pan. 1626, obs. Mscala; *Dr. sociétés* 2006, n° 17, note Salomon; *Rev. proc. ll.* 2007, p. 157, n° 1, obs. Mascala.
15. Crim.) mai 2009, n° 08-84.888, NP, *Dr. sociétés* 2009, n° 19 note Salomon.
16. Crim nov. 2009, n° 09-81.572, NP.
17. Crim avr. 2005, n° 04-80.740, *Bull. crim.* n° 141.
18. Crim 0 oct. 2012, n° 11-81.266, *Bull. crim.* n° 234; *D.* 2(124, Chron. Roth, Laurent, Labrousse et Divialle; *Act. oc. coll.* 2012, n° 306, note Cerf-Hollender; *BJE* 201 13, note Sordino; *Dr. sociétés* 2013, n° 37, note Salo; *LPA* 5 avr. 2013, n° 69, p. 18, note Boursier; *RTD com* 13. 157, n° 2, obs. Bouloc; AJ *pén.* 2013, 44, obs. Gal

ments un montage consistant à démanteler ses actifs, en parfaite connaissance de la situation de cette société[1].

932.33 Avoir frauduleusement augmenté le passif du débiteur. Ce cas est prévu par l'article L. 626-2, 3° du code de commerce (anc[t] L. 25 janv. 1985[2], art. 197, 3), devenu l'article L. 654-2, 3° depuis la loi de sauvegarde des entreprises. La pauvreté de la jurisprudence sur la question est la preuve de la rareté de poursuites sur ce fondement. Ce cas est également un cas de faillite personnelle, et, sous l'empire de la législation antérieure à la loi de sauvegarde des entreprises, de redressement ou de liquidation judiciaire à titre personnel (C. com., art. L. 624-5, 6° [anc[t] L. 25 janv. 1985, art. 182, 6°]), un cas d'obligation aux dettes sociales, sous l'empire de la loi de sauvegarde des entreprises (C. com., art. L. 652-1, 5°).

L'élément matériel de l'infraction consiste, pour le débiteur ou le dirigeant de la personne morale, à se reconnaître débiteur de sommes qu'il ne doit pas ou que ne doit pas la personne morale, selon le cas.

Contrairement à la législation antérieure qui énonçait limitativement les instrumenta susceptibles de renfermer la reconnaissance frauduleuse de dette de la part du débiteur (L. 13 juill. 1967[3], art. 129-3 et 135-3), le texte restemuet sur les écrits pouvant contenir la reconnaissance de dette. En conséquence, tous pourront être le support de l'infraction.

La motivation du débiteur est ici de se ménager les faveurs futures des bénéficiaires. Il s'agit, en quelque sorte, d'une reconnaissance morale de dette pour le futur, les bénéficiaires, généralement complices de l'auteur du délit[4], devant percevoir des sommes indues, dans la procédure collective, qu'ils restitueront plus tard, d'une manière ou d'une autre, au dirigeant.

932.34 Tenue d'une comptabilité fictive. La première série de faits réprimés par l'article L. 626-2, 2° du code de commerce (anc[t] L. 25 janv. 1985[5], art. 197, 2), devenu l'article L. 654-2, 4° depuis la loi de sauvegarde des entreprises[6], tient à l'établissement d'une comptabilité fictive[7]. Il en est ainsi lorsqu'il y a une substitution d'écritures à d'autres, les simples omissions étant insuffisantes[8].

932.35 Fait d'avoir fait disparaître des documents comptables de l'entreprise ou de la personne morale. La deuxième série d'agissements délictueux réprimés par l'article L. 626-2, 2° du code de commerce (anc[t] L. 25 janv. 1985[9], art. 197, 2), devenu l'article L. 654-2, 4° depuis la loi de sauvegarde des entreprises[10], tient au fait de faire disparaître la comptabilité de l'entreprise ou de la personne morale débitrice. Il s'agit ici de réprimer les comportements par lesquels les intéressés essaient de faire disparaître la preuve d'engagements ayant généralement comme contrepartie l'introduction dans le patrimoine du débiteur d'un élément d'actif, qu'il serait tentant de soustraire au gage des créanciers[11]. Cette infraction serait ainsi préparatoire à une autre : celle de soustraction d'un élément d'actif.

Ce cas est constitué si le débiteur ou le dirigeant ne présente pas aux mandataires de justice ou aux autorités judiciaires qui lui en font la demande la comptabilité pourtant existante[12]. L'infraction reste établie si la présentation des documents comptables antérieurement sollicitée n'intervient qu'après citation devant le tribunal correctionnel[13], ce qui semble aller au-delà du texte et donc du principe de légalité des délits et des peines[14]. Identiquement, l'infraction a été retenue alors que l'existence de la comptabilité n'était pas discutée, mais qu'elle n'avait pas spontanément été produite au mandataire. Ce dernier avait été invité à s'en saisir lui-même, alors que les pièces comptables avaient été stockées dans un endroit difficile d'accès[15]. L'interprétation stricte de la loi pénale ne semble pas avoir été complètement respectée, car la non-présentation de la comptabilité n'est pas au rang des faits punissables[16].

Le fait de retenir ce cas de banqueroute du fait du simple défaut de présentation de la comptabilité aux organes de la procédure collective constitue un cas

1. Crim. 28 juin 2006, n° 05-85.236, NP, *Dr. socs* 2007, n° 37, Salomon.
2. L. n° 85-98, 25 janv. 1985, préc.
3. L. n° 67-563, 13 juill. 1967, préc.
4. GUYON, n° 1417.
5. L. n° 85-98, 25 janv. 1985, préc.
6. L. n° 2005-845, 26 juill. 2005, préc.
7. SUR LA QUESTION : Eichel, « Point de vue sur la comptabilité fictive », *Gaz. Pal.* 1987. II. Doctr. 481.
8. Crim. 14 juin 1993, n° 92-81.641, NP, cité par SOINNE, n° 2763.
9. L. n° 85-98, 25 janv. 1985, préc.
10. L. n° 2005-845, 26 juill. 2005, préc.
11. SOINNE, n° 2762.
12. Crim. 19 oct. 1992, n° 91-86.761, NP, *RJDA* 1993, n° 33 – Crim. 6 avr. 2011, n° 10-85.457, NP, *Dr. sociétés* 2011, n° 141, note Salomon.
13. Crim. 19 janv. 2000, n° 99-82.749, *Bull. crim.* n° 29; *RTD com.* 2000. 744, n° 11, obs. Bouloc; *Rev. sociétés* 2000. 575, note crit. Bouloc.
14. Bouloc, note s[s] Crim. 19 janv. 2000, n° 99-82.749, *Rev. sociétés* 2000. 575.
15. Crim. 25 févr. 2004, n° 03-84.357, *Bull. crim.* n° 52; *RTD com.* 2004. 610, n° 13, obs. Mascala; *JCP E* 2005. Chron. 736, n° 6, obs. Muller.
16. EN CE SENS : Mascala, s[s] Crim. 25 févr. 2004, n° 03-84.357, *RTD com.* 2004. 610, n° 13 – *Adde*, Mascala, « Le dérapage de l'interprétation jurisprudentielle en droit pénal des affaires », *D.* 2004. 3050.

de banqueroute, sans porter atteinte au principe de légalité des délits et des peines[1].

932.36 Abstention de toute tenue de comptabilité lorsque la loi en fait l'obligation. La troisième série d'agissements délictueux réprimés par l'article L. 626-2, 2° du code de commerce (anc[t] L. 25 janv. 1985[2], art. 197, 2), dans la rédaction antérieure à la loi du 26 juillet 2005[3], par l'article L. 654-2, 4° dans la rédaction issue de la loi du 26 juillet 2005, est l'absence de tenue de comptabilité[4]. Le fait que les personnes poursuivies n'aient pas voulu porter atteinte aux intérêts des créanciers est indifférent, un dol spécial n'étant pas ici exigé[5].

Les commerçants sont tenus d'établir les livres des articles L. 123-12 à L. 123-23 du code de commerce (anc[t] art. 8 à 17), à savoir le livre-journal, le grand-livre et le livre d'inventaire. Pour la Cour de cassation, les juges du fond peuvent souverainement apprécier que l'élément matériel de l'infraction est constitué, dès lors que le prévenu n'est pas en mesure de présenter le bilan et les comptes annuels[6]. Il n'est donc pas nécessaire qu'il soit dans l'impossibilité de ne présenter aucun des trois livres. Mais, comme cela a été justement relevé[7], l'intérêt de la discussion est limité, compte tenu de l'existence de l'infraction voisine de tenue d'une comptabilité manifestement incomplète (v. s[s] n° 932.37).

Ainsi, le fait pour un commerçant, personne physique ou pour le dirigeant de la personne morale commerçante de ne pas enregistrer chronologiquement des mouvements du patrimoine de l'entreprise et de ne pas établir d'inventaire périodique est constitutif du délit[8].

La reconstitution ultérieure de la comptabilité n'est pas de nature à écarter l'infraction de banqueroute[9].

L'obligation de tenue de la comptabilité incombe tant au dirigeant de droit qu'au dirigeant de fait, lequel peut donc commettre le délit d'abstention de toute comptabilité[10]. Le délit est encore constitué lorsque le dirigeant ne présente au liquidateur qu'une simple liasse fiscale sans autre justificatif pour une année d'exercice, ou encore lorsqu'il produit au liquidateur les bilans de deux exercices sans aucune pièce comptable permettant de confirmer les chiffres y figurant[11]. Le défaut d'établissement des comptes annuels constitue le délit[12].

Les personnes qui n'ont pas l'obligation de tenir une comptabilité ne peuvent être sanctionnées. Le texte antérieur à la loi du 26 juillet 2005 visait l'absence de tenue d'une comptabilité « lorsque la loi en fait l'obligation ». Le texte nouveau issu de la loi du 26 juillet 2005 (C. com., art. L. 654-2, 4°) est plus large en utilisant l'expression « lorsque les textes applicables en font obligation », ce qui permet d'englober les textes réglementaires[13]. Ainsi, les agriculteurs n'étant pas astreints à la tenue d'une véritable comptabilité[14] ne peuvent se voir appliquer ce cas, alors qu'ils peuvent, lorsqu'ils ont tenu une comptabilité, se voir appliquer la disposition ici analysée du code pour les deux autres séries d'agissements visés au texte.

L'infraction est constituée même si l'intéressé est en mesure de produire les pièces permettant l'établissement de la comptabilité, dès lors que celle-ci n'existe pas[15]. Il en est ainsi dès lors que les rapprochements bancaires et les écritures de centralisation n'ont pas été effectués, toute analyse se révélant impossible[16]. La Cour de cassation précise ainsi qu'aucun document ne peut tenir lieu de bilan et de compte de résultat exigés par la loi, s'ils ne sont pas établis dans les formes ou selon les procédés informatiques requis[17].

Le fait que la comptabilité n'ait pas été établie par suite du défaut de paiement du cabinet d'expertise ne permet pas d'éviter la condamnation, si le non-paiement est imputable au débiteur ou au dirigeant de la personne morale débitrice[18]. De façon géné-

1. Crim. 3 déc. 2014, n° 13-86.846, NP, *Gaz. Pal.* 18 janv. 2015, n° 18, p. 37, note Robaczewski; *JCP E* 2015, chron. 1030, n° 6, note Salomon; *Dr. sociétés* 2015, comm. 38, note Salomon.
2. L. n° 85-98, 25 janv. 1985, préc.
3. L. n° 2005-845, 26 juill. 2005, préc.
4. SUR la question : Devèze, « Abstention de tenue de toute comptabilité », *Rev. proc. coll.* 1989, 599.
5. Crim. 19 déc. 2012, n° 11-86.702, NP, *D.* 2013. 1647, obs. Mascala; *Rev. proc. coll.* 2013, comm. 62, note Mascala.
6. Crim. 19 oct. 2011, n° 11-80.509, NP, *Gaz. Pal. entr. diff.* 21 janv. 2012, n° 20, p. 46, note Robaczewski.
7. Robaczewski, note s[s] Crim. 19 oct. 2011, n° 11-80.509, *Gaz. Pal. entr. diff.* 21 janv. 2012, n° 20, p. 46.
8. Crim. 6 déc. 1993, n° 93-81.475, *Bull. crim.* n° 370.
9. Douai, 28 juin 2011, *Dr. sociétés* 2012, n° 70, note Salomon.
10. Crim. 31 oct. 2007, n° 06-89.045, *Bull. crim.* n° 263, *D.* 2007. AJ 3074, obs. Lienhard; *D.* 2008. Pan. 1579, obs. Mascala; *Gaz. proc. coll.* 2008/1, p. 75, note Robaczewski; *Bull. Joly* 2008. 332, note Chilstein; *Rev. sociétés* 2008. 165, note Matsopoulou; *Dr. sociétés* 2008, n° 18, note Salomon – Crim. 19 déc. 2012, n° 11-86.702, NP, *D.* 2013. 1647, obs. Mascala; *Rev. proc. coll.* 2013, comm. 62, note Mascala.
11. Versailles, 9e ch., RG n° 06/01145, *JCP E* 2006, n° 2630.
12. Toulouse, 3e ch., 24 nov. 2009, *Dr. sociétés* 2010, n° 126, note Salomon.
13. Amend. n° 217, Interv. Xavier de Roux, *JOAN CR*, 3e séance du 8 mars 2005, p. 1801 – *Adde*, SAINT-ALARY-HOUIN, 7e éd., n° 1315.
14. GUYON, n° 1409 – VALLANSAN ET ALII, 5e éd., p. 448.
15. Riom, 13 mars 1991, *Rev. proc. coll.* 1992. II. Somm. 537.
16. SOINNE, n° 2764.
17. Crim. 4 nov. 2009, n° 08-88.437, NP, *Bull. Joly* 2010. 285, note Lasserre Capdeville.
18. Crim. 25 févr. 2002, n° 01-84.357, *Bull. crim.* n° 52.

rale, l'omission de représentation de la comptabilité aux organes de la procédure est constitutive du délit[1].

Indiquons que ce cas de banqueroute peut être retenu cumulativement avec le délit fiscal d'omission d'écritures en comptabilité prévu par l'article 1743 du CGI. Ces deux qualifications ne sont en effet pas incompatibles entre elles et peuvent être retenues pour un même fait, dès lors qu'elles sanctionnent des éléments constitutifs différents[2]. Une seule peine pourra être prononcée.

932.37 Tenue d'une comptabilité manifestement incomplète ou irrégulière au regard des dispositions légales. Ce dernier cas relatif à la comptabilité énoncé par l'article L. 626-2, 5° du code de commerce (anct L. 25 janv. 1985[3], art. 197, 5) résulte de la loi du 10 juin 1994[4]. Il ne pouvait être réprimé sous l'empire de la législation de 1985 non réformée au titre de l'inexistence de la comptabilité, du fait de l'interprétation stricte attachée classiquement à la matière pénale[5]. Cette infraction est reprise, sous l'empire de la législation issue de la loi de sauvegarde des entreprises, par l'article L. 654-2, 5°.

L'adverbe « manifestement » utilisé par le législateur implique une violation flagrante des règles comptables[6]. Il en résulte qu'il apparaît peu vraisemblable que l'intéressé ait pu les ignorer[7]. C'est ici, au regard du droit pénal, l'exigence d'un dol spécial[8], qui existera lorsque le commissaire aux comptes aura averti le conseil d'administration de la nécessité de remédier à ces anomalies comptables[9]. Le fait que les juges du fond relèvent que le comportement de l'intéressé s'explique plus par son incompétence que par sa malhonnêteté justifie que l'infraction ne soit pas retenue à son encontre[10].

L'infraction a vocation à s'appliquer tant au dirigeant de droit « homme de paille » qu'au dirigeant de fait[11].

L'absence totale de comptabilité démontre, en elle-même, le caractère manifeste de l'irrégularité commise et la conscience qu'en avait nécessairement le débiteur[12].

Le cas est constitué lorsque seul peut être produit un projet de bilan, qui ne peut tenir lieu de bilan et de compte de résultat[13].

Ce cas est identiquement constitué en présence d'un dirigeant social incapable de fournir les éléments permettant de justifier les frais de déplacement qu'il s'est remboursés, d'identifier les destinataires de cadeaux d'entreprise, l'affectation des retraits qu'il a effectués et alors que les rapprochements bancaires étaient incohérents[14].

La Cour de cassation approuve la condamnation prononcée par une cour d'appel à l'encontre d'un dirigeant qui ne remet pas au mandataire de justice, malgré sa demande, la comptabilité[15].

Le cas a également été constitué en l'absence d'écritures comptables relatives à des provisions pour pertes sur chantiers en cours et pour dépréciation concernant des prêts consentis à des sociétés du groupe ainsi que des litiges avec des clients, toutes ces omissions ayant donné aux tiers une image de l'entreprise ne correspondant pas à sa situation[16].

Le cas est encore retenu, en présence d'un dirigeant de fait, qui omet sciemment de passer ou de faire passer des écritures dans le livre journal ou au livre d'inventaire ou dans les documents qui en tiennent lieu[17].

Le cas peut encore être retenu en présence de factures surchargées, d'émission puis d'annulation d'écritures conduisant à une majoration des résultats et des capitaux propres, d'une discordance entre les comptes annuels remis au mandataire judiciaire e ceux remis à l'expert judiciaire et enfin de mouve-

1. Crim. 25 févr. 2002, nº 03-84.357, *Bull. crim.* nº 52.
2. Paris, pôle 6, 1re ch., 7 févr. 2012, RG nº 10/02949, *Dr. sociétés* 2012, nº 152, note Salomon.
3. L. nº 85-98, 25 janv. 1985, préc.
4. L. nº 94-475, 10 juin 1994, *JO* 11 juin, p. 8440.
5. Crim. 26 janv. 1987, nº 86-90.838, *Bull. crim.* nº 38.
6. SAINT-ALARY-HOUIN, 9e éd., nº 1469.
7. RAPPR. : SOINNE, nº 2765.
8. Salomon, note ss Crim. 6 juin 2007, nº 06-85.644, *Dr. sociétés* 2007, nº 187.
9. Crim. 6 juin 2007, nº 06-85.644, NP, *Dr. sociétés* 2007, nº 187, note Salomon; *Rev. sociétés* 2008. 405, note Bouloc.
10. Crim. 19 oct. 2011, nº 11-80.509, *Gaz. Pal.* entiff. 21 janv. 2012, nº 20, p. 46, note Robaczewski.
11. AINSI : Paris, 9 janv. 2013, RG nº 11/04392, *Lec* avr. 2013, comm. 051, note Laserre Capdeville.
12. Crim. 2 sept. 2015, nº 14-82.980, NP, *Dr. sociétés* 2015, comm. 204, note Salomon.
13. Crim. 4 nov. 2009, nº 08-88.437, *Gaz. Pal.* 8-10 janv. 2010, nos 8, 9, p. 47, note Robaczewski.
14. Crim. 12 sept. 2001, nº 01-80.064, NP, *RJDA* 2002/2, nº 185, p. 152.
15. Crim. 3 déc. 2014, nº 13-86.846, NP, *Gaz. Pal.* 18 janv. 2015, nº 18, p. 37, note Robaczewski; *JCP E* 2015, chron. 1030, nº 6, note Salomon; *Dr. sociétés* 2015, comm. 38, note Salomon.
16. Crim. 6 juin 2007, nº 06-85.644, NP, *Dr. sociétés* 2007, nº 187, note Salomon; *Rev. sociétés* 2008. 405, note Bouloc.
17. Crim. 8 oct. 2008, nº 08-81.769, NP, *Dr. sociétés* 2009, nº 17, note Salomon – Crim. 19 nov. 2008, nº 08-81.194, *Bull. crim.* nº 237; *Gaz. proc. coll.* 2009/2, p. 50, nº 1, note Robaczewski; *Act. proc. coll.* 2009, nº 87, note Cerf-Hollender; *Dr. sociétés* 2009, nº 18, note Salomon; *RTD com.* 2009. 472, nº 7, obs. Bouloc; *Rev. sociétés* 2009. 653, note Matsopoulo – Crim. 19 déc. 2012, nº 11-86.702, NP, *D.* 2013. 1647, obs. Mascala; *Rev. proc. coll.* 2013, comm. 62, note Mascala.

ments de fonds inexpliqués entre diverses sociétés du groupe[1].

Il y a encore commission du délit lorsque le dirigeant de fait d'une société poursuit abusivement une exploitation déficitaire, dans son intérêt personnel lié aux avantages consentis par la société dont le montant dépendait des résultats de l'exercice de l'entreprise. Pour accroître ses avantages, le dirigeant masquait le déficit d'exploitation par des falsifications comptables[2].

Le délit peut être caractérisé par des irrégularités relatives à un exercice antérieur à la date de cessation des paiements[3].

Les mêmes faits peuvent constituer le délit de banqueroute pour tenue d'une comptabilité manifestement irrégulière ou incomplète et dès lors qu'il s'agit d'intérêts distincts et que les éléments constitutifs des deux infractions sont différents :

– celui de fraude fiscale pour omission d'écritures en comptabilité[4];

– celui de présentation de comptes infidèles et celui d'escroquerie, dès lors que l'intéressé, qui connaissait l'état de cessation des paiements de la société, avait donné des consignes pour que les comptes annuels soient équilibrés, sans qu'importent les méthodes comptables utilisées, pour permettre la cession des actions de la société qu'il dirigeait[5].

Ce cumul idéal d'infractions comptables ne peut toutefois conduire qu'à une seule sanction.

La Cour de cassation a pu approuvé les juges du fond d'avoir considéré que le délit de banqueroute avait directement causé le préjudice subi par les créanciers de la société débitrice, la carence comptable ayant retardé durablement le constat de la cessation des paiements. Est ainsi justifiée la condamnation à hauteur de la somme correspondant aux dettes accumulées par la société, c'est-à-dire l'entier passif social[6]. On s'aperçoit que la solution est sans doute plus sévère que sur le terrain du comblement de l'insuffisance d'actif, la faute devant ici avoir contribué à la création ou à l'augmentation de l'insuffisance d'actif, et non à la création du passif.

SECTION 932.40

PEINES DE LA BANQUEROUTE

932.41 Peines principales de la banqueroute. L'article L. 626-3, alinéa 1 du code de commerce (anct L. 25 janv. 1985[7], art. 198, al. 1) et l'article L. 654-3, alinéa 1, dans la rédaction de la loi de sauvegarde des entreprises[8], punissent de cinq ans d'emprisonnement et d'une amende de 75 000 euros le banqueroutier. L'alinéa 2 de ces dispositions punit des mêmes peines le complice.

L'article L. 626-4 du code de commerce (anct L. 25 janv. 1985, art. 199), devenu l'article L. 654-4, dans la rédaction de la loi de sauvegarde des entreprises, porte ces peines à sept ans de prison et à 100 000 euros d'amende, si le banqueroutier ou son complice sont dirigeants d'une société de bourse.

Depuis l'entrée en vigueur de la loi pénitentiaire du 24 novembre 2009[9], la peine d'emprisonnement ferme doit faire l'objet d'une motivation particulière si elle est prononcée en matière correctionnelle, ce qui peut conduire, en matière de banqueroute, à une cassation de la décision des juges du fond ayant insuffisamment motivé la peine d'emprisonnement ferme au regard de la gravité de l'infraction et de la personnalité de son auteur[10]. Il n'y a pas, en revanche, place à cassation de la décision condamnant à une peine d'emprisonnement spécialement motivée, même si la juridiction n'a pas caractérisé l'impossibilité d'ordonner une mesure d'aménagement, dès lors qu'une telle mesure n'était pas possible, compte tenu de la durée de la peine prononcée, supérieure à deux ans[11].

L'article L. 626-7 du code de commerce (anct .. 25 janv. 1985, art. 202), devenu l'article L. 654-7, lans la rédaction de la loi de sauvegarde des entre-rises, pose les peines applicables aux personnes norales pénalement responsables. Il s'agit d'abord e l'amende suivant les modalités de l'article 131-8 du code pénal, texte qui prévoit, pour la per-nne morale, un quintuplement de l'amende. Elle

1. Crim. 24 oct. 2012, n° 11-86.165, NP, *Dr. sociétés* 2013, n° 16, note Salomon.
2. Crim. 12 déc. 2008, n° 07-80.799, NP, *D.* 2008. Pan. 1574, obs. Mascala.
3. Crim. 14 nov. 2013, n° 12-85.616, NP, *Gaz. Pal.* 12 janv. 2014, p. 43, note Robaczewski; *Dr. sociétés* 2014, comm. 18, note Salomon; *BJE* mai 2014, 162, note Sordino.
4. Crim. 4 mai 2006, n° 05-84.786, NP; n° 2515 F-D; *Gaz. proc. coll.* 2006/4, p. 42, n° 2, obs. Robaczewski; *Bull. Joly* 2006. 1151.
5. Crim. 28 nov. 2007, n° 06-88.860, NP, *Dr. sociétés* 2008, n° 64, note Salomon.
6. Crim. 8 juill. 2015, n° 14-84.075, NP, *Gaz. Pal.* 19 janv. 2016, n° 3, p. 78, note Robaczewski; *Dr. sociétés* 2015, comm. 223, note Salomon; *Bull. Joly sociétés* 2015, 509, note Mouial-Bassilana.

L. n° 85-98, 25 janv. 1985, préc.

L. n° 2005-845, 26 juill. 2005, préc.

L. n° 2009-1436, 24 nov. 2009, *JO* 25 nov., p. 20192.

Crim. 6 avr. 2011, n° 10-85.457, NP, *Gaz. Pal.* 7 oct. 2011, n° 280, p. 43, note Robaczewski; *Dr. sociétés* 2011, n° 141, note Salomon – Crim. 3 nov. 2011, n° 10-88.104, NP, *Gaz. Pal.* 28 avr. 2012, n° 118, p. 45, note Robaczewski; *BJE* 2012. 100, note Sordino.

Crim. 21 mars 2012, n° 11-83.154, *Bull. crim.* n° 80; *Gaz. Pal. entr. diff.* 3 août 2012, n° 216, p. 38, note Robaczewski.

sera par principe de 375 000 euros, et pour les sociétés de bourse, de 525 000 euros.

Il est ensuite question des peines mentionnées à l'article 131-39 du code pénal. Selon ce texte, la personne morale pourra se voir appliquer une interdiction, à titre définitif ou pour une dure de cinq ans au plus, d'exercer directement ou indirectement les activités professionnelles ou sociales à l'occasion desquelles l'infraction de banqueroute a été commise. L'article 131-38 du code pénal envisage aussi le placement sous surveillance judiciaire pour une durée d'au plus cinq ans. Cette disposition prévoit encore une fermeture définitive ou pour cinq ans des établissements ayant servi à commettre l'infraction. Il est encore possible d'interdire à la personne morale sanctionnée de faire appel public à l'épargne, à titre définitif ou pour cinq ans, d'émettre des chèques autres que de retrait ou certifiés ou d'utiliser des cartes de paiement, pour cinq ans au plus. Le texte permet aussi d'exclure la personne morale à titre définitif ou pour cinq ans des marchés publics. Le texte permet enfin de confisquer la chose qui a servi ou qui était destinée à commettre l'infraction ou qui est le produit de l'infraction. Compte tenu des exigences de peines – plus de cinq ans de prison –, seules les sociétés de bourse qui auront été créées ou dont l'objet aura été détourné pour permettre l'infraction de banqueroute, pourront, à titre de sanction, voir prononcer contre elle la dissolution, c'est-à-dire la peine de mort de la personne morale. Le cas devrait donc être tout à fait exceptionnel.

En outre, la personne morale pénalement responsable se verra appliquer l'interdiction mentionnée à l'article 131-39, 2° du code pénal.

Les peines exprimées constituent des maxima, le nouveau code pénal ayant supprimé les minima.

932.42 Peines complémentaires de la banqueroute. L'article L. 626-6 du code de commerce (anc^t^ L. 25 janv. 1985[1], art. 201), devenu, sous réserve de certaines modifications, l'article L. 654-6, dans la rédaction de la loi de sauvegarde des entreprises[2], envisage la possibilité pour la juridiction pénale de prononcer la faillite personnelle ou l'interdiction de gérer. Cette question a été précédemment traitée (v. s^s^ n° 911.36). Précisons que ces mesures ne peuvent être prononcées ni en cas de recel de banqueroute[3], ni en cas de complicité de banqueroute[4], faute pour les textes de les avoir envisagées.

Les peines complémentaires de la banqueroute sont, sous la réserve ci-dessus exprimée, posées par l'article L. 626-5 du code de commerce (anc^t^ L. 25 janv. 1985, art. 200), devenu l'article L. 654-5, dans la rédaction de la loi de sauvegarde des entreprises.

L'article L. 626-5, devenu l'article L. 654-5, dans la rédaction de la loi de sauvegarde des entreprises, énonce un certain nombre de peines complémentaires, qui ont en commun d'être facultatives[5]. Le juge n'a pas à motiver le choix de la peine complémentaire, solution posée à propos de l'interdiction des droits civiques, civils et de famille[6]. Ces sanctions complémentaires constituent, pour certaines d'entre elles, des peines applicables aux personnes morales pénalement responsables, mais, alors que pour ces dernières, les sanctions pouvaient être prononcées sans limitation de durée, ici elles sont toujours limitées à cinq années. Il en est ainsi d'abord de l'interdiction d'exercer l'activité professionnelle ou sociale dans l'exercice ou à l'occasion de laquelle l'infraction a été commise. Il en est de même ensuite de l'exclusion des marchés publics ou encore de l'interdiction d'émettre des chèques autres que de retrait ou certifiés. Certaines peines complémentaires sont propres aux personnes physiques : interdiction d'exercer une fonction publique, sans que le texte n'opère de distinction entre fonction élective ou non, interdiction des droits civiques, civils et de famille, suivant les modalités de l'article 131-16 du code pénal.

Le prononcé de ces peines complémentaires fait l'objet d'un affichage ou d'une diffusion de la décision, dans les conditions de l'article 131-35 du code pénal.

Le prononcé de la banqueroute est enfin exclusif de la possibilité pour l'intéressé de déduire fiscalement les pertes en capital, par application de l'article 163 *octodecies* A du code général des impôts.

1. L. n° 85-98, 25 janv. 1985, préc.
2. L. n° 2005-845, 26 juill. 2005, préc.
3. Crim. 5 août 1998, n° 97-84.431, NP, *RJDA* 1999/3, p. 361.
4. Crim. 30 juin 2004, n° 03-87.427, NP, *JCP E* 2004. Jur. 1817, p. 1978, note Robert.
5. Paris, 19 mai 1999, *D.* 1999. IR 165 – *Adde*, Soinne, n° 2768 – Saint-Alary-Houin, 6e éd., n° 1316-1 – Le Cannu, n° 892.
6. Crim. 10 sept. 2008, n° 08-80.889, NP.

CHAPITRE

933. Infractions autres que la banqueroute

SECTION 0
ORIENTEUR

933.00 Plan du chapitre.

Sect. 933.10 Infractions autres que la banqueroute commises par le débiteur et les dirigeants de la personne morale débitrice

Sect. 933.20 Infractions commises par les tiers

933.01 Textes applicables.

> Législation antérieure à la loi de sauvegarde des entreprises.

C. com., art. L. 626-8 à L. 626-14

> Législation issue de la loi de sauvegarde des entreprises.

C. com., art. L. 654-8 à L. 654-11

> Législation issue de l'ordonnance du 18 décembre 2008.

C. com., art. L. 654-8 à L. 654-11

933.02 Jurisprudence de référence.

> L'infraction de malversation prévue par la loi du 25 janvier 1985, dans sa rédaction d'origine, n'est pas constitutionnelle.

• Cons. const. 18 janv. 1985, n° 84-183 DC

* V. s^s n° 933.25

« Considérant que les auteurs de la saisine soutiennent qen ne définissant pas le délit de malversation ainsi prévu ce disposition viole l'article 8 de la Déclaration des droits l'homme de 1789; Considérant qu'en vertu de l'article 8 ladite déclaration : "la loi ne doit établir que des peines str tement et évidemment nécessaires, et nul ne peut être pu qu'en vertu d'une loi établie et promulguée antérieureme au délit, et légalement appliquée" ; que l'article 34 de l Constitution précise que "la loi fixe les règles concernant : l détermination des crimes et délits ainsi que les peines qui leu sont applicables"; Considérant qu'il résulte de ces dispositions l'obligation pour le législateur de fixer les règles concernant la détermination des infractions; que, par voie de conséquence, il doit en définir les éléments constitutifs en des termes clairs et précis; qu'en prévoyant un délit de malversation dont, pas plus que les lois du 28 mai 1838 et du 4 mars 1889, l'article 207 n'a déterminé les éléments constitutifs, la loi soumise au Conseil constitutionnel n'a pas défini l'infraction qu'il vise à réprimer; que cette disposition qui figure à l'alinéa 1er de l'article 207 de la loi examinée doit donc être déclarée non conforme à la Constitution; que les autres dispositions de cet article, en elles-mêmes non contraires à la Constitution, ne peuvent pas, pour des raisons de rédaction, être regardées comme séparables de l'alinéa 1er; qu'en conséquence l'article 207 doit donc être déclaré non conforme à la Constitution. »

> Le mandataire de justice qui fait rémunérer sur la trésorerie de l'entreprise débitrice les missions confiées à des tiers, alors qu'elles rentrent dans sa mission, tombe sous le coup de la loi pénale.

• Crim. 26 sept. 2001, n° 00-86.525, *Bull. crim.* n° 190

* V. s^s n° 933.25

« Attendu que, pour déclarer X… coupable de malversation, la cour d'appel, après avoir rappelé qu'il a créé et accueilli, dans ses locaux, des sociétés « de façade » destinées à dissimuler les liens l'unissant à ses subordonnés qui en étaient les gérants de fait, ajoute qu'il a entretenu, dans l'esprit des dirigeants des entreprises en difficulté à qui il les recommandait, une confusion sur la nature de ses fonctions; Que les juges précisent que le prévenu, professionnel confirmé, avait conscience qu'en confiant à des tiers une partie de son mandat, il provoquait l'accroissement des charges des entreprises en difficulté; qu'ils relèvent que l'intervention de ces tiers a eu pour but et pour effet d'alléger la charge de travail de son étude, de réduire le poids de ses frais généraux pour recevoir, nets de charge, les frais et honoraires dont il pouvait solliciter le paiement en application des barèmes légaux, auprès des entreprises en difficulté; qu'ils énoncent, enfin, que, si le prévenu a cru pouvoir arguer, pour justifier de sa bonne foi, d'un pacte de confiance conseillant aux administrateurs judiciaires le concours d'intervenants qualifiés lorsque la situation des ntreprises le justifiait, un tel pacte ne saurait autoriser une uelconque dérogation aux prescriptions du décret du 7 décembre 1985; Attendu qu'en l'état de ces énonciations, la cour d'appel, qui a répondu aux chefs péremptoires conclusions dont elle était saisie, a justifié sa décision. »

> Le juge-commissaire qui autorise la cession d'un actif du débiteur à un autre magistrat se rend complice d'un délit.

• **Crim. 30 juin 1999,** n° 97-85.764, *Bull. crim.* n° 175

* V. s^s n° 933.26

« Attendu que, pour écarter l'argumentation du prévenu qui soutenait qu'en siégeant à l'audience du tribunal de commerce ayant ouvert le redressement judiciaire de la société J..., il n'avait pas participé à la procédure au sens de l'article 207 de la loi du 25 janvier 1985 (devenu C. com., art. L. 626-12), la juridiction du second degré énonce que "Dissocier, au regard de l'article 207 visé à la prévention, le jugement d'ouverture et la procédure subséquente serait enlever toute portée à celui-ci dans la mesure où ce serait permettre à un juge consulaire, personnellement intéressé, d'influer sur une décision juridictionnelle dont les effets économiques et financiers sont essentiels et conditionnent la mise en place d'une procédure spécifique qui en découle directement, et qui a pour effet de faire du jugement d'ouverture et de la procédure elle-même un seul bloc qui ne peut être scindé, sans porter gravement atteinte à l'esprit de l'article 207 de la loi du 25 janvier 1985";

Attendu qu'en l'état de ces énonciations, et dès lors que l'audience au cours de laquelle les juges examinent la situation financière, économique et sociale du débiteur, et entendent le cas échéant le rapport du juge commissaire en application de l'article 13 du décret du 1er décembre 1985 et les représentants du comité d'entreprise ou, à défaut, les délégués du personnel, constitue la première étape de la procédure de redressement judiciaire, au sens de l'article 207 de la loi précitée, la cour d'appel a justifié sa décision sans encourir le grief allégué. »

933.03 **Bibliographie indicative.** (V. les références complètes s^s n° 031).

> Actualisables. RÉP. COM., Fortis E., « Entreprises en difficulté – Redressement judiciaire (Sanctions) », n°s 93 à 107.

> Ouvrages antérieurs à la loi de sauvegarde des entreprises. CHAPUT, n° 652 – GUYON, n°s 1418, 1419 – JACQUEMONT, n°s 914 à 917 – KERCKHOVE, n°s 873 à 886 – LE CANNU, n° 893 – LE CANNU *ET ALII*, n°s 1727 à 1761 – LE CORRÉ-BROLY, n°s 447 à 461 – MARTIN ET VALLENS, n°s 4157 à 4169 – PÉROCHON ET BONHOMME, n°s 445 à 451 – PÉTEL, n°s 434 à 442 – RIPERT ET ROBLOT, n°s 3328 à 3333 – SAINT-ALARY-HOUIN, n°s 1071 à 1073, 1122 à 1130 – SOINNE, n°s 2770 à 2781 – VALLANSAN, p. 369 à 371.

> Ouvrages postérieurs à la loi de sauvegarde des entreprises. GIBIRILA, n°s 847 à 852 – JACQUEMONT ET VABRES, 9e éd., n°s 1178 à 1182 – LE CANNU, 7e éd., n° 1347 – LIENHARD, 6e éd., n°s 143.11 à 143.21 – PÉROCHON, 10e éd., n°s 1778 à 1780 – ROUSSEL GALLE, n° 497 – SAINT-ALARY-HOUIN, 9e éd., n°s 1474 à 1479 – VALLANSAN *ET ALII*, 6e éd., p. 500 à 503 – VALLENS, 2015, n°s 4797 à 4812 – VIDAL et GIORGINI, 1re éd n°s 1627 à 1644 – VOINOT, 2e éd., n°s 926 à 936.

> Articles. Freyria Ch., « La notion de malversation », *R proc. coll.* 2000, p. 175 – Gibirila D., « Les responsabilité les sanctions du dirigeant dans la loi de sauvegarde entreprises », *Defrénois* 2006. 989, n° 38412 – Le C Broly E., « Les éléments constitutifs de l'infraction de ments interdits dans le droit des procédures collectives », *Banque et droit*, 2004/96 (juill.-août), p. 19 – Ruellan C., « La responsabilité pénale des administrateurs provisoires et judiciaires du fait de leur administration », *Dr. pénal* 2000. Chron. 25.

933.04 **Questions essentielles.**

• Que risque le débiteur qui paie ses créanciers plus rapidement que ce que prévoit le plan ?

* V. s^s n° 933.11.

• Un mandataire de justice peut-il s'assurer les services d'un tiers pour remplir une mission qui lui incombe ?

* V. s^s n° 933.25.

• Un magistrat composant la juridiction qui a ouvert la procédure peut-il se rendre acquéreur d'un actif appartenant au débiteur ?

* V. s^s n° 933.26.

SECTION 933.10
INFRACTIONS AUTRES QUE LA BANQUEROUTE COMMISES PAR LE DÉBITEUR ET LES DIRIGEANTS DE LA PERSONNE MORALE DÉBITRICE

933.11 **Paiements irréguliers.** Les articles L. 626-8, 1° et 2° du code de commerce (anc^t L. 25 janv. 1985[1], art. 203, 1° et 2°), dans la rédaction antérieure à la loi de sauvegarde des entreprises, punissent le débiteur commerçant, personne immatriculée au répertoire des métiers, agriculteur, ou le dirigeant, de droit ou de fait, rémunéré ou non, d'une personne morale débitrice. Contrairement à la banqueroute, qui, sous l'empire de la législation antérieure à la loi de sauvegarde des entreprises, ne s'applique qu'aux dirigeants d'une personne morale ayant une activité économique, les dispositions de l'article L. 626-8 s'appliquent également aux dirigeants d'une personne morale n'ayant pas une activité économique[2].

La loi du 26 juillet 2005[3], qui reprend ces infractions, ajoute à la liste des personnes pouvant être atteintes par ce délit toutes les personnes physiques qu'elle soumet aux procédures de redressement ou de liquidation judiciaire. L'article L. 654-8, 1° et 2° vise en ce sens « toute personne mentionnée à l'article L. 654-1 ». Sont en conséquence visées, selon l'article L. 654-1, al. 1er « tout commerçant, agriculteur [...] toute personne immatriculée au répertoire des métiers et... toute personne physique exerçant une activité professionnelle indépendante, y compris une profession libérale soumise à un statut législatif ou réglementaire, ou dont le titre est protégé ». Ce visa large permet également d'englo-

1. L. n° 85-98, 25 janv. 1985, *JO* 26 janv., p. 1097.
2. *Rapp. Xavier de Roux*, n° 2095, p. 452.
3. L. n° 2005-845, 26 juill. 2005, *JO* 27 juill., p. 12187.

ber les artisans de fait, non immatriculés au répertoire des métiers, ainsi d'ailleurs que les commerçants de fait. Au 2e alinéa de l'article L. 654-1, est visée « toute personne qui a, directement ou indirectement, en droit ou en fait, dirigé ou liquidé une personne morale de droit privé ». Il n'est plus fait référence à l'activité économique de la personne morale.

L'article L. 626-8 du code de commerce sanctionne les paiements de créances antérieures effectués après le jugement d'ouverture, non ceux effectués en période suspecte. Bien que le texte n'établisse pas de distinction, seuls les paiements interdits tombent sous le coup de la loi pénale. La sanction pénale vient relayer la sanction civile de la nullité posée par l'article L. 621-24 du code de commerce (anct L. 25 janv. 1985, art. 33, al. 4). Dès lors, si le paiement est valablement intervenu par compensation, la disposition pénale est sans application. De même, si le paiement a été autorisé par le juge-commissaire au titre d'une transaction ou d'un retrait du gage ou d'une chose retenue, la sanction pénale est écartée [1].

Curieusement, les paiements de créances antérieures effectués en liquidation judiciaire échappent à la sanction.

La solution est reprise par la loi du 26 juillet 2005 (C. com., art. L. 654-8, 1°), mais elle est étendue. En effet, l'article L. 654-8, 1° sanctionne également le paiement de dettes nées après jugement d'ouverture, mais ne bénéficiant pas du régime de faveur applicable aux créances postérieures. Il est ici renvoyé aux dispositions de l'article L. 622-7, qui interdit le paiement des créances qui ne bénéficient pas du traitement préférentiel réservé à certaines créances postérieures par l'article L. 622-17, qui traite des « créances nées régulièrement après le jugement d'ouverture pour les besoins du déroulement de la procédure ou de la période d'observation, ou en contrepartie d'une prestation fournie au débiteur, pour son activité, pendant cette période ». Ainsi, par ce visa, seront interdits les paiements des créances nées régulièrement après jugement d'ouverture, mais qui ne répondent pas aux critères d'éligibilité pour bénéficier du traitement de faveur réservé aux créances postérieures [2] et qui sont traitées comme des créances antérieures, devant comme telles, être déclarées au passif (v. ss n° 663.11). En outre, *seront identiquement sanctionnés*, les paiements interdits de créances nées irrégulièrement après jugement d'ouverture – créances hors procédure –, qui ne bénéficient pas davantage du traitement préférentiel de l'article L. 622-17 du code.

Le texte issu de la loi de sauvegarde des entreprises, qui ne faisait que reprendre celui issu de la loi du 25 janvier 1985, énonçait ainsi 3 infractions : les paiements interdits, la constitution d'une hypothèque ou d'un gage et l'accomplissement d'un acte de disposition sans l'autorisation du juge-commissaire. Or, l'article L. 622-7 du code de commerce, qui pose le principe de l'interdiction du paiement de certaines créances, a été profondément retouché par l'ordonnance de réforme. Cela justifie qu'il ait fallu réécrire l'article L. 654-8, 1° du code de commerce. C'est ce à quoi s'est employé l'article 144 de l'ordonnance du 18 décembre 2008 [3].

Le deuxième alinéa de l'article L. 654-8 du code de commerce, qui en résulte, vise désormais le fait « de passer un acte ou d'effectuer un paiement en violation des dispositions de l'article L. 622-7 ». Les contours de l'infraction s'en trouvent passablement obscurcis. Il faut en effet lire, dans le détail, l'article L. 622-7 du code de commerce, pour connaître les actes passibles de sanctions.

Comme par le passé, il y a d'abord l'interdiction de payer les créances nées antérieurement au jugement d'ouverture, sauf jeu de la compensation pour dettes connexes, et sous réserve du possible paiement des créances alimentaires. Il y a également l'interdiction de payer les créances nées après le jugement d'ouverture et qui ne sont pas éligibles au I de l'article L. 622-17. Il s'agit, d'une part, des créances nées irrégulièrement et, d'autre part, des créances nées régulièrement mais ne répondant pas aux critères téléologiques d'attribution du traitement préférentiel, celles que nous appelons les créances non méritantes.

Il y a ensuite, et de manière nouvelle, le paiement du créancier gagiste sans dépossession et auquel l'article 2286, 4° du code civil a reconnu un droit de rétention fictif, paralysé pendant la période d'observation ou celle d'exécution des plans de sauvegarde et de redressement, mais non en cas de cession du bien gagé dans une cession d'entreprise.

Il y a encore la réalisation d'un pacte commissoire, modalité de paiement interdite par l'article L. 622-7, II, alinéa 1 du code de commerce.

Il y a la constitution d'hypothèque et de nantissement, mais aussi désormais de gage, sans l'autorisation du juge-commissaire.

Il y a enfin le paiement d'une créance antérieure, sans autorisation du juge-commissaire, pour :

– retirer la chose gagée ou retenue;

1. Ripert et Roblot, n° 3038 – Le Corre-Broly, « Les éléments constitutifs de l'infraction de paiements interdits dans le droit des procédures collectives », *Banque et droit* juill.-août 2004. 19 – Robaczewski, « La non réforme des sanctions pénales dans la loi de sauvegarde des entreprises », *Rev. proc. coll.* 2005, n° sp., p. 48 s., sp. p. 51, n° 14.
2. *Rapp. Xavier de Roux*, n° 2095, p. 451.

3. Ord. n° 2008-1345, 18 déc. 2008, *JO* 19 déc., p. 19462.

– obtenir le retour de biens transférés à titre de garantie dans un patrimoine fiduciaire;

– lever l'option d'achat d'un contrat de crédit-bail.

L'article L. 626-8, 2° du code de commerce, dans la rédaction antérieure à la loi du 26 juillet 2005, sanctionne les paiements effectués en contravention avec les dispositions du plan de continuation. L'article L. 654-8, 2°, dans la rédaction issue de la loi du 26 juillet 2005, étend la solution au plan de sauvegarde et évoque, au lieu du plan de continuation, le plan de redressement. Le débiteur, même s'il en a la possibilité financière, ne peut payer plus rapidement que ce que prévoit le jugement arrêtant ou modifiant le plan. La jurisprudence semble toutefois s'orienter vers la reconnaissance du caractère licite du remboursement anticipé du passif, avec négociation d'abandon de créances, ce remboursement anticipé ne s'analysant pas en une modification substantielle du plan, mais en une modalité de celui-ci[1] (v. aussi ss n° 525.11). Malgré la lettre du texte qui ne distingue pas, le paiement tardif, qui intervient en méconnaissance des dispositions du plan, n'ouvre pas la voie de l'action pénale, mais seulement celle de la résolution du plan.

Les faits visés à l'article L. 626-8, 1° et 2° du code de commerce, et, depuis la loi de sauvegarde des entreprises, à l'article L. 654-8, 1° et 2°, supposent une connaissance par l'intéressé du caractère délictueux de ses agissements, ce qui ne sera pas toujours évident. On peut penser en pratique, aux contrats de prêt, qui sont parfois continués. Certes, la solution de principe de l'impossibilité de continuer un contrat de prêt et par voie de conséquence, d'obtenir après jugement d'ouverture, paiement d'échéances, ne fait plus difficulté. Cependant, les solutions ne sont pas toujours aussi nettes. Que l'on songe ainsi à l'hypothèse d'un contrat de prêt, lorsqu'il y a eu subrogation au profit du prêteur, dans le bénéfice de la clause de réserve de propriété. Si le juriste spécialiste hésite pour savoir si pareil contrat peut ou non être continué et autorise ou non des paiements après jugement d'ouverture, il apparaît bien difficile d'établir la culpabilité du débiteur moyen. *A fortiori*, si en l'absence d'administrateur judiciaire, le juge-commissaire a autorisé la continuation d'un contrat non susceptible de continuation, tel un contrat de prêt, l'élément moral de l'infraction fait défaut[2].

La sanction prévue par le texte de l'article L. 626-8, devenu l'article L. 654-8, dans la rédaction de la loi de sauvegarde des entreprises, est une peine d'emprisonnement de deux ans et une amende de 30 000 euros ou l'une seulement de ces deux peines.

L'article L. 626-11 du code de commerce, dans la rédaction antérieure à la loi du 26 juillet 2005 (anct L. 25 janv. 1985, art. 206) et l'article L. 654-11, dans la rédaction issue de la loi du 26 juillet 2005, obligent la juridiction répressive saisie, même en cas de relaxe, à statuer d'office sur la réintégration des paiements irréguliers dans le patrimoine du débiteur et à statuer aussi sur les dommages et intérêts réclamés. Ces derniers seront attribués à l'entreprise débitrice si le préjudice est collectif, au créancier agissant individuellement si le préjudice lui est propre[3].

933.12 Autres actes interdits accomplis indistinctement par le débiteur ou les dirigeants. L'article L. 626-8 du code de commerce (anct L. 25 janv. 1985[4], art. 203-1), dans la rédaction antérieure à la loi du 26 juillet 2005[5] et l'article L. 654-8, dans la rédaction issue de la loi du 26 juillet 2005, prohibent, lorsqu'ils sont accomplis par le débiteur ou les dirigeants de droit ou de fait de la personne morale débitrice rémunérés ou non (v. ss n° 933.11) les actes de disposition, ainsi que les constitutions d'hypothèques et de nantissements, dès lors qu'ils ne sont pas autorisés par le juge-commissaire. Ici encore, les textes analysés ne s'appliquent qu'aux personnes physiques.

La loi du 26 juillet 2005 ajoute à la liste des personnes pouvant être atteintes par ce délit toutes les personnes physiques qu'elle soumet aux procédures de redressement ou de liquidation judiciaire. Sont en conséquence visées les personnes physiques exerçant une activité professionnelle indépendante, ce qui permet d'englober les professionnels libéraux, qu'il soit au non soumis à un statut réglementaire ou législatif (C. com., art. L. 654-8, 1°). Ce visa large permet également d'englober les artisans de fait, non immatriculés au répertoire des métiers.

Seul l'accomplissement en période d'observation de tels actes est puni. La sanction pénale relaie également la nullité de tels actes posée par l'article L. 621-24 du code de commerce (anct L. 25 janv. 1985, art 33, al. 3), dans la rédaction antérieure à la loi du 26 juillet 2005, par l'article L. 622-7, dans la rédaction issue de la loi du 26 juillet 2005. La lettre de ces textes ne distingue pas selon que les actes de disposition sont ou non étrangers à la gestion courante. Ce qui est ici sanctionné est l'absence d'autorisation du juge-commissaire, ce qui suppose qu'elle soit nécessaire à la validité de l'acte. Tel n'est pas le cas d'actes de disposition rentrant dans le

1. Com. 14 sept. 2010, n° 09-16.347, NP.
2. *Le Corre-Broly, « Les éléments constitutifs* de l'infraction de paiements interdits dans le droit des procédures collectives », *Banque et droit* juill.-août 2004. 19 – RAPPR. : SOINNE, n° 2780.
3. DERRIDA *ET ALII*, n° 484-*bis* – SOINNE, n° 2781.
4. L. n° 85-98, 25 janv. 1985, préc.
5. L. n° 2005-845, 26 juill. 2005, préc.

cadre de la gestion courante. De tels actes ne peuvent donc être sanctionnés. Curieusement, les transactions passées sans autorisation, qui sont pourtant nulles, ne sont pas pénalement sanctionnées. Mais, si elles aboutissent à un paiement en période d'observation, celui-ci sera punissable, en tant que paiement irrégulier (v. s^s n° 933.11).

L'article L. 626-8, 2° du code de commerce (anc^t L. 25 janv. 1985, art. 203, 2°), dans la rédaction antérieure à la loi du 26 juillet 2005 et l'article L. 654-8, 2°, dans la rédaction issue de la loi du 26 juillet 2005, sanctionnent aussi les actes d'aliénation, sans autorisation du tribunal, de biens déclarés inaliénables par le jugement arrêtant le plan de continuation, de redressement ou de sauvegarde. La loi du 26 juillet 2005 aligne la cession réalisée au mépris des dispositions du plan de sauvegarde sur celle réalisée au mépris du plan de redressement : il y aura infraction à céder un bien déclaré inaliénable dans ces deux types de plans (C. com., art. L. 654-8, 2°).

La loi du 26 juillet 2005 ajoute une infraction : le fait de procéder à la cession d'un bien rendu inaliénable dans le cadre d'un plan de cession (C. com., art. L. 654-8, 2°). Il s'agit là d'assurer une symétrie, qui n'existait pas sous l'empire de la législation antérieure à la loi du 26 juillet 2005, entre le plan de continuation et le plan de cession[1]. L'ordonnance du 18 décembre 2008[2] est à nouveau intervenue pour modifier le texte. L'article L. 654-8, 2° du code de commerce rend désormais passible de sanction le fait « pour toute personne mentionnée à l'article L. 654-1 [...], de procéder à la cession d'un bien rendu inaliénable, dans le cadre d'un plan de cession, en application de l'article L. 642-10 ». Le texte, dans sa rédaction antérieure à la l'ordonnance du 18 décembre 2008, est apparu trop restrictif au législateur. En effet, il ne visait que la méconnaissance de l'inaliénabilité dans le cadre d'un plan de cession. Il ne permettait pas de prendre en compte l'inaliénabilité décidée dans le jugement arrêtant le plan de sauvegarde et dans lequel il était décidé une cession partielle. Il ne s'agissait pas juridiquement d'un plan de cession. L'article L. 654-8, 2° du code de commerce était inapplicable si le cessionnaire de la branche d'activité vendait un bien au mépris de l'inaliénabilité, alors pourtant que cette dernière obéissait au régime de l'article L. 642-10 du code de commerce.

C'est pourquoi, nous semble-t-il, l'article 144 de *l'ordonnance du 18 décembre 2008* supprime l'expression « dans le cadre d'un plan de cession ». Cette modification n'est pas apportée dans le 2° de l'article L. 654-8 du code de commerce, car l'ordonnance de réforme a préféré isoler, dans un 4° de l'article L. 654-8 du code de commerce, la sanction de l'aliénation d'un bien déclaré inaliénable en application de l'article L. 642-10. En outre, le texte ne vise plus les personnes mentionnées à l'article L. 654-1, mais « toute personne », ce qui permet de viser le cessionnaire[3].

Qu'il s'agisse des cas visés à l'article L. 626-8, 1° ou 2° du code, et depuis la loi de sauvegarde des entreprises, à l'article L. 654-8, 1° ou 2°, l'élément moral de l'infraction doit exister. L'intéressé ne saurait être condamné s'il ignorait le caractère délictueux de ses agissements. On ne peut exiger de tous les débiteurs ou dirigeants une parfaite connaissance des règles complexes des procédures collectives.

L'article L. 626-11 du code de commerce (anc^t L. 25 janv. 1985, art. 206), devenu l'article L. 654-11 depuis la loi de sauvegarde des entreprises, trouve également ici application. En conséquence, la juridiction répressive, même en cas de relaxe, statuera d'office sur la réintégration dans le patrimoine du débiteur de tous les biens, droits et actions frauduleusement soustraits. Cela conduira à l'anéantissement des hypothèques et nantissements, à la restitution des biens réalisés, sans autorisation du juge-commissaire, par le débiteur ou le dirigeant pendant la période d'observation ou ceux vendus au mépris de l'inaliénabilité prescrite par le jugement arrêtant le plan de continuation, de redressement ou de sauvegarde. En outre, même en cas de relaxe, la juridiction répressive statuera sur les dommages et intérêts qui seront demandés.

933.13 Autres actes interdits accomplis spécifiquement par les dirigeants. L'article L. 626-14 du code de commerce (anc^t L. 25 janv. 1985[4], art. 209), devenu l'article L. 654-14 depuis la loi de sauvegarde des entreprises[5], punit des peines de la banqueroute (v. s^s n° 932.41) les personnes physiques, autres que les débiteurs personnes physiques passibles de la banqueroute (v. s^s n°s 932.21, 932.22), qui ont accompli deux catégories d'actes préjudiciables aux créanciers.

Le premier type d'actes visés consiste en des détournements ou des dissimulations de biens. L'infraction analysée peut être rapprochée de celle prévue à l'article 314-7 du code pénal, c'est-à-dire l'organisation frauduleuse de son insolvabilité. La tentative est également punie. Les biens visés doivent appartenir aux personnes ici visées, c'est-à-dire

1. Amend. n° 220, Interv. Xavier de Roux, *JOAN CR*, 3e séance du 8 mars 2005, p. 1802 – *Adde, Rapp. Xavier de Roux*, n° 2095, p. 452, 453.
2. Ord. n° 2008-1345, 18 déc. 2008, préc.
3. Roussel Galle, « Le dirigeant de société et le nouveau droit des entreprises en difficulté issu de la réforme du 18 décembre 2008 », *Rev. sociétés* 2009. 249 s, sp. 272, n° 55.
4. L. n° 85-98, 25 janv. 1985, préc.
5. L. n° 2005-845, 26 juil. 2005, préc.

les dirigeants de la personne morale débitrice ou les représentants permanents de la personne morale dirigeant la personne morale débitrice et non à cette dernière, puisqu'en ce cas, l'article L. 626-14 du code de commerce, devenu l'article L. 654-14 depuis la loi de sauvegarde des entreprises, est écarté au profit de l'article L. 626-2 du même code (anct L. 25 janv. 1985, art. 197)[1], devenu l'article L. 654-2, depuis la loi de sauvegarde des entreprises. Le but du détournement ou de la dissipation est précisé par le texte : l'intéressé cherche à soustraire des éléments de son patrimoine aux poursuites de la personne morale, à celle de ses associés ou à celle de ses créanciers. L'intention frauduleuse est requise, le texte évoquant la mauvaise foi de l'intéressé. La répression de ces agissements a pour objectif de rendre effectives les condamnations à combler l'insuffisance d'actif de la personne morale débitrice ou à l'obligation aux dettes sociales [laquelle a été supprimée par l'ordonnance du 18 décembre 2008[2]], en dissuadant les dirigeants d'organiser leur insolvabilité[3].

Le second type d'acte consiste, pour l'intéressé, à se reconnaître frauduleusement débiteur de sommes qu'il ne doit pas. Le but de l'acte incriminé est identique : il s'agit de soustraire son patrimoine aux poursuites de la personne morale débitrice, de celle de ses associés ou de ses créanciers. Ici encore, l'intention frauduleuse est requise.

L'ordonnance du 9 décembre 2010[4] adapte à l'EIRL cette double incrimination. L'article L. 654-14 du code de commerce est, en conséquence, complété par un alinéa 2, qui prévoit que « est puni des mêmes peines, le fait pour l'EIRL qui a fait l'objet d'un jugement d'une procédure de sauvegarde, de redressement ou de liquidation judiciaire à raison d'une activité à laquelle un patrimoine est affecté, de mauvaise foi, en vue de ses soustraire au paiement d'une condamnation susceptible d'être prononcée ou déjà prononcée en application du deuxième alinéa de l'article L. 651-2, de détourner ou de dissimuler, ou de tenter de détourner ou de dissimuler, tout ou partie des biens de son patrimoine non affecté, ou de se faire frauduleusement reconnaître, sur ce dernier débiteur de sommes qu'il ne devait pas ».

933.14 Sanction des tiers participant à des actes interdits ou recevant des paiements interdits. L'article L. 626-8, 3° du code de commerce (anct L. 25 janv. 1985[5], art. 203 3°), dans la rédaction antérieure à la loi du 26 juillet 2005[6] et l'article L. 654-8, 3° dans la rédaction issue de la loi du 26 juillet 2005, sanctionnent les personnes qui, pendant la période d'observation, ont passé avec le débiteur, un des actes énumérés aux articles L. 626-8, 1° et 2°, dans la rédaction antérieure à la loi du 26 juillet 2005, aux articles L. 654-8, 1° et 2°, dans la rédaction issue de la loi du 26 juillet 2005.

Ces actes ont été examinés (v. ss nos 933.11, 933.12).

L'élément moral de l'infraction prend ici un tour particulier. Il faudra démontrer, contre l'intéressé, sa connaissance du caractère délictueux des agissements, ce qui sera parfois bien délicat (v. ss n° 933.11).

SECTION 933.20
INFRACTIONS COMMISES PAR LES TIERS

933.21 Infractions commises par les parents ou alliés. L'article L. 626-10 du code de commerce (anct L. 25 janv. 1985[7], art. 205), dans la rédaction antérieure à la loi du 26 juillet 2005[8] et l'article L. 654-10, dans la rédaction issue de la loi du 26 juillet 2005, punissent des peines applicables à l'abus de biens sociaux (C. pén., art. 314-1), c'est-à-dire un emprisonnement de trois ans et une amende de 375 000 euros, le conjoint, les descendants ou ascendants, ainsi que les collatéraux ou alliés des personnes susceptibles de se voir appliquer les peines de la banqueroute visées par l'article L. 626-1 du code de commerce, dans la rédaction antérieure à la loi du 26 juillet 2005, par l'article L. 654-1, dans la rédaction issue de la loi du 26 juillet 2005.

Le concubin n'est pas visé, mais pourra être inquiété par le biais de la complicité de banqueroute.

Le visa précis par le texte des parents ou alliés empêche le jeu de l'immunité familiale, laquelle est posée par l'article 311-12 du code pénal[9].

Les agissements réprimés tiennent en des actes de détournement, divertissements ou recels de l'actif du débiteur soumis à une procédure de redressement judiciaire. La loi du 26 juillet 2005 y ajoute la procédure de sauvegarde (C. com., art. L. 654-10). Ne sont, en revanche, pas visés, à ce titre, les mêmes actes accomplis dans la procédure de liquidation judiciaire.

Ce texte, qui n'avait pas été modifié à l'occasion de la réforme du 10 juin 1994[10], ne pouvait, au

1. SOINNE, n° 2774.
2. Ord. n° 2008-1345, 18 déc. 2008, préc.
3. RAPPR. : RIPERT ET ROBLOT, n° 321.
4. Ord. n° 2010-1512, 9 déc. 2010, *JO* 10 déc., p. 21617.
5. L. n° 85-98, 25 janv. 1985, préc.
6. L. n° 2005-845, 26 juill. 2005, préc.
7. L. n° 85-98, 25 janv. 1985, préc.
8. L. n° 2005-845, 26 juill. 2005, préc.
9. SOINNE, n° 2777.
10. L. n° 94-475, 10 juin 1994, *JO* 11 juin, p. 8440.

regard du principe d'interdiction stricte de la loi pénale, et curieusement pouvait-on dire[1], s'appliquer à l'hypothèse d'une liquidation judiciaire, alors que le visa du redressement judiciaire, avant la loi du 10 juin 1994, emportait visa de la liquidation judiciaire, puisque cette dernière n'était pas alors une procédure autonome, mais seulement une des issues de la procédure de redressement judiciaire.

La loi du 26 juillet 2005 n'avait pas réparé cet oubli, en disposant que « Le fait, pour le conjoint, les descendants ou les ascendants ou les collatéraux ou les alliés des personnes mentionnées à l'article L. 654-1, de détourner, divertir ou receler des effets dépendant de l'actif du débiteur soumis à une procédure de sauvegarde ou de redressement judiciaire, est puni des peines prévues par l'article 314-1 du code pénal ».

Voilà qui est fait, avec l'article 145 de l'ordonnance du 18 décembre 2008[2], qui modifie la rédaction de l'article L. 654-10 du code de commerce, qui vise désormais la liquidation judiciaire. Mais l'apport de l'article 145 de l'ordonnance du 18 décembre 2008 ne se limite pas à cette précision. Il fait en effet sortir du texte de l'article L. 654-10 du code, la sauvegarde. La solution est symétrique à celle posée en matière de banqueroute, puisque l'article L. 654-2 du code, qui détermine le domaine objectif d'application de la banqueroute, ne prévoit pas la possibilité de condamnation pour banqueroute, dans la procédure de sauvegarde. Il y avait donc une anomalie à sanctionner les agissements des proches du débiteur, alors que ce dernier ne pouvait être inquiété.

Cette modification de l'article L. 654-10 du code de commerce opérée par l'article 145 de l'ordonnance du 18 décembre 2008 ne nous semble pas interprétative, encore que le rapport au Président de la République sur l'ordonnance du 18 décembre 2008 fasse état d'une actualisation « à droit constant des dispositions de droit pénal »[3]. S'agissant d'une disposition pénale plus douce, le principe de rétroactivité *in mitius* conduit à décider de son application même aux procédures ouvertes avant le 15 février 2009[4].

Peu importe que les agissements visés profitent à la personne poursuivie ou seulement au débiteur[5].

L'article L. 626-11 du code de commerce (anc^{t} L. 25 janv. 1985, art. 206), devenu l'article L. 654-11 depuis la loi de sauvegarde des entreprises, trouve également ici application. En conséquence, la juridiction répressive, même en cas de relaxe, statuera d'office sur la réintégration dans le patrimoine du débiteur de tous les biens, droits et actions frauduleusement soustraits. Cela conduira à l'anéantissement des hypothèques et nantissements, à la restitution des biens réalisés, sans autorisation du juge-commissaire, par le débiteur ou le dirigeant pendant la période d'observation ou ceux vendus au mépris de l'inaliénabilité prescrite par le jugement arrêtant le plan de continuation, de redressement ou de sauvegarde. En outre, même en cas de relaxe, la juridiction répressive statuera sur les dommages et intérêts qui seront demandés.

L'article L. 626-11 du code de commerce, dans la rédaction antérieure à la loi du 26 juillet 2005 (anc^{t} L. 25 janv. 1985, art. 206), devenu l'article L. 654-11 depuis la loi de sauvegarde des entreprises, est ici applicable (sur ce texte, v. s^{s} n° 933.12).

933.22 Infractions commises par des prête-noms. L'article L. 626-9 du code de commerce (anc^{t} L. 25 janv. 1985[6], art. 204-3), dans la rédaction antérieure à la loi du 26 juillet 2005[7] et l'article L. 654-9, 3° dans la rédaction issue de la loi du 26 juillet 2005, punissent des peines de la banqueroute les personnes physiques qui exercent une activité commerciale, agricole ou artisanale sous le nom d'autrui ou sous un nom supposé, et qui se rendent coupables des agissements visés à l'article L. 626-14 du code de commerce (anc^{t} L. 25 janv. 1985, art. 209), dans la rédaction antérieure à la loi du 26 juillet 2005, à l'article L. 654-14, dans la rédaction issue de la loi du 26 juillet 2005, ce texte ajoutant aux personnes visées les personnes exerçant « toute autre activité indépendante », ce qui permet d'englober les professionnels libéraux (v. s^{s} n° 933.13).

Ce texte apparaît inutile, car les personnes visées sont déjà soumises aux peines de la banqueroute pour les agissements visés aux articles L. 626-2, 2° et 3° du code de commerce (anc^{t} L. 25 janv. 1985, art. 197, 2 et 3)[8], dans la rédaction antérieure à la loi du 26 juillet 2005, aux articles L. 654-2, 2° et 3°, dans la rédaction issue de la loi du 26 juillet 2005.

Le seul intérêt de la disposition ici étudiée est de prévoir la possibilité de poursuivre la tentative.

933.23 Actes accomplis par des tiers constitutifs de cas de banqueroute pour le débiteur et les dirigeants. Certains actes sont sanctionnés s'ils sont commis par le débiteur ou les dirigeants de la personne morale débitrice. Ces derniers jouent dans

1. Le Corre, *Droit et pratique des procédures collectives*, 4e éd., « Dalloz action », 2008, n° 933.21.
2. Ord. n° 2008-1345, 18 déc. 2008, préc.
3. Rapport au président de la République sur l'ordonnance n° 2008-1345 du 18 déc. 2008, *JO* 19 déc., Titre I, chap. V, s^{s} art. 139 à 145.
4. Montéran, « La réforme des responsabilités et sanctions », *Gaz. Pal.* 8-10 mars 2009, n° sp. p. 57 s., sp. p. 60.
5. Ripert et Roblot, n° 3331 – Soinne, n° 2772.

L. n° 85-98, 25 janv. 1985, préc.
L. n° 2005-845, 26 juill. 2005, préc.
Ripert et Roblot, n° 3330.

la commission de l'infraction, un rôle actif. Ces mêmes faits sont érigés en infraction pour punir les partenaires du débiteur, qui jouent le rôle « passif ».

Les articles L. 626-9, 1° et 2° du code de commerce (anc^t^ L. 25 janv. 1985[1], art. 204, 1° et 2°), dans la rédaction antérieure à la loi du 26 juillet 2005[2] et les articles L. 654-9, 1° et 2°, dans la rédaction issue de la loi du 26 juillet 2005, punissent des peines de la banqueroute (v. s^s^ n° 932.41), deux catégories de personnes.

Il en est d'abord ainsi de celles qui ont, dans l'intérêt des personnes susceptibles d'être condamnées à la banqueroute (v. s^s^ n°s 932.21, 932.22), soustrait, recelé ou dissimulé tout ou partie des biens de celles-ci. Les détournements ou dissimulations accomplis par le débiteur ou les dirigeants, sont passibles de banqueroute. Les actes ici visés doivent avoir été accomplis dans l'intérêt des personnes susceptibles de banqueroute, mais le concert frauduleux n'est pas exigé[3]. S'il existe, il y a complicité. Cela explique que l'article L. 626-9, 1° du code de commerce (anc^t^ L. 25 janv. 1985, art. 204, 1), dans la rédaction antérieure à la loi du 26 juillet 2005 et l'article L. 654-9, 1°, dans la rédaction issue de la loi du 26 juillet 2005, réservent l'application de l'article 121-7 du code pénal, c'est-à-dire le jeu de la complicité réprimée par l'article L. 626-3, alinéa 2 du code de commerce, dans la rédaction antérieure à la loi du 26 juillet 2005 (anc^t^ L. 25 janv. 1985, art. 198, al. 2), par l'article L. 654-3, dans la rédaction issue de la loi du 26 juillet 2005.

Il en est de même des personnes qui ont frauduleusement déclaré des créances supposées. L'article L. 626-9, 2° du code de commerce, dans la rédaction antérieure à la loi du 26 juillet 2005, étend la sanction à l'hypothèse où la déclaration de créance est faite par personne interposée. L'article L. 654-9 2°, dans la rédaction issue de la loi du 26 juillet 2005, rend également applicable la solution à la déclaration de créance dans la procédure de sauvegarde, l'infraction existant déjà pour les procédures de redressement et de liquidation judiciaires. Le concert frauduleux est ici exigé, l'opinion contraire ayant cependant été soutenue[4]. Il n'apparaît pas, en conséquence, qu'une déclaration de créance non liquide, faite par estimation, puisse constituer l'infraction, fût-elle exagérée[5].

L'article L. 626-2, 3° du code, dans la rédaction antérieure à la loi du 26 juillet 2005 et l'article L. 654-2, 3°, dans la rédaction issue de la loi du 26 juillet 2005, punissent de banqueroute le débiteur ou le dirigeant qui augmente frauduleusement le passif. Or cette augmentation, dès lors qu'elle intéresse le passif antérieur, ne peut exister que par des déclarations de créances supposées.

On rappellera l'application, pour ces infractions, de l'article L. 626-11 du code de commerce, dans la rédaction antérieure à la loi du 26 juillet 2005 (anc^t^ L. 25 janv. 1985, art. 206), de l'article L. 654-11, dans la rédaction issue de la loi du 26 juillet 2005 (v. s^s^ n° 933.12).

933.24 Convention comportant un avantage particulier. Cette infraction est posée par l'article L. 626-13 du code de commerce (anc^t^ L. 25 janv. 1985[6], art. 208), par l'article L. 654-13, depuis la loi de sauvegarde des entreprises[7]. Le texte punit des peines de l'abus de confiance (C. pén., art. 314-1), c'est-à-dire trois ans de prison et 375 000 euros d'amende, le fait pour un créancier de passer, après le jugement d'ouverture, une convention présentant un avantage particulier à la charge du débiteur.

L'intéressé doit être créancier. Il pourrait donc être soutenu, sous l'empire de la législation antérieure à la loi de sauvegarde des entreprises, que l'extinction de la créance antérieure, par suite de rejet ou de non déclaration dans les délais, ferait échec à la commission de l'infraction. À la lettre, le texte aboutit au résultat curieux de mieux traiter celui qui n'est plus créancier que celui qui l'est encore.

Il n'est pas distingué selon que la créance est antérieure ou postérieure au jugement d'ouverture. En pratique, cependant, l'avantage particulier sera plus difficile à fournir à un créancier postérieur, cependant que, depuis la loi de sauvegarde des entreprises, on pourrait concevoir un avantage procuré à un créancier postérieur ne bénéficiant pas du traitement préférentiel, alors qu'il serait réservé aux créanciers postérieurs.

La convention doit avoir été conclue après le jugement d'ouverture. Seul le jeu des nullités de la période suspecte ou de la fraude paulienne pourrait permettre de remettre en cause les conventions antérieures au jugement d'ouverture[8].

La notion d'« avantage particulier » doit s'apprécier objectivement par comparaison de la situation du créancier indépendamment de l'avantage par rapport à sa situation résultant de l'avantage procuré. Est ici en cause la règle de l'égalité des créanciers, qui interdit de traiter différemment des créanciers dans une situation identique. L'avantage doit évidemment être interdit et résulter d'un accord entre le débiteur et l'*accipiens*. De même, si l'avan-

1. L. n° 85-98, 25 janv. 1985, préc.
2. L. n° 2005-845, 26 juill. 2005, préc.
3. Soinne, n° 2775.
4. Soinne, n° 2275.
5. aussi : Vallens, 2015, n° 4804.
6. L. n° 85-98, 25 janv. 1985, préc.
7. L. n° 2005-845, 26 juill. 2005, préc.
8. Le Cannu *et alii*, n° 1753.

tage résulte d'une transaction autorisée par le juge-commissaire, tant en période d'observation qu'en situation de liquidation judiciaire et, en ce dernier cas ayant reçu l'homologation du tribunal, l'infraction n'est pas constituée [1].

L'article L. 626-13, alinéa 2 du code de commerce, dans la rédaction antérieure à la loi de sauvegarde des entreprises et l'article L. 654-13, dans la rédaction issue de la loi de sauvegarde des entreprises, complètent la sanction pénale par une sanction civile. La convention comportant l'avantage particulier est annulée par la juridiction saisie. Cette nullité semble supposer que l'infraction ait été retenue à la charge de la personne poursuivie, car, contrairement à la disposition de l'article L. 626-11 du code de commerce (anc[t] L. 25 janv. 1985, art. 206), devenu l'article L. 654-11 depuis la loi de sauvegarde des entreprises, qui ne s'applique que pour les faits visés aux articles L. 626-8 à L. 626-10 du même code (devenus les articles L. 654-8 et L. 654-10 dans la rédaction de la loi de sauvegarde des entreprises), la solution n'est pas prévue pour l'hypothèse de relaxe. La nullité ne semble pas pouvoir être recherchée devant la juridiction qui a ouvert la procédure, le contraire ayant cependant été soutenu [2]. Le texte vise en effet le prononcé de la nullité par la juridiction saisie, laquelle, au regard de la structure du texte de l'article L. 626-13 du code, dans sa rédaction antérieure à la loi de sauvegarde des entreprises, de l'article L. 654-13, alinéa 2 du code, dans sa rédaction issue de la loi de sauvegarde des entreprises, ne peut être que la juridiction ayant à connaître de l'infraction. Cette nullité est d'ordre public [3], ce qui autorise tout intéressé à la rechercher. Il faut cependant tenir compte du monopole de représentation confié au représentant des créanciers – mandataire judiciaire – sous réserve cependant des pouvoirs des contrôleurs en cas de carence du mandataire judiciaire. Dès lors, si le traité particulier nuit à la collectivité des créanciers antérieurs, l'action restera attribuée au défenseur de l'intérêt collectif des créanciers, nonobstant son caractère d'ordre public [4]. La nullité, conformément au droit commun, conduira l'*accipiens* à restituer l'avantage indûment perçu.

933.25 Infractions spécifiques aux mandataires de justice [5] – Délit de malversation. L'article 207 de la loi du 25 janvier 1985 [6], tel qu'il résultait de sa rédaction initiale, punissait les malversations commises par les créanciers et les organes de la procédure. La Cour de cassation avait précisé que l'infraction était constituée en présence de tout fait révélant une volonté pour le mandataire de justice d'enfreindre ses obligations légales envers le débiteur ou la masse des créanciers [7].

L'incrimination, dont la précision était digne du code pénal d'un État dictatorial, puisqu'elle passait sous silence les éléments constitutifs de l'infraction, a justement été déclarée non constitutionnelle par le Conseil constitutionnel [8]. La loi du 30 décembre 1985 [9] a rétabli l'infraction, en en précisant les éléments constitutifs.

L'article L. 626-12, I du code de commerce, dans la rédaction antérieure à la loi du 26 juillet 2005 [10] et l'article L. 654-12, I, dans la rédaction que lui donne la loi du 26 juillet 2005, punissent des peines de l'abus de confiance aggravé (C. pén., art. 314-2), c'est-à-dire un emprisonnement de sept ans et une amende de 750 000 euros, les administrateurs, représentants des créanciers – mandataires judiciaires depuis la loi de sauvegarde des entreprises –, liquidateurs et commissaires à l'exécution du plan qui auront accompli les faits visés aux articles L. 626-12, I et II du code de commerce, devenus les articles L. 654-12, I et L. 654-12, II.

Le point de départ du délai de prescription est la révélation des faits délictueux. Plus précisément, il s'agit du jour où le délit est apparu et a pu être constaté dans des conditions permettant l'exercice de l'action publique [11]. Tous les éléments permettant le déclenchement des poursuites doivent donc être connus.

L'élément moral de l'infraction est établi dès lors que l'intéressé a eu conscience de porter atteinte aux intérêts des créanciers ou du débiteur, afin de satisfaire un intérêt personnel [12].

L'élément matériel de l'infraction résulte de deux types d'agissements.

La première série d'agissements tient à l'utilisation à son profit des sommes perçues dans l'accom-

1. Soinne, n° 2778.
2. Soinne, n° 2779.
3. Ripert et Roblot, n° 3332.
4. Soinne, n° 2779.
5. Sur la question : Ruellan, « La responsabilité pénale des administrateurs provisoires et judiciaires du fait de leur administration », *Dr. pénal* 2000, n° 25.
6. L. n° 85-98, 25 janv. 1985, préc.
7. Crim. 20 juill. 1982, n° 81-95.108, *Bull. crim.* n° 195; *D.* 1983. IR 59, obs. Derrida – Crim. 24 juill. 1985, n° 84-91.228, NP, *D.* 1986. IR 175, obs. Derrida; *D.* 1986. Jur. 220, note Marchi.
8. Cons. const. 18 janv. 1985, n° 84-183 DC, *JO* 20 janv.
9. L. n° 85-1407, 30 déc. 1985, JO 31 déc., p. 15505.
10. L. n° 2005-845, 26 juill. 2005, préc.
11. Crim. 6 oct. 2004, n° 86-94.662, NP; sur pourvoi contre : Lyon, 7e ch. A, 17 mars 2004, cité *in* Soinne, « Les dispositions nouvelles relatives au statut des mandataires de justice (accès et exercice des professions, tarification et exécution de certaines tâches par des tiers) », *Rev. proc. coll.* 2005, p. 1 s., sp. p. 8, note 5.
12. Crim. 17 févr. 2016, n° 14-84.663, *Bull. crim.* [à paraître]; *Dr. sociétés* 2016, § 69, p. 46 note Salomon.

plissement de sa mission. Il s'agit là de réprimer les détournements de fonds. Cette infraction permet de réprimer les prélèvements effectués par le mandataire de justice sur les comptes gérés par l'étude, sans ordonnance de taxe préalable, pour ses besoins personnels ou pour ceux de son étude[1]. Cette infraction permet aussi d'atteindre la contravention, par le mandataire, à l'obligation de consignation à la Caisse des dépôts et consignations des fonds reçus, dont il fait un usage personnel[2]. Cet usage personnel ne nécessite pas la rémunération des comptes bancaires sur lesquels l'argent est placé, dès lors que le banquier octroie, en contrepartie, des conditions de prêt très avantageuses[3].

La seconde sorte d'agissements réside dans le fait de se faire attribuer des sommes qu'il savait ne pas être dues. Cette incrimination peut permettre de lutter contre le non-respect du barème par le professionnel ou encore contre la corruption.

Il s'agit ensuite de sanctionner le mandataire de justice qui, dans son intérêt[4], et en connaissance de cause, fait de ses pouvoirs un usage contraire aux intérêts du débiteur ou des créanciers. Il en est ainsi du mandataire qui fait accomplir par le débiteur des travaux à son domicile personnel, en prétendant que les sommes dues se compensaient avec les honoraires dont il était créancier au titre de la procédure[5].

L'essentiel réside toutefois dans le fait de sanctionner le mandataire, généralement administrateur judiciaire, qui impose au débiteur qu'il assiste ou représente, le service d'intervenants extérieurs payés par le débiteur, et qui accomplissent une partie des tâches lui incombant[6]. Les poursuites les plus fréquentes intéressent les « sapiteurs »[7]. L'intéressé doit choisir d'accomplir lui-même et entièrement la mission confiée par le tribunal ou accepter de reverser une partie de ses émoluments à l'intervenant extérieur dont il souhaite s'entourer. La solution résulte aujourd'hui explicitement de l'article L. 811-1, alinéa 3 du code de commerce, pour les administrateurs judiciaires, de l'article L. 812-1, alinéa 3 du code de commerce pour les mandataires judiciaires. L'alinéa 2 de chacun de ces articles précise que le mandataire de justice désireux de recourir au service d'un tiers sera préalablement autorisé par le président du tribunal.

Le complice du délit de malversation est punissable, comme l'auteur. Dans une affaire, la peine d'emprisonnement a pu être justifiée du fait d'un grave trouble porté à l'ordre social et à la moralité de l'économie, toute autre sanction étant manifestement inadaptée[8].

À côté des infractions spécifiquement édictées par les textes du droit des procédures collectives, les mandataires de justice peuvent tomber sous le coup d'autres inculpations. Ainsi, a-t-il été décidé que, en tant personnes chargées d'une mission de service public, ils pouvaient commettre l'infraction de prise illégale d'intérêts[9].

933.26 Infractions commises indistinctement par les intervenants – Acquisition ou utilisation des biens du débiteur. L'article L. 626-12, alinéa 2 du code de commerce (anc[t] L. 25 janv. 1985[10], art. 207, al. 2), dans la rédaction antérieure à la loi du 26 juillet 2005[11], devenu dans la rédaction issue de la loi de sauvegarde des entreprises, l'article L. 654-12, II, punit également des peines de l'abus de confiance aggravé (C. pén., art. 314-2), c'est-à-dire un emprisonnement de sept ans et une amende de 750 000 euros, les mandataires de justice ci-dessus visés (v. s[s] n° 933.25), ainsi que toute personne, ayant participé à un titre quelconque à la procédure et qui se sera rendu acquéreur pour son compte, directement ou indirectement, de biens du débiteur ou les aura utilisés à son profit. La solution avait été posée, sous l'empire de la loi du 13 juillet 1967[12], pour l'acquisition de biens du débiteur par une société dans laquelle le collaborateur du mandataire était majoritaire[13]. La solution a été posée, sous l'empire de la loi du 25 janvier 1985, à l'encontre d'un commissaire à l'exécution du plan ayant

1. Crim. 12 déc. 2007, n° 07-80.886, *Bull. crim.* n° 307.
2. Crim. 5 juill. 1993, n° 92-82.799, *Bull. crim.* n° 239.
3. Crim. 6 oct. 2004, n° 86-94.662, NP; SUR POURVOI CONTRE : Lyon, 7e ch. A, 17 mars 2004, cité *in* Soinne, « Les dispositions nouvelles relatives au statut des mandataires de justice (accès et exercice des professions, tarification et exécution de certaines tâches par des tiers) », *Rev. proc. coll.* 2005, p. 1 s., sp. p. 8, note 35.
4. Crim. 5 mai 1999, n° 98-81.108, NP, *Rev. proc. coll.* 2000, 74, n° 4, obs. Soinne.
5. Crim. 9 févr. 2005, n° 03-85.508, *Bull. crim.* n° 50.
6. Crim. 26 sept. 2001, n° 00-86.525, *Bull. crim.* n° 190; *D.* 2001. AJ 3198, obs. Lienhard; *D.* 2002. Somm. 208, obs. Derrida; *Act. proc. coll.* 2001, n° 245; *LPA* 8 janv. 2002, n° 6, p. 20, note Montéran; *RTD com.* 2002. 381, n° 5, obs. Bouloc; *Rev. sociétés* 2002. 81, obs. Bouloc; 342, note Bouloc – Crim. 20 avr. 2005, n° 04-82.427, NP – Versailles, 13 mars 1996, *Rev. proc. coll.* 1996. II. Somm. 539 – Aix-en-Provence, [illegible]e *ch. appel* corr., 4 mai 2000, *D.* 2000. Somm. 721, note Soinne.
7. Soinne, obs. s[s] diverses décisions, *Rev. proc. coll.* 2000, 71, n° 3.
8. Crim. 7 mars 2012, n° 11-83.005, *Bull. crim.* n° 62; *Gaz. Pal.* 28 avr. 2012, n° 118, p. 46, note Robaczewski; *Dr. sociétés* 2012, n° 90, note Salomon; *BJE* 2012, n° 129, note Sordino; *RTD com.* 2012. 855, n° 5, obs. Bouloc.
9. Crim. 26 sept. 2001, n° 01-84.565, *Bull. crim.* n° 193; *D.* 2001. AJ 3621; *Act. proc. coll.* 2001, n° 267, note Régnaut-Moutier.
10. L. n° 85-98, 25 janv. 1985, préc.
11. L. n° 2005-845, 26 juill. 2005, préc.
12. L. n° 67-563, 13 juill. 1967, *JO* 14 juill., p. 7059.
13. Paris, 31 mai 1990, *D.* 1991. 35, note Fortin; *Rev. proc. coll.* 1990, II, 559, note Marchi.

acquis, par personne interposée, les biens du débiteur[1].

Les personnes visées sont d'abord les mandataires de justice. Mais le texte est plus large. Par l'expression « toute personne ayant participé à un titre quelconque à la procédure », il est possible d'atteindre les collaborateurs du mandataire[2], les experts en diagnostic d'entreprises, les experts au plan.

Le visa large du texte, dont la légalité peut d'ailleurs être discutée au regard du principe de légalité des délits et des peines[3], permet également de soumettre à l'infraction les greffiers du tribunal d'ouverture de la procédure.

Il est aussi possible de rechercher la responsabilité du juge-commissaire. Il en a été ainsi dans une hypothèse de location par le juge-commissaire d'un bien appartenant au débiteur[4]. Le juge-commissaire, qui autorise la cession d'un actif à un autre magistrat, se rend complice du délit[5].

Il en est encore de même des magistrats composant la juridiction ayant eu à connaître de la procédure, ce qui est le cas d'un magistrat ayant fait partie de la juridiction ayant ouvert la procédure[6]. Peu importe qu'ils soient magistrats du premier ou du second degré. En revanche, faute d'avoir « participé à un titre quelconque à la procédure », les autres magistrats de la juridiction ne semblent pas pouvoir être concernés.

En revanche, le texte exclut opportunément les représentants des salariés, sauf à empêcher toute reprise par les salariés.

Moins logiquement, l'article L. 626-12, II, dans la rédaction antérieure à la loi du 26 juillet 2005, exclut les contrôleurs. Cette exclusion, dont on avait signalé qu'elle mériterait d'être repensée si l'on veut éviter les nominations de contrôleurs dont le seul objectif est de racheter tout ou partie des biens du débiteur, a été supprimée par la loi du 26 juillet 2005, l'article L. 654-12, II s'appliquant désormais également aux contrôleurs. La sanction pénale relaie ainsi la sanction civile de la nullité de l'acte d'acquisition interdit. Ainsi, l'article L. 654-12, II a-t-il le même domaine que l'article L. 626-12, II, sous l'empire de la législation antérieure, sous la réserve de l'inclusion, dans son champ d'application, des contrôleurs.

La notion de « personne ayant participé à un titre quelconque à la procédure », utilisée tant dans la législation antérieure à la loi de sauvegarde des entreprises, que sous l'empire de la loi de sauvegarde des entreprises, est sans doute trop large et suscite des interrogations. La chambre criminelle de la Cour de cassation a considéré que, au sens du texte, « participent à la procédure collective les organes de celles-ci et toutes personnes mandatées pour y intervenir ». L'expert-comptable du débiteur, qui n'est pas une personne mandatée pour intervenir dans la procédure collective, n'est donc pas concerné par l'incrimination[7]. La solution de la Cour de cassation semble permettre de rechercher la responsabilité pénale des avocats des mandataires, des techniciens ou des experts-comptables, mais ils doivent avoir reçu mission de la part des mandataires de justice, du juge-commissaire ou du tribunal.

Les faits réprimés sont de deux types. Ils ont en commun de ne pas exiger de la part du prévenu un dol spécial. Peu importe donc que l'intéressé ait voulu nuire aux créanciers ou au débiteur[8].

Il s'agit d'abord de punir les acquisitions, par ces personnes, de biens du débiteur. Il n'est pas distingué entre biens corporels ou incorporels. L'interdiction concerne donc les créances détenues par le débiteur ainsi que les parts ou actions de sociétés qu'il détient[9]. L'acquisition en qualité d'intermédiaire, par exemple celle faite par un agent immobilier, est possible, seule étant interdite l'acquisition pour son compte.

La prescription court de l'acquisition des biens, non de la date à laquelle l'intéressé a cessé de détenir les biens[10].

La sanction pénale est relayée sur le terrain civil par la nullité de l'acquisition, qui sera obligatoirement prononcée, sans que l'absence de prononcé de la nullité de l'acquisition soit un obstacle au prononcé de la sanction pénale[11]. Seule la juridiction saisie de l'instance pénale sera compétente. Elle statuera également sur les dommages et intérêts qui seraient sollicités. Il s'agit d'une nullité absolue, pouvant être sollicitée par tout intéressé, dans le

1. Crim. 19 févr. 2003, n° 01-86.809, NP, *Act. proc. coll.* 2003, n° 168.
2. Paris, 31 mai 1990, *Rev. proc. coll.* 1990, II, 559.
3. AUSSI : *Robaczewski, « La non réforme des sanctions pénales dans la loi de sauvegarde des entreprises », Rev. proc. coll.* 2005, n° sp., p. 48 s., sp. p. 52, n° 15.
4. AINSI : Paris, 31 mai 1988, *D.* 1988. IR 218.
5. Crim. 30 juin 1999, n° 97-85.764, *Bull. crim.* n° 175; *D. Affaires* 1999. 1290, note Lienhard; *Act. proc. coll.* 1999, n° 209, note Vallansan; *Rev. sociétés* 2000. 553, note Bouloc.
6. Crim. 30 juin 1999, n° 97-85.764, *Bull. crim.* n° 175; *Rev. sociétés* 2000. 553, note Bouloc.
7. Crim. 15 déc. 2004, n° 04-81.207, *Bull. crim.* n° 321; *D.* 2005. AJ 567, note Lienhard; *Act. proc. coll.* 2005, n° 62, note Santoureris; Bull. Joly 2005. 567, note Barbièri; *RTD com.* 2005. 618, n° 7, obs. Bouloc.
8. Crim. 23 mai 1995, n° 94-81.673, *Bull. crim.* n° 189; *Rev. proc. coll.* 1996, 240, obs. Soinne.
9. Crim. 19 juin 1997, n° 96-83.274, *Bull. crim.* n° 250; *Bull. Joly* 1997. 1047; *Rev. proc. coll.* 1998, 182, obs. Soinne.
10. Crim. 19 févr. 2003, n° 01-86.809, NP, *Act. proc. coll.* 2003, n° 168.
11. Crim. 30 juin 1999, n° 97-85.764, *Bull. crim.* n° 175; *Rev. sociétés* 2000. 553, note Bouloc.

délai de l'action pénale. Cependant, si l'acquisition est préjudiciable à la collectivité des créanciers antérieurs, seul le mandataire ayant en charge la défense de cet intérêt collectif – représentant des créanciers, mandataire judiciaire ou liquidateur – pourra agir. On réservera l'hypothèse où l'acquisition aura été faite par un représentant des créanciers ou par un liquidateur. Leur monopole de défense de l'intérêt collectif ne peut être soulevé, même si une opinion un peu différente a été soutenue[1], pour déclarer irrecevable la demande qui serait formée par un créancier antérieur, ces mandataires pouvant avoir quelques « réticences » à agir contre eux-mêmes, même si l'action introduite *ès qualités* est formée contre eux à titre personnel. La difficulté ne peut plus se présenter, depuis la loi de sauvegarde des entreprises, puisque, en cas de carence du mandataire judiciaire, les contrôleurs disposent du pouvoir subsidiaire de défendre l'intérêt collectif des créanciers.

Il s'agit ensuite de réprimer l'utilisation des biens du débiteur, faite par ces personnes, à leur profit. Ainsi l'infraction a-t-elle été constituée lorsqu'un liquidateur a fait réaliser des travaux à son domicile par le débiteur sans porter en compte cette créance à l'actif de la liquidation judiciaire et en s'abstenant de la recouvrer[2].

La prescription de l'action publique courra ici à partir du jour où l'infraction est apparue et a pu être constatée dans les conditions permettant l'exercice de l'action publique[3].

Les observations ci-dessus valent identiquement, en ce qui concerne le caractère attitré de l'action.

Ici encore, la sanction pénale sera relayée sur le terrain civil, la juridiction saisie devant statuer sur les dommages et intérêts sollicités.

1. COMP. : SOINNE, n° 900.

2. Crim. 9 févr. 2005, n° 03-85.508, *Bull. crim.* n° 50; *D.* 2005. AJ 152, obs. Lienhard; *RTD com.* 2005. 618, n° 8, obs. Bouloc.
3. Crim. 9 févr. 2005, n° 03-85.508, *Bull. crim.* n° 50, préc. (v. s[s] prés[t] n°).

Principales abréviations utilisées

	signifie
A.	*arrêté*
a.	autres
Act. proc. coll.	*Actualité des procédures collectives*
Adde	ajouter
Administrer	Revue *Administrer*
aff.	affaire
AGS	Association de garantie des salaires
AJ	partie « Actualité juridique » (recueil Dalloz)
AJDI	*Actualité juridique droit immobilier*
al.	alinéa
ALD	*Actualité législative Dalloz* (anc^{t} *Bulletin législatif Dalloz*)
amend.	amendement
anc^{t}	anciennement
art.	article(s)
assoc.	association
Avis	Cour de cassation, avis
Banque	*Banque*
Banque et droit	*Banque et droit*
bibl.	bibliothèque
BICC	*Bulletin d'information de la Cour de cassation*
BJE	*Bulletin Joly – Entreprises en difficulté*
BO	*Bulletin officiel*
Bodacc	*Bulletin officiel des annonces civiles et commerciales*
BOMJ	*Bulletin officiel du ministère de la justice*
BRDA	*Bulletin rapide de droit des affaires*
bull.	bulletin
Bull. ass. plén.	*Bulletin des arrêts de la Cour de cassation* (asemblée plénière)
Bull. ch. mixte	*Bulletin des arrêts de la Cour de cassation* (chambre mixte)
Bull. civ.	*Bulletin des arrêts de la Cour de cassation* (chambres civiles)
Bull. CNCC	*Bulletin du Conseil national des commissaires aux comptes*
Bull. com.	*Bulletin des arrêts de la Cour de cassation* (chambre commerciale)
Bull. crim.	*Bulletin des arrêts de la Cour de cassation* (chambre criminelle)
Bull. Ifppc	*Bulletin de l'Institut français des praticiens des procédures collectives*
Bull. Joly	*Bulletin Joly* (mensuel d'information des société)
Bull. sem.	*Bulletin semestriel des défaillances d'entreprise Défaillances d'entreprises*
C. civ.	Code civil
C. com.	Code de commerce
C. mon. fin.	Code monétaire et financier
C. pén.	*Code pénal*
C. pr. civ.	Code de procédure civile
C. pr. exec.	Code des procédures civiles d'exécution
C. rur.	Code rural
C. trav.	Code du travail
c/	contre (Dupond c/Durand)
CA	cour d'appel
CAA	cour administrative d'appel
Cah. dr. entr.	partie « Cahier de droit de l'entreprise » dans *Juris-Classeur périodique (JCP)*
Cah. jurispr. Aquitaine	*Cahiers de jurisprudence de l'Aquitaine*
Cass.	Cour de cassation

Cass. ass. plén.	Cour de cassation, assemblée plénière
Cass. ch. mixte	Cour de cassation, chambre mixte
CCH	Code de la construction et de l'habitation
CE	Conseil d'État
CEDH	Cour européenne des droits de l'Homme
CGI	Code général des impôts
cep.	cependant
ch.	chambre
ch. appels correct.	chambre des appels correctionnels
ch. civ.	chambre civile
ch. civ. et com.	chambre civile et commerciale
ch. com., éco. et fin.	chambre commerciale, économique et financière
ch. éco et fin.	chambre économique et financière
ch. soc.	chambre sociale
ch. urg.	chambre des urgences
chron.	chronique, aussi partie « Chronique » (dans divers recueils et revues)
Ciasi	Comité interministériel pour l'aménagement des structures industrielles
Circ.	circulaire
Ciri	Comité interministériel pour la restructuration industrielle
Civ.	Cour de cassation, chambre civile (jusqu'en octobre 1952)
Civ. 1re	Cour de cassation, première chambre civile
Civ. 2e	Cour de cassation, deuxième chambre civile
Civ. 3e	Cour de cassation, troisième chambre civile
Cochefe	Commission des chefs de services financiers
Codefi	Comité départemental d'examen des problèmes de financement des entreprises
COJ	Code de l'organisation judiciaire
coll.	collection
Com.	Cour de cassation, chambre commerciale
comm.	commentaire
Comm. CE	Commission des Communautés européennes
comm. juridique	commission juridique
Comp.	comparer (avec)
concl.	conclusion(s)
Cons. const.	Conseil constitutionnel
Contra	en sens contraire
conv.	convention
Conv. EDH	Convention européenne de sauvegarde des droits de l'Homme
Corri	comité régional de restructuration industrielle
Cpam	Caisse primaire d'assurance maladie
CPI	Code de la propriété intellectuelle
Crim.	Cour de cassation, chambre criminelle
crit.	critique(s)
cts	consorts
D. Affaires	*Dalloz Affaires*
D.	*Dalloz* (recueil)
D.	décret
dactyl.	dactylographié(e)
déb.	débats
Defrénois	*Répertoire du notariat Defrénois*
DH	*Dalloz hebdomadaire*
DPDE	*Dictionnaire permanent Difficultés des entreprises*
(dir.)	sous la direction de
Dir.	directive communautaire
doc. adm.	documents administratifs (du *Journal officiel*, AN ou Sénat)
DOC. CHANCELLERIE	*Document préparatoire à la réforme du livre VI du Code de commerce*, Chancellerie, 12 octobre 2000
doc. min. Justice, etc.	document administratif émanant du ministère de la Justice, *etc.*
doctr.	partie « Doctrine » dans divers recueils et revues
DP	*Dalloz périodique*
Dr. et patr.	*Droit et patrimoine*
Dr. et proc.	*Droit et procédures*
Dr. fisc.	*Droit fiscal*
Dr. ouvrier	*Droit ouvrier*
Dr. pénal	*Droit pénal*
Dr. soc.	*Droit social*
Dr. sociétés	*Droit des sociétés*
éd.	édition
esp.	espèce
fasc.	fascicule
Gaz. Pal.	*Gazette du Palais*
Gaz. proc. coll.	*Gazette des procédures collectives*

IFPPC	Institut français des praticiens des procédures collectives
Infostat Justice	*Infostat Justice*
instr.	instruction
interv.	intervention
IR	partie « Information rapide » (dans le recueil Dalloz)
J.-C.	Juge-commissaire
J.-CL. CIV.	*Juris-Classeur Civil*
J.-CL. COM.	*Juris-Classeur Commercial*
J.-CL. CONTRATS-DISTRIBUTION	*Juris-Classeur Contrats-Distribution*
J.-CL. EUR.	*Juris-Classeur Europe*
J.-CL. PR. CIV.	*Juris-Classeur Procédure civile*
J.-CL. SOC.	*Juris-Classeur Société*
JCP A	*Juris-Classeur périodique,* édition avoués
JCP CI	*Juris-Classeur périodique,* édition commerce et industrie (jusqu'en 1984)
JCP E	*Juris-Classeur périodique,* édition entreprise (depuis 1984)
JCP G	*Juris-Classeur périodique,* édition générale
JCP N	*Juris-Classeur périodique,* édition notariale
JDI	*Journal du droit international* (Clunet)
Jex	juge de l'exécution
JO	*Journal officiel*
JOAN CR / JO Sénat CR	*Journal officiel* (débats parlementaires et réponses ministérielles à questions orales)
JOAN Q / JO Sénat Q	*Journal officiel* (réponses ministérielles à questions écrites)
JOCE / JOUE	*Journal officiel des Communautés européennes / Journal officiel de l'Union européenne*
jur.	partie « Jurisprudence » (dans divers recueils et revues)
JurisData	*Juris-Data* (banque de données juridiques)
L.	loi
L. fin.	loi de finances
L. fin. rect.	loi de finances rectificative
LAMY AFFAIRE	*Lamy droit des affaires*
LAMY SOCIAL	*Lamy droit social*
LAMY SÛRETÉS	*Lamy droit des sûretés*
Leden	L'essentiel Droit des entreprises en difficultés
lég.	partie « législation » (dans divers recueils et revues)
Loyers et copr.	*Loyers et copropriété*
LPA	*Petites affiches* (Les)
LXB / LXB hebdo	*Lexbase / Lexbase hebdo*
M^{e}	Maître
Melle	Mademoiselle
Mme	Madame
min.	ministre (ministère)
mod. par	modifié par
MSA	Mutualité sociale agricole
NP	Arrêt non publié au *Bulletin des arrêts de la Cour de cassation* ou au *Recueil Lebon*
n$^{o(s)}$	numéro(s)
n^{o} spécial	numéro spécial
obs.	observation(s)
obs. approb.	observations approbatives
obs. crit.	observations critiques
obs. désapprob.	observations désapprobatrices
ord.	ordonnance
ord. 1er prés.	ordonnance du premier président
ord. juge instr.	ordonnance du juge d'instruction
ord. réf.	ordonnance de référé
p.	page(s)
P.	publié au *Bulletin des arrêts de la Cour de cassation*
pan.	partie « Panorama » (dans divers recueils et revues)
préc.	précité
proc. g^{al}	procureur général
Quot. jur.	*Quotidien juridique*
Rapp.	rapport
rappr.	rapprocher de
RD aff. int.	*Revue de droit des affaires i rnationales*
RD banc. et bourse	*Revue de droit bancaire et de bourse* (devenue en 2000, *Revue de it bancaire et financier*)
RD banc. et fin.	*Revue de droit bancaire et fin ier* (ancienne *Revue de droit banc et de la bourse*)
RD rur.	*Revue de droit rural*
Rec.	*Recueil des décisions du Consel nstitutionnel*
Rec. CJUE / CJCE	*Recueil de la jurisprudence de l ur de justice de l'Union européenne / de la Cour de justice des Communautés européennes*

Rec. N	*Recueil numérique de la jurisprudence de la Cour de justice de l'Union européenne*
recomm.	recommandation
réd.	rédaction
réf.	référés
réf. cit.	références citées
Règl. CE	règlement communautaire
RÉP. CIV.	*Encyclopédie Dalloz,* Répertoire de droit civil
RÉP. COM.	*Encyclopédie Dalloz,* Répertoire de droit commercial
rép. min.	réponse ministérielle
Req.	Cour de cassation, chambre des requêtes
req.	requête
Rev. crit. DIP	*Revue critique de droit international privé*
Rev. dr. envir.	*Revue de droit de l'environnement*
Rev. huissiers	*Revue des huissiers de justice*
Rev. jur. Ouest	*Revue juridique de l'Ouest*
Rev. loyers	*Revue des loyers et des fermages*
Rev. proc. coll.	*Revue des procédures collectives* (devenue en 1999, *Revue des procédures collectives civiles et commerciales,* même abréviation)
RSC	*Revue de science criminelle et de droit pénal comparé*
Rev. sociétés	*Revue des sociétés*
Rev. trim. CA Versailles	*Revue trimestrielle de la cour d'appel de Versailles*
RG	numéro d'inscription d'une affaire au registre du greffe
RJ com.	*Revue de jurisprudence commerciale*
RJDA	*Revue de jurisprudence de droit des affaires*
RJPF	*Revue juridique des personnes et des familles*
RJS	*Revue de jurisprudence sociale*
RTD civ.	*Revue trimestrielle de droit civil*
RTD com.	*Revue trimestrielle de droit commercial*
s.	suivants (et —)
S.	*Sirey*
SA	société anonyme
Sarl	société à responsabilité limitée
SCI	société civile immobilière
SDR	société de développement régional
sect.	section
sect. civ.	section civile
sect. com.	section commerciale
sect. cont.	section du contentieux
Soc.	Cour de cassation, chambre sociale
sol. impl.	solution implicite
somm.	partie « Sommaire » (dans divers recueils et revues)
spéc.	spécialement
s^s	sous (voir sous —)
sté	société
t.	tome
T. civ.	tribunal civil
T. com.	tribunal de commerce
T. confl.	tribunal des conflits
TGI	tribunal de grande instance
TI	tribunal d'instance
v.	voir
Vie jud.	*Vie judiciaire*
V^o (V^{is})	*Verbo* (*Verbis*)

Index thématique alphabétique

> Les nombres renvoient aux paragraphes des développements de l'ouvrage.

A

Abandon de créance, ▶ V. *Remises de dettes, Remises de dettes du plan de continuation, Remises de dettes publiques*

Abrogation de la loi du 13 juillet 1967, 070.09

Absence de déchéance du terme du débiteur
- caution, 721.15
- codébiteur, 731.24
- fondement, 642.11
- portée, 642.21

Absence de reprise des poursuites individuelles des créanciers après clôture de la liquidation judiciaire pour insuffisance d'actif
- application de la loi du 26 juillet 2005 dans le temps, 073.23 et 073.41
- domaine de la règle, 592.52
- effets généraux de la règle, 592.53
- extinction de la créance (absence), 592.54
- *fondement de la règle, 592.51*
- interdiction d'émettre des chèques, 592.55

Absorption de société, 212.21

Abstention de tenue d'une comptabilité conforme
- banqueroute, 932.36
- faillite personnelle, 912.12
- redressement et liquidation judiciaires à titre personnel, 923.63

Abus de biens sociaux
- comblement de passif (cumul), 921.82
- faillite personnelle (cumul), 911.41
- interdiction de gérer (cumul), 911.41
- redressement et liquidation judiciaires à titre personnel (cumul), 921.8

Accord de subordination, 512.25

Achat en vue de revente au-dessous du cours
- banqueroute, 932.31
- faillite personnelle, 912.15

Acquisition de biens du débiteur par une personne ayant participé à la procédure, 933.26

Acte à titre gratuit
- nullités de la période suspecte, 823.31 à 823.38

***Acte à titre gratuit* accompli dans les six mois précédant la date de cessation des paiements**
- nullités de la période suspecte, 824.31

Acte conservatoire, 552.37, 594.32

Acte constitutif de propriété, 653.11 à 653.13

Acte d'aliénation accompli sans autorisation du juge-commissaire
- infraction pénale, 933.12 et 933.23
- sanction civile, 422.41 à 422.43

Acte de cession de l'unité de production, 564.51 à 564.53

Acte de cession en plan de cession
- difficultés, 582.13
- effectivité, 582.11
- gestion confiée au repreneur avant passation des –, 582.12
- passation, 582.11
- période intermédiaire, 582.12

Acte de commerce dans un intérêt personnel sous couvert de la personne morale
- faillite personnelle, 933.22
- obligation aux dettes sociales, 924.45
- redressement et liquidation judiciaires à titre personnel, 921.51

Acte de disposition étranger à la gestion courante, 422.23

Acte de disposition non compris dans la mission de l'administrateur, 421.26

Acte de gestion courante, 421.28

Acte grave susceptible d'avoir une influence déterminante sur l'issue de la procédure, 422.23

Acte translatif de propriété, 653.11 à 653.13

Actif
▶ V. *Détournement d'actifs, Préservation des actifs, Réalisation des actifs en liquidation judiciaire, Réalisation des actifs en période d'observation, Réalisation des actifs en plan de cession, Réalisation des actifs en plan de continuation*

Actif disponible, 221.11 et 221.14

Action dérivant directement et s'inscrivant étroitement dans une procédure d'insolvabilité, 092.22

Action directe
– arrêt des poursuites individuelles, 621.21
– conflit avec le créancier postérieur, 456.22 à 456.24

Action en comblement de passif
▶ V. *Comblement de passif*

Action en garantie des vices cachés
– arrêt des poursuites individuelles, 621.61

Action en inopposabilité de forclusion
▶ V. *Inopposabilité de forclusion*

Action en rapport, 741.52, 826.11

Action en relevé de forclusion
▶ V. *Relevé de forclusion*

Action en reprise (EIRL), 812.81, 813.21, 813.52, 813.54, 813.56

Action en résolution
– absence d'arrêt des poursuites individuelles, 621.61
– arrêt des poursuites individuelles, 621.75

Action en responsabilité civile contractuelle, 611.37

Action en responsabilité civile contre les mandataires de justice
– compétence, 312.43
▶ V. *Administrateur judiciaire*
▶ V. *Liquidateur*
▶ V. *Représentant des créanciers*

Action en responsabilité civile contre les tiers
– action attitrée, 611.31
– administrateur judiciaire, 611.33
– commissaire à l'exécution du plan, 521.33 à 521.35
– compétence, 312.42
– *contrôleur, 611.34 et 611.35*
– *inaction du représentant* des créanciers, 611.2
– plan de cession, 58162
– répartition au marc le franc du produit de l'action en responsabilité, 611.37
– titulaire, 611.36

Action en responsabilité civile de droit commun contre les dirigeants
– comblement de passif (non cumul), 922.12
– obligation aux dettes sociales (non cumul), 924.15

Action en responsabilité pour contribution à la cessation des paiements, 075.31, 926.09 à 926.45

Action en restitution
▶ V. *Restitution*
▶ V. aussi *Clause de réserve de propriété, Demande en acquiescement de restitution, Requête en restitution*

Action en réunion, 213.51 à 213.54

Action en revendication
▶ V. *Revendication*
▶ V. aussi *Clause de réserve de propriété, Demande en acquiescement de revendication, Requête en revendication*

Action née de la faillite, 312.21

Action oblique
– arrêt des poursuites individuelles, 621.22
– déclaration des créances, 662.28
– reprise des poursuites individuelles après clôture, 592.54

Action paulienne
– arrêt des poursuites individuelles, 621.31 et 621.32
– changement de régime matrimonial, 741.73
▶ nullité de la période suspecte (rapprochement entre les notions), 821.21

Action résolutoire
– absence de reprise par le créancier inscrit en cas d'inaction du liquidateur, 566.22

Action sur laquelle le droit de la faillite exerce son incidence, 312.31

Action sur laquelle le droit de la faillite n'exerce pas son incidence, 312.41

Actions et parts des dirigeants de la personne morale débitrice
▶ V. *Cession forcée des parts ou actions des dirigeants de la personne morale débitrice, Incessibilité des parts ou actions des dirigeants de la personne morale débitrice, mesure conservatoire, Incessibilité des parts ou actions des dirigeants de la personne morale débitrice préparatoire à l'arrêté du plan de continuation*

Activité
– faillite personnelle pour exercice au mépris d'une interdiction légale, 912.14
▶ V. *Poursuite de l'activité en période d'observation*
– sanction pénale de l'exercice au mépris de la faillite personnelle ou de l'interdiction de gérer, 912.51

Adjudication amiable de l'immeuble en liquidation judiciaire
– enchères, 562.32
– folle enchère, 562.33
– juge-commissaire (ordonnance), 562.31
– ordonnance du juge-commissaire, 562.31
– purge des inscriptions de sûreté, 591.21
– suite des enchères, 562.33
– surenchère, 562.33

Administrateur judiciaire
– accès à la profession (conditions d'–), 351.44, 351.45 et 351.46
– acte de cession, 371.34
– acte de disposition non compris dans la mission, 421.26
– action en rapport, 371.32
– adjonction, 351.63
– aptitude, 351.42 à 351.46
– assemblée générale de la société débitrice (convocation), 371.34
– assignation en intervention forcée, 371.22
– assurance de responsabilité, 351.92
– bilan économique et social, 351.34 et 491.11
– Caisse de garantie, 351.81
– choix dans la désignation, 351.61 à 351.61-6
– comptabilité, 351.34
– Conseil national des administrateurs judiciaires et des mandataires judiciaires au redressement et à la liquidation des entreprises, 351.21

- constitution de partie civile, 371.32
- continuation des contrats en cours, 371.31, 431.43
- contrôle, 351.71
- conversion du redressement en liquidation judiciaire, 371.32
- convocation de l'assemblée générale de la société débitrice, 371.34
- coordonnateur, 351.61-6, 353.22
- demande de renseignements (réponse), 371.21
- désignation, 351.61 et 351.62
- discipline, 351.72
- diplôme, 351.42, 351.45, 351.46
- dirigeant (remplacement), 371.32
- droits extrapatrimoniaux du débiteur, 421.27
- droits propres du débiteur, 421.27
- durée de la mission, 371.41
- examen d'inscription au stage professionnel, 351.42, 351.43, 351.45
- examen professionnel, 351.42, 351.43, 351.45
- exercice de la profession 351.31 à 351.33
- ▶ honoraires, V. *Honoraires de l'administrateur judiciaire*
- incompatibilité, 351.54
- information (obligation d'–), 371.21
- information des créanciers, 371.21
- inscription sur les listes, 351.52 et 351.53
- intérêt collectif des créanciers, 611.33
- licenciement, 371.31
- liste, 351.52 et 351.53
- location-gérance (résolution du contrat), 371.32
- location-gérance (surveillance du locataire-gérant), 371.33
- mise en cause, 371.22
- mission (énoncé), 371.11 à 371.41
- mission (modification), 421.41
- mission confiée à des tiers, 351.31 à 351.33
- mission d'administration, 421.34
- mission d'assistance, 421.33
- mission de représentation, 421.34
- mission de surveillance, 421.32
- modification de la mission, 421.41
- moralité, 351.41
- nationalité, 351.41
- nomination, 351.41, 351.61, 351.62, 371.11
- nullité de la période suspecte, 371.32
- organe de représentation, 351.21
- paiement des créanciers, 371.31
- période d'observation (renouvellement), 371.32
- personne non inscrite sur les listes (nomination), 351.62
- pouvoirs propres, 371.31, 371.34, 421.25
- pouvoirs variables, 371.33, 421.31
- projet de plan de redressement, 492.11
- rapport, 371.21
- remplacement de l'–, 351.63
- remplacement du dirigeant, 371.32
- ▶ responsabilité civile, V. *Responsabilité civile de l'administrateur judiciaire*
- retrait des listes, 351.53
- retrait du gage ou de la chose retenue, 371.31
- salarié, 351.32-1
- sanction civile, 371.32
- sanction pénale, 371.32
- sauvegarde accélérée, 351.61, 371.11
- stage professionnel, 351.42, 351.43, 351.45, 351.46
- voies de recours sur désignation et remplacement, 351.64
- voies de recours sur modification de mission, 421.41

Administration contrôlée en période d'observation, 421.21 à 421.61

Admission des créances au passif
- à titre définitif, 682.21 à 682.33
- à titre provisionnel, 682.12 et 682.61
- ▶ appel, V. *Voies de recours sur décisions rendues en matière de déclaration et de vérification des créances*
- autorité de la chose jugée liée à l'admission au passif d'une précédente procédure collective, 682.32
- autorité de la chose jugée liée à l'extinction d'une créance dans une procédure de rétablissement personnel, 6[illegible].32
- caution, 723.[illegible] 723.21
- codébiteur solidaire (effets), 731.61
- conditionnelle, 682.12
- créance admise au passif d'une première procédure, 682.32
- ▶ créance fiscale, V. *Admission des créances fiscales et sociales au passif*
- ▶ créance sociale, V. *Admission des créances fiscales et sociales au passif*
- créance non échue, 682.22
- délai raisonnable imparti au juge-commissaire pour statuer, 682.14
- effet interversif de prescription attaché à l'admission au passif, 682.31
- effets de l'admission de la créance, 682.31 à 682.33
- effets du rejet de la créance, 682.51
- état des créances, 681.11 à 681.22
- incompétence, 682.71 et 683.16
- instance en cours (constat), 682.72 et 683.15
- interversion de la prescription, 682.31
- mémoire (admission pour –), 682.12
- notification de la décision d'admission sans contestation, 682.25
- notification de la décision de rejet, 682.42
- nullité de la période suspecte, 822.31
- omission de statuer, 683.13
- partie à la décision d'admission ou de rejet, 683.11
- pourvoi en cassation, 332.13
- pouvoirs du juge-commissaire, 682.11 et 682.15
- plan de sauvegarde, 522.24 et 522.26
- ▶ réclamation à l'état des créances, V. *ces mots*
- rectification d'erreur matérielle, 683.13
- rejet de la créance, 682.41 et 682.51
- reprise d'instance, 683.15
- sûreté (renouvellement et inscription de la –), 682.33
- sursis à statuer, 682.12, 682.15, 683.18
- ▶ voies de recours sur les décisions rendues en matière de déclaration et de vérification des créances, V. *ces mots*

Admission des créances fiscales et sociales au passif
– admission à titre définitif, 682.61 et 682.67
– admission à titre provisionnel, 682.61 à 682.67
– créance couverte par un titre exécutoire, 682.62
– créance établie définitivement mais non couverte par un titre exécutoire, 682.63
– créance faisant l'objet d'une instance en cours, 682.64
– créance non établie, 682.65
– extinction des créances admises à titre provisionnel et non admises à titre définitif, 682.67
– relevé de forclusion des créanciers admis à titre provisionnel, 682.66

Affacturage, 816.47

Agrément
– bail d'un local professionnel, 433.14
– cession judiciaire des contrats en plan de cession, 582.65

Agrément administratif
– cession judiciaire des contrats en plan de cession, 582.65

Agriculteur
– décédé, 211.71
– délais pour quitter l'immeuble vendu en liquidation judiciaire, 562.12
– plan de cession, 571.12
– registre de l'agriculture, 211.41
– règles générales, 211.41
– retiré, 211.61

AGS
– accessoires du salaire, 693.31 à 693.37
– allocation de conversion, 456.66
– arrérage de préretraite, 456.66 et 693.35
– caractère subsidiaire de l'intervention, 694.11
– clause de non-concurrence (contrepartie financière d'une clause de –), 456.65
– conciliation, 142.32
– contestation par l'AGS de son intervention, 693.21 à 694.21
– convention de conversion, 693.71
– convention de reclassement, *693.72*
– *cotisations sociales obligatoires* afférentes à la rémunération du salarié, 693.38
– créance antérieure (énoncé), 693.11
– créance garantie, 693.11 à 693.71
– créance ne se rattachant pas au contrat de travail, 693.41
– créance postérieure, 456.65
– créance se rattachant au contrat de travail, 693.12, 693.21 à 693.23
– déclaration des créances (délai), 665.34
– délai de règlement, 694.31
– employeur concerné, 692.21
– garantie (exclusion de la – en cas d'accord d'entreprise, d'établissement ou de groupe, d'une décision unilatérale de l'employeur ou en cas d'accord négocié), 693.24
– généralités, 692.11
– historique, 692.11
– indemnité de rupture du contrat de travail, 693.51 à 693.71
– intéressement des salariés au résultat de l'entreprise, 456.66 et 693.34
– intervention, 694.11 à 694.51
– loi de sécurisation de l'emploi, 693.09
– mise en cause de l'– dans les instances prud'homales en cours, 695.23
– plafond des avances, 694.41
– plan de sauvegarde de l'emploi (indemnité réparatrice de l'inexécution du–), 693.73
– procédure transnationale d'insolvabilité, 692.41
– règlement des avances, 456.65
– remboursement des avances, 456.65 et 694.51
– restitution à l'AGS des sommes versées en excédent, 694.33
– salarié concerné, 692.31
– salarié protégé, 693.61
– sauvegarde, 456.65, 693.11
– subrogation dans les droits des salariés, – transaction avec l'–, 695.31
– vérification des créances, 665.36

Aide d'une collectivité locale, 112.41

Aide étatique
– mesures d'allégement, 112.21
– réglementation européenne, 112.09, 112.[illegible]
– remise de fo[illegible]s, 112.21 à 112.24

Alerte
▶ V. *Procédure d'alerte*

Algérie (rapatrié d'–), 211.81 à 211.85

Allié
– infraction pénale, 933.21

Alsace-Moselle
– application de la loi dans l'espace, 082.11 et 082.21
– déclaration des créances, 662.21
– revendication, 813.42

Amende, 443.61

Anatocisme, 144.12, 641.51, 666.53

Appel d'une ordonnance du juge commissaire, 332.13 à 332.16
– admission des créances, 332.13
– relevé de forclusion, 332.13
– substitution de garanties, 332.13

Appel du jugement d'ouverture, 233.52, 233.53 et 233.55

Appel du ministère public
– arrêt de l'exécution provisoire, 234.23
– caractère suspensif, 234.23

Appel nullité, 321.21, 321.22 et 321.31

Appel réformation
– délai, 322.22

Application à la caution solidaire de la représentation mutuelle des coobligés
– conséquences, 723.22
– exception inhérente à la dette, 723.22
– exception personnelle, 723.23
– principe, 723.21
– réclamation à l'état des créances, 723.25

Application au codébiteur de la représentation mutuelle des coobligés
– admission de la créance au passif d'un codébiteur (effets), 731.61
– exception personnelle, 731.62
– réclamation à l'état des créances, 731.63 et 731.64

Application dans le temps de la loi du 10 juin 1994, 072.11 à 072.14

Application dans le temps de la loi du 26 juillet 2005, 073.11 à 073.41

Application dans le temps de l'ordonnance du 18 décembre 2008, 074.11 à 074.61

Application dans le temps de la loi du 22 octobre 2010, 075.11 et 075.12

Application dans le temps de l'ordonnance du 9 décembre 2010, 075.21

Application dans le temps de la loi du 12 mars 2012, 075.31

Application dans le temps de l'ordonnance du 12 mars 2014, 076.11 à 076.21

Application de la loi dans l'espace, 081.11 à 085.11

Application de la loi dans le temps, 070.09 à 076.21
- abrogation de la législation du 13 juillet 1967, 070.09
- action en restitution, 073.24
- banqueroute simple, 070.09
- clôture de la liquidation judiciaire, 073.23, 073.25
- clôture pour insuffisance d'actif, 073.23, 073.33, 073.41
- comblement de passif, 073.35
- confusion des patrimoines, 071.12, 074.61
- constitution de partie civile, 070.09
- eirl, 075.21
- extension de procédure, 071.12, 074.61
- faillite personnelle, 070.09, 071.12, 073.21 à 073.23, 073.36, 074.32
- fictivité, 071.12, 074.61
- inopposabilité de la forclusion, 665.81
- interdiction de gérer, 070.09, 071.12, 073.21 à 073.23, 073.33, 073.36
- juge-commissaire (remplacement du –), 074.21
- liquidation judiciaire simplifiée, 073.31
- loi Petroplus, 075.31
- mesures conservatoires (loi Pétroplus), 075.31
- obligation aux dettes sociales, 073.35, 074.31 et 074.32
- ordonnance du 18 décembre 2008, 074.11 à 074.61
- procédure ouverte (notion de –), 074.51
- redressement et liquidation judiciaires à titre personnel, 071.12, 073.35
- réouverture de la procédure, 071.13, 073.34
- représentant des salariés, 073.37
- résolution du plan de continuation, 073.32
- résolution du plan de sauvegarde, 074.33
- responsabilité pour insuffisance d'actif, 073.35
- saisie immobilière, 074.41
- sauvegarde financière accélérée, 075.11
- survie de la loi ancienne, 071.11

Apports des associés (libération des –), 642.42

Apprenti, 432.11

Apurement du passif en plan de cession
▶ V. *Cession judiciaire des contrats en plan de cession*
- clôture des opérations, 582.28 et 582.29
▶ crédit-bail, V. *Levée d'option d'achat du crédit-bail en plan de cession*
- créance non payée (sort après clôture de la procédure), 582.28 et 582.29
- créancier titulaire de sûretés (règles générales de paiement), 582.31
- déchéance du terme, 582.22
- dessaisissement du débiteur, 582.27
- engagement particulier du repreneur, 582.26
- inaliénabilité des biens cédés, 582.24
- indisponibilité des biens cédés, 582.23
▶ levée d'option d'achat du crédit-bail en plan de cession, V. *ces mots*
- plan de cession partielle, 582.29
- prix de cession, 582.21 et 582.25
▶ quote-part du prix de cession en plan de cession, V. *ces mots*
- règles générales, 582.21
▶ transfert de la charge de la sûreté en plan de cession, V. *ces mots*

Arbitrage
▶ V. *Compromis*

Archives, 563.21 et 563.22

Arrérage de préretraite
- AGS, 693.35

***Arrêt de l'exécution provisoire* d'une décision rendue en matière de sauvegarde, de redressement et de liquidation judiciaires**
- appel du ministère public, 234.23
- arrêt de droit, 234.23 et 234.24
- arrêt laissé à l'appréciation du premier président de la cour d'appel, 234.25
- confusion des patrimoines (extension de procédure pour –), 234.21
- domaine, 234.21
- effets, 234.26
- fictivité (extension de procédure pour –), 234.21
- liquidation judiciaire, 234.21 et 571.34
- ministère public (appel), 234.23
- période d'observation (durée), 234.26
- procédure, 234.22
- plan de cession, 234.21
- plan de continuation, 234.21
- redressement judiciaire personnel, 234.21

Arrêt des poursuites individuelles
- action arrêtée (régime), 621.81
- action directe, 621.21
- action en garantie des vices cachés, 621.61
- action en résolution non arrêtée, 621.61
- action en résolution pour défaut de paiement d'une somme d'argent, 621.61 et 621.75
- action ne tendant pas au paiement d'une somme d'argent, 621.41
- action non arrêtée (régime), 621.91
- action non dirigée contre le débiteur, 621.11
- action non soumise à la règle et poursuivie après jugement d'ouverture, 621.91
- action oblique, 621.22
- action paulienne, 621.31 et 621.32
- action tendant au paiement d'une amende, 621.51
- action tendant au paiement d'une pénalité fiscale, 621.51
- action tendant au paiement d'une somme d'argent, 621.71 à 621.73
- associé indéfiniment et solidairement responsable du passif, 731.23
- astreinte, 621.41
- attribution directe d'indemnité d'assurance, 621.21
- caution, 721.11 à 721.13
- cautionnement pénal, 621.51
- codébiteur, 731.21
- cours des délais d'action, 621.82
- créancier postérieur, 455.42 et 455.3

- délais d'action (cours), 621.82
- délégation d'indemnité d'assurance, 621.21
- droit de rétention, 621.12
- durée d'application de la règle, 621.09
- durée de l'interruption des poursuites individuelles, 621.83
- époux, 741.41 et 741.42
- expertise (demande d'–), 621.41
- fiducie, 621.79
- folle enchère, 621.77
- fondement de la règle, 621.09
- indemnité d'assurance (délégation), 621.21
- instance prud'homale en cours, 695.11
- loi Gayssot, 621.21
- mesure n'ayant pas la nature d'une action en justice, 621.12
- obligation de faire, 621.74
- régime des actions arrêtées, 621.81
- régime des actions non arrêtées, 621.91
- réitération d'enchères, 621.77
- ► reprise des poursuites individuelles tendant à la fixation de la créance, V. *ces mots*
- rétablissement professionnel, 594.31
- sauvegarde accélérée, 621.71
- sous-traitance, 621.21
- surenchère, 621.77

Arrêt des voies d'exécution
- avis à tiers détenteur, 622.21 et 622.53
- cours des délais, 621.82
- créancier postérieur, 455.43 et 455.47
- délai (cours), 621.82
- domaine temporel, 622.09
- exécution en bourse, 622.41
- *exequatur*, 622.41
- expulsion du débiteur, 622.4
- mesure n'ayant pas le caracère d'une saisie, 622.41
- procédure d'ordre ou de distribution, 622.4
- régime des saisies arrêté 622.61
- saisie arrêtée (régime), 2.41
- saisie-attribution, 622. *et 622.52*
- saisie ayant joué au j du jugement d'ouve e, 622.51 à 622.53

Arrêt du cours des inscriptions de sûretés
- saisie conservatoire, 622.31
- saisie immobilière, 622.11
- saisie mobilière, 622.21
- sauvegarde accélérée, 622.09
- séquestre, 622.42
- sûreté judiciaire (autorisation), 622.41
- ► voie d'exécution non soumise à la règle et poursuivie après jugement d'ouverture, V. *ces mots*

Arrêt du cours des inscriptions de sûretés
- biens communs, 741.47
- biens visés, 651.23
- créanciers concernés par la règle, 651.14
- effets de la règle, 651.31
- énoncé de la règle, 651.11
- époux, 741.47
- fondement de la règle, 651.13
- portée de la règle, 651.12
- sûreté immobilière, 651.21
- sûreté mobilière, 651.22

Arrêt du cours des intérêts
- ► V. aussi *Continuation du cours des intérêts*
- caution recourant contre le débiteur, 641.24
- créancier postérieur, 455.47
- domaine, 641.21 et 641.22
- fondement, 641.12
- *interusurium*, 641.23
- tiers détenteur, 711.23

Arrêté du plan de cession
- charge non souscrite, 572.63
- efficacité de la décision, 572.61 à 572.64
- inexécution des engagements, 572.64
- intervention 572.11
- ► jugement arrêtant le plan de cession, V. *ces mots*
- ► location-gérance en plan de cession, V. *ces mots*
- opposabilité *erga omnes* de la décision, 572.61
- personnes tenues d'exécuter le plan (détermination), 572.62
- plan de cession partielle, 572.31 à 572.34
- voies de recours, 572.21 à 572.26

Arrêté du plan de redressement
- choix entre plan de cession et plan de redressement, 532.14
- efficacité de la décision, 532.31
- opposabilité *erga omnes* de la décision, 532.31
- possibilités sérieuses de redressement, 532.11, 532.12
- possibilités sérieuses de règlement du passif, 532.13
- voies de recours, 532.21 à 532.24

Arrêté du plan de sauvegarde
- audition préalable, 515.21
- augmentation des charges souscrites, 515.46
- caution tenue d'exécuter le plan, 515.44
- charge non souscrite, 515.46
- contenu de la décision, 515.22
- continuation des contrats en cours, 515.44
- convocation préalable, 515.21
- critères, 515.11
- décision, 515.21 à 515.25
- efficacité, 515.41 à 515.43
- intervention de la décision, 515.23
- opposabilité *erga omnes,* 515.41
- personne tenue d'exécuter le plan, 515.42, 515.43 et 515.45
- publicité de la décision, 515.25
- signification de la décision, 515.24
- voies de recours, 515.31

Article 700
- dessaisissement, 552.22
- fait générateur de la créance, 443.42

Artisan
- décédé, 211.71
- règles générales, 211.31
- répertoire des métiers, 211.09 et 211.31
- retiré, 211.61

Association
- qualité exigée, 212.23
- subventionnée, 122.39

Association pour la gestion du régime d'assurance des salariés
- ► V. *AGS*

Associé
- contribution aux pertes, 731.23
- déclaration de créance, 663.16
- libération des apports, 642.42
- obligation aux dettes
- poursuite, 731.23 et 731.24

Associé de société civile
- déclaration de créance au passif de l'associé, 731.23
- déclaration de créance au passif de la société, 731.53
- poursuites individuelles, 731.23

Associé indéfiniment et solidairement responsable du passif
- arrêt des poursuites individuelles, 731.24
- consultation des créanciers préparatoire à l'arrêté du plan de sauvegarde, 512.32
- déclaration de créance au passif du groupement, 731.53
- extension de procédure, 214.11 à 214.14 et 221.32
- garant subsidiaire, 731.12 et 731.24
- poursuites individuelles, 731.24

Assurance
▶ V. *Société d'assurance*

Assurance (contrat d'–), 435.31 à 435.34

Assurance Invalidité-décès (effets de la non déclaration de la créance), 665.71

Assurance-vie
- nullité de la période suspecte, 823.37

Assurance de responsabilité des mandataires de justice, 351.92

Astreinte
- arrêt des poursuites individuelles, 621.75
- délimitation des créances antérieures et des créances postérieures, 443.44
- dépôt des comptes sociaux, 121.14

Attestation Urssaf, 631.22

Attribution directe d'indemnité d'assurance
- arrêt des poursuites individuelles, 621.21

Attribution judiciaire de l'immeuble hypothéqué, 621.79

Attribution judiciaire du gage
- arrêt des poursuites individuelles, 621.79
- conflit avec le créancier postérieur, 456.42
- domaine, 563.81
- effets, 563.83
- exécution provisoire de l'ordonnance autorisant l'– (absence), 234.12
- modalités procédurales, 563.82

Audition préalable à l'ouverture des procédures
- créancier assignant, 233.21
- débiteur, 233.21
- institution représentative du personnel, 233.21
- professionnel libéral, 233.21

Augmentation du capital social
▶ V. *Modification du capital social*

Augmentation frauduleuse du passif
- banqueroute, 922.33
- faillite personnelle, 912.13
- obligation aux dettes sociales, 924.48

Auteur de la déclaration de créance
- Alsace-Moselle, 662.21
- avocat, 662.21
- créancier lui-même, 662.31 et 662.32
- délégation de pouvoir au préposé du créancier, 662.41 à 662.44
- délégation de pouvoir au préposé du tiers, 666.22 et 666.23
- dispense légale de pouvoir, 662.24 à 662.28
- masse des obligataires, 662.24
- pouvoir spécial, 662.21 à 662.23
- présentation générale de la question, 662.11
- présomption de déclaration par le débiteur pour le compte du créancier, 661.12, 662.53
- preuve de la délégation de pouvoir, 662.43 et 662.44
- ratification du créancier, 661.12, 662.52
- signataire (identification), 662.42
- tiers muni d'un pouvoir spécial, 662.21

Autorisation administrative
- cession judiciaire des contrats en plan de cession, 582.65

Autorité absolue de chose jugée attachée au jugement d'ouverture, 233.42

Autorité professionnelle
- audition préalable à l'ouvture de la procédure, 233.21
- contrôleur d'office, 233. 6.2.14

Avances du Trésor public
- conditions, 472.11
- domaine, 472.21 et 472
- modalités, 472.31
- poursuites des infractioénales, 931.42
- remboursement, 472.4
- réablissement professiel, 54.63

Avantage matrimonial
- bilatéralité de l'inopposabilité, 741.63
- éviction, 741.61 et 741.62
- inopposabilité à la procédure, 741.63

Avertissement du créancier connu, 665.41

Avertissement du créancier titulaire de sûretés, du crédit-bailleur et autres titulaires de contrats publiés
- contenu, 665.84
- créancier à avertir, 665.82
- délai, 665.86
- destinataire, 665.85
- domaine, 665.82
- domicile élu, 665.85
- forme, 665.83
- lettre recommandée, 665.83
- sanction du défaut d'avertissement, 665.87 et 665.88

Avis à tiers détenteur
- arrêt des voies d'exécution, 622.21 et 622.53
- nullités de la période suspecte, 824.24

Avocat
- déclaration des créances, 662.21
- saisine aux fins d'ouverture de la procédure, 231.25

B

Bail
- délimitation des créances antérieures et des créances postérieures, 442.13

Bail commercial
▶ V. *Bail des locaux professionnels*

Bail des locaux professionnels
- action en résiliation en liquidation judiciaire, 433.29, 555.21 à 555.32
- action en résiliation n'ayant pas pour objet le défaut de paiement, 433.24
- action en résiliation pour non paiement de créances postérieures, 433.23 et 433.28
- bail continué, 433.14
- bail en cours au jour du jugement d'ouverture, 433.12
- bail résilié au jour du jugement d'ouverture, 433.13
- cession d'unité de production, 555.32, 564.61 et 564.71

▶ cession non judiciaire du bail des locaux professionnels en plan de cession, V. *ces mots*
– clause contractuelle (respect), 433.14
– clause d'agrément, 433.14
– clause de résiliation de plein droit pour redressement ou liquidation judiciaires, 433.21
– clause de solidarité, 433.14
– clause résolutoire de plein droit ayant joué au jour du jugement d'ouverture, 433.13
– constat de la résiliation, 433.25, 433.27 et 433.28
– continuation en liquidation judiciaire, 555.21
– créancier inscrit sur le fonds de commerce, 433.13
– déspécialisation partielle, 582.77
– garantie du cédant, 433.15
– liquidation judiciaire (résiliation), 433.29, 555.21 à 555.32
– non-exploitation du lieu loué, 433.22
– plan de cession, 433.14 et 582.53
– prononcé de la résiliation, 433.26 à 433.28
– refus de renouvellement, 442.35
– règles de droit commun de la continuation des contrats en cours, 433.21
– remise en état des lieux, 442.34
– responsabilité de l'administrateur, 372.23
– responsabilité du liquidateur, 362.34

Bail rural
– cession en plan de cession, 582.54
– continuation, 435.11

Banque
– cessation des paiements, 221.41
▶ concours bancaires, V. *ces mots*
– dirigeant de fait, 921.23
▶ responsabilité civile du banquier, V. *ces mots*

Banqueroute
– abstention de tenue de comptabilité conforme, 932.36
– achat en vue d'une revente en dessous du cours, 932.31
– augmentation frauduleuse du passif, 932.33
– cas, 932.31 à 932.37
– *comblement de passif (cumul)*, 921.82
– complicité, 932.23
– comptabilité fictive, 932.34
– comptabilité manifestement incomplète, 932.37
– comptabilité manifestement irrégulière, 932.37
– condition préalable d'ouverture d'une procédure de redressement ou de liquidation judiciaire, 932.13
– dépénalisation de certains cas, 932.12
– détournement d'actifs, 932.32
– disparition de la comptabilité, 932.35
– dissimulation d'actifs, 932.32
– divisibilité des cas, 932.11
– emploi de moyens ruineux pour se procurer des fonds, 932.31
– évolution, 932.11
– facultative, 932.11
– faillite personnelle, 912.31 et 932.42
– faute de gestion en matière de comblement de passif (cas de banqueroute constitutifs d'une –), 922.22
– frauduleuse, 932.11
– interdiction de gérer, 913.15 et 932.42
– peine complémentaire, 932.42
– peine principale, 932.41
– personne morale pouvant être *sanctionnée*, 932.22
– personne physique pouvant être sanctionnée, 932.21
– recel de banqueroute, 932.11 et 932.42
– redressement et liquidation judiciaires à titre personnel (cumul), 921.82
– simple, 932.11

Banqueroute simple, 070.09

Banquie
▶ V. *Co ours bancaires*
▶ V. *Re nsabilité civile du ba uier*

Biens co nuns
– arrêt cours des inscription de sûés, 741.47
– convo ion et audition du co int pour la vente des 741.4
– intégr n dans le périmètre de la p édure collective, 741.41
– *nullité* la période suspecte (inscrip de sûreté réelle), 741.46
– poursu 741.41 et 741.42

Biens échus sur succession pendant la liquidation judiciaire, 552.21, 593.31

Biens fongibles, 816.52 et 816.53

Biens indivis
– audition du conjoint, 561.31
– créancier de l'indivision, 561.32
– licitation-partage, 561.33
– nullité de la période suspecte (inscription de sûreté réelle), 741.46
– réalisation en liquidation judiciaire, 561.31 à 561.33

Biens non compris dans le plan de cession
– classement des créanciers, 572.52 s.
– dessaisissement du débiteur, 572.53
– domaine, 572.52
– liquidation judiciaire résiduelle, 572.54
– modalités de réalisation, 572.55

Biens propres
– poursuites sur les –, 741.31 et 741.32
▶ V. aussi *Reprise du conjoint*

Bilan de la loi du 25 janvier 1985, 072.13

Bilan économique et social
– administrateur judiciaire, 491.11
– communication, 491.21 et 491.22
– consultation, 491.21 et 491.22
– contenu, 491.31
– élaboration, 491.11
– importance, 491.31
– rapport, 491.31

Bilan environnemental, 491.41

Blanchiment d'argent, 351.36

Bonne foi du débiteur, 594.51

Bordereau Dailly
▶ V. *Cession de créance Dailly*

Branche d'activité susceptible d'exploitation autonome, 511.11

Bureaux secondaires, 351.31-3

C

Caisse de garantie, 351.81

Caisse des dépôts et consignations, 071.21 et 455.44 à 455.46

Caisse primaire d'assurance maladie (CPAM)
– créance de recours en cas faute de l'employeur, 443.62

Candidat repreneur
– voies de recours sur les jugements statuant sur les plans de redressement, 323.71

Capitalisation des intérêts, 144.12, 641.51, 666.53

Capital propre
- reconstitution nécessitée par l'arrêté d'un plan de sauvegarde, 511.23

Capital social, 642.42
- libération des apports des associés, 642.42
- modification nécessitée par l'arrêté d'un plan de redressement, 531.23, 531.52 à 531.66
- modification nécessitée par l'arrêté d'un plan de sauvegarde, 511.22

Carry-back, 112.31, 572.51

Caution
- accessoire (règle de l'–), 723.11
- admission de la créance au passif, 723.21 à 723.25
- arrêt des poursuites individuelles (absence), 721.11 à 721.13
- bénéfice de discussion, 721.14
- cession judiciaire du contrat, 722.13
- clause de déchéance du terme contre la caution pour redressement judiciaire du débiteur, 721.16
- clôture de la procédure pour extinction du passif, 722.11
- clôture de la procédure pour insuffisance d'actif, 722.11 et 722.12
- compte courant, 721.15
- conciliation, 142.21, 144.13 et 144.44
- condamnation de la caution en l'absence de déclaration de créance au passif, 723.16
- débiteur bénéficiant de son terme, 721.15
- ▶ décharge de la caution, V. *ces mots*
- déchéance du terme du débiteur, 642.32, 721.18
- déclaration de créance (incidence de l'absence de créance sur le cautionnement), 723.12 à 723.18
- déclaration de créance faite par la caution (incidence sur l'extinction de la créance principale), 723.14
- délais du plan de continuation (inopposabilité par la caution), 721.18
- délimitation des créances antérieures et des créances postérieures, 442.17 et 442.18
- dette de la période d'observation, 421.11
- disparition du débiteur principal, 722.12
- disproportion, 721.32, 723.23
- ▶ droits préférentiels perdus, V. *Décharge de la caution*
- droits susceptibles de subrogation, 724.14
- exception de subrogation, V. *Décharge de la caution*
- exécution du plan de redressement, 532.31
- exécution du plan de sauvegarde, 515.44
- ▶ fait du créancier, V. *Décharge de la caution*
- exception inhérente à la dette, 723.19 et 723.24
- exception personnelle à la caution, 723.23
- extinction des accessoires, 723.18
- extinction partielle de la créance principale, 723.18
- extinction totale de la créance principale, 723.12
- Faute d'un tiers engageant sa responsabilité délictuelle, 725.15
- garantie indépendante, 723.15
- garantie professionnelle, 723.1
- ▶ interdiction des poursuites contre la caution pendant la période d'observation, V. *ces mots*
- intérêts, 723.18, 723.34 et 723.35
- liquidation judiciaire de la –, 721.13
- ▶ période d'observation, V. *Interdiction des poursuites contre la caution pendant la période d'observation*
- plan de redressement, 532.31 721.18 et 723.32
- plan de sauvegarde, 515.44, 721.19, 723.33
- ▶ poursuites contre la caution pendant la période d'observation, V. *Interdiction des poursuites contre la caution pendant la période d'observation*
- ▶ suspension des actions pendant la période d'observation, V. *Interdiction des poursuites contre la caution pendant la période d'observation*
- réclamation à l'état des créances, 723.25
- ▶ recours de la caution contre le débiteur, V. *ces mots*
- ▶ recours de la caution contre les cofidéjusseurs, V. *ces mots*
- redressement judiciaire de la –, 721.13
- règlement amiable, 134.32 et 135.21
- remise de dette en plan de continuation, 723.31
- ▶ représentation mutuelle des coobligés, V. *Application à la caution solidaire de la représentation mutuelle des coobligés*
- responsabilité du créancier (compensation), 725.15
- rétablissement professionnel, 594.71, 594.72
- sauvegarde (procédure de –) atteignant la caution, 721.13
- simple, 721.14 et 723.24
- situation générale, 720.09
- solde débiteur du compte bancaire, 721.15
- terme du débiteur (maintien), 721.15
- terme propre de la caution, 721.17
- transaction avec la caution en l'absence de déclaration de créance au passif, 723.17
- transfert de la charge de la sûreté, 722.14

Cautionnement hypothécaire
- ▶ V. *Sûreté réelle pour autrui*

Cautionnement pénal
- arrêt des poursuites individuelles, 621.51

Centre d'information et de prévention (CIP), 120.09

Certificat de droit de vote
- incessibilité des parts ou actions des dirigeants de la personne morale débitrice, 463.31

Cessation d'activité du débiteur personne physique, 211.61

Cessation des paiements
- actif disponible, 221.11 et 221.14
- balance entre actif disponible et passif exigible, 221.14
- condition de principe d'ouverture de la procédure, 221.09
- condition indifférente à l'ouverture de la procédure, 221.31 à 221.35

– constatation judiciaire, 221.21 à 221.25
– conversion en sauvegarde, 221.18, 222.23
▶ date de cessation des paiements, V. *ces mots*
– date d'appréciation de l'état de cessation des paiements, 221.25
– déclaration de l'état de cessation de paiements (omission), 912.18
– définition, 221.11 à 221.17
▶ difficultés de nature à conduire à la cessation des paiements, V. *ces mots*
– eirl, 221.19
– établissement de crédit, 221.41
– imminence (conversion de la sauvegarde en redressement judiciaire), 221.37
– juge enquêteur, 221.24
– moratoire, 221.16
– paiement du passif exigible par un tiers, 221.17
– passif exigé, 221.15
– passif exigible, 221.12 à 221.17
– plan de continuation (résolution), 221.35
– preuve de l'état, 221.21 à 221.24
– refus de paiement, 221.23
– règlement amiable, 131.12, 134.11, 134.32, 222.21
▶ report de date de cessation des paiements, V. *ces mots*
– réserve de crédit, 221.16
– résolution du plan de continuation, 221.35
– sauvegarde, 223.11, 223.31
– sauvegarde accélérée, 224.14

Cession d'unité de production
– acte de cession, 564.51 à 564.53
– bail d'un local professionnel, 555.32 et 564.61 et 564.71
– caractère, 564.31
– cession du bail des locaux professionnels, 555.32, 564.61 et 564.71
– cession du contrat de travail, 432.12
– cession judiciaire des contrats (absence), 564.61 et 564.71
– choix, 564.11
– choix des offres, 564.22
– contrat de travail (cession), 432.14, 564.61 et 564.71
– créancier (classement sur la quote-part du prix de cession), 564.82
– effectivité, 564.52
– exécution (substitution dans l'–), 564.53
– généralités, 564.11
– licenciement, 432.25
– nature juridique, 564.31
– notification de l'ordonnance du juge-commissaire, 564.41 et 564.42
– notion, 564.11
– offre de cession, 564.21 et 564.22
– ordonnance du juge-commissaire, 564.41 et 564.42
– paiement des créanciers, 564.82
– présentation des offres, 564.21
– quote-part du prix de cession, 564.81 et 564.82
– substitution dans l'exécution, 564.53
– suppression par la loi du 26 juillet 2005, 564.09
– transfert de la charge de la sûreté (absence), 564.61 et 564.71
– voies de recours, 564.41 et 564.42

Cession de créance Dailly
– admission de la créance, 682.24
– compensation pour dettes connexes, 632.43
– conflit avec le vendeur sous clause de réserve de propriété, 816.47
– créance de remboursement détenue sur le cédant, 442.16 et 621.11
– déclaration de créance, 666.22
– garantie du cédant de la créance Dailly, 731.54
– interdiction des paiements (exception à la règle de l'–), 633.42
– nullité de la période suspecte 823.21, 823.51 et 824.22
– responsabilité du banquier, 81.12

Cession de créance de droit commun
– déclaration des créances, 662.26
– interdiction des paiements (exception à la règle de l'–), 632
– nullité de la période suspecte, 822

Cession de dette, 731.11

Cession gré à gré des immeubles en liquidation judiciaire
– clause d'inaliénabilité, 562.44
– droit de préemption, 562.44
– juge-commissaire (ordonnance), 562.41
– nature juridique, 562.43
– ordonnance du juge-commissaire, 562.41
– pacte de préférence, 562.44
– perfection de la vente, 562.42
– purge des inscriptions de sûreté, 591.22

Cession forcée des parts ou actions des associés de la personne morale débitrice, 531.62, 531.63, 531.65 et 531.66

Cession forcée des parts ou actions des dirigeants de la personne morale débitrice
– dirigeant concerné, 531.52
– domaine, 511.51, 531.51
– finalité, 531.51
– modalités, 531.53
– prix de cession des parts ou actions, 531.51 et 531.53
– voies de recours, 531.54

Cession judiciaire des contrats
– cession d'unité de production (absence), 564.61 et 564.71
– liquidation judiciaire (absence), 564.61 et 564.71

Cession judiciaire des contrats en plan de cession
– agrément administratif, 582.65
– autorisation administrative, 582.65
– bail d'un local professionnel, 582.71 à 582.78
– bail rural, 582.54
– caution, 722.13
– choix (titulaire), 582.57
– clause d'agrément, 582.65
– clause restrictive de cession, 582.65
– codébiteur, 731.43
– conditions contractuelles (respect), 582.64
– contrat continué, 582.52
– contrat *intuitus personae*, 582.56
– contrat mentionné dans le jugement arrêtant le plan de cession, 582.58
– contrat nécessaire, 582.55
▶ crédit-bail, V. *Levée d'option d'achat du crédit-bail en plan de cession,* V. aussi *Publicité du crédit-bail*
– délai de paiement octroyé au repreneur, 582.66 et 582.67
– domaine, 582.52 à 582.56
– droit de préemption, 582.65

– effet novatoire (absence d'–), 582.63
– effets, 582.61 à 582.67
– exécution du contrat aux conditions existant au jour du jugement d'ouverture, 582.64
– fiducie-sûreté, 582.53
– liste des contrats cessibles, 582.53 et 582.54
– nature juridique, 582.51
– non cession (effets sur le contrat de la –), 582.68
– observations des cocontractants, 582.59
– obligations du débiteur, 582.62 et 582.63
– obligations du repreneur, 582.61 et 582.62
– pacte de préférence, 582.65
– titulaire du choix, 582.57
– voies de recours, 572.21

Cession légale des contrats de travail
– cession d'unité de production, 432.12
– liquidation judiciaire, 432.12
– plan de cession, 432.13 et 432.14

Cession légale du contrat d'assurance, 435.34

Cession non judiciaire du bail des locaux professionnels en plan de cession
– clause de garantie, 582.74 et 582.75
– clause restrictive de cession, 582.73
– déspécialisation partielle, 582.77
– exécution du contrat, 582.76
– possibilité de la cession judiciaire, 582.71
– principe, 582.71
– sous-location, 582.72
– statut des baux commerciaux (respect), 582.77

Cession non judiciaire du bail des locaux professionnels en liquidation judiciaire, 555.31 et 555.32

***Cession partielle* en sauvegarde, 492.31**

Changement de régime matrimonial
– action paulienne, 741.73
– après ouverture de la procédure, 741.74
– avant ouverture de la procédure, 741.72 et 741.73
– changement judiciaire, 741.75
– diversité des situations, 741.71
– nullité de la période suspecte du partage, 741.72 et 823.35

Charges augmentatives du prix de cession, 582.26

Charges du plan de cession
– augmentation, 572.63

Charges du plan de sauvegarde
– augmentation, 515.46

Chèque
– paiement après jugement d'ouverture, 633.11

Chose fongible, 816.52 et 816.53

Cip, 120.09

Ciri, 112.22

Clause affectant la situation du débiteur du fait de l'ouverture de la procédure collective, 431.14

Clause aggravant les obligations ou diminuant les droits du débiteur, 123.11, 141.32

Clause compromissoire
► V. *Compromis*

Clause d'agrément
– bail des locaux professionnels, 433.14
– cession judiciaire des contrats en plan de cession, 582.65

Clause d'arbitrage
► V. *Compromis*

Clause d'inaliénabilité
– réalisation des biens grevés en liquidation judiciaire, 561.41

Clause d'indexation
– déclaration des créances, 666.52

Clause d'indivisibilité, 431.13

Clause de non-concurrence
– AGS, 456.65
– plan de cession, 571.24

Clause de réserve de propriét
– acceptation, 816.22 à 8165
– accord général, 816.24
– blocage de la revendicatic par l'octroi de délais de pment, 816.62
– circulation, 816.71 à 817
– choses fongibles, 816.5 et 816.53
– conflit avec l'affactureı 16.47
– conflit avec le cessionı Dailly, 816.47
– conflit avec le créanciagiste, 816.41
– conflit avec le créancostérieur, 456.21
– contradiction entre clauses contractuelles d'achat et clauses contractuelles de vente, 816.25
– conséquences du jeu de la clause, 816.61
– corps certains, 816.51
– délimitation des créances antérieures et des créances postérieures, 442.15
– délai de paiement, 816.62
– écrit, 816.21 et 816.22, 816.24
– évolution historique, 816.09
– nature juridique de la clause, 816.11
– nature juridique de la propriété réservée, 816.13
– opposabilité (conditions d'–), 816.21 à 816.25
– paiement immédiat pour bloquer la revendication, 633.21 et 816.62
– règlement communautaire, 092.34
► restitution, V. *ce mot*
► revendication, V. *ce mot*
– sauvegarde accélérée, 816.09
– subrogation dans la clause, 816.74 à 816.77

Clause de résiliation de plein droit, 431.12, 433.21 et 621.61

Clause de retour, 561.43

Clause de retour à meilleure fortune, 512.34, 663.41

Clause de solidarité
– baux des locaux professionnels, 433.14

Clause pénale, 431.52 et 671.23

Clause restrictive de cession
– cession judiciaire des contrats en plan de cession, 582.65

Clôture de l'ordre en liquidation judiciaire, 591.33

Clôture de la procédure après arrêté du plan de redressement, 532.41

Clôture de la procédure après arrêté du plan de sauvegarde, 515.51

Clôture de la procédure de liquidation judiciaire par extinction du passif exigible
– caution, 722.11
– compétence, 592.24
– conditions, 592.21 et 592.22
– délai, 592.09
– effets, 592.41
– liquidation judiciaire simplifiée, 56571
– réouverture de la procédure (impossibilité), 592.25

– saisine, 592.23
– sociétés (effets sur –), 592.27

Clôture de la procédure de liquidation judiciaire pour insuffisance d'actif
▶ absence de reprise des poursuites individuelles des créanciers après clôture de la liquidation judiciaire pour insuffisance d'actifs, V. *ces mots*
– application de la loi du 26 juillet 2005 dans le temps, 073.23, 073.25, 073.33 et 073.41
– caution, 722.11 et 722.12
– codébiteur, 731.41 et 731.42
– conditions de fond, 592.32
– créancier postérieur, 455.47, 592.69
– délai, 592.09
– dirigeant de la personne condamnée à la liquidation judiciaire à titre personnel, 923.74
– effets, 592.41, 592.51 à 592.54
– époux commun en biens, 741.45
– faillite personnelle, 911.35
– interdiction de gérer, 911.35
– liquidation judiciaire simplifiée, 565.71
– mandataire *ad hoc* après clôture, 592.32
– modalités procédurales, 592.33
– notion, 592.31
▶ reprise des poursuites individuelles après clôture de la liquidation judiciaire pour insuffisance d'actifs, V. *ces mots*
– saisine, 592.33
– voies de recours, 592.34

Clôture de la sauvegarde en période d'observation
– absence de présentation d'un plan de sauvegarde, 492.13
– disparition des difficultés ayant justifié l'ouverture de la sauvegarde, 410.09 et 411.14

Clôture des opérations de cession en plan de cession pour insuffisance d'actifs, 582.28 et 582.29
▶ absence de reprise des poursuites individuelles des créanciers après clôture de la liquidation judiciaire pour insuffisance d'actifs, V. *ces mots*
▶ clôture de la procédure de liquidation judiciaire pour insuffisance d'actifs, V. *ces mots*
▶ époux, V. *ce mot*
▶ reprise des poursuites individuelles après clôture de la liquidation judiciaire pour insuffisance d'actifs, V. *ces mots*

Clôture du plan de redressement
▶ V. *Constat de l'exécution du plan de redressement*

Clôture du plan de sauvegarde
▶ V. *Constat de l'exécution du plan de sauvegarde*

Clôture du redressement judiciaire en période d'observation, 411.15

Cochefe, 112.21

Codébiteur
– admission de la créance au passif (effets), 731.61
– arrêt des poursuites individuelles (absence), 731.21
– cession de créance Dailly, 731.54
– cession judiciaire des contrats, 731.43
– clôture pour insuffisance d'actifs de la procédure, 731.41 et 731.42
– conciliation, 144.13 et 144.44
– déchéance du terme du débiteur, 642.32
– déclaration de créance au passif de chaque codébiteur, 731.32
– délais du plan de continuation, 731.25
– dette fiscale (solidarité du dirigeant social), 731.13
– diversité, 731.11
– exception purement personnelle, 731.61
– extinction de la créance à l'encontre d'un codébiteur (absence d'effet sur les autres), 731.51 et 731.52
▶ garant, V. *ce mot*
– indépendance des engagements, 731.55
– intérêts, 731.57 et 731.58
– location-gérance, 731.54
– mesure conservatoire pendant la période d'observation, 731.22
– paiement partiel effectué par un codébiteur avant jugement d'ouverture d'un autre, 731.34
– poursuites pendant la période d'observation, 731.22
– plan de continuation, 731.25 et 731.[illegible]
– plan de sauvegarde, 731.25, 731.56
– pluralité de codébiteurs en redressement ou liquidation judiciaire, 731.31 à 731.34
– réclamation à l'état des créances, 731.62
– recours entre codébiteurs, 731.33
– règles générales, 731.09
– remise de dettes, 731.56
– représentation mutuelle des coobligés, 731.61 à 731.64
– terme, 731.25
– transfert de la charge de la sûreté, 731.44

Codefi, 112.21 et 112.24

Co-désignation des organes, 351.61-7

Codification, 042.21

Co-emprunteur
▶ V. *Codébiteur*

Coexploitation, 214.51 et 741.21

Cofidéjusseur
▶ V. *Recours de la caution contre les cofidéjusseurs*

Collectivité locale
– aides d'une –, 112.41
– compétence de la juridiction pour le comblement de passif, 921.35

Comblement de passif
– abus de biens sociaux (cumul), 921.82
– action en responsabilité de droit commun, 922.11
– application de la loi du 26 juillet 2005 dans le temps, 073.35
– audition du dirigeant, 921.37
– auteur de la saisine, 921.31
– banqueroute (cumul), 921.82
– caractère facultatif de la sanction, 922.16
– collectivités locales (compétence de la juridiction), 921.35
– communication du jugement, 921.52
– compétence de la juridiction, 921.34 et 921.35
▶ condamnation à combler le passif, V. *ces mots*
– contribution de la faute de gestion à l'insuffisance d'actifs, 922.41
– cumul avec l'action en responsabilité de droit commun, 922.11
– cumul avec l'infraction d'abus de biens sociaux, 921.82
– cumul avec la banqueroute, 921.82
– cumul avec la faillite personnelle, 911.41

– cumul avec le redressement et la liquidation judiciaires à titre personnel (impossibilité), 921.81
– cumul de sanctions, 921.81 et 921.82
– déclaration de la créance de condamnation au passif du dirigeant en redressement ou en liquidation judiciaire, 663.74
– délai de comparution, 921.33
– dirigeant de droit concerné, 921.12 à 921.15
▶ dirigeant de fait, V. *ces mots*
– dirigeant en procédure collective, 922.38
– dirigeant retiré, 921.13
– eirl, 921.09, 921.36, 921.38, 922.09, 922.21, 922.31, 922.32
– État (compétence de la juridiction), 921.35
– exécution provisoire, 234.21 et 921.61
– expertise (rapport d'–), 921.36
– faillite personnelle (cumul avec la –), 911.41
– faillite personnelle pour inexécution de la condamnation à combler le passif, 912.24
▶ faute de gestion en matière de comblement de passif, V. *ces mots*
– forme de la saisine, 921.32
– héritier, 921.15
▶ inexécution du jugement de condamnation à combler le passif, V. *ces mots*
– information du tribunal, 921.36
– instruction des mesures, 921.36
– insuffisance d'actifs, 922.31 à 922.36
– interdiction de gérer (cumul), 911.41
– lien de causalité entre la faute de gestion et l'insuffisance d'actifs, 922.41
– mesures conservatoires sur les biens des dirigeants, 921.38
– modalités de la condamnation, *922.51 à 922.55*
– modalités procédurales, 921.31 à 921.52
– nature juridique, 922.11
– péremption d'instance, 921.39
– personne morale dirigeante, 921.14
– personne morale dont le dirigeant est concerné, 921.11
– plan de continuation, 922.09 et 922.36
– plan de sauvegarde, 922.09
– préjudice, 922.31 à 922.36
– prescription de l'action, 921.41
– procédures concernées, 922.09 et 922.36
– principe de proportionnalité, 922.16
– prononcé de la sanction, 921.51
– publicité du jugement, 921.52
– rapport d'expertise, 921.36
– redressement et liquidation judiciaires à titre personnel (impossibilité du cumul), 921.81
▶ redressement et liquidation judiciaires à titre personnel pour inexécution du jugement de condamnation à combler le passif, V. *ces mots*
– représentant permanent d'une personne morale dirigeante, 921.14
– saisine, 921.31 à 921.33
– sursis à statuer du fait d'une instance pénale en cours, 921.33
– tierce opposition, 921.73
– voies de recours, 921.71 à 921.74

Comité d'entreprise
– alerte, 422.41 à 422.44
– audition, 391.11 et 391.12
– conciliation, 142.31
– consultation, 391.21
– désignation de la personne chargée d'exercer les voies de recours, 391.32
– information, 391.21
– mandat *ad hoc*, 123.11
– procédure d'alerte, 122.41
– voies de recours sur les jugements du tribunal de la faillite, 323.6[illegible] 391.31 et 391.32

Comité de créanciers
– absence de vote favorable, 5[illegible].44
– conditions tenant à l'entrep[illegible] pour l'instauration des com[illegible]s, 513.11
– consultation, 513.31
– contestation de la compo[illegible]n et du vote, 513.43
– contrôle du tribunal sur le contenu du vote, [illegible]43
– créanciers en dehors de[illegible]mités, 513.51
– établissements de créd[illegible]52.22
– fiducie, 513.22, 633.5[illegible]
– fournisseurs principau[illegible]52.23
– instauration de deux comités de créanciers, 513.21
– plan de sauvegarde, 513.11 à 513.44
– sauvegarde financière accélérée, 225.32
– vote, 513.41, 513.42

Comité départemental d'examen des problèmes de financement des entreprises (Codefi), 112.21 et 112.24

Comité interministériel pour la restructuration industrielle (Ciri), 112.22

Comité régional de restructuration industrielle (Corri), 112.21 et 112.23

Commerçant
– bailleur du fonds de commerce en location-gérance, 211.21
– décédé, 211.71
– radié du registre du commerce, 211.61
– règles générales, 211.21
– retiré, 211.61

Commissaire à l'exécution du plan de cession
– absence de – sous l'empire de la loi du 26 juillet 2005, 581.09
– action en responsabilité civile délictuelle, 521.34
– action poursuivie par le –, 521.33
– durée des fonctions, 581.11 à 581.14, 581.21
– mandataire spécial, 581.15
– missions, 581.21 et 581.22
– nomination, 581.11
– remplacement, 521.24
– rémunération 581.41 et 581.31
– responsabilité, 581.41
– sanction disciplinaire, 581.51

Commissaire à l'exécution du plan de sauvegarde
– accomplissement personnel de la mission, 521.36
– action en responsabilité civile délictuelle, 521.34 et 521.35
– durée des fonctions, 521.21 à 521.23
– mandataire spécial, 521.22
– missions, 521.31 à 521.35
– nomination, 521.11
– rémunération 521.41 et 521.42
– remplacement, 521.24
– résolution du plan, 524.21 et 524.23
– responsabilité, 521.61
– sanction disciplinaire, 581.51

Commissaire au redressement productif, 233.21

Commissaire aux comptes
– procédure d'alerte, 122.31 à 122.34
– régularité de la naissance de la créance postérieure, 452.22
– responsabilité civile, 831.11

Commissaire-priseur judiciaire, 351.54

Commission bancaire, 233.21

Commission des chefs de services financiers (Cochefe), 112.21
▶ V. aussi *Remises de dettes publiques*

Communication des causes au ministère public
– droit positif, 340.21
– infraction pénale, 931.31

Compensation après jugement d'ouverture
▶ V. aussi *Compensation pour dettes connexes*
– déclaration de créance, 632.21
– dette connexe, 632.31 à 632.49
– imputation des paiements, 632.21
– interdiction de principe, 632.11 et 632.31
– jeu avant jugement d'ouverture, 632.21
– légale, 632.21

Compensation conventionnelle
– nullité de la période suspecte, 823.26

Compensation légale
– nullité de la période suspecte, 823.26
– nullité des paiements (absence de –), 632.21

Compensation pour dettes connexes
– affacturage, 632.43
– certitude de la créance, 632.48
– cession de créance par bordereau Dailly, 632.44
– compte bancaire, 633.43
– compte unique, 633.42
– contrat synallagmatique unique, 632.44 et 632.46
– courant d'affaires, 632.45
– créance postérieure, 632.31
– déclaration de créance, 632.47
– dette non issue d'un contrat synallagmatique unique, 632.45
– disponibilité de la créance, 632.49
– ensemble contractuel, 632.45
– évolution, 632.31 et 632.41
– exigibilité de la créance, 632.48
– groupe de contrats, 632.45
– opération économique globale, 632.45
– plan de continuation, 632.48
– règles générales, 633.42

Compétence de la juridiction pour l'ouverture de la sauvegarde, du redressement et de la liquidation judiciaires
– compétence du juge français, 093.11 à 093.14
– compétence matérielle, 232.11
– compétence territoriale, 232.12
– dérogation aux règles de compétence, 232.14
– exception d'incompétence, 232.21
– groupe de sociétés, 232.18
– prorogation de compétence, 232.15 et 232.16
– récusation, 232.19
– régime général, 232.13
– règlement communautaire, 092.21 à 092.25

Compétence de la juridiction pour l'ouverture du règlement amiable, 131.21

Compétence du juge français, 093.11 à 093.14

Compétence du tribunal de la faillite, 312.11 à 312.47
– action en responsabilité civile professionnelle contre un mandataire de justice, 312.43
– action en responsabilité contre les tiers, 312.42
– action née de la faillite, 312.21
– action sur laquelle le droit de la faillite exerce son incidence, 312.31
– action sur laquelle le droit de la faillite n'exerce pas son incidence, 312.41
– traction, 312.11
– caractère d'ordre public, 312.12
– comblement de passif, 921.34 et 921.35
– compétence du juge d'exécution, 312.47
– compétence du juge-commissaire, 316
– compétence exclusive d'une autre juridiction, 312.45
– étendue, 312.11
– redressement et liquidation judiciaires à titre personnel, 921.34

Compétence exclusive d'une autre juridiction
– délimitation avec la compétence du tribunal de la faillite, 312.45

Compétence matérielle de la juridiction pour l'ouverture du redressement et de la liquidation judiciaires, 232.11

Compétence territoriale de la juridiction pour l'ouverture du redressement et de la liquidation judiciaires, 232.12

Comportement gravement répréhensible, 434.22

Compromis
– arrêt des poursuites individuelles, 422.33
– continuation des contrats en cours, 431.54
– instance arbitrale en cours, 623.24
– liquidation judiciaire, 567.11 à 567.13, 567.31
– nullités de la période suspecte, 822.21
– période d'observation, 422.31 à 422.33
– voies de recours, 567.13

Comptabilité
▶ abstention de tenue d'une comptabilité conforme, V. *ces mots*
▶ comptabilité fictive, V. *ces mots*
▶ comptabilité manifestement incomplète, V. *ces mots*
▶ comptabilité manifestement irrégulière, V. *ces mots*
▶ disparition de la comptabilité, V. *ces mots*
– remise des documents et livres comptables, 461.21

Comptabilité fictive
– banqueroute, 932.34
– faillite personnelle, 912.12
– redressement et liquidation judiciaires à titre personnel, 923.63

Comptabilité manifestement incomplète
– banqueroute, 932.37
– faillite personnelle, 912.12
– redressement et liquidation judiciaires à titre personnel, 923.63

Comptabilité manifestement irrégulière
– banqueroute, 932.37

– faillite personnelle, 912.12
– redressement et liquidation judiciaires à titre personnel, 923.63

Compte bancaire
– d'un époux commun en biens, 434.12
– fonctionnement en liquidation judiciaire, 362.21 et 554.24
– information sur le solde d'un –, 462.42

Compte courant, 434.11 et 721.15

Compte postal
– fonctionnement en liquidation judiciaire, 362.21 et 554.24
– information sur le solde d'un –, 462.42

Compte rendu de fin de mission
▶ V. *Reddition des comptes*

Compte spécial bloqué
– incessibilité des parts ou actions des dirigeants de la personne morale débitrice, mesure conservatoire, 463.31
– incessibilité des parts ou actions des dirigeants de la personne morale débitrice préparatoire à l'arrêté du plan, 511.41, 531.41 à 531.46

Comptes sociaux (dépôt obligatoire des –), 121.14

Co employeur, 432.28

Concédant, 831.11

Concédant du service public, 731.12

Concession
– dirigeant de fait, 921.23

Conciliateur de la conciliation
– assurance de responsabilité civile professionnelle, 141.51
– incompatibilités, 141.51
– mission générale, 142.41
– nomination, 141.51
– rapport aux fins d'ouverture de la sauvegarde accélérée, 233.11
– récusation, 141.51
– rémunération, 141.52

Conciliateur du règlement amiable
– mission, 131.42
– nomination, 131.41
– rémunération, 131.43

Conciliation
– accord de conciliation (recherche de l'–), 142.11 s., 143.21, 143.31
– anatocisme, 144.12
– attestation de l'absence ou de la fin d'état de cessation des paiements dans l'accord constaté, 144.14
– AGS, 142.32
– caution, 142.21, 144.13 et 144.44
– choix du président du tribunal quant à la décision d'ouvrir la conciliation, 141.41
– clause aggravant les obligations ou diminuant les droits du débiteur, 141.32
– comité d'entreprise, 142.31
– communication de la décision d'ouverture, 141.43
– conciliateur, V. *Conciliateur de la conciliation*
– codébiteur, 144.13 et 144.44
– confidentialité de la conciliation, 141.61
– constat de l'accord, 143.31, 144.11 à 144.14
– décision du président du tribunal sur l'ouverture de la procédure, 141.41 à 141.44
– délai de grâce, 142.12 et 144.42
– délégué du personnel, 142.31
– demande d'ouverture, 141.31 et 141.32
– échec, 143.11 à 143.31, 221.33
– eirl, 141.11, 141.21
– exécution provisoire, 141.44
– expertise ordonnée par le président du tribunal, 141.42
– fiscalité des remises de dettes, 142.51 et 144.47
– garant, 142.21, 144.13 et 144.44
– homologation, V. *Homologation de la conciliation*
– inexécution de l'accord, 145.11 à 145.22
– invitation du tribunal saisi d'une sauvegarde à solliciter l'ouverture d'une conciliation en l'absence de difficulté que le débiteur ne peut surmonter, 141.21 et 223.33
– juridiction compétente, 141.31
– mandataire à l'exécution de l'accord, 144.61 et 144.62
– *new money, V. Privilège de la conciliation*
– personne concernée, 141.11
– prepack-cession, 142.41
– poursuites individuelles, 142.1 et 144.41
– présentation générale, 140.0
▶ privilège de la conciliation, *V. ces mots*
– procédure collective ouverte suite à la conciliation, 145.21 et 145.22
– publicité, 144.35
– remises de dettes publiques, 142.51 à 142.65
– report de date de cessation des paiements, 144.12, 144.45 et 222.23
– résolution de l'accord, 145.11 et 145.12
– saisine du président du tribunal, 141.32
– salarié, 142.31
– sauvegarde accélérée, 224.11
– sauvegarde financière accélérée, 143.22, 225.11
– situation économique du débiteur, 141.21
– surveillance de l'exécution de l'accord, 144.61 et 144.62
– voies d'exécution, 142.11 et 144.41
– voies de recours sur la décision d'ouverture, 141.44

Concours bancaires
– comportement gravement répréhensible, 434.24
– continuation, 434.11 et 434.12
– plan de cession, 434.21
– plan de continuation, 434.21
– préavis, 434.21
– refus de concours, 434.25
– responsabilité civile du banquier, 832.11 à 834.19
– rupture, 434.21 à 421.24
– rupture abusive, 832.11 à 832.14
– situation irrémédiablement compromise, 434.23
– soutien abusif, 833.11 à 833.15

Condamnation à combler le passif
– affectation des sommes recouvrées, 922.61
– délais de paiement, 922.55
– d'un ou plusieurs dirigeants, 922.54
– droits des créanciers sur les sommes recouvrées, 922.62 et 922.63
– effets, 922.61 à 922.63
– incidences fiscales de l'exécution de la condamnation, 922.52
▶ inexécution du jugement de condamnation à combler le passif, V. *ces mots*
▶ redressement et liquidation judiciaires à titre personnel pour inexécution du jugement de condamnation à combler le passif, V. *ces mots*
– solidaire ou non, 922.54

– totale ou partielle, 922.31 à 922.35
– transaction, 922.53

Condamnation à l'obligation aux dettes sociales
– affectation des sommes recouvrées, 924.35
– caractère facultatif, 924.31
– modalités, 924.32
– pluralité de dirigeants responsables, 924.33

Conditions de fond d'ouverture de la procédure
► V. *Cessation des paiements, Qualité exigée pour l'ouverture de la procédure*

Confusion des comptes, 213.22
– extension pour confusion des patrimoines

Confusion des patrimoines
– application de la loi dans le temps, 071.12, 074.61
– cessation des paiements, 221.32
– confusion des comptes, 213.22
– consultation des créanciers préparatoire à l'arrêté du plan de continuation, 512.32
– critères, 213.21 à 213.28
– compétence, 213.31
– date de cessation des paiements, 213.35
– déclaration des créances, 213.42
– exécution provisoire (arrêt), 234.21
– flux financiers anormaux, 213.23 à 213.28
– mesures conservatoires, 213.36
– personnalité morale (maintien), 213.44
– saisine, 213.32 et 213.33
– temps de l'action, 213.34
– unité de masse active et passive, 213.42 et 213.43
– voies de recours, 213.35

Conjoint
► V. *Époux*, V. aussi *Reprises du conjoint*

Conjoint collaborateur, 211.21, 741.22

Connexité
► V. *Compensation pour dettes connexes*

Conseil de l'Europe, 091.11

Conseil national des administrateurs judiciaires et des mandataires judiciaires, 351.21

Consignations de sommes effectuées en application de l'article 2350 du Code civil, 456.33, 823.61

Consignation du prix de vente du bien grevé de sûreté en période d'observation
– domaine, 482.11, 482.12
– effets, 482.21
– paiement du créancier, 482.31

Consignation judiciaire, 456.32 et 456.33

Constat de l'accord de conciliation, 143.31, 144.11 à 144.14

Constat de l'exécution du plan de redressement
► V. *Constat de l'exécution du plan de sauvegarde*

Constat de l'exécution du plan de sauvegarde
– conditions, 525.11
– saisine, 525.21
– utilité, 525.31
– voies de recours, 525.22

Constat de la non forclusion, 665.87, 665.91, 665.92

Constat de la résiliation de plein droit, 621.62

Constituant d'une sûreté réelle pour autrui
– rejet de la créance déclarée, 711.25

Constitution de dot, 823.34

Constitution de partie civile
– application de la loi dans le temps, 070.09
– arrêt des poursuites individuelles, 621.51
– déclaration des créances (délai), 665.38
– saisine de la juridiction répressive, 931.21 à 931.23

Constitution de sûretés
► V. *Sûreté*
– infraction pénale, 933.12 et 933.23

Consultation des créanciers préparatoire à l'arrêté du plan de redressement
► V. *Consultation des créanciers préparatoire à l'arrêté du plan de sauvegarde*

Consultation des créanciers préparatoire à l'arrêté du plan de sauvegarde
– absence (sanction), 512.11
– accord de subordination, 513.31
– actionnaire, 512.15
– associé, 512.15
– associé ou membre indéfiniment et solidairement responsable du passif (extension de la procédure), 512.32
– caractère impératif, 512.11
– clause de retour à meilleure fortune, 512.34
– collective, 512.24 et 512.25
– confusion des patrimoines, 512.32
– contenu, 512.31 à 512.34
– créance salariale, 512.13
– créancier non membre des comités, 512.09, 513.51
– créancier non consulté, 512.44
– créancier public, 512.51 à 512.75
– créancier titulaire d'une fiducie-sûreté, 512.16
– débiteur, 512.21
– déclaration de créance, 512.12
– domaine, 512.11 à 512.15
– égalité des créanciers, 512.31
– fictivité (extension sur le fondement de la –), 512.32
– formes, 512.21 à 512.25
– individuelle, 512.22
– initiative de la –, 512.21
– irrégularité (sanction), 512.23
– masse des obligataires, 512.25
– modification des propositions d'apurement du passif, 512.34
– multiplicité de procédures, 512.32
– obligataire, 512.25
– petit créancier, 512.13
– plan de cession, 512.11
– proposition alternative, 512.33
– prêt participatif, 512.14
– redressement ou liquidation judiciaires à titre personnel, 512.32
► réponse à la consultation des créanciers préparatoire à l'arrêté du plan de continuation, V. *ces mots*
– représentant des créanciers, 512.21
– sanction de l'absence de –, 512.11

Contestations de l'ordre en liquidation judiciaire, 591.34 et 591.35

Contestation de la liste des créanciers postérieurs privilégiés, 456.18

Contestation des créances
– audition des créanciers contestés, 671.25
– clause pénale, 671.23
– créance fiscale, 671.41

– défaut de réponse à contestation, 671.31 et 683.14
– destinataire de la contestation, 671.21
– énoncé de la contestation, 671.21
– honoraires, 352.35 et 352.36
– intervention volontaire à l'audience des créanciers contestés, 671.26
– prescription, 671.21
– réponse à contestation, 671.24
– salarié, 696.24 et 696.25
▶ voies de recours sur les décisions rendues en matière de déclaration et de vérification des créances, V. *ces mots*
– voies de recours en cas de défaut de réponse à contestation (fermeture), 671.32

Continuation des contrats en cours
▶ bail des locaux professionnels, V. *ces mots*
▶ bail rural, V. *ces mots*
– caducité pour interdépendance, 431.12
– clause d'indivisibilité, 431.13
– clause de résiliation de plein droit pour redressement ou liquidation judiciaires, 431.12
– compétence du juge-commissaire, 331.51, 431.11
▶ concours bancaires, V. *ces mots*
– conditions contractuelles (respect des –), 431.54
– conséquences, 431.54
– contrat d'assurance, 435.31
– contrat d'édition, 435.21
– contrat d'intermédiation financière, 435.41
– contrat de production audiovisuelle, 435.21
– contrat de société, 435.51
▶ contrat de travail, V. *ces mots*
– contrat en cours au jour de l'option, 431.22
– contrat en cours au jour du jugement d'ouverture, 431.22
– contrat *intuitus personae*, 431.26
– contrat nécessaire, 431.25
– créance postérieure, 452.21
– délimitation des créances antérieures et des créances postérieures, 442.12
– domaine de la règle, 431.22 à 431.26
– exception d'inexécution, 431.11
– fiducie, 431.24
– inexécution, 431.55
– interdépendance des contrats, 431.12
– *intuitu personae*, 431.26
– liquidation judiciaire, 431.31, 431.32, 431.33, 431.53, 555.11 à 555.13
– nécessité du contrat, 431.25
– non continuation, 431.51, 431.52 et 431.53
– notion, 431.21
▶ option sur la continuation des contrats en cours, V. *ces mots*
– plan de sauvegarde, 515.45
– prêt, 431.29
– règles générales, 431.11
– résiliation du contrat continué, 431.56
– résiliation du contrat après option spontanée, 431.52 et 431.53
– responsabilité de l'administrateur, 372.21 à 372.24
– responsabilité du liquidateur, 362.34 et 362.35
– revendication, 813.54
– sauvegarde accélérée, 224.32, 430.09
– situation du contrat avant l'option, 431.23
– stipulations contractuelles (exclusion de certaines –), 431.12 et 431.13
– transaction, 431.21
– vente, 431.27
– vente avec clause de réserve de propriété, 431.28

Continuation du cours des inscriptions de sûretés
– autorisation du juge-commissaire, 652.13
– garantie des intérêts des créances, 652.17
– privilège du Trésor public, 652.11
– privilège du vendeur de fonds de commerce, 6 2.12
– renouvellement, 52.15
– substitution de gantie, 652.14
– sûreté provisoire scription définitive), 652.16

Continuation du co des intérêts
▶ V. aussi *Arrêt du c s des intérêts*
– anatocisme, 641.5
– capitalisation des i êts, 641.51
– caution, 641.43
– codébiteur, 641.43
– créancier postérieu 5.47
– crédit-bail, 641.41
– domaine, 641.41 et .42
– effets, 641.51
– fondement, 641.32
– liquidation judiciaire .42
– ouverture de crédit, 41
– plan de sauvegarde, 522.19 et 641.42
– prêt, 641.41

Contrat
▶ bail rural, V. *ces mots*
▶ bail des immeubles professionnels, V. *ces mots*
▶ cession judiciaire des contrats en cours, V. *ces mots*
▶ clause de réserve de propriété, V. *ces mots*
▶ continuation des contrats en cours, V. *ces mots*
▶ contrat de travail, V. *ces mots*
▶ licenciement, V. *ce mot*
▶ prêt, V. *ce mot*
▶ vente avec clause de réserve de propriété, V. *ces mots*

Contrat commutatif déséquilibré, 823.41 et 823.42

Contrat d'apprentissage, **432.11**

Contrat d'assurance, 435.31

Contrat d'assurance-vie, 823.37

Contrat d'édition, 435.21

Contrat d'intermédiation financière, 435.41

Contrat de bail des locaux professionnels
▶ V. *Bail des locaux professionnels*

Contrat de bail rural
▶ V. *Bail rural*

Contrat de marchés publics, 442.19

Contrat de prêt
▶ V. *Prêt*

Contrat de société, 435.51

Contrat de travail
▶ AGS, V. *ce mot*
– cession d'unité de production, 432.14 et 564.61 et 564.71
– cession d'un fonds de commerce en liquidation judiciaire, 432.15
– cession en liquidation judiciaire, 432.14
– cession en plan de cession, 432.18
– continuation de plein droit, 432.11
– continuation en liquidation judiciaire, 432.13
– continuation en plan de continuation, 432.13
▶ créances salariales, V. *ces mots*
– délimitation des créances antérieures et des créances postérieures, 442.14
– indemnités de rupture du contrat de travail (AGS), 693.51 à 693.71

▶ licenciement, V. *ce mot*
– liquidation judiciaire, 432.12 et 555.41
– location-gérance, 423.23, 432.18 et 432.25
– modification, 432.12
– plan de cession, 432.18
– plan de continuation, 432.17
– plan de redressement, 432.17
– plan de sauvegarde, 432.17
– solidarité passive entre employeurs successifs, 432.16

Contrat de vente
▶ V. *Vente*

Contrat de vente avec clause de réserve de propriété
▶ V. *Clause de réserve de propriété, Vente avec clause de réserve de propriété*

Contrat en cours
▶ V. *Continuation des contrats en cours*

Contredit
– ordonnance du juge-commissaire, 331.31

Contribution à la cessation des paiements (action en responsabilité pour –), 075.31, 926.09 à 926.45

Contribution de la faute de gestion à l'insuffisance d'actifs, 922.41

Contribution des associés aux pertes, 731.23

Contrôleur
– action civile devant la juridiction répressive, 612.25 et 931.21
– acquisition de biens du débiteur (délit d'–), 612.26 et 933.26
– autorité compétente, 233.21, 612.14
– choix, 612.12
– comblement de passif, 612.25 et 921.31
– d'office, 233.21, 612.14
– faillite personnelle, 612.25 et 911.31
– fonction, 612.21 et 612.22
– interdiction de gérer, 612.25 et 911.31
– intérêt collectif des créanciers, 611.34
– nomination, 612.11 et 612.13
– obligation aux dettes sociales, 612.25 et 921.31
– *obligation de confidentialité*, 612.21
– ordre professionnel, 233.21, 612.14
– organe subsidiaire de défense de l'intérêt collectif des créanciers, 612.24 et 612.25
– professionnel libéral, 612.14
– représentation, 612.21
– responsabilité, 612.21
– sauvegarde accélérée, 224.23, 612.11
– sauvegarde financière accélérée, 225.21
– secret professionnel, 612.21
– situation procédurale, 612.31
– voies de recours sur la décision de nomination, 612.13
– voies de recours sur les jugements du tribunal de la faillite, 323.41 et 612.31
– voies de recours sur les ordonnances du juge-commissaire, 323.41 et 612.31

Convention comportant un avantage particulier
– infraction pénale, 933.24

Convention de conversion
– AGS, 693.71
– licenciement, 432.28

Convention de rechargement, 823.54

Convention de reclassement
– AGS, 693.72
– licenciement, 432.28

Convention d'Istanbul, 091.11

Convention franco-autrichienne, 091.11

Convention franco-belge, 091.11

Convention franco-italienne, 091.11

Convention franco-monégasque, 091.11

Convention internationale en matière de procédures collectives de paiement, 091.11

Conversion de créance en capital, 512.15

Conversion d'une procédure de sauvegarde en redressement ou en liquidation judiciaire
– déclaration de créance (absence de nécessité de la –), 591.09
– durée de la période d'observation, 411.12
– effets, 223
– état de cessation des paiements (caractérisation de l'–), 223.31, 223.61
– imminence de la cessation des paiements, 221.37, 222.27, 223.63
– modalités procédurales, 223.62
– report de date de cessation des paiements, 222.26 et 222.27
– voies de recours, 223.64

Coobligé
▶ V. *Codébiteur*

Copropriété, 212.13, 456.55 et 662.31

Corri, 112.21 et 112.23

Cotation Banque de France des débiteurs et dirigeants sociaux, 592.43

Cotisation d'adhésion à un groupement, 443.72

Cotisations d'assurance Invalidité-décès (effets de la non déclaration de la créance), 665.71

Cotisations de retraite (effets de la non déclaration de la créance), 665.71

Cotisations sociales obligatoires afférentes à la rémunération du salarié, 693.38

Cour d'appel
– saisine d'office, 231.51 et 231.52

Courrier
– détournement en liquidation judiciaire, 552.51
– détournement en période d'observation, 461.11

Cours des inscriptions de sûretés
▶ V. *Arrêt du cours des inscriptions de sûretés, Continuation du cours des inscriptions de sûretés*

Cours des intérêts
▶ V. *Arrêt du cours des intérêts, Continuation du cours des intérêts*

Créance alimentaire, 443.81 et 443.82, 454.21, 552.35, 631.12, 741.91, 741.95 et 741.96

Créance antérieure
▶ V. *Créanciers antérieurs, Délimitation des créances antérieures et des créances postérieures*

Créance déclarée non rejetée ne figurant pas sur l'état des créances, 682.21

Créance environnementale, 443.31

Créance éventuelle
– déclaration des créances, 663.41 à 663.43

Créance fiscale
▶ V. *Admission des créances fiscales et sociales au passif*

▶ V. aussi *Remises de dettes publiques*
– consultation sur le projet de plan, 512.51 à 512.75
– contestation, 671.41

Créance hors procédure, 454.11

Créance liée aux besoins de la vie courante, 454.21 et 454.22

Créance née irrégulièrement, 452.42, 454.12

Créance postérieure
▶ V. *Créancier postérieur, Délimitation des créances antérieures et des créances postérieures*

Créance salariale
▶ AGS, V. *ce mot*
– consultation des créanciers préparatoire à l'arrêté du plan de continuation, 512.32
– délais du plan de continuation, 522.14
– fondement de la situation de faveur, 690.09
▶ instance prud'homale en cours, 695.11, V. aussi *ces mots*
▶ privilège général des salaires, V. *ces mots*
– réclamation sur l'admission d'une créance salariale, 696.27
– relevé de forclusion, 696.26
▶ relevé de créances salariales, V. *ces mots*
– remise de dettes du plan de sauvegarde, 522.14
▶ super privilège des salaires, V. *ces mots*
▶ vérification des créances salariales, V. *Relevé de créances salariales*

Créance sociale
▶ V. *Admission des créances fiscales et sociales au passif*
▶ V. aussi *Remises de dettes publiques*
– consultation sur le projet de plan, 512.51 à 512.75

Créance sous condition
– déclaration des créances, 663.41

Créancier antérieur
▶ absence de déchéance du terme du débiteur, V. *ces mots*
– action en responsabilité contre les tiers, 611.36 et 611.37
▶ arrêt des poursuites individuelles, V. *ces mots*
▶ arrêt des voies d'exécution, V. *ces mots*
▶ arrêt du cours des intérêts, V. *ces mots*
▶ compensation après jugement d'ouverture, V. *ces mots*
– compensation légale, 632.21
▶ compensation pour dettes connexes, V. *ces mots*
▶ continuation du cours des intérêts, V. *ces mots*
▶ contrôleur, V. *ce mot*
▶ déchéance du terme du débiteur, V. *ces mots*
▶ délimitation des créances antérieures et des créances postérieures, V. *ces mots*
– groupement des créanciers, 611.22
– immutabilité de la créance
– intérêt collectif, 611.31 à 611.36
– intérêt individuel, 611.37
– masse des créanciers, 611.21
▶ paiement du créancier antérieur après jugement d'ouverture, V. *ces mots*
– situation générale, 611.11 à 611.37

Créancier assignant
▶ V. *Saisine par le créancier*

Créancier connu, 665.41

Créancier inscrit du chef d'un précédent propriétaire
▶ V. *Droit de suite*

Créancier postérieur
– action directe, 456.22
– activité professionnelle du débiteur (créance née de l'–), 454.21
– arrêt des poursuites individuelles (mise à l'écart de la règle), 455.42 s., 455.47
– arrêt des voies d'exécution (mise à l'écart de la règle), 455.43 et 455.47
– attribution judiciaire du gage, 456.42
– Caisse des dépôts et consignations, 455.44 à 455.46
▶ classement des créanciers, V. *Rang des créanciers postérieurs entre eux*, V. aussi *Rang des créanciers postérieurs par rapport aux autre créanciers*
– clause de réserve de propriété, 456.21
– clôture de la procédure pour insuffisance d'actifs (mise à l'écart de la règle de l'absence de reprise des poursuites individuelles après –), 455.47 592.69
– comblement de passif (droits sur les sommes recouvrées), 922.62
– commissaire aux comptes, 452.22
– compromis, 422.22
– continuation des contrats en cours, 452.21
– continuation du cours des intérêts, 455.47
– contrat conclu après jugement d'ouverture, 452.22
– créance alimentaire, 454.21
– créance contingente par rapport à la procédure collective, 453.27
– créance extra-contractuelle, 452.31
– créance inhérente à la procédure collective, 453.27
– créance liée aux besoins de la vie courante, 454.21
– créance née après jugement d'ouverture ne bénéficiant pas du traitement préférentiel, 454.11 et 454.21
– créance née après plan de cession, 451.32
– créance née après plan de continuation ou de sauvegarde, 451.31
– créance née en contrepartie d'une prestation fournie au débiteur, 453.23, 453.24
– créance née en exécution d'un contrat décidée par le liquidateur, 453.25
– créance née irrégulièrement, 454.11
– créance née en liquidation judiciaire, 451.21
– créance née en période d'observation, 451.11
– créance née pour les besoins de la période d'observation, 453.22
– créance née pour les besoins de la vie courante du débiteur personne physique, 453.26
– créance née pour les besoins du déroulement de la procédure, 453.21
– créance non payée au jour de la résolution du plan de continuation ou de sauvegarde, 451.12
– critères téléologiques d'attribution du traitement préférentiel, 453.11 à 453.23
– date de naissance des créances, 451.11 à 451.32
– déclaration de créance, 665.37

- ▶ V. *Délimitation des créances antérieures et des créances postérieures*
- ▶ droit de priorité du créancier postérieur, V. *ces mots*
- – droit de rétention, 456.41
- – énoncé de la règle du traitement préférentiel, 450.09
- – fondement de la règle du traitement préférentiel, 450.09
- – habilitations du juge-commissaire, 422.22
- – indemnité d'assurance, 456.22
- – interdiction des paiements (mise à l'écart de la règle), 455.47
- – intérêts (continuation du cours des –), 455.47
- – liquidation judiciaire (créances nées en –), 451.21
- – liste des créanciers postérieurs, 455.31, 455.32, 456.16 à 456.19
- – naissance des créances (date de –), 451.11 à 451.32
- ▶ paiement à l'échéance des créanciers postérieurs, V. *ces mots*
- – période d'observation (créances nées en –), 451.11
- – plan de cession (créances nées après arrêté du –), 451.32
- – plan de continuation (créances nées après arrêté du –), 451.31
- – poursuite d'activité (exigence pour la naissance des créances), 452.42
- ▶ privilège, V. *Droit de priorité du créancier postérieur*
- – production des créanciers postérieurs privilégiés, 456.16
- ▶ rang des créanciers postérieurs entre eux, V. *ces mots*
- ▶ rang des créanciers par rapport aux autres créanciers, V. *ces mots*
- – régularité de la naissance de la créance, 452.11 à 452.41
- – résolution du plan de continuation (créances non payées au jour de la –), 451.12
- – saisie-attribution, 455.43 à 455.46
- – sûretés (constitution), 422.22
- – transaction, 422.22

Créancier poursuivant (observation du – sur la nomination des organes), 351.61-4

Créancier réfractaire
- – plan de sauvegarde, 522.18

Crédit-bail
- – cession de la créance de loyers, 812.33
- – cession de la créance d'indemnité de résiliation, 812.33
- – conflit avec le créancier postérieur, 456.21
- ▶ inopposabilité de la forclusion, V. *ces mots*
- – levée d'option d'achat en liquidation judiciaire, 633.23
- – levée d'option d'achat en période d'observation, 633.22
- – levée d'option d'achat en plan de cession, 582.81 à 582.84
- – levée d'option d'achat en plan de sauvegarde, 522.41 et 522.42
- ▶ publicité du crédit-bail, V. *ces mots*
- ▶ restitution, V. *ce mot*
- ▶ revendication, V. *ce mot*

Crédit d'impôt, 112.31

D

Dailly
- ▶ V. *Cession de créance Dailly*

Date de cessation des paiements
- – absence de détermination, 222.11
- – extension de procédure pour confusion des patrimoines, 213.35
- – extension de procédure pour fictivité, 213.35
- – fixation initiale, 222.12
- – fixation par jugement de report, 222.13
- – redressement et liquidation judiciaires à titre personnel, 923.46
- ▶ report de date de cessation des paiements, V. *ces mots*
- – résolution du plan de sauvegarde, 524.37

Dation en paiement, 823.25

Débiteur
- ▶ absence de déchéance du terme du débiteur, V. *ces mots*
- ▶ cessation des paiements, V. *ces mots*
- comblement de passif, V. *ces mots*
- compétence de la juridiction pour l'ouverture de la procédure, *ces mots*
- – ntinuation des contrats cours, 431.43
- ▶ héance du terme du débiteur, *s mots*
- ▶ sissement du débiteur a plan de cession, V. *ces mots*
- ▶ dessaisissement du débiteur en liquidation judiciaire, V. *ces mots*
- – droits extrapatrimoniaux, 421.27
- – droits propres du débiteur, 421.27
- ▶ exécution provisoire des décisions rendues en matière de sauvegarde, de redressement et de liquidation judiciaire, V. *ces mots*
- – expulsion, 562.45
- ▶ faillite personnelle, V. *ces mots*
- ▶ fraude du débiteur, V. *ces mots*
- ▶ interdiction de gérer, V. *ces mots*
- ▶ jugement d'ouverture, V. *ces mots*
- ▶ ouverture de sa procédure de sauvegarde, de redressement et de liquidation judiciaire, V. *ces mots*
- ▶ pouvoirs du débiteur, V. *ces mots*
- – projet de plan de redressement, 492.11 et 492.21
- ▶ qualité exigée pour l'ouverture de la procédure, V. *ces mots*
- – rémunération, 471.11
- ▶ saisine de la juridiction pour l'ouverture de la procédure, V. *ces mots*
- – subsides, 471.21
- – voies de recours sur les jugements du tribunal de la faillite, 323.21

Débiteur décédé, 211.71, 231.21 et 552.12

Débiteur retiré, 211.61

Décès du débiteur, 211.71, 231.21 et 552.12

Décharge de la caution
- – exception de subrogation, 724.11 à 724.18
- – fait du créancier, 724.11 et 725.11
- – montant, 724.18
- – perte de droits préférentiels, 724.12 à 724.17
- – responsabilité civile du créancier, 725.11 et 725.12
- – revendication (absence de –), 724.15

Déchéance du terme du débiteur
- – caution, 642.32
- – codébiteur, 642.32
- – dettes concernées, 642.41
- – libération des apports par les associés, 642.42
- – liquidation judiciaire, 642.31
- – plan de cession totale, 582.22 et 642.31

Déchéances (relèvement des –), 071.21 et 911.91

Décision d'ouverture d'une procédure à l'étranger
- *exequatur*, 093.21 et 093.22

Décision judiciaire constitutive de propriété, 653.11 à 653.13

Décision judiciaire translative de propriété, 653.11 à 653.13

Déclaration de créance à titre provisionnel, 682.61 à 682.67

Déclaration de l'état de cessation des paiements (omission)
- faillite personnelle, 912.18
- interdiction de gérer, 913.12

Déclaration des créances
- absence (incidence de l'–), 665.71 à 665.79, 813.72
- accessoires de la créance, 666.41 à 666.52
- ▶ admission des créances au passif, V. *ces mots*
- ▶ admission des créances fiscales et sociales au passif, V. *ces mots*
- ▶ AGS, V. *ce mot*
- Alsace-Moselle, 662.21
- associé, 663.16
- associé et membre indéfiniment et solidairement responsable du passif, 214.13 et 663.71, 731.23
- ▶ auteur de la déclaration de créance, V. *ces mots*
- avocat, 662.21
- caution (absence de déclaration de créance), 665.78, 723.12 à 723.18
- cautionnement (créance de –), 663.21
- certification sincère par le créancier, 664.31
- clause d'indexation, 666.52
- clause pénale, 671.23
- codébiteurs multiples en redressement ou en liquidation judiciaire, 731.32
- comblement du passif (créance détenue contre un dirigeant déclaré en redressement ou en liquidation judiciaire), 663.74
- compensation pour dettes *connexes, 632.47*
- *compensation légale, 632.21*
- complémentaire, 662.23
- condition affectant la créance, 666.51
- conjoint commun en biens, 663.62
- constat d'une instance en cours, 682.72
- consultation des créanciers préparatoire à l'arrêté du plan de sauvegarde, 512.32
- contenu, 666.11 à 666.52
- ▶ contestation des créances, V. *ces mots*
- conversion d'une procédure, 591.09
- créance alimentaire, 741.95
- créance antérieure non éteinte, 663.11 à 663.13
- créance déclarée non rejetée ne figurant pas sur l'état des créances, 682.21
- créance de somme d'argent, 663.14
- créance de sûreté personnelle, 663.21
- créance détenue contre le débiteur, 663.61 à 663.64
- créance établie par un titre, 663.51
- créance éventuelle, 663.42
- créance fiscale, 682.61 à 682.67
- créance non exigible, 666.31 à 666.33
- créance sociale, 682.61 à 682.67
- créance sous condition, 663.41
- créance supposée (déclaration de –, faillite personnelle), 912.17
- créance supposée (déclaration de – infraction pénale), 933.23
- créancier connu, 665.41
- ▶ créancier titulaire de sûreté spéciale, V. *Inopposabilité de forclusion*
- ▶ crédit-bailleur, V. *Inopposabilité de forclusion*
- débiteurs multiples, 664.14
- décision d'incompétence du juge commissaire, 682.71
- décision de constat d'une instance en cours du juge-commissaire, 682.72
- déclaration à titre provisionnel, 666.21 et 666.22
- déclaration complémentaire, 666.23
- déclaration rectificative, 666.23
- délais de déclaration des créances, V. *ces mots*
- *délégation* de pouvoir au préposé du créancier, 662.41 à 662.44
- délégation de pouvoir au préposé du tiers, 662.22 et 662.23
- demande explicite et non équivoque, 664.13
- ▶ dépassement des délais de déclaration des créances, V. *Inopposabilité de forclusion*, V. aussi *Relevé de forclusion*
- destinataire, 664.15
- détenteur hypothécaire ou nanti, 711.21 et 711.22
- dette attachée à la personne du débiteur, 663.31
- dispense de déclaration de créance pour le créancier admis au passif d'une première procédure, 663.81
- dispense de déclaration de créance pour le créancier déposant d'un établissement de crédit, 663.82
- dispense de déclaration de créance pour le créancier figurant sur la liste établie à l'ouverture de la sauvegarde accélérée, 663.86
- dispense de déclaration de créance pour le créancier postérieur figurant sur la liste des créances postérieures privilégiées, 663.87
- dispense de déclaration de créance pour le créancier postérieur rejeté de la liste des créances postérieures privilégiées, 663.84
- dispense de déclaration de créance pour le créancier postérieur titulaire d'une créance née irrégulièrement, 663.85
- dispense de déclaration de créance du salarié, 663.85
- dispense légale de pouvoir, 662.24 à 662.28
- domaine, 663.11 s.
- droit de suite, 665.78, 711.21 et 711.22
- effets, 661.21
- éléments justificatifs de la créance, 664.21
- époux commun en biens, 663.62 et 741.44
- état des créances, 681.11 à 681.22
- extension de procédure aux associés et membres indéfiniment et solidairement responsable du passif, 214.13 et 663.71, 731.23
- extension de procédure pour confusion des patrimoines, 213.42 et 663.72
- extension de procédure pour fictivité, 213.42 et 663.72

- extinction d'une créance dans une procédure de rétablissement personnel, 682.32
- faite par erreur (effets), 441.11
- fiducie-sûreté, 633.51, 666.42
- forme, 664.11 à 664.14
- garantie, 666.42
- incompétence du juge-commissaire, 682.71 et 683.16
- indemnité de résiliation, V. *ces mots*
- indivision (déclaration de la créance sur un indivisaire), 663.15
- ► inopposabilité de forclusion, V. *ces mots*
- instance en cours (décision du juge-commissaire de constat d'une –), 682.72 et 683.17
- intérêts, 666.41
- langue employée pour la déclaration de créance, 664.12
- liquidation judiciaire sur conversion du redressement, 591.09
- mandat général pour déclarer les créances, 662.41
- mandat spécial pour déclarer les créances, 662.21 à 662.23
- monnaie étrangère, 664.41
- montant, 663.21 et 666.21
- nature de la créance, 663.31
- nature juridique, 661.11 et 661.12
- nullités de la période suspecte, 825.11
- obligation *propter rem*, 711.21 et 711.22
- pension alimentaire, 741.95
- pouvoir spécial pour déclarer la créance, 662.21 à 662.23
- portail électronique du Conseil National, 664.11
- présomption de déclaration par le débiteur, 661.12, 662.53
- prestation compensatoire, 741.93
- preuve, 664.51
- ratification, 661.12, 662.52
- ► réclamation à l'état des créances, V. *ces mots*
- récompense, 741.92
- ► relevé de forclusion, V. *ces mots*
- reprise des poursuites individuelles tendant à la fixation de la créance, 623.31 et 683.15
- *résolution du plan* de redressement, 544.11
- résolution du plan de sauvegarde, 524.34 et 524.35
- rétablissement professionnel, 594.41 et 594.83
- saisie-attribution, 622.52
- salarié, 696.11 s.
- sauvegarde accélérée, 224.52, 663.86
- sauvegarde financière accélérée, 225.33, 663.18 et 663.86
- signature, 662.42
- supposée, 912.17
- sûreté, 666.42
- sûreté réelle pour autrui, 663.21
- tiers, 662.21 à 662.23
- tiers détenteur, 711.21 et 711.22
- visa par le commissaire aux comptes, 664.31
- ► vérification des créances, V. *ces mots*
- ► voies de recours sur les décisions rendues en matière de déclaration et de vérification des créances, V. *ces mots*

Déclaration notariée d'insaisissabilité, 562.13, 823.95, 824.41, 825.51

Délai de déclaration des créances
- AGS, 665.36
- allongement en liquidation judiciaire suite à la conversion du redressement, 665.33
- avertissement du créancier connu, 665.41
- computation, 665.21
- créancier connu 665.41
- créancier étranger, 665.31
- créancier postérieur, 665.37
- ► créancier titulaire de sûreté spéciale, V. *Inopposabilité de forclusion*
- crédit-bailleur, 665.81 s.
- de droit commun, 665.31
- ► dépassement, V. *Inopposabilité de forclusion, Relevé de forclusion*
- dépassement du délai de déclaration de l'indemnité de résiliation, 665.35
- généralités, 665.11
- indemnité de résiliation, 665.34 et 665.3[illegible]
- ► inopposabilité de forclusion, V. *ces mots*
- liquidation judiciaire (allongement du délai), 665.33
- ouverture de la procédure par la cour d'appel, 665.31
- partie civile, 665.38
- point de départ, 665.22
- ► relevé de forclusion, V. *ces mots*
- respect, 665[illegible]
- responsabilité du créancier en cas de déclaration de créance abusive, 666.24
- sanctions fiscales et douanières, 663.32

Délai de paiement octroyé au repreneur en cas de cession judiciaire des contrats, 582.66, 582.67 et 582.83

Délai de paiement octroyé au repreneur en cas de transfert de la charge de la sûreté, 582.48

Délais du plan de redressement
- caution, 721.17
- codébiteur, 731.24

Délais du plan de sauvegarde
- caution, 721.19
- codébiteur, 731.24
- conventionnels plus longs, 522.17
- créance salariale, 522.14
- créancier réfractaire, 522.16
- ► crédit-bail, V. *Levée d'option d'achat du crédit-bail en plan de sauvegarde*
- donné acte aux créanciers, 522.12
- petits créanciers, 522.14
- propositions alternatives, 522.15

Délégation de créance
- déclaration de créance, 665.71
- interdiction des paiements (exception à la règle de l'–), 633.43
- nullités de la période suspecte, 823.23

Délégation de pouvoir pour déclarer les créances
- préposé du créancier, 662.41 s.
- préposé du tiers, 662.22 et 662.23
- preuve, 662.43 et 662.44
- signataire (identification), 662.42

Délégation d'indemnité d'assurance
- arrêt des poursuites individuelles, 621.21

Délégué du personnel
- audition, 391.11 et 391.12
- conciliation, 142.31
- consultation, 391.21
- désignation de la personne chargée d'exercer les voies de recours, 391.32
- information, 391.21
- mandat ad hoc, 123.11
- voies de recours sur les jugements du tribunal de la faillite, 323.61, 391.31 et 391.32

Délimitation des créances antérieures et des créances postérieures
– amende, 443.61
– anéantissement du contrat, 442.21 à 442.25
– annulation du contrat, 442.21
– astreinte, 443.44
– bail, 442.13
– cautionnement, 442.17 et 442.18
– clause de réserve de propriété, 442.15
– continuation des contrats (liaison avec la –), 442.11
– contrat d'assurance, 442.19
– contrat de travail, 442.14
– contrat synallagmatique, 442.12 à 442.16
– cotisation d'adhésion à un groupement, 443.72
– créance de remboursement, 442.16
– créance de restitution née à la suite de la réformation d'une décision exécutoire, 443.51
– créance environnementale, 443.31
– créance fiscale, 443.11
– créance sociale, 443.21
– date de naissance de la créance, 441.09
– déclaration de créance faite par erreur (effets), 441.11
– dépens, 443.41
– disparition du contrat, 442.21 à 442.25
– état de péril d'un immeuble, 443.71
– exigibilité de la créance, 441.09 et 441.21
– fait générateur de la créance, 441.09 à 443.81
– indemnité d'occupation, 442.32
– indemnité d'utilisation, 442.33
– indemnité de résiliation, 442.25
– indemnité procédurale de l'article 700 du C. pr. civ., 443.42
– mauvaise exécution du contrat, 442.24
– mission confiée à des professionnels, 442.41
– *obligation d'origine délictuelle*, 443.61
– obligation de garantie, 442.24
– obligation de non-concurrence, 442.23
– pension alimentaire, 443.81
– prêt, 442.16
– recours de la Caisse primaire d'assurance-maladie (CPAM) en cas de faute de l'employeur, 443.62
– refus de renouvellement du bail, 442.35
– remise en état des lieux, 442.34
– réouverture de la liquidation judiciaire, 441.11, 591.31
– répétition de l'indu, 443.52
– réserve de propriété, 442.15
– résiliation du contrat, 442.21
– vente, 442.15

Délit de malversation, 933.26

Demande en acquiescement de restitution
– acquiescement du mandataire, 812.55
– auteur, 812.52 et 812.53
– bien n'ayant pas fait l'objet d'une demande, 812.81
– caractère facultatif, 812.51
– délai (absence), 812.54
– reconnaissance du droit à restitution, 812.56

Demande en acquiescement de revendication
– absence de réponse du mandataire, 813.56 et 813.57
– acquiescement du mandataire, 813.51, 813.55
– caractère obligatoire, 813.54
– délai, 813.53
– destinataire, 813.52
– effets de l'acquiescement, 813.55
– forme, 813.51
– nature juridique, 813.51
– reconnaissance du droit à restitution, 813.55
– rejet, 813.56 et 813.57

Départements d'outre-mer, 081.11

Dépens, 443.41

Déposant d'un établissement de crédit (dispense de déclaration de créance), 663.12, 671.24

Dépôt de bilan
▶ V. *Saisine par le débiteur*

Dépôt de garantie, 442.31, 582.61 et 632.44

Dépôt des comptes sociaux, 121.13

Dépôt de sommes effectués en application de l'article 2350 du Code civil, 823.61

Désignation des techniciens, 331.31

Déspécialisation partielle, 582.77

Dessaisissement du débiteur après plan de cession, 572.53 et 582.27

Dessaisissement du débiteur en liquidation judiciaire
– acte juridique, 552.24
– acte conservatoire, 552.38
– action en justice, 552.22, 552.42
– action publique, 552.34
– biens échus sur succession pendant la liquidation judiciaire, 552.21, 593.31
– décès du débiteur, 552.12
– déclaration d'insaisissabilité, 562.13
– droits alimentaires, 552.35
– droits attachés à la personne, 552.31, 552.33
– droits extrapatrimoniaux, 552.31 à 552.33
– droits propres, 552.31, 552.37
– durée, 552.11 et 552.12
– eirl, 552.21
– énoncé de la règle, 552.09
– époux, 741.11 et 741.12
– partie civile (constitution), 552.34
– personne morale (représentation), 552.36
– portée générale, 552.21
– professionnel libéral (exercice de l'activité du –), 552.25
– rétablissement professionnel, 594.32
– saisie immobilière en liquidation judiciaire, 562.25
– salaires, 552.21
– sanction des actes juridiques accomplis au mépris du dessaisissement, 552.41
– sanction des actions en justice accomplies au mépris du dessaisissement, 552.42
– signification des décisions de justice, 552.43
– voies de recours, 552.23

Détournement d'actifs
– banqueroute, 932.32
– biens appartenant aux dirigeants de la personne morale débitrice (infraction pénale), 933.13
– infraction pénale, 933.21 et 933.23
– faillite personnelle, 912.13
– obligation aux dettes sociales, 924.48
– redressement ou liquidation judiciaire à titre personnel, 923.62

Détournement du courrier
– en liquidation judiciaire, 552.51
– en période d'observation, 461.11

Dette attachée à la personne du débiteur, 663.31

Dette connexe
▶ V. *Compensation pour dettes connexes*

Dette fiscale
▶ V. *Remise de dettes publiques*
– solidarité du dirigeant social, 731.13

Difficultés de nature à conduire à la cessation des paiements
– date d'appréciation, 223.51
– disparition, 410.09, 411.14
– impossibilité de surmonter seul les difficultés, 223.41
– notion, 223.21 à 223.23
– présentation générale, 223.09

Difficultés que le débiteur ne peut surmonter
– date d'appréciation, 223.51
– disparition, 410.09
– impossibilité de surmonter seul les difficultés, 223.41
– notion, 223.31 et 223.32

Dires de saisie immobilière, 562.25

Dirigeant de fait
– banque, 921.23
– circonstances particulières, 921.25
– concession, 921.23
– critères de la direction de fait, 921.22
– établissement de crédit, 921.23
– franchise, 921.23
– notion, 921.21
– preuve, 921.26
– profession spécialement visée, 921.23
– société mère (relations avec la filiale), 921.24
– sous-traitance, 921.23

Dirigeant de personne morale ayant une activité économique
– faillite personnelle, 911.22
– interdiction de gérer, 911.22

Dirigeant social
▶ cession forcée des parts ou actions des dirigeants de la personne morale débitrice, V. *ces mots*
▶ comblement de passif, V. *ces mots*
▶ dirigeant de fait, V. *ces mots*
– étranger, 921.34
▶ éviction du dirigeant, V. *ces mots*
▶ faillite personnelle, V. *ces mots*
▶ incessibilité des parts ou actions des dirigeants de la personne morale débitrice, mesure *conservatoire, V. ces mots*
▶ *incessibilité des parts ou actions* des dirigeants de la personne morale débitrice préparatoire à l'arrêté du plan de continuation, V. *ces mots*
▶ interdiction de gérer, V. *ces mots*
▶ redressement et liquidation judiciaires à titre personnel, V. *ces mots*
– rémunération, 471.11
– retiré, 921.13
– solidarité fiscale, 731.13
– subsides, 471.21

Disparition de la comptabilité
– banqueroute, 932.35
– faillite personnelle, 912.12
– redressement et liquidation judiciaires à titre personnel, 923.63

Dispense de vérification du passif, 672.11 à 672.32

Disposition des biens sociaux comme des siens propres
– faillite personnelle, 912.21
– obligation aux dettes sociales, 924.44
– redressement et liquidation judiciaires personnels, 923.61

Disproportion des garanties par rapport au concours consenti, 834.17

Dissimulation d'actifs
– banqueroute, 932.32
– biens appartenant aux dirigeants de la personne morale débitrice (infraction pénale), 933.13
– faillite personnelle, 912.13
– infraction pénale, 933.21 et 933.23
– obligation aux dettes sociales, 924.48
– redressement ou liquidation judiciaire à titre personnel, 923.62

Dissolution des sociétés
– qualité exigée, 212.21

Dissolution des socétés en liquidation judiciaire
– domaine de la ègle, 553.11 à 553.15
– fixation de la date de perte de la personnalité morale, 553.14
– liquidateur au sens du droit des sociétés, 553.13
– liquidation au sens du droit des sociétés, 553.21 à 553.33
– mission du liquidatur au sens du droit des sociét, 553.31 à 553.33
– moment d'applicon de la règle, 553.12
– nomination du lidateur au sens du droit des socés, 553.21
– perte de la personnalité morale (fixation de la date), 553.14

Dissolution des sociétés en plan de cession, 572.14

Distribution en liquidation judiciaire
– chirographaire, 591.43
– erreur, 591.51
– généralités, 591.41
– immeubles multiples, 591.42
– privilège du bailleur d'immeuble, 591.62 et 591.63
– privilèges (incidence de la liquidation judiciaire sur les –), 591.61
– privilégiée, 591.44 et 591.45
– répartitions multiples, 591.42
– subsidiarité sur les immeubles, 591.42

Distribution mobilière, (arrêt des voies d'exécution), 622.42

Dividendes du plan de sauvegarde
– admission au passif (incidence sur le moment du paiement), 522.24
– cours des intérêts, 522.19
– créancier omis du plan, 522.25
▶ crédit-bail, V. *Levée d'option d'achat du crédit-bail en plan de sauvegarde*
– derniers dividendes, 522.28
– exécution forcée du paiement, 522.51 à 522.54
– intérêts (cours), 522.19
▶ levée d'option d'achat du crédit-bail en plan de sauvegarde, V. *ces mots*
– moment du versement (incidence de l'admission au passif), 522.26
– paiement (réalisation d'actifs en plan de continuation), 522.31 à 522.37
– paiement (règles générales), 522.21 à 522.27
– périodicité, 522.21
– portabilité, 522.22
– premier dividende, 522.27
– proposition alternative, 522.15
– quérabilité, 522.22
▶ réalisation des actifs en plan de sauvegarde, V. *ces mots*
– règles générales, 522.11
– temps du paiement, 522.23

Divorce
– nullité de la période suspecte, 741.81
– produisant effet après jugement d'ouverture, 741.82
– produisant effet avant jugement d'ouverture, 741.81

Documents comptables
- remise, 461.21

Domicile élu, 665.85

Donation, 431.27, 823.33

Dossier impécunieux, 352.13

Dot, 823.34

DPU (droit à paiement unique), 562.11

Droit à restitution (Reconnaissance du –), 812.56, 813.55

Droit de préemption
- cession judiciaire des contrats en plan de cession, 582.65
- liquidation judiciaire, 563.45

Droit de priorité du créancier postérieur
- action directe, 456.21
- attribution judiciaire du gage, 456.42
- caractère général, 456.12 et 456.15
- cession de créance, 633.42
- cession de créance Dailly, 633.42
- clause de réserve de propriété, 456.21
- condition du jeu de la règle, 455.31
- conflits impossibles avec les créanciers postérieurs, 456.21 à 456.42
- crédit-bail, 456.21
- déclaration de créance, 455.32, 456.16 et 456.17
- délégation de créance, 456.33
- droit de rétention, 456.41
- indemnité d'assurance, 456.21
- liste des créanciers postérieurs, 455.31 et 456.11
- location financière, 456.21
- nature juridique, 456.11 et 456.13
- privilège de la conciliation, 456.51
- privilège du créancier postérieur, 456.13 à 456.17
- séquestre, 456.23 et 456.32
- TVA sur prix de vente d'actifs du débiteur, 456.21

Droit de rétention
- arrêt des poursuites individuelles, 621.12
- attribution judiciaire du gage, 563.81
- conflit avec le créancier postérieur, 456.41
- consignation, 482.11
- créancier postérieur (conflits), 456.41
- fictif du créancier gagiste sans dépossession, 456.41, 482.11, 484.12
- quote-part du prix de cession en plan de cession, 582.32
- report sur le prix, 563.71 à 563.73
- retrait contre paiement en liquidation judiciaire, 563.61 à 563.63
- retrait contre paiement en période d'observation, 633.31 à 633.33
- substitution de garantie en période d'observation, 484.12
- transfert de la charge de la sûreté en plan de cession, 582.43
- vente par le créancier en liquidation judiciaire, 563.76

Droit de suite
- arrêt des poursuites individuelles, 711.23
- ayant cause du repreneur en plan de cession, 582.38
- conflit entre le titulaire du droit de suite et les créanciers du tiers détenteur, 711.24 et 711.32
- déclaration de créance au passif du débiteur, 665.78, 711.22
- déclaration de créance au passif du détenteur par le titulaire du droit de suite, 711.21
- obligation *propter rem* (notion), 711.11
- production à l'ordre, 711.31
- quote-part du prix de cession, 582.37 et 582.38
- repreneur en plan de cession, 582.37
- vente d'un immeuble en plan de sauvegarde, 522.33

Droit fixe de l'administrateur judiciaire, 352.21

Droit fixe du liquidateur, 352.52

Droit fixe du mandataire judiciaire, 352.52

Droit fixe du représentant des créanciers, 352.41

Droit international priv[illegible] 090.09 à 093.22
- compétence du juge [illegible]nçais, 093.11 à 093.14
- conventions internati[illegible]les en matière de procédu[illegible] collectives de paiemen[illegible]91.11
- droit commun en deh[illegible] des conventions intern[illegible]nales (application), 093.11 à [illegible]3.22
- *exequatur*, 093.15, 09[illegible] et 093.22
- généralités, 090.09
- ordre public international, 093.22
- privilège de juridiction, 093.11
- procédure ouverte à l'étranger, 093.21 et 093.22
- procédure ouverte en France, 093.11 à 093.15
- ▶ règlement communautaire, V. *ces mots*

Droits alimentaires
- dessaisissement du débiteur en liquidation judiciaire, 552.35

Droits extrapatrimoniaux
- administration contrôlée en période d'observation, 421.27
- dessaisissement du débiteur en liquidation judiciaire, 552.31 à 552.33

Droits propres du débiteur
- administration contrôlée en période d'observation, 421.27
- dessaisissement du débiteur en liquidation judiciaire, 552.31 et 552.37

Droits susceptibles de subrogation, 724.14

Durée de la période d'observation
▶ V. *Période d'observation*

Durée raisonnable de la procédure de redressement et de liquidation judiciaires, 233.09

E

Édition (contrat d'–), 435.21

Effacement des dettes dans la procédure de rétablissement professionnel, 594.71 et 594.72, 594.82 et 594.83

Effet de commerce
- acquittement avant jugement d'ouverture, 826.11
- action en rapport, 826.11
- paiement après jugement d'ouverture, 633.11
- revendication, 814.11

Effet interversif de prescription attaché à l'admission au passif, 682.31

Égalité des créanciers
- consultation des créanciers préparatoire à l'arrêté du plan de sauvegarde, 512.31 et 512.32

EIRL
- action en réunion, 213.51 à 213.54
- activité indépendante (autre) en liquidation judiciaire, 552.25
- arrêt des poursuites individuelles, 621.09, 621.71

- astreinte pour le dépôt des comptes, 121.14
- cessation des paiements (notion de –), 221.19
- cession judiciaire des contrats, 582.52
- comblement de passif, 921.09, 921.36, 921.38, 922.09, 922.21, 922.31, 922.32
- conciliation, 141.11, 141.21
- continuation des contrats en cours, 430.09
- conversion de la sauvegarde en redressement judiciaire, 223.61
- décès, 211.71
- déclaration de créance, 663.17
- dessaisissement, 552.21
- difficultés que le débiteur ne peut surmonter, condition d'ouverture de la sauvegarde, 223.31
- entrée en vigueur de l'ordonnance du 9 décembre 2010, 075.21
- exclusivité de la demande d'ouverture d'un redressement ou d'une liquidation judiciaire (mise à l'écart de l'–), 231.36
- faillite personnelle, 911.21, 912.09, 912.21 à 912.24
- garant, 731.09, 731.22
- gestion de l'entreprise, 420.09
- impossibilité de surmonter seul les difficultés, condition d'ouverture de la sauvegarde, 223.41
- inaliénabilité de biens décidés dans le plan, 522.72
- interdiction de gérer, 911.21, 912.09, 912.21 à 912.24
- inscription de sûretés (règle de l'arrêt du cours des –), 651.12
- intérêts (règle de l'arrêt du cours des –), 641.11
- inventaire, 462.33
- nullité de la période suspecte, 823.94
- organisation frauduleuse de l'insolvabilité, 933.13
- ouverture de la procédure, 211.09
- paiements interdits, 631.15
- plan de cession, 572.51, 582.52
- plan de sauvegarde, 500.09
- poursuites individuelles (règle de l'arrêt des –), 621.71
- présentation générale, 042.88
- réalisation des biens en liquidation judiciaire, 562.11
- reprise (action en –), 812.81, 813.21, 813.52, 813.54, 813.56
- reprise des poursuites individuelles après clôture de la liquidation judiciaire, 592.66, 592.67
- rétablissement professionnel, 594.11
- sauvegarde, 223.31, 223.41
- sûreté inscrite sur un bien affecté à l'EIRL en garantie d'une créance se rapportant à un autre patrimoine, 711.31
- tierce-opposition au jugement d'ouverture, 233.54
- unicité de procédure (dérogation à la règle de l'–), 233.43
- voies d'exécution (règle de l'arrêt des –), 622.09

Élection de domicile, 665.85

Emploi de moyens ruineux pour se procurer des fonds
- banqueroute, 932.31
- faillite personnelle, 912.15

Engagement particulier du repreneur en plan de cession, 582.26

Enquête du rétablissement professionnel, 594.24

Entreprise d'investissement
- audition préalable à l'ouverture de la procédure, 233.21
- liquidateur (fonction), 362.22

Entreprise en difficulté (notion), 111.11

Époux
- action en rapport, 741.52
- ► avantage matrimonial, V. *ces mots*
- ► biens communs, V. *ces mots*
- arrêt du cours des inscriptions de sûretés, 741.47
- ► changement de régime matrimonial, V. *ces mots*
- biens indivis (convocation et audition du conjoint pour la –), 561.31
- clôture de la procédure pour insuffisance d'actifs, 741.45
- co-exploitation, 741.21
- créance de contribution à l'entretien des enfants, 741.94
- créance e *dommages* et intérêts alloués u conjoint divorcé du débiteur, 443.73
- créancde récompense, 741.92
- déchae judiciaire de l'ex époux dans cadre du divorce, 741.35
- déclaion de créance au passif de l'ux commun en biens, 663 et 741.44
- dessement, 741.11 et 741.12
- ► div, V. *ce mot*
- instion de sûreté, 741.47
- ► liqtion du régime mnonial, V. *ces mots*
- logement familial, 741.13
- nullités de la période suspecte, 741.46
- pension alimentaire, 741.91, 741.95 et 741.96
- poursuites sur les biens communs, 741.41 et 741.42
- poursuites sur les biens propres, 741.31 et 741.32
- prestation compensatoire, 741.91, 741.93 et 741.96
- procédures collectives successives d'époux communs en biens, 741.48
- propres (poursuites sur les –), 741.31 et 741.32
- récompenses, 741.92
- ► régime matrimonial, V. *Changement de régime matrimonial,* V. aussi *Liquidation du régime matrimonial*
- ► reprises du conjoint, V. *ces mots*
- séparation de biens, 741.11, 741.31 et 741.32
- séparation judiciaire de biens, 741.75

Erreur dans les répartitions, 591.51

Établissement de crédit
- avis de la commission bancaire, 233.21
- cessation des paiements (définition), 221.41
- comité des établissements de crédit, 513.22
- ► concours bancaires, V. *ces mots*
- dispense de déclaration de créance, 663.82, 671.24
- dirigeant de fait, 921.23
- liquidateur (fonction), 362.22
- ► responsabilité civile du banquier, V. *ces mots*
- vérification de la créance du déposant d'un établissement de crédit, 671.24

État
- aides de l'–, 112.09 à 112.21
- compétence de la juridiction pour le comblement de passif, 921.35

État de cessation des paiements
- ► cessation des paiements, V. *ces mots*
- ► date de cessation des paiements, V. *ces mots*
- omission de déclaration de l'état de cessation des paiements, 912.18
- ► report de date de cessation des paiements, V. *ces mots*

État de collocation, 591.32

État de situation, 462.41

État des créances
- créance déclarée et non rejetée ne figurant pas sur l'état, 681.21 et 681.22
- nature juridictionnelle, 681.12
- notion, 681.11

État semestriel des désignations de mandataires de justice, 351.61-2

État trimestriel, 362.21

Europe
- réglementation des aides publiques, 112.09 et 112.11
- ▶ règlement communautaire, V. *ces mots*

Éviction du dirigeant, 511.31, 531.31 à 531.34

Évolution historique, 042.11 à 042.41

Évolution sémantique, 041.11

Exception d'incompétence, 232.21

Exception d'inexécution, 431.11, 621.41

Exception de subrogation, 724.11 à 724.18

Excès de pouvoir de la juridiction, 321.22

Exécution du plan de redressement, ▶ V. *Exécution du plan de sauvegarde*
- personne tenue d'exécuter le plan (détermination), 532.31
- ▶ résolution du plan de redressement, V. *ces mots*

Exécution du plan de sauvegarde
- charge non souscrite, 515.46
- cours des intérêts, 522.19
- ▶ crédit-bail, V. *Levée d'option d'achat du crédit-bail en plan de sauvegarde*
- ▶ délais, V. *Délais du plan de sauvegarde*
- ▶ dividendes, V. *Dividendes du plan de sauvegarde*
- droits du créancier (détermination), 522.11 à 522.19
- exécution forcée du paiement des dividendes du plan, 522.51 et 522.52
- ▶ inaliénabilité en plan de sauvegarde, V. *ces mots*
- interdiction bancaire, 522.61 et 522.62
- intérêts (cours), 522.19
- ▶ levée d'option d'achat du crédit-bail en plan de sauvegarde, V. *ces mots*
- personne tenue d'exécuter le plan (détermination), 515.43 et 515.44
- proposition alternative, 522.15
- ▶ réalisation d'actifs en plan de sauvegarde, V. *ces mots*
- ▶ remise de dettes du plan de sauvegarde, V. *ces mots*
- ▶ résolution du plan de sauvegarde, V. *ces mots*

Exécution en bourse
- arrêt des voies d'exécution, 622.41

Exécution forcée du paiement des dividendes du plan de continuation
- action en paiement, 522.52
- exécution forcée du titre, 522.53

Exécution provisoire des décisions rendues en matière de sauvegarde, de redressement et de liquidation judiciaires, 234.11 à 234.26
- ▶ arrêt de l'exécution provisoire des décisions rendues en matière de sauvegarde, de redressement et de liquidation judiciaire, V. *ces mots*
- attribution judiciaire du gage, 234.12
- comblement de passif, 234.21 et 921.61
- exceptions au principe de l'exécution provisoire, 234.12
- faillite personnelle, 234.12 et 911.61
- interdiction de gérer, 234.12 et 911.61
- liquidation judiciaire, 551.34
- principe de l'exécution provisoire, 234.11
- redressement et liquidation judiciaires à titre personnel, 234.21 et 921.61
- substitution de garantie, 234.12

Exequatur
- arrêt des voies d'exécution, 622.41
- décision d'ouverture à l'étranger, 093.22

Exercice d'une activité au mépris d'une interdiction légale
- faillite personnelle, 912.14
- sanction pénale de l'exercice d'une activité au mépris de la faillite personnelle ou de l'interdiction de gérer, 912.51

Exigibilité de la créance
- ▶ absence de déchéance du terme du débiteur, V. *ces mots*
- ▶ caution, V. *ce mot*
- ▶ codébiteur, V. *ce mot*
- ▶ déchéance du terme du débiteur, V. *ces mots*

Existence en nature du bien revendiqué, 813.31 et 816.31

Expert en diagnostic d'entreprise
- honoraires, 352.71
- liste d'inscription, 380.11
- mission, 380.13
- nomination, 380.12
- statut, 380.11

Expert assistant en gestion, 380.21 et 380.22

Expertise (désignation des techniciens), 331.31

Expédition
- revendication des marchandises en cours d'–, 815.31

Expertise (demande d'–)
- arrêt des poursuites individuelles, 621.41

Expulsion du débiteur
- arrêt des voies d'exécution, 622.41
- liquidation judiciaire, 562.45

Extension d'une procédure
- application de la loi dans le temps, 072.13, 074.61
- associé indéfiniment et solidairement responsable du passif, 214.11 à 214.14
- comblement de passif (inexécution), 214.31
- confusion des patrimoines, 213.21 à 213.35
- co exploitation, 214.51 et 741.21
- déclaration de créance, 213.42, 214.13, 663.71, 663.72 et 731.23
- fictivité, 213.11, 213.31 à 213.44
- groupement d'intérêt économique, 214.11 à 214.14
- liquidation judiciaire personnelle, 214.31
- locataire-gérant, 214.31
- membre indéfiniment et solidairement responsable du passif, 214.11 à 214.14
- mesures conservatoires, 213.36
- redressement judiciaire personnel, 214.31
- règes générales, 213.09
- sanction, 214.31 et 214.41
- société en nom collectif, 214.11 à 214.14

F

Façonnier, 456.55 et 691.11

Faillite internationale
- ▶ V. *Droit international privé*
- ▶ V. *Règlement communautaire*

Faillite personnelle
– abstention de tenue de comptabilité conforme, 912.12
– abus de biens sociaux (cumul), 911.41
– achats en vue de revente au dessous du cours, 912.15
– acte de commerce dans un intérêt personnel sous couvert de la personne morale, 912.22
– activité (personne morale ayant une activité économique), 911.22
– application de la loi dans le temps, 070.09, 071.12, 073.21 à 073.23
– assignation, 911.32
– augmentation frauduleuse du passif, 912.13
– banqueroute, 912.31
– caractère facultatif, 911.11
– cas, 912.11 à 912.31
– cas intéressant exclusivement le dirigeant, 912.21 à 912.31
– cas intéressant le débiteur personne physique et le dirigeant, 912.11 à 912.18, 912.31
– comblement de passif (cumul), 911.41
– clôture de la procédure, 911.35
– comblement du passif, 911.41 et 912.24
– communication de la décision, 911.52
– comparution, 911.32
– comptabilité fictive, 912.12
– comptabilité manifestement incomplète, 912.12
– comptabilité manifestement irrégulière, 912.12
– conciliation, 144.46
– convocation, 911.32
– cumul avec le comblement du passif, 911.41
– cumul de sanctions, 911.41
– débiteur personne physique, 911.21
– décision, 911.51 et 911.52
– déclaration de créance supposée, 912.17
– détournement d'actifs, 912.13
– dirigeant de personne morale ayant une activité économique, 911.22
– disparition de la comptabilité, 912.12
– disposition des biens sociaux comme des siens propres, 912.21
– *dissimulation d'actifs, 912.13*
– *domaine, 911.21 à 911.23*
– *durée des mesures, 911.81* et 911.82
– effets principaux, 912.41
– effets secondaires, 912.42
– emploi de moyens ruineux pour se procurer des fonds, 912.15
– exécution provisoire (absence), 234.12 et 911.61
– exercice d'une activité au mépris d'une interdiction légale, 912.14 et 912.51
– expertise (rapport d'–), 911.33
– faits antérieurs à l'ouverture de la procédure (exigence de –), 922.21
– faute de gestion en matière de comblement de passif (cas de faillite personnelle constitutifs d'une –), 922.22
– fichier national des interdits de gérer, 911.11
– inexécution de la condamnation à combler le passif, 912.24, 922.64, 923.11 à 923.15
– information du tribunal, 911.33
– instance pénale en cours, 911.34
– intervention de la décision, 911.51
– introduction de l'action (limite temporelle), 911.35
– juridiction répressive (prononcé par la –), 91231
– modalités procédurales, 911.31 à 911.35
– nature de la mesure, 911.11
– obstacle temporel, 911.35
– omission de tenue d'une comptabilité conforme, 912.12
– omisson de déclaration de l'état de cessation des paiements, 912.18
– paiements préférentiels après cessation des paiements, 912.17
– personne morale ayant une activitééconomique, 911.22
– poursuite abusive d'exploitaton déficitaire, 912.11
– prescription, 911.35, 922.64
– principe de proportionnalité, 911.11
– procès équitable, 911.35
– prononcé par la juridiction répressive, 911.36 et 912.31
– publicité de la décision, 911.52
– rapport d'expertise, 911.33
– redressement et liquidation judiciaires à titre personnel (cumul), 911.41
– réhabilitation, 911.91
– relèvement des mesures, 911.91 et 911.92
– saisine, 911.31
– sanction pénale de l'exercice d'une activité au mépris de l'interdiction, 912.51
– souscription d'engagements trop importants, 912.16
– sursis à statuer du fait d'une instance pénale en cours, 911.34
– tribunal correctionnel (prononcé par le –), 912.31
– usage des biens de la personne morale dans un intérêt contraire à l'intérêt de celle-ci, 912.23
– usage du crédit de la personne morale dans un intérêt contraire à l'intérêt de celle-ci, 912.23
– voies de recours, 911.71

Fait générateur de la créance, 441.09 à 443.81

Faute de gestion en matière de comblement de passif
– avantage procuré à un créancier, 922.27
– cas d'interdiction de gérer, 922.22
– cas de banqueroute, 922.22
– cas de faillite personnelle, 922.22
– cas de redressement et de liquidation judiciaires à titre personnel, 922.22
– incompétence manifeste en matière de gestion, 922.24
– incurie du dirigeant, 922.25
– infractions pénales, 922.22
– obligations fiscales et sociales (non-respect des), 922.26
– passivité du dirigeant, 922.25
– règles relatives à la gestion des sociétés, 922.23

Faute détachable des fonctions du dirigeant, 922.13

Fichier national des interdits de gérer, 911.11

Fictivité
– application de la loi dans le temps, 071.13, 074.61
– cessation des paiements, 221.32
– consultation des créanciers préparatoire à l'arrêté du plan de sauvegarde, 512.32
– compétence, 213.31
– critères, 213.11
– date de cessation des paiements, 213.35
– déclaration des créances, 213.43
– exécution provisoire (arrêt), 234.21

- mesures conservatoires, 213.36
- personnalité morale (disparition), 213.44
- saisine, 213.32 et 213.33
- temps de l'action, 213.34
- unité de masse active et passive, 213.42 à 213.44
- voies de recours, 213.35

Fiducie
- arrêt des poursuites individuelles, 621.78
- autorisation de payer des créances antérieures au jugement d'ouverture pour obtenir le retour de biens transmis dans un patrimoine fiduciaire, 633.54
- cession judiciaire des contrats, 582.53, 633.58
- comités de créanciers, 513.22, 633.59
- consultation sur les propositions de plan du bénéficiaire, 513.22
- continuation des contrats en cours, 431.24, 431.33, 555.14, 555.15, 633.55
- convention assurant au débiteur la jouissance ou l'usage des biens transférés dans un patrimoine fiduciaire, 431.24, 582.53, 633.51 à 633.58
- déclaration de créance, 633.51, 666.42
- jeu de la fiducie-sûreté, 633.53
- nullité de la période suspecte, 823.91 à 823.93
- présentation générale, 633.51 et 633.52
- redressement judiciaire ouvert après résolution du plan de sauvegarde, 633.57
- revendication, 633.51

Flux financiers anormaux
- extension pour confusion des patrimoines, 213.23 à 213.28

Folle enchère, 621.77

Fonds de commerce
- cession d'unité de production, 591.24
- cession de gré à gré en liquidation judiciaire, 563.43 à 563.47
- *contrat de travail, 432.15*
- plan de cession, 571.11
- purge des inscriptions de sûreté en liquidation judiciaire, 591.24 et 591.25
- surenchère, 591.23 et 591.24
- vente avant ouverture de la procédure collective du vendeur, 591.46

Fonds de garantie des déposants, 434.31 et 434.32

Fonds de gestion des dossiers impécunieux, 352.19

Forclusion
- ▶ constat de la non-forclusion, V. *ces mots*
- ▶ inopposabilité de forclusion, V. *ces mots*
- ▶ relevé de forclusion, V. *ces mots*

Formes de procéder applicables devant le tribunal de grande instance, 232.31

Fournisseurs
- principaux (comités des –), 513.23
- responsabilité civile, 831.11

Frais de gardiennage, 813.71

Frais de justice, 456.58
- ▶ V. *Privilège des frais de justice*

Franchise (contrat de –)
- cession judiciaire, 582.56

Franchiseur
- dirigeant de fait, 921.23
- responsabilité civile, 831.11

Fraude du débiteur
- relevé de forclusion, 665.53
- reprise des poursuites individuelles du créancier après clôture de la procédure pour insuffisance d'actifs, 592.66

Fraude du fournisseur de crédit, 834.14

G

Gage
- attribution judiciaire, 563.81 à 563.83
- conflit avec le vendeur réservataire de propriété, 816.41
- conflit entre créancier gagiste par inscription et créancier gagiste rétenteur après l'ordonnance du 23 mars 2006 réformant le droit des sûretés, 563.7[illegible]
- consignation, 482.11, 48[illegible].12
- créancier postérieur (conflit), 456.42
- droit de rétention fictif, [illegible]82.12
- meubles incorporels, 56[illegible].51 et 563.52
- notion, 563.51
- pacte commissoire, [illegible]31.12
- quote-part du prix de cession en plan de cession, [illegible]2.32
- réalisation en période d'observation, 482.[illegible] et 482.12
- réalisation en plan de sauvegarde, 522.31
- report du droit de rétention sur le prix, 563.71 à 563.73
- retrait contre paiement en liquidation judiciaire, 563.61 à 563.63
- retrait contre paiement en période d'observation, 633.31 à 633.33
- sans dépossession, 482.12
- stocks, 631.12
- substitution de garanties en période d'observation, 484.12
- transfert de la charge de la sûreté en plan de cession, 582.43
- vente par le liquidateur, 563.75
- vente par le créancier rétenteur, 563.76

Gage-espèces, 563.81

Garant
- associé de société civile, 731.12
- associé indéfiniment et solidairement responsable du passif, 731.12
- autonome, V. *Garantie autonome*
- cession de créance Dailly, 731.54
- concédant du service public, 731.12
- extinction de la créance au passif de la personne garanti (effets), 731.53 et 731.54
- location-gérance, 731.54
- représentation mutuelle des coobligés (inapplication de la –), 731.64

Garantie
- ▶ V. *Substitution de garanties en période d'observation,* V. aussi *substitution de garanties en plan de continuation*

Garantie autonome, 723.15, 731.22, 731.24, 731.56, 731.58

Garantie des vices cachés, 442.24 et 621.61

Garantie indépendante, 723.15

Garantie professionnelle, 723.15

Garanties disproportionnées par rapport au concours consenti, 834.17

GIE (demande du liquidateur de restitution des bénéfices mis en réserve), 561.11

Greffier
- compte détaillé des frais et émoluments, 361.32

Groupe de sociétés
- compétence pour l'ouverture de la sauvegarde, du redressement ou de la liquidation judiciaire, 232.18

Groupement de prévention agréé, 122.61

Groupement des créanciers, 611.22

Groupement d'intérêt économique
– extension de procédure, 214.11 à 214.14

H

Habilitation du juge-commissaire
– compromis, 422.31 à 422.33
– créancier concerné, 422.22
– fondement, 422.11
– règles générales, 331.33 et 331.51, 422.21 et 422.22
– sanction civile d'un acte accompli sans habilitation du juge-commissaire, 422.41 à 422.43
– sanction pénale d'un acte accompli sans habilitation du juge-commissaire, 422.41, 422.44, 933.12 et 933.23
– sûreté (constitution), 422.23
– transaction, 422.31, 422.32 et 422.34

Héritier
– comblement de passif, 921.15
▶ V. aussi *Débiteur décédé*

Histoire de la législation, 042.11 à 042.92

Homologation de la conciliation
– absence, 142.12, 143.31, 144.13
– caractère facultatif, 141.11 à 144.09
– caution, 144.44
– compétence juridictionnelle, 144.31
– conditions de fond, 144.21 à 144.24
– convocation, 144.33
– dépôt au greffe de la décision d'homologation, 144.34
– effets sur les créanciers non signataires de l'accord, 144.42
– effets sur les garants, 144.44
– effets sur les signataires de l'accord, 144.41
– faillite personnelle, 144.46
– interdiction d'émettre des chèques (suspension de –), 144.43
▶ privilège de la conciliation, V. ces *mots*
– procédure, 144.31 à 144.36
– *publicité du jugement* d'homologation, 144.35
– report de la date de cessation des paiements (impossibilité du – avant l'homologation), 144.45 et 222.23
– saisine, 144.32
– voies de recours, 144.36

Honoraires de l'administrateur judiciaire
– arrêté, 352.13 et 352.14
– contestation, 352.15
– désignation multiple, 352.17
– droit fixe, 352.22
– droit proportionnel assis sur chiffre d'affaires réalisé pendant la poursuite d'activité, 352.24 et 352.33
– droit proportionnel assis sur diagnostic de l'entreprise, 352.32
– droit proportionnel assis sur élaboration du bilan économique, social et environnemental, 352.23 et 352.34
– droit proportionnel assis sur fonctionnement des comités de créanciers, 352.35
– droit proportionnel assis sur montant de l'augmentation des fonds propres, 352.37
– droit proportionnel assis sur prix de cession, 352.25 et 352.36
– fixation, 352.13 et 352.14
– plafond, 352.14
– règles communes, 352.11 à 352.18
– règles générales, 352.21 et 352.31
– versement provisionnel, 352.16
– voies de recours, 352.15

Honoraires de l'expert, 352.71

Honoraires du liquidateur
– arrêté, 352.13 et 352.14
– contestation, 352.15
– contestation des créances, 352.45 et 352.46
– désignation multiple, 352.17
– dossier impécunieux, 352.19
– droit fixe, 352.42 et 352.52
– encaissement de créance, 352.63
– faillite personnelle, 353.56
– fixation, 352.13 et 352.14
– interdiction de gérer, 353.56
– inventaire, 353.55
– obligations relatives aux sites pollués, 352.61
– plafond, 352.14 et 352.47
– poursuite provisoire de l'activité, 352.62
– réalisation des actifs, 352.48, 352.49 et 352.63
– recouvrement d'actifs, 352.48, 352.49 et 352.63
– recouvrement de créances, 352.63
– règles communes, 352.11 à 352.19
– règles générales, 352.51
– répartitions effectuées au profit des créanciers, 352.64
– vérification des créances non salariales, 352.43
– vérification des créances salariales, 352.44 et 352.55
– versement provisionnel, 352.16
– voies de recours, 352.15

Honoraires du mandataire de justice
– affichage des tarifs, 353.14
– arrêté, 352.13 et 352.14
– contestation, 352.15
– désignation multiple, 352.17
– dossiers impécunieux, 352.19
– fixation, 352.13 et 352.14, 353.13
– fonds interprofessionnel de l'accès au droit et à la justice, 353.12
– modification, 353.13
– perception, 352.13 et 352.14
– présentation des principes généraux régissant le tarif des professionnels issus de la loi n° 2015-990 du 6 août 2015, 353.11
– règles communes, 352.11 à 352.19
– taxe, 352.15
– versement provisionnel, 352.16
– voies de recours, 352.15

Honoraires du mandataire judiciaire et du représentant des créanciers
– arrêté, 352.13 et 352.14
– contentieux portant sur une demande en revendication ou en restitution, 352.57
– contestation, 352.15
– contestation des créances, 352.45, 352.46 et 352.56
– désignation multiple, 352.17
– dossiers impécunieux, 352.19
– droit fixe, 352.41 et 352.52
– enregistrement des créances déclarées, 352.53
– fixation, 352.13 et 352.14
– instance prud'homale (participation à une –), 352.58
– plafond, 352.14 et 352.47
– règles communes, 352.11 à 352.19
– règles générales, 352.51

- répartition de fonds entre les créanciers, 352.59
- rétablissement professionnel, 594.64
- vérification des créances non salariales, 352.43
- vérification des créances salariales, 352.44 et 352.55
- versement provisionnel, 352.16
- voies de recours, 352.15

Huissier de justice, 351.54

Hypothèque rechargeable, 823.54

I

Immatriculation au registre du commerce et des sociétés
- personne physique, 211.21

Immatriculation au répertoire des métiers, 211.09 et 211.31

Immixtion caractérisée dans la gestion, 834.16

Impartialité du tribunal, 311.11

Inaliénabilité conventionnelle
- réalisation des biens grevés en liquidation judiciaire, 561.41

Inaliénabilité du bien cédé en plan de cession, 582.24

Inaliénabilité du bien en plan de sauvegarde ou de redressement
- domaine, 522.72
- effets, 522.74
- étendue, 522.72
- fondement, 522.71
- levée, 522.76
- nullité de la vente, 522.74
- publicité, 522.73
- sanction, 522.74
- voie de recours, 522.75

Incapable, 211.21

Incessibilité des parts ou actions des dirigeants de la personne morale débitrice, mesure conservatoire
- action concernée, 463.22
- certificat de droit de vote, 463.31
- compte spécial bloqué, 463.31
- dirigeant concerné, 463.23
- domaine, 463.22 et 463.23
- fondement, 463.12
- modalités, 463.31
- nature juridique, 463.11
- nullité de la cession interdite, 463.41 et 463.42
- part concernée, 463.22
- portée, 463.21
- sanction de la cession interdite, 463.41 et 463.42
- titre concerné, 463.22

Incessibilité des parts ou actions des dirigeants de la personne morale débitrice préparatoire à l'arrêté du plan de redressement
- compte spécial bloqué, 531.45
- dirigeant concerné, 531.42
- domaine, 531.42
- durée, 531.43
- fondement, 531.41
- mesures d'accompagnement, 531.45
- modalités, 531.44
- nature de la mesure, 531.41
- privation du droit de vote, 531.45
- sanction de la cession interdite, 531.46
- voies de recours, 531.44

Incessibilité des parts ou actions des dirigeants de la personne morale débitrice préparatoire à l'arrêté du plan de sauvegarde, 511.41

Incompétence du juge-commissaire
- déclaration de créance, 682.15, 682.71 et 683.16

Indemnité d'assurance
- attribution directe, 621.21
- clause de réserve de propriété, 816.34
- conflit avec le créancier postérieur, 456.22 à 456.24
- délégation, 621.21

Indemnité d'exgibilité anticipée, 442.16 et 666.3

Indemnité d'ocupation
- délimitation es créances antérieures e des créances postérieures, 42.32

Indemnité d'utiation
- délimitation c créances antérieures et es créances postérieures, 2.33

Indemnité de nonconcurrence
- AGS, 456.65
- délimitation des ances antérieures et des ances postérieures, 442..
- effets de la cessati activité liée à la liquidation jud re, 554.11

Indemnité de résiliati
- déclaration des cré s (délai), 665.34
- délimitation des cré s antérieures et des c es postérieures, 442.25

Indemnité de rupture c ntrat de travail
- AGS, 693.51 à 693.7

Indemnité procédurale de l'article 700 C. pr. civ., 443.42

Indisponibilité des biens cédés en plan de cession, 582.23

Indivision
- ▶ biens indivis, V. *ces mots*
- déclaration de créance au passif d'un indivisaire, 663.15
- déclaration de créance par un indivisaire, 662.24

Inéligibilité aux fonctions de juge consulaire, 233.44

Inexécution du jugement de condamnation à combler le passif
- faillite personnelle, 912.24 et 923.13
- interdiction de gérer, 923.13
- ▶ V. aussi *Redressement et liquidation judiciaires à titre personnel pour inexécution du jugement de condamnation à combler le passif*

Information comptable, 122.11

Infraction pénale
- acquisition de biens du débiteur par une personne ayant participé à la procédure, 933.26
- acte d'aliénation interdit, 933.12 et 933.23
- acte de disposition interdit, 933.12 et 933.23
- allié, 933.21
- ▶ banqueroute, V. *ce mot*
- commise par un allié, 933.21
- commise par un mandataire de justice, 933.26
- commise par un parent, 933.21
- commise par un prête-nom, 933.22
- communication au ministère public, 931.31
- constitution de partie civile, 552.34, 931.21 et 931.22
- constitution de sûretés, 933.12 et 933.23
- convention comportant un avantage particulier, 933.24
- déclaration de créance supposée, 933.23
- délit de malversation, 933.26
- détournement d'actifs appartenant aux dirigeants de la personne morale débitrice, 933.13
- détournement d'actifs commis par les alliés, 933.21
- détournement d'actifs commis par les parents, 933.21

– détournement d'actifs commis par les tiers, 933.23
– dissimulation d'actifs appartenant aux dirigeants de la personne morale débitrice, 933.13
– dissimulation d'actifs commis par les alliés, 933.21
– dissimulation d'actifs commis par les parents, 933.21
– dissimulation d'actifs commis par les tiers, 933.23
– exercice d'une activité au mépris de l'interdiction, 912.51
– frais de la poursuite, 931.42
– frais de publication du jugement, 931.42
– instruction des infractions, 931.31
– paiements nuls, 933.11 et 933.23
– parents, 933.21
– prescription de l'action publique, 931.11
– publicité du jugement, 931.41
– recel d'actifs du débiteur commis par les alliés, 933.21
– recel d'actifs du débiteur commis par les parents, 933.21
– recel d'actifs du débiteur commis par des tiers, 933.23
– reconnaissance frauduleuse de dette, 933.13
– règles procédurales, 931.11 à 931.42
– saisine de la juridiction répressive, 931.21 et 931.22

Injonction de dépôt des comptes sociaux, 121.14

Inopposabilité de forclusion
– application de la loi du 10 juin 1994 dans le temps, 665.81
▶ avertissement des créanciers titulaires de sûretés, des crédit bailleurs et autres titulaires de contrats publiés, V. *ces mots*
– créancier titulaire de sûreté publiée ou de contrat publié, 665.82
– créanciers à avertir, 665.82
– crédit bailleur, 665.82
– délai de déclaration de créance, 665.86
– domaine, 665.82
– présentation générale, 665.81
– présomption de déclaration de créance par le débiteur, 662.53
– sanction du défaut d'avertissement du créancier, 665.87
– voies de recours, 665.91, 665.92 et 683.33

Inopposabilité de la créance à la procédure collective (absence de déclaration de la créance dans les délais), 665.75 à 665.79

Insaisissabilité (déclaration notariée d'–), 562.13, 823.95, 825.51

Insaisissabilité de la résidence principale, 562.14

Inscriptions de sûreté
▶ arrêt du cours des inscriptions de sûretés, V. *ces mots*
▶ continuation du cours des inscriptions de sûretés, V. *ces mots*
– époux, 741.47
– nullité de la période suspecte, 823.51 à 823.71

Insolvabilité notoire, 082.11

Installations classées, 443.31 et 561.17

Instance arbitrale
▶ V. *Compromis*

Instance en cours (constat d'une –)
– déclaration de créance, 682.72 et 683.17
– information du créancier poursuivant de l'ouverture de la procédure collective, (obligation d'–), 623.31
▶ reprise des poursuites individuelles tendant à la fixation de la créance, V. *ces mots*
– voies de recours, 683.17

Instance prud'home en cours
– mise en cause de organes, 695.21 à 695.24
– nature juridique de la règle, 695.11
– notion d'instance en cours, 695.11
– objet de la règ[...], 695.11
– transaction a[...] l'AGS, 695.31

Institution rep[...]entative du personnel
– audition en[...] de saisine d'office par le tribu[...] pour l'ouverture de la procé[...], 231.44
▶ comité d'e[...]prise, V. *ces mots*
▶ délégué d[...]rsonnel, V. *ces mots*
▶ représent[...]des salariés, V. *ces mots*
– voies de [...]urs sur les jugements du tribu[...]e la faillite, 323.61, 391.31 [...]1.32

Instrumen[...]anciers (opération sur –), 435

Interdiction bancaire (suspension de l'–)
– clôture de la liquidation judiciaire pour insuffisance d'actif, 592.55
– clôture du rétablissement professionnel, 594.74
– conciliation, 144.43
– période d'observation, 421.25
– plan de redressement, 522.61 et 522.62
– plan de sauvegarde, 522.63

Interdiction d'émettre des chèques
▶ V. *Interdiction bancaire*

Interdiction de gérer
– abus de biens sociaux (cumul), 911.41
– activité (personne morale ayant une activité économique), 911.22
– appel, 913.12
– application de la loi dans le temps, 070.09 et 071.12, 073.21 à 073.23, 073.33 et 073.36
– assignation, 911.32
– banqueroute, 913.15 et 932.42
– caractère facultatif, 911.11
– cas, 913.11 s.
– clôture de la procédure, 911.35
– comblement du passif (cumul), 911.41
– communication de la décision, 911.52
– comparution, 911.32
– convocation, 911.32
– cumul de sanctions, 911.41
– débiteur personne physique, 911.21
– décision, 911.51 et 911.52
– déclaration de l'état de cessation des paiements dans les délais (absence de –), 913.12
– dirigeant de personne morale ayant une activité économique, 911.22
– domaine, 911.21 à 911.23
– durée des mesures, 911.81 et 911.82
– effets, 913.21
– exercice d'une activité au mépris d'une interdiction légale, 913.22
– exécution provisoire (absence), 234.12 et 911.61
– expertise (rapport d'–), 911.33
– faits antérieurs à l'ouverture de la procédure (exigence de –), 911.23
– faute de gestion en matière de comblement de passif (cas d'interdiction de gérer constitutifs d'une –), 922.22

– fichier national des interdits de gérer, 911.11
– information du tribunal, 911.33
– instance pénale en cours, 911.34
– intervention de la décision, 911.51
– introduction de l'action (limite temporelle), 911.35
– modalités procédurales, 911.31 à 911.35
– nature de la mesure, 911.11
– obstacle temporel, 911.35
– omission d'avertir de l'ouverture de sa procédure collective le demandeur dans le cadre d'une instance en cours, 913.14
– personne morale ayant une activité économique, 911.22
– procès équitable, 911.35
– prononcé de la mesure par la juridiction répressive, 911.36
– publicité de la décision, 911.52
– rapport d'expertise, 911.33
– redressement et liquidation judiciaires à titre personnel (cumul), 911.41
– réhabilitation, 911.91
– relèvement des mesures, 911.91 et 911.92
– remise de documents obligatoires aux mandataires (absence de –), 913.13
– saisine, 911.31
– sursis à statuer du fait d'une instance pénale en cours, 911.34
– voies de recours, 911.71 et 913.12

Interdiction des paiements de créances antérieures
▶ compensation conventionnelle, V. *ces mots*
▶ compensation légale, V. *ces mots*
▶ compensation pour dettes connexes, V. *ces mots*
– créancier postérieur, 455.47
– fondement de la règle, 631.13
– paiement autorisé, 631.21
– paiement des chèques et des effets de commerce, 633.11
– paiement effectué par le débiteur, 631.22
– paiement fait au débiteur, 631.21
– rétablissement professionnel, 594.31
– sanction civile, 442.24 et 631.24
– sanction pénale, 933.11
– sauvegarde accélérée, 631.16

Interdiction des paiements de créances postérieures
– compensation, 632.31
– créancier non éligible au traitement préférentiel, 631.23

Interdiction des poursuites contre la caution pendant la période d'observation
– application de la loi du 10 juin 1994 dans le temps, 721.21
– cautionnement donné par une personne morale, 721.23
– cautionnement donné par une personne physique, 721.23
– cautionnement personnel, 721.23
– cautionnement réel, 721.23
– domaine de la règle, 721.23
– durée de l'interruption, 721.24
– interruption des actions, 721.26
– mesures conservatoires, 721.33 à 721.35

Intérêt collectif des créanciers
– action en responsabilité contre les tiers, 611.36
– administrateur judiciaire, 611.33
– contrôleur, 611.34
– mise en œuvre, 611.31
– représentant des créanciers, 611.31 et 611.32

Intérêt individuel d'un créancier, 611.37

Intérêts
▶ arrêt du cours des intérêts, V. *ces mots*
▶ continuation du cours des intérêts, V. *ces mots*
– créancier postérieur, 455.47
– déclaration des créances, 666.41
– plan de sauvegarde, 522.19

Intermédiation financière (contrat d'–), 435.41

***Interusurium*, 6413**

Intervention de l'Ét, 112.09 à 112.21

Intervention d'unellectivité locale, 112.41

Intervention public 112.09 à 112.41
– mesures d'allégeṫ, 112.21
– réglementation eéenne, 112.09 et 112.11
– remise de fonds, 21 à 112.24

Inventaire
– absence d'établisnt, 462.34
– caractère obligat62.31
– établissement, 46et 462.33
– frais, 462.36

– liquidateur, 353.55
– liquidation judiciaire simplifiée, 565.32
– prisée des biens, 462.35
– revendication, 462.34
– sauvegarde accélérée, 224.24

Issue de la procédure
▶ V. *Liquidation judiciaire*
▶ V. *Plan de cession*
▶ V. *Plan de redressement*
▶ V. *Plan de sauvegarde*

J

Juge commis (procédure de rétablissement professionnel), 594.24

Juge-commissaire
– adjudication amiable des immeubles en liquidation judiciaire, 562.31
– admission des créances (pouvoirs du –), 682.11 et 682.15
▶ autorisation du –, V. *Habilitation du juge-commissaire*
– cession d'unité de production, 564.41 et 564.42
– cession de gré à gré des immeubles, 562.41
– compétence (délimitation avec le tribunal de la faillite), 312.46
– continuation des contrats en cours (autorisation donnée au débiteur), 431.43
– délai raisonnable pour statuer, 331.71 et 331.72, 682.13 et 682.14
– fonction (durée), 331.22
– fonction (évolution), 331.11
▶ habilitation du juge-commissaire, V. *ces mots*
– incompétence en matière de vérification des créances, 682.71 et 683.16
– inéligibilité aux fonctions de juge consulaire, 233.44
– information (donnée), 331.32
– information (reçue), 331.31
– inscription de sûreté, 652.13
– instance en cours (constat), 682.72 et 683.15
– interdiction de faire partie de la juridiction de jugement, 331.81, 331.82
– licenciement en période d'observation, 432.23
– nomination, 331.21

– office juridictionnel en matière de vérification des créances, 682.15
– ordonnance autorisant les licenciements, 432.23
– ordonnance contentieuse, 331.41, 331.61 et 331.62
– ordonnance en dehors de ses attributions, 333.22
– ordonnance gracieuse, 331.41, 331.51 et 331.52
– paiement provisionnel en période d'observation, 483.11 et 483.31
– paiement provisionnel en liquidation judiciaire, 591.12
– rapport, 331.32
– réalisation des biens en période d'observation, 481.11, 481.12, 481.21 à 484.42
– récusation, 331.21
– remplacement (application de l'ordonnance du 18 décembre 2008 dans le temps), 074.21
– reprise des poursuites par le créancier inscrit en cas d'inaction du liquidateur, 566.31
– saisie immobilière en liquidation judiciaire, 562.22 à 562.24, 566.32
– substitution de garanties en période d'observation, 484.22
– visa sur le relevé des créances salariales, 696.21
▶ voies de recours sur l'ordonnance du juge-commissaire, V. *ces mots*

Juge de l'exécution
– compétence (délimitation avec le tribunal de la faillite), 312.47

Juge des ordres, 591.31

Juge enquêteur, 221.24 et 233.22

Jugement
▶ V. *Voies de recours à l'encontre des jugements du tribunal de la faillite*

Jugement arrêtant le plan de cession
– charge non souscrite, 572.62 et 572.63
– efficacité, 572.61 à 572.64
– inexécution des engagements, 572.64
– intervention, 572.11
– jugement refusant l'arrêté du plan *de cession (voies de recours)*, 572.21, 572.23, 572.26
▶ location-gérance en plan de cession, V. *ces mots*
– opposabilité *erga omnes* de la décision, 572.61
– personne tenue d'exécuter le plan, 572.62 et 572.63
– plan de cession partielle, 572.31 à 572.34
– publicité, 572.13
– signification, 572.12
– voies de recours, 572.21 à 572.26

Jugement arrêtant le plan de redressement
– caution, 532.31
– critères, 532.11 à 532.14
– garant, 532.31
▶ jugement arrêtant le plan de sauvegarde, V. *ces mots*
– opposabilité *erga omnes*, 532.31
– voies de recours, 532.21 à 532.24

Jugement arrêtant le plan de sauvegarde
– audition préalable, 515.21
– augmentation des charges souscrites, 515.46
– caution tenue d'exécuter le plan, 515.44
– charge non souscrite, 515.46
– contenu de la décision, 515.22
– continuation des contrats en cours, 515.45
– convocation préalable, 515.21
– critères, 515.11
– efficacité, 515.41 à 515.43
– intervention de la décision, 515.23
– opposabilité *erga omnes*, 515.41
– personne tenue d'exécuter le plan, 515.43 à 515.46
– publicité de la décision, 515.25
– signification de la décision, 515.24
– voies de recours, 515.31 à 515.33

Jugement d'ouveture
– annulation (effs), 233.55
– appel, 233.52,33.53 et 233.55
– audience, 2333
– audition préalle, 233.21
– autorité abso de chose jugée, 233.42
– choix entre ressement et liquidatiordiciaires, 233.24 et 233.25
– communicataux autorités, 233.32
– communicaaux organes, 233.32
– contenu, 21 à 233.28
– date de prieffet, 233.41
– efficacité, 21 et 233.42
– exécution pire, 234.11
– frais de publicité, 233.35
– impossibilité d'ouvrir deux procédures, 233.43
– inscription sur les registres, 233.34
– juge enquêteur, 221.24 et 233.22
– liquidation judiciaire immédiate, 233.26 et 233.27
– nature juridique, 233.28
– opposabilité, 233.42
– publicité, 233.33 et 233.35
– redressement ou liquidation judiciaire, 233.24 et 233.25
– réformation (effets), 233.55
– rétractation, 233.51 et 233.55
– signification, 233.31
– tierce opposition, 233.54
– unité du patrimoine, 233.43
▶ voies de recours sur le jugement d'ouverture, V. *ces mots*

Jugement de modification du plan de cession
– communication, 583.21
– intervention, 583.21
– publicité, 583.21
– voies de recours, 583.31 à 583.36

Jugement de modification du plan de redressement, 543.09

Jugement de modification du plan de sauvegarde
– appel, 523.41
– communication, 523.32
– intervention, 523.31
– publicité, 523.33
– tierce opposition, 523.41
– voies de recours, 523.41

Jugement prononçant la liquidation judiciaire
– exécution provisoire, 551.34
– intervention, 551.31
– liquidateur, 551.32
– publicité, 551.33
– signification, 551.33
– voies de recours, 551.41 à 551.43

Jugement statuant sur opposition et tierce opposition aux ordonnances du juge commissaire
▶ V. *Voies de recours sur jugement statuant sur opposition aux ordonnances du juge commissaire*

Juridiction compétente pour l'ouverture de la sauvegarde, du redressement et de la liquidation judiciaires
▶ V. *Compétence de la juridiction pour l'ouverture du redressement et de la liquidation judiciaires*

Juridiction répressive
– prononcé de la faillite personnelle, 912.31

L

Lettre de licenciement
– liquidation judiciaire, 432.25
– période d'observation, 432.24
– plan de redressement, 432.26

Levée d'option d'achat du crédit-bail en liquidation judiciaire, 633.23

Levée d'option d'achat du crédit-bail en période d'observation, 633.22

Levée d'option d'achat du crédit-bail en plan de cession
– contrat concerné, 582.81
– délai de paiement accordé au repreneur (incidence), 582.83
– problématique de la question, 582.82
– sommes dues par le repreneur, 582.84

Levée d'option d'achat du crédit-bail en plan de sauvegarde
– contrat concerné, 522.41
– domaine de la règle, 522.41
– énoncé de la règle, 522.41
– mise en œuvre de la règle, 522.42

Libération des apports des associés, 642.42

Licenciement
– cession d'unité de production, 432.25
– convention de conversion, 432.28
– juge-commissaire (licenciement en période d'observation), 432.23
– lettre de licenciement en liquidation judiciaire, 432.25
– lettre de licenciement en période d'observation, 432.24
– lettre de licenciement en plan de redressement, 432.26
– liquidation judiciaire, 432.25
– location-gérance, 423.23
– loi de sécurisation de l'emploi, 432.22 s., 693.09
– mesures d'accompagnement, *432.28*
– mise en œuvre en période d'observation, 432.25
– mise en œuvre en plan de redressement, 432.26
– non-respect des règles, 432.29
– notification de l'ordonnance du juge-commissaire autorisant les licenciements, 432.23
– ordonnance du juge-commissaire autorisant les licenciements, 432.23
– ordre, 432.24 et 432.26
– période d'observation, 432.22 à 432.25
– plan de cession, 432.26
– plan de continuation, 432.26
– plan de redressement, 432.26
– poursuite provisoire de l'activité en liquidation judiciaire, 432.25
– projet de plan de redressement, 492.31
– priorité de réembauchage, 432.28
– reclassement, 432.28
– règles générales, 432.21
– responsabilité du liquidateur, 362.35
– salarié protégé, 432.27
– sanction du non-respect des règles, 432.29
– situation individuelle des salariés, 432.24
– voies de recours sur l'ordonnance du juge-commissaire autorisant les licenciements, 432.23
– voies de recours sur le jugement prévoyant les licenciements, 432.26

Licitation-partage, 561.33

Liquidateur judiciaire
– adjonction, 351.63
– choix de la juridiction (nomination), 351.61 à 351.61-6, 351.63
– continuation des contrats en cours, 431.43
– désignation, 351.61, 351.62 et 362.11
– durée de la mission, 551.31 et 551.32
– entreprise d'investissement, 362.22
– établissement de crédit, 362.22
– établissement de l'ordre, 591.31
– fonctions, 362.21 et 362.22
▶ honoraires, V. *Honoraires du liquidateur*
– inaction (reprise des poursuites par le créancier inscrit), 566.33
▶ mandataire judiciaire au redressement et à la liquidation des entreprises, V. *ces mots*
– nomination, 551.31
– offres de reprise en plan de cession, 571.42
– ordre (établissement), 591.31
– reddition des comptes, 591.22
– remplacement, 351.63
▶ responsabilité civile, V. *Responsabilité civile du liquidateur*
– subrogation dans la saisie immobilière entamée avant jugement d'ouverture, 562.29
– voies de recours sur les désignations et remplacements, 351.64

Liquidation au sens du droit des sociétés
▶ dissolution des sociétés en liquidation judiciaire, V. *ces mots*
– ouverture de la procédure, 212.21

Liquidation du régime matrimonial
– divorce produisant effet après jugement d'ouverture, 741.82
– divorce produisant effet avant jugement d'ouverture, 741.81
– état liquidatif de divorce, 741.81
– nullité de la période suspecte, 741.81
– séparation de biens, 741.81

Liquidation judiciaire
▶ absence de reprise des poursuites individuelles des créanciers après clôture de la liquidation judiciaire pour insuffisance d'actifs, V. *ces mots*
▶ adjudication amiable des immeubles en liquidation judiciaire, V. *ces mots*
– arrêt de l'activité, 554.11
– bail du local professionnel, 433.12 et 433.29, 555.21 à 555.32
– biens échus sur succession pendant la liquidation judiciaire, 552.21, 593.31
▶ cession de gré à gré des immeubles en liquidation judiciaire, V. *ces mots*
– cession des contrats de travail, 432.12, 432.15 et 432.18
▶ cession d'unité de production, V. *ces mots*
▶ clôture de la procédure de liquidation judiciaire par extinction du passif exigible, V. *ces mots*
▶ clôture de la procédure de liquidation judiciaire pour insuffisance d'actifs, V. *ces mots*
– compromis, 567.11 et 567.12

– continuation des contrats en cours, 431.31 à 431.33, 431.43, 431.53, 555.11 à 555.13
– contrat de travail, 432.12 et 555.41
– cotation Banque de France des débiteurs et dirigeants sociaux, 592.43
– courrier (détournement), 552.51
– créancier postérieur, 451.21, 456.56 à 456.59
– créanciers (effets généraux à l'égard des –), 591.09
– critères, 551.11
– déchéance du terme du débiteur, 642.31
– déclaration des créances (allongement du délai de –), 665.33
▶ dessaisissement du débiteur en liquidation judiciaire, V. *ces mots*
– détournement du courrier, 552.51
▶ dissolution des sociétés en liquidation judiciaire, V. *ces mots*
▶ distribution en liquidation judiciaire, V. *ces mots*
– exécution provisoire (arrêt), 234.21
– fiducie, 431.24, 431.33
▶ gage, V. *ce mot*
– immédiate, 233.26, 233.27 et 923.45
▶ immeuble, V. *Réalisation des immeubles en liquidation judiciaire*
▶ jugement prononçant la liquidation judiciaire, V. *ces mots*
– licenciement, 432.25
– mandataire *ad hoc* après clôture, 592.32
▶ meuble, V. *Réalisation des meubles en liquidation judiciaire*
– objectif, 550.09
– obligations déclaratives, 554.12
▶ ordre en liquidation judiciaire, V. *ces mots*
– ouverture après clôture du rétablissement professionnel, 594.81
– ouverture d'une – pendant le rétablissement professionnel, 594.51
▶ *paiement provisionnel* en liquidation judiciaire, V. *ces mots*
▶ plan de cession, V. *ces mots*
▶ poursuite provisoire de l'activité en liquidation judiciaire, V. *ces mots*
▶ poursuites individuelles des créanciers, V. *Absence de reprise des poursuites individuelles des créanciers après clôture de la liquidation judiciaire pour insuffisance d'actif, Reprise des poursuites individuelles après clôture de la liquidation judiciaire pour insuffisance d'actif, Reprise des poursuites individuelles en liquidation judiciaire par le créancier titulaire de sûreté*
▶ privilège du bailleur d'immeuble, V. *ces mots*
▶ procédure d'ordre, V. *Ordre en liquidation judiciaire*
▶ purge des inscriptions de sûretés en liquidation judiciaire, V. *ces mots*
▶ réalisation des actifs en liquidation judiciaire, V. *ces mots*
– reddition des comptes, 592.42
▶ réouverture de la procédure de liquidation judiciaire, V. *ces mots*
▶ répartition, V. *Distribution en liquidation judiciaire*
▶ reprise des poursuites individuelles après clôture de la liquidation judiciaire pour insuffisance d'actif, V. *ces mots*
▶ reprise des poursuites individuelles en liquidation judiciaire par le créancier titulaire de sûreté, V. *ces mots*
– résiliation des contrats en cours, 431.53, 555.12 et 555.13
– résiduelle (plan de cession), 572.54
– résolution du plan de redressement, 544.21
– résolution du plan de sauvegarde, 524.31
– saisie des salaires, 552.21
▶ saisie immobilière, V. *ces mots*
– saisine, 551.21
▶ simplifiée, V. *liquidation judiciaire simplifiée*
– transaction, 567.11 à 567.21

Liquidation judiciaire immédiate
– application de la loi du 26 juillet 2005 dans le temps, 073.31
– critères, 233.26 et 23327

Liquidation judiciaire personnelle
▶ V. *Redressement et liquidation judiciaires à titre personel*

Liquidation judiciaire résiduelle
– plan de cession, 572.54

Liquidation judiciaire simplifiée
– application dès le jugement de liquidation judiciaire, 565.21
– caractère obligatoire ou facultatif, 565.21
– clôture de la procédure, 565.71
– contestation du projet de répartition, 565.64 et 565.65
– critères, 565.11
– décision se prononçant sur l'application des règles de la –, 565.22 et 565.23
– facultative, 565.14, 565.15, 565.23, 565.44
– fin d'application des règles de la –, 565.24 et 565.26
– fonctionnement général, 565.31
– inventaire, 353.55, 565.32
– mesure d'administration judiciaire, 565.25 à 565.27
– objectif, 565.09
– obligatoire, 565.13, 565.22, 565.43
– passerelle avec la procédure générale, 565.24
– projet de répartition, 565.61 et 565.63 à 565.65
– propositions de répartition, 565.62 et 565.65
– publicité unique du projet de répartitions et de l'état des créances, 565.63
– réalisation des actifs (règles), 565.41 à 565.45
– réouverture de la liquidation judiciaire (application des règles de la –), 565.12
– vérification des créances, 565.51 et 672.12
– voies de recours sur le jugement décidant d'appliquer les règles de la –, 565.23
– voies de recours sur le jugement décidant de mettre fin à l'application des règles de la –, 565.25 et 565.26

Liste d'experts en diagnostic d'entreprise, 380.11

Liste de mandataires judiciaires au redressement et à la liquidation
– inscription, 351.51 et 351.52
– retrait, 351.53

Liste des créanciers postérieurs, 455.31 et 456.11

Liste des créanciers postérieurs privilégiés, 455.31, 456.16 à 456.19

Livre comptable
– remise, 461.21

Location des parts ou actions de la société débitrice, 463.24

Location financière
– conflit avec le créancier postérieur, 456.21
▶ restitution, V. *ce mot*
▶ revendication, V. *ce mot*

Location-gérance
– bailleur du fonds de commerce (qualité exigée), 211.21
– contrat de travail, 423.23, 432.18
– garantie solidaire du bailleur, 731.54
– licenciement, 423.23
▶ période d'observation, V. *Location-gérance en période d'observation*
▶ plan de cession, V. *Location gérance en plan de cession*
– redressement et liquidation judiciaires du locataire-gérant pour inexécution de l'engagement d'acquérir l'entreprise en plan de cession, 214.31, 221.34 et 572.45
– solidarité du bailleur, 731.54

Location-gérance en période d'observation
– conditions, 423.11
– contrat de travail, 423.23
– durée, 423.22
– offre de reprise du locataire gérant, 423.31
– règles de droit commun de la location-gérance (exclusion), 423.22
– surveillance du locataire-gérant, 423.24
– voies de recours sur décision de conclusion du contrat de location-gérance, 423.41

Location-gérance en plan de cession
– commissaire à l'exécution du plan, 572.44
– conclusion du contrat, 572.42
– créance (sort), 572.43
– engagement d'acquérir *du locataire-gérant,* 572.45
– exécution du contrat, 572.43
– inexécution du contrat, 572.44
– nature juridique, 572.41
– redressement et liquidation judiciaires du locataire-gérant ne respectant pas l'engagement d'acquérir, 572.45
– règles générales, 572.41

Logement familial, 741.13

Loi applicable
– règlement communautaire, 092.31 à 092.37

Loi dans le temps
▶ V. *Application de la loi dans le temps*

Loi de modernisation de la justice du XXIe siècle, 042.95

Loi de sécurisation de l'emploi, 432.22 s., 693.09

Loi du 10 juin 1994, 042.31

Loi du 25 janvier 1985, 042.21

Loi du 26 juillet 2005, 042.41, 051.11 à 053.74

M

Majoration de retard, 522.11 et 641.21

Malversation (délit de –), 933.26

Mandataire à l'exécution de l'accord de conciliation, 144.61 et 144.62

Mandat *ad hoc*
– clause aggravant les obligations ou diminuant les droits du débiteur, 123.11
– comité d'entreprise, 123.11
– communication de la décision, 123.15
– compétence, 123.11
– confidentialité, 123.17
– délégué du personnel, 123.11
– exécution provisoire, 123.13
– mandataire *ad hoc*, V. *ces mots*
– ouverture, 123.11
– report de date de cessation des paiements, 222.23
– saisine, 123.11
– voies de recours, 123.14

Mandataire *ad hoc*
– choix, 123.12
– incompatibilités, 123.12
– mission, 123.17
– récusation, 123.12
– rémunération, 123.16

Mandataire *ad hoc* après adoption d'un plan de sauvegrde ou de redressement522.09

Mandataire *ad hoc* près clôture de la liquidation juciaire pour insuffisance d'tif, 592.32

Mandataire de justi
– acquisition de bie du débiteur, 933.26
– adjonction, 351.6
▶ administrateur judiciaire, V. *ces mots*
– aptitude, 351.42, 351.44, 351.45, 351.46
– assurance de responsabilité, 351.92
– bureaux secondaires, 351.31-3
– Caisse de garantie, 351.81
– choix de la juridiction (nomination), 351.61 à 351.61-6
– co-désignation, 351.61-7
▶ commissaire à l'exécution du plan, V. *ces mots*
– comptabilité, 351.34
– communication électronique des actes, 351.31-5
– Conseil national des administrateurs judiciaires et des mandataires judiciaires, 351.21
– contrôle, 351.71
– coordonnateur, 351.61-6
– délégation de signature, 351.31-4
– délit de malversation, 933.26
– diplôme, 351.42, 351.43, 351.45, 351.46
– discipline, 351.72
– état semestriel des désignations, 351.61
– examen d'inscription au stage professionnel, 351.42, 351.43, 351.45
– examen professionnel, 351.42, 351.43, 351.45
– exercice de la profession 351.31 à 351.33
▶ expert en diagnostic d'entreprises, V. *ces mots*
▶ honoraires de l'administrateur judiciaire, V. *ces mots*
▶ honoraires de l'expert, V. *ces mots*
▶ honoraires des mandataires de justice, V. *ces mots*
▶ honoraires du commissaire à l'exécution du plan, V. *Commissaire à l'exécution du plan*
▶ honoraires du liquidateur, V. *ces mots*
▶ honoraires du représentant des créanciers, V. *ces mots*
– incompatibilité, 351.54
– infraction pénale, 933.25
– inscription sur les listes, 351.51 à 351.53
▶ liquidateur judiciaire, V. *ces mots*
– liste, 351.51 à 351.53
– mandat confié à une société (incidence du–), 351.31-2

► mandataire judiciaire au redressement et à la liquidation des entreprises, V. *ces mots*
– mission confiée à des tiers, 351.33 et 352.18
– moralité, 351.41
– nationalité, 351.41
– nomination, 351.41 et 351.62
– organe de représentation, 351.21
– organes communs, 351.61-6
– personne non inscrite sur les listes (nomination), 351.62
– remplacement, 351.63
► représentant des créanciers, V. *ces mots*
– responsabilité civile, 351.91
– retrait des listes, 351.53
– société pluri professionnelle d'exercice, 351.31-1
– stage professionnel, 351.42, 351.43, 351.45, 351.46
– titre, 351.22

Mandataire judiciaire
– accès à la profession (conditions d'–), 351.44 et 351.45
– adjonction, 351.63
– aptitude, 351.42, 351.43
– assurance de responsabilité, 351.92
– Caisse de garantie, 351.81
– choix dans la désignation, 351.61 à 351.61-6
– comptabilité, 351.34
– Conseil national des administrateurs judiciaires et des mandataires judiciaires, 351.21
– contrôle, 351.71
– coordonnateur, 351.61-6
– diplôme, 351.42, 351.43
– discipline, 351.72
– examen d'inscription au stage professionnel, 351.42, 351.43
– examen professionnel, 351.42, 351.43
– incompatibilité, 351.54
– inscription sur les listes, 351.51 et 351.53
– liste, 351.51 et 351.53
– moralité, 351.41
– nationalité, 351.41
– nomination, 351.41 et 351.62
– organe de représentation, 351.21
– personne non inscrite sur les listes *(nomination), 351.62*
– *remplacement, 351.63*
► rémunération, V. *Honoraires du liquidateur, Honoraires du mandataire judiciaire et du représentant des créanciers*
– responsabilité civile, 351.91
– rétablissement professionnel, 594.24
– retrait des listes, 351.53
– salarié, 351.32-1
– stage professionnel, 351.42, 351.43
– titre, 351.22
– voies de recours sur les désignations et remplacements, 351.64

Marchés publics
– fait générateur des créances, 442.19
– soumissionnement aux –, 141.21 et 421.11

Masse active et passive
– unité en cas d'extension de procédure pour confusion des patrimoines, 213.42, 213.44
– unité en cas d'extension de procédure pour fictivité, 213.42 à 213.44

Masse des créanciers, 611.21

Masse des obligataires
– consultation préparatoire à l'arrêté du plan de sauvegarde, 512.25
– déclaration de créance, 662.24

Mayotte, 083.21

Membre indéfiniment et solidairement responsable du passif
– consultation des créanciers préparatoire à l'arrêté du plan de sauvegarde, 512.32
– extension de procédure, 214.11 à 214.14, 214.21 et 221.32

Mesures conservatoires
– auteur, 462.12
– biens du dirigeant, 921.38, 923.24, 926.43
– état de situation, 462.41
– extension de procédure, 213.36
► incessibilité des parts ou actions des dirigeants de la personne morale débitrice, V. *ces mots*
– inventaire, 462.31 à 462.34
– nullités de lpériode suspecte, 823.71, 8272 et 825.31
– objet, 4623
– règles générales, 462.11
– responsabé pour contribution à la cessati des paiements, 926.43
– responsabilité pour insuffisance d'actif, 921.38
– scellés, 462.21
– voies d'exécution (arrêt), 622.31

Ministère public
– appel (caractère suspensif), 234.23
– avis, 340.21
– communication des causes, 340.21
– exécution provisoire (arrêt en cas d'appel), 234.23
– fonction (évolution), 340.11
– informations (données), 340.23
– informations (reçues), 340.22
– partie jointe, 340.12
– partie principale, 340.12
– pouvoirs, 340.31 à 340.33
► procureur de la République, V. *ces mots*
– voies de recours (généralités), 340.31
– voies de recours sur les jugements, 323.51
– voies de recours sur les jugements statuant sur opposition ou tierce opposition aux ordonnances du juge-commissaire, 333.24
– voies de recours sur les ordonnances du juge commissaire, 332.21

Mise en demeure sur la continuation des contrats en cours, 431.41, 431.42 et 431.45

Mise en garde (obligation de –), 725.14, 831.12

Mise en œuvre des licenciements
– période d'observation, 432.25
– plan de redressement, 432.26

Mission d'administration de l'administrateur, 421.34

Mission d'assistance de l'administrateur, 421.33

Mission de représentation de l'administrateur, 421.34

Mission de surveillance de l'administrateur, 421.32

Mission subséquente à l'adoption d'un plan confiée à un mandataire de justice, 522.09

Modification du capital social
– arrêté d'un plan de sauvegarde, 511.22
– arrêté d'un plan de redressement, 531.62 à 531.66

Modification du plan de cession
– communication du jugement, 583.24

– compétence du tribunal, 583.22
– convocation, 583.23
– intervention du jugement, 583.21
– modalités procédurales, 583.21 à 583.24
– modification substantielle, 583.11
– prix de cession (interdiction de la modification), 583.12
– publicité du jugement, 583.24
– saisine, 583.21
– voies de recours, 583.31 à 583.36

Modification du plan de redressement, 543.09

Modification du plan de sauvegarde
– compétence, 523.22
– consultation des comités de créanciers, 523.24
– convocation, 523.23
▶ jugement de modification du plan de sauvegarde, V. *ces mots*
– modification substantielle, 523.11 et 523.12
– saisine, 523.21
– voies de recours, 523.41

Modification statutaire
– arrêté d'un plan de sauvegarde, 511.21

Monaco, 091.11

N

Nantissement
▶ V. *Gage*

Navire
– quirataires (éligibilité à une procédure collective (non)), 212.12

Non-continuation du contrat en cours, 431.51 et 431.52

Nouvelle-Calédonie, 083.31

Novation, 823.24

Nullité de droit de la période suspecte (cas)
– acte à titre gratuit, 823.31 à 823.38
– assurance-vie, 823.37
– bien commun (sûreté), 741.46
– cession de créance, 823.22 et 823.27
– cession de créance Dailly, 823.21
– changement de régime matrimonial, 741.72
– compensation conventionnelle, 823.26 et 823.27
– compensation légale, 823.26
– consignation de sommes effectuées en application de l'article 2350 du Code civil, 823.61
– constitution de dot, 823.34
– contrat commutatif déséquilibré, 823.41 et 823.42
– contrat d'assurance-vie, 823.37
– dation en paiement, 823.25 et 823.27
– déclaration notariée d'insaisissabilité, 823.95
– délégation de créance, 823.23 et 823.27
– dépôt de sommes effectués en application de l'article 2350 du Code civil, 823.61
– divorce (état liquidatif de –), 741.81
– donation, 823.33
– dot (constitution), 823.34
– époux, 741.72, 741.81
– état liquidatif de divorce, 741.81
– fiducie, 823.91 à 823.93
– hypothèque rechargeable, 823.54
– mesure conservatoire, 823.72
– notion, 821.51
– novation, 823.24 et 823.27
– paiement de dette non échue, 653.11
– paiement nul, 823.11 à 823.27
– paiement par mode anormal, 823.22 à 823.27
– paiement par mode normal, 823.21 et 823.27
– partage, 823.35
– régime matrimonial (partage suite à changement), 823.35 et 741.72
– remise de dettes, 823.32
– remise en compte courant, 823.21
– saisie-attribution, 823.72
– saisie conservatoire, 823.72
– stock-options, 823.81
– sûreté conservatoire, 823.71
– sûreté judiciaire, 823.53
– sûreté réelle constituée en garantie une créance antérieure, 8 3.51 à 823.71 et 741.46
– sûreté réelle ur autrui, 823.36

Nullité facultati de la période suspecte
– acte à titre gra accompli dans les six mois pré ant la date de cessation de aiements, 824.31
– acte visé, 824.2 824.27
– avis à tiers déter , 824.24
– cession de créan ailly, 824.31
– conditions de l'a , 824.11 et 824.12
– connaissance de l'état de cessation des paiements, 824.12
– déclaration notariée d'insaisissabilité, 824.41
– fraude (indifférence de la –), 824.13
– notion, 821.51
– opposition, 824.24
– pouvoir d'appréciation, 821.51
– remise en compte courant, 824.23
– préjudice, 824.11
– saisie, 824.24
– saisie-attribution, 824.24

Nullités de la période suspecte
– acquittement des effets de commerce, 826.11
– action en rapport, 826.11
– action paulienne, 821.21
– admission de la créance (incidence sur l'action), 822.31
– assignation (publication), 822.41
– autorité de la chose jugée (incidence sur l'action), 822.31
– compétence de la juridiction, 822.21
– contrat (effets de la nullité), 825.41
– date de l'acte (preuve), 821.41
– déclaration de créance suite à la nullité, 825.11
– déclaration notariée d'insaisissabilité, 823.95, 824.41, 825.51
– délai de l'action, 822.31
– effets de commerce (acquittement), 826.11
– effets de la nullité, 825.11 à 825.51
– exclusion de certains actes du domaine des nullités, 821.61
– fiducie, 823.91 à 823.93
– fondement, 821.11
– instance en nullité de la période suspecte, 822.22
– mesures conservatoires (effets de la nullité), 825.11
– modalités procédurales, 822.11 à 822.51
▶ nullité de droit de la période suspecte, V. ces mots
▶ nullité facultative de la période suspecte, V. *ces mots*
– paiement (effets de la nullité), 825.11
– période suspecte, 821.31
– publication de l'assignation, 822.41
– saisine, 822.11 et 822.12

– sûreté réelle (effets de la nullité), 825.21
– titulaire de l'action, 822.11 et 822.12
– voies de recours, 822.51

O

Obligataire
▶ V. *Masse des obligataires*

Obligation aux dettes sociales
– application de la loi du 26 juillet 2005 dans le temps, 073.35 et 924.09
– abus de biens sociaux (cumul), 921.82
– action de droit commun contre les dirigeants (non cumul), 924.15
– audition du dirigeant, 921.37
– auteur de la saisine, 921.31
– banqueroute (cumul), 921.82
– caractère facultatif de la sanction, 924.31
– cas de prononcé, 924.43 à 924.48
– collectivité locale (compétence de la juridiction), 921.35
– comblement de passif (coexistence avec le –), 924.13
– communication du jugement, 921.52
– compétence de la juridiction, 921.34 et 921.35
▶ condamnation à l'obligation aux dettes sociales, V. *ces mots*
– contribution de la faute de gestion à la cessation des paiements, 924.41
– cumul avec l'infraction d'abus de biens sociaux, 921.82
– cumul avec la banqueroute, 921.82
– cumul avec la faillite personnelle, 911.41
– cumul avec le comblement de passif (impossibilité du –), 924.14
– cumul de sanctions, 921.81 et 921.82
– délai de comparution, 921.33
– dirigeant de droit concerné, 921.12 à 921.15
▶ dirigeant de fait, V. *ces mots*
– domaine, 924.11
– État (compétence de la juridiction), 921.35
– exécution provisoire, 234.21 *et 921.61*
– expertise (rapport d'–), 921.36
– faillite personnelle (cumul avec la –), 911.41
– faillite personnelle pour inexécution de la condamnation à l'obligation aux dettes sociales, 912.24
– fait antérieur à l'ouverture de la procédure collective de la personne morale (exigence de –), 924.42
– forme de la saisine, 921.32
– héritier, 921.15
– inexécution de la condamnation, 924.36
– information du tribunal, 921.36, 924.24
– instruction des mesures, 921.36
– insuffisance d'actifs, 922.31 à 922.36
– interdiction de gérer (cumul), 911.41
– lien de causalité entre la faute de gestion et la cessation des paiements, 924.41
– liquidation judiciaire, 924.12
– mesure conservatoire sur les biens des dirigeants, 924.34
– modalités procédurales, 921.31 à 921.52, 924.21 à 924.24
– nature juridique, 924.15
– personne morale dirigeante, 921.14
– personne morale dont le dirigeant est concerné, 921.11
– plan de continuation, 924.12
– plan de redressement, 924.12
– plan de sauvegarde, 924.12
– préjudice, 924.32
– prescription de l'action, 921.43, 924.23
– procédure concernée, 924.12
– prononcé de la sanction, 921.51
– publicité du jugement, 921.52
– rapport d'expertise 921.36, 924.24
– représentant permanent d'une personne morale dirigeante, 921.14
– saisine, 921.31 921.33, 924.22
– suppression pa ordonnance du 18 décemb 2008, 074.31 et 074.32
– sursis à statu du fait d'une instar pénale en cours, 921.33
– tierce oppo on, 921.73
– transactio 24.25
– voies de r urs, 921.71 à 921.74

Obligation ventionnelle incombant chef d'entreprise, 372.11

Obligation de garantie
– délimitation des créances antérieures et des créances postérieures, 442.24

Obligation de mise en garde, 725.14, 831.12

Obligation légale incombant au chef d'entreprise, 372.11

Obligation *propter rem*
▶ V. *Obligé réel à la dette*

Obligé *in solidum*, 442.18, 443.61

Obligé réel à la dette
– bien entre les mains d'un tiers, 711.32
– bien entre les mains du constituant de la sûreté, 711.31
– conflit entre le créancier inscrit et les créanciers du tiers détenteur, 711.24 et 711.32
– déclaration de créance au passif du débiteur, 711.22
– impossible déclaration de créance au passif de l'obligé réel, 711.21
– notion, 711.11
– poursuites individuelles du créancier inscrit, 711.23
– production à la procédure d'ordre, 711.31

Œuvre d'art, 563.45

Offre de reprise de l'unité de production
– choix, 564.22
– présentation, 564.21

Offre de reprise en plan de cession
– appel d'offres (procédure), 571.31 et 571.32
– auteur, 571.31
– choix, 571.51
– communication, 571.43
– conciliation, 142.41, 571.41
– contenu, 571.32
– dépôt au greffe, 571.43
– irrévocabilité, 571.33
– intangibilité, 571.34
– liquidation judiciaire, 571.42
– locataire-gérant, 423.31
– présentation, 571.41 et 571.42
– procédure d'appel d'offres, 571.31 et 571.32
– professionnel libéral, 571.34
– tiers, 571.31

Offre de reprise en plan de sauvegarde, 511.11

Omission de déclaration de l'état de cessation des paiements
– faillite personnelle, 912.18
– interdiction de gérer, 913.11

Omission volontaire d'un créancier (relevé de forclusion), 665.53

Opposition (nullité de la période suspecte), 824.24

Opposition au jugement du tribunal de la faillite, 322.23

Opposition à l'ordonnance du juge commissaire, 331.32, 332.14 à 332.16
- voies de recours sur jugement statuant sur opposition, 333.11 à 333.24

Option successorale, 552.32

Option sur la continuation des contrats en cours
- administrateur judiciaire, 431.43
- continuation (option de –), 431.13 et 431.53
- contrat (situation avant option), 431.23
- débiteur, 431.43
- délai de réponse à la mise en demeure, 431.42 et 431.45
- exercice, 431.41 et 431.42
- inexécution, 431.55
- juge-commissaire, 431.43
- liquidateur, 431.43
- mise en demeure (absence), 431.41
- mise en demeure (présence), 431.42
- modification du délai de réponse à la mise en demeure, 431.45
- non-continuation (option de –), 431.51 et 431.52
- non-continuation (présomption), 431.42
- plan de redressement, 431.44
- présomption de non-continuation, 431.42
- prolongation du délai de réponse à la mise en demeure, 431.45
- résiliation, 431.52, 431.55
- titulaire, 432.23

Ordonnance du 18 décembre 2008, 061.11 à 062.15

Ordonnance du 12 mars 2014, 063.11 et 063.12

Ordonnance du juge-commissaire
- autorisant les licenciements, 432.23
- contentieuse, 331.41, 331.61 et 331.62
- délai raisonnable, 331.71
- dépôt au greffe, 332.15
- en dehors de ses attributions, 333.22
- gracieuse, 331.41, 331.51 et 331.52
- habilitation, 331.33 et 331.51
- modalités procédurales, 331.52 et 331.62
- notification, 332.15
- signification, 332.15
- voies de recours sur ordonnances du juge-commissaire, V. *ces mots*

Ordre des licenciements, 432.24 et 432.26

Ordre en liquidation judiciaire
- clôture, 591.33
- compétence, 591.31
- contestation, 591.34 à 591.36
- état de collocation, 591.32
- juge des ordres, 591.31
- liquidateur judiciaire, 591.31
- modalités procédurales, 591.31
- poursuite de l'ordre malgré les contestations, 591.36
- procédure d'–, 591.32
- voies d'exécution (arrêt des –), 622.42

Ordre en plan de sauvegarde, 522.33

Ordre professionnel
- audition préalable à l'ouverture de la procédure, 233.21
- ▶ contrôleur, V. *ce mot*
- rémunération du représentant, 471.31

Ordre public international, 093.22

Organe, 311.11 à 392.21
- ▶ administrateur judiciaire, V. *ces mots*
- ▶ comité d'entreprise, V. *ces mots*
- ▶ compétence du tribunal de la faillite, V. *ces mots*
- ▶ délégué du personnel, V. *ces mots*
- ▶ expert en diagnostic d'entreprise, V. *ces mots*
- ▶ juge-commissaire, V. *ce mot*
- ▶ liquidateur judiciaire, V. *ces mots*
- ▶ mandataire au redressement et à la liquidation judiciaires des entreprises, V. *ces mots*
- ▶ ministère public, V. *ces mots*
- organes con[illegible]ns, *351.61-6*
- ▶ représentant des créanciers, V. *ces mots*
- ▶ représentant des salariés, V. *ces mots*
- ▶ tribunal de la faillite, V. *ces mots*
- ▶ voies de recours sur ordonnances du juge-commissaire, V. *ces mots*
- ▶ voies de recours à l'encontre des jugements du tribunal de la faillite, V. *ces mots*

Ouverture d'une procédure collective à l'étranger (*exequatur*), 093.21 et 093.22

Ouverture d'une procédure collective suite à résolution du règlement amiable, 136.21

Ouverture de la procédure de sauvegarde, de redressement ou de liquidation judiciaire
- ▶ cessation des paiements, V. *ces mots*
- ▶ compétence de la juridiction pour l'ouverture de la sauvegarde, du redressement et de la liquidation judiciaires, V. *ces mots*
- ▶ date de cessation des paiements, V. *ces mots*
- ▶ exception d'incompétence, V. *ces mots*
- ▶ exécution provisoire des décisions rendues en matière de sauvegarde, de redressement et de liquidation judiciaires, V. *ces mots*
- ▶ extension d'une procédure, V. *ces mots*
- ▶ jugement d'ouverture, V. *ces mots*
- ▶ qualité exigée pour l'ouverture de la procédure, V. *ces mots*
- ▶ report de la date de cessation de paiements, V. *ces mots*
- ▶ saisine de la juridiction pour l'ouverture de la procédure de sauvegarde, de redressement et de liquidation judiciaires, V. *ces mots*

P

Pacte civil de solidarité (Pacs), 561.31, 741.31

Pacte commissoire, 631.12

Pacte de préférence
- cession judiciaire des contrats en plan de cession, 582.65
- liquidation judiciaire, 563.45 et 564.61

Paiement à l'échéance des créanciers postérieurs
- arrêt des poursuites individuelles (absence), 455.42 et 455.47
- arrêt des voies d'exécution (absence), 455.43 et 455.47
- Caisse des dépôts et consignations, 455.44 à 455.46
- clôture de la procédure pour insuffisance d'actifs, 455.47
- continuation du cours des intérêts, 455.47

– domaine de la règle, 455.21 et 455.22
– énoncé de la règle, 455.11
– exécution du titre, 455.43
– inscription des sûretés, 455.47
– interdiction des paiements (mise à l'écart de la règle), 455.47
– intérêts (continuation du cours des –), 455.47
– liste des créances postérieures, 455.31
– obtention du titre, 455.42
– poursuite de l'activité, 455.21
– saisie-attribution, 455.43 à 455.46
– situation générale du créancier, 455.41
– somme placée à la Caisse des dépôts et consignations, 455.44 à 455.46
– sûreté (inscription de –), 455.47
– titre (exécution), 455.43
– titre (obtention), 455.42

Paiement de dette non échue, 653.11

Paiement du créancier antérieur après jugement d'ouverture
– au débiteur, 631.21
– autorisé, 631.21, 633.11 à 633.43
– chèque, 633.11
▶ compensation après jugement d'ouverture, V. *ces mots*
▶ cession d'unité de production, V. *ces mots*
▶ dividendes du plan de sauvegarde, V. *ces mots*
– effet de commerce, 633.11
– interdit, 631.22
▶ liquidation judiciaire, V. *ces mots*
▶ plan de cession, V. *ces mots*
– par le débiteur, 631.22
▶ réalisation des actifs en plan de sauvegarde, V. *ces mots*
▶ réalisation des actifs en période d'observation, V. *ces mots*

Paiement du créancier postérieur
▶ V. *Paiement à l'échéance du créancier postérieur,* V. aussi *Rang des créanciers postérieurs entre eux, Rang du créancier postérieur par rapport aux autres créanciers*

***Paiement du créancier en plan* de cession**
▶ V. *Apurement du passif en plan de cession*

Paiement du créancier en plan de sauvegarde
▶ V. *Dividendes du plan de sauvegarde, Réalisation des actifs en plan de sauvegarde*

Paiement du créancier postérieur
▶ V. *Paiement à l'échéance du créancier postérieur,* V. aussi *Rang des créanciers postérieurs entre eux, Rang du créancier postérieur par rapport aux autres créanciers*

Paiement nul
– infraction pénale, 933.11 et 933.23
– nullités de la période suspecte 823.11 à 823.26, 825.11 et 825.12
– sanction civile, 422.41 et 631.24

Paiement par mode anormal, 823.22 à 823.26

Paiement par mode normal, 823.21

Paiement préférentiel après cessation des paiements
– faillite personnelle, 912.17

Paiement provisionnel en liquidation judiciaire
– domaine, 591.11
– effets, 591.13
– juge-commissaire (ordonnance), 591.12
– modalités, 591.12

Paiement provisionnel en période d'observation
– décision, 483.31
– garantie, 483.21
– juge-commissaire (ordonnance), 483.21 et 483.31
– modalités, 483.21
– paiement indu, 483.31
– principe, 483.41
– restitution de fonds reçu 483.11
– voies de recours, 483.

Paiement provisionnel plan de sauvegarde, 522

Parents
– infraction pér 933.21 et 933.22

Partage
– nullités a période suspecte, 823.42 823.3

Partic on des salariés aux ltats de l'entreprise, 456.66 et .34

rtie civile
▶ V. *onstitution de partie civile*

Parts et actions du dirigeant de la personne morale débitrice
▶ cession forcée des parts ou actions du dirigeant de la personne morale débitrice, V. *ces mots*
▶ incessibilité des parts ou actions du dirigeant de la personne morale débitrice, mesure conservatoire, V. *ces mots*
▶ incessibilité des parts ou actions du dirigeant de la personne morale débitrice préparatoire à l'arrêté du plan de sauvegarde, V. *ces mots*

Pas de porte, 442.13

Passerelle du régime simplifié au régime général, 412.31

Passif
▶ V. *Augmentation frauduleuse du passif*

Passif exigé, 221.15 à 221.17

Passif exigible, 221.12 à 221.17

Patrimoine
▶ confusion, V. *Co fusion des patrimoine*
▶ eirl, V. *ce mo*
▶ unicité de trimoine, V. *ces mots*

Pénalités d retard, 522.11 et 641.21

Pensio alimentaire
– cr nce de –, 741.95
– claration de créance au passif, 41.95
délimitation des créances antérieures et des créances postérieures, 443.81
– dessaisissement, 552.35
exécution, 741.96
– fixation, 741.91
– révision, 741.91

Péremption d'instance, 233.09

Période d'observation
– absence de présentation de projet de plan de sauvegarde en temps utile, 492.13
▶ activité (poursuite), V. *Poursuite de l'activité en période d'observation*
– caution (poursuite pendant la période d'observation), 721.21 à 721.35
– créancier postérieur (rang par rapport aux autres créanciers), 456.54
– disparition des difficultés de nature à conduire

à la cessation des paiements, 411.14
– durée, 234.26, 411.11 à 411.18
– licenciement, 432.22 à 432.25
▶ location-gérance, V. *Location-gérance en période d'observation*
– notion, 410.09
▶ poursuite de l'activité en période d'observation, V. *ces mots*
▶ réalisation des actifs en période d'observation, V. *ces mots*
▶ régime général, V. *ces mots*
▶ régime simplifié, V. *ces mots*
– renouvellement, 411.21 et 411.22
– sauvegarde accélérée, 224.41, 411.17
– sauvegarde financière accélérée, 225.31, 411.11, 411.16, 411.18
▶ substitution de garanties en période d'observation, V. *ces mots*
– voies de recours sur décision de renouvellement, 411.22

Période suspecte (notion de –), 821.31

Perquisition au domicile professionnel d'un mandataire de justice, 351.35

Personne inscrite au répertoire des métiers, 211.09, 211.31, 211.61 et 211.71
– décédé, 211.71
– règles générales, 211.31
– répertoire des métiers, 211.09 et 211.31
– retiré, 211.61

Personne intéressée n'étant pas une partie
– notion, 332.31 et 683.22
– voies de recours, 332.31 et 332.33

Personne morale de droit public
– qualité exigée (absence), 212.11

Personne morale non soumise à immatriculation au registre du commerce et des sociétés
– qualité exigée, 212.23

Personne non inscrite sur les listes
– nomination en qualité d'organe, 351.62

Personne tenue d'exécuter le plan de cession, 323.81, 572.62 à 572.64

Personne tenue d'exécuter le plan de sauvegarde, 323.81, 515.43, 515.44 et 515.46

Petit créancier
– consultation des créanciers préparatoire à l'arrêté du plan de sauvegarde, 512.32
– délai du plan de sauvegarde, 522.14
– remise de dettes du plan de sauvegarde, 522.14

Pétroplus (loi), 075.31, 213.36, 926.09 à 926.45

Plan de cession
▶ acte de cession en plan de cession, V. *ces mots*
– agriculteur, 571.12
▶ apurement du passif en plan de cession, V. *ces mots*
▶ arrêté du plan de cession, V. *ces mots*
– bien cédé, 572.51
– bien non compris dans le plan de cession, 572.52 à 572.55
– cession de branche d'activité susceptible d'exploitation autonome, 571.11
– cession des contrats de travail, 432.18
▶ cession judiciaire des contrats en plan de cession, V. *ces mots*
– cession judiciaire du bail d'un local professionnel en plan de cession, 582.71 à 582.78
▶ cession non judiciaire du bail d'un local professionnel en plan de cession, V. *ces mots*
– charge non souscrite, 572.63
– clause de non-concurrence, 571.24
– clôture de la procédure, 582.28 et 582.29
– clôture du ompte courant, 572.15
▶ commissaire l'exécution du plan de cession, V. *es mots*
– conciliation (p paration du plan de cession en 142.41, 571.41
– concours banc es, 434.21
– consultation de réanciers préparatoire à l' été du plan de cession (abse e de –), 512.32
– contrat de travai 32.13 et 432.14
– créancier postérie 451.32 et 456.53
▶ crédit-bail, V. *Levé option d'achat du crédit-b n plan de cession*
– déchéance du terme débiteur, 582.22 et 642.31
– dépôt de garantie, 58 1
– déspécialisation partie 582.77
– dessaisissement du débiteur, 572.53 et 582.27
– dissolution des sociétés en plan de cession, 572.14
– dommages et intérêts prononcés contre le repreneur, 584.45
– durée, 581.12 à 581.14
– droit de suite, 582.37 et 582.38
– élaboration, 570.09 à 571.51
– engagement particulier du repreneur, 582.26
– entreprise (notion d'–), 571.11
▶ exécution du plan de cession, V. *ces mots*
– exécution provisoire (arrêt), 234.21
– finalité, 571.11 et 571.12
– fiscalité, 112.31
– fonds de commerce, 571.11
– inaliénabilité des biens cédés, 582.24
– indisponibilité des biens cédés, 582.23
– licenciement, 432.26
– liquidation judiciaire (adoption du plan de cession en –), 571.42
– liquidation judiciaire (prononcé de la – après plan de cession), 570.09
▶ location-gérance, V. *Location-gérance en plan de cession*
▶ modification du plan de cession, V. *ces mots*
– moment de l'arrêté, 570.09
– nature aléatoire, 571.23
– nature forfaitaire, 571.23
– nature judiciaire, 571.22
– nature juridique, 571.21 à 571.24
▶ offre de reprise en plan de cession, V. *ces mots*
– opposabilité du jugement, 572.61
▶ paiement des créanciers, V. *Apurement du passif en plan de cession*
– personne tenue d'exécuter le plan, 572.62 à 572.64
– plan de cession partielle (clôture de la procédure), 582.29
– plan de cession partielle (notion), 572.31 à 572.34
– lan de cession totale (notion), 5 2.31 à 572.34
– po suites individuelles (reprise aprè clôture de la procédure), 582.2
– *prepac ession*, 142.41, 571.41
– présenta n générale, 570.09
– prix de ces on, 582.21, 582.25 et 582.47

▶ quote-part du prix de cession en plan de cession, V. *ces mots*
– professionnel libéral, 571.34
– repreneur (engagement particulier du –), 582.26
– reprise des poursuites individuelles après clôture de la procédure, 582.28
▶ résolution du plan de cession, V. *ces mots*
▶ société, V. *Dissolution des sociétés en liquidation judiciaire*
– subsidiarité du plan de cession, 532.14
– substitution dans l'exécution, 572.62
▶ surveillance de l'exécution du plan, V. *Surveillance de l'exécution du plan de cession*
▶ surveillance de l'exécution du plan de cession, V. *Commissaire à l'exécution du plan de cession*
– terme (déchéance du –), 582.22
– tiers, 571.31
– transfert de propriété des actifs cédés (date du –), 582.14
▶ transfert de la charge de la sûreté en plan de cession, V. *ces mots*
– voies de recours, 572.21 à 572.26

Plan de cession partielle
– clôture de la procédure, 582.29
– notion, 572.31 à 572.34
– quote-part du prix de cession, 582.32
– sauvegarde, 492.31

Plan de cession totale (notion), 572.31 à 572.34

Plan de continuation
▶ arrêté du plan de continuation, V. *ces mots*
– bilan économique et social, 491.11 à 491.31
– capital (modification), 531.22, 531.62 à 531.66
– capitaux propres (reconstitution), 531.23
▶ caution, V. *ce mot*
– cession des actions (plan de continuation par –), 531.11
– charges augmentatives du pri de cession, 582.26
▶ clôture, V. *Clôture du plan de continuation*
▶ codébiteur, V. *ces mots*
– comblement de passi 922.36
▶ commissaire à l'exé tion du plan de continuation, V *ces mots*
– comité de créan rs, V. *ces mots*
– compensation pour dettes connexes, 632.48
– concours bancaires, 434.21
▶ consultation des créanciers préparatoire à l'arrêté du plan de continuation, V. *ces mots*
– continuation des contrats en cours, 431.44, 515.45
– contrat de travail, 432.17
– créancier postérieur, 451.31 et 456.54
– créancier (petit), 522.14
– créancier réfractaire, 522.16
– créancier salarial, 522.14
▶ crédit-bail, V. *Levée d'option d'achat du crédit-bail en plan de continuation*
▶ délais du plan de continuation, V. *ces mots*
▶ dirigeant, V. *Cession forcée des parts et actions des dirigeants de la personne morale débitrice, Éviction du dirigeant, Incessibilité des parts ou actions des dirigeants de la personne morale débitrice préparatoire à l'arrêté du plan de continuation*
▶ dividendes, V. *Dividendes du plan de sauvegarde*
– durée, 521.21
– élaboration, 510.09 à 512.44
▶ exécution, V. *Commissaire à l'exécution du plan de continuation, Exécution du plan de continuation*
– exécution provisoire (arrêt), 234.21
– finalité, 530.09
▶ inaliénabilité du bien en plan de continuation ou de redressement, V. *ces mots*
– interdiction banc re, 522.61 et 522.62
– intéêts, 522.19
▶ levée d'option achat du crédit-bail en plan d continuation, V. *ces mots*
– licenciement 432.26
– modificatio u capital, 531.22
▶ modificati du plan de contin on, V. *ces mots*
– modificat statutaire, 531.21
– objectif, 0.09
– offre de rise interne, 531.11
▶ passif (rement), V. *Dividendes du pla continuation*
– oppos ité du jugement, 515.41
▶ paie t des dividendes, V. *Di ndes du plan de c inuation*
– plan de cession (choix entre plan de continuation et plan de cession), 532.14
– possibilité sérieuse de redressement, 532.11 et 532.12
– possibilité sérieuse de règlement du passif, 532.13
▶ projet de plan de redressement, V. *ces mots*
▶ réalisation d'actifs en plan de continuation, V. *ces mots*
– reconstitution des capitaux propres, 531.23
– redressement et liquidation judiciaires à titre personnel (conséquences de l'arrêté du plan de continuation de la personne morale), 923.45
– remise du plan de continuation, V. *Remise de dettes du plan de continuation*
▶ résolution du plan de continuation, V. *ces mots*
– restructuration de la personne morale, 531.21 à 531.23
– statuts (modification), 531.21
▶ surveillance de l'exécution du plan, V. *Commissaire à l'exécution du plan de continuation*

Plan de continuation par cession des actions, 531.11

Plan de redressement
– adoption, 532.09 à 532.41
– capital social, 531.62 à 531.66
▶ caution, V. *ce mot*
– cession forcée des parts ou actions, 531.51 à 531.54, 531.62, 531.63, 531.65 et 531.66
– critères, 532.11 à 532.14
– contrat de travail, 432.17
▶ dividendes, V. *Dividendes du plan de sauvegarde*
– élaboration, 531.11 à 531.54
– exécution, 542.09
– éviction des dirigeants, 531.31 à 531.34
– incessibilité des parts ou actions, 531.41 à 531.46
– inexécution, 544.11, 544.21
– licenciement, 432.26
– modification, 543.09
– objectif, 530.09
– radiation des mentions relatives à la procédure et à l'exécution du plan de redressement, 542.09, 545.09
– résolution, 544.11, 544.21, 544.22

– responsabilité de l'administrateur, 372.81 à 372.86
– surveillance, 541.09
– voies de recours, 532.21 à 532.24
▶ V. aussi *Plan de sauvegarde*

Plan de sauvegarde
– accord de subordination, 513.31
– bilan économique et social, 491.11 à 491.31
▶ caution, V. *ce mot*
– cessation des paiements pendant l'exécution, 524.13, 524.31
▶ codébiteur, V. *ce mot*
▶ comité de créanciers, V. *ces mots*
▶ consultation des créanciers préparatoire à l'arrêté du plan de sauvegarde, V. *ces mots*
– cession des actions, 511.11
– cession forcée des parts ou actions détenues par un dirigeant, 511.51
– clôture, 525.11 à 525.31
– consultation sur les propositions de plan du bénéficiaire d'une fiducie-sûreté, 512.16
– continuation des contrats en cours, 431.44, 515.45
– critères d'arrêté d'un plan de sauvegarde, 513.11
– décision statuant sur le plan de sauvegarde, 515.21
– difficultés d'exécution, 524.11
– durée, 521.09, 522.54
– état de cessation des paiements (apparition en phase d'exécution du plan), 524.13 et 524.31
– éviction d'un dirigeant, 511.31
– exécution, 522.09
– existence d'une possibilité sérieuse pour l'entreprise d'être sauvegardée, 513.11
– fiducie, 513.22
– garantie autonome, V. *ces mots*
– incessibilité des parts ou actions détenues par les dirigeants, 511.41
– mission subséquente confiée à un mandataire de justice, 522.09
– modification, 523.09
– *offre des tiers*, 511.11
– opposabilité du jugement, 515.41
▶ période d'observation, V. *ces mots*
– personnes morales (règles particulières aux –), 511.11 à 511.51
– personnes tenues d'exécuter le plan, 515.43 et 513.44
– *prepackaged plan*, 512.09
– préservation des droits des créanciers n'ayant pas voté favorablement au sein des comités, 515.12
▶ projet de plan de sauvegarde, V. *ces mots*
– publicité, 515.31
– radiation des mentions relatives à la procédure et à l'exécution du plan de sauvegarde à l'expiration d'un délai de deux ou de trois ans, 525.11
– résolution, 074.33, 524.09 à 524.37
– restructuration de la personne morale, 511.21
– surveillance de l'exécution, 521.09
– voies de recours, 515.31 à 515.33

Plan de sauvegarde accélérée
– consultation des créanciers, 514.21
– inapplication de certaines règles du plan de sauvegarde, 224.61
– obligataires, 514.22
– présentation générale, 514.09
– vote, 514.22 et 514.23

Plan de sauvegarde de l'emploi, 432.28, 693.23

Plan de sauvegarde financière accélérée
– consultation des créanciers, 514.11
– élaboration d'un projet de plan en amont, 225.14, 492.12 et 492.14
– obligataires, 514.13
– règles générales, 514.31
– vote, 514.13

Pollution (vente d'un site pollué), 561.17

Polynésie française, 081.16, 923.22

Portail électronique, 351.31

Possibilité sérieuse de redressement, 532.11 et 532.12

Possibilité sérieuse de règlement du passif, 532.13

Poursuite abusive l'exploitation déficitaire
– faillite personnel 912.11
– obligation aux des sociales, 924.47
– redressement et lidation judiciaires personne 923.53

Poursuite de l'activité période d'observation
– acte de disposition étger à la gestion courante, 2.23
– acte de gestion courante, 421.28
– administrateur (absence d'–), 421.23 et 421.24
– administration contrôlée, 421.21, 421.22, 421.25 à 421.61
– de plein droit, 421.11 et 421.12
– gestion directe, 421.13 à 421.28
▶ habilitation du juge-commissaire, V. *ces mots*
▶ location-gérance en période d'observation, V. *ces mots*
– pouvoirs (répartition entre les organes et le débiteur), 421.13 à 421.28

Poursuite provisoire de l'activité en liquidation judiciaire
– durée, 554.23
– effets, 554.24
– modalités procédurales, 554.22
– motivation, 554.21

Poursuites contre la caution pendant la période d'observation
▶ V. *Interdiction des poursuites contre la caution pendant la période d'observation*

Poursuites individuelles des créanciers
▶ absence de reprise des poursuites individuelles des créanciers après clôture de la liquidation judiciaire pour insuffisance d'actif, V. *ces mots*
▶ arrêt des poursuites individuelles, V. *ces mots*
▶ arrêt des voies d'exécution, V. *ces mots*
– en cours non soumises à la règle de l'arrêt des poursuites individuelles, 621.91 et 621.92
▶ reprise des poursuites individuelles après clôture de la liquidation judiciaire pour insuffisance d'actif, V. *ces mots*
▶ reprise des poursuites individuelles tendant à la fixation de la créance, V. *ces mots*

Pourvoi en cassation
– délai, 322.24
– ordonnance d'admission des créances, 332.13

Pouvoir pour déclarer les créances
– Alsace-Moselle, 662.21
– avocat, 662.21
– délégation au préposé du créancier, 662.41 à 662.44
– délégation au préposé du tiers, 662.23
– pouvoir spécial, 662.21 à 662.23

– preuve, 662.22, 662.43 et 662.44
– ratification, 662.52

Pouvoirs du débiteur
▶ dessaisissement du débiteur en liquidation judiciaire, V. *ces mots*
▶ habilitation judiciaire, V. *ces mots*
– répartition des pouvoirs entre les organes et le débiteur, 421.12 à 421.28

***Prepack-cession*, 142.41, 571.41**

Prescription
– interversion de la prescription liée à l'admission de la créance au passif, 682.31
– interruption de la prescription liée à la déclaration de la créance au passif, 661.21

Préservation des actifs
– auteur des mesures, 462.12
– courrier (détournement), 461.11
– documents et livres comptables (remise), 461.21
▶ incessibilité des parts ou actions des dirigeants de la personne morale débitrice, V. *ces mots*
– inventaire, 462.31 à 462.34
– objet des mesures, 462.13
– mesure conservatoire, 462.11 à 462.13, 462.21 à 462.34
– scellés, 462.21

Président du tribunal
– pouvoirs, 311.21
– procédure d'alerte, 112.21
– reprise des poursuites individuelles après clôture de la liquidation judiciaire pour insuffisance d'actifs, 592.71 et 592.72

Prestation compensatoire
– déclaration de créance au passif, 741.93
– exécution, 741.96
– fixation, 741.91
– nature de la créance de –, 443.81, 443.82
– révision, 741.91

Prêt
– continuation des contrats en cours, 431.29
– continuation du cours des intérêts, 641.41
– délimitation des créances antérieures et des créances postérieures, 442.16

Prêt participatif
– *consultation des créanciers préparatoire à l'arrêté du plan de sauvegarde*, 512.72
– exigibilité des créances, 642.11

Prévention des difficultés d'entreprises, 121.11 à 123.14
– alerte (procédure d'–), 122.11 à 122.41
– groupement de prévention agréé, 122.61
– information comptable, 122.11
– mandat *ad hoc*, 123.11 et 123.14

Principe de proportionnalité, 911.11, 922.16

Priorité de réembauchage, 432.28

Privilège de juridiction, 093.11, 232.12

Privilège postérieur
▶ V. *Droit de priorité du créancier postérieur*

Privilège de la conciliation
– contestation, 144.36
– domaine, 144.53
– efficacité, 144.55, 144.56, 456.51
– fondement, 144.51
– nature du droit de priorité, 144.52
– plan de sauvegarde ou de redressement, 144.55, 522.14
– publicité, 144.57
– rang, 144.55, 456.51
– règlement amiable agricole, 134.34
– subordination de l'octroi du privilège à l'homologation, 144.54

Privilège des frais de justice
– rang par rapport au créancier postérieur, 456.58

Privilège des organismes sociaux
– publication obligatoire, 121.12

Privilège du bailleur d'immeuble, 591.62 et 591.63

Privilège du façonnier, 456.55

Privilège du producteur agricole, 591.61

Privilège du syndicat des copropriétaires
– inopposabilité de forclusion, 665.82
– rang par rapport au créancier postérieur, 456.55

Privilège du Trésor public
– inscription de sûreté, 653.11
– publication obligatoire, 121.13

Privilège du vendeur de fonds de commerce
– inscription de sûreté, 653.12

Privilège général des salaires
– bénéficiaires, 691.11 à 691.31
– rang, 6[illegible]2

Prix de cession en plan de cession, 582.21, 582.25 et 582.47

Procédure abusive, 443.43

Procédure administrative d'établissement de l'impôt, 682.64

Procédure d'alerte
– association subventionnée, 122.39
– associés, 122.51
– comité d'entreprise, 122.41 à 122.44
– commissaire aux comptes, 122.31 à 122.39
– groupement de prévention agréé, 122.61
– personne morale autre que SA, 122.37
– personne morale de droit privé non commerçante, 122.38
– président du tribunal, 122.21
– règles communes, 122.11
– société anonyme, 122.36
– société par actions simplifiée, 122.35

Procédure d'insolvabilité européenne
▶ V. Règlement communautaire

Procédure d'ordre
– arrêt des voies d'exécution, 622.42
▶ V. *Ordre en liquidation judiciaire*

Procédure de conciliation
▶ V. *Conciliation*

Procédure de distribution mobilière, (arrêt des voies d'exécution), 622.41

Procédure de redressement et de liquidation judiciaires (durée raisonnable), 233.09

Procédure de sauvegarde
▶ V. *Sauvegarde*

Procédure ouverte avant l'entrée en vigueur de la loi du 25 janvier 1985, 041.21

Procédure ouverte avant l'entrée en vigueur de l'ordonnance du 18 décembre 2008, 074.51

Procédure ouverte à l'étranger
– droit international privé, 093.21 et 093.22

Procédure ouverte en France
– droit international privé, 093.11 à 093.15

Procédure principale
– règlement communautaire, 092.21 à 092.25

Procédure secondaire
– règlement communautaire, 092.22 et 092.51

Procédure transnationale d'insolvabilité
– AGS, 692.41

Procureur de la République
▶ V. *Ministère public*
– saisine pour l'ouverture de la procédure, 231.61

Producteur agricole, 591.61

Production des créances
▶ V. *Déclaration des créances*
– règlement communautaire, 092.61

Professionnel libéral
– archives, 563.22
– audition de l'ordre ou de l'autorité préalable à l'ouverture de la procédure, 233.21
– contrôleur, 612.14
– dessaisissement (incidence sur l'exercice de l'activité), 554.25
– plan de cession, 571.34 et 572.51
– qualité exigée, 211.51
– rémunération du représentant de l'ordre ou de l'autorité compétente, 471.31

Projet de plan de redressement et de sauvegarde
– administrateur judiciaire, 492.11
– contenu, 492.31
– débiteur, 492.11 et 492.21
– élaboration, 492.21
– garantie d'exécution du plan, 492.31
– licenciement, 492.31
– volet économique, 492.31
– volet financier, 492.31
– volet social, 492.31

Promesse de vente, 561.16

Proportionnalité (principe de –), 911.11, 922.16

Propriétaire
▶ clause de réserve de propriété, V. *ces mots*
▶ demande en acquiescement de restitution, V. *ces mots*
▶ demande en acquiescement de revendication, V. *ces mots*
– effet de commerce (revendication), 814.11
– évolution du traitement, 810.09
▶ propriétaire mobilier titulaire d'un contrat publié, V. *ces mots*
▶ publicité du crédit-bail, V. *ces mots*
▶ requête en restitution, V. *ces mots*
▶ requête en revendication, V. *ces mots*

Propriétaire d'un fonds de commerce donné en location-gérance, 211.21

Propriétaire immobilier, 811.11

Propriétaire mobilier titulaire d'un contrat publié
– application de la loi du 10 juin 1994 dans le temps, 812.11
– bien entre les mains d'un tiers, 812.22
– contrat concerné, 812.21
▶ demande en acquiescement de restitution, V. *ces mots*
– modification de la publicité du contrat, 812.32
– publicité du contrat, 812.23 à 812.43
▶ publicité du crédit-bail, V. *ces mots*
▶ requête en restitution, V. *ces mots*

Publicité du crédit-bail
– absence de publication régulière, 812.41 à 812.43
– après jugement d'ouverture, 812.34
– caractère obligatoire, 812.31
– cession judiciaire du contrat, 812.33
– modification, 812.32
– preuve, 812.21

Publicité du jugement d'ouverture au *Bodacc*, 233.33

Publicité foncière (qualité de tiers du liquidateur), 611.23

Purge des inscriptions deıreté en liquidation judiciaire
– adjudication amiable d'un immeuble, 591.2
– cession d'unité de prodion, 591.24
– fonds de commerce, 5?4 et 591.25
– saisie-immobilière, 591
– surenchère, 591.23 et .24
– vente de gré à gré des eubles, 591.22

Purge des inscriptions detés immobilières d'immeubledu avant le jugement d'ouve, 591.23

Q

Qualité exigée pour l'ouve de la procédure
– agriculteur, 211.41
– agriculteur décédé, 21
– agriculteur retiré, 211.
– artisan, 211.09 et 211.
– artisan décédé, 211.71
– artisan retiré, 211.61
– association, 212.23
– commerçant, 211.21
– commerçant décédé, 211.71
– commerçant retiré, 211.61
– disparition de la personne morale, 212.21
– dissolution des sociétés, 212.21
▶ extension d'une procédure, V. *ces mots*
– extension du domaine des procédures collectives, 211.11 et 211.12
– incapable, 211.21
– liquidation des sociétés au sens du droit des sociétés, 212.21
– personne inscrite au répertoire des métiers, 211.09 et 211.31
– personne inscrite au répertoire des métiers décédée, 211.71
– personne inscrite au répertoire des métiers retirée, 211.61
– personne morale de droit privé, 212.11 à 212.23
– personne morale de droit public, 212.11
– personne morale non soumise à immatriculation, 212.23
– professionnel indépendant, 211.51
– professionnel libéral, 211.51
– rapatrié d'Algérie, 211.81
– société créée de fait, 212.11
– société nulle, 212.11
– société radiée, 212.21
– société unipersonnelle, 212.22
– syndicat, 212.23

Question prioritaire de constitutionnalité, 011.51

Quirataires, 212.12

Quotas de production, 561.11

Quote-part du prix de cession de l'unité de production, 564.81 et 564.82

Quote-part du prix de cession en plan de cession
– absence d'affectation, 582.35
– affectation, 582.33
– domaine, 582.32
– droit de rétention, 582.32
– droit de suite, 582.37 et 582.38
– effets, 582.36
– gage, 582.32
– plan de cession partielle, 582.32
– radiation des inscriptions, 582.39
– recours du créancier, 582.34 et 582.35
– recours du ıpreneur, 582.34

R

Radiation d'une personne morale, 212.21

Rang des créanciers postérieurs entre eux
- autre créance postérieure (5e rang), 456.66
- continuation d'un contrat avec octroi de délais de paiement, 456.64
- créance salariale avancée par l'AGS, 456.65
- créance salariale non avancée par l'AGS, 456.62
- énoncé, 456.61
- frais de justice, 456.63
- prêt consenti par un établissement de crédit, 456.64
- privilège des frais de justice, 456.63

Rang des créanciers postérieurs par rapport aux autres créanciers
- évolution, 456.51
- liquidation judiciaire, 456.56 à 456.59
- période d'observation, 456.54
- plan de cession, 456.53
- plan de continuation, 456.54
- privilège des frais de justice, 456.58
- privilège du syndicat des copropriétaires, 456.55
- réalisation des biens grevés de sûreté en période d'observation, 456.54
- réalisation des biens grevés de sûreté en plan de sauvegarde, 456.54
- situation visée par la loi, 456.52
- sûreté immobilière, 456.57
- sûreté mobilière, 456.59
- super-privilège des salaires, 456.53 et 456.56

Rapatrié d'Algérie, 211.81 à 211.85

Ratification
- déclaration de créance, 662.52

Réalisation des actifs en liquidation judiciaire
- bien grevé d'une clause d'inaliénabilité, 561.41
- bien indivis, 561.31 à 561.33
- ▶ cession d'unité de production, V. *ces mots*
- compromis, 567.11 et 567.13
- ▶ gage, V. *ce mot*
- honoraires d'avoué ou d'avocat, 561.18
- honoraires du liquidateur, 352.48, 352.49 et 352.63
- ▶ immeuble, V. *Réalisation des immeubles en liquidation judiciaire*
- information du débiteur, 561.09
- ▶ meuble, V. *Réalisation des meubles en liquidation judiciaire*
- promesse de vente, 561.16
- quotas de production, 561.11
- règles communes, 561.11 à 561.14
- ▶ reprise des poursuites individuelles en liquidation judiciaire par le créancier titulaire de sûreté, V. *ces mots*
- responsabilité du liquidateur, 362.31 à 362.36
- transaction, 567.11 et 567.21
- voies de recours sur jugement statuant sur opposition ou tierce opposition aux ordonnances du juge-commissaire, 333.24

Réalisation des actifs en période d'observation
- bien grevé de sûreté (règles générales), 481.21
- bien non grevé de sûreté, 481.11 à 481.13
- classement des créanciers inscrits par rapport aux créanciers postérieurs (rang par rapport aux auts créanciers), 456.54
- ▶ consigrtion *du* prix de vente du bienrevé de sûreté en périe d'observation, V. *ces mots*
- juge-conissaire (autorisation), 481.1131.12, 481.21 à 484.42
- ▶ paiemeorovisionnel en période d'obseion, V. *ces mots*
- publiciréalable avant toute cessionctifs, 561.15
- ▶ substitn de garanties en pér d'observation, V. *ces mots*

Réalisaties actifs en plan de cessio
- biens pris dans le plan de ces 572.41
- biens compris dans le plan de ces 572.42 à 572.55

Réalisaties actifs en plan de sauve
- concontre les créanciers inscrite bien vendu et less créanciers, 456.54 et 52
- domaine, 522.31
- énoncé de la règle, 522.31
- paiement immédiat, 522.34
- règles générales, 522.32
- ▶ substitution de garantie en plan de sauvegarde, V. *ces mots*

Réalisation des immeubles en liquidation judiciaire
- adjudication amiable, 562.31 à 562.33
- cession de gré à gré, 562.41 à 562.44
- clause d'inaliénabilité, 562.44
- droit de préemption, 562.44
- expulsion du débiteur, 562.45
- pacte de préférence, 562.44
- règles communes, 562.11
- ▶ saisie immobilière en liquidation judiciaire, V. *ces mots*

Réalisation des meubles en liquidation judiciaire
- archives, 563.21
- fonds de commerce, 563.43 à 563.47
- ▶ gage, V. *ce mot*
- perfection de la vente, 563.41 et 563.42
- règles communes, 563.11
- vente aux enchères publiques, 563.31
- vente de gré à gré, 563.41 à 563.47

Recel d'actifs du débiteur commis par les alliés
- infraction pénale, 933.21

Recel d'actifs du débiteur commis par les parents
- infraction pénale, 933.21

Recel d'actifs du débiteur commis par des tiers
- infraction pénale, 933.23

Recel de banqueroute, 932.11 et 932.42

Réclamation à l'état des créances
- caution, 723.25
- codébiteur, 731.63 et 731.64
- délai, 683.23
- domaine, 683.21
- effets, 683.25
- forme, 683.23
- personne intéressée n'étant pas une partie, 332.31 et 683.22
- recours sur la décision statuant sur la réclamation, 683.24
- tierce opposition, 683.31

Réclamation sur l'admission d'une créance salariale, 696.26

Reclassement (obligation de –), 432.28

Récompense, 741.92

Reconnaissance du droit à restitution, 812.56

Reconnaissance frauduleuse de dette
– infraction pénale, 933.13

Reconstitution des capitaux propres
– plan de redressement, 531.23
– plan de sauvegarde, 511.23

Recours de la caution contre le débiteur
– avant paiement, 726.12
– délimitation des créances antérieures et postérieures, 442.18
– intérêts, 641.24
– présentation générale des recours, 726.11
– recours personnel, 726.15
– recours subrogatoire, 726.13 et 726.14

Recours de la caution contre les cofidéjusseurs
– déclaration de créance au passif d'une caution, 726.17
– paiement partiel, 726.18
– règles générales du recours entre cofidéjusseurs, 726.16
– sous-caution, 726.18

Recours entre codébiteurs, 731.33

Recouvrement d'actifs
– honoraires du liquidateur, 352.48, 352.49 et 352.63
– reddition des comptes du liquidateur, 592.42

Récusation pour cause de suspicion légitime, 232.19, 331.21

Reddition des comptes
– administrateur judiciaire, 371.41, 592.22
– commissaire à l'exécution du plan, 521.21
– liquidateur, 592.42
– mandataire judiciaire, 361.32, 592.22
– représentant des créanciers, 361.32
– rétablissement professionnel, 594.64

Redressement et liquidation judiciaires à titre personnel
– abstention de tenue de comptabilité conforme, 923.63
– abus de biens sociaux (cumul), 921.82
– acte de commerce dans un intérêt personnel sous couvert de la personne morale, 923.51
– application de la loi dans le temps, 071.12 et 073.35
– audition du dirigeant, 921.37
– auteur de la saisine, 921.31
– banqueroute (cumul), 921.82
– caractère facultatif de la sanction, 923.42
– cas, 923.51 à 923.63
– cessation des paiements, 221.32 et 923.46
– clôture pour insuffisance d'actifs de la procédure du dirigeant, 923.74
– communication du jugement, 921.52
– compétence de la juridiction, 921.34
– comptabilité fictive, 923.63
– comptabilité manifestement incomplète, 923.63
– comptabilité manifestement irrégulière, 923.63
– consultation des créanciers préparatoire à l'arrêté du plan de continuation, 512.32
– cumul avec l'infraction d'abus de biens sociaux, 921.82
– cumul avec la banqueroute, 921.82
– cumul avec la faillite peonnelle, 911.41
– cumul avec le comblemt du passif (impossibilité)21.81
– cumul de sanctions, 9281 et 921.82
– date de cessation des pements, 221.32 et 923.46
– délai de comparution, 1.33
– dirigeant de droit conoés, 921.12 à 921.15
▶ dirigeant de fait, V. *ceots*
– dirigeant déjà en redrement ou en liquidation judie au jour de la mesure, 923.72
– disparition de la complité, 923.63
– disposition des biens sux comme des siens prop923.61
– effets, 923.71 à 923.7
– exécution provisoire, 21 et 921.61
– expertise (rapport d'–).36
– faillite personnelle (cu avec la –), 911.41
– fait antérieur au juger d'ouverture (exigence.41
– faute de gestion en matière de comblement de passif (cas de redressement et de liquidation judiciaires à titre personnel constitutifs d'une –), 922.22
– forme de la saisine, 921.32
▶ inexécution du jugement de condamnation à combler le passif, V. *Redressement et liquidation judiciaires à titre personnel pour inexécution du jugement de condamnation à combler le passif*
– information du tribunal, 921.36
– instruction des mesures, 921.36
– interdiction de gérer (cumul), 911.41
– modalités procédurales, 921.31 à 921.52
– nature juridique de la mesure, 923.31
– ouverture de la procédure, 214.31
– personne morale dirigeante, 921.14
– personne morale dont les dirigeants sont concernés, 921.11
– plan de continuation de la personne morale (conséquences), 923.45
– Polynésie française, 923.22
– poursuite abusive d'exploitation déficitaire, 923.53
– prescription de l'action, 921.42
– privilèges généraux des créanciers de la personne morale (conservation dans la procédure du dirigeant), 923.73
– prononcé de la sanction, 921.51
– publicité du jugement, 921.52
– qualité exigée (indifférence), 923.48
– rapport d'expertise, 921.36
– redressement ou liquidation judiciaire antérieur contre la personne morale dirigée (exigence), 923.43
– représentant permanent d'une personne morale dirigeante, 921.14
– saisine, 921.31 à 921.33
– support des dettes de la personne morale par le dirigeant, 923.71
– suppression par la réforme du 26 juillet 2005, 214.41
– sursis à statuer du fait d'une instance pénale en cours, 921.33
– tierce opposition, 921.72
– transaction, 923.42

- usage des biens de la personne morale dans un intérêt contraire à l'intérêt de celle-ci, 923.52
- usage du crédit de la personne morale dans un intérêt contraire à l'intérêt de celle-ci, 923.52
- voies de recours, 921.71, 921.72, et 921.74

Redressement et liquidation judiciaires à titre personnel pour inexécution du jugement de condamnation à combler le passif
- caractère facultatif, 923.12
- conditions d'application, 923.12
- déclaration de créance au passif de la part du créancier de la personne morale, 923.15
- effets, 923.15
- faillite personnelle, 923.13
- interdiction de gérer, 923.13
- ouverture de la procédure, 923.14
- redressement ou liquidation judiciaire, 923.14
- suppression par la réforme du 26 juillet 2005, 214.41

Redressement et liquidation judiciaires du locataire-gérant ne respectant pas l'engagement d'acquérir, 214.31, 214.41 et 572.45

Redressement judiciaire
- clôture pour extinction du passif, 411.15 et 592.22
- compétence de la juridiction pour l'ouverture du redressement judiciaire, 232.13
- conversion d'une procédure de sauvegarde en redressement judiciaire, 223.32, 223.61 à 223.65
- présentation générale, 412.11
- voies de recours sur décision de passerelle du régime simplifié au régime général, 412.21

Refus de paiement, 221.23

Refus de renouvellement, 442.35

Régime général
- compétence de la juridiction pour l'ouverture du redressement judiciaire, 232.13
- critères, 412.21
- passerelle du régime simplifié au régime général, 412.31
- présentation générale, 412.11
- voies de recours sur décision de passerelle du régime simplifié au régime général, 412.21

Régime matrimonial
- ► changement, V. *Changement de régime matrimonial*
- ► liquidation, V. *Liquidation du régime matrimonial*
- nullités de la période suspecte du partage suite à changement, 741.72 et 823.35

Régime simplifié
- administrateur (absence), 411.22
- critères, 412.21
- passerelle du régime simplifié au régime général, 412.31
- présentation générale, 412.11
- voies de recours sur décision de passerelle du régime simplifié au régime général, 412.31

Registre du commerce et des sociétés
- immatriculation des personnes physiques, 211.21
- radiation des personnes physiques, 211.61

Règlement amiable
- accord, 134.11
- ► agricole, V. *Règlement amiable agricole*
- caution, 134.32 et 135.21
- cessation des paiements, 131.12, 134.11,134.32 et 222.24
- compétnce de la juridiction, 131.21
- conciliaeur, 131.41 à 131.43
- ► V. *Concation*
- créanci(effets de l'accord), 135.11
- créanci principaux, 134.31
- délai deaiement, 134.31, 134.32 136.11
- écrit coinant l'accord, 134.11
- effets daccord à l'égard des cauns, 135.21
- effets daccord à l'égard des par 135.11
- effets dhomologation, 134.32
- évolutid 30.09
- exécutirovisoire, 131.44
- homoloon, 134.31
- notifica de l'ordonnance d'homotion, 134.31
- ordonn d'homologation, 134.31
- ouvertuune procédure collectiite à la résolution de l'acc136.21
- ouvertu règlement amiable, 131.111.42
- qualitée, 131.11
- remise de dettes, 135.11 et 136.11
- résolution, 136.11 et 136.21
- saisine par le créancier pour inexécution, 231.32
- secret professionnel, 134.21 et 134.22
- situation économique, 131.12
- suspension provisoire des poursuites, 133.11 à 133.51
- voies de recours, 132.11

Règlement amiable agricole, 131.12, 133.11, 133.51, 134.34, 231.31 et 231.35

Règlement communautaire CE 1346/2000 du 29 mai 2000, 092.09 à 092.62
- action dérivant directement ou s'insérant étroitement dans la procédure d'insolvabilité, 092.22
- action révocatoire, 092.22
- brevets et marques, 092.51
- clause de réserve de propriété, 092.34
- compétence juridictionnelle, 092.21 à 092.27
- conflit négatif de compétence, 092.27
- conflit positif de compétence, 092.27
- continuation des contrats, 092.32
- contrat de travail, 092.32
- coopération entre les syndics, 092.53
- créanciers (traitement égalitaire des –), 092.62
- domaine, 092.11 à 092.14
- droit réel d'un créancier ou d'un tiers sur des biens du débiteur, 092.34
- droits soumis à enregistrement, 092.35
- entrée en vigueur, 092.09
- entreprise d'assurances, 092.12
- entreprises d'investissement, 092.14
- établissement de crédit, 092.13
- immeuble (contrat portant sur un –), 092.32
- instance en cours, 092.33
- interdiction d'ouverture de deux procédures principales, 092.25
- loi applicable (détermination), 092.31 à 092.37
- ordre public (contrariété à l'–), 092.44
- organismes de placement collectif, 092.14

- participant à un système de paiement ou à un marché financier, 092.37
- présentation générale, 092.09
- principe de confiance mutuelle, 092.24
- procédure principale, 092.21 et 092.24, 092.41
- procédure secondaire, 092.25, 092.51 à 092.53
- procédure territoriale, 092.26
- production des créances, 092.61
- reconnaissance de la procédure principale, 092.41 à 092.44
- sauvegarde financière accélérée, 092.11
- syndic, 092.21 et 092.53
- tiers acquéreur (protection du –), 092.36

Règlement communautaire CE 2015/848 du 20 mai 2015, 094.09 à 094.71
- action dérivant directement ou s'insérant étroitement dans la procédure d'insolvabilité, 094.22
- action révocatoire, 094.22
- brevets et marques, 094.67
- clause de réserve de propriété, 094.63
- clôture d'une procédure (conséquences sur les autres procédures de la –) 094.48
- compétence juridictionnelle, 094.21 à 094.26
- compétence législative, 094.61 à 094.69
- coordination collective (procédure de –), 094.56 à 094.58
- conciliation, 094.11
- continuation des contrats, 094.64
- contrat de travail, 094.64
- conversion d'une procédure secondaire, 094.43
- coopération et communication entre juridictions de l'insolvabilité, 094.45 et 094.53
- coopération et communication entre praticiens de l'insolvabilité, 094.44 et 094.52
- coopération et communication entre praticiens de l'insolvabilité et juridictions, 094.46 et 094.54
- coordination collective (procédure de –), 094.56 à 094.58
- domaine, 094.11 à 094.15
- droit réel d'un créancier ou d'un tiers sur des biens du débiteur, 094.62
- droits soumis à enregistrement, 094.66
- engagement du praticien de l'insolvabilité pour éviter l'ouverture d'une procédure secondaire, 094.42
- entrée en vigueur, 094.09
- entreprise d'assurances, 094.13
- entreprises d'investissement, 094.15
- établissement de crédit, 094.14
- exécution au profit du débiteur, 094.35
- exercice des droits des créanciers dans les procédures secondaires, 094.47
- groupe de sociétés, 094.51 à 094.58
- immeuble (contrat portant sur un –), 094.64
- informations des créanciers, 094.71
- imputations, 094.34
- instance en cours, 094.69
- interdiction d'ouverture de deux procédures principales, 094.23
- loi applicable (détermination de la –), 094.61 à 094.69
- mesures de conservation, 094.43
- ordre public (contrariété à l'–), 094.39
- organismes de placement collectif, 094.15
- ouverture de la procédure principale après ouverture d'une procédure territoriale, 094.49
- participant à un système de paiement ou à un marché financier, 094.65
- praticien de l'insolvabilité, 094.33, 094.55
- présentation générale, 094.09
- principe de confiance mutuelle, 094.31
- procédure de coordination collective, 094.56 à 094.58
- procédure principale, 094.21, 094.49
- procédure secondaire, 094.23, 094.49
- procédure secondaire virtuelle, 094.56
- procédure synthétique, 094.56
- procédure territoriale, 094.24, 094.49
- production des créances, 094.71
- publication des décisions d'ouverture dans les autres États, 094.37
- reconnaissance de la procédure principale, 094.31 à 094.39
- reconnaissance des décisions postérieures à l'ouverture de la procédure d'insolvabilité, 094.38
- recours sur la décision d'ouverture de la procédure d'insolvabilité, 094.26
- registres d'insolvabilité, 094.36
- restitutions, 094.34
- rétablissement professionnel, 094.11
- sauvegarde, 094.11
- sauvegarde accélérée, 094.11
- surplus d'actif de la procédure secondaire, 094.48
- tiers acquéreur (protection du –), 094.69
- vérification de la compétence, 094.25

Règles de procédure civile
- violation, 321.21, 321.31

Réitération d'enchères, 621.77

Relevé de créances salariales
- auteur de l'établissement, 696.11
- contestation, 696.24 et 696.25
- contenu, 696.13
- délai de l'établissement, 696.12
- dépôt au greffe, 696.23
- information individuelle des salariés, 696.12
- publicité, 696.23
- réclamation sur l'admission d'une créance salariale, 696.27
- relevé de forclusion, 696.26
- tierce opposition sur l'admission d'une créance salariale, 696.27
- visa du juge-commissaire, 696.21
- voies de recours, 696.27 et 696.28

Relevé de forclusion
- appel, 332.13
- appréciation différente selon les créanciers, 665.52
- créancier admis à titre provisionnel, 682.66
- créancier connu, 665.52
- créancier fiscal et social, 682.66
- créancier titulaire d'un contrat publié ou d'une sûreté publié, 665.86 et 665.88
- déclaration de créance du créancier relevé de forclusion, 665.57
- défaut d'avertissement du créancier connu, 665.52
- délai de présentation de la requête, 665.56

- effets du refus de relevé de forclusion dans la législation antérieure à la loi de sauvegarde des entreprises, 665.71 à 665.74
- effets du refus de relevé de forclusion sous l'empire de la loi de sauvegarde des entreprises, 665.75 à 665.78
- effets du relevé de forclusion, 665.57
- extinction de la créance, 665.71
- frais de l'instance, 665.54.
- fraude du débiteur, 665.53
- modalités, 665.54
- motifs, 665.51 à 665.53
- omission volontaire ou non, 665.53
- présomption de déclaration de créance par le débiteur pour le compte du créancier, 662.53
- requête, 665.54 à 665.56
- responsabilité du représentant des créanciers, 665.74
- salarié, 696.26
- voies de recours, 665.61, 665.62 et 683.33

Relèvement des mesures de faillite personnelle et d'interdiction de gérer, 071.21, 911.91 et 911.92

Remise de dettes
- fiscalité en conciliation, 142.51 et 144.47
- fiscalité en plan, 522.13
- nullité de la période suspecte, 823.32

Remise de dettes du plan de redressement
- caution, 723.31
- codébiteur, 731.56
- ▶ V. aussi *Remise de dettes du plan de sauvegarde*

Remise de dettes du plan de sauvegarde
- caution, 723.33
- codébiteur, 731.56
- cours des intérêts, 522.19
- créance salariale, 522.14
- créancier réfractaire, 522.13
- ▶ crédit-bail, V. *Levée d'option d'achat du crédit-bail en plan de continuation*
- donné acte aux créanciers, 522.12
- incidences fiscales, 522.13
- interdiction d'imposer des remises, *522.18*
- *intérêts, 522.19*
- petit créancier, 522.14
- proposition alternative, 522.15

- ▶ réponse à la consultation des créanciers publics préparatoire à l'adoption du plan de sauvegarde, V. *ces mots*
- résolution du plan, 524.32

Remise de dettes publiques
- conciliation, 142.51 à 142.65
- plan de sauvegarde, 512.51 à 512.75

Remise en compte courant, 823.21

Remise en état des lieux
- délimitation des créances antérieures et des créances postérieures, 442.34

Remontée de la date de cessation des paiements
- ▶ V. *Report de date de cessation des paiements*

Remplacement des organes
- droit positif, 351.63
- voies de recours, 351.64

Rémunération
- débiteur, 471.11
- dirigeant, 471.11

Rente viagère, 431.27, 665.71

Réouverture de la procédure de liquidation judiciaire
- application de la loi dans le temps, 071.13 et 073.34
- conditions, 593.11
- consignation des frais, 593.12
- effets, 593.31
- modalités procédurales, 593.21
- publication du jugement, 593.22
- saisine, 593.21
- voies de recours, 593.22

Répartition
- ▶ V. *Distribution en liquidation judiciaire*
- responsabilité du liquidateur, 362.33

Répartition des pouvoirs entre les organes et le débiteur, 421.12 à 421.28

Répertoire des métiers
- ▶ V. *Personne inscrite au répertoire des métiers*

Répétition de l'indu, 443.52

Réponse à la consultation des créanciers préparatoire à l'arrêté du plan de sauvegarde
- absence, 512.43
- arrêté d'un plan avant expiration du délai de réponse (sanction), 512.42
- créancier non consulté, 512.44
- délai, 512.41
- formulation d'une réponse, 512.41
- respect du délai, 512.42

Réponse à la consultation des créanciers publics préparatoire à l'adoption du plan de sauvegarde
- condition de la remise de dette tenant à la personne du débiteur ou de son dirigeant, 512.63
- coordination des efforts des créanciers publics avec ceux des créanciers privés, 512.75
- créances concernées, 512.53 et 512.54
- créanciers concernés, 512.52
- décision de remise de la dette par les administrations financières, 512.55
- entrée en vigueur du dispositif, 512.51, 512.71
- finalité des remises, 512.74
- hiérarchisation des remises de dettes, 512.64
- plafond des remises de dettes, 512.62
- possibilité pour les créanciers publics d'accorder des remises, 512.51
- remise de la dette par les collectivités territoriales (incidences de la –), 512.58
- remise du créancier public conditionnée aux efforts consentis par les autres créanciers, 512.61
- réponse de la CCSF, 512.57, 512.73
- saisine de la CCSF, 512.56, 512.72

Report de date de cessation des paiements
- autorité de chose jugée, 222.22 à 222.25, 222.27
- conciliation, 144.12 et 144.45, 222.25
- conversion de la sauvegarde en redressement judiciaire, 222.26 et 222.27
- délai, 222.33
- exécution provisoire, 222.35
- forme, 222.32
- mandat *ad hoc*, 222.23
- publicité du jugement, 222.34
- règlement amiable, 222.24
- report en amont, 222.21
- report en aval, 222.21
- reports multiples, 222.21
- saisine, 222.33
- titulaire, 222.31
- voies de recours, 222.36

Report du droit de rétention sur le prix, 563.71 à 563.73

Repreneur en plan de cession
- engagement particulier, 582.26
- voies de recours sur le jugement statuant sur le plan de cession, 323.71

Représentant des créanciers
- action en rapport, 361.24 et 361.27
- adjonction, 351.63
- administration (absence de mission d'–), 361.13
- assignation en intervention forcée, 361.15
- assistance (absence de mission d'–), 361.13
- constitution de partie civile, 361.25 et 361.27
- consultation des créanciers, 361.21
- conversion du redressement en liquidation judiciaire, 361.22
- défense de l'intérêt collectif des créanciers, 361.11
- demande de renseignements (réponse), 361.14
- documents comptables, 361.15
- ▶ honoraires, V. *Honoraires du représentant des créanciers*
- information des créanciers, 361.14
- information par le –, 361.14
- intérêt collectif des créanciers, 361.11, 611.31 et 611.32
- liquidateur (nomination en qualité de –), 361.31
- ▶ mandataire judiciaire au redressement et à la liquidation des entreprises, V. *ces mots*
- mise en cause, 361.15
- mission (durée), 361.32 à 361.34
- modification du plan de redressement, 361.23
- nomination, 351.61 et 351.62, 361.09
- nullité de la période suspecte, 361.24 et 361.27
- plan de redressement (modification), 361.23
- plan de redressement (résolution), 361.23
- rapport, 361.14
- reddition des comptes, 361.32
- remplacement, 351.63
- résolution du plan de redressement, 361.23
- responsabilité civile, 351.91, 361.41 et 665.71 à 665.74
- restitution, 361.26
- revendication, 361.26
- sanction civile, 361.25 et 361.27
- sanction pénale, 361.25 et 361.27
- vérification des créances, 361.12
- virement à un compte spécial bloqué des parts ou actions incessibles, 361.27
- voies de recours sur les désignations et remplacements, 351.61

Représentant des salariés
- contentieux des élections, 392.14
- désignation, 392.11
- élection, 392.11 et 392.14
- fonctions, 392.21
- licenciement, 073.37, 432.27
- remplacement, 392.12

Représentant permanent d'une personne morale dirigeante, 921.14

Représentation mutuelle des coobligés
- ▶ V. *Application à la caution solidaire de la représentation mutuelle des coobligés, Application au codébiteur de la représentation mutuelle des coobligés*

Reprise des poursuites individuelles après clôture de la liquidation judiciaire pour insuffisance d'actif
- ▶ absence de reprise des poursuites des créanciers après clôture de la liquidation judiciaire pour insuffisance d'actif, V. *ces mots*
- cas (énoncé), 592.61
- clôture précédente pour insuffisance d'actif, 592.67
- condamnation pénale, 592.62
- droits attachés à la personne, 592.63
- eirl, 592.66, 592.67
- faillite personnelle, 592
- fraude, 592.66 et 592
- fraude fiscale, 592.64
- interdiction de gérer, 5
- modalités procédurales, 592.71 à 592.73
- ordonnance d'injonction de payer, 592.71 et 592.72
- président du tribunal, 1 et 592.72
- récidive, 592.67 et 592
- voies de recours sur l'ordonnance présidentielle, 592.74

Reprise des poursuites individuelles après clôture du plan de cession pour insuffisance d'actif, 582.28

Reprise des poursuites individuelles en liquidation judiciaire par le créancier titulaire de sûreté
- action concernée, 566.22
- action résolutoire, 566.22
- caractère facultatif, 566.12
- conditions, 566.31
- créancier concerné, 566.21
- domaine, 566.21 et 566.22
- effets de la reprise, 566.41
- fondement de la règle, 566.11
- généralités, 566.11
- inaction du liquidateur, 566.33
- juge-commissaire (autorisation du –), 566.31
- liquidateur (inaction), 566.33
- saisie-immobilière, 566.32

Reprise des poursuites individuelles tendant à la fixation de la créance
- action en cours, 623.21 à 623.25
- assignation en intervention forcée des organes, 623.32
- déclaration de créance, 623.31
- domaine, 623.21 à 623.25
- droit propre du débiteur à défendre à l'instance, 623.33
- effets, 623.41 et 623.42
- fondement, 623.12
- irrégularité de la reprise des poursuites (sanction de l'–), 623.34
- modalités procédurales, 623.31

Reprise du conjoint
- combat de la preuve de biens propres, 741.52
- effets, 741.54
- inapplication des règles des revendications, 741.53
- règles de preuve des régimes matrimoniaux, 741.51
- rejet de la demande en reprise, 741.55

Requête en inopposabilité de forclusion
- ▶ V. *Inopposabilité de forclusion*

Requête en relevé de forclusion
- ▶ V. *Relevé de forclusion*

Requête en restitution
- ▶ demande en acquiescement de revendication, V. *ces mots*
- présentation, 812.61
- reconnaissance du droit à restitution, 812.56 et 812.61
- voies de recours, 812.71

Requête en revendication
- auteur, 813.42

- délai de présentation, 813.43 et 813.57
- ▶ demande en acquiescement de revendication, V. *ces mots*
- demande en justice, 813.42
- dépassement du délai raisonnable par le juge-commissaire, 813.44
- nature juridique, 813.42
- reconnaissance du droit à restitution, 813.56
- règles communes aux requêtes soumises à la loi du 25 janvier 1985 et à celle du 10 juin 1994, 813.41 à 813.44
- règles générales, 813.41
- règles propres à la loi du 10 juin 1994, 813.51 et 813.57
- règles propres à la loi du 25 janvier 1985 non réformée, 813.41 et 813.42

Réserve de crédit, 221.16

Réserve de propriété
- ▶ V. *Clause de réserve de propriété, Vente avec clause de réserve de propriété*

Résiliation des contrats en cours
- ▶ bail du local professionnel, V. *ces mots*
- clause de résiliation de plein droit pour redressement ou liquidation judiciaires, 431.12
- constat de la résiliation de plein droit, 621.62
- inexécution, 431.55
- option de non continuation, 431.51, 431.52 et 431.53

Résolution amiable du litige, 312.14

Résolution de la vente
- revendication, 815.21

Résolution du plan de cession
- acte de cession (sort de l'–), 584.12, 584.43
- communication de la décision, 584.12
- contrat cédé judiciairement (sort du –), 584.43
- dommages et intérêts contre le repreneur, 584.45
- effets, 584.41 à 584.44
- engagements du repreneur (absence de maintien des –), 584.44
- modalités procédurales, 584.11
- motifs, 584.21
- prix de cession, 584.22 et 58443
- procédure collective contre le repreneur, 584.42
- procédure collective nouvelle contre le débiteur (absence de –), 584.41
- publicité de la décision, 584.12
- signification de la décision, 584.12
- voies de recours, 584.31

Résolution du plan de redressement
- application de la loi dans le temps, 072.14 et 073.32
- cessation des paiements pour l'ouverture de la procédure suite à la résolution du plan (indifférence), 221.35, 221.36 et 544.21
- déclaration des créances suite à la résolution du plan, 524.34 et 524.35
- inexécution, 544.22

Résolution du plan de sauvegarde
- application de l'ordonnance du 18 décembre 2008 dans le temps, 074.33
- cessation des paiements pour l'ouverture de la procédure suite à la résolution du plan (indifférence), 221.35, 221.36 et 524.13
- commissaire à l'exécution du plan, 524.21 et 524.23
- conditions, 524.11 à 524.23
- contenu de la demande, 524.22
- créancier postérieur dla première procédure, 451.12
- clancir (remise en l'état arériet à l'ouverture dea prcédure), 524.32
- dae dessation des paiements dars laocédure ouverte suite à larésition du plan, 221.35 et 524.
- déclara des créances suite à la résion du plan, 524.35
- dispene déclaration de créa pour le créancier admis assif d'une première procéd663.81
- demar524.21 et 524.22
- effets,31 à 524.37
- état dsation des paiements pour lrture de la procédure suite àsolution du plan (indiffe), 524.13
- inexéc des engagements, 524.1
- liquidudiciaire ouverte suite à la rón du plan, 524.31
- pouvopréciation de la ion, 524.11
- qualité exigée pour l'ouverture de la procédure suite à la résolution du plan (indifférence), 524.13
- remise de dettes, 524.32
- remise des créanciers en l'état antérieur à l'ouverture de la procédure, 524.32
- restitution dans la procédure ouverte suite à la résolution du plan, 524.36
- revendication dans la procédure ouverte suite à la résolution du plan, 524.36
- saisine, 524.21
- voies de recours, 524.24

Résolution du règlement amiable, 136.11 et 136.21

Responsabilité civile de l'administrateur judiciaire
- assurance (contrat d'–), 372.24
- bail d'un local professionnel, 372.23
- cession de créances, 372.41
- commande (non-paiement), 372.31
- continuation d'activité, 372.31
- contrat en cours, 372.21 à 372.24
- créance postérieure (non paiement), 372.31
- exécution de décision de justice, 372.71
- obligation conventionnelle incombant au chef d'entreprise, 372.11
- obligation légale incombant au chef d'entreprise, 372.11
- plans, 372.81 à 372.85
- règles générales, 372.09
- restitution, 372.51
- revendication, 372.51
- surveillance du débiteur, 372.61

Responsabilité civile des dirigeants
- comblement de passif, 922.11 à 922.15

Responsabilité civile des tiers
- ▶ V. *Action en responsabilité civile des tiers*
- ▶ banquier, V. *Responsabilité civile du banquier*

Responsabilité civile du banquier
- adoption de l'article L. 650-1 du Code de commerce, 834.11
- application dans le temps du dispositif de l'article L. 650-1 du Code de commerce, 834.14
- caution, 725.11 à 725.15
- cession Dailly, 831.12
- contractuelle, 831.13

– crédit ruineux, 833.12
– connaissance de la situation irrémédiablement compromise, 833.13
– devoir de conseil (manquement au –), 831.12
– disproportion des garanties, 834.17
– domaine du dispositif créé par l'article L. 650-1 du Code de commerce, 834.13
– fraude, 834.15
– immixtion caractérisée dans la gestion, 834.16
– irresponsabilité de principe du banquier avec l'article L. 650-1 du Code de commerce, 834.12
– mise en garde du banquier (obligation de –), 725.14
– modalités de la condamnation, 833.15 et 834.18
– montant de la condamnation, 833.14
– nature du dispositif créé par l'article L. 650-1 du Code de commerce, 834.12
– nullités des garanties en cas de condamnation sur le fondement de l'article L. 650-1 du Code de commerce, 834.19
– présentation générale, 831.12 et 831.13
– refus d'octroi d'un concours bancaire, 434.24
– rupture abusive, 832.11 à 832.14
– soutien abusif, 833.11 à 834.19

Responsabilité civile du créancier
– caution, 725.11 à 725.15

Responsabilité civile du liquidateur
– bail commercial, 362.34
– continuation des contrats, 362.34
– crédit-bail, 362.34
– exécution provisoire, 234.11
– licenciement, 362.35
– réalisation d'actifs, 362.32
– règles générales, 362.31
– répartition, 362.33
– revendication, 362.32

Responsabilité civile du mandataire de justice
– assurance, 351.92
▶ administrateur judiciaire, V. *Responsabilité civile de l'administrateur judiciaire*
– compétence, 312.43
▶ liquidateur, V. *Responsabilité civile du liquidateur*
– règles communes, 351.91
▶ représentant des créanciers, V. *Responsabilité civile du représentant des créanciers*

Responsabilité civile du représentant des créanciers, 361.41

Responsabilité pour contribution à la cessation des paiements, 075.31, 926.09 à 926.45

Responsabilité pour insuffisance d'actif
▶ V. *Comblement de passif*

Restitution
– application de la loi du 10 juin 1994 dans le temps, 812.11
– application de la loi du 26 juillet 2005 dans le temps, 073.24
▶ clause de réserve de propriété, V. *ces mots*
▶ demande en acquiescement de restitution, V. *ces mots*
– domaine, 812.21
▶ requête en restitution, V. *ces mots*
– résolution du plan de sauvegarde, 524.36
– responsabilité de l'administrateur, 372.51
– sort du bien en l'absence de demande, 812.81
– voies de recours, 333.21 et 812.71

Restructuration de la personne morale
– modification du capital social, 511.22, 531.22
– modification statutaire, 511.22, 531.22
– reconstitution des capitaux propres, 511.23, 531.
– règles générales, 511., 531.21

Rétablissement professinel
– absence de procédure collective en cours, 594.12
– actif (très faible valeur de l'–), 594.15
– activité (obligation de cessation de l'–), 594.75
– arrêt des poursuites individuelles (absence d'–), 594.3
– bonne foi du débiteur, 594.51
– caution, 594.71
– communication du jugement d'ouverture, 594.23
– compte rendu de fin de mission, 594.64
– conditions d'éligibilité tenant au débiteur, 594.11
– déclaration des créances (absence de –), 594.41 et 594
– demande d'ouverture, 594.21
– désistement d'instance, 594.22
– dessaisissement (absence de –), 594.32
– effacement de l'effacement des dettes, 594.82 et 594.83
– effacement des dettes, 594.71 et 594.72
– eirl, 594.11
– enquête, 594.24
– exécution provisoire, 594.23
– fin de la procédure (choix du juge commis à la –), 594.61
– frais de la procédure, 594.65
– inapplication au débiteur « récidiviste », 594.13
– information sur les créances, 594.41
– information sur les droits patrimoniaux, 594.41
– interdiction d'émettre des chèques (suspension de la mesure d'–), 594.74
– interdiction des paiements (inapplication de la règle de l'–), 594.31
– juge commis, 594.24
– jugement de clôture, 594.63
– liquidation judiciaire (ouverture d'une –) après clôture du rétablissement professionnel, 594.81
– liquidation judiciaire (ouverture d'une –) pendant le rétablissement professionnel, 594.51
– mandataire judiciaire, 594.24
– nature juridique (absence d'assimilation à une procédure collective), 594.31
– notification du jugement d'ouverture, 594.23
– présentation générale, 594.09
– rémunération du mandataire judiciaire, 594.64
– salarié (absence de –), 594.14
– voies de recours, 594.62, 594.73

Retour conventionnel, 561.43

Rétractation du jugement d'ouverture, 233.51 et 233.55

Retrait
▶ V. *Débiteur retiré*

Retrait contre paiement en liquidation judiciaire, 563.61 à 563.63

Retrait contre paiement en période d'observation
– domaine, 632.11
– efficacité, 632.31 et 633.33
– modalités, 632.21

Retrait litigieux, 631.22

Retraite (effets de la non déclaration de la créance de cotisations), 665.71

Revendication
– biens fongibles, 816.52 et 816.53
– caution, 724.15
– cessionnaire de la créance de loyers, 813.24
▶ clause de réserve de propriété, V. *ces mots*
– chose fongible, 816.52 et 816.53
– conditions de fond, 813.31, 816.31 à 816.34, 816.51 à 816.53
– créance (sort), 813.72 et 813.74
▶ demande en acquiescement de revendication, V. *ces mots*
– dépositaire, 813.23
– domaine, 813.21
– effet de commerce, 814.11
– effets sur la créance, 813.72 et 813.74
– effets sur le bien, 813.61 et 813.73
– existence en nature du bien, 813.31 et 816.31
– fongibilité du bien, 816.52 et 816.53
– identification du bien, 813.31, 816.31 à 816.33
– indemnité d'assurance, 816.34
– inventaire, 462.34
– marchandise en cours d'expédition, 815.31
– marchandise *in transitu*, 815.31
– mauvaise foi du tiers acquéreur, 816.41
– modalités procédurales, 813.41 à 813.57
– nature juridique, 813.11
– prix de revente (non-paiement), 816.44
– propriétaire d'effets de commerce, 814.11
– reprise du conjoint, 741.53
▶ requête en revendication, V. *ces mots*
– résolution de la vente, 815.21
– résolution du plan de sauvegarde, 524.36
– responsabilité de l'administrateur, 372.51
▶ revendication du prix, V. *ces mots*
▶ revente du bien, V. *Revendication du prix*
– sauvegarde accélérée, 224.32, 813.21
– sinistre au bien, 816.34
– sous acquéreur (mauvaise foi), 816.41
– transformation du bien, 816.32 et 816.33
– vendeur de meubles non réservataire, 815.11 à 815.31
– vente résolue, 815.21
– voies de recours, 333.21 et 813.61

Revendication du prix
– admission de la revendication du bien, condition de la revendication du prix, 816.43
– conditions de fond de la revendication du prix tenant au bien, 816.44
– conditions de fond de la revendication du prix tenant au non paiement du prix de revente, 816.45
– conflit avec le titulaire de la créance de prix de revente, 816.47
– domaine de la revendication du prix, 816.42
– fondement de l'action, 816.43
– interdiction de principe de la revendication du bien en cas de revente du bien, 816.41
– modalités procédurales de la revendication du prix, 816.46
– sous acuéreur (mauvaise foi), 816.41

Rupture de concours bancaires, 434.21 et 4.22

S

Saint-Pierre-Miquelon, 083.11

Saisie-attribion
– arrêt desies d'exécution, 622.21 e22.52
– créancierstérieur, 455.43 à 455.46
– nullité deériode suspecte, 823.72 e4.24

Saisie ayanté au jour du jugemenouverture
– arrêt des s d'exécution, 622.51 à .53

Saisie conseoire
– arrêt des s d'exécution, 622.31
– nullité deériode suspecte, 823.72

Saisie des rérations, 552.21

Saisie immobilière
– arrêt des voies d'exécution, 622.11

Saisie immobilière en liquidation judiciaire
– adjudication, 562.28
– application de l'ordonnance du 18 décembre 2008 dans le temps, 074.41
– arrêt des voies d'exécution, 622.21
– audience d'orientation, 562.24
– contestation, 562.25
– conversion en vente volontaire, 562.24
– dessaisissement du débiteur (effets), 562.25
– dires, 562.25
– entamée au jour du jugement d'ouverture, 562.29
– folle enchère, 621.77
– non entamée au jour du jugement d'ouverture, 562.22
– opposition à l'ordonnance du juge-commissaire, 562.25
– ordonnance du juge-commissaire, 562.22 à 562.24, 566.32
– publication de l'ordonnance à la conservation des hypothèques, 562.24
– principe de la vente sur saisie immobilière, 562.21
– purge des inscriptions de sûreté, 591.21
– réitération d'enchères, 621.77
– renvoi de la vente (impossibilité du –), 562.26
– reprise par le créancier en liquidation judiciaire en cas d'inaction du liquidateur, 566.32
– sommation d'avoir à prendre communication du cahier des conditions de la vente (ancien cahier des charges), 562.25
– subrogation du liquidateur, 562.29
– surenchère, 621.77
– vente d'immeubles multiples, 562.27
– voies de recours, 562.25

Saisie mobilière
– arrêt des voies d'exécution, 622.21

Saisine de la juridiction pour l'ouverture de la procédure de sauvegarde, de redressement et de liquidation judiciaires
– d'office, 231.41 à 231.52
– par le créancier, 231.31 à 231.37
– par le débiteur, 231.21 à 231.25

- par le procureur de la République, 231.61
- sauvegarde, 231.11 et 231.12

Saisine d'office par la cour d'appel, 231.51 et 231.52

Saisine d'office par le tribunal, 231.41 à 231.45
- cas, 231.41
- contradictoire, 231.42
- convocation du débiteur, 231.43
- suppression, 231.44 et 231.45

Saisine par le créancier, 231.31 à 231.37
- agriculteur, 231.35
- appel en cas de rejet de la demande, 320.09
- assignation abusive, 231.37
- audition des institutions représentatives du personnel, 231.44
- conditions de fond, 231.32
- contenu de l'assignation, 231.34
- exclusivité de la demande, 231.36
- forme, 231.33
- généralités, 231.31
- règlement amiable (inexécution), 231.32
- règlement amiable agricole, 231.35
- voie de recours en cas de rejet de la demande, 320.09

Saisine par le débiteur
- déclarant, 231.25
- injustifiée, 231.23
- modalités, 231.24
- obligation légale, 231.21
- pièce à communiquer, 231.24
- sanction de l'absence de déclaration dans le délai de 15 jours, 231.22 et 912.18
- sauvegarde, 231.11 et 231.12
- sauvegarde accélérée, 224.21

Saisine par le ministère public, 231.61

Salaires perçus par le débiteur en liquidation judiciaire, 552.21

Salarié
- ▶ AGS, V. *ce mot*
- arrêt des poursuites individuelles, 621.09
- ▶ comité d'entreprise, V. *ces mots*
- consultation des créanciers préparatoire à l'arrêté du plan de sauvegarde, 512.32
- ▶ contrat de travail, V. *ces mots*
- ▶ créance salariale, V. *ces mots*
- déclaration de créance (dispense de –), 663.85
- délai du plan de sauvegarde, 522.14
- ▶ délégué du personnel, V. *ces mots*
- fondement de la situation de faveur, 690.09
- ▶ instance prud'homale en cours, V. *ces mots*
- ▶ institution représentative du personnel, V. *ces mots*
- ▶ licenciement, V. *ce mot*
- ▶ privilège général des salaires, V. *ces mots*
- protégé, 432.27 et 693.61
- réclamation sur l'admission d'une créance salariale, 696.27
- relevé de forclusion, 696.26
- ▶ relevé de créances salariales, V. *ces mots*
- remise de dettes du plan de sauvegarde, 522.14
- ▶ représentant des salariés, V. *ces mots*
- ▶ super-privilège des salaires, V. *ces mots*
- ▶ vérification des créances salariales, V. *Relevé de créances salariales*

Salarié protégé
- AGS, 693.61
- licenciement, 432.27

Sanction civile
- application de la loi dans le temps, 070.09
- ▶ faillite personnelle, V. *ces mots*
- ▶ interdiction de gérer, V. *ces mots*

Sanction civile d'un acte accompli sans habilitation du juge commissaire, 422.41 à 422.43

Sanction douanière (déclaration des créances), 663.32

Sanction fiscale (déclaration des créances), 663.32

Sanction pécuniaire atteignant les dirigeants
- ▶ comblement de passif, V. *ces mots*
- ▶ redressement et liquidation judiciaires à titre personnel, V. *ces mots*

Sanction pénale
- ▶ V. *Infraction pénale*

Sanction pénale d'un accompli sans habilitation du jug commissaire, 422.41, 44, 933.12 et 933.23

Sauvegarde
- absence d'apparition état de cessation des paies pendant la période oation, 515.13
- clôture de la procédure pour absence de présentation d'un plan de sauvegarde, 492.13
- clôture de la procédure pour disparition des difficultés ayant justifié l'ouverture de la sauvegarde, 410.09 et 411.14
- conversion en redressement ou en liquidation judiciaire, 223.61 à 223.64
- ▶ difficultés de nature à conduire la cessation des paiements, V. *ces mots*
- ▶ difficultés que le débiteur ne peut surmonter, V. *ces mots*
- disparition des difficultés ayant justifié l'ouverture de la sauvegarde, 410.09, 411.14
- durée de la période d'observation, 411.11 à 411.13, 411.21
- eirl, 223.31, 223.41
- fin de la procédure, 421.11
- invitation du tribunal saisi d'une sauvegarde à solliciter l'ouverture d'une conciliation en l'absence de difficulté que le débiteur ne peut surmonter, 141.21 et 223.33.
- nature juridique, 510.09
- poursuite de l'activité en période d'observation, 421.24
- *prepackaged plan*, 512.09
- présentation générale, 510.09
- ▶ sauvegarde financière accélérée, V. *ces mots*

Sauvegarde accélérée
- application de principe des règles de la sauvegarde, 224.31
- clause de réserve de propriété, 816.09
- conciliation en cours (exigence d'–), 224.11
- continuation des contrats en cours, 224.32
- création, 224.09
- créanciers concernés, 224.51
- décision statuant sur l'ouverture, 224.22
- déclaration des créances, 224.52, 663.86
- élaboration d'un projet de plan en amont, 224.13, 492.14
- état de cessation des paiements, 224.14
- inapplication de certaines règles de la sauvegarde, 224.32
- inventaire, 224.24
- organes, 224.23

- période d'observation, 224.41, 411.17
- ▶ plan de sauvegarde accélérée, V. *ces mots*
- présentation générale, 510.09
- revendication, 224.32
- saisine, 224.21
- seuils, 224.12
- vérification des créances, 672.14
- voies de recours, 224.25

Sauvegarde financière accélérée (SFA)
- administrateur judiciaire (nomination), 351.61, 371.11
- application des règles de la sauvegarde, 225.21
- arrêt des poursuites individuelles, 621.09, 621.71
- clôture de la procédure sans plan, 492.14
- comité des établissements de crédit, 225.32
- compétence territoriale (dérogation aux règles de –), 232.15
- conciliation (échec de la –), 143.22, 225.11
- conciliateur (rapport aux fins d'ouverture), 233.11
- contrôleur, 612.11
- cours des inscriptions de sûretés, 651.12
- cours des intérêts, 641.11
- création, 225.09
- critères, 075.11 et 510.09
- déclaration de créance, 225.33, 663.18, 663.86
- élaboration d'un projet de plan en amont, 225.14
- endettement financier, 225.13
- entrée en vigueur, 075.11
- interdiction des paiements, 631.16
- nature juridique, 510.09
- période d'observation, 225.31, 411.11, 411.16, 411.18
- plan, 514.11 et 514.21 s.
- poursuites individuelles, 621.71
- présentation générale, 042.87, 510.09
- projet de plan, 225.14, 492.12 et 492.14
- publication du jugement d'ouverture, 225.22
- règlement communautaire CE *1346/2000*, *092.11*
- seuils, 225.12
- tierce-opposition au jugement d'ouverture, 233.54
- vérification des créances, 672.14
- voies d'exécution, 622.09

Scellés, 462.21

Sécurisation de l'emploi (loi de –), 432.22 s., 693.09

Séparation judiciaire de biens, 741.75

Séquestre, 456.23, 622.42, 633.41

Siège statutaire
- procédure ouverte en France, 092.21

Situation individuelle des salariés, 432.24

Situation irrémédiablement compromise, 434.22

Société
- absorption, 212.21
- contrat de –, 435.51
- créée de fait, 212.11
- dissolution (liquidation judiciaire), 553.11 à 553.15, liquidation au sens du droit des sociétés, 212.21
- nulle, 212.11
- personnalité morale (disparition), 212.21
- radiée, 212.21

Société anonyme
- procédure d'alerte, 122.36

Société civile
- associé garant du passif, 731.12

Société d'assurances
- action en paiement des dettes sociales, 922.71

Société en nom collectif
- extension de procédure, 214.11 à 214.14

Société mère (relations avec la filiale)
- dirigeant de fait 921.24

Société par actions simplifiée
- déclaration des créances, 662.31
- procédu d'alerte, 122.35
- revendicion, 813.42

Société pluprofessionnelle d'exercice, 1.31-1

Société unrsonnelle
- dissoluti 212.22

Soldes bares et postaux, 462.42

Solidarité le du dirigeant social, 731.13

Sommatiovoir à prendre communio des conditions de la ventcien cahier des charg62.25

Sous-caution, 726.18

Sous-location, 582.72

Souscription d'engagements trop importants
- faillite personnelle, 912.16

Sous-traitance
- arrêt des poursuites individuelles, 621.21
- dirigeant de fait, 921.23

Soutien abusif, 833.11 à 833.15

Stage professionnel de mandataires de justice, 351.42, 351.43

Statistiques, 041.21

Subordination (accord de –), 513.31

Subrogation dans la clause de réserve de propriété, 816.73 à 816.77

Subsides
- débiteur, 471.21
- dirigeant, 471.21

Substitution dans l'exécution de la cession d'unité de production, 564.54

Substitution dans l'exécution du plan de cession, 572.62

Substitution de garanties en période d'observation
- appel, 332.13
- conditions de fond, 484.21
- conditions de forme, 484.22
- domaine, 484.11 et 484.12
- droit de rétention, 484.12
- effets, 484.41
- énoncé de la règle, 484.09
- équivalence de la garantie, 484.21
- exécution provisoire (absence), 234.12 et 484.31
- gage, 484.12
- inscriptions de sûretés, 652.14
- juge-commissaire (ordonnance), 484.22
- paiement du créancier, 484.42
- radiation des inscriptions, 484.41
- voies de recours, 332.13 et 484.31

Substitution de garanties en plan de redressement
- ▶ V. *Substitution de garanties en plan de sauvegarde*

Substitution de garanties en plan de sauvegarde
- conditions de fond, 522.37
- domaine, 522.35
- effets, 522.37
- modalités procédurales, 522.36

Succession (renonciation par un débiteur en liquidation judiciaire), 552.32

Super privilège des façonniers, 456.55

Super privilège des producteurs agricoles, 591.61

Super privilège des salaires
– bénéficiaire, 691.11
– classement, 456.53 et 456.56
– couverture temporelle, 691.22
– créance garantie, 691.21
– plafond, 691.23
– versement, 691.24
– succession de procédures, 691.22

Surenchère, 621.77, 621.78

Surendettement des particuliers 211.09

Sûreté
▶ arrêt du cours des inscriptions de sûretés, V. *ces mots*
▶ continuation du cours des inscriptions de sûretés, V. *ces mots*
– constitution avec l'habilitation du juge-commissaire, 422.23
– constitution en garantie d'une créance antérieure, 823.51 à 823.71
– constitution sans l'autorisation du juge-commissaire (infraction pénale), 933.12 et 933.23
– déclaration des créances, 666.42
▶ purge des inscriptions de sûretés en liquidation judiciaire, V. *ces mots*
▶ réalisation des actifs en période d'observation, V. *ces mots*
▶ réalisation des actifs en plan de sauvegarde, V. *ces mots*
– renouvellement, 652.15
▶ substitution de garantie en période d'observation, V. *ces mots*
▶ substitution de garantie en plan de sauvegarde, V. *ces mots*
▶ transfert de la charge de la sûreté, V. *ces mots*
▶ transfert de la charge de la sûreté en plan de cession, V. *ces mots*

Sûreté judiciaire
– arrêt des voies d'exécution, 622.41
– inscription définitive de sûretés, 652.16

Sûreté réelle pour autrui, 663.21, 666.42, 711.25, 721.22, 823.36

Sursis à statuer du fait d'une instance pénale en cours
– comblement de passif, 921.33
– faillite personnelle, 911.34
– redressement et liquidation judiciaires à titre personnel, 921.33

Sursis à statuer sur l'admission ou le rejet d'une créance déclarée, 682.15, 683.18

Surveillance de l'exécution du plan de cession
– action en responsabilité civile délictuelle, 581.62
▶ V. *Commissaire à l'exécution du plan de cession*
– durée, 581.63
– liquidateur, 581.09, 581.61

Surveillance de l'exécution du plan de sauvegarde
▶ V. *Commissaire à l'exécution du plan de sauvegarde*

Survie de la loi ancienne, 071.11 à 071.13

Suspension provisoire des poursuites du règlement amiable
– demande, 133.11
– durée, 133.21
– effets, 133.51
– notification de l'ordonnance, 133.31
– ordonnance, 133.31 et 133.41
– publicité de l'ordonnance, 133.41
– radiation de l'inscription, 133.61

Syndicat
– qualité exigée, 212.23

Syndicat des copropriétaires, 212.13, 456.55 et 662.31

T

Taxi, 563.48, 572.5

Terme du débiteur
▶ absence de déchéance du terme du débiteur, V. *ces mots*
▶ déchéance du terme du débiteur, V. *ces mots*

Territoires d'outre-mer, 081.11

Tierce opposition
– délai, 322.23
– jugement d'ouverture, 233.54 et 233.55
– voies de recours sur jugement statuant sur tierce opposition aux ordonnances du juge-commissaire, 333.31 et 333.32

Tiers
– déclaration des créances, 662.21 à 662.23
– offre de cession d'une unité de production, 564.21
– offre de cession en plan de cession, 571.31
– offre de cession en plan de sauvegarde, 511.11
– publicité foncière (qualité de tiers du liquidateur), 611.23

Tiers détenteur, 711.11 à 711.32

Tontine (pacte de –), 456.12, 561.42 et 621.22

Transaction
– AGS, 695.31
– caution (absence de déclaration de créance au passif), 723.17
– comblement de passif, 922.53
– contrat en cours, 431.21
– homologation (interruption de l'instance aux fins d'–), 621.73
– liquidation judiciaire, 567.11 à 567.13 et 567.21
– période d'observation, 422.31, 422.32 et 422.34
– voies de recours, 567.13

Transfert de la charge de la sûreté
– cession d'unité de production (inapplication), 564.61 et 564.71
– liquidation judiciaire (inapplication en dehors du plan de cession), 564.61 et 564.71

Transfert de la charge de la sûreté en plan de cession
– aménagement conventionnel de la règle, 582.49
– aménagement judiciaire de la règle, 582.48
– automaticité de la règle, 582.45
– caution, 722.14
– convocation des créanciers, 582.48
– codébiteur, 731.44
– délai de paiement, 582.48
– domaine de la règle, 582.42 et 582.43
– droit de rétention, 582.43
– droits des créanciers sur les échéances, 582.44
– échéance à échoir, 582.44
– énoncé de la règle, 582.41
– gage, 582.43
– nature juridique, 582.41
– purge de la sûreté, 582.46
– voies de recours, 582.41

Transformation du bien revendiqué, 816.32 et 816.33

Transport
- ► V. *Action directe*
- – revendication des marchandises en cours d'expédition, 815.31

Trésor public
- ► V. *Avance du Trésor public*
- ► V. *Admission des créances fiscales et sociales au passif*

Tribunal correctionnel
- – prononcé de la faillite personnelle par le –, 912.31

Tribunal de grande instance (formes de procéder applicables devant le –), 232.31

Tribunal de la faillite
- – compétence matérielle, 312.11 à 312.47
- – impartialité, 311.11
- – pouvoirs, 311.11
- – président, 311.21
- – saisine d'office, 231.41 à 231.44

Trouble de voisinage, 442.34

TVA
- – délimitation des créances antérieures et postérieures, 443.11
- – prix de vente d'actifs du débiteur, 456.24

U

Unité du patrimoine, 233.43

Universalité de la faillite, 090.09

Urssaf (attestation), 631.22

Usage des biens de la personne morale dans un intérêt contraire à l'intérêt de celle-ci
- – faillite personnelle, 912.23
- – obligation aux dettes sociales, 924.46
- – redressement et liquidation judiciaires personnels, 923.52

Usage du crédit de la personne morale dans un intérêt contraire à l'intérêt de celle-ci
- – faillite personnelle, 912.23
- – obligation aux dettes sociales, 924.46
- – redressement et liquidation judiciaires personnels, 923.52

V

Vendeur de meubles
- ► *clause de réserve de propriété, V. ce mot*
- ► revendication, V. *ce mot*

Vente
- – continuation des contrats en cours, 431.27
- – délimitation des créances antérieures et des créances postérieures, 442.15
- – revendication en cas de résolution, 815.21

Vente avec clause de réserve de propriété
- ► V. *Clause de réserve de propriété*
- – continuation des contrats en cours, 431.28

Vente des actifs du débiteur
- ► gage, V. *ce mot*
- ► réalisation des actifs en liquidation judiciaire, V. *ces mots*
- ► réalisation des actifs en période d'observation, V. *ces mots*
- ► réalisation des actifs en plan de cession, V. *ces mots*
- ► réalisation des actifs en plan de sauvegarde, V. *ces mots*

Vente des immeubles en liquidation judiciaire
- ► V. *Réalisation des immeubles en liquidation judiciaire*

Vente des meubles en liquidation judiciaire
- ► V. *Réalisation des meubles en liquidation judiciaire*

Vérification des créances
- – AGS, 665.36
- ► contestation, V. *Contestation des créances*
- – comité de créanciers, 672.13 et 672.32
- – délai, 671.11
- – déroulement, 671.13
- – dispense, 671.11 à 672.13
- – domaine de la dispense de vérification des créances, 672.11
- – effets de la dispense de vérification des créances, 672.31 et 672.32
- – honoraires du liquidateur et du représentant des créanciers, 352.33 à 352.36 et 671.12
- – incompétence du juge-commissaire, 682.15
- – liquidation judiciaire simplifiée, 565.51 et 672.12
- – liste des créances déclarées, 671.51
- – modalités de la dispense de vérification des créances, 672.21
- – non-respect du délai de vérification des créances, 671.12
- – office du juge-commissaire, 682.15
- – principe, 671.11 à 671.51
- – sauvegarde accélérée, 672.14
- ► voies de recours sur les décisions rendues en matière de déclaration et de vérification des créances, V. *ces mots*

Vérification des créances salariales
- – honoraires du liquidateur et du représentant des créanciers, 352.34
- ► relevé de créances salariales, V. *ces mots*

Voies d'exécution
- ► arrêt des voies d'exécution, V. *ces mots*
- – non soumises à la règle de l'arrêt des voies d'exécution (régime), 622.71 et 622.72

Voies de recours à l'encontre des jugements du tribunal de la faillite
- – administrateur (modification de mission), 421.41
- – appel réformation, 322.22
- – appel nullité, 321.31, 321.41, 333.23 et 333.24
- – candidat repreneur évincé, 323.71
- – cas d'ouverture des recours nullité, 321.21 et 321.22
- – cession forcée des parts ou actions des dirigeants de la personne morale, 531.54
- – cession judiciaire des contrats en plan de cession, 572.21
- – clôture de la liquidation judiciaire pour insuffisance d'actifs, 592.34
- – comblement de passif, 921.71 à 921.74
- – comité d'entreprise, 323.61, 391.31 et 391.32
- – contrôleur, 323.41 et 612.31
- – créancier, 323.31
- – débiteur, 323.21
- – délais des recours nullité, 321.31
- – délais des recours réformation, 322.21 à 322.23
- – délégué du personnel, 323.61, 391.31 et 391.32
- – dessaisissement, 552.37
- – effets des recours nullité, 321.41
- – effets des recours réformation, 322.11
- – éviction des dirigeants, 531.34
- – excès de pouvoir, 321.22, 333.22

– faillite personnelle, 911.71
– formes des recours réformation, 322.11
– honoraires des mandataires de justice (fixation), 352.14
– incessibilité des parts ou actions des dirigeants de la personne morale préparatoire à l'arrêté du plan de redressement, 531.44
– institution représentative du personnel, 323.61, 391.31 et 391.32
– interdiction de gérer, 911.71
– jugement d'ouverture, 233.51 à 233.55
– licenciement en plan de redressement, 432.26
– liquidation judiciaire immédiate, 551.41
– liquidation judiciaire sur conversion, 551.42
– location-gérance, 423.41
– membre et associé indéfiniment et solidairement responsable du passif (jugement d'extension), 214.14
– ministère public, 323.51 et 340.31
– modalités procédurales des recours nullité, 321.31
– modification de mission de l'administrateur, 421.41
– modification du plan de cession, 583.31 à 583.36
– modification du plan de sauvegarde, 523.41
– nullité de la période suspecte, 822.51
– opposition au jugement, 322.23
– organe (désignation et remplacement), 351.64
– passerelle du régime simplifié au régime général, 412.21
– période d'observation (renouvellement), 411.22
– personne s'étant engagée à exécuter le plan, 323.81
– personne morale, 551.43
– plan de cession (arrêté du jugement), 572.21 à 572.26
– *plan de cession* (jugement refusant le –), 572.21 à 572.23, 572.26
– plan de sauvegarde (jugement statuant sur le –), 515.31
– pourvoi en cassation, 322.24
– redressement et liquidation judiciaires à titre personnel, 921.71, 921.72 et 921.74
– régime simplifié au régime général (passerelle du –), 412.21
– règles de droit commun (application sauf disposition contraire), 322.11
– renouvellement de période d'observation, 411.22
– réouverture de la procédure, 593.22
– report de date de cessation des paiements, 222.36
– représentant des salariés, 323.61, 391.31 et 391.32
– résolution du plan de sauvegarde, 524.23
– sauvegarde accélérée, 224.25, 233.54
– situation procédurale (détermination), 323.11 à 323.41
– société, 551.43
– tierce opposition au jugement, 322.23
– tierce opposition nullité, 321.31
– transfert de la charge de la sûreté en plan de cession, 582.41
– violation des règles essentielles de la procédure civile, 321.21, 333.23
– voies de recours nullité et voies de recours réformation, 321.11 et 321.12

Voies de recours en matière de rétablissement professionnel, 594.62, 594.73

Voies de recours sur décisions d'admission des créances salariales, 696.27 et 696.28

Voies de recours sur jugement d'ouverture, 233.51 à 233.55
– appel, 233.52, 233.53 et 233.55
– rétractation, 233.51 et 233.55
– tierce opposition, 233.54 et 233.55

Voie de recours sur jugement de prorogation du délai d'examen de la clôture de la liquidation judiciaire simplifiée, 5[illegible].27

Voies de recours sur jugement statuant sur recours contre les ordonnances du juge-commissaire
– cession d'unité de production, 564.41 et 564.42
– excès de pouvoir, 3[illegible].22
– fermeture de principe, 333.11
– ministère public, 3[illegible]4
– ordonnance du juge-commissaire en dehors de ses attributions, 333.22
– réalisation d'actifs en liquidation judiciaire, 333.24
– restitution, 333.21 et 812.71
– revendication, 333.21
– violation des règles essentielles de la procédure civile, 333.23

Voies de recours sur les décisions rendues en matière de déclaration et de vérification des créances
– admission après contestation, 683.14
– admission sans contestation, 683.12 et 683.13
– appel des ordonnances du juge commissaire, 332.13
– contestation des créances (défaut de réponse), 671.32 et 683.14
– décision de constat d'une instance en cours, 683.17
– décision rendue après reprise d'instance, 683.15
– décision statuant sur la compétence, 683.16
– parties (détermination), 683.11
– personne intéressée n'étant pas une partie, 683.22
– pourvoi en cassation à l'encontre d'une ordonnance du juge commissaire, 332.13
▶ réclamation, V. *Réclamation à l'état des créances*
– tierce opposition, 683.31 à 683.33

Voies de recours sur ordonnances du juge-commissaire
▶ admission des créances, V. *Voies de recours sur les décisions rendues en matière de déclaration et de vérification des créances*
– appel, 332.13 à 332.16
– cession d'unité de production, 564.41 et 564.42
– contredit, 331.31
– contrôleur, 323.41, 612.13
– délai, 332.16 et 332.32
– dépôt au greffe de l'ordonnance, 332.13
– généralités, 331.31
– incompétence, 683.16
– inopposabilité de forclusion, 665.91, 665.92 et 683.33
– instance en cours (constat d'une –), 683.17
– licenciement, 432.23
– ministère public, 332.21
– notification de l'ordonnance, 332.15

– opposition, 331.32, 332.14 à 332.16
– partie, 331.31 et 331.32
– personne intéressée n'étant pas une partie, 332.31, 332.33 et 683.22
– pourvoi en cassation, 332.13
– réclamation, 332.33
– relevé de forclusion, 332.13, 665.61, 665.62 et 683.33
– reprise d'instance (décision rendue après –), 683.15
– restitution, 812.71
– revendication, 813.61
– saisie immobilière en liquidation judiciaire, 562.25
– substitution de garanties, 332.13, 484.31
– tiers, 332.31
▶ voies de recours sur les décisions rendues en matière de déclaration et de vérification des créances, V. *ces mots*

Voies de recours sur les relevés de créances salariales, 696.27 et 696.28

Voies d'exécution
▶ V. *Arrêt des voies d'exécution*

W

Wallis-et-Futuna, 081.17, 083.41, 085.11

Warrant agricole, 482.11, 482.12, 563.62, 563.72, 633.31